作者简介

二〇一二年八月二十八日作者
信步于壶口瀑布（七十二岁）

张大可，1940年12月7日生，重庆市人。1966年毕业于北京大学中文系古典文献专业。历任兰州大学历史系教授、北京外国语大学中文系教授兼系副主任、中央社会主义学院教授。社会职务：中国史记研究会会长、中国历史文献研究会常务理事、中华伏羲文化研究会常务理事。享受国务院政府特殊津贴。

长期从事中国历史文献学与秦汉三国史方向的研究，发表学术论文近200篇，主要著作有《史记研究》《史记新注》《史记文献学》《史记论赞辑释》《史记精言妙语》《史记十五讲》《史记史话》《司马迁评传》《三国史研究》《三国史》《三国十二帝》等。主编高校教材《中国历史文选》《中国历史文献学》《史记教程》等。并整理注译《史记》《资治通鉴》等多种。其中有六部学术专著获省部级优秀图书奖。2014年商务印书馆出版《张大可文集》1—10卷。

·文白对照本·

资治通鉴

（全十八册）

第一册

卷第一至卷第十六（周纪一至汉纪八）

（宋）司马光　编著
张大可　语译

创于1897
商务印书馆
The Commercial Press

图书在版编目（CIP）数据

资治通鉴：文白对照本：全十八册 /（宋）司马光编著；张大可语译 .—北京：商务印书馆，2024
ISBN 978-7-100-23886-1

Ⅰ . ①资… Ⅱ . ①司… ②张… Ⅲ . ①《资治通鉴》
Ⅳ . ① K204.3

中国国家版本馆 CIP 数据核字（2024）第 082870 号

文白对照本
资治通鉴
（全十八册）
（宋）司马光　编著
张大可　语译

商　务　印　书　馆　出　版
（北京王府井大街36号　邮政编码100710）
商　务　印　书　馆　发　行
文畅阁印刷有限公司印刷
ISBN 978-7-100-23886-1

2024年6月第1版　开本 710×1000　1/16
2024年6月第1次印刷　印张 700 3/4　插页 1

定价：1200.00 元

总　目

《资治通鉴》导论 …… 1
凡例 …… 15

资治通鉴序御制 …… 1
司马光进书表 …… 4

第一册　卷第一至卷第十六（周纪一至汉纪八）

第二册　卷第十七至卷第三十四（汉纪九至汉纪二十六）

第三册　卷第三十五至卷第五十五（汉纪二十七至汉纪四十七）

第四册　卷第五十六至卷第七十三（汉纪四十八至魏纪五）

第五册　卷第七十四至卷第八十八（魏纪六至晋纪十）

第六册　卷第八十九至卷第一百五（晋纪十一至晋纪二十七）

第七册　卷第一百六至卷第一百二十（晋纪二十八至宋纪二）

第八册　卷第一百二十一至卷第一百三十七（宋纪三至齐纪三）

第九册　卷第一百三十八至卷第一百五十七（齐纪四至梁纪十三）

第十册　卷第一百五十八至卷第一百七十五（梁纪十四至陈纪九）

第十一册　卷第一百七十六至卷第一百九十一（陈纪十至唐纪七）

第十二册　卷第一百九十二至卷第二百六（唐纪八至唐纪二十二）

第十三册　卷第二百七至卷第二百二十一（唐纪二十三至唐纪三十七）

第十四册　卷第二百二十二至卷第二百三十五（唐纪三十八至唐纪五十一）

第十五册　卷第二百三十六至卷第二百五十（唐纪五十二至唐纪六十六）

第十六册　卷第二百五十一至卷第二百六十六（唐纪六十七至后梁纪一）

第十七册　卷第二百六十七至卷第二百八十一（后梁纪二至后晋纪二）

第十八册　卷第二百八十二至卷第二百九十四（后晋纪三至后周纪五）

附录　《资治通鉴》大事编年

《资治通鉴》导论

《资治通鉴》是北宋大政治家、大史学家司马光领衔修撰的一部历史名著，是我国历史上第一部编年体通史，有着巨大的历史价值，以及知往鉴今的借鉴价值，值得所有人阅读。本导论着重点是评介编年体史书的特点，了解《资治通鉴》一书的内容、体制及价值。此外，本导论还涉及编年体史书的源和流的相关内容，以助读者透彻了解《资治通鉴》的特点。

一、编年体史书的源流与特点

《资治通鉴》，简称《通鉴》，全书二百九十四卷，不计标点约有330万字。该书上起周威烈王二十三年（前403年），下讫后周世宗显德六年（959年），记载了战国至五代末叶一千三百六十二年错综复杂的历史，是一部贯通古今的编年体史书巨著。其气势与规模，不仅在古代中国，就是在世界中世纪史坛上，都堪称高视独步、无与伦比之作。如此一部伟大的历史巨著，不是凭空产生的，它是编年体史书发展到成熟时期水到渠成之作。大体说来，编年体史书的发展经历了三个历史阶段（编年体史书以下行文简称编年史书）：商周讫秦，即先秦时期，是编年史书的草创时期，可称之为源；两汉讫唐，即汉唐时期，是编年史书的确立时期；两宋讫清，是编年史书的成熟时期，《资治通鉴》是其成熟的标志。这后两个时期，可通称为流。本节简括地评介《资治通鉴》产生前的编年史书的源和流，即先秦时期与汉唐时期，《春秋》和《汉纪》分别是这两个时期的代表之作，重点说这两部书，以了解编年史书的特点。

（一）先秦时期：编年史书的草创

编年体是按时间发展顺序记叙历史的一种史学体裁形式，是我国上古记载史事

普遍使用的一种体裁，所以《隋书·经籍志》称为古史。上古事简，低下的生产力限制了人们的眼光，加之书写条件极其困难，负责记叙历史的史官或档案人员，只能用简练的文字记下他们认为重要的事，为使所记载的资料更具有使用价值，往往冠之以时间单位，因而很自然地创造了编年记事的形式，此不独中国为然，世界各国亦多循由此途拉开各自史学发展的序幕。原始社会结绳记事、刻木为志，就是最早的以时间为顺序的编年体式。我国现存最早的记事文献为商朝甲骨文。甲骨文又称卜辞。卜辞记事就已标明年、月、日的顺序，只是一般日、月在前，而年代居后。现存西周的文献，也有只记日、月而不记年的，或者只记年、月、日其中之一项的，缺乏完整准确的时间观念，说明编年记事体制尚处于原始阶段。

《汉书·艺文志》载，西周时“左史记言，右史记事”。但从传世文献来看，西周史书记事很不完备，不重时间观念，以记言体为主，记事编年体处于附属地位。春秋战国时期群雄竞起，称霸争雄。为在变动的社会中掌握历史主动权，统治者招延名师攻习历史，不仅是时髦，更是实际需要，从而推动了史学的发展。记言体史书，因大多无时期位置可以对比，日益不受重视，如《国语》就被目为《春秋外传》，地位在《左传》之下。这时，编年体史书，由于有时间作为界标，便于考察时事，抑恶劝善，进一步发展起来，成为史书编纂的主导形式。此时期编年记事方式有了发展，按年、时（季）、月、日记事的程式已固定下来，所以内容也丰富充实得多了。编年体的史书编纂体例已具定式。周代王室和各诸侯国都设有专门的史官，有左史、右史、内史、外史、大史之类，负责编年记载史事，所成之书，通称“春秋”。《墨子·明鬼篇》所谓“百国春秋”，犹言各国春秋，乃合指周王室和各诸侯国的大事记式的编年史。也有少数诸侯国不称“春秋”的，如晋之《乘》、楚之《梼杌》等，据《孟子》一书解释，都是“春秋”的别称，也就是各国自己的编年史。

秦始皇焚书，“诸侯史记尤甚，为其有所刺讥也”①。“史记”是“春秋”的又一通称，指为史官所记。先秦编年史书劫后复见者，仅存孔子所修鲁史《春秋》，这是极为遗憾的事，相传是孔子以鲁国的《春秋》为主，参照其他诸侯国的记载整理删定而成。从此以后，《春秋》成为对一书的专称。《春秋》用鲁国年号，按年、时、月、日分条记事，以展示自鲁隐公元年（前722年）至鲁哀公十四年（前481年）共二百四十二年的春秋列国史。②其文字极简略，每事只记结果或结论，没有过程的描述和事态的展开，且措辞隐晦，往往使人不知所云，又对于社会情况及重大事

①《史记》卷十五《六国年表·序》。

②《春秋》三传，《公羊传》《穀梁传》记事至鲁哀公十四年（前481年），《左传》则延至鲁哀公二十七年（前468年），全书记事为二百五十五年。

件多有缺漏，于是，为《春秋》作注解的所谓“传”便相继出现了。汉代传《春秋》的有五家，即《左传》三十卷，《公羊传》《穀梁传》《邹氏传》《夹氏传》各十一卷。《邹氏传》《夹氏传》早佚，剩下的就是著名的《春秋》三传。其中《公羊传》《穀梁传》重在阐释微言大义，向不被目为史学著作。但细考二传，都是严格遵循编年体式，按时间顺序以阐释《春秋》义旨的，其中着重阐释避讳书法理论及大一统思想之类，对后世史学影响甚巨，且在编年释义中，亦偶有史料的补充，因之，仍具有某种编年史书性质，应该在史部典籍中占有一定的地位。至于《左传》，因作了大量的史料补充，并在史学上有重大探索，而成为我国第一部比较完备的编年体史书，则是举世皆知的了。

《左传》原名《左氏春秋》，形式上虽也以鲁国隐、桓、庄、闵、僖、文、宣、成、襄、昭、定、哀十二公记事，但其内容追溯到周宣王二十三年（前 805 年），较《春秋》记事提前八十三年，又下延记事至智伯之灭（前 453 年），后延十八年，前后共计多出百年以上。其记事特点，不仅尽力充实史料，更注意过程的叙述、场面的描写、人物的刻画，同时又新创史论，于人物事件有分析，有评说，文辞更是着意求工，曲尽其妙，使人读之兴味盎然。凡此诸端，遂使《左传》成为我国古代第一部独立的史著。换言之，《左传》虽属解释《春秋》的“传”，但它却可以离开《春秋》而显示史学著作的功能，但《春秋》如离开《左传》，不少地方会使人难明所指。由于《左传》不仅记述了春秋时期政治、军事、社会、文化等各方面的重大史实，而且辑录了很多有关春秋以前的历史事实和传说，因而成为研究先秦历史的重要资料。

《左传》与《春秋》相比，史体有了重大改进，大体说有三个方面。一是丰富了史料。《春秋》宣公二年“秋九月乙丑，晋赵盾弑其君夷皋”此条史事寥寥十三字，《左传》则衍为五百三十四字，详细地予以记述，使得事件真相大白，读者明其所以。二是注意了文采。《左传》记事渊懿美茂，其语生气勃勃，文章优美，便易习诵，有利流传。三是新创了史论。《左传》记事用评论来表现是非，或以“君子曰”发端，或借引“孔子曰”代己立言，或系判断语于事尾，巧妙地将各种形式的史论组合交织于记事之中，是述史的一种书法。这种书法，左丘明发端于前，司马迁弘扬于后，理论概括称之为“寓论断于序事”，将《春秋》的“书”与“不书”或一字褒贬之书法上升至不可同日而语的境界。《左传》编年记事的成就，对《资治通鉴》产生重大的影响。上述《左传》改造《春秋》史体的三大特点，在《资治通鉴》中有淋漓尽致的发扬。

（二）汉唐时期：编年史书的确立

到了汉代，编年史书结束了它的草创时期而进入确立时期。具体说有两大标志。

其一，《史记》《汉书》创立的“本纪”编年记事的创造，是这一时期编年体确立的第一个标志。总体上，纪传体与编年体各为一体，互相争胜于史坛，但细致分析，纪传体实际是把编年记事、人物传记、年表谱录与制度专史熔于一炉的综合体。其中“本纪”明确采用编年体为全书之纲。《史记》《汉书》的“本纪”以年、时、月、日为经，以载录大事为纬，广泛涉及政治、经济、军事、文化、民族关系，乃至中外交通，强调揭示一定时期历史发展的重要线索和基本轮廓，故能成为全书之总纲，其余列传、表、志所述，无不据以为依归。这种述史体制，较之《春秋》基本不录社会经济文化史料是一个巨大的进步。《左传》载政治军事又囿于常事不书、非告无录、斤斤于礼、叙存细事、讳饰含混，乃至于黑白颠倒，有害实录。《史记》《汉书》本纪编年对先秦编年体所作的重大改造，也为《资治通鉴》所吸收。

其二，此时期出现了改编纪传史而成的新型断代编年史书《汉纪》，是编年体确立的第二个标志。《汉纪》为东汉末荀悦所编。起因是汉献帝读《汉书》，苦其“文繁难省”，乃命荀悦删之，荀悦在建安五年（200 年）完成改编《汉书》的编年史书《汉纪》三十卷。该书以“辞约事详，论辨多美”[①]著称于世。

所谓改编，并非就《汉书》各帝本纪加以简单串联，而是统驭全书材料，分类排比，再撷其精要，将足以显示历史发展脉络者，用编年之法表现出来。荀悦改编《汉书》的成功为后世编年史书，特别是《资治通鉴》的修撰提供了宝贵的经验。此外，荀悦还有三大创新：一是首创了断代编年史书，其后专写一个王朝的编年史书接踵而起，《汉纪》所起的开山引导作用，不能被低估。二是首开以“纪”名编年之例，即改“春秋”为“纪”，它不只是一个称谓问题，实则寓有纲纪的深意。“盖纪者，纲纪庶品，网罗万物”[②]，取纪以名编年之史，表明其纪事原则不是有闻必录，洪纤靡失，而是突出重大事件，纲纪万物，以表现一代之史。三是首次自立凡例与著书意图以统驭全书。综上，《汉纪》在史体方面的创新，使编年体正式确立，后世史家给予了高度评价。刘知幾在《史通》中论史体的发展，提出了“六家”“二体”之说，就是以班固断代的《汉书》和荀悦断代的《汉纪》作为纪传、编年二体的代表总结理论，肯定了荀书确立编年体的历史地位。近代学者亦给予《汉纪》高度评价。梁启超称《汉纪》是“现存新编年体之第一部书”[③]。金毓黻说《汉纪》为司马

①《后汉书》卷六十二《荀悦传》。

②《史通》卷二《本纪》。

③ 梁启超：《中国历史研究法》，华东师范大学出版社 1995 年版，第 25 页。

光修《通鉴》之所本[1]，都是很有见地的。

在东汉末年荀悦《汉纪》的影响之下，魏晋南北朝时期，断代编年史书大兴。一国之史，往往一部纪传史出，旋即有一部编年史与之相配，更有先出编年后出纪传，乃至仅有编年而无纪传者。编年史书蜂起，与纪传史书争胜于史坛，形成自春秋、战国以后编年史书发展史上的又一次高潮。其中，影响较大的有袁宏《后汉纪》、孙盛《晋阳秋》、干宝《晋纪》、王韶之《晋安帝阳秋》、裴子野《宋略》、何之元《梁典》以及王劭《齐志》等。因种种原因，流传下来的只有袁宏《后汉纪》一种。袁书对编年体又有丰富与发展，是编年体确立时期堪与《汉纪》相媲美的一部力作。

二、《资治通鉴》的特点与成就

唐初修《晋书》《梁书》《陈书》《北齐书》《周书》《隋书》《南史》《北史》，确立纪传体为正史编修体例，编年体的发展势头相对低落。至北宋《资治通鉴》出，编年体又重振雄风，进入了编年史书的成熟时期。

《通鉴》总结了以往编年史家的经验，发展和完善了这种古老的体裁，使编年体得以重振，代表了我国古代编年史的最高成就。兹从以下六个方面略述其体制特点与成就。

（一）预先制定严密的工作程序和体例细则以指导编纂全过程

司马光编纂《资治通鉴》，开创了主编全面负责的集体分工合作制。司马光为全书主编，刘恕、刘攽、范祖禹为主要的协编。《通鉴》编书程序，分为三大环节，先作丛目，次成长编，最后定稿。前两步工作由协编者分段负责，大体分工是刘攽负责汉史长编，刘恕负责魏晋南北朝史、隋史及五代史长编，范祖禹负责唐史长编。五代史也由刘恕负责。刘恕中途病死，未完的南北朝部分由刘攽负责，五代部分由范祖禹负责。最后定稿由司马光一人独立完成。丛目制作之法，首先在广泛阅读原始文献的基础之上，按时间顺序列出事题目录，叫作“事目”，然后为事目作注，即将收入各目之资料，注明篇卷出处，因事目繁多，故谓之“丛目”。长编又称“草卷”，实即初稿，制作之法，是根据丛目提供的线索，将史料重新检阅一次，然后经过取舍、综合、诠次，写出编年史雏形。长编写成后，交由主编“笔削”，作进一步加工，又有“粗删”“细删”的程序，以期定稿趋于完美。司马光在修《通鉴》之前

① 参见金毓黻：《中国史学史》，商务印书馆 1999 年版。

先拟定出《通鉴释例》一卷，确定全书用语、格式等方面凡例三十六条，后又与刘恕反复商讨，定出纪元、薨卒等多项义例，又对范祖禹作工作指示，全面申述丛目及长编修撰细则。这些规则，为所有编写人员所遵守，成功地体现在整个编书实践中。以上种种措施，皆为编书质量提供了保证，使《通鉴》在结构谨严、体例统一方面，能够卓然高出于传统编年史书。

（二）主干材料与辅翼材料交相为用，使编年体书体制一新

为什么要编《资治通鉴》？司马光自道原因说："每患迁、固以来，文字繁多，自布衣之士，读之不遍，况于人主，日有万机，何暇周览！臣常不自揆，欲删削冗长，举撮机要，专取关国家盛衰，系生民休戚，善可为法，恶可为戒者，为编年一书，使先后有伦，精粗不杂。"[①] 可见《通鉴》之修，实存在满足士子学史需要和为君主治国提供借鉴两方面的原因。由于前者，必须写成"举其大略"的比较全面反映历史内容的通史，由于后者，必须强调政治史，以便从"国家盛衰"与"生民休戚"中引出"善可为法，恶可为戒"的历史借鉴，二者的综合，遂造成了主干材料与辅翼材料相交为用的述史体制应运而生。《通鉴》着重叙述历代重大政治事件和战争，以"穷探治乱之迹"，同时对于重要历史人物的言论事迹、各类典章制度的沿革、民族间的交往、经济的发展、习俗的变迁、历法的进步之类，皆有扼要的记述，以为"生民休戚"之表征和"治乱兴衰"之基托。所以胡三省说："温公作《通鉴》，不特纪治乱之迹而已。至于礼乐、历数、天文、地理，尤致其详。读《通鉴》者，如饮河之鼠，各充其量而已。"[②] 纪传体广载史事，各类史料按纪、传、表、志，分体著录，做到分而不散。《通鉴》则熔纪、传、表、志材料于一炉，用编年线索加以贯穿，使之统而不分。如此述史，于中心突出之际，兼收包罗宏富之功，既便于总结历史治乱兴衰的经验教训，又便于全面表现社会历史的概貌。此例之设，为编年体注入了新的血液，使编年史书真正建立起了与纪传史书并驾齐驱的体制基础。

（三）首创史料考异之法以取信，使编年述史体制臻于精善

《通鉴》载述一千三百六十二年的历史，面对的史料极其浩繁，如何考订鉴别，成为一大难题。为了准确记事，对相互矛盾的史料，必须有所去取，对各有短长的记载，必须综合诠次。司马光将此等去取诠次的情形，写成《通鉴考异》三十卷，随附《通鉴》并行，由此创造了史料考异之法，也开启了修史之家"自著一书，明

① 司马光：《进资治通鉴表》。

②《资治通鉴》卷第二百一十二胡注。

所以去取之故”的先例，遂使古老编年体臻于精善。考异之例一开，对后世史家震动甚大，有作为而又实事求是的史家，争相效仿之。如《通鉴》协编者之一范祖禹之子范冲，南宋高宗朝时重修北宋《神宗实录》，即著《神宗实录考异》五卷，以明对旧录删改去取之由。此外，李焘等一些史家，在他们的编年著作中，更将考异文字直接附于正文有关史事条下，体式又有所推进。

（四）系年方法进一步改进

时间本位是编年史书最根本的特征，也是它区别于其他史体的最主要依据。在标准编年体式中，被记载下来的所有史实，无不一一与其确定的时间相联系，并被嵌入相应的日、月、时、年、年号、君主、朝代的严密序列当中。如此述史，便于把握大势，使一定时期历史发展的概貌，由远及近地展现在读者面前。如何编年记事，前节评述了《春秋》《汉纪》，乃至《史记》《汉书》的本纪已经奠定了基础，至《资治通鉴》又有改进。具体说，系年的改进，主要有以下三项。

1.《通鉴》纪年吸取了当时历法的最新成就。古代用干支纪年，要推定朔闰，必然牵涉历法，而历法精粗不一，自然导致纪年的准确程度呈现差异。北宋著名天文历法专家刘羲叟著《长历》一书，相当精密。司马光即采用《长历》辨定典籍所载史事的朔闰、甲子，从而使纪年错误较少。

2.《春秋》《左传》记事叙次的原则，如注家杜预所概括，乃“以事系日，以日系月，以月系时（季），以时系年”。《通鉴》因系通史，又加上“以年（号）系君主，以君主系朝代”，则其纪年体式为“以事系日，以日系月，以月系时，以时系年，以年系号，以号系朝”。例如曹操之死，《通鉴》记为“魏纪·世祖文皇帝（曹丕）·黄初元年：春，正月，武王（曹操）至洛阳；庚子，薨”。汉武帝以前，没有年号，鲁庄公某年，秦始皇某年，汉高帝某年之类，是当时通行的纪年法，还不属“以年号系君主”，《通鉴》以前没有编年体通史，断代编年，自然没有在行文中标明朝代的必要。可见，《通鉴》改进纪年法，也是时代变化、史学发展的必然结果。

3.诸侯并立，王朝分裂，各国对峙时期，《通鉴》纪年，只取一国、一帝年号；又更号改元之岁，皆取最后一个年号。这种纪年方法，容易示人主从亲疏，并产生“头齐脚不齐”的感觉，有待进一步改进，但能使行文简明，体例划一，也是无法否认的。

（五）叙论分出，突出史论地位，创新史论体式

所谓叙论分出，是指在编年史书中，史事的叙述与撰史者的评论明确分开，并突出史论的地位。一般来说，史事的叙述，严格依据有关史料来写，“悉从论纂，皆

有凭依"[①]，不得向壁虚造。史而有论，乃是史学著作区别于单纯史料汇编的重要标志。我国古人撰史，向来重视"事""文""义"的有机联系。《通鉴》史论，即是为"义"而发之作。自《左传》创立史论体式以来，有作为的史家无不致力于此，写出脍炙人口的力作。《通鉴》既以"资治"为重要编书目的，则发掘、阐发史义的文字，便不能不提到突出地位。表现在数量方面，据精确统计，《通鉴》全书设史论218篇，其中有不少千言以上的大论，这在我国古代史书编撰中是空前的。内容方面，除一般的讨论为政得失、赏善惩恶外，更围绕以礼治国思想反复宣扬，并对史学功能、经史关系乃至编修凡例之类，展开广泛评说。《通鉴》突出史论地位，是与它主要作为政治史的体制相吻合的。

《通鉴》史论，分为两大类型：一是司马光自撰之论，以"臣光曰"发端；一是借引前人成说之论，以借引史家姓名或著作名发端。前者可称"自论"，后者可称"借论"。《通鉴》对欲评之事，一般一事一论，或自论，或借论。间亦有同时借引两则成说，或借引一则成说之后又作"臣光曰"，即以二论共评一事者。《通鉴》全书，共设借论99篇，征引作者35家，其中：

孟轲1篇　荀况2篇　贾谊1篇　司马迁2篇　扬雄6篇　班彪3篇　班固15篇　仲长统1篇　荀悦8篇　傅玄1篇　华峤1篇　陈寿5篇　徐众1篇　孙盛5篇　习凿齿6篇　鱼豢1篇　虞喜1篇　干宝1篇　荀崧1篇　袁宏3篇　袁准1篇　范晔3篇　崔鸿2篇　沈约4篇　裴子野11篇　萧子显1篇　萧方1篇　颜之推1篇　陈岳2篇　李延寿2篇　权德舆1篇　李德裕1篇　柳芳1篇　苏冕1篇　欧阳修2篇

借引成说立论，发自左丘明，司马光加以弘扬，广泛借引成说，将借论与自论有机地结合起来，构成遍布本书为之经络，无疑应是对编年体式的一种创新。

（六）主体著作与成套系列著作联为一气，使编年史体气象万千

《通鉴》因记事时限太长，虽极简要之能事，亦洋洋三百万余言，颇难掌握。为便阅读，提高史著的社会效益，司马光以《通鉴》为中心，先后编写了一系列著作，以与主体互相发明。除《通鉴考异》三十卷起辨析增广史料的作用外，"又略举事目，年经国纬，以备检寻，为《目录》三十卷"[②]。

《通鉴目录》与一般书籍的标题目录不同，其特点是"年经国纬，著其岁阳岁名于上，而各标《通鉴》卷数于下，又以刘羲叟《长历》气朔闰月及列史所载七政

① 司马光:《进稽古录表》,《稽古录》，商务印书馆印明翻宋刊本。

② 司马光:《进资治通鉴表》。

之变著于上方，复撮书中精要之语散于其间。次第厘然，具有条理”[①]。实为一内容提要性的大事年表。《目录》与《考异》随《通鉴》同时上呈宋神宗，是《通鉴》两部主要的辅翼之作。此外，又恐《目录》过于简略，复有《通鉴举要历》八十卷，《通鉴节文》六十卷，以为简编。加上修《通鉴》之前撰写的《通鉴释例》一卷，载录修书凡例及与协编者来往信札，又有《历年图》五卷，“上自周威烈王二十三年，下尽周世宗显德六年，略举每年大事，编次为图”[②]。总上六种辅翼著作，共一百八十六卷，与《通鉴》正文二百九十四卷交相辉映，从不同侧面增强了《通鉴》这部编年体通史巨著的表现力。可以说这是编年体的一项重大革新。

《资治通鉴》引领编年体史书蓬勃发展，仿其体制继起者，或添前，或续后，自宋讫清，逐步形成了一套从古到今的编年史系统丛书，举其要者，有十二种，书目如次：

1.《通鉴外纪》十卷，目录五卷　北宋刘恕撰。

2.《汉纪》三十卷　东汉荀悦撰。

3.《后汉纪》三十卷　东晋袁宏撰。

4.《资治通鉴》二百九十四卷　北宋司马光等撰。

5.《续资治通鉴长编》五百二十卷　南宋李焘撰。

6.《建炎以来系年要录》二百卷　南宋李心传撰。

7.《宋元资治通鉴》六十四卷　明薛应旂撰。

8.《明纪》六十卷　清陈鹤生撰。

9.《明通鉴》一百卷　清夏燮撰，亦为明代编年史。

10.《国榷》一百零八卷　明末清初谈迁撰。

11.《资治通鉴后编》一百八十四卷　清徐乾学撰。

12.《续资治通鉴》二百二十卷　清毕沅撰。

这就是与二十四史纪传史系统相辅相补的编年史系列，不一一备述。但没有一部编年史书可与《资治通鉴》相颉颃。胡应麟《史书占毕》说：“编年之史，备于司马氏。”这个“备”字，应视为对《通鉴》完善编年体历史功绩的确评。

①《四库全书总目》卷四十七“资治通鉴目录”条。

②《温国文正司马公集》卷五十一《乞令校定资治通鉴所写稽古录札子》。

三、《资治通鉴》的内容与价值

（一）《资治通鉴》的主要内容

中国传统史学强调经世致用，《资治通鉴》把这一主旨发挥到极致。书名《资治通鉴》虽然是宋神宗所赐，实为司马光之本旨，顾名思义，即史学要“鉴于往事，有资于治道”。既然是“垂鉴资治”，所以司马光选用材料以及叙述内容，“专取关国家盛衰，系生民休戚，善可为法，恶可为戒者”[①]。这就决定了《资治通鉴》全部内容落实在“治、乱、兴、衰”四字上，用今语说，是一部政治军事史。司马光着墨于国家治乱，写得最多的是君主的贤愚，官吏的好坏。司马光认为“国之治乱，尽在人君”[②]，因此特别重视为君之道。司马光把历史上的君主，依据他们的才能与功业，分为创业、守成、陵夷、中兴、乱亡五类。“创业之君”，如汉高帝、光武帝、隋文帝、唐太宗等，削平群雄，统一中夏，“智勇冠一时”，乃非常之人，干非常之事。这些君主的光辉业绩，《资治通鉴》写得很详细，供人敬仰与效法。“守成之君”，能把创业之君留下的家业发扬光大，如汉文帝、汉景帝、北魏孝文帝等，他们是守成的代表人物。司马光说，守成之君“必兢兢业业，以奉祖考之法度，弊则补之，倾则扶之，不使耆老有叹息之音，以为不如昔日之乐，然后可以谓之能守成矣”[③]。司马光称美文景，借引班固的话说：“扫除烦苛，与民休息……移风易俗，黎民醇厚。周云成、康，汉言文、景，美矣！”[④]陵夷之君，即昏庸之主，他们“习于宴安，乐于怠惰”，“人之忠邪混而不分，事之得失置而不察，苟取目前之佚，不思永远之患”，以至“祖考之业”日益衰微。西汉元帝、成帝，东汉桓帝、灵帝，都是昏庸之主。中兴之君，指能拨乱反正，把处于危机或急剧衰落的国家引导上正轨，转危为安，使政治重新归于治。汉宣帝是中兴之君的典型，司马光借班固的话赞颂说：“孝宣之治，信赏必罚，综核名实。政事、文学、法理之士，咸精其能。至于技巧、工匠、器械，自元成间鲜能及之。亦足以知吏称其职，民安其业也。”[⑤]最坏的是乱亡之君。他们“心不入德义，性不受法则，舍道以趋恶，弃礼以纵欲，谗谄者用，正直者诛，荒淫无厌，刑杀无度，神怒不顾，民怨不知”，结果是“敌国丧之”，

① 司马光：《进资治通鉴表》。

②③ 司马光：《稽古录》卷十六，商务印书馆印明翻宋刊本。

④ 司马光：《资治通鉴》卷十六，中华书局点校本。

⑤ 司马光：《资治通鉴》卷二十七，中华书局点校本。

"下民叛之"[①]，只有破家亡国了。亡国之君十之八九都是昏暴淫逸的乱亡之君，秦二世、陈后主是其尤者。创业、守成、中兴三类之君，是贤圣的明君，是司马光提供学习的榜样。陵夷、乱亡之主，是司马光提供借鉴、警世的标识，在叙述中给予揭露和鞭挞。司马光发扬传统史学惩恶劝善的思想，应予肯定。

战争是政治斗争的最高形式。古代国之大事，在祀与戎。司马光在《资治通鉴》中着力写各种战争，改朝换代群雄逐鹿的战争，创业之主平乱诛暴的战争，雄主御辱与开拓的对外战争，农民起义与王朝镇压的战争，《资治通鉴》都作了绘声绘色的描写。司马光总结战争经验，各种战争，在不同年代、不同地域、不同将帅指挥下有不同的结果。有国有家者，不可以不知兵，写战争就是要总结强国用兵的兵法。顾炎武评论说："《通鉴》承左氏而作，其中所载兵法甚详。凡亡国之臣，盗贼之佐，苟有一策，亦具录之。朱子《纲目》大半削去，似未达温公之意。"[②]

司马光轻文学，明人李因笃说"《通鉴》不载文人"指此。大诗人屈原，《通鉴》只字未提。司马迁写《史记》，为文学家立专传，大量录载文学作品，评价屈原《离骚》"虽与日月争光可也"，认为司马相如赋"虽多虚辞滥说，然其要归引之节俭，此与《诗》之风谏何异"。两司马的态度大相径庭。文人参与的政治活动，与王朝、社会有重大关系的涉政文章，司马光仍不遗弃。如录载司马相如的《谏猎书》，录载唐宋八大家唐韩愈的《谏佛骨表》《送文畅师序》，柳宗元的《梓人传》《种树郭橐驼传》。司马光轻文学家及文学的政治作用，既不必为之讳，也不必为之病，这就是他的立场。

《资治通鉴》对于正史诸志中关于礼仪、刑罚、职官、食货等方面的内容，颇多采录，如西汉除肉刑、东汉立石经、曹魏九品官人法、西晋罢州郡兵、北周创府兵等。涉及土地制度与民生的财赋制度亦纳入作为重要的政治内容，如对商鞅变法，文景时期的轻徭薄赋，北魏孝文帝的均田制，唐德宗实行的两税法，以及水、旱丰歉等记载不遗余力。当然，比起纪传史来，综合史的内容大大减少，突出的是政治军事，这是编年史书的一个特点。

由于《资治通鉴》吸收《左传》《汉纪》，以及纪传史之"本纪"叙事的优点，在政治军事中关注礼乐、历数、天文、地理、经济、文化等内容，因此《通鉴》是一部内容宏富的古代政治编年通史。简括条列其述史内容，主要有以下十个方面：

（1）帝王的即位、治绩与丧葬、评说；

（2）重要历史人物的活动与卒年；

---

① 司马光：《稽古录》卷十六，商务印书馆印明翻宋刊本。

② 顾炎武：《日知录》卷二十六。

（3）经济、政治制度的变革与重要法令的颁布；
（4）社会各阶级、阶层尖锐复杂的矛盾斗争；
（5）重大的军事活动与战争；
（6）民族关系；
（7）中外关系；
（8）重要的科技文化的发明与发现；
（9）生产工具和生产技术的改进；
（10）重大的自然变化与灾害。

（二）《资治通鉴》的史学价值

《资治通鉴》的史学价值，在史学、史体、史料三个方面都有突出的创造，试简析之如次。

1. 史学方面。史学价值，指帮助人们了解历史、认识历史、总结历史的作用。作为鸿篇巨制的《资治通鉴》，它较为详尽地反映了中国古代从战国周威烈王二十三年至五代后周显德六年（前 403 年至公元 959 年）共一千三百六十二年的历史，熔铸于史事内容中的史学价值有三个方面。

第一，贯通古今。《通鉴》一书在手，历代大事囊括其中，兴衰得失汇聚眼前。这一优点，其他任何一部史籍无可比拟。清人张之洞、近人梁启超作了画龙点睛的评价。张之洞说："若欲通知历朝大势，莫如《资治通鉴》及《续通鉴》。"① 梁启超说："司马温公《通鉴》亦天地一大文也。其结构之宏伟，其取材之丰赡，使后世有欲著通史者，势不能不据以为蓝本，而至今卒未能有逾之者焉。"②

第二，政治史为中心。司马光《进资治通鉴表》明确其著书目的说："专取关国家盛衰，系生民休戚，善可为法，恶可为戒者，为编年一书。"知往鉴今，其要在政治，《通鉴》的价值亦在此，这是读《通鉴》要牢牢把握的。

第三，以史为鉴。这一点经历了历史的考验，正如胡三省所说："为人君而不知《通鉴》，则欲治而不知自治之源，恶乱而不知防乱之术。为人臣而不知《通鉴》，则上无以事君，下无以治民。为人子而不知《通鉴》，则谋身必至于辱先，作事不足以垂后。乃如用兵行师，创法立制，而不知迹古人之所以得，鉴古人之所以失，则求胜而败，图利而害，此必然者也。"③

---

① 张之洞：《辅轩语》，清光绪三年刻本。

② 梁启超：《新史学》，商务印书馆 2014 年版，第 90 页。

③ 胡三省：《新注资治通鉴序》。

2. 史体方面。在我国史体发展史上，编年体占有重要位置，一是开众体之先，二是奠众体之基。无论是中国还是世界，按年月日记事，是人类最早用于编写史书的方法，也就是人类创造的最古老的史体。在这个意义上，可以说编年体乃开众体之先，即史体之祖。中国编年体经历了自草创、确立直至成熟的过程。在其自身发展的同时，又给后起其他史体以普遍的深刻影响。《资治通鉴》追附交错的叙事，编年之中带纪事本末的辅助，对一些事件的前因或过程加以补叙，多用“初”字起笔，避免了割裂。《通鉴》已经达到史家叙事得心应手的境界。由《通鉴》又派生出袁枢的《通鉴纪事本末》，以及朱熹的《资治通鉴纲目》，成为南宋以后流行的史书体裁。特别是《通鉴》完备的时间本位叙事，为各种史体奠定了基础。

3. 史料方面。司马光对史料的处理，考异取信已如前述，这里补述搜罗宏富。司马光说，他搜集史料“遍阅旧史，旁采小说，简牍盈积，浩如烟海”①。后人考证司马光采用的资料有 300 余种。宋人高似孙《纬略》说：“《通鉴》采正史之外，其用杂史诸书凡二百二十二家。”清人胡元常录《通鉴考异》所载书名，作《通鉴引书考》凡得 272 种。近人张煦侯据《资治通鉴》和《通鉴考异》所引各书加以考索，分为正史、编年、别史、杂史、霸史、传记（附碑碣）、秦汉（附别集）、地理、小说、诸子共十类，得 301 种。《河北师范学院学报》1987 年第 2 期载陈光崇先生的《通鉴引用书目的再检核》，拾遗补缺，考定为 359 种。司马光实际引用的书目不只此数，足见其用力之勤，为后进述史者树立了榜样。

司马光从宋英宗治平三年（1066 年）奉命编纂《资治通鉴》，到宋神宗元丰七年（1084 年）完成，历时 19 年，耗尽了司马光一生的心血。在这 19 年中，司马光“研精极虑，穷竭所有，日力不足，继之以夜”，把全部精力投入到这部书上。由此可见，要写出一部历史名著，作者要付出何等高昂的代价。司马光的付出，换来了《资治通鉴》的永垂不朽。《资治通鉴》自问世以来，一直享有很高的声誉。宋神宗钦赐书名《资治通鉴》。明人胡应麟说：“自有书契以来，未有如《通鉴》者。”清人王鸣盛说：“此天地间必不可无之书，亦学者必不可不读之书也。”②清人浦起龙对《资治通鉴》产生的影响作了高度评价，浦氏说，国史“上起三国（指韩赵魏列为诸侯），下终五季，弃编年而行纪传，史体偏缺者五百余年，至宋司马光始有《通鉴》之作，而后史家二体，到今而行，坠绪复续，厥功伟哉”③。这是说《资治通鉴》带动了编年史书的复兴，产生了贯通中国历史的编年史书系列，与纪传体全史交相辉

① 司马光：《进资治通鉴表》。

② 参见王鸣盛：《十七史商榷》卷一百，中国书店 1937 年版。

③ 参见浦起龙：《史通通释》卷十二，商务印书馆 1930 年版。

映。司马光对中国史学的贡献，铸就了他在中国史学史上崇高的历史地位。

最后，还须交代一下司马光写《资治通鉴》既不写上古，又不写后周之灭，止于禅让之前，一部通史，无头无尾，总给人以遗憾，其实这正是司马光的用心处。《资治通鉴》始于周威烈王命韩、赵、魏三家为诸侯，由此写了一篇史论，批评周王违背了名与器不可假人的礼，开启了礼坏乐崩，表明司马光维护帝王权威，臣下不可越礼犯分的思想。《资治通鉴》下限不书宋周禅代，既为本朝回护，隐讳赵匡胤从孤儿寡母手中夺权的尴尬，也为自己避免触讳，少惹麻烦。中国历史上的文字狱，历史学家首当其冲，因此我们不能苛责司马光去效法南史氏。由此可知，《资治通鉴》无头无尾，皆寓意良深，这也曲折地反映了中国封建社会的某种特色吧！著名史学大家有如司马光者，也未敢轻越雷池一步！

凡 例

本书《资治通鉴（文白对照本）》，为作者积数十年研究古典文献，独家创造的新式古籍整理四种样式之一。新式古籍整理的四种样式为：一、白话本；二、新注本；三、文白对照本；四、全本注译。四种样式针对社会广大读者不同层式读者的需要制作，独家创造的新式整理的宗旨，或称最大亮点，就是熔宏观阐释思想内涵与传统微观解读字词句意于一炉。本书文白对照本的具体内容为五条凡例如次：

一、本书《资治通鉴（文白对照本）》的语译，以白话直译为主，个别地方意译或串释，力求信、达、雅。

二、历史人物最核心的是各朝各代的国君，只按随文直译为某王、某帝、皇上、皇帝，行文展开，往往不辨东西。时代、国别、身份变化要有明确的专称标识。本书语译的技术处理大体上是：对话中随文语译按当时说话人口吻称谓某王、某帝、皇上、皇帝，而在陈述语的译文中，按《资治通鉴》称谓的基础上参照通行的《中国历史纪年表》人物专称增补朝代、国名等作规范语译，如汉朝皇帝用汉高帝、汉惠帝、汉文帝、汉景帝、汉武帝等，增补了“汉”字，余类推。大段陈述语，第一次用了专称，随后也可用皇上、皇帝指代，使行文简洁而又等同专称。特殊专称，随文加注，如吕太后。此外，译文逐年补上了王公纪年与年号。如此处理，译文畅达、鲜明、历史线索清晰，读者随文认识历史人物而不致淆乱。

三、宏观阅读，语译者增加了四项辅助资料。书前“导论”，评介《资治通鉴》；行文中有三项：每卷开头有“大事提要”，卷后有“点评”，行文中插入结构段意。“大事提要”与“点评”，有话则长，无话则短，行文自如，不拘一格，引领读者进入宏观阅读体悟原著思想内涵的提示作用即可。

四、译文的年、月、日，按陈垣的《二十史朔闰表》一一对照推出，用公元与干支双轨标识。干支指代中国历史的年、月、日。纪日的规范译文作“某月某日某干支”，例：“七月初五丙申”。原文纪日有误，译文即作“某月某干支日”，例：“七

月丁卯日”，即指七月没有“丁卯”这一天，原文有误，存疑待考，译文不作考证。若加有方括号的译文，即已对原文作了修正。

五、排版技术处理。原文与译文简体横排，双页原文，单页译文，在一个平面上对照鲜明，每卷“大事提要”单页起。《资治通鉴》原文宋体，原文中“臣光曰”等评论用仿宋体。辅助资料四项，书前“导论”用宋体；行文中三项：“大事提要”“段意”“点评”均用楷体。书眉直排，标识目录，如此处理，行文阅读，脉络清晰，读者查询，一目了然。

资治通鉴序御制

【原文】

朕惟君子多识前言往行以畜其德，故能刚健笃实，辉光日新。《书》亦曰：“王，人求多闻，时惟建事。”《诗》、《书》、《春秋》，皆所以明乎得失之迹，存王道之正，垂鉴戒于后世者也。

【语译】

朕知道君子非常重视借鉴前人的言谈与行事，用以修养品德，所以能够刚强坚实，光辉日新。《尚书》上说：“作为君王，要学识博闻，时时贯彻在行事之中。”《诗经》《尚书》《春秋》，均是阐明得失的轨迹，保存王道的正统，留给后人借鉴和训诫的著作。

汉司马迁紬石室金匮之书，据左氏《国语》，推《世本》、《战国策》、《楚汉春秋》，采经摭传，罔罗天下放失旧闻，考之行事，驰骋上下数千载间，首记轩辕，至于麟止，作为纪、表、世家、书、传，后之述者不能易此体也。惟其是非不谬于圣人，褒贬出于至当，则良史之才矣。

汉代司马迁阅读和采摭石室金匮收藏的图书档案，依据左氏《国语》，广采《世本》《战国策》《楚汉春秋》等典籍，引用经书，拾取百家传记，收罗天下遗散的历史传闻，考察事件发生的根源和发展过程，纵横比较，载述了由古到今几千年的历史，开篇记载黄帝轩辕氏，下至西汉获麟而止，创作本纪、表、世家、书、列传，使后代载述历史的作者不改变这种纪传体例。由于司马迁判断是非不与圣人相悖，褒贬十分中肯恰当，真是一个优秀的史学家。

若稽古英考，留神载籍，万机之下，未尝废卷。尝命龙图阁直学士司马光论次历代君臣事迹，俾

父皇英宗，酷爱典籍，日理万机之暇，从未停止读书。曾诏令龙图阁直学士司马光载述历代君王大臣的事迹，让

就秘阁缗阅，给吏史笔札，起周威烈王，讫于五代。光之志以为周积衰，王室微，礼乐征伐自诸侯出，平王东迁，齐、楚、秦、晋始大，桓、文更霸，犹托尊王为辞以服天下；威烈王自陪臣命韩、赵、魏为诸侯，周虽未灭，王制尽矣！此亦古人述作造端立意之所繇也。其所载明君、良臣，切摩治道，议论之精语，德刑之善制，天人相与之际，休咎庶证之原，威福盛衰之本，规模利害之效，良将之方略，循吏之条教，断之以邪正，要之于治忽，辞令渊厚之体，箴谏深切之义，良谓备焉。凡十六代，勒成二百九十四卷，列于户牖之间而尽古今之统，博而得其要，简而周于事，是亦典刑之总会，册牍之渊林矣。

他在皇家秘阁翻阅文献档案，提供助手官吏、纸墨笔砚，编撰起自周烈王、讫于五代的编年史。司马光的识见认为，周朝积弱，王室衰微，礼乐仪制和军事征讨都由诸侯肆意妄为；周平王被迫东迁国都，齐国、楚国、秦国、晋国日益强大，齐桓公、晋文公相继称霸，尚且还要假借尊崇周王为辞以收服天下人心；但到了周烈王任命诸侯的臣子韩氏、赵氏、魏氏三家为诸侯之时，周朝虽然没有灭亡，而王室制度权威却已丧失殆尽！这就是司马光开篇的起点合于古人著书立说宗旨的缘由。书中记载圣明君王、贤良大臣、切磋治国之道，议论中的精言妙语，道德、刑法的优良，上天与人世的关系，吉凶善恶的原因，作威作福兴衰的根本，计划利害的效果，优秀将帅的战略，清廉官吏的理政，用邪恶与正义为标准作判断，从治绩与怠惰中抓要领，直到行文渊博厚实的文体，劝谏用语的义理，堪称完备无缺。《资治通鉴》全书共记载十六个朝代，编纂成二百九十四卷，放在室中案头之上而全知古今的道统，内容广博而抓住要害，记载简明而周详的事件，可以称作是历代典制法规的大全，典册文献全书。

荀卿有言：“欲观圣人之迹，则于其粲然者矣，后王是也。”若夫汉之文、宣，唐之太宗，孔子所谓“吾无间焉”者。自馀治世盛王，有惨怛之爱，有忠利之教，或知人善任，恭俭勤畏，亦各得圣贤

荀况曾经说：“想要观察圣人的行迹，就要找出其中出类拔萃的人，正是后代的贤王。”说到那汉朝的文帝、宣帝，唐朝的太宗，就是孔子所说“我无可批评”的人啊。其他太平治世享有盛名的君王，有忧国忧民仁爱之心的，有

之一体，孟轲所谓“吾于《武成》取二三策而已”。至于荒坠颠危，可见前车之失；乱贼奸宄，厥有履霜之渐。《诗》云：“商鉴不远，在夏后之世。”故赐其书名曰《资治通鉴》，以著朕之志焉耳。

忠贞利民擅长教诲的，有知人善任、勤俭谨慎的，也各自取得圣贤的一个方面，恰如孟轲所说“我对于《武成》只取其中的二三成罢了”。至于荒淫败亡之君，可使我们得到前车之鉴；乱臣贼子，则给我们严寒将至的警惕。《诗经》说：“商朝的借鉴不远，就是夏朝的灭亡。”所以赐给司马光的书名为《资治通鉴》，用以表明朕的态度啊！

治平四年十月初开经筵，奉圣旨读《资治通鉴》。其月九日，臣光初进读，面赐御制序，令候书成日写入。

治平四年十月初次开设御前讲经，司马光奉圣旨讲读《资治通鉴》。这个月的初九日，臣司马光开始进读，皇帝当面赏赐御制序，诏令全书完成之日写入。

司马光进书表

【说明】《司马光进书表》，书题为语译者所加。表文直接紧接在全书正文之后，今提置于书前与宋神宗序文相接。司马光于元丰七年（1081 年）十一月进呈此表。表文署名司马光之后副署者四人略。

【原文】

臣光言：先奉敕编集历代君臣事迹，又奉圣旨赐名《资治通鉴》，今已了毕者。

伏念臣性识愚鲁，学术荒疏，凡百事为，皆出人下，独于前史，粗尝尽心，自幼至老，嗜之不厌。每患迁、固以来，文字繁多，自布衣之士，读之不遍，况于人主，日有万机，何暇周览！臣常不自揆，欲删削冗长，举撮机要，专取关国家盛衰，系生民休戚，善可为法，恶可为戒者，为编年一书，使先后有伦，精粗不杂，私家力薄，无由可成。

伏遇英宗皇帝，资睿智之性，

【语译】

臣司马光奏言：先是奉英宗皇帝敕命编纂历代君臣事迹，后又奉陛下圣旨赐予书名《资治通鉴》，如今全书完成。

臣低头沉思，悟性见识迟顿，学问荒疏，大凡做事，都不如常人，唯有对前代史籍用尽全力，粗略诵读，从幼年到老年，酷爱永不满足。经常忧虑自司马迁、班固以来，积累的史籍文字繁多，普通的文人学士都读不完，作为君主，日理万机，哪有空闲读完全部史籍！臣下时常不自量力，想要删削冗长的史籍，摘取大略要义，专注事关国家兴衰、情系百姓祸福，善良可以成为楷模，邪恶可以引为警戒的材料，改编为一部编年体史书，使历史事件先后有序，精华粗糙不相混杂，但个人力量单薄，无法成功。

臣幸遇英宗皇帝，禀赋睿智的天

敷文明之治，思历览古事，用恢张大猷，爰诏下臣，俾之编集。臣夙昔所愿，一朝获伸，踊跃奉承，惟惧不称。先帝仍命自选辟官属，于崇文院置局，许借龙图、天章阁、三馆、秘阁书籍，赐以御府笔墨缯帛及御前钱以供果饵，以内臣为承受，眷遇之荣，近臣莫及。不幸书未进御，先帝违弃群臣。陛下绍膺大统，钦承先志，宠以冠序，锡之嘉名，每开经筵，常令进读。臣虽顽愚，荷两朝知待如此其厚，陨身丧元，未足报塞，苟智力所及，岂敢有遗！会差知永兴军，以衰疾不任治剧，乞就冗官。陛下俯从所欲，曲赐容养，差判西京留司御史台及提举西京嵩山崇福宫，前后六任，仍听以书局自随，给之禄秩，不责职业。臣既无他事，得以研精极虑，穷竭所有，日力不足，继之以夜。遍阅旧史，旁采小说，简牍盈积，浩如烟海，抉擿幽隐，校计豪厘。上起战国，下终五代，凡一千三百六十二年，修成二百九十四卷；又略举事目，年经国纬，以备检寻，为《目录》三十卷；又参考群书，评其同异，俾归一涂，为《考异》三十卷：合三百五十四卷。自治平开局，迨今始成，岁月淹久，其间抵牾，不敢自保，罪负之重，固无所逃。臣光诚惶诚惧，顿首顿首。

性，实施文明的治理，想要纵览历代的事迹，借鉴大展宏图，于是给臣颁下诏令，编撰一部新史籍。这是臣早年以来的心愿，一旦获得实现的机会，高兴得争先恐后承受大命，唯恐不能称职。英宗先帝赐命臣下自选助手官吏，在崇文院设置修史书局，准许借用龙图阁，天章阁，史馆、昭文馆、集贤院等三馆，以及秘阁的书籍，赐给大内库藏的笔墨缯帛和皇宫钱币，供给果品、点心，指派宫内侍臣担任传接联络，关怀礼遇的荣耀，朝廷近臣都比不上，不幸书未完成进奉，英宗先帝便离开了群臣。陛下接续皇室大统，敬承先帝遗志，恩宠有加，亲笔撰写冠首序言，惠赐美好书名，时常开设解经读史的讲席，或进宫诵读。臣下尽管愚笨，却蒙受先帝与陛下两朝知遇之恩如此深厚，即便以身相殉，也不足以回报皇恩，只要臣下心力所能及，岂敢有所遗漏！适逢差遣臣下出知永兴军，因衰老疾病不能胜任繁重事务，乞求就任清闲散官。陛下屈尊俯从臣下请求，准许从容调养，差遣西京留司御史台，以及提举西京嵩山崇福宫，前后六次调任，都允许书局跟随，给予俸禄官位，却不承担职位事务。臣下既然没了职位事务，有了时间，得以聚精会神尽力思考，使尽全力著述，白天没有做完的事，夜里接着干。读遍所有史籍，旁采小说野史，文献典籍的简牍，堆积如山，浩如烟海。从中探发幽隐奥秘，摘出有用资料，考校细微异同。上起战国，下至五

代，上下一千三百六十二年，撰成全书二百九十四卷；又概括列举事件要目，以编年为纲，以国家大事为内容，用以备查寻索，编成“目录”三十卷；又参考群书，评判异同，使之归于一致，撰为“考异”三十卷；合计三百五十四卷。从治平年间开设书局，到今书成，岁月悠久（按：历经十九年），书中抵牾之处，臣不敢担保全无，罪责深重，确实不可逃避责任。臣司马光诚惶诚恐，叩头再叩头。

重念臣违离阙庭，十有五年，虽身处于外，区区之心，朝夕寤寐，何尝不在陛下之左右！顾以驽蹇，无施而可，是以专事铅椠，用酬大恩，庶竭涓尘，少裨海岳。臣今骸骨癯瘁，目视昏近，齿牙无几，神识衰耗，目前所为，旋踵遗忘，臣之精力，尽于此书。伏望陛下宽其妄作之诛，察其愿忠之意，以清闲之宴，时赐省览，监前世之兴衰，考当今之得失，嘉善矜恶，取是舍非，足以懋稽古之盛德，跻无前之至治，俾四海群生，咸蒙其福，则臣虽委骨九泉，志愿永毕矣。

臣反复思虑，离开宫廷已有十五年，虽然身在朝外，但拳拳之心，早晚梦境，未曾离开陛下身边！臣自我估量才能低下，不会做事，所幸还能撰述，用此专长以报皇恩，竭尽涓涓细流与微末粒尘，对大海高山也稍有裨益。臣如今瘦弱憔悴，眼力昏花，牙齿无几，精神记忆衰弱，当前做事，转身便遗忘，臣的一生精力，全耗尽在这部书中。臣拜伏期望陛下宽恕写得不好的责罚，体察一片忠诚的心意，在清闲安乐的时候，时常垂顾省阅浏览，借鉴前世的兴衰，考察当今的得失，嘉奖善良，惩治邪恶，抉择正确，舍弃谬误，足以发扬古代的大德，达到空前的大治，使得天下黎民百姓，全都蒙受福佑，那么臣即便尸骨弃置九泉之下，可以说是臣毕生志愿的圆满归宿。

谨奉表陈进以闻。臣光诚惶诚惧，顿首顿首，谨言。

臣司马光上表

谨奉表章进呈陛下知晓。臣司马光诚惶诚恐，叩头再叩头，恭谨奏言。

臣司马光奏表

第一册目录

卷第一　周纪一

周威烈王二十三年至烈王七年（前 403—前 369 年）…… 1

卷第二　周纪二

周显王元年至四十八年（前 368—前 321 年）…… 31

卷第三　周纪三

周慎靓王元年至赧王十七年（前 320—前 298 年）…… 63

卷第四　周纪四

周赧王十八年至四十二年（前 297—前 273 年）…… 93

卷第五　周纪五

周赧王四十三年至五十九年（前 272—前 256 年）…… 127

卷第六　秦纪一

秦昭襄王五十二年至秦始皇帝十九年（前 255—前 228 年）…… 161

卷第七　秦纪二

秦始皇帝二十年至秦二世皇帝元年（前 227—前 209 年）…… 205

卷第八　秦纪三

秦二世皇帝二年至三年（前 208—前 207 年）…… 245

卷第九　汉纪一

汉高帝元年至二年（前 206—前 205 年）…… 281

卷第十　汉纪二

汉高帝三年至四年（前204—前203年）…… 315

卷第十一　汉纪三

汉高帝五年至七年（前202—前200年）…… 349

卷第十二　汉纪四

汉高帝八年至汉惠帝七年（前199—前188年）…… 385

卷第十三　汉纪五

吕太后元年至汉文帝前元二年（前187—前178年）…… 425

卷第十四　汉纪六

汉文帝前元三年至前元十年（前177—前170年）…… 463

卷第十五　汉纪七

汉文帝前元十一年至汉景帝前元二年（前169—前155年）…… 497

卷第十六　汉纪八

汉景帝前元三年至后元三年（前154—前141年）…… 533

周纪一

周威烈王二十三年至烈王七年（前 403—前 369 年）

【起著雍摄提格（戊寅，前 403 年），尽玄黓困敦（壬子，前 369 年），凡三十五年】

【大事提要】

本卷为《资治通鉴》开篇，记事起前 403 年，讫前 369 年，凡三十五年，当周威烈王二十三年至周烈王七年。本卷所载大事，主要有五个方面：其一，周威烈王册封韩、赵、魏三家为诸侯，周王室丢失了名分，受到司马光的批评，这标志德义时代的终结，王室权威坠地。其二，韩、赵、魏三家灭智氏而分晋，智伯最强，却恃才傲物，不修德义而亡，也受到了司马光的批评。其三，魏文侯任贤使能而称霸。吴起遇贤君得以发挥才智为国立功，带兵打仗，天下无敌。后来，吴起遇昏君，声名受诽谤，最终以悲剧结局。其四，写魏武侯不立嫡子，死后诸子争位导致魏国差点灭亡，说明家天下太子为国本的道理。其五，本卷穿插豫让报知己，聂政刺韩相侠累，颂扬义士。总之，本卷记事以德义二字贯穿始终。

【原文】

威烈王

二十三年（戊寅，前 403 年）

初命晋大夫魏斯、赵籍、韩虔为诸侯。

臣光曰：臣闻天子之职莫大于礼，礼莫大于分，分莫大于名。何谓礼？纪纲是也。何谓分？君臣是也。何谓名？公、侯、卿、大夫是也。

夫以四海之广，兆民之众，受制于一人，虽有绝伦之力，高世之智，莫不奔走而服役者，岂非以礼为之纪纲哉！是故天子统三公，三公率诸侯，诸侯制卿大夫，卿大夫治士庶人。贵以临贱，贱以承贵。上之使下犹心腹之运手足，根本之制支叶，下之事上犹手足之卫心腹，支叶之庇本根，然后能上下相保而国家治安。故曰天子之职莫大于礼也。

文王序《易》，以《乾》《坤》为首。孔子系之曰："天尊地卑，乾坤定矣，卑高以陈，贵贱位矣。"言君臣之位犹天地之不可易也。《春秋》抑诸侯，尊王室，王人虽微，序于诸侯之上，以是见圣人于君臣之际未尝不惓惓也。非有桀、纣之暴，汤、武之仁，人归之，天命之，君臣之分当守节伏死而已矣。是故以微子而代纣则成汤配天矣，以季札而君吴则太伯血食矣。然二子宁亡国而不为者，诚以礼之大节不可乱也。故曰礼莫大于分也。

夫礼，辨贵贱，序亲疏，裁群物，制庶事。非名不著，非器不形。名以命之，器以别之，然后上下粲然有伦，此礼之大经也。名器既亡，则礼安得独在哉！昔仲叔于奚有功于卫，辞邑而请繁缨，孔子以为不如多与之邑。惟名与器，不可以假人，君之所司也；政亡则国家从之。卫君待孔子而为政，孔子欲先正名，以为名不正则民无所措手足。

【语译】

威烈王

周威烈王二十三年（戊寅，前403年）

本年起始册命晋国大夫魏斯、赵籍、韩虔为诸侯。

臣司马光评论说：臣听说天子职掌的事务，没有什么比礼还要重大的；说到礼，没有什么比规定上下名分更重大的；说到名分，没有什么比名位更重要的。什么是礼呢？作为规矩法度的纪纲就是礼。什么叫名分呢？君臣上下就是名分。什么叫名位呢？公、侯、卿、大夫就是名位。

全天下广阔的疆土，生活着的亿万民众，都要接受天子一个人的统治，即使有超凡绝伦的气力，盖过一世之人的才智，没有不为天子奔走服役的，难道不是用礼的纪纲维系吗？所以天子统带三公，三公率领诸侯，诸侯制控卿大夫，卿大夫治理士人和庶民。尊贵的高高在上，临视低贱的，而低贱的奉承尊贵的；在上位的指使在下位的，如同心腹使唤手脚动作、树根树干控制树枝树叶一样；而下位的侍奉在上位的，如同手脚护卫心腹、树枝树叶庇荫树干树根一样。只有这样，才能上下相保，国家才能得到治理、安定。所以说天子的职事没有比维护礼更重要的啊！

周文王编次《周易》卦位，把乾、坤两卦放在首位，孔子作《系辞》说："天高地低，乾尊坤卑的地位便安定了。地卑天尊已经排定，天贵地贱也就定位了。"这就是说君在上臣在下的位置如同天尊地卑一样是不可改变的。《春秋》贬抑诸侯，尊重王室，周王室的势力虽已衰微，而地位仍在诸侯之上，由此可见圣人对君臣的上下关系从来都是念念不忘的。如果没有像夏桀、商纣的残暴，商汤、周武王的仁厚，人心归附，天意安排，君与臣的名分，只能是君辱臣死而已。所以如果让微子启替代纣为商王的话，那么成汤就永远是商的祖先，享受与天同样的祭祀，如果以季札为吴国国君，那么太伯就永远被供奉在宗庙享受血食。然而这两个人宁愿亡国也不做国君的原因，实在是因为礼的规矩不可以被扰乱。所以说，礼之中没有什么比上下名分更重要的。

礼，是用来分辨贵贱等级，序列亲疏关系，裁定一切事物，规定各种事务的，没有名号就无法称谓，没有器物就不能显现；所以用名号来称呼，用器物来分别，然后上下尊卑井然有序，这就是礼的大义。如果名号和器物都抛弃了，那么礼制又怎么能够独自存在呢？先前仲叔于奚有功于卫国，他辞去赏赐给他的食邑，而请求赏一个马腹带上的装饰繁缨。孔子认为宁可多赏给他食邑，只有名号和器物不可以随便给人，这是国君要牢牢掌管的。如果政治权力

夫繁缨，小物也，而孔子惜之；正名，细务也，而孔子先之；诚以名器既乱则上下无以相保故也。夫事未有不生于微而成于著，圣人之虑远，故能谨其微而治之，众人之识近，故必待其著而后救之；治其微则用力寡而功多，救其著则竭力而不能及也。《易》曰："履霜坚冰至"，《书》曰："一日二日万几"，谓此类也。故曰分莫大于名也。

呜呼！幽、厉失德，周道日衰，纲纪散坏，下陵上替，诸侯专征，大夫擅政。礼之大体什丧七八矣，然文、武之祀犹绵绵相属者，盖以周之子孙尚能守其名分故也。何以言之？昔晋文公有大功于王室，请隧于襄王，襄王不许，曰："王章也。未有代德而有二王，亦叔父之所恶也。不然，叔父有地而隧，又何请焉！"文公于是惧而不敢违。是故以周之地则不大于曹、滕，以周之民则不众于邾、莒，然历数百年，宗主天下，虽以晋、楚、齐、秦之强不敢加者，何哉？徒以名分尚存故也。

至于季氏之于鲁，田常之于齐，白公之于楚，智伯之于晋，其势皆足以逐君而自为，然而卒不敢者，岂其力不足而心不忍哉，乃畏奸名犯分而天下共诛之也。今晋大夫暴蔑其君，剖分晋国，天子既不能讨，又宠秩之，使列于诸侯，是区区之名分复不能守而并弃之也。先王之礼于斯尽矣！

或者以为当是之时，周室微弱，三晋强盛，虽欲勿许，其可得乎！是大不然。夫三晋虽强，苟不顾天下之诛而犯义侵礼，则不请于天子而自立矣。不请于天子而自立，则为悖逆之臣。天下苟有桓、文之君，必奉礼义而征之。今请于天子而天子许之，是受天子之命而为诸侯也，谁得而讨之！故三晋之列于诸侯，非三晋之坏礼，乃

丢失了，那么国家随后将被灭亡。卫国国君把国政交给孔子治理，孔子要做的首先就是正名分，认为名分不正则民连手脚都不知道该放在哪里。

说到繁缨，只是一个小器物，而孔子十分珍惜它；正名分，只是一件小事务，而孔子却要首先实行它。实在是因为如果把名分和器物的规矩搞混乱了，那么君臣上下的正常关系就不可能保持啊。一切事物没有不是从细微处发生而日益壮大的。圣人考虑长远，所以才能谨慎地在事态隐微时就治理它；一般人的见识浅薄，所以一定要等到事态显现之后才去救治它。在隐微时就着手治理，那么用力少而功效大；在显现时才去救治，那么竭尽力量也往往不能奏效。《周易》说："当踩在下霜的地面时，就知道结冰的严寒快到了。"《尚书》说："每天都有隐微的苗头发生。"说的就是这类情况。所以说名分之中没有什么比名位更重大的。

唉！周幽王、周厉王失去大德，周朝的政治一天天衰败，纲纪破坏，居下位的侵凌居上位的，居上位的权力衰落，诸侯专擅征伐大权，大夫专擅诸侯的国政，礼制的规范十之七八已经丧失。然而周文王、周武王的宗庙祭祀仍能绵绵不断，原因是周朝的子孙们还能恪守名分啊。为什么这样说呢？从前，晋文公为周王室立有大功，向周襄王请求死后能像周王一样享用由隧道下葬棺柩的礼仪，周襄王不允许，说："这是下葬天子的规矩啊。没有取代周室的德行而有两个天子，这也是叔父你所厌恶的。不然的话，叔父你自己在辖地上挖一条下葬的隧道，又何必来请示呢！"晋文公因此惶惧而不敢违抗。所以，论周王的辖地不比曹国、滕国大，说到周王的民众不比邾国、莒国多，然而经历了几百年，仍旧为天下宗主，即使像晋、楚、齐、秦那样的强国也不敢侵凌它，是什么原因呢？只是因为名分还存在的缘故啊。

说到鲁国的季氏、齐国的田常、楚国的白公、晋国的智伯，他们的势力都足以驱逐国君而自立，然而最终没敢这样做，难道是他们势力不够或良心不忍吗？只不过是惧怕冒犯名分而招致全天下的共同讨伐啊。现如今晋国大夫侵凌、蔑视他们的国君，瓜分晋国，天子既不能讨伐他们，反而宠爱、授给他们爵秩，让他们位列诸侯，就这样，周王连这一点点名分也守不住，把它丢弃了，先王的礼制也就完全丧失了。

有人认为那个时候周王室衰微积弱，三晋韩、赵、魏强大力盛，虽然想不给他们名号，但哪能做得到呢！这种说法大错特错。韩、赵、魏虽然强盛，假如他们不顾忌全天下人的诛讨而侵犯礼，那么就不会向周天子请示而直接自立为诸侯。不向周天子请示而自立，那就成为犯上作乱的悖逆之臣。天下如果有齐桓公、晋文公那样的国君，一定会尊奉礼而征讨他们。如今是他们请示了周

天子自坏之也。乌呼！君臣之礼既坏矣，则天下以智力相雄长，遂使圣贤之后为诸侯者，社稷无不泯绝，生民之类糜灭几尽，岂不哀哉！

（以上为第一段，写前403年周烈王册命韩、赵、魏三家为诸侯，为《资治通鉴》的开端。“臣光曰”批评周天子丢失名分，是德义时代的终结。）

初，智宣子将以瑶为后，智果曰：“不如宵也。瑶之贤于人者五，其不逮者一也。美鬓长大则贤，射御足力则贤，伎艺毕给则贤，巧文辩慧则贤，强毅果敢则贤；如是而甚不仁。夫以其五贤陵人而以不仁行之，其谁能待之？若果立瑶也，智宗必灭。”弗听，智果别族于太史，为辅氏。

赵简子之子，长曰伯鲁，幼曰无恤。将置后，不知所立。乃书训戒之辞于二简，以授二子曰：“谨识之！”三年而问之，伯鲁不能举其辞；求其简，已失之矣。问无恤，诵其辞甚习，求其简，出诸袖中而奏之。于是简子以无恤为贤，立以为后。

简子使尹铎为晋阳，请曰：“以为茧丝乎？抑为保障乎？”简子曰：“保障哉！”尹铎损其户数。简子谓无恤曰：“晋国有难，而无以尹铎为少，无以晋阳为远，必以为归。”

及智宣子卒，智襄子为政，与韩康子、魏桓子宴于蓝台。智伯戏康子而侮段规。智国闻之，谏曰：“主不备难，难必至矣！”智伯曰：“难将由我。我不为难，谁敢兴之！”对曰：“不然。《夏书》有之：‘一人三失，怨岂在明，不见是图。’夫君子能勤小物，故无大患。今主一宴而耻人之君相，又弗备，曰‘不敢兴难’，无乃不可乎！蚋、蚁、蜂、虿，皆能害人，况君相乎！”弗听。

智伯请地于韩康子，康子欲弗与。段规曰：“智伯好利而愎，不与，将伐我；不如与之。彼狃于得地，必请于他人；他人不与，必向之以兵。然则我得免于患而待事之变矣。”康子曰：“善。”使使者致万家之邑于智

天子而得到允许，接受天子的册命被立为诸侯，谁也不能够去讨伐他们了。所以韩、赵、魏列为诸侯，不是韩、赵、魏破坏了礼制，而是周天子自己破坏了礼制。唉！君臣上下的礼制已经破坏了，那么天下的人就以智谋实力互相争雄争长了。于是使圣贤的后代原来为诸侯的，国家没有不被灭亡的，天下民众离散死亡差不多全完了，这难道不使人哀痛吗！

起初，智宣子将以儿子智瑶为继承人，族人智果说："不如智宵。智瑶超过别人有五个方面，他不如别人只有一个方面。鬓发好看身材高大超过别人，射箭驾车力气大超过别人，技能全面娴熟超过别人，巧于文辞能言善辩超过别人，刚强果断超过别人。有这些优点却不仁爱宽厚。智瑶用这五个方面的优势欺压人却不仁爱宽厚，还有谁能够宽容他？如果立智瑶为继承人，智氏宗族一定遭到灭亡。"智宣子不听从智果的意见。智果便在掌管族氏的太史那里另外登记了族氏，叫作辅氏。

赵简子的儿子，长子名叫伯鲁，幼子名叫无恤，赵简子将要确立继承人，不知道立谁为好，便把训诫写在两个竹简上，分别交给两个儿子，说道："认真记住这诫辞。"过了三年问他们，伯鲁不能背诵出训诫的文辞；要他交出书写训诫的竹简，伯鲁已经丢失了。再问无恤，无恤流利地背诵了训诫；要他交出竹简，他在衣袖里拿出来交给赵简子。于是赵简子认为无恤贤能，确立他作为继承人。

赵简子委派尹铎去治理晋阳，尹铎请示问道："是要像抽取茧丝一样，不停地征收百姓的赋税呢？还是像筑堡垒屏障一样，不断地加固它，使百姓财物日益丰厚呢？"赵简子回答说："那就筑堡垒屏障吧！"尹铎便减少晋阳的居民户数，以减少税额。赵简子对无恤说："晋国一旦有危难，你一定不要小看尹铎，不要认为晋阳远，一定要把它当作依靠。"

智宣子死了之后，智襄子掌管国家政事，有一次，他与韩康子、魏桓子在蓝台宴会。智伯瑶戏弄韩康子而且侮辱韩康子的家相段规。智果听到这件事，便规劝智伯瑶说："您不防备祸难，祸难一定要到来！"智伯瑶回答说："祸难将由我发起。我不发起祸难，谁敢兴起祸难！"智果又说："不是这样。《夏书》里说：'一个人有了多次失误，就埋下了积怨，难道积怨是明显地产生吗？积怨是悄悄发生的。'君子能在小事上谨慎，就能避免大的祸难。现今主公在一次宴会上就羞辱了别人家的君和相，而又不防备，还说'谁敢兴起祸难'，恐怕是不可以的吧！蚋、蚁、蜂、虿这些小虫都能毒害人，何况是人家的君和相呢！"智伯瑶没有听取。

智伯瑶向韩康子索要土地，韩康子不想给他。段规说："智伯贪利而且固执，不给他土地，他就要侵伐我们，不如给他土地。他得了土地而贪婪傲慢，一定还会向别人索要土地，别人不给，他一定对其用兵强取，然后，我们能够免除祸患而等待

伯。智伯悦。又求地于魏桓子，桓子欲弗与。任章曰：“何故弗与？”桓子曰：“无故索地，故弗与。”任章曰：“无故索地，诸大夫必惧；吾与之地，智伯必骄。彼骄而轻敌，此惧而相亲；以相亲之兵待轻敌之人，智氏之命必不长矣。《周书》曰：‘将欲败之，必姑辅之。将欲取之，必姑与之。’主不如与之，以骄智伯，然后可以择交而图智氏矣，奈何独以吾为智氏质乎！”桓子曰：“善。”复与之万家之邑一。

智伯又求蔡、皋狼之地于赵襄子，襄子弗与。智伯怒，帅韩、魏之甲以攻赵氏。襄子将出，曰：“吾何走乎？”从者曰：“长子近，且城厚完。”襄子曰：“民罢力以完之，又毙死以守之，其谁与我！”从者曰：“邯郸之仓库实。”襄子曰：“浚民之膏泽以实之，又因而杀之，其谁与我！其晋阳乎，先主之所属也，尹铎之所宽也，民必和矣。”乃走晋阳。

三家以国人围而灌之，城不浸者三版；沈灶产蛙，民无叛意。智伯行水，魏桓子御，韩康子骖乘。智伯曰：“吾乃今知水可以亡人国也。”桓子肘康子，康子履桓子之跗，以汾水可以灌安邑，绛水可以灌平阳也。𫄨疵谓智伯曰：“韩、魏必反矣。”智伯曰：“子何以知之？”𫄨疵曰：“以人事知之。夫从韩、魏之兵以攻赵，赵亡，难必及韩、魏矣。今约胜赵而三分其地，城不没者三版，人马相食，城降有日，而二子无喜志，有忧色，是非反而何？”明日，智伯以𫄨疵之言告二子，二子曰：“此夫谗人欲为赵氏游说，使主疑于二家而懈于攻赵氏也。不然，夫二家岂不利朝夕分赵氏之田，而欲为危难不可成之事乎！”二子出，𫄨疵入曰：“主何以臣之言告二子也？”智伯曰：“子何以知之？”对曰：“臣见其视臣端而趋疾，知臣得其情故也。”智伯不悛。𫄨疵请使于齐。赵襄子使张孟谈潜出见二子，曰：“臣闻唇亡则齿寒。今智伯帅韩、魏以攻赵，赵亡则韩、魏为之次矣。”二子曰：“我心知其然也；恐事未遂而谋泄，则祸立至矣。”张孟谈曰：“谋出二主之口，入臣之耳，何伤也！”二子乃潜与张孟谈约，为之期日而遣之。襄子夜使人杀守堤之吏，而决水灌智伯军。智伯军救水而乱，韩、魏翼而击之，襄子将卒犯其前，大败智伯之众，遂杀智伯，尽灭智氏之族。唯辅果在。

事态的变化。”康子说：“好。”就派使者割让给智伯万家的县邑。智伯很高兴，又向魏桓子索要土地，魏桓子不想给。魏桓子的相任章说：“为什么不给他？”桓子说：“无缘无故索要土地，所以不给。”任章说：“智伯无缘无故索要土地，各位大夫必然惧怕，我们给了智伯土地，他一定骄傲，他骄傲而后轻敌，各位大夫却因惧怕而互相团结；以互相团结的兵众对付轻敌的人，智氏的命运一定不会长久。《周书》上说：‘要想打败他，一定要先辅助他。要想取得，一定要先给予。’您不如给他土地，以使智伯骄慢，然后我们可以选择同盟而图谋智伯。为什么要把我们魏氏当作智伯的箭靶子呢！”魏桓子说：“很好。”这样魏桓子又给了智伯一万家的县邑。

智伯又向赵襄子索要蔡、皋狼两邑的土地，赵襄子不给他。智伯大怒，率领韩、魏的甲卒进攻赵氏。襄子将要出逃，问身边的人：“我到哪里去呢？”随从的人说：“长子县路程最近，而且城墙厚实完好。”襄子说：“那里的民众竭尽全力修筑好城邑，又要他们拼死命去守护它，还有谁会与我同心同力！”随从的人又说：“邯郸的仓库充实，可以到那里去。”襄子说：“榨取了人民的脂膏而充实了仓库，又因仓库充实而让战争杀死他们，还有谁会与我同心同力！恐怕还是去晋阳好，先主嘱咐过的，尹铎治理宽厚，那里的民众一定团结。”于是便逃往晋阳。

智伯、魏桓子、韩康子三家联合包围并放水淹灌晋阳，晋阳城墙没有被淹没的只剩下三版六尺高，城中的炉灶被淹没并聚集了青蛙，城里的民众却没有背叛的意思。智伯乘车察看水势，魏桓子为他御车，韩康子手持武器坐在车子的右边为骖乘。智伯得意地说：“我今天才知道水可以灭亡别人的国家。”魏桓子听了这话后，用胳膊肘顶触了一下韩康子，韩康子也用脚踩了一下魏桓子的脚背，因为汾水可以淹灌魏氏的安邑，而绛水可引去淹灌韩氏的平阳城。绨疵对智伯说：“韩、魏一定会反叛。”智伯问道：“你怎么知道他们要反叛？”绨疵说：“从人情事理推知的。我们胁迫韩、魏的兵众随从我们攻打赵氏，赵氏灭亡后，灾难一定会转到韩、魏头上。现在我们约定战胜了赵氏，三家瓜分赵氏的土地，晋阳城墙没有淹浸的只剩三版六尺高，城里的人宰食马肉，晋阳城的投降指日可待，而韩康子、魏桓子却没有高兴的表情，反而有忧虑的神色，这不是反叛的迹象又是什么呢？”第二天，智伯把绨疵的话告诉了韩康子、魏桓子，他们两人听了之后说：“这是说坏话的人在替赵氏游说，使大夫您怀疑我们两家，而松懈对赵氏的围攻。不是这样的，我们两家难道对早晚都会到手的赵氏土地不关心，而要想去做危险又不可能成功的事吗？”韩康子、魏桓子出来后，绨疵进去对智伯说：“主公为什么把我的话告诉他们二人？”智伯回答说：“你怎么知道的？”绨疵说：“我见他们二人打量我之后迅速地走开了，这是他们猜到我已察觉到了他们的想法的缘故。”智伯依然满不在乎。绨疵便请求出使到齐国去。赵襄子派自己的宰臣张孟谈为使，暗地里出城见韩康子、魏桓子，说：“我听

臣光曰：智伯之亡也，才胜德也。夫才与德异，而世俗莫之能辨，通谓之贤，此其所以失人也。夫聪察强毅之谓才，正直中和之谓德。才者，德之资也；德者，才之帅也。云梦之竹，天下之劲也；然而不矫揉，不羽括，则不能以入坚。棠溪之金，天下之利也；然而不镕范，不砥砺，则不能以击强。是故才德全尽谓之“圣人”，才德兼亡谓之“愚人”；德胜才谓之“君子”，才胜德谓之“小人”。凡取人之术，苟不得圣人、君子而与之，与其得小人，不若得愚人。何则？君子挟才以为善，小人挟才以为恶。挟才以为善者，善无不至矣；挟才以为恶者，恶亦无不至矣。愚者虽欲为不善，智不能周，力不能胜，譬如乳狗搏人，人得而制之。小人智足以遂其奸，勇足以决其暴，是虎而翼者也，其为害岂不多哉！夫德者人之所严，而才者人之所爱；爱者易亲，严者易疏，是以察者多蔽于才而遗于德。自古昔以来，国之乱臣，家之败子，才有余而德不足，以至于颠覆者多矣，岂特智伯哉！故为国为家者苟能审于才德之分而知所先后，又何失人之足患哉！

（以上为第二段，追书前453年，韩、赵、魏三家共灭智伯而分晋。至此，晋六卿只剩韩、赵、魏三家。继以“臣光曰”评论作结，指出智氏之灭，德不继其才故也，是以德重于才。）

三家分智氏之田。赵襄子漆智伯之头，以为饮器。智伯之臣豫让欲为之报仇，乃诈为刑人，挟匕首，入襄子宫中涂厕。襄子如厕心动，索之，获豫让。左右欲杀之，襄子曰：“智伯死无后，而此人欲为报仇，真义士也，吾谨避之耳。”乃舍之。豫让又漆身为癞，吞炭为哑。行乞于市，其妻不识也。行见其友，其友识之，为之泣曰：“以子之才，臣事赵

说唇亡齿寒。现今智伯率领韩、魏攻击赵氏，赵氏灭亡了，就要轮到韩、魏了。”韩康子、魏桓子说：“我们心里明白是这样，但是恐怕要做的事情还没有成算，计谋就泄露了，那样祸患立刻就会来临。”张孟谈说：“谋划出自你们二位大夫之口，入于我的耳，这有什么妨害？”韩康子、魏桓子便暗中与张孟谈约定了行动的日期，送张孟谈回到晋阳城。赵襄子在夜里派人杀死了守堤的官吏，决堤放水淹灌智伯的军队。智伯的军队忙于救水而散乱，韩、魏军从侧翼攻击智伯军，赵襄子率领士卒进击智伯军的前锋，把智伯的部众打的大败，杀了智伯，诛灭智氏全族。只有辅果因别立了族氏而得以保全。

臣司马光评论说：智伯的灭亡，是因为他的才干超过了品德。说到才与德是一个人两种不同的属性，而世俗的人没有谁能分辨，把才和德一并称之为贤，这正是把人看错的原因。耳聪目明、性情刚强果决叫有才能，性情正直、中庸和顺叫有品德。才能是品德的凭借，品德是才能的统帅。云梦泽出产的竹箭，是天下最强劲的好箭，然而箭杆不经过揉曲矫直，不安箭翎，不制括端，那么就不可能射穿坚硬的东西。棠谿出产的铁剑，是天下最锐利的宝剑，然而不经铸造，不经磨砺，就不能击刺强韧的东西。因此，才德全备的人称之为圣人，才德两缺的人称之为愚人，品德多于才能的人称之为君子，才能多于品德的人称之为小人。大体说来选取人才的原则是，假使不能有圣人、君子这样的人才供选取，与其得到小人，不如得到愚人。这是为什么呢？因为君子凭借才能而行善，小人凭借才能而作恶。凭借才能做善事的，善事没有做不到的；凭借才能做恶事的，恶事也没有做不到的。愚人虽想做不善的事，但他的智力不周全，才能不胜任，做不了恶，这如同尚在哺育幼子的母狗冲击人，人们能够制服它。小人的智力足以做成奸邪之事，勇力足以造成横暴，这是猛虎增添翅膀，他们的危害难道不是更大吗！品德是人们所敬重的，才能是人们所爱慕的；爱慕的东西人们容易去亲近它，敬重的事物人们容易疏远它，因此考察人才的人多数被才能所蒙蔽而对品德不留意。从古到今，邦国的乱臣，家庭的败子，他们都是才能有余而品德不足，以致亡国败家的实在太多了，难道只是智伯这一个人吗？所以治国理家的人如果能够明察才能与品德的区分，并知道把哪个放在首位，哪个放在后边，那么，哪有看错人的事发生呢！

韩、赵、魏三家瓜分了智氏的土地。赵襄子把智伯的头颅涂上油漆，作为饮酒的器皿。智伯的家臣豫让想替智伯报仇，于是扮成受了刑罚的犯人，带着匕首，混进赵襄子的住宅中涂刷厕所。赵襄子走进厕所时，心中有异样的感觉，便让人搜查厕所，抓到了豫让。赵襄子身边的人想要杀死豫让，赵襄子说：“智伯死了没有后代，这个人想为他报仇，是真正的义士啊，我小心回避他罢了。”于是放走了豫让。

孟，必得近幸。子乃为所欲为，顾不易邪？何乃自苦如此！求以报仇，不亦难乎？”豫让曰：“不可！既已委质为臣，而又求杀之，是二心也。凡吾所为者，极难耳。然所以为此者，将以愧天下后世之为人臣怀二心者也。”襄子出，豫让伏于桥下。襄子至桥，马惊；索之，得豫让，遂杀之。

襄子为伯鲁之不立也，有子五人，不肯置后。封伯鲁之子于代，曰代成君，早卒；立其子浣为赵氏后。襄子卒，弟桓子逐浣而自立；一年卒。赵氏之人曰：“桓子立非襄主意。”乃共杀其子，复迎浣而立之，是为献子。献子生籍，是为烈侯。魏斯者，魏桓子之孙也，是为文侯。韩康子生武子；武子生虔，是为景侯。

（以上为第三段，写豫让为知己报仇，赵襄子让国。）

魏文侯以卜子夏、田子方为师。每过段干木之庐必式。四方贤士多归之。

文侯与群臣饮酒，乐，而天雨，命驾将适野。左右曰：“今日饮酒乐，天又雨，君将安之？”文侯曰：“吾与虞人期猎，虽乐，岂可无一会期哉！”乃往，身自罢之。

韩借师于魏以伐赵。文侯曰：“寡人与赵，兄弟也，不敢闻命。”赵借师于魏以伐韩，文侯应之亦然。二国皆怒而去。已而知文侯以讲于己也，皆朝于魏。魏于是始大于三晋，诸侯莫能与之争。

使乐羊伐中山，克之；以封其子击。文侯问于群臣曰：“我何如主？”皆曰：“仁君。”任座曰：“君得中山，不以封君之弟而以封君之子，何谓仁君！”文侯怒，任座趋出。次问翟璜，对曰：“仁君。”文侯曰：“何以知之？”对曰：“臣闻君仁则臣直。向者任座之言直，臣是以知之。”文侯悦，使翟璜召任座而反之，亲下堂迎之，以为上客。

豫让又在身上涂上油漆长满癞疮，把炭吞进咽喉变成哑巴，在市上乞讨，他的妻子也认不出来。他后来在市上乞讨时，遇见了朋友，认出了他，朋友为他的惨状而哭泣，说："凭你的才能，臣服而侍奉赵襄子，一定会得到亲近宠信，你就这样去做你想报仇的事，难道不是很容易吗？你何必自讨苦吃成这样？还想报仇，不是很难的吗！"豫让说："既然舍身做了人家的臣属，而又想要杀死人家，这就是怀有二心啊，凡是我已经做过的都是堂堂正正的事，这是极难做到的。然而我之所以要这样做，就是要让天下后世做了人臣而又怀二心的人感到惭愧。"有一天赵襄子外出，豫让埋伏在桥下。当赵襄子到了桥上时，拉车的马惊恐起来，赵襄子搜查出豫让，终于把他杀了。

赵襄子因为哥哥伯鲁没有被立为主君，自己虽然有五个儿子，但不肯确立自己的儿子为继承人，就封伯鲁的儿子在代地，称为代成君。代成君死得早，又立代成君的儿子浣作为赵氏的继承人。赵襄子死了之后，赵襄子的弟弟桓子驱逐浣而自立为赵氏主君，一年之后便死了。赵氏的族人说："桓子自立不是赵襄子主君的本意。"于是，便共同杀死了桓子的儿子，又迎接浣回来为赵氏主君，浣就是赵献子。献子生赵籍，赵籍就是赵烈侯。魏斯，是魏桓子的孙子，他就是魏文侯。韩康子生武子，武子生虔，虔就是韩景侯。

魏文侯尊崇卜子夏、田子方为老师，每次车驾经过段干木的庐舍前一定手扶车轼俯首致敬，因此四方贤士多来归服他。

魏文侯与众臣一起喝酒，十分快乐，这时天却下起雨来，魏文侯命令车驾赶往郊外。他身边的人都说："今天饮酒正快乐，何况天又下起了雨，主君您想去哪里？"魏文侯说："我已和管山林的虞官约定了要打猎，即使现在很快乐，但怎么可以失约呢？"于是乘车前去，亲自告诉管山林的虞官因为下雨取消打猎。

韩国派人向魏国借兵要攻打赵国，魏文侯说："我与赵国是兄弟之邦，不能答应你们的要求。"赵国派人向魏国借兵去攻打韩国，魏文侯也像回答韩国的请求一样回答赵国。韩、赵二国的使者都气愤地离开魏国。不久都明白了魏文侯对邻国的友好，便都朝服魏国。魏国于是便在三晋中开始当了老大，诸侯国没有谁能与他争雄。

魏文侯派乐羊去攻打中山国，灭了中山，把它封给自己的儿子击。魏文侯问臣子们："我是怎样的国君？"臣子们都回答说："是仁爱的国君。"任座说："国君您取得了中山，不把它封给您的弟弟而把它封给自己的儿子，怎么能说是仁爱的国君！"魏文侯听了十分愤怒，任座赶快退出朝堂。魏文侯接着问翟璜，翟璜回答说："是仁爱的国君。"魏文侯说："你凭什么知道我是仁爱的国君？"翟璜回答说："我听说国君仁爱臣子就正直。刚才任座的话是那样的正直，我由此知道您是仁爱的国君。"

文侯与田子方饮，文侯曰："钟声不比乎？左高。"田子方笑。文侯曰："何笑？"子方曰："臣闻之，君明乐官，不明乐音。今君审于音，臣恐其聋于官也。"文侯曰："善。"

子击出，遭田子方于道，下车伏谒。子方不为礼。子击怒，谓子方曰："富贵者骄人乎？贫贱者骄人乎？"子方曰："亦贫贱者骄人耳，富贵者安敢骄人！国君而骄人则失其国，大夫而骄人则失其家。失其国者未闻有以国待之者也，失其家者未闻有以家待之者也。夫士贫贱者，言不用，行不合，则纳履而去耳，安往而不得贫贱哉！"子击乃谢之。

文侯谓李克曰："先生尝有言曰：'家贫思良妻；国乱思良相。'今所置非成则璜，二子何如？"对曰："卑不谋尊，疏不谋戚。臣在阙门之外，不敢当命。"文侯曰："先生临事勿让！"克曰："君弗察故也。居视其所亲，富视其所与，达视其所举，穷视其所不为，贫视其所不取，五者足以定之矣，何待克哉！"文侯曰："先生就舍，吾之相定矣。"李克出，见翟璜。翟璜曰："今者闻君召先生而卜相，果谁为之？"克曰："魏成。"翟璜忿然作色曰："西河守吴起，臣所进也。君内以邺为忧，臣进西门豹。君欲伐中山，臣进乐羊。中山已拔，无使守之，臣进先生。君之子无傅，臣进屈侯鲋。以耳目之所睹记，臣何负于魏成！"李克曰："子言克于子之君者，岂将比周以求大官哉？君问相于克，克之对如是。所以知君之必相魏成者，魏成食禄千钟，什九在外，什一在内；是以东得卜子夏、田子方、段干木。此三人者，君皆师之；子所进五人者，君皆臣之。子恶得与魏成比也！"翟璜逡巡再拜曰："璜，鄙人也，失对，愿卒为弟子。"

魏文侯听后十分高兴，便派翟璜去将任座请回朝堂，并亲自下堂迎接任座，待他为上客。

魏文侯与田子方一起饮酒，魏文侯说："钟声好像不和谐，编钟左边的音偏高。"田子方听后发笑。文侯问："你笑什么？"田子方说："我听说，国君应当明察追究乐官，不必去审订乐音。现今国君您对乐音明察秋毫，我担心您放松对乐官的管理。"文侯说："你说得好。"

魏文侯的儿子击一次外出，在路上遇见了田子方，便下车拜见问好。田子方不回礼，子击愤怒地对田子方说："是富贵的人以傲慢待人呢？还是贫贱的人以傲慢待人呢？"田子方说："只能是贫贱的人才可以傲慢待人罢了，富贵的人怎么敢以傲慢待人！身为国君而以傲慢待人就会失去国家，身为大夫而以傲慢待人就会失去家邦。失去国家的人没有听说有人以国家之礼对待他，失去家庭的人没有听说有人拿家庭之礼对待他。至于贫贱之士，他们的言论不被采用，他们的行事不合要求，就穿上鞋子一走了事，走到哪里都少不了的不就是贫贱罢了。"子击这才向田子方道歉。

魏文侯对李克说："先生你曾经说过这样的话：'家贫时依靠贤良的妻子；国乱时依靠贤能的丞相。'现今选择一位丞相不是魏成就是翟璜，这两位哪个更好些？"李克回答说："卑下的人不参与尊长的事务，疏远的人不参与亲近的事务。我远在宫廷之外，不敢参与评论。"魏文侯说："先生你对国家大事可不要推让！"李克说："这是主君不详细考察的缘故啊。对于臣下，平时要了解他所亲近的人，富有时要了解他所相交的人，显达时要了解他所举荐的人，卑贱时要了解他不谋求钻营，贫困时要了解他不贪取财物。了解这五个方面就足以选定丞相了，哪里还要等我李克来插嘴！"魏文侯说："先生你回府上休息吧，我的丞相已经选定了。"李克退出后，遇见翟璜。翟璜说："刚才听说主君请先生去商议选择丞相的事，究竟哪一位被选定？"李克说："魏成。"翟璜听后愤愤不平变了脸色，说："西河的守令吴起，是我推荐任用的。主君担忧国内的邺，我推荐了西门豹。主君想要攻伐中山国，我举用乐羊。中山攻克之后，缺一个守护的人，我举用先生你。主君的儿子没有老师辅导，我举荐了屈侯鲋。以这些大家听得见看得见的事实，我哪一点不如魏成呢！"李克说："你之所以在主君面前推荐我李克，难道是要结党营私谋取大权吗？主君现在向我李克询问谁可以当丞相，我李克就是如此回答的。我之所以能知道主君他一定会任用魏成为丞相，是因为魏成的食禄有千钟，其中十分之九使用在外结交贤士，只有十分之一使用在家内作生活费用。因此他在东边结交了卜子夏、田子方、段干木，这三个人，主君都把他们尊为老师。你所举荐的五个人，主君都把他们当作臣子。你怎能与魏成相比！"翟璜听后惭愧地踱步两次拜谢说："我翟璜是个粗鄙的人，刚才对话失礼，希望终身做先生的学生！"

吴起者，卫人，仕于鲁。齐人伐鲁，鲁人欲以为将，起取齐女为妻，鲁人疑之，起杀妻以求将，大破齐师。或谮之鲁侯曰："起始事曾参，母死不奔丧，曾参绝之；今又杀妻以求为君将。起，残忍薄行人也！且以鲁国区区而有胜敌之名，则诸侯图鲁矣。"起恐得罪。闻魏文侯贤，乃往归之。文侯问诸李克，李克曰："起贪而好色；然用兵，司马穰苴弗能过也。"于是文侯以为将，击秦，拔五城。

起之为将，与士卒最下者同衣食，卧不设席，行不骑乘，亲裹赢粮，与士卒分劳苦。卒有病疽者，起为吮之。卒母闻而哭之。人曰："子，卒也，而将军自吮其疽，何哭为？"母曰："非然也。往年吴公吮其父疽，其父战不旋踵，遂死于敌。吴公今又吮其子，妾不知其死所矣，是以哭之。"

燕湣公薨，子僖公立。

二十四年（己卯，前 402 年）

王崩，子安王骄立。

盗杀楚声王，国人立其子悼王。

（以上为第四段，写魏文侯励精图治，选择贤相良将。）

安王

元年（庚辰，前 401 年）

秦伐魏，至阳孤。

二年（辛巳，前 400 年）

魏、韩、赵伐楚，至桑丘。

郑围韩阳翟。

韩景侯薨，子烈侯取立。

赵烈侯薨，国人立其弟武侯。

秦简公薨，子惠公立。

三年（壬午，前 399 年）

王子定奔晋。

虢山崩，壅河。

吴起是卫国人，在鲁国做官。齐国攻鲁国，鲁国想任用吴起为将，但是吴起娶了齐国女子为妻，鲁国人起了疑心，吴起就杀了妻子来换取担任鲁国的将军，他把齐军打得大败。有人向鲁侯说他的坏话："吴起最初侍奉曾参，母亲死了也不回家去守丧，曾参于是与吴起绝交赶走了他；现今他又杀了妻子来换取担任您的将帅。吴起，是一个残忍刻薄的人！何况以小小的鲁国竟有战胜敌国的声名，那么诸侯国就会合谋来攻伐鲁国了。"吴起知道后恐怕招致罪过，听说魏文侯贤明，于是前往归附他。魏文侯向李克询问吴起的为人，李克说："吴起这个人贪婪而又好女色，然而用兵打仗，就是司马穰苴也不能超过他。"于是魏文侯以吴起为将，攻打秦国，攻取了五座城。

吴起做了将军，他和最下级的士兵穿一样的衣服，吃一样的饭。睡觉时不铺置床席，行军时不骑马不乘车，亲自背负粮食，与士兵同甘共苦。有个士兵患痈疽，吴起为他吮吸脓血。那个士兵的母亲听到这个消息悲伤哭泣。有人问她："你的儿子是普通士兵，而将军亲自为他吸吮痈疽脓血，还哭什么呢？"士兵的母亲说："不是这样。从前吴公吸他父亲的脓疽，他父亲作战时勇往直前，从不退却，被敌人杀死。吴公现在又吸吮我儿子的脓疽，我不知道儿子又将死在哪里，因此为他哭泣。"

燕湣公死了，他的儿子僖公继立。

周威烈王二十四年（己卯，前 402 年）

周威烈王死了，他的儿子安王姬骄继位。

强盗杀死楚国声王，楚国人拥立声王的儿子为悼王。

安王

周安王元年（庚辰，前 401 年）

秦国进犯魏国，进军到了阳孤。

周安王二年（辛巳，前 400 年）

魏、韩、赵联合攻打楚国，攻进桑丘。

郑国围攻韩国的阳翟。

韩景侯死了，他的儿子取继位，是为韩烈侯。

赵烈侯死了，赵国人立他的弟弟继位，是为赵武侯。

秦简公死了，他的儿子惠公继位。

周安王三年（壬午，前 399 年）

王子姬定出奔到晋国。

虢山崩塌，堵塞黄河。

四年（癸未，前 398 年）

楚围郑。郑人杀其相驷子阳。

五年（甲申，前 397 年）

日有食之。

三月，盗杀韩相侠累。侠累与濮阳严仲子有恶。仲子闻轵人聂政之勇，以黄金百溢为政母寿，欲因以报仇。政不受，曰："老母在，政身未敢以许人也！"及母卒，仲子乃使政刺侠累。侠累方坐府上，兵卫甚众，聂政直入上阶，刺杀侠累，因自皮面决眼，自屠出肠。韩人暴其尸于市，购问，莫能识。其姊嫈闻而往，哭之曰："是轵深井里聂政也！以妾尚在之故，重自刑以绝从。妾奈何畏殁身之诛，终灭贤弟之名！"遂死于政尸之旁。

六年（乙酉，前 396 年）

郑驷子阳之党弑繻公，而立其弟乙，是为康公。

宋悼公薨，子休公田立。

八年（丁亥，前 394 年）

齐伐鲁，取最。

郑负黍叛，复归韩。

九年（戊子，前 393 年）

魏伐郑。

晋烈公薨，子孝公倾立。

十一年（庚寅，前 391 年）

秦伐韩宜阳，取六邑。

初，田常生襄子盘，盘生庄子白，白生太公和。是岁，齐田和迁齐康公于海上，使食一城，以奉其先祀。

十二年（辛卯，前 390 年）

秦、晋战于武城。

齐伐魏，取襄阳。

鲁败齐师于平陆。

十三年（壬辰，前 389 年）

秦侵晋。

周安王四年（癸未，前 398 年）

楚军围攻郑国，郑国人杀死了国相驷子阳。

周安王五年（甲申，前 397 年）

发生了日食。

三月，强盗刺杀了韩国的国相侠累。侠累与濮阳人严仲子有仇。严仲子听说轵邑人聂政勇敢，便以黄金一百镒送给聂政的母亲祝寿，想依靠聂政去报仇。聂政不接受，说："老母在世，我聂政不敢把自身许诺给别人！"等到聂政的母亲死了，严仲子就派聂政去刺杀侠累。侠累正坐在相府厅堂上，卫护的士兵很多，聂政径直冲上台阶，杀死了侠累，并用刀挖出自己的眼睛，剖腹出肠。韩国人将他的尸体暴露在街市上，悬赏征求辨识的人，没有人能够辨认出来。聂政的阿姊聂荌听到消息后前往暴尸的街市，抚着尸体哭泣说："这是轵邑深井里的聂政，他因为我还在人世的缘故，所以伤害自己来断绝线索。我怎能因怕死被杀头，就永远埋没我贤弟的声名呢！"于是就自杀，死在了聂政尸体的旁边。

周安王六年（乙酉，前 396 年）

郑国驷子阳的党徒杀死郑繻公，拥立繻公的弟弟乙，即郑康公。

宋悼公死了，他的儿子田继位为宋休公。

周安王八年（丁亥，前 394 年）

齐国攻打鲁国，占领了最地。

郑国的负黍背叛郑国，重新归附韩国。

周安王九年（戊子，前 393 年）

魏国攻打郑国。

晋烈公死了，他的儿子倾继位为晋孝公。

周安王十一年（庚寅，前 391 年）

秦国攻打韩国的宜阳，夺取了六个邑的地方。

当初，田常生了襄子田盘，田盘生了庄子田白，田白生了太公田和。这一年，齐国的田和把齐康公迁徙到海上，给了他一座城的食邑，用以供奉祭祀他的姜氏先人。

周安王十二年（辛卯，前 390 年）

秦国和晋国在武城开战。

齐国攻打魏国，占领了襄阳。

鲁国军队在平陆击败了齐军。

周安王十三年（壬辰，前 389 年）

秦国侵犯魏国的阴晋。

齐田和会魏文侯、楚人、卫人于浊泽，求为诸侯。魏文侯为之请于王及诸侯，王许之。

（以上为第五段，写周安王之时，魏文侯任贤使能，称霸诸侯。）

十五年（甲午，前 387 年）

秦伐蜀，取南郑。

魏文侯薨，太子击立，是为武侯。

武侯浮西河而下，中流顾谓吴起曰："美哉山河之固，此魏国之宝也！"对曰："在德不在险。昔三苗氏，左洞庭，右彭蠡；德义不修，禹灭之。夏桀之居，左河济，右泰华，伊阙在其南，羊肠在其北；修政不仁，汤放之。商纣之国，左孟门，右太行，常山在其北，大河经其南；修政不德，武王杀之。由此观之，在德不在险。若君不修德，舟中之人皆敌国也！"武侯曰："善。"

魏置相，相田文。吴起不悦，谓田文曰："请与子论功可乎？"田文曰："可。"起曰："将三军，使士卒乐死，敌国不敢谋，子孰与起？"文曰："不如子。"起曰："治百官，亲万民，实府库，子孰与起？"文曰："不如子。"起曰："守西河，秦兵不敢东乡，韩、赵宾从，子孰与起？"文曰："不如子。"起曰："此三者子皆出吾下，而位居吾上，何也？"文曰："主少国疑，大臣未附，百姓不信，方是之时，属之子乎，属之我乎？"起默然良久曰："属之子矣！"

久之，魏相公叔尚魏公主而害吴起。公叔之仆曰："起易去也。起为人刚劲自喜。子先言于君曰：'吴起，贤人也，而君之国小，臣恐起之无留心也。君盍试延以女，起无留心，则必辞矣。'子因与起归而使公主辱子，起见公主之贱子也，必辞，则子之计中矣。"公叔从之，吴起果辞公主。魏武侯疑之而未信，起惧诛，遂奔楚。

楚悼王素闻其贤，至则任之为相。起明法审令，捐不急之官，废公

齐国的田和，在浊泽会见魏文侯、楚国人、卫国人，请求列为诸侯。魏文侯替田和向周安王及其他诸侯请求，周安王答应了这一请求。

周安王十五年（甲午，前 387 年）

秦国攻打蜀国，夺取了南郑。

魏文侯死了，太子击继位，这就是武侯。

魏武侯坐船沿西河顺流而下，船行驶到河的中流时，魏武侯对吴起说："华山、黄河天险坚固，多么美好啊，真是魏国的大宝！"吴起回答说："国家的大宝在于施行德政，而不在于依靠天险。古代三苗氏，西有洞庭湖，东有彭蠡泽，但不施行德义，夏禹把它灭亡了。夏桀所统治的疆域，东边有黄河、济水，西边有华山，伊阙山在它的南边，羊肠坂在它的北面，但不实行仁政，商汤就把他放逐了。商纣的国境内，西边有孟门山，东边有太行山，常山在它的北境，黄河流经它的南境，但施政不仁德，周武王就把他杀了。由此看来，国家的大宝在于施行德政而不在于依靠山河天险。假使主君你不施行德政，那么这船中的人都是敌国人呢！"武侯说："这话说得很好。"

魏国任用田文为相。吴起不高兴，对田文说："请允许我同你比比功绩可以吗？"田文说："行。"吴起说："统帅全国的军队，使士兵作战英勇，视死如归，敌国不敢来侵犯，你能和我比吗？"田文说："我不如你。"吴起又说："管理众多的官员，安定广大百姓，使府库充实，你能和我比吗？"田文回答说："我不如你。"吴起接着又说："守卫西河，秦国的军队不敢向东进攻魏国，韩、赵两国都来臣服，你能和我比吗？"田文说："我不如你。"吴起说："这三个方面你都不如我，而官职地位却在我之上，这是为什么？"田文说："主君年少，国家不稳定，大臣们不亲近，老百姓猜疑不安，在这样的时候，是把相的职务交给你，还是交给我呢？"吴起沉默了一阵说："该交给你！"

过了很长时间，魏国的国相公叔娶公主为妻，他想陷害吴起。公叔的仆人说："除掉吴起很容易。吴起为人刚愎自用。相公你到主君面前说：'吴起是贤能的人，而主君你的国家小，我担心吴起没有长远留在魏国的想法，主君你何不用招他为婿的办法试一试。吴起如果没有留在魏国的想法，那就一定会推辞的。'相公你便邀请吴起一块儿回家，让公主羞辱你。吴起看见公主如此看不起相公你，就一定会辞谢娶公主为妻，那么相公你的计谋就成功了。"公叔听从了仆人的计策，吴起果然推辞娶公主为妻。魏武侯怀疑吴起，因此不信任他，吴起担心被杀头，便投奔楚国。

楚悼王一向听说吴起贤能，吴起到了楚国就被任用为国相。吴起严明法律，审

族疏远者，以抚养战斗之士，要在强兵，破游说之言从横者。于是南平百越，北却三晋，西伐秦，诸侯皆患楚之强；而楚之贵戚大臣多怨吴起者。

秦惠公薨，子出公立。

赵武侯薨，国人复立烈侯之太子章，是为敬侯。

韩烈侯薨，子文侯立。

十六年（乙未，前 386 年）

初命齐大夫田和为诸侯。

赵公子朝作乱，奔魏；与魏袭邯郸，不克。

十七年（丙申，前 385 年）

秦庶长改逆献公于河西而立之；杀出子及其母，沈之渊旁。

齐伐鲁。

韩伐郑，取阳城；伐宋，执宋公。

齐太公薨，子桓公午立。

十九年（戊戌，前 383 年）

魏败赵师于兔台。

二十年（己亥，前 382 年）

日有食之，既。

二十一年（庚子，前 381 年）

楚悼王薨，贵戚大臣作乱，攻吴起；起走之王尸而伏之。击起之徒因射刺起，并中王尸。既葬，肃王即位，使令尹尽诛为乱者；坐起夷宗者七十余家。

二十二年（辛丑，前 380 年）

齐伐燕，取桑丘。魏、韩、赵伐齐，至桑丘。

二十三年（壬寅，前 379 年）

赵袭卫，不克。

齐康公薨，无子，田氏遂并齐而有之。

是岁，齐桓公亦薨，子威王因齐立。

二十四年（癸卯，前 378 年）

狄败魏师于浍。

魏、韩、赵伐齐，至灵丘。

晋孝公薨，子靖公俱酒立。

理政令，除去冗杂的官员，废除疏远公族的爵禄，用来抚慰士卒，实施强国战略，破除游说之士宣扬的合纵连横言论。于是在南方平定了百越，在北方逼退三晋，向西方攻伐秦国，诸侯各国都害怕楚国的强大，但楚国国内的贵戚和大臣多怨恨吴起。

秦惠公死了，他的儿子出公继位。

赵武侯死了，赵国人又拥立赵烈侯的太子章，即赵敬侯。

韩烈侯死了，他的儿子文侯继位。

周安王十六年（乙未，前 386 年）

这一年册命齐国大夫田和为诸侯。

赵国的公子朝作乱，出奔到魏国，伙同魏国偷袭邯郸，没有成功。

周安王十七年（丙申，前 385 年）

秦国名叫改的庶长到河西迎接秦灵公的儿子，将其立为国君，即秦献公。秦献公杀了出子和他的母亲，把尸体沉没在深潭里。

齐国攻打鲁国。

韩国攻打郑国，夺取了阳城；又攻打伐宋国，逮捕了宋公。

齐太公田和死了，他的儿子桓公田午继位。

周安王十九年（戊戌，前 383 年）

魏国军队在兔台打败了赵国军队。

周安王二十年（己亥，前 382 年）

发生日全食。

周安王二十一年（庚子，前 381 年）

楚悼王死了。楚国贵戚大臣们作乱，吴起遭到围攻。吴起奔走伏卧在楚悼王尸体旁，攻击吴起的人用乱箭射击，吴起和楚悼王尸体都中了箭。丧葬完毕，楚肃王即位，命令令尹将作乱的人全都杀掉，因攻打吴起而被诛灭宗族的有七十余家。

周安王二十二年（辛丑，前 380 年）

齐国攻打燕国，夺取了桑丘。魏、韩、赵三国救燕攻打齐国，也进兵到了桑丘。

周安王二十三年（壬寅，前 379 年）

赵国偷袭卫国，没能取胜。

齐康公死了，没有儿子，姜氏至此灭亡，田氏于是取代姜氏占有齐国。

这一年，田氏齐桓公也死了，他的儿子田因齐继位。

周安王二十四年（癸卯，前 378 年）

狄人在浍地打败了魏国军队。

魏、韩、赵攻打齐国，到达灵丘。

晋孝公死了，他的儿子晋靖公名叫俱酒的继位为国君。

（以上为第六段，写吴起在魏而魏强，功高遭忌而奔楚，楚悼王任吴起为相，推行改革，以悲剧终。田氏代姜姓为齐诸侯。）

二十五年（甲辰，前 377 年）

蜀伐楚，取兹方。

子思言苟变于卫侯曰："其才可将五百乘。"公曰："吾知其可将；然变也尝为吏，赋于民而食人二鸡子，故弗用也。"子思曰："夫圣人之官人，犹匠之用木也，取其所长，弃其所短；故杞梓连抱而有数尺之朽，良工不弃。今君处战国之世，选爪牙之士，而以二卵弃干城之将，此不可使闻于邻国也。"公再拜曰："谨受教矣！"

卫侯言计非是，而群臣和者如出一口。子思曰："以吾观卫，所谓'君不君，臣不臣'者也！"公丘懿子曰："何乃若是？"子思曰："人主自臧，则众谋不进。事是而臧之，犹却众谋，况和非以长恶乎！夫不察事之是非而悦人赞己，暗莫甚焉；不度理之所在而阿谀求容，谄莫甚焉。君暗臣谄，以居百姓之上，民不与也。若此不已，国无类矣！"

子思言于卫侯曰："君之国事将日非矣！"公曰："何故？"对曰："有由然焉。君出言自以为是，而卿大夫莫敢矫其非；卿大夫出言亦自以为是，而士庶人莫敢矫其非。君臣既自贤矣，而群下同声贤之，贤之则顺而有福，矫之则逆而有祸，如此则善安从生！《诗》曰：'具曰予圣，谁知乌之雌雄？'抑亦似君之君臣乎！"

鲁穆公薨，子共公奋立。

韩文侯薨，子哀侯立。

二十六年（乙巳，前 376 年）

王崩，子烈王喜立。

魏、韩、赵共废晋靖公为家人而分其地。

（以上为第七段，写卫小国君臣浑浑噩噩，坐以待亡。魏韩赵三家灭晋后嗣。）

周安王二十五年（甲辰，前377年）

蜀国攻打楚国，夺取了兹方。

子思在卫侯面前举荐苟变说："他的才干可以统帅五百乘兵车。"卫侯说："我知道他可当将领，可是苟变曾经做过官吏，他收取百姓的赋税，竟然白吃民家两个鸡蛋，因此我没有任用他。"子思说："圣人任人为官，就像匠人用木料，要用他的长处，扬弃他的短处。即使是良好的杞梓树有几人合抱那么粗大，可也有几尺的朽材，而精良的工匠也不抛弃它。现在主君你身处大混乱环境，选拔爪牙要有勇武的人才，却因为白吃两个鸡蛋而抛弃能捍卫国家的将才，这样可笑的事不可让邻国知道。"卫侯再三拜谢说："恭敬地接受你的教诲。"

卫侯说的计谋不对，可是臣子们却随声附和，如出一口。子思说："在我看来，卫国就是所谓的'君不像君，臣不像臣'的情况！"公丘懿子说："何至于这样？"子思说："人主自以为谋略高明，众人就不会说话。即使人主的谋略是对的，也会堵塞言路，更何况是使人附和自己错误的谋略，这岂不是助长邪恶吗？不考察事理的对错只喜欢别人吹捧自己，没有比这更糊涂的了；做臣子的不忖度事理的对与错，只一味奉承以求得宠爱，没有比这更糟糕的了。主君糊涂而臣子拍马屁，如此君臣高居在百姓之上，民众是不会支持这样的国家的。这样的情况不停止，国家就要灭亡了！"

子思对卫侯说："主君的国家将一天天坏下去！"卫侯说："什么缘故呢？"子思回答说："这是有原因的。主君你说话自以为是，而卿大夫们没有谁敢纠正你说得不对的地方；卿大夫们说话也自以为是，而士庶平民没有谁敢纠正他们说得不对的地方。既然君臣都自以为是，那民众也就同声赞扬君臣。赞扬君臣，顺从而有福，纠正错误便违逆而有祸。像这样，良好的政治又从哪里产生！《诗经》说：'都说自己是圣人，谁能辨明乌鸦的雄与雌？'这说的大概也就像主君的君臣吧！"

鲁穆公死了，他的儿子奋继位为鲁共公。

韩文侯死了，他的儿子哀侯继位。

周安王二十六年（乙巳，前376年）

周安王死了，他的儿子喜继位，是为周烈王。

魏、韩、赵共同废掉晋靖公，使他成为平民，并瓜分了他的土地。

烈王

元年（丙午，前 375 年）

日有食之。

韩灭郑，因徙都之。

赵敬侯薨，子成侯种立。

三年（戊申，前 373 年）

燕败齐师于林狐。

鲁伐齐，入阳关。

魏伐齐，至博陵。

燕僖公薨，子桓公立。

宋休公薨，子辟公立。

卫慎公薨，子声公训立。

四年（己酉，前 372 年）

赵伐卫，取都鄙七十三。

魏败赵师于北蔺。

五年（庚戌，前 371 年）

魏伐楚，取鲁阳。

韩严遂弑哀侯，国人立其子懿侯。初，哀侯以韩廆为相而爱严遂，二人甚相害也。严遂令人刺韩廆于朝，廆走哀侯，哀侯抱之；人刺韩廆，兼及哀侯。

魏武侯薨，不立太子，子䓨与公中缓争立，国内乱。

六年（辛亥，前 370 年）

齐威王来朝。是时周室微弱，诸侯莫朝，而齐独朝之，天下以此益贤威王。

赵伐齐，至鄄。

魏败赵师于怀。

齐威王召即墨大夫，语之曰："自子之居即墨也，毁言日至。然吾使人视即墨，田野辟，人民给，官无事，东方以宁；是子不事吾左右以求助也！"封之万家。召阿大夫，语之曰："自子守阿，誉言日至。吾使人视阿，田野不辟，人民贫馁。昔日赵攻鄄，子不救；卫取薛陵，子不知；是子厚币事吾左右以求誉也！"是日，烹阿大夫及左右尝誉者。于是群臣耸惧，莫敢饰诈，务尽其情，齐国大治，强于天下。

烈王

周烈王元年（丙午，前 375 年）

发生日食。

韩国灭亡郑国，于是迁都到郑国都城新郑。

赵敬侯死，他的儿子种继位为赵成侯。

周烈王三年（戊申，前 373 年）

燕国在林狐打败了齐国军队。

鲁国攻打齐国，进入阳关。

魏国攻打齐国，抵达博陵。

燕僖公死了，他的儿子桓公继位。

宋国休公死了，他的儿子辟公继位。

卫慎公死了，他的儿子训继位为卫声公。

周烈王四年（己酉，前 372 年）

赵国攻打卫国，夺取都鄙大小城邑七十三个。

魏国在北蔺打败了赵国军队。

周烈王五年（庚戌，前 371 年）

魏国攻打楚国，夺取了鲁阳。

韩国人严遂杀了韩哀侯，韩国人立哀侯的儿子为韩懿侯。当初，哀侯任用韩廆为相而又宠爱严遂，于是韩廆、严遂两人争权互生仇恨。严遂派刺客在朝堂上刺杀韩廆，韩廆奔向哀侯，哀侯抱住韩廆，刺杀了韩廆，也一并杀了哀侯。

魏武侯死了，没有立太子，武侯的儿子罃与公仲缓争夺君位，国内大乱。

周烈王六年（辛亥，前 370 年）

齐威王朝见周烈王。这时王室衰微，诸侯没有谁来朝见的，只有齐国来朝见周王，天下的人更加认为齐威王贤明。

赵国攻打齐国，进兵到了鄄地。

魏国在怀地打败了赵国军队。

齐威王召见即墨大夫，对他说："自从你在即墨任职以来，说你的坏话天天都能听到。然而我派人到即墨巡视，看到田野开辟出来，人民生活富足，官府廉明，东方得以安宁。你是不奉承我身边的人以求得到帮助啊！"于是将食邑万户封给即墨大夫。齐威王又召见阿邑大夫，对他说："自从你掌管阿邑以来，赞誉你的话天天都听得到。我派人巡视阿地，看到的是田野没有开辟，人民贫穷饥饿。前些时赵国进攻鄄地，你不去救援；卫国占领了薛陵，你竟然不知道。你是用丰厚的财物贿赂我

楚肃王薨，无子，立其弟良夫，是为宣王。

宋辟公薨，子剔成立。

七年（壬子，前 369 年）

日有食之。

王崩，弟扁立，是为显王。

魏大夫王错出奔韩。公孙颀谓韩懿侯曰："魏乱，可取也。"懿侯乃与赵成侯合兵伐魏，战于浊泽，大破之，遂围魏。成侯曰："杀䓨，立公中缓，割地而退，我二国之利也。"懿侯曰："不可。杀魏君，暴也；割地而退，贪也。不如两分之。魏分为两，不强于宋、卫，则我终无魏患矣。"赵人不听。懿侯不悦，以其兵夜去。赵成侯亦去。䓨遂杀公中缓而立，是为惠王。

太史公曰：魏惠王之所以身不死、国不分者，二国之谋不和也。若从一家之谋，魏必分矣。故曰："君终，无适子，其国可破也。"

（以上为第八段，写周烈王初年，魏武侯死后，因为没有立嫡，诸子争位而内乱，魏国差一点被韩、赵瓜分。）

身边的人以求得赞誉！”当天，烹杀了阿邑大夫以及身边曾经赞誉阿邑大夫的人。于是臣子们十分惊恐，没有谁再敢作伪欺诈，都能竭诚供职，齐国因此得到大治，称强于天下。

楚肃王死了，没有儿子，国人拥立了他的弟弟良夫，这就是楚宣王。

宋辟公死了，他的儿子叫剔成的继位。

周烈王七年（壬子，前369年）

发生日食。

周烈王死了，他的弟弟姬扁继位，这就是周显王。

魏国大夫王错逃奔到韩国。公孙颀对韩懿侯说："魏国内乱，可以去攻取它。"懿侯便与赵成侯联合出兵攻打魏国，在浊泽开战，大败魏军，并包围了魏国都城。赵成侯说："把䓨杀了，立公中缓，要魏国割让土地，我们即可退兵，这是我们韩、赵两国共同的利益啊！"韩懿侯说："不能这样。杀魏君，是残暴的行为；要魏国割让土地我们才退兵，这是贪心的表现。不如把魏国一分为二，这样，它就不会比宋、卫小国强，那么我们就再也不会有来自魏国的祸患了。"赵成侯不同意这个办法。韩懿侯很不高兴，把他的军队连夜撤走。赵成侯也带领自己的军队撤离魏国。䓨便杀了公中缓自立为国君，他就是魏惠王。

太史公说：魏惠王之所以未被杀死、国家也没有被瓜分，原因是韩、赵两国的谋略不一致。假如依从一家的谋略，魏国必然被瓜分了。所以说："国君死后，没有嫡生子，他的国家是可以灭亡的。"

【点评】

司马光论名分。周威烈王册命韩、赵、魏三家为诸侯，王室名分丧失。《资治通鉴》以周威烈王册命韩、赵、魏三家为诸侯开端，突显司马光名分不可丢失的历史观，故以“臣光曰”评论为述史起笔。幽厉之后，周王室东迁，王室权威式微，东周襄、惠之后，王室权威进一步衰落。周威烈王册命韩、赵、魏三家为诸侯，名分丢失，王权坠地，德义终结，暴力滋起，历史时势为之一变，也就是由春秋时代进入战国时代。“臣光曰”之后，追述三家分晋，在前 453 年，也就是说，册命三家为诸侯，已由三家分晋注定了。暴力取代了德义，周王室名分不守是没办法的事，也可以说是用手中的名分换取苟延残喘。“臣光曰”讲的是大道理，周威烈王遵守的是现实，即便是做傀儡，也还有一个王室的名义。

周纪二

周显王元年至四十八年（前368—前321年）

【起昭阳赤奋若（癸丑，前368年），尽上章困敦（庚子，前321年），凡四十八年】

【大事提要】

本卷记事起前368年，讫前321年，凡四十八年，当周显王元年至显王四十八年，即周显王之一代天子。本卷所载大事，主要有五个方面：其一，战国初期的霸主魏国在齐、秦两大国夹攻下衰落。魏惠王好战，任用庞涓，想重振魏国雄风，由于惠王才能平庸，不能任用大才，既失商鞅，又失孙膑，结果东败于齐，丧失太子申；西败于秦，失地河西。魏国离开安邑，迁都大梁，国土缩小，从此国势式微。其二，秦孝公求贤，任用商鞅变法，秦国迅速崛起，东向争雄，战国逐鹿中原，秦国成为主导。其三，商鞅变法，取得富国强兵的成效，给历史留下改革的成功经验，无疑应予高度评价。但商鞅暴力施政，外交用诈，悲剧下场，给历史留下教训，亦应吸取。其四，周显王时代，战国进入中期，七国争雄，合纵连横兴起，前333年苏秦拜六国相印，同年张仪入秦开启连横，保持秦国强大，两人为当时策士之代表人物，可以说是时代的弄潮儿。其五，孟尝君率先登上历史舞台，开养士之风，乃当时列国争夺人才之时势使然。

【原文】

显王

元年（癸丑，前 368 年）

齐伐魏，取观津。

赵侵齐，取长城。

三年（乙卯，前 366 年）

魏、韩会于宅阳。

秦败魏师、韩师于洛阳。

四年（丙辰，前 365 年）

魏伐宋。

五年（丁巳，前 364 年）

秦献公败三晋之师于石门，斩首六万。王赐以黼黻之服。

七年（己未，前 362 年）

魏败韩师、赵师于浍。

秦、魏战于少梁，魏师败绩；获魏公孙痤。

卫声公薨，子成侯速立。

燕桓公薨，子文公立。

秦献公薨，子孝公立。孝公生二十一年矣。是时河、山以东强国六，淮、泗之间小国十余，楚、魏与秦接界。魏筑长城，自郑滨洛以北有上郡；楚自汉中，南有巴、黔中；皆以夷翟遇秦，摈斥之，不得与中国之会盟。于是孝公发愤，布德修政，欲以强秦。

（以上为第一段，写战国七雄并立混战，秦国受到东方六国轻视，秦孝公继位，发愤图强，布德修政以强秦。）

八年（庚申，前 361 年）

孝公下令国中曰："昔我穆公，自岐、雍之间修德行武，东平晋乱，以河为界，西霸戎翟，广地千里，天子致伯，诸侯毕贺，为后世开业甚光美。会往者厉、躁、简公、出子之不宁，国家内忧，未遑外事。三晋攻夺我先君河西地，丑莫大焉。献公即位，镇抚边境，徙治栎阳，且欲东伐，复穆公之故地，修穆公之政令。寡人思念先君之意，常痛于心。宾客群臣有能出奇计强秦者，吾且尊官，与之分土。"于是卫公孙鞅闻是

【语译】

显王

周显王元年（癸丑，前 368 年）

齐国攻打魏国，夺取了观津。

赵国侵犯齐国，攻占了齐国的长城。

周显王三年（乙卯，前 366 年）

魏国、韩国按约定在宅阳会盟。

秦国军队在洛阳打败了魏、韩两国联军。

周显王四年（丙辰，前 365 年）

魏国攻打宋国。

周显王五年（丁巳，前 364 年）

秦国军队在石门打败了魏、韩、赵三国联军，斩首六万。周显王把有黼黻文彩的礼服赏赐给秦献公。

周显王七年（己未，前 362 年）

魏国军队在浍地打败了韩、赵两国联军。

秦国和魏国在少梁开战，魏国军队大败。秦军俘虏了魏国的将军公孙痤。

卫声公死了，他的儿子速继位为卫成侯。

燕桓公死了，他的儿子燕文公继位。

秦献公死了，他的儿子秦孝公继位。孝公出生已有二十一年了。这时黄河、华山以东有六个强国，淮水和泗水之间有十多个小国，楚国、魏国与秦国是邻国。魏国修筑长城，从郑邑开始延伸到洛水之滨，往北置有上郡；楚国则从汉中郡起始，往南则有巴郡、黔中郡之地，与秦接壤。东方各国都把秦国当夷狄看待，排斥它，不让它参与中原各国的约会和订盟，于是秦孝公发愤图强，实施德政，想使秦国强大。

周显王八年（庚申，前 361 年）

秦孝公在国都下令说："从前我们的祖先穆公，在岐山、雍都之间发展，施行德政，建立武备，向东平定了晋国的祸乱，以黄河为国界，在西方称霸于戎狄，扩大了千里土地，周天子册封我们为方伯，诸侯们都来庆贺，为后代的发展开创了美好的基业。不幸后来厉共公、躁公、简公、出子这几代政局不宁，国家内有忧患，没有时间处理外部事务。三晋进攻我秦国并夺取了先君已有的河西地方，没有什么比这更使人羞愧耻辱的了。到了献公即位之后，安抚边境，迁都到了栎阳，并且打算

令下，乃西入秦。

公孙鞅者，卫之庶孙也，好刑名之学。事魏相公叔痤，痤知其贤，未及进。会病，魏惠王往问之曰："公叔病如有不可讳，将奈社稷何？"公叔曰："痤之中庶子卫鞅，年虽少，有奇才，愿君举国而听之！"王嘿然。公叔曰："君即不听用鞅，必杀之，无令出境！"王许诺而去。公叔召鞅谢曰："吾先君而后臣，故先为君谋，后以告子。子必速行矣！"鞅曰："君不能用子之言任臣，又安能用子之言杀臣乎！"卒不去。王出，谓左右曰："公叔病甚，悲乎，欲令寡人以国听卫鞅也！既又劝寡人杀之，岂不悖哉！"卫鞅既至秦，因嬖臣景监以求见孝公，说以富国强兵之术；公大悦，与议国事。

十年（壬戌，前 359 年）

卫鞅欲变法，秦人不悦。卫鞅言于秦孝公曰："夫民不可与虑始，而可与乐成。论至德者不和于俗，成大功者不谋于众。是以圣人苟可以强国，不法其故。"甘龙曰："不然。缘法而治者，吏习而民安之。"卫鞅曰："常人安于故俗，学者溺于所闻，以此两者，居官守法可也，非所与论于法之外也。智者作法，愚者制焉；贤者更礼，不肖者拘焉。"公曰："善。"以卫鞅为左庶长，卒定变法之令。令民为什伍而相收司、连坐，告奸者与斩敌首同赏，不告奸者与降敌同罚。有军功者，各以率受上爵；为私斗者，各以轻重被刑大小。僇力本业，耕织致粟帛多者，复其身；事末利及怠而贫者，举以为收孥。宗室非有军功论，不得为属籍。明尊卑爵秩等级，各以差次，名田宅、臣妾、衣服。有功者显荣，无功者虽富无所芬华。

向东攻伐，恢复穆公时的原有国土，实施穆公时的政令。我思念先君复兴秦国的本意，时常悲痛于心。宾客们、臣子们，凡是能够出奇计使秦国强大的，我将给他加官晋爵，并给他分封土地。”卫国的公孙鞅听到秦孝公下了这样的求贤令，就向西进入秦国。

公孙鞅是卫国公族，庶出儿孙，爱好刑名之学，侍奉魏国的国相公叔痤。公叔痤知道公孙鞅贤能，但还没有来得及向魏王推荐进用。正巧公叔痤身患重病，魏惠王前来看望公叔痤，并询问说：“公叔你的病若有什么意外，我们的国家该怎么办？”公叔说：“我的属下中庶子卫鞅，虽然年轻，却是一个奇才，希望君王把国家大政交给他。”魏惠王沉默不说话。公叔痤接着说：“君王如果不任用卫鞅，一定杀掉他，不要让他离开国境。”魏惠王应允后便离开了。公叔痤召见卫鞅，并向卫鞅致歉说：“我先忠于国君，后对臣僚负责，所以我首先替国君谋划，然后告知你，你一定要赶快逃走。”卫鞅说：“国君如果不能听相公的话任用我，又怎么会听你的话杀掉我呢？”卫鞅终于没有离开魏国。魏惠王出了相府，对身边的人说：“公叔病得太严重了，真使人难过啊！他要我把国家大政交给卫鞅，过了一会又劝我杀掉卫鞅，这难道不是荒唐糊涂吗？”卫鞅于是就到了秦国，通过秦孝公的宠臣景监求见秦孝公，用富国强兵之术游说秦孝公，秦孝公非常高兴，于是和卫鞅讨论国家大事。

周显王十年（壬戌，前 359 年）

卫公孙鞅想变法，秦国人不高兴。卫公孙鞅对秦孝公说：“平民百姓不能与他们谋划创业，只可同他们共享成功。因此追求高尚德行的人不去迁就习俗，成就大事的人不与平凡的人谋划。所以圣人只要达到强国的目的，就不必遵守旧有的典章制度。”甘龙说：“不是这样，沿用旧法来治理国家，不但官吏熟习，而且民众安于现状。”卫鞅说：“平庸的人安于守旧，迂腐的学究拘泥于自己的见闻，依靠这两种人，要他们占着官位遵守法制是可以的，但不能够同他们讨论法律之外的事情。聪明的人建立法制，愚蠢的人只会死守着它；贤能的人更改礼制，而不肖的人只能默默遵守。”秦孝公说：“说得好。”于是任命卫鞅为左庶长，终于制订了变法的命令。命令民户建立什伍组织，实行互相检举和连坐法，告发奸邪的人可以得到如同斩杀敌人首级一样的赏赐；不告发奸邪的人与投降敌人的人一样论罪。立有军功的人，按其所达到的标准得到国家的封爵；结仇私斗的人，按其情节的轻重处以不同的刑罚。尽力从事农桑本业的人，按照耕织所得的粟和帛的数量，多的人，免除他本人的徭役；从事工商末业营利的人，以及因怠惰陷于贫困的人，受到检举后，全家人的妻子、儿女都被拘捕为官府奴婢。宗室中没有军功的，不能够入宗属的籍谱。辨明尊卑爵位官秩的等级，各以其级别品第享有相应的田宅、臣妾及服饰。有功的显示尊贵荣华，无功的虽富有但不可以有显示荣耀的地位。

令既具未布，恐民之不信，乃立三丈之木于国都市南门，募民有能徙置北门者予十金。民怪之，莫敢徙。复曰："能徙者予五十金！"有一人徙之，辄予五十金。乃下令。

令行期年，秦民之国都言新令之不便者以千数。于是太子犯法。卫鞅曰："法之不行，自上犯之。太子，君嗣也，不可施刑。"刑其傅公子虔，黥其师公孙贾。明日，秦人皆趋令。行之十年，秦国道不拾遗，山无盗贼，民勇于公战，怯于私斗，乡邑大治。秦民初言令不便者，有来言令便。卫鞅曰："此皆乱法之民也！"尽迁之于边。其后民莫敢议令。

臣光曰：夫信者，人君之大宝也。国保于民，民保于信。非信无以使民，非民无以守国。是故古之王者不欺四海，霸者不欺四邻，善为国者不欺其民，善为家者不欺其亲。不善者反之，欺其邻国，欺其百姓，甚者欺其兄弟，欺其父子。上不信下，下不信上，上下离心，以至于败。所利不能药其所伤，所获不能补其所亡，岂不哀哉！昔齐桓公不背曹沫之盟，晋文公不贪伐原之利，魏文侯不弃虞人之期，秦孝公不废徙木之赏。此四君者，道非粹白，而商君尤称刻薄，又处战攻之世，天下趋于诈力，犹且不敢忘信以畜其民，况为四海治平之政者哉！

韩懿侯薨，子昭侯立。

（以上第二段，写秦孝公求贤，商鞅入秦变法，使秦国迅速崛起，国富兵强。"臣光曰"论诚信，是立国立身之本。）

十一年（癸亥，前 358 年）

秦败韩师于西山。

十二年（甲子，前 357 年）

魏、韩会于鄗。

十三年（乙丑，前 356 年）

赵、燕会于阿。

赵、齐、宋会于平陆。

变法命令已制订好但还没公布，担心民众不服从，于是在国都南门竖立了三丈高的木头，布告招募一个有能力把木头搬运到城北门的人，奖给十金。民众对此感到十分奇怪，没有谁敢去搬运。于是再一次下令说："能搬移的人奖给五十金！"有一个人前来把它搬移到了北门，当场奖给他五十金，这才公布了变法的命令。

变法命令实施一年后，秦国国都的民众议论法令不便的人数以千计。在这时，太子带头犯法。卫鞅说："新法令得不到推行，是由于位在上的人触犯了新法。太子是国君的继承人，不可以用刑。"便把太子的太傅公子虔处以刑法，把太师公孙贾处以黥刑。第二天，秦国民众全都遵守法令。新法在秦国施行了十年，秦国境内路上的东西没人捡，山中没有强盗，民众勇敢地为国作战，害怕结仇私斗，乡间、都邑得到很好的治理。秦国民众中当初有说新法不便的人，现在又说新法很好，卫鞅说："这些都是扰乱法令的刁民！"把他们全都流放到边地。从此以后，没有人敢议论国家的政令。

臣司马光评论说：说到诚信，它是国君的大宝。国家安定靠的是民众，民众安定靠的是诚信。没有诚信就没有办法驱使民众，没有民众就没有办法守卫国家。因此，古代的君王不欺骗全国民众，称霸的人不欺骗四邻，善于治国的君王不欺骗民众，善于理家的人不欺骗亲属。不善于治理的人则相反。上级不相信下级的人，下级不相信上级的人，上下离心离德，以至于败亡。所得到的利益不足以医治它所受到的创伤，所得到的收获不足以补救它所遭受的损失，这难道不是很可悲的吗？从前齐桓公不违背与曹沫订的盟誓，晋文公不贪图攻伐原国的利益，魏文侯不违背同管理山泽的人的约定，秦孝公不废止给搬移木头的人以奖赏。这四位国君的行为并不纯粹清白，商鞅尤其被称为刻薄寡恩的人，又处于战国攻伐不已的时代，天下都崇尚诈力，他们尚且不敢忘记以诚信来抚养他们的人民，何况今日治理一统天下的当政者？

韩懿侯死了，他的儿子韩昭侯继位。

周显王十一年（癸亥，前358年）

秦国军队在韩国的西山打败了韩军。

周显王十二年（甲子，前357年）

魏国、韩国在鄗邑会盟。

周显王十三年（乙丑，前356年）

赵国、燕国在阿邑会盟。

赵国、齐国、宋国在平陆邑会盟。

十四年（丙寅，前 355 年）

齐威王、魏惠王会田于郊。惠王曰："齐亦有宝乎？"威王曰："无有。"惠王曰："寡人国虽小，尚有径寸之珠，照车前后各十二乘者十枚。岂以齐大国而无宝乎？"威王曰："寡人之所以为宝者与王异。吾臣有檀子者，使守南城，则楚人不敢为寇，泗上十二诸侯皆来朝。吾臣有盼子者，使守高唐，则赵人不敢东渔于河。吾吏有黔夫者，使守徐州，则燕人祭北门，赵人祭西门，徙而从者七千余家。吾臣有种首者，使备盗贼，则道不拾遗。此四臣者，将照千里，岂特十二乘哉！"惠王有惭色。

秦孝公、魏惠王会于杜平。

鲁共公薨，子康公毛立。

十五年（丁卯，前 354 年）

秦败魏师于元里，斩首七千级，取少梁。

魏惠王伐赵，围邯郸。楚王使景舍救赵。

十六年（戊辰，前 353 年）

齐威王使田忌救赵。

初，孙膑与庞涓俱学兵法。庞涓仕魏为将军，自以能不及孙膑，乃召之。至，则以法断其两足而黥之，欲使终身废弃。齐使者至魏，孙膑以刑徒阴见，说齐使者。齐使者窃载与之齐。田忌善而客待之，进于威王。威王问兵法，遂以为师。于是威王谋救赵，以孙膑为将，辞以刑余之人不可。乃以田忌为将而孙子为师，居辎车中，坐为计谋。

田忌欲引兵之赵。孙子曰："夫解杂乱纷纠者不控拳，救斗者不搏撠。批亢捣虚，形格势禁，则自为解耳。今梁、赵相攻，轻兵锐卒必竭于外，老弱疲于内。子不若引兵疾走魏都，据其街路，冲其方虚，彼必释赵以自救。是我一举解赵之围而收弊于魏也。"田忌从之。十月，邯郸降魏。魏师还，与齐战于桂陵，魏师大败。

周显王十四年（丙寅，前 355 年）

齐威王、魏惠王在齐郊畋猎。魏惠王问："齐国也有珍宝吗？"齐威王说："没有。"魏惠王说："我的国家虽然小，尚且还有直径一寸的珍珠，珠光能照亮十二乘的车队的有十枚之多，难道堂堂大齐国却没有珠宝吗？"威王说："我看重的珍宝与惠王你看重的珍宝不相同。我有个臣子叫檀子，派他去镇守南城，楚国人就不敢来侵犯，泗水流域的十二个诸侯都来朝见齐国。我有个臣子叫盼子，派他去守卫高唐，赵国人就不敢东下黄河来捕鱼。我的属吏有个叫黔夫的，派他镇守徐州，燕国人就害怕了，燕国人在北门设祭求福，赵国人也在西门设祭求福，燕、赵两国人来归附徐州的有七千多家。我还有个臣子叫种首，派他负责防备盗贼，于是社会风气大变，民众路不拾遗。这四位臣子，他们的光芒可照耀千里，哪里只是十二乘的车队呢？"魏惠王听后露出了惭愧的神色。

秦孝公、魏惠王在杜平会盟。

鲁共公死了，他的儿子毛继位，是为鲁康公。

周显王十五年（丁卯，前 354 年）

秦军在元里城打败魏军，斩首七千级，夺取了少梁邑。

魏惠王攻打赵国，包围了邯郸。楚王派景舍去救赵国。

周显王十六年（戊辰，前 353 年）

齐威王派田忌救赵国。

当初，孙膑与庞涓一起学习兵法，庞涓在魏国任将军，自认为才能不如孙膑，就耍心眼请孙膑来魏国。孙膑到后，庞涓便陷害他，以刖刑砍断他的两脚，又以黥刑刺他的脸，想使孙膑终身残废不能出任将帅。齐国使者来到魏国，孙膑以刑徒的身份暗中求见，游说齐国使者，齐国使者偷偷地把孙膑载上车一起返回齐国。田忌十分看重孙膑，待以客礼，又推荐给齐威王。威王向孙膑请教兵法，于是任命孙膑为军师。齐威王打算出兵救赵，任命孙膑为将；孙膑辞谢，认为受过刑的人不能担任将帅。齐威王便任命田忌为将，孙膑为军师，乘坐在有篷盖的车中，为田忌出谋划策。

田忌打算领兵直驱赵国救援，孙膑说："解开杂乱纷纠的东西，不可以用拳头猛击，解救互相打斗的人，也不可以动手直接搏斗攻击，应打击敌方要害，直捣其空虚的地方，造成形势的变化，那么打斗的人便自然和解。现在魏国和赵国交战，魏国的精兵锐卒一定全部都部署在战场，老弱的人困守在国内；你不如领兵快速奔袭魏国的都城，占领它的交通要道，冲击它防备空虚的地方，这样魏军一定会解除了赵国的围困而回师自救，这样我军既能解除赵国的围困，还可以从魏军疲败中找到战机。"田忌听从了孙膑的计谋。十月，邯郸投降了魏国。魏军回师，与齐军在桂陵

韩伐东周，取陵观、廪丘。

楚昭奚恤为相。江乙言于楚王曰："人有爱其狗者，狗尝溺井，其邻人见，欲入言之，狗当门而噬之。今昭奚恤常恶臣之见，亦犹是也。且人有好扬人之善者，王曰：'此君子也'，近之；好扬人之恶者，王曰：'此小人也'，远之。然则且有子弑其父、臣弑其主者，而王终已不知也。何者？以王好闻人之美而恶闻人之恶也。"王曰："善！寡人愿两闻之。"

（以上为第三段，写齐魏桂陵之战，齐救赵大败魏军。这是孙膑与庞涓斗智的第一个回合。）

十七年（己巳，前 352 年）

秦大良造伐魏。

诸侯围魏襄陵。

十八年（庚午，前 351 年）

秦卫鞅围魏固阳，降之。

魏人归赵邯郸，与赵盟漳水上。

韩昭侯以申不害为相。

申不害者，郑之贱臣也，学黄、老、刑名，以干昭侯。昭侯用为相，内修政教，外应诸侯，十五年，终申子之身，国治兵强。

申子尝请仕其从兄，昭侯不许，申子有怨色。昭侯曰："所为学于子者，欲以治国也。今将听子之谒而废子之术乎，已其行子之术而废子之请乎？子尝教寡人修功劳，视次第；今有所私求，我将奚听乎？"申子乃辟舍请罪曰："君真其人也！"

昭侯有弊袴，命藏之。侍者曰："君亦不仁者矣，不赐左右而藏之！"昭侯曰："吾闻明主爱一嚬一笑，嚬有为嚬，笑有为笑。今袴岂特嚬笑哉！吾必待有功者。"

十九年（辛未，前 350 年）

秦商鞅筑冀阙宫庭于咸阳，徙都之。令民父子、兄弟同室内息者为禁。并诸小乡聚，集为一县，县置令、丞，凡三十一县。废井田，开阡陌，平斗、桶、权、衡、丈、尺。

交战，魏军大败。

韩国攻打东周，夺取了陵观和廪丘。

楚国的昭奚恤被任用为国相。江乙对楚王说："有一个人喜欢自己养的狗，有一次这只狗向井里撒尿，这个人的邻居看见了，想进去告诉狗的主人，这只狗却挡在门口狂叫。如今昭奚恤不高兴我来面见大王，就像这只狗。如果有人好褒扬别人的长处，大王你就说：'这是一个君子啊'，便亲近他。对于好张扬别人缺点的人，大王你就说：'这是一个小人'，便疏远他。那么如果有儿子弑杀父亲，臣子弑杀君主，大王你却永远都不会知道。为什么呢？因为君王你喜欢听说人家的优点，而讨厌听说人家的缺点。"楚王说："说得好，这两方面的情况我都愿意听。"

周显王十七年（己巳，前 352 年）

秦国的大良造卫鞅攻打魏国。

诸侯国围攻魏国的襄陵。

周显王十八年（庚午，前 351 年）

秦国的卫鞅围攻魏国的固阳，固阳投降。

魏国人归还所占领的赵国的邯郸，与赵国在漳水上盟誓。

韩昭侯任用申不害为相。

申不害原本是郑国的一个低级官吏，学习黄、老、刑名的学说，用来游说韩昭侯求取官职。韩昭侯用为国相，在国内修明政治和教化，在国外结交诸侯。在申不害任职的十五年间，韩国得到治理，兵力强盛。

申不害曾经为堂兄请求官职，韩昭侯不允许，申不害很不高兴。韩昭侯说："寡人向先生学习的目的，是用来治理国家。现在寡人是答应先生的请求而废弃先生的学说呢，还是实践先生的学说而废弃先生的请求呢？先生曾经指教寡人奖励建功立业的人，按能力大小用人；现在先生却私求于寡人，寡人该听先生哪一种意见呢？"申不害听后离开坐席向韩昭侯请罪说："主君真是一个实践刑名学说的好国君。"

韩昭侯有一条旧裤子，他让侍从收藏起来。侍从说："主君太舍不得了，不赏赐给身边的人还要收藏起来。"韩昭侯说："我听说贤明的君主很讲究一次皱眉和一次微笑。皱一次眉和一次微笑，都要用在当用的地方，现在这条旧裤哪是一个皱眉、一个微笑所能比呢？我一定要把它赏赐给有功的人。"

周显王十九年（辛未，前 350 年）

秦国的卫鞅在咸阳建筑城阙和宫廷，并把国都迁徙到咸阳。下令禁止平民的父与子及兄弟居住在同一屋里，把那些小乡合并，组织为县，每县设置县令、县丞，总共有三十一个县。废除井田制度，开辟田界道路。统一斗、斛、秤衡、丈、尺的

秦、魏遇于彤。

赵成侯薨，公子緤与太子争立。緤败，奔韩。

二十一年（癸酉，前 348 年）

秦商鞅更为赋税法，行之。

二十二年（甲戌，前 347 年）

赵公子范袭邯郸，不胜而死。

二十三年（乙亥，前 346 年）

齐杀其大夫牟。

鲁康公薨，子景公偃立。

卫更贬号曰侯，服属三晋。

二十五年（丁丑，前 344 年）

诸侯会于京师。

二十六年（戊寅，前 343 年）

王致伯于秦，诸侯皆贺秦。秦孝公使公子少官帅师会诸侯于逢泽以朝王。

二十八年（庚辰，前 341 年）

魏庞涓伐韩。韩请救于齐。齐威王召大臣而谋曰："早救孰与晚救？"成侯曰："不如勿救。"田忌曰："弗救则韩且折而入于魏，不如早救之。"孙膑曰："夫韩、魏之兵未弊而救之，是吾代韩受魏之兵，顾反听命于韩也。且魏有破国之志，韩见亡，必东面而诉于齐矣。吾因深结韩之亲而晚承魏之弊，则可受重利而得尊名也。"王曰："善！"乃阴许韩使而遣之。韩因恃齐，五战不胜，而东委国于齐。

齐因起兵，使田忌、田婴、田盼将之，孙子为师，以救韩，直走魏都。庞涓闻之，去韩而归。魏人大发兵，以太子申为将，以御齐师。孙子谓田忌曰："彼三晋之兵素悍勇而轻齐，齐号为怯。善战者因其势而利导之。《兵法》：'百里而趣利者蹶上将，五十里而趣利者军半至。'"乃使齐军入魏地为十万灶，明日为五万灶，又明日为二万灶。庞涓行三日，大喜曰："我固知齐军怯，入吾地三日，士卒亡者过半矣！"乃弃其步军，与其轻锐倍日并行逐之。孙子度其行，暮当至马陵。马陵道狭而旁多阻

标准。

秦军和魏军在彤邑相遇。

赵成侯死了，公子緤与太子争立为国君。公子緤失败，投奔韩国。

周显王二十一年（癸酉，前 348 年）

秦国商鞅改革了赋税法，在全秦国施行。

周显王二十二年（甲戌，前 347 年）

赵公子范偷袭邯郸，战死。

周显王二十三年（乙亥，前 346 年）

齐国杀了大夫牟。

鲁康公死了，他的儿子偃继位为鲁景公。

卫国公爵被贬降为侯爵，臣服依附于三晋。

周显王二十五年（丁丑，前 344 年）

诸侯在京师洛阳会盟。

周显王二十六年（戊寅，前 343 年）

周显王封秦国国君为一方诸侯之长，诸侯都来祝贺秦国。秦孝公派一个公子少官率军队在逢泽与诸侯相会，并朝见周显王。

周显王二十八年（庚辰，前 341 年）

魏国庞涓攻打韩国。韩国向齐国求救。齐威王召集大臣们商议，说："早去救，还是晚去救，哪个办法更好？"成侯邹忌说："还是不救为好。"田忌说："不救，韩国就会被魏国吞并，不如早救为好。"孙膑说："韩国和魏国的军队还没有打得疲惫就去援救，等于是我们代替韩国去遭受魏军的攻击，这反而是听从了韩国的调遣，况且魏国有攻灭韩国的决心，韩国看到有灭亡的危险，一定会向东来告诉齐国，我们齐国既可以借此机会与韩国结交亲善，又可晚一些攻击疲惫的魏军，这样既可收到很大的利益又可取得很好的名声。"齐威王说："很好。"于是暗中答应了韩国使者的请求，让他带着救援的信息回国。韩国因此倚仗齐国与魏国交战，五战五败后，才东向投靠齐国。

齐国这才起兵，派田忌、田婴、田盼率领军队，孙膑为军师，前去救援韩国，齐军直奔魏国都城。庞涓听到消息，便撤离韩国回师魏国。魏国调集大军，由太子申统领，抵御齐军。孙膑对田忌说："三晋的军队一向很强悍勇猛，轻视齐军，齐军被认为是怯懦的。善于打仗的人要因势利导麻痹敌人。"《兵法》说："一天急行军一百里去奔袭将使主将栽跟斗，一天急行军五十里去奔袭，只有一半军队能赶到。"于是让进入魏国的齐军第一天挖了十万人吃饭的灶，第二天减为五万人吃饭的灶，第三天减为三万人吃饭的灶。庞涓追击三天，见此情况十分高兴，说："我原本就知

隘，可伏兵。乃斫大树，白而书之曰："庞涓死此树下！"于是令齐师善射者万弩夹道而伏，期日暮见火举而俱发。庞涓果夜到斫木下，见白书，以火烛之。读未毕，万弩俱发，魏师大乱相失。庞涓自知智穷兵败，乃自刭，曰："遂成竖子之名！"齐因乘胜大破魏师，虏太子申。

成侯邹忌恶田忌，使人操十金，卜于市，曰："我，田忌之人也。我为将三战三胜，欲行大事，可乎？"卜者出，因使人执之。田忌不能自明，率其徒攻临淄，求成侯。不克，出奔楚。

（以上为第四段，写孙膑与庞涓斗智的第二个回合，孙膑凭借齐国军队救援韩国，在马陵大败魏军，史称马陵之战。两个回合，两战之后，魏国迅速衰落。）

二十九年（辛巳，前 340 年）

卫鞅言于秦孝公曰："秦之与魏，譬若人之有腹心之疾，非魏并秦，秦即并魏。何者？魏居岭厄之西，都安邑，与秦界河，而独擅山东之利。利则西侵秦，病则东收地。今以君之贤圣，国赖以盛；而魏往年大破于齐，诸侯畔之，可因此时伐魏。魏不支秦，必东徙。然后秦据河、山之固，东乡以制诸侯，此帝王之业也。"公从之，使卫鞅将兵伐魏。魏使公子卬将而御之。

军既相距，卫鞅遗公子卬书曰："吾始与公子驩，今俱为两国将，不忍相攻，可与公子面相见盟，乐饮而罢兵，以安秦、魏之民。"公子卬以为然，乃相与会。盟已，饮。而卫鞅伏甲士，袭虏公子卬，因攻魏师，大破之。

魏惠王恐，使使献河西之地于秦以和。因去安邑，徙都大梁。乃叹曰："吾恨不用公叔之言！"

秦封卫鞅商於十五邑，号曰商君。

齐、赵伐魏。

楚宣王薨，子威王商立。

道齐军胆小，进入我国才三天，士兵已逃亡过半数。”于是留下步兵，只率领精锐部队日夜兼程追逐齐军。孙膑估计庞涓的行程，傍晚时将到达马陵。马陵道路狭窄，而且两旁地势险要，便于埋伏士兵，孙膑就命令削掉大树的皮，露出白色树干写上一行大字：“庞涓死此树下。”孙膑又命令齐军中善射的弓箭手一万人埋伏在狭道两旁，约定在夜晚看见有人举火就万弩齐发。庞涓果然在天黑时赶到削掉皮的大树下面，看见白色树干处写了字，就用火把照着看。他还没有读完这行字，齐军万弩齐发，魏军混乱四散。庞涓自己知道智穷计竭，军队溃败，便自刎而死，说：“竟让孙膑这小子成名了！”齐军乘胜大败魏军，俘虏了魏国的太子申。

齐国成侯邹忌恶厌田忌，便暗中派人带着十镒黄金到街上去占卜，说：“我是田忌的部下。田忌任命我为将领，三战三胜，现在想在齐国起兵夺权，这事吉利吗？”当这个占卜的人出来后，成侯就派人把他抓了起来。田忌没有机会说明冤情，就率领自己的部下攻打临淄，想抓住邹忌。结果没有取胜，只好投奔楚国。

周显王二十九年（辛巳，前340年）

卫鞅对秦孝公说：“秦魏两国势不两立，就好比一个人的肚子长了一个疮，不是魏国吞并秦国，就是秦国吞并魏国，为什么呢？魏国在中条山险阻的西面，它建都在安邑，与秦国以黄河为界，而独自占有华山以东的地势优势，形势有利时它就向西侵犯秦国，不利时它就向东夺取地盘。现在有主君你的贤圣，国家因此而强盛。而魏国往年被齐国打得大败，诸侯国都背叛它，可以趁这个时候进攻魏国。魏国抵挡不住秦国的进攻，一定向东迁都，然后我们就可占据黄河、中条山的险阻，向东去控制诸侯各国，这是建立帝王的大业啊。”秦孝公听从了商鞅这个计谋，派遣卫鞅率领军队去攻打魏国。魏国派公子卬统帅军队对抗秦军。

秦、魏两国军队相互对峙，卫鞅写信给公子卬说：“我当初与你十分友好，现今各自担任为秦、魏两国的将领，我不忍心互相残杀，我同公子相见盟誓，快乐地饮酒撤兵，使秦、魏两国的人民安居乐业。”公子卬认为这样很好，于是就同卫鞅相会；盟誓完毕，正当饮酒祝贺之时，卫鞅埋伏的甲士袭击并俘虏了公子卬，乘机攻击魏军，魏军大败。

魏惠王很害怕，派出专使奉献河西的土地给秦国以求和。并因此离开安邑，把都城迁到大梁。魏惠王于是感叹说：“我悔恨没有听从公叔痤的话。”

秦国封给卫鞅商於十五邑的土地，称他为商君，又称商鞅。

齐国、赵国攻打魏国。

楚宣王死了，他的儿子商继位为楚威王。

三十一年（癸未，前338年）

秦孝公薨，子惠文王立，公子虔之徒告商君欲反，发吏捕之。商君亡之魏。魏人不受，复内之秦。商君乃与其徒之商於，发兵北击郑。秦人攻商君，杀之，车裂以徇，尽灭其家。

初，商君相秦，用法严酷，尝临渭论囚，渭水尽赤，为相十年，人多怨之。赵良见商君，商君问曰："子观我治秦孰与五羖大夫贤？"赵良曰："千人之诺诺，不如一士之谔谔。仆请终日正言而无诛，可乎？"商君曰："诺。"赵良曰："五羖大夫，荆之鄙人也，穆公举之牛口之下，而加之百姓之上，秦国莫敢望焉。相秦六七年而东伐郑，三置晋君，一救荆祸。其为相也，劳不坐乘，暑不张盖。行于国中，不从车乘，不操干戈。五羖大夫死，秦国男女流涕，童子不歌谣，舂者不相杵。今君之见也，因嬖人景监以为主；其从政也，凌轹公族，残伤百姓。公子虔杜门不出已八年矣。君又杀祝欢而黥公孙贾。《诗》曰：'得人者兴，失人者崩。'此数者，非所以得人也。君之出也，后车载甲，多力而骈胁者为骖乘，持矛而操闟戟者旁车而趋。此一物不具，君固不出。《书》曰：'恃德者昌，恃力者亡。'此数者，非恃德也。君之危若朝露，而尚贪商於之富，宠秦国之政，畜百姓之怨。秦王一旦捐宾客而不立朝，秦国之所以收君者岂其微哉！"商君弗从。居五月而难作。

（以上为第五段，写商鞅伐魏，兵可诈外交不可诈，不择手段地擒公子卬，犯立身不诚信之大忌，不免悲剧下场。）

三十二年（甲申，前337年）

韩申不害卒。

三十三年（乙酉，前336年）

宋太丘社亡。

邹人孟轲见魏惠王。王曰："叟，不远千里而来，亦有以利吾国乎？"孟子曰："君何必曰利，仁义而已矣！君曰何以利吾国，大夫曰何以利吾家，士庶人曰何以利吾身，上下交征利而国危矣。未有仁而遗其亲者也，未有义而后其君者也。"王曰："善。"

周显王三十一年（癸未，前 338 年）

秦孝公死了，他的儿子秦惠文王继位。公子虔这帮人上书指控商君想谋反，秦惠王派出官吏去抓他。商君逃往魏国，魏国人不接受他，又把他送回秦国。商君便同他的部属前往商於，出兵向北攻打郑县。秦国人攻打商君，并把他杀了，五马分尸以示众，诛杀了商鞅的全家。

当初，商君被任用为秦相，制订法律十分严酷，他曾在渭水边判决处斩死囚，致使渭水被血染成了红色。他担任秦相十年，很多人怨恨他。赵良见到商君，商君问他说："你看我治理秦国，与五羖大夫相比，谁更贤能？"赵良回答说："上千人的阿谀奉承，比不上一个正直人敢于直言不讳。我请求说一整天正直的话，而您不责罚我，行吗？"商君说："行。"赵良说："五羖大夫是楚国的一个粗人，秦穆公从牧养牛的奴仆中提拔任用他，地位居于百官之上，秦国人没有谁敢说句不满的话。百里奚在任秦国相的六七年中，与晋国合兵向东攻打郑国，三次参与拥立晋国的国君，一次挽救了楚国的祸难。他担任国相，疲劳时也不乘车，炎热的天，车上不加顶盖。他在国都巡视，没有随从的车辆，不带干盾戈矛等武器。五羖大夫死时，秦国全国的男女都痛哭流涕，小孩子不咏唱歌谣，舂杵的人不发出劳动的号子声。如今说到您，初次见国君，靠的是宠臣景监引见；您掌理国政，欺凌秦国的公族，残害百姓，公子虔闭门不出已经有八年了。您又杀死了祝欢而且把公孙贾处以黥刑。《诗经》上说：'得人者兴，失人者崩。'您做的这几个方面，没能得到民心啊。您在出行的时候，随从的车载着甲士，威猛和健壮的人做您车上的骖乘，手持着矛和长戟的卫士前呼后拥地跟随车子行进。这些东西缺了一样，您就不敢出行。《尚书》上说：'恃德者昌，恃力者亡。'您依靠的这些东西，都不是仁德。您的危险如同早晨的露水一样，没有多少时间了，却还贪恋商於地方的富庶，专擅秦国的政令，蓄积百姓的怨恨。假如秦王离去不再立于朝廷，秦国要加害于您的人难道会少吗？"商君不听从赵良的话，只过了五个月就大难临头了。

周显王三十二年（甲申，前 337 年）

韩国申不害去世。

周显王三十三年（乙酉，前 336 年）

宋国在太丘封立的社消失。

邹国人孟轲求见魏惠王，魏惠王说："先生不远千里而来，能给我的国家带来什么利益吗？"孟子说："主君为什么要说利益呢，只说仁义吧！国君说怎样有利于自己的邦国，大夫说怎样有利于我的家邑，士庶平民说怎样有利于自身，上上下下互相只讲利益，这样国家就危险了。从来没有守仁德的人会遗弃他的双亲，也从来没

初，孟子师子思，尝问牧民之道何先。子思曰："先利之。"孟子曰："君子所以教民者，亦仁义而已矣，何必利！"子思曰："仁义固所以利之也。上不仁则下不得其所，上不义则下乐为诈也。此为不利大矣。故《易》曰：'利者，义之和也。'又曰：'利用安身，以崇德也。'此皆利之大者也。"

臣光曰：子思、孟子之言，一也。夫唯仁者为知仁义之为利，不仁者不知也。故孟子对梁王直以仁义而不及利者，所与言之人异故也。

三十四年（丙戌，前335年）

秦伐韩，拔宜阳。

三十五年（丁亥，前334年）

齐王、魏王会于徐州以相王。

韩昭侯作高门，屈宜臼曰："君必不出此门。何也？不时。吾所谓时者，非时日也。夫人固有利、不利时。往者君尝利矣，不作高门。前年秦拔宜阳，今年旱，君不以此时恤民之急而顾益奢，此所谓时诎举赢者也。故曰不时。"

越王无强伐齐。齐王使人说之以伐齐不如伐楚之利，越王遂伐楚。楚人大败之，乘胜尽取吴故地，东至于浙江。越以此散，诸公族争立，或为王，或为君，滨于海上，朝服于楚。

（以上为第六段，写义与利两者，在仁德的基础上两者是统一的。）

三十六年（戊子，前333年）

楚王伐齐，围徐州。

韩高门成。昭侯薨，子宣惠王立。

初，洛阳人苏秦说秦王以兼天下之术，秦王不用其言。苏秦乃去，说燕文公曰："燕之所以不犯寇被甲兵者，以赵之为蔽其南也。且秦之攻燕也，战于千里之外；赵之攻燕也，战于百里之内。夫不忧百里之患而重千里之外，计无过于此者。愿大王与赵从亲，天下为一，则燕国必无患矣。"

有讲忠义的人会怠慢他的君王。”魏惠王说：“说得好！”

当初，孟子拜子思为老师，曾经询问治理百姓应先做哪一件事。子思说：“先让百姓得到利益。”孟子说：“君子所用以教导民众的，只讲仁义就够了，何必讲利益！”子思说：“仁义本来就是用来为民众谋利的啊。居上位的不行仁德，那么下面的人便不能得到他应得的东西，居上位的人不行义，那么下面的人便全力做欺诈的事，这样带来的不利最大。所以《易经》里说：‘利益与义是对应的。’又说：‘利益能够安身，用以崇尚道德。’这都是利益中最重要的方面。”

臣司马光评论说：子思和孟子说的是一致的。只有行仁德的人能够明白仁义是利，不行仁德的人是不明白的。所以孟子对魏惠王只说仁义而不说利益，是因为所交谈的对象不同罢了。

周显王三十四年（丙戌，前335年）

秦国攻打韩国，攻克宜阳。

周显王三十五年（丁亥，前334年）

齐王、魏王在徐州会盟，互相推重称王。

韩昭侯建造高大的宫门，屈宜臼说：“你一定不要走出这座宫门。为什么呢？是因为不合时宜。我所说的时宜不是说时机。人本来有有利的和不利的时机，过去你有过有利的时机，那时不建造高大宫门。前年秦国攻取了宜阳，今年又是天旱，你不在这时体恤人民的急难，反而更加奢侈，这恰恰是在时势艰难时办了时势顺利的事，所以说不合时宜。”

越王无强攻打齐国。齐王派人去越国游说，说攻打齐国比不上攻打楚国有利，越王便攻打楚国。楚国人把越国打得大败，乘胜占据了全部吴国旧有的土地，东进到浙江。越国从此败散，越国宗室各公族争立为王，有的称王，有的称君，居于滨海地方，全都臣服于楚国。

周显王三十六年（戊子，前333年）

楚王派兵攻打齐国，包围了徐州。

韩国的高大宫门建成。韩昭侯死了，他的儿子宣惠王继位。

当初，洛阳人苏秦以兼并天下的谋略游说秦王，秦王不采纳他的建议，苏秦于是离开秦国，前往游说燕文公，说：“燕国之所以不被侵犯、不受敌军骚扰，是由于有赵国在南方作为屏蔽。如果秦国要攻打燕国，是在燕国千里之外作战；而赵国要攻打燕国，是在燕国百里之内兵戎相见。燕国不忧虑百里之内的战祸而关注千里之外的防备，没有比这更错误的谋略了，我希望大王与赵国结成合纵相亲的盟国，全天下的诸侯联合为一体，那么燕国一定就会没有忧患了。”

文公从之，资苏秦车马，以说赵肃侯曰："当今之时，山东之建国莫强于赵，秦之所害亦莫如赵。然而秦不敢举兵伐赵者，畏韩、魏之议其后也。秦之攻韩、魏也，无有名山大川之限，稍蚕食之，傅国都而止。韩、魏不能支秦，必入臣于秦。秦无韩、魏之规则祸中于赵矣。臣以天下地图按之，诸侯之地五倍于秦，料度诸侯之卒十倍于秦。六国为一，并力西乡而攻秦，秦必破矣。夫衡人者皆欲割诸侯之地以与秦，秦成则其身富荣，国被秦患而不与其忧，是以衡人日夜务以秦权恐愒诸侯，以求割地。故愿大王熟计之也！窃为大王计，莫如一韩、魏、齐、楚、燕、赵为从亲以畔秦，令天下之将相会于洹水之上，通质结盟，约曰：'秦攻一国，五国各出锐师，或桡秦，或救之。有不如约者，五国共伐之！'诸侯从亲以摈秦，秦甲必不敢出于函谷以害山东矣。"肃侯大说，厚待苏秦，尊宠赐赉之，以约于诸侯。

会秦使犀首伐魏，大败其师四万余人，禽将龙贾，取雕阴，且欲东兵。苏秦恐秦兵至赵而败从约，念莫可使用于秦者，乃激怒张仪，入之于秦。

张仪者，魏人，与苏秦俱事鬼谷先生，学纵横之术，苏秦自以为不及也。仪游诸侯无所遇，困于楚，苏秦故召而辱之。仪恐，念诸侯独秦能苦赵，遂入秦。苏秦阴遣其舍人赍金币资仪，仪得见秦王。秦王说之，以为客卿。舍人辞去，曰："苏君忧秦伐赵败从约，以为非君莫能得秦柄，故激怒君，使臣阴奉给君资，尽苏君之计谋也。"张仪曰："嗟乎！此吾在术中而不悟，吾不及苏君明矣。为吾谢苏君，苏君之时，仪何敢言！"

于是苏秦说韩宣惠王曰："韩地方九百余里，带甲数十万，天下之强弓、劲弩、利剑皆从韩出。韩卒超足而射，百发不暇止。以韩卒之勇，被坚甲，跖劲弩，带利剑，一人当百，不足言也。大王事秦，秦必求宜阳、成皋。今兹效之，明年复求割地。与则无地以给之，不与则弃前功，受后祸。且大王之地有尽而秦求无已，以有尽之地逆无已之求，此所谓

燕文公听从了苏秦的建议，提供车辆马匹给苏秦，苏秦前往游说赵肃侯，说："当今华山以东建立的国家没有比赵国更强大的了。秦国最害怕的也是赵国。然而秦国不敢发兵攻打赵国的原因，是害怕韩、魏在背后计算它。秦国攻打韩、魏，没有名山大川的阻挡，可以逐渐蚕食两国土地，直到逼近两国都城为止。韩、魏抵抗不住秦国，一定向秦国称臣；秦国没有韩、魏在暗中使绊，那么祸患就会降临到赵国头上。我对天下的地图进行分析，发现诸侯的土地比秦国多五倍，估计诸侯的兵力比秦国多十倍，如果六国合纵为一，合力向西去攻打秦国，秦国一定会被攻破。那些主张连横的人不过是要诸侯割让土地给秦国，秦国成功了，主张连横的人就享富贵荣耀，国家受秦国侵犯而他们却不为国家分忧。因此，主张连横的人日夜都拿秦国来恐吓诸侯各国，以迫使他们割让土地。所以我希望大王仔细考虑这件大事！我私下为大王谋划，不如联合韩、魏、齐、楚、燕、赵各国一致对付秦国，让诸侯名国将相在洹水岸上会议，相誓结盟，共同缔约，约定：'假若秦国攻打其中一国，其他五国同时派出精锐军队，或者袭扰阻止秦军，或者前往战场救援。有不履行共同盟约的，其他五国就共同讨伐它！诸侯联合来抵抗秦国，秦国军队一定不敢出函谷关来侵害山东各诸侯国。'"赵肃侯听了很高兴，优待苏秦，尊敬宠信并赏赐他，让他去游说诸侯各国合纵结盟。

这时正当秦国派犀首率军攻打魏国，大败四万多魏军，擒获魏将龙贾，攻占魏邑雕阴，并打算向东进攻。苏秦怕秦军攻进赵国而使合纵盟约失败，想了想没有合适的人可派到秦国，于是激怒张仪，让他前往秦国。

张仪是魏国人，他与苏秦一起奉鬼谷先生为师，学习合纵连横的谋略，苏秦自认为比不上张仪。张仪游说诸侯还没有得到赏识机遇，在楚国遭受困辱，苏秦故意召他到赵国来加以侮辱。张仪发怒，想到诸侯各国中只有秦国能够攻打赵国，就去了秦国。苏秦暗地里派遣自己亲近的舍人带钱资助张仪，张仪因此得以进见秦王。秦王很高兴，任用张仪为客卿。那位苏秦亲信辞别张仪，说："苏秦先生忧虑秦国攻打赵国会使合纵盟约失败，认为除了您没有谁能操纵秦国，所以故意激怒先生，并派我暗中给你资助，这些全是苏秦的计谋啊。"张仪说："唉，我在苏秦先生的谋算中而不能察觉，我比不上苏秦先生是很明显的啊。请你代我感谢苏秦先生，只要苏秦先生在世，我张仪就没有说话的份！"

于是苏秦游说韩宣惠王，说："韩国土地方圆有九百余里，披甲的兵士有几十万，天下的强弓、劲弩、利剑都由韩国制造。韩国的士兵脚踏弩机，连续发射百支箭矢而不停。以韩国士兵的勇敢，披上坚甲，足踏劲弩，携带利剑，以一当百，不在话下。大王若屈服于秦国，秦国一定会要求你割让宜阳、成皋的地方。现在献出了这些地方，明年他又要求割让别的土地。你要给他土地，却没有地方割让了；

市怨结祸者也。不战而地已削矣！鄙谚曰：‘宁为鸡口，无为牛后。’夫以大王之贤，挟强韩之兵，而有牛后之名，臣窃为大王羞之。”韩王从其言。

苏秦说魏王曰：“大王之地方千里，地名虽小，然而田舍、庐庑之数，曾无所刍牧。人民之众，车马之多，日夜行不绝，輷輷殷殷，若有三军之众。臣窃量大王之国不下楚。今窃闻大王之卒，武士二十万，苍头二十万，奋击二十万，厮徒十万；车六百乘，骑五千匹，乃听于群臣之说，而欲臣事秦。故敝邑赵王使臣效愚计，奉明约，在大王之诏诏之。”魏王听之。

苏秦说齐王曰：“齐四塞之国，地方二千余里，带甲数十万，粟如丘山。三军之良，五家之兵，进如锋矢，战如雷霆，解如风雨。即有军役，未尝倍泰山、绝清河、涉渤海者也。临淄之中七万户，臣窃度之，不下户三男子，不待发于远县，而临淄之卒固已二十一万矣。临淄甚富而实，其民无不斗鸡、走狗、六博、阘鞠。临淄之涂，车毂击，人肩摩，连衽成帷，挥汗成雨。夫韩、魏之所以重畏秦者，为与秦接境壤也。兵出而相当，不十日而战，胜存亡之机决矣。韩、魏战而胜秦，则兵半折，四境不守；战而不胜，则国已危亡随其后。是故韩、魏之所以重与秦战而轻为之臣也。今秦之攻齐则不然。倍韩、魏之地，过卫阳晋之道，经乎亢父之险，车不得方轨，骑不得比行。百人守险，千人不敢过也。秦虽欲深入则狼顾，恐韩、魏之议其后也。是故恫疑、虚喝、骄矜而不敢进，则秦之不能害齐亦明矣。夫不深料秦之无奈齐何，而欲西面而事之，是群臣之计过也。今无臣事秦之名而有强国之实，臣是故愿大王少留意计之。”齐王许之。

乃西南说楚威王曰：“楚，天下之强国也，地方六千余里，带甲百万，车千乘，骑万匹，粟支十年，此霸王之资也。秦之所害莫如楚，楚强则秦弱，秦强则楚弱，其势不两立。故为大王计，莫如从亲以孤秦。臣请

你不割让土地，那么就前功尽弃，遭受灾祸。况且大王的土地有限，而秦国的贪欲是无止境的，以有限的土地面对无止境的贪欲，这就叫作自找苦吃。未经交战而土地已先丧失了。俗谚说：‘宁可做鸡口，不要做牛后。’以大王的贤明，加上拥有强悍的韩国兵众，而有做牛后的声名，我背地里为大王感到羞愧！”韩王于是听从了苏秦的话。

苏秦游说魏王，说：“大王的土地方圆千里，地方虽说是小，然而国内田舍很多，竟至于没有长刍草放牧牲畜的空地。人民之众，车辆马匹之多，日夜川流不息。车马轰鸣，像有三军的气势。我私下估量大王你的国力不在楚国之下，现在我听到传闻说，大王的军队，武士有二十万，苍头军二十万，精悍勇士二十万，杂役徒众十万，兵车有六百辆，战马五千匹，却偏听了群臣的议论，想顺从秦国，所以赵王派我来进献浅薄的计谋，奉上切实可行的盟约，只等大王下诏答复订约之事。”魏王听从了苏秦的建议。

苏秦游说齐王，说：“齐国是一个四境有天险屏障的国家，土地方圆两千多里，披铠甲的士兵有几十万人，粮食堆积如山。军队精良，五都的兵员众多，前进时就像离弦之箭，作战有如雷霆的威势，收兵解散时像风雨扫过，即使有军役征调，不必远离泰山，渡过清河，跨过渤海去征调。在临淄城里有七万户人家，我私下计算，每户不少于三个男子，不必等待从远方县邑发兵，而临淄的士兵就有二十一万了。临淄富庶殷实，这里的百姓都以斗鸡、走狗、六博、踢球为游戏。在临淄的道路上，行进的车辆很多，车轴头相接触，行人肩背相摩擦，衣襟连起来可成帷帐，众人挥汗如雨。韩、魏之所以十分怕秦国，是由于它们同秦国接壤。出兵相对抗，相持不到十日，胜败存亡的大势便确定了。韩、魏如果战胜了秦国，那么兵员就会损失一半，国家四周的边境也就无力防守；如果韩、魏不能战胜秦国，那么就将面临国家灭亡的危险。正是这个缘故，韩、魏便难于对秦作战，而会轻易臣服秦国。现在秦国要进攻齐国就不是这样。它要背靠韩、魏，途经卫国阳晋的道路，必过亢父的险要地段，战车不能并排前进，战马不能并排奔跑，只要有一百人扼守险要，哪怕有一千人也不敢通过啊。秦军虽然想要深入齐国但有后顾之忧，害怕韩、魏在后面谋算它，因此感到恐惧，虚张声势吓唬韩、魏，傲慢得意却不敢进兵，那么秦国难以侵害齐国是明摆着的。不认真估量秦国不能把齐国怎么样，却打算向西臣服秦国，这是齐国群臣的失策。现在齐国没有臣服秦国的名声而却有强国的实力，因此我希望大王稍加留意考虑这件事！”齐王赞同苏秦的话。

苏秦于是前往西南去游说楚威王，说：“楚国是天下的强国，土地方圆六千多里，甲士百万，战车千辆，战马万匹，积贮的粮食可供应十年，这是称霸天下的资本啊。秦国所嫉恨的国家没有哪个比得上楚国，楚国强大则秦国就弱小；反过来，

令山东之国奉四时之献，以承大王之明诏。委社稷，奉宗庙，练士厉兵，在大王之所用之。故从亲则诸侯割地以事楚，衡合则楚割地以事秦。此两策者相去远矣，大王何居焉？”楚王亦许之。

于是苏秦为从约长，并相六国，北报赵，车骑辎重拟于王者。

齐威王薨，子宣王辟强立；知成侯卖田忌，乃召而复之。

燕文公薨，子易王立。

卫成侯薨，子平侯立。

（以上为第七段，写战国中期，秦国崛起与东方六国争雄，合纵连横之士兴起。苏秦主张合纵抗秦，为六国盟主，受六国相印。）

三十七年（己丑，前332年）

秦惠王使犀首欺齐、魏，与共伐赵，以败从约。赵肃侯让苏秦，苏秦恐，请使燕，必报齐。苏秦去赵而从约皆解。赵人决河水以灌齐、魏之师，齐、魏之师乃去。

魏以阴晋为和于秦，实华阴。

齐王伐燕，取十城，已而复归之。

三十九年（辛卯，前330年）

秦伐魏，围焦、曲沃。魏入少梁、河西地于秦。

四十年（壬辰，前329年）

秦伐魏，渡河，取汾阴、皮氏，拔焦。

楚威王薨，子怀王槐立。

宋公剔成之弟偃袭攻剔成。剔成奔齐，偃自立为君。

四十一年（癸巳，前328年）

秦公子华、张仪帅师围魏蒲阳，取之。张仪言于秦王，请以蒲阳复与魏，而使公子繇质于魏。仪因说魏王曰：“秦之遇魏甚厚，魏不可以无礼于秦。”魏因尽入上郡十五县以谢焉。张仪归而相秦。

秦国强大则楚国就弱小，秦与楚势不两立。所以我为大王谋划，最好的办法是合纵结盟孤立秦国，我要让崤山以东的国家向你供奉春、夏、秋、冬四季的礼品，接受大王英明的命令；各国把社稷宗庙托付于您，训练士卒，整备武器，只等大王你来调动使用。所以，合纵结盟，那么诸侯各国就割献土地来侍奉楚国；实行连横，那么楚国就要割献土地去侍奉秦国，这两种策略相差真是太大了，大王要采取哪一种策略呢？”楚王也赞同了苏秦所说的话。

于是苏秦成为合纵的盟主，同时兼任六国的国相，便返回北方向赵王报告合纵盟约的成功，他乘坐的车骑以及物资与诸侯王的气派相当。

齐威王死了，他的儿子田辟强继位为齐宣王；齐宣王知道成侯邹忌陷害田忌的事，于是召回田忌恢复了他的官职。

燕文公死了，他的儿子易王继位。

卫国成侯死了，他的儿子平侯继位。

周显王三十七年（己丑，前 332 年）

秦惠王派犀首去欺骗齐国和魏国，要齐、魏联合起来攻打赵国，想要败坏合纵盟约。赵肃侯责备苏秦，苏秦心中害怕，请求出使到燕国，一定要报复齐国。苏秦离开了赵国，随即合纵盟约完全瓦解。赵国挖开黄河堤用河水淹灌齐、魏两国的军队，齐、魏两国军队就撤退了。

魏国割让阴晋与秦国议和，阴晋其实就是华阴。

齐宣王派兵攻打燕国，夺取了十座城邑，不久又还给了燕国。

周显王三十九年（辛卯，前 330 年）

秦国攻打魏国，包围焦邑和曲沃。魏国把少梁及河西两地割让给秦国。

周显王四十年（壬辰，前 329 年）

秦军攻打魏国，渡过黄河，攻占了汾阴和皮氏两地，又夺取了焦邑。

楚威王死了，他的儿子名叫槐的继位为楚怀王。

宋国国君剔成的弟弟偃袭击剔成；剔成投奔齐国，偃自立为国君。

周显王四十一年（癸巳，前 328 年）

秦国的公子嬴华和张仪带领军队包围魏国的蒲阳邑，夺取了蒲阳。张仪向秦王进言，把蒲阳归还给魏国，还派秦公子繇去魏国当人质。张仪趁机对魏王说：“秦国这样厚待魏国，魏国不可以对秦国失礼。”魏国只好把上郡十五个县全部献给秦国。张仪回到秦国被任命为国相。

四十二年（甲午，前 327 年）

秦县义渠，以其君为臣。

秦归焦、曲沃于魏。

四十三年（乙未，前 326 年）

赵肃侯薨，子武灵王立，置博闻师三人，左、右司过三人，先问先君贵臣肥义，加其秩。

四十四年（丙申，前 325 年）

夏，四月，戊午，秦初称王。

卫平侯薨，子嗣君立。卫有胥靡亡之魏，因为魏王之后治病。嗣君闻之，请以五十金买之。五反，魏不与，乃以左氏易之。左右谏曰："夫以一都买一胥靡，可乎？"嗣君曰："非子所知也。夫治无小，乱无大。法不立，诛不必，虽有十左氏，无益也。法立，诛必，失十左氏，无害也。"魏王闻之曰："人主之欲，不听之不祥。"因载而往，徒献之。

四十五年（丁酉，前 324 年）

秦张仪帅师伐魏，取陕。

苏秦通于燕文公之夫人，易王知之。苏秦恐，乃说易王曰："臣居燕不能使燕重，而在齐则燕重。"易王许之。乃伪得罪于燕而奔齐，齐宣王以为客卿。苏秦说齐王高宫室，大苑囿，以明得意，欲以敝齐而为燕。

四十六年（戊戌，前 323 年）

秦张仪及齐、楚之相会啮桑。

韩、燕皆称王，赵武灵王独不肯，曰："无其实，敢处其名乎？"令国人谓己曰君。

四十七年（己亥，前 322 年）

秦张仪自啮桑还而免相，相魏。欲令魏先事秦而诸侯效之，魏王不听。秦王伐魏，取曲沃、平周，复阴厚张仪益甚。

（以上为第八段，写张仪主张连横助秦，瓦解合纵。）

周显王四十二年（甲午，前 327 年）

秦国把义渠国置为县，把义渠的国君贬为秦臣。

秦国把焦邑、曲沃两地还给了魏国。

周显王四十三年（乙未，前 326 年）

赵国国君肃侯死了，他的儿子赵武灵王继位；武灵王设置了三位博闻师，以及左司过、右司过各三人，在这之前首先问候了肃侯时的重臣肥义，增加了肥义的俸禄。

周显王四十四年（丙申，前 325 年）

夏季，四月初四日戊午，秦国国君开始称王。

卫平侯死了，他的儿子卫嗣君继位。卫国有个罪犯逃亡到魏国，这个罪犯正在为魏国王后治病。卫嗣君听说这件事，派人到魏国请求用五十金赎回这个罪犯。卫国使者往返五次，魏国不让赎回罪犯，于是卫嗣君要用左氏邑去交换罪徒。嗣君身边的人劝说道："用一邑的地方赎买一个罪犯，合算吗？"卫嗣君说："这不是你们能够明白的！国家治理没有小事，大乱发生不是一开始起于大事。法制不健全，该处罚的不坚决，即使有十个左氏邑，那也没有什么好处。法制健全，该罚的就罚，即使失去十个左氏邑，那也没有什么害处啊。"魏王听到这消息后说："卫国国君的这个愿望，不同意恐怕会不吉利。"于是将罪犯用囚车载回卫国，不要赎金，不要左氏邑。

周显王四十五年（丁酉，前 324 年）

秦国张仪率领秦军攻打魏国，夺取了陕邑。

苏秦与燕文公夫人私通，燕易王知道这件事。苏秦心中惶恐，便对燕易王说："我留在燕国不能增加燕国的威望，而到齐国去就可以增加燕国的威望。"易王同意了苏秦的要求。于是苏秦假装在燕国犯了罪便逃到齐国，齐宣王任用苏秦为客卿。苏秦劝说齐王建造高大的宫室，扩大苑囿园池，用以彰显自己的地位，目的想使齐国国力凋敝，替燕国谋算。

周显王四十六年（戊戌，前 323 年）

秦国张仪与齐国、楚国的相在啮桑会盟。

韩国、燕国都称王。唯独赵武灵王不肯称王，说："没有称王的实力，怎么敢接受王的名号呢？"下令国内的民众称自己为国君。

周显王四十七年（己亥，前 322 年）

秦国张仪从啮桑返回之后，表面上被免去了国相，而到魏国去任国相，想使魏国率先侍奉秦国以便诸侯各国仿效。魏王不同意，于是秦王攻打魏国，夺取了曲沃和平周两邑，而暗中却更加厚待张仪。

四十八年（庚子，前 321 年）

王崩，子慎靓王定立。

燕易王薨，子哙立。

齐王封田婴于薛，号曰靖郭君。靖郭君言于齐王曰："五官之计，不可不日听而数览也。"王从之。已而厌之，悉以委靖郭君。靖郭君由是得专齐之权。

靖郭君欲城薛，客谓靖郭君曰："君不闻海大鱼乎？网不能止，钩不能牵，荡而失水，则蝼蚁制焉。今夫齐，亦君之水也。君长有齐，奚以薛为！苟为失齐，虽隆薛之城到于天，庸足恃乎！"乃不果城。

靖郭君有子四十人，其贱妾之子曰文。文通傥饶智略，说靖郭君以散财养士。靖郭君使文主家待宾客，宾客争誉其美，皆请靖郭君以文为嗣。靖郭君卒，文嗣为薛公，号曰孟尝君。孟尝君招致诸侯游士及有罪亡人，皆舍业厚遇之，存救其亲戚。食客常数千人，各自以为孟尝君亲己。由是孟尝君之名重天下。

臣光曰：君子之养士，以为民也。《易》曰："圣人养贤，以及万民。"夫贤者，其德足以敦化正俗，其才足以顿纲振纪，其明足以烛微虑远，其强足以结仁固义。大则利天下，小则利一国。是以君子丰禄以富之，隆爵以尊之。养一人而及万人者，养贤之道也。今孟尝君之养士也，不恤智愚，不择臧否，盗其君之禄，以立私党，张虚誉，上以侮其君，下以蠹其民，是奸人之雄也，乌足尚哉！《书》曰："受为天下逋逃主、萃渊薮。"此之谓也。

孟尝君聘于楚，楚王遗之象床。登徒直送之，不欲行，谓孟尝君门人公孙戌曰："象床之直千金，苟伤之毫发，则卖妻子不足偿也。足下能使仆无行者，有先人之宝剑，愿献之。"公孙戌许诺，入见孟尝君曰："小国所以皆致相印于君者，以君能振达贫穷，存亡继绝，故莫不悦君之义，

周显王四十八年（庚子，前321年）

周显王死了，他的儿子姬定继位为周慎靓王。

燕国易王死了，他的儿子哙继位。

齐王将薛地封赏给田婴，称号为靖郭君。靖郭君对齐王说："主管事务的五官上报的簿册文书，不可不当天处理并多次审阅。"齐王听从了靖郭君的建议，但不久便厌烦了这些事务，全部交付给靖郭君。靖郭君因此得以独揽齐国大权。

靖郭君想建筑薛城，他的门客对靖郭君说："你不曾听说海里的大鱼吗？网不能捕捉它，钓钩不能牵动它，可它游到岸上时，失去了海水，那么小小的蝼蛄、蚂蚁就能制服它。现在的齐国，也就是你所依赖的海水啊。你长期保有齐国，去建筑薛城做什么？假使失去齐国，你即使高筑薛城到天上，难道能靠得住吗？"靖郭君便没有筑城。

靖郭君有四十个儿子，他一个妾生的儿子叫田文。田文通达豪爽足智多谋，他劝说靖郭君布施钱财，招收供养宾客、士人。靖郭君便使田文主持家事接待宾客，宾客们交口称赞田文的为人，一致请求靖郭君确立田文为继承人。靖郭君死了之后，田文继承为薛公，称为孟尝君。孟尝君招收诸侯各国的游说之士和有罪逃亡者，都给他们建房舍，立居业，还接济他们的亲属。孟尝君收养的食客经常有几千人之多，这些人个个都认为孟尝君亲近自己，因此孟尝君名扬天下。

臣司马光评论说：君子收养士人，是为了民众啊。《易经》说："国君养育贤人治理国家，是要把好处推广到百姓中去。"作为贤人的才智之士，他们的品德应足以敦促教化，匡正风俗，他们的才能应足以提振纲常，匡扶风纪，他们的智慧应足以洞察隐微，考虑长远，他们的坚强应足以团结友爱，加固情谊；从大的方面讲有利于天下，从小的方面说有利于一国，所以把丰厚的俸禄给予贤人君子，使他们富有，还要高封爵位使他们受到尊重；国家养育一个贤人而能使利益惠及万人，这才是养育贤才的正道啊。现今孟尝君养育士人，不考虑士人是智还是愚，不区别善恶，盗取国君的俸禄来建立私党，虚张名誉声望，对上可以说欺骗他的国君，对下便是侵害了民众，这是奸伪者中的魁首，不值得推崇！《尚书》说："殷纣王受是天下逃亡罪人的窝主，是聚集逃亡罪人的地方。"说的就是田文这种人。

孟尝君到楚国访问，楚王赠送孟尝君用象牙装饰的床。楚王派一位当班的登徒官护送这张象牙床，这位登徒官不想送，便对孟尝君的门客公孙戍说："象牙床的价值一千金，假如它有毫毛的损伤，那我即使卖妻卖子也赔不起啊。先生你有能力不让我去护送这张象牙床，我有祖辈传下的一把宝剑，很愿意把它送给你。"公孙戍答

慕君之廉也。今始至楚而受象床，则未至之国将何以待君哉！”孟尝君曰：“善。”遂不受。公孙戌趋去，未至中闺，孟尝君召而反之，曰：“子何足之高，志之扬也？”公孙戌以实对。孟尝君乃书门版曰：“有能扬文之名，止文之过，私得宝于外者，疾入谏！”

臣光曰：孟尝君可谓能用谏矣。苟其言之善也，虽怀诈谖之心，犹将用之，况尽忠无私以事其上乎！《诗》云：“采葑采菲，无以下体。”孟尝君有焉。

韩宣惠王欲两用公仲、公叔为政，问于缪留。对曰：“不可。晋用六卿而国分，齐简公用陈成子及阚止而见杀，魏用犀首、张仪而西河之外亡。今君两用之，其多力者内树党，其寡力者借外权。群臣有内树党以骄主，有外为交以削地，君之国危矣！”

（以上为第九段，写战国列强争夺人才，四公子养士，齐国孟尝君首先登上历史舞台。司马光评论孟尝君，养士不择贤与不肖，有树党之私；而孟尝君用人不求全责备而尽其才，以及从谏如流之精神风采，获得肯定。）

应了登徒官的请求，便去见孟尝君说：“各个小国都愿意把相印交给你的原因，是认为你能赈济贫穷，使亡国得以保存，使面临绝灭的宗室得以延续，没有谁会拒绝你的恩义，没有谁不仰慕你的清廉。现今你刚到楚国就接受楚王赠送的象牙床，那么你还没有去到的国家，他们又将拿什么来接待你呢？”孟尝君说：“你说得对。”便没有接受象牙床。于是公孙戌赶快向外走，还没有走出宫中的小门，孟尝君就叫他回来，问：“你为什么走起路来趾高气扬、神气十足呢？”公孙戌便将实情告诉了孟尝君。孟尝君便在门板上发出布告说：“有能够宣扬我的名声，纠正我的过失，而私自接受了别人请托而馈赠宝物的人，赶快来规谏我！”

臣司马光说：孟尝君可以称得上是能够听从规谏的人。只要规谏的人的话是对的，即使他心怀欺诈，尚且还能接受；更何况那些没有私心，竭尽忠诚来侍奉上司的人呢？《诗经》里说：“采葑取菲，不伤它的根。”孟尝君就有这样的风度。

韩国宣惠王想任用公仲、公叔两人共同主管政务，于是便询问缪留。缪留回答说：“不好。过去晋国同时用六卿，结果国家被分裂；齐简公同时用陈成子和阚止，结果自己被杀害；魏国同时用犀首、张仪，西河之外的土地却被人占领。现今国君同时用两人管理政务，那么他们之中实力雄厚的一方便会在国内树立私党，实力弱小一方就会借用外国的势力。你的臣子中有人在国内树立私党来威胁国君，有人与国外私交来侵割国土，国君的国家就危险了。”

【点评】

论魏惠王。魏惠王好战，遭秦、齐东西夹击，魏沉沦为二等强国。本卷记事起前368年，迄前321年，凡48年，半个世纪，正是战国中段的中前期，最大事件是魏国从霸主地位衰落，成为二等强国。前370年，魏惠王继魏武侯即位，战国进入中期。据《竹书纪年》记载，魏惠王在位52年。魏惠王治魏，承父祖两代所积之资，任贤使能，魏国仍在中原保持霸主地位，一度伐韩攻赵，欲统一三晋，雄心可谓不小。但魏惠王志大才疏，只能任用二等贤才。他用庞涓为将而失孙膑；不听公叔痤之言而失商鞅；又四面树敌，攻韩、赵而招来齐、秦东西夹击，丢失大片国土，从安邑迁都大梁，故魏惠王又称梁惠王。在整个战国时代，魏惠王仍能称得上是一个有为之君，在列国君主之中可列为中上，是一个成功者。魏惠王三十七年（前334年），魏惠王与齐威王会于徐州，互相推重称王，也缓和了齐魏矛盾，史称“徐州相王”。不久，魏、齐、赵、燕、中山又举行会盟，史称“五国相王”，从此进入列国称王时代。战国时代诸侯称王就是从徐州会盟开始的。五国相王，东方诸侯矛盾进一步缓解，逐渐形成联合趋势，共同抗击西边崛起的秦国，战国进入了合纵连横时代。六国联合抗秦，成为“北起燕，南至楚”的纵线联合，史称“合纵”。秦国威逼东方六国与秦联合，打破合纵，成为东西一线的双边结盟，史称“连横”。苏秦是合纵的代表人物，张仪是连横的代表人物。秦惠王要打破合纵，他选定魏国为突破口。秦惠王连年进攻魏国，在前322年逼迫魏惠王接受与秦联合，张仪相魏。魏惠王并不心服，前319年任用主张合纵的公孙衍为相驱逐张仪出境，魏国又回到合纵阵线，与楚、赵、韩、燕联合。前319年，魏惠王死，魏襄王即位。魏国从此一路衰落，降为二等强国。魏国的衰落始于魏惠王好战，在这个意义上，魏惠王又是一个失败者。魏惠王一生的升沉，留给历史深刻的教训。

周纪三

周慎靓王元年至赧王十七年（前 320—前 298 年）

【起重光赤奋若（辛丑，前 320 年），尽昭阳大渊献（癸亥，前 298 年），凡二十三年】

【大事提要】

本卷记事起前 320 年，讫前 298 年，凡二十三年，当周慎靓王元年至赧王十七年。本卷所载大事主要有六个方面：其一，前 318 年秦兵打败了东方楚、赵、魏、韩、燕的第一次五国合纵之兵，确立了连横的胜势。秦惠王又用司马错伐蜀，秦国力倍增，从此称雄诸侯。其二，燕王哙昏聩让国，燕国大乱，几乎亡国。其三，楚怀王继燕王哙之后是战国时代最大的一个昏君，既昏庸又贪婪，被张仪玩于股掌之上，在与强秦的外交中一再上当受骗，他绝交于齐，丧失了合纵盟主的地位，最终入秦不返，成了异国的囚徒，落得客死他乡的悲剧结局。其四，前 310 年秦武王即位逐张仪，连横瓦解，但秦国称雄东方的形势已不可逆转。其五，赵武灵王胡服骑射，赵国崛起，阻挡秦国东进，是合纵式微形势下的中坚。其时，秦昭王即位，亦是一位明主，他任甘茂伐韩，攻占了宜阳，为秦兵东进打开了一个缺口。韩国亲赵，秦赵决战将不可避免。其六，写战国四公子兴起，养士成风。孟尝君受困于秦，依靠食客鸡鸣狗盗之徒脱险。平原君养士，开诸子学说论辩之风。

【原文】

慎靓王

元年（辛丑，前 320 年）

卫更贬号曰君。

二年（壬寅，前 319 年）

秦伐韩，取鄢。

魏惠王薨，子襄王立。孟子入见而出，语人曰："望之不似人君，就之而不见所畏焉。卒然问曰：'天下恶乎定？'吾对曰：'定于一。''孰能一之？'对曰：'不嗜杀人者能一之。''孰能与之？'对曰：'天下莫不与也。王知夫苗乎？七、八月之间旱，则苗槁矣。天油然作云，沛然下雨，则苗浡然兴之矣。其如是，孰能御之！'"

三年（癸卯，前 318 年）

楚、赵、魏、韩、燕同伐秦，攻函谷关。秦人出兵逆之，五国之师皆败走。

宋初称王。

四年（甲辰，前 317 年）

秦败韩师于修鱼，斩首八万级，虏其将鳠、申差于浊泽。诸侯振恐。

齐大夫与苏秦争宠，使人刺秦，杀之。

张仪说魏襄王曰："梁地方不至千里，卒不过三十万，地四平，无名山大川之限，卒戍楚、韩、齐、赵之境，守亭、障者不过十万，梁之地势固战场也。夫诸侯之约从，盟于洹水之上，结为兄弟以相坚也。今亲兄弟同父母，尚有争钱财相杀伤，而欲恃反覆苏秦之余谋，其不可成亦明矣。大王不事秦，秦下兵攻河外，据卷、衍、酸枣，劫卫，取阳晋，则赵不南，赵不南则梁不北，梁不北则从道绝，从道绝则大王之国欲毋危不可得也。故愿大王审定计议，且赐骸骨。"魏王乃倍从约，而因仪以请成于秦。张仪归，复相秦。

鲁景公薨，子平公旅立。

【语译】

慎靓王

周慎靓王元年（辛丑，前 320 年）

卫国国君再次把自己的爵位由侯降到君。

周慎靓王二年（壬寅，前 319 年）

秦国攻打韩国，夺取了鄢陵。

魏惠王死了，他的儿子魏襄王继位，孟子前去求见，出来之后对人说："远看他不像一个国君，近看他没有可敬畏的地方。他突然问道：'天下怎样才能安定？'我回答说：'统一就能安定。'他说：'谁能统一天下呢？'我回答说：'不喜好杀人的人才能够统一天下。'他又问：'谁能把国家交给他呢？'我回答说：'天下人没有谁敢不给他的。大王知道禾苗的生长吗？七八月间天旱，禾苗枯萎了，天空忽然乌云密布，突然降雨，禾苗又蓬勃生长起来了。像这样的情况，有谁能阻止它呢！'"

周慎靓王三年（癸卯，前 318 年）

楚国、赵国、魏国、韩国、燕国共同出兵攻打秦国，进攻函谷关。秦国出兵迎战，五国的军队都失败而退走。

宋国开始称王。

周慎靓王四年（甲辰，前 317 年）

秦国在修鱼打败了韩国军队，斩杀八万人，在浊泽俘虏了韩国将领鱼叟和申差，诸侯各国都很震惊害怕。

齐国大夫与苏秦争权，齐国大夫派人行刺苏秦，成功地杀死了苏秦。

张仪对魏襄王说："魏国的土地方圆不到千里，士兵不超过三十万，国土四方平坦，没有名山大川为屏障，士兵大多守卫在与楚、韩、齐、赵各国相连的边境，在国内守卫亭障的士兵不超过十万。魏国的地势本来就是战场。诸侯国订立合纵盟约，在洹水之滨结为兄弟之国，以求互相保卫。现今，同父同母的亲兄弟尚且有为争抢钱财互相残杀的，而想依靠那个反复无常的苏秦留下的合纵老套路，不可能有十分明显的成功。大王不依附秦国，秦国出兵攻打魏国的河外地方，占据卷、衍、酸枣等县邑，劫夺卫国土地，占领晋阳，那么赵军不能南下，魏兵不能北上。魏兵不能北上，那么合纵的道路便被切断了。合纵的道路被切断，那么魏国想要不危险是不可能的。所以我希望大王认真考虑做出决定，并请您准许我辞去相职。"魏襄王听了张仪的话，便背弃合纵盟约，又通过张仪向秦国请求讲和。张仪回到秦国，再度出任秦国国相。

鲁景公死了，他的儿子旅继位为鲁平公。

五年（乙巳，前316年）

巴、蜀相攻击，俱告急于秦。秦惠王欲伐蜀，以为道险狭难至，而韩又来侵，犹豫未能决。司马错请伐蜀。张仪曰："不如伐韩。"王曰："请闻其说。"仪曰："亲魏，善楚，下兵三川，攻新城、宜阳，以临二周之郊，据九鼎，按图籍，挟天子以令于天下，天下莫敢不听，此王业也。臣闻争名者于朝，争利者于市。今三川、周室，天下之朝、市也，而王不争焉，顾争于戎翟，去王业远矣！"司马错曰："不然，臣闻欲富国者务广其地，欲强兵者务富其民，欲王者务博其德，三资者备而王随之矣。今王地小民贫，故臣愿先从事于易。夫蜀，西僻之国而戎翟之长也，有桀、纣之乱，以秦攻之，譬如使豺狼逐群羊。得其地足以广国，取其财足以富民，缮兵，不伤众而彼已服焉。拔一国而天下不以为暴，利尽四海而天下不以为贪，是我一举而名实附也，而又有禁暴止乱之名。今攻韩，劫天子，恶名也，而未必利也，又有不义之名，而攻天下所不欲，危矣！臣请论其故。周，天下之宗室也；齐，韩之与国也。周自知失九鼎，韩自知亡三川，将二国并力合谋，以因乎齐、赵而求解乎楚、魏，以鼎与楚，以地与魏，王弗能止也。此臣之所谓危也。不如伐蜀完。"王从错计，起兵伐蜀，十月取之。贬蜀王，更号为侯，而使陈庄相蜀。蜀既属秦，秦以益强，富厚，轻诸侯。

苏秦既死，秦弟代、厉亦以游说显于诸侯。燕相子之与苏代婚，欲得燕权。苏代使于齐而还，燕王哙问曰："齐王其霸乎？"对曰："不能。"王曰："何故？"对曰："不信其臣。"于是燕王专任子之。鹿毛寿谓燕王曰："人之谓尧贤者，以其能让天下也。今王以国让子之，是王与尧同名也。"燕王因属国于子之，子之大重。或曰："禹荐益而以启人为吏，及老而以启为不足任天下，传之于益。启与交党攻益，夺之，天下谓禹名传天下于益而实令启自取之。今王言属国于子之而吏无非太子人者，是名属子之而实太子用事也。"王因收印绶，自三百石吏已上而效之子之。子

周慎靓王五年（乙巳，前316年）

巴国和蜀国出兵互相攻击，都向秦国告急求救，秦惠王想攻打蜀国，认为道路险阻难以到达，这时韩国又来进犯秦国，因此犹豫不决。司马错请求攻打蜀国。张仪说："攻打蜀国比不上攻打韩国有利。"秦惠王说："希望听听你的理由。"张仪说："亲近魏国，与楚国交好，出兵到三川，攻打新城、宜阳，到达东、西两周的郊外，据有九鼎国宝，掌握天下的户口图籍，挟制周天子来号令天下，天下没有谁敢不听从的。这样可以实现帝王大业。我听说争名要在朝廷里，争利就要到市场上。现今三川地方和周王室正是天下的朝与市啊，而大王不争这些，却要纠缠于远方的戎狄小族争斗，这样就离帝王大业太远了。"司马错说："不是这样。我听说想要国家富足就一定要扩大土地，想要兵力强盛就一定要百姓富有，想要建立帝王大业就一定要博施恩德。土地、百姓、恩德三个方面的条件具备了，那么帝王之业也就水到渠成了。现今大王的国家地少民贫，所以我希望先从容易的做起。蜀国只是一个西方偏远的国家，却是戎狄的首领，政治昏乱，如同夏桀、商纣，由我们秦国去攻伐它，好比是豺狼追逐羊群。得到蜀国的土地可以扩张国土，夺取它的财富可以使百姓殷富加强军备，不劳民伤财便可降服蜀国。攻取了一个国家，天下人却不认为残暴，获得一国的利益而天下人不认为贪婪，这是说我秦国的这次出兵名利双收，而且还有禁暴止乱的好名声。现今去攻伐韩国，劫持天子，是坏名声，而且不一定能得到实际利益，还落下不守道义的名声，攻打了全天下的人都反对攻打的对象，那是很危险的。臣请求讲明这其中的原因。周王室是全天下人敬仰的共主，又是齐国、韩国亲善的友邦。周王室知道国家重器九鼎要保不住了，韩国知道三川之地守不住了，周、韩两国将会同心合力，倒向齐国、赵国，请求与楚国、魏国和解，把九鼎送给楚国，割地给魏国，大王没办法制止，这就是秦国面临的危险。权衡比较，不如攻打蜀国取得完全的成功。"秦惠王听从了司马错的计谋，起兵攻打蜀国，在第二年的十月占领了蜀国。把蜀王贬称为侯，并派遣陈庄任蜀侯相。蜀地既然归属为秦国疆土，秦国更加强大，物资财富丰厚，更加轻视周围诸侯国。

苏秦死后，苏秦的弟弟苏代、苏厉也靠游说诸侯而扬名。燕国的国相子之与苏代结为姻亲，子之想取得燕国政权。苏代出使齐国回到燕国，燕王哙问苏代，说："齐王能够称霸吗？"苏代回答说："不可能。"燕王哙又问："什么原因呢？"苏代回答说："他不信任他的大臣。"于是燕王哙一心一意信任子之。鹿毛寿对燕王说："人们都说尧贤明，是因为尧能禅让天下。现今燕王你把燕国让给子之，你将和尧同样有禅让的名声了。"燕王哙因此把国家大权交给了子之，子之的权势十分显要。又有人对燕王说："夏禹推举伯益为继位人，又用自己儿子启的臣属任官吏，到年老时认为儿子启没有能力管理天下，就把王位传给伯益。启便和他的党羽攻打伯益，夺取

之南面行王事，而哙老，不听政，顾为臣，国事皆决于子之。

六年（丙午，前 315 年）

王崩，子赧王延立。

（以上为第一段，写周慎靓王时代五年史事，秦惠王命张仪连横瓦解六国合纵，前 318 年秦兵打败了东方楚、赵、魏、韩、燕的第一次五国合纵之兵，确立了连横的胜势。秦惠王又用司马错伐灭蜀，秦国国力倍增。）

赧王上

元年（丁未，前 314 年）

秦人侵义渠，得二十五城。

魏人叛秦。秦人伐魏，取曲沃而归其人。又败韩于岸门，韩太子仓入质于秦以和。

燕子之为王三年，国内大乱。将军市被与太子平谋攻子之。齐王令人谓太子曰："寡人闻太子将饬君臣之义，明父子之位，寡人之国唯太子所以令之。"太子因要党聚众，使市被攻子之，不克。市被反攻太子。构难数月，死者数万人，百姓恫恐。齐王令章子将五都之兵，因北地之众以伐燕。燕士卒不战，城门不闭。齐人取子之，醢之，遂杀燕王哙。

齐王问孟子曰："或谓寡人勿取燕，或谓寡人取之。以万乘之国伐万乘之国，五旬而举之，人力不至于此；不取，必有天殃。取之何如？"孟子对曰："取之而燕民悦则取之，古之人有行之者，武王是也；取之而燕民不悦则勿取，古之人有行之者，文王是也。以万乘之国伐万乘之国，箪食壶浆以迎王师，岂有他哉？避水火也。如水益深，如火益热，亦运而已矣！"

了王位，天下的人都说禹名义上把天下传给伯益，而实际上是让自己的儿子启夺取了天子之位。现今燕王你也把国家交给了子之，而官吏全是太子的人，这是名义上把国家托付给了子之，但实际上是太子掌握大政啊。”燕王于是收回官吏的印章，把三百石以上官吏的印章全都交给了子之。任由子之选任官吏，子之坐在国君的座位上施行国家大政，燕王哙因年老，不再参加决断政事，反而成了臣子，国家大事都由子之决断。

周慎靓王八年（丙午，前 315 年）

周慎靓王去世，他的儿子姬延继位为周赧王。

赧王上

周赧王元年（丁未，前 314 年）

秦军进犯义渠，夺取了二十五座城。

魏国背叛秦国。秦军攻打魏国，夺取了曲沃，却将百姓驱归魏国曲沃。秦军又在岸门打败了韩国，韩国让太子仓到秦国作人质向秦求和。

燕国的子之得到王位的第三年，国内大乱。一个名叫市被的将军与太子平合谋攻打子之。齐王派人对燕太子说：“寡人听说太子你将要整治君臣上下的名位，彰明父子相守的地位，我齐国愿听候太子的命令。”太子平随即结集党羽、聚合兵众，派市被去攻打子之，但没有取胜。市被倒戈攻击太子。酿成了几个月的祸难，死亡几万人，百姓们十分惊恐。齐王命令章子率领齐国五都的士兵，又调集齐国北境的兵众去攻打燕国。燕国士兵不抵抗，大开城门迎接齐军。齐军抓获了子之，把他剁成了肉酱，一并杀死了燕王哙。

齐宣王问孟子：“有人劝说寡人不要占领燕国，有人却又劝说寡人占领燕国。以拥有战车万辆的大国去攻打另一个战车万辆的大国，五十天就攻下了，只靠人力是不可能做到的，一定是天意的安排。不占领燕国，一定会受到上天的惩罚。把燕国占领了怎么样？”孟子回答说：“占领了燕国而燕国的人民高兴，那么就应该占领，古代的人有这样做的，周武王就是。占领燕国而燕国人民不高兴，那么就不要占领它，古代的人也有这样做的，周文王就是。以拥有战车万辆的大国去攻打另一个战车万辆的大国，人们用筐盛着饭食，用壶盛着酒浆来欢迎大王的军队，难道还有别的用意吗？他们是为了躲避水深火热的痛苦生活罢了。假如水还要更深，火还要更热，也就只好逃向别的国家了。”

诸侯将谋救燕。齐王谓孟子曰：“诸侯多谋伐寡人者，何以待之？”对曰：“臣闻七十里为政于天下者，汤是也。未闻以千里畏人者也。《书》曰：‘徯我后，后来其苏。’今燕虐其民，王往而征之，民以为将拯己于水火之中也，箪食壶浆以迎王师。若杀其父兄，系累其子弟，毁其宗庙，迁其重器，如之何其可也！天下固畏齐之强也，今又倍地而不行仁政，是动天下之兵也。王速出令，反其旄倪，止其重器，谋于燕众，置君而后去之，则犹可及止也。”齐王不听。

已而燕人叛。王曰：“吾甚惭于孟子。”陈贾曰：“王无患焉。”乃见孟子，曰：“周公何人也？”曰：“古圣人也。”陈贾曰：“周公使管叔监商，管叔以商畔也。周公知其将畔而使之与？”曰：“不知也。”陈贾曰：“然则圣人亦有过与？”曰：“周公，弟也；管叔，兄也，周公之过不亦宜乎！且古之君子，过则改之；今之君子，过则顺之。古之君子，其过也如日月之食，民皆见之；及其更也，民皆仰之。今之君子，岂徒顺之，又从为之辞！”

是岁，齐宣王薨，子湣王地立。

（以上为第二段，写燕王哙昏聩，让国子之，导致燕国大乱，齐宣王趁机攻占了燕国，不听孟子劝告撤兵，为后来齐湣王遭五国进攻而身灭埋下了伏笔。）

二年（戊申，前313年）

秦右更疾伐赵。拔蔺，虏其将庄豹。

秦王欲伐齐，患齐、楚之从亲，乃使张仪至楚，说楚王曰：“大王诚能听臣，闭关绝约于齐，臣请献商於之地六百里，使秦女得为大王箕帚之妾，秦、楚嫁女娶妇，长为兄弟之国。”楚王说而许之。群臣皆贺，陈轸独吊。王怒曰：“寡人不兴师而得六百里地，何吊也？”对曰：“不然。以臣观之，商於之地不可得而齐、秦合，齐、秦合则患必至矣。”王曰：“有说乎？”对曰：“夫秦之所以重楚者，以其有齐也。今闭关绝约于齐则楚孤，秦奚贪夫孤国而与之商於之地六百里！张仪至秦，必负王。是王北绝齐交，西生患于秦也，两国之兵必俱至。为王计者，不若阴合而阳绝于齐，使人随张仪，苟与吾地，绝齐未晚也。”王曰：“愿陈子闭口，

各国合谋援救燕国。齐宣王对孟子说："诸侯各国多在合谋攻伐寡人，该怎么样对付这件事？"孟子回答说："我听说只有方圆七十里的土地而能统一天下的人，商汤就是啊。没有听说有方圆千里的国家而畏惧别人的啊。《尚书》上说：'盼望我们的国君啊，他一到我们就能获救了。'如今燕国虐待它的民众，大王前往征讨，民众认为将从水深火热中被救出，使用筐盛着饭，用壶盛着酒来迎接大王的军队。如果杀死他们的父兄，抓捕他们的子弟，毁坏他们的宗庙，掠走他们的国家重宝，这怎么可以呢！天下各诸侯国的民众本来就害怕齐国的强大，如今又增加了一倍土地，却不施行仁政，这是招惹各国兴兵来讨伐齐国啊。大王立即发出命令，把抓捕的老人小孩送回去，停止掠夺燕国的国家重宝，与燕国民众协商，确立燕国的国君便撤离燕国，这样还来得及阻止各国兴兵救燕。"齐王没有听从孟子的建议。

不久，燕国人反叛齐国。齐宣王说："我十分愧对孟子。"陈贾说："大王你不必忧心这事。"于是去见孟子，说："周公是什么人？"孟子说："是古代的圣人。"陈贾说："周公派管叔去监管商国的遗民，管叔据商地叛乱，周公是事先知道管叔将要叛乱而派他去的吗？"孟子说："周公事前不知道。"陈贾又说："那么圣人也犯错误啊。"孟子说："周公是弟弟，管叔是兄长，周公犯错不也是合乎情理的吗？况且古代的君子，有了过错就改正它；现在君子，有了过错竟然将错就错。古代的君子，他们的过错就像日食月食，人们都能看见它；等到他们改正了过错，百姓都敬仰他。现在的君子对于过错，岂止是将错就错，还要另找托辞！"

这一年，齐宣王死了，他的儿子田地继位，即齐湣王。

周赧王二年（戊申，前313年）

秦国派一个名叫疾的官员率兵攻打赵国，攻下蔺邑，俘虏了赵国的将领庄豹。

秦惠王想攻打齐国，却担心齐国与楚国是会盟国，于是派张仪到楚国，游说楚怀王，说："大王你假如真能接受我的建议，跟齐国断交，终止合纵盟约，我请求秦国把商於的六百里土地奉献给大王，让秦王室之女成为大王身边洒扫庭院的婢妾，秦楚两国之间嫁女娶妇，永远结为兄弟之邦。"楚怀王很高兴就答应了。大臣们都向楚怀王祝贺，只有陈轸难过。楚怀王发怒说："寡人不费一兵一卒得到六百里的土地，为什么你还不高兴呢？"陈轸回答说："事情不是这样的。依我看，商於的六百里土地不可能得到，而齐国、秦国还会相互联合，齐、秦联合，那么祸难一定落到楚国头上。"楚怀王说："能说一说道理吗？"陈轸说："秦国之所以看重楚国，是因为楚国背后有齐国的合纵，现在与齐国断交，终止合纵盟约，楚国就孤立了，秦国

毋复言，以待寡人得地！”乃以相印授张仪，厚赐之。遂闭关绝约于齐，使一将军随张仪至秦。

张仪详堕车，不朝三月。楚王闻之，曰：“仪以寡人绝齐未甚邪？”乃使勇士宋遗借宋之符，北骂齐王。齐王大怒，折节以事秦，齐、秦之交合。张仪乃朝，见楚使者曰：“子何不受地？从某至某，广袤六里。”使者怒，还报楚王。楚王大怒，欲发兵而攻秦。陈轸曰：“轸可发口言乎？攻之不如因赂之以一名都，与之并力而攻齐，是我亡地于秦，取偿于齐也。今王已绝于齐而责欺于秦，是吾合齐、秦之交而来天下之兵也，国必大伤矣！”楚王不听，使屈匄帅师伐秦。秦亦发兵使庶长章击之。

三年（己酉，前312年）

春，秦师及楚战于丹阳，楚师大败；斩甲士八万，虏屈匄及列侯、执珪七十余人，遂取汉中郡。楚王悉发国内兵以复袭秦，战于蓝田，楚师大败。韩、魏闻楚之困，南袭楚，至邓。楚人闻之，乃引兵归，割两城以请平于秦。

燕人共立太子平，是为昭王。昭王于破燕之后。吊死问孤，与百姓同甘苦，卑身厚币以招贤者。谓郭隗曰：“齐因孤之国乱而袭破燕，孤极知燕小力少，不足以报；然诚得贤士与共国，以雪先王之耻，孤之愿也。先生视可者，得身事之！”郭隗曰：“古之人君有以千金使涓人求千里马者，马已死，买其首五百金而返。君大怒，涓人曰：‘死马且买之，况生者乎！马今至矣。’不期年，千里之马至者三。今王必欲致士，先从隗始，况贤于隗者，岂远千里哉！”于是昭王为隗改筑宫而师事之。于是士争趣燕；乐毅自魏往，剧辛自赵往。昭王以乐毅为亚卿，任以国政。

怎么会看重孤立的楚国给它商於的地方六百里呢！张仪回到秦国，一定会背弃大王。大王在北面与齐国断交，西面引来了秦国的祸患，齐、秦两国之兵一定联合打到楚国来。为大王着想，不如对齐国暗中交好而表面上绝交，派人随同张仪到秦国去，假如秦国给了我们土地，那时再断绝与齐国的关系也不迟。”楚怀王说：“希望你闭上嘴巴，不要说这些扫兴的话，等着看寡人取得秦国的土地！”于是楚怀王把相印送给张仪，丰厚地赏赐他，便与齐国断交，终止合纵盟约，派了一位将军随从张仪到秦国去。

张仪假装从车上掉下来摔伤，三个月不上朝。楚怀王听到张仪不上朝的消息后，说：“张仪大概是认为寡人与齐国断交做得还不够真诚吗？”于是楚怀王派勇士宋遗到宋国借了一道符书，北上到齐国谩骂齐王。齐王大怒，只得委屈自己事奉秦国，这样齐、秦两国便交好联合了。张仪这才上朝，召见楚王使者说：“你怎么还没有接受赠送的土地？从某地至某地，有六里多见方。”使者发怒，回来报告楚怀王。楚怀王大怒，想调集军队攻打秦国。陈轸说：“我可以开口讲话吗？攻打秦国还不如送一个名都给秦国，与秦国联兵攻打齐国，这样我们虽然丢了一块地方给秦国，可以从齐国取得补偿。现今大王你已经对齐国绝交，又去责备秦国的欺骗行为，这样我们会更加推动齐秦两国交好而招来天下的强兵啊，国家一定会大受损失！”楚王不听陈轸的话，就派将军屈匄率领军队去攻打秦国。秦国也派魏章任庶长，率兵迎击楚国军队。

周赧王三年（己酉，前312年）

春季，秦国的军队与楚国军队在丹阳大战，楚国军队大败，秦军斩杀了楚军甲士八万人，俘虏了将军屈匄以及侯爵、有执珪爵位的七十多人，还夺取了楚国汉中郡。楚王调发国内全部兵力再次打击秦军，在蓝田大战，楚军又大败。韩国、魏国听到楚国战败，处于危困，向南进兵袭击楚国，到了邓县。楚军听到这消息，便撤军返回楚国，割让了两座城邑向秦国求和。

燕国人共同拥立太子平，即燕昭王。燕昭王是在燕国被齐攻破之后即位的。他哀悼死者，慰问孤寡，与百姓同甘共苦，自己谦卑地用重金招纳贤材。燕昭王对郭隗说：“齐国趁我国内乱，出兵攻打我们国家，我很明白燕国弱小，不能够报仇。但是如果真能得到贤能的人一起来管理国家，洗雪先王被齐国残灭的耻辱，这是我的愿望啊。先生若看到可用的人才，我将亲自去事奉他！”郭隗说：“古代的国君有拿出千金让自己的侍臣去求购千里马的，这位侍臣去买时，千里马已经死了，侍臣便用五百金买了千里马的骨头回来见国君。国君大怒，侍臣说：‘死马我们尚且都要买来，更何况是活马呢？千里马就要来到了。’不到一年，国君得到了三匹真正的千里马。现在大王一定要招纳贤士，就从我郭隗开始，何况比我郭隗更贤能的人，他们

韩宣惠王薨，子襄王仓立。

（以上为第三段，写楚怀王昏庸而贪婪，绝交于齐，遗祸于楚，被张仪玩于股掌之上。燕昭王复国求贤。）

四年（庚戌，前311年）

蜀相杀蜀侯。

秦惠王使人告楚怀王，请以武关之外易黔中地。楚王曰：“不愿易地，愿得张仪而献黔中地。”张仪闻之，请行。王曰：“楚将甘心于子，奈何行？”张仪曰：“秦强楚弱，大王在，楚不宜敢取臣。且臣善其嬖臣靳尚，靳尚得事幸姬郑袖，袖之言，王无不听者。”遂往。楚王囚，将杀之。靳尚谓郑袖曰：“秦王甚爱张仪，将以上庸六县及美女赎之。王重地尊秦，秦女必贵而夫人斥矣。”于是郑袖日夜泣于楚王曰：“臣各为其主耳。今杀张仪，秦必大怒。妾请子母俱迁江南，毋为秦所鱼肉也！”王乃赦张仪而厚礼之。张仪因说楚王曰：“夫为从者无以异于驱群羊而攻猛虎，不格明矣。今王不事秦，秦劫韩驱梁而攻楚，则楚危矣。秦西有巴、蜀，治船积粟，浮岷江而下，一日行五百余里，不至十日而拒扞关，扞关惊则从境以东尽城守矣，黔中、巫郡非王之有。秦举甲出武关，则北地绝。秦兵之攻楚也，危难在三月之内，而楚待诸侯之救在半岁之外，夫待弱国之救，忘强秦之祸，此臣所为大王患也。大王诚能听臣，臣请令秦、楚长为兄弟之国，无相攻伐。”楚王已得张仪而重出黔中地，乃许之。

张仪遂之韩，说韩王曰：“韩地险恶山居，五谷所生，非菽而麦，国无二岁之食；见卒不过二十万。秦被甲百余万。山东之士被甲蒙胄以会战，秦人捐甲徒裼以趋敌，左挈人头，右挟生虏。夫战孟贲、乌获之士以攻不服之弱国，无异垂千钧之重于鸟卵之上，必无幸矣。大王不事秦，秦下甲据宜阳，塞成皋，则王之国分矣，鸿台之宫，桑林之苑，非王之

难道会因千里之远而不来燕国吗？”于是燕昭王给郭隗改建宫室，又以尊师的礼节敬重他。贤士们都争着奔赴燕国：乐毅从魏国前往，剧辛从赵国前往。燕昭王任用乐毅为亚卿，把国家大政交给他管理。

韩国宣惠王死了，他的儿子仓继位为韩襄王。

周赧王四年（庚戌，前 311 年）

秦国的附属国蜀国国相杀死了蜀国侯。

秦惠王派人去告诉楚怀王，希望用武关以外的土地换取楚国的黔中郡。楚怀王说：“不愿意交换土地，希望得到张仪后，献黔中给秦国。”张仪听到这消息后，便请求前往楚国。秦惠王说：“楚国恨不得杀了你才甘心，你为何还要去呢？”张仪说：“秦国强大楚国衰弱，有大王你在，楚国不敢加害于我。而且我与楚王的宠臣靳尚很要好，靳尚正事奉楚王的宠姬郑袖，郑袖说的话，楚王没有不听从的。”张仪于是前往楚国。楚怀王拘禁了张仪，打算杀了他。靳尚对郑袖说：“秦王十分宠信张仪，将要用上庸等六县的地方，还有秦国美女赎回张仪。大王看重这些地方而尊重秦国，秦国来的美女一定受到宠幸，而夫人就要被冷落了。”于是郑袖日夜对着楚王哭泣说：“当臣子的都不过是各为其主罢了。现今杀了张仪，秦王一定大怒。妾请求与儿子都迁到江南去，不要等秦国来凌辱宰割我们！”楚王便宽恕了张仪，并且以厚礼接待他。张仪于是游说楚王，说：“实行合纵抗秦，如同驱赶羊群去攻击猛虎一样，羊群打不过猛虎很明显。现今楚王你不事奉秦国，秦国假如挟迫韩国驱使魏国来攻击楚国，那么楚国就危险了。秦国西境有巴蜀之地，在那里建造舟船，积贮粮食，战船顺着岷江东下，一天就可行驶五百多里，不到十天便迫近扞关。扞关受到惊扰，那么扞关以东的楚国土地全都要戒严守城了，黔中和巫郡将不属于楚王了。秦国调动甲士出武关，那么楚国北方的土地便被隔绝。秦兵攻击楚国，楚国的存亡在三个月以内，然而楚国等待诸侯各国的援救却要在半年以后。等待弱国的援救，却忘记强大秦兵的威胁，这是我为大王忧虑的。大王若能听从我的意见，我可让秦国、楚国永远成为亲如兄弟的邻国，不再互相攻伐。”楚王已得到了张仪，又舍不得割让黔中地给秦国，就同意了张仪的意见。

张仪又到韩国，游说韩王说：“韩国地势险恶多山，生产的五谷不是豆类便是小麦，国家没有积存两年的粮食，现有的兵卒不过二十万人。秦国披甲的士卒就有一百余万。崤山以东各国的士兵披上铠甲戴上头盔来交战，秦国军队却丢开铠甲、赤膊上阵，他们左手提着人头，右手挟持俘虏。秦国用孟贲、乌获那样的力士来出战，攻打不顺服的弱国，就像垂挂千钧的重物在鸟卵上面一样，没有能够幸存的。

有也。为大王计，莫如事秦以攻楚，以转祸而悦秦，计无便于此者！”韩王许之。

张仪归报，秦王封以六邑，号武信君。复使东说齐王曰：“从人说大王者必曰：‘齐蔽于三晋，地广民众，兵强士勇，虽有百秦，将无奈齐何。’大王贤其说而不计其实。今秦、楚嫁女娶妇，为昆弟之国；韩献宜阳；梁效河外；赵王入朝，割河间以事秦。大王不事秦，秦驱韩、梁攻齐之南地，悉赵兵，渡清河，指博关，临淄、即墨非王之有也！国一日见攻，虽欲事秦，不可得也！”齐王许张仪。

张仪去，西说赵王曰：“大王收率天下以摈秦，秦兵不敢出函谷关十五年。大王之威行于山东，敝邑恐惧，缮甲厉兵，力田积粟，愁居慑处，不敢动摇，唯大王有意督过之也。今以大王之力，举巴、蜀，并汉中，包两周，守白马之津。秦虽僻远，然而心忿含怒之日久矣。今秦有敝甲凋兵军于渑池，愿渡河，逾漳，据番吾，会邯郸之下，愿以甲子合战，正殷纣之事。谨使使臣先闻左右。今楚与秦为昆弟之国，而韩、梁称东藩之臣，齐献鱼盐之地，此断赵之右肩也。夫断右肩而与人斗，失其党而孤居，求欲毋危得乎！今秦发三将军，其一军塞午道，告齐使渡清河，军于邯郸之东，一军军成皋，驱韩、梁军于河外，一军军于渑池，约四国为一以攻赵，赵服必四分其地。臣窃为大王计，莫如与秦王面相约而口相结，常为兄弟之国也。”赵王许之。

张仪乃北之燕，说燕王曰：“今赵王已入朝，效河间以事秦。大王不事秦，秦下甲云中、九原，驱赵而攻燕，则易水、长城非大王之有也！且今时齐、赵之于秦，犹郡县也，不敢妄举师以攻伐。今王事秦，长无齐、赵之患矣。”燕王请献常山之尾五城以和。

大王不事奉秦国，秦国出兵占据宜阳，阻塞成皋的要道，那么大王的国家就分裂为二了，鸿台的宫殿，桑林的苑囿，就再不是大王所有了。为大王您自己考虑，不如事奉秦国去攻击楚国，这样回避祸患而使秦国欢心，没有比这办法更为可行的了！”韩王答应了张仪。

张仪回到秦国报告了秦惠王，秦惠王拿六邑的地方封给张仪，尊称他为武信君，又派张仪去东面游说齐湣王，说：“主张合纵的人游说大王，一定是这样说的：‘齐国以魏、韩、赵三晋作为屏蔽，地域广大人民众多，军力强大战士勇猛，即使有一百个秦国，也不能把齐国怎么样。’大王认为他说得好而不考察这些话的实际情况。现今秦国与楚国之间互相嫁女娶妇，结为兄弟之邦；韩国向秦国奉献宜阳的地方；魏国向秦国奉献河外的地方；赵王朝见秦王，割让河间的地方事奉秦国。大王不事奉秦国，秦国驱使韩、魏攻击齐国的南境，发动赵国的全部兵力，渡过清河，直指博关，这样临淄、即墨两地就不是齐王所有的了！国家一旦受到攻击，那时即使想事奉秦国，已不可能了！”齐湣王答应了张仪。

张仪离开齐国，向西到赵国游说赵武灵王，说：“大王联合并统率天下各国对抗秦国，秦国军队有十五年不敢东出函谷关。大王的威名传扬于崤山以东各国，我的国家为此而感到恐惧，整治甲胄，训练士兵，努力耕作，积贮粮食，平时都担忧惶恐，不敢轻举妄动，唯恐大王你有意追究我秦国的行为啊。现今秦国托福大王的力量，我秦国占据巴蜀之地，兼并汉中郡，包揽东西两周的地方，扼守白马津口。秦国虽地处偏远，然而心中忿恨含怒的日子已经很久了。现在秦国有破甲残兵驻扎在渑池，准备渡过黄河，越过漳水，占据番吾，与赵国军队在邯郸城下相会，希望在甲子日交战，像周武王伐纣一样。秦王郑重地派我先行告知大王的左右。现今楚国与秦国已结为兄弟友好的邻国，韩、魏对秦王称为东边的藩卫臣属，齐国向秦国奉献了盛产鱼盐的地方，这是斩断了赵国的右肩啊！断了右肩还要与人搏斗，失去了结盟之国，已到这种情况没有危险的可能吗？现今秦国要调动三路军队，一路阻塞齐、赵相交的午道，通知齐军使他们渡过清河，驻扎在邯郸的东面；另一路军驻扎在成皋，驱使韩、魏两国军队进入河外地方；还有一路军驻扎在渑池，三路大军包括秦、齐、韩、魏四国军队，将合力为一来攻打赵军，赵国降服后由四国瓜分它的土地。我私下为大王考虑，不如与秦王当面相约，作为兄弟之国。”赵武灵王答应了张仪。

张仪于是北行前往燕国，游说燕昭王，说：“现在赵王已经入朝秦王，献出河间地方事奉秦国。大王不事奉秦国，秦国出动甲兵到云中郡、九原郡，驱使赵国攻打燕国，那么易水、长城就不归大王所有了。而且现今齐国、赵国对于秦国来说，就好像是所属的郡县一样，它们不敢轻举妄动出兵攻打。现在燕王事奉秦国，就会长

张仪归报，未至咸阳，秦惠王薨，子武王立。武王自为太子时，不说张仪；及即位，群臣多毁短之。诸侯闻仪与秦王有隙，皆畔衡，复合从。

（以上为第四段，写张仪游说六国与秦连横，功败垂成。）

五年（辛亥，前310年）

张仪说秦武王曰："为王计者，东方有变，然后王可以多割得地也。臣闻齐王甚憎臣，臣之所在，齐必伐之。臣愿乞其不肖之身以之梁，齐必伐梁，齐、梁交兵而不能相去，王以其间伐韩，入三川，挟天子，案图籍，此王业也！"王许之。齐王果伐梁，梁王恐。张仪曰："王勿患也！请令齐罢兵。"乃使其舍人之楚，借使谓齐王曰："甚矣王之托仪于秦也！"齐王曰："何故？"楚使者曰："张仪之去秦也固与秦王谋矣，欲齐、梁相攻而令秦取三川也。今王果伐梁，是王内罢国而外伐与国，而信仪于秦王也。"齐王乃解兵还。张仪相魏一岁，卒。

仪与苏秦皆以纵横之术游诸侯，致位富贵，天下争慕效之。又有魏人公孙衍者，号曰犀首，亦以谈说显名。其余苏代、苏厉、周最、楼缓之徒，纷纭遍于天下，务以辩诈相高，不可胜纪；而仪、秦、衍最著。

孟子论之曰：或谓："公孙衍、张仪岂不大丈夫哉；一怒而诸侯惧，安居而天下熄？"孟子曰："是恶足为大丈夫哉！君子立天下之正位，行天下之正道，得志则与民由之，不得志则独行其道，富贵不能淫，贫贱不能移，威武不能诎，是之谓大丈夫。"

扬子《法言》曰：或问："仪、秦学乎鬼谷术而习乎纵横言，安中国者各十余年，是夫？"曰："诈人也，圣人恶诸。"曰："孔子读而仪、秦行，何如也？"曰："甚矣凤鸣而鸷翰也！""然则子贡不为欤？"曰："乱而不解，子贡耻诸，说而不富贵，仪、秦耻诸。"或曰："仪、秦其才矣乎，迹不蹈已？"曰："昔在任人，帝而难之。不

期不受齐国、赵国侵害。”燕昭王听后便请献出常山山后的五座城邑给秦国来求和。

张仪回到秦国报告，还没到达咸阳，秦惠王便去世了，他的儿子秦武王继位。秦武王自从身为太子时，就不喜欢张仪，等到即位之后，臣子们多来中伤张仪，指责他的短处。诸侯各国听说张仪和秦王之间有嫌隙，都背弃张仪游说建立的连横，再次实行合纵。

周赧王五年（辛亥，前 310 年）

张仪向秦武王进言，说："替大王你谋划，东方的韩、魏等国若有战乱，大王你才可以多获得土地。我听说齐王十分憎恨我，我在哪个国家，齐国就要攻伐它。请让我这个不才的人前去魏国，这样齐国一定会攻打魏国，齐、魏两国交战各不相让，大王可趁这个时机攻打韩国，进入三川地方，挟制周天子，掌控天下的版图，就可以建立帝王的大业啊！"秦武王同意张仪的请求。齐王果然出兵攻打魏国，魏王惶恐。张仪说："魏王不要忧虑！我可以让齐国撤兵。"张仪就派了他的舍人前往楚国，借用楚国使者去对齐王说："大王让张仪取信于秦王，您太看重张仪了！"齐王说："这是为什么？"楚国使者说："张仪离开秦国原本是与秦王谋算好了的，他们想让齐魏两国相互攻伐，而让秦国趁此机会夺取三川。现今齐王您果然攻打魏国，这是齐王您对内使国家疲惫，对外却去攻伐友好会盟的国家，让张仪更加被秦信任。"齐王便撤兵回国。张仪任魏国国相一年，便去世了。

张仪与苏秦都以合纵连横的谋略游说诸侯各国，得到了富贵的地位，天下的人都争相效法。魏国人公孙衍，号犀首，也以游说而扬名。其余的有苏代、苏厉、周最、楼缓这些人，纷纭而起，遍于天下，以论辩诡诈的游说争高下，其中张仪、苏秦、公孙衍最为著名。

孟子评论说：有人说："公孙衍、张仪难道不是大丈夫吗？他们一发怒就使诸侯恐惧，他们安静下来天下就太平无事。"孟子说："这样的人哪是大丈夫呢？君子站在天下最正确的位置上，走在天下最正直的道路上，得志时就与民众一起顺着这条道路走，不得志时就独自坚持走这条路，富贵的诱惑不能动摇我的心意，贫贱的处境不能改变我的志向，威武逼迫不能使我屈服，这才称得上大丈夫。"

扬雄《法言》说：有人问："张仪、苏秦学了鬼谷子的谋略术，又会了合纵连横的游说，他们各自使中原国家安定了十多年，是这样吗？"回答说："他们都是狡辩的人，圣人厌恶他们。"又问："读孔子的书而做张仪、苏秦那样的事，又怎么样呢？"回答说："太丑恶了，这好像有凤鸟的和鸣却长着凶猛鸷鸟的羽毛！""如此说来，子贡不也做过游说的事吗？"回答说："看见国家有祸乱却

以才乎？才乎才，非吾徒之才也！”

秦王使甘茂诛蜀相庄。

秦王、魏王会于临晋。

赵武灵王纳吴广之女孟姚，有宠，是为惠后。生子何。

（以上为第五段，写战国之世为纵横家提供了政治舞台，苏秦、张仪名显于世。孟子、扬雄两条借论评游说之士为了个人富贵而乱天下，不是大丈夫。）

六年（壬子，前 309 年）

秦初置丞相，以樗里疾为右丞相。

七年（癸丑，前 308 年）

秦、魏会于应。

秦王使甘茂约魏以伐韩，而令向寿辅行。甘茂令向寿还，谓王曰："魏听臣矣，然愿王勿伐！"王迎甘茂于息壤而问其故。对曰："宜阳大县，其实郡也。今王倍数险，行千里攻之，难。鲁人有与曾参同姓名者杀人，人告其母，其母织自若也。及三人告之，其母投杼下机，逾墙而走。臣之贤不若曾参，王之信臣又不如其母，疑臣者非特三人，臣恐大王之投杼也。魏文侯令乐羊将而攻中山，三年而拔之。反而论功，文侯示之谤书一箧。乐羊再拜稽首曰：'此非臣之功，君之力也！'今臣，羁旅之臣也。樗里子、公孙奭挟韩而议之，王必听之，是王欺魏王而臣受公仲侈之怨也。"王曰："寡人弗听也，请与子盟！"乃盟于息壤。秋，甘茂、庶长封帅师伐宜阳。

八年（甲寅，前 307 年）

甘茂攻宜阳，五月而不拔，樗里子、公孙奭果争之。秦王召甘茂，欲罢兵。甘茂曰："息壤在彼。"王曰："有之。"因大悉起兵以佐甘茂，斩

不能解救，子贡对此感到耻辱。游说而不能得到富贵，张仪、苏秦对此感到耻辱。子贡和张仪、苏秦不是一路的人。”又有人问：“张仪、苏秦他们的才能可以称得上出众吧，他们不蹈袭前人的陈迹行事。”回答说：“从前选用人才，即便是古代圣王尧舜也难以辨别。说到讲论才能，你说的才能，不是我们这些人所说的才能啊！”

秦武王派甘茂去诛杀蜀相陈庄。

秦武王与魏襄王应约在临晋相会。

赵武灵王娶了吴广的女儿孟姚，受到宠爱，立为惠后，生了儿子何。

周赧王六年（壬子，前309年）

秦国开始设置丞相，任用樗里疾为右丞相。

周赧王七年（癸丑，前308年）

秦武王与魏襄王相约在应邑会盟。

秦武王派甘茂到魏国相约联合攻打韩国，命令向寿作为副使同行。甘茂让向寿返回秦国，向秦王报告说：“魏王已经同意了，然而臣希望大王还是不要攻打韩国！”秦王在息壤迎接甘茂，并询问不攻打韩国的原因。甘茂回答说：“韩国的宜阳是大县，其实也可称郡。现今大王要越过函谷关等多重险要，行军千里去攻打韩国，这是很困难的。过去鲁国有一个与曾参同姓名的杀了人，有人去报知曾参的母亲，曾参的母亲听了后照常织布。接连等到第三个人来报知曾参杀人的事，曾参的母亲赶快丢掉梭子走下织机，翻越围墙而逃走。臣的才干比不上曾参，大王对臣的信任比不上曾参母亲对儿子的信任，怀疑我的又不止三个人，臣恐怕大王也要丢掉梭子啊。”魏文侯命令乐羊为将去攻中山国，经过三年攻下了中山国，返回魏国论功时，魏文侯出示攻击、诽谤乐羊的书信一箱。乐羊一再跪拜叩头说：“这不是臣的功劳，而是国君的威力啊！现今臣是客居异乡的臣子，假如亲韩的樗里子、公孙奭来非议攻韩的事，大王一定会听从他们的，这样就等于是大王欺骗了魏王，而我却被韩国国相公仲侈认为是罪魁祸首。”秦王听后说：“寡人不听从他们的议论，寡人与你一起盟誓！”于是秦王与甘茂在息壤地方盟誓。秋季，甘茂和名叫封的庶长率领队攻打韩国的宜阳。

周赧王八年（甲寅，前307年）

甘茂攻打宜阳，五个月没有攻下。樗里疾、公孙奭果然出面争论伐韩的事，秦王召回甘茂，打算撤兵。甘茂说：“息壤还在吧。”秦王说：“息壤是还在。”于是大举

首六万，遂拔宜阳。韩公仲侈入谢于秦以请平。

秦武王好以力戏，力士任鄙、乌获、孟说皆至大官。八月，王与孟说举鼎，绝脉而薨；族孟说。武王无子，异母弟稷为质于燕，国人逆而立之，是为昭襄王。昭襄王母芈八子，楚女也，实宣太后。

（以上为第六段，写秦武王任用甘茂为将，排除干扰，攻占了韩国的宜阳。）

赵武灵王北略中山之地，至房子，遂至代，北至无穷，西至河，登黄华之上。与肥义谋胡服骑射以教百姓，曰："愚者所笑，贤者察焉。虽驱世以笑我，胡地、中山，吾必有之！"遂胡服。

国人皆不欲，公子成称疾不朝。王使人请之曰："家听于亲，国听于君。今寡人作教易服而公叔不服，吾恐天下议己也。制国有常，利民为本；从政有经，令行为上。明德先论于贱，而从政先信于贵，故愿慕公叔之义以成胡服之功也。"公子成再拜稽首曰："臣闻中国者，圣贤之所教也，礼乐之所用也，远方之所观赴也，蛮夷之所则效也。今王舍此而袭远方之服，变古之道，逆人之心，臣愿王孰图之也！"使者以报。王自往请之，曰："吾国东有齐、中山，北有燕、东胡，西有楼烦、秦、韩之边。今无骑射之备，则何以守之哉？先时中山负齐之强兵，侵暴吾地，系累吾民，引水围鄗；微社稷之神灵，则鄗几于不守也。先君丑之，故寡人变服骑射，欲以备四境之难，报中山之怨。而叔顺中国之俗，恶变服之名，以忘鄗事之丑，非寡人之所望也！"公子成听命，乃赐胡服；明日服而朝。于是始出胡服令而招骑射焉。

九年（乙卯，前306年）

秦昭王使向寿平宜阳，而使樗里子、甘茂伐魏。甘茂言于王，以武遂复归之韩。向寿、公孙奭争之，不能得，由此怨谗甘茂。茂惧，辍伐魏蒲阪，亡去。樗里子与魏讲而罢兵。甘茂奔齐。

出兵援助甘茂，斩杀韩军六万，攻下了宜阳。韩国相公仲侈来到秦国求和。

秦武王喜好大力士比赛的游戏，把大力士任鄙、乌获、孟悦都提拔为大官。八月，秦武王和孟悦比赛举鼎，因血管崩断而死，于是孟悦全家都被杀死。秦武王没有儿子，他同父异母的弟弟嬴稷在燕国做人质，国人把他迎接回来立为秦王，这就是秦昭襄王。昭襄王的母亲芈八子，是楚国的女子，也就是宣太后。

赵武灵王向北侵占中山国的地方，经房子城，抵达代郡，再向北达到无穷门的地方，又西行到黄河，登上黄河岸边的黄华山，与大臣肥义谋划穿胡人的服装、练习骑射技术教化老百姓。赵武灵王说："愚蠢的人笑话的，聪明的人却能明辨。即便全天下的人都来耻笑我都无所谓，我要的是能占有胡人居住的地方和中山国。"于是改穿胡服。

赵国人不愿意穿胡服，公子成假称身体有病，不来朝见。赵武灵王派人说服他，说："家事要听从父母，国事要听从国君。现今寡人颁布命令改穿胡服，而叔父您不服从，寡人担心全国的人都要议论这件事。治理国家有章法，那就是以民众的利益为根本；管理政事有法规，那就是以执行命令为最高准则。宣扬道德首先要在百姓中实践，而推行政治却要先在显贵的人中实行，所以我希望仰仗叔父的榜样来推动改穿胡人服装的事业成功！"公子成叩头再拜说："我听说中国的圣贤教化的地方，是实行礼乐制度的地方，是远方的人向往景仰的地方，是蛮夷人推崇效法的地方。现今君王你舍弃这些而去穿着远方的服装，更改古代以来的规则，违背民心，我希望您慎重考虑此事！"使者把这些话转告赵武灵王。赵武灵王亲自去劝说公子成，说："我国东面有齐国、中山国，北面有燕国、东胡，西面有楼烦、秦国、韩的边境。现今没有骑射的武备，那用什么来守卫国家呢？过去中山国依仗齐国的强大军队作靠山，侵犯我国的土地，拘捕我国的人民，引来河水围灌鄗城，要是没有宗国土地神灵的保佑，那鄗城几乎不能保全了。我们先辈君王对这事感到耻辱，所以寡人改变服装，学习骑射，就是想用这个办法防备国家四方边境的危难，报中山国侵犯之仇。而叔父您却因循旧俗，厌恶改变服装，忘记了鄗城的耻辱，这不是我希望的啊！"公子成听从了赵武灵王的话，赵武灵王于是赐给他胡人的服装，第二天公子成穿上胡服上朝。于是，赵王开始颁行改穿胡服的命令，招募练习骑射的战士。

周赧王九年（乙卯，前 306 年）

秦昭襄王派向寿去平抚宜阳，又派樗里子、甘茂去攻打魏国。甘茂向秦昭襄王进言，把武遂归还给韩国。向寿和公孙奭争论这件事，没有达到目的，因此怨恨并诬蔑甘茂。甘茂害怕了，便停止了对魏国蒲阪的进攻，逃亡出走。樗里子只好与魏国议和撤兵。甘茂投奔齐国。

赵王略中山地，至宁葭；西略胡地，至榆中。林胡王献马。归，使楼缓之秦，仇液之韩，王贲之楚，富丁之魏，赵爵之齐；代相赵固主胡，致其兵。

楚王与齐、韩合从。

十年（丙辰，前 305 年）

彗星见。

赵王伐中山，取丹丘、爽阳、鸿之塞，又取鄗、石邑、封龙、东垣。中山献四邑以和。

秦宣太后异父弟曰穰侯魏冉，同父弟曰华阳君芈戎；王之同母弟曰高陵君、泾阳君。魏冉最贤，自惠王、武王时，任职用事。武王薨，诸弟争立，唯魏冉力能立昭王。昭王即位，以魏冉为将军，卫咸阳。是岁，庶长壮及大臣、诸公子谋作乱，魏冉诛之；及惠文后皆不得良死，悼武王后出居于魏，王兄弟不善者，魏冉皆灭之。王少，宣太后自治事，任魏冉为政，威震秦国。

十一年（丁巳，前 304 年）

秦王、楚王盟于黄棘；秦复与楚上庸。

十二年（戊午，前 303 年）

彗星见。

秦取魏蒲阪、晋阳、封陵；又取韩武遂。

齐、韩、魏以楚负其从亲，合兵伐楚。楚王使太子横为质于秦以请救。秦客卿通将兵救楚，三国引兵去。

十三年（己未，前 302 年）

秦王、魏王、韩太子婴会于临晋，韩太子至咸阳而归；秦复与魏蒲阪。

秦大夫有私与楚太子斗者，太子杀之，亡归。

十四年（庚申，前 301 年）

日有食之，既。

秦人取韩穰。

蜀守辉叛秦，秦司马错往诛之。

赵武灵王攻占中山国的土地，直到宁葭，又西攻占胡人的土地，到达榆中。林胡王向赵王进献马匹。赵武灵王回到赵国，派楼缓到秦国，仇液到韩国，王贲到楚国，富丁到魏国，赵爵到齐国进行外交；又派代郡的相赵固驻守胡地，赵固招收胡兵。

楚怀王与齐、韩两国合纵抗秦。

周赧王十年（丙辰，前305年）

彗星出现。

赵武灵王攻打中山国，占领了丹丘、爽阳、鸿之塞等地，又占领了鄗、石邑、封龙、东垣等地。中山国向赵王献出四座城邑来求和。

秦国宣太后有一个异父弟叫穰侯魏冉，还有一个同父弟叫华阳君芈戎；昭襄王的同母弟一位是高陵君，另一位是泾阳君。这四个人中魏冉最贤能，魏冉在惠王和武王时就管理政事。武王死后，武王的几个弟弟争立为王，只有魏冉有能力控制朝政，他拥立了昭襄王。昭王即位以后，任用魏冉为将军，戍卫咸阳。这一年，名叫壮的庶长与大臣、公子们图谋作乱，魏冉诛杀了他们；甚至昭襄王的母亲惠文王后也因作乱的事而未得幸免于死，昭襄王的嫂嫂悼武王后出居魏国，昭襄王的兄弟中凡是怀异心的，魏冉都把他们杀掉。昭襄王年少，宣太后便亲自执掌国政，任用魏冉掌管政务，声威震动整个秦国。

周赧王十一年（丁巳，前304年）

秦昭襄王与楚怀王在黄棘会盟；秦国把上庸归还给楚国。

周赧王十二年（戊午，前303年）

彗星出现。

秦国攻取了魏国的蒲阪、晋阳、封陵等地；又攻占了韩国的武遂。

齐国、韩国、魏国讨伐背弃合纵盟约的楚国，三国联合攻打楚国。楚王派太子横到秦国去做人质，请求秦国出兵救援。秦国派了一个名叫通的客卿率领军队救助楚国，齐、韩、魏三国联军于是撤离楚国。

周赧王十三年（己未，前302年）

秦王、魏王、韩国太子婴在临晋会盟。韩国太子婴访问了咸阳之后才返回韩国，秦国把蒲阪归还给了魏国。

秦国大夫同楚国人质太子横争斗，楚国太子横杀了这位秦国大夫，逃回了楚国。

周赧王十四年（庚申，前301年）

发生了日全食。

秦国军队攻占了韩国的穰城。

蜀郡守辉背叛秦国，秦国的司马错前往诛杀了辉。

秦庶长奂会韩、魏、齐兵伐楚，败其师于重丘，杀其将唐昧；遂取重丘。

赵王伐中山，中山君奔齐。

十五年（辛酉，前 300 年）

秦泾阳君为质于齐。

秦华阳君伐楚，大破楚师，斩首三万，杀其将景缺，取楚襄城。楚王恐，使太子为质于齐以请平。

秦樗里疾卒，以赵人楼缓为丞相。

赵武灵王爱少子何，欲及其生而立之。

（以上为第七段，写赵武灵王实施胡服骑射改革，赵国兵强，灭了中山国。）

十六年（壬戌，前 299 年）

五月戊申，大朝东宫，传国于何。王庙见礼毕，出临朝，大夫悉为臣。肥义为相国，并傅王。武灵王自号“主父”。主父欲使子治国，身胡服，将士大夫西北略胡地。将自云中、九原南袭咸阳，于是诈自为使者，入秦，欲以观秦地形及秦王之为人。秦王不知，已而怪其状甚伟，非人臣之度，使人逐之；主父行已脱关矣，审问之，乃主父也。秦人大惊。

齐王、魏王会于韩。

秦人伐楚，取八城。秦王遗楚王书曰：“始寡人与王约为兄弟，盟于黄棘，太子入质，至驩也。太子陵杀寡人之重臣，不谢而亡去。寡人诚不胜怒，使兵侵君王之边。今闻君王乃令太子质于齐以求平。寡人与楚接境，婚姻相亲；而今秦、楚不欢，则无以令诸侯。寡人愿与君王会武关，面相约，结盟而去，寡人之愿也！”

楚王患之，欲往恐见欺，欲不往恐秦益怒。昭睢曰：“毋行而发兵自守耳！秦，虎狼也，有并诸侯之心，不可信也！”怀王之子兰劝王行，王乃入秦。秦王令一将军诈为王，伏兵武关，楚王至则闭关劫之，与俱西，至咸阳，朝章台，如藩臣礼，要以割巫、黔中郡。楚王欲盟，秦王欲先得地。楚王怒曰：“秦诈我，而又强要我以地！”因不复许。秦人留之。

秦国名叫奂的庶长会合韩、魏、齐等三国的军队攻打楚国，在重丘大败楚军，杀死了楚国的将领唐昧，又攻占了重丘。

赵武灵王攻打中山国，中山国的国君投奔齐国。

周赧王十五年（辛酉，前300年）

秦国派泾阳君到齐国做人质。

秦国的华阳君率兵攻打楚国，把楚军打得大败，斩杀三万人，还杀死了楚国的将领景缺，并攻占了楚国的襄城。楚王很害怕，派太子到齐国做人质以换取两国和解。

秦国的丞相樗里疾病死，秦王任命赵国人楼缓为丞相。

赵武灵王喜爱小儿子赵何，想在自己还在世时立赵何为王。

周赧王十六年（壬戌，前299年）

五月二十六日戊申，赵武灵王在东宫举行盛大朝会，把王位传给赵何。新王赵何拜祀祖庙的礼仪完毕之后，便身居王位主持朝政，大夫们全都向赵惠王称臣。肥义被任用为相国，并为新王太傅。赵武灵王自称“主父”。主父想让儿子治理国政，自己身穿胡服，率领士大夫向西北攻占胡地。计划从云中、九原等地迂回向南袭击咸阳。假扮为赵国使者，进入秦国，亲自考察秦国地形以及秦昭襄王的为人。秦昭襄王不知他是赵国的主父，相见之后觉得他气度非凡，不像一个为臣子的人，赶紧派人追逐主父，主父一行也急行赶路离开了秦国边关。秦昭王仔细察问赵国使臣的身份，原来是主父，秦国人十分震惊。

齐湣王、魏哀王在韩国会盟。

秦军攻打楚国，占领了八座城邑。秦昭襄王给楚怀王写信说：“当初寡人和楚王你相约结为兄弟，在黄棘盟誓，楚太子来秦国做人质。楚太子杀死了我亲近的大臣，不道歉就逃离秦国，寡人实在是非常愤怒，所以派了军队去攻占你的边境。现今听说你竟让太子到齐国当人质以求修好。寡人与楚国边境相连，是互通婚姻的亲近国家；现今秦楚两国不融洽，就不可能号令诸侯各国。我希望与你在武关相会，当面结盟，然后离开，这是寡人的愿望。”

楚怀王很害怕到武关去，担心去了受骗，不去又担心秦国更加愤怒。昭雎说：“不要到武关去，楚国要部署军队加强边防罢了！秦国就像虎狼，有并吞诸侯的野心，不要相信它。”楚怀王的儿子子兰劝说楚怀王到武关去，楚怀王于是进入秦国。秦昭王命令秦国一员将军假扮为王，在武关埋下伏兵，楚怀王一进关就被绑架，被秦兵劫持向西，到达咸阳，在章台宫朝见秦昭襄王。秦昭襄王用藩臣的礼仪接待楚怀王，要求楚国割让巫郡、黔中郡的土地。楚怀王要求订立盟约，秦昭襄王却要先

楚大臣患之，乃相与谋曰："吾王在秦不得还，要以割地，而太子为质于齐；齐、秦合谋，则楚无国矣。"欲立王子之在国者。昭睢曰："王与太子俱困于诸侯，今又倍王命而立其庶子，不宜！"乃诈赴于齐。齐湣王召群臣谋之，或曰："不若留太子以求楚之淮北。"齐相曰："不可！郢中立王，是吾抱空质而行不义于天下也。"其人曰："不然，郢中立王，因与其新王市曰：'予我下东国，吾为王杀太子。不然，将与三国共立之。'"齐王卒用其相计而归楚太子。楚人立之。

秦王闻孟尝君之贤，使泾阳君为质于齐以请。孟尝君来入秦，秦王以为丞相。

（以上为第八段，写楚怀王昏聩糊涂，与强秦外交，一再上当受骗，最终入秦不返。）

十七年（癸亥，前298年）

或谓秦王曰："孟尝君相秦，必先齐而后秦；秦其危哉！"秦王乃以楼缓为相，囚孟尝君，欲杀之。孟尝君使人求解于秦王幸姬，姬曰："愿得君狐白裘。"孟尝君有狐白裘，已献之秦王，无以应姬求。客有善为狗盗者，入秦藏中，盗狐白裘以献姬。姬乃为之言于王而遣之。王后悔，使追之。孟尝君至关，关法，鸡鸣而出客，时尚蚤，追者将至，客有善为鸡鸣者，野鸡闻之皆鸣。孟尝君乃得脱归。

楚人告于秦曰："赖社稷神灵，国有王矣！"秦王怒，发兵出武关击楚，斩首五万，取十六城。

赵王封其弟为平原君。平原君好士，食客尝数千人。有公孙龙者，善为坚白同异之辩，平原君客之。

得到土地。楚怀王愤怒地说："秦国欺骗我，还强迫我割让土地。"楚怀王始终不答应割地，秦昭襄王便扣留了楚怀王。

楚国大臣十分忧虑这件事，就一起商量对策说："我们的大王在秦国回不来，要求割地，而太子在齐国做人质，如果齐秦两国合谋对付楚国，楚国将会被灭亡。"楚国大臣打算拥立楚怀王的儿子为楚王。昭睢说："楚王与太子都被困在外国，现今如果又违背楚王的任命，拥立庶出的儿子为楚王，是不应当的。"于是假传楚怀王已死，给齐送去讣告。齐湣王召集群臣商议，有人说："不如扣留楚太子，要求楚国割让淮北的土地。"齐国的国相说："不可以！楚国郢都立了楚王，我们齐国扣留一个毫无价值的人质却做下让全天下的人都知道的不仁不义的事。"那个建议扣留楚太子的人又说："齐相说得不对。郢都拥立了新楚王，趁这机会与新楚王做一笔交易，说：'给我们齐国割让楚国东边的土地，齐国替楚国新王杀掉楚太子。楚国新王不同意，齐、韩、魏三国共同拥立楚太子为王。'"齐湣王最终采纳了齐相的计谋让楚太子回国。楚国人便拥立太子为楚王。

秦昭襄王听说孟尝君贤明，就派泾阳君到齐国做人质，请求换取孟尝君。孟尝君来到秦国，秦昭襄王任用他为秦国丞相。

周赧王十七年（癸亥，前 298 年）

有人对秦昭襄王说："孟尝君担任秦国的相，一定是先为齐国打算然后才为秦国着想。秦国正陷入危险！"秦昭襄王于是又任命楼缓为相，并囚禁了孟尝君，想杀掉他。孟尝君派人找到秦王宠姬请求她出主意，宠姬说："想要得一件白色的狐腋皮袍。"孟尝君确实有一件白色的狐腋皮袍，但已献给秦昭襄王了，没有办法满足宠姬的要求。孟尝君的门客中有一位擅长偷盗的人，他混入秦昭襄王府库中，盗出白色狐腋皮袍献给了那位宠姬。宠姬便为孟尝君的事向秦昭襄王进言，秦昭襄王便遣送孟尝君回到齐国。孟尝君刚走，秦昭襄王又后悔了，派人去追孟尝君。孟尝君早一步到了秦国的函谷关，按照关法的规定，要到鸡鸣叫时才能开关。当时天还早，追赶的人很快就要赶到，孟尝君门客中有擅长学鸡叫的，郊野的鸡听到了都叫起来。孟尝君这才出了关回到齐国。

楚国派使臣通告秦昭襄王说："依靠天地和祖宗保佑，我们的国家又有君王了！"秦昭襄王听了后十分大怒，派遣军队出武关攻打楚国，斩杀楚军五万人，占领了十六座城邑。

赵惠文王封他的弟弟赵胜为平原君。平原君喜欢养士，他门下的食客常有几千人。有一位叫公孙龙的，擅长"坚白同异"这类论题的辩说，平原君收留他为食客。

孔穿自鲁适赵，与公孙龙论“臧三耳”，龙甚辩析。子高弗应，俄而辞出，明日复见平原君。平原君曰：“畴昔公孙之言信辩也，先生以为何如？”对曰：“然。几能令‘臧三耳’矣。虽然，实难！仆愿得又问于君：今谓‘三耳’甚难而实非也，谓‘两耳’甚易而实是也，不知君将从易而是者乎，其亦从难而非者乎？”平原君无以应。明日，谓公孙龙曰：“公无复与孔子高辩事也！其人理胜于辞；公辞胜于理，终必受诎。”

邹衍过赵，平原君使与公孙龙论“白马非马”之说。邹子曰：“不可。夫辩者，别殊类使不相害，序异端使不相乱。抒意通指，明其所谓，使人与知焉，不务相迷也。故胜者不失其所守，不胜者得其所求。若是，故辩可为也。及至烦文以相假，饰辞以相惇，巧譬以相移，引人使不得及其意，如此害大道。夫缴纫争言而竞后息，不能无害君子，衍不为也。”座皆称善。公孙龙由是遂诎。

（以上为第九段，写孟尝君受困于秦，依靠鸡鸣狗盗之徒而脱险。）

孔穿从鲁国来到了赵国，与公孙龙辩论有没有三个耳朵的问题。公孙龙十发精微的辩解，驳得孔穿哑口无言，不一会儿便告辞出来。第二天孔穿又来见平原君。平原君说：“昨天公孙龙的话真是雄辩啊，先生认为怎么样？”孔穿回答说：“确实是这样。他差不多真让奴婢长出三个耳朵了。话虽然是这样，但实实在在奴婢长不出三个耳朵来！我来向平原君您请教：现今辨析，把奴婢长有三个耳朵这样的难题说得头头是道，实际是假的；而奴婢只长有两个耳朵这样容易的事说得不清不楚，实际是真的，您相信哪一个呢？”平原君没法回答。第二天，平原君对公孙龙说：“你不要再跟孔子高辩论了！他这个人有道理却说不清，你的说词滔滔不绝实际没道理，你最终一定会失败的。”

邹衍到赵国访问，平原君让他与公孙龙辩论“白马非马”的问题。邹衍说：“不可以。辩论，是辨别不同的事类，让它们不相混淆，明列出各种不同的主张，以便不至紊乱。抒发、说明论说的主题，使人都能明白它的含义，并不是一心把问题搞得模糊不清。所以辩论取胜的一方不会失去维护的道理，不能取胜的一方也能够从中得到他所要追求的道理，这样的辩论是应当进行的。凭借繁文缛节以假乱真，用巧言饰辞来颠倒是非，用花言巧语来转移命题，使人不能捉摸它的意旨，这样就损害了公理。那些纠缠不放，用喋喋不休的争辩来占上风的人，有失君子风度，我邹衍是不参与这样的辩论的。”在座的人听了都称赞邹衍说得好。公孙龙的声誉从此便一落千丈了。

【点评】

赵武灵王胡服骑射改革。本卷所载历史，赵武灵王胡服骑射改革是最大的亮点。赵武灵王，赵肃侯赵语之子，名雍，战国时赵国第六代国君，前325年至前299年在位。赵武灵王即位之时，正值秦国商鞅变法之后走向鼎盛的秦惠王、秦昭襄王时代。这时魏国衰落，丧失了河西之地。赵国西境与强秦相连。秦国大举东进，赵国首当其冲，北方中山国与林胡、楼烦又是赵国长期的宿敌。赵武灵王面对严峻的形势，坚决果断地实施改革。赵武灵王改革后，赵国成了中原强国。胡服骑射改革的第二年，即前306年，西攻林胡，略地至榆中（今内蒙古包头市以西河套地区），接着又对中山发起了大规模进攻，五年之间灭亡了中山。赵国开拓了大片领土，国土几乎扩大一倍。

如果对照赵武灵王胡服骑射与商鞅变法，是司马迁花大力气记述的两种改革模式，供后世借鉴。赵武灵王胡服骑射是渐进式的改革，长期蓄势，化解对立面的阻力，用了二十年时间改革成功。商鞅变法，暴风骤雨，用强权高压执行，立竿见影，当年就见成效。渐进式改革必然有许多妥协，见效慢，但所花成本小，负面影响小；暴风骤雨式改革彻底除旧布新，见效快，但所花成本巨大，负面影响也大。这两场改革在《史记》中许多用语雷同，此为司马迁有意昭示读者要对照来读，后王借鉴要对照权衡利弊。《资治通鉴》记述大大简化，深入研讨则要对照《史记》。

周纪四

周赧王十八年至四十二年（前 297—前 273 年）

【起阏逢困敦（甲子，前 297 年），尽著雍困敦（戊子，前 273 年），凡二十五年】

【大事提要】

本卷记事起前 297 年，讫前 273 年，凡二十五年，当周赧王十八年至赧王四十二年。本卷所载大事主要有七个方面：其一，楚怀王与赵武灵王以悲剧谢幕，使人叹惋。楚怀王曾为六国合纵盟主，因贪利误听张仪邪说，最终入秦不返，客死于秦。赵武灵王胡服骑射，灭中山，假称使臣入秦考察，何其壮也。晚年废长立少，导致赵国内乱，饿死沙丘，又何其昏也。其二，宋康王、齐湣王穷兵黩武而丧生，宋国破，齐国亦差点灭亡。其三，田单复齐，因功高震主一度遭齐襄王疏远，后襄王纳谏，君臣相知如初。其四，蔺相如使秦，不辱君命，完璧归赵，渑池之会勇折秦昭襄王，退让廉颇演绎出将相和的历史佳话。其五，燕惠王信谗，又中齐反间计，逐走乐毅，失人才使燕国从此衰弱不振。其六，秦将白起崭露头角，用兵野蛮，破赵魏联军的华阳之战，杀魏降卒十三万，沉赵卒二万于河。其七，春申君上书秦昭襄王，说秦亲楚以图韩、魏，避免了秦、韩、魏联合攻楚。楚怀王与顷襄王两代屈身事仇，到春申君上书，反映了东方六国争相事秦，以苟延时日，从此张仪连横之策得势。

【原文】

赧王中

十八年（甲子，前 297 年）

楚怀王亡归。秦人觉之，遮楚道。怀王从间道走赵。赵主父在代，赵人不敢受。怀王将走魏，秦人追及之，以归。

鲁平公薨，子缗公贾立。

十九年（乙丑，前 296 年）

楚怀王发病，薨于秦，秦人归其丧。楚人皆怜之，如悲亲戚。诸侯由是不直秦。

齐、韩、魏、赵、宋同击秦，至盐氏而还。秦与韩武遂、与魏封陵以和。

赵主父行新地，遂出代；西遇楼烦王于西河而致其兵。

魏襄王薨，子昭王立。

韩襄王薨，子僖王咎立。

二十年（丙寅，前 295 年）

秦尉错伐魏襄城。

赵主父与齐、燕共灭中山，迁其王于肤施。归，行赏，大赦，置酒，酺五日。

赵主父封其长子章于代，号曰安阳君。

安阳君素侈，心不服其弟。主父使田不礼相之。李兑谓肥义曰：“公子章强壮而志骄，党众而欲大，田不礼忍杀而骄，二人相得，必有阴谋。夫小人有欲，轻虑浅谋，徒见其利，不顾其害，难必不久矣。子任重而势大，乱之所始而祸之所集也。子何不称疾毋出而传政于公子成，毋为祸梯，不亦可乎！”肥义曰：“昔者主父以王属义也，曰：‘毋变而度，毋易而虑，坚守一心，以殁而世！’义再拜受命而籍之。今畏不礼之难而忘吾籍，变孰大焉！谚曰：‘死者复生，生者不愧。’吾欲全吾言，安得全吾身乎！子则有赐而忠我矣。虽然，吾言已在前矣，终不敢失！”李兑曰：“诺，子勉之矣！吾见子已今年耳。”涕泣而出。

【语译】

赧王中

周赧王十八年（甲子，前 297 年）

楚怀王逃回楚国，秦国人发觉后，便在他回归的路上拦截。楚怀王从偏僻的小路逃到赵国。赵主父正在代地，赵国官员不敢接纳楚怀王，楚怀王将要逃往魏国，秦国人追了上来，把楚怀王带回秦国。

鲁平公死了，儿子姬贾继位为鲁缗公。

周赧王十九年（乙丑，前 296 年）

楚怀王发病，死在秦国，秦国人把楚怀王灵柩送回楚国。楚国人都十分悲痛，像哀伤自己的亲人一样。各诸侯国对秦国非常不满。

齐国、韩国、魏国、赵国、宋国一起出兵攻打秦国，到了盐氏邑后便各自撤退班师。秦国把武遂归还韩国，把封陵归还给魏国，以求讲和。

赵主父视察刚刚灭掉的中山国地方，于是离开代郡，在西行到西河郡途中遇见楼烦王，就招收一批楼烦的士兵。

魏襄王死了，他的儿子继位为魏昭王。

韩襄王死了，他的儿子咎继位为韩僖王。

周赧王二十年（丙寅，前 295 年）

秦国一个名叫错的国尉带兵攻打魏国的襄城。

赵主父与齐国、燕国共同灭掉了中山国，把中山王迁徙到肤施县。主父回到赵国后，论功行赏，大赦罪人，允许全国民众大摆酒宴庆祝，欢乐相聚五天。

赵主父将他的大儿子赵章封到代郡，号称安阳君。

安阳君素来奢侈骄横，对他的弟弟继位为王心中不服，主父派田不礼辅佐安阳君。李兑对肥义说："公子章强悍而意气骄横，党羽多而贪欲大，田不礼为人残忍好杀又骄横，这两个人互相勾结，很投缘，一定会策划阴谋。小人有了贪欲，便会思虑轻浮、谋划浅薄，只看到能获利，不顾及将会发生的危害和后果，灾难一定很快就会到来。先生肩负重任而且权势大，将是动乱的起点也是灾祸指向的终点。先生何不托病让出权力交给公子成，不要成为招祸的阶梯，不也是很好的吗？"肥义说："先前主父把新王托付给我，对我说：'不要改变你的气度，不要改变你的思虑，坚持到底，永不变心，直到离开人世！'我肥义拜了又拜，才接受了主父委托的使命，还特地做了记录，如今因害怕田不礼发动祸乱而忘掉我自己的誓言，变节忘恩，没有比这更严重的事了。俗话说：'如果死了的人重新活过来，活着的人面对也没有惭愧。'我想保全我的誓言，怎能只考虑保全生命呢！你已经赐教于我真心为我好，尽

李兑数见公子成以备田不礼。肥义谓信期曰：“公子章与田不礼声善而实恶，内得主而外为暴，矫令以擅一旦之命，不难为也。今吾忧之，夜而忘寐，饥而忘食，盗出入不可以不备。自今以来，有召王者必见吾面，我将以身先之，无故而后王可入也。”信期曰：“善。”

主父使惠文王朝群臣而自从旁窥之，见其长子傫然也，反北面为臣，诎于其弟，心怜之，于是乃欲分赵而王公子章于代。计未决而辍。主父及王游沙丘，异宫，公子章、田不礼以其徒作乱，诈以主父令召王。肥义先入，杀之。高信即与王战。公子成与李兑自国至，乃起四邑之兵入距难，杀公子章及田不礼，灭其党。公子成为相，号安平君；李兑为司寇。是时惠文王少，成、兑专政。

公子章之败也，往走主父；主父开之。成、兑因围主父。公子章死，成、兑谋曰：“以章故，围主父；即解兵，吾属夷矣！”乃遂围之，令：“宫中人后出者夷！”宫中人悉出。主父欲出不得，又不得食，探雀鷇而食之。三月余，饿死沙丘宫。主父定死，乃发丧赴诸侯。主父初以长子章为太子，后得吴娃，爱之，为不出者数岁。生子何，乃废太子章而立之。吴娃死，爱弛；怜故太子，欲两王之，犹豫未决，故乱起。

秦楼缓免相，魏冉代之。

（以上为第一段，有两大历史事件。一是楚怀王客死于秦，二是赵武灵王因内乱饿死在沙丘。楚怀王曾为六国盟主，因贪地而绝齐亲秦，乃至入秦不返；赵武灵王胡服骑射灭中山，因废长立幼导致赵国内乱，两王均以悲剧终，令人叹惜。）

二十一年（丁卯，前 294 年）

秦败魏师于解。

管如此，我已有誓言在先，绝不背弃自己的诺言。”李兑说：“好，那你自己保重吧，我能见到您今年为止了。”说完，李兑流着眼泪离开了。

李兑多次与公子成见面，商议防备田不礼。肥义对信期说：“公子章与田不礼话说得好听，实际上十分险恶，由于内有主父做靠山，所以在外十分暴戾，假传主父命令，突然一天发动政变，他们是做得出来的。如今使我十分忧虑，夜晚睡不着觉，饿了吃不下饭，窃国大盗在主父身边，不得不防啊。从今以后，凡有人来宣召大王的一定要先来见我，我要亲自先去看一看，没有什么异常情况，大王才可进去。”信期说：“好。”

主父在惠文王朝见群臣时自己在旁边察看，他看到自己的长子公子章颓丧的样子，反而北面行礼，屈尊于他的弟弟，心里可怜他，便想把赵国分割给他，让他章在代地为王，但这计划没有最终决定就停止了。主父同惠文王在沙丘巡游，不住在一个宫里，公子章、田不礼便发动自己的党徒作乱，假托主父的命令召见惠文王。肥义按照预先的商定，先进去见公子章，结果被他们杀死。高信便与惠文王同公子章的党徒们交战，公子成和李兑从国都邯郸赶到，于是便调动四邑的官兵入宫平定暴乱，杀死了公子章和田不礼，灭了他们的党徒。公子成为国相，号称安平君；李兑为司寇。这时惠文王年轻，公子成、李兑便掌握朝政。

公子章战败时，逃往主父的行宫；主父打开宫门接纳他。公子成、李兑因此包围了主父行宫。公子章被杀后，公子成和李兑商量说：“由于公子章作乱，我们包围了主父行宫；如果现在就撤走官兵，那么我们就要被加罪灭掉了！”于是继续围住主父行宫，并下令：“宫中最后出来的要杀头！”宫中的人全都出来了。主父想出宫却被禁止，在宫中没有食物，只好捕捉待哺的幼鸟充饥，拖了三个月，主父饿死在沙丘宫。断定主父确实死了，就给各诸侯国发出讣告。主父最初把长子立为太子，后来娶得吴娃，十分宠爱，因此几年都不出宫门。吴娃生了儿子赵何，主父就废了太子章而立赵何为太子。吴娃死了之后，主父对太子何也就不那么偏爱了；心里怜悯原来的太子章，便想把赵何、赵章两人都立为王，但又犹豫不决，因此便发生了暴乱。

秦国楼缓被免去相位，魏冉代替楼缓为国相。

周赧王二十一年（丁卯，前 294 年）

秦军在解地打败了魏军。

二十二年（戊辰，前 293 年）

韩公孙喜、魏人伐秦。穰侯荐左更白起于秦王以代向寿将兵，败魏师、韩师于伊阙，斩首二十四万级，虏公孙喜，拔五城。秦王以白起为国尉。

秦王遗楚王书曰："楚倍秦，秦且率诸侯伐楚，愿王之饬士卒，得一乐战！"楚王患之，乃复与秦和亲。

二十三年（己巳，前 292 年）

楚襄王迎妇于秦。

臣光曰：甚哉秦之无道也，杀其父而劫其子；楚之不竞也，忍其父而婚其仇！乌呼，楚之君诚得其道，臣诚得其人，秦虽强，乌得陵之哉！善乎荀卿论之曰："夫道，善用之则百里之地可以独立，不善用之则楚六千里而为仇人役。"故人主不务得道而广有其势，是其所以危也。

秦魏冉谢病免，以客卿烛寿为丞相。

二十四年（庚午，前 291 年）

秦伐韩，拔宛。

秦烛寿免。魏冉复为丞相，封于穰与陶，谓之穰侯。又封公子市于宛，公子悝于邓。

二十五年（辛未，前 290 年）

魏入河东地四百里、韩入武遂地二百里于秦。

魏芒卯始以诈见重。

二十六年（壬申，前 289 年）

秦大良造白起、客卿错伐魏，至轵，取城大小六十一。

二十七年（癸酉，前 288 年）

冬，十月，秦王称西帝，遣使立齐王为东帝，欲约与共伐赵。苏代自燕来，齐王曰："秦使魏冉致帝，子以为何如？"对曰："愿王受之而勿称也。秦称之，天下安之，王乃称之，无后也。秦称之，天下恶之，王因勿称，以收天下，此大资也。且伐赵孰与伐桀宋利？今王不如释帝以收天下之望，发兵以伐桀宋，宋举则楚、赵、梁、卫皆惧矣。是我以名尊秦而令天下憎之，所谓以卑为尊也。"齐王从之，称帝二日而复归之。十二月，吕礼自齐入秦。秦王亦去帝，复称王。

周赧王二十二年（戊辰，前 293 年）

韩国的公孙喜联合魏国攻打秦国。秦国穰侯向秦昭襄王推荐左更白起取代向寿领兵，在伊阙打败魏、韩联军，斩杀二十四万人，活捉公孙喜，攻占了五座城邑。秦昭襄王晋升白起为国尉。

秦昭襄王送信给楚顷襄王说："楚国背叛了秦国，秦国将要联合诸侯各国攻打楚国，希望整顿好士兵，痛快地打一仗。"楚顷襄王害怕了，重新与秦国修好。

周赧王二十三年（己巳，前 292 年）

楚顷襄王从秦国迎妇成姻。

> 臣司马光说：秦国的横蛮无道真是太过分了，害死楚怀王又威逼怀王的儿子顷襄王；楚国软弱不争气，忍下杀父之仇，反与有仇的秦国通婚！唉，楚国国君假如真能治理国家，任用的大臣又都是贤能的人，那么秦国虽然强大，又怎能随意欺凌楚国呢！荀卿评论说得好："治国的方略，用得恰当，即使百里小国也可以独立天下，用得不恰当，像楚国拥有六千里土地的国家也会被仇敌国家奴役。"所以人主若不全心讲求治国的方略，空有极大的权势，这恰是危险的原因。

秦国的魏冉称病辞去丞相职务，以客卿烛寿为丞相。

周赧王二十四年（庚午，前 291 年）

秦军攻打韩国，夺取了宛邑。

秦国烛寿被免去丞相职位。魏冉复出任丞相，秦封给他穰和陶两地，称为穰侯。秦昭襄王又把宛封给公子，把邓封给公子悝。

周赧王二十五年（辛未，前 290 年）

魏国把河东四百里土地献给秦国，韩国把武遂二百里土地献给秦国。

魏国的芒卯以诈术而被重用。

周赧王二十六年（壬申，前 289 年）

秦国的大良造白起、客卿司马错攻打魏国，抵达轵地，夺取大小城邑六十一座。

周赧王二十七年（癸酉，前 288 年）

冬季，十月，秦昭襄王自称西帝，遣使拥立齐湣王为东帝，想与齐国共同攻打赵国。苏代从燕国来到齐国，齐湣王问他："秦王派魏冉来约请我为东帝，你的意见如何？"苏代回答说："希望齐王您接受称帝的名义，但不立即称帝。秦王先称帝，如果天下安然无事，那时齐王您再称帝也不算晚。秦王先称帝，如果天下的人都厌恶他，您由于没有称帝，趁此收揽天下的人心，这才能获得最大的利益啊！况且攻打赵国与攻打和夏桀一样有恶名的宋国相比，哪个更有利可图呢？现今齐王您不如放弃帝号以赢得诸侯的信任，调动军队去攻伐暴桀的宋国，征服宋国后，楚国、赵

秦攻赵，拔杜阳。

二十八年（甲戌，前 287 年）

秦攻赵，拔新垣、曲阳。

二十九年（乙亥，前 286 年）

秦司马错击魏河内。魏献安邑以和，秦出其人归之魏。

秦败韩师于夏山。

宋有雀生䴏于城之陬。史占之曰："吉。小而生巨，必霸天下。"宋康王喜，起兵灭滕，伐薛，东败齐，取五城，南败楚，取地三百里，西败魏军，与齐、魏为敌国，乃愈自信其霸。欲霸之亟成，故射天笞地，斩社稷而焚灭之，以示威服鬼神。为长夜之饮于室中，室中人呼万岁，则堂上之人应之，堂下之人又应之，门外之人又应之，以至于国中，无敢不呼万岁者。天下之人谓之"桀宋"。齐湣王起兵伐之，民散，城不守。宋王奔魏，死于温。

三十年（丙子，前 285 年）

秦王会楚王于宛，会赵王于中阳。

秦蒙武击齐，拔九城。

齐湣王既灭宋而骄，乃南侵楚，西侵三晋，欲并二周，为天子。狐咺正议，斫之檀衢。陈举直言，杀之东闾。

燕昭王日夜抚循其人，益以富实，乃与乐毅谋伐齐。乐毅曰："齐，霸国之余业也，地大人众，未易独攻也。王必欲伐之，莫如约赵及楚、魏。"于是使乐毅约赵，别使使者连楚、魏，且令赵啖秦以伐齐之利。诸侯害齐王之骄暴，皆争合谋与燕伐齐。

三十一年（丁丑，前 284 年）

燕王悉起兵，以乐毅为上将军。秦尉斯离帅师与三晋之师会之。赵王以相国印授乐毅，乐毅并将秦、魏、韩、赵之兵以伐齐。齐湣王悉国

国、魏国、卫国都会恐惧。这是我齐国以尊秦为名，实际是让天下的人憎恨秦王，正是我们以卑为尊的计策啊。”齐湣王听从苏代的意见，称帝两天后又改称为王。十二月，吕礼从齐国回到秦国，秦昭襄王也去掉帝号，又改称为王。

秦军攻打赵国，攻克杜阳。

周赧王二十八年（甲戌，前287年）

秦军攻打赵国，夺取了新垣和曲阳。

周赧王二十九年（乙亥，前286年）

秦国派司马错进攻魏国的河内。魏国献出安邑求和，秦国将安邑百姓驱赶回魏国。

秦军在夏山打败韩军。

宋国发生麻雀在城墙角落里孵生出鳞鸟的怪事。掌管卜筮的太史对此进行占卜说：“这是吉兆。小鸟孵生出了大鸟，宋国一定会称霸天下。”宋康王很高兴，便出兵去攻打滕国，征伐薛邑，向东打败齐国，夺取五座城邑；向南进攻打败楚国，夺取了三百里的地方；又西进魏军，与齐国、魏国相敌对。于是更加自信能成为霸主，一心想要尽快成就霸业，因此箭射苍天，笞击大地；砍杀社稷神主，并把它焚毁，以显示威力能压服鬼神。又在宫中彻夜饮酒作乐，宫中的人高呼万岁，大堂上的人应声高呼，大堂下面的人又应声高呼，在门外的人又应声高呼，以至在整个国都内，没有人敢不高呼万岁的。天下的人称他为昏暴的“桀宋”。齐湣王出兵攻伐宋康王，宋国百姓四处逃散，都城失守，宋康王便逃奔到魏国，死在温邑。

周赧王三十年（丙子，前285年）

秦昭襄王在宛县与楚顷襄王会盟，在牛阳邑与赵惠文王会盟。

秦将蒙武率军攻打齐国，夺取了九座城邑。

齐湣王灭了宋国之后十分骄横，于是南进侵犯楚国，西进侵犯赵、魏、韩三国，又想并吞东周和西周，最后做天子。狐咺，被湣王杀死抛尸在檀台的要道上。陈举直言进谏，被杀死在齐都的东门外。

燕昭王日夜安抚百姓，国家因此更加富强殷实，便与乐毅商量攻伐齐国。乐毅说：“齐国保留有春秋称霸以来的雄厚基业，地方大，人口多，我燕国单独去攻打是不容易的。大王你一定要攻打它，不如联合赵国及楚国、魏国共同讨伐。”于是派乐毅去邀请赵国，另外派使者联络楚国、魏国，又让赵国出面以伐齐有大利来引诱秦国。诸侯各国都害怕齐湣王的骄横强暴，都争着与燕国结盟攻打齐国。

周赧王三十一年（丁丑，前284年）

燕昭王大举出兵讨伐齐国，任命乐毅为上将军。秦国派出名叫斯离的国尉统帅军队与魏、韩、赵三国的军队会合。赵惠王还把赵国相印交给了乐毅，乐毅统领秦、

中之众以拒之，战于济西，齐师大败。乐毅还秦、韩之师，分魏师以略宋地，部赵师以收河间。身率燕师，长驱逐北。剧辛曰：“齐大而燕小，赖诸侯之助以破其军，宜及时攻取其边城以自益，此长久之利也。今过而不攻，以深入为名，无损于齐，无益于燕而结深怨，后必悔之。”乐毅曰：“齐王伐功矜能，谋不逮下，废黜贤良，信任谄谀，政令戾虐，百姓怨怼。今军皆破亡，若因而乘之，其民必叛，祸乱内作，则齐可图也。若不遂乘之，待彼悔前之非，改过恤下而抚其民，则难虑也。”遂进军深入。齐人果大乱失度，湣王出走。乐毅入临淄，取宝物、祭器，输之于燕。燕王亲至济上劳军，行赏飨士；封乐毅为昌国君，遂使留徇齐城之未下者。

齐王出亡之卫，卫君辟宫舍之，称臣而共具。齐王不逊，卫人侵之。齐王去奔邹、鲁，有骄色；邹、鲁弗内，遂走莒。楚使淖齿将兵救齐，因为齐相。淖齿欲与燕分齐地，乃执湣王而数之曰：“千乘、博昌之间，方数百里，雨血沾衣，王知之乎？”曰：“知之。”“嬴、博之间，地坼及泉，王知之乎？”曰：“知之。”“有人当阙而哭者，求之不得，去则闻其声，王知之乎？”曰：“知之。”淖齿曰：“天雨血沾衣者，天以告也；地坼及泉者，地以告也；有人当阙而哭者，人以告也。天、地、人皆告矣，而王不知诫焉，何得无诛！”遂弑王于鼓里。

（以上为第二段，写宋康王、齐湣王穷兵黩武而丧生。）

荀子论之曰：国者，天下之利势也。得道以持之，则大安也，大荣也，积美之源也。不得道以持之，则大危也，大累也，有之不如无之。及其綦也，索为匹夫，不可得也。齐湣、宋献是也。

故用国者义立而王，信立而霸，权谋立而亡。

魏、韩、赵各国的军队去攻打齐国。齐湣王出动全国兵力抵抗各国联军，双方在济水的西岸大战，齐军大败。乐毅送走秦、韩两国军队，分派魏国军队去进攻原宋国的土地，部署赵国军队收取河间地方，自己率领燕国军队长驱直入，追击溃乱的齐军。燕军将领剧辛说："齐国大，燕国小，依靠诸侯各国军队的帮助才打败了齐军，应该及时攻取它的边境城邑来扩大燕国领土，这是长久之利啊。现今只是行军绕过齐国的城邑而不攻占它，名为深入齐国腹地，实际上对齐国没有什么损害，对燕国没有好处却又结下深仇，日后一定会后悔的。"乐毅说："齐王夸耀个人的功劳和才能，刚愎自用，不与下属沟通，废黜贤良人士不用，信任阿谀奸诈之徒，政令暴虐，百姓怨恨，现今齐军失败溃散，如果乘胜追击，齐国百姓一定会叛乱，祸乱将在齐国内部兴起，那么齐国就可以占领了。如果不在这时乘势前进，等到齐王悔悟过失，改正错误，关心和安抚他的民众，到那时形势的发展就难以预料了。"于是继续进军深入齐国。齐国百姓果然大乱，不遵守法制的约束，齐湣王只得逃走。乐毅进入临淄，掠取齐国的宝物、祭器，运送到燕国。燕昭王亲自到济水上慰劳军队，论功行赏犒劳士卒；封乐毅为昌国君，并让乐毅留在齐国继续攻打那些尚未攻下的城邑。

齐湣王逃往卫国，卫国国君让出宫室给他居住，向他称臣，供奉酒食器具。齐湣王傲慢不逊，卫国人气愤地攻击他。齐湣王离开卫国，投奔邹国、鲁国，态度依旧自高自大，邹国、鲁国不接纳他，齐湣王于是逃到莒邑。楚国派淖齿率领军队援助齐国，被任命为齐国国相。淖齿想与燕国瓜分齐国领土，便囚禁了齐湣王，当面数落他的罪状说："千乘和博昌之间方圆几百里地，天降血雨沾湿了百姓的衣裳，齐王你知道吗？"齐湣王说："知道的。"又问："在嬴和博之间，大地裂开的深沟直达泉水涌出的地方，齐王你知道吗？"齐湣王回答说："知道。"又问："有人对着阙门哭泣，当人们到阙门去寻找时见不到人，离开阙门时又能听到哭泣的声音，你知道吗？"齐湣王回答说："知道。"淖齿说："天降血雨沾湿人们的衣裳，是天给你的警告；大地裂开深沟直达泉水涌出的地方，是大地给你的警告；有人对着阙门哭泣，是人给你的警告。天、地、人都警告了，而齐王你却不知道自我约束、警戒，怎么能说你不该死呢！"于是在鼓里地方杀害了齐湣王。

荀子评论说：国家，就是集中了天下最高的利益和权势。运用正确的规则来管理它，那么就会出现大安定、大繁荣，是积聚美好事物的源泉。不运用正确的规则管理它，那就会有大灾难、大负担，掌握有国家的大权还不如没有。等到形势极度恶化，想要做个平民百姓，都不可能。齐湣王、宋康王就是这样。

所以治理国家的人，遵循道义的就可称王，实践诚信的就可称霸，用权术

挈国以呼礼义，而无以害之。行一不义，杀一无罪，而得天下，仁者不为也。拣然扶持心、国且若是其固也。之所与为之者，之人则举义士也。之所以为布陈于国家刑法者，则举义法也。主之所极然，帅群臣而首向之者，则举义志也。如是，则下仰上以义矣，是基定也。基定而国定，国定而天下定。故曰：以国济义，一日而白，汤、武是也，是所谓义立而王也。

德虽未至也，义虽未济也，然而天下之理略奏矣，刑、赏已诺信于天下矣，臣下晓然皆知其可要也。政令已陈，虽睹利败，不欺其民；约结已定，虽睹利败，不欺其与；如是，则兵劲城固，敌国畏之；国一綦明，与国信之；虽在僻陋之国，威动天下，五伯是也。是所谓信立而霸也。

挈国以呼功利，不务张其义、齐其信，唯利之求；内则不惮诈其民而求小利焉，外则不惮诈其与而求大利焉；内不修正其所以有，然常欲人之有。如是，则臣下百姓莫不以诈心待其上矣。上诈其下，下诈其上，则是上下析也。如是，则敌国轻之，与国疑之，权谋日行而国不免危削，綦之而亡，齐湣、薛公是也。故用强齐，非以修礼义也，非以本政教也，非以一天下也，绵绵常以结引驰外为务。故强，南足以破楚，西足以诎秦，北足以败燕，中足以举宋，及以燕、赵起而攻之，若振槁然，而身死国亡，为天下大戮，后世言恶则必稽焉。是无他故焉，唯其不由礼义而由权谋也。

三者，明主之所谨择也，仁人之所务白也。善择者制人，不善择者人制之。

诈谋治理国家就会灭亡。

治理国家倡导礼义，没有谁能加害他、动摇他。做一件不义的事、杀一个无罪的人就能换取天下，仁德的人不会这样做。像磐石一样坚定地用礼义约束心志和管理国家，那么国家的稳定也坚如磐石。凡是和他一道这样做的人，这些人都是仁义之士。能把国家刑法的内容公布于众，那刑法的全部内容都是合于仁义的。君主极力如此主张，就是率领臣子们向往礼义为终极目标。真是这样，那么在下位的臣属和百姓都用礼义来敬仰国君，这样国家的根基就稳固了。根基稳固国家就稳定，国家稳定天下就安定。所以说举国上下都推行礼义，一天就能推向全国，商汤、周武王就是这样的人，这就是所说的遵循道义的国君。

即使仁德还没达到最高境界，礼义虽然还没全部实现，但是治理天下的政理大体齐备，刑罚赏赐已成体系，得到天下人的认可和信服，臣下清楚地都知道诚信是一切的核心。政令已经颁布，得失利弊也看得明白，绝不可以欺骗民众；诸侯国之间的盟约已经缔结，得失利弊已十分鲜明，绝不可以欺骗盟国；如果真是这样，那么国家就兵力强盛，城池坚固，敌国很害怕；举国上下一致，彰显信用，盟国信赖；即使是偏远的国家，它的声威也能震动天下，春秋五霸就是这样啊。这就是所说的践行诚信就可以称霸天下。

治理国家只提倡功利，不致力于发扬礼义，坚守信用，唯利是图；对内不顾一切地欺诈老百姓以达到获利的目的，对外一样不顾一切地欺诈相交的国家以求利益最大化；不好好开发国内的土地、百姓，却时常想去占有别国的土地、百姓，正由于此，臣下和百姓没有不用欺诈的心态对待君王的。君王欺诈臣下和百姓，臣下和百姓欺诈君王，这样上下就分崩离析了。也正由于此，国家将受到敌国的轻视，盟国的怀疑，权谋诡计一天比一天盛行，国家不能避免危险削弱，达到极点就要灭亡，齐湣王和薛公孟尝君就是这样。所以齐湣王尽管掌控了强大的齐国，却不以此修行仁义，整治礼义政教，用诚信规范天下，只是不停地驾驭战车奔驰在外为要务。因此，当它强大时，兵锋南指打败了楚国，兵锋西向使秦国屈服，兵锋北向足以打破燕国，兵锋指向中土灭了宋国。等到燕国、赵国联兵进攻齐国，如同摧枯拉朽一样，齐湣王自己惨死，齐国破亡，成为全天下共同打倒的人，后世说到罪恶国君时都以齐湣王为借鉴。这样的结果不是别的原因，只是齐湣王不用礼义治国而用权谋诈术的啊。

以上所说礼义、诚信、权谋三种立国情况，是贤明国君应该谨慎选择的，仁德国君必须明白的，善于选择的人控制别人，不善于选择的人被别人所控制。

乐毅闻昼邑人王蠋贤，令军中环昼邑三十里无入。使人请蠋，蠋谢不往。燕人曰："不来，吾且屠昼邑！"蠋曰："忠臣不事二君，烈女不更二夫。国破君亡，吾不能存，而又欲劫之以兵；吾与其不义而生，不若死！"遂经其颈于树枝，自奋绝脰而死。燕师乘胜长驱，齐城皆望风奔溃。乐毅修整燕军，禁止侵掠，求齐之逸民，显而礼之。宽其赋敛，除其暴令，修其旧政，齐民喜悦。乃遣左军渡胶东、东莱；前军循泰山以东至海，略琅邪；右军循河、济，屯阿、鄄以连魏师；后军旁北海以抚千乘；中军据临淄而镇齐都。祀桓公、管仲于郊，表贤者之闾，封王蠋之墓。齐人食邑于燕者二十余君，有爵位于蓟者百有余人。六月之间，下齐七十余城，皆为郡县。

秦王、魏王、韩王会于京师。

（以上为第三段，写荀子评论礼义、诚信乃立国之本，指出用权谋诈术治国是亡乱之源。）

三十二年（戊寅，前 283 年）

秦、赵会于穰。秦拔魏安城，兵至大梁而还。

齐淖齿之乱，湣王子法章变姓名为莒太史敫家佣。太史敫女奇法章状貌，以为非常人，怜而常窃衣食之，因与私通。王孙贾从湣王，失王之处，其母曰："汝朝出而晚来，则吾倚门而望；汝暮出而不还，则吾倚闾而望。汝今事王，王走，汝不知其处，汝尚何归焉！"王孙贾乃入市中呼曰："淖齿乱齐国，杀湣王。欲与我诛之者袒右。"市人从者四百人，与攻淖齿，杀之。于是齐亡臣相与求湣王子，欲立之。法章惧其诛己，久之乃敢自言，遂立以为齐王，保莒城以拒燕，布告国中曰："王已立在莒矣！"

赵王得楚和氏璧，秦昭王欲之，请易以十五城。赵王欲勿与，畏秦强；欲与之，恐见欺。以问蔺相如，对曰："秦以城求璧而王不许，曲在

乐毅听说昼邑人王蠋很贤明，下令军中不得进入昼邑周围三十里以内。派人去请王蠋，王蠋辞谢不来。燕国人便威胁说："你不来，我们就要屠灭昼邑的全城百姓！"王蠋说："忠臣不事二主，烈女不嫁二夫。现在国家破灭，君主死亡，我不能保全，而你们又想用武力来威逼我；我与其不仁不义而偷生，还不如死！"便把脖子吊在树枝上，自己用力摆动，扭断脖子而死。燕国军队乘胜长驱直入，齐国各个城邑的民众都闻风逃跑。乐毅约束燕军，禁止侵害掠夺百姓，又寻访齐国的隐逸贤士，使他们显贵，待以厚礼。减轻赋税，取消齐国原有的暴政，实行齐国从前宽松的政策，齐国的民众都很高兴。乐毅于是调遣左路军渡过胶莱河到达胶东、东莱；前锋循着泰山东行到海滨，取得琅邪地方；右路军沿着黄河、济水方向前进，驻扎在阿、鄄两地以联络魏国军队；后路军沿着北海以安抚千乘地方；中路军占据临淄而镇守齐国的都城。又在郊外祭祀齐桓公、管仲，表彰贤者居住的村落，在王蠋的坟墓上增厚封土。齐国有二十多人得到燕国封赐的采邑，有一百多人在蓟都享有爵位。在六个月内，乐毅攻下齐国七十多座城邑，都设置为郡县。

秦昭襄王、魏昭王、韩襄王在原周朝的京师会盟。

周赧王三十二年（戊寅，前 283 年）

秦昭襄王与赵惠文王在穰地会盟。秦军攻下了魏国的安城，进兵到大梁城才班师回国。

当齐国发生淖齿之乱时，湣王的儿子法章改名换姓，在莒邑太史敫家当佣人。太史敫的女儿惊异于法章的相貌，觉得不像是普通人的气质，就可怜他，暗地里给法章衣服和食物，还和法章私通。王孙贾是齐湣王的随从，他不知道齐湣王的下落。王孙贾的母亲说："你早上出门傍晚归来，我就靠在门口盼你回来；你黄昏时出门，我就站立在里巷的路口等待。现今你事奉齐王，齐王跑了，你却不知道在哪里，你还有脸回来。"王孙贾于是来到街市中大喊说："淖齿祸乱齐国，杀了齐王，凡是想和我一起去替齐王报仇杀淖齿的人请露出右膀！"街示上跟随王孙贾的有四百人，一起去攻击淖齿，并把他杀死。于是逃亡的齐臣互相聚在一起寻找齐湣王的儿子，要拥立他为齐王。法章害怕这些人杀害自己，过了很久才敢说出自己的身份，于是被立为齐王，保卫莒城，抗击燕军。齐王向全国发出布告，说："齐王已在莒城即位了！"

赵惠文王得到了楚国的和氏璧，秦昭襄王想要占有，就提出用十五座城邑与赵国交换。赵惠文王不想给，又害怕秦国的强大；想把和氏璧给秦昭襄王交换土地，

我矣。我与之璧而秦不与我城，则曲在秦。均之二策，宁许以负秦。臣愿奉璧而往；使秦城不入，臣请完璧而归之！”赵王遣之。相如至秦，秦王无意偿赵城。相如乃以诈给秦王，复取璧，遣从者怀之，间行归赵，而以身待命于秦。秦王以为贤而弗诛，礼而归之。赵王以相如为上大夫。

卫嗣君薨，子怀君立。嗣君好察微隐，县令有发褥而席弊者，嗣君闻之，乃赐之席。令大惊，以君为神。又使人过关市，赂之以金，既而召关市，问有客过与汝金，汝回遣之；关市大恐。又爱泄姬，重如耳，而恐其因爱重以壅己也，乃贵薄疑以敌如耳，尊魏妃以偶泄姬，曰：“以是相参也。”

荀子论之曰：成侯、嗣君，聚敛计数之君也，未及取民也。子产，取民者也，未及为政也。管仲，为政者也，未及修礼也。故修礼者王，为政者强，取民者安，聚敛者亡。

三十三年（己卯，前 282 年）

秦伐赵，拔两城。

三十四年（庚辰，前 281 年）

秦伐赵，拔石城。

秦穰侯复为丞相。

楚欲与齐、韩共伐秦，因欲图周。王使东周武公谓楚令尹昭子曰：“周不可图也。”昭子曰：“乃图周，则无之；虽然，何不可图？”武公曰：“西周之地，绝长补短，不过百里。名为天下共主，裂其地不足以肥国，得其众不足以劲兵。虽然，攻之者名为弑君。然而犹有欲攻之者，见祭器在焉故也。夫虎肉臊而兵利身，人犹攻之；若使泽中之麋蒙虎之皮，人之攻之也必万倍矣。裂楚之地，足以肥国，诎楚之名，足以尊王。今子欲诛残天下之共主，居三代之传器，器南，则兵至矣！”于是楚计辍不行。

又担心被秦昭襄王欺骗。赵惠文王询问蔺相如，蔺相如回答说："秦国用城邑来交换和氏璧，而大王您不答应，赵国理屈。若把和氏璧给了秦国，秦国却不给赵国城邑，那么理屈就在秦国一方。权衡这两个对策，我们宁可答应以璧换城，使秦国理屈。臣愿意带和氏璧前往秦国；假如秦国的城池不给我赵国，我保证使和氏璧完好无损地归还赵国！"赵惠文王便派蔺相如持璧前往秦国。蔺相如到了秦国，秦昭襄王没有把城邑交换给赵国的意思，蔺相如于是用巧言骗了秦昭襄王，取回和氏璧，派遣随从怀揣和氏璧，从小路返回赵国，蔺相如自己留在秦国听任处置。秦昭襄王赞赏蔺相如的贤能，礼送蔺相如回到赵国，蔺相如回到赵国后，赵惠文王任用蔺相如为上大夫。

卫国卫嗣君去世，他的儿子继位，即卫怀君。卫嗣君在位喜欢窥伺观察别人的隐私。有个县令在家有时掀开褥子露出了破席子，被嗣君打听到了，便赐给县令一条好席子。县令十分惊恐，把嗣君当作神。嗣君又派人暗访关市，用金钱贿赂关市主管。过了一阵便召来关市主管，责问他私收了过客的金钱，责令退还，关市主管也十分恐慌。卫嗣君很宠爱泄姬，重视大臣如耳，但又担心泄姬、如耳倚仗宠爱和重视反过来蒙蔽自己，于是提拔大臣薄疑，使他和如耳匹敌，尊崇魏妃，使她和泄姬相当，卫嗣君说："用这些办法使他们相互牵制。"

荀子评论说："卫成侯、卫嗣君是搜括民众财物斤斤计较的国君，没有赢得民心拥护。郑国子产是能够招揽民心的人，但还没有管理好国家政务。管仲是管理好国家政务的人，但还没有做到倡导礼义。所以礼义上轨道的人称王，管理好政务的能使国家富强，赢得民心的人能使国家安定，而搜括财物的人只能灭亡。"

周赧王三十三年（己卯，前 282 年）

秦军攻打赵国，夺取了两座城邑。

周赧王三十四年（庚辰，前 281 年）

秦军攻打赵国，攻占了石城。

秦国的穰侯再次被任用为国相。

楚国想和齐、韩两国共同讨伐秦国，趁势想去攻占西周。周赧王派东周的武公对楚国的令尹昭子说："西周国是不可图谋占领的。"昭子回答说："想去攻占西周是没有的事。尽管没有图谋西周，倒是问一句为什么不可以占领西周。"武公说："西周现在的地方，取长补短，也不超过方圆一百里。名义上却是天下共同的君主，占据了它的土地不能使国家富足，得到它的民众不能使国家兵力强盛。尽管无利可图，但进攻它的人罪名却是臣下犯上弑君。但还是有人想攻占它，主要是古代祭祀重器还在那里的缘故。老虎身上的肉腥臊，它的爪牙如同士兵的利刃在身，但是人们还

三十五年（辛巳，前 280 年）

秦白起败赵军，斩首二万，取代光狼城。又使司马错发陇西兵，因蜀攻楚黔中，拔之。楚献汉北及上庸地。

三十六年（壬午，前 279 年）

秦白起伐楚，取鄢、邓、西陵。

秦王使使者告赵王，愿为好会于河外渑池。赵王欲毋行，廉颇、蔺相如计曰："王不行，示赵弱且怯也。"赵王遂行，相如从。廉颇送至境，与王诀曰："王行，度道里会遇之礼毕，还不过三十日；三十日不还，则请立太子以绝秦望。"王许之。

会于渑池。王与赵王饮，酒酣，秦王请赵王鼓瑟，赵王鼓之。蔺相如复请秦王击缶，秦王不肯。相如曰："五步之内，臣请得以颈血溅大王矣！"左右欲刃相如，相如张目叱之，左右皆靡。王不怿，为一击缶。罢酒，秦终不能有加于赵；赵人亦盛为之备，秦不敢动。赵王归国，以蔺相如为上卿，位在廉颇之右。

廉颇曰："我为赵将，有攻城野战之功。蔺相如素贱人，徒以口舌而位居我上，吾羞，不忍为之下！"宣言曰："我见相如，必辱之！"相如闻之，不肯与会；每朝，常称病，不欲争列。出而望见，辄引车避匿。其舍人皆以为耻。相如曰："子视廉将军孰与秦王？"曰："不若。"相如曰："夫以秦王之威而相如廷叱之，辱其群臣。相如虽驽，独畏廉将军哉！顾吾念之，强秦所以不敢加兵于赵者，徒以吾两人在也。今两虎共斗，其势不俱生。吾所以为此者，先国家之急而后私仇也。"廉颇闻之，肉袒负荆至门谢罪，遂为刎颈之交。

（以上为第四段，写齐田单和民众拥立齐湣王之子法章为齐王，杀淖齿，为齐湣

要想去猎杀它；假使野泽中的麋鹿披上诱人的虎皮，那么人们攻击麋鹿的会比攻击老虎的还要多出一万倍。占领楚国的土地，可以使国家富有，屈服楚国的美名，可以使国君享受称王的尊荣。现今你想杀掉全天下共主，据有夏、商、周三代传世的祭器国宝，把这些祭器南运到楚国，那么讨伐楚国的军队也就压境了！”于是，楚国中止了攻占西周国的计划。

周赧王三十五年（辛巳，前 280 年）

秦国的白起打败了赵国军队，斩杀二万人，夺取了代郡的光狼城。又派司马错调动陇西的军队，通过蜀地攻击楚国的黔中，并占领了它。楚国又被迫割让汉水以北及上庸的土地。

周赧王三十六年（壬午，前 279 年）

秦国的白起攻打楚国，夺取了鄢邑、邓邑、西陵等地。

秦昭襄王派出使者通告赵惠王，希望在黄河外的渑池友好会盟。赵惠文王不想会盟，廉颇、蔺相如商议说：“赵王不去会盟，就显得我赵国国势衰弱而且怯懦。”赵惠文王于是决定前往渑池，蔺相如扈从。廉颇送到赵国的边境上，便与赵惠文王告别说：“大王您去渑池，计算路程以及与秦王相会的礼仪完成，到返回时间不超过三十天；假如三十天不见大王回来，那就请求立太子为赵王，以断绝秦国勒索的企图。”赵惠文王答应了这一请求。

秦昭襄王、赵惠文王在渑池会盟。秦昭襄王与赵惠文王饮酒，饮到高兴时，秦昭襄王请赵惠文王鼓瑟，赵惠文王奏了一曲。蔺相如也请秦昭襄王击缶，秦昭襄王不肯。蔺相如说：“在这五步之内，臣将用颈血溅洒大王了！”秦昭襄王的随从想抽刀杀害相如，相如瞪目大声呵斥，这些随从都畏缩地倒退了。秦昭襄王心中很是不爽，只得击了一下缶。直到宴会结束，秦国始终没能占到赵国的上风；赵国人也做了充分的防备，秦国不敢轻举妄动。赵惠文王回国后，任用蔺相如为上卿，地位在廉颇之上。

廉颇说：“我担任赵国的将领，有攻城野战的功劳。蔺相如本来是地位低贱的人，凭一张伶俐的嘴巴取得的地位却居我之上，我感到羞耻，不能忍下这口气！”还公开宣称：“我要是遇到了相如，一定要羞辱他一番！”蔺相如听到这些话，不肯与他碰面；每次朝见，常常推托有病不参加，不想跟廉颇争地位高低。出门看见廉颇，便掉转车头回避躲开。蔺相如身边亲近的人都感到羞耻，蔺相如说：“你们看廉颇的威势比起秦王来怎么样？”身边亲近人都说：“他比不上秦王。”蔺相如说：“以秦王那样的威势，我蔺相如都敢在宫廷上呵斥他，羞辱他的臣子；我虽然无能，难道单单怕一个廉将军吗！我想到的是，强横的秦国之所以不敢进军侵犯赵国，就因为有我和廉将军两人在啊。现今两虎相斗，势必不能并存。我这样做，是先把国家

王报仇雪恨；又写赵国蔺相如使秦不辱君命，完璧归赵，渑池之会勇折秦昭襄王，退让廉颇，将相和而赵强。）

初，燕人攻安平，临淄市掾田单在安平，使其宗人皆以铁笼傅车辖。及城溃，人争门而出，皆以辖折车败，为燕所擒；独田单宗人以铁笼得免，遂奔即墨。是时齐地皆属燕，独莒、即墨未下，乐毅乃并右军、前军以围莒，左军、后军围即墨。即墨大夫出战而死。即墨人曰："安平之战，田单宗人以铁笼得全，是多智习兵。"因共立以为将以拒燕。乐毅围二邑，期年不克，乃令解围，各去城九里而为垒，令曰："城中民出者勿获，困者赈之，使即旧业，以镇新民。"三年而犹未下。或谗之于燕昭王曰："乐毅智谋过人，伐齐，呼吸之间克七十余城。今不下者两城耳，非其力不能拔，所以三年不攻者，欲久仗兵威以服齐人，南面而王耳。今齐人已服，所以未发者，以其妻子在燕故也。且齐多美女，又将忘其妻子。愿王图之！"昭王于是置酒大会，引言者而让之曰："先王举国以礼贤者，非贪土地以遗子孙也。遭所传德薄，不能堪命，国人不顺。齐为无道，乘孤国之乱以害先王。寡人统位，痛之入骨，故广延群臣，外招宾客，以求报仇。其有成功者，尚欲与之同共燕国。今乐君亲为寡人破齐，夷其宗庙，报塞先仇，齐国固乐君所有，非燕之所得也。乐君若能有齐，与燕并为列国，结欢同好，以抗诸侯之难，燕国之福，寡人之愿也。汝何敢言若此！"乃斩之。赐乐毅妻以后服，赐其子以公子之服；辂车乘马，后属百两，遣国相奉而致之乐毅，立乐毅为齐王。乐毅惶恐不受，拜书，以死自誓。由是齐人服其义，诸侯畏其信，莫敢复有谋者。

顷之，昭王薨，惠王立。惠王自为太子时，尝不快于乐毅。田单闻

的利益放在第一位，然后才考虑私人的怨恨啊！”廉颇听到这些话，便袒露身体，背负荆条，到蔺相如门前请罪。廉颇和蔺相如便成了同生共死的好朋友。

当初，燕国人进攻安平邑，临淄的一个小官田单正在安平，他让自己同宗族的人都用铁皮笼罩在车轴头上。到了城邑失守人们逃散时，大家争抢拥挤出城门，都因为车轴头折断车子损坏而被燕军捉拿，只有田单宗族的人因有铁笼而得以安全逃脱，一路逃到了即墨。当时齐国的地方都被燕国占领，只剩下莒和即墨两座城邑没被攻下。燕将乐毅结集了右军和前军去包围莒城，左军与后军包围即墨。守卫即墨的大夫出战身死。即墨的人们说：“安平战役时，田单宗族的人因为车轴安装铁笼得到保全，可见田单智谋多，熟悉兵战大事。”便共同拥立田单为大将来抵御燕军。乐毅包围莒、即墨二邑，一年未能攻下，便命令燕军解除包围，两地燕军退到离城九十里的地方建立营垒，并下令说：“城里的人出来不要去抓捕，贫困的还要赈济他们，使他们能重操旧业，用这办法安抚齐国新降附的百姓。”过了三年，乐毅还是没有攻下莒和即墨两座城邑，有人向燕昭王说乐毅的坏话说：“乐毅的智谋出众，攻打齐国，一口气便攻下七十余座城邑，现今没有攻下的只有两座城邑，不是乐毅能力攻不下，而他三年攻不下的原因是想长期依靠兵力威势去镇服齐国人，然后好南面称王啊。现今齐国人心已服，乐毅还没有称王，是因为他的妻室、儿子还在燕国的缘故。而且齐国美女很多，他也许可能忘了妻室、儿子了。希望大王要有防备！”燕昭王于是摆设酒宴大会群臣，当面斥责进谗言的人说：“先王以整个燕国的名义礼敬贤士，不是为了贪得土地留给子孙，只是遇到承传继位的人德行欠缺，不能胜任管理国家的大业，国内百姓不安定。齐国不讲道义，趁我们国家内乱害死先王，自从寡人继位以来，怨恨深入骨髓，才广泛延请群臣，在外招揽宾客贤士，为的是报仇雪恨；有能够取得成功的，我愿与他共同分享燕国大权。现在乐毅将军亲自为寡人攻破齐国，铲平它的宗庙，报了我燕国先王的仇恨，齐国本来就是乐毅将军占有的，不是我燕国的领土。乐毅将军如果能够领有齐国，与燕国同为平等的国家，结为友好同盟，抵抗诸侯各国侵扰的祸难，这是燕国的大福，也是寡人的愿望啊！你为什么敢说出这样的话！”于是杀了进谗言的人。燕王把王后的服装赏赐给乐毅的妻子，把王室公子的服装赏赐给乐毅的儿子，把诸侯王乘坐的四马大车以及仪仗随从的车子一百辆送给乐毅；派遣国相将礼物奉送给乐毅，并正式封乐毅为齐王。乐毅惶恐不安，坚决不接受，敬拜燕昭王，写了一封敬拜燕昭王的书奏，表示了自己誓死不变。从此齐国人敬服乐毅的德义，各诸侯国敬畏他的诚信，没有谁敢再谋算他。

不久，燕昭王去世，燕惠王继位。燕惠王从当太子时，就不喜欢乐毅。田单听

之，乃纵反间于燕，宣言曰："齐王已死，城之不拔者二耳。乐毅与燕新王有隙，畏诛而不敢归，以伐齐为名，实欲连兵南面王齐。齐人未附，故且缓攻即墨以待其事。齐人所惧，唯恐他将之来，即墨残矣。"燕王固已疑乐毅，得齐反间，乃使骑劫代将而召乐毅。乐毅知王不善代之，遂奔赵。燕将士由是愤惋不和。

田单令城中人，食必祭其先祖于庭，飞鸟皆翔舞而下城中。燕人怪之，田单因宣言曰："当有神师下教我。"有一卒曰："臣可以为师乎？"因反走。田单起引还，坐东乡，师事之。卒曰："臣欺君。"田单曰："子勿言也。"因师之，每出约束，必称神师。乃宣言曰："吾唯惧燕军之劓所得齐卒，置之前行，即墨败矣！"燕人闻之，如其言。城中见降者尽劓，皆怒，坚守，唯恐见得。单又纵反间，言："吾惧燕人掘吾城外冢墓，可为寒心！"燕军尽掘冢墓，烧死人。齐人从城上望见，皆涕泣，共欲出战，怒自十倍。田单知士卒之可用，乃身操版、锸，与士卒分功；妻妾编于行伍之间；尽散饮食飨士。令甲卒皆伏，使老、弱、女子乘城，遣使约降于燕，燕军皆呼万岁。田单又收民金得千镒，令即墨富豪遗燕将，曰："即降，愿无虏掠吾族家。"燕将大喜，许之。燕军益懈。田单乃收城中，得牛千余，为绛缯衣，画以五采龙文，束兵刃于其角，而灌脂束苇于其尾，烧其端，凿城数十穴，夜纵牛，壮士五千随其后。牛尾热，怒而奔燕军。燕军大惊，视牛皆龙文，所触尽死伤。而城中鼓噪从之，老弱皆击铜器为声，声动天地。燕军大骇，败走。齐人杀骑劫，追亡逐北，所过城邑皆叛燕，复为齐。田单兵日益多，乘胜，燕日败亡，走至河上，而齐七十余城皆复焉。乃迎襄王于莒。入临淄，封田单为安平君。

到这个消息，便对燕国施用反间计。扬言说："齐王已经死去，齐国的城邑没有被燕国攻下的只有两座罢了。乐毅与燕国的新王有嫌隙，害怕被杀而不敢回到燕国，现在以伐齐为名，实际想继续掌控兵力来称王。因为齐国人还没有归附，所以暂时拖延进攻即墨，用来等待时机在齐国称王。齐国人害怕的是燕国别的将领到来，即墨就将被残灭了。"燕惠王原本就怀疑乐毅，又受到齐国的反间计挑拨，便派骑劫去替代乐毅。乐毅心知惠王起了杀心，于是投奔赵国，燕国的将士因此气愤惋惜，心中不平。

田单下令城里的人吃饭时，一定要在庭院中祭祀他们的祖先，四处飞鸟看见地上有食物都盘旋落到城中。燕国人看到这种情况感到很奇怪，田单借此又散布说："一定会有天神从天上下来教导我。"有一个士卒说："我可以做神师吗？"说完之后转身就跑。田单起身把他请回来，让他面东而坐，自己把他当作神师对待。那士卒说："我骗了你。"田单说："你不要这样说！"便把他当作老师。每次发布号令，一定称说是神师的意思。又扬言说："我真担心燕军把俘获的齐兵割掉鼻子作为前导，要是这样的话，即墨就要亡了！"燕国人听到这些话，就照着去做。即墨城中的齐兵看到投降的士兵全被割去鼻子，都十分愤怒，便坚守即墨城，唯恐被燕军俘获。田单又用反间计，散布说："我害怕燕军挖掘即墨城外的先人坟墓抛尸，那样真使人寒心啊！"燕军果然把即墨城外的坟墓全都挖开，焚烧尸体，齐人从城上看见了，个个痛哭流涕，大家都想出城作战，士气倍增。田单知道士气高昂可以出战了，于是自己亲自操持板、锸工具，与士兵一起筑城；又把自己的妻妾编入到作战队伍中；散发所有食品犒飨士兵。又命令披甲的士兵都埋伏起来，只以老弱女子登城守卫。又派遣使者到燕军那里交涉齐军投降的待遇；燕军听到这些消息都高呼万岁。田单又征集民间藏金一千镒，让即墨城里的富豪送给燕国的将领，说："即墨很快就要投降了，希望不要抢劫我们的家族！"燕军将领十分高兴，答应了富豪们的请求。燕军更加松懈。田单在城中征集城中的牛，共有千余头，在牛身上披裹上用大红色的绸绢制作的彩衣，绣上五彩龙纹，又在牛角上捆绑兵刃，还在牛尾上捆绑苇条，灌上油脂，苇条末端点火燃烧，在城墙上凿开几十个洞，夜里从洞中放出牛，五千壮士跟随在牛后面。当牛尾烧着时，牛群惊恐愤怒一直冲向燕军。燕军看到牛身上都有龙纹，十分震惊，被牛角撞上的燕军士兵非死即伤。即墨城中的人，也都高呼着跟着齐军前进，守在城上的老弱妇女都敲击铜器，声音震动天地。燕军十分惊恐，溃败逃跑。齐国人杀了燕将骑劫，追杀逃亡的燕军，齐军经过的城邑都反叛燕国，又成了齐国的土地。田单的军队乘胜追击，人数一天比一天多；燕国的军队天天败逃四散，一直逃到了黄河边，齐国七十多座城池全都收复了。于是前往莒城迎接齐襄王；襄王进入齐国都城临淄，封田单为安平君。

齐王以太史敫之女为后，生太子建。太史敫曰：“女不取媒，因自嫁，非吾种也，污吾世！”终身不见君王后，君王后亦不以不见故失人子之礼。

赵王封乐毅于观津，尊宠之，以警动于燕、齐。燕惠王乃使人让乐毅，且谢之曰：“将军过听，以与寡人有隙，遂捐燕归赵。将军自为计则可矣，而亦何以报先王之所以遇将军之意乎？”乐毅报书曰：“昔伍子胥说听于阖闾而吴远迹至郢；夫差弗是也，赐之鸱夷而浮之江。吴王不寤先论之可以立功，故沈子胥而不悔；子胥不蚤见主之不同量，是以至于入江而不化。夫免身立功以明先王之迹，臣之上计也。离毁辱之诽谤，堕先王之名，臣之所大恐也。临不测之罪，以幸为利，义之所不敢出也。臣闻古之君子，交绝不出恶声，忠臣去国，不洁其名。臣虽不佞，数奉教于君子矣。唯君王之留意焉！”于是燕王复以乐毅子间为昌国君，而乐毅往来复通燕，卒于赵，号曰望诸君。

（以上为第五段，写燕惠王信谗忌惮乐毅，齐国田单施反间计使燕惠王逐走乐毅，这才大败燕军，复兴了齐国。）

田单相齐，过淄水，有老人涉淄而寒，出水不能行。田单解其裘而衣之。襄王恶之，曰：“田单之施于人，将以取我国乎？不早图，恐后之变也。”左右顾无人，岩下有贯珠者，襄王呼而问之曰：“汝闻吾言乎？”对曰：“闻之。”王曰：“汝以为何如？”对曰：“王不如因以为己善。王嘉单之善，下令曰：‘寡人忧民之饥也，单收而食之；寡人忧民之寒也，单解裘而衣之；寡人忧劳百姓，而单亦忧之，称寡人之意。’单有是善而王嘉之，单之善亦王之善也。”王曰：“善。”乃赐单牛酒。后数日，贯珠者复见王曰：“王朝日宜召田单而揖之于庭，口劳之。乃布令求百姓之饥寒者，收谷之。”乃使人听于闾里，闻大夫之相与语者曰：“田单之爱人，嗟，乃王之教也！”

田单任貂勃于王。王有所幸臣九人，欲伤安平君，相与语于王曰：

齐襄王把太史敫的女儿立为王后，生了太子田建。太史敫说："女子不用媒人就私自出嫁，这不是我家的子女，玷污了我的家世。"终身不愿见齐王后，王后也不因为父亲不相见而失去做女儿的礼节。

赵惠文王把观津分封给乐毅，很尊敬宠信他，以此使燕、齐两国警戒。燕惠王于是派人去责备乐毅，同时表示歉意，说："将军你误听了流言，认为与寡人有嫌隙，便抛弃了燕国投奔到赵国。将军你替自己打算是可以的，但你拿什么来报答我燕国先王厚待将军的深意呢？"乐毅回信说："从前伍子胥的计谋被吴王阖闾采纳，致使吴国军队远征到了楚国的郢都；继位的夫差却不是这样，他赐死伍子胥，还把他的尸体装进皮袋里漂浮在江上。继位的夫差不明白伍子胥先前的计谋可以立功勋，所以把伍子胥沉没在江里而不悔误；伍子胥没能够及早预见到阖闾和夫差两位君主气度不同，以至于不改初衷，落得尸体被沉入江中。臣离开燕国，免遭大难，保全大功，用以显扬先王的业绩，这是我最好的计谋。遭受诽谤和羞辱，毁坏先王的名声，这是我最害怕的事。陷入深罪大恶，用来追求个人的荣幸利益，在德义上臣不会做这样的事。臣听说古代的君子，即使与人断绝了交往，也不说人家的坏话；忠臣离弃了自己的国家，也不会损害国君的声誉来标榜自己的名声。我虽然没有才能，但是已深受古今君子的教导。希望君王你注意到这些！"于是燕惠王又任用乐毅的儿子乐间为昌国君，乐毅也往返于燕、赵两国，与燕国相通，后来死在赵国，号称望诸君。

田单担任齐国的国相，一次过淄水时，有一位老人因过淄水受了冻，到岸边后不能行走。田单便脱下自己的皮袍给他穿上，齐襄王听到这事很厌恶，说："田单这样给人施恩惠，是不是想要取代寡人呢？不早点防备，恐怕落了后手遭到变乱。"襄王看到周围没有人，只是殿堂下有位串珍珠的匠人，便招他过来问道："你听见我说的话了吗？"匠人回答说："听见了。"襄王又问："你认为怎么样？"匠人回答说："大王你不如把田单的善行化为自己的善行。大王你嘉奖田单的善行，下令说：'寡人忧虑百姓饿，田单收留他们给予粮食。寡人担忧人民受寒冻，田单脱下自己的皮袍给他们穿。我担忧百姓受劳苦，而田单也很忧虑这事，田单的行为很合我的心意。'田单有这些善行而大王嘉奖他，那么田单的善行也就是大王你的善行啊！"襄王说："很好。"于是赐给田单牛、酒。过了几天，串珍珠的匠人又来见襄王说："大王应当在朝见群臣的日子把田单召到殿庭上向他拱手行礼，亲口慰劳他，还要下令寻找百姓中还有受饥寒的人，收养他们。"之后又派人到民居里巷中去打探情况，宣扬的大夫们议论说："田单爱护百姓，这是齐王教他这样做的啊！"

田单向齐襄王举荐貂勃。齐襄王有九位宠信的臣子，想要中伤安平君田单，便

“燕之伐齐之时，楚王使将军将万人而佐齐。今国已定而社稷已安矣，何不使使者谢于楚王？”王曰：“左右孰可？”九人之属曰：“貂勃可。”貂勃使楚，楚王受而觞之，数月不反。九人之属相与语曰：“夫一人之身而牵留万乘者，岂不以据势也哉！且安平君之与王也，君臣无异而上下无别。且其志欲为不善，内抚百姓，外怀戎翟，礼天下之贤士，其志欲有为，愿王察之！”异日，王曰：“召相单而来！”田单免冠、徒跣、肉袒而进，退而请死罪，五日而王曰：“子无罪于寡人。子为子之臣礼，吾为吾之王礼而已矣。”貂勃从楚来，王赐之酒。酒酣，王曰：“召相单而来！”貂勃避席稽首曰：“王上者孰与周文王？”王曰：“吾不若也。”貂勃曰：“然，臣固知王不若也。下者孰与齐桓公？”王曰：“吾不若也。”貂勃曰：“然，臣固知王不若也。然则周文王得吕尚以为太公，齐桓公得管夷吾以为仲父，今王得安平君而独曰‘单’，安得此亡国之言乎！且自天地之辟，民人之始，为人臣之功者，谁有厚于安平君者哉？王不能守王之社稷，燕人兴师而袭齐，王走而之城阳之山中，安平君以惴惴即墨三里之城，五里之郭，敝卒七千人，禽其司马而反千里之齐，安平君之功也。当是之时，舍城阳而自王，天下莫之能止。然而计之于道，归之于义，以为不可，故栈道木阁而迎王与后于城阳山中，王乃得反，子临百姓。今国已定，民已安矣，王乃曰‘单’，婴儿之计不为此也。王亟杀此九子者以谢安平君，不然，国其危矣！”乃杀九子而逐其家，益封安平君以夜邑万户。

田单将攻狄，往见鲁仲连。鲁仲连曰：“将军攻狄，不能下也。”田单曰：“臣以即墨破亡余卒破万乘之燕，复齐之墟，今攻狄而不下，何也？”上车弗谢而去，遂攻狄，三月不克。齐小儿谣曰：“大冠若箕，修剑拄颐。攻狄不能下，垒枯骨成丘。”田单乃惧，问鲁仲连曰：“先生谓单不能下狄，请闻其说。”鲁仲连曰：“将军之在即墨，坐则织蒉，立则仗锸，为士卒倡曰：‘无可往矣！宗庙亡矣！今日尚矣！归于何党矣！’当此之时，将军有死之心，士卒无生之气，闻君言莫不挥泣奋臂而欲战，此所以破

一起对齐襄王说："燕国攻打齐国的时候，楚王派遣将军率领一万人来帮助齐国。现今国家已经安定，何不派一个使臣向楚王致谢呢？"齐襄王说："左右大臣中谁合适出使？"九位宠臣这帮人便说："貂勃可以。"貂勃便出使到了楚国，楚顷襄王接受齐襄王的礼品而宴请貂勃，貂勃过了几个月都没有返回齐国。九位宠臣又一起对齐襄王说："一个使臣能让大国的君主出面挽留，难道不是仗着安平君权大势重吗！况且安平君与大王之间，本是君臣却没有什么差异，位分上下也没有差别。而且安平君心怀不良的动机，他对内安抚百姓，对外怀柔戎狄，礼遇天下的贤士，他的志向怀有异谋，希望大王要明察啊！"这之后的一天，齐襄王说："召丞相田单来！"田单头不戴冠，脚不穿鞋，袒肩露体地进来，退出时还请赐死罪。过了五天，齐襄王对田单说："你对寡人没有什么罪过，只不过是你行你的臣子礼，我行我的君王礼罢了。"貂勃从楚国回来，齐襄王赏赐酒宴，喝到高兴时，齐襄王说："召丞相单来！"貂勃离开坐席，叩头下拜说："大王跟功业高尚的周文王相比怎么样？"齐襄王说："寡人比不上周文王。"貂勃说："确实是这样，我原本知道大王比不上周文王，那与功业下一等的齐桓公相比怎么样？"齐襄王说："我寡人也比不上齐桓公啊！"貂勃说："确实是这样，我原本也知道大王比不上齐桓公。可是周文王得到吕尚，却尊他为太公，齐桓公得到管夷吾，却尊他为仲父，现今大王你得到安平君，却只叫他的名为'单'，哪能用这亡国的话语呢！况且自从天地开辟，有人类以来，做人臣而立功的，有谁能比安平君更深厚的呢？齐王没能守住国家，燕国人出兵攻袭齐国，齐王你逃往城阳山中，安平君凭借岌岌可危，周长只有三里的城墙，方圆只有五里的外城，城内只有疲惫的士兵七千人，最后杀死了燕军的司马骑劫而收复了齐国千里之地，这是安平君的功劳啊！在这个时候，安平君如果舍弃城阳而自己称王，天下没有谁能阻挡。然而，从道义上考虑，以德义为依归，安平君认为不能这样做，所以架设栈道木阁到城阳山中迎接大王和王后，大王才得以返回齐国都城，治理百姓。现今国家已安定，民众已安居，大王你竟然只是呼叫名字'单'，即便是小孩子也不这样想。请大王人赶快杀掉这九位宠臣以敬谢安平君，否则，国家就会危险了！"齐襄王于是杀了九位宠臣并驱逐了他们的家属，把夜邑的万户加封给了安平君。

田单将要去攻打狄邑，特地去问鲁仲连。鲁仲连说："将军你去攻打狄邑，是不可能攻下的。"田单说："我只用即墨城的齐国败兵余卒便打败了拥有万乘战车的燕军，收复了齐国原有的土地，现今攻打不下一座狄邑，这不可能！"田单气呼呼的，没有告辞就出门上车离开了鲁仲连，于是领兵去攻打狄邑，攻了三个月没能攻下。齐国地方的小儿唱歌谣说："高高的战帽像簸箕，长长的宝剑与人齐，攻打狄邑不能下，堆起的枯骨成丘山。"田单听到很是担忧，就去请教鲁仲连，说："先生你说我田单不能攻下狄邑，请你说说其中的道理。"鲁仲连回答说："将军你在即墨时，

燕也。当今将军东有夜邑之奉，西有淄上之娱，黄金横带而骋乎淄、渑之间，有生之乐，无死之心，所以不胜也。”田单曰：“单之有心，先生志之矣。”明日，乃厉气循城，立于矢石之所，援枹鼓之。狄人乃下。

初，齐湣王既灭宋，欲去孟尝君。孟尝君奔魏，魏昭王以为相，与诸侯共伐破齐。湣王死，襄王复国，而孟尝君中立为诸侯，无所属。襄王新立，畏孟尝君，与之连和。孟尝君卒，诸子争立，而齐、魏共灭薛，孟尝君绝嗣。

（以上为第六段，写齐襄王忌惮田单功高而疏远，因纳谏而诛佞臣，尊礼田单，君臣和好如初。）

三十七年（癸未，前 278 年）

秦大良造白起伐楚，拔郢，烧夷陵。楚襄王兵散，遂不复战，东北徙都于陈。秦以郢为南郡，封白起为武安君。

三十八年（甲申，前 277 年）

秦武安君定巫、黔中，初置黔中郡。

魏昭王薨，子安釐王立。

三十九年（乙酉，前 276 年）

秦武安君伐魏，拔两城。

楚王收东地兵，得十余万，复西取江南十五邑。

魏安釐王封其弟无忌为信陵君。

四十年（丙戌，前 275 年）

秦相国穰侯伐魏。韩暴鸢救魏，穰侯大破之，斩首四万。暴鸢走开封。魏纳八城以和。穰侯复伐魏，走芒卯，入北宅。魏人割温以和。

四十一年（丁亥，前 274 年）

魏复与齐合从。秦穰侯伐魏，拔四城，斩首四万。

休息时就同士兵一起编竹筐，劳作时同士兵一样挥锹锸，你鼓动士兵们说：‘没有退路了，国家宗庙已经灭亡了！今天若不齐心想，那可真是无家可归了！’当时将军你有视死如归的决心，士兵们有不求苟活的勇气，听到你的话没有谁不是挥泪奋臂求战的，这是能够打败燕国的原因。现今将军你东有夜邑封地租赋的供奉，西有淄水上的欢娱游乐，身上穿着饰有黄金的衣带，骑马驰骋在淄水与渑水之间，只想活着快乐，没有战死的决心，这是不能打胜仗的原因。”田单说：“我田单已有决心了，感谢先生的激励。”第二天，田单便振奋意气，循行城下，站在容易受到弓矢弹石攻击的地方，亲自拿起鼓槌击鼓，指挥士兵前进，狄邑的守军这才投降。

当初，齐湣王灭了宋国，想驱逐孟尝君。孟尝君便投奔到了魏国，魏昭王任用孟尝君为相，联合诸侯一起打败了齐国。齐湣王死后，齐襄王恢复了对齐国的统治，而孟尝君中立为诸侯，不归属任何一个国家。襄王新立为齐王，害怕孟尝君，便与孟尝君重结和好。孟尝君死后，他的儿子们相争继承薛公，齐国、魏国就联合灭掉了薛地，孟尝君再没有继承人。

周赧王三十七年（癸未，前278年）

秦国大良造白起攻打楚国，占领了郢都，放火焚烧了夷陵。楚顷襄王的军队溃散，终于不能再战，便把楚国的都城向东北迁移到了陈县。秦国把郢地置为南郡，以功封白起为武安君。

周赧王三十八年（甲申，前277年）

秦国的武安君白起完全控制了楚国巫和黔中地方，秦国设置了黔中郡。

魏昭王死了，他的儿子继位为安釐王。

周赧王三十九年（乙酉，前276年）

秦国的武安君白起攻打魏国，夺取了两座城邑。

楚顷襄王结集楚国东境各地方的士兵达十多万人，便又转向西境进攻，收复了长江以南十五邑的地方。

魏国的安釐王封他的弟弟无忌为信陵君。

周赧王四十年（丙戌，前275年）

秦国相国穰侯攻打魏国。韩国的暴鸢率军去援救魏国，穰侯把暴鸢打得大败，斩杀四万人。暴鸢逃奔到开封。魏国割让给秦国八座城邑来求和。穰侯再一次攻打魏国，迫使魏国相芒卯逃走，穰侯率兵进攻到了北宅，围攻大梁，魏国割让温县求和。

周赧王四十一年（丁亥，前274年）

魏国又与齐国合纵抗击秦国，秦国穰侯攻打魏国，攻下四座城池，斩杀四万。

鲁湣公薨，子顷公雠立。

四十二年（戊子，前 273 年）

赵人、魏人伐韩华阳。韩人告急于秦，秦王弗救。韩相国谓陈筮曰："事急矣！愿公虽病，为一宿之行。"陈筮如秦，见穰侯。穰侯曰："事急乎？故使公来。"陈筮曰："未急也。"穰侯怒曰："何也？"陈筮曰："彼韩急则将变而他从；以未急，故复来耳。"穰侯曰："请发兵矣。"乃与武安君及客卿胡阳救韩，八日而至，败魏军于华阳之下，走芒卯，虏三将，斩首十三万。武安君又与赵将贾偃战，沈其卒二万人于河。魏段干子请割南阳予秦以和。苏代谓魏王曰："欲玺者，段干子也，欲地者，秦也。今王使欲地者制玺，欲玺者制地，魏地尽矣！夫以地事秦，犹抱薪救火，薪不尽，火不灭。"王曰："是则然也。虽然，事始已行，不可更矣！"对曰："夫博之所以贵枭者，便则食，不便则止。今何王之用智不如用枭也？"魏王不听，卒以南阳为和，实修武。

韩釐王薨，子桓惠王立。

（以上为第七段，写秦破赵、魏联军的华阳之战。）

韩、魏既服于秦，秦王将使武安君与韩、魏伐楚，未行，而楚使者黄歇至，闻之，畏秦乘胜一举而灭楚也，乃上书曰："臣闻物至则反，冬、夏是也；致至则危，累棋是也。今大国之地，遍天下有其二垂，此从生民以来，万乘之地未尝有也。先王三世不忘接地于齐，以绝从亲之要。今王使盛桥守事于韩，盛桥以其地入秦，是王不用甲，不信威，而得百里之地，王可谓能矣！王又举甲而攻魏，杜大梁之门，举河内，拔燕、酸枣、虚、桃，入邢，魏之兵云翔而不敢救，王之功亦多矣！王休甲息众，二年而后复之，又并蒲、衍、首垣以临仁、平丘，黄、济阳婴城而魏氏服。王又割濮磨之北，注齐、秦之要，绝楚、赵之脊，天下五合六聚而不敢救，王之威亦单矣！王若能保功守威，绌攻取之心，而肥仁义之地，使无后患，三王不足四，五伯不足六也！王若负人徒之众，仗兵革之强，乘毁魏之威，而欲以力臣天下之主，臣恐其有后患也。《诗》曰：'靡不有初，鲜克有终。'《易》曰：'狐涉水，濡其尾。'此言始之易，终

鲁湣公死了，他的儿子雠继位为鲁顷公。

周赧王四十二年（戊子，前273年）

赵国、魏国联合攻打韩国的华阳。韩国向秦国告急求援，秦昭襄王不派兵去救援。韩国的相国对陈筮说："战事危急，你虽然有病，还得靠你赶往秦国求援！"陈筮便前往秦国，去见穰侯。穰侯说："战事危急了吧！因此派你到秦国来。"陈筮说："不危急啊。"穰侯发怒说："为何这样说？"陈筮说："那韩国真到了危急时候就会转而去随从别的国家，现在因为战事还不危急，所以来请求援助。"穰侯说："我决定发救兵了。"于是与武安君白起以及客卿胡阳援救韩国，急行军八日赶到了华阳，在华阳城下打败了魏国军队，芒卯逃走。白起俘虏了魏国的三位将军，斩杀十三万人。武安君白起又与赵国的将领贾偃交战，俘获赵军两万人，沉于黄河淹死。魏国的段干子请求割让南阳给秦国求和。苏代对魏安釐王说："想得到魏国相印的，是段干子，想得到魏国土地的，是秦国。现今魏王你让想得到土地的秦国掌控大王的丞相印，让想得到相印的人支配大王的土地，那魏国的土地就快被瓜分完了。而且用土地去事奉秦国，就像抱着薪柴去救火，薪柴不烧完，火就不会熄灭。"魏安釐王说："你说的道理是对的。即使如此，但这事已开始实施，不能改变了。"苏代回答说："博戏之所以看重枭棋，有利就吃子，无利就不行棋。现今为什么大王你用智谋还比不上用枭棋呢？"魏安釐王不听苏代的意见，终于让出南阳来求和，实际是割让修武这个地方。

韩国釐王死了，他的儿子继位为桓惠王。

韩国、魏国向秦国屈服后，秦昭襄王打算派武安君白起与韩、魏两国军队共同攻打楚国。军队还没有出发，楚国的使者黄歇就到了秦国，听到秦国等要攻打楚国的事，害怕秦国乘胜一举便把楚国灭掉，于是给秦昭襄王上书说："我听说事物到了极点时就要走向反面，冬天、夏天就是这样转化的；东西放到最高点，形势就很危险，就像堆叠在一起的棋子。现今秦国的土地，横跨西北，占有两个边陲，这是自古以来，任何一位万乘之君都没有过的。秦先王文王、武王以及大王三代以来一直不忘夺取各国土地与齐国接壤，以此断绝诸侯国合纵攻秦的纽带。如今大王派出盛桥在韩国任职，韩国便将他所管辖的土地交给了秦国，这样大王不动一兵一卒，也不用威胁利诱，就白白地得到百里的土地，大王真是能干啊！大王又兴兵攻魏，堵塞都城大梁的门户，攻下了河内，夺取了燕、酸枣、虚、桃等地，又挥兵进入邢丘，魏国的军队徘徊观望而不敢去救援。大王的功劳可谓多啊，大王休兵两年，再征讨，又攻下了蒲、衍、首、垣等地，兵临仁、平丘，包围了黄、济阳，魏国就屈服了。大王又割取了濮磨以北地区，打通了通往齐国和秦国的要道，断绝了楚赵之

之难也。昔吴之信越也，从而伐齐，既胜齐人于艾陵，还为越王禽于三江之浦。智氏之信韩、魏也，从而伐赵，攻晋阳城，胜有日矣，韩、魏叛之，杀智伯瑶于凿台之下。今王妒楚之不毁，而忘毁楚之强韩、魏也，臣为王虑而不取也。夫楚国，援也；邻国，敌也。今王信韩、魏之善王，此正吴之信越也，臣恐韩、魏卑辞除患而实欲欺大国也。何则？王无重世之德于韩、魏而有累世之怨焉。夫韩、魏父子兄弟接踵而死于秦将十世矣，故韩、魏之不亡，秦社稷之忧也。今王资之与攻楚，不亦过乎！且攻楚将恶出兵？王将借路于仇雠之韩、魏乎？兵出之日而王忧其不反也。王若不借路于仇雠之韩、魏，必攻随水右壤，此皆广川、大水、山林、溪谷，不食之地。是王有毁楚之名而无得地之实也。且王攻楚之日，四国必悉起兵而应王。秦、楚之兵构而不离；魏氏将出而攻留、方与、铚、湖陵、砀、萧、相，故宋必尽；齐人南面攻楚，泗上必举。此皆平原四达膏腴之地。如此，则天下之国莫强于齐、魏矣。臣为王虑，莫若善楚。秦、楚合而为一以临韩，韩必敛手而朝；王施以东山之险，带以曲河之利，韩必为关内之侯。若是而王以十万戍郑，梁氏寒心，许、鄢陵婴城而上蔡、召陵不往来也。如此，魏亦关内侯矣。大王壹善楚而关内两万乘之主注地于齐，齐右壤可拱手而取也。王之地一经两海，要约天下，是燕、赵无齐、楚，齐、楚无燕、赵也。然后危动燕、赵，直摇齐、楚，此四国者不待痛而服矣。”王从之，止武安君而谢韩、魏，使黄歇归，约亲于楚。

（以上为第八段，写春申君上书秦昭襄王，避免了秦、韩、魏联合攻楚。东方六国争相亲秦，以苟延时日。）

间的交通，各国诸侯多次会商互相观望而不敢去救援。大王的威望也是空前的。大王如果能保持已有的功业和威望，减少进攻的野心，而在疆土内广施仁义，巩固已占有的地盘，做到没有后顾之忧，那是可以和三王、五霸相提并论的功业。假如大王依仗人多势众，依靠甲兵的强大，乘着灭掉魏国的威势，想用武力让天下各诸侯君主臣服，臣担心这会有后患啊。《诗》里面说：'做事往往都有好的开头，但很少能做到善始善终。'《易》里面说：'小狐狸过河，沾湿了它的尾巴。'这是说开头容易，但圆满终结就很难。从前吴国听信了越国，北上攻打齐国，在艾陵已取得了胜利，回师后吴王在三江水滨却被越王捉拿。智氏听信韩、魏，用兵攻打赵氏，围攻晋阳城，到了指日可胜的时候，韩、魏背叛，在凿台之下杀了智伯瑶。现今大王对没有毁灭楚国感到不快，却忘记了毁灭楚国会使韩、魏强大，臣为大王考虑，这是不可取的。楚国是与秦国交好的国家；韩、魏邻国，是秦国敌对的国家。现今大王轻信韩、魏，这正像吴王相信越王一样，我担心韩、魏用谦卑的言辞，以此消除祸患、而实际上是要欺骗秦国。为什么这样说呢？秦王对韩、魏没有两代的恩德，却有世世代代的积怨。韩、魏两国君王的父子兄弟相继死于秦国的已将近有十代了，所以韩、魏不灭亡，实在是秦国的忧患。现今大王帮助他们联合攻打楚国，岂不是大错特错！况且你攻打楚国的路线又将怎么样出兵呢？大王若是要向敌国韩、魏借路经过，到了出兵之日就会担心秦军回不来。大王如果不向敌国韩、魏借路，就一定要进攻随水以西的地方，这些地方都是广袤的山川、大河、山林、溪谷，不能垦耕的土地。这样大王有毁灭楚国的名声而没有占得实用的土地。而且当大王攻打楚国的时候，韩、魏、齐、燕四国都一定会起兵响应大王，秦、楚两国军队交战不休，魏国就将出兵进攻留、方与铚、湖陵、砀、萧、相，过去宋国原有的土地必然被全部攻占，齐国趁机向南攻打楚国，泗水上的土地必将被占领，这一带都是四通八达的平原肥沃的土地，这样，天下诸侯各国没有谁能比齐、魏更强大的了。臣为大王设想，不如与楚国亲善为好。秦国、楚国联合进逼韩国，韩国一定拱手向秦国称臣，大王利用咸阳以东华山及崤山的险要地势，加上蜿蜒曲折奔流的黄河的便利，韩国一定成为秦国控制在关内的诸侯国，到了这一步，大王调发十万士兵戍守韩国的都城新郑，那么大梁的魏国就会寒心丧胆，魏国的许、鄢陵两座城邑将收缩防守，楚国的上蔡、召陵便被隔断，与魏国不相往来了。这样，魏国也成为秦国控制在关内的诸侯国。大王只要亲善楚国，而关内这两个拥有万辆兵车的大国的土地原本就与齐国相连，这样齐国西边的土地就可以很容易取得。大王的土地便直接从东海到西海，控制着天下，这就使燕国、赵国没有了齐国、楚国的联合，齐国、楚国没有了燕国、赵国的联合。然后危逼燕、赵，摇撼齐、楚，这四个国家等不到遭受攻打便屈服秦国了。"秦昭襄王听从了黄歇上书的意见，停止派武安君去攻打楚国，并向韩、魏两国道谢，让黄歇返回楚国，与楚国相约结为友好的邻国。

【点评】

廉蔺交欢，将相和而赵强。本卷所载七国争雄，是张仪连横之策得势的时期，许多英杰人物登场。著名的有乐毅、田单、廉颇、蔺相如，“战国四公子”中的两位——孟尝君、春申君登场表演。最大亮点是廉蔺交欢，将相和而赵强，演奏了一曲爱国主义的赞歌。蔺相如智勇双全，出使秦国维护了赵国的利益。他用智慧和勇敢挫败了秦昭王君臣勒索的野心，完璧归赵，渑池之会强秦未能占上风。廉颇是赵国的大将，英勇善战，别国都十分畏惧廉颇。渑池之会，廉颇是蔺相如的坚强后盾，因此廉颇也是立有大功的。蔺相如心里很清楚，将相和是凝聚国民的核心，也是国家兴旺安全的保证。所以，当廉颇不服，要折辱蔺相如的时候，蔺相如退让三分，使廉颇感悟，最终将相和而赵强。蔺相如面对秦王，不畏强暴，表现出他的大智大勇；在同僚面前退让，顾全大局，先国家而后私仇，同样是大智大勇。激昂是勇敢，忍辱也是一种勇敢。一个人的智勇，只有与国家利益紧密相连，为捍卫国家利益才能得到最大限度的发扬。

周纪五

周赧王四十三年至五十九年（前272—前256年）

【起屠维赤奋若（己丑，前272年），尽旃蒙大荒落（乙巳，前256年），凡十七年】

【大事提要】

本卷记事起前272年，讫前256年，凡十七年，当周赧王四十三年至赧王五十九年。本卷所载大事主要有六个方面：其一，写秦赵阏与之战，赵将马服君赵奢大败秦军，是秦赵争雄的第一场大战。其二，写范雎入秦，说秦昭襄王实施远交近攻策略蚕食东方诸侯，荐良将白起，使秦昭襄王称雄于东方。范雎以忠臣事主的名义，助秦昭襄王剥夺太后及四贵权力，取得了秦国相位。其三，写秦赵长平大战，此战起于秦将白起前264年攻陉之战，结束于前257年楚、魏救赵解邯郸之围，前后八年。前260年秦赵主力于长平决战，秦胜赵败，从此赵国一蹶不振。其四，写秦赵长平之战推动了楚、魏、赵三国合纵抗秦，赵平原君、楚春申君、魏信陵君齐聚长平之战历史舞台，合力击秦军解邯郸之围。其五，写韩国大商人吕不韦奇货可居，投机政治，催生了后来统一六国的秦始皇，秦庄襄王异人之子嬴政。其六，秦灭西周。

【原文】

赧王下

四十三年（己丑，前 272 年）

楚以左徒黄歇侍太子完为质于秦。

秦置南阳郡。

秦、魏、楚共伐燕。

燕惠王薨，子武成王立。

四十四年（庚寅，前 271 年）

赵蔺相如伐齐，至平邑。

赵田部吏赵奢收租税，平原君家不肯出。赵奢以法治之，杀平原君用事者九人。平原君怒，将杀之。赵奢曰："君于赵为贵公子，今纵君家而不奉公则法削，法削则国弱，国弱则诸侯加兵，是无赵也，君安得有此富乎？以君之贵，奉公如法则上下平，上下平则国强，国强则赵固，而君为贵戚，岂轻于天下邪！"平原君以为贤，言之于王。王使治国赋，国赋太平，民富而府库实。

四十五年（辛卯，前 270 年）

秦伐赵，围阏与。赵王召廉颇、乐乘而问之曰："可救否？"皆曰："道远险狭，难救。"问赵奢，赵奢对曰："道远险狭，譬犹两鼠斗于穴中，将勇者胜。"王乃令赵奢将兵救之。去邯郸三十里而止，令军中曰："有以军事谏者死！"

秦师军武安西，鼓噪勒兵，武安屋瓦尽振。赵军中候有一人言急救武安，赵奢立斩之。坚壁留二十八日不行，复益增垒。秦间入赵军，赵奢善食遣之。间以报秦将，秦将大喜曰："夫去国三十里而军不行，乃增垒，阏与非赵地也！"赵奢既已遣间，卷甲而趋，一日一夜而至，去阏与五十里而军，军垒成。秦师闻之，悉甲而往。赵军士许历请以军事谏，赵奢进之。许历曰："秦人不意赵至此，其来气盛，将军必厚集其陈以待之；不然，必败。"赵奢曰："请受教！"许历请刑，赵奢曰："胥后令邯郸。"许历复请谏，曰："先据北山上者胜，后至者败。"赵奢许诺，即发万人趋之。秦师后至，争山不得上；赵奢纵兵击秦师，秦师大败，解阏

【语译】

赧王下

周赧王四十三年（己丑，前 272 年）

楚国任命左徒黄歇事奉太子完出使秦国为人质。

秦国建置南阳郡。

秦国、魏国、楚国共同攻打燕国。

燕惠王死了，他的儿子武成王继位。

周赧王四十四年（庚寅，前 271 年）

赵国蔺相如攻打齐国，进兵到达平邑。

赵国主管征收田地租税部门的官员赵奢收取租税，平原君家不肯交纳；赵奢依据相关法令治罪，杀了平原君的九个管家，平原君发怒，将要杀死赵奢。赵奢说："平原君你是赵国的贵公子，现今放纵你的管家不奉公守法交租税，这样国家法令就要削弱；法令削弱，国家就要衰弱；国家衰弱，那么诸侯就会兴兵来侵略，赵国就保不住了，你又怎能享有这些财富呢？由于你的地位尊贵，带头奉公守法就上下公平；上下公平国家就强大；国家强大赵国就稳固，而你身为贵戚，难道会被天下人看轻吗！"平原君认为赵奢贤能，便向赵惠文王推荐他。赵惠文王任命赵奢管理国家赋税，国家赋税十分公平，民众富足而国家府库充实。

周赧王四十五年（辛卯，前 270 年）

秦国进攻赵国，围攻阏与城。赵惠文王召集廉颇、乐乘等询问阏与告急的事，说："可以去救援吗？"廉颇等都说："路途遥远而且险隘难行，很难救援。"又询问赵奢，赵奢回答说："路途遥远而且险隘难行，就像两只老鼠在洞穴中相斗，将是勇敢无畏的一方取胜。"赵惠文王于是命令赵奢率军去救援阏与。赵奢离开邯郸三十里便扎营驻守，下令全军说："有敢以军事进言的处死！"

秦国军队驻扎在武安城的西边，秦军操练，擂鼓呐喊，武安城的屋瓦都受震动。赵军中一位侦察军官进言要急速援救武安城，赵奢立即把他杀了，坚守营垒二十八日不出兵，还要增修营垒工事。秦国的间谍进入赵军驻地，赵奢用好饭好菜款待后放他回去。这个间谍把侦探到的情况报告给秦国将领，秦国将领很高兴地说："赵军离国都邯郸城三十里便扎营驻守，还在增修营垒工事，阏与不属于赵国了！"赵奢放走秦国间谍之后，便率领全军卷起铠甲轻装急进，行军一天一夜便赶到阏与，在距离阏与城五十里处扎下营垒。赵军营垒刚刚完成，秦军听到这消息，便出动全军甲士前来交战。赵军的军士许历请求以军事进言，赵奢接见了他。许历说："秦军没有料到赵军这样快速赶来，秦军进攻气势汹汹，士气高昂，将军一定要集中兵力来

与而还。赵王封奢为马服君，与廉、蔺同位；以许历为国尉。

穰侯言客卿灶于秦王，使伐齐，取刚、寿以广其陶邑。

（以上为第一段，写秦赵阏与之战，赵将马服君赵奢大败秦军。）

初，魏人范雎从中大夫须贾使于齐，齐襄王闻其辩口，私赐之金及牛、酒。须贾以为雎以国阴事告齐也，归而告其相魏齐。魏齐怒，笞击范雎，折胁，折齿。雎佯死，卷以箦，置厕中，使客醉者更溺之，以惩后，令无妄言者。范雎谓守者曰："能出我，我必有厚谢。"守者乃请弃箦中死人。魏齐醉，曰："可矣。"范雎得出。魏齐悔，复召求之。魏人郑安平遂操范雎亡匿，更姓名曰张禄。

秦谒者王稽使于魏，范雎夜见王稽。稽潜载与俱归，荐之于王，王见之于离宫。范雎佯为不知永巷而入其中，王来而宦者怒逐之，曰："王至。"范雎谬曰："秦安得王！秦独有太后、穰侯耳！"王微闻其言，乃屏左右，跽而请曰："先生何以幸教寡人？"对曰："唯唯。"如是者三。王曰："先生卒不幸教寡人邪？"范雎曰："非敢然也！臣，羁旅之臣也，交疏于王；而所愿陈者皆匡君之事。处人骨肉之间，愿效愚忠而未知王之心也，此所以王三问而不敢对者也。臣知今日言之于前，明日伏诛于后，然臣不敢避也。且死者，人之所必不免也，苟可以少有补于秦而死，此臣之所大愿也。独恐臣死之后，天下杜口裹足，莫肯乡秦耳！"王跽曰："先生，是何言也！今者寡人得见先生，是天以寡人溷先生而存先王之宗庙也。事无大小，上及太后，下至大臣，愿先生悉以教寡人，无疑寡人也！"范雎拜，王亦拜。范雎曰："以秦国之大，士卒之勇，以治诸侯，譬若走韩卢而博蹇兔也，而闭关十五年，不敢窥兵于山东者，是穰侯为秦谋不忠，而大王之计亦有所失也。"王跽曰："寡人愿闻失计！"然左右多窃听者，范雎未敢言内，先言外事，以观王之俯仰。因进曰："夫穰侯越韩、魏而攻齐刚、寿，非计也。齐湣王南攻楚，破军杀将，再辟地千

对付秦军。不这样做，就一定会失败。”赵奢说：“很愿意接受你的意见！”许历请求给予他触犯军令的处分，赵奢说：“等到回邯郸后处分。”许历又请进言，说：“先占据北山高地的一方得胜，后到北山来争夺的失败。”赵奢赞同，就调遣一万人赶到北山。秦军随后赶到，与赵军争夺北山，仰攻而不能上；赵奢全线出击秦军，秦军大败，解除了对阏与的包围，撤退回国。赵惠文王封赵奢为马服君，与廉颇、蔺相如地位相同；任命许历为国尉。

穰侯向秦昭襄王推荐客卿灶，派灶去攻打齐国，夺取刚邑、寿邑以扩大穰侯的食邑陶邑。

当初，魏国人范雎跟随中大夫须贾出使齐国，齐襄王听说范雎能言善辩，便私下赏赐给他黄金和牛、酒。须贾以为范雎向齐王出卖了国家机密，回魏国后他将这事报告了国相魏齐，魏齐大怒，鞭打范雎，打断了他的肋骨和牙齿。范雎装死，身体被人用席卷着，放置在厕所中，让喝醉了酒的客人轮流去向他撒尿。魏齐用这样的办法惩戒以后的人，不准随便谈论国家的机密。范雎对看守的人说：“把我放出去，我一定有丰厚的酬谢。”看守的人于是向魏齐请求扔掉竹席中的死人。魏齐酒醉，说：“可以扔出去。”范雎得以逃出。魏齐后悔，又下令搜捕范雎。魏国人郑安平于是带着范雎逃亡藏匿，改名为张禄。

秦国的谒者王稽正出使魏国，范雎选择在一个夜晚去见王稽。王稽暗地里载着范雎一起返回秦国，把范雎推荐给秦昭襄王，秦昭襄王在离宫召见范雎。范雎装作不知王宫中的道路而进入永巷中，管理永巷的宦官发怒驱逐范雎说：“大王来了！”范雎故意说：“秦国哪里有国王，秦国只有太后和穰侯罢了！”秦昭襄王警觉地隐约听到了范雎说的话，于是要左右随从回避，向范雎长跪请教说：“先生你拿什么来指教寡人？”范雎回答说：“嗯。”像这样与秦王对答了三次。秦昭襄王说：“先生你到底愿不愿意指教寡人呢？”范雎说：“臣不敢随便说啊！臣只是客居秦国的人，与大王没有交往。臣想要说的匡助国君的事，牵涉到国君与亲属宗族骨肉之间的关系，我愿意奉献赤诚的忠心，但不了解大王的本意，这就是大王三次问臣而臣不敢回答的原因。臣知道今天向大王陈说，即使明天就会伏罪被杀，但臣也不敢回避不说啊。况且死是人们避免不了的事，假如能够对秦国稍有补益而死，这是我最大的愿望啊！臣只怕自己死后，天下的人闭口不敢陈说，止步不敢前来，没有谁肯再来归向秦国罢了。”秦昭襄王长跪着说：“先生，你这是什么话！现今寡人能够见到先生，是上天替寡人烦扰先生来保全我秦国先王的宗庙啊。你要陈述的事情不论大小，上至于我的太后，下至于秦国的大臣，都希望先生毫无保留地指教寡人，不要怀疑寡人！”范雎拜谢秦昭襄王，秦昭襄王也回拜范雎。范雎说：“凭着秦国的强大，士

里，而齐尺寸之地无得焉者，岂不欲得地哉？形势不能有也。诸侯见齐之罢敝，起兵而伐齐，大破之，齐几于亡，以其伐楚而肥韩、魏也。今王不如远交而近攻，得寸则王之寸也，得尺亦王之尺也。今夫韩、魏，中国之处，而天下之枢也。王若用霸，必亲中国以为天下枢，以威楚、赵，楚强则附赵，赵强则附楚，楚、赵皆附，齐必惧矣，齐附则韩、魏因可虏也。”王曰：“善。”乃以范雎为客卿，与谋兵事。

四十六年（壬辰，前 269 年）

秦中更胡伤攻赵阏与，不拔。

（以上为第二段，写范雎入秦，说秦昭王实施远交近攻策略蚕食东方六国。）

四十七年（癸巳，前 268 年）

秦王用范雎之谋，使五大夫绾伐魏，拔怀。

四十八年（甲午，前 267 年）

秦悼太子质于魏而卒。

四十九年（乙未，前 266 年）

秦拔魏邢丘。范雎日益亲，用事，因承间说王曰：“臣居山东时，闻齐之有孟尝君，不闻有王；闻秦有太后、穰侯，不闻有王。夫擅国之谓王，能利害之谓王，制杀生之谓王。今太后擅行不顾，穰侯出使不报，华阳、泾阳击断无讳，高陵进退不请，四贵备而国不危者，未之有也。为此四贵者下，乃所谓无王也。穰侯使者操王之重，决制于诸侯，剖符于天下，征敌伐国，莫敢不听；战胜攻取则利归于陶，战败则结怨于百姓而祸归于社稷。臣又闻之，木实繁者披其枝，披其枝者伤其心；大其都者危其国，尊其臣者卑其主。淖齿管齐，射王股，擢王筋，悬之于庙梁，宿昔而死。李兑管赵，囚主父于沙丘，百日而饿死。今臣观四贵之

兵的勇猛，去攻取诸侯各国，就好比是放出韩卢名犬去猎取跛足的兔子。但是秦国却闭关十五年，不敢出兵华山以东，这是穰侯为秦国谋划不忠诚，而且大王的谋略也有失误的地方。秦昭襄王又长跪着说：‘寡人希望听到谋略失误的地方！’”但是秦昭襄王身边有许多偷听谈话的人，范雎还不敢说朝廷内部的事，只能先说秦国外部的事，用以观察秦昭襄王的态度，便进言说：“穰侯要越过韩、魏两国去攻打齐国的刚、寿两邑，不是好计谋。先前齐湣王向南攻打楚国，打败楚国，杀了楚国的将领，又扩张千里土地，结果齐国连一尺一寸土地都没有得到，难道齐国不想得到土地吗？这是形势使它不能占有啊。诸侯各国看到齐国军民疲困力乏，便起兵攻打齐国，大败齐军，齐国差点灭亡，因为它攻打楚国而肥了韩、魏。现今大王你不如与远方的国家交好而攻打邻近的国家，这样，取得一寸土地，大王就增加一寸土地，取得一尺土地，大王就增加一尺土地。现今韩、魏是中原地方的国家，也就是天下的中枢。大王想要称霸，一定要亲近中原地方的国家，控制天下的中枢，这样可以威服楚、赵。楚国强，秦国就亲附赵国削弱楚国；赵国强，秦国就亲附楚国削弱赵国。楚、赵两国都亲附秦国，齐国一定会害怕，齐国亲附了秦国，那么韩、魏便可攻取了。”秦昭襄王说：“很好。”于是任用范雎为客卿，参与谋划军事。

周赧王四十六年（壬辰，前269年）

秦国委派一个名叫胡伤的中更率兵进攻赵国的阏与邑，没有成功。

周赧王四十七年（癸巳，前268年）

秦昭襄王用范雎的计谋，派五大夫绾去攻打魏国，夺取了怀邑。

周赧王四十八年（甲午，前267年）

秦国的悼太子在魏国作人质死去。

周赧王四十九年（乙未，前266年）

秦国夺取了魏国的邢丘邑。范雎一天比一天亲近秦王，掌握政事，便趁势找了个恰当的机会向秦昭襄王进言说：“臣在崤山以东时，听到齐国有孟尝君，没听说有齐王；听到秦国有太后、穰侯，没听说有秦王。掌控国家大权的称为王，能够决定国家利与害的称为王，掌握杀生大权的称为王。现今太后专擅国事不顾念君王，穰侯出使也不报告君王，华阳君、泾阳君拿主意，做决断，毫无忌讳，高陵君进出朝廷不请示，有这四位权贵在朝，国家不危险是不可能的。在这四位权贵的专权下，这就是臣所说的没有秦王啊。穰侯的使者凭借大王的崇高地位，对诸侯进行控制，对天下进行剖符封赏，征讨敌国，没有谁敢不听从的。战争攻取有收获，利益就归陶邑；战事失利了，百姓怨恨，这祸害便转嫁给国家。我还听说这样的事，树木的

用事，此亦淖齿、李兑之类也。夫三代之所以亡国者，君专授政于臣，纵酒弋猎。其所授者妒贤疾能，御下蔽上以成其私，不为主计，而主不觉悟，故失其国，今自有秩以上至诸大吏，下及王左右，无非相国之人者，见王独立于朝，臣窃为王恐，万世之后有秦国者，非王子孙也！”王以为然。于是废太后，逐穰侯、高陵、华阳、泾阳君于关外，以范雎为丞相，封为应侯。

魏王使须贾聘于秦，应侯敝衣间步而往见之。须贾惊曰：“范叔固无恙乎！”留坐饮食，取一绨袍赠之。遂为须贾御而至相府，曰：“我为君先入通于相君。”须贾怪其久不出，问于门下，门下曰：“无范叔。乡者吾相张君也。”须贾知见欺，乃膝行入谢罪。应侯坐，责让之，且曰：“尔所以得不死者，以绨袍恋恋尚有故人之意耳！”乃大供具，请诸侯宾客；坐须贾于堂下，置莝、豆于前而马食之，使归告魏王曰：“速斩魏齐头来！不然，且屠大梁！”须贾还，以告魏齐。魏齐奔赵，匿于平原君家。

赵惠文王薨，子孝成王丹立；以平原君为相。

五十年（丙申，前265年）

秦宣太后薨。九月，穰侯出之陶。

臣光曰：穰侯援立昭王，除其灾害，荐白起为将，南取鄢、郢，东属地于齐，使天下诸侯稽首而事秦。秦益强大者，穰侯之功也。虽其专恣骄贪足以贾祸，亦未至尽如范雎之言。若雎者，亦非能为秦忠谋，直欲得穰侯之处，故搤其吭而夺之耳。遂使秦王绝母子之义，失舅甥之恩。要之，雎真倾危之士哉！

（以上为第三段，写范雎危言耸听游说秦昭襄王，排斥太后及四贵的权力，以忠诚事主的名义夺取了秦国相位，受到司马光的批评，司马光说范雎真是一个危险诡诈的人。）

果实太多会压断树枝，压断树枝就伤害树干；封地的都邑大了就会危害国家；大臣的地位高了就会使君主卑下。淖齿掌管齐国的大权，用箭射齐湣王的大腿，抽齐湣王的筋，还把齐湣王悬吊在庙堂的梁上，折磨一夜直到死。李兑掌管赵国的大权，把主父囚禁在沙丘宫里，一百天后活活被饿死。臣现今观察四位权贵的专权程度，他们活像淖齿、李兑一类的人啊。夏、商、周三代亡国的原因，是国君把政权交给臣下，自己纵酒、射猎；而所宠信授权的人嫉贤妒能，控制臣下，蒙蔽君上，一心图谋私利，完全不为君主打算，而君主又不觉悟，所以便丧失了国家。现今从领有俸禄的最低级官吏以上至各大官吏，甚至大王你身边的侍从，没有不是相国的人。看到大王你一个人在朝廷上的孤立，臣私下里为大王忧虑，恐怕大王万世之后，拥有秦国的已经不是大王你的子孙了！”秦昭襄王认为范雎说得对，于是废掉太后，驱逐穰侯、高陵、华阳、泾阳君到关外去，任用范雎为丞相，封他为应侯。

魏景湣王派须贾出使秦国，应侯穿上破旧的衣服从便道步行前往去见须贾。须贾惊愕地说：“范叔你还好吧！”又挽留范雎坐下供给饭食，拿出一件粗绨袍送给他。范雎便替须贾驾车到了秦国相府，说：“我为先生先进去通报给相君。”须贾奇怪范雎进去很久不出来，便向相府的门卫询问，门卫说：“这里没有范叔；刚才那位是我们的丞相张先生。”须贾知道被骗上当，于是用双膝行走，进去向范雎谢罪。应侯高高坐在上位，责备须贾，如是说：“你之所以还能活着，是因你送绨袍顾念着我，还有旧人相怜的情意！”于是大摆酒食器具，宴请各诸侯国宾客。让须贾坐在堂下，把铡碎的草料、豆子放在他面前，用喂马的饲料给他吃，让他回去报告魏景湣王说：“快快把魏齐的头送来！否则，我就要到大梁来屠城！”须贾回到魏国，把这事报告给魏齐。魏齐投奔到赵国，藏匿在平原君家中。

赵惠文王死了，他的儿子赵丹继位为孝成王，任用平原君为丞相。

周赧王五十年（丙申，前 265 年）

秦国的宣太后死了。九月，穰侯被迫离开秦国都城前往他的封地陶邑。

臣司马光评论说：穰侯拥立昭王，排除危及他的灾害。推荐白起担任秦国的大将，向南进军夺取了鄢城、郢都，向东扩张领土，与齐国的边界相连接，使天下诸侯都俯首事奉秦国。秦国日益强大，是穰侯的功劳。虽然穰侯专断骄横贪心招祸，但也没有都像范雎所说的那样。像范雎这样的人，也不是想为秦国尽忠出谋，只是想得到穰侯的地位，所以便要掐住他的喉咙而夺取他的地位罢了。于是导致秦王断绝了与太后的母子情义，失去与穰侯舅甥之间的恩爱。总之，范雎才是真正危险诡诈的人啊！

秦王以子安国君为太子。

秦伐赵，取三城。赵王新立，太后用事，求救于齐。齐人曰："必以长安君为质。"太后不可。齐师不出，大臣强谏。太后明谓左右曰："复言长安君为质者，老妇必唾其面！"左师触龙愿见太后，太后盛气而胥之入。左师公徐趋而坐。自谢曰："老臣病足，不得见久矣，窃自恕，而恐太后体之有所苦也，故愿望见太后。"太后曰："老妇恃辇而行。"曰："食得毋衰乎？"曰："恃粥耳。"太后不和之色稍解。左师公曰："老臣贱息舒祺，最少，不肖，而臣衰，窃怜爱之。愿得补黑衣之缺，以卫王宫，昧死以闻！"太后曰："诺。年几何矣？"对曰："十五岁矣。虽少，愿及未填沟壑而托之。"太后曰："丈夫亦爱少子乎？"对曰："甚于妇人。"太后笑曰："妇人异甚。"对曰："老臣窃以为媪之爱燕后贤于长安君。"太后曰："君过矣！不若长安君之甚。"左师公曰："父母爱其子则为之计深远。媪之送燕后也，持其踵而泣，念其远也，亦哀之矣。已行，非不思也，祭祀则祝之曰：'必勿使反！'岂非为之计长久，为子孙相继为王也哉？"太后曰："然。"左师公曰："今三世以前，至于赵王之子孙为侯者，其继有在者乎？"曰："无有。"曰："此其近者祸及身，远者及其子孙。岂人主之子侯则不善哉？位尊而无功，奉厚而无劳，而挟重器多也。今媪尊长安君之位，而封之以膏腴之地，多与之重器，而不及今令有功于国。一旦山陵崩，长安君何以自托于赵哉？"太后曰："诺，恣君之所使之！"于是为长安君约车百乘质于齐。齐师乃出，秦师退。

齐安平君田单将赵师以伐燕，取中阳；又伐韩，取注人。

齐襄王薨，子建立。建年少，国事皆决于君王后。

（以上为第四段，写赵国左师公善解人意，劝说赵太后送小儿子长安君为质于齐以抒国难。）

秦昭襄王立儿子安国君为太子。

秦国攻打赵国，夺取了三座城邑，赵孝成王新立为赵王，太后掌管国家大政，向齐国请求救援。齐国人说："一定要把长安君送来做人质。"太后不同意。齐国不派救兵，大臣们极力规劝太后。太后公开对大臣们说："有谁再来劝说让长安君去做人质的，老妇一定朝他脸上吐口水！"左师公触龙希望进见太后，太后怒气冲冲地等待他来进见。左师公慢步走进坐下，道歉说："臣脚有病，很久没能来见太后，臣私下原谅自己。因为怕太后身体有什么不适，所以希望能见太后。"太后说："老妇靠人力推车行走。"左师公说："饭量没有减少吧？"太后说："只是喝一些粥食罢了。"太后的怒气渐渐消解。左师公说："臣卑贱的儿子舒祺，是最小的儿子，没有才能，而臣又已衰老，臣私下疼爱他，希望能够补黑衣卫士的缺额让他卫护王宫，臣冒死向你请求！"太后说："行。他年龄多大呢？"左师公回答说："已经十五岁了。虽然年少，但臣希望在自己死去之前将他托付补缺。"太后说："男人也疼爱小儿子吗？"左师公回答说："比女人还疼得厉害。"太后笑着说："女人疼得特别厉害。"左师公又回答说："臣私下认为太后你疼爱女儿燕后要超过疼爱长安君。"太后说："你错了！比不上疼爱长安君。"左师公说："父母疼爱儿女就要为他谋划得深远。老太太送燕后走时，拉着她的脚而哭泣，是思量她离开得太远，也是在疼爱她啊。燕后既已走了，老太太也不是不思念她，每次祭祀都祝愿她说：'一定不要让她回来！'这难道不是为她谋划长远，要让她的子孙相继都成为燕国的君王吗？"太后说："是这样。"左师公说："现今三代以前的赵王，再到赵国初建的国主，他们的子孙封为侯的，他们的后代还继承为侯的，现今还有吗？"太后说："没有了。"左师公说："这些王侯子孙，享有封侯时间短的祸殃累及自身，享有封侯时间长的则是祸殃落到了他的子孙辈。难道说国君的子孙封了侯的人都不好吗？原因是他们地位尊贵又没有功绩，俸禄丰厚又没有劳绩，拥有的国家的贵重宝器太多。现今太后你让长安君享有尊贵的地位，封给他肥沃的土地，多多地给他贵重的宝器，而又不趁现在让他为国家建功，一旦你有意外，长安君拿什么来使自己依托于赵国呢？"太后说："好，任凭你去支使委派他！"于是左师公为长安君准备车一百乘到齐国做人质，齐国便派出援军，秦军于是撤退。

齐国安平君田单率领赵国军队去攻打燕国，夺取了中阳邑；又攻打韩国，夺去了注人邑。

齐襄王死了，他的儿子田建继位为齐王。田建年少，国家政事都由王后决定。

五十一年（丁酉，前 264 年）

秦武安君伐韩，拔九城，斩首五万。

田单为赵相。

五十二年（戊戌，前 263 年）

秦武安君伐韩，取南阳；攻太行道，绝之。

楚顷襄王疾病。黄歇言于应侯曰："今楚王疾恐不起，秦不如归其太子。太子得立，其事秦必重而德相国无穷，是亲与国而得储万乘也。不归，则咸阳布衣耳。楚更立君必不事秦，是失与国而绝万乘之和，非计也。"应侯以告王。王曰："令太子之傅先往问疾，反而后图之。"黄歇与太子谋曰："秦之留太子，欲以求利也。今太子力未能有以利秦也，而阳文君子二人在中。王若卒大命，太子不在，阳文君子必立为后，太子不得奉宗庙矣。不如亡秦，与使者俱出。臣请止，以死当之！"太子因变服为楚使者御而出关；而黄歇守舍，常为太子谢病。度太子已远，乃自言于王曰："楚太子已归，出远矣。歇愿赐死！"王怒，欲听之。应侯曰："歇为人臣，出身以徇其主，太子立，必用歇。不如无罪而归之，以亲楚。"王从之。黄歇至楚三月，秋，顷襄王薨，考烈王即位；以黄歇为相，封以淮北地，号曰春申君。

五十三年（己亥，前 262 年）

楚人纳州于秦以平。

武安君伐韩，拔野王。上党路绝，上党守冯亭与其民谋曰："郑道已绝，秦兵日进，韩不能应，不如以上党归赵。赵受我，秦必攻之；赵被秦兵，必亲韩。韩、赵为一，则可以当秦矣。"乃遣使者告于赵曰："韩不能守上党，入之秦，其吏民皆安于赵，不乐为秦。有城市邑十七，愿再拜献之大王。"赵王以告平阳君豹，对曰："圣人甚祸无故之利。"王曰："人乐吾德，何谓无故？"对曰："秦蚕食韩地，中绝，不令相通，固自以为坐而受上党也。韩氏所以不入于秦者，欲嫁其祸于赵也。秦服其劳而赵受其利，虽强大不能得之于弱小，弱小固能得之于强大乎！岂得谓之非无故哉？不如勿受。"王以告平原君，平原君请受之。王乃使平原君往

周赧王五十一年（丁酉，前 264 年）

秦国武安君攻打韩国，占领九座城，斩杀了五万人。

田单做了赵国的国相。

周赧王五十二年（戊戌，前 263 年）

秦国武安君攻打韩国，夺取了南阳；又进攻太行道，断绝了韩国的道路。

楚顷襄王病重。黄歇对应侯说："现在楚王病重，恐怕不能痊愈，秦国不如把楚国太子送回去，太子要是能继位为楚王，那么他一定会尊重地事奉秦国并永远感激你相国，这将使秦国得到一个亲善友好的万乘大国。如果不让楚太子返回楚国，那么他只不过是咸阳的一个平民而已。楚国另外立的君主一定不会事奉秦国，这将失去友好的邻国，断绝了与一个万乘大国亲善的机会，这不是好办法。"应侯把这些话报告给秦昭王。秦昭王说："让太子的老师回去探望楚王的病情，回来之后再商量这件事。"黄歇与太子谋划说："秦国留下太子，是想从中勒索利益，现今太子你的地位还不能带给秦国什么利益，而阳文君的两个儿子在楚国国内，假如楚王辞世，太子你不在国内，阳文君的儿子一定立为继位之王，这样，太子你就不能够奉祀宗庙了。现今不如从秦国逃走，与使者一起回国。臣请求留下来，用生命来对付秦王！"太子便改换服装，替楚国使者驾车出了关；黄歇却留守在楚太子的馆舍里，常常称说太子有病以婉谢来访客人。等到估计太子已经离开秦国很远了，黄歇才亲自去对秦昭襄王说："楚太子已经回国，离开秦国很远了。我黄歇愿意接受处死！"秦昭襄王发怒，想把黄歇处死。应侯说："黄歇作为楚国的臣子，要把生命奉献给他的主子，太子在楚国立为楚王后，一定重用黄歇。不如免了黄歇的罪让他回到楚国，这样就可亲善楚国。"秦昭王听从了应侯的话。黄歇回到楚国之后三个月，这年秋天，顷襄王死了，考烈王即位，任用黄歇为相，封给他淮北之地，号称春申君。

周赧王五十三年（己亥，前 262 年）

楚国奉献州陵邑给秦国用以求和。

武安君白起攻打韩国，攻下野王邑。通上党的道路断绝，上党郡的郡守冯亭同当地的民众谋划说："通往国都郑邑的道路已被切断，秦军一天天逼近，韩国不能来救援，不如将上党郡归附赵国，赵国接受了上党郡，秦国一定会进攻赵国；赵国受到秦军的进攻，一定会亲善韩国；韩国、赵国合力，就可以抵抗秦国了。"冯亭于是派出使者通报赵国说："韩国没有能力守卫上党郡，让上党郡归入秦国，但上党郡的官吏和民众都安心归附赵国，不愿归入秦国。这里拥有十七座城邑，希望敬献给大王！"赵孝成王把这件事告知平阳君赵豹，平阳君回答说："圣人把无缘无故得到的利益看作最大的祸害。"赵王说："上党人向往赵国的德义，怎么能说是无缘无故？"平阳君回答说："秦国一天天蚕食韩国的土地，切断中间的太行道，不让上党与韩国

受地，以万户都三封其太守为华阳君，以千户都三封其县令为侯，吏民皆益爵三级。冯亭垂涕不见使者，曰："吾不忍卖主地而食之也！"

（以上为第五段，写秦将白起前264年伐韩，拉开了秦与韩、赵长达八年的战略决战大幕，史称长平之战。第一阶段，秦伐韩，历时四年攻下野王邑，韩上党太守冯亭附赵，把战火引向秦赵决战。前263年，楚国春申君黄歇用计使入秦为人质的太子脱险回国，继位为考烈王。）

五十五年（辛丑，前260年）

秦左庶长王龁攻上党，拔之。上党民走赵。赵廉颇军于长平，以按据上党民。王龁因伐赵。赵军数战不胜，止一裨将、四尉。赵王与楼昌、虞卿谋，楼昌请发重使为媾。虞卿曰："今制媾者在秦，秦必欲破王之军矣，虽往请媾，秦将不听。不如发使以重宝附楚、魏，楚、魏受之，则秦疑天下之合从，媾乃可成也。"王不听，使郑朱媾于秦，秦受之。王谓虞卿曰："秦内郑朱矣。"对曰："王必不得媾而军破矣。何则？天下之贺战胜者皆在秦矣。夫郑朱，贵人也，秦王、应侯必显重之以示天下。天下见王之媾于秦，必不救王。秦知天下之不救王，则媾不可得成矣。"既而秦果显郑朱而不与赵媾。

秦数败赵兵，廉颇坚壁不出。赵王以颇失亡多而更怯不战，怒，数让之。应侯又使人行千金于赵为反间，曰："秦之所畏，独畏马服君之子赵括为将耳！廉颇易与，且降矣！"赵王遂以赵括代颇将。蔺相如曰："王以名使括，若胶柱鼓瑟耳。括徒能读其父书传，不知合变也。"王不听。初，赵括自少时学兵法，以天下莫能当；尝与其父奢言兵事，奢不能难，然不谓善。括母问其故，奢曰："兵，死地也，而括易言之。使赵不将括则已；若必将之，破赵军者必括也。"及括将行，其母上书，言括不可使。王曰："何以？"对曰："始妾事其父，时为将，身所奉饭而进食者以十数，所友者以百数，王及宗室所赏赐者，尽以与军吏士大夫；受命之日，不问家事。今括一旦为将，东乡而朝，军吏无敢仰视之者；王所赐金帛，归藏于家，而日视便利田宅可买者买之。王以为如其父，父

内地相通，原本就是要乘机占领上党郡。韩国之所以不把上党交给秦国，是想把上党的祸患转嫁给赵国。秦国付出了战争的劳苦，而赵国却获取了上党郡的利益，即使是强大者也不能轻易从弱小者那里夺得利益，难道弱小者反而能够从强大者那里夺得利益吗！怎能说这不是无故而得利呢？所以上党郡不能要。”赵孝成王把这事告诉平原君，平原君请求接受上党郡。赵王便让平原君前去接受上党郡，把拥有万户居民的三个都邑封给上党郡太守冯亭，并封其为华阳君，把拥有千户居民的三个都邑封给上党郡的县令，并封为侯，上党郡的官吏、百姓都加三等爵。冯亭流着泪不愿见赵国的使者，说：“我不忍心卖掉君主的土地而把它作为自己享有的封邑啊！”

周赧王五十五年（辛丑，前260年）

秦国的左庶长王龁进攻上党郡，占领了上党。上党百姓投奔赵国。赵将廉颇驻军长平，便在长平收容安置上党百姓。王龁因此进攻赵国。赵军接连数次作战失利，一位副将和四个尉官战死。赵孝成王与楼昌、虞卿商议对策，楼昌请求派出重臣到秦国求和。虞卿说：“现今掌握讲和主动权的是秦国。秦国决心要打败大王的军队，即使派使者去求和，秦国一定不答应。不如派使者用重宝去亲近楚国、魏国，楚国、魏国接受了重宝，秦国就会疑心天下诸侯又在合纵抗秦，这样求和才能成功。”赵孝成王不听虞卿的计议，派了郑朱到秦国求和，秦国接待了郑朱。赵孝成王对虞卿说：“秦国已接待了郑朱。”虞卿回答说：“大王你一定得不到求和，而赵军一定会大败。为什么呢？天下去祝贺战争胜利的人现今都在秦国。郑朱，是赵国的重臣，秦王、应侯一定用高规格的礼仪接待，用他来告诉天下。天下的人看到赵王你已向秦求和，一定不来援救赵王；秦国知道天下诸侯不援救赵王，那么求和也就不可能实现了。”接着秦国果然尊显郑朱而不与赵国讲和。

秦国多次打败赵军，廉颇坚守营垒不出战。赵孝成王以为廉颇因军队伤亡多而更加胆怯不敢出战，于是发怒，多次派人去责备他。秦国的应侯又派人带了千镒黄金来到赵国施行反间计，散布流言说：“秦国最害怕的，只有马服君的儿子赵括为赵将，廉颇这个人好对付，他就要投降了！”赵孝成王听信了流言，便任命赵括代替廉颇为全军主帅。蔺相如说：“赵王看重赵括的虚名而任用他，就像胶柱鼓瑟弹奏一样。赵括只不过能够读他父亲的兵书和论说，不知道灵活用兵的谋略。”赵王不听。当初，赵括年轻时就学习兵法，自以为天下没有谁能与他匹敌。赵括曾经与他的父亲赵奢讨论兵事，赵奢辩不过赵括，然而并不认可赵括懂兵事。赵括的母亲问赵奢这是什么缘故，赵奢说：“用兵打仗是要死人的，而赵括轻率地谈论它。假如赵国不任命赵括为将便罢了，如果一定要任命他为将，使赵军覆灭的一定是赵括啊。”到了赵括任赵将就要起程时，赵括母亲向赵孝成王上书，说赵括不宜领兵打仗。赵王说：

子异心，愿王勿遣！”王曰：“母置之，吾已决矣！”母因曰：“即如有不称，妾请无随坐。”赵王许之。

秦王闻括已为赵将，乃阴使武安君为上将军而王龁为裨将，令军中：“有敢泄武安君将者斩！”赵括至军，悉更约束，易置军吏，出兵击秦师。武安君佯败而走，张二奇兵以劫之。赵括乘胜追造秦壁，壁坚拒不得入；奇兵二万五千人绝赵军之后，又五千骑绝赵壁间。赵军分而为二，粮道绝。武安君出轻兵击之，赵战不利，因筑壁坚守以待救至。秦王闻赵食道绝，自如河内发民年十五以上悉诣长平，遮绝赵救兵及粮食。齐人、楚人救赵。赵人乏食，请粟于齐，齐王弗许。周子曰：“夫赵之于齐、楚，扞蔽也，犹齿之有唇也，唇亡则齿寒；今日亡赵，明日患及齐、楚矣。救赵之务，宜若奉漏瓮沃焦釜然。且救赵，高义也；却秦师，显名也；义救亡国，威却强秦。不务为此而爱粟，为国计者过矣！”齐王弗听。九月，赵军食绝四十六日，皆内阴相杀食。急来攻垒，欲出。为四队，四五复之，不能出。赵括自出锐卒搏战，秦人射杀之。赵师大败，卒四十万人皆降。武安君曰：“秦已拔上党，上党民不乐为秦而归赵。赵卒反覆，非尽杀之，恐为乱。”乃挟诈而尽坑杀之，遗其小者二百四十人归赵。前后斩首虏四十五万人，赵人大震。

（以上为第六段，写秦赵两军主力在长平决战，赵孝成王中秦国反间计，临阵易将，用纸上谈兵的赵括代替持重老将廉颇，赵军大败，被秦军斩杀活埋40余万人，赵国元气大伤。）

"为什么？"赵括母亲回答说："我当初事奉赵括的父亲时，赵奢担任将领，亲自捧着饭去敬奉的长者有数十人，赵奢所交往的朋友有数百人，赵王及赵氏宗室赏赐给赵奢的财物，他全部分给了军吏和大夫；他接受任命的日子，不过问家里的事。现今赵括一日受命为将，便自己坐在主帅的位子，面向东方会见部属，部属们没有谁敢仰望他的；大王赐给他的黄金及礼物，他全部拿回藏在家中，而常常打听哪里有好的田产房宅，可以买到的就买回来。大王认为赵括像他父亲吗？其实他们父子志向不同，希望赵王你不要派遣赵括！"赵孝成王说："赵母您不要再提这件事了，我已经决定了！"赵括母因此便说："假如赵括不称职，我请求赵王准许我不受儿子株连！"赵孝成王答应了赵括母亲的请求。

秦昭襄王听说赵括已经担任了赵军将领，于是暗中派遣武安君白起担任秦军的上将军，任用王龁为副将，并下令军中说："有敢泄露说武安君任将军的处斩！"赵括到了军中，改变所有的军事部署和军令，撤换军吏，发动士兵冲出营垒进攻秦军。武安君假装失败退走，却部署两支奇兵，突袭赵军。赵括乘胜追赶到秦军阵地营垒，营垒里的军士坚决抵抗，使赵军不能攻进去；秦军部署在侧翼的一支二万五千人奇兵切断了赵军的后路，另外一支五千骑兵又拦截在赵军营垒之间，赵军被分割为两个部分，运粮通道被切断。武安君派出灵活轻装的部队进攻赵军，赵军战斗失利，便修建营垒坚守以等待救兵。秦昭襄王听说赵军后勤粮道被切断，便亲自前往河内坐镇，征发年龄在十五岁以上的男子，全部送往长平，拦绝赵军的救兵及粮食。齐国、楚国军队救援赵军。赵国军队缺乏粮食，向齐国请求借粮，齐王建不答应。周子说："赵国对于齐国、楚国来说，是屏障啊，就好像唇齿一样，唇亡齿寒。今天赵国灭亡，明天祸患便会降临到齐国、楚国头上了。现今援救赵国是急务，应该像捧着漏瓮向烧焦的锅上浇水一样。况且援救赵国，是高尚的义勇行动。打退秦军，可显扬名声。用义勇行动援救危亡的国家，用威势胁逼强大的秦军退却，不急着做这些事而吝惜粮食，为了国家利益，不救赵是错误的啊！"齐王建不听。九月，赵国军队断粮已有四十六天了，赵军内部暗中互相攻杀吃人肉。赵军加紧进攻秦军的营垒，想要突围，分兵四队，轮番攻击秦军营垒，反复轮番攻击四五次，始终冲不出去，赵括亲自带领精锐士卒与秦军交战，秦军射死了赵括，赵军大败，四十万士卒全部投降。武安君白起说："秦军已攻占了上党，上党百姓不愿意做秦民，而归附了赵国。赵国士卒反复无常，不把他们全部杀了，恐怕将来要作乱。"于是用欺诈的手段全部活埋了赵军，只留下弱小的二百四十人送回赵国，前后斩杀并俘虏四十五万人，赵国的百姓十分震惊。

五十六年（壬寅，前 259 年）

十月，武安君分军为三，王龁攻赵武安、皮牢，拔之。司马梗北定太原，尽有上党地。韩、魏使苏代厚币说应侯曰："武安君即围邯郸乎？"曰："然。"苏代曰："赵亡则秦王王矣。武安君为三公，君能为之下乎？虽欲无为之下，固不得已矣。秦尝攻韩，围邢丘，困上党，上党之民皆反为赵，天下不乐为秦民之日久矣。今亡赵，北地入燕，东地入齐，南地入韩、魏，则君之所得民无几何人矣。不如因而割之，无以为武安君功也。"应侯言于秦王曰："秦兵劳，请许韩、赵之割地以和，且休士卒。"王听之，割韩垣雍、赵六城以和。正月，皆罢兵。武安君由是与应侯有隙。

赵王将使赵郝约事于秦，割六县。虞卿谓赵王曰："秦之攻王也，倦而归乎？王以其力尚能进，爱王而弗攻乎？"王曰："秦不遗余力矣，必以倦而归也。"虞卿曰："秦以其力攻其所不能取，倦而归，王又以其力之所不能取以送之，是助秦自攻也。来年秦攻王，王无救矣。"赵王计未定，楼缓至赵，赵王与之计之。楼缓曰："虞卿得其一，不得其二。秦、赵构难而天下皆说，何也？曰：'吾且因强而乘弱矣。'今赵不如亟割地为和以疑天下，慰秦之心。不然，天下将因秦之怒，乘赵之敝，瓜分之，赵且亡，何秦之图乎！"虞卿闻之，复见曰："危哉楼子之计，是愈疑天下，而何慰秦之心哉？独不言其示天下弱乎？且臣言勿与者，非固勿与而已也。秦索六城于王，而王以六城赂齐。齐，秦之深仇也，其听王不待辞之毕也。则是王失之于齐而取偿于秦，而示天下有能为也。王以此发声，兵未窥于境，臣见秦之重赂至赵而反媾于王也。从秦为媾，韩、魏闻之，必尽重王。是王一举而结三国之亲而与秦易道也。"赵王曰："善。"使虞卿东见齐王，与之谋秦。虞卿未返，秦使者已在赵矣。楼缓闻之，亡去。赵王封虞卿以一城。

周赧王五十六年（壬寅，前259年）

十月，武安君白起分兵为三路：王龁一路进攻赵国的武安、皮牢，攻占了这两地。司马梗一路，向北平定太原，攻占了上党全部土地。韩、魏两国便派苏代带着厚礼去劝说应侯范雎，说："武安君就要去围攻邯郸了吗？"应侯回答说："是这样。"苏代说："赵国灭亡，秦国就要称王于天下了，武安君将成为秦国的三公之一，应侯你能屈居于他的地位之下吗？你虽然想不屈居于他的地位之下，但那肯定是办不到的。秦国曾经攻打韩国，包围邢丘，围困上党，上党百姓全部依附赵国，天下各国百姓不乐意做秦民的日子已经很久了。现今秦国如果灭亡赵国，赵国北部的百姓加入燕国，东部的百姓加入齐国，南部的百姓加入韩国，那么你所能得到的百姓也就没有多少了。你不如趁着这有利的形势让赵国割让土地，不要都成为武安君的战功啊。"应侯便对秦昭襄王说："秦国士兵很疲劳，请允许韩国、赵国割让土地以求和，而且可以使士兵得到休养。"秦昭襄王听从了应侯的话，使韩国割让垣雍，赵国割让六座城邑来讲和。到了正月，秦国、赵国都停止了军事行动。武安君白起从此与应侯范雎有了嫌隙。

赵孝成王将要派赵郝到秦国订立和约，割让六县土地。虞卿对赵孝成王说："秦军攻赵要夺占土地，大王您认为秦军是因为疲惫而撤回秦国呢？还是尚有进攻能力前进，只是怜悯大王您才不进攻呢？"赵王说："秦军不遗余力地进攻，一定是因为军队疲惫而撤兵。"虞卿说："秦国用兵力进攻它所不能取得的土地，士卒疲倦了撤兵回国，大王你却将秦国军力所不能取得的土地奉送给秦国，这是帮助秦国来进攻自己。到明年秦军再来进攻，大王你怕是没救了。"赵孝成王还没有定下计策，楼缓来到赵国，赵孝成王便与他商量这件事。楼缓说："虞卿只知其一，不知其二。秦、赵两国交战，天下诸侯都高兴，这是为什么？他们说：'我们将可以依靠强国的力量去战胜弱国了。'现今赵国不如赶快割让地方给秦国来求和，以此来迷惑诸侯，让他们认为秦、赵两国已经和好，又可以安慰秦国贪婪的野心。不这样的话，各诸侯国就会就将依仗秦国的怨怒，趁着赵国疲敝，瓜分赵国，赵国将要灭亡了，还能对秦国怎么样呢？"虞卿听到了楼缓的言论，又来进见赵王说："楼缓所说的计策很危险，这会让天下诸侯更加怀疑赵国，哪里能安慰秦国的野心啊！唯独不讲这样做其实是在向天下诸侯示弱。况且臣说的不割让土地，并不是任何情况下都不割让土地。秦国向大王索要六座城邑，而大王不如把这六座城邑送给齐国。齐国，是秦国的深仇大敌。不等大王把赵国割让六座城邑的话说完，齐王就会听从大王的。这就是大王在齐国失去六座城邑而将在秦国那里得到的补偿，而且又在天下诸侯面前显示出自己有能力。大王把齐、赵友好的消息放出去，那么齐、赵之兵还没有到达秦国边境，臣相信秦国的使者将带着厚礼来赵国，反而向大王求和了。这样与秦国讲和，

秦之始伐赵也，魏王问于大夫，皆以为秦伐赵，于魏便。孔斌曰："何谓也？"曰："胜赵，则吾因而服焉；不胜赵，则可承敝而击之。"子顺曰："不然。秦自孝公以来，战未尝屈，今又属其良将，何敝之承？"大夫曰："纵其胜赵，于我何损？邻之羞，国之福也。"子顺曰："秦，贪暴之国也，胜赵，必复他求，吾恐于时魏受其师也。先人有言：燕雀处屋，子母相哺，呴呴焉相乐也，自以为安矣。灶突炎上，栋宇将焚，燕雀颜不变，不知祸之将及己也。今子不悟赵破患将及己，可以人而同于燕雀乎！"子顺者，孔子六世孙也。初，魏王闻子顺贤，遣使者奉黄金束帛，聘以为相。子顺曰："若王能信用吾道，吾道固为治世也，虽蔬食饮水，吾犹为之。若徒欲制服吾身，委以重禄，吾犹一夫耳，魏王奚少于一夫！"使者固请，子顺乃之魏；魏王郊迎以为相。子顺改嬖宠之官以事贤才，夺无任之禄以赐有功。诸丧职者咸不悦，乃造谤言。文咨以告子顺。子顺曰："民之不可与虑始久矣！古之善为政者，其初不能无谤。子产相郑，三年而后谤止；吾先君之相鲁，三月而后谤止。今吾为政日新，虽不能及贤，庸知谤乎！"文咨曰："未识先君之谤何也？"子顺曰："先君相鲁，人诵之曰：'麛裘而芾，投之无戾；芾而麛裘，投之无邮。'及三月，政化既成，民又诵曰：'裘衣章甫，实获我所；章甫裘衣，惠我无私。'"文咨喜曰："乃今知先生不异乎圣贤矣。"子顺相魏凡九月，陈大计辄不用，乃喟然曰："言不见用，是吾言之不当也。言不当于主，居人之官，食人之禄，是尸利素餐，吾罪深矣！"退而以病致仕。人谓子顺曰："王不用子，子其行乎？"答曰："行将何之？山东之国将并于秦。秦为不义，义所不入。"遂寝于家。新垣固请子顺曰："贤者所在，必兴化致治。今子相魏，未闻异政而即自退，意者志不得乎，何去之速也？"子顺曰："以无异政，所以自退也。且死病无良医。今秦有吞食天下之心，以义事之，固不获安；救亡不暇，何化之兴！昔伊挚在夏，吕望在商，而二国不治，岂伊、吕之不欲哉？势不可也。当今山东之国敝而不振，三晋割地以求安，二周折而入秦，燕、齐、楚已屈服矣。以此观之，不出二十年，天下其尽为秦乎！"

韩国、魏国听到消息，一定都要看重大王，这会使大王一举使三个国家结为亲睦近邻，而与秦国变换了地位。”赵孝成王说：“这很好。”便派遣虞卿东行去见齐王建，与齐王建商讨对付秦国的事。虞卿还没有回到赵国，秦国的使者已来到赵国了。楼缓听到这消息，便逃离赵国。赵孝成王把一座城邑赏封给虞卿。

秦国最初进攻赵国时，魏安釐王向各位当政大臣询问对魏国的影响，各位大臣都认为秦国攻打赵国对魏国有好处。孔斌问：“为何这样说呢？”大臣们回答说：“秦国打败了赵国，那么魏国就此归服秦国；如果秦国不能战胜赵国，那么魏国就可利用秦国战败疲惫之时而攻击它。”子顺说：“不是这样的。秦国自孝公以来，从未打过败仗，现在又交兵权给良将，哪里有什么疲惫可利用！”大夫们又说：“即使秦国打败了赵国，对我魏国又有什么损害呢？邻国失败的羞耻，正是我们魏国的幸福啊。”子顺说：“秦国，是贪婪强暴的国家，它打败了赵国，一定又向别的国家下战书，到那时，恐怕魏国要受到它的侵略。先人说过这样的话：燕雀巢筑在房屋上，母鸟与雏鸟相哺食，呴呴地鸣叫相乐，自以为很安全。没想到屋里的炉灶烟囱火焰径向上冲，整座房子即将被焚毁，燕雀依然安乐如故，不知道祸患即将临头。现在各位大夫不醒悟，看不到赵国破灭的祸患即将降临到魏国自己身上，难道人可以像燕雀那样无知吗！”子顺这个人，是孔子的第六代孙。当初，魏安釐王听说子顺贤明，便派使者带上黄金和礼物，聘请子顺为魏相。子顺对使者说：“假如魏王能采用我的治国方略，一定可以实现国家的治理，即使吃蔬菜喝白水，我都会竭尽全力的。如果只是想利用我这个人，给我很高的俸禄，那我也只是一个普通人罢了。魏王怎会缺少一个普通人呢！”使者坚决请求，子顺于是前往魏国；魏安釐王到郊外来迎接子顺，任用他为魏相。子顺撤换了那些受到魏安釐王亲近宠信的官僚，而任用贤能的官员，剥夺无所事事的官员的俸禄来赏赐给有功的官员。那些失去了职务和俸禄的人都不高兴，于是制造毁谤的言论。文咨把这些谤言报告给子顺。子顺说：“一般民众，不可与他们谋划革新事业的开头不是一天两天了！古代实施善政的人，他们开始施政时没有不受毁谤的。子产任郑国的相，三年后毁谤才停止；我的先君孔子任鲁国相，三个月以后毁谤才停止。现今我治理国政一天天见成效，虽说还赶不上贤明的人，但是岂能去理会毁谤！”文咨说：“我不知道先君孔子受到的毁谤是什么？”子顺说：“先君孔子开始为鲁相，有人讽刺说：‘穿小鹿皮裘便衣换穿黼黻朝服的那个大夫，抛弃他也无妨；穿黼黻朝服而原穿鹿皮裘的大夫，抛弃他也没错。’任鲁相到了三个月，政治教化已见成效，人们又传诵说：‘穿裘皮衣，戴礼帽的那个大夫，实在合我意。那个穿皮裘的大夫，无私地施惠给我。’”文咨听后高兴地说：“如今才知道先生与圣贤没有什么不同啊。”子顺任魏国相共九个月，向魏安釐王提出的治国大计都得不到采用，于是叹气说：“说的话得不到采用，这是我说得不恰当。说

秦王欲为应侯必报其仇，闻魏齐在平原君所，乃为好言诱平原君至秦而执之。遣使谓赵王曰："不得齐首，吾不出王弟于关！"魏齐穷，抵虞卿，虞卿弃相印，与魏齐偕亡。至魏，欲因信陵君以走楚。信陵君意难见之，魏齐怒，自杀。赵王卒取其首以与秦，秦乃归平原君。九月，五大夫王陵复将兵伐赵。武安君病，不任行。

（以上为第七段，写长平之战进程中，赵、魏两国面对秦兵压境的高压不能合纵抗秦，争相割地赂秦以苟延时日。魏相子顺建言合纵，魏安釐王不听，子顺辞去了相位。）

五十七年（癸卯，前258年）

正月，王陵攻邯郸，少利，益发卒佐陵；陵亡五校。武安君病愈，王欲使代之。武安君曰："邯郸实未易攻也；且诸侯之救日至。彼诸侯怨秦之日久矣，秦虽胜于长平，士卒死者过半，国内空，远绝河山而争人国都；赵应其内，诸侯攻其外，破秦军必矣。"王自命不行，乃使应侯请之。武安君终辞疾，不肯行；乃以王龁代王陵。

赵王使平原君求救于楚，平原君约其门下食客文武备具者二十人与之俱，得十九人，余无可取者。毛遂自荐于平原君。平原君曰："夫贤士

的话不合主上的心意，却做主上的官，享受主上的俸禄，这是空占位子白吃饭，我的罪过实在太重了！”所以回到家里以生病为由辞去相位。有人对子顺说：“魏王不信任你，你怎么不出走呢？”子顺回答说：“出走又能去哪里呢？崤山以东各国都将被秦国吞并，秦国政治不仁不义，施行仁义的人是不会去的。”子顺便闲居在家。新垣固请教子顺说：“贤人居位任职的地方，一定兴教化，政治清明。现今你担任魏国相，没有听到你特别的政绩便自行引退，想来是不得志吧，为什么这么快离开相位呢？”子顺说：“正是因为没有特别好的政绩，所以自己辞官。且死症是没有良医能治的。现在秦国有吞并天下的野心，用仁义去事奉它，一定得不到安全；拯救危亡都来不及，哪里还谈得上兴教化！古时伊挚在夏朝，吕望在商朝，而夏、商两国也没有得到治理，难道是伊挚、吕望不想治理好国家吗？是大势不允许啊。现在崤山以东的国家衰败不振，韩、赵、魏这三晋之国割让土地给秦国以求苟且偷安，东周、西周转向附从秦国，燕国、赵国、楚国也已经屈服了。由此看来，不过二十年，天下一定全部归秦国了！”

秦昭襄王想为应侯实现他报仇雪恨的愿望，听说魏齐躲藏在平原君家里，于是用甜言蜜语引诱平原君到秦国后把他拘留起来。又派使者对赵孝成王说：“得不到魏齐的人头，我决不让赵王您的弟弟平原君出关！”魏齐没有办法，来到虞卿那里，虞卿辞去相位，与魏齐一起逃亡。到了魏国，虞卿想通过信陵君去投奔楚国。信陵君心里怕担责，就没有接纳魏齐，魏齐很愤怒，便自杀而死。赵孝成王将魏齐的人头给了秦国，秦国便将平原君放归到赵国。九月，秦国的五大夫王陵又率领军队攻打赵国。这时武安君白起病重，不能随军出征。

周赧王五十七年（癸卯，前 258 年）

正月，王陵进攻邯郸，战事失利，秦国增派兵力去援助王陵；王陵丧失了五校的部众。这时武安君已痊愈，秦昭襄王想派武安君白起去替代王陵。武安君说：“邯郸实在是不容易攻下的，况且救赵的诸侯援军一天天开到。那些诸侯怨恨秦国已经很久了。秦国虽然在长平打了胜仗，但是死亡的士卒超过了一半，国内空虚，秦军从遥远的地方越过黄河、太行山去争占别人的国都，这样赵国军队在内，诸侯援军在外夹击邯郸的秦军，打败秦军是必然的。”秦昭襄王亲自下命令，武安君仍不肯前行，于是派应侯去劝请武安君。武安君始终以疾病推辞，不肯去邯郸前线。秦昭襄王便任命王龁代替王陵。

赵孝成王派平原君到楚国求援，平原君要在他门下的食客中选取文武兼备的二十个随行人员一同前往。最后只选得十九人，其余食客没有可挑选的。毛遂向平

之处世也，譬若锥之处囊中，其末立见。今先生处胜之门下三年于此矣，左右未有所称诵，胜未有所闻，是先生无所有也。先生不能，先生留！”毛遂曰：“臣乃今日请处囊中耳！使遂蚤得处囊中，乃脱颖而出，非特其末见而已。”平原君乃与之俱，十九人相与目笑之。平原君至楚，与楚王言合从之利害，日出而言之，日中不决。毛遂按剑历阶而上，谓平原君曰：“从之利害，两言而决耳！今日出而言，日中不决，何也？”楚王怒叱曰：“胡不下！吾乃与而君言，汝何为者也！”毛遂按剑而前曰：“王之所以叱遂者，以楚国之众也。今十步之内，王不得恃楚国之众也！王之命悬于遂手。吾君在前。叱者何也？且遂闻汤以七十里之地王天下，文王以百里之壤而臣诸侯，岂其士卒众多哉？诚能据其势而奋其威也。今楚地方五千里，持戟百万，此霸王之资也。以楚之强，天下弗能当。白起，小竖子耳，率数万之众，兴师以与楚战，一战而举鄢、郢，再战而烧夷陵，三战而辱王之先人，此百世之怨而赵之所羞，而王弗之恶焉。合从者为楚，非为赵也。吾君在前，叱者何也？”楚王曰：“唯唯，诚若先生之言，谨奉社稷以从。”毛遂曰：“从定乎？”楚王曰：“定矣。”毛遂谓楚王之左右曰：“取鸡、狗、马之血来！”毛遂奉铜盘而跪进之楚王曰：“王当歃血以定从，次者吾君，次者遂。”遂定从于殿上。毛遂左手持盘血而右手招十九人曰：“公等相与歃此血于堂下！公等录录，所谓‘因人成事’者也。”平原君已定从而归，至于赵，曰：“胜不敢相天下士矣！”遂以毛遂为上客。

（以上为第八段，写赵平原君使楚求救，门客毛遂自荐入楚立大功，立盟成功，毛遂成为平原君门下上客。）

于是楚王使春申君将兵救赵，魏王亦使将军晋鄙将兵十万救赵。秦王使谓魏王曰：“吾攻赵，旦暮且下，诸侯敢救之者，吾已拔赵，必移兵先击之！”魏王恐，遣人止晋鄙，留兵壁邺，名为救赵，实挟两端。又使将军新垣衍间入邯郸，因平原君说赵王，欲共尊秦为帝，以却其兵。

原君推荐自己。平原君说："贤能的士人处于世上，就好比锥子放在袋子里，它的尖端很快就会显现出来。先生您在我赵胜的门下已有三年了，我身边的人没有称扬过你，我赵胜也没有听说过您有何才干，这是由于先生你没有什么长处吧。先生你没有才能，还是留下来吧！"毛遂说："臣就在今天请求放置在袋子中罢了！假如让我毛遂早放置在袋子中，锥的锋芒早就冒出来了，不仅仅是锥的末端显现而已。"平原君于是同意毛遂为随员一起去楚国，那已选定的十九人便互相使眼色讥笑毛遂。平原君到了楚国，与楚考烈王论说合纵的利害得失，从早晨太阳出来谈到了正午时还没有定下来。毛遂手按着剑快步登阶上殿，对平原君说："合纵的利害得失，两句话便能决定！今天从太阳出来到正午还不能决断，这是为什么？"楚考烈王发怒叱斥说："为何还不退下去！我是在与你的主君说话，你来干什么？"毛遂手按剑把向前靠近楚考烈王说："大王之所以叱斥我毛遂，是依仗楚国人多势众。现今在这十步之内，楚王你就不能依仗楚国的人多势众了！楚王您的命掌握在我毛遂手中。我的主君就在面前，你叱斥干什么？况且我毛遂听说商汤以七十里的国土而称王天下，周文王用百里的国土而使诸侯各国臣服，难道是他们的士卒众多吗？实在是他们能够掌控当时的形势来发扬他们的威力啊。现今楚国地方方圆五千里，手持戈矛的武士有一百万人，这是实现霸王大业的资本。凭着楚国这样强大，天下各国都无法抵挡。白起，只是一个平庸小子而已，他率领几万部众来与楚国作战，只一次大战就攻下了鄢城、郢都，第二次大战就烧毁了夷陵，第三次大战竟然焚烧了楚国先王的陵庙，这是千秋百世的仇怨，也是我赵国感到羞辱的大事，而楚王您却不厌恶秦国白起的凶横。合纵这事也是为了楚国，不只是为赵国。我的主君就在面前，楚王您叱斥干什么？"楚考烈王说："是，是，真是像先生您说的，我敬请以楚国的土地、百姓跟从赵国。"毛遂说："合纵的事决定了吗？"楚考烈王说："决定了。"毛遂对楚考烈王身边的臣子们说："快取鸡、狗、马的血来！"毛遂捧起铜盘跪着进送给楚考烈王说："大王应当先歃血以订立合纵盟约；其次歃血的是我的主君，再次歃血的是毛遂我。"于是楚王便在殿上订立合纵盟约。毛遂用左手拿着铜盘的血用右手招呼其他十九人说："你们一同在堂下歃这些血！你们才干平平却也辛辛苦苦随从而来，'靠着别人成大事'的啊。"平原君订立合纵条约回归赵国。到了赵国，平原君说："我赵胜不敢自信能品鉴天下的士人了！"于是奉毛遂为上客。

于是楚考烈王派春申君率军援救赵国，魏安釐王也派了将军晋鄙率军十万去援救赵国。秦昭襄王的使者对魏安釐王说："我进攻赵国，早晚将要攻下。敢去援救赵国的诸侯，等我攻下赵国后，一定调转军队首先攻击它！"魏安釐王很害怕，派人去阻止晋鄙援救赵国，让军队在魏国边邑邺县扎营停下来，表面上声称援救赵国，

齐人鲁仲连在邯郸，闻之，往见新垣衍曰："彼秦者，弃礼义而上首功之国也。彼即肆然而为帝于天下，则连有蹈东海而死耳，不愿为之民也！且梁未睹秦称帝之害故耳，吾将使秦王烹醢梁王！"新垣衍怏然不悦曰："先生恶能使秦王烹醢梁王？"鲁仲连曰："固也，吾将言之。昔者九侯、鄂侯、文王，纣之三公也。九侯有子而好，献之于纣，纣以为恶，醢九侯；鄂侯争之强，辩之疾，故脯鄂侯；文王闻之，喟然而叹，故拘之牖里之库百日，欲令之死。今秦，万乘之国也，梁，亦万乘之国也；俱据万乘之国，各有称王之名，奈何睹其一战而胜，欲从而帝之，卒就脯醢之地乎！且秦无已而帝，则将行其天子之礼以号令于天下，则且变易诸侯之大臣，彼将夺其所不肖而与其所贤，夺其所憎而与其所爱，彼又将使其子女谗妾为诸侯妃姬，处梁之宫，梁王安得晏然而已乎！而将军又何以得故宠乎！"新垣衍起，再拜曰："吾乃今知先生天下之士也！吾请出，不敢复言帝秦矣！"

燕武成王薨，子孝王立。

初，魏公子无忌仁而下士，致食客三千人。魏有隐士曰侯嬴，年七十，家贫，为大梁夷门监者。公子置酒大会宾客，坐定，公子从车骑虚左自迎侯生。侯生摄敝衣冠，直上载公子上坐不让；公子执辔愈恭。侯生又谓公子曰："臣有客在市屠中，愿枉车骑过之。"公子引车入市，侯生下见其客朱亥，睥睨，故久立，与其客语，微察公子，公子色愈和；乃谢客就车，至公子家。公子引侯生坐上坐，遍赞宾客，宾客皆惊。及秦围赵，赵平原君之夫人，公子无忌之姊也，平原君使者冠盖相属于魏，让公子曰："胜所以自附于婚姻者，以公子之高义，能急人之困也。今邯郸旦暮降秦而魏救不至，纵公子轻胜弃之，独不怜公子姊邪！"公子患之，数请魏王敕晋鄙令救赵，及宾客辩士游说万端，王终不听。公子乃属宾客，约车骑百余乘，欲赴斗以死于赵；过夷门，见侯生。侯生曰："公子勉之矣，老臣不能从！"公子去，行数里，心不快，复还见侯生。侯生笑曰："臣固知公子之还也！今公子无他端而欲赴秦军，譬如以肉投

实际上是脚踏两只船。魏安釐王又派将军新垣衍从小路进入邯郸，通过平原君去劝说赵孝成王，想共同尊秦昭襄王为帝，让秦国退兵。齐国人鲁仲连当时在邯郸，听到这消息，便前去面见新垣衍，说："秦国是抛弃礼义，以追求杀敌砍头多的人为一等功的国家，如果它真的肆无忌惮在天下称了帝，那么我鲁仲连只有投赴东海一死，不愿做它的臣民！况且这是魏王还没有看到秦王称帝的危害罢了，我将要让秦王把魏王烹杀剁成肉酱！"新垣衍怏怏不快地说："先生怎么能让秦王把魏王烹杀剁成肉酱呢？"鲁仲连说："当然可以做到，我就来说说这道理。从前九侯、鄂侯、周文王，都是纣王的三公。九侯的女儿长得很漂亮，把她献给纣王，纣王认为不美，便把九侯剁成肉酱；鄂侯替九侯极力抗争，争论很激烈，纣王就把鄂侯杀死做成肉干；周文王听到这事，只不过发声叹息，纣王就把他拘禁在羑里的牢内一百天，想让文王死掉。现在的秦国，是拥有兵车万乘的国家；魏国，也是拥有兵车万乘的国家。都是拥有兵车万乘的国家，各自都有称王的名声，为什么只看到秦国打了一次胜仗，便想让它称帝，而自己却甘愿落得被杀死做成肉干肉酱的地步呢！况且秦王并不满足于只是称帝，他还要用天子的礼仪来号令天下，还要撤换诸侯各国的大臣，撤掉他认为不称职的人，而把职位给他认为称职的人，还要把自己忌贤妒能和挑拨是非的妇人做诸侯的王妃。把这些人安插在魏国的宫廷中，魏王又怎能安心度日呢！而新垣衍将军又怎么能保持魏王对你原来的宠信呢！"新垣衍听了立即起身，一再拜谢说："我现在知道先生是天下的贤士了！我请求离开邯郸，不敢再说尊秦为帝了！"

燕武成王死了，他的儿子孝王继位。

当初，魏国公子无忌仁爱而尊重士人，他门下的食客有三千人。魏国有一位隐士侯嬴，已经七十岁了，家境贫寒，当时是魏都大梁城夷门的监守官吏。公子无忌设宴大会宾客，宾客们已纷纷入座。公子亲自带着随从去迎接侯嬴，空出坐车左边的位置给侯嬴。侯嬴整理了一下身上穿的破旧长衣，戴着破旧帽子，毫不推辞地径直坐上公子车上左边的位置。公子手拉着御马的缰绳，态度更加恭敬。侯嬴对公子说："我有一位朋友在市场屠宰牲口的地方，希望车能绕道让我借光去看他。"公子便驾车到市场，侯嬴下车去见他的朋友朱亥，还斜眼观察公子的态度。又故意久久地站着同他的朋友谈话，暗中观察着公子。公子的态度更加和蔼，于是侯嬴告别朋友上了车，赶到了公子的府第。公子引领侯嬴坐在上座席位，向宾客一一介绍他，宾客们都很惊异。到了秦国围攻赵国邯郸时，赵国平原君的夫人，也就是魏公子无忌的姐姐，平原君派到魏国求援的使者的车马络绎不绝地到了魏国，平原君责备公子无忌说："我赵胜之所以自愿依附高攀结亲，是因为公子您有高尚的品德，能够救助别人的急难。现在邯郸很快就要投降秦国了，而魏国的救兵却不来，即使公子嫌

馁虎，何功之有！”公子再拜问计。侯嬴屏人曰：“吾闻晋鄙兵符在王卧内，而如姬最幸，力能窃之。尝闻公子为如姬报其父仇，如姬欲为公子死无所辞。公子诚一开口，则得虎符，夺晋鄙之兵，北救赵，西却秦，此五伯之功也。”公子如其言，果得兵符。公子行，侯生曰：“将在外，君令有所不受。有如晋鄙合符而不授兵，复请之，则事危矣。臣客朱亥，其人力士，可与俱。晋鄙若听，大善；不听，可使击之！”于是公子请朱亥与俱。至邺，晋鄙合符，疑之，举手视公子曰：“吾拥十万之众屯于境上，今单车来代之，何如哉？”朱亥袖四十斤铁椎，椎杀晋鄙，公子遂勒兵下令军中曰：“父子俱在军中者，父归；兄弟俱在军中者，兄归！独子无兄弟者，归养！”得选兵八万人，将之而进。

王龁久围邯郸不拔，诸侯来救，战数不利。武安君闻之曰：“王不听吾计，今何如矣？”王闻之，怒，强起武安君。武安君称病笃，不肯起。

（以上为第九段，写楚相春申君领兵救赵，魏国信陵君窃符救赵。楚、魏、赵三国合纵抗秦，赵平原君、楚春申君、魏信陵君齐聚长平之战的历史舞台。）

五十八年（甲辰，前 257 年）

十月，免武安君为士伍，迁之阴密。十二月，益发卒军汾城旁。武安君病，未行，诸侯攻王龁，龁数却，使者日至，王乃使人遣武安君，不得留咸阳中。武安君出咸阳西门十里，至杜邮。王与应侯群臣谋曰：“白起之迁，意尚怏怏有余言。”王乃使使者赐之剑，武安君遂自杀。秦人怜之，乡邑皆祭祀焉。

魏公子无忌大破秦师于邯郸下，王龁解邯郸围走。郑安平为赵所困，

弃我赵胜不管，难道您不怜悯您的姐姐吗！”公子很忧愁这事，多次请求魏王下令晋鄙率兵援救赵国，宾客辩士百般劝说，魏王总是不答应。公子无忌于是结集宾客，配备车骑一百多乘，想奔赴赵国前线以死相搏共存亡。车骑经过夷门时，公子面见侯嬴。侯嬴说：“公子尽力而为吧，我老了，不能跟从！”公子离开侯嬴，行走了几里路，心里不高兴，又返回来见侯嬴。侯嬴笑着说：“我早就知道公子会回来的！现在公子没有别的办法，就想奔赴战场与秦军拼命，就好比把肉投给饥饿了的老虎，有什么好果子呢。”公子一再拜谢并询问计策。侯嬴叫别人回避之后，说：“我听说调遣晋鄙的兵符在魏王的卧室内，而如姬最得魏王宠幸，她有办法窃取兵符。我曾经听说公子你替如姬报了杀父之仇，如姬为了公子，即使去死也愿意。公子你若真的向如姬开口，就可得到虎符，夺得晋鄙的军队，开往北面救援赵国，向西打退秦国，这才是五霸的功业啊。”公子依照侯嬴说的那样去做，果然得到了兵符。公子就要上路了，侯嬴说：“将军在外，君王的命令有的可以不接受，假如晋鄙合了兵符而不把兵权交给你，他再请示魏王，那么事情就危险了。我的朋友朱亥是位大力士，可以与你一同去。晋鄙如果答应交兵权，那最好；如果不答应交兵权，那就让朱亥杀了晋鄙！”于是公子请朱亥一同前往。到了邺县，晋鄙合了兵符，怀疑这事，抬头对公子说：“我拥有十万兵众，驻屯在魏国边境上，现在你只身前来代替我，这是怎么一回事？”朱亥袖藏四十斤的铁锥，击杀晋鄙，公子便集合兵众下令全军说：“父子两人都在军中的，父亲回家去！兄弟两人都在军中的，哥哥回家去！独生子没有兄弟的，回去供养父母！”经挑选合格的兵众有八万人，公子带领这些军队向邯郸进发。

王龁围攻邯郸好久没能攻下，诸侯派兵来援救赵国，王龁攻打多次失利。武安君听到这消息，说：“秦王不听我的计划，现在怎样呢？”秦昭襄王听到武安君说的话，十分震撼，强令武安君前去统领军队。武安君假称病重，不接受命令。

周赧王五十八年（甲辰，前257年）

十月，秦昭襄王削夺了武安君的爵位，贬为士武，把他流放到阴密。十二月，增调军队开赴至汾城旁。武安君因有病，没有前往，诸侯军打得王龁军一再退却，王龁派出求援的使者一天天到来，于是秦昭襄王派人驱赶武安君，不让他留居咸阳城。武安君走出咸阳西门十里，到了杜邮邑。秦昭襄王与应侯及臣子们商议说：“白起迁出咸阳，心里露出怏怏不满，还有怨言。”秦昭襄王便派使者赐剑给白起，让他自己了断，武安君于是自杀。秦国人十分同情白起，城乡各地百姓都祭祀他。

魏公子无忌的军队在邯郸城下大败秦军，王龁解除了对邯郸的包围退走。郑安

将二万人降赵，应侯由是得罪。

公子无忌既存赵，遂不敢归魏，与宾客留居赵，使将将其军还魏。赵王与平原君计，以五城封公子。赵王扫除自迎，执主人之礼，引公子就西阶。公子侧行辞让，从东阶上，自言罪过，以负于魏，无功于赵。赵王与公子饮至暮，口不忍献五城，以公子退让也。赵王以鄗为公子汤沐邑。魏亦复以信陵奉公子。公子闻赵有处士毛公隐于博徒，薛公隐于卖浆家，欲见之。两人不肯见，公子乃间步从之游。平原君闻而非之。公子曰："吾闻平原君之贤，故背魏而救赵。今平原君所与游，徒豪举耳，不求士也。以无忌从此两人游，尚恐其不我欲也，平原君乃以为羞乎？"为装欲去。平原君免冠谢，乃止。

平原君欲封鲁连，使者三返，终不肯受。又以千金为鲁连寿，鲁连笑曰："所贵于天下士，为人排患释难解纷乱而无取也。即有取，是商贾之事也！"遂辞平原君而去，终身不复见。

秦太子之妃曰华阳夫人，无子；夏姬生子异人。异人质于赵；秦数伐赵，赵人不礼之。异人以庶孽孙质于诸侯，车乘进用不饶，居处困不得意。

阳翟大贾吕不韦适邯郸，见之，曰："此奇货可居！"乃往见异人，说曰："吾能大子之门。"异人笑曰："且自大君之门！"不韦曰："子不知也，吾门待子门而大。"异人心知所谓，乃引与坐，深语。不韦曰："秦王老矣。太子爱华阳夫人，夫人无子。子之兄弟二十余人，子傒有秦国之业，士仓又辅之。子居中，不甚见幸，久质诸侯。太子即位，子不得争为嗣矣。"异人曰："然则奈何？"不韦曰："能立嫡嗣者独华阳夫人耳。不韦虽贫，请以千金为子西游，立子为嗣。"异人曰："必如君策，请得分秦国与君共之。"不韦乃以五百金与异人，令结宾客。复以五百金买奇物玩好，自奉而西，见华阳夫人之姊，而以奇物献于夫人，因誉子异人之贤，宾客遍天下，常日夜泣思太子及夫人，曰："异人也以夫人为天！"夫人大喜。不韦因使其姊说夫人曰："夫以色事人者，色衰则爱弛。今夫人爱而无子，不以繁华时蚤自结于诸子中贤孝者，举以为嫡，即色衰爱

平被赵军围困，带领两万人投降赵国，应侯因此受到株连。

公子无忌援救保全了赵国，却不敢回魏国，与宾客们留在赵国居住，派遣将领率领魏军回国。赵孝成王与平原君商议，把五座城邑封给公子无忌。赵孝成王亲自打扫台阶迎接公子，实行主人的礼节，领着公子无忌从西阶而上。公子无忌侧着身子行走，谦虚礼让，随主人从东阶而上，说自己有罪过，既亏负了魏国，对赵国也无功。赵孝成王与公子无忌共饮到了太阳落山时，无法说出献五城给公子的事，因为公子谦退辞让的缘故。赵孝成王奉献鄗城为公子无忌的住处。魏国仍将原来的信陵封邑供奉给公子无忌。公子无忌听说赵国有位不做官的士人毛公隐居在赌徒中，薛公隐居在卖酒浆的人家里，便很想见到他们。这两人不肯见面，公子于是秘密地跟他们交游。平原君听到后批评公子无忌，公子无忌说："我听说平原君是一位贤人，所以才背着魏国来救赵国。现在平原君所交游的人，只是一些空有豪侠名声的人罢了，原来平原君不是追求真正的人才啊。拿我无忌的身份与这两人交游，还恐怕他们不情愿同我交游呢。平原君竟然认为丢了面子。"于是收拾行装想离开赵国。平原君脱帽道歉，公子无忌才留了下来。

平原君想赏封鲁仲连，派去的使者往返三次，鲁仲连终究不肯接受。又用千金给鲁仲连祝寿送礼，鲁仲连笑着说："天下贤士所看重的，是替人排除祸患、消除危难、解决纠纷，而不取报酬。假如索取报酬，那是商贾买卖的行为！"他辞别了平原君，终生不再相见。

秦国太子的妃子华阳夫人没有儿子。夏姬生的儿子叫异人。异人在赵国做人质，秦国多次进攻赵国，赵国人对待异人不友好，异人以非嫡亲孙子的身份在诸侯国中做人质，平时使用的车乘财物都不充裕，生活穷困，很不得意。

阳翟的大商人吕不韦来到邯郸，看见异人的情况，说："这真是稀有货物，可以囤积起来谋利！"于是登门拜访异人，对他说："我能够使您的门第光大！"异人笑着说："还是让您自己的门第光大吧。"吕不韦说："您不明白啊，我的门第要等到您的门第光大了才能光大。"异人心中明白他所说的意思，于是请吕不韦一同进坐深谈。吕不韦说："秦王已年老了。太子宠爱华阳夫人，夫人没有儿子。你的兄弟有二十多人，其中子傒有继承秦国王位的资格，他又得到丞相士仓的辅佐。你在兄弟中排行居中，又不怎么受宠，长时期在诸侯中做人质。等到确立即位的太子时，你无力争做太子。"异人说："那该怎么办呢？"不韦说："能够立嫡为继嗣的人，只有华阳夫人。我吕不韦虽然贫穷，但极愿意用千金为您西行去秦国奔走，立您为继嗣人。"异人说："真的实现了你的计谋，我愿意分一半秦国与你共享。"不韦于是拿出五百金给了异人，要他结交宾客。又用五百金买珍奇宝物，自己携带西行到秦国，面见华阳夫人的姐姐，把珍奇宝物献给夫人。趁着见面的机会赞誉异人贤能，结交

弛，虽欲开一言，尚可得乎！今子异人贤，而自知中子不得为嫡，夫人诚以此时拔之，是子异人无国而有国，夫人无子而有子也，则终身有宠于秦矣。”夫人以为然，承间言于太子曰：“子异人绝贤，来往者皆称誉之。”因泣曰：“妾不幸无子，愿得子异人立以为子以托妾身！”太子许之，与夫人刻玉符，约以为嗣，因厚馈遗异人，而请吕不韦傅之。异人名誉盛于诸侯。

吕不韦娶邯郸诸姬绝美者与居，知其有娠，异人从不韦饮，见而请之，不韦佯怒，既而献之，孕期年而生子政，异人遂以为夫人。邯郸之围，赵人欲杀之，异人与不韦行金六百斤予守者，脱亡赴秦军，遂得归。异人楚服而见华阳夫人，夫人曰：“吾楚人也，当自子之。”因更其名曰楚。

五十九年（乙巳，前 256 年）

秦将军摎伐韩，取阳城、负黍，斩首四万。伐赵，取二十余县，斩首虏九万。赧王恐，背秦，与诸侯约从，将天下锐师出伊阙攻秦，令无得通阳城。秦王使将军摎攻西周，赧王入秦，顿首受罪，尽献其邑三十六，口三万。秦受其献，归赧王于周。是岁，赧王崩。

（以上为第十段，写信陵君窃符救赵后，留赵不归；吕不韦奇货可居，投机政治。秦灭西周。）

的宾客遍布天下，他经常日夜伤心流泪思念太子和夫人，说：“我异人唯一的依靠是夫人，夫人就是我的亲生母亲！”夫人十分高兴。吕不韦于是趁热打铁，鼓动夫人的姐姐劝说夫人：“用美色事奉别人的，到了年老色衰时宠爱就淡了。现今夫人受到宠爱而没有儿子，不趁着年轻，早早地从众多儿子中挑一个贤明孝顺的儿子做嫡子，如果真到色衰，所受宠爱淡薄时，想开口说一句话，还有人听吗？现今异人贤明，他自己也明白是排行中间的儿子，不能够被立为嫡子做继承人。夫人真能在这时提拔异人，这就是把他当作亲生儿子，使异人本没有国家而有了国家，夫人您本没有儿子而有了儿子，那么夫人在秦国就终生受宠了。”夫人认为吕不韦说得对，便找机会对秦昭襄王太子安国君说：“儿子异人最贤明，来往的人都称赞他。”于是哭泣着说：“我很不幸没有儿子，希望能把异人当成自己的儿子，以托付我的终生！”太子答应了她的要求，便与夫人刻了玉符，约定立异人为嫡嗣，将丰厚的财物送给异人，并请吕不韦辅导他。异人的好名声也在诸侯中盛传开来。

吕不韦娶了邯郸城中最美丽的女人，知道她已怀了孕。异人与吕不韦一同饮酒，看见这位美人，便想得到她。吕不韦假装发怒，后来把美人献给异人。这位美人怀孕十二个月，生下儿子嬴政，异人便把这位美人立为夫人。邯郸被围困时，赵国人想杀掉异人，异人和吕不韦共同行贿，花了金六百斤给看守的人，脱身逃亡到秦军中，得以返回秦国。异人穿着楚人的衣服去见华阳夫人，夫人说：“我是楚国人，要把你当作自己的儿子。”因此改了异人的名字叫子楚。

周赧王五十九年（乙巳，前 256 年）

秦国一位名叫摎的将军率军攻打韩国，攻占了阳城、负黍，斩杀四万人。又攻打赵国，攻占了二十多个县邑，斩杀俘虏九万人。周赧王害怕，背叛了与秦国的盟约，同诸侯相约合纵抗秦，率领天下诸侯精锐的军队出伊阙去攻打秦国，要切断秦国通达阳城的道路。秦昭襄王派将军摎进攻西周，周赧王进入秦国，叩头认罪，把他的三十六邑和三万人口全部进献给秦国。秦国接受了他的进献，把赧王送回西周国。这一年，赧王去世。

【点评】

秦赵长平之战。本卷所述史事处于战国中期的后段，时间起自前272年，止于前256年，共十七年，值得评述的最大事件是秦赵主力决战。这一时期，东方六国赵国最强，是阻挡秦国东进的最大障碍。秦赵决战是不可阻挡的历史大势。秦赵决战又总是从秦伐韩开始。东方六国，韩国最弱，又挡在秦国东进的最前沿，秦国东进首先要灭掉的是韩国。但是唇亡齿寒，秦伐韩，赵救韩是必然之势。加之韩与赵渊源深厚。晋六卿当政时，韩赵两家在政治斗争中就紧密联手，韩厥救赵孤，就是家喻户晓的故事。韩赵世代联姻，实际就是同盟关系。前270年阏与之战，起于秦伐韩，赵救韩。此役赵胜秦败。前264年，秦伐韩攻陉，开启了长达八年的长平之战。秦国经过长期准备，委派白起为主帅，志在必得。前260年，韩国上党不保，赵救韩，并非平原君利令智昏，这只是一个导火索，唇亡齿寒才是赵救韩的本质。其后信陵君的窃符救赵，平原君使楚，楚春申君救赵，实现韩、赵、楚、魏四国结盟。楚、魏、赵三国联军大败秦军于邯郸城下，赵国才死里逃生，但从此一蹶不振。

秦赵长平之战，赵国的失败并不是输在军事上，而是输在政治和外交上。赵韩联军以逸待劳，又在内线作战，占天时地利人和之优。廉颇持重，避敌锋芒，想用持久战拖垮秦军。秦国即使有善战的白起也必败无疑。无奈赵孝成王昏庸，中敌反间计，临阵换将，已是兵家大忌，更何况换了一个纸上谈兵之将，军事上也输给了秦国。政治上，秦国上下一心，举国一致，浇灌农田的水也引入水渠用来作运输，十五岁的男子全部征发上战场、保运输。赵国政治腐败，小人当道，未见有举国一致的动员。外交上，赵孝成王对是和是战举棋不定，未能在长平军事决战之时做好与魏、楚合纵的准备。齐国置身事外，坐看赵军粮草断绝而不伸援手。假如赵孝成王听得进蔺相如、虞卿的意见，军事上听信廉颇，外交上听信虞卿，政治上听信蔺相如，赵国人才济济，加上合纵盟国的支援，完全可以打败秦军，历史或许会是另一番模样。长平战后，三晋削弱，东方六国失去了屏障，争相割地与秦以求和，只不过是苟延残喘罢了。长平之战，是战国时代的转折点，秦并六国已成为不可逆转之势。

秦纪一

秦昭襄王五十二年至秦始皇帝十九年（前255—前228年）

【起柔兆敦牂（丙午，前255年），尽昭阳作噩（癸酉，前228年），凡二十八年】

【大事提要】

本卷记事起前255年，讫前228年，凡二十八年，当秦昭襄王五十二年至秦始皇帝十九年。本卷所载的大事，主要是以下几个方面：其一，秦灭周朝。前256年，秦国出兵攻打西周，西周非常恐惧，以西周三十六城、人口三万降秦，秦尽收其地，周赧王悲愤而死。从前255年开始，《资治通鉴》便以秦历纪年。前249年，东周君合纵攻秦，秦攻东周，执东周君而归，周朝彻底灭亡。其二，嬴政即位。前251年，执政56年的秦昭襄王嬴稷去世，其子孝文王嬴柱即位。可怜的是，秦孝文王即位三天后就死了，大概是历史上最短命的帝王。其太子子楚即位，是为秦庄襄王。三年后，庄襄王也一命呜呼。其子嬴政继位，是为秦始皇帝，开启了帝国统一的征程。其三，嬴政平乱。前238年，秦王嬴政举行冠礼。长信侯嫪毐因私通太后的丑事暴露，便矫诏发动叛乱，嬴政早有防备，很快平定叛乱，嫪毐落荒而逃，后被车裂，暴尸示众；文信侯吕不韦牵连其中，被免去相国职务，后被嬴政羞辱而自杀。秦国真正进入嬴政时代。其四，赵毁“长城”。老将廉颇于赵偃即位后即被弃用，去魏，后赵国多次被秦军围困，岌岌可危，赵王思用廉颇，派使臣慰问，使臣受郭开金而予以谗毁，诬之“一饭三遗矢”，无复再用。李牧是赵国赖以支撑危局的唯一良将，亦受谗毁而被杀害，国亡矣！其五，秦灭三晋。秦王嬴政亲政后，任用尉缭和李斯等人，积极推行统一战略，至前228年，已消灭韩国、赵国。前230年，秦国派韩国叛将腾攻打韩国，俘获韩王韩安，韩国灭亡。前228年，秦军攻破邯郸，赵王赵迁被迫投降，赵国实际上灭亡。

【原文】

昭襄王

五十二年（丙午，前 255 年）

河东守王稽坐与诸侯通，弃市。应侯日以不怿。王临朝而叹，应侯请其故。王曰："今武安君死，而郑安平、王稽等皆畔，内无良将而外多敌国，吾是以忧。"应侯惧，不知所出。

燕客蔡泽闻之，西入秦，先使人宣言于应侯曰："蔡泽，天下雄辩之士。彼见王，必困君而夺君之位。"应侯怒，使人召之。蔡泽见应侯，礼又倨。应侯不快，因让之曰："子宣言欲代我相，请闻其说。"蔡泽曰："吁，君何见之晚也！夫四时之序，成功者去。君独不见夫秦之商君、楚之吴起、越之大夫种，何足愿与？"应侯谬曰："何为不可！此三子者，义之至也，忠之尽也。君子有杀身以成名，死无所恨！"蔡泽曰："夫人立功，岂不期于成全邪？身名俱全者，上也；名可法而身死者，次也；名僇辱而身全者，下也。夫商君、吴起、大夫种，其为人臣尽忠致功，则可愿矣。闳夭、周公，岂不亦忠且圣乎？三子之可愿，孰与闳夭、周公哉？"应侯曰："善。"

蔡泽曰："然则君之主惇厚旧故，不倍功臣，孰与孝公、楚王、越王？"曰："未知何如。"蔡泽曰："君之功能孰与三子？"曰："不若。"蔡泽曰："然则君身不退，患恐甚于三子矣。语曰：'日中则移，月满则亏。'进退赢缩，与时变化，圣人之道也。今君之怨已雠而德已报，意欲至矣而无变计，窃为君危之。"

应侯遂延以为上客，因荐于王。王召与语，大悦，拜为客卿。应侯因谢病免。王新悦蔡泽计画，遂以为相国，泽为相数月，免。

（以上为第一段，写秦国国相范雎因所推荐的王稽犯通敌罪被诛而心神不宁，被辩士蔡泽取而代之。）

【语译】

昭襄王

秦昭襄王五十二年（丙午，前255年）

秦国河东郡郡守王稽因犯通敌罪，被判斩刑，弃于街市。应侯范雎为此闷闷不乐。秦昭襄王在坐朝听政时唉声说：“外有诸多敌国，我因此而忧虑！”范雎很恐惧，但想不出用什么办法来解决。

燕国人蔡泽听说这件事情，便向西进入秦国，先让人向范雎扬言说：“蔡泽是天下能言善辩的名士，他一见到秦王，就必然会使您为难，进而能够夺取您的位置。”范雎很生气，派人召蔡泽来见。蔡泽进见时，态度傲慢不敬，范雎大为不快，因此斥责蔡泽说：“你扬言要取代我做秦国的相国，那就让我听听你的见解吧。”蔡泽说：“哎呀，您见事怎么这么迟钝啊！四个季节按春生、夏长、秋实、冬藏的次序，各自完成它的使命而轮回下去。您难道没有看到秦国商鞅、楚国吴起、越国文种的下场吗？这有什么值得大惊小怪的呢？”范雎故意反驳说：“这有什么不可以的！这三个人的表现是节义的准则，忠贞的典范啊！君子可以杀身成名，并且死而无憾。”蔡泽说：“人们要建功立业，怎么会不期望着功成名就、全身而退呢？生命与功名都能保全，才是众人的愿望；功名可以为后人景仰效法而生命却已失去的，就次一等了；声名蒙受耻辱而自身得以苟全的，便是最下一等的了。商鞅、吴起、文种，他们作为臣子，竭尽全力忠于君王而取得了功名，这是可以为人仰慕的。但是，闳夭、周公不也是既忠心耿耿又道德高尚、智慧过人吗？从君臣关系上说，那三人虽然令人仰慕，可又哪里比得上闳夭、周公啊？”范雎说：“是啊。”

蔡泽说：“如此说来，您的国君在顾念旧情、不背弃有功之臣这点上能与秦孝公、楚悼王、越王哪一个相比呢？”范雎说：“我不知道能不能相比。”蔡泽说：“那么，您与商鞅等三人相比，谁的功劳更大呢？”范雎说：“我不如他们。”蔡泽说：“这样的话，如果您还不引退，将遇到的灾祸恐怕要比那三位更严重了。俗话说：‘太阳升到中午天就要偏斜而西，月亮圆满了就会渐见亏缺。’进退伸缩，随时势的变化进行调整以求适应，这是圣人的法则。现在您的仇也报了，恩也报了，心愿完全得到满足了，却还不做功成身退的打算，我私下里为您担忧！”

范雎于是将蔡泽奉为上宾，并把他推荐给秦昭襄王。秦昭襄王召见蔡泽，与他交谈，十分喜爱他，便授予他客卿的职位。范雎随即以生病为借口，辞去了相国之职。秦昭襄王一开始就赞赏蔡泽的计策，便任命他为相国。但蔡泽任相国几个月后，就被免职了。

楚春申君以荀卿为兰陵令。荀卿者，赵人，名况，尝与临武君论兵于赵孝成王之前。

王曰："请问兵要。"临武君对曰："上得天时，下得地利，观敌之变动，后之发，先之至，此用兵之要术也。"荀卿曰："不然。臣所闻古之道，凡用兵攻战之本，在乎一民。弓矢不调，则羿不能以中；六马不和，则造父不能以致远；士民不亲附，则汤、武不能以必胜也。故善附民者，是乃善用兵者也。故兵要在乎附民而已。"临武君曰："不然。兵之所贵者势利也，所行者变诈也。善用兵者感忽悠暗，莫知所从出。孙、吴用之，无敌于天下，岂必待附民哉！"荀卿曰："不然。臣之所道，仁人之兵，王者之志也。君之所贵，权谋势利也。仁人之兵，不可诈也。彼可诈者，怠慢者也，露袒者也，君臣上下之间滑然有离德者也。故以桀诈桀，犹巧拙有幸焉。以桀诈尧，譬之以卵投石，以指桡沸，若赴水火，入焉焦没耳。故仁人之兵，上下一心，三军同力；臣之于君也，下之于上也，若子之事父，弟之事兄，若手臂之扞头目而覆胸腹也。诈而袭之，与先惊而后击之，一也。且仁人用十里之国则将有百里之听，用百里之国则将有千里之听，用千里之国则将有四海之听，必将聪明警戒，和傅而一。故仁人之兵，聚则成卒，散则成列，延则若莫邪之长刃，婴之者断；兑则若莫邪之利锋，当之者溃。圜居而方止，则若盘石然，触之者角摧而退耳。且夫暴国之君，将谁与至哉？彼其所与至者，必其民也。其民之亲我欢若父母，其好我芬若椒兰；彼反顾其上则若灼黥，若仇雠；人之情，虽桀、跖，岂有肯为其所恶，贼其所好者哉！是犹使人之子孙自贼其父母也。彼必将来告，夫又何可诈也？故仁人用，国日明，诸侯先顺者安，后顺者危，敌之者削，反之者亡。《诗》曰：'武王载发，有虔秉钺，如火烈烈，则莫我敢遏'，此之谓也。"

楚国春申君黄歇任用荀卿为兰陵县令。荀卿是赵国人，名况，曾经与临武君在赵国孝成王赵丹面前辩论用兵之道。

赵孝成王说："请问，什么是用兵的要旨？"临武君回答说："上得天时，下得地利，观察敌人的变化动向，比敌人后发兵而先到达，这就是用兵的关键方略。"荀况说："不是这样。我所听说的古人用兵的道理就是用兵攻战的根本，在于统一民众。弓与箭不协调，就是善射的后羿也不能射中目标；六匹马不协力一致，即便善御的造父也无法将马车赶往远方；士兵与民众不亲附国君，即使是商汤、周武王也不能有必胜的把握。因此，善于使民众归附的人，才是善于用兵的人。所以，用兵的要领，在于使民众依附。"临武君说："并非如此。用兵所重视的是形势要有利，行动要讲究诡诈多变。善于用兵的人，行事疾速、隐蔽，没有人料得到他会从哪里出动。孙武、吴起采用这种战术，天下无敌，不见得一定要依靠民众的归附啊！"荀况说："不对，我所说的是仁人的用兵之道和要统治天下的帝王的志向。您所看重的是权术、谋略、形势、利害。仁人用兵是不能欺诈的。能够施用欺骗之术对付的是那些骄傲轻慢、疲惫衰弱的军队，以及君与臣、上级与下属之间不相和谐而离心离德的军队。因此，用夏桀的诈术对付夏桀，或许还有使巧的一方成功，而使拙的一方失败的可能。而用夏桀的骗术去对付唐尧，就如同拿鸡蛋去碰撞石头，把手指伸进滚水中搅动，就如同投身到水火之中，不是被烧焦，便是被淹死。故而仁人的军队，上下一条心，三军同出力；臣子对国君，下属对上级，犹如儿子侍奉父亲，弟弟侍奉哥哥，犹如用手臂保护头颅、眼睛、胸膛和腹部。这样的军队，用欺诈之术去袭击它，与先惊动了它而后才去攻击它是一回事。况且，仁人如果统治着十里的国家，他的耳目将布及百里；如果统治着百里的国家，他的耳目便将布及千里；如果统治着千里的国家，他的耳目就会遍及天下。这样，他必将耳聪目明、机警而有戒备，和众如一。因此，仁人的军队，集结起来，就是一支以一当百的铁拳部队；分散开时，就成战阵行列；延长伸展，好似莫邪宝剑的长刃，碰上的就被斩断；短兵精锐，仿佛莫邪宝剑的利锋，遇到的就被瓦解；安营扎寨，稳如磐石，顶撞它迅即遭到摧折而退却。再说，那些暴虐国家的君王，能依靠谁呢？他们所依靠的只能是他的民众。而他的民众爱我就如同爱他的父母，喜欢我就如同喜欢芬芳的香草。相反，想起他的君王，就好似畏惧遭受的烧灼与黥刑，好似面对不共戴天的仇敌。人之常情，即便是夏桀、盗跖，也不会为他所厌恶的人去残害他所喜爱的人！这就犹如让人们的子孙去杀害自己的父母，是根本不可能的。如此，民众一定会前来告发君王，那又有什么诈术可施呢？所以，由仁人治理国家，国家将日益强盛，各诸侯国先来归顺的则得到安定，后来依附的即遭遇危难；相对抗的将被削弱，进行反叛的即遭灭亡。《诗》所谓'商汤竖起大旗，诚敬地握着斧钺，势如熊熊烈火，谁敢把

孝成王、临武君曰："善。请问王者之兵，设何道、何行而可？"荀卿曰："凡君贤者其国治，君不能者其国乱；隆礼贵义者其国治，简礼贱义者其国乱。治者强，乱者弱，是强弱之本也。上足卬则下可用也，上不足卬则下不可用也。下可用则强，下不可用则弱，是强弱之常也。齐人隆技击，其技也，得一首者则赐赎锱金，无本赏矣。是事小敌毳，则偷可用也；事大敌坚，则涣焉离耳。若飞鸟然，倾侧反覆无日，是亡国之兵也，兵莫弱是矣，是其去赁市佣而战之几矣。魏氏之武卒，以度取之；衣三属之甲，操十二石之弩，负矢五十个，置戈其上，冠胄带剑，赢三日之粮，日中而趋百里；中试则复其户，利其田宅。是其气力数年而衰，而复利未可夺也，改造则不易周也，是故地虽大，其税必寡，是危国之兵也。秦人，其生民也狭隘，其使民也酷烈，劫之以势，隐之以厄，忸之以庆赏，鳍之以刑罚，使民所以要利于上者，非斗无由也。使以功赏相长，五甲首而隶五家，是最为众强长久之道。故四世有胜，非幸也，数也。故齐之技击不可以遇魏之武卒，魏之武卒不可以遇秦之锐士，秦之锐士不可以当桓、文之节制，桓、文之节制不可以当汤、武之仁义，有遇之者，若以焦熬投石焉。兼是数国者，皆干赏蹈利之兵也，佣徒鬻卖之道也，未有贵上安制綦节之理也。诸侯有能微妙之以节，则作而兼殆之耳。故招延募选，隆势诈，上功利，是渐之也。礼义教化，是齐之也。故以诈遇诈，犹有巧拙焉；以诈遇齐，譬之犹以锥刀堕泰山也。故汤、武之诛桀、纣也，拱挹指麾，而强暴之国莫不趋使，诛桀、纣若诛独夫。故《泰誓》曰：'独夫纣'，此之谓也。故兵大齐则制天下，小齐是治邻敌。若夫招延募选，隆势诈，上功利之兵，则胜不胜无常，代翕代张，代存代亡，相为雌雄耳。夫是之谓盗兵，君子不由也。"

（以上为第二段，写楚国兰陵县令荀况与临武君在赵孝成王赵丹面前辩论用兵之道，即在什么样的情况下才发动战争，荀况主张发动战争以仁义为根本，其标志是对人民有利，能团结人心，得到大众的拥护。）

我阻拦？’说的正是这种情况。”

赵孝成王、临武君说：“对啊！那么，请问君王用兵，应该建立什么教令、如何行动才好呢？”荀况答道：“总的说来，君王贤明的，国家就太平；君王无能的，国家就混乱；推崇礼教、尊重仁义的，国家就治理得好；荒废礼教、鄙视仁义的，国家就动荡不安。秩序井然的国家便强大，纲纪紊乱的国家便衰弱。这就是强与弱的根本所在。君王的言行足以为人敬慕，民众才可以接受驱使；君王的言行不能为人景仰，民众也就不会服从召唤。民众可供驱使的，国家就强大，民众不服调遣的，国家就衰弱，这就是强与弱的常理。齐国人重视兵家的格斗技巧，施展技击之术，斩获一颗人头的，赏金八两，或抵偿本人犯罪应缴的同等数额的罚金，没有斩首，打了胜仗也无赏。这样的军队，遇到弱小的敌人，还可以凑合着应付；一旦面对强大的敌军，就会涣然离散，如同天上的飞鸟，败亡覆灭就在眼前，这是亡国之军，没有比这种军队更衰弱的了，它与招募一群受雇佣的市井小人去作战相差无几。魏国按照一定的标准选拔武勇的士兵。选取时，让士兵披挂上全副铠甲，拉开十二石的强弓，身背五十支利箭，肩扛戈，头戴盔，腰佩剑，携带三天的食粮，每日急行军一百里。达到这个标准的，便为武勇之兵，即可被免除徭役，并分得较好的田地和住宅。但是这些士兵的气力几年后便开始衰退，而分配给他们的利益却无法再行剥夺，即使改换办法也不容易做得周全。故而，魏国的疆土虽大，税收却必定不多。这样的军队便是危害国家的军队了。秦国民众生计困窘，国家的刑罚却非常严酷，君王借此威势胁迫民众出战，让他们隐蔽于险恶的地势而奋战，使他们习惯于战胜获奖赏，而战败便处以刑罚，使他们为此受到箝制。这样一来，民众要想从上面获得什么好处，除了与敌人拼杀外，没有别的出路。功劳和赏赐成正比例增长，只要斩获五个甲士的人头，便可役使乡里的五户人家。这就是秦国比其他国家强大稳固的原因。所以，秦国得以四代（秦孝公、惠王、武王、昭王）相沿不衰，并非侥幸，而是有其必然性的（兵员多，战斗力强）。故此，齐国善技击术的军队无法抵抗魏国勇武强悍的军队，魏国勇武强悍的军队无法抵抗秦国精锐进取的军队；而秦国精锐进取的军队却不能抵挡齐桓公、晋文公约束有方的军队；齐桓公、晋文公约束有方的军队，又不能抵挡商汤、周武王仁义的军队，一旦遇上了，势必如用薄脆的东西去打石头，触之即碎。况且，那几个国家培养的都是争求赏赐、追逐利益的将领和士兵，他们就如同雇工靠出卖自己的力气挣钱那样，毫无敬爱国君，愿为国君拼死效力，安于制度约束，严守忠孝仁义的气节、情操。诸侯中如果有哪一个能够精尽仁义之道，便可起而兼并那几个国家，使它们陷入危急的境地。故在那几个国家中，招募或选拔士兵，推重威势和变诈，崇尚论功行赏，渐渐染成了习俗。但只有尊奉礼义教化，才能使全国上下一心，精诚团结。所以用诈术对付欺诈成俗的国家，还

孝成王、临武君曰："善。请问为将。"荀卿曰："知莫大于弃疑，行莫大于无过，事莫大于无悔；事至无悔而止矣，不可必也。故制号政令，欲严以威；庆赏刑罚，欲必以信；处舍收藏，欲周以固；徙举进退，欲安以重，欲疾以速；窥敌观变，欲潜以深，欲伍以参；遇敌决战，必行吾所明，无行吾所疑；夫是之谓六术。无欲将而恶废，无怠胜而忘败，无威内而轻外，无见其利而不顾其害，凡虑事欲熟而用财欲泰，夫是之谓五权。将所以不受命于主有三：可杀而不可使处不完，可杀而不可使击不胜，可杀而不可使欺百姓，夫是之谓三至。凡受命于主而行三军，三军既定，百官得序，群物皆正，则主不能喜，敌不能怒，夫是之谓至臣。虑必先事而申之以敬，慎终如始，始终如一，夫是之谓大吉。凡百事之成也必在敬之，其败也必在慢之。故敬胜怠则吉，怠胜敬则灭；计胜欲则从，欲胜计则凶。战如守，行如战，有功如幸。敬谋无旷，敬事无旷，敬吏无旷，敬众无旷，敬敌无旷，夫是之谓五无旷。慎行此六术、五权、三至，而处之以恭敬、无旷，夫是之谓天下之将，则通于神明矣。"

临武君曰："善。请问王者之军制。"荀卿曰："将死鼓，御死辔，百吏死职，上大夫死行列。闻鼓声而进，闻金声而退。顺命为上，有功次

有巧拙之别；而若用诈术对付万众一心的国家，就犹如拿小刀去毁坏泰山了。所以商汤、周武王诛灭夏桀、商纣王时，从容指挥军队，强暴的国家却都无不臣服，甘受驱使，诛杀夏桀、商纣王，即如诛杀众叛亲离之人一般。《尚书·泰誓》中所说的'独夫纣'，就是这个意思。因此军队齐心协力、众志成城，就可掌握天下；军队尚能团结合作，就可惩治临近的敌国。至于那些征召、募选士兵，推重威势诈变，崇尚论功行赏的军队，则或胜或败，变化无常；有时收缩，有时扩张，有时生存，有时灭亡，强弱不定。这样的军队，可称作盗贼之兵，而君子是不会这样用兵的。"

赵孝成王、临武君说："对啊！那么，还请问做将领的道理。"荀况说："谋虑最关键的是抛弃成败不明的谋划，行动最重要的是不产生过失，做事最关键的是不后悔。事情做到没有反悔就可以了，不必一定要追求尽善尽美。所以，制定号令法规，要严厉、威重；赏功罚过，要坚决执行、遵守信义；营垒、后勤，要周密、严固；迁移、发动、前进、后退，要谨慎稳重，快速敏捷；探测敌情、观察敌人的变化，要行动机密，混入敌方将士之中；与敌军遭遇进行决战，一定要打有把握之仗，不打无把握之仗。这些称为'六术'。不要为保住自己将领的职权而屈从君主担心丢失。不要因急于胜利而忘记还有失败的可能；不要对内威慑，而对外轻敌；不要见到利益不顾忌它的害处；考虑问题要仔细周详，使用钱财要慷慨宽裕，这些称为'五权'。此外，将领在三种情况下不接受君王的命令可以杀死他，但不可令他率军进入绝境；可以杀死他，但不可令他率军攻打无法取胜的敌人；可以杀死他，但不可令他率军去欺凌民众，这些称为'三至'。将领接受君王命令后即调动三军，三军各自到位，百官井然有序，各项事务均安排停当、纳入正轨，此时，即便君王奖之也不能使之喜悦，敌人激之也不能使之愤怒。这样的将领是最善于治军的将领。行事前必先深思熟虑，步步慎重，而且自始至终谨慎如一，这就叫作'大吉'。总之，各项事业如果获得成功，必定是由于严肃对待这项事业；如果造成失败，必定是由于轻视这项事业。因此，严肃胜过懈怠，便能取得胜利，懈怠胜过严肃，便将自取灭亡；谋划胜过欲望，就事事顺利，欲望胜过谋划，就会遭遇不幸。作战如同守备一样，行军如同作战一样，获得成功则看作是侥幸取得。严肃制订谋略，不可废止；严肃处理事务，不可废止；严肃对待下属，不可废止；严肃对待兵众，不可废止；严肃对待敌人，不可废止，这些称为'五不废'。谨慎地奉行以上'六术'、'五权'、'三至'，并恪守'五不废'的原则，这样的将领便是天下无人能及的将领，便是可以上通神明的了。"

临武君说："有道理，那么请问圣明君王的军制又该怎样？"荀况说："将领树旗击鼓号令三军，至死也不弃鼓奔逃；御手驾战车，至死也不放松缰绳；百官恪守职

之。令不进而进，犹令不退而退也，其罪惟均。不杀老弱，不猎禾稼，服者不禽，格者不赦，奔命者不获。凡诛，非诛其百姓也，诛其乱百姓者也。百姓有捍其贼，则是亦贼也。以其顺刃者生，傃刃者死，奔命者贡。微子开封于宋，曹触龙断于军，商之服民，所以养生之者无异周人，故近者歌讴而乐之，远者竭蹶而趋之，无幽闲辟陋之国，莫不趋使而安乐之，四海之内若一家，通达之属莫不从服，夫是之谓人师。《诗》曰：'自西自东，自南自北，无思不服。'此之谓也。王者有诛而无战，城守不攻，兵格不击，敌上下相喜则庆之，不屠城，不潜军，不留众，师不越时，故乱者乐其政，不安其上，欲其至也。"临武君曰："善。"

陈嚣问荀卿曰："先生议兵，常以仁义为本。仁者爱人，义者循理，然则又何以兵为？凡所为有兵者，为争夺也。"荀卿曰："非汝所知也。彼仁者爱人，爱人，故恶人之害之也；义者循理，循理，故恶人之乱之也。彼兵者，所以禁暴除害也，非争夺也。"

燕孝王薨，子喜立。

周民东亡。秦人取其宝器，迁西周公于䔽狐之聚。

楚王迁鲁于莒而取其地。

（以上为第三段，写荀况论为将之道，一个统帅的素质要具有"六术""五权""三至""五不废"的原则，核心是具有最高境界的仁爱之心。）

五十三年（丁未，前 254 年）

摎伐魏，取吴城。韩王入朝。魏举国听令。

责，至死也不离开岗位；大夫尽心效力，死于战阵行列。军队听到鼓声即前进，听到钲声即后退，服从命令是最主要的，建功还在其次。命令不准前进而前进，犹如命令禁止后退还要后退一样，罪过是相等的。不残杀老弱，不践踏庄稼，不追杀不战而退的人，不赦免相拒顽抗的人，不俘获跑来归顺的人。该诛杀时，诛杀的不是民众，而是祸害民众的人。但民众中如果有保护敌人的，那么他也就成为敌人了。所以，不战而退的人生，相拒顽抗的人死，跑来归顺的人则不当俘虏看待。微子启因多次规劝商纣王，后归顺周王而受封为宋国国君，专门谄谀纣王的曹触龙被处以军中重刑，归附于周天子的商朝人待遇与周朝民众没有区别，故而近处的人唱着歌欢乐地颂扬周天子，远方的人跌跌撞撞地前来投奔周天子。此外，不论是多么边远荒僻鄙陋的国家，周天子也派人去关照，让民众安居乐业，以至四海之内如同一家，周王朝恩威所能达到的属国，没有不服从、归顺的。这样的君王就叫作'人师'，即为人表率的人。《诗经》说：'自西自东，自南自北，无思不服'，就是指的这个。圣明君王的军队只诛讨不义而不挑起战争，不强攻坚固防守的敌军，不攻击顽固抵抗的敌人，敌人上下一心亲密团结就祝贺他们，并且不洗劫屠戮敌方的城镇，不偷袭无防备的敌人，不使将士们长久地滞留在外，军队出动作战不超越计划的时间。如此，那些混乱国家的民众都喜欢王者的政治措施，而不安心于受自己国君的统治，希望这种君王的军队到来。"临武君说："你说的不错。"

陈嚣问荀况说："您议论用兵之道，总是以仁义为根本，而仁者爱人，义者遵循情理，既然如此又怎么用兵打仗呢？一切用兵之事，都是为了争夺、攻伐啊。"荀况说："并非像你所理解的那样。所谓仁者爱人，正因为爱人，才憎恶害人的人；义者遵循情理，正因为循理，才憎恶反叛、作乱的人。所以，用兵的目的在于禁暴除害，而不是为了争夺、攻伐。"

燕孝王去世，其子姬喜继位。

周王朝的民众向东逃亡。秦国人夺取了周王朝的宝鼎重器，并将西周文公姬咎迁移到𢠸狐之聚。

楚考烈王将鲁国国君迁到莒地，夺取了鲁国的封地。

秦昭襄王五十三年（丁未，前 254 年）

秦国将领摎率军攻打魏国，攻占了吴城。韩国国君前来朝见秦昭襄王。魏国全国听从秦昭襄王的号令。

五十四年（戊申，前 253 年）

王郊见上帝于雍。

楚迁于巨阳。

五十五年（己酉，前 252 年）

卫怀君朝于魏，魏人执而杀之；更立其弟，是为元君。元君，魏婿也。

五十六年（庚戌，前 251 年）

秋，王薨，孝文王立。尊唐八子为唐太后，以子楚为太子。赵人奉子楚妻子归之。韩王衰绖入吊祠。

燕王喜使栗腹约欢于赵，以五百金为赵王酒。反而言于燕王曰："赵壮者皆死长平，其孤未壮，可伐也。"王召昌国君乐间问之，对曰："赵四战之国，其民习兵，不可。"王曰："吾以五而伐一。"对曰："不可。"王怒。群臣皆以为可，乃发二千乘，栗腹将而攻鄗，卿秦攻代。将渠曰："与人通关约交，以五百金饮人之王，使者报而攻之，不祥，师必无功。"王不听，自将偏军随之。将渠引王之绶，王以足蹴之。将渠泣曰："臣非自为，为王也！"燕师至宋子，赵廉颇为将，逆击之，败栗腹于鄗，败卿秦、乐乘于代，追北五百余里，遂围燕。燕人请和，赵人曰："必令将渠处和。"燕王使将渠为相而处和，赵师乃解去。

赵平原君卒。

（以上为第四段，写前 253 年至前 251 年史事，写秦国昭襄王嬴稷去世，儿子嬴柱继位，是为孝文王；燕王姬喜派使臣栗腹与赵孝成王缔结友好盟约，回去后就反悔，出兵攻打赵国，结果被打得大败。）

孝文王

元年（辛亥，前 250 年）

冬，十月己亥，王即位；三日薨。子楚立，是为庄襄王；尊华阳夫

秦昭襄王五十四年（戊申，前 253 年）

秦昭襄王在雍城南郊祭祀上帝。

楚国迁都至巨阳。

秦昭襄王五十五年（己酉，前 252 年）

卫国卫怀君卫公期到魏国都城大梁朝见魏安釐王姬圉，魏国人将他抓住杀了，另立他的弟弟为卫国国君，是为元君。元君是魏安釐王的女婿。

秦昭襄王五十六年（庚戌，前 251 年）

秋季，秦昭襄王去世，子嬴柱继位，是为孝文王。孝文王尊奉生母唐八子为唐太后，立儿子嬴异人为太子。于是，赵国人便将嬴异人的妻子儿女送回秦国。韩桓惠王则穿着丧服来到秦国，入殡宫悼念、祭奠昭襄王。

燕王姬喜派使臣栗腹与赵孝成王缔结友好盟约，并以五百金设置酒宴款待赵王。栗腹返回燕国后，对燕王喜说："赵国的壮年男子都死在长平之战中了，他们的孤儿还都没有长大成人，可以去进攻赵国。"燕王喜召见昌国君乐间，询问他的意见。乐间回答说："赵国的四境都面临着强敌，需要四面抵抗，故国中民众均已习惯于作战，不能去攻打。"燕王喜说："我可以用五倍兵力来攻打赵国。"乐间回答说："那也不行。"燕王喜大怒。群臣都认为可以出兵攻打赵国，燕王喜便调动两千辆战车，一路由栗腹率领，进攻鄗城；一路由卿秦率领，进攻代地。大夫将渠说："刚与赵国交换文件，订立友好盟约，并用五百金置备酒席请赵王饮酒，而使臣一回来就发兵进攻人家，这是不吉利的，燕国军队肯定无法获得成功。"燕王喜不听将渠的劝阻，而且还亲自率领配合主力作战的部队随大军出发。将渠一把拉住燕王喜腰间结系印纽的丝带，燕王喜气得向他猛踢一脚，将渠哭泣着说："我不是为了我自己，而是为了大王您啊！"燕国军队抵达宋子，赵孝成王任命廉颇为将，率军迎击燕军，在鄗城打败栗腹的部队，在代地战胜卿秦、乐乘的部队，并乘胜追击燕军五百多里，顺势包围了燕国国都蓟城。燕王喜只得派人向赵国求和。赵国人说："一定得让将渠前来议和才行。"于是，燕王喜便任命将渠为相国，前往赵国议和，赵国军队方才退走。

这一年，赵国平原君赵胜去世。

孝文王

秦孝文王元年（辛亥，前 250 年）

冬季，十月初四己亥，秦孝文王正式登上王位。但孝文王在位仅三天就去世了，

人为华阳太后，夏姬为夏太后。

燕将攻齐聊城，拔之。或谮之燕王，燕将保聊城，不敢归。齐田单攻之，岁余不下，鲁仲连乃为书，约之矢以射城中，遗燕将，为陈利害曰："为公计者，不归燕则归齐。今独守孤城，齐兵日益而燕救不至，将何为乎？"燕将见书，泣三日，犹豫不能自决，欲归燕，已有隙；欲降齐，所杀虏于齐甚众，恐已降而后见辱。喟然叹曰："与人刃我，宁我自刃！"遂自杀。聊城乱，田单克聊城。归，言鲁仲连于齐，欲爵之。仲连逃之海上，曰："吾与富贵而诎于人，宁贫贱而轻世肆志焉！"

魏安釐王问天下之高士于子顺，子顺曰："世无其人也；抑可以为次，其鲁仲连乎！"王曰："鲁仲连强作之者，非体自然也。"子顺曰："人皆作之。作之不止，乃成君子；作之不变，习与体成：则自然也。"

（以上为第五段，写前250年史事，写燕国将领率军攻下齐国聊城，齐国相国田单率军反攻，相持一年多，齐人鲁仲连写信给燕将劝降，燕将自杀，齐军下聊城。鲁仲连立功而不受封赏。）

庄襄王

元年（壬子，前249年）

吕不韦为相国。

东周君与诸侯谋伐秦，王使相国帅师讨灭之，迁东周君于阳人聚。周既不祀。周比亡，凡有七邑：河南、洛阳、谷城、平阴、偃师、巩、缑氏。

以河南洛阳十万户封相国不韦为文信侯。

蒙骜伐韩，取成皋、荥阳，初置三川郡。

楚灭鲁，迁鲁顷公于卞，为家人。

二年（癸丑，前248年）

日有食之。

蒙骜伐赵，取榆次、狼孟等三十七城。

楚春申君言于楚王曰："淮北地边于齐，其事急，请以为郡而封于江

他的儿子嬴异人继位，是为秦庄襄王。庄襄王尊奉嫡母华阳夫人为华阳太后，尊奉生母夏姬为夏太后。

燕国的一位将领率军攻下了齐国的聊城。但是有人却在燕王喜面前说这个将领的坏话。这位将领因此而据守聊城，不敢返回燕国。齐国相国田单率军反攻聊城，为时一年多仍然攻克不下。齐人鲁仲连便写了一封信，捆在箭上射入城中给那位燕将，向他陈述利害关系，说："替您打算，您不是回燕国就是归附齐国。而现在您独守孤城，齐国的军队一天天增多，燕国的援兵却迟迟不到，您将怎么办呢？"燕将见信后，低声哭泣了好几天，但仍然犹豫不决。他想还归燕国，可是已与燕国有了嫌隙；想投降齐国，又因杀戮、俘获的齐国人太多，而害怕降齐后会遭受屈辱。于是，长声叹息着说："与其让人来杀我，倒不如我自杀！"便自杀身亡。聊城城内大乱，田单趁机攻下了聊城。田单凯旋后向齐王建述说鲁仲连的功绩，并要授给他爵位。鲁仲连为此逃到海边，说："我与其因获得富贵而屈从于他人，宁可忍受贫贱而能放荡不羁、随心所欲！"

魏安釐王魏圉向孔斌询问谁是天下高士。孔斌说："世上没有这种人。如果说可以有次一等的，那么这个人就是鲁仲连了！"安釐王说："鲁仲连是强求自己这样做的，而不是他本性的自然流露。"孔斌说："人都是要强求自己去做一些事情的。假如这样不停地做下去，便会成为君子；始终不变地这样做，习惯与本性渐渐相融合，也就成为自然的了。"

庄襄王

秦庄襄王元年（壬子，前 249 年）

吕不韦担任秦国的相国。

东周国国君与各诸侯国谋划着共同攻打秦国，秦庄襄王因此派吕不韦统帅军队讨灭了东周，将东周国君迁移到阳人聚。周王朝至此灭亡，再无人主持祭祀了。周朝至灭亡时共有七邑：河南、洛阳、谷城、平阴、偃师、巩、缑氏。

秦庄襄王封相国吕不韦为文信侯，将河南洛阳十万户做他的封地。

秦将蒙骜攻打韩国，夺取了成皋、荥阳，开始设置三川郡。

楚国灭亡了鲁国，把鲁顷公迁移到下地，贬为平民。

秦庄襄王二年（癸丑，前 248 年）

出现日食。

秦将蒙骜攻打赵国，夺取了榆次、狼孟等三十七城。

楚国春申君黄歇对楚考烈王熊元说："淮北地区与齐国接壤，防务吃紧，请在那

东。”楚王许之。春申君因城吴故墟以为都邑，宫室极盛。

（以上为第六段，写前249年至前248年史事，写秦庄襄王嬴异人派吕不韦率军攻打东周，东周灭亡；楚国灭亡鲁国，将其国君贬为平民；楚国春申君黄歇封到江东，在过去吴国的旧都筑城。）

三年（甲寅，前247年）

王龁攻上党诸城，悉拔之，初置太原郡。

蒙骜帅师伐魏，取高都、汲。魏师数败，魏王患之，乃使人请信陵君于赵。信陵君畏得罪，不肯还，诫门下曰："有敢为魏使通者死！"宾客莫敢谏。毛公、薛公见信陵君曰："公子所以重于诸侯者，徒以有魏也。今魏急而公子不恤，一旦秦人克大梁，夷先王之宗庙，公子当何面目立天下乎！"语未卒，信陵君色变，趣驾还魏。魏王持信陵君而泣，以为上将军。信陵君使人求援于诸侯。诸侯闻信陵君复为魏将，皆遣兵救魏。信陵君率五国之师败蒙骜于河外，蒙骜遁走。信陵君追至函谷关，抑之而还。

安陵人缩高之子仕于秦，秦使之守管。信陵君攻之不下，使人谓安陵君曰："君其遣缩高，吾将仕之以五大夫，使为执节尉。"安陵君曰："安陵，小国也，不能必使其民。使者自往请之。"使吏导使者至缩高之所。使者致信陵君之命，缩高曰："君之幸高也，将使高攻管也。夫父攻子守，人之笑也；见臣而下，是倍主也。父教子倍，亦非君之所喜。敢再拜辞！"使者以报信陵君。信陵君大怒，遣使之安陵君所曰："安陵之地，亦犹魏也。今吾攻管而不下，则秦兵及我，社稷必危矣。愿君生束缩高而致之！若君弗致，无忌将发十万之师以造安陵之城下！"安陵君曰："吾先君成侯受诏襄王以守此城也，手授太府之宪，宪之上篇曰：'臣弑君，子弑父，有常不赦。国虽大赦，降城亡子不得与焉。'今缩高辞大位以全父子之义，而君曰'必生致之'，是使我负襄王之诏而废太府之宪也，虽死，终不敢行！"缩高闻之曰："信陵君为人，悍猛而自用，此辞必反为国祸。吾已全己，无违人臣之义矣，岂可使吾君有魏患乎！"乃之使者之舍，刎颈而死。信陵君闻之，缟素辟舍，使使者谢安陵君曰："无忌，小人也，困于思虑，失言于君，请再拜辞罪！"

里设置边郡，并把我封到江东。”楚考烈王答应了他的要求，春申君便在过去吴国的旧都上筑城，作为自己的都邑，他所营造的宫室都极为华丽。

秦庄襄王三年（甲寅，前247年）

秦国大将王龁率军进攻魏国上党郡各城，全部攻取，开始设置太原郡。

秦将蒙骜率军进攻魏国，占领了高都和汲。魏军屡战屡败，魏安釐王为此而忧虑，便派人到赵国请信陵君魏无忌回国。信陵君惧怕归国后被判罪，不肯返回，并告诫他的门客们说：“有胆敢给魏国使者通报消息的，处死！”于是，宾客们都不敢规劝他。毛公、薛公为此拜见信陵君，说：“您所以受到各国的敬重，只是因为强大的魏国还存在。现在魏国的情势危急，而您却毫不顾惜，如此，一旦秦国人攻陷了魏国都大梁，将先王的宗庙铲为平地，您当以何面目立在天下人的面前啊！”二人的话还未说完，信陵君已脸色大变，即刻驾车赶回魏国。魏安釐王见到信陵君后握着他的手啜泣不止，随即便任命他为上将军。信陵君派人向各诸侯国求援，各国听说信陵君再次担任魏国大将，都纷纷派兵援救魏国。信陵君率领五国联军在黄河以西击败蒙骜的军队，蒙骜带着残部逃走。信陵君率军追击到函谷关，将秦军压制在关内后才领兵还魏。

魏国安陵人缩高的儿子在秦国供职，秦人让他负责守卫管城。信陵君魏无忌率军攻管城不下，便派人去见安陵君说：“如果您能遣送缩高到我这里来，我将授给他五大夫的军职，并让他担任执节尉。”安陵君说：“安陵是个小国，民众不一定都服从我的命令。还是请使者您自己前去邀请他吧。”于是，就委派一个小官引导魏国的使者前往缩高的住地。使者向缩高传达了信陵君的命令，缩高听后说：“信陵君之所以看重我，是为了让我出面去进攻管城。为父亲的去攻城，做儿子的却守城，这是要被天下人耻笑的。况且，我的儿子如果见到我就放弃职守，那便是背叛了他的国君；做父亲的如果教儿子背叛，也不是信陵君所喜欢的行为。我冒昧地辞谢，不能接受信陵君的旨令。”使者回报给信陵君，信陵君勃然大怒，又派使者到安陵君那里说：“安陵国也是魏国的领地。现在我攻打不下管城，秦国的军队就会赶到这里来攻打我，这样一来，魏国肯定就危险了。希望您能将缩高活着捆送到我这里！如果您不肯这么做，我就将调动十万大军开赴安陵城下。”安陵君说：“我的先代国君成侯奉魏襄王的命令镇守此城，并亲手把太府中所藏的《国法》授给了我。《国法》的上篇说：‘臣子杀君王，子女杀父亲，常法规定绝不赦免这类罪行。即使国家实行大赦，举城投降和临阵脱逃的人也都不能被赦免。’现在，缩高推辞不受您要授予他的

王使人行万金于魏以间信陵君，求得晋鄙客，令说魏王曰：“公子亡在外十年矣，今复为将，诸侯皆属，天下徒闻信陵君而不闻魏王矣。”王又数使人贺信陵君：“得为魏王未也？”魏王日闻其毁，不能不信，乃使人代信陵君将兵。信陵君自知再以毁废，乃谢病不朝，日夜以酒色自娱，凡四岁而卒。韩王往吊，其子荣之，以告子顺。子顺曰：“必辞之以礼。‘邻国君吊，君为之主。’今君不命子，则子无所受韩君也。”其子辞之。

五月，丙午，王薨。太子政立，生十三年矣，国事皆决于文信侯，号称仲父。

晋阳反。

（以上为第七段，写前247年史事，写秦军进攻魏国，魏信陵君魏无忌从赵国返回，率领吴国联军打败秦军，后被秦国用反间计，遭谗毁而被废，忧郁而死；秦庄襄王嬴异人去世，太子嬴政继位。）

始皇帝上

元年（乙卯，前246年）

蒙骜击定之。

韩欲疲秦人，使无东伐，乃使水工郑国为间于秦，凿泾水自仲山为渠，并北山，东注洛。中作而觉，秦人欲杀之。郑国曰：“臣为韩延数年之命，然渠成，亦秦万世之利也。”乃使卒为之。注填阏之水溉舄卤之地

高位，以此成全他们的父子之义，而您却说‘一定要将缩高活着捆送到我这里来’，如此，便是要让我违背襄王的命令并废弃太府所藏的《国法》啊！我纵然去死，也终归不敢执行您的指示！”缩高听说了这件事，说：“信陵君这个人，性情凶暴蛮横，且刚愎自用，那些话必将给安陵国招致祸患。我已保全了自己的名声，没有违背作为臣子应尽的道义，既然如此，我又岂可让安陵君遭到来自魏国内部的危害啊！”于是，便到使者居住的客舍，拔剑抹脖，自杀而死。信陵君听说这一消息后，身着素服避住到厢房，并派使者去对安陵君道歉说：“我真是个小人啊，为要攻取管城的思虑所困扰，对您说了一些不该说的话，请让我拜谢，为我的罪过向您道歉！”

秦庄襄王为了挑拨离间信陵君与魏安釐王的关系，派人携带万金前往魏国，寻找被信陵君所杀的晋鄙的门客，让他去劝说魏安釐王道：“信陵君流亡国外十年，现在重新担任了魏国的大将，各诸侯国的将领都隶属于他，致使天下的人只听说有信陵君这个人，而不知道还有魏王您了。”秦庄襄王又多次派人奉送礼物给信陵君表示庆贺，说：“您做了魏国的国君没有啊？”魏安釐王天天都听到这类诽谤信陵君的话，不能不信，于是就令人代替信陵君统领军队。信陵君明白自己第二次因别人的谗毁而被废免，便以生病为由，不再朝见魏安釐王参与议事，日夜饮酒作乐，沉湎于女色之中，过了四年就死去了。韩桓惠王亲自来到魏国吊丧。信陵君的儿子颇以此为荣，便将这件事告诉了孔斌。孔斌却说：“你一定要按照礼制推辞掉韩王的吊唁！礼制规定：‘邻国国君前往某国吊丧，这吊丧活动应由某国的国君来主持。’现在，魏王并没有委命你代他主持吊丧仪式，因此，你也就没有资格去接待韩王来进行吊丧了。”信陵君的儿子便未接受韩桓惠王的吊丧。

五月二十六日丙午，秦庄襄王去世，太子嬴政继位。嬴政这时只有十三岁，故一切国家大事都由文信侯吕不韦决定，号称他为“仲父”。

秦国属地晋阳反叛。

始皇帝上

秦始皇帝（嬴政）元年（乙卯，前246年）

秦国大将蒙骜率军平定了晋阳的叛乱。

韩国想要消耗秦国国力，使它不发兵东征，便派遣水利专家郑国到秦国去，游说秦国兴修水利，从仲山起，开凿一条引泾水、沿北山东注洛河的灌溉渠。工程进行中时，秦王嬴政觉察到了韩国的意图，为此要杀郑国。郑国说：“我的确是为韩国

四万余顷，收皆亩一钟，关中由是益富饶。

二年（丙辰，前 245 年）

麃公将卒攻卷，斩首三万。

赵以廉颇为假相国，伐魏，取繁阳。赵孝成王薨，子悼襄王立，使武襄君乐乘代廉颇。廉颇怒，攻武襄君；武襄君走。廉颇出奔魏。久之，魏不能信用。赵师数困于秦，赵王思复得廉颇，廉颇亦思复用于赵。赵王使使者视廉颇尚可用否。廉颇之仇郭开多与使者金，令毁之。廉颇见使者，一饭斗米，肉十斤，被甲上马，以示可用。使者还报曰：“廉将军虽老，尚善饭；然与臣坐，顷之三遗矢矣。”赵王以为老，遂不召。楚人阴使迎之。廉颇一为楚将，无功，曰：“我思用赵人！”卒死于寿春。

三年（丁巳，前 244 年）

大饥。

蒙骜伐韩，取十二城。

赵王以李牧为将，伐燕，取武遂、方城。李牧者，赵之北边良将也，尝居代、雁门备匈奴，以便宜置吏，市租皆输入莫府，为士卒费，日击数牛飨士；习骑射，谨烽火，多间谍，为约曰：“匈奴即入盗，急入收保。有敢捕虏者斩！”匈奴每入，烽火谨，辄入收保不战。如是数岁，亦不亡失。匈奴皆以为怯，虽赵边兵亦以为吾将怯。赵王让之，李牧如故。王怒，使他人代之。

岁余，屡出战，不利，多失亡，边不得田畜。王复请李牧，李牧杜门称病不出。王强起之，李牧曰：“必欲用臣，如前，乃敢奉令。”王许

延长了几年的寿命，但是这条灌溉渠如果修成了，秦国也可享万世之利啊！”秦王政于是命他继续主持施工，完成了此项工程。这条水渠引淤浊而有肥效的水灌溉盐碱地四万多顷，每亩的收成都高达六斛四斗，秦国的关中一带因此更加富裕起来。

秦始皇帝二年（丙辰，前245年）

秦国将领麃公率军进攻魏国的卷地，斩杀三万人。

赵国任命廉颇代理相国之职，率军攻打魏国，攻取了繁阳。这时，赵孝成王去世，他的儿子赵偃继位，是为悼襄王。赵悼襄王刚执政就令武襄君乐乘取代了廉颇。廉颇因此大怒，攻击乐乘，乐乘跑开了。廉颇便逃奔到魏国的都城大梁。但他在魏国很久，仍得不到信任和重用。此时，赵国的军队多次遭到秦军围困，赵悼襄王想重新任用廉颇，廉颇也渴望再为赵国效力。赵悼襄王于是派使者前往大梁，观察廉颇是否还能被任用。廉颇的仇人郭开以重金贿赂那位使者，让他在赵悼襄王面前说廉颇的坏话。廉颇会见使者时，有意一餐饭吃下一斗米、十斤肉，然后披挂铠甲，跃上战马，以此显示自己还可以率军去攻城陷阵。使者回到赵国后，向赵悼襄王报告说：“廉将军虽然老了，但饭量还好。只是陪我坐着的时候，不一会就去拉了三次屎。”赵悼襄王由此认为廉颇已经老了，便不再召他回国。楚考烈王获悉了这一情况，就偷偷地派人到魏国去迎接廉颇。廉颇担任楚国的将领后，没有立下什么战功。于是，他感慨地说：“我真想指挥赵国的士兵啊！”最终，他死在了楚国寿春。

秦始皇帝三年（丁巳，前244年）

秦国发生大饥荒。

秦将蒙骜率军进攻韩国，夺取了十二座城池。

赵悼襄王任命李牧为大将，率军攻打燕国，占领了武遂、方城。李牧是赵国防守北部边疆的优秀将领，曾经领兵驻扎在代、雁门防备匈奴。根据当时的实际需要，他可以自行任用军吏官员，而城市的税收也都直接送到李牧的帐下，充作养兵的经费。李牧令人每天宰杀好几头牛，供给将士们食用，并指挥部队练习射箭和骑马，小心谨慎地把守烽火台，多多派出侦察人员打探敌情，同时申明约束，号令说：“如果匈奴兵侵入边境进行掠夺，我军应立即收拾起人马、牛羊、物资等退入堡垒中固守，有胆敢逞强捕捉俘虏的，一律处斩！”如此，匈奴兵每次入侵，李牧的军队都严谨地点燃烽火报警，然后人马、物资退入堡垒中，只守不战。这样过了好几年，也没有什么伤亡损失。匈奴人因此全都认为李牧胆小，就连赵国的守边官兵也认为自己的将帅太胆小了。赵悼襄王为此而责备李牧，但李牧依旧维持老样子，不做变动。赵王怒不可遏，派其他人取代李牧统兵。

此后一年多时间里，新任将领屡次率军迎击犯境的匈奴，不但屡次作战失利，损失惨重，而且边境骚扰不断，民众无法正常地耕作和放牧。赵王不得已又派人请

之。李牧至边，如约。匈奴数岁无所得，终以为怯。边士日得赏赐而不用，皆愿一战。于是乃具选车得千三百乘，选骑得万三千匹，百金之士五万人，彀者十万人，悉勒习战；大纵畜牧、人民满野。匈奴小入，佯北不胜，以数十人委之。单于闻之，大率众来入。李牧多为奇陈，张左、右翼击之，大破之，杀匈奴十余万骑，灭襜褴，破东胡，降林胡。单于奔走，十余岁不敢近赵边。

先是，天下冠带之国七，而三国边于戎狄：秦自陇以西有绵诸、绲戎、翟、貆之戎，岐、梁、泾、漆之北有义渠、大荔、乌氏、朐衍之戎；而赵北有林胡、楼烦之戎；燕北有东胡、山戎；各分散居溪谷，自有君长，往往而聚者百有余戎，然莫能相一。其后义渠筑城郭以自守，而秦稍蚕食之，至惠王遂拔义渠二十五城。昭王之时，宣太后诱义渠王，杀诸甘泉，遂发兵伐义渠，灭之，始于陇西、北地、上郡筑长城以拒胡。赵武灵王北破林胡、楼烦，筑长城，自代并阴山下，至高阙为塞，而置云中、雁门、代郡。其后燕将秦开为质于胡，胡甚信之；归而袭破东胡，东胡却千余里；燕亦筑长城，自造阳至襄平，置上谷、渔阳、右北平、辽东郡以拒胡。及战国之末而匈奴始大。

（以上为第八段，写前 246 年至前 244 年三年史事，写韩国派水利专家郑国到秦国兴修水利，使秦国富强；赵国老将廉颇被谗毁而被弃用，大将李牧守卫边疆，大破匈奴，匈奴十多年不敢接近赵边。）

四年（戊午，前 243 年）

春，蒙骜伐魏，取畼、有诡。三月，军罢。

秦质子归自赵；赵太子出归国。

七月，蝗，疫。令百姓纳粟千石，拜爵一级。

李牧复出，李牧以生病为由闭门不出，拒绝接见来者。可是，赵悼襄王赵偃坚持非要让他重新出马不可，李牧无奈，便说："如果一定要用我，必须允许我仍照从前的办法行事，我才敢接受您的命令。"赵悼襄王只好答应了他的要求。李牧重返北部边境，继续实行以往的约束。匈奴人几年来侵掠都毫无所获，却终究以为李牧是畏惧他们。守边军士每天得到赏赐，却不被派去抗击匈奴，所以都希望能与匈奴人大打一仗。李牧于是备齐精选的战车一千三百辆，精选的战马一万三千匹，曾获过百金奖赏的勇士五万人，能拉硬弓的善射士兵十万人，将他们全部组织起来，进行作战训练，并大力组织放牧，使放牧人遍布在边境田野。匈奴人小规模地入侵，李牧指令部队假败下来，且把数十人丢弃给匈奴。匈奴的单于听到这个消息后，随即率军大举来犯。李牧多设奇阵，指挥部队从左、右两翼进行包抄，大破敌兵，斩杀匈奴十多万人马，乘胜灭掉了代地以北的胡族襜褴，攻破东胡，迫使林胡部族归降。匈奴单于领着残兵逃奔而去。此后十多年，不敢再接近赵国边境。

在此之前，天下懂得礼仪的国家有七个，其中三国的边境与戎狄部族接壤，这便是秦国，自陇以西，有绵诸、绲戎、翟、獂等部族；岐山、梁山、泾水、漆水以北，有义渠、大荔、乌氏、朐衍等部族；赵国北部有林胡、楼烦等部族；燕国北部有东胡、山戎等部族。这些部族各自分散居住在山谷溪涧，有自己的君长，虽然常常有一百多个部族聚集在一起，却没有一个部族能够将各部族统一起来。稍后，义渠部开始修筑城池以求自守，而秦国则慢慢地对它进行蚕食，到了惠王嬴驷时，攻占了它二十五座城池。及至昭襄王时，宣太后将义渠王引诱到甘泉杀掉了，随后即发兵进攻义渠，灭掉了该部族，始在陇西、北地、上郡等地修筑长城，以抵抗西北胡人的侵扰。赵武灵王赵雍率军在北方击破林胡、楼烦等部族，自代地经阴山下到高阙，修筑长城，建立要塞，并设置了云中、雁门、代郡等郡。再以后，燕国的将领秦开因曾在东胡做过人质，深得东胡的信任，返回燕国后率军袭击东胡，大破东胡兵，迫使它向北退却了一千多里。燕国于是也在造阳至襄平一线筑起长城，同时设置上谷、渔阳、右北平、辽东等郡，以抵御胡人的攻掠。直到战国末期，匈奴部族才开始强大起来。

秦始皇帝四年（戊午，前243年）

春季，秦将蒙骜进攻魏国，夺取了畼、有诡。在三月间，停止了进军。

秦国送到赵国充当人质的王子回到秦国，赵国在秦国充当人质的太子赵初也回到赵国。

七月，秦国发生蝗灾，瘟疫流行。国家下令：民众凡缴纳粮食一千石的，即授给一级爵位。

魏安釐王薨，子景湣王立。

五年（己未，前 242 年）

蒙骜伐魏，取酸枣、燕、虚、长平、雍丘、山阳等三十城；初置东郡。

初，剧辛在赵与庞煖善，已而仕燕。燕王见赵数困于秦，廉颇去而庞煖为将，欲因其敝而攻之，问于剧辛，对曰："庞煖易与耳！"燕王使剧辛将而伐赵。赵庞煖御之，杀剧辛，取燕师二万。

诸侯患秦攻伐无已时。

六年（庚申，前 241 年）

楚、赵、魏、韩、卫合从以伐秦，楚王为从长，春申君用事，取寿陵。至函谷，秦师出，五国之师皆败走。楚王以咎春申君，春申君以此益疏。观津人朱英谓春申君曰："人皆以楚为强，君用之而弱。其于英不然。先君时，秦善楚，二十年而不攻楚，何也？秦逾黾厄之塞而攻楚，不便；假道于两周，背韩、魏而攻楚，不可。今则不然。魏旦暮亡，不能爱许、鄢陵，魏割以与秦，秦兵去陈百六十里。臣之所观者，见秦、楚之日斗也。"楚于是去陈，徙寿春，命曰郢。春申君就封于吴，行相事。

秦拔魏朝歌及卫濮阳。卫元君率其支属徙居野王，阻其山以保魏之河内。

七年（辛酉，前 240 年）

伐魏，取汲。

夏太后薨。

蒙骜卒。

八年（壬戌，前 239 年）

魏与赵邺。

韩桓惠王薨，子安立。

（以上为第九段，写前 243 年至前 239 年五年史事，写魏安釐王去世，子魏增继位；燕王派剧辛率兵攻打赵国，兵败；楚、赵、魏、韩、卫五国合纵联盟，共同攻

魏国安釐王魏圉去世，子魏增继位，是为魏景湣王。

秦始皇帝五年（己未，前 242 年）

秦将蒙骜攻打魏国，攻下酸枣、燕、虚、长平、雍丘、山阳等三十城，开始设置东郡。

当初，剧辛在赵国时与庞煖关系极好。不久，他到燕国做了官。燕王喜见到赵国的军队多次被秦军所困，廉颇离去而由庞煖担任赵军统帅，便想乘赵国衰败之机进攻它。为此，燕王询问剧辛的意见。剧辛回答道："庞煖这个人是很容易对付的！"燕王喜便派剧辛率兵攻打赵国。赵军统帅庞煖指挥军队抵抗燕军，杀了剧辛，并俘获燕兵二万人。

各诸侯国为秦国不断地进行侵略兼并而担忧不止。

秦始皇帝六年（庚申，前 241 年）

楚、赵、魏、韩、卫结成南北合纵联盟，共同攻打秦国。楚考烈王熊完担任纵约长，春申君执掌军务，夺取寿陵，指挥军队直逼函谷关。秦军出关迎战，五国的军队都大败而逃。楚考烈王将联军的失利归罪于春申君，春申君因此渐渐被楚考烈王疏远了。观津人朱英对春申君说："人们都认为楚国本是一个强国，只是因为由您执掌政务才衰弱下去了。但我不这么看。先王在世时，秦国与楚国相友善，二十年间从不攻击楚国，这是为什么呢？是因为秦国要越过黾阨要塞来进攻楚国，十分不便；而要借道西周与东周之间，背对着韩国和魏国来攻打楚国，又为有后顾之忧不可行。但是现在不同了。魏国朝不保夕，随时都会被灭亡，根本无力顾及它的属地许、鄢陵，一旦魏国将这两地割让给秦国，秦国军队距离楚国的都城陈就不过一百六十里了。我所看到的是秦楚两国天天陷于相互争斗之中了。"楚国于是将都城由陈迁至寿春，命名为"郢"。春申君即到他的封国吴地，仍行使相国的职权。

秦军攻下魏国的朝歌和卫国的都城濮阳。卫元君率领他的宗族迁移到河内郡的野王居住，倚仗山势险阻，保有魏国的河内。

秦始皇帝七年（辛酉，前 240 年）

秦军进攻魏国，夺取了汲城。

秦国夏太后去世。

秦将蒙骜去世。

秦始皇帝八年（壬戌，前 239 年）

魏国将邺城割让给赵国。

韩桓惠王去世，子韩安继位。

打秦国，五国联军大败。）

九年（癸亥，前 238 年）

伐魏，取垣、蒲。

夏，四月，寒，民有冻死者。

王宿雍。

己酉，王冠，带剑。

杨端和伐魏，取衍氏。

初，王即位，年少，太后□时与文信侯私通。王益壮，文信侯恐事觉，祸及己，乃诈以舍人嫪毐为宦者，进于太后。太后幸之，生二子，封毐为长信侯，以太原为毐国，政事皆决于毐；客求为毐舍人者甚众。王左右有与毐争言者，告毐实非宦者，王下吏治毐。毐惧，矫王御玺发兵，欲攻蕲年宫为乱。王使相国昌平君、昌文君发卒攻毐，战咸阳，斩首数百；毐败走，获之。秋，九月，夷毐三族；党与皆车裂灭宗；舍人罪轻者徙蜀，凡四千余家。迁太后于雍萯阳宫，杀其二子。下令曰："敢以太后事谏者，戮而杀之，断其四支，积之阙下！"死者二十七人。齐客茅焦上谒请谏。王使谓之曰："若不见夫积阙下者邪？"对曰："臣闻天有二十八宿，今死者二十七人，臣之来固欲满其数耳。臣非畏死者也！"使者走入白之。茅焦邑子同食者，尽负其衣物而逃。王大怒曰："是人也，故来犯吾，趣召镬烹之，是安得积阙下哉！"王按剑而坐，口正沫出。使者召之入，茅焦徐行至前，再拜谒起，称曰："臣闻有生者不讳死，有国者不讳亡。讳死者不可以得生，讳亡者不可以得存。死生存亡，圣主所欲急闻也，陛下欲闻之乎？"王曰："何谓也？"茅焦曰："陛下有狂悖之行，不自知邪？车裂假父，囊扑二弟，迁母于雍，残戮谏士；桀、纣之行不至于是矣。今天下闻之，尽瓦解，无向秦者，臣窃为陛下危之！臣言已矣！"乃解衣伏质。王下殿，手自接之曰："先生起就衣，今愿受事！"乃爵之上卿。王自驾，虚左方，往迎太后，归于咸阳，复为母子如初。

（以上为第十段，写前 238 年史事，写秦王嬴政举行冠礼，亲政；长信侯嫪毐与太后私通的丑事暴露，矫诏叛乱，被诛灭。）

秦始皇帝九年（癸亥，前 238 年）

秦军攻打魏国，攻下垣、蒲两城。

夏季，四月，天气骤然酷寒，秦国民众有的被冻死。

秦王政住宿在雍城。

四月二十日己酉，秦王嬴政举行成年加冠礼，同时佩带宝剑。

秦国将领杨端率军进攻魏国，夺取了衍氏。

当初，秦王政即位时年龄尚幼，太后赵姬时常与文信侯吕不韦私通。秦王政渐渐长大，吕不韦担心此事败露，给自己招致祸患，便将自己的舍人嫪毐假充作宦官，进献给太后。太后非常宠幸嫪毐，与他生了两个儿子，并封为长信侯，把太原作为嫪毐的封国，国家政事都由他来决定。宾客中请求作嫪毐舍人的人非常多。秦王政身边有人曾经与嫪毐发生过争执，因此告发嫪毐实际上并不是阉割过的宦官。秦王政于是下令将嫪毐交给司法官吏治罪。嫪毐惊恐异常，便盗用御玺，假托秦王政之命调兵遣将，企图攻击秦王政居住的蕲年宫，进行叛乱。嬴政派相国昌平君、昌文君发兵攻打，在咸阳展开大战，斩杀叛军数百人，嫪毐在兵败逃跑时被秦王政的军队抓获。秋季，九月，秦王政下令诛灭嫪毐父族、母族、妻族三族，并将嫪毐党羽都处以车裂之刑，杀灭这些党羽的宗族，舍人中因罪过较轻被放逐到蜀地的共四千多家。同时，把太后迁移到雍城的萯阳宫囚禁起来，杀了她与嫪毐所生的两个儿子。秦王政还下令说："有敢为太后的事对我进行规劝的，一律斩首，砍断四肢，堆积在宫阙之下！"于是，有二十七人为此而死。自齐国来的客卿茅焦求见秦王政。秦王政派人告诉他说："你难道没有看见那些堆积在宫阙之下的尸体吗？"茅焦回答说："我听说天上有二十八个星宿，现在已经死了二十七个人了，我来原本就是为了凑够那二十八位数的。我可不是那种怕死的人！"使者跑回去向秦王政报告了茅焦的话。与茅焦住在一起的同乡因害怕受到牵连，都带着衣物四散逃跑了。秦王政听到使者的报告后怒发冲冠，说："这个家伙，竟敢故意冒犯我，快取大锅来把他烹杀了，看他还如何为凑满二十八星宿而堆尸在宫阙下！"秦王政手按宝剑坐在那里，口中唾沫星乱飞，随即令使者召茅焦入见。茅焦缓缓走上前来，伏地一拜再拜后起身，声言道："我听说有生命的人不忌讳谈人死，有国家的人不忌讳谈国亡；忌讳死的人不能维持人的生命，忌讳亡的人也不能保证国家的生存。有关生死存亡的道理，是圣明的君王急于要了解的，大王想不想听我说一说呢？"秦王政说："你要谈的是什么啊？"茅焦说："大王有狂妄背理的行为，难道自己没有意识到吗？车裂假父，把两个弟弟装进囊袋中用刑具拷打致死，将母亲迁移到雍城囚禁起来，并残杀敢于进行

楚考烈王无子，春申君患之，求妇人宜子者甚众，进之，卒无子。赵人李园持其妹欲进诸楚王，闻其不宜子，恐久无宠，乃求为春申君舍人。已而谒归，故失期而还。春申君问之，李园曰："齐王使人求臣之妹，与其使者饮，故失期。"春申君曰："聘入乎？"曰："未也。"春申君遂纳之。既而有娠，李园使其妹说春申君曰："楚王贵幸君，虽兄弟不如也。今君相楚二十余年而王无子，即百岁后将更立兄弟，彼亦各贵其故所亲，君又安得常保此宠乎！非徒然也，君贵，用事久，多失礼于王之兄弟，兄弟立，祸且及身矣。今妾有娠而人莫知，妾幸君未久，诚以君之重，进妾于王，王必幸之。妾赖天而有男，则是君之子为王也。楚国尽可得，孰与身临不测之祸哉！"春申君大然之。乃出李园妹谨舍，而言诸楚王。王召入，幸之，遂生男，立为太子。

李园妹为王后，李园亦贵用事，而恐春申君泄其语，阴养死士，欲杀春申君以灭口；国人颇有知之者。楚王病，朱英谓春申君曰："世有无望之福，亦有无望之祸。今君处无望之世，事无望之主，安可以无无望之人乎！"春申君曰："何谓无望之福？"曰："君相楚二十余年矣，虽名相国，其实王也。王今病，旦暮薨，薨而君相幼主，因而当国，王长而反政，不即遂南面称孤，此所谓无望之福也。""何谓无望之祸？"曰："李园不治国而君之仇也，不为兵而养死士之日久矣。王薨，李园必先

规劝的臣子，即使是夏桀、商纣王的行为，也不至于暴虐到这个地步！如今只要天下的人听说了这些暴行，人心便全都涣散瓦解，再也不会有人向往秦国了。我为此私下里替大王担忧！我的话都说完了！”于是，便解开衣服，伏身在刑具上，等待受刑。秦王政闻言顿悟，匆忙下殿，亲自用手扶起他说：“请您起身穿好衣服，我现在愿意接受您的劝告！”随即授给他上卿的爵位。秦王政还亲自驾车，空出左边的尊位，往雍城迎接太后返回都城咸阳，母子关系和好如初。

楚考烈王没有儿子，春申君为此非常忧虑，遍寻许多能生育的妇女进献给楚考烈王，但是她们最终仍没有为楚考烈王生下儿子。赵国人李园带来他的妹妹想要献给楚考烈王，可听说楚考烈王不能生养儿子，便担心时间久了，自己的妹妹会失去楚考烈王的宠幸。于是，他请求服侍春申君，做春申君的舍人。不久，李园告假回赵国探亲，故意超过期限才返归春申君处。春申君问他超假的原因，他说：“齐国国君派人求娶我的妹妹，我陪那位使者饮酒，所以耽误了归期。”春申君说：“已经下聘礼订婚了吗？”李园答道：“还没有。”于是，春申君便将李园的妹妹纳为妾。没过多久，李园的妹妹怀了身孕。李园即让她去劝说春申君道：“楚王非常宠信您，即便是他的亲兄弟也比不上。如今您任楚国的相国二十多年了，可楚王依旧没有得到儿子。如此，待他去世后将改立他的兄弟为国君，而新国君也必定要使他的旧亲信分别得到显贵，这样的话，您又如何能永久地保持住荣宠的地位呀！非但如此，而且由于您受楚王宠幸，长期执掌国事，肯定对楚王的兄弟有过许多失礼的地方，一旦他们登上王位，您就要大祸临头了。现在我怀有身孕，可还无人知晓，何况我获您宠爱时间不长，倘若果真以您的尊贵身份，将我进献给楚王，一定会得到他的宠幸。如果我依赖上天的恩赐，生下一个男孩，那么就是您的儿子要继位为王了。这样一来，楚国便全都是您的了，这与在新君王统治下身临难以预料的灾祸相比，哪一个结果更好呢？”春申君大为赞同，便将李园的妹妹送出府，安置在馆舍中居中，派人谨慎地守护，然后向楚考烈王推荐她。楚考烈王即把她召入宫中，并且很宠爱她。不久，李园的妹妹果然生了个儿子，被立为太子。

李园的妹妹成为王后后，李园也随着地位显赫，当权主事。但是他又深恐春申君黄歇将他曾指使妹妹说过的话泄漏出去，便暗中收养敢死的武士，准备让他们去杀掉春申君以灭口。居住在楚国都城中的人，有不少人是知道这件事情的。不久，楚考烈王卧病不起。春申君的门客朱英对春申君说：“世上有未曾预料而到来的洪福，也有未曾预料而到来的灾祸。现在您处于生死变化不定之时，为喜怒无常的君王效力，身边怎么能没有您尚未预料却忽然来到的帮手呢？”春申君说：“什么叫作‘未预料而到来的洪福’呢？”朱英答道：“您担任楚国的相国二十多年了，虽然名

入，据权而杀君以灭口，此所谓无望之祸也。”“何谓无望之人？”曰：“君置臣郎中，王薨，李园先入，臣为君杀之，此所谓无望之人也。”春申君曰：“足下置之。李园，弱人也，仆又善之。且何至此！”朱英知言不用，惧而亡去。

后十七日，楚王薨，李园果先入，伏死士于棘门之内。春申君入，死士侠刺之，投其首于棘门之外；于是使吏尽捕诛春申君之家。太子立，是为幽王。

扬子《法言》曰：或问：“信陵、平原、孟尝、春申益乎？”曰：“上失其政，奸臣窃国命，何其益乎！”

王以文信侯奉先王功大，不忍诛。

（以上为第十一段，写楚国春申君黄歇将怀有身孕的李园妹妹献给楚考烈王，楚考烈王死后，祸及自身。）

十年（甲子，前 237 年）

冬，十月，文信侯免相，出就国。

宗室大臣议曰：“诸侯人来仕者，皆为其主游间耳，请一切逐之。”于是大索，逐客。客卿楚人李斯亦在逐中，行，且上书曰：

昔穆公求士，西取由余于戎，东得百里于宛，迎蹇叔于宋，求丕豹、公孙支于晋，并国二十，遂霸西戎。孝公用商鞅之法，诸侯亲服，至今治强。惠王用张仪之计，散六国之从，使之事秦。昭王

义上是相国，实际上却已相当是国君了。如今楚王病重，随时都会死去，一旦病故，您即可辅助幼主，从而掌握国家大权，待幼主成年后再还政给他，或者干脆就面南而坐，自称为王。这便是所谓的‘未曾预料而到来的洪福’了。”春申君又问：“那么什么是‘未曾预料而到来的灾祸’呢？”朱英说：“李园不治理国事，却是您的仇敌；不管理军务统率军队，却长期以来豢养一些勇士。如此，楚王一旦去世，李园必定抢先进入宫廷夺权，杀您灭口，这即是所谓的‘未曾预料而到来的灾祸。’”春申君再问道：“这样说来，‘尚未预料却忽然来到的帮手’又是怎么回事呢？”朱英回答说：“您将我安置在郎中的职位上，待楚考烈王去世，李园抢先入宫时，我替您杀了他除掉后患。这就是所谓的‘尚未预料却忽然来到的帮手’。”春申君说：“您就不必过问这些事了。李园是个软弱无能的人，况且我又对他很好，哪至于发展到这个地步呢？”朱英明白自己的建议不会被春申君采纳了，便因担心发生变故累及自己而逃走他乡。

十七天后，楚考烈王去世，李园果然抢先进宫，把他豢养的勇士埋伏在棘门里面。春申君一进来，勇士们即两面夹击，刺杀了他，并砍下他的头颅扔到宫门外面。接着，李园又派出官吏，把春申君的家人全部捕获杀了。随后，太子熊悍继位，是为幽王。

扬雄《法言》说：“有人问：‘信陵君、平原君、孟尝君、春申君是否有益于国家呢？’回答说：‘国君不理政事，奸臣窃取了国家权力，他们对国家有什么益处呢？’”

秦王政因吕不韦侍奉先王功劳卓著，不忍心将他杀死。

秦始皇帝十年（甲子，前 237 年）

冬季，十月，文信侯吕不韦被罢免相国之职，离开京城，到他的封国河南洛阳去。

秦国的王族大臣们建议说：“各诸侯国到秦国做官谋职的人，大都是为了自己的君王来游说，以挑拨离间我们君臣上下之间的关系。因此，请大王将他们一律驱逐出境。”于是，秦王政下令全国实行大搜索，驱逐外来人。客卿、楚国人李斯也在被逐之列。他在临离开前上书秦王说：

从前穆公招纳贤才，由西部戎地选得由余，东方宛城物色到百里奚，在宋国找到了蹇叔，晋国寻求到丕豹和公孙支。如此，秦国得以兼并二十多个封国，而称霸西戎。孝公任用商鞅实行变法，使各国都亲和服从，以至今日天下

得范雎，强公室，杜私门。此四君者，皆以客之功。由此观之，客何负于秦哉！夫色、乐、珠、玉不产于秦而王服御者众；取人则不然，不问可否，不论曲直，非秦者去，为客者逐。是所重者在乎色、乐、珠、玉，而所轻者在乎人民也。臣闻太山不让土壤，故能成其大；河海不择细流，故能就其深；王者不却众庶，故能明其德。此五帝、三王之所以无敌也。今乃弃黔首以资敌国，却宾客以业诸侯，所谓藉寇兵、赍盗粮者也。

王乃召李斯，复其官，除逐客之令。李斯至骊邑而还。王卒用李斯之谋，阴遣辩士赍金玉游说诸侯，诸侯名士可下以财者厚遗结之，不肯者利剑刺之，离其君臣之计，然后使良将随其后，数年之中，卒兼天下。

十一年（乙丑，前 236 年）

赵人伐燕，取狸阳。兵未罢，将军王翦、桓齮、杨端和伐赵，攻邺，取九城。王翦攻阏与、轑阳，桓齮取邺、安阳。

赵悼襄王薨，子幽缪王迁立。其母，倡也，嬖于悼襄王，悼襄王废嫡子嘉而立之。迁素以无行闻于国。

文信侯就国岁余，诸侯宾客使者相望于道，请之。王恐其为变，乃赐文信侯书曰："君何功于秦，封君河南，食十万户？何亲于秦，号称仲父？其与家属徙处蜀！"文信侯自知稍侵，恐诛。

十二年（丙寅，前 235 年）

文信侯饮鸩死，窃葬。其舍人临者，皆逐迁之。且曰："自今以来，操国事不道如嫪毐、不韦者，籍其门，视此！"

大治，国势强盛。惠王采纳张仪的策略，拆散六国的合纵联盟，使它们为秦国效力。昭王得到范雎的辅佐，加强了王室的权力，遏制了贵族家族的势力。这四位君王，都是依靠客卿的作用而建功立业的。如此看来，客卿有什么地方辜负了秦国啊！美色、音乐、珠宝、美玉都不产在秦国，可大王搜集来使用、享受的却很多。但对人的取舍却不是这样，不问可不可用，不论是非曲直，凡非秦国人就一概不用，凡是客卿就一律驱逐。似此便是只看重美色、音乐、珠宝、美玉等，相反轻视人才了。我听说泰山不辞让细小的泥土，故能成就其巍峨；河海不择除细流，故能成就其深广；圣贤的君王不抛弃民众，故能明示他的恩德。这便是五帝三王所以能无敌于天下的原因。现在您抛弃那些非秦国籍的士人百姓，使他们去帮助敌国；辞退那些外来的宾客，令他们去为各诸侯效力，这就是所谓的把武器借给入侵者，把粮草送给盗匪了。

秦王政看了李斯所上的这封书信，要立即召他入见，恢复他的官职，并撤销了《逐客令》。此时，李斯已走到骊邑，接到秦王诏令后立刻返回。秦王政最终采用了李斯的计策，暗中派遣能言善辩的人携带金珠宝玉去游说各国国君，对各国有名望、有势力的人，凡是可以用钱财贿赂的，便出重金收买，结交他们；凡是不肯受贿的，便持利剑刺杀他们；挑拨各国国君与臣民之间的关系，离间他们的感情，然后派出良将率兵攻打各国。这样，几年之内，秦国终于兼并了天下。

秦始皇帝十一年（乙丑，前236年）

赵国人进攻燕国，夺取狸阳。战事还没有结束，秦国的大将王翦、桓齮、杨端和已率军攻打赵国，攻打邺地，占领了九个城邑。其中王翦领兵攻打阏与、狸阳，桓齮率军夺取了邺城、安阳。

赵悼襄王赵偃去世，子赵迁继位，是为幽缪王。赵迁的母亲原是妓女，深得悼襄王的宠幸。为此，悼襄王废掉了正妻所生的长子赵嘉，将赵迁立为太子。而赵迁向来因品行不端而闻名全国。

秦国文信侯吕不韦返回封国一年多。在这期间，各诸侯国的宾客、使者纷纷前往邀请他，车马络绎不绝，在道上前后相望。嬴政为此担心吕不韦会生出什么变故，便写信给他说："您为秦国立下了什么功劳呢？秦国封您在河南，享用十万户封地的收入？您与秦国有什么亲近关系？而要称您为'仲父'？您还是携带家属迁往蜀地居住吧！"吕不韦自知逐渐受到侵害逼迫，很害怕被杀掉。

秦始皇帝十二年（丙寅，前235年）

秦国文信侯吕不韦饮毒酒自杀身亡。他的家人暗地里将他埋葬了。秦王政下令，吕不韦的舍人凡是参加了哭吊的，一律驱逐、迁徙出境，并说："从今以后，操持国家政事的人，凡像嫪毐、吕不韦一样淫乱无道的，将其家族的所有财产没收入官，

扬子《法言》曰：或问："吕不韦其智矣乎？以人易货。"曰："谁谓不韦智者欤？以国易宗。吕不韦之盗，穿窬之雄乎！穿窬也者，吾见担石矣，未见雒阳也。"

自六月不雨，至于八月。

发四郡兵助魏伐楚。

（以上为第十二段，写前237年至前235年三年史事，写秦国因文信侯吕不韦引进嫪毐作乱等事，秦王政发布《逐客令》，李斯上《谏逐客书》，秦王政大悟，停止逐客；吕不韦被秦王政羞辱，自杀而死。）

十三年（丁卯，前234年）

桓齮伐赵，败赵将扈辄于平阳，斩首十万，杀扈辄。赵王以李牧为大将军，复战于宜安、肥下，秦师败绩，桓齮奔还。赵封李牧为武安君。

十四年（戊辰，前233年）

桓齮伐赵，取宜安、平阳、武城。

韩王纳地效玺，请为藩臣，使韩非来聘。韩非者，韩之诸公子也，善刑名法术之学，见韩之削弱，数以书干韩王，王不能用。于是韩非疾治国不务求人任贤，反举浮淫之蠹而加之功实之上，宽则宠名誉之人，急则用介胄之士，所养非所用，所用非所养。悲廉直不容于邪枉之臣，观往者得失之变，作《孤愤》《五蠹》《内、外储》《说林》《说难》五十六篇，十余万言。

王闻其贤，欲见之。非为韩使于秦，因上书说王曰："今秦地方数千里，师名百万，号令赏罚，天下不如。臣昧死愿望见大王，言所以破天下从之计。大王诚听臣说，一举而天下之从不破，赵不举，韩不亡，荆、魏不臣，齐、燕不亲，霸王之名不成，四邻诸侯不朝，大王斩臣以徇国，以戒为王谋不忠者也。"王悦之，未任用。李斯嫉之，曰："韩非，韩之诸公子也。今欲并诸侯，非终为韩不为秦，此人情也。今王不用，久留而归之，此自遗患也；不如以法诛之。"王以为然，下吏治非。李斯使人遗非药，令早自杀。韩非欲自陈，不得见。王后悔，使人赦之，非已死矣。

照此办理！”

扬雄《法言》说：“有人问：‘吕不韦聪明吗？拿人做货物，进行交易。’回答说：‘谁说吕不韦是聪明人啊！用封国换取了宗族的灭亡。吕不韦这个偷东西的人，是穿墙行窃的奸雄啊！穿墙行窃的人，我见过担负斗石之量的，没见过窃取洛阳的啊！’”

秦国从六月到八月，一直没有下雨。

秦国调动四个郡的兵力，援助魏国进攻楚国。

秦始皇帝十三年（丁卯，前234年）

秦将桓齮率军攻打赵国，在平阳击败赵将扈辄的军队，斩杀十万人，并杀了扈辄。赵王赵迁任命李牧为大将军，领兵在宜安、肥下与秦军再战，秦师大败，桓齮逃奔回秦国。赵王因此封李牧为武安君。

秦始皇帝十四年（戊辰，前233年）

秦将桓齮进攻赵国，夺取了宜安、平阳、武城。

韩王安向秦国割让土地，并献出国王的大印，请求作为秦国的附庸，派遣韩非为使节到秦国拜见、问安。韩非是韩国的公子之一，精通刑名法术学说。他看到韩国国力日益削弱，多次写信给韩王求取录用，但总是得不到韩王的任用。于是，韩非深恶韩国治国不致力于访求人才，选任贤能，反而推崇虚浮、淫乱无能的蠹虫之辈，把他们安置在与实际功劳不相称的高位上；国势宽松时骄纵宠爱那些徒有虚名的学者，国势紧急时就征用那些披甲戴盔的武士；所培养的人不是所能任用的人，所能任用的人却又不是所培养的人；为廉洁正直的人遭受奸邪不正的权臣排斥而悲伤忧愤。他考察了以往的得失变化，撰写了《孤愤》、《五蠹》、《内储》、《外储》、《说林》、《说难》等五十六篇文章，近十多万字。

秦王政听说韩非是个德才兼备的人，便想约见他。韩非正好作为韩国的使者来到秦国，就趁机写信呈给秦王政，劝说道：“现今秦国的疆域方圆数千里，军队号称百万，号令严明，赏罚公平，天下没有一个国家能够比得上。而我鲁莽地冒死渴求见您一面，是想说一说破坏各国合纵联盟的计略。您如果真能听从我的主张，那么，您如果不能一举拆散天下的合纵联盟，占领赵国，灭亡韩国，使楚国、魏国臣服，齐国、燕国归顺，不能令秦国确立霸主威名，使四周邻国的国君前来朝拜，就请您把我杀了在全国示众，以此告诫那些为君王出谋划策而不忠诚的人。”秦王政读后，心中颇为喜悦，但一时还没有任用他。李斯很忌妒韩非，便对秦王政说：“韩非

扬子《法言》曰：或问："韩非作《说难》之书而卒死乎说难，敢问何反也？"曰："说难盖其所以死乎！"曰："何也？""君子以礼动，以义止，合则进，否则退，确乎不忧其不合也。夫说人而忧其不合，则亦无所不至矣。"或曰："非忧说之不合，非邪？"曰："说不由道，忧也。由道而不合，非忧也。"

臣光曰：臣闻君子亲其亲以及人之亲，爱其国以及人之国，是以功大名美而享有百福也。今非为秦画谋，而首欲覆其宗国以售其言，罪固不容于死矣，乌足愍哉！

（以上为第十三段，写前234年至前233年两年史事，写韩王韩安向秦国割地、称臣；韩非得不到重用，去秦，劝说秦王政折散合纵联盟，而李斯妒才杀之；韩非以灭亡母国证实其主张，遭到司马光非议。）

十五年（己巳，前232年）

王大兴师伐赵，一军抵邺，一军抵太原，取狼孟、番吾；遇李牧而还。

初，燕太子丹尝质于赵，与王善。王即位，丹为质于秦，王不礼焉。丹怒，亡归。

十六年（庚午，前231年）

韩献南阳地。九月，发卒受地于韩。

魏人献地。

代地震，自乐徐以西，北至平阴；台屋墙垣太半坏，地拆东西百三十步。

是韩国的一个公子，如今您想吞并各国，韩非最终还是要为韩国利益着想，而不会为秦国尽心效力的，这也是人之常情。现在您不用他，而让他在秦国长期逗留后再放他回去，这等于是自留后患啊！还不如依法将他除掉算了。”秦王政认为李斯说得有理，便把韩非交给司法官吏治罪。李斯又派人送毒药给韩非，让他及早自杀。韩非试图亲自向秦王政陈述冤情，但却无法见到秦王。不久，秦王政有些后悔，就派人去赦免韩非，可是韩非已经死了。

扬雄《法言》说：“有人问：‘韩非著《说难》篇议论游说之难，而他自己最终竟又死于说难，那么，我冒昧地请问，是什么原因使他的行动与言论相违背呢？’回答是：‘游说之难大概就是他致死的原因啊！’那人问：‘这是为什么？’答道：‘君子依照礼制行动，按照道义停止，所鼓吹的学说合乎礼义就前进，不合乎礼义就后退。如此根本不用去担心自己的主张是否符合别人的意志。去劝说别人而又顾虑自己的说辞不合别人的心意，那么，各种手段也就无所不用了。’有人问：‘韩非正是担忧自己的主张与对方的意志不相吻合，不是吗？’答道：‘游说他人却不遵照礼义准则，这是值得忧虑的。而如果遵循了礼义准则，只是主张与他人的心意不合，便不必担忧了。’”

臣司马光说：“我听说，君子由亲近自己的亲人而至亲近别人的亲人，由热爱自己的国家而至热爱别人的国家，因此才能功勋卓著，名声美好，从而享有百福。如今韩非为秦国出谋献策，首先就是要以灭亡他的祖国来证实他的主张，犯下此类罪过，本来就是死有余辜的，哪里还值得怜悯呢？”

秦始皇帝十五年（己巳，前 232 年）

秦王政出动大军进攻赵国，一路军队抵达邺地，一路军队抵达太原，攻克了狼孟、番吾，因遇到李牧统领的赵军抵抗而撤回。

当初，燕国太子姬丹曾在赵国作人质，与生在赵国的秦王政相友善。待到嬴政即位，姬丹又在秦国充当人质。但这时，秦王政却不以礼相待，太子丹一怒之下逃回到燕国。

秦始皇帝十六年（庚午，前 231 年）

韩国割献南阳之地给秦国。九月，秦国派遣军队前往韩国接收。

魏国割献土地给秦国。

代地发生地震，自乐徐以西，北到平阴，楼台房屋墙垣大半塌毁，土地开裂一条大缝，东西宽一百三十步。

十七年（辛未，前 230 年）

内史胜灭韩，虏韩王安，以其地置颍川郡。

华阳太后薨。

赵大饥。

卫元君薨，子角立。

十八年（壬申，前 229 年）

王翦将上地兵下井陉，端和将河内兵共伐赵。赵李牧、司马尚御之。秦人多与赵王嬖臣郭开金，使毁牧及尚，言其欲反。赵王使赵葱及齐将颜聚代之。李牧不受命，赵人捕而杀之；废司马尚。

十九年（癸酉，前 228 年）

王翦击赵军，大破之，杀赵葱，颜聚亡，遂克邯郸，虏赵王迁。王如邯郸，故与母家有仇怨者皆杀之。还，从太原、上郡归。

太后薨。

王翦屯中山以临燕。赵公子嘉帅其宗数百人奔代，自立为代王，赵之亡，大夫稍稍归之，与燕合兵，军上谷。

楚幽王薨，国人立其弟郝。三月，郝庶兄负刍杀之，自立。

魏景湣王薨，子假立。

燕太子丹怨王，欲报之，以问其傅鞠武。鞠武请西约三晋，南连齐、楚，北媾匈奴以图秦。太子曰："太傅之计，旷日弥久，令人心惽然，恐不能须也。"顷之，将军樊於期得罪，亡之燕；太子受而舍之。鞠武谏曰："夫以秦王之暴而积怒于燕，足为寒心，又况闻樊将军之所在乎！是谓委肉当饿虎之蹊也。愿太子疾遣樊将军入匈奴。"太子曰："樊将军穷困于天下，归身于丹，是固丹命卒之时也，愿更虑之！"鞠武曰："夫行危以求安，造祸以为福，计浅而怨深，连结一人之后交，不顾国家之大害，所谓资怨而助祸矣！"太子不听。

秦始皇帝十七年（辛未，前 230 年）

秦国内史腾率军灭掉了韩国，俘获韩王安。秦国在韩国领土上设置了颍川郡。

秦王政的祖母华阳太后去世。

赵国发生大饥荒。

卫元君去世，子卫角继位。

秦始皇帝十八年（壬申，前 229 年）

秦将王翦统率驻扎在上地的军队攻下井陉，杨端和率领河内驻军一同进攻赵国。赵国的大将李牧、司马尚领兵顽强抵抗秦军。于是，秦国派人用重金收买赵王迁的宠臣郭开，让他在赵王迁面前诋毁李牧和司马尚，说他们企图兴兵反叛赵国。赵王迁因此便派赵葱及齐国的将领颜聚取代他们。李牧拒不接受命令，赵王迁便将他抓住杀了，并撤换了司马尚。

秦始皇帝十九年（癸酉，前 228 年）

秦将王翦率军攻打赵国，大败赵兵，杀赵葱，颜聚逃跑。秦军于是攻下邯郸，俘虏了赵王迁。秦王政亲自驾临邯郸，将过去与他母亲家有仇怨的人全部杀了。然后回驾，经太原、上郡返归秦都咸阳。

秦王政母亲、太后赵姬去世。

秦将王翦领兵驻扎在中山，以监视、威慑燕国。赵国的公子赵嘉统率他的宗族数百人逃往代地，自立为代王。赵国灭亡后，在逃的赵国官员们逐渐投归代王，与燕国合兵一处，共同驻扎在上谷。

楚幽王去世，国人立他的弟弟熊郝为王。三月，熊郝的庶兄负刍杀死了他，自立为楚王。

魏景湣王魏增去世，子魏假继位。

燕国太子丹怨恨秦王政，想要实施报复。为此，征求太傅鞠武的意见。鞠武建议太子丹西与韩、赵、魏三晋订约，南与齐、楚联合，北与匈奴媾和，赖此共同图谋秦国。太子丹说："太傅的计略虽好，但要实现它却是旷日持久的事情，令人内心烦闷、焦躁，恐怕不能再等待了。"不久，秦国将领樊於期在本国获罪，逃到燕国。太子丹接纳了他，并让他住下。鞠武规劝太子丹说："仅凭秦王的暴虐以及对燕国积存的愤怒、怨恨，就足以令人寒心的了，更何况他还将获悉樊将军被收留在燕国了呢！这就等于把肉弃置在饿虎往来的小道上。希望您尽快将樊将军送到匈奴去！"太子丹说："樊将军走投无路，归附于我，这本来就是我应当舍命保护他的时候，请您还是考虑一下其他的办法吧！"鞠武说："做危险的事情来求取安全，制造灾祸以祈求幸福，谋略浅薄而导致积怨加深，为了结交一个新的朋友，而不顾及国家将遭受大的危害，这就是所谓的积蓄怨仇并助长灾祸了！"太子丹对鞠武的劝说置之

太子闻卫人荆轲之贤，卑辞厚礼而请见之。谓轲曰："今秦已虏韩王，又举兵南伐楚，北临赵。赵不能支秦，则祸必至于燕。燕小弱，数困于兵，何足以当秦！诸侯服秦，莫敢合从。丹之私计愚，以为诚得天下之勇士使于秦，劫秦王，使悉反诸侯侵地，若曹沫之与齐桓公，则大善矣；则不可，因而刺杀之。彼大将擅兵于外而内有乱，则君臣相疑，以其间，诸侯得合从，其破秦必矣。唯荆卿留意焉！"荆轲许之。

于是舍荆卿于上舍，太子日造门下，所以奉养荆轲，无所不至。及王翦灭赵，太子闻之惧，欲遣荆轲行。荆轲曰："今行而无信，则秦未可亲也。诚得樊将军首与燕督亢之地图，奉献秦王，秦王必说见臣，臣乃有以报。"太子曰："樊将军穷困来归丹，丹不忍也！"

荆轲乃私见樊於期曰："秦之遇将军，可谓深矣，父母宗族皆为戮没！今闻购将军首，金千斤，邑万家，将奈何？"於期太息流涕曰："计将安出？"荆卿曰："愿得将军之首以献秦王，秦王必喜而见臣，臣左手把其袖，右手揕其胸，则将军之仇报而燕见陵之愧除矣！"樊於期曰："此臣之日夜切齿腐心也！"遂自刎。太子闻之，奔往伏哭，然已无奈何，遂以函盛其首。

太子豫求天下之利匕首，使工以药淬之，以试人，血濡缕，人无不立死者。乃装为遣荆轲，以燕勇士秦舞阳为之副，使入秦。

（以上为第十四段，写前 232 年至前 228 年五年史事，写韩国、魏国割献土地给秦国；秦将王翦率军攻打并消灭赵国；燕太子姬丹用鸡蛋去碰石头，不听太傅鞠武的意见，派侠客荆轲前去行刺秦王嬴政。）

不理。

太子丹听说卫国人荆轲很贤能，便携带厚礼，以谦卑的言辞去求见他。太子丹对荆轲说："现在，秦国已俘虏了韩王，又乘势举兵向南进攻楚国，向北威逼赵国。赵国无力对付秦国，那么灾难就要降临到燕国的头上了。燕国既小又弱，多次为战争所拖累，哪里还能够抵挡住秦国的攻势啊！各诸侯国都屈服秦国，没有哪个国家敢于再合纵抗秦了。目前，我个人的计策颇愚鲁，认为如果真能获得一位天下最大无畏的勇士，让他前往秦国胁迫秦王，迫使他将兼并来的土地归还给各国，就像曹沫当年逼迫齐桓公归还鲁国丧失的领土一样，如此当然是最好的了。假若不行，便乘机刺杀掉秦王。秦国的大将拥兵在外，而国内发生动乱，于是，君臣之间相互猜疑。趁此时机，各国如能够合纵抗秦，就一定可以打败秦军。希望您留心这件事情。"荆轲答应了充当刺客赴秦。

太子丹于是安排荆轲住进上等客舍，并天天亲往舍中探望，凡能够进送、供给荆轲的东西，没有不送到的。及至秦将王翦攻灭了赵国，太子丹闻讯后惊恐不已，便想送荆轲出行。荆轲说："我现在前往秦国，但没有令秦人信任我的理由，这就未必能够接近秦王。倘若果真得到樊将军的头颅和燕国督亢的地图奉献给秦王，秦王必定很高兴地召见我，那时我才能够劫持秦王来回报您。"太子丹说："樊将军在穷途末路时来投奔我，我实在不忍心杀他啊！"

荆轲于是私下里会见樊於期，说："秦国对待您，可以说是残酷之极，您的父母、宗族都被诛杀或没收为官奴了！现在听说秦国悬赏千斤黄金、万户封地购买您的头颅，您打算怎么办呢？"樊於期叹息地流着泪说："那么，还能想出什么办法呢？"荆轲说："希望能得到您的头颅献给秦王，秦王见此必定欢喜而召见我，那时我左手拉住他的袖子，右手持匕首刺他的胸膛。这样一来，您的大仇得报，燕国遭受欺凌的耻辱也可以消除了！"樊於期说："这正是我日日夜夜切齿捶胸渴求实现的事情啊！"随即拔剑自刎。太子丹闻讯急奔而来，伏尸痛哭，但已经无可奈何了，就用匣子盛装起樊於期的头颅。

此前，太子丹已经预先求取到天下最锋利的匕首，令工匠把匕首烧红浸入毒药之中，又用这染毒的匕首试刺人，只需渗出一丝血，人就没有不立刻倒毙的。于是，便准备行装，送荆轲出发，又派燕国的勇士秦舞阳当他的助手，二人作为使者前往秦国。

【点评】

春申君黄歇。黄歇是一个富有传奇色彩的人物，聪明绝顶，少有人能够企及，宋代诗人苏轼评论他为“宏才伟略，大度深思，三千珠履，百万雄师，名列四杰，声振华夏”；而说他愚笨，大概是他连自己的命运都没有能力掌握，徒死他人之手。从司马光在本卷中记载的黄歇，可以感悟到以下四点。

首先，黄歇心存杂念，妄想固位，而让他人有空可钻。黄歇对于楚国，可以说是立下大功，以身涉险，让太子熊完逃离秦国，得以继位。而熊完即位后，就让黄歇担任国相，掌控楚国权柄二十五年，一直宠幸有加，使得其相权赫赫。但问题就出在这里。熊完没能生下儿子，一旦谢世，将来王位落入他人之手，黄歇将如何自处？这确实是让黄歇担心不已的事情。正因为黄歇有“心病”，才被奸人李园钻了空子。黄歇想保住禄位，殊不知这是犯了滔天大错啊！对于李园的诡计，黄歇言听计从，成了李园手中的一颗棋子而不自知，一步步走向绝路。一旦心中有了私念，就无法摆脱邪恶之人所设下的圈套，结果把自己套在里面了。秦朝的李斯不就是这样吗？赵高的一句“你与蒙恬相比，在扶苏心目中的位置如何”的设问，就把他打倒了。的确，李斯在扶苏心目中不如蒙恬，但是，他没有看到扶苏是一个正人君子。结果，李斯犯下了不可饶恕的罪过，葬送了秦朝，也葬送了自己。而这杯苦酒，是李斯自己一手酿成的。黄歇也是如此，是“私念”二字害了他。

其次，有句成语叫作“人面兽心”，“人面”可以感觉，而“兽心”却难以捉摸。李园善于伪装，善于估摸人心，因而诡计得以成功。黄歇生于战国时期，当时豢养宾客之风非常盛行，而黄歇的宾客情结非常重，门下有食客三千。李园就是装成他的宾客，而实现了自己邪恶的计划。黄歇好客，总以为宾客是在为他着想，为他谋划。李园正是利用了黄歇的这种潜意识，达到了自己的目的。后来，宾客朱英识破了李园的鬼把戏，劝说黄歇，而黄歇根本不相信，觉得李园弱得像个奴才似的，怎么可能做出这种毒恶的事情来呢？其实，这就是李园的成功之处，他在黄歇身上施展了诡计，成功地骗过了黄歇。当然，这诡计并不十分高明，只是他伪装得比较巧妙，利用黄歇的重义来达到自己的目的。如果李园显得非常强悍，又耀武扬威，那他一定不能成功。看来，伪装是实现阴谋诡计的最好道具。西汉末年的王莽，能够篡夺汉朝权柄，靠的也是伪装。“王莽谦恭未篡时”，王莽谦恭俭让，礼贤下士，实际上是为了沽名钓誉。这些人虽然得势一时，但终究没有好下场。王莽如此，李园也是如此。

后来，熊完的弟弟听说熊完的儿子不是亲生的，便毫不犹豫地杀掉了时为太后的李园妹妹，又尽灭李园之家，总算为黄歇出了一口恶气。

再次，宾客朱英早知黄歇会有无妄之灾，却未能救黄歇，徒有应对之举。所谓

“当事者昏，旁观者清”，长期为黄歇宾客的朱英看出了李园的诡计，他曾提醒黄歇：“李园不是领兵大将，却在暗中豢养刺客，这事已经很久了。楚王死后，李园必定入宫，据本奏议，假传君王命令杀死您灭口。”这已经说得很清楚了，可黄歇被李园的假象蒙蔽，觉得李园不会如此行事。而朱英也想出了对策，请黄歇将他安插在王宫当差，想在楚王死后，李园入宫，就杀死李园。但黄歇太相信李园了，未能听进朱英所言，朱英只好逃出避祸。黄歇的做法太过粗疏，没有做好防备，让李园奸计得逞。而作为黄歇的宾客，朱英得到黄歇的厚待，一次建言没有被采纳，就弃之不顾而逃之夭夭，明哲保身。唐代诗人杜牧评说：“烈士思酬国士恩，春申谁与快冤魂？三千宾客总珠履，欲使何人杀李园？”朱英面对黄歇的死难，难道不也要感到羞愧吗？

最后，应对黄歇豢养宾客做出如何评价？纵观战国四公子，有不少宾客还是起了作用的，如信陵君魏无忌的侯嬴、朱亥，平原君赵胜的毛遂，孟尝君田文的冯欢，以及鸡鸣狗盗之徒。而春申君黄歇的“珠履三千”，也只有这个朱英。但朱英虽然明智建言，却没有起到任何作用。看来，黄歇豢养的宾客是徒有形式，没有用宾客的才能智慧，最后自己死于无妄。这实在是对徒有虚名的养士三千莫大的讽刺！

秦纪二

秦始皇帝二十年至秦二世皇帝元年（前227—前209年）

【起阏逢阉茂（甲戌，前227年），尽玄黓执徐（壬辰，前209年），凡十九年】

【大事提要】

本卷记事起前227年，讫前209年，凡十九年，当秦始皇帝二十年至秦二世皇帝元年。本卷所载的大事，主要是以下几个方面：其一，六国灭亡。秦王嬴政运用“笼络燕齐，稳住魏楚，消灭韩赵，远交近攻，逐个击破”的方略，从前230年到前221年，先后用了十年时间，灭掉了韩、赵、魏、楚、燕、齐六国，统一天下，结束中国自春秋以来长达五百多年的诸侯割据纷争的局面。其二，嬴政称帝。秦王嬴政消灭六国、统一天下，建立中央集权国家，自认为功劳胜过三皇五帝，自称“始皇帝”，建立三公九卿制度，废除分封制，实行郡县制，同时推行书同文、车同轨，统一度量衡；对外北击匈奴，南征百越，修筑万里长城。其三，嬴政去世。秦始皇嬴政实现统一后，修筑驰道，先后五次巡视全国，足迹所至，北到今天的秦皇岛，南到江浙、湖北、湖南地区，东到山东沿海地区，到处刻石纪功。前210年，秦始皇进行最后一次巡游，南下云梦，沿长江东至会稽，在西返途中于沙丘病逝。其四，胡亥即位。秦始皇去世后，中车府令赵高伙同丞相李斯，采用阴谋手段，杀掉长子扶苏，立小儿子胡亥，为“二世皇帝”。胡亥追求“极乐世界”，视治国为儿戏，又听从赵高挑拨，杀掉蒙氏兄弟，杀尽诸位公子、大臣，实行严刑酷法，很快短命而亡。其五，陈胜起义。秦朝实行严酷刑罚，民怨沸腾，大有土崩瓦解之势。陈胜、吴广篝火狐鸣、揭竿而起，伐无道，诛暴秦，正式称王，定国号为“张楚”。其一呼百应，迅速蔓延全国各地，刘邦、项梁、田儋等纷纷起兵响应，武臣、韩广、田儋、魏咎等割据称王。

【原文】

始皇帝下

二十年（甲戌，前 227 年）

荆轲至咸阳，因王宠臣蒙嘉卑辞以求见；王大喜，朝服，设九宾而见之。荆轲奉图而进于王，图穷而匕首见，因把王袖而揕之；未至身，王惊起，袖绝。荆轲逐王，王环柱而走。群臣皆愕，卒起不意，尽失其度。而秦法，群臣侍殿上者不得操尺寸之兵，左右以手共搏之，且曰：“王负剑，负剑！”王遂拔以击荆轲，断其左股。荆轲废，乃引匕首擿王，中铜柱。自知事不就，骂曰：“事所以不成者，以欲生劫之，必得约契以报太子也！”遂体解荆轲以徇。王于是大怒，益发兵诣赵，就王翦以伐燕，与燕师、代师战于易水之西，大破之。

二十一年（乙亥，前 226 年）

冬，十月，王翦拔蓟，燕王及太子率其精兵东保辽东，李信急追之。代王嘉遗燕王书，令杀太子丹以献。丹匿衍水中，燕王使使斩丹，欲以献王，王复进兵攻之。

王贲伐楚，取十余城。王问于将军李信曰：“吾欲取荆，于将军度用几何人而足？”李信曰：“不过用二十万。”王以问王翦，王翦曰：“非六十万人不可。”王曰：“王将军老矣，何怯也！”遂使李信、蒙恬将二十万人伐楚；王翦因谢病归频阳。

二十二年（丙子，前 225 年）

王贲伐魏，引河沟以灌大梁。三月，城坏。魏王假降，杀之，遂灭魏。

王使人谓安陵君曰：“寡人欲以五百里地易安陵。”安陵君曰：“大王加惠，以大易小，甚幸。虽然，臣受地于魏之先王，愿终守之，弗敢易。”王义而许之。

【语译】

始皇帝下

秦始皇帝二十年（甲戌，前227年）

荆轲到达秦国都城咸阳，通过秦王政的宠臣蒙嘉，以谦卑的言辞求见秦王政，秦王政大喜过望，穿上君臣朝会时的礼服，安排朝会大典迎见荆轲。荆轲手捧地图进献给秦王政，图卷全部展开，匕首出现，荆轲乘势抓住秦王政的袍袖，举起匕首刺向他的胸膛。但是，未等荆轲近身，秦王政已惊恐地一跃而起，挣断了袍袖。荆轲随即追逐秦王政，秦王政绕着柱子奔跑。这时，殿上的群臣都吓呆了，事发仓促，大出意料，群臣全都失去了常态。秦国法律规定，在殿上侍从的群臣不得携带任何武器。因此，大家只好徒手上前扑打荆轲，并喊道："大王，把剑推上背！"秦王政将剑推到背上，将剑套倾斜，剑柄向前，随即拔出剑来回击荆轲，砍断了他的左大腿。荆轲肢体残废无法再追，便把匕首向秦王政投掷过去，却击中了铜柱。荆轲知道行刺之事已经无法完成，就大骂道："此事所以不能成功，只是想活捉你，而后强迫你订立契约，归还所兼并的土地，以此回报燕太子啊！"于是，荆轲被分尸示众。秦王政为此勃然大怒，增派军队到赵国去，随王翦的大军攻打燕国。秦军在易水以西与燕军和代王的军队会战，大破燕、代之兵。

秦始皇帝二十一年（乙亥，前226年）

冬季，十月，秦将王翦攻下燕都蓟城，燕王喜和太子丹率领精兵向东图保辽东，秦将李信领兵急追。代王赵嘉送信给燕王喜，要他杀掉太子丹，将头颅献给秦王政。太子丹这时躲藏在衍水一带，燕王喜即派使节前往衍水杀了太子丹，准备把他的头颅献给秦王政。但秦王政再次发兵攻打燕国。

秦将王贲进攻楚国，攻陷了十多座城邑。秦王政询问将军李信说："我想要夺取楚国，根据你的推测，需要出动多少人的军队才能足够？"李信说："不过用二十万人。"秦王政又询问王翦，王翦说："非六十万人的大军不可。"秦王政说："王将军已经老了，怎么如此胆小啊！"便派李信、蒙恬率领二十万人进攻楚国。王翦于是称病辞职，返回故乡频阳。

秦始皇帝二十二年（丙子，前225年）

秦将王贲率军攻打魏国，引汴河的水灌淹魏国都城大梁。三月，大梁城垣塌毁，魏王假投降，被秦军杀死。魏国灭亡。

秦王政派人去通知安陵君说："我想要用五百里的土地换你的安陵国。"安陵君说："大王您施加恩惠给我，用大换小，真是太幸运了。但虽然如此，我这小国的土地是受封于魏国上代国君的，我愿意终生守护它，不敢交换！"秦王嬴政赞许他信

李信攻平舆，蒙恬攻寝，大破楚军。信又攻鄢郢，破之，于是引兵而西，与蒙恬会城父，楚人因随之，三日三夜不顿舍，大败李信，入两壁，杀七都尉；李信奔还。

王闻之，大怒，自至频阳谢王翦曰："寡人不用将军谋，李信果辱秦军。将军虽病，独忍弃寡人乎！"王翦谢："病不能将。"王曰："已矣，勿复言！"王翦曰："必不得已用臣，非六十万人不可！"王曰："为听将军计耳。"于是王翦将六十万人伐楚。王送至霸上，王翦请美田宅甚众。王曰："将军行矣，何忧贫乎！"王翦曰："为大王将，有功，终不得封侯，故及大王之向臣，以请田宅为子孙业耳。"王大笑。王翦既行，至关，使使还请善田者五辈。或曰："将军之乞贷亦已甚矣！"王翦曰："不然。王怚中而不信人，今空国中之甲士而专委于我，我不多请田宅为子孙业以自坚，顾令王坐而疑我矣。"

二十三年（丁丑，前 224 年）

王翦取陈以南至平舆。楚人闻王翦益军而来，乃悉国中兵以御之；王翦坚壁不与战。楚人数挑战，终不出。王翦日休士洗沐，而善饮食，抚循之；亲与士卒同食。久之，王翦使人问："军中戏乎？"对曰："方投石、超距。"王翦曰："可用矣！"楚既不得战，乃引而东。王翦追之，令壮士击，大破楚师，至蕲南，杀其将军项燕，楚师遂败走。王翦因乘胜略定城邑。

二十四年（戊寅，前 223 年）

王翦、蒙武虏楚王负刍，以其地置楚郡。

（以上为第一段，写前 227 年至前 223 年五年史事，写荆轲刺杀秦王政失败，秦王加速统一进程，派出三路大军东伐，李信一军攻燕，王贲一军攻魏，王翦一军伐楚，燕破魏亡楚灭。）

守道义，便应允了他的请求。

秦将李信进攻楚国平舆，蒙恬攻打寝地，大败楚军。李信再攻鄢郢，攻下了该城，于是，率军西进，到城父与蒙恬的军队会合。楚军趁机尾随在后，三天三夜不停宿休息，予以反击，大败李信的军队，攻入秦军的两个营地，斩杀了七个都尉。李信率领残部逃奔回秦国。

秦王政听到这个消息，暴跳如雷，亲自前往频阳向王翦道歉，说："我没有采用将军的计策，而李信果然使秦军蒙受了耻辱。现在将军你虽然患病，但难道就忍心抛下我不管吗？"王翦仍然推辞说："我实在是病得不能领兵打仗了。"秦王政说："好啦，不要再这么说了！"王翦说："如果不得已一定要用我的话，非用六十万人的军队不可！"秦王政答道："就按照将军的主张行事吧。"于是，王翦率领六十万大军攻打楚国，秦王政亲自送行到霸上。王翦请求秦王政赏赐他相当多的良田美宅。秦王政说："你就出发吧，为什么还要担心日后贫穷呀！"王翦说："身为大王您的将领，虽然立下战功，但最终仍不能被封侯，所以趁着大王现在正看重我，请求赏赐田宅，好为子孙留下产业啊！"秦王政听后大笑不止。王翦率军开拔，到达武关，又陆续派遣五位使者向秦王政请求赏赐良田。有人说："将军您向秦王求讨东西，也是太过分了吧！"王翦回答道："不是这样。大王心性粗暴而多猜忌，如今将国中的武装士兵调拨一空，专门托付给我指挥，我若不借多求赏赐田宅为子孙谋立产业，表示坚决为大王效力，大王反倒要无缘无故地对我有所怀疑啊！"

秦始皇帝二十三年（丁丑，前 224 年）

秦将王翦率领大军取道陈丘以南，到达平舆。楚国听说王翦增兵而来，便出动国中的全部兵力抵抗秦军。王翦下令坚守营寨，不与楚军交锋。楚军多次到营前挑战，秦军始终不出战。王翦每天让兵士休息、洗沐，享用好的饮食，安抚慰问他们，并亲自与他们共同进餐。这样过了很长一段时间，王翦派人打听："军中进行什么游戏啊？"回答说："兵士们正在玩投石、跳跃的游戏。"王翦便说："这样的军队可以用来作战了。"此时，楚军既然无法与秦军交锋，就挥师向东而去。王翦随即率军尾追，命令兵士们发起冲击，大败楚军，直至蕲县之南，斩杀楚国将军项燕，楚军于是溃败逃亡。王翦乘胜夺取并平定了楚国的一些城镇。

秦始皇帝二十四年（戊寅，前 223 年）

秦将王翦、蒙武俘获了楚国国君熊负刍，在楚地设置楚郡。

二十五年（己卯，前222年）

大兴兵，使王贲攻辽东，虏燕王喜。

臣光曰：燕丹不胜一朝之忿以犯虎狼之秦，轻虑浅谋，挑怨速祸，使召公之庙不祀忽诸，罪孰大焉！而论者或谓之贤，岂不过哉！

夫为国家者，任官以才，立政以礼，怀民以仁，交邻以信。是以官得其人，政得其节，百姓怀其德，四邻亲其义。夫如是，则国家安如磐石，炽如焱火。触之者碎，犯之者焦，虽有强暴之国，尚何足畏哉！丹释此不为，顾以万乘之国，决匹夫之怒，逞盗贼之谋，功隳身戮，社稷为墟，不亦悲哉！

夫其膝行、蒲伏，非恭也；复言、重诺，非信也；糜金、散玉，非惠也；刎首、决腹，非勇也。要之，谋不远而动不义，其楚白公胜之流乎！

荆轲怀其豢养之私，不顾七族，欲以尺八匕首强燕而弱秦，不亦愚乎！故扬子论之，以要离为蛛蝥之靡，聂政为壮士之靡，荆轲为刺客之靡，皆不可谓之义。又曰："荆轲，君子盗诸！"善哉！

王贲攻代，虏代王嘉。

王翦悉定荆江南地，降百越之君，置会稽郡。

五月，天下大酺。

初，齐君王后贤，事秦谨，与诸侯信；齐亦东边海上。秦日夜攻三晋、燕、楚，五国各自救，以故齐王建立四十余年不受兵。及君王后且死，戒王建曰："群臣之可用者某。"王曰："请书之。"君王后曰："善！"王取笔牍受言，君王后曰："老妇已忘矣。"君王后死，后胜相齐，多受秦间金。宾客入秦，秦又多与金。客皆为反间，劝王朝秦，不修攻战之备，不助五国攻秦，秦以故得灭五国。

秦始皇帝二十五年（己卯，前222年）

秦国大举兴兵，派王贲率兵进攻辽东，俘获了燕国国君姬喜，燕国灭亡。

臣司马光说：燕国太子丹不能忍受一时的激愤而去冒犯如狼似虎的秦国，虑事轻率，谋划浅薄，以致挑起怨恨，加速了灭亡之祸，使供奉燕国始祖召公的宗庙祭祀忽然中断，罪过没有比这个更大的了！而评论的人有的还把太子丹说成是德才兼备的人，这难道不是太过分了吗！

对于治理国家的君王来说，任命有才能的人为官，按照礼制确立政策法规，以仁爱之心安抚百姓，凭借信义结交邻国。这样，官员由有才干的人担任，政事得到礼教的节制，百姓怀念君王的德行，四邻亲近友善，恪守信义。这样，国家则会安如磐石，炽如火焰，触犯它的一定被撞得粉碎，挨着它的一定被烧得焦头烂额。如此，即便是有强暴的敌国存在，又有什么值得畏惧的呢？太子丹放弃这条路不走，反而用万辆战车的大国去排解个人的私愤、炫耀盗贼式的谋略，结果是功名被毁坏，身命遭杀戮，江山社稷化作废墟，这难道不是十分令人悲痛的事情吗？

跪着前进，伏地而行，并不表示恭敬；言必行，重承诺，并不表示守信；过度耗费金钱，散发玉器，并不表示施恩；自割颈部，自剖肚腹，并不表示勇敢。这种种问题的关键在于，只顾眼前利益不能深谋远虑，而行动不合乎礼义，似此不过是楚国为复仇而丧生的白公胜之流罢了！

荆轲心怀报答太子丹豢养的私情，不顾及全家七族之人会受到牵连，想要用一把短小的匕首使燕国强大、秦国削弱，这难道不是愚蠢至极吗？所以，扬雄对此评论说，要离的死，是蜘蛛、毒虫一类的死；聂政的死，是壮士一类的死；荆轲的死，是刺客一类的死。这些人都不能算是义士。他又说："荆轲，按照君子的道德观念来看，他是一个大盗贼。"此话说得多好啊！

秦将王贲率军攻打代国，俘获代王嘉。

秦将王翦全部平定楚国长江以南的地区，降服百越的首领，设置了会稽郡。

五月，秦国命令特许全国举行大规模的聚会宴饮。

当初，齐国的君王后贤惠有才干，使齐国能小心周到地侍奉秦国，对其他各诸侯国奉守信义。齐国东靠大海，不与秦国相邻。而那时秦国日夜不停地进攻韩、赵、魏、燕、楚等国，这五国分别忙于调兵自救，无暇他顾，所以齐王建在位四十多年未遭逢过战乱。君王后即将去世时，告诫齐王建说："群臣中可以任用的是某某。"齐王建说："请让我把名字写下来。"君王后说："好吧。"但等到齐王建取来笔和木牍，准备记下她的话时，君王后却说："我已经忘记了。"君王后去世后，后胜出任齐国的相国，他大量接受秦国为挑拨齐国君臣关系而施给他的金银财宝。而齐国的

齐王将入朝，雍门司马前曰："所为立王者，为社稷耶，为王耶？"王曰："为社稷。"司马曰："为社稷立王，王何以去社稷而入秦？"齐王还车而反。

即墨大夫闻之，见齐王曰："齐地方数千里，带甲数百万。夫三晋大夫皆不便秦，而在阿、鄄之间者百数；王收而与之百万人之众，使收三晋之故地，即临晋之关可以入矣。鄢郢大夫不欲为秦，而在城南下者百数，王收而与之百万之师，使收楚故地，即武关可以入矣。如此，则齐威可立，秦国可亡，岂特保其国家而已哉！"齐王不听。

（以上为第二段，写前222年史事，写秦王灭燕、灭代，王翦平定楚国长江以北地区。司马光批评燕太子丹不举用贤才发愤图强，而遣刺客做无谓牺牲，荆轲非义士。）

二十六年（庚辰，前221年）

王贲自燕南攻齐，猝入临淄，民莫敢格者。秦使人诱齐王，约封以五百里之地。齐王遂降，秦迁之共，处之松柏之间，饿而死。齐人怨王建不早与诸侯合从，听奸人宾客以亡其国，歌之曰："松耶，柏耶，住建共者客耶！"疾建用客之不详也。

臣光曰：从衡之说虽反覆百端，然大要合从者，六国之利也。昔先王建万国，亲诸侯，使之朝聘以相交，飨宴以相乐，会盟以相结者，无他，欲其同心戮力以保家国也。向使六国能以信义相亲，则秦虽强暴，安得而亡之哉！夫三晋者，齐、楚之藩蔽；齐、楚者，三晋之根柢；形势相资，表里相依。故以三晋而攻齐、楚，自绝其根柢也；以齐、楚而攻三晋，自撤其藩蔽也。安有撤其藩蔽以媚盗，曰"盗将爱我而不攻"，岂不悖哉！

宾客进入秦国时，秦国又给以重金，使这些宾客回国后都反过来为秦国说话，劝说齐王建去朝拜秦王，不必整治、修建用作攻战的防备设施，不要去援助那以下几个国家进攻秦国。秦国也即因此得以灭掉了五国。

齐王建将要动身前往咸阳朝拜秦王政，齐国的雍门司马迎上前说："齐国所以要设立国君，是为了国家，还是为了国君自己啊？"齐王建说："是为了国家。"司马说："既然是为了国家才设立君王，那您为什么还要离开自己的国家而到秦国去呢？"齐王建于是下令掉转车头返回王宫。

即墨大夫听说后，进见齐王建，说："齐国国土方圆数千里，军队数百万。现韩、赵、魏三国的官员都不愿接受秦国的统治，逃亡在阿城、甄城之间的有数百人。大王您将这些人收拢起来，交给他们百万之多的士兵，让他们去收复韩、赵、魏三国旧日的疆土，如此，就是秦国的临晋关也可以进入了。楚国鄢郢的官员不愿受秦国驱使，逃匿在南城之下的有数百人。大王您将这些人聚集起来，交给他们百万人的军队，让他们去收复楚国原来的土地，如此，即便是武关也可以进入了。这样一来，齐国的威望得以树立，秦国则可被灭亡，这又岂是保全自己的国家而已！"但是，齐王建没有接受这一建议。

秦始皇帝二十六年（庚辰，前221年）

秦将王贲率军从燕国向南进攻齐国，突然攻入都城临淄，齐国百姓中没有敢于抵抗的。秦国派人诱降齐王建，约定封给他五百里的土地，齐王建于是便投降了。但是，秦国却将他迁移到共地，安置在松柏之间，最终被饿死。齐国人埋怨齐王建不早参与诸侯国的合纵联盟，却听信奸佞、宾客的意见，致使国家遭到灭亡，故为此编成歌谣说："松树啊，柏树啊，使田建迁住共地饿死的是宾客啊！"痛恨齐王建任用宾客不审慎考察。

> 臣司马光说：合纵、连横的学说，虽然反复无常，但其中最主要的是合纵符合六国的利益。从前，先王封立大量封国，亲近爱抚各国诸侯，使他们通过拜会、探访来增进相互交往，用酒宴招待他们以增进欢乐友好，实行会盟而增进团结联合，不为别的，就是希望他们能够同心协力共保国家。假如当初六国能以信义相互亲善，那么秦国虽然强暴，六国又怎么能被它灭亡掉呢？韩、赵、魏三国，是齐、楚两国的屏障，而齐、楚两国则是韩、赵、魏三国的基础，它们在形势上相互依托，表里间相互依赖。所以，韩、赵、魏三国进攻齐、楚是自断根基；而齐、楚两国攻打韩、赵、魏三国，则是自撤屏障。哪里有自己拆毁屏障以讨好盗贼，并且还说"盗贼将会爱惜我而不攻打我"，这难道不是荒谬得很吗？

王初并天下，自以为德兼三皇，功过五帝，乃更号曰“皇帝”，命为“制”，令为“诏”，自称曰“朕”。追尊庄襄王为太上皇。制曰：“死而以行为谥，则是子议父，臣议君也，甚无谓。自今以来，除谥法。朕为始皇帝，后世以计数，二世、三世至于万世，传之无穷。”

初，齐威、宣之时，邹衍论著终始五德之运；及始皇并天下，齐人奏之。始皇采用其说，以为周得火德，秦代周，从所不胜，为水德。始改年，朝贺皆自十月朔；衣服、旌旄、节旗皆尚黑；数以六为纪。

丞相绾言：“燕、齐、荆地远，不为置王，无以镇之。请立诸子。”始皇下其议。廷尉斯曰：“周文、武所封子弟同姓甚众，然后属疏远，相攻击如仇雠，周天子弗能禁止。今海内赖陛下神灵一统，皆为郡、县，诸子功臣以公赋税重赏赐之，甚足易制，天下无异意，则安宁之术也。置诸侯不便。”始皇曰：“天下共苦战斗不休，以有侯王。赖宗庙，天下初定，又复立国，是树兵也；而求其宁息，岂不难哉！廷尉议是。”

分天下为三十六郡，郡置守、尉、监。

收天下兵聚咸阳，销以为钟鐻、金人十二，重各千石，置宫庭中，一法度衡石丈尺。徙天下豪杰于咸阳十二万户。

诸庙及章台、上林皆在渭南。每破诸侯，写放其宫室，作之咸阳北阪上，南临渭，自雍门以东至泾、渭，殿屋、复道、周阁相属，所得诸侯美人、钟鼓以充入之。

（以上为第三段，写前221年史事，写秦王嬴政最后消灭齐国，统一天下，自称“始皇帝”，废除分封制，分天下为三十六郡，统一度量衡，销毁天下兵器，迁豪富于咸阳，在渭水北岸仿建六国宫殿。）

秦王嬴政刚刚兼并六国，统一天下，自认为兼备了三皇的德行，超过了五帝的功业，于是，便改称号为“皇帝”，皇帝出命称为“制书”，下令称为“诏书”，自称为“朕”，追尊父亲庄襄王嬴异人为太上皇，并发布命令说：“君王死后依据他生前的行为加定谥号，这是儿子议论父亲，臣子议论君王，实在没有意思。从今以后，废除为帝王上谥号的制度。我为始皇帝，后继者以序数计算，称为二世皇帝、三世皇帝，以至万世，一代一代无穷尽地传下去。”

当初，齐威王、齐宣王的时候，邹衍研究创立了金、木、水、火、土终而复始的“五德终始”学说。到了秦始皇帝兼并天下时，齐国人将此说奏报给秦始皇。始皇采纳了这套学说，认为周朝是火德，秦朝取代周朝，从火不能胜水来推算，应是水德。于是，开始下令更改岁历，新年朝见皇帝与祝贺典礼都从十月初一开始，以十月初一为元旦；衣服、旗帜、符节等都崇尚黑色，计数以六为一个单位。

秦朝丞相王绾说：“燕、齐、楚三国的故地距都城咸阳过于遥远，不在那里设置侯王，便不能镇抚。因此，请分封诸位皇子为侯王。”秦始皇将这一建议交给大臣评议。廷尉李斯说：“周文王、周武王分封的子弟族人非常多，他们的后代彼此疏远，相互攻击如同仇敌，周天子也无法加以制止。现在四海之内，仰仗皇上的神灵获得统一，全国都划分为郡县，对各位皇子及有功之臣，用国家征收的赋税重重给予赏赐，这样就可以非常容易地进行控制，使天下人对秦朝不怀二心，才是安定国家的方略。分封诸侯则是不适宜。”秦始皇说：“天下人都吃尽了无休止的战争之苦，全是因为有诸侯王存在的缘故。今日依赖祖先的在天之灵，使天下初步平定，假如又重新封侯建国，便是自己招引兵事、培植战乱，如此而想求得宁静、安息，岂不是极其困难的事情啊！廷尉的主张是对的。”

秦始皇于是下令把全国划分为三十六个郡，每个郡都设置郡守、郡尉、监御史。

又下令收缴全国民间所藏的兵器，运送并汇集到咸阳，熔毁后铸成大钟和钟架，以及十二个铜人，各重千石，放置在宫廷中；并统一法制和度量衡，将各地富豪十二万户迁移到咸阳，置于朝廷的监控之下。

秦朝祭祀祖先、神灵的宗庙等处所和章台宫、上林苑都设在渭水南岸。而秦国每征服一个国家，就摹画、仿照该国的宫室，在咸阳城北的山坡上同样建造一座。如此南临渭水，自雍门向东至泾水、渭水相交处，宫殿屋宇、天桥、楼阁相连接，所获得的各国美女、钟鼓等乐器都安置在里边。

二十七年（辛巳，前220年）

始皇巡陇西、北地，至鸡头山，过回中焉。

作信宫渭南，已，更命曰极庙。自极庙道通骊山，作甘泉前殿，筑甬道自咸阳属之，治驰道于天下。

二十八年（壬午，前219年）

始皇东行郡、县，上邹峄山，立石颂功业。于是召集鲁儒生七十人，至泰山下，议封禅。诸儒或曰："古者封禅，为蒲车，恶伤山之土石、草木；扫地而祭，席用菹秸。"议各乖异。始皇以其难施用，由此绌儒生。而遂除车道，上自太山阳至颠，立石颂德；从阴道下，禅于梁父。其礼颇采太祝之祀雍上帝所用，而封藏皆秘之，世不得而记也。

于是始皇遂东游海上，行礼祠名山、大川及八神。始皇南登琅邪，大乐之，留三月，作琅邪台，立石颂德，明得意。

初，燕人宋毋忌、羡门子高之徒称有仙道、形解销化之术，燕、齐迂怪之士皆争传习之。自齐威王、宣王、燕昭王皆信其言，使人入海求蓬莱、方丈、瀛洲，云此三神山在勃海中，去人不远。患且至，则风引船去。尝有至者，诸仙人及不死之药皆在焉。及始皇至海上，诸方士齐人徐市等争上书言之，请得齐戒与童男女求之。于是遣徐市发童男女数千人入海求之。船交海中，皆以风为解，曰："未能至，望见之焉。"

始皇还，过彭城，斋戒祷祠，欲出周鼎泗水，使千人没水求之，弗得。乃西南渡淮水，之衡山、南郡。浮江至湘山祠，逢大风，几不能渡。上问博士曰："湘君何神？"对曰："闻之：尧女，舜之妻，葬此。"始皇大怒，使刑徒三千人皆伐湘山树，赭其山。遂自南郡由武关归。

初，韩人张良，其父、祖以上五世相韩。及韩亡，良散千金之产，欲为韩报仇。

秦始皇帝二十七年（辛巳，前 220 年）

秦始皇出巡陇西、北地，到鸡头山而还，经过回中宫。

秦始皇在渭水南岸兴建长信宫，竣工后改名为极庙宫。从极庙筑路通到骊山，兴造甘泉宫前殿，修筑甬道连接咸阳，又以咸阳为中心筑驰道通往全国各地。

秦始皇帝二十八年（壬午，前 219 年）

秦始皇帝嬴政出巡东部各郡、县，登上邹地的峄山，树立石碑，赞颂秦朝的功勋业绩；召集过去鲁地崇信儒学的文人七十名，到泰山下商议祭祀天地的封禅之事。诸儒生中有的说："古时候的君王封禅，用蒲草裹住车轮，不愿伤害山上的土石草木；扫地祭祀时所使用的席子都是用草编成的。"各人的议论很不相同。秦始皇认为众人所说的很难实际采用，便因此而贬退儒生，并且下令开通车道，从泰山南麓上到顶峰，竖立石碑歌颂自己的功德，又从泰山北面顺道而下，到梁父山祭地。祭祀仪式颇采用秦国古时在雍城由太祝令主持祭祀上帝的形式。而怎样封土埋藏却全都保密，世人无法获悉并记录下来。

于是，秦始皇随即向东出游沿海各地，祭礼名山大川及天、地、兵、阴、阳、月、日、四时八神。然后南登琅邪山，兴致勃勃，在那里逗留了三个月，还建造了琅邪台，立石碑颂德，表明自己得意于天下。

当初，燕国人宋毋忌、羡门子高一类人声称世上有一种成仙之道、人老死后尸解骨化升天的法术，燕国、齐国的迂腐、怪异之士都争相传授和学习。从齐威王、齐宣王、燕昭王都相信他们的话，派人到海上去寻求蓬莱、方丈、瀛洲三座神山，据说这三座仙山在渤海之中，距离人间并不遥远。只是凡人将要到达，风就把船吹走了。不过也曾有人到过这三山，看见各位神仙和长生不死的药均在那里。待到始皇帝嬴政出游海滨时，通晓神仙方术的人如故齐国人徐市等，纷纷争着上书谈这些事情，请求准许斋戒清心洁身素食后率领童男童女往海上寻求神山。始皇于是派遣徐市征发数千名童男童女入海求仙。但是，船行海上后，却均因风势不顺而返航。不过他们仍然说："虽然没有能够到达仙山，可是已经望见了。"

秦始皇还归咸阳途中，经过彭城，举行斋戒，祈祷祭祀，想要打捞沉没在泗水中的周鼎。故而遣一千人潜入泗水寻找，结果毫无所得。于是，始皇又向西南渡过淮水，到达衡山、南郡；再泛舟长江，到湘山，祭祀湘君。适逢大风，几乎不能渡过湘水。始皇问博士道："湘君是什么神仙啊？"博士回答说："听说她是尧帝的女儿，舜帝的妻子，死后就葬在这里。"始皇大怒，令三千名被判刑服劳役的罪犯将湘山的树木统统砍光，裸露出赤红的土壤和石块。然后，从南郡经武关返回咸阳。

早先，韩国人张良的父亲、祖父曾经做过五代韩相。乃至韩国灭亡，张良散尽千金家产，想要为韩国报仇。

二十九年（癸未，前218年）

始皇东游，至阳武博浪沙中，张良令力士操铁椎狙击始皇，误中副车。始皇惊，求，弗得；令天下大索十日。

始皇遂登之罘，刻石；旋，之琅邪，道上党入。

三十一年（乙酉，前216年）

使黔首自实田。

三十二年（丙戌，前215年）

始皇之碣石，使燕人卢生求羡门，刻碣石门。坏城郭，决通堤坊。始皇巡北边，从上郡入。卢生使入海还，因奏《录图书》曰："亡秦者胡也。"始皇乃遣将军蒙恬发兵三十万人，北伐匈奴。

三十三年（丁亥，前214年）

发诸尝逋亡人、赘婿、贾人为兵，略取南越陆梁地，置桂林、南海、象郡；以谪徙民五十万人戍五岭，与越杂处。

蒙恬斥逐匈奴，收河南地为四十四县。筑长城，因地形，用制险塞；起临洮至辽东，延袤万余里。于是渡河，据阳山，逶迤而北。暴师于外十余年，蒙恬常居上郡统治之；威振匈奴。

（以上为第四段，写秦始皇统一六国后巡行郡县，记前220年至前214年七年史事。始皇派人入海求仙，讨论封禅，曾遭刺客袭击；派遣将军蒙恬攻打匈奴，筑造长城。）

三十四年（戊子，前213年）

谪治狱吏不直及覆狱故失者，筑长城及处南越地。

丞相李斯上书曰："异时诸侯并争，厚招游学。今天下已定，法令出一，百姓当家则力农工，士则学习法令。今诸生不师今而学古，以非当世，惑乱黔首，相与非法教；闻令下，则各以其学议之，入则心非，出则巷议，夸主以为名，异趣以为高，率群下以造谤。如此弗禁，则主势降乎上，党与成乎下。禁之便！臣请史官非秦记皆烧之；非博士官所职，天下有藏《诗》《书》、百家语者，皆诣守、尉杂烧之。有敢偶语《诗》《书》弃市；以古非今者族；吏见知不举，与同罪。令下三十日，不烧，

秦始皇帝二十九年（癸未，前218年）

秦始皇出巡东方，到达阳武县的博浪沙时，张良让大力士手持铁锤袭击始皇，但却误中随天子车驾而行的副车。始皇大惊失色，想抓住刺客，但未能抓到，于是，下令全国进行十天的大搜捕。

始皇随后登上芝罘山，刻石颂德。归途中前往琅邪，取道上党，回到咸阳。

秦始皇帝三十一年（乙酉，前216年）

秦始皇下令全国百姓向朝廷自报所占土地的数额。

秦始皇帝三十二年（丙戌，前215年）

秦始皇出巡抵达碣石，派故燕国人卢生求访仙人羡门。又在碣石山门刻碑文歌功颂德，拆毁城郭，决通堤防。此后，秦始皇巡视北部边境，从上郡返回都城。卢生受派遣入海求仙后归来，随即抄录《录图书》上"亡秦者，胡也"的谶语奏报给秦始皇。秦始皇便派将军蒙恬率领三十万大军，向北攻打匈奴。

秦始皇帝三十三年（丁亥，前214年）

秦朝征召那些曾经逃亡的人、因贫穷而入赘女家的男子、商贩等入伍当兵，攻掠夺取南越的陆梁地，设置了桂林、南海、象郡等郡；并将受贬谪的人五十万流放到五岭守边，与南越的本地人杂居一处。

秦将蒙恬率军驱逐匈奴人，收复了河南（今黄河以南河套地区），设置四十四个县，接着就修筑长城，凭借地形而建，用以控制险关要塞，起自临洮，直至辽东，绵延一万多里。蒙恬于是又领兵渡过黄河，占据阳山，向北曲折前进。军队在野外扎营，风餐露宿十多年，蒙恬则常驻上郡指挥军队，威震匈奴。

秦始皇帝三十四年（戊子，前213年）

秦朝将徇私枉法、知人有罪却释放出狱、无罪却下狱的司法官吏流放去修筑长城，或到南越地区守边。

丞相李斯上书说："过去诸侯各国纷争，以高官厚禄招来游说之士。现在天下已定，法令统一出自朝廷，民众百姓就要致力于耕田做工，读书人就要学习法令规章。但今日的儒生却不学习现代事务，只知一味地效法古代，并借此非议现实，蛊惑、扰乱民众，相互非难，指责现行制度，并以此教导百姓；闻听命令颁下，就纷纷根据自己的学说、主张妄加评议，入朝时口是心非，出朝后便街谈巷议，夸饰君王以提高自己的声望，标新立异以显示自己的高明，煽动、引导一些人攻击诽谤国家法令。这种情况如不禁止，就势必造成君王的权势下降，臣下结党纳派活动蔓延民间。

黥为城旦。所不去者，医药、卜筮、种树之书。若有欲学法令者，以吏为师。”制曰：“可。”

魏人陈馀谓孔鲋曰：“秦将灭先王之籍，而子为书籍之主，其危哉！”子鱼曰：“吾为无用之学，知吾者惟友。秦非吾友，吾何危哉！吾将藏之以待其求；求至，无患矣。”

三十五年（己丑，前 212 年）

使蒙恬除直道，道九原，抵云阳，堑山堙谷千八百里；数年不就。

始皇以为咸阳人多，先王之宫庭小，乃营作朝宫渭南上林苑中，先作前殿阿房，东西五百步，南北五十丈，上可以坐万人，下可以建五丈旗，周驰为阁道，自殿下直抵南山，表南山之颠以为阙。为复道，自阿房度渭，属之咸阳，以象天极阁道、绝汉抵营室也。隐宫、徒刑者七十万人，乃分作阿房宫或作骊山。发北山石椁，写蜀、荆地材皆至；关中计宫三百，关外四百余。于是立石东海上朐界中，以为秦东门。因徙三万家骊邑，五万家云阳，皆复不事十岁。

卢生说始皇曰：“方中：人主时为微行以辟恶鬼。恶鬼辟，真人至。愿上所居宫毋令人知，然后不死之药殆可得也！”始皇曰：“吾慕真人！”自谓“真人”，不称“朕”。乃令咸阳之旁二百里内宫观二百七十，复道、甬道相连，帷帐、钟鼓、美人充之，各案署不移徙。行所幸，有言其处者，罪死。始皇幸梁山宫，从山上见丞相车骑众，弗善也。中人或告丞相，丞相后损车骑。始皇怒曰：“此中人泄吾语！”案问，莫服，捕时在旁者，尽杀之。自是后，莫知行之所在。群臣受决事者，悉于咸阳宫。

唯有禁止这些才有利于国家！因此，我建议史官将除秦国史记之外的所有史书全部烧毁；除博士官按职责收藏外，天下凡有私藏《诗》、《书》、诸子百家著作的人，一律按期将所藏之书交到郡守、郡尉处，一并焚毁；有敢于相对私语谈论《诗》、《书》的处死；借古非今的诛杀九族；官吏发现这种事情不举报的与以上人同罪；此令颁布三十天后仍不将私藏书籍烧毁的，判处黥刑，并罚处修筑长城劳役的城旦刑。不予焚烧的，是医药、占卜、种植的书。如果想要学习法令，应以官吏为师。”始皇下令说：“好。”

故魏国人陈馀对孔子的八世孙孔鲋说：“秦朝将要毁灭掉前代君王的书籍，而你正是书籍的拥有人，这实在是太危险了！”孔鲋说：“我所治的是一些看来无用的学问，真正了解我的只有朋友。秦朝并不是我的朋友，我会遇到什么危险呀！我将把书籍收藏好，等待着有人征求，一旦来征求，我也就不会有什么灾难了。”

秦始皇帝三十五年（己丑，前 212 年）

秦始皇派蒙恬负责开通直道，从九原直到云阳，挖掘大山，填塞峡谷，长达一千八百里，几年没有完工。

秦始皇认为都城咸阳的人口过多，而先代君王营造的宫廷又嫌小，便命人在渭南上林苑中建筑宫殿，先修前殿阿房宫，长宽东西五百步，南北五十丈，上面可坐一万人，下面则能竖立五丈高的旗帜，周围是车马驰行的天桥，从前殿下直达南山，在南山的顶峰上建造牌楼作为标志。又筑造天桥，从阿房渡过渭水，与咸阳城相接，由此象征天上的北极星、阁道星横越银河抵达营室宿。征发受宫刑和判处其他徒刑的囚犯七十万人，分别修筑阿房宫或建造骊山始皇帝陵墓，并凿掘用作套棺的北山的石料，采伐蜀、荆两地的木材，都先后运到。在关中兴建宫殿共有三百座，关外营造宫殿四百多座。于是，在东海郡的朐县界内竖立石阙，作为秦朝东部的大门，又将三万家迁移到骊邑，五万家迁移到云阳，均免除十年的赋税徭役。

卢生劝说秦始皇道：“有一种方法，就是皇上不时地暗中秘密出行，借此躲避恶鬼。而避开了恶鬼，神仙真人便会来到。故此希望您所居住的宫室不要让别人知道，然后不死之药大概才可以得到！”始皇说：“我敬慕真人！”于是就自称“真人”，不再称“朕”，并下令咸阳城周围二百里内的二百七十处宫殿楼台，都用天桥、甬道相连接，帷帐、钟鼓及美女充斥其间，各自按部署登记，不做迁移。始皇巡行到某处居住下来，有敢于透露出他的驻地的，即获罪处死。始皇曾前往梁山宫，从山上望见丞相李斯的随行车马非常多，很不高兴。宦官、近臣中有人将这事告诉了李斯，李斯随即减少了他的车马。始皇愤怒地说：“这一定是宫中人泄露了我的话！”于是，审问随从人员，但是没有人承认。始皇就下令捉拿当时在场的人，全部杀掉。从此以后，再也没有人知道始皇到了什么地方。群臣中凡有事情要奏报并接受皇帝

侯生、卢生相与讥议始皇，因亡去。始皇闻之，大怒曰：“卢生等，吾尊赐之甚厚，今乃诽谤我！诸生在咸阳者，吾使人廉问，或为妖言以乱黔首。”于是使御史悉案问诸生。诸生传相告引，乃自除犯禁者四百六十余人，皆坑之咸阳，使天下知之，以惩后；益发谪徙边。始皇长子扶苏谏曰：“诸生皆诵法孔子。今上皆重法绳之，臣恐天下不安。”始皇怒，使扶苏北监蒙恬军于上郡。

（以上为第五段，写前213年至前212年两年史事：一为秦始皇焚书坑儒；二是长子扶苏劝谏，被派到上郡，监长城军。）

三十六年（庚寅，前211年）

有陨石于东郡。或刻其石曰：“始皇死而地分。”始皇使御史逐问，莫服；尽取石旁居人诛之，燔其石。

迁河北榆中三万家，赐爵一级。

三十七年（辛卯，前210年）

冬，十月，癸丑，始皇出游；左丞相斯从，右丞相去疾守。始皇二十余子，少子胡亥最爱，请从；上许之。

十一月，行至云梦，望祀虞舜于九疑山。浮江下，观藉柯，渡海渚，过丹阳，至钱唐，临浙江。水波恶，乃西百二十里，从狭中渡。上会稽，祭大禹，望于南海；立石颂德。还，过吴，从江乘渡。并海上，北至琅邪、之罘。见巨鱼，射杀之。遂并海西，至平原津而病。

始皇恶言死，群臣莫敢言死事。病益甚，乃令中车府令行符玺事赵高为书赐扶苏曰：“与丧，会咸阳而葬。”书已封，在赵高所，未付使者。

秋，七月，丙寅，始皇崩于沙丘平台。丞相斯为上崩在外，恐诸公子及天下有变，乃秘之不发丧，棺载辒凉车中，故幸宦者骖乘。所至，上食、百官奏事如故，宦者辄从车中可其奏事。独胡亥、赵高及幸宦者五六人知之。

裁决的，便全都到咸阳宫等候。

侯生、卢生相互讥讽、评议秦始皇的暴虐，并因此逃亡而去。始皇听说后勃然大怒，说："卢生等人，我尊敬他们，并重重地赏赐他们，现在竟然敢诽谤我！这些人在咸阳的，我曾派人去查访过，其中有的人竟妖言惑众！"于是，令御史逮捕并审问所有的儒生。儒生们彼此告发，始皇亲自判处违法犯禁的人有四百六十多名，把他们全部在咸阳活埋了。还向全国宣布，让大家都知道这件事情，以惩戒后世。同时，谪罚更多的人流放到边地戍守。始皇的长子扶苏为此劝说道："那些儒生们全都诵读并效法孔子的言论。而今您全部用重法惩处他们，我担心天下会因此不安定。"始皇大为恼火，派扶苏赴上郡去监督蒙恬的军队。

秦始皇帝三十六年（庚寅，前 211 年）

有陨石坠落在东郡。有人在陨石上刻字说："始皇死而地分。"秦始皇于是派御史逐个查问当地的人，但是没人承认此事是自己干的。始皇便下令将居住在陨石附近的人全部捉拿处死，并焚化了那块石头。

秦朝迁移三万户到黄河以北、榆中一带垦殖荒地，每户授予爵位一级。

秦始皇帝三十七年（辛卯，前 210 年）

冬季，十月，癸丑（疑误），秦始皇帝嬴政出游，左丞相李斯陪同前往，右丞相冯去疾留守咸阳。始皇有二十多个儿子，小儿子胡亥最受宠爱，他要求随始皇出巡，获始皇准许。

十一月，秦始皇帝嬴政一行到达云梦，向着九疑山遥祭葬在那里的舜帝。然后乘船顺长江而下，观览江边礁石，渡过海边岛屿，经过丹阳，到达钱塘，来到浙江边。因江潮波涛汹涌，便向西行驶一百二十里，从富阳与分水之间的狭窄处渡江。随后，始皇登上会稽山，祭祀大禹，遥望南海，刻立巨石歌功颂德。然后，起驾返回，归途中经过吴地，从江乘县渡过长江，沿海北上，抵达琅琊、芝罘。始皇看见大鱼，便发箭将鱼射杀。接着，又沿海边西行，到了平原津后便病倒了。

秦始皇很厌恶谈论"死"字，因此，群臣中没有人敢于提关于死的事情。待到他病势更加沉重时，才命中车府令、兼掌符玺事务的赵高写诏书给长子扶苏，说："参加丧事处理，灵柩到咸阳后安葬。"诏书已封好，但却搁置在赵高处，没有交给使者送出。

秋季，七月二十日丙寅，秦始皇在沙丘宫平台去世。丞相李斯因皇帝在都城外病逝，唯恐各位皇子及天下发生什么变故，于是就秘不发丧，将棺材停放在能调节冷暖的辒凉车中，由始皇生前最宠信的宦官在车的右边陪乘。所到一地，上呈餐饭、百官奏报事务，都与过去一样，宦官即从车中接受并批复奏事。只有胡亥、赵高及

初，始皇尊宠蒙氏，信任之。蒙恬任外将，蒙毅常居中参谋议，名为忠信，故虽诸将相莫敢与之争。赵高者，生而隐宫；始皇闻其强力，通于狱法，举以为中车府令，使教胡亥决狱；胡亥幸之。赵高有罪，始皇使蒙毅治之；毅当高法应死。始皇以高敏于事，赦之，复其官。

赵高既雅得幸于胡亥，又怨蒙氏，乃说胡亥，请诈以始皇命诛扶苏而立胡亥为太子。胡亥然其计。赵高曰："不与丞相谋，恐事不能成。"乃见丞相斯曰："上赐长子书及符玺，皆在胡亥所。定太子，在君侯与高之口耳。事将何如？"斯曰："安得亡国之言！此非人臣所当议也！"高曰："君侯材能、谋虑、功高、无怨、长子信之，此五者皆孰与蒙恬？"斯曰："不及也。"高曰："然则长子即位，必用蒙恬为丞相，君侯终不怀通侯之印归乡里明矣！胡亥慈仁笃厚，可以为嗣。愿君审计而定之！"

丞相斯以为然，乃相与谋，诈为受始皇诏，立胡亥为太子；更为书赐扶苏，数以不能辟地立功，士卒多耗，数上书，直言诽谤，日夜怨望不得罢归为太子；将军恬不矫正，知其谋；皆赐死，以兵属裨将王离。

扶苏发书，泣，入内舍，欲自杀。蒙恬曰："陛下居外，未立太子；使臣将三十万众守边，公子为监，此天下重任也。今一使者来，即自杀，安知其非诈！复请而后死，未暮也。"使者数趣之。扶苏谓蒙恬曰："父赐子死，尚安复请！"即自杀。蒙恬不肯死，使者以属吏，系诸阳周；更置李斯舍人为护军，还报。胡亥已闻扶苏死，即欲释蒙恬。会蒙毅为始皇出祷山川，还至。赵高言于胡亥曰："先帝欲举贤立太子久矣，而毅谏以为不可；不若诛之！"乃系诸代。

（以上为第六段，写前 211 年秦始皇生时天下已出现造反端倪，有人在东郡掉落的陨石上刻字说："始皇死而地分。"第二年，前 210 年始皇出巡，病死沙丘，中车府令赵高与丞相李斯密谋，发动宫廷政变，假传遗诏，赐死长子扶苏，立小儿子胡亥为帝，秦政权旁落宦官赵高之手。）

受宠信的宦官五六个人知道内情。

当初，秦始皇尊重宠信蒙氏兄弟，很信任他们。蒙恬在外担任大将，蒙毅则在朝中参与商议国事，称为忠信大臣，即便是高级将领或丞相，也没有敢与他们一争高低的。赵高一生下来就被阉割了。始皇听说他办事能力很强，并且通晓刑法，便提拔他担任了中车府令，让他教导小儿子胡亥学习审理判决诉讼案。胡亥非常信任他。赵高曾经犯下大罪，始皇派蒙毅惩治他。蒙毅认为赵高依法应被处死，但始皇因赵高办事灵活而赦免了他，并恢复了他的官职。

赵高既然素来得到胡亥的信任，恰又怨恨蒙氏兄弟，便劝说胡亥，让他诈称始皇遗命杀掉扶苏，立胡亥为太子。胡亥同意了赵高的计策。赵高又说："这件事情如果不与丞相合谋进行，恐怕不能成功。"随即约见丞相李斯，说："皇上赐给扶苏的诏书及符玺都在胡亥那里。定立太子之事只在您我口中的一句话罢了。这件事将怎么办呢？"李斯说："怎么能够说出这种亡国的话呀！此事不是我们这些为人臣子的人所应当议论的啊！"赵高道："您的才能、谋略、功勋、人缘以及获得扶苏的信任，这五点全部拿来与蒙恬相比，哪一点比得上他呢？"李斯回答："都比不上他。"赵高说："既然如此，那么只要扶苏即位，就必定任用蒙恬为丞相，您最终不能怀揣通侯的印信返归故乡的结局已经是显而易见的了！而胡亥仁慈忠厚，是可以担当皇位继承人的。希望您慎重地考虑一下，做出定夺！"

丞相李斯听后，认为赵高说得有理，便与他共同谋划，诈称接受了始皇的遗诏，立胡亥为太子，又篡改始皇给扶苏的诏书，指斥他多年来不能开辟疆土、创立功业，却使士兵大量伤亡，并且数次上书，直言诽谤父皇，日日夜夜地抱怨不能获准解除监军职务，返归咸阳当太子；而将军蒙恬不纠正扶苏的过失，并参与和了解扶苏的图谋。因此命令他们自杀，将兵权移交给副将王离。

扶苏接到诏书，哭泣着进入内室，打算自杀。蒙恬说："皇上在外地，并未确立谁是太子。他派我率领三十万军队镇守边地，令您担任监军，这乃是天下的重任啊！现在仅仅一个使者前来传书，我们就自杀，又怎么能知道其中是不是有诈呢？让我们再奏请证实一下，然后去死也不晚啊！"但是，使者多次催促他们自行了断，扶苏于是对蒙恬说："父亲赐儿子死，还哪里需要再请示查实呢！"随即自杀。蒙恬不肯死，使者便将他交给官吏治罪，囚禁在阳周；改置李斯的舍人担任护军，然后回报李斯、赵高。胡亥这时已听说扶苏死了，便想释放蒙恬。恰逢蒙毅代替始皇外出祈祷山川神灵求福后返回，赵高即对胡亥说："始皇想要荐举贤能确定你为太子已经很长时间了，可是蒙毅一直劝阻他，认为不可如此。现在不如就把蒙毅杀掉算了！"于是，逮捕了蒙毅，将他囚禁到代郡。

遂从井陉抵九原。会暑，辒车臭，乃诏从官令车载一石鲍鱼以乱之。从直道至咸阳，发丧。太子胡亥袭位。

九月，葬始皇于骊山，下锢三泉；奇器珍怪，徙藏满之。令匠作机弩，有穿近者辄射之。以水银为百川、江河、大海，机相灌输。上具天文，下具地理。后宫无子者，皆令从死。葬既已下，或言工匠为机，藏皆知之，藏重即泄。大事尽，闭之墓中。

二世欲诛蒙恬兄弟。二世兄子子婴谏曰："赵王迁杀李牧而用颜聚，齐王建杀其故世忠臣而用后胜，卒皆亡国。蒙氏，秦之大臣、谋士也，而陛下欲一旦弃去之。诛杀忠臣而立无节行之人，是内使群臣不相信而外使斗士之意离也！"二世弗听，遂杀蒙毅及内史恬。恬曰："自吾先人及至子孙，积功信于秦三世矣。今臣将兵三十余万，身虽囚系，其势足以倍畔。然自知必死而守义者，不敢辱先人之教以不忘先帝也！"乃吞药自杀。

扬子《法言》曰：或问："蒙恬忠而被诛，忠奚可为也？"曰："堑山堙谷，起临洮击辽水，力不足而尸有余，忠不足相也。"

臣光曰：始皇方毒天下而蒙恬为之使，恬不仁可知矣。然恬明于为人臣之义，虽无罪见诛，能守死不贰，斯亦足称也。

（以上为第七段，写傀儡皇帝秦二世冤杀蒙恬、蒙毅兄弟，自毁长城，秦朝的祸乱由此起矣！蒙恬的愚忠受到扬雄和司马光的批评，而蒙恬尽臣节之义得到司马光的肯定。）

二世皇帝上

元年（壬辰，前 209 年）

冬，十月，戊寅，大赦。

春，二世东行郡县，李斯从；到碣石，并海，南至会稽；而尽刻始皇所立刻石，旁著大臣从者名，以章先帝成功盛德而还。

皇室车队于是从井陉抵达九原。当时正值酷暑，装载始皇遗体的辒凉车散发出恶臭，胡亥等便指示随从官员在车上装载一石鲍鱼，借鲍鱼的臭味混淆腐尸的气味。从直道抵达咸阳后，发布治丧的公告。胡亥继承了皇位。

九月，将秦始皇安葬在骊山皇陵，把铜熔化后灌进去，堵塞住地下深处的水。又运来各种奇珍异宝，藏满墓穴。还下令工匠制作带有机关的弓弩，遇到穿入靠近墓穴的人，便自动射杀。用水银做成百川、江河、大海，以机械灌注输送。墓穴顶部布有天文图像，底部设置地理模型。后宫嫔妃凡未生子女的，命令她们全部陪葬。下葬后，有人说工匠们制造隐藏的机械装置，知道其中的全部秘密，陪藏品珍宝十分贵重，必然要被泄露出去。于是，待送终的大事完毕后，那些工匠即被尽数封闭在墓穴中。

秦二世皇帝胡亥想要杀掉蒙恬兄弟二人，他哥哥的儿子子婴劝他说："赵王赵迁杀掉李牧而用颜聚，齐国田建杀掉前代的忠臣而用后胜，结果最终都亡了国。蒙恬兄弟是秦国的重臣、谋士，皇上却打算一下子就把他们抛弃、除掉。似此诛杀忠臣而扶立节操品行不端的人，是在内失去群臣的信任，在外使将士们意志涣散啊！"但是，二世不听从劝告，随即杀掉了蒙毅，并要杀内史蒙恬。蒙恬说："我们蒙家自我的先人起直至子孙，在秦国建立功业和忠信已经三代了。如今我领兵三十多万，身体虽然被囚禁，但我的势力仍然足以进行反叛。可是我知道自己必定得死，却还是要奉守节义，是因为我不敢辱没祖先的教诲，并表示我不忘先帝的大恩大德啊！"于是，即吞服毒药自杀身亡。

> 扬雄《法言》说："有人问：'蒙恬赤胆忠心却被杀掉了，忠诚还有什么用呢？'"回答说："开山填谷，修筑长城，西起临洮，东接辽水，威力不足而造成的尸体却有余，蒙恬的这种忠诚是不足为辅助君王的。"
>
> 臣司马光说："秦始皇正荼毒天下时，蒙恬甘受他的驱使，如此蒙恬的不仁义是可知的了。但是蒙恬明白为人臣子所应守的道义，虽然没有罪而被处死，仍能够宁死忠贞不渝，不生二心，故而这也是很值得称道的了。"

二世皇帝上

秦二世皇帝元年（壬辰，前209年）

冬季，十月初十戊寅，实行大赦。

春季，秦二世向东出巡郡县，李斯随从前往。一行人到达碣石后，又沿海南下至会稽。途中，二世将秦始皇过去所立的刻石全部加刻上了字，并在旁边刻上随从

夏，四月，二世至咸阳，谓赵高曰：“夫人生居世间也，譬犹骋六骥过决隙也。吾既已临天下矣，欲悉耳目之所好，穷心志之所乐，以终吾年寿，可乎？”高曰：“此贤主之所能行而昏乱主之所禁也。虽然，有所未可，臣请言之：夫沙丘之谋，诸公子及大臣皆疑焉；而诸公子尽帝兄，大臣又先帝之所置也。今陛下初立，此其属意怏怏皆不服，恐为变；臣战战栗栗，唯恐不终，陛下安得为此乐乎！”二世曰：“为之奈何？”赵高曰：“陛下严法而刻刑，令有罪者相坐，诛灭大臣及宗室；然后收举遗民，贫者富之，贱者贵之。尽除先帝之故臣，更置陛下之所亲信者，此则阴德归陛下，害除而奸谋塞，群臣莫不被润泽，蒙厚德，陛下则高枕肆志宠乐矣。计莫出于此！”二世然之。乃更为法律，务益刻深，大臣、诸公子有罪，辄下高鞫治之。于是公子十二人僇死咸阳市，十公主矺死于杜，财物入于县官，相连逮者不可胜数。

公子将闾昆弟三人囚于内宫，议其罪独后。二世使使令将闾曰：“公子不臣，罪当死！吏致法焉。”将闾曰：“阙廷之礼，吾未尝敢不从宾赞也；廊庙之位，吾未尝敢失节也；受命应对，吾未尝敢失辞也；何谓不臣？愿闻罪而死！”使者曰：“臣不得与谋，奉书从事！”将闾乃仰天大呼“天”者三，曰：“吾无罪！”昆弟三人皆流涕，拔剑自杀。宗室振恐。

公子高欲奔，恐收族，乃上书曰：“先帝无恙时，臣入门赐食，出则乘舆，御府之衣，臣得赐之，中厩之宝马，臣得赐之。臣当从死而不能，为人子不孝，为人臣不忠。不孝不忠者，无名以立于世，臣请从死，愿葬骊山之足。唯上幸哀怜之！”书上，二世大说，召赵高而示之，曰：“此可谓急乎？”赵高曰：“人臣当忧死不暇，何变之得谋！”二世可其书，赐钱十万以葬。

复作阿房宫。尽征材士五万人为屯卫咸阳，令教射，狗马禽兽，当

大臣的名字，以此表彰先帝的丰功盛德，然后返回。

夏季，四月，秦二世到达咸阳，对赵高说："人生在世，就犹如驾着六匹骏马飞奔过缝隙一般的短促。我既然已经统治天下，就想要尽享我的耳目所喜闻乐见的全部东西，享尽我心意中所喜欢的任何事物，直到我的寿命终结，你认为这行吗？"赵高说："这是贤能的君主能做而昏庸暴乱的君王不能做的事情。虽然如此，还有不可做的地方，请让我来陈述一下：沙丘夺权之谋，诸位公子和大臣都有所怀疑。而各位公子都是您的哥哥，大臣又都是先帝所安置的。如今皇上您刚刚即位，这些公子臣僚正怏怏不服，恐怕会发生事变。我尚且战战栗栗，生怕不得好死，皇上又怎么能够这样享乐呀！"二世说："那该怎么办呢？"赵高说："皇上应实行严厉的法律、残酷的刑罚，使有罪的人株连他人，这样可将大臣及皇族杀灭干净，然后收罗提拔遗民，使贫穷的富裕起来，卑贱的高贵起来，并把先帝过去任用的臣僚全都清除出去，改用皇上的亲信。这样一来，他们就会私下感念您的恩德；祸害被除掉，奸谋被堵塞，群臣没有不蒙受您的雨露润泽、大恩厚德的。如此，皇上就可以高枕无忧，纵情享乐了，再没有比这个更好的计策了！"二世认为赵高说得有理，于是，便修订法律，务求更加严厉苛刻，凡大臣、公子犯了罪，总是交给赵高审讯惩处。这样，有十二位公子在咸阳街市上被斩首示众，十名公主在杜县被分裂肢体而死，他们的财产全部充公，受牵连被逮捕的人更是不可胜数。

公子将闾兄弟三人被囚禁在内宫，单单搁置到最后才议定罪过。秦二世皇帝派使臣去斥令将闾说："你不尽臣子的职责，罪该处死！由行刑官执法吧！"将闾说："在宫廷的礼仪中，我未曾敢不听从司仪人员的指挥；在朝廷的位次上，我未曾敢超越本分违背礼节；受皇上的命令应对质询，我未曾敢言辞失当说过什么错话，这怎么叫作不尽为臣子的职责呢？希望听你们说说我的罪过，然后再去死！"使臣说："我不与你作什么商量，只奉诏书行事！"将闾于是便仰天大呼三声"天啊"，说："我没有罪！"兄弟三人都痛哭流涕，随即拔剑自杀。整个皇室均为此震惊恐惧。

公子高打算逃亡，但又害怕株连族人，因此，上书说："先帝未生病时，我入宫便赐给我饮食，外出便赐给我乘车，先帝内府的衣服，我得到赏赐，宫中马厩里的宝马，我也得到赏赐。我本应跟随先帝去死，却没能这样做。似此作为儿子便是不孝，作为臣子便是不忠。不孝不忠的人是没有资格生存在世上的。因此我请求随同先帝去死，愿被葬在骊山脚下。希望皇上垂怜。"书上给了二世，二世高兴异常，召见赵高，给他看公子高的上书，说："这可以算是急迫无奈了吧？"赵高道："作为臣子担心死亡还来不及呢，哪里能有空闲图谋造反的事呀！"二世随即允准了公子高的上书，并赐给他十万钱作为安葬费。

秦二世下令重新营建阿房宫，又尽行征调五万名身强力壮的人去咸阳驻防守卫，

食者多，度不足，下调郡县，转输菽粟、刍稿，皆令自赍粮食；咸阳三百里内不得食其谷。

（以上为第八段，写前209年上半年史事，写胡亥继位为二世皇帝，尽力追求享乐；赵高添油加醋，又使出坏主意，实行严刑酷法，杀尽诸位公子和大臣；胡亥下令重新营修阿房宫，民怨沸腾。）

秋，七月，阳城人陈胜、阳夏人吴广起兵于蕲。是时，发闾左戍渔阳，九百人屯大泽乡，陈胜、吴广皆为屯长。会天大雨，道不通，度已失期；失期，法皆斩。陈胜、吴广因天下之愁怨，乃杀将尉，召令徒属曰："公等皆失期当斩；假令毋斩，而戍死者固什六七。且壮士不死则已，死则举大名耳！王、侯、将、相宁有种乎！"众皆从之。

乃诈称公子扶苏、项燕，为坛而盟，称大楚；陈胜自立为将军，吴广为都尉。攻大泽乡，拔之；收而攻蕲，蕲下。乃令符离人葛婴将兵徇蕲以东；攻铚、酂、苦、柘、谯，皆下之。行收兵；比至陈，车六七百乘，骑千余，卒数万人。攻陈，陈守、尉皆不在，独守丞与战谯门中，不胜；守丞死，陈胜乃入据陈。

初，大梁人张耳、陈馀相与为刎颈交。秦灭魏，闻二人魏之名士，重赏购求之。张耳、陈馀乃变名姓，俱之陈，为里监门以自食。里吏尝以过笞陈馀，陈馀欲起，张耳蹑之，使受笞。吏去，张耳乃引陈馀之桑下，数之曰："始吾与公言何如？今见小辱而欲死一吏乎！"陈馀谢之。陈涉既入陈，张耳、陈馀诣门上谒。陈涉素闻其贤，大喜。

陈中豪桀父老请立涉为楚王，涉以问张耳、陈馀。耳、馀对曰："秦为无道，灭人社稷，暴虐百姓；将军出万死之计，为天下除残也。今始至陈而王之，示天下私。愿将军毋王，急引兵而西；遣人立六国后，自为树党，为秦益敌；敌多则力分，与众则兵强。如此，则野无交兵，县无守城，诛暴秦，据咸阳，以令诸侯；诸侯亡而得立，以德服之，则帝业成矣！今独王陈，恐天下懈也。"陈涉不听，遂自立为王，号"张楚"。

让他们教习射御。这批人和狗马禽兽要消耗的粮食很多，估计会供不应求，二世便下令到郡县中调拨，转运输送豆类、谷物、饲草、禾秆到都城，但规定押运民夫都自带口粮，同时还下令咸阳城三百里之内不准食用这批谷物。

秋季，七月，阳城人陈胜、阳夏人吴广在蕲县聚众起兵。当时，秦王朝征召闾左平民百姓到渔阳去屯戍守边，九百人途中屯驻在大泽乡，陈胜、吴广均被指派为屯长。恰巧遇上天降大雨，道路不通，推测时间已无法按规定期限到达渔阳防地。而按照秦法规定，延误戍期，一律处斩。于是，陈胜、吴广便趁着天下百姓生计愁苦、对秦朝的怨恨，杀掉押送他们的将尉，召集戍兵号令说："你们都已经延误了戍期，当被杀头。即使不被斩首，因长久在外戍边而死去的本来也要占到十之六七。何况壮士不死则已，要死就要图大事！王侯将相难道是天生的吗？"众人全都响应。

陈胜、吴广便诈以已死的扶苏和故楚国的大将项燕为名，培土筑坛，登到上面宣布誓约，号称"大楚"。陈胜自立为将军，吴广为都尉。起义军随即攻下大泽乡，接着招收义兵扩军，进攻蕲邑。蕲邑夺取后，即令符离人葛婴率军攻掠蕲以东地区，相继攻打攻击铚、酂、苦、柘、谯等地，全都攻下了。义军沿路招收人马，等到到达陈地时，已有战车六七百辆，骑兵千余人，步兵数万人。当攻打陈城时，郡守和郡尉都不在，只有留守的郡丞在谯楼下的城门中抵抗义军，未能取胜，郡丞被打死。陈胜于是领兵入城，占据了陈地。

当初，大梁人张耳、陈馀结为同生死、共患难的朋友。秦国灭魏时，听说两个人是魏国的名士，便悬重赏征求他们。张耳、陈馀于是改名换姓，一起逃到了陈地，充任里门看守来糊口。管理里巷的官吏曾经因陈馀出了小过失而鞭笞他，陈馀想要与那官吏抗争，张耳踩着他的脚，让他接受鞭笞。待那小官离开后，张耳将陈馀拉到桑树下，数落他说："当初我是怎么对你说的？现在遇上一点小的侮辱，就想跟一个小官吏拼命啊！"陈馀为此道了歉。及至陈胜率领义军进入陈地，张耳、陈馀便前往陈胜的驻地通名求见。陈胜一向听说他俩很贤能，故而非常高兴。

恰逢陈地中有声望的地方人士和乡官请求立陈胜为楚王，陈胜就拿这件事来询问张耳、陈馀的意见。二人回答说："秦王朝暴乱无道，兼灭别人的国家，残害百姓。而今您冒万死的危险起兵反抗的目的，就是要为天下百姓除害啊。现在您才到达陈地即要称王，是向天下人显露您的私心。因此希望您不要称王，而是火速率军向西，派人去扶立六国国君的后裔，替自己培植党羽，以此为秦王朝增树敌人。秦的敌人多了，兵力就势必分散，大楚联合的国家多了，兵力就必然强大。这样一来，在野外，没有军队与其交战；在县城，没有秦兵守卫。铲除残暴的秦朝政权，占据

当是时，诸郡县苦秦法，争杀长吏以应涉。谒者从东方来，以反者闻。二世怒，下之吏。后使者至，上问之，对曰："群盗鼠窃狗偷，郡守、尉方逐捕，今尽得，不足忧也。"上悦。

陈王以吴叔为假王，监诸将以西击荥阳。

张耳、陈馀复说陈王，请奇兵北略赵地。于是陈王以故所善陈人武臣为将军，邵骚为护军，以张耳、陈馀为左、右校尉，予卒三千人，徇赵。

陈王又令汝阴人邓宗徇九江郡。当此时，楚兵数千人为聚者不可胜数。

葛婴至东城，立襄强为楚王。闻陈王已立，因杀襄强还报。陈王诛杀葛婴。

陈王令周市北徇魏地。以上蔡人房君蔡赐为上柱国。

陈王闻周文，陈之贤人也，习兵，乃与之将军印，使西击秦。

武臣等从白马渡河，至诸县，说其豪桀，豪桀皆应之；乃行收兵，得数万人；号武臣为武信君。下赵十余城，余皆城守；乃引兵东北击范阳。范阳蒯彻说武信君曰："足下必将战胜而后略地，攻得然后下城，臣窃以为过矣。诚听臣之计，可不攻而降城，不战而略地，传檄而千里定；可乎？"武信君曰："何谓也？"彻曰："范阳令徐公，畏死而贪，欲先天下降。君若以为秦所置吏，诛杀如前十城，则边地之城皆为金城、汤池，不可攻也。君若赍臣侯印以授范阳令，使乘朱轮华毂，驱驰燕、赵之郊，即燕、赵城可无战而降矣。"武信君曰："善！"以车百乘、骑二百、侯印迎徐公。燕、赵闻之，不战以城下者三十余城。

咸阳，以号令各诸侯国。灭亡的诸侯国得到复兴，您施德政使它们服从，您的帝王大业就完成了！如今只在一个陈县就称王，恐怕会使天下人斗志松懈了。”陈胜没有听从这一意见，即自立为楚王，号称“张楚”。

在那时，各郡县的百姓都苦于秦法的残酷苛刻，因此，争相诛杀当地长官，响应陈胜。秦朝的掌宾赞受事的谒者从东方归来，把陈胜反叛的情况奏报给秦二世。二世勃然大怒，将谒者交给司法官吏审问治罪。于是，以后回来的使者，二世向他们询问情况，他们便回答说：“一群盗贼不过是鼠盗狗偷之辈，郡守、郡尉正在追捕他们，现在已经全部抓获，不值得为此忧虑了。”二世大为喜悦。

陈胜任命吴广为代理楚王，督率众将领向西攻击荥阳。

张耳、陈馀又劝说陈胜，请出奇兵向北攻取原来赵国的土地。于是，陈胜便任命他过去的好友、陈地人武臣为将军，邵骚为护军，张耳、陈馀为左、右校尉，拨给士兵三千人，攻取故赵国的土地。

陈胜又令汝阴人邓宗率军攻略九江郡。这时，楚地数千人为一支的军队，数不胜数。

葛婴到达东城后，立襄强为楚王。后来听说陈胜已立为楚王，就杀了襄强，返回陈县奏报。但陈胜仍然将葛婴杀掉了。

陈胜令周市率军向北攻取故魏国的土地；任命上蔡人、封号“房君”的蔡赐为上柱国。

陈胜听说周文是陈地德才兼备的人，通晓军事，便授给他将军的印信，命他领兵向西进攻秦朝。

武臣等人从白马津渡过黄河，来到赵地的各县，劝说当地有声望的人士。这些地方的人都纷纷响应。武臣等便沿途收取兵众，得数万人，武臣号称为“武信君”。武臣的大军接连攻下故赵国的十几个城池，其他的城池都固守不降。武臣便率军向东北攻击范阳。范阳人蒯彻劝武信君说：“您一定要先打胜仗而后才能扩大地盘，先进攻得手然后才能取得城池，我私下里认为这是一个错误。您如果真听从我的计策，就可以不进攻便使城池投降，不作战便能夺取土地，传送一篇征召、声讨的文书，便可使千里之地平定，这样就可以啊！”武臣说：“你说的是什么意思呀？”蒯彻道：“范阳县令徐某，怕死且贪得无厌，他想在别的县之前投降。您如认为徐某是秦朝所任用的官吏，就如同杀戮前面那十城的秦朝官员一样杀了他，那么边地所有的城池都将固若金汤，无法攻下了。假如您送给我侯印，让我授给范阳县令，使他乘坐王侯显贵所乘的车子，驱驰在旧燕、赵国的城外，那么燕、赵地的城市就可不战而降了。”武臣说：“好吧！”即拨给蒯彻一百辆车、二百名骑兵及君侯的印信去迎接徐县令。燕、赵旧地风闻此消息后，不战便举城投降的就有三十多个城池。

陈王既遣周章，以秦政之乱，有轻秦之意，不复设备。博士孔鲋谏曰："臣闻兵法：'不恃敌之不我攻，恃吾不可攻。'今王恃敌而不自恃，若跌而不振，悔之无及也。"陈王曰："寡人之军，先生无累焉。"

周文行收兵至关，车千乘，卒数十万，至戏，军焉。二世乃大惊，与群臣谋曰："奈何？"少府章邯曰："盗已至，众强，今发近县，不及矣。骊山徒多，请赦之，授兵以击之。"二世乃大赦天下，使章邯免骊山徒、人奴产子，悉发以击楚军，大败之。周文走。

（以上为第九段，写秦二世法律更加苛酷，引起天下怨愤，陈胜首难，发动起义，天下云集响应。秦将章邯率领骊山刑徒反击，陈涉遣将周文西进失败。）

张耳、陈馀至邯郸，闻周章却，又闻诸将为陈王徇地还者多以谗毁得罪诛，乃说武信君令自王。八月，武信君自立为赵王，以陈馀为大将军，张耳为右丞相，邵骚为左丞相；使人报陈王。陈王大怒，欲尽族武信君等家而发兵击赵。柱国房君谏曰："秦未亡而诛武信君等家，此生一秦也；不如因而贺之，使急引兵西击秦。"陈王然之，从其计，徙系武信君等家宫中，封张耳子敖为成都君，使使者贺赵，令趣发兵西入关。张耳、陈馀说赵王曰："王王赵，非楚意，特以计贺王。楚已灭秦，必加兵于赵。愿王毋西兵，北徇燕、代，南收河内以自广。赵南据大河，北有燕、代，楚虽胜秦，必不敢制赵；不胜秦，必重赵。赵乘秦、楚之敝，可以得志于天下。"赵王以为然，因不西兵，而使韩广略燕，李良略常山，张黡略上党。

（以上为第十段，写张耳、陈馀佐武臣北上开辟河北战场，建立赵国，四出略地。）

九月，沛人刘邦起兵于沛，下相人项梁起兵于吴，狄人田儋起兵于齐。

刘邦，字季，为人隆准、龙颜，左股有七十二黑子。爱人喜施，意豁如也；常有大度，不事家人生产作业。初为泗上亭长，单父人吕公，好相人，见季状貌，奇之，以女妻之。

陈胜已经派出了周文的部队，便因秦朝的政治混乱，而生有轻视秦朝的意思，不再设置防备。博士孔鲋规劝说：“我听兵法上说：‘不依靠敌人不来攻我，而是仰仗我之不可以被攻破。’如今您凭借敌人不来进攻，而不依靠自己设防不怕为敌所攻，一旦遭遇挫折不能奋起，则悔恨也来不及了。”陈胜说：“我的军队，就不必烦劳先生您操心了。”

周文沿路收取兵士到达函谷关，已是战车千辆，兵士几十万人，至戏水，驻扎了下来。秦二世这时才大惊失色，连忙与群臣商议说：“怎么办呢？”少府章邯说：“盗贼已兵临城下，人多势强，现在征调附近各县的军队抵抗，已经来不及了。不过，发配在骊山服营建劳作的夫役很多，请赦免他们，并发给他们兵器，让他们去迎击敌军。”二世于是下令大赦天下，命章邯免除骊山的刑徒、奴婢所生之子不能充当战士的限制，将他们全部征发去攻打楚军，大败周文的军队，周文逃跑。

张耳、陈馀到达邯郸，听到周文撤退的消息，又听说为陈胜攻城略地后归还的众将领，多因谗言陷害而获罪，遭到诛杀，便劝说武臣，让他自己称王。八月，武臣自立为赵王，任命陈馀为大将军，张耳为右丞相，邵骚为左丞相，并派人报知陈胜。陈胜大怒，想要尽灭武臣等人的家族，发兵攻打。柱国房君蔡赐劝说道：“秦朝尚未灭亡，就杀掉武臣等人的家族，这是又一个秦朝复生啊！不如趁此庆贺他为王，令他火速率军向西进攻秦朝。”陈胜认为说得有理，便听从他的计策，把武臣等人的家属迁移到宫中软禁起来，封张耳的儿子张敖为成都君，派使者前去祝贺赵王即位，催促他赶快发兵向西入函谷关。张耳、陈馀劝赵王武臣说：“您在赵地称王，并非楚王陈胜的本意，所以祝贺您称王，不过是个权宜之计。一旦楚国灭掉了秦朝，必定要发兵攻打赵国。因此，希望您不要向西出兵，而是领兵往北攻占旧燕地、代地，向南收取河内，以此扩大自己的地盘。这样一来，赵国南面可以扼守黄河，北面有燕、代旧地可为声援，楚国即便战胜了秦国，也肯定不敢制约赵国。楚国如果不能战胜秦国，赵国的分量就必然加重。如此，赵国乘秦、楚两家疲惫衰败之机崛起，即可以得行己志，达到统治天下的目的了。”赵王认为说得不错，于是，便不向西进军，而是派韩广领兵夺取燕国故土，李良攻取常山，张黡夺攻打上党。

九月，沛人刘邦在沛地起兵，下相人项梁在吴地起兵，狄人田儋在齐国旧地起兵。

刘邦，字季，为人高鼻梁、眉骨突起如龙额，左大腿上有七十二颗黑痣，对人友爱宽厚，喜欢施舍财物给人，心胸开阔，素来有远大的志向，不安于从事平民百姓的日常耕作。起初，刘邦担任泗水亭长，单父县人吕公，喜爱给人相面，看见刘

既而季以亭长为县送徒骊山，徒多道亡。自度比至皆亡之，到丰西泽中亭，止饮，夜，乃解纵所送徒曰："公等皆去，吾亦从此逝矣！"徒中壮士愿从者十余人。

刘季被酒，夜径泽中，有大蛇当径，季拔剑斩蛇。有老妪哭曰："吾子，白帝子也，化为蛇，当道；今赤帝子杀之！"因忽不见。刘季亡匿于芒、砀山泽之间，数有奇怪；沛中子弟闻之，多欲附者。

及陈涉起，沛令欲以沛应之。掾、主吏萧何、曹参曰："君为秦吏，今欲背之，率沛子弟，恐不听。愿君召诸亡在外者，可得数百人，因劫众，众不敢不听。"乃令樊哙召刘季。刘季之众已数十百人矣。

沛令后悔，恐其有变，乃闭城城守，欲诛萧、曹。萧、曹恐，逾城保刘季。刘季乃书帛射城上，遗沛父老，为陈利害。父老乃率子弟共杀沛令，开门迎刘季，立以为沛公。萧、曹等为收沛子弟，得三千人，以应诸侯。

（以上为第十一段，写刘邦起义，号沛公。）

项梁者，楚将项燕子也，尝杀人，与兄子籍避仇吴中。吴中贤士大夫皆出其下。籍少时学书，不成，去；学剑，又不成。项梁怒之。籍曰："书，足以记名姓而已！剑，一人敌，不足学；学万人敌！"于是项梁乃教籍兵法，籍大喜，略知其意，又不肯竟学。籍长八尺余，力能扛鼎，才器过人。

会稽守殷通闻陈涉起，欲发兵以应涉，使项梁及桓楚将。是时，桓楚亡在泽中。梁曰："桓楚亡，人莫知其处，独籍知之耳。"梁乃诫籍持剑居外，梁复入，与守坐，曰："请召籍，使受命召桓楚。"守曰："诺。"梁召籍入。须臾，梁眴籍曰："可行矣！"于是籍遂拔剑斩守头。项梁持守头，佩其印绶。门下大惊，扰乱；籍所击杀数十百人，一府中皆慑伏，莫敢起。

邦的形状容貌，认为很不寻常，便将女儿嫁给了他。

不久，刘邦以亭长身份，奉县里委派遣送被罚服营建劳作的夫役到骊山去，途中许多夫役逃亡。刘邦据此推测待到骊山时，人已经都跑光了，于是便在行至丰乡西面的泽中亭后，停下来休息饮酒，到了晚上，便释放所遣送的夫役们说："你们都走吧，我也从此逃命去了！"夫役中年轻力壮的汉子愿意跟随他的有十多人。

刘邦喝醉了，夜间从小道走进湖沼地，遇到一条大蛇挡在道上，他随即拔剑斩杀了大蛇。一位老妇哭着说："我的儿子是白帝的儿子啊，化为蛇，挡在小道上，而今却被赤帝的儿子杀了！"说罢就忽然不见了踪影。刘邦随后逃亡，隐藏在芒、砀的山泽中，这山泽间常常出现怪异现象。沛县中的年轻人闻讯后，大都想要去归附他。

及至陈胜起兵，沛县县令打算举城响应，主吏萧何、狱掾曹参说："您身为秦朝官吏，现在想要背叛朝廷，以此率领沛县的青年起兵，恐怕他们不会听从您的号令。望您把那些逃亡在外的人召集起来，可得数百人，借此威胁大众，众人便不敢不服从了。"县令于是便命樊哙去召刘邦来见，这时刘邦的部众已有百十来人了。

县令事后很懊悔，担心召刘邦等人来，会发生什么变故，就下令关闭城门，防守城池，并要诛杀萧何、曹参。萧、曹二人大为惊恐，翻过城去投奔刘邦以求自保。刘邦便在绸绢上草就一书，用箭射到城上，送给沛县的父老，陈说利害关系。父老们便率领年轻一辈一起杀掉了县令，敞开城门迎接刘邦，拥立他为"沛公"。萧何、曹参为刘邦召集沛县青年，得三千人，以此响应诸侯抗秦。

项梁是故楚国大将项燕的儿子，因曾经杀过人，与他哥哥的儿子项羽逃到吴中躲避仇家。吴中有声望的士人的才能都在项梁之下。项羽少年时学习识字和写字，学不成即抛开了，去练习剑法击刺之术，又未学成。项梁为此非常生气，项羽说："识字写字，记记名姓就行了！学剑也不过是只能抵挡一人，不值得去学。要学就学那种可以抵抗万人的本事！"项梁因此便教授项羽兵法，项羽喜不自胜，但是在略知兵法大意之后，又不肯学下去了。项羽身长八尺多，力能独自举鼎，才干、器度超过了一般人。

会稽郡郡守殷通听到陈胜起兵抗秦的消息后，想要发兵响应陈胜，便令项梁和桓楚指挥所发动的兵马。这时，桓楚正亡命江湖之中。项梁说："桓楚在逃亡中，没有人晓得他在什么地方，只有项羽知道他的行踪。"项梁就嘱咐项羽持剑候在外面，自己又进去与郡守同坐，说："请您召见项羽，让他接受命令去召回桓楚。"殷通说："好吧。"项梁叫项羽入内受命。不一会儿，项梁向项羽使了个眼色，说："可以动手了！"项羽随即拔剑斩下了殷通的头颅。项梁手提郡守的头颅，佩戴上郡守的官印。

梁乃召故所知豪吏，谕以所为起大事，遂举吴中兵，使人收下县，得精兵八千人。梁为会稽守，籍为裨将，徇下县。籍是时年二十四。

田儋，故齐王族也。儋从弟荣，荣弟横，皆豪健，宗强，能得人。周市徇地至狄，狄城守。田儋详为缚其奴，从少年之廷，欲谒杀奴，见狄令，因击杀令，而召豪吏子弟曰："诸侯皆反秦自立。齐，古之建国也；儋，田氏，当王！"遂自立为齐王，发兵以击周市。周市军还去。田儋率兵东略定齐地。

韩广将兵北徇燕，燕地豪桀欲共立广为燕王。广曰："广母在赵，不可！"燕人曰："赵方西忧秦，南忧楚，其力不能禁我。且以楚之强，不敢害赵王将相之家，赵独安敢害将军家乎！"韩广乃自立为燕王。居数月，赵奉燕王母家属归之。

赵王与张耳、陈馀北略地燕界，赵王间出，为燕军所得。燕囚之，欲求割地；使者往请，燕辄杀之。有厮养卒走燕壁，见燕将曰："君知张耳、陈馀何欲？"曰："欲得其王耳。"赵养卒笑曰："君未知此两人所欲也。夫武臣、张耳、陈馀，杖马棰下赵数十城，此亦各欲南面而王，岂欲为将相终已耶！顾其势初定，未敢参分而王，且以少长先立武臣为王，以持赵心。今赵地已服，此两人亦欲分赵而王，时未可耳。今君乃囚赵王。此两人名为求赵王，实欲燕杀之；此两人分赵自立。夫以一赵尚易燕，况以两贤王左提右挈而责杀王之罪，灭燕易矣！"燕将乃归赵王，养卒为御而归。

周市自狄还，至魏地，欲立故魏公子宁陵君咎为王。咎在陈，不得之魏。魏地已定，诸侯皆欲立周市为魏王。市曰："天下昏乱，忠臣乃见。今天下共畔秦，其义必立魏王后乃可。"诸侯固请立市，市终辞不受；迎

郡守的侍从护卫们见状惊慌失措，混乱不堪，被项羽所击杀的有百十来人，一府之人都吓得趴在地上，没有一个敢于起身的。

项梁随后便召集他从前熟悉的有势力的强干官吏，把要起事反秦的道理讲给他们知晓，即征集吴中的兵员，命人收取郡下所属各县丁壮，得到精兵八千人。项梁自己做了会稽郡郡守，以项羽为副将，镇抚郡属各县。项羽此时年方二十四岁。

田儋是故齐国国君田氏的族人。他的堂弟田荣，田荣的弟弟田横，都势力雄厚，家族强盛，颇能博得人心。楚将周市带兵巡行占领地方到达了狄县，狄县闭城固守。田儋假意将他的奴仆捆绑起来，让一伙年轻人跟着来到县衙门，想要进见县令，报请准许杀奴。待见到狄县县令时，田儋即趁势击杀了他，随后召集有声望有权势的官吏和青年说："各诸侯都反叛秦朝自立为王了。齐国是古时候就受封建立的国家。我田儋，是齐王田氏族人，应当为齐王！"于是，即自封为齐王，发兵攻击周市。周市的军队退还。田儋随即率军向东攻取、平定了旧齐国的土地。

赵国将领韩广带兵往北攻掠故燕国的土地。燕地有势力的豪强打算共同拥立韩广为燕王。韩广说："我的母亲尚在赵国，不可以这么做。"燕地的人说："赵国正西边担忧秦国的威胁；南面忧虑楚国的威胁，它自己的力量已不能禁止我们。况且以楚国的强大，还不敢杀害赵王将相的家属，赵国难道就敢加害您的家属吗？"韩广于是自立为燕王。过了几个月，赵国即将韩广的母亲和家属送回了燕国。

赵王武臣与张耳、陈馀在燕国边界处夺取土地。武臣抽空悄悄外出，被燕军俘获。燕国将他囚禁起来，想据此要求赵国割让土地。赵国的使者赴燕请求放人，都被燕国杀了。这时，赵军有一个火夫跑到燕军的营地，进见燕将说："您知道张耳、陈馀想要干什么吗？"燕将回答说："只是想要得到他们的国王罢了。"赵军火夫笑着说："您并不知道这两个人所要的是什么啊。武臣、张耳、陈馀，持马鞭，唾手攻克故赵国的数十城，张、陈二人也是各自想要面向南称王，哪里会甘心于一辈子做将相啊！不过是因为大势初定，不敢即三分土地自立为王，故暂且按年龄的长幼，先立武臣为王，以此安定赵国的民心。现在赵地已经平定顺服了，这两人便也想分赵国土地而称王，只是时机尚未成熟罢了。而今您正好囚禁了赵王，此二人名为求释赵王，实则想让燕国将赵王杀掉，以使他们俩分赵国而自立。一个赵国尚且不把燕国放在眼里，更何况两个贤能的国君相互扶持，来声讨您杀害赵王的罪行啊！如此，灭掉燕国是很容易的了！"燕军将领于是便归还赵王，由那位伙夫驾车送他返回了赵国。

周市从狄县回楚，到达故魏国土地时，想要立故魏国公子宁陵君魏咎为王。但魏咎恰巧在陈县陈胜那里，不能到魏地来，而魏地已经平定，诸侯便都想立周市为魏王。周市说："天下昏乱，忠臣即出现。如今天下共同反叛秦朝，依此道义，必定

魏咎于陈，五反，陈王乃遣之，立咎为魏王，市为魏相。

是岁，二世废卫君角为庶人，卫绝祀。

（以上为第十二段，写项梁、田儋起义。各路起义军，自武臣称为赵王后，田儋称为齐王，韩广称为燕王，魏咎称为魏王，秦朝分崩离析，各路起义兵马也是各自占据地盘，一盘散沙。）

要立故魏国国君的后裔才行。”诸侯坚持请求拥立周市，周市最终还是推辞没有接受，派人到陈县迎接魏咎，往返五次，陈胜才将魏咎送还，立他为魏王，周市担任魏相。

这一年，秦二世将卫国国君卫角废为平民，卫国灭亡。

【点评】

秦并六国。前238年，秦王嬴政铲除了丞相吕不韦和长信侯嫪毐集团，开始亲政，以后，从前230年攻打韩国，到前221年消灭齐国，用十年时间，扫平了韩、赵、魏、楚、燕、齐六国，结束了中国自春秋以来长达五百多年的诸侯割据局面，建立了中国历史上第一个中央集权国家。对此，历代论说纷纭，见仁见智。如何对秦灭六国做出一个客观公正的评说?

首先，秦国经历了数代人的艰辛努力，一步步向前迈进，由弱小到强大，奠定了比较雄厚的基础，在列国争强的时代快速崛起。前770年，秦襄公派兵护送周平王东迁，被封为诸侯，赐封岐山以西之地，秦国正式成为周朝的诸侯国。秦穆公时，先后灭掉西方戎族所建立的十二个国家，开辟国土一千多里，稳定了后方。而在战国初期，魏国连年进攻秦国，夺取了河西之地，秦国被迫退守到洛水以西。到了秦孝公时，任用商鞅进行变法，秦国由此逐渐成为战国中后期最为强大的国家。商鞅变法，为秦国一统霸业奠定了雄厚的人力、物力、财力基础。而后，秦惠文王嬴驷称王，消灭了巴国和蜀国，东进而无后顾之忧矣。秦昭襄王嬴稷时，任用战将白起。白起担任秦国将领三十多年，东出攻城七十多座，歼灭近百万敌军，曾在伊阙之战中大破魏韩联军，攻陷楚国国都郢城，在长平之战重创赵国主力，使秦国雄起。这些，成为秦王嬴政统一六国不可或缺的基础条件。

其次，秦王嬴政具有雄才大略，是完成华夏一统的铁腕领袖人物。换句话说，如果没有嬴政的恢弘气度、博大胸襟以及铁血情怀，即使有再好的基础，也不能完成统一大业。嬴政十三岁时即王位；二十二岁举行冠礼，铲除了丞相吕不韦和长信侯嫪毐集团，开始亲政，重用李斯、尉缭，制定了“灭诸侯，成帝业，为天下一统”的政治方略，采纳了尉缭破六国合纵的策略，“毋爱财物，赂其豪臣，以乱其谋”，从内部分化瓦解敌国；继承了历代远交近攻政策，确定了先弱后强、先近后远、各个击破的攻战策略，即“笼络燕、齐，稳住魏、楚，消灭韩、赵，远交近攻”。先攻韩、赵，“赵举则韩亡，韩亡则荆、魏不能独立，荆、魏不能独立则是一举而坏韩、蠹魏、拔荆，东以弱齐、强燕”，将关东六国逐一消灭。诚如李贽在《藏书》中说：“始皇帝，自是千古一帝也。始皇出世，李斯相之，天崩地坼，掀翻一个世界，……是千古英雄挣得一个天下。”章太炎在《秦政记》中说：“虽四三皇、六五帝，曾不足比隆也。”

再次，关东六国相互攻杀而又内部攻斗，自毁长城，自掘坟墓。秦国在做着“统一梦”，而关东六国在互相拆台，挖彼此的墙角，饮鸩止渴，绝自己的寿命，是在做着“灭亡梦”！逐个说来，齐国是东方的强国，但逐渐徒有虚名，只图自保，坐观其他国家对秦国的抗争，自以为得计，而实际上是自折羽翼，其他国家灭亡了，

齐国的死期也就到来了。韩国本来就是三晋中最为弱小的国家，早已臣服于秦国，只有挨打的份儿，即使摇尾乞怜，也终将断送其性命。魏国曾经是战国初期最为强大的国家，而魏安釐王昏庸无能，当信陵君魏无忌窃符救赵，联合各诸侯国合纵抗秦，取得河外大捷时，他不但不借机复国，反而听信秦国离间挑拨之言，罢免信陵君，失去了东山再起的可贵时机。赵国，赵武灵王时期倡导胡服骑射，革新政治，富国强兵，国势为之一振。而以后，赵王一代不如一代，屡被秦兵攻打，赵王忠奸不分，对良将廉颇、李牧等不予任用，听信谗言妄加诛杀，自毁"长城"，哪有不亡的道理？燕国在燕昭王时，励精图治，疆域扩大，国力日强，而燕王喜当政，不但不与近邻赵、齐修好，而且发动混战，劳民伤财，国力亏耗。即使秦国不出兵攻打，他也是撑不下去啊！楚国是南方大国，曾经在关东居于领袖地位，自秦将白起攻陷楚国郢都后，国势大为减弱，到了楚考烈王当政前后，楚国徒有虚名而已，哪里是秦国的对手？

其四，关东六国犬牙交错，浑然一体，但他们根本弄不清楚互保与自保，以及一荣俱荣、一损俱损的道理，都想损他人以利己，结果损他人就是损自己，既损了他人也不利自己，更何况还在自损呢？战国时期有两种外交战略，即合纵与连横。合纵就是南北纵列的国家联合起来，共同对付强国，阻止齐、秦两国兼并弱国；连横就是秦国或齐国拉拢一些国家，共同进攻另外一些国家。合纵的目的在于联合许多弱国抵抗一个强国，以防止被强国兼并。连横的目的在于侍奉一个强国以为靠山从而进攻另外一些弱国，以达到兼并和扩展土地的目的。当秦国的势力不断强大起来，成为东方六国的共同威胁时，合纵则成为六国合力抵抗强秦，连横则是六国分别与秦国联盟，以求苟安。秦国的连横活动，目的是破坏六国间的合纵，以便孤立各国，各个击破。可是在当时，六国并没有觉悟到这一点，而是在自觉不自觉地互相拆台，互相攻打，争斗不休，克敌一万，自损八千，结果给了秦国可乘之机。而当他们"互弱"（互相攻斗）与"自弱"（内部纷争）后，秦国的大军来了，他们无能为力，动弹不得，秦军还没有发动攻势，他们就扯起了白旗，将江山拱手让人，即使是抵而抗之，也是徒劳挣扎。

由上可见，秦国攻灭六国，统一天下，具备了主客观条件，天时、地利、人和，三者皆备，具有历史的必然性。

秦纪三

秦二世皇帝二年至三年（前208—前207年）

【起昭阳大荒落（癸巳，前208年），尽阏逢敦牂（甲午，前207年），凡二年】

【大事提要】

本卷记事起前208年，讫前207年，凡二年，当秦二世二年至三年。本卷所载大事，主要是以下几个方面：其一，陈胜败亡。秦将章邯组织骊山囚犯向义军反扑。周文攻进关中，孤军作战而失败；吴广在荥阳被部下杀死，全军覆没；陈胜于前208年被车夫庄贾杀害。刘克庄诗说："辛苦佣耕久，饥寒谪戍余。竟令秦失鹿，首为汉驱鱼。"其二，李斯灭族。秦始皇死后，李斯与赵高合谋，伪造遗诏，迫令始皇长子扶苏自杀，立少子胡亥为二世皇帝。后为赵高所忌，设计陷害，屈打成招，被迫承认谋反，于前208年被腰斩，并被夷三族。其三，项羽救赵，巨鹿大战。秦将章邯、王离将赵王赵歇、丞相张耳围困于巨鹿城，岌岌可危。楚王熊心派上将军宋义率兵救援，但逗留不进。项羽诛杀宋义，率军救赵，巨鹿大战，击破章邯、王离统率的秦军主力，威震诸侯，被举为上将军，后迫使章邯投降，封其为雍王。其四，胡亥被杀。胡亥继位后，丞相赵高窃国弄权，指鹿为马，为所欲为；胡亥只知道吃喝玩乐，实行严刑酷法，陈胜起义，一倡而天下应，秦国土崩瓦解，赵高被胡亥斥责，眼看大势已去，便与女婿咸阳县令阎乐、弟弟赵成商议，杀掉胡亥。胡亥也是算罪有应得。其五，子婴为王，诛杀赵高。前207年，丞相赵高逼杀秦二世，本想自己称帝，发现群臣和将领们都不支持他，无可奈何，不得不迎立子婴，去其帝号，拥立为王；让子婴斋戒，到宗庙参拜祖先，接受传国玉玺。子婴厌恶赵高，趁此机会，杀掉赵高，诛灭其三族。

【原文】

二世皇帝下

二年（癸巳，前208年）

冬，十月，泗川监平将兵围沛公于丰，沛公出与战，破之；令雍齿守丰。十一月，沛公引兵之薛。泗川守壮兵败于薛，走至戚；沛公左司马得杀之。

周章出关，止屯曹阳，二月余，章邯追败之；复走渑池，十余日，章邯击，大破之。周文自刎，军遂不战。

吴叔围荥阳；李由为三川守，守荥阳，叔弗能下。楚将军田臧等相与谋曰："周章军已破矣，秦兵旦暮至。我围荥阳城弗能下，秦兵至，必大败，不如少遗兵守荥阳，悉精兵迎秦军。今假王骄，不知兵权，不足与计事，恐败。"因相与矫王令以诛吴叔，献其首于陈王。陈王使使赐田臧楚令尹印，以为上将。

田臧乃使诸将李归等守荥阳，自以精兵西迎秦军于敖仓，与战；田臧死，军破。章邯进兵击李归等荥阳下，破之，李归等死。阳城人邓说将兵居郯，章邯别将击破之。铚人伍逢将兵居许，章邯击破之。两军皆散，走陈，陈王诛邓说。

二世数诮让李斯："居三公位，如何令盗如此！"李斯恐惧，重爵禄，不知所出，乃阿二世意，以书对曰："夫贤主者，必能行督责之术者也。故申子曰：'有天下而不恣睢，命之曰"以天下为桎梏"者，无他焉，不能督责，而顾以其身劳于天下之民，若尧、禹然，故谓之桎梏也。'夫不能修申、韩之明术，行督责之道，专以天下自适也；而徒务苦形劳神，以身徇百姓，则是黔首之役，非畜天下者也，何足贵哉！故明主能行督责之术以独断于上，则权不在臣下，然后能灭仁义之途，绝谏说之辩，荦然行恣睢之心而莫之敢逆。如此，群臣、百姓救过不给，何变之敢图！"二世说，于是行督责益严，税民深者为明吏，杀人众者为忠臣，刑者相半于道，而死人日成积于市，秦民益骇惧思乱。

【语译】

二世皇帝下

秦二世皇帝二年（癸巳，前 208 年）

冬季，十月，秦朝名叫平的泗川郡监，率军将刘邦包围在丰地，刘邦出兵应战，打败了秦军，即命雍齿守卫丰地。十一月，刘邦领兵去攻打薛地，名叫壮的泗川郡守，在薛地吃了败仗后，逃到戚地。刘邦的左司马曹无伤将他捉住，杀掉了。

楚国将领周文率军退出函谷关，到曹阳亭后驻扎下来，过了两个多月，秦将章邯领兵追击，打败了楚军。周文又逃到渑池，十多日后，章邯发起攻击，大败周文。周文自杀，楚军于是不再作战。

代理楚王吴广率军围攻荥阳，秦朝李由为三川郡守，固守荥阳，吴广不能攻下。楚将军田臧等便相互商议说："周文的军队已被打败了，秦军很快就会到来。我们围攻荥阳城不下，秦军一到，必将大败我军，不如留一小部分兵力围守荥阳，而调动全部精兵迎击秦军。但现在代理楚王的吴广自高自大，不懂得灵活用兵，不值得与他谋划对策，否则，恐怕会坏事。"因此，就一起假传楚王陈胜的命令，杀掉了吴广，又将吴广的头颅献给陈胜。陈胜派使者把楚令尹的官印赐给田臧，并任命他为上将军。

田臧于是令李归等将领继续围攻荥阳，自己亲率精兵向西，至敖仓迎击秦军，与秦兵交锋，田臧战死，楚军大败。章邯进军荥阳城下攻打李归等，击败了楚军，李归等将领战死。楚将阳城人邓说领兵屯居在郯地，章邯的另一路部将击败了邓说的军队。铚地人伍逢率军驻扎在许地，章邯又发兵将伍逢打败。邓、伍两军都溃散而逃奔到陈地，陈胜为此而杀掉了邓说。

秦二世多次谴责李斯，说："身居三公高位，如何使盗贼猖狂到这种地步！"李斯很是恐惧，但他又很看重贪恋官爵利禄，不知如何是好，便迎合二世的心意，上书应答说："贤明的君王，必定是能对臣下施行察罪责罚之术的人。所以申不害说：拥有天下却不肆情放纵，说'把天下当作自己镣铐'的原因，并不是别的，就在于不能对臣下明察罪过，施行惩处，反而以自身之力为天下平民百姓操劳，即如唐尧、大禹那样，故此称之为'镣铐'。不能研习申不害、韩非的高明法术，实行察罪责罚的手段，一心将天下作为使自己快乐的资本，反而偏要劳身苦心地去为百姓效命，似此就成为平民百姓的奴仆，不能算是统治天下的君王了。这有什么值得崇尚的呢？所以，贤明的君王能施行察罪责罚之术，在上独断专行，这样权力就不会旁落到下属臣僚手中，然后才能阻断实施仁义的道路，杜绝规劝者的论辩，独自称心如意地为所欲为，谁也不敢抵触反抗。如此，群臣、百姓想要补救自己的过失还来

赵李良已定常山，还报赵王。赵王复使良略太原；至石邑，秦兵塞井陉，未能前。秦将诈为二世书以招良。良得书未信，还之邯郸，益请兵。未至，道逢赵王姊出饮，良望见，以为王，伏谒道旁。王姊醉，不知其将，使骑谢李良。李良素贵，起，惭其从官。从官有一人曰：“天下畔秦，能者先立。且赵王素出将军下，今女儿乃不为将军下车，请追杀之！”李良已得秦书，固欲反赵，未决；因此怒，遣人追杀王姊，因将其兵袭邯郸。邯郸不知，竟杀赵王、邵骚。赵人多为张耳、陈馀耳目者，以故二人独得脱。

（以上为第一段，写代理楚王吴广率军围攻荥阳，久攻不下，将军田臧杀之；田臧被陈胜任为大将军，后战死；秦二世皇帝胡亥责备李斯，李斯上书“督责”；赵国将领李良叛变杀赵王武臣，张耳、陈馀逃脱。）

陈人秦嘉、符离人朱鸡石等起兵，围东海守于郯。陈王闻之，使武平君畔为将军，监郯下军。秦嘉不受命，自立为大司马；恶属武平君，告军吏曰：“武平君年少，不知兵事，勿听！”因矫以王命杀武平君畔。

二世益遣长史司马欣、董翳佐章邯击盗。章邯已破伍逢，击陈柱国房君，杀之；又进击陈西张贺军。陈王出监战。张贺死。

腊月，陈王之汝阴，还，至下城父，其御庄贾杀陈王以降。初，陈涉既为王，其故人皆往依之。妻之父亦往焉，陈王以众宾待之，长揖不拜。妻之父怒曰：“怙乱僭号，而傲长者，不能久矣！”不辞而去。陈王跪谢，遂不为顾。客出入愈益发舒，言陈王故情。或说陈王曰：“客愚无知，颛妄言，轻威。”陈王斩之。诸故人皆自引去，由是无亲陈王者。陈王以朱防为中正，胡武为司过，主司群臣。诸将徇地至，令之不是，辄系而罪之。以苛察为忠；其所不善者，弗下吏，辄自治之。诸将以其故不亲附，此其所以败也。

不及呢？哪里还敢去图谋什么变故！”二世十分高兴，便更加严厉地实行察罪惩处，以向百姓征收重税的人为有才干的官吏，以杀人多的官员为忠臣，结果使路上的行人有一半是判处刑罚的罪犯，死人的尸体天天成堆地积陈在街市中，秦朝的百姓因此愈加惊骇恐惧，盼着发生动乱。

赵国将领李良已经平定了常山，回报赵王武臣。赵王又派他去夺取太原。李良领兵抵达石邑时，秦军布防在井陉口，赵军无法继续前进。秦将伪造二世的书信，用以招降李良。李良接到书信后没有相信，率军返回邯郸，请求增援兵力。尚未到达邯郸，在途中遇到赵王的姐姐外出饮宴归来。李良望见，以为是赵王来了，连忙在道旁伏地拜谒。赵王的姐姐酩酊大醉，不知道他是将官，仅命随行骑兵向他致意。李良向来尊贵，起身后，回看他的随从官员，自觉羞惭极了。随员中有一人说道：“天下反叛秦朝，有能耐的人先立为王。况且赵王的地位一向比您低，而今一个女流之辈就不肯为您下车还礼，故请求追杀她！”李良已得到过二世的书信，原本就想反叛赵国，只是还未最终做出决断。于是，便借着一时的愤怒，派人追上去杀掉了赵王的姐姐，并趁势率军袭击邯郸。邯郸守兵毫无察觉，致使李良终于杀掉了赵王和左丞相邵骚。赵国人中有许多是张耳、陈馀的耳目，及时通报消息，二人因此得以独自脱逃。

陈人秦嘉、符离人朱鸡石等聚众起兵，将东海郡守围困在郯地。陈胜闻讯，即派名叫“畔”的武平君任将军，督率围攻郯城的各路军队。秦嘉不接受这个命令，自立为大司马，并由于厌恶隶属于武平君而告诉他的军吏说：“武平君年少，不懂用兵之事，不要听他的！”随即假传陈胜的命令，杀了武平君畔。

秦二世增派长史司马欣、董翳辅助章邯攻打盗贼。章邯已击败伍逢，并攻击在陈地的楚上柱国房君蔡赐，杀掉了他。接着，又进击陈地西侧张贺的军队。陈胜亲自上阵督战，张贺还是战死了。

腊月，陈胜前往汝阴，返归时到达下城父，他的车夫庄贾将他刺杀，投降了秦军。当初，陈胜既已做了楚王，他过去的朋友们纷纷前往投靠。陈胜妻子的父亲也去了，但陈胜对他却以普通宾客相待，只是拱手高举行见面礼，并不下拜。陈胜的岳父因此生气地说：“依仗着叛乱，超越本分自封帝王的称号，且对长辈傲慢无礼，不能长久！”随即不辞而走。陈胜急忙跪下道歉，老人终究不予理会。陈胜的一位客人进进出出愈益放纵，谈论陈胜的往事。于是，有人就劝陈胜道：“客人愚昧无知，专门胡说八道，有损您的威严。”陈胜便把这位客人杀了。如此，陈胜昔日的朋友都自动离去，从此再也没有亲近他的人了。陈胜又任命朱防为中正，胡武为司过，专管督察群臣的过失。众将领攻城略地，回到陈县后，只要有稍不符陈胜命令的，

陈王故涓人将军吕臣为苍头军，起新阳，攻陈，下之，杀庄贾，复以陈为楚；葬陈王于砀，谥曰隐王。

初，陈王令铚人宋留将兵定南阳，入武关。留已徇南阳，闻陈王死，南阳复为秦；宋留以军降，二世车裂留以徇。

魏周市将兵略丰、沛，使人招雍齿。雍齿雅不欲属沛公，即以丰降魏。沛公攻之，不克。

赵张耳、陈馀收其散兵，得数万人，击李良；良败，走归章邯。

客有说耳、馀曰："两君羁旅，而欲附赵，难可独立；立赵后，辅以谊，可就功。"乃求得赵歇。春，正月，耳、馀立歇为赵王，居信都。

东阳宁君、秦嘉闻陈王军败，乃立景驹为楚王，引兵之方与，欲击秦军定陶下；使公孙庆使齐，欲与之并力俱进。

齐王曰："陈王战败，不知其死生，楚安得不请而立王！"公孙庆曰："齐不请楚而立王，楚何故请齐而立王！且楚首事，当令于天下。"田儋杀公孙庆。

秦左、右校复攻陈，下之。吕将军走，徼兵复聚，与番盗黥布相遇，攻击秦左、右校，破之青波，复以陈为楚。

黥布者，六人也，姓英氏，坐法黥，以刑徒论输骊山。骊山之徒数十万人，布皆与其徒长豪桀交通，乃率其曹耦亡之江中为群盗。番阳令吴芮，甚得江湖间民心，号曰番君。布往见之，其众已数千人。番君乃以女妻之，使将其兵击秦。

（以上为第二段，写楚王陈胜被叛徒车夫杀死，亦是咎由自取；张耳、陈馀收拾残兵，拥立赵歇为赵王；东阳人宁君和秦嘉拥立景驹为楚王；吕臣与番阳县盗贼英布相遇，合兵打败秦军，重新以陈为楚都。）

楚王景驹在留，沛公往从之。张良亦聚少年百余人欲往从景驹，道

即被抓起来治罪；以苛刻纠察同僚的过失为忠诚之举，对于所不喜欢的人，不送交司法官员审理，即擅自进行处置。众将领因此都不再亲近依附于陈胜。这是陈胜所以失败的原因。

过去在陈胜左右担任洒扫的近侍、将军吕臣建立了一支青巾裹头的苍头军，在新阳起兵，进攻陈地，克复后杀了庄贾，重又以陈地为楚都，将陈胜葬在砀县，谥号为“隐王”。

起初，陈胜命铚人宋留率军平定南阳，进入武关。宋留已攻下南阳，听到陈胜死亡的消息后，南阳重又被秦军占领，宋留领兵投降，二世将他车裂示众。

魏国周市率军夺取丰、沛，派人招降雍齿。雍齿平素就不愿意归属刘邦，于是即举丰邑降魏。刘邦攻丰邑，没能攻下。

赵国张耳、陈馀收集逃散的士兵，得数万人，随即攻打李良。李良兵败而逃，归降了章邯。

宾客中有人劝说张耳、陈馀道：“二位作客他乡是外地人，要想使赵国人归附，是很难独立获得成功的。若拥立故赵国国君的后裔，并以仁义辅助他，便可以成就功业。”二人于是寻求到了赵歇。春季，正月，张耳、陈馀立赵歇为赵王，驻居信都。

东阳人宁君和秦嘉听说陈胜兵败，便拥立景驹为楚王，领兵前往方与，打算在定陶攻打秦军，即遣公孙庆出使齐国，想要与齐国合力共同进军攻秦。

齐王说：“陈胜战败，至今生死不明，楚国怎么能不请示齐国便自行立王呀！”公孙庆道：“齐国不请示楚国即立王，楚国为什么要请示齐国后才立王呢！况且楚国首先起事，理当号令天下。”齐王田儋于是就将公孙庆杀了。

秦朝的左、右校尉率军再次攻下陈地，吕臣兵败逃跑，收集散兵重新聚合后，与番阳县的盗贼英布相遇，合兵攻打秦朝的左、右校尉，在青波打败秦军，重新以陈为楚都。

英布是六地人，姓英，因犯法被判处黥刑，以刑徒定罪后被送往骊山做苦工。当时赴骊山服劳役的犯人有数十万，英布与其中的头目和强横有势力的人都有交往，于是即率领他的一伙人逃亡到长江一带，聚结为盗匪。番阳县令吴芮，很受江湖中百姓的爱戴，被称为“番君”。英布便前往求见，这时英布的部众已达数千人。番君将自己的女儿嫁给英布，命他率领部众攻击秦军。

楚王景驹驻居留地，刘邦前往归附。张良也聚集青年一百多人，打算前去投奔

遇沛公，遂属焉；沛公拜良为厩将。良数以《太公兵法》说沛公；沛公善之，常用其策；良为他人言，皆不省。良曰：“沛公殆天授！”故遂留不去。

沛公与良俱见景驹，欲请兵以攻丰。时章邯司马尸将兵北定楚地，屠相，至砀。东阳宁君、沛公引兵西，与战萧西，不利，还，收兵聚留。

二月，攻砀，三日，拔之；收砀兵得六千人，与故合九千人。三月，攻下邑，拔之；还击丰，不下。

广陵人召平为陈王徇广陵，未下。闻陈王败走，章邯且至，乃渡江，矫陈王令，拜项梁为楚上柱国，曰：“江东已定，急引兵西击秦！”梁乃以八千人渡江而西。闻陈婴已下东阳，遣使欲与连和俱西。陈婴者，故东阳令史，居县中，素信谨，称为长者。东阳少年杀其令，相聚得二万人，欲立婴为王。婴母谓婴曰：“自我为汝家妇，未尝闻汝先世之有贵者。今暴得大名，不祥；不如有所属。事成，犹得封侯；事败，易以亡，非世所指名也。”婴乃不敢为王，谓其军吏曰：“项氏世世将家，有名于楚；今欲举大事，将非其人不可。我倚名族，亡秦必矣！”其众从之，乃以兵属梁。

英布既破秦军，引兵而东；闻项梁西渡淮，布与蒲将军皆以其兵属焉。项梁众凡六七万人，军下邳。

景驹、秦嘉军彭城东，欲以距梁。梁谓军吏曰：“陈王先首事，战不利，未闻所在。今秦嘉倍陈王而立景驹，大逆无道！”乃进兵击秦嘉，秦嘉军败走。追之，至胡陵，嘉还战。一日，嘉死，军降；景驹走死梁地。

梁已并秦嘉军，军胡陵，将引军而西。章邯军至栗，项梁使别将朱鸡石、余樊君与战。余樊君死；朱鸡石军败，亡走胡陵。梁乃引兵入薛，诛朱鸡石。

沛公从骑百余往见梁；梁与沛公卒五千人，五大夫将十人。沛公还，

景驹，途中遇到刘邦，就归属了他，刘邦授给张良负责车马后勤的将领之职。张良多次用《太公兵法》的道理向刘邦献策，刘邦很赏识他，常常采用他的计策。张良向其他人讲述《太公兵法》，那些人都不能领悟。张良因此说道："沛公大概是天赋之材吧！"于是，便留下来不再他往。

沛公刘邦与张良一同进见景驹，想请求增拨兵力，以反攻丰邑。这时，秦将章邯的军队向北占领楚国的土地，洗劫屠戮相城后，抵达砀城。东阳人宁君、刘邦随即领兵西进，在萧县的西面与秦军交锋，但因出战失利而退回，收拢兵力聚集在留城。

二月，刘邦等攻打砀城，历时三日，攻下了该城，收编了砀城的降兵，得六千人，与以前的兵力汇合一处，达到九千人。三月，刘邦等又率军攻打下邑，攻下后，回击丰城，却仍然未能攻下。

广陵人召平为陈胜攻夺广陵，但没有能攻下。这时他听说陈胜兵败逃亡，章邯的军队就要来到，便渡过长江，假传陈胜的命令，授予项梁楚上柱国的官职，说："长江以东已经平定，应火速率军向西攻打秦军！"项梁于是就率领八千人渡过长江往西进发。听到陈婴已经攻克了东阳的消息，项梁即派出使者，想要与陈婴联合起来共同西进。陈婴是过去东阳县的令史，居住在县城中，为人一向诚信谨慎，被称作长者。东阳县的年轻人杀掉了县令，相聚得两万人，欲拥立陈婴为王。陈婴的母亲对陈婴说："自从我做了你们家的媳妇以来，还不曾听说你的祖先中有过地位显赫的人。而今突然获得大的名声，不是什么好兆头。不如依附归属于他人，这样，事情成功了，仍然得以封侯；事情失败了，也容易逃亡，因为不是世上被指名道姓的人物。"陈婴于是不敢称王，对他的军官们说："项姓世世代代为将门，在楚国享有盛名，如今想要办大事，将帅就非这种人不可。我们依靠名家望族，灭亡秦朝便是必定的了！"他的部下听从了他的话，即让部队归项梁统帅。

英布已经击败了秦军，便领兵东进。听说项梁要西渡淮河，英布和蒲将军就都将他们的部队归属于项梁指挥了。项梁这时的部众共有六七万人，驻扎在下邳。

楚王景驹、将领秦嘉驻军在彭城东面，想要抵抗项梁。项梁对军官们说："陈胜首先起事，作战不利，不知去向。现在秦嘉背叛楚王陈胜而拥立景驹，实属大逆不道！"便进军攻打秦嘉，秦嘉的军队大败而逃。项梁领兵追击到胡陵，秦嘉回师对战了一天，秦嘉战死，他的军队即归降了。景驹逃跑，死在了梁地。

项梁已经兼并了秦嘉的军队，就驻扎在胡陵，将要率军西进。章邯的军队这时抵达栗城，项梁便命另统一军的将领朱鸡石、余樊君与章军交战。余樊君战死，朱鸡石的队伍吃了败仗，逃奔胡陵。项梁于是率军进入薛城，杀了朱鸡石。

刘邦率领一百多名随从去拜见项梁。项梁给刘邦增拨了士兵五千人，五大夫级

引兵攻丰，拔之。雍齿奔魏。

项梁使项羽别攻襄城，襄城坚守不下；已拔，皆坑之，还报。

（以上为第三段，写张良投奔刘邦，多次献策，得到赏识；项梁率领八千子弟渡江而西，统领了陈婴、英布、蒲将军的军队，兼并了秦嘉的军队，声威渐壮；刘邦三攻丰邑而夺之；项羽攻下襄城而屠之。）

梁闻陈王定死，召诸别将会薛计事，沛公亦往焉。居鄛人范增，年七十，素居家，好奇计，往说项梁曰："陈胜败，固当。夫秦灭六国，楚最无罪。自怀王入秦不反，楚人怜之至今。故楚南公曰：'楚虽三户，亡秦必楚。'今陈胜首事，不立楚后而自立，其势不长。今君起江东，楚蜂起之将皆争附君者，以君世世楚将，为能复立楚之后也。"于是项梁然其言，乃求得楚怀王孙心于民间，为人牧羊；夏，六月，立以为楚怀王，从民望也。陈婴为上柱国，封五县，与怀王都盱眙。项梁自号为武信君。

张良说项梁曰："君已立楚后，而韩诸公子横阳君成最贤，可立为王，益树党。"项梁使良求韩成，立以为韩王。以良为司徒，与韩王将千余人西略韩地，得数城，秦辄复取之；往来为游兵颍川。

章邯已破陈王，乃进兵击魏王于临济。魏王使周市出，请救于齐、楚；齐王儋及楚将项它皆将兵随市救魏。章邯夜衔枚击，大破齐、楚军于临济下，杀齐王及周市。魏王咎为其民约降；约定，自烧杀。其弟豹亡走楚，楚怀王予魏豹数千人，复徇魏地。齐田荣收其兄儋余兵，东走东阿；章邯追围之。齐人闻田儋死，乃立故齐王建之弟假为王，田角为相，角弟间为将，以距诸侯。

秋，七月，大霖雨，武信君引兵攻亢父，闻田荣之急，乃引兵击破章邯军东阿下；章邯走而西。田荣引兵东归齐。武信君独追北，使项羽、沛公别攻城阳，屠之。楚军军濮阳东，复与章邯战，又破之。章邯复振，守濮阳，环水。沛公、项羽去，攻定陶。

的军官十名。刘邦回去后，又领兵进攻丰邑，攻下了该城。雍齿投奔魏国。

项梁派项羽从另一路攻打襄城，襄城坚守，一时攻不下。待到攻下后，项羽即将守城军民全部活埋，然后回报项梁。

项梁听说陈胜确实死了，便将各部将领召集到薛城议事，刘邦也前往参加。居鄛人范增，年已七十，一向住在家中，好出奇计，前去劝说项梁道："陈胜的失败是本来就应当的。秦朝灭亡六国，楚国最没有罪过。且自从怀王到秦国后一去不返，楚国人怀念他直至今日。因此楚南公说：'楚国即便是只剩下三户人家，灭亡秦国的也必定是楚国。'如今，陈胜首先起事反秦，不拥立楚王的后裔而自立为王，他的势力不能长久。现在您在江东起兵，楚地蜂拥而起的将领都争相归附您，正是因为您家世世代代是楚国的将领，故而能够重新拥立楚王后代的缘故啊！"项梁当时认为他说得很对，就从民间寻找到楚怀王的孙子熊心，熊心这时正在为人家放羊；到了夏季，六月，项梁即拥立他为楚怀王，以顺从百姓的愿望。陈婴任楚国的上柱国，赐封五县，跟随怀王建都盱眙。项梁则自号为武信君。

张良劝说项梁道："您已经拥立了楚王的后代，韩国的各位公子中，横阳君韩成最为贤能，可以立为王，以增树党羽。"项梁于是便派张良找到韩成，立他为韩王。由张良任韩国的司徒，随韩王率领一千多人向西攻取过去韩国的领地，夺得数城，但秦军随即又夺了回去。如此，韩军便在颍川一带来回游动。

章邯已经打败了楚王陈胜，随即进兵临济攻打魏王魏咎。魏王派周市出临济城，向齐、楚两国求援。齐王田儋和楚将项它都率军随周市去援救魏国。章邯便在夜间命士兵口中衔枚进行突袭，在临济城下大败齐、楚的军队，杀了齐王和周市。魏王为他的百姓而订约投降，降约确定后，即自焚而亡。魏咎的弟弟魏豹逃奔楚国，楚怀王熊心给了魏豹数千人，重新夺取魏国的领地。齐国田荣收集他的堂兄田儋的余部，向东撤退到东阿。章邯随后追击包围了田荣的军队。齐国人这时听说田儋已死，便拥立已故齐王田建的弟弟田假为齐王，田角任相国，田角的弟弟田间为将军，以对抗诸侯国。

秋季，七月，大雨连绵不止。武信君项梁率军攻打亢父，听说田荣危急，就领兵到东阿城下打败了章邯的军队。章邯向西逃跑。田荣于是率军往东返回齐国。项梁独自引兵追击败逃的秦军，派项羽、刘邦从另一路攻打城阳，屠灭了全城。楚军驻扎在濮阳东面，重又与章邯的军队交战，再次打败了秦军。章邯重新振作起来，坚守濮阳，挖沟引水环城自固。项梁、刘邦因此撤兵，去攻打定陶。

八月，田荣击逐齐王假，假亡走楚，田间前救赵，因留不敢归。田荣乃立儋子市为齐王，荣相之。田横为将，平齐地。章邯兵益盛，项梁数使使告齐、赵发兵共击章邯。田荣曰："楚杀田假，赵杀角、间，乃出兵。"楚、赵不许。田荣怒，终不肯出兵。

（以上为第四段，写项梁在薛城召集诸将议事，成为义军的实际主宰，范增建议拥立楚王后代，于是找到牧羊人熊心，立为王；项梁率军大败秦将章邯军队；齐王田儋被秦军袭杀，堂弟田荣拥立田市为王。）

郎中令赵高恃恩专恣，以私怨诛杀人众多；恐大臣入朝奏事言之，乃说二世曰："天子之所以贵者，但以闻声，群臣莫得见其面故也。且陛下富于春秋，未必尽通诸事；今坐朝廷，谴举有不当者，则见短于大臣，非所以示神明于天下也。陛下不如深拱禁中，与臣及侍中习法者待事，事来有以揆之。如此，则大臣不敢奏疑事，天下称圣主矣。"二世用其计，乃不坐朝廷见大臣，常居禁中；赵高侍中用事，事皆决于赵高。

高闻李斯以为言，乃见丞相曰："关东群盗多，今上急益发繇，治阿房宫，聚狗马无用之物。臣欲谏，为位贱，此真君侯之事；君何不谏？"李斯曰："固也，吾欲言之久矣。今时上不坐朝廷，常居深宫。吾所言者，不可传也；欲见，无间。"赵高曰："君诚能谏，请为君候上闲，语君。"于是赵高侍二世方燕乐，妇女居前，使人告丞相："上方闲，可奏事。"丞相至宫门上谒。

如此者三。二世怒曰："吾常多闲日，丞相不来；吾方燕私，丞相辄来请事！丞相岂少我哉，且固我哉？"赵高因曰："夫沙丘之谋，丞相与焉。今陛下已立为帝，而丞相贵不益，此其意亦望裂地而王矣。且陛下不问臣，臣不敢言。丞相长男李由为三川守，楚盗陈胜等皆丞相傍县之子，以故楚盗公行，过三川，城守不肯击。高闻其文书相往来，未得其审，故未敢以闻。且丞相居外，权重于陛下。"二世以为然，欲案丞相；恐其不审，乃先使人按验三川守与盗通状。

（以上为第五段，写郎中令赵高弄权；秦二世胡亥深居宫中，只管吃喝玩乐；右

八月，田荣追击齐王田假，田假逃奔到楚国。田间在此之间到赵国请求救兵，因此留在那里不敢回国。田荣便立田儋的儿子田市为齐王，田荣自任齐相，田横为将军，平定齐国的领地。这时章邯的兵力增大，项梁几次派使者去通告齐国和赵国出兵共同攻打章邯。田荣说："如果楚国杀掉田假，赵国杀了田角、田间，我就出兵。"楚、赵两国不答应，田荣于是大怒，始终不肯出兵。

秦朝郎中令赵高仰仗着受皇帝恩宠而专权横行，因私怨而杀害了很多人，因此，恐怕大臣们到朝廷奏报政务时揭发他，就劝秦二世说："天子之所以尊贵，不过是因为群臣只能听到他的声音，而不能见到他的容颜罢了。况且皇上还很年轻，未必对件件事情都熟悉，现在坐在朝廷上听群臣奏报政务，若有赏罚不当之处，就会把自己的短处暴露给大臣们，似此便不能向天下人显示圣明了。所以，皇上不如拱手深居宫禁之中，与我和熟习法令规章的侍中们在一起等待事务奏报，大臣们将事务报上来才研究处理。这样，大臣们就不敢奏报是非难辨的事情，天下便都称道您为圣明的君主了。"二世采纳了赵高的这一建议，不再坐朝接见大臣，常常住在深宫之中，赵高侍奉左右，独掌大权，一切事情都由他来决定。

赵高听说李斯对此不满而有非议，便去会见丞相李斯说："关东地区的盗贼纷纷起来闹事，现在皇上却加紧增征夫役去修建阿房宫，并搜集狗马一类无用的玩物。我想进行规劝，但因地位卑贱不敢言。这可实在是您的事情啊，您为什么不去劝说呢？"李斯说："本来是该如此啊，我早就想说了。但如今皇上不坐朝接见大臣听取奏报，经常住在深宫中，我所要说的话，不能传达进去，而想要觐见，又没有机会。"赵高说："如果您真的要进行劝说，就请让我在皇上得空的时候通知您。"于是，赵高等到秦二世正在欢宴享乐、左拥右抱美女时，派人通知李斯，说："皇上正有空闲，可以进宫奏报事情。"李斯即到宫门求见。

如此接连三次，秦二世大怒，说道："我常常有空闲的时候，丞相不来。我正在闲居休息，丞相就来请示奏报！丞相这岂不是轻视我吗，还是根本就看不起我呢？"赵高便趁机说道："沙丘伪造遗诏、逼扶苏自杀的密谋，丞相参与了。现在皇上已立为皇帝，而丞相的地位却没有提高，他的意思也是想要割地称王了。而且皇上如不问我，我还不敢说，丞相的长子李由任三川郡守，楚地盗贼陈胜等都是丞相邻县的人，因此这些盗贼敢于公然横行，以致经过三川城的时候，李由只是据城防守不肯出击。我听说他们还相互有文书往来，因尚未了解确实，所以没敢奏报给皇上。况且丞相在外面，权势比皇上还大。"二世认为赵高说得有理，便想查办丞相，但又怕

丞相冯去疾、左丞相李斯、将军冯劫上书规劝，二世大怒，赵高趁势设下圈套，治罪李斯。）

李斯闻之，因上书言赵高之短曰："高擅利擅害，与陛下无异。昔田常相齐简公，窃其恩威，下得百姓，上得群臣，卒弑简公而取齐国，此天下所明知也。今高有邪佚之志，危反之行，私家之富，若田氏之于齐矣，而又贪欲无厌，求利不止，列势次主，其欲无穷，劫陛下之威信，其志若韩玘为韩安相也。陛下不图，臣恐其必为变也。"二世曰："何哉！夫高，故宦人也；然不为安肆志，不以危易心，洁行修善，自使至此，以忠得进，以信守位，朕实贤之；而君疑之，何也？且朕非属赵君，当谁任哉！且赵君为人，精廉强力，下知人情，上能适朕；君其勿疑！"二世雅爱赵高，恐李斯杀之，乃私告赵高。高曰："丞相所患者独高；高已死，丞相即欲为田常所为。"

是时，盗贼益多，而关中卒发东击盗者无已。右丞相冯去疾、左丞相李斯、将军冯劫进谏曰："关东群盗并起，秦发兵诛击，所杀亡甚众，然犹不止。盗多，皆以戍、漕、转、作事苦，赋税大也。请且止阿房宫作者，减省四边戍、转。"二世曰："凡所为贵有天下者，得肆意极欲，主重明法，下不敢为非，以制御四海矣。夫虞、夏之主，贵为天子，亲处穷苦之实以徇百姓，尚何于法！且先帝起诸侯，兼天下，天下已定，外攘四夷以安边境，作宫室以章得意；而君观先帝功业有绪。今朕即位，二年之间，群盗并起，君不能禁，又欲罢先帝之所为，是上无以报先帝，次不为朕尽忠力，何以在位！"下去疾、斯、劫吏，案责他罪。去疾、劫自杀；独李斯就狱。二世以属赵高治之，责斯与子由谋反状，皆收捕宗族、宾客。赵高治斯，榜掠千余，不胜痛，自诬服。

事实不确，于是，就先派人去审核三川郡守与盗贼相勾结的情况。

李斯听说了这件事情，就上书揭发赵高的短处，说："赵高专擅赏罚大权，他的权力跟皇上没有什么区别了。从前田常当齐国国君简公的相国，窃取了齐简公的恩德威势，下得百姓拥戴，上获群臣支持，终于杀掉了简公，夺取了齐国，这是天下周知的史事啊。如今赵高有邪恶放纵的心意、阴险反叛的行为，他私家的富足，与田氏在齐国一样，而又贪得无厌，追求利禄不止，地位权势仅次于君王，欲望无穷，窃取皇上的威信，他的野心就犹如韩玘为韩王韩安的丞相时那样了。皇上不设法对付，我怕他是必定会作乱的。"二世说："这是什么话！赵高本来就是个宦官，但他却从不因处境安逸而放肆地胡作非为，不因处境危急而改变忠心，他的行为廉洁向善，靠自己的努力才得到今天的地位。他因忠诚而得到进用，因守信义而保持职位，我确实认为他贤能。但您却怀疑他，这是为什么呢？而且我不依靠赵高，又当任用谁呀？何况赵高的为人，精明廉洁、强干有能力，对下能了解人情民心，对上能适合我的心意，就请您不要猜疑了！"二世非常宠信赵高，唯恐李斯把他杀掉，便暗中将李斯的话告诉了赵高。赵高说："丞相所担心的只是我一个人，我死了，丞相就要干田常所干的那些事情了。"

此时，盗贼日益增多，而秦朝不停地征发关中士兵去东方攻打盗贼，右丞相冯去疾、左丞相李斯、将军冯劫便为此提出规劝说："关东群盗同时起事，秦朝发兵进剿，所诛杀的非常多，但仍然不能止息。盗贼之所以多，都是由于兵役、水陆运输和建筑等事劳苦不堪，赋税太重的缘故啊！恳请暂时让修建阿房宫的役夫们停工，减少四方戍守边防的兵役、运输等徭役。"二世说："大凡所以能尊贵至拥有天下的人，就在于能够为所欲为、极尽享乐，君主重在修明法制，臣下便不敢为非作歹，凭此即可驾驭天下了。虞、夏的君主，虽然高贵为天子，却处于穷苦的境地，以为百姓献身，这还有什么可效法的呢？况且先帝由诸侯起家，兼并了天下。天下已经平定，就对外排除四方蛮族以安定边境，对内兴修宫室以表达得意的心情，而你们是看到了先帝业绩的开创的。如今我即位，两年的时间里，盗贼便蜂拥而起，你们不能加以禁止，又想要废弃先帝创立的事业，这即是上不能报答先帝，下不能为我尽忠效力，如此，你们凭什么占据着这些官位呢？"于是，就将冯去疾、李斯、冯劫交给司法官吏，审讯责罚他们的其他罪过。冯去疾、冯劫自杀了，只有李斯被下至狱中。二世即交给赵高处理，查究李斯与儿子李由进行谋反的情况，将他们的家族、宾客全都逮捕了。赵高惩治李斯，笞打他一千余板，李斯不堪忍受苦痛，含冤认罪。

斯所以不死者，自负其辩，有功，实无反心，欲上书自陈，幸二世寤而赦之。乃从狱中上书曰："臣为丞相治民，三十余年矣。逮秦地之狭隘，不过千里，兵数十万。臣尽薄材，阴行谋臣，资之金玉，使游说诸侯；阴修甲兵，饬政教，官斗士，尊功臣；故终以胁韩，弱魏，破燕、赵，夷齐、楚，卒兼六国，虏其王，立秦为天子。又北逐胡、貉，南定百越，以见秦之强。更克画，平斗斛、度量、文章，布之天下，以树秦之名。此皆臣之罪也，臣当死久矣！上幸尽其能力，乃得至今。愿陛下察之！"书上，赵高使吏弃去不奏，曰："囚安得上书！"

赵高使其客十余辈诈为御史、谒者、侍中，更往覆讯斯，斯更以其实对，辄使人复榜之。后二世使人验斯，斯以为如前，终不敢更言。辞服，奏当上。二世喜曰："微赵君，几为丞相所卖！"及二世所使案三川守由者至，则楚兵已击杀之。使者来，会丞相下吏，高皆妄为反辞以相傅会，遂具斯五刑论，腰斩咸阳市。斯出狱，与其中子俱执。顾谓其中子曰："吾欲与若复牵黄犬，俱出上蔡东门逐狡兔，岂可得乎！"遂父子相哭，而夷三族。二世乃以赵高为丞相，事无大小皆决焉。

（以上为第六段，写李斯下狱，受尽极刑，屈打成招，被灭三族。）

项梁已破章邯于东阿，引兵西，北至定陶，再破秦军。项羽、沛公又与秦军战于雍丘，大破之，斩李由。项梁益轻秦，有骄色。宋义谏曰："战胜而将骄卒惰者，败。今卒少惰矣，秦兵日益，臣为君畏之！"项梁弗听。乃使宋义使于齐，道遇齐使者高陵君显，曰："公将见武信君乎？"曰："然。"曰："臣论武信君必败；公徐行即免死，疾行则及祸。"二世悉起兵益章邯击楚军，大破之定陶，项梁死。

时连雨，自七月至九月。项羽、沛公攻外黄未下，去，攻陈留；闻武信君死，士卒恐，乃与将军吕臣引兵而东，徙怀王自盱眙都彭城。吕臣军彭城东；项羽军彭城西；沛公军砀。

李斯之所以没有自杀，是因为他自恃能言善辩，有功劳，实无反叛之心，而想要上书做自我辩解，希望秦二世能够幡然醒悟，将他赦免。于是，在狱中上书，说："我任丞相治理百姓，已经三十多年了。曾赶上当初秦国疆土狭小，方圆不过千里，士兵仅数十万的时候。我竭尽自己微薄的才能，暗地里派遣谋臣，供给他们金玉珍宝，让他们去游说诸侯，同时暗中整顿武装，整治政令、教化，提拔敢战善斗的将士，尊崇有功之臣。故而终于能以此胁迫韩国，削弱魏国，击破燕国、赵国，铲平齐国、楚国，最终兼并六国，俘获了它们的国君，拥立秦王为天子。接着，又在北方驱逐胡人、貉人，在南方戡定百越部族，以显扬秦朝的强大。并改革文字，统一度量衡和礼乐制度，颁布于天下，以树立秦朝的威名。这些都是我的罪状啊，早就应当被处死了！只是由于皇上希望我竭尽所能，才得以活到今日。故望皇上明察！"奏书呈上后，赵高却命狱吏丢弃而不予上报，并且说："囚犯怎么能上书！"

赵高派他的门客十多人假充御史、谒者、侍中，轮番审讯李斯，李斯则翻供以实情对答，于是赵高就让人再行拷打他。后来二世派人去验证李斯的供词，李斯以为还与以前一样，便终究不敢更改口供，在供词上承认了自己的罪状。判决书呈上去后，二世高兴地说："如果没有赵君，我几乎就被丞相出卖了！"待二世派出去调查三川郡守李由的人抵达三川时，楚军已经杀死了李由。使者回来，正逢李斯被交给司法官吏审问治罪，赵高即捏造了李由谋反的罪证，与李斯的罪状合在一起，于是，判李斯死刑，在咸阳街市上腰斩。李斯走出监狱时，与他的次子一同被押解，李斯便回头对次子说："我真想和你重牵黄狗，共同出上蔡东门去追逐狡兔，但哪里还能办得到呢！"于是，父子二人相对痛哭。李斯三族的人也都被诛杀了。二世便任命赵高为丞相，事无巨细，全由赵高决定。

武信君项梁已在东阿击败了章邯的军队，就领兵西进，等到达定陶时，再度打垮秦军。项羽、刘邦又在雍丘与秦军交战，大败秦军，斩杀了三川郡守李由。项梁于是更加轻视秦军，显露出骄傲的神色。宋义便规劝道："打了胜仗后，如果将领骄傲、兵士怠惰，必定会失败。现在兵士已经有些怠惰了，而秦兵却在一天天地增多，我替您担心啊！"但项梁不听从劝告，竟又派宋义出使齐国。宋义在途中遇到齐国的使者高陵君显，问他道："您将要去会见武信君吗？"显回答说："是啊。"宋义道："我论定武信君必会失败。您慢点去当可免遭一死，快步赶去就将遭受祸殃。"这时，秦二世调动全部军队增援章邯攻打楚军，在定陶大败楚军，项梁战死。

时值连绵阴雨，自七月到九月下个不停。项羽、刘邦攻打外黄，未能攻下，便撤军，转攻陈留，听说项梁已死，楚兵惊恐，项羽、刘邦就和将军吕臣一起率军东撤，并把怀王熊心从盱眙迁出，建都彭城。吕臣驻军彭城东面，项羽驻扎在彭城西

魏豹下魏二十余城；楚怀王立豹为魏王。

后九月，楚怀王并吕臣、项羽军，自将之；以沛公为砀郡长，封武安侯，将砀郡兵；封项羽为长安侯，号为鲁公；吕臣为司徒，其父吕青为令尹。

章邯已破项梁，以为楚地兵不足忧，乃渡河，北击赵，大破之；引兵至邯郸，皆徙其民河内，夷其城郭。张耳与赵王歇走入巨鹿城，王离围之。陈馀北收常山兵，得数万人，军巨鹿北；章邯军巨鹿南棘原。赵数请救于楚。

高陵君显在楚，见楚王曰："宋义论武信君之军必败；居数日，军果败。兵未战而先见败征，此可谓知兵矣！"王召宋义与计事而大说之，因置以为上将军，项羽为次将，范增为末将，以救赵。诸别将皆属宋义，号为"卿子冠军"。

初，楚怀王与诸将约："先入定关中者王之。"当是时，秦兵强，常乘胜逐北，诸将莫利先入关；独项羽怨秦之杀项梁，奋，愿与沛公西入关。怀王诸老将皆曰："项羽为人，慓悍猾贼，尝攻襄城，襄城无遗类，皆坑之；诸所过无不残灭。且楚数进取，前陈王、项梁皆败，不如更遣长者，扶义而西，告谕秦父兄。秦父兄苦其主久矣，今诚得长者往，无侵暴，宜可下。项羽不可遣；独沛公素宽大长者，可遣。"怀王乃不许项羽，而遣沛公西略地，收陈王、项梁散卒以伐秦。

沛公道砀，至阳城与杠里，攻秦壁，破其二军。

（以上为第七段，写武信君项梁接连几次打败秦军，骄傲懈怠，被秦军一举消灭；楚怀王熊心遣将伐秦，约定"先入定关中者王之"；任命宋义为上将军，统军救援巨鹿赵军；派遣刘邦西进，一路攻打秦军。）

三年（甲午，前207年）

冬，十月，齐将田都畔田荣，助楚救赵。

面，刘邦则屯驻砀地。

魏豹率军攻下了故魏国的二十多个城池，楚怀王即封魏豹为魏王。

闰九月，楚怀王合并吕臣、项羽二人的军队，由自己统率，任命刘邦为砀郡长，封为武安侯，统领砀郡兵马；封项羽为长安侯，号称鲁公；任命吕臣为司徒，他的父亲吕青为令尹。

章邯已经击垮了项梁的部队，便认为楚地的兵事不值得忧虑，就渡过黄河，向北攻打赵国，大败赵军，而后率军抵达邯郸，将城中百姓全部迁徙到河内，铲平了邯郸的城郭。张耳与赵王歇逃入巨鹿城，秦将王离领兵将巨鹿团团围住。陈馀向北收集常山的士兵，得到几万人，驻扎在巨鹿北面，章邯驻军巨鹿南面的棘原。赵王于是几次向楚国请求救援。

这时，齐国的使者高陵君显正在楚国，就进见楚怀王心，说："宋义推论武信君的军队必败，过了几天，项军果然失败。军队尚未开战就能预见到败亡的征兆，这可以说是颇懂得兵法了！"楚怀王即召宋义前来商议事情，十分喜欢他，因此便任命他为上将军，项羽为次将，范增为末将，领兵去援救赵国。各路部队的将领也都归宋义统领，号称他为"卿子冠军"。

当初，楚怀王与各路将领约定："谁先攻入关中，谁就在关中称王。"这时候，秦军还很强大，经常乘胜追击逃敌，故楚将中没有一个人认为先入关是有利的，唯独项羽怨恨秦军杀了项梁，激愤不已，愿同刘邦一起西进入关。楚怀王手下的老将们都说："项羽这个人，迅捷勇猛、狡诈凶残，曾经在攻破襄城时，将城中军民一个不留地统统活埋了。凡是他经过之处，无不遭到残杀毁灭。况且楚军几次进攻，在前的陈胜、项梁都失败了，因此不如改派敦厚老成的长者，以仁义为号召，率军向西进发，对秦国的父老兄弟们讲明道理。而秦国父老兄弟为他们君主的暴政所苦累已经很久了，如果现在真能有位宽厚的长者前往，不施行侵夺暴虐，关中应当是可以攻下的了。项羽不可派遣，只有刘邦向来宽宏大量，有长者气度，可以派遣。"楚怀王于是没有答应项羽的请求，而派刘邦西进夺取土地，收容陈胜、项梁的散兵游勇，以攻击秦军。

刘邦率军取道砀地，到达阳城、杠里，攻打秦军营垒，击败了秦军的两支部队。

秦二世皇帝三年（甲午，前 207 年）

冬季，十月，齐将田都背叛相国田荣的指令，领兵协助楚国援救赵国。

沛公攻破东郡尉于成武。

宋义行至安阳，留四十六日不进。项羽曰："秦围赵急，宜疾引兵渡河；楚击其外，赵应其内，破秦军必矣！"宋义曰："不然。夫搏牛之虻，不可以破虮虱。今秦攻赵，战胜则兵疲，我承其敝；不胜，则我引兵鼓行而西，必举秦矣。故不如先斗秦、赵。夫被坚执锐，义不如公；坐运筹策，公不如义。"因下令军中曰："有猛如虎，狠如羊，贪如狼，强不可使者，皆斩之！"

乃遣其子宋襄相齐，身送之至无盐，饮酒高会。天寒，大雨，士卒冻饥。项羽曰："将勠力而攻秦，久留不行。今岁饥民贫，士卒食半菽，军无见粮，乃饮酒高会。不引兵渡河，因赵食，与赵并力攻秦，乃曰'承其敝'。夫以秦之强，攻新造之赵，其势必举。赵举秦强，何敝之承！且国兵新破，王坐不安席，扫境内而专属于将军，国家安危，在此一举。今不恤士卒而徇其私，非社稷之臣也！"

十一月，项羽晨朝上将军宋义，即其帐中斩宋义头。出令军中曰："宋义与齐谋反楚，楚王阴令籍诛之！"当是时，诸将皆慑服，莫敢枝梧，皆曰："首立楚者，将军家也；今将军诛乱。"乃相与共立羽为假上将军。使人追宋义子，及之齐，杀之。使桓楚报命于怀王。怀王因使羽为上将军。

（以上为第八段，写楚国上将军宋义带领军队救赵，到达安阳，停留四十六天，又把儿子宋襄送去齐国为相，并置酒高会；项羽诛杀宋义，派桓楚向楚怀王熊心报告，被任为上将军，统率救赵军队。）

十二月，沛公引兵至栗，遇刚武侯，夺其军四千余人，并之；与魏将皇欣、武满军合攻秦军，破之。

故齐王建孙安下济北，从项羽救赵。

章邯筑甬道属河，饷王离。王离兵食多，急攻巨鹿。巨鹿城中食尽、兵少，张耳数使人召前陈馀。陈馀度兵少，不敌秦，不敢前。数月，张耳大怒，怨陈馀，使张黡、陈泽往让陈馀曰："始吾与公为刎颈交，今王

沛公刘邦在成武打败了东郡郡尉。

楚国上将军宋义带领军队到达安阳，停留了四十六天不进兵。项羽说："秦军围困赵军形势紧急，应火速领兵渡过黄河，如此由楚军在外攻击，赵军在内接应，打败秦军就是一定的了！"宋义说："不对。要拍打叮咬牛身的大虻虫，而不可以消灭牛毛中的小虮虱。现在秦军攻赵，打胜了，军队就会疲惫，我们即可乘秦军疲惫之机发起进攻；打不胜，我们就率军擂鼓西进，这样便必定能够攻下秦国了。所以不如先让秦、赵两军相斗。身披铠甲、手持锐利的武器冲锋陷阵，我不如您；但运筹帷幄、制定策略，您却不如我。"因此，在军中下达命令说："凡是猛如虎，狠如羊，贪如狼，倔强不服从指挥的人，一律处斩！"

楚国上将军宋义随后派他的儿子宋襄到齐国为相，并亲自把他送到无盐县，大摆宴席招待宾客。当时天气寒冷，大雨不停，士兵饥寒交迫。项羽便说："本当合力攻秦，却长久地滞留不前。而今年成荒歉，百姓贫困，士兵吃的是蔬菜拌杂豆子，军中没有存粮，竟然还要设酒宴盛会宾客，不领兵渡过黄河，取用赵地的粮食作军粮，与赵军合力击秦，却说什么'乘秦军疲惫之机发动进攻'，以秦军的强盛攻打新建立的赵国，势必战胜。赵国被攻占，秦军便将更加强大，哪里还会有疲惫的机会可乘？况且，我军新近刚刚吃了败仗，楚王坐立不安，集中起全国的兵力交付给将军，国家安危，在此一举。现在不体恤士兵，而去屈从于一己私利，不是以国家为重的忠臣啊！"

十一月，项羽早晨进见上将军宋义时，就在营帐中斩了宋义的头。出帐后即向军中发布号令说："宋义与齐合谋反楚，楚王密令我杀了他！"这时，众将领都因畏惧而屈服，无人敢于抗拒，一致说："首先拥立楚王的是将军您家中的人，如今又是您诛除了乱臣贼子。"于是，就共同推立项羽为代理上将军。项羽即派人去追赶宋义的儿子宋襄，追至齐境，将他杀了。并派遣桓楚向楚怀王熊心报告情况，怀王便让项羽担任了上将军。

十二月，刘邦率军到达栗县时，遇上刚武侯，夺过他手中的部队四千多人，与自己的队伍合并起来，同魏将皇欣、武满的军队联合攻打秦军，打败了对手。

原来齐国国君田建的孙子田安攻下济水以北的地区，跟随项羽援救赵国。

秦将章邯修筑甬道连接黄河，为王离供应军粮。王离军中粮食充足，即加紧攻打巨鹿。巨鹿城内粮尽兵少，张耳便几次派人去叫陈馀前来营救。陈馀估计自己兵力不足，打不过秦军，故不敢到巨鹿来。如此过了几个月，张耳勃然大怒，埋怨陈

与耳旦暮且死，而公拥兵数万，不肯相救，安在其相为死！苟必信，胡不赴秦军俱死；且有十一二相全。”陈馀曰：“吾度前终不能救赵，徒尽亡军。且馀所以不俱死，欲为赵王、张君报秦。今必俱死，如以肉委饿虎，何益！”张黡、陈泽要以俱死。馀乃使黡、泽将五千人先尝秦军，至，皆没。当是时，齐师、燕师皆来救赵，张敖亦北收代兵，得万余人，来，皆壁馀旁，未敢击秦。

项羽已杀卿子冠军，威震楚国，乃遣当阳君、蒲将军将卒二万渡河救巨鹿。战少利，绝章邯甬道，王离军乏食。陈馀复请兵。项羽乃悉引兵渡河，皆沈船，破釜、甑，烧庐舍，持三日粮，以示士卒必死，无一还心。于是至则围王离，与秦军遇，九战，大破之；章邯引兵却。诸侯兵乃敢进击秦军，遂杀苏角，虏王离；涉间不降，自烧杀。当是时，楚兵冠诸侯；军救巨鹿者十余壁，莫敢纵兵。及楚击秦，诸侯将从壁上观。楚战士无不一当十，呼声动天地，诸侯军无不人人惴恐。于是已破秦军，项羽召见诸侯将；诸侯将入辕门，无不膝行而前，莫敢仰视。项羽由是始为诸侯上将军，诸侯皆属焉。

于是赵王歇及张耳乃得出巨鹿城谢诸侯。张耳与陈馀相见，责让陈馀以不肯救赵；及问张黡、陈泽所在，疑陈馀杀之，数以问馀。馀怒曰：“不意君之望臣深也！岂以臣为重去将印哉？”乃脱解印绶，推与张耳；张耳亦愕不受。陈馀起如厕。客有说张耳曰：“臣闻‘天与不取，反受其咎。’今陈将军与君印，君不受；反天不祥。急取之！”张耳乃佩其印，收其麾下。而陈馀还，亦望张耳不让，遂趋出，独与麾下所善数百人之河上泽中渔猎。赵王歇还信都。

（以上为第九段，写张耳与赵王赵歇被围困在巨鹿城，日夜盼望陈馀领兵来救，陈馀自度无法取胜而没有出兵；项羽率领楚军救援巨鹿，英勇无比，打败秦军，各路诸侯无不佩服，拥戴项羽为各路诸侯统帅。）

春，二月，沛公北击昌邑，遇彭越；彭越以其兵从沛公。越，昌邑

馀，派遣张黡、陈泽前去责备陈馀说：“当初我和你结为生死之交，而今赵王和我很快就要死了，你拥兵数万，却不肯出手救援，赴难同死的精神到哪里去了？如果真守信用，何不攻击秦军而与我们一同战死，似此还有十分之一二能打败秦军保全性命的希望。”陈馀说：“我揣测自己前去终究不能救赵，只会白白地使全军覆没。何况我之所以不和张耳同归于尽，是想为赵王、张耳向秦军报仇啊！现在一定要共同赴死，就如同把肉送给饿虎，有什么好处呢？”但张黡、陈泽要挟陈馀一同去死，陈馀于是便派张黡、陈泽率领五千人先去试试秦军的力量，结果到了那里就全军覆没了。当时，齐军、燕军都来救赵，张敖也到北面收集代地的士兵，得到一万多人，但是来后却都在陈馀军队的旁边安营扎寨，不敢进攻秦军。

项羽已经杀了“卿子冠军”宋义，威震楚国，就派当阳君英布和蒲将军领兵两万渡过黄河援救巨鹿。战事稍稍有利，即截断章邯所修的甬道，使王离的军队粮食短缺。陈馀于是又请求增援兵力。项羽便率领全军渡过黄河，都凿沉船只，砸毁锅、甑，烧掉营舍，只携带三天的口粮，以此表示军队将决一死战、毫无退还之意。因此，楚军一到巨鹿，就包围了王离，与秦军接战，经过九次交锋，大败秦军。章邯领兵退却。各国的援兵这时才敢于出击秦军。随即杀了苏角，俘获了王离。涉间不肯投降，自焚而死。此时，楚军的雄威压倒了诸侯军；援救巨鹿的诸侯国的军队有营垒十多座，却都不敢发兵出击。待到楚军攻打秦军的时候，诸侯军的将领都在营垒上观战。见楚军兵士无不以一当十，喊杀声惊天动地，诸侯军人人都惊恐不已。这样，打败了秦军后，项羽便召见诸侯军将领。这些将领们进入辕门时，没有一个不是跪着前行的，谁也不敢仰视。项羽从此始成为诸侯军的上将军，各路诸侯都归他统帅了。

此时，赵王赵歇、张耳才得以出巨鹿城拜谢各国将领。张耳与陈馀相见，责备陈馀不肯营救赵王。待问及张黡、陈泽的下落时，张耳怀疑是陈馀将他两人杀了，即几次追问陈馀。陈馀发怒说：“想不到你对我的责怨如此之深啊！难道你以为我就舍不得放弃这将军的官印吗？”于是解下印信绶带，推给张耳。张耳也是愕然不肯接受。陈馀起身去上厕所，宾客中有人劝说张耳道：“我听说：‘上天的赐予如不接受，反而会招致祸殃。’现在陈将军给您印信，您不接受，如此违反天意，很不吉祥。还是赶快取过来吧！”张耳便佩戴上陈馀的官印，接收了他的军队。而等陈馀回来时，也颇怨恨张耳的不辞让，就急步走出，只偕同他手下的亲信几百人到黄河岸边的水泽中捕鱼猎兽去了。赵王赵歇返回信都。

春季，二月，沛公刘邦向北攻打昌邑，遇到彭越，彭越即带领他的部队跟随了

人，常渔巨野泽中，为群盗。陈胜、项梁之起，泽间少年相聚百余人，往从彭越曰："请仲为长。"越谢曰："臣不愿也。"少年强请，乃许；与期旦日日出会，后期者斩。旦日日出，十余人后，后者至日中。于是越谢曰："臣老，诸君强以为长。今期而多后，不可尽诛，诛最后者一人。"令校长斩之。皆笑曰："何至于是！请后不敢。"于是越引一人斩之，设坛祭，令徒属，皆大惊，莫敢仰视。乃略地，收诸侯散卒，得千余人，遂助沛公攻昌邑。

昌邑未下，沛公引兵西过高阳。高阳人郦食其，家贫落魄，为里监门。沛公麾下骑士适食其里中人，食其见，谓曰："诸侯将过高阳者数十人，吾问其将皆握龊，好苛礼，自用，不能听大度之言。吾闻沛公慢而易人，多大略，此真吾所愿从游，莫为我先。若见沛公，谓曰：'臣里中有郦生，年六十余，长八尺，人皆谓之狂生。生自谓"我非狂生"。'"骑士曰："沛公不好儒，诸客冠儒冠来者，沛公辄解其冠，溲溺其中，与人言，常大骂；未可以儒生说也。"郦生曰："第言之。"骑士从容言，如郦生所诫者。

沛公至高阳传舍，使人召郦生。郦生至，入谒。沛公方倨床使两女子洗足，而见郦生。郦生入，则长揖不拜，曰："足下欲助秦攻诸侯乎，且欲率诸侯破秦也？"沛公骂曰："竖儒！天下同共苦秦久矣，故诸侯相率而攻秦，何谓助秦攻诸侯乎！"郦生曰："必聚徒、合义兵诛无道秦，不宜倨见长者！"于是沛公辍洗，起，摄衣，延郦生上坐，谢之。郦生因言六国从横时。沛公喜，赐郦生食，问曰："计将安出？"郦生曰："足下起纠合之众，收散乱之兵，不满万人；欲以径入强秦，此所谓探虎口者也；夫陈留，天下之冲，四通五达之郊也；今其城中又多积粟。臣善其令，请得使之令下足下；即不听，足下引兵攻之，臣为内应。"于是遣郦生行，沛公引兵随之，遂下陈留；号郦食其为广野君。郦生言其弟商。时商聚少年得四千人，来属沛公，沛公以为将，将陈留兵以从。郦生常为说客，使诸侯。

刘邦。彭越是昌邑人，经常在巨野湖泊中捕鱼，与人结伙为强盗。陈胜、项梁起事抗秦时，水泽中的青年一百多人聚合起来，前去追随彭越，说道："请您出任首领。"彭越推辞说："我不愿意啊。"青年们竭力请求，彭越才答应了，并与他们约定次日清晨太阳出来时集合，迟到的即斩首。第二天日出后，有十多个人晚到，最迟的直至中午才来。彭越于是抱歉地说："我已经老了，你们执意要推举我为头领。如今到了约定时间而许多人迟到，不能够都杀掉，那么就将最后到达的一个人斩首吧。"即命校长杀那个人。大家都笑道："哪至于这样啊！以后再不敢如此就是了。"彭越这时拉出那人杀了，设立土坛以人头祭祀，号令所属部下。部属们都惊恐万状，无人敢抬头望他。彭越随后便领兵攻夺土地，收集诸侯军中的散兵游勇，得到一千多人，协助刘邦攻打昌邑。

昌邑城没有攻下，沛公刘邦率军西进经过高阳。高阳人郦食其，家境贫寒，落魄飘零，做了个看管里门的小吏。刘邦部下中一名骑兵正好是郦食其的同乡，郦食其见到他时，对他说："诸侯军将领路过高阳的有几十人，我打听到这些将领都器量狭小，好拘泥于繁文缛礼，自以为是，听不进气度豁达、抱负恢宏的言论。我还听说刘邦为人傲慢而看不起人，富于远见卓识，这真是我所愿意结交的人啊，可惜没有人为我引荐。你如果见到刘邦，就告诉他说：'我的乡里中有个郦生，六十多岁了，身高八尺，人们都称他为狂生。但他自己却称自己不是狂生。'"这名骑兵说："沛公不喜欢儒生，每当宾客中有戴着儒生帽子来的，沛公总是脱下他的帽子，在里面撒尿。与人谈话的时候，也常常破口大骂。所以你不可以儒生的身份前去游说他。"郦食其说："你只管把这些话告诉他吧。"骑兵便将郦食其嘱托的话从容地转达给了刘邦。

刘邦到了高阳的旅舍，派人召郦食其来见。郦食其一到，即进见。这时刘邦正叉开两腿坐在床上，让两个女子给他洗脚，如此便接见郦食其。郦食其进来，只是拱手高举，行相见礼而不跪拜，说道："您是想要协助秦朝攻打诸侯国呢，还是想要率领各路诸侯击败秦朝呢？"刘邦骂道："没见识的儒生！天下的人共同受秦朝暴政苦累已经很久了，所以各国相继起兵攻秦，怎么说是帮助秦朝攻打诸侯呀？"郦食其说："您如果的确是要聚集群众、会合正义的军队去讨伐暴虐无道的秦朝，就不该如此傲慢无礼地接见年长的人！"刘邦于是停止洗脚，起身整理好衣服，请郦食其在尊客席上就座，向他道歉。郦食其便谈起了六国合纵连横的史事。刘邦很高兴，赏饭给郦食其吃，并问道："计策将如何制定？"郦食其说："您从一群乌合之众中起事，收拢了一些散兵游勇，部众还不足一万人，就想靠此径直去攻打强大的秦朝，这就像是用手去掏虎口啊！陈留是天下的要冲，四通八达的枢纽地区，现在该城中又贮存有许多粮食，而我恰与陈留县令交情不错，请您让我出使陈留，劝他向您投

三月，沛公攻开封，未拔；西与秦将杨熊会战白马，又战曲遇东，大破之。杨熊走之荥阳，二世使使者斩之以徇。

夏，四月，沛公南攻颍川，屠之。因张良，遂略韩地。时赵别将司马印方欲渡河入关，沛公乃北攻平阴，绝河津。南，战洛阳东。军不利，南出轘辕，张良引兵从沛公；沛公令韩王成留守阳翟，与良俱南。

六月，与南阳守齮战犨东，破之，略南阳郡；南阳守走保城，守宛。沛公引兵过宛，西；张良谏曰："沛公虽欲急入关，秦兵尚众，距险；今不下宛，宛从后击，强秦在前，此危道也！"于是沛公乃夜引军从他道还，偃旗帜，迟明，围宛城三匝。南阳守欲自刭，其舍人陈恢曰："死未晚也。"乃逾城见沛公曰："臣闻足下约先入咸阳者王之。今足下留守宛，宛郡县连城数十，其吏民自以为降必死，故皆坚守乘城。今足下尽日止攻，士死伤者必多；引兵去宛，宛必随足下后。足下前则失咸阳之约，后有强宛之患。为足下计，莫若约降封其守；因使止守，引其甲卒与之西。诸诚未下者，闻声争开门而待足下，足下通行无所累。"沛公曰："善！"秋，七月，南阳守齮降，封为殷侯；封陈恢千户。

引兵西，无不下者。至丹水，高武侯鳃、襄侯王陵降。还攻胡阳，遇番君别将梅销，与偕攻析、郦，皆降。所过亡得卤掠，秦民皆喜。

（以上为第十段，写刘邦率领军队一路向西，沿途得到聚兵于巨野泽的彭城，在高阳谋士郦食其、南阳郡守舍人陈恢等人的帮助下，势如破竹，迅速平定南阳各郡县。）

王离军既没，章邯军棘原，项羽军漳南，相持未战。秦军数却，二

降；假如他不听从劝告，您就领兵攻城，我做内应。”刘邦于是派郦食其出发，自己率军跟随，随即降服了陈留，便封郦食其为广野君。郦食其对他的弟弟郦商说了这些事。当时郦商就召集青年，得到四千人，前来归属刘邦，刘邦任用郦商为将军，命他率领陈留的部队相随。郦食其则常常作为说客，出使各诸侯国。

三月，刘邦攻打开封，没有能够攻下；便西进，在白马与秦将杨熊会战，又在曲遇东面打了一仗，大败秦军。杨熊逃到荥阳，秦二世派使者去将他斩首示众。

夏季，四月，刘邦向南进攻颍川，屠戮了一番。因得到张良的辅助，攻取了故韩国的领地。这时，赵军所属部将司马卯要渡过黄河进入函谷关，刘邦于是就向北进攻平阴，切断黄河渡口南部地区，在洛阳东面与秦军交锋。但因作战不利，向南撤出轘辕关，张良领兵跟随刘邦；刘邦即命韩王韩成留守阳翟，自己与张良一起南下。

六月，刘邦率军在犨县东与郡守吕齮交战，击败了秦军，夺取了南阳郡。南阳郡守败逃，回保城池，固守郡的治所宛城。刘邦领兵绕过宛城西进。张良劝他说：“您虽然想要尽快入关，但是目前秦军尚兵多势众，且又可据险顽抗，倘若现在不攻下宛城，一旦宛城守敌从背后夹击，前面又有强大的秦军阻挡，将是很危险的！”刘邦于是连夜率军抄小道返回，放倒旗帜，在天没亮时，将宛城重重围住。南阳郡守见状想自杀，他的舍人陈恢说：“想要寻死还早了点儿吧。”就翻越城墙去见刘邦，说：“我听说您曾受楚怀王之约，先攻入咸阳的关中称王。如今您滞留在这里攻打宛城，而宛城很大，连城数十座，城内军民自认为投降也是必死无疑，故都登城坚守。现在您整日停留在这里攻城，士兵死伤的必定很多，如果您率军撤离宛城，宛城的守军又肯定要尾随追击。这样一来，您在前则耽误了先入咸阳者称王的约定，在后则有遭到强大的宛城守军夹击的忧患。我为您着想，还不如订约招降，加封南阳郡守，仍让他留守郡中，而率领他的军队一道西进。这样，那些没有投降的城邑，闻讯就会争先恐后地打开城门等候您的到来，届时您就可以通行无阻了。”刘邦说：“好！”秋季，七月，南阳郡守吕举城投降，刘邦封他为殷侯；并封给陈恢享用一千户的赋税收入。

于是，沛公刘邦率军西进，所过城邑没有不降服的。待到达丹水时，高武侯戚鳃、襄侯王陵也归降了。刘邦又回攻胡阳，遇见番君属下的将领梅鋗，便与他一同攻打析地和郦地，二地都投降了。刘邦命令军队所过之处不得掳掠，秦地的百姓都非常喜悦。

秦将王离的军队已经覆没，章邯的军队驻扎在棘原，项羽的军队则屯驻在漳水

世使人让章邯。章邯恐，使长史欣请事；至咸阳，留司马门三日，赵高不见，有不信之心。长史欣恐，还走其军，不敢出故道。赵高果使人追之，不及。欣至军，报曰："赵高用事于中，下无可为者。今战能胜，高必疾妒吾功；不能胜，不免于死。愿将军孰计之！"

陈馀亦遗章邯书曰："白起为秦将，南征鄢郢，北坑马服，攻城略地，不可胜计，而竟赐死。蒙恬为秦将，北逐戎人，开榆中地数千里，竟斩阳周。何者？功多，秦不能尽封，因以法诛之。今将军为秦将三岁矣，所亡失以十万数；而诸侯并起滋益多。彼赵高素谀日久，今事急，亦恐二世诛之，故欲以法诛将军以塞责，使人更代将军以脱其祸。夫将军居外久，多内郤，有功亦诛，无功亦诛。且天之亡秦，无愚智皆知之。今将军内不能直谏，外为亡国将，孤特独立而欲常存，岂不哀哉！将军何不还兵与诸侯为从，约共攻秦，分王其地，南面称孤！此孰与身伏铁质，妻子为戮乎？"

章邯狐疑，阴使候始成使项羽，欲约。约未成，项羽使蒲将军日夜引兵渡三户，军漳南，与秦军战，再破之。项羽悉引兵击秦军汙水上，大破之。章邯使人见项羽，欲约。项羽召军吏谋曰："粮少，欲听其约。"军吏皆曰："善！"项羽乃与期洹水南殷虚上。已盟，章邯见项羽而流涕，为言赵高。项羽乃立章邯为雍王，置楚军中；使长史欣为上将军，将秦军为前行。

瑕丘申阳下河南，引兵从项羽。

（以上为第十一段，写秦朝赵高专权，司马欣入朝而不得相见，不被信任，弄得秦将章邯左右不是人；陈馀分析利弊，劝其投降；章邯深感危机重重，有功也要被杀，无功也要被杀，就投奔项羽，被封为雍王。）

的南面，两军对垒相持，尚未交战。秦军几次后撤，秦二世为此派人去责问章邯。章邯非常恐惧，派遣长史司马欣前去请示事务。司马欣抵达咸阳后，在皇宫的外门司马门逗留了三天，赵高也不予接见，表示出不信任的意思。长史司马欣惊恐，奔回他的军中，不敢再走原路。赵高果然派人来追赶他，但是没有追上。司马欣回到章邯军中，报告说："赵高在朝中专权，下面的人没有能有所作为的。现在作战如果能够获胜，赵高必定会嫉妒我们的功劳；不能取胜，便免不了一死。希望您对此要仔细斟酌！"

陈馀也写信给章邯说："白起是秦国的大将，他率军南征楚国的都城鄢郢，北战活埋马服君赵括大军的降兵，攻城夺地，不可胜数，却终于被赐死。蒙恬是秦国的大将，他北逐匈奴，开拓榆中之地几千里，最后在阳周被斩杀。这是为什么呢？是因为功绩太多，秦国不能全部给以封赏，就趁机按法诛杀了他们。如今您任秦将已经三年了，所伤亡损失的兵力也以十万计，而诸侯国仍然蜂拥而起，越来越多。那赵高一向阿谀奉承，时日已久，现在情势紧急，他也害怕被二世杀掉，所以就想用秦法杀您，借此搪塞罪责；派人替代您，借此逃脱他的灾祸。您领兵驻在外的时间很久，朝廷内多有仇怨，有功也要被杀，无功也要被杀。况且上天要灭亡秦朝，这是无论愚蠢还是聪慧的人都知道的事情。而今您在内不能直言规劝，在外又将成亡国的将军，茕茕孑立，却想要长久地生存，难道不是很可悲吗！您何不就倒戈与各诸侯军联合，约定共同攻秦，瓜分秦朝的土地而称王，南向称孤道寡呀！这与身伏斧砧遭斩杀，妻子儿女被杀戮相比，哪一个结局更好呢？"

章邯狐疑不决，暗地里派遣名叫始成的侦察官出使项羽军中，想要签订和约。和约未达成，项羽派蒲将军领兵昼夜兼行地渡过漳水三户渡口，驻扎在漳水南面，与秦军交锋，再次打败了他们。项羽随后又统领全军在污水边进攻秦军，大败他们。章邯于是派人求见项羽，想订立和约。项羽即召集军官们商议说："现在军中粮食短缺，我想就答应他们议和的要求。"军官们都说："可以。"项羽便与章邯约定在洹水南面的殷墟上会晤。订立盟约后，章邯进见项羽，流着泪向他诉说赵高的所作所为。项羽就立章邯为雍王，将他安顿在楚军中，并命长史司马欣任上将军，率领秦军为先头部队。

瑕丘人申阳去到河南，领兵追随项羽。

初，中丞相赵高欲专秦权，恐群臣不听，乃先设验，持鹿献于二世曰："马也。"二世笑曰："丞相误邪，谓鹿为马？"问左右，或默，或言马以阿顺赵高，或言鹿者。高因阴中诸言鹿者以法。后群臣皆畏高，莫敢言其过。

高前数言"关东盗无能为也"；及项羽虏王离等，而章邯等军数败，上书请益助。自关以东，大抵尽畔秦吏，应诸侯；诸侯咸率其众西乡。八月，沛公将数万攻武关，屠之。高恐二世怒，诛及其身，乃谢病，不朝见。

二世梦白虎啮其左骖马，杀之。心不乐，怪问占梦。卜曰："泾水为祟。"二世乃斋于望夷宫，欲祠泾水，沈四白马。使使责让高以盗贼事。

高惧，乃阴与其婿咸阳令阎乐及弟赵成谋曰："上不听谏；今事急，欲归祸于吾。欲易置上，更立子婴。子婴仁俭，百姓皆载其言。"乃使郎中令为内应，诈为有大贼，令乐召吏发卒追，劫乐母置高舍。遣乐将吏卒千余人至望夷宫殿门，缚卫令仆射，曰："贼入此，何不止？"卫令曰："周庐设卒甚谨，安得贼敢入宫！"乐遂斩卫令，直将吏入，行射郎、宦者。郎、宦者大惊，或走，或格；格者辄死，死者数十人。

郎中令与乐俱入，射上幄坐帏。二世怒，召左右；左右皆惶扰不斗。旁有宦者一人侍，不敢去。二世入内，谓曰："公何不早告我，乃至于此！"宦者曰："臣不敢言，故得全；使臣早言，皆已诛，安得至今！"阎乐前即二世，数曰："足下骄恣，诛杀无道，天下共畔足下，足下其自为计！"二世曰："丞相可得见否？"乐曰："不可！"二世曰："吾愿得一郡为王。"弗许。又曰："愿为万户侯。"弗许。曰："愿与妻子为黔首，比诸公子。"阎乐曰："臣受命于丞相，为天下诛足下；足下虽多言，臣不敢报！"麾其兵进。二世自杀。

阎乐归报赵高。赵高乃悉召诸大臣、公子，告以诛二世之状，曰：

当初，中丞相赵高想独操秦朝大权，但又担心群臣不服，于是便先进行试探，牵来一只鹿献给秦二世，赵高说:“这是马啊。”二世笑道，说:“你错了吧？怎么把鹿叫作马？”即询问侍立左右的大臣们，群臣有的沉默不语，有的说是马以迎合赵高，有的则说是鹿。于是，赵高暗中借秦法陷害了那些明说是鹿的人。此后，群臣都畏惧赵高，没有人敢谈论他的过错。

赵高以前曾多次说“关东的盗贼成不了大事”，待到项羽俘获王离等人，而章邯等人的军队也多次被打败，赵高才上书请求增兵援助。这时自函谷关以东，大体上全都背叛秦朝官吏，响应诸侯；诸侯也都各自统率部众向西进攻。八月，沛公刘邦率领几万人攻打武关，屠灭了全城。赵高恐怕秦二世为此发怒，招致杀身之祸，就托病不出，不再朝见二世。

秦二世梦见一只白虎咬他的左骖马，并把马咬死，因此心中闷闷不乐，颇觉奇怪，便询问占梦的人。占梦人卜测说:“是泾水神在作祟。”二世于是就在望夷宫实行斋戒，想祭祀泾水神，将四匹白马沉入河中。并为盗贼的事派人去责问赵高。

赵高愈加害怕，即暗中与他的女婿咸阳县令阎乐、他的弟弟赵成商议说:“皇上不听规劝，而今情势紧急，便嫁祸于我。我打算更换天子，改立二世哥哥的儿子子婴为皇帝。子婴为人仁爱俭朴，百姓们都尊重他说的话。”随即命郎中令作为内应，诈称有大盗，令阎乐调兵遣将去追捕，同时劫持阎乐的母亲安置到赵高府中。又派阎乐率领官兵一千多人来到望夷宫殿门前，将卫令仆射捆绑起来，说:“大盗进里面去了，为什么不进行阻拦？”卫令道:“宫墙周围设置卫兵，防守非常严密，怎么会有盗贼敢溜入宫中啊！”阎乐就斩杀了卫令，带兵径直闯进宫去，边走边射杀郎官和宦官。郎官、宦官惊恐万状，有的逃跑，有的抵抗，而反抗者即被杀死，这样死了几十人。

郎中令和阎乐于是一同入内，箭射秦二世的帐篷、帷帐。二世怒不可遏，召唤侍候左右的卫士，但近侍卫士都慌乱不堪，没有上前格斗。二世身旁只有一名宦官服侍着，不敢离去。二世入内对这个宦官说:“你为什么不早告诉我呀，竟至于到了这个地步！”宦官道:“我不敢说，所以才能保全性命；如果我早说了，已经被杀掉了，哪里还能活到今日！”阎乐这时走到二世面前，数落他说:“您骄横放纵，滥杀无辜，天下人都背叛了您，您还是自己打算一下吧！”二世说:“我可以见到丞相吗？”阎乐道:“不行！”二世说:“我希望得到一个郡来称王。”阎乐不准许。二世又说:“我愿意作万户侯。”阎乐仍不答应。二世于是说:“那么我甘愿与妻子儿女去做平民百姓，像各位公子的结局那样。”阎乐道:“我奉丞相的命令，为天下百姓诛杀您，您再多说，我也不敢禀告！”随即指挥他的士兵上前。二世就自杀了。

阎乐回报赵高，赵高便召集全体大臣、公子，告诉他们诛杀二世的经过情形，

“秦故王国；始皇君天下，故称帝。今六国复自立，秦地益小，乃以空名为帝，不可；宜如故，便。”乃立子婴为秦王。以黔首葬二世杜南宜春苑中。

九月，赵高令子婴斋戒，当庙见，受玉玺；斋五日。子婴与其子二人谋曰：“丞相高杀二世望夷宫，恐群臣诛之，乃诈以义立我。我闻赵高乃与楚约，灭秦宗室而分王关中。今使我斋、见庙，此欲因庙中杀我。我称病不行，丞相必自来；来则杀之。”高使人请子婴数辈，子婴不行。高果自往，曰：“宗庙重事，王奈何不行？”子婴遂刺杀高于斋宫，三族高家以徇。

遣将兵距峣关，沛公欲击之。张良曰：“秦兵尚强，未可轻。愿先遣人益张旗帜于山上为疑兵，使郦食其、陆贾往说秦将，啖以利。”秦将果欲连和；沛公欲许之。张良曰：“此独其将欲叛，恐其士卒不从；不如因其懈怠击之。”沛公引兵绕峣关，逾蒉山，击秦军，大破之蓝田南。遂至蓝田，又战其北，秦兵大败。

（以上为第十二段，写秦朝丞相赵高指鹿为马，独操秦朝大权，与女婿咸阳县令阎乐、弟弟赵成商议，杀掉胡亥，拥立子婴；子婴利用斋戒参拜祖先的机会，杀掉赵高，灭其三族；刘邦率军直奔咸阳。）

并说道："秦国从前本是个王国，始皇帝统治了天下，因此称帝。现在六国重又各自独立，秦朝的地盘越来越小，仍然以一个空名称帝，不可如此。应还像过去那样称王才合适。"便立子婴为秦王，并用平民百姓的礼仪把二世葬在了杜县南面的宜春苑中。

九月，赵高让子婴斋戒，到宗庙参拜祖先，接受国君的印玺。斋戒五天后，子婴与他的两个儿子商量说："丞相赵高在望夷宫杀了二世皇帝，害怕群臣将他杀掉，才假装依据礼义拥立我为王。我听说赵高曾经与楚军约定，消灭秦朝的宗室之后，在关中分别称王。如今他让我斋戒，赴宗庙参拜，这是想乘朝见宗庙之机杀了我啊。我若托病不去，丞相必定会亲自前来请我，他来了就杀掉他。"赵高派了几批人去请子婴，子婴就是不动身。赵高果然亲自前往，说道："参拜宗庙是重大的事情，大王您为何不去啊？"子婴即在斋宫刺杀了赵高，并诛杀赵高家三族的人以示众。

秦王子婴调兵遣将到峣关增援，刘邦就想去攻打峣关的秦军。张良说："秦军还挺强大的，不可轻视。希望您先派人上山去多多张挂旗帜，作为疑兵，再命郦食其、陆贾前往游说秦朝的将领，对他们加以利诱。"秦将果然想与刘邦的军队联合。刘邦打算准许他们联合的请求。张良道："这还只是那些将领想要反叛秦朝，恐怕他们的兵士还不会服从。不如就乘着秦军麻痹大意时攻击他们。"刘邦于是便领兵绕过峣关，越过蒉山，袭击秦军，在蓝田的南面大败秦军。随后抵达蓝田，又在蓝田北面与秦军交战，秦军土崩瓦解。

【点评】

赵高亡秦。赵高在秦朝的灭亡上，起了举足轻重的作用，甚至是起到了决定性的作用，可以说是秦朝灭亡的第一罪人！何以见得？

首先，赵高在秦始皇嬴政病逝后，发动沙丘政变，与丞相李斯合谋伪造诏书，逼迫秦始皇长子扶苏自杀，另立其幼子胡亥为帝。三人沆瀣一气，而以赵高为首谋，将秦国的根基动摇，这本身就是一个天大的错误。胡亥是赵高的学生，胡亥的能力，赵高当然清楚，赵高拥立胡亥的重要原因，即因为胡亥好掌控，可以弄权专政，为所欲为。其卑鄙行为，断送秦朝矣！

其次，赵高谋害忠良，铲除异己，无所不用其极，使得国无良臣，奸佞当道。赵高伙同李斯，把胡亥推上帝位后非常心虚，生怕有一天阴谋暴露。因此，他鼓动胡亥杀戮秦室公子和大臣，到了丧心病狂的地步。他首先要谋害的是蒙氏兄弟。胡亥杀死扶苏后，便想释放蒙恬，但赵高深恐蒙氏对自己不利，执意要消灭蒙氏，便散布在拥立太子问题上，蒙毅曾在秦始皇面前毁谤胡亥，胡亥于是囚禁并杀死了蒙毅，又派人前往阳周杀掉了威震匈奴的蒙恬，真是“凤凰在笯兮，鸡鹜翔舞”！赵高还蛊惑胡亥，要杀尽公子王孙和朝廷大臣，说：“沙丘之谋，诸公子和大臣们都在怀疑，这些人难保不怀有二心。我每每想到这些，就战战兢兢，恐有不测。心腹大患不除，皇上又怎能安乐一世呢？”就是这样几句话，让胡亥起了杀心，一下子就杀掉了十二个公子、十个公主。当时的右丞相冯去疾、左丞相李斯、将军冯劫三位重臣联合向秦二世进谏，在赵高的怂恿下，秦二世将他们逮捕法办，冯去疾与冯劫不愿受辱，皆自杀而死，李斯求活，讨好秦二世，上书“督责”，把秦朝推向灭亡的深渊。而后李斯被赵高诬陷，下狱治罪，屈打成招，以谋反罪灭其三族。后来，赵高猖獗到极点，指鹿为马，将一些正直的大臣杀害殆尽。有奸邪无比的赵高如此，秦朝焉得不亡？

第三，赵高把胡亥当作自己弄权干政的傀儡，助长了胡亥的邪恶之心，加速了秦朝的灭亡。胡亥本来就贪图享乐，认为做皇帝就是为了追求极乐，“欲悉耳目之所好，穷心志之所乐”。而心术不正的赵高，乘机煽动，认为这是“贤主之所能行而昏乱主之所禁”，简直是荒唐透顶！赵高还别有用心地叫胡亥拱手深居宫禁之中，只管淫乐，群臣只能听到他的声音，而不能见到他的容颜。这样，把胡亥与大臣隔绝开来，而赵高在其中兜售其奸，胡作非为。

第四，赵高私欲熏心，为虎作伥，推行严刑峻法，犹如火上浇油，把秦朝推向灭亡。秦朝刚刚统一，各方面的矛盾非常尖锐，如何用正确的方略来治理国家？这是一个非常关键的问题。用司马迁的话来说就是“秦之初灭诸侯，天下之心未定，痍伤者未瘳”，当务之急是“振百姓之急，养老存孤，务修众庶之和”。而赵高则怂

恿胡亥“严法而刻刑，令有罪者相坐”，胡亥深以为然，“乃更为法律，务益刻深”。结果，秦国“奸伪并起，而上下相遁，蒙罪者众，刑戮相望于道，而天下苦之”，导致秦国的土崩瓦解之势迅速形成，被义军群起而推翻。

有赵高如此，秦国不亡何待？后人评论说：“赵高无过人之志，而居万人之位，是以倾覆秦国而祸殃其宗。”诚哉是言！

汉纪一

汉高帝元年至二年（前206—前205年）

【起旃蒙协洽（乙未，前206年），尽柔兆涒滩（丙申，前205年），凡二年】

【大事提要】

本卷记事起前206年，讫前205年，凡二年，当汉高帝元年至二年。本卷所载的大事，主要是以下几个方面：其一，子婴投降。前206年，刘邦率大军攻破武关，攻下峣关，兵临咸阳，屯兵霸上，派人劝说秦王子婴投降。子婴眼看大势已去，用绳绑缚自己，坐上白马拉着的车，穿着白色衣服，携带玉玺、兵符等物，亲到刘邦军前投降，秦朝灭亡。子婴在位仅四十六天。其二，项羽分封。项羽消灭了秦军主力后，率领诸侯军向关中挺进，攻破函谷关；进入咸阳后，屠毁咸阳城，杀掉子婴，烧掉宫室；然后主持分封，自封为西楚霸王，共封了十八个诸侯王，埋下诸多隐患。其三，还定三秦。项羽封刘邦为汉王，管辖巴、蜀、汉中；将关中封给三个秦朝降将。刘邦建都南郑，任命韩信为大将军，于前206年亲率汉军走陈仓道，突袭关中，攻下陈仓，东进咸阳，水淹废丘，历时八个月，平定三秦，为重新统一中国建立了强大根据地。其四，项羽攻齐。项羽分封后，齐、赵诸侯叛乱，项羽率军前往平乱。前205年，项羽北至城阳，齐王田荣引兵会战，被击败，逃往平原，被民众杀死。项羽烧杀掳掠，齐人聚集反叛，田荣弟田横收募散兵，在城阳攻打项羽，收复城邑，立田荣子田广为齐王。其五，彭城大战。前205年，刘邦还定三秦后，率领大军进攻彭城。因彭城精兵猛将都随项羽攻打齐国，被刘邦攻下，刘邦因此忘乎所以。项羽留下诸将攻齐，自率精骑三万疾驰南下，与汉军大战，大破汉军，斩杀十多万人；汉军几乎全军覆没，刘邦仓皇逃奔。

【原文】

太祖高皇帝上之上

元年（乙未，前 206 年）

冬，十月，沛公至霸上；秦王子婴素车、白马，系颈以组，封皇帝玺、符、节，降轵道旁。诸将或言诛秦王。沛公曰："始怀王遣我，固以能宽容。且人已降，杀之不祥。"乃以属吏。

贾谊论曰：秦以区区之地致万乘之权，招八州而朝同列，百有余年，然后以六合为家，殽、函为宫；一夫作难而七庙堕，身死人手，为天下笑者，何也？仁谊不施而攻守之势异也。

沛公西入咸阳，诸将皆争走金帛财物之府分之；萧何独先入收秦丞相府图籍藏之，以此沛公得具知天下厄塞、户口多少、强弱之处。

沛公见秦宫室、帷帐、狗马、重宝、妇女以千数，意欲留居之。樊哙谏曰："沛公欲有天下耶，将为富家翁耶？凡此奢丽之物，皆秦所以亡也，沛公何用焉！愿急还霸上，无留宫中！"沛公不听。张良曰："秦为无道，故沛公得至此。夫为天下除残贼，宜缟素为资。今始入秦，即安其乐，此所谓'助桀所虐'。且忠言逆耳利于行，毒药苦口利于病，愿沛公听樊哙言！"沛公乃还军霸上。

十一月，沛公悉召诸县父老、豪杰，谓曰："父老苦秦苛法久矣！吾与诸侯约，先入关者王之；吾当王关中。与父老约，法三章耳：杀人者死，伤人及盗抵罪。余悉除去秦法，诸吏民皆案堵如故。凡吾所以来，为父老除害，非有所侵暴；无恐！且吾所以还军霸上，待诸侯至而定约束耳。"乃使人与秦吏行县、乡、邑，告谕之。秦民大喜，争持牛、羊、酒食献飨军士。沛公又让不受，曰："仓粟多，非乏，不欲费民。"民又益喜，唯恐沛公不为秦王。

（以上为第一段，写沛公刘邦率先领兵进入关中，秦王子婴投降，刘邦封秦府

【语译】

太祖高皇帝上之上

汉高帝元年（乙未，前206年）

冬季，十月，沛公刘邦率军抵达霸上。秦王子婴乘素车、驾白马，颈上系着绳子以示自己该服罪自杀，手捧封好的皇帝玉玺和符节，伏在轵道亭旁向刘邦投降。众将领中有人主张杀掉子婴。刘邦说："当初怀王之所以派我前来，就是因为认定我能宽容人。何况人家已经降服了，还要杀掉人家，这样做，是不吉利的。"于是便将子婴交给了主管官员处置。

贾谊评论说：秦国凭借一点点地盘发展到掌有万乘大国的权势，控制冀、兖、青、徐、扬、荆、豫、梁八州，使得与秦国地位相等的六国诸侯前来朝拜，经过了一百多年。然后以天下为家，以崤山、函谷关为宫。但是，一人发难，便使宗庙被毁，自身死于他人之手，令全天下的人讥笑，这是为什么呀？不施仁义，而使攻和守的形势相反了啊！

沛公刘邦领兵向西进入咸阳，众将领都争先恐后地奔往秦朝贮藏金帛财物的府库瓜分财宝，唯独萧何率先入宫，取秦朝丞相府的图书户籍、文书、户籍簿等档案收藏起来。刘邦借此全面了解了天下的山川要塞、户口的多少以及财力物力多少的分布。

刘邦看到秦朝的宫室、帷帐、各种狗马、贵重宝器和宫女数以千计，便想留下来在皇宫中居住。樊哙劝说道："您是想拥有天下，还是只想当一个富翁呢？这些奢侈华丽之物，都是招致秦朝覆灭的东西，您要它们有什么用呢？望您尽快返回霸上，不要滞留在宫里！"刘邦不听。张良说："秦朝因为不施行仁政，所以您才能够来到这里。而为天下人铲除残民之贼朝都城，就要安享其乐，这就是人们所说的'助桀为虐'了。况且忠言逆耳利于行，良药苦口利于病，望您能听取樊哙的劝告！"刘邦于是率军返回霸上。

十一月，刘邦将各县的父老和有声望的人全都召集起来，对他们说："父老们遭受秦朝严刑苛法的苦累已经很久了！我与各路诸侯约定，先入关中的人为王。据此，我就应该在关中称王了。如今与父老们约法三章：杀人者处死，伤人者和抢劫者抵罪。除此之外，秦朝的法律统统废除，众官吏和百姓都照旧安定不动。我之所以到这里来，是为了替父老们除害，而不是来欺凌你们的，请你们不要害怕！况且，我所以领兵回驻霸上，不过是为了等各路诸侯到来后订立一个约束大家行为的规章罢了。"随即派人和秦朝的官吏一起巡行各县、乡、城镇，向人们讲明道理。秦地的民众都欢喜异常，争相拿着牛、羊、酒食来慰问、款待刘邦的官兵。刘邦又辞让，不

库，还军霸上，又与秦地父老约法三章，废除秦朝的严刑苛法，民众都欢喜异常，争相慰问，唯恐刘邦不在关中为王。）

项羽既定河北，率诸侯兵欲西入关。先是，诸侯吏卒、繇使、屯戍过秦中者，秦中吏卒遇之多无状。及章邯以秦军降诸侯，诸侯吏卒乘胜多奴虏使之，轻折辱秦吏卒。秦吏卒多怨，窃言曰："章将军等诈吾属降诸侯。今能入关破秦，大善；即不能，诸侯虏吾属而东，秦又尽诛吾父母妻子，奈何？"诸将微闻其计，以告项羽。项羽召黥布、蒲将军计曰："秦吏卒尚众，其心不服；至关不听，事必危。不如击杀之，而独与章邯、长史欣、都尉翳入秦。"于是楚军夜击坑秦卒二十余万人新安城南。

或说沛公曰："秦富十倍天下，地形强。闻项羽号章邯为雍王，王关中，今则来，沛公恐不得有此。可急使兵守函谷关，无内诸侯军；稍征关中兵以自益，距之。"沛公然其计，从之。

已而项羽至关，关门闭；闻沛公已定关中，大怒，使黥布等攻破函谷关。

十二月，项羽进至戏。沛公左司马曹无伤使人言项羽曰："沛公欲王关中，令子婴为相，珍宝尽有之。"欲以求封。项羽大怒，飨士卒，期旦日击沛公军。当是时，项羽兵四十万，号百万，在新丰鸿门；沛公兵十万，号二十万，在霸上。

范增说项羽曰："沛公居山东时，贪财，好色；今入关，财物无所取，妇女无所幸，此其志不在小。吾令人望其气，皆为龙虎，成五采，此天子气也。急击勿失！"

（以上为第二段，写项羽平定河北，坑秦降卒二十余万，进兵关中。沛公已先一月入关，封闭关门。项羽下令军中期旦日灭沛公。）

楚左尹项伯者，项羽季父也，素善张良，乃夜驰之沛公军，私见张良，具告以事，欲呼与俱去，曰："毋俱死也！"张良曰："臣为韩王送沛

肯接受，说道：“仓库中的粮食还很多，并不缺乏，不想让百姓破费。”百姓于是更加高兴，唯恐刘邦不在秦地称王。

项羽已经平定了黄河以北的地区，就想率领各路诸侯军向西进入关中。在此之前，起义军中的官兵有的曾因服徭役或屯戍经过关中一带，秦地的官兵多无礼地对待他们。待到章邯率领秦军投降了诸侯军后，诸侯军的官兵便凭借胜势，把秦军官兵多当作奴隶和俘虏来使唤，随便侮辱秦军官兵。秦军官兵大多因此而生出怨恨的情绪，暗地里议论说：“章将军等人骗咱们投降诸侯军，如今如果能够攻入关中击灭秦朝，当然是大好事；如果不能，诸侯军将咱们掠持到东方去，而秦朝又尽杀咱们的父母妻子儿女，那可怎么办啊？”诸侯军的将领们暗中查听到了这些议论，即报告给项羽。项羽于是召集英布、蒲将军商量说：“目前军中秦朝的官兵还很多，他们内心并不顺服，如果到了函谷关不听从调遣，情势必会危急。所以，不如将他们除掉，而只和章邯、长史司马欣、都尉董翳等进入秦地。”楚军便于夜晚在新安城南面袭击、活埋了秦兵二十多万人。

有人劝说沛公刘邦道：“关中地区比天下其他地方要富足十倍，而且地势险要。听说项羽封章邯为雍王，让他在关中称王。现在如果他来了，您恐怕就不能占据这个地方了。可以火速派兵把守函谷关，不让诸侯军进来，并逐步征召关中兵，以此增加自己的实力，抵御他们。”刘邦认为此计可行，就照着办了。

不久，项羽到达函谷关，但是关门紧闭。项羽听说刘邦已经平定了关中，勃然大怒，派英布等人攻破了函谷关。

十二月，项羽进军到戏地。刘邦的左司马曹无伤派人告诉项羽说：“沛公想要在关中称王，任秦王子婴为相，奇珍异宝全都占有了。”企图借此求得项羽的封赏。项羽听说后，怒不可遏，就让兵士们饱餐一顿，打算次日攻打刘邦的军队。这时，项羽拥兵四十万，号称百万大军，驻扎在新丰县的鸿门；刘邦拥兵十万，号称二十万，驻军霸上。

范增劝项羽说：“刘邦住在崤山之东时，贪财而又好色。现今入关，却不搜取财物，不宠幸女色，这表明他的志向不小啊。我曾命人观望他那边的云气，都显示出龙虎的形状，出现五彩，这是天子之气啊！宜赶快进攻他，不要错过了时机！”

楚国的左尹项伯，是项羽的叔父，向来与张良交好，便连夜驰马到刘邦军中，私下里会见张良，将这些事情一五一十地对他说了，想要叫张良同他一起离开，说

公；沛公今有急，亡去，不义，不可不语。”

良乃入，具告沛公。沛公大惊。良曰：“料公士卒足以当项羽乎？”沛公默然曰：“固不如也。且为之奈何？”张良曰：“请往谓项伯，言沛公之不敢叛也。”沛公曰：“君安与项伯有故？”张良曰：“秦时与臣游，尝杀人，臣活之。今事有急，故幸来告良。”沛公曰：“孰与君少长？”良曰：“长于臣。”沛公曰：“君为我呼入，吾得兄事之。”

张良出，固要项伯；项伯即入见沛公。沛公奉卮酒为寿，约为婚姻，曰：“吾入关，秋毫不敢有所近，籍吏民，封府库而待将军。所以遣将守关者，备他盗之出入与非常也。日夜望将军至，岂敢反乎！愿伯具言臣之不敢倍德也。”项伯许诺，谓沛公曰：“旦日不可不蚤自来谢。”沛公曰：“诺。”

于是项伯复夜去，至军中，具以沛公言报项羽；因言曰：“沛公不先破关中，公岂敢入乎！今人有大功而击之，不义也，不如因善遇之。”项羽许诺。

沛公旦日从百余骑来见项羽鸿门，谢曰：“臣与将军戮力而攻秦，将军战河北，臣战河南；不自意能先入关破秦，得复见将军于此。今者有小人之言，令将军与臣有隙。”项羽曰：“此沛公左司马曹无伤言之；不然，籍何以至此！”项羽因留沛公与饮。范增数目项羽，举所佩玉玦以示之者三；项羽默然不应。范增起，出，召项庄，谓曰：“君王为人不忍。若入前为寿，寿毕，请以剑舞，因击沛公于坐，杀之。不者，若属皆且为所虏！”

庄则入为寿，寿毕，曰：“军中无以为乐，请以剑舞。”项羽曰：“诺。”项庄拔剑起舞。项伯亦拔剑起舞，常以身翼蔽沛公，庄不得击。

于是张良至军门见樊哙。哙曰：“今日之事何如？”良曰：“今项庄拔剑舞，其意常在沛公也。”哙曰：“此迫矣，臣请入，与之同命！”哙即带剑拥盾入。军门卫士欲止不内，樊哙侧其盾以撞，卫士仆地。遂入，披

道："你可别跟刘邦一块儿死啊！"张良说："我曾为韩王伴送沛公，而今沛公遇有急难，我却逃走了，这是不义的行为，我不能不告诉他。"

于是，张良即进去将项伯的话全都告诉了刘邦。刘邦大吃一惊。张良说："您估计一下您的兵力足够抵挡项羽的军队吗？"刘邦沉默了一会儿，说："的确是不如他呀。这可该怎么办呢？"张良说："请让我去告诉项伯，说您是绝不敢背叛项羽的。"刘邦说："您是怎么与项伯成为故交的啊？"张良说："在秦朝的时候，项伯与我有交往，他曾经杀过人，我救了他。现在事情紧急，所以还幸亏他前来告诉我。"刘邦说："你与他谁大谁小？"张良说："他比我大。"刘邦说："您替我请他进来，我将把他当作兄长来对待。"

张良于是出去，坚持邀项伯入内，项伯便进去与刘邦相见。刘邦手捧酒杯向项伯敬酒祝福，并与他约定，结为亲家，说："我进入关中，连毫毛般微小的东西都不敢沾边，只是登记官民，封存府库，等待着项将军的到来。之所以派将领把守函谷关，是为了防备有其他盗贼出入和有非常事情发生。我日日夜夜盼望着项将军驾临，哪里敢谋反啊！望您能把我不敢忘恩负义的情况详尽地反映给项将军。"项伯答应了，对刘邦说："你明日不可不早些来亲自向项王道歉啊。"刘邦说："好吧。"

项伯于是当夜就赶了回去，到达军营后，将刘邦的话一五一十地报告给项羽，并趁机道："要不是刘邦先攻下关中，您又怎么敢进来呀？如今人家建立了大功，却还要去攻打人家，这是不义的。不如就因此好好地对待他。"项羽同意了。

第二天，刘邦带领一百多骑随从人员到鸿门来见项羽，道歉说："我与将军您合力攻秦，您在黄河以北作战，我在黄河以南战斗，没料到自己能先进入关中破秦，得以在这里与您重新相见。如今有小人之言搬弄是非，使您和我之间产生了隔阂。"项羽说："这是您的左司马曹无伤散布的流言，不然的话，我何至于如此啊！"项羽于是就留刘邦与他一起宴饮。范增频频向项羽递眼色，并三次举起他所佩带的玉暗示项羽杀掉刘邦，项羽却只是默然不语，毫无反应。范增便起身出去招呼项庄，对他说："项王为人心慈手软，还是你进去上前给刘邦敬酒，敬完酒，你就请求表演舞剑，然后乘势在坐席上袭击刘邦，杀了他。不然的话，你们这些人都将成为他的阶下囚了！"

项庄即入内为刘邦祝酒，敬完酒后，项庄道："军营中没有什么可用来取乐的，就请让我来为你们舞剑助兴吧。"项羽说："好哇。"项庄于是拔剑起舞。项伯见状也起身拔剑起舞，并时时用身子遮护刘邦，使得项庄无法行刺。

这时，张良来到军门见樊哙。樊哙说："今天的事情怎么样了？"张良说："现在项庄拔剑起舞，他的用意却常在沛公身上啊。"樊哙道："事情紧迫了，我请求进去，与他拼命！"樊哙随即带剑持盾闯入军门。军门的卫士想要阻止他进去，樊哙

帷立，瞋目视项羽，头发上指，目眦尽裂。项羽按剑而跽曰：“客何为者？”张良曰：“沛公之参乘樊哙也。”项羽曰：“壮士！赐之卮酒！”则与斗卮酒。哙拜谢，起，立而饮之。项羽曰：“赐之彘肩！”则与一生彘肩。樊哙覆其盾于地，加彘肩其上，拔剑切而啖之。项羽曰：“壮士复能饮乎？”樊哙曰：“臣死且不避，卮酒安足辞！夫秦有虎狼之心，杀人如不能举，刑人如恐不胜；天下皆叛之。怀王与诸将约曰：‘先破秦入咸阳者，王之。’今沛公先破秦，入咸阳，毫毛不敢有所近，还军霸上以待将军。劳苦而功高如此，未有封爵之赏，而听细人之说，欲诛有功之人，此亡秦之续耳，窃为将军不取也！”项羽未有以应，曰：“坐！”樊哙从良坐。

坐须臾，沛公起如厕，因招樊哙出。沛公曰：“今者出，未辞也，为之奈何？”樊哙曰：“如今人方为刀俎，我方为鱼肉，何辞为！”于是遂去。鸿门去霸上四十里，沛公则置车骑，脱身独骑；樊哙、夏侯婴、靳强、纪信等四人持剑、盾步走，从骊山下道芷阳，间行趋霸上。留张良使谢项羽，以白璧献羽，玉斗与亚父。沛公谓良曰：“从此道至吾军，不过二十里耳。度我至军中，公乃入。”沛公已去，间至军中，张良入谢曰：“沛公不胜杯杓，不能辞，谨使臣良奉白璧一双，再拜献将军足下；玉斗一双，再拜奉亚父足下。”项羽曰：“沛公安在？”良曰：“闻将军有意督过之，脱身独去，已至军矣。”项羽则受璧，置之坐上。亚父受玉斗，置之地，拔剑撞而破之，曰：“唉，竖子不足与谋！夺将军天下者，必沛公也；吾属今为之虏矣！”沛公至军，立诛杀曹无伤。

（以上为第三段，写项羽叔父项伯泄露军情给张良，沛公得以定计赴鸿门宴，宴席上刀光剑影，拉开楚汉相争序幕，刘邦机智脱险。）

居数日，项羽引兵西，屠咸阳，杀秦降王子婴，烧秦宫室，火三月不灭；收其货宝、妇女而东。秦民大失望。

韩生说项羽曰：“关中阻山带河，四塞之地，地肥饶，可都以霸。”项羽见秦宫室皆已烧残破，又心思东归，曰：“富贵不归故乡，如衣绣夜行，谁知之者！”韩生退曰：“人言楚人沐猴而冠耳，果然！”项羽闻之，烹

就侧过盾牌一撞，卫士扑倒在地。樊哙于是入内，掀开帷帐站立在那里，怒目瞪着项羽，头发直竖，两边的眼角都睁裂开了。项羽手按剑，跪起身，说道："来客是干什么的？"张良说："是沛公的陪乘卫士樊哙。"项羽道："真是壮士啊！赐给他一杯酒喝！"左右的侍从即给了他一大杯酒。樊哙拜谢后，起身站着一饮而尽。项羽说："再赐给他猪腿吃！"侍从们便又拿给他一条猪腿。樊哙将他的盾牌倒扣在地上，把猪腿放在上面，拔出剑来切，大口地吃了。项羽说："壮士，你还能再喝酒吗？"樊哙道："我连死都不怕，一杯酒难道还值得我推辞吗？秦王的心肠狠如虎狼，杀人唯恐杀不完，用刑惩罚人唯恐用不够，致使天下的人都起而反叛他。怀王曾与各路将领约定说：'先打败秦军进入咸阳城的人，在关中为王。'现在，沛公最先击溃秦军，进入咸阳，毫毛般微小的东西都不敢染指，就率军返回霸上等待您的到来。这样劳苦功高，您非但不给予封地、爵位的奖赏，还听信小人的谗言，要杀有功之人。这是在重蹈秦朝灭亡的覆辙呀，我私下认为您的这种做法是不可取的！"项羽无话可答，就说："坐吧。"樊哙于是在张良的身边坐下了。

坐了一会儿，刘邦起身去上厕所，趁机招呼樊哙出来。刘邦说："我现在出来，没有告辞，怎么办啊？"樊哙道："现在人家正好比是屠刀和砧板，我们则是鱼肉，如此还告什么辞呀！"于是，就这么走了。鸿门与霸上相距四十里，刘邦撇下车马，抽身独自骑马而行，樊哙、夏侯婴、靳强、纪信等四人手拿剑和盾牌，快步相随，经骊山下，取道芷阳，抄小路奔向霸上。留下张良，让他向项羽辞谢，将白璧敬献给项羽，玉杯敬献给亚父范增。刘邦临行前对张良说："从这条路到我们军营，只不过二十里地。您估计着我已经抵达军中时，再进去。"刘邦已走，抄小道回到军营，张良方才进去告罪说："沛公禁不起酒力，无法来告辞，谨派我张良捧上白璧一双，以连拜两次的隆重礼节敬献给将军您；玉杯一双，敬呈给亚父您。"项羽说："沛公现在哪里呀？"张良道："他听说您有要责备他的意思，便抽身独自离去，现在已经回到军中了。"项羽就接受了白璧，放到坐席上。亚父范增接受玉杯后搁在地上，拔剑击碎，说："唉，这小子不值得与他共谋大业！夺取项将军天下的人，必定是刘邦。我们这些人眼看着就要被他俘获了！"刘邦到达军中，立即杀掉了曹无伤。

隔了几天，项羽领兵西进，洗劫、屠杀咸阳城，杀了已经投降的秦王子婴，放火焚烧秦朝宫室，大火燃烧三个月不熄。随即搜取秦朝的金银财宝和妇女向东而去。秦地的百姓为此大失所望。

韩生劝说项羽道："关中依恃山川河流为屏障，是四面都有险要可守的地方，土地肥沃，可以在此建都称霸。"项羽却一方面看到秦朝的宫室都已焚烧得残破不堪，一方面又惦记着返回东方的家乡，便说："富贵了而不归故乡，就如同身穿锦绣华服

韩生。

项羽使人致命怀王；怀王曰：“如约。”项羽怒曰：“怀王者，吾家所立耳，非有功伐，何以得专主约！天下初发难时，假立诸侯后以伐秦。然身被坚执锐首事，暴露于野三年，灭秦定天下者，皆将相诸君与籍之力也。怀王虽无功，固当分其地而王之。”诸将皆曰：“善！”

春，正月，羽阳尊怀王为义帝，曰：“古之帝者，地方千里，必居上游。”乃徙义帝于江南，都郴。

二月，羽分天下王诸将。羽自立为西楚霸王，王梁、楚地九郡，都彭城。羽与范增疑沛公，而业已讲解，又恶负约，乃阴谋曰：“巴、蜀道险，秦之迁人皆居之。”乃曰：“巴、蜀亦关中地也。”故立沛公为汉王，王巴、蜀、汉中，都南郑。

而三分关中，王秦降将，以距塞汉路：章邯为雍王，王咸阳以西，都废丘；长史欣者，故为栎阳狱掾，尝有德于项梁；都尉董翳者，本劝章邯降楚；故立欣为塞王，王咸阳以东，至河，都栎阳；立翳为翟王，王上郡，都高奴。

项羽欲自取梁地，乃徙魏王豹为西魏王，王河东，都平阳。瑕丘申阳者，张耳嬖臣也，先下河南郡，迎楚河上，故立申阳为河南王，都洛阳。韩王成因故都，都阳翟。赵将司马印定河内，数有功，故立印为殷王，王河内，都朝歌。徙赵王歇为代王。赵相张耳素贤，又从入关，故立耳为常山王，王赵地，治襄国。当阳君黥布为楚将，常冠军，故立布为九江王，都六。番君吴芮率百越佐诸侯，又从入关，故立芮为衡山王，都邾。义帝柱国共敖将兵击南郡，功多，因立敖为临江王，都江陵。徙燕王韩广为辽东王，都无终。燕将臧荼从楚救赵，因从入关，故立荼为燕王，都蓟。

徙齐王田市为胶东王，都即墨。齐将田都从楚救赵，因从入关，故立都为齐王，都临淄。项羽方渡河救赵，田安下济北数城，引其兵降项

在夜间行走，谁能看得到啊！”韩生退下去后说道：“人家说楚人像是猴子戴上人的帽子，果然如此！”项羽听到这话后，立即将韩生煮死。

项羽派人去回报并请示楚怀王，怀王说：“照先前约定的办。”项羽暴跳如雷，说：“怀王是我们家扶立起来的，并非因为他建有什么功绩，怎么能够一个人做主定约呢？全国起兵反秦伊始，暂时拥立过去各诸侯国国君的后裔为王，以利攻打秦朝。但是，身披坚固的铠甲、手持锐利的兵器首先起事，风餐露宿三年之久，终于灭亡秦朝，平定天下，都是各位将相和我的力量啊！不过，怀王虽然没什么功劳，却还是应当分给他土地，尊他为王。”众将领都说：“是啊！”

春季，正月，项羽便假意尊推怀王为义帝，说道：“古代的帝王辖地千里，却必定要居住在江河的上游地带。”于是，就把义帝迁移到长江以南，定都在长沙郡的郴县。

二月，项羽划分天下土地，封各位将领为侯王。他自立为西楚霸王，管辖原魏国和楚国的九个郡，建都彭城。项羽与范增怀疑刘邦有夺取天下的野心，但双方已经讲和了，且又不愿意背上违约的罪名，于是就暗地里策划道：“巴、蜀两地道路艰险，秦朝所流放的人都居住在那里。”随即扬言：“巴郡、蜀郡也是关中的土地。”由此，立刘邦为汉王，统辖巴、蜀两地和汉中郡，建都南郑。

接着，项羽又把关中分割为雍、塞、翟三部分，将秦朝的降将封在那里为王，借以抵御阻挡刘邦：封章邯为雍王，管制咸阳以西地区，建都废丘；长史司马欣过去是栎阳县的狱掾，曾经对项梁有恩；而都尉董翳，劝说过章邯归降楚军，因此便立司马欣为塞王，统领咸阳以东至黄河一带，建都栎阳；封董翳为翟王，领有上郡地区，建都高奴。

项羽打算自己占有魏地，就改封魏王豹为西魏王，统辖河东郡，建都平阳。瑕丘县的申阳是张耳的宠臣，曾经率先攻下河南郡，在黄河边迎接楚军，所以立申阳为河南王，建都洛阳。韩王成仍居旧都，建都阳翟。赵将司马卬平定了河内郡，屡立战功，因此，封司马卬为殷王，管制河内地区，建都朝歌。改封赵王歇为代王；赵国的相国张耳向来贤能，又跟随入关，故立张耳为常山王，统领赵地，建都襄国。当阳君英布为楚将，勇冠三军，所以立英布为九江王，建都六地。番君吴芮率领百越部族之兵协助诸侯军，也随从进关，因此封吴芮为衡山王，建都邾县。义帝的柱国共敖领兵攻打南郡，功劳卓著，故封共敖为临江王，建都江陵。改封燕王韩广为辽东王，建都无终。燕将臧荼跟随楚军救援赵国，随即跟着入关，由此立臧荼为燕王，建都蓟地。

改封齐王田市为胶东王，建都即墨。齐将田都随楚军救赵，随即跟着进关，所以立田都为齐王，建都临淄。当项羽正要渡河救赵时，齐王田建的孙子田安攻下济

羽，故立安为济北王，都博阳。田荣数负项梁，又不肯将兵从楚击秦，以故不封。

成安君陈馀弃将印去，不从入关，亦不封。客多说项羽曰："张耳、陈馀，一体有功于赵，今耳为王，馀不可以不封。"羽不得已，闻其在南皮，因环封之三县。番君将梅销功多，封十万户侯。

（以上为第四段，写项羽烧毁秦朝宫殿，分封十八王，尊奉楚怀王熊心为义帝，将其迁移到江南；自立为西楚霸王，管辖原魏国和楚国九个郡，建都彭城；随后主持分封，封刘邦为汉王，管辖巴、蜀、汉中地区，建都南郑。）

汉王怒，欲攻项羽；周勃、灌婴、樊哙皆劝之。萧何谏曰："虽王汉中之恶，不犹愈于死乎？"汉王曰："何为乃死也？"何曰："今众弗如，百战百败，不死何为！夫能诎于一人之下而信于万乘之上者，汤、武是也。臣愿大王王汉中，养其民以致贤人，收用巴、蜀，还定三秦，天下可图也。"汉王曰："善！"乃遂就国；以何为丞相。

汉王赐张良金百镒，珠二斗；良具以献项伯。汉王亦因令良厚遗项伯，使尽请汉中地，项王许之。

夏，四月，诸侯罢戏下兵，各就国。项王使卒三万人从汉王之国。楚与诸侯之慕从者数万人，从杜南入蚀中。张良送至褒中，汉王遣良归韩；良因说汉王烧绝所过栈道，以备诸侯盗兵，且示项羽无东意。

田荣闻项羽徙齐王市于胶东，而以田都为齐王，大怒。五月，荣发兵距击田都，都亡走楚。荣留齐王市，不令之胶东。市畏项羽，窃亡之国。荣怒，六月，追击杀市于即墨，自立为齐王。

是时，彭越在巨野，有众万余人，无所属。荣与越将军印，使击济北。秋，七月，越击杀济北王安。荣遂并王三齐之地，又使越击楚。项王命萧公角将兵击越，越大破楚军。

张耳之国，陈馀益怒曰："张耳与馀，功等也；今张耳王，馀独侯，此项羽不平！"乃阴使张同、夏说说齐王荣曰："项羽为天下宰，不平，

北数城，率领他的军队投降项羽，因此封田安为济北王，建都博阳。田荣曾多次背弃项梁，又不肯领兵跟随楚军攻秦，所以不封。

成安君陈馀抛弃将军的印信离去，不追随入关，也不封。宾客中有多人劝说项羽道："张耳、陈馀一样对赵有功，如今既封张耳为王，陈馀也就不可不封。"项羽不得已，听说陈馀正在南皮，就把南皮周围的三个县封给了他。番君的部将梅铜功劳较多，即封他为十万户侯。

汉王大怒，想要攻打项羽。周勃、灌婴、樊哙也都鼓动他开打。萧何规劝他说："在汉中当王虽然不好，但不是比死还强些吗？"汉王说："哪里就至于死呀？"萧何说："如今您兵众不如项羽，百战百败，不死又能怎么样呢？能够屈居于一人之下而伸展于万乘大国之上的，是商汤王和周武王。我希望大王您立足汉中，抚养百姓，招引贤才，收用巴、蜀二郡的资财，然后挥师东进，平定雍、翟、塞三秦之地，如此天下可以夺取了。"汉王说："好吧！"于是，就去到他的封地，任用萧何为丞相。

汉王赐给张良黄金百镒，珍珠两斗。张良把这些东西全都献给了项伯。汉王因此也命张良赠送厚礼给项伯，让项伯代他请求项羽将汉中地区全部封给刘邦，项羽答应了这一请求。

夏季，四月，各路诸侯都离开主帅项羽，回到各自的封国去。项羽即派三万士兵随从汉王刘邦前往他的封国。楚军与其他诸侯军中因仰慕而追随汉王的有好几万人，他们从杜县南面进入蚀中通道。张良送行到褒中，汉王叫张良回到韩王那里去。张良于是就劝说汉王烧断他们所经过的栈道，不仅可以防备诸侯的军队来犯，而且向项羽表示没有东还的意图。

田荣听说项羽改封齐王田市到胶东，而立齐将田都为齐王，即怒火中烧。五月，田荣出兵拦攻田都，田都逃往楚国。田荣就留下齐王田市，不让他到胶东去。田市惧怕项羽，便偷偷地逃向他的封国胶东。田荣恼怒之极，即在六月追击到即墨，杀了田市，自立为齐王。

这时，彭越在巨野，拥有兵众一万多人，尚无归属。田荣就授给彭越将军官印，命他攻打济北王田安。秋季，七月，彭越击杀了济北王田安。田荣于是兼并了齐、济北、胶东三齐的土地，随即又让彭越攻打楚国。项羽命萧公角率军迎击彭越，彭越大败楚军。

张耳来到封国，陈馀更加愤怒了，说道："张耳与我功劳相等，现在张耳为王，而我却只是个侯，这是项羽分封不公平！"就暗中派遣张同、夏说去游说齐王田荣

尽王诸将善地，徙故王于丑地。今赵王乃北居代，馀以为不可。闻大王起兵，不听不义；愿大王资馀兵击常山，复赵王，请以赵为扞蔽！”齐王许之，遣兵从陈馀。

项王以张良从汉王，韩王成又无功，故不遣之国，与俱至彭城，废以为穰侯；已，又杀之。

（以上为第五段，项羽主持分封后，诸侯各就国，立脚未稳，新的矛盾产生。汉王刘邦不服，谋东归；田荣兼并了齐、济北、胶东三齐土地，随即又让彭越攻打楚国；陈馀认为张耳的功劳与他相等，项羽分封不公平，向田荣借兵赶走张耳，另立赵王。）

初，淮阴人韩信，家贫，无行，不得推择为吏，又不能治生商贾，常从人寄食饮，人多厌之。信钓于城下，有漂母见信饥，饭信。信喜，谓漂母曰："吾必有以重报母。"母怒曰："大丈夫不能自食；吾哀王孙而进食，岂望报乎！"淮阴屠中少年有侮信者曰："若虽长大，好带刀剑，中情怯耳。"因众辱之曰："信能死，刺我；不能死，出我袴下！"于是信孰视之，俛出袴下，蒲伏。一市人皆笑信，以为怯。

及项梁渡淮，信杖剑从之；居麾下，无所知名。项梁败，又属项羽，羽以为郎中；数以策干羽，羽不用。汉王之入蜀，信亡楚归汉，未知名。为连敖，坐当斩；其辈十三人皆已斩，次至信，信乃仰视，适见滕公，曰："上不欲就天下乎，何为斩壮士？"滕公奇其言，壮其貌，释而不斩；与语，大说之，言于王。王拜以为治粟都尉，亦未之奇也。

信数与萧何语，何奇之。汉王至南郑，诸将及士卒皆歌讴思东归，多道亡者。信度何等已数言王，王不我用，即亡去。何闻信亡，不及以闻，自追之。

道："项羽作为天下的主宰，很不公平，把好的地方全都分给了各将领，而把原来的诸侯王改封到差的地方。现在赵王就往北到代郡去了，我认为这是不妥的。听说大王您起兵抗争，不听从项羽的不道义的命令，因此希望您能资助我一些兵力去攻打常山，恢复赵王的王位，并请把赵国作为齐国的外卫藩屏！"齐王田荣同意了，随即派兵跟随陈馀。

西楚霸王项羽因为张良曾经追随汉王刘邦，且韩王韩成又毫无战功，所以就不让韩成到封国去，而是让他随自己一起到了彭城，把他废为穰侯，而后又杀了他。

当初，淮阴人韩信，家境贫寒，没有好的德行，不能被推选去做官，又不会经商做买卖谋生，常常跟着别人吃闲饭，人们大都讨厌他。韩信曾经在城下钓鱼，有位在水边漂洗丝绵的老太太看到他饿了，就拿饭来给他吃。韩信非常高兴，对那位老太太说："我将来一定会重重地报答您老人家。"老太太生气地说："男子汉大丈夫不能养活自己！我不过是可怜你这位公子才给你饭吃，难道是希图有什么报答吗？"淮阴县屠户中有位青年人侮辱韩信说："你虽然身材高大，好佩带刀剑，但内心却是胆小如鼠。"并趁机当众羞辱说："韩信，你要是真的不怕死，就来刺我。如果是怕死，就从我的胯下爬过去！"韩信仔细打量了那青年一会儿，便俯下身子，从他的双腿间钻了过去，匍匐在地。满街市的人都嘲笑韩信，认为他胆小。

待到项梁渡过淮河北上，韩信持剑去投奔他，留在项梁军中，一直默默无闻。项梁失败后，韩信又归属项羽，项羽任他为郎中。韩信曾多次向项羽献策以求重用，但项羽却不予采纳。汉王刘邦进入蜀中，韩信又逃离楚军归顺了汉王，仍然不被人看重，只做了个接待宾客的小官。后来，韩信犯了法，应当判处斩刑，与他同案的十三个人都已遭斩首，轮到韩信时，韩信抬头仰望，刚好看见了滕公夏侯婴，便说道："汉王难道不想得取天下吗？为什么要斩杀壮士啊！"滕公觉得他的话不同凡响，又见他外表威武雄壮，就释放了他而不处斩，并与他交谈，欢喜异常，随即将这情况奏报给了汉王。汉王于是授给韩信治粟都尉的官职，但还是没有认为他有什么不寻常之处。

韩信好几次与萧何谈话，萧何感觉他不同于常人。待汉王刘邦到达南郑时，众将领和兵士都唱歌思念东归故乡，许多人中途就逃跑了。韩信估计萧何等人已经多次向汉王荐举过他，但汉王没有重用他，便也逃亡而去。萧何听说韩信逃走了，没

人有言王曰："丞相何亡。"王大怒，如失左右手。居一二日，何来谒王。王且怒且喜，骂何曰："若亡，何也？"何曰："臣不敢亡也，臣追亡者耳。"王曰："若所追者谁？"何曰："韩信也。"王复骂曰："诸将亡者以十数，公无所追；追信，诈也！"何曰："诸将易得耳；至如信者，国士无双。王必欲长王汉中，无所事信；必欲争天下，非信无可与计事者。顾王策安所决耳！"王曰："吾亦欲东耳，安能郁郁久居此乎！"何曰："计必欲东，能用信，信即留；不能用信，终亡耳。"王曰："吾为公以为将。"何曰："虽为将，信不留。"王曰："以为大将。"何曰："幸甚！"

于是王欲召信拜之。何曰："王素慢无礼；今拜大将，如呼小儿，此乃信所以去也。王必欲拜之，择良日，斋戒，设坛场，具礼，乃可耳。"王许之。诸将皆喜，人人各自以为得大将。至拜大将，乃韩信也，一军皆惊。

（以上为第六段，写韩信从无赖到大将军。韩信家贫，在乡里受到凌辱；投奔项梁，又归项羽，无所知名；改投汉王刘邦，开始也不被重视，又离去，而萧何识才，将其追回，劝说刘邦，拜其为大将军。）

信拜礼毕，上坐。王曰："丞相数言将军，将军何以教寡人计策？"信辞谢，因问王曰："今东乡争权天下，岂非项王耶？"汉王曰："然。"曰："大王自料，勇悍仁强孰与项王？"汉王默然良久，曰："不如也。"

信再拜贺曰："惟信亦以为大王不如也。然臣尝事之，请言项王之为人也：项王喑噁叱咤，千人皆废，然不能任属贤将；此特匹夫之勇耳。项王见人，恭敬慈爱，言语呕呕，人有疾病，涕泣分食饮；至使人，有功当封爵者，印刓弊，忍不能予；此所谓妇人之仁也。项王虽霸天下而臣诸侯，不居关中而都彭城；背义帝之约，而以亲爱王，诸侯不平；逐其故主而王其将相，又迁逐义帝置江南，所过无不残灭；百姓不亲附，特劫于威强耳。名虽为霸，实失天下心，故其强易弱。今大王诚能反其

有来得及向汉王报告，就亲自去追赶韩信。

有人告诉汉王说："丞相萧何逃跑了。"汉王大发雷霆，仿佛失掉了左右手一般。过了一两天，萧何来拜谒汉王。汉王又怒又喜，骂萧何道："你为什么逃跑呀？"萧何说："我怎么会逃跑呢？我是去追赶逃跑的人呀。"汉王说："你追赶的人是谁呀？"萧何说："是韩信。"汉王又骂道："将领们逃跑的已是数以十计，你都不去追找，说是去追韩信，纯粹是撒谎！"萧何说："那些将领很容易得到。至于像韩信这样的人，却是天下无双的杰出人才啊！大王您如果只想长久地在汉中称王，自然没有用得着韩信的地方；假如您要争夺天下，除了韩信，就没有可与您图谋大业的人了。只看您做哪种选择了！"汉王说："我也是想要东进的，怎么能够忧郁沉闷地老待在这里呢？"萧何说："如果您决计向东发展，那么能任用韩信，韩信就会留下来，如果不能重用他，他终究还是要逃跑的。"汉王说："那我就看在你的面子上任他为将军吧。"萧何说："即便是让韩信做将军，韩信也是不会留下来的。"汉王说："那就任他为大将军吧。"萧何说："太好了。"

于是，汉王就想召见韩信授给他官职。萧何说："大王您向来傲慢无礼，现在要任命大将军了，却如同呼喝小孩儿一样，这便是韩信所以要离开的原因啊！您如果要授给他官职，就请选择吉日，进行斋戒，设置拜将的坛台和广场，准备举行授职的完备仪式，这才行啊。"汉王应允了萧何的请求。众将领闻讯都很欢喜，人人都以为自己会得到大将军的职务。但是，等到任命大将军时，竟然是韩信，全军都惊讶不已，个个都傻眼了。

授任韩信的仪式结束后，汉王就座，说道："丞相屡次向我推荐您，您将拿什么计策来开导我呀？"韩信谦让了一番，就乘势问汉王道："如今向东去争夺天下，您的对手难道不就是项羽吗？"汉王说："是啊。"韩信说："大王您自己估量一下，在勇敢、猛悍、仁爱、刚强等方面，与项羽比，谁强呢？"汉王沉默了许久，说："我不如他。"

韩信拜了两拜，赞许说："我韩信也认为大王您在这些方面比不上他。不过，我曾经事奉过项羽，就请让我来谈谈他的为人吧：项羽厉声怒斥呼喝时，上千的人都吓得不敢动一动，但是他却不能任用有德才的将领。这只不过是匹夫之勇罢了。项羽待人，恭敬慈爱，言语温和，别人生了病，他会怜惜地流下泪来，把自己所吃的东西分给病人，但当所任用的人立了功，应该赏封爵位时，他却把刻好的印捏在手里，玩得磨去了棱角还舍不得授给人家。这便是人们所说的妇人的仁慈啊！项羽虽然称霸天下而使诸侯臣服，但却不占据关中而是建都彭城；背弃义帝怀王的约定，

道，任天下武勇，何所不诛；以天下城邑封功臣，何所不服；以义兵从思东归之士，何所不散！且三秦王为秦将，将秦子弟数岁矣，所杀亡不可胜计；又欺其众，降诸侯，至新安，项王诈坑秦降卒二十余万，唯独邯、欣、翳得脱。秦父兄怨此三人，痛入骨髓。今楚强以威王此三人，秦民莫爱也。大王之入武关，秋毫无所害；除秦苛法，与秦民约法三章；秦民无不欲得大王王秦者。于诸侯之约，大王当王关中，关中民咸知之；大王失职入汉中，秦民无不恨者。今大王举而东，三秦可传檄而定也。”

于是汉王大喜，自以为得信晚。遂听信计，部署诸将所击；留萧何收巴、蜀租，给军粮食。

八月，汉王引兵从故道出，袭雍；雍王章邯迎击汉陈仓。雍兵败，还走；止，战好畤，又败，走废丘。汉王遂定雍地，东至咸阳；引兵围雍王于废丘，而遣诸将略地。塞王欣、翟王翳皆降，以其地为渭南、河上、上郡。令将军薛欧、王吸出武关，因王陵兵以迎太公、吕后。项王闻之，发兵距之阳夏，不得前。

王陵者，沛人也，先聚党数千人，居南阳，至是始以兵属汉。项王取陵母置军中，陵使至，则东乡坐陵母，欲以招陵。陵母私送使者，泣曰：“愿为老妾语陵：善事汉王。汉王长者，终得天下，毋以老妾故持二心。妾以死送使者！”遂伏剑而死。项王怒，烹陵母。

项王以故吴令郑昌为韩王，以距汉。

把自己亲信、偏爱的将领分封为王，诸侯愤愤不平。他还驱逐原来的诸侯国国王，而让诸侯国的将相为王，又把义帝迁移逐赶到江南。他的军队所经过的地方没有不遭到残害毁灭的，民众都不愿亲近依附他，只不过是迫于他的威势勉强归顺罢了。如此种种，使他名义上虽然还是霸主，但实际上却已经失去了天下人的心。所以，他的强盛是能够很容易转化为虚弱的。现在大王您如果真能反其道而行之，任用天下英勇善战的人才，那么，还有什么对手不能诛灭掉啊！把天下的城邑封给有功之臣，那么，还有什么人会不心悦诚服的呢？用正义的军事行动去顺从惦念东归故乡的将士们，那还有什么敌人打不垮、击不溃呀？况且，分封在秦地的三个王都是过去秦朝的将领，他们率领秦朝的子弟作战已经有好几年了，被杀死和逃亡的多得数也数不清；而他们又欺骗自己的部下，投降了诸侯军，结果到达新安时，遭到项羽诈骗而活埋的秦军降兵有二十多万人，唯独章邯、司马欣、董翳得以脱身不死。秦地的父老兄弟们怨恨这三个人，恨得痛彻骨髓。现今项羽倚仗自己的威势，强行把此三人封为王，秦地的百姓没有爱戴他们的。大王您进入武关时，秋毫无犯，废除了秦朝的严刑苛法，与秦地的民众约法三章，秦地的民众没有不希望您在关中做王的。而且按照原来与诸侯的约定，大王您理当在关中称王，这一点关中的民众都知道。您失掉了应得的王位而去到汉中，对此，秦地的民众没有不怨恨的。如今大王您起兵向东，三秦之地只要发布一道征讨的文书就可以平定了。”

汉王于是大喜过望，自认为韩信这个人才得到得太迟了，随即就听从韩信的计策，部署众将领所要攻击的任务，留下萧何收取巴、蜀两郡的租税，为军队供给粮食。

八月，汉王领兵从故道出来，袭击雍王章邯。章邯在陈仓迎击汉军，兵败逃跑；在好畤停下来，与汉军再战，又被打败，逃往废丘。汉王随即平定了雍地，东进到咸阳，率军在废丘包围了雍王章邯，并派遣将领们去攻夺各地。塞王司马欣、翟王董翳都投降了，汉王便把他们的地盘设置为渭南、河上、上郡。又命将军薛欧、王吸领兵出武关，会合王陵的军队去迎接太公和吕后。项羽闻讯，出兵到阳夏阻拦，汉军因此无法前进。

王陵，是沛人，早先曾聚集党徒几千人，住在南阳，至这时起，他带领部队归属了汉王。项羽便把王陵的母亲抓到军中，王陵为此派出的使者来到项羽的军营后，项羽就让王陵的母亲面向东而坐，想要借此招降王陵。王陵母亲私下里为使者送行，老泪纵横地说：“望您替我对王陵说：好好地事奉汉王，汉王是宽厚大度的人，终将取得天下。不要因为我的缘故而对汉王怀有二心。我则用一死来送使者您！”说罢就伏剑自杀了。项羽勃然大怒，即将王陵的母亲烹了。

项羽任命前吴县县令郑昌做韩王，以抵抗汉军。

张良遗项王书曰："汉王失职，欲得关中；如约即止，不敢东。"又以齐、梁反书遗项王曰："齐欲与赵并灭楚。"项王以此故无西意，而北击齐。

燕王广不肯之辽东；臧荼击杀之，并其地。

是岁，以内史沛周苛为御史大夫。

项王使趣义帝行，其群臣、左右稍稍叛之。

（以上为第七段，写韩信汉中对，分析楚汉两方形势，向汉王刘邦陈述战胜项羽的策略；而后从故道出汉中，打败雍王章邯，塞王司马欣、翟王董翳也都投降，平定三秦，东出秦关。）

二年（丙申，前205年）

冬，十月，项王密使九江、衡山、临江王击义帝，杀之江中。

陈馀悉三县兵，与齐兵共袭常山。常山王张耳败，走汉，谒汉王于废丘；汉王厚遇之。陈馀迎赵王于代，复为赵王。赵王德陈馀，立以为代王。陈馀为赵王弱，国初定，不之国，留傅赵王；而使夏说以相国守代。

张良自韩间行归汉：汉王以为成信侯。良多病，未尝特将，常为画策臣，时时从汉王。

汉王如陕，镇抚关外父老。

河南王申阳降，置河南郡。

汉王以韩襄王孙信为韩太尉，将兵略韩地。信急击韩王昌于阳城，昌降。十一月，立信为韩王；常将韩兵从汉王。

汉王还都栎阳。

诸将拔陇西。

春，正月，项王北至城阳。齐王荣将兵会战，败，走平原，平原民杀之。项王复立田假为齐王。遂北至北海，烧夷城郭、室屋，坑田荣降卒，系虏其老弱、妇女，所过多所残灭。齐民相聚叛之。

汉将拔北地，虏雍王弟平。

张良写信给项羽说："汉王失去应得的封职，想要得到关中，等到实现先前的约定，就会停止作战，不敢东进了。"接着又把齐国田荣、梁地彭越反叛楚国的文书送给项王，说："齐国想要同赵国一起灭掉楚国。"项羽于是因此无西进之意，而向北去攻打齐国。

燕王韩广不肯到辽东去作辽东王，臧荼就击杀了他，兼并了他的领地。

这一年，汉王刘邦任用内史、沛人周苛为御史大夫。

项羽派人催促义帝赶快到郴地去，义帝的群臣、近侍便逐渐背叛了义帝。

汉高帝二年（丙申，前205年）

冬季，十月，项羽秘密派遣九江王、衡山王、临江王去攻打义帝，在长江上杀死了他。

陈馀出动三县的全部兵力，与齐军合力袭击常山。常山王张耳兵败逃奔到汉地，在废丘拜见汉王。汉王很是优待他。陈馀到代地迎回了原来的赵王歇，恢复了他的王位。赵王因此对陈馀感恩戴德，立他为代王。陈馀考虑到赵王歇的力量还很弱小，国中局势又刚刚稳定，便不去自己的封国，留下来辅佐赵王，而派夏说以相国的身份去镇守代国。

张良从韩地抄小道回到汉王处，汉王封张良为成信侯。张良体弱多病，未曾独自领兵打仗，而是经常作为出谋划策的谋臣，时时跟随在汉王身边。

汉王到陕县去，安抚关外的父老。

河南王申阳投降了汉王，汉王设置了河南郡。

汉王任用原韩襄王的孙子韩信为韩国太尉，领兵攻夺韩地。韩信在阳城加紧攻打韩王韩昌，韩昌被迫投降。十一月，汉王立韩信为韩王；韩王信常常率领韩国军队跟随着汉王。

汉王返回都城栎阳。

众将领们攻下了陇西。

春季，正月，西楚霸王项羽往北到达城阳。齐王田荣领兵与楚军会战，兵败后，田荣逃到平原，平原的百姓把他杀了。项羽于是又重立田假为齐王。接着，项羽就北进至北海一带，焚烧、铲平城郭、房屋，活埋田荣的降兵，掳掠齐国的老弱、妇女，所经过的地方多遭到破坏毁灭。齐国的民众因此便纷纷聚集起来反叛项羽。

汉王的将领攻陷北地，俘获了雍王章邯的弟弟章平。

三月，汉王自临晋渡河。魏王豹降，将兵从；下河内，虏殷王卬，置河内郡。

（以上为第八段，写汉王刘邦平定三秦，张良归汉封为成信侯，为刘邦出谋划策；常山王张耳、河南王申阳、韩王韩昌投降刘邦；立原韩襄王孙子韩信为韩王；项羽攻灭齐王田荣，齐都遭到毁灭性破坏。）

初，阳武人陈平，家贫，好读书。里中社，平为宰，分肉甚均。父老曰："善，陈孺子之为宰！"平曰："嗟乎，使平得宰天下，亦如是肉矣！"及诸侯叛秦，平事魏王咎于临济，为太仆，说魏王，不听。人或谗之，平亡去。

后事项羽，赐爵为卿。殷王反，项羽使平击降之；还，拜为都尉，赐金二十镒。

居无何，汉王攻下殷。项王怒，将诛定殷将吏。平惧，乃封其金与印，使使归项王；而挺身间行，杖剑亡，渡河，归汉王于修武，因魏无知求见汉王。汉王召入，赐食，遣罢就舍。平曰："臣为事来，所言不可以过今日。"于是汉王与语而说之。问曰："子之居楚何官？"曰："为都尉。"是日，即拜平为都尉，使为参乘，典护军。诸将尽讙曰："大王一日得楚之亡卒，未知其高下，而即与同载，反使监护长者！"汉王闻之，愈益幸平。

汉王南渡平阴津，至洛阳新城。三老董公遮说王曰："臣闻'顺德者昌，逆德者亡'；'兵出无名，事故不成'。故曰：'明其为贼，敌乃可服。'项羽为无道，放杀其主，天下之贼也。夫仁不以勇，义不以力，大王宜率三军之众为之素服，以告诸侯而伐之，则四海之内莫不仰德，此三王之举也。"

于是汉王为义帝发丧，袒而大哭，哀临三日，发使告诸侯曰："天下共立义帝，北面事之。今项羽放杀义帝江南，大逆无道！寡人悉发关中

三月，汉王从临晋关渡过黄河。魏王豹投降，领兵追随汉王；汉军攻下河内，俘虏了殷王司马卬，设置河内郡。

起初，阳武人陈平，家境贫寒，喜好读书。乡里中祭祀土地神，陈平主持分配祭肉，将祭肉分得非常均匀。里中的父老们便说："好啊，陈家的小子做主持分祭肉的人了！"陈平却说道："哎呀，如果我能够主持天下，也会像分配这祭肉一样公平合理的！"到诸侯国反叛秦朝时，陈平在临济事奉魏王魏咎，任太仆。他曾向魏王献策，但是魏王不听。有的人就在魏王面前恶语中伤他，陈平于是就逃离魏王而去。

后来，陈平又为项羽做事，项羽赐封给他卿一级的爵位。殷王司马卬反楚时，项羽即派陈平去攻打并降服了殷王。陈平领兵返回，项羽就授任他都尉之职，赏赐给他黄金二十镒。

过了不久，汉王攻占了殷地。项羽为此怒不可遏，准备杀掉那些参与平定殷地的将领和官吏。陈平很害怕，便把他所得的黄金和官印封裹好，派人送还给项羽；随即毅然持剑抄小路逃亡，渡过黄河，到修武去投奔汉王，通过魏无知求见汉王。汉王于是召陈平进见，赐给他酒饭，然后就打发他到客舍中去歇息。陈平说："我是为要事来求见您的，所要说的不能够延迟过今日。"汉王即与他交谈，颇喜欢他的议论，便问道："你在楚军中任的是什么官职呀？"陈平说："任都尉。"刘邦当天就授予陈平都尉之职，让他做自己的陪乘官，负责监督各部将领。将领们因而不服气，都喧哗鼓噪起来，说："大王您得到一名楚军的逃兵才一天，还不了解他本领的高低，就与他同乘一辆车子，而且还反倒让他来监护我们这些有资历的老将！"汉王听到这种种非议后，却更加宠信陈平了。

汉王率军南下渡过平阴津，抵达洛阳新城。新城县的三老董公拦住汉王，劝说道："我听说：'顺德者昌，逆德者亡。''师出无名，事情就不能成功。'所以说：'点明要讨伐的人是乱臣贼子，敌人才可以被征服。'项羽行事大逆不道，放逐并杀害了他的君主义帝，实在是令天下人痛恨的逆贼啊。仁德之士不逞一时之勇，正义之军不拼一己之力。大王您应当率领三军将士为义帝穿上丧服，以此通告诸侯王，共同攻打项羽。这样一来，四海之内没有人不仰慕您的德行，这可是像夏、殷、周三王那样的行为啊！"

汉王于是为义帝发丧，袒露着左臂，痛哭流涕，全体举哀三天，并派使者向各路诸侯通报说："天下共同拥立义帝，对他北面称臣。现在项羽却把义帝杀害在江

兵，收三河士，南浮江、汉以下，愿从诸侯王击楚之杀义帝者！”

使者至赵，陈馀曰：“汉杀张耳，乃从。”于是汉王求人类张耳者斩之，持其头遗陈馀；馀乃遣兵助汉。

田荣弟横收散卒，得数万人，起城阳。夏，四月，立荣子广为齐王，以拒楚。项王因留，连战，未能下。虽闻汉东，既击齐，欲遂破之而后击汉，汉王以故得率诸侯兵凡五十六万人伐楚。

到外黄，彭越将其兵三万余人归汉。汉王曰：“彭将军收魏地得十余城，欲急立魏后。今西魏王豹，真魏后。”乃拜彭越为魏相国，擅将其兵略定梁地。汉王遂入彭城，收其货宝、美人，日置酒高会。

（以上为第九段，写陈平背楚投汉，得到重用；项羽杀掉义帝熊心，刘邦反其道，为义帝发丧，号召各诸侯国起兵攻打无道项羽；项羽被齐事滞留，无暇分身，刘邦率军攻入彭城，被胜利冲昏头脑，日置酒高会。）

项王闻之，令诸将击齐，而自以精兵三万人南，从鲁出胡陵至萧。晨，击汉军而东至彭城，日中，大破汉军。汉军皆走，相随入谷、泗水，死者十余万人。

汉卒皆南走山，楚又追击至灵璧东睢水上；汉军却，为楚所挤，卒十余万人皆入睢水，水为之不流。围汉王三匝。会大风从西北起，折木，发屋，扬沙石，窈冥昼晦，逢迎楚军，大乱坏散，而汉王乃得与数十骑遁去。欲过沛收家室，而楚亦使人之沛取汉王家；家皆亡，不与汉王相见。

汉王道逢孝惠、鲁元公主，载以行。楚骑追之，汉王急，推堕二子车下。滕公为太仆，常下收载之；如是者三，曰：“今虽急，不可以驱，奈何弃之！”故徐行。汉王怒，欲斩之者十余；滕公卒保护，脱二子。

南，纯属大逆不道！我要出动关中的全部兵马，征收河南、河东、河内地区的士兵，乘船沿长江、汉水南下，愿意追随诸侯王去攻打楚国这个杀害义帝的逆贼！”

汉王的使者到了赵国，陈馀说：“汉王如果能把张耳杀了，我就跟随汉王。”汉王于是就寻找到一个与张耳很相像的人，杀掉了他，拿他的头送给陈馀，陈馀便派兵援助汉军。

田荣的弟弟田横四处收拢散兵游勇，得到几万人，即从城阳起兵反楚。夏季，四月，田横拥立田荣的儿子田广为齐王，抗拒楚军。项羽为此留在齐地，与齐军接连作战，但没有能够攻下城阳。项羽虽然听说汉王刘邦东进，可是既然已经在攻击齐国，就想待打败齐军后再去攻打汉王的军队。汉王因此得以统率各路诸侯军共约五十六万人攻打楚国。

汉军抵达外黄时，彭越率领他的部队三万多人归顺了汉王刘邦。汉王说：“将军您夺取了魏地的十多个城邑，想要尽快扶立原魏国国君的后代。如今西魏王魏豹便是真正的魏国后裔呀。”随即任命彭越为魏国的相国，让他独自率领自己的部队去攻夺、平定梁地。汉王接着就攻入彭城，搜罗财宝美女，天天设置酒宴，大会部将宾朋。

霸王项羽听到这个消息，立即命令众将领继续攻打齐国，自己则亲领精兵三万人南进，从鲁地出胡陵，抵达萧地。清晨，楚军从萧地袭击汉军，向东直打到彭城，至中午时分，大败汉军。汉军将士都纷纷奔逃，相跟着涌入谷水、泗水，死了十几万人。

这时，汉军兵士全都往南向山里逃去。楚军又穷追不舍，尾随到灵璧东面的睢水边上。汉军仓皇退却，被楚军逼迫，十多万兵士全部落入睢水，致使河水都阻塞得流不动了。楚军将汉王重重包围起来。这时恰巧大风从西北刮起，风势摧枯拉朽，墙倒屋塌，飞沙走石，地暗天昏，迎头卷向楚军，楚军被吹得阵脚大乱，零落奔逃。汉王因此才得以偕同几十骑人马趁乱溜走。汉王想经过沛县去接取家眷，而楚国也派人到沛县去掳掠汉王的家眷。家眷们于是都狼狈逃散，没有能够与汉王见面。

汉王在途中遇到他的嫡长子、后来的汉孝惠帝刘盈和长女鲁元公主，就用车子载着他们一起走。楚军骑兵疾追过来，汉王慌急，把两个孩子推下车去。滕公夏侯婴担任掌管车马的太仆，他总是下车把两个孩子收载起来，这样做了三次，于是，滕公说道：“现在尽管情势紧急，车子也不可赶得太快，怎么能抛下孩子呢？”所以就慢慢地行走。汉王很是恼火，有十几次想杀掉滕公。就这样，滕公终于保护着两个孩子脱离了险境。

审食其从太公、吕后间行求汉王，不相遇，反遇楚军；楚军与归，项王常置军中为质。

是时，吕后兄周吕侯为汉将兵，居下邑；汉王间往从之，稍稍收其士卒。诸侯皆背汉，复与楚。塞王欣、翟王翳亡降楚。

田横进攻田假，假走楚，楚杀之；横遂复定三齐之地。

汉王问群臣曰："吾欲捐关以东；等弃之，谁可与共功者？"张良曰："九江王布，楚枭将，与项王有隙；彭越与齐反梁地；此两人可急使。而汉王之将，独韩信可属大事，当一面。即欲捐之，捐之此三人，则楚可破也！"

初，项王击齐，征兵九江，九江王布称病不往，遣将将军数千人行。汉之破楚彭城，布又称病不佐楚。楚王由此怨布，数使使者诮让，召布。布愈恐，不敢往。项王方北忧齐、赵，西患汉，所与者独九江王；又多布材，欲亲用之，以故未之击。

汉王自下邑徙军砀，遂至虞，谓左右曰："如彼等者，无足与计天下事！"谒者随何进曰："不审陛下所谓。"汉王曰："孰能为我使九江，令之发兵倍楚？留项王数月，我之取天下可以百全。"随何曰："臣请使之！"汉王使与二十人俱。

五月，汉王至荥阳，诸败军皆会，萧何亦发关中老弱未傅者悉诣荥阳，汉军复大振。楚起于彭城，常乘胜逐北，与汉战荥阳南京、索间。

楚骑来众，汉王择军中可为骑将者，皆推故秦骑士重泉人李必、骆甲；汉王欲拜之。必、甲曰："臣故秦民，恐军不信臣；愿得大王左右善骑者傅之。"乃拜灌婴为中大夫，令李必、骆甲为左右校尉，将骑兵击楚骑于荥阳东，大破之，楚以故不能过荥阳而西。汉王军荥阳，筑甬道属之河，以取敖仓粟。

（以上为第十段，写西楚霸王项羽回军攻下彭城，汉军大败，刘邦狼狈出逃；刘邦抵达荥阳，收合溃散士兵，征发关中老少，建立骑兵队伍，劝说九江王英布起兵叛楚，汉军士气再次大振，楚汉相争进入相持阶段。）

审食其随太公、吕后从小路寻找汉王，没有遇见汉王，反而碰上了楚军。楚军就将他们一起带回，项羽便把他们安置在军营中作为人质。

这时候，吕后的哥哥周吕侯为汉王领兵驻在下邑，汉王即抄小路去投奔他，逐渐收集到属下一些溃散的兵士。诸侯王于是又都背叛了汉王，重新去亲附楚王。塞王司马欣、翟王董翳也逃亡降楚。

田横进攻田假，田假逃到楚国。楚国杀掉了田假，田横于是再次平定了三齐。

汉王询问群臣说："我想舍弃函谷关以东地区作为封赏，你们看有谁可以与我共同建功立业呀？"张良说："九江王英布，是楚国的一员猛将，他同项王之间有些隔阂；另外，彭越正联合齐王田荣在梁地起兵反楚。这两个人可以立即使用。再就是汉王您的将领中，唯有韩信可以托付大事，独当一面。如果您要把关东的地方作为赏地赏给这三个人，楚国就可以被打败了！"

当初，项羽攻打齐国时，曾征调九江国的兵力，九江王英布以生病为借口不亲自前往，而是派将领率领几千人去跟随项羽。汉军攻破楚国彭城时，英布又托病不去援助楚军。楚王因此非常怨恨英布，多次派使者去责备他，并要召见他。英布愈加害怕，不敢前往。项羽因正在为北方齐、赵两国和西面汉国的反楚势力担忧，而能够亲附的只有英布一人，且又器重他的才能，打算亲近他加以重用，所以才没有攻打他。

汉王从下邑转移到砀地驻扎，随后到了虞地，对身边的随行官员说："像你们这样的人，没有能够可以共商天下大事的！"谒者随何进言说："不知大王指的是什么？"汉王说："有谁能为我出使到九江王那里，让他起兵叛楚？只须把项羽拖住几个月，我夺取天下就十分有把握了。"随何便说道："我请求出使！"汉王就派他带领二十个人一同前往。

五月，汉王抵达荥阳，诸路兵败溃散的队伍都会合到那里，萧何也征发关中不列入服役名册的老老少少，把他们全部送往荥阳，汉军于是又士气大振。这时，楚军以彭城为据点，经常乘胜追逃逐败，与汉军在荥阳南面的京邑、索亭之间交战。

楚军来了许多骑兵，汉王于是就在军中挑选可以担当骑兵将领的人，大家都推举过去秦军的骑士重泉人李必、骆甲出任，汉王便打算授任他俩。李必、骆甲说："我们原是秦朝的人，恐怕军中将士不信服我们，因此，甘愿辅佐大王您身边善于骑射的将领。"汉王便任命灌婴为中大夫，任用李必、骆甲为左右校尉，率领骑兵在荥阳东面迎击楚军骑兵，大败楚军，楚军因此无法越过荥阳西进。汉王驻军荥阳，修筑甬道通向黄河，以靠它运取敖仓的粮食。

周勃、灌婴等言于汉王曰："陈平虽美如冠玉，其中未必有也。臣闻平居家时盗其嫂；事魏不容，亡归楚；不中，又亡归汉。今日大王尊官之，令护军。臣闻平受诸将金，金多者得善处，金少者得恶处。平，反覆乱臣也，愿王察之！"汉王疑之，召让魏无知。无知曰："臣所言者能也，陛下所问者行也。今有尾生、孝己之行，而无益胜负之数，陛下何暇用之乎！楚、汉相距，臣进奇谋之士，顾其计诚足以利国家不耳。盗嫂、受金，又何足疑乎！"

汉王召让平曰："先生事魏不中，事楚而去，今又从吾游，信者固多心乎？"平曰："臣事魏王，魏王不能用臣说，故去事项王。项王不能信人，其所任爱，非诸项，即妻之昆弟，虽有奇士不能用。闻汉王能用人，故归大王。臣裸身来，不受金无以为资。诚臣计画有可采者，愿大王用之；使无可用者，金具在，请封输官，得请骸骨。"汉王乃谢，厚赐，拜为护军中尉，尽护诸将。诸将乃不敢复言。

魏王豹谒归视亲疾；至则绝河津，反为楚。

六月，汉王还栎阳。

壬午，立子盈为太子；赦罪人。

汉兵引水灌废丘，废丘降，章邯自杀。尽定雍地，以为中地、北地、陇西郡。

关中大饥，米斛万钱，人相食。令民就食蜀、汉。

初，秦之亡也，豪杰争取金玉，宣曲任氏独窖仓粟。及楚、汉相距荥阳，民不得耕种，而豪杰金玉尽归任氏，任氏以此起，富者数世。

秋，八月，汉王如荥阳，命萧何守关中侍太子，为法令约束，立宗庙、社稷、宫室、县邑；事有不及奏决者，辄以便宜施行，上来以闻。

周勃、灌婴等人对汉王说："陈平虽然外表俊美如装饰帽子的秀玉，但腹中却未必有什么真才实学。我们听说陈平在家时曾与他的嫂子私通；为魏王做事时因不能被容纳而逃去投奔楚国；在楚国依然得不到信用，就又逃奔过来降汉。现在大王您却这么器重他，授给他很高的官职，命他来监督各部将领。我们获悉陈平接受将领们送的金钱，金钱给得多的人就能得到较好的对待，金钱给得少的人就会遭到极差的待遇。如此看来，陈平是个反复无常的乱臣贼子，希望大王您明察！"汉王于是对陈平有了猜疑，随即召他的引荐人魏无知前来责问。魏无知说："我推荐陈平时说的是他的才能，大王现在所责问的是他的品行。如今如果有人虽然具有尾生、孝己那样守信义、重孝顺的品行，却无对决定胜负命运有所补益的才能，大王又哪会有什么闲心去使用他啊！现今楚汉抗衡，我荐举腹怀奇谋异计的人，只是考虑他的计策是否确实对国家有利，至于私通嫂子、收取贿赂，又有什么值得去怀疑的呢？"

汉王随即再召陈平来见，责问他说："你事奉魏王意不相投，就去事奉楚王，而后又离开，如今又来与我共事，守信义的人原本都是这样地三心二意吗？"陈平说："我事奉魏王，魏王不能采纳我的主张，所以我才离开他去为项羽服务。项羽不能信任使用人才，而所任用宠信的人，不是项姓本家，就是他老婆的兄弟，即便是有奇谋的人他也不用。我听说汉王能够用人，因此才来归附大王您。但我赤条条空手而来，不接受金钱就无法应付日常开销。假如我的计策确有值得采纳的地方，便望大王您采用它；假如毫无价值不堪使用，那么金钱还都在这里，请让我封存好送到官府中，并请求辞去官职。"汉王于是向陈平道歉，重重地赏赐他，授任他为护军中尉，监督全军所有的将领。众将领们再也不敢说三道四了。

魏王拜谒汉王，请求返回魏地，探视双亲的疾病。他一到魏国，就绝断黄河渡口，倒戈投降楚国。

六月，汉王返回栎阳。

六月初五日壬午，汉王立嫡长子刘盈为太子，大赦罪犯。

汉军引水灌淹废丘，废丘城守军投降，章邯自杀。汉军于是完全平定了雍地，设置了中地、北地、陇西等郡。

关中发生大饥荒，一斛米卖到万钱，人们饿得自相残食。汉王便让关中的百姓到蜀、汉之地去谋生。

当初，秦朝灭亡的时候，豪强之士都争先恐后地夺取金玉等财宝，唯独宣曲任氏挖窖贮存粮食。待到楚、汉在荥阳相持不下时，百姓无法耕种土地收获粮食，豪强们便把金玉全都给了任氏来交换粮食，任氏从此起家，数代富有。

秋季，八月，汉王前往荥阳，命萧何留守关中服侍太子。萧何着手制订法令规章，建立宗庙、社稷、宫室、县邑机构，遇事如来不及奏报汉王裁决，就酌情灵活

计关中户口，转漕、调兵以给军，未尝乏绝。

汉王使郦食其往说魏王豹，且召之。豹不听，曰："汉王慢而侮人，骂詈诸侯、群臣如骂奴耳，吾不忍复见也！"于是汉王以韩信为左丞相，与灌婴、曹参俱击魏。

汉王问食其："魏大将谁也？"对曰："柏直。"王曰："是口尚乳臭，安能当韩信！""骑将谁也？"曰："冯敬。"曰："是秦将冯无择子也，虽贤，不能当灌婴。""步卒将谁也？"曰："项它。"曰："不能当曹参。吾无患矣！"韩信亦问郦生："魏得无用周叔为大将乎？"郦生曰："柏直也。"信曰："竖子耳！"遂进兵。

魏王盛兵蒲坂以塞临晋。信乃益为疑兵，陈船欲渡临晋，而伏兵从夏阳以木罂渡军，袭安邑。魏王豹惊，引兵迎信。九月，信击虏豹，传诣荥阳；悉定魏地，置河东、上党、太原郡。

汉之败于彭城而西也，陈馀亦觉张耳不死，即背汉。韩信既定魏，使人请兵三万人，愿以北举燕、赵，东击齐，南绝楚粮道。汉王许之，乃遣张耳与俱，引兵东，北击赵、代。

后九月，信破代兵，禽夏说于阏与。信之下魏破代，汉辄使人收其精兵诣荥阳以距楚。

（以上为第十一段，写汉王刘邦重用陈平、张良等谋士，在成皋与项羽对峙；萧何镇守关中，侍奉太子；韩信与灌婴、曹参一起开辟北方战场，韩信俘获了魏王魏豹，攻下了代国，在河北高奏凯歌。）

处理，待汉王回来时再汇报。他在关中还管理人口户籍，运输粮草，调拨士兵补给汉军兵员，从来没有缺乏、断绝过。

汉王派郦食其去劝说魏王豹，并召他前来。魏王豹不听，说：“汉王为人傲慢无礼，好侮辱别人，责骂诸侯、群臣如同斥骂奴隶一般，我绝不愿意再去见他！”汉王于是就任命大将军韩信为左丞相，与灌婴、曹参一起去攻打魏国。

汉王询问郦食其道：“魏国的大将是谁呀？”郦食其回答说：“是柏直。”汉王说：“这是个乳臭未干的毛孩子，怎么能抵挡得了韩信！”又问：“骑将是谁啊？”郦食其回答说：“是冯敬。”汉王说：“他是秦将冯无择的儿子，虽然贤能，却也无法抵抗灌婴。”接着再问道：“步兵的将领又是什么人呀？”郦食其说：“是项它。”汉王道：“这个人抵挡不了曹参。如此我没有什么可担心的啦！”韩信也询问郦食其：“魏国没有用周叔作为大将吗？”郦食其回答说：“用的人确是柏直。”韩信于是说：“一个小子罢了！”随即进兵魏国。

魏王豹在蒲坂部署重兵以阻挡从临晋方面来的韩信军队。韩信便增设疑兵，排列出船只，好像要在临晋渡河发起进攻，而让埋伏的部队从夏阳身缚木瓮渡河，袭击安邑。魏王豹大惊失色，连忙领兵迎战韩信。九月，韩信进击俘获了魏王豹，将他押解去荥阳，全部平定了魏地，设置了河东、上党、太原等郡。

汉军在彭城兵败西撤时，陈馀也已察觉到张耳并没有死，便立即背叛了汉王。韩信已经平定了魏地，就派人向刘邦请求增兵三万人，愿用这些兵力北进去攻下燕、赵的领地，向东去攻打齐国，往南断绝楚军的粮道。汉王准许了他的请求，并派张耳与他一起领兵东进，往北去攻打赵国和代国。

闰九月，韩信击垮代军，在阏与抓获了代国的相国夏说。当韩信攻破魏、代两国后，汉王即派人调他的精锐部队去荥阳抵御楚军。

【点评】

项羽败亡。前206年，是中国历史上的转折之年。这一年，秦王子婴向刘邦投降，标志着秦朝灭亡，历史进入新的时期，即楚汉相争时期。相争初期，项羽力量非常强大，刘邦根本不是他的对手，但风云际会，峰回路转，刘邦逐渐强大，而项羽逐渐削弱，以致败亡。项羽的败亡，并不是后来的垓下之战导致的，而是在他强盛之时，就埋下了失败的隐患，失败是他的必然结果。这里仅对本卷所记载的楚汉相争前两年项羽的所作所为做出评论。

首先，项羽在鸿门宴上优柔寡断，放走刘邦，才有了后来的楚汉相争。项羽裹挟着胜利的雄风，率领各路诸侯进入关中，可恼的是，刘邦已经率先进入，并且封锁关门，把他挡在关外。对于有四十万大军的项羽来说，这并不算什么，刘邦不肯放而进，那就打而进，靠"拳头"开路，这是项羽的看家本领。项羽入关，进军到新丰鸿门，打算灭了力量弱小的刘邦。可就在这时，出了岔子，项羽的叔父左尹项伯把信息透露给了汉军的张良以及刘邦，让刘邦与张良有了应对的策略，乃至于有了扭转乾坤的机会！而后，刘邦亲赴鸿门，便有了千古流传的"鸿门宴"，项羽的谋臣范增力主杀掉刘邦，而项羽则模棱两可，才有了后来的项庄舞剑、樊哙闯宴、刘邦逃走。如果刘邦被杀，或许还会有张邦、李邦。但纵观当时的风云人物，没有哪一个能和刘邦相比，因而，项羽也不可能有强劲的对手。机不可失，时不再来，项羽将要为自己的"妇人之仁"付出自身灭亡的代价！

其次，项羽烧秦宫室，思念东归，放弃立国之地，将自己置于万劫不复的被动之中。项羽进入秦都咸阳，干了些什么呢？史书记载是："引兵西屠咸阳，杀秦降王子婴，烧秦宫室，火三月不灭。"就是烧杀掳掠，把咸阳变成一片焦土。好好的一座城市，就这么被毁了！项羽因而也就失去了咸阳，失去了三秦，失去了天下。当时，秦王子婴已经投降了，咸阳已经没有对手了，可以直接过去"拥抱"了，可是，项羽的脑海里只有"复仇"，使出浑身解数，不是"破坏"就是"毁灭"，而全没有"建设"或"发展"二字，这样的人，能担当建立国家的重任吗？项羽的这一行为，就自己判处了自己在政治上的死刑！接着，项羽收其货宝妇女，打算引兵东归。有人对项羽说："关中阻山河四塞，地肥饶，可都以霸。"而项羽想的则是："富贵不归故乡，如衣绣夜行，谁知之者！"说到底，项羽得胜了，是要在家乡炫耀，显摆自己，而不是要继续把成功的事业推向前进，建立一统的国家。正如时人所说，项羽是一只穿衣戴帽的猴子而已！

再次，项羽主持分封，捧了一只"烫手的山芋"，怎么做都不可能得到圆满的结局。其实，这分封本身就是一个致命的错误，项羽就没有想过像秦始皇当年那样，建立一个"大楚帝国"；也没有想过像刘邦后来那样，苦心经营，统一天下。而这时

侯的项羽，是有统一天下的基础条件的。他丝毫不稀罕这个来之不易的局面，他只想当一个霸王而已！他要将大好江山拱手相送，分封给十八路诸侯，结果由一个统一的国家变成了十八个国家，这天下怎么能不乱呢？项羽自以为是天下唯我独尊的霸王，有能力、有实力面对和处理这一切，这实在是有些托大了。后来的事实证明，项羽只是充当了“救火队长”，这边的“火”还没有扑灭，那边的“火”又着了，救着救着，这“火”就烧到自己身上来了，而自己也葬身于“火海”了！

最后，项羽放逐义帝，并派兵追杀，虽然称心如意，但给了对手刘邦以口实，是政治上极不成熟的表现。项羽与义帝熊心，说到底，只是偶合而已，两人貌合神离，“同床异梦”，才有了后来的放逐、追杀行为。当年，项梁主持各路诸侯的“英雄会”，并没有想立一个王来管自己，而范增出了这个馊主意，才从山沟里找到熊心这个牧羊娃，让他凭空当上了怀王。熊心当上怀王，没有任何实权，被项梁牢牢地掌控着，倒好像项梁是主宰，而他是部下，他从内心并不感激项家，甚至想要摆脱项家，或者将项家消灭掉，他才能够“咸鱼”翻身，能够掌控楚国。项梁去世后，熊心采取了几个应对措施，任命宋义为上将军，让项羽作为副手，后面还有范增，分明是用宋义和范增来压制项羽；在入关为王问题上，熊心做出“先入定关中者王之”的决策，而只派遣当时力量比较弱小的刘邦一路向西，叫项羽去救援巨鹿，明显表现出对项羽的不信任和排斥，而项羽也深知这一点，才有了后来的杀宋义而夺军救巨鹿。即使后来项羽统领各路诸侯，风光无限，熊心还是那句话，就是“先入定关中者王之”，从不改口。从人格上来说，熊心是完美的，即使自己置身于虎口，也仍然不改初衷。而此时的项羽，自以为放逐、杀掉熊心就万事大吉了。其实，与其把义帝放逐、杀灭，还不如干脆把义帝晾在一边，也会主动得多。项羽政治上不成熟，封王去请示，实属多此一举；不听就放逐，又错上加错。刘邦抓住这一机会，做足了文章，以项羽“大逆不道，杀君不臣”之名，缟素三军，会盟诸侯，号召天下共同讨伐项羽，于是，引发了“楚汉之争”，使项羽陷于非常被动的地步。对于项羽来说，这一壶苦酒，是他亲自酿成的。

仅从以上四点就可以看出，在项羽的鼎盛时期，就显现出败亡的端倪！而项羽的失败和灭亡，是他自己亲手造成的，既怨不得天，也尤不得人！并非如他自己所说的“天亡我”，而是“我自亡”矣！

汉纪二

汉高帝三年至四年（前204—前203年）

【起强圉作噩（丁酉，前204年），尽著雍阉茂（戊戌，前203年），凡二年】

【大事提要】

本卷记事起前204年，讫前203年，凡二年，当汉高帝三年至四年。本卷所载大事，主要是以下几个方面：其一，井陉之战，韩信灭赵。前204年，韩信统率汉军，越过太行山，对赵国发起攻击。赵王赵歇、赵军主帅陈馀听说后集结大军于井陉口防守。韩信以不到三万的兵力，背水列阵，奇袭赵营，出奇制胜，一举歼灭了号称二十万的赵军，阵斩陈馀，活捉赵歇，灭亡了赵国。其二，随何策反，英布投汉。前204年，刘邦要攻打楚国，但忌惮楚国大将英布的骁勇善战，于是指使谒者随何去策反英布。随何接受指令，前去游说。当时，英布与项羽已有嫌隙，担心项羽起了杀心。随何加以点拨，杀死项羽使者，英布背楚投汉，被封为淮南王。其三，楚汉相争，荥阳相持。刘邦据守荥阳，与项羽对峙，双方进入相持状态。项羽发动攻势，多次切断甬道，使汉军乏食。刘邦采纳陈平之谋，派奸细散布流言，离间项羽君臣关系，项羽中计，范增愤然辞去。楚军围困刘邦，刘邦遣使求和，采用金蝉脱壳之计，而后复振。其四，食其说齐，不幸遭烹。郦食其在楚汉对峙相持阶段，建议汉王刘邦夺取荥阳，占据敖仓，获得巩固的据点和粮食补给；后又出使齐国，劝说齐王田广归汉，齐王乃放弃战备，以七十余城降汉。而后，汉大将军韩信嫉妒其功，发兵袭击齐国，田广以为被骗，就烹杀了郦食其。其五，潍水之战，击杀龙且。韩信袭破齐国都城临淄，项羽派遣大将龙且率军救援齐王田广。龙且轻视韩信，又急求战功，率军与韩信军队隔着潍水摆开阵势。韩信用奇计，在龙且军渡河时挥军猛烈截杀，杀死龙且，楚军大败，韩信取得潍水之战全胜。前203年，平定齐地。

【原文】

太祖高皇帝上之下

三年（丁酉，前204年）

冬十月，韩信、张耳以兵数万东击赵。赵王及成安君陈馀闻之，聚兵井陉口，号二十万。

广武君李左车说成安君曰："韩信、张耳乘胜而去国远斗，其锋不可当。臣闻'千里馈粮，士有饥色；樵苏后爨，师不宿饱'。今井陉之道，车不得方轨，骑不得成列；行数百里，其势粮食必在其后。愿足下假臣奇兵三万人，从间路绝其辎重；足下深沟高垒勿与战。彼前不得斗，退不得还，野无所掠，不至十日，而两将之头可致于麾下；否则必为二子所禽矣。"成安君尝自称"义兵不用诈谋奇计"，曰："韩信兵少而疲，如此避而不击，则诸侯谓吾怯而轻来伐我矣。"

韩信使人间视，知其不用广武君策，则大喜，乃敢引兵遂下。未至井陉口三十里，止舍。夜半，传发，选轻骑二千人，人持一赤帜，从间道萆山而望赵军。诫曰："赵见我走，必空壁逐我；若疾入赵壁，拔赵帜，立汉赤帜。"令其裨将传餐，曰："今日破赵会食！"诸将皆莫信，佯应曰"诺。"信曰："赵已先据便地为壁；且彼未见吾大将旗鼓，未肯击前行，恐吾至阻险而还也。"乃使万人先行，出，背水陈；赵军望见而大笑。

平旦，信建大将旗鼓，鼓行出井陉口；赵开壁击之，大战良久。于是信与张耳佯弃鼓旗，走水上军；水上军开入之，复疾战。赵果空壁争汉旗鼓，逐信、耳。信、耳已入水上军，军皆殊死战，不可败。信所出奇兵二千骑共候赵空壁逐利，则驰入赵壁，皆拔赵旗，立汉赤帜二千。赵军已不能得信等，欲还归壁；壁皆汉赤帜，见而大惊，以为汉皆已得赵王将矣，兵遂乱，遁走，赵将虽斩之，不能禁也。于是汉兵夹击，大破赵军，斩成安君泜水上，禽赵王歇。

【语译】

太祖高皇帝上之下

汉高帝三年（丁酉，前204年）

冬季，十月，韩信和张耳率领几万名士兵向东攻打赵国。赵王歇和成安君陈馀闻讯，就在井陉口集结部队，号称二十万大军。

赵国广武君李左车劝说成安君陈馀道："韩信、张耳乘胜势离开本国远征，锋芒锐不可当。我听说：'从千里之外供给军粮，士兵当会面有饥色；临时拾柴割草来做饭，军队当会常常食不果腹。'而今井陉这条路，车辆不能并行，骑兵不能成列，行军队伍前后拉开几百里，依此形势，随军的粮草必定落在大部队的后面。望您暂时拨给我三万人作为突击队，抄小路去截断对方的辎重粮草，而您则深挖壕沟、高筑营垒，坚守不出战。这样一来，他们向前无仗可打，退后无路可回，野外又没有什么东西可抢，如此不到十天，韩信、张耳这两个将领的头颅就可以献到您的帐前了；否则，肯定要被他们二人所俘获。"但陈馀曾经自称是义兵，不屑于使用诈谋奇计，故说："韩信兵力单薄且又疲惫不堪，对这样的军队还避而不击，各诸侯便会认为我胆怯而随便来攻打我了。"

韩信派人暗中打探消息，得知陈馀没有采纳广武君的计策，高兴异常，因此，便率军径直前进，在距离井陉口三十里的地方停下来宿营。到了半夜时分，韩信传令部队出发，挑选两千名轻骑兵，每人手拿一面红旗，从小道上山隐蔽起来，观察赵军的动向，并告诫他们说："交战时赵军看到我军退逃，必定会倾巢出动来追赶我们，你们就趁机迅速冲入赵军营垒，拔掉赵军的旗帜，遍插汉军的红旗。"又命他的副将传送一些食品给将士，说："等到今天打败赵军后再会餐！"众将领们都不相信，只是假意应承说："好吧。"韩信说："赵军已经抢先占据了有利的地形安营扎寨，而且他们没有看见我军大将的旗鼓，是不肯出兵攻打我们的先头部队的，这是因为他们怕我军到了险要的地方，遇阻后就会撤回去。"韩信随即派遣一万人打先锋，开出营寨，背靠河水摆开阵势。赵军望见后都哄然大笑。

天刚蒙蒙亮的时候，韩信打出了大将的旗鼓，鼓乐喧天地出了井陉口。赵军洞开营门迎击，双方激战了很久。这时，韩信和张耳便假装丢旗弃鼓，逃回河边的阵营。河边部队大开营门放他们进去，然后又和赵军激战。赵军果然倾巢出动，争抢汉军抛下的旗鼓，追逐韩信和张耳。韩信、张耳进入河边的阵地后，全军都拼死奋战，赵军无法打败他们。韩信派出的两千名骑兵突击队，等到赵军将士全体出动去追逐争夺战利品时，立刻奔驰进入赵军营地，拔掉所有的赵军旗帜，插上两千面汉军红旗。赵军无法抓获韩信等人，便想退回营地，但却看到自己的营垒中遍是汉军

诸将效首虏，毕贺，因问信曰："兵法：'右倍山陵，前左水泽。'今者将军令臣等反背水陈，曰'破赵会食'，臣等不服，然竟以胜。此何术也？"信曰："此在兵法，顾诸君不察耳！兵法不曰：'陷之死地而后生，置之亡地而后存？'且信非得素拊循士大夫也，此所谓'驱市人而战之'，其势非置之死地，使人人自为战；今予之生地，皆走，宁尚可得而用之乎！"诸将皆服，曰："善！非臣所及也。"

（以上为第一段，写汉大将军韩信率领不到三万的兵力攻打赵国，在井陉口背水列阵，奇袭赵营，一举歼灭号称二十万的赵军，阵斩主将陈馀，活捉赵王歇，灭亡赵国，留下了"破赵会食"的千古佳话。）

信募生得广武君者予千金。有缚致麾下者，信解其缚，东乡坐，师事之。问曰："仆欲北伐燕，东伐齐，何若而有功？"广武君辞谢曰："臣，败亡之虏，何足以权大事乎！"信曰："仆闻之：百里奚居虞而虞亡，在秦而秦霸；非愚于虞而智于秦也，用与不用，听与不听也。诚令成安君听足下计，若信者亦已为禽矣；以不用足下，故信得侍耳。今仆委心归计，愿足下勿辞！"

广武君曰："今将军涉西河，虏魏王，禽夏说；东下井陉，不终朝而破赵二十万众，诛成安君；名闻海内，威震天下，农夫莫不辍耕释耒，褕衣甘食，倾耳以待命者，此将军之所长也。然而众劳卒罢，其实难用。今将军欲举倦敝之兵，顿之燕坚城之下，欲战不得，攻之不拔，情见势屈；旷日持久，粮食单竭。燕既不服，齐必距境以自强。燕、齐相持而不下，则刘、项之权未有所分也，此将军所短也。善用兵者，不以短击长而以长击短。"

的红旗，都惊慌失措，以为汉军已将赵王的将领全部擒获了，于是，兵士们大乱，纷纷逃跑，赵将尽管不停地斩杀逃兵，也无法阻止溃败之势。汉军随即又前后夹击，大败赵军，在泜水边杀了陈馀，活捉了赵王歇。

将领们献上敌人的首级和俘虏，都向韩信祝贺，并趁势问韩信说："兵法上说：'布军列阵要右边和背面靠山，前面和左边临水。'而这次您却反而让我们背水布阵，还说什么'等到打败赵军后再会餐'，我们当时都很不信服，但是竟然取胜了，这是什么战术呀？"韩信说："这战术也是兵法上有的，只不过你们没有留意罢了！兵法上不是说'陷之死地而后生，置之亡地而后存'吗？况且我所率领的并不是平时训练有素的将士，这就是所谓的'驱赶着街市上的平民百姓去作战'，势必非把他们置于死地，使他们人人为各自的生存而战不可；如果给他们留下活路，他们就会逃走了，那样一来，难道还能够用他们去冲锋陷阵吗？"将领们于是都心悦诚服地说："对啊！您的谋略的确非我们所能比啊！"

韩信悬赏千金，征求能活捉广武君李左车的人。不久，就有人将李左车绑送到韩信帐前。韩信立刻为他松绑，让他面朝东而坐，把他当作老师来对待，并问李左车道："我想要向北进军攻打燕国，向东征伐齐国，该如何做才能建立功绩呢？"李左车推辞说："我不过是一个兵败国亡的阶下囚罢了，哪里有资格来谋划大事啊！"韩信说："我听说，百里奚在虞国而虞国灭亡，在秦国而秦国称霸，这并不是由于他在虞国时愚蠢，在秦国时却聪明，而是在于国君用不用他，接不接受他的建议。如果成安君陈馀果真采纳了您的计策，像我韩信这样的人也早就被俘虏了，只是因为他不接受您的意见，所以我才能够侍奉在您身边向您请教啊！现在，我全心全意地听从您的计策，还望您不要推辞。"

李左车于是说："如今您渡过西河，俘获魏王，生擒夏说；东下井陉口，用不到一个早上的时间就打垮了赵军二十万人马，杀了成安君，名闻海内，威震天下，使农民们慑于您的声势，无不放下农具停止耕作，只图穿好的吃好的，侧耳倾听，等候您进军的号令，这是您用兵的长处所在。但是，百姓实已劳苦不堪，兵士也已疲惫之极，实际状况是很难再用他们去继续攻战了。现在，您想要调动疲惫困乏的军队去停扎在燕国防守坚固的城池下面，结果是想打打不了，要攻又攻不下，军队内情暴露在敌前，威势也就随之减弱，如此旷日持久，粮食必将耗尽。且燕国这样弱小的国家都不肯屈服，齐国当然也必定要据守边境逞一时之强。这么一来，燕、齐两国都与汉军对峙，相持不下，刘邦和项羽双方胜负的趋势便也难见分晓，这即是您用兵的短处所在了。善于用兵的人，从不以自己的短处去攻击他人的长处，而是要用自己的长处去对付他人的短处。"

韩信曰："然则何由？"广武君对曰："方今为将军计，莫如按甲休兵，镇抚赵民，百里之内，牛酒日至，以飨士大夫；北首燕路，而后遣辨士奉咫尺之书，暴其所长于燕，燕必不敢不听从。燕已从而东临齐，虽有智者，亦不知为齐计矣。如是，则天下事皆可图也。兵固有先声而后实者，此之谓也。"韩信曰："善！"从其策，发使使燕，燕从风而靡。

遣使报汉，且请以张耳王赵，汉王许之。楚数使奇兵渡河击赵，张耳、韩信往来救赵，因行定赵城邑，发兵诣汉。

（以上为第二段，写汉大将军韩信虚心听从赵国降将李左车的意见，不急着出兵攻打燕国，而是宣其兵威，派使者出使燕国，劝其投降；韩信抗击楚军，平定赵地，还派兵增援汉王。）

甲戌晦，日有食之。

十一月，癸卯晦，日有食之。

随何至九江，九江太宰主之，三日不得见。随何说太宰曰："王之不见何，必以楚为强，汉为弱也。此臣之所以为使。使何得见，言之而是，大王所欲闻也；言之而非，使何等二十人伏斧质九江市，足以明王倍汉而与楚也。"太宰乃言之王。

王见之。随何曰："汉王使臣敬进书大王御者，窃怪大王与楚何亲也？"九江王曰："寡人北乡而臣事之。"随何曰："大王与项王俱列为诸侯，北乡而臣事之者，必以楚为强，可以托国也。项王伐齐，身负版筑，为士卒先。大王宜悉九江之众，身自将之，为楚前锋；今乃发四千人以助楚。夫北面而臣事人者，固若是乎？汉王入彭城，项王未出齐也。大王宜悉九江之兵渡淮，日夜会战彭城下；大王乃抚万人之众，无一人渡淮者，垂拱而观其孰胜。夫托国于人者，固若是乎？大王提空名以乡楚而欲厚自托，臣窃为大王不取也！然而大王不背楚者，以汉为弱也。夫楚兵虽强，天下负之以不义之名，以其背盟约而杀义帝也。汉王收诸侯，还守成皋、荥阳，下蜀、汉之粟，深沟壁垒，分卒守徼乘塞。楚人深入敌国八九百里，老弱转粮千里之外。汉坚守而不动，楚进则不得攻，退则不能解，故曰楚兵不足恃也。使楚胜汉，则诸侯自危惧而相救；夫楚

韩信说："既然如此，那么该怎么办呢？"李左车答道："现在为您谋算，不如按兵不动，暂作休整，镇守并安抚赵国的百姓，使方圆百里之内，天天都有人送来牛肉美酒，宴请犒劳众将士。将部队向北移动，指向通往燕国的道路，然后派遣能言善辩的说客拿着一封书信去向燕国炫耀自己的长处，燕国肯定不敢不听从。燕国已经顺服了，即可向东威临齐国。如此，纵使有聪明之人，也不知道该怎样为齐国出谋划策了。这样，天下大事就都可图谋成功了。用兵之道原本便有先造声势而后才实际行动的，我这里所说的就是这个道理。"韩信说："不错。"随即采用李左车的计策，派使者出使燕国，燕国听到消息后，就立即归降了。

韩信于是派人回报汉王，请求封张耳为赵王，刘邦应允了。这时，楚国屡次派遣突击队渡过黄河袭击赵国，张耳、韩信往来奔波，救援赵国，乘势夺取所经过的赵国的城邑，随即又调兵遣将赴汉王处增援。

十月，甲戌晦（己亥朔，无甲戌，疑误），发生日食。

十一月，癸卯晦（己巳朔，无癸卯，疑误），发生日食。

汉军谒者随何来到九江王英布处，九江太宰出面接待他，连过三天仍未能见到英布。于是，随何便劝太宰说："九江王之所以不接见我，必定是由于他认为楚国强大，汉国弱小。而这正是我此次出使的原因啊！假如能让我见到九江王，如说得有理，就是大王想要听到的；如说得不对，就把我们二十人在九江国的街市上斩首，这将足够表明九江王背叛汉王而与楚王相交好了。"太宰便把这些话报告给了英布。

英布于是召见随何。随何说："汉王派我敬呈书信给大王您，是因为我们私下里有些疑惑，不知大王您和楚王是什么关系。"英布说："我是面朝北以臣子的身份事奉他。"随何说："大王您与楚王同列诸侯，地位相等，而您却面北向他称臣，肯定是认为楚国强大，可以作为九江国的靠山了。但当项王攻打齐国，背负修筑营墙的墙版和筑杵，身先士卒地冲杀时，您本应出动九江国的全部兵力，亲自率领他们去为楚军打先锋，可您却只调拨四千人去支援楚军。面向北事奉他人的臣子，本来就该是这个样子吗？汉王攻入彭城时，项王还没有离开齐地回师，您理应率领九江国的全部兵力抢渡淮河，日夜兼程奔赴彭城会合楚军作战，而您拥兵万人，却无一人渡过淮河，只是袖手旁观人家的胜负。把江山社稷托付给别人的人，原本就该是这个样子的吗？您这是要借依附楚国之名而想要行独立自主之实，我私下里认为您的这种做法是不可取的！然而，您还不背弃楚国，不过是因为您以为汉国弱小罢了。但是，楚国的军队虽然强大，在天下的人面前背上了不义的恶名，这是由于它既违

之强，适足以致天下之兵耳。故楚不如汉，其势易见也。今大王不与万全之汉而自托于危亡之楚，臣窃为大王惑之！臣非以九江之兵足以亡楚也；大王发兵而倍楚，项王必留；留数月，汉之取天下可以万全。臣请与大王提剑而归汉，汉王必裂地而封大王；又况九江必大王有也。”九江王曰：“请奉命。”阴许畔楚与汉，未敢泄也。

楚使者在九江，舍传舍，方急责布发兵。随何直入，坐楚使者上，曰：“九江王已归汉，楚何以得发兵？”布愕然。楚使者起。何因说布曰：“事已构，可遂杀楚使者，无使归，而疾走汉并力。”布曰：“如使者教。”于是杀楚使者，因起兵而攻楚。

楚使项声、龙且攻九江，数月，龙且破九江军。布欲引兵走汉，恐楚兵杀之，乃间行与何俱归汉。

十二月，九江王至汉。汉王方踞床洗足，召布入见。布大怒，悔来，欲自杀；及出就舍，帐御、饮食、从官皆如汉王居，布又大喜过望。于是乃使人入九江；楚已使项伯收九江兵，尽杀布妻子。布使者颇得故人、幸臣，将众数千人归汉。汉益九江王兵，与俱屯成皋。

（以上为第三段，写汉王刘邦派使者随何出使九江王，策动黥布叛楚归汉，削弱了楚国实力。）

楚数侵夺汉甬道，汉军乏食。汉王与郦食其谋桡楚权。食其曰：“昔汤伐桀，封其后于杞；武王伐纣，封其后于宋。今秦失德弃义，侵伐诸侯，灭其社稷，使无立锥之地。陛下诚能复立六国之后，此其君臣、百姓必皆戴陛下之德，莫不向风慕义，愿为臣妾。德义已行，陛下南乡称霸，楚必敛衽而朝。”汉王曰：“善！趣刻印，先生因行佩之矣。”

背盟约又杀害义帝的缘故。而汉王联合诸侯，率军回守成皋、荥阳，运来蜀地和汉中的粮食，深挖壕沟，加固营垒，分兵把守边防要塞。楚军则因反攻荥阳、成皋，深入反楚的梁地八九百里，老弱残兵从千里之外转运粮食，汉军却只坚守不出战。这么一来，楚军进不能攻取，退又无法脱身，所以说楚军是不足以依赖的。如果楚军战胜了汉军，各诸侯便会人人自危而相互救援。这么一来，楚军的强盛，倒恰好招致天下的军队都来与它抗衡了。所以，楚国不如汉国的形势，是显而易见的。现在，您不与万无一失的汉国结好，却要把自身托付给行将灭亡的楚国，我暗中对您的这种做法困惑不解。我并不是认为九江国的兵力足够用来消灭楚军，而是觉得您如能起兵反叛楚国，项王就必定得留下来，只要拖住项王几个月，汉王夺取天下就会万无一失了。我请求随您一起提剑归汉，汉王保证会划分一块土地封给您，又何况九江国必定也仍旧归您所有啊！”英布于是说：“那就遵命了。”即暗中许诺随何叛楚归汉，只是一时还不敢走漏风声。

楚国使者在九江，住在客舍中，正加紧督促英布发兵援楚。随何径直闯入客舍，坐到楚国使者上面的座位上，说：“九江王已经归汉，楚国凭什么能来征调他的军队？”英布听了大吃一惊。这时楚国使者便起身要走。随何乘势劝英布说：“事已至此，可以就杀掉楚国使者，不要让他回去，而您立即火速投奔汉王，与汉军协力作战。”英布说：“就按照您指教的办。”于是，杀掉了楚国使者，趁机起兵攻打楚国。

楚国派项声、龙且进攻九江国，历时几个月，龙且打败了九江国的军队。英布便想领兵逃奔汉国，因害怕楚军会截杀他，就与随何捡小路行走，一起逃归汉国。

十二月，九江王英布抵达汉军驻地。汉王刘邦当时正坐在床边洗脚，立即召英布进见。英布为此怒火中烧，后悔来到这里，想要自杀。待出来后进入为自己安排的客舍，发现那里的陈设、饮食、侍从官员都与汉王的住所相同，便又喜出望外。于是，就派人到九江国去联络。这时，楚王已派项伯收编了九江军，并把英布的妻子儿女都杀了。英布的使者找到不少英布的旧友和宠信的臣僚，带领着几千人回到汉王处。汉王随即增拨兵力给英布，与英布的军队一起驻扎在成皋。

楚军屡次袭击、截夺汉军运粮的通道，使汉军粮食短缺。汉王刘邦因此与郦食其谋划如何削弱楚国的实力。郦食其说：“从前，商汤攻打夏桀，将夏桀王的后裔封在杞国；周武王攻打商纣，将商纣王的子孙封在宋国。如今，秦朝丧失德行、背弃道义，侵伐各诸侯国，灭掉各国后，使诸侯的后代无立锥之地。大王如果真能重新扶立六国的后裔，当今六国的君臣、民众都对大王感恩戴德，无一不向往大王的风范，仰慕大王的仁义，都甘愿做大王的臣民。如此，德义已经施行，大王即可面向南，居帝位而称霸天下，楚王也必定会整理衣冠，肃然起敬地前来朝拜了。”汉王

食其未行，张良从外来谒。汉王方食，曰：“子房前！客有为我计桡楚权者。”具以郦生语告良，曰：“何如？”良曰：“谁为陛下画此计者？陛下事去矣！”汉王曰：“何哉？”对曰：“臣请借前箸，为大王筹之：昔汤、武封桀、纣之后者，度能制其死生之命也；今陛下能制项籍之死命乎？其不可一也。武王入殷，表商容之闾，释箕子之囚，封比干之墓；今陛下能乎？其不可二也。发巨桥之粟，散鹿台之钱，以赐贫穷；今陛下能乎？其不可三也。殷事已毕，偃革为轩，倒载干戈，示天下不复用兵；今陛下能乎？其不可四也。休马华山之阳，示以无为；今陛下能乎？其不可五也。放牛桃林之阴，以示不复输积；今陛下能乎？其不可六也。天下游士，离其亲戚，弃坟墓，去故旧，从陛下游者，徒欲日夜望咫尺之地。今复立六国之后，天下游士各归事其主，从其亲戚，反其故旧、坟墓，陛下谁与取天下乎？其不可七也。且夫楚唯无强，六国立者复桡而从之，陛下焉得而臣之？其不可八也。诚用客之谋，陛下事去矣！”汉王辍食，吐哺，骂曰：“竖儒几败而公事！”令趣销印。

荀悦论曰：夫立策决胜之术，其要有三：一曰形，二曰势，三曰情。形者，言其大体得失之数也；势者，言其临时之宜、进退之机也；情者，言其心志可否之实也。故策同、事等而功殊者，三术不同也。

初，张耳、陈馀说陈涉以复六国，自为树党；郦生亦说汉王。所以说者同而得失异者，陈涉之起，天下皆欲亡秦；而楚、汉之分未有所定，今天下未必欲亡项也。故立六国，于陈涉，所谓多已之

说：“好！赶快去刻制印玺，您就可带上它们出使各国了。”

郦食其尚未起程，张良从外面回来谒见汉王。汉王当时正在吃饭，说道：“子房，你过来！宾客中有人为我策划了削弱楚国实力的办法。”随即把郦食其的话都告诉了张良，说：“你看怎么样呀？”张良道：“什么人为大王谋划了这个计策？大王统一天下的大业就要完了！”汉王说：“为什么呢？”张良答道：“我请求借用您面前的筷子，来为您指划一下目前的形势：从前商汤、周武王之所以封立夏桀、商纣王的后裔，是因为估量到自己可以掌握他们的生死大权。而如今大王能够决定项羽灭亡的命运吗？这是不可封六国后代的第一个理由。周武王进入殷商的都城，在里门表彰商纣王时的贤人商容的德行，释放了被囚禁的箕子，翻修比干的坟墓。而如今大王能够这样做吗？这是不可封六国后代的第二个理由。周武王曾经发放商纣王巨桥粮仓的粮食，散拨鹿台府库的金钱，以赈济贫苦百姓。如今大王可以这么做吗？这是不可封六国后代的第三个理由。殷商灭亡后，周武王废弃战车，改作乘车，倒置兵器，以向天下人表示不再用兵。如今大王下能这样做吗？这是不可封六国后代的第四个理由。把战马放养在华山的南面，以显示让它们休息不再驱用。如今大王能这么做吗？这是不可封六国后代的第五个理由。将牛放牧到桃林的北面，以表示不再用它们运输粮草辎重。如今大王能这样做吗？这是不可封六国后代的第六个理由。天下远游的士子，所以要远离自己的父母兄弟，抛弃自己祖先的坟墓，离开自己的老友，跟随大王辗转奔波，为的就是得到那日思夜想的一点点封地。假如今天重新封立六国后代，使天下远游之士各自回去事奉他们的君主，伴随他们的父母妻儿，返归他们旧友、祖坟所在的故土，那么，大王还依靠谁去夺取天下呢？这是不可封六国后代的第七个理由。况且，当今只有楚国强大，尚无超过它的，假如复立的六国后代又屈从楚国，那么，大王还怎么使他们臣服于汉呢？这是不可封六国后代的第八个理由。如果真的采用了那位宾客的计策，大王统一天下的大业可不就完了吗？”汉王听了这番话后，饭也不吃了，吐出口中的食物，骂道：“这个书呆子几乎坏了老子的大事！”立即下令赶快销毁那些印玺。

荀悦评论说：确立决定胜负策略的方法，要点有三：一是形，二是势，三是情。所谓“形”，说的是得与失大体上的趋向；所谓“势”，说的是对临时情况灵活应付和对进与退随机应变的形势；所谓“情”，则指的是意志坚定向上还是懈怠的实际心理。所以采用的策略相同，所干的事情相等，而取得的功效却各异，就是由于这三个方法运用得不同的缘故。

当初，张耳、陈馀劝说陈胜借恢复六国，来为自己培植党羽；郦食其也是这样劝说汉王的。之所以劝说的内容相同，得与失却各异，是因为陈胜起事时，天下的人都想要灭亡秦朝；而如今楚、汉的胜、负之分还无定势，天下的

党而益秦之敌也；且陈涉未能专天下之地也，所谓取非其有以与于人，行虚惠而获实福也。立六国，于汉王，所谓割己之有而以资敌，设虚名而受实祸也。此同事而异形者也。

及宋义待秦、赵之毙，与昔卞庄刺虎同说者也。施之战国之时，邻国相攻，无临时之急，则可也。战国之立，其日久矣，一战胜败，未必以存亡也；其势非能急于亡敌国也，进乘利，退自保，故累力待时，乘敌之毙，其势然也。今楚、赵所起，其与秦势不并立，安危之机，呼吸成变，进则定功，退则受祸。此同事而异势者也。

伐赵之役，韩信军于泜水之上而赵不能败。彭城之难，汉王战于睢水之上，士卒皆赴入睢水而楚兵大胜。何则？赵兵出国迎战，见可而进，知难而退，怀内顾之心，无出死之计；韩信军孤在水上，士卒必死，无有二心，此信之所以胜也。汉王深入敌国，置酒高会，士卒逸豫，战心不固；楚以强大之威而丧其国都，士卒皆有愤激之气，救败赴亡之急，以决一旦之命，此汉之所以败也。且韩信选精兵以守，而赵以内顾之士攻之；项羽选精兵以攻，而汉以怠惰之卒应之。此同事而异情者也。

故曰：权不可豫设，变不可先图；与时迁移，应物变化，设策之机也。

（以上为第四段，写汉王刘邦因汉军粮食短缺，与谋臣郦食其谋划如何削弱楚国实力，郦食其提出分封六国后代，培植党羽，给项羽树敌，张良力主不可实行，刘

人未必都想要项羽覆灭。所以，重立六国的后裔，对陈胜来说，是为自己广植党羽而给秦朝增树强敌。况且陈胜那时并没有能独占天下之地，即所谓把不是自己的东西取来送给别人，行施恩惠之虚名，获得福益之实惠。但重立六国之后，对汉王来说，却是所谓的分割自己拥有的东西去资助敌人，空有虚名而实受祸害。这便是所做的事情相同，可得与失的趋向各异的例子。

谈到宋义劝说项羽，先让秦、赵两国相斗，待秦军疲惫后再乘机攻秦，自己却终被项羽杀了，与卞庄了刺杀老虎时，管竖子劝他等待两虎与牛相搏，双方有伤亡时再乘机刺虎，卞庄子最后果然获得二虎，两次的游说之辞也都相同。但这套说辞，施用在战国时，邻国相互攻打，没有临时情势变化的危急发生，还是可以的。因为战国局面的确立，日子已经很久了，一次战役的胜与败，未必就会决定一个国家的生存和灭亡。那时的进退变化形势决定了一个国家不能够急于使敌国灭亡，而是进可以凭借有利条件，退也能够自保安全，故可以积蓄力量，等待时机，乘敌方精疲力尽，再去进攻。这是可以灵活行事、随机应变的形势所造成的。但今日楚、赵两国起兵抗秦，与秦的地位互不相同，安全与危亡的机会，在呼吸的一瞬间就会发生变化，因此进即能建立功绩，退就将遭受祸殃。这便是事情相同，而灵活应付和随机应变的形势、时机各异的例子。

汉军攻打赵国的战役，韩信率军驻扎在地形不利的水边上，但赵军却无法打败他；彭城遭陷落一仗，汉王也在睢水岸边作战，但士兵却被赶入睢水，楚军大获全胜。这是为什么呢？赵军出国迎战汉军，见到可以打赢就前进，知道难于取胜就后退，怀着关顾自身存亡的心理，毫无出阵拼死一搏的打算；而韩信的军队孤立无援地列阵在水边，士兵背水作战，不进就必死无疑，故将士们都不怀二心，抱定决一胜负的信念。这即是韩信所以能获胜的原因。汉王深入敌国，摆设酒宴盛会宾朋，士兵们享受安逸欢乐，求战心理不稳固；而楚军凭着它的威势却丧失了自己的国都，将士们都义愤填膺，急于挽救败局，无所畏惧地奔向死亡，以决出一时的胜败命运。这便是汉军所以又失败的原因。况且韩信挑选精兵坚守阵地，赵军却用瞻前顾后的士兵去攻打他；项羽选择精兵发动进攻，汉军却用怠惰散漫的将士去对付他。这就是所做的事情相同，而坚定与懈怠的心理各异的例子。

所以说，应事的权宜机变是不能够预先设计的，事态的变化是不能够事先谋划的；随时机的转动而转动，应事物的变化而变化，是制定策略的关键。

邦立即采纳。荀悦的评论透彻地解析了张良的建议。）

汉王谓陈平曰："天下纷纷，何时定乎？"陈平曰："项王骨鲠之臣，亚父、钟离眛、龙且、周殷之属，不过数人耳。大王诚能捐数万斤金，行反间，间其君臣，以疑其心；项王为人，意忌信谗，必内相诛，汉因举兵而攻之，破楚必矣。"汉王曰："善！"乃出黄金四万斤与平，恣所为，不问其出入。

平多以金纵反间于楚军，宣言："诸将钟离眛等为项王将，功多矣，然而终不得裂地而王，欲与汉为一，以灭项氏而分王其地。"项羽果意不信钟离眛等。

夏，四月，楚围汉王于荥阳，急；汉王请和，割荥阳以西者为汉。亚父劝羽急攻荥阳；汉王患之。项羽使使至汉，陈平使为大牢具。举进，见楚使，即佯惊曰："吾以为亚父使，乃项王使！"复持去，更以恶草具进楚使。楚使归，具以报项王；项王果大疑亚父。亚父欲急攻下荥阳城，项王不信，不肯听。亚父闻项王疑之，乃怒曰："天下事大定矣，君王自为之，愿赐骸骨归！"未至彭城，疽发背而死。

（以上为第五段，写汉王刘邦听从谋士陈平建议，离间项羽君臣关系，中伤钟离眛、范增。范增被逐，疽发背而死，项羽失去主心骨，从此走下坡路。）

五月，将军纪信言于汉王曰："事急矣！臣请诳楚，王可以间出。"于是陈平夜出女子东门二千余人，楚因四面击之。纪信乃乘王车，黄屋，左纛，曰："食尽，汉王降。"楚皆呼万岁，之城东观。以故汉王得与数十骑出西门遁去，令韩王信与周苛、魏豹、枞公守荥阳。羽见纪信，问："汉王安在？"曰："已出去矣。"羽烧杀信。周苛、枞公相谓曰："反国之王，难与守城！"因杀魏豹。

汉王出荥阳，至成皋，入关，收兵欲复东。辕生说汉王曰："汉与楚相距荥阳数岁，汉常困。愿君王出武关，项王必引兵南走。王深壁勿战，令荥阳、成皋间且得休息，使韩信等得安辑河北赵地，连燕、齐，君王

汉王刘邦对陈平说："天下纷扰混乱，到什么时候才能安定呀？"陈平说："项王身边刚直不阿的臣子，如亚父范增、钟离眛、龙且、周殷之辈，也不过几个人罢了。大王您如果确能拿出几万斤黄金，施用反间计，离间楚国的君臣关系，使他们内心互相猜疑，而项羽的为人原就猜忌多疑，容易听信谗言，这样一来，他们内部必然会自相残杀，我们即可乘机发兵去攻打他们，如此击败楚军是一定的了。"汉王说："对啊！"便取出黄金四万斤交给陈平，任凭他自行活动，不过问他使用的情况。

陈平于是用许多黄金雇请间谍到楚军中去进行离间活动，扬言说："各位将领如钟离眛等人为项王领兵打仗，功劳卓著，但是却终究不能分得一块土地而称王，因此，他们便想与汉军联合起来，借此灭掉项氏，瓜分楚国的土地，各自称王。"项羽果然有所猜忌，不再信任钟离眛等人。

夏季，四月，楚军在荥阳围攻汉王，形势紧急。汉王向项羽请求议和，将荥阳西面的地区划归汉国。但范增却劝项羽火速攻打荥阳，汉王为此忧心忡忡。这时项羽派使者前往汉王处，陈平置备了丰富盛大的宴席，命人端去款待楚国的使者，一见到楚使，就假装惊讶地说："我还以为是亚父的使者呢，原来竟是项王的使者啊！"随即将酒菜又端了出去，改换粗劣的饭菜送给楚使食用。楚使回国后，把这些情况汇报给了项羽，项羽果然又对范增大加猜疑。范增想要加紧攻下荥阳城，项羽不信任他，不肯听从他的意见。范增听说项羽对他有怀疑，便怒气冲冲地说："天下事大体上已有定局了，您自己干吧，希望能准许我辞职回家！"于是，范增踏上了归途，还没有到达彭城时，背上毒疮发作，就死去了。

五月，将军纪信告诉汉王说："势态紧急！我请求去迷惑一下楚军，您就可以悄悄地溜出荥阳城了。"随即由陈平趁着黑夜把两千多名妇女放出城东门，楚军立刻便从四面围攻这群妇女；纪信于是乘坐汉王的车驾，黄绸车盖、车衡左边的装饰物等一应俱全，驶到楚军前，说："我军粮食已经吃光了，汉王前来乞降。"楚军都山呼万岁，涌到城东观望。汉王因此得以带领几十骑人马从西门出城逃走，命韩王信与周苛、魏豹、枞公继续把守荥阳。项羽见到纪信后问道："汉王在哪里呀？"纪信说："已经出城了。"项羽于是烧死了纪信。周苛、枞公这时相互商议说："背叛汉国、反复无常的魏豹，很难让人和他一道守城！"随即就杀了魏豹。

汉王出了荥阳，到达成皋，进入函谷关，收集兵马，准备再次东进。辕生劝汉王说："汉军与楚军已在荥阳相持好几年了，汉军常常陷入困境。现在希望您能从武关出兵，项羽见状必定会领兵南下。而您则修筑深沟高垒，坚守不出战，使荥阳、

乃复走荥阳。如此，则楚所备者多，力分；汉得休息，复与之战，破之必矣！”汉王从其计，出军宛、叶间。与黥布行收兵。羽闻汉王在宛，果引兵南；汉王坚壁不与战。

汉王之败彭城，解而西也，彭越皆亡其所下城，独将其兵北居河上，常往来为汉游兵击楚，绝其后粮。是月，彭越渡睢，与项声、薛公战下邳，破，杀薛公。羽乃使终公守成皋，而自东击彭越。汉王引兵北，击破终公，复军成皋。

六月，羽已破走彭越，闻汉复军成皋，乃引兵西拔荥阳城，生得周苛。羽谓苛："为我，将以公为上将军，封三万户。"周苛骂曰："若不趋降汉，今为虏矣；若非汉王敌也！"羽烹周苛，并杀枞公而虏韩王信，遂围成皋。汉王逃，独与滕公共车出成皋玉门，北渡河，宿小修武传舍。

晨，自称汉使，驰入赵壁。张耳、韩信未起，即其卧内，夺其印符以麾召诸将，易置之。信、耳起，乃知汉王来，大惊。汉王既夺两人军，即令张耳循行，备守赵地。拜韩信为相国，收赵兵未发者击齐。诸将稍稍得出成皋从汉王。楚遂拔成皋，欲西；汉使兵距之巩，令其不得西。

（以上为第六段，写项羽围困刘邦于荥阳，形势危急，纪信假扮刘邦投降，刘邦逃脱；刘邦驰入韩信军帐，接管了他的军队。）

秋，七月，有星孛于大角。

临江王敖薨，子尉嗣。

汉王得韩信军，复大振。八月，引兵临河，南乡，军小修武，欲复与楚战。郎中郑忠说止汉王，使高垒深堑勿与战。汉王听其计，使将军刘贾、卢绾将卒二万人，骑数百，渡白马津，入楚地，佐彭越，烧楚积聚，以破其业，无以给项王军食而已。楚兵击刘贾，贾辄坚壁不肯与战，而与彭越相保。

彭越攻徇梁地，下睢阳、外黄等十七城。

成皋一线的汉军得到休整；同时，派韩信等人去安抚黄河以北赵地的军民，联合燕、齐两国，然后，您再奔赴荥阳。如此一来，楚军需要多处设防，兵力就会分散，汉军却得到了休整，这样重与楚军交锋，打垮他便是必定无疑的了！”汉王采纳了辕生的计策，出兵到宛、叶一带，并与英布一路上收集兵马。项羽听说汉王在宛，果然领兵南下，汉王却只是坚守营垒，不与楚军接战。

汉王在彭城吃了败仗，军队向西溃退，彭越这时又失去了他原来攻下的所有城镇，便独自率领他的部队向北留驻扎黄河沿岸，经常作为汉军的游击部队往来袭击楚军，断绝楚军后方的粮草供给。同月，彭越渡过睢水，与项声、薛公在下邳交战，打败了楚军，杀掉了薛公。项羽于是派终公守卫成皋，而自己率军向东去攻打彭越。汉王乘机领兵北进，击垮了终公的防军，又在成皋驻扎下来。

六月，项羽已打跑了彭越。听说汉军再次驻军成皋后，项羽就领兵西进，攻下荥阳，生擒了周苛。项羽对周苛说：“你若归降我，我将任命你为上将军，并分给你三万户的封地。”周苛斥骂道：“你不赶快投降汉王，眼看着就要被俘虏了。你绝不是汉王的对手！”项羽便烹杀了周苛，并杀了枞公，俘获了韩王信，随即包围了成皋。汉王刘邦逃跑，只身与滕公夏侯婴共乘一辆车子出成皋城的玉门，往北渡过黄河，投宿在小修武驿站的客舍中。

次日清晨，汉王自称是汉国的使者，奔驰进入赵军营地。这时，张耳、韩信还没有起床。汉王闯入他们的卧室，夺走他们的印信兵符，用指挥旗召集众将领们，调换了众将的职位。韩信、张耳起床后才知道汉王来了，大吃一惊。汉王就夺了两人手下的军队，即命张耳去巡行收集兵员，守备赵地；授予韩信相国的职位，让他集结赵国尚未征发的部队去攻打齐国。汉军将领们陆陆续续地从成皋逃出，继续追随汉王。楚军于是便攻下了成皋，接着又打算西进。汉王即派兵在巩县抵御楚军，使他无法西进。

秋季，七月，有异星出现于大角星旁。

临江王共敖去世，他的儿子共尉继位。

汉王得到韩信的军队后，士气再次大振。八月，领兵来到黄河岸边，向南驻扎在小修武，想要与楚军再战。郎中郑忠劝阻汉王，让他高筑营垒、深挖壕沟，不要与楚军交锋。汉王听从了他的计策，派将军刘贾、卢绾率领步兵两万人、骑兵几百人，渡过白马津，进入楚地，协助彭越，烧毁楚国积聚的粮草辎重，以破坏楚国的后备基础，使它无法再给前方项羽的军队供给粮草。楚军进攻刘贾，刘贾总是坚守营垒不肯与楚军接战，而与彭越相互呼应救援。

彭越攻夺故梁国的土地，攻下了睢阳、外黄等十七个城邑。

九月，项王谓大司马曹咎曰："谨守成皋！即汉王欲挑战，慎勿与战，勿令得东而已。我十五日必定梁地，复从将军。"羽引兵东行，击陈留、外黄、睢阳等城，皆下之。

汉王欲捐成皋以东，屯巩、洛以距楚。郦生曰："臣闻'知天之天者，王事可成'；王者以民为天，而民以食为天。夫敖仓，天下转输久矣，臣闻其下乃有藏粟甚多。楚人拔荥阳，不坚守敖仓，乃引而东，令适卒分守成皋，此乃天所以资汉也。方今楚易取而汉反却，自夺其便，臣窃以为过矣！且两雄不俱立，楚、汉久相持不决，海内摇荡，农夫释耒，工女下机，天下之心未有所定也。愿足下急复进兵，收取荥阳，据敖仓之粟，塞成皋之险，杜太行之道，距蜚狐之口，守白马之津，以示诸侯形制之势，则天下知所归矣。"王从之，乃复谋取敖仓。

食其又说王曰："方今燕、赵已定，唯齐未下。诸田宗强，负海、岱，阻河、济，南近于楚，人多变诈；足下虽遣数万师，未可以岁月破也。臣请得奉明诏说齐王，使为汉而称东藩。"上曰："善！"

乃使郦生说齐王曰："王知天下之所归乎？"王曰："不知也。天下何所归？"郦生曰："归汉！"曰："先生何以言之？"曰："汉王先入咸阳；项王负约，王之汉中。项王迁杀义帝；汉王闻之，起蜀、汉之兵击三秦，出关而责义帝之处。收天下之兵，立诸侯之后；降城即以侯其将，得赂即以分其士；与天下同其利，豪英贤才皆乐为之用。项王有倍约之名，杀义帝之负；于人之功无所记，于人之罪无所忘；战胜而不得其赏，拔城而不得其封，非项氏莫得用事；天下畔之，贤才怨之，而莫为之用。故天下之事归于汉王，可坐而策也！夫汉王发蜀、汉，定三秦；涉西河，破北魏；出井陉，诛成安君；此非人之力也，天之福也！今已据敖仓之粟，塞成皋之险，守白马之津，杜太行之阪，距蜚狐之口；天下后服者先亡矣。王疾先下汉王，齐国可得而保也；不然，危亡可立而待也！"先是，齐闻韩信且东兵，使华无伤、田解将重兵屯历下，军以距汉。及纳郦生之言，遣使与汉平，乃罢历下守战备，与郦生日纵酒为乐。

九月，项羽对大司马曹咎说：“谨慎地把守成皋！即使汉军要来挑战，你也千万不可应战，只须不让他东进就行了。我十五天之内必能平定梁地，再与你汇合到一起。”项羽随即领兵向东进发，攻打陈留、外黄、睢阳等城，都攻下了。

汉王想放弃成皋以东地区，驻扎到巩县、洛阳，以抗拒楚军的西进。郦食其说道：“我听说：‘懂得天之所以为天这一道理的人，帝王的事业可以成功。’治理天下的国君把百姓当作天，而百姓则把粮食当作天。敖仓作为天下转运粮食的集散地已经很久了，我听说那里贮藏的粮食非常之多。现在楚军攻下荥阳，竟然不坚守敖仓，而却领兵东去，只派些因获罪被罚充军的兵士分守成皋，这真是上天对汉军的帮助啊！目前，楚军容易攻取，汉军反倒退却，自己贻误有利战机，我私下里认为这是个过错！而且两雄不可并立，楚、汉长久地相持不下，使得海内动荡不定，农夫放下农具停止耕作，织女离开织机不再纺纱织布，普天之下民心惶惶没有归属。因此，希望您赶快再度进兵，收复荥阳，占有敖仓的粮食，扼守住成皋的险要，断绝太行的通道，在蜚狐隘口设防抵抗，把守白马津，向诸侯显示汉军已占据有利地形能够克敌制胜的态势，这么一来，天下人便都知道自己的归向了。”汉王接受了郦食其的建议，随即又去谋取敖仓。

郦食其于是又劝说汉王道：“目前，燕国和赵国都已平定，只有齐国尚未攻下。而今齐国的田氏宗族势力强大，以东海、泰山为依靠，黄河、济水为屏障，南面临近楚国，百姓多狡诈善变，您即使派遣几万人的军队去攻打，也无法在一年或数月的短时间内攻下。为此，我请求准许我奉您的命令，前去游说齐王田广，使他归顺汉国，自称作汉国东面的藩属。”汉王说：“好！”

汉王即派郦食其去劝说齐王道：“大王，您可知道天下的人心所向吗？”齐王说：“不知道啊。天下人都归向哪里呀？”郦食其说：“归向汉王！”齐王说：“您为什么这样说呢？”郦食其说：“是汉王率先攻入咸阳的，但项羽却背弃先前的盟约，让汉王到汉中去作王。项羽随后又迁徙并杀害了义帝。汉王闻讯，即调动蜀、汉的军队攻打三秦，出函谷关，责问义帝的下落。同时，收集天下的兵员，扶立诸侯的后裔，降服了城邑就把它们封给有功的将领作侯王，获得了财物就把它们封赐给手下的士兵，与天下人同享利益。因此，豪杰英雄和贤能才士都乐意为汉王驱使。而项羽有违约背信的恶名以及杀害义帝忘恩负义的罪责，并且对将士的功劳毫不记在心中，对其过失却总是耿耿于怀；将士打了胜仗得不到奖赏，攻陷了城镇得不到赐封，不是项姓的人就没有谁能够当权主事，致使天下人都反叛他，贤能才士都怨恨他，无人愿意为他效力。所以，天下大业将归属汉王，是可以坐着就算定的了！汉王从蜀、汉出兵，平定三秦，渡过西河，打垮北魏，出井陉，杀成安君陈馀，这些并不是靠人的力量，而是仰赖上天降下的洪福啊！现在，汉军已经占有了敖仓的粮

韩信引兵东，未度平原，闻郦食其已说下齐，欲止。辨士蒯彻说信曰："将军受诏击齐，而汉独发间使下齐，宁有诏止将军乎，何以得毋行也？且郦生，一士，伏轼掉三寸之舌，下齐七十余城；将军以数万众，岁余乃下赵五十余城。为将数岁，反不如一竖儒之功乎！"于是信然之，遂渡河。

（以上为第七段，写汉王刘邦得到韩信的军队，士气重又大振；接受郦食其的建议，谋取敖仓；协助彭越，烧毁楚国积聚的粮草，破坏楚国的后勤基地；派郦食其出使齐国，凭轼下东藩，说降齐国七十余城。）

四年（戊戌，前 203 年）

冬，十月，信袭破齐历下军，遂至临淄。齐王以郦生为卖己，乃烹之；引兵东走高密，使使之楚请救。田横走博阳，守相田光走城阳，将军田既军于胶东。

楚大司马咎守成皋，汉数挑战，楚军不出。使人辱之，数日，咎怒，渡兵汜水。士卒半渡，汉击之，大破楚军，尽得楚国金玉、货赂，咎及司马欣皆自刭汜水上。汉王引兵渡河，复取成皋，军广武，就敖仓食。

项羽下梁地十余城，闻成皋破，乃引兵还。汉军方围钟离眜于荥阳东，闻羽至，尽走险阻。羽亦军广武，与汉相守。数月，楚军食少。项王患之，乃为俎，置太公其上，告汉王曰："今不急下，吾烹太公！"汉王曰："吾与羽俱北面受命怀王，约为兄弟，吾翁即若翁；必欲烹而翁，幸分我一杯羹！"项王怒，欲杀之。项伯曰："天下事未可知；且为天下者不顾家，虽杀之无益，只益祸耳！"项王从之。

食，扼守了成皋的险要，控制了白马津，断绝了太行的山路，设防在蜚狐隘口。依此形势，天下诸侯后来归服的当会先遭覆灭的命运了。大王您若抢先降服汉王，齐国便可以得到保全，否则的话，危亡的结局片刻就会到来！”在此之前，齐国听说韩信将要领兵东进，即派华无伤、田解率重兵驻扎在历下，以抵御汉军。待到齐王采纳了郦食其的建议，派使者与汉王媾和后，齐王便解除了历下城的战备防守，与郦食其天天纵情地饮酒作乐。

这时，韩信领兵东来，尚未从平原津渡过黄河，就听说郦食其已经劝说齐国归降了，便想停止前进。辩士蒯彻劝韩信说：“您受汉王命令攻打齐国，而汉王只不过是另派密使去劝降齐国，难道又发出了命令，令将军您停止进攻了吗？您怎么能不继续前进了呢？况且，郦食其这个人，不过是个说客，俯身在车前的横木上，驶入齐国去鼓弄他的三寸不烂之舌，凭此便降服了齐国七十多个城池；而您统率着几万人马，历时一年多才攻下赵国的五十多座城池。这样看来，您做大将军几年，反倒不如一个书呆子的功劳大了！”韩信因此同意了蒯彻的意见，即率军渡过黄河。

汉高帝四年（戊戌，前 203 年）

冬季，十月，韩信打败了齐国的历下守军，随后一直打到齐国的都城临淄。齐王田广认为郦食其出卖了自己，就烹杀了他。然后领兵向东逃往高密，派使者到楚国去请求救援。田横这时逃奔博阳，守相田光逃奔城阳，将军田既驻扎在胶东。

楚国大司马曹咎驻守成皋，汉军屡次挑战，楚军只是坚守不出。汉军于是派人到阵前百般辱骂曹咎，一连几天，激得曹咎暴怒，即领兵横渡汜水。楚国的士兵刚渡过一半，汉军就对它发起攻击，大败楚军，缴获了楚国的全部金银玉器和财物。曹咎和长史司马欣都在汜水之畔自杀身亡。汉王随即领兵渡过黄河，再次收复成皋，驻扎到广武，取用敖仓的粮食作军粮。

项羽攻下了梁地十多个城邑后，听说成皋又被攻破，就率军返回。这时，汉军正在荥阳东面围攻钟离昧，听说项羽大军到了，就全部撤往险要的地方。项羽也在广武驻扎下来，与汉军对峙。这样过了几个月，楚军粮食短缺。项羽很是担忧，便架设肉案，把刘邦的父亲放到上面，通告汉王刘邦说：“今日你如不赶快投降，我就烹杀了太公！”汉王说：“我曾与你一起面向北作为臣子接受楚怀王的命令，盟誓结为兄弟，因此，我的父亲就犹如你的父亲。假如你一定要煮杀你的父亲，那么望你也分给我一杯肉羹！”项羽怒不可遏，想要杀掉太公。项伯说：“天下的事情不可预料。况且有志争夺天下的人是不顾及自己家人的，即使杀了太公也没什么好处，不过徒增祸患罢了！”项羽依从了他的话。

项王谓汉王曰："天下匈匈数岁者，徒以吾两人耳。愿与汉王挑战，决雌雄，毋徒苦天下之民父子为也！"汉王笑谢曰："吾宁斗智，不能斗力。"项王三令壮士出挑战，汉有善骑射者楼烦辄射杀之。项王大怒，乃自被甲持戟挑战。楼烦欲射之，项王瞋目叱之，楼烦目不敢视，手不敢发，遂走还入壁，不敢复出。汉王使人间问之，乃项王也，汉王大惊。

于是项王乃即汉王，相与临广武间而语。羽欲与汉王独身挑战。汉王数羽曰："羽负约，王我于蜀、汉，罪一；矫杀卿子冠军。罪二；救赵不还报，而擅劫诸侯兵入关；罪三；烧秦宫室，掘始皇帝冢，收私其财，罪四；杀秦降王子婴，罪五；诈坑秦子弟新安二十万，罪六；王诸将善地而徙逐故王，罪七；出逐义帝彭城，自都之，夺韩王地，并王梁、楚，多自与，罪八；使人阴杀义帝江南，罪九；为政不平，主约不信，天下所不容，大逆无道，罪十也。吾以义兵从诸侯诛残贼，使刑余罪人击公，何苦乃与公挑战！"

羽大怒，伏弩射中汉王。汉王伤胸，乃扪足曰："虏中吾指。"汉王病创卧，张良强请汉王起行劳军，以安士卒，毋令楚乘胜。汉王出行军，疾甚，因驰入成皋。

（以上为第八段，写汉大将军韩信攻下齐国；汉王刘邦乘胜收复成皋，驻扎广武，取用敖仓粮食；战线东移，楚汉两军对峙广武。项羽要单挑刘邦，刘邦宁肯斗智，不肯斗力，数说项羽十大罪状，项羽暗箭射伤刘邦。）

韩信已定临淄，遂东追齐王。项王使龙且将兵，号二十万，以救齐，与齐王合军高密。

客或说龙且曰："汉兵远斗穷战，其锋不可当。齐、楚自居其地，兵易败散。不如深壁，令齐王使其信臣招所亡城；亡城闻王在，楚来救，必反汉。汉兵二千里客居齐地，齐城皆反之，其势无所得食，可无战而降也。"龙且曰："吾平生知韩信为人，易与耳！寄食于漂母，无资身之策；受辱于袴下，无兼人之勇；不足畏也。且夫救齐，不战而降之，吾

项羽对汉王刘邦说："天下沸沸扬扬地闹腾了好几年了，只是由于我们两个人相持不下的缘故。现在我愿意向你挑战，一决雌雄，不要再让天下的老百姓白白地忍受煎熬了！"汉王笑着推辞说："我宁肯斗智，不肯斗力。"项羽便连着三次命楚军壮士出阵挑战，但次次都被汉营中善于骑射的楼烦射杀了。项羽因此勃然大怒，就亲自披甲持戟上阵挑战。楼烦又想要射项羽，项羽这时愤怒地瞪着大眼厉声喝斥，使楼烦双眼不敢直视项羽的目光，双手不敢张弓发箭，随即奔回营垒，不敢再露面了。汉王派人悄悄地探听那挑战者是谁，才知道竟是项羽本人，为此大吃一惊。

这时的项羽便靠近汉王，相互隔着广武涧对话。项羽想要单独向汉王挑战。汉王历数项羽的罪状说："你项羽违背先约，封我到蜀、汉为王，这是第一条罪状；假托怀王的命令，杀害卿子冠军宋义，是第二条罪状；救赵之后不回报怀王，竟擅自胁迫诸侯军入关，是第三条罪状；焚烧秦朝宫室，掘毁秦始皇陵墓，盗取财物据为私有，是第四条罪状；诛杀已经归降的秦王子婴，是第五条罪状；采用欺诈手段，在新安活埋了已经归顺的二十万秦兵，是第六条罪状；把好的地方封给各将领，却迁徙放逐原来的诸侯王，是第七条罪状；将义帝逐出彭城，自己在那里建都，侵夺韩王的封地，并在梁、楚之地称王称霸，竭力扩充自己的地盘，是第八条罪状；派人到江南杀了义帝，是第九条罪状；执政不公平，主持盟约不守信义，为天下所不容，实属大逆不道，是第十条罪状。如今我率领正义的军队随各诸侯一起征讨你这残虐的贼子，只须让那些受过刑罚的罪犯来攻打你就行了，又何苦要与你单独挑战呢？"

项羽闻言大怒，用暗伏的弩箭射中了汉王。汉王胸部负伤，却摸着脚说："这贼子射中我的脚趾了！"汉王因受创伤而卧床休息，张良却坚持请他起身去军中抚慰将士，以安定军心，不要让楚军乘势取胜。汉王于是出去巡视军营，但终因伤势加重，而赶赴成皋养伤。

韩信已经平定了临淄，即向东追击齐王田广。项羽派龙且领兵，号称二十万大军，前来援救齐国，在高密与齐王的军队会师。

宾客中有人劝说龙且道："汉军远离本土，拼死战斗，它的锋芒锐不可当。而齐、楚两军在自己的家门口作战，士兵容易逃散。因此不如修筑深沟高垒固守，让齐王派遣他的心腹大臣去收复已经丢失的城邑。已丧汉军之手的城邑听说自己的君王还健在、楚军前来救援时，必定都会反叛汉军。汉军客居在远离本土两千里的齐地，如果齐国的城邑全起来反叛它，汉军势必无处取得粮草，这样就可以不战而使

何功！今战而胜之，齐之半可得也。”

十一月，齐、楚与汉夹潍水而陈。韩信夜令人为万余囊，满盛沙，壅水上流；引军半渡击龙且，佯不胜，还走。龙且果喜曰：“固知信怯也！”遂追信。信使人决壅囊，水大至，龙且军太半不得渡。即急击杀龙且，水东军散走，齐王广亡去。信遂追北至城阳，虏齐王广。汉将灌婴追得齐守相田光，进至博阳。田横闻齐王死，自立为齐王，还击婴，婴败横军于嬴下。田横亡走梁，归彭越。婴进击齐将田吸于千乘，曹参击田既于胶东，皆杀之，尽定齐地。

立张耳为赵王。

汉王疾愈，西入关。至栎阳，枭故塞王欣头栎阳市。留四日，复如军，军广武。

韩信使人言汉王曰：“齐伪诈多变，反覆之国也；南边楚。请为假王以镇之。”汉王发书，大怒，骂曰：“吾困于此，旦暮望若来佐我；乃欲自立为王！”张良、陈平蹑汉王足，因附耳语曰：“汉方不利，宁能禁信之自王乎！不如因而立之，善遇，使自为守；不然，变生。”汉王亦悟，因复骂曰：“大丈夫定诸侯，即为真王耳，何以假为！”

春，二月，遣张良操印立韩信为齐王，征其兵击楚。

（以上为第九段，写韩信平定了齐国都城临淄后，向东追击齐王田广；项羽派龙且率领大军前去援救，两军在潍水大战，韩信取得全胜；而后向汉王刘邦请求封为代理齐王，刘邦不得已而允之，韩信自己埋下杀身之祸。）

项王闻龙且死，大惧，使盱台人武涉往说齐王信曰：“天下共苦秦久矣，相与戮力击秦。秦已破，计功割地，分土而王之，以休士卒。今汉王复兴兵而东，侵人之分，夺人之地；已破三秦，引兵出关，收诸侯之

他们投降了。”龙且说：“我一向了解韩信的为人，容易对付得很！他曾经依赖漂洗丝绵的老太太分给他饭吃，毫无自己养活自己的办法；还曾蒙受从人胯下爬过去的耻辱，毫无胜过他人的勇气。这样的人实在不值得害怕。况且，现在援救齐国，不打一仗便使汉军主动投降，我还有什么功劳可谈啊！如今与他交锋而战胜了他，半个齐国就可以归我了。”

十一月，齐、楚两国的军队隔着潍水摆开阵势。韩信命人连夜赶做了一万多个袋子，装满沙土，堵住潍水的上游，然后，率领一半部队渡河去袭击龙且，随即假装战败，往回奔逃。龙且果然高兴地说：“我本来就知道韩信胆小如鼠嘛！”于是，渡潍水追击韩信。韩信立即派人挖开堵塞在潍水上游的沙袋，大水立刻奔泻而下，龙且的军队因此大部分没能渡过河去。韩信迅速组织反击，杀了龙且，阻留在潍水东岸的楚军四散奔逃，齐王田广也逃走了。韩信随即追逐败兵到了城阳，俘获了田广。汉军将领灌婴这时追击捉住了齐国守相田光，进军到博阳。田横听说齐王田广已死，就自立为齐王，回头迎击灌婴的队伍，灌婴在嬴城下打败了田横的军队。田横逃往梁地，归顺了彭越。灌婴接着又进军到千乘，攻打齐将田吸，曹参则在胶东进攻田既，将田吸、田既都杀掉了，全部平定了齐地。

汉王立张耳为赵王。

汉王箭伤痊愈后，西入函谷关。抵达栎阳时，斩杀过去的塞王司马欣，在栎阳街市中悬首示众。逗留栎阳四天后，汉王重返汉军，驻扎在广武。

韩信派人向汉王上书说：“齐国伪诈多变，是个反复无常的国家，而且它的南边又临近楚国。请让我暂时代理齐王去镇抚齐国。”汉王打开书信一看，就大发雷霆，骂道：“我被困在这里，朝思暮想地盼你来协助我，你却想要自立为王！”张良、陈平连忙暗踩汉王的脚，接着就凑到他的耳边低声说：“汉军目前正处在不利的形势中，哪能禁止韩信擅自称王啊！倒不如就趁势立他为王，好好地对待他，让他自行镇守齐国。不然的话，就可能会发生兵变。”汉王这时也醒悟过来，乘机又改口骂道：“大丈夫平定了诸侯国，要做就做正式的君王，何必要当个代理国王呢！”

春季，二月，汉王即派张良带着印信去封韩信为齐王，并征调他的部队去攻打楚军。

项羽听说龙且已死，非常害怕，立刻派遣盱眙人武涉去游说齐王韩信，说：“天下人同受秦朝暴政的苦累已经很久了，因此，同心协力攻打秦朝。秦朝灭亡后，诸侯军将领按照功劳大小，划分土地，分封为王，使士兵得到休整。而今汉王又兴兵

兵以东击楚，其意非尽吞天下者不休，其不知厌足如是甚也！且汉王不可必：身居项王掌握中数矣，项王怜而活之；然得脱，辄倍约，复击项王，其不可亲信如此。今足下虽自以汉王为厚交，为之尽力用兵，必终为所禽矣。足下所以得须臾至今者，以项王尚存也。当今二王之事，权在足下，足下右投则汉王胜，左投则项王胜。项王今日亡，则次取足下。足下与项王有故，何不反汉与楚连和，参分天下王之！今释此时而自必于汉以击楚，且为智者固若此乎？”

韩信谢曰：“臣事项王，官不过郎中，位不过执戟；言不听，画不用，故倍楚而归汉。汉王授我上将军印，予我数万众，解衣衣我，推食食我，言听计用，故吾得以至于此。夫人深亲信我，我倍之不祥；虽死不易！幸为信谢项王。”

武涉已去，蒯彻知天下权在信，乃以相人之术说信曰：“仆相君之面，不过封侯，又危不安；相君之背，贵乃不可言。”韩信曰：“何谓也？”

蒯彻曰：“天下初发难也，忧在亡秦而已。今楚、汉分争，使天下之人肝胆涂地，父子暴骸骨于中野，不可胜数。楚人走彭城，转斗逐北，乘利席卷，威震天下；然兵困于京、索之间，迫西山而不能进者，三年于此矣。汉王将十万之众，距巩、雒，阻山河之险，一日数战，无尺寸之功，折北不救。此所谓智勇俱困者也。百姓罢极怨望，无所归倚；以臣料之，其势非天下之贤圣固不能息天下之祸。当今两主之命，县于足下，足下为汉则汉胜，与楚则楚胜。诚能听臣之计，莫若两利而俱存之，参分天下，鼎足而居，其势莫敢先动。夫以足下之贤圣，有甲兵之众，据强齐，从赵、燕，出空虚之地而制其后，因民之欲，西乡为百姓请命，则天下风走而响应矣，孰敢不听！割大、弱强以立诸侯，诸侯已立，天下服听，而归德于齐。案齐之故，有胶、泗之地，深拱揖让，则天下之君王相率而朝于齐矣。盖闻‘天与弗取，反受其咎；时至不行，反受其殃’。愿足下熟虑之！”韩信曰：“汉王遇我甚厚，吾岂可乡利而倍义乎！”

东进，侵犯人家的王位，掠夺人家的封地，已经攻陷了三秦，还要再领兵出函谷关，收集诸侯的军队向东去攻打楚国，他的心意是不吞并天下誓不罢休，贪得无厌竟然到了如此过分的地步！况且，汉王是靠不住的，他好几次身落项王的掌握之中，项王因为可怜他而留给他活路，但是他一脱身就背弃盟约，重新攻打项王，不可亲近信赖竟也到了这种地步。现在，您虽然自以为与汉王交情深厚，替他竭尽全力地用兵打仗，但是最终还是要被他拿下的。您之所以能苟延至今，就是由于项王还存在的缘故啊！目前，楚、汉二王成败之事，关键就在您了。您向西依附汉王，汉王就能获胜；向东投靠项王，项王就能成功。假如项王今日遭到覆灭，那么接着就轮到您要灭亡了。您和项王曾经有过交情，为什么不反叛汉国来与楚国联合，三家瓜分天下，各自立为王呢？现在，您放过这个良机，下决心投靠汉王来进攻楚国，作为智者难道原本就是这个样子的吗？”

韩信辞谢说：“我事奉项王的时候，官职不过是个郎中，地位不过是个持戟的卫士，所说的话项王不听，所献的计策项王不用，为此，我才背叛楚国归顺汉国。而汉王则授给我上将军的官印，拨给我几万人马，脱下他的衣服让我穿，推过他的食物让我吃，并且对我言听计从，所以我才能达到今天这个地位。人家如此亲近、信任我，我背叛人家是不吉利的。我即使死了也不会改变跟定汉王的主意！望您替我向项王致歉。”

武涉走了后，蒯彻知道天下胜负大势就取决于韩信，便用看相人的说法劝说韩信道：“我相您的面，不过是封个侯，而且又危险，又不安全；相您的背，却是高贵得无法言表。”韩信说：“这是什么意思呀？”

蒯彻说：“天下开始兴兵抗秦的时候，所担忧的只是能否灭亡秦朝罢了。而如今楚、汉纷争，连年战火，使天下的百姓肝脑涂地，横遭惨死，父子老少的尸骨暴露在荒郊野外，数也数不清。楚国人从彭城起兵，辗转作战，追逃逐败，乘着胜利势如卷席，威震天下。然而，士兵困在京县、索城一带，被阻在成皋西面的山地中无法前进，于今已经三年了。汉王率领十万大军，在巩县、洛阳一带抵御楚军，凭借山河地形的险要，一天之内打几次仗，却无法取得一点点功绩，而是受挫败逃，难以自救。这就叫作智者、勇者都已困窘不堪了。百姓被折腾得精疲力尽，怨声载道，民心无所归倚。据我所料，这种形势如果没有天下各国的圣贤出面，天下的祸乱就必定无法平息。目前，楚、汉二王的命运就牵系在您的手中，您为汉王效力，汉国就会获胜；您为楚王助威，楚国就会取胜。若您真肯听从我的计策，那就不如让楚、汉都不受损害，并存下去，您与他们三分天下，鼎足而立。这种形势一旦构成，便没有谁敢先行举手投足了。再凭着您的圣德贤才和拥兵众多，占据强大的齐国，迫令赵、燕两国顺从，出击刘、项兵力薄弱的地区以牵制住他们的后方，顺应百姓的

蒯生曰："始常山王、成安君为布衣时，相与为刎颈之交；后争张黶、陈泽之事，常山王杀成安君泜水之南，头足异处。此二人相与，天下至欢也，然而卒相禽者，何也？患生于多欲而人心难测也。今足下欲行忠信以交于汉王，必不能固于二君之相与也，而事多大于张黶、陈泽者；故臣以为足下必汉王之不危己，亦误矣！大夫种存亡越，霸句践，立功成名而身死亡，野兽尽而猎狗烹。夫以交友言之，则不如张耳之与成安君者也；以忠信言之，则不过大夫种之于句践也：此二者足以观矣，愿足下深虑之！且臣闻'勇略震主者身危，功盖天下者不赏'。今足下戴震主之威，挟不赏之功，归楚，楚人不信；归汉，汉人震恐。足下欲持是安归乎？"韩信谢曰："先生且休矣，吾将念之。"

后数日，蒯彻复说曰："夫听者，事之候也；计者，事之机也；听过计失而能久安者鲜矣！故知者，决之断也；疑者，事之害也。审豪厘之小计，遗天下之大数，智诚知之，决弗敢行者，百事之祸也。夫功者，难成而易败，时者，难得而易失也；时乎时，不再来！"

韩信犹豫，不忍倍汉；又自以为功多，汉终不夺我齐，遂谢蒯彻。因去，佯狂为巫。

意愿，向西去制止楚汉纷争，为百姓请求解除疾苦、保全生命。这样，天下的人便会闻风响应您，哪里还有谁胆敢不听从号令！然后，您就分割大国，削弱强国，以封立诸侯。诸侯已被扶立起来，天下的人便将顺从，并把功德归给齐国。您随即盘踞齐国原有的领地，控制住胶河、泗水流域，同时恭敬谦逊地对待各诸侯国，天下的各国君王就会相继前来朝拜齐国表示归顺了。我听说：'上天的赐予如不接受，反而会受到上天的惩罚；时机到来如不行动，反而会遭受贻误良机的灾祸。'因此，望您能对这件事情仔细斟酌！"韩信说："汉王对我非常优待，我怎么能因贪图私利而忘恩负义啊！"

蒯彻说："当初，常山王张耳和成安君陈馀还是平民百姓的时候，彼此就结成了生死之交，待后来为张黡、陈泽的事发生争执构怨颇深时，常山王终于在泜水南面杀掉了成安君，使成安君落了个头脚分家的结局。这二人相互交往时，感情是天下最深厚的，但最终却彼此捕杀对方，这是为什么呢？是由于祸患从无止境的欲望中产生，而这欲望使得人心难以预料啊！现在，您想要凭忠诚和信义与汉王交往，但你们两人的友好关系肯定不会比常山王、成安君二人的友情牢固，而且你们之间所涉及的事情又多比张黡、陈泽类的事件大，故此，我认为您坚信汉王绝不会危害您，也是大错特错的了！大夫文种保住了濒临灭亡的越国，使勾践称霸于诸侯国，但他自己功成名就却身遭杀害，犹如野兽捕尽，猎狗即被煮杀一样。从结交朋友的角度来说，您与汉王的交情不如张耳和陈馀的交情深；从忠诚信义的角度说，您对汉王的忠信又比不过文种对勾践的忠信。这两点已经足够供您观察反思的了，望您能深深地考虑。况且，我听说：'勇敢和谋略过人，令君王为之震动的人，自身会遇危险；功勋卓著，雄冠天下的人，则无法得到封赏。'如今您拥有震撼君王的威势，挟持无法封赏的伟绩，归依楚国，楚国人不会信任您；归附汉国，汉国人将因您而震惊恐惧。那么，您带着这样的威势和功绩，想要到哪里去安身呢？"韩信推辞说："您先别说了，我将考虑一下这件事。"

过了几天，蒯彻又劝韩信说："善于听取意见，就能够预见到事情发生的征兆；善于谋划思索，就能够把握住事情成败的关键。不善于听取意见、思考问题而能长久地维持安全的人，天下少有！所以，为人明智坚定，抉择事情时就会果断；为人犹疑多虑，处理事情时就会招来危害。一味在极其微小的枝节末梢问题上精打细算，往往遗漏掉那些关系国家生死存亡的大事，智慧足以预知事情应该如何去做，做出了决定却又不敢去执行，就会为一切事情埋下祸根。功业难得成功而容易失败，时机难以把握却容易贻误。时机啊时机，失去了就不会再回来！"

但是，韩信仍然犹豫不决，不忍心背叛汉王；而且又自认为功劳多，汉王终究不会夺走自己手中的齐国，于是就谢绝了蒯彻。蒯彻随即离去，假装疯癫，做了巫师。

（以上为第十段，写齐王韩信打败了项羽的干将龙且，项羽非常害怕，坐不住了，立刻派盱眙人武涉去游说韩信，劝韩信背弃汉王刘邦，三分天下，各自为王；范阳人蒯彻也如此劝说，被韩信坚决地回绝了。）

秋，七月，立黥布为淮南王。

八月，北貉燕人来致枭骑助汉。

汉王下令：军士不幸死者，吏为衣衾棺敛，转送其家。四方归心焉。

是岁，以中尉周昌为御史大夫。昌，苛从弟也。

项羽自知少助；食尽，韩信又进兵击楚，羽患之。汉遣侯公说羽请太公。羽乃与汉约，中分天下，割洪沟以西为汉，以东为楚。

九月，楚归太公、吕后，引兵解而东归。汉王欲西归，张良、陈平说曰："汉有天下太半，而诸侯皆附；楚兵疲食尽，此天亡之时也。今释弗击，此所谓'养虎自遗患'也。"汉王从之。

（以上为第十一段，写在楚汉相争中，项羽兵疲粮尽，刘邦由弱转强，项羽与汉王刘邦约定，双方以鸿沟为界，平分天下，项羽解兵东去，刘邦也想西行回国，而张良、陈平劝说刘邦乘势追击楚军，灭亡楚国。）

秋季，七月，汉王刘邦立英布为淮南王。

八月，北方的貉族人和燕人派勇猛的骑兵前来协助汉军。

汉王下令：凡军士在战争中不幸死亡的，官吏要为他们用衣被棺木殓尸，并转送回死者家中。此令一施行，四面八方的人都心甘情愿地来归附汉王了。

这一年，汉王任命中尉周昌为御史大夫。周昌，是周苛的堂弟。

项羽自己明白楚军颇为缺乏援助力量，而且军粮已经全部吃完，韩信又在进军攻打楚军，为此十分忧虑。汉王这时派侯公前来劝说项羽，请求接汉王的父亲太公回去。项羽于是就同汉王定下条约：二人平分天下，以战国时魏惠王所开的名为“鸿沟”的运河为界，鸿沟以西划归汉王，鸿沟以东划归楚王。

九月，楚军将太公、汉王王后吕雉送归汉王，项羽随即领兵解阵而东行归去。汉王于是也想西行回国，张良、陈平便劝他道：“汉国已经得到了大半个天下，诸侯又都来归附，楚军却兵疲粮尽，这正是上天让我们灭亡楚国的大好时机啊。如今放走楚军而不去追击，这就叫作‘饲养猛虎，给自己留下后患’啊！”汉王接受了他们的意见。

【点评】

郦食其“下齐”与韩信“攻齐”的是与非。在楚汉相争的第四个年头，即前203年，在汉国一方发生了一件怪事，即谋士郦食其逞其口舌，下齐七十余城，被诗人称为“凭轼下东藩”；而后，韩信又率领大军灭了齐国。这历来论说纷纭，莫衷一是。而对此究竟做何评价？

首当其冲的是，我们要弄清事情的原委。话从刘邦兵败彭城说起，当时的形势对刘邦非常不利，几次差点丢了性命，魏王豹原来投靠刘邦，看刘邦不行了，就以探视母病为由回到封国，而后封锁河关，叛汉与楚约和。刘邦派郦食其游说魏豹没有效果，便任命韩信为左丞相，率兵攻打魏国，开辟侧翼战场，以声援正面战场。韩信以木盆、木桶代船从夏阳渡河，袭击魏都安邑，获得大胜，俘虏魏豹，平定了魏国。接着，又破赵下燕，平定了河北。此时刘邦的荥阳正面战场非常狼狈，用“金蝉脱壳”之计，逃出项羽的包围圈，单骑与夏侯婴跑到修武，径直进入韩信军中，夺取了他的印信兵符，调兵遣将，任命韩信为相国，收整没有调到荥阳的赵兵去攻打齐国。韩信唯命是从。

而刘邦做了这样的部署，又听从了谋士郦食其的建议，游说齐国。郦食其凭着他三寸口舌，果真说动齐王降汉，撤除了历下的兵守战备，天天和郦食其一起纵酒作乐。

韩信听到这一消息后，非常困惑，一方面是刘邦下达的作战命令，要攻打齐国；一方面是郦食其已经说服了齐国，无须再攻打了，非常为难。这时，范阳辩士蒯彻劝说韩信道：“将军奉命攻打齐国，而汉王只不过派密使说服齐国归顺，难道有命令叫您停止进攻吗？况且，郦生不过是个说客，凭三寸之舌就降服了齐国七十多个城邑，将军统帅几万人马，一年多时间才攻占了赵国五十多个城邑，一个将军反倒不如一个儒生的功劳吗？”于是，韩信听从蒯彻意见，率兵渡河击齐，齐王田广认为自己被骗，于是烹杀了郦食其。韩信一举攻下齐国，杀掉齐王田广，而后有潍水之战、称王齐国等史事。

对此，如何评价？王夫之《读通鉴论》评道：“郦生说下齐，齐已受命，而汉东北之虑纾，项羽右臂之援绝矣。……乃韩信一启贪功之心，从蒯彻之说，疾击已降，而郦生烹；历下之军，喋血盈野，诸田卒以殄其宗。惨矣哉！贪功之念发于隐微，而血已漂卤（橹）也。”唐代诗人李白《梁甫吟》写道：“君不见高阳酒徒起草中，长揖山东隆准公。入门不拜骋雄辩，两女辍洗来趋风。东下齐城七十二，指挥楚汉如旋蓬。”后来，有人为这几句诗续写道：“不料韩信不听话，十万大军下历城。齐王火冒三千丈，抓了酒徒付鼎烹。”这是两种典型的评论，一说韩信“贪功”，一说

韩信“不听话”，似乎过错都在韩信一方，这样的评论，妥当吗？郦食其游说齐国，齐国投汉，韩信又再去攻打，灭掉齐国，虽然两者都取得了成功，但这在道义上则说不通，结果郦食其被烹杀，韩信被认为“贪功”“不听话”，那么，问题的根源到底出在哪里呢？

难道是郦食其错了吗？不是。郦食其向刘邦提出建议，得到刘邦的同意才去游说齐王，这正显示了郦食其的谋划能力和游说能力。通观郦食其投汉后的所作所为，他在刘邦西进、兵临陈留而前途未卜时投奔过去，用计攻克陈留，使刘邦得到大批军粮。而后，郦食其常常担任说客，以使臣的身份奔走于诸侯之间，多有建树。后人评说，在汉朝的开国谋士中，郦食其纵酒使气，疏阔狂放，跟刘邦很对脾气，不仅富于谋略，而且敢作敢为，勇于冒险，以非凡的政治远见和卓越的军事见解，为刘邦成就大业做出了无可替代的贡献。郦食其积极进取，冒险说齐，而被齐王烹死，不仅是个人的悲剧，也是汉国的一个重大损失。

难道是韩信错了吗？也不尽然。刘邦对韩信下达了攻打齐国的命令，韩信正整装待发，而这时听到了郦食其说下齐国的事情，他颇感意外，有些犹豫不决，一下子不知道该怎么办了。进吧，齐国已同意投降了，齐国已下，无须再费力劳神；退吧，他并没有接到停止攻打齐国的命令。权衡再三，他有些偏向于退军了，后来在蒯彻的劝说下，他也认识到刘邦在其中耍了花招，更觉得郦食其的功劳里有很大一部分应属于他，他是郦食其劝降工作的军事后盾，可现在一切好像都与他无关，他心有不甘。而现在正是攻齐的最好时机，田横、田广正和郦食其纵酒作乐，对他疏于戒备，这使攻齐变得容易很多。因此，他下了决心，攻打齐国。可以说，韩信的攻齐行动，即使有贪功之念，也是无可非议的，当然，这样所付出的代价有点大了。再换一下思路，如果韩信根据已经变化的新的形势，再向汉王刘邦请示是否继续攻打齐国，按照刘邦新的决定行事，这样，虽然在时间上会拖延一些，但韩信的行为不会受半点非议，也不会再被人说成“贪功”了。至于说韩信“不听话”，则史无所据。既然刘邦没有下达停止攻打齐国的命令，韩信就不存在“不听话”的问题。

那么问题出在哪里呢，难道是刘邦错了吗？确实是。刘邦口头上答应了郦食其的建议，让郦食其前去劝降齐国，但在他的心中还是希望韩信用兵力把齐国彻底平定下来，以达到一劳永逸的目的。所以，刘邦并没有把郦食其前去齐国劝降的事情通知韩信；郦食其劝降齐国之后，刘邦也没有命令韩信停止对齐国用兵。这样，他不对任何人说明意图，而让韩信、郦食其各行其是，而韩信、郦食其只能按照他的想法去做，这样，出了问题，当然是他的责任啊！因此，对于郦食其的说齐与韩信的破齐，使汉国失信于天下，要谴责的是刘邦，而不是韩信，更不是郦食其！

话又说回来，这也许是刘邦的高明之处，如果韩信不去攻打齐国，虽然齐国被说服，将来难免不会有反复，如果齐国再倒向项羽，对刘邦将是重大的打击。而韩信破齐，一了百了，要比郦食其说齐投汉要痛快得多。这样，项羽成了孤家寡人，完全失去了同盟力量，只能完全靠自己的力量去应付势力渐长的汉军发起的攻势，使楚汉斗争的优势明显地倾向刘邦一边。

资治通鉴（文白对照本） 卷第十一

汉纪三

汉高帝五年至七年（前202　前200年）

【起屠维大渊献（己亥，前202年），尽重光赤奋若（辛丑，前200年），凡三年】

【大事提要】

本卷记事起前202年，讫前200年，凡三年，当汉高帝五年至七年。本卷所载大事，主要是以下几个方面：其一，项羽败亡。号称“西楚霸王”的项羽主持分封后，汉王刘邦从汉中出兵进攻，项羽与其展开了历时四年的楚汉战争，其间也曾大破刘邦，但没有固定的后方补给，又猜疑亚父范增，最后反被刘邦消灭。前202年，项羽兵败垓下，突围至乌江边，自刎而死。其二，刘邦建汉。消灭暴秦后，刘邦被封为汉王。后从汉中出兵，与项羽争夺天下。他善于用人，善于采纳谋臣意见，充分发挥部下才能，并注意联合各地反对项羽的力量，终于反败为胜。前202年，刘邦于定陶即皇帝位，建立汉朝，定都长安，史称“西汉”。其三，定都关中。刘邦听从娄敬的提醒，将都城从洛阳迁到长安。娄敬从山东赶来进见刘邦，认为刘邦不应该像周朝那样以洛阳为都城，应该到关中定都。这样，在秦地固守险地，国家才能长治久安。张良同意娄敬的建议，刘邦恍然大悟，很快将都城迁到了长安。其四，论功行赏。刘邦夺取天下，认为是重用了萧何、张良、韩信三位“人杰”。定萧何为首功，封其为酂侯，食邑最多，又把萧何的位次排为第一；拟封给张良三万户，张良只选择了留地；又听从张良建议，将平时最为痛恨的雍齿封为什方侯，以安众将士之心。其五，剪灭异姓王。刘邦建国后，吸取秦亡教训，也为了安抚异姓功臣，分封了八个异姓王，张敖为赵王，英布为淮南王，臧荼为燕王，韩信为楚王，彭越为梁王，韩襄王后代为韩王，吴芮为长沙王，后消灭臧荼，封卢绾为燕王。为了巩固皇权，陆续予以剪灭。

【原文】

太祖高皇帝中

五年（己亥，前 202 年）

冬，十月，汉王追项羽至固陵，与齐王信、魏相国越期会击楚；信、越不至，楚击汉军，大破之。汉王复坚壁自守，谓张良曰："诸侯不从，奈何？"对曰："楚兵且破，二人未有分地，其不至固宜；君王能与共天下，可立致也。齐王信之立，非君王意，信亦不自坚；彭越本定梁地，始，君王以魏豹故拜越为相国；今豹死，越亦望王，而君王不早定。今能取睢阳以北至谷城皆以王彭越，从陈以东傅海与韩王信。信家在楚，其意欲复得故邑。能出捐此地以许两人，使各自为战，则楚易破也。"汉王从之。于是韩信、彭越皆引兵来。

十一月，刘贾南渡淮，围寿春，遣人诱楚大司马周殷。殷畔楚，以舒屠六，举九江兵迎黥布，并行屠城父，随刘贾皆会。

十二月，项王至垓下，兵少，食尽，与汉战不胜，入壁；汉军及诸侯兵围之数重。项王夜闻汉军四面皆楚歌，乃大惊曰："汉皆已得楚乎？是何楚人之多也！"则夜起，饮帐中，悲歌慷慨，泣数行下；左右皆泣，莫能仰视。于是项王乘其骏马名骓，麾下壮士骑从者八百余人，直夜，溃围南出驰走。平明，汉军乃觉之，令骑将灌婴以五千骑追之。项王渡淮，骑能属者才百余人。至阴陵，迷失道，问一田父，田父绐曰"左"。左，乃陷大泽中，以故汉追及之。

项王乃复引兵而东，至东城，乃有二十八骑；汉骑追者数千人。项王自度不得脱，谓其骑曰："吾起兵至今，八岁矣；身七十余战，未尝败北，遂霸有天下。然今卒困于此，此天之亡我，非战之罪也！今日固决死，愿为诸君快战，必溃围，斩将，刈旗，三胜之，令诸君知天亡我，非战之罪也。"

【语译】

太祖高皇帝中

汉高帝五年（己亥，前 202 年）

冬季，十月，汉王刘邦追击项羽到达固陵，与齐王韩信、魏国相国彭越约定日期合击楚军。但是，韩信、彭越的军队没有来，楚军攻打汉军，大败汉军。汉王于是重又坚固营垒，加强防守，并对张良说："诸侯不遵守信约，怎么办呢？"张良回答说："楚军即将被打败，而韩信、彭越二人没有分得确定的领地，因此，他们没有应约前来会合，是有道理的。大王您如果能与他们一起共分天下，就可以立即把他们召来。齐王韩信的封立，并不是您的本意，韩信自己也不放心。彭越本来平定了梁地，当初您为了魏豹的缘故，封彭越为魏国相国。而今魏豹已死，彭越也想自己称王，但您却不早做决定。现在，您可以把从睢阳以北到谷城的地区都封给彭越，把从陈县以东到沿海地区的区域都划给韩信。韩信的家乡在楚地，他的意思也是想要重新得到自己故乡的土地。您如果能拿出以上地区许给他们两人，让他们各自为自己的利益而战，那么，楚国就很容易被攻破了。"汉王听从了这一建议。于是，韩信、彭越都率军前来。

十一月，汉王的堂兄刘贾南渡淮河，包围了寿春，派人去诱降楚国的大司马周殷。周殷即反叛楚国，用舒地的兵力屠灭了六地，并调发九江的部队迎接英布，一同去屠灭了城父，接着便随同刘贾等人一齐会合。

十二月，项羽到了垓下，兵少粮尽，与汉军交战未能取胜，便退入营垒固守。这时，汉军和诸侯的军队将项羽的军营重重包围起来。项羽在晚上听到汉军在四面都唱起楚歌，就大惊道："汉军已经全部得到楚国的土地了吗？要不然楚人哪会有这么多呀！"便连夜起身，在帐中饮酒，慷慨悲歌，泪下数行，侍从人员见状也都纷纷哭泣，全不忍心抬头观看。项羽于是骑上他的名叫"骓"的骏马，部下的壮士骑马相随的有八百多人，当夜即突围，往南奔驰。天大亮时，汉军才发觉，便命令骑将灌婴率领五千名骑兵追赶。项羽渡过淮河，相随的骑兵能跟得上他的才一百多人。到达阴陵后，项羽一行人迷了路，就向一个农夫问路，农夫骗他说"往左"。项羽等往左走，却陷进了大沼泽地中。汉军因此便追上了他们。

项羽于是又领兵向东奔去，到达东城，相随的只有二十八个骑兵了。而这时，汉军骑兵追逐前来的有好几千人。项羽自己料想是不能脱身了，便对他的骑兵们说："我从起兵到现在，已经八年了，身经七十多次战斗，没有失败过，这才称霸于天下。但是，我今天终于被困在这里，这是上天要灭亡我啊，并不是我用兵有什么过错！今天，一定要一决生死，愿为你们痛痛快快地打一仗，一定要突破重围，斩杀

乃分其骑以为四队，四乡。汉军围之数重。项王谓其骑曰：“吾为公取彼一将。”令四面骑驰下，期山东为三处。于是项王大呼驰下，汉军皆披靡，遂斩汉一将。是时，郎中骑杨喜追项王，项王瞋目而叱之，喜人马俱惊，辟易数里。项王与其骑会为三处，汉军不知项王所在，乃分军为三，复围之。项王乃驰，复斩汉一都尉，杀数十百人；复聚其骑，亡其两骑耳。乃谓其骑曰：“何如？”骑皆伏曰：“如大王言！”

（以上为第一段，写刘邦会同韩信、彭越围攻项羽，项羽垓下战败，弃军突围，以图东山再起。项羽到达东城，只剩二十八骑，败亡已成定局，项羽认为是上天要灭亡他，不肯服输，要痛痛快快地打一仗向天抗议。）

于是项王欲东渡乌江，乌江亭长杈船待，谓项王曰：“江东虽小，地方千里，众数十万人，亦足王也。愿大王急渡！今独臣有船，汉军至，无以渡。”项王笑曰：“天之亡我，我何渡为！且籍与江东子弟八千人渡江而西，今无一人还；纵江东父兄怜而王我，我何面目见之！纵彼不言，籍独不愧于心乎！”

乃以所乘骓马赐亭长，令骑皆下马步行，持短兵接战。独籍所杀汉军数百人，身亦被十余创。顾见汉骑司马吕马童，曰：“若非吾故人乎？”马童面之，指示中郎骑王翳曰：“此项王也。”项王乃曰：“吾闻汉购我头千金，邑万户；吾为若德。”乃自刎而死。王翳取其头；余骑相蹂践，争项王，相杀者数十人；最其后，杨喜、吕马童及郎中吕胜、杨武各得其一体；五人共会其体，皆是，故分其户，封五人皆为列侯。

楚地悉定，独鲁不下；汉王引天下兵欲屠之。至其城下，犹闻弦诵之声；为其守礼义之国，为主死节，乃持项王头以示鲁父兄，鲁乃降。汉王以鲁公礼葬项王于谷城，亲为发哀，哭之而去。诸项氏枝属皆不诛。封项伯等四人皆为列侯，赐姓刘氏；诸民略在楚者皆归之。

太史公曰：羽起陇亩之中，三年，遂将五诸侯灭秦，分裂天下

敌将，砍倒汉旗，接连三次取胜，让你们知道是天要亡我，而不是我用兵的过错。”

随即，项羽把他的人马分为四队，向四个方向冲杀。但汉军已将他们重重包围。项羽便对他的骑兵们说：“看我为你们斩杀他一员将领！”就命令骑兵们从四面奔驰而下，约定在山的东边分三处会合。接着，项羽便大声呼喝着策马飞奔而下，汉军随即都溃败散乱，项羽就斩杀了一员汉将。这时，郎中骑杨喜追击项羽，项羽瞪着双眼厉声呵叱他，杨喜人马都受到惊吓，退避了好几里地。项羽便与他的骑兵们分三处相会合，汉军不知道项羽究竟在哪里，于是，分兵三路，重又把他们包围了起来。项羽随即奔驰冲杀，又斩杀了汉军的一名都尉，杀掉了汉军百十来人，重新聚拢了他的骑兵，至此不过仅损失了两名骑士罢了。项羽就对他的骑兵们说：“怎么样啊？”骑兵们都敬服地说：“正像大王您所说的一样！”

这时，项羽就想东渡乌江，乌江亭长把船停泊在岸边等着他，并对项羽说：“江东虽然狭小，土地方圆千里，民众几十万人，却也足够称王的了。望大王您火速渡江！现在只有我有船，汉军到来，无船渡江。”项羽笑着说：“上天要灭亡我，我还要渡江做什么呀！况且，我与江东子弟八千人渡江西征，而今没有一个人归还，纵使江东父老怜而爱我，仍然以我为王，我又有什么脸面去见他们呢？即便他们不说什么，难道我就不感到心中有愧吗？”

于是，项羽就把自己所骑的乌骓骏马送给了亭长，命令他的骑兵都下马步行，手持短兵器与汉军交战。仅项羽一人就杀死了汉军几百人，项羽自己也身受十多处伤。这时，项羽回头看见了汉军骑司马吕马童，就说：“你不是我的老朋友吗？”吕马童对着项羽的面，指给中郎骑王翳说：“这就是项王！”项羽便说道：“我听说汉王悬赏千金买我的头颅，分给万户的封地，我就留给你一些恩德吧！”即自刎而死。王翳随即取下项羽的头颅。其余的骑兵便相互践踏着争抢项羽的躯体，相互残杀的有几十个人。到了最后，杨喜、吕马童和郎中吕胜、杨武各夺得项羽的一部分肢体。几个人把项羽的肢体会合，拼凑到一起，都对得上，因此便分割原来悬赏的万户封地，将五人都封为列侯。

楚地全部平定了，唯独鲁县仍然不投降。汉王刘邦率领天下的兵马，打算屠灭它。大军抵达城下，仍然能听到城中礼乐弦诵的声音。由于鲁县是信守礼义的国家，为自己的君主尽忠守节，汉军便拿出项羽的头颅给鲁县的父老看，鲁县这才投降。汉王用葬鲁公的礼仪把项羽葬在谷城，并亲自为项羽发丧举哀，哭了一阵后离去。对项羽的家族亲属都不加杀害，还把项伯等四人都封为列侯，赐他们姓刘，将过去被掳掠到楚国来的百姓们仍归他们统治。

太史公（司马迁）评论说：项羽起于田野民间，才三年就率领着齐、赵、

而封王侯，政由羽出；位虽不终，近古以来未尝有也！及羽背关怀楚，放逐义帝而自立；怨王侯叛己，难矣！自矜功伐，奋其私智而不师古，谓霸王之业，欲以力征经营天下。五年，卒亡其国，身死东城；尚不觉悟而不自责，乃引“天亡我，非用兵之罪也”，岂不谬哉！

扬子《法言》：或问：“楚败垓下，方死，曰‘天也！’谅乎？”曰：“汉屈群策，群策屈群力；楚憞群策而自屈其力。屈人者克，自屈者负；天曷故焉！”

（以上为第二段，写乌江亭长在乌江边等待项羽，项羽有机会逃奔江东，但他放弃了，自刎乌江向江东父老谢罪，成为一位名存千古的悲剧英雄。项羽将失败归咎于天的说法，受到司马迁和扬雄的批评。）

汉王还，至定陶，驰入齐王信壁，夺其军。

临江王共尉不降，遣卢绾、刘贾击虏之。

春，正月，更立齐王信为楚王，王淮北，都下邳。封魏相国建城侯彭越为梁王，王魏故地，都定陶。

令曰：“兵不得休八年，万民与苦甚；今天下事毕，其赦天下殊死以下。”

诸侯王皆上疏请尊汉王为皇帝。二月甲午，王即皇帝位于汜水之阳。更王后曰皇后，太子曰皇太子；追尊先媪曰昭灵夫人。

诏曰：“故衡山王吴芮，从百粤之兵，佐诸侯，诛暴秦，有大功；诸侯立以为王，项羽侵夺之地，谓之番君。其以芮为长沙王。”又曰：“故粤王无诸，世奉粤祀；秦侵夺其地，使其社稷不得血食。诸侯伐秦，无诸身率闽中兵以佐灭秦，项羽废而弗立。今以为闽粤王，王闽中地。”

帝西都洛阳。

夏，五月，兵皆罢归家。

诏：“民前或相聚保山泽，不书名数。今天下已定，令各归其县，复故爵、田宅；吏以文法教训辨告，勿笞辱军吏卒；爵及七大夫以上，皆令食邑，非七大夫已下，皆复其身及户，勿事。”

韩、魏、燕几个诸侯国的军队灭亡了秦朝，分割天下而分封王侯，政令全由项羽发布，他的王位虽然未获终结，但却也是近古以来所不曾有过的了！待到项羽背弃关中而怀恋楚国故土，放逐义帝而自立为王，这时怨恨诸侯王们背叛自己，可就很难说得通了！还自我夸耀战功，一味逞个人小聪明而不效法古人，认为霸王的功业，就是要用武力攻打来经营治理天下。结果只五年的时间，终于失掉了自己的国家，自身死在东城，却还不觉悟、不责备自己，反倒借口"上天要灭亡我，而并非我用兵的过错"，这难道不是荒谬之极吗！

扬雄《法言》曰：有人问："楚王兵败垓下，将要死的时候说道：'是上天亡我！'可以相信这种说法吗？"回答说："汉王尽量发挥、利用众人的计谋，这些计谋调动了众人的力量。楚王项羽憎恶采用众人的计谋，只发挥个人的作用。而善于发挥、利用众人智谋和力量的人就能取得胜利，只凭一己的智谋和力量的人就必定失败，这与上天有什么关系呢？"

汉王回军到达定陶县，奔入齐王韩信的营垒，接管了他的部队。

临江王共尉仍不归降，汉王便派卢绾、刘贾攻打并俘获了他。

春季，正月，汉王改封齐王韩信为楚王，统辖淮河以北地区，都城设在下邳。封魏相国建城侯彭越为梁王，统辖魏国故地，都城设在定陶。

汉王下令说："军队得不到休整已经八年了，万民饱受战乱之苦。现在夺取天下的大事已经完成，赦免天下判斩刑以下的所有罪犯。"

诸侯王一致上疏，请求推尊汉王为皇帝。二月初三甲午，汉王便在汜水北面登上帝位，改称王后为皇后，王太子为皇太子；追尊先母为昭灵夫人。

汉高帝发布命令说："原衡山王吴芮，率领百粤部族之兵，协助诸侯军，诛灭残暴的秦王朝，建有大功，诸侯立他为王，但项羽却侵夺了他的封地，称他作番君。现在改封吴芮为长沙王。"又说："原粤王无诸，世代供奉粤国的祖宗。秦王朝侵夺了他的土地，使粤国的社稷不能再享受祭祀。诸侯攻打秦朝，无诸亲自率领闽中的军队相协助，攻灭了秦王朝，项羽却将他废掉，不予封立。现在封无诸为闽粤王，统辖闽中一带。"

汉高帝向西建都洛阳。

夏季，五月，兵士们都复员回家。

汉高帝发布命令，说："民众中以前有的人相聚安守在深山大泽中躲避战乱，未登记入户籍中。如今天下已经平定，令这些民众各自返回他们的所在县，恢复他们过去的爵位和田地住宅；官吏应依据法律义理进行教导，处理纠纷，不得鞭笞侮辱

帝置酒洛阳南宫，上曰："彻侯、诸将毋敢隐朕，皆言其情：吾所以有天下者何？项氏之所以失天下者何？"高起、王陵对曰："陛下使人攻城略地，因以与之，与天下同其利；项羽不然，有功者害之，贤者疑之，此其所以失天下也。"上曰："公知其一，未知其二。夫运筹帷幄之中，决胜千里之外，吾不如子房；填国家，抚百姓，给饷馈，不绝粮道，吾不如萧何；连百万之众，战必胜，攻必取，吾不如韩信。三者皆人杰，吾能用之，此吾所以取天下者也。项羽有一范增而不能用，此所以为我禽也。"群臣说服。

（以上为第三段，写汉王刘邦打败项羽后，建立汉朝，登上帝位，建都洛阳，总结夺取天下的原因，认为是能够任用萧何、张良、韩信三位人杰，而项羽有一范增而不能用，故被打败，大家心悦诚服。）

韩信至楚，召漂母，赐千金。召辱己少年令出跨下者，以为中尉；告诸将相曰："此壮士也。方辱我时，我宁不能杀之邪？杀之无名，故忍而就此。"

彭越既受汉封，田横惧诛，与其徒属五百余人入海，居岛中。帝以田横兄弟本定齐地，齐贤者多附焉；今在海中，不取，后恐为乱。乃使使赦横罪，召之。横谢曰："臣烹陛下之使郦生，今闻其弟商为汉将；臣恐惧，不敢奉诏，请为庶人，守海岛中。"使还报，帝乃诏卫尉郦商曰："齐王田横即至，人马从者敢动摇者，致族夷！"乃复使使持节具告以诏商状，曰："田横来，大者王，小者乃侯耳；不来，且举兵加诛焉。"

横乃与其客二人乘传诣洛阳。未至三十里，至尸乡厩置。横谢使者曰："人臣见天子，当洗沐。"因止留，谓其客曰："横始与汉王俱南面称孤；今汉王为天子，而横乃为亡虏，北面事之，其耻固已甚矣。且吾烹人之兄，与其弟并肩而事主；纵彼畏天子之诏不敢动，我独不愧于心乎！且陛下所以欲见我者，不过欲一见吾面貌耳；今斩吾头，驰三十里间，形容尚未能败，犹可观也。"遂自刭，令客奉其头，从使者驰奏之。

军中官兵；凡爵位至七大夫以上的，都让他们享用封地民户的赋税收入，非七大夫爵位及其以下的，都免除其个人及一户之内的赋税徭役，不予征收。”

汉高帝在洛阳南宫举行酒宴，高帝说道：“各位列侯，各位将军，不要对我隐瞒，都来说说这个道理：我之所以能取得天下的原因是什么？项羽之所以失掉天下的原因又是什么呀？”高起、王陵回答说：“皇上派人攻城略地，攻取了城邑、土地就分封给他，与大家同享利益；项羽却不是这样，他对有功的人嫉恨，对贤能的人猜疑，这就是他失去天下的原因。”高帝说：“你们是只知其一，不知其二啊。谈到运筹帷幄之中，决胜千里之外，我不如张良；镇守国家，安抚百姓，供给粮饷，保持运粮道路畅通无阻，我不如萧何；统率百万大军，战必胜，攻必克，我不如韩信。这三位都是人中英杰，而我能够任用他们，这就是我能够取得天下的原因。项羽虽然有一个范增，却不能信任使用他，这便是项羽所以被我捕捉打败的原因了。”群臣都心悦诚服。

韩信到了楚地，召见曾经分给自己饭吃的那位漂洗丝绵的老妇，赐给她一千金；又召见曾经羞辱自己、叫自己从胯下爬过去的那个人，任命他为楚国的中尉，并告诉将相们说：“这是位壮士啊！当他侮辱我时，我难道就不能杀了他吗？只是杀他没有名义，所以忍了下来，才达到了今天这样的成就。”

彭越已经受汉封，为梁王，田横怕被杀，就与他的部下五百多人进入大海，居住在岛上。高帝刘邦认为田横兄弟几人本来曾平定了齐地，齐地贤能的人大都归附了他，今流亡在海岛中，如不加以招抚，以后恐怕会作乱。于是，就派使者去赦免田横的罪过，召他前来。田横推辞说：“我曾烹杀了皇上的使臣郦食其，现在听说他的弟弟郦商是汉朝的将领，我很害怕，不敢奉诏前往，只请求做个平民百姓，留守在海岛中。”使者回报，高帝便命令卫尉郦商说：“齐王田横即将到来，有敢动一动他的随从人马的人，就诛灭家族！”随即再派使者拿着符节把高帝命令郦商的情况对田横一一讲明，并说道：“田横如能前来，高可以封王，低也是个侯。如果不来，便要发兵加以诛杀了。”

田横便和他的两个宾客乘坐驿站的传车去到洛阳。离洛阳还有三十里，到达尸乡驿站。田横向使者道歉说：“为人臣子的人觐见天子时，应当沐浴。”随即住下来，对他的宾客说：“我起初与汉王一道面朝南称王，而今汉王做了天子，我却是作为败亡的臣虏，面北称臣伺候他，这耻辱本来已经非常大了，何况我还烹杀了人家的兄长，又同被烹杀人的弟弟并肩侍奉他们的君主呢？即便这位弟弟畏惧天子的命令不敢动我，我难道内心就不感到惭愧吗？况且，皇上想要见我的原因，不过是想看一

帝曰："嗟乎！起自布衣，兄弟三人更王，岂不贤哉！"为之流涕。

而拜其二客为都尉，发卒二千人，以王者礼葬之。既葬，二客穿其冢傍孔，皆自刭，下从之。帝闻之，大惊。以横客皆贤，余五百人尚在海中，使使召之；至，则闻田横死，亦皆自杀。

初，楚人季布为项籍将，数窘辱帝。项籍灭，帝购求布千金；敢有舍匿，罪三族。布乃髡钳为奴，自卖于鲁朱家。朱家心知其季布也，买置田舍；身之洛阳见滕公，说曰："季布何罪！臣各为其主用，职耳；项氏臣岂可尽诛邪？今上始得天下，而以私怨求一人，何示不广也！且以季布之贤，汉求之急，此不北走胡，南走越耳。夫忌壮士以资敌国，此伍子胥所以鞭荆平之墓也。君何不从容为上言之！"滕公待间，言于上，如朱家指。上乃赦布，召拜郎中，朱家遂不复见之。

布母弟丁公，亦为项羽将，逐窘帝彭城西。短兵接，帝急，顾谓丁公曰："两贤岂相厄哉！"丁公引兵而还。及项王灭，丁公谒见。帝以丁公徇军中，曰："丁公为项王臣不忠，使项王失天下者也。"遂斩之，曰："使后为人臣无效丁公也！"

臣光曰：高祖起丰、沛以来，罔罗豪桀，招亡纳叛，亦已多矣。及即帝位，而丁公独以不忠受戮，何哉？夫进取之与守成，其势不同。当群雄角逐之际，民无定主；来者受之，固其宜也。及贵为天子，四海之内，无不为臣；苟不明礼义以示之，使为臣者，人怀贰心以徼大利，则国家其能久安乎！是故断以大义，使天下晓然皆知为臣不忠者无所自容；而怀私结恩者，虽至于活己，犹以义不与也。戮一人而千万人惧，其虑事岂不深且远哉！子孙享有天禄四百余年，宜矣！

看我的容貌罢了。现在斩下我的头颅，奔驰三十里地送去，神态容貌还不会变坏，仍然可以看。”于是，用刀割自己的脖子，并让宾客捧着他的头颅，随同使者疾驰洛阳奏报。高帝说：“哎呀！从平民百姓起家，兄弟三人相继为王，这难道不是很贤能的吗？”为田横流下了眼泪。

接着，授给田横的两个宾客都尉的官职，调拨士兵两千人，按照葬侯王的礼仪安葬了田横。下葬以后，那两位宾客在田横的坟墓旁挖了个坑，都自刎而死，倒进坑里陪葬田横。高帝听说了这件事，大为震惊，认为田横的宾客都很贤能，余下的五百人还在海岛上，便派使者去招抚他们。使者抵达海岛，这五百人听说田横已死，也都自杀了。

当初，楚地人季布，是项羽手下的将领，曾多次困窘羞辱汉王刘邦。项羽灭亡后，高帝悬赏千金捉拿季布，下令说有敢收留窝藏季布的，罪连三族。季布于是剃去头发，用铁箍卡住脖子当奴隶，把自己卖给鲁地的大侠朱家。朱家心里明白这个人就是季布，就将他买下，安置在田庄中。朱家随即到洛阳去进见滕公夏侯婴，劝他道：“季布有什么罪啊？臣僚各为自己的君王效力，这是常理。项羽的臣下难道可以全都杀掉吗？如今皇上刚刚取得天下，便借私人的怨恨去寻捕一个人，怎么如此显露自己胸襟的狭窄呀！况且，根据季布的贤能，朝廷悬赏寻捕他如此急迫，这是逼他不向北投奔胡人，便往南投靠百越部族啊！忌恨壮士而以此资助敌国，这是伍子胥所以要掘墓鞭打楚平王尸体的缘由啊！您为什么不从容地向皇上说说这些道理呢？”滕公于是就待有机会时，按照朱家的意思向高帝进言，高帝便赦免了季布，并召见他，授任他为郎中。朱家从此也就不再见季布。

季布的舅父丁公，也是项羽手下的将领，曾经在彭城西面追困过高帝刘邦。短兵相接，高帝感觉事态危急，便回头对丁公说：“两个好汉难道要相互打斗吗？”丁公于是领兵撤还。等到项羽灭亡，丁公来谒见高帝。高帝随即把他拉到军营中示众，说道：“丁公身为项王的臣子却不忠诚，他是使项王失掉天下的人啊！”就把他杀了，并说：“让后世为人臣子的人不要效法丁公！”

臣司马光评论说：汉高祖从丰、沛起事以来，网罗强横有势力的人，招纳逃亡反叛的人，已经是相当多的了。待到登上帝位，唯独丁公因为不忠诚而遭受杀戮，这是为什么啊？这是由于进取与守成形势不同的缘故呀。当群雄并起争相取胜的时候，民众没有确定的君王，谁来投奔就接受谁，本来就该如此。待到贵为天子，四海之内无不臣服时，如果不明确礼义以显示给人看，致使身为臣子的人，人人怀有二心以图求取厚利，那么，国家还能长治久安吗？因此，汉高祖据大义做出决断，使天下的人都清楚地知道，身为臣子却不忠诚的人没有可以藏身的地方，怀揣个人目的而布施恩惠的人，尽管他甚至救过自己

（以上为第四段，写韩信报恩，酬漂母千金，以德报怨，无赖任中尉；田横不愿北面事奉汉高帝，自杀以明志；汉高帝赦季布而斩丁公，司马光评论称赞高帝刘邦处置得当。）

齐人娄敬戍陇西，过洛阳，脱挽辂，衣羊裘，因齐人虞将军求见上。虞将军欲与之鲜衣。娄敬曰："臣衣帛，衣帛见；衣褐，衣褐见；终不敢易衣。"

于是虞将军入言上。上召见，问之。娄敬曰："陛下都洛阳，岂欲与周室比隆哉？"上曰："然。"娄敬曰："陛下取天下与周异。周之先，自后稷封邰，积德累善，十有余世，至于太王、王季、文王、武王而诸侯自归之，遂灭殷为天子。及成王即位，周公相焉，乃营洛邑，以为此天下之中也，诸侯四方纳贡职，道里均矣。有德则易以王，无德则易以亡，故周之盛时，天下和洽，诸侯、四夷莫不宾服，效其贡职。及其衰也，天下莫朝，周不能制也；非唯其德薄也，形势弱也。今陛下起丰、沛，卷蜀、汉，定三秦，与项羽战荥阳、成皋之间，大战七十，小战四十；使天下之民，肝脑涂地，父子暴骨中野，不可胜数，哭泣之声未绝，伤夷者未起；而欲比隆于成、康之时，臣窃以为不侔也。且夫秦地被山带河，四塞以为固；卒然有急，百万之众可立具也。因秦之故，资甚美膏腴之地，此所谓天府者也。陛下入关而都之，山东虽乱，秦之故地可全而有也。夫与人斗，不扼其亢，拊其背，未能全其胜也；今陛下案秦之故地，此亦扼天下之亢而拊其背也。"

帝问群臣。群臣皆山东人，争言："周王数百年，秦二世即亡。洛阳东有成皋，西有殽、渑，倍河，乡伊、洛，其固亦足恃也。"

上问张良。良曰："洛阳虽有此固，其中小不过数百里，田地薄，四面受敌，此非用武之国也。关中左殽、函，右陇、蜀，沃野千里；南有

的命，依照礼义仍不予宽容。似此杀一人而使千万人畏惧，考虑事情难道不是既深刻又远广吗？汉高帝的子孙享有上天赐予的禄位四百多年，是应该的啊！

故齐国人娄敬去防守陇西，经过洛阳，下了车，穿着羊皮袄，通过齐人虞将军求见高帝刘邦。虞将军想要给他穿上华丽鲜亮的衣服，娄敬说："我如果穿的是丝绸，就身着丝绸去进见；如果穿的是粗毛麻布，就身着粗毛麻布去进见，终究不敢冒昧地更换衣服。"

这时，虞将军便进去向高帝报告。高帝即召见娄敬，并询问他。娄敬说："皇上定都洛阳，难道是想与周王朝一比隆盛威势吗？"高帝说："是啊。"娄敬说："皇上夺取天下的途径与周朝不同。周朝的祖先，从后稷被唐尧封在邰地起，积累德政善行十多代，以至于到太王、王季、文王、武王时期，诸侯自行归附，终于灭掉殷商当了天子。到了周成王登位，周公辅佐他，才营建洛邑，因为认为这里是天下的中心，各地诸侯前往交纳土贡和赋税，所走的道路里程相等。君王有德行就容易靠此统治天下，没有德行就容易由此而亡国。所以，周朝强盛的时候，天下和睦，诸侯、四方外族没有不臣服、不奉上他们的贡赋的。待到周朝衰弱时，天下没有谁前来朝贡，周朝也已无法驾驭制约了。这不仅是由于它的德行微薄，而且也由于形势衰弱的缘故啊！如今，皇上从丰、沛起兵抗秦，席卷蜀郡、汉中郡，平定秦地雍、塞、翟三国，与项羽在荥阳、成皋之间作战，经过大战七十次，小战四十次，使天下民众肝脑涂地，惨遭杀戮，老老少少的尸骨暴露在荒野之中，数都数不过来，哭泣的悲声还没有断绝，伤残的人员还不能行走，就想与周成王、康王时代的隆盛威势相比美，我私下里认为这是很不相称的。况且，秦地依靠华山，濒临黄河，四面都有险要关隘为屏障，如果突然有紧急情况发生，百万军队可以立即就调动齐备。依靠秦地原有的基础，凭借那里富饶肥沃的土地，这就是所谓的天然府库的优势啊。皇上进入函谷关，在那里建都，崤山以东地区就算是乱了，也仍然可以完整地据有秦国的旧地。同别人争斗，不卡住他的咽喉，而从后背拍击他，是不能大获全胜的。现在，皇上如果能占据秦国的故地，这也就是扼住了天下的咽喉且又攻击它的后背了。"

汉高帝询问群臣，群臣都是崤山以东地区的人，便抢着发言，说："周朝统治了几百年，而秦朝经历两代就灭亡了。洛阳东有成皋，西有崤山、渑池，背靠黄河，面向伊、洛二河，它的坚固也是足可依赖的。"

高帝又问张良。张良说："洛阳虽然有这样稳固的地势，但它的中心地区狭小，方圆不过几百里，田地贫瘠，四面受敌，因此，这里不是用武之地。而关中地区东

巴、蜀之饶，北有胡苑之利。阻三面而守，独以一面东制诸侯；诸侯安定，河、渭漕挽天下，西给京师；诸侯有变，顺流而下，足以委输；此所谓金城千里，天府之国也。娄敬说是也。”

上即日车驾西都长安。拜娄敬为郎中，号曰奉春君，赐姓刘氏。

张良素多病，从上入关，即道引，不食谷，杜门不出，曰：“家世相韩；及韩灭，不爱万金之资，为韩报仇强秦，天下振动。今以三寸舌为帝者师，封万户侯，此布衣之极，于良足矣。愿弃人间事，欲从赤松子游耳。”

臣光曰：夫生之有死，譬犹夜旦之必然；自古及今，固未有超然而独存者也。以子房之明辨达理，足以知神仙之为虚诡矣；然其欲从赤松子游者，其智可知也。夫功名之际，人臣之所难处。如高帝所称者，三杰而已。淮阴诛夷，萧何系狱，非以履盛满而不止耶！故子房托于神仙，遗弃人间，等功名于外物，置荣利而不顾，所谓“明哲保身”者，子房有焉。

（以上为第五段，写娄敬建言汉高帝都关中，得到张良的肯定。高帝随即迁都。兴汉三杰，韩信受族诛，萧何下狱，张良功成身退，不眷念权势荣名，辟谷，隐居，不问凡间之事，是明哲保身的典范，受到司马光的好评。）

六月，壬辰，大赦天下。

秋，七月，燕王臧荼反；上自将征之。

赵景王耳、长沙文王芮皆薨。

九月，虏臧荼。壬子，立太尉长安侯卢绾为燕王。绾家与上同里闬，绾生又与上同日；上宠幸绾，群臣莫敢望，故特王之。

项王故将利几反；上自击破之。

后九月，治长乐宫。

项王将钟离昧，素与楚王信善。项王死后，亡归信。汉王怨昧，闻其在楚，诏楚捕昧。信初之国，行县邑，陈兵出入。

有崤山、函谷关，西有陇山、蜀地岷山，沃野千里，南有巴、蜀的富饶资源，北有胡地草场畜牧的地利。倚仗三面险要的地形防守，只用东方一面来控制诸侯。假如诸侯安定，即可通过黄河、渭河水路转运天下的粮食，西上供给京都；如果诸侯发生变故，也可顺流而下，足够用以转运物资。这就是所谓有坚固的千里城墙、富庶的天然府库啊！娄敬的建议是对的。”

高帝当天就起驾动身向西进发，定都长安，并授任娄敬为郎中，称为“奉春君”，赐姓刘。

张良向来多病，随从汉高帝进入函谷关，就静居行气，不吃粮食，闭门不出，说道：“我家的人世代做韩国的宰相，及至韩国灭亡，我不吝惜万金资财，为韩国向强大的秦朝报仇，使天下震动。如今，凭借三寸之舌成为皇帝的军师，被封为万户侯，这已是一个平民所能享有的最高待遇了，这对于我来说足够了。我只望抛开人间俗事，追随仙人赤松子去云游。”

臣司马光评论说：大凡有生就有死，犹如黑夜过后是白天一样的必然。自古至今，原本就没有超越自然而独立存在的事物。按照张良的明辨是非、通晓事理而论，他是完全知道神仙不过是些虚幻奇异的东西罢了。但他却要随同赤松子远游，他的聪明智慧是可以知道的了。功勋和名位之间，正是为人臣子的人所难于长久立足之处。即如高帝刘邦所称道的，不过只三个才能出众的人罢了。但是，淮阴侯韩信被诛除，相国萧何被拘禁到狱中，这不就是由于功名已达到巅峰却还不止步的缘故吗？所以，张良借与神仙交游相推脱，遗弃人间凡事，视功名如同身外之物，把荣誉利禄抛到脑后，所谓“明哲保身”者，张良就是个榜样！

六月初三日壬辰，汉高帝实行大赦。

秋季，七月，燕王臧荼反叛，汉高帝亲自率军征讨臧荼。

赵景王张耳、长沙王吴芮都去世。

九月，汉高帝俘获了臧荼。二十六日壬子，封太尉、长安侯卢绾为燕王。卢绾家与高帝是同乡，卢绾又与高帝同一天出生，高帝宠信卢绾，群臣没有敢埋怨的，因此，就特立卢绾为王。

项羽过去的将领利几反叛，汉高帝又亲自带兵打败了他。

闰九月，汉高帝改建长乐宫。

项羽手下的将领钟离眜，向来与楚王韩信交好。项羽死后，他就逃出来归附了楚王韩信。汉高帝很怨恨钟离眜，听说他在楚国，就下令楚王逮捕他。这时，楚王韩信刚到他的封国，巡视所辖县邑，出入都有军队护卫。

六年（庚子，前 201 年）

冬，十月，人有上书告楚王信反者。帝以问诸将，皆曰："亟发兵，坑竖子耳！"帝默然。又问陈平，陈平曰："人上书言信反，信知之乎？"曰："不知。"陈平曰："陛下精兵孰与楚？"上曰："不能过。"平曰："陛下诸将，用兵有能过韩信者乎？"上曰："莫及也。"平曰："今兵不如楚精而将不能及，举兵攻之，是趣之战也，窃为陛下危之！"上曰："为之奈何？"平曰："古者天子有巡狩，会诸侯。陛下第出，伪游云梦，会诸侯于陈。陈，楚之西界；信闻天子以好出游，其势必无事而郊迎谒；谒而陛下因禽之，此特一力士之事耳。"帝以为然；乃发使告诸侯会陈，"吾将南游云梦。"上因随以行。

楚王信闻之，自疑惧，不知所为。或说信曰："斩钟离昧以谒上，上必喜，无患。"信从之。

十二月，上会诸侯于陈，信持昧首谒上；上令武士缚信，载后车。信曰："果若人言：'狡兔死，走狗烹；高鸟尽，良弓藏；敌国破，谋臣亡。'天下已定，我固当烹！"上曰："人告公反。"遂械系信以归，因赦天下。

田肯贺上曰："陛下得韩信，又治秦中。秦，形胜之国也，带河阻山，地势便利；其以下兵于诸侯，譬犹居高屋之上建瓴水也。夫齐，东有琅邪、即墨之饶，南有泰山之固，西有浊河之限，北有勃海之利；地方二千里，持戟百万；此东西秦也，非亲子弟，莫可使王齐者。"上曰："善！"赐金五百斤。

上还，至洛阳，赦韩信，封为淮阴侯。信知汉王畏恶其能，多称病，不朝从；居常鞅鞅，羞与绛、灌等列。尝过樊将军哙。哙跪拜送迎，言称臣，曰："大王乃肯临臣！"信出门，笑曰："生乃与哙等为伍！"

汉高帝六年（庚子，前201年）

冬季，十月，有人上书告发楚王韩信谋反。汉高帝便征求将领们的意见，大家都说："赶快发兵，把这小子活埋了！"高帝默然不语。接着又询问陈平，陈平道："有人上书告韩信谋反，这事情韩信知道吗？"高帝说："不知道。"陈平说："皇上的精锐部队与楚王的相比，谁更厉害呢？"高帝说："超不过他的。"陈平说："皇上的将领们，用兵之材有能比过韩信的吗？"高帝说："没有赶得上他的。"陈平说："现在军队不如楚国的精锐，将领又比不上韩信，却要举兵攻打他，这是促使他起兵反抗啊！我私下里为皇上感到危险！"高帝说："那该怎么办呢？"陈平说："古时候天子会巡视诸侯镇守的地方，会见诸侯。皇上只管出来视察，假装巡游云梦，在陈地会见诸侯。而陈地在楚国的西部边界，韩信听说天子怀着友好会见诸侯的心意出游，必定是全国安稳无事，便会到郊外迎接进见皇上。拜见时，皇上就趁机捉拄他，这不过是一个力士就能办到的事情罢了。"高帝认为陈平说得不错，便派出使者去通告诸侯到陈地聚会，说："我将南游云梦。"高帝随即起程南行。

楚王韩信听说这个消息后，自己颇为疑心害怕，不知怎么办才好。这时有人劝韩信说："杀了钟离昧去进见皇上，皇上必定欢喜，如此就不会有什么祸患了。"韩信听从了他的建议。

十二月，汉高帝在陈地会见诸侯，韩信提着钟离昧的头颅拜见高帝。高帝即命武士将韩信捆绑起来，装载到随皇帝车驾出行的副车上。韩信说："果然如同人们所说：'狡猾的兔子死了，奔跑的猎狗就要被烹杀；高飞的鸟儿没了，优良的弓箭就要被收藏；敌对的国家攻破了，谋臣就要被灭亡。'如今天下已经平定，我本来就应当被煮杀了！"高帝说："有人告发你谋反。"随即用镣铐枷锁锁住韩信而归，接着，实行大赦。

田肯前来向汉高帝祝贺说："皇上拿住了韩信，又在关中建都。秦地是形势险要能够制胜的地方，以河为襟带，以山为屏障，地势便利，从这里向诸侯用兵，就好像在高屋脊上倾倒瓶中的水那样居高临下而势不可挡了。如果说齐地，东有琅邪、即墨的富饶物产，南有泰山的峭峻坚固，西有浊河的险阻制约，北有渤海的渔盐利益，土地方圆两千里，拥有兵力百万，可以算作是东方的秦国了，因而不是皇上嫡亲的子弟，就没有可以去统治齐地的。"高帝说："对啊！"随即便赏给田肯五百斤黄金。

汉高帝归还，到了洛阳，就赦免了韩信，封他为淮阴侯。韩信知道刘邦害怕并厌恶他的才能，于是，就多次声称有病，不参加朝见和随侍出行。平日在家里总是闷闷不乐，为与绛侯周勃、将军灌婴这样的人处于同等地位感到羞耻。韩信曾去拜访将军樊哙。樊哙用跪拜的礼节送迎，口称"臣子"，说道："大王竟肯光临我这

上尝从容与信言诸侯能将兵多少。上问曰：“如我能将几何？”信曰：“陛下不过能将十万。”上曰：“于君何如？”曰：“臣多多而益善耳。”上笑曰：“多多益善，何为为我禽？”信曰：“陛下不能将兵而善将将，此乃信之所以为陛下禽也。且陛下，所谓‘天授，非人力’也。”

（以上为第六段，写刘邦着手铲除异姓王，灭燕王臧荼；因项羽部将钟离昧匿藏楚王韩信，而以谋反罪废韩信为淮阴侯。韩信失势而心怀怏怏，羞与樊哙为伍，曾与刘邦谈论带兵打仗，认为自己带兵多多益善。）

甲申，始剖符封诸功臣为彻侯。萧何封酂侯，所食邑独多。功臣皆曰：“臣等身披坚执锐，多者百余战，小者数十合。今萧何未尝有汗马之劳，徒持文墨议论，顾反居臣等上，何也？”帝曰：“诸君知猎乎？夫猎，追杀兽兔者，狗也；而发纵指示兽处者，人也。今诸君徒能得走兽耳，功狗也；至如萧何，发纵指示，功人也。”群臣皆不敢言。

张良为谋臣，亦无战斗功；帝使自择齐三万户。良曰：“始，臣起下邳，与上会留，此天以臣授陛下；陛下用臣计，幸而时中。臣愿封留足矣，不敢当三万户。”乃封张良为留侯。

封陈平为户牖侯，平辞曰：“此非臣之功也。”上曰：“吾用先生谋，战胜克敌，非功而何？”平曰：“非魏无知，臣安得进？”上曰：“若子，可谓不背本矣！”乃复赏魏无知。

帝以天下初定，子幼，昆弟少，惩秦孤立而亡，欲大封同姓以填抚天下。

春，正月，丙午，分楚王信地为二国：以淮东五十三县立从兄将军贾为荆王，以薛郡、东海、彭城三十六县立弟文信君交为楚王。

壬子，以云中、雁门、代郡五十三县立兄宜信侯喜为代王，以胶东、胶西、临淄、济北、博阳、城阳郡七十三县立微时外妇之子肥为齐王；诸民能齐言者皆以与齐。

里！”韩信出门后，讪笑着说：“我活着竟然要和樊哙等人为伍了！”

汉高帝曾与淮阴侯韩信闲谈，议论将领们能带多少兵。高帝问道：“像我这个样子能率领多少兵呀？”韩信说：“皇上不过能带十万兵。”高帝说：“对您来说怎样呢？”韩信道：“我是越多越好啊。”高帝笑着说：“你是越多越好，为什么却被我捉住了呀？”韩信说：“皇上虽然不能带，却善于驾驭将领，这就是我所以被皇上逮住的原因了。何况皇上的才能，是人们所说的‘是上天赐予的，而不是人力能够取得的’啊！”

十二月初九日甲申，汉高帝开始把表示凭证的符信剖分成两半，朝廷与功臣各执一半为证，用这一办法来分封各功臣为彻侯。萧何封为酂侯，所享用的食邑户数最多。功臣们都说：“我们身披坚硬铠甲，手持锐利兵器，多的身经百余次战斗，少的也交锋了几十个回合。如今萧何不曾有过汗马功劳，只是操持文墨，发发议论，封赏却在我们之上，这是为什么啊？”高帝说：“你们知道打猎是怎么回事吗？打猎，追杀野兽兔子的是猎狗，而放开系狗绳指示野兽所在地方的是人。现在你们只不过是能捕捉到奔逃的野兽罢了，功劳就如同猎狗一样；至于萧何，却是放开系狗绳指示猎取的目标，功劳和猎人相同啊！”群臣于是都不敢说三道四了。

张良身为谋臣，也没有什么战功，汉高帝让他自己选择齐地三万户作为封地。张良说：“当初，我在下邳起兵，与皇上在留地相会，这是上天把我授给皇上。此后，皇上采用我的计策，幸好有时能够获得成功。我希望封得留地就足够了，不敢承受三万户的封地。”高帝于是便封张良为留侯。

汉高帝封陈平为户牖侯。陈平推辞说：“我没有那么多功劳啊。”高帝说：“我采纳您的计谋，克敌制胜，这不是功劳又是什么呀？”陈平说：“如果没有魏无知的举荐，我哪里能够进见呀？”高帝说：“像您这样，可以说是不忘本了！”随即又赏赐了魏无知。

汉高帝由于天下刚刚平定，自己的儿子年幼，兄弟又少，便以秦朝孤立而导致灭亡的教训为戒鉴，想要大肆分封同姓族人，借此镇抚天下。

春季，正月二十一日丙午，汉高帝把楚王韩信的封地分为两个王国，将淮河以东五十三个县封给堂兄将军刘贾为荆王，将薛郡、东海、彭城等地三十六个县封给弟弟文信君刘交为楚王。

正月二十七日壬子，汉高帝把云中、雁门、代郡等地五十三个县封给哥哥宜信侯刘喜做代王，把胶东、胶西、临淄、济北、博阳、城阳郡等地七十三个县封给自己平民时与同居的妇人所生的儿子刘肥当齐王，百姓中能讲齐国话的人都分给了齐国。

上以韩王信材武，所王北近巩、洛，南迫宛、叶，东有淮阳，皆天下劲兵处；乃以太原郡三十一县为韩国，徙韩王信王太原以北，备御胡，都晋阳。信上书曰：“国被边，匈奴数入寇；晋阳去塞远，请治马邑。”上许之。

上已封大功臣二十余人，其余日夜争功不决，未得行封。上在洛阳南宫，从复道望见诸将，往往相与坐沙中语。上曰：“此何语？”留侯曰：“陛下不知乎？此谋反耳！”上曰：“天下属安定，何故反乎？”留侯曰：“陛下起布衣，以此属取天下；今陛下为天子，而所封皆故人所亲爱，所诛皆生平所仇怨。今军吏计功，以天下不足遍封；此属畏陛下不能尽封，恐又见疑平生过失及诛，故即相聚谋反耳。”上乃忧曰：“为之奈何？”留侯曰：“上平生所憎、群臣所共知，谁最甚者？”上曰：“雍齿与我有故怨，数尝窘辱我；我欲杀之，为其功多，故不忍。”留侯曰：“今急先封雍齿，则群臣人人自坚矣。”于是上乃置酒，封雍齿为什方侯；而急趋丞相、御史定功行封。群臣罢酒，皆喜，曰：“雍齿尚为侯，我属无患矣！”

臣光曰：张良为高帝谋臣，委以心腹，宜其知无不言；安有闻诸将谋反，必待高帝目见偶语，然后乃言之邪！盖以高帝初得天下，数用爱憎行诛赏，或时害至公，群臣往往有觖望自危之心；故良因事纳忠以变移帝意，使上无阿私之失，下无猜惧之谋，国家无虞，利及后世。若良者，可谓善谏矣。

列侯毕已受封，诏定元功十八人位次。皆曰：“平阳侯曹参，身被七十创，攻城略地，功最多，宜第一。”谒者、关内侯鄂千秋进曰：“群臣议皆误，夫曹参虽有野战略地之功，此特一时之事耳。上与楚相距五岁，失军亡众，跳身遁者数矣；然萧何常从关中遣军补其处，非上所诏令召，而数万众会上之乏绝者数矣。又军无见粮，萧何转漕关中，给食不乏。陛下虽数亡山东，萧何常全关中以待陛下。此万世之功也。今虽无曹参

汉高帝认为韩王韩信颇具雄才武略，而韩王韩信所管辖的地区北面紧靠巩地、洛阳，南面迫近宛、叶，东边有淮阳，都是天下可以驻扎重兵的地方，令人放心不下，就划出太原郡的三十一个县为韩国，调韩王韩信去管辖太原以北的新地区，防备抵御胡人，建都晋阳。韩王韩信上书说："韩国北靠边界，匈奴人屡次进来骚扰，都城晋阳离边塞遥远，请求改为以马邑为国都。"高帝允准。

汉高帝已经封赏了大功臣二十多人，其余的人日夜争功，一时决定不下来，便没能给予封赏。高帝在洛阳南宫，从天桥上望见将领们往往三人一群两人一伙地同坐在沙地中谈论着什么。高帝说："这是在说些什么呀？"留侯张良说："皇上不知道吗？这是在图谋造反啊！"高帝说："天下新近刚刚安定下来，为了什么缘故又要谋反呢？"留侯说："皇上由平民百姓起家，依靠这班人夺取了天下。如今皇上当了天子，所封赏的都是自己亲近喜爱的老友，所诛杀的都是自己生平仇视怨恨的人。现在军吏们计算功劳，认为即使把天下的土地都划作封国也不够全部封赏的了，于是，这帮人就害怕皇上对他们不能全部封赏，又恐怕因往常的过失而被猜疑以至于遭到诛杀，所以就相互聚集到一起图谋造反了。"高帝于是担忧地说："这该怎么办呢？"留侯说："皇上平素最憎恶并且群臣又都知道的人，是谁呀？"高帝说："雍齿与我有旧怨，他曾经多次困辱我。我想杀掉他，但由于他功劳很多，所以不忍心下手。"留侯说："那么，现在就赶快先封赏雍齿，这样一来，群臣也就人人都对自己能受到封赏坚信不疑了。"于是，高帝便置备酒宴，封雍齿为什方侯，并急速催促丞相、御史论定功劳进行封赏。群臣结束饮宴后，都欢喜异常，说道："雍齿尚且封为侯，我们这些人也就没有什么可担忧的啦！"

> 臣司马光评论说：张良作为高帝的谋臣，被当作心腹亲信，应该是知无不言，哪有已经听说诸侯将要谋反，却一定要等到高帝眼见有人成双成对地议论，然后才述说这件事的道理啊？这是由于高帝刚刚得到天下，屡次依据自己的爱憎来诛杀、封赏，有时候就会有损公平，群臣因此往往怀有抱怨和感到自己有危险的心理。所以，张良借着这件事进送忠言，以改变高帝的心思，使在上者无偏袒私情的过失，在下者无猜疑恐惧的念头，国家无忧患，利益延及后世。像张良这样，可以说是善于劝谏了。

列侯全都已经受封，汉高帝就命令议定获第一级功的十八个人的位次。群臣都说："平阳侯曹参，身受七十处创伤，攻城略地，立功最多，应当排在第一位。"谒者、关内侯鄂千秋进言说："群臣们的议论都错了。曹参虽然有野战夺地的功劳，却不过只是战场上一时间的事情罢了。皇上与楚军相持五年，军队丧失，部众逃亡，自己只身轻装逃脱就有好几次。当时萧何经常从关中派遣兵员补充汉军的缺额，这些都不是皇上下发命令叫他干的，而关中好几万士兵开赴前线时恰好遇到皇上将少

等百数，何缺于汉；汉得之，不必待以全。奈何欲以一旦之功而加万世之功哉！萧何第一，曹参次之。”上曰：“善！”于是乃赐萧何带剑履上殿，入朝不趋。

上曰：“吾闻‘进贤受上赏’。萧何功虽高，得鄂君乃益明。”于是因鄂千秋所食邑，封为安平侯。是日，悉封何父子兄弟十余人，皆有食邑；益封何二千户。

上归栎阳。

夏，五月，丙午，尊太公为太上皇。

（以上为第七段，写汉高帝刘邦论功行赏，谋臣萧何、张良、陈平，首先受封，萧何封邑最多，位居第一；汉高帝采张良建言，封赏有旧怨的雍齿为侯，打消了功臣们的猜疑。司马光评论，高度赞赏张良。）

初，匈奴畏秦，北徙十余年。及秦灭，匈奴复稍南渡河。

单于头曼有太子曰冒顿。后有所爱阏氏，生少子，头曼欲立之。是时，东胡强而月氏盛，乃使冒顿质于月氏。既而头曼急击月氏，月氏欲杀冒顿。冒顿盗其善马骑之，亡归；头曼以为壮，令将万骑。

冒顿乃作鸣镝，习勒其骑射。令曰：“鸣镝所射而不悉射者，斩之！”冒顿乃以鸣镝自射其善马，既又射其爱妻；左右或不敢射者，皆斩之。最后以鸣镝射单于善马，左右皆射之。于是冒顿知其可用；从头曼猎，以鸣镝射头曼，其左右亦皆随鸣镝而射。遂杀头曼，尽诛其后母与弟及大臣不听从者。冒顿自立为单于。

东胡闻冒顿立，乃使使谓冒顿：“欲得头曼时千里马。”冒顿问群臣，群臣皆曰：“此匈奴宝马也，勿与！”冒顿曰：“奈何与人邻国而爱一马乎！”遂与之。居顷之，东胡又使使谓冒顿：“欲得单于一阏氏。”冒顿复

兵尽的危急时刻，这也有过好多次了。再说到军中无现成粮食，萧何从关中水陆运送，军粮供给从不缺乏。皇上尽管多次丢掉崤山以东的地盘，萧何却总能保全关中地区等待皇上随时归来。这些都是万世不朽的功勋啊！如今，即便没有成百个曹参这样的人，对汉室又有什么缺损呢？汉室得到他们，未必就能靠着他们得以保全。怎么能将一时的功劳盖过万世的功勋啊？萧何应当位居第一位，曹参位居第二位。”高帝说：“对啊！”随即便特许萧何可以带剑、穿鞋上殿，朝见皇帝时不必行小步快走表示恭敬的常礼。

汉高帝说：“我听说：‘举荐贤能的人要受到上等的封赏。’萧何的功劳虽然卓著，是得到鄂君的申辩才更加明确的。”因此，就根据鄂千秋原来所受的封地，加封他为安平侯。这一天，封赏了萧何父子兄弟十多人，都得到了食邑。又加封给萧何两千户。

汉高帝返归栎阳。

夏季，五月二十三日丙午，汉高帝尊称父亲太公为“太上皇”。

当初，匈奴畏惧秦朝，迁移到北方十多年。待到秦朝灭亡，匈奴又逐渐往南渡过黄河。

匈奴单于头曼有太子叫冒顿。后来，头曼有宠爱的阏氏又生了个小儿子，头曼便想把他立为太子。这时东胡部族强大，西域的月氏部族也很强盛。头曼于是派冒顿到月氏去当人质。不久，头曼加紧攻击月氏，月氏就想杀掉冒顿。冒顿却偷盗月氏人的好马骑上，逃回了匈奴。头曼由此认为冒顿强壮勇武，就让他统率万名骑兵。

冒顿便制作响箭，训练部下骑射练习，使他们习惯于听从自己的号令。下令说：“看到我的响箭射出后不一齐发射的人，斩首！”冒顿随即用响箭射他的好马，接着又射他的爱妻，左右的人凡有不敢跟着发射的，都被斩杀了。最后冒顿又拿响箭射头曼单于的好马，左右的骑兵也都跟着放箭射单于的马。由此，冒顿知道这些兵士可以使用了，便在随同头曼出猎时，用响箭射头曼，他的部众即跟着响箭同射单于。最终杀死了头曼，并把他的后母和弟弟以及大臣中不听从调遣的人全部诛杀。冒顿自立为单于。

东胡听说冒顿杀父自立，便派出使者去告诉冒顿说：“想要得到头曼在位时拥有的一匹千里马。”冒顿询问群臣，群臣都说：“那是匈奴的一匹宝马，不能给人！”冒顿道：“怎么能与人家为友好邻国却还要吝惜区区一匹马呀？”随即把这匹马送给

问左右，左右皆怒曰："东胡无道，乃求阏氏！请击之！"冒顿曰："奈何与人邻国爱一女子乎！"遂取所爱阏氏予东胡。东胡王愈益骄。东胡与匈奴中间，有弃地莫居，千余里，各居其边，为瓯脱。东胡使使谓冒顿："此弃地，欲有之。"冒顿问群臣，群臣或曰："此弃地，予之亦可，勿与亦可。"于是冒顿大怒曰："地者，国之本也，奈何予之！"诸言予之者，皆斩之。冒顿上马，令："国中有后出者斩！"遂袭击东胡。东胡初轻冒顿，不为备；冒顿遂灭东胡。

既归，又西击走月氏，南并楼烦、白羊河南王，遂侵燕、代，悉复收蒙恬所夺匈奴故地与汉关故河南塞，至朝那、肤施。是时，汉兵方与项羽相距，中国罢于兵革，以故冒顿得自强，控弦之士三十余万，威服诸国。

秋，匈奴围韩王信于马邑。信数使使胡，求和解。汉发兵救之；疑信数间使，有二心，使人责让信。信恐诛，九月，以马邑降匈奴。匈奴冒顿因引兵南逾句注，攻太原，至晋阳。

（以上为第八段，写匈奴部落在秦朝灭亡、楚汉相争时逐渐强大起来，冒顿杀掉其父头曼单于自立，后又灭掉东胡，四处扩张，包围韩王韩信，韩王韩信举马邑城投降匈奴，匈奴趁势进攻太原，抵达晋阳。）

帝悉去秦苛仪法，为简易。群臣饮酒争功，醉，或妄呼，拔剑击柱，帝益厌之。叔孙通说上曰："夫儒者难与进取，可与守成。臣愿征鲁诸生，与臣弟子共起朝仪。"帝曰："得无难乎？"叔孙通曰："五帝异乐，三王不同礼；礼者，因时世、人情为之节文者也。臣愿颇采古礼，与秦仪杂就之。"上曰："可试为之，令易知，度吾所能行者为之！"

于是叔孙通使，征鲁诸生三十余人。鲁有两生不肯行，曰："公所事者且十主，皆面谀以得亲贵。今天下初定，死者未葬，伤者未起，又欲起礼、乐。礼、乐所由起，积德百年而后可兴也。吾不忍为公所为；公

了东胡。过了不久，东胡又派使者来对冒顿说：“想要得到单于的一位阏氏。”冒顿再询问左右近侍，侍臣都愤怒地说：“东胡这般无礼，竟然索求阏氏！请发兵攻打它！”冒顿道：“和人家是邻国，怎么能舍不得一个女子呢？”就选取自己所宠爱的阏氏送给了东胡。东胡王于是越来越骄横放纵。东胡与匈奴之间，有被废弃的土地无人居住，方圆一千多里，双方各居其一边，设立屯戍守望的哨所。东胡再次派使者对冒顿说：“这些无人居住的荒地，我想得到它。”冒顿依旧召问群臣，群臣中有的说：“这是块荒地，给他们也可以，不给也行。”冒顿这时却勃然大怒，说：“土地是国家的根本，怎么能够随便给人呢？”立即将那些说可以给予的臣子都杀了。冒顿接着一跃上马，下令说：“国中有晚出发的人，斩首！”随即领兵去袭击东胡。东胡起初非常轻视冒顿，不设防备，冒顿因此就灭掉了东胡。

冒顿获胜而归，又向西攻击赶跑了月氏，向南兼并了黄河以南的娄烦、白羊二王，随后侵掠燕、代地区，重新收复了当年被蒙恬夺走的匈奴旧地，并夺取了汉朝边关原河套以南诸要塞到朝那县、肤施县一带的大片土地。这个时候，汉军正与项羽相持，中原地区被战争拖累得疲惫不堪，因此，冒顿得以强大起来，拥有操弓射箭的士兵三十多万，威势镇服各国。

秋季，匈奴兵在马邑将韩王韩信重重包围。韩王韩信多次派使者出使匈奴，谋求和解。汉朝发兵救援，但又猜疑韩王韩信频繁私派使者是对汉室怀有二心，就派人去指责韩王韩信。韩王韩信害怕被杀，便在九月，举马邑城投降了匈奴。匈奴冒顿随即乘势领兵向南越过句注山，进攻太原，抵达晋阳。

汉高帝刘邦全部废除秦朝烦琐的礼仪，力求礼仪规则简单易行。这时，群臣们饮酒争功，喝得酩酊大醉，有的就胡喊狂呼，拔剑乱砍殿柱，高帝渐渐对这种现象产生了反感。叔孙通于是劝高帝说：“那班儒生，很难和他们一道攻打天下，但可以与他们一起保守成业坐拥天下。我愿意去征召鲁地的儒生，来同我的弟子一块儿制定臣子朝见君王的礼仪规则。”高帝说：“该不会挺烦难的吧？”叔孙通说：“五帝的乐制不一样，三王的礼制不相同。礼制，是根据时代、人情的变化，对人们的言行所确定的节制规范。我想稍微采用一些古代礼制，与秦朝的仪法掺合到一起制定出来。”高帝说：“可以试着做做，但要使这种礼仪容易被人们了解，估计我所能做得到的，据此去制定它。”

于是，叔孙通就奉命作为使者，去征召了鲁地的儒生三十多人。鲁地有两个儒生不肯前往，说：“您所事奉的君王将近有十个了，都是依靠当面阿谀逢迎来赢得亲近、尊贵。如今天下刚刚平定，死亡的人尚未安葬，伤残的人还不能行动，又想要

去矣，无污我！”叔孙通笑曰：“若真鄙儒也，不知时变！”遂与所征三十人西，及上左右为学者与其弟子百余人，为绵蕞，野外习之。月余，言于上曰：“可试观矣。”上使行礼，曰：“吾能为此。”乃令群臣习肄。

（以上为第九段，写汉高帝刘邦去除秦朝烦琐的礼仪，群臣饮酒争功，叔孙通征召鲁地儒生，与弟子一起制定朝廷君臣礼仪规则，在野外经过一个多月的演练，让刘邦试看。刘邦说：“吾能为此。”）

七年（辛丑，前200年）

冬，十月，长乐宫成，诸侯群臣皆朝贺。先平明，谒者治礼，以次引入殿门，陈东、西乡。卫官侠陛及罗立廷中，皆执兵，张旗帜。于是皇帝传警，辇出房；引诸侯王以下至吏六百石以次奉贺，莫不振恐肃敬。至礼毕，复置法酒。诸侍坐殿上，皆伏，抑首；以尊卑次起上寿。觞九行，谒者言“罢酒”，御史执法举不如仪者，辄引去。竟朝置酒，无敢讙哗失礼者。于是帝曰：“吾乃今日知为皇帝之贵也！”乃拜叔孙通为太常，赐金五百斤。

初，秦有天下，悉内六国礼仪，采择其尊君、抑臣者存之。及通制礼，颇有所增损，大抵皆袭秦故，自天子称号下至佐僚及宫室、官名，少所变改。其书，后与律、令同录，藏于理官；法家又复不传，民臣莫有言者焉。

臣光曰：礼之为物大矣！用之于身，则动静有法而百行备焉；用之于家，则内外有别而九族睦焉；用之于乡，则长幼有伦而俗化美焉；用之于国，则君臣有叙而政治成焉；用之于天下，则诸侯顺服而纪纲正焉；岂直几席之上、户庭之间得之而不乱哉！夫以高祖之明达，闻陆贾之言而称善，睹叔孙之仪而叹息；然所以不能肩于三代之王者，病于不学而已。

制礼作乐。而礼乐的产生，是积累德政上百年之后才能制作兴起的。我们不能忍心去做您所要做的事情。您去吧，不要玷污了我们！”叔孙通笑着说：“你们真是浅陋迂腐的儒生啊，不懂得时势的发展变化！”随即偕同他所征召的三十人西行入关，又邀请高帝身边有学术修养的近臣和自己的弟子，共一百多人，用绳索拦出演习场所，插立茅草表示出尊卑位次，在野外演习礼仪。经过一个多月后，叔孙通告诉高帝说：“可以试看了。”高帝于是就让他们举行礼仪演练，看完演练后说道：“我能够做到这些。”就命令群臣们进行练习。

汉高帝七年（辛丑，前200年）

冬季，十月，长乐宫落成，诸侯、群臣都前来参加朝贺典礼。仪式是在天亮之前举行，谒者主持典礼，按次序将所有人员引导入大殿门，排列在东、西两方，侍卫官员有的在殿下台阶两旁站立，有的排列在廷中，都持握兵器，竖立旗帜。这时，皇帝乘坐辇车出来，众官员举旗传呼警戒，引导诸侯王以下至六百石级的官员依次序朝拜皇帝，无不震恐肃敬。到典礼仪式完毕，又置备正式酒宴。众侍臣官员陪坐在殿上的，都俯伏垂首，按官位的高低次序起身给皇上敬酒祝福。斟酒连敬九次，谒者宣告“结束宴饮”。御史执行礼仪规则，凡遇到不遵照仪式规则举手投足的人就将他领出去。由此，从朝贺典礼和酒宴开始直到结束，没有出现敢大声喧哗、不合礼节的人。这时，高帝说：“我今天才知道身为皇帝的尊贵啊！”便授任叔孙通为太常，赐黄金五百斤。

当初，秦朝统一天下，收集六国的全部礼仪，选择出其中尊崇君王、卑抑臣下的规则保留下来。待到叔孙通制定礼仪规则，稍微做了一些增减，大体上都是沿袭秦朝的旧制，从天子称号以下到大小官吏及宫室、官名，更改变动不多。记载此礼仪规章的文本，后来和律、令收录在一起，收藏在司法机关。由于法家对此又不再传授，所以百姓臣僚也就没有谈论它的了。

臣司马光评论说：礼的功能太大了！把它用到个人身上，动与静就有了规范，所有的行为就会完备无缺；把它用到家事上，内与外就井然有别，九族之间就会和睦融洽；把它用到乡里，长幼之间就有了伦理，风俗教化就会美好清明；把它用到封国，君王与臣子就尊卑有序，政令统治就会成功稳定；把它用到天下，诸侯就归顺服从，法制纪律就会整肃严正。难道仅仅只是把它用在宴会仪式之上、门户庭院之间维持秩序的吗？就高祖刘邦的明智通达来说，他可以聆听陆贾关于以文治巩固政权的进言而称赞极好，目睹叔孙通所定尊崇君王的礼仪而发声慨叹，但是，他所以终究不能与夏、商、周三代圣明君王并列，就错在他不肯学习啊！

当是之时，得大儒而佐之，与之以礼为天下，其功烈岂若是而止哉！惜夫，叔孙生之器小也！徒窃礼之糠秕，以依世、谐俗、取宠而已，遂使先王之礼沦没而不振，以迄于今，岂不痛甚矣哉！是以扬子讥之曰："昔者鲁有大臣，史失其名。曰：'何如其大也！'曰：'叔孙通欲制君臣之仪，召先生于鲁，所不能致者二人。'曰：'若是，则仲尼之开迹诸侯也非邪？'曰：'仲尼开迹，将以自用也。如委己而从人，虽有规矩、准绳，焉得而用之！'"善乎扬子之言也！夫大儒者，恶肯毁其规矩、准绳以趋一时之功哉！

（以上为第十段，写叔孙通制定的朝仪完成，在长乐宫首次使用，庄严肃静，汉高帝刘邦非常高兴地说："吾乃今日知为皇帝之贵也！"而司马光予以讥评，认为是使先代所建立的礼制沦没而不能振兴。）

上自将击韩王信，破其军于铜鞮，斩其将王喜。信亡走匈奴；白土人曼丘臣、王黄等立赵苗裔赵利为王，复收信败散兵，与信及匈奴谋攻汉。匈奴使左、右贤王将万余骑，与王黄等屯广武以南，至晋阳，汉兵击之，匈奴辄败走，已复屯聚，汉兵乘胜追之。会天大寒，雨雪，士卒堕指者什二三。

上居晋阳，闻冒顿居代谷，欲击之。使人觇匈奴，冒顿匿其壮士、肥牛马，但见老弱及羸畜。使者十辈来，皆言匈奴可击。上复使刘敬往使匈奴，未还；汉悉兵三十二万北逐之，逾句注。

刘敬还，报曰："两国相击，此宜夸矜，见所长；今臣往，徒见羸瘠、老弱，此必欲见短，伏奇兵以争利。愚以为匈奴不可击也。"是时，汉兵已业行，上怒，骂刘敬曰："齐虏以口舌得官，今乃妄言沮吾军！"械系敬广武。

帝先至平城，兵未尽到；冒顿纵精兵四十万骑，围帝于白登七日，汉兵中外不得相救饷。帝用陈平秘计，使使间厚遗阏氏。阏氏谓冒顿曰："两主不相困。今得汉地，而单于终非能居之也。且汉主亦有神灵，单于察之！"冒顿与王黄、赵利期，而黄、利兵不来，疑其与汉有谋，乃解

在那个时候，如果能够得到大儒来辅佐他，与大儒一道用礼制来治理天下，他的功勋业绩又怎么会在这一步便止住了呢？可惜啊，叔孙通的器度太小了！他只不过是窃取礼制中糠皮般微末无用的东西，借以依附时世、迎合风俗、求取宠幸罢了，这样便使先代君王所建立的礼制沦没而不振兴，以至于到了今天这个地步，难道不令人沉痛之极吗？因此，扬雄对此指责说："从前鲁地有大儒，史书中没有记载他们的名字。有人问：'为什么说他们是大儒呀？'回答道：'叔孙通打算制定君臣的礼仪，便到鲁地去征召儒生，请不来的有两个，堪称大儒。'有人问道：'既然如此，那么孔子应聘的足迹遍及诸侯国也是不对的了？'回答道：'孔子周游列国，是为了要能按照自己的意图行事。假如放弃自己的立场来顺从迁就他人，那么即便是确定出了规矩、准绳，又怎么能够拿来应用呀！'"精彩啊，扬雄的评论！大儒，是不肯破坏自己原有的规矩、准绳去追求一时的功利的！

汉高帝亲自领兵出征攻打韩王韩信，在铜鞮县大败韩王韩信的军队，斩杀了他的部将王喜。韩王韩信逃往匈奴，他手下的将领白土县人曼丘臣、王黄等拥立赵王的后代赵利为王，重新收拢韩王韩信的散兵败卒，与韩王韩信及匈奴一起合谋攻击汉军。匈奴派左、右贤王统率一万多名骑兵，同王黄等驻扎在广武以南，到晋阳作战，汉军攻打他们，匈奴兵立即败逃，随后又聚集起来，汉军乘胜追击他们。这时，恰好碰上天气酷寒，天下大雪，汉军士兵冻掉了手指的占十之二三。

汉高帝驻居晋阳，听说冒顿单于驻居在代谷，便想要去攻打他，就派人去侦察匈奴。这时冒顿把他的精壮士兵、肥壮牛马都藏了起来，只让人看见老弱残兵和瘦小的牲畜。汉军派去的使者相继回来的有十批，都报告说匈奴可以攻打。高帝于是又派刘敬出使匈奴，尚未返回，汉军就出动全部兵力三十二万向北追击匈奴，越过了句注山。

刘敬回来后报告说："两国相攻，这本该炫耀显示自己的优势。但现在我到匈奴去，只看见瘦弱的牲畜和老弱的士兵，这必定是想要显露自己虚弱不堪，而埋伏奇兵以争取胜利。我认为匈奴不能攻打。"这时候，汉军业已出动，高帝大为恼火，骂刘敬说："你这个齐地的混蛋家伙，不过是靠着耍嘴皮子得到了一官半职，现在竟又来胡言乱语阻挠我的军队前进！"用刑具把刘敬拘禁到广武。

汉高帝先抵达平城，军队尚未全部到来。冒顿全线展开精兵四十万骑，把高帝围困在白登山达七天之久。汉军这时内外无法呼应救援断了粮，高帝于是就采用陈平的秘计，派使者暗中用重金贿赂冒顿的阏氏。阏氏随即便对冒顿说："两个帝王不应彼此困窘迫害。如今即使夺得了汉朝的土地，单于您也终究不能居住在那里。况

围之一角。会天大雾，汉使人往来，匈奴不觉。陈平请令强弩傅两矢，外乡，从解角直出。帝出围，欲驱；太仆滕公固徐行。至平城，汉大军亦到，胡骑遂解去。汉亦罢兵归，令樊哙止定代地。

上至广武，赦刘敬，曰："吾不用公言，以困平城；吾皆已斩前使十辈矣。"乃封敬二千户为关内侯，号为建信侯。帝南过曲逆，曰："壮哉县！吾行天下，独见洛阳与是耳。"乃更封陈平为曲逆侯，尽食之。平从帝征伐，凡六出奇计，辄益封邑焉。

（以上为第十一段，写韩王韩信叛汉降匈奴，汉高帝兵征韩王韩信而攻打匈奴，被围困在白登山七天七夜，用陈平之计突围脱险。）

十二月，上还，过赵。赵王敖执子婿礼甚卑，上箕倨慢骂之。赵相贯高、赵午等皆怒，曰："吾王，孱王也！"乃说王曰："天下豪杰并起，能者先立。今王事帝甚恭，而帝无礼；请为王杀之！"张敖啮其指出血，曰："君何言之误！先人亡国，赖帝得复国，德流子孙；秋豪皆帝力也。愿君无复出口！"贯高、赵午等皆相谓曰："乃吾等非也。吾王长者，不倍德；且吾等义不辱。今帝辱我王，故欲杀之，何洿王为！事成归王，事败独身坐耳。"

匈奴攻代。代王喜弃国自归，赦为郃阳侯。辛卯，立皇子如意为代王。

春，二月，上至长安。萧何治未央宫，上见其壮丽，甚怒，谓何曰："天下匈匈，劳苦数岁，成败未可知，是何治宫室过度也！"何曰："天下方未定，故可因以就宫室。且夫天子以四海为家，非壮丽无以重威，且无令后世有以加也。"上说。

臣光曰：王者以仁义为丽，道德为威，未闻其以宫室填服天下也。天下未定，当克己节用以趋民之急；而顾以宫室为先，岂可谓

且汉朝的帝王也有神灵保护，望您明察！”冒顿与王黄、赵利约定好时间会师，但王黄、赵利的军队却迟迟不来，由此就怀疑他们与汉军有什么谋划，这才解开包围圈的一角。正好遇到天降大雾，汉军便派人在白登山与平城之间往来走动，匈奴人毫无察觉。陈平这时请求高帝命令士兵们用强弩搭上两支箭，箭朝外御敌，从解围的一角直冲出去。高帝脱出包围后，想要策马疾奔，太仆滕公夏侯婴却坚持慢慢地行走。到了平城时，汉朝的大队人马也赶到了，匈奴的骑兵便解围而去。汉军于是也收兵返回，命令樊哙留下来平定代地。

汉高帝回到广武，赦免了刘敬，说道：“我不采用您的意见，因此被围困在平城。我已经把先前十多批使者都杀掉了！”接着就封给刘敬二千户，爵位为关内侯，称作建信侯。高帝回师向南经过曲逆县，说道：“好壮观的县啊！我走遍天下，只见过洛阳和这里罢了。”就改封陈平为曲逆侯，享用全县民户的赋税收入。陈平跟随高帝南征北战，共六次进献妙计，每次都增加了封邑。

十二月，汉高帝返回长安，途经赵国。赵王张敖对高帝行作为女婿的礼节，十分谦卑，而高帝却叉开两腿坐着，态度轻慢地责骂张敖。赵国相国贯高、赵午等人都怒火中烧，说道：“我们的大王，真是个懦弱的王啊！”随即劝赵王说：“天下豪强并起，贤能的人先称王。现在，您侍奉皇帝非常恭谨，而皇帝却如此无礼，请让我们替您把他杀了！”张敖咬破自己的手指流出血来，说道：“你们怎么说这种大错特错的话呀！先父亡国后，依赖皇帝才得以复国，德泽能够流传给子孙，一丝一毫都是皇帝的力量啊，望你们不要再这么说了！”贯高、赵午等人都相互说道：“这是我们的不是了。我们的大王是忠厚的长者，不会背弃恩德。况且我们的原则是不受人侮辱，而今皇帝侮辱了我王，所以想要杀掉他，又何必连累我王呢！事情干成了，则功归我王；事情失败了，则我们独自承担罪责罢了。”

匈奴攻打代国，代王刘喜弃国，自己逃归洛阳。高帝免了他的罪，改封他为郃阳侯。十二月辛卯（疑误），封皇子刘如意为代王。

春季，二月，汉高帝抵达长安。萧何这时正主持营建未央宫，高帝见到未央宫如此壮丽，十分愤怒，对萧何说：“天下纷乱，连年受战事劳苦，如今成败尚未可知，为什么要把宫室修筑得过分豪华呢？”萧何说：“正是因为天下尚未安定，所以才可趁势营造宫室啊！更何况天子以四海为家，宫殿不壮丽就不足以加重威严，而且也不能让后世宫室的建筑规模超过它呀！”高帝这才高兴起来。

臣司马光评论说：圣明的君王以仁义为美丽，以道德为威，还不曾听说过有依靠宫室规模来镇服天下的。天下尚未安定，理当克制自己、节俭用度，前

之知所务哉！昔禹卑宫室而桀为倾宫。创业垂统之君，躬行节俭以示子孙，其末流犹入于淫靡，况示之以侈乎！乃云“无令后世有以加”，岂不谬哉！至于孝武，卒以宫室罢敝天下，未必不由酂侯启之也！

上自栎阳徙都长安。

初置宗正官，以序九族。

夏，四月，帝行如洛阳。

（以上为第十二段，写汉高帝回长安途经赵国，因轻视赵王，险遭赵臣贯高等人谋害。萧何主持营建未央宫，十分壮丽，开启奢侈之风。）

去解救百姓的危难，现却反倒以营建宫室为先任，这怎么可以说是明白自己所应有的职责呢？从前，大禹住在简陋的宫室而夏桀仍修建奢华的倾宫，开创业绩把王位传给后代的君王，虽然身体力行于节俭为子孙作表率，但他们之中的末流依旧还是沦落入骄奢淫逸之中，何况向后代子孙显示奢侈呢？萧何竟谈什么“不要让后世宫室的建筑规模超过它”，这难道不是荒谬吗？到了汉武帝时，终于因滥建宫室而导致天下疲惫衰败，这种局面未必不是由酂侯萧何开的头啊！

汉高帝从栎阳迁都长安。

汉朝开始设置宗正官，管理皇族宗室。

夏季，四月，汉高帝出行到洛阳去。

【点评】

刘邦建国取胜的主观因素。在消灭暴秦、楚汉相争中，刘邦“笑”到了最后，打败了项羽，建立了汉朝。那么，刘邦为什么能够从弱小到强大，剪灭群雄，自立于世？这固然有多方面的因素，但最根本的、最关键的，还在于刘邦本身，这里说一说刘邦取胜的主观因素，主要是有以下五个方面。

第一，刘邦交游广泛，善于结交各类朋友。刘邦本身没有多少文化，是个“玩角儿”，甚至是个“混混”，年少时不务正业，喜欢赌博，也好色，有些玩世不恭。但他广结人缘，情商高，人脉非常广，无论是官府，还是民间，甚至是三教九流，都会成为他的朋友，对他关照有加，甚至死心塌地为他鞍前马后奔走。他后来打天下的骨干团队，几乎都是他的铁杆朋友。一一数来，萧何、周勃、樊哙、夏侯婴、灌婴、曹参、卢绾、雍齿等都是。这无疑为刘邦的事业取得成功打下了雄厚的人才基础。而刘邦的对手项羽则相反，他的个人能力很强，即使兵败垓下，也能显示出他的英雄本色，但他的致命弱点就是眼中只有自己，别人都不放在眼里，结果真正成了孤家寡人。

第二，刘邦具有仁义之心，被称为“长者”“仁者”，深得人心。这恰恰与秦朝的暴虐、项羽的暴行相反。因而，他得到人们的拥护。秦朝刑罚暴酷，人们不得安生，生怕哪一天就遭遇“暴行”；项羽攻城略地，每到一处，不是屠，就是杀，实行“三光”政策，人们深恶痛绝，称之为“屠夫”。而刘邦善于听从谋臣意见，爱抚民众，行仁仗义。当初，楚怀王熊心主政时，做出“先入定关中者王之”的约定，而“西行”的最佳人选，就是刘邦。当时刘邦虽然力量不很强大，但有一颗仁义之心，楚怀王独让刘邦西行，被称为“扶义”入关。刘邦进入咸阳后，秋毫无犯，封秦府库，退回霸上，又与秦地父老“约法三章”，去秦苛暴，秦人欢喜若狂，担羊载酒，唯恐刘邦不为秦王；而项羽到了秦都咸阳，将咸阳宫殿一把火烧光，大火三月不灭，这其实是烧了他自己，使他失去了天下人心。刘邦与项羽的成败，在这个时候就已经见分晓了。

第三，刘邦非常“大度”，善于得人、用人，听从别人意见。刘邦本身的作战能力并不强，手不能挽弓，也没有多少气力，但他悟性高，不管什么事，或许他没有想到，只要别人一点拨，他就豁然开朗，并立即行动，凡事说干就干，并具有很强的行动能力。他起兵后，遇到张良，张良熟读兵书，本来带着一百多人去投奔他人，与刘邦一阵交谈后，就像被摄魂似的，一生就跟定了刘邦，从未反悔；陈平从项羽那儿投诚过来，与刘邦一阵交谈，刘邦就非常相信他，授予他监军之职，遭到老臣的嫉妒，刘邦仍然不改初衷；刘邦称帝后，娄敬戍边回山东路过洛阳晋见刘邦，建议将都城从洛阳迁到关中，刘邦认为有理，在征求张良意见后，不顾众臣反对，随

即迁都，等等，这样的事例很多。刘邦的这种用人不疑、从善如流的做法，没有谁能够比得上。

第四，刘邦具有坚韧的毅力，在失败面前不灰心，不丧气，善于化解矛盾，反败为胜。刘邦开始起兵的时候，力量非常弱小，项梁拥有十万人马的时候，他只有区区几千人。项梁在薛城举行“英雄会”，他虽然也参加了，但微不足道，没有他说话的份儿，仅仅是旁听而已。后来，项羽入关时，号称有四十万兵马，而刘邦只有十万人。因项羽入关，战争一触即发，刘邦哪里是项羽的对手？刘邦听到消息，就到项羽的驻地鸿门周旋，才化险为夷。彭城大战后，刘邦被彻底打败，仓皇逃命，也顾不得家人和子女。但是，他的意志没有被摧垮，没有悲伤，没有哭泣，东山再起的意念非常强烈，在逃命半途，在下邑画策，思考打败项羽的策略，派随何到九江去挖项羽的墙角，说黥布归流。接着继续与项羽争强斗胜；在荥阳相持中，刘邦被项羽团团包围，差点丢了性命，他用金蝉脱壳之计，逃出包围圈，又在思考着怎样与项羽相斗。可见，刘邦的抗争意识非常强烈，善于在困苦中成长，在失败中崛起，不达目的，誓不罢休。而项羽则相反，兵败如山倒时，心灰意懒，最后即使有重回江东、东山再起的机会，他也放弃了，而“成全”了刘邦。

第五，刘邦的目标意识非常强烈，为了打败项羽，无所不用其极，没有什么力量能够阻止他为了实现目标而顽强奋斗。刘邦虽然起步晚，起点低，但他朝着目标一步一步前进，不沉沦，不徘徊，直到达到胜利的终点。彭城大战失败后，项羽把刘邦的父亲和妻子捉去，在荥阳相持的关键时刻，项羽要烹杀刘邦的父亲，要挟刘邦投降。要是换了一般人，可能只好乖乖就范，因为眼看着父亲被杀而不救，这是大不孝，将来何以立足？可刘邦不管这些，他说出了一番匪夷所思的话，说他和项羽同时受命反秦，两人就是兄弟，自己的父亲就是项羽的父亲，你杀了你的父亲，也分一杯羹给自己尝尝。这样的话，也只有刘邦才能说得出，结果成功地化解了这一危机。后来，大将军韩信取得河北大捷，灭魏，破赵，降燕，又攻下齐国，势力非常强大，韩信向刘邦请求封自己为代理齐王，以镇齐地。刘邦开始很不以为然，觉得韩信很不仗义。头脑清醒的张良分析当时的严峻形势，认为不能得罪韩信。刘邦恍然大悟，迅速反应过来，说大丈夫要封王，就玩真的，还弄什么假的？就假戏真做，封韩信为齐王，让韩信非常满意，得到了韩信的拥戴。后来，刘邦相约韩信、彭越围攻项羽，而韩信、彭越不能应约，刘邦被项羽打得大败。这时，刘邦又听从张良意见，确定韩信、彭越二人的封地，许诺他们在打败项羽后得到好处，果然他们都前来合力攻打项羽，才把项羽消灭。

汉纪四

汉高帝八年至汉惠帝七年（前199—前188年）

【起玄黓摄提格（壬寅，前199年），尽昭阳赤奋若（癸丑，前188年），凡十二年】

【大事提要】

本卷记事起前199年，讫前188年，凡十二年，当汉高帝八年至汉惠帝七年。本卷所载大事，主要是以下几个方面：其一，陆贾和越。刘邦平定中原后，赵佗已在南越称王，因国家初定，刘邦派陆贾出使南越，游说赵佗归附汉朝。陆贾细数赵佗的中原出身，斥责他忘本而不讲礼仪，指出南越和汉朝实力上的强弱悬殊，晓以情理，迫使赵佗遵从汉朝约束，接受南越王封号，称汉臣。其二，杀戮功臣。吕后性格刚毅，秉性狠毒，趁刘邦在外征战之际，与萧何用计诛杀韩信，韩信冤死于长乐宫钟室；不久，梁王彭越被刘邦废为庶人，削职流放蜀地。彭越途中遇到吕后，诉说无罪，吕后将其带回洛阳，劝说刘邦将其处死，剁成肉酱分赐其他诸侯王。其三，逼反英布。吕后诛杀了淮阴侯韩信，后又诛杀了梁王彭越，赐予肉酱，英布内心恐惧，暗中使人部署，集结军队，以备不测；部将贲赫上书言变，朝廷查验，英布无奈之下起兵造反，出兵攻打荆国、楚国。刘邦带病率军平叛，两军大战，英布战败，被诛杀。其四，刘邦去世。前195年，刘邦因率军攻打英布，被流矢射中，其后病重不起，于同年去世，享年六十二岁，庙号“太祖”，谥号“高皇帝”。有人诗论：“汉皇千古一英雄，休笑当年马上功。试问后来为帝者，谁人曾出范围中？”刘邦去世后，太子刘盈即位。其五，萧规曹随。汉朝刚刚建立时，人民饱受战乱之苦，迫切需要休养生息，发展经济。相国萧何顺应民意，制定了一系列鼓励人民安居乐业的积极措施。萧何去世，举荐曹参。曹参担任相国，审时度势，继续采取“无为而治”的治国方略，国家无事，留下一段佳话。

【原文】

太祖高皇帝下

八年（壬寅，前199年）

冬，上击韩王信余寇于东垣，过柏人。贯高等壁人于厕中，欲以要上。上欲宿，心动，问曰："县名为何？"曰："柏人。"上曰："柏人者，迫于人也。"遂不宿而去。十二月，帝行自东垣至。

春，三月，行如洛阳。

令贾人毋得衣锦、绣、绮、縠、絺、纻、罽，操兵、乘、骑马。

秋，九月，行自洛阳至；淮南王、梁王、赵王、楚王皆从。

匈奴冒顿数苦北边。上患之，问刘敬，刘敬曰："天下初定，士卒罢于兵，未可以武服也。冒顿杀父代立，妻群母，以力为威，未可以仁义说也。独可以计久远，子孙为臣耳；然恐陛下不能为。"上曰："奈何？"对曰："陛下诚能以适长公主妻之，厚奉遗之，彼必慕，以为阏氏，生子，必为太子。陛下以岁时汉所余彼所鲜，数问遗，因使辨士风谕以礼节。冒顿在，固为子婿；死，则外孙为单于；岂尝闻外孙敢与大父抗礼者哉！可无战以渐臣也。若陛下不能遣长公主，而令宗室及后宫诈称公主，彼知，不肯贵近，无益也。"帝曰："善！"欲遣长公主。吕后日夜泣曰："妾唯太子、一女，奈何弃之匈奴！"上竟不能遣。

（以上为第一段，写前199年史事，写汉高帝刘邦在东垣攻打韩王韩信的余党，回到长安，对匈奴侵扰不已感到非常忧虑，向刘敬询问对策，刘敬提出让嫡长公主和亲，刘邦同意，吕后反对，嫡长公主和亲事作罢。）

九年（癸卯，前198年）

冬，上取家人子名为长公主，以妻单于；使刘敬往结和亲约。

臣光曰：建信侯谓冒顿残贼，不可以仁义说，而欲与为婚姻，何前后之相违也！夫骨肉之恩，尊卑之叙，唯仁义之人为能知之；奈何欲以此服冒顿哉！盖上世帝王之御夷狄也，服则怀之以德，叛则震之以威，未闻与为婚姻也。且冒顿视其父如禽兽而猎之，奚有

【语译】

太祖高皇帝下

汉高帝八年（壬寅，前 199 年）

冬季，汉高帝刘邦在东垣攻打韩王韩信的余党，经过赵国的柏人城。赵相贯高派人藏在厕所的夹墙中，准备行刺高帝。高帝正想留宿城中，忽然心里不安，问："这个县叫什么？"回答说："柏人。"高帝说："柏人，就是受迫于人呀！"于是，没有住宿而离开。十二月，高帝从东垣城回长安。

春季，三月，汉高帝前往洛阳。

汉高帝刘邦下令，商人不准穿锦、绣、细绫、绉纱、细葛布、纻布、毛织品，不准持兵器、乘车、骑马。

秋季，九月，高帝一行从洛阳回到长安。淮南王、梁王、赵王、楚王都随行。

匈奴冒顿屡次侵扰汉朝北部边境。汉高帝感到忧虑，向刘敬询问对策，刘敬说："天下刚刚安定，兵士们因兵事还很疲劳，不宜用武力去征服冒顿。但冒顿杀父夺位，把父亲的群妃占为妻子，以暴力建立权威，我们也不能用仁义去说服他。唯独可以用计策，使他的子孙长久做汉的臣属，然而我担心皇上做不到。"高帝问："如何做呢？"回答说："皇上如果能把嫡女大公主嫁给他为妻，又赠送丰厚的财物，他一定仰慕汉朝，以公主为匈奴的阏氏，生下儿子，肯定是太子。皇上每年四季用汉朝多余而匈奴缺乏的东西，频繁地慰问赠送他们，乘机派能说善辩的人士前去讽劝和讲解礼节。这样，冒顿在世时，他本是汉朝的女婿辈；他死后，您的外孙便即位为匈奴王单于。难道曾听说过外孙敢和外祖父分庭抗礼的吗？我们可以不经一战而让匈奴渐渐臣服。如果皇上舍不得让大公主去，而令宗室及后宫女子假称公主，他们知道了，不肯尊敬亲近，还是没有用。"高帝说："好！"便想让大公主去。但吕后日日夜夜哭泣着说："我只有太子和一个女儿，为什么把她扔给匈奴！"高帝到底没有办法让大公主去。

汉高帝九年（癸卯，前 198 年）

冬季，汉高帝在庶民家找来一名女子，称之为大公主，把她嫁给匈奴单于作妻子，同时派刘敬前往缔结和亲盟约。

臣司马光评论说：建信侯刘敬说冒顿残暴，不能用仁义道德去说服他，而又想与其联姻，为什么这样前后矛盾呀！骨肉亲人的恩情，长幼尊卑的次第，只有仁义的人才能明白，怎么要以此来降服匈奴呢？先代帝王统治夷狄的对策是：他们归服就用德来安抚，他们叛扰就用威来震慑，从没听说过用联姻的办

于妇翁！建信侯之术，固已疏矣；况鲁元已为赵后，又可夺乎！

刘敬从匈奴来，因言："匈奴河南白羊、楼烦王，去长安近者七百里，轻骑一日一夜可以至秦中。秦中新破，少民，地肥饶，可益实。夫诸侯初起时，非齐诸田、楚昭、屈、景莫能兴。今陛下虽都关中，实少民，东有六国之强族，一日有变，陛下亦未得高枕而卧也。臣愿陛下徙六国后及豪桀、名家居关中，无事可以备胡，诸侯有变，亦足率以东伐。此强本弱末之术也。"上曰："善！"十一月，徙齐、楚大族昭氏、屈氏、景氏、怀氏、田氏五族及豪桀于关中，与利田、宅，凡十余万口。

十二月，上行如洛阳。

贯高怨家知其谋，上变告之。于是上逮捕赵王及诸反者。赵午等十余人皆争自刭，贯高独怒骂曰："谁令公为之？今王实无谋，而并捕王。公等皆死，谁白王不反者？"乃轞车胶致，与王诣长安。高对狱曰："独吾属为之，王实不知。"吏治，搒笞数千，刺爇，身无可击者，终不复言。吕后数言："张王以公主故，不宜有此。"上怒曰："使张敖据天下，岂少而女乎！"不听。

廷尉以贯高事辞闻。上曰："壮士！谁知者？以私问之。"中大夫泄公曰："臣之邑子，素知之，此固赵国立义不侵，为然诺者也。"上使泄公持节往问之箯舆前。泄公与相劳苦，如生平欢，因问："张王果有计谋不？"高曰："人情宁不各爱其父母、妻子乎？今吾三族皆以论死，岂爱王过于吾亲哉？顾为王实不反，独吾等为之。"具道本指所以为者、王不知状。于是泄公入，具以报上。

春，正月，上赦赵王敖，废为宣平侯，徙代王如意为赵王。

上贤贯高为人，使泄公具告之曰："张王已出。"因赦贯高。贯高喜曰："吾王审出乎？"泄公曰："然。"泄公曰："上多足下，故赦足下。"贯高曰："所以不死，一身无余者，白张王不反也。今王已出，吾责已塞，死不恨矣。且人臣有篡弑之名，何面目复事上哉！纵上不杀我，我不愧

法。况且，冒顿把生身父亲视为禽兽而猎杀，对岳父会怎么样？刘敬的计策本来就很不高明，何况公主鲁元已经成了赵王王后，又怎么能夺回来呢？

刘敬从匈奴归来，说："匈奴的河南白羊、楼烦王部落，离长安城近的只有七百里，轻骑兵一天一夜就可以到达关中。关中刚遭过战事洗劫，缺少百姓，但土地肥沃，应该加以充实。秦末，诸侯最初起事时，没有齐国田氏、楚国昭、屈、景氏的响应就不能发动。现在，皇上您虽然已经建都关中，实际上却没有多少人民，而东部有旧六国的强族，一旦有什么事变，您也就不能高枕而卧了。我建议皇上把旧六国的后人及地方豪强、名门大族迁移到关中居住，国家无事时可以防备匈奴，如果各地旧诸侯有变，也足以征集大军向东攻打。这是加强根本而削弱末枝的办法。"高帝说："对。"十一月，便下令迁移旧齐国、楚国的大族昭氏、屈氏、景氏、怀氏、田氏五族及豪强到关中地区，给予便利的田宅安顿，共迁来十多万人。

十二月，汉高帝前往洛阳。

赵国相国贯高的阴谋被他的仇家探知，向汉高帝举报这桩不寻常的大事。高帝下令逮捕赵王张敖及各谋反者。赵王属下赵午等十几人都争相表示要自杀，只有贯高怒骂道："谁让你们这样做的？如今赵王确实没有参与谋反，而被一并逮捕。你们都死了，谁来申明赵王不曾谋反的真情？"于是，被关进胶封的木栏囚车，与赵王一起押往长安。贯高对审讯官员说："只是我们自己干的，赵王的确不知道。"狱吏动刑，拷打鞭笞几千下，又用刀刺，直至体无完肤，贯高始终不再说别的话。吕后几次说："赵王张敖娶了公主，不会有此事。"高帝怒气冲冲地斥骂她："要是张敖夺了天下，难道还缺少你的女儿不成！"不予理睬。

廷尉把审讯情况和贯高的话报告汉高帝，高帝感慨地说："真是个壮士，谁平时和他要好，用私情去探听一下。"中大夫泄公说："我和他同邑，平常很了解他，他在赵国原本就是个以义自立、不受侵辱、信守诺言的人。"高帝便派泄公持节去贯高的竹床前探问。泄公慰问他的伤情，见面仍像平日一样欢洽，便套问："赵王张敖真的有谋反计划吗？"贯高回答说："以人之常情，难道不各爱自己的父母、妻子儿女吗？现在我的三族都被定成死罪，难道我爱赵王胜过我的亲人吗？因为实在是赵王不曾谋反，只是我们自己这样干的。"又详细述说当初的谋反原因及赵王不曾知道的情况。于是，泄公入朝一一报告了高帝。

春季，正月，高帝下令赦免赵王张敖，降为宣平侯，另调代王刘如意为赵王。

高帝称许贯高的为人，便派泄公去告诉他："张敖已经放出去了。"同时赦免贯高。贯高高兴地问道："我的大王真的放出去了？"泄公说："是的。"又告诉他："皇上看重你，所以赦免了你。"贯高却说："我之所以不死，被打得遍体鳞伤，就是为了表明赵王张敖没有谋反。现在赵王已经出去，我的责任也尽到了，可以死而无憾。

于心乎！”乃仰绝亢，遂死。

荀悦论曰：贯高首为乱谋，杀主之贼；虽能证明其王，小亮不塞大逆，私行不赎公罪。《春秋》之义大居正，罪无赦可也。

臣光曰：高祖骄以失臣，贯高狠以亡君。使贯高谋逆者，高祖之过也；使张敖亡国者，贯高之罪也。

诏："丙寅前有罪，殊死已下，皆赦之。"

二月，行自洛阳至。

初，上诏："赵群臣宾客敢从张王者，皆族。"郎中田叔、客孟舒皆自髡钳为王家奴以从。及张敖既免，上贤田叔、孟舒等。召见，与语，汉廷臣无能出其右者。上尽拜为郡守、诸侯相。

夏，六月，乙未晦，日有食之。

是岁，更以丞相何为相国。

（以上为第二段，写前198年汉高帝刘邦采纳刘敬建议，以庶民女为大公主和亲匈奴；移齐、楚大族及六国后十万口实关中。赵王张敖的相国贯高谋反，祸及赵王，被逮而后释放，降为侯爵。）

十年（甲辰，前197年）

夏，五月，太上皇崩于栎阳宫。秋，七月，癸卯，葬太上皇于万年。楚王、梁王皆来送葬。赦栎阳囚。

定陶戚姬有宠于上，生赵王如意。上以太子仁弱，谓如意类己；虽封为赵王，常留之长安。上之关东，戚姬常从，日夜啼泣，欲立其子。吕后年长，常留守，益疏。上欲废太子而立赵王，大臣争之，皆莫能得。御史大夫周昌廷争之强，上问其说。昌为人吃，又盛怒，曰："臣口不能言，然臣期期知其不可！陛下欲废太子，臣期期不奉诏！"上欣然而笑。吕后侧耳于东厢听，既罢，见昌，为跪谢，曰："微君，太子几废！"

时赵王年十岁，上忧万岁之后不全也；符玺御史赵尧请为赵王置贵强相，及吕后、太子、群臣素所敬惮者。上曰："谁可者？"尧曰："御史

况且，我作为臣子有谋害皇帝的罪名，又有什么脸面再去事奉皇上呢？即使皇上不杀我，我就不心中有愧吗？”于是，掐断自己的颈脉，自杀了。

荀悦评论说：贯高带头谋反作乱，是个杀君的贼子。虽然他舍身证明赵王无罪，但小的优点掩盖不住大逆不道，个人的品行赎不了法律上的罪过。按照《春秋》大义，遵循正道最为重要，他的罪应是不可赦免的。

臣司马光评论说：汉高祖因为骄横失去了臣下，贯高因为狠毒使他的主子失掉原有的封国。促使贯高谋反行逆的，是汉高祖的过失；致令张敖亡国的，是贯高的罪过。

汉高帝颁布命令：“丙寅日以前犯罪者，死罪以下，都予以赦免。”

二月，汉高帝一行自洛阳回长安。

当初，高帝颁布命令，说：“赵王群臣及宾客有敢随从张敖者，满门抄斩。”但郎中田叔、孟舒等都自行剃去头发，以铁圈束颈，作为赵王家奴随从。待到张敖免罪，高帝称许田叔、孟舒的为人，下令召见，与他们交谈，发现他们的才干超过了汉朝朝廷的大臣。高帝任命两人为郡守、诸侯国相。

夏季，六月三十日晦，出现日食。

汉朝改任丞相萧何为相国。

汉高帝十年（甲辰，前197年）

夏季，五月，太上皇于栎阳宫去世。秋季，七月十四日癸卯，将太上皇安葬于万年陵。楚王、梁王都来送葬。汉高帝刘邦下令特赦栎阳囚犯。

定陶女子戚夫人受汉高帝宠爱，生下赵王刘如意。高帝因为太子为人仁慈懦弱，认为刘如意像自己，虽然封他为赵王，却把他长年留在长安。高帝出巡关东，戚夫人也常常随行，日夜在高帝面前哭泣，想要立如意为太子。而吕后因年老，常留守长安，与高帝越发疏远。高帝便想废掉太子而立赵王为继承人，大臣们表示反对，都未能说服他。御史大夫周昌在朝廷上强硬地争执，高帝问他理由何在。周昌说话口吃，又在盛怒之下，急得只是说：“我口不能言，但我期期知道不能这样做，皇上要废太子，我期期不奉命！”高帝欣然而笑。吕后在东厢房侧耳聆听，事过后，她召见周昌，向他跪谢说：“要不是您，太子几乎就废了。”

当时，赵王刚十岁，高帝担心自己死后他难以保全。符玺御史赵尧建议为赵王配备一个地位高而又强有力，平时能让吕后、太子及群臣敬惮的相。高帝问道：“谁

大夫昌，其人也。”上乃以昌相赵，而以尧代昌为御史大夫。

初，上以阳夏侯陈豨为相国，监赵、代边兵；豨过辞淮阴侯。淮阴侯挈其手，辟左右，与之步于庭，仰天叹曰：“子可与言乎？”豨曰：“唯将军令之！”淮阴侯曰：“公之所居，天下精兵处也；而公，陛下之信幸臣也。人言公之畔，陛下必不信；再至，陛下乃疑矣；三至，必怒而自将。吾为公从中起，天下可图也。”陈豨素知其能也，信之，曰：“谨奉教！”

豨常慕魏无忌之养士，及为相守边，告归，过赵，宾客随之千余乘，邯郸官舍皆满。赵相周昌求入见上，具言豨宾客甚盛，擅兵于外数岁，恐有变。上令人覆案豨客居代者诸不法事，多连引豨。豨恐，韩王信因使王黄、曼丘臣等说诱之。

太上皇崩，上使人召豨，豨称病不至；九月，遂与王黄等反，自立为代王，劫略赵、代。上自东击之。至邯郸，喜曰：“豨不据邯郸而阻漳水，吾知其无能为矣。”

周昌奏：“常山二十五城，亡其二十城；请诛守、尉。”上曰：“守、尉反乎？”对曰：“不。”上曰：“是力不足，亡罪。”

上令周昌选赵壮士可令将者，白见四人。上嫚骂曰：“竖子能为将乎？”四人惭，皆伏地；上封各千户，以为将。左右谏曰：“从入蜀、汉，伐楚，赏未遍行；今封此，何功？”上曰：“非汝所知。陈豨反，赵、代地皆豨有。吾以羽檄征天下兵，未有至者，今计唯独邯郸中兵耳。吾何爱四千户，不以慰赵子弟！”皆曰：“善！”

又闻豨将皆故贾人，上曰：“吾知所以与之矣。”乃多以金购豨将，豨将多降。

（以上为第三段，写前197年史事，写刘邦宠幸戚夫人，欲立其子赵王如意为太子，御史大夫周昌强谏而作罢，又担心将来赵王被吕后所害，于是“置贵强相”护

合适呢？”赵尧说：“御史大夫周昌正是这样的人。”高帝便任命周昌为赵国的相，而令赵尧代替周昌为御史大夫。

起初，高帝任命阳夏侯陈豨为相国，监管赵国、代国边境部队。陈豨拜访淮阴侯韩信并向他辞行。淮阴侯握着他的手，屏退左右随从，与他在庭院中散步，忽然仰天叹息道：“有几句话，能和你说吗？”陈豨说：“只要是将军您的指示，我都听从。”韩信说：“你所处的地位，集中了天下精兵；而你，又是皇上信任的大臣。如果有人说你反叛，皇上肯定不信；然而再有人说，皇上就会起疑心，说第二次，皇上必定会愤怒地亲自率领大军前来攻打你。请让我为你做个内应，那么天下就可以谋取了。”陈豨平常便知道韩信的能力，相信他，于是说：“遵奉您的指教！”

陈豨常常羡慕当年魏国信陵君魏无忌养士的行为，及至他做相国驻守边境，告假回来时，经过赵国，跟随他的宾客乘坐的车有一千多辆，把邯郸城的官舍都住满了。赵相周昌见此情况，请求入京进见汉高帝刘邦，详述陈豨门下宾客盛多，又专擅兵权在外数年，恐怕会有事变，等等。高帝令人再审查陈豨宾客在代国时的种种不法之事，很多牵连到陈豨。陈豨听说后十分恐慌，韩王信趁机派王黄、曼丘臣等人来劝诱他联成一伙。

太上皇去世时，汉高帝派人来召陈豨，陈豨称病不去；九月，他便与王黄等人公开反叛，自封为代王，率军劫掠赵国、代国。高帝领兵从东面进击，到达邯郸，高兴地说：“陈豨不占据邯郸而去扼守漳水，我知道他没有多大能耐了！”

赵相周昌奏报说：“常山郡二十五城，有二十城都失陷了，请处死郡守、郡尉。”汉高帝问道：“郡守、郡尉都反叛了吗？”周昌回答说：“没有。”高帝说：“这是他们力量不足，没有罪过。”

汉高帝又令赵相周昌挑选赵国壮士中可充当将领的人，周昌报告说有四个人，并让他们来进见。高帝谩骂道：“你们这群小子能当将军吗？”四人大为惭愧，都伏在地上；高帝却真的赏赐各人以一千户的封邑，任用为将领。左右随从劝阻说：“跟随您进兵蜀、汉，征讨楚王的功臣都没有全部封赏；今天封他们，凭的什么功劳？”高帝说：“这就不是你们所能知道的了。陈豨造反，赵国、代国一带都被他占有。我用紧急军书征调天下军队，至今还没有到来的，现在估计能够调遣的只有邯郸城中这些士兵而已，我为什么还要吝惜那四个千户封邑，不用来抚慰赵国子弟呢！”属下都点头说：“好主意。”

汉高帝又听说陈豨的很多部将过去都是商人，便说：“我知道如何对付他们了。”下令多用黄金去收买陈豨部将，果然有大部分部将来降。

佑赵王，以周昌为赵相。监赵、代边兵的相国陈豨谋反，自封为代王，刘邦亲征。）

十一年（乙巳，前196年）

冬，上在邯郸。陈豨将侯敞将万余人游行，王黄将骑千余军曲逆，张春将卒万余人渡河攻聊城。汉将军郭蒙与齐将击，大破之。太尉周勃道太原入定代地，至马邑，不下，攻残之。赵利守东垣，帝攻拔之，更命曰真定。帝购王黄、曼丘臣以千金，其麾下皆生致之。于是陈豨军遂败。

淮阴侯信称病，不从击豨，阴使人至豨所，与通谋。信谋与家臣夜诈诏赦诸官徒、奴，欲发以袭吕后、太子；部署已定，待豨报。其舍人得罪于信，信囚，欲杀之。春，正月，舍人弟上变，告信欲反状于吕后。吕后欲召，恐其傥不就，乃与萧相国谋，诈令人从上所来，言豨已得，死，列侯、群臣皆贺。相国绐信曰："虽疾，强入贺。"信入，吕后使武士缚信，斩之长乐钟室。信方斩，曰："吾悔不用蒯彻之计，乃为儿女子所诈，岂非天哉！"遂夷信三族。

臣光曰：世或以韩信首建大策，与高祖起汉中，定三秦，遂分兵以北，禽魏，取代，仆赵，胁燕，东击齐而有之，南灭楚垓下，汉之所以得天下者，大抵皆信之功也。观其距蒯彻之说，迎高祖于陈，岂有反心哉！良由失职怏怏，遂陷悖逆。夫以卢绾里闬旧恩，犹南面王燕，信乃以列侯奉朝请，岂非高祖亦有负于信哉！臣以为高祖用诈谋禽信于陈，言负则有之；虽然，信亦有以取之也。始，汉与楚相距荥阳，信灭齐，不还报而自王；其后汉追楚至固陵，与信期共攻楚而信不至。当是之时，高祖固有取信之心矣，顾力不能耳。及天下已定，信复何恃哉！夫乘时以徼利者，市井之志也；酬功而报德者，士君子之心也。信以市井之志利其身，而以士君子之心望于人，不亦难哉！是故太史公论之曰："假令韩信学道谦让，不伐己功，不矜其能，则庶几哉！于汉家勋，可以比周、召、太公之徒，后世血食矣！不务出此，而天下已集，乃谋畔逆；夷灭宗族，不亦宜乎！"

汉高帝十一年（乙巳，前196年）

冬季，汉高帝在邯郸城。陈豨的部将侯敞率领一万多人游动袭击，王黄率领骑兵一千多人屯军曲逆，张春率领一万多士兵渡过黄河进攻聊城；汉朝将军郭蒙与齐国将军迎击，大破陈豨的军队。太尉周勃取道太原去平定代地，兵抵马邑，久攻不下，攻下后便大行杀戮。赵利守东垣城，高帝亲自率军攻下，将地名改为真定。高帝又悬赏千金捉拿王黄、曼丘臣，结果其部下都将他们活捉送来，于是，陈豨的军队溃败。

淮阴侯韩信假称有病，没有随从汉高帝去攻打陈豨，暗中却派人到陈豨那里，与他勾结谋划。韩信想在夜间与家臣用伪诏书赦免官府的有罪工匠及奴隶，打算发动他们去袭击吕后、太子。已经部署完毕，只等陈豨的消息。韩信有个门下舍人曾因得罪韩信，被囚禁起来，准备处死。春季，正月，舍人的弟弟上书举报事变，将韩信打算谋反的情况告诉吕后。吕后想把韩信召来，又担心他可能不服从，便与相国萧何商议，假装让人从汉高帝刘邦处来，说陈豨已经被擒，处死，列侯及群臣闻讯都到朝中祝贺。萧何又欺骗韩信说："你虽然病了，也应当强挺着前来道贺。"韩信来到朝廷，吕后便派武士将他捆绑起来，在长乐宫钟室里斩首。韩信在斩首之前，叹息说："我真后悔没有用蒯彻的计策，竟上了一个妇人的当，这难道不是天意吗？"吕后随后下令将韩信三族都连坐杀死。

臣司马光评论说：世人有的认为，韩信为汉高祖首先奠定开业大计，与他一同在汉中起事，平定三秦后，又分兵向北，擒获魏王，夺取代国，扑灭赵国，胁迫燕国，再向东攻击占领齐国，复向南在垓下消灭楚国，汉朝之所以能够得到天下，大致都归功于韩信。再看他拒绝蒯彻的建议，在陈地迎接高祖，哪里有反叛之心呢？实在是因为失去诸侯王的权位后怏怏不快，才陷于大逆不道。卢绾仅仅有高祖里巷旧邻的交情，就封为燕王，而韩信却以侯爵身份奉朝请；高祖难道不也有亏待韩信的地方吗？我认为：汉高祖用诈骗手段在陈地抓获韩信，说他亏待是有的；不过，韩信也有咎由自取之处。当初，汉王与楚王在荥阳相持，韩信灭了齐国，不来奏报汉王却自立为王；其后，汉王追击楚王到固陵，与韩信约定共同进攻楚王，而韩信按兵不动；当时，高祖本已有诛杀韩信的念头了，只是力量还做不到罢了。待到天下已经平定，韩信还有什么可倚仗的呢？抓住机会去谋取利益，是市井小人的志向；建立大功以报答恩德，是有志操学问的君子的胸怀。韩信用市井小人的志向为自己谋取利益，而要求他人用君子的胸怀回报，不是太难了吗？所以，太史公司马迁评论说："假如让

将军柴武斩韩王信于参合。

上还洛阳，闻淮阴侯之死，且喜且怜之，问吕后曰："信死亦何言？"吕后曰："信言恨不用蒯彻计。"上曰："是齐辩士蒯彻也。"乃诏齐捕蒯彻。蒯彻至，上曰："若教淮阴侯反乎？"对曰："然，臣固教之。竖子不用臣之策，故令自夷于此；如用臣之计，陛下安得而夷之乎！"上怒曰："烹之！"彻曰："嗟乎！冤哉烹也！"上曰："若教韩信反，何冤？"对曰："秦失其鹿，天下共逐之，高材疾足者先得焉。跖之狗吠尧，尧非不仁，狗固吠非其主。当是时，臣唯独知韩信，非知陛下也。且天下锐精持锋欲为陛下所为者甚众，顾力不能耳，又可尽烹之邪？"上曰："置之。"

（以上为第四段，写汉高帝刘邦攻灭叛将陈豨。吕后萧何用计斩杀淮阴侯韩信于长乐宫钟室，刘邦得知，且喜且怜。蒯彻曾教韩信谋反，高帝赦免其罪。司马光评论，韩信之死，自取之也。）

立子恒为代王，都晋阳。

大赦天下。

上之击陈豨也，征兵于梁；梁王称病，使将将兵诣邯郸。上怒，使人让之。梁王恐，欲自往谢。其将扈辄曰："王始不往，见让而往，往则为禽矣。不如遂发兵反。"梁王不听。梁太仆得罪，亡走汉，告梁王与扈辄谋反。于是上使使掩梁王，梁王不觉，遂囚之洛阳。有司治："反形已具，请论如法。"上赦以为庶人，传处蜀青衣。西至郑，逢吕后从长安来。彭王为吕后泣涕，自言无罪，愿处故昌邑。吕后许诺，与俱东。至洛阳，吕后白上曰："彭王壮士，今徙之蜀，此自遗患；不如遂诛之。妾谨与俱来。"于是吕后乃令其舍人告彭越复谋反。廷尉王恬开奏请族之，上可其奏。

三月，夷越三族。枭越首洛阳，下诏："有收视者，辄捕之。"

梁大夫栾布使于齐，还，奏事越头下，祠而哭之。吏捕以闻。上召

韩信学习君臣之道，谦虚礼让，不夸耀自己的功劳，不矜持自己的才能，情况大概就不同了！他对汉家的功勋，可以与周公、召公、太公吕尚等人相比，后代也就可以享有祭祀了！他不去这样做，反而在天下已定之时，图谋叛逆，被斩灭宗族，不是理所当然的吗！”

将军柴武在参合将韩王信斩首。

汉高帝回到洛阳，知道淮阴侯韩信被杀，又是欣喜又是怜惜。他问吕后：“韩信临死时有什么话？”吕后说：“韩信说后悔没有用蒯彻的计谋。”高帝悟道：“是齐国的能辩之士蒯彻呀！”便下令齐国逮捕蒯彻。蒯彻被押来后，高帝问：“你教韩信造反吗？”回答说：“是的，我确实教过。那家伙不听我的计策，所以才自取灭亡，落到这个地步；如果用我的计策，皇上怎么能够杀了他呢？”高帝勃然大怒，下令：“烹杀他！”蒯彻大叫：“哎呀！烹杀我实在冤枉！”高帝问道：“你教韩信造反，还有何冤枉？”蒯彻说：“秦朝失去江山，天下人都群起争夺，有才能、动作快的人能先得到。古时跖的狗对尧吠叫，并不是尧不仁，而是狗本来就要对不是它主人的人吠叫。当时，我作为臣子只知道有韩信，不知道有皇上啊！何况，天下磨刀霍霍，想做皇上这般大业的人很多，只是力量达不到罢了，您又能都烹杀吗？”高帝听罢，说：“放了他。”

汉高帝立儿子刘恒为代王，以晋阳为都城。

汉高帝下令实行大赦。

汉高帝进攻陈豨时，向梁王彭越征兵，彭越称病，只派将军率兵赴邯郸。高帝大怒，令人前去斥责。彭越恐惧，想亲身入朝谢罪。部将扈辄说：“您当初不去，受到斥责后才去，去了就会被擒，不如就势发兵反了吧。”彭越不听劝告。他的太仆因获罪逃往长安，控告梁王彭越与扈辄谋反。于是，高帝派人突袭彭越，彭越事先没有发觉，便被俘获，囚禁到洛阳。有关部门审讯的结果是：“已有谋反迹象，应按法律处死。”高帝赦免他为平民，押送到蜀郡青衣居住。彭越向西到了郑地，遇到吕后从长安来。彭越向吕后哭泣，诉说自己无罪，希望能够到故地昌邑居住。吕后口中应允，与他一起东行。到了洛阳，吕后对高帝说：“彭越是个壮士，如今把他流放到蜀郡，这是自留后患，不如就此杀了他。我已与他同来。”吕后又指使彭越门下舍人控告彭越再行谋反。廷尉王恬开奏请将彭越灭三族，高帝予以批准。

三月，彭越三族都被斩首。还割下彭越的首级在洛阳示众，并颁布命令：“有来收殓尸体者，一律逮捕。”

梁王彭越的大夫栾布出使齐国，回来后，在彭越的头颅下奏报，一边祭祀，一

布，骂，欲烹之。方提趋汤，布顾曰："愿一言而死。"上曰："何言？"布曰："方上之困于彭城，败荥阳、成皋间，项王所以遂不能西者，徒以彭王居梁地，与汉合从苦楚也。当是之时，王一顾，与楚则汉破，与汉则楚破。且垓下之会，微彭王，项氏不亡。天下已定，彭王剖符受封，亦欲传之万世。今陛下一征兵于梁，彭王病不行。而陛下疑以为反；反形未具，以苛小案诛灭之。臣恐功臣人人自危也。今彭王已死，臣生不如死，请就烹。"于是上乃释布罪，拜为都尉。

丙午，立皇子恢为梁王。丙寅，立皇子友为淮阳王。罢东郡，颇益梁；罢颍川郡，颇益淮阳。

夏，四月，行自洛阳至。

（以上为第五段，写梁王彭越在汉高帝讨伐陈豨时，没有亲自领兵参与而被疑造反，遭高帝突然袭击被捕流放，路遇吕后声言无罪。吕后诳骗彭越到洛阳，对高帝说："彭越壮士，不可放纵，自留后患。"彭越被灭族，枭首示众。彭越大夫栾布奉使返回，奏事彭越头颅下，高帝壮其节，赦免并用为都尉。）

五月，诏立秦南海尉赵佗为南粤王，使陆贾即授玺绶，与剖符通使，使和集百越，无为南边患害。

初，秦二世时，南海尉任嚣病且死。召龙川令赵佗，语曰："秦为无道，天下苦之。闻陈胜等作乱，天下未知所安。南海僻远，吾恐盗兵侵地至此，欲兴兵绝新道自备，待诸侯变；会病甚。且番禺负山险，阻南海，东西数千里，颇有中国人相辅；此亦一州之主也，可以立国。郡中长吏，无足与言者，故召公告之。"即被佗书，行南海尉事。嚣死，佗即移檄告横浦、阳山、湟溪关曰："盗兵且至，急绝道，聚兵自守！"因稍以法诛秦所置长吏，以其党为假守。秦已破灭，佗即击并桂林、象郡，自立为南越武王。

陆生至，尉佗魋结、箕倨见陆生。陆生说佗曰："足下中国人，亲戚、昆弟、坟墓在真定。今足下反天性，弃冠带，欲以区区之越与天子抗衡为敌国，祸且及身矣！且夫秦失其政，诸侯、豪杰并起，唯汉王先入关，

边大哭。官吏将他逮捕，报告汉高帝。高帝召来栾布，痛骂一番，想烹杀他。两旁的人正要提起他投入滚水中，栾布回头说："请让我说句话再死。"高帝便问道："还有什么话？"栾布说："当年皇上受困于彭城，战败于荥阳、成皋之间，而项羽却不能西进，只是因为彭越守住梁地，与汉联合而使楚为难。当时，只要彭越一有倾向，与项羽联合则汉失败，与汉联合则楚失败。而且垓下会战，没有彭越，项羽就不会灭亡。如今天下已经平定，彭越接受符节，被封为王，也想传给子孙后代。而如今皇上向梁国征一次兵，彭越因病不能前来，皇上就疑心以为造反；未见到反叛迹象，便以苛细小事诛杀了他。我担心功臣会人人自危。现在彭越已经死了，我活着也不如死，请烹杀我吧！"高帝认为有理，便赦免了栾布的罪过，封他为都尉。

三月丙午（三月无丙午日，疑误），高帝立皇子刘恢为梁王，十一日丙寅，立皇子刘友为淮阳王。废除东郡，较大地扩充了梁国；废除颍川郡，较大地扩充了淮阳国。

夏季，四月，高帝一行从洛阳回长安。

五月，汉高帝下令立原秦朝南海尉赵佗为南粤王，派陆贾前往授予印信绶带，颁发符节，互通使者，让他团结安抚百越，不要成为南方边境的祸害。

当初，秦二世时，南海尉任嚣病重将死，他召来龙川县令赵佗，对赵佗说："秦朝统治暴虐无道，天下都十分怨愤。听说陈胜等人已起兵造反，天下不知怎样才能安定。我们南海虽然地处偏远，我也担心盗贼匪兵到这里来侵占地盘，想发动军队切断秦朝修筑的通往内地的新道，以自做准备，等待诸侯的变化，恰在此时我却病重。再说，我们的番禺城后山势险要，前有南海阻隔，东西几千里，有很多中原人在辅佐治理，这也是一州之主，可以建立国家。我看郡中的官员，没有人足以商议，所以召你前来，告诉你我的嘱托。"任嚣说完，便为赵佗写下委任书，请他代理南海尉的政事。任嚣死后，赵佗立即发出檄文通知横浦、阳山、湟关，说："盗匪军队就要来到，各地立即断绝通道，聚兵自守。"随后，又逐渐利用法律诛杀秦朝所设官员，以他的同党做代理郡守。秦朝灭亡后，赵佗立即发兵进攻吞并桂林、象郡，自立为南越武王。

陆贾来到南越，赵佗头上盘着南越人的头髻，伸开两脚坐着接见他。陆贾劝说赵佗："您是中原人士，亲戚、兄弟、祖先坟墓都在真定。现在您违反天性，抛弃华夏冠带，想以区区南越之地与汉朝天子相抗衡，成为敌国，大祸就要临头了！再说，

据咸阳。项羽倍约，自立为西楚霸王，诸侯皆属，可谓至强。然汉王起巴、蜀，鞭笞天下，遂诛项羽，灭之。五年之间，海内平定。此非人力，天之所建也。天子闻君王王南越，不助天下诛暴逆，将相欲移兵而诛王。天子怜百姓新劳苦，故且休之，遣臣授君王印，剖符通使。君王宜郊迎，北面称臣；乃欲以新造未集之越，屈强于此！汉诚闻之，掘烧王先人冢，夷灭宗族，使一偏将将十万众临越，则越杀王降汉如反覆手耳！”

于是尉佗乃蹶然起坐，谢陆生曰："居蛮夷中久，殊失礼义！"因问陆生曰："我孰与萧何、曹参、韩信贤？"陆生曰："王似贤也。"复曰："我孰与皇帝贤？"陆生曰："皇帝继五帝、三皇之业，统理中国；中国之人以亿计，地方万里，万物殷富；政由一家，自天地剖判未始有也。今王众不过数十万，皆蛮夷，崎岖山海间，譬若汉一郡耳，何乃比于汉！"尉佗大笑曰："吾不起中国，故王此；使我居中国，何遽不若汉！"乃留陆生与饮。

数月，曰："越中无足与语。至生来，令我日闻所不闻。"赐陆生橐中装直千金，他送亦千金。陆生卒拜尉佗为南越王，令称臣，奉汉约。归报，帝大悦，拜贾为太中大夫。

陆生时时前说称《诗》《书》，帝骂之曰："乃公居马上而得之，安事《诗》《书》！"陆生曰："居马上得之，宁可以马上治之乎？且汤、武逆取而以顺守之；文武并用，长久之术也。昔者吴王夫差、智伯、秦始皇，皆以极武而亡。乡使秦已并天下，行仁义，法先圣，陛下安得而有之！"帝有惭色，曰："试为我著秦所以失天下、吾所以得之者及古成败之国。"陆生乃粗述存亡之征，凡著十二篇。每奏一篇，帝未尝不称善，左右呼万岁；号其书曰"《新语》"。

（以上为第六段，写陆贾出使南越，封立原秦朝南海尉赵佗为南越王，不辱使命；陆贾还时时在刘邦面前称道《诗经》《尚书》，写成《新语》十二篇论秦之所以亡汉之所以得，及古成败之国，奏上，得到刘邦及群臣的称赞。）

帝有疾，恶见人，卧禁中，诏户者无得入群臣，群臣绛、灌等莫敢

秦朝丧失德政，各地诸侯、豪强纷纷起兵反抗，只有汉王能先入关中，占据咸阳。项羽背约，自立为西楚霸王，诸侯都成为他的部属，他可以说是极强大的了。但汉王起兵巴蜀后，便横扫天下，终于诛杀了项羽，消灭了楚军。五年之间，海内获得平定，这并非人力所为，而是上天的建树啊！汉朝天子听说您在南越称王，却不协助天下诛杀暴逆，文武将相都请求派兵来剿灭您。但天子怜悯百姓刚刚经过兵事劳苦，所以暂且休兵不发，派我前来授您君王印信，颁发符节，互通使臣。您应该亲自到郊外迎接，向北称臣才是，而您竟要凭借新近缔造尚未安定的南越国，对汉朝如此倔强不服从！汉朝要是知道了，掘毁焚烧您祖先的坟墓，杀光您的宗族，再派一员偏将率领十万大兵压境，那么南越人杀您投降汉朝，是易如反掌的！”

于是，赵佗大惊失色，立即收腿正坐，向陆贾谢罪，说：“我在蛮夷民族中居住已久，太没有礼仪了。”他又问陆贾：“我与萧何、曹参、韩信比，谁高明？”陆贾回答说：“似乎是您高明些。”赵佗又问：“那么我与汉朝皇帝比，谁高明？”陆贾说：“皇帝继承三皇五帝的伟业，统一治理中原；中原人口以亿计算，土地方圆万里，万物殷实丰富；皇帝能把政权集于一家之手，是开天辟地以来未曾有过的大事。您的臣民不过几十万，还都是蛮夷，散布在崎岖的崇山大海之间，好像是汉朝的一个郡而已，怎么可以与汉朝相提并论！”赵佗大笑着说：“我没有在中原兴起，所以在这里称王；如果我在中原，怎么就见得不如汉朝！”说完便留下陆贾与他畅饮。

过了几个月，赵佗说：“南越没有可说话的人，直到你来，才让我每天听到从未听过的事情。”又赏赐陆贾一袋珠宝，价值千金，其他馈赠也达千金之多。陆贾最后便拜赵佗为南越王，令他向汉朝称臣，遵守汉朝约定。陆贾回朝报告，汉高帝刘邦大为高兴，封陆贾为太中大夫。

陆贾时时在汉高帝刘邦面前称道《诗经》、《尚书》，高帝斥骂他说：“你老子是在马上打下的天下，哪里用得着《诗经》、《尚书》！”陆贾反驳说：“在马上得天下，难道可以在马上治理天下吗？况且商朝汤王、周朝武王都是逆上造反取天下，顺势怀柔守天下。文武并用，才是长治久安的治国方略。当年吴王夫差、智伯瑶、秦始皇，也都是因为穷兵黩武而遭致灭亡。假使秦国吞并天下之后，推行仁义，效法先圣，皇上今天怎能拥有天下！”高帝露出惭愧面容，说：“请你试为我写出秦国所以失去天下，我所以得到天下及古代国家成败的道理。”陆贾于是大略阐述了国家存亡的征兆，共写成十二篇。每奏上一篇，高帝都称赞叫好，左右随从也齐呼“万岁”。该书被称为《新语》。

汉高帝生了病，讨厌见人，躺在宫中，命令守宫门官员不准群臣进入，周勃、

入，十余日。舞阳侯樊哙排闼直入，大臣随之。上独枕一宦者卧。哙等见上，流涕曰："始陛下与臣等起丰、沛，定天下，何其壮也！今天下已定，又何惫也！且陛下病甚，大臣震恐；不见臣等计事，顾独与一宦者绝乎？且陛下独不见赵高之事乎？"帝笑而起。

秋，七月，淮南王布反。

初，淮阴侯死，布已心恐。及彭越诛，醢其肉以赐诸侯。使者至淮南，淮南王方猎，见醢，因大恐，阴令人部聚兵，候伺旁郡警急。布所幸姬，病就医，医家与中大夫贲赫对门，赫乃厚馈遗，从姬饮医家；王疑其与乱，欲捕赫。赫乘传诣长安上变，言："布谋反有端，可先未发诛也。"上读其书，语萧相国，相国曰："布不宜有此，恐仇怨妄诬之。请系赫，使人微验淮南王。"淮南王见赫以罪亡上变，固已疑其言国阴事；汉使又来，颇有所验；遂族赫家，发兵反。反书闻，上乃赦贲赫，以为将军。

上召诸将问计，皆曰："发兵击之，坑竖子耳，何能为乎！"汝阴侯滕公召故楚令尹薛公问之。令尹曰："是固当反。"滕公曰："上裂地而封之，疏爵而王之；其反何也？"令尹曰："往年杀彭越，前年杀韩信；此三人者，同功一体之人也，自疑祸及身，故反耳。"滕公言之上，上乃召见，问薛公，薛公对曰："布反不足怪也。使布出于上计，山东非汉之有也；出于中计，胜败之数未可知也；出于下计，陛下安枕而卧矣。"

上曰："何谓上计？"对曰："东取吴，西取楚，并齐，取鲁，传檄燕、赵，固守其所，山东非汉之有也。""何谓中计？""东取吴，西取楚，并韩，取魏，据敖仓之粟，塞成皋之口，胜败之数未可知也。""何谓下计？""东取吴，西取下蔡，归重于越，身归长沙，陛下安枕而卧，汉无事矣。"上曰："是计将安出？"对曰："出下计。"上曰："何为废上、中计而出下计？"对曰："布，故丽山之徒也，自致万乘之主，此皆为身，不顾后、为百姓万世虑者也。故曰出下计。"上曰："善！"封薛公千户。乃立皇子长为淮南王。

灌婴等大臣都不敢进去。这样过了十几天，舞阳侯樊哙闯开宫门直冲而入，各大臣也随后跟进。只见高帝正以一个宦官为枕头，独自躺在那里。樊哙等人见了高帝，流着眼泪说："想当年，皇上与我们一同在丰沛起事，平定天下，是何等的雄壮！现在天下已经安定了，又是多么的疲惫不堪！而且，皇上病重，大臣们都感到震惊恐惧；皇上不接见我们商议国家大事，就只是和一个宦官到死吗？再说，皇上难道不知道赵高篡权的事吗？"高帝便笑着起了身。

秋季，七月，淮南王英布反叛。

起初，淮阴侯韩信被杀，英布已感到心惊。待到彭越也遭处死，高帝又把他的肉制成肉酱分赐各地诸侯。使者到了淮南，淮南王英布正在打猎，见了肉酱，大为惊恐，便暗中派人部署军队，等候邻郡报警告急。英布的一个宠姬，因病去就医，医生与中大夫贲赫住对门。贲赫便备下厚礼，陪同宠姬在医生家饮酒。英布却怀疑贲赫与宠姬私通，想抓起贲赫治罪。贲赫觉察，乘传车跑到长安城向高帝告发事变，说："英布谋反，已有迹象，应该趁他尚未发动而先行诛杀。"汉高帝读了他的举报信，对萧何说起，萧何认为："英布不至于做这种事，恐怕是仇人妄行诬告他。可以先把贲赫抓起来，派人暗中查验英布。"英布见贲赫畏罪逃去向高帝控告，本来已经疑心他会说出本国的阴谋；汉朝使者又来，查验出不少证据，他便杀光贲赫全家，发兵反叛。英布造反的报告传至朝廷，高帝于是赦免贲赫，任命为将军。

高帝召集众将询问对策，大家都说："发兵征讨，坑杀这家伙罢了，他有什么能耐！"汝阴侯滕公夏侯婴召来原楚国的令尹薛公，向他征求意见。薛公说："英布当然要反。"夏侯婴问道："皇上割地封给他，又分赐爵位让他称王，还有什么造反的道理？"薛公回答道："皇上前不久杀了彭越，再早些时候还杀了韩信。他们三人，功劳相同，是三位一体的，他自己疑心大祸降临，所以便造反了。"夏侯婴将此话告诉高帝，高帝于是传来薛公，问他，薛公回答说："英布造反不足为怪。但是，如果他采用上策，崤山之东便不再是汉朝所有的了；如果他采用中策，两方谁胜谁负还难以预料；如果他采用下策，那么皇上就可以高枕无忧了。"

汉高帝问道："什么是他的上策？"回答说："向东攻取吴地，向西夺占楚地，吞并齐地，占据鲁地，传令给燕、赵两地，让他们固守本土，那么崤山以东就不在汉朝手中了。""什么是他的中策？""向东攻取吴地，向西夺占楚地，吞并韩地，占据魏地，掌握敖仓的储粮，阻塞成皋通道，那么谁胜谁负就难以预料。""什么是他的下策？""向东攻取吴地，向西夺占下蔡，然后把辎重送到越地，自己回到长沙，那么皇上就可以高枕无忧，汉朝就没事了。"高帝又问："他将会使用哪种计策呢？"薛公说："必使下策。"高帝问道："为什么他会舍弃上、中策而采用下策呢？"薛公回答道："英布其人，原是个骊山的刑徒，自己奋力爬到王的高位，这些都使他

是时，上有疾，欲使太子往击黥布。太子客东园公、绮里季、夏黄公、角里先生说建成侯吕释之曰："太子将兵，有功则位不益，无功则从此受祸矣。君何不急请吕后，承间为上泣言：'黥布，天下猛将也，善用兵。今诸将皆陛下故等夷，乃令太子将此属，无异使羊将狼，莫肯为用；且使布闻之，则鼓行而西耳！上虽病，强载辎车，卧而护之，诸将不敢不尽力。上虽苦，为妻子自强！'"于是吕释之立夜见吕后。吕后承间为上泣涕而言，如四人意。上曰："吾惟竖子固不足遣，而公自行耳。"

于是上自将兵而东，群臣居守，皆送至霸上。留侯病，自强起，至曲邮，见上曰："臣宜从，病甚。楚人剽疾，愿上无与争锋！"因说上令太子为将军，监关中兵。上曰："子房虽病，强卧而傅太子。"是时，叔孙通为太傅，留侯行少傅事。发上郡、北地、陇西车骑、巴蜀材官及中尉卒三万人为皇太子卫，军霸上。

布之初反，谓其将曰："上老矣，厌兵，必不能来。使诸将，诸将独患淮阴、彭越，今皆已死，余不足畏也。"故遂反。果如薛公之言，东击荆。荆王贾走死富陵；尽劫其兵，渡淮击楚。楚发兵与战徐、僮间，为三军，欲以相救为奇。或说楚将曰："布善用兵，民素畏之。且兵法：'诸侯自战其地为散地'，今别为三，彼败吾一军，余皆走，安能相救！"不听。布果破其一军，其二军散走；布遂引兵而西。

（以上为第七段，写淮阴侯韩信、梁王彭越相继被杀，淮南王英布非常恐惧而被逼反。英布攻打楚王刘交，刘交兵分三路，布破其一军，另两路作鸟兽散。）

十二年（丙午，前195年）

冬，十月，上与布军遇于蕲西，布兵精甚。上壁庸城，望布军置陈如项籍军，上恶之。与布相望见，遥谓布曰："何苦而反？"布曰："欲为帝耳！"上怒骂之，遂大战。布军败走，渡淮，数止战，不利，与百余人走江南，上令别将追之。

只顾自身，不顾以后，更不会为百姓做长远打算。所以说他必采用下策。”高帝说：“好！”下令封薛公一千户。于是，立皇子刘长为淮南王。

这时，汉高帝正有病，想让太子前去进攻英布。太子的宾客东园公、绮里季、夏黄公、角里先生劝建成侯吕释之说：“太子统领大军，有了功劳，地位已无以再增高；没有功劳，便从此受祸。你何不赶快去请求吕后，抓个机会在皇上面前哭求说：‘英布是天下闻名的猛将，擅长用兵。而我方众将领又都是过去与皇上平起平坐的旧人，要是让太子指挥这些人，无异于让羊去驱使狼，无人听命于他。况且假使英布知道，便会击鼓向西，长驱直入了。皇上您虽然有病，也要勉强上帘车，躺着指挥，众将领就不敢不尽力了。皇上虽然生病困苦，为了妻子儿女，还是要自己振作一下！’”于是，吕释之立刻连夜求见吕后。吕后找个机会对高帝流泪哀求，照四位宾客的意思说了。高帝说：“我本知道这小子不配派遣，还是我自己去吧！”

于是，汉高帝亲自统领大军向东进发，君臣留守朝中，都送行到霸上。留侯张良生了病，也支撑身子，来到曲邮，对高帝说：“我本应随您出征，但实在病重。英布那些楚国人剽悍凶猛，望皇上不要和他硬拼！”又建议高帝让太子为将军，监领关中军队。高帝说：“张先生虽然有病在身，请勉强躺着辅佐太子。”当时，叔孙通是太子的太傅，张良代理少傅之事。高帝又下令征发上郡、北地、陇西的车骑兵，巴、蜀两地的材官及京师中尉的军队三万人，作为皇太子的警卫部队，驻扎在霸上。

英布造反之初，对部将说：“皇上老了，讨厌兵事，肯定不能前来。要是派各大将，其中我只怕韩信、彭越，但他们现在都死了。其他人全不值得担心。”所以，决心反叛。他果然像薛公说的那样，向东攻打吴地的荆王刘贾，刘贾败逃，死在富陵；英布胁迫刘贾的全部士兵，渡过淮河，攻打楚王刘交。刘交发兵在徐县、僮县一带迎战，他把军队分为三支，想以互相救援出奇制胜。有人劝说楚王道：“英布善于用兵，人们平时就惧怕他。何况兵法说：‘诸侯在自己领土上作战，士兵极易逃散。’现在楚军分为三支，敌军只要打败其中一支，其余的就会逃跑，哪能互相援救呢？”楚王不听，结果被英布攻破一支，另外两支果然便四散了。英布于是引兵西进。

汉高帝十二年（丙午，前 195 年）

冬季，十月，汉高帝与英布军队在蕲西对阵。英布军队十分精锐，高帝便在庸城坚壁固守。远远望去，英布军队的布阵如同当年的项籍军队，高帝心中厌恶。他与英布互相望见，远远地质问英布：“你何苦要造反？”英布回答说：“想当皇帝而已！”高帝怒声斥骂他，于是双方大战。英布军队败退而逃，渡过淮河，虽然几次停住阵脚再战，仍不能取胜。他只好与一百多人逃到长江南岸，高帝便另派一员将军继续追击。

上还，过沛，留，置酒沛宫，悉召故人、父老、诸母、子弟佐酒，道旧故为笑乐。酒酣，上自为歌，起舞，慷慨伤怀，泣数行下，谓沛父兄曰："游子悲故乡。朕自沛公以诛暴逆，遂有天下；其以沛为朕汤沐邑，复其民，世世无有所与。"乐饮十余日，乃去。

汉别将击英布军洮水南、北，皆大破之。布故与番君婚，以故长沙成王臣使人诱布，伪欲与亡走越，布信而随之。番阳人杀布兹乡民田舍。

周勃悉定代郡、雁门、云中地，斩陈豨于当城。

上以荆王贾无后，更以荆为吴国。辛丑，立兄仲之子濞为吴王，王三郡五十三城。

十一月，上过鲁，以太牢祠孔子。

上从破黥布归，疾益甚，愈欲易太子。张良谏不听，因疾不视事。叔孙通谏曰："昔者晋献公以骊姬之故，废太子，立奚齐，晋国乱者数十年，为天下笑。秦以不蚤定扶苏，令赵高得以诈立胡亥，自使灭祀，此陛下所亲见。今太子仁孝，天下皆闻之。吕后与陛下攻苦食啖，其可背哉！陛下必欲废嫡而立少，臣愿先伏诛，以颈血污地！"帝曰："公罢矣，吾直戏耳！"叔孙通曰："太子，天下本，本一摇，天下振动；奈何以天下为戏乎！"时大臣固争者多；上知群臣心皆不附赵王，乃止不立。

（以上为第八段，写汉高帝带病出征黥布，得胜回故乡与父老纵酒，回到长安急欲更换太子，因群臣反对而作罢。）

相国何以长安地狭，上林中多空地，弃；愿令民得入田，毋收稿，为禽兽食。上大怒曰："相国多受贾人财物，乃为请吾苑！"下相国廷尉，械系之。数日，王卫尉侍，前问曰："相国何大罪，陛下系之暴也？"上曰："吾闻李斯相秦皇帝，有善归主，有恶自与。今相国多受贾竖金，而为之请吾苑以自媚于民，故系治之。"王卫尉曰："夫职事苟有便于民而请之，真宰相事；陛下奈何乃疑相国受贾人钱乎？且陛下距楚数岁，陈豨、黥布反，陛下自将而往；当是时，相国守关中，关中摇足，则关以西非陛下有也！相国不以此时为利，今乃利贾人之金乎？且秦以不闻其过亡天下；李斯之分过，又何足法哉！陛下何疑宰相之浅也！"帝不怿。

高帝凯旋，路过沛县，留下来，在沛宫举行酒宴。把旧友、父老、女长辈、家族子弟全部召来陪同饮酒，共叙旧情，欢笑作乐。酒喝到畅快时，高帝自己作歌，欣然起舞，唱到慷慨伤怀之时，洒下了几行热泪。高帝对沛县父老兄弟说："游子思念故乡。我以沛公名义起事诛灭秦朝暴逆，才夺取了天下。现在把沛县当作我的汤沐邑，免除县中百姓的赋役，世世代代不予征收。"高帝在沛县饮酒欢乐十多天后，才离去。

汉朝将军在洮水南、北追击英布残军，都大获全胜。英布曾与番君吴芮结有婚姻之好，所以，长沙成王吴臣便派人诱骗英布，假称想和他一起逃到南越去。英布果然相信，与使者前往，结果在布兹乡农民田舍被番阳人杀死。

周勃全部平定代郡、雁门、云中等地，在当城将陈豨斩首。

高帝因为荆王刘贾没有后人，便改荆国为吴国。十月二十五日辛丑，立兄长刘仲的儿子刘濞为吴王，管辖三个郡五十三座城。

十一月，高帝经过鲁地，用牛、羊、猪的太牢礼祭祀孔子。

汉高帝自从击败英布归来，病势更加严重，愈发想换太子。张良劝止未被接受，只好称病不过问政事。叔孙通又劝谏说："从前晋献公因为宠爱骊姬，废掉太子，另立奚齐，结果造成晋国几十年内乱，被天下耻笑。秦国也因为不早定扶苏为太子，使赵高得以用奸诈手段立胡亥为皇帝，自己使宗庙灭绝。这是皇上亲眼所见。如今太子仁义孝顺，天下都知道。吕后又与皇上艰苦创业，粗茶淡饭地共过患难，怎可背弃？皇上一定要废去嫡长子而立小儿子，我愿先受诛杀，用脖颈的鲜血涂地！"高帝只好说："你不要这样，我只是开玩笑而已！"叔孙通又说："太子，是国家的根本，根本一旦动摇，天下就会震动；怎么能用天下来开玩笑呢？"当时大臣中坚持反对的人很多，高帝明白群臣的心都不向着赵王，于是，放下此事不再提起。

汉相国萧何因为长安地方狭窄，而皇家上林苑中有很多空地，且荒弃不用，希望能让百姓入内耕种，留下禾杆不割，作为苑中鸟兽的饲料。汉高帝刘邦一听勃然大怒，说："相国，你一定收下了商人的大批财物，才替他们算计我的上林苑！"将萧何交付廷尉，用刑具锁铐。过了几天，一个姓王的卫尉侍奉高帝，上前探问："相国犯了什么大罪，皇上突然把他拘禁起来？"高帝说："我听说李斯做秦始皇的丞相时，有善行就归功于君王，有过失就自己承担。现在萧何接受了商人的大批财物，为他们要我的上林苑，以讨好下民，所以拘禁起来治罪。"王卫尉便劝说道："分内的事只要对百姓有利就向皇帝建议，这是真正的宰相行为，皇上为什么竟疑心相国受了商人钱财呢？况且，皇上与楚霸王作战几年，陈豨、英布造反，您亲自率军出征。当时，相国独守关中，只要关中一有动摇，函谷关以西就不再是皇上所有了！

是日，使使持节赦出相国。相国年老，素恭谨，入，徒跣谢。帝曰："相国休矣！相国为民请苑，吾不许，我不过为桀、纣主，而相国为贤相。吾故系相国，欲令百姓闻吾过也。"

陈豨之反也，燕王绾发兵击其东北。当是时，陈豨使王黄求救匈奴；燕王绾亦使其臣张胜于匈奴，言豨等军破。张胜至胡，故燕王臧荼子衍出亡在胡，见张胜曰："公所以重于燕者，以习胡事也；燕所以久存者，以诸侯数反，兵连不决也。今公为燕，欲急灭豨等；豨等已尽，次亦至燕，公等亦且为虏矣。公何不令燕且缓陈豨，而与胡和！事宽，得长王燕；即有汉急，可以安国。"张胜以为然，乃私令匈奴助豨等击燕。燕王绾疑张胜与胡反，上书请族张胜。胜还，具道所以为者；燕王乃诈论他人，脱胜家属，使得为匈奴间。而阴使范齐之陈豨所，欲令久亡，连兵勿决。

汉击黥布，豨常将兵居代；汉击斩豨，其裨将降，言燕王绾使范齐通计谋于豨所。帝使使召卢绾，绾称病；又使辟阳侯审食其、御史大夫赵尧往迎燕王，因验问左右。绾愈恐，闭匿，谓其幸臣曰："非刘氏而王，独我与长沙耳。往年春，汉族淮阴，夏，诛彭越，皆吕氏计。今上病，属任吕后；吕后妇人，专欲以事诛异姓王者及大功臣。"乃遂称病不行，其左右皆亡匿。语颇泄，辟阳侯闻之，归，具报上，上益怒。又得匈奴降者，言张胜亡在匈奴为燕使。于是上曰："卢绾果反矣！"

春，二月，使樊哙以相国将兵击绾，立皇子建为燕王。

诏曰："南武侯织，亦粤之世也，立以为南海王。"

（以上为第九段，写汉高帝怀疑相国萧何收买人心，下狱治罪，而后释放；燕王卢绾心怀二心，刘邦派樊哙以相国名义出征。）

相国不在那时为自己谋利，反而在现在贪图商人的金钱吗？再说，秦朝就是因为不知道自己的过失才丧失了天下，李斯为秦始皇分担过失的作为，又有什么值得效法的呢？皇上为什么如此轻易地怀疑相国呢！”高帝听完后很不高兴。

当天，汉高帝派人持符节赦免释放了萧何。萧何年纪已老，平时对高帝很恭谨，进宫后光着脚前去谢恩。高帝说：“相国您不要这样！相国为人民讨要上林苑，我不准许，我不过是夏桀、商纣那样的昏君，而相国您是贤相。我所以抓起相国，就是想让百姓知道我的过失啊！”

陈豨造反时，燕王卢绾发兵进攻他的东北面。当时，陈豨派王黄向匈奴求救；燕王卢绾也派出使臣张胜去匈奴那里，声称陈豨的军队已经失败了。张胜到了匈奴部落，原来的燕王臧荼的儿子臧衍正逃亡在那里，见了张胜便说：“先生您之所以在燕国受到重用，就是因为熟悉匈奴的事务；燕国之所以能够长期存在，就是因为内地各诸侯屡次反叛，兵事连绵，久而不决。如今您为燕国考虑，想赶快灭掉陈豨等人；陈豨等人一消灭，接下来也就轮到燕国，你们也就将成为阶下囚了。您何不让燕王暂缓进攻陈豨，而与匈奴和好？情况缓和，便可以长期在燕国称王；一旦汉廷有急变，也可以借助外援保全本国。”张胜认为很对，于是，私下让匈奴帮助陈豨等人攻击燕军。燕王卢绾疑心张胜勾结匈奴反叛，上书朝廷请将张胜全家斩首。这时张胜回来了，详细说明之所以这样行事的原因，燕王于是用诈术决罪他人，开脱了张胜家属，派他去匈奴作密使。同时，暗中使范齐潜去陈豨那里，想让他长期逃亡在外，双方对峙，不作决战。

汉朝攻击英布时，陈豨时常率兵驻扎代郡。汉朝进攻杀死陈豨后，他的偏将投降，说出燕王卢绾曾派范齐去陈豨那里互通计谋。汉高帝于是派使者前去召卢绾回朝，卢绾称病不来；又派辟阳侯审食其、御史大夫赵尧前去迎接燕王，顺便查验盘问他的左右随从。燕王卢绾更加恐惧，躲藏起来。他对心腹之臣说：“不是刘氏家族而称王的，只有我和长沙王了。去年春季，汉朝杀了韩信全家，夏季又处死彭越，这都是吕后的主意。如今皇上病重，大权委托吕后。吕后这个妇人，一心想找事诛杀异姓王和大功臣。”于是，称病不动身，卢绾的左右心腹也都藏匿起来。卢绾的这些话有些泄露了出去，审食其听说后，回朝详细报告高帝，高帝更加愤怒，又得到匈奴中来投降的人，说出张胜逃亡在匈奴做燕王使臣的事情。于是，高帝认定说：“卢绾果真反了！”

春季，二月，汉高帝派樊哙以相国名义发兵攻击卢绾，另立皇子刘建为燕王。

汉高帝颁布命令说：“南武侯织，也是南越的贵族世家，立为南海王。”

上击布时，为流矢所中，行道，疾甚。吕后迎良医。医入见，曰：“疾可治。”上嫚骂之曰：“吾以布衣提三尺取天下，此非天命乎！命乃在天，虽扁鹊何益！”遂不使治疾，赐黄金五十斤，罢之。

吕后问曰：“陛下百岁后，萧相国既死，谁令代之？”上曰：“曹参可。”问其次，曰：“王陵可，然少戆，陈平可以助之。陈平知有余，然难独任。周勃重厚少文，然安刘氏者必勃也，可令为太尉。”吕后复问其次，上曰：“此后亦非乃所知也。”

夏，四月，甲辰，帝崩于长乐宫。丁未，发丧，大赦天下。

卢绾与数千人居塞下候伺，幸上疾愈，自入谢。闻帝崩，遂亡入匈奴。

五月，丙寅，葬高帝于长陵。

初，高祖不修文学，而性明达，好谋，能听，自监门、戍卒，见之如旧。初顺民心作三章之约。天下既定，命萧何次律、令，韩信申军法，张苍定章程，叔孙通制礼仪；又与功臣剖符作誓，丹书、铁契，金匮、石室，藏之宗庙。虽日不暇给，规摹弘远矣。

己巳，太子即皇帝位，尊皇后曰皇太后。

初，高帝病甚，人有恶樊哙，云：“党于吕氏，即一日上晏驾，欲以兵诛赵王如意之属。”帝大怒，用陈平谋，召绛侯周勃受诏床下，曰：“陈平亟驰传载勃代哙将；平至军中，即斩哙头！”二人既受诏，驰传，未至军，行计之曰：“樊哙，帝之故人也，功多，且又吕后弟吕媭之夫，有亲且贵。帝以忿怒故欲斩之，则恐后悔；宁囚而致上，自诛之。”未至军，为坛，以节召樊哙。哙受诏，即反接，载槛车传诣长安；而令绛侯勃代将，将兵定燕反县。

平行，闻帝崩，畏吕媭谗之于太后，乃驰传先去。逢使者，诏平与灌婴屯荥阳。平受诏，立复驰至宫，哭殊悲；因固请得宿卫中。太后乃

汉高帝进攻英布时，曾被流箭射中，行军路上，病势沉重。吕后请来一位良医，医生入内诊视后说：“病可以治。”高帝却破口大骂，说：“我以一个平民手提三尺剑夺取了天下，这不是天命吗？我的生死在天，即使扁鹊复生又有什么用？”于是，不让医生治病，而赏给医生黄金五十斤，让他回去。

吕后问汉高帝：“皇上百年之后，萧何相国死了，让谁代替他呢？”高帝说：“曹参可以。”吕后再问曹参之后，高帝说：“王陵可以，但他有点憨，陈平可以帮助他。陈平智谋有余，但难以独自承担重任。周勃为人厚道，不善言辞，但将来安定刘家天下的人必定是他，可任用为太尉。”吕后再追问其后，高帝只说：“这以后的事也就不是你能操心的了。”

夏季，四月二十五日甲辰，汉高帝去世于长乐宫。二十八日丁未，朝廷发布丧事消息，宣布实行大赦。

卢绾率领几千人住在边塞等候机会，希望高帝病愈，他好亲自入朝谢罪。他听到高帝去世的消息，便逃入匈奴。

五月十七日丙寅，将汉高帝安葬在长陵。

当初，高帝不修习学术，而秉性聪明通达，喜谋略，能采纳旁人意见，纵是守门官或戍卒，见面时也如同老熟人一般。当年他顺应民心约法三章，天下平定以后，又命令萧何整理法律、法令，韩信申明军法，张苍制订历法及度量衡章程，叔孙通研究礼仪；又与功臣剖分符节，立下誓言，用朱砂写就，以铁制成，放入国家收存重要文书的金柜石室，妥藏在宗庙中。高帝虽然众事繁多，日不暇给，但创立制度，规模宏远。

五月二十日己巳，太子刘盈登上皇帝大位，尊吕后为皇太后。

当初，汉高帝病重时，有人诬陷樊哙“与吕姓结党，只要有一天皇上过世，就要兴兵诛杀赵王如意及其从属”。高帝大怒，采纳陈平建议，召来绛侯周勃在床前接受命令：“陈平立刻乘驿车，载着周勃，让周勃代樊哙为将军；陈平一到军中，就砍下樊哙的头！”两人接受命令后，乘驿车前往，还未到军中，在路上商议说：“樊哙，是皇上的旧人，功劳很大，而且是吕后妹妹吕嬃的丈夫，有皇亲关系，又是尊贵之人，皇上因为一时动怒所以想杀他，恐怕日后会反悔。我们不如抓起他来送到皇上那里，让皇上自己去杀他。”他们还没有到军中，就筑了坛，用符节召樊哙前来。樊哙接受命令后，立即将手放到背后叫人把他反绑起来，用木栏囚车押送到长安；而让绛侯周勃代他为将军，率军征讨燕国谋反的诸县。

陈平一行走到中途，听到汉高帝去世的消息。陈平怕吕太后的妹妹吕嬃在吕太后面前说他的坏话，便驱驰驿车先行回都。路上，他又遇到朝廷使者，传达命令，

以为郎中令，使傅教惠帝。是后吕媭谗乃不得行。樊哙至，则赦，复爵邑。

太后令永巷囚戚夫人，髡钳，衣赭衣，令舂。遣使召赵王如意。使者三反，赵相周昌谓使者曰："高帝属臣赵王，王年少，窃闻太后怨戚夫人，欲召赵王并诛之，臣不敢遣王。王且亦病，不能奉诏。"太后怒，先使人召昌。昌至长安，乃使人复召赵王。王来，未到；帝知太后怒，自迎赵王霸上，与入宫，自挟与起居饮食。太后欲杀之，不得间。

（以上为第十段，写刘邦去世，嘱托后事；太子刘盈继位；刘邦生前要杀掉樊哙，陈平随机应变，既保住了樊哙，也保住了自己；吕太后嫉妒戚夫人，将其关入永巷，又欲召杀赵王如意。）

孝惠皇帝

元年（丁未，前 194 年）

冬，十二月，帝晨出射。赵王年少，不能蚤起；太后使人持鸩饮之。犁明，帝还，赵王已死。太后遂断戚夫人手足，去眼，煇耳，饮喑药，使居厕中，命曰"人彘"。居数日，乃召帝观人彘。帝见，问知其戚夫人，乃大哭，因病，岁余不能起。使人请太后曰："此非人所为。臣为太后子，终不能治天下。"帝以此日饮为淫乐，不听政。

臣光曰：为人子者，父母有过则谏；谏而不听，则号泣而随之。安有守高祖之业，为天下之主，不忍母之残酷，遂弃国家而不恤，纵酒色以伤生！若孝惠者，可谓笃于小仁而未知大谊也。

徙淮阳王友为赵王。

春，正月，始作长安城西北方。

（以上为第十一段，写吕太后惨无人道地迫害戚夫人，又毒死赵王如意；汉惠帝刘盈得知此事，一病不起，不齿于母亲的恶行，弃国家于不顾，纵酒作乐，司马光予以讥评。）

命陈平与灌婴屯守荥阳。陈平接受命令后，立即又疾驰到宫中，哭得十分悲哀，又坚决要求亲自守卫内宫。吕太后于是任命他为掌管宫殿门户的郎中令，还让他辅导汉惠帝。此后，吕媭便无法说陈平的坏话。樊哙一到长安，便被赦免，恢复原来的爵位和封地。

吕太后下令把戚夫人关在宫中永巷里，剃去头发，戴上刑具，穿上土红色的囚服，做舂米的苦活。她又派使者去召赵王刘如意，使者三次往返，赵相周昌对使者说："高帝生前把赵王嘱托给我，赵王年纪小，我听说吕太后怨恨戚夫人，想把赵王召去一齐杀掉，我不敢让赵王去。而且赵王也病了，不能接受命令。"吕太后听到回报，大为愤怒，便先派人去召周昌。待周昌到了长安，才派人再去召赵王。赵王前来，还未到达时，汉惠帝听说吕太后要对赵王动怒，便亲自去霸上迎接赵王，与他一起入宫，自己带着他一同吃饭睡觉。吕太后想杀掉赵王，但找不到机会。

孝惠皇帝

汉惠帝元年（丁未，前 194 年）

冬季，十二月，汉惠帝刘盈凌晨便出去打猎，赵王因为年纪小，不能早起同去，吕太后便派人拿着毒酒让赵王喝。黎明，汉惠帝回宫时，赵王已经死了。吕太后又下令砍断戚夫人的手、脚，挖去眼珠，熏聋耳朵，喝哑药，让她待在厕所里，称她为"人彘"。过了几天，吕太后便召汉惠帝来看"人彘"。汉惠帝见后，问知这就是戚夫人，便大哭起来，从此患病，一年多不能起身。他派人向吕太后请求说："这种事不是人做的。我虽然是太后您的儿子，到底还是治不了这个天下。"汉惠帝因此每天饮酒作乐，不理政事。

臣司马光评论说：做儿子的，见父母有过失就应该劝谏；劝谏不听，就应该跟着痛哭。哪有继承汉高祖的伟业，当天下的君主，因为不忍心于母亲的残酷，便抛弃国家不顾念，纵情酒色自伤身体的道理！像汉惠帝这样，可以说只是固执于小的仁爱，而不知道大义啊！

朝廷改封淮阳王刘友为赵王。

春季，正月，开始修筑长安西北面的城墙。

二年（戊申，前193年）

冬，十月，齐悼惠王来朝，饮于太后前。帝以齐王，兄也，置之上坐。太后怒，酌鸩酒置前，赐齐王为寿。齐王起，帝亦起取卮；太后恐，自起泛帝卮。齐王怪之，因不敢饮，佯醉去；问知其鸩，大恐。齐内史士说王，使献城阳郡为鲁元公主汤沐邑。太后喜，乃罢归齐王。

春，正月，癸酉，有两龙见兰陵家人井中。

陇西地震。

夏，旱。

郃阳侯仲薨。

鄼文终侯萧何病，上亲自临视，因问曰："君即百岁后，谁可代君者？"对曰："知臣莫如主。"帝曰："曹参何如？"何顿首曰："帝得之矣，臣死不恨！"

秋，七月，辛未，何薨。何置田宅，必居穷僻处，为家，不治垣屋。曰："后世贤，师吾俭；不贤，毋为势家所夺。"

癸巳，以曹参为相国。参闻何薨，告舍人："趣治行！吾将入相。"居无何，使者果召参。始，参微时，与萧何善；及为将相，有隙；至何且死，所推贤惟参。参代何为相，举事无所变更，一遵何约束。择郡国吏木讷于文辞、重厚长者，即召除为丞相史；吏之言文刻深、欲务声名者，辄斥去之。日夜饮醇酒。卿、大夫以下吏及宾客见参不事事，来者皆欲有言，参辄饮以醇酒；间，欲有所言，复饮之，醉而后去，终莫得开说，以为常。见人有细过，专掩匿覆盖之，府中无事。

参子窋为中大夫。帝怪相国不治事，以为"岂少朕与？"使窋归，以其私问参。参怒，笞窋二百，曰："趣入侍！天下事非若所当言也！"至朝时，帝让参曰："乃者我使谏君也。"参免冠谢曰："陛下自察圣武孰与高帝？"上曰："朕乃安敢望先帝！"又曰："陛下观臣能孰与萧何贤？"上曰："君似不及也。"参曰："陛下言之是也。高帝与萧何定天下，法令既明。今陛下垂拱，参等守职，遵而勿失，不亦可乎？"帝曰："善！"

汉惠帝二年（戊申，前 193 年）

冬季，十月。齐悼惠王刘肥来朝见汉惠帝，在吕太后面前举行酒宴。汉惠帝认为齐王是自己的哥哥，便请他坐上座。吕太后非常恼怒，让人倒了一杯毒酒放在面前，赏赐给齐王，为他祝福。齐王刚起身要接，汉惠帝也起身来取酒杯。太后一见大惊，急忙起身泼去汉惠帝手中的酒。齐王心知有怪，不敢再喝，假装酒醉离去。经打听，知道那是杯毒酒，大为惊恐。齐国一个名叫士的内史向齐王建议，使齐王献出城阳郡做吕太后女儿鲁元公主的汤沐邑。太后因此大喜，便放走了齐王。

春季，正月初四癸酉，兰陵一平民家的井中出现两条龙。

陇西发生地震。

夏季，大旱。

郃阳侯刘仲去世。

文终侯萧何病重，汉惠帝亲自前去探视，问他："您百年之后，谁可以接替您？"萧何说："最了解臣下的还是皇上。"汉惠帝又问："曹参怎么样？"萧何立即磕头说："皇上已找到人选，我死也没有什么遗憾了。"

秋季，七月初五辛未，萧何去世。他生前购置田地房宅，必定选位于穷乡僻壤的；他修建住宅，也从不起建高墙大屋。他说："如果我的后代贤德，就学我的俭朴；如果后代不贤，这些劣房差地也不会被权势之家抢夺。"

七月二十七日癸巳，朝廷任命曹参为相国。曹参刚听说萧何去世时，就对门下舍人说："快准备行装！我要进京去做相国了。"过了不久，使者果然前来召曹参入朝。起初，曹参当平民时，和萧何相交甚好；及至做了将相，两人有些隔阂。到萧何快死时，所推举接替自己的贤能之人唯独曹参。曹参接替萧何做了相国后，所有的条令都不作变更，一律遵照萧何当年的规定。他挑选各郡各封国中为人质朴、拘谨不善言辞、敦厚的长者，召来任命为丞相的属官。对那些言谈行文苛刻、专门追逐名声的官员，都予以斥退。然后，曹参日夜只顾痛饮醇香美酒。卿、大夫以下的官员及宾客见他不管政事，来看望时都想劝说，曹参却总是劝他们喝酒；喝酒间隙中再想说话，曹参又劝他们再喝，直到喝醉了回去，始终没有机会开口说话。这样的情况成为常事。曹参见到别人犯有小错误，也一味包庇掩饰，相国府中终日无事。

曹参的儿子曹窋任中大夫之职，汉惠帝刘盈向他埋怨曹参不理政事，认为"难道是看不起我吗"，让曹窋回家时，以私亲身分探问曹参。曹参大怒，鞭打曹窋二百下，呵斥："快回宫去侍候，国家大事不是你该说的！"到了上朝时，汉惠帝责备曹参说："那天是我让曹窋劝你的。"曹参立即脱下帽子谢罪，说："皇上自己体察圣明威武比高帝如何？"汉惠帝说："我怎么敢比高帝！"曹参又问："皇上再看我的才能比萧何谁强？"汉惠帝说："你好像不如他。"曹参便说："皇上说得太对了。高帝与

参为相国，出入三年，百姓歌之曰："萧何为法，较若画一；曹参代之，守而勿失。载其清净，民以宁壹。"

（以上为第十二段，写吕太后打算害死齐王刘肥，刘肥曲意逢迎而得免祸灾；相国萧何去世，举荐曹参继任；曹参一遵萧何律令，守而勿失，后世称为"萧规曹随"，得到百姓称赞。）

三年（己酉，前 192 年）

春，发长安六百里内男女十四万六千人城长安，三十日罢。

以宗室女为公主，嫁匈奴冒顿单于。

是时，冒顿方强，为书，使使遗高后，辞极亵嫚。高后大怒，召将相大臣，议斩其使者，发兵击之。樊哙曰："臣愿得十万众横行匈奴中！"中郎将季布曰："哙可斩也！前匈奴围高帝于平城，汉兵三十二万，哙为上将军，不能解围。今歌吟之声未绝，伤夷者甫起，而哙欲摇动天下，妄言以十万众横行，是面谩也。且夷狄譬如禽兽，得其善言不足喜，恶言不足怒也。"高后曰："善！"令大谒者张释报书，深自谦逊以谢之，并遗以车二乘，马二驷。冒顿复使使来谢，曰："未尝闻中国礼义，陛下幸而赦之。"因献马，遂和亲。

夏，五月，立闽越君摇为东海王。摇与无诸，皆越王句践之后也，从诸侯灭秦，功多，其民便附，故立之。都东瓯，世号东瓯王。

六月，发诸侯王、列侯徒隶二万人城长安。

秋，七月，都厩灾。

是岁，蜀湔氐反，击平之。

（以上为第十三段，写前 192 年史事，着重写匈奴单于冒顿依仗强大，写信给吕太后，言辞亵渎，将军樊哙愿以十万大军征讨，中郎将季布予以谏止，汉朝回信屈辱言和；朝廷立名为摇的闽越君为东海王。）

四年（庚戌，前 191 年）

冬，十月，立皇后张氏。后，帝姊鲁元公主女也，太后欲为重亲，

萧何平定天下，法令已经明确。如今皇上垂手治国，我们臣下恭谨守职，大家认真遵守不去违反旧时法令，不就够了吗？”汉惠帝说：“对。”

曹参担任相国，前后三年，百姓唱歌称颂他说：“萧何制法，整齐划一；曹参接替，守而不失；做事清净，百姓安心。”

汉惠帝三年（己酉，前192年）

春季，朝廷征发长安周围六百里内的男女民工十四万六千人修筑长安城，三十天结束。

汉惠帝以宗室女子作为公主，嫁给匈奴冒顿单于。

当时，匈奴单于冒顿正强大，写信派人送给吕太后，措辞极为亵污傲慢。吕太后大为愤怒，召集将相大臣，商议要杀掉匈奴来使，发兵攻打。樊哙说：“我愿意率领十万军队去横扫匈奴！”中郎将季布却说：“樊哙真该杀！从前匈奴在平城围困高帝，那时汉兵有三十二万，樊哙身为上将军，而不能解围。如今四方百姓哀苦之声尚未断绝，受伤士兵刚能起身，而樊哙却想搞乱天下，妄称以十万军队横扫匈奴。这是当面说谎！况且，匈奴好比禽兽一般，听了他的好话不必高兴，听了他的谩骂也不值得生气。”吕太后说：“说得对。”便派大谒者张释送去回信，十分谦逊地致以歉意，并送给匈奴二乘车、八匹马。冒顿接信后又派使臣前来道歉，说：“我们从不知道中原的礼义，感谢皇上的宽恕。”于是，献上马匹，与汉朝和亲友好。

夏季，五月，朝廷立名为摇的闽越君为东海王。摇与无诸，都是越王勾践的后代，曾跟随诸侯推翻秦朝，功劳不小，当地百姓归附，所以立他为王。摇建都东瓯，世人称之为“东瓯王”。

六月，朝廷征发各封国的王、侯属下刑徒奴隶二万人修筑长安城。

秋季，七月，太仆的马厩起火。

这一年，蜀郡湔氐部族反叛，朝廷出兵平定。

汉惠帝四年（庚戌，前191年）

冬季，十月，汉惠帝立张氏为皇后。张皇后是汉惠帝姐姐鲁元公主的女儿。吕

故以配帝。

春，正月，举民孝、弟、力田者，复其身。

三月，甲子，皇帝冠，赦天下。

省法令妨吏民者；除挟书律。帝以朝太后于长乐宫及间往，数跸烦民，乃筑复道于武库南。奉常叔孙通谏曰："此高帝月出游衣冠之道也，子孙奈何乘宗庙道上行哉！"帝惧曰："急坏之！"通曰："人主无过举。今已作，百姓皆知之矣。愿陛下为原庙渭北，衣冠月出游之，益广宗庙，大孝之本。"上乃诏有司立原庙。

臣光曰：过者，人之所必不免也，惟圣贤为能知而改之。古之圣王，患其有过而不自知也，故设诽谤之木，置敢谏之鼓，岂畏百姓之闻其过哉！是以仲虺美成汤曰："改过不吝。"傅说戒高宗曰："无耻过作非。"由是观之，则为人君者，固不以无过为贤，而以改过为美也。今叔孙通谏孝惠，乃云"人主无过举"，是教人君以文过遂非也，岂不缪哉！

长乐宫鸿台灾。

秋，七月，乙亥，未央宫凌室灾；丙子，织室灾。

五年（辛亥，前190年）

冬，雷；桃李华，枣实。

春，正月，复发长安六百里内男女十四万五千人城长安，三十日罢。

夏，大旱，江河水少，溪谷水绝。

秋，八月，平阳懿侯曹参薨。

六年（壬子，前189年）

冬，十月，以王陵为右丞相，陈平为左丞相。

齐悼惠王肥薨。

夏，留文成侯张良薨。

以周勃为太尉。

太后想亲上加亲，所以将她嫁给汉惠帝。

春季，正月，朝廷下令推荐民间孝顺父母、和睦兄长、努力耕作的人，免除本人的赋役。

三月初七甲子，汉惠帝行成年加冠礼，实行大赦。

朝廷检查法令中对官民有妨害的条目，废除秦律中禁止携带、收藏书籍的“挟书律”。汉惠帝认为去长乐宫朝见太后及平时前往时，经常清道警戒，使百姓惊忧，便在武库的南面修筑了一条架空阁道路。奉常叔孙通劝阻说：“那是每月举行高帝衣冠出巡仪式的道路啊！子孙后代怎么能在祖宗的道上行走呢！”汉惠帝惊惧地说：“快快拆去！”叔孙通又说：“天子没有错误的举动；现在路已经修了，民众也都知道。希望皇上在渭河北面再建个原庙，可以到那里去举行高帝衣冠出巡仪式，这样也扩大了宗庙，是大孝的根本。”汉惠帝便下令有关部门修建原庙。

臣司马光评论说：错误，是人人都必定无法避免的，但只有圣贤能知而改正。古代圣明的君王，怕自己有错误不知道，所以设置批评君王的诽谤木和劝阻君王的敢谏鼓，哪里会怕民众知道自己的过错呢？所以，仲虺赞美商汤王说：“改正错误决不吝惜。”傅说劝诫商王武丁说：“不要因为怕别人耻笑便不改正过失。”由此而见，做君王的人，本来就不是以不犯错误为贤明，而是以改正错误为美德。这里叔孙通却劝谏汉惠帝说“天子没有错误的举动”，正是在教做君王的文过饰非，岂不太荒谬了吗？

汉朝长乐宫中鸿台发生火灾。

秋季，七月二十日乙亥，未央宫的藏冰室发生火灾。二十一日丙子，织造室发生火灾。

汉惠帝五年（辛亥，前 190 年）

冬季，雷声响起，桃树、李树开花，枣树结果。

春季，正月，再次征发长安周围六百里内男女民工十四万五千人修筑长安城，三十天后结束。

夏季，大旱，长江、黄河水少，溪谷干涸。

秋季，八月，平阳侯曹参去世。

汉惠帝六年（壬子，前 189 年）

冬季，十月，朝廷任命王陵为右丞相，陈平为左丞相。

齐悼惠王刘肥去世。

夏季，留侯张良去世。

朝廷任命周勃为太尉。

七年（癸丑，前 188 年）

冬，发车骑、材官诣荥阳，太尉灌婴将。

春，正月，辛丑朔，日有食之。

夏，五月，丁卯，日有食之，既。

秋，八月，戊寅，帝崩于未央宫。大赦天下。九月，辛丑，葬安陵。

初，吕太后命张皇后取他人子养之，而杀其母，以为太子。既葬，太子即皇帝位，年幼；太后临朝称制。

（以上为第十四段，写前 191 年至前 188 年四年史事，在吕太后淫威下，汉惠帝刘盈垂拱无为，朝廷没有什么事情记载，只是记载了修建汉高帝刘邦的原庙、修建长安城以及一些天象而已。）

汉惠帝七年（癸丑，前 188 年）

冬季，征发战车和骑兵、步兵前往荥阳，由太尉灌婴统率。

春季，正月初一辛丑朔，出现日食。

夏季，五月二十九日丁卯，出现日全食。

秋季，八月十二日戊寅，汉惠帝在未央宫去世。实行大赦。九月初五辛丑，汉惠帝下葬在安陵。

当初，吕太后让张皇后找个别人的孩子来抚养，并杀死他的母亲，以其为太子。汉惠帝下葬后，太子登上皇帝之位，因为年幼，便由吕太后在朝廷上行使天子权力。

【点评】

论韩信。韩信，曾被刘邦认为是建立汉朝的大功臣，说："连百万之众，战必胜，攻必取，吾不如韩信。"他是刘邦分封的异姓王之一，打败项羽后，将其由齐王改封为楚王，而后贬为淮阴侯，最后被吕后用萧何计策诓骗到皇宫，被斩于长乐宫钟室。

关于韩信的死，千百年来，众说纷纭，大都为韩信鸣冤叫屈，认为韩信没有谋反，是刘邦妒害功臣。唐代诗人刘禹锡的诗说："将略兵机命世雄，苍黄钟室叹良弓。遂令后代登坛者，每一寻思怕立功。"其实，韩信之死，是死在他自己的行为上，是死在天下大势之下，其中有着深层次的原因，并非简单的冤与不冤的问题。

首先，韩信与刘邦貌合神离。韩信被刘邦的"大度""重用"所感动，而刘邦并没有被韩信的奇才、奇功所感动；韩信对刘邦是死心塌地，忠心无二；而刘邦对韩信则是心存芥蒂，仅用其才而已。韩信的军事才能，在当时可以说是盖世无双；而所立下的战功，也是赫赫辉煌，没有人能够与之相比。他率军出陈仓，定三秦，擒魏，破代，灭赵，降燕，伐齐，直至垓下全歼楚军，无一败绩。从表面上看，刘邦是在重用他，起初听从萧何的建议，封他为大将军，又派兵给他开辟河北战场，取得了一连串的胜利。故此，韩信被感动了，从后来拒绝蒯彻劝其背叛刘邦的一段说辞中就完全可以看得出来，他是铁了心要跟随刘邦了。可是，刘邦如何看待韩信的呢？可以说，自始至终，刘邦都在利用和猜忌韩信，而不是如韩信自己所认为的推食解衣、推心置腹地信任，刘邦也并不像始终信任张良那样信任韩信。刘邦拜韩信为大将军，是碍于萧何的面子，而韩信确有才能，一番对话，才使刘邦不得不佩服；而后韩信开辟北方战场，立下奇功，刘邦对韩信存有戒心。韩信灭赵后，刘邦潜入其卧室，"偷"其印信，调动军队；后来，消灭项羽后，刘邦又故伎重演，驰入韩信军中，收夺他的兵权，而后将封给韩信的齐王改封为楚王，这哪里是把韩信当作一个功勋之臣来看待？这说明，刘邦对韩信的利用和猜忌，是从一开始就存在的，只是韩信自己一直被蒙在鼓中罢了。可想而知，一直被刘邦利用和猜忌的韩信，一旦没有了对手，失去了战场，等待他的，将是什么样的后果。

其次，韩信智商很高，才华横溢，在军事上屡出奇谋，指挥若定；而在情商上，则是低能，不善于藏其锋芒，保护自己。韩信葬母，行营高敞地，一心向往的是封侯封王，一副市井之心的利禄观，立功则忘乎所以，最终败亡，也是咎由自取。韩信取死之道有五。当韩信攻下齐国时，刘邦被项羽弄得焦头烂额，差点要了性命，日夜盼望着韩信前来救援。而韩信则沉醉在功劳簿上，洋洋自得，一封书信过去，请求刘邦封他为代理齐王。在刘邦看来，这分明是要挟，按照当时的实力，韩信又成了当年的项羽，刘邦只有答应的份儿，哪有不予准奏的能力？虽然刘邦任

命韩信为齐王，但他是一百个不情愿啊！此取死之道一也。最后与项羽决战时，刘邦约韩信与彭越前来共同围攻项羽，韩信仍然是考虑自己的利害得失，背约而不前，而刘邦提出优惠的分封条件，他才踊跃前来，这分明是把自己唯利是图的市侩嘴脸暴露无遗，怎么能不让刘邦恨之于心呢？此取死之道二也。天下太平了，韩信私藏项羽部将钟离昧，也是举措失当。钟离昧投奔韩信，是看在昔日的交情上；韩信收留钟离昧，也是情有可原，问题是，你要么就铁了心，与钟离昧同进同退，荣辱与共；要么就与钟离昧一刀两断；或者将钟离昧转移他方；或者向朝廷陈情，但韩信是直肠子，做不到。而钟离昧为了成全韩信，自刎而死，结果把韩信弄得里外不是人，失去了朋友，也失去了汉朝的信任。在刘邦看来，韩信收留钟离昧，虽然不是谋反，但也和谋反差不多，更增加了怀恨之意。此取死之道三也。韩信被刘邦用计擒拿，成了“阶下囚”，曾与刘邦谈论用兵打仗，全然忘记了老虎和猫在玩生死游戏，还自以为是，认为自己才能比刘邦强，率兵打仗是“多多益善”。这岂不是在向刘邦示威、显摆，让刘邦浑身不自在吗？此取死之道四也。后来韩信已经是虎落平阳，只剩下空架子了，还说羞与周勃、樊哙等人为伍，这不明显是要将自己孤立起来，而自断后路吗？此取死之道五也。凡此种种，并不是说韩信在处理这些问题上有多大的过错，而是说韩信做人粗疏，不善于自处，不善于保全自己，徒留孤傲和幼稚而已！

第三，韩信不反也要被逼反。在刘邦等人的头脑中，根深蒂固地存在着异姓王必反的思维定式，总认为不杀不足以维护国家安定，而韩信，就是其中的牺牲品。在刘邦等人看来，异姓王就是一个个“定时炸弹”，即使现在不反，将来终究是要反的，迟解决不如早解决，只有他们不存在了才放心。刘邦在建国后，总觉得自己在世的时日不多了，想把该做的事情都做完，不把麻烦和祸患留给下一代，这样才走得心安。刘邦所要解决的是两大问题，一是接班人问题，他觉得太子刘盈过于文弱，不能担起治国的重任（而事实上也是如此），要更换赵王刘如意为接班人，这要了戚夫人和赵王刘如意的命，还直接导致了以后诸吕的猖獗。第二个就是解决异姓王问题，这从他分封异姓王就开始考虑了。这并不是异姓王有没有谋反的问题，而是让不让异姓王存在的问题。在汉朝建国初期，分封异姓王，也是对这些功臣的妥善安排，否则，他们心里怎么能平衡呢？而分封以后，他们的心安了，想过一段安稳日子，怎么会想着要再动干戈呢？纵观刘邦开始所封的七个异姓王，没有一个是真心要造反的。韩信当然也是如此，至于后来与陈豨通谋，也是被逼迫出来的。可以说，韩信造反亦不诬，韩信长期被软禁在长安，最终走上与陈豨通谋的路，是被逼上梁山。韩信就是在这样的大背景下，被吕后杀害。完全可以说，韩信的被诛杀，具有历史的必然性。我们再来推论，刘邦等人的思维定式有没有道理。那些异姓王，在

其有生之年，基本上都解决了，只有卢绾逃到匈奴，后来也被消灭了。这样做，虽然残酷了一些，但对于汉朝的巩固来说，确实是一件大好事。可以设想，刘邦去世后，吕后是那么的不得人心，汉惠帝刘盈又是那样的文弱，那些异姓王哪一个是省油的灯？又有谁能担保他们不会造反？而一旦他们想要出掉心中那口恶气，造起反来，有谁能够制止得住？对于韩信，刘邦在世时，他还有几分心悦诚服，而刘邦对他却忌惮三分，后来只有用智取的办法才能降服他；而刘邦不在了，韩信连周勃、樊哙等人都不屑一顾，还能看得起谁？他一旦举起反旗，那汉朝还是汉朝吗？恐怕要打上个大大的问号！因此，刘邦不遗余力地剪除异姓王，对于国家来说，是幸甚！而对于韩信来说，则是悲剧！

汉纪五

吕太后元年至汉文帝前元二年（前187—前178年）

【起阏逢摄提格（甲寅，前187年），尽昭阳大渊献（癸亥，前178年），凡十年】

【大事提要】

本卷记事起前187年，讫前178年，凡十年，当吕太后元年至汉文帝前元二年。本卷所载大事，主要是以下几个方面：其一，吕太后当政。前188年，汉惠帝刘盈去世，年幼的太子即位，称少帝。少帝本非刘盈所生，皇后张嫣无子，佯为有身，取美人子名之，而杀其母。少帝知其母死，而自己非真皇后子，出言不逊，被太后吕雉囚于永巷，后被处死。后命常山王刘义继帝位，太后掌控朝政。其二，诸吕封王。前187年，吕太后吕雉执掌朝政，提出要分封诸吕为王。右丞相王陵不同意，太后提升王陵为太傅，剥夺了他的实权；左丞相陈平、太尉周勃耍了滑头，认为没有什么不可以的，太后非常高兴，侄子和侄孙先后封王，汉朝成了吕家的天下。其三，平定诸吕。前180年，吕太后病死，诸吕姓官员阴谋叛乱。丞相陈平与太尉周勃合谋，在南、北军将士的策应下，入宫杀死掌握大权的太后亲信吕产、吕禄等人，消灭了诸吕势力。诸吕不分男女老幼，全部被处死，吕氏集团彻底被消灭，避免了社会动乱。其四，刘恒即位。平定诸吕后，丞相陈平、太尉周勃等人商议由谁来继承皇位，他们认为当时太后立的小皇帝刘弘不是汉惠帝后代，不符合皇位继承法统。最后，他们相中了宽厚仁慈、名声较好的代王刘恒。于是，派使者去接刘恒到长安继承皇位，史称汉文帝。其五，赵佗归汉。刘邦去世后，太后吕雉临朝，发布了禁止对南越出售铁器和其他物品的禁令。于是，南越王赵佗自称“南越汉武帝”，发兵攻打长沙国，以皇帝身份发号施令。汉文帝令太中大夫陆贾再次出使南越，晓以利害关系，说服赵佗去除帝号，归附汉朝。

【原文】

高皇后

元年（甲寅，前 187 年）

冬，太后议欲立诸吕为王，问右丞相陵。陵曰："高帝刑白马盟曰：'非刘氏而王，天下共击之。'今王吕氏，非约也。"太后不说，问左丞相平、太尉勃，对曰："高帝定天下，王子弟；今太后称制，王诸吕，无所不可。"太后喜，罢朝。王陵让陈平、绛侯曰："始与高帝啑血盟，诸君不在邪？今高帝崩，太后女主，欲王吕氏；诸君纵欲阿意背约，何面目见高帝于地下乎？"陈平、绛侯曰："于今，面折廷争，臣不如君；全社稷，定刘氏之后，君亦不如臣。"陵无以应之。

十一月，甲子，太后以王陵为帝太傅，实夺之相权。陵遂病免归。

乃以左丞相平为右丞相，以辟阳侯审食其为左丞相，不治事，令监宫中，如郎中令。食其故得幸于太后，公卿皆因而决事。

太后怨赵尧为赵隐王谋，乃抵尧罪。

上党守任敖尝为沛狱吏，有德于太后；乃以为御史大夫。

太后又追尊其父临泗侯吕公为宣王，兄周吕令武侯泽为悼武王，欲以王诸吕为渐。

春，正月，除三族罪、妖言令。

夏，四月，鲁元公主薨。封公主子张偃为鲁王，谥公主曰鲁元太后。

辛卯，封所名孝惠子山为襄城侯，朝为轵侯，武为壶关侯。

【语译】

高皇后

吕太后[1]元年（甲寅，前187年）

冬季，吕太后在朝议时，提出准备册封几位吕氏外戚为诸侯王，征询右丞相王陵的意见，王陵回答说："高帝曾与群臣杀白马饮血盟誓：'如果有不是刘姓的人称王，天下臣民共同消灭他。'现在分封吕氏为王，不符合白马之盟所约。"吕太后很不高兴，又问左丞相陈平、太尉周勃，二人回答说："高帝统一天下，分封刘氏子弟为王；现在太后临朝管理国家，分封几位吕氏为王，没有什么不可以的。"太后听了很高兴。朝议结束后，王陵责备陈平、周勃说："当初与高皇帝饮血盟誓时，你们二位不在场吗？现在高帝去世了，太后以女主当政，要封吕氏为王，你们即使是要逢迎太后意旨而背弃盟约，可又有何脸面去见高帝于地下呢？"陈平、周勃对王陵说："现在，在朝廷之上当面谏阻太后，我们二人确实不如您；可将来安定国家，确保高祖子孙的刘氏天下，您却不如我们二人。"王陵无言答对。

十一月，甲子（疑误），吕太后升王陵为皇帝的太傅，实际上剥夺了他原任右丞相的实权。王陵于是称病，被免职归家。

吕太后提升左丞相陈平为右丞相；任命辟阳侯审食其为左丞相，但不执行左丞相的职权，只负责管理宫廷事务，同郎中令一样。但审食其早就得太后宠幸，公卿大臣都要通过审食其裁决政事。

吕太后对赵尧当年为高祖设谋保全赵王刘如意之事，一直耿耿于怀，便借故罗织罪名，罢免了他御史大夫的官职。

上党郡的郡守任敖，曾做过沛县的狱吏，对太后有恩德，太后就任用他为御史大夫。

吕太后追尊其去世的父亲临泗侯吕公为宣王，追尊其兄周吕令武侯吕泽为悼武王，打算以此作为分封吕氏为王的开端。

春季，正月，太后下令废除"三族罪"和"妖言令"。

夏季，四月，太后的女儿鲁元公主去世，封公主之子张偃为鲁元王，议定公主的谥号为鲁元太后。

四月二十八日辛卯，太后晋封号称是汉惠帝刘盈之子的刘山为襄城侯，刘朝为轵侯，刘武为壶关侯。

---

① 吕太后：即高皇后，惠帝刘盈母，《资治通鉴》只称"高后""太后"。《史记》有《吕太后本纪》，史称"吕太后"，家喻户晓，今从之。

太后欲王吕氏，乃先立所名孝惠子强为淮阳王，不疑为恒山王；使大谒者张释风大臣。大臣乃请立悼武王长子郦侯台为吕王，割齐之济南郡为吕国。

五月，丙申，赵王宫丛台灾。

秋，桃、李华。

（以上为第一段，写太后吕雉在汉惠帝刘盈去世后走上前台，掌控朝政，她首先要解决的问题，是封诸吕为王，右丞相王陵反对，被夺实权；陈平、周勃巧妙周旋，得以保全。）

二年（乙卯，前 186 年）

冬，十一月，吕肃王台薨。

春，正月，乙卯，地震；羌道、武都道山崩。

夏，五月，丙申，封楚元王子郢客为上邳侯，齐悼惠王子章为朱虚侯，令入宿卫，又以吕禄女妻章。

六月，丙戌晦，日有食之。

秋，七月，恒山哀王不疑薨。

行八铢钱。

癸丑，立襄成侯山为恒山王，更名义。

三年（丙辰，前 185 年）

夏，江水、汉水溢，流四千余家。

秋，星昼见。

伊水、洛水溢，流千六百余家。汝水溢，流八百余家。

四年（丁巳，前 184 年）

春，二月，癸未，立所名孝惠子太为昌平侯。

夏，四月，丙申，太后封女弟媭为临光侯。

少帝浸长，自知非皇后子，乃出言曰："后安能杀吾母而名我！我壮，即为变！"太后闻之，幽之永巷中，言帝病，左右莫得见。太后语群臣曰："今皇帝病久不已，失惑昏乱，不能继嗣治天下；其代之。"群臣皆顿首言："皇太后为天下齐民计，所以安宗庙、社稷甚深。群臣顿首奉诏。"遂废帝，幽杀之。

吕太后图谋分封吕氏为王，为了安抚刘氏宗室，就先立号称是汉惠帝之子的刘强为淮阳王，刘不疑为恒山王。又指使宦官大谒者张释，委婉巧妙地向大臣们说明太后分封吕氏为王的本意。于是，大臣们识趣地奏请太后立悼武王吕泽的长子郦侯吕台为吕王，把属于齐国的济南郡分割出来，另立为吕国。

五月初四丙申，赵王宫中的丛台发生了火灾。

秋天，桃树、李树都不合时令地开了花。

吕太后二年（乙卯，前 186 年）

冬季，十一月，吕肃王吕台去世。

春季，正月二十七日乙卯，发生大地震；羌道、武都道山体崩裂。

夏季，五月初九丙申，太后封楚元王之子刘郢客为上邳侯，封齐悼惠王之子刘章为朱虚侯，令二人入宫担任侍卫，并把吕禄的女儿嫁给刘章为妻。

六月三十日丙戌晦，出现日食。

秋季，七月，恒山哀王刘不疑去世。

朝廷下令，发行八铢钱。

七月二十七日癸丑，太后晋封原襄成侯刘山为恒山王，并为他改名刘义。

吕太后三年（丙辰，前 185 年）

夏季，长江、汉水泛滥成灾，淹没了四千多户人家。

秋季，星星在白昼出现。

伊水、洛水泛滥，冲毁了一千六百多户人家的房屋。汝水泛滥，冲毁了八百户人家的房屋。

吕太后四年（丁巳，前 184 年）

春季，二月初七癸未，吕太后封立号称为汉惠帝之子的刘太为昌平侯。

夏季，四月二十一日丙申，吕太后封立她的妹妹吕媭为临光侯。

少帝渐渐长大，自知并非汉惠帝张皇后的儿子，就发牢骚说："皇后怎么能杀了我的生身之母而冒充我的母亲！我成人之后，就要复仇！"太后得知，就把少帝幽禁于后宫的永巷中，宣称少帝患病。任何人不得与少帝相见。太后告诉群臣说："如今皇帝长期患病不愈，精神失常，不能继承皇统治理天下了，应该另立皇帝。"群臣都磕拜回答："皇太后的旨意，是为天下百姓着想，对于安宗庙、保国家必定产生深远影响，群臣磕拜奉诏。"于是，就废掉少帝，并暗中杀死他。

五月，丙辰，立恒山王义为帝，更名曰弘，不称元年，以太后制天下事故也。以轵侯朝为恒山王。

是岁，以平阳侯曹窋为御史大夫。

有司请禁南越关市、铁器。南越王佗曰："高帝立我，通使物。今高后听谗臣，别异蛮夷，隔绝器物，此必长沙王计，欲倚中国击灭南越而并王之，自为功也。"

五年（戊午，前 183 年）

春，佗自称南越武帝，发兵攻长沙，败数县而去。

秋，八月，淮阳怀王强薨；以壶关侯武为淮阳王。

九月，发河东、上党骑屯北地。

初令戍卒岁更。

六年（己未，前 182 年）

冬，十月，太后以吕王嘉居处骄恣，废之。十一月，立肃王弟产为吕王。

春，星昼见。

夏，四月，丁酉，赦天下。

封朱虚侯章弟兴居为东牟侯，亦入宿卫。

匈奴寇狄道，攻阿阳。

行五分钱。

宣平侯张敖卒，赐谥曰鲁元王。

（以上为第二段，写前 186 年至前 182 年五年史事。这几年是太后吕雉当政，继续推行高帝定下的无为政治，政局稳定，百姓衣食滋殖。）

七年（庚申，前 181 年）

冬，十二月，匈奴寇狄道，略二千余人。

春，正月，太后召赵幽王友。友以诸吕女为后，弗爱，爱他姬。诸吕女怒，去，谗之于太后曰："王言'吕氏安得王！太后百岁后，吾必击之。'"太后以故召赵王，赵王至，置邸，不得见，令卫围守之，弗与食；其群臣或窃馈，辄捕论之。丁丑，赵王饿死，以民礼葬之长安民冢次。

己丑，日食，昼晦。太后恶之，谓左右曰："此为我也！"

五月十一日丙辰，吕太后立恒山王刘义为皇帝，改名为刘弘。由于太后称制治理天下，所以新皇帝即位不称元年。太后立轵侯刘朝为恒山王。

这一年，吕太后任命平阳侯曹窋为御史大夫。

有关官员奏请太后禁止南越国关市中的铁器输出。南越王赵佗说："高帝立我为王，使节往来，贸易不断。现在高后听信谗言，视我南越为蛮夷之国，禁绝物品贸易交流，这一定是长沙王的计谋，他想倚仗朝廷的势力去灭我南越国，统治长沙和南越两国之地，自己立功。"

吕太后五年（戊午，前183年）

春季，赵佗自称南越汉武帝，发兵进攻长沙国，打败几个县的守军之后离去。

秋季，八月，淮阳王刘强去世，太后立壶关侯刘武为淮阳王。

九月，征发河东郡和上党郡的骑兵，屯守北地郡。

朝廷首次下令实行戍卒每年一轮换的制度。

吕太后六年（己未，前182年）

冬季，十月，吕太后因为吕王吕嘉在生活上骄恣乱法，废其王位。十一月，太后改立吕肃王吕台的弟弟吕产为吕王。

春季，星星白昼出现于天空。

夏季，四月初三丁酉，实行大赦。

吕太后封朱虚侯刘章的弟弟刘兴居为东牟侯，又命令他参与宫廷宿卫。

匈奴侵略狄道，进攻阿阳。

朝廷下令，发行五分钱。

宣平侯张敖去世，赐谥号为鲁元王。

吕太后七年（庚申，前181年）

冬季，十二月，匈奴发兵进攻狄道，掳掠两千多人而去。

春季，正月，太后召赵幽王刘友进京。刘友娶吕家之女为王后，但不爱她，而爱其他姬妾。这位吕姓王后一怒之下，离开赵国，向太后诬告刘友说："赵王曾说：'吕氏怎么能称王！待太后百年之后，我必定击灭吕氏。'"太后因此召赵王。赵王刘友到京，被安置于官邸中，见不到太后。太后令卫士包围其官邸，断绝饮食供应；赵国群臣有悄悄去给刘友偷送饮食的，一概逮捕论罪。十八日丁丑，赵王刘友饿死，按平民的礼仪，葬于长安城外的平民墓地。

正月三十日己丑，发生日食，白昼之时一片晦暗。吕太后很厌恶这次日食，对

二月，徙梁王恢为赵王，吕王产为梁王。梁王不之国，为帝太傅。

秋，七月，丁巳，立平昌侯太为济川王。

吕媭女为将军、营陵侯刘泽妻。泽者，高祖从祖昆弟也。齐人田生为之说大谒者张卿曰："诸吕之王也，诸大臣未大服。今营陵侯泽，诸刘最长；今卿言太后王之，吕氏王益固矣。"张卿入言太后，太后然之，乃割齐之琅邪郡封泽为琅邪王。

赵王恢之徙赵，心怀不乐。太后以吕产女为王后，王后从官皆诸吕，擅权，微伺赵王，赵王不得自恣。王有所爱姬，王后使人鸩杀之。六月，王不胜悲愤，自杀。太后闻之，以为王用妇人弃宗庙礼，废其嗣。

是时，诸吕擅权用事。朱虚侯章，年二十，有气力，忿刘氏不得职。尝入侍太后燕饮，太后令章为酒吏。章自请曰："臣将种也，请得以军法行酒。"太后曰："可。"酒酣，章请为《耕田歌》，太后许之。章曰："深耕穊种，立苗欲疏；非其种者，锄而去之！"太后默然。顷之，诸吕有一人醉，亡酒，章追，拔剑斩之而还，报曰："有亡酒一人，臣谨行法斩之！"太后左右皆大惊，业已许其军法，无以罪也；因罢。自是之后，诸吕惮朱虚侯，虽大臣皆依朱虚侯，刘氏为益强。

陈平患诸吕，力不能制，恐祸及己。尝燕居深念，陆贾往，直入坐，而陈丞相不见。陆生曰："何念之深也！"陈平曰："生揣我何念？"陆生曰："足下极富贵，无欲矣；然有忧念，不过患诸吕、少主耳。"陈平曰："然！为之奈何？"陆生曰："天下安，注意相；天下危，注意将。将相和调，则士豫附；天下虽有变，权不分。为社稷计，在两君掌握耳。臣尝欲谓太尉绛侯，绛侯与我戏，易吾言。君何不交欢太尉，深相结？"因为陈平画吕氏数事。陈平用其计，乃以五百金为绛侯寿，厚具乐饮；太尉报亦如之。两人深相结，吕氏谋益衰。陈平以奴婢百人、车马五十乘、钱五百万遗陆生为饮食费。

左右侍从说："这是因为我而发生的！"

二月，吕太后改封梁王刘恢为赵王，改封吕王吕产为梁王。梁王吕产并不到封国去，而在朝中做皇帝太傅。

秋季，七月，丁巳（疑误），太后立平昌侯刘太为济川王。

吕媭之女是将军、营陵侯刘泽的妻子。刘泽是汉高祖刘邦的远支堂弟。齐人田生为刘泽向大谒者张卿说："太后封诸吕为王，诸位大臣并不全都心服。营陵侯刘泽，在刘氏宗室中年龄最长，如果你现在能向太后建议封刘泽为王，那么，吕氏受封为王的格局就会更加稳定了。"张卿入宫报告太后，太后以为很有道理，就分割齐国的琅邪郡为诸侯国，封刘泽做了琅邪王。

赵王刘恢自从被改封到赵地之后，心情郁郁不乐。太后把吕产的女儿配给刘恢为王后，王后左右从官都是吕氏，擅权干政，并暗地监视赵王言行，赵王不能自作主张，处处受制。赵王所宠爱的一个美姬，也被王后派人用毒酒毒死。六月，赵王刘恢无法克制悲愤而自杀。太后闻知此事，认为赵王因一妇人而轻弃事奉宗庙的大礼，不许他的后人继承赵国王位。

这一时期，诸吕把持朝政，朱虚侯刘章，年方二十，身强力壮，对刘氏宗室不能执掌政权心怀不满。他曾经在后宫侍奉太后参加酒宴，太后令刘章为监酒官。刘章自己请求说："我本是将门之后，请太后允许我按军法监酒。"太后回答说："可以。"酒酣之时，刘章请求吟唱一首《耕田歌》，太后准许。刘章吟唱道："深耕播种，立苗要疏；不是同种，挥锄铲除！"太后知其歌中所指，默然无语。一会儿，参加宴席的诸吕中有一人醉酒，避席离去，刘章追上来，拔剑斩了此人，还报太后说："有一人逃酒而走，我以军法将他处斩！"太后及左右人等都大吃一惊，但因已经同意他以军法监酒，也就无法将他治罪，于是散席。从此之后，诸吕都很惧怕朱虚侯刘章，即便是朝廷大臣也都要倚重他，刘氏宗室的势力由此而增强。

丞相陈平担忧诸吕横暴，自己又无力制止，恐怕大祸临头，曾独居静室，苦思对策。恰在此时，陆贾来访，未经通报直入室中坐下，陈平正苦思冥想，竟未察觉。陆贾说："丞相思虑何事，竟然如此全神贯注？"陈平说："先生猜测我思虑何事？"陆贾说："您富贵无比，不会有什么欲望了，但是，您却有忧虑，不外乎是担心诸吕和皇上年幼罢了。"陈平说："先生猜得对。此事应该怎么办呢？"陆贾说："天下安，注意相；天下危，注意将。将与相关系和谐，士人就会归附；天下即使有重大变故，大权也不会被瓜分。安定国家的根本大计，就在你们二位文武大臣掌握之中。我曾想对太尉绛侯周勃说明这一利害关系，绛侯平素与我常开玩笑，不会重视我的话。丞相为何不与太尉交好，密切联合呢？"接着，陆贾为陈平谋划将来平定诸吕的几个关键问题。陈平采纳陆贾的计谋，用五百斤黄金为绛侯周勃祝寿，举办丰盛的宴

太后使使告代王，欲徙王赵。代王谢之，愿守代边。太后乃立兄子吕禄为赵王，追尊禄父建成康侯释之为赵昭王。

九月，燕灵王建薨，有美人子，太后使人杀之。国除。

遣隆虑侯周灶将兵击南越。

（以上为第三段，写前181年史事。刘氏反对诸吕的势力渐起，朱虚侯刘章以《耕田歌》暗讽太后吕雉；丞相陈平苦心思虑，陆贾造访，剖明利害关系，陈平与周勃深为相结，将相相合，抑制诸吕。）

八年（辛酉，前180年）

冬，十月，辛丑，立吕肃王子东平侯通为燕王；封通弟庄为东平侯。

三月，太后祓，还，过轵道，见物如苍犬，撠太后掖，忽不复见。卜之，云“赵王如意为祟”。太后遂病掖伤。

太后为外孙鲁王偃年少孤弱，夏，四月，丁酉，封张敖前姬两子侈为新都侯，寿为乐昌侯，以辅鲁王。又封中大谒者张释为建陵侯，以其劝王诸吕，赏之也。

江、汉水溢，流万余家。

秋，七月，太后病甚，乃令赵王禄为上将军，居北军；吕王产居南军。太后诫产、禄曰：“吕氏之王，大臣弗平。我即崩，帝年少，大臣恐为变。必据兵卫宫，慎毋送丧，为人所制！”

辛巳，太后崩，遗诏：大赦天下，以吕王产为相国，以吕禄女为帝后。高后已葬，以左丞相审食其为帝太傅。

诸吕欲为乱，畏大臣绛、灌等，未敢发。朱虚侯以吕禄女为妇，故知其谋，乃阴令人告其兄齐王，欲令发兵西，朱虚侯、东牟侯为内应，以诛诸吕，立齐王为帝。齐王乃与其舅驷钧、郎中令祝午、中尉魏勃阴谋发兵。齐相召平弗听。

八月，丙午，齐王欲使人诛相。相闻之，乃发卒卫王宫。魏勃绐召

席，太尉周勃也以同样的礼节回报。陈平与周勃互相紧密团结，吕氏图谋篡国的心气渐渐衰减。陈平送给陆贾一百个奴婢、五十乘车马、五百万钱作为饮食费。

吕太后派遣使臣告知代王刘恒，准备改封他到赵国为王。代王谢绝了，自称愿守代地边境。于是，太后封立其兄之子吕禄为赵王，追尊吕禄的父亲建成侯吕释之为赵昭王。

九月，燕王刘建去世，刘建本有美人所生一子，太后派人将其子杀死。燕国被废除。

吕太后派遣隆虑侯周灶领兵进攻南越国。

吕太后八年（辛酉，前180年）

冬季，十月，辛丑（疑误），吕太后封立吕肃王之子东平侯吕通为燕王；封吕通之弟吕庄为东平侯。

三月，吕太后参加了除恶的祭仪后还宫，途经轵道，见到类似于灰狗的动物，猛扑太后腋窝，转眼间就消失了，不再出现。太后令人占卜此事，回答说："这是赵王刘如意在闹鬼。"从此，太后腋窝伤痛不止。

吕太后因为外孙鲁王张偃年少孤弱，夏季，四月十五日丁酉，封张敖姬妾所生二子张侈为新都侯、张寿为乐昌侯，以辅助鲁王张偃。太后又封中大谒者张释为建陵侯，以奖赏他从前劝大臣奏请封立诸吕为王的功劳。

长江、汉水泛滥成灾，冲毁了一万多户百姓家园。

秋季，七月，吕太后病重，于是，下令任命赵王吕禄为上将军，统领北军；吕王吕产统领南军。太后告诫吕产、吕禄说："封立吕氏为王，大臣心中多不服。我就要去世，皇帝年幼，恐怕大臣们乘机向吕氏发难。你们务必要统率禁军，严守宫廷，千万不要为送丧而轻离重地，以免被人所制！"

七月三十日辛巳，吕太后去世，留下遗诏，实行大赦，命吕王吕产为相国，以吕禄之女为皇后。太后丧事处理完毕，朝廷改任左丞相审食其为皇帝太傅。

诸吕打算作乱，因惧怕大臣周勃、灌婴等人，没有敢贸然行事。朱虚侯刘章娶吕禄之女为妻，所以得知吕氏的阴谋，就暗中派人告知其兄齐王刘襄，让齐王统兵西征，朱虚侯、东牟侯为他做内应，图谋诛除吕氏，立齐王为皇帝。齐王就与他舅父驷钧、郎中令祝午、中尉魏勃暗中密谋发兵。齐相召平反对举兵。

八月二十六日丙午，齐王刘襄准备派人杀国相召平。召平得知，就发兵包围了

平曰："王欲发兵，非有汉虎符验也。而相君围王固善，勃请为君将兵卫王。"召平信之。勃既将兵，遂围相府，召平自杀。于是齐王以驷钧为相，魏勃为将军，祝午为内史，悉发国中兵。

使祝午东诈琅邪王曰："吕氏作乱，齐王发兵欲西诛之。齐王自以年少，不习兵革之事，愿举国委大王。大王，自高帝将也。请大王幸之临淄，见齐王计事。"琅邪王信之，西驰见齐王。齐王因留琅邪王，而使祝午尽发琅邪国兵，并将之。

琅邪王说齐王曰："大王，高皇帝适长孙也，当立。今诸大臣狐疑未有所定，而泽于刘氏最为长年，大臣固待泽决计。今大王留臣，无为也，不如使我入关计事。"齐王以为然，乃益具车送琅邪王。琅邪王既行，齐遂举兵西攻济南。遗诸侯王书，陈诸吕之罪，欲举兵诛之。

相国吕产等闻之，乃遣颍阴侯灌婴将兵击之。灌婴至荥阳，谋曰："诸吕拥兵关中，欲危刘氏而自立。今我破齐还报，此益吕氏之资也。"乃留屯荥阳，使使谕齐王及诸侯与连和，以待吕氏变，共诛之。齐王闻之，乃还兵西界待约。

（以上为第四段，写吕太后吕雉去世，遗命吕氏诸王掌握军权；朱虚侯刘章暗中派人告知其兄齐王刘襄，让其统兵西征，图谋诛除吕氏，立齐王为汉帝。相国吕产派颍阴侯灌婴统兵攻打，灌婴首鼠两端。）

吕禄、吕产欲作乱，内惮绛侯、朱虚等，外畏齐、楚兵，又恐灌婴畔之。欲待灌婴兵与齐合而发，犹豫未决。

当是时，济川王太、淮阳王武、常山王朝及鲁王张偃皆年少，未之国，居长安；赵王禄、梁王产各将兵居南、北军。皆吕氏之人也。列侯群臣莫自坚其命。

太尉绛侯勃不得主兵。曲周侯郦商老病，其子寄与吕禄善。绛侯乃与丞相陈平谋，使人劫郦商，令其子寄往给说吕禄曰："高帝与吕后共定天下，刘氏所立九王，吕氏所立三王，皆大臣之议，事已布告诸侯，皆以为宜。今太后崩，帝少，而足下佩赵王印，不急之国守藩，乃为上将，

王宫。魏勃欺骗召平说："齐王没有汉朝廷的发兵虎符就要发兵，这是违法的。您发兵包围了齐王本是对的，我请求为您带兵入宫软禁齐王。"召平信以为真，让魏勃指挥军队。魏勃掌握统兵权之后，就命令包围相府，召平自杀。于是，齐王命驷钧为相，魏勃为将军，祝午为内史，征发齐国的全部兵员。

齐王刘襄派祝午到东面的琅邪国，欺骗琅邪王刘泽说："吕氏在京中发动变乱，齐王发兵，准备西入关中诛除吕氏。齐王因为自己年轻，又不懂得军旅战阵之事，自愿把整个齐国听命于大王的指挥。大王您在高祖时就已统兵为将，富有军事经验，请大王光临齐都临淄，与齐王面商大事。"琅邪王信以为真，迅速赶往临淄见齐王。齐王乘机扣留了琅邪王，而指令祝午全部征发琅邪国的兵员，一并由自己统领。

琅邪王刘泽对齐王刘襄说："大王是高皇帝的嫡长孙，应当立为皇帝。现在朝中大臣对立谁为帝犹豫不定，而我在刘氏宗室中年龄最大，大臣们本当等着由我决定择立皇帝的大计。现在大王留我在此处，我无所作为，不如让我入关计议立帝之事。"齐王认为他说得有道理，就准备了许多车辆为琅邪王送行。琅邪王走后，齐王就出兵向西攻打济南国。齐王还致书于各诸侯王，历数吕氏的罪状，表明自己起兵灭吕的决心。

汉相国吕产等人闻讯齐王举兵，就派颍阴侯灌婴统兵攻打。灌婴率军行至荥阳，与其部下计议说："吕氏在关中手握重兵，图谋篡夺刘氏天下，自立为帝。如果我们现在打败齐军，回报朝廷，这就增强了吕氏的力量。"于是，灌婴就在荥阳屯兵据守，并派人告知齐王和诸侯，约定互相联合，静待吕氏发起变乱，即一同诛灭吕氏。齐王得知此意，就退兵到齐国的西部边界，待机而动。

吕禄、吕产想发动变乱，但内惧朝中绛侯周勃、朱虚侯刘章等人，外怕齐国和楚国等宗室诸王的重兵，又恐手握军权的灌婴背叛吕氏，打算等灌婴所率汉兵与齐军交战之后再动手，所以犹豫未决。

这时，济川王刘太、淮阳王刘武、常山王刘朝及鲁王张偃，都年幼，没有就职于封地，居住于长安；赵王吕禄、梁王吕产分别统率南军和北军，都是吕氏一党。列侯群臣没有人能自保安全。

太尉、绛侯周勃手中没有军权。曲周侯郦商年老有病，其子郦寄与吕禄交好。绛侯就与丞相陈平商定一个计策，派人劫持了郦商，让他儿子郦寄去欺骗吕禄说："高帝与吕后共同安定天下，立刘氏九人为诸侯王，立吕氏三人为诸侯王，都是经过朝廷大臣议定的，并已向天下诸侯公开宣布，诸侯都认为理应如此。现在太后去世，

将兵留此，为大臣诸侯所疑。足下何不归将印，以兵属太尉，请梁王归相国印，与大臣盟而之国。齐兵必罢，大臣得安，足下高枕而王千里，此万世之利也。”吕禄信然其计，欲以兵属太尉。使人报吕产及诸吕老人，或以为便，或曰不便，计犹豫未有所决。

吕禄信郦寄，时与出游猎，过其姑吕媭。媭大怒曰：“若为将而弃军，吕氏今无处矣！”乃悉出珠玉、宝器散堂下，曰：“毋为他人守也！”

九月，庚申旦，平阳侯窋行御史大夫事，见相国产计事。郎中令贾寿使从齐来，因数产曰：“王不早之国，今虽欲行，尚可得耶！”具以灌婴与齐、楚合从欲诛诸吕告产，且趣产急入宫。平阳侯颇闻其语，驰告丞相、太尉。

太尉欲入北军，不得入。襄平侯纪通尚符节，乃令持节矫内太尉北军。太尉复令郦寄与典客刘揭先说吕禄曰：“帝使太尉守北军，欲足下之国。急归将印，辞去！不然，祸且起。”吕禄以为郦况不欺己，遂解印属典客，而以兵授太尉。太尉至军，吕禄已去。太尉入军门，行令军中曰：“为吕氏右袒，为刘氏左袒！”军中皆左袒。太尉遂将北军；然尚有南军。丞相平乃召朱虚侯章佐太尉；太尉令朱虚侯监军门，令平阳侯告卫尉：“毋入相国产殿门！”

吕产不知吕禄已去北军，乃入未央宫，欲为乱。至殿门，弗得入，徘徊往来。平阳侯恐弗胜，驰语太尉。太尉尚恐不胜诸吕，未敢公言诛之，乃谓朱虚侯曰：“急入宫卫帝！”朱虚侯请卒，太尉予卒千余人。入未央宫门，见产廷中。日哺时，遂击产；产走。天风大起，以故其从官乱，莫敢斗；逐产，杀之郎中府吏厕中。朱虚侯已杀产，帝命谒者持节劳朱虚侯。朱虚侯欲夺其节，谒者不肯。朱虚侯则从与载，因节信驰走，斩长乐卫尉吕更始。还，驰入北军报太尉，太尉起拜贺。朱虚侯曰：“所患独吕产；今已诛，天下定矣！”遂遣人分部悉捕诸吕男女，无少长皆斩之。

皇帝年幼，您身佩赵王大印，不立即返回封国镇守，却出任上将，率兵留在京师，必然会受到大臣和诸侯王的猜忌。您为何不交出将印，把军权还给太尉，请梁王归还相国大印给朝廷，您二人与朝廷大臣盟誓后各归封国？这样，齐兵必会撤走，大臣也得以心安，您高枕无忧地去做方圆千里的一国之王，这是造福于子孙万代的事情。"吕禄相信了郦寄的计谋，想把军队交给太尉统率，派人把这个打算告知吕产及吕氏长辈，有人同意，有人反对，计策犹豫未决。

吕禄信任郦寄，经常结伴外出游猎，途中曾前往拜见其姑母吕媭。吕媭大怒，说："你身为上将而轻易地离军游猎，吕氏如今将无处容身了！"吕媭把家中的珠玉、宝器全拿出来，抛散到堂下，说："不要为别人守着这些东西了！"

九月初十庚申，清晨，行使御史大夫职权的平阳侯曹窋，前来与相国吕产议事。郎中令贾寿出使齐国返回，批评吕产说："大王不早些去封国，现在即便是想去，还能够吗？"贾寿把灌婴已与齐、楚两国联合欲诛灭吕氏的事情告诉了吕产，并且催吕产迅速入据皇宫，设法自保。平阳侯曹窋听到了贾寿的话，快马加鞭，赶来向丞相陈平和太尉周勃报告。

太尉周勃想进入北军营垒，但被阻止，不得入内。襄平侯纪通负责典掌皇帝符节，太尉便命令他持节，伪称奉皇帝之命允许太尉进入北军营垒。太尉又命令郦寄和典客刘揭先去劝说吕禄："皇帝指派太尉代行北军指挥职务，要您前去封国。立即交出将印，告辞赴国！否则，将有祸事发生！"吕禄认为郦寄不会欺骗自己，就解下将军印绶交给典客刘揭，而把北军交给太尉指挥。太尉进入北军时，吕禄已经离去。太尉进入军门，下令军中说："拥护吕氏的袒露右臂膀，拥护刘氏的袒露左臂膀！"军中将士全都袒露左臂膀。太尉就这样取得了北军的指挥权。但是，还有南军未被控制。丞相陈平召来朱虚侯刘章辅佐太尉。太尉令朱虚侯监守军门，又令平阳侯曹窋告诉统率宫门禁卫军的卫尉说："不许相国吕产进入殿门！"

吕产不知吕禄已离开北军，进入未央宫，准备作乱。吕产来到殿门前，无法入内，在殿门外徘徊往来。平阳侯曹窋恐怕难以制止吕产入宫，策马告知太尉。太尉还怕未必能战胜诸吕，没敢公开宣称诛除吕氏，就对朱虚侯刘章说："立即入宫保卫皇帝！"朱虚侯请求派兵同往，太尉拨给他一千多士兵。朱虚侯进入未央宫门，见到吕产正在廷中。时近傍晚，朱虚侯立即率兵向吕产冲击，吕产逃走。天空狂风大作，因此吕产所带党羽亲信慌乱，都不敢接战搏斗；朱虚侯等人追逐吕产，在郎中府的厕所中将吕产杀死。朱虚侯已杀吕产，皇帝派谒者持皇帝之节前来慰劳朱虚侯。朱虚侯要夺皇帝之节，谒者不放手，朱虚侯就与持节的谒者共乘一车，凭着皇帝之节，驱车疾驰，斩长乐卫尉吕更始。事毕返回，驰入北军，报知太尉。太尉起身向朱虚侯拜贺说："最令人担忧的就是吕产。现在吕产被杀，天下已定！"于是，太尉

辛酉，捕斩吕禄而笞杀吕媭，使人诛燕王吕通而废鲁王张偃。

戊辰，徙济川王王梁。遣朱虚侯章以诛诸吕事告齐王，令罢兵。

灌婴在荥阳，闻魏勃本教齐王举兵，使使召魏勃至，责问之。勃曰：“失火之家，岂暇先言丈人而后救火乎？”因退立，股战而栗，恐不能言者，终无他语。灌将军熟视笑曰：“人谓魏勃勇；妄庸人耳，何能为乎！”乃罢魏勃。灌婴兵亦罢荥阳归。

班固赞曰：“孝文时，天下以郦寄为卖友。夫卖友者，谓见利而忘义也。若寄父为功臣而又执劫；虽摧吕禄以安社稷，谊存君亲可也。”

（以上为第五段，写丞相陈平与太尉周勃谋划诛除诸吕，利用郦商的儿子郦寄与相国吕产的关系，骗其交出军权。太尉周勃进入北军，取得控制权；朱虚侯刘章杀掉吕产。于是，平定诸吕，吕氏全族均被处斩。）

诸大臣相与阴谋曰：“少帝及梁、淮阳、恒山王，皆非真孝惠子也；吕后以计诈名他人子，杀其母养后宫，令孝惠子之，立以为后及诸王，以强吕氏。今皆已夷灭诸吕，而所立即长，用事，吾属无类矣！不如视诸王最贤者立之。”或言：“齐王，高帝长孙，可立也。”大臣皆曰：“吕氏以外家恶而几危宗庙，乱功臣。今齐王舅驷钧，虎而冠；即立齐王，复为吕氏矣。代王方今高帝见子最长，仁孝宽厚；太后家薄氏谨良。且立长固顺，况以仁孝闻天下乎！”乃相与共阴使人召代王。

代王问左右，郎中令张武等曰：“汉大臣皆故高帝时大将，习兵，多谋诈。此其属意非止此也，特畏高帝、吕太后威耳。今已诛诸吕，新啑血京师，此以迎大王为名，实不可信。愿大王称疾毋往，以观其变。”中尉宋昌进曰：“群臣之议皆非也。夫秦失其政，诸侯、豪杰并起，人人自以为得之者以万数，然卒践天子之位者，刘氏也，天下绝望，一矣。高

派人分头逮捕所有吕氏男女，不论老小一律处斩。

九月十一日辛酉，捕斩吕禄，将吕媭乱棒打死，派人杀掉燕王吕通，废除鲁王张偃。

九月十八日戊辰，改封济川王刘太为梁王，派朱虚侯刘章去告知齐王，吕氏已被诛灭，令齐罢兵。

灌婴驻扎在荥阳，闻知魏勃原先教唆齐王举兵，便派人召魏勃来见，加以责问。魏勃回答说："家中失火的时候，哪有空闲时间先请示长辈而后才救火呢？"随即退立一旁，两腿颤抖不止，吓得说不出话来，直到最后也说不出别的话，为自己辩解。灌将军仔细审视魏勃，笑着说："人说魏勃武勇，其实不过是个狂妄而平庸的人罢了，能有什么作为呢？"于是，赦免魏勃不加追究。灌婴所统率的军队也从荥阳撤回长安。

班固评论说：汉文帝时，天下人都批评郦寄出卖朋友。所谓出卖朋友，是指见利忘义。至于郦寄，他的父亲本是汉室开国功臣，而且又被周勃等人劫持；郦寄的行为，虽使朋友吕禄被杀，却安定了国家，顾全了君臣父子的伦理大义，还是应当肯定的。

诸位大臣暗地共同商量说："少帝和梁王、淮阳王、恒山王，都不真是汉惠帝的儿子，当年吕后设计取他人的儿子，杀死他们的生母，把他们收养在后宫中，令汉惠帝认作儿子，立为继承人和诸侯王，用来加强吕氏的力量。现在，吕氏已被灭族，但吕氏所立的人，很快就要长大，等他们掌握实权，我们恐怕都要被灭族！不如从诸侯王中另选最贤者立为皇帝。"有人说："齐王，是高帝的长孙，可立他为帝。"大臣们都说："吕氏正因为外戚强横，几乎危及皇帝宗庙，摧残功臣，现在齐王的舅舅驷钧，为人暴恶，好像戴着冠帽的老虎，假若立齐王为帝，驷钧一族就会成为第二个吕氏。代王是高帝在世诸子中年龄最大的一位，为人仁孝宽厚，太后薄氏一家谨慎温良。立年长的本来就名正言顺，更何况代王又以仁孝而闻名于天下呢？"于是，大臣们共同议定拥立代王为帝，并暗地派人召代王入京。

代王刘恒就此征询左右亲信大臣的意见，郎中令张武等人说："汉廷大臣都是当年高帝开国时的大将，精通军事，多有诡诈奇计。这些人的愿望并不止于已有的权位，只是畏惧高帝、吕太后的威严罢了。现在，他们已诛除诸吕，刚刚喋血京师，此来以迎接大王为名，实在不可轻信。希望大王自称有病，不要前去长安，静观政局变化。"中尉宋昌却说："各位的意见都是错误的。当年，秦失去了政权，诸侯、

帝封王子弟，地犬牙相制，此所谓磐石之宗也；天下服其强，二矣。汉兴，除秦苛政，约法令，施德惠，人人自安，难动摇，三矣。夫以吕太后之严，立诸吕为三王，擅权专制；然而太尉以一节入北军一呼，士皆左袒，为刘氏，叛诸吕，卒以灭之。此乃天授，非人力也。今大臣虽欲为变，百姓弗为使，其党宁能专一邪！方今内有朱虚、东牟之亲，外畏吴、楚、淮阳、琅邪、齐、代之强。方今高帝子，独淮南王与大王；大王又长，贤圣仁孝闻于天下，故大臣因天下之心而欲迎立大王。大王勿疑也！”

代王报太后计之，犹豫未定。卜之，兆得大横，占曰：“大横庚庚，余为天王，夏启以光。”代王曰：“寡人固已为王矣，又何王？”卜人曰：“所谓天王者，乃天子也。”

于是代王遣太后弟薄昭往见绛侯，绛侯等具为昭言所以迎立王意。薄昭还报曰：“信矣，毋可疑者。”代王乃笑谓宋昌曰：“果如公言。”

乃命宋昌参乘，张武等六人乘传，从诣长安。至高陵，休止，而使宋昌先驰之长安观变。昌至渭桥，丞相以下皆迎。昌还报。代王驰至渭桥，群臣拜谒称臣，代王下车答拜。太尉勃进曰：“愿请间。”宋昌曰：“所言公，公言之；所言私，王者无私。”太尉乃跪上天子玺、符。代王谢曰：“至代邸而议之。”

后九月，己酉晦，代王至长安，舍代邸，群臣从至邸。丞相陈平等皆再拜言曰：“子弘等皆非孝惠子，不当奉宗庙。大王，高帝长子，宜为嗣。愿大王即天子位！”代王西乡让者三，南乡让者再，遂即天子位；群臣以礼次侍。

东牟侯兴居曰：“诛吕氏，臣无功，请得除宫。”乃与太仆汝阴侯滕公入宫，前谓少帝曰：“足下非刘氏子，不当立！”乃顾麾左右执戟者掊兵罢去；有数人不肯去兵，宦者令张释谕告，亦去兵。滕公乃召乘舆车载

豪杰蜂拥而起，自以为可以得天下的人，数以万计，但最后登上天子之位的是刘氏；天下人不敢再有称帝的奢望，这是第一条。高帝分封子弟为诸侯王，封地犬牙交错，可以控制天下，这就是所谓宗族稳如磐石，天下人信服它的强大，这是第二条。汉朝建立之后，废除秦朝的苛政，简省法令，推行德政，百姓安居乐业，很难动摇，这是第三条。以吕太后的威严，封立吕氏三人为王，独掌大权，专制朝政，然而，太尉仅凭一个符节，进入北军一呼，军士全都左袒，拥护刘氏，背叛诸吕，终于消灭了吕氏。刘氏的帝位，来源于天授，不是靠人力争夺而得。现在，即使大臣另有异谋，百姓也不会为其所用，他们的党羽难道能够统一吗？现在，朝内有朱虚侯、东牟侯这样的宗室大臣，外面又畏惧吴、楚、淮阳、琅邪、齐、代等强大的宗室诸国，大臣谅必不敢另生他念。高帝诸子，现在只有淮南王与大王健在，大王又年长，天下人都知道您的贤圣仁孝，所以大臣们顺应天下人之心，要迎立大王为皇帝。大王不必猜疑！”

代王刘恒禀报薄太后商议此事，犹豫未定。卜问凶吉，得到了“大横”的征兆，所得卜辞说：“横线直贯多强壮，我做天王，夏启的事业得到光大发扬。”代王说：“我本来就是王了，又做什么王？”占卜的人说：“所谓天王，是指天子。”

于是，代王派薄太后之弟薄昭前去拜见绛侯。绛侯等人向薄昭详细说明迎立代王为帝的本意。薄昭还报代王说：“迎立之事是真实的，没有什么可疑之处。”代王就笑着对宋昌说：“果然如您所说。”

代王于是命令宋昌作为自己的陪乘，同车而行，张武等六人乘坐官府驿车，一起随代王到长安。行至高陵县，暂停休整，代王命宋昌先驰入长安观察动静。宋昌行至渭桥，丞相及以下百官都来迎接。宋昌回来报告。代王驰车赶到渭桥，群臣跪拜进见，俯首称臣，代王下车还礼。太尉周勃近前说：“希望与您单独谈话。”宋昌回答说：“您要说的，如果是公事，就公开说；如果是私事，做王的人是没有私情的。”太尉才跪下，呈上天子所专用的印玺和符节，代王辞谢说：“到代国官邸再商量此事。”

闰九月二十九日己酉晦，代王进入都城长安，住在长安的代国官邸，朝廷群臣都护送到官邸。丞相陈平等人再次跪拜启奏说：“刘弘等人都不是汉惠帝的儿子，不应侍奉宗庙做天子。大王是高帝的年长之子，应继承皇统。我们恭请大王登基做皇帝！”代王谦逊地按宾主的礼仪面向西，辞谢了三次，又按君臣之仪面向南，辞谢了两次，于是，即皇帝位。群臣按朝见皇帝的礼仪和官秩高低排班侍立。

东牟侯刘兴居说：“诛除吕氏，我没有立功，请皇帝允许我前去清理皇宫。”他和太仆汝阴侯滕公夏侯婴一道进入皇宫，逼近少帝说：“您不是刘氏后代，不应做皇帝！”接着，刘兴居转身命令左右持戟卫士，放下兵器退出皇宫；有几个卫士不愿

少帝出。少帝曰："欲将我安之乎？"滕公曰："出就舍。"舍少府。

乃奉天子法驾迎代王于邸，报曰："宫谨除。"代王即夕入未央宫。有谒者十人持戟卫端门，曰："天子在也，足下何为者而入！"代王乃谓太尉。太尉往谕，谒者十人皆掊兵而去，代王遂人。夜，拜宋昌为卫将军，镇抚南北军；以张武为郎中令，行殿中。有司分部诛灭梁、淮阳、恒山王及少帝于邸。文帝还坐前殿，夜，下诏书赦天下。

（以上为第六段，写汉大臣诛灭诸吕后，拥立代王刘恒为帝，因为刘恒是刘邦在世诸子中年龄最长的一位，为人仁孝宽厚，而太后薄氏一家谨慎温良。代王进入皇宫，即皇帝位，是为汉文帝。）

太宗孝文皇帝上

元年（壬戌，前179年）

冬，十月，庚戌，徙琅邪王泽为燕王；封赵幽王子遂为赵王。

陈平谢病；上问之，平曰："高祖时，勃功不如臣，及诛诸吕，臣功亦不如勃；愿以右丞相让勃。"

十一月，辛巳，上徙平为左丞相，太尉勃为右丞相，大将军灌婴为太尉。诸吕所夺齐、楚故地，皆复与之。

论诛诸吕功，右丞相勃以下益户、赐金各有差。绛侯朝罢趋出，意得甚；上礼之恭，常目送之。郎中安陵袁盎谏曰："诸吕悖逆，大臣相与共诛之。是时丞相为太尉，本兵柄，适会其成功。今丞相如有骄主色，陛下谦让；臣主失礼，窃为陛下弗取也！"后朝，上益庄，丞相益畏。

十二月，诏曰："法者，治之正也。今犯法已论，而使无罪之父母、妻子、同产坐之，及为收帑，朕甚不取！其除收帑诸相坐律令！"

放下兵器，宦者令张释告知情由，他们也随之放下了兵器。滕公夏侯婴命令用车子将少帝送出宫外。少帝问："你们要把我安置到何处？"滕公说："让您住到皇宫外面。"就把他安置在少府的官衙中。

于是，刘兴居和夏侯婴排列天子法驾前来代王官邸，恭迎代王刘恒入宫，他们报告说："清理皇宫已毕。"代王于当晚进入未央宫。有十位持戟守卫端门的谒者阻拦说："天子居住于宫中，您是干什么的，竟要入宫！"代王告知太尉周勃，周勃便前来谕告谒者有关废立皇帝的事，十位谒者都放下兵器离去，代王于是进入未央宫。当天夜间，代王就任命宋昌为卫将军，指挥南军和北军；任命张武为郎中令，负责管理殿中事务。有关机构分别派人在梁王、淮阳王、恒山王和少帝的住处杀死他们。汉文帝返回未央宫前殿就座，当夜颁布诏书，大赦天下。

太宗孝文皇帝上

汉文帝前元元年（壬戌，前179年）

冬季，十月初一庚戌，汉文帝改封琅琊王刘泽为燕王；封立赵幽王之子刘遂为赵王。

丞相陈平因病请求辞职，汉文帝询问原因，陈平说："高祖开国时，周勃的功劳不如我大，在诛除诸吕的事件中，我的功劳不如周勃；我请求将右丞相的职务让给周勃担任。"

十一月初八辛巳，汉文帝将陈平调任为左丞相，任命太尉周勃为右丞相，大将军灌婴为太尉。汉文帝还下令，把吕后当政时割夺齐、楚两国封立诸吕的封地，全部归还给齐国和楚国。

朝廷对诛灭诸吕的人论功行赏，右丞相周勃以下，都被增加封户和赐金，数量各有差别。绛侯周勃散朝时小步疾行退出，十分得意；汉文帝刘恒对绛侯以礼相待，很为恭敬，经常目送他退朝。担任郎中的安陵人袁盎谏阻汉文帝说："诸吕骄横谋反，大臣们合作将吕氏诛灭。那时，丞相身为太尉，掌握兵权，才天缘凑巧建立了这番功劳。现在，丞相好像已有对人主骄矜的神色，皇上却对他一再谦让，臣子和君王都有失礼节，我私下认为皇上不该如此！"以后朝会时，汉文帝越来越庄重威严，丞相周勃也就越来越敬畏。

十二月，汉文帝下令说："法律，是治理天下的依据。现在的法律对违法者本人做了处罚之后，还要株连到他本来没有犯罪的父母、妻子、兄弟，以至将他们收为官奴婢，我认为，这样的法律十分不可取！从今以后，废除各种收罪犯家属为奴婢以及各种相连坐的律令！"

春，正月，有司请蚤建太子。上曰："朕既不德，纵不能博求天下贤圣有德之人而禅天下焉，而曰豫建太子，是重吾不德也；其安之！"有司曰："豫建太子，所以重宗庙、社稷，不忘天下也。"上曰："楚王，季父也；吴王，兄也；淮南王，弟也：岂不豫哉？今不选举焉，而曰必子；人其以朕为忘贤有德者而专于子，非所以优天下也！"有司固请曰："古者殷、周有国，治安皆千余岁，用此道也；立嗣必子，所从来远矣。高帝平天下为太祖，子孙继嗣世世不绝，今释宜建而更选于诸侯及宗室，非高帝之志也。更议不宜。子启最长，纯厚慈仁，请建以为太子。"上乃许之。

三月，立太子母窦氏为皇后。皇后，清河观津人。有弟广国，字少君，幼为人所略卖，传十余家，闻窦后立，乃上书自陈。召见，验问，得实，乃厚赐田宅、金钱，与兄长君家于长安。绛侯、灌将军等曰："吾属不死，命乃且县此两人。两人所出微，不可不为择师傅、宾客；又复效吕氏，大事也！"于是乃选士之有节行者与居。窦长君、少君由此为退让君子，不敢以尊贵骄人。

诏振贷鳏、寡、孤、独、穷困之人。又令："八十已上，月赐米、肉、酒；九十已上，加赐帛、絮。赐物当禀鬻米者，长吏阅视，丞若尉致；不满九十，啬夫、令史致；二千石遣都吏循行，不称者督之。"

楚元王交薨。

夏，四月，齐、楚地震，二十九山同日崩，大水溃出。

时有献千里马者。帝曰："鸾旗在前，属车在后，吉行日五十里，师行三十里；朕乘千里马，独先安之？"于是还其马，与道里费；而下诏曰："朕不受献也。其令四方毋求来献。"

春季，正月，有关官员请求汉文帝刘恒早日确立太子。汉文帝说："我已不德，不能博求天下贤圣有德的人，将帝位禅让给他，而又说'早立太子'，这是加重我的不德行为，还是暂缓议定吧！"有关官员说："预先确立太子，是为了尊重宗庙和国家，不忘天下。"汉文帝说："楚王，是我的叔父；吴王，是我的兄长；淮南王，是我的弟弟；难道他们不是早就存在的继承人吗？如果我现在不选择贤能之人为帝位继承人，而说必须传位给儿子，世人将认为我忘记了贤能有德的人，而专私于自己的儿子，这不是以天下为重的做法！"有关官员坚持请求说："古代殷、周建国之后，都经历了一千多年的长治久安，它们都采用了早立太子的制度；天子必须从儿子之中确立继承人，这是由来已久的了。高帝平定天下而为汉室太祖，应当子孙相传世代不绝，如果现在舍弃了理应继承的皇子，不立太子，而另从诸侯王和宗室中选择继承人，这是违背高帝愿望的。在皇子之外另议继承人是不应该的。皇上诸子中，以刘启年龄最大，他为人纯厚仁慈，请皇上立刘启为太子。"汉文帝至此才同意臣下的奏请。

三月，汉文帝立太子生母窦氏为皇后。窦皇后是清河郡观津县人。她有个弟弟窦广国，字少君，幼年时被人拐卖，先后转换了十多家，听说窦氏被立为皇后，便上书自言身世。窦皇后召见他，核验询问，证实无误，就赐给他大量的田宅和金钱，与其兄长君在长安安家居住。绛侯、灌将军等人议论说："我等不死，命运就将取决于此两人。他们两人出身微贱，不可不为他们慎选师傅和宾客。否则，他们又有可能效法吕氏以外戚专权，这是大事！"于是，大臣们从士人中精选有节行的人与二人同住。窦长君、窦少君由此成为退让君子，不敢以皇后至亲的尊贵地位对人骄矜。

汉文帝下令救济鳏寡孤独和穷困的人。汉文帝还下令说："年龄八十岁以上者，每月赐给米、肉、酒若干；年龄九十岁以上的老人，另外再赐给帛和絮。凡是应当赐给米的，各县的县令要亲自检查，由县丞或县尉送米上门；赐给不满九十岁的老人的东西，由啬夫、令史给他们送去；郡国二千石长官要派出负责监察的都吏，循环监察所属各县，发现不按命令办理者，给以责罚督促。"

楚元王刘交去世。

夏季，四月，齐国、楚国发生地震，二十九座山在同一天中崩裂，大水溃涌而出。

这时，有人向汉文帝进献日行千里的宝马。汉文帝说："每当天子出行，前有鸾旗为先导，后有属车做护卫；平时出行，每日行程不超过五十里，率军出行，每日只走三十里；我乘坐千里马，能先单独奔到何处呢？"于是，汉文帝把马还给了进献者，并给他旅途费用。接着下令说："我不接受贡献之物。我命令全国不必要求前来进献。"

帝即施惠天下，诸侯、四夷远近欢洽；乃修代来功，封宋昌为壮武侯。

（以上为第七段，写汉文帝刘恒即位后任命在平叛诸吕中功劳大的周勃为右丞相，改任陈平为左丞相；立刘启为太子，立太子生母窦氏为皇后；救济孤寡老人；拒不接受贡献之物。）

帝益明习国家事。朝而问右丞相勃曰："天下一岁决狱几何？"勃谢不知；又问："一岁钱谷入几何？"勃又谢不知；惶愧，汗出沾背。上问左丞相平。平曰："有主者。"上曰："主者谓谁？"曰："陛下即问决狱，责廷尉；问钱谷，责治粟内史。"上曰："苟各有主者，而君所主者何事也？"平谢曰："陛下不知其驽下，使待罪宰相。宰相者，上佐天子，理阴阳，顺四时；下遂万物之宜；外镇抚四夷诸侯；内亲附百姓，使卿大夫各得任其职焉。"帝乃称善。右丞相大惭，出而让陈平曰："君独不素教我对！"陈平笑曰："君居其位，不知其任邪？且陛下即问长安中盗贼数，君欲强对邪？"于是绛侯自知其能不如平远矣。居顷之，人或说勃曰："君既诛诸吕，立代王，威震天下。而君受厚赏，处尊位，久之，即祸及身矣。"勃亦自危，乃谢病，请归相印，上许之。

秋，八月，辛未，右丞相勃免，左丞相平专为丞相。

初，隆虑侯灶击南越，会暑湿，士卒大疫，兵不能踰领。岁余，高后崩，即罢兵。赵佗因此以兵威财物赂遗闽越、西瓯、骆，役属焉。东西万余里，乘黄屋左纛，称制与中国侔。

（以上为第八段，写汉文帝越来越明习国家政事，询问右丞相周勃诸事，周勃不能回答，非常惭愧，请辞丞相，于是汉文帝以陈平一人专为丞相。）

帝乃为佗亲冢在真定者置守邑，岁时奉祀；召其昆弟，尊官、厚赐宠之。复使陆贾使南越，赐佗书曰："朕，高皇帝侧室之子也，弃外，奉北藩于代。道里辽远，壅蔽朴愚，未尝致书。高皇帝弃群臣，孝惠皇帝即世；高后自临事，不幸有疾，诸吕为变，赖功臣之力，诛之已毕。朕以王、侯、吏不释之故，不得不立；今即位。乃者闻王遗将军隆虑侯书，

汉文帝即位，先对天下普施恩惠，远近的诸侯和四夷部族与朝廷的关系都很融洽。然后，汉文帝才表彰和赏赐跟随他从代国来京的旧部功臣，封立宋昌为壮武侯。

汉文帝越来越明习国家政事。朝会时，汉文帝问右丞相周勃说："全国一年内判决多少案件？"周勃谢罪说："不知道。"汉文帝又问道："一年内全国钱谷收入有多少？"周勃又谢罪说："不知道。"在紧张和惭愧之下，周勃汗流浃背。汉文帝又问左丞相陈平。陈平说："有专门主管这些事务的官员。"汉文帝问道："由谁主管？"陈平回答说："皇上如果要了解诉讼刑案，应该责问廷尉；如果要了解钱谷收支，应该责问治粟内史。"汉文帝说："假如各事都有主管官吏，那么您是负责什么事情的呢？"陈平谢罪说："皇上由于不知道我的平庸低能，任命我为宰相。宰相的职责，对上辅佐天子，理通阴阳，顺应四季变化；对下使万物各得其所；对外安抚四夷和诸侯，对内使百姓归附，使卿大夫各自得到能发挥其专长的职务。"汉文帝这才赞好。右丞相周勃极为惭愧，退朝之后责备陈平说："就是您平素不教我如何回答！"陈平笑着说："您身为宰相，却不知道宰相的职责是什么吗？况且，如果皇上问长安城中有多少盗贼，您能勉强回答吗？"由此，绛侯周勃自知能力比陈平差得很远。过了一段时间，有人劝周勃说："您诛灭吕氏，扶立代王为帝，威名震动天下。现在您接受朝廷厚赏，担任职位尊崇的右相，时间一长，将要大祸临头了。"周勃也为自己担忧，就自称有病，请求辞去丞相职务，汉文帝批准了他的请求。

秋季，八月二十日辛未，汉文帝罢免了右丞相周勃，左丞相陈平一人担任丞相。

当初，隆虑侯周灶领兵进攻南越国，正值暑热潮湿，士兵中流行瘟疫，军队无法越过阳山岭。过了一年多，汉太后吕雉去世，便撤兵了。赵佗乘此机会，用兵威胁迫并以财物引诱闽越、西瓯、骆，使它们归属南越统治。南越国东西长达万余里，赵佗乘坐供天子专用的黄屋左纛车，自称皇帝，与汉朝皇帝相同。

汉文帝于是下令，为赵佗在真定的父母亲的坟墓设置专司守墓的民户，按每年四季祭祀；又召来赵佗的兄弟，用尊贵的官位和丰厚的赏赐表示优宠。汉文帝又派遣陆贾出使南越国，带去汉文帝致赵佗的一封书信，信中说："我是高皇帝侧室所生之子，被安置于外地，在北方代地做藩王。因路途辽远，加上我眼界不开阔，朴实愚鲁，所以那时没有与您通信问候。高皇帝不幸去世，汉惠帝也去世了；高后亲自

求亲昆弟，请罢长沙两将军。朕以王书罢将军博阳侯，亲昆弟在真定者，已遣人存问，修治先人冢。前日闻王发兵于边，为寇灾不止。当其时，长沙苦之，南郡尤甚；虽王之国，庸独利乎！必多杀士卒，伤良将吏，寡人之妻，孤人之子，独人父母；得一亡十，朕不忍为也。朕欲定地犬牙相入者；以问吏，吏曰：‘高皇帝所以介长沙土也’，朕不得擅变焉。今得王之地，不足以为大；得王之财，不足以为富。服领以南，王自治之。虽然，王之号为帝。两帝并立，亡一乘之使以通其道，是争也；争而不让，仁者不为也。愿与王分弃前恶，终今以来，通使如故。”

贾至南越。南越王恐，顿首谢罪；愿奉明诏，长为藩臣，奉贡职。于是下令国中曰：“吾闻两雄不俱立，两贤不并世。汉皇帝，贤天子。自今以来，去帝制、黄屋、左纛。”

因为书，称：“蛮夷大长、老夫臣佗昧死再拜上书皇帝陛下曰：“老夫，故越吏也，高皇帝幸赐臣佗玺，以为南越王。孝惠皇帝即位，义不忍绝，所以赐老夫者厚甚。高后用事，别异蛮夷，出令曰：‘毋与蛮夷越金铁、田器、马、牛、羊；即予，予牡，毋予牝。’老夫处僻，马、牛、羊齿已长。自以祭祀不修，有死罪，使内史藩、中尉高、御史平凡三辈上书谢过，皆不反。又风闻老夫父母坟墓已坏削，兄弟宗族已诛论。吏相与议曰：‘今内不得振于汉，外亡以自高异。’故更号为帝，自帝其国，非敢有害于天下。高皇后闻之，大怒，削去南越之籍，使使不通。老夫窃疑长沙王谗臣，故发兵以伐其边。老夫处越四十九年，于今抱孙焉。然夙兴夜寐，寝不安席，食不甘味，目不视靡曼之色，耳不听钟鼓之音者，以不得事汉也。今陛下幸哀怜，复故号，通使汉如故；老夫死，骨不腐。改号，不敢为帝矣！”

裁决国政，晚年不幸患病，诸吕乘机谋反，幸亏有开国功臣之力，诛灭了吕氏。我因无法推辞诸侯王、侯和百官的拥戴，不得不登基称帝，现已即位。前不久，得知大王曾致书于将军隆虑侯周灶，请求寻找您的亲兄弟，请求罢免守备长沙国的两位将军。我因为您的这封书信，已罢免了将军博阳侯；您在真定的亲兄弟，我已派人前去慰问，并修整了您先人的坟墓。前几日听说大王在边境一带发兵，不断侵害劫掠。当时长沙国受害，而南郡尤其严重；即便是大王治理下的南越王国，难道就能在战争中只获利益而不受损害吗？战事一起，必定使许多士兵丧生，将吏伤身，造成许多寡妇、孤儿和无人赡养的老人。我不忍心做这种得一亡十的事情。我本来准备对犬牙交错的地界做出调整，征求官员意见，回答说'这是高皇帝为了隔离长沙国而划定的'，朕不得擅自变更地界。现在，汉若夺取大王的领地，并不足以增加多少疆域；夺得大王的财富，也不足以增加多少财源。五岭以南的荒服土地，大王尽可自行治理。即便大王已有皇帝的称号，但两位皇帝同时并立，互相之间没有一位使者相互联系，这是以力相争；只讲力争而不讲谦让，这是仁人所不屑于做的。愿与大王共弃前嫌，自今以后，互通使者往来，恢复原有的良好关系。"

陆贾到达南越。南越王赵佗见了汉文帝书信，十分惶恐，顿首谢罪，表示愿意遵奉皇帝明诏，永为藩国臣属，遵奉贡纳职责。赵佗随即下令于国中说："我听说，两雄不能同时共立，两贤不能一时并存。汉廷皇帝，是贤明天子。从今以后，我废去帝制、黄屋、左纛。"

于是，南越王赵佗写了一封致汉文帝的回信，说："蛮夷大长、老夫臣赵佗冒昧再拜上书皇帝：老夫是供职于旧越地的官员，幸得高皇帝宠信，赐我玺印，封为南越王。孝惠皇帝即位后，根据道义，不忍心断绝与南越的关系，所以对老夫有十分丰厚的赏赐。高后当政，歧视和隔绝蛮夷之地，下令说：'不得给蛮夷南越金铁、农具、马、牛、羊；如果给它牲畜，也只能给雄性的，不给雌性的。'老夫地处偏僻，马、牛、羊也已经老了，自以为未能行祭祀之礼，犯下死罪，故派遣内史藩、中尉高、御史平等三批人上书朝廷谢罪，但他们都没有返回。又据风闻谣传，说老夫的父母坟墓已被平毁，兄弟宗族人等已被判罪处死。官员一同议论说：'现在对内不能得到汉朝尊重，对外没有自我显示与众不同的地方。'所以才改王号，称皇帝，只在南越国境内称帝，并无为害天下的胆量。高皇后得知，勃然大怒，削去南越王的封号，断绝使臣往来。老夫私下怀疑是长沙王阴谋陷害我，所以才发兵攻打长沙国边界。老夫在越地已生活了四十九年，现在已抱孙子了。但我夙兴夜寐，睡觉难安枕席，吃饭也品尝不出味道，目不视美女之色，耳不听钟鼓演奏的音律，就是因为不能侍奉汉廷天子。现在，有幸得到皇上哀怜，恢复我原来的封号，允许我像过去一样派人出使汉廷，老夫即使死去，尸骨也不朽灭。改号为王，不敢再称帝了！"

齐哀王襄薨。

上闻河南守吴公治平为天下第一，召以为廷尉。吴公荐洛阳人贾谊，帝召以为博士。是时贾生年二十余。帝爱其辞博，一岁中，超迁至太中大夫。贾生请改正朔，易服色，定官名，兴礼乐，以立汉制，更秦法；帝谦让未遑也。

（以上为第九段，写南越王赵佗称制，汉文帝派陆贾出使南越国，说服赵佗去帝号，称王；洛阳人贾谊文辞可观，年二十余被河南郡守吴公举荐为博士，一岁中超迁为太中大夫。）

二年（癸亥，前 178 年）

冬，十月，曲逆献侯陈平薨。

诏列侯各之国；为吏及诏所止者，遣太子。

十一月，乙亥，周勃复为丞相。

癸卯晦，日有食之。诏："群臣悉思朕之过失及知见之所不及，丐以启告朕。及举贤良、方正、能直言极谏者，以匡朕之不逮。"因各敕以职任，务省繇费以便民；罢卫将军；太仆见马遗财足，余皆以给传置。

颍阴侯骑贾山上书言治乱之道曰："臣闻雷霆之所击，无不摧折者；万钧之所压，无不糜灭者。今人主之威，非特雷霆也；势重，非特万钧也。开道而求谏，和颜色而受之，用其言而显其身，士犹恐惧而不敢自尽；又况于纵欲恣暴、恶闻其过乎！震之以威，压之以重，虽有尧、舜之智，孟贲之勇，岂有不摧折者哉！如此，则人主不得闻其过，社稷危矣。

"昔者周盖千八百国，以九州之民养千八百国之君，君有余财，民有余力，而颂声作，秦皇帝以千八百国之民自养，力罢不能胜其役，财尽不能胜其求。一君之身耳，所自养者驰骋弋猎之娱，天下弗能供也。秦皇帝计其功德，度其后嗣世世无穷；然身死才数月耳，天下四面而攻之，宗庙灭绝矣。秦皇帝居灭绝之中而不自知者，何也？天下莫敢告也。其所以莫敢告者，何也？亡养老之义，亡辅弼之臣；退诽谤之人，杀直谏

齐哀王刘襄去世。

汉文帝得知河南郡守吴公治理地方的政绩为天下第一，就召他入朝做廷尉。吴公推荐洛阳人贾谊，汉文帝就召贾谊进京做博士官。当时贾谊年仅二十多岁。汉文帝很赏识贾谊的文辞可观和知识渊博，一年之中，就破格提升他做了太中大夫。贾谊请汉文帝改历法，变换朝服颜色，重新审定官名，确定汉室的礼仪和音乐，以建立汉朝制度，更改秦朝法度。汉文帝以谦让治国，无暇顾及这些事情。

汉文帝前元二年（癸亥，前178年）

冬季，十月，曲逆侯陈平去世。

汉文帝下令，令列侯各自离京到所封领地去；身为朝廷官员和受诏书留居京师的列侯，则派遣他们的太子到封地去。

十一月，乙亥（疑误），周勃再次出任丞相。

十一月，癸卯晦（疑误），发生日食。汉文帝下令说："群臣都要认真思考我的过失和我所未知、未见的问题，并请大家告知我。还请大家向朝廷荐举贤良、方正、能直言极谏的人，以便弥补我的不足。"于是，根据他们才能分别任职，命令务必减轻徭役赋税以便利百姓；罢废卫将军；太仆将现有马匹仅留下够朝廷使用的，其余马匹全部拨给驿站使用。

颍阴侯灌婴的骑从贾山上书汉文帝，谈论治乱之道，说："我听说在雷霆的轰击下，无论什么都会被摧毁；在万钧之力的重压下，无论什么都会被压碎。君王的威严，远远超过了雷霆；君王的权势，也远远超过了万钧。君王即使是主动地请求大家进谏，和颜悦色地接受臣下的批评意见，采纳批评者意见并给以重用，臣子仍然惧怕而不敢将自己的意见和盘托出；更何况君王纵欲残暴，又不愿听到别人议论他的过失呢？在严威的震慑和权势的重压之下，即使人有尧和舜那样的智谋，有孟贲那样的勇力，难道能不被摧毁吗？这样，君王就听不到别人对他的过失的批评，国家就危险了。

"过去，在周朝时大约有一千八百个封国，用九州的百姓，事奉一千八百国的君王，君王有多余的财富，百姓也有宽裕的力量，到处都有歌功颂德的声音。秦始皇用一千八百国的百姓奉养自己，百姓精疲力竭，负担不起他的徭役；倾家荡产，缴纳不足他的赋税。秦始皇只不过是一位君王，他自己享受的也不过是驰骋弋猎的娱乐，天下却无法供应他的需求。秦始皇自认为功德无量，估计他的子孙会世代相传以至于无穷，但是，他死后不过几个月，天下人四面进攻，宗庙就毁灭了。秦始

之士。是以道谀、偷合苟容，比其德则贤于尧、舜，课其功则贤于汤、武；天下已溃而莫之告也。

“今陛下使天下举贤良方正之士，天下皆訢訢焉曰：‘将兴尧舜之道、三王之功矣。’天下之士，莫不精白以承休德。今方正之士皆在朝廷矣；又选其贤者，使为常侍、诸吏，与之驰驱射猎，一日再三出。臣恐朝廷之解弛，百官之堕于事也。陛下即位，亲自勉以厚天下，节用爱民，平狱缓刑；天下莫不说喜。臣闻山东吏布诏令，民虽老羸癃疾，扶杖而往听之，愿少须臾毋死，思见德化之成也。今功业方就，名闻方昭，四方乡风而从；豪俊之臣，方正之士，直与之日日射猎，击兔、伐狐，以伤大业，绝天下之望，臣窃悼之！古者大臣不得与宴游，使皆务其方而高其节，则群臣莫敢不正身修行，尽心以称大礼。夫士，修之于家而坏之于天子之廷，臣窃愍之。陛下与众臣宴游，与大臣、方正朝廷论议，游不失乐，朝不失礼，轨事之大者也。”上嘉纳其言。

上每朝，郎、从官上书疏，未尝不止辇受其言。言不可用置之，言可用采之，未尝不称善。

（以上为第十段，写汉文帝因日食下诏求言，创立举贤良文学制度；颍阴侯灌婴的骑从贾山上书谈论治乱之道，汉文帝赞许并采纳其言。）

帝从霸陵上欲西驰下峻阪。中郎将袁盎骑，并车擥辔。上曰：“将军怯邪？”盎曰：“臣闻‘千金之子，坐不垂堂’。圣主不乘危，不徼幸。今陛下骋六飞驰下峻山，有如马惊车败。陛下纵自轻，奈高庙、太后何！”上乃止。

上所幸慎夫人，在禁中常与皇后同席坐。及坐郎署，袁盎引却慎夫人坐。慎夫人怒，不肯坐；上亦怒，起，入禁中。盎因前说曰：“臣闻

皇处于被灭绝的危机之中，却没有察觉，原因何在？就在于天下人都不敢告知他实际情况。不敢告知他实情的原因，又是什么呢？是因为秦王朝没有尊老养老的道义，没有能够辅佐的大臣，罢免了批评朝政的官员，杀害了敢当面批评谏阻的士人。所以，那些谄谀逢迎、只求自保利禄的无耻小人，吹捧秦始皇的德政高于尧舜，功业超过商汤和周武；天下已将土崩瓦解，而没有人告知秦始皇。

“现在，皇上命令天下人荐举贤良方正的人士，天下人都为之欢欣鼓舞，说：‘皇帝将复兴尧舜治理天下之道，造就三王的功业了。’天下的人才，莫不努力自我完善以求能被皇帝选用。现在方正之士，都已被选入朝廷了；又从中选择贤能者，让他们做常侍、诸吏，皇上与他们共同驰驱射猎，一天之内再三出宫。我担忧朝政由此而懈弛，百官因此而玩忽职守。皇上自即位以来，自我勉励，厚养天下，节省开支，慈爱臣民，断案公平，刑罚宽缓。对此，天下人莫不喜悦。我听说崤山以东官吏公布命令时，百姓即使是老弱病残的人，也都拄着手杖前去聆听，希望暂时不死，想看到仁德教化的成功。现在功业刚刚建立，好名声刚刚传播，四方仰慕跟从。在这关键时刻，皇上却只与豪俊之臣、方正之士，天天射猎，击兔捉狐，从而伤害国家大业，断绝天下人的期望，我私下为皇上痛惜！古代规定大臣不得参与安闲的游乐，为的是让他们都致力于保持大臣的品格和节操。这样，群臣就无人胆敢不严格约束自己，提高品行修养，尽心事君，按君臣之礼办事。士的品行，养成于自己家中，却在天子的朝廷之上被破坏，我私下为之惋惜。皇上与群臣消闲游乐，与大臣、方正之士在朝廷上议论国事，游娱不失乐，朝会不失礼，这是极为重大的事体。”汉文帝赞许并采纳了他的意见。

汉文帝每次上朝，郎官和从官进呈奏疏，他从来都是停下辇车接受。奏疏所说的，如不可采用，就放过一边；如可用，就加以采用，未尝不深加赞赏。

汉文帝从霸陵上山，想要向西纵马奔驰下山。中郎将袁盎骑马上前，与汉文帝车驾并行，伸手挽住马缰绳。汉文帝说：“将军胆怯了吗？”袁盎回答：“我听说：‘家有千金资财的人，不能坐在堂屋的边缘。’圣明的君王不能冒险，不求侥幸。现在，皇上要想放纵驾车的六匹骏马，奔驰下险峻的高山，如果马匹受惊，车辆被撞毁，皇上纵然是看轻自身安危，又怎么对得起高祖的基业和太后的抚育之恩呢？”汉文帝这才停止了冒险。

汉文帝所宠幸的慎夫人，在宫中经常与皇后同席而坐。等到她们一起到郎官府衙就座时，袁盎把慎夫人的坐席排在下位。慎夫人恼怒，不肯入坐；汉文帝也大怒，

‘尊卑有序，则上下和’。今陛下既已立后，慎夫人乃妾；妾、主岂可与同坐哉！且陛下幸之，即厚赐之；陛下所以为慎夫人，适所以祸之也。陛下独不见‘人彘’乎！”于是上乃说，召语慎夫人，慎夫人赐盎金五十斤。

（以上为第十一段，写直臣袁盎劝说汉文帝不要纵马驰骋，宠妾不能和皇后平起平坐，文帝均予采纳。）

贾谊说上曰：“《管子》曰：‘仓廪实而知礼节，衣食足而知荣辱。’民不足而可治者，自古及今，未之尝闻。古之人曰：‘一夫不耕，或受之饥；一女不织，或受之寒。’生之有时而用之无度，则物力必屈。古之治天下，至纤，至悉，故其畜积足恃。今背本而趋末者甚众，是天下之大残也；淫侈之俗，日日以长，是天下之大贼也。残、贼公行，莫之或止；大命将泛，莫之振救。生之者甚少而靡之者甚多，天下财产何得不蹶！

“汉之为汉，几四十年矣，公私之积，犹可哀痛。失时不雨，民且狼顾；岁恶不入，请卖爵子；既闻耳矣。安有为天下阽危者若是而上不惊者！

“世之有饥、穰，天之行也；禹、汤被之矣。即不幸有方二三千里之旱，国胡以相恤？卒然边境有急，数十百万之众，国胡以馈之？兵、旱相乘，天下大屈，有勇力者聚徒而衡击，罢夫、羸老，易子咬其骨。政治未毕通也，远方之能僭拟者并举而争起矣；乃骇而图之，岂将有及乎！夫积贮者，天下之大命也；苟粟多而财有余，何为而不成！以攻则取，以守则固，以战则胜，怀敌附远，何招而不至！

“今驱民而归之农，皆著于本；使天下各食其力，末技、游食之民转而缘南亩，则畜积足而人乐其所矣。可以为富安天下，而直为此廪廪也，窃为陛下惜之！”

站起身来，返回宫中。袁盎借此机会上前规劝汉文帝说：“我听说：‘尊卑次序严明，就能上下和睦。’现在，皇上既然已经册立了皇后，慎夫人只是妾，妾怎么能与主人同席而坐呢？况且，如果皇上真的宠爱慎夫人，就给她丰厚的赏赐；而皇上现在宠爱慎夫人的做法，恰恰会给慎夫人带来祸害。皇上难道不见‘人彘’的悲剧吗？”汉文帝这才醒悟，转怒为喜，召来慎夫人，把袁盎的话告诉了她。慎夫人赐给袁盎黄金五十斤以示感谢。

贾谊对汉文帝说：“《管子》书中说：‘仓库充实人们才会讲究礼节，衣服粮食充足人们才会有荣辱观念。’假如百姓的温饱问题没有解决，却乐意听命于君王的统治，这种事情，从古到今，我都没有听说过。古代有人说：‘一个农夫不耕作，就有人要挨饿；一个女子不织布，就有人要挨冻。’无论什么产品，生产它都有一定的季节时令，用起来如果毫无限制，物资就必会缺乏。古人治理天下，安排得很细微，很周到，所以国家的积贮足以仗恃。现在，脱离农桑本业而从事工商业的人太多了。这是危害天下的一大流弊；追求奢侈的风俗，日益增长，这是危害天下的一大公害。这两种流弊和公害盛行，没有谁给以制止；政权面临毁坏，没有谁能挽救。天下财富，生产的人很少而挥霍的人却很多，怎能不枯竭！

“大汉建国以来，已近四十年了，国库和私人积贮数量之少，仍然令人悲哀痛惜。一旦老天不按时降雨，百姓就惶恐不安；年景不好，没有收成，百姓或者出卖爵位，或者自卖儿女，换粮度日。此类事情，皇上已经听到了。哪有天下如此危险而主上不惊惧的！

“世上有丰年有歉年，这是自然规律；古代圣王夏禹和商汤也都曾经历过。假如不幸出现了方圆两三千里的大面积旱灾，国家靠什么去救济百姓？突然间边境有紧急情况，征调数十百万将士，国家用什么供应军需？战争和旱灾同时发生，国家财力无法应付，就会天下大乱，有勇力的人啸聚部众劫掠地方；疲困和老弱的人，就相互交换子女吃人肉。政事的治理没有完全通畅，远方那些势力强大有称帝野心的人，就会一起举兵争着起事。如果发展到这般田地才大吃一惊，图谋制止，怎能来得及呢！积贮是国家的命脉。如果国家积贮了大量粮食而钱财有余，还有什么办不成的事情！以它为依凭，进攻就攻取，防守就牢固，作战就胜利，要感化、安抚敌人，或者吸引远方部族归附朝廷，怎么会招而不到？

“现在，如果驱使民众归返农事，都依附于土地，让天下人都从事生产满足本人生活需要，让工商业者、游民都改为从事农耕，那么，国家就会有充裕的积贮，百姓就会安居乐业了，可以使国家富足，安定天下。而却做出了这种令人危惧的事情，我私下为皇上感到惋惜！”

上感谊言，春，正月，丁亥，诏开藉田，上亲耕以率天下之民。

三月，有司请立皇子为诸侯王。诏先立赵幽王少子辟强为河间王，朱虚侯章为城阳王，东牟侯兴居为济北王；然后立皇子武为代王，参为太原王，揖为梁王。

五月，诏曰："古之治天下，朝有进善之旌，诽谤之木，所以通治道而来谏者也。今法有诽谤、妖言之罪，是使众臣不敢尽情而上无由闻过失也，将何以来远方之贤良！其除之！"

九月，诏曰："农，天下之大本也，民所恃以生也；而民或不务本而事末，故生不遂。朕忧其然，故今兹亲率群臣农以劝之；其赐天下民今年田租之半。"

燕敬王泽薨。

（以上为第十二段，写贾谊向汉文帝刘恒上《积贮疏》，强调重农抑商，增加积蓄，得到汉文帝的肯定和重视，汉文帝亲耕藉田，下令重农，减少田租；还封诸子为王，除去了"诽谤罪"和"妖言罪"。）

汉文帝被贾谊的话所打动，春季，正月十五日丁亥，下令举行“藉田”仪式，皇帝亲自耕作，为天下臣民做出表率。

三月，有关官员请求汉文帝立皇子为诸侯王。汉文帝下令，先立赵幽王的小儿子刘辟强为河间王，立朱虚侯刘章为城阳王，立东牟侯刘兴居为济北王；然后才立皇子刘武为代王，刘参为太原王，刘揖为梁王。

五月，汉文帝下令说：“古代明君治理天下，朝廷专设鼓励献计献策的旌旗，树立书写批评意见的木柱，这样做的目的，是为了保证朝政的清明，鼓励臣民前来进谏。现在的法律中，有‘诽谤罪’和‘妖言罪’，这就使得群臣不敢畅所欲言地批评朝政，皇帝无从得知自己的过失，这怎么能吸引远方的贤良之士到朝廷来呢？废除这些罪名！”

九月，汉文帝下令说：“农业，是天下的根本，百姓依靠它而生存。有的百姓不从事农耕的本业，却去从事工商末业，所以百姓生活艰难。我对此甚为担忧，所以现在亲自率领群臣从事农业耕作，以提倡重视农业。今年只向天下百姓征收田租的一半。”

燕王刘泽去世。

【点评】

论陈平。陈平，是在楚汉相争、汉朝建国时期不可多得的谋臣，可以说，他是精于谋国、善于谋身的典型。

陈平的谋国，司马迁说他是“常出奇计，救纷纠之难，振国家之患”，“六奇既用，诸侯宾从于汉”。也就是说，陈平曾六出奇计，为刘邦夺取天下、巩固政权起了重要的作用。后人总结其六大奇计是：离间项羽、范增，楚势由此颓衰；乔装诱敌，使刘邦从荥阳安全撤退；封王韩信，使韩信效命刘邦；联齐灭楚，使刘邦战胜项羽；计擒韩信，使刘邦翦灭异姓王而固其刘家天下；白登解围，使刘邦脱离匈奴险境。这“六奇”，所说的都是刘邦在世时的事情，还不包括刘邦去世后吕太后当政以及消灭诸吕的谋略。司马迁将汉兴以来的萧何、曹参、张良、陈平、周勃五人列为世家，充分肯定了陈平的功绩。

当时人以及后人一般将陈平与张良相比较，认为：“张子房青云之士，诚非陈平之伦。然汉之谋臣，良、平而已。”“张良、陈平，皆汉元臣也。从龙开辟，权谋固可尽黜乎？然良之术多正，平之术多谲，故平有阴祸以贻后，良以寡欲而昌终。”其说诚是。陈平的谋略，一般被人称为是“阴谋”。他自己曾说：“我多阴谋，是道家之所禁。”所谓“阴谋”，本是贬义词，是指见不得光的权谋，而对于陈平来说，则指的是秘计、诡计，一般人不能识透其中奥秘，而行之则大有成效。例如，陈平离间项羽与谋士范增的君臣关系，使得范增离去，犹如断去项羽臂膀；刘邦被困荥阳，陈平让纪信乔装刘邦，用花枝招展的女子为兵，出东门“投降”，而刘邦乘机从西门逃之夭夭；刘邦被围白登，陈平献上美人图，说动匈奴单于的阏氏，才得以解围；韩信被疑谋反，刘邦一筹莫展，陈平也是用阴谋之计，让刘邦游于云梦而韩信被擒；等等。这些计谋起到了意想不到的效果。刘邦当时总结汉兴楚亡，认为是萧何、张良、韩信“三杰”起了重大的作用，其实，如果再数下去，就应当是陈平了，陈平的谋划，在汉兴中起到了关键性的作用。

而刘邦去世后，太后吕雉弄权，欲王诸吕，政治形势非常凶险，在这种情况下，如何自处？右丞相王陵比较耿直，被太后削去实权；陈平则玩起了滑头，虽说不是曲意迎合太后，但也让太后的计划得以实现。太后去世后，陈平联手周勃平定了诸吕之乱，恢复了刘氏政权。司马迁评论：“及吕后时，事多故矣，然平竟自脱，定宗庙，以荣名终，称贤相，岂不善始善终哉！”充分肯定了陈平运用谋略，使得自己脱去祸患，也使得汉朝得以为继。这可谓是大智慧、大智谋啊！

在中国古代，有舍身谋国，为国而不顾身者，晁错是也；有为国家做出大贡献，而一旦涉及自身利益，则背叛国家，只顾自己，而不得善终者，李斯是也；有功高威重，被人主猜忌，而不惜自污名节以求自保者，萧何是也；有功成身退，不问人

间世事，远离是非，而终了其身者，张良是也；有立功于朝廷，也留下致命祸患，而急流勇退，以保性命者，范雎是也。而唯有陈平，一直激流勇进，身在朝廷，处于政治漩涡之中，却始终能够游刃有余，与国家的命运融为一体，善始善终，可谓“中流砥柱”，诚如司马迁所称赞：“非知谋孰能当此者乎？”

在吕太后当政前后，陈平的谋略之要，是先国家而后自己，还是先自己而后国家？平心而论，应当是后者，即首先要自保，然后相机行事，再来谋划国家之事。刘邦晚年时，最担心的是老将将来会起来造反，便要诛杀殆尽，几个异姓王都先后被除掉了。而当时最有能耐的是手握重兵的樊哙，有人说他要谋反，刘邦毫不犹豫地要陈平出马，于军中立斩樊哙。可陈平却极有心机，认为刘邦活不了几天了，而太子仁弱，将来掌权的必定是吕太后，而樊哙是太后的妹夫，怎么能说杀就杀呢？于是，他左右周旋，保住了樊哙性命，实际上也就是保住了自己。再者，太后当政，欲王诸吕，在太后的淫威下，不从者肯定没有好处。而陈平说了模棱两可的话，认为既然是太后当政，王诸吕，也是顺理成章，太后很高兴，把他提拔为右丞相。当王陵责问陈平为什么不忠于刘邦的“白马”誓言，陈平说：“面折廷争，臣不如君；全社稷，定刘氏之后，君亦不如臣。”这话说得冠冕堂皇，好像这时的陈平已经想到将来要颠覆吕氏，恐怕并非如此，这从后来陆贾进入陈平寓所，而陈平苦思冥想不得其策的情状就可得知。在太后权势熏天的时候，他首先想到的是如何自保，能够占住朝廷一席之地，将来的事，将来再做打算，根本没有想到那么多。尽管后来确实是陈平用计平定诸吕，那是以后的事情了，并不是在太后当政之始就有此明晰的打算，而是后人据此往前推测，美化陈平而已。而在当时，保全性命和权力则是最重要的，否则什么都无从说起！

应当说，陈平的善于谋身，是非常了不起的。他处于风口浪尖之上，不仅能够善始善终，而且能够始终掌握权柄，非常人之所能为也！善于谋国，固然可贵；既谋国，又谋身，谋身而为谋国，更是难能可贵！唯有陈平，能当之也！

汉纪六

汉文帝前元三年至前元十年（前 177—前 170 年）

【起阏逢困敦（甲子，前 177 年），尽重光协洽（辛未，前 170 年），凡八年】

【大事提要】

本卷记事起前 177 年，讫前 170 年，凡八年，当汉文帝前元三年至前元十年。本卷所载大事，主要是以下几个方面：其一，刘长骄横。刘长为汉高帝刘邦少子，封为淮南王。汉文帝刘恒时，刘长骄纵跋扈，常与帝同车出猎，在封地不用汉法，自作法令。前 174 年，与匈奴、闽越联络，图谋叛乱，事泄被拘。朝臣议以死罪，汉文帝赦之，废王号，迁蜀郡，途中绝食而死，谥号厉王。其二，周勃就国。汉文帝欲削去权臣官职，下令列侯就国，要求周勃带头。周勃被免去丞相而到封国。周勃回到封地，畏惧被诛，经常身披铠甲，被诬谋反，下廷尉，拘捕治罪。周勃被凌辱，以千金贿赂狱吏，示意他“请公主作证”，而得释放，恢复其爵位和封邑。其三，释之护法。张释之十年未得升迁，被举荐，后得到汉文帝刘恒的赏识，升任廷尉。他严于执法，当皇帝的命令与法律发生抵触时，仍然执意守法；曾经弹劾时为太子的刘启“过司马门不下车”，以执法公正不阿而闻名。时人称赞张释之为廷尉，天下无冤民。其四，纵民铸钱。汉文帝刘恒颁布“铸钱令”，放纵民众铸钱，虽然增加了货币的流通量，但能够铸钱的人，大都是大冶铸业主和诸侯王，以致在汉文帝时期出现了以铸钱币致富的不法之徒，吴王刘濞即山铸钱，山东奸猾纷纷聚集而来，富埒天子，其后发动叛乱。其五，贾谊上书。贾谊才能突出，汉文帝刘恒拟任为公卿，受到大臣谗毁，被贬出朝廷，出任梁怀王太傅。他身在梁国，但仍体察政事，居安思危。他多次上书陈述政事，围绕匈奴侵边、制度疏阔、诸侯王谋反等问题展开论述，对西汉王朝长治久安起了重要作用。

【原文】

太宗孝文皇帝中

前三年（甲子，前177年）

冬，十月，丁酉晦，日有食之。

十一月，丁卯晦，日有食之。

诏曰："前遣列侯之国，或辞未行。丞相，朕之所重，其为朕率列侯之国！"十二月，免丞相勃，遣就国。乙亥，以太尉灌婴为丞相；罢太尉官，属丞相。

夏，四月，城阳景王章薨。

初，赵王敖献美人于高祖，得幸，有娠。及贯高事发，美人亦坐系河内。美人母弟赵兼因辟阳侯审食其言吕后；吕后妒，弗肯白。美人已生子，恚，即自杀。吏奉其子诣上，上悔，名之曰长，令吕后母之，而葬其母真定。后封长为淮南王。

淮南王早失母，常附吕后，故孝惠、吕后时得无患；而常心怨辟阳侯，以为不强争之于吕后，使其母恨而死也。及帝即位，淮南王自以最亲，骄蹇，数不奉法；上常宽假之。

是岁，入朝，从上入苑囿猎，与上同车，常谓上"大兄"。王有材力，能扛鼎。乃往见辟阳侯，自袖铁椎椎辟阳侯，令从者魏敬刭之；驰走阙下，肉袒谢罪。帝伤其志为亲，故赦弗治。

当是时，薄太后及太子、诸大臣皆惮淮南王。淮南王以此，归国益骄恣，出入称警跸，称制拟于天子。袁盎谏曰："诸侯太骄，必生患。"上不听。

五月，匈奴右贤王入居河南地，侵盗上郡保塞蛮夷，杀掠人民。上幸甘泉。遣丞相灌婴发车骑八万五千，诣高奴击右贤王；发中尉材官属卫将军，军长安。右贤王走出塞。

上自甘泉之高奴，因幸太原，见故群臣，皆赐之；复晋阳、中都民三岁租。留游太原十余日。

【语译】

太宗孝文皇帝中

汉文帝前元三年（甲子，前 177 年）

冬季，十月三十日丁酉晦，出现日食。

十一月，丁卯晦（丁卯，十二月初一日，疑误），出现日食。

汉文帝下令说："先前下令列侯回各自的封地，有的人辞别而未成行。丞相，是我所倚重的人，应为我率领列侯返回各自封地！"十二月，汉文帝刘恒免去周勃的丞相职务，命令他前往封地。十四日乙亥，汉文帝任命太尉灌婴为丞相，罢废太尉之官，将其职责归属丞相。

夏季，四月，城阳景王刘章去世。

当初，赵王张敖向高祖献上一位美人，美人得到宠幸而怀孕。等到赵相贯高谋杀高祖的计划败露，美人也受株连，被囚禁于河内。美人的弟弟赵兼，请辟阳侯审食其向吕后求情，吕后嫉妒美人，不肯为她说话。美人这时已经生子，感到愤恨，便自杀身亡。官吏将其所生之子送给高祖，高祖也有后悔之意，为婴儿取名刘长，令吕后收养，并葬其生母于真定。后来，高祖封刘长为淮南王。

淮南王刘长自幼丧母，一直亲附吕后，所以在汉惠帝和吕后临朝时，没有受到吕后的迫害，但他心中却常常怨恨辟阳侯审食其，认为审食其没有向吕后力争，才使他的生母含恨而死。及至汉文帝即位，淮南王刘长自认为与汉文帝最亲近，骄傲蛮横，屡违法纪，汉文帝经常从宽处置，不予追究。

这一年，淮南王刘长入朝，跟随汉文帝去苑囿打猎，与汉文帝同乘一车，经常称汉文帝为"大哥"。刘长有勇力，能举起大鼎。他去见辟阳侯审食其，用袖中所藏铁锥将他击倒，并令随从魏敬割断他的脖子。然后，刘长疾驰到皇宫门前，袒露上身，表示请罪。汉文帝感念他的为母亲复仇之心，所以没有治他的罪。

当时，薄太后及太子和大臣们都惧怕淮南王刘长。因此，淮南王归国以后，更加骄横恣肆，出入时清道、警戒，发号司令称制，上比于天子。袁盎进言汉文帝说："诸侯过于骄傲，必生祸患。"汉文帝不听。

五月，匈奴右贤王侵占河南之地，并纵兵盗掠居住于上郡边塞的少数部族，杀掠民众。汉文帝亲临甘泉，派遣丞相灌婴率领征召的车骑兵八万五千人，到高奴打击右贤王；又征发中尉所掌领的步兵，由卫将军指挥，驻守长安。匈奴右贤王逃出塞外。

汉文帝从甘泉到高奴，因而临幸太原郡，接见他身为代王时的旧日部属，都给予赏赐，并下令免征晋阳、中都民众三年的田税，在太原逗留游玩了十多天。

初，大臣之诛诸吕也，朱虚侯功尤大，大臣许尽以赵地王朱虚侯，尽以梁地王东牟侯。及帝立，闻朱虚、东牟之初欲立齐王，故绌其功，及王诸子，乃割齐二郡以王之。兴居自以失职夺功，颇怏怏；闻帝幸太原，以为天子且自击胡，遂发兵反。帝闻之，罢丞相及行兵皆归长安，以棘蒲侯柴武为大将军，将四将军、十万众击之；祁侯缯贺为将军，军荥阳。秋，七月，上自太原至长安。诏："济北吏民，兵未至先自定及以军城邑降者，皆赦之，复官爵；与王兴居去来者，赦之。"八月，济北王兴居兵败，自杀。

（以上为第一段，写汉文帝刘恒免去周勃的丞相职务，令其带头去封国；朱虚侯刘章、东牟侯刘兴居诛除诸吕的功劳很大，当初想拥立齐王刘襄，汉文帝便贬抑其功，刘章忧郁而死，刘兴居起兵造反，被平定。）

初，南阳张释之为骑郎，十年不得调，欲免归。袁盎知其贤而荐之，为谒者仆射。

释之从行，登虎圈，上问上林尉诸禽兽簿。十余问；尉左右视，尽不能对。虎圈啬夫从旁代尉对。上所问禽兽簿甚悉，欲以观其能；口对响应，无穷者。帝曰："吏不当若是邪！尉无赖！"乃诏释之拜啬夫为上林令。释之久之前，曰："陛下以绛侯周勃何如人也？"上曰："长者也。"又复问："东阳侯张相如何如人也？"上复曰："长者。"释之曰："夫绛侯、东阳侯称为长者，此两人言事曾不能出口，岂效此啬夫喋喋利口捷给哉！且秦以任刀笔之吏，争以亟疾苛察相高。其敝，徒文具而无实，不闻其过，陵迟至于土崩。今陛下以啬夫口辨而超迁之，臣恐天下随风而靡，争为口辨而无其实。夫下之化上，疾于景响，举错不可不审也。"帝曰："善！"乃不拜啬夫。

上就车，诏释之参乘。徐行，问释之秦之敝，具以质言。至宫，上拜释之为公车令。

顷之，太子与梁王共车入朝，不下司马门。于是释之追止太子、梁

当初，朝廷大臣铲除诸吕之时，朱虚侯刘章功劳尤其大，大臣们曾许诺把全部赵地封给他为王，把全部梁地封给其弟东牟侯刘兴居为王。及至汉文帝得立为帝，得知朱虚侯、东牟侯当初打算拥立齐王刘襄为帝，故有意贬抑二人的功劳，等到分封皇子为王时，才从齐地划出城阳、济北二郡，分别立刘章为城阳王、刘兴居为济北王。刘兴居自认为失掉了应得的侯王之位，功劳被夺，颇为不满，现在听说汉文帝亲临太原，以为皇帝将亲自统兵出击匈奴，有机可乘，就发兵造反。汉文帝得知刘兴居举兵谋反，下令丞相和已行进在路上出击匈奴的军队都返回长安，任命棘蒲侯柴武为大将军，统领四位将军、十万军队出击刘兴居；任命祁侯缯贺为将军，率军驻守荥阳。秋季，七月，汉文帝自太原返至长安，下令说："济北境内吏民，凡在朝廷大兵未到之前就归顺朝廷和率军献城邑投降的，都给以宽赦，且恢复原有的官职爵位；即便是追随刘兴居参与谋反的，只要归降朝廷，也可赦免其罪。"八月，济北王刘兴居兵败，自杀。

当初，南阳人张释之当骑郎，历时十年未得升迁，曾打算辞官返归故里。袁盎知道张释之是个有德才的人，就向汉文帝刘恒推荐他，升为谒者仆射。

张释之跟随汉文帝，来到禁苑中养虎的虎圈，汉文帝向上林尉询问禁苑中所饲养的各种禽兽的登记数目，先后问了十多种，上林尉仓皇失措，左右观望，全都答不上来。站立于一旁的虎圈啬夫代上林尉回答了汉文帝的提问。汉文帝十分详细地询问禽兽登记的情况，想考察虎圈啬夫的才能，虎圈啬夫随问随答，没有一个问题被难倒。汉文帝说："官吏难道不应该像这样吗？上林尉不可信赖。"于是，汉文帝下令张释之去任命啬夫为管理禁苑的上林令。张释之停了许久，走近汉文帝说："皇上以为绛侯周勃是什么样的人呢？"汉文帝回答说："他是长者。"张释之又问道："东阳侯张相如是什么样的人呢？"汉文帝回答说："长者。"张释之说："绛侯周勃、东阳侯张相如被称作'长者'，他们两人在论事时尚且有话说不出口，哪能效法这个啬夫的多言善辩呢？秦朝重用刀笔之吏，官场之上争着用敏捷苛察的言辞比较高低，它的害处是空有其表而无实际的内容，皇帝听不到对朝政过失的批评，却使国家走上了土崩瓦解的末路。现在皇上因啬夫善于辞令而破格升官，我只怕天下人争相效仿，都去练习口辩之术而无真才实能。在下位的受到在上位的感化，比影之随形、响之应声还快。君王的举动不可不审慎啊！"汉文帝说："您说得好！"于是，不给啬夫升官。

汉文帝上车返回皇宫，令张释之为陪乘。一路上缓缓而行，汉文帝询问秦朝政治的弊端，张释之都给以质直的回答。车驾返至宫中，汉文帝任命张释之为公车令。

时隔不久，太子与梁王共乘一车入朝，经过司马门，二人都没有下车示敬。于

王，无得入殿门，遂劾："不下公门，不敬"，奏之。薄太后闻之；帝免冠，谢教儿子不谨。薄太后乃使使承诏赦太子、梁王，然后得入。帝由是奇释之，拜为中大夫；顷之，至中郎将。

从行至霸陵，上谓群臣曰："嗟乎！以北山石为椁，用纻絮斫陈漆其间，岂可动哉！"左右皆曰："善！"释之曰："使其中有可欲者，虽锢南山犹有隙；使其中无可欲者，虽无石椁，又何戚焉！"帝称善。

是岁，释之为廷尉。上行出中渭桥，有一人从桥下走，乘舆马惊。于是使骑捕之，属廷尉。释之奏当："此人犯跸，当罚金。"上怒曰："此人亲惊吾马，马赖和柔，令他马，固不败伤我乎！而廷尉乃当之罚金。"释之曰："法者，天下公共也。今法如是；更重之，是法不信于民也。且方其时，上使使诛之则已。今已下廷尉；廷尉，天下之平也，壹倾，天下用法皆为之轻重，民安所错其手足！唯陛下察之。"上良久曰："廷尉当是也。"

其后人有盗高庙坐前玉环，得，帝怒，下廷尉治。释之按"盗宗庙服御物者"为奏当弃市。上大怒曰："人无道，乃盗先帝器！吾属廷尉者，欲致之族；而君以法奏之，非吾所以共承宗庙意也。"释之免冠顿首谢曰："法如是，足也。且罪等，然以逆顺为差。今盗宗庙器而族之，有如万分一，假令愚民取长陵一抔土，陛下且何以加其法乎？"帝乃白太后许之。

（以上为第二段，写直臣张释之的事迹，虎圈啬夫口才很好，应答如流，汉文帝刘恒打算升迁他，被劝止；无论是惊动皇上车驾，还是偷盗高庙宝物，都依法判处，不因汉文帝盛怒而逢迎、重处。）

四年（乙丑，前 176 年）

冬，十二月，颍阴懿侯灌婴薨。

春，正月，甲午，以御史大夫阳武张苍为丞相。苍好书，博闻，尤邃律历。

上召河东守季布，欲以为御史大夫。有言其勇、使酒、难近者；至，

是，张释之追上太子和梁王，禁止他们二人进入殿门，并马上劾奏太子和梁王“经公门不下车，为不敬”。薄太后也得知此事，汉文帝为此向太后免冠赔礼，承认自己教子不严的过错。薄太后于是派专使传诏赦免太子和梁王，二人才得以进入殿门。由此，汉文帝更惊奇和赏识张释之的胆识，升他为中大夫；不久，任命他为中郎将。

张释之随从汉文帝巡视霸陵，汉文帝对群臣说：“哎呀！我的陵墓用北山岩石做外廓，把麻絮切碎填充在间隙中，再用漆将它们粘合为一体，如此坚固，难道有谁能打得开吗？”左右近侍都说：“对！”唯独张释之说：“假如里面有能勾起人们贪欲的珍宝，即便熔化金属把整个南山封起来，也会有间隙；假如里面没有珍宝，即便是没有石椁，又有什么可忧虑的呢？”汉文帝称赞他说得好。

这一年，张释之被任命为廷尉。汉文帝刘恒出行，经过中渭桥，有一人从桥下跑出，惊了为皇帝拉车的马匹。于是，汉文帝令骑士追捕，并将他送交廷尉治罪。张释之奏报处置意见：“此人违犯了清道戒严的规定，应当罚金。”汉文帝发怒说：“此人直接惊了我乘舆的马，仗着这马脾性温和，假如是其他马，能不伤害我吗？可廷尉却判他罚金！”张释之解释说：“法，是天下公共的。这一案件依据现在的法律就是这样定罪；加罪重判，法律就不能取信于民众。况且，在他惊动马匹之际，如果皇上派人将他杀死，也就算了。现在已把他交给廷尉，廷尉是天下公平的典范，稍有倾斜，天下用法就可轻可重，没有标准了，百姓还怎样安放自己的手脚呢？请皇上深思。”汉文帝思虑许久，说：“廷尉的判决是对的。”

其后，有人偷盗汉高祖刘邦庙中神位前的玉环而被捕，汉文帝大怒，交给廷尉治罪。张释之奏报判案意见：“按照‘偷盗宗庙服御器物’的律条，案犯应当在街市公开斩首。”汉文帝大怒，说：“此人大逆不道，竟敢偷盗先帝器物！我将他交给廷尉审判，是想将他诛灭全族！而你却依法判他死罪，这是违背我恭奉宗庙的本意的！”张释之见皇帝震怒，脱帽、磕头，谢罪说：“依法这样判，足够了。况且，罪有轻重之别，要根据情节逆顺程度区别轻重。今天此人以偷盗宗庙器物之罪被灭族，如果万一有愚昧无知之辈，从高祖的长陵上取了一捧土，皇上将怎样给他加以更重的惩罚呢？”于是，汉文帝向太后说明情况，批准了张释之的判决意见。

汉文帝前元四年（乙丑，前 176 年）

冬季，十二月，颍阴懿侯灌婴去世。

春季，正月初四甲午，汉文帝刘恒任命御史大夫、阳武县人张苍为丞相。张苍喜读书籍，博闻多识，尤精于律历之学。

汉文帝召河东郡郡守季布来京，想任命为御史大夫。有人说季布勇武难制、酗

留邸一月，见罢。季布因进曰："臣无功窃宠，待罪河东，陛下无故召臣，此人必有以臣欺陛下者。今臣至，无所受事，罢去，此人必有毁臣者。夫陛下以一人之誉而召臣，以一人之毁而去臣，臣恐天下有识闻之，有以窥陛下之浅深也！"上默然，惭，良久曰："河东，吾股肱郡，故特召君耳。"

上议以贾谊任公卿之位。大臣多短之曰："洛阳之人，年少初学，专欲擅权，纷乱诸事。"于是天子后亦疏之，不用其议，以为长沙王太傅。

绛侯周勃既就国，每河东守、尉行县至绛，勃自畏恐诛，常被甲，令家人持兵以见之。其后人有上书告勃欲反，下廷尉。廷尉逮捕勃，治之。勃恐，不知置辞。吏稍侵辱之，勃以千金与狱吏，吏乃书牍背示之曰："以公主为证。"公主者，帝女也，勃太子胜之尚之。薄太后亦以为勃无反事。帝朝太后，太后以冒絮提帝曰："绛侯始诛诸吕，绾皇帝玺，将兵于北军，不以此时反，今居一小县，顾欲反邪？"帝既见绛侯狱辞，乃谢曰："吏方验而出之。"于是使使持节赦绛侯，复爵邑。绛侯既出，曰："吾尝将百万军，然安知狱吏之贵乎！"

作顾成庙。

（以上为第三段，写汉文帝刘恒治政之短，轻听轻信，听赞誉季布之言而召之，听诋毁之言又弃之；欲用贾谊，听大臣的贬责之言就疏远之；绛侯周勃被诬为谋反，以公主为证而释之。）

五年（丙寅，前175年）

春，二月，地震。

初，秦用半两钱，高祖嫌其重，难用，更铸荚钱。于是物价腾踊，米至石万钱。夏，四月，更造四铢钱，除盗铸钱令，使民得自铸。

贾谊谏曰："法使天下公得雇租铸铜、锡为钱，敢杂以铅、铁为他巧

酒好斗，不适于做皇帝的亲近大臣。所以，季布到京后，在官邸中停留了一个月，才得到召见，并令他还归原任。季布对汉文帝说："我本无功劳而有幸得到皇上宠信，担任河东郡守，皇上无故召我来京，必定是有人向皇上言过其实地推荐我。现在我来京，没有接受新的使命，仍归原任，这一定是有人诋毁我。皇上因一人的赞誉而召我来，又因一人的诋毁而令我去，我深恐天下有识之士得知此事，会有人以此来窥探皇上的深浅得失！"汉文帝默然，面露惭色，过了好久才说："河东郡，是我重要而得力的郡，所以特地召你来面谈。"

汉文帝提议让贾谊出任公卿，许多大臣贬责贾谊说："这个洛阳人，太年轻，学问不深，极力要掌握大权，扰乱朝廷大事。"于是，汉文帝以后也就疏远贾谊，不采纳他的意见，把他外放为长沙王太傅。

绛侯周勃在前往封地之后，每当河东郡的郡守、郡尉巡行县级属地来到绛地，周勃都生怕他们是受命前来捕杀自己，经常身穿铠甲，令家中人手执兵器，然后与郡守、郡尉相见。其后，有人向汉文帝上书，举告周勃要造反，汉文帝交给廷尉处置，廷尉将周勃逮捕下狱，审讯案情。周勃极为恐惧，不知怎样对答才好。狱吏逐渐对周勃有所凌辱。周勃用千金行贿狱吏，狱吏就在公文木牍背面写了"以公主为证"，提示周勃让公主做证。公主，是指汉文帝的女儿，周勃的长子周胜之娶她为妻。薄太后也以为周勃不会谋反。汉文帝刘恒朝见太后时，太后恼怒地将护头的帽絮扔到汉文帝身上说："绛侯周勃当初在诛灭诸吕的时候，手持皇帝玉玺，身统北军将士，他不利用这一时机谋反，今天住在一个小县，反而要谋反吗？"汉文帝此时已见到了周勃在狱中所写的辩白之辞，于是，向太后谢罪说："狱吏刚刚证实他无罪，就要释放他了。"汉文帝派使者持皇帝信节赦免绛侯周勃，恢复他原有的爵位和封地。绛侯周勃获释之后说："我曾经统帅过百万雄兵，但怎知狱吏的尊贵呢？"

汉朝兴建顾成庙。

汉文帝前元五年（丙寅，前 175 年）

春季，二月，发生地震。

当初，秦行用半两钱，汉高祖嫌半两钱过重，使用不便，另行铸造荚钱。至此时，物价暴涨，一石米贵至一万钱。夏季，四月，汉文帝刘恒下令另行铸造四铢钱，废除禁止私人铸钱的禁令，允许民间自行铸钱。

贾谊提出批评说："现行法令允许天下公开雇人熔铸铜、锡为钱币，有敢掺杂

者，其罪黥。然铸钱之情，非殽杂为巧，则不可得赢；而殽之甚微，为利其厚。夫事有召祸而法有起奸；今令细民人操造币之势，各隐屏而铸作，因欲禁其厚利微奸，虽黥罪日报，其势不止。乃者，民人抵罪多者一县百数，及吏之所疑搒笞奔走者甚众。夫县法以诱民使入陷阱，孰多于此！又民用钱，郡县不同：或用轻钱，百加若干；或用重钱，平称不受。法钱不立，吏急而壹之乎？则大为烦苛而力不能胜。纵而弗呵乎？则市肆异用，钱文大乱；苟非其术，何乡而可哉！今农事弃捐而采铜者日蕃，释其耒耨，冶熔炊炭；奸钱日多，五谷不为多。善人怵而为奸邪，愿民陷而之刑戮；刑戮将甚不详，奈何而忽！国知患此，吏议必曰'禁之'。禁之不得其术，其伤必大。令禁铸钱，则钱必重；重则其利深，盗铸如云而起，弃市之罪又不足以禁矣。奸数不胜而法禁数溃，铜使之然也。铜布于天下，其为祸博矣，故不如收之。"

贾山亦上书谏，以为："钱者，亡用器也，而可以易富贵。富贵者，人主之操柄也；令民为之，是与人主共操柄，不可长也。"上不听。

是时，太中大夫邓通方宠幸，上欲其富，赐之蜀严道铜山，使铸钱。吴王濞有豫章铜山，招致天下亡命者以铸钱；东煮海水为盐；以故无赋而国用饶足。于是吴、邓钱布天下。

初，帝分代为二国，立皇子武为代王，参为太原王。是岁，徙代王武为淮阳王；以太原王参为代王，尽得故地。

（以上为第四段，写前175年史事，写汉文帝刘恒下令铸造四铢钱，废除禁止私人铸钱禁令，允许民间自行铸钱，谋臣贾谊、贾山予以谏阻，汉文帝不予采纳；吴国因即山铸钱、煮海为盐，富甲一方。）

铅、铁取巧谋利的人，就处以黥刑。但是，铸钱的人都以获利为目的，如果不杂以铅、铁，就不可能获利；而只要掺上很小比例的铅和铁，就会获利丰厚。有的事情容易引起后患，有的法令能够导致违法犯罪，现在让平民百姓掌握铸币的大权，他们各自隐蔽地铸造，要想禁止他们在铸钱时为获厚利而取巧舞弊，即便是每天都有人因此而被判处黥刑，也禁止不住。以往，百姓因此犯罪而被判刑的，多的一县可至数百人，被官吏怀疑而受到逮捕拷打和为传讯而奔走的人，那就更多了。设立法律去引诱百姓犯罪受刑，还有什么能比这种铸钱令更严重呢？另外，民间习惯使用的钱币，各个地方有所不同：使用轻钱，一百枚须添若干枚；使用重钱，又不按标准数使用。官府规定的货币在交易中不具有权威地位，对此，如果官府采取强硬手段来统一市场货币的话，事情一定会很烦琐、很苛刻，而且力难胜任；如果官府放纵的话，市场上流行各种钱币，币制就会陷入混乱。可见，如果关于钱币的法律不完善，到哪里去寻求标准呢？现在，放弃农业而开山采铜的人日益增多，扔下农具而去炼铜铸钱、烧制木炭，质量低劣的钱币每天都在增加，五谷粮食却无法增加。善良的人受此风气的引诱而做出了罪恶的事情，谨慎怕事的人也被裹挟犯罪而受到刑罚甚至于诛杀。惩罚、诛杀百姓，是很不吉祥的，为什么疏忽了呢？朝廷了解到它的祸患，大臣们必定会建议说‘禁止私人铸钱’。但是，如果禁止的方法不对，就会造成很大的危害。法令禁止私人铸钱，就必然导致钱币减少、币值增加。这样一来，铸币的获利就更大，私人违法铸币就如同风起云涌，用弃市的重刑也不足以禁止盗铸。违法犯罪防不胜防，法律禁令屡遭破坏，这是用于铸币的铜造成的后果。铜分布在天下百姓手中，所造成的祸害是很大的。所以，不如由朝廷控制铜的流通。”

贾山也上书提出批评意见，认为：“钱币，本是无用之物，却可以用来换取富贵。使人获得富贵，本来是由君王所掌握的权柄；让百姓铸币，是使百姓与君王共同掌握权柄，不应该再继续下去。”汉文帝没有采纳这些意见。

这时，太中大夫邓通正得到汉文帝刘恒的宠幸，汉文帝为了使邓通成为巨富，就把蜀郡严道县的铜山赏赐给他，让他采铜铸钱。吴王刘濞境内的豫章郡有产铜的矿山，他召集了许多不向官府登记户籍的流民开矿铸钱；在吴国东部用海水煮盐。所以，吴王不必向百姓收取赋税而官府费用却极为充裕。于是，吴国和邓通所铸造的钱币流通于全国。

当初，汉文帝把代国封地分为两国。立皇子刘武为代王，刘参为太原王。这一年，汉文帝把代王刘武改封为淮阳王；改封太原王刘参为代王，得到了原代国的全部封地。

六年（丁卯，前174年）

冬，十月，桃、李华。

淮南厉王长自作法令行于其国，逐汉所置吏，请自置相、二千石；帝曲意从之。又擅刑杀不辜及爵人至关内侯；数上书不逊顺。帝重自切责之，乃令薄昭与书风谕之，引管、蔡及代顷王、济北王兴居以为儆戒。

王不说，令大夫但、士伍开章等七十人与棘蒲侯柴武太子奇谋以辇车四十乘反谷口；令人使闽越、匈奴。事觉，有司治之。使使召淮南王。王至长安，丞相张苍、典客冯敬行御史大夫事，与宗正、廷尉奏："长罪当弃市。"制曰："其赦长死罪，废，勿王；徙处蜀郡严道邛邮。"尽诛所与谋者。载长以辎车，令县以次传之。

袁盎谏曰："上素骄淮南王，弗为置严傅、相，以故致此。淮南王为人刚，今暴摧折之，臣恐卒逢雾露病死，陛下有杀弟之名，奈何？"上曰："吾特苦之耳，今复之。"

淮南王果愤恚不食死。县传至雍，雍令发封，以死闻。上哭甚悲，谓袁盎曰："吾不听公言，卒亡淮南王！今为奈何？"盎曰："独斩丞相、御史以谢天下乃可。"上即令丞相、御史逮考诸县传送淮南王不发封馈侍者，皆弃市；以列侯葬淮南王于雍，置守冢三十户。

（以上为第五段，写淮南王刘长骄横不法，欲举兵谋反，被汉文帝刘恒召至京城，流放蜀地，绝食而死。）

匈奴单于遗汉书曰："前时，皇帝言和亲事，称书意，合欢。汉边吏侵侮右贤王；右贤王不请，听后义卢侯难支等计，与汉吏相距。绝二主之约，离兄弟之亲，故罚右贤王，使之西求月氏击之。以天之福，吏卒良，马力强，以夷灭月氏，尽斩杀、降下，定之；楼兰、乌孙、呼揭及其旁二十六国，皆已为匈奴，诸引弓之民并为一家，北州以定。愿寝兵，休士卒，养马，除前事，复故约，以安边民。皇帝即不欲匈奴近塞，则且诏吏民远舍。"

汉文帝前元六年（丁卯，前174年）

冬季，十月，桃树、李树都不合时令地开了花。

淮南王刘长自设法令，推行于封国境内，驱逐了汉朝廷所任命的官员，请求允许他自己任命相和二千石官员。汉文帝刘恒违背自己的愿望同意了他的请求。刘长又擅自刑杀无罪的人，擅自给人封爵，最高到关内侯，多次给朝廷上书都有不逊之语。汉文帝不愿意亲自严厉地责备他，就让薄昭致书淮南王，委婉地规劝他，征引周初管叔、蔡叔以及本朝代顷王刘仲、济北王刘兴居骄横不法，最终被废、被杀之事，请淮南王引以为戒。

淮南王刘长接到薄昭书信，很不高兴，指派大夫但、士伍开章等七十多人与棘蒲侯柴武的太子柴奇合谋，准备用四十辆辇车在谷口发动叛乱；刘长还派出使者，去与闽越、匈奴联络。反情败露，有关机构追究此事来龙去脉；汉文帝派使臣召淮南王进京。淮南王刘长来到长安，丞相张苍、代行御史大夫职责的典客冯敬，与宗正、廷尉等大臣启奏："刘长应被处以死刑。"汉文帝命令说："赦免刘长的死罪，废去王号；把他遣送安置在蜀郡严道县的邛邮。"与刘长通谋造反的人，都被处死。刘长被安置在密封的囚车中，汉文帝下令沿途所过各县依次传送。

袁盎进谏说："皇上一直骄宠淮南王，不为他配设严厉的太傅和相，所以才发展到这般田地。淮南王秉性刚烈，现在如此突然地摧残折磨他，我担心他突然遭受风露生病而死于途中，皇上将有杀害弟弟的恶名，可如何是好？"汉文帝说："我的本意，只不过是要让刘长受点困苦罢了，现在就派人召他回来。"

淮南王刘长果然愤恨绝食而死。囚车依次传送到雍县，雍县的县令打开了封闭的囚车，向朝廷报告了刘长的死讯。汉文帝哭得很伤心，对袁盎说："我没有听你的话，终于害死了淮南王！现在该怎么办？"袁盎说："只有斩杀丞相、御史大夫以向天下谢罪才行。"汉文帝立即命令丞相、御史大夫逮捕拷问传送淮南王的沿途各县不开启封门送食物的官员，把他们全都处死；用列侯的礼仪把淮南王安葬在雍县，配置了三十户百姓专管看护坟墓。

匈奴单于给汉朝廷送来书信，说："前些时候，皇帝谈到和亲的事情，与书信的意思一致，双方都很喜悦。汉朝边境官员侵夺侮辱我匈奴右贤王，右贤王未经向我请示批准，听从了后义卢侯难支等人的计谋，与汉朝官吏相互敌对，断绝了两家君王的和好盟约，离间了兄弟之国的情谊，为此，我惩罚右贤王，命令他向西方寻找并攻击月氏国。由于苍天降福保佑，将士精良，战马强壮，现已消灭了月氏，其部众已全部被杀或投降，月氏已被我征服；楼兰、乌孙、呼揭及其附近的二十六国，都已归匈奴统辖，所有擅长骑射的游牧部族，都合并为一家，北部由此而统一和安

帝报书曰："单于欲除前事，复故约，朕甚嘉之。此古圣王之志也。汉与匈奴约为兄弟，所以遗单于甚厚；倍约、离兄弟之亲者，常在匈奴。然右贤王事已在赦前，单于勿深诛！单于若称书意，明告诸吏，使无负约，有信，敬如单于书。"

后顷之，冒顿死，子稽粥立，号曰老上单于。老上单于初立，帝复遣宗室女翁主为单于阏氏，使宦者燕人中行说傅翁主。说不欲行，汉强使之。说曰："必我也，为汉患者！"中行说既至，因降单于，单于甚亲幸之。

初，匈奴好汉缯絮、食物。中行说曰："匈奴人众不能当汉之一郡，然所以强者，以衣食异，无仰于汉也。今单于变俗，好汉物；汉物不过什二，则匈奴尽归于汉矣。"其得汉缯絮，以驰草棘中，衣袴皆裂敝，以示不如旃裘之完善也；得汉食物，皆去之，以示不如湩酪之便美也。于是说教单于左右疏记，以计课其人众、畜牧。其遗汉书牍及印封，皆令长大，倨傲其辞，自称"天地所生、日月所置匈奴大单于"。

汉使或訾笑匈奴俗无礼义者，中行说辄穷汉使曰："匈奴约束径，易行；君臣简，可久；一国之政，犹一体也。故匈奴虽乱，必立宗种。今中国虽云有礼义，及亲属益疏则相杀夺，以至易姓，皆从此类也。嗟！土室之人，顾无多辞，喋喋占占！顾汉所输匈奴缯絮、米糵，令其量中，必善美而已矣，何以言为乎！且所给，备、善，则已；不备、苦恶，则候秋熟，以骑驰蹂而稼穑耳！"

（以上为第六段，写匈奴单于素无礼仪，非常傲慢，汉朝以宗室女嫁之，强令中行说辅佐，中行说投降匈奴，祸害汉朝。）

宁。我愿意放下刀兵，休息士兵，牧养马匹，消除以前的仇恨和战争，恢复原来的结好盟约，以安定双方边境的民众。如果皇帝不希望我们匈奴靠近汉的边境，我就暂且下令匈奴的官民远离边界居住。”

汉文帝复信说：“单于准备消除双方以前的不愉快，恢复原来的盟约，我对此表示赞同。这是古代圣明君王追求的目标。汉与匈奴相约为兄弟，用来赠送单于的东西是很丰厚的；违背盟约、离间兄弟情谊的事情，多发生在匈奴一方。但右贤王那件事情发生在大赦以前，单于就不必过分责备他了。单于如果能按照来信所说的去做，明确告知大小部属官员，约束他们不再违背和约，遵守信用，就遵守单于信上的约定。”

其后不久，匈奴单于冒顿死去，他的儿子稽粥继位，称为老上单于。老上单于刚继位，汉文帝又指派一位宗室的女儿翁主嫁给他做单于阏氏，并派宦官、燕地人中行说去辅佐翁主。中行说不愿意去匈奴，朝廷逼迫他去。中行说恼怒地说：“我一定要使汉朝深受祸患！”中行说到匈奴以后，就归降了单于，单于很宠信他。

当初，匈奴喜好汉朝的缯帛丝绵和食品。中行说劝说单于道：“匈奴的人口，还不如汉朝一个郡的人口多，然而却是汉朝的强敌，原因就在于匈奴的衣食与汉朝不同，不需要仰仗于汉朝。现在，假如单于改变习俗，喜爱汉朝的东西，汉朝只要拿出不到十分之二的东西，那么，匈奴就要都被汉朝同化过去了。最好的办法是：把所得的汉朝的丝绸衣裳，令人穿在身上冲过草丛荆棘，衣服裤子都撕裂破烂，以证明它们不如用兽毛制成的旃裘完美实用；把所得的汉朝的食物，都扔掉，以显示它不如乳酪便利和味美可口。”于是，中行说教单于的左右侍从学习文字，分门别类记事，用以统计税收、匈奴的人口和牲畜数量。凡是匈奴送给汉朝的书信木札以及印封，其规格都增长加宽，并使用傲慢不逊的言辞，自称为“天地所生、日月所置的匈奴大单于”。

汉朝使者有人讥笑匈奴习俗不讲礼义，中行说总是驳难汉朝使者说：“匈奴的约束简捷明确，容易实行；君臣之间坦诚相见，可维持长久；一国的政务，就像一个人的身体那样容易统一协调。所以，匈奴的伦常虽乱，但却必定拥立宗族的子孙为首领。现在，中原汉人虽自称有礼义，但随着亲属关系的日益疏远，就相互仇杀争夺，以至于改姓，都是出于这个原因。咳！你们这些居住于土室中的人，希望你们不要多说了，喋喋不休，沾沾自喜！汉朝送给匈奴的缯帛丝绵、好米酒曲，要数量足够，质量好就行了，何必多说话呢？而且，你们所给的东西，如果数量足、质量好，就算了；如果数量不足、质量低劣，那就等到秋熟时，用我们匈奴的铁骑去践踏你们的庄稼！”

梁太傅贾谊上疏曰："臣窃惟今之事势，可为痛哭者一，可为流涕者二；可为长太息者六；若其他背理而伤道者，难遍以疏举。进言者皆曰：'天下已安已治矣'，臣独以为未也。曰安且治者，非愚则谀，皆非事实知治乱之体者也。夫抱火厝之积薪之下而寝其上，火未及然，因谓之安；方今之势，何以异此！陛下何不壹令臣得孰数之于前，因陈治安之策，试详择焉！

"使为治，劳志虑，苦身体，乏钟、鼓之乐，勿为可也。乐与今同，而加之诸侯轨道，兵革不动，匈奴宾服，百姓素朴，生为明帝，没为明神，名誉之美垂于无穷，使顾成之庙称为太宗，上配太祖，与汉亡极，立经陈纪，为万世法。虽有愚幼、不肖之嗣，犹得蒙业而安。以陛下之明达，因使少知治体者得佐下风，致此非难也。

"夫树国固必相疑之势，下数被其殃，上数爽其忧，甚非所以安上而全下也。今或亲弟谋为东帝，亲兄之子西乡而击，今吴又见告矣。天子春秋鼎盛，行义未过，德泽有加焉，犹尚如是；况莫大诸侯，权力且十此者乎！

"然而天下少安，何也？大国之王幼弱未壮，汉之所置傅、相方握其事。数年之后，诸侯之王大抵皆冠，血气方刚；汉之傅、相称病而赐罢，彼自丞、尉以上遍置私人。如此，有异淮南、济北之为邪？此时而欲为治安，虽尧、舜不治。

"黄帝曰：'日中必熭，操刀必割！'今令此道顺而全安甚易，不肯早为，已乃堕骨肉之属而抗刭之，岂有异秦之季世乎！其异姓负强而动者，汉已幸而胜之矣，又不易其所以然；同姓袭是迹而动，既有征矣，其势尽又复然。殃祸之变，未知所移，明帝处之尚不能以安，后世将如之何！

梁国太傅贾谊向汉文帝上疏说："我私下认为，现在的局势，应该为之痛哭的，有一项；应该为之流涕的，有两项；应该为之大声叹息的，有六项；至于其他违背情理而伤害原则的事情，很难在一篇上疏中一一列举。那些向皇上进言的人都说'现在天下已经安定了，已经治理得很好了'，唯独我认为没有达到那种境界。那些说天下已经安定大治的人，不是愚蠢无知，就是阿谀逢迎，都不是真正了解什么是治乱大体的人。有人抱来火种放在堆积的木柴之下，自己睡在这堆木柴之上，火还没有燃烧起来的时候，他便认为这是安宁之地；现在国家的情况，与此有什么不同？皇上为什么不让我在您面前详细地说明这一切，因而提出使国家真正大治大安的方案，以供皇上仔细斟酌选用呢？

"假如我所提的治世方法，需要劳神苦思，摧残身体，影响享受钟鼓所奏音乐的乐趣，可以不加采纳；我的治国方略，享受的乐趣与现在相同，却可以带来封国诸侯各遵法规，战争不起，匈奴归顺，百姓温良朴素，皇上在世时被称为明君，死后成为明神，美名佳誉永垂青史，使您的顾成庙被尊称为太宗，得以上配太祖共享祭祀，与大汉天下永存，创设准则，标立纲纪，成为万世的法度；即便是后世出现了愚鲁、幼稚、不肖的继承人，由于他继承了您的大业和福气，仍可以安享太平。凭皇上的精明练达，再使稍微懂得治国之道的人能够辅佐您，要达到这一境界，并不困难。

"封立的诸侯王过于强大，就必定产生君臣上下相互猜疑的形势，封王多次遭受祸殃，皇上经常为此担忧，这根本就不是安定君王、保全臣子的好办法。现在有的诸侯王，本是皇上的亲弟弟，却图谋称东帝；有的本是皇上的亲侄子，却要发兵向西攻打京师；最近又有人检举吴王要图谋不轨了。现在，皇上正当壮年，朝政没有过失，恩德有加，他们还做出这般事情，更何况那些最大的诸侯王国，权力比上述几个诸侯王几乎增大十倍啊？

"但是，现在天下却基本安宁，这是为什么呢？是因为许多大国的封王年龄还小，不到成人的时候，汉朝廷所任命的太傅、相正控制着王国的权力。再过几年，封立的诸侯王基本都成人，血气方刚，朝廷所任命的太傅、相只能称病辞职而被罢免，诸侯王在封地内，县丞、县尉以上的官员都是他所安置的私人党羽，到了这种地步，他们还会做出不同于淮南王、济北王谋反的事情来吗？那时要想使国家长治久安，就是像尧和舜那样的圣人，也无法做到。

"黄帝说：'中午阳光最好的时候，一定要晒东西！手中握有利刃的时候，就要不失时机地宰杀牲畜。'现在如果按照这一原则行事，要保全臣子、安定君主很容易做到；如果不早采取措施，等到骨肉之亲已犯罪，再去诛杀他们，这难道与秦朝末年君臣兄弟相互残杀有什么不同吗？那些自恃强大而谋反的异姓诸侯王，汉朝廷已

“臣窃迹前事，大抵强者先反。长沙乃二万五千户耳，功少而最完，势疏而最忠，非独性异人也，亦形势然也。曩令樊、郦、绛、灌据数十城而王，今虽以残亡可也；令信、越之伦列为彻侯而居，虽至今存可也。然则天下之大计可知已：欲诸王之皆忠附，则莫若令如长沙王；欲臣子勿菹醢，则莫若令如樊、郦等；欲天下之治安，莫若众建诸侯而少其力。力少则易使以义，国小则亡邪心。令海内之势，如身之使臂，臂之使指，莫不制从，诸侯之君不敢有异心，辐凑并进而归命天子。割地定制，令齐、赵、楚各为若干国，使悼惠王、幽王、元王之子孙毕以次各受祖之分地，地尽而止；其分地众而子孙少者，建以为国，空而置之，须其子孙生者举使君之；一寸之地，一人之众，天子亡所利焉，诚以定治而已。如此，则卧赤子天下之上而安，植遗腹，朝委裘而天下不乱；当时大治，后世诵圣。陛下谁惮而久不为此！

“天下之势方病大瘇，一胫之大几如要，一指之大几如股，平居不可屈伸，一二指慉，身虑无聊。失今不治，必为锢疾，后虽有扁鹊，不能为已。病非徒瘇也。又苦跖戾。元王之子，帝之从弟也；今之王者，从弟之子也。惠王之子，亲兄子也；今之王者，兄子之子也。亲者或亡分地以安天下，疏者或制大权以逼天子，臣故曰非徒病瘇也，又苦蹠戾。可痛哭者，此病是也。

幸运地战胜了他们，却又不改变异姓王所以能够造反的客观条件；同姓诸侯王也会仿效他们而图谋叛乱，这已有征兆了，其形势又同以前一样。祸患的变化，不知道将来是个什么样子，像如此英明的皇帝在位都不能平安，保证社会安定，后世又会怎么样呢？

“我私下追寻前事的踪迹，大体上是势力强大的诸侯王先造反。长沙王国只有二万五千户百姓，在高祖封立的功臣王中，长沙王吴芮功劳小，但他的封国保存最完整，与朝廷的关系疏远，但却最忠心。这不仅因为吴芮的为人与其他诸侯王不同，也是国小势弱这种客观形势使他这样的。假如当初让樊哙、郦商、周勃、灌婴各自占据数十城的封地而称王，到今天很可能已经残灭了；假如让韩信、彭越一类的人物，受封为彻侯而安居，他们得以保全至今，也是可能的。那么，治理天下的根本大计就可知了：要想使受封的诸侯王都忠于朝廷，最好的方法就是让他们都像长沙王那样国小势弱；要想使臣子不被诛杀而剁成肉酱，最好的方法就是让他们都像樊哙、郦商等人那样；要想使天下长治久安，最好的方法就是分封许多诸侯王国而削减每个王国的实际力量。王国势弱就容易约束诸侯遵守礼义，封地狭小诸侯就不会有野心。使全国的形势，如同身躯指挥胳臂，胳臂指挥手指，都能服从命令，诸侯王国的封君不敢产生异心，从四面八方一致听命于天子指挥。分割王国的封地，订立制度，把齐、赵、楚各分为若干个小国，使齐悼惠王、赵幽王、楚元王的后世子孙都按次序得到其祖先的一份封地，土地全部分割完毕为止；那些封地被划分为许多小国而国王的子孙很少的封国，先把分割的小国建立起来，暂时空悬封君之位，等生育了子孙之后，再让他们做先已建立的小国的封君；原属诸侯王国所有的每一寸土地，每一个百姓，天子都不贪图，这样做只是为了实现天下大治而已。如果做到这些，就是让婴儿做皇帝也会安宁无事，甚至于皇帝去世，只留下遗腹之子，群臣对先帝的衣物朝拜天下，也不会发生动乱。这样，皇帝在世时可以实现大治，后代人也会称颂圣明。皇上是怕谁而迟迟不这样办呢？

“目前天下的形势，正如同一个人得了足肿病一样，一只小腿几乎与腰一样粗，一个脚指几乎与大腿一样粗，平常屈指伸腰的活动都不能如意，一两个脚指抽痛，全身都无法应付。错过目前时机不给以医治，必定成为无法医治的顽症，以后，即便是有扁鹊那样的神医，也无能为力了。目前的病还不仅仅是得了浮肿，还遭受着脚掌反转不能行走的折磨。楚元王的儿子，是皇上的堂弟；可现在的楚王，却是皇上堂弟的儿子了。齐悼惠王的儿子，是皇上的亲侄子；可现在的齐王，却是皇上侄子的儿子了。与皇上血缘很亲近的人，有的还没有被封立为王，以稳定天下，而那些与皇上血缘很疏远的人，有的却已经手握大权，开始形成对天子的威胁了。所以，我才说国家形势的险恶，不仅仅如同人得了浮肿一样，还遭受着脚掌反转不能行走

“天下之势方倒县。凡天子者，天下之首。何也？上也。蛮夷者，天下之足。何也？下也。今匈奴嫚侮侵掠，至不敬也；而汉岁致金絮采缯以奉之。足反居上，首顾居下，倒县如此，莫之能解，犹为国有人乎？可为流涕者此也。

“今不猎猛敌而猎田彘，不搏反寇而搏畜兔，玩细娱而不图大患，德可远加而直数百里外威令不胜，可为流涕者此也。

“今庶人屋壁得为帝服，倡优下贱得为后饰；且帝之身自衣皂绨，而富民墙屋被文绣；天子之后以缘其领，庶人孽妾以缘其履；此臣所谓舛也。夫百人作之不能衣一人，欲天下亡寒，胡可得也；一人耕之，十人聚而食之，欲天下亡饥，不可得也；饥寒切于民之肌肤，欲其亡为奸邪，不可得也。可为长太息者此也。

“商君遗礼义，弃仁恩，并心于进取；行之二岁，秦俗日败。故秦人家富子壮则出分，家贫子壮则出赘；借父耰锄，虑有德色；母取箕帚，立而谇语；抱哺其子，与公并倨；妇姑不相说，则反唇而相稽；其慈子、耆利，不同禽兽者亡几耳。今其遗风余俗，犹尚未改，弃礼义，捐廉耻日甚，可谓月异而岁不同矣。逐利不耳，虑非顾行也；今其甚者杀父兄矣。而大臣特以簿书不报、期会之间以为大故，至于俗流失，世坏败，因恬而不知怪，虑不动于耳目，以为是适然耳。夫移风易俗，使天下回心而乡道，类非俗吏之所能为也。俗吏之所务，在于刀笔、筐箧而不知大体。陛下又不自忧，窃为陛下惜之！岂如今定经制，令君君、臣臣，上下有差，父子六亲各得其宜。此业壹定，世世常安，而后有所持循矣；若夫经制不定，是犹渡江河亡维楫，中流而遇风波，船必覆矣。可为长太息者此也。

的折磨。我所说应该为之痛哭的，就是这个疾病。

“天下的形势，如同一个人正在脚朝上、头朝下倒吊着一样。天子，是天下的头颅。为什么这样说？天子是尊贵的君王。被称为蛮夷的四方部族，是天下的双脚。为什么这样说？因为他们是卑贱的臣属。现在匈奴态度傲慢，侮辱朝廷，侵夺地方，劫掠人民，极为不敬。但是，汉朝廷却要每年向匈奴奉送黄金、丝绵和采色的丝织品。双脚反而在上，头颅却在下面，这样倒吊着，谁也不能解救，国家到了如此地步，能说国家有贤人吗？这是值得人们为之流涕悲伤的。

“现在，皇上不去进攻强敌而去猎取野猪，不去捕捉造反的盗贼而去捕捉圈养的兔子，沉湎于精妙的娱乐之中而不考虑消除大患，威德声望本来可以远播，但现在距离长安只有数百里外的地方，朝廷的威望和政令没有效力了。这又是值得为之流涕悲伤的事情。

“现在，平民居住的房屋，可以用皇帝的衣饰材料装饰墙壁；地位下贱的妓女戏子，可以用皇后的头饰来打扮自己。况且，皇帝自己身穿粗丝黑衣服，而那些富民却用华丽的绣织品去装饰房屋墙壁；天子的皇后用来加在衣领的边饰，平民的小妾却用来装饰鞋子。这就是我所说的悖乱。如果一百个人生产出来的丝绵绸缎满足不了一个富人穿用，要想使天下人不受寒冷之苦，怎么能办到呢？一个农夫耕作，却有十个人聚来分食，要想使天下人不受饥挨饿，是不可能的；天下百姓饥寒交迫，要想使他们不做奸邪的事情，是不可能的。这是应该为之深深叹息的。

“商鞅抛弃礼义和仁爱恩惠，心思全在于进取；他的新法在秦国推行了两年，使秦国的风俗日益败坏。所以，秦国的人，家中富有的，儿子长大成人就与父母分家；家庭贫穷的，儿子长大后就出去当卑贱的赘婿；儿子借农具给父亲，脸上就显示出施恩的表情；母亲来拿簸箕扫帚，立即遭到责骂；儿媳抱着怀中吃奶的婴儿，竟面对公爹叉腿而坐；媳妇与婆婆关系不好，就公开争吵。秦人只知慈爱儿子、贪求财利，这与禽兽已经没有多少差别了。直到现在，秦人的这种残余风俗还没有改变，抛弃礼义，不顾廉耻的风俗，一天比一天严重，可以说是每月都在发展，每年都有不同。人们在做某件事情之前，并不考虑它是否应该做，而只考虑能不能获取利益。现在，甚至已有子弟杀其父兄的了。而朝廷大臣只把郡县地方官员不在规定期限内向朝廷上交统计文书作为重大问题，对于风俗的恶化、世风的败坏，却安然不觉惊怪，耳闻目睹都不能引起注意，认为那是理所当然的事情。移风易俗，使天下人回心归向正道，这不是庸俗的官吏所能做到的。庸俗的官吏只能做一些处理文书档案的工作，而不知道治国的大体。皇上自己又不忧虑这些问题，我私下为皇上感到惋惜！怎么不现在就确定根本制度，使君王像君王，臣子像臣子，上上下下各有等级，秩序井然，使父子六亲各自得到他们应有的地位呢？这一制度一确立，后

“夏、殷、周为天子皆数十世，秦为天子二世而亡。人性不甚相远也，何三代之君有道之长而秦无道之暴也？其故可知也。古之王者，太子乃生，固举以礼，有司齐肃端冕，见之南郊，过阙则下，过庙则趋，故自为赤子，而教固已行矣。孩提有识，三公、三少明孝仁礼义以道习之，逐去邪人，不使见恶行，于是皆选天下之端士、孝弟博闻有道术者以卫翼之，使与太子居处出入。故太子乃生而见正事，闻正言，行正道，左右前后皆正人也。夫习与正人居之不能毋正，犹生长于齐不能不齐言也；习与不正人居之不能毋不正，犹生长于楚之地不能不楚言也。孔子曰：‘少成若天性，习贯如自然。’习与智长，故切而不愧；化与心成，故中道若性。

“夫三代之所以长久者，以其辅翼太子有此具也。及秦而不然，使赵高傅胡亥而教之狱，所习者非斩、劓人，则夷人之三族也。胡亥今日即位而明日射人，忠谏者谓之诽谤，深计者谓之妖言，其视杀人若艾草菅然。岂惟胡亥之性恶哉？彼其所以道之者非其理故也。鄙谚曰：‘前车覆，后车诫。’秦世之所以亟绝者，其辙迹可见也；然而不避，是后车又将覆也。天下之命，县于太子，太子之善，在于早谕教与选左右。夫心未滥而先谕教，则化易成也；开于道术智谊之指，则教之力也；若其服习积贯，则左右而已。夫胡、粤之人，生而同声，嗜欲不异；及其长而成俗，累数译而不能相通，有虽死而不相为者，则教习然也。臣故曰选左右、早谕教最急。夫教得而左右正，则太子正矣，太子正而天下定矣。《书》曰：‘一人有庆，兆民赖之。’此时务也。

世子孙就可以久安，而后代君王就有了可以遵循的准则了。如果不确立根本制度，就如同横渡江河却没有缆绳和船桨一样，行船到江河中心遇到风波，就一定会翻船。这是值得深深叹息的。

“夏朝、商朝、周朝的天子尊位都传袭了几十代，秦作天子却二世而亡。人性相差并不很大，为什么夏、商、周三代的君王有道而维持了长期的统治，秦无道而十分短促呢？这个原因是可知的。古代英明的君王，在太子诞生时，就按照礼义对待他，有关官员衣冠整齐，庄重肃穆，到南郊举行礼仪，沿途经过宫门就下车，经过宗庙就恭敬地小步快走，所以，太子从婴儿时起，就已经接受了道德礼义的教育。到了太子儿童时期，略通人事，三公、三少等官员用孝、仁、礼、义去教育他，驱逐奸邪小人，不让太子见到罪恶的行为。这时，天子从天下臣民中审慎地选择为人正直、孝顺父母、爱护兄弟、博学多识而又通晓治国之术的人拱卫、辅佐太子，使他们与太子相处，一起活动。所以，太子从诞生之时开始，所见到的都是正事，所听到的都是正言，所实行的都是正道，前后左右都是正人。一直与正人相处，他的思想言行不可能不正，就好像生长在齐国的人不能不说齐国方言一样；经常与不正的人相处，就会变成不正的人，就像生长在楚地的人不能不说楚地方言一样。孔子说：‘从小养成就如同天性，习惯就如同自然。’学习礼义与开发智力同步进行，一起增长，所以，无论如何切磋都无愧于心，接受教化与思想见解一起形成，所以，道德礼义观念就如同天生本性一样。

“夏、商、周三代所以能够长期维持统治，其原因就在于有教育、辅佐太子的这套制度。到秦朝局面就全变了，秦始皇派赵高做胡亥的老师，教他学习断案判刑，胡亥所学到的，不是斩首、割人鼻子，就是灭人家的三族。胡亥头天当了皇帝，第二天就用箭射人，把出于忠心进谏的人说成是诽谤朝政，把为国家深谋远虑的人说成是妖言惑众，把杀人看作像割草一样随便。难道这仅仅是因为胡亥天性凶恶吗？是由于赵高诱导胡亥学习的内容不符合正道。民间俗语说：‘前车之覆，后车之戒。’秦朝所以很快灭亡，覆车的辙迹是可见的；但如不避开，后车又将倾覆。天下的命运，决定于太子一人，要使太子成为好的继承人，在于及早进行教育和选择贤人做太子的左右亲随。当童心未失时就进行教育，容易收到成效；使太子知晓仁义道德的要旨，是教育的职责；至于使太子在习惯中养成善良的品行，就是他的左右亲随的职责了。北方的胡人和南方的粤人，刚出生时的哭声一样，吃奶的欲望和嗜好也没有什么不同，等到长大之后，形成了不同的风俗习惯，各操自己的语言，虽经多重翻译都无法相互交谈，有的人宁可死也不愿互相改变。所以出现这样大的差异，完全是教育和习惯所形成的。所以，我才说为太子选择左右亲随、及早进行教育是最为紧迫的事情。如果教育得当而左右都是正直的人，那么太子就正了。太子正，

“凡人之智，能见已然，不能见将然。夫礼者禁于将然之前，而法者禁于已然之后，是故法之所为用易见而礼之所为生难知也。若夫庆赏以劝善，刑罚以惩恶，先王执此之政，坚如金石；行此之令，信如四时；据此之公，无私如天地，岂顾不用哉？然而曰礼云、礼云者，贵绝恶于未萌而起教于微眇，使民日迁善、远罪而不自知也。

“孔子曰：‘听讼，吾犹人也；必也使毋讼乎！’为人主计者，莫如先审取舍，取舍之极定于内而安危之萌应于外矣。秦王之欲尊宗庙而安子孙，与汤、武同。然而汤、武广大其德行，六七百岁而弗失，秦王治天下十余岁则大败。此亡他故矣：汤、武之定取舍审而秦王之定取舍不审矣。夫天下，大器也；今人之置器，置诸安处则安，置诸危处则危。天下之情，与器无以异，在天子之所置之。汤、武置天下于仁、义、礼、乐，累子孙数十世，此天下所共闻也；秦王置天下于法令、刑罚，祸几及身，子孙诛绝，此天下之所共见也。是非其明效大验邪！

“人之言曰：‘听言之道，必以其事观之，则言者莫敢妄言。’今或言礼谊之不如法令，教化之不如刑罚，人主胡不引殷、周、秦事以观之也！人主之尊譬如堂，群臣如陛，众庶如地。故陛九级上，廉远地，则堂高；陛无级，廉近地，则堂卑。高者难攀，卑者易陵，理势然也。故古者圣王制为等列，内有公、卿、大夫、士，外有公、侯、伯、子、男，然后有官师、小吏，延及庶人，等级分明而天子加焉，故其尊不可及也。

“里谚曰：‘欲投鼠而忌器。’此善谕也。鼠近于器，尚惮不投，恐伤其器，况于贵臣之近主乎！廉耻节礼以治君子，故有赐死而无戮辱。是以黥、劓之罪不及大夫，以其离主上不远也。礼：不敢齿君之路马，蹴

天下就可安定了。《周书》上说：‘天子一人善良，天下百姓全都仰仗他。’教育太子是当务之急。

“一般人的智力，能认识已经发生的事情，不能认识将要发生的事情。礼义的作用在于将某一行为在它即将发生之前给以制止，法律则是对已经发生的行为进行惩罚。所以，法律的作用易见，而礼义的作用难知。用奖赏来奖励善行，用刑罚来惩治罪恶，先王推行这样的政治，坚定如金石；实施这样的法令，准确无误如春、夏、秋、冬四季；有了这一公正的原则，政治才能像地载天覆一样无偏无私，怎能认为先王不使用奖赏和刑罚呢？然而，人们一再称赞的礼义，可贵之处在于能将罪恶杜绝在尚未形成之前，从细微之处推行教化，使天下百姓自己不知不觉地日益趋向善良、远离罪恶。

“孔子说：‘审理讼案，我与别人一样；然而我一定要使讼案不发生！’为君王出谋划策，首先应当审定选择什么，抛弃什么，取舍标准在内确立，相应的安危后果就会表现于外。秦始皇想尊奉宗庙，安定子孙后代，这与商汤和周武王是相同的。但是，商汤、周武王广泛推行德政，他们建立的国家得以保存了六七百年；秦始皇统治天下只有十多年就完全覆灭了。这里没有别的原因，就是因为商汤、周武王决定取舍很慎重，而秦始皇决定取舍不慎重。国家政权，本来就是一个大器物，现在人来安置器物，把它放在安全的地方就安全，放在危险的地方就危险。治理国家的情况，与放置器物没有什么不同，关键就在于天子把它安置在什么地方。商汤、周武把天下安置在仁、义、礼、乐之上，子孙相传数十代，这是天下人所共知的；秦始皇把国家安置于法令、刑罚之上，几乎祸及自身，而子孙被灭绝，这是天下人有目共睹的。这不是充分证明了取舍不同，后果就明显不同吗？

“有人这样说：‘要判断某人所说的道理正确与否，必须观察事实，那样，说话的人就不敢胡言乱语了。’现在，有人说，治理国家，礼义不如法令，教化不如刑罚，君王为什么不拿商朝、周朝、秦朝盛衰兴亡的事实去观察、分析呢？君王的尊贵，好比大堂，群臣好像堂下的台阶，百姓如同平地。所以，如果有九层台阶，堂屋的边角远离地面，那么，堂屋就显得很高大；如果台阶没有层，堂屋的边角接近地面，堂屋就很低矮。高大的堂屋难以攀登，低矮的堂屋就容易受到人的践踏，情势就是这样。所以，古代明君设立了等级序列，朝内有公、卿、大夫、士，朝外有公、侯、伯、子、男等封爵，下面还有官师、小吏，一直到普通百姓，等级分明，而天子凌驾于这个等级序列的顶端，所以，天子的尊贵是高不可攀的。

“俗语说：‘欲投鼠而忌器。’这是一个很好的比喻。老鼠靠近器物，人们尚且怕砸坏器物而不敢扔东西打它，更何况对于那些接近皇帝的亲贵大臣呢？君王用廉耻礼义来约束君子，所以对大臣可以命令他自杀而不能刑杀和侮辱。正因为如此，刺

其刍者有罚，所以为主上豫远不敬也。今自王、侯、三公之贵，皆天子之所改容而礼之也，古天子之所谓伯父、伯舅也；而令与众庶同黥、劓、髡、刖、笞、傌、弃市之法，然则堂不无陛乎！被戮辱者不泰迫乎！廉耻不行，大臣无乃握重权、大官而有徒隶无耻之心乎！夫望夷之事，二世见当以重法者，投鼠而不忌器之习也。

“臣闻之：履虽鲜不加于枕，冠虽敝不以苴履。夫尝已在贵宠之位，天子改容而礼貌之矣，吏民尝俯伏以敬畏之矣；今而有过，帝令废之可也，退之可也，赐之死可也，灭之可也；若夫束缚之，系绁之，输之司寇，编之徒官，司寇小吏詈骂而搒笞之，殆非所以令众庶见也。夫卑贱者习知尊贵者之一旦吾亦乃可以加此也，非所以尊尊、贵贵之化也。

“古者大臣有坐不廉而废者，不谓不廉，曰‘簠簋不饰’；坐污秽淫乱、男女无别者，不曰污秽，曰‘帷薄不修’；坐罢软不胜任者，不谓罢软，曰‘下官不职’。故贵大臣定有其罪矣，犹未斥然正以呼之也，尚迁就而为之讳也。故其在大谴、大何之域者，闻谴、何则白冠牦缨，盘水加剑，造请室而请罪耳，上不执缚系引而行也；其有中罪者，闻命而自弛，上不使人颈盭而加也；其有大罪者，闻命则北面再拜，跪而自裁，上不使人捽抑而刑之也。曰：‘子大夫自有过耳，吾遇子有礼矣。’遇之有礼，故群臣自憙；婴以廉耻，故人矜节行。上设廉耻、礼义以遇其臣而不以节行报其上者，则非人类也。故化成俗定，则为人臣者皆顾行而忘利，守节而伏义，故可以托不御之权，可以寄六尺之孤，此厉廉耻、行礼义之所致也，主上何丧焉！此之不为而顾彼之久行，故曰可为长太息者此也。”

谊以绛侯前逮系狱，卒无事，故以此讥上。上深纳其言，养臣下有

面的黥刑、割鼻子的劓刑都不施加到大夫身上，因为他们就在君王身边。按照礼的规定：臣子不敢察看为君王驾车的马的年龄，用脚踢了为君王驾车的马所吃的草料，就要接受惩罚，这样做是为了及早防止臣下对君王有不敬行为。现在诸侯王、列侯、三公这些高级官员，都是天子要改容礼待的人物，相当于古代天子所称的伯父、伯舅；而现在却使他们与平民百姓一样接受刺面、割鼻、剃须发、断脚、笞打、辱骂、斩首示众等刑罚，这样不正如同堂没有台阶了吗！遭受诛杀凌辱的人不是太靠近皇帝了吗？不提倡廉耻，那些手握大权的大臣，不是就要虽有朝廷大员的地位却像刑徒罪犯那样毫无羞耻之心了吗？望夷宫事变，秦二世被判重罪，就是投鼠而不忌器的习惯。

“我听说：鞋子不管怎样光鲜，都不能放在枕头上；帽子不管怎样破旧，都不能用来垫鞋底。如果一个人，曾经出任过高级官员，天子曾庄重地对他以礼相待，吏民曾对他俯伏表示敬畏，现在他有了过失，皇上免去他的官职是可以的，斥退也可以，命令他自杀也可以，诛灭也可以。如果皇上下令让人用绳子把他捆绑起来，押送到管理刑徒的官府，罚他做官府的刑徒，管理刑徒的小吏可以对他责骂笞打，这些恐怕是不应该让百姓见到的。如果卑贱的人熟知达官贵人一旦犯罪被贬责，我也可以对他进行凌辱，这是不利于提倡尊重高官、礼敬显贵的。

“古代大臣有因为不廉洁而被罢废的，不说他是不廉洁，而说是他‘簠簋不修饰’；有犯了污秽淫乱、男女杂居罪名的，不是说他淫秽，而是说他‘帷帐不修’；有因为软弱无能不能胜任的，不是说他软弱无能，而是说他‘下官不职’。所以，显赫的大臣即使是确实犯了罪，仍不直接点破他所犯的罪过，还是迁就他，为他避讳。所以，那些罪在严惩、斥问范围的大臣，听到严惩斥问就身穿丧服，白帽悬挂毛缨，带着盛水的盘和佩剑，自己来到专用于官员请罪的请室，接受处置，君王并不派人去捆绑牵引他。其中有犯了中等罪行的，听到了判决罪名就自杀，君王不派人割他的脖子。犯有大罪的，听到判决旨意之后，就面向北方叩拜两次，跪着自杀，君王不派人揪着他的头发斩下首级。君王可以说：‘您自己犯有过失，我对您是以礼相待的。’君王对臣以礼相待，群臣就会自爱；君王以廉耻约束臣子，臣子就会重视气节品行。如果君王以廉耻、礼义对待臣子，而臣子却不用气节品行报答君王，那他就不像个人了。这种习俗如果蔚成风气，那么，做臣子的都只考虑操行，而不去考虑利益，坚守气节而尊重大义，所以，君王可以放心地委托臣子掌管治国大权，可以把尚未成人的君位继承人托付给大臣辅佐，这就是推行廉耻、提倡礼义带来的结果，君王有什么损失？放着这样的事情不做，却长期地实行杀辱大臣的错误办法，所以我说，这是值得哀叹的。”

贾谊是因绛侯周勃先前被逮捕下狱，直到最后也没有查出罪证，所以用这样的

节，是后大臣有罪，皆自杀，不受刑。

（以上为第七段，写梁国太傅贾谊向汉文帝刘恒上《治安策》，认为在当时表面平静的景象下隐藏着种种矛盾和行将到来的社会危机，社会风气每况愈下，并提出了改革的举措，长篇大论，振聋发聩。）

七年（戊辰，前 173 年）

冬，十月，令列侯太夫人、夫人、诸侯王子及吏二千石无得擅征捕。

夏，四月，赦天下。

六月，癸酉，未央宫东阙罘罳灾。

民有歌淮南王者曰："一尺布，尚可缝；一斗粟，尚可舂；兄弟二人不相容！"帝闻而病之。

八年（己巳，前 172 年）

夏，封淮南厉王子安等四人为列侯。贾谊知上必将复王之也，上疏谏曰："淮南王之悖逆无道，天下孰不知其罪！陛下幸而赦迁之，自疾而死，天下孰以王死之不当！今奉尊罪人之子，适足以负谤于天下耳。此人少壮，岂能忘其父哉！白公胜所为父报仇者，大父与叔父也。白公为乱，非欲取国代主，发忿快志，剡手以冲仇人之匈，固为俱靡而已。淮南虽小，黥布尝用之矣，汉存，特幸耳。夫擅仇人足以危汉之资，于策不便。予之众，积之财，此非有子胥、白公报于广都之中，即疑有剸诸、荆轲起于两柱之间，所谓假贼兵，为虎翼者也。愿陛下少留计！"上弗听。

有长星出于东方。

九年（庚午，前 171 年）

春，大旱。

十年（辛未，前 170 年）

冬，上行幸甘泉。

将军薄昭杀汉使者。帝不忍加诛，使公卿从之饮酒。欲令自引分，昭不肯；使群臣丧服往哭之，乃自杀。

臣光曰：李德裕以为："汉文帝诛薄昭，断则明矣，于义则

话来讽劝汉文帝。汉文帝认真地采纳他的建议，注意用礼义气节对待臣下。从此之后，大臣犯罪，全都自杀，不受刑杀的凌辱。

汉文帝前元七年（戊辰，前 173 年）

冬季，十月，汉文帝下令规定：对列侯的母亲、夫人，诸侯王的儿子以及二千石以上的官吏，不经批准，不得擅自逮捕。

夏季，四月，实行大赦。

六月初二癸酉，未央宫门前东阙上的楼阁以及两旁楼道都发生火灾。

民间传唱着有关淮南王刘长的歌谣："一尺布，尚可缝；一斗粟，尚可舂；兄弟二人不相容！"汉文帝听了感到非常不安。

汉文帝前元八年（己巳，前 172 年）

夏季，汉文帝封淮南厉王的儿子刘安等四人为列侯。贾谊知道汉文帝一定要重立淮南国，就上书进谏，说："淮南王刘长悖逆无道，天下臣民谁不知道他的罪恶！皇上免其死罪而流放他，这已经是他的幸运了，他自己得病而死，天下臣民谁不说他该死！现在尊奉罪人的儿子，恰恰会导致朝廷承担毁谤之言。刘安等人年岁渐长，怎能忘记他们的父亲呢？春秋时期楚国的白公胜为了给父亲报仇，报复的对象是他的伯父和叔父。白公发起叛乱，并不想取代君王占有楚国，只是想发泄怒火实现自己的愿望，敏捷地用手把利刃插入仇人的胸膛，本是要同归于尽而已。淮南地虽小，但英布曾用它起兵争夺天下，汉朝廷能够战胜他，只是天幸。给予仇人足以危害朝廷的资本，这个决策并不高明。给予他们大量积蓄的资财，他们不是像伍子胥、白公胜那样在广阔的都市复仇，就可能像剸诸、荆轲那样在朝廷之上行刺。这就是所说的给盗贼送上兵器，给猛虎添上翅膀。希望皇上考虑！"汉文帝没有听从他的话。

有彗星出现在东方。

汉文帝前元九年（庚午，前 171 年）

春季，发生大旱灾。

汉文帝前元十年（辛未，前 170 年）

冬季，汉文帝刘恒去往甘泉宫。

将军薄昭杀了汉朝廷的使者。汉文帝不忍心以国法杀他，就派公卿去与他喝酒，想让他自杀，薄昭却不肯自杀；汉文帝又派群臣穿着丧服，到他家中大哭，薄昭才自杀。

臣司马光评论说：李德裕认为："汉文帝杀薄昭，确实很果断，但却有损于

未安也。秦康送晋文，兴如存之感；况太后尚存，唯一弟薄昭，断之不疑，非所以慰母氏之心也。”臣愚以为法者天下之公器，惟善持法者，亲疏如一，无所不行，则人莫敢有所恃而犯之也。夫薄昭虽素称长者，文帝不为置贤师傅而用之典兵；骄而犯上，至于杀汉使者，非有恃而然乎！若又从而赦之，则与成、哀之世何异哉！魏文帝尝称汉文帝之美，而不取其杀薄昭，曰：“舅后之家，但当养育以恩而不当假借以权，既触罪法，又不得不害。”讥文帝之始不防闲昭也，斯言得之矣。然则欲慰母心者，将慎之于始乎！

（以上为第八段，写前173年至前170年四年史事，写梁国太傅贾谊上书汉文帝刘恒，劝阻其封淮南厉王的儿子刘安等四人为列侯；汉文帝舅舅、将军薄昭杀了朝廷的使者，汉文帝逼其自杀。）

义。当年秦康公送晋文公返国时，曾发出这样的感叹：见到舅父，似乎母亲仍然在世一样。何况当时汉文帝的母亲薄太后还健在，她只有这一个弟弟薄昭，汉文帝杀薄昭毫不留情，这不是孝顺母亲的做法。”我却认为，法律是天下共同遵守的准绳，只有善于运用法律的人，不分关系亲疏，无所回避，这样才能使所有的人都不敢依仗有人撑腰而触犯法律。薄昭虽然素来被称为长者，汉文帝不为他选择贤人做师傅去约束他，却任用他掌握兵权；他骄横犯上，以至于敢杀朝廷使者，不是依仗有人撑腰而如此大胆吗？假设汉文帝赦免了他，那与后来成帝、哀帝时朝纲废弛的局面又有什么不同呢？魏文帝曹丕曾称赞汉文帝的美德，但却不赞成他杀掉薄昭，说：“对舅父之家，皇帝应能让他们安享富贵，不应给他们干政的权力，既然违法犯罪，却又不得不按法律论处。”这是讽刺汉文帝不及早限制薄昭，才导致了以后的恶果，魏文帝的评论，是很正确的。由此看来，要想宽慰太后之心，还是从开始就谨慎地行事吧！

【点评】

论贾谊。贾谊，是西汉时期不可多得的杰出的治国谋臣，“贾生才调世无伦”。可惜的是，才不尽用，年纪轻轻就忧伤而死，这不仅是贾谊个人的悲剧，也是汉朝国家的悲剧。“少年倜傥廊庙才，壮志未酬事堪哀。”

在汉文帝刘恒时代，贾谊应时而出，年少而有才华，锐于进取，二十一岁时就为汉朝博士，每逢皇帝出题讨论时，他每每都有精辟见解，应答如流，汉文帝非常欣赏，破格提拔，一年之内便升任为太中大夫，离公卿之职只差一点点儿。汉文帝还想任命他为公卿，但遭到一班老臣的诋毁和反对，认为贾谊是“年少初学，专欲擅权，纷乱诸事”。汉文帝屈从了老臣意见，就疏远贾谊，将其贬出朝廷。或许汉文帝也有保护贾谊的意思，让其远离京师。贾谊后来因为梁怀王坠马而死，伤心自责，忧郁而死，悲哉哀哉！

首先，贾谊有一颗为国事操劳的赤诚之心，这是极为难能可贵的。纵观贾谊一生，在朝廷任职的时间不长，也就是数年，但他只要发现朝廷在政策举措上有问题，或是发觉社会上有弊端，都是大声疾呼，和盘托出，从来不怕得罪权贵，不怕引起皇上不满，因而也从不隐晦曲折，而是一吐为快。贾谊敏锐地觉察到，当时汉朝在表面平静的形势下隐藏着各种矛盾，潜伏着各种社会危机。因此，他大声疾呼：我看天下的形势，可为痛哭的有一个问题，可为流涕的有两个问题，可为长叹息的有六个问题，其他违法悖理的事情就更多了。一颗忧国忧民之心跃然纸上。刘向评论说：“贾谊言三代与秦治乱之意，其论甚美，通达国体，虽古之伊、管，未能远过也。使时见用，功化必盛。为庸臣所害，甚可悼痛。”

其次，贾谊才华横溢，具有盖世文章盖世才。贾谊的政论文，如《过秦论》《论积贮疏》《陈政事疏》等，评论时政，风格朴实，议论酣畅，全面地阐述了深刻的政治思想和高瞻远瞩的治国方略，鲜明地体现了汉初知识分子积极用世的人生态度和昂扬向上的精神风貌，代表了汉初政论文的最高成就。他一方面吸取了战国时期的儒道法三家思想，而又密切关注“当今之务”，使其文具有适应时代需要而“经世致用”的特色，具有很强的针对性；另一方面，他继承了战国之文“敷张文辞”的写作手法，而又更加疏直激切，尽所欲言，说理透辟，逻辑严密，感情充沛，气势非凡，使其文具有将说理与情感、气势、形象相结合而耸人视听的特色，具有很强的感染力。鲁迅曾说，他与晁错的文章“皆为西汉鸿文，沾溉后人，其泽甚远”。毛泽东曾评论说，贾谊的政论文“是西汉一代最好的政论文”。

最后，贾谊的上书、陈述，切中当时要害，具有很强的时代性，可谓治国之良策。例如，他认为诸侯王的存在以及他们的企图叛乱，是危害汉朝政治安定的首要因素。他指出诸侯王的叛乱，并不是取决于是疏是亲，而是取决于“形势”，取决于

他们力量的强弱，从而提出了“众建诸侯而少其力”的方针，在原有的诸侯王的封地上分封更多的诸侯，从而分散削弱他们的力量。诸侯王的封地，一代一代分割下去，愈分愈少，直到“地尽而止”，力量也就愈来愈弱，无力造反了。后来，汉武帝就是采取这样的措施，削弱了诸侯王的力量，有效地解决了诸侯王的问题。再如，富商大贾与诸侯王相勾结，有恃无恐，僭越礼制，又要农民供给他们以奢侈的生活资料，因而导致广大农民贫困不堪。因此，他主张重视农民，提倡俭约，反对奢侈之风。史学家班固曾评论说：“追观孝文玄默躬行以移风俗，谊之所陈略施行矣。”王安石亦说：“一时谋议略施行，谁道君王薄贾生？爵位自高言尽废，古来何啻万公卿！”其说虽然有些牵强，有为汉文帝“贴金之嫌”，但说明贾谊的一些建议和主张，绝大部分得到汉文帝采纳，对汉朝的巩固和稳定起了极为重要的作用；有些主张虽然没有被采纳，但被后来的实践证明是正确的。

宋代文学家苏轼曾有著名的读史论文《贾谊论》，认为“贾生，王者之佐，而不能自用其才”，“贾生志大而量小，才有余而识不足也”。苏轼强调要“有所待”“有所忍”，要“自爱其身”，善于“自用其才”。其观点不可不谓新颖别致，也得到后人的欣赏和称赞，但其立论实在是有些偏颇。首先，贾谊没有自用其才吗？不是。贾谊对于自己的才华，在有限的时空里，可以说是进行了超常的发挥，十数篇上书，可谓不遗余力，针砭时弊，针针见血！其次，贾谊是“志大而量小”吗？不是。贾谊的“志大”是事实，“量小”则未必。他的忧伤过度，则是表现了他对国事的关切，对梁怀王坠马而死的自责，他心中只有国家和君王，这难道是气量狭小吗？这实在是心胸宏大啊！如果贾谊是只顾自己，受到一些挫折就一蹶不振，不问世事和他人，还会得忧郁之症吗？最后，贾谊是“见识不足”吗？忍耐就能成就大事吗？显然不是。贾谊遇上了不温不火的汉文帝，既是有幸，也是不幸。即使是再等待十年八年，即使是那些老将都离世而去，汉文帝还是汉文帝，他的性格就能改变吗？他能够大刀阔斧地起用贾谊而大力改革弊政吗？未必如此。他后来召见贾谊，向贾谊询问鬼神之事，不自知膝之前移，他的心中哪有改革之事、民生之事？李商隐有诗讥讽说：“宣室求贤访逐臣，贾生才调更无伦。可怜夜半虚前席，不问苍生问鬼神！”如此汉文帝，还能指望他在改革上有什么大作为？而秦朝的商鞅能够大刀阔斧地推行改革，是等来的吗？是忍耐出来的吗？是待时了吗？是秦孝公在大力支持他啊！可见，“忍耐”“待时”之说，用在贾谊身上，是非常不妥的！

汉纪七

汉文帝前元十一年至汉景帝前元二年（前 169—前 155 年）

【起玄黓涒滩（壬申，前 169 年），尽柔兆阉茂（丙戌，前 155 年），凡十五年】

【大事提要】

本卷记事起前 169 年，讫前 155 年，凡十五年，当汉文帝（刘恒）前元十一年至汉景帝（刘启）前元二年。本卷所载大事，主要是以下几个方面：其一，宽刑减租。前 169 年，汉文帝刘恒在废除连坐法的基础上，废除肉刑，改为处以笞刑。汉文帝曾两次“除田租税之半”，即租率由十五税一减为三十税一，成为汉代定制。前 167 年，还全部免去田租。对成年男子徭役，减为每三年服役一次。其二，众建诸侯。谋臣贾谊上《治安策》，提出众建诸侯的建议，汉文帝刘恒十分欣赏，耐心等待时机予以实施。前 164 年，齐文王刘则去世，无子嗣位，汉文帝趁机将最大的齐国分为六国；封刘长的三子刘安、刘勃、刘赐为王，将其国一分为三，以谋弱诸侯。其三，募民实边。前 158 年，军臣单于绝和亲之约，对汉朝发动战争。汉文帝刘恒排兵布将，抵御匈奴。匈奴见汉军加强了守备，遂退出塞外。汉军也罢兵撤警。而后，实行“募民实边”策略，在边地建立城邑，招募内地人民迁移边地，一边种田，一边备“胡”。其四，刘恒去世。前 157 年，汉文帝刘恒去世，享年四十七岁。群臣上庙号为太宗，谥号孝文皇帝，葬于霸陵。刘恒在位二十三年，车骑、服御之物都没有增添，禁止郡国贡献奇珍异宝，平时穿戴简陋，为自己预修陵墓也要求从简，一生都注重简朴，为世人称道。其五，刘启即位。前 157 年，太子刘启继承帝位，是为汉景帝。刘启为太子时，吴王刘濞太子刘贤入京，陪刘启喝酒下棋。两人博弈时，为棋路相争，刘贤态度不恭敬，刘启就拿起棋盘，打死了刘贤，汉文帝派人将其遗体送回吴国埋葬。从此，刘濞怨恨刘启。

【原文】

太宗孝文皇帝下

前十一年（壬申，前169年）

冬，十一月，上行幸代。春，正月，自代还。

夏，六月，梁怀王揖薨，无子。贾谊复上疏曰："陛下即不定制，如今之势，不过一传、再传，诸侯犹且人恣而不制，豪植而大强，汉法不得行矣。陛下所以为藩扞及皇太子之所恃者，唯淮阳、代二国耳。代，北边匈奴，与强敌为邻，能自完则足矣；而淮阳之比大诸侯，廑如黑子之著面，适足以饵大国，而不足以有所禁御。方今制在陛下，制国而令子适足以为饵，岂可谓工哉！

"臣之愚计，愿举淮南地以益淮阳，而为梁王立后，割淮阳北边二、三列城与东郡以益梁。不可者，可徙代王而都睢阳。梁起于新郪而北著之河，淮阳包陈而南揵之江，则大诸侯之有异心者破胆而不敢谋。梁足以扞齐、赵，淮阳足以禁吴、楚，陛下高枕，终无山东之忧矣，此二世之利也。

"当今恬然，适遇诸侯之皆少；数岁之后，陛下且见之矣。夫秦日夜苦心劳力以除六国之祸；今陛下力制天下，颐指如意，高拱以成六国之祸，难以言智，苟身无事，畜乱，宿祸，孰视而不定；万年之后，传之老母、弱子，将使不宁，不可谓仁。"

帝于是从谊计，徙淮阳王武为梁王，北界泰山，西至高阳，得大县四十余城。后岁余，贾谊亦死，死时年三十三矣。

（以上为第一段，写贾谊再次针对诸侯王强大不可制的情况上书，建议扩大淮阳国、梁国封地，以亲制疏，被汉文帝刘恒采纳；贾谊因梁怀王刘揖坠马而死，自认为没有尽到太傅职责，忧郁而死。）

徙城阳王喜为淮南王。

【语译】

太宗孝文皇帝下

汉文帝前元十一年（壬申，前169年）

冬季，十一月，汉文帝刘恒巡行代国；春季，正月，汉文帝自代国返回长安。

夏季，六月，梁怀王刘揖去世，他没有儿子。贾谊再次上疏说："皇上如果不确立制度，从如今的趋势来看，封国不过传了一代或者两代，诸侯尚且各行其是不受朝廷节制，再扩张强大，朝廷的法度就没有办法实行了。皇上可以当作屏障和皇太子所能仗恃的，只有淮阳国、代国两个封国罢了。代国，北部与匈奴相接，与强敌为邻，能自我保全就足够了；淮阳国，与那些强大的诸侯国相比，仅仅像一个黑痣附着在脸上一样，它恰恰只能诱发大国吞并的欲望，而无力对大国有所牵制。现在封立王国的权力在皇上手中，却使自己儿子的封国小得只能做被人吞并的诱饵，怎么能说设计得好呢？

"我有个不成熟的想法，就是请皇上把原属淮南国的封地全部划归淮阳国，使淮阳国增大，并且为梁王立继承人，把淮阳北边的两三个城和东郡划归梁国，以扩大梁国的封地。如果不妥，可以把代王改封为梁王，而以睢阳为都城。梁国封地起于新郪而北面直达黄河，淮阳国的封地囊括了原来陈国的全境并且南部直达长江，那么，其他大诸侯国有二心的，也胆战心惊，不敢图谋反叛朝廷了。梁国足以阻止齐国和赵国，淮阳国足以禁制吴国和楚国，皇上可以垫高枕头安睡，再也没有对崤山以东的忧虑了。这可使两代帝王安享太平。

"现在安然无事，是因为恰巧诸侯王都还年幼，几年之后，皇上就会看见诸侯王带来的危机了。秦始皇日日夜夜苦心劳力以铲除六国之祸；而现在皇上牢牢地控制着天下，一举一动都能如意，却高拱两手安坐，造成新的六国之祸，就很难说您有智谋。即便是终您一生太平无事，但却留下了祸乱的根源，对这些危机早就看到了却不去解决，待您百年之后，把危机留给了年迈的老母、幼稚的弱子，使他们不得安宁，不能说您是仁者。"

汉文帝刘恒于是采纳了贾谊的计策，把淮阳王刘武改封为梁王，梁国封地北以泰山为界，西至高阳，共有大县四十多个。又过了一年多，贾谊死去了，死时年仅三十三岁。

汉文帝改封城阳王刘喜为淮南王。

匈奴寇狄道。

时匈奴数为边患，太子家令颍川晁错上言兵事曰：“《兵法》曰：‘有必胜之将，无必胜之民。’由此观之，安边境，立功名，在于良将，不可不择也。

“臣又闻，用兵临战合刃之急者三：一曰得地形，二曰卒服习，三曰器用利。兵法：步兵、车骑、弓弩、长戟、矛铤、剑楯之地，各有所宜；不得其宜者，或十不当一。士不选练，卒不服习，起居不精，动静不集，趋利弗及，避难不毕，前击后解，与金鼓之指相失，此不习勒卒之过也，百不当十。兵不完利，与空手同；甲不坚密，与袒裼同；弩不可以及远，与短兵同；射不能中，与无矢同；中不能入，与无镞同；此将不省兵之祸也，五不当一。故《兵法》曰：‘器械不利，以其卒予敌也；卒不可用，以其将予敌也；将不知兵，以其主予敌也；君不择将，以其国予敌也。’四者，兵之至要也。

“臣又闻：小大异形，强弱异势，险易异备。夫卑身以事强，小国之形也；合小以攻大，敌国之形也；以蛮夷攻蛮夷，中国之形也。今匈奴地形、技艺与中国异，上下山阪，出入溪涧，中国之马弗与也；险道倾仄，且驰且射，中国之骑弗与也；风雨罢劳，饥渴不困，中国之人弗与也；此匈奴之长技也。若夫平原、易地、轻车、突骑，则匈奴之众易桡乱也；劲弩、长戟、射疏、及远，则匈奴之弓弗能格也；坚甲、利刃，长短相杂，游弩往来，什伍俱前，则匈奴之兵弗能当也；材官驺发，矢道同的，则匈奴之革笥、木荐弗能支也；下马地斗，剑戟相接，去就相薄，则匈奴之足弗能给也；此中国之长技也。以此观之，匈奴之长技三，中国之长技五。陛下又兴数十万之众以诛数万之匈奴，众寡之计，以一击十之术也。

匈奴侵犯陇西狄道。

当时，匈奴经常挑起边境战争，太子家令颍川人晁错向汉文帝上书，谈论战争问题，说："《兵法》说：'有战无不胜的将军，没有战无不胜的民众。'由此看来，安定边境，建立功名，关键在于良将，不可不慎重地选择良将。

"我又听说：在战场上与敌人交锋，有三件最重要的事情：一是占据有利地形，二是士兵训练有素，三是武器精良。按照《兵法》所说，步兵、车骑兵、弓弩、长戟、矛铤、剑盾等不同的兵种和武器，分别适用于不同的地形，各有所长。如果战场地形不利于发挥军队和武器的长处，就可能出现十个士兵不如一个士兵的情况。士兵不经过挑选，军队缺乏训练、行动不灵活，动作不一致，有利时机抓不住，退避危难时不能及时隐避，前军已经刀兵相接，后军却仍松松垮垮，士兵不能随着鸣金击鼓进退，这是没有训练军队的错误。这样的军队，一百个人不抵十个人用。士兵手中的兵器不齐备、不锋利，与徒手作战一样；将士身上的盔甲不坚固，与脱衣露体一样；弩箭射不到远处，与短兵器一样；射不中目标，与没有箭一样；箭虽然射中目标却射不进敌人身体，就与没有箭头一样。这是将领不检查武器导致的祸患。这样的军队，几个人不抵一个人用。所以，《兵法》说：'器械不锋利，是把士兵奉送给敌人；士兵不听号令，是把统兵将领奉送给敌人；将领不懂兵法，是把他的帝王奉送给敌人；帝王不精心选择将领，是把国家奉送给敌人。'这四点，是用兵最重要的关键。

"我又听说：在用兵时，依据交战双方国家大小不同、强弱不同和战场地形险峻平缓的不同，应采取不同的对策。自我贬抑，去事奉大国，这是小国应采取的方法；如果与敌方不分强弱，就应联合其他小国对敌作战；利用蛮夷部族去进攻蛮夷部族，这是中原王朝应该采取的战略。现在，匈奴的地形、军事技术与中原有很大不同：奔驰于山上山下，出入于山涧溪流，中原的马匹不如匈奴；在危险的道路上，一边策马奔驰一边射击，中原的骑射技术不如匈奴；不畏风雨疲劳，不怕饥渴，中原将士不如匈奴人。这是匈奴的优势。如果到了平原、地势平缓的地方，汉军使用轻车和骁勇的骑兵精锐，那么，匈奴的军队就很容易被打乱；汉军使用强劲的弓弩和长戟，箭能射得很远，长戟也能远距离杀敌，那么，匈奴的小弓就无法抵御；汉军身穿坚实的铠甲，手中有锋利的武器，长兵器与短兵器配合使用，弓箭手机动出击，兵按什伍编制统一进攻，匈奴的军队就不能抵挡；有勇力的弓箭手，以特制的好箭射向同一个目标，匈奴用皮革和木材制造的防御武器就会失效；下马在平地作战，剑戟交锋，近身搏斗，匈奴人的脚力就不如汉军。这是中原的军事优势。由此看来，匈奴有三项优势，汉军有五项优势，皇上又动用了数十万军队，去攻打只有数万军队的匈奴，从兵员数量计算，这是以一击十的战术。

“虽然，兵，凶器；战，危事也。故以大为小，以强为弱，在俯仰之间耳。夫以人之死争胜，跌而不振，则悔之无及也。帝王之道，出于万全。今降胡、义渠、蛮夷之属来归谊者，其众数千，饮食、长技与匈奴同。赐之坚甲、絮衣、劲弓、利矢，益以边郡之良骑，令明将能知其习俗、和辑其心者，以陛下之明约将之。即有险阻，以此当之；平地通道，则以轻车、材官制之；两军相为表里，各用其长技，衡加之以众，此万全之术也。”

帝嘉之，赐错书，宠答焉。

（以上为第二段，写汉朝太子家令晁错上书言事，详细分析匈奴与汉朝的强弱优劣，认为匈奴有三项优势，汉军有五项优势，利用已经归降的胡人，发挥他们的优势，以众击寡，攻打匈奴，万无一失。）

错又上言曰：“臣闻秦起兵而攻胡、粤者，非以卫边地而救民死也，贪戾而欲广大也，故功未立而天下乱。且夫起兵而不知其势，战则为人禽，屯则卒积死。夫胡、貉之人，其性耐寒；扬、粤之人，其性耐暑。秦之戍卒不耐其水土，戍者死于边，输者偾于道。秦民见行，如往弃市，因以谪发之，名曰‘谪戍’；先发吏有谪及赘婿、贾人，后以尝有市籍者，又后以大父母、父母尝有市籍者，后入闾取其左。发之不顺，行者愤怨，有万死之害而亡铢两之报，死事之后，不得一算之复，天下明知祸烈及己也。陈胜行戍，至于大泽，为天下先倡，天下从之如流水者，秦以威劫而行之之敝也。

“胡人衣食之业，不著于地，其势易以扰乱边境，往来转徙，时至时去。此胡人之生业，而中国之所以离南亩也。今胡人数转牧、行猎于塞下，以候备塞之卒，卒少则入。陛下不救，则边民绝望而有降敌之心；救之，少发则不足，多发，远县才至，则胡又已去。聚而不罢，为费甚大；罢之，则胡复入。如此连年，则中国贫苦而民不安矣。陛下幸忧边境，遣将吏发卒以治塞，甚大惠也。然今远方之卒守塞，一岁而更，不

“尽管如此，刀兵乃是不祥之物，战争乃是凶险之事，由大变小，由强变弱，瞬息之间就会发生。用士兵的生死去决定胜负，失利就难以重振国威，后悔都来不及了。英明的帝王在决策时，应立足于万无一失。现在已经归降朝廷的胡人、义渠、蛮夷等，部众达数千人，他们的饮食习俗、善于骑射的特长，都与匈奴一样。赐给他们坚固的铠甲、棉衣、强劲的弓、锋利的箭，再加上边境各郡的精锐骑兵，起用通晓兵法并了解蛮夷部族风俗习惯，能笼络其人心的将领，用皇上明确的约定统率他们。如果遇到险阻，就让这些人冲锋陷阵；在宽阔的平野，就用战车、步兵去制服敌人。两支军队互为表里，各自发挥他们的优势，再加上以众击寡，这是万无一失的战略。”

汉文帝很赞赏晁错的意见，赐给晁错一封复信，以表示宠信。

晁错再一次上书说：“我听说，秦起兵攻打匈奴和百越，不是为了保卫边境安宁、防止人民死于战争，而是残暴贪婪，要想扩大它的疆域，所以，功业没有建立，天下已经大乱。而且如果用兵而不了解敌人的虚实强弱，进攻就会被敌人所俘虏，屯守就会被敌人所困死。北方的胡人和貉人，生性耐寒；南方扬粤一带的人，生性耐暑。秦朝的士兵不服南北两地的水土，守卫边疆的死在边境，输送给养的死于路上。秦朝民众被征发当兵，就如同去刑场被处死，于是，秦朝就征发犯罪的人去守边，称作‘谪戍’。先是征发犯罪的官吏以及赘婿和商人充军，后来又扩大到曾有市籍经过商的人，然后又扩大到祖父母、父母曾有市籍经过商的人，最后强迫居住于闾左按规定不负担兵役的人，也去当兵。胡乱征发，被强迫当兵的人都心怀愤恨，他们遭受必死无疑的厄运，死于战场，朝廷却不给以丝毫的报偿；他们的家属得不到国家免收一算赋税的回报，天下人都清楚地知道秦的暴政祸及自己。陈胜前去戍边，来到大泽乡，首先为天下人做出了反秦的表率。天下人响应陈胜，如同流水下泄，势不可挡，这是秦以严威强制征兵的恶果。

“匈奴人的衣食来源，不依靠土地，所以经常扰乱边境，往来转移，有时入侵，有时撤走。这是匈奴人的谋生之业，却使中原汉人离开了农田。现在，匈奴人经常在边界一带放牧、打猎，察看汉军守边士兵的状况，发现汉军人少，就会入侵。如果皇上不发兵救援，边境民众不能指望朝廷的救兵，就会萌生投降敌人的念头；如果皇上发兵救援，发兵太少就不起作用，多发援兵，来自于远方的各县援兵刚刚到达，匈奴军队又已撤走了。不撤走聚集在边境的大量军队，军费开支太大；撤走援

知胡人之能。不如选常居者家室田作，且以备之，以便为之高城深堑；要害之处，通川之道，调立城邑，毋下千家。先为室屋，具田器，乃募民，免罪，拜爵，复其家，予冬夏衣、禀食，能自给而止。塞下之民，禄利不厚，不可使久居危难之地。胡人入驱而能止其所驱者，以其半予之，县官为赎。其民如是，则邑里相救助，赴胡不避死。非以德上也，欲全亲戚而利其财也；此与东方之戍卒不习地势而心畏胡者功相万也。以陛下之时，徙民实边，使远方无屯戍之事；塞下之民，父子相保，无系虏之患；利施后世，名称圣明，其与秦之行怨民，相去远矣。”

上从其言，募民徙塞下。

错复言：“陛下幸募民徙以实塞下，使屯戍之事益省，输将之费益寡，甚大惠也。下吏诚能称厚惠，奉明法，存恤所徙之老弱，善遇其壮士，和辑其心而勿侵刻，使先至者安乐而不思故乡，则贫民相募而劝往矣。臣闻古之徙民者，相其阴阳之和，尝其水泉之味，然后营邑、立城、制里、割宅，先为筑室家，置器物焉。民至有所居，作有所用。此民所以轻去故乡而劝之新邑也。为置医、巫以救疾病，以修祭祀，男女有昏，生死相恤，坟墓相从，种树畜长，室屋完安。此所以使民乐其处而有长居之心也。

“臣又闻古之制边县以备敌也，使五家为伍，伍有长；十长一里，里有假士；四里一连，连有假五百；十连一邑，邑有假候。皆择其邑之贤材有护、习地形、知民心者。居则习民于射法，出则教民于应敌。故卒伍成于内，则军政定于外。服习以成，勿令迁徙，幼则同游，长则共事。夜战声相知，则足以相救；昼战目相见，则足以相识；欢爱之心，足以

兵，匈奴人又乘虚而入。这样连年折腾，那么中原地区就会陷入贫困，民众无法安居乐业了。幸得皇上担忧边境问题，派遣将吏发兵加强边塞防务，这是对边境民众的很大恩惠。但是，现在远方的士兵驻防边塞，一年轮换一批，不了解匈奴人的本领。不如选常居的人在边境安家从事农耕生产，并且用于防御匈奴入侵，便为他们在有利地势建成高城深沟；在战略要地、交通要道，规划建立城镇，规模不小于千户人口。官府先在城中修建房屋，准备农具，再招募民众来边城居住，赦免罪名，赏给爵位，免除应募者全家的赋税劳役，并向他们提供冬夏季衣服和粮食，直到他们能生产自足时为止。如果不给边塞民众优厚的利禄，就无法使他们长期定居在这片危险困苦的土地上。匈奴入侵，有人能从匈奴手中夺回所掠财物，就把其中的一半给他，由官府为他赎买。边塞的民众得到这样的待遇，就会邻里街坊相互救援帮助，冒死与匈奴搏斗。他们这样做，并不是对皇帝感恩戴德想有所报答，而是要想保全亲戚邻居，贪恋财产，与那些不了解本地地形并且对匈奴心怀畏惧的东方士兵相比，他们防御匈奴的功效要高出一万倍。在皇上当政之时，迁移民众以充实边防，使远方没有戍边的徭役，而边塞的居民，父子相互保护，免受被匈奴俘虏的苦难。皇上这样做，利益传到后世，得到圣明的名声。这与秦朝征发满怀怨恨的民众去戍边，是不能相比的。"

汉文帝采纳晁错的建议，招募民众迁往边塞定居。

晁错再次上书说："皇上招募迁移的民众以充实边塞，使屯戍的徭役越发减省，运输费用更加减少，这是对民众很大的恩惠。下级官吏的表现如果真能与皇上对民众的厚惠相称，遵奉皇上的法令，对迁来的应募民众，照顾其中的老弱，厚待其中的壮士，争取他们的拥护而不去欺凌他们，使先来的人安居乐业而不思念自己的故乡，那么，贫民就会感到羡慕，相互劝勉而前往边塞了。我听说古代明君迁移民众，要先察看当地是否阴阳调和，品尝泉水是否甘美可口，然后再营造集镇，修筑城池，设计乡里，划分住宅地，先为民众修筑房屋，配置器物，民众到达后有可居住的房屋，有可使用的器物。这正是民众不留恋故乡而相互勉励迁往新居的原因。官府在迁移的新居住区设置医生、巫神，为民众医治疾病，主持祭祀。民众得以男女婚配，生老病死相互照顾，坟墓相互依靠，栽种树木，喂养六畜，房屋完备安全。这样做，正是为了让民众乐于长期定居此地。

"我又听说，古代明君为了防御敌人入侵，在沿边境的各县创设如下建制：每五家为一伍，设置伍长；每十个伍的民户为一里，设置假士；每四里为一连，连有假伍伯；每十连为一邑，邑设置假候，都选择邑中贤才里有保护能力、熟悉地形、了解民心的人担任这些职务，安居本地就教民众学习射箭，出外轮值戍守就教民众学习防御敌人。军事编制形成于内，军事政令就能在外有效地发挥作用。民众训练

相死。如此而劝以厚赏，威以重罚，则前死不还踵矣。所徙之民非壮有材者，但费衣粮，不可用也；虽有材力，不得良吏，犹亡功也。

“陛下绝匈奴不与和亲，臣窃意其冬来南也；壹大治，则终身创矣。欲立威者，始于折胶；来而不能困，使得气去，后未易服也。”

错为人峭直刻深，以其辩得幸太子，太子家号曰“智囊”。

（以上为第三段，写晁错再次上书言事，建议招募民众以充实边塞。）

十二年（癸酉，前168年）

冬，十二月，河决酸枣，东溃金堤、东郡；大兴卒塞之。

春，三月，除关，无用传。

晁错言于上曰：“圣王在上而民不冻饥者，非能耕而食之，织而衣之也，为开其资财之道也。故尧有九年之水，汤有七年之旱，而国亡捐瘠者，以畜积多而备先具也。今海内为一，土地、人民之众不减汤、禹，加以无天灾数年之水旱，而畜积未及者，何也？地有遗利，民有余力；生谷之土未尽垦，山泽之利未尽出，游食之民未尽归农也。

“夫寒之于衣，不待轻暖；饥之于食，不待甘旨；饥寒至身，不顾廉耻。人情，一日不再食则饥，终岁不制衣则寒。夫腹饥不得食，肤寒不得衣，虽慈父不能保其子，君安能以有其民哉！明主知其然也，故务民于农桑，薄赋敛，广畜积，以实仓廪，备水旱，故民可得而有也。民者，在上所以牧之；民之趋利，如水走下，四方无择也。

有素，不许他们随便迁移，年幼时一同玩乐，成年后共同行事。夜间战斗，只要听到声音就能互相了解，足以相互救援；白天作战，只要能看见，就足以相互识别；友爱之心，足以使他们生死与共。在此基础上，朝廷再以厚赏奖励，以重罚威逼，民众就会勇往直前战斗，没有一个逃兵了。所迁移的民众如果不是强壮有力的人，只能虚耗衣服粮食，不能用于充实边防；民众虽然强壮有力，但如果没有好官去治理，也不会有功效。

“皇上拒绝与匈奴和亲，我私下估计他们冬季会向南进犯；边境一旦大治，就可以重创匈奴，使他们终身不振，恢复不了元气。如果想树立汉朝廷的威名，就应该在秋季匈奴刚纵兵入侵时就给以痛击；假如匈奴来犯而不能打败他们，使他们得志而去，以后就不容易降服了。”

晁错为人刚直而又严峻苛刻，因辩才而得到太子的宠信，太子家里称他为“智囊”。

汉文帝前元十二年（癸酉，前168年）

冬季，十二月，黄河在酸枣县决口，向东冲溃了金堤，淹没了东郡，朝廷征发大批士兵堵塞决口。

春季，三月，朝廷宣布废止关隘检查制度，吏民出行不必带证明身份的符信。

晁错对汉文帝说：“英明的帝王在位，民众不受饥寒的折磨，这并不是帝王能亲自耕作供给民众食物，亲自织布为民众做衣服，而是帝王为民众开辟了生财之路。所以，唐尧遇到九年的大涝灾，商汤遇到七年的大旱灾，而全国并没有被抛弃的病饿者，其原因就在于积蓄多并且预先做了充分的准备。现在海内大一统，土地之广，人口之众，不亚于商汤和夏禹时代，再加上没有持续几年的旱涝天灾，但蓄积却没有那时多，原因何在？是因为土地还有余力没有利用，民众还有余力没有发挥；可生长谷物的土地还没有全部开垦，山林川泽的财富还没有全部开发，不从事生产而消耗粮食的游民还没有全部回归到农业生产上来。

“严寒之时，人们急需衣服，不求轻暖，能御寒就穿；饥饿之时，急需食品，不求香甜可口，能充饥就吃。饥寒临身，人们顾不得讲究廉耻。人之常情，一天不吃两餐就会挨饿，一年不做衣服就会挨冻。如果腹中饥饿却得不到食物，肌肤寒冷却得不到衣服，即便是慈父也不能保有他的儿子，帝王怎么能够统治好他的民众呢？英明的帝王知道这个道理，所以，引导民众从事农桑耕织，少收赋税，多搞蓄积，用来充实府库，防备旱涝灾害，所以才能稳定对民众的统治。民众的善恶，就看帝王如何去诱导、统治他们；民众追求财利，就如同水只会向下流而不选择方向一样。

“夫珠、玉、金、银，饥不可食，寒不可衣；然而众贵之者，以上用之故也。其为物轻微易藏，在于把握，可以周海内而无饥寒之患。此令臣轻背其主，而民易去其乡，盗贼有所劝，亡逃者得轻资也。粟、米、布、帛，生于地，长于时，聚于力，非可一日成也；数石之重，中人弗胜，不为奸邪所利，一日弗得而饥寒至。是故明君贵五谷而贱金玉。

“今农夫五口之家，其服役者不下二人，其能耕者不过百亩，百亩之收不过百石。春耕，夏耘，秋获，冬藏，伐薪樵，治官府，给繇役；春不得避风尘，夏不得避暑热，秋不得避阴雨，冬不得避寒冻，四时之间无日休息；又私自送往迎来、吊死问疾、养孤长幼在其中。勤苦如此，尚复被水旱之灾，急政暴赋，赋敛不时，朝令而暮改。有者半贾而卖，无者取倍称之息，于是有卖田宅、鬻妻子以偿责者矣。

“而商贾大者积贮倍息，小者坐列贩卖，操其奇赢，日游都市，乘上之急，所卖必倍。故其男不耕耘，女不蚕织，衣必文采，食必粱肉；无农夫之苦，有仟伯之得。因其富厚，交通王侯，力过吏势，以利相倾；千里游敖，冠盖相望，乘坚、策肥，履丝、曳缟。此商人所以兼并农人，农人所以流亡者也。

“方今之务，莫若使民务农而已矣。欲民务农，在于贵粟。贵粟之道，在于使民以粟为赏罚。今募天下入粟县官，得以拜爵，得以除罪。如此，富人有爵，农民有钱，粟有所渫。夫能入粟以受爵，皆有余者也。取于有余以供上用，则贫民之赋可损，所谓损有余，补不足，令出而民利者也。今令民有车骑马一匹者，复卒三人；车骑者，天下武备也，故为复卒。

“神农之教曰：‘有石城十仞，汤池百步，带甲百万，而无粟，弗能

“珠、玉、金、银等物品，饿的时候不能吃，冷的时候不能穿，但是大家都把它们视为珍宝，原因就在于帝王使用它们。这些东西又轻又小，便于收藏，只要拿着握于手掌中的那么一点点，就可以周游天下而不受饥寒之苦。这可以使臣子轻易地背叛他的君王，使民众轻易地离开故乡，刺激了盗贼的贪欲，使逃亡者得到轻便的资财。粟、米、布、帛等物，产于土地，按时成长，投入很多人力，不是一天就可以生产出来的；重达数石的粟、米、布、帛，价值有限，一个体力中等的人却已无法搬运，它不会成为盗贼劫夺的目标，但人们一天得不到它们，就得忍受饥寒。所以，英明的帝王看重五谷而轻视金玉。

“现在，家有五口的农民家庭，为官府服徭役的不少于两人，能耕种的土地不过一百亩，百亩土地的收获量不超过一百石。农民春季耕种，夏季锄草，秋季收获，冬季贮藏，砍柴，修缮官府房屋，服徭役；春天不能避风尘，夏天不能避暑热，秋天不能避阴雨，冬天不能避严寒，一年四季没有休息的日子。还有民间的人情往来，吊唁死者、慰问病人、赡养父母、哺育子女等负担，也得从一百石的收获物中支付。农民如此勤劳困苦，还要再蒙受旱涝灾害，官府政令严苛而赋税繁重，不按规定时间征收赋税，朝令夕改。农民家中有资财的，以半价折卖，家中贫穷的，只好去借利息双倍的高利贷，于是，就有人卖土地房宅、卖妻卖子以偿还债务了。

“而那些行商坐贾，实力大的积贮钱财，发放双倍利息的高利贷，实力小的坐在市肆中做买卖，依靠手中囤积的物品，每天游荡在都市之中，得知皇帝急需某种物品，就把价格提高到两倍以上。所以商人男的不去耕田除草，女的不去养蚕纺织，但穿衣服却非穿华丽的绸缎不可，吃饭却非吃好米好肉不可。商人不受农民那样的辛苦，却可以得到很多的钱财。商人依仗手中大量的钱财，与王侯显贵结交，势力超过了一般官员，于是以财利进行倾轧；商人到千里之外游玩，络绎不绝，帽子和车盖在路上前后相望，络绎不绝。他们乘坐着坚实的车子，鞭策着肥马，踏着丝制的鞋子，穿着精美的白色绸缎衣服。这就是商人兼并农民、农民破产流亡的原因。

“现在当务之急，没有比使民众从事农耕更重要的了。要想使民众务农，关键在于使全社会把粮食看成珍宝。使全社会把粮食看成珍宝的方法，在于朝廷把粮食作为奖惩手段统治民众。可以招募天下民众向官府缴纳粮食，用以购买爵位，免除罪名。这样，富人可以拥有爵位，农民可以得到钱，粮食就不会被囤积。那些能够缴纳粮食换取爵位的人，都是粮食有余的，收取余粮供给国家使用，就可以减少对贫困民众收取的赋税，这就是所说的‘损有余，补不足’，政令一公布就可以给民众带来利益。现行的律令规定：有一匹战马的人家，可免除三人的兵役；战马，是天下的重要军事装备，所以给予免除兵役的优待。

“神农的教令说：‘有高达十仞的石砌城墙，有宽达一百步的滚沸的护城河，有

守也。'以是观之，粟者，王者大用，政之本务。今民入粟受爵至五大夫以上，乃复一人耳，此其与骑马之功相去远矣。爵者，上之所擅，出于口而无穷；粟者，民之所种，生于地而不乏。夫得高爵与免罪，人之所甚欲也；使天下人入粟于边以受爵、免罪，不过三岁，塞下之粟必多矣。"

帝从之，令民入粟于边，拜爵各以多少级数为差。

错复奏言："陛下幸使天下入粟塞下以拜爵，甚大惠也。窃恐塞卒之食不足用，大渫天下粟。边食足以支五岁，可令入粟郡县矣；郡县足支一岁以上，可时赦，勿收农民租。如此，德泽加于万民，民愈勤农，大富乐矣。"

上复从其言，诏曰："道民之路，在于务本。朕亲率天下农，十年于今，而野不加辟，岁一不登，民有饥色；是从事焉尚寡而吏未加务。吾诏书数下，岁劝民种树而功未兴，是吏奉吾诏不勤而劝民不明也。且吾农民甚苦而吏莫之省，将何以劝焉！其赐农民今年租税之半。"

（以上为第四段，写晁错继续上书言事，强调重农抑商和增加积蓄，输粟入边，以换取爵位，免除罪名；输粟郡县，减免土地税收等，均得到汉文帝的重视和采纳。）

十三年（甲戌，前167年）

春，二月，甲寅，诏曰："朕亲率天下农耕以供粢盛，皇后亲桑以供祭服；其具礼仪。"

初，秦时祝官有秘祝，即有灾祥，辄移过于下。夏，诏曰："盖闻天道，祸自怨起而福繇德兴，百官之非，宜由朕躬。今秘祝之官移过于下，以彰吾之不德，朕甚弗取。其除之！"

齐太仓令淳于意有罪，当刑，诏狱逮系长安。其少女缇萦上书曰："妾父为吏，齐中皆称其廉平；今坐法当刑。妾伤夫死者不可复生，刑者不可复属，虽后欲改过自新，其道无由也。妾愿没入为官婢，以赎父刑

一百万全副武装的士兵，但没有粮食，那也无法守住城池。’由此看来，粮食是帝王的重要资本，是国家政治的根本所在。现在民众缴纳粮食要得到五大夫以上的爵位，才能免除一人的兵役，这与对有战马的人的优待相比较，差得太远了。封爵的权力，是帝王所专有的，由口而出可以无穷无尽；粮食，是民众所种的，生长于土地而不会缺乏。得到高等爵位和免除罪名，是天下民众最迫切的欲望；让天下人输送粮食到边境地区，以换取爵位、免除罪名，不用三年时间，边塞的粮食储备就必定会很多了。”

汉文帝采纳晁错的意见，下令规定：民众输送粮食到边塞，依据输送粮食的多少，分别授给高低不同的爵位。

晁错又上书说：“皇上降恩，让天下人输送粮食去边塞，以授给爵位，这是对民众的很大恩德。我私下担忧边塞驻军的粮食不够吃，所以让天下的屯粮大批流入边塞。如果边塞积粮足够使用五年，就可以让民众向内地各郡县输送粮食了；如果郡县积粮足够使用一年以上，就可以及时下令，不收农民的土地税。这样，皇上的恩德雨露普降于天下万民，民众就会更积极地投身农业生产，天下就会十分富庶安乐了。”

汉文帝采纳了晁错的建议，下令说：“引导民众的正确道路，在于让他们从事农业生产。我亲自率领天下人务农耕种，至今已有十年了，但荒地的开垦没有增加，一年收成不好，民众就有饥饿之色，这是从事农耕的人还不多，而官吏没有切实发展农业。我屡次颁下命令，每年都鼓励民众种植，至今未见成效，这就证明官吏没有认真地执行命令去勉励民众。况且农民生活很苦而官吏并不去照顾他们，又怎么能勉励他们从事农业呢？今年把原定征收的土地税的一半赐给农民。”

汉文帝前元十三年（甲戌，前 167 年）

春季，二月十六日甲寅，汉文帝下令说：“我亲自率领天下臣民进行农耕，供应宗庙祭祀的粮食，皇后亲自采桑养蚕，供应祭祀的祭服，制定有关此事的礼仪！”

当初，秦朝的祝官中有秘祝，一旦出现了灾异，就把造成过失的责任从皇帝身上移到臣子身上。夏季，汉文帝下令说：“我听说天之道，祸从怨而起，福由德而兴，百官的过失，都应该由我一人负责。现在秘祝官员把过失的责任推给臣下，是显扬了我的失德，我很不赞成。应予废除！”

齐国太仓令淳于意犯了罪，当处以肉刑，被逮捕拘押在长安天牢。他的小女儿缇萦向汉文帝上书说：“我父亲做官，齐国人都称赞他廉洁公平。现在他犯了罪，按法律应判处肉刑。我感到悲痛伤心的是，死人不能复生，受刑者残肢不能再接，即

罪，使得自新。”

天子怜悲其意，五月，诏曰：“《诗》曰：‘恺弟君子，民之父母。’今人有过，教未施而刑已加焉，或欲改行为善而道无繇至，朕甚怜之！夫刑至断支体，刻肌肤，终身不息，何其刑之痛而不德也！岂为民父母之意哉！其除肉刑，有以易之；及令罪人各以轻重，不亡逃，有年而免。具为令！”

丞相张苍、御史大夫冯敬奏请定律曰：“诸当髡者为城旦、舂；当黥髡者钳为城旦、舂；当劓者笞三百；当斩左止者笞五百；当斩右止及杀人先自告及吏坐受赇、枉法、守县官财物而即盗之、已论而复有笞罪者，皆弃市。罪人狱已决为城旦、舂者，各有岁数以免。”制曰：“可。”

是时，上既躬修玄默，而将相皆旧功臣，少文多质。惩恶亡秦之政，论议务在宽厚，耻言人之过失，化行天下，告讦之俗易。吏安其官，民乐其业，畜积岁增，户口浸息。风流笃厚，禁罔疏阔，罪疑者予民，是以刑罚大省，至于断狱四百，有刑错之风焉。

六月，诏曰：“农，天下之本，务莫大焉。今勤身从事而有租税之赋，是为本末者无以异也，其于劝农之道未备。其除田之租税！”

（以上为第五段，写前167年史事，写汉文帝刘恒重视农业，亲自耕作，减免田租；废除秘祝“移过于下”的做法；重视修订刑法，废除肉刑，让罪人改过自新。）

十四年（乙亥，前166年）

冬，匈奴老上单于十四万骑入朝那、萧关，杀北地都尉卬，虏人民畜产甚多；遂至彭阳，使奇兵入烧回中宫，候骑至雍甘泉。帝以中尉周舍、郎中令张武为将军，发车千乘、骑卒十万军长安旁，以备胡寇；而拜昌侯卢卿为上郡将军，宁侯魏遬为北地将军，隆虑侯周灶为陇西将军，屯三郡。上亲劳军，勒兵，申教令，赐吏卒，自欲征匈奴。群臣谏，不听；皇太后固要，上乃止。于是以东阳侯张相如为大将军，成侯董赤、

使以后想改过自新，也没有办法了。我愿意没入官府做官婢，以抵赎我父亲该受的刑罚，使他得以改过自新。”

汉文帝很怜悯和同情缇萦的孝心，五月，下令说：“《诗经》说：‘开明宽厚的帝王，是爱护民众的父母。’现在，人们有了过错，还没有加以教育就处以刑罚，有的人想改变行为向善，也无路可走了，我很怜惜！肉刑的残酷，以至于切断人的肢体，摧残人的皮肉，使终生无法生长，这是多么残酷和不合道德！难道这符合为民父母的本意吗？应该废除肉刑，用别的惩罚去代替它。此外，应规定犯罪的人各依据罪名轻重，只要不从服刑的地方潜逃，服刑到一定年数，就可以释放他。制定出有关的法令！”

丞相张苍、御史大夫冯敬奏请制定这样的法律条文：“原来应判处髡刑的，改为罚作城旦和城旦舂；原来应判处黥髡刑的，改作钳为城旦、舂；原来应判处劓刑的，改为笞三百；原来应判处斩左脚的，改为笞五百；原来判处斩右脚以及杀人之后先去官府自首的，官吏因受贿、枉法、监守自盗等罪名已被处置但后来又犯了应判处笞刑的，全都改为公开斩首。罪犯已被判处为城旦、城旦舂的，各自服刑到一定年数后赦免。”汉文帝下达批准文书，说：“同意。”

这一时期，汉文帝自身谦逊自守，而将相大臣都是老功臣，少文采而多质朴。君臣以导致秦朝灭亡的弊政为鉴戒，论议国政讲究以宽厚为本，耻于议论别人的过失。这种风气影响到全国，改变了那种揭发检举的恶劣风俗。官吏安于自己的官位，民众乐于自己的生业，府库储蓄每年都有增加，人口繁衍；风俗归于笃实厚道，禁制法网宽松，有犯罪嫌疑的，从宽发落。所以，刑罚大量减少，甚至一年之内全国只审判了四百起案件，出现了停止动用刑罚的现象。

六月，汉文帝下令说：“农业，是天下的根本，没有什么事情比农业更为重要。现在，那些辛苦勤劳的农民，还要缴纳租税，这样做，使从事农耕本业和从事工商末业的人没有区别，说明鼓励发展农业生产的政策还不完备，应当免除农田的租税！”

汉文帝前元十四年（乙亥，前166年）

冬季，匈奴老上单于用十四万骑兵攻入朝那县和萧关，杀了北地郡都尉孙卬，掳掠了许多民众和牲畜财产；匈奴骑兵直抵彭阳县境，并派出一支奇兵深入汉朝腹地，烧了回中宫，侦察骑兵一直到了雍地的甘泉宫。汉文帝任命中尉周舍、郎中令张武为将军，征发一千辆战车、十万名骑兵驻扎在长安附近，以防御匈奴进攻；汉文帝又任命昌侯卢卿为上郡将军，宁侯魏遬为北地将军，隆虑侯周灶为陇西将军，分别率军屯守上郡、北地郡和陇西郡。汉文帝亲自去慰劳军队，操演军队，颁布军

内史栾布皆为将军，击匈奴。单于留塞内月余，乃去。汉逐出塞即还，不能有所杀。

上辇过郎署，问郎署长冯唐曰："父家何在？"对曰："臣大父赵人，父徙代。"上曰："吾居代时，吾尚食监高祛数为我言赵将李齐之贤，战于巨鹿下。今吾每饭意未尝不在巨鹿也。父知之乎？"唐对曰："尚不如廉颇、李牧之为将也。"上搏髀曰："嗟乎！吾独不得廉颇、李牧为将！吾岂忧匈奴哉！"唐曰："陛下虽得廉颇、李牧，弗能用也。"

上怒，起，入禁中，良久，召唐，让曰："公奈何众辱我，独无间处乎！"唐谢曰："鄙人不知忌讳。"

上方以胡寇为意，乃卒复问唐曰："公何以知吾不能用廉颇、李牧也？"唐对曰："臣闻上古王者之遣将也，跪而推毂，曰：'阃以内者，寡人制之；阃以外者，将军制之。'军功爵赏皆决于外，归而奏之，此非虚言也。臣大父言：李牧为赵将，居边，军市之租，皆自用飨士；赏赐决于外，不从中覆也。委任而责成功，故李牧乃得尽其智能；选车千三百乘，彀骑万三千，百金之士十万，是以北逐单于，破东胡，灭澹林，西抑强秦，南支韩、魏。当是之时，赵几霸。其后会赵王迁立，用郭开谗，卒诛李牧，令颜聚代之；是以兵破士北，为秦所禽灭。今臣窃闻魏尚为云中守，其军市租尽以飨士卒，私养钱五日一椎牛，自飨宾客、军吏、舍人，是以匈奴远避，不近云中之塞。虏曾一入，尚率车骑击之，所杀甚众。夫士卒尽家人子，起田中从军，安知尺籍、伍符！终日力战，斩首捕虏，上功幕府，一言不相应，文吏以法绳之，其赏不行，而吏奉法必用。臣愚以为陛下赏太轻，罚太重。且云中守魏尚坐上功首虏差六级，陛下下之吏，削其爵，罚作之。由此言之，陛下虽得廉颇、李牧，弗能用也！"

事训令，奖赏将士，准备亲自统兵去攻打匈奴。群臣劝阻汉文帝亲征，汉文帝不从；皇太后坚决阻止，汉文帝才打消了统兵亲征的念头。于是汉文帝任命东阳侯张相如为大将军，成侯董赤、内史栾布为将军，迎击匈奴。匈奴单于在汉塞之内活动了一个多月，才撤退出塞。汉军把匈奴驱逐出边塞之外，就撤兵回境，未能对匈奴有所杀伤。

汉文帝乘辇车经过中郎的官府，问郎署长冯唐说："您老人家原籍是何处？"冯唐回答说："我的祖父是赵国人，父亲迁居代国。"汉文帝说："我在代国时，我的尚食监高祛多次对我称赞当年赵国将军李齐的贤能，讲述他与秦兵大战于巨鹿城下的事情。现在，我每次吃饭，心思没有不在巨鹿的时候。老人家您知道吗？"冯唐回答说："李齐还不如廉颇、李牧为将带兵的本领大。"汉文帝拍着大腿说："唉！我偏偏得不到廉颇、李牧那样的人做将军！有了这样的将军，我难道还担忧匈奴的入侵吗？"冯唐说："皇上即使得到了廉颇、李牧，也不能任用他们。"

汉文帝大怒，起身返回宫中，过了许久，召见冯唐，责备说："您为什么要当众侮辱我，难道没有适当的机会吗？"冯唐谢罪说："我是个乡野之人，不懂得忌讳。"

汉文帝正在担忧匈奴的入侵问题，于是，再问冯唐说："您怎么知道我不能任用廉颇和李牧呢？"冯唐回答说："我听说上古明君派遣将军出征时，跪着推动将军的车辆前行，而且说：'国门之内的事情，由我来决定；国门以外的事情，请将军裁决。'一切军功、封爵、奖赏的事情都由将军在外面决定，回国后再奏报帝王。这并不是虚假的传言。我的祖父说：李牧为赵国将军，驻守边境时，把从军中交易市场上收得的税收，都自行用于犒劳将士；赏赐都由将军在外决定，不必向朝廷请示批准。对他委以重任而责令成功，所以，李牧才能充分发挥他的聪明才干。他率领着精选出来的一千三百辆战车、一万三千名善于骑射的骑兵，十万训练有素的将士，所以能够在北方驱逐匈奴，击败东胡，消灭澹林，在西方抑制了强大的秦国，在南方抵御了韩国和魏国。在那个时候，赵国几乎成为一个霸主之国。后来，恰逢赵王赵迁继位，他听信郭开的谗言，终于诛杀李牧，命令颜聚代替李牧而统率军队，因此，赵兵溃败，被秦灭亡。现在，我私下听说魏尚担任云中郡郡守时，把军中交易市场所得的税收全都用来犒劳士兵，还用自己的官俸钱，每五天宰杀一头牛，自己宴请宾客、军吏和幕僚属官。因此，匈奴远避，不敢接近云中边塞。匈奴曾经入侵云中郡一次，魏尚率领车骑部队出击，杀了很多匈奴人。那些士兵都是平民民众的子弟，从田间出来参军从征，怎能知道'尺籍'、'伍符'之类的军令军规！整日拼死战斗，斩敌首级，捕获俘虏，在向幕府呈报战果军功时，只要一个字有出入，那些舞文弄墨的官员，就引用军法来惩治他们，他们应得到的赏赐就被取消了；而那些官吏所奉行的法令却必须执行。我认为皇上的赏赐太轻，而惩罚却太重。而且，

上说。是日，令唐持节赦魏尚，复以为云中守，而拜唐为车骑都尉。

春，诏广增诸祀坛场、珪币，且曰：“吾闻祠官祝禧，皆归福于朕躬，不为百姓，朕甚愧之。夫以朕之不德，而专飨独美其福，百姓不与焉，是重吾不德也。其令祠官致敬，无有所祈！”

是岁，河间文王辟强薨。

初，丞相张苍以为汉得水德，鲁人公孙臣以为汉当土德，其应，黄龙见；苍以为非，罢之。

（以上为第六段，写匈奴骑兵气焰嚣张，大肆侵扰汉朝边郡；汉朝组织反击，把匈奴骑兵赶出边塞了事；汉文帝刘恒与冯唐讨论用兵之事，冯唐直言不讳，汉文帝赦免魏尚，重用冯唐。）

十五年（丙子，前165年）

春，黄龙见成纪。帝召公孙臣，拜为博士，与诸生申明土德，草改历、服色事。张苍由此自绌。

夏，四月，上始幸雍，郊见五帝，赦天下。

九月，诏诸侯王、公卿、郡守举贤良、能直言极谏者，上亲策之。太子家令晁错对策高第，擢为中大夫。错又上言宜削诸侯及法令可更定者，书凡三十篇。上虽不尽听，然奇其材。

是岁，齐文王则、河间哀王福皆薨，无子，国除。

赵人新垣平以望气见上，言长安东北有神气，成五采，于是作渭阳五帝庙。

（以上为第七段，写汉文帝下令举荐贤良、能直言极谏的人才，亲自策问考试。晁错高中，又上书谈论应该削减诸侯王的实力以及应该更改的法令，共三十篇。）

十六年（丁丑，前164年）

夏，四月，上郊祀五帝于渭阳五帝庙。于是贵新垣平至上大夫，赐

云中郡守魏尚因为上报斩杀敌军首级的数量差了六个，皇上就把他交给官吏治罪，削去他的爵位，判罚他做一年的刑徒。由此说来，皇上即使得到廉颇、李牧，也不能任用啊！”

汉文帝高兴地接受了冯唐的批评。当天，就令冯唐持皇帝信节去赦免魏尚，重新任命魏尚做云中郡守，并任命冯唐为车骑都尉。

春季，汉文帝下令扩大祭祀场所，增加祭祀所用的玉和币帛，并且说："我听说祠官在祭祀的祈福祷告中，都将福归于我个人，而没有为民众祈福，我对此很感惭愧。以我这样的失德之人，独享神灵的福佑，而民众却不能分享，这是加重我的过失。此后祠官在祭祀祷告时，不要再为我个人祈祷祝福！”

这一年，河间王刘辟强去世。

当初，丞相张苍认为汉朝得“五行”中的水德。鲁国人公孙臣认为汉朝当属土德，与土德相应，应该出现黄龙。张苍认为公孙臣说得不对，不采纳他的观点。

汉文帝前元十五年（丙子，前 165 年）

春季，成纪县出现了黄龙。汉文帝召见公孙臣，任命他为博士，与其他学者论证汉得土德的观点，草拟改换历法和改变服色的方案。张苍从此自动退位。

夏季，四月，汉文帝第一次亲自前往雍地，对五帝庙行郊祭之礼，并且宣布实行大赦。

九月，汉文帝下令，令诸侯王、公卿、郡守举荐贤良、能直言极谏的人，皇帝亲自策问考试。太子家令晁错的对策为高等，汉文帝提升他为中大夫。晁错又上书汉文帝，谈论应该削减诸侯王的实力以及应该更改的法令，上书共计三十篇。汉文帝虽然没有完全采用他的意见，却对他的才能另眼相看。

这一年，齐王刘则、河间王刘福去世，都无子，封国被废除。

赵国人新垣平自称善于“望气”，得以进见汉文帝刘恒。他说长安东北有神气，结成五彩。于是，汉文帝下令在渭阳修建五帝庙。

汉文帝前元十六年（丁丑，前 164 年）

夏季，四月，汉文帝刘恒在渭阳五帝庙郊祭五帝。这时，汉文帝宠贵新垣平，

累千金；而使博士、诸生刺《六经》中作《王制》，谋议巡狩、封禅事。又于长门道北立五帝坛。

徙淮南王喜复为城阳王，又分齐为六国；丙寅，立齐悼惠王子在者六人：杨虚侯将闾为齐王，安都侯志为济北王，武成侯贤为菑川王，白石侯雄渠为胶东王，平昌侯卬为胶西王，扐侯辟光为济南王。淮南厉王子在者三人：阜陵侯安为淮南王，安阳侯勃为衡山王，阳周侯赐为庐江王。

秋，九月，新垣平使人持玉杯上书阙下献之。平言上曰："阙下有宝玉气来者。"已，视之，果有献玉杯者，刻曰"人主延寿"。平又言："臣候日再中。"居顷之，日却，复中。于是始更以十七年为元年，令天下大酺。平言曰："周鼎亡在泗水中。今河决，通于泗，臣望东北汾阴直有金宝气，意周鼎其出乎！兆见，不迎则不至。"于是上使使治庙汾阴，南临河，欲祠出周鼎。

（以上为第八段，写汉文帝谋划议论巡狩、封禅等事；把淮南王刘喜封为城阳王，把齐国分为六国；把淮南厉王在世的三个儿子封为王；把在位的第十七年改称为元年。）

后元年（戊寅，前 163 年）

冬，十月，人有上书告新垣平"所言皆诈也"；下吏治，诛夷平。是后，上亦怠于改正、服、鬼神之事，而渭阳、长门五帝，使祠官领，以时致礼，不往焉。

春，三月，孝惠皇后张氏薨。

诏曰："间者数年不登，又有水旱、疾疫之灾，朕甚忧之。愚而不明，未达其咎：意者朕之政有所失而行有过与？乃天道有不顺，地利或不得，人事多失和，鬼神废不享与？何以致此？将百官之奉养或废，无用之事或多与？何其民食之寡乏也？夫度田非益寡，而计民未加益，以口量地，其于古犹有余，而食之甚不足者，其咎安在？无乃百姓之从事于末以害农者蕃，为酒醪以靡谷者多，六畜之食焉者众与？细大之义，吾未得其中，其与丞相、列侯、吏二千石、博士议之。有可以佐百姓者，率意远思，无有所隐！"

（以上为第九段，写汉文帝发现新垣平所说的一切都是诈骗，诛灭其三族，从此对于改变历法、服色及祭祀鬼神等事有所疏怠；下令百官检讨自己的过失，寻求发

封为上大夫，赏赐黄金累计一千斤；汉文帝还让博士、诸生杂采六经中的记载，汇集成《王制》，谋划议论巡狩、封禅等事；又在长门亭的道路北面设立了五帝坛。

汉文帝把淮南王刘喜再次封为城阳王。又把齐国分立为六国。四月十七日丙寅，汉文帝刘恒封立齐悼惠王在世的六个儿子为王：杨虚侯刘将闾为齐王，安都侯刘志为济北王，武成侯刘贤为淄川王，白石侯刘雄渠为胶东王，平昌侯刘卬为胶西王，扐侯刘辟光为济南王。汉文帝封立淮南厉王在世的三个儿子为王：阜陵侯刘安为淮南王，安阳侯刘勃为衡山王，阳周侯刘赐为庐江王。

秋季，九月，新垣平指使人携带玉杯到皇宫门前上书，献宝给汉文帝刘恒。新垣平对汉文帝说："宫门前有一股宝玉之气移来。"过了一会，前去查看，果然有人来献玉杯，杯上刻有"人主延寿"四字。新垣平又说："我算出今天太阳将再次出现在中天。"过了一会儿，太阳向东退行，再次到达中天。于是，汉文帝决定把在位的第十七年改称为元年，并特许天下人聚会痛饮，以示庆贺。新垣平说："周朝的大鼎沉没在泗水中。现在黄河决口，与泗水相连通，我看东北正对着汾阴有金宝之气，估计周鼎可能会出世吧！它的征兆已经出现了，如果不去迎接，周鼎是不会来的。"这个时候，汉文帝派人在汾阴修庙，南面靠近黄河，想要通过祭祀求得周鼎出世。

汉文帝后元元年（戊寅，前 163 年）

冬季，十月，有人向汉文帝上书，检举新垣平所说的一切都是诈骗，汉文帝命令司法官员审查。最后，新垣平被诛灭三族。从此之后，汉文帝对于改变历法、服色及祭祀鬼神的事情，也就疏怠了，立于渭阳、长门的五帝庙，隶属于祠官管理，由祠官按照季节时令祭祀，汉文帝自己不再去了。

春季，三月，汉惠帝刘盈的张皇后去世。

汉文帝下令说："近来连续几年歉收，又有旱涝和疾病的灾害，我十分担忧。我愚昧而不聪明，不知道出现这些灾害的祸根是什么，或许是我治国有失误、行为有过错吗？是天道不顺，或者是不得地利，人事多有失和，没有供奉鬼神吗？为什么会这样呢？或者是废弃了百官的奉养，所兴办的无用之事太多了吗？为什么民众缺乏粮食充饥呢？估计土地没有比以前减少，而统计民众的人口也没有比以前增加，按平均每人占有的耕地来计算，现在比古代还要多，但民众的粮食却严重缺乏，造成这种失误的根源在哪里？莫非是由于民众之中从事工商末业而损害农耕本业的人多，造酒大量耗费了粮食，六畜吃得太多了吗？这些大大小小的原因，我不知道哪个是最主要的，可以由丞相、列侯、二千石官员、博士共同议论这个问题，有能够帮助民众的意见，可按照各自的思路，去做深远的探讨，无所隐瞒地全都告诉我！"

生灾害的根源。）

二年（己卯，前 162 年）

夏，上行幸雍棫阳宫。

六月，代孝王参薨。

匈奴连岁入边，杀略人民、畜产甚多；云中、辽东最甚，郡万余人。上患之，乃使使遗匈奴书。单于亦使当户报谢，复与匈奴和亲。

八月，戊戌，丞相张苍免。帝以皇后弟窦广国贤，有行，欲相之，曰："恐天下以吾私广国，久念不可。"而高帝时大臣，余见无可者。御史大夫梁国申屠嘉，故以材官蹶张从高帝，封关内侯；庚午，以嘉为丞相，封故安侯。嘉为人廉直，门不受私谒。是时，太中大夫邓通方爱幸，赏赐累巨万。帝尝燕饮通家，其宠幸无比。嘉尝入朝，而通居上旁，有怠慢之礼，嘉奏事毕，因言曰："陛下幸爱群臣，则富贵之；至于朝廷之礼，不可以不肃。"上曰："君勿言，吾私之。"

罢朝，坐府中，嘉为檄召通诣丞相府，不来，且斩通。通恐，入言上；上曰："汝第往，吾令使人召若。"通诣丞相府，免冠、徒跣，顿首谢嘉。嘉坐自如，弗为礼，责曰："夫朝廷者，高帝之朝廷也。通小臣，戏殿上，大不敬，当斩。吏！今行斩之！"通顿首，首尽出血，不解。上度丞相已困通，使使持节召通而谢丞相："此吾弄臣，君释之！"邓通既至，为上泣曰："丞相几杀臣！"

（以上为第十段，写匈奴连年入寇汉朝边境，汉文帝送去书信，双方恢复和亲关系；汉文帝任命申屠嘉为丞相，申屠嘉为人廉洁正直，整肃朝廷之礼，惩治汉文帝宠臣邓通。）

三年（庚辰，前 161 年）

春，二月，上行幸代。

是岁，匈奴老上单于死，子军臣单于立。

四年（辛巳，前 160 年）

夏，四月，丙寅晦，日有食之。

汉文帝后元二年（己卯，前162年）

夏季，汉文帝前往雍地的阳宫。

六月，代王刘参去世。

匈奴连年入寇边境，杀害、掳掠了许多民众及其牲畜财产，云中郡和辽东郡所受侵害最为严重，受害人数每郡多达一万多人。汉文帝担忧匈奴的入侵，就派使臣给匈奴送去书信，匈奴单于也派一位当户来汉朝廷答谢，汉与匈奴恢复了和亲关系。

八月，戊戌八月无戊戌日，疑误，汉文帝罢免了丞相张苍的职务。汉文帝因为皇后的弟弟窦广国贤能，品行好，想任命他为丞相，说："恐怕天下人会以为我偏爱窦广国。"考虑很久，认为不能用他为丞相，而高帝时代的大臣，现在健在的人中，又没有能够胜任丞相职务的人。御史大夫、梁国人申屠嘉，当年曾以步兵强弩射手的身份跟随高帝征战，封为关内侯。八月初四庚午，汉文帝任命申屠嘉为丞相，封为故安侯。申屠嘉为人廉洁正直，从不在家接见私下拜谒的人。当时，太中大夫邓通正得到汉文帝宠信，赏赐的财物累计万万钱；汉文帝曾在他家中欢宴饮酒，宠信的程度无人能够相比。申屠嘉曾来朝见汉文帝，见到邓通正在汉文帝身边，礼节很简慢。申屠嘉奏报完了政事，就说："皇上如果宠信亲近臣子，可以让他富贵，至于朝廷之礼，却不能不整肃。"汉文帝说："你不必说了，我私下会告诫他。"

散朝之后，申屠嘉坐在丞相府中，用公文召邓通来丞相府。邓通不来，申屠嘉便要斩杀邓通。邓通很恐惧，进宫去告知汉文帝，汉文帝说："你只管前去，我会派人召你。"邓通来到丞相府，摘下帽子，赤着双脚，向申屠嘉叩头请罪。申屠嘉坐着，安然自若，不予礼待，责备他说："朝廷，那是高皇帝的朝廷。你邓通只不过是一个小臣，竟在殿上戏闹，这是大不敬之罪，该判处斩首。来人！立即把邓通处斩！"邓通吓得一再磕头，磕得头到处流血，申屠嘉仍不表示宽恕。汉文帝估计丞相已让邓通吃了苦头，就派使者持皇帝信节前来传唤邓通，并且转达汉文帝向丞相表示歉意的话："这个人是我所戏弄的昵臣，您就赦免了他吧！"邓通回到宫中，哭着对汉文帝说："丞相差一点杀了我！"

汉文帝后元三年（庚辰，前161年）

春季，二月，汉文帝刘恒前往代国。

这一年，匈奴老上单于去世，其子军臣单于继位。

汉文帝后元四年（辛巳，前160年）

夏季，四月，丙寅晦（四月无丙寅日，疑误），出现了日食。

五月，赦天下。

上行幸雍。

五年（壬午，前 159 年）

春，正月，上行幸陇西；三月，行幸雍；秋，七月，行幸代。

六年（癸未，前 158 年）

冬，匈奴三万骑入上郡，三万骑入云中，所杀略甚众，烽火通于甘泉、长安。以中大夫令免为车骑将军，屯飞狐；故楚相苏意为将军，屯句注；将军张武屯北地；河内太守周亚夫为将军，次细柳；宗正刘礼为将军，次霸上，祝兹侯徐厉为将军，次棘门；以备胡。

上自劳军，至霸上及棘门军，直驰入，将以下骑送迎。已而之细柳军，军士吏被甲，锐兵刃，彀弓弩持满，天子先驱至，不得入。先驱曰："天子且至！"军门都尉曰："将军令曰：'军中闻将军令，不闻天子之诏！'"居无何，上至，又不得入。于是上乃使使持节诏将军："吾欲入营劳军。"亚夫乃传言"开壁门"。壁门士请车骑曰："将军约：军中不得驰驱。"于是天子乃按辔徐行。至营，将军亚夫持兵揖曰："介胄之士不拜，请以军礼见。"天子为动，改容，式车，使人称谢："皇帝敬劳将军。"成礼而去。既出军门，群臣皆惊。上曰："嗟乎，此真将军矣！曩者霸上、棘门军若儿戏耳，其将固可袭而虏也。至于亚夫，可得而犯耶！"称善者久之。月余，汉兵至边，匈奴亦远塞，汉兵亦罢。乃拜周亚夫为中尉。

夏，四月，大旱，蝗。令诸侯无入贡；弛山泽，减诸服御，损郎吏员；发仓庾以振民；民得卖爵。

（以上为第十一段，写前 161 年至前 158 年四年史事，写匈奴军队大规模入侵，报警的烽火一直传到甘泉和长安，汉文帝刘恒分派将军守卫边境，亲自劳军，细柳营治军有方，称赞周亚夫是真正的将军。）

五月，汉文帝刘恒宣布实行大赦。

汉文帝刘恒前往雍县。

汉文帝后元五年（壬午，前 159 年）

春季，正月，汉文帝刘恒前往陇西郡；三月，汉文帝前往雍县；秋季，七月，汉文帝前往代国。

汉文帝后元六年（癸未，前 158 年）

冬季，匈奴三万骑兵入侵上郡，三万骑兵入侵云中郡，杀害和掳掠了很多军民，报警的烽火一直传到甘泉和长安城。朝廷任命中大夫令免为车骑将军，率军屯守飞狐；任命原楚相苏意为将军，屯守句注；命将军张武屯守北地郡；命河内郡守周亚夫为将军，驻扎细柳；命宗正刘礼为将军，驻扎霸上；命祝兹侯徐厉为将军，驻扎棘门，以防备匈奴。

汉文帝亲自犒劳军队，到达驻扎霸上和棘门的军营时，汉文帝一行直接驰马进入营垒，将军和他的部属都骑着马迎送汉文帝出入。接着汉文帝到达细柳的军营，只见将士们身披铠甲，手执锋利的武器，张满弓弩。汉文帝的先导队伍到达，不能进入军营。先导说："天子马上就到了！"把守军门的都尉说："将军有令：'军中只听将军的号令，不听天子的诏令。'"过了一会，汉文帝来到，也不能进入军营。于是，汉文帝便派使者持节诏告将军："我想进入军营慰劳军队。"周亚夫才传令说："打开军营大门。"守卫军营大门的军官向汉文帝的车马随从说："将军有规定：在军营内不许策马奔跑。"汉文帝一行便拉着马缰绳缓慢地前进。来到军营中，周亚夫手执兵器，对着汉文帝拱手作揖说："身上穿着盔甲的武士不能下拜，请允许我以军礼参见皇上。"汉文帝被打动了，面容变得庄重肃穆，手扶车前的横木，向军营将士致意，并派人向周亚夫表示歉意，说："皇帝恭敬地慰劳将军。"完成了劳军的仪式后离去。走出营门，群臣都表示惊讶。汉文帝说："唉！周亚夫才是真正的将军呢！前面所经过的霸上和棘门的军队，如同儿戏罢了，那些将军很容易受到袭击而被人俘虏。至于周亚夫，谁能冒犯他呢？"汉文帝对周亚夫称赞了很久。过了一个多月，汉军到达边境，匈奴远远地离开了边界，汉军也就撤回来了。于是，汉文帝任命周亚夫为中尉。

夏季，四月，大旱，出现蝗灾。汉文帝下令说：诸侯封国停止向朝廷进贡；取消禁止民众进入山林川泽的命令；减少御用衣服、车马等诸项开销；裁减专为皇帝服务的郎官人数；打开官府仓库救济民众；允许民众出卖爵位。

七年（甲申，前157年）

夏，六月，己亥，帝崩于未央宫。遗诏曰："朕闻之：盖天下万物之萌生，靡不有死。死者，天地之理，万物之自然，奚可甚哀！当今之世，咸嘉生而恶死，厚葬以破业，重服以伤生，吾甚不取。且朕既不德，无以佐百姓；今崩，又使重服久临以罹寒暑之数，哀人父子，伤长老之志，损其饮食，绝鬼神之祭祀，以重吾不德，谓天下何！朕获保宗庙，以眇眇之身托于天下君王之上，二十有余年矣。赖天之灵，社稷之福，方内安宁，靡有兵革。朕既不敏，常惧过行以羞先帝之遗德，惟年之久长，惧于不终。今乃幸以天年得复供养于高庙，其奚哀念之有！其令天下吏民：令到，出临三日，皆释服；毋禁取妇、嫁女、祠祀、饮酒、食肉，自当给丧事服临者，皆无跣；绖带毋过三寸；毋布车及兵器；毋发民哭临宫殿中；殿中当临者，皆以旦夕各十五举音，礼毕罢；非旦夕临时，禁毋得擅哭临；已下棺，服大功十五日，小功十四日，纤七日，释服。他不在令中者，皆以此令比类从事。布告天下，使明知朕意。霸陵山川因其故，毋有所改。归夫人以下至少使。"

乙巳，葬霸陵。

帝即位二十三年，宫室、苑囿、车骑、服御，无所增益；有不便，辄弛以利民。尝欲作露台，召匠计之，直百金。上曰："百金，中人十家之产也。吾奉先帝宫室，尝恐羞之，何以台为！"身衣弋绨；所幸慎夫人，衣不曳地；帷帐无文绣；以示敦朴，为天下先。治霸陵，皆瓦器，不得以金、银、铜、锡为饰，因其山，不起坟。吴王诈病不朝，赐以几杖。群臣袁盎等谏说虽切，常假借纳用焉。张武等受赂金钱，觉，更加赏赐以愧其心；专务以德化民。是以海内安宁，家给人足，后世鲜能及之。

丁未，太子即皇帝位，尊皇太后薄氏曰太皇太后，皇后曰皇太后。

汉文帝后元七年（甲申，前 157 年）

夏季，六月初一己亥，汉文帝在未央宫去世。汉文帝留下的遗诏说："我听说，天下万物萌生，没有不死的；死，是天地的常理，是万物的自然规则，有什么值得特别悲哀的呢？现在这个时代，世人都乐于生而厌恶死，为了厚葬而破产，为了强调服丧尽孝而损害身体健康，我很不赞成这些做法。况且，我本人没有什么德行，没有帮助民众，现在死了，如果再让臣民们长期地为我服丧哭悼，经历寒暑变化那么久，使民众父子悲哀，老人伤感，减少了他们的饮食，停止了对鬼神的祭祀，这是加重了我的失德，怎么对得起天下人呢？我获得了保护宗庙的权力，以渺小之身，托身于天下帝王之上，已经有二十多年了。依赖上天的神灵、社稷的福运，才使境内安宁，没有战争。我确实不够聪明，时常害怕自己做出错事，而使先帝遗留下来的美德蒙受耻辱，惧怕年久日长，自己可能会因失德而不得善终。现在万幸的是我得以享尽天年，又可在高庙奉养高帝，哪里还有什么值得悲哀的呢！告之天下官员民众：令到以后，哭吊三天，就都脱下丧服；不要禁止娶妻嫁女、祭祀、饮酒、吃肉。亲戚中应当参加丧事穿丧服哭吊的，都不要赤脚；孝带不要超过三寸宽；不要在车辆和兵器上蒙盖丧布；不要调发民众到宫中来哭吊；殿中应当哭祭的人，只在早晚哀哭十五声，礼仪完毕就停止哭祭；非早晚哭祭时间，禁止擅自前来哭祭；棺椁入土后，凡属'大功'的宗室亲戚，穿丧服十五天，'小功'穿丧服十四天，'纤服'穿丧服七天，然后脱下丧服。其他未在命令中规定的问题，都要比照命令的用意办理。此令要向天下臣民公布，使大家清楚知道我的心意。霸陵周围的山脉河流都保持原貌，不许有所改变。后宫中的妃嫔，从夫人以下到少使，都送归母家。"

六月初七乙巳，汉文帝被安葬在霸陵。

汉文帝即位以来，历时二十三年，宫室、园林、车骑仪仗、服饰器具等，都没有增加；有对民众不便的禁令条例，就予以废止，以利于民众。汉文帝曾想修建一个露台，召来工匠计算，需花费一百斤黄金。汉文帝说："一百斤黄金，相当于中等民户十家财产的总和，我居住着先帝的宫室，经常惧怕使它蒙羞，还修建露台干什么呢？"汉文帝自己身穿黑色的粗丝衣服，他宠爱的慎夫人，所穿的衣服不拖到地面；所用的帷帐都不刺绣花纹，以示朴素，为天下人做出表率。修建霸陵，都使用陶制器物，不准用金、银、铜、锡装饰，利用山陵形势，不另兴建高大的坟堆。吴王刘濞伪称有病，不来朝见，汉文帝反而赐给他几案手杖。群臣之中，袁盎等人的进谏言辞激烈而尖锐，汉文帝常常予以宽容并采纳他们的批评意见。张武等人接受金钱贿赂，事情被觉察后，汉文帝反而赏赐他们钱财，使他们心中愧疚；他全力以德政去教化民众。所以，国家安宁，民众富裕，后世很少能做到这一点。

六月初九丁未，太子刘启即位称帝，尊奉皇太后薄氏为太皇太后，尊奉皇后为

九月，有星孛于西方。

是岁，长沙王吴著薨，无子，国除。

初，高祖贤文王芮，制诏御史："长沙王忠，其定著令。"至孝惠、高后时，封芮庶子二人为列侯，传国数世绝。

（以上为第十二段，写汉文帝刘恒去世。汉文帝留下遗诏，丧事一切从简。太子刘启即位，是为汉景帝。）

孝景皇帝上

元年（乙酉，前156年）

冬，十月，丞相嘉等奏："功莫大于高皇帝，德莫盛于孝文皇帝。高皇帝庙，宜为帝者太祖之庙；孝文皇帝庙，宜为帝者太宗之庙。天子宜世世献祖宗之庙，郡国诸侯宜各为孝文皇帝立太宗之庙。"制曰："可。"

夏，四月，乙卯，赦天下。

遣御史大夫青至代下与匈奴和亲。

五月，复收民田半租，三十而税一。

初，文帝除肉刑，外有轻刑之名，内实杀人；斩右止者又当死；斩左止者笞五百，当劓者笞三百，率多死。是岁，下诏曰："加笞与重罪无异；幸而不死，不可为人。其定律：笞五百曰三百，笞三百曰二百。"

以太中大夫周仁为郎中令，张欧为廷尉，楚元王子平陆侯礼为宗正，中大夫晁错为左内史。仁始为太子舍人，以廉谨得幸。张欧亦事帝于太子宫，虽治刑名家，为人长者，帝由是重之，用为九卿。欧为吏未尝言按人，专以诚长者处官；官属以为长者，亦不敢大欺。

（以上为第十三段，写前156年史事，汉景帝刘启继续实行与匈奴和亲的政策；在汉文帝刘恒废除肉刑的基础上，继续减轻刑罚；任命周仁、张欧、刘礼、晁错等为官。周仁廉谨，张欧宽厚。）

二年（丙戌，前155年）

冬，十二月，有星孛于西南。

令天下男子年二十始傅。

皇太后。

九月，在西方天空出现了一颗异星。

这一年，长沙王吴著去世。他没有儿子，封国被废除。

当初，高祖很赏识长沙文王吴芮的贤德，给御史下达命令：“长沙王吴芮忠于朝廷，应该写入令中，特封为王。”到了汉孝惠帝、高后统治时期，将吴芮的两个庶子封为列侯，各自传国数代之后断绝。

孝景皇帝上

汉景帝（刘启）前元元年（乙酉，前156年）

冬季，十月，丞相申屠嘉等大臣奏请，说：“功勋没有大过高皇帝的，圣德没有超过孝文皇帝的。高皇帝的庙，应该作为本朝皇帝宗庙中的太祖庙；孝文皇帝的庙，应该作为本朝皇帝宗庙中的太宗庙。后世的天子，应该世世代代供奉太祖、太宗庙，各郡和各国诸侯都应当在当地为孝文皇帝修建太宗庙。”汉景帝批复说：“可以。”

夏季，四月二十二日乙卯，实行大赦。

汉景帝派遣御史大夫陶青到代国边塞，与匈奴和亲。

五月，朝廷恢复向民众征收田税的一半，税率为三十分之一。

当初，汉文帝废除肉刑，表面上有减轻刑罚之名，实际上却多杀了人；原判斩右脚的改为死刑；原判斩左脚的改笞打五百下，原判割鼻的改笞打三百，这些人大多被打死。这一年，汉景帝下令诏说：“增加笞打数与处死没有什么不同，即便侥幸而保住生命，也成了残废，无法维持生计。应制定法律：原定笞打五百下的罪，改为笞打三百下；原定笞打三百下的罪，改为笞打二百下。”

汉景帝任命太中大夫周仁为郎中令，任命张欧为廷尉，任命楚元王的儿子平陆侯刘礼为宗正，任命中大夫晁错为左内史。周仁原来做过太子舍人，因为廉洁谨慎而得到宠幸。张欧也曾经在太子宫中侍奉过汉景帝，他虽然研究刑名法律的学问，为人却很宽厚。汉景帝因此很器重他们，任用他们为九卿。张欧做官，没有惩处过人，专门以诚厚长者居官用事。他的部属认为他是一位宽厚长者，也不敢太欺蒙他。

汉景帝前元二年（丙戌，前155年）

冬季，十二月，西南天空出现了一颗异星。

汉景帝命令全国男子，从二十岁开始到官府登记成为正丁，承担国家的徭役和兵役。

春，三月，甲寅，立皇子德为河间王，阏为临江王，余为淮阳王，非为汝南王，彭祖为广川王，发为长沙王。

夏，四月，壬午，太皇太后薄氏崩。

六月，丞相申屠嘉薨。时内史晁错数请间言事，辄听，宠幸倾九卿，法令多所更定。丞相嘉自绌所言不用，疾错。错为内史，东出不便，更穿一门南出。南出者，太上皇庙堧垣也。嘉闻错穿宗庙垣，为奏，请诛错。客有语错，错恐，夜入宫上谒，自归上。至朝，嘉请诛内史错。上曰："错所穿非真庙垣，乃外堧垣，故冗官居其中；且又我使为之，错无罪。"丞相嘉谢。罢朝，嘉谓长史曰："吾悔不先斩错乃请之，为错所卖。"至舍，因欧血而死。错以此愈贵。

秋，与匈奴和亲。

八月，丁未，以御史大夫开封侯陶青为丞相。丁巳，以内史晁错为御史大夫。

彗星出东北。

秋，衡山雨雹，大者五寸，深者二尺。

荧惑逆行守北辰，月出北辰间；岁星逆行天廷中。

梁孝王以窦太后少子故，有宠，王四十余城，居天下膏腴地。赏赐不可胜道，府库金钱且百巨万，珠玉宝器多于京师。筑东苑，方三百余里，广睢阳城七十里，大治宫室，为复道，自宫连属于平台三十余里。招延四方豪俊之士，如吴人枚乘、严忌，齐人羊胜、公孙诡、邹阳，蜀人司马相如之属皆从之游。

每入朝，上使使持节以乘舆驷马迎梁王于关下。既至，宠幸无比，入则侍上同辇，出则同车，射猎上林中。因上疏请留，且半岁。梁侍中、郎、谒者著籍引出入天子殿门，与汉宦官无异。

（以上为第十四段，写汉景帝重用晁错，言听计从，升任其为御史大夫；梁王刘武受到宠信，封国内有四十多座城邑，封地是全国最肥沃富饶的土地，财富多得数也数不清。）

春季，三月二十七日甲寅，汉景帝封立皇子刘德为河间王，刘阏为临江王，刘余为淮阳王，刘非为汝南王，刘彭祖为广川王，刘发为长沙王。

夏季，四月，二十五日壬午，太皇太后薄氏去世。

六月，丞相申屠嘉去世。当时，内史晁错多次请求单独与汉景帝谈论国政，汉景帝常常采纳他的意见，受到的宠信超过了九卿，经晁错的建议修改了许多法令。丞相申屠嘉因汉景帝不采用他的意见而自行贬退，非常痛恨晁错。晁错作为内史，内史府的门东出不便，就另开了一个门南出。这个南门，开凿在太上皇庙外空地的围墙上。申屠嘉听说晁错打通了宗庙围墙，就上奏汉景帝，请求诛杀晁错。有人把此事告知晁错，晁错很害怕，夜里入宫求见汉景帝，向汉景帝自首，寻求保护。到天亮上朝时，申屠嘉奏请诛杀内史晁错。汉景帝说："晁错所打通的墙，并不是真正的庙墙，而是宗庙外边的围墙，原来的一些散官住在那里，而且又是我让晁错这样做的，晁错没有罪。"丞相申屠嘉只好表示谢罪。散朝之后，申屠嘉对长史说："我后悔没有先把晁错斩首再去奏请皇上认可，现在却被晁错所欺。"回到府中，申屠嘉吐血而死。晁错因此越发尊贵。

秋季，汉朝与匈奴和亲。

八月，丁未（疑误），汉景帝刘启任命御史大夫开封侯陶青为丞相。初二丁巳，汉景帝任命内史晁错为御史大夫。

彗星出现在东北天空中。

秋季，衡山国境内下了一场冰雹，大的直径有五寸，冰雹堆积最厚的地方达到二尺。

火星逆行靠近了北极星；月亮反常地经过了北极星的天区；木星在太微星座逆行。

梁孝王刘武因为是窦太后的小儿子，受到宠爱，封国内有四十多座城，封地是全国最肥沃富饶的土地。给他的赏赐多得说不清，府库中所藏的金钱接近一百万万，珠玉宝器比京城还要多。梁孝王修建了方圆三百多里的东苑，扩大其都城睢阳城的规模，使之达到周长七十里，大规模兴建宫室，修建了架于空中的通道，从宫室连接到平台达三十多里。招揽延聘四方豪杰，如吴地人枚乘、严忌，齐地人羊胜、公孙诡、邹阳，蜀地人司马相如这些人，都与他结交，跟随他活动。

每当梁王刘武入朝时，汉景帝都派出使者持皇帝符节，用四匹马拉着皇帝专用的车辆，到函谷关前迎接梁王。梁王到达长安之后，所受的宠信无人可比；进入皇宫就陪侍汉景帝乘坐同一辇车，外出就与汉景帝乘坐同一御车，在上林苑中射猎。梁王借机向汉景帝上书，要求留居长安，一住将近半年。梁王的侍中、郎官、谒者都在名册上登记，可出入天子的殿门，与朝廷的宦官没有区别。

【点评】

论汉文帝刘恒。汉文帝刘恒，是汉朝的一个极为重要的守成之帝，他和其子汉景帝刘启的治国，被称为“文景之治”。对于汉文帝，诚如后人所评说：“汉兴，至汉文帝而天下大定。”“孝文为三代以后第一贤君。”

刘恒能成为汉朝皇帝，具有很大的偶然性，可以说是天上掉下个帝王帽，一下子砸到他的头上。

刘恒的母亲薄氏，是刘邦最有运气、又很不走运的一个妃子。她原是魏王豹的小妾，魏豹被韩信打败后，薄氏被召入汉宫一年多，连刘邦的面都没有见上。后来，刘邦听到别人谈论起薄氏，非常怜惜，当晚就召见她，被临幸一次就生下了儿子刘恒，这算是非常幸运了！当然，薄氏以后也很少见到刘邦，正因为如此，薄氏才没有受到太后吕雉的嫉妒和打击，刘邦去世后，准许她出宫，到代地，与儿子刘恒相依为命。这也就是说，刘恒除了是刘邦的儿子之外，没有任何的背景和靠山。

刘恒在代地，整天想的是如何当好代王，做梦也没有想到能够当上汉朝的皇帝。当时，平定诸吕后，汉惠帝刘盈还有几个儿子。即使要在刘邦的孙子辈中选皇帝，其长孙齐王刘襄在当时是实力最为强大的诸侯王，他的弟弟刘章在平定诸吕中出力最多，似乎这皇位非刘襄莫属。而刘邦健在的儿子还有刘长，因其母自杀，被吕后抚养，在汉朝的影响力要比刘恒大多了。可是，这好事偏偏落到刘恒的头上。其实，这好事落到刘恒身上，与他是否具有治国的能力一点儿不相关，倒是与刘恒的母亲薄氏有关。原来，周勃、陈平等汉朝大臣平定诸吕后，选立皇帝的标准，首先要看是否对自己绝对有利。汉惠帝的儿子刘弘正当着皇帝，大臣们大权在握，说废就废。还把汉惠帝的其他几个儿子也都说成是“野种”，一笔勾销了他们的继承权。再说刘襄，能力倒是有，但他的舅舅驷钧为人非常凶残，被称为戴着官帽的老虎。汉高帝的老臣刘泽等人极力反对，认为如果立了刘襄，大权被外戚驷钧掌握，就等于再扶植了一个吕氏集团。再说刘长，是吕后带大的，与吕后多少有些干系，也不在拥立范围之内。拥立谁呢？刘恒！大臣们的理由是，代王的母亲薄氏是忠厚的正人君子；代王是高帝的亲子，最为年长，作为儿子继位顺理成章，辅佐善良厚道的人继位则大臣放心。这里最重要的是“大臣放心”四个字！其他的都不重要，因为拥立刘恒，这些大臣们可以放倒枕头睡觉，无后顾之忧了！

这下就成全了刘恒，也成全了汉朝，当然也成全了这帮拥立的大臣！

人们常说，性格决定命运。而对于刘恒来说，倒是命运决定性格，也决定了汉朝的未来！由于刘恒没有任何势力可依靠，整日里如履薄冰，战战兢兢，一举手一投足，都要好好掂量掂量，一旦哪一步迈错了，将是万劫不复！当大臣把拥立他当皇帝的天大的好事告诉他时，他将信将疑，还以为是一个骗局呢。

这种凡事三思而行，以及过度谨小慎微的性格，使得刘恒当上皇帝以后，行事非常谨慎；再加上他年少时封为代王，在荒僻的地方，有机会接触中下层民众，知道民生疾苦以及民众的所思所想，知道在推翻暴秦和楚汉相争中，打了数年的仗，民众在动荡不安中度过，需要休养生息，安居乐业。基于此，刘恒知道这皇帝应当怎么做，知道怎样才算是一个民众拥护的好皇帝。

于是，刘恒在位期间，顺应时势需要，做了几件非常出色的事情，可以说是汉朝其他任何皇帝都不能比拟的。首先是妥善处理各种矛盾，千方百计予以弱化、钝化，以保持社会的稳定。例如对诸侯王，采用贾谊的建议，众建诸侯而少其力，将齐国分为六国，将淮南国分为三国；对待气势汹汹的匈奴，采取和亲的方法，巧妙地与其周旋，实行战略防御，尽量避免大规模战争发生。其二，汉文帝睿智，外柔内刚，朝内无权臣。文帝的“外柔”表现为谨慎小心；“内刚”表现为该出手就出手，偶露峥嵘。他先是小心打探，得知大臣诚心拥护，毫不含糊，轻车疾进，到京当日，就在代邸即位，立即入宫，乘新皇帝即位之势，当夜连发三诏：一是掌握军权，“夜拜宋昌为卫将军，镇抚南北军”，“以张武为郎中令，行殿中”；二是清除政敌，“夜，有司分部诛灭梁、淮阳、常山王及少帝于邸”；三是施惠全国民众，“夜下诏书……赦天下，赐民爵一级，女子百户牛酒，酺五日”。三件大事，一夜办完，真是雷厉风行。文帝夺了周勃兵权，升任他为右丞相，赐金五千斤，食邑万户，用重赏安抚。后又借故下狱，杀其威风。周勃战战兢兢，功臣集团安分守己。其三，鼓励重农、积蓄，徙民实边，入粟拜爵，宽徭减租。采取这些措施，在当时极度困难的情况下是非常重要的，实现了民富，增强了国力。第四，约法省禁。约法，指减轻刑罚，取消了连坐法，汉文帝有感于缇萦救父，废除肉刑，改为笞刑和杖刑，是一个历史性的进步。省禁，指国家施政放宽对社会的约束，取消关卡，便于商旅，开放山林水泽，供平民樵采狩猎。第五，开放言论，言者无罪，于是有贾谊、晁错等人上疏言事。第六，非常节俭，在位二十三年，车骑服御之物都没有增添；屡次下令禁止郡国贡献奇珍异宝；平时穿戴都是粗糙的黑丝绸衣服；为自己预修的陵墓，也要求从简。刘恒也以注重简朴而为世人称道。总括汉文帝政绩，可用五个第一与五个唯一来概括：其一，汉文帝是第一个也是唯一的一个开放言论、实行言者无罪的皇帝；其二，汉文帝是第一个也是唯一的一个免除农民农业税的皇帝；其三，汉文帝是第一个也是唯一的一个不以意为法，放手司法独立办案的皇帝；其四，汉文帝是第一个也是唯一的一个实行“善者因之”，主张市场经济的皇帝；其五，汉文帝是第一个也是唯一的一个厉行节俭、示范薄葬的皇帝。司马迁称许汉文帝为“仁”，当之无愧。

人无完人，尺有所短。刘恒在位期间，也有许多缺憾。他由于过于谨慎，轻听

轻信，缺乏魄力，如召用季布为御史大夫，听一美言而召之，听一毁言又弃之。且不说季布的能力如何，这种举措，就说明了刘恒的优柔寡断，没有主见。同样，对待贾谊，也是如此。他非常欣赏贾谊，拟任公卿之职，而一帮老臣予以诋毁，他就放弃初衷，将贾谊贬出朝廷。结果迎合了一帮守旧的老臣，而断送了一个具有绝世才华的年轻人的生命！如果刘恒重用贾谊，朝局可能将会有一些更好的气象！还有，张释之十年不见升迁，冯唐白首屈于郎，功臣周勃犹见疑，也都是十分可惜的事情。

总之，汉文帝在天下初定时，与民休息，是一位“德至盛”的明君，此言不虚。

汉纪八

汉景帝前元三年至后元三年（前154—前141年）

【起强圉大渊献（丁亥，前154年），尽上章困敦（庚子，前141年），凡十四年】

【大事提要】

本卷记事起前154年，讫前141年，凡十四年，当汉景帝（刘启）前元三年至后元三年。本卷所载大事，主要是以下几个方面：其一，吴王谋反。吴王刘濞因太子被汉太子刘启失手所杀，衔恨在心，在封国内大量铸钱、煮盐，招纳“任侠奸人”，处处与朝廷对抗，图谋篡夺帝位。前154年，带领楚、赵等七国公开叛乱，史称“七国之乱”，被汉军主将周亚夫击败，兵败被杀，封国被废除。其二，晁错遭斩。晁错为太子家令，得到汉景帝刘启宠信，官至御史大夫。他进言削藩，剥夺诸侯王政治特权，以巩固中央集权，损害了诸侯王利益。以吴王刘濞为首的七国诸侯，以“诛晁错，清君侧”为名，举兵反叛。汉景帝听袁盎之计，腰斩晁错于东市。其三，周亚夫平乱。吴楚叛乱，来势汹汹，猛攻梁国，汉景帝刘启提升周亚夫为太尉，领兵平叛。他向汉景帝提出了“放弃梁国，从背后断其粮道，然后伺机击溃叛军”的计划，得到肯定。叛军由于缺粮，只好退却，周亚夫趁机派精兵追击，取胜，而与梁王刘武结怨。其四，梁王欲继位。七国之乱时，梁王刘武率兵抵御吴楚联军，死守梁都睢阳，拱卫国都长安，功劳极大，后仗窦太后宠爱和梁国地广兵强，非常骄横，欲继汉景帝刘启之位，被汉朝大臣袁盎等人谏阻，怀恨在心，便派人刺杀袁盎等大臣，遭到汉景帝怨恨，后心神恍惚而去世。其五，景帝去世。前141年，汉景帝患病，死于长安未央宫，在位十六年，享年四十八岁。在位期间，推行“削藩”，平定“七国之乱”，继续奉行“与民休息”政策，发展生产、减轻赋税。与其父共创“文景之治”，为刘彻开创“汉武盛世”奠定基础。

【原文】

孝景皇帝下

前三年（丁亥，前 154 年）

冬，十月，梁王来朝。时上未置太子，与梁王宴饮，从容言曰："千秋万岁后传于王。"王辞谢，虽知非至言，然心内喜，太后亦然。詹事窦婴引卮酒进上曰："天下者，高祖之天下，父子相传，汉之约也，上何以得传梁王！"太后由此憎婴。婴因病免；太后除婴门籍，不得朝请。梁王以此益骄。

春，正月，乙巳，赦。

长星出西方。

洛阳东宫灾。

初，孝文时，吴太子入见，得侍皇太子饮、博。吴太子博争道，不恭；皇太子引博局提吴太子，杀之。遣其丧归葬，至吴，吴王愠曰："天下同宗，死长安即葬长安，何必来葬为！"复遣丧之长安葬。吴王由此稍失藩臣之礼，称疾不朝。京师知其以子故，系治、验问吴使者；吴王恐，始有反谋。

后使人为秋请，文帝复问之，使者对曰："王实不病；汉系治使者数辈，吴王恐，以故遂称病。夫察见渊中鱼不祥，唯上弃前过，与之更始。"于是文帝乃赦吴使者，归之，而赐吴王几杖，老，不朝。吴得释其罪，谋亦益解。然其居国，以铜、盐故，百姓无赋；卒践更，辄予平贾；岁时存问茂材，赏赐闾里；他郡国吏欲来捕亡人者，公共禁弗予。如此者四十余年。

晁错数上书言吴过，可削；文帝宽，不忍罚，以此吴日益横。及帝即位，错说上曰："昔高帝初定天下，昆弟少，诸子弱，大封同姓，齐

【语译】

孝景皇帝下

汉景帝前元三年（丁亥，前154年）

冬季，十月，梁王刘武来长安朝见汉景帝。当时，汉景帝没有立太子，与梁王宴饮时，汉景帝很舒缓地说：“等我死后，把帝位传给你。”梁王表示谦谢，虽然知道这不是认真的话，但心中很高兴。窦太后也是如此说。詹事窦婴捧着一杯酒献给汉景帝说：“这个天下，是高祖的天下，帝位由父亲传给儿子，这是汉朝的规定，皇上怎么能够传给梁王呢？”窦太后因此憎恶窦婴，窦婴便借口有病而辞职。窦太后在准许出入皇宫殿门的名册上除去了窦婴的姓名，不许他参加春秋两季的盛大朝会。梁王因此更加骄横。

春季，正月二十二日乙巳，汉景帝下达赦令。

彗星出现在西方天空。

洛阳的东宫发生火灾。

当初，汉文帝在位时，吴国太子进京朝见汉文帝，得以陪伴皇太子刘启饮酒、博戏。吴太子在博戏过程中与太子争棋路，态度不恭；皇太子就拿起棋盘猛击吴太子，把他打死了。朝廷把他的灵柩送回去安葬，灵柩到达吴国，吴王刘濞恼怒地说：“天下都是刘氏一家的天下，死在长安就葬在长安，何必送回来安葬呢？”吴王又把太子的灵柩送回长安安葬。吴王从此渐渐失去藩臣的礼节，声称身体有病，不来朝见皇帝。京城知道吴王是为了儿子的缘故，就拘留和审问吴国的使者，吴王恐惧，开始产生了谋反的念头。

后来，吴王刘濞派人代替他去长安行秋季朝见之礼，汉文帝再一次追问吴王不来朝见的原因，使臣回答说：“吴王其实没有生病，朝廷拘留了几批吴国使者，又治他们的罪，吴王恐惧，所以才声称有病。有这么一句话，叫作‘看见深潭中的鱼，不吉利’，希望皇上不再追究他以前的过失，让他改过自新。”这样，汉文帝就释放了吴国使者，让他们回去，并且赏赐给吴王几案和拐杖，表示照顾他年事已高，不必前来朝见。吴王见朝廷不再追究他的罪名，谋反之心也就渐渐消除了。但是，因为吴国内有冶铜、制盐的财源，便不向民众征收赋税；民众应该为官府服役时，总是由吴王刘濞发给代役金，另外雇人应役；每到年节时，慰问有贤才的士人，赏赐平民民众；其他郡国的官吏要来吴国捕捉流亡的人，吴国公然阻止，不把罪犯交出去。这样，前后持续了四十多年。

谋臣晁错多次上书，奏说吴王的罪过，认为应当削减其封地。汉文帝宽厚，不忍心惩罚，所以吴王刘濞日益骄横。等到汉景帝即位，晁错劝说汉景帝道：“当初，

七十余城，楚四十余城，吴五十余城；封三庶孽，分天下半。今吴王前有太子之隙，诈称病不朝，于古法当诛。文帝弗忍，因赐几杖，德至厚，当改过自新，反益骄溢，即山铸钱，煮海水为盐，诱天下亡人谋作乱。今削之亦反，不削亦反。削之，其反亟，祸小；不削，反迟，祸大。”

上令公卿、列侯、宗室杂议，莫敢难；独窦婴争之，由此与错有隙。及楚王戊来朝，错因言："戊往年为薄太后服，私奸服舍，请诛之。”诏赦，削东海郡。及前年，赵王有罪，削其常山郡；胶西王卬以卖爵事有奸，削其六县。

（以上为第一段，写晁错建言景帝削藩，吴王刘濞首当其冲。吴太子在文帝时入朝被刘启失手误杀，吴王心怀怨望久不入朝，有叛汉之心。景帝先从弱小诸侯国动手，楚王刘戊、赵王刘遂、胶西王刘卬有罪，均被削地，吴王恐惧，加紧谋反。）

廷臣方议削吴。吴王恐削地无已，因发谋举事。念诸侯无足与计者，闻胶西王勇，好兵，诸侯皆畏惮之，于是使中大夫应高口说胶西王曰："今者主上任用邪臣，听信谗贼，侵削诸侯，诛罚良重，日以益甚。语有之曰：‘狧糠及米。’吴与胶西，知名诸侯也，一时见察，不得安肆矣。吴王身有内疾，不能朝请二十余年，常患见疑，无以自白，胁肩累足，犹惧不见释。窃闻大王以爵事有过。所闻诸侯削地，罪不至此；此恐不止削地而已。”王曰："有之。子将奈何？”高曰："吴王自以为与大王同忧，愿因时循理，弃躯以除患于天下，意亦可乎？”胶西王瞿然骇曰："寡人何敢如是！主上虽急，固有死耳，安得不事！”高曰："御史大夫晁错，营惑天子，侵夺诸侯，诸侯皆有背叛之意，人事极矣。彗星出，蝗虫起，此万世一时；而愁劳，圣人所以起也。吴王内以晁错为诛，外从大王后车，方洋天下，所向者降，所指者下，莫敢不服。大王诚幸而许之一言，则吴王率楚王略函谷关，守荥阳、敖仓之粟，距汉兵，治次舍，须大王。大王幸而临之，则天下可并，两主分割，不亦可乎！”王曰："善！”

高帝刚刚平定天下，兄弟少，儿子们年幼，大封同姓诸侯王，封给齐国七十多座城，封给楚国四十多座城，封给吴国五十多座城。封给这三个并非嫡亲的诸侯王的领地，就占去了全国的一半。现在，吴王以前因有吴太子之死的嫌隙，假称有病不来朝见，按照古法应当处死。汉文帝不忍心，因而赐给他几案、手杖，对他是恩德极为深厚，他本应该改过自新，但他反而更加骄横无法，利用矿山采铜铸钱，煮海水制盐，招诱天下流亡人口，图谋叛乱。如今，削减他的封地，他会叛乱，不削减他的封地，他也会叛乱；如果削减他的封地，他反得快，祸害会小一些；如果不削减他的封地，他反得慢，将来有备而发，祸害更大。”

汉景帝下令公卿、列侯、宗室共同讨论晁错的建议，没有人敢与晁错辩驳，只有窦婴一人坚决反对，从此与晁错之间产生了矛盾。等到楚王刘戊来京朝见，晁错借机说：“刘戊去年为薄太后服丧期间，在服丧的居室里私下奸淫，请求处死他。”汉景帝下令，免去刘戊的死罪，但把原楚国封地东海郡收归朝廷。另外，在前一年，赵王刘遂有罪，朝廷削夺了他的常山郡；胶西王刘卬在卖爵事情上有不法行为，朝廷削夺了他封地中的六县之地。

朝廷大臣们正在议论削夺吴王刘濞的封地。吴王害怕削夺没有止境，就打算举兵叛乱，想到其他诸侯王没有足以共商大事的，听说胶西王刘卬勇武，喜欢兵法，诸侯都畏惧他，于是，吴王派中大夫应高去亲口游说胶西王，说：“现在，主上重用奸邪之臣，听信谗言恶语，侵夺削弱诸侯国，对诸侯王的惩罚极为严厉，而且一天比一天厉害。俗语有这样的说法：‘开头吃糠，后来就会发展到吃米。’吴国和胶西国，都是著名的诸侯王国，同时被朝廷注意，不会有安宁了。吴王身体患有暗疾，已有二十多年不能朝见，时常担心受到朝廷怀疑，无法自己表白，缩紧肩膀、脚压着脚地自我约束，仍怕得不到朝廷的宽容，我私下听说大王因出卖爵位的过失而受到朝廷处置。我所听到的其他诸侯被削夺封地的事情，如果按照所犯罪名来处理，都不应该受到如此严重的惩罚。恐怕朝廷的用意，不仅仅是要削夺诸侯王的封地吧！”胶西王刘卬说：“我确实有封地被削夺的事情。你认为该怎么办？”应高说：“吴王自认为与大王面临着共同的忧患，希望顺应时势，遵循情理，牺牲生命去为天下消除祸患，我想您也同意吧？”胶西王大吃一惊，说：“我怎么敢做这样的事情！天子待诸侯虽然很严苛，但我只有一死了事，怎么能起意反叛呢？”应高说：“御史大夫晁错，在天子身边蒙骗蛊惑，侵夺诸侯封地，诸侯王都有背叛之心，从人事来看，形势已经发展到极点了。彗星出现，蝗灾发生，这是千载难逢的好时机。而且愁恼困苦的局势，正是圣人挺身而出的时候。吴王准备对朝廷提出清除晁错的要求，

归，报吴王，吴王犹恐其不果，乃身自为使者，至胶西面约之。胶西群臣或闻王谋，谏曰："诸侯地不能当汉十二，为叛逆以忧太后，非计也。今承一帝，尚云不易；假令事成，两主分争，患乃益生。"王不听，遂发使约齐、菑川、胶东、济南，皆许诺。

初，楚元王好书，与鲁申公、穆生、白生俱受《诗》于浮丘伯；及王楚，以三人为中大夫。穆生不耆酒；元王每置酒，常为穆生设醴。及子夷王、孙王戊即位，常设，后乃忘设焉。穆生退，曰："可以逝矣！醴酒不设，王之意怠；不去，楚人将钳我于市。"遂称疾卧。申公、白生强起之，曰："独不念先王之德与！今王一旦失小礼，何足至此！"穆生曰："《易》称：'知几其神乎！几者，动之微，吉凶之先见者也。君子见几而作，不俟终日。'先王之所以礼吾三人者，为道存也。今而忽之，是忘道也。忘道之人，胡可与久处，岂为区区之礼哉！"遂谢病去。申公、白生独留。

王戊稍淫暴，太傅韦孟作诗讽谏，不听，亦去，居于邹。戊因坐削地事，遂与吴通谋。申公、白生谏戊，戊胥靡之，衣之赭衣，使雅舂于市。休侯富使人谏王。王曰："季父不吾与，我起，先取季父矣！"休侯惧，乃与母太夫人奔京师。

及削吴会稽、豫章郡书至，吴王遂先起兵，诛汉吏二千石以下；胶西、胶东、菑川、济南、楚、赵亦皆反。楚相张尚、太傅赵夷吾谏王戊，戊杀尚、夷吾。赵相建德、内史王悍谏王遂，遂烧杀建德、悍。齐王后悔，背约城守。济北王城坏未完，其郎中令劫守，王不得发兵。胶西王、胶东王为渠率，与菑川、济南共攻齐，围临淄。赵王遂发兵住其西界，

在战场上则跟随于大王之后，纵横天下，所向无敌，锋芒所指之处，没有人胆敢不服。大王如果真能许诺一句话，吴王就率领楚王直捣函谷关，据守荥阳、敖仓的粮库，抵抗汉军，整治好驻扎之地，恭候大王到来。有幸得到大王光临，就可以吞并天下，吴王和大王平分江山，不也是很好的吗？”胶西王说：“好！”

应高返回吴国，向吴王刘濞汇报，吴王还担心胶西王刘卬不履行诺言，就亲自前往胶西国与刘卬当面约定。胶西国群臣中，有人得知胶西王的图谋，谏阻说：“诸侯王的封地还不到汉朝廷的十分之二，发动叛乱而使太后担忧，这不是高明的计策。现在侍奉一个天子，都说不容易，假如吴与胶西的计划能够成功，两位帝王并立相争，祸患就更多了。”胶西王不听，于是，派使者与齐王、淄川王、胶东王、济南王约定共同举事，这些诸侯王都答应了。

当初，楚元王刘交喜爱书籍，和鲁地人申公、穆生、白生都拜浮丘伯为师，学习《诗》，等到他当了楚王，就任命他们三人为中大夫。穆生不喜欢喝酒，楚元王每次设宴饮酒时，都特意为穆生准备甜酒。等到楚元王的儿子夷王以及孙子刘戊为王时，也总在举行宴会时为穆生特备甜酒，但以后就忘记这样做了。穆生退席而出，说：“应该离去了！不特设甜酒，说明楚王对我已经怠慢了；再不离去，楚王将会给我戴上刑具在街市上示众。”于是，穆生声称有病，卧床不起。申公、白生极力劝他继续为楚王效力，说：“你就不念先王的恩德吗？现在楚王一时稍有礼貌不周，怎么至于这样呢？”穆生说：“《易》上说：‘知道契机的神妙吗？契机，是动机的微妙变化，是显示吉凶的先兆。君子看到契机要果断采取行动，一天都不拖延。’先王礼待我们三人的原因，是他心中有道义；现在楚王怠慢我们，是忘记了道义。怎么能和忘记了道义的人长期共处？难道我这样只是因为那区区的礼节吗？”于是，穆公声称有病，离开了楚国。申公和白生却继续留任楚国。

楚王刘戊逐渐荒淫残暴，太傅韦孟作了一首诗，用来进行委婉的批评，楚王不加理睬，韦孟也离开楚国，去邹地居住。刘戊因犯罪被朝廷削夺封地，就与吴王刘濞通谋，准备叛乱。申公、白生去劝谏刘戊，刘戊将他们二人罚为罪徒，让他们被绳拴着，穿着刑徒的红褐色囚衣，在街市上舂米。休侯刘富派人来劝阻楚王，楚王说：“叔父不与我合作，我一旦起事，就先攻打叔父了！”休侯刘富害怕，就与他的母亲太夫人逃奔长安。

及至朝廷削夺吴国会稽郡、豫章郡的文书到达，吴王刘濞就首先起兵，杀死朝廷任命的二千石以下的官员；胶西王、胶东王、淄川王、济南王、楚王、赵王也都举兵叛乱。楚相张尚、太傅赵夷吾谏阻楚王刘戊，刘戊杀死了张尚和赵夷吾。赵相建德、内史王悍谏止赵王刘遂，刘遂将他们两人烧死。齐王后悔通谋叛乱，违背与吴楚的盟约，依据城池进行抵御。济北王的城墙坏了没有修好，他的郎中令劫持了

欲待吴、楚俱进，北使匈奴与连兵。

吴王悉其士卒，下令国中曰："寡人年六十二，身自将；少子年十四，亦为士卒先。诸年上与寡人同，下与少子等，皆发。"凡二十余万人。南使闽、东越，闽、东越亦发兵从。吴王起兵于广陵，西涉淮，因并楚兵，发使遗诸侯书，罪状晁错，欲合兵诛之。吴、楚共攻梁，破棘壁，杀数万人；乘胜而前，锐甚。梁孝王遣将军击之，又败梁两军，士卒皆还走。梁王城守睢阳。

（以上为第二段，写吴王刘濞连合胶西、胶东、淄川、济南、楚、赵六国，与吴国共七国一同反汉，只要朝廷削夺吴国封地的文书一到达，就起兵反叛，其他六国一起行动；吴楚联军西进，兵锋甚锐。）

初，文帝且崩，戒太子曰："即有缓急，周亚夫真可任将兵。"及七国反书闻，上乃拜中尉周亚夫为太尉，将三十六将军往击吴、楚，遣曲周侯郦寄击赵，将军栾布击齐；复召窦婴，拜为大将军，使屯荥阳监齐、赵兵。

初，晁错所更令三十章，诸侯讙哗。错父闻之，从颍川来，谓错曰："上初即位，公为政用事，侵削诸侯，疏人骨肉，口语多怨，公何为也？"错曰："固也。不如此，天子不尊，宗庙不安。"父曰："刘氏安矣而晁氏危，吾去公归矣！"遂饮药死，曰："吾不忍见祸逮身！"后十余日，吴、楚七国俱反，以诛错为名。

上与错议出军事，错欲令上自将兵而身居守；又言："徐、僮之旁吴所未下者，可以予吴。"错素与吴相袁盎不善，错所居坐，盎辄避；盎所居坐，错亦避；两人未尝同堂语。及错为御史大夫，使吏按盎受吴王财物，抵罪；诏赦以为庶人。吴、楚反，错谓丞、史曰："袁盎多受吴王金钱，专为蔽匿，言不反；今果反，欲请治盎，宜知其计谋。"丞、史曰："事未发，治之有绝；今兵西向，治之何益！且盎不宜有谋。"错犹与未决。

他，使他无法举兵参加叛乱。胶西王和胶东王为统帅，联合淄川王、济南王共同攻打齐国，围攻齐国都城临淄。赵王刘遂把军队调往赵国西部边境，准备与吴、楚等国军队联合进攻，又向北方的匈奴派出使者，联络匈奴一起举兵。

吴王刘濞征发了所有士兵，下令全国说："我今年六十二岁了，亲自担任统帅；我的小儿子十四岁，也身先士卒。所有年龄上与我一样，下与我的小儿子一样的人，都征发从军！"吴国共征发了二十多万人。吴王向南方派出使者去联络闽、东越，闽和东越也发兵响应。吴王在广陵起兵，向西渡过淮河，随即与楚国军队合并，派使者致书诸侯，指控晁错罪状，准备联合进兵诛杀晁错。吴、楚两国军队一起攻打梁国，攻破了棘壁，杀死数万人；吴、楚联军乘胜前进，兵锋锐不可当。梁孝王刘武派将军迎击，又有两支军队被吴楚联军打败，梁军士兵都向后逃跑。梁王固守都城睢阳。

当初，汉文帝临终前，告诉太子刘启说："假如国家有危难，周亚夫足以胜任军队统帅的重任。"等到七国叛乱的文书到达朝廷，汉景帝刘启就任命中尉周亚夫为太尉，统率三十六位将军及其部队，前去迎击吴、楚叛军；派遣曲周侯郦寄攻打赵国；派遣将军栾布攻打齐境叛军；汉景帝又召回窦婴，任命他为大将军，让他率军驻守荥阳，监督用兵于齐国和赵国境内的汉军。

当初，晁错所修改的法令有三十章，诸侯王纷纷议论，表示反对。晁错的父亲得知消息，从颍川赶来京师，对晁错说："皇上刚刚即位，你当权处理政事，侵夺削弱诸侯，疏离人家的骨肉，舆论都怨恨你，你为什么这样做呢？"晁错说："本当这样做。如果不这样做，天子不尊贵，宗庙不安宁。"他的父亲说："这样做，刘氏的天下安宁了，但晁氏却危险了，我离开你回去了！"他的父亲就服毒自杀，临死前说："我不忍心见到大祸降临到我的身上！"此后过了十多天，吴、楚等七国就以诛除晁错为名，一同举兵叛乱。

汉景帝与御史大夫晁错商谈出军平叛的事情，晁错想让汉景帝统兵亲征，而他自己留守长安。晁错又建议："徐县、僮县附近一带，吴国没有攻占的地方，可以送给吴国，争取他们退兵。"晁错一直与吴相袁盎不友善，有晁错在某处就座，袁盎总是避开；袁盎出现在何处，晁错也总是避开，两人从不在同一个室内说过话。等到晁错升任御史大夫，派官员审查袁盎接受吴王财物贿赂的事情，处以相当的刑罚，确定袁盎有罪。汉景帝下诏赦免袁盎，把他降为平民。吴楚叛乱发生后，晁错对御史丞、侍御史说："袁盎接受了吴王的许多金钱，专门为吴王掩饰，说他不会叛乱。现在，吴王果然反叛了，我想奏请皇上严惩袁盎，他肯定知道吴王的密谋。"御

人有告盎，盎恐，夜见窦婴，为言吴所以反，愿至前，口对状。婴入言，上乃召盎。盎入见，上方与错调兵食。上问盎："今吴、楚反，于公意何如？"对曰："不足忧也！"上曰："吴王即山铸钱，煮海为盐，诱天下豪杰；白头举事，此其计不百全，岂发乎！何以言其无能为也？"对曰："吴铜盐之利则有之，安得豪杰而诱之！诚令吴得豪杰，亦且辅而为谊，不反矣。吴所诱皆无赖子弟、亡命、铸钱奸人，故相诱以乱。"错曰："盎策之善。"上曰："计安出？"盎对曰："愿屏左右。"上屏人，独错在。盎曰："臣所言，人臣不得知。"乃屏错。错趋避东厢，甚恨。

上卒问盎，对曰："吴、楚相遗书，言高皇帝王子弟各有分地，今贼臣晁错擅适诸侯，削夺之地，以故反，欲西共诛错，复故地而罢。方今计独有斩错，发使赦吴、楚七国，复其故地，则兵可毋血刃而俱罢。"于是上默然良久，曰："顾诚何如？吾不爱一人以谢天下。"盎曰："愚计出此，唯上孰计之！"乃拜盎为太常，密装治行。

后十余日，上令丞相青、中尉嘉、廷尉欧劾奏错："不称主上德信，欲疏群臣、百姓，又欲以城邑予吴，无臣子礼，大逆无道。错当要斩，父母、妻子、同产无少长皆弃市。"制曰："可。"错殊不知。壬子，上使中尉召错，绐载行市，错衣朝衣斩东市。上乃使袁盎与吴王弟子宗正德侯通使吴。

谒者仆射邓公为校尉，上书言军事，见上，上问曰："道军所来，闻晁错死，吴、楚罢不？"邓公曰："吴为反数十岁矣；发怒削地，以诛

史丞、侍御史说："如果在吴国叛乱前，治袁盎的罪，可能会中止叛乱密谋；现在叛军大举向西进攻，审查袁盎，能有什么作用？况且，袁盎不会参与密谋。"晁错犹豫不决。

有人把御史大夫晁错的打算告知了袁盎，袁盎很害怕，连夜去见窦婴，对他说明吴王叛乱的原因，希望能面见汉景帝刘启，亲口说明原委。窦婴入宫奏报汉景帝，汉景帝就召见袁盎。袁盎入宫晋见，汉景帝正与晁错在调度军粮。汉景帝问袁盎："现在吴、楚叛乱，你觉得局势会怎样？"袁盎回答说："不值得担忧！"汉景帝说："吴王利用矿山就地铸钱，煮海水为盐，招诱天下豪杰，到年老发白时举兵叛乱，如果他没有计出万全的把握，难道会起事吗？为什么说他不能有所作为呢？"袁盎回答说："吴王确实有采铜铸币、煮海水为盐的财利，但哪有什么豪杰被他招诱去了呢！假如吴王真的招到了豪杰，豪杰也会辅佐他按仁义行事，也就不会叛乱了。吴王所招诱的，都是些无赖子弟、没有户籍的流民、私铸钱币的坏人，所以才能相互勾结而叛乱。"晁错说："袁盎分析得很好。"汉景帝问道："应采取什么妙计？"袁盎说："请皇上让左右回避。"汉景帝让人退出，唯独还有晁错在场。袁盎说："我要说的话，任何臣子都不应听到。"汉景帝就让晁错回避。晁错迈着小而快的步伐，退避到东边的厢房中，对袁盎极为恼恨。

汉景帝于是就询问袁盎的退敌之策，袁盎回答说："吴王和楚王互相通信，说高皇帝分封子弟为王，各自有封地，现在贼臣晁错擅自贬谪诸侯，削夺他们的封地，因此他们才造反，准备向西进军，共同诛杀晁错，恢复原有的封地才罢休。现在的对策，只有杀掉晁错，派出使臣宣布赦免吴、楚七国，恢复他们原有的封地，那么，七国的军队可以不经过战争就都会撤走了。"于是，汉景帝沉默了很长时间，说："不这样做，还真没别的办法啊！我不会为了爱惜他一个人而得罪天下的人！"袁盎说："我的计策就是这样，请皇上认真考虑！"汉景帝就任命袁盎为太常，秘密收拾行装，做出使吴国的准备。

过了十多天，汉景帝刘启授意丞相陶青、中尉申屠嘉、廷尉张欧上疏弹劾晁错："辜负皇上的恩德和信任，要使皇上与群臣、民众疏远，又想把城邑送给吴国，毫无臣子的礼节，犯下了大逆无道之罪。晁错应判处腰斩，他的父母、妻子、兄弟不论老少全部公开处死。"汉景帝批复说："同意所拟判决。"晁错对此却一无所知。二十九日壬子，汉景帝派中尉召晁错，欺骗他说坐着车子巡察市中。于是，晁错穿着上朝的官服在东市被斩首。汉景帝就派袁盎与吴王的侄子、宗正德侯刘通为使臣，出使吴国。

谒者仆射邓公正担任校尉，向汉景帝上书分析战争情况，在晋见汉景帝时，汉景帝问道："你从军中而来，听到晁错被杀，吴国和楚国撤兵了没有？"邓公说："吴

错为名，其意不在错也。且臣恐天下之士拑口不敢复言矣。”上曰：“何哉？”邓公曰：“夫晁错患诸侯强大不可制，故请削之以尊京师，万世之利也。计画始行，卒受大戮。内杜忠臣之口，外为诸侯报仇，臣窃为陛下不取也。”于是帝喟然长息曰：“公言善，吾亦恨之！”

袁盎、刘通至吴，吴、楚兵已攻梁壁矣。宗正以亲故，先入见，谕吴王，令拜受诏。吴王闻袁盎来，知其欲说，笑而应曰：“我已为东帝，尚谁拜！”不肯见盎，而留军中，欲劫使将；盎不肯，使人围守，且杀之。盎得间，脱亡归报。

（以上为第三段，写吴楚之乱爆发，御史大夫晁错成了替罪羊。晁错与袁盎原来有矛盾，互相都欲置对方于死地。袁盎请汉景帝诛杀晁错以使吴楚退兵，结果晁错被冤杀，吴楚叛乱照样猖狂。）

太尉亚夫言于上曰：“楚兵剽轻，难与争锋，愿以梁委之，绝其食道，乃可制也。”上许之。亚夫乘六乘传，将会兵荥阳。发至霸上，赵涉遮说亚夫曰：“吴王素富，怀辑死士久矣。此知将军且行，必置间人于殽、渑阸狭之间；且兵事尚神密，将军何不从此右去，走蓝田，出武关，抵洛阳！间不过差一二日，直入武库，击鸣鼓。诸侯闻之，以为将军从天而下也。”太尉如其计，至洛阳，喜曰：“七国反，吾乘传至此，不自意全。今吾据荥阳，荥阳以东，无足忧者。”使吏搜殽、渑间，果得吴伏兵。乃请赵涉为护军。

太尉引兵东北走昌邑。吴攻梁急，梁数使使条侯求救，条侯不许。又使使诉条侯于上。上使告条侯救梁，亚夫不奉诏，坚壁不出；而使弓高侯等将轻骑兵出淮泗口，绝吴、楚兵后，塞其饷道。

梁使中大夫韩安国及楚相张尚弟羽为将军；羽力战，安国持重，乃得颇败吴兵。吴兵欲西，梁城守，不敢西；即走条侯军，会下邑，欲战。

王准备叛乱已有几十年了，他是因朝廷削夺了他的封地发怒，杀晁错只是他的借口，他的本意不在晁错啊！再说，朝廷杀掉晁错，我担心天下的士大夫都不敢再向朝廷进忠言了！”汉景帝问：“为什么？”邓公说：“晁错忧虑诸侯王国势力过于强大，朝廷不能制服，所以，请求削减王国封地，从而尊崇朝廷，这本来是造福万世的好事。计划刚刚实行，他本人就突然被杀了。这样做，对内堵塞了忠臣的口，对外替诸侯王报了仇，我私下认为皇上不应该如此！”于是，汉景帝深深地感叹说：“您说得对，我也很后悔杀了晁错！”

袁盎、刘通到达吴国，吴军和楚军已开始进攻梁国的壁垒了。宗正刘通因是同姓亲属，先入内会见吴王刘濞，告知吴王，让他跪拜接受皇帝诏书。吴王听说袁盎来了，估计到他要劝说自己撤兵，就笑着回答说：“我已经做了东方的皇帝了，还向谁跪拜呢？”吴王不肯与袁盎见面，把他扣留在军营中，准备强迫他担任吴军的将领。袁盎不答应，吴王派人把他关押起来，准备杀掉他。袁盎寻机逃脱回来，向汉景帝汇报出使情况。

太尉周亚夫对汉景帝刘启说：“楚军剽悍敏捷，与他们正面交锋很难取胜，我建议放弃梁国，先断绝吴、楚军队的粮道，这样才可以制服它们。”汉景帝同意了这个部署。周亚夫乘坐着六匹马拉的传车，将去荥阳与大军会合。走到霸上，赵涉挡住去路，劝说周亚夫道：“吴王一直很富有，早就收买了一批甘愿为他献身的刺客，现在得知将军将去前线，必定会在崤山、渑池之间的险要地段安排刺客对付您。况且，军事行动最讲究秘密，将军为什么不改变路线，从此处向右走，经过蓝田，出武关，抵达洛阳！这样绕着走，不过差一两天，却可以直接进入洛阳武库，擂响战鼓。参与叛乱的诸侯王听到了，会认为将军是自天而降呢！”太尉按照他的计策行事，到达洛阳，高兴地说：“七国共同叛乱，我乘坐驿车平安到达此处，真是出乎意料。现在我已驻守荥阳，荥阳以东没有什么可担心的了。”周亚夫派官吏搜索崤山、渑池之间，果然抓住了吴军伏兵。周亚夫就向汉景帝奏请，让赵涉担任护军。

太尉周亚夫领兵向东北，到达昌邑。吴军猛烈进攻梁国，梁王刘武多次派使者向条侯周亚夫求救，周亚夫不答应。梁王又派使臣向汉景帝告状，说周亚夫不肯救援。汉景帝派使臣命令周亚夫援救梁国，周亚夫不执行皇帝诏令，仍然坚守营垒，不派军队出战，但他却命令弓高侯韩颓当等人率领轻骑兵，奔袭淮泗口，断绝吴、楚军队的后路，堵塞吴、楚的粮道。

梁国派中大夫韩安国以及楚相张尚的弟弟张羽为将军。张羽作战勇猛，韩安国指挥持重，才得以挫败吴军。吴军想向西进兵，但因梁军据城死守，便不敢越过梁

条侯坚壁不肯战；吴粮绝卒饥，数挑战，终不出。

条侯军中夜惊，内相攻击，扰乱至帐下，亚夫坚卧不起，顷之，复定。吴奔壁东南陬，亚夫使备西北；已而其精兵果奔西北，不得入。吴、楚士卒多饥死叛散，乃引而去。

二月，亚夫出精兵追击，大破之。吴王濞弃其军，与壮士数千人夜亡走；楚王戊自杀。

（以上为第四段，写太尉周亚夫与汉景帝设计平定吴楚之乱，以牺牲梁国为代价阻击叛军，又断绝吴楚叛军的粮草供应，吴楚叛军攻打周亚夫大营，周亚夫识破叛军计谋，早有防备，一招制敌，打败叛军。）

吴王之初发也，吴臣田禄伯为大将军。田禄伯曰：“兵屯聚而西，无他奇道，难以立功。臣愿得五万人，别循江、淮而上，收淮南、长沙，入武关，与大王会，此亦一奇也。”吴王太子谏曰：“王以反为名，此兵难以借人，人亦且反王，奈何？且擅兵而别，多他利害，徒自损耳！”吴王即不许田禄伯。

吴少将桓将军说王曰：“吴多步兵，步兵利险；汉多车骑，车骑利平地，愿大王所过城不下，直去，疾西据洛阳武库，食敖仓粟，阻山河之险以令诸侯，虽无入关，天下固已定矣。大王徐行留下城邑，汉军车骑至，驰入梁、楚之郊，事败矣。”吴王问诸老将，老将曰：“此年少，椎锋可耳，安知大虑！”于是王不用桓将军计。

王专并将兵。兵未渡淮，诸宾客皆得为将、校尉、候、司马，独周丘不用。周丘者，下邳人，亡命吴，酤酒无行；王薄之，不任。周丘乃上谒，说王曰：“臣以无能，不得待罪行间。臣非敢求有所将也，愿请王一汉节，必有以报。”王乃予之。周丘得节，夜驰入下邳；下邳时闻吴

国向西进兵。因此，吴军就前来进攻条侯周亚夫的军队，两军在下邑相遇，吴军急于求战。条侯坚守壁垒不肯交战；吴军粮道断绝，士兵饥饿，多次挑战，周亚夫始终不应战。

周亚夫的军营中，夜间突然惊乱，内部互相攻击，甚至闹到了周亚夫的大帐附近，周亚夫坚持睡着不起，过了一会儿，就恢复平静了。吴军向汉军营垒的东南角调集军队，周亚夫却命令营中加强对西北方向的防御。不久，吴、楚的精兵果然突袭汉营西北，因汉军早有防备，无法攻入。吴、楚军队中，有许多士兵饿死，或者背叛离散，吴王就领兵撤退了。

二月，太尉周亚夫派出精锐军队追击，大败吴、楚军队。吴王刘濞丢下他的军队，与几千名精壮士兵连夜逃跑；楚王刘戊自杀。

吴王刘濞刚开始举兵叛乱时，吴国臣子田禄伯担任大将军。田禄伯说："大军集结向西进攻，没有可以出奇兵的通道，难以成功。我请求给我五万人马，另外沿长江、淮河逆流而上，占领淮南、长沙，攻入武关，与大王主力军队会师，这也是一路奇兵。"吴王的太子劝阻说："大王以造反为名义，这样的军队不能让别人带领，假如别人也背叛您，又该怎么办呢？况且，让别人全权指挥一支军队，又走另外一条路，容易产生许多其他利害问题，只是白白地削弱了自己的力量！"吴王就没有批准田禄伯的请求。

吴国的青年将领桓将军劝说吴王刘濞道："吴国军队步兵多，步兵利于在险阻的地方作战；汉军中以战车、骑兵为主力，战车和骑兵利于在平原地区作战。希望大王不进攻沿途的城池，挥兵直进，迅速向西进兵，占领洛阳武库，利用敖仓的粮食供应军队，凭借山势和黄河天险号令诸侯。这样，即使没有进入函谷关，天下就已经被您平定了。如果大王进军缓慢，因沿途攻占城邑而延误时机，汉军战车、骑兵到来，冲入梁国和楚国的郊野，您的大事就失败了。"吴王征询老将军们的意见，老将们说："这个青年人，让他去冲锋陷阵还可以，怎么懂得全局战略呢？"于是，吴王不采用桓将军的计策。

吴王独揽全军指挥权。在吴军尚未渡过淮河时，吴王就把投靠他的众宾客任命为将军、校尉、军候、军司马，唯独周丘没有得到任用。周丘是下邳人，流亡到吴国，以卖酒为生，品行不好，吴王刘濞很鄙视他，所以，没有予以任用。周丘就去求见吴王，说："我因为没有本事，不能在军队中为您效力。我不敢要求带兵做官，

反，皆城守。至传舍，召令入户，使从者以罪斩令，遂召昆弟所善豪吏告曰："吴反，兵且至，屠下邳不过食顷；今先下，家室必完，能者封侯矣。"出，乃相告，下邳皆下。周丘一夜得三万人，使人报吴王，遂将其兵北略城邑；比至阳城，兵十余万，破阳城中尉军；闻吴王败走，自度无与共成功，即引兵归下邳，未至，疽发背死。

壬午晦，日有食之。

吴王之弃军亡也，军遂溃，往往稍降太尉条侯及梁军。吴王渡淮，走丹徒，保东越，兵可万余人，收聚亡卒。汉使人以利啖东越，东越即绐吴王出劳军，使人鏦杀吴王，盛其头，驰传以闻。吴太子驹亡走闽越。

吴、楚反，凡三月，皆破灭，于是诸将乃以太尉谋为是；然梁王由此与太尉有隙。

（以上为第五段，写吴楚叛军失败的原因，吴王刘濞没有听从大将军田禄伯出奇兵西进的计策，也没有听从青年将领桓将军迅速占领洛阳武库、凭借黄河天险号令天下的劝说，最后兵败被杀。）

三王之围临淄也，齐王使路中大夫告于天子。天子复令路中大夫还报，告齐王坚守："汉兵今破吴楚矣。"路中大夫至，三国兵围临淄数重，无从入。三国将与路中大夫盟曰："若反言：'汉已破矣，齐趣下三国，不，且见屠。'"路中大夫既许，至城下，望见齐王曰："汉已发兵百万，使太尉亚夫击破吴、楚，方引兵救齐，齐必坚守无下！"三国将诛路中大夫。

齐初围急，阴与三国通谋，约未定；会路中大夫从汉来，其大臣乃复劝王无下三国。会汉将栾布、平阳侯等兵至齐，击破三国兵。解围已，后闻齐初与三国有谋，将欲移兵伐齐。齐孝王惧，饮药自杀。

只希望从大王处得到汉朝的一个符节，必定做成一番事业来回报大王。”吴王就把符节给了他。周丘得到符节，连夜驱车进入下邳县城。这时，下邳的官民得知吴王叛乱，都据城防守。周丘到达驿站，传召县令进入室内，命令他的随从用罪名把县令杀死。于是，召见与他的兄弟们友善的有权势的官吏说：“吴王已经起兵，大军马上就到，屠灭下邳城不过用吃顿饭的时间。如果先归降吴王，家室必定保全，有本事的人还能立功封侯。”官吏出去后，转告给其他人，下邳的官民就都归顺了吴王。周丘一夜之间得到了三万人，派人向吴王汇报，就率领他的军队向北方攻取城邑。打到城阳时，周丘的军队已有十多万人了，打败了城阳中尉指挥的军队。周丘得知吴王失败逃走，自己估计无法和他共同成就事业了，就领兵返回下邳，还没有到达，因背上生毒疮而死去。

三十日壬午晦，发生日食。

因为吴王刘濞丢掉军队自己逃跑，吴军就崩溃瓦解了，许多部队陆续向太尉条侯周亚夫和梁国的军队投降。吴王刘濞渡过淮河，逃到丹徒县，依附东越，以求自保，约有军队一万多人，并召集逃散的士兵。汉朝派人用金钱利禄收买东越首领，东越首领就骗吴王出来慰劳军队，派人用矛戟刺杀了吴王，装上他的头颅，派人乘传车疾驰到汉朝廷报告。吴国太子刘驹逃亡到闽越。

吴、楚叛乱，共三个月的时间，就全被平定了，这时，所有将领都认为太尉周亚夫的战略部署是正确的。但是，梁王刘武却因此与太尉有了矛盾。

当胶西王刘卬等三个诸侯王的叛军围困齐国临淄城的时候，齐王派一位姓路的中大夫向汉景帝刘启报告。汉景帝又命令路中大夫返回齐国复命，告诉齐王坚守临淄，说：“朝廷军队已经打败吴楚叛军了。”路中大夫赶回时，三国的军队已把临淄重重包围，无法入城。三国的将领迫使路中大夫与他们结盟，说：“你反过来说：‘汉朝廷的军队已被打败了，齐国赶快向三个王国的军队投降吧。不然，临淄就要被屠灭了。’”路中大夫应允了，到了城下，远远见到齐王，他就说：“汉朝已经派出了百万大军，让太尉周亚夫指挥，打败了吴楚军队，正领兵前来救援，齐国一定要坚守不降！”三个王国的将领杀死了路中大夫。

齐国都城当初被围紧急时，齐王刘将闾曾暗中与三个王国联络，准备参与叛乱，盟约未定，恰好路中大夫从汉朝廷而来，齐王的大臣们又劝他不能向三国叛军投降。恰逢汉将栾布、平阳侯曹襄等率军到达齐国，打败了三国军队。解除了临淄之围后，

胶西、胶东、菑川王各引兵归国。胶西王徒跣、席藁、饮水谢太后。王太子德曰：“汉兵还，臣观之，已罢。可袭，愿收王余兵击之！不胜而逃入海，未晚也。”王曰：“吾士卒皆已坏，不可用。”弓高侯韩颓当遗胶西王书曰：“奉诏诛不义，降者赦除其罪，复故；不降者灭之。王何处？须以从事。”王肉袒叩头，诣汉军壁谒曰：“臣卬奉法不谨，惊骇百姓，乃苦将军远道至于穷国，敢请菹醢之罪！”弓高侯执金鼓见之曰：“王苦军事，愿闻王发兵状。”王顿首膝行，对曰：“今者晁错天子用事臣，变更高皇帝法令，侵夺诸侯地。卬等以为不义，恐其败乱天下，七国发兵且诛错。今闻错已诛，卬等谨已罢兵归。”将军曰：“王苟以错为不善，何不以闻？及未有诏、虎符，擅发兵击义国？以此观之，意非徒欲诛错也。”乃出诏书，为王读之，曰：“王其自图！”王曰：“如卬等死有余罪！”遂自杀，太后、太子皆死。胶东王、菑川王、济南王皆伏诛。

郦将军兵至赵，赵王引兵还邯郸城守。郦寄攻之，七月不能下。匈奴闻吴、楚败，亦不肯入边。栾布破齐还，并兵引水灌赵城。城坏，王遂自杀。

帝以齐首善，以迫劫有谋，非其罪也，召立齐孝王太子寿，是为懿王。

济北王亦欲自杀，幸全其妻子。齐人公孙玃谓济北王曰：“臣请试为大王明说梁王，通意天子；说而不用，死未晚也。”公孙玃遂见梁王曰：“夫济北之地，东接强齐，南牵吴、越，北胁燕、赵。此四分五裂之国。权不足以自守，劲不足以捍寇，又非有奇怪云以待难也；虽坠言于吴，非其正计也。乡使济北见情实，示不从之端，则吴必先历齐，毕济北，招燕、赵而总之，如此，则山东之从结而无隙矣。今吴王连诸侯之兵，

汉军将领听说齐王当初与三国密谋勾结，就准备调集军队攻打齐国。齐孝王害怕，服毒自杀。

胶西王刘印、胶东王刘雄渠、淄川王刘贤分别率领军队返回封地。胶西王赤着脚、坐卧在禾秆编的席上饮水，向太后请罪。胶西王的太子刘德说："汉军已经开始撤兵，据我观察，他们已很疲乏，可以突袭，希望召集大王的残余军队去袭击他们！如果突袭不能获胜，再逃入海岛隐蔽，也还不晚。"胶西王说："我的部队都已残破，无法作战了。"弓高侯韩颓当给胶西王送来一封信，信中说："我奉皇帝命令诛杀不义的人。投降的，赦免他的罪名，恢复原有的官爵；不投降的，一定要消灭他。你准备选择哪一条道路？等待你做出选择，我好采取相应的处置措施。"胶西王光着上身、磕着头来到汉军营垒前请谒，他说："我刘印遵法不谨慎，惊骇了民众，竟使将军辛苦地远道来到我们这个穷国，我请求处以剁成肉酱的惩罚！"弓高侯手持指挥作战用的金鼓来见他，说："你被发兵的举动害苦了，我希望听你解释发兵的原因。"胶西王一边磕头一边跪着向前走，回答说："当时，晁错是受天子信任的执政大臣，变更高皇帝的法令，侵夺诸侯王国的封地。我们认为他的做法不符合道义，恐怕他败坏、扰乱天下，所以我们七国才发兵，准备杀掉晁错。现在听说晁错已被皇帝处死，我们就很谨慎地撤兵回国了。"韩将军说："你如果认为晁错不好，为什么不向皇上奏报？并在没有接到皇上命令和调兵虎符的情况下，擅自调发军队去进攻忠于朝廷的封国？由此看来，你们发兵的用意，不只是想杀晁错！"韩将军就拿出诏书，向胶西王宣读，然后说："你自己考虑应该怎样处置吧！"胶西王说："像我刘印这样的人，死有余辜！"于是就自杀了，胶西国的太后、太子都死了。胶东王、淄川王、济南王都被处死。

郦将军的军队到达赵国，赵王刘遂领兵从边界返回都城邯郸，据城自守。郦寄发动进攻，连续用兵七个月，没有攻破邯郸城。匈奴得知吴军和楚军失败，也不肯进入边境援救赵王。栾布平定齐国率军返回，与郦将军的军队会合，引河水淹灌邯郸，城墙毁坏，赵王刘遂自杀。

汉景帝因为齐国首先抵御叛军，后来因迫于形势与叛军有串联，不是齐孝王刘将闾的罪过，就召来齐孝王的太子刘寿，立为齐王，即齐懿王。

济北王刘志也准备自杀，以求侥幸保全他的妻子儿女。齐国人公孙貜对济北王说："我请求试为大王去劝说梁王，通过他向皇上解释。如果我的劝说不被采纳，大王再死也不晚。"公孙貜就去求见梁王，说："济北国的封地，东边邻近强大的齐国，南面连接着吴国和越国，北面受到燕国和赵国的威胁。这是一个四面受敌，随时有可能被人瓜分的国家，济北王的权谋不足以自守封地，实力不足以防御外敌入侵，又没有什么神灵可用来抵御灾难，虽然他曾失言答应与吴国联合行动，却并不是出

驱白徒之众，西与天子争衡，济北独底节不下；使吴失与而无助，跬步独进，瓦解土崩，破败而不救者，未必非济北之力也。夫以区区之济北而与诸侯争强，是以羔犊之弱而扞虎狼之敌也。守职不桡，可谓诚一矣。功义如此，尚见疑于上，胁肩低首，累足抚衿，使有自悔不前之心，非社稷之利也。臣恐藩臣守职者疑之。臣窃料之，能历西山，径长乐，抵未央，攘袂而正议者，独大王耳。上有全亡之功，下有安百姓之名，德沦于骨髓，恩加于无穷，愿大王留意详惟之。”孝王大说，使人驰以闻；济北王得不坐，徙封于菑川。

河间王太傅卫绾击吴、楚有功，拜为中尉。绾以中郎将事文帝，醇谨无他。上为太子时，召文帝左右饮，而绾称病不行。文帝且崩，属上曰：“绾长者，善遇之。”故上亦宠任焉。

夏，六月，乙亥，诏：“吏民为吴王濞等所诖误当坐及逋逃亡军者，皆赦之。”

帝欲以吴王弟德哀侯广之子续吴，以楚元王子礼续楚。窦太后曰：“吴王，老人也，宜为宗室顺善；今乃首率七国纷乱天下，奈何续其后！”不许吴，许立楚后。

乙亥，徙淮阳王余为鲁王；汝南王非为江都王，王故吴地；立宗正礼为楚王；立皇子端为胶西王，胜为中山王。

（以上为第六段，写平定吴楚七国之乱以及善后事宜。胶西王刘卬等三个诸侯王的叛军围困齐国临淄城，被打败；齐王刘将闾曾与三个王国有串联，畏罪自杀；赵王刘遂守城七个月，城破自杀。）

于他的本意，只不过是为形势所迫。假如当初济北王表露出忠于朝廷的真心，显示出不顺从吴王的痕迹，那么，吴国一定会先放过齐国，攻占济北国，招诱燕国、赵国而统领它们。这样，崤山以东的诸侯联盟就会形成，并可连成完整的一片。现在吴王会合七国的军队，驱使没有受过训练的徒众，向西进军与天子争夺天下，而只有济北一国固守臣节不归降吴王，使吴国丧失盟友而孤立无援，只能艰难地单独进军，结果土崩瓦解，一蹶不振，追寻其原因，未必不是济北国坚守不降所做出的贡献。用微不足道的济北国，与几国叛军相抗衡，这就如同弱小的羊羔牛犊与凶猛的虎狼搏斗一样。济北王恪尽职守，不肯屈服，可称得上是忠心耿耿了。济北王有这样的功业道义，竟然还要受到朝廷的怀疑，整天缩肩低头，手足无措，使他产生了后悔当初没有与吴王联合行动的念头，这对国家是不利的。我害怕那些恪尽职守的封国诸侯，都由此而产生疑虑！我私下估计：在当今能够经过西方的山险，直入长乐宫和未央宫，在太后和皇上面前勇于据理力争的，只有大王您一个人。这样，上有保全面临亡国厄运的济北国的功德，下有安定民众的名誉，您的功德及于骨髓，您的恩惠世代相传，希望大王认真考虑这件事情！”梁孝王听了很高兴，派人急速进京向朝廷奏报。因此，济北王得以不坐罪，被改封到淄川国为王。

河间王太傅卫绾进攻吴、楚叛军有功，汉景帝刘启任命他为中尉。卫绾曾以中郎将的身份侍奉汉文帝，除宽厚谨慎之外，没有其他特长。汉景帝做太子的时候，曾召请汉文帝的左右侍从饮酒，而卫绾推说身体有病不去参加宴会。汉文帝临终前，嘱咐汉景帝说：“卫绾是忠厚长者，你要好好对待他！”所以，汉景帝也宠幸信任他。

夏季，六月二十五日乙亥，汉景帝下令说：“官吏民众被吴王刘濞等人连累而应当判罪的，以及逃亡犯、逃避兵役的，都予以赦免。”

汉景帝打算让吴王之弟哀侯刘广的儿子刘德接续当吴王，让楚元王的儿子刘礼接续当楚王。窦太后说：“吴王是宗室中的老人，理应为宗室做忠于朝廷的表率，但他却首先发难，率领七国叛乱，扰乱天下，为什么给他续后？”不许再立吴王，但允许楚王续后。

六月二十五日乙亥，汉景帝刘启改封淮阳王刘余为鲁王；改封汝南王刘非为江都王，管辖原属吴国的封地；立宗正刘礼为楚王；立皇子刘端为胶西王，刘胜为中山王。

四年（戊子，前 153 年）

春，复置关，用传出入。

夏，四月，己巳，立子荣为皇太子，彻为胶东王。

六月，赦天下。

秋，七月，临江王阏薨。

冬，十月，戊戌晦，日有食之。

初，吴、楚七国反，吴使者至淮南，淮南王欲发兵应之。其相曰："王必欲应吴，臣愿为将。"王乃属之。相已将兵，因城守，不听王而为汉，汉亦使曲城侯将兵救淮南，以故得完。

吴使者至庐江，庐江王不应，而往来使越。至衡山，衡山王坚守无二心。及吴、楚已破，衡山王入朝。上以为贞信，劳苦之，曰："南方卑湿。"徙王王于济北以褒之。庐江王以边越，数使使相交，徙为衡山王，王江北。

（以上为第七段，写吴楚之乱中的淮南、庐江、衡山三王的情况。淮南王刘安被国相所阻挡；庐江王刘赐不答应与吴王刘濞联合，与南越国多次互通使臣；衡山王刘勃坚守城池，对朝廷忠心不二。）

五年（己丑，前 152 年）

春，正月，作阳陵邑。夏，募民徙阳陵，赐钱二十万。

遣公主嫁匈奴单于。

徙广川王彭祖为赵王。

济北贞王勃薨。

六年（庚寅，前 151 年）

冬，十二月，雷，霖雨。

初，上为太子，薄太后以薄氏女为妃；及即位，为皇后，无宠。秋，九月，皇后薄氏废。

楚文王礼薨。

初，燕王臧荼有孙女曰臧儿，嫁为槐里王仲妻，生男信与两女而仲死；更嫁长陵田氏，生男蚡、胜。文帝时，臧儿长女为金王孙妇，生女俗。臧儿卜筮之，曰："两女皆当贵。"臧儿乃夺金氏妇，金氏怒，不肯予决；内之太子宫，生男彻。彻方在身时，王夫人梦日入其怀。

汉景帝前元四年（戊子，前 153 年）

春季，重新设置关卡，凭符传出入。

夏季，四月二十三日己巳，汉景帝刘启立皇子刘荣为皇太子，刘彻为胶东王。

六月，汉朝实行大赦。

秋季，七月，临江王刘阏去世。

冬季，十月，戊戌晦（疑误），出现日食。

当初，吴、楚七国叛乱，吴王刘濞的使者到达淮南国，淮南王刘安想发兵响应吴王。他的丞相说："大王如果一定要响应吴王，我愿意出任将领。"淮南王就把军队交给他指挥。淮南国丞相掌握军权之后，就据城防守，不听从淮南王的指挥而效忠朝廷，朝廷也派曲城侯领兵援救淮南国，因此淮南王得以保全。

吴王刘濞的使者到达庐江国，庐江王刘赐不答应与吴王联合，而与南越国多次互通使臣。吴王的使者到衡山国，衡山王刘勃坚守城池，对朝廷忠心不二。等到吴、楚叛军被打败后，衡山王入京朝见汉景帝。汉景帝认为他忠贞，就慰问他说："南方地势低而潮湿。"改封衡山王为济北王，以示褒奖。庐江王因与南越国相邻，多次派使者与南越交结，汉景帝把他改封为衡山王，在长江以北为王。

汉景帝前元五年（己丑，前 152 年）

春季，正月，兴建阳陵邑。夏季，汉景帝下令召募民众迁居阳陵，各赐给二十万铜钱。

汉景帝送公主出嫁匈奴单于。

汉景帝改封广川王刘彭祖为赵王。

济北王刘勃去世。

汉景帝前元六年（庚寅，前 151 年）

冬季，十二月，天空打雷，降雨多日。

当初，汉景帝做太子的时候，薄太后给他选定了一个薄氏女子为妃，及至汉景帝做了皇帝，薄氏就成了皇后，却不受汉景帝的宠幸。秋季，九月，皇后薄氏被废。

楚王刘礼去世。

当初，燕王臧荼有个孙女，名叫臧儿，嫁给槐里王仲为妻，生下儿子王信和两个女儿之后，王仲死了。臧儿便改嫁长陵人田氏，生下儿子田蚡和田胜。汉文帝时，臧儿的大女儿嫁给金王孙为妻，生下女儿金俗。臧儿替子女占卜命运，卜人说："两个女儿都应当是尊贵的命。"臧儿就从金王孙家中夺回女儿，金王孙愤怒，不肯与妻

及帝即位，长男荣为太子。其母栗姬，齐人也。长公主嫖欲以女嫁太子，栗姬以后宫诸美人皆因长公主见帝，故怒而不许；长公主欲与王夫人男彻，王夫人许之。由是长公主日谗栗姬而誉王夫人之美；帝亦自贤之，又有曩者所梦日符，计未有所定。王夫人知帝嗛栗姬，因怒未解，阴使人趣大行请立栗姬为皇后。帝怒曰："是而所宜言邪！"遂按诛大行。

七年（辛卯，前 150 年）

冬，十一月，己酉，废太子荣为临江王。太子太傅窦婴力争不能得，乃谢病免。栗姬恚恨而死。

庚寅晦，日有食之。

二月，丞相陶青免。乙巳，太尉周亚夫为丞相。罢太尉官。

夏，四月，乙巳，立皇后王氏。

丁巳，立胶东王彻为皇太子。

是岁，以太仆刘舍为御史大夫，济南太守郅都为中尉。

始，都为中郎将，敢直谏。尝从入上林，贾姬如厕，野彘卒来入厕。上目都，都不行；上欲自持兵救贾姬。都伏上前曰："亡一姬，复一姬进，天下所少，宁贾姬等乎！陛下纵自轻，奈宗庙、太后何！"上乃还，彘亦去。太后闻之，赐都金百斤，由此重都。都为人，勇悍公廉，不发私书，问遗无所受，请谒无所听。及为中尉，先严酷，行法不避贵戚。列侯、宗室见都，侧目而视，号曰"苍鹰"。

（以上为第八段，写汉景帝曾立刘荣为太子，长公主想把女儿刘嫖嫁给太子，太子母栗姬没有同意，长公主就把刘嫖嫁给王夫人所生子刘彻，长公主毁损栗姬而称誉刘彻，结果景帝改立刘彻为太子。）

中元年（壬辰，前 149 年）

夏，四月，乙巳，赦天下。

地震。衡山原都雨雹，大者尺八寸。

子分手，臧儿却把大女儿送到太子宫中，生下儿子刘彻。王夫人怀着刘彻的时候，曾梦见太阳进入她的怀中。

等到汉景帝即位，大儿子刘荣被立为太子。太子刘荣的生母栗姬，是齐国人。汉景帝的姐姐长公主刘嫖，想把自己的女儿嫁给太子，栗姬因为后宫中各位美人都是由长公主推荐给汉景帝的，所以对长公主很恼怒而没有同意。长公主又想把女儿嫁给王夫人所生的皇子刘彻，王夫人同意了。从此之后，长公主每天都在汉景帝面前说栗姬的坏话而称赞王夫人的美德。汉景帝自己也觉得王夫人贤惠，又有从前梦日入怀的祥瑞符兆，对是否应改立太子和皇后的事情，犹豫未定。王夫人知道汉景帝恨栗姬，趁着汉景帝怒火未息，暗中派人去催促大行，让大行请求汉景帝立栗姬为皇后。汉景帝大怒，说："这是你应该说的话吗？"就把大行问罪处死了。

汉景帝前元七年（辛卯，前150年）

冬季，十一月，己酉（疑误），汉景帝刘启废掉太子刘荣，改封他为临江王。太子太傅窦婴极力劝谏，未能改变汉景帝的决定，就自称有病，请求免职。栗姬愤恨而死。

十一月三十日乙卯，庚寅晦，出现日食。

二月，丞相陶青被罢免。十六日乙巳，太尉周亚夫出任丞相。汉景帝下令罢除太尉这一官职。

夏季，四月十七日乙巳，汉景帝立王氏为皇后。

四月二十九日丁巳，汉景帝立胶东王刘彻为皇太子。

这一年，汉景帝任命太仆刘舍为御史大夫，任命济南郡太守郅都为中尉。

从前，郅都担任中郎将，敢于直言进谏。他曾经跟随汉景帝进入上林苑，当贾姬去上厕所时，一头野猪突然闯入厕所。汉景帝用眼光示意郅都去救护贾姬，郅都站立不走；汉景帝打算自己拿着武器去救贾姬，郅都跪伏在汉景帝面前说："失去了一个姬妾，又会有另一个姬妾进宫，天下所缺少的，难道是贾姬这一类的人吗？皇上纵然不爱惜自己，又如何对待宗庙和太后？"汉景帝就走了回来，野猪也离去了。太后听说了这件事，赏赐给郅都一百斤黄金，从此器重郅都。郅都为人勇猛有力，公正廉洁，不拆阅私人给他的书信，不接受问候馈赠的礼品，不理睬托人情、拉关系的要求。及至做了中尉，倡导严厉酷烈的作风，执行法律进行赏罚，不避开皇亲国戚。列侯和宗室皇族见到郅都，都侧目而视，送给他一个绰号，叫"苍鹰"。

汉景帝中元元年（壬辰，前149年）

夏季，四月二十三日乙巳，汉景帝颁布命令，实行大赦。

发生地震。衡山国的原都一带降下冰雹，最大的冰雹直径达一尺八寸。

二年（癸巳，前148年）

春，二月，匈奴入燕。

三月，临江王荣坐侵太宗庙壖垣为宫，征诣中尉府对簿。临江王欲得刀笔，为书谢上，而中尉郅都禁吏不予；魏其侯使人间与临江王。临江王既为书谢上，因自杀。窦太后闻之，怒，后竟以危法中都而杀之。

夏，四月，有星孛于西北。

立皇子越为广川王，寄为胶东王。

秋，九月，甲戌晦，日有食之。

初，梁孝王以至亲有功，得赐天子旌旗。从千乘万骑，出跸入警。王宠信羊胜、公孙诡，以诡为中尉。胜、诡多奇邪计，欲使王求为汉嗣。栗太子之废也，太后意欲以梁王为嗣，尝因置酒谓帝曰："安车大驾，用梁王为寄。"帝跪席举身曰："诺。"

罢酒，帝以访诸大臣，大臣袁盎等曰："不可。昔宋宣公不立子而立弟，以生祸乱，五世不绝。小不忍，害大义，故《春秋》大居正。"由是太后议格，遂不复言。王又尝上书："愿赐容车之地，径至长乐宫，自使梁国士众筑作甬道朝太后。"袁盎等皆建以为不可。

梁王由此怨袁盎及议臣，乃与羊胜、公孙诡谋，阴使人刺杀袁盎及他议臣十余人。贼未得也，于是天子意梁；逐贼，果梁所为。上遣田叔、吕季主往按梁事，捕公孙诡、羊胜；诡、胜匿王后宫，使者十余辈至梁，责二千石急。

梁相轩丘豹及内史韩安国以下举国大索，月余弗得。安国闻诡、胜匿王所，乃入见王而泣曰："主辱者臣死。大王无良臣，故纷纷至此。今胜、诡不得，请辞，赐死！"王曰："何至此！"安国泣数行下，曰："大王自度于皇帝，孰与临江王亲？"王曰："弗如也。"安国曰："临江王适长太子，以一言过，废王临江；用宫垣事，卒自杀中尉府。何者？治天

汉景帝中元二年（癸巳，前148年）

春季，二月，匈奴入侵燕国封地。

三月，临江王刘荣因为修建宫室侵占了太宗庙前空地上的围墙而犯了罪，汉景帝刘启征他去中尉府接受审问。临江王想要写字用的刀笔，以写信向汉景帝谢罪，而中尉郅都禁止官吏提供刀笔。魏其侯田蚡派人把刀笔送给了临江王。临江王写完了向汉景帝谢罪的信之后，就自杀了。窦太后听说了这件事，很恼怒，后来就用严酷之法把郅都杀掉了。

夏季，四月，在西北天空中出现一颗异星。

汉景帝封立皇子刘越为广川王，刘寄为胶东王。

秋季，九月三十日甲戌晦，出现日食。

当初，梁孝王刘武因为与汉景帝是一母所生，关系最为亲密，又有平定吴楚叛乱的大功，被赐予天子使用的旌旗，有成千上万的车辆马匹随从，出称“跸”，入称“警”，都要清道戒严。梁孝王刘武宠信羊胜、公孙诡，任命公孙诡为中尉。羊胜和公孙诡有许多奇诡不正的计谋，想怂恿梁孝王争取成为汉景帝的继承人。当栗太子被废的时候，窦太后想让梁王成为帝位继承人，曾利用宴饮的机会对汉景帝说：“你出入乘坐大驾和安车，要让梁王在你身旁。”汉景帝跪坐在席上，挺直了身回答说：“好。”

喝完了酒，汉景帝就此征询大臣们的意见，大臣袁盎等人说：“不成。过去宋宣公不传位给儿子而传位给弟弟，因此产生了祸乱，祸乱持续了五代人。小处不忍心，会伤害大义，所以，《春秋》以恪守正道为贵。”因此，太后的意见被阻止，也就再不提让梁王刘武继承帝位了。梁王又曾经上书给汉景帝：“希望赐给我能容得下车辆通过的地方，直达太后居住的长乐宫，我自己派梁国的士兵修筑一条通道，以便朝见太后。”袁盎等大臣都建议不批准梁王的请求。

梁王刘武因此怨恨袁盎和参与议论的大臣，就和羊胜、公孙诡商量，暗中派人刺杀了袁盎及其他参与议论的大臣十多人。刺客没有抓到，于是，汉景帝刘启估计与梁王有关，追查刺客，果然是梁王派来的。汉景帝派田叔、吕季主前往梁国查究此案，逮捕公孙诡和羊胜。公孙诡和羊胜躲藏在梁王的后宫中。朝廷派出的十多批使臣先后来到梁国，严厉地责问二千石官员。

梁相轩丘豹和内史韩安国及以下官员，进行了全国大搜捕，经过一个多月，没有抓到公孙诡和羊胜。韩安国得知公孙诡和羊胜躲藏在梁王宫中，就进入王宫去见梁王刘武，哭着说：“帝王蒙受耻辱，臣子应该为他而死。大王身边没有良臣辅佐，所以才闹到这种地步。现在捉不到羊胜、公孙诡，我请求辞官，赐我自杀！”梁王说：“为什么至于这样呢？”韩安国泪如泉涌，说：“大王自己估计您与皇上的关系，

下终不用私乱公。今大王列在诸侯，诉邪臣浮说，犯上禁，桡明法。天子以太后故，不忍致法于大王；太后日夜涕泣，幸大王自改，大王终不觉寤。有如太后宫车即晏驾，大王尚谁攀乎？”语未卒，王泣数行而下，谢安国曰：“吾今出胜、诡。”王乃令胜、诡皆自杀，出之。上由此怨望梁王。

梁王恐，使邹阳入长安，见皇后兄王信说曰：“长君弟得幸于上，后宫莫及；而长君行迹多不循道理者。今袁盎事即穷竟，梁王伏诛，太后无所发怒，切齿侧目于贵臣，窃为足下忧之。”长君曰：“为之奈何？”阳曰：“长君诚能精为上言之，得毋竟梁事；长君必固自结于太后，太后厚德长君入于骨髓，而长君之弟幸于两宫，金城之固也。昔者舜之弟象，日以杀舜为事，及舜立为天子，封之于有卑。夫仁人之于兄弟，无藏怒，无宿怨，厚亲爱而已。是以后世称之。以是说天子，徼幸梁事不奏。”长君曰：“诺。”乘间入言之。帝怒稍解。

是时，太后忧梁事不食，日夜泣不止，帝亦患之。会田叔等按梁事来还，至霸昌厩，取火悉烧梁之狱辞，空手来见帝。帝曰：“梁有之乎？”叔对曰：“死罪。有之。”上曰：“其事安在？”田叔曰：“上毋以梁事为问也。”上曰：“何也？”曰：“今梁王不伏诛，是汉法不行也；伏法而太后食不甘味，卧不安席，此忧在陛下也。”上大然之，使叔等谒太后，且曰：“梁王不知也。造为之者，独在幸臣羊胜、公孙诡之属为之耳，谨已伏诛死，梁王无恙也。”太后闻之，立起坐餐，气平复。

梁王因上书请朝。既至关，茅兰说王，使乘布车，从两骑入，匿于长公主园。汉使使迎王，王已入关，车骑尽居外，不知王处。太后泣曰：“帝果杀吾子！”帝忧恐。于是梁王伏斧质于阙下谢罪。太后、帝大喜，

比起皇上和临江王来，哪一个更亲？”梁王说：“我不如临江王。”韩安国说：“临江王是皇上的亲生长子，又曾是太子，因为一句错话，就被废去太子，封为临江王；又因为修宫侵占围墙的事情，终于在中尉府自杀。为什么这样呢？皇上治理天下终究不能因为私情而干扰公事。现在大王身为诸侯，受奸臣胡言乱语的引诱，违犯皇上的禁令，扰乱尊严的法律。皇上因为太后疼爱您的缘故，才不忍心按国法来惩办您；太后日夜哭泣，希望大王能改过自新，大王却始终不觉悟。假如太后即刻去世，大王还能依靠谁呢？”话还没有说完，梁王泪流满面，向韩安国赔罪说：“我现在就交出羊胜和公孙诡。”梁王就命令羊胜、公孙诡都自杀，交出了他们的尸体。汉景帝因此怨恨梁王。

梁王刘武恐惧，派邹阳到达长安，去见皇后的哥哥王信，说：“您的妹妹得到皇上的宠幸，在后宫没人能比得上，但是您的行为却有许多不遵循道理的地方。现在如果袁盎被杀一事追究到底，梁王被依法处死，太后的怒火无处发泄，就会向贵臣咬牙侧目地痛恨，我私下为您担忧。”王信说：“那该怎么办呢？”邹阳说：“您如果能好好地劝说皇上，使他能不深究梁王的事情，您一定会受到太后的信任，太后从骨髓中深深感谢您的大德，而您的妹妹可以受到太后和皇上的宠幸，这就会使你们家的荣宠像金城一样牢固。当初，舜的弟弟象，整日里只想杀死舜，等到舜做了天子，却把象封到了有卑。仁义的人对于自己的弟弟，不暗藏怒火，不忘记过去的怨仇，只是很好地对待他罢了。正因为如此，后代人都称赞舜。用这番道理去劝说皇上，梁王的事就可能侥幸不处置了。”王信说：“好。”他找到一个机会，入宫向汉景帝说了上面的这番道理，汉景帝对梁王的恼怒稍稍化解。

这时，太后担心梁王刘武的事情，不进饮食，日夜哭泣不止，汉景帝也很忧虑。正好田叔等人查办完梁王的事情，返回长安，到达霸昌厩，田叔等把在梁国办案取得的证词全部烧毁，空着手来见汉景帝。汉景帝问道：“梁王有罪吗？”田叔回答说：“犯死罪的事情是有的。”汉景帝问：“他的罪证在哪里？”田叔说：“皇上不要过问梁王的罪证了。”汉景帝问：“为什么？”田叔说：“有了罪证，如今不杀梁王，就废弃了汉朝的法律；如果处死梁王，太后就会吃东西没有滋味，睡不好觉，这样就会给皇上带来忧愁。”汉景帝非常赞成他所说的道理，让田叔等人谒见太后，并且说：“梁王不知情。主持这件事的，只有梁王的宠臣羊胜、公孙诡之流，这些人都已经按国法处死，梁王没有受到伤害。”太后听到这些话，立即起来坐着吃饭，情绪也稳定了。

梁王刘武乘机上书请求朝见汉景帝，已经到达函谷关，茅兰劝说梁王，让他乘坐着普通的布车，只带两名骑士为随从入关，躲藏到长公主的园内。朝廷派遣使臣迎接梁王，梁王已入关，随从的车骑都在关外，不知道梁王的下落。太后哭着说：

相泣，复如故，悉召王从官入关。然帝益疏王，不与同车辇矣。帝以田叔为贤，擢为鲁相。

（以上为第九段，写梁王刘武欲继承大位，大臣袁盎等谏阻，梁王派人暗杀袁盎等，汉朝追查，梁王在梁国内史韩安国的劝说下，被迫交出主谋羊胜、公孙诡，两人自杀。）

三年（甲午，前 147 年）

冬，十一月，罢诸侯御史大夫官。

夏，四月，地震。

旱，禁酤酒。

三月，丁巳，立皇子乘为清河王。

秋，九月，蝗。

有星孛于西北。

戊戌晦，日有食之。

初，上废栗太子，周亚夫固争之，不得；上由此疏之。而梁孝王每朝，常与太后言条侯之短。窦太后曰："皇后兄王信可侯也。"帝让曰："始，南皮、章武，先帝不侯，及臣即位乃侯之；信未得封也。"窦太后曰："人生各以时行耳。自窦长君在时，竟不得侯，死后，其子彭祖顾得侯，吾甚恨之！帝趣侯信也。"帝曰："请得与丞相议之。"上与丞相议。亚夫曰："高皇帝约：'非刘氏不得王，非有功不得侯。'今信虽皇后兄，无功，侯之，非约也。"帝默然而止。其后匈奴王徐卢等六人降，帝欲侯之以劝后。丞相亚夫曰："彼背主降陛下，陛下侯之，则何以责人臣不守节者乎？"帝曰："丞相议不可用。"乃悉封徐卢等为列侯。亚夫因谢病。

九月，戊戌，亚夫免；以御史大夫桃侯刘舍为丞相。

四年（乙未，前 146 年）

夏，蝗。

冬，十月，戊午，日有食之。

"皇帝果然杀了我儿子！"汉景帝很担忧害怕。这时，梁王来到皇宫门前，伏在刑具上面，表示认罪，请求处置。太后、汉景帝喜出望外，三人相对哭泣，恢复原来的骨肉手足之情，把梁王的随从官员都召入关内。但是，汉景帝愈发疏远梁王，不再和他乘坐一辆车出入了。汉景帝认为田叔贤能，就提升他做了鲁国的国相。

汉景帝中元三年（甲午，前 147 年）

冬季，十一月，汉朝廷宣布废除诸侯王国的御史大夫官职。

夏季，四月，发生了地震。

汉朝出现旱灾，朝廷禁止卖酒。

三月，丁巳（三月无丁巳日，疑误），汉景帝封立皇子刘乘为清河王。

秋季，九月，汉朝发生蝗灾。

西北天空中出现了一颗异星。

九月三十日戊戌晦，出现日食。

当初，汉景帝废掉栗太子，周亚夫坚决反对，没有产生作用，汉景帝因此疏远了周亚夫。而梁孝王刘武每次来朝见，经常对太后说周亚夫的短处。窦太后说："皇后的哥哥王信可以封侯。"汉景帝表示谦让，说："当初，您的侄子南皮侯和您的弟弟章武侯，先帝都不封他们为侯；等到我即位后才封他们为侯；现在王信也不得封侯。"窦太后说："人生在世，只是各自根据当时的情况办事罢了。当年我弟弟窦长君在世时，竟然不得封侯，死后，他的儿子窦彭祖反而得以封为南皮侯，我十分遗憾！皇帝赶快封王信为侯吧。"汉景帝说："请允许我和丞相商议此事。"汉景帝和丞相周亚夫商议，周亚夫说："高皇帝约定：'不是刘氏宗亲不得封王，没有立功的人不得封侯。'现在王信虽然是皇后的哥哥，但没有立功，如果封他为侯，就违背了前约。"汉景帝默然，只好把这件事情放下了。后来，匈奴王徐卢等六人归降朝廷，汉景帝想封他们为侯，以鼓励后来人继续归降。丞相周亚夫说："他们背叛自己的帝王投降皇上，皇上封他们为侯，那么，还怎样责问不守节操的臣子呢？"汉景帝说："丞相的议论不可采用。"于是把徐卢等人全都封为列侯。周亚夫因此就自称有病，请求免职。

九月三十日戊戌，汉景帝罢免了周亚夫，任命御史大夫、桃侯刘舍为丞相。

汉景帝中元四年（乙未，前 146 年）

夏季，汉朝发生蝗灾。

冬季，十月二十六日戊午，出现日食。

五年（丙申，前 145 年）

夏，立皇子舜为常山王。

六月，丁巳，赦天下。

大水。

秋，八月，己酉，未央宫东阙灾。

九月，诏："诸狱疑，若虽文致于法，而于人心不厌者，辄谳之。"

地震。

六年（丁酉，前 144 年）

冬，十月，梁王来朝，上疏欲留；上弗许。王归国，意忽忽不乐。

十一月，改诸廷尉、将作等官名。

春，二月，乙卯，上行幸雍，郊五畤。

三月，雨雪。

夏，四月，梁孝王薨。窦太后闻之，哭极哀，不食，曰："帝果杀吾子！"帝哀惧，不知所为；与长公主计之，乃分梁为五国，尽立孝王男五人为王：买为梁王，明为济川王，彭离为济东王，定为山阳王，不识为济阴王；女五人皆食汤沐邑。奏之太后，太后乃说，为帝加一餐。孝王未死时，财以巨万计，及死，藏府余黄金尚四十余万斤。他物称是。

上既减笞法，笞者犹不全；乃更减笞三百曰二百，笞二百曰一百。又定棰令：棰长五尺，其本大一寸，竹也；末薄半寸，皆平其节。当笞者笞臀；毕一罪，乃更人。自是笞者得全。然死刑既重而生刑又轻，民易犯之。

（以上为第十段，写梁王刘武抑郁而死，汉景帝将梁王的几个儿子都封为王，以宽慰窦太后；汉景帝减轻刑罚，规定具体的处罚细节。）

六月，匈奴入雁门，至武泉，入上郡，取苑马。吏卒战死者二千人。

陇西李广为上郡太守，尝从百骑出，遇匈奴数千骑。见广，以为诱骑，皆惊，上山陈。广之百骑皆大恐，欲驰还走。广曰："吾去大军数十

汉景帝中元五年（丙申，前145年）

夏季，汉景帝封立皇子刘舜为常山王。

六月二十九日丁巳，实行大赦。

汉朝发生水灾。

秋季，八月二十二日己酉，未央宫东门阙发生火灾。

九月，汉景帝下令说："诸项疑难案件，如果根据法律条文可以定为重罪，但却无法使人心服的，立即予以平议。"

发生地震。

汉景帝中元六年（丁酉，前144年）

冬季，十月，梁王刘武来京朝见，给汉景帝上书，想留居长安；汉景帝没有同意。梁王返回封国，心情郁郁不乐。

十一月，汉景帝下令，更改廷尉、将作少府等官名。

春季，二月初一乙卯，汉景帝亲临雍地，在祭祀天地五帝的处所祭天。

三月，降雨雪。

夏季，四月，梁孝王刘武去世。窦太后听到消息，哭得极其悲哀，不进饮食，说："皇帝果然杀了我儿子！"汉景帝悲哀恐惧，不知怎么办才好，与姐姐长公主商议，于是，把梁国分为五国，把梁孝王的以下几个儿子全都封为诸侯王：刘买为梁王，刘明为济川王，刘彭离为济东王，刘定为山阳王，刘不识为济阴王；梁孝王的几个女儿也都封给汤沐邑。汉景帝把这一决定禀告窦太后，太后才高兴起来，为汉景帝这一做法而吃了一顿饭。梁孝王没死的时候，有数以万万计的财产，他死后，梁国府库中剩余的黄金还有四十多万斤，其他财物的价值也与此相当。

汉景帝减少了对罪犯的笞打次数之后，受笞刑的人还是难以保全生命，就再次减少笞刑，该笞打三百下的，减为笞打二百下；该笞打二百下的，减为笞打一百。又制定了实施笞刑的法令：用于打人的笞杖，长为五尺，用竹子做成，根部手握之处，竹管的直径为一寸；末梢为半寸薄的竹片，竹节全要磨平。被判处笞刑的人，笞打他的臀部；一个罪人打完之后，才更换行刑的人。从此以后，受笞刑的人就得以保全了。但这样一来，死刑很重而不到死刑的其他惩罚又很轻，民众就把违法犯罪看得很轻淡了。

六月，匈奴攻入雁门郡，直到武泉县，并攻入上郡，抢去了官府牧马场的马匹，汉军将士二千人战死。

陇西人李广担任上郡太守，曾率领一百名骑士出行，遇到几千名匈奴骑兵。匈奴人看见李广的小队伍，以为是汉军大部队派出的诱兵，都吃了一惊，占据高山摆

里，今如此以百骑走，匈奴追射我立尽。今我留，匈奴必以我为大军之诱，必不敢击我。”广令诸骑曰：“前！”未到匈奴阵二里所，止，令曰：“皆下马解鞍！”其骑曰：“虏多且近，即有急，奈何？”广曰：“彼虏以我为走；令皆解鞍以示不走，用坚其意。”于是胡骑遂不敢击。有白马将出，护其兵；李广上马，与十余骑奔，射杀白马将而复还，至其骑中解鞍，令士皆纵马卧。是时会暮，胡兵终怪之，不敢击。夜半时，胡兵亦以为汉有伏军于旁，欲夜取之，胡皆引兵而去。平旦，李广乃归其大军。

秋，七月，辛亥晦，日有食之。

自郅都之死，长安左右宗室多暴犯法。上乃召济南都尉南阳宁成为中尉。其治效郅都，其廉弗如。然宗室、豪杰皆人人惴恐。

城阳共王喜薨。

（以上为第十一段，写匈奴骑兵大肆入侵。）

后元年（戊戌，前143年）

春，正月，诏曰：“狱，重事也。人有智愚，官有上下。狱疑者谳有司；有司所不能决，移廷尉；谳而后不当，谳者不为失。欲令治狱者务先宽。”

三月，赦天下。

夏，大酺五日，民得酤酒。

五月，丙戌，地震。上庸地震二十二日。坏城垣。

秋，七月，丙午，丞相舍免。

乙巳晦，日有食之。

八月，壬辰，以御史大夫卫绾为丞相，卫尉南阳直不疑为御史大夫。初，不疑为郎，同舍有告归，误持其同舍郎金去。已而同舍郎觉亡，意不疑，不疑谢有之，买金偿。后告归者至而归金，亡金郎大惭。以此称

开阵势。李广所率领的一百名骑兵都很害怕，想驰马逃跑回去，李广制止说："我们离开大军数十里远，现在，如果就靠这一百骑兵的队伍逃跑，匈奴人追杀射击，我们马上就完了。现在我们留在这里，匈奴人必定把我们看成大军的诱敌队伍，一定不敢进攻我们。"李广命令骑兵们说："前进！"来到距离匈奴阵地约有二里的地方，停止下来，李广命令说："都下马解下马鞍！"他的骑兵说："敌人很多，而且离我们很近，如果出现紧急情况，怎么办？"李广说："敌人估计我们会逃跑；我命令都解下马鞍，向他们表示不逃跑，用这个办法来坚定他们认为我们是诱敌部队的想法。"于是，匈奴骑兵便真的不敢进攻。有一位骑白马的匈奴将领出阵来，监护他的军队，李广上马，和十多个骑兵奔向前去，射死了匈奴的白马将军，又返回来，到达他的百骑阵营中，解下马鞍，命令战士们放开战马，卧地休息。这时，正好是黄昏，匈奴骑兵一直对李广部队的行为觉得奇怪，不敢进攻。到了半夜时分，匈奴军队仍然认为附近有埋伏的汉朝大军，想夜间袭击他们，便都领兵撤走了。到黎明时，李广才回到他的大军营垒。

秋季。七月二十九日辛亥晦，出现日食。

自从郅都死后，长安及附近的宗室皇族有许多人凶暴犯法。汉景帝就征召济南都尉、南阳人宁成出任中尉。宁成的治政仿效郅都，但清廉不及郅都，然而宗室皇族、地方豪强人人都恐惧不安。

城阳王刘喜去世。

汉景帝后元元年（戊戌，前 143 年）

春季，正月，汉景帝下令说："审判案件，是国家的重大政务。人有智愚的不同，官有上下的区别。有疑问的案件要上交给有关机构复审；有关机构仍难以断案的，要上交廷尉复审。下级把疑案送呈上级复审，而发现断案有错误，送呈疑案的官员不必负担任何责任。主要是想让审案的司法官员一定重视从宽判案。"

三月，汉景帝下令，实行大赦。

夏季，汉景帝下令，特许民众相聚饮酒五天，允许民众卖酒。

五月初九丙戌，发生地震。上庸地震持续了二十二天，毁坏了城墙。

秋季，七月三十日丙午，丞相刘舍被免职。

二十九日乙巳晦，出现日食。

八月，壬辰（八月无壬辰日，疑误），汉景帝任命御史大夫卫绾为丞相，任命卫尉、南阳人直不疑为御史大夫。当初，直不疑做郎官，同住一处的某人告假回家，错拿了同处另一位郎官的黄金走了。不久，同住一处的郎官发觉自己丢了金子，怀

为长者，稍迁至中大夫。人或廷毁不疑，以为盗嫂，不疑闻，曰："我乃无兄。"然终不自明也。

帝居禁中，召周亚夫赐食，独置大胾，无切肉，又不置箸。亚夫心不平，顾谓尚席取箸。上视而笑曰："此非不足君所乎！"亚夫免冠谢上，上曰："起。"亚夫因趋出。上目送之曰："此鞅鞅，非少主臣也。"

居无何，亚夫子为父买工官尚方甲楯五百被，可以葬者。取庸苦之，不与钱。庸知其盗买县官器，怨而上变，告子，事连污亚夫。书既闻，上下吏。吏簿责亚夫。亚夫不对。上骂之曰："吾不用也！"召诣廷尉。

廷尉责问曰："君侯欲反何？"亚夫曰："臣所买器，乃葬器也，何谓反乎？"吏曰："君纵不欲反地上，即欲反地下耳！"吏侵之益急。初，吏捕亚夫，亚夫欲自杀，其夫人止之，以故不得死，遂入廷尉，因不食五日，欧血而死。

是岁，济阴哀王不识薨。

二年（己亥，前142年）

春，正月，地一日三动。

三月，匈奴入雁门，太守冯敬与战，死。发车骑、材官屯雁门。

春，以岁不登，禁内郡食马粟；没入之。

夏，四月，诏曰："雕文刻镂，伤农事者也；锦绣纂组，害女工者也。农事伤则饥之本，女工害则寒之原也。夫饥寒并至而能亡为非者寡矣。朕亲耕，后亲桑，以奉宗庙粢盛、祭服，为天下先；不受献，减太官，省繇赋，欲天下务农蚕，素有蓄积，以备灾害。强毋攘弱，众毋暴寡；老耆以寿终，幼孤得遂长。今岁或不登，民食颇寡，其咎安在？或诈伪为吏，以货赂为市，渔夺百姓，侵牟万民。县丞，长吏也；奸法与

疑是直不疑偷去了；直不疑向他道歉说确有其事，买来黄金还给了失金人。后来，告假回家的人回来，交还了错拿的黄金，丢失黄金的那位郎官大为惭愧。因此，直不疑被称为长者，他慢慢地升官直至做了中大夫。有人在朝廷上诋毁直不疑，说他与嫂子私通。直不疑听到了，就说："我并没有哥哥。"可是终究不自我辩白。

汉景帝在宫中，召见周亚夫，赏赐食物，只放了一大块肉，没有切开，又不准备筷子。周亚夫心中不高兴，回过头来吩咐主管宴席的官员取筷子来。汉景帝看着周亚夫，笑着问："这还不能满足您的意愿吗？"周亚夫摘下帽子向汉景帝谢罪，汉景帝说："起来！"周亚夫就快步退了出去，汉景帝目送着他走出去，说道："这位愤愤不平的人，不能做幼年帝王的臣子。"

不久，周亚夫的儿子给父亲从工官那里买了专给皇室制造的可用于殉葬的五百件铠甲盾牌，虐待搬运这些东西的雇工，不给他们工钱。雇工知道这是盗买皇室专用的器物，怀着怨恨上书朝廷，检举周亚夫的儿子，事情牵连到周亚夫。汉景帝见到了检举信，就下令将此案交给司法官员审理。主管官员按文书记录逐条审问周亚夫，周亚夫拒不回答。汉景帝得知，骂他说："我不必要你的供词，也可以杀你！"下令让周亚夫去廷尉处接受审判。

廷尉审问说："您为什么要造反？"周亚夫说："我购买的东西，都是殉葬用的，怎么能说是要造反呢？"审案的官员说："您即使不在地上造反，也要在地下造反！"官吏的审讯逼供越来越残酷。当初，官吏逮捕周亚夫的时候，周亚夫就想要自杀，他夫人劝阻了他，因此没有死，被关进了廷尉的牢狱。于是，周亚夫绝食五天，吐血而死。

这一年，济阴王刘不识去世。

汉景帝后元二年（己亥，前142年）

春季，正月，一天中发生三次地震。

三月，匈奴入侵雁门郡，太守冯敬与匈奴交战，战死。朝廷征发战车和骑兵、步兵驻防雁门郡。

春季，因为连年歉收，汉景帝下令禁止内地各郡臣民用粮食喂养马匹，有违犯此禁令的，由官府没收他的马匹。

夏季，四月，汉景帝下令说："追求器物的精雕细镂，就会损害农业；追求丝织物品的锦绣多彩，就会损害纺织业。农业受到损害，是造成天下饥荒的根本原因；纺织业受到损害，是导致民众受寒的根本原因。天下民众，在饥寒交迫时还能够不违法犯罪的，是很少的。我亲身从事农耕，皇后亲自种桑养蚕，以其收获作为供奉宗庙的粮食和祭服，为天下做表率；不接受进贡，减少皇家饮食供应，减省徭役和赋税，想让天下民众都从事农业和纺织，平常都有储备，以防备灾害，强的不

盗盗，甚无谓也！其令二千石各修其职；不事官职、耗乱者，丞相以闻，请其罪。布告天下，使明知朕意。”

五月，诏算赀四得官。

秋，大旱。

（以上为第十二段，写汉景帝重视案件复审，以求量刑准确；猜忌功臣周亚夫，借故下狱，周亚夫绝食自杀。又写景帝不受献，减太官，省徭赋，重视农业。）

三年（庚子，前141年）

冬，十月，日月皆食，赤五日。

十二月晦，雷；日如紫；五星逆行守太微；月贯天廷中。

春，正月，诏曰：“农，天下之本也。黄金、珠、玉，饥不可食，寒不可衣，以为币用，不识其终始。间岁或不登，意为末者众，农民寡也。其令郡国务劝农桑，益种树，可得衣食物。吏发民若取庸采黄金、珠、玉者，坐赃为盗。二千石听者，与同罪。”

甲寅，皇太子冠。

甲子，帝崩于未央宫。太子即皇帝位，年十六。尊皇太后为太皇太后，皇后为皇太后。

二月，癸酉，葬孝景皇帝于阳陵。

三月，封皇太后同母弟田蚡为武安侯，胜为周阳侯。

班固《赞》曰：孔子称：“斯民也，三代之所以直道而行也。”信哉！周、秦之敝，罔密文峻，而奸轨不胜。汉兴，扫除烦苛，与民休息；至于孝文，加之以恭俭；孝景遵业。五六十载之间，至于移风易俗，黎民醇厚。周云成、康，汉言文、景，美矣！

（以上为第十三段，写汉景帝刘启去世，太子刘彻即位，是为汉武帝。史学家班固认为，说到天下大治的时代，周代有成王和康王时期，汉代有汉文帝和汉景帝时

抢夺弱的，人多势众的不要欺凌人少的，老年人可以安享天年，年幼的孤儿可以平安长大成人。而现在，只要有一年收成不好，民众的食物就很缺乏，造成这种局面的祸根是什么？或许是因为奸诈的人做了官吏，公开行贿受贿，贪求钱财，剥削民众，侵夺万民。县丞等佐吏与长官，执法犯法，如同盗贼，太不像话！命令郡国守、相等二千石官员，各自严格遵守职责；不履行职责、不作为，稀里糊涂无政绩的官员，丞相要向我奏报，议定处置的罪名。把命令向全国公布，使天下吏民都知道我的本意。”

五月，汉景帝下令规定，家中资财达到四万钱的，就可以做官。

秋季，发生大旱。

汉景帝后元三年（庚子，前141年）

冬季，十月，发生日食和月食，日月呈红色，持续了五天。

十二月月底，天空打雷；日光呈紫色；五大行星逆行，停留在太微星座；月亮从天廷中部穿过。

春季，正月，汉景帝下令说：“农业，是天下的根本。黄金、珍珠、美玉之类的东西，饥饿时不能当饭吃，寒冷时不能当衣穿，把它当作货币使用，不知它何时使用，何时废止。近来有时年成不好，或许是因为从事工商末业的人多，从事农业的人少。命令郡国官员，一定要提倡发展农桑，多种树，这样就可以得到衣服和食物等用品。官吏如果征发民众，雇用他们去开采黄金、珍珠、美玉，按所得赃物以偷盗定罪，二千石官员如果听之任之，也按同样的罪名处置。”

正月十七日甲寅，皇太子刘彻成年，举行冠礼。

正月二十七日甲子，汉景帝在未央宫去世。太子刘彻当上了皇帝，年仅十六岁。尊奉皇太后为太皇太后，尊奉皇后为皇太后。

二月初六癸酉，将孝景皇帝安葬在阳陵。

三月，封皇太后的同母弟田蚡为武安侯，田胜为周阳侯。

班固评论说：孔子说“现在的民众，与三代圣明的帝王推行王道达到天下大治所依靠的民众，没有什么不同”，确实是这样啊！周末、秦代政治的弊病，在于法网繁密，政令严苛，但奸邪盗寇却防不胜防。汉朝建国以后，废除繁苛的法令，让民众休养生息；到了汉孝文帝的时候，用谨慎俭朴的作风治理国家；孝景皇帝遵守大业成规而不改。五六十年之间，就达到移风易俗，民众淳朴敦厚。说到天下大治的时代，周代有成王和康王时期，汉代有汉文帝和汉景

期，真是美好啊！）

汉兴，接秦之弊，作业剧而财匮，自天子不能具钧驷，而将相或乘牛车，齐民无藏盖。天下已平，高祖乃令贾人不得衣丝、乘车，重租税以困辱之。孝惠、高后时，为天下初定，复弛商贾之律；然市井之子孙，亦不得仕宦为吏。量吏禄，度官用，以赋于民。而山川、园池、市井租税之入，自天子以至于封君汤沐邑，皆各为私奉养焉，不领于天子之经费。漕转山东粟以给中都官，岁不过数十万石。

继以孝文、孝景，清净恭俭，安养天下，七十余年之间，国家无事，非遇水旱之灾，民则人给家足。都鄙廪庾皆满，而府库余货财；京师之钱累巨万，贯朽而不可校；太仓之粟陈陈相因，充溢露积于外，至腐败不可食。众庶街巷有马，而阡陌之间成群，乘字牝者摈而不得聚会。守闾阎者食粱肉，为吏者长子孙，居官者以为姓号。故人人自爱而重犯法，先行义而后诎辱焉。当此之时，罔疏而民富，役财骄溢，或至兼并、豪党之徒，以武断于乡曲。宗室有土，公、卿、大夫以下，争于奢侈，室庐、舆服僭于上，无限度。物盛而衰，固其变也。自是之后，孝武内穷侈靡，外攘夷狄，天下萧然，财力耗矣！

（以上为第十四段，写文景之治积累了丰厚的国家财富，为汉武帝的外征内侈打下了厚实的基础。）

帝时期，真是好啊！

汉朝建国，承接的是秦末兴作繁多而财力匮乏的疲困社会，就连天子都不能配备四匹同样毛色的马匹拉车，将相有的只能坐牛车，平民民众没有积蓄。天下平定之后，汉高祖刘邦就命令商人不许穿丝织的衣服，不许坐华贵的车子，并且加重征收他们的租税，用这些办法来控制和羞辱商人。汉孝惠帝刘盈和汉太后吕雉在位时，因为天下刚刚平定，又放松了限制商人的律令，但是商人的子孙，仍然不允许做官为吏。朝廷计算官吏俸禄和官府各项费用的总额，据此向民众征收赋税。而自天子到封君的汤沐邑，都把山川、园池、市井商业税收作为各自费用的来源，而不向朝廷领取经费。经由陆路、水路运输到京师，供给各官府使用的来自于崤山以东地区的粮食，每年不超过数十万石。

接着，是汉文帝、汉景帝先后治理国家，清静廉正，谨慎俭朴，安养天下民众，七十多年之间，国家无事，如果不发生旱涝灾害，民众就可以人人自给，家家足用。城乡的粮仓都装满了粮食，府库中贮存了剩余的物资；京城国库中的钱累积万万，串钱的绳子都已朽烂，无法清点数目；京城粮仓中的陈旧粟米一层盖一层，装满太仓而流出仓外，只好在外面堆积着，以至于腐烂而不能食用。民众居住的大街小巷都可以看到马匹，在田野间的马匹更是成群结队，骑母马的人要受到排斥而不能与人聚会。把守里巷大门的人吃的是白米好肉；做官的人长期任职，可在任期内把子孙抚养成人，有的则把官名作为自己的姓。所以，人人自爱而不愿触犯法律，以行义为先而避免羞辱。在这个时期，法网稀疏，民众富足，有人依凭钱财骄横不法，以至于兼并土地；那些豪强之辈，在乡间作威作福，横行霸道；享有封地的宗室、贵族、公卿、大夫及以下官员，互相比赛谁更奢侈，房屋、车辆、衣服都不顾地位名分地僭越于上，没有限度。事物发展到鼎盛就会走向衰败，这本是变化的规律。从此之后，汉孝武帝对内穷奢极侈，对外攻打夷狄各族，天下萧条，财富全都耗费完了！

【点评】

论汉景帝刘启。汉景帝刘启，是西汉时期一位十分关键的皇帝，起到了承上启下的重要作用。他继承了汉兴以来所实行的“与民休息”政策，鼓励发展农业生产，使国力得到进一步增强；他进一步减刑宽法，强调用法谨慎，增强司法过程中的公平性；他果断地平定“七国之乱”，巩固了中央集权，维持了汉朝的统一和稳定；他选定了具有雄才大略的刘彻为接班人，把汉朝继续推向强盛。史学家班固曾评论说：“汉兴，扫除烦苛，与民休息；至于孝文，加之以恭俭；孝景遵业。五六十载之间，至于移风易俗，黎民醇厚。周云成、康，汉言文、景，美矣！”

对于汉景帝治国十六年的功绩，应当充分肯定。但是，对于汉景帝的为人，对于汉景帝在治国中的瑕疵，对于汉景帝屈杀、摧折栋梁之材的行为，我们也无须为之遮掩，要做出正确的评价。

首先，吴王刘濞发动叛乱，其祸端就起于刘启。刘启为太子时，刘濞的太子刘贤入京，陪伴刘启喝酒下六博棋。刘贤的师傅是楚人，使太子养成了轻佻、剽悍的个性，与刘启博弈时，为棋路相争，态度极不恭敬。刘启拿起棋盘就砸过去，把吴太子砸死了。从此，吴王刘濞怨恨刘启。尽管吴太子刘贤有些不敬行为，但作为皇太子的刘启，难道就不能稍微谦让一些吗？即使是要惩罚一下，何至于下手如此之重，一下子要了吴太子的命？或许是失手，但也是过失啊！吴太子被打致死，如何善后？刘启有过失却没有任何地方看出刘启有道歉行为。毕竟是把人打死了，人家怎么能咽得下这口气？吴王刘濞的造反，虽然隐忍了数十年，而这件事情就是导火线啊！

其次，晁错一片忠心可对天，却被冤杀，反映了刘启的轻听妄信，为人阴狠。晁错是汉朝有名的才子，曾为太子刘启家令，在汉文帝时，就上书言事，得到了汉文帝的采纳和重用；汉景帝刘启更是非常宠信他。晁错对于诸侯王谋反的可能性，是有充分认识的。他不顾自身安危，忠心为国，强烈主张削藩，认为“削亦反，反速，祸小；不削亦反，反迟，祸大”。结果，吴楚七国以“清君侧”为名，发动叛乱。汉景帝与晁错共商退敌之策，晁错提出要汉景帝亲征，自己留守，再割让一些地方给叛军，予以缓冲。而汉景帝听信了袁盎的一番话，就定下了杀晁错以谢天下的毒计，将晁错“衣朝衣斩于东市”。真是可悲、可怜、可叹、可恨啊！我们辩证地看晁错的削藩之策，也确实有些强硬，让诸侯王一时接受不了，很容易激化矛盾。而前者贾谊在汉文帝时期提出“众建诸侯而少其力”，后者主父偃在汉武帝时期提出“推恩分子弟”，就要缓和得多，诸侯王也容易接受，何乐而不为呢？晁错为汉景帝所设计的退敌之策，恰好留下了是非的口舌。汉景帝亲征，固然能在平叛中起着重要作用，但把汉景帝推上前线，显然没有考虑到汉景帝的内心感受，汉景帝愿意

吗？汉景帝不同于汉高祖刘邦，刘邦身经百战，视打仗为家常便饭，也乐于到前线去，在战斗中享受成功的喜悦。而汉景帝生长于和平时期，几时见过刀枪？对于指挥作战，又有何经验，有何胜算？与其让汉景帝亲征，不如选择能干的将领担任前线总指挥！至于割地之说，也有失考虑。而袁盎之说，弄不清吴楚叛乱的真实目的，显得非常幼稚，要么就是“借刀杀人”，有意陷害晁错。因为他们两人有着很深的矛盾，似乎到了你死我活的地步。可汉景帝居然就相信了袁盎的话，觉得只要杀了晁错，吴楚就真的能退兵，也不用打仗了，也不用亲征了，于是，他为了天下安宁而不惜杀掉晁错一人。

第三，吴楚之乱虽然平定了，但汉景帝内心阴暗，既削弱了梁国实力，又制造了梁王刘武与功臣的矛盾，为杀掉周亚夫埋下了伏笔。汉景帝任命周亚夫为太尉，统兵出征攻打吴楚叛军，周亚夫在出征前，与汉景帝共商秘计，就是把梁国这块“肥肉”甩给叛军，既消耗叛军的实力，也乘机削弱梁国。为什么要这样做？因为梁王刘武是汉景帝的嫡亲弟弟，得到窦太后的宠爱，无论是窦太后，还是刘武，都希望在汉景帝之后，由刘武来继承皇位，而汉景帝也曾半真半假地说过“千秋之后传梁王”，但只是逢场作戏，做做样子给太后看看，以讨得太后欢心而已。这次，他要借助叛军之手，把刘武彻底打垮。谋计确定后，周亚夫率军在梁国后方观战，刘武再三催促，周亚夫就是不出兵。结果，周亚夫与刘武结下了“梁子”。平叛胜利了，但对于周亚夫来说，却是悲剧。刘武在太后面前一个劲地说周亚夫的坏话，再加上汉景帝也嫉妒周亚夫的守正不阿、宁死不屈，怕自己一旦去世，儿子们无法对付他，要在在世时把周亚夫灭掉。于是，就污蔑周亚夫造反，甚至还有“将军不反地上，将来也要反于地下”的谬论，最后周亚夫被逼无奈，绝食而死。汉景帝的“一石三鸟”，其用心可谓险恶啊！

宋代文学家苏辙曾有评论说：“汉之贤君，皆曰文景。文帝宽仁大度，有高帝之风。景帝忌克少恩，无人君之量，其实非文帝比也。”其说有一定的道理，就从人格完美的角度来说，汉景帝比其父汉文帝刘恒似乎要差一些。以上所列举的三点，正说明了这些。“无情最是帝王心”，这话用在汉景帝身上，似乎倒是很确切的。

·文白对照本·

资治通鉴

（全十八册）

第二册

卷第十七至卷第三十四（汉纪九至汉纪二十六）

（宋）司马光　编著
张大可　语译

创于1897　商务印书馆　The Commercial Press

第二册目录

卷第十七　汉纪九

汉武帝建元元年至元光元年（前140—前134年）……… 577

卷第十八　汉纪十

汉武帝元光二年至元朔四年（前133—前125年）……… 615

卷第十九　汉纪十一

汉武帝元朔五年至元狩四年（前124—前119年）……… 655

卷第二十　汉纪十二

汉武帝元狩五年至元封元年（前118—前110年）……… 693

卷第二十一　汉纪十三

汉武帝元封二年至天汉二年（前109—前99年）……… 729

卷第二十二　汉纪十四

汉武帝天汉三年至后元二年（前98—前87年）……… 771

卷第二十三　汉纪十五

汉昭帝始元元年至元凤六年（前86—前75年）……… 807

卷第二十四　汉纪十六

汉昭帝元平元年至汉宣帝地节二年（前74—前68年）……… 839

卷第二十五　汉纪十七

汉宣帝地节三年至元康四年（前67—前62年）……… 875

卷第二十六　汉纪十八
汉宣帝神爵元年至三年（前 61—前 59 年）…… 909
卷第二十七　汉纪十九
汉宣帝神爵四年至黄龙元年（前 58—前 49 年）…… 937
卷第二十八　汉纪二十
汉元帝初元元年至永光二年（前 48—前 42 年）…… 965
卷第二十九　汉纪二十一
汉元帝永光三年至竟宁元年（前 41—前 33 年）…… 997
卷第三十　汉纪二十二
汉成帝建始元年至阳朔二年（前 32—前 23 年）…… 1033
卷第三十一　汉纪二十三
汉成帝阳朔三年至永始三年（前 22—前 14 年）…… 1071
卷第三十二　汉纪二十四
汉成帝永始四年至绥和元年（前 13—前 8 年）…… 1109
卷第三十三　汉纪二十五
汉成帝绥和二年至汉哀帝建平元年（前 7—前 6 年）…… 1135
卷第三十四　汉纪二十六
汉哀帝建平二年至四年（前 5—前 3 年）…… 1167

汉纪九

汉武帝建元元年至元光元年（前140—前134年）

【起重光赤奋若（辛丑，前140年），尽强圉协洽（丁未，前134年），凡七年】

【大事提要】

本卷记事起前140年，讫前134年，凡七年，当汉武帝（刘彻）建元元年至元光元年。本卷所载大事，主要是以下几个方面。其一，广招贤才。汉武帝刘彻即位后，就下令，举贤良方正直言极谏之士对策，亲自策问，选拔人才。董仲舒上“天人三策”，主张“罢黜百家，独尊儒术”，结束先秦以来“师异道，人异论，百家殊方”的局面，以儒家思想作为统治思想，得到汉武帝采纳。其二，窦氏干政。汉武帝刘彻崇尚儒家学说，将赵绾、王臧等儒者任为公卿。他们建议汉武帝建立明堂，研究皇帝出巡、封禅、改换历法服色等制度，而窦太后崇奉黄老道家学说，排斥儒术，派人私下察访赵绾、王臧的贪赃行为，传讯审查，逼迫两人自杀。其三，汉武帝宠幸卫子夫。汉长公主刘嫖将女儿陈阿娇许配给刘彻，又用计将刘彻立为太子，登上帝位。陈阿娇恃宠生娇，不能生育，汉武帝渐生嫌弃之心。平阳公主献歌女卫子夫，被汉武帝宠幸，后来竟取代陈阿娇为皇后。其四，庄助征闽。前138年，闽越兵围攻东瓯，东瓯向朝廷告急求救。汉武帝就此事询问太尉田蚡，田蚡力主不救，认为东瓯不隶属于中原。庄助与之辩论，占得上风，汉武帝决定援救，派庄助凭符节到会稽调兵，出动军队从海上前往救援。闽越引兵撤退。其五，救援南越。前135年，闽越又出动军队，攻打南越。南越派人上书，报告朝廷。汉武帝称赞他们守道义，派遣两位将军率军诛讨闽越。淮南王刘安上书谏阻。这时汉朝军队已经出动，还未越过南岭，恰好闽越王弟余善杀了闽越王来投降，汉朝军队才撤回。

【原文】

世宗孝武皇帝上之上

建元元年（辛丑，前140年）

冬，十月，诏举贤良方正直言极谏之士，上亲策问以古今治道，对者百余人。

广川董仲舒对曰："道者，所繇适于治之路也，仁、义、礼、乐，皆其具也。故圣王已没，而子孙长久，安宁数百岁，此皆礼乐教化之功也。夫人君莫不欲安存，而政乱国危者甚众；所任者非其人而所繇者非其道，是以政日以仆灭也。夫周道衰于幽、厉，非道亡也，幽、厉不繇也。至于宣王，思昔先王之德，兴滞补敝，明文、武之功业，周道粲然复兴，此夙夜不懈行善之所致也。

"孔子曰：'人能弘道，非道弘人。'故治乱废兴在于己，非天降命，不可得反；其所操持悖谬，失其统也。为人君者，正心以正朝廷，正朝廷以正百官，正百官以正万民，正万民以正四方。四方正，远近莫敢不壹于正，而亡有邪气奸其间者，是以阴阳调而风雨时，群生和而万民殖，诸福之物，可致之祥，莫不毕至，而王道终矣！

"孔子曰：'凤鸟不至，河不出图，吾已矣夫！'自悲可致此物，而身卑贱不得致也。今陛下贵为天子，富有四海，居得致之位，操可致之势，又有能致之资；行高而恩厚，知明而意美，爱民而好士，可谓谊主矣。然而天地未应而美祥莫至者，何也？凡以教化不立而万民不正也。夫万民之从利也，如水之走下，不以教化堤防之，不能止也。古之王者明于此，故南面而治天下，莫不以教化为大务。立太学以教于国，设庠序以化于邑，渐民以仁，摩民以谊，节民以礼，故其刑罚甚轻而禁不犯者，教化行而习俗美也。圣王之继乱世也，扫除其迹而悉去之，复修教化而崇起之；教化已明，习俗已成，子孙循之，行五六百岁尚未败也。秦灭先圣之道，为苟且之治，故立十四年而亡，其遗毒余烈至今未灭，

【语译】

世宗孝武皇帝上之上

汉武帝建元元年（辛丑，前140年）

冬季，十月，汉武帝下令，令大臣举荐贤良、方正、直言极谏的人才，汉武帝亲自出题，围绕着古往今来治理天下之道，进行考试。参加考试的有一百多人。

广川人董仲舒在回答时说："所谓的'道'，是指由此而达到天下大治的道路，仁、义、礼、乐，都是推行'道'的具体方法。所以，古代圣明的帝王去世后，他的后代可以长期稳坐天下，国家几百年太平无事，这都是推行礼乐教化的功绩。凡是帝王，没有人不希望自己的国家能够安宁长存，但是政治昏乱、国家危亡的却很多。用人不当，治理国家的方法不是正道，所以国家政治一天比一天接近灭亡。周王朝在幽王、厉王时期出现衰败，并不是由于治国之道不存在，而是由于幽王、厉王不遵循治国之道。到了周宣王在位时，他仰慕过去先王的德政，恢复被淡忘的先王善政，弥补残缺，发扬周文王、周武王的功业，周代的王道再次焕发出灿烂的光彩，这是日夜不懈地推行善政而取得的成效。

"孔子说：'人可以发扬光大道，而不是道弘扬人。'所以，国家的治乱兴亡在于帝王自己，只要不是天意要改朝换代，统治权就不会丧失；帝王的作为悖理错误，就会丧失统治地位。做帝王的人，要端正自己的思想，整肃朝廷，整肃了朝廷才能用以整肃百官，整肃了百官才能用以整肃天下民众，整肃了天下民众才能用以整肃四方的夷狄各族。四方的夷狄各族都已整肃完毕，远近没有胆敢不统一于正道的，就没有邪气冲犯天地之间，因此阴阳谐和，风调雨顺，生物安和相处，民众繁衍生息，所有象征幸福的东西和可以招致吉祥的事物都会出现，这就是王道的最佳境界了！

"孔子说：'凤凰不来，黄河也不出现图画，我算完了！'他认为自己的德行本可招致这些祥瑞，但因为身份卑贱而不能招致，而感到悲哀。现在，皇上贵为天子，富有四海，身居得以招致祥瑞的尊位，手持可以招致祥瑞的权势，又有能够招致祥瑞的资质；品行高尚而恩德深厚，头脑聪明而心地善良，爱护民众而尊重贤士，可称得上是仁义帝王了。但是，天地没有相应的表示，祥瑞没有出现，原因何在？主要在于没有推行道德教化，民众没有走上正路。民众追逐财利，就如同水流向低处一样，不用教化筑成堤坝，就不能阻止。古代英明的帝王深知此理，所以面南为王治理天下时，没有不把教化作为根本大事的。建立太学，以便在都城兴起教化；兴办学府，以便在地方城邑中教化民众。用仁德感化，用大义勉励，用礼仪节制，当时的刑罚很轻而没有人触犯法禁，其原因在于推行了教化而社会风俗很好。圣明的

使习俗薄恶，人民嚚顽，抵冒殊扞，熟烂如此之甚者也。窃譬之：琴瑟不调，甚者必解而更张之，乃可鼓也；为政而不行，甚者必变而更化之，乃可理也。故汉得天下以来，常欲治而至今不可善治者，失之于当更化而不更化也。

“臣闻圣王之治天下也，少则习之学，长则材诸位，爵禄以养其德，刑罚以威其恶，故民晓于礼谊而耻犯其上。武王行大谊，平残贼，周公作礼乐以文之；至于成、康之隆，囹圄空虚四十余年。此亦教化之渐而仁谊之流，非独伤肌肤之效也。至秦则不然。

“师申、商之法，行韩非之说，憎帝王之道，以贪狼为俗，诛名而不察实，为善者不必免而犯恶者未必刑也。是以百官皆饰虚辞而不顾实，外有事君之礼，内有背上之心，造伪饰诈，趋利无耻，是以刑者甚众，死者相望，而奸不息，俗化使然也。

“今陛下并有天下，莫不率服，而功不加于百姓者，殆王心未加焉。《曾子》曰：‘尊其所闻，则高明矣；行其所知，则光大矣。高明光大，不在于他，在乎加之意而已。’愿陛下因用所闻，设诚于内而致行之，则三王何异哉！

“夫不素养士而欲求贤，譬犹不琢玉而求文采也。故养士之大者，莫大乎太学；太学者，贤士之所关也，教化之本原也。今以一郡、一国之众对，亡应书者，是王道往往而绝也。臣愿陛下兴太学，置明师，以养天下之士，数考问以尽其材，则英俊宜可得矣。今之郡守、县令，民之师帅，所使承流而宣化也；故师帅不贤，则主德不宣，恩泽不流。今吏既亡教训于下，或不承用主上之法，暴虐百姓，与奸为市，贫穷孤弱，冤苦失职，甚不称陛下之意；是以阴阳错缪，氛气充塞，群生寡遂，黎

帝王继承乱世之道，首先要把一切乱世之俗全部扫除，还要推行教化，提高教化；教化已见明效，好的社会风俗已经形成，子孙后代沿袭不变，实行五六百年也不会衰败。秦朝毁弃先代圣王的治国之道，实行不顾长远、只顾眼前的统治方法，所以立国仅有十四年就灭亡了。秦朝遗留下来的恶劣影响至今还没有清除，导致社会风俗浅薄恶劣，民众奸诈恶劣，抵触冒犯，殊死反抗，风俗竟然败坏到如此程度。我私下做了这样一个比喻：琴瑟声音不和谐，严重时必须解下旧弦，更换新弦，才可以弹奏；实施统治遇到了阻碍，严重时一定要加以改变，才能治理好国家。所以，自从汉朝得到天下以来，一直想治理好国家，但至今没有治理得好，其原因就在于应当实行改革的时候而没有实行改革。

“我听说，圣明的帝王治理天下，臣子年幼时就学习知识，成年后就给他官位以磨砺他的才能，颁给爵位俸禄以培养他的品德，实施刑罚以威慑他的罪恶念头。所以，民众才能通晓礼义，而以冲犯帝王为耻。周武王奉行天下大义，推翻了独夫民贼，周公制作了礼和乐来修饰周政；到了成王、康王的大治时期，没有人犯罪，监狱空虚长达四十多年。这也是教化的浸润和仁义的流布，而不只是伤残皮肉的刑罚的成效。到了秦朝，就不是这样了。

“秦朝尊奉申不害、商鞅的法令，实行韩非的学说，憎恶圣明帝王的治世之道，提倡贪求财利的风俗，只看虚名而不注重实际，做好事的人不一定能免受刑罚，而做坏事的人也不一定能受到惩罚。因此，百官都粉饰虚名假誉而不注重实际政务，表面上有侍奉帝王的礼仪，内心却有背叛帝王的念头，弄虚作假，追逐财利，毫无廉耻；所以遭受刑罚的人很多，死人相连，但是犯罪却没被制止，是风俗的影响造成了这样的状况。

“现在皇上统治全国，天下没有不服从的，但是却没有给民众带来功德，大概是由于您没有注意到这个问题吧。《曾子》一书说：‘尊重所听到的道理，他就算是高明了；实践所知道的知识，他就算是光大了。高明光大，不在于别的，就在于认真注意罢了。’希望皇上能依据所听到的道理，真诚地信奉它并把它推行开来，那么，您与圣明的三王就没有什么不同了！

“平常不引进和尊重贤才，而想要求得贤能之臣，就好像不雕琢玉石而想得到花纹美丽的玉器一样。所以，引进和尊重贤才的方法，莫过于兴建太学；太学，是贤才的来源，是推行教化的根本。现在，让一郡、一国的所有民众都来回答，而没有一个符合命令要求的人才，这说明上古圣王之道被灭绝了。我希望皇上兴建太学，设置学识渊博的老师，用来培养天下的贤才，经常考试，以便学生能全面表现自己的才能，就可以得到出类拔萃的人杰了。现在的郡守和县令，是民众的表率，其职责就在于上承仁德而向下传播教化；所以，如果这些表率人物无德无才，就会使帝

民未济，皆长吏不明使至于此也！

“夫长吏多出于郎中、中郎、吏二千石子弟，选郎吏又以富訾，未必贤也。且古所谓功者，以任官称职为差，非谓积日累久也；故小材虽累日，不离于小官，贤材虽未久，不害为辅佐，是以有司竭力尽知，务治其业而以赴功。今则不然，累日以取贵，积久以致官，是以廉耻贸乱，贤不肖浑殽，未得其真。

“臣愚以为使诸列侯、郡守、二千石各择其吏民之贤者，岁贡各二人以给宿卫，且以观大臣之能；所贡贤者有赏，所贡不肖者有罚。夫如是，诸吏二千石皆尽心于求贤，天下之士可得而官使也。遍得天下之贤人，则三王之盛易为，而尧、舜之名可及也。毋以日月为功，实试贤能为上，量材而授官，录德而定位，则廉耻殊路，贤不肖异处矣！

“臣闻众少成多，积小致巨，故圣人莫不以暗致明，以微致显；是以尧发于诸侯，舜兴乎深山，非一日而显也，盖有渐以致之矣。言出于己，不可塞也；行发于身，不可掩也；言行，治之大者，君子之所以动天地也。故尽小者大，慎微者著；积善在身，犹长日加益而人不知也；积恶在身，犹火销膏而人不见也；此唐、虞之所以得令名而桀、纣之可为悼惧者也。

“夫乐而不乱，复而不厌者，谓之道。道者，万世亡敝；敝者，道之失也。先王之道，必有偏而不起之处，故政有眊而不行，举其偏者以补其敝而已矣。三王之道，所祖不同，非其相反，将以救溢扶衰，所遭之变然也。故孔子曰：‘无为而治者其舜乎！’改正朔，易服色，以顺天命而已；其余尽循尧道，何更为哉！故王者有改制之名，亡变道之实。然夏尚忠，殷尚敬，周尚文者，所继之救当用此也。

王的仁德不能传播，恩泽不能流布。现在的官吏都不能教化民众，有的还不遵守朝廷的法度，残酷地虐待民众，与坏人勾结，贪求财利，民众贫困孤弱，冤屈痛苦，失去生业，十分不符合皇上的心意。因此，阴阳失调，乌烟瘴气弥漫，万物都不正常生长，百姓无法维持生计，这都是官吏不称职造成的后果！

“官吏大部分出自郎中、中郎、二千石官员的子弟，选任郎官又以家庭富于资财为条件，所选的人未必是贤能的人。而且，古代所说的‘功’，是按照任官政绩的好坏来区分大小，并不是指任职的累积时间。所以，本事小的人，即使是任职时间很长，也仍做小官，贤能的栋梁之材，即使是任职时间很短，也不妨做辅政大臣。所以，官吏们都尽心竭力，一心做好本职工作而建功立业。现在就不是这样了。累积时日就可以猎取富贵，任期长久就可以升官晋职，因此，廉洁与耻辱相互转化搀杂，贤能和不肖混淆，不能判明真伪。

“我认为，应让列侯、郡守、二千石官秩的官员，各自从所管理的官吏、民众中选择贤能的人，每年向朝廷选送二人，到宫中服务，而且可以用这种方法来观察大臣的才能高低；选送的人有贤德，就给以赏赐；选送的人不好，就给以惩罚。如果这样，所有二千石官员都会全力以赴地寻求贤人，天下的人杰都可以成为国家官员而为皇上效力了。把天下的贤人都吸收到朝廷中来，那么，三代圣王的功业不难于造就，而且尧舜的美名也可以企及。不要用任职时间长短来计算功劳，而以实际考察出来的贤能为上，根据各人才能大小给以不同的官职，核查品行的高低而确定不同的地位，就会使廉洁和耻辱、贤与不贤区别得很清楚了！

“我听说，积少成多，积小成大，所以古代的圣人，没有一个不是由默默无闻而变成美名远扬，由卑微而达到显赫。因此，尧起步于诸侯之位，舜兴起于深山之中，并不是一日之内突然显赫起来，应该说是逐渐达到的。言语是由自己说出来的，不能阻塞；行为是由自身做出来的，无法掩饰；言语和行为，是治理天下的重要内容，君子正凭借着它而感动天地。所以，能做好一切小事的人，才能成就大业，能注意一切细微的人，才能功德彰明。本身积累善德，就像人的身体长高时那样，每天都在增长，自己却不知道；本身积累恶行，就像灯火消耗灯油一样，自己也没有察觉。这正是唐尧虞舜成就美名而夏桀商纣令人悲悼戒惧的原因。

“快乐而不淫乱，反复行善而不厌倦，这就是‘道’。遵循其道行事，万世无弊害；只要有弊害产生，一定是因为没有按照其道行事，一定是因为执行先王之道有所偏废，所以政治昏乱，政令不行。补救的方法，就是运用王道中被偏废的部分去补救积弊罢了。三代圣王的治国之道，侧重点各有不同，并不是它们相互矛盾，它们都是为了医治社会积弊，只是由于各自面对的社会情况不同，才形成了治国之道的不同。所以孔子说：‘要说无为而治的人，应该是舜吧！’舜改换历法，改变衣服

“孔子曰：‘殷因于夏礼，所损益可知也；周因于殷礼，所损益可知也；其或继周者，虽百世可知也。’此言百王之用，以此三者矣。夏因于虞，而独不言所损益者，其道一而所上同也。道之大原出于天，天不变，道亦不变，是以禹继舜，舜继尧，三圣相受而守一道，亡救敝之政也，故不言其所损益也。繇是观之，继治世者其道同，继乱世者其道变。

“今汉继大乱之后，若宜少损周之文致，用夏之忠者。夫古之天下，亦今之天下，共是天下，以古准今，壹何不相逮之远也！安所缪盭而陵夷若是？意者有所失于古之道与，有所诡于天之理与？

“夫天亦有所分予：予之齿者去其角，傅其翼者两其足，是所受大者不得取小也。古之所予禄者，不食于力，不动于末，是亦受大者不得取小，与天同意者也。夫已受大，又取小，天不能足，而况人乎！此民之所以嚣嚣苦不足也。身宠而载高位，家温而食厚禄，因乘富贵之资力以与民争利于下，民安能如之哉！民日削月朘，浸以大穷。富者奢侈羡溢，贫者穷急愁苦；民不乐生，安能避罪！此刑罚之所以蕃而奸邪不可胜者也。

“天子大夫者，下民之所视效，远方之所四面而内望也。近者视而放之，远者望而效之，岂可以居贤人之位而为庶人行哉！夫皇皇求财利，常恐乏匮者，庶人之意也；皇皇求仁义，常恐不能化民者，大夫之意也。《易》曰：‘负且乘，致寇至。’乘车者，君子之位也；负担者，小人之事也。此言居君子之位而为庶人之行者，患祸必至也。若居君子之位，当君子之行，则舍公仪休之相鲁，无可为者矣。

颜色，只是顺应天意罢了。其余一切都遵循尧的治国之道，何必更改呢？所以，圣明的帝王，有改变制度的名义，而没有改变治道的实际内容。然而，夏代推崇朴直，商代推崇恭敬，周代推崇礼仪，形成这种不同的原因，是因为它们要各自拯救前朝的缺失，必须使用各自不同的方法。

“孔子说：‘商代继承了夏代的制度，所废除的和增加的是可以知道的；周代继承了商代的制度，所废除的和增加的是可以知道的；若有人继承周代，就是过了一百代之后所实行的制度，也可以推测得出来。’这是说百代帝王所用的治国之道，也就是使用夏、商、周这三种了。夏代是继承了有虞氏的制度，而孔子唯独没有说到两者之间的增减，是因为两者的治国之道一致，而且所推崇的原则相同。道之所以精深博大，是因为它来源于天，只要天不变，道也就不会变。所以，夏禹继承虞舜，虞舜继承唐尧，三位圣王相互授受禅让天下，而遵循相同的治道，是因为其间不需要补救积弊。所以，孔子不说他们之间的增减。由此看来，继承一个大治的朝代，继起者实行与原来相同的治国之道；继承一个政治昏乱的朝代，继起者一定要改变治国之道。

“现在，汉朝是在大乱之后而建国的，似乎应该略为改变周代制度的过分强调礼仪，而提倡夏代的忠直之道。古代的天下，也就是现在的天下，同是这一个天下，为什么古代与现在相比，却会有那么大的差距？为什么败坏到如此程度？估计或许是因为没有遵循古代的治国之道吧，或许是因为违背了天理吧！

“天对万物也有一定的分配赐予：赐给利齿的动物不让它再长犄角，赐给双翅的鸟类只让它有两只脚，这是让已受大利的，不能再取得小利。古代那些接受俸禄的官员，不许靠气力谋食，不得经营工商末业，这也是既得大利就不能再取小利，与天的旨意是相同的。那些已得大利而又要夺取小利的人，连天都不能满足其贪欲，更何况人呢？这正是民众纷纷怨叹困苦不足的原因。那些达官显贵，身受朝廷荣宠而居高位，家庭富裕又享受丰厚俸禄，于是，凭借着既富又贵的资本和权势，在下面与平民民众去争利，民众比得上他们吗？民众逐日逐月地被削弱，逐渐陷入最穷困的底层。富贵的人奢侈成风挥金若土，穷困的人走投无路苦不聊生；民众没有感觉到活着有什么乐趣，怎么能避免犯罪呢？这正是刑罚繁多却不能制止犯罪的原因。

“天子的官员，是平民民众观察仿效的对象，是远方各民族从四面八方向中央观察仿效的对象；远近的人都观察和仿效他们，怎么可以身居贤人的高位却去做平民民众所做的事呢？急急忙忙地追求财利，经常害怕穷困，这是平民民众的心理状态；急急忙忙地追求仁义，经常害怕不能用仁义去感化民众，这是官员应有的意境。《易》说：‘既背负着东西又乘车，招来了强盗抢劫。’乘坐车辆，这是君子的位置；身背肩担，这是小人的事情；《易》的这句话，是说居于君子尊位而去做平民民众的

“《春秋》大一统者，天地之常经，古今之通谊也。今师异道，人异论，百家殊方，指意不同，是以上无以持一统，法制数变，下不知所守。臣愚以为诸不在《六艺》之科、孔子之术者，皆绝其道，勿使并进，邪辟之说灭息，然后统纪可一而法度可明，民知所从矣！”

天子善其对，以仲舒为江都相。

会稽庄助亦以贤良对策，天子擢为中大夫。丞相卫绾奏：“所举贤良，或治申、韩、苏、张之言乱国政者，请皆罢。”奏可。

董仲舒少治《春秋》，孝景时为博士，进退容止，非礼不行，学者皆师尊之。及为江都相，事易王。易王，帝兄，素骄，好勇。仲舒以礼匡正，王敬重焉。

（以上为第一段，写汉武帝刘彻雄才大略，即位之始，就着手选拔治国人才，令大臣举荐贤良方正直言极谏之士，儒生董仲舒对“天人三策”，主张独尊儒术，得到汉武帝的充分肯定，任命他做江都国的国相。）

春，二月，赦。

行三铢钱。

夏，六月，丞相卫绾免。

丙寅，以魏其侯窦婴为丞相，武安侯田蚡为太尉。上雅向儒术，婴、蚡俱好儒，推毂代赵绾为御史大夫，兰陵王臧为郎中令。绾请立明堂以朝诸侯，且荐其师申公。秋，天子使使束帛加璧、安车驷马以迎申公。既至，见天子。天子问治乱之事，申公年八十余。对曰：“为治者不至多言，顾力行何如耳。”是时，天子方好文词，见申公对，默然，然已招致，则以为太中大夫，舍鲁邸，议明堂、巡狩、改历、服色事。

是岁，内史宁成抵罪髡钳。

事情，这样的人，一定会招来祸患。如果居于君子之位，就应当为君子之行，为君子者当如公仪休，取大而舍小，如果废而不遵，则无所作为也。

“《春秋》推崇的天下一统，这是天地之间的永久原则，是古往今来的一致道义。现在，每个经师传授的道不同，每个人的论点各异，百家学说旨趣不同，因此，帝王也没有办法实现统一，法令制度多次变化，臣下不知道应该遵守什么。我认为，所有不属于儒家‘六艺’范围之内，不符合孔子学说的学派，都应当禁绝其理论，不许它们与儒学并进，使邪恶不正的学说归于灭绝，这样做了，就能政令统一，法度明确，臣民就知道该遵循什么了！”

汉武帝刘彻很赞赏董仲舒的对答，任命他做江都国的相。

会稽人庄助也以贤良的身份参加了考试对答，汉武帝擢拔他担任中大夫。丞相卫绾向汉武帝上奏，说：“举荐来的贤良，有研究申不害、韩非、苏秦、张仪的学说，扰乱国家政治的，请都予以遣返并废除其学说。”汉武帝批准了奏请。

董仲舒从小研究《春秋》。汉景帝刘启时做了博士官，上朝退朝的仪容举止，不做任何不合乎礼法的事，学者们都用尊师的礼节尊敬他。等到董仲舒做了江都国的相，侍奉江都易王刘非。易王刘非，是汉武帝的哥哥，历来骄横，好逞勇力。董仲舒用礼义来辅佐纠正他，易王也很敬重董仲舒。

春季，二月，汉武帝颁布赦令。

朝廷发行三铢钱。

夏季，六月，丞相卫绾被免职。

六月初七丙寅，汉武帝刘彻任命魏其侯窦婴为丞相，任命武安侯田蚡为太尉。汉武帝一向看重儒术，窦婴、田蚡都喜好儒术，极力推荐代地人赵绾担任御史大夫，推荐兰陵人王臧担任郎中令。赵绾奏请兴建明堂，以接受诸侯王的朝见，并且向汉武帝推荐了他的老师申公。秋季，汉武帝派出使者带着表示礼聘的帛和玉璧，驾着安车驷马去迎接申公入朝。申公到了京城，拜见汉武帝。汉武帝询问关于国家治乱的事情，申公已是八十多岁的高龄，回答说：“治理天下的人，不以说得多为完善，只看努力实干得怎么样罢了。”这时，汉武帝正喜爱文辞，听到申公的对答，沉默不语。汉武帝虽然对申公的对答不满意，但既然已把他招来了，就任命他做了太中大夫，安顿他住在鲁王在京城的官邸中，商议有关兴建明堂、天子视察各地、改换历法和服色等事情。

这一年，内史宁成犯罪，被判处髡钳刑。

（以上为第二段，写汉武帝重视儒学，重用精通儒术之人；御史大夫赵绾奏请兴建明堂，以接受诸侯王的朝见；又迎接申公入朝，商议有关兴建明堂、天子视察各地、改换历法和服色等事情。）

二年（壬寅，前 139 年）

冬，十月，淮南王安来朝。上以安属为诸父而材高，甚尊重之，每宴见谈语，昏暮然后罢。

安雅善武安侯田蚡，其入朝，武安侯迎之霸上，与语曰："上无太子，王亲高皇帝孙，行仁义，天下莫不闻。宫车一日晏驾，非王尚谁立者！"安大喜，厚遗蚡金钱财物。

太皇窦太后好黄、老言，不悦儒术。赵绾请毋奏事东宫。窦太后大怒曰："此欲复为新垣平邪！"阴求得赵绾、王臧奸利事，以让上。上因废明堂事，诸所兴为皆废。下绾、臧吏，皆自杀。丞相婴、太尉蚡免，申公亦以疾免归。

初，景帝以太子太傅石奋及四子皆二千石，乃集其门，号奋为"万石君"。万石君无文学，而恭谨无与比。子孙为小吏，来归谒，万石君必朝服见之，不名。子孙有过失，不责让，为便坐，对案不食；然后诸子相责，因长老肉袒谢罪，改之，乃许。子孙胜冠者在侧，虽燕居必冠。其执丧，哀戚甚悼。子孙遵教，皆以孝谨闻乎郡国。及赵绾、王臧以文学获罪，窦太后以为儒者文多质少，今万石君家不言而躬行，乃以其长子建为郎中令，少子庆为内史。建在上侧，事有可言，屏人恣言极切，至廷见，如不能言者；上以是亲之。庆尝为太仆，御出，上问车中几马，庆以策数马毕，举手曰："六马。"庆于诸子中最为简易矣。

窦婴、田蚡既免，以侯家居。蚡虽不任职，以王太后故亲幸，数言

汉武帝建元二年（壬寅，前139年）

冬季，十月，淮南王刘安来朝见汉武帝。汉武帝因为刘安从辈分来说是叔父，而且有很高的才能，很尊重他，每当安闲无事时，就召他来交谈，总是到黄昏后才停止。

刘安一直与武安侯田蚡友好，他来京朝见时，武安侯到霸上迎接他，告诉他说："皇上没有太子，大王是高皇帝的亲孙子，广行仁义，天下人没有不知道的。假如皇帝突然去世，除了大王之外还有谁能继承帝位呢？"刘安闻言大喜，送给田蚡丰厚的金钱财物。

窦太皇太后喜好黄老学说，不喜欢儒家学说。赵绾奏请说："国家政务不要再向太后奏报。"窦太皇太后勃然大怒，说："他是想当第二个新垣平吧！"她暗中搜集到赵绾、王臧贪赃的证据，以此责备汉武帝用人不当。汉武帝就废止了兴建明堂的事情，赵绾等人主张的一切都被废止。赵绾、王臧被交付官吏处置，他们都自杀了。丞相窦婴、太尉田蚡被免职，申公也以有病为借口，辞职归家。

当初，汉景帝因为太子太傅石奋及其四个儿子，都有二千石的官秩，就总计他一门父子五人的官秩之和，称石奋为"万石君"。万石君没有文才学问，但恭敬谨慎没有人可以与他相比。子孙做小官，回来看望他，万石君必定身穿朝服以礼相见，不叫他们的名字。子孙有了过错，他不加以责备，而为此离开正室坐到厢屋中，对着桌子不吃饭；然后，儿子们互相批评，有过失的人通过长辈来求情，并且袒露上身前来请罪，表示一定要改正，石奋才答应他的要求而进餐。已经成年的子孙在身边，石奋即使闲居无事，也必定衣冠整齐。他主持丧事，表情极为悲痛。子孙遵循他的教导，都以孝顺谨慎闻名于各地。等到赵绾、王臧提倡经学却犯了罪，窦太后就认为儒生富于文采却欠缺质朴，现在万石君一家人不多说话却能身体力行，就任命他的大儿子石建担任郎中令，任命他的小儿子石庆担任内史。石建在汉武帝刘彻身边任职，发现了应该进谏的事情，让人回避之后，对汉武帝尽情诉说，十分恳切。到了朝廷上与百官朝见汉武帝时，石建却像一个不善言谈的人。汉武帝因此很亲近他。石庆曾担任太仆，为汉武帝驾车外出，汉武帝问有几匹马拉车，石庆举起马鞭一一点数马匹后，举起手来回答说："有六匹马。"石庆在石奋的儿子中是最为随便的，做事还如此恭敬谨慎。

窦婴、田蚡被罢免之后，以列侯的身份赋闲在家中。田蚡虽然不担任官职，但

事多效。士吏趋势利者，皆去婴而归蚡，蚡日益横。

（以上为第三段，写太皇太后窦氏干预朝政，她喜好黄老学说，不喜欢儒家学说，暗中查找御史大夫赵绾、郎中令王臧的贪赃证据，使其双双被下狱而被逼自杀；罢免了丞相窦婴、太尉田蚡的官职，朝政一切照旧。）

春，二月，丙戌朔，日有食之。

三月，乙未，以太常柏至侯许昌为丞相。

初，堂邑侯陈午尚帝姑馆陶公主嫖，帝之为太子，公主有力焉；以其女为太子妃，及即位，妃为皇后。窦太主恃功，求请无厌，上患之。皇后骄妒，擅宠而无子，与医钱凡九千万，欲以求子，然卒无之。后宠浸衰。皇太后谓上曰："汝新即位，大臣未服，先为明堂，太皇太后已怒。今又忤长主，必重得罪。妇人性易悦耳，宜深慎之！"上乃于长主、皇后复稍加恩礼。

上祓霸上，还，过上姊平阳公主，悦讴者卫子夫。子夫母卫媪，平阳公主家僮也。主因奉送子夫入宫，恩宠日隆。陈皇后闻之，恚，几死者数矣。上愈怒。

子夫同母弟卫青，其父郑季，本平阳县吏，给事侯家，与卫媪私通而生青，冒姓卫氏。青长，为侯家骑奴。大长公主执囚青，欲杀之。其友骑郎公孙敖与壮士篡取之。上闻，乃召青为建章监、侍中，赏赐数日间累千金。既而以子夫为夫人，青为太中大夫。

夏，四月，有星如日，夜出。

初置茂陵邑。

时大臣议者多冤晁错之策，务摧抑诸侯王，数奏暴其过恶，吹毛求疵，笞服其臣，使证其君。诸侯王莫不悲怨。

（以上为第四段，写陈皇后没有生育能力，其母亲窦太主刘嫖又自恃立汉武帝有功，无休无止地请求赏赐，干预国政，汉武帝因而疏远陈皇后，一日在姐姐平阳公主家，看中了卫子夫，纳入宫中，立为夫人。）

因与王太后是同母弟的关系，仍得到皇帝的亲近宠信，多次议论国事，大多被采纳；趋炎附势的士人和官吏，都离开了窦婴而归附田蚡，田蚡一天比一天骄横起来。

春季，二月初一丙戌朔，出现日食。

三月初四乙未，汉武帝刘彻任命太常、柏至侯许昌担任丞相。

当初，汉武帝的姑姑馆陶公主刘嫖下嫁给堂邑侯陈午，汉武帝能得以立为太子，馆陶公主是发挥了很大作用的；公主把她的女儿嫁给太子做正妃，等到汉武帝即位称帝，就做了皇后。窦太主即馆陶公主刘嫖，自恃立汉武帝有功，无休无止地请求赏赐、干预国政，汉武帝对她很不满。陈皇后骄横嫉妒，独占君宠，却没有生育孩子，给医生的费用合计九千万，想求得生下儿子，但是终究没有生育；汉武帝对陈皇后的宠爱渐渐衰退。皇太后对汉武帝说："你刚刚当上皇帝，大臣还没有归附你，就先兴建明堂，太皇太后已经很恼怒了；现在又得罪了窦太主，必定会受到重责。妇人的性情是容易高兴的，你应该慎之又慎！"汉武帝于是就对窦太主、陈皇后母女俩又稍稍以恩礼相待。

汉武帝到霸上举行祓除仪式，返宫途中，去看望他的姐姐平阳公主，看中了平阳公主府中的歌女卫子夫。卫子夫的母亲卫媪，是平阳公主家的奴婢；平阳公主就把卫子夫送入宫中，卫子夫日益受到汉武帝的宠幸。陈皇后得知，极为恼怒，好几次几乎给气死，汉武帝对陈皇后更为恼怒。

卫子夫的同母异父弟卫青的父亲郑季，本来是平阳县的县吏，去平阳侯家中供职当差，和卫媪私通而生了卫青，让他冒充姓卫。卫青长大了，在平阳侯家中当骑奴。大长公主刘嫖抓住卫青囚禁起来，想杀掉他，卫青的好友骑郎公孙敖和勇士把他给抢了回来。汉武帝得知此事，就召见卫青并任命他为建章宫的宫监，还给他侍中的官衔，几天之内给卫青高达上千金的赏赐。不久，汉武帝立卫子夫为夫人，任命卫青为太中大夫。

夏季，四月，夜间出现了一颗光亮如同太阳的异星。

开始设立茂陵邑。

当时，朝廷大臣的议论中多对晁错提出削藩之策被杀而表示冤枉，一心摧残和抑制诸侯王，经常弹劾揭露诸侯王的过失和罪恶，甚至达到吹毛求疵的程度，用鞭笞刑罚威逼诸侯王的臣子屈服，迫使他们证明诸侯王有过失和罪恶，诸侯王没有一个不为此而悲愁怨恨。

三年（癸卯，前138年）

冬，十月，代王登、长沙王发、中山王胜、济川王明来朝。上置酒，胜闻乐声而泣。上问其故，对曰："悲者不可为累欷，思者不可为叹息。今臣心结日久，每闻幼眇之声，不知涕泣之横集也。臣得蒙肺附为东藩，属又称兄。今群臣非有葭莩之亲、鸿毛之重，群居党议，朋友相为，使夫宗室摈却，骨肉冰释，臣窃伤之！"具以吏所侵闻。于是上乃厚诸侯之礼，省有司所奏诸侯事，加亲亲之恩焉。

河水溢于平原。

大饥，人相食。

秋，七月，有星孛于西北。

济川王明坐杀中傅，废迁房陵。

七国之败也，吴王子驹亡走闽越，怨东瓯杀其父，常劝闽越击东瓯。闽越从之，发兵围东瓯，东瓯使人告急天子。天子问田蚡，蚡对曰："越人相攻击，固其常；又数反覆，自秦时弃不属，不足以烦中国往救也。"庄助曰："特患力不能救，德不能覆。诚能，何故弃之！且秦举咸阳而弃之，何但越也！今小国以穷困来告急，天子不救，尚安所诉，又何以子万国乎！"上曰："太尉不足与计。吾新即位，不欲出虎符发兵郡国。"乃遣助以节发兵会稽。会稽守欲距法不为发，助乃斩一司马，谕意指，遂发兵浮海救东瓯。未至，闽越引兵罢。东瓯请举国内徙，乃悉举其众来，处于江、淮之间。

（以上为第五段，写汉武帝听从中山王刘胜的意见，对诸侯王施行优待亲属的恩惠；听从庄助的意见，派庄助持节征发会稽郡军队，渡海前去救援东瓯，东瓯举国内迁，被安置在长江和淮河之间。）

九月，丙子晦，日有食之。

上自初即位，招选天下文学材智之士，待以不次之位。四方士多上书言得失，自眩鬻者以千数。上简拔其俊异者宠用之。庄助最先进；后

汉武帝建元三年（癸卯，前138年）

冬季，十月，代王刘登、长沙王刘发、中山王刘胜、济川王刘明来京朝见汉武帝。汉武帝设酒宴款待，刘胜在席间听到音乐声就哭了起来。汉武帝问他为什么哭，刘胜回答说："悲伤的人听不得抽噎的声音，忧愁的人听不得叹息的声音。现在我心中积压了许多忧伤，每当听到幽妙精微的音乐，不知不觉地就会涕泪横流。我有幸得到朝廷重用，受封为东方的藩臣，从亲属关系说来，又是皇上的哥哥。现在朝廷群臣与皇上之间没有血缘亲情，没有承担国家的任何重任，却结成友党发出偏私的议论，相互勾结，使宗室皇族受到打击和排斥，骨肉亲情冰雪般融化，我私下为此而悲伤！"他就把官吏侵夺欺凌诸侯王的事情，一一向汉武帝奏报。于是，汉武帝就增加诸侯的礼遇，废止了有关官吏检举诸侯王不法行为的文书，对诸侯王施行优待亲属的恩惠。

黄河在平原郡泛滥成灾。

汉朝发生了大饥荒，人吃人。

秋季，七月，西北天空中出现了一颗异星。

济川王刘明因杀死中傅而犯罪，被废去王位，流放到房陵县。

七国叛乱失败时，吴王刘濞的儿子刘驹逃亡到闽越，怨恨东瓯诱杀了他的父亲，经常怂恿闽越进攻东瓯。闽越王听从了刘驹的意见，发兵包围了东瓯都城，东瓯王派人向汉朝告急求援。汉武帝征询田蚡的意见，田蚡回答说："越人相互攻击，本来就是常有的事；又多次叛服不定，从秦朝时就被放弃了，不属于中原，不值得烦劳中原朝廷去援救他们。"庄助说："现在只怕力量小不能前去援救，朝廷德薄不能保护他们；假如能做到这些，为什么要抛弃他们呢？况且，秦朝连整个都城咸阳都抛弃，何止是抛弃了越人呢？现在，东瓯这样的小国因走投无路来向朝廷告急，如果皇上不去救援，他们还能去何处求援告急呢？皇上又怎么能使天下万国臣服呢？"汉武帝说："太尉的见识，不值得我和他商议国家大事。我刚即位，不想用虎符征发郡国的军队去打仗。"于是，派庄助持皇帝的符节去征发会稽郡的军队。会稽郡的郡守本想依据不见虎符不得发兵的法令，不给庄助征发军队，庄助杀了一位司马官，把汉武帝的意思告知郡守，于是，发兵渡海前来援救东瓯。汉军尚未达到，闽越就领兵撤走了。东瓯请求全国人内迁中原归顺朝廷，得到朝廷批准之后，东瓯王领着所有部众迁来，他们被安置在长江和淮河之间。

九月三十日丙子晦，出现日食。

汉武帝从刚即位开始，就招录选拔博学有才智的人，予以破格重用。天下士人很多人向朝廷上书议论国家政事的得失，自我标榜和自我推荐的人数以千计，汉武

又得吴人朱买臣、赵人吾丘寿王、蜀人司马相如、平原东方朔、吴人枚皋、济南终军等，并在左右，每令与大臣辨论，中外相应以义理之文，大臣数屈焉。然相如特以辞赋得幸；朔、皋不根持论，好诙谐，上以俳优畜之，虽数赏赐，终不任以事也。朔亦观上颜色，时时直谏，有所补益。

是岁，上始为微行，北至池阳，西至黄山，南猎长杨，东游宜春，与左右能骑射者期诸殿门。常以夜出，自称平阳侯；旦明，入南山下，射鹿、豕、狐、兔，驰骛禾稼之地，民皆号呼骂詈。鄠、杜令欲执之，示以乘舆物，乃得免。

又尝夜至柏谷，投逆旅宿，就逆旅主人求浆，主人翁曰：“无浆，正有溺耳！”且疑上为奸盗，聚少年欲攻之。主人妪睹上状貌而异之，止其翁曰：“客非常人也，且又有备，不可图也。”翁不听，妪饮翁以酒，醉而缚之。少年皆散走，妪乃杀鸡为食以谢客。明日，上归，召妪，赐金千斤，拜其夫为羽林郎。后乃私置更衣，从宣曲以南十二所，夜投宿长杨、五柞等诸宫。

上以道远劳苦，又为百姓所患，乃使太中大夫吾丘寿王举籍阿城以南，盩厔以东，宜春以西，提封顷亩，及其贾直，欲除以为上林苑，属之南山。又诏中尉、左右内史表属县草田，欲以偿鄠、杜之民。寿王奏事，上大说称善。

时东方朔在傍，进谏曰：“夫南山，天下之阻也。汉兴，去三河之地，止霸、浐以西，都泾、渭之南，此所谓天下陆海之地，秦之所以虏西戎、兼山东者也。其山出玉、石、金、银、铜、铁、良材，百工所取给，万民所仰足也。又有粳、稻、梨、栗、桑、麻、竹箭之饶，土宜姜、芋，水多蛙、鱼，贫者得以人给家足，无饥寒之忧；故酆、镐之间，号为土膏，其贾亩一金。今规以为苑，绝陂池水泽之利而取民膏腴之地，上乏

帝从中选拔杰出的人才给以宠信重用。庄助第一个被提拔，以后又招致了吴人朱买臣、赵人吾丘寿王、蜀人司马相如、平原人东方朔、吴人枚皋、济南人终军等，都成了汉武帝的左右亲信，汉武帝经常命令他们与朝廷大臣辩论，中朝官与外朝官用义理文辞相互驳难，外朝大臣多次被驳得无法对答。但是，司马相如只是以擅长辞赋写作而得到汉武帝宠幸；东方朔、枚皋的论点没有根据，喜欢幽默嘲讽，汉武帝仅把他们视作演戏的艺人收养，虽然经常赏赐财物，终究不把国事朝政委托他们处理。东方朔同样对汉武帝察言观色，经常利用时机直言进谏，对朝政发挥了一定补益作用。

这一年，汉武帝开始改换装束暗中离宫外出，向北走到池阳县，向西走到黄山宫，向南到长杨宫打猎，向东去宜春宫游乐。汉武帝与能骑马射箭的左右亲随相约在殿门前集会，经常在夜时出宫，自称平阳侯；黎明时，到达终南山脚下，射杀鹿、野猪、狐狸、野兔等动物，策马践踏农田庄稼，民众都大声怒骂。鄠县和杜县的县令想要收捕这批人，这批人拿了天子专用的物品为证，才得以脱身。

又有一次，汉武帝等人曾在夜时到达柏谷，去旅店投宿，向旅店的主人要酒，主人说："没有酒，只有尿！"而且，旅店的主人怀疑汉武帝一行人是强盗，召集了一些青年后生准备收拾他们。店主的妻子见到汉武帝的体态容貌，觉得不同寻常，就劝阻丈夫说："来客不是普通人，而且他们已有准备，不能图谋收拾他们。"丈夫不听她的劝告，她就让丈夫喝酒，等他喝醉了之后就把他捆绑起来。召集来的青年后生都走了，店主的妻子就杀鸡做饭招待客人。第二天，汉武帝返回宫中，召见那位妇人，赏赐千金，任命她的丈夫做羽林郎。后来，汉武帝就为外出巡游设立了秘密的更衣休息的地方，从宣曲宫向南共设了十二处，夜间投宿在长杨宫、五柞宫等宫殿。

汉武帝因为道路遥远，身体劳苦，又给民众带来祸患，就派太中大夫吾丘寿王把阿城以南、周至以东及宜春以西这一区域的全部土地及其价格，统计登记，准备把它修建成上林苑，连接到终南山。汉武帝又下令中尉、左右内史，上报所属各县的荒田数量，准备给鄠县和杜县的民众作为补偿。吾丘寿王办理完毕回来报告，汉武帝很高兴，连声称赞。

当时，东方朔正在汉武帝身边，提出批评意见，说："终南山是国家的天然屏障。汉朝建国，离开了三河之地，在霸水、浐水之西，泾河、渭河之南建立都城，这就是所谓的天下像大海一般富饶的陆上之地，秦朝凭借着它降服西戎，兼并崤山以东的地区。这一带山中出产玉、石、金、银、铜、铁、优质木材，各种手工业用它们做原料，民众靠它们维持生活。又盛产粳、稻、梨、栗、桑、麻、竹箭等物品，土地适宜于种植生姜和芋头，水中有许多青蛙和鱼类，贫穷的人可以人人温饱，不

国家之用，下夺农桑之业，是其不可一也。盛荆、棘之林，广狐、菟之苑，大虎、狼之虚，坏人冢墓，发人室庐，令幼弱怀土而思，耆老泣涕而悲，是其不可二也。斥而营之，垣而囿之，骑驰东西，车骛南北，有深沟大渠。夫一日之乐，不足以危无堤之舆，是其不可三也。夫殷作九市之宫而诸侯畔，灵王起章华之台而楚民散，秦兴阿房之殿而天下乱。粪土愚臣，逆盛意，罪当万死！”上乃拜朔为太中大夫、给事中，赐黄金百斤。然遂起上林苑，如寿王所奏。

上又好自击熊、豕，驰逐野兽。司马相如上疏谏曰："臣闻物有同类而殊能者，故力称乌获，捷言庆忌，勇期贲、育，臣之愚，窃以为人诚有之，兽亦宜然。今陛下好陵阻险，射猛兽，卒然遇逸材之兽，骇不存之地，犯属车之清尘，舆不及还辕，人不暇施巧，虽有乌获、逄蒙之技不得用，枯木朽株，尽为难矣。是胡、越起于毂下而羌、夷接轸也，岂不殆哉！虽万全而无患，然本非天子之所宜近也。且夫清道而后行，中路而驰，犹时有衔橛之变，况乎涉丰草，骋丘墟，前有利兽之乐，而内无存变之意，其为害也不难矣。夫轻万乘之重不以为安，乐出万有一危之涂以为娱，臣窃为陛下不取。盖明者远见于未萌，而知者避危于无形，祸固多藏于隐微而发于人之所忽者也。故鄙谚曰：'家累千金，坐不垂堂。'此言虽小，可以谕大。"上善之。

（以上为第六段，写汉武帝刘彻招选博学多才的人，予以破格重用，得到了一大批人才；同时，汉武帝年少轻狂，经常夜间出猎，又建造上林苑，东方朔、司马相如等谏阻，汉武帝称善而依旧我行我素。）

四年（甲辰，前 137 年）

夏，有风赤如血。

必担忧受饥寒之苦；所以丰水与镐水之间，号称肥沃之地，每亩土地价值一斤黄金。现在将这片土地划为上林苑，断绝了池沼湖泽的财利来源，夺取了民众的肥沃土地，对上减少了国家财政费用的来源，对下破坏了农桑生产，这是不应该这样做的第一个理由。荆棘之林得以蔓延，扩大狐狸、野兔、虎、狼的活动范围，破坏民众的坟墓，拆毁民众的房屋，使幼童怀恋故土而忧愁，老人痛哭流涕而悲伤，这是不应该这样做的第二个理由。开拓并营建上林苑，周围筑墙作为禁苑，策马东西奔驰，驱车南北追逐，其中有深沟大河，为追求一天射猎的乐趣，不值得尊贵无比的天子去涉险犯难，这是不应该这样做的第三个理由。当年商纣王兴建了内有九市的宫殿导致诸侯背叛，楚灵王筑起章华台而导致楚国民众四散逃走，秦始皇兴造阿房宫而导致天下大乱。我只是卑贱愚笨的臣仆，竟然冒犯皇上的旨意，真是罪该万死！”汉武帝就任命东方朔为太中大夫，并授以给事中的官衔，赐给他一百斤黄金以示奖励。但是，汉武帝仍然按照吾丘寿王所奏报的规模兴建了上林苑。

汉武帝又喜欢亲自击杀熊和野猪，策马追捕野兽。司马相如上疏劝谏说：“我听说，有的东西类型相同而才能不同，所以力量大数得着乌获，行动敏捷要说庆忌，勇猛无敌应归于孟贲和夏育。依照我的想法，人确实有这样的情形，野兽也是这样。现在皇上喜爱攀登险要的地方，射杀猛兽，万一突然遇到力大凶猛的野兽，它在无路可逃的绝境，拼死冒犯皇上的随从车辆，皇上的车辆来不及调转方向，人来不及施展应变的巧计，即便是有乌获、逢蒙的超群技艺，也来不及使用，那么枯树朽木也会成为祸害了。这种情况，相当于胡人和越人突然出现在京城，而羌人和夷人接近了皇上的车辆，怎么能不危险万分呢？即便是万无一失而没有祸害，然而这种环境本来就不是皇上应该接近的啊！更何况，皇上入都要在清道戒严之后才出发，车辆要在道路的正中间奔驰，即便如此谨慎，还经常遇到控驭马匹的铁勒折断，或是车轮脱出等意外变故，更何况穿过茂密的荒草，驰过丘陵废墟，前面有即将捕获猎物的诱惑，而心中没有预防意外的准备，野兽要对皇上形成危害，恐怕是不可避免的了。看轻皇帝的万乘尊位，不注意自身的安全，反则乐于行进在潜伏着危险的道路上寻求刺激和娱乐，我私下觉得皇上不该如此。大概聪明的人能预见到尚未萌芽的问题，有智慧的人能提前避开还没有完全形成的灾祸，灾祸本来大多隐藏在不易被察觉的细微之处，而发生在容易被人忽略的环节上。所以俗语说：‘家中积累有千金的家产，就不能坐在堂屋的边缘。’这句话虽然说的是小事，却可以比喻大事。”汉武帝认为他说得很好。

汉武帝建元四年（甲辰，前137年）

夏季，刮起了一场血红色的风。

六月，旱。

秋，九月，有星孛于东北。

是岁，南越王佗死，其孙文王胡立。

五年（乙巳，前 136 年）

春，罢三铢钱，行半两钱。

置五经博士。

夏，五月，大蝗。

秋，八月，广川惠王越、清河哀王乘皆薨，无后，国除。

（以上为第七段，写自然灾害和星象异常情况。在政事上，记载了停止使用三铢钱，发行半两钱；广川、清河的封国被废除等。）

六年（丙午，前 135 年）

春，二月，乙未，辽东高庙灾。

夏，四月，壬子，高园便殿火。上素服五日。

五月，丁亥，太皇太后崩。

六月，癸巳，丞相昌免；武安侯田蚡为丞相。蚡骄侈，治宅甲诸第，田园极膏腴；市买郡县物，相属于道；多受四方赂遗；其家金玉、妇女，狗马、声乐、玩好，不可胜数。每入奏事，坐语移日，所言皆听。荐人或起家至二千石，权移主上。上乃曰："君除吏已尽未？吾亦欲除吏。"尝请考工地益宅，上怒曰："君何不遂取武库！"是后乃稍退。

秋，八月，有星孛于东方，长竟天。

闽越王郢兴兵击南越边邑，南越王守天子约，不敢擅兴兵，使人上书告天子。于是天子多南越义，大为发兵，遣大行王恢出豫章，大农令韩安国出会稽，击闽越。

淮南王安上书谏曰："陛下临天下，布德施惠，天下摄然，人安其生，自以没身不见兵革。今闻有司举兵将以诛越，臣安窃为陛下重之。

六月，出现旱灾。

秋季，九月，东北天空出现了异星。

这一年，南越王赵佗死，他的孙子文王赵胡继承了王号。

汉武帝建元五年（乙巳，前 136 年）

春季，朝廷宣布停止使用三铢钱，发行半两钱。

汉朝廷设立五经博士。

夏季，五月，汉朝发生严重的蝗灾。

秋季，八月，广川惠王刘越、清河哀王刘乘去世，没有后代，他们的封国被废除。

汉武帝建元六年（丙午，前 135 年）

春季，二月初三乙未，辽东郡的高祖庙发生火灾。

夏季，四月二十一日壬子，高祖陵寝中的偏殿发生火灾，汉武帝刘彻因此穿戴了五天的白色冠服，以示请罪。

五月二十六日丁亥，太皇太后窦氏去世。

六月初三癸巳，丞相许昌被免职，武安侯田蚡任丞相。田蚡骄横奢侈，修建的住宅比所有官员的住宅都要豪华，占有的田园最肥沃；从各郡各县购买的物品，在道路上络绎不绝；大量接受各地的贿赂；他家的金玉、美女、狗马、歌妓舞女、古董器物，多得数不过来。田蚡每次进宫奏报政务，坐在那儿对着汉武帝一说就是大半天，所说的都被汉武帝所采纳；他推荐的人，有的从平民直接做到了二千石的高官，侵夺了皇帝的权力。汉武帝不满地说："您任命的官吏，任命完了没有？我也想任命官吏了。"田蚡曾经请求把考工官府的土地拨给他，以便扩建住宅，汉武帝愤怒地说："您为什么不干脆把武库要过去！"从此以后，田蚡的气焰才稍微收敛了一些。

秋季，八月，东方天空出现了异星，长尾横扫天空。

闽越王郢发兵进攻南越国的边境城邑，南越王赵胡遵守汉武帝刘彻的约定，不敢擅自发兵，派人向汉武帝上书告急。因此，汉武帝很赞赏南越王的忠义，调集大批军队前去援救南越，派大行王恢率军从豫章郡出发，派大农令韩安国率军从会稽郡出发，合力进攻闽越。

淮南王刘安上书劝阻说："皇上统治天下，推行德政普施恩惠，天下太平，每个人都专心地从事自己的产业，自认为一生不会见到战争。现在听说有关官员将要率兵去进攻闽越，我刘安私下替皇上感到担忧。

“越，方外之地，剪发文身之民也，不可以冠带之国法度理也。自三代之盛，胡、越不与受正朔，非强勿能服，威弗能制也，以为不居之地，不牧之民，不足以烦中国也。自汉初定以来七十二年，越人相攻击者不可胜数，然天子未尝举兵而入其地也。

“臣闻越非有城郭邑里也，处溪谷之间，篁竹之中，习于水斗，便于用舟，地深昧而多水险，中国之人不知其势阻而入其地，虽百不当其一。得其地，不可郡县也；攻之，不可暴取也。以地图察其山川要塞，相去不过寸数，而间独数百千里，险阻、林丛弗能尽著；视之若易，行之甚难。天下赖宗庙之灵，方内大宁，戴白之老不见兵革，民得夫妇相守，父子相保，陛下之德也。越人名为藩臣，贡酎之奉不输大内，一卒之奉不给上事；自相攻击，而陛下发兵救之，是反以中国而劳蛮夷也。且越人愚戆轻薄，负约反覆，其不用天子之法度，非一日之积也。壹不奉诏，举兵诛之，臣恐后兵革无时得息也。

“间者，数年岁比不登，民待卖爵、赘子以接衣食。赖陛下德泽振救之，得毋转死沟壑。四年不登，五年复蝗，民生未复。今发兵行数千里，资衣粮，入越地，舆轿而隃领，拕舟而入水，行数百千里，夹以深林丛竹，水道上下击石，林中多蝮蛇、猛兽，夏月暑时，欧泄霍乱之病相随属也；曾未施兵接刃，死伤者必众矣。

“前时南海王反，陛下先臣使将军间忌将兵击之，以其军降，处之上淦。后复反，会天暑多雨，楼船卒水居击棹，未战而疾死者过半；亲老涕泣，孤子啼号，破家散业，迎尸千里之外，裹骸骨而归。悲哀之气，数年不息，长老至今以为记，曾未入其地而祸已至此矣。

“越人生活在中原之外的土地上，是剪断头发、在身上刺刻花纹的野蛮人，不能用礼义之邦的法度进行治理。早在当年夏商周三代最强盛的时期，胡人和越人都不受中原的统治，并不是三代王朝的国势不能征服他们，也不是三代王朝的军威不能克制他们，而是因为三代王朝认为越人的土地无法居住，越人野蛮无法统治，不值得烦劳中原王朝。自从汉朝初定天下以来，七十二年间，越人自相攻击的事件，数都数不过来，但是天子从来没有发兵进入越人居住的区域。

“我听说，越人没有城池村庄，而生活在山谷溪流之间、丛林密竹之中，习惯于水上战斗，擅长划船行舟，地形复杂，草木丛生，而且有许多河流险阻；中原地区的人不了解当地的地势险阻而进入其境内，即使一百个人也抵不过一个越人。占领了他们的土地，无法设置郡县进行统治，进攻他们，又不能迅速取胜。从地图上看，越地的山川河流、屯兵要塞相距在地图上只有几寸的地方，而实际距离却有几百里、几千里。险阻、丛林无法一一标注在地图上，看起来容易，做起来很难。国家依赖祖宗神灵的保佑，全境安宁，白发苍苍的老人没有见过兵器甲仗，民众得以夫妻相互厮守，父子相互保养，这都是皇上的恩德。越人名义上是国家的藩属国，实际上不向朝廷缴纳任何贡品和酎金，不承担朝廷一兵一卒的徭役差遣；他们自相攻击，皇上却派兵援救，这是反过来为了野蛮人而使中原遭受疲劳困苦啊！况且越人愚笨鄙薄，违背盟约，反复无常，他们不遵守朝廷的法度，并不是一天一日如此，而是由来已久。如果越人一不奉行皇帝命令，就发兵进攻他们，恐怕以后的战争没有停止的时候了。

“最近，连续几年收成不好，民众要靠出卖爵位、让儿子充当赘婿换回钱财维持生活。仰赖皇上的恩德救济民众，民众才得以没有饿死在流亡途中；前年歉收，去年又闹蝗灾，民众的生活没有恢复正常。现在调兵远征数千里之外，应征的人，自带衣物粮食，进入越人居住地区，抬着轿子翻越山岭，拉着船在水中跋涉，远行数百里甚至上千里，河的两岸是繁密的树林和丛生的乱竹，船在河中上下行走，经常撞在石头上；树林中有许多蝮蛇、猛兽，夏季炎热之时，上吐下泻以及霍乱等瘟疫接连不断，不必等到交战，死伤的人必定就很多了。

“前些时期南海王反叛，皇上已去世的臣子、我的先父派遣将军间忌率军进攻他们，南海王率领他的军队归降，就把他们安置在上淦地区。后来他们再次叛乱，正是暑热多雨季节，前来平叛的楼船水军将士长期居住在水面上，还要划桨行船，有一大半的人还没有交战就死于疾病；年迈的父母流泪，幼小的孤儿哭号，变卖所有的家财产业，到千里之外，去接亲人的尸体，肉已不存，只好包裹骸骨返乡。那种悲痛哀伤的气氛，持续几年没有消失，老人们至今记忆犹新，当时还没有进入越人的居住地区，就造成了如此巨大的祸害。

“陛下德配天地，明象日月，恩至禽兽，泽及草木，一人有饥寒，不终其天年而死者，为之凄怆于心。今方内无狗吠之警，而使陛下甲卒死亡，暴露中原，沾渍山谷，边境之民为之早闭晏开，朝不及夕，臣安窃为陛下重之。

“不习南方地形者，多以越为人众兵强，能难边城。淮南全国之时，多为边吏，臣窃闻之，与中国异。限以高山，人迹绝，车道不通，天地所以隔外内也。其入中国，必下领水，领水之山峭峻，漂石破舟，不可以大船载食粮下也。越人欲为变，必先田余干界中，积食粮，乃入，伐材治船。边城守候诚谨，越人有入伐材者，辄收捕，焚其积聚，虽百越，奈边城何！且越人绵力薄材，不能陆战，又无车骑、弓弩之用，然而不可入者，以保地险，而中国之人不耐其水土也。

“臣闻越甲卒不下数十万，所以入之，五倍乃足，挽车奉饷者不在其中。南方暑湿，近夏瘅热，暴露水居，蝮蛇蠚生，疾疢多作，兵未血刃而病死者什二三，虽举越国而虏之，不足以偿所亡。

“臣闻道路言：闽越王弟甲弑而杀之，甲以诛死，其民未有所属。陛下若欲来，内处之中国，使重臣临存，施德垂赏以招致之，此必携幼扶老以归圣德。若陛下无所用之，则继其绝世，存其亡国，建其王侯，以为畜越，此必委质为藩臣，世共贡职。陛下以方寸之印，丈二之组，填抚方外，不劳一卒，不顿一戟，而威德并行。

“今以兵入其地，此必震恐，以有司为欲屠灭之也，必雉兔逃，入山林险阻。背而去之，则复相群聚；留而守之，历岁经年，则士卒罢倦，食粮乏绝，民苦兵事，盗贼必起。

“皇上的仁德如同天地一样广大，英明如同日月高照，恩惠施加到禽兽和草木，如果有一个人身受饥寒没有安享天年而死，皇上就为此而心中凄惨悲伤。现在，境内没有任何不安的现象，连犬吠的惊吓都没有，却使皇上的士兵丧生，尸身暴露原野，鲜血浸染山谷。边境的民众因此在下午早早关闭城门，上午很晚才敢打开城门，这样，每天早上还要为晚上能否平安无事而担忧，我刘安私下替皇上觉得此事应该三思而行。

“不熟悉南方地形的人，大多认为越人由于人多兵强，所以能攻扰边境城邑。当年淮南国领有它的全部封地的时候，大量任命边境的官吏，我私下听说，越人与中原人不同。有高山为界，行人绝迹，车道不通，这是天地用来限隔中原和边外的自然屏障。越人要进入中原地区，一定要沿着岭水顺流而下，岭水流经的地区山势险峻，水势湍急，能冲走巨石，撞毁船只，不能用大船运载粮食顺流而下。越人要想图谋进犯，一定先要在余干县境内开垦土地，积蓄粮食，然后才进入境内，砍伐树木，修造船只。边境防守戒备如果很谨慎、很警惕，越人有进入境内砍伐树木的，就收捕他们，烧毁聚积的木材。这样，即使是越族诸多部落前来进犯，又能对边境城邑构成什么威胁呢？况且，越人身单力薄，不能在陆地作战，又没有战车、骑兵、弓弩等军事装备。然而，汉军却不能进入越地，占领固守其险要，原因就在于越人据守险要的地势，而中原的将士又不服当地水土。

“我听说，越人的士兵不少于数十万人，要想进占越地，必须有五倍的兵力才够，其中还不包括拉车运输粮饷的后勤部队。南方炎热潮湿，临近夏季容易流行瘟疫，出征的将士暴露在外，生活在水乡，蝮蛇繁衍为害，疾病频繁发作，兵器还没有见血，就会有十分之二三的将士死于疾病，这样，即便是把越国人全部俘虏了，也不足以补偿汉军所受到的损失。

“我听到了这样的传言：闽越王的弟弟甲杀了闽越王，甲也因此被杀，越国部众没有首领统辖。皇上如果想招越人归顺，把他们迁往中原安置，可以派重臣前去慰问，施加仁德，给予奖赏，以便招他们前来归顺。这些越人一定会扶老携幼来归顺圣明有德的天子。假如皇上没有什么地方用得着这些越人，就延续越人已断绝的世系，保存越人已灭亡的国家，封立越人的王侯，用这种方法来畜养越人，这些越人一定会送来人质，作为朝廷的藩属臣子，世世代代缴纳贡品和赋税。皇上仅用一寸见方的印章、一丈二尺长的印绶，就能镇抚境外地区，不出一兵一卒，不损坏一支长戟，而产生威德并行的效果。

“现在，用兵进占越地，越人一定震惊恐惧，以为将军们要把他们斩尽杀绝，必定会像野鸡野兔那样逃跑，进入山林险阻地区。汉军如果撤走，越人就重新结集；汉军如果留守越地，长年累月，就会使将士们疲倦困苦，缺乏粮食，民众因军事行

“臣闻长老言：秦之时，尝使尉屠睢击越，又使监禄凿渠通道，越人逃入深山林丛，不可得攻；留军屯守空地，旷日引久，士卒劳倦；越出击之，秦兵大败，乃发適戍以备之。当此之时，外内骚动，皆不聊生，亡逃相从，群为盗贼，于是山东之难始兴。兵者凶事，一方有急，四面皆耸。臣恐变故之生，奸邪之作，由此始也。

“臣闻天子之兵有征而无战，言莫敢校也。如使越人蒙徼幸以逆执事之颜行，厮舆之卒有一不备而归者，虽得越王之首，臣犹窃为大汉羞之。陛下以四海为境，生民之属，皆为臣妾。垂德惠以覆露之，使安生乐业，则泽被万世，传之子孙，施之无穷。天下之安，犹泰山而四维之也；夷狄之地，何足以为一日之闲，而烦汗马之劳乎！《诗》云：‘王犹允塞，徐方既来。’言王道甚大而远方怀之也。臣安窃恐将吏之以十万之师为一使之任也。”

（以上为第八段，写武安侯田蚡仗着自己是汉武帝刘彻的舅舅，为所欲为，专权干政；闽越王郢发兵进攻南越国的边境城邑，汉武帝调集大批军队前去援救，派兵合力进攻闽越，淮南王刘安上书予以劝阻。）

是时，汉兵遂出，未踰领，闽越王郢发兵距险。其弟余善乃与相、宗族谋曰：“王以擅发兵击南越不请，故天子兵来诛。汉兵众强，即幸胜之，后来益多，终灭国而止。今杀王以谢天子，天子听，罢兵，固国完；不听，乃力战；不胜，即亡入海。”皆曰：“善！”即鏦杀王，使使奉其头致大行。

大行曰：“所为来者，诛王。今王头至，谢罪；不战而殒，利莫大焉。”乃以便宜案兵，告大农军，而使使奉王头驰报天子。诏罢两将兵，曰：“郢等首恶，独无诸孙繇君丑不与谋焉。”乃使中郎将立丑为越繇王，奉闽越先祭祀。

余善已杀郢，威行于国，国民多属，窃自立为王，繇王不能制。上

动而受困苦，就一定会出现盗贼。

“我听老人们说：秦朝统治时期，曾派郡都尉屠睢率兵进攻越人，又派一位名叫禄的监郡御史指挥开凿河渠，打通道路，越人逃入深山丛林之中，秦军无法进攻；留下军队驻守无人居住的空地，旷日持久，士兵困苦疲倦，越人出山袭击，秦军大败，这才调集罪犯充军用来防御越人。在那个时候，境内外动荡不安，民众都无法正常生活，结伴逃亡，聚集成了盗贼，于是崤山以东的大规模变乱开始出现。战争是凶险的事情，一方出现了危险的局面，四面都会惊动。我担心变乱的产生，奸邪的出现，都从进攻越人而开始。

“我听说，天子的军队只有攻打，而没有真正的战争，这是说没有人敢于较量，假如越人怀着侥幸心理迎战领兵将领的先锋部队，哪怕是只有一个砍柴驾车之类的卑贱士兵趁着不备逃走了，即便是汉军得到了越王的头颅，我还是要私下为大汉朝廷而感到羞耻。皇上把四海之内广大区域作为疆域，所有生活在其中的民众，都是皇上的男女奴仆。皇上降下德政恩惠，用来养育民众，使他们安居乐业，就会使皇上的恩惠德泽普盖于万世，把它传给子孙后代，推行到永无终止的将来，国家的安宁，就如同泰山而又增加了四面维系的绳索一样稳定；夷狄的土地，还不够天子一天的游乐，怎么值得为它而兴师动众呢？《诗经》说：‘大王仁德满天下，徐方部族自归顺。’这是说王道光明正大，远方的部族都很仰慕。我刘安私下认为，恐怕将官们的率军攻越，出动十万之师，而只起到一介使臣的作用啊！”

这时，汉军已经出发，尚未越过阳山岭，闽越王郢发兵据守险要进行抵御。他的弟弟余善就和相、宗族、贵族商量说：“国王因为擅自发兵攻打南越，没有向汉朝请示，所以汉朝派军队来攻打问罪。汉军人多而且实力强大，即使一时侥幸战胜他们，后面来的军队会更多，直到我们的国家被灭亡才能罢休。现在，我们杀了国王而向汉朝请罪，如果汉朝同意我们的要求则撤回汉军，自然会保全我们闽越全境；如果汉朝拒绝我们，我们就拼死与汉军作战；不能取胜，就逃亡到海上。”大家都说：“好！”当即用短矛刺杀了闽越王郢，派使臣带着他的头颅送给了大行王恢。

大行王恢说：“汉军到来的目的，就是要杀掉闽越王郢。现在你们送来了闽越王郢的人头，又向朝廷请罪；不经过战争，闽越王郢就死了，没有比这更好的事情了！”王恢就随机应变，停止进兵，把此事告知大农令韩安国所率领的军队，并派使者带着闽越王郢的人头迅速入京报告汉武帝刘彻。汉武帝下令撤回两位将军统率的军队，还说：“闽越王郢等人是罪魁，唯独无诸的孙子繇君丑没有参与阴谋。”汉武帝就派中郎将封立丑做越繇王，主持对闽越祖先的祭祀。

余善杀了郢之后，在闽越很有威望，国中民众大多拥护他，他就自行称王，繇

闻之，为余善不足复兴师，曰："余善数与郢谋乱，而后首诛郢，师得不劳。"因立余善为东越王，与繇王并处。

上使庄助谕意南越。南越王胡顿首曰："天子乃为臣兴兵讨闽越，死无以报德！"遣太子婴齐入宿卫，谓助曰："国新被寇，使者行矣，胡方日夜装，入见天子。"助还，过淮南，上又使助谕淮南王安以讨越事，嘉答其意，安谢不及。

助既去南越，南越大臣皆谏其王曰："汉兴兵诛郢，亦行以惊动南越。且先王昔言：'事天子期无失礼。'要之，不可以说好语入见，则不得复归，亡国之势也。"于是胡称病，竟不入见。

（以上为第九段，写汉武帝发兵攻打闽越，救援南越，闽越王的弟弟余善杀掉闽越王，向汉军谢罪；汉军见好就收，撤兵回国；汉武帝封无诸的孙子繇君丑为越繇王，又封余善为东越王，两王并存。）

是岁，韩安国为御史大夫。

东海太守濮阳汲黯为主爵都尉。始，黯为谒者，以严见惮。东越相攻，上使黯往视之；不至，至吴而还，报曰："越人相攻，固其俗然，不足以辱天子之使。"河内失火，延烧千余家，上使黯往视之；还，报曰："家人失火，屋比延烧，不足忧也。臣过河南，河南贫人伤水旱万余家，或父子相食，臣谨以便宜，持节发河南仓粟以振贫民。臣请归节，伏矫制之罪。"上贤而释之。

其在东海，治官理民，好清静，择丞、史任之，责大指而已，不苛小。黯多病，卧闺阁内不出。岁余，东海大治，称之。上闻，召为主爵都尉，列于九卿。其治务在无为，引大体，不拘文法。

黯为人，性倨少礼，面折，不能容人之过。时天子方招文学儒者，上曰："吾欲云云。"黯对曰："陛下内多欲而外施仁义，奈何欲效唐、虞

王丑无力制止他。汉武帝得知，认为为了余善不值得再次出动大军，就说：“余善多次和郢策划叛乱，但后来能带头杀了郢，使朝廷大军免受劳苦。”于是，汉武帝就封余善为东越王，与繇王并存。

汉武帝派庄助向南越王说明朝廷的意旨。南越王赵胡磕头说：“天子竟为了我而兴兵攻打闽越，我纵然身死也无法报答朝廷的大恩大德！”他就派遣太子婴齐入京充当皇帝的警卫，还对庄助说：“我的封国刚刚受到进犯，请使臣先行一步，我赵胡正日夜收拾行装，很快就入京朝见天子。”庄助返京途中，路过淮南国，汉武帝又让庄助向淮南王刘安说明攻打闽越的用意，赞许刘安上书朝廷的好意，刘安表示自己没有皇帝那样的远见，表示谢罪。

庄助离开南越之后，南越国的大臣们都劝阻国王说：“汉朝发兵远征，杀掉闽越王郢，也是以此震惊南越国。况且，先王当初说：‘侍奉天子只求不失大礼就成了。’总之，不能因为喜欢汉朝使臣的甜言蜜语，就进京去朝见天子，您真的去了，就不能返回来了，这是亡国的情势啊！”因此，赵胡就自称有病，终于没有来朝见汉武帝刘彻。

这一年，任命韩安国担任御史大夫。

东海太守、濮阳县人汲黯担任主爵都尉。当初，汲黯担任谒者，因他为人威严而被大家敬畏。东越部族相互攻击，汉武帝派汲黯前去巡视。他没有达到东越，仅走到吴地就回来了，向汉武帝报告说：“越人自相攻击，本来他们的习俗就是如此，不值得为此折辱天子的使臣。”河内郡失火，火势蔓延，烧毁了一千多家民房，汉武帝派汲黯前去视察，汲黯返回后报告说：“平民不慎失火，因为房屋毗连而蔓延燃烧起来，不值得皇上忧虑。我经过河南郡，见河南郡的贫民遭受洪水干旱灾害磨难的有一万多家，有的甚至于到了父子相食的悲惨境地，我谨借出使的机会，用皇上的符节，命令发放河南官仓积粮以救济贫民。我请求归还符节，甘愿领受假托天子命令的惩罚。”汉武帝很赏识他，就赦免了他的罪过。

汲黯在东海郡时，整肃官吏，治理民众，喜好清静无为，谨慎地选择郡丞和各曹掾史，然后放手任用，他只关注大事，不苛求细枝末节。他身体多病，躺在内室中不出门，过了一年多，东海郡治理得很好，民众交口称赞汲黯。汉武帝听到了，召汲黯入朝，担任主爵都尉，地位与九卿相同。他处理政务，主张清静无为，从大的方向引导，不拘泥法令条文。

汲黯为人，性情倨傲，缺少礼数，当面使人难堪，不能容忍别人的过失。当时汉武帝刘彻正招揽文学之士和儒家学者，汉武帝说：“我想要怎样怎样。”汲黯应声

之治乎！”上默然，怒，变色而罢朝，公卿皆为黯惧。上退，谓左右曰：“甚矣，汲黯之戆也！”群臣或数黯，黯曰：“天子置公卿辅弼之臣，宁令从谀承意，陷主于不义乎？且已在其位，纵爱身，奈辱朝廷何！”

黯多病，病且满三月；上常赐告者数，终不愈。最后病，庄助为请告。上曰：“汲黯何如人哉？”助曰：“使黯任职居官，无以逾人；然至其辅少主，守城深坚，招之不来，麾之不去，虽自谓贲、育亦不能夺之矣！”上曰：“然。古有社稷之臣，至如黯，近之矣。”

匈奴来请和亲，天子下其议。大行王恢，燕人也，习胡事，议曰：“汉与匈奴和亲，率不过数岁，即复倍约；不如勿许，兴兵击之。”韩安国曰：“匈奴迁徙鸟举，难得而制，自上古不属为人。今汉行数千里与之争利，则人马罢乏；虏以全制其敝，此危道也。不如和亲。”群臣议者多附安国。于是上许和亲。

（以上为第十段，写汉武帝任命韩安国为御史大夫；任命汲黯为主爵都尉。汲黯性情刚直，处理政务，主张清净无为；匈奴前来请求和亲结好，韩安国主张和亲，武帝予以采纳。）

元光元年（丁未，前 134 年）

冬，十一月，初令郡国举孝廉各一人，从董仲舒之言也。

卫尉李广为骁骑将军，屯云中；中尉程不识为车骑将军，屯雁门。六月，罢。广与程不识俱以边太守将兵，有名当时。广行无部伍、行陈，就善水草舍止，人人自便，不击刁斗以自卫，莫府省约文书；然亦远斥候，未尝遇害。程不识正部曲、行伍、营陈，击刁斗，士吏治军簿至明，军不得休息；然亦未尝遇害。不识曰：“李广军极简易，然虏卒犯之，无以禁也。而其士卒亦佚乐，咸乐为之死。我军虽烦扰，然虏亦不得犯我。”然匈奴畏李广之略，士卒亦多乐从李广而苦程不识。

回答说："皇上心中藏着许多欲望，而表面上却做出施行仁义的样子，怎么可能效法唐尧虞舜，取得那样的治绩呢？"汉武帝沉默不语，接着，勃然大怒，脸色很难看地宣布结束朝会。公卿大臣都替汲黯担忧。汉武帝退朝回到内宫，对左右侍从说："汲黯的愚笨刚直也太过分了！"群臣中有人批评汲黯。汲黯说："天子设立公卿等辅佐大臣，难道是让他们阿谀奉承，使帝王陷入不仁不义的境地吗？况且，我既然已经处在公卿的位置上，如果只想顾全自身性命，那就会使朝廷蒙受耻辱，那怎么得了！"

汲黯身体多病，病假将要接近三个月的限期了，汉武帝多次特许延长他休病假的时间，还是没有痊愈。最后病重时，庄助替他请假。汉武帝说："汲黯这个人怎么样呢？"庄助说："让汲黯任职当官，没有什么超越常人的才能；但要说到让他辅佐年幼的帝王，会坚定不移地维护祖先基业，利诱不动心，驱赶不离去，即使有人像孟贲、夏育那样勇猛，也无法动摇他的耿耿忠心！"汉武帝说："说得对。古时有所谓的社稷之臣，说到汲黯，就很接近了！"

匈奴前来请求和亲结好，汉武帝刘彻让群臣讨论。大行王恢，是燕地人，熟悉匈奴情况，他提议说："汉与匈奴和亲，大概不过几年，他们就又背弃盟约；不如不同意和亲的要求，发兵攻打匈奴。"韩安国说："匈奴经常迁移，如同飞鸟一样，很难制服他们，自上古以来，都不把他们看作人类，现在如果汉军远征千里之外与匈奴争强斗胜，就会人马疲惫，敌人以逸待劳，这是很危险的。不如与匈奴和亲。"群臣参加议论的，大多附和韩安国的意见。因此，汉武帝允许与匈奴和亲。

汉武帝元光元年（丁未，前134年）

冬季，十一月，汉武帝刘彻首次命令各郡国各自察举孝廉一人，这是采纳了董仲舒的建议而采取的措施。

卫尉李广担任骁骑将军，驻守云中郡；中尉程不识担任车骑将军，驻守雁门郡。六月，朝廷免去他们二人的军事职务。李广和程不识都以边境郡守的身份指挥军队，当时很有名气。李广指挥行军没有固定编制和行列阵势，选择水草丰美的地方驻扎下来，人人自便，夜间也不派设巡更士兵敲打着刁斗警卫营盘，军中指挥部的文书简单便宜，但是，也远远地派出监视敌军的侦察哨兵，军营未曾遭到袭击。程不识则整肃军事编制，讲究队列和布阵安营，夜间敲刁斗巡逻，军中官佐处理军队文书一直忙到天明，军队不能随意休息，然而也没有遇到危险。程不识说："李广的军队很简单便宜，但是，如果敌人突然袭击它，就没有办法抵御；而李广的士兵也很自

臣光曰:《易》曰:“师出以律，否臧凶。”言治众而不用法，无不凶也。李广之将，使人人自便。以广之材，如此焉可也；然不可以为法。何则？其继者难也；况与之并时而为将乎！夫小人之情，乐于安肆而昧于近祸，彼既以程不识为烦扰而乐于从广，且将仇其上而不服。然则简易之害，非徒广军无以禁虏之仓卒而已也。故曰“兵事以严终”，为将者，亦严而已矣。然则效程不识，虽无功，犹不败；效李广，鲜不覆亡哉！

夏，四月，赦天下。

五月，诏举贤良文学，上亲策之。

秋，七月，癸未，日有食之。

（以上为第十一段，写汉武帝刘彻采纳董仲舒建议，下令各郡国察举孝廉；又下令察举贤良文学；免去李广、程不识的军事职务。李广治军偏宽，士兵多数愿意跟随李广作战。）

在，都心甘情愿地为他拼力死战。我的军队虽然军务烦扰，但敌人也不能侵犯我。”但是，匈奴人更害怕李广的谋略，汉军士兵也多数愿意跟随李广作战，而苦于跟随程不识。

臣司马光评论说:《易经》说:“军队行军打仗要有严明的纪律，没有严明的纪律就会凶险。”这是说统领大军而不用法纪来控驭，没有不凶险的。李广统领军队，使人人自便。凭李广的奇才，这样是可以的。但是，不能把他的方法引为楷模来效法。为什么呢？谁要继续沿用这一方法却很难，更何况与李广同时做将领的人呢！说到普通人的本来性情，都喜好安逸，而不知道接近祸害的危险，那些士兵们既然认为程不识治军严苛烦扰，而愿意跟随李广作战，势必将要仇视他们的长官而不服从指挥。这样说来，指挥军队简单便宜的危害，就不仅仅是李广的军队无法防御敌人突然袭击之一点了！所以说“军队的事情要始终严格”，统领军队，也就是严格而已。如果这样的话，仿效程不识用兵，即便是打不了胜仗，还可以保证不失败；如果学习李广的方法，很少能避免全军覆灭的结局啊！

夏季，四月，汉武帝刘彻宣布大赦天下。

五月，下令察举贤良、文学，汉武帝刘彻亲自出题考试。

秋季，七月二十九日癸未，出现日食。

【点评】

论董仲舒。董仲舒，是汉代的大儒家，他的学问，被称为“新儒学”，意义十分重大，影响十分深远。

汉武帝崇尚儒家学说，即位之后，就通过贤良方正的科目招纳贤士，并亲自策问，称为“贤良对策”。董仲舒应运而出，对“天人三策”，系统地提出了“大一统”的学说和“诸不在六艺之科、孔子之术者，皆绝其道，勿使并进”的“罢黜百家，独尊儒术”的主张，为汉武帝所欣赏和采纳，使儒学成为治理国家的主导思想，影响中国长达两千多年。

首先，董仲舒是汉兴以来的真儒士，倡导的是“真儒学”。汉代儒学，是在继承先秦时期孔孟学说的基础上，吸收其他各家的思想精华建立的一个具有神学倾向的儒学体系，称为“新儒学”，其突出的内容，就是主张以仁政作为约束统治者的道德规范，缓解各方面的矛盾；主张强化中央集权，削弱割据势力；主张儒法结合，以德为主，以刑为辅，重视道德教化，实行“逆取顺守”的治国方略，也可以称之为“治国之学”。简括为一句话就是主张“大一统”和“三纲五常”。董仲舒，就是汉代“新儒学”的杰出代表，他具有儒学的真学问，追求儒学的真精神，将儒学的真精神发扬光大，虽有功利，但不是唯功利是图，是汉代新儒学的开创者，因而被称为汉代的“君子儒”。当然，汉代也有“利禄儒”，则是以追求儒学精神为幌子，甚至丢弃儒学的真精神，善于伪装、乔装自己，“缘饰以儒术”，以儒学为标签，以追求利禄为目标。而公孙弘就是这一类的代表。对于“新儒学”，人们一般予以讥评。但是我们只要弄清“新儒学”的真精神，将“新儒学”与“利禄儒”“伪儒学”相区别，就可以看出，新儒学是先秦儒学的继承和创新，更加注重于经世治国，更加具有积极的意义，应当予以褒扬。

其次，董仲舒致力于新儒学的研究和传播，是新儒学的集大成者，为汉朝培养了一大批治国人才。董仲舒曾走出家门，设坛教授儒学，下帷讲诵，精彩纷呈，有很多弟子，弟子再传弟子，一些再传弟子甚至只是听说过董仲舒的大名，而没有见过其面。董仲舒一门心思教学和研究，甚至三年都没有回家看一看。董仲舒的行为举止，都遵循礼节，很多读书人都尊他为师。他的弟子，有不少人做到了大夫的官；做谒者、掌故的有一百多人。在当时，公孙弘研究《春秋》的成就不及董仲舒，但是他行事善于迎合世俗，因此能够身居高位做了公卿大臣。董仲舒认为公孙弘为人阿谀逢迎，公孙弘非常憎恨，就对汉武帝说：“只有董仲舒可以担当胶西王的国相。”而胶西王刘端是汉武帝的哥哥，为人狠毒暴戾。公孙弘就是想借胶西王来打击董仲舒。董仲舒害怕居官日久会惹祸上身，就称病辞官回家，仍然干起老本行，一心研究儒学。自汉朝开国以来历经五朝，对《春秋》的研究以董仲舒最为精通，名望最

高。董仲舒，真儒士也！

最后，董仲舒为官，是以新儒学的精神来治理其政。董仲舒的“贤良对策”，阐述了一系列的儒学新观点，与汉武帝刘彻的治政理念非常契合。那么，他的实践才能如何呢？汉武帝想考验他一下，就把他派到江都王刘非那里当国相。刘非是汉武帝的哥哥，粗暴、蛮横，完全是一介武夫。董仲舒当时的声望很高，刘非对董仲舒非常尊重。但刘非的出发点，是希望董仲舒像管仲辅助齐桓公一样辅助他，以夺取中央政权。这与董仲舒提出的“大一统”思想相违背，也是逆历史潮流而动，怎么能行呢？董仲舒就借古喻今进行规劝，指出：作为王者，要端正自己奉行道义，而不要谋求眼前的小利；要修养自己，信奉理念，而不要急于取得成果；要致力于以德教化民众，从而使社会风气大变，这才是为王的最高境界！暗示刘非不要称霸，不要心生妄想。后来，董仲舒弃官在家，钻研学问，而朝廷每有大事商议，汉武帝总是下令使者和廷尉前去听取董仲舒的建议。

可见，董仲舒的“新儒学”是应时而生。在当时，清净无为的黄老思想已经不能满足汉初的政治需求，儒家的“大一统”等理论更适合汉武帝时代。董仲舒建议统一学术，统一思想，直截了当地提出“大一统”的政治思想，把儒学发展到一个新的阶段，为儒学的发展做出了巨大贡献。董仲舒的“新儒学”，维护了汉武帝的集权统治，为当时社会政治和经济的稳定发展做出了重大的贡献！

汉纪十

汉武帝元光二年至元朔四年（前133—前125年）

【起著雍涒滩（戊申，前133年），尽柔兆执徐（丙辰，前125年），凡九年】

【大事提要】

本卷记事起前133年，讫前125年，凡九年，当汉武帝元光二年至元朔四年。本卷所载大事，主要是以下几个方面。其一，凿空西域。汉武帝欲联合大月氏共击匈奴，张骞应募而出使，于前139年出陇西，经匈奴，被俘而逃出，西行至大宛，经康居，抵达大月氏，再至大夏，历时十三年回到长安，被誉为“凿空西域”，打通了汉朝通往西域的道路，其二，主父偃献策。前134年，主父偃上书汉武帝，当天就被召见，拜为郎中。不久，又升为谒者、中郎、中大夫，一年升迁四次，破格任用。他向汉武帝提出“推恩分封子弟”“徙富豪于茂陵”等主张，后任为齐相，被冤杀。其三，马邑设谋。前133年，汉武帝听从大行王恢建议，在马邑策划了一场对匈奴的诱敌歼灭战。匈奴军臣单于贪图马邑城的财物，亲率十万大军进入武州塞，差一点就要进入汉朝的埋伏圈，最后识破圈套，迅速撤退。自此，西汉开始与匈奴进行大规模交战。其四，经略西南。汉武帝时，唐蒙上书建议开通夜郎道，被任命为郎中将，奉命出使夜郎，以厚礼说服夜郎侯多同归汉，汉在其地设置犍为郡。汉武帝又任命司马相如为中郎将，令持节出使，威震西夷。邛、筰、冉駹、斯榆的君长都请求臣属汉朝。其五，出击匈奴。前129年，匈奴兴兵南下直指上谷郡。汉武帝任命卫青为车骑将军，率领一万骑兵，深入敌境，直捣匈奴祭天圣地龙城，首虏七百人而凯旋，卫青被封为关内侯。这是汉初以来出击匈奴的首次胜利，为汉朝的进一步反击打下了良好的基础。

【原文】

世宗孝武皇帝上之下

元光二年（戊申，前 133 年）

冬，十月，上行幸雍，祠五畤。

李少君以祠灶却老方见上，上尊之。少君者，故深泽侯舍人，匿其年及其生长，其游以方遍诸侯，无妻子。人闻其能使物及不死，更馈遗之，常余金钱、衣食。人皆以为不治生业而饶给，又不知其何所人，愈信，争事之。

少君善为巧发奇中。尝从武安侯饮，坐中有九十余老人，少君乃言与其大父游射处；老人为儿时从其大父，识其处，一坐尽惊。

少君言上曰："祠灶则致物，致物而丹沙可化为黄金，寿可益，蓬莱仙者可见；见之，以封禅则不死，黄帝是也。臣尝游海上，见安期生，食臣枣，大如瓜。安期生仙者，通蓬莱中，合则见人，不合则隐。"于是天子始亲祠灶，遣方士入海求蓬莱安期生之属，而事化丹沙诸药齐为黄金矣。居久之，李少君病死，天子以为化去，不死；而海上燕、齐怪迂之方士多更来言神事矣。

亳人谬忌奏祠太一。方曰："天神贵者太一，太一佐曰五帝。"于是天子立其祠长安东南郊。

雁门马邑豪聂壹，因大行王恢言："匈奴初和亲，亲信边，可诱以利致之，伏兵袭击，必破之道也。"上召问公卿。

王恢曰："臣闻全代之时，北有强胡之敌，内连中国之兵，然尚得养老、长幼，种树以时，仓廪常实，匈奴不轻侵也。今以陛下之威，海内为一，然匈奴侵盗不已者，无他，以不恐之故耳。臣窃以为击之便。"

【语译】

世宗孝武皇帝上之下

汉武帝元光二年（戊申，前133年）

冬季，十月，汉武帝来到雍地，在五畤举行祭祀。

李少君凭借祭祀灶神求长生不老的方术进见汉武帝，汉武帝很尊敬他。李少君是已去世的深泽侯的舍人，他隐瞒了自己的年龄、出生成长的地方，凭借着他的方术周游结交诸侯，没有妻子儿女。人们听说李少君能役使鬼神万物，并有长生不老的方术，纷纷赠送财礼给他，所以他经常有剩余的金钱和衣食用品。人们都认为他不经营产业却很富裕，又不知他是什么地方的人，更加相信他，争着侍奉他。

李少君善于用巧妙的语言猜中一些离奇的事情。他曾经陪武安侯田蚡饮酒，座中有位九十多岁的老人，李少君就说起与老人的祖父一起游玩射猎的地方；老人还是儿童时曾跟随祖父，记得那个地方，满座的客人都大吃一惊。

李少君对汉武帝说："祭祀灶神就能招来奇异之物，招来了奇异之物就可以使丹砂化为黄金，可以延年益寿，可以见到蓬莱的仙人。见到仙人，进而举行封禅仪式，就可以长生不死，黄帝就是这样的。我曾经在海上漫游，遇见了安期生，他给我枣吃，那枣如同瓜一般大。安期生是仙人，往来于蓬莱仙境，谁和他投缘，他就显身相见，谁和他不投缘，他就隐身不见。"于是，汉武帝就开始亲自祭祀灶神，派遣方士到大海中去寻找蓬莱安期生之类的仙人，并且从事熔化丹砂和其他药物，企图炼出黄金。过了很久，李少君病死，汉武帝认为他化身成仙，并没有死去。因此，燕地、齐地等沿海地区那些怪诞迂谬的方士，纷纷前来对汉武帝谈论有关神仙的事情了。

亳县人谬忌奏请汉武帝祭祀太一神。他在上奏的方形木牍上写道："天神中最尊贵的是太一神，太一神的辅佐是五帝神。"于是，汉武帝就在长安的东南郊建立了祭祀太一神的祭坛。

雁门郡马邑县的豪强之士聂壹，通过大行王恢向汉武帝建议："匈奴刚刚与汉朝和亲结好，亲近信任边境吏民，可以用财利引诱他们前来，汉军预设伏兵袭击，这是肯定会打败匈奴人的妙计。"汉武帝召集公卿讨论这个建议。

王恢说："我听说，在战国的初期，代国保有它的全境时，北面有强敌匈奴的威胁，内受中原诸国军队的牵制，但仍然可以赡养老人，抚育幼童，按照季节时令种粮植树，粮仓中一直有充足的储粮，匈奴不敢轻易入侵。现在，凭着皇上的神威，天下一统，但匈奴的入侵却持续不断，形成这种局面的原因，没有别的，只是因为在于没有使匈奴恐惧罢了。我私下认为打击匈奴对国家有利。"

韩安国曰："臣闻高皇帝尝围于平城，七日不食；及解围反位，而无忿怒之心。夫圣人以天下为度者也，不以己私怒伤天下之公，故遣刘敬结和亲，至今为五世利。臣窃以为勿击便。"

恢曰："不然。高帝身被坚执锐，行几十年，所以不报平城之怨者，非力不能，所以休天下之心也。今边境数惊，士卒伤死，中国槥车相望，此仁人之所隐也。故曰击之便。"

安国曰："不然。臣闻用兵者以饱待饥，正治以待其乱，定舍以待其劳；故接兵覆众，伐国堕城，常坐而役敌国，此圣人之兵也。今将卷甲轻举，深入长驱，难以为功；从行则迫胁，衡行则中绝，疾则粮乏，徐则后利，不至千里，人马乏食。《兵法》曰：'遗人，获也'，臣故曰勿击便。"

恢曰："不然。臣今言击之者，固非发而深入也。将顺因单于之欲，诱而致之边，吾选枭骑、壮士阴伏而处以为之备，审遮险阻以为其戒。吾势已定，或营其左，或营其右，或当其前，或绝其后，单于可禽，百全必取。"上从恢议。

夏，六月，以御史大夫韩安国为护军将军，卫尉李广为骁骑将军，太仆公孙贺为轻车将军，大行王恢为将屯将军，太中大夫李息为材官将军，将车骑、材官三十余万匿马邑旁谷中，约单于入马邑纵兵。阴使聂壹为间，亡入匈奴，谓单于曰："吾能斩马邑令、丞，以城降，财物可尽得。"单于爱信，以为然而许之。聂壹乃诈斩死罪囚，县其头马邑城下，示单于使者为信，曰："马邑长吏已死，可急来！"

于是单于穿塞，将十万骑入武州塞。未至马邑百余里，见畜布野而无人牧者，怪之。乃攻亭，得雁门尉史，欲杀之，尉史乃告单于汉兵所居。单于大惊曰："吾固疑之。"乃引兵还，出曰："吾得尉史，天也！"以尉史为天王。塞下传言单于已去，汉兵追至塞，度弗及，乃皆罢兵。

御史大夫韩安国说："我听说，高皇帝曾被匈奴围困在平城，七天没能吃上饭；等到解脱围困而返回都城之后，却没有愤怒之心。圣人有包容天下的气度，不因自身的私怒而伤害天下大局，所以高皇帝派遣刘敬为使臣与匈奴和亲，到现在已为五世的人带来益处。我私下认为不打匈奴对国家有利。"

王恢说："不对。高帝身披铠甲，手执利器，征战将近十年，他不向匈奴报复被困平城的怨恨，并不是因为力所不及，而是出于让天下人休息的仁心。现在，边境经常受到匈奴侵扰，受伤战死的士兵很多，中原地区运载死亡士兵棺木的车辆络绎不绝，这是仁人所悲痛的事情。所以说，打匈奴是应当的。"

韩安国说："不对。我听说善于用兵的人，让自己的军队温饱以等待敌军饥饿，严明军纪以等待敌军混乱，安居军营以等待敌军疲劳。所以，一旦交战，就会全歼敌人；一旦进攻敌国，就会攻破城防，经常安坐不动地迫使敌人俯首听命，这是圣人的作战方法。现在如果轻易地对匈奴用兵，长驱直入，难以成功；如果孤军深入，就会受到威胁，齐头并进就没有后继，进军太快就会缺乏粮食给养，进军缓慢就会丧失有利的战机，还没有走到一千里，就会人马都缺乏粮食。这正是《兵法》所说：'派出军队，就会被敌人擒获。'所以，我说不攻打匈奴为好。"

王恢说："不对。我现在所说的攻打匈奴的方法，本不是征发军队深入敌境；而是要利用单于的贪欲，引诱他们到我们的边境，我们挑选骁勇的骑兵和壮士，暗中埋伏在敌人必经之处，用来防备敌军，谨慎地据守险要的地势，以加强防御的力量。我们的部署已经完成，有的军队攻打敌军左翼，有的军队攻打敌军右翼，有的军队阻止敌人前进，有的军队断绝敌人的退路，这样就肯定能擒住单于，必定大获全胜。"汉武帝采纳了王恢的主张。

夏季，六月，汉武帝任命御史大夫韩安国为护军将军，卫尉李广为骁骑将军，太仆公孙贺为轻车将军，大行王恢为将屯将军，太中大夫李息为材官将军，统率战车、骑兵、步兵共三十多万人暗中埋伏在马邑附近的山谷中，约定等单于进入马邑后，就挥军出击。汉军暗地派聂壹当间谍，逃到匈奴人那儿，聂壹对单于说："我能杀马邑县的县令和县丞，献城归降，您可以得到全城的所有财物。"单于很喜欢信任聂壹，认为他说得对，就同意了他的计划。聂壹返回马邑县城，就斩杀死刑囚犯，用来假冒县令、县丞，把他们的头挂在马邑城下，让单于的使者观看，以此作为证明，说："马邑县的长官已经死了，你们可以赶快来！"

于是，单于越过边塞，统率十万骑兵进入武州塞。走到距离马邑县城还有一百多里的地方，单于见遍野牲畜，却没有一个放牧的人，感到奇怪。单于就派人攻打亭隧，俘虏了雁门郡的尉史，要杀掉他，这个尉史就告诉单于汉兵埋伏的地点。单于大吃一惊，说："我本来就怀疑其中有诈。"就领兵撤退，在撤出汉境之后，单于

王恢主别从代出击胡辎重，闻单于还，兵多，亦不敢出。

上怒恢。恢曰："始，约为入马邑城，兵与单于接，而臣击其辎重，可得利。今单于不至而还，臣以三万人众不敌，只取辱。固知还而斩，然完陛下士三万人。"于是下恢廷尉。廷尉当"恢逗桡，当斩"。

恢行千金丞相蚡，蚡不敢言上，而言于太后曰："王恢首为马邑事，今不成而诛恢，是为匈奴报仇也。"上朝太后，太后以蚡言告上。上曰："首为马邑事者恢，故发天下兵数十万，从其言为此。且纵单于不可得，恢所部击其辎重，犹颇可得以慰士大夫心。今不诛恢，无以谢天下。"于是恢闻，乃自杀。

自是之后，匈奴绝和亲，攻当路塞，往往入盗于汉边，不可胜数；然尚贪乐关市，嗜汉财物；汉亦关市不绝，以中其意。

（以上为第一段，写前133年重大史事，汉朝设谋马邑，吹响反击匈奴的号角。大行王恢建议，发三十万大军伏击匈奴；匈奴十万骑兵入塞，看出汉军破绽，全军撤回，汉军无功而返，王恢自杀。）

三年（己酉，前132年）

春，河水徙，从顿丘东南流。夏，五月，丙子，复决濮阳瓠子，注巨野，通淮、泗，泛郡十六。天子使汲黯、郑当时发卒十万塞之，辄复坏。是时，田蚡奉邑食鄃，鄃居河北，河决而南，则鄃无水灾，邑收多。蚡言于上曰："江、河之决皆天事，未易以人力强塞，塞之未必应天。"而望气用数者亦以为然。于是天子久之不复事塞也。

初，孝景时，魏其侯窦婴为大将军，武安侯田蚡乃为诸郎，侍酒跪起如子侄。已而蚡日益贵幸，为丞相。魏其失势，宾客益衰，独故燕相

说："我俘虏了这个尉史，是天保佑我啊！"就称这个尉史为"天王"。边塞守军传报单于已率军退走，汉军追到边塞，估计追不上了，就全军撤回。王恢指挥另一支军队，从代地出发，准备袭击匈奴的后勤给养，听说单于返回，军队很多，也不敢出击。

汉武帝对王恢很恼怒。王恢说："根据原来的计划，约定引匈奴进入马邑县城，主力军队与单于交战，而我率军袭击他们的后勤给养，可以获胜。现在单于未到马邑就全军撤回，我用二万人的军队打不过匈奴大军，那样做只能是自辱。我本知道撤兵回来是要杀头的，但这样却保全了皇上的三万将士。"于是，汉武帝就把王恢交付廷尉审判，廷尉的判决是："王恢避敌观望，不敢出击，判处斩首。"

王恢暗中向丞相田蚡行贿一千金，求他开脱罪名，田蚡不敢向汉武帝说，就对太后说："王恢第一个提出了在马邑诱歼匈奴主力的计划，现在行动失败而杀了王恢，这是等于为匈奴报了仇啊！"汉武帝朝见太后时，太后就把田蚡的话告诉了汉武帝。汉武帝说："王恢是马邑计划的主谋，我听从了他的建议，调集了天下几十万人马，安排了这次军事行动。况且，即使捉不到单于，王恢的军队袭击匈奴的后勤给养，仍然可以安慰将士们的心。如今不杀王恢，无法向天下人谢罪。"王恢得知了汉武帝的话，就自杀了。

从此之后，匈奴断绝了与汉朝的和亲，进攻扼守大路的要塞，常常入侵汉朝边境，不可胜数。但是，匈奴仍然贪图在边关的互市贸易，喜爱汉朝的财物；汉朝也不关闭边境贸易市场，以投其所好。

汉武帝元光三年（己酉，前132年）

春季，黄河决口改道，从顿丘向东南方向流去。夏季，五月初三丙子，黄河又一次在濮阳县的瓠子决口，注入巨野县，连通了淮河和泗水，十六个郡受到水灾。汉武帝刘彻派汲黯、郑当时征发十万役夫堵塞黄河决口，刚刚堵住，就又被洪水冲毁。当时，田蚡的食邑是鄃县；鄃县在黄河北岸，黄河决口向南泛滥，鄃县就不会遭受水灾，食邑收入就会增加。田蚡对汉武帝说："长江、黄河的决口都是天意的安排，用人力强行堵塞很不容易，堵住了未必符合天意。"而那些候望云气和使用法术的方士们也认为是这样。这样一来，汉武帝很长时间不再征发人力从事堵塞决口的工程。

当初，汉景帝在位时，魏其侯窦婴担任大将军，武安侯田蚡才是个普通的郎官，陪侍窦婴饮酒时，下跪起立如同儿子、侄子一样。后来，田蚡日益显贵受宠，出任

颍阴灌夫不去。婴乃厚遇夫，相为引重，其游如父子然。

夫为人刚直，使酒，诸有势在已之右者必陵之；数因酒忤丞相。丞相乃奏案："灌夫家属横颍川，民苦之。"收系夫及支属，皆得弃市罪。

魏其上书论救灌夫，上令与武安东朝廷辨之。魏其、武安因互相诋讦。上问朝臣："两人孰是？"唯汲黯是魏其，韩安国两以为是；郑当时是魏其，后不敢坚。上怒当时曰："吾并斩若属矣。"即罢。起，入。上食太后，太后怒不食，曰："今我在也，而人皆藉吾弟；令我百岁后，皆鱼肉之乎！"上不得已，遂族灌夫；使有司案治魏其，得弃市罪。

（以上为第二段，写黄河决口，十六郡被淹，丞相田蚡借天意放弃堵口，任其泛滥；大将军窦婴失势，与灌夫相互援引，灌夫得罪田蚡，被治罪；窦婴营救，亦被斩首。）

四年（庚戌，前 131 年）

冬，十二月晦，论杀魏其于渭城。

春，三月，乙卯，武安侯蚡亦薨。及淮南王安败，上闻蚡受安金，有不顺语，曰："使武安侯在者，族矣！"

夏，四月，陨霜杀草。

御史大夫安国行丞相事，引，堕车，蹇。五月，丁巳，以平棘侯薛泽为丞相，安国病免。

地震。赦天下。

九月，以中尉张欧为御史大夫。韩安国疾愈，复为中尉。

河间王德，修学好古，实事求是，以金帛招求四方善书，得书多与汉朝等。是时，淮南王安亦好书，所招致率多浮辩。献王所得书，皆古文先秦旧书，采礼乐古事，稍稍增辑至五百余篇，被服、造次必于儒者，山东诸儒多从之游。

丞相。而魏其侯窦婴失去了权势，依附他的宾客越来越少，唯独原来的燕相、颍阴县人灌夫没有离去。窦婴就厚待灌夫，两人互相援引、互相倚重，来往如同父子一样。

灌夫为人刚强正直，好借酒使气，对那些权势在自己之上的权贵，必定给予凌辱；他多次因酒后闹事冒犯丞相田蚡。丞相就向汉武帝弹劾："灌夫家属在颍川郡横行霸道，民众都被害苦了。"于是，收捕灌夫和包括旁支亲属在内的家人，都被判处公开斩首示众的罪名。

魏其侯窦婴上书找理由营救灌夫，汉武帝命令他和武安侯田蚡到太后居住的东宫中，当廷申辩。魏其侯、武安侯就利用这个机会互相诋毁。汉武帝问朝廷群臣："他们两人谁对？"只有汲黯认为魏其侯对，韩安国认为两人都对，郑当时本认为魏其侯对，后来不敢坚持。汉武帝怒骂郑当时说："我把你这类的人一起斩了！"随即罢朝，站起来，进入内宫，侍奉太后用餐，太后气冲冲地不吃饭，说："如今我还活着，别人已经在欺负我的弟弟；假如我死了，他们就都来宰杀他了！"汉武帝没有办法，就下令将灌夫满门处斩；派执法官员审查魏其侯，判处魏其侯斩首示众。

汉武帝元光四年（庚戌，前131年）

冬季，十二月三十日，根据所定罪名在渭城处死了魏其侯窦婴。

春季，三月十七日乙卯，武安侯田蚡也死了。等到后来淮南王刘安谋反失败，汉武帝刘彻得知田蚡接受过刘安的黄金，并且说过大逆不道的话，就说："假如武安侯还活着，就应该把他灭族了！"

夏季，四月，出现寒霜，冻死了野草。

御史大夫韩安国代理丞相职务，为汉武帝引导车驾，从车上摔了下来，成了跛腿。五月二十日丁巳，汉武帝任命平棘侯薛泽为丞相；韩安国因病免职。

汉朝发生了地震，实行大赦。

九月，汉武帝任命中尉张欧为御史大夫。韩安国的腿疾痊愈，重新出任中尉。

河间王刘德，努力钻研学问，喜好古代典籍，治学注重实事求是，用黄金丝帛购买各地的好书，购得的书，数量与汉朝廷的存书一样多。当时，淮南王刘安也喜爱书籍，他所征集到的大多是浮滑论辩的书；而刘德所征集的书，都是用古代文字书写的先秦时期的旧书。他搜集礼乐制度的古事，稍加增订，编辑成书，长达五百多篇。他的思想和言谈举止，都务求符合儒家学说，崤山以东的儒生大多追随他，与他交往。

五年（辛亥，前130年）

冬，十月，河间王来朝，献雅乐，对三雍宫及诏策所问三十余事。其对，推道术而言，得事之中，文约指明。天子下太乐官常存肄河间王所献雅声，岁时以备数，然不常御也。

春，正月，河间王薨，中尉常丽以闻，曰："王身端行治，温仁恭俭，笃敬爱下，明知深察，惠于鳏寡。"大行令奏："谥法：'聪明睿知曰献'，谥曰献王。"

班固赞曰：昔鲁哀公有言："寡人生于深宫之中，长于妇人之手，未尝知忧，未尝知惧。"信哉斯言也，虽欲不危亡，不可得已！是故古人以宴安为鸩毒，无德而富贵谓之不幸。汉兴，至于孝平，诸侯王以百数，率多骄淫失道。何则？沈溺放恣之中，居势使然也。自凡人犹系于习俗，而况哀公之伦乎！"夫唯大雅，卓尔不群"，河间献王近之矣。

（以上为第三段，写河间王刘德努力钻研学问，喜好古代典籍，注重实事求是；搜集礼乐制度的古事，稍加增订，编辑成书，有五百多篇；思想和言谈举止，务求符合儒家学说。河间王刘德的学问德行受到了班固的高度称赞。）

初，王恢之讨东越也，使番阳令唐蒙风晓南越。南越食蒙以蜀枸酱，蒙问所从来。曰："道西北牂柯江。牂柯江广数里，出番禺城下。"蒙归至长安，问蜀贾人。贾人曰："独蜀出枸酱，多持窃出市夜郎。夜郎者，临牂柯江，江广百余步，足以行船。南越以财物役属夜郎，西至桐师，然亦不能臣使也。"

蒙乃上书说上曰："南越王黄屋左纛，地东西万余里，名为外臣，实一州主也。今以长沙、豫章往，水道多绝，难行。窃闻夜郎所有精兵可得十余万，浮船牂柯江，出其不意，此制越一奇也。诚以汉之强，巴、蜀之饶，通夜郎道为置吏，甚易。"上许之。

乃拜蒙为中郎将，将千人，食重万余人，从巴、蜀筰关入，遂见夜

汉武帝元光五年（辛亥，前 130 年）

冬季，十月，河间王刘德来京朝见，进献用于郊庙朝会的正乐，回答了有关三雍宫的典章制度以及皇帝拟定的三十多个问题。他的回答，都是依据并阐明了儒学思想，抓住了问题的关键，文字简捷，观点明确。汉武帝下令让掌管宫廷音乐的太乐官经常练习河间王所献的雅乐，作为年节典礼中的项目，但平常很少演奏。

春季，正月，河间王刘德去世，中尉常丽向朝廷报告了他的死讯，并说："河间王立身端正，行为谨饬，温良仁义，恭敬俭朴，敬上爱下，聪明智慧，洞察隐微，恩惠及于鳏夫寡妇。"大行令奏报汉武帝："《谥法》说：'聪明睿智称之为献。'议定河间王刘德的谥号为'献'。"

班固评论说：过去鲁哀公曾经说过这样的话："我在深宫中出生，在妇人抚育下长大，从不知道什么是忧愁，从未体验过什么是恐惧。"这话说得多么真实啊！这样的人做帝王，即便他不想使国家陷入危亡的绝境，也不可能啊！所以，古人把安享太平看成是毒酒，把没有仁德而身居富贵之位称之为不幸。汉朝建国，直到孝平帝，诸侯王数以百计，大多骄横荒淫丧失道德。为什么这样呢？沉溺在放纵恣肆的环境中，他们所处的地位导致他们如此。即使是常人都要深受习俗的影响，何况鲁哀公之类的人呢？学识渊博，出类拔萃，河间献王刘德可以说是近似这样的人。

当初，王恢率军讨伐东越的时候，派番阳县令唐蒙去向南越王说明进军意图。南越人让唐蒙吃蜀地所产的枸酱，唐蒙问是从什么地方来的。南越人说："是从西北方向的牂柯江运来的。牂柯江江面宽阔，从番禺城近旁流过。"唐蒙回到长安，又问蜀地的商人。商人说："只有蜀地出产枸酱，许多人私自带着它出境去卖给夜郎。夜郎靠近牂柯江，牂柯江宽一百多步，行船毫无问题。南越国利用财物引诱和支配夜郎，向西一直影响到桐师人的居住地，但也不能让这一地区成为南越的臣属国，对它俯首听命。"

唐蒙就向汉武帝上书说："南越王使用只有皇帝才能用的黄屋左纛，盘踞东西长达一万多里的地区，名义上是朝廷的外臣，实际上是一州之主。现在如果从长沙国、豫章郡出兵征讨南越，水路大多淤塞断绝，难以通行。我听说夜郎的精兵总计可有十多万人，我军乘船顺牂柯江而下，出其不意，这是制服南越的一条奇计。只要真的使用汉朝的强威，再加上巴、蜀两地雄厚的经济力量，那么，打通夜郎的道路，在那儿设置官吏实施统治，是很容易做到的。"汉武帝批准了唐蒙的建议。

于是，汉武帝任命唐蒙为中郎将，率领士兵一千人和运输粮食衣物的民夫一万

郎侯多同。蒙厚赐，喻以威德，约为置吏，使其子为令。夜郎旁小邑皆贪汉缯帛，以为汉道险，终不能有也，乃且听蒙约。

还报，上以为犍为郡，发巴、蜀卒治道，自僰道指牂柯江，作者数万人，士卒多物故，有逃亡者。用军兴法诛其渠率，巴、蜀民大惊恐。上闻之，使司马相如责唐蒙等，因谕告巴、蜀民以非上意；相如还报。

是时，邛、筰之君长。闻南夷与汉通，得赏赐多，多欲愿为内臣妾，请吏比南夷。天子问相如，相如曰："邛、筰、冉駹者近蜀，道亦易通。秦时尝通，为郡县，至汉兴而罢。今诚复通，为置郡县，愈于南夷。"

天子以为然，乃拜相如为中郎将，建节往使，及副使王然于等乘传，因巴、蜀吏币物以赂西夷。邛、筰、冉駹、斯榆之君。皆请为内臣。除边关；关益斥，西至沫、若水，南至牂柯为徼，通零关道，桥孙水以通邛都，为置一都尉、十余县，属蜀。天子大说。

诏发卒万人治雁门阻险。

（以上为第四段，写前130年汉武帝任命唐蒙为中郎将，率军进入夜郎境内，在那里设立犍为郡；又任命司马相如为中郎将，持皇帝符节出使西夷，在那里设立都尉管辖。）

秋，七月，大风拔木。

女巫楚服等教陈皇后祠祭厌胜，挟妇人媚道；事觉，上使御史张汤穷治之。汤深竟党与，相连及诛者三百余人，楚服枭首于市。

乙巳，赐皇后册，收其玺绶，罢退，居长门宫。窦太主惭惧，稽颡谢上。上曰："皇后所为不轨于大义，不得不废。主当信道以自慰，勿受妄言以生嫌惧。后虽废，供奉如法，长门无异上宫也。"

多人，经过巴、蜀两郡，从筰关进入夜郎境内，于是，见到夜郎侯多同。唐蒙带来厚重的赏赐，告知汉朝的严威圣德，约定由朝廷在当地任命官吏，并让多同的儿子担任县令一级官员。夜郎附近的小城邑都贪图得到汉朝的丝绸，他们以为从汉朝到当地来，道路艰险，汉朝终究不可能占有这片地区，于是，就暂且表示服从唐蒙的约定。

唐蒙返京奏报，汉武帝就在这一地区设立了犍为郡，征发巴、蜀两郡的士兵修筑道路，从僰道指向牂柯江，修路的有数万人，许多士兵死亡，有的士兵就逃跑了；唐蒙等人用“军兴法”诛杀逃亡士兵的头目，巴蜀民众极度惊恐。汉武帝得知此事，就派司马相如前去责备唐蒙等人，并公开告知巴蜀一带的民众，唐蒙等人的做法并不是皇帝的本意。司马相如返京奏报处置情况。

这时，邛人和筰人的部落酋长听说南夷与汉朝结交，得到很多的赏赐，大多甘愿做汉朝统治下的臣民，请朝廷仿照统治南夷的模式，在他们的居住地任命官吏。汉武帝询问司马相如的意见，相如说：“邛、筰、冉駹都靠近蜀郡，道路也容易开通；秦朝时曾经开通，设置过郡县，到汉朝建国时才罢废。现在如果真能再次开通，在那儿设置郡县，将胜过南夷地区。”

汉武帝认为司马相如说得对，就任命他为中郎将，持皇帝的符节出使西夷，相如和副使王然于等人乘坐驿车，利用巴蜀两郡的官府财物收买西夷；邛、筰、冉駹、斯榆各部族的酋长，都请求做汉朝直接统治下的臣民。废除了原有的边关，新设立的边关向外扩展，西部到达沫水、若水，南至牂柯江为界，开通了零关道，在孙水上架起了桥梁，用来接连邛都，在这一地区设立了一个都尉、十多个县，隶属于蜀郡。汉武帝很高兴。

汉武帝下令调集一万士兵修治雁门郡的险要关隘。

秋季，七月，出现大风，拔起树木。

女巫师楚服等教陈皇后祭神祈祷，使用妇人的媚态诅咒，企图除掉与陈皇后争宠的女人。事情败露，汉武帝指派御史张汤彻底查处。张汤深入地追究有关的人，相互牵连和被处死的有三百多人，楚服在街市被斩首，头颅高悬示众。

七月十四日乙巳，汉武帝赐给皇后一份册书，收回了皇后的印玺，废去尊号，贬入长门宫。陈皇后的母亲窦太主羞惭恐惧，向汉武帝叩头请罪。汉武帝说：“皇后的行为不符合大义，不得不把她废掉。你应该相信道义而放宽心怀，不要轻信闲言

初，上尝置酒窦太主家，主见所幸卖珠儿董偃，上赐之衣冠，尊而不名，称为“主人翁”，使之侍饮；由是董君贵宠，天下莫不闻。常从游戏北宫，驰逐平乐观，鸡、鞠之会，角狗、马之足，上大欢乐之。上为窦太主置酒宣室，使谒者引内董君。是时，中郎东方朔陛戟殿下，辟戟而前曰：“董偃有斩罪三，安得入乎！”上曰：“何谓也？”朔曰：“偃以人臣私侍公主，其罪一也。败男女之化，而乱婚姻之礼，伤王制，其罪二也。陛下富于春秋，方积思于《六经》，偃不遵经劝学，反以靡丽为右，奢侈为务，尽狗马之乐，极耳目之欲，是乃国家之大贼，人主之大蜮，其罪三也。”上默然不应，良久曰：“吾业已设饮，后而自改。”朔曰：“不可。夫宣室者，先帝之正处也，非法度之政不得入焉。故淫乱之渐，其变为篡。是以竖貂为淫而易牙作患，庆父死而鲁国全。”上曰：“善！”有诏止，更置酒北宫，引董君从东司马门入；赐朔黄金三十斤。董君之宠由是日衰。是后，公主、贵人多逾礼制矣。

上以张汤为太中大夫，与赵禹共定诸律令，务在深文。拘守职之吏，作见知法，吏传相监司。用法益刻自此始。

八月，螟。

（以上为第五段，写皇后陈阿娇失宠，进行祈祷诅咒，被汉武帝废去尊号，贬入长门宫；窦太主的男宠董偃得到汉武帝的宠信，被东方朔严词谏止；太中大夫张汤制定法令，用法更加严厉苛刻。）

是岁，征吏民有明当世之务、习先圣之术者，县次续食，令与计偕。

菑川人公孙弘对策曰：“臣闻上古尧、舜之时，不贵爵赏而民劝善，不重刑罚而民不犯，躬率以正而遇民信也；末世贵爵厚赏而民不劝，深刑重罚而奸不止，其上不正，遇民不信也。夫厚赏重刑，未足以劝善而

而产生疑虑和恐惧。皇后虽然被废了，仍会按照法度受到优待，居住在长门宫与居住在上宫没有什么区别。”

当初，汉武帝曾经在窦太主刘嫖家中摆设酒席，窦太主引见了她宠幸的珠宝商人董偃，汉武帝赏赐给董偃衣服和冠帽，为了表示尊重，不称他的名字而称他为“主人翁”，让他陪侍饮酒。从此，董偃尊贵受宠，天下人没有不知道的。董偃经常陪同汉武帝在北宫游戏，在平乐观骑马追逐，参与斗鸡、踢球、赛狗、赛马，汉武帝十分欢喜。汉武帝在宣室中摆酒款待窦太主，派谒者引导董偃入内。当时，中郎东方朔持戟立在殿下，放下戟走近汉武帝说：“董偃犯有三项死罪，怎能让他进来呢？”汉武帝说：“你有什么说法（指理由）吗？”东方朔说：“董偃以臣子的身份私通公主，这是他的第一条罪状。败坏男女风化，而扰乱婚姻的礼仪制度，伤害王法，伤害王法这是他的第二条罪状。皇上年轻，正在努力学习六经等儒学典籍，董偃不遵循经书教诲劝勉学习，反而崇尚豪华追求奢侈，尽情地享受斗狗赛马的欢乐，极力满足感官欲望，他是国家的大贼，帝王的大害，这是他的第三条罪状。”汉武帝沉默不答，过了很久才说：“我今天已准备好宴席了，以后再自己改正吧。”东方朔说：“宣室，本来是先帝处理政务的地方，不是讨论有关法度、政务的人都不得进入。所以，淫乱的苗头发展，就会变成篡夺君位。正是由于这个道理，当年齐桓公因信用竖貂和易牙受害，而庆父死后，鲁国就得以保全。”汉武帝说：“你说得好！”下令让董偃停下来待命，重新在北宫设置酒宴，领董偃从东司马门入宫，赏赐给东方朔三十斤黄金。董偃所受的宠爱，自此以后日益衰减。此后，公主、贵人大多不按礼制行事了。

汉武帝任命张汤为太中大夫，张汤与赵禹共同制定了各项法律条令，务求繁密严苛；严格控制在职官吏，制定了官员知人犯罪而不举报就要判刑的“见知法”，使官吏互相监视、互相侦察。从此开始，用法更加严厉苛刻了。

八月，庄稼发生螟虫之害。

这一年，汉武帝征召官吏民众中明晓当世政务、熟知古代圣王治国之术的人到朝廷任职，命令应征者与各地进京的“上计吏”同行，由沿途各县供应饭食。

淄川人公孙弘在考试时答道：“我听说，上古尧舜那个时期，没有尊贵的官爵和丰厚的奖赏，但民众却相互勉励行善；不重刑罚，但民众却不犯法，这是因为帝王为臣民做出了正直的表率，而且对待民众很讲信用。到了末代，有尊贵的官爵和丰

禁非，必信而已矣。是故因能任官，则分职治；去无用之言，则事情得；不作无用之器，则赋敛省；不夺民时，不妨民力，则百姓富；有德者进，无德者退，则朝廷尊；有功者上，无功者下，则群臣逡；罚当罪，则奸邪止；赏当贤，则臣下劝。凡此八者，治之本也。故民者，业之则不争，理得则不怨，有礼则不暴，爱之则亲上，此有天下之急者也。礼义者，民之所服也；而赏罚顺之，则民不犯禁矣。

“臣闻之：气同则从，声比则应。今人主和德于上，百姓和合于下，故心和则气和，气和则形和，形和则声和，声和则天地之和应矣。故阴阳和，风雨时，甘露降，五谷登，六畜蕃，嘉禾兴，朱草生，山不童，泽不涸，此和之至也。”

时对者百余人，太常奏弘第居下。策奏，天子擢弘对为第一，拜为博士，待诏金马门。

齐人辕固，年九十余，亦以贤良征。公孙弘仄目而事固，固曰：“公孙子，务正学以言，无曲学以阿世。”诸儒多疾毁固者，固遂以老罢归。

是时，巴、蜀四郡凿山通西南夷，千余里戍转相饷。数岁，道不通，士罢饿、离暑湿死者甚众；西南夷又数反，发兵兴击，费以巨万计而无功。上患之，诏使公孙弘视焉。还奏事，盛毁西南夷无所用，上不听。

弘每朝会，开陈其端，使人主自择，不肯面折廷争。于是上察其行慎厚，辩论有余，习文法吏事，缘饰以儒术，大说之，一岁中迁至左内史。

弘奏事，有不可，不廷辨。常与汲黯请间，黯先发之，弘推其后，

厚的赏赐，但民众却得不到劝勉；设立了严酷的刑罚，却不能禁止违法犯罪，当时的帝王本身不正，对待民众又不讲信用。用丰厚的奖赏和严酷的刑罚，还不足以鼓励行善，禁止作恶，只有靠讲信用，才能达到这一目的。所以，根据人的才能而委任官职，就能各司其职，做好工作；抛弃无用的虚言，就能了解事情的真相；不制作无用的器物，就可以减少对民众的赋税；不在农忙季节征发役夫，不妨害民力，民众就会富裕；有德的人受到重用，无德的人被罢免，朝廷就尊贵威严；有功的人升职，无功的人降级，群臣就会明白退让的道理；判处刑罚与罪过相应，就能制止犯罪；给予奖赏与贤能相符，就能劝勉臣子。这八项，是治理国家的根本。天下民众，让他们各自从事生产就不会发生争夺，事情得到合理的解决就不会怨恨，让他们接受教育知道礼义就不会使用暴力，帝王爱护他们，他们就会亲近帝王，此是统治天下的当务之急。礼义，是民众甘愿服从的，再用奖赏和刑罚来推行礼义，民众就不会违犯禁令了。

“我听说：气相同就能互相影响带动，声相同就能互相呼应。现在，帝王在上面使自己的言行符合德义，民众在下面与帝王相谐调，所以心和就能气和，气和就能形和，形和就能声和，声和就会出现天地安和了。所以，阴阳调和，风雨适时，甘露降下，五谷丰登，六畜兴旺，茁壮稻谷生机勃勃，红色瑞草萌生成长，山岭不光秃，湖泊不干涸，这是天地安和的最佳状态。”

当时，参加对策考试的有一百多人，太常奏报考试成绩，把公孙弘列为下等。对策上呈汉武帝刘彻，汉武帝把公孙弘的对策成绩提升为第一名，任命他为博士，在金马门等候召对。

齐人辕固，已经九十多岁了，也被选为贤良，征召入京。公孙弘斜着眼睛，不正视辕固。辕固说：“公孙先生，一定要依据儒学论事，可不要歪曲儒学来迎合当世！”儒生们有许多人嫉妒诽谤辕固，辕固就以年老为名免官回原籍了。

这时，巴、蜀等四郡开凿山险，修筑连接西南夷的通道，从一千多里外转运粮饷。过了几年，道路没有开通，修路的士兵疲惫饥饿，遭受炎热潮湿折磨而死的人很多，西南夷又多次反叛，调集军队去进攻，军费开支以万万计，却不见功效。汉武帝很担忧，下令派公孙弘前去该地视察情况。公孙弘返京奏报情况，极力批评开通西南夷没有什么作用，汉武帝不听从他的意见。

公孙弘每当在朝廷讨论问题时，总是列举陈述事情的端绪，让汉武帝自己抉择，不肯在朝廷之上与汉武帝刘彻当面争辩。因此，汉武帝看出他为人谨慎厚道，善于辩论，熟悉文书法令和具体的官府公务，又会用儒术加以文饰，对他非常欣赏，一年之中升官到左内史。

公孙弘上奏，遇到汉武帝不同意时，他不在朝廷上争辩。常与汲黯请求单独召

天子常说，所言皆听，以此日益亲贵。弘尝与公卿约议，至上前，皆倍其约以顺上旨。汲黯廷诘弘曰："齐人多诈而无情实。始与臣等建此议，今皆倍之，不忠！"上问弘。弘谢曰："夫知臣者，以臣为忠；不知臣者，以臣为不忠。"上然弘言。左右幸臣每毁弘，上益厚遇之。

（以上为第六段，写公孙弘对策，原评为最下，被汉武帝拔为第一；公孙弘曾出使西南夷，极力批评开通西南夷没有什么作用，意见没有被汉武帝采纳；公孙弘熟悉文书法令，善于逢迎，得到汉武帝的欣赏和重用。）

六年（壬子，前 129 年）

冬，初算商车。

大司农郑当时言："穿渭为渠，下至河，漕关东粟径易，又可以溉渠下民田万余顷。"

春，诏发卒数万人穿渠，如当时策；三岁而通，人以为便。

匈奴入上谷，杀略吏民。遣车骑将军卫青出上谷，骑将军公孙敖出代，轻车将军公孙贺出云中，骁骑将军李广出雁门，各万骑，击胡关市下。卫青至龙城，得胡首虏七百人；公孙贺无所得；公孙敖为胡所败，亡七千骑；李广亦为胡所败。胡生得广，置两马间，络而盛卧，行十余里；广佯死，暂腾而上胡儿马上，夺其弓，鞭马南驰，遂得脱归。汉下敖、广吏，当斩，赎为庶人；唯青赐爵关内侯。青虽出于奴虏，然善骑射，材力绝人；遇士大夫以礼，与士卒有恩，众乐为用，有将帅材，故每出辄有功。天下由此服上之知人。

夏，大旱，蝗。

六月，上行幸雍。

秋，匈奴数盗边，渔阳尤甚。以卫尉韩安国为材官将军，屯渔阳。

（以上为第七段，写汉武帝听从大司农郑当时建议，调集民工开掘河道；汉朝由战略防御转入战略进攻，出兵攻打匈奴，卫青首战告捷，攻到龙城，杀敌七百多人，封为关内侯。）

见，先由汲黯提出问题，后由他进一步补充，汉武帝经常听得很高兴，所提的建议都加以采纳。因此，公孙弘越来越得到汉武帝的亲近和重用。公孙弘曾经和公卿商定某一问题的处置意见，到了汉武帝面前，他却完全背弃了原来的约定，而迎合汉武帝的心意。汲黯当即在朝廷上批评他说："齐人大多欺诈，而不忠诚老实。公孙弘开始和我们一道商定这条建议，现在却全都背弃了，这是不忠！"汉武帝责问公孙弘，公孙弘谢罪说："了解我的人，认为我忠；不了解我的人，认为我不忠。"汉武帝认为他说得对。汉武帝身边的亲信经常诋毁公孙弘，汉武帝对他却更加优待。

汉武帝元光六年（壬子，前 129 年）

冬季，开始对商人的车辆征税。

大司农郑当时建议："从渭水开辟一条河道，下连黄河，用来漕运函谷关以东地区的粮食，路线直而且方便，又可灌溉河道附近的一万多顷农田。"

春季，汉武帝下令调集数万民工开掘河道，按照郑当时的建议办事。用了三年时间，河道开通了，大家都认为很方便。

匈奴入侵上谷郡，杀害抢掠官吏民众。汉武帝刘彻派遣车骑将军卫青从上谷郡出兵，骑将军公孙敖从代国出兵，轻车将军公孙贺从云中郡出兵，骁骑将军李广从雁门郡出兵，各自率领一万骑兵，出击屯兵在边关贸易市场附近的匈奴军队。卫青进攻到龙城，斩首和俘获匈奴七百多人；公孙贺一无所得；公孙敖被匈奴打败，损失了七千骑兵；李广也被匈奴打败。匈奴人活捉了李广，把他安置在两匹并行的马匹中间，让他躺在用绳子结成的网袋上，走出了十多里路。李广先是装死，后来突然纵身跃起，跳到了一个匈奴人骑坐的马上，夺得他的弓箭，拍着马向南奔驰，于是，得以逃脱归来。汉朝廷把公孙敖、李广交付司法官吏审讯，罪当斩首，后出钱赎罪，做了平民；只有卫青被赏给关内侯的爵位。卫青，虽然出身于奴仆，但是善于骑马射箭，勇力超过常人；对官吏士大夫以礼相待，对士兵有恩，众人都愿为他效力，他有做军事统帅的才能，所以每次率兵出征，都能立下战功。天下人由此都佩服汉武帝的知人善任。

夏季，大旱，出现蝗灾。

六月，汉武帝亲临雍县。

秋季，匈奴多次攻掠边境，渔阳郡受害最为严重。汉武帝刘彻任命卫尉韩安国担任材官将军，率兵驻守渔阳郡。

元朔元年（癸丑，前 128 年）

冬，十一月，诏曰："朕深诏执事，兴廉举孝，庶几成风，绍休圣绪。夫十室之邑，必有忠信；三人并行，厥有我师。今或至阖郡而不荐一人，是化不下究，而积行之君子壅于上闻也。且进贤受上赏，蔽贤蒙显戮，古之道也。其议二千石不举者罪。"有司奏："不举孝，不奉诏，当以不敬论；不察廉，不胜任也，当免。"奏可。

十二月，江都易王非薨。

皇子据生，卫夫人之子也。三月，甲子，立卫夫人为皇后，赦天下。

秋，匈奴二万骑入汉，杀辽西太守，略二千余人，围韩安国壁；又入渔阳、雁门，各杀略千余人。安国益东徙，屯北平；数月，病死。天子乃复召李广，拜为右北平太守。匈奴号曰"汉之飞将军"，避之，数岁不敢入右北平。

车骑将军卫青将三万骑出雁门，将军李息出代；青斩首虏数千人。

东夷薉君南闾等共二十八万人降，为苍海郡；人徒之费，拟于南夷，燕、齐之间，靡然骚动。

是岁，鲁共王余、长沙定王发皆薨。

临淄人主父偃、严安，无终人徐乐，皆上书言事。

始，偃游齐、燕、赵，皆莫能厚遇，诸生相与排摈不容；家贫，假贷无所得，乃西入关上书阙下，朝奏，暮召入。所言九事，其八事为律令，一事谏伐匈奴。其辞曰："《司马法》曰：'国虽大，好战必亡；天下虽平，忘战必危。'夫怒者逆德也，兵者凶器也，争者末节也。夫务战胜，穷武事者，未有不悔者也。

"昔秦皇帝并吞战国，务胜不休，欲攻匈奴。李斯谏曰：'不可。夫匈奴，无城郭之居，委积之守，迁徙鸟举，难得而制也。轻兵深入，粮

汉武帝元朔元年（癸丑，前128年）

冬季，十一月，汉武帝下令说："我殷切嘱告官吏，奖励廉吏，举荐孝子，希望能养成风气，继承和发扬光大古代圣人的事业。有十户人家居住的小村落，其中必定有忠信之士；三人共同行走，其中必定有可做我老师的贤人。现在有的郡甚至不向朝廷举荐一个贤人，这说明政令教化不能贯彻下去，而那些积累了善行的贤人君子，被埋没，使天子无法得知。况且，推荐贤人的人给以上等的奖赏，埋没贤人的人给以公开的诛杀，这是古代的治世原则。应该议定二千石官员不向朝廷举荐人才的罪名！"有关官吏奏报："凡是不举荐孝子的，属于不遵守命令的行为，应当按'不敬'的罪名论处；凡是不察举廉吏的，就是不胜任职务，应当免官。"汉武帝批准了这一建议。

十二月，江都王刘非去世。

皇子刘据出生，他是卫夫人所生的儿子。三月十三日甲子，汉武帝立卫夫人为皇后，实行大赦。

秋季，匈奴用二万骑兵入侵汉境，杀死辽西郡的太守，掳去两千多人，围困韩安国指挥的汉军营垒；又侵入渔阳郡和雁门郡，在两地各杀害或掳掠了一千多人。韩安国迁往更远的东方，率军驻守北平，数月之后，病死。汉武帝就再次起用李广，任命他为右北平太守。匈奴称李广为"汉朝的飞将军"，畏避李广，连续几年都不敢入侵右北平郡。

车骑将军卫青统率三万骑兵从雁门郡出击，将军李息领兵从代郡出击。卫青所部斩杀匈奴数千人。

东夷秽君南闾等二十八万人归降，朝廷在其居住区设置了苍海郡，因此而支付的安置徒众的费用，与南夷地区相同，燕、齐一带，出现骚动。

这一年，鲁王刘余、长沙王刘发都去世了。

临淄人主父偃、严安，无终县人徐乐，都向汉武帝上书议论政事。

当初，主父偃在齐、燕、赵各地活动，都没有受到人家的厚待，儒生们联合起来排斥他，不能相容；家中贫穷，借贷无门，就西入关中，到皇宫的门阙下上书，早晨把奏书呈上，晚上就被召入宫中拜见汉武帝刘彻。他上书谈了九项事情，其中八项是关于律令问题，另外一项是谏止征伐匈奴。这篇奏章说："《司马法》说：'国家虽大，喜好战争必定灭亡；天下虽太平，忘掉战事必定危险。'愤怒，是背逆之德；兵器，是不祥之物；争斗，是最末的节操。那些追求战争胜利、穷兵黩武的人，没有不悔恨的。

"从前，秦始皇吞并列国，求胜的欲望没有止休，就想攻打匈奴。李斯劝阻说：'不可以这样做。匈奴没有城郭等定居的处所，没有储藏物资钱粮的仓库，迁移不

食必绝；踵粮以行，重不及事。得其地，不足以为利也；得其民，不可调而守也；胜必杀之，非民父母也；靡敝中国，快心匈奴，非长策也。’秦皇帝不听，遂使蒙恬将兵攻胡，辟地千里，以河为境。地固沮泽、咸卤，不生五谷。然后发天下丁男以守北河，暴兵露师十有余年，死者不可胜数，终不能逾河而北，是岂人众不足，兵革不备哉？其势不可也。又使天下蜚刍、挽粟，起于东腄、琅邪负海之郡，转输北河，率三十钟而致一石。男子疾耕，不足于粮饷，女子纺绩，不足于帷幕，百姓靡敝，孤寡老弱不能相养，道路死者相望，盖天下始畔秦也。

“及至高皇帝，定天下，略地于边，闻匈奴聚于代谷之外而欲击之。御史成进谏曰：‘不可。夫匈奴之性，兽聚而鸟散，从之如搏影。今以陛下盛德攻匈奴，臣窃危之。’高帝不听，遂北至于代谷，果有平城之围。高皇帝盖悔之甚，乃使刘敬往结和亲之约，然后天下忘干戈之事。

“夫匈奴难得而制，非一世也；行盗侵驱，所以为业也，天性固然。上及虞、夏、殷、周，固弗程督，禽兽畜之，不属为人。夫上不观虞、夏、殷、周之统，而下循近世之失，此臣之所大忧，百姓之所疾苦也。”

严安上书曰：“今天下人民，用财侈靡，车马、衣裘、宫室，皆竞修饰，调五声使有节族，杂五色使有文章，重五味方丈于前，以观欲天下。彼民之情，见美则愿之，是教民以侈也；侈而无节，则不可赡，民离本而徼末矣。末不可徒得，故搢绅者不惮为诈，带剑者夸杀人以矫夺，而世不知愧，是以犯法者众。臣愿为民制度以防其淫，使贫富不相耀以和其心；心志定，则盗贼消，刑罚少，阴阳和，万物蕃也。昔秦王意广心逸，欲威海外，使蒙恬将兵以北攻胡，又使尉屠睢将楼船之士以攻越。当是时，秦祸北构于胡，南挂于越，宿兵于无用之地，进而不得退。行十余年，丁男被甲，丁女转输，苦不聊生；自经于道树，死者相望。及

定，如同飞鸟，很难制服它。军队轻装深入敌境，粮食供应必定断绝；军队携带军粮行动，就会因负重而赶不上战机。夺得匈奴的土地，不足以为国家带来好处；俘获匈奴的民众，不可以调教，也无法设置官员进行管理。如果战胜匈奴，只能杀掉他们，而这又不是为民父母的明君应该有的行为；使中原地区疲敝，使匈奴人快意，这不是正确的决策。'秦始皇不听从劝告，就派蒙恬率军进攻匈奴，开辟疆土千里，与匈奴以黄河河套划界。这一带本来就是湖泊和盐碱地，不能种植五谷。后来，秦始皇又调集全国成年男子去戍守北河，军队暴露在外十多年，死者多得无法统计，终究不能越过黄河占领北部地区。这难道是因为兵力不足、装备不齐吗？是形势不允许啊！又使天下民众急速地用车船运输粮草，从东腄、琅邪等沿海郡县开始，运输到北河，大约起运时的三十钟粮食，运到目的地仅存一石。男子拼命耕作，收获不够缴纳军粮，女子纺线绩麻，织出的布帛满足不了军营帐篷的需要，民众倾家荡产，无法养活孤寡老弱，路上死去的人一个接着一个，天下人就从此开始反叛秦朝了。

"等到高皇帝平定天下，开拓疆土，听说匈奴人集中在代谷的外面，就想去进攻他们。有位名叫成的御史进言劝阻说：'不能这样做。匈奴人的习性，忽而如同野兽聚集，忽而如同鸟类分飞，追赶他们就好像与影子搏斗一样，无从下手。现在，凭皇上这样的盛大功德，却要去攻击匈奴，我私下认为很危险。'高皇帝不听从他的意见，于是，就向北进军到达代谷，果然发生了被围困在平城的事变，高皇帝大概非常后悔，才派遣刘敬前往匈奴，缔结和亲的盟约，从此之后，全国上下就忘记了战争的事情了。

"匈奴难以制服，不是这一代才如此。侵犯城邑、劫掳人畜，这是他们的生业，天性本来就是这样。远到虞、夏、殷、周统治时期，本来就不对匈奴征收贡赋、实施监督，只把他们视为禽兽，不当作人来看待。不向上回顾虞、夏、殷、周的传统，却向下沿用近代的失误，这是我所最忧虑的事情，也是天下民众所疾苦的事情。"

严安上书说："现在全国的民众，花费钱财，生活奢侈腐化，车辆马匹、衣服裘装、房屋住宅竞相修饰得富丽堂皇，谐调音乐使它有节奏，交错颜色使它色彩斑烂，美味佳肴摆满一席，用来显示自己的欲望。那些民众的本性，见到漂亮的东西就要仿效，这是用奢侈来引导民众；追求奢侈而无节制，就无法满足欲望，民众就会脱离农桑本业而去从事工商末业了。工商末业的财利不能凭空飞来，所以穿官服的不忌惮做欺诈的事情，带剑的竞相杀人以巧取豪夺。对这样的行径，世人不知羞愧，因此犯法的人很多。我希望给民众设立制度以约束他们的过度欲望，使富有者不向贫困者夸耀以调和人心；人心安定了，盗贼就会消除，少用刑罚，阴阳和调，万物就会茂盛。过去，秦始皇踌躇满志，贪得无厌，想向海外显示威力，派蒙恬率兵向

秦皇帝崩，天下大畔，灭世绝祀，穷兵之祸也。

“故周失之弱，秦失之强，不变之患也。今徇西夷，朝夜郎，降羌、僰，略薉州，建城邑，深入匈奴，燔其龙城，议者美之。此人臣之利，非天下之长策也。”

徐乐上书曰：“臣闻天下之患，在于土崩，不在瓦解，古今一也。

“何谓土崩？秦之末世是也。陈涉无千乘之尊、尺土之地，身非王公、大人、名族之后，乡曲之誉，非有孔、曾、墨子之贤，陶朱、猗顿之富也；然起穷巷，奋棘矜，偏袒大呼，天下从风。此其故何也？由民困而主不恤，下怨而上不知，俗已乱而政不修。此三者，陈涉之所以为资也，此之谓土崩。故曰天下之患在乎土崩。

“何谓瓦解？吴、楚、齐、赵之兵是也。七国谋为大逆，号皆称万乘之君，带甲数十万，威足以严其境内，财足以劝其士民；然不能西攘尺寸之地，而身为禽于中原者，此其故何也？非权轻于匹夫而兵弱于陈涉也。当是之时，先帝之德未衰而安土乐俗之民众，故诸侯无竟外之助，此之谓瓦解。故曰天下之患不在瓦解。

“此二体者，安危之明要，贤主之所宜留意而深察也。

“间者，关东五谷数不登，年岁未复，民多穷困，重之以边境之事，推数循理而观之，民宜有不安其处者矣。不安，故易动；易动者，土崩之势也。故贤主独观万化之原，明于安危之机，修之庙堂之上而销未形之患也，其要期使天下无土崩之势而已矣。”

书奏，天子召见三人，谓曰：“公等皆安在，何相见之晚也！”皆

北进攻匈奴，又派尉屠睢率领水军将士去进攻越人。在这个时期，秦朝兵连祸结，北方与匈奴交战，南方和越人难分胜负，军队驻扎在无用之地，只能前进而无法退回。历时十多年，成年男子当兵打仗，成年女子运送粮饷，生活悲惨，活不下去，纷纷在路边树上上吊自杀，死者一个接着一个。等到秦始皇死，天下反叛，秦朝被灭了后代，绝了祭祀，这是穷兵黩武产生的祸害啊。

“所以，周朝失之于衰弱，秦朝失之于强暴，都是不改变国政所产生的恶果。现在，朝廷要征服西夷地区，诱使夜郎入朝称臣，降服羌人和僰人，攻取秽州，建筑城邑，进军匈奴腹地，烧毁匈奴的龙城，议事的大臣们都赞美这些行动和计划，但这只能让主持其事的大臣得到好处，对于国家来说，不是好计策。”

徐乐上书汉武帝，说：“我听说天下的最大祸害，在于土崩，不在于瓦解，古今都是如此。

“什么叫‘土崩’？秦朝末年就是土崩。陈涉没有千乘之主的尊位，没有一尺的封地，本身不是王公贵人、名门望族的后代，没有获得乡里的赞誉，没有孔子、曾子、墨子那样的贤德，也没有陶朱公和猗顿那样的财富，但是，他起自贫民居住的街巷，举起长戟，袒露一个臂膀大呼，天下人闻风响应。这是什么原因呢？这是由于民众困苦而帝王却不加体恤，臣民怨恨而帝王却毫不知情，社会风俗已乱而国家政治却仍不进行整治。这三条，正是陈涉用来起事的资本，这就是所说的土崩。所以说天下最大的祸害在于土崩。

“什么叫‘瓦解’？吴、楚、齐、赵的举兵叛乱就是瓦解。七国之主图谋叛乱，他们都号称是拥有万辆战车的诸侯王，有数十万的军队，其威力足以控制封地全境，其财力足以奖励他属下的官吏民众。但是，他们却不能向西夺取国家一尺一寸的土地，反而在中原地区被俘虏，这是什么原因呢？并不是因为他们的权势比一个平民轻，也不是因为他们的兵力比陈涉弱。在那时，先帝的德政影响还没有衰减，而且安土乐俗的民众很多，所以诸侯得不到本人封地之外的援助，这就是所说的瓦解。所以说，天下最大的祸害不在于瓦解。

“这两个问题，是关系国家安危的关键，贤明的帝王对此是应该注意，并且认真观察的。

“近来，函谷关以东地区粮食连年歉收，年景没有恢复正常，民众大多穷困，再加上还要承担边境战争的负担，按照规律和常理来看，民众之中应该出现不安分守己的人了。不安分守己，就容易动乱；民众容易动乱，这就是土崩的局势。所以贤明的帝王只注意观察万物变化的根本原因，明了安危的关键，治理于朝廷之上，就能消除尚未完全形成的祸患，其要领不过是设法使天下没有土崩的局势罢了。”

奏书上呈汉武帝，汉武帝召见了他们三人，对他们说：“诸位原来都在何处，我

拜为郎中。主父偃尤亲幸，一岁中凡四迁，为中大夫。大臣畏其口，赂遗累千金。或谓偃曰："太横矣！"偃曰："吾生不五鼎食，死即五鼎烹耳！"

（以上为第八段，写汉武帝下令广求贤才，主父偃、严乐、徐安等人纷纷向汉武帝上书，献计献策，汉武帝及时召见，得到重用；主父偃一年中升了四次官。）

二年（甲寅，前 127 年）

冬，赐淮南王几杖，毋朝。

主父偃说上曰："古者诸侯不过百里，强弱之形易制。今诸侯或连城数十，地方千里，缓则骄奢，易为淫乱，急则阻其强而合从以逆京师。以法割削之，则逆节萌起，前日晁错是也。今诸侯子弟或十数，而适嗣代立，余虽骨肉，无尺地之封，则仁孝之道不宣。愿陛下令诸侯得推恩分子弟，以地侯之，彼人人喜得所愿。上以德施，实分其国，不削而稍弱矣。"上从之。

春，正月，诏曰："诸侯王或欲推私恩分子弟邑者，令各条上，朕且临定其号名。"于是藩国始分，而子弟毕侯矣。

匈奴入上谷、渔阳，杀略吏民千余人。遣卫青、李息出云中以西至陇西，击胡之楼烦、白羊王于河南，得胡首虏数千，牛羊百余万，走白羊、楼烦王，遂取河南地。诏封青为长平侯，青校尉苏建、张次公皆有功，封建为平陵侯，次公为岸头侯。

主父偃言："河南地肥饶，外阻河，蒙恬城之以逐匈奴，内省转输戍漕，广中国，灭胡之本也。"上下公卿议，皆言不便。上竟用偃计，立朔方郡，使苏建兴十余万人筑朔方城，复缮故秦时蒙恬所为塞，因河为固。转漕甚远，自山东咸被其劳，费数十百巨万，府库并虚；汉亦弃上谷之斗辟县造阳地以予胡。

们为什么相见得这样晚？”汉武帝都把他们任命为郎中。主父偃更受汉武帝宠信，一年之内共升了四次官，担任了中大夫。大臣们都害怕主父偃，贿赂赠送他的财物总计有千金。有人对主父偃说：“您太蛮横了！”主父偃说：“我如果活着享受不到列五鼎进餐的贵人生活，死时就受五鼎烹煮的酷刑好了！”

汉武帝元朔二年（甲寅，前127年）

冬季，汉武帝赏赐淮南王刘安几案和手杖，恩准他不必来京朝见。

主父偃劝说汉武帝道：“古代诸侯的封地不超过方圆百里，朝廷强、地方弱的这种格局，容易控制。现在的诸侯有的连城数十座，封地方圆千里，朝廷控制较宽时，他们就骄横奢侈，容易做出淫乱的事情，朝廷控制一紧时，他们就会凭借自身的强大而联合起来反叛朝廷；如果用法令来分割削弱他们，就会产生叛乱的苗头。以前晁错推行削藩政策而导致吴楚七国叛乱，就是这种情况。现在诸侯王的子弟有的多达十几人，而只有嫡长子继承王位，其他人虽然也是诸侯王的亲生骨肉，却不能享有一尺的封地，这就使得仁孝之道不明显了。希望皇上命令诸侯王可以把朝廷给他的恩惠推广到其他子弟的身上，用本封国的土地封他们做侯，他们人人都为得到了希望得到的东西而欢喜；皇上用的是推行恩德的方法，实际上却分割了诸侯的封国领地，朝廷没有采用削夺的政策，而王国却逐渐衰弱了。”汉武帝听从了他的意见。

春季，正月，汉武帝下令说：“诸侯王中有想推广自己所享受的恩惠，分封领地给子弟的，命令各自一一奏报，我准备亲自给他们确定封邑的名号。”从此之后，诸侯王国开始被分割，而诸侯王的子弟们都成了侯了。

匈奴入侵上谷郡、渔阳郡，杀害和掳掠官吏民众一千多人。汉武帝派遣卫青、李息从云中郡出击，向西一直打到陇西，在黄河以南进攻匈奴的楼烦王和白羊王，获得匈奴首级和俘虏数千，夺得牛羊一百多万头，赶走了白羊王和楼烦王，于是，就夺取了黄河以南地区。汉武帝下令封卫青为长平侯。卫青的校尉苏建和张次公，都立了军功，汉武帝封苏建为平陵侯，封张次公为岸头侯。

主父偃说：“黄河以南地区，土地肥沃富饶，对外有黄河天险为屏障，蒙恬当年在此地修筑城池以驱逐匈奴，对内节省了转运输送屯戍漕运的人力物力，又扩大了中国的疆域，这是消灭匈奴的根本方法。”汉武帝把他的意见交给公卿大臣讨论，大家都说不便利。汉武帝终究还是采用了主父偃的计谋，设置了朔方郡，派遣苏建征调十多万民工修筑朔方城，又修缮原秦朝蒙恬所建造的要塞，利用黄河天险作屏障。水陆运输的路程十分遥远，自崤山以东的地区，民众都蒙受运输的劳苦，耗资高达数十百万万，钱府粮库被支付一空。汉朝还放弃了上谷郡所辖的与匈奴犬牙交错的

三月，乙亥晦，日有食之。

夏，募民徙朔方十万口。

主父偃说上曰：“茂陵初立，天下豪杰，并兼之家，乱众之民，皆可徙茂陵；内实京师，外销奸猾，此所谓不诛而害除。”上从之，徙郡国豪杰及訾三百万以上于茂陵。

轵人郭解，关东大侠也，亦在徙中。卫将军为言：“郭解家贫，不中徙。”上曰：“解，布衣，权至使将军为言，此其家不贫。”卒徙解家。解平生睚眦杀人甚众，上闻之，下吏捕治解，所杀皆在赦前。轵有儒生侍使者坐，客誉郭解，生曰：“解专以奸犯公法，何谓贤！”解客闻，杀此生，断其舌。吏以此责解，解实不知杀者，杀者亦绝莫知为谁。吏奏解无罪，公孙弘议曰：“解，布衣，为任侠行权，以睚眦杀人。解虽弗知，此罪甚于解杀之。当大逆无道。”遂族郭解。

（以上为第九段，写主父偃向汉武帝献策，提出“推恩分子弟”，削弱诸侯王力量；提出迁移山东的豪强大户充实茂陵，均被采纳与实施。游侠郭解行侠弄权，也被迁移，因手下杀人，被处灭族。）

班固曰：古者天子建国，诸侯立家，自卿大夫以至于庶人，各有等差，是以民服事其上而下无觊觎。周室既微，礼乐、征伐自诸侯出。桓、文之后，大夫世权，陪臣执命。陵夷至于战国，合从连衡，繇是列国公子，魏有信陵，赵有平原，齐有孟尝，楚有春申，皆藉王公之势，竞为游侠，鸡鸣狗盗，无不宾礼。而赵相虞卿，弃国捐君，以周穷交魏齐之厄；信陵无忌，窃符矫命，戮将专师，以赴平原之急；皆以取重诸侯，显名天下，扼腕而游谈者，以四豪为称首。于是背公死党之议成，守职奉上之义废矣。及至汉兴，禁网疏阔，未知匡改也。是故代相陈豨从车千乘，而吴濞、淮南皆招宾客以千数。外戚大臣魏其、武安之属竞逐于京师，布衣游侠剧孟、郭解之徒驰骛于闾阎、权行州域。力折公侯，众庶荣其名迹，觊而慕之。虽其陷于刑辟，自与杀身成名，若季路、仇牧，死而不悔。故曾子曰：“上失其道，民散久矣。”非明主在上，示之以好恶，齐之以礼法，民曷由知禁而反正乎！古之正法：五伯，三王之罪人也；而六国，五伯之罪人也。夫四豪者，又六国之罪人也。况于郭解之

僻远地方造阳县给了匈奴。

三月三十日乙亥晦，发生日食。

夏季，朝廷招募了十万民众迁居朔方郡。

主父偃对汉武帝说："茂陵邑刚刚设立，天下有名的豪强人物、兼并他人的富家大户、鼓励大众动乱的人，都可以迁移到茂陵邑居住，这样对内充实了京师，对外消除了奸邪势力，这就是所说的不用诛杀就消除了祸害。"汉武帝听从了他的意见，迁移各郡国的豪强人物和财产超过三百万钱以上的富户到茂陵邑居住。

轵县人郭解，是函谷关以东地区的著名侠士，也在被迁居之列。将军卫青替郭解说好话："郭解家中贫困，不合迁移的标准。"汉武帝说："郭解是平民，他的权势大到使将军替他说情，这证明他家不穷。"终究迁居了郭解全家。郭解平生因被人瞪视之类的小事杀了许多人，汉武帝听说了，就下令司法官吏逮捕郭解，立案审查，审查的结果说明，郭解所犯的罪都在颁布赦令之前。轵县有位儒生陪侍前来审案的使者，座中客人赞扬郭解，儒生就说："郭解专门以奸邪触犯国法，怎么能说他贤能！"郭解的门客听了这话，就杀死了这个儒生，并割去了他的舌头。审案官吏用这件事来责问郭解，郭解确实不知道是谁杀的人，杀人凶手到最后也没有查清是谁。官吏向汉武帝奏报郭解无罪，公孙弘议论说："郭解只是一个平民，做行侠弄权的事情，看谁不顺眼就随意杀掉。轵县儒生的被杀，郭解虽然不知情，但这个罪比郭解亲手杀人还要大，应按大逆无道的罪名判决论罪。"于是，就把郭解灭族。

班固评论说：古时候，天子封立诸侯之国，诸侯封立大夫之家，从卿大夫直到平民民众，各有等级。由于这个原因，所以民众诚心侍奉他们的上司，而臣下没有觊觎篡夺之心。周王室衰微之后，礼乐制度和征伐命令从诸侯发出，到齐桓公、晋文公之后，大夫世代掌握国家权力，又发展到大夫的家臣执掌一国政令。逐渐发展到战国，出现了合纵连横，于是列国的公子，魏国有信陵君，赵国有平原君，齐国有孟尝君，楚国有春申君，他们都凭借王公的权势，争着延揽游侠，连鸡鸣狗盗之徒都受到嘉宾的礼待。赵国的相虞卿，抛弃了国家和帝王，去解救走投无路的朋友魏齐的厄运；信陵君魏无忌，偷盗兵符假传王命，杀害将领控制军队，用来解救平原君的危急；他们都因此增加了在诸侯中的影响，向天下人炫耀了名声，扼腕游说的人，把这四位豪杰当作最值得称道的人。于是，就形成了背叛国家而为私交献身的社会舆论，遵守职责侍奉帝王的道义就被废弃了。等到汉朝建国，法网不严密，不知道改正这种弊端。所以代国的丞相陈豨用千辆车子做随从队伍，而吴王刘濞、淮南王刘安都召集宾客数以千计；外戚大臣魏其侯窦婴、武安侯田蚡之类的人，在京师争权夺利，平民游侠剧孟、郭解之流，横行于乡里，称霸一方，其势力可折辱公卿王

伦，以匹夫之细，窃杀生之权，其罪已不容于诛矣。观其温良泛爱，振穷周急，谦退不伐，亦皆有绝异之姿。惜乎，不入于道德，苟放纵于末流，杀身亡宗，非不幸也。

荀悦论曰：世有三游，德之贼也：一曰游侠，二曰游说，三曰游行。立气势，作威福，结私交以立强于世者，谓之游侠；饰辩辞，设诈谋，驰逐于天下以要时势者，谓之游说；色取仁以合时好，连党类，立虚誉以为权利者，谓之游行。此三者，乱之所由生也；伤道害德，败法惑世，先王之所慎也。国有四民，各修其业。不由四民之业者，谓之奸民。奸民不生，王道乃成。

凡此三游之作，生于季世，周、秦之末尤甚焉。上不明，下不正，制度不立，纲纪弛废；以毁誉为荣辱，不核其真；以爱憎为利害，不论其实；以喜怒为赏罚，不察其理。上下相冒，万事乖错，是以言论者计薄厚而吐辞，选举者度亲疏而举笔，善恶谬于众声，功罪乱于王法。然则利不可以义求，害不可以道避也。是以君子犯礼，小人犯法，奔走驰骋，越职僭度，饰华废实，竞趣时利。简父兄之尊而崇宾客之礼，薄骨肉之恩而笃朋友之爱，忘修身之道而求众人之誉，割衣食之业以供飨宴之好，苞苴盈于门庭，聘问交于道路，书记繁于公文，私务众于官事，于是流俗成而正道坏矣。

侯，众多的民众都觉得这些人的名声事迹很光荣，向往羡慕他们。民众即便是犯罪而陷入死地，自己却以杀身成名而引以为豪，就好像当年的季路、仇牧一样，到死也不后悔。所以曾子说："帝王丧失原则，民众离心离德已有很长时间了。"如果没有贤明的帝王在上，告知民众什么行为是该受到表彰的，什么行为是应该摈弃的，并且用礼义法度去约束他们，那些民众怎么能知道什么是违犯禁令的行为，从而改邪归正呢？按照古代的公正法则：春秋时期的五霸，是三代圣王的罪人；而战国时期争雄的六国，是五霸的罪人；至于说到信陵君等四豪，又是六国的罪人。更何况像郭解之流的人，只不过是个渺小的平民，却窃取生杀大权，他的罪恶已到了非杀不可的地步了。再看郭解的温良博爱，接济穷困，解救急难，谦虚退让而不自夸，也都不同凡响。可惜啊，像郭解这般人物，不按照道德规范行事，却在行侠这种社会末流中苟且放纵，最后自己身死，全族被杀，这并非是不幸啊！

荀悦评论说：世上有"三游"，是破坏道德的奸贼：一是游侠，二是游说，三是游行。树立名气声望，作威作福，结交私人党羽，用来称强于世的，称为游侠；修饰辩辞，设置诡计诈谋，周游天下以操纵时势的，称为游说；和颜悦色，以此迎合当世帝王的喜好，结连党羽，扩大虚名以谋取权利，这样的人，称作游行。这三类人，都是产生祸乱的根源。他们伤害道德，败坏法度，迷惑民心，所以，先王慎重对待。国家有士、农、工、商四种民众，各自从事自己的职业。凡是不从事这种种职业的人，称为奸民。没有奸民，王道政治就实现了。

这些"三游"的形成，都出现在末世，周、秦两代的末世尤为严重。君上不明，臣下不正，制度不立，法纪废弛，把社会舆论的褒贬作为尊荣或困辱的依据，不去核实这些舆论的真假；根据好恶来决定利害关系，不考虑是否属实；根据喜怒决定奖赏或惩罚，不去分析其中的道理。上下相互冒犯，万事全都混乱错误。因此，发表评论的人，看对方与自己交情的厚薄来决定怎样张口说话；负有推荐官员职责的人，估量对方和自己关系的亲疏而用笔写出推荐评语；善与恶的区分，错误地受众人评价的制约；功与罪的判定，也和国法的规定相矛盾。像这样的话，就不可以不遵循道义去谋求利益，也不能牺牲道义去避开祸害。所以，君子违背礼义，小人触犯法律，奔走游说，越职侵权，破坏法度，追求浮华，摈弃实质，争着追求一时之利。怠慢尊奉父兄的大义，而重视对待宾客的礼节，减少骨肉之间的亲恩，而加重朋友之间的情谊，忘记了自己修养的原则，而追求众人的赞誉，损伤衣食来源的农桑本业，用来满足盛宴豪饮的欲望，馈赠礼物的人挤满了门庭，探访问候的人在道路上随处可见，私

是以圣王在上，经国序民，正其制度；善恶要于功罪而不淫于毁誉，听其言而责其事，举其名而指其实。故实不应其声者谓之虚，情不覆其貌者谓之伪，毁誉失其真者谓之诬，言事失其类者谓之罔。虚伪之行不得设，诬罔之辞不得行，有罪恶者无侥幸，无罪过者不忧惧，请谒无所行，货赂无所用，息华文，去浮辞，禁伪辩，绝淫智，放百家之纷乱，壹圣人之至道，养之以仁惠，文之以礼乐，则风俗定而大化成矣。

（以上为第十段，引班固、荀悦两条借论，批评末世产生的游侠与游士宾客在统一盛世的社会中扰乱世风，应予杜绝。）

燕王定国与父康王姬奸，夺弟妻为姬，杀肥如令郢人。郢人兄弟上书告之，主父偃从中发其事。公卿请诛定国，上许之。定国自杀，国除。

齐厉王次昌亦与其姊纪翁主通。主父偃欲纳其女于齐王，齐纪太后不许。偃因言于上曰：“齐临淄十万户，市租千金，人众殷富，巨于长安，非天子亲弟、爱子，不得王此。今齐王于亲属益疏，又闻与其姊乱，请治之！”

于是帝拜偃为齐相，且正其事。偃至齐，急治王后宫宦者，辞及王；王惧，饮药自杀。偃少时游齐及燕、赵，及贵，连败燕、齐。赵王彭祖惧，上书告主父偃受诸侯金，以故诸侯子弟多以得封者。及齐王自杀，上闻，大怒，以为偃劫其王令自杀，乃征下吏。偃服受诸侯金，实不劫王令自杀。

上欲勿诛，公孙弘曰：“齐王自杀，无后，国除为郡入汉，主父偃本首恶。陛下不诛偃，无以谢天下。”乃遂族主父偃。

张欧免，上欲以蓼侯孔臧为御史大夫。臧辞曰：“臣世以经学为业，

人交往的书信比官府公文繁忙，处理的私事比官府公事还多，于是，流俗形成，而正道却衰败了。

所以，圣明的帝王在位时，治理国家，整顿民众，严明有关制度；善与恶的区分主要取决于是立功还是犯罪，而不受舆论毁誉的惑乱，听其言还得责求行事，举出名还要指出其实。所以，名不副实的称之为“虚”，表里不一的称之为“伪”，毁誉不符合实际的称之为“诬”，议论事情丧失原则的称之为“罔”。虚伪的行为不许出现，诬罔的言论不得流行，有罪恶的人不能侥幸逃避惩罚，没有罪恶过失的人不必担忧恐惧，私人请托处处碰壁，贿赂无人接受，抛弃浮华虚文，淘汰虚言巧语，禁止强词夺理，杜绝不正当的智谋，斥退百家之学的纷乱，统一于圣人的最高道术，用仁爱恩惠来教育民众，再用礼乐制度加以修饰，就会风俗稳定而达到天下大治了。

燕王刘定国与他父亲康王的姬妾奸通，又夺走了他弟弟的妻子做姬妾。他杀了肥如县的县令郢人，郢人的兄弟上书朝廷告发了他的恶行，主父偃从中朝把这份弹劾文书转给外朝大臣。公卿议罪，请求汉武帝诛杀刘定国，汉武帝批准了。刘定国自杀，封国被废除。

齐厉王刘次昌也与他姐姐纪翁主私通。主父偃想把女儿嫁给齐王，齐王的母亲纪太后不同意。主父偃就趁机对汉武帝刘彻说：“齐都临淄是有十万户居民的大都会，市井商税高达千金，人口众多而且地方富裕，超过长安，不是天子的亲弟和得宠的儿子，不得在此地为王。现在的齐王和皇上的血亲关系越发疏远了，又听说他和他姐姐通奸乱伦，请求查处齐王！”

于是，汉武帝就任命主父偃担任齐国的国相，并且负责审查齐王的问题。主父偃一到齐国，就立即捕审齐王后宫中的宦官，供词牵连到齐王刘次昌；齐王害怕了，喝毒药自杀。主父偃年轻时曾游历齐和燕、赵三国之地，等到他身居高位，接连毁灭了燕、齐两国，赵王刘彭祖害怕自己成为主父偃的下一个迫害的目标，就上书给汉武帝，告发主父偃接受诸侯贿赂的金钱，由于这个原因诸侯王的子弟大多得以封侯。等到汉武帝得知齐王自杀的消息，勃然大怒，认为是主父偃劫持齐王迫使他自杀，就把主父偃召回，逮捕下狱。主父偃承认他接受诸侯金钱贿赂，但实在没有强迫齐王自杀。

汉武帝想不杀主父偃，公孙弘说：“齐王自杀，没有后代继承，封国被废除改设为郡，领地归属朝廷。这件灭人之国的恶事，主父偃是罪魁。皇上如果不杀主父偃，就没有办法向天下人谢罪道歉。”于是，汉武帝就把主父偃灭族。

张欧被罢免，汉武帝想任命蓼侯孔臧继任御史大夫。孔臧辞谢说：“我家中世代

乞为太常，典臣家业，与从弟侍中安国纲纪古训，使永垂来嗣。”上乃以臧为太常，其礼赐如三公。

（以上为第十一段，写谋臣主父偃对查处诸侯王的犯罪行为不遗余力，在告发燕王刘定国的弹劾文书上发力，燕王自杀；到齐国查究齐王刘次昌的罪行，齐王自杀；赵王刘彭祖诬告主父偃，主父偃被灭族。）

三年（乙卯，前126年）

冬，匈奴军臣单于死，其弟左谷蠡王伊稚斜自立为单于，攻破军臣单于太子於单，於单亡降汉。

以公孙弘为御史大夫。是时，方通西南夷，东置苍海，北筑朔方之郡。公孙弘数谏，以为罢敝中国以奉无用之地，愿罢之。天子使朱买臣等难以置朔方之便；发十策，弘不得一。弘乃谢曰：“山东鄙人，不知其便若是，愿罢西南夷、苍海而专奉朔方。”上乃许之，春，罢苍海郡。

弘为布被，食不重肉。汲黯曰：“弘位在三公，奉禄甚多；然为布被，此诈也。”上问弘，弘谢曰：“有之。夫九卿与臣善者无过黯，然今日廷诘弘，诚中弘之病。夫以三公为布被，与小吏无差，诚饰诈，欲以钓名，如汲黯言。且无汲黯忠，陛下安得闻此言！”天子以为谦让，愈益尊之。

三月，赦天下。

夏，四月，丙子，封匈奴太子於单为涉安侯，数月而卒。

初，匈奴降者言：“月氏故居敦煌、祁连间，为强国，匈奴冒顿攻破之。老上单于杀月氏王，以其头为饮器。余众遁逃远去，怨匈奴，无与共击之。”上募能通使月氏者，汉中张骞以郎应募，出陇西，径匈奴中；单于得之，留骞十余岁。骞得间亡，乡月氏西走，数十日，至大宛。大宛闻汉之饶财，欲通不得，见骞，喜，为发导译抵康居，传致大月氏。大月氏太子为王，既击大夏，分其地而居之，地肥饶，少寇，殊无报胡之心。骞留岁余，竟不能得月氏要领，乃还；并南山，欲从羌中归，复

以传习经学为业，请任命我担任太常，典掌我家世传的职业，与堂弟、侍中孔安国一道总结、归纳古人训诫，使儒学永传后世。”汉武帝就任命孔臧为太常，对他的礼仪赏赐如同三公一样。

汉武帝元朔二年（乙卯，前126年）

冬季，匈奴军臣单于死，他的弟弟左谷蠡王伊稚斜自立为单于，进攻并打败了军臣单于的太子於单，於单逃到汉朝来归降。

汉武帝任命公孙弘为御史大夫。这时，朝廷正开通西南夷，在东方设置苍海郡，在北方修筑朔方郡的郡城。公孙弘多次进谏，认为以中原地区疲惫不堪为代价，去供奉那些无用之地，得不偿失，请求废止这些举动。汉武帝让朱买臣等人就设置朔方郡的便利，对公孙弘进行反驳，提出了十个问题，公孙弘连一个也回答不了。公孙弘就表示请罪，说：“我是崤山以东的乡野之人，不知道设置朔方郡有这么多的好处，请求废止对西南夷、苍海地区的经营而集中力量经营朔方郡。”汉武帝同意了他的请求。春季，罢废了苍海郡的建置。

公孙弘用麻布做被子，一顿饭不摆设两种肉菜。汲黯说：“公孙弘高居三公之位，朝廷给他的俸禄很多，但是他用布做被子，这是骗人的把戏。”汉武帝刘彻就此询问公孙弘，公孙弘谢罪说：“确有其事。说到九卿当中与我关系好的，没有人超过汲黯了，可是今天他在朝廷之上质问我，确实切中我的问题。说到以三公的显赫富贵，而制作布被，与小官吏没有区别，这确实是我矫饰做作，想借此沽名钓誉，正像汲黯所说的那样。况且，如果没有汲黯的忠直，皇上怎么能听到这些话！”汉武帝认为公孙弘谦让，越发尊重他。

三月，汉朝实行大赦。

夏季，四月初七丙子，汉武帝封匈奴太子於单为涉安侯，过了几个月，於单就死了。

起初，匈奴归降朝廷的人说：“月氏原来居住在敦煌和祁连山之间，是一个强国，匈奴冒顿单于攻破了它。老上单于杀了月氏王，把他的头骨做成了饮酒的器皿。其余的月氏部众逃走到远方，怨恨匈奴，但没有人与他们联合去进攻匈奴。”汉武帝就招募能出使月氏的人。汉中人张骞以郎官的身份应募，从陇西郡出发，直接进入匈奴的腹地。匈奴单于捉住了张骞，把他拘留了十多年。张骞得到机会逃脱，向着月氏所在的西方走去，过了数十日，到达大宛。大宛早就听说汉朝富有，想通使结好，却不能实现，见到张骞，十分高兴，替他安排了向导和翻译，抵达康居，再

为匈奴所得，留岁余。会伊稚斜逐於单，匈奴国内乱，骞乃与堂邑氏奴甘父逃归。上拜骞为太中大夫，甘父为奉使君。骞初行时百余人，去十三岁，唯二人得还。

匈奴数万骑入塞，杀代郡太守恭，及略千余人。

六月，庚午，皇太后崩。

秋，罢西夷，独置南夷、夜郎两县、一都尉，稍令犍为自葆就，专力城朔方。

匈奴又入雁门，杀略千余人。

是岁，中大夫张汤为廷尉。汤为人多诈，舞智以御人。时上方乡文学，汤阳浮慕，事董仲舒、公孙弘等。以千乘兒宽为奏谳掾，以古法义决疑狱。所治，即上意所欲罪，与监、史深祸者；即上意所欲释，与监、史轻平者；上由是悦之。汤于故人子弟调护之尤厚；其造请诸公，不避寒暑。是以汤虽文深、意忌、不专平，然得此声誉。

汲黯数质责汤于上前曰："公为正卿，上不能褒先帝之功业，下不能抑天下之邪心，安国富民，使囹圄空虚，何空取高皇帝约束纷更之为！而公以此无种矣。"黯时与汤论议，汤辩常在文深小苛；黯伉厉守高，不能屈，忿发，骂曰："天下谓刀笔吏不可以为公卿，果然！必汤也，令天下重足而立，侧目而视矣！"

四年（丙辰，前125年）

冬，上行幸甘泉。

夏，匈奴入代郡、定襄、上郡，各三万骑，杀略数千人。

（以上为第十二段，写前126年至前125年两年史事，写汉武帝重用公孙弘，公孙弘提倡节俭；张骞出使西域，历尽艰辛，十三年而回；重用张汤，张汤看汉武帝脸色行事，受到汲黯多次责问。）

转送到大月氏。大月氏原来的太子做了国王，进攻大夏之后，分割了大夏的土地而安居下来，当地土地肥沃富饶，很少有外敌入侵，已经没有丝毫向匈奴复仇的打算了。张骞滞留了一年多，终究没能得到月氏人的回应，只好启程回国，沿着南山走，想通过羌人的居住地返归，又被匈奴人捉住了，拘留了一年多。正逢伊雅斜驱逐於单，匈奴内乱，张骞就和堂邑氏的奴隶甘父逃脱归来。汉武帝任命张骞为太中大夫，甘父为奉使君。张骞当初出发时有一百多人，离开汉朝十三年，只有他们二人得以生还。

匈奴的几万骑兵越过边界，攻杀代郡太守恭，还掳掠了一千多人。

六月初二庚午，皇太后去世。

秋季，朝廷罢废了在西夷地区的建置，只设了南夷、夜郎两县和一个都尉，随后令犍为郡自行保全并完善地方建置，以便朝廷集中力量修筑朔方郡的郡城。

匈奴再次入侵雁门郡，杀害和掳掠一千多人。

这一年，中大夫张汤出任廷尉。张汤为人十分狡诈，玩弄巧智驾驭他人。当时，汉武帝刘彻正倾心儒学，张汤就假装敬慕儒家大师的样子，尊重董仲舒、公孙弘等人；他任用千乘人宽担任审案官，用古代的法令和经义判决疑难案件。张汤审判案件的手法是：假如是皇上想加罪处治的人，就把他交给那些执法严苛的监、史审判；如果是皇上想要从宽解脱的人，就把他交给执法轻平的监、史审判。汉武帝因此对他很满意。张汤对于老朋友的子弟，照顾得特别周到；他去诸公重臣家中问候请安，不避严寒酷暑。所以，张汤虽然执法严苛、心怀妒忌，断狱不公平，却博得了好名声。

汲黯多次在汉武帝面前质问、责备张汤，说：“您身为正卿，上不能褒扬先帝的功业，下不能抑制天下民众的邪心，使国家安定，民众富裕，监狱空虚，为什么却只知把高皇帝所定的律令胡乱变更？而且您将会因此而断子绝孙了。”汲黯经常与张汤争辩，张汤的言论在紧扣律令条文，在细枝末节上严厉苛求，汲黯伉直严峻，坚守高沿的原则，却不能驳倒张汤，愤极发怒，大骂张汤说：“天下人都说刀笔吏不能做公卿，果然如此！如果一切都按照张汤的主张去做，将使天下人陷入重足而立、侧目而视的恐惧之中了！”

汉武帝元朔四年（丙辰，前 125 年）

冬季，汉武帝前往甘泉。

夏季，匈奴三万骑兵分别入侵代郡、定襄郡和上郡，杀害和掳掠了数千人。

【点评】

论主父偃。主父偃，是汉武帝时代的一个传奇人物。他具有喜剧色彩，也是一个悲剧人物，折射了当时知识分子的一些典型特征，一般论者都被他的“五鼎”之说所迷惑，对他予以否定，其实误矣。

首先，主父偃具有奋发向上、不屈不挠的顽强意志。他出身寒门，从小喜欢读书，什么书都读，早年学长短纵横之术，后学《易》《春秋》和百家之言。他满腹经纶，志欲学成文武之艺，货与帝王家。他自以为学艺已成，就出来“跑江湖”，可是处处碰壁，弄得灰头土脸。他到了齐国，受到儒生的排挤，家里贫穷，没有人肯借钱给他；转而北游燕、赵等诸侯王国，人家也不喜欢他。但他越挫越勇，就到长安去！他去求见卫将军，卫将军几次向汉武帝推荐，汉武帝都没有理会。主父偃身上没有钱了，诸公宾客也都讨厌他，他穷困潦倒，几乎活不下去了。这时候，他没有灰心丧气，也没有一蹶不振，直接向汉武帝上书！这下，他打开了仕途大门。主父偃是当时寒门士子的一个缩影，朱买臣、庄助、司马相如，年轻时也大都如此，都有着一颗不屈的心和奋发向上的情怀，这是多么的难能可贵！

其次，主父偃关心时事，心中充满着治国的大学问。他向汉武帝上书，所言九事，其八事为律令，一事为谏伐匈奴。这说明，主父偃对于治国有着很多的主张和“闪光点”。司马迁只转录了他的“谏伐匈奴”一事，从中看出，他是不主张攻打匈奴的，这与汉武帝的想法是相矛盾的。但是，汉武帝非常欣赏他的才能，让他和徐乐、严安一起觐见。汉武帝脱口说了这么一句话：“公等皆安在，何相见之晚也！”汉武帝被他们的才华所折服，也表达了求贤若渴的情怀，将他们都任为郎中。而主父偃一年中四次升迁，由郎中升为中大夫。这说明汉武帝对主父偃特别看重，也说明主父偃具有治国才华。

事实也正是如此，主父偃提出“推恩分子弟”的建议，被汉武帝采纳，妥善解决了诸侯王尾大不掉而造反的问题。主父偃建议迁移山东豪富到茂陵，既充实京师，又使山东地区得到稳定，也被汉武帝采纳而实施。主父偃还盛言朔方的土地肥饶，外有黄河屏障，内省转输戍漕，是灭胡之本，建议筑城守卫。汉武帝将这个建议交给朝廷大臣讨论，大臣们都认为不妥，公孙弘也提出反对意见，而汉武帝则独具慧眼，既识人，又识计，“竟用偃计，立朔方郡”。可以说，主父偃对于汉武帝的治国，发挥了极大作用。

第三，主父偃揭发燕王刘定国，审理齐王刘次昌乱伦案件，不畏宗室权贵，秉公执法，最终将燕王绳之以法，导致齐王畏罪自杀，表现出一种大无畏的精神。同时释放了自己的一腔怨气，但也种下了灭族的隐患。主父偃年轻时受了太多的磨难，如今飞黄腾达，他要讨旧账了。首先是燕国，当年主父偃流落到燕国，无人问津，

而如今，燕王栽到他的手上了。燕王刘定国在治理燕国期间，行为有失检点，违背伦理道德。主父偃查实了燕王种种伤风败俗的行为，马上向汉武帝告状，揭发燕王的罪行。汉武帝听后勃然大怒，派主父偃主持审问。在确凿的证据面前，燕王对自己的所作所为供认不讳，见无路可退，最后自杀了。而后又轮到齐国，主父偃掌握了齐王刘次昌乱伦之事，狠狠地在汉武帝面前参了一本，揭发了齐王与亲姐姐乱伦通奸的罪行。汉武帝十分恼怒，任命主父偃为齐国国相，要他去主持审理此事。主父偃一到齐国，就迅速审讯齐王后宫之人，一心要弄个水落石出。齐王年纪轻，经不起事，畏罪服毒自杀。齐国被撤销了，变成了汉朝直接管辖的郡县。

主父偃一朝发迹，便口无遮拦，得意忘形，最终惨遭灭门之祸。他高调做事，得罪了很多人，有人劝主父偃说，你这样行事，太横了，别人看了不顺眼，凡事要低调。而主父偃却不以为然，说："大丈夫活着，如果不能列五鼎而食，那么，死时就受五鼎烹煮的刑罚。我已经到了日暮途穷的时候，所以要倒行逆施，横暴行事，怎么也停不下来了。"这和当年伍子胥所说的话如出一辙。最后也真应验了。

齐王自杀后，赵王坐不住了，狠狠地参了主父偃一本，说他大量受贿，逼死齐王。汉武帝派人审查，受金是实有其事，逼死齐王则证据不足。汉武帝有意放主父偃一马，不想要主父偃的命。这时候，公孙弘乘机横插一杠子，说："齐王自杀，没有后代，封国被废除而变成郡，归入朝廷，主父偃是这件事情的罪魁祸首，皇上不杀主父偃，如何向天下人交代？"其实，公孙弘是借机公报私仇，铲除政敌。

对主父偃的一生如何评价，我们要进行辩证的思考。主父偃为人狭隘，在朝廷多处树敌，由此遭到朝廷重臣的忌恨，因贪污获罪被抓，最终死在公孙弘的弹劾之下。可以说，主父偃的死，完全是冤死，是封建王朝的政治牺牲品。他虽然受金无数，但也不至于是死罪甚至被族灭啊！而齐王畏罪自杀，这账怎么能算到主父偃的头上？总之，主父偃的一生行事，在总体上应予以肯定，而对于他的得意忘形，在行事中夹带私人恩怨，也是需要辩证看待的；"五鼎"之说，只是他的戏言，并不代表他的全部，他的治国才华以及对于巩固中央集权的重大贡献，不可一概抹杀。

汉纪十一

汉武帝元朔五年至元狩四年（前124—前119年）

【起强圉大荒落（丁巳，前124年），尽玄黓阉茂（壬戌，前119年），凡六年】

【大事提要】

本卷记事起前124年，讫前119年，凡六年，当汉武帝元朔五年至元狩四年。本卷所载大事，主要是以下几个方面。其一，漠南大捷。前124年，卫青率领大军出塞，乘夜包围了毫无防备的右贤王王庭，发起突然进攻，俘获其部众一万五千人，小王十多人，牲畜数十万头，汉军凯旋回至边塞，汉武帝派使者手捧印信赶到军中，在边塞拜卫青为大将军，又封其三个儿子为侯。其二，刘安谋反。淮南王刘安好读书鼓琴，善为文辞，注意抚慰百姓，名声很好。后来存有野心，认为汉武帝没有太子，欲争夺皇位，便与一帮谋士策划造反。伍被开始不肯，后被胁迫，为其策划。而后事情败露，刘安自杀，王后、太子等参与谋反的人被满门杀尽。其三，三出河西。前121年，汉武帝任命十九岁的霍去病为骠骑将军，于春、夏两次率兵出击占据河西地区的浑邪王、休屠王部，歼敌四万多人；秋季，霍去病奉命迎接率众降汉的匈奴浑邪王，及时控制变乱，使得四万多名将士归汉。汉朝从此控制了河西地区。其四，更钱铸币。汉朝对匈奴的战争牵动全国，为了集聚资财，汉武帝下令实行币制改革，制作白鹿皮币，铸造白金钱币，禁止民间私铸铁器和煮盐，实行算缗、告缗等方法，以筹集战争所需的大量物资；并重用张汤、孔仅、东郭咸阳、桑弘羊等兴利之臣。其五，漠北大战。前119年，汉武帝制定了集中兵力、深入漠北、寻歼匈奴主力的作战方针，调集十四万骑兵，随军战马十四万匹，步兵及转运夫十万人，由卫青和霍去病统帅，分东西两路进军，共斩获胡虏七万多人，从此，“匈奴远遁，漠南无王庭”。

【原文】

世宗孝武皇帝中之上

元朔五年（丁巳，前124年）

冬，十一月，乙丑，薛泽免。以公孙弘为丞相，封平津侯。丞相封侯自弘始。

时上方兴功业，弘于是开东阁以延贤人，与参谋议。每朝觐奏事，因言国家便宜，上亦使左右文学之臣与之论难。弘尝奏言："十贼彍弩，百吏不敢前。请禁民毋得挟弓弩，便。"上下其议。侍中吾丘寿王对曰："臣闻古者作五兵，非以相害，以禁暴讨邪也。秦兼天下，销甲兵，折锋刃；其后民以耰鉏、箠梃相挞击，犯法滋众，盗贼不胜，卒以乱亡。故圣王务教化而省禁防，知其不足恃也。《礼》曰：'男子生，桑弧、蓬矢以举之。'明示有事也。大射之礼，自天子降及庶人。三代之道也。愚闻圣王合射以明教矣，未闻弓矢之为禁也。且所为禁者，为盗贼之以攻夺也；攻夺之罪死，然而不止者，大奸之于重诛，固不避也。臣恐邪人挟之而吏不能止，良民以自备而抵法禁，是擅贼威而夺民救也。窃以为大不便。"书奏，上以难弘，弘诎服焉。

弘性意忌，外宽内深。诸尝与弘有隙，无近远，虽阳与善，后竟报其过。董仲舒为人廉直，以弘为从谀，弘嫉之。胶西王端骄恣，数犯法，所杀伤二千石甚众。弘乃荐仲舒为胶西相；仲舒以病免。汲黯常毁儒，面触弘，弘欲诛之以事，乃言上曰："右内史界部中多贵臣、宗室，难治，非素重臣不能任，请徙黯为右内史。"上从之。

春，大旱。

匈奴右贤王数侵扰朔方。天子令车骑将军青将三万骑出高阙，卫尉苏建为游击将军，左内史李沮为强弩将军，太仆公孙贺为骑将军，代相李蔡为轻车将军，皆领属车骑将军，俱出朔方；大行李息、岸头侯张次

【语译】

世宗孝武皇帝中之上

汉武帝元朔五年（丁巳，前124年）

冬季，十一月初五乙丑，汉武帝免除薛泽职务，任命公孙弘为丞相，封为平津侯。担任丞相而封侯，就是从公孙弘开始的。

当时，汉武帝正在大规模建功立业，于是，公孙弘开辟相府东门作为延揽人才的场所，与他们共同探讨国家大事。每当上朝奏事，便将于国家有益的见解奏闻朝廷，汉武帝也常常命身边的文学之臣与公孙弘进行辩论。公孙弘曾经上奏说："十个强盗拉满了弓，能使上百名官吏不敢向前。请下令禁止民众携带弓箭，以利于地方治安。"汉武帝将这个建议交朝臣讨论。侍中吾丘寿王表示反对，说道："我听说，古代人制造出五种兵器，并不是为了相互攻杀，而是用来制止暴力、诛讨邪恶。秦朝兼并天下，销毁兵甲，折断刀锋，后来，民众用农具、棍棒等相互攻击，犯法的人日益增多，盗贼防不胜防，终因大乱而亡。因此，圣明的帝王对民众以教育感化为主，而减少防范和禁令，知道那是靠不住的。《礼记》上说：'男孩诞生，用桑木制成的弓、蓬草杆制成的箭射击天地四方。'以表明男子事业所在。大射之礼，上自天子，下到民众，都要遵守，这是夏、商、周三代的传统。我听说，圣明的帝王用射礼教化百姓，没听说过禁止携带弓箭的。况且，禁止使用弓箭的目的，是为了防止盗贼用弓箭攻杀和劫掠。攻杀、劫掠是死罪，却不能禁绝，说明那些大奸大恶之徒对重刑并不退避。我恐怕坏人持弓箭害人而地方官吏不能禁止，民众却会因用弓箭自卫而触犯法律，这是助长坏人气焰而剥夺民众的自救手段。我认为这是很不妥当的。"奏章呈递上去，汉武帝以此诘问公孙弘，公孙弘无言答对。

公孙弘生性好猜忌，外表宽厚而内里心机很深。凡是曾经与他不合的人，不论关系远近，虽然公孙弘表面上装作友善，后来终究要予以报复。董仲舒为人清廉正直，认为公孙弘阿谀奉承，引起公孙弘的嫉恨。胶西王刘端骄横放纵，多次违犯法令，杀伤国中二千石官多人。于是，公孙弘推荐董仲舒为胶西国相，董仲舒因病而得免。汲黯经常诋毁儒生，当面触犯公孙弘，公孙弘想找借口将其杀死，便向汉武帝刘彻建议："右内史管辖的范围内居住着很多显贵的大臣、皇室子弟，难于治理，不是平素有威望的大臣不能胜任，请让汲黯改任右内史。"汉武帝听从了他的建议。

春季，汉朝发生严重旱灾。

匈奴右贤王多次率兵侵扰朔方郡。汉武帝任命车骑将军卫青率兵三万自高阙出塞，任命卫尉苏建为游击将军，左内史李沮为强弩将军，太仆公孙贺为骑将军，代相李蔡为轻车将军，他们都归车骑将军统属，一同率兵自朔方出塞；命大行李息、

公为将军，俱出右北平；凡十余万人，击匈奴。右贤王以为汉兵远，不能至，饮酒，醉。卫青等兵出塞六七百里，夜至，围右贤王。右贤王惊，夜逃，独与壮骑数百驰，溃围北去。得右贤裨王十余人，众男女万五千余人，畜数十百万，于是引兵而还。

至塞，天子使使者持大将军印，即军中拜卫青为大将军，诸将皆属焉。

夏，四月，乙未，复益封青八千七百户，封青三子伉、不疑、登皆为列侯。青固谢曰："臣幸得待罪行间，赖陛下神灵，军大捷，皆诸校尉力战之功也。陛下幸已益封臣青；臣青子在襁褓中，未有勤劳，上列地封为三侯，非臣待罪行间所以劝士力战之意也。"天子曰："我非忘诸校尉功也。"乃封护军都尉公孙敖为合骑侯，都尉韩说为龙额侯，公孙贺为南窌侯，李蔡为乐安侯，校尉李朔为涉轵侯，赵不虞为随成侯，公孙戎奴为从平侯，李沮、李息及校尉豆如意皆赐爵关内侯。

于是青尊宠，于群臣无二，公卿以下皆卑奉之，独汲黯与亢礼。人或说黯曰："自天子欲群臣下大将军，大将军尊重，君不可以不拜。"黯曰："夫以大将军有揖客，反不重邪！"大将军闻，愈贤黯，数请问国家朝廷所疑，遇黯加于平日。

大将军青虽贵，有时侍中，上踞厕而视之；丞相弘燕见，上或时不冠；至如汲黯见，上不冠不见也。上尝坐武帐中，黯前奏事，上不冠，望见黯，避帐中，使人可其奏。其见敬礼如此。

夏，六月，诏曰："盖闻导民以礼，风之以乐。今礼坏、乐崩，朕甚闵焉。其令礼官劝学兴礼以为天下先！"于是丞相弘等奏："请为博士官置弟子五十人，复其身；第其高下，以补郎中、文学、掌故；即有秀才异等，辄以名闻；其不事学若下材，辄罢之。又，吏通一艺以上者，请皆选择以补右职。"上从之。自此公卿、大夫、士、吏彬彬多文学之士矣。

秋，匈奴万骑入代，杀都尉朱英，略千余人。

岸头侯张次公为将军，一同自右北平出塞，共调集了十几万人出击匈奴。匈奴右贤王认为汉军距自己路途遥远，不可能到达，经常饮酒而醉，毫无戒备。卫青等率兵出边塞六七百里，乘夜赶到，将右贤王大营团团包围。右贤王大惊，乘夜而逃，只率领数百名精壮骑兵冲出包围圈向北逃奔。此战共俘获右贤王手下各部首领十多人，匈奴男女部众一万五千多人，牲畜近百万头，汉军于是班师回朝。

卫青率军回到边塞，汉武帝派使臣带着大将军印信来到，在军中拜任卫青为大将军，各路将领皆归卫青统领。

到该年夏季四月初八日乙未，又加封卫青食邑八千七百户，并将他的三个儿子卫伉、卫不疑、卫登都封为列侯。卫青坚决辞谢，说道："我有幸能够在军中效力，仰仗皇上的神灵，获得大胜，全都是诸位校尉奋力作战的功劳。皇上已经增加了我的封邑，我的儿子还在襁褓之中，没有功劳，皇上却要划出土地封他们三人为侯，这就不是我效力军中，鼓励将士奋力战斗的本意了。"汉武帝说："我并没有忘记诸位校尉的功劳。"于是，封护军都尉公孙敖为合骑侯，都尉韩说为龙頟侯，公孙贺为南窌侯，李蔡为乐安侯，校尉李朔为涉轵侯，赵不虞为随成侯，公孙戎奴为从平侯，李沮、李息及校尉豆如意都被封为关内侯。

当时，汉武帝对卫青的尊宠超过了任何一位朝廷大臣，三公、九卿及以下官员都对卫青卑身奉承，唯独汲黯用平等的礼节对待卫青。有人劝汲黯说："皇上想让群臣全都居于大将军之下，大将军地位尊贵，您不可以不下拜。"汲黯说："以大将军身份而有长揖不拜的平辈客人，大将军反而不是更尊贵了吗？"卫青得知，越发觉得汲黯贤明，多次向汲黯请教国家和朝廷的疑难大事，对待他比平日更为尊重。

卫青虽然地位尊贵，但有时入宫，汉武帝就坐在床边接见他；丞相公孙弘在汉武帝空闲时谒见，汉武帝有时连帽子都不戴；至于汲黯谒见时，汉武帝没戴上帽子就不接见。有一次，汉武帝正坐在陈列兵器的帐中，汲黯前来奏事，汉武帝当时没戴帽子，远远望见汲黯，急忙躲入后帐，派人传话，批准汲黯所奏之事。汲黯受到的尊重和礼敬就是这样的。

夏季，六月，汉武帝颁布命令说："据说，对民众应以礼引导，用乐教化。现在礼已败坏，乐已丧失，我非常忧虑。命令负责礼教的官员劝导百姓学习，振兴礼教，为天下要务！"于是，丞相公孙弘等上奏说："请为博士官设置弟子五十人，免除他们的赋税、徭役，排列品学的高低，分别派充郎中、文学、掌故等官。如有异常优秀者，则提名推荐；对那些不学无术的庸才，则予以罢免。再者，凡低级官员中有一种以上专长的，请全部选拔出来，以补充重要的岗位。"汉武帝采纳了公孙弘的建议，从此，公卿、大夫、士以及一般官吏，有学问的人越来越多。

秋季，一万多名匈奴骑兵侵入代郡，杀死都尉朱英，掳掠百姓一千多人。

（以上为第一段，写汉武帝任命公孙弘为丞相，封为平津侯，公孙弘注重延请贤才，建议设立博士官弟子；卫青率军出击匈奴，获得大胜，列将皆封侯。）

初，淮南王安，好读书属文，喜立名誉，招致宾客方术之士数千人。其群臣、宾客，多江、淮间轻薄士，常以厉王迁死感激安。建元六年，彗星见，或说王曰："先吴军时，彗星出，长数尺，然尚流血千里。今彗星竟天，天下兵当大起。"王心以为然，乃益治攻战具，积金钱。

郎中雷被获罪于太子迁，时有诏，欲从军者辄诣长安，被即愿奋击匈奴。太子恶被于王，斥免之，欲以禁后。是岁，被亡之长安，上书自明。事下廷尉治，踪迹连王，公卿请逮捕治王。太子迁谋令人衣卫士衣，持戟居王旁，汉使有非是者，即刺杀之，因发兵反。天子使中尉宏即讯王，王视中尉颜色和，遂不发。公卿奏："安壅阏奋击匈奴者，格明诏，当弃市。"诏削二县。既而安自伤曰："吾行仁义，反见削地。"耻之，于是为反谋益甚。

安与衡山王赐相责望，礼节间不相能。衡山王闻淮南王有反谋，恐为所并，亦结宾客为反具，以为淮南已西，欲发兵定江、淮之间而有之。衡山王后徐来谮太子爽于王，欲废之而立其弟孝。王囚太子而佩孝以王印，令招致宾客。宾客来者微知淮南、衡山有逆计，日夜从容劝之。王乃使孝客江都人枚赫、陈喜作辅车、锻矢，刻天子玺、将相军吏印。秋，衡山王当入朝，过淮南；淮南王乃昆弟语，除前隙，约束反具。衡山王即上书谢病，上赐书不朝。

（以上为第二段，写淮南王刘安喜欢读书、写文章，又爱沽名钓誉，广招宾客；宾客怂恿刘安起兵造反，刘安抓紧准备；又因雷被应征之事受到朝廷谴责，更加怀恨在心；并与衡山王刘赐联系，相约共叛朝廷。）

六年（戊午，前 123 年）

春，二月，大将军青出定襄，击匈奴。以合骑侯公孙敖为中将军，

当初，淮南王刘安喜欢读书写文章，又爱沽名钓誉，罗致四方宾客和各种技能之士数千人。他的臣僚、宾客，大多是江淮一带的轻薄之徒，常常用厉王刘长在流放途中死于非命一事刺激刘安。建元六年时，天空出现彗星，有人向刘安游说道："以前，吴王刘濞起兵时，彗星出现，长仅数尺，尚且流血千里。如今彗星贯穿天际，恐怕天下将有大规模的战事发生。"刘安认为说得有道理，就加紧制造进攻性的武器，聚积金钱财宝。

郎中雷被得罪了淮南王刘安的太子刘迁。此时，汉武帝正发布命令，让有志参军报国的人到长安来应征。于是，雷被表示愿意参军去攻打匈奴。但因刘迁在淮南王面前说了雷被的坏话，所以刘安将雷被斥责了一顿，并将其免职，以防止其他人效法。就在这一年，雷被逃到长安，上书朝廷说明自己的冤情。汉武帝将此事交给廷尉处理，因牵连到淮南王，公卿请求将刘安逮捕治罪。太子刘迁定计，让人身穿卫士服装，手持长戟站在淮南王身边，如果朝廷派来的使者如有不对的情况，则就立即将其刺杀，然后举兵反叛。汉武帝派中尉段宏到淮南王处询问有关情况，淮南王见段宏神色平和，于是没有发动。公卿大臣奏称："刘安拒绝有志奋击匈奴的壮士的请求，是犯了阻碍圣旨的大罪，应当众斩首。"汉武帝下令削减淮南国的两个县。事后，刘安自怨自艾说："我做仁义之事，反而被削减封地。"他以此为耻，于是谋反的准备越发加紧了。

淮南王刘安与衡山王刘赐在礼节方面相互指责，不能相容。刘赐听说刘安有反叛朝廷的打算，害怕被刘安吞并，便也结交宾客，置备武器，打算在淮南王西进以后，要发兵攻下长江、淮河之间的地区，并占有它们。衡山王王后徐来在刘赐面前诋毁太子刘爽，企图废掉刘爽，改立刘爽之弟刘孝为太子。刘赐囚禁了刘爽，将衡山王印信交给刘孝，命刘孝延揽宾客。前来投效的宾客们隐约了解到刘安、刘赐的谋反计划，便日夜劝刘赐起事。于是，刘赐命刘孝门下宾客江都人枚赫、陈喜造战车、锻箭矢，雕刻天子印玺和文武官员的印信。这年秋季，刘赐照例应入朝谒见皇帝，途经淮南国，刘安与他用亲兄弟的语言交谈，消除了已往的矛盾，约定共同反叛朝廷。于是，刘赐上书朝廷，借口有病，不肯入朝。汉武帝赐书信给他，允许他不来朝见。

汉武帝元朔六年（戊午，前123年）

春季，二月，大将军卫青率兵自定襄郡出塞北攻打匈奴，汉武帝命令合骑侯公

太仆公孙贺为左将军，翕侯赵信为前将军，卫尉苏建为右将军，郎中令李广为后将军，左内史李沮为强弩将军，咸属大将军。斩首数千级而还，休士马于定襄、云中、雁门。

赦天下。

夏，四月，卫青复将六将军出定襄，击匈奴，斩首虏万余人。右将军建、前将军信并军三千余骑独逢单于兵，与战一日余，汉兵且尽。信故胡小王，降汉，汉封为翕侯，及败，匈奴诱之，遂将其余骑可八百降匈奴。建尽亡其军，脱身亡，自归大将军。

议郎周霸曰："自大将军出，未尝斩裨将。今建弃军，可斩，以明将军之威。"军正闳、长史安曰："不然。《兵法》：'小敌之坚，大敌之禽也。'今建以数千当单于数万，力战一日余，士尽，不敢有二心，自归，而斩之，是示后无反意也，不当斩。"大将军曰："青幸得以肺腑待罪行间，不患无威，而霸说我以明威，甚失臣意。且使臣职虽当斩将，以臣之尊宠而不敢擅诛于境外，而具归天子，天子自裁之，于以见为人臣不敢专权，不亦可乎？"军吏皆曰："善！"遂囚建诣行在所。

初，平阳县吏霍仲孺给事平阳侯家，与青姊卫少儿私通，生霍去病。去病年十八，为侍中，善骑射，再从大将军击匈奴，为票姚校尉，与轻骑勇八百，直弃大军数百里赴利，斩捕首虏过当。于是天子曰："票姚校尉去病，斩首虏二千余级，得相国、当户，斩单于大父行藉若侯产，生捕季父罗姑，比再冠军，封去病为冠军侯。上谷太守郝贤四从大将军，捕斩首虏二千余级，封贤为众利侯。"

是岁，失两将军，亡翕侯，军功不多，故大将军不益封，止赐千金。右将军建至，天子不诛，赎为庶人。

单于既得翕侯，以为自次王，用其姊妻之，与谋汉。信教单于益北绝幕，以诱罢汉兵，徼极而取之，无近塞。单于从其计。

孙敖为中将军、太仆公孙贺为左将军、翕侯赵信为前将军、卫尉苏建为右将军、郎中令李广为后将军、左内史李沮为强弩将军，全都归大将军卫青统领，斩杀匈奴数千人后班师，在定襄、云中、雁门一带休养兵马。

汉朝实行大赦。

夏季，四月，卫青再次率领公孙敖等六位将军自定襄出击匈奴，斩杀及俘虏匈奴一万多人。右将军苏建与前将军赵信合并了部队，共有骑兵三千多人，单独与匈奴单于亲自统帅的部队相遇，经过一天多的交战，汉军伤亡殆尽。赵信本是胡人的一位部落首领，投降汉朝后被封为翕侯。及至此次兵败，匈奴诱降他，他便率领本部所余骑兵约八百人投降了匈奴。苏建全军覆没，脱身逃走，独自返回卫青大营。

议郎周霸说道：“自大将军出师以来，还从未斩过一位部将。如今苏建丢弃了本部人马，应将其处死，以示大将军的权威。”军正闳、长史安说：“不对。兵法上说：‘小部队的战斗力再强，也会被大部队击败。’此次苏建以数千人马抵挡匈奴单于好几万人，奋战了一天多，将士伤亡殆尽，而苏建不敢有二心，独自返回。将其斩首，就等于告诉以后的将领战败不能返回，所以不应该杀掉苏建。”大将军卫青说：“我有幸以皇上近亲身份统领大军，不怕没有权威。周霸劝我杀苏建来显示权威，是很不符合为人臣的本分的。况且，即使我有权处决将领，作为大臣，地位尊贵，又深受皇上的宠信，却也不敢擅自诛杀大将于国境之外。而将此事全部交给皇上，由皇上亲自裁决，以显示做人臣的不敢专权，不也是很好吗？”部下军官一致说：“好！”于是，将苏建囚禁起来，送到汉武帝刘彻所在的地方。

当初，平阳县小吏霍仲孺在平阳侯曹寿家做事，与卫青的姐姐卫少儿私通，生下霍去病。霍去病十八岁时当了侍中，精通骑马、射箭之术。在第二次跟随卫青出击匈奴时，他身为票姚校尉，率领八百名轻骑勇士，一直把大军抛弃到数百里之后去寻找战机，其斩杀和俘获的匈奴人数超过己方的损失一倍。于是，汉武帝说：“票姚校尉霍去病斩杀及俘获匈奴两千多人，生擒匈奴的相国、当户，杀死匈奴单于祖父辈的藉若侯产，活捉单于叔父罗姑，战功屡次冠于全军，封霍去病为冠军侯。上谷太守郝贤四次跟随大将军出征，其斩杀、擒获匈奴两千多人，封郝贤为众利侯。”

这一年，失去了两位将军，翕侯赵信投降了匈奴，军功也不多，所以汉武帝没有增加卫青的食邑，只赏给他千金。右将军苏建被押解到长安，汉武帝没有诛杀他。苏建在赎身后成为平民。

匈奴单于得到赵信后，封其为自次王，又将自己的姐姐嫁给赵信为妻，与他商讨对付汉朝的方略。赵信建议单于进一步向北移动，越过沙漠，以引诱汉军，使汉军疲劳，待到汉军极度疲劳时，再乘机拦截攻取，不必接近汉朝边塞，单于听从了

是时，汉比岁发十余万众击胡，斩捕首虏之士受赐黄金二十余万斤，而汉军士马死者十余万，兵甲转漕之费不与焉。于是大司农经用竭，不足以奉战士。

六月，诏令民得买爵及赎禁锢，免臧罪。置赏官，名曰武功爵，级十七万，凡直三十余万金。诸买武功爵至千夫者，得先除为吏。吏道杂而多端，官职耗废矣。

（以上为第三段，写汉武帝派大将军卫青两次率军攻打匈奴，小有收获，而将军赵信被打败，投降匈奴；霍去病逐渐成长起来，在第二次跟随卫青出征中，立下战功，被封为冠军侯。）

元狩元年（己未，前 122 年）

冬，十月，上行幸雍，祠五畤，获兽，一角而足有五蹄。有司言："陛下肃祗郊祀，上帝报享，锡一角兽，盖麟云。"于是以庆五畤，畤加一牛，以燎。久之，有司又言："元宜以天瑞命，不宜以一二数，一元曰建，二元以长星曰光，今元以郊得一角兽曰狩云。"于是济北王以为天子且封禅，上书献泰山及其旁邑。天子以他县偿之。

淮南王安与宾客左吴等日夜为反谋，按舆地图，部署兵所从入。诸使者道长安来，为妄言，言"上无男，汉不治"，即喜；即言"汉廷治，有男"，王怒，以为妄言，非也。

王召中郎伍被与谋反事，被曰："王安得此亡国之言乎？臣见宫中生荆棘，露沾衣也。"王怒，系伍被父母，囚之。三月，复召问之，被曰："昔秦为无道，穷奢极虐，百姓思乱者十家而六七。高皇帝起于行陈之中，立为天子，此所谓蹈瑕候间，因秦之亡而动者也。今大王见高皇帝得天下之易也，独不观近世之吴、楚乎！夫吴王王四郡，国富民众，计定谋成，举兵而西；然破于大梁，奔走而东，身死祀绝者何？诚逆天道而不知时也。方今大王之兵，众不能十分吴、楚之一，天下安宁，万倍吴、楚之时，大王不从臣之计，今见大王弃千乘之君，赐绝命之书，为群臣先死于东宫也。"王涕泣而起。

赵信的计谋。

当时，汉朝连年征调十几万人出击匈奴，曾斩杀或俘获敌人的将士，被赏赐黄金二十多万斤，而汉军士兵的马匹死亡也达十几万，还不算兵器衣甲和往前方运送粮草的费用。因此，大司农府库枯竭，无法供应军需。

六月，汉武帝发布命令，允许百姓出钱买爵和以钱买免除禁锢，成为可以出仕的良民，也可以交钱买免除盗财贪赃之罪。又设“赏官”，称为“武功爵”，第一级为铜钱十七万枚，以上递增，共值黄金三十多万斤。凡购买武功爵至“千夫”的人，可以优先被任命为官吏。从此，做官的途径变得既杂且多，官职就混乱败坏了。

汉武帝元狩元年（己未，前122年）

冬季，十月，汉武帝巡行至雍地，祭祀五畤，捉到一头长有一只角、足有五蹄的怪兽，主管官员上奏说：“皇上祭祀虔诚，上帝作为回报，赐皇上独角之兽，这大概就是麒麟。”于是，将独角兽献于五祭坛，每个祭坛加上一头牛，一齐烧烤。过了一段时间，主管官员又上奏说：“帝王的年号应当用上天所降的祥瑞定名，而不宜使用一、二等数目字，皇上第一个年号称‘建’，第二个年号因长星出现而称‘光’，此次郊祀得到一头独角兽，所以应称‘狩’。”当时，济北王刘勃认为皇上将要前往泰山封禅，祭祀天地，便上书朝廷，表示愿献出泰山及其周围城邑。汉武帝将别的县划给他作为补偿。

淮南王刘安与其门客左吴等日夜加紧谋反准备，察看地图，部署进军的路线从何处入关。刘安派往朝廷的使者们从长安回来，谎称说“皇上没有儿子，且朝政腐败”，他就高兴；如果说“汉廷政治清明，皇上有儿子”，他就生气，认为是胡言。

刘安召来中郎伍被，与他商议谋反之事，伍被说道：“大王您怎么能有这种亡国的言论呢？我好像已经看到王宫中生满荆棘，露水打湿人衣服的凄惨景象了！”刘安大怒，将伍被的父母逮捕囚禁，三个月后，刘安又将伍被召来询问，伍被说：“当初秦朝无道，极为奢侈暴虐，十分之六七的民众都希望天下大乱。高皇帝在行伍中崛起，最终成为天子，这是因为利用对方的缺点，把握时机，趁秦朝土崩瓦解的机会举兵兴起大业。如今，大王见到高皇帝得到天下容易，却单单不看不久前‘七国之乱’的吴、楚吗？吴王刘濞统辖着四个郡，国富民众，谋划非常周到，然而，为什么大梁一战失败，向东逃亡，本人身死，祭祀灭绝？是因为他逆天行事，不知时势。现在，大王的兵力还不足吴、楚的十分之一，而天下的形势却比吴、楚兴兵时安定一万倍。大王如不听从我的劝告，马上就会看到您丢掉千乘之国的王位，接到

王有孽子不害，最长，王弗爱，王后、太子皆不以为子、兄数。不害有子建，材高有气，常怨望太子，阴使人告太子谋杀汉中尉事，下廷尉治。

王患之，欲发，复问伍被曰："公以为吴兴兵，是邪？非邪？"被曰："非也。臣闻吴王悔之甚，愿王无为吴王之所悔。"王曰："吴何知反！汉将一日过成皋者四十余人，今我绝成皋之口，据三川之险，招山东之兵，举事如此，左吴、赵贤、朱骄如皆以为什事九成，公独以为有祸无福，何也？必如公言，不可徼幸邪？"被曰："必不得已，被有愚计。当今诸侯无异心，百姓无怨气，可伪为丞相、御史请书，徙郡国豪杰高赀于朔方，益发甲卒，急其会日；又伪为诏狱书，逮诸侯太子、幸臣。如此，则民怨，诸侯惧，即使辩士随而说之，傥可徼幸什得一乎！"王曰："此可也。虽然，吾以为不至若此。"

于是王乃作皇帝玺，丞相、御史大夫、将军、军吏、中二千石及旁近郡太守、都尉印，汉使节。欲使人伪得罪而西，事大将军，一日发兵，即刺杀大将军。且曰："汉廷大臣，独汲黯好直谏，守节死义，难惑以非；至如说丞相弘等，如发蒙振落耳！"

王欲发国中兵，恐其相、二千石不听，王乃与伍被谋先杀相、二千石。又欲令人衣求盗衣，持羽檄从东方来，呼曰："南越兵入界！"欲因以发兵。

会廷尉逮捕淮南太子，淮南王闻之，与太子谋，召相、二千石，欲杀而发兵。召相，相至，内史、中尉皆不至。王念，独杀相无益也，即罢相。王犹豫，计未决。太子即自刭，不殊。

伍被自诣吏，告与淮南王谋反踪迹如此。吏因捕太子、王后，围王宫，尽求捕王所与谋反宾客在国中者，索得反具，以上。下公卿治其党与，使宗正以符节治王。未至，淮南王安自刭。杀王后荼、太子迁，诸

赐死的命令，先于群臣死在东宫的惨景。”刘安听了，流着眼泪站了起来。

淮南王刘安有一个庶出的儿子名叫刘不害，年龄最大，刘安不喜欢他，王后不把他当作儿子看待，太子刘迁也不将他视为兄长。刘不害有一个儿子叫刘建，才高而气盛，经常对刘迁心怀不满，暗中派人告发刘迁曾企图刺杀朝廷中尉，汉武帝刘彻将此事交给廷尉处理。

淮南王刘安很害怕，想要举兵谋反，又一次和伍被商量，说道：“先生认为当初吴王兴兵造反，是对呢，还是不对呢？”伍被说：“不对。我听说吴王后来非常后悔，希望大王不要像吴王那样后悔。”刘安说道：“吴王哪里懂得什么叫造反？当初朝廷的将领一天中有四十多人经过成皋。如今我截断成皋通道，占据三川的险要之地，再征召崤山以东的兵马，在这样的情况下举事，左吴、赵贤、朱骄如等都认为可以有九成把握，只有您认为是有祸无福，这是为什么呢？一定会像你说的那样，不可能侥幸成功吗？”伍被回答说：“如果大王一定要干的话，我有一计。当今各封国国君对朝廷都没有二心，老百姓也没有怨气。大王可以伪造丞相、御史的奏章，说是要请求皇上将各郡、国的豪杰之士和殷实富户都迁移到朔方郡，大量征发士兵，使集合期限紧迫。再伪造诏狱之书，声言要逮捕各封国的太子和宠臣。如此一来，就会民众怨恨，诸侯恐惧，再派遣能言善辩之人到各地游说，或许可以侥幸有十分之一的希望吧！”刘安说：“这是可以的。不过，我觉得用不着这么麻烦。”

于是，淮南王刘安伪造了皇帝的印玺和丞相、御史大夫、将军、军吏、中二千石及周围各郡太守、都尉的印信，并伪造了朝廷使者的信节。又准备派人伪装在淮南国犯罪而西逃长安，投到大将军卫青门下，一旦发兵，立即将卫青刺死。刘安并且说：“朝廷大臣中，只有汲黯喜欢犯颜直谏，能够严守臣节，为忠义而死，难以迷惑，至于游说丞相公孙弘之流，就如同去掉物件上的覆盖物或摇掉树枝上的枯叶一般容易。”

淮南王刘安打算调动本国军队，怕相和二千石官员不肯依从，便与伍被商议，计划先将丞相和二千石官员杀死，同时打算派人身穿治安人员服装，手持告急文书从东边奔来，高喊：“南越国的军队攻入我国边界了！”要以此为借口起兵。

就在此时，廷尉前来逮捕淮南国太子刘迁。淮南王刘安听到消息后，与刘迁密谋，召相和二千石官员前来，企图杀死他们，兴兵造反。召相，相应召而来；召内史、中尉，内史、中尉都没有来。刘安考虑，单单杀掉相，无益于事，就没有杀掉相。是否起事，刘安犹豫不决，拿不定主意；刘迁便割颈自杀，但没有死成。

伍被自己前往廷尉那里，告发与刘安图谋反叛的情节。廷尉于是派人逮捕了淮南国太子刘迁和王后，并且包围了王宫，尽数搜捕在淮南国内与淮安王刘安一道谋反的宾客，取得谋反证据后，奏闻朝廷。汉武帝命公卿处治刘安党羽，派宗正手持

所与谋反者皆族。

天子以伍被雅辞多引汉之美，欲勿诛。廷尉汤曰："被首为王画反计，罪不可赦。"乃诛被。侍中庄助素与淮南王相结交，私论议，王厚赂遗助；上薄其罪，欲勿诛。张汤争，以为："助出入禁门，腹心之臣，而外与诸侯交私如此，不诛，后不可治。"助竟弃市。

衡山王上书，请废太子爽，立其弟孝为太子。爽闻，即遣所善白嬴之长安上书，言"孝作辆车、锻矢，与王御者奸"，欲以败孝。会有司捕所与淮南王谋反者，得陈喜于衡山王子孝家，吏劾孝首匿喜。孝闻"律：先自告，除其罪"，即先自告所与谋反者枚赫、陈喜等。公卿请逮捕衡山王治之，王自刭死。王后徐来、太子爽及孝皆弃市，所与谋反者皆族。

凡淮南、衡山二狱，所连引列侯、二千石、豪杰等，死者数万人。

（以上为第四段，写淮南王刘安与衡山王刘赐两王谋反，因此案受牵连而被处死的官民达数万人。）

夏，四月，赦天下。

丁卯，立皇子据为太子，年七岁。

五月，乙巳晦，日有食之。

匈奴万人入上谷，杀数百人。

初，张骞自月氏还，具为天子言西域诸国风俗："大宛在汉正西，可万里。其俗土著，耕田；多善马，马汗血；有城郭、室屋，如中国。其东北则乌孙，东则于窴。于窴之西，则水皆西流注西海，其东，水东流注盐泽。盐泽潜行地下，其南则河源出焉。盐泽去长安五千里。匈奴右方居盐泽以东，至陇西长城，南接羌，鬲汉道焉。乌孙、康居、奄蔡、大月氏，皆行国，随畜牧，与匈奴同俗。大夏在大宛西南，与大宛同俗。臣在大夏时，见邛竹杖、蜀布，问曰：'安得此？'大夏国人曰：'吾贾人往市之身毒。'身毒在大夏东南可数千里，其俗土著，与大夏同。以骞度之，大夏去汉万二千里，居汉西南；今身毒国又居大夏东南数千里，有蜀物，此其去蜀不远矣。今使大夏，从羌中，险，羌人恶之；少北，则

皇帝符节前往淮南国处治刘安。没等宗正来到，刘安便自杀而死。于是，将淮南王后荼、太子刘迁处死，所有参与谋反计划的人一律灭族。

汉武帝因为伍被平常的言论中曾多次赞美朝廷，所以想不杀他。廷尉张汤说："伍被首先为淮南王作谋反计划，其罪不能赦免。"于是，伍被被杀。侍中庄助平时与淮南王关系密切，二人曾私下议论事情，淮南王还曾送给庄助许多钱物。汉武帝认为这是小罪，想不杀他。但张汤坚持要杀，认为："庄助出入宫廷，是皇上的心腹之臣，却外与诸侯如此私交，如不杀庄助，今后类似的事情就不能禁止。"庄助终于被斩首示众。

衡山王刘赐上书朝廷，请求废掉太子刘爽，立刘爽之弟刘孝为太子。刘爽听到消息后，立即派他的亲信白嬴到长安上书朝廷，揭发刘孝私自制造兵车、锻炼箭矢，并与父亲的姬妾通奸，想除掉刘孝。正好主管官员在逮捕参与淮南王谋反计划的人时，在刘孝家中抓到陈喜，于是，参劾刘孝窝藏陈喜。刘孝听说法律规定"先行自首的，可以免除罪责"，便自己先向朝廷告发了共同密谋反叛的枚赫、陈喜等人。公卿大臣奏请汉武帝刘彻逮捕衡山王治罪，衡山王自杀而死。王后徐来、太子刘爽及刘孝都被当众斩首，参与谋反计划的人一律灭族。

总计淮南王刘安和衡山王刘赐谋反两案，因受牵连而被处死的列侯、二千石官员及地方豪侠人物达数万人。

夏季，四月，汉朝实行大赦。

四月二十一日丁卯，汉武帝立皇子刘据为太子，刘据时年七岁。

五月三十日乙巳晦，出现日食。

匈奴军队一万人侵入上谷地区，杀死数百人。

当初，张骞从月氏回到汉朝后，向汉武帝详细介绍了西域各国的风土民情，说："大宛在我国正西方约一万里的地方。当地人定居，耕种田地，多产好马，马汗像血一样红；有城郭、房屋，与中原相同。大宛东北为乌孙，它的东面为于阗。于阗以西，河水都向西流入西海；以东的河水则向东流入盐泽。盐泽一带河流在地下流淌，成为暗河，往南就是黄河源头。盐泽距长安约五千里。匈奴的西界在盐泽东面，直到陇西长城，南面与羌人部落接壤，将我国通往西域的道路隔断。乌孙、康居、奄蔡、大月氏都是游牧国家，随牲畜逐水草而居，风俗与匈奴一样，大夏在大宛西南方，其风俗与大宛相同。我在大夏时，曾见到我国邛山出产的竹杖和蜀地的布，我问他们：'这东西是从哪里得来的？'大夏人说：'是我国商人去身毒国买来的。'身毒在大夏东南约几千里之外，习俗是定居，与大夏一样。据我估计，既然大夏在我

为匈奴所得；从蜀，宜径，又无寇。”

天子既闻大宛及大夏、安息之属皆大国，多奇物，土著，颇与中国同业，而兵弱，贵汉财物。其北有大月氏、康居之属，兵强，可以赂遗设利朝也。诚得而以义属之，则广地万里，重九译，致殊俗，威德遍于四海，欣然以骞言为然。乃令骞因蜀、犍为发间使王然于等四道并出，出駹，出冉，出徙，出邛、僰，指求身毒国，各行一二千里，其北方闭氐、莋，南方闭嶲、昆明。昆明之属无君长，善寇盗，辄杀略汉使，终莫得通。

于是汉以求身毒道，始通滇国。滇王当羌谓汉使者曰："汉孰与我大？"及夜郎侯亦然。以道不通，故各自以为一州主，不知汉广大。使者还，因盛言滇大国，足事亲附；天子注意焉，乃复事西南夷。

（以上为第五段，写张骞向汉武帝详细介绍西域各国的风土民情，汉武帝下令分四路使者前往寻找身毒国，打通前往西域的通道，但被阻于昆明一带，无法通行，而考虑重新开始经营西南夷地区。）

二年（庚申，前 121 年）

冬，十月，上幸雍，祠五畤。

三月，戊寅，平津献侯公孙弘薨。壬辰，以御史大夫乐安侯李蔡为丞相，廷尉张汤为御史大夫。

霍去病为票骑将军，将万骑出陇西，击匈奴，历五王国，转战六日，过焉支山千余里，杀折兰王，斩卢侯王，执浑邪王子及相国、都尉，获首虏八千九百余级，收休屠王祭天金人。诏益封去病二千户。

夏，去病复与合骑侯公孙敖将数万骑俱出北地，异道。卫尉张骞、郎中令李广俱出右北平，异道。

广将四千骑先行，可数百里，骞将万骑在后。匈奴左贤王将四万骑围广，广军士皆恐；广乃使其子敢独与数十骑驰贯胡骑，出其左右而还，告广曰："胡虏易与耳！"军士乃安。广为圜陈，外向。胡急击之，矢下

国西南一万两千里外的地方，而身毒又在大夏东南几千里外，且有我国蜀地的东西，说明身毒距蜀地不太远。如今我国出使大夏，如取道羌人地区，道路险恶，羌人又厌恶；如从稍北一些的地区走，便会落入匈奴人手中；而通过蜀地，应当是直路，又没有强盗。”

汉武帝听到大宛及大夏、安息等都是大国，多产奇异之物，人民定居，颇与中原相同，但军事力量薄弱，喜爱中原财物；北面大月氏、康居等国，兵力强盛，但可以用贿赂、引诱的方法使他们归附中国，如果真能不通过战争就争取到他们的归附，那么，中原的疆域可以扩大万里，远方的人将通过九重翻译来朝见，风俗各异的国家将归入中原版图，天子的威德将遍布四海。因此，汉武帝欣然同意了张骞的建议，命张骞从蜀郡、犍为郡派王然于等人作为使者，从駹、冉、徙及邛、僰，四道同时向身毒国进发。各路使者分别走出一两千里之后，北路被阻于氐、莋，南路被阻于嶲、昆明。昆明一带没有君长，盗匪众多，经常劫杀汉朝使者，所以，始终无人能够通过其地。

这次汉朝使者为寻访去往身毒的道路，才第一次通过滇国，滇王当羌问汉朝使者说：“汉朝与我国相比，谁大呢？”夜郎王也向汉朝使者提出相同的疑问。因为道路阻塞，他们都各霸一方为王，不知汉朝的广大。使者回国后，一再强调滇国是大国，值得争取它归附，引起了汉武帝刘彻的注意，于是，重新开始经营西南夷地区。

汉武帝元狩二年（庚申，前121年）

冬季，十月，汉武帝巡幸至雍地，祭祀五畤。

三月初七戊寅，丞相、平津侯公孙弘去世。二十一日壬辰，汉武帝刘彻任命御史大夫、乐安侯李蔡为丞相，廷尉张汤为御史大夫。

汉武帝命霍去病以骠骑将军身份率领一万骑兵，自陇西出发北击匈奴，经过几个王国，转战六天，越过焉支山一千多里，杀匈奴折兰王，斩卢侯王，俘获浑邪王的王子及相国、都尉，共斩首俘获匈奴军士兵八千九百多人，并夺得休屠王用以祭祀上天的金人。为此，汉武帝下令增加霍去病食邑二千户。

夏季，霍去病又与合骑侯公孙敖率领数万骑兵，同时从北地分两路出击匈奴，卫尉张骞、郎中令李广也同时从右北平分路出击。

李广率领四千骑兵为先锋，距大部队约数百里，张骞率领一万多名骑兵殿后。匈奴左贤王率领四万骑兵，将李广率领的先头部队团团包围。李广的士兵都感到恐惧，李广便命自己的儿子李敢独自率领数十名骑兵直穿敌阵，从敌阵左右冲出后返

如雨。汉兵死者过半，汉矢且尽。广乃令士持满毋发，而广身自以大黄射其裨将，杀数人，胡虏益解。会日暮，吏士皆无人色，而广意气自如，益治军，军中皆服其勇。明日，复力战，死者过半，所杀亦过当。会博望侯军亦至，匈奴军乃解去。汉军罢，弗能追，罢归。汉法：博望侯留迟后期，当死，赎为庶人。广军功自如，无赏。

而票骑将军去病深入二千余里，与合骑侯失，不相得。票骑将军逾居延，过小月氏，至祁连山，得单桓、酋涂王，及相国、都尉以众降者二千五百人，斩首虏三万二百级，获裨小王七十余人。天子益封去病五千户，封其裨将有功者鹰击司马赵破奴为从票侯，校尉高不识为宜冠侯，校尉仆多为辉渠侯。合骑侯敖坐行留不与票骑会，当斩，赎为庶人。

是时，诸宿将所将士、马、兵皆不如票骑，票骑所将常选，然亦敢深入，常与壮骑先其大军；军亦有天幸，未尝困绝也。而诸宿将常留落不偶，由此票骑日以亲贵，比大将军矣。

匈奴入代、雁门，杀略数百人。

（以上为第六段，写汉武帝命霍去病以骠骑将军身份两次率领骑兵出击匈奴，获得大胜。霍去病地位越来越尊贵，和大将军卫青差不多了。李广的部队身陷重围，沉着应战，伤亡惨重，但杀掉敌人的人数更多。）

江都王建与其父易王所幸淖姬等及女弟徵臣奸。建游雷陂，天大风，建使郎二人乘小船入陂中。船覆，两郎溺，攀船，乍见乍没。建临观大笑，令勿救，皆死。凡杀不辜三十五人，专为淫虐。自知罪多，恐诛，与其后成光共使越婢下神，祝诅上。又闻淮南、衡山阴谋，建亦作兵器，刻皇帝玺，为反具。事发觉，有司请捕诛，建自杀，后成光等皆弃市，国除。

胶东康王寄薨。

回。李敢向李广报告说："匈奴兵很容易对付。"军士的情绪才安定下来。李广命部下将士面对敌军列成圆形战阵，匈奴兵向汉军阵地发起猛烈进攻，箭如雨下，汉军士兵阵亡过半，箭也快用完了。李广便命令部下拉满弓弦，但不发射，由他亲自用特大的黄色强弓射匈奴将领，一连射死好几名，敌人的攻势才渐渐缓和下来。此时天色已晚，汉军将士全都面无人色，只有李广神情自如，更愈发加紧巡视阵地，调整部署，全军上下全都钦佩他的勇气。第二天，汉军再次奋力与匈奴兵激战，虽然死亡大半，但消灭的敌人超过己方的损失。这时，张骞的大军也赶到，匈奴军才撤围而去。汉军疲惫，无力追击，也撤兵而还。根据汉朝的法律，博望侯张骞由于行动迟缓，贻误军机，应处死，赎身后成为平民。李广功过相抵，没有封赏。

骠骑将军霍去病深入匈奴地区两千多里，与公孙敖部失去联络，未能会师。但霍去病率领部队跨越居延海，经过小月氏，抵达祁连山，生擒单桓、酋涂二王，丞相、都尉率众两千五百人投降，斩杀三万零二百人，俘获小王七十多人。汉武帝增加霍去病食邑五千户，封其部下有功将领鹰击司马赵破奴为从票侯，校尉高不识为宜冠侯，校尉仆多为辉渠侯。合骑侯公孙敖因中途逗留，未能与霍去病会合，本应处斩，赎身后成为平民。

当时，汉军中老资格的将领们统帅的将士、马匹、兵器都不如霍去病，霍去病所用通常都经过挑选，但他也确敢深入敌军，经常与精壮骑兵走在大部队的前面；老天也似乎对他的部队特别照顾，从来没有陷入困绝之境。可是，老将们却经常因迟留落后而不能建功。因此，霍去病的地位越来越尊贵，和大将军卫青差不多了。

匈奴军队侵入代和雁门等地，屠杀掳掠了好几百人。

江都王刘建与其父易王刘非宠爱的淖姬等人及妹妹徵臣通奸。有一次，刘建在雷陂游玩，刮起了大风，刘建命两名郎官乘小船到湖中，小船被风吹翻，二人落入水中，抓着船，在风浪中忽沉忽现。刘建看着大笑，下令不准援救，致使二人全被淹死。刘建专做荒淫暴虐之事，共有三十五人无辜遭他杀害。他知道自己罪多，怕被诛杀，便与他的妻子成光让越族婢女请神下降，对汉武帝进行诅咒。又听到了淮南、衡山二王的阴谋，便也制造兵器，刻皇帝印玺，准备谋反。事情败露后，主管官员奏请汉武帝将其逮捕处决，刘建自杀，他的妻子成光等都被当众斩首示众，江都王国被取消。

胶东王刘寄去世。

秋，匈奴浑邪王降。是时，单于怒浑邪王、休屠王居西方为汉所杀虏数万人，欲召诛之。浑邪王与休屠王恐，谋降汉，先遣使向边境要遮汉人，令报天子。是时，大行李息将城河上，得浑邪王使，驰传以闻。天子闻之，恐其以诈降而袭边，乃令票骑将军将兵往迎之。休屠王后悔，浑邪王杀之，并其众。

票骑既渡河，与浑邪王众相望。浑邪王裨将见汉军，而多不欲降者，颇遁去。票骑乃驰入，得与浑邪王相见，斩其欲亡者八千人，遂独遣浑邪王乘传诣至行在所，尽将其众渡河。降者四万余人，号称十万。既至长安，天子所以赏赐者数十巨万；封浑邪王万户，为漯阴侯，封其裨王呼毒尼等四人皆为列侯。益封票骑千七百户。

浑邪之降也，汉发车二万乘以迎之，县官无钱，从民贳马，民或匿马，马不具。上怒，欲斩长安令，右内史汲黯曰："长安令无罪，独斩臣黯，民乃肯出马。且匈奴畔其主而降汉，汉徐以县次传之，何至令天下骚动，罢敝中国而以事夷狄之人乎！"上默然。及浑邪至，贾人与市者坐当死五百余人。

黯请间见高门，曰："夫匈奴攻当路塞，绝和亲，中国兴兵诛之，死伤者不可胜计，而费以巨万百数。臣愚以为陛下得胡人，皆以为奴婢，以赐从军死事者家，所卤获，因予之，以谢天下之苦，塞百姓之心。今纵不能，浑邪率数万之众来降，虚府库赏赐，发良民侍养，譬若奉骄子，愚民安知市买长安中物，而文吏绳以为阑出财物于边关乎！陛下纵不能得匈奴之资以谢天下，又以微文杀无知者五百余人，是所谓庇其叶而伤其枝者也。臣窃为陛下不取也。"上默然不许，曰："吾久不闻汲黯之言，今又复妄发矣！"

居顷之，乃分徙降者边五郡故塞外，而皆在河南，因其故俗为五属国。而金城河西，西并南山至盐泽，空无匈奴，匈奴时有候者到而希矣。

休屠王太子日磾与母阏氏、弟伦俱没入官，输黄门养马。久之，帝

秋季，匈奴浑邪王投降汉朝。当时，匈奴浑邪王、休屠王住在西部地区，被汉军擒杀了好几万人，单于十分生气，想将他们召到王庭处死。浑邪王与休屠王感到害怕，计划投降汉朝，先派人在边境拦截经过当地的汉人，让他们向汉武帝报告。此时，大行李息正在黄河边筑城，见到浑邪王使者后，派传车急速去报告朝廷。汉武帝听到这一消息，担心他们是用诈降手段偷袭边塞，便命霍去病率军前往迎接。休屠王对降汉之事后悔，浑邪王将他杀死，吞并其属下部众。

霍去病渡过黄河之后，与浑邪王所部遥遥相望。浑邪王部下将领见到汉军后，很多人不愿意投降，纷纷逃走。霍去病便纵马驰入浑邪王大营，与他相见，将其部下企图逃跑的八千人斩杀，又派遣浑邪王一人乘传车到汉武帝刘彻所居之处。同时命其部下人众全部渡过黄河，投降的共四万多人，号称十万。浑邪王到了长安后，汉武帝赏赐数十万，封浑邪王为漯阴侯，食邑一万户，其部下小王呼毒尼等四人全都被封为列侯，又增加霍去病食邑一千七百户。

浑邪王归降时，汉朝征调车辆两万乘前往迎接，可是因朝廷无钱，只得向民间赊购马匹。有的民众将马匹藏匿起来，结果马不够用。汉武帝刘彻大怒，要斩杀长安县令，右内史汲黯说道："长安令没有罪，只有将我杀了，民众才肯交出马匹。再说，浑邪王背叛他的主上投降我朝，我朝只须从容地按着县的顺序传送，何至于让天下不安，使中原贫困，来奉承异族呢？"汉武帝默不作声，及至浑邪王等来到长安，当地商人因与他们做买卖而犯死罪的达五百多人。

汲黯请求汉武帝适当机会在未央宫高门殿接见他，他上奏说："匈奴攻击我沿边道路上的要塞，断绝和亲，我朝兴兵征讨，死伤不可胜数，费用高达数百万。我原以为皇上得到匈奴人，一定会将他们全部作为奴婢，赏给牺牲于战场的将士之家，所缴获的财物，也一并赏赐，用以酬谢天下的受苦的百姓，满足百姓的心。如今纵然不能做到，也不能因浑邪王率领数万人前来归降，就用尽国库财富来赏赐他们，征调民众服侍、奉养他们，好像供奉骄横的儿子一般。那些无知的民众怎么知道在长安城中做买卖，竟会被执法官以犯有走私禁物非法出边关的罪名受到惩处呢？皇上既不能用匈奴的财物答谢天下，又凭扭曲解释一些含糊不清的法律条文杀死无知小民五百多人，正是所谓'为保护树叶而伤害树枝'了。我觉得，皇上这样做是不对的。"汉武帝沉默不语，没有应许。后来说道："我很久没有听到汲黯的声音了，如今又在这里胡说八道！"

不久之后，汉武帝将归降的浑邪王部属分别迁移到沿边五郡的旧要塞之外，全部在黄河以南，保持他们原有的风俗习惯，设立几个"属国"。从此，金城河西岸，傍南山直到盐泽一带，便没有匈奴人了，偶尔有匈奴探马到来，但已稀少了。

休屠王太子日磾和他的母亲阏氏、弟弟伦都被罚到官府做奴隶，派到属于少府

游宴，见马，后宫满侧，日磾等数十人牵马过殿下，莫不窃视，至日磾独不敢。日磾长八尺二寸，容貌甚严，马又肥好，上异而问之，具以本状对；上奇焉，即日赐汤沐、衣冠，拜为马监，迁侍中、驸马都尉、光禄大夫。日磾既亲近，未尝有过失，上甚信爱之，赏赐累千金，出则骖乘，入侍左右。贵戚多窃怨曰："陛下妄得一胡儿，反贵重之。"上闻，愈厚焉。以休屠作金人祭天主，故赐日磾姓金氏。

（以上为第七段，写骠骑将军霍去病在一年中三出河西，接受匈奴浑邪王率领的四万士兵投降；休屠王太子日磾被罚到黄门养马，精心饲养，被汉武帝看中，升为侍中，而后至光禄大夫，赐姓"金"。）

三年（辛酉，前120年）

春，有星孛于东方。

夏，五月。赦天下。

淮南王之谋反也，胶东康王寄微闻其事，私作战守备。及吏治淮南事，辞出之。寄母王夫人，即皇太后之女弟也，于上最亲，意自伤，发病而死，不敢置后。上闻而怜之，立其长子贤为胶东王。又封其所爱少子庆为六安王，王故衡山王地。

秋，匈奴入右北平、定襄，各数万骑，杀略千余人。

山东大水，民多饥乏。天子遣使者虚郡国仓廥以振贫民，犹不足，又募豪富吏民能假贷贫民者以名闻，尚不能相救。乃徙贫民于关以西及充朔方以南新秦中七十余万口，衣食皆仰给县官，数岁假予产业。使者分部护之，冠盖相望。其费以亿计，不可胜数。

汉既得浑邪王地，陇西、北地、上郡益少胡寇，诏减三郡戍卒之半，以宽天下之繇。

上将讨昆明，以昆明有滇池方三百里，乃作昆明池以习水战。是时法既益严，吏多废免。兵革数动，民多买复及五大夫，征发之士益鲜。于是除千夫、五大夫为吏，不欲者出马，以故吏弄法，皆谪令伐棘上林，穿昆明池。

是岁，得神马于渥洼水中。上方立乐府，使司马相如等造为诗赋，

管辖的黄门养马。过了很久，汉武帝在一次游乐饮宴中检阅马匹，他的身边排满了后宫的美女，日磾等数十人牵马从殿下通过，没有人不偷偷窥视。而到日磾通过时，却唯独不敢。日磾身高八尺二寸，容貌十分庄严，所养的马匹又肥壮，汉武帝感到惊奇，召他上前询问，日磾便将自己的身世一一奏告。汉武帝对他另眼相看，当日便让他洗澡、赐给衣帽，任命为马监后升为侍中、驸马都尉，一直做到光禄大夫。日磾受到皇帝宠爱，从未有过过失，汉武帝对他十分信任，赏赐累计达黄金千斤，出门时让他陪乘车上，回宫后在左右随侍。很多皇亲国戚都私下抱怨说："皇上不知从哪儿找来个'胡儿'，竟然当成宝贝。"汉武帝听到后，更加厚待日磾。因为休屠王曾制造金人用来祭祀天神，所以汉武帝赐日磾姓"金"。

汉武帝元狩三年（辛酉，前120年）

春季，东方出现异星。

夏季，五月，汉朝实行大赦。

当淮南王刘安密谋反叛时，胶东王刘寄听到一点风声，也曾在暗中做战争准备。及至司法官员处置刘安谋叛事件，有些人的口供道出刘寄的活动。刘寄的母亲王夫人就是皇太后的妹妹，与汉武帝关系最亲。事发后，刘寄自怨自艾，得病而死，不敢指定继承人。汉武帝听说后很可怜他，立他的大儿子刘贤为胶东王，又封刘寄生前最宠爱的小儿子刘庆为六安王，将原来衡山王辖地划归六安王所有。

秋季，匈奴分别以数万骑兵侵入右北平和定襄地区，屠杀、掳掠一千多人。

崤山以东地区发大水，很多百姓陷入饥饿、困苦境地。汉武帝刘彻派出使臣，将当地各郡县封国仓库中的粮食全部拿出来赈济灾民，仍然不够，又征集富豪、官吏、百姓，凡借钱粮给贫苦灾民的，将其姓名上报朝廷，但还是不能解救。于是，将贫苦灾民迁移到函谷关以西及朔方郡以南的新秦中地区，总共七十多万人，所需衣服、食物全部由官府供给。数年之中，由官府借给生产资料，朝廷派出使者分区进行管理，使者的车一辆接一辆，费用以亿计，多得数不清。

汉朝得到匈奴浑邪王的辖地后，陇西、北地、上郡一带外族入侵日益减少。因此，汉武帝刘彻下令将上述三郡的屯戍部队裁减一半，以减轻百姓的徭役负担。

汉武帝计划要征讨昆明地区，因该地有方圆三百里的滇池，所以特凿"昆明池"练习水战。此时，法令越发严苛，官吏被免职的很多。由于战事频繁，百姓多买爵到五大夫以免除劳役，所以官府能够征调服役的人越来越少。于是，朝廷任命具有千夫、五大夫爵位的人充当低级官吏，不想当官的人必须向官府交纳马匹。凡官吏玩弄法令的，都被发配到上林御苑去砍伐荆棘，开挖昆明池。

这一年，在西北渥洼水中得到一匹神马。汉武帝刘彻正在设立乐府，命司马相

以宦者李延年为协律都尉，佩二千石印；弦次初诗以合八音之调。诗多尔雅之文，通一经之士不能独知其辞，必集会《五经》家相与共讲习读之，乃能通知其意。及得神马，次以为歌。汲黯曰："凡王者作乐，上以承祖宗，下以化兆民。今陛下得马，诗以为歌，协于宗庙，先帝百姓岂能知其音邪？"上默然不说。

上招延士大夫，常如不足；然性严峻，群臣虽素所爱信者，或小有犯法，或欺罔，辄按诛之，无所宽假。汲黯谏曰："陛下求贤甚劳，未尽其用，辄已杀之。以有限之士恣无已之诛，臣恐天下贤才将尽，陛下谁与共为治乎！"黯言之甚怒，上笑而谕之曰："何世无才，患人不能识之耳，苟能识之，何患无人！夫所谓才者，犹有用之器也，有才而不肯尽用，与无才同，不杀何施！"黯曰："臣虽不能以言屈陛下，而心犹以为非。愿陛下自今改之，无以臣为愚而不知理也。"上顾群臣曰："黯自言为便辟则不可，自言为愚，岂不信然乎！"

（以上为第八段，写前120年崤山以东地区发大水，民众陷入饥饿、困苦境地，汉武帝下令当地郡县封国开仓济民，又征集钱粮救灾，并将七十多万灾民迁移到新秦中，由官府供给。）

四年（壬戌，前119年）

冬，有司言："县官用度太空，而富商大贾冶铸、煮盐，财或累万金，不佐国家之急；请更钱造币以赡用，而摧浮淫并兼之徒。"是时，禁苑有白鹿而少府多银、锡，乃以白鹿皮方尺，缘以藻缋，为皮币，直四十万。王侯、宗室，朝觐、聘享必以皮币荐璧，然后得行。又造银、锡为白金三品：大者圜之，其文龙，直三千；次方之，其文马，直五百；小者椭之，其文龟，直三百。令县官销半两钱，更铸三铢钱，盗铸诸金钱罪皆死；而吏民之盗铸白金者不可胜数。

于是以东郭咸阳、孔仅为大农丞，领盐铁事。桑弘羊以计算用事。咸阳，齐之大煮盐；仅，南阳大冶，皆致生累千金。弘羊，洛阳贾人子，以心计，年十三侍中。三人言利，事析秋毫矣。

如等创作诗赋；任命宦官李延年为协律都尉，佩带二千石印信，将新作的诗赋配上弦乐，使它们符合八音曲调。由于这些诗赋中多用深奥的文辞，仅仅读通一部经书的人，连自己也看不懂，必须汇集五经专家共同研究诵读，才能全部了解它的含意。及至获得神马，汉武帝又命令创作诗赋，配成歌曲，汲黯劝道："凡圣明的君主制作乐章，上应赞美祖先，下要教化民众。如今皇上得了一匹马，就要将诗谱成歌曲，在宗庙中演唱，先帝和民众怎么能知道唱的是什么呢？"汉武帝听了不说话，很不高兴。

汉武帝延揽士子文人，常常怕人才不够用，但性情严厉刻薄，尽管是平日所宠信的群臣，或者犯点小错，或者发现有欺瞒行为，立即根据法律将其处死，从不宽恕。汲黯劝说道："皇上求贤十分辛苦，但还未发挥他的才干，就已经把他杀了。以有限的士子文人，供应皇上的无限诛杀，我恐怕天下的贤才将要丧尽，皇上和谁一同治理国家呢？"汲黯说这番话时非常愤怒，汉武帝笑着解释说："什么时候也不会没有人才，只怕人才不能被发现罢了。如果善于发现，何必怕无人才？所谓'人才'，就如同有用的器物，有才干而不肯充分施展，与没有才干一样，不杀掉他，还等什么？"汲黯道："我虽然无法用言词说服皇上，但心里仍觉得皇上说得不对，希望皇上从今以后能够改正，不要认为我愚昧而不懂道理。"汉武帝转身对周围众臣说："汲黯自称阿谀奉承，当然不是，但说他自己愚昧，难道不确实是这样吗？"

汉武帝元狩四年（壬戌，前119年）

冬季，主管官员奏称："国家的经费非常困难，而豪富的大商人通过冶铁和煮制食盐等，家财有的积蓄到黄金万斤，却不肯用来资助国家急需。请皇上重新制造钱币满足使用，并打击那些浮滑不法以及兼并土地的人。"当时，御苑中有一种白鹿，少府有很多银、锡。于是，汉武帝命人用一尺见方的白鹿皮，四边绣上五彩花纹，称为皮币，值四十万钱。同时下令：凡王侯、皇族进京朝觐，或相互聘问，以及参加祭祀大典时，都必须将呈献的玉璧放在皮币之上，然后才能通行。又用银、锡制造出三种白金币：大币为圆形，以龙为图，值三百钱。又命令地方官府销毁半两钱，改铸三铢钱，凡私自铸造各种钱币的人一律处死。但官吏和民间私自铸造白金币的人仍然不可胜数。

因此，汉武帝任命东郭咸阳、孔仅二人为大农丞，负责盐铁事务；桑弘羊也以擅长计算而受到重用。东郭咸阳本为齐地的大煮盐商，孔仅则是南阳的大冶铁商，二人都扩大产业而积聚千金。桑弘羊为洛阳商人子弟，精于心算，十三岁就做了侍中。他们三人商讨谋利的事情，连细微末节都能分析到。

诏禁民敢私铸铁器、煮盐者钛左趾，没入其器物。公卿又请令诸贾人末作各以其物自占，率缗钱二千而一算；及民有轺车若船五丈以上者，皆有算。匿不自占，占不悉，戍边一岁，没入缗钱。有能告者，以其半畀之。其法大抵出张汤。汤每朝奏事，语国家用，日晏，天子忘食。丞相充位，天下事皆决于汤。百姓骚动，不安其生，咸指怨汤。

初，河南人卜式，数请输财县官以助边，天子使使问式："欲官乎？"式曰："臣少田牧，不习仕宦，不愿也。"使者问曰："家岂有冤，欲言事乎？"式曰："臣生与人无分争，邑人贫者贷之，不善者教之，所居人皆从式，式何故见冤于人！无所欲言也。"使者曰："苟如此，子何欲而然？"式曰："天子诛匈奴，愚以为贤者宜死节于边，有财者宜输委，如此而匈奴可灭也。"上由是贤之，欲尊显以风百姓，乃召拜式为中郎，爵左庶长，赐田十顷，布告天下，使明知之。未几，又擢式为齐太傅。

（以上为第九段，写汉武帝为了攻打匈奴，千方百计筹集财政资金，采用重新制造钱币、禁止民间私铸铁器和煮盐、算缗、告缗等措施，重用张汤、桑弘羊等人，卜式屡次捐赠家产，受到鼓励和重用。）

春，有星孛于东北。夏，有长星出于西北。

上与诸将议曰："翕侯赵信为单于画计，常以为汉兵不能度幕轻留，今大发士卒，其势必得所欲。"乃粟马十万，令大将军青、票骑将军去病各将五万骑，私负从马复四万匹，步兵转者踵军后又数十万人，而敢力战深入之士皆属票骑。票骑始为出定襄，当单于，捕虏言单于东，乃更令票骑出代郡，令大将军出定襄。

郎中令李广数自请行，天子以为老，弗许；良久，乃许之，以为前将军。太仆公孙贺为左将军，主爵都尉赵食其为右将军，平阳侯曹襄为后将军，皆属大将军。赵信为单于谋曰："汉兵既度幕，人马罢，匈奴可坐收虏耳。"乃悉远北其辎重，以精兵待幕北。

大将军既出塞，捕虏知单于所居，乃自以精兵走之，而令前将军广

汉武帝颁布命令，禁止民间私铸铁器和煮盐，犯禁者受左脚戴铁箍之刑，工具和产品没收。公卿大臣们又奏请汉武帝命令从事各种工商末业的人各自申报自己的财产，以一千钱为一缗，每二千缗纳税一百二十钱，作为一算。另外，凡百姓家有小形马车，或有五丈以上船只的，都要征算。凡隐瞒财产不报，或申报不实的，戍守边塞一年，钱财没收。告发别人隐瞒财产的人，赏给被告发者财产的一半。这些法令大部分都是出自张汤。张汤每次朝会，奏报国家财用情况，都到很晚，汉武帝因此忘记了吃饭。丞相李蔡坐在位子上充数，天下大事都由张汤决策。百姓骚动，无法安心生活，都怨恨张汤。

当初，河南人卜式屡次请求捐赠家产给朝廷，援助边塞，汉武帝派使者问卜式："你想当官吗？"卜式回答说："我从小种田牧羊，不懂做官的规矩，不愿当官。"使臣又问道："难道你家有冤情，想要申诉吗？"卜式说："我平生与人没有纠纷，对同乡中贫穷的人则借给他们钱，对为非作歹的人则教导他们，所以，周围的邻居都跟从我，我怎么会被人冤枉呢？没什么想申诉的。"使者说："若是如此，你为什么要那样做呢？"卜式说："国家攻打匈奴，我认为有才能的人应当战死边塞以全臣节；有财富的人应当拿出钱财支援国家。这样才能将匈奴消灭。"汉武帝因此认为卜式贤能，打算高度评价并宣扬他的行动，以劝勉百姓，便将卜式召到京师，任命为中郎，赐左庶长爵位，赏给十顷土地，并宣告天下，使人人知晓。不久，又提升为齐国太傅。

春季，在东北天空出现异星。夏季，在西北天空出现彗星。

汉武帝与各位军事将领商议说："翕侯赵信给匈奴单于出谋划策，常常认为我国军队不能够轻装穿过大沙漠，即使到了那里也不能久留。此次我们发动大军，一定要达到我们的目的。"于是，征选了用粟米饲养的战马十万匹，命大将军卫青、骠骑将军霍去病各率领五万骑兵，跟随官兵私人驮运行装的马匹也有四万匹，步兵和运送辎重的民夫跟在大军之后有数十万人，其中敢于深入杀敌的骑兵都跟随霍去病出塞，以正面攻击匈奴单于。后从俘虏口中得知单于在东边，于是改命霍去病自代郡出塞，卫青自定襄出塞。

郎中令李广屡次主动请求出征，汉武帝认为他年事已高，不准所请，过了很长时间才答应他，任命为前将军。太仆公孙贺被任命为左将军，主爵都尉赵食其为右将军，平阳侯曹襄为后将军，都隶属于大将军卫青。赵信为单于谋划说："汉国横穿大沙漠后，人马必然疲惫，我军可以坐等擒获敌军。"于是，将己方的辎重运到北方很远的地方，命精锐部队在沙漠以北等候汉军。

卫青出塞后，自俘虏口中得知单于住地，便亲自率领精兵前进，命前将军李广

并于右将军军，出东道。东道回远而水草少，广自请曰：“臣部为前将军，今大将军乃徙令臣出东道。且臣结发而与匈奴战，今乃一得当单于，臣愿居前，先死单于。”大将军亦阴受上诫，以为“李广老，数奇，毋令当单于，恐不得所欲。”而公孙敖新失侯，大将军亦欲使敖与俱当单于，故徙前将军广。广知之，固自辞于大将军；大将军不听，广不谢而起行，意甚愠怒。

大将军出塞千余里，度幕，见单于兵陈而待。于是大将军令武刚车自环为营，而纵五千骑往当匈奴。匈奴亦纵可万骑。会日且入，大风起，砂砾击面，两军不相见，汉益纵左右翼绕单于。单于视汉兵多而士马尚强，自度战不能如汉兵，单于遂乘六骡，壮骑可数百，直冒汉围，西北驰去。

时已昏，汉匈奴相纷拏，杀伤大当。汉军左校捕虏言，单于未昏而去，汉军发轻骑夜追之，大将军军因随其后，匈奴兵亦散走。迟明，行二百余里，不得单于，捕斩首虏万九千级，遂至寘颜山赵信城，得匈奴积粟食军。留一日，悉烧其城余粟而归。

前将军广与右将军食其军无导，惑失道，后大将军，不及单于战。大将军引还，过幕南，乃遇二将军。大将军使长史责问广、食其失道状，急责广之幕府对簿。广曰：“诸校尉无罪，乃我自失道，吾今自上簿至莫府。”广谓其麾下曰：“广结发与匈奴大小七十余战，今幸从大将军出接单于兵，而大将军徙广部行回远，而又迷失道，岂非天哉！且广年六十余矣，终不能复对刀笔之吏！”遂引刀自刭。

广为人廉，得赏赐辄分其麾下，饮食与士共之，为二千石四十余年，家无余财。猿臂，善射，度不中不发。将兵，乏绝之处见水，士卒不尽饮，广不近水，士卒不尽食，广不尝食。士以此爱乐为用。及死，一军皆哭。百姓闻之，知与不知，无老壮皆为垂涕。而右将军独下吏，当死，赎为庶人。

单于之遁走，其兵往往与汉兵相乱而随单于，单于久不与其大众相

与右将军赵食其合兵一处，由东路进军。李广因东路绕远，水草也少，主动请求说："我的部队是前将军的部队，而今大将军却改命我部为东路军。我自少年时就开始与匈奴作战，今天才有机会正面对付单于，所以愿意作前锋，先去与单于死战。"卫青曾受汉武帝暗中告诫，认为："李广年纪已老，运气又不好，不要让他与单于正面作战，恐怕他不能完成擒获单于的任务。"而公孙敖不久前失去侯爵，卫青也想让他与自己一同正面与单于作战立功，所以，将前将军李广调到东路。李广知道内情，坚决地向卫青推辞，遭到卫青拒绝。李广未向卫青告辞就动身出发，心中十分恼怒。

大将军卫青率领大军出塞一千多里，横穿大沙漠，见匈奴单于的军队正列阵以待，便下令将兵车环绕一周结成营阵，派出五千骑兵攻击匈奴，匈奴也放出约一万骑兵迎战。恰好太阳将要西沉，狂风忽起，砂砾扑打人脸，两军士兵相互不能分辨。卫青增派左右两翼的军队包抄匈奴单于。单于见汉军人多，兵马仍然很强，估计自己打不过汉军，便乘坐六匹健骡，在约数百名精壮骑兵的保护下直冲汉军防线，向西北方向飞奔而去。

这时，天色已黑，汉军与匈奴的将士们仍在激烈搏杀，双方损失大体相当。汉军左翼校尉报告卫青说，他从抓到的俘虏那里得知，单于已于天未黑时离去。于是，卫青派出轻骑兵连夜追击，自率大军跟随其后，匈奴兵也四散逃走。将近天明时，汉军已追出二百多里，没有抓到单于，但擒获和斩杀匈奴一万九千多人。于是，到了窴颜山赵信城，夺得匈奴的存粮供应军队。在该地停留一天之后，将该城和所余的粮食全部烧光，然后班师而还。

前将军李广与右将军赵食其率领的东路军因没有向导，在沙漠中迷失了道路，所以落到大将军卫青的后面，没有能赶上与单于的那一战。直到卫青率部班师，经过沙漠南部时才遇到李、赵二位将军。卫青派长史责问二人迷路的情况，并命李广马上到大将军处听候传讯。李广说："校尉们没有罪，是我自己迷了路，我现在自己到大将军幕府去受审。"又对他的部下说："我从少年时开始作战，而大将军却将我部调到东路，路途本就绕远，又迷失了道路，难道这不是天意吗！况且我六十多岁了，毕竟不能再去面对那些刀笔小吏了！"于是，就拔刀自刎。

李广为人清廉，得到赏赐就分给部下，与士兵一起吃喝，做了四十多年二千石官，家中却没有多余的财产。他的手臂像猿臂一样，又长又灵活，擅长射箭，估计射不中目标，便不发箭。他带领军队，在困境中找到水，士兵没有都喝过，他不沾水；士兵没有都吃过，他不进食。士兵因此乐意为他效力。及至李广死去，全军将士都哭了。民众听到李广的死讯，认识他的和不认识他的，无论是年老的还是年轻的，都为他流泪。右将军赵食其一人被交付审判，其罪当死，赎身后成为平民。

匈奴单于逃走后，其部下很多人混杂在汉军中追赶单于。单于长时间没有同他

得。其右谷蠡王以为单于死，乃自立为单于。十余日，真单于复得其众，而右谷蠡王乃去其单于号。

票骑将军骑兵车重与大将军军等，而无裨将，悉以李敢等为大校，当裨将，出代、右北平二千余里，绝大幕，直左方兵，获屯头王、韩王等三人，将军、相国、当户、都尉八十三人，封狼居胥山，禅于姑衍，登临翰海，卤获七万四百四十三级。天子以五千八百户益封票骑将军；又封其所部右北平太守路博德等四人为列侯，从票侯破奴等二人益封，校尉敢为关内侯，食邑；军吏卒为官、赏赐甚多。而大将军不得益封，军吏卒皆无封侯者。

两军之出塞，塞阅官及私马凡十四万匹，而复入塞者不满三万匹。

乃益置大司马位，大将军、票骑将军皆为大司马，定令，令票骑将军秩禄与大将军等。自是之后，大将军青日退而票骑日益贵。大将军故人、门下士多去事票骑，辄得官爵，唯任安不肯。

票骑将军为人，少言不泄，有气敢往。天子尝欲教之孙、吴兵法，对曰："顾方略何如耳，不至学古兵法。"天子为治第，令票骑视之，对曰："匈奴未灭，无以家为也！"由此上益重爱之。然少贵，不省士，其从军，天子为遣太官赍数十乘，既还，重车余弃粱肉，而士有饥者；其在塞外，卒乏粮或不能自振，而票骑尚穿域蹋鞠，事多此类。大将军为人仁，喜士退让，以和柔自媚于上。两人志操如此。

是时，汉所杀虏匈奴合八九万，而汉士卒物故亦数万。是后匈奴远遁，而幕南无王庭。汉渡河自朔方以西至令居，往往通渠，置田官，吏卒五六万人，稍蚕食匈奴以北；然亦以马少，不复大出击匈奴矣。

匈奴用赵信计，遣使于汉，好辞请和亲。天子下其议，或言和亲，或言遂臣之。丞相长史任敞曰："匈奴新破困，宜可使为外臣，朝请于边。"汉使任敞于单于，单于大怒，留之不遣。

的部众会合。右谷蠡王认为单于已死，便自立为单于。十几天后，原单于重新与其部众会合，右谷蠡王才去掉单于称号。

骠骑将军霍去病率领的骑兵军车和后勤供应都与大将军卫青相同，但没有副将，将李敢等人全都任命为大校，充当副将，从代郡、右北平郡出塞两千多里，穿越大沙漠，与匈奴左部的军队遭遇，擒获匈奴屯头王、韩王等三人，以及将军、相国、当户、都尉等八十三人，在狼居胥山祭祀天神，姑衍山祭祀地神，又登上瀚海旁边的山峰眺望，共俘获匈奴七万零四百四十二人。汉武帝刘彻增加霍去病食邑五千八百户，又封其部将右北平太守路博德等四人为列侯，从票侯赵破奴等二人增加食邑，封校尉李敢为关内侯，赐食邑。低级军官和士兵升官、受赏的人很多。而大将卫青却没有增加食邑，部下军吏士兵全都没有被封侯的。

卫青与霍去病两支部队出塞时，曾在边塞检阅，官私马匹加起来共十四万，至班师重新入塞时，马匹不到三万。

于是，汉武帝增设大司马一职，由卫青、霍去病同时担任，还规定霍去病的官级和俸禄与卫青一样。从此以后，卫青的权势日渐衰落，而霍去病日益尊贵。很多卫青以往的朋友和门客都去改投霍去病，马上得到了官职、爵位，只有任安不肯这样做。

骠骑将军霍去病为人寡言沉稳，有勇气，敢于任事，汉武帝曾想教他学习孙武、吴起兵法，他说："作战只看谋略如何罢了，用不着古代兵法。"汉武帝为霍去病修建府第，让他前往观看，他说："匈奴还没有消灭，要家干什么呢！"因此，汉武帝更加爱护他了。但霍去病少年显贵，对部下不够关心。他率军出征时，汉武帝派负责宫廷膳食的太官给他送去的食物装了数十辆车。班师时，后勤辎重车上装满吃剩下的粮食和肉类，而士兵却有饿肚子的。在塞外时，军队缺粮有的士兵饿倒不能站立，可霍去病却修建蹋鞠的场地游戏。像这样的事例有很多。卫青为人仁和，尊重士子，谦虚退让，以温顺柔和博取汉武帝的喜爱。二人的志趣节操就是如此。

这时，汉朝消灭匈奴共八九万人，汉军也死亡了数万人。此后，匈奴迁往很远的地方，沙漠以南再没有匈奴的王庭了。汉军渡过黄河，从朔方以西到令居县，处处开通河渠，设置田官，派士兵五六万人屯垦，逐渐蚕食到匈奴旧地以北。但也因缺少马匹，不再大举出击匈奴了。

匈奴采纳赵信的建议，派遣使节到汉朝，以友好的言语请求与汉朝和亲。汉武帝命群臣商议对策，有人主张和亲，有人建议利用这一机会使匈奴臣服。丞相长史任敞献计说："匈奴刚刚被打败，处境困难，应该使它成为我朝属国，到边界请求朝拜。"汉武帝便派任敞出使匈奴，说服匈奴单于臣服汉朝。单于勃然大怒，将任敞扣留，不让他回国。

是时，博士狄山议以为和亲便，上以问张汤，汤曰："此愚儒无知。"狄山曰："臣固愚，愚忠。若御史大夫汤，乃诈忠。"于是上作色曰："吾使生居一郡，能无使虏入盗乎？"曰："不能。"曰："居一县？"对曰："不能。"复曰："居一障间？"山自度，辩穷且下吏，曰："能。"于是上遣山乘障，至月余，匈奴斩山头而去。自是之后，群臣震慑，无敢忤汤者。

（以上为第十段，写汉武帝派大将军卫青和骠骑将军霍去病率军进行漠北大战，消灭匈奴八九万人，从此"漠南无王庭"；李广跟随大将军出战，出东道，迷路，失去封侯机会，愤而自杀。）

是岁，汲黯坐法免，以定襄太守义纵为右内史，河内太守王温舒为中尉。

先是，宁成为关都尉，吏民出入关者号曰："宁见乳虎，无值宁成之怒。"及义纵为南阳太守，至关，宁成侧行送迎。至郡，遂按宁氏，破碎其家；南阳吏民重足一迹。后徙定襄太守，初至，掩定襄狱中重罪轻系二百余人，及宾客、昆弟私入视亦二百余人，一捕，鞫曰"为死罪解脱"。是日，皆报杀四百余人。其后郡中不寒而栗。是时，赵禹、张汤以深刻为九卿。然其治尚辅法而行，纵专以鹰击为治。

王温舒始为广平都尉，择郡中豪敢往吏十余人以为爪牙，皆把其阴重罪，而纵使督盗贼。快其意所欲得，此人虽有百罪，弗法；即有避，因其事夷之，亦灭宗。以其故，齐、赵之郊盗贼不敢近广平，广平声为道不拾遗。

迁河内太守，以九月至，令郡具马五十匹为驿，捕郡中豪猾，相连坐千余家。上书请，大者至族，小者乃死，家尽没入偿臧。奏行不过二三日得可，事论报，至流血十余里，河内皆怪其奏，以为神速。尽十二月，郡中毋声，毋敢夜行，野无犬吠之盗。其颇不得，失之旁郡国，追求。会春，温舒顿足叹曰："嗟乎！令冬月益展一月，足吾事矣！"

此时，博士官狄山认为答应和亲于国家有利，汉武帝为此向张汤询问，张汤说：“这个愚笨的儒生什么都不懂。”狄山说：“我固然愚笨，但我是愚忠；像御史大夫张汤，乃是诈忠。”于是，汉武帝把脸一沉，说道：“我派你掌管一郡，你能不让匈奴进犯吗？”狄山说：“不能。”汉武帝又说：“管一个县呢？”狄山说：“不能。”汉武帝又说：“管一个要塞呢？”狄山自己忖度，如辩说下去而无话回答，就将会被交司法官员审判，便回答说：“能。”于是，汉武帝派狄山去守护要塞。过了一个多月，匈奴斩下狄山的人头而去。从此以后，文武百官震恐，没有人敢触犯张汤。

这一年，汲黯因触犯法律被免职。汉武帝任命定襄太守义纵为右内史，河内太守王温舒为中尉。

先前，宁成担任函谷关都尉时，官吏百姓出入此关的都说：“宁愿碰到正在喂奶的母老虎，也别遇上发怒的宁成。”及至义纵被任为南阳太守，途经函谷关，宁成在迎送时都恭敬地走在旁边。义纵到郡接任后，便调查宁氏一家的罪状，将其满门抄斩，南阳郡的官吏百姓震恐异常，重足而立，不敢迈步。后来义纵改任定襄太守，一到任，就突然封闭了定襄监狱，将狱中轻重人犯二百多人，及私自入狱探视的犯人也有二百多人，一起逮捕，宣判他们犯有“为死罪囚犯私自解脱枷镣”的罪名，当天将这四百多人全部判决处死，从此，郡中人人不寒而栗。当时，赵禹、张汤都因严苛而位列九卿，但他们还是以法律治事，而义纵则专门用老鹰捕兽的手段治事。

王温舒开始做广平都尉时，在郡中挑选了十几名豪杰敢冒死的人当属官，让他们做得力帮手，掌握他们每个人的隐秘的重大罪行，从而放手让他们去督捕盗贼。如果谁捕获盗贼使王温舒很满意，此人虽然有百种罪恶也不加惩治；如果不能尽心尽力地为他办事，就依据他过去所犯的罪行杀死他，甚至灭其家族。因此，齐国、赵国野外的盗贼都不敢靠近广平，使广平郡的治安良好，有“道不拾遗”的美誉。

后来，王温舒调任河内太守，九月到任，命郡中为他准备五十匹传送信件的驿马，然后搜捕郡中豪勇奸猾之徒，相互牵连的有一千多家。王温舒奏请朝廷，说：“罪大的诛杀全族，罪小的本人处死，其家产全部没收以抵往日的赃物。”奏章送走不过两三天，就得到朝廷的批准。于是，对案件进行判决，致使血流十多里，河内郡的人们对他传送奏章的神速惊骇不已。到十二月底，郡中无人敢出声，无人敢夜间出门，乡村中也听不到因有人偷盗而引起的狗叫声。凡有逃亡的罪犯，王温舒都要派人到邻近的郡县或封国去追缉。恰好春天到了，照例停止行刑，王温舒跺着脚叹道：“唉！如果冬季延长一个月，就够办我的事情了。”

天子闻之，皆以为能，故擢为中二千石。

齐人少翁，以鬼神方见上。上有所幸王夫人卒，少翁以方夜致鬼，如王夫人之貌，天子自帷中望见焉。于是乃拜少翁为文成将军，赏赐甚多，以客礼礼之。文成又劝上作甘泉宫，中为台室，画天、地、太一诸鬼神而置祭具，以致天神。

居岁余，其方益衰，神不至。乃为帛书以饭牛，佯不知，言曰："此牛腹中有奇。"杀视，得书，书言甚怪，天子识其手书，问其人，果是伪书。于是诛文成将军而隐之。

（以上为第十一段，写汉武帝重用义纵、王温舒等酷吏，虽然他们在打击奸猾、豪强方面成效显著，但也带来了极大的负面作用；汉武帝迷信方士少翁，封为文成将军，少翁因弄虚作假而被杀。）

汉武帝听说义纵和王温舒的所作所为，认为二人都很有才干，所以，将他们提升为中二千石的官。

齐国人少翁，因有召唤鬼神的方术而进见汉武帝刘彻，汉武帝宠爱的王夫人死了，少翁施展法术，在夜里召来了鬼魂，与王夫人的容貌相同。汉武帝从帷帐中遥见到鬼魂，于是，汉武帝封少翁为文成将军，给了他很多赏赐，并对他待以客人之礼，以示尊敬。少翁又劝汉武帝兴建甘泉宫，在宫中修高台一座，台上筑屋，屋中画天、地、太一等各种神灵，设置祭祀用的器具，用以招请天神。

一年多以后，少翁的法术越来越不灵，神仙没有降临。于是，少翁将写着字的绸缎让牛吞下，然后假装不知，对汉武帝刘彻说道："这只牛肚子里有奇怪的东西。"将牛杀死后查看，取出写字的绸缎，见上面写了些非常古怪的话。然而，汉武帝却认出是某人的笔迹，逼问那人，果然是伪造的。于是，汉武帝就将少翁杀死，并把此事隐瞒起来。

【点评】

论李广。李广，被匈奴人称为“汉之飞将军”，闻之而心惊胆寒，也是中国历史上不可多得的得军心、得民心的将军。司马迁满怀深情地写下了《李将军列传》，使李广的事迹和英雄行为深入人心，这里不作细说，只论与李广之材以及与“封侯”相关的几个问题。

首先，李广具有非常过硬的军事素养，非常善于防御，是防守型的优秀军事人才。李广“猿臂善射”，精通骑马射箭，箭法非常精准，还曾徒手与猛虎搏斗，胆气、豪气过人，打起仗来不要命。在汉文帝时，他就因杀敌立功，被提拔为中郎。汉景帝时，他基本上都是担任边郡太守，如转蓬一般，哪里最容易被匈奴进攻，他就出现在哪里，先为上谷太守，后为陇西、雁门、代郡、云中太守，都是奋力作战，令匈奴闻之丧胆。到了汉武帝时代，他被调到都城担任未央宫禁卫军长官，担任起保卫皇宫的重任。李广的青中年时代，都是在文帝、景帝时期，这时候汉朝与匈奴实行和亲，防御匈奴的侵边骚扰，李广在战略防御中功不可没。汉武帝即位后，由战略防御转入战略进攻，所需要的是大兵团作战，以及长途跋涉、快速进攻的才能，很显然，这时候的李广已不是少壮之时，已经不能完全适应这样的作战方式。他几次跟随大将军卫青率军出塞，都没有取得很好的战绩，就能很好地说明这个问题。

其次，李广不是一个失败的英雄，而是一个善于反败为胜的英雄，也是一个悲剧性人物。李广一生的闪光点，除了上面所说的战略防御外，还在于他的机智、果敢，善于反败为胜。李广一生历经七十余战，未曾失败，而被人们津津乐道的是他的三次起死回生，成功脱逃。一是下马解鞍撤回；二是跳脱网兜逃回；三是被围生死对抗。三次都富有传奇色彩。第一次，李广带领一百多名骑兵追击匈奴射雕手，遇到匈奴数千骑兵，如果不是李广装作诱敌的骑兵，故意下马躺卧，使敌骑害怕有埋伏而不敢攻击，恐怕一百多名骑兵都成了敌人射击的靶子。第二次，李广率军出雁门关进攻匈奴，被数倍于己的匈奴军打败而生擒，敌人把满身伤痕的李广放在两马间的网兜上，李广把准机会，突然纵身跳上匈奴人的骏马，脱身而逃，捡得性命。第三次是李广率领四千骑兵从右北平出塞，匈奴左贤王率领十倍的敌人将其团团包围，李广沉着应战，凭借精湛的箭术射杀敌军首领，避免了全军覆没。由此可见，李广是个英雄，是个善于反败为胜的真正英雄，但是与卫青、霍去病的大兵团作战，能够俘获成千上万的敌人，还是有着很大区别的。

再次，在李广的最后一次出击匈奴中，卫青调整李广的出战位置，除了略有私心外，更多的则是关照李广，而李广不予理解。在漠北大战中，汉武帝任命李广为前将军。前将军，就等于是先锋部队，李广满心欢喜，这意味着他有机会杀敌立功而封侯了，即使会血染沙场，也是非常的开心。可是，卫青却将李广调整为右将军，

从东道出发，配合主力部队作战。李广认为这是夺去了他杀敌立功的绝好机会，这比杀了他还难受啊！司马迁写卫青调整李广作战线路的动机是要让新近失侯的公孙敖有杀敌立功的机会，是私念在作祟。这固然是其中一个重要原因，但可能还有其他诸多因素。一是汉武帝的顾虑。汉武帝觉得李广年纪已大，本来就没有打算让他参与这次战役，是李广苦苦请求，汉武帝才答应了。二是卫青的顾忌。虽然汉武帝任命李广为前将军，但卫青作为大军统帅，他觉得李广毕竟年纪大了，缺少快速作战的反应能力，担任前将军一职可能不太合适，于是，将李广的前将军位置作了调整。三是卫青的考虑。他要选择与自己想法一致的将军来担任前将军，才能配合默契，取胜的可能性更大。公孙敖，是卫青儿时的铁杆朋友，曾经冒死救过卫青的命，两人可以说是生死与共。就这一点来说，在卫青的心目中，李广怎么能与公孙敖相比呢？当然，如果要深究，汉武帝和卫青对待李广都有不妥之处。汉武帝既然认为李广年老，为什么要将他封为前将军呢？卫青如果要变动李广的作战位置，为什么不禀明汉武帝，让汉武帝作权衡考虑呢？

第四，李广绝望到了极点，横刀自杀，把一腔怒气撒在卫青身上，可谓刚烈，但如果忍耐一下，也是可以保住性命的！为什么要这样极端呢？李广从东道出发，由于没有向导，迷了路，而没有赶上与匈奴作战，完全无功。这时候，李广彻底与“封侯”绝了缘，心中充满一腔怒气。而无巧不成书，卫青要给汉武帝上书报告详细军情，于是就叫李广幕府的人前去说明情况，李广彻底愤怒了，来到大将军幕府，不问青红皂白，就洒去了一腔热血。可悲啊！可叹啊！仔细地想一想，卫青并不是有意要李广难堪，也绝对不是要李广的命，而只是要把迷路失道的情况弄清楚，好向皇上汇报，仅此而已。纵观卫青的为人，是一位比较宽厚的将军，曾在军中坚持不杀失败的将军苏建，后来苏建的命也保住了。纵观汉武帝历次对匈奴作战，没有杀过一个失败的将军，一般都是用钱赎罪，成为平民。李广自己就遇到过这种情况，一旦军情紧急，还是照样启用。李广啊，怎么就忘掉了这些呢？为什么就一根筋地一头撞到南墙上去了呢？

第五，李广念念不忘封侯，结果成了封侯的牺牲品。难道封侯就这么重要吗？甚至比生命还重要吗？自汉武帝出兵攻打匈奴，李广基本上都参与了，而每次都与封侯无缘，这可伤了他的自尊心，论能力，论资格，他自认为比任何人都强，可就是不能取得战功，不能封侯。于是，他心中就有种种假设，或认为是杀降的后果，或认为是自己的命运不好，甚至认为是汉武帝没有重用他，大将军卫青有意排斥他，使他没有封侯的机会。正因为他心中有这些潜意识，才产生了后来的横刀自杀向天笑的结果。如果退一步考虑，封侯，固然是好；不能封侯，也没有什么了不起，已经是身经百战的将军了，是否封侯，真有这么重要吗？如果这么一想，也许李广的

心中就释然了，何至于如此呢？

第六，李广横刀自杀，影响的不仅仅是他自己，而是诸多方面，给别人造成的伤害，是他自己所未曾料及的。李广自杀了，他的形象高大了，以至于一军皆哭，老少垂泪，这无疑是对李广一生最好的奖赏，是对李广人格的充分肯定，这相对于封侯来说，那可是荣耀百倍啊！从这个意义上来说，李广是值了，可谓是生哀死荣，流芳百世了！但是，李广的这一行为，带来了很多的影响，也许是李广根本就没有想，或者是想不到的。首当其冲的，是大将军卫青，他成了李广自杀的牺牲品，人们在哀悼李广的时候，无疑会对卫青产生极大的愤恨，把一腔怨气都撒到卫青身上，对卫青的低评甚至诋毁，也就顺应而来，诸如“卫青是外戚而得以重用”“卫青不败由天幸”，等等。卫青固然是外戚，但外戚难道都能像卫青这样吗？卫青的绝世才能却被忽略了。什么是“天幸”，难道卫青出征，每次都能够侥幸取胜吗？如果论说英雄，卫青才是真正的英雄，其他人在他的面前，都会黯然失色！可是，正是这么一个事件，使卫青的形象大打折扣，减分不少。其次影响的是李广的家族。李广走极端了，他的小儿子李敢本来是一个出色的将才，如果不是李广的这种行为，他将来封侯拜将是有很大可能性的。而李广死了，他非常悲伤，认为是大将军卫青逼迫他的父亲自杀，把矛头指向卫青，打伤了卫青。卫青宽宏大量，不予计较，可卫青的外甥霍去病却忍不住，在一次狩猎中射杀了李敢，而且被说成是奔鹿撞死的，多么可惜啊！李广的孙子李陵，颇有李广的风采，他坚决要求出战，要重振李家，结果被匈奴大军包围，弹尽粮绝，投降了匈奴。后来汉朝要引渡他回来，他却宁可死在匈奴，也不愿回来受辱！也许就是这样的思维，使李陵失去了改过自新、重振雄风的机会。从这些方面来看待李广的“封侯”与自杀，是不是死有不值呢？

俗话说，公道自在人心。以上所说，可能有失公允，但并不是要贬低李广，而是试图对李广以及相关的卫青等人做出一个实事求是的评价，以还历史的本来面目。

汉纪十二

汉武帝元狩五年至元封元年（前118—前110年）

【起昭阳大渊献（癸亥，前118年），尽重光协洽（辛未，前110年），凡九年】

【大事提要】

本卷记事起前118年，讫前110年，凡九年，当汉武帝元狩五年至元封元年。本卷所载的大事，主要是以下几个方面。其一，霍去病去世。前117年，骠骑将军霍去病因病去世，年仅二十四岁。汉武帝非常悲伤，让他陪葬茂陵，调遣边境五郡的铁甲军，从长安到茂陵排列成阵，将霍去病坟墓修成祁连山模样，追谥为景桓侯，彰显其克敌服远、英勇作战的特殊功勋。其二，刘彻求仙。汉武帝企求长生不老，而自称有奇异方术的人不计其数。他被方士们骗了一次又一次，还是痴心不改，不断派人到海上寻找神仙，求取仙药；他自己也四处巡游，行礼祭祀各路神灵，走遍天下所有名山大川，但终究一无所获。其三，平定南越。南越丞相吕嘉背叛汉朝，前112年，汉武帝调动十万大军前去攻打，路博德一军与杨仆一军先行会合，一同围攻番禺，南越国灭亡。从开国君王赵佗至亡国君王赵建德，整个南越历五王，凡九十三年。汉武帝在原南越统治地域设置了九个郡。其四，举行封禅。前110年，汉武帝率领群臣浩荡东巡，至泰山，自定封禅礼仪，至梁父山礼祠"地主"神；其后举行封祀礼，独与侍中、奉车子侯登泰山，行封禅礼；后又行祭后土的礼仪，禅泰山东北麓肃然山。而后在明堂接受群臣朝贺，改年号为元封。其五，均输平准。前110年，由于桑弘羊在理财方面的卓越才能，汉武帝任命其为搜粟都尉，并代理大农令。桑弘羊改革币制，实行盐铁官营，又推行均输平准，纳粟拜爵，增加了财政收入和粮食储存，有力地支持了汉武帝的内兴外攘，"民不益赋而天下用饶"。

【原文】

世宗孝武皇帝中之下

元狩五年（癸亥，前118年）

春，三月，甲午，丞相李蔡坐盗孝景园堧地，葬其中，当下吏，自杀。

罢三铢钱，更铸五铢钱。于是民多盗铸钱，楚地尤甚。

上以为淮阳，楚地之郊，乃召拜汲黯为淮阳太守。黯伏谢不受印，诏数强予，然后奉诏。黯为上泣曰："臣自以为填沟壑，不复见陛下，不意陛下复收用之。臣常有狗马病，力不能任郡事。臣愿为中郎。出入禁闼，补过拾遗，臣之愿也。"上曰："君薄淮阳邪？吾今召君矣，顾淮阳吏民不相得，吾徒得君之重，卧而治之。"

黯既辞行，过大行李息曰："黯弃逐居郡，不得与朝廷议矣。御史大夫汤，智足以拒谏，诈足以饰非，务巧佞之语，辩数之辞，非肯正为天下言，专阿主意。主意所不欲，因而毁之；主意所欲，因而誉之。好兴事，舞文法，内怀诈以御主心，外挟贼吏以为威重。公列九卿，不早言之，公与之俱受其戮矣。"息畏汤，终不敢言；及汤败，上抵息罪。

使黯以诸侯相秩居淮阳，十岁而卒。

诏徙奸猾吏民于边。

夏，四月，乙卯，以太子少傅武强侯庄青翟为丞相。

天子病鼎湖甚，巫医无所不致，不愈。游水发根言上郡有巫，病而鬼神下之。上召置，祠之甘泉，及病，使人问神君，神君言曰："天子无忧病；病少愈，强与我会甘泉。"于是病愈，遂起幸甘泉，病良已，置酒寿宫。神君非可得见，闻其言，言与人音等，时去时来，来则风肃然，居室帷中。神君所言，上使人受，书其言，命之曰"画法"。其所语，世俗之所知也，无绝殊者，而天子心独喜；其事秘，世莫知也。

时上卒起，幸甘泉，过右内史界中，道多不治，上怒曰："义纵以我

【语译】

世宗孝武皇帝中之下

汉武帝元狩五年（癸亥，前 118 年）

春季，三月十一日甲午，丞相李蔡被指控盗用汉景帝陵园外空地埋葬家人，其罪该当交付司法官吏审判，李蔡自杀。

废止三铢钱，改铸五铢钱。因此，很多民众私自铸钱，以楚地最为严重。

汉武帝因为淮阳郡地处楚地交通要冲，所以，召来汲黯，任命为淮阳太守。汲黯伏地辞谢，不肯接受印绶，经汉武帝数次下令强行授予，才接受了这一职务。汲黯流着眼泪对汉武帝说："我自以为老死无用，将填沟渠，再也见不到皇上了，想不到皇上还会再用我。我时常患病，不能胜任一郡的繁重事务，愿意充当中郎之职，出入宫廷，为皇上弥补过失和提醒遗漏之事，这是我的心愿。"汉武帝说道："你看不起淮阳吗？我很快就会召你回来的。顾念到淮阳的官吏与民众不和，我只想借重你的威望，你能够躺在床上处理郡事就行。"

汲黯辞行以后，拜访大行李息，说道："我被弃置到地方郡县，不能再参与朝廷议事了。御史大夫张汤，其智谋足以拒绝规劝，狡诈足以掩饰错误，专门说些乖巧、奸佞的话，用辞诡辩，不肯为天下正事发言，一心迎合皇上的意思。凡是皇上所不喜欢的，他就乘机诋毁；凡是皇上所喜欢的，他就乘机称赞。他还爱制造事端，玩弄法律条文，心怀奸诈以左右主上的心意，依靠不法官吏来建立自己的威信。你身居九卿高位，如不早加揭露，恐怕会与张汤一同受到惩处。"李息因惧怕张汤权势，始终未敢开口。及至张汤倒台时，汉武帝刘彻将李息一同治罪。

汉武帝给予汲黯诸侯国相的待遇，命其居守淮阳，十年后去世。

汉武帝发布命令，将奸猾不法的官吏和民众放逐到边疆地区。

夏季，四月初二乙卯，汉武帝刘彻任命太子少傅武强侯庄青翟为丞相。

汉武帝在鼎湖宫得了重病，巫师、医生等想尽办法，仍然不愈。游水发根说，上郡有一巫师，能请鬼神附身驱走病魔。汉武帝将他召来安置在甘泉宫祭祀，及至发病时，派人问于神灵，神灵说道："天子不必担心病情，待稍有好转后，坚持来甘泉宫与我相会。"于是，汉武帝病体稍愈，立即前往甘泉宫。彻底痊愈后，又在专门奉祀神灵的寿宫中摆设酒宴。人们并不能见到神灵，只能听到神灵的声音，与人声一样。神灵忽来忽去，来时肃然有风，居于帷帐之中。汉武帝命人将神灵说的话记录下来，命名为"画法"。神灵所说的话，是世俗之人所能知晓的，毫无特殊的地方，只有汉武帝一个人听了心中高兴。此事非常机密，外人并不知晓。

当时，汉武帝突然起身前往甘泉宫，经过右内史的辖地，看见道路大多毁坏失

为不复行此道乎！”衔之。

（以上为第一段，写前118年汉武帝起用汲黯，任命为淮阳太守，汲黯卧病而治；汉武帝信奉鬼神，生了重病，请来巫师，安置在甘泉宫，假装神灵驱魔治病，其实说话与普通人无异。）

六年（甲子，前117年）

冬，十月，雨水，无冰。

上既下缗钱令而尊卜式，百姓终莫分财佐县官，于是杨可告缗钱纵矣。义纵以为此乱民，部吏捕其为可使者。天子以纵为废格沮事，弃纵市。

郎中令李敢，怨大将军之恨其父，乃击伤大将军，大将军匿讳之。居无何，敢从上雍，至甘泉宫猎，票骑将军去病射杀敢。去病时方贵幸，上为讳，云鹿触杀之。

夏，四月，乙巳，庙立皇子闳为齐王，旦为燕王，胥为广陵王，初作诰策。

自造白金、五铢钱后，吏民之坐盗铸金钱死者数十万人，其不发觉者不可胜计，天下大抵无虑皆铸金钱矣。犯者众，吏不能尽诛。

六月，诏遣博士褚大、徐偃等六人分循郡国，举兼并之徒及守、相、为吏有罪者。

秋，九月，冠军景桓侯霍去病薨。天子甚悼之，为冢，像祁连山。

初，霍仲孺吏毕归家，娶妇，生子光。去病既壮大，乃自知父为霍仲孺。会为票骑将军，击匈奴，道出河东，遣吏迎仲孺而见之，大为买田宅奴婢而去；及还，因将光西至长安，任以为郎，稍迁至奉车都尉、光禄大夫。

是岁，大农令颜异诛。

初，异以廉直，稍迁至九卿。上与张汤既造白鹿皮币，问异，异曰：“今王侯朝贺以苍璧，直数千，而以皮荐反四十万，本末不相称。”天子不说。张汤又与异有郤，及人有告异以他事，下张汤治异。异与客语初令下有不便者，异不应，微反唇。汤奏当：“异九卿，见令不便，不入言

修，生气地说：“义纵难道认为我再也不能走这条路了吗？”因而怀恨在心。

汉武帝元狩六年（甲子，前117年）

冬季，十月，降雨，水未结冰。

汉武帝发布了“缗钱令”后，又尊崇卜式，但民众却始终不肯拿出自己的财产来帮助国家。于是，由杨可主持，对隐瞒财产者进行的告发和惩处大规模地进行。义纵认为此举骚扰了百姓，部署官吏逮捕杨可派出的官员。汉武帝以义纵抗拒圣旨、阻挠告密之事，将其处死。

郎中令李敢怨恨大将军卫青使其父李广抱恨而死，将卫青打伤，但卫青却将此事隐瞒起来。不久，李敢随汉武帝到雍地甘泉宫狩猎，被骠骑将军霍去病用箭射死。霍去病当时正受宠信，声势显赫，汉武帝刘彻为其隐瞒真相，宣称李敢是被鹿撞死的。

夏季，四月二十八日乙巳，汉武帝在太庙册封皇子刘闳为齐王，刘旦为燕王，刘胥为广陵王，从此开始用发布“诰策”的形式册封诸王。

自从铸造白金币、五铢钱之后，官吏和民众因私铸钱币而被处死的有数十万人，至于那些尚未发觉的更是多得无法计算，天下人几乎都在私铸钱币。由于犯此法的人太多了，官府不可能将他们全部诛杀。

六月，汉武帝下令，派遣博士褚大、徐偃等六人分别到全国各郡和诸侯国视察，举劾各地并吞贫民耕地之人和违法犯罪的郡守、诸侯国丞相及其他地方官吏。

秋季，九月，冠军景桓侯霍去病去世。汉武帝非常悲痛，为他仿照祁连山形状修建了一座坟墓。

当初，霍仲孺辞职返回家乡，娶了妻子，生下儿子霍光。霍去病长大后，才得知霍仲孺是自己的父亲，当他作为骠骑将军北击匈奴，经过河东时，特派官吏将霍仲孺接来相见，为他购买了大量的田宅奴婢而后离去。及至班师回朝时，又顺便将霍光西行带到长安，保荐为郎官，后逐渐升至奉车都尉、光禄大夫。

这一年，大农令颜异被处死。

当初，颜异因廉洁正直逐步升到九卿高位。汉武帝和张汤商议要制造白鹿皮币时，曾询问颜异的意见，颜异说：“现在藩王和列侯朝贺时的礼物，都是黑色璧玉，价值才数千钱，而用作衬垫的皮币反而价值四十万钱，本末不相称。”汉武帝听了很不高兴。张汤又与颜异不和，这时，有人告发颜异在一件别的事上触犯了法令，汉

而腹诽，论死。”自是之后，有腹诽之法比，而公卿大夫多谄谀取容矣。

（以上为第二段，写元狩六年杨可主持告缗运动，惩处申报时产不实的工商业者；郎中令李敢含恨为父亲报仇，击伤大将军卫青被霍去病射杀；汉武帝以“腹诽”罪处死对制造白鹿皮币有异议的大农令颜异。）

元鼎元年（乙丑，前 116 年）

夏，五月，赦天下。

济东王彭离骄悍，昏暮，与其奴、亡命少年数十人行剽杀人，取财物以为好，所杀发觉者百余人，坐废，徙上庸。

二年（丙寅，前 115 年）

冬，十一月，张汤有罪自杀。

初，御史中丞李文，与汤有郤。汤所厚吏鲁谒居阴使人上变告文奸事，事下汤治，论杀之。汤心知谒居为之，上问：“变事踪迹安起？”汤佯惊曰：“此殆文故人怨之。”谒居病，汤亲为之摩足。赵王素怨汤，上书告：“汤大臣，乃与吏摩足，疑与为大奸。”事下廷尉。谒居病死，事连其弟。弟系导官，汤亦治他囚导官，见谒居弟，欲阴为之，而佯不省。谒居弟弗知，怨汤，使人上书，告汤与谒居谋共变告李文。事下减宣，宣尝与汤有郤，及得此事，穷竟其事，未奏也。

会人有盗发孝文园瘗钱，丞相青翟朝，与汤约俱谢，至前，汤独不谢。上使御史按丞相，汤欲致其文“丞相见知”，丞相患之。丞相长史朱买臣、王朝、边通，皆故九卿、二千石，仕宦绝在汤前。汤数行丞相事，知三长史素贵，故陵折，丞史遇之，三长史皆怨恨，欲死之。乃与丞相谋，使吏捕案贾人田信等，曰：“汤且欲奏请，信辄先知之，居物致富，与汤分之。”

事辞颇闻，上问汤曰：“吾所为，贾人辄先知之，益居其物，是类有以吾谋告之者。”汤不谢，又佯惊曰：“固宜有。”减宣亦奏谒居等事。天

武帝命张汤给颜异定罪。颜异的一位客人议论诏令初下时有不恰当的地方，颜异听到后没有应声，微微撇了一下嘴唇。张汤奏称："颜异身为九卿，见到诏令有不当之处，不提醒皇上，却在心里加以诽谤，应处死刑。"从此以后，有了"腹诽"的案例，而公卿大臣们大多以阿谀谄媚的办法来保全自己的身家性命。

汉武帝元鼎元年（乙丑，前116年）

夏季，五月，汉朝实行大赦。

济东王刘彭离骄横凶悍，常在黄昏时率领家奴和亡命少年数十人抢劫杀人，夺取财物，并以此为嗜好，被他杀害的人，已发现的就有一百多个，因此他被废除王爵、封国，贬逐到上庸。

汉武帝元鼎二年（丙寅，前115年）

冬季，十一月，御史大夫张汤因有罪而自杀。

当初，御史中丞李文与张汤不和。张汤所赏识的官吏鲁谒居暗中唆使人上书汉武帝刘彻，告发李文有奸恶之事。汉武帝交由张汤处理，张汤将李文判罪处死。张汤明知是鲁谒居所为，但当汉武帝问到告发的事情是从哪里引起的时候，张汤假装吃惊地说道："这大概是李文的故人对他不满而引起的。"后来鲁谒居生病，张汤亲自给他按摩脚。赵王刘彭祖一向怨恨张汤，听说此事后，上书汉武帝告发说："张汤身为大臣，竟给一个小吏按摩脚，我怀疑他们有大阴谋。"汉武帝将此事交给廷尉处理。鲁谒居病死了，此事又牵连到鲁谒居的弟弟，被囚禁在导官看守所。张汤也因审问别的囚犯到了导官，见到鲁谒居的弟弟，打算暗中救助，表面上却装作不理会。鲁谒居的弟弟不知张汤心意，怨恨张汤，便让人上书朝廷，揭发张汤与鲁谒居同谋告发李文。汉武帝将此事交给减宣处理，减宣与张汤结怨，就抓住此事，穷追到底，但一时还没有结案奏报。

就在此时，汉文帝陵园中所埋的钱币被人盗挖，丞相庄青翟上朝，与张汤约定一同向汉武帝刘彻请罪，可到了汉武帝面前，张汤却独自不谢罪。汉武帝命张汤负责审理庄青翟在此事中的责任，张汤企图给庄青翟加上"丞相已知故纵"的罪名，庄青翟非常害怕。丞相长史朱买臣、王朝、边通以前都曾作过九卿或二千石官，做官都比张汤早。张汤曾几次代行丞相职权，知道这三位长史一向尊贵，就故意欺凌折辱他们，将他们看作低级小吏一般，所以，三位长史都对张汤心怀怨恨，都想置张汤于死地。于是，他们与庄青翟商议，派官吏逮捕审讯商人田信等，然后散布说："张汤向皇上奏请政事，田信每每事先知道，囤积居奇赚了大钱，再分给张汤。"

消息传到汉武帝耳中，便问张汤："我做的事，商人每每事先知道，多囤积货物，好像有人将我的计划告诉了他们。"张汤不谢罪，又装作吃惊的样子说："本当

子以汤怀诈面欺，使赵禹切责汤，汤乃为书谢，因曰：“陷臣者，三长史也。”遂自杀。

汤既死，家产直不过五百金。昆弟诸子欲厚葬汤，汤母曰：“汤为天子大臣，被污恶言而死，何厚葬乎！”载以牛车，有棺无椁。天子闻之，乃尽按诛三长史。十二月，壬辰，丞相青翟下狱，自杀。

春，起柏梁台。作承露盘，高二十丈，大七围，以铜为之。上有仙人掌，以承露，和玉屑饮之，云可以长生。宫室之修，自此日盛。

二月，以太子太傅赵周为丞相。

三月，辛亥，以太子太傅石庆为御史大夫。

大雨雪。

夏，大水，关东饿死者以千数。

是岁，孔仅为大农令，而桑弘羊为大农中丞，稍置均输，以通货物。

白金稍贱，民不宝用，竟废之。于是悉禁郡、国无铸钱，专令上林三官铸钱，令天下非三官钱不得行。而民之铸钱益少，计其费不能相当。惟真工、大奸乃盗为之。

（以上为第三段，写济东王彭离为奸盗杀人东窗事发，封王被废，贬逐到上庸。御史大夫张汤意欲陷害丞相庄青翟，又怀诈面欺，被丞相的三位长史告发，汉武帝责令张汤自杀；孔仅、桑弘羊用事，逐渐在郡、国设置均输官，调节各地物资。）

浑邪王既降汉，汉兵击逐匈奴于幕北，自盐泽以东空无匈奴，西域道可通。于是张骞建言：“乌孙王昆莫本为匈奴臣，后兵稍强，不肯复朝事匈奴，匈奴攻不胜而远之。今单于新困于汉，而故浑邪地空无人，蛮夷俗恋故地，又贪汉财物，今诚以此时厚币赂乌孙，招以益东，居故浑邪之地，与汉结昆弟，其势宜听，听则是断匈奴右臂也。既连乌孙，自其西大夏之属皆可招来而为外臣。”天子以为然，拜骞为中郎将，将三百人，马各二匹，牛羊以万数，赍金币帛直数千巨万；多持节副使，道可便，遣之他旁国。

有这回事。”减宣也将调查鲁谒居一事的结果奏报。因此，汉武帝认为张汤心怀奸诈而当面欺瞒，派赵禹严厉谴责张汤。张汤只得上书向汉武帝谢罪，并指控说：“陷害我的，是三名丞相长史。”然后，自杀而死。

张汤死后，所留家产价值不过五百金。张汤的兄弟子侄想要厚葬他，他的母亲说：“张汤身为天子重臣，竟被污言秽语中伤而死，何必要厚葬呢？”便将张汤放在牛车上运到墓地，只有一口棺材，并无外椁。汉武帝听说后，就将三名丞相长史全部处死。十二月二十五日壬辰，丞相庄青翟被逮捕下狱，自杀。

春季，汉武帝修筑柏梁台，在台上造了一个承露盘，高二十丈，大小要七人合抱，用铜制成。上面装有神仙手掌，用来承接露水，再拌上玉的粉末喝下去，据说可以长生不老。从此，宫室的修建，一天比一天兴盛。

二月，汉武帝任命太子太傅赵周为丞相。

三月十五日辛亥，汉武帝任命太子太傅石庆为御史大夫。

天降大雪。

夏季，大水成灾，关东地区饿死的人数以千计。

这一年，孔仅升为大农令，桑弘羊做了大农中丞，逐渐在郡、国设置均输官，负责调节各地物资，互通有无。

白金币价值逐渐下降，民间不愿意使用，终于废弃。于是，汉武帝刘彻下令，各郡、国一律不许铸钱，专由朝廷上林三官负责铸钱，全国各地不是三官钱不得使用。民间私铸钱币的，因为成本太高，无利可图，所以日益减少；计算费用，收支不能相当，只有手艺高强的人或大奸之徒才私自铸钱。

浑邪王归降汉朝以后，汉军将匈奴势力驱逐到大沙漠以北，自盐泽以东，不见匈奴踪迹，前往西域的道路可以通行。于是，张骞建议说：“乌孙王昆莫本来是匈奴的藩属，后来兵力渐强，不肯再事奉匈奴，匈奴派兵征服，未能取胜，于是远去。如今匈奴单于刚刚受到我朝的沉重打击，而过去的浑邪王辖地又空旷无人，蛮夷之族的习俗依恋故地，又贪图我朝的财物，如果现在我们用丰厚的礼物去拉拢乌孙，招他们东迁，到过去的浑邪王辖地居住，与我朝结为兄弟之国，他们必将听从我朝的调遣，听从了就等于断了匈奴的右臂一般。与乌孙结盟之后，其西面的大夏等国也都能招来成为我朝的藩属。”汉武帝认为有理，便任命张骞为中郎将，率领三百人，每人马二匹，以及数以万计的牛羊和价值数千万钱的黄金缯帛，又任命多人为手持天子符节的副使，沿途如有通往别国的道路，即派一名副使前往。

骞既至乌孙，昆莫见骞，礼节甚倨。骞谕指曰："乌孙能东居故地，则汉遣公主为夫人，结为兄弟，共距匈奴，匈奴不足破也。"乌孙自以远汉，未知其大小；素服属匈奴日久，且又近之，其大臣皆畏匈奴，不欲移徙。骞留久之，不能得其要领，因分遣副使使大宛、康居、大月氏、大夏、安息、身毒、于阗及诸旁国，乌孙发译道送骞还，使数十人，马数十匹，随骞报谢，因令窥汉大小。

是岁，骞还，到，拜为大行。后岁余，骞所遣使通大夏之属者，皆颇与其人俱来，于是西域始通于汉矣。

西域凡三十六国，南北有大山，中央有河，东西六千余里，南北千余里，东则接汉玉门、阳关，西则限以葱岭。河有两源，一出葱岭，一出于寘，合流东注盐泽。盐泽去玉门、阳关三百余里。自玉门、阳关出西域有两道：从鄯善傍南山北，循河西行至莎车，为南道；南道西逾葱岭，则出大月氏、安息。自车师前王廷随北山循河西行至疏勒，为北道；北道西逾葱岭，则出大宛、康居、奄蔡焉。故皆役属匈奴，匈奴西边日逐王，置僮仆都尉，使领西域，常居焉耆、危须、尉黎间，赋税诸国，取富给焉。

乌孙王既不肯东还，汉乃于浑邪王故地置酒泉郡，稍发徙民以充实之；后又分置武威郡，以绝匈奴与羌通之道。

天子得宛汗血马，爱之，名曰"天马"。使者相望于道以求之。诸使外国，一辈大者数百，少者百余人，人所赍操大放博望侯时，其后益习而衰少焉。汉率一岁中使多者十余，少者五六辈；远者八九岁，近者数岁而反。

（以上为第四段，写汉军将匈奴势力驱逐到大沙漠以北后，张骞率领使团第二次出使西域，劝说乌孙东迁，没有成功，就在河西建立酒泉郡，从内地迁移民众充实这一地区。）

三年（丁卯，前 114 年）

冬，徙函谷关于新安。

春，正月，戊子，阳陵园火。

张骞到达乌孙之后，乌孙王昆莫接见了他，但态度十分傲慢，礼数不周。张骞转达汉武帝的谕旨说："如果乌孙能够向东返回故土居住，那么，我大汉将把公主许配给国王为夫人，两国结为兄弟之邦，共同抗拒匈奴，则匈奴不足为虑。"然而，乌孙因距汉朝太远，不知汉朝是大是小，且长期以来一直是匈奴的藩属，与匈奴相距又近，朝中大臣全都畏惧匈奴，不愿东迁。张骞在乌孙待了很久，一直得不到明确的答复，便向大宛、康居、大月氏、大夏、安息、身毒、于阗及附近各国分别派出副使进行联络。乌孙派翻译、向导送张骞回国，又派数十人、马数十匹随张骞到汉朝报聘答谢，乘机让他们了解汉朝的大小强弱。

这一年，张骞回到长安，汉武帝任命他为大行。一年多以后，张骞所派出使大夏等国的副使大部分都与该国使臣一同回来。这样，西域各国就开始与汉朝联系往来了。

西域地区共有三十六个国家，南北为大山，中部有河流，东西长六千多里，南北宽一千多里，东部与汉朝的玉门、阳关相连接，西部直到葱岭。中部河流有两个源头，一是出于葱岭，一是出于于阗，合流后注入盐泽。盐泽离玉门、阳关三百多里。从玉门、阳关前往西域有两条道路：从鄯善沿南山北麓前行，顺着河流向西到莎车，是南道；从南道向西越过葱岭，就到了大月氏、安息。从车师前王庭顺着北山沿河流西行到疏勒，是北道；从北道向西越过葱岭，就到了大宛、康居、奄蔡。以前，西域各国都受匈奴统治。匈奴西部的日逐王设置僮仆都尉统辖西域各国，常驻于焉耆、危须、尉黎一带，向西域各国征收赋税，掠取各国的财富。

既然乌孙王不肯东还，汉朝便在浑邪王旧辖地区设置酒泉郡，逐渐从内地迁移民众来充实这一地区。以后，又从酒泉分出部分地区设置武威郡，用以隔绝匈奴与羌人部落的联络通道。

汉武帝得到大宛的汗血马，非常喜爱，命名为"天马"，去大宛搜求的使者在路上接连不断。汉朝出使外国的各个使团，大的一行数百人，小的一百多人，所带礼品等物与张骞出使时大致相当，以后随着对西域情况的日益熟悉，使团人员及携带之物也逐渐减少。大约在一年之中，汉朝派往西域各国的使者，多时十多批，少时五六批，其中路远的要八九年，较近的也要数年才能回来。

汉武帝元鼎三年（丁卯，前114年）

冬季，汉朝把函谷关迁到新安。

春季，正月二十七日戊子，汉景帝刘启陵园失火。

夏，四月，雨雹。

关东郡、国十余饥，人相食。

常山宪王舜薨，子勃嗣，坐宪王病不侍疾，及居丧无礼废，徙房陵。后月余，天子更封宪王子平为真定王，以常山为郡，于是五岳皆在天子之邦矣。

徙代王义为清河王。

是岁，匈奴伊稚斜单于死，子乌维单于立。

四年（戊辰，前 113 年）

冬，十月，上行幸雍，祠五畤。诏曰："今上帝，朕亲郊，而后土无祀，则礼不答也，其令有司议。"立后土祠于泽中圜丘。上遂自夏阳东幸汾阴。是时，天子始巡郡、国。河东守不意行至，不办，自杀。十一月，甲子，立后土祠于汾阴脽上，上亲望拜，如上帝礼，礼毕，行幸荥阳，还，至洛阳，封周后姬嘉为周子南君。

春，二月，中山靖王胜薨。

乐成侯丁义荐方士栾大，云与文成将军同师。上方悔诛文成，得栾大，大说。大先事胶东康王，为人长美言，多方略，而敢为大言，处之不疑。大言曰："臣常往来海中，见安期、羡门之属，顾以臣为贱，不信臣；又以为康王诸侯耳，不足与方。臣之师曰：'黄金可成而河决可塞，不死之药可得，仙人可致也。'然臣恐效文成，则方士皆掩口，恶敢言方哉！"上曰："文成食马肝死耳。子诚能修其方，我何爱乎！"大曰："臣师非有求人，人者求之。陛下必欲致之，则贵其使者，令为亲属，以客礼待之，乃可使通言于神人。"于是上使验小方，斗旗，旗自相触击。是时，上方忧河决而黄金不就，乃拜大为五利将军，又拜为天士将军，地士将军，大通将军。

夏，四月，乙巳，封大为乐通侯，食邑二千户，赐甲第，僮千人，乘舆斥车马、帷帐、器物以充其家，又以卫长公主妻之，赍金十万斤，天子亲如五利之第，使者存问共给，相属于道。自太主、将、相以下，

夏季，四月，天降冰雹。

关东地区十几个郡和封国严重饥馑，出现人吃人的惨景。

常山宪王刘舜去世，其子刘勃承嗣王位。刘勃后被指控在刘舜病重时不侍奉父王，守孝时又违反礼仪规定，被废除王爵，放逐到房陵。一个多月以后，汉武帝改封刘舜的另一个儿子刘平为真定王，将常山改为郡，于是，五岳全都归入朝廷直接管辖之内。

汉武帝将代王刘义改封为清河王。

这一年，匈奴单于伊稚斜去世，其子乌维即单于位。

汉武帝元鼎四年（戊辰，前 113 年）

冬季，十月，汉武帝巡幸至雍地，在五畤举行祭祀典礼。汉武帝刘彻发布命令说："如今敬奉天帝，我亲自祭祀，却未祭祀地神，于礼不合，着令主管官员研究办理！"主管官员建议，在水泽中圆形丘台上建立后土祠，以祭祀土地神。汉武帝于是自夏阳向东巡幸至汾阴。这是汉武帝第一次出巡各郡国。河东郡守没有想到皇上会突然驾到，一切供应都准备不及，惶恐自杀。十一月初八甲子，在汾阴丘陵上建立后土祠，汉武帝刘彻亲自祭拜，与祭祀天帝之礼相同。祭拜结束后，汉武帝巡幸至荥阳，启程还京，到了洛阳，封周朝王室后裔姬嘉为周子南君。

春季，二月，中山王刘胜去世。

乐成侯丁义向汉武帝推荐方士栾大，说栾大与文成将军少翁同出一个师门。汉武帝正后悔不该杀死少翁，所以见到栾大后非常高兴。栾大原来侍奉胶东康王刘寄，善于说好听的话，富于智谋，敢说大话，从不犹疑。栾大对汉武帝说："我常常往来于大海之中，见过安期生、羡门等神仙，他们认为我地位微贱，所以不信任我；又认为康王不过是一位诸侯，没有资格得到长生不老的秘方。我师父说：'黄金可以炼成，黄河决口可以堵塞，长生不老之药可以得到，神仙可以招致。'但我怕步少翁的后尘，如果那样，则所有的方士都将捂着嘴不敢说话，谁还敢谈长生不老之方呢？"汉武帝说："少翁不过吃了马肝中毒而死的。你要真能得到长生不老之方，我会吝惜什么呢？"栾大说："我的老师对别人无所求，都是别人求他。皇上如果一定要将他请来，就应尊崇他的使者，让他的使者成为皇上的亲近的下属，以待客的礼节对待，这样才能让他将皇上的请求转达给神仙。"于是汉武帝让栾大试验小法术。栾大让旗帜相斗，旗帜果然相互撞击。此时，汉武帝正在忧虑黄河决口和黄金无法炼成，便封栾大为五利将军，后又封其为天士将军、地士将军、大通将军。

夏季，四月二十一日乙巳，汉武帝封栾大为乐通侯，食邑二千户，赐给上等府第以及僮仆一千人，并把自己用不着的车马、帷帐、器物等赏给栾大以充家用，又将亲生女儿卫长公主嫁给栾大为妻，送黄金十万斤。汉武帝还亲自到栾大家中看望，

皆置酒其家，献遗之。天子又刻玉印曰“天道将军”，使使衣羽衣，夜立白茅上；五利将军亦衣羽衣，立白茅上，受印，以示不臣。

大见数月，佩六印，贵震天下。于是海上燕、齐之间，莫不扼腕自言有禁方、能神仙矣。

（以上为第五段，写汉武帝信奉方士，栾大又来行骗，把汉武帝哄得团团转，数月之中，栾大佩带六枚印信，贵震天下，燕、齐方士非常振奋，自言能通神仙。）

六月，汾阴巫锦得大鼎于魏脽后土营旁，河东太守以闻。天子使验问，巫得鼎无奸诈，乃以礼祠，迎鼎至甘泉，从上行，荐之宗庙及上帝，藏于甘泉宫，群臣皆上寿贺。

秋，立常山宪王子商为泗水王。

初，条侯周亚夫为丞相，赵禹为丞相史，府中皆称其廉平，然亚夫弗任，曰：“极知禹无害，然文深，不可以居大府。”及禹为少府，比九卿为酷急；至晚节，吏务为严峻，而禹更名宽平。

中尉尹齐素以敢斩伐著名，及为中尉，吏民益凋敝。是岁，齐坐不胜任抵罪。上乃复以王温舒为中尉，赵禹为廷尉。后四年，禹以老，贬为燕相。

是时吏治皆以惨刻相尚，独左内史兒宽，劝农业，缓刑罚，理狱讼，务在得人心；择用仁厚士，推情与下，不求名声，吏民大信爱之；收租税时，裁阔狭，与民相假贷，以故租多不入。后有军发，左内史以负租课殿，当免；民闻当免，皆恐失之，大家牛车、小家担负输租，襁属不绝，课更以最。上由此愈奇宽。

初，南越文王遣其子婴齐入宿卫，在长安取邯郸樛氏女，生子兴。文王薨，婴齐立，乃藏其先武帝玺，上书请立樛氏女为后，兴为嗣。汉数使使者风谕婴齐入朝。婴齐尚乐擅杀生自恣，惧入见要，用汉法比内诸侯，固称病，遂不入见。婴齐薨，谥曰明王。太子兴代立，其母为太后。

派去询问栾大家中供应情况的使者在路上络绎不绝。汉武帝姑妈窦太主、丞相、将军及以下的人，都到栾大家中设摆酒宴，赠送礼品。汉武帝又刻了一枚“天道将军”的玉印，命使者身穿用羽毛织成的衣服，于夜晚站在白茅上面；栾大也身穿羽衣，站在白茅上面接受玉印，表示他不是汉武帝的臣属。

栾大自见到汉武帝后，数月之中，佩带六枚印信，其显贵的程度，使天下为之震动。于是，沿海一带燕、齐等地的人们无不振奋地握住手腕，自称有长生不老的秘方，能通神仙。

六月，汾阴一位名叫锦的巫师，在魏后土祠旁边得到一个大鼎，河东太守将此事奏报朝廷。汉武帝派人核查，证实巫师得鼎并无欺诈，便以礼祭祀，将此鼎迎接到甘泉宫。皇上带着鼎同行，呈献给宗庙和皇天上帝，保存在甘泉宫中。文武百官都向汉武帝祝贺。

秋季，汉武帝封常山宪王的儿子刘商为泗水王。

当初，条侯周亚夫为丞相时，赵禹为丞相史，相府中人都称道赵禹的廉洁公平，可是周亚夫不重用他。周亚夫说：“我非常了解赵禹的公平，但他执法严苛，不可以任职高官。”及至赵禹作了少府，执法比其他九卿都严苛峻急。到赵禹晚年，其他官员都以严刑峻法为务，赵禹却一改名声，号称宽厚平和。

中尉尹齐平素以敢于杀人闻名于世，及至他做了中尉，官吏困乏百姓困苦。这一年，尹齐因被指控不能胜任其职而获罪。汉武帝又任命王温舒为中尉，赵禹为廷尉。四年后，赵禹因年纪太大，被贬为燕国国相。

这一时期，用法严酷成为整个官场的风尚，只有左内史兒宽，鼓励农业生产，放宽刑罚，处理诉讼纠纷，争取人心。他选择心地忠厚的人加以任用，与下级推心置腹，不求名声，受到官吏和百姓的衷心爱戴。征收赋税时，调节缓急，借给百姓钱物，因此租税常常收不上来。后来，国家有重大军事行动，兒宽因税收不足，政绩最差，应该免职。当地民众听说兒宽会被罢免，都唯恐失去这样一位好官，于是，富室大家用牛车，穷家小户用担挑，络绎不绝地将租税送到官府，兒宽征税的成绩一跃成为最好，汉武帝刘彻也因此对兒宽越发另眼相看。

当初，南越王赵胡派其子赵婴齐入宫为汉武帝刘彻充当侍卫，婴齐在长安娶邯郸女子樛氏为妻，生一子，取名赵兴。赵胡死后，赵婴齐继承王位，隐藏其先祖南越汉武帝赵佗的印玺，上书朝廷，请求立樛氏女为王后，赵兴为世子。朝廷多次派遣使臣，提醒赵婴齐入京朝觐。赵婴齐愿自操生杀予夺大权，随心所欲，害怕一旦入朝，朝廷会用法令像约束内地诸侯一样约束他，所以坚决称病，没有到长安朝见。

太后自未为婴齐姬时，尝与霸陵人安国少季通。是岁，上使安国少季往谕王、王太后以入朝，比内诸侯，令辩士谏大夫终军等宣其辞，勇士魏臣等辅其决，卫尉路博德将兵屯桂阳待使者。南越王年少，太后中国人；安国少季往，复与私通，国人颇知之，多不附太后。太后恐乱起，亦欲倚汉威，数劝王及群臣求内属；即因使者上书，请比内诸侯，三岁一朝，除边关。于是天子许之，赐其丞相吕嘉银印及内史、中尉、太傅印，余得自置；除其故黥、劓刑，用汉法，比内诸侯。使者皆留，填抚之。

上行幸雍，且郊，或曰："五帝，泰一之佐也。宜立泰一，而上亲郊。"上疑未定。齐人公孙卿曰："今年得宝鼎，其冬辛巳朔旦冬至，与黄帝时等。"卿有札书曰："黄帝得宝鼎，是岁己酉朔旦冬至，凡三百八十年，黄帝仙登于天。"因嬖人奏之。上大悦，召问，卿对曰："受此书申公，申公曰：'汉兴复当黄帝之时，汉之圣者在高祖之孙且曾孙也。宝鼎出而与神通，黄帝接万灵明庭，明庭者甘泉也。黄帝采首山铜，铸鼎于荆山下，鼎既成，有龙垂胡髯下迎黄帝，黄帝上骑龙，与群臣后宫七十余人俱登天。'"于是天子曰："嗟乎！诚得如黄帝，吾视去妻子如脱屣耳！"拜卿为郎，使东候神于太室。

（以上为第六段，写左内史兒宽鼓励农业生产，放宽刑罚，得到民众拥护；南越樛太后劝南越王赵兴和南越国群臣归属朝廷，比照内地诸侯；汉武帝刘彻听公孙卿鬼话，梦想成为神仙。）

五年（己巳，前112年）

冬，十月，上祠五畤于雍，遂逾陇，西登崆峒。陇西守以行往卒，天子从官不得食，惶恐，自杀。于是上北出萧关，从数万骑猎新秦中，以勒边兵而归。新秦中或千里无亭徼，于是诛北地太守以下。上又幸甘泉，立泰一祠坛，所用祠具如雍一畤而有加焉。五帝坛环居其下四方地，为醊食群神从者及北斗云。

赵婴齐死后，谥号为“明王”。太子赵兴即王位，其母樛氏为王太后。

樛氏在没有成为赵婴齐的妻子之前，曾与霸陵人安国少季有私情。这年，汉武帝派安国少季到南越国，告谕赵兴和他的母亲入京朝觐，同于内地诸侯；又派能言善辩的谏大夫终军等宣告朝廷的谕旨，勇士魏臣等帮助他们做决定；并命卫尉路博德率兵屯驻桂阳等待使臣。由于南越王年纪还小，王太后樛氏又是汉朝人，安国少季到南越国后，又与樛氏私通，国中之人颇有耳闻，所以多数人都不拥护樛氏。樛氏害怕发生变乱，也想倚靠朝廷的威势，多次劝赵兴和南越国群臣请求归属朝廷，于是，便借这次朝廷使臣前来的机会，上书请求比照内地诸侯，每三年朝觐一次，解除边界关卡。于是，汉武帝批准所请，赐南越国丞相吕嘉银质印信，内史、中尉、太傅等也都由朝廷赐给印信，其他官职允许南越王自行安排。废除南越国原有的脸上刺字和割鼻子的刑罚，使用汉朝法律，比照内地诸侯。所派使臣全部留在南越国，坐镇和安抚南越国。

汉武帝巡幸到雍地，将要举行祭天仪式，有人建议说：“五帝为泰一神的助手，应建泰一庙，由皇上亲自祭祀。”汉武帝迟疑未决。齐国人公孙卿说道：“今年得到宝鼎，冬季十一月初一清晨为冬至，与黄帝时一样。”公孙卿有简牍，上面说：“黄帝得到宝鼎，该年十一月初一清晨为冬至，总共过了三百八十年，黄帝成仙升天。”公孙卿将简牍上的话通过汉武帝宠幸的人奏上，汉武帝非常高兴，召公孙卿前来询问，公孙卿回答说：“此书是申公给我的，申公说：‘汉朝兴盛还会与黄帝时一样，汉朝的圣人，是高祖皇帝的孙子至曾孙。宝鼎的出现，正好与神意相通，黄帝在祭祀神灵的明庭迎接万种神灵，明庭就是甘泉宫。黄帝在首山开采铜矿，在荆山下铸造宝鼎。宝鼎铸成之后，天上有一条龙将龙须垂下来接引黄帝。于是，黄帝骑上龙背，和群臣及后宫妃嫔七十多人一起登天成了神仙。’”于是，汉武帝说：“唉！要真的能跟黄帝一样，我离开妻子儿女，就像抛弃拖鞋一样罢了！”于是，任命公孙卿为郎官，派他到东方，在太室山等候天神降临。

汉武帝元鼎五年（己巳，前 112 年）

冬季，十月，汉武帝在雍地祭祀五畤，然后越过陇山，西行登上崆峒山。陇西郡守因汉武帝来得突然，无法供应皇上随从官员的饭食，感到惶恐，自杀而死。于是，汉武帝北出萧关，率领数万骑兵至新秦中行猎，以整顿边疆军队，然后回京。汉武帝见新秦中一带有的地区千里之中竟没有设置亭障，便将北地太守及以下有关官员处死。汉武帝再次驾临甘泉，并在此修建泰一祭坛，所用祭祀器具仿照雍地五畤中一处所用而有所增添。又建五帝祭坛环绕于泰一祭坛下方四周，祭祀群神的随从和北斗星。

十一月，辛巳朔，冬至，昧爽，天子始郊拜泰一，朝朝日，夕夕月则揖。其祠，列火满坛，坛旁亨炊具。有司云："祠上有光。"又云："昼有黄气上属天。"太史令谈、祠官宽舒等请三岁天子一郊见，诏从之。

南越王、王太后饬治行装，重赍为入朝具。其相吕嘉，年长矣，相三王，宗族仕宦为长吏者七十余人，男尽尚王女，女尽嫁王子弟、宗室，及苍梧秦王有连，其居国中甚重，得众心愈于王。王之上书，数谏止王，王弗听；有畔心，数称病，不见汉使者。使者皆注意嘉，势未能诛。王、王太后亦恐嘉等先事发，欲介汉使者权，谋诛嘉等，乃置酒请使者，大臣皆侍坐饮。嘉弟为将，将卒居宫外。酒行，太后谓嘉曰："南越内属，国之利也；而相君苦不便者，何也？"以激怒使者，使者狐疑相杖，遂莫敢发。嘉见耳目非是，即起而出。太后怒，欲鉯嘉以矛，王止太后。嘉遂出，介其弟兵就舍，称病，不肯见王及使者，阴与大臣谋作乱。王素无意诛嘉，嘉知之，以故数月不发。

天子闻嘉不听命，王、王太后孤弱不能制，使者怯无决；又以为王、王太后已附汉，独吕嘉为乱，不足以兴兵，欲使庄参以二千人往使。参曰："以好往，数人足矣；以武往，二千人无足以为也。"辞不可，天子罢参。郏壮士故济北相韩千秋奋曰："以区区之越，又有王、王太后应，独相吕嘉为害，愿得勇士三百人，必斩嘉以报。"于是天子遣千秋与王太后弟樛乐将二千人往。

入越境。吕嘉等乃遂反，下令国中曰："王年少。太后，中国人也，又与使者乱，专欲内属，尽持先王宝器入献天子以自媚；多从人行，至长安，虏卖以为僮仆；取自脱一时之利，无顾赵氏社稷、为万世虑计之意。"乃与其弟将卒攻杀王、王太后及汉使者，遣人告苍梧秦王及其诸郡县，立明王长男越妻子术阳侯建德为王。而韩千秋兵入，破数小邑。其后越开直道给食，未至番禺四十里，越以兵击千秋等，遂灭之；使人函封汉使者节置塞上，好为谩辞谢罪，发兵守要害处。

十一月初一日辛巳，冬至，黎明，汉武帝就开始祭拜泰一天神。早晨面对东方，向太阳作揖致敬；晚上面对西南，向月亮作揖致敬。祭祀时，烈火满坛，坛旁放置烹制祭品的饮具。主管官员宣称："祭坛上空有光。"又宣称："白天有一股黄气升到空中。"太史令司马谈、祭祀官宽舒等建议，天子每三年祭天一次，汉武帝下令表示同意。

南越王赵兴、王太后樛氏置办行装和重礼，准备入京朝觐。南越国丞相吕嘉年事已高，历任三代国王的丞相，其家族成员在南越国担任重要官职的有七十多人，男子都娶了国王的女儿，女子都嫁给国王的子弟或王族成员，与苍梧秦王也有姻亲关系。吕嘉在南越国的地位十分重要，比南越王更得人心。南越王上书汉朝请求归附，吕嘉曾多次谏阻，但南越王不听，吕嘉便生出离叛之心，几次推说有病，不肯与汉使相见。汉使对吕嘉都很注意，但因其势力强大，未能铲除。南越王和王太后也害怕吕嘉先行发难，想利用汉使的权力杀死吕嘉等人，于是设摆酒宴，款待汉使，大臣都来陪坐饮酒。吕嘉的弟弟为南越国大将，率兵在宫外警戒。敬酒时，王太后对吕嘉说："南越国内附汉朝，于国家有利，而丞相你嫌这样做不便，为什么呢？"想以此来激怒汉使。汉使犹豫不决，相互观望，于是，谁也没敢发动。吕嘉见气氛不对，马上起身退席。王太后大怒，想用矛刺死吕嘉，被南越王阻止。吕嘉便离开王宫，在其弟弟的士兵簇拥下回到相府。他从此推说有病，不肯见南越王和汉使。暗中与大臣密谋造反。南越王一向无意杀吕嘉，吕嘉知道这一点，所以拖延数月，未曾发动。

汉武帝听说吕嘉不肯听命，而南越王、王太后又势孤力弱，不能控制，所派使臣怯懦，无法决断；又认为既然南越王、王太后已肯于归附，只有吕嘉从中捣乱，用不着举兵，想派庄参率兵两千前往南越国。庄参奏说道："要是以友好的目的前往，几个人就够了；如果是以武力去胁迫，两千人是不够用的。"推辞说不能去，汉武帝将庄参免职。郏县壮士、曾任济北国相的韩千秋自告奋勇说："一个小小的南越国，又有其国王和王太后响应，只丞相吕嘉一人捣乱，给我三百勇士，必能斩杀吕嘉回报。"于是，汉武帝派韩千秋和南越王太后的弟弟樛乐率兵两千前往。

汉军进入南越国境，吕嘉等便反叛，号令全国说："国王年轻；王太后本是汉朝人，又与汉使淫乱，一心想归附汉朝，将先王的宝器全都献给汉朝天子来讨好，还想带去大批随从之人，到达长安后卖为奴隶，只顾自己眼前利益，却不顾赵氏的江山社稷，没有为子孙万代着想的意思。"吕嘉与其弟率兵攻杀了南越王赵兴、王太后樛氏及汉朝使臣，派人告知苍梧秦王及各郡县，立南越明王赵婴齐大儿子赵越的南越妻子所生的儿子术阳侯赵建德为王。韩千秋率兵进入南越国后，攻破了几座小城。后南越人开辟直道，提供饭食，在距其都城番禺约四十里的地方，将韩千秋所部汉

（以上为第七段，写南越国丞相吕嘉反叛汉朝，杀掉南越王、王太后以及汉臣。汉武帝派韩千秋率领二千人往讨，入南越境全军覆没。）

春，三月，壬午，天子闻南越反，曰："韩千秋虽无功，亦军锋之冠，封其子延年为成安侯；樛乐姊为王太后，首愿属汉，封其子广德为龙亢侯。"

夏，四月，赦天下。

丁丑晦，日有食之。

秋，遣伏波将军路博德出桂阳，下湟水；楼船将军杨仆出豫章，下浈水；归义越侯严为戈船将军，出零陵，下离水；甲为下濑将军，下苍梧；皆将罪人，江、淮以南楼船十万人。越驰义侯遗别将巴、蜀罪人，发夜郎兵，下牂柯江，咸会番禺。

齐相卜式上书，请父子与齐习船者往死南越。天子下诏褒美式，赐爵关内侯，金六十斤，田十顷，布告天下；天下莫应。是时列侯以百数，皆莫求从军击越。会九月尝酎，祭宗庙，列侯以令献金助祭。少府省金，金有轻及色恶者，上皆令劾以不敬，夺爵者百六人。

辛巳，丞相赵周坐知列侯酎金轻，下狱，自杀。

丙申，以御史大夫石庆为丞相，封牧丘侯。时国家多事，桑弘羊等致利，王温舒之属峻法，而兒宽等推文学，皆为九卿，更进用事。事不关决于丞相，丞相庆醇谨而已。

五利将军装治行，东入海求其师。既而不敢入海，之太山祠。上使人随验，实无所见。五利妄言见其师，其方尽多不售，坐诬罔，腰斩；乐成侯亦弃市。

西羌众十万人反，与匈奴通使，攻故安，围枹罕。匈奴入五原，杀太守。

（以上为第八段，写汉武帝举行酎祭活动，有一百零六个列侯因酎金成色不足而被革去爵位。汉朝派出五路大军大规模讨伐南越。）

军歼灭，然后派人把汉使的符节用函封好，放到边塞上，用好听的虚假的言辞谢罪，同时，派兵加强边界要隘的镇守。

春季，三月初四日壬午，汉武帝听说南越国造反，说道："韩千秋虽然没能建功，但也是军队里最勇敢的先锋。"封其子韩延年为成安侯；樛乐的姐姐是南越王太后，首先表示愿意归附汉朝，封樛乐的儿子广德为龙亢侯。

夏季，四月，实行大赦。

四月三十日丁丑晦，出现日食。

秋季，汉武帝派伏波将军路博德从桂阳沿湟水进发；楼船将军杨仆自豫章沿浈水进发；南越降将名叫"严"的归义侯被任命为戈船将军，率兵从零陵沿离水进发；名叫"甲"的南越降将被任命为下濑将军，率兵进攻苍梧。各路士兵都由囚犯组成，并调集江淮以南地区水军十万人。南越降将名叫"遗"的驰义侯也率领巴蜀地区的囚犯，又征调夜郎国军队，沿牂柯江南下，与各路军队在番禺会师。

齐国丞相卜式上书朝廷，请求汉武帝批准他父子和齐国熟习舰船的人前往南越效死。为此，汉武帝发布命令，表扬卜式，封卜式为关内侯，赏金六十斤、土地十顷，并宣告全国，然而全国却无人响应。当时列侯数以百计，没有一个人要求从军攻打南越。正好举行酎祭活动，所有列侯奉命进献黄金助祭。少府检查所献黄金，凡重量不足或成色不好的，皇上命令一律以"不敬"罪加以参劾。结果，因此而被革去爵位的，有一百零六人。

九月初六日辛巳，丞相赵周也被指控"明知列侯所献黄金重量不足，却纵容包庇"，被逮捕下狱。赵周自杀。

九月二十一日丙申，汉武帝任命御史大夫石庆为丞相，封牧丘侯。当时，国家多事，桑弘羊等人谋取财利，王温舒等人推行严刑峻法，而兒宽等人则大力推崇儒家经典，他们都位列九卿，相继掌握朝政大权，国家大事不向丞相汇报，也不由丞相决定，丞相石庆只是敦厚、谨慎而已。

五利将军栾大整装出发，东行入海寻找他的神仙老师。可后来没敢入海，而到泰山去祭祀。汉武帝派人跟踪核查，确实未见神仙踪影，栾大回来后却妄称见到了他的老师。栾大的方术已经用尽，多不灵验，汉武帝便以"诈骗欺罔"之罪将栾大判处腰斩。推荐栾大的乐成侯丁义也被当众斩首。

西羌部族十万人反叛朝廷，与匈奴互通使者，进攻故安，包围罕。匈奴侵入五原，杀死五原太守。

六年（庚午，前 111 年）

冬，发卒十万人，遣将军李息、郎中令徐自为征西羌，平之。

楼船将军杨仆入越地，先陷寻陿，破石门，挫越锋，以数万人待伏波将军路博德至俱进，楼船居前，至番禺。南越王建德、相吕嘉城守。楼船居东南面，伏波居西北面。会暮，楼船攻败越人，纵火烧城。伏波为营，遣使者招降者，赐印绶，复纵令相招。楼船力攻烧敌，驱而入伏波营中。黎旦，城中皆降。建德、嘉已夜亡入海，伏波遣人追之。校尉司马苏弘得建德，越郎都稽得嘉。戈船、下濑将军兵及驰义侯所发夜郎兵未下，南越已平矣。遂以其地为南海、苍梧、郁林、合浦、交趾、九真、日南、珠厓、儋耳九郡。师还，上益封伏波；封楼船为将梁侯，苏弘为海常侯，都稽为临蔡侯，及越降将苍梧王赵光等四人皆为侯。

公孙卿候神河南，言见仙人迹缑氏城上。春，天子亲幸缑氏城视迹，问卿："得毋效文成、五利乎？"卿曰："仙者非有求人主，人主者求之。其道非宽假，神不来。言神事如迂诞，积以岁月，乃可致也。"上信之。于是郡、国各除道，缮治宫观、名山、神祠以望幸焉。

赛南越，祠泰一、后土，始用乐舞。

驰义侯发南夷兵，欲以击南越。且兰君恐远行旁国虏其老弱，乃与其众反，杀使者及犍为太守。汉乃发巴、蜀罪人当击南越者八校尉，遣中郎将郭昌、卫广将而击之，诛且兰及邛君、莋侯，遂平南夷为牂柯郡。

夜郎侯始倚南越，南越已灭，夜郎遂入朝，上以为夜郎王。冉駹皆振恐，请臣置吏，乃以邛都为越巂郡，莋都为沈黎郡，冉駹为汶山郡，广汉西白马为武都郡。

初，东越王余善上书，请以卒八千人从楼船击吕嘉；兵至揭阳，以海风波为解，不行，持两端，阴使南越。及汉破番禺，不至。杨仆上书

汉武帝元鼎六年（庚午，前 111 年）

冬季，汉朝发兵十万人，派遣将军李息、郎中令徐自为攻打西羌，平定了西羌部族的叛乱。

楼船将军杨仆率兵进入南越国，首先攻陷寻狭，击破石门，挫败南越军的前锋，然后率领部下数万人等待伏波将军路博德到来一同前进。杨仆为前导，到达南越国都城番禺。南越王赵建德、丞相吕嘉等据城垣坚守。杨仆屯兵城东南面，路博德屯兵城西北面。黄昏时，杨仆军攻破南越军，放火烧城。路博德则设下营垒，派人招揽投降官兵，赏给印信、绶带，再命他们去招降同伴。杨仆军猛烈进攻，火烧敌军，南越军被驱赶到路博德营中。黎明时，城中南越人全部投降。赵建德、吕嘉已于半夜逃到海上，路博德派人追击。校尉司马苏弘生擒赵建德，原南越国郎官都稽活捉吕嘉。戈船将军、下濑将军的部队及驰义侯率领的夜郎军尚未赶到，南越国已被剿平。汉朝于是在南越旧地设立南海、苍梧、郁林、合浦、交趾、九真、日南、珠厓、儋耳九郡。大军返回后，汉武帝加封路博德食邑，封杨仆为将梁侯，苏弘为海常侯，都稽为临蔡侯；南越降将原苍梧王赵光等四人也都被封为列侯。

公孙卿在河南等候神仙降临，声称在缑氏城上看到了神仙脚印。春季，汉武帝刘彻亲自来到缑氏城观看神仙脚印，问公孙卿说："你不是想效法少翁、栾大吧？"公孙卿说："神仙无求于人间帝王，而人间帝王有求于他。如果求神之道时间不从容，神仙就不会来。说到神仙之事，似乎很遥远荒诞，但积够了岁月，神仙就可请到。"汉武帝相信了他的话。于是，各郡国都扩建人员途径，修缮宫观和名山的神祠，希望有神仙驾临。

为感谢神仙保佑征服南越，祭祀泰一神和后土神，并开始使用以音乐伴奏的舞蹈。

驰义侯征调南夷各部族的军队，想让他们去攻打南越时，且兰首领害怕率军远离后相邻部族会乘机掳掠本部族的老弱，于是，率领部众背叛汉朝，杀死汉朝使臣和犍为太守。汉朝便征调应去攻打南越的由巴、蜀罪犯组成的八校尉部队，派中郎将郭昌、卫广率领他们，诛杀且兰及邛都、莋都等部族首领，平定了南夷叛乱，并设置牂柯郡。

夜郎原本依赖南越，南越灭亡后，夜郎国君便到长安朝见，汉武帝封夜郎国君为夜郎王。冉駹等部族都非常害怕，纷纷请求臣属于汉朝，由朝廷设官管理。于是，汉朝在邛都设立越巂郡，在莋都设立沈黎郡，在冉駹设立汶山郡，在广汉西部的白马设立武都郡。

当初，东越王余善上书朝廷，请求率兵八千随楼船将军杨仆攻打吕嘉。但军队抵达揭阳后，又以海上风狂浪大为借口，停止前进，抱着向两头观望的态度，暗中

愿便引兵击东越；上以士卒劳倦，不许，令诸校屯豫章、梅岭以待命。余善闻楼船请诛之，汉兵临境，乃遂反，发兵距汉道，号将军驺力等为吞汉将军，入白沙、武林、梅岭，杀汉三校尉。是时，汉使大农张成、故山州侯齿将屯，弗敢击，却就便处，皆坐畏懦诛。余善自称武帝。

上欲复使杨仆将，为其伐前劳，以书敕责之曰："将军之功独有先破石门、寻陿，非有斩将搴旗之实也，乌足以骄人哉！前破番禺，捕降者以为虏，掘死人以为获，是一过也；使建德、吕嘉得以东越为援，是二过也；士卒暴露连岁，将军不念其勤劳，而请乘传行塞，因用归家，怀银、黄，垂三组，夸乡里，是三过也；失期内顾，以道恶为解，是四过也；问君蜀刀价而阳不知，挟伪干君，是五过也。受诏不至兰池，明日又不对。假令将军之吏，问之不对，令之不从，其罪何如？推此心在外，江海之间可得信乎？今东越深入，将军能率众以掩过不？"仆惶恐对曰："愿尽死赎罪！"上乃遣横海将军韩说出句章，浮海从东方往；楼船将军杨仆出武林，中尉王温舒出梅岭，以越侯为戈船、下濑将军，出若邪、白沙，以击东越。

（以上为第九段，写汉军攻灭了反叛的南越王赵建德，在南越旧地设立南海、苍梧、郁林、合浦、交趾、九真、日南、珠厓、儋耳九郡；后东越王余善策应南越反汉，汉朝出兵征伐。）

博望侯既以通西域尊贵，其吏士争上书言外国奇怪利害求使。天子为其绝远，非人所乐往，听其言，予节，募吏民，毋问所从来，为具备人众遣之，以广其道。来还，不能毋侵盗币物及使失指，天子为其习之，辄覆按致重罪，以激怒令赎，复求使，使端无穷，而轻犯法。其吏卒亦辄复盛推外国所有，言大者予节，言小者为副，故妄言无行之徒皆争效之。

其使皆贫人子，私县官赍物，欲贱市以私其利。外国亦厌汉使，人人有言轻重，度汉兵远不能至，而禁其食物以苦汉使。汉使乏绝，积怨至相攻击。而楼兰、车师，小国当空道，攻劫汉使王恢等尤甚，而匈奴

派使者与南越联络。及至汉军攻破南越国都番禺，东越军还未到达。杨仆上书朝廷，请求乘胜攻打东越，汉武帝刘彻因士兵疲劳，没有批准，令各路将领屯兵豫章、梅岭一带等待命令。余善听说杨仆奏请攻打东越，又见汉军屯兵边境，于是造反，派兵到汉军通道上进行抵抗，赐将军驺力等“吞汉将军”称号，率兵进入白沙、武林、梅岭地区，杀死汉军三名校尉。当时，汉朝派大农令张成、原山州侯刘齿率兵屯驻当地，他们不敢出击，反退到安全之处，所以都被以怯懦畏敌的罪名处死。余善自称为武帝。

汉武帝想再派杨仆率兵攻打东越，因杨仆自恃先前的功劳而骄傲，下令责备他说：“你的功劳只是先攻破石门、寻狭而已，实际上并没有斩将夺旗，有什么值得骄傲的呢？先前攻破番禺城，你捕捉归降的人当俘虏，把死人挖出来冒充是战场斩杀，是一错。使赵建德、吕嘉得到东越的外援，是二错。将士们连年暴露于蛮荒之地，你不念及他们的辛劳，却请求乘坐驿车巡行边塞，乘机回家，怀揣金、银印信，垂下三条绶带，向乡里夸耀，是三错。你眷恋妻妾，误了回营日期，却以道路不好走作借口，是四错。问你蜀郡的刀价，你假装不知道，以欺诈手段冒犯君王，是五错。你接受命令而不去兰池宫，第二天也不加以解释。如果你的部下，问他话不回答，命令他也不服从，该当何罪？在外怀有这种心肠，天下还有谁会相信你呢？如今东越军队已深入我国边境，你是否能率领部队补救你的过失呢？”杨仆惶恐地表示：“我愿拼死效力以赎罪！”于是，汉武帝派横海将军韩说从句章出发，渡海从东面进击；楼船将军杨仆从武林出发，中尉王温舒从梅岭出发，派已封侯的南越降将为戈船将军、下濑将军，从若邪、白沙出发，进攻东越。

博望侯张骞因出使西域而获得尊贵的地位之后，他的部下争相上书朝廷，陈说外国的奇异之事和利害关系，要求出使。汉武帝因西域道路极为遥远，一般人不愿前往，所以听从所请，赐给符节，准许招募官吏百姓，不问出身，为他们治装，配备人员后派出，以扩大出使的人员途径。这些人返回时，不可避免地会出现偷盗礼品财物或违背朝廷旨意的现象。汉武帝因他们熟习出使之事，所以治以重罪，以激怒他们，让他们立功赎罪，再次请求出使。这些人反复出使外国，而对犯法之事看得很轻。使臣的随从官吏和士兵也每每盛赞外国事物，会说的被赐予正使符节，不大会说的就封为副使。因此，很多浮夸而无品行的人都争相效法。

这些出使外国的人都是贫家子弟，他们将所带的国家财物据为私有，打算贱卖后私吞利益。西域各国也厌恶每个汉使所说之事轻重不一，估计汉朝军队路远难至，就拒绝为汉使提供食物，给他们制造困难。汉使在缺乏粮食供应的情况下，常常积

奇兵又时遮击之。使者争言西域皆有城邑，兵弱易击。

于是天子遣浮沮将军公孙贺将万五千骑，出九原二千余里，至浮沮井而还；匈河将军赵破奴将万余骑出令居数千里，至匈河水而还；以斥逐匈奴，不使遮汉使，皆不见匈奴一人。乃分武威、酒泉地置张掖、敦煌郡，徙民以实之。

是岁，齐相卜式为御史大夫。式既在位，乃言："郡、国多不便县官作盐铁器，苦恶价贵，或强令民买之；而船有算，商者少，物贵。"上由是不悦卜式。

初，司马相如病且死，有遗书，颂功德，言符瑞，劝上封泰山。上感其言，会得宝鼎，上乃与公卿诸生议封禅。封禅用希旷绝，莫知其仪，而诸方士又言："封禅者合不死之名也，黄帝以上，封禅皆致怪物，与神通，秦皇帝不得上封。陛下必欲上，稍上即无风雨，遂上封矣。"上于是乃令诸儒采《尚书》《周官》《王制》之文，草封禅仪，数年不成。

上以问左内史兒宽，宽曰："封泰山，禅梁父，昭姓考瑞，帝王之盛节也；然享荐之义，不著于《经》。臣以为封禅告成，合祛于天地神祇，唯圣主所由，制定其当，非群臣之所能列。今将举大事，优游数年，使群臣得人人自尽，终莫能成。唯天子建中和之极，兼总条贯，金声而玉振之，以顺成天庆，垂万世之基。"上乃自制仪，颇采儒术以文之。上为封禅祠器，以示群儒，或曰"不与古同"，于是尽罢诸儒不用。上又以古者先振兵释旅，然后封禅。

（以上为第十段，写汉武帝不断派出使者通西域。汉武帝与公卿大臣和儒生们商议封禅之事，数年没有理出个头绪，索性将儒生一律罢斥不用，参照传说的古礼筹备封禅。）

元封元年（辛未，前110年）

冬，十月，下诏曰："南越、东瓯，咸伏其辜；西蛮、北夷，颇未辑睦；朕将巡边垂，躬秉武节，置十二部将军，亲帅师焉。"乃行，自云阳北历上郡、西河、五原，出长城，北登单于台，至朔方，临北河；遣

怨，甚至和各国相互攻击。楼兰、车师两个小国，地处汉朝通往西域的通道上，攻击汉使王恢等尤其厉害，匈奴军队也时常阻拦袭击汉使。使臣们争相报告朝廷，说西域各国都有城镇，兵力单弱，容易攻击。

于是，汉武帝派浮沮将军公孙贺率领骑兵一万五千人从九原出塞两千多里，至浮沮井而还；又派匈河将军赵破奴率领骑兵一万多人从令居出塞数千里，至匈河水而还，目的是为了驱逐匈奴，让汉使不受阻拦，但没有遇到一个匈奴人。于是，分割武威、酒泉二郡土地，增设张掖、敦煌二郡，迁移内地民众充实该地。

这一年，齐相卜式升任为御史大夫。卜式到任后，说道："各郡国对盐铁由官府专营多感不便，官府专营的盐铁产品质次价高，有时还强迫民众购买，船只也要交纳算赋，所以经商的人少，物价昂贵。"汉武帝刘彻因此不再喜欢卜式。

当初，司马相如病重将死，临终时留下遗书，称颂汉武帝的功德，并谈及祥瑞之事，劝汉武帝到泰山封禅，祭祀天地。汉武帝深受感动，适逢获得宝鼎，他便与公卿大臣和儒生们商议封禅之事。天子封禅泰山，自古以来是极为少见的事，又久未兴行，没有人懂得它的礼仪。方士们认为："封禅的意义就是不死。黄帝以前的君王，封禅都招来怪物，以与神灵相通，而秦始皇就未能在泰山顶上祭天。皇上如果一定要登泰山，就应缓缓前进，如无风雨，就可以登上泰山山顶举行祭天大典了。"于是，汉武帝命儒生们采用《尚书》《周官》《王制》等书的记载，草拟封禅的礼仪。但数年之后，还未拟出。

汉武帝询问左内史兒宽的意见，兒宽说："在泰山祭天，在梁父山祭地，显扬祖先的姓氏，考求上天的瑞应，是帝王的盛典，但献礼的仪式，经书中却无记载。我认为，封禅典礼的完成，意味着同天地神灵的联系，只有圣明的君王才能制定适当的礼仪，而非臣下所能拟就。如今将要举行大典，已经拖了数年时间，使群臣人人各自尽了全力，却始终未能拟出。只有天子才能掌握中正平和的最高原则，综合条理各种头绪，发出金玉般的声音，以顺利促成这一天下最大的庆典，作为万世遵奉的法则。"于是，汉武帝自定礼仪，多采用儒家学说加以修饰；又制作封禅用的祭器，拿给儒生们观看，有的儒生说："与古代的不一样。"于是，汉武帝将儒生一律罢斥不用。又按着古代的做法，首先振奋军威，显示太平，然后举行封禅大典。

汉武帝元封元年（辛未，前 110 年）

冬季，十月，汉武帝发布命令说："南越、东瓯都已受到应有的惩罚，而西蛮、北夷尚未平服和睦。我将巡视边疆，亲自主持武道，设置十二路将军，由我统率。"于是，汉武帝离京出巡，自云阳向北，经上郡、西河、五原，出长城，再向北登单

使者郭吉告单于曰："南越王头已县于汉北阙。今单于能战，天子自将待边；不能，即南面而臣于汉，何徒远走亡匿于幕北寒苦无水草之地，毋为也！"语卒而单于大怒，立斩主客见者，而留郭吉，迁之北海上。然匈奴亦詟，终不敢出。

上乃还，祭黄帝冢桥山，释兵须如。上曰："吾闻黄帝不死，今有冢，何也？"公孙卿曰："黄帝已仙上天，群臣思慕，葬其衣冠。"上叹曰："吾后升天，群臣亦当葬吾衣冠于东陵乎？"乃还甘泉，类祠太一。

上以卜式不习文章，贬秩为太子太傅，以兒宽代为御史大夫。

汉兵入东越境，东越素发兵距险，使徇北将军守武林。楼船将军卒钱塘辕终古斩徇北将军。故越衍侯吴阳以其邑七百人反攻越军于汉阳。越建成侯敖与繇王居股杀余善，以其众降。上封终古为御儿侯，阳为卯石侯，居股为东成侯，敖为开陵侯；又封横海将军说为按道侯，横海校尉福为缭嫈侯，东越降将多军为无锡侯。上以闽地险阻，数反覆，终为后世患，乃诏诸将悉其民徙于江、淮之间，遂虚其地。

春，正月，上行幸缑氏，礼祭中岳太室，从官在山下闻若有言"万岁"者三。诏祠官加增太室祠，禁无伐其草木，以山下户三百为之奉邑。

上遂东巡海上，行礼祠八神。齐人之上疏言神怪、奇方者以万数，乃益发船，令言海中神山者数千人求蓬莱神人。公孙卿持节常先行，候名山，至东莱，言："夜见大人，长数丈，就之则不见，其迹甚大，类禽兽云。"群臣有言："见一老父牵狗，言'吾欲见巨公'，已忽不见。"上既见大迹，未信，及群臣又言老父，则大以为仙人也，宿留海上；与方士传车及间使求神仙，人以千数。

夏，四月，还，至奉高，礼祠地主于梁父。

乙卯，令侍中儒者皮弁、搢绅，射牛行事，封泰山下东方，如郊祠泰一之礼。封广丈二尺，高九尺，其下则有玉牒书，书秘。礼毕，天子

于台，直至朔方，来到北河，派使臣郭吉通告匈奴单于说："南越王的人头已经悬挂到大汉皇宫的北门阙上。如今单于如果能战，天子亲自率军在边境等候；如果不能战，就应归降大汉，为什么偏要远远地逃避到大沙漠以北的寒冷、困苦而又缺乏水草的地方呢？实在是没意思！"话音一落，单于大怒，立即将引见郭吉的官员斩首，同时扣留郭吉，将他迁移到北海之边。但此时匈奴也已丧失斗志，始终未敢出战。

于是，汉武帝起驾回朝，在桥山祭黄帝陵，行至须如，将征调的士兵遣散。汉武帝问道："我听说黄帝长生不老，可如今有他的陵墓，这是为什么呢？"公孙卿回答说："黄帝成仙升天以后，群臣想念他，所以建陵，将他的衣冠埋葬。"汉武帝叹道："我将来升天后，群臣也会把我的衣冠葬在东陵吗？"回到甘泉宫，祭祀太一神。

汉武帝因卜式不善文辞，将其降为太子太傅，命兒宽代替卜式为御史大夫。

汉军进入东越，东越王余善早已派兵占据了险要地带，并命徇北将军镇守武林。杨仆部下士兵、钱塘人辕终古将徇北将军斩杀。原东越衍侯吴阳率领当地武装七百人背叛东越王，在汉阳进攻东越军队。名叫"敖"的东越建成侯与繇王骆居股杀死东越王余善，率众归降。汉武帝封辕终古为御侯，吴阳为卯石侯，骆居股为东成侯，敖为开陵侯；又封横海将军韩说为按道侯，横海校尉福为缭嫈侯，东越降将多军为无锡侯。汉武帝因闽越地区地势险恶，其人反复无常，多次与汉朝为敌，终究是后世祸患，于是，命令各路将领将当地人全部迁到江淮一带。于是，闽越地区成为荒无人烟的地方。

春季，正月，汉武帝出巡到缑氏城，祭祀中岳太室，随从官员在山下似乎听到有声音连呼三次"万岁"。汉武帝命令主管祭祀的官员扩建太室祭祠，禁止砍伐山上草木，又将山下三百户百姓作为供奉太室的奉邑。

汉武帝东巡大海，祭祀八位神仙。齐人上书陈述神怪之事和奇异方术的数以万计，于是，汉武帝增派船只，命令声称海中有仙山的数千人出海寻找蓬莱神仙。公孙卿常携带天子符节，先行前往名山等候神仙驾临，行至东莱，声称："夜中见一巨人，身高数丈，凑上前去，却又看不见了，所留脚印甚为巨大，类似禽兽的蹄迹。"群臣中又有人说道："看到一位老翁，手中牵着一条狗，说：'我想见天子。'说完，忽然踪迹全无。"汉武帝亲自察看了巨大脚印，但还未相信；及至听说老翁之事，才认定就是神仙，于是留宿海边，供给方士驿马车辆，随时访求神仙踪迹。寻仙之人，数以千计。

夏季，四月，汉武帝起驾还朝，到达奉高，在梁父祭祀地主神。

四月十九日乙卯，汉武帝令担任侍中的儒家学者戴鹿皮帽，将笏板用丝带系在腰间，参加射牛仪式。在泰山东坡之下祭祀天神，如同祭祀泰一神的礼仪。祭坛宽

独与侍中、奉车都尉霍子侯上泰山，亦有封，其事皆禁。明日，下阴道。

丙辰，禅泰山下址东北肃然山，如祭后土礼，天子皆亲拜见，衣尚黄，而尽用乐焉。江、淮间茅三脊为神藉，五色土益杂封。其封禅祠，夜若有光，昼有白云出封中。

天子从禅还，坐明堂，群臣更上寿颂功德。诏曰："朕以眇身承至尊，兢兢焉惟德菲薄，不明于礼乐，故用事八神，遭天地况施，著见景象，屑然如有闻，震于怪物，欲止不敢，遂登封泰山，至于梁父，然后升禮肃然自新，嘉与士大夫更始，其以十月为元封元年。行所巡至，博、奉高、蛇丘、历城、梁父，民田租逋赋，皆贷除之，无出今年算。赐天下民爵一级。"又以五载一巡狩，用事泰山，令诸侯各治邸泰山下。

天子既已封泰山，无风雨，而方士更言蓬莱诸神若将可得，于是上欣然庶几遇之，复东至海上望焉。上欲自浮海求蓬莱，群臣谏，莫能止。东方朔曰："夫仙者，得之自然，不必躁求。若其有道，不忧不得；若其无道，虽至蓬莱见仙人，亦无益也。臣愿陛下第还宫静处以须之，仙人将自至。"上乃止。

会奉车霍子侯暴病，一日死。子侯，去病子也，上甚悼之；乃遂去，并海上，北至碣石，巡自辽西，历北边，至九原。五月，乃至甘泉。凡周行万八千里云。

（以上为第十一段，写汉军攻下东越，将民众迁到江淮地区；汉武帝巡边，向匈奴单于炫耀武力；派遣方士出海寻找蓬莱神仙；登泰山祭祀天神，至梁父，在肃然山升坛祭祀地神。）

先是，桑弘羊为治粟都尉，领大农，尽管天下盐铁。弘羊作平准之法，令远方各以其物如异时商贾所转贩者为赋而相灌输。置平准于京师，都受天下委输。大农诸官，尽笼天下之货物，贵即卖之，贱则买之，欲使富商大贾无所牟大利，而万物不得腾踊。

一丈二尺，高九尺，坛下埋藏着汉武帝给神仙的玉牒书，内容隐秘。祭祀仪式结束后，汉武帝独自与侍中、奉车都尉霍子侯一起登上泰山，再行祭天之礼，一切过程都秘不示人。第二天，君臣从北道下山。

四月二十日丙辰，汉武帝在泰山脚下东北部的肃然山祭祀地神，如同祭祀后土神之礼，汉武帝身穿黄色衣服，在音乐的伴奏下一一亲自磕拜，用江淮地区出产的三棱茅草作为供神祭品的衬垫，用五种颜色的泥土相间做祭坛。在祭祀天地的神祠中，夜间仿佛有光，白天有白云从坛中产生。

汉武帝祭完地神之后，回到奉高，坐在明堂中，众大臣轮番上前歌功颂德，上寿祝福。汉武帝下令说："我以渺小的身躯，继承至尊高位，兢兢业业，唯恐德才不足，不懂得礼乐，所以供奉八神，祈求庇护。蒙天地神灵恩赐祥瑞，目有所见，耳有所闻，震惊于其事怪异，想阻止却又不敢，于是登泰山祭祀天神，至梁父，然后在肃然山升坛祭祀地神，反省自新，与士大夫一起吉祥地开始新的生活。十月，改年号为元封元年。此次巡行所到之博县、奉高、蛇丘、历城、梁父等地，一概免除百姓的田租及欠交的赋税，不收今年的算赋。并赐天下有爵百姓擢升一级。"又规定："天子每五年巡游一次，至泰山祭祀，各诸侯封国都要在泰山脚下修建官邸。"

汉武帝在泰山祭祀了天地，并无风雨，而方士们更加强调蓬莱山的神仙大概能够请到，于是，汉武帝再次东至海边，兴高采烈地盼望能遇到神仙。汉武帝打算亲自乘船出海去寻找蓬莱仙山，群臣劝谏，但无人能够阻止。东方朔说："与神仙相遇，要出于自然，不必急躁强求。若是有道，就不愁遇不到；如果无道，纵然是到了蓬莱山，见到神仙，也没有益处。我希望皇上只管回到宫中，安静地等待，神仙自会降临。"汉武帝这才打消了出海的念头。

正巧奉车都尉霍子侯突然生重病，一日之内死去。霍子侯是霍去病的儿子，汉武帝刘彻非常难过，于是，起驾离去，沿海岸北上至碣石，自辽西巡视北部边疆到九原，五月回到甘泉。此次出巡绕了一个大圈，行程共一万八千里。

当初，桑弘羊以治粟都尉的身份兼任大农令，主持全国的盐铁专营事务。桑弘羊创立平准法，令相距较远的地方官府以各自的特产作为贡赋，参考商人在不同时期向不同地区转贩不同商品的做法，相互转输。又在京师设立平准官，负责全国各地的转输事务。大农令所属各官，控制天下全部货物，价高时卖出，价低时买进，目的是让大商人无法牟取暴利，使各种货物的价格不能高涨。

至是，天子巡狩郡县，所过赏赐，用帛百余万匹，钱金以巨万计，皆取足大农。弘羊又请吏得入粟补官及罪人赎罪。山东漕粟益岁六百万石，一岁之中，太仓、甘泉仓满，边余谷，诸物均输，帛五百万匹，民不益赋而天下用饶。于是弘羊赐爵左庶长，黄金再百斤焉。

是时小旱，上令官求雨。卜式言曰："县官当食租衣税而已，今弘羊令吏坐市列肆，贩物求利。烹弘羊，天乃雨。"

秋，有星孛于东井，后十余日，有星孛于三台。望气王朔言："候独见填星出如瓜，食顷，复入。"有司皆曰："陛下建汉家封禅，天其报德星云。"

齐怀王闳薨，无子，国除。

（以上为第十二段，写汉武帝重用桑弘羊，以治粟都尉身份兼任大司农，主持全国盐铁专营事务，实行均输、平准，实施一年大有成效，"民不益赋而天下用饶"。）

如今，汉武帝出巡各地，所到之处，赏赐丝织品共一百多万匹，金钱以万万计，都由大农令充分供应。桑弘羊又奏请汉武帝批准，小吏可以用捐献粮食的办法升为官员，犯罪的人也可以用此法来赎罪。因此，崤山以东地区一年的漕粮比规定数目多出六百万石，一年之间，太仓、甘泉仓全部贮满，边塞地区的粮食也有盈余；各种物品互相转运，调剂余缺赢利，单丝织品每年就有五百万匹的赢利。民众的赋税没有增加，而国家的用度富饶有余。于是，汉武帝赐给桑弘羊左庶长爵位和二百斤黄金。

这时，发生小规模的旱灾，汉武帝命令官员求雨。卜式说道："朝廷的衣食供应全靠赋税，如今桑弘羊却让官吏们坐在市场店铺之中，贩卖货物，追求利润。只有烹杀桑弘羊，老天爷才会下雨。"

秋季，有异星出现在井宿。十几天后，三台星旁又出现异星。善观星象的王朔说道："观测时只看到土星独自出现，形状似瓜，一顿饭工夫后消失。"有关官员都说："皇上开创汉朝天子封禅纪录，上天用'德星'回报皇上。"

齐王刘闳去世，因没有儿子，封国被撤销。

【点评】

论桑弘羊。桑弘羊，是汉武帝时期的财政大臣。他出身于商人家庭，十三岁就以精于心算而入侍宫中，为朝廷做事。在汉武帝的大力支持下，他先后推行了算缗、告缗、盐铁官营、均输、平准、币制改革、酒类专卖等经济政策。这些措施的施行，都在不同程度上取得了成功，大大增加了政府的财政收入，为汉武帝继续推行文治武功事业奠定了雄厚的物质基础。对此，历来褒贬不一，否定者，说汉武帝“用贾人桑弘羊之说，买贱卖贵，谓之均输，于时商贾不行，盗贼滋炽，几至于乱”；肯定者，说“行均输、平准之法，尽笼天下之货，卖贵买贱，以均民用，而利国家，率收国饶民足之效”，是“益国利民，不朽之术”，“桑弘羊者，不可少也”。桑弘羊的历史功绩和是非功过，究竟如何评价？

首先，汉武帝推行文治武功，用兵四夷，需要桑弘羊这样杰出的理财能手。汉兴七十多年，实行无为而治，让民众休养生息，积累了大量的财富。汉武帝即位后，转换治国方略，对北方曾经强盛一时而不断骚扰边境的匈奴民族，由战略防御转入战略进攻，主动出击，大将军卫青、骠骑将军霍去病率领军队数次深入匈奴境内，取得了辉煌的胜利。同时，进行了经略西南，攻灭南越、东瓯以及朝鲜的战争。这些，都需要国家财力来支撑，前期主要靠文景时期的积累，而到了中后期，国家财力到了捉襟见肘的地步，消耗无已，国库空虚，面临着力不能支、国将不国的窘境。这时候，桑弘羊等人应时而出，采取了一系列的财政经济措施，充实了国家财力，解除了财政危机，帮助汉朝度过了危机。由此可以看出，桑弘羊为国理财，是时代的需要，是国家的需要。

其次，桑弘羊具有杰出的经济思想和过人的理财能力，他所推行的各项财政措施，都取得了显著的效果。汉武帝进行全国总动员，采取了各种各样的理财措施，这其中有不少是御史大夫张汤的主张，也有些是孔仅、东郭咸阳等人所实施的，而桑弘羊则是继他们之后，予以继续推行，并又采取了一些新的措施，如实行机构改革，推行盐铁官营、均输平准，实行纳粟拜爵、补官及赎罪政策，以及后来的酒类专卖，成效显著，有力地打击了富商大贾的势力，减轻了人民的负担，增加了政府的财政收入，在一定程度上做到了“民不益赋而天下用饶”。

再次，桑弘羊将国家理财做到这种登峰造极的地步，是源于他进步的财政经济思想。人们常说，思维决定作为，思路决定财路，诚然有理。在桑弘羊看来，农业并非财富的唯一源泉，商业同样是财富的源泉。虽然商业不能直接创造财富，但它却可以带动和刺激其他产业的发展，在很大程度上有助于创造财富。桑弘羊认为，商品流通可以“均有无而通万物”，可以解决各地的资源过剩和短缺；如果商品缺乏流通，那么，许多物资无法交易，必然给人民生活带来极大的不便。桑弘羊在京师

设立平准机构，稳定京师物价，当某种商品价格上涨时就贱价抛售；某种商品价格低廉时就加以购买，说明这时已经开始运用市场价值规律来稳定物价了。

最后，桑弘羊具有经济改革的强烈意识，在汉武帝的强力支持下，有力地实施各种财政措施。历史上秦国在秦孝公时的商鞅改革，促进了秦国的发展，为秦国的强盛以及后来的统一天下奠定了坚实的基础。而桑弘羊则是进行一系列的经济改革，首要的是进行产业方面的改革，将盐、铁、酒三大支柱产业收归国营，充实了国家财政；又进行了流通方面的改革，由国家来控制商品的批发与零售价格，进而控制商品的流通渠道，将流通过程中产生的利益归于国家财政。同时，进行了税制改革，征收财产税，鼓励告发漏税，有效地抑制了土地兼并。这几项改革措施，都有利于平抑社会贫富悬殊的矛盾，壮大国家经济实力，从经济上加强中央集权，巩固统一，遏止了富商大贾和豪强兼并势力的发展。

改革，就是要做前人没有做过的事情，走前人没有走过的路，有时候需要“交学费”，改革者也需要付出沉痛的代价。纵观历史上的改革者，几乎都没有好的下场，改革事业成功了，个人却身败名裂了，或者是身败而名不裂。桑弘羊也是如此。由于桑弘羊推行一系列官营政策，国家几乎完全控制了生产、销售和市场，地主官僚、贵族和商贾，以及一些思想观念陈旧的大臣，都强烈反对和抵制这些政策。在当时，就有“烹弘羊，天乃雨”的恶言，好像桑弘羊是天下最恶毒的人，必欲置之死地而方休。汉武帝去世后，桑弘羊的改革措施遭到清算，后来甚至被牵连到政变而被灭族。悲哉，哀哉！

总之，桑弘羊在长达近三十年的时间里，秉持工商富国思想，极力主张和践行工商官营，主持或参与制定一系列的财政经济政策和制度，为汉武帝的文治武功奠定了雄厚的物质基础，在中国是一个有着重要地位和影响的历史人物。即使将其称为“兴利之臣”，也应当是褒义的，应予以赞扬和肯定。当然，桑弘羊的经济举措，也带来了一些负面影响，这是不须讳言的。

汉纪十三

汉武帝元封二年至天汉二年（前 109—前 99 年）

【起玄黓涒滩（壬申，前 109 年），尽玄黓敦牂（壬午，前 99 年），凡十一年】

【大事提要】

本卷记事起公元前 109 年，讫公元前 99 年，凡十一年，当汉武帝元封二年至天汉二年。本卷所载的大事，主要是以下几个方面。其一，平定朝鲜。朝鲜王卫右渠依仗地势险固，与汉朝发生冲突，不肯依附汉朝。公元前 109 年，汉武帝派遣荀彘、杨仆水陆两路大军，发动对卫氏朝鲜的大规模进攻，卫右渠据城防守，汉军攻入其首府王险城，灭亡了卫氏朝鲜政权，设置玄菟、乐浪、临屯、真番四郡。其二，联姻乌孙。西域乌孙了解到汉朝国富兵强以后，愿与汉朝联姻，借汉朝以自重。汉武帝以宗室刘建之女细君为公主下嫁昆莫，赠送甚丰。细君为人懦弱，年事已高的昆莫出于善意，劝她改嫁孙子军须靡。细君请示汉武帝，汉朝廷命其遵照乌孙习俗行事。其三，西征大宛。大宛以产汗血马闻名。汉武帝欲改良马种，遣使求购而遭拒，便以李广利为贰师将军，率领数万人西攻大宛。因道远饥疲，半途被郁成王击败；后又二次西征，队伍庞大，大宛贵族杀王投降。汉军挑选了好马几十匹，李广利因远征封海西侯。其四，苏武牧羊。公元前 100 年，苏武奉命以中郎将身份持节出使匈奴，因匈奴上层发生内乱，牵连到苏武一行，苏武被扣留下来，单于许以高官厚禄，要求他背叛汉朝，臣服匈奴。苏武心比磐石坚，宁死不屈。匈奴单于就把苏武囚禁起来，后将他迁送到北海边牧羊。其五，李陵之祸。李广之孙、骑都尉李陵带领步兵五千人出居延，孤军深入浚稽山，与匈奴单于遭遇。匈奴以八万骑兵围攻李陵。经过八昼夜战斗，李陵斩杀了一万多匈奴骑兵，但由于没有后援，结果矢尽粮绝，不幸被俘，然后投降。司马迁为其说情，被判处宫刑。

【原文】

世宗孝武皇帝下之上

元封二年（壬申，前 109 年）

冬，十月，上行幸雍，祠五畤，还，祝祠泰一，以拜德星。

春，正月，公孙卿言："见神人东莱山，若云欲见天子。"天子于是幸缑氏城，拜卿为中大夫，遂至东莱，宿留之，数日，无所见，见大人迹云。复遣方士求神怪，采芝药，以千数。

时岁旱，天子既出无名，乃祷万里沙。夏，四月，还，过祠泰山。

初，河决瓠子，后二十余岁不复塞，梁、楚之地尤被其害。是岁，上使汲仁、郭昌二卿发卒数万人塞瓠子河决。天子自泰山还，自临决河，沈白马、玉璧于河，令群臣、从官自将军以下皆负薪，卒填决河。筑宫其上，名曰宣防宫。导河北行二渠，复禹旧迹，而梁、楚之地复宁，无水灾。

上还长安。

初令越巫祠上帝、百鬼，而用鸡卜。

公孙卿言仙人好楼居，于是上令长安作蜚廉、桂观，甘泉作益寿、延寿观，使卿持节设具而候神人。又作通天茎台，置祠具其下。更置甘泉前殿，益广诸宫室。

初，全燕之世，尝略属真番、朝鲜，为置吏，筑障塞。秦灭燕，属辽东外徼。汉兴，为其远难守，复修辽东故塞，至浿水为界，属燕。燕王卢绾反，入匈奴。燕人卫满亡命，聚党千余人，椎髻、蛮夷服而东走出塞，渡浿水，居秦故空地上下障，稍役属真番、朝鲜蛮夷及燕亡命者王之，都王险。

会孝惠、高后时，天下初定，辽东太守即约满为外臣，保塞外蛮夷，无使盗边；诸蛮夷君欲入见天子，勿得禁止。以故满得以兵威财物侵降其旁小邑，真番、临屯皆来服属，方数千里。传子至孙右渠，所诱汉亡人滋多，又未尝入见，辰国欲上书见天子，又雍阏不通。

【语译】

世宗孝武皇帝下之上

汉武帝元封二年（壬申，前109年）

冬季，十月，汉武帝巡幸至雍地，于五畤祭祀天神。回长安后，祭祀泰一神，并跪拜“德星”。

春季，正月，公孙卿报告说：“在东莱山看到神仙，他好像说要见天子。”于是，汉武帝前往缑氏城，封公孙卿为中大夫，到东莱住了几天，却没有见到神仙，只看到了巨人的足迹。汉武帝又派出数以千计的方士去寻访神仙，采摘灵芝。

当时正逢旱灾，汉武帝外出巡游没有理由，便去祭祀万里沙神庙。夏季四月，返回长安，中途祭祀泰山。

先前，黄河在瓠子决口，后二十多年没有将决口堵塞，梁、楚一带地方受害最深。这一年，汉武帝派大臣汲仁、郭昌二人征调数万人堵塞瓠子决口。汉武帝从泰山回长安途中，亲自到黄河决口处视察，将白马、玉璧沉入河中，命随驾群臣和扈从官员自将军以下一律背负柴薪，终于将决口堵住。汉武帝命人在原决口处兴建宫室一座，名叫“宣防宫”。又开挖两条渠道，将黄河导入北行的两条河渠，恢复大禹治水时的旧状，梁、楚地区又安宁了，从此不受水灾之害。

汉武帝回到长安。

汉武帝开始命令越族巫师祭祀上帝和众鬼，并使用杀鸡来进行占卜。

公孙卿说，神仙喜欢住在楼上。于是汉武帝命人在长安兴建蜚廉观、桂观，在甘泉兴建益寿观、延寿观，派公孙卿携带皇帝符节，布置好全部设备，恭候神仙降临。又兴建通天茎台，在台下摆设祭祀器具，兴建甘泉宫前殿，并对其他各处宫室进行扩建。

当初，燕国全盛之时，曾经占领真番、朝鲜为属地，设置官吏，修筑边防要塞。秦朝灭掉燕国之后，这一带成为辽东郡的外部边界。汉朝兴起后，因该地遥远，难于守御，所以只重修了辽东地区的原有边塞，以浿水作为边界，属燕国管辖。燕王卢绾谋反后，逃入匈奴，燕国人卫满聚集亲信一千多人，头梳发髻，身穿蛮夷服装向东逃出边塞，渡过浿水，占据秦时旧有空地，自立为王，逐渐将真番、朝鲜的蛮夷部族和从燕国逃出的人归于自己的统治之下，建都王险。

到了汉惠帝、汉太后时期，因天下刚刚安定不久，辽东太守便与卫满约定：由卫满作为汉朝的外臣，保护汉朝边塞之外的蛮夷部族不对汉朝边塞进行侵扰；如果各蛮夷部族的首领要到汉朝觐见天子，卫满不得禁止。因此，卫满得以利用兵威和财物侵略和降服周围弱小部族，真番、临屯都来臣服归属，使其统治地域扩大到方

是岁，汉使涉何诱谕，右渠终不肯奉诏。何去至界上，临浿水，使御刺杀送何者朝鲜裨王长，即渡，驰入塞，遂归报天子曰：“杀朝鲜将。”上为其名美，即不诘，拜何为辽东东部都尉。朝鲜怨何，发兵袭攻杀何。

六月，甘泉房中产芝九茎，上为之赦天下。

上以旱为忧，公孙卿曰：“黄帝时，封则天旱，乾封三年。”上乃下诏曰：“天旱，意干封乎！”

秋，作明堂于汶上。

上募天下死罪为兵，遣楼船将军杨仆从齐浮渤海，左将军荀彘出辽东，以讨朝鲜。

初，上使王然于以越破及诛南夷兵威喻滇王入朝。滇王者，其众数万人，其旁东北有劳深、靡莫，皆同姓相杖，未肯听。劳深、靡莫数侵犯使者吏卒。于是上遣将军郭昌、中郎将卫广发巴、蜀兵击灭劳深、靡莫，以兵临滇。滇王举国降，请置吏入朝，于是以为益州郡，赐滇王王印，复长其民。

是时，汉灭两越，平西南夷，置初郡十七，且以其故俗治，毋赋税。南阳、汉中以往郡，各以地比，给初郡吏卒奉食、币物、传车、马被具。而初郡时时小反，杀吏，汉发南方吏卒往诛之，间岁万余人，费皆仰给大农。大农以均输、调盐铁助赋，故能赡之。然兵所过，县为以訾给毋乏而已，不敢言擅赋法矣。

是岁，以御史中丞南阳杜周为廷尉。周外宽，内深次骨，其治大放张汤。时诏狱益多，二千石系者，新故相因，不减百余人；廷尉一岁至千余章，章大者连逮证案数百，小者数十人，远者数千，近者数百里会狱。廷尉及中都官诏狱逮至六七万人，吏所增加，十万余人。

（以上为第一段，写汉武帝派大臣汲仁、郭昌征调数万人堵塞瓠子决口，梁、楚

圆数千里。王位传到卫满的孙子卫右渠时，卫氏朝鲜招降的汉朝逃亡之人越来越多，而卫右渠又从来未到长安朝见过汉朝天子。辰国国君想要上书汉朝，觐见汉天子，也因卫氏朝鲜的阻隔而不得通行。

汉朝于这一年派使臣涉何前去劝诱卫右渠，但卫右渠却不肯接受命令。涉何离开朝鲜，来到边界，在沨水河边，命驾车人将护送他的朝鲜副王长官刺杀，然后立即渡过沨水，驰入汉朝边塞，回来报告汉武帝刘彻说："杀死了朝鲜将领。"汉武帝认为他有杀朝鲜人的美名，未加责问，任命他为辽东东部都尉。朝鲜怨恨涉何，派兵攻击辽东，将涉何杀死。

六月，甘泉宫斋房中长出九茎灵芝。为此，汉武帝下令实行大赦。

汉武帝因为旱灾而忧虑，公孙卿说："黄帝时，封祀后便出现大旱，使封土干了三年。"汉武帝于是发布命令说："天旱，其意旨是要使封土晒干吧！"

秋季，在汶水边兴建明堂。

汉武帝下令招募天下犯有死罪的人当兵，由楼船将军杨仆率领，从齐国渡过渤海；左将军荀彘从辽东出发，征讨朝鲜。

当初，汉武帝派王然于利用南越败亡的事例和诛平南夷的兵威劝告滇国国王入朝归附。滇王拥有数万部众，邻近的东北方又有与之同姓的劳深、靡莫两国相互支持，所以不肯听从汉朝的招呼。劳深、靡莫两国还多次侵袭汉朝使臣部下。于是，汉武帝派将军郭昌、中郎将卫广征调巴蜀地区的军队灭掉劳深、靡莫两国，兵临滇国。滇王举国投降，请求汉朝派置官吏，并亲自入朝。汉朝在该地设置益州郡，并赐给滇王王印，命他继续管辖他的百姓。

此时，汉朝先后灭掉了南越和东越，剿平了西南夷各部族，新增设了十七个郡，并仍按当地原有风俗习惯进行治理，不征收赋税。南阳、汉中等原有各郡，则各根据距离的远近，为新设各郡的官吏和士兵提供粮食、钱物、邮传车、马匹及配套用具。由于新设各郡时常发生小规模叛乱，杀死官吏，汉朝便征调南方各郡的官吏士兵前往镇压，一年间征调的官吏士兵有一万多人，所需费用全部依靠大农。大农靠调剂各地的物资和盐、铁专卖的所得，补充赋税的不足，所以还可以供应。然而，军队所过之处，地方官府供应军需，只是不使缺乏而已，不敢再提专有赋税的法令了。

这一年，汉武帝任命御史中丞、南阳人杜周为廷尉。杜周外表宽厚，内心却苛刻至极，对事情的处理基本上是效法张汤。当时，长安天牢里的犯人日益增多，二千石官被逮捕囚禁的，旧的未去，新的已来，不下一百多人；廷尉一年要处理的案件达到一千多件。一件大案，受牵连被逮捕或作证的人有几百，小案也有数十人；远的数千里，近的数百里，都要前来对质。廷尉和京中各官府因办理皇帝交下的案

地区恢复安宁；卫氏朝鲜不愿臣服汉朝，汉朝派出两路大军前去征讨；汉朝继续实行严苛的法令、刑罚。）

三年（癸酉，前108年）

冬，十二月，雷；雨雹，大如马头。

上遣将军赵破奴击车师。破奴与轻骑七百余先至，虏楼兰王，遂破车师，因举兵威以困乌孙、大宛之属。

春，正月，甲申，封破奴为浞野侯。王恢佐破奴击楼兰，封恢为浩侯。于是酒泉列亭障至玉门矣。

初作角抵戏、鱼龙曼延之属。

汉兵入朝鲜境，朝鲜王右渠发兵距险。楼船将军将齐兵七千人先至王险。右渠城守，窥知楼船军少，即出城击楼船；楼船军败散，遁山中十余日，稍求退散卒，复聚。左将军击朝鲜浿水西军，未能破。天子为两将未有利，乃使卫山因兵威往谕右渠。右渠见使者，顿首谢："愿降，恐两将诈杀臣，今见信节，请复降。"遣太子入谢，献马五千匹，及馈军粮；人众万余，持兵方渡浿水。使者及左将军疑其为变，谓太子："已服降，宜令人毋持兵。"太子亦疑使者、左将军诈杀之，遂不渡浿水，复引归。山还报天子，天子诛山。

左将军破浿水上军，乃前至城下，围其西北，楼船亦往会，居城南。右渠遂坚守城，数月未能下。左将军所将燕、代卒多劲悍，楼船将齐卒已尝败亡困辱，卒皆恐，将心惭，共围右渠，常持和节。左将军急击之。朝鲜大臣乃阴间使人私约降楼船，往来言尚未肯决。左将军数与楼船期战，楼船欲就其约，不会。左将军亦使人求间隙降下朝鲜，朝鲜不肯，心附楼船，以故两将不相能。左将军心意楼船前有失军罪，今与朝鲜私善，而又不降，疑其有反计，未敢发。

天子以两将围城乖异，兵久不决，使济南太守公孙遂往正之，有便宜得以从事。遂至，左将军曰："朝鲜当下，久之不下者，楼船数期不

件而逮捕的人有六七万，再经过法官狱吏的牵连攀扯，增加到十万多人。

汉武帝元封三年（癸酉，前108年）

冬季，十二月，打雷；天降冰雹，像马头一般大小。

汉武帝派遣将军赵破奴攻击西域车师国。赵破奴率领七百多名轻骑兵先到西域，生擒楼兰王，然后大破车师国，并乘机以兵威逼迫乌孙、大宛等国。

春季，正月，甲申（疑误），汉武帝封赵破奴为浞野侯。王恢因辅佐赵破奴攻袭楼兰国，被封为浩侯。于是，从酒泉到玉门都有汉朝设立的边防要塞。

角抵戏、鱼龙、曼延之类的杂技游戏开始兴起。

汉军进入朝鲜境内，朝鲜王卫右渠派兵占据险要之地进行抵抗。楼船将军杨仆率领齐国军队七千人先行抵达王险。卫右渠据城坚守，探知杨仆兵力单薄，便出城袭击杨仆。杨仆军兵败溃散，逃入山中十几天，后逐渐找回溃散的士兵重新聚集起来。左将军荀彘率部攻击朝鲜浿水西面的军队，未能攻破。汉武帝因为两位将军未能取胜，便派卫山前往朝鲜，用军事压力劝谕卫右渠归顺。卫右渠会见卫山，磕头道歉，说道："我愿意归降，但害怕两位将军用诈术杀我；如今见到天子信节，所以请求再次归降。"卫右渠派太子前往汉朝谢罪，并献马五千匹，又为汉军提供军粮。朝鲜太子率众一万多人，手持武器，将要渡过浿水，卫山和荀彘疑心要生出变故，便对太子说："既然已经归降，应命你手下人不要携带兵器。"太子也怕卫山和荀彘用计杀他，于是不肯渡水，带人返回。卫山回京报告汉武帝刘彻，汉武帝将卫山诛杀。

荀彘攻破浿水岸上的朝鲜军队，于是向前推进，逼临王险城下，包围城西北。杨仆也率领部众前往会合，屯兵城南。卫右渠坚决守城，汉军一连数月未能攻下。荀彘率领的燕、代地区士兵大多强劲剽悍；而杨仆所率领的齐国士兵因曾遭到败亡困辱，全都心怀恐惧，将领也感到惭愧不安，所以在围困王险城时，常常主张和平解决。荀彘督军猛攻，朝鲜大臣们就暗中派人与杨仆私下商议投降之事。使者往来磋商，还未肯做出决定。荀彘几次和杨仆商约共同作战的日期，但杨仆想与朝鲜私订和约，所以不肯与荀彘会合。荀彘也派人寻找机会劝说朝鲜归降，而朝鲜不肯，而希望向杨仆投降，从而引起荀、杨两位将军的不和。荀彘认为，杨仆先前曾经兵败，犯下丧失所属部队之罪，而今与朝鲜私相友善，而朝鲜又不归降，所以怀疑他有背叛的阴谋，但未敢发动。

汉武帝因为荀彘、杨仆二人包围王险城后行动不一致，军队许久不决战，所以派济南太守公孙遂前往纠正，并授权公孙遂遇事可以相机行事。公孙遂到达后，荀

会。”具以素所意告，曰：“今如此不取，恐为大害。”遂亦以为然，乃以节召楼船将军入左将军营计事，即命左将军麾下执楼船将军，并其军。以报天子，天子诛遂。

左将军已并两军，即急击朝鲜。朝鲜相路人、相韩阴、尼溪相参、将军王唊相与谋曰：“始欲降楼船，楼船今执，独左将军并将，战益急，恐不能与战；王又不肯降。”阴、唊、路人皆亡降汉，路人道死。

夏，尼溪参使人杀朝鲜王右渠来降。王险城未下，故右渠之大臣成已又反，复攻吏。左将军使右渠子长、降相路人之子最告谕其民。诛成已。以故遂定朝鲜，为乐浪、临屯、玄菟、真番四郡。封参为澅清侯，阴为荻苴侯，唊为平州侯，长为几侯，最以父死颇有功，为涅阳侯。

左将军征至，坐争功相嫉乖计，弃市。楼船将军亦坐兵至列口，当待左将军，擅先纵，失亡多，当诛，赎为庶人。

班固曰：玄菟、乐浪，本箕子所封。昔箕子居朝鲜，教其民以礼义，田蚕织作，为民设禁八条，相杀，以当时偿杀；相伤，以谷偿；相盗者，男没入为其家奴，女为婢；欲自赎者人五十万，虽免为民，俗犹羞之，嫁娶无所售。是以其民终不相盗，无门户之闭，妇人贞信不淫辟。其田野饮食以笾豆，都邑颇放效吏，往往以杯器食。郡初取吏于辽东，吏见民无闭臧，及贾人往者，夜则为盗，俗稍益薄，今于犯禁浸多，至六十余条。可贵哉，仁贤之化也！然东夷天性柔顺，异于三方之外。故孔子悼道不行，设浮桴于海，欲居九夷，有以也夫！

秋，七月，胶西于王端薨。

武都氐反，分徙酒泉。

彘说："朝鲜早就应当攻下，所以拖了这么久还未攻下，是因为楼船将军好几次不按照约定的日期会合。"又将平时自己对杨仆的怀疑一一告诉公孙遂，说道："现在这样还不先发制人，恐怕会成大祸。"公孙遂也同意荀彘的看法，便用天子符节召楼船将军杨仆来左将军营中议事，当即命令左将军帐下武士将楼船将军逮捕，并兼并了其所属部队。公孙遂将此事报告汉武帝，汉武帝将公孙遂处死。

左将军荀彘将两支部队合并后，随即加紧对朝鲜发动进攻。朝鲜国相路人、国相韩阴、尼溪相参、将军王唊等相互商议道："当初打算向楼船将军投降，今楼船将军已被逮捕，只有左将军一人指挥汉军，攻击越来越猛烈，恐怕我方无法抵挡，而国王偏又不肯向左将军投降。"于是韩阴、王唊、路人都逃亡，投向汉军大营，路人死于途中。

夏季，尼溪相参派人杀死朝鲜王卫右渠前来投降。汉军尚未开进王险城时，原卫右渠的大臣成已降而复叛，再次进攻汉朝官吏。荀彘命卫右渠的儿子卫长、降相路人的儿子路最劝告朝鲜民众归顺汉朝并诛杀成已。汉朝因此平定朝鲜，设置乐浪、临屯、玄菟、真番四郡。封参为澅清侯，韩阴为荻苴侯，王唊为平州侯，卫长为几侯；路最的父亲路人为降汉而死，颇有功劳，封其为涅阳侯。

左将军荀彘被召回长安，汉武帝以争功相嫉、计谋乖戾的罪名将其当众斩首。楼船将军杨仆也因当初兵至列口时，本应等待与左将军会合却擅自先行，造成很大伤亡，其罪本应斩首，赎身后成为平民。

班固评论说：玄菟、乐浪，本是箕子的封国。当初箕子居住在朝鲜，用礼义教导他的百姓，掌握种田、养蚕、纺织的方法，并为他们制定八条法令。凡杀人的，当即以本人性命相抵；伤人的，用谷物赔偿对方的损失；盗窃的，男子给被盗者做奴，女子做婢；想要自赎其罪的，一人要交赎金五十万钱。虽被免罪为平民，但按风俗仍被人看不起，想结婚都找不到对象。因此，当地百姓始终不偷不盗，不必为防偷盗而关门闭户；女子都守贞节，没有淫乱行为。在乡间，人们都用竹器和木器盛放食物；在城市，人们都仿效官吏的做法，往往用杯盘器皿盛放食物。郡的官员最初是来自辽东，其中有些人和前来经商的商人看到这里的民众不闭门户，便在夜间进行偷盗，使当地淳朴的风俗渐遭破坏，以致如今犯禁者日益增多，法令也增加到六十多条。由此可见，仁人圣贤的教化是多么的可贵啊！然而，东夷民族天性柔顺，与南、西、北三方各民族不同。所以孔子哀痛他的道理不能得到推行时，打算乘筏出海，要到九夷地区去居住，这种想法是有根据的。

秋季，七月，胶西王刘端去世。

武都郡氐族叛乱，汉朝将他们分批迁往酒泉。

（以上为第二段，写朝鲜据城而守，两路汉军将领杨仆和荀彘不和睦，因而久攻不下。后朝鲜内部叛乱，臣下杀其王卫右渠投降，平定朝鲜，以其地置乐浪、临屯、玄菟、真番四郡。荀彘争功被诛杀。）

四年（甲戌，前 107 年）

冬，十月，上行幸雍，祠五畤。通回中道，遂北出萧关。历独鹿、鸣泽，自代而还，幸河东。

春，三月，祠后土，赦汾阴、夏阳、中都死罪以下。

夏，大旱。

匈奴自卫、霍度幕以来，希复为寇，远徙北方，休养士马，习射猎，数使使于汉，好辞甘言求请和亲。汉使北地人王乌等窥匈奴，乌从其俗，去节入穹庐，单于爱之，佯许甘言，为遣其太子入汉为质。

汉使杨信于匈奴，信不肯从其俗，单于曰："故约汉尝遣翁主，给缯絮食物有品，以和亲，而匈奴亦不扰边。今乃欲反古，令吾太子为质，无几矣。"信既归，汉又使王乌往，而单于复谄以甘言，欲多得汉财物，绐谓王乌曰："吾欲入汉见天子面，相约为兄弟。"王乌归报汉，汉为单于筑邸于长安。匈奴曰："非得汉贵人使，吾不与诚语。"

匈奴使其贵人至汉，病，汉予药，欲愈之，不幸而死。汉使路充国佩二千石印绶往使，因送其丧，厚葬直数千金，曰："此汉贵人也。"单于以为汉杀吾贵使者，乃留路充国不归。诸所言者，单于特空绐王乌，殊无意入汉及遣太子。于是匈奴数使奇兵侵犯汉边。乃拜郭昌为拔胡将军，及浞野侯屯朔方以东，备胡。

（以上为第三段，写匈奴经过一段时间的休养生息，又逐渐强大起来，对汉朝不再毕恭毕敬，恰逢匈奴来使不幸去世，便借故生事，侵犯汉朝边界，汉朝派军驻边备胡。）

五年（乙亥，前 106 年）

冬，上南巡狩，至于盛唐，望祀虞舜于九疑。登灊天柱山，自寻阳

汉武帝元封四年（甲戌，前 107 年）

冬季，十月，汉武帝巡游至雍地，于五畤祭祀天神。回中的道路已然打通，于是汉武帝北出萧关，经过独鹿山、鸣泽湖，到代地返回，途中巡察了河东郡。

春季，三月，汉武帝祭祀后土神，下令赦免汾阴、夏阳、中都地区死刑以下的囚犯。

夏季，大旱。

匈奴自卫青、霍去病率军穿越大沙漠以来，很少再对汉朝进行侵扰，迁往北方很远的地方，休养士兵马匹，进行射猎训练，并多次派使臣到汉朝来，用甜言蜜语请求和亲。汉朝派北地人王乌等前去窥探匈奴虚实，王乌遵从匈奴的风俗，放下使者的旄节，自己进入匈奴单于的毡帐之中。单于很喜欢他，假意用好听的话许诺，要为王乌派匈奴太子到汉朝做人质。

汉朝又派杨信为使者前往匈奴。杨信不肯遵从匈奴的风俗，单于说："据从前的盟约，汉朝曾将其藩王的女儿嫁到匈奴来，供给一定数量的缯絮、食物，用这种方式和亲；匈奴也不再侵扰汉朝的边境。如今却要违反以往的盟约，让我的太子去做人质，那还能剩下什么呢？"杨信回来后，汉朝再次派王乌前往匈奴，单于又用好话献媚，希望多得到汉朝的财物，骗王乌说："我想亲自到汉朝去面见天子，相互结为兄弟。"王乌回来后报告汉武帝，汉武帝下令在长安为单于修建宫邸。匈奴又表示："除非汉朝派地位尊贵的人作为使者前来，否则我们不说实话。"

匈奴派地位尊贵的人到汉朝来，来人生了病，汉朝给他药吃，想治好他的病，但他却不幸死去。于是，汉朝派路充国佩戴二千石官员的印绶出使匈奴，顺便将匈奴使臣灵柩送回，并致送丰厚的丧葬费，价值数千金，又对匈奴介绍路充国说："这是汉朝地位尊贵的人。"单于认为是汉朝将其尊贵的使臣杀了，所以将路充国扣留匈奴，不放他回国。以前所说的话，都是单于故意用空言欺骗王乌，他根本就无意到汉朝去，也无意派太子去。因此匈奴屡次派出奇兵，侵犯汉朝边界。于是，汉武帝任命郭昌为拔胡将军，与浞野侯赵破奴屯兵于朔方以东地区以防备匈奴。

汉武帝元封五年（乙亥，前 106 年）

冬季，汉武帝向南巡游，到达盛唐，遥望九疑山，祭祀虞舜。又登上天柱山，

浮江，亲射蛟江中，获之。舳舻千里，薄枞阳而出，遂北至琅邪，并海，所过礼祠其名山大川。

春，三月，还至太山，增封。甲子，始祀上帝于明堂，配以高祖，因朝诸侯王、列侯，受郡国计。

夏，四月，赦天下，所幸县毋出今年租赋。还，幸甘泉，郊泰畤。

长平烈侯卫青薨。起冢，象庐山。

上既攘却胡、越，开地斥境，乃置交趾、朔方之州，及冀、幽、并、兖、徐、青、扬、荆、豫、益、凉等州，凡十三部，皆置刺史焉。

上以名臣文武欲尽，乃下诏曰："盖有非常之功，必待非常之人。故马或奔踶而致千里，士或有负俗之累而立功名。夫泛驾之马，跅弛之士，亦在御之而已。其令州、郡察吏民有茂才、异等可为将、相及使绝国者。"

（以上为第四段，写汉武帝向南巡游，向北至琅邪，沿海前行，一路祭祀名山大川；将全国划分为十三州，设立刺史；有感于朝中有名的文武大臣将尽，发布命令，求取贤才。）

六年（丙子，前 105 年）

冬，上行幸回中。

春，作首山宫。

三月，行幸河东，祠后土，赦汾阴殊死以下。

汉既通西南夷，开五郡，欲地接以前通大夏，岁遣使十余辈出此初郡，皆闭昆明，为所杀，夺币物。于是天子赦京师亡命，令从军，遣拔胡将军郭昌将以击之，斩首数十万。后复遣使，竟不得通。

秋，大旱，蝗。

乌孙使者见汉广大，归报其国，其国乃益重汉。匈奴闻乌孙与汉通，怒，欲击之。又其旁大宛、月氏之属皆事汉，乌孙于是恐，使使愿得尚汉公主，为昆弟。天子与群臣议，许之。

然后从寻阳乘船游长江，在江中亲自射杀鲨鱼，并将其捕获。汉武帝的船队首尾衔接，连绵千里，接近枞阳时弃船登陆，向北行至琅邪郡，沿海前行，一路祭祀名山大川。

春季，三月，汉武帝于归途中经过泰山，命人将祭天神坛增大。二十一日甲子，汉武帝第一次在明堂中祭祀上帝，将汉高祖刘邦作为配祀，又命各诸侯王、列侯前来朝见，接受各郡国记载户口赋税的簿册。

夏季，四月，汉武帝下令实行大赦，凡此次巡游经过的各县一律免除今年的田租、赋税。回京后，巡幸甘泉宫，祭祀于泰畤。

长平侯卫青去世。汉武帝为他修建了一座像匈奴国中的庐山一样形状的坟墓。

汉武帝已经驱逐了北方的匈奴，消灭了南方的越人政权，开疆拓土，于是设置交趾、朔方二州，以及冀州、幽州、并州、兖州、徐州、青州、扬州、荆州、豫州、益州、凉州，共将全国划分为十三州，全都设立刺史。

汉武帝因朝中有名的文武大臣都快要没有了，所以发布命令，求取贤才，说："凡是非同寻常的功业，必须等待非同寻常的人才去完成。所以有的马虽然凶暴不驯，却能一口气奔驰千里；有的士人虽然遭到世俗的诟骂，却能建功立业。无论是容易翻车之马，还是放荡不羁之士，都只看如何驾驭而已。命令各州、郡官长考察本地官吏和一般民众中，是否有才干优秀或不同凡俗，能够胜任将相的职位，或出使遥远国家的人，保荐给朝廷。"

汉武帝元封六年（丙子，前 105 年）

冬季，汉武帝巡幸回中宫。

春季，兴建首山宫。

三月，汉武帝巡游河东地区，祭祀后土神，赦免汾阴地区死罪以下囚犯。

汉朝打通西南夷后，增设五郡，希望在这一带找出一条通往大夏国的道路，每年都要派出十几批使者，从这些新郡出发，但都被困在昆明，使者被杀，财物被抢。于是，汉武帝赦免京师的死罪之徒，命令他们从军，派拔胡将军郭昌率领前往昆明地区进行攻打，共斩杀数十万人。可是以后再派出使者，到底还是不能通过此地。

秋季，大旱，并发生蝗灾。

乌孙使臣看到汉朝地域广大，回国后向其国王报告，乌孙于是更加重视与汉朝的关系。匈奴听说乌孙与汉朝建立联系，感到恼怒，准备出兵攻打乌孙。而其旁边的大宛、月氏等国也都服从汉朝。乌孙国王害怕匈奴对其发动攻击，派使臣向汉朝表示愿意娶汉朝公主为妻，与汉结为兄弟。汉武帝刘彻与群臣商议，决定同意乌孙

乌孙以千匹马往聘汉女。汉以江都王建女细君为公主，往妻乌孙，赠送甚盛；乌孙王昆莫以为右夫人。匈奴亦遣女妻昆莫，以为左夫人。公主自治宫室居，岁时一再与昆莫会，置酒饮食。昆莫年老，言语不通，公主悲愁思归，天子闻而怜之，间岁遣使者以帷帐锦绣给遗焉。昆莫曰："我老，"欲使其孙岑娶尚公主。公主不听，上书言状。天子报曰："从其国俗，欲与乌孙共灭胡。"岑娶遂妻公主。昆莫死，岑娶代立，为昆弥。

是时，汉使西逾葱岭，抵安息。安息发使，以大鸟卵及黎轩善眩人献于汉，及诸小国驩潜、大益、车姑师、扜冞、苏韰之属皆随汉使献见天子，天子大悦。

西国使更来更去，天子每巡狩海上，悉从外国客，大都、多人则过之，散财帛以赏赐，厚具以饶给之，以览示汉富厚焉。大角抵，出奇戏、诸怪物，多聚观者。行赏赐，酒池肉林，令外国客遍观名仓库府藏之积，见汉之广大，倾骇之。

大宛左右多蒲萄，可以为酒；多苜蓿，天马嗜之；汉使采其实以来，天子种之于离宫别观旁，极望。然西域以近匈奴，常畏匈奴使，待之过于汉使焉。

是岁，匈奴乌维单于死，子乌师庐立，年少，号"儿单于"。自此之后，单于益西北徙，左方兵直云中，右方兵直酒泉、敦煌郡。

（以上为第五段，写汉朝改善与西域诸国的关系。乌孙派使臣向汉朝表示愿意娶汉朝公主为妻，汉武帝封江都王刘建的女儿刘细君为公主，嫁给乌孙王，后又嫁给其孙岑娶。）

太初元年（丁丑，前 104 年）

冬，十月，上行幸泰山。

十一月，甲子朔旦，冬至，祠上帝于明堂。东至海上，考入海及方士求神者莫验；然益遣，冀遇之。

王的请求。

于是，乌孙王以一千匹马作为聘礼，派人去迎接汉朝公主。汉武帝封江都王刘建的女儿刘细君为公主，嫁给乌孙王，并赠以十分丰盛的陪嫁。乌孙王昆莫封汉公主为右夫人。匈奴也嫁给乌孙王一女，被封为左夫人。汉朝公主自建宫室居住，一年四季与乌孙王见面一两次，在一起饮酒吃饭。由于乌孙王年老，语言又不通，所以公主悲伤忧愁，思念家乡。汉武帝听说后很可怜她，每隔一年派使臣给她送去锦帐、绸缎等物。乌孙王对汉公主说："我年纪已老。"想让公主嫁给他的孙子岑娶军须靡。汉公主不肯依从，并上书汉武帝报告此事。汉武帝回复说："你应当遵从乌孙国的风俗，因为我国希望与乌孙共灭匈奴。"军须靡终于娶了汉公主。昆莫去世后，其孙军须靡即位，号为昆弥王。

此时，汉朝使者向西越过葱岭，抵达安息国。安息国也派出使者，并将大鸟蛋和精通魔术的黎轩人作为礼品献给汉朝。其他如驩潜、大益、车师、扜罙、苏韰等诸小国也都派人随汉使来长安进献礼品，朝见天子，汉武帝刘彻非常高兴。

西域各国派往汉朝的使臣此来彼去，络绎不绝，汉武帝刘彻每次到沿海地区巡游，都要将各国使臣全部带去，遇到大都会或人口稠密的地方，都要从中经过，散发财物丝帛进行赏赐，准备丰厚的物品充分供应，以显示汉朝的富有和宽厚。还进行大规模角抵游戏，演出奇戏，展示各种怪物等，聚集许多人观看。每逢赏赐，都要大摆酒宴，筑池蓄酒，悬肉为林；又让外国宾客到处参观各个仓库中储存的物品，以显示汉朝的广大富强，使他们倾慕惊骇。

大宛周围盛产葡萄，可以造酒，还盛产苜蓿，大宛出的天马最喜欢吃。汉使将葡萄、苜蓿的果实采集带回，汉武帝在行宫附近大量种植，一眼望不到头。然而，因西域各国靠近匈奴，常常对匈奴使者怀有畏惧，对他们比对汉使更为恭顺。

这一年，匈奴乌维单于去世，其子乌师庐即位，年纪幼小，号称儿单于。从此以后，匈奴单于更向西北方向迁移；匈奴左翼兵力只正对云中一带，右翼兵力只正对酒泉、敦煌郡地区。

汉武帝太初元年（丁丑，前 104 年）

冬季，十月，汉武帝巡游泰山。

十一月初一甲子清晨，冬至。汉武帝在明堂祭祀上帝。然后东到海滨，考查入海寻仙和方士求神的结果，发现没有一个人的话应验。然而，汉武帝却派出更多的人，希望能够遇到神仙。

乙酉，柏梁台灾。

十二月，甲午朔，上亲禅高里，祠后土，临勃海，将以望祀蓬莱之属，冀至殊廷焉。

春，上还，以柏梁灾，故朝诸侯，受计于甘泉。甘泉作诸侯邸。

越人勇之曰：“越俗，有火灾复起屋，必以大，用胜服之。”于是作建章宫，度为千门万户。其东则凤阙，高二十余丈；其西则唐中，数十里虎圈；其北治大池，渐台高二十余丈，命曰太液池，中有蓬莱、方丈、瀛洲、壶梁，象海中神山、龟鱼之属；其南有玉堂、璧门、大鸟之属。立神明台、井幹楼，度五十丈，辇道相属焉。

大中大夫公孙卿、壶遂、太史令司马迁等言：“历纪坏废，宜改正朔。”上诏兒宽与博士赐等共议，以为宜用夏正。

夏，五月，诏卿、遂、迁等共造汉《太初历》，以正月为岁首，色上黄，数用五，定官名，协音律，定宗庙百官之仪，以为典常，垂之后世云。

匈奴儿单于好杀伐，国人不安；又有天灾，畜多死。左大都尉使人间告汉曰：“我欲杀单于降汉，汉远，即兵来迎我，我即发。”上乃遣因杅将军公孙敖筑塞外受降城以应之。

秋，八月，上行幸安定。

汉使入西域者言：“宛有善马，在贰师城，匿不肯与汉使。”天子使壮士车令等持千金及金马以请之。宛王与其群臣谋曰：“汉去我远，而盐水中数败，出其北有胡寇，出其南乏水草，又且往往而绝邑，乏食者多，汉使数百人为辈来，而常乏食，死者过半，是安能致大军乎！无奈我何。贰师马，宛宝马也。”遂不肯予汉使。汉使怒，妄言，椎金马而去。宛贵人怒曰：“汉使至轻我！”遣汉使去，令其东边郁成王遮攻，杀汉使，取其财物。

于是天子大怒。诸尝使宛姚定汉等言：“宛兵弱，诚以汉兵不过三千人，强弩射之，可尽虏矣。”天子尝使浞野侯以七百骑虏楼兰王，以定汉等言为然；而欲侯宠姬李氏，乃拜李夫人兄广利为贰师将军，发属国

十一月二十二日乙酉，柏梁台遭到火灾。

十二月初一甲午朔，汉武帝在高里山亲自祭祀地神，又祭后土神，然后来到渤海边，准备遥祭蓬莱等仙山，希望能亲身到达神仙所在的仙庭。

春季，汉武帝返回长安，因柏梁台失火，所以在甘泉宫接受各诸侯王的朝拜和各郡国载录户口、赋税的簿册。在甘泉修建诸侯王住所。

有个名叫勇之的越人说："按照越人的风俗，如果火灾之后再建房屋，一定要比原来的大，以镇服火灾。"于是，汉武帝下令兴建建章宫，计有千门万户。东面为凤阙，高二十多丈。西面为唐中，有方圆数十里的养虎园。北面挖一大池，命名为"太液池"，池中渐台高二十多丈，还有蓬莱、方丈、瀛洲、壶梁等处胜景，象征海中的神山和龟鱼之类。南面建有玉堂、璧门、大鸟像等。另外，建章宫中还修有神明台、井幹楼，各高五十丈。各景之间有皇帝专用的辇道相连接。

大中大夫公孙卿、壶遂、太史令司马迁等上奏说："历法、纪年都已坏废，应当改正朔。"汉武帝刘彻命兒宽与名叫"赐"的博士等共同商议，认为应使用夏朝历法。

夏季，五月，汉武帝下令，命公孙卿、壶遂、司马迁等共同制定汉朝《太初历》，以正月为一年的开始，崇尚黄颜色，以"五"为吉祥数字，重新定官名，协调音律，制定宗庙、百官的仪礼，作为国家常规，流传后世。

匈奴儿单于性好杀戮，使国中百姓不安，又发生天灾，很多牲畜死亡。匈奴左大都尉派人偷偷对汉朝说："我打算杀死单于，归降汉朝，但汉朝路远，如能派兵来接应，我马上就可以发动。"于是，汉武帝刘彻派因杅将军公孙敖在塞外修建受降城，驻兵接应。

秋季，八月，汉武帝巡游安定郡。

汉使到过西域的上奏说："大宛有好马，藏在贰师城中，不肯献给汉使。"于是，汉武帝派壮士车令等带着黄金千斤和金马前往大宛，请求交换。大宛国王与其群臣商议说："汉朝离我国很远，而盐泽中道路艰难，屡屡致人死亡；如从此北路来，有匈奴骚扰；从南路来，没有水草，又往往缺少城郭、食粮。汉朝派数百人作为使团前来，还常因缺乏粮食死亡过半，这怎么能派大军前来呢？所以，汉朝对我们无可奈何。贰师城的马，是我们大宛国的宝马。"于是，不肯给汉使。汉使恼怒，破口大骂，用锤击破金马而去。大宛众贵族生气地说："汉使太轻视我们！"让汉使离去，然后命驻守东部边境的郁成王率兵拦截，杀死汉使，夺取了汉使携带的财物。

于是，汉武帝大怒。曾经出使大宛的姚定汉等上奏说："大宛军事力量薄弱，只要派去三千人马，用强弩射杀，就可将其全部俘获。"汉武帝因曾经派浞野侯赵破奴率领七百骑兵生擒过楼兰王，认为姚定汉等说得对；况且，汉武帝此时正想封宠姬

六千骑及郡国恶少年数万人，以往伐宛。期至贰师城取善马，故号贰师将军。赵始成为军正，故浩侯王恢使导军，而李哆为校尉，制军事。

臣光曰：武帝欲侯宠姬李氏，而使广利将兵伐宛，其意以为非有功不侯，不欲负高帝之约也。夫军旅大事，国之安危、民之死生系焉。苟为不择贤愚而授之，欲徼幸咫尺之功，借以为名而私其所爱，不若无功而侯之为愈也。然则武帝有见于封国，无见于置将；谓之能守先帝之约，臣曰过矣。

中尉王温舒坐为奸利，罪当族，自杀；时两弟及两婚家亦各自坐他罪而族。光禄勋徐自为曰："悲夫！古有三族，而王温舒罪至同时而五族乎！"

关东蝗大起，飞西至敦煌。

（以上为第六段，写柏梁台遭到火灾，又建起规模更大的建章宫；汉武帝下令制定《太初历》；宠幸李夫人，派其弟李广利为贰师将军，率军攻打大宛国，以取善马。）

二年（戊寅，前 103 年）

春，正月，戊申，牧丘恬侯石庆薨。

闰月，丁丑，以太仆公孙贺为丞相，封葛绎侯。时朝廷多事，督责大臣，自公孙弘后，丞相比坐事死。石庆虽以谨得终，然数被谴。贺引拜为丞相，不受印绶，顿首涕泣不肯起。上乃起去，贺不得已拜，出曰："我从是殆矣！"

三月，上行幸河东，祠后土。

夏，五月，籍吏民马补车骑马。

秋，蝗。

贰师将军之西也，既过盐水，当道小国各城守，不肯给食，攻之不能下。下者得食，不下者数日则去。比至郁成，士至者不过数千，皆饥罢。攻郁成，郁成大破之，所杀伤甚众。贰师将军与李哆、赵始成等计："至郁成尚不能举，况至其王都乎！"引兵而还。至敦煌，十不过什一二，使使上书言："道远乏食，且士卒不患战而患饥，人少，不足以拔

李夫人家为侯，于是，任命李夫人的哥哥李广利为贰师将军，征发附属国骑兵六千及各郡国品行恶劣的青年数万人，前往征讨大宛国。期望李广利到贰师城取得好马，所以称他为"贰师将军"。另外，又任命赵始成为军正官，原浩侯王恢为军前向导，李哆为校尉，负责军事指挥。

臣司马光评论说：汉武帝想封自己宠爱的姬妾李夫人的娘家为侯，所以派李广利率兵攻打大宛，他的意思是，没有为国立功就不能封侯，不想改变高祖皇帝的约定。但军务大事关系着国家的安危、民众的生死，如果不辨贤愚就授予军事大权，希望拿侥幸的微小功劳，作为封自己所喜欢的人为侯的借口，还不如无功就封侯好些。汉武帝在处理封国事务上颇有见地，却在任命将领方面有些失当。所以，说他能够遵守先帝的约定，我认为是过分了。

中尉王温舒被指控犯有奸诈贪利之罪，应当灭族，王温舒自杀。当时，王温舒的两个弟弟和两个亲家也分别因其他罪名被灭族。光禄勋徐自为说："可悲啊！古时候有灭三族的，而今王温舒的罪到了同时灭五族的地步！"

关东地区发生严重蝗灾，大批蝗虫向西飞去，到达敦煌。

汉武帝太初二年（戊寅，前103年）

春季，正月，戊申（疑误），牧丘侯石庆去世。

闰正月，丁丑（疑误），汉武帝任命太仆公孙贺为丞相，封为葛绎侯。当时国家多事，汉武帝对大臣督责严厉，自公孙弘之后，丞相连续被指控有罪而死。石庆虽然因为谨小慎微而得以善终，但也多次受到谴责。公孙贺被引来举行拜授丞相的仪式时，不接受印信，磕头在地上，哭着不肯起来。汉武帝不理他，起身而去。公孙贺不得已接受印信，出宫后叹道："我从此危险了！"

三月，汉武帝巡游河东郡，祭祀后土神。

夏季，五月，登记征用官吏和百姓的马匹，补充军马。

秋季，发生蝗灾。

贰师将军李广利率兵西征，过了盐泽后，沿途小国都据城自守，不肯供应汉军粮食，攻又攻不下；攻下之后，粮食自可得到补充；如不能攻破，数日后便离去。等到达郁成时，全军只剩下数千人，且全都饥饿疲惫。进攻郁成，反被镇守郁成的军队打得大败，伤亡惨重。李广利与李哆、赵始成等商议说："到了郁成尚且不能攻破，更何况到大宛的国都呢？"于是领兵返回。到了敦煌时，士兵只剩下出征时

宛。愿且罢兵，益发而复往。”天子闻之，大怒，使使遮玉门曰：“军有敢入者，辄斩之！”贰师恐，因留敦煌。

上犹以受降城去匈奴远，遣浚稽将军赵破奴将二万余骑出朔方西北二千余里，期至浚稽山而还。浞野侯既至期，左大都尉欲发而觉，单于诛之，发左方兵击浞野侯。浞野侯行捕首虏，得数千人，还，未至受降城四百里，匈奴兵八万骑围之。浞野侯夜自出求水，匈奴间捕生得浞野侯，因急击其军，军吏畏亡将而诛，莫相劝归者，军遂没于匈奴。儿单于大喜，因遣奇兵攻受降城，不能下，乃寇入边而去。

冬，十二月，兒宽卒。

（以上为第七段，写公元前 103 年史事，写贰师将军李广利进攻大宛失败，被汉武帝阻拦在玉门关；匈奴左大都尉欲行刺儿单于失败，汉武帝派去接应的二万军队全军覆没，汉将赵破奴被活捉。）

三年（己卯，前 102 年）

春，正月，胶东太守延广为御史大夫。

上东巡海上，考神仙之属皆无验，令祠官礼东泰山。

夏，四月，还，修封泰山，禅石闾。

匈奴儿单于死，子年少，匈奴立其季父右贤王呴犁湖为单于。

上遣光禄勋徐自为出五原塞数百里，远者千余里，筑城、障、列亭，西北至庐朐，而使游击将军韩说、长平侯卫伉屯其旁；使强弩都尉路博德筑居延泽上。

秋，匈奴大入定襄、云中，杀略数千人，败数二千石而去，行破坏光禄所筑城、列亭、障；又使右贤王入酒泉、张掖，略数千人。会军正任文击救，尽复失所得而去。

是岁，睢阳侯张昌坐为太常乏祠，国除。

初，高祖封功臣为列侯百四十有三人。时兵革之余，大城、名都民

的十分之一二。李广利派人上奏汉武帝说："道路遥远，粮食缺乏，将士们虽不惧战斗，但饥饿难忍；况且人数太少，不足以攻下大宛，希望能暂且罢兵，待征调更多的军队后再前往攻打。"汉武帝闻奏大怒，派使臣至玉门阻拦，同时下令："军队有胆敢退入玉门关的，一律斩首！"李广利大为惶恐，就留在敦煌。

汉武帝认为受降城仍离匈奴太远，又派浚稽将军赵破奴率领二万多骑兵从朔方郡出塞，向西北方向推进两千多里，准备到达浚稽山接应匈奴左大都尉后返回。赵破奴已经前来约会，匈奴左大都尉却在打算举事时被单于察觉。单于杀死左大都尉，派左翼军袭击赵破奴。赵破奴一路捕杀敌军，俘虏数千人，然后班师。行至距受降城四百里之处，被匈奴八万骑兵包围。赵破奴夜间亲自出营寻找水源，与匈奴侦察部队遭遇，赵破奴被俘。匈奴军乘势猛攻汉军，汉军军吏害怕回去后因丧失主将而被杀，所以无人劝同伴突围逃回，因而全军覆没。匈奴儿单于大喜，于是，派出奇兵攻打受降城，未能攻下，便侵入边界，掳掠后离去。

十二月，御史大夫兒宽去世。

汉武帝太初三年（己卯，前102年）

春季，正月，胶东太守延广被任命为御史大夫。

汉武帝向东巡游海边，考查对神仙踪迹的寻访情况，发现都没有着落。命令祀官以礼祭告东泰山。

夏季，四月，汉武帝返回长安，途中在泰山祭天，在石闾祭地。

匈奴儿单于去世，因其子年纪小，匈奴部众共立儿单于的叔父右贤王呴犁湖为单于。

汉武帝派光禄勋徐自为从五原出塞数百里，最远处达千余里，修筑城墙、要塞、亭燧等，向西北直到庐朐，命游击将军韩说、长平侯卫伉屯兵庐朐附近；命强弩都尉路博德在居延泽筑城镇守。

秋季，匈奴大举侵入定襄、云中二郡，杀掠数千人，打败汉朝好几名二千石官后方才离去，沿途破坏光禄勋徐自为所筑的城墙、要塞、亭遂等；又派右贤王侵入酒泉、张掖二郡，掳掠数千人。正好汉军军正任文率兵前来救援，右贤王兵败，丧失了全部掳掠所得后退走。

这一年，睢阳侯张昌被指控身为太常官，掌管祭祀却有缺失，被废除封爵食邑。

起初，汉高祖刘邦分封功臣为侯，共一百四十三人。当时正是战乱之后，大城

人散亡，户口可得而数，裁什二三。大侯不过万家，小者五六百户。其封爵之誓曰："使黄河如带，泰山若厉，国以永存，爰及苗裔。"申以丹书之信，重以白马之盟。及高后时，尽差第列侯位次，藏诸宗庙，副在有司。逮文、景，四五世间，流民既归，户口亦息，列侯大者至三四万户，小国自倍，富厚如之。子孙骄逸，多抵法禁，陨身失国，至是见侯裁四人，罔亦少密焉。

汉既亡浞野之兵，公卿议者皆愿罢宛军，专力攻胡。天子业出兵诛宛，宛小国而不能下，则大夏之属渐轻汉，而宛善马绝不来，乌孙、轮台易苦汉使，为外国笑，乃案言伐宛尤不便者邓光等。赦囚徒，发恶少年及边骑，岁余而出敦煌者六万人，负私从者不与，牛十万，马三万匹，驴、橐驼以万数，赍粮、兵弩甚设。天下骚动，转相奉伐宛五十余校尉。宛城中无井，汲城外流水，于是遣水工徙其城下水，空以穴其城。益发戍甲卒十八万酒泉、张掖北，置居延、休屠屯兵以卫酒泉，而发天下吏有罪者、亡命者及赘婿、贾人、故有市籍、父母大父母有市籍者凡七科，适为兵；及载糒给贰师，转车人徒相连属；而拜习马者二人为执、驱马校尉，备破宛择取其善马云。

于是贰师后复行，兵多，所至小国莫不迎，出食给军。至轮台，轮台不下，攻数日，屠之。自此而西，平行至宛城，兵到者三万。宛兵迎击汉兵，汉兵射败之，宛兵走入，保其城。

贰师欲攻郁成城，恐留行而令宛益生诈，乃先至宛，决其水原移之，则宛固已忧困，围其城，攻之四十余日。宛贵人谋曰："王毋寡匿善马，杀汉使，今杀王而出善马，汉兵宜解；即不解，乃力战而死，未晚也。"宛贵人皆以为然，共杀王。其外城坏，虏宛贵人勇将煎靡。宛大恐，走

和著名都会的百姓散失，国家掌握的户口数字，只有从前的十分之二三。所以，汉初所封列侯，其食邑大的不过一万户，小的只有五六百家。分封时，汉高祖曾经立誓说：“即使黄河变得像腰带一样狭窄，泰山变得像砥石一样矮小，各位列侯的封国食邑也将永存，传给后世子孙。”并将誓言用朱砂写下，杀白马祭告上苍，表示守信和郑重。到了汉太后时，厘定全体列侯的位次高低，将记录存在宗庙之内，副本存于有关官署。到了汉文帝、汉景帝时，已过了四五世，流民已经回归故里，户口也有增加，列侯中，大的食邑达到三四万户，小的也增加了一倍，财富的增长也与食邑相同。列侯的子孙们骄奢淫逸，多触犯国家法律，不仅本人丧命，祖宗留下的食邑也因而失去。到如今，现存的功臣侯只剩下四家，而法网也稍微严密了。

汉朝丧失了赵破奴这支部队后，议论此事的公卿大臣们都希望停止攻打大宛，集中全力对付匈奴。而汉武帝刘彻则认为，既然已出兵攻打大宛，如果连大宛这样一个小国都不能征服，那么，大夏等国将逐渐轻视汉朝，大宛的好马不会来，乌孙、轮台等国随意虐待汉朝使团，从而使汉朝遭到外国的耻笑。于是，汉武帝处罚了认为征讨大宛不利的邓光等人，赦免正在服刑的囚徒，征发品行恶劣的青年和边塞地区的骑兵，一年多的时间里，派到敦煌增援贰师将军李广利的人达六万多，背负私人装备而跟从的人未计算在内。另外，又征调了牛十万头，马三万匹，驴、骆驼等数以万计，以及十分充足的粮食和兵器弓弩。全国都受到震动，从各地调到征讨大宛部队中的校尉军官也达五十多名。因大宛城中无井，靠汲引城外河水使用，所以汉武帝派水工随军前往，准备将大宛城外河水引向别处，利用旧水道挖洞攻城。又增调了十八万士兵进驻酒泉、张掖以北地区，并在居延、休屠两地屯兵以卫护酒泉。汉武帝刘彻下令：“全国犯罪的官吏、逃亡者、入赘妇家的男子、商人、原属商人户籍者、其父母或祖父母属商人户籍者，共七种人，一律贬罚为兵。”为贰师运送粮食的车辆和役夫络绎不绝。汉武帝还任命两名熟悉马匹情况的人充当执马校尉和驱马校尉，预备在攻破大宛后挑选好马。

于是，贰师将军李广利得到巨大的人力物力增援后，再次率兵出征。由于汉军兵多，所到之处，西域各小国无不迎接，为汉军提供粮食供应。行至轮台，轮台国不降，汉军攻城数日，在城中进行了一场大屠杀。自此向西，汉军一路平安推进，直达大宛城下，到达的士兵共三万人。大宛军队出城迎击汉军，汉军以箭射杀，大宛军大败，逃入城中拒守。

李广利本想攻取郁成城，又恐怕一时难于攻克，反使大宛生出其他计谋，于是先到大宛城，挖开水源，引向别处。城中的大宛军民本已忧愁困扰，汉军再将全城包围，攻击四十多天。大宛贵族密谋说：“大王毋寡将好马隐藏起来，又杀死汉朝使臣，如今我们将大王杀死，把好马献出，汉军就会解围而去；如仍不解围退兵，我

入城中，持王毋寡头，遣人使贰师约曰："汉无攻我，我尽出善马恣所取，而给汉军食。即不听，我尽杀善马，康居之救又且至，至，我居内，康居居外，与汉军战。孰计之，何从？"

是时，康居候视汉兵尚盛，不敢进。贰师闻宛城中新得汉人，知穿井，而其内食尚多，计以为"来诛首恶者毋寡，毋寡头已至，如此不许则坚守，而康居候汉兵罢来救宛，破汉兵必矣；"乃许宛之约。

宛乃出其马，令汉自择之，而多出食食汉军。汉军取其善马数十匹，中马以下牝牡三千余匹，而立宛贵人之故时遇汉善者名昧蔡为宛王，与盟而罢兵。

初，贰师起敦煌西，分为数军，从南、北道。校尉王申生将千余人别至郁成，郁成王击灭之，数人脱亡，走贰师。贰师令搜粟都尉上官桀往攻郁成，郁成王亡走康居，桀追至康居。康居闻汉已破宛，出郁成王与桀，桀令四骑士缚守诣贰师。上邽骑士赵弟恐失郁成王，拔剑击斩其首，追及贰师。

（以上为第八段，写汉高帝刘邦时所封的一百多个功臣侯，到此时只剩下了四个；贰师将军李广利再次率领大军进攻大宛，大宛贵族杀掉国王毋寡投降，汉军终于得到了大宛汗血马。）

四年（庚辰，前 101 年）

春，贰师将军来至京师。贰师所过小国闻宛破，皆使其子弟从入贡献，见天子，因为质焉。军还，入马千余匹。后行，军非乏食，战死不甚多，而将吏贪，不爱卒，侵牟之，以此物故者众。天子为万里而伐，不录其过，乃下诏封李广利为海西侯，封赵弟为新畤侯，以上官桀为少府，军官吏为九卿者三人，诸侯相、郡守、二千石百余人，千石以下千余人，奋行者官过其望，以谪过行，皆黜其劳，士卒赐直四万钱。

们再拼死力战，也为时未晚。”大家都表示同意，于是一起行动，将大宛王杀死。此时大宛的外城已破，大宛的贵族猛将煎靡被汉军俘获。大宛极为恐慌，逃入内城，派人手持大宛王毋寡的人头，前去见李广利，相约说：“汉军如不进攻我们，我们将把所有的好马都拿出来，任凭汉军随意挑选，并为汉军提供粮食。如不接受我们的建议，我们将杀死所有的好马。康居的援兵又即将到达，援兵一到，我们居内，康居兵居外，两面夹击汉军。请将军仔细考虑，怎么办好？”

此时，康居探知汉军还很强盛，不敢前进。李广利闻知大宛城中新近抓到一些汉人，懂得了凿井技术，且城中粮食尚多，因而考虑“此次前来主要是为了诛杀罪魁祸首毋寡，而今毋寡的人头已然送到，这样再不接受他们的请求，他们必定会坚守城池，而康居等到汉军疲惫来援救大宛，汉兵必为其所败”。所以接受了大宛的求和条件。

于是，大宛将马献出，让汉军自己选择，并拿出大批粮食供给汉军。汉军挑选了数十匹好马，中等及以下的雌、雄马三千多匹，又扶立过去对汉朝态度友好的大宛贵族昧蔡登上大宛国王位，与其订立盟约后罢兵而还。

当初，李广利自敦煌起兵西进时，分兵数路，分别从南、北两条道路进兵。校尉王申生另率一千多人到郁成，被郁成王消灭。只有数人得脱，逃到李广利大军。李广利命搜粟都尉上官桀率兵前往攻打郁成，郁成王逃到康居，上官桀也追到康居。康居王听说汉军已打败大宛，便将郁成王献给上官桀，上官桀命四名骑兵将郁成王捆绑押送到李广利军营。上骑士赵弟怕郁成王在半路上逃跑，拔剑将郁成王的人头砍下后，追上李广利大军。

汉武帝太初四年（庚辰，前 101 年）

春季，贰师将军李广利回到京城长安。沿途经过的西域小国听说大宛被汉军攻破，全都派其子弟跟随李广利来到长安向汉朝进贡，拜见汉武帝，并留在长安充当人质。大军回来时，入关的马有一千多匹。此番再次出征，并非缺乏军粮，战死的人也不太多，只因将领贪暴，不爱惜士兵，掠夺、虐待他们，因此死亡很多。汉武帝因李广利万里征战，不计其过失，下令封李广利为海西侯，赵弟为新畤侯，任命上官桀为少府，其他军官为九卿的三人，任命为诸侯国相、郡太守、二千石官职的一百多人，任命为一千石及以下官职的一千多人。凡自愿随军出征的人，所授官职都超出了他们自己的希望；凡因罪过而谪罚出征的人，一律免其罪而不记功劳；对士兵的赏赐价值四万钱。

匈奴闻贰师征大宛，欲遮之，贰师兵盛，不敢当，即遣骑因楼兰候汉使后过者，欲绝勿通。时汉军正任文将兵屯玉门关，捕得生口，知状以闻。上诏文便道引兵捕楼兰王，将诣阙簿责。王对曰："小国在大国间，不两属无以自安，愿徙国入居汉地。"上直其言，遣归国，亦因使候司匈奴，匈奴自是不甚亲信楼兰。

自大宛破后，西域震惧，汉使入西域者益得职。于是自敦煌西至盐泽往往起亭，而轮台、渠犁皆有田卒数百人，置使者、校尉领护，以给使外国者。

后岁余，宛贵人以为昧蔡善谀，使我国遇屠，乃相与杀昧蔡，立毋寡昆弟蝉封为宛王，而遣其子入侍于汉。汉因使使赂赐，以镇抚之。蝉封与汉约，岁献天马二匹。

秋，起明光宫。

冬，上行幸回中。

匈奴呴犁湖单于死，匈奴立其弟左大都尉且鞮侯为单于。天子欲因伐宛之威遂困胡，乃下诏曰："高皇帝遗朕平城之忧，高后时，单于书绝悖逆。昔齐襄公复九世之仇，《春秋》大之。"且鞮侯单于初立，恐汉袭之，乃曰："我儿子，安敢望汉天子，汉天子，我丈人行也。"因尽归汉使之不降者路充国等，使使来献。

（以上为第九段，写贰师将军李广利得胜回来，封为海西侯；自从大宛被打败后，西域各国都十分震恐，派往西域的汉使因此能够顺利地完成使命。）

天汉元年（辛巳，前 100 年）

春，正月，上行幸甘泉，郊泰畤。

三月，行幸河东，祠后土。

上嘉匈奴单于之义，遣中郎将苏武送匈奴使留在汉者，因厚赂单于，答其善意。武与副中郎将张胜及假吏常惠等俱，既至匈奴，置币遗单于。单于益骄，非汉所望也。

会缑王与长水虞常等及卫律所将降者，阴相与谋劫单于母阏氏归汉。卫律者，父故长水胡人，律善协律都尉李延年，延年荐言律使于匈奴，

匈奴听说李广利率兵攻打大宛，曾经企图拦截，后见汉军声势浩大，不敢与汉军交战，便派骑兵前往楼兰国，等候袭击在大军后面的汉朝使臣，要断其通道。当时汉军军正任文正率兵屯驻玉门关，抓到匈奴俘虏，得知这一消息后报告朝廷。汉武帝下令命任文率兵捕捉楼兰王，押到长安问罪。楼兰王分辩说："楼兰作为一个小国，夹在汉朝与匈奴两个大国之间，如不两边听命，便无法自保平安，我愿率领本国百姓迁入汉朝境内。"汉武帝放他回国，也让他协助探听匈奴动静。从此，匈奴对楼兰国不十分信任。

自从大宛被打败后，西域各国十分震恐，派往西域的汉使因此越发顺利地完成使命。于是，从敦煌向西直到盐泽，处处建起亭燧，而轮台、渠犁等地都有汉朝的屯田士兵数百人，分别设置使者、校尉加以统领护卫，用以供给出使外国的使团所需。

一年多以后，大宛贵族认为昧蔡善于讨好汉朝，使本国遭受屠戮，于是联合杀死昧蔡，立毋寡的弟弟蝉封为大宛王，派蝉封的儿子到汉朝充当人质。汉朝因而派出使者赏赐蝉封，对他进行镇抚。蝉封与汉朝约定，每年向汉朝进献天马二匹。

秋季，汉武帝兴建明光宫。

冬季，汉武帝巡游回中宫。

匈奴呴犁湖单于去世，其弟左大都尉且鞮侯被立为单于。汉武帝打算乘攻打大宛的兵威困扰匈奴，便发布命令说："高皇帝给我留下平城的忧恨，太后时，匈奴单于给我朝的书信又悖逆无比。当年齐襄公报九世先祖之仇，《春秋》认为他的行为符合大义。"且鞮侯单于刚刚即位，害怕汉军袭击他，便向汉朝表示："我是小孩子，岂敢和大汉天子相比，汉朝天子是我的长辈。"于是，将不愿投降而被扣留在匈奴的汉使路充国等全部放回，又派使臣前来进贡。

汉武帝天汉元年（辛巳，前100年）

春季，正月，汉武帝到甘泉，在泰畤祭祀天神。

三月，汉武帝巡游河东郡，祭祀后土神。

汉武帝嘉许匈奴单于的义举，派中郎将苏武将留在汉朝的匈奴使臣送回匈奴，顺便携带厚礼，答谢匈奴单于的好意。苏武与副使中郎将张胜及暂时充任使团官吏的常惠等一同前往，到达匈奴后，将礼品送给单于。单于一反之前态度，行为骄横，不是汉朝原来所希望的样子。

正在此时，曾经归降过汉朝的匈奴缑王和长水人虞常，以及卫律所率领的投降匈奴的原汉朝人暗中商议，企图劫持匈奴单于母亲阏氏回到汉朝。卫律的父亲原是

使还，闻延年家收，遂亡降匈奴。单于爱之，与谋国事，立为丁灵王。虞常在汉时素与副张胜相知，私候胜曰："闻汉天子甚怨卫律，常能为汉伏弩射杀之。吾母、弟在汉，幸蒙其赏赐。"张胜许之，以货物与常。后月余，单于出猎，独阏氏、子弟在，虞常等七十余人欲发，其一人夜亡告之。单于子弟发兵与战，缑王等皆死，虞常生得。

单于使卫律治其事。张胜闻之，恐前语发，以状语武。武曰："事如此，此必及我，见犯乃死，重负国。"欲自杀，胜、惠共止之。虞常果引张胜。单于怒，召诸贵人议，欲杀汉使者。左伊秩訾曰："即谋单于，何以复加！宜皆降之。"单于使卫律召武受辞。武谓惠等："屈节辱命，虽生，何面目以归汉！"引佩刀自刺。卫律惊，自抱持武，驰召医，凿地为坎，置煴火，覆武其上，蹈其背以出血。武气绝，半日复息。惠等哭，舆归营。单于壮其节，朝夕遣人候问武，而收系张胜。

武益愈，单于使使晓武，欲降之，会论虞常，欲因此时降武；剑斩虞常已，律曰："汉使张胜谋杀单于近臣，当死，单于募降者赦罪。"举剑欲击之，胜请降。律谓武曰："副有罪，当相坐。"武曰："本无谋，又非亲属，何谓相坐！"

复举剑拟之，武不动。律曰："苏君！律前负汉归匈奴，幸蒙大恩赐号称王，拥众数万，马畜弥山，富贵如此！苏君今日降，明日复然；空以身膏草野，谁复知之！"武不应。

律曰："君因我降，与君为兄弟；今不听吾计，后虽欲复见我，尚可得乎！"武骂律曰："汝为人臣子，不顾恩义，畔主背亲，为降虏于蛮夷，何以汝为见！且单于信汝，使决人死生，不平心持正，反欲斗两主，观祸败。南越杀汉使者，屠为九郡；宛王杀汉使者，头县北阙；朝鲜杀汉

长水地区的匈奴人，卫律本人则因与汉朝的协律都尉李延年关系很好，经李延年推荐，受汉朝派遣出使匈奴。卫律出使归来，听说李延年一家被收捕，便逃到匈奴投降。单于很喜欢他，与他商讨国家大事，封他为丁灵王，虞常在汉朝时一直与副使张胜关系密切，私下拜访张胜时说："听说大汉天子非常怨恨卫律，我可以埋伏弓弩手为汉朝将其射死。我的母亲和弟弟都在汉朝，希望他们能够得到赏赐。"张胜答应了虞常的要求，并送给他很多财物。一个多月以后，单于出外打猎，只有他母亲和部分子弟留在王庭。虞常等七十多人正准备发动政变，不料其中一人于夜间逃走，告发了虞常等人的政变计划。于是，单于子弟调兵与虞常等人交战，缑王等全部被杀，虞常被活捉。

匈奴单于派卫律处理此事。张胜听到消息后，害怕先前与虞常约定的事情被查出，便向苏武报告。苏武说："发生了这样的事情，肯定会涉及我，如受到侵犯再死，那就更加辜负国家了。"于是，准备自杀，被张胜、常惠一起阻止。而后，虞常果然供出张胜，单于大怒，召集贵族们商议，打算杀死汉使。匈奴左伊秩訾说："谋杀卫律就要处死，如果谋害单于，又应如何加重惩处呢？应让他们全部归降。"单于派卫律传话给苏武。苏武对常惠等人说："如果卑躬屈节，有辱我们的使命，即使活着，又有何面目再回到我们大汉呢？"说完，拔出佩刀刺入自己的身体。卫律大吃一惊，一把将苏武抱住，急忙召医生前来，在地上挖了一个土洞，点起炭火，形成暖炕，将苏武放在暖炕上，用手拍苏武的后背，使淤血流出。苏武气绝，半日才慢慢苏醒。常惠等痛哭，用车将苏武拉回驻地。单于很钦佩苏武的气节，早晚都派人问候，而将张胜逮捕。

苏武逐渐痊愈，单于派人来劝谕苏武，要苏武归降匈奴。正在此时，虞常被定为死罪，便打算借此机会逼苏武投降。用剑斩下虞常的人头之后，卫律说："汉使张胜想谋杀单于的亲信大臣，其罪当死，单于招募归降，降者赦免。"说完举剑要刺张胜，张胜请求投降。卫律又对苏武说："副使有罪，你作为正使，应连坐受罚。"苏武回答说："我本未参与其事，与张胜又没有亲属关系，为什么要连坐受罚？"

卫律又举剑威胁苏武，苏武纹丝不动。卫律说："苏先生！我以前背叛汉朝，归顺匈奴，有幸蒙单于大恩，赐号称王，并拥有数万人众，马匹牲畜满山，如此富贵！苏先生如果今日归降，明日就会和我一样，否则白白横尸荒野，又有谁知道呢？"苏武闭口不答。

卫律又说："你要是听我的话，归降匈奴，我与你就如兄弟一般；如今日不听我的建议，以后即使想再见我，还能够做得到吗？"苏武骂道："你身为汉朝臣子，却不顾恩义，背叛君王、亲人，投降蛮夷，我见你干什么？况且，单于信任你，让你决定别人的生死，你不但不公平处理，反而想挑动两国君王相互争斗，在一旁坐观

使者，即时诛灭；独匈奴未耳。若知我不降明，欲令两国相攻，匈奴之祸从我始矣。”

律知武终不可胁，白单于，单于愈益欲降之。乃幽武置大窖中，绝不饮食；天雨雪，武卧，啮雪与旃毛并咽之，数日不死。匈奴以为神，乃徙武北海上无人处，使牧羝，曰“羝乳乃得归”。别其官属常惠等，各置他所。

天雨白氂。

夏，大旱。

五月，赦天下。

发谪戍屯五原。

浞野侯赵破奴自匈奴亡归。

是岁，济南太守王卿为御史大夫。

（以上为第十段，写中郎将苏武持节出使匈奴遭扣留。匈奴贵族多次威胁利诱，欲使其投降，苏武决不屈服，被匈奴流放到北海边牧羊，扬言要公羊生小羊方可放他回国。）

二年（壬午，前 99 年）

春，上行幸东海。还，幸回中。

夏，五月，遣贰师将军广利以三万骑出酒泉，击右贤王于天山，得胡首虏万余级而还。匈奴大围贰师将军，汉军乏食数日，死伤者多。假司马陇西赵充国与壮士百余人溃围陷陈，贰师引兵随之，遂得解。汉兵物故什六七，充国身被二十余创。贰师奏状，诏征充国诣行在所，帝亲见，视其创，嗟叹之，拜为中郎。

汉复使因杅将军敖出西河，强弩都尉路博德会涿涂山，无所得。

初，李广有孙陵，为侍中，善骑射，爱人下士。帝以为有广之风，拜骑都尉，使将丹阳、楚人五千人，教射酒泉、张掖以备胡。及贰师击匈奴，上诏陵，欲使为贰师将辎重。陵叩头自请曰：“臣所将屯边者，皆荆楚勇士奇材剑客也，力扼虎，射命中，愿得自当一队，到兰于山南以

成败。南越国杀死汉使，被汉灭掉后变为九郡；大宛王杀死汉使，其人头被悬于长安宫廷北门；朝鲜杀死汉使，立即招来灭国之祸。只有匈奴还没有干过这种事情。你明知我不会投降，却想借此挑起两国之间的战争，只怕匈奴的灾难，将会从我开始了。”

卫律明白苏武终究不会受他的胁迫，只得禀报单于。单于见苏武如此忠心，越发想争取他归顺，便将苏武囚禁于一个大地窖中，断绝苏武的饮食，企图逼其就范。当时正下大雪，苏武躺在地上，靠吞食雪片和衣服上的毡毛，一同咽下，几天后竟然未死。匈奴人以为有神灵庇护，便将苏武放逐到北海荒无人烟之处，让他放牧一群公羊，并对苏武说：“等到公羊能生出小羊，你就可以回国了。”常惠等使团中不肯投降的官员，也被分别扣留在其他地方。

天空降下白毛。

夏季，大旱。

五月，汉朝实行大赦。

征发贬谪有罪的人到五原郡屯垦戍边。

浞野侯赵破奴从匈奴逃回汉朝。

这一年，济南太守王卿被任命为御史大夫。

汉武帝天汉二年（壬午，前99年）

春季，汉武帝巡游东海郡，在回京途中巡游回中。

夏季，五月，汉武帝派贰师将军李广利率领三万骑兵从酒泉出塞，在天山一带袭击匈奴右贤王，共擒斩匈奴一万多人后返回，途中被匈奴重兵包围。汉军一连几天缺乏粮食，伤亡惨重。代理司马的陇西人赵充国率领精壮士兵一百多人冲破匈奴的包围，李广利率领大军紧跟其后，才得以解脱困境。这次战役，汉兵阵亡了十分之六七，赵充国受伤二十多处。李广利上奏朝廷，汉武帝将赵充国召到住所，亲自接见，察看了他的伤势，叹息不已，命赵充国为中郎。

汉武帝又派因杅将军公孙敖率兵从西河郡出塞，与强弩都尉路博德会师于涿涂山，但毫无收获。

当初，李广的孙子李陵担任侍中，精通骑马射箭之术，爱护士兵，谦恭地对待贤士。汉武帝刘彻认为李陵颇有其祖父李广的风范，封他为骑都尉，命他带领丹阳和楚地人五千，在酒泉、张掖一带教习射箭之术，以防备匈奴。李广利出击匈奴时，汉武帝召见李陵，想命他为李广利押运粮草。李陵磕头请求说：“我所率领屯戍边塞

分单于兵，毋令专乡贰师军。”上曰：“将恶相属邪！吾发军多，无骑予女。”陵对：“无所事骑，臣愿以少击众，步兵五千人涉单于庭。”上壮而许之，因诏路博德将兵半道迎陵军。

博德亦羞为陵后距，奏言：“方秋，匈奴马肥，未可与战，愿留陵至春俱出。”上怒，疑陵悔不欲出而教博德上书，乃诏博德引兵击匈奴于西河。诏陵以九月发，出遮虏障，至东浚稽山南龙勒水上，徘徊观虏，即无所见，还，抵受降城休士。

陵于是将其步卒五千人，出居延，北行三十日，至浚稽山止营，举图所过山川地形，使麾下骑陈步乐还以闻。步乐召见，道陵将率得士死力，上甚悦，拜步乐为郎。

陵至浚稽山，与单于相值，骑可三万围陵军，军居两山间，以大车为营。陵引士出营外为陈，前行持戟、盾，后行持弓、弩。虏见汉军少，直前就营。陵搏战攻之，千弩俱发，应弦而倒，虏还走上山，汉军追击杀数千人。单于大惊，召左、右地兵八万余骑攻陵。陵且战且引南行，数日，抵山谷中，连战，士卒中矢伤，三创者载辇，两创者将车，一创者持兵战，复斩首三千余级。

引兵东南，循故龙城道行，四五日，抵大泽葭苇中，虏从上风纵火，陵亦令军中纵火以自救。南行至山下，单于在南山上，使其子将骑击陵。陵军步斗树木间，复杀数千人，因发连弩射单于，单于下走。

是日捕得虏，言“单于曰：‘此汉精兵，击之不能下，日夜引吾南近塞，得无有伏兵乎？’诸当户君长皆言：‘单于自将数万骑击汉数千人不能灭，后无以复使边臣，令汉益轻匈奴。复力战山谷间，尚四五十里，得平地，不能破，乃还’”。

是时陵军益急，匈奴骑多，战一日数十合，复伤杀虏二千余人。虏不利，欲去，会陵军候管敢为校尉所辱，亡降匈奴，具言：“陵军无后救，

的人，都是荆楚地区的勇武之士和奇才剑客，论力量能够手扼猛虎，论箭术堪称百发百中，希望能让我率领一队人马，前往兰于山以南地区，用以分散匈奴单于的兵力，使其不能全力对抗贰师将军的部队。”汉武帝说：“你不愿配合别人作策应吗？这次我调动的军队太多，没有马匹分配给你。”李陵说：“我用不着马匹，愿以少敌众，率领五千步兵直捣匈奴单于的王庭。”汉武帝赞赏李陵的豪情壮志，同意了他的请求，下令命路博德在半途中接应李陵。

路博德也耻于做李陵的后援部队，便上奏说：“如今正值秋季，匈奴马肥，不宜于此时与匈奴交战，希望皇上命李陵稍等，到明年春天再一同出征。”汉武帝刘彻很生气，怀疑是李陵胆怯后悔，不想出征，而让路博德上书，便下令，命路博德率兵赴西河袭击匈奴，同时命李陵于九月自居延遮虏障出发，深入东浚稽山南面的龙勒水边巡回观察匈奴动静，如果不见敌踪，便退回受降城休息士兵。

于是，李陵率领步兵五千人，出居延向北推进，三十天后抵达浚稽山，停下扎营，沿途命人将所过之处的山川地形绘制成图，派部下骑兵陈步乐送回长安。汉武帝召见陈步乐，听他报告说李陵能使部下拼死效力，非常高兴，封陈步乐为郎官。

李陵在浚稽山与单于率领的匈奴军队相遇，匈奴约三万骑兵将李陵的部队包围。李陵屯兵两山之间，用大车围成营寨，亲自率领士兵在营外列下战阵，前排手持戟、盾，后排手持弓、弩。匈奴兵见汉军人少，便直逼营前阵地。李陵率部迎击，展开搏斗，汉军千弩齐发，匈奴兵纷纷应弦倒地，只得退回山上，汉军追击，杀死匈奴数千人。单于大惊，召左、右两翼军八万多名骑兵前来围攻李陵。李陵率部且战且走，向南撤退，数日后，来到一个山谷之中。汉军接连作战，士兵大多身带箭伤，仍顽强苦战，受伤三处的坐在车上，受伤两处的驾车，受伤一处的手持武器坚持战斗，又斩杀匈奴三千多人。

李陵率部沿着龙城旧道向东南方撤退，四五日后，退到一大片沼泽芦苇之中。匈奴在上风放火，企图烧死汉军；李陵也命部下放火烧光周围的芦苇以自救。汉军继续南行，来到一座山下。单于在南山上命他的儿子率领骑兵向汉军进攻。汉军在树林之中步战，又杀死匈奴数千人，并用连弩机射单于，单于下山逃避。

这一天，汉军抓到部分匈奴俘虏，据他们说：“我们听单于说：‘这是汉朝的精兵，猛攻也没有能将他们消灭，他们日夜引我们向南接近汉塞，莫非是有埋伏的军队吗？’各位当户、君长都说：‘单于亲率数万骑兵攻击汉军数千人而不能将他们消灭，以后将无法再号令边臣，还会使汉朝更加轻视匈奴。所以要在山谷中再次力战，还有四五十里才到平原地区，如仍不能取胜就返回。’”

此时，汉军处境越发凶险。匈奴骑兵多，一日交战数十回合，汉军又杀伤匈奴两千多人。匈奴作战不利，打算撤兵离去。然而就在此时，李陵军中有一个名叫管

射矢且尽，独将军麾下及校尉成安侯韩延年各八百人为前行，以黄与白为帜；当使精骑射之即破矣。”

单于得敢大喜，使骑并攻汉军，疾呼曰：“李陵、韩延年趣降！”遂遮道急攻陵。陵居谷中，虏在山上，四面射，矢如雨下。汉军南行，未至鞮汗山，一日五十万矢皆尽，即弃车去。士尚三千余人，徒斩车辐而持之，军吏持尺刀入狭谷，单于遮其后，乘隅下垒石，士卒多死，不得行。

昏后，陵便衣独步出营，止左右：“毋随我，丈夫一取单于耳！”良久，陵还，太息曰：“兵败，死矣！”于是尽斩旌旗，及珍宝埋地中，陵叹曰：“复得数十矢，足以脱矣。今无兵复战，天明，坐受缚矣，各鸟兽散，犹有得脱归报天子者。”

令军士人持二升糒，一片冰，期至遮虏障者相待。夜半时，击鼓起士，鼓不鸣。陵与韩延年俱上马，壮士从者十余人，虏骑数千追之，韩延年战死。陵曰：“无面目报陛下！”遂降。军人分散，脱至塞者四百余人。

陵败处去塞百余里，边塞以闻。上欲陵死战；后闻陵降，上怒甚，责问陈步乐，步乐自杀。群臣皆罪陵，上以问太史令司马迁，迁盛言：“陵事亲孝，与士信，常奋不顾身以徇国家之急，其素所畜积也，有国士之风。今举事一不幸，全躯保妻子之臣随而媒糵其短，诚可痛也！且陵提步卒不满五千，深蹂戎马之地，抑数万之师，虏救死扶伤不暇，悉举引弓之民共攻围之，转斗千里，矢尽道穷，士张空拳，冒白刃，北首争死敌，得人之死力，虽古名将不过也。身虽陷败，然其所摧败亦足暴于天下。彼之不死，宜欲得当以报汉也。”上以迁为诬罔，欲沮贰师，为陵游说，下迁腐刑。

敢的军候，因受到校尉的欺辱，逃到匈奴军中投降，一一说出汉军实情：“李陵部队并无后援，箭矢也即将用尽，只有将军部下和校尉成安侯韩延年所属部队各八百人在前面开路，以黄旗和白旗作为标志。应当派精锐骑兵用弓箭射杀他们，汉军立即就可击破。”

单于得到管敢，喜出望外，命令匈奴骑兵一齐向汉军发起进攻，同时令人大声喊叫：“李陵、韩延年快快投降！”又派兵截断汉军的道路，猛攻李陵。李陵的部队被困在山谷之中，匈奴军在山上，从四面射箭，箭如雨下。李陵继续向南退却，尚未到达汗山，一天中五十万支箭已全部用尽，于是放弃辎重车辆，继续前往。此时军中士兵还有三千多人，只能砍下车的辐条拿在手中做武器，军官也只有手持短刀作战。汉军依靠山势退入狭谷之中，单于亲自率兵截断汉军后路，指挥匈奴士兵将山上巨石滚入谷中，汉军多数死去，不能前进。

黄昏以后，李陵独自一人身穿便衣走出大营，止住左右随从说：“不要跟着我，我要独自一人生擒单于！”过了很长一段时间，李陵回到营中，叹道：“我们已然兵败，即将死于此地了！”于是，将所有的旌旗尽行砍倒，与珍宝一起埋入地下。李陵叹了口气，对部下说道：“如果再有数十支箭，我们就足以逃脱了。现在已经没有武器再战，天亮以后，就只能坐等被擒了，不如各自逃命，还有人能够侥幸逃脱回去报告天子。”

于是，李陵命将士每人身带二升干粮、一片冰，约定到遮虏障会合。半夜时，李陵命人击鼓叫醒将士们，但战鼓已破，敲不响。李陵与韩延年都跨上战马，十几名壮士跟随。匈奴数千名骑兵随后追击，韩延年战死。李陵说道：“我已无面目报答皇上了！”于是投降。其他人分散突围，逃回边塞的有四百多人。

李陵兵败之处距边塞只有一百多里，边塞将领将此事报告朝廷。汉武帝刘彻本来希望李陵能死战，后听说李陵投降了匈奴，十分愤怒，责问陈步乐，陈步乐自杀而死。满朝大臣都说李陵有罪，汉武帝问太史令司马迁对此事的看法，司马迁竭力为李陵分辩说：“李陵对父母孝顺，对士人讲信义，常常奋不顾身，赴国家急难，这正是他平时的志愿所在，颇有国士的风范。如今出征偶然不幸失败，那些保全自身性命和妻子儿女的臣子就跟着捏造他的短处，实在令人痛心！况且，李陵率领不到五千步兵，深入满是战马的匈奴腹地，抵挡数万敌军；匈奴被打得连救死扶伤都顾不过来，将全国所有能拉弓射箭的人全部调来围攻李陵。李陵率部转战千里，箭矢用尽，无路可走，将士们手拿着没有箭的空弩机，冒着敌人锋利的枪尖刀刃，仍然面向北方拼死力战，能够得到部下这样的拼死效力，即使是古代的名将，也不过如此！李陵虽然兵败，但他对匈奴的打击也足以使他名扬天下了。李陵之所以没有死节，当是想找机会报效国家。”汉武帝认为司马迁在欺骗君王，是为了诋毁李广利，

久之，上悔陵无救，曰："陵当发出塞，乃诏强弩都尉令迎军；坐预诏之，得令老将生奸诈。"乃遣使劳赐陵余军得脱者。

（以上为第十一段，写汉武帝派李广之孙、骑都尉李陵率领五千步兵出征匈奴，被匈奴八万骑兵围困，李陵进行了生死决战，所杀敌人很多，但全军覆没，最后李陵被俘获。）

上以法制御下，好尊用酷吏，而郡、国二千石为治者大抵多酷暴，吏民益轻犯法；东方盗贼滋起，大群至数千人，攻城邑，取库兵，释死罪，缚辱郡太守、都尉，杀二千石，小群以百数掠卤乡里者，不可胜数，道路不通。上始使御史中丞、丞相长史督之，弗能禁；乃使光禄大夫范昆及故九卿张德等衣绣衣，持节、虎符，发兵以兴击。斩首大郡或至万余级，及以法诛通行、饮食当连坐者，诸郡甚者数千人。

数岁，乃颇得其渠率，散卒失亡复聚党阻山川者往往而群居，无可奈何。于是作《沈命法》，曰："群盗起，不发觉，发觉而捕弗满品者，二千石以下至小吏，主者皆死。"其后小吏畏诛，虽有盗不敢发，恐不能得，坐课累府，府亦使其不言。故盗贼浸多，上下相为匿，以文辞避法焉。

是时，暴胜之为直指使者，所诛杀二千石以下尤多，威震州郡。至勃海，闻郡人隽不疑贤，请与相见。不疑容貌尊严，衣冠甚伟，胜之躧履起迎，登堂坐定，不疑据地曰："窃伏海濒，闻暴公子旧矣，今乃承颜接辞。凡为吏，太刚则折，太柔则废，威行，施之以恩，然后树功扬名，永终天禄。"胜之深纳其戒；及还，表荐不疑，上召拜不疑为青州刺史。

济南王贺亦为绣衣御史，逐捕魏郡群盗，多所纵舍，以奉使不称免，叹曰："吾闻活千人，子孙有封，吾所活者万余人，后世其兴乎！"

为李陵游说开脱，将司马迁下狱施以宫刑。

很久以后，汉武帝才对原先使李陵陷入孤立无援的境地表示后悔，说道："应当在李陵率军出塞时，再让强弩将军路博德前去接应；我预先就发下命令，而老将路博德生出奸诈之心，不肯接应李陵。"于是，派使臣对逃脱回来的李陵余部进行慰劳赏赐。

汉武帝用法律来控制国家，喜欢任用执法严苛的官吏，各郡国的二千石官也大多以残暴的手段治理地方，而小吏和平民百姓对犯法却越发不当回事。东部地区盗贼兴起，大股数千人，攻打城邑，夺取府库的兵器，释放犯死罪的囚徒，捆缚、污辱郡太守、都尉，杀死二千石官；小股数百人，在乡村中劫杀抢掠，多得无法计算，致使道路断绝。汉武帝开始只派御史中丞、丞相长史负责督察镇压，但未能禁绝；于是，派光禄大夫范昆及曾经位居九卿的张德等身穿绣花官服，手持皇帝符节和调兵的虎符，调集军队进行围剿，有的大郡斩杀达到一万多人。另外，各郡因帮助盗贼通行、提供食物而受到牵连、犯法被杀的普通百姓多的也达数千人。

过了几年，抓获了大部分盗贼首领。一些被打散逃亡的人，往往重新聚集在一起，占据山川险要之处，官府无可奈何。于是，汉武帝命人制定《沈命法》，规定："凡有成帮结伙盗贼兴起，地方官不能及时发现，或虽然发现却未能全部擒获，自二千石官以下直至小吏，主持其事的一律处死！"从此以后，小吏畏惧朝廷治罪，即使发现有盗贼，也因害怕不能全部捕获而不敢报告；各郡长官因害怕受到牵连，也让下属不要报告。因此，盗贼越来越多，而地方官上下串通，隐瞒不报，空以虚文应付朝廷，逃避法网。

此时，暴胜之担任直指使者，经他之手处死的二千石以下官员尤其众多，因此，威镇各州郡。暴胜之来到渤海郡，听说当地人隽不疑贤明练达，便请来相见。隽不疑容貌庄重严肃，衣冠十分华丽整齐，暴胜之听说隽不疑到来，连鞋都没有顾上穿好拖着鞋就急忙起来拖着鞋相迎，让进客厅坐定，隽不疑以手按地，欠身说道："我虽生活在偏僻的海滨，但也久闻暴公子的大名，想不到今天有幸蒙公子接见指教。我认为，作为一名官吏，过于刚强容易折断，过于柔弱则法令难行，应既展示威严，又施以恩惠，才能建立功业，立身扬名，永远保持上天所赐的福禄。"暴胜之对他的告诫深为赞同，回到京城后，上奏推荐隽不疑。汉武帝召隽不疑前来，任命为青州刺史。

济南人王贺也曾担任绣衣御史，负责驱捕魏郡的盗贼，他放过了很多人，因此被以不称职的罪名罢免。王贺叹道："我听说救活一千人，子孙就可得到封爵，我救

是岁，以匈奴降者介和王成娩为开陵侯，将楼兰国兵击车师；匈奴遣右贤王将数万骑救之，汉兵不利，引去。

（以上为第十二段，写汉武帝用法律来治理国家，喜欢任用执法严苛的官吏，又命人制定《沈命法》，派出绣衣御史，严厉督察，各郡长官因害怕受到牵连，隐瞒不报。）

活的人有一万多，后代会有人兴起吧！”

这一年，汉武帝封归降汉朝的匈奴介和王成娩为开陵侯，命其率领楼兰军队袭击车师。匈奴派右贤王率领数万骑兵前往援救，汉军作战失利，退兵而去。

【点评】

论李陵之祸。李陵是李广之孙，颇有李广之风，善骑射，爱士卒，颇有美名。公元前 99 年，李陵奉汉武帝之命出征匈奴，率领五千步兵与八万匈奴骑兵战于浚稽山，最后寡不敌众而兵败被俘，一去无回。围绕李陵事情，汉朝发生了一系列的故事，酿成惊天大案，李氏被族灭，《史记》作者司马迁受株连被处腐刑，史称李陵之祸，令人嘘唏。

李陵孤军深入，没有救援，遭遇匈奴大军围困，而后兵败投降，汉武帝对此负有不可推卸的责任。贰师将军李广利统领三万骑兵从酒泉出发，攻击在天山一带活动的右贤王，汉武帝召见李陵，要他为大军运送粮草，做好后勤保障工作。这样的安排，对于一般人来说，倒也无话可说，而李陵年少气盛，也比较轻狂，总觉得自己有一腔热血，也有一身本领，怎么甘心当个后勤官呢？他便向汉武帝提出要求，愿意独当一面，用五千步兵直捣单于王庭。汉武帝非常佩服他的勇气，觉得他又是一个前途无量的霍去病，汉朝正缺少这样的将才！于是，就答应了李陵的请求，并且叫老将路博德作为他的后援和接应。哪知道路博德不愿意，建议汉武帝待到明年春暖花开时再出征。汉武帝认为是李陵出尔反尔，心想李陵不是不想出兵吗？我偏要让你出兵，而且没有后援接应。换句话说，李陵是生是死，全靠运气了！就这样，李陵走上了不归之路。

李陵深入匈奴，遭遇匈奴八万骑兵的围攻，箭尽粮绝，被匈奴俘虏，其初衷并不是真心投降，而是要保全性命，以有机会报效汉朝。可是汉武帝断绝了他的报效之路，让他彻底绝望。李陵遭到十数倍匈奴大军的围攻，充分展示了他高超的指挥才能和不屈不挠的气概。但是，这是一招死棋，无论他怎么英勇，怎么顽强，他都跳不出匈奴的包围圈，必死无疑。在汉武帝的心目中，李陵是个热血青年，如果冲不出敌人的包围圈，必将力战而死，以死报国。可是，李陵的想法却不一样，他还不愿意死，还想继续报国！在当时的情境下，只有一条生路，就是被匈奴活捉而去。但被活捉而去，不等于就是投降！而汉武帝却认为李陵丢了汉朝的脸面，怎么就不能以死报国呢？加上汉武帝误听传言，说李陵在帮助单于练兵以对付汉军。其实，帮助单于练兵的不是李陵，而是李绪！汉武帝却信以为真，将李陵全家处以族刑，他的母亲、兄弟和妻子都被诛杀。这真是天大的冤枉！这让李陵彻底失望，也彻底绝望，才真正投降了匈奴！如果汉武帝宽以待人，李陵也不至于走上绝路啊！

李陵被俘，汉朝君臣一个个都登上了表演的舞台。汉武帝听到李陵全军覆没的消息后，怎么也不敢相信，这支被李陵吹嘘得非常神勇的部队，就这样被打败了；怎么也不敢相信，李陵竟然没有战死，而是被匈奴俘获，汉朝的颜面到哪里去了？他心中的一股怒气直往外冲。这时候的朝廷大臣，看到汉武帝脸色铁青，魂不守舍，

一个个呆若木鸡，小心翼翼，即使汉武帝问话，也仅仅用好听的话搪塞，生怕戳到汉武帝的痛处。而对于李陵，则落井下石，没有一个人肯为他说句公道话。这时候司马迁看不下去了，汉武帝也注意到司马迁有着不同于其他人的行为，就听听他的想法。司马迁大致说了两层意思，一是李陵的为人，不像大臣们说的那样，而是平时有国士之风，在出击匈奴中孤军奋战，杀伤了许多敌人，立下了赫赫功劳。在救兵不至、箭尽粮绝、走投无路的情况下，仍然奋勇杀敌，就是古代名将也不过如此。二是李陵的被俘，并不是真心投降，而是想寻找适当的机会再报效朝廷。汉武帝听了司马迁的话，就派公孙敖带兵到边境等候李陵回归，李陵被匈奴牢牢看死，公孙敖等了一年不见李陵回归，误信抓捕的匈奴俘虏传言，说李陵帮单于练兵。这下，再次触怒了汉武帝，认为司马迁在替李陵游说，讽刺劳师远征、战败而归的李广利。这时已是天汉三年。汉武帝下令族灭李陵全家，将司马迁打入大牢，处以宫刑。

对于李陵事件、李陵之祸，我们不得不反思：李陵当初的狂野之心以及对匈奴形势不恰当的估计，是导致这次行动失败的首要因素。如果李陵根据汉武帝的安排，去把后勤工作做好，也是可以为汉朝做出贡献的。汉武帝轻率下达命令，让只有五千步兵的一支队伍，行走在非常凶险的茫茫草原之中，又没有安排接应救援，一旦遇到敌军，则是有去无回。汉武帝的举措失当，是导致李陵部队失败的决定性因素。李陵孤军深入，决一死战的勇气可嘉，而轻弃士兵生命的行为则不可取。李陵被俘后，虽然开始没有真心投降，但后来受了刺激，还是投降了；虽然没有为匈奴做多少事情，但这种行为则是不可取的，毕竟是成了真正的叛徒，辜负了司马迁的一番说辞。司马迁为李陵辩说，实事求是，出以公心，体现了司马迁的无畏精神和公正情怀；而遭李陵之祸，被处宫刑，则是体现了汉武帝的刚愎自用和专断昏昧！

汉纪十四

汉武帝天汉三年至后元二年（前98—前87年）

【起昭阳协洽（癸未，前98年），尽阏逢敦牂（甲午，前87年），凡十二年】

【大事提要】

本卷记事起公元前98年，讫公元前87年，凡十二年，当汉武帝天汉三年至后元二年。本卷所载的大事，主要是以下几个方面：其一，巫蛊之祸。汉武帝宠臣江充奉命查巫蛊案，用酷刑和栽赃迫使人认罪；江充与太子刘据有隙，趁机与按道侯韩说、宦官苏文等诬陷太子，太子恐惧，起兵诛杀江充，后遭汉武帝镇压兵败，皇后卫子夫和太子相继自杀。后汉武帝醒悟，夷江充三族，烧死苏文。其二，田千秋拜相。田千秋，原为高寝郎，供奉高祖陵寝。戾太子刘据因江充谗害而死，他上书诉冤，认为是子借父兵，情非得已，阐明太子心迹。汉武帝感悟，认为是高庙显灵，公当为我辅佐，任命其为大鸿胪。几个月后，丞相刘屈氂因罪被斩，田千秋任为丞相，封为富民侯。其三，贰师将军降匈奴。公元前90年，李广利率领七万大军出征匈奴。临行前，与丞相刘屈氂密谋推立李夫人之子刘髆为太子，后事发，刘屈氂被腰斩，李广利原想冒进，立功赎罪，后遭大败，便投降匈奴，其家被族灭。李广利投降后，被卫律忌妒，买通巫师杀之。其四，轮台罪己诏。公元前89年，大司农桑弘羊等人上书汉武帝，建议在轮台戍兵以备匈奴，然而，汉武帝没有同意，驳回了桑弘羊等人的建议，下令反思，称“当今务在禁苛暴，止擅赋，力本农，修马复令，以补缺、毋乏武备而已”，史称“轮台罪己诏”。其五，汉武帝辞世。汉武帝雄才大略，但在后期穷兵黩武，造成“巫蛊之祸”，公元前87年去世，享年七十岁，在位五十四年，谥号孝武皇帝，庙号世宗；死前立幼子刘弗陵为太子；任霍光为大司马、大将军，与车骑将军金日磾、左将军上官桀共同辅政。

【原文】

世宗孝武皇帝下之下

天汉三年（癸未，前98年）

春，二月，王卿有罪自杀，以执金吾杜周为御史大夫。

初榷酒酤。

三月，上行幸泰山，修封，祀明堂，因受计。还，祠常山，瘗玄玉。方士之候祠神人、入海求蓬莱者终无有验，而公孙卿犹以大人迹为解，天子益怠厌方士之怪迂语矣；然犹羁縻不绝，冀遇其真。自此之后，方士言神祠者弥众，然其效可睹矣。

夏，四月，大旱。赦天下。

秋，匈奴入雁门。太守坐畏愞弃市。

四年（甲申，前97）

春，正月，朝诸侯王于甘泉宫。

发天下七科谪及勇敢士，遣贰师将军李广利将骑六万、步兵七万出朔方；强弩都尉路博德将万余人与贰师会；游击将军韩说将步兵三万人出五原；因杅将军公孙敖将骑万、步兵三万人出雁门。匈奴闻之，悉远其累重于余吾水北；而单于以兵十万待水南，与贰师接战。贰师解而引归，与单于连斗十余日。游击无所得。因杅与左贤王战，不利，引归。

时上遣敖深入匈奴迎李陵，敖军无功还，因曰："捕得生口，言李陵教单于为兵以备汉军，故臣无所得。"上于是族陵家。既而闻之，乃汉将降匈奴者李绪，非陵也。陵使人刺杀绪。大阏氏欲杀陵，单于匿之北方；大阏氏死，乃还。单于以女妻陵，立为右校王，与卫律皆贵用事。卫律常在单于左右；陵居外，有大事乃入议。

夏，四月，立皇子髆为昌邑王。

（以上为第一段，写汉武帝发动数路大军攻打匈奴，结果都无功而返，攻打失利；汉武帝派公孙敖深入匈奴迎接李陵，误听俘虏之言，族杀李陵全家，李陵投降。）

【语译】

世宗孝武皇帝下之下

汉武帝天汉三年（癸未，前98年）

春季，二月，王卿因罪自杀，汉武帝任命执金吾杜周为御史大夫。

开始实行酒类专卖。

三月，汉武帝巡游泰山，扩建祭天神坛，祭祀于明堂，并在此接受各郡国的户籍、财政簿册。回京途中，祭祀于常山，并将黑色玉石埋于祭坛之下。方士们在各地等候神仙降临和入海寻找蓬莱仙山等，始终没有结果，而公孙卿仍以所谓“巨人的足印”进行辩解，从而使汉武帝对方士们的奇谈怪论日益厌倦，但仍与他们保持联系，并不禁绝，希望能遇到真有本领的人。从此以后，方士们谈论神灵之事的虽然更加众多，但其效果是可想而知了。

夏季，四月，大旱。汉朝实行大赦。

秋季，匈奴入侵雁门。雁门太守因畏缩惧敌被朝廷处死。

汉武帝天汉四年（甲申，前97年）

春季，正月，汉武帝在甘泉宫接受各诸侯王的朝见。

汉武帝征发全国“七科”的贱民和勇敢之士，派贰师将军李广利率领骑兵六万、步兵七万自朔方出塞，强弩都尉路博德率领一万多人与李广利会合，游击将军韩说率领步兵三万自五原出塞，因杅将军公孙敖率领骑兵一万、步兵三万自雁门出塞，袭击匈奴。匈奴听到这一消息后，将其家属、财物等全部迁移到余吾水以北地区，然后由单于亲率十万大军在余吾水南岸迎战李广利率领的汉朝军队。李广利率兵与单于大军连续交战十多日，撤兵而还。韩说所部没有收获。公孙敖与匈奴左贤王作战失利，撤兵而回。

汉武帝派公孙敖率兵深入匈奴腹地去接李陵，公孙敖无功而回，便上奏说：“据擒获的匈奴俘虏说，李陵教单于制造兵器，以防备汉军，所以我无所收获。”于是汉武帝下令将李陵的家属满门抄斩。不久听说，是投降匈奴的汉朝将领李绪所为，并非李陵。李陵派人将李绪刺杀。匈奴单于的母亲大阏氏要杀李陵，单于将他藏在北方，直到大阏氏死后，李陵才回到王庭。单于将自己的女儿嫁给李陵为妻，封其为右校王，与卫律同时都受到尊重，并握有权力。卫律经常在单于身边，李陵则在外地，有大事才到王庭会商。

夏季，四月，汉武帝封皇子刘髆为昌邑王。

太始元年（乙酉，前 96 年）

春，正月，公孙敖坐妻为巫蛊要斩。

徙郡国豪杰于茂陵。

夏，六月，赦天下。

是岁，匈奴且鞮侯单于死；有两子，长为左贤王，次为左大将。左贤王未至，贵人以为有病，更立左大将为单于。左贤王闻之，不敢进；左大将使人召左贤王而让位焉。左贤王辞以病，左大将不听，谓曰：“即不幸死，传之于我。”左贤王许之，遂立，为狐鹿姑单于；以左大将为左贤王。数年，病死；其子先贤掸不得代，更以为日逐王。单于自以其子为左贤王。

二年（丙戌，前 95 年）

春，正月，上行幸回中。

杜周卒，光禄大夫暴胜之为御史大夫。

秋，旱。

赵中大夫白公奏穿渠引泾水，首起谷口，尾入栎阳，注渭中，袤二百里，溉田四千五百余顷，因名曰白渠；民得其饶。

三年（丁亥，前 94 年）

春，正月，上行幸甘泉宫。

二月，幸东海，获赤雁。幸琅邪，礼日成山，登之罘，浮大海而还。

是岁，皇子弗陵生。弗陵母曰河间赵婕妤，居钩弋宫，任身十四月而生。上曰：“闻昔尧十四月而生，今钩弋亦然。”乃命其所生门曰尧母门。

臣光曰：为人君者，动静举措不可不慎，发于中必形于外，天下无不知之。当是时也，皇后、太子皆无恙，而命钩弋之门曰尧母，非名也。是以奸人逆探上意，知其奇爱少子，欲以为嗣。遂有危皇后、太子之心，卒成巫蛊之祸，悲夫！

赵人江充为水衡都尉。初，充为赵敬肃王客，得罪于太子丹，亡逃；诣阙告赵太子阴事，太子坐废。上召充入见。充容貌魁岸，被服轻靡，上奇之；与语政事，大悦，由是有宠，拜为直指绣衣使者，使督察贵戚、

汉武帝太始元年（乙酉，前96年）

春季，正月，公孙敖因其妻以“巫蛊”害人而被腰斩。

汉武帝强迫各郡国的富豪和有权势的人迁居茂陵。

夏季，六月，实行大赦。

这一年，匈奴且鞮侯单于去世。且鞮侯有两个儿子，长子为左贤王，次子为左大将。且鞮侯死后，左贤王没有及时赶到，匈奴贵族们认为左贤王有病，改立左大将为单于。左贤王听说后，不敢前来王庭。左大将派人将左贤王召来，让位给他。左贤王以自己有病为理由推辞不受，左大将不听，对他说：“如果你不幸死去，再传位给我。”左贤王这才答应，即单于位，称为狐鹿姑单于。封左大将为左贤王。几年后，左贤王病死，其子先贤掸因不能继承左贤王之位，所以改封为日逐王。单于封自己的儿子为左贤王。

汉武帝太始二年（丙戌，前95年）

春季，正月，汉武帝巡幸回中宫。

杜周去世，汉武帝任命光禄大夫暴胜之为御史大夫。

秋季，干旱。

赵国中大夫白公奏请朝廷，从谷口至栎阳挖了一条长二百里的引水渠，将泾河水引到渭中地区，使四千五百多顷农田得到灌溉，因此命名为“白渠”。当地百姓因白渠而大大受益。

汉武帝太始三年（丁亥，前94年）

春季，正月，汉武帝前往甘泉宫。

二月，汉武帝巡游东海郡，捉到一只赤色大雁；又巡游琅邪郡，在成山拜日，并登上之罘山，然后乘船在海上巡游后返回长安。

这一年，皇子刘弗陵出生。刘弗陵的母亲是河间人，姓赵，受封为婕妤，住在钩弋宫，怀孕十四个月后生刘弗陵。汉武帝刘彻说：“听说当年尧是十四个月才出生的，如今赵婕妤生这个孩子也是如此。”于是，下令将钩弋宫宫门改称尧母门。

> 臣司马光评论说：作为帝王，每一行动措施都不能不慎重，内心想的事，外表必然会显露出来，天下人都会知道。那时，皇后、太子全部安然健在，汉武帝却下令将钩弋宫门称为尧母门，在名义上是不妥当的。正因为如此，才使奸猾之徒揣摩皇上的心意，认为他非常宠爱幼子，想立幼子为皇位继承人，于是产生出危害皇后、太子之心，终于酿成巫蛊祸难，可悲啊！

赵国人江充被任命为水衡都尉。当初，江充本是赵敬肃王的门客，因为得罪了赵王太子刘丹，逃出赵国，来到朝廷告发了刘丹的隐私秘事，刘丹因此被废除赵国太子之位。汉武帝刘彻召江充入宫见面，见他仪表堂堂，身体魁梧，衣着轻暖而华

近臣逾侈者。充举劾无所避，上以为忠直，所言皆中意。尝从上甘泉，逢太子家使乘车马行驰道中，充以属吏。太子闻之，使人谢充曰："非爱车马，诚不欲令上闻之，以教敕亡素者；唯江君宽之！"充不听，遂白奏。上曰："人臣当如是矣！"大见信用，威震京师。

四年（戊子，前93年）

春，三月，上行幸泰山。壬午，祀高祖于明堂以配上帝，因受计。癸未，祀孝景皇帝于明堂。甲申，修封。丙戌，禅石闾。

夏，四月，幸不其。五月，还，幸建章宫，赦天下。

冬，十月，甲寅晦，日有食之。

十二月，上行幸雍，祠五畤；西至安定、北地。

（以上为第二段，写皇子刘弗陵出生，其母怀孕十四个月，汉武帝将其母的钩弋宫门命名为"尧母门"；这一举动使江充之流揣摩帝王心理而曲意逢迎，种下巫蛊之祸，受到司马光的批评。）

征和元年（己丑，前92年）

春，正月，上还，幸建章宫。

三月，赵敬肃王彭祖薨。彭祖取江都易王所幸淖姬，生男，号淖子。时淖姬兄为汉宦者，上召问："淖子何如？"对曰："为人多欲。"上曰："多欲不宜君国子民。"问武始侯昌，曰："无咎无誉。"上曰："如是可矣。"遣使者立昌为赵王。

夏，大旱。

上居建章宫，见一男子带剑入中龙华门，疑其异人，命收之。男子捐剑走，逐之弗获。上怒，斩门候。

冬，十一月，发三辅骑士大搜上林，闭长安城门索，十一日乃解，

丽，暗中称奇。与他谈论一番政事后，汉武帝大为高兴，从此宠信江充，封其为直指绣衣使者，让他督察皇亲国戚、天子近臣中的违背体制、奢侈不法行为。江充检举参劾，毫无避讳，汉武帝因此认为他忠正直率，所说的话都合汉武帝的心意。江充曾随汉武帝前往甘泉宫，正遇上太子刘据派遣去甘泉宫问安的使者坐着马车在皇帝专用的驰道上行走，江充便将其逮捕问罪。太子听说后，派人向江充求情说："我并非爱惜车马，实在是不愿让皇上知道后，认为我平时没有管教左右，希望江先生宽恕！"江充并不理睬，径自上奏。汉武帝说："作臣子的，就应当这样！"对江充大加信任，从而使江充威震京师。

汉武帝太始四年（戊子，前 93 年）

春季，三月，汉武帝巡游泰山。二十五日壬午，在明堂祭祀高祖刘邦，以之配祀上帝，并在此接受各郡国记录户籍财政情况的簿册。二十六日癸未，在明堂祭祀汉景帝刘启。二十七日甲申，扩建祭天神坛。二十九日丙戌，在石闾祭祀地神。

夏季，四月，汉武帝巡游不其山。五月，返回长安，前往建章宫，下令实行大赦。

冬季，十月三十日甲寅晦，出现日食。

十二月，汉武帝巡游至雍，于五畤祭祀天帝。然后西行，到达安定、北地二郡。

汉武帝征和元年（己丑，前 92 年）

春季，正月，汉武帝返回长安，前往建章宫。

三月，赵王刘彭祖去世。刘彭祖娶的是江都易王刘非的宠姬淖姬，生了一个儿子，取名刘淖子。当时淖姬的哥哥在皇宫中当宦官，汉武帝刘彻便召他询问："淖子为人如何？"淖姬的哥哥回答说："他为人欲望太多。"汉武帝说道："欲望太多的人不适合当国君管理百姓。"又问武始侯刘昌的情况，淖姬的哥哥说："刘昌既无过错，也没有什么值得赞扬的地方。"汉武帝说："这样就可以了。"于是，派使臣立刘昌为赵王。

夏季，大旱。

汉武帝住在建章宫，看到一个男子带剑进入中龙华门，怀疑是不寻常的人，便命人捕捉。该男子弃剑逃跑，侍卫们追赶，未能擒获。汉武帝大怒，将掌管宫门出入的门候处死。

冬季，十一月，汉武帝征调三辅地区的骑兵对上林苑进行大搜查，并下令关闭

巫蛊始起。

丞相公孙贺夫人君孺，卫皇后姊也，贺由是有宠。贺子敬声代父为太仆，骄奢不奉法，擅用北军钱千九百万；发觉，下狱。

是时诏捕阳陵大侠朱安世甚急，贺自请逐捕安世以赎敬声罪，上许之。后果得安世。安世笑曰："丞相祸及宗矣！"遂从狱中上书，告"敬声与阳石公主私通；上且上甘泉，使巫当驰道埋偶人，祝诅上，有恶言。"

（以上为第三段，写公孙贺的儿子公孙敬声担任太仆，骄横奢侈，不遵法纪，擅自动用军费，事情败露后被捕下狱；公孙贺追捕阳陵大侠客朱安世以赎子之罪，朱安世揭发公孙敬声用巫蛊术诅咒皇上，开启了巫蛊大案之祸。）

二年（庚寅，前 91 年）

春，正月，下贺狱，案验；父子死狱中，家族。以涿郡太守刘屈氂为丞相，封澎侯。屈氂，中山靖王子也。

夏，四月，大风，发屋折木。

闰月，诸邑公主、阳石公主及皇后弟子长平侯伉皆坐巫蛊诛。

上行幸甘泉。

初，上年二十九乃生戾太子，甚爱之。及长，性仁恕温谨，上嫌其材能少，不类己；而所幸王夫人生子闳，李姬生子旦、胥，李夫人生子髆，皇后、太子宠浸衰，常有不自安之意。

上觉之，谓大将军青曰："汉家庶事草创，加四夷侵陵中国，朕不变更制度，后世无法；不出师征伐，天下不安；为此者不得不劳民。若后世又如朕所为，是袭亡秦之迹也。太子敦重好静，必能安天下，不使朕忧。欲求守文之主，安有贤于太子者乎！闻皇后与太子有不安之意，岂有之邪？可以意晓之。"大将军顿首谢。皇后闻之，脱簪请罪。太子每谏征伐四夷，上笑曰："吾当其劳，以逸遗汝，不亦可乎！"

上每行幸，常以后事付太子，宫内付皇后；有所平决，还，白其最，

长安城门进行搜索，十一天后解除戒严。巫蛊事开始出现。

丞相公孙贺的夫人卫君孺，是卫皇后的姐姐，公孙贺因此受到宠信。公孙贺的儿子公孙敬声接替父亲担任太仆，骄横奢侈，不遵守法纪，擅自动用北军军费一千九百万钱，事情败露后被捕下狱。

这时，汉武帝正下令各地紧急通缉阳陵大侠客朱安世，于是，公孙贺请求汉武帝让他负责追捕朱安世，来为其子公孙敬声赎罪，汉武帝批准了他的请求。后来，公孙贺果然将朱安世逮捕。朱安世却笑着说："丞相将要祸及全族了！"于是，从狱中上书朝廷，揭发说："公孙敬声与阳石公主私通；他得知皇上将要前往甘泉宫，便让巫师在皇上专用的驰道上埋藏木偶人，诅咒皇上，口出恶言。"

汉武帝征和二年（庚寅，前91年）

春季，正月，公孙贺被逮捕下狱，经调查，罪名属实，父子二人都死于狱中，并被灭族。汉武帝刘彻任命涿郡太守刘屈氂为丞相，封其为澎侯。刘屈氂是中山靖王刘胜的儿子。

夏季，四月，狂风大作，房屋被掀起，树木被折断。

闰四月，诸邑公主、阳石公主及卫皇后之弟卫青的儿子长平侯卫伉，都因巫蛊案而被处死。

汉武帝巡游甘泉。

当初，汉武帝刘彻二十九岁时才有了戾太子刘据，对他非常喜爱。刘据长大后，性格仁慈宽厚、温和谨慎，汉武帝嫌他不像自己那样精明强干；汉武帝平日宠爱的王夫人也生了一子名叫刘闳，李姬生二子刘旦、刘胥，李夫人生一子刘髆。皇后、太子因皇上对他们的宠爱逐渐减少，常常有不能自安的感觉。

汉武帝察觉后，对大将军卫青说："我朝有很多事情都还处于草创阶段，再加上周围的外族对我国的侵扰不断，我如不变更制度，后代就将失去准则依据；如不出师攻打，天下就不能安定，因此不能不使民众们受些劳苦。但假如后代也像我这样去做，就等于重蹈了秦朝灭亡的覆辙。太子性格稳重好静，肯定能安定天下，不会让我忧虑。要找一个能够以文治国的君王，还能有谁比太子更强呢？听说皇后和太子有不安的感觉，难道真是如此吗？你可以把我的意思转告他们。"卫青磕头感谢。皇后听说后，特意摘掉首饰向汉武帝请罪。每当太子劝阻征伐四方时，汉武帝就笑着说："由我来担当艰苦重任，而将安逸留给你，不也挺好吗？"

汉武帝每次出外巡游，经常将留下的事情交付给太子，宫中事务交付给皇后。

上亦无异，有时不省也。

上用法严，多任深刻吏；太子宽厚，多所平反，虽得百姓心，而用法大臣皆不悦。皇后恐久获罪，每戒太子，宜留取上意，不应擅有所纵舍。上闻之，是太子而非皇后。

群臣宽厚长者皆附太子，而深酷用法者皆毁之；邪臣多党与，故太子誉少而毁多。卫青薨，臣下无复外家为据，竞欲构太子。

上与诸子疏，皇后希得见。太子尝谒皇后，移日乃出。黄门苏文告上曰："太子与宫人戏。"上益太子宫人满二百人。太子后知之，心衔文。文与小黄门常融、王弼等常微伺太子过，辄增加白之。皇后切齿，使太子白诛文等。太子曰："第勿为过，何畏文等！上聪明，不信邪佞，不足忧也！"

上尝小不平，使常融召太子，融言"太子有喜色"，上嘿然。及太子至，上察其貌，有涕泣处，而佯语笑，上怪之；更微问，知其情，乃诛融。皇后亦善自防闲，避嫌疑，虽久无宠，尚被礼遇。

是时，方士及诸神巫多聚京师，率皆左道惑众，变幻无所不为。女巫往来宫中，教美人度厄，每屋辄埋木人祭祀之；因妒忌恚詈，更相告讦，以为祝诅上，无道。上怒，所杀后宫延及大臣，死者数百人。

上心既以为疑，尝昼寝，梦木人数千持杖欲击上，上惊寤，因是体不平，遂苦忽忽善忘。江充自以与太子及卫氏有隙，见上年老，恐晏驾后为太子所诛，因是为奸，言上疾祟在巫蛊。

于是上以充为使者，治巫蛊狱。充将胡巫掘地求偶人，捕蛊及夜祠、视鬼，染污令有处，辄收捕验治，烧铁钳灼，强服之。民转相诬以巫蛊，吏辄劾以为大逆无道；自京师、三辅连及郡、国，坐而死者前后数万人。

如果有所裁决，待汉武帝回来后就将其中最重要的向他报告，汉武帝也没有不同意的，有时甚至不过问。

汉武帝用法严厉，任用的多是严苛残酷的官吏；而太子待人宽厚，经常将一些他认为处罚过重的案子从轻发落。太子这样做虽然得民众之心，但那些执法大臣都不高兴。皇后害怕长此下去会获罪，经常告诫太子，应注意顺从皇上的意思，不应擅自有所纵容宽赦。汉武帝听说后，认为太子是对的，而皇后不对。

群臣中为人宽厚的都依附太子。而用法严苛的则都诋毁太子。由于奸邪的臣子大多结党，所以为太子说好话的少，说坏话的多。卫青去世后，那些臣子认为太子不再有母亲娘家的靠山，便竞相陷害太子。

汉武帝很少与儿子们在一起，与皇后也难得见面。一次，太子进宫谒见皇后，太阳都转过去半天了，才从宫中出来。黄门苏文向汉武帝报告说："太子调戏宫女。"于是，汉武帝将太子宫中的宫女增加到二百人。后来，太子知道了这件事情，便对苏文怀恨在心。苏文与小黄门常融、王弼等经常暗中寻找太子的过失，然后再去添枝加叶地向汉武帝报告。对此，皇后恨得咬牙切齿，让太子禀明皇上杀死苏文等人。太子说："只要我不做错事，又何必怕苏文等人！皇上圣明，不会相信邪恶谗言，用不着忧虑。"

有一次，汉武帝感到身体有点不舒服，派常融去召太子，常融回来后对汉武帝说道："太子面带喜色。"汉武帝默然无语。及至太子来到，汉武帝观其神色，见他脸上有泪痕，却强装有说有笑，汉武帝感到很奇怪，再暗中查问，才得知事情真相，于是将常融处死。皇后自己也小心防备，远避嫌疑，所以尽管已有很长时间不再得宠，却仍能使汉武帝以礼相待。

这时，方士和各类神巫多聚集在京师长安，大都是以左道旁门的奇幻邪术迷惑众人，无所不为。一些女巫来于宫中，教宫中美人躲避灾难的办法，在每间屋里都埋上木头人进行祭祀。因相互妒忌争吵时，就轮番告发对方诅咒皇上，大逆不道。汉武帝刘彻大怒，将被告发的人处死，后宫妃嫔、宫女以及受牵连的大臣共杀了数百人。

汉武帝产生疑心以后，有一次在白天小睡，梦见有好几千个木头人手持棍棒想要袭击他，霍然惊醒，从此感到身体不舒服，精神恍惚，记忆力大减。江充自以为与太子及皇后有嫌隙，见汉武帝年纪已老，害怕皇上去世后被太子诛杀，便定下奸谋，说皇上的病是因为有巫蛊作祟造成的。

于是，汉武帝派江充为使者，负责查出巫蛊案。江充率领胡人巫师到各处掘地寻找木头人，并逮捕了那些用巫术害人，夜间自称能见到鬼魂的人，又命人事先在一些地方洒上血污，然后对被捕之人进行审讯，将那些染上血污的地方指为他们以

（以上为第四段，写太子刘据性格仁慈宽厚，汉武帝却嫌其不类己，江充利用巫蛊祸起，诬陷太子，穷追治蛊，有数万人受到无辜牵连而死。）

是时，上春秋高，疑左右皆为蛊祝诅；有与无，莫敢讼其冤者。充既知上意，因胡巫檀何言："宫中有蛊气；不除之，上终不差。"上乃使充入宫，至省中，坏御座，掘地求蛊；又使按道侯韩说、御史章赣、黄门苏文等助充。充先治后宫希幸夫人，以次及皇后、太子宫，掘地纵横，太子、皇后无复施床处。

充云："于太子宫得木人尤多，又有帛书，所言不道；当奏闻。"太子惧，问少傅石德。德惧为师傅并诛，因谓太子曰："前丞相父子、两公主及卫氏皆坐此，今巫与使者掘地得征验，不知巫置之邪，将实有也，无以自明。可矫以节收捕充等系狱，穷治其奸诈。且上疾在甘泉，皇后及家吏请问皆不报；上存亡未可知，而奸臣如此，太子将不念秦扶苏事邪！"太子曰："吾人子，安得擅诛！不如归谢，幸得无罪。"太子将往之甘泉，而江充持太子甚急；太子计不知所出，遂从石德计。

秋，七月，壬午，太子使客诈为使者，收捕充等；按道侯说疑使者有诈，不肯受诏，客格杀说。太子自临斩充，骂曰："赵虏！前乱乃国王父子不足邪！乃复乱吾父子也！"又炙胡巫上林中。

（以上为第五段，写江充与太子刘据有矛盾，于是勾结按道侯韩说、宦官苏文等四人诬陷太子，太子自保，矫诏抓捕江充、胡巫处死。）

太子使舍人无且持节夜入未央宫殿长秋门，因长御倚华具白皇后，发中厩车载射士，出武库兵，发长乐宫卫卒。长安扰乱，言太子反。苏文迸走，得亡归甘泉，说太子无状。上曰："太子必惧，又忿充等，故有此变。"乃使使召太子。使者不敢进，归报云："太子反已成，欲斩臣，臣逃归。"上大怒。

邪术害人之处，并施以铁钳烧灼之刑，强迫他们认罪。于是民众们相互诬指对方用巫蛊害人；官吏则每每参劾别人大逆不道。从京师长安、三辅地区到各郡国，因此而死的先后共有数万人。

这时汉武帝年事已高，怀疑周围的人都在用巫蛊诅咒他；而那些被逮捕治罪的人，无论真实情况如何，谁也不敢诉说自己有冤。江充窥探出汉武帝的疑惧心理，便指使胡人巫师檀何说："宫中有蛊气，不将这蛊气除去，皇上的病就一直不会好。"于是汉武帝派江充进入宫中，直至宫禁深处，毁坏皇帝的宝座，挖地找蛊；又派按道侯韩说、御史章赣、黄门苏文等协助江充。江充先从后宫中汉武帝已很少理会的妃嫔的房间着手，然后依次搜寻，一直搜到皇后宫和太子宫中，各处的地面都被纵横翻起，以致太子和皇后连放床的地方都没有了。

江充扬言："在太子宫中找出的木头人最多，还有写在丝帛上的文字，内容大逆不道，应当报告皇上。"太子非常害怕，问少傅石德应当怎么办。石德害怕因为自己是太子的老师而受到牵连被杀，便对太子说："先前公孙贺父子、两位公主以及卫伉等都被指犯有用巫蛊害人之罪而被杀死，如今巫师与皇上的使者又从宫中挖出证据，不知是巫师放置的呢，还是确实有，自己是无法解释清楚的。你可假传圣旨，将江充等人逮捕下狱，彻底追究其奸谋。况且，皇上有病住在甘泉宫，皇后和您派去请安的人都没能见到皇上，皇上是否还在，实未可知，而奸臣竟敢如此，难道您忘了秦朝太子扶苏之事了吗？"太子说道："我这当儿子的怎能擅自诛杀大臣？不如前往甘泉宫请罪，或许能侥幸无事。"太子打算亲自前往甘泉宫，但江充却抓住太子之事逼迫甚急，太子想不出别的办法，于是按着石德的计策行事。

秋季，七月初九日壬午，太子派门客冒充皇帝使者，逮捕了江充等人。按道侯韩说怀疑使者是假的，不肯接受命令，被太子门客杀死。太子亲自监杀江充，骂道："你这赵国的奴才，先前扰害你们国王父子还嫌不够，如今又来扰害我们父子！"又将江充手下的胡人巫师烧死在上林苑中。

太子刘据派侍从门客无且携带符节乘夜进入未央宫长秋门，通过长御女官倚华将一切报告皇后，然后调发皇家马厩的马车运载射手，打开武器库拿出武器，又调发长乐宫的卫兵。长安城中一片混乱，纷纷传言："太子造反。"苏文得以逃出长安，来到甘泉宫，向汉武帝报告说太子很不像话。汉武帝说道："太子肯定是害怕了，又愤恨江充等人，所以发生这样的变故。"因而派使臣召太子前来。使臣不敢进入长安，回去报告说："太子已经造反，要杀我，我逃了回来。"汉武帝大怒。

丞相屈氂闻变，挺身逃，亡其印绶，使长史乘疾置以闻。上问："丞相何为？"对曰："丞相秘之，未敢发兵。"上怒曰："事籍籍如此，何谓秘也！丞相无周公之风矣，周公不诛管、蔡乎！"乃赐丞相玺书曰："捕斩反者，自有赏罚。以牛车为橹，毋接短兵，多杀伤士众！坚闭城门，毋令反者得出！"太子宣言告令百官云："帝在甘泉病困，疑有变；奸臣欲作乱。"

上于是从甘泉来，幸城西建章宫，诏发三辅近县兵，部中二千石以下，丞相兼将之。太子亦遣使者矫制赦长安中都官囚徒，命少傅石德及宾客张光等分将；使长安囚如侯持节发长水及宣曲胡骑，皆以装会。侍郎马通使长安，因追捕如侯，告胡人曰："节有诈，勿听也！"遂斩如侯，引骑入长安；又发楫棹士以予大鸿胪商丘成。初，汉节纯赤，以太子持赤节，故更为黄旄加上以相别。

太子立车北军南门外，召护北军使者任安，与节，令发兵。安拜受节；入，闭门不出。太子引兵去，驱四市人凡数万众，至长乐西阙下，逢丞相军，合战五日，死者数万人，血流入沟中。民间皆云"太子反"，以故众不附太子，丞相附兵浸多。

庚寅，太子兵败，南奔覆盎城门。司直田仁部闭城门，以为太子父子之亲，不欲急之；太子由是得出亡。丞相欲斩仁，御史大夫暴胜之谓丞相曰："司直，吏二千石，当先请，奈何擅斩之！"丞相释仁。上闻而大怒，下吏责问御史大夫曰："司直纵反者，丞相斩之，法也；大夫何以擅止之？"胜之惶恐，自杀。

诏遣宗正刘长、执金吾刘敢奉策收皇后玺绶，后自杀。上以为任安老吏，见兵事起，欲坐观成败，见胜者合从之，有两心，与田仁皆要斩。上以马通获如侯，长安男子景建从通获石德，商丘成力战获张光，封通为重合侯，建为德侯，成为秺侯。诸太子宾客尝出入宫门，皆坐诛；其随太子发兵，以反法族；吏士劫略者皆徙敦煌郡。以太子在外，始置屯兵长安诸城门。

丞相刘屈氂听到事变消息后，抽身就逃，连丞相的官印、绶带都丢掉了，派长史乘驿站快马奏报汉武帝。汉武帝问道："丞相是怎么做的？"长史回答说："丞相封锁消息，没敢发兵。"汉武帝生气地说："事情已经这样沸沸扬扬，还有什么秘密可言！丞相没有周公的遗风，难道周公能不杀管叔和蔡叔吗？"于是给丞相颁赐印有印信的命令，说："捕杀叛逆者，我自会赏罚分明。应用牛车作为掩护，不要和叛逆者短兵相接，杀伤过多士兵！紧守城门，决不能让叛军冲出长安城！"太子发表宣言，向文武百官发出号令说："皇上因病困居甘泉宫，我怀疑可能发生了变故，奸臣们想乘机叛乱。"

汉武帝于是从甘泉宫返回来到长安城西建章宫，发布命令，征调三辅附近各县的军队，部署中二千石以下官员归丞相兼职统辖。太子也派使者假传圣旨，将关在长安中都官狱中的囚徒赦免放出，命少傅石德及门客张光等分别统管；又派长安囚徒如侯持符节征发长水和宣曲两地的胡人骑兵，一律全副武装前来会合。侍郎马通受汉武帝派遣来到长安，得知此事后立即追赶前去，将如侯逮捕，并告诉胡人："如侯带来的符节是假的，不能听他调遣！"于是将如侯处死，带领胡人骑兵开进长安；又征调船夫，交给大鸿胪商丘成指挥。当初汉朝的符节是纯赤色，因太子用赤色符节，所以在汉武帝所发的符节上改加黄缨以示区别。

太子来到北军军营南门之外，站在车上，将护北军使者任安召出，颁与符节，命令任安发兵。但任安拜受符节后，却返回营中，闭门不出。太子带人离去，将长安四市的市民约数万人强行武装起来，到长乐宫西门外，正遇到丞相刘屈氂率领的军队，双方会战五天，死亡数万人，鲜血像水一样留入街边的水沟。民间都说"太子谋反"，所以人们不依附太子，而丞相一边的兵力却不断加强。

七月十七日庚寅，太子兵败，向南逃到长安城覆盎门。司直田仁正率兵把守城门，因觉得太子与皇上是父子关系，不愿逼迫太急，所以使太子得以逃出城外。丞相刘屈氂要杀田仁，御史大夫暴胜之对丞相说："司直为朝廷二千石大员，理应先行奏请，怎么能擅自斩杀呢！"于是丞相将田仁释放。汉武帝刘彻听说后大发雷霆，将暴胜之逮捕治罪，责问他道："司直放走谋反的人，丞相杀他，是执行国家的法律，你为什么要擅加阻止？"暴胜之惶恐不安，自杀而死。

汉武帝下令，派宗正刘长、执金吾刘敢携带皇帝下达的命令，收回皇后的印玺和绶带，皇后自杀。汉武帝认为，任安是老官吏，见出现战乱之事，想坐观成败，看谁取胜就归附谁，对朝廷怀有二心，因此将任安与田仁一同腰斩。汉武帝因马通擒获如侯，封其为重合侯；长安男子景建跟随马通，擒获石德，封其为德侯；商丘成奋力战斗，擒获张光，封其为秺侯。太子的众门客，因曾经出入宫门，所以一律处死；凡是跟随太子发兵谋反的，一律按谋反罪灭族；各级官吏和士兵凡非出于本

（以上为第六段，京师传言太子造反，汉武帝令丞相刘屈氂镇压造反者，调兵与太子大战长安城中，太子兵败外逃，长安各城门置屯兵戒严。）

上怒甚，群下忧惧，不知所出。壶关三老茂上书曰："臣闻父者犹天，母者犹地，子犹万物也，故天平，地安，物乃茂成；父慈，母爱，子乃孝顺。今皇太子为汉嫡嗣，承万世之业，体祖宗之重，亲则皇帝之宗子也。江充，布衣之人，闾阎之隶臣耳；陛下显而用之，衔至尊之命以迫蹴皇太子，造饰奸诈，群邪错缪，是以亲戚之路鬲塞而不通。太子进则不得见上，退则困于乱臣，独冤结而无告，不忍忿忿之心，起而杀充，恐惧逋逃，子盗父兵，以救难自免耳，臣窃以为无邪心。《诗》曰：'营营青蝇止于藩，恺悌君子无信谗言。谗言罔极，交乱四国。'往者江充谗杀赵太子，天下莫不闻。陛下不省察，深过太子，发盛怒，举大兵而求之，三公自将；智者不敢言，辩士不敢说，臣窃痛之！唯陛下宽心慰意，少察所亲，毋患太子之非，亟罢甲兵，无令太子久亡！臣不胜惓惓，出一旦之命，待罪建章宫下。"书奏，天子感寤，然尚未敢显言赦之也。

太子亡，东至湖，藏匿泉鸠里；主人家贫，常卖屦以给太子。太子有故人在湖，闻其富赡，使人呼之而发觉。

八月，辛亥，吏围捕太子。太子自度不得脱，即入室距户自经。山阳男子张富昌为卒，足蹋开户，新安令史李寿趋抱解太子，主人公遂格斗死，皇孙二人并皆遇害。上既伤太子，乃封李寿为邘侯，张富昌为题侯。

初，上为太子立博望苑，使通宾客，从其所好，故宾客多以异端进者。

臣光曰：古之明王教养太子，为之择方正敦良之士，以为保傅、师友，使朝夕与之游处。左右前后无非正人，出入起居无非正道，然犹有淫放邪僻而陷于祸败者焉。今乃使太子自通宾客，从其所好。夫正直难亲，谄谀易合，此固中人之常情，宜太子之

心，而被太子胁迫的，一律放逐到敦煌郡。因太子逃亡在外，所以开始在长安各城门设置屯守军队。

汉武帝愤怒异常，群臣感到忧虑和恐惧，不知如何是好。壶关三老令狐茂上书汉武帝，说："我听说父亲就好比是天，母亲就好比是地，儿子就好比是天地间的万物，所以只有上天平静，大地安然，万物才能茂盛；只有父慈，母爱，儿子才能孝顺。如今皇太子本是汉朝的合法继承人，将承继万世大业，执行祖宗的重托，论关系又是皇上的嫡长子。江充本为一介平民，不过是个市井中的奴才罢了，皇上却对他尊显重用，让他挟至尊之命来迫害皇太子，纠集一批奸邪小人，对皇太子进行欺诈栽赃、逼迫陷害，使皇上与太子的父子至亲关系隔塞不通。太子进则不能面见皇上，退则被乱臣的陷害困扰，独自蒙冤，无处申诉，忍不住愤恨的心情，起而杀死江充，却又害怕皇上降罪，被迫逃亡。太子作为皇上的儿子，盗用父亲的军队，不过是为了救难，使自己免遭别人的陷害罢了。我认为并非有什么险恶的用心。《诗经》上说：'绿蝇往来落篱笆，谦谦君子不信谗。否则谗言无休止，天下四方出乱子。'以往，江充曾以谗言害死赵太子，天下人无不知晓。而今皇上不加调查，就过分地责备太子，发雷霆之怒，征调大军追捕太子，还命丞相亲自指挥，致使智慧之人不敢进言，善辩之士难以张口，我心中实在感到痛惜。希望皇上放宽心怀，平心静气，稍稍想一想父子亲情，不要对太子的错误耿耿于怀，立即结束对太子的攻打，不要让太子长期逃亡在外！我以对皇上的一片忠心，随时准备献出我短暂的性命，待罪于建章宫外。"奏章递上去，汉武帝刘彻见到后，受到感动而醒悟，但还没有公开发布赦免令。

太子向东逃到湖县，隐藏在泉鸠里。主人家境贫寒，经常织卖草鞋来奉养太子。太子有一位以前相识的人住在湖县，听说很富有，太子派人去叫他，于是消息泄露。

八月初八辛亥，地方官围捕太子。太子自己估计难以逃脱，便回到屋中，紧闭房门，自缢而死。前来搜捕的士兵中，有一山阳男子名叫张富昌，用脚踹开房门。新安县令史李寿跑上前去，将太子抱住解下。主人与搜捕太子的人格斗而死，二位皇孙也一同遇害。汉武帝感伤于太子之死，便封李寿为邘侯，张富昌为题侯。

当初，汉武帝专门为太子建立了博望苑，让他与宾客交往，顺从他的喜好。所以太子的宾客多以异端求进，不是正统的儒者。

臣司马光评论说：古代明君教养太子，为他选择正派敦厚、品质优良的人作为老师和朋友，让他们朝夕相处，使太子的左右前后都是正人君子，出入起居都合于正道。但仍然有淫邪放纵而陷于灾祸，最终身败名裂的。而今，汉武帝竟让太子自己延揽门客，顺从他的喜好。而正直的人难于亲近，阿谀奉承的

不终也！

癸亥，地震。

九月，商丘成为御史大夫。

立赵敬肃王小子偃为平干王。

匈奴入上谷、五原，杀掠吏民。

（以上为第七段，写茂陵三老上书诉说太子刘据的冤情，汉武帝刘彻有所醒悟而犹豫未下达赦令；太子刘据逃到湖县，消息泄露，被围困而自杀，两位皇孙也一同遇害。）

三年（辛卯，前90年）

春，正月，上行幸雍，至安定、北地。

匈奴入五原、酒泉，杀两都尉。

三月，遣李广利将七万人出五原，商丘成将二万人出西河，马通将四万骑出酒泉，击匈奴。

夏，五月，赦天下。

匈奴单于闻汉兵大出，悉徙其辎重北邸郅居水；左贤王驱其人民度余吾水六七百里，居兜衔山；单于自将精兵渡姑且水。商丘成军至，追邪径，无所见，还。匈奴使大将与李陵将三万余骑追汉军，转战九日，至蒲奴水；虏不利，还去。马通军至天山，匈奴使大将偃渠将二万余骑要汉兵，见汉兵强，引去；通无所得失。是时，汉恐车师遮马通军，遣开陵侯成娩将楼兰、尉犁、危须等六国兵共围车师，尽得其王民众而还。贰师将军出塞，匈奴使右大都尉与卫律将五千骑要击汉军于夫羊句山狭，贰师击破之，乘胜追北至范夫人城；匈奴奔走，莫敢距敌。

初，贰师之出也，丞相刘屈氂为祖道，送至渭桥。广利曰："愿君侯早请昌邑王为太子；如立为帝，君侯长何忧乎！"屈氂许诺。昌邑王者，贰师将军女弟李夫人子也；贰师女为屈氂子妻，故共欲立焉。会内者令郭穰告"丞相夫人祝诅上及与贰师共祷祠，欲令昌邑王为帝"，按验，罪至大逆不道。

六月，诏载屈氂厨车以徇，要斩东市，妻子枭首华阳街；贰师妻子

人却容易投合，这本是人之常情，难怪太子没有好结果！

八月二十日癸亥，发生地震。

九月，商丘成出任御史大夫。

汉武帝立赵敬肃王刘彭祖的小儿子刘偃为平干王。

匈奴侵入上谷、五原二郡，对当地的地方官和老百姓进行屠杀和劫掠。

汉武帝征和三年（辛卯，前90年）

春季，正月，汉武帝巡游至雍地，又到达安定、北地二郡。

匈奴侵入五原、酒泉，杀死二郡都尉。

三月，汉武帝派李广利率兵七万从五原出塞，商丘成率兵二万从西河出塞，马通率骑兵四万从酒泉出塞，袭击匈奴。

夏季，五月，汉武帝下令实行大赦。

匈奴单于得到汉朝大举出兵的消息，便将全部辎重向北转移到郅居水；左贤王驱赶他管辖的匈奴民众渡过余吾水向北迁移六七百里，到兜衔山居住；单于亲自率领精兵渡过姑且水。商丘成率兵来到，走捷径追击匈奴，但未见匈奴人踪迹，撤兵而还。匈奴方面派遣大将与李陵一起率领骑兵三万多人追击汉军，双方转战九日，来到蒲奴水，匈奴军作战失利，退兵而去。马通部队来到天山，匈奴方面派大将偃渠率领骑兵二万多人拦截汉军，见汉军兵力强盛，只得退走。马通率领的汉军既没受什么损失，也没有什么收获。这时，汉朝怕车师国出兵阻截马通军，派开陵侯成娩率领楼兰、尉犁、危须等六国军队共同包围车师，将车师王及其民众全部俘获后返回。贰师将军李广利率兵出塞，匈奴方面派右大都尉与卫律率领骑兵五千在夫羊地区的句山的狭道上拦击汉军，李广利打败匈奴军，乘胜追击败兵到范夫人城。匈奴军奔逃，不敢再抗拒汉军。

当初，李广利出塞时，丞相刘屈氂为他祭祀路神，送行到渭桥。李广利说："希望您早日奏请皇上立昌邑王为太子。如果昌邑王能即皇帝位，您以后还有什么可忧虑的呢？"刘屈氂应诺。昌邑王刘髆为李广利的妹妹李夫人所生，李广利女儿又是刘屈氂的儿媳妇，所以二人都希望立昌邑王为太子。就在这时，内者令郭穰向朝廷告发说："丞相夫人诅咒皇上，又与贰师将军一起祈祷神灵，要让昌邑王为帝。"汉武帝命人调查属实，定为大逆不道之罪。

六月，汉武帝下令逮捕丞相刘屈氂，将他放在装载食物的车上游街示众，然后

亦收。贰师闻之，忧惧，其掾胡亚夫亦避罪从军，说贰师曰："夫人、室家皆在吏，若还，不称意适与狱会，郅居以北，可复得见乎！"贰师由是狐疑，深入要功，遂北至郅居水上。虏已去，贰师遣护军将二万骑度郅居之水，逢左贤王、左大将将二万骑，与汉兵合战一日，汉军杀左大将，虏死伤甚众。

军长史与决眭都尉辉渠侯谋曰："将军怀异心，欲危众求功，恐必败。"谋共执贰师。贰师闻之，斩长史，引兵还至燕然山。单于知汉军劳倦，自将五万骑遮击贰师，相杀伤甚众；夜，堑汉军前，深数尺，从后急击之，军大乱；贰师遂降。单于素知其汉大将，以女妻之，尊宠在卫律上。宗族遂灭。

秋，蝗。

九月，故城父令公孙勇与客胡倩等谋反，倩诈称光禄大夫，言使督盗贼；淮阳太守田广明觉知，发兵捕斩焉。公孙勇衣绣衣、乘驷马车至圉；圉守尉魏不害等诛之。封不害等四人为侯。

吏民以巫蛊相告言者，案验多不实。上颇知太子惶恐无他意，会高寝郎田千秋上急变，讼太子冤曰："子弄父兵，罪当笞。天子之子过误杀人，当何罪哉！臣尝梦一白头翁教臣言。"上乃大感寤，召见千秋，谓曰："父子之间，人所难言也，公独明其不然。此高庙神灵使公教我，公当遂为吾辅佐。"立拜千秋为大鸿胪，而族灭江充家，焚苏文于横桥上；及泉鸠里加兵刃于太子者，初为北地太守，后族。上怜太子无辜，乃作思子宫，为归来望思之台于湖，天下闻而悲之。

（以上为第八段，写汉武帝令李广利等率军进攻匈奴，李广利兵败降匈奴，全家遭族灭；丞相刘屈氂被告诅咒皇上亦被族灭；高庙郎田千秋上紧急奏章，为太子鸣冤，汉武帝醒悟，平反太子冤狱，族灭江充，烧杀苏文。）

四年（壬辰，前 89 年）

春，正月，上行幸东莱，临大海，欲浮海求神山。群臣谏，上弗听；

押往长安东市腰斩，刘屈氂的妻子和儿子在华阳街斩首后，悬挂头颅示众；李广利的妻子儿女也被逮捕。李广利听到这一消息后，忧愁惊恐。一位因避罪而从军的幕僚胡亚夫劝说李广利道："将军的夫人和家属都已被逮捕下狱，将军若是回去，稍不如皇上之意，就等于自投罗网。那时候郅居水以北，可以再得见吗？归降匈奴就不可能了。"李广利于是狐疑不定，但仍然希望能够深入匈奴腹地立功，则皇上或许还能回心转意，于是率军继续北进至郅居水畔。匈奴军已然退去，李广利命令护军将领率领骑兵二万渡过郅居水，与匈奴左贤王、左大将率领的二万骑兵遭遇，双方交战一日，汉军杀死左大将，匈奴兵死伤甚众。

汉军长史与决眭都尉辉渠侯商议道："贰师将军已怀有二心，却想将全军置于危险境地，以求自己建立功绩，恐怕一定要失败。"于是二人合谋共同将李广利擒住。李广利听到消息后，将长史处斩，率兵退至燕然山。单于知道汉军已疲劳不堪，便亲率骑兵五万拦击李广利，双方都伤亡惨重。入夜后，匈奴派人在汉军前进的路上挖了一条深达数尺的壕沟，然后在汉军背后发动猛烈攻击，汉军大乱，李广利于是投降。单于平时早就听说李广利是汉朝大将，便将女儿嫁给李广利为妻，对他的尊宠在卫律之上。汉武帝听说李广利投降匈奴，便将其满门抄斩。

秋季，发生蝗灾。

九月，原城父县令公孙勇与其门客胡倩等谋反。胡倩假称自己是光禄大夫，奉命缉捕盗贼。淮阳太守田广明发觉有诈，派兵将胡倩逮捕处死。公孙勇身穿绣衣，乘坐四匹马拉的车来圉县，被圉县守尉魏不害等杀死。汉武帝刘彻封魏不害等四人为侯。

官吏和百姓以巫蛊害人罪相互告发的，经过调查发现多有不实。此时，汉武帝也颇知太子刘据是因被江充逼迫，惶恐不安，才起兵诛杀江充，并无他意，正好守卫汉高祖刘邦祭庙的郎官田千秋又上紧急奏章，为太子鸣冤，说："当儿子的擅自动用父亲的军队，其罪应受鞭打。天子的儿子误杀了人，该怎么判罪呢？我梦见一位白发老翁，教我上此奏章。"于是汉武帝霍然醒悟，召见田千秋，对他说："我们父子之间的事，一般认为外人难以插言，只有你知道其间的不实之处。这是高祖皇帝的神灵派您来指教于我，您应当担任我的辅佐大臣。"立即任命田千秋为大鸿胪，并下令将江充满门抄斩，将苏文烧死在横桥之上。曾在泉鸠里对太子兵刃相加的人，最初被任命为北地太守，后也遭满门抄斩。汉武帝怜惜太子无辜遭害，便特修一座思子宫，又在湖县建了一座归来望思之台，天下人听说这件事后，都很悲伤。

汉武帝征和四年（壬辰，前89年）

春季，正月，汉武帝巡游东莱，来到海边，想要乘船入海访求仙山。群臣劝阻，

而大风晦冥，海水沸涌。上留十余日，不得御楼船，乃还。

二月，丁酉，雍县无云如雷者三，陨石二，黑如鷖。

三月，上耕于巨定。还，幸泰山，修封。庚寅，祀于明堂。癸巳，禅石闾，见群臣，上乃言曰："朕即位以来，所为狂悖，使天下愁苦，不可追悔。自今事有伤害百姓，糜费天下者，悉罢之！"

田千秋曰："方士言神仙者甚众，而无显功，臣请皆罢斥遣之！"上曰："大鸿胪言是也。"于是悉罢诸方士候神人者。是后上每对群臣自叹："向时愚惑，为方士所欺。天下岂有仙人，尽妖妄耳！节食服药，差可少病而已。"

夏，六月，还，幸甘泉。

丁巳，以大鸿胪田千秋为丞相，封富民侯。千秋无他材能，又无伐阅功劳，特以一言寤意，数月取宰相，封侯，世未尝有也。然为人敦厚有智，居位自称，逾于前后数公。

先是搜粟都尉桑弘羊与丞相、御史奏言："轮台东有溉田五千顷以上，可遣屯田卒，置校尉三人分护，益种五谷；张掖、酒泉遣骑假司马为斥候；募民壮健敢徙者诣田所，益垦溉田，稍筑列亭，连城而西，以威西国，辅乌孙。"上乃下诏，深陈既往之悔曰："前有司奏欲益民赋三十，助边用，是重困老弱孤独也。而今又请遣卒田轮台。轮台西于车师千余里，前开陵侯击车师时，虽胜，降其王，以辽远乏食，道死者尚数千人，况益西乎！

"曩者朕之不明，以军候弘上书，言'匈奴缚马前后足置城下，驰言"秦人，我丐若马。"'又，汉使者久留不还，故兴遣贰师将军，欲以为使者威重也。古者卿、大夫与谋，参以蓍、龟，不吉不行。乃者以缚马书遍视丞相、御史、二千石、诸大夫、郎、为文学者，乃至郡、属国都尉等，皆以'虏自缚其马，不祥甚哉！'或以为'欲以见强，夫不足者视人有余。'公车方士、太史、治星、望气及太卜龟蓍皆以为'吉，匈奴必

汉武帝不听。然而风势猛烈，吹得天昏地暗，海水像沸腾般汹涌。汉武帝在海边待了十几天，无法控制楼船，于是返回长安。

二月初三日丁酉，雍县上空没有乌云，却出现三声像打雷一样的声音，落下两块陨石，色黑如漆。

三月，汉武帝到巨定县亲自耕田。回京途中巡游泰山，扩建祭天神坛。二十六日庚寅，在明堂举行祭祀仪式。二十九日癸巳，在石闾山祭祀地神，并接见群臣。汉武帝说道："我自即位以来，干了很多狂妄荒谬的事情，使天下人愁苦，我后悔莫及。从今以后，凡是伤害百姓、浪费天下财力的事情，一律废止！"

田千秋说："很多方士都在谈论神仙之事，却都没有什么明显的功效，我请求皇上将他们一律罢斥遣散。"汉武帝刘彻说："大鸿胪说得对。"于是将等候神仙降临的方士们全部遣散。此后，汉武帝常常对群臣自叹说："我往日愚惑，受了方士的欺骗。天下怎么会有神仙？全是胡说八道！节制饮食，服用药物，最多是可以少生些病而已。"

夏季，六月，汉武帝返回，前往甘泉。

六月二十五日丁巳，汉武帝擢升大鸿胪田千秋为丞相，封为富民侯。田千秋没有什么才干，又没有什么资历和功劳，只因一句话使汉武帝醒悟，就在数月之中登上丞相高位，晋封侯爵，这是世上从未有过的。然而田千秋为人敦厚，又有智慧，身居相位颇为称职，超过他前后的几位丞相。

在此之前，搜粟都尉桑弘羊与丞相、御史奏道："轮台东部有能够灌溉的农田五千顷以上，可派屯田兵前去屯田，设置校尉三人分别掌管，多种五谷；由张掖、酒泉派骑兵下级小吏担任警戒；招募民间强壮有力、愿意远赴边塞的人前往该地，垦荒灌溉；逐渐修筑亭燧，边墙向西延伸，用以威镇西域各国，辅助乌孙。"为此，汉武帝专门发布诏令，对他已往的所作所为深表悔恨，说："前些时，有关部门奏请要增加赋税，每个百姓多缴三十钱，用以加强边防，这是加重老弱孤独者的负担。如今又奏请派遣士兵赴轮台屯田。轮台在车师西面一千多里，上次开陵侯成娩攻打车师时，虽然取得了胜利，迫使车师王归降，但因路途遥远，粮食缺乏，死于途中的尚有数千人，何况再往西呢！

"过去，是我一时糊涂，听信了一个名叫弘的军候上书所说：'匈奴人将马的四蹄捆住，扔到城下，扬言说："中国人，我给你马匹。"'再加上匈奴长期扣留汉使不让回朝，所以才派贰师将军李广利兴兵征讨，为的是维护汉使的威信。古时候与卿、大夫商讨国家大事，要参照求神问卜的结果，如果不吉利，就不能行动。先前，我曾将军候弘关于'匈奴人捆缚其马'的奏书交给丞相、御史、二千石大臣、各位大夫、郎官、研究经典的官员等传阅，又下达到各郡、属国都太尉等，都认为'匈奴

破，时不可再得也。’又曰：‘北伐行将，于鬴山必克。卦，诸将贰师最吉。’故朕亲发贰师下鬴山，诏之必毋深入。今计谋、卦兆皆反缪。重合侯得虏候者，乃言‘缚马者匈奴诅军事也’。匈奴常言‘汉极大，然不耐饥渴，失一狼，走千羊。’乃者贰师败，军士死略离散，悲痛常在朕心。

“今又请远田轮台，欲起亭隧，是扰劳天下，非所以优民也，朕不忍闻！大鸿胪等又议欲募囚徒送匈奴使者，明封侯之赏以报忿，此五伯所弗为也。且匈奴得汉降者常提掖搜索，问以所闻，岂得行其计乎！当今务在禁苛暴，止擅赋，力本农，修马复令，以补缺、毋乏武备而已。郡国二千石各上进畜马方略补边状，与计对。”

由是不复出军，而封田千秋为富民侯，以明休息，思富养民也。又以赵过为搜粟都尉。过能为代田，其耕耘田器皆有便巧，以教民，用力少而得谷多，民皆便之。

臣光曰：天下信未尝无士也！武帝好四夷之功，而勇锐轻死之士充满朝廷，辟土广地，无不如意。及后息民重农，而赵过之俦教民耕耘，民亦被其利。此一君之身趣好殊别，而士辄应之，诚使武帝兼三王之量以兴商、周之治，其无三代之臣乎！

秋，八月，辛酉晦，日有食之。

卫律害贰师之宠，会匈奴单于母阏氏病，律饬胡巫言：“先单于怒曰：‘胡故时祠兵，常言得贰师以社，何故不用？’”于是收贰师。贰师骂曰：“我死必灭匈奴！”遂屠贰师以祠。

（以上为第九段，写汉武帝深陈既往之悔，转换治国思路，以富民为纲，凡是伤害百姓、浪费天下财力的事情，一律废止，遣散求仙方士，停止轮台之戍，全力务农、养马。）

人捆缚自己的战马，是最大的不祥’，或者认为‘匈奴是为向我国显示强大，而凡是力量不足的人，总爱向别人显示自己的强大’。方士、史官、星象家、望气家和负责求神问卜的官员也都认为‘是吉兆，匈奴必败，时机不可再得’，又说：‘遣将北伐，到达鬴山必胜。卦辞显示，诸将中以派贰师将军前去最吉。’因此，我亲自派遣李广利率兵前往鬴山，并下令他务必不要深入。如今计谋、卦兆全都与事实相反。重合侯马通曾擒获匈奴探马，才说出：‘匈奴人捆缚战马，是为了对汉军进行诅咒。’匈奴人还常说：‘汉朝极为广大，但汉人却不耐饥渴，放走一只狼，就要损失上千只羊。’从前李广利兵败，将士们或战死，或被俘，或四散逃亡，我每念及此，常感悲伤。

“如今，又奏请要派人远赴轮台屯垦，想修筑亭燧，这是使天下人困扰劳苦之举，而非对百姓的优待，这样的建议，我不忍听！大鸿胪等又建议招募囚犯护送匈奴使者返回，以封侯作为奖赏，让他们刺杀匈奴单于，以发泄我们的怨忿，而这样的事是春秋五霸都不肯做的。况且，匈奴得到汉朝归降的人，常常浑身上下严密搜查并加以盘问，此计又怎能施行呢！当今的急务在于严禁官吏对百姓苛刻暴虐，废止擅自增加赋税的法令，全力务农，恢复为国家养马者免其徭役赋税的法令，用以补充战马损失的缺额，不使国家军备削弱而已。各郡国二千石官员要上报本地畜养马匹补充边备的计划，与呈送户籍、财政簿册的人员一同赴京奏对。”

从此，汉武帝不再派兵出征，封田千秋为富民侯，以表示他要使民众休息，希望能增加财富，养育民众。汉武帝又任命赵过为搜粟都尉。赵过精通轮耕保持地力的代田之法，在土地耕耘技术和农具制造方面都有改良。赵过将这些技巧教给民众，使民众用力少而收获多，因此都感到很便利。

臣司马光评论说：天下果然并非没有人才。汉武帝先是喜欢征服四周蛮夷建功立业，便有许多武勇不怕死的人充满朝廷，使其开疆拓土，无不如民众耕耘，使民众获得很大的利益。同一位君王前后的兴趣爱好迥然不同，而总有人才相应。假如汉武帝兼有夏禹、商汤、周文王的气度，来复兴商周时期的太平盛世，难道会没有夏、商、周三代的辅佐之臣吗？

秋季，八月三十日辛酉晦，出现日食。

卫律对李广利在匈奴受到的尊宠感到忌恨，正好单于的母亲大阏氏生病，卫律便指使胡人巫师声称：“已故老单于生气地说：‘我们匈奴以前在出征时祭祀，常说：如能生擒李广利，就用他来祭祀土地之神。如今为什么不用呢？’”于是，将李广利逮捕。李广利骂道：“我死之后，做鬼也一定要灭亡匈奴！”于是，匈奴将李广利屠斩，用来祭祀。

后元元年（癸巳，前 88 年）

春，正月，上行幸甘泉，郊泰畤；遂幸安定。

昌邑哀王髆薨。

二月，赦天下。

夏，六月，商丘成坐祝诅自杀。

初，侍中仆射马何罗与江充相善。及卫太子起兵，何罗弟通以力战封重合侯。后上夷灭充宗族、党与，何罗兄弟惧及，遂谋为逆。侍中驸马都尉金日磾视其志意有非常，心疑之，阴独察其动静，与俱上下。何罗亦觉日磾意。以故久不得发。

是时上行幸林光宫，日磾小疾卧庐，何罗与通及小弟安成矫制夜出，共杀使者，发兵。明旦，上未起，何罗无何从外入。日磾奏厕，心动，立入，坐内户下。须臾，何罗袖白刃从东厢上，见日磾，色变；走趋卧内，欲入，行触宝瑟，僵。日磾得抱何罗，因传曰："马何罗反！"上惊起。左右拔刃欲格之，上恐并中日磾，止勿格。日磾投何罗殿下，得擒缚之。穷治，皆伏辜。

秋，七月，地震。

燕王旦自以次第当为太子，上书求入宿卫。上怒，斩其使于北阙；又坐藏匿亡命，削良乡、安次、文安三县。上由是恶旦。旦辩慧博学，其弟广陵王胥，有勇力，而皆动作无法度，多过失，故上皆不立。

时钩弋夫人之子弗陵，年数岁，形体壮大，多知，上奇爱之，心欲立焉；以其年稚，母少，犹与久之。欲以大臣辅之，察群臣，唯奉车都尉、光禄大夫霍光，忠厚可任大事，上乃使黄门画周公负成王朝诸侯以赐光。后数日，帝谴责钩弋夫人；夫人脱簪珥，叩头。帝曰："引持去，送掖庭狱！"夫人还顾，帝曰："趣行，汝不得活！"卒赐死。

顷之，帝闲居，问左右曰："外人言云何！"左右对曰："人言'且立

汉武帝后元元年（癸巳，前88年）

春季，正月，汉武帝前往甘泉宫，在泰山祭祀天神，然后巡游安定。

昌邑哀王刘髆去世。

二月，汉朝实行大赦。

夏季，六月，商丘成因被指控诅咒皇帝而自杀。

当初，侍中仆射马何罗与江充关系很好。太子刘据起兵时，马何罗的弟弟马通因奋力作战，被封为重合侯。后来，汉武帝诛灭江充全族之人及其同党，马何罗兄弟害怕牵连受害，便密谋反叛朝廷。侍中驸马都尉金日磾看到马氏兄弟的心思不同寻常，感到可疑，便独自在暗中注意他们的动静，与他们一起进出。马何罗也觉察到了金日磾的用意，所以过了很长时间没敢发动。

这时，汉武帝前往林光宫，金日磾因身体有些不舒服，躺在值班室休息。马何罗、马通和小弟马安成假传圣旨，乘夜出宫，一同将朝廷使者杀死，发兵造反。第二天早上，汉武帝尚未起床，马何罗在天亮没多久从宫外进入宫中，金日磾正要去上厕所，忽然心中一动，立刻进入寝殿，坐在汉武帝的卧室前殿门下。不久，马何罗袖中藏着利刃从东厢房上殿，看见金日磾，脸色一变，便跑向汉武帝的卧室想要进去，奔跑中撞到陈放的宝瑟，摔倒在地。金日磾抱住了马何罗，大声叫道："马何罗谋反！"汉武帝惊起，身边的侍卫要刺杀马何罗，汉武帝怕一并伤到金日磾，急忙加以制止。金日磾将马何罗摔到殿前，侍卫上前将其捆绑起来。经过严厉的追究和审讯，所有参与谋反的人全部认罪伏法。

秋季，七月，发生地震。

燕王刘旦认为自己按长幼次序应被立为太子，便上书请求回京侍卫皇帝左右。汉武帝刘彻大怒，将燕王的使者斩于皇宫北门。又因刘旦被指控私藏逃犯，汉武帝下令削去燕国封地中的良乡、安次、文安三县。汉武帝从此厌恶刘旦。刘旦聪明善辩，博学多才，其弟广陵王刘胥勇武有力，但二人的举动都不合法度，多有过失，所以二人都未被汉武帝立为太子。

此时，钩弋夫人所生的皇子刘弗陵，虽然只有几岁，却长得身体粗壮，聪明伶俐，汉武帝刘彻对他极为疼爱，想立他为太子，只因其年纪幼小，母亲也太年轻，所以一直犹豫不决。汉武帝想选择合适的大臣辅佐刘弗陵，观察群臣，只有奉车都尉、光禄大夫霍光为人忠厚，可以当此重任。于是，汉武帝让黄门官画了一幅周公背负周成王接受诸侯朝见的图画赐给霍光。几天后，汉武帝借故谴责钩弋夫人，钩弋夫人摘去首饰，叩头请求宽恕。汉武帝说："拉出去，送到掖庭狱中！"钩弋夫人回头看着汉武帝求饶，汉武帝说："快走，你不能活下去！"终于将她处死。

不久之后，汉武帝闲居无事，向周围的人们问道："外面对处死钩弋夫人一事怎

其子，何去其母乎？’”帝曰：“然，是非儿曹愚人之所知也。往古国家所以乱，由主少、母壮也。女主独居骄蹇，淫乱自恣，莫能禁也。汝不闻吕后邪！故不得不先去之也。”

（以上为第十段，写汉武帝考虑接班人的继立问题，燕王刘旦聪明善辩，博学多才，广陵王刘胥勇武有力，但两人举动不合法度，均被汉武帝排除，欲立小儿子刘弗陵，并将其母赐死。）

二年（甲午，前 87 年）

春，正月，上朝诸侯王于甘泉宫。

二月，行幸盩厔五柞宫。

上病笃，霍光涕泣问曰：“如有不讳，谁当嗣者？”上曰：“君未谕前画意邪？立少子，君行周公之事！”光顿首让曰：“臣不如金日磾！”日磾亦曰：“臣，外国人，不如光；且使匈奴轻汉矣！”

乙丑，诏立弗陵为皇太子，时年八岁。

丙寅，以光为大司马、大将军，日磾为车骑将军，太仆上官桀为左将军，受遗诏辅少主，又以搜粟都尉桑弘羊为御史大夫，皆拜卧内床下。

光出入禁闼二十余年，出则奉车，入侍左右，小心谨慎，未尝有过。为人沈静详审，每出入、下殿门，止进有常处，郎、仆射窃识视之，不失尺寸。

日磾在上左右，目不忤视者数十年；赐出宫女，不敢近；上欲内其女后宫，不肯；其笃慎如此，上尤奇异之。日磾长子为帝弄儿，帝甚爱之。其后弄儿壮大，不谨，自殿下与宫人戏；日磾适见之，恶其淫乱，遂杀弄儿。上闻之，大怒。日磾顿首谢，具言所以杀弄儿状。上甚哀，为之泣；已而心敬日磾。

上官桀始以材力得幸，为未央厩令；上尝体不安，及愈，见马，马多瘦，上大怒曰：“令以我不复见马邪！”欲下吏。桀顿首曰：“臣闻圣体不安，日夜忧惧，意诚不在马。”言未卒，泣数行下。上以为爱己，由是亲近，为侍中，稍迁至太仆。

么说？”被问者回答说：“人们都说‘将要立她儿子为太子，为什么还要杀他母亲呢’？”汉武帝说道：“是啊，这就不是你们这些愚蠢的人能够懂得的了。自古以来，所以出现乱国之事，都是因为国君年幼而其母青春正盛。女主一人独居，就会骄横不法，荒淫秽乱，为所欲为，而无人能够禁止。你没有听说过吕后之事吗？所以不能不先将她除掉。”

汉武帝后元二年（甲午，前87年）

春季，正月，汉武帝在甘泉宫接受诸侯王的朝见。

二月，汉武帝前往周至县五柞宫。

汉武帝病重，霍光哭着问道：“万一皇上不幸离去，应当由谁继承皇位呢？”汉武帝说：“你难道没有理解先前赐给你的那幅画的含意吗？立我最小的儿子，由你担任周公的角色！”霍光叩头推辞说：“我不如金日磾！”金日磾也说：“我是外国人，不如霍光。况且由我辅政，会使匈奴轻视我大汉！”

二月十二日乙丑，汉武帝发布命令，立刘弗陵为皇太子，时年八岁。

二月十三日丙寅，汉武帝任命霍光为大司马、大将军，金日磾为车骑将军，太仆上官桀为左将军，由他们三人接受遗诏，辅佐幼主，又任命搜粟都尉桑弘羊为御史大夫，全都在汉武帝卧室床下磕拜受职。

霍光出入宫廷二十多年，出外则陪同汉武帝乘车，入宫则侍奉在汉武帝的左右，小心谨慎，从未有过什么过失。他为人沉静仔细，每次出入宫廷、下殿门，止步和前进都有一定的地方，郎官、仆射们在暗中观察、默记，发现他尺寸不差。

金日磾在汉武帝身边几十年，从不看他不该看的东西，赐给他宫女，他也不敢亲近；汉武帝想将他女儿纳为后宫嫔妃，他也不肯；其诚笃谨慎如此，汉武帝感到特别奇异。金日磾的长子是汉武帝的玩伴，很受宠爱，长大后行为不检点，在殿下与宫女调情，正好被金日磾看到。金日磾对其子的淫乱行为非常厌恶，便将他杀死。汉武帝听说后勃然大怒。金日磾磕头请罪，陈述了杀死其子的缘由。汉武帝深感悲哀，为此落下眼泪，后来对金日磾却由衷敬重。

上官桀开始因臂力过人而得到汉武帝的赏识，被任命为未央厩令。有一次，汉武帝感到身体不舒服，等到痊愈后，检查御马，发现马匹大多瘦弱，于是，汉武帝大发雷霆，说：“厩令认为我再也看不到这些马了吗？”便要将上官桀逮捕下狱。上官桀磕头说：“我听说皇上圣体欠安，日夜忧愁害怕，实在没有心思照料马匹。”话未说完，已经流下几行眼泪。汉武帝认为上官桀爱自己，因此与他亲近，任命他为侍中，逐渐升到太仆。

三人皆上素所爱信者，故特举之，授以后事。

丁卯，帝崩于五柞宫；入殡未央宫前殿。

（以上为第十一段，写汉武帝临终，选立幼子刘弗陵为皇太子，任命霍光、金日磾、上官桀三人为顾命大臣，溘然长逝。）

帝聪明能断，善用人，行法无所假贷。隆虑公主子昭平君尚帝女夷安公主。隆虑主病困，以金千斤、钱千万为昭平君豫赎死罪，上许之。隆虑主卒，昭平君日骄，醉杀主傅，系狱；廷尉以公主子上请。左右人人为言："前又入赎，陛下许之。"上曰："吾弟老有是一子，死，以属我。"于是为之垂涕，叹息良久，曰："法令者，先帝所造也，用弟故而诬先帝之法，吾何面目入高庙乎！又下负万民。"

乃可其奏，哀不能自止，左右尽悲。待诏东方朔前上寿，曰："臣闻圣王为政，赏不避仇雠，诛不择骨肉。《书》曰：'不偏不党，王道荡荡。'此二者，五帝所重，三王所难也，陛下行之，天下幸甚！臣朔奉觞昧死再拜上万寿！"上初怒朔，既而善之，以朔为中郎。

班固赞曰：汉承百王之弊，高祖拨乱反正，文、景务在养民，至于稽古礼文之事，犹多阙焉。孝武初立，卓然罢黜百家，表章"六经"，遂畴咨海内，举其俊茂，与之立功；兴太学，修郊祀，改正朔，定历数，协音律，作诗乐，建封禅，礼百神，绍周后，号令文章，焕然可述，后嗣得遵洪业而有三代之风。如武帝之雄材大略，不改文、景之恭俭以济斯民，虽《诗》、《书》所称何有加焉！

臣光曰：孝武穷奢极欲，繁刑重敛，内侈宫室，外事四夷，信

霍光、金日磾、上官桀三人，都是汉武帝刘彻平时宠爱信任的人，所以特意将自己身后之事托付给他们。

二月十四日丁卯，汉武帝刘彻在五柞宫去世，遗体运到未央宫前殿入殓。

汉武帝为人很聪明，遇事有决断，善于用人，执法严厉，毫不容情。隆虑公主的儿子昭平君娶了汉武帝的女儿夷安公主。隆虑公主病危时，进献黄金千斤、钱千万，请求预先为儿子昭平君赎一次死罪，汉武帝答应了她的请求。隆虑公主去世后，昭平君日益骄纵，竟在喝醉酒之后将公主的保姆杀死，被逮捕入狱。廷尉因昭平君是公主之子而请示汉武帝，汉武帝身边的人都为昭平君说话："先前隆虑公主又曾出钱预先赎罪，皇上应允了她。"汉武帝说："我妹妹年纪很大了才生下一个儿子，临终前又将他托付给我。"当时泪流满面，叹息了很久，说："法令是先帝创立的，若是因妹妹的缘故破坏先帝之法，我还有何脸面进高祖皇帝的祭庙！同时也对不住万民。"

于是批准了廷尉的请求，将昭平君处死，但仍然悲痛难忍，周围的人也一起跟着伤感不已。待诏官东方朔上前祝贺汉武帝说："我听说圣明的君王治理国政，奖赏不回避仇人，惩罚不区分骨肉。《尚书》上说：'不偏向，不结党，君王的大道坦荡平直。'这两项原则，古代的黄帝、颛顼、帝喾、尧、舜五帝非常重视，而夏禹、商汤、周文王三王都难以做到，如今皇上却做到了，这是天下的幸运！我东方朔捧杯，冒死连拜两拜为皇上祝贺！"开始，汉武帝对东方朔非常恼火，接着又觉得他说得对，将东方朔任为中郎。

班固评论说："汉朝承接了历朝帝王的积弊，高祖拨乱反正，汉文帝、汉景帝则致力于修养百姓，而在研习古代的礼节仪式方面，尚有很多缺失。汉武帝即位之初，就以卓越的气魄，罢黜了各家学说，唯独尊崇儒家的《诗》、《书》、《礼》、《易》、《乐》、《春秋》六种经典，于是咨询海内贤人，征召、选拔其中的优秀人才，共同建功立业。又兴办太学，整顿祭祀仪式，改变正朔，重新制定历法，协调音律，作诗赋乐章，到泰山封禅，祭祀天地，礼敬各种神灵，封赐周朝的后裔，等等。汉武帝的号令文章，都焕发光彩，值得称道，后继者得以继承他的大业，因而具有夏、商、周三代的遗风。如果以汉武帝的雄才大略，不改变汉文帝、汉景帝时的俭朴作风，爱护百姓，即使是《诗经》、《尚书》上所称道的古代圣王也不过如此！"

司马光评论说："汉武帝穷奢极欲，刑罚繁重，横征暴敛，对内大肆兴建宫

惑神怪，巡游无度，使百姓疲敝，起为盗贼，其所以异于秦始皇者无几矣。然秦以之亡，汉以之兴者，孝武能尊先王之道，知所统守，受忠直之言，恶人欺蔽，好贤不倦，诛赏严明，晚而改过，顾托得人，此其所以有亡秦之失而免亡秦之祸乎！

戊辰，太子即皇帝位。帝姊鄂邑公主共养省中，霍光金日磾、上官桀共领尚书事。光辅幼主，政自己出，天下想闻其风采。殿中尝有怪，一夜，群臣相惊，光召尚符玺郎，欲收取玺。郎不肯授，光欲夺之。郎按剑曰:“臣头可得，玺不可得也！”光甚谊之。明日，诏增此郎秩二等。众庶莫不多光。

三月，甲辰，葬孝武皇帝于茂陵。

夏，六月，赦天下。

秋，七月，有星孛于东方。

济北王宽坐禽兽行自杀。

冬，匈奴入朔方，杀略吏民；发军屯西河；左将军桀行北边。

（以上为第十二段，写汉武帝严法，不避亲情；晚年改过，顾托得人，有亡秦之失而免亡秦之祸，受到班固和司马光的赞扬。）

室，对外征讨四方蛮夷，又迷惑于神怪之说，巡游无度，致使百姓疲劳凋敝，很多人被迫作了盗贼，与秦始皇没有多少不同。但为什么秦朝因此而灭亡，汉朝却因此而兴盛呢？是因为汉武帝能够遵守先王之道，懂得如何治理国家，守住基业，能接受忠正刚直之人的谏言，厌恶被人欺瞒蒙蔽，始终喜好贤才，赏罚严明，到晚年又能改变以往的过失，将继承人托付给合适的大臣，这正是汉武帝所以有造成秦朝灭亡的错误，却避免了秦朝灭亡的灾祸的原因啊！”

二月十五日戊辰，太子刘弗陵即皇帝位。因为只有八岁，所以他的姐姐鄂邑公主与他一起住在宫中，负责抚养照顾，霍光、金日磾、上官桀三人共同主管尚书事，负责主持朝政。霍光辅佐幼主，国家政令都由他自己发出，天下人都想一见他的风采。殿中曾出现怪物，一天夜里，群臣为怪物所惊，于是，霍光召见担任尚符玺郎的官员，想要取走皇帝的玉玺。尚符玺郎不肯给他，霍光便要强夺。尚符玺郎手持宝剑说道：“我的头你可以拿去，但玉玺不能拿走！”霍光对他这种态度甚为嘉许。第二天，便以汉昭帝的名义将这位尚符玺郎的品秩提升了两级，众人无不因此对霍光更加尊敬。

三月二十二日甲辰，将汉武帝安葬于茂陵。

夏季，六月，实行大赦。

秋季，七月，东方出现异星。

济北王刘宽因被指控行为如同禽兽而自杀。

冬季，匈奴侵入朔方郡，屠杀掳掠当地官员和百姓。汉朝廷征调军队屯驻西河郡，左将军上官桀巡视北部边防。

【点评】

论汉武帝刘彻。汉武帝刘彻，于公元前87年去世。一般说，盖棺定论，但对于刘彻来说，盖棺却定不了论。他的功过是非，两千多年来一直争论不休，见仁见智。如何正确评价？这的确是一个非常严肃的问题。我们试对他的几项重大事项做一些分析和评价。

第一，独尊儒术。刘彻在即位后的几年，就考虑寻求治国之材，实施新时期下的治国方略，下令举荐贤良、文学，并亲自策问，董仲舒上了“天人三策”，提出了“大一统”“独尊儒术”的学说和主张，得到汉武帝的肯定和采纳，逐步成为治国的主导思想。所谓“大一统”，并不是指单纯的地域上的统一，而更多的是指在国家政治上的整齐划一、经济制度和思想文化上的高度集中。所谓“独尊儒术”，也并非指春秋战国时期单纯的儒家思想，而是掺杂了道家、法家、阴阳五行家的一些思想，是一种与时俱进的新思想，使全国上下全体民众有一个共同的信仰，即使现代国家也是必需的。这种“大一统”和“独尊儒术”，维护了封建统治秩序，神化了专制王权，因而受到了汉武帝的推崇，历经了罢黜百家、议立明堂、增置博士、绌抑黄老、制策贤良和任用儒吏六个阶段，才得以确立和巩固，是一种适应了汉武帝时期政治、思想和社会转轨需要的重大举措，逐步成为中国历代统治者治国的正统思想。这对于封建时期有效治理国家，是一个重大贡献，其积极作用不可低估。当然，也带来了一些负面作用和影响。

第二，用兵四夷。汉武帝利用汉兴以来积累的国家财力、物力，在对外战略上，实行由战略防御转为战略进攻，主动出击，开展了对四夷的用兵，主要是击溃匈奴，收复南越，开拓西南，远征大宛，吞并朝鲜，还派遣张骞出使西域，开拓了连接欧亚大陆的丝绸之路，特别是开展攻打匈奴的战争。汉武帝在位五十四年，打了四十多年，分为前后两个时期。前期派名将卫青、霍去病三次大规模出击匈奴，收复河套地区，夺取河西走廊，封狼居胥，将当时汉朝的北部疆域从长城沿线推至漠北，取得了辉煌的胜利，基本上解决了北方匈奴对汉朝的威胁。历代对于汉武帝所采取的军事行动，一般用“穷兵黩武”四个字来概括。其实，这是不妥的，对于汉武帝的用兵四夷，我们应当予以充分肯定。在当时的情势下，对四夷用兵是必须的，不可避免的。可以说，只有雄才大略的汉武帝才能做到这一点。特别指出的是汉武帝发动汉匈大战，是古代的一场决定人类命运转折的世界大战。汉匈是当时世界的两个超级大国，汉朝是农耕民族、先进农耕文化的代表，匈奴是游牧文化的代表，汉胜匈败，象征先进农耕文化战胜掠夺的游牧文化，意义十分重大。汉武帝奠定中国版图，断匈奴右臂，开通河西走廊，隔断羌胡交通，保障云贵及西藏高原并入中国版图，延续五千年中华文化不中断，意义何其重大。至于在用兵四夷中所带来的负

面作用，有些则是不可避免的，只要处理得当，相对于战争所带来的积极作用来说，则是微不足道的。后之赵翼评论说：“仰思汉武帝之雄才大略，正在武功！”可谓独具慧眼！

第三，轮台罪己诏。晚年的汉武帝，似乎与前期判若两人，变得比较刚愎自用，信奉神仙，垒筑高坛，多次封禅出游，令大批所谓“方士”入海求仙；还听信方士之言，建造铜柱仙人承露盘，追求长生不老；并且惧怕被人诅咒，宠幸江充，最终酿成“巫蛊之祸”，逼死太子刘据和卫子夫皇后，受到株连的有数万人。贰师将军李广利率领七万人出兵攻打匈奴，在出征的前夕，与丞相刘屈氂合谋立李夫人之子昌邑王刘髆为太子。后刘屈氂夫人被告有诅咒汉武帝的行为，汉武帝下令彻查，刘屈氂和李广利的阴谋彻底败露，刘屈氂被腰斩，李广利妻被下狱。此时李广利正在匈奴杀敌，听到消息后恐遭大祸，只得投降匈奴。汉武帝利用酷吏，严刑峻法，民众不安其生，出现了多起反叛事件。如此等等，国家几乎到了大乱的地步。后来，汉武帝对自己的施政主张开始反思，觉得不能再这样下去了，要改弦更张了。于是，在公元前 89 年，当桑弘羊等人上书汉武帝，建议在轮台戍兵屯田以备匈奴，汉武帝没有同意，下了“罪己诏”，提出“自今事有伤害百姓，糜费天下者，悉罢之！”“当今务在禁苛暴，止擅赋，力本农，修马复令，以补缺、毋乏武备而已。”也就是说，要转变治国方略，重拾汉初息兵养民、轻徭薄赋的国策。其实，关于轮台戍兵屯田的建议，其本身并没有错，只是汉朝到了这种地步，实在是力不从心，没有能力去兴办这些事情而已。汉武帝的“罪己诏”，是中国历史上第一份帝王罪己文书。汉武帝敢于反思自己，检查过失，不怕引起国人批评，这样的心胸和胆量，无疑是中国第一人。汉武帝通过“罪己”这种方式调整国策，以缓和社会矛盾，为后世治国者奠定全新的治国方略，可谓明智矣！为接之而来的昭宣中兴打下了基础。非至伟之人，焉能如此？

第四，托孤霍光。晚年，汉武帝心力交瘁，太子刘据在巫蛊之祸中已经去世，之后数年一直没有再立太子。国家将由谁来继承皇位？如果不能妥善解决好，汉朝很有可能由此夭折，国家重新大乱。对此，汉武帝可谓煞费苦心。首先是立谁的问题。当时，汉武帝的次子刘旦、三子刘胥、四子刘髆都想做太子。这一问题是非常棘手但又必须面对的问题。汉武帝看中了幼子刘弗陵，认为刘弗陵有贵兆，其母钩弋夫人怀孕十四个月而生，而尧母生尧也是十四个月，于是，就将刘弗陵母亲居住的钩弋宫门改为“尧母门”。而且刘弗陵自幼体格健壮、聪明伶俐，很像汉武帝少年之时，他特别宠爱，对刘弗陵寄托了很大期望。当汉武帝决定立其幼子刘弗陵为太子时，有感于历史上汉太后吕雉等人干扰朝政而无人能制，便狠心地将其母亲钩弋夫人赐死，这一招虽然狠毒，但对于治国而言，则是不同凡响之举。幼子刘弗陵还

是个娃娃，究竟托付给谁呢？汉武帝反复寻思，觉得奉车都尉霍光是个可托付之人，他侍奉皇帝左右，前后出入宫禁三十多年，未曾犯过一次错误。于是，汉武帝叫内廷画工绘制“周公辅成王”的图画赐给霍光，对霍光寄予厚望。临终前，任命霍光为大司马、大将军，接受遗诏辅政；加封金日磾为车骑将军、太仆上官桀为左将军，搜粟都尉桑弘羊为御史大夫，共同辅佐少主。事实证明，霍光等人不负汉武帝所望，使汉朝继续向前，出现了“昭宣中兴”的可喜局面。可见，汉武帝顾托得人，是他在临死前所做出的重大贡献！

综上所述，汉武帝真正具有雄才大略，是中国封建王朝中最为杰出的帝王之一。他的功业，对中国历史进程和之后西汉王朝的发展影响深远。他奠定了汉朝强盛的局面，成为中国封建王朝的第一个发展高峰，还开辟了辽阔的疆域，其贡献大矣！其实，中国历史上的主流舆论将汉武帝与秦始皇相提并论，十分得体，而且汉武帝胜过秦始皇多矣！司马光评论说：“孝武能尊先王之道，知所统守，受忠直之言，恶人欺蔽，好贤不倦，诛赏严明，晚而改过，顾托得人，此其所以有亡秦之失而免亡秦之祸乎！”可谓确评矣！

汉纪十五

汉昭帝始元元年至元凤六年（前86—前75年）

【起旃蒙协洽（乙未，前86年），尽柔兆敦牂（丙午，前75年），凡十二年】

【大事提要】

本卷记事起公元前86年，讫公元前75年，凡十二年，当汉昭帝始元元年至元凤六年。本卷所载的大事，主要是以下几个方面。其一，盐铁会议。公元前81年，汉朝廷向贤良、文学询问、了解民间疾苦。他们希望取消盐、铁、酒类专卖，罢免均输官。御史大夫桑弘羊予以反对，认为这些措施是国家赖以控制四夷、保卫边疆，使财用充足的根本大业，不能废除。最后妥协，废除酒类专卖。其二，苏武荣归。苏武以中郎将持节出使匈奴，被扣留，历尽艰辛，北海牧羊十九年而持节不屈。汉昭帝刘弗陵即位后，匈奴和汉朝达成和议。汉朝寻求苏武，得知消息，匈奴放回。公元前81年，苏武归来，任为典属国。后列为麒麟阁十一功臣之一，彰显其节操。其三，上官桀谋反。汉昭帝刘弗陵即位，上官桀以左将军受遗诏辅政，封为安阳侯；儿子上官安，任为车骑将军，封为桑乐侯；孙女为皇后，一门贵显。公元前80年，上官桀父子与桑弘羊、盖长公主等人谋划，联合燕王刘旦，欲谋杀霍光，废汉昭帝，事败被族诛。其四，出兵乌桓。乌桓本役属于匈奴。汉武帝时击破匈奴，迁移乌桓至上谷、渔阳、右北平、辽东塞外，为汉朝侦察匈奴动静。汉置护乌桓校尉监领之。公元前78年，辽东乌桓反叛。汉朝派中郎将范明友为度辽将军，率领二万骑兵击之，斩杀了六千多人，获三王首级。其五，刺杀楼兰王。汉昭帝刘弗陵时，西域龟兹、楼兰均联合匈奴，杀汉使官，劫掠财物。傅介子求出使大宛，以汉帝命令责问楼兰、龟兹，并杀死匈奴使者。公元前77年，奉命以赏赐为名，携带黄金、锦绣至楼兰，于宴席中斩杀楼兰王，另立在汉楼兰质子为王。

【原文】

孝昭皇帝上

始元元年（乙未，前 86 年）

夏，益州夷二十四邑、三万余人皆反。遣水衡都尉吕破胡募吏民及发犍为、蜀郡奔命往击，大破之。

秋，七月，赦天下。

大雨，至于十月，渭桥绝。

武帝初崩，赐诸侯王玺书。燕王旦得书不肯哭，曰："玺书封小，京师疑有变。"遣幸臣寿西长、孙纵之、王孺等之长安，以问礼仪为名，阴刺候朝廷事。及有诏褒赐旦钱三十万，益封万三千户，旦怒曰："我当为帝，何赐也！"遂与宗室中山哀王子长、齐孝王孙泽等结谋，诈言以武帝时受诏，得职吏事，修武备，备非常。郎中成轸谓旦曰："大王失职，独可起而索，不可坐而得也。大王一起，国中虽女子皆奋臂随大王。"

旦即与泽谋，为奸书，言："少帝非武帝子，大臣所共立；天下宜共伐之！"使人传行郡国以摇动百姓。泽谋归发兵临淄，杀青州刺史隽不疑。旦招来郡国奸人，赋敛铜铁作甲兵，数阅其车骑、材官卒，发民大猎以讲士马，须期日。郎中韩义等数谏旦，旦杀义等凡十五人。

会瓶侯成知泽等谋，以告隽不疑。八月，不疑收捕泽等以闻。天子遣大鸿胪丞治，连引燕王。有诏，以燕王至亲，勿治；而泽等皆伏诛。迁隽不疑为京兆尹。

不疑为京兆尹，吏民敬其威信。每行县、录囚徒还，其母辄问不疑："有所平反？活几何人？"即不疑多有所平反，母喜笑异于他时；或无所出，母怒，为不食。故不疑为吏，严而不残。

【语译】

孝昭皇帝上

汉昭帝（刘弗陵）始元元年（乙未，前86年）

夏季，益州所属二十四个夷人村寨三万多人全部背叛汉朝。汉朝廷派水衡都尉吕破胡招募官吏和民众从军，又征调犍为、蜀郡的武勇精壮之人前往攻打，大破叛军。

秋季，七月，大赦天下。

天降大雨，一直持续到十月，渭桥被大水冲断。

汉武帝去世时，朝廷以印有皇帝玉玺的正式令书通知各诸侯王。燕王刘旦见到令书后不肯哭泣，说："令书的印封过小，我怀疑京师已发生变故。"于是派他宠信的臣僚寿西长、孙纵之、王孺等前往长安，以询问祭悼汉武帝的礼仪为借口，暗中刺探朝廷动态。及至汉昭帝刘弗陵下令奖赏刘旦钱三十万，增加其封国人口一万三千户时，刘旦生气地说："本来就应当由我当皇帝，用不着谁来赏赐我！"于是与皇室成员中山哀王之子刘长、齐孝王之孙刘泽等密谋共同反叛朝廷，还伪称在汉武帝生前曾得到令书，允许他掌握其封国内各级官吏的任免权，整顿封国的军队，防备非常事变。郎中成轸对刘旦说："大王失去皇位继承权，只能起来索取，坐着不动是得不到的。大王一旦起兵，燕国之内即使是妇女也都会奋臂追随大王。"

于是，刘旦与刘泽密商，编制造谣文书，宣称："如今的小皇帝并非汉武帝之子，而是由朝中大臣共同拥立的，天下应当共同攻打！"派人到各郡国广为传发，以动摇民众之心。刘泽计划返回齐国后从临淄发兵，杀死青州刺史隽不疑。刘旦在燕国招揽各地奸邪之徒，征敛民间铜铁来制造铠甲武器，又多次检阅燕国的车骑、材官等各类军队，征调民众进行大规模行围打猎活动，以训练将士、马匹的作战能力，等待与刘泽约定的日期一到，共同举兵叛乱。郎中韩义等多次劝阻刘旦，刘旦将韩义等共十五名官员处死。

就在此时，瓶侯刘成得到刘泽谋反计划，便通知了隽不疑。八月，隽不疑逮捕了刘泽等人，并奏闻朝廷。汉昭帝派大鸿胪丞负责处理此事。审讯中，燕王刘旦被供出。汉昭帝下诏，以燕王为至亲，下令不许追究，而将刘泽等全部处死。隽不疑调任京兆尹。

隽不疑担任京兆尹，官吏和民众对他的威信都很敬服。每当他巡视各县，审查囚徒的判处情况归来，他的母亲总要问他："给受冤屈的人平反了吗？救活了多少人？"如隽不疑为很多受冤屈的人平了反，其母便比平时高兴；如没有平反之事，其母便生气得不肯吃饭。因此隽不疑为官，虽然执法严格，却并不残忍。

九月，丙子，秺敬侯金日磾薨。

初，武帝病，有遗诏，封金日磾为秺侯，上官桀为安阳侯，霍光为博陆侯；皆以前捕反者马何罗等功封。日磾以帝少，不受封，光等亦不敢受。及日磾病困，光白封。

日磾卧受印绶，一日薨。日磾两子赏、建俱侍中，与帝略同年，共卧起。赏为奉车，建驸马都尉。及赏嗣侯，佩两绶，上谓霍将军曰："金氏兄弟两人，不可使俱两绶邪？"对曰："赏自嗣父为侯耳。"上笑曰："侯不在我与将军乎？"对曰："先帝之约，有功乃得封侯。"遂止。

闰月，遣故廷尉王平等五人持节行郡国，举贤良，问民疾苦、冤、失职者。

冬，无冰。

（以上为第一段，写燕王刘旦与皇室成员中山哀王之子刘长、齐孝王之孙刘泽等密谋共同反叛朝廷，阴谋败露，刘泽等伏诛，昭帝诏燕王至亲，勿问。辅政大臣金日磾去世，临终前接受汉武帝遗命，封为秺侯。）

二年（丙申，前 85 年）

春，正月，封大将军光为博陆侯，左将军桀为安阳侯。

或说霍光曰："将军不见诸吕之事乎？处伊尹、周公之位，摄政擅权，而背宗室，不与共职，是以天下不信，卒至于灭亡。今将军当盛位，帝春秋富，宜纳宗室，又多与大臣共事，反诸吕道。如是，则可以免患。"光然之，乃择宗室可用者，遂拜楚元王孙辟疆及宗室刘长乐皆为光禄大夫，辟疆守长乐卫尉。

三月，遣使者振贷贫民无种、食者。

秋，八月，诏曰："往年灾害多，今年蚕、麦伤，所振贷种、食勿收责，毋令民出今年田租！"

初，武帝征伐匈奴，深入穷追，二十余年，匈奴马畜孕重堕殰，罢极，苦之，常有欲和亲意，未能得。狐鹿孤单于有异母弟为左大都尉，

九月初二日丙子，秺敬侯金日磾去世。

当初，汉武帝病危时，曾留下遗令，封金日磾为秺敬侯，上官桀为安阳侯，霍光为博陆侯，都是因为先前逮捕叛逆者马何罗等人之功而赐予封爵。金日磾以新皇帝年纪幼小为理由，不肯接受封爵，霍光等也不敢接受。等到金日磾病重时，霍光才将汉武帝临终时封他们三人为侯的事报告汉昭帝刘弗陵。

于是，金日磾躺在病床上接受了侯的印信和绶带，一天后去世。金日磾的两个儿子金赏、金建都担任侍中，与汉昭帝年龄差不多一般大小，起床、睡觉都在一起。金赏的官职是奉车都尉，金建是驸马都尉。后来金赏继承了父亲金日磾的侯爵，佩戴两种绶带，汉昭帝刘弗陵便对霍光说道："金氏兄弟二人，不能让他们都佩戴两种绶带吗？"霍光回答说："只能由金赏一人继承他父亲的侯爵。"汉昭帝笑着说："封侯不是由我和将军决定的吗？"霍光说："根据先皇的约定，对国家有功的人才能封侯。"于是，汉昭帝作罢。

闰十月，汉昭帝派前任廷尉王平等五人携带皇帝符节巡视各郡国，举荐贤良人士，察问民间疾苦、冤屈和地方官是否有失职行为。

冬季，气候温暖，没有结冰。

汉昭帝始元二年（丙申，前 85 年）

春季，正月，汉昭帝封大将军霍光为博陆侯，左将军上官桀为安阳侯。

有人劝霍光说："将军没有看到当初吕氏家族覆亡的教训吗？吕氏身处伊尹、周公的地位，主持朝政，专擅大权，却疏远皇族成员，不与他们共享朝权，因此失去了天下人的信任，最终导致灭亡。如今将军身居高位，皇上年幼，应当纳用皇族成员，并多与大臣共商政事，与吕氏家族的做法相反。如果这样，便可以免除祸患。"霍光认为有道理，便在皇室成员中选择可以担任官职的人才，任命楚元王之孙刘辟疆和皇室成员刘长乐为光禄大夫，刘辟疆还兼任长乐宫卫尉。

三月，汉朝廷派使者向缺乏种子、口粮的贫苦农民发放赈贷。

秋季，八月，汉昭帝发布命令说："往年，灾害多有发生，今年的蚕桑、小麦也受到伤害。因此，朝廷赈贷给农民的种子和口粮都不必归还，并免除农民今年的田赋。"

当初，汉武帝派兵攻打匈奴，深入腹地，穷追猛打，前后二十多年，使匈奴的马匹牲畜不能正常孕育繁殖，受到严重消耗，民众贫苦疲惫到了极点，常常希望与

贤，国人乡之。母阏氏恐单于不立子而立左大都尉也，乃私使杀之。左大都尉同母兄怨，遂不肯复会单于庭。

是岁，单于病且死，谓诸贵人："我子少，不能治国，立弟右谷蠡王。"及单于死，卫律等与颛渠阏氏谋，匿其丧，矫单于令，更立子左谷蠡王为壶衍鞮单于。左贤王、右谷蠡王怨望，率其众欲南归汉，恐不能自致，即胁卢屠王，欲与西降乌孙。卢屠王告之单于，使人验问，右谷蠡王不服，反以其罪罪卢屠王，国人皆冤之。于是二王去居其所，不复肯会龙城，匈奴始衰。

（以上为第二段，写汉昭帝刘弗陵封大将军霍光为博陆侯，霍光在皇室成员中选择可以任职者授以官，靠近皇室；匈奴狐鹿孤单于去世，儿子即位，左贤王和右谷蠡王不予拥戴，匈奴从此衰落。）

三年（丁酉，前 84 年）

春，二月，有星孛于西北。

冬，十一月，壬辰朔，日有食之。

初，霍光与上官桀相亲善。光每休沐出，桀常代光入决事。光女为桀子安妻，生女，年甫五岁，安欲因光内之宫中；光以为尚幼，不听。盖长公主私近子客河间丁外人，安素与外人善，说外人曰："安子容貌端正，诚因长主时得入为后，以臣父子在朝而有椒房之重，成之在于足下。汉家故事，常以列侯尚主，足下何忧不封侯乎！"外人喜，言于长主。长主以为然，诏召安女为婕妤，安为骑都尉。

四年（戊戌，前 83 年）

春，三月，甲寅，立皇后上官氏，赦天下。

西南夷姑缯、叶榆复反，遣水衡都尉吕辟胡将益州兵击之。辟胡不进，蛮夷遂杀益州太守，乘胜与辟胡战，士战及溺死者四千余人。冬，遣大鸿胪田广明击之。

汉朝恢复和亲关系，但却一直未能实现。匈奴狐鹿孤单于有一个同父异母的弟弟，担任匈奴左大都尉，很是贤明，民心归附于他。单于的母亲怕单于不立儿子为继承人而传位给弟弟左大都尉，便私自派人将左大都尉杀死。此事引起左大都尉的同母哥哥的怨恨，从此不再去单于王庭。

这一年，单于病重不起，临死前，对贵族们说："我的儿子年纪幼小，不能治理国家，我决定将单于之位传给弟弟右谷蠡王。"单于死后，卫律等人与单于的正室夫人颛渠阏氏密谋，隐瞒了单于去世的消息，并伪造单于命令，改立单于的儿子左谷蠡王为壶衍鞮单于。左贤王、右谷蠡王心怀不满，打算率领部众向南归附汉朝，又怕自己的力量单薄，难以实现，于是胁迫卢屠王，打算与卢屠王一起向西归降乌孙。卢屠王将此事向壶衍鞮单于告发，壶衍鞮单于派人前去查问，右谷蠡王不肯承认，反将阴谋背叛之事推到卢屠王身上，匈奴人都认为卢屠王冤枉。于是左贤王和右谷蠡王离去，留居在自己的辖地，不肯再参与每年一次的龙城祭祀大典，匈奴从此衰落。

汉昭帝始元三年（丁酉，前 84 年）

春季，二月，西北方向出现异星。

冬季，十一月初一日壬辰朔，出现日食。

当初，霍光与上官桀关系亲密，每当霍光休假离朝，上官桀常代替霍光入朝裁决政事。霍光的女儿是上官桀之子上官安的妻子，生下一个女儿，只有五岁，上官安想通过霍光的关系使女儿进入后宫，霍光认为外孙女年纪还小，不肯答应。汉昭帝刘弗陵的姐姐盖长公主与她儿子的门客河间人丁外人私通，上官安平时与丁外人关系很好，便对丁外人说："我女儿容貌端正，如能得到长公主的帮助，入宫成为皇后，我与我父亲在朝为官就有皇后作为依靠，此事的成败全都在您。按汉朝的惯例，公主常常嫁给列侯，您又何愁不能封侯呢？"丁外人非常高兴，便将此事告诉长公主，长公主表示赞同，于是让汉昭帝刘弗陵发布命令，将上官安的女儿召入宫中，封为婕妤，并任命上官安为骑都尉。

汉昭帝始元四年（戊戌，前 83 年）

春季，三月二十五日甲寅，汉昭帝刘弗陵发布命令，立上官氏为皇后，大赦天下。

西南夷姑缯、叶榆两部族再次背叛汉朝，汉朝廷派遣水衡都尉吕辟胡率领益州军队前往攻打。吕辟胡屯兵不前，致使叛乱的蛮夷杀死益州太守，并乘胜与吕辟胡所部汉军交战，汉军战死及溺水而死的士兵达四千多人。冬季，汉朝廷派大鸿胪田广明率兵前往攻打。

廷尉李种坐故纵死罪弃市。

是岁，上官安为车骑将军。

（以上为第三段，写上官安想通过霍光的关系使五岁的女儿进入后宫当皇后，霍光没有同意；上官安又找到汉昭帝姐姐盖长公主的情人丁外人，通过盖长公主促成此事。）

五年（己亥，前 82 年）

春，正月，追尊帝外祖赵父为顺成侯。顺成侯有姊君姁，赐钱二百万、奴婢、第宅以充实焉。诸昆弟各以亲疏受赏赐，无在位者。

有男子乘黄犊车诣北阙，自谓卫太子；公车以闻。诏使公、卿、将军、中二千石杂识视。长安中吏民聚观者数万人。右将军勒兵阙下以备非常。丞相、御史、中二千石至者并莫敢发言。京兆尹不疑后到，叱从吏收缚。或曰："是非未可知，且安之！"不疑曰："诸君何患于卫太子！昔蒯聩违命出奔，辄距而不纳，《春秋》是之。卫太子得罪先帝，亡不即死，今来自诣，此罪人也！"遂送诏狱。

天子与大将军霍光闻而嘉之曰："公卿大臣当用有经术、明于大谊者。"繇是不疑名声重于朝廷，在位者皆自以不及也。廷尉验治何人，竟得奸诈，本夏阳人，姓成，名方遂，居湖，以卜筮为事。有故太子舍人尝从方遂卜，谓曰："子状貌甚似卫太子。"方遂心利其言，冀得以富贵。坐诬罔不道，要斩。

夏，六月，封上官安为桑乐侯。安日以骄淫，受赐殿中，对宾客言："与我婿饮，大乐！"见其服饰，使人归，欲自烧物。子病死，仰而骂天。其顽悖如此。

罢儋耳、真番郡。

秋，大鸿胪广明、军正王平击益州，斩首、捕虏三万余人，获畜产五万余头。

谏大夫杜延年见国家承武帝奢侈、师旅之后，数为大将军光言："年

廷尉李种因被指控故意为犯有死罪的人开脱罪名，被当众斩首。

这一年，上官安被任命为车骑将军。

汉昭帝始元五年（己亥，前82年）

春季，正月，汉昭帝追尊外祖父赵父为顺成侯。顺成侯有位姐姐名叫赵君，汉昭帝赐给她钱二百万以及奴婢、住宅等，以充实她的财产。兄弟们也都按着血缘的亲疏得到赏赐，但没有授予封爵、官职。

有一位男子乘坐黄牛犊车来到未央宫北门，自称是汉武帝的卫太子刘据，公车官将此事奏闻朝廷。汉昭帝下令，命三公、九卿、将军、中二千石官等一同前往辨认。长安城中的一般官吏和民众前去围观的达数万人。右将军为防止发生不测之事，率兵守在宫门前面。前往辨认的丞相、御史、中二千石官等，谁也不敢发言。京兆尹隽不疑最后赶到，命手下官吏将该男子逮捕。有人劝他说："是否真是前太子还不能确定，暂且不要处理！"隽不疑说道："各位又何必怕他是卫太子！春秋时期，卫国太子蒯聩因违抗卫灵公之命出逃，后其子辄继位，拒不接纳其父回国，此事得到《春秋》的肯定。卫太子得罪了先帝，逃亡在外，当时没死，如今自己又回来了，也是国家的罪人。"于是将该男子押送到天牢。

汉昭帝与大将军霍光听说后，称赞隽不疑说："公卿大臣就应当由这种精通经典、明白大义的人来担任。"于是，隽不疑在朝中名重一时，其他身居高位的人都自认为比不上他。后经廷尉审讯核问那个人，竟然发现是一起骗案。那位自称是卫太子的人本是夏阳人，姓成，名方遂，住在湖县，以占卜为职业。卫太子刘据的一位侍从曾经请他占卜，并对他说："您的身材相貌都很像卫太子。"成方遂听到此言之后颇为动心，希望借此取得富贵。成方遂被定以诬罔不道之罪，腰斩。

夏季，六月，汉昭帝封上官安为桑乐侯。上官安日益骄纵淫乱，汉昭帝赐他在宫中饮宴，他回家后，对门客说："与我女婿一起喝酒，非常高兴。"看见汉昭帝的服饰，便派人回家，要将自己的东西烧掉。儿子因病去世，上官安竟仰面骂天。其顽劣狂悖到了如此地步。

汉朝撤销儋耳、真番二郡。

秋季，大鸿胪田广明、军正王平率兵攻打在益州叛乱的西南夷姑缯、叶榆两部族，共斩杀、捕获叛乱者三万多人，缴获牲畜五万多头。

谏大夫杜延年看到汉武帝的奢侈和屡次兴兵出征给国家留下的困难，多次对大

岁比不登，流民未尽还，宜修孝文明政，示以俭约、宽和，顺天心，说民意，年岁宜应。”光纳其言。延年，故御史大夫周之子也。

（以上为第四段，写有一位男子来到未央宫北门，自称是太子刘据，朝廷大臣前来辨认，都不敢发言，京兆尹隽不疑命将该男子逮捕审问，果然是假冒的。隽不疑名重一时。）

六年（庚子，前 81 年）

春，二月，诏有司问郡国所举贤良文学，民所疾苦、教化之要，皆对："愿罢盐、铁、酒榷、均输官，毋与天下争利，示以俭节，然后教化可兴。”桑弘羊难，以为："此国家大业，所以制四夷，安边足用之本，不可废也。”于是盐铁之议起焉。

初，苏武既徙北海上，禀食不至，掘野鼠去草实而食之。杖汉节牧羊，卧起操持，节旄尽落。

武在汉，与李陵俱为侍中；陵降匈奴，不敢求武。久之，单于使陵至海上，为武置酒设乐，因谓武曰："单于闻陵与子卿素厚，故使来说足下，虚心欲相待。终不得归汉，空自苦，亡人之地，信义安所见乎！足下兄弟二人，前皆坐事自杀；来时，太夫人已不幸；子卿妇年少，闻已更嫁矣；独有女弟二人，两女、一男，今复十余年，存亡不可知。人生如朝露，何久自苦如此！陵始降时，忽忽如狂，自痛负汉，加以老母系保宫。子卿不欲降，何以过陵！且陛下春秋高，法令无常，大臣无罪夷灭者数十家。安危不可知，子卿尚复谁为乎！”

武曰："武父子无功德，皆为陛下所成就，位列将，爵通侯，兄弟亲近，常愿肝脑涂地。今得杀身自效，虽斧钺、汤镬，诚甘乐之！臣事君，犹子事父也；子为父死，无所恨。愿勿复再言！”

陵与武饮数日，复曰："子卿一听陵言！”武曰："自分已死久矣，王

将军霍光说："连年收成不好，离乡背井的民众还没有全部回到自己的家园，应当恢复孝文皇帝时的治国方针，提倡节俭，为政宽和，顺从天意，取悦民心，年景就会跟着好转。"霍光采纳了他的建议。杜延年是前御史大夫杜周的儿子。

汉昭帝始元六年（庚子，前81年）

春季，二月，汉昭帝下令，命有关官员向各郡国举荐的贤良文学询问、了解民间疾苦和教化民众的要点，大家都建议："希望取消盐、铁、酒类的专卖制度，罢黜均输官，不要与天下人争利，向民众表示节俭，然后才可以振兴教化。"但桑弘羊表示反对，他认为："盐、铁、酒类的专卖制度和均输措施等，都是国家赖以控制四夷、保卫边疆，使财用充足的根本大业，不能废除。"于是，一场关于盐铁专卖等问题的辩论开始了。

当初，苏武被匈奴放逐到北海边以后，得不到粮食供应，便挖掘野鼠，吃鼠洞中的草籽。他手持汉朝的符节牧羊，无论睡卧还是起身都带着它，以致节杖上的毛缨全部脱落了。

苏武在汉朝时，与李陵同为侍中，李陵投降匈奴后，不敢求见苏武。过了很长时间，单于派李陵来到北海边，为苏武摆下酒筵，并以乐队助兴。李陵对苏武说："单于听说我与你一向情谊深厚，所以派我来劝你，单于愿意对你虚心相待。你终究不能再回汉朝，自己白白受苦在这荒无人烟的地方，你的信义节操，展现给谁看呢？你的两个兄弟，先前已都因罪自杀；我来此时，你母亲也已不幸去世；你的夫人年轻，听说已经改嫁别人了；只剩下两个妹妹、两个女儿、一个儿子，如今又过了十几年，是否还在人世，不得而知。人的一生，就像早晨的露水一般短暂，你又何必长久地如此自苦呢？我刚投降匈奴时，精神恍惚，像要发疯，恨自己辜负汉朝，还连累老母亲被拘禁牢狱。你不愿归降匈奴的心情，怎么会超过我？况且皇上年事已高，法令变化无常，大臣无罪而被抄杀满门的有数十家，安危不可知，你还要为谁这样做呢？"

苏武说："我父子本无才德功绩，全靠皇上栽培，才得以身居高位，与列侯、将军并列，且使我们兄弟得以亲近皇上，所以我常常希望能够肝脑涂地，报答皇上的大恩。如今得以杀身报效皇上，即使是斧钺加身，汤锅烹煮，我也心甘情愿！为臣的侍奉君王，就如同儿子侍奉父亲一般，儿子为父亲而死，没有遗憾。希望你不要再说了！"

李陵与苏武一连饮酒数日，又劝说道："子卿，你再听我一句话。"苏武说："我

必欲降武，请毕今日之欢，效死于前！”陵见其至诚，喟然叹曰：“嗟乎，义士！陵与卫律之罪上通于天！”因泣下沾衿，与武决去。赐武牛羊数十头。

后陵复至北海上，语武以武帝崩。武南乡号哭欧血，旦夕临，数月。及壶衍鞮单于立，母阏氏不正，国内乖离，常恐汉兵袭之，于是卫律为单于谋，与汉和亲。汉使至，求苏武等，匈奴诡言武死。后汉使复至匈奴，常惠私见汉使，教使者谓单于，言：“天子射上林中，得雁，足有系帛书，言武等在某泽中。”使者大喜，如惠语以让单于。单于视左右而惊，谢汉使曰：“武等实在。”乃归武及马宏等。马宏者，前副光禄大夫王忠使西国，为匈奴所遮；忠战死，马宏生得，亦不肯降。故匈奴归此二人，欲以通善意。

于是李陵置酒贺武曰：“今足下还归，扬名于匈奴，功显于汉室，虽古竹帛所载，丹青所画，何以过子卿！陵虽驽怯，令汉贳陵罪，全其老母，使得奋大辱之积志，庶几乎曹柯之盟，此陵宿昔之所不忘也。收族陵家，为世大戮，陵尚复何顾乎！已矣，令子卿知吾心耳！”陵泣下数行，因与武决。

单于召会武官属，前已降及物故，凡随武还者九人。既至京师，诏武奉一太牢谒武帝园庙，拜为典属国，秩中二千石，赐钱二百万，公田二顷，宅一区。武留匈奴凡十九岁，始以强壮出，及还，须发尽白。

霍光、上官桀与李陵素善，遣陵故人陇西任立政等三人俱至匈奴招之。陵曰：“归易耳，丈夫不能再辱！”遂死于匈奴。

夏，旱。

秋，七月，罢榷酤官，从贤良文学之议也。武帝之末，海内虚耗，户口减半。霍光知时务之要，轻徭薄赋，与民休息。至是匈奴和亲，百姓充实，稍复文、景之业焉。

诏以钩町侯毋波率其邑君长、人民击反者有功，立以为钩町王。赐

自己料想必死已经很久了，你一定要我苏武投降，就请结束今日的欢聚，让我死在你的面前！”李陵见苏武一片至诚，长叹道：“唉！你真是义士！我与卫律的罪过上通于天！”不觉泪湿衣衿，与苏武告别而去，赐给苏武牛羊数十头。

后来李陵又来到北海边，告诉苏武说：“汉武帝已然去世。”苏武一连数月，每天早晚面对南方号啕痛哭，甚至吐血。壶衍单于即位后，其母阏氏行为不正，国内分崩离析，常常害怕汉军前来袭击，于是卫律为单于定计，要求与汉朝和亲。汉使来到匈奴，要求放苏武等人回国，匈奴假称苏武已死。后来汉使又来到匈奴，常惠暗中面见汉使，教使者对单于说：“汉天子在上林苑射猎，射下一只大雁，雁脚上系着一块写字的绸缎，上面说苏武等人在某湖泽之地。”使者大喜，按常惠之言责问单于。单于环视左右侍从，大吃一惊，然后向汉使道歉说：“苏武确实还活着。”这才将苏武及马宏等人放还。马宏先前是汉朝派往西域各国的使者，光禄大夫王忠的副使，因受到匈奴军队的拦截，王忠战死，马宏被俘，也不肯投降匈奴。所以匈奴这次将苏武、马宏二人放回，是想向汉朝表示他们的善意。

于是，李陵摆设酒筵祝贺苏武，说：“如今你返回祖国，名声传遍匈奴，功劳显扬于汉朝，即使是史籍所记载、丹青所描画的人物又怎能超过你？我虽然愚笨怯懦，假如当年汉朝能宽恕我的罪过，保全我的老母，使我能够忍辱负重，春秋时曹刿劫持齐桓公于柯盟的壮举正是我当时念念不忘的志向。谁知汉朝竟将我家满门抄斩，这是当世最残酷的诛杀，我还能再顾念什么呢？如今一切都已过去，现在不过是想让你知道我的心罢了！”李陵泪流满面，便与苏武告别。

单于召集当年随苏武前来的汉朝官员及随从，除先前已归降匈奴和去世的以外，共有九人与苏武一同回到汉朝。苏武一行来到长安后，汉昭帝下令让苏武用牛、羊、猪各一头，以最隆重的仪式祭拜汉武帝的陵庙，封苏武为典属国，品秩为中二千石，并赏赐苏武钱二百万、公田二顷、住宅一所。苏武被扣留匈奴共十九年，去时正当壮年，归来时头发、胡须全都白了。

霍光、上官桀一向都和李陵关系很好，所以特派李陵的旧友、陇西人任立政等三人一同前往匈奴劝说李陵回国。李陵对他们说：“回去容易，但大丈夫不能两次受辱！”于是，老死于匈奴。

夏季，干旱。

秋季，七月，汉昭帝接受贤良文学们的建议，撤销负责酒类专卖的官员。汉武帝刘彻末年，国家财力虚耗，户口减少了一半。霍光了解当时的要务，减轻赋税和徭役，使民众得到休息。如今与匈奴恢复和亲，民众生活充实，渐渐恢复了汉文帝、汉景帝时期的定安、繁荣局面。

汉昭帝发布命令，因钩町侯毋波率领其所属部落的头人和部众镇压叛乱者有功，

田广明爵关内侯。

（以上为第五段，写苏武在匈奴北海牧羊，度过了十九年；匈奴与汉朝和亲，放回苏武，汉朝封其为典属国；大将军霍光派人劝说李陵回来，李陵认为不能再次受辱，老死匈奴。）

元凤元年（辛丑，前80年）

春，武都氐人反，遣执金吾马适建、龙额侯韩增、大鸿胪田广明将三辅、太常徒，皆免刑，击之。

夏，六月，赦天下。

秋，七月，乙亥晦，日有食之，既。

八月，改元。

上官桀父子既尊，盛德长公主，欲为丁外人求封侯，霍光不许。又为外人求光禄大夫，欲令得召见，又不许。长主大以是怨光，而桀、安数为外人求官爵弗能得，亦惭。又桀妻父所幸充国为太医监，阑入殿中，下狱当死；冬月且尽，盖主为充国入马二十匹赎罪，乃得减死论。

于是桀、安父子深怨光而重德盖主。自先帝时，桀已为九卿，位在光右，及父子并为将军，皇后亲安女，光乃其外祖，而顾专制朝事，由是与光争权。燕王旦自以帝兄不得立，常怀怨望。及御史大夫桑弘羊建造酒榷、盐、铁，为国兴利，伐其功，欲为子弟得官，亦怨恨光。于是盖主、桀、安、弘羊皆与旦通谋。

旦遣孙纵之等前后十余辈，多赍金宝、走马赂遗盖主、桀、弘羊等。桀等又诈令人为燕王上书，言："光出都肄郎、羽林，道上称跸，太官先置。"又引"苏武使匈奴二十年不降，乃为典属国；大将军长史敞无功，为搜粟都尉；又擅调益莫府校尉。光专权自恣，疑有非常。臣旦愿归符玺，入宿卫，察奸臣变"。

候司光出沐日奏之。桀欲从中下其事，弘羊当与诸大臣共执退光。

将毋波封为町王；赐田广明关内侯爵位。

汉昭帝元凤元年（辛丑，前80年）

春季，武都郡氐族人造反，汉朝派遣执金吾马适建、龙额侯韩增、大鸿胪田广明率领三辅地区及太常所属的刑徒，一律免其刑罚，前往镇压。

夏季，六月，汉朝实行大赦。

秋季，七月，乙亥（疑误），出现日全食。

八月，改年号为元凤。

上官桀父子的地位既已尊贵，对长公主非常感恩，便想为丁外人谋求封侯，但霍光不许。上官桀父子又请求任命丁外人为光禄大夫，想使其取得受皇帝召见的资格，霍光仍然不许。长公主因此怨恨霍光，而上官桀、上官安几次为丁外人谋求官爵都未能实现，也觉得脸上无光。上官桀的岳父所宠爱的一个叫充国的人，担任太医监，因私自闯入宫殿，被逮捕下狱，定为死罪。当时，处决犯人的冬季即将过去，长公主为充国交纳二十匹马赎罪，使其被免除死刑。

于是，上官桀、上官安父子深怨霍光而更加感激长公主。自从汉武帝时，上官桀已位列九卿，地位高于霍光，及至上官桀父子同为将军，皇后又是上官安的亲女儿，而霍光只是皇后的外祖父，却反而专制朝政，因此，上官安父子与霍光争权。燕王刘旦觉得自己是汉昭帝的兄长，未能继承皇位，所以常常心怀怨恨。御史大夫桑弘羊创立盐、铁、酒类专卖制度，为国兴利，自认为于国有功，想为其子弟求取官职，遭到霍光拒绝，因而也怨恨霍光。于是，盖长公主、上官桀、上官安、桑弘羊都与刘旦串通一气，密谋除掉霍光。

燕王刘旦派遣孙纵之等前后十多批人，携带大批金银、珠宝、快马等前往长安，贿赂盖长公主、上官桀、桑弘羊等人。上官桀等又命人伪造燕王上书，言称："霍光出都校阅郎官及羽林军时，就仿佛皇上出巡一般，命人清道，驱赶行人，派太官为其预先安排饮食。"又称："苏武出使匈奴，被扣留二十年而不肯投降，回朝后只不过给了个典属国的官职；而大将军长史杨敞并无功劳，却被任命为搜粟都尉。另外，霍光还擅自增选大将军府的校尉。霍光独揽大权，为所欲为，是否会做出不利于朝廷的非常之举，令人怀疑。因此，我愿意交还燕王的印玺，进入宫廷，侍卫在皇上左右，监督奸臣的行动，以防有变。"

等到大将军霍光休假不在朝中时奏闻汉昭帝。上官桀本打算从朝廷中交给有关

书奏，帝不肯下。明旦，光闻之，止画室中不入。上问：“大将军安在？”左将军桀对曰：“以燕王告其罪，故不敢入。”有诏：“召大将军。”光入，免冠、顿首谢。上曰：“将军冠！朕知是书诈也，将军无罪。”光曰：“陛下何以知之？”上曰：“将军之广明都郎，近耳；调校尉以来，未能十日，燕王何以得知之！且将军为非，不须校尉。”

是时帝年十四，尚书、左右皆惊。而上书者果亡，捕之甚急。桀等惧，白上：“小事不足遂。”上不听。后桀党与有谮光者，上辄怒曰：“大将军忠臣，先帝所属以辅朕身，敢有毁者坐之！”自是桀等不敢复言。

李德裕论曰：人君之德，莫大于至明，明以照奸，则百邪不能蔽矣。汉昭帝是也。周成王有惭德矣；高祖、文、景俱不如也。成王闻管、蔡流言，遂使周公狼跋而东。汉高闻陈平去魏背楚，欲舍腹心臣。汉文惑季布使酒难近，罢归股肱郡；疑贾生擅权纷乱，复疏贤士。景帝信诛晁错兵解，遂戮三公。所谓“执狐疑之心，来谗贼之口”。使昭帝得伊、吕之佐，则成、康不足侔矣。

（以上为第六段，写上官桀父子为丁外人谋求官职，遭到大将军霍光阻止，桑弘羊欲为其子弟求职遭霍光拒绝，于是盖长公主、上官桀、上官安、桑弘羊联结成为倒霍光的集团，与燕王旦勾结，编织霍光谋反假案，被昭帝识破，未能得逞。昭帝时年十四，英明如此，唐李德裕评价其超过高祖、文、景，惜时无伊尹、吕尚，否则成康都不足与之比。）

桀等谋令长公主置酒请光，伏兵格杀之，因废帝，迎立燕王为天子。旦置驿书往来相报，许立桀为王，外连郡国豪桀以千数。旦以语相平，平曰：“大王前与刘泽结谋，事未成而发觉者，以刘泽素夸，好侵陵也。平闻左将军素轻易，车骑将军少而骄，臣恐其如刘泽时不能成，又恐既成反大王也。”

旦曰：“前日一男子诣阙，自谓故太子，长安中民趣乡之，正讙不可

官员去查办，由桑弘羊与各大臣一起逮捕霍光，撤销其职。但上奏后，汉昭帝却扣留不发。第二天早晨，霍光入朝，听说此事后，停在画室中不敢贸然进殿。汉昭帝刘弗陵问道："大将军在什么地方？"左将军上官桀回答说："因燕王控告大将军的罪行，所以他不敢进殿。"汉昭帝下令："召大将军进来。"霍光进殿后，脱下官帽，叩头请罪。汉昭帝说："将军请戴上帽子。我知道这道奏章是假的，将军并没有罪。"霍光说："皇上是怎么知道的呢？"汉昭帝说："将军去广明校阅郎官，是最近的事情，选调校尉以来，也还不到十天，燕王怎么能知道这些事情呢！况且将军如要谋反，也用不着选调校尉！"

此时，汉昭帝年仅十四岁，尚书及左右官员全都震惊了。后发现呈递这奏章的人果然逃亡，汉昭帝下令紧急追捕。上官桀等人心中害怕，便对汉昭帝说："区区小事，用不着穷追不放。"汉昭帝不听。而后上官桀的同党中有人说霍光的坏话，汉昭帝立即怒斥道："大将军是忠臣，先帝托付他辅佐我，谁再胆敢诬蔑大将军，就问他的罪！"从此，上官桀等不敢再攻击霍光。

李德裕评论说：君王最大的德，莫过于明察秋毫，明察可以洞悉奸诈，那么任何邪恶就都无法将其蒙蔽，汉昭帝就是这样。这一点，不仅周成王应当惭愧，汉高祖、汉文帝、汉景帝也都不如。周成王听信了管叔、蔡叔的流言，致使周公进退两难，只好东征。汉高祖听说陈平离开魏国，又背叛了西楚，便要舍弃这位心腹之臣。汉文帝误认为季布爱发酒疯，难作天子近臣，便将其放回地方作郡太守；又怀疑贾谊专擅权柄，可能造成混乱，便又疏远了这位贤士。汉景帝相信杀死晁错能结束七国之乱，便将位列三公的晁错杀死。正所谓："先有怀疑的心思，才召来奸贼的谗言。"假如汉昭帝能得到伊尹、吕尚的辅佐，那么周成王、周康王都不足以与之相比。

左将军上官桀等密谋由长公主设酒宴邀请霍光，埋伏武士将霍光杀死，然后乘机废掉汉昭帝，迎立燕王刘旦为皇帝。刘旦设置驿马传书，往来递送消息，许诺事成后封上官桀为王，并对外联络了数以千计的各郡国的豪杰之士。刘旦将这一计划告诉燕国丞相，名叫平的燕国丞相说道："大王以前与刘泽合谋，事情还未成功，消息已然走漏，是因为刘泽平时性情浮夸，好欺凌属下。我听说左将军一向办事不稳重，车骑将军又年轻骄横，我担心他们与刘泽那时一样成不了大事，又担心他们事成之后背叛大王。"

燕王刘旦说："前些日子，有一个男子到皇宫门前，自称是前太子，长安城中的

止。大将军恐，出兵陈之，以自备耳。我，帝长子，天下所信，何忧见反！”后谓群臣：“盖主报言，独患大将军与右将军王莽。今右将军物故，丞相病，幸事必成，征不久。”令群臣皆装。

安又谋诱燕王至而诛之，因废帝而立桀。或曰：“当如皇后何？”安曰：“逐麋之狗，当顾兔邪！且用皇后为尊，一旦人主意有所移，虽欲为家人亦不可得。此百世之一时也！”

会盖主舍人父稻田使者燕仓知其谋，以告大司农杨敞。敞素谨，畏事，不敢言，乃移病卧，以告谏大夫杜延年；延年以闻。九月，诏丞相部中二千石逐捕孙纵之及桀、安、弘羊、外人等，并宗族悉诛之；盖主自杀。

燕王旦闻之，召相平曰：“事败，遂发兵乎？”平曰：“左将军已死，百姓皆知之，不可发也！”王忧懑，置酒与群臣、妃妾别。会天子以玺书让旦，旦以绶自绞死，后、夫人随旦自杀者二十余人。天子加恩，赦王太子建为庶人，赐旦谥曰剌王。皇后以年少，不与谋，亦霍光外孙，故得不废。

庚午，右扶风王䜣为御史大夫。

冬，十月，封杜延年为建平侯，燕仓为宜城侯，故丞相征事任宫捕得桀，为弋阳侯，丞相少史王山寿诱安入府，为商利侯。久之，文学济阴魏相对策，以为：“日者燕王为无道，韩义出身强谏，为王所杀。义无比干之亲而蹈比干之节，宜显赏其子以示天下，明为人臣之义。”乃擢义子延寿为谏大夫。

大将军光以朝无旧臣，光禄勋张安世自先帝时为尚书令，志行纯笃，乃白用安世为右将军兼光禄勋以自副焉。安世，故御史大夫汤之子也。光又以杜延年有忠节，擢为太仆、右曹、给事中。光持刑罚严，延年常辅之以宽。吏民上书言便宜，辄下延年平处复奏。可官试者，至为县令；或丞相、御史除用，满岁，以状闻；或抵其罪法。

民众纷纷上前，喧哗不绝。大将军感到害怕，派出军队，为的是保护自己。我本先帝长子，天下信任，还怕被人反对吗？”后又对其臣下说：“盖长公主告诉我，只是担心大将军霍光与右将军王莽。如今右将军去世，丞相又有病，希望大事必然成功，不久就可证实。”命臣下一律整治行装，随时准备出发。

上官安又密谋将燕王刘旦引诱前来杀死，然后再废掉汉昭帝，拥立其父上官桀为皇帝。有人问他：“对皇后又当如何？”上官安说：“追逐大鹿的猎狗，会顾及兔子吗？况且因皇后而获得尊贵的地位，一旦皇上移情别爱，即使想做一名普通民众，也不可能了。这是百世难逢一时的好机会！”

恰巧，盖长公主一位舍人的父亲、担任稻田使者的燕仓了解到上官桀等人的阴谋，将此事告诉了大司农杨敞。杨敞平时为人谨慎怕事，不敢奏报朝廷，便上书称病，卧居在家，同时将此事告知谏大夫杜延年。杜延年将此事奏闻朝廷。九月，汉昭帝下令，命丞相率领中二千石大臣缉捕孙纵之及上官桀、上官安、桑弘羊、丁外人等人，连同他们的宗族，全部诛杀。盖长公主自杀。

燕王刘旦得到消息后，召燕国丞相平前来商议说：“事已败露，是否应随即发兵起事？”平说：“左将军已被处死，民众都已知晓，不可发兵！”刘旦忧愤懊恼，摆设酒筵，与臣子和妻妾诀别。正好汉昭帝刘弗陵下达正式令书责问刘旦，刘旦便用王印的绶带将自己绞死，刘旦的王后、夫人等二十多人也随其一起自杀。汉昭帝加恩，赦免燕王太子刘建死罪，废为平民，赐刘旦谥号“剌王”。上官皇后因年纪幼小，未曾参与政变阴谋，又是霍光的外孙女，所以未被废免。

九月初二日庚午，右扶风王䜣被任命为御史大夫。

冬季，十月，汉昭帝封杜延年为建平侯，燕仓为宜城侯，原任丞相征事任宫捕获上官桀，被封为弋阳侯，丞相少史王山寿引诱上官安进入丞相府，被封为商利侯。过了很久，文学、济阴人魏相在回答汉昭帝的策问时，认为：“先前燕王刘旦大逆不道，韩义挺身而出，强行劝阻，被燕王所杀。韩义不像商朝比干那样与纣王有亲属关系，但却有比干劝谏纣王一样的节义，应在天下人面前公开奖励韩义的儿子，以明确为臣的大义。”于是，汉昭帝擢升韩义之子韩延寿为谏大夫。

大将军霍光因为朝廷中缺少旧臣，而光禄勋张安世在汉武帝时就担任尚书令，心地纯正真诚，便奏请汉昭帝刘弗陵任命张安世为右将军兼光禄勋作为自己的副手。张安世为前御史大夫张汤的儿子。霍光又因杜延年志节忠诚，特擢升其为太仆、右曹、给事中。霍光执法严厉，杜延年则常常以宽厚辅之。每当官吏或民众上书朝廷有所建议，总是先交杜延年研究其是否当行，再上奏汉昭帝。凡参加朝廷考试合格的人，或派到地方，最高为县令，或交丞相、御史任用，一年后将其为官情况奏闻朝廷，有罪者依法惩治。

是岁匈奴发左、右部二万骑为四队，并入边为寇。汉兵追之，斩首、获虏九千人，生得瓯脱王；汉无所失亡。匈奴见瓯脱王在汉，恐，以为道击之，即西北远去，不敢南逐水草；发人民屯瓯脱。

（以上为第七段，写昭帝隐忍，没有深究倒光集团，而倒光集团竟不收手，进一步欲发动宫廷政变废除汉昭帝，灭掉霍光，阴谋再次败露，倒光集团与燕王旦被一网打尽。）

二年（壬寅，前 79 年）

夏，四月，上自建章宫徙未央宫。

六月，赦天下。

是岁，匈奴复遣九千骑屯受降城以备汉，北桥余吾水，令可度，以备奔走；欲求和亲，而恐汉不听，故不肯先言，常使左右风汉使者。然其侵盗益希，遇汉使愈厚，欲以渐致和亲。汉亦羁縻之。

（以上为第八段，写汉朝与匈奴关系的新发展。匈奴势力逐渐削弱，对汉朝的侵扰掳掠越来越少，对汉朝使节越来越优待，希望与汉朝和亲；汉朝也对匈奴采取笼络的态度。）

三年（癸卯，前 78 年）

春，正月，泰山有大石自起立；上林有柳树枯僵自起生，有虫食其叶成文，曰“公孙病已立”。符节令鲁国眭弘上书，言：“大石自立，僵柳复起，当有匹庶为天子者。枯树复生，故废之家公孙氏当复兴乎？汉家承尧之后，有传国之运，当求贤人禅帝位，退自封百里，以顺天命。”弘坐设妖言惑众伏诛。

匈奴单于使犁污王窥边，言酒泉、张掖兵益弱，出兵试击，冀可复得其地。时汉先得降者，闻其计，天子诏边警备。后无几，右贤王、犁污王四千骑分三队，入日勒、屋兰、番和。张掖太守、属国都尉发兵击，大破之，得脱者数百人。属国义渠王射杀犁污王，赐黄金二百斤，马二百匹，因封为犁污王。自是后，匈奴不敢入张掖。

燕、盖之乱，桑弘羊子迁亡，过父故吏侯史吴，后迁捕得，伏法。

这一年，匈奴派左、右两部骑兵二万人，分为四队，同时侵入汉朝边境进行袭扰。汉朝派兵追击，斩杀、俘获匈奴兵九千人，生擒匈奴瓯脱王，汉军则没有什么伤亡。匈奴见瓯脱王为汉朝所擒，感到害怕，认为他将引导汉军袭击己方，便向西北方向远远退去，不敢再南下寻觅水草。汉朝征发民众屯戍瓯脱地区。

汉昭帝元凤二年（壬寅，前79年）

夏季，四月，汉昭帝从建章宫迁居到未央宫。

六月，汉朝实行大赦。

这一年，匈奴又派遣九千骑兵屯驻于受降城，以防备汉朝袭击，又在受降城以北的余吾水上架设桥梁，使军队能够渡河，准备一旦失败时迅速奔逃。匈奴单于打算请求与汉朝和亲，而怕汉朝不肯答应，所以不愿意先提出来，而是常常命其左右官员向汉朝派往匈奴的使节暗示。不过，匈奴对汉朝的侵扰掳掠已越来越少，对汉朝使节越来越优待，希望通过这样的方法来逐渐达到和亲的目的。汉朝也对匈奴采取笼络的态度。

汉昭帝元凤三年（癸卯，前78年）

春季，正月，泰山上有一块大石自己立了起来；上林苑中有一棵枯死倒地的柳树自己立起复活，又有虫子在其树叶上啃咬出“公孙病已立”的字样。担任符节令的鲁国人眭弘，上书说：“大石自己站立，枯倒柳树复起，当有一位平民民众成为天子。枯树复活，是不是预示着以前被废黜的公孙氏家族应当复兴呢？汉天子为帝尧的后代，有将国家传给别人的命运，应当访求贤明的人，将帝位禅让给他，自己退位，做一个拥有一百里封地的列侯，以顺应天命。”眭弘以制造妖言、蛊惑人心的罪名被处死。

匈奴单于派犁污王刺探汉朝边防情况。犁污王回报说，酒泉、张掖一带的汉军兵力日益衰弱，如果派兵作试探性攻击，有希望收复旧有地区。此时，汉朝已先从归降的匈奴人口中听到这个计谋，汉昭帝刘弗陵便下令命边塞地区加强戒备。没过多久，匈奴右贤王、犁污王率领骑兵四千分为三队，侵入日勒、屋兰、番和三县。汉朝张掖太守、属国都尉发兵反击，匈奴军大败，仅数百人逃脱，属国的义渠部落王将匈奴犁污王射死，汉朝赏赐给他黄金二百斤，马二百匹，并因此封他为犁污王。从此以后，匈奴不敢侵犯张掖。

燕王刘旦和盖长公主等人谋反时，桑弘羊的儿子桑迁出逃，曾投靠过桑弘羊从

会赦，侯史吴自出系狱。廷尉王平、少府徐仁杂治反事，皆以为“桑迁坐父谋反而侯史吴臧之，非匿反者，乃匿为随者也”，即以赦令除吴罪。后侍御史治实，以“桑迁通经术，知父谋反而不谏争，与反者身无异。侯史吴故三百石吏，首匿迁，不与庶人匿随从者等，吴不得赦。”奏请覆治，劾廷尉、少府纵反者。少府徐仁，即丞相车千秋女婿也，故千秋数为侯史吴言；恐大将军光不听，千秋即召中二千石、博士会公车门，议问吴法。议者知大将军指，皆执吴为不道。

明日，千秋封上众议。光于是以千秋擅召中二千石以下，外内异言，遂下廷尉平、少府仁狱。朝廷皆恐丞相坐之。太仆杜延年奏记光曰：“吏纵罪人，有常法。今更诋吴为不道，恐于法深。又，丞相素无所守持而为好言于下，尽其素行也。至擅召中二千石，甚无状。延年愚以为丞相久故及先帝用事，非有大故，不可弃也。间者民颇言狱深，吏为峻诋；今丞相所议，又狱事也，如是以及丞相；恐不合众心，群下讙哗，庶人私议，流言四布。延年窃重将军失此名于天下也。”光以廷尉、少府弄法轻重，卒下之狱。

夏，四月，仁自杀，平与左冯翊贾胜胡皆要斩。而不以及丞相，终与相竟。延年论议持平，合和朝廷，皆此类也。

（以上为第九段，写朝廷清理倒光集团政变的余波。桑弘羊的儿子桑迁逃到桑弘羊部下侯史吴家里，桑迁被杀，廷尉王平、少府徐仁按大赦令赦免侯史吴罪过，后被侍御史重审，牵连甚多，王平、徐仁被诛杀。）

冬，辽东乌桓反。初，冒顿破东胡，东胡余众散保乌桓及鲜卑山为二族，世役属匈奴。武帝击破匈奴左地，因徙乌桓于上谷、渔阳、右北平、辽东塞外，为汉侦察匈奴动静。置护乌桓校尉监领之，使不得与匈奴交通。至是，部众渐强，遂反。

先是，匈奴三千余骑入五原，杀略数千人；后数万骑南旁塞猎，行攻塞外亭障，略取吏民去。是时汉边郡烽火候望精明，匈奴为边寇者少

前的部下侯史吴。后桑迁被逮捕处死，侯史吴投案自首，囚禁在监狱。适逢大赦，廷尉王平、少府徐仁共同负责审理谋反案件，都认为“桑迁受其父谋反的牵连，侯史吴窝藏他，并不是窝藏谋反者，而是窝藏连坐者”，于是按大赦令赦免了侯史吴的罪过。后侍御史重新查处此事，认为“桑迁精通经典，明知其父背叛朝廷，却不加劝阻抗争，本身与谋反者并无两样。侯史吴原为三百石官吏，主谋窝藏桑迁，与一般民众窝藏连坐者不同，侯史吴不能赦免”。奏请朝廷重新处治侯史吴之罪，并弹劾廷尉、少府开脱谋反者。少府徐仁是丞相田千秋的女婿，所以田千秋几次为侯史吴说情，他怕大将军霍光不听，便在公车门召集中二千石官及博士官，商议应按法律判侯史吴什么罪名。参与商议的人知道大将军的意向，所以一致指控侯史吴为大逆不道。

第二天，田千秋将众人的意见上奏朝廷。于是霍光因田千秋擅自召集中二千石及以下官员，朝内、朝外言论不一，将廷尉王平、少府徐仁逮捕入狱。朝廷上下都恐怕丞相会受到牵连。太仆杜延年致书霍光说：“官吏放纵罪人，有通常的处罚方法。如今进而诋毁侯史吴为大逆不道，只怕从法律上说是太过分了。再说，丞相一向并没有什么成见，爱与下面的人商量，这是他一惯的作法至于擅自召集中二千石官员，则十分不对。但我觉得丞相在位已久，又是先帝任用的人，除非有什么重大过失，否则不可废弃。近来，不少民众说刑罚过重，官吏们执法苛刻，罗织罪名。而今丞相商议的又是有关刑罚的事情，如果因此案而连累丞相，恐怕与民心相背，势必造成属下喧哗，民众私议，流言四布。我怕将军因此事而在天下人面前名声受损。”霍光认为廷尉、少府玩弄法律，终于还是将他们下狱治罪。

夏季，四月，徐仁在狱中自杀，王平与左冯翊贾胜胡都被腰斩。丞相田千秋则未受牵连，终于与霍光共事到底。杜延年议论公平，使朝廷和睦，其所作所为，都类似于此。

冬季，辽东乌桓部落反叛。当初，匈奴冒顿单于击败东胡，东胡残余部众分别占据乌桓及鲜卑山，形成了两个部族，世代臣服于匈奴。汉武帝刘彻击破匈奴左翼地区，将乌桓迁移到上谷、渔阳、右北平和辽东的塞外地区，令其为汉朝侦察匈奴动静。汉朝还设置了护乌桓校尉一官，负责对乌桓人的监督和管辖，使他们不能与匈奴建立联系。此时，乌桓势力逐渐强大起来，于是起兵反叛汉朝。

先前，匈奴骑兵三千多人侵入五原，杀掠数千人；后又派骑兵数万南下，沿着汉朝边塞移动，一路进攻汉朝设于塞外的堡垒，掳掠边塞官吏和民众而去。当时，

利，希复犯塞。

汉复得匈奴降者，言乌桓尝发先单于冢，匈奴怨之，方发二万骑击乌桓。霍光欲发兵邀击之，以问护军都尉赵充国，充国以为："乌桓间数犯塞，今匈奴击之，于汉便。又匈奴希寇盗，北边幸无事，蛮夷自相攻击而发兵要之，招寇生事，非计也！"光更问中郎将范明友，明友言可击，于是拜明友为度辽将军，将二万骑出辽东。匈奴闻汉兵至，引去。

初，光诫明友："兵不空出；即后匈奴，遂击乌桓。"乌桓时新中匈奴兵，明友既后匈奴，因乘乌桓敝，击之，斩首六千余级，获三王首。匈奴由是恐，不能复出兵。

（以上为第十段，写乌桓反叛汉朝，而乌桓曾得罪匈奴，匈奴起兵攻打；汉朝乘机出兵，匈奴退走，汉军攻打乌桓，斩其首领，匈奴惊恐而不再骚扰汉边。）

四年（甲辰，前77年）

春，正月，丁亥，帝加元服。

甲戌，富民定侯田千秋薨。时政事一决大将军光；千秋居丞相位，谨厚自守而已。

夏，五月，丁丑，孝文庙正殿火。上及群臣皆素服，发中二千石将五校作治，六日，成。太常及庙令丞、郎、吏，皆劾大不敬；会赦，太常轑阳侯德免为庶人。

六月，赦天下。

初，杅罙遣太子赖丹为质于龟兹；贰师击大宛还，将赖丹入至京师。霍光用桑弘羊前议，以赖丹为校尉，将军田轮台。龟兹贵人姑翼谓其王曰："赖丹本臣属吾国，今佩汉印绶来，迫吾国而田，必为害。"王即杀赖丹而上书谢汉。

楼兰王死，匈奴先闻之，遣其质子安归归，得立为王。汉遣使诏新王令入朝，王辞不至。楼兰国最在东垂，近汉，当白龙堆，乏水草，常主发导，负水担粮，送迎汉使；又数为吏卒所寇，惩艾，不便与汉通。

汉朝边疆各郡的烽火报警设施严密，匈奴扰边没有什么收获，所以很少再来侵犯。

后来，汉朝又获得归降的匈奴人，得知乌桓人曾经挖掘单于祖先的坟墓，引起匈奴的怨恨，匈奴正派出二万骑兵袭击乌桓。霍光打算发兵迎击匈奴军队，便询问护军都尉赵充国的意见。赵充国认为："乌桓连续几次进犯边塞，如今匈奴袭击他们，对我们很有利。再者，匈奴很少前来侵扰，我国北部边疆所幸无事。蛮夷之族自相攻击，而我们却发兵迎战，招他们前来生事，这不是好计策！"霍光又向中郎将范明友询问，范明友说可以迎击，于是任命范明友为度辽将军，率领骑兵二万从辽东出塞，迎击匈奴军。匈奴得到汉军出塞的消息后，撤退而去。

当初，霍光曾告诫范明友说："大军不可空手而还，如落在匈奴军队后面，便袭击乌桓。"乌桓当时刚刚受到匈奴军的打击，范明友既然没能追上匈奴，便乘乌桓疲惫之机发动攻击，斩杀六千多人，取得乌桓三名首领的人头。匈奴从此大为惊恐，不敢再向汉朝出兵。

汉昭帝元凤四年（甲辰，前 77 年）

春季，正月初二日丁亥，汉昭帝举行加冠典礼。

正月，甲戌（疑误），富民侯田千秋去世。当时的国家政事全部由霍光一人决定，田千秋身居丞相之位，只是谨慎稳重，自我保全而已。

夏季，五月，丁丑（五月无丁丑日，疑误），汉文帝祭庙正殿失火。汉昭帝刘弗陵与群臣一律身穿素服，并派中二千石官员率领左、右、前、后、中五校令所属工匠修复，六天后修复完毕。太常以及负责管理、守卫祭庙的令丞、郎及所属官吏等全部因此而被以大不敬的罪名遭到参劾。正巧遇到大赦，太常轑阳侯德被免除官爵，贬为平民。

六月，汉朝实行大赦。

当初，杅罙国派太子赖丹到龟兹国去作人质，贰师将军李广利攻击大宛回朝时，将赖丹带到京城长安。霍光采用桑弘羊以前的建议，任命赖丹为校尉，率领军队前往轮台屯田。龟兹贵族姑翼对龟兹国王说："赖丹本来是我国的臣属，如今却佩戴汉朝的印信、绶带前来，在逼近我国边境的地方屯垦，必将给我国造成危害。"于是，龟兹王派人杀死赖丹，然后上书汉朝谢罪。

楼兰国王去世，匈奴最先听到这一消息，便将在匈奴充当人质的楼兰国王子安归护送回国，安归得以当上楼兰国王。汉朝派使臣前往楼兰国传达汉昭帝刘弗陵的命令，命新即位的楼兰王来长安朝见，楼兰王推辞不来。楼兰国位于西域的最东部，靠近汉朝，中间隔着白龙堆沙漠。此地缺乏水源、牧草，以往楼兰国经常负责派出

后复为匈奴反间，数遮杀汉使。其弟尉屠耆降汉，具言状。骏马监北地傅介子使大宛，诏因令责楼兰、龟兹。介子至楼兰、龟兹，责其王，皆谢服。介子从大宛还，到龟兹，会匈奴使从乌孙还，在龟兹，介子因率其吏士共诛斩匈奴使者。还，奏事，诏拜介子为中郎，迁平乐监。

（以上为第十一段，写楼兰、龟兹两国惧于匈奴势力，对汉朝不够友好，汉使傅介子斩杀匈奴使者，责问楼兰王，楼兰表示道歉服罪。）

介子谓大将军霍光曰："楼兰、龟兹数反覆，而不诛，无所惩艾。介子过龟兹时，其王近就人，易得也；愿往刺之以威示诸国！"大将军曰："龟兹道远，且验之于楼兰。"于是白遣之。

介子与士卒俱赍金币，扬言以赐外国为名，至楼兰。楼兰王意不亲介子，介子阳引去，至其西界，使译谓曰："汉使者持黄金、锦绣行赐诸国。王不来受，我去之西国矣。"即出金、币以示译。译还报王，王贪汉物，来见使者。介子与坐饮，陈物示之，饮酒皆醉。介子谓王曰："天子使我私报王。"王起，随介子入帐中屏语，壮士二人从后刺之，刃交匈，立死；其贵臣、左右皆散走。

介子告谕以王负汉罪，"天子遣我诛王，当更立王弟尉屠耆在汉者。汉兵方至，毋敢动，自令灭国矣！"介子遂斩王安归首，驰传诣阙，县首北阙下。

乃立尉屠耆为王，更名其国为鄯善，为刻印章；赐以宫女为夫人，备车骑、辎重。丞相率百官送至横门外，祖而遣之。王自请天子曰："身在汉久，今归单弱，而前王有子在，恐为所杀。国中有伊循城，其地肥美，愿汉遣一将屯田积谷，令臣得依其威重。"于是汉遣司马一人、吏士四十人田伊循以填抚之。

秋，七月，乙巳，封范明友为平陵侯，傅介子为义阳侯。

臣光曰：王者之于戎狄，叛则讨之，服则舍之。今楼兰王既服

向导，命人背水担粮，迎送汉朝派往西域各国的使者。因多次受到汉朝官吏和士兵的欺扰，楼兰国逐渐对汉朝产生了戒惧，不愿再与汉朝来往。

后来，楼兰国又受了匈奴的离间，多次截杀汉朝使臣。楼兰王安归的弟弟尉屠耆归降汉朝，将内情一一报告汉朝。担任骏马监的北地人傅介子出使大宛，汉昭帝刘弗陵下令，命其顺路去责问楼兰、龟兹两国。傅介子来到楼兰和龟兹，责问两国国王为何背叛汉朝，两国都表示道歉服罪。傅介子从大宛回来，又到龟兹，正好匈奴使臣从乌孙返回，正在龟兹，于是，傅介子率领其随从官兵一同将匈奴使臣杀死。回国后，傅介子向朝廷报告了此事，汉昭帝封傅介子为中郎，改任平乐监。

傅介子对大将军霍光说："楼兰、龟兹两国多次反复，不诛杀，就无所惩戒。我经过龟兹时，发现龟兹王接近外人，对付他容易得手。我愿意去刺杀他，以此向西域各国显示汉朝之威。"大将军说道："龟兹路远，且先到楼兰去试一试。"于是，霍光禀告汉昭帝，派傅介子前去刺杀楼兰国王。

傅介子率领卫士，携带金银财物，宣称要赏赐外国，借此名义来到楼兰。楼兰王不愿亲近傅介子，傅介子便假装离去，到达楼兰西部边界时，让翻译对楼兰国王说："汉朝使者携带黄金、绸缎等一路对各国进行赏赐，大王如不来接受，我就离开这里到西边国家去了。"随即拿出黄金、财宝等给翻译看。翻译回去向楼兰王报告，楼兰王贪图汉朝财物，便前来面见汉使。傅介子与其共坐饮酒，故意将金宝等陈列显示。一直喝到大家都醉了，傅介子对楼兰王说："汉朝天子让我秘密报告大王。"于是，楼兰王起身随傅介子进入后帐，屏退侍从人员密谈。突然，两名壮士从背后刺向楼兰王，利刃穿胸相交，楼兰王立即毙命。楼兰国的贵族大臣、侍从人员等四散逃亡。

傅介子宣告楼兰王背叛汉朝之罪，说道："天子派我诛杀楼兰王，应改立在汉朝的王弟尉屠耆为王。汉军立即就到，不要轻举妄动，否则将自己招来灭国之祸！"傅介子于是将楼兰王安归的人头割下，用驿马快速送到皇宫，悬于未央宫北门之外。

汉朝立尉屠耆为楼兰王，改国名为鄯善，并颁刻印章，赐给尉屠耆宫女做夫人，又为他准备了车马、辎重，由丞相率领文武百官送至长安横门之外，祭祀路神，置酒饯行，然后送其回国。尉屠耆向汉昭帝刘弗陵请求说："我久居汉朝，如今回国后势单力弱，况且前王之子尚在，恐怕被其报复杀害。我国有一处地方叫作伊循城，土地肥沃，希望汉朝能派一位将军，在伊循城一带屯田，聚积粮食，使我能够借重汉朝的兵威。"于是，汉朝派司马一名、部属四十人到伊循城屯田，以镇抚鄯善国。

秋季，七月二十三日乙巳，汉昭帝封范明友为平陵侯，傅介子为义阳侯。

臣司马光评论说：圣明的君王，对待戎狄外族的态度应当是：如果背叛，

其罪，又从而诛之，后有叛者，不可得而怀矣。必以为有罪而讨之，则宜陈师鞠旅，明致其罚。今乃遣使者诱以金币而杀之，后有奉使诸国者，复可信乎！且以大汉之强而为盗贼之谋于蛮夷，不亦可羞哉！论者或美介子以为奇功，过矣！

五年（乙巳，前76年）

夏，大旱。

秋，罢象郡，分属郁林、牂柯。

冬，十一月，大雷。

十二月，庚戌，宜春敬侯王䜣薨。

六年（丙午，前75年）

春，正月，募郡国徒筑辽东、玄菟城。

夏，赦天下。

乌桓复犯塞，遣度辽将军范明友击之。

冬，十一月，乙丑，以杨敞为丞相，少府河内蔡义为御史大夫。

（以上为第十二段，写傅介子再使楼兰，用利诱欺诈手段斩杀楼兰王，改立在汉朝的王弟尉屠耆为楼兰王，行事不武，受到司马光的批评。）

就发兵征讨；如果臣服，就不再追究。如今楼兰王既已服罪，却又加以诛杀，则以后再有背叛者，就不能使他们归附了。如果认为楼兰王有罪，一定要征讨，也应堂堂正正地派遣军队，公开地施行惩罚。而今竟派使臣用金宝财物进行引诱，然后乘机将其杀死，以后再有奉命出使各国的使者，还能再让人信任吗？况且以大汉朝的强盛，竟然用盗贼的诡计来对付蛮夷外族，实在令人羞耻！有人评论此事，赞美傅介子立了一件奇功，未免太过分了。

汉昭帝元凤五年（乙巳，前76年）

夏季，大旱。

秋季，汉朝撤除象郡，将其地分别归属郁林、牂柯二郡。

冬季，十一月，天空响起大雷。

十二月初六庚戌，宜春侯王䜣去世。

汉昭帝元凤六年（丙午，前75年）

春季，正月，募集各郡国服劳役的人修筑辽东、玄菟二城。

夏季，汉朝实行大赦。

乌桓再次侵犯边塞，汉朝派度辽将军范明友率兵出击。

冬季，十一月二十七日乙丑，汉昭帝刘弗陵任命杨敞为丞相，少府、河内人蔡义为御史大夫。

【点评】

论汉昭帝刘弗陵。刘弗陵是汉武帝的幼子，八岁被立为太子，汉武帝去世后继位为皇帝，由大司马、大将军霍光等人辅政，在位十三年，刚刚举行加冠典礼，就莫名其妙得病死了。

刘弗陵在位期间，政事都由霍光说了算，自己只是点头、附和而已，实际上是一个傀儡皇帝。但刘弗陵与历史上众多的傀儡略有不同，他是一个聪慧的傀儡，是一个精明的傀儡，也是一个憋屈的傀儡。

说刘弗陵聪慧，确为事实。公元前80年，大臣上官桀勾结燕王刘旦，诬陷辅政大臣霍光，被十四岁的汉昭帝识破阴谋。事情的原委是这样的：上官桀袭用“清君侧”的伎俩，令人以燕王刘旦的名义上书汉昭帝，捏造说：霍光正在检阅京都兵备，京都附近道路已经戒严，他擅自调动所属兵力，目的是推翻汉昭帝，自立为帝，声称是为了防止奸臣变乱，要入朝宿卫。上官桀的如意算盘是，等到霍光外出休假时，将这封奏章送到汉昭帝手中，再由他根据汉昭帝的旨意，按照奏章的内容，来宣布霍光的“罪状”，由桑弘羊组织朝臣共同胁迫霍光，从而废掉汉昭帝。可是，他们的阴谋被刘弗陵识破了。当燕王刘旦的书信送达汉昭帝的手中后，就被汉昭帝扣押，不予理睬。次日早朝，霍光上朝，已得知上官桀的举动，就站在那张张贴汉武帝时所绘“周公负成王图”的画室之中，不去朝见汉昭帝。汉昭帝没有见到霍光，就向朝臣打听，上官桀乘机回答说：“因为燕王告发他的罪状，他不敢来上朝了。”汉昭帝十分平静，随即召霍光入朝，果断地说：“我知道那封书信是在造谣诽谤，你是没有罪的。如果你要调动所属兵力，时间用不了十天，燕王刘旦远在外地，怎么能够知道呢？”“况且，你如果真的要推翻我，还需要这样大动干戈吗？”上官桀等人的阴谋被汉昭帝一语揭穿，其叛乱后来被平定。刘弗陵真是聪明啊！一个十四岁的孩子，就能通过时间的推论，揭穿企图反叛者的阴谋；而那些企图反叛者怎么也没有想到，自己的谋划居然有如此的漏洞，智商居然不如一个孩子，这反叛还能成功吗？其失败，是理所当然的了。可谓谋划疏漏，功亏一篑。

说刘弗陵精明，一点不错。刘弗陵八岁登基，还是个喜欢玩耍的小孩子，哪里管得了国家大事？因此，首辅大臣霍光总揽朝政，所有的权力集于一身，而其他辅政大臣，金日磾早就死了，上官桀、桑弘羊没有什么实际权力。这些，刘弗陵年纪虽然小，但非常清楚。也就是说，自己的命运掌握在霍光手上。刘弗陵渐渐长大了，但还是两手空空，除了在龙椅上坐坐，做做样子，其他什么都没有。有一点他很清楚，就是任何人都能得罪，就是不能得罪霍光；如果得罪了霍光，即使自己是个皇帝，也是只有死路一条。因此，在他的思维中，只要是霍光说的，就是对的；只要是霍光说不对的，那就肯定是不对的，即使是对的也是错的。例如，上官桀等人的

阴谋被揭穿后，就干脆赤膊上阵，准备发动武装政变。他们计划由盖长公主设宴请霍光，命埋伏的士兵将霍光杀掉。在这危急关头，盖长公主门下一名官员将其阴谋告发。于是，刘弗陵毫不犹豫，支持霍光先发制人，将上官桀等主谋政变的大臣统统逮捕，诛灭全族。盖长公主、燕王刘旦自知不得赦免，也先后自杀身亡。当时，九岁的上官皇后，是上官桀的孙女，也是霍光的外孙女，刘弗陵仍然看在霍光的面子上，未将其废免。当然，也是形同虚设。这样一来，霍光的权力更大了，刘弗陵自己想要做什么事情，那是根本不可能的，只能是一个摆设。史书上写汉昭帝发布了许多诏书，这能够真正表达刘弗陵的意志吗？恐怕只是点点头而已。但是，只要不惹恼霍光，就足够了。其他的，还是从长计议吧。

刘弗陵二十一岁就生病去世了，这不得不让世人怀疑，好好的一个皇帝，幼年的时候身体就很健壮，怎么就被疾病夺去生命了呢？这恐怕一言难尽！随着时间的推移，刘弗陵长大成人了，应该到了亲政的时候了，也就是说，霍光要归政于皇上了。可是，霍光愿意归政吗？朝野上下都是霍光的人，霍光不归政，这权力能收得回来吗？恐怕是痴人说梦。刘弗陵自知无力与霍光摊牌，只能继续坐在龙椅上充当傀儡，这让心气甚高的他能够心安吗？真是憋屈到家了！还有，刘弗陵似乎没有什么人身自由，即使是私生活，也被霍光严格控制了。皇后是反臣上官安的女儿，刘弗陵对她已经了无兴趣，以至于她一直没有怀孕，这让霍光很着急，毕竟皇后也是他的外孙女啊！于是，霍光想出了一个办法，就是让所有的宫女都穿上有裆的“穷裤”，再系上几条带子。他认为即使皇上看到美妙的宫女，动了心思，一时半刻也解不开，从而让刘弗陵专宠皇后。这种做法，想得倒是周到，其实刘弗陵未必会对其他宫女动心思，而霍光认为刘弗陵可能会对其他宫女动心思。实际上，霍光根本没有把皇上当作一个“人”来看待，是对刘弗陵人格尊严的一种践踏！而刘弗陵对皇后已经关闭心扉，这位不幸的皇后还是没有生下一男半女。可悲啊！这既是皇后的悲哀，当然也是刘弗陵的悲哀！刘弗陵贵为皇帝，却无任何权力。如此毫无尊严、毫无活力的生活，还不如一个平民百姓啊！时间一长，这活着还有什么意义呢？

汉纪十六

汉昭帝元平元年至汉宣帝地节二年（前 74—前 68 年）

【起强圉协洽（丁未，前 74 年），尽昭阳赤奋若（癸丑，前 68 年），凡七年】

【大事提要】

本卷记事起于公元前 74 年，讫公元前 68 年，凡七年，当汉昭帝元平元年至汉宣帝地节二年。本卷所载大事，主要有五个方面。其一，昌邑王废立。这是西汉政治转折时期的重大事件，是大将军霍光一手操控的宫廷政变。霍光权力由此达于巅峰。其二，霍光夫人霍显毒害许皇后，为后来霍氏家族的覆灭埋下伏笔。其三，宣帝孩提时蒙难，丙吉、张贺、史氏外家养育保护宣帝立下功劳，特别是丙吉、杜延年举荐宣帝得以继位，以及大将军霍光采纳雅言，可以说是昭宣中兴的功臣。其四，宣帝初立，整治内务，惩贪，对外打击匈奴，为昭宣中兴夯实了基础。其五，辅佐宣帝治国的第一功臣魏相崭露头角。

【原文】

孝昭皇帝下

元平元年（丁未，前 74 年）

春，二月，诏减口赋钱什三。

夏，四月，癸未，帝崩于未央宫；无嗣。时武帝子独有广陵王胥，大将军光与群臣议所立，咸持广陵王。王本以行失道，先帝所不用；光内不自安。郎有上书言："周太王废太伯立王季，文王舍伯邑考立武王，唯在所宜，虽废长立少可也。广陵王不可以承宗庙。"言合光意。光以其书示丞相敞等，擢郎为九江太守。即日承皇后诏，遣行大鸿胪事少府乐成、宗正德、光禄大夫吉、中郎将利汉，迎昌邑王贺，乘七乘传诣长安邸。光又白皇后，徙右将军安世为车骑将军。

贺，昌邑哀王之子也，在国素狂纵，动作无节。武帝之丧，贺游猎不止。尝游方与，不半日驰二百里。中尉琅邪王吉上疏谏曰："大王不好书术而乐逸游，冯式撙衔，驰骋不止，口倦乎叱咤，手苦于棰辔，身劳乎车舆，朝则冒雾露，昼则被尘埃，夏则为大暑之所暴炙，冬则为风寒之所匽薄，数以耎脆之玉体犯勤劳之烦毒，非所以全寿命之宗也，又非所以进仁义之隆也。夫广厦之下，细旃之上，明师居前，劝诵在后，上论唐、虞之际，下及殷、周之盛，考仁圣之风，习治国之道，欣欣焉发愤忘食，日新厥德，其乐岂衔橛之间哉！休则俯仰屈伸以利形，进退步趋以实下，吸新吐故以练臧，专意积精以适神，于以养生，岂不长哉！大王诚留意如此，则心有尧、舜之志，体有乔、松之寿，美声广誉，登而上闻，则福禄其臻而社稷安矣。皇帝仁圣，至今思慕未怠，于宫馆、囿池、弋猎之乐未有所幸，大王宜夙夜念此以承圣意。诸侯骨肉，莫亲大王，大王于属则子也，于位则臣也，一身而二任之责加焉。恩爱行义，纤介有不具者，于以上闻，非飨国之福也。"王乃下令曰："寡人造行不能无惰，中尉甚忠，数辅吾过。"使谒者千秋赐中尉牛肉五百斤，酒五石，脯五束。其后复放纵自若。

【语译】

孝昭皇帝下

汉昭帝元平元年（丁未，前 74 年）

春季，二月，汉昭帝下诏书把口赋钱减收十分之三。

夏季，四月十七日癸未，汉昭帝死在未央宫，没有儿子。当时，汉武帝的儿子只有广陵王刘胥还在世，大将军霍光与群臣商议新皇帝的人选，大家都主张立刘胥。刘胥原就因为品行不好，武帝没有立他为继承人；霍光因此深感不安。一位郎官上书说："周太王废弃年长的儿子太伯，立太伯的弟弟王季；周文王废弃年长的儿子伯邑考，立伯邑考的弟弟周武王，这说明只要认为谁承继皇位最合适，就算是废长立幼也完全可以。广陵王刘胥不可以继承皇位。"这份奏章正合霍光的心意，霍光就把奏章传示给丞相杨敞等人观看，还把这位郎官提升为九江太守。当天由上官皇后颁下诏书，委派代理大鸿胪一职的少府乐成、宗正刘德、光禄大夫丙吉、中郎将利汉为朝廷专使，用七辆驿车的规格把昌邑王刘贺迎接到长安的官邸。霍光又禀报皇后，调转右将军张安世为车骑将军。

刘贺是昌邑哀王刘髆的儿子，他在封国内一向狂妄放纵，行为毫无节制。武帝去世时，刘贺仍旧外出游玩狩猎。刘贺曾到方与县游玩，不到半天时间就骑马奔驰了二百里。中尉琅邪人王吉上书劝说："大王不喜欢读书和儒术而喜欢安逸游乐，每天驾驭车马驰骋，口因吆喝而疲倦，双手因握缰挥鞭而疼痛，身体因车马颠簸而劳苦，清晨冒着露水雾气，白天顶着风沙尘土，夏季忍着烈日烤晒，冬天被刺骨寒风吹得抬不起头来，大王总是以自己柔弱的身体，去承受疲劳痛苦的煎熬，绝不是保全寿命的方法，更不能用以修养高尚的品德。在宽敞的殿堂之下，细软的毛毡之上，在博学多才的老师指导下，诵读经书，讨论上至尧舜之时，下至商周之世的兴衰，考察圣明君王的风范，学习治国安邦的道理，内心充满愉悦，发愤忘了饮食，自己的品德日益提高，这种快乐哪里是马背上奔驰所能比得了的！休息的时候，做些俯仰屈伸的动作锻炼身体，用散步或慢跑等运动充实下肢的筋骨，吸收新鲜空气，吐出腹中浊气清理五脏，专心诚意调和精神，用这种方法养生，怎能不长寿呢！大王真能留心这样做，心中就会产生尧舜的志向，身体也能像伯乔、赤松子一样长寿，美名远扬，并会上达天子，福寿利禄全都到来，封国也能稳如泰山。当今皇上仁爱圣明，至今追念先帝不已，对于巡游行宫别馆、园林池塘、狩猎享乐之事一样没做，大王应当日夜想到这些以讨好皇上。在各诸侯王中，大王和皇上的血缘关系最近，论亲属关系，大王是皇上的晚辈；论职位，大王是皇上的臣僚，这两种身份和责任，大王一身兼有，所以，大王的言行举止，若有一点细微的瑕疵，被人报告皇上，都

郎中令山阳龚遂，忠厚刚毅，有大节，内谏争于王，外责傅相，引经义，陈祸福，至于涕泣，蹇蹇亡已，面刺王过。王至掩耳起走，曰："郎中令善愧人！"王尝久与驺奴、宰人游戏饮食，赏赐无度，遂入见王，涕泣膝行，左右侍御皆出涕。王曰："郎中令何为哭？"遂曰："臣痛社稷危也！愿赐清闲，竭愚！"王辟左右，遂曰："大王知胶西王所以为无道亡乎？"王曰："不知也。"曰："臣闻胶西王有谀臣侯得，王所为拟于桀、纣也，得以为尧、舜也。王说其谄谀，常与寝处，唯得所言，以至于是。今大王亲近群小，渐渍邪恶所习，存亡之机，不可不慎也！臣请选郎通经有行义者与王起居，坐则诵《诗》、《书》，立则习礼容，宜有益。"王许之。遂乃选郎中张安等十人侍王。居数日，王皆逐去安等。

王尝见大白犬，颈以下似人，冠方山冠而无尾，以问龚遂；遂曰："此天戒，言在侧者尽冠狗也，去之则存，不去则亡矣。"后又闻人声曰"熊"！视而见大熊，左右莫见，以问遂；遂曰："熊，山野之兽，而来入宫室，王独见之，此天戒大王，恐宫室将空，危亡象也。"王仰天而叹曰："不祥何为数来！"遂叩头曰："臣不敢隐忠，数言危亡之戒，大王不说。夫国之存亡，岂在臣言哉！愿王内自揆度。大王诵《诗》三百五篇，人事浃，王道备。王之所行，中《诗》一篇何等也？大王位为诸侯王，行污于庶人，以存难，以亡易，宜深察之！"后又血污王坐席，王问遂；遂叫然号曰："宫空不久，妖祥数至。血者，阴忧象也，宜畏慎自省！"王终不改节。

不是国家之福。”刘贺因此下令说：“我的行为不能说没有过失，中尉一片忠心，多次弥补我的过失。”委派一位侍从官谒者叫千秋的人前去赏赐中尉王吉牛肉五百斤，酒五石、干肉五束。事后，刘贺的行径依然放纵如故。

郎中令山阳人龚遂忠厚刚毅，为人讲究大原则，对内不断规劝刘贺，对外则责备封国丞相、太傅没有尽到责任，常常引述经义，陈说利害，甚至声泪俱下，十分恳切认真地当面指责刘贺的过失。刘贺总是捂着耳朵起身而去，并说：“郎中令真会羞辱人！”刘贺经常与养马的奴仆、厨师在一起游戏娱乐，大吃大喝，赏赐无度，龚遂晋见刘贺，拜倒在地，膝行到刘贺面前痛哭，感动得左右侍从都下泪。刘贺说：“郎中令为何啼哭？”龚遂说：“我为封国危亡而痛心！希望您能赐给我一个说话的机会，让我尽一份愚忠！”刘贺命身边的人全部退下。龚遂说：“大王可知道胶西王刘端叛逆而身死国亡的原因吗？”刘贺说：“不知道。”龚遂说：“我听说胶西王身边有一个专事阿谀的臣属名叫侯得，胶西王的行为和夏桀、商纣的暴行一样，而侯得却说像尧舜一样贤明。胶西王对侯得的奉承非常满意，经常和他睡在一床，胶西王只听得进侯得一个人的奸邪之言，才落得如此下场。如今大王亲近的也都是些奸佞小人，他们已经让大王您渐渐走上邪路，这可是生死成败的关键，不能不特别慎重！我请求挑选通晓经典、品行仁义的人与大王一同起居，坐则诵读《诗》、《尚书》，立则修习礼仪举止，对大王肯定大有益处。”刘贺点头称是。于是龚遂选择郎中张安等十人侍奉刘贺。但是没过几天，张安等人就全被刘贺赶走了。

刘贺曾经见到一只大白狗，脖子以下长得像人一样，没有尾巴，头戴一顶跳舞的人常戴的“方山冠”。刘贺拿这件事问龚遂，龚遂说：“这是老天的警告，说您身边的人都是头戴人帽的狗，如果赶走他们，尚能继续生存，否则就会灭亡。”后来，刘贺又听到一个人的声音叫喊：“熊！”刘贺果真见到一只大熊，但左右侍从却没看见。刘贺又拿这事向龚遂询问，龚遂说：“熊是山野之兽，竟然来到宫中，又只有大王一人看到，这是老天再次警诫大王，恐怕王宫即将变成空屋，是危亡的象征！”刘贺仰天长叹，说道：“不祥之兆为何接踵而来！”龚遂叩头说道：“我不敢隐藏忠心，因此多次提及老天对于国家危亡所垂示的警戒，使得大王不高兴。其实国家的存亡，难道仅仅是臣所说的这些征兆吗？希望大王在内心好好度量度量。大王如能诵读三百又五篇的《诗》，使言行合于诗中义理，就能使人事和洽，王道完备。现在大王的行为举止，与《诗》中哪一篇相符呢？大王身为诸侯王，行为比平民还要龌龊，以此生存下去是很难的，以此取败亡却很容易，大王应当深思！”后来又有血污弄到了刘贺的王座上，刘贺再问龚遂，龚遂大声惊叫道：“宫室不久将要荒废，妖孽征兆不断出现。血为阴暗中的凶险之象，大王应该有所畏惧，谨慎反省！”但是刘贺始终不改那些荒诞的行为。

及征书至，夜漏未尽一刻，以火发书。其日中，王发；晡时，至定陶，行百三十五里，侍从者马死相望于道。王吉奏书戒王曰："臣闻高宗谅暗，三年不言。今大王以丧事征，宜日夜哭泣悲哀而已，慎毋有所发！大将军仁爱、勇智、忠信之德，天下莫不闻；事孝武皇帝二十余年，未尝有过。先帝弃群臣，属以天下，寄幼孤焉。大将军抱持幼君襁褓之中，布政施教，海内晏然，虽周公、伊尹无以加也。今帝崩无嗣，大将军惟思可以奉宗庙者，攀援而立大王，其仁厚岂有量哉！臣愿大王事之，敬之，政事一听之，大王垂拱南面而已。愿留意，常以为念！"

王至济阳，求长鸣鸡，道买积竹杖。过弘农，使大奴善以衣车载女子。至湖，使者以让相安乐。安乐告龚遂，遂入问王，王曰："无有。"遂曰："即无有，何爱一善以毁行义！请收属吏，以湔洒大王。"即捽善属卫士长行法。

王到霸上，大鸿胪郊迎，驺奉乘舆车。王使寿成御，郎中令遂参乘。且至广明、东都门，遂曰："礼，奔丧望见国都哭。此长安东郭门也。"王曰："我嗌痛，不能哭。"至城门，遂复言；王曰："城门与郭门等耳。"且至未央宫东阙，遂曰："昌邑帐在是阙外驰道北，未至帐所，有南北行道，马足未至数步；大王宜下车，乡阙西面伏哭，尽哀止。"王曰："诺。"到，哭如仪。六月，丙寅，王受皇帝玺绶，袭尊号；尊皇后曰皇太后。

壬申，葬孝昭皇帝于平陵。

（以上为第一段，写昌邑王刘贺狂悖昏暴，阴差阳错被征为昭帝继承人，实乃朝廷大臣的一大失职。）

昌邑王既立，淫戏无度。昌邑官属皆征至长安，往往超擢拜官。相安乐迁长乐卫尉。龚遂见安乐，流涕谓曰："王立为天子，日益骄溢，谏之不复听。今哀痛未尽，日与近臣饮酒作乐，斗虎豹，召皮轩车九旒，驱驰东西，所为悖道。古制宽，大臣有隐退；今去不得，阳狂恐知，身

等到征召刘贺到长安的诏书到来时，正值初夜，刘贺在火烛下打开诏书。中午，刘贺就动身去长安；下午申时，就到达定陶县，走了一百三十五里，以致沿途都是累死的侍从者的马匹。王吉上书劝诫刘贺说："我听说殷高宗武丁在服丧期间，三年没有说话。如今大王因昭帝驾崩被征召入京，应当日夜哭泣，悲伤不止，千万不可发号施令！大将军仁爱、勇智、忠信的德行，全国无人不知；他侍奉孝武帝二十多年，没有什么过失。先帝临终时把国家大事嘱托给他，要他辅佐幼君。大将军扶持尚在襁褓中的幼主即皇帝位，代行政事，施行教化，使天下太平，即使是周公和伊尹的政绩，也超不过他。如今昭帝逝世，没有儿子，大将军就考虑谁可以继承皇位，就依据宗室血缘的亲疏，选中了大王，他仁义忠厚的胸怀不可限量！我希望大王能依靠和尊敬大将军，国家政事全都听从大将军的安排，大王您就安心坐稳皇帝位子。请大王留心注意，时常记住我这番话！"

刘贺来到济阳，竟然去买长鸣鸡，还在途中购买了积竹杖。经过弘农县时，刘贺又派一个名叫善的奴仆将从民间弄来的美女藏在装载衣物的车上。行至湖县，朝廷使者拿这事责问昌邑国丞相安乐。安乐转告龚遂，龚遂进去问刘贺，刘贺说："没有这事。"龚遂说："既然没有这事，大王又何必为了一个奴仆而破坏礼义呢！请收捕善，交由官吏惩处，洗刷大王的名声。"便拉着善的头发交由卫士长依法处置。

刘贺到了霸上，大鸿胪在郊外迎候，掌管车马的驺奴献上天子的坐车，刘贺就派他的太仆寿成驾车，郎中令龚遂也陪在车上。即将到达广明亭和长安东都门时，龚遂说："按照礼仪奔丧的人，看见了国都就要哭，前面就是长安城的东郭门了。"刘贺说："我咽喉痛，不能哭。"到了城门，龚遂又提醒刘贺，刘贺说："城门和郭门一样嘛。"即将到达未央宫的东门时，龚遂说："昌邑国吊丧的帷幕在宫门外御用大道的北边，帐前有一条南北通道，马匹不能走到跟前，大王应当下车步行，面向西方，伏地痛哭，极尽悲哀之情，才可停止。"刘贺说："好。"到了下车的地方，刘贺按照礼仪哭泣了一通。六月初一日丙寅，刘贺接受了皇帝的印玺，承继了皇帝的称号，尊奉上官皇后为皇太后。

六月初七日壬申，将孝昭皇帝葬在平陵。

昌邑王刘贺被立为皇帝后，荒淫嬉戏，毫无节度。昌邑国的官员全都征调到长安，破格提升了他们。原昌邑国丞相安乐提升为长乐宫的卫尉。龚遂见到安乐，便流泪向他说："大王立为天子以后，日益骄纵，再也不听我的规劝了。眼下仍在居丧期间，却天天和亲信大臣一起喝酒作乐，观看虎豹搏斗，又传召皮轩车九旒，到各

死为世戮，奈何？君，陛下故相，宜极谏争！”

王梦青蝇之矢积西阶东，可五六石，以屋版瓦覆之，以问遂，遂曰：“陛下之《诗》不云乎：‘营营青蝇，止于藩。恺悌君子，毋信谗言。’陛下左侧谗人众多，如是青蝇恶矣。宜进先帝大臣子孙，亲近以为左右。如不忍昌邑故人，信用谗谀，必有凶咎。愿诡祸为福，皆放逐之！臣当先逐矣。”王不听。

太仆丞河东张敞上书谏，曰：“孝昭皇帝早崩无嗣，大臣忧惧，选贤圣承宗庙，东迎之日，唯恐属车之行迟。今天子以盛年初即位，天下莫不拭目倾耳，观化听风。国辅大臣未褒，而昌邑小辇先迁，此过之大者也。”王不听。

大将军光忧懑，独以问所亲故吏大司农田延年；延年曰：“将军为国柱石，审此人不可，何不建白太后，更选贤而立之？”光曰：“今欲如是，于古尝有此不？”延年曰：“伊尹相殷，废太甲以安宗庙，后世称其忠。将军若能行此，亦汉之伊尹也。”光乃引延年给事中，阴与车骑将军张安世图计。

王出游，光禄大夫鲁国夏侯胜当乘舆前谏曰：“天久阴而不雨，臣下有谋上者。陛下出，欲何之？”王怒，谓胜为妖言，缚以属吏。吏白霍光，光不举法。光让安世，以为泄语。安世实不言，乃召问胜。胜对言：“在《鸿范传》曰：‘皇之不极，厥罚常阴，时则有下人伐上者。’恶察察言，故云‘臣下有谋’。”光、安世大惊，以此益重经术士。侍中傅嘉数进谏，王亦缚嘉系狱。

光、安世既定议，乃使田延年报丞相杨敞。敞惊惧，不知所言，汗出洽背，徒唯唯而已。延年起，至更衣。敞夫人遽从东厢谓敞曰：“此国大事，今大将军议已定，使九卿来报君侯，君侯不疾应，与大将军同心，犹与无决，先事诛矣！”延年从更衣还，敞夫人与延年参语许诺，“请奉大将军教令！”

处巡游，所作所为违背了礼义和孝道。古制宽容，作大臣的如不得志，还可以辞职隐退；如今却想走走不了，想要装疯卖傻，又恐被人看穿，死后还要遭人唾骂，这该怎么办呢？您是陛下原来的丞相，应该极力规劝才是啊！”

刘贺梦见苍蝇的粪便堆积在皇宫西门的台阶边，大概有五六石，用大片的屋瓦盖着，刘贺就询问龚遂，龚遂说：“陛下平素所读的《诗》中不是已经说过吗：‘绿蝇纷纷落在了篱笆上，谦谦君子不要听信谗言。’陛下身边谗佞之人太多，就像陛下在梦中见到的苍蝇粪便一样。所以，应当挑选先帝大臣的子孙，作为陛下身边的亲信侍从。如果不忍心疏远昌邑国的那些故旧，信任那些阿谀之徒，一定会有灾祸发生。希望能转祸为福，把那些昌邑旧人全都驱逐！我当第一个被赶走。”刘贺不听。

太仆丞河东郡人张敞上书劝谏，说：“孝昭皇帝早逝无子，大臣们都很担心，选择贤能圣明的人承继皇位，到东方迎接大王时，唯恐迎驾的车马走得慢，耽误了陛下的行程。现今陛下正当壮年，初登皇位，天下人无不拭目以观、倾耳而听，期待着看到听到美好的教化与风习。结果辅国的重臣没有得到褒奖，而昌邑国拉车的小吏反而先得到升迁，这是最大的过错。”刘贺不听。

大将军霍光忧愁烦恼，单独与以前的亲近旧属大司农田延年私下商议；田延年说：“将军是国家的重臣，既然知道这个人不可以承担大任，为什么不去禀告太后，建议另外选一个贤能的人呢？”霍光说：“现在就想这么办，不知古时有没有先例？”田延年说：“伊尹辅佐商朝，曾经放逐了昏庸无道的太甲，用以安定国家，后世都称赞他的忠心。将军如能这样做，就是汉朝的伊尹。”霍光便引荐田延年兼任给事中，与车骑将军张安世秘密计划废黜刘贺。

刘贺出外巡游，光禄大夫鲁国人夏侯胜阻挡在车驾前面进谏说：“天气久阴而不下雨，预示臣下有不利于皇上的阴谋。陛下外出，想到哪里去？”刘贺大怒，认为夏侯胜妄作妖言，将他捆绑起来，交由主管官吏审理。官吏将这件事上报霍光，霍光命暂缓处理。霍光以为是张安世泄漏了消息，便责问他。但张安世并未泄密；就召夏侯胜来追问。夏侯胜说：“《鸿范传》说：‘君王有过失，上招天罚，就会使天气阴沉，预示臣下有人想谋害皇上。’我不敢明说，只说是‘臣下有逆谋’。”霍光、张安世闻言大惊，由此更加重视精通经书的学士。侍中傅嘉也因多次劝谏刘贺，被刘贺逮捕入狱。

霍光、张安世计划已定，就派田延年向丞相杨敞报告。杨敞听说十分惊恐，不知该说些什么，吓得汗流浃背，只能唯唯诺诺。田延年起身，到洗手间更衣方便。杨敞的夫人急忙从东厢房跑出来对杨敞说：“这是国家大事，而今大将军计策已定，派大司农来通知你，你不赶快答应，和大将军同心协力，还犹疑不决，是会首先被杀害的啊！”田延年从更衣处回来，杨敞夫人便参与讨论，答应“一切听大将军吩咐”。

（以上为第二段，写昌邑王入宫荒淫无度，不听龚遂、张敞等大臣劝谏，大将军霍光与张安世、田延年、丞相杨敞定计行废立。）

癸巳，光召丞相、御史、将军、列侯、中二千石、大夫、博士会议未央宫。光曰："昌邑王行昏乱，恐危社稷，如何？"群臣皆惊鄂失色，莫敢发言，但唯唯而已。田延年前，离席按剑曰："先帝属将军以幼孤，寄将军以天下，以将军忠贤，能安刘氏也。今群下鼎沸，社稷将倾；且汉之传谥常为'孝'者，以长有天下，令宗庙血食也。如汉家绝祀，将军虽死，何面目见先帝于地下乎？今日之议，不得旋踵，群臣后应者，臣请剑斩之！"光谢曰："九卿责光是也！天下匈匈不安，光当受难。"于是议者皆叩头曰："万姓之命，在于将军，唯大将军令！"

光即与群臣俱见，白太后，具陈昌邑王不可以承宗庙状。皇太后乃车驾幸未央承明殿，诏诸禁门毋内昌邑群臣。王入朝太后还，乘辇欲归温室，中黄门宦者各持门扇，王入，门闭，昌邑群臣不得入。王曰："何为？"大将军跪曰："有皇太后诏，毋内昌邑群臣！"王曰："徐之，何乃惊人如是！"光使尽驱出昌邑群臣，置金马门外。车骑将军安世将羽林骑收缚二百余人，皆送廷尉诏狱。令故昭帝侍中中臣侍守王。光敕左右："谨宿卫！卒有物故自裁，令我负天下，有杀主名。"王尚未自知当废，谓左右："我故群臣从官安得罪，而大将军尽系之乎？"

顷之，有太后诏召王。王闻召，意恐，乃曰："我安得罪而召我哉？"太后被珠襦，盛服坐武帐中，侍御数百人皆持兵，期门武士陛戟陈列殿下，群臣以次上殿，召昌邑王伏前听诏。光与群臣连名奏王，尚书令读奏曰："丞相臣敞等昧死言皇太后陛下：孝昭皇帝早弃天下，遣使征昌邑王典丧，服斩衰，无悲哀之心，废礼谊，居道上不素食，使从官略女子载衣车，内所居传舍。始至谒见，立为皇太子，常私买鸡豚以食。受皇帝信玺、行玺大行前，就次，发玺不封。从官更持节引内昌邑从官、驺宰、官奴二百余人，常与居禁闼内敖戏。为书曰：'皇帝问侍中君卿：使

六月二十八日癸巳，霍光召集丞相、御史、将军、列侯、中二千石、大夫、博士在未央宫开会。霍光说：“昌邑王刘贺德行昏乱，只怕会危害国家安宁，怎么办呢？”群臣听后都大惊失色，不敢发言，只有唯唯诺诺。田延年就起身离席，走到群臣面前，手按剑柄说道：“先帝将幼弱的孤儿嘱托给将军，并把国家大事交由将军做主，是因为相信将军忠义贤明，能够保全刘氏的江山。现在昌邑王称帝以来，朝臣议论纷纷，人心不安，国家陷入危亡之境况；再说我汉朝先帝的谥号都有一个‘孝’字，为的就是江山永存，使宗庙祭祀不断，将军即便蒙难而死，又有什么面目去见先帝于九泉之下呢？今天议论的事情，必须当机立断，群臣中谁如果再犹豫不决，我请求立即用这把剑砍下他的头！”霍光谢罪说：“大司农责备得很对！国家不得安宁，我应当接受问责。”于是参加计议的人都叩头说道：“万民的命运，都掌握在将军手中，我们愿听从大将军的命令！”

霍光就与群臣一同觐见太后，向太后陈述了昌邑王不可以承继皇位的理由。皇太后就乘车前往未央宫承明殿，下令各处宫门的守卫，不许昌邑王手下的群臣进宫。当刘贺朝见太后之后，准备乘车返回温室殿，这时守门太监已接到太后诏令，宫门两边每人把持一扇宫门，刘贺进去，立即将门关闭，将跟在后面的原昌邑国臣属拦在宫外。刘贺问道：“这是做什么？”霍光跪着说：“皇太后有诏令，不许原昌邑国属臣进宫！”刘贺说：“慢慢来，何必搞得这样紧张吓人！”霍光派人把昌邑王的属臣都逐到了金马门外。车骑将军张安世率领禁卫骑兵拘捕了二百多人，把他们送到廷尉的特别监狱。又命令曾在昭帝宫中担任过侍中的太监看守刘贺。霍光告诫属下说：“务必要严加守护！谨防昌邑王被害或自杀，以免我在天下人面前背上杀主的恶名。”此时刘贺还不知道自己即将被废黜，就问身边的人说：“我从前的臣僚犯了什么罪？大将军为什么将他们全都抓了起来？”

不一会儿，皇太后下诏召见刘贺。刘贺听说太后召见，心中惧怕，便说：“我犯了什么罪？太后为什么召见我？”皇太后身披用珍珠串成的外套，盛装打扮，坐在武帐之中，数百名侍卫全部手持兵器，和持戟的期门武士列于殿下。文武群臣按照品位高低依次上殿，然后召刘贺上前伏于地下，听候宣诏。霍光与文武群臣连名上奏皇太后参劾刘贺，由尚书令宣读奏章，说：“丞相杨敞等人冒死向皇太后陛下进言：因孝昭皇帝早逝，派使臣召昌邑王来主持丧事，他身着丧服，却毫无悲哀之心，废弃了一切应当讲求的礼仪，入京途中不肯吃斋，甚至还派人掳掠民间女子藏于装载衣服的车上，在沿途驿站陪宿。初到京师，谒见皇太后之后，被立为皇太

中御府令高昌奉黄金千斤，赐君卿取十妻。’大行在前殿，发乐府乐器，引内昌邑乐人击鼓，歌吹，作俳倡；召内泰一、宗庙乐人，悉奏众乐。驾法驾驱驰北宫、桂宫，弄彘，斗虎。召皇太后御小马车，使官奴骑乘，游戏掖庭中。与孝昭皇帝宫人蒙等淫乱，诏掖庭令：‘敢泄言，要斩！’”太后曰：“止！为人臣子，当悖乱如是邪！”王离席伏。尚书令复读曰：“取诸侯王、列侯、二千石绶及墨绶、黄绶以并佩昌邑郎官者免奴。发御府金钱、刀剑、玉器、采缯，赏赐所与游戏者。与从官、官奴夜饮，湛沔于酒。独夜设九宾温室，延见姊夫昌邑关内侯。祖宗庙祠未举，为玺书，使使者持节以三太牢祠昌邑哀王园庙，称‘嗣子皇帝’。受玺以来二十七日，使者旁午，持节诏诸官署征发凡一千一百二十七事。荒淫迷惑，失帝王礼谊，乱汉制度。臣敞等数进谏，不变更，日以益甚；恐危社稷，天下不安。臣敞等谨与博士议，皆曰：‘今陛下嗣孝昭皇帝后，行淫辟不轨。“五辟之属，莫大不孝。”周襄王不能事母，《春秋》曰：“天王出居于郑，”由不孝出之，绝之于天下也。宗庙重于君，陛下不可以承天序，奉祖宗庙，子万姓，当废！’臣请有司以一太牢具告祠高庙。”皇太后诏曰：“可。”光令王起，拜受诏，王曰：“闻‘天子有争臣七人，虽亡道不失天下。’”光曰：“皇太后诏废，安得称天子！”乃即持其手，解脱其玺组，奉上太后；扶王下殿，出金马门，群臣随送。王西面拜曰：“愚戆，不任汉事！”起，就乘舆副车；大将军光送至昌邑邸。光谢曰：“王行自绝于天，臣宁负王，不敢负社稷！愿王自爱，臣长不复左右。”光涕泣而去。

子，仍然时常私下派人购买鸡、猪肉等食物。在孝昭皇帝灵柩前接受皇帝的印玺，回到住处，打开取出后便不再封存。派侍从官手持皇帝符节召引昌邑国僚属、管车夫、官奴等二百多人，前来一同居住在宫禁之内，肆意嬉乐。曾给昌邑王府中的侍中致信说：‘皇帝问候侍中君卿，特派中御府令高昌携带黄金千斤，赐给君卿娶十个妻子。’昭帝灵柩停放在前殿，却拿出乐府的乐器，引入昌邑国中的乐人打鼓、奏乐、演戏；还调来泰一祭坛和宗庙的歌舞艺人，遍奏各种乐曲。乘坐皇帝车驾，在北宫、桂宫等处往来奔驰，并玩猪、斗虎。擅自调用皇太后乘坐的小马拉的车，命奴仆骑乘，在后宫中嬉戏。与孝昭皇帝的宫女蒙等人淫乱，还下令给掖庭令：‘谁敢泄露出去，就处以腰斩！’”太后说：“停！做了人家的臣属儿子，怎敢这样狂悖胡来！”刘贺离开自己的坐席，伏地请罪。尚书令又接着念道：“把朝廷赐予诸侯王、列侯、二千石大臣的各个等级的绶带赏给昌邑国郎官，以及被免除奴仆身份的人。把宫中仓库藏的金钱、刀钱、玉器、彩色绸缎等，赏给和自己一起游戏的人。还与侍从、奴仆长夜狂饮，沉迷在酒食当中。又私自在夜里摆下隆重的九宾大礼于温室殿，接见他的姐夫昌邑关内侯。在服丧期间，尚未在宗庙举行祭祀先祖的大礼，就颁发正式的皇帝文书，命使者携天子符节，用牛、羊、猪齐备的三份太牢祭祀大礼，去祭祀他的父亲昌邑哀王的陵墓，还自称：‘嗣子皇帝’。即帝位以来，仅二十七天，就向四面八方派遣使者，携带皇帝符节诏令各官署为他办理各种事务、征调物资，达一千一百二十七件。如此荒淫无道，有失帝王礼仪，搅乱了汉室的制度。臣杨敞等人虽多次劝谏，但昌邑王非但不思悔改，反而日甚一日，一定会危害国家，以致天下不得安宁。臣杨敞等人与博士官商议，一致认为当今陛下承继孝昭皇帝，行为却如此荒淫邪僻不合规矩。在五刑之罪当中，以不孝之罪最重。从前周襄王不孝顺母亲，所以《春秋》上说他：‘天王出奔郑国’，因为不孝而出奔在外，这是自绝于天下。汉室的安危要比国君本身重要得多，陛下既然不能承继天命，祭祀祖庙，统治万民，就应当废黜！臣请求派出主管官员，预备一份牛、羊、猪齐备的太牢祭祀大礼，祭告于高祖皇帝的祭庙，向高祖说明废黜昌邑王之事。”皇太后下诏说：“可以。”霍光就要刘贺起来，跪拜接受皇太后诏书，刘贺说：“我听说‘天子只要有七位耿直敢言的臣子，纵使他荒淫无道，也不会丧失天下’。”霍光说：“皇太后已经下诏将你废黜，岂能还自称天子！”随即抓住刘贺的手，解下他身上佩戴的玉玺绶带，进呈给皇太后；继而将刘贺扶下殿，从金马门走出皇宫，群臣也随后相送。刘贺出宫后，面向西方跪拜道：“我太愚蠢，不能担当国家大事！”然后起身上了侍从车辆，大将军霍光送他到长安昌邑王官邸。霍光谢罪说：“大王的行为实属自绝于上天，我宁愿对不起大王，不敢对不起国家！诚望大王今后能自重自爱，臣不能再侍奉于大王的左右了。”说完洒泪离去。

群臣奏言：“古者废放之人，屏于远方，不及以政。请徙王贺汉中房陵县。”太后诏归贺昌邑，赐汤沐邑二千户，故王家财物皆与贺；及哀王女四人，各赐汤沐邑千户；国除，为山阳郡。

（以上为第三段，写昌邑王被废的全过程，其在皇帝位仅二十七日；大将军霍光大权独揽，在他掌控下，西汉政权上演了一场有惊无险、和平交接的宫廷政变。）

昌邑群臣坐在国时不举奏王罪过，令汉朝不闻知，又不能辅道，陷王大恶，皆下狱，诛杀二百余人；唯中尉吉、郎中令遂以忠直数谏正，得减死，髡为城旦。师王式系狱当死，治事使者责问曰：“师何以无谏书？”式对曰：“臣以《诗》三百五篇朝夕授王，至于忠臣、孝子之篇，未尝不为王反复诵之也；至于危亡失道之君，未尝不流涕为王深陈之也。臣以三百五篇谏，是以无谏书。”使者以闻，亦得减死论。

霍光以群臣奏事东宫，太后省政，宜知经术，白令夏侯胜用《尚书》授太后，迁胜长信少府，赐爵关内侯。

初，卫太子纳鲁国史良娣，生子进，号史皇孙。皇孙纳涿郡王夫人，生子病已，号皇曾孙。皇曾孙生数月，遭巫蛊事，太子三男、一女及诸妻、妾皆遇害，独皇曾孙在，亦坐收系郡邸狱。故廷尉监鲁国丙吉受诏治巫蛊狱，吉心知太子无事实，重哀皇曾孙无辜，择谨厚女徒渭城胡组、淮阳郭征卿，令乳养曾孙，置闲燥处。吉日再省视。

巫蛊事连岁不决，武帝疾，来往长杨、五柞宫，望气者言长安狱中有天子气，于是武帝遣使者分条中都官，诏系狱者无轻重，一切皆杀之。内谒者令郭穰夜到郡邸狱，吉闭门拒使者不纳，曰：“皇曾孙在。他人无辜死者犹不可，况亲曾孙乎！”相守至天明，不得入。穰还，以闻，因劾奏吉。武帝亦寤，曰：“天使之也。”因赦天下。郡邸狱系者，独赖吉得生。

既而吉谓守丞谁如：“皇孙不当在官。”使谁如移书京兆尹，遣与胡组

文武大臣报奏太后说："古时候凡是被废黜的人，都要放逐到边远的地方，使其不能再干预朝政。请将昌邑王刘贺迁徙到汉中房陵县。"太后下诏，令刘贺回昌邑居住，赐给他两千户的食邑和原昌邑王的家财；刘贺姐妹四人，各赐汤沐邑一千户；封国撤销，改为山阳郡。

原昌邑王的臣僚被指控在封国时不能向朝廷举报昌邑王刘贺的罪过，使朝廷不了解实际情况，也无从辅助和诱导，使昌邑王刘贺变得罪大恶极，臣僚全部逮捕下狱，二百多人被杀；唯有中尉王吉、郎中令龚遂多次劝谏，忠正耿直，得免死罪，剃去头发，罚去筑城，作苦力。刘贺的老师王式也被逮捕下狱，罪当处死，审案官员责问王式说："你身为刘贺的老师，为什么不上书规劝？"王式回答说："我每日早晚都为昌邑王讲授《诗》三百零五篇，讲到忠臣、孝子的篇章，总是反复诵读；讲到陷入国家危亡的无道国君，也都声泪俱下地为他详细陈述。我是用这三百零五篇来规劝昌邑王，因此没有别的谏书。"审案官员将此话呈告上去，于是免除了王式的死罪。

霍光认为群臣既然向东宫奏事，由皇太后来决断国家政务，皇太后就应当通晓经学，于是便向太后奏请，由夏侯胜为太后讲授《尚书》，并提升夏侯胜为长信少府，赐给他关内侯的爵位。

当初武帝时，太子刘据的姬妾有一姓史的鲁国女子，被封为良娣，生了一个儿子名为刘进，号称史皇孙。史皇孙娶了涿郡女子王翁须为妻，生了儿子刘病已，号称皇曾孙。皇曾孙生下才几个月，便遭巫蛊案株连，太子刘据与其三子一女及其所有的妻妾全部被杀害，只剩下皇曾孙一人，也被关入大鸿胪所属的郡邸狱。原廷尉监鲁国人丙吉受武帝诏令，负责处理巫蛊一案，丙吉认为太子刘据涉嫌此案并无事实依据，十分可怜皇曾孙幼小无辜，便选择忠厚谨慎的女囚渭城人胡组、淮阳人郭征卿，命令她们住在宽敞洁净的地方哺养皇曾孙刘病已。丙吉也每天多次前往看望。

巫蛊案拖延数年不能结案，后来武帝病了，往来于长杨、五柞两宫，听星象家说，在长安的监狱中，有天子的气象，于是武帝便派遣使者分别去通知京中各官府，凡各监狱在押的犯人，无论罪行轻重，一律处死。内谒者令郭穰当夜来到郡邸狱传达武帝诏令，丙吉紧闭大门，不让郭穰进去，说道："皇曾孙在里面，其他人尚且不得无辜被杀，何况是皇上的亲曾孙呢！"双方相持到天亮，郭穰始终未能进入。郭穰回去向武帝禀报，并参劾丙吉。武帝也已醒悟，说："这是上天命丙吉这样做的。"由此下诏大赦天下。被关在郡邸狱中的囚犯，得以保全性命。

事后丙吉对狱守丞谁如说："皇曾孙不应住在监狱之中。"让谁如写信给京兆尹，

俱送；京兆尹不受，复还。及组日满当去，皇孙思慕，吉以私钱雇组令留，与郭征卿并养，数月，乃遣组去。后少内啬夫白吉曰：“食皇孙无诏令。”时吉得食米、肉，月月以给皇曾孙。曾孙病，几不全者数焉，吉数敕保养乳母加致医药，视遇甚有恩惠。吉闻史良娣有母贞君及兄恭，乃载皇曾孙以付之。贞君年老，见孙孤，甚哀之，自养视焉。

后有诏掖庭养视，上属籍宗正。时掖庭令张贺，尝事戾太子，思顾旧恩，哀曾孙，奉养甚谨，以私钱供给，教书。既壮，贺欲以女孙妻之。是时昭帝始冠，长八尺二寸。贺弟安世为右将军，辅政，闻贺称誉皇曾孙，欲妻以女，怒曰：“曾孙乃卫太子后也，幸得以庶人衣食县官足矣，勿复言予女事！”于是贺止。时暴室啬夫许广汉有女，贺乃置酒请广汉，酒酣，为言“曾孙体近，下乃关内侯，可妻也”。广汉许诺。明日，妪闻之，怒。广汉重令人为介，遂与曾孙；贺以家财聘之。曾孙因依倚广汉兄弟及祖母家史氏，受《诗》于东海澓中翁，高材好学；然亦喜游侠，斗鸡走狗，以是具知闾里奸邪，吏治得失。数上下诸陵，周遍三辅，尝困于莲勺卤中。尤乐杜、鄠之间，率常在下杜。时会朝请，舍长安尚冠里。

及昌邑王废，霍光与张安世诸大臣议所立，未定。丙吉奏记光曰：“将军事孝武皇帝，受襁褓之属，任天下之寄。孝昭皇帝早崩亡嗣，海内忧惧，欲亟闻嗣主。发丧之日，以大谊立后；所立非其人，复以大谊废之；天下莫不服焉。方今社稷、宗庙、群生之命在将军之一举，窃伏听于众庶，察其所言诸侯、宗室在列位者，未有所闻于民间也。而遗诏所养武帝曾孙名病已在掖庭、外家者，吉前使居郡邸时，见其幼少，至今十八九矣，通经术，有美材，行安而节和。愿将军详大义，参以蓍龟，岂宜褒显，先使入侍，令天下昭然知之，然后决定大策，天下幸甚！”杜延年亦知曾孙德美，劝光、安世立焉。

把皇曾孙与胡组一起送到京兆尹那里去；京兆尹不肯接受，又送还回来。等到胡组刑期已满，应当释放时，皇曾孙对她十分依恋，因此丙吉便拿出自己的钱来雇用胡组，让她留下，与郭征卿一同抚养皇曾孙，几个月后，才放胡组离去。后来，少内啬夫告诉丙吉说："没有皇上的诏令，不能供给皇曾孙饮食。"丙吉便从自己俸禄里拿出米和肉按月给皇曾孙。皇曾孙多次身患重病，几乎性命不保，丙吉经常告诫养育皇曾孙的乳母给他服药，精心照料，对待皇曾孙恩深义厚。丙吉听到说史良娣的母亲贞君和哥哥史恭还在，便用车将皇曾孙交给他们抚养。贞君年事已高，见这个曾孙孤苦无依，很可怜他，就留在身边亲自照顾他。

后来武帝下诏由掌理宫中事务的掖庭令养育皇曾孙，并命宗正将皇曾孙列入皇室的名册中。当时的掖庭令张贺，曾经侍奉过刘据，感念刘据的旧恩，哀怜皇曾孙，就很细心地养护他，还拿出自己的钱供他日用，教他读书。皇曾孙长大后，张贺想将自己的孙女嫁给他。此时昭帝刚举行加冠礼，身高八尺二寸。张贺的弟弟张安世为右将军，辅佐昭帝施政，听说张贺称赞皇曾孙，想把孙女嫁给他，就很生气地对张贺说："皇曾孙是卫太子刘据的后人，已经是一个平民身份的人由国家养着，很是幸运了，嫁女之事不要提了！"张贺于是就不再提这件事了。这时，暴室啬夫许广汉有一个女儿，张贺就备了酒食请许广汉来赴宴，到了酒酣耳热之时，张贺对许广汉说："皇曾孙是皇上近亲，将来就是命运再差也能封一个关内侯，可以把女儿嫁给他呀。"许广汉同意了。第二天，许广汉的妻子许老太太听说了，非常生气。但许广汉重新找人做媒，终于把女儿嫁给了皇曾孙；张贺拿出家财作为聘礼。皇曾孙自此就以许广汉兄弟和外祖母史家为依靠，又跟从东海人澓中翁学习《诗》，他资质很高，也很好学；但也喜爱游侠之事，斗鸡走狗，所以对下层社会的奸邪丑恶和一般官吏的良恶了解得十分清楚。他常常在各皇帝的陵庙间周游往来，足迹遍及整个三辅地区，也曾经在左冯翊莲勺县盐池一带被人困辱。他尤其喜欢到杜县、鄠县一带，经常住在长安南边的下杜城。有时被邀请参加朝会，就临时居住在长安尚冠里。

昌邑王刘贺被罢废后，霍光和张安世及各位大臣商议重新确定皇位继承人，但一时又找不到合适的人。丙吉便上书给霍光说："将军侍奉孝武皇帝时，接受了辅佐幼孤的嘱托，担负治理天下的重任。孝昭皇帝又过早去世，没有儿子，全国上下都十分忧愁担心，盼望早日确立继任的国君。给孝昭帝发丧时，将军秉承大义，立昌邑王为帝；然而后来发现所立之人不当，又以大义将他罢废，天下人无不由衷敬服。如今，国家、宗庙、百姓的命运全部系于将军的一言一行之中，我曾私下听到百姓们议论眼下身为诸侯和宗室的，没有一个使百姓们满意的，而奉遗诏养育在掖庭及外曾祖史家的孝武皇帝曾孙刘病已，我以前在郡邸狱时，见他年纪幼小；如今已十八九岁了，他通晓经学，资质很好，举止安详，性格平和。希望将军详加考察，

秋，七月，光坐庭中，会丞相以下议所立，遂复与丞相敞等上奏曰：“孝武皇帝曾孙病已，年十八，师受《诗》、《论语》、《孝经》，躬行节俭，慈仁爱人，可以嗣孝昭皇帝后，奉承祖宗庙，子万姓。臣昧死以闻！”皇太后诏曰：“可。”光遣宗正德至曾孙家尚冠里，洗沐，赐御衣；太仆以軨猎车迎曾孙，就斋宗正府。庚申，入未央宫，见皇太后，封为阳武侯。已而群臣奏上玺绶，即皇帝位，谒高庙；尊皇太后为太皇太后。

侍御史严延年劾奏“大将军光擅废立主，无人臣礼，不道”。奏虽寝，然朝廷肃然敬惮之。

八月，己巳，安平敬侯杨敞薨。

九月，大赦天下。

戊寅，蔡义为丞相。

初，许广汉女适皇曾孙，一岁，生子奭。数月，曾孙立为帝，许氏为婕妤。是时霍将军有小女与皇太后亲，公卿议更立皇后，皆心拟霍将军女，亦未有言。上乃诏求微时故剑。大臣知指，白立许婕妤为皇后。十一月，壬子，立皇后许氏。霍光以后父广汉刑人，不宜君国；岁余，乃封为昌成君。

太皇太后归长乐宫。长乐宫初置屯卫。

（以上为第四段，写汉宣帝刘病已幼时受巫蛊案株连，遭受厄难，否极泰来，被立为皇帝，成为西汉中兴之主。丙吉抚育与推荐，立下盖世之功。张贺抚育，杜延年推荐，亦功不可没。）

中宗孝宣皇帝上之上

本始元年（戊申，前 73 年）

春，诏有司论定策安宗庙功。大将军光益封万七千户，与故所食凡二万户。车骑将军富平侯安世以下益封者十人，封侯者五人，赐爵关内侯者八人。

再参考占卜的结果，是否适宜托付国家重任，先让皇曾孙入宫侍奉皇太后，使全天下的人都知道他的身世，这之后再决定大计，那天下百姓将蒙受大福了！”杜延年也知道皇曾孙品德很好，因而也劝霍光、张安世立他为帝。

秋季七月，霍光坐在殿廷之中，召集丞相以下的官员一同商议决定继立皇帝的人选，于是与丞相杨敞等人上奏皇太后，说：“孝武皇帝曾孙刘病已，年十八岁，现从师学习《诗》、《论语》、《孝经》，持身节俭，仁慈爱人，可以作为孝昭皇帝的后嗣，承继皇位，治理天下百姓。臣等冒死奏明太后！”皇太后下诏说：“可以。”霍光派遣宗正刘德到尚冠里皇曾孙家，请皇曾孙沐浴，给他天子府库中的衣服，并由太仆驾着轻便车辆将皇曾孙接到宗正府进行斋戒。二十五庚申日，皇曾孙进入未央宫，拜见皇太后，被封为阳武侯。随后，再由群臣奉上皇帝玉玺、绶带，即皇帝位，拜谒高祖庙；尊奉皇太后为太皇太后。

侍御史来延年上奏弹劾霍光：“大将军擅自废立皇上，不守人臣的礼法，违背道义。”奏章尽管被压下去了，然而朝臣们对他无不肃然起敬。

八月，初五日己巳，安平敬侯杨敞去世。

九月，大赦天下。

十月，十五日戊寅日，蔡义被任命为丞相。

当初，许广汉的女儿嫁给皇曾孙，一年后生下一子，取名刘奭。几个月后，皇曾孙立为皇帝，封许氏为婕妤。这时霍光有一小女儿和皇太后有亲属关系，被聘为宣帝嫔妃，当公卿大臣商议立皇后时，心中都揣度应当是霍光的女儿，但谁也没有说出来。皇上就下诏寻找微贱时用的一把剑。大臣们知道皇上的心意，就奏请立许婕妤为皇后。十一月十九壬子日，立许氏为皇后。霍光认为皇后的父亲许广汉曾受过刑罚，不宜封侯，过了一年多，才封许广汉为昌成君。

太皇太后回到长乐宫居住。长乐宫开始有驻军守卫。

中宗孝宣皇帝上之上

汉宣帝本始元年（戊申，前 73 年）

春季，宣帝诏令主管部门商议对安定宗庙有功人员的奖励。大将军霍光加封食邑一万七千户，加之以前的，共享有二万户的赋税。车骑将军富平侯张安世以下，增加封邑户数的有十人，封为列侯的有五人，赐以关内侯爵位的有八人。

大将军光稽首归政，上谦让不受；诸事皆先关白光，然后奏御。自昭帝时，光子禹及兄孙云皆为中郎将，云弟山奉车都尉、侍中，领胡、越兵，光两女婿为东、西宫卫尉，昆弟、诸婿、外孙皆奉朝请，为诸曹、大夫、骑都尉、给事中，党亲连体，根据于朝廷。及昌邑王废，光权益重，每朝见，上虚己敛容，礼下之已甚。

夏，四月，庚午，地震。

五月，凤皇集胶东、千乘。赦天下，勿收田租赋。

六月，诏曰："故皇太子在湖，未有号谥，岁时祠；其议谥，置园邑。"有司奏请："礼，为人后者，为之子也；故降其父母，不得祭，尊祖之义也。陛下为孝昭帝后，承祖宗之祀，愚以为亲谥宜曰悼，母曰悼后；故皇太子谥曰戾，史良娣曰戾夫人。"皆改葬焉。

秋，七月，诏立燕刺王太子建为广阳王；立广陵王胥少子弘为高密王。

初，上官桀与霍光争权，光既诛桀，遂遵武帝法度，以刑罚痛绳群下，由是俗吏皆尚严酷以为能；而河南太守丞淮阳黄霸独用宽和为名。上在民间时，知百姓苦吏急也，闻霸持法平，乃召为廷尉正；数决疑狱，庭中称平。

（以上为第五段，写宣帝初即位，霍光以废立昌邑王刘贺之威与拥戴宣帝即位之恩，大权独揽，一门贵盛。）

二年（己酉，前 72 年）

春，大司农田延年有罪自杀。昭帝之丧，大司农僦民车，延年诈增僦直，盗取钱三千万，为怨家所告。霍将军召问延年，欲为道地。延年抵曰："无有是事！"光曰："即无事，当穷竟！"御史大夫田广明谓太仆杜延年曰："《春秋》之义，以功覆过。当废昌邑王时，非田子宾之言，大事不成。今县官出三千万自乞之，何哉？愿以愚言白大将军！"延年言之大将军，大将军曰："诚然，实勇士也！当发大议时，震动朝廷。"光因举手自抚心曰："使我至今病悸。谢田大夫晓大司农，通往就狱，得公议之。"田大夫使人语延年。延年曰："幸县官宽我耳，何面目入牢狱，使众

大将军霍光叩头请求归政皇上，宣帝谦让不肯接受；故而所有政务和大小事情仍是先向霍光报告，然后再奏报宣帝。从昭帝时起，霍光的儿子霍禹和霍光哥哥的孙子霍云就任中郎将，霍云的弟弟霍山被任命为奉车都尉、侍中，统领由胡人、越人组成的军队，霍光的两个女婿范明友、邓广汉分别担任东宫、西宫的卫尉，霍光的兄弟、女婿、外孙也都应邀参加朝会，分别担任诸曹、大夫、骑都尉、给事中等官，霍氏一家的亲戚骨肉连成一体，盘根错节占据了朝廷的要职。昌邑王被罢废之后，霍光权势更重，每次朝见皇上，皇上总是以谦恭的态度对待他，甚至有些过分礼遇。

夏季，四月初十日庚午，发生地震。

五月，凤凰飞集在胶东、千乘一带。宣帝下诏大赦天下，停止征收农业税。

六月，宣帝下诏说："先皇太子刘据葬在湖县，没有谥号，也没有按时去祭祀；应该为先皇太子议定谥号，建立陵园。"主管官员就上奏说："按照传统礼义，做了某人的继承人，就成了这个人的儿子，因此不能再祭祀他的亲生父母，这是尊崇祖先的大义。陛下作为孝昭帝的后嗣，承继他宗庙的祭祀，因此我认为陛下的亲生父亲的谥号可称为悼，亲生母亲称为悼后；祖父故皇太子谥号为戾，史良娣为戾夫人。"全部重新择地安葬。

秋季，七月，宣帝下诏立燕剌王刘旦的太子刘建为广阳王；广陵王刘胥的小儿子刘弘为高密王。

当初，上官桀与霍光争权，霍光诛杀了上官桀，便依照武帝时的法令制度，以刑罚来严格要求部属，因此，很多官吏都以用法严酷来表现自己的才能；而河南太守丞淮阳人黄霸却唯独以施政宽和而闻名。宣帝流落民间时，深知百姓都为官吏执法苛严而困苦，听说黄霸执法平和，就召他为廷尉；他屡次审决疑案，朝廷上都称赞他执法平正。

汉宣帝本始二年（己酉，前72年）

春季，大司农田延年畏罪自杀。处理昭帝丧事时，由田延年去租用民车，田延年就虚报租车的价钱，谎称租费增加，贪污了三千万钱，被他的仇人告发。霍光把田延年召来询问，原想替他开脱。田延年却抵赖说："没有此事！"霍光说："果真没有此事，那就让人彻底查清！"御史大夫田广明对太仆杜延年说："按《春秋》大义，可以将功补过。当初废昌邑王时，若不是田延年的一番话，大事将难以成功。现在便当作是他自己向朝廷乞求赐给他三千万钱，你看怎么样？希望把我的话转告给大将军！"杜延年就将这番话转告了霍光，霍光说："是啊，他确实是一名勇士！当初发表议论时，震动了朝廷。"霍光还抬起手按在胸口上说："使我至今还心有余

人指笑我，卒徒唾吾背乎！”即闭阁独居斋舍，偏袒，持刀东西步。数日，使者召延年诣廷尉。闻鼓声，自刎死。

夏，五月，诏曰：“孝武皇帝躬仁谊，厉威武，功德茂盛，而庙乐未称，朕甚悼焉。其与列侯、二千石、博士议。”于是群臣大议庭中，皆曰：“宜如诏书。”长信少府夏侯胜独曰：“武帝虽有攘四夷、广土境之功，然多杀士众，竭民财力，奢泰无度，天下虚耗，百姓流离，物故者半，蝗虫大起，赤地数千里，或人民相食，畜积至今未复；无德泽于民，不宜为立庙乐。”公卿共难胜曰：“此诏书也。”胜曰：“诏书不可用也。人臣之谊，宜直言正论，非苟阿意顺指。议已出口，虽死不悔！”于是丞相、御史劾奏胜非议诏书，毁先帝，不道；及丞相长史黄霸阿纵胜，不举劾；俱下狱。有司遂请尊孝武帝庙为世宗庙，奏《盛德》、《文始》、《五行》之舞。武帝巡狩所幸郡国皆立庙，如高祖、太宗焉。夏侯胜、黄霸既久系，霸欲从胜受《尚书》，胜辞以罪死。霸曰：“朝闻道，夕死可矣。”胜贤其言，遂授之。系再更冬，讲论不怠。

初，乌孙公主死，汉复以楚王戊之孙解忧为公主，妻岑娶。岑娶胡妇子泥靡尚小，岑娶且死，以国与季父大禄子翁归靡，曰：“泥靡大，以国归之。”翁归靡既立，号肥王，复尚楚主，生三男、两女。长男曰元贵靡，次曰万年，次曰大乐。昭帝时，公主上书言：“匈奴与车师共侵乌孙，唯天子幸救之！”汉养士马，议击匈奴。会昭帝崩，上遣光禄大夫常惠使乌孙。乌孙公主及昆弥皆遣使上书，言：“匈奴复连发大兵，侵击乌孙。使使谓乌孙，‘趣持公主来！’欲隔绝汉。昆弥愿发国精兵五万骑，尽力击匈奴。唯天子出兵以救公主、昆弥！”先是匈奴数侵汉边，汉亦欲讨之。秋，大发兵，遣御史大夫田广明为祁连将军，四万余骑，出西河；度辽将军范明友三万余骑，出张掖；前将军韩增三万余骑，出云中；后将军赵充国为蒲类将军，三万余骑，出酒泉；云中太守田顺为虎牙将军，三万余骑，出五原；期以出塞各二千余里。以常惠为校尉，持节护乌孙兵共击匈奴。

悖。也请你代我向田大夫道歉，让他明白告诉大司农田延年，到监狱去，由朝廷秉公审理吧！”田广明派人告诉田延年。田延年说：“指望朝廷宽恕我，我有什么面目进入牢房，让众人指指点点讥笑我，牢房差役们在背后唾骂我呢！”随即紧闭阁门，独自待在斋舍，袒露着一只手臂，拿着刀在屋中徘徊。数天后，使者前来召田延年去见廷尉。田延年听到宣读诏书的鼓声，自刎而死。

夏季，五月，宣帝下诏说：“孝武皇帝推行仁义，提振威武，功德茂盛，但祭祀时所用的音乐却与此不相称，朕感到非常难过。这需由列侯、二千石、博士们一同商议。”于是群臣集聚朝廷讨论此事，都说：“应该按诏书的意思去做。”唯独长信少府夏侯胜说：“武帝虽然有征服四夷、开拓疆土的功劳，但是死伤太多的士卒，耗尽了民力财力，奢侈无度，府库虚耗，百姓游离失所，损亡了大半人口，蝗灾大起，数千里不长五谷，以致出现了人吃人的景象，财力至今尚未恢复；武帝对百姓并无恩泽，所以不宜给他建庙奏乐。”公卿大臣们都责难夏侯胜说：“这是诏书的意思。”夏侯胜说：“诏书也不可全听。臣子的大义，应该直言进谏，持论公正，不可苟且去顺从旨意。我的意见已经说出来，即使死也不后悔！”于是丞相、御史都弹劾夏侯胜非议诏书，诽谤先帝，大逆不道；又指责丞相长史黄霸包庇纵容夏侯胜，不予检举；结果把二人都逮捕入狱。主管官员就奏请尊孝武帝庙为世宗庙，庙乐用《盛德舞》和《文始》、《五行》之舞。武帝当年巡狩到过的郡国也都立了庙，和高祖皇帝、太宗文帝一样。夏侯胜、黄霸在监狱里关久了，黄霸想跟夏侯胜学习《尚书》，夏侯胜以犯下死罪为由推辞。黄霸说：“早晨明白了真理，晚上死了也无遗憾。”夏侯胜很赞赏他的话，就教他学习《尚书》。在监狱里又过了一个冬季，一直讲论不止。

当初，远嫁乌孙的汉朝公主死了，汉朝又以楚王刘戊的孙女刘解忧为公主，嫁给乌孙王岑娶为妻。岑娶的胡人妻子所生的儿子泥靡年幼，岑娶临终前，就把国家让给了叔父的儿子翁归靡，并对他说：“等泥靡长大了，要把国家还给他。”翁归靡继位乌孙王之后，号称肥王，仍旧娶汉公主刘解忧为妻，生下三男二女。长子叫元贵靡，次子叫万年，三子叫大乐。昭帝时，公主曾上奏汉朝说：“匈奴与车师联合侵犯乌孙，只有汉朝天子才能救我们！”于是汉朝厉兵秣马，准备进攻匈奴。恰逢昭帝逝世，宣帝派光禄大夫常惠出使乌孙。汉公主及乌孙王都派使者上书汉朝，说：“匈奴又接连派出大军攻击乌孙，还派使臣告诉乌孙：‘速将汉公主交出来！’企图断绝乌孙与汉朝的联系。乌孙王愿结集精锐骑兵五万，全力抗击匈奴，请求汉天子派兵援救公主和乌孙王。”早先匈奴曾多次侵扰汉朝边塞，汉朝也正想出兵征讨。秋季，汉朝便大举出兵，派出御史大夫田广明为祁连将军，率四万多名骑兵，从西河出塞；度辽将军范明友率三万多骑兵，从张掖出塞；前将军韩增也率三万多骑兵，从云中出塞；后将军赵充国为蒲类将军，率三万多骑兵，从酒泉出塞；云中太守田

（以上为第六段，写宣帝内惩贪官，为汉武帝立庙，号世宗，外联乌孙，发五路兵大击匈奴，展现明主风采。）

三年（庚戌，前 71 年）

春，正月，癸亥，恭哀许皇后崩。时霍光夫人显欲贵其小女成君，道无从。会许后当娠，病，女医淳于衍者，霍氏所爱，尝入宫侍皇后疾。衍夫赏为掖庭户卫，谓衍："可过辞霍夫人，行为我求安池监。"衍如言报显，显因心生，辟左右，字谓衍曰："少夫幸报我以事，我亦欲报少夫，可乎？"衍曰："夫人所言，何等不可者！"显曰："将军素爱小女成君，欲奇贵之，愿以累少夫！"衍曰："何谓邪？"显曰："妇人免乳，大故，十死一生。今皇后当免身，可因投毒药去也，成君即为皇后矣。如蒙力，事成，富贵与少夫共之。"衍曰："药杂治，常先尝，安可？"显曰："在少夫为之耳。将军领天下，谁敢言者！缓急相护，但恐少夫无意耳。"衍良久曰："愿尽力！"即捣附子，赍入长定宫。皇后免身后，衍取附子并合大医大丸以饮皇后，有顷，曰："我头岑岑也，药中得无有毒？"对曰："无有。"遂加烦懑，崩。衍出，过见显，相劳问，亦未敢重谢衍。后人有上书告诸医侍疾无状者，皆收系诏狱，劾不道。显恐急，即以状具语光，因曰："既失计为之，无令吏急衍！"光大惊，欲自发举，不忍，犹与。会奏上，光署衍勿论。显因劝光内其女入宫。

（以上为第七段，写霍光夫人利令智昏，加害许皇后，为其灭顶之灾埋下伏笔。）

戊辰，五将军发长安。匈奴闻汉兵大出，老弱奔走，驱畜产远遁逃，是以五将少所得。夏，五月，军罢。度辽将军出塞千二百余里，至蒲离候水，斩首、捕虏七百余级。前将军出塞千二百余里，至乌员，斩首、捕虏百余级。蒲类将军出塞千八百余里，西至候山，斩首、捕虏，得单于使者蒲阴王以下三百余级。闻虏已引去，皆不至期还。天子薄其过，宽而不罪。祁连将军出塞千六百里，至鸡秩山，斩首、捕虏十九级。逢汉使匈奴还者冉弘等，言鸡秩山西有虏众，祁连即戒弘，使言无虏，欲

顺为虎牙将军，率三万多骑兵，从五原出塞；约定各路大军前出到塞外两千多里地方。又以常惠为校尉，带着符节，监护乌孙的军队去攻打匈奴。

汉宣帝本始三年（庚戌，前71年）

春季，正月十三日癸亥，恭哀许皇后去世。当时，霍光的夫人显想让她的小女儿霍成君为皇后，但没有借口。正巧许皇后怀孕，患病，有一名女医名叫淳于衍，被霍家所亲信，曾入宫侍奉许皇后之病。淳于衍的丈夫名赏担任掖庭护卫一职，对淳于衍说："你可去串门霍夫人，专门走一趟，请求给我谋划一个安池监的官。"淳于衍便按赏的话去求显，显趁机心生一计，避开左右，称呼淳于衍的字号说："多亏少夫有事托我，我也有事求少夫，可以吗？"淳于衍说："夫人吩咐，还有什么事不可以呢！"显说："霍将军一向很喜欢小女儿成君，想让她成为最显贵的人，希望少夫你能成全！"淳于衍说："这话是什么意思？"显说："妇女生产是件危险的大事，时常是十死一生。现今皇后就要生产，可趁机下毒药把她除掉，成君就可以当皇后了。如蒙尽力，事成之后，定与少夫共享富贵。"淳于衍说："药是由多个医生共同调配的，还要命人提前品尝，怎么行呢？"显说："这一切全看你的了。大将军掌管天下，谁敢议论！若有了急事，也有霍将军为你护着，只怕少夫无意帮忙罢了。"淳于衍犹豫很久，说："愿意全力效劳。"淳于衍就把附子捣碎，带进了长定宫。皇后生产后，淳于衍取出附子，掺到御医为皇后开的丸药之中，给皇后喝下，过了一会儿，皇后说："我头昏发闷，药中会不会有毒？"淳于衍说："没有。"皇后更加烦闷痛苦，不一会就死了。淳于衍出来后，便拜见显，互相道贺慰问，但显也不敢立即重谢淳于衍。后来有人上书告发御医对皇后医护没有尽心尽力，便把他们都关进诏狱，弹劾他们未尽人臣之道。显很害怕，将此事全都告诉了霍光，并说："既然已经做错了，就只好设法让官吏不要逼问淳于衍了！"霍光听了大为惊讶，想自己举发却又于心不忍，犹豫不决。恰好主管部门向朝廷奏报皇后逝世的处理意见，霍光就趁机批示不要追究淳于衍的罪。显就趁机劝霍光将女儿送进宫去。

正月十八戊辰日，奉命出征匈奴的五位将领从长安出发。匈奴听说汉军大举出击，就带着老弱，驱赶着牲畜向远方逃走，所以五位将军没有什么收获。夏天，五月，便撤兵了。度辽将军范明友出塞一千二百余里，到达蒲离候水，斩杀、俘虏匈奴七百多人。前将军韩增出塞一千二百多里，抵达乌员，斩杀、俘虏匈奴一百多人。蒲类将军赵充国出塞一千八百余里，向西到达候山，斩杀、俘虏匈奴单于使臣蒲阴王以下三百多人。三位将军因为听说匈奴已经退走，所以都没有到达预期相约的地点就撤了回来。宣帝认为他们的过失并不严重，因此从宽处理，未加处罚。祁连将

还兵。御史属公孙益寿谏，以为不可。祁连不听，遂引兵还。虎牙将军出塞八百余里，至丹余吾水上，即止兵不进，斩首、捕虏千九百余级，引兵还。上以虎牙将军不至期，诈增卤获，而祁连知虏在前，逗遛不进，皆下吏，自杀。擢公孙益寿为侍御史。

乌孙昆弥自将五万骑与校尉常惠从西方入，至右谷蠡王庭，获单于父行及嫂、居次、名王、犁污都尉、千长、骑将以下四万级，马、牛、羊、驴、橐佗七十余万头。乌孙皆自取所虏获。上以五将皆无功，独惠奉使克获，封惠为长罗侯。然匈奴民众伤而去者及畜产远移死亡，不可胜数，于是匈奴遂衰耗，怨乌孙。

上复遣常惠持金币还赐乌孙贵人有功者。惠因奏请龟兹国尝杀校尉赖丹，未伏诛，请便道击之。帝不许。大将军霍光风惠以便宜从事。惠与吏士五百人俱至乌孙，还，过，发西国兵二万人，令副使发龟兹东国二万人，乌孙兵七千人，从三面攻龟兹。兵未合，先遣人责其王以前杀汉使状。王谢曰："乃我先王时为贵人姑翼所误耳，我无罪。"惠曰："即如此，缚姑翼来，吾置王。"王执姑翼诣惠，惠斩之而还。

大旱。

六月，己丑，阳平节侯蔡义薨。

甲辰，长信少府韦贤为丞相。

大司农魏相为御史大夫。

冬，匈奴单于自将数万骑击乌孙，颇得老弱。欲还，会天大雨雪，一日深丈余，人民、畜产冻死，还者不能什一。于是丁令乘弱攻其北，乌桓入其东，乌孙击其西，凡三国所杀数万级，马数万匹，牛羊甚众；又重以饿死，人民死者什三，畜产什五。匈奴大虚弱，诸国羁属者皆瓦解，攻盗不能理。其后汉出三千余骑为三道，并入匈奴，捕虏得数千人还；匈奴终不敢取当，滋欲乡和亲，而边境少事矣。

军田广明出塞一千六百里，抵达鸡秩山，斩杀、俘虏匈奴十九人。恰好遇到从匈奴回来的汉朝使臣冉弘等人，冉弘说鸡秩山以西有匈奴军队，但田广明却警告冉弘，要他说这里没有匈奴人，想撤兵。御史下属官吏公孙益寿劝田广明不要撤兵，田广明不听，率兵而回。虎牙将军田顺出塞八百多里，抵达丹余吾水，停兵不再前行，斩杀、俘虏匈奴一千九百多人，领兵而回。宣帝认为田顺未达预定地方，还虚报战果；田广明知道敌人就在前面，却畏缩不进，因此把他俩交给了官吏审理，二人畏罪自杀。宣帝提升公孙益寿为侍御史。

乌孙王亲自率骑兵五万和校尉常惠，从西面攻击匈奴，直达匈奴右谷蠡王王庭，俘获单于父辈贵族及单于之嫂、公主、著名王侯、犁污都尉、千长、骑将等四万人，马、牛、羊、驴、骆驼七十多万头。乌孙人把他们虏获的人畜全都留下自用。宣帝因为五位将军劳师无功，只有常惠出使乌孙有收获，便封常惠为长罗侯。匈奴经此打击，伤残逃亡的民众和在转徙途中死亡的牲畜难以计算，损失惨重，国力衰耗，因此对乌孙十分怨恨。

汉宣帝又派常惠带着金币去赏赐有功的乌孙贵族。常惠于是奏报龟兹国曾经袭杀校尉赖丹，尚未受到惩处，请求顺便征伐。宣帝不同意。大将军霍光便暗示常惠可以相机行事。常惠率五百人前往乌孙，回来时，就调派途中经过的龟兹西边各国军队的二万人，又命副使征召了龟兹以东各国军队二万人，以及乌孙国军队七千人，从三面进攻龟兹。在三路大军与龟兹交战之前，常惠先派人去指责龟兹王从前袭杀汉使之事。龟兹王谢罪道："这事是我先王在世时误听贵族姑翼的话犯下的罪，不是我的错。"常惠说："既然如此，把姑翼捆绑送来，我就放了你。"龟兹王就将姑翼抓来，送到常惠军前，常惠将姑翼斩首后回国。

大旱。

六月十一日己丑，阳平节侯蔡义去世。

六月二十六日甲辰，长信少府韦贤担任丞相。

大司农魏相任御史大夫。

冬季，匈奴单于亲率数万骑兵袭击乌孙，俘获了一些老弱百姓。正准备撤军时，天降大雪，一天时间地上积雪已达一丈多厚，人和牲畜冻死了许多，生还的不到十分之一。于是，匈奴北面的丁令人乘匈奴衰弱之机攻其北部，乌桓人入侵东部，乌孙人攻击西部，这三国军队共斩杀数万匈奴人，马数万匹，牛羊不计其数；再加上饿死的，使匈奴人口减少了十分之三，牲畜损失了一半。自此匈奴更加虚弱，过去臣服于它的西域国家全部背叛，不断对匈奴进行攻杀抢掠，而匈奴却无可奈何。后来汉朝又派出三千多骑兵，分三路进攻匈奴，俘虏数千人而回；匈奴始终不敢报复，更加希望与汉和亲，汉朝边境战事大为减少。

是岁，颍川太守赵广汉为京兆尹。颍川俗，豪杰相朋党。广汉为缿筩，受吏民投书，使相告讦，于是更相怨咎，奸党散落，盗贼不敢发。匈奴降者言匈奴中皆闻广汉名，由是入为京兆尹。广汉遇吏，殷勤甚备，事推功善，归之于下，行之发于至诚，吏咸愿为用，僵仆无所避。广汉聪明，皆知其能之所宜，尽力与否；其或负者，辄收捕之，无所逃；案之，罪立具，即时伏辜。尤善为钩距以得事情，闾里铢两之奸皆知之。长安少年数人会穷里空舍，谋共劫人；坐语未讫，广汉使吏捕治，具服。其发奸擿伏如神。京兆政清，吏民称之不容口。长老传以为自汉兴，治京兆者莫能及。

（以上为第八段，写公元前71年，汉朝五路大军与西方乌孙联军夹击匈奴，匈奴损失惨重，进一步削弱。颍川太守赵广汉调任京兆尹，京师政清，吏民称焉。）

四年（辛亥，前70年）

春，三月，乙卯，立霍光女为皇后；赦天下。初，许后起微贱，登至尊日浅，从官车服甚节俭。及霍后立，舆驾、侍从益盛，赏赐官属以千万计，与许后时县绝矣。

夏，四月，壬寅，郡国四十九同日地震，或山崩，坏城郭、室屋，杀六千余人。北海、琅邪坏祖宗庙。诏丞相、御史与列侯、中二千石博问经学之士，有以应变，毋有所讳。令三辅、太常、内郡国举贤良方正各一人。大赦天下。上素服，避正殿五日。释夏侯胜、黄霸；以胜为谏大夫、给事中，霸为扬州刺史。

胜为人，质朴守正，简易无威仪，或时谓上为君，误相字于前；上亦以是亲信之。尝见，出道上语，上闻而让胜，胜曰："陛下所言善，臣故扬之。尧言布于天下，至今见诵。臣以为可传，故传耳。"朝廷每有大议，上知胜素直，谓曰："先生建正言，无惩前事！"胜复为长信少府，后迁太子太傅。年九十卒，太后赐钱二百万，为胜素服五日，以报师傅之恩。儒者以为荣。

这一年，颍川太守赵广汉调任京兆尹。颍川的风俗是地方上有势力的人往往互相勾结，拉帮结派。赵广汉为此设立了一个举报箱，接受官吏和民众的检举，使他们相互揭发。于是这些人相互结怨，那些为非作歹的团伙因此被拆散，盗贼也不敢出来作案。投降汉朝的一些匈奴人说，匈奴久闻赵广汉之名，由于名声赵广汉被调入长安任京兆尹。赵广汉对待下属官吏殷勤周到，遇有功劳或奖赏之事，往往归之于属下，他真心诚意与下属交往，因此下属都愿听他调遣，即使有生命危险也不躲避。赵广汉很精明，对下属的能力、特长以及是否尽力工作，他都知道得一清二楚；其中如有人欺瞒，便予以收捕，使他无法逃脱；审讯立即定案，很快受到制裁。赵广汉尤其擅长获取罪犯作案的真实情况，使得罪犯无法抵赖，市井中一些细小的不法之事他都能知道。有一次，长安城里几个年轻人集合在隐僻小巷的空屋里，商议一起去抢劫；他们的讨论还未结束，赵广汉就已派官吏去捉拿他们了，他们都承认有罪。赵广汉发现奸人，揭露阴私，很有本事，简直如神灵一般。担任守卫负责长安时政治清明，官吏百姓对他赞不绝口。许多老年人认为，自从汉朝建立以来，治理京兆的官员，没有赶得上赵广汉的。

汉宣帝本始四年（辛亥，前 70 年）

春季，三月十一日乙卯，册立霍光的女儿为皇后；大赦天下。当初，许皇后由于出身微贱，登上皇后之位的时间也不长，使用的随从、车马、服饰都很节俭。自霍成君任皇后以来，其车驾、侍从日渐盛大，对其属下的赏赐以千万计，与许皇后有天壤之别。

夏季，四月二十九日壬寅，四十九个郡国同一天发生地震，有的地方山崩，有的城郭、房屋被毁坏，共死亡六千多人，北海、琅邪两郡的祖宗祭庙也被震坏。宣帝下诏命丞相、御史与列侯、中二千石大臣等，向精通经书的学者广泛征询应付灾变的办法，不要有什么避讳。又命三辅、太常和内郡国各举荐一名贤良方正。大赦天下。宣帝身着素服，避开正殿五天。释放夏侯胜和黄霸；任用夏侯胜为谏大夫、给事中，黄霸为扬州刺史。

夏侯胜为人质朴正派，平易近人，没有官架子，有时竟称皇上为君，或在皇帝面前称呼别人的表字；宣帝也因为他质朴而信任他。有一次，他觐见宣帝，出宫后把宣帝的话转告给别人，宣帝听说后就责备夏侯胜，夏侯胜说："陛下所说的非常好，我才向外传扬。从前尧帝的话天下传布，至今人们还能背诵。臣认为陛下的话值得传诵，因此就加以传扬了。"每当朝廷讨论国家大事，宣帝知道夏侯胜一向正直，就对他说："先生想说什么尽管说，不必把从前的事放在心上！"后来，夏侯胜又被任命为长信少府，后又升为太子太傅。九十岁时去世，太后因而赐钱二百万，

五月，凤皇集北海安丘、淳于。

广川王去坐杀其师及姬妾十余人，或销铅锡灌口中，或支解，并毒药煮之，令糜尽，废徙上庸；自杀。

地节元年（壬子，前69年）

春，正月，有星孛于西方。

楚王延寿以广陵王胥，武帝子，天下有变，必得立，阴附助之，为其后母弟赵何齐取广陵王女为妻，因使何齐奉书遗广陵王曰："愿长耳目，毋后人有天下！"何齐父长年上书告之，事下有司考验，辞服。冬，十一月，延寿自杀。胥勿治。

十二月，癸亥晦，日有食之。

是岁，于定国为廷尉。定国决疑平法，务在哀鳏寡，罪疑从轻，加审慎之心。朝廷称之曰："张释之为廷尉，天下无冤民。于定国为廷尉，民自以不冤。"

（以上为第九段，写霍光小女入宫为皇后；广川王刘去、楚王刘延寿有罪有杀，国除。）

二年（癸丑，前68年）

春，霍光病笃。车驾自临问，上为之涕泣。光上书谢恩，愿分国邑三千户以封兄孙奉车都尉山为列侯，奉兄去病祀。即日，拜光子禹为右将军。三月，庚午，光薨。上及皇太后亲临光丧，中二千石治冢，赐梓宫、葬具皆如乘舆制度，谥曰宣成侯。发三河卒穿复土，置园邑三百家，长、丞奉守；下诏复其后世，畴其爵邑，世世无有所与。

御史大夫魏相上封事曰："国家新失大将军，宜显明功臣以填藩国，毋空大位，以塞争权。宜以车骑将军安世为大将军，毋令领光禄勋事；以其子延寿为光禄勋。"上亦欲用之。夏，四月，戊申，以安世为大司马、车骑将军，领尚书事。

凤皇集鲁，群鸟从之。大赦天下。

并为夏侯胜之死穿了五天素服，以报答老师的教育之恩。读书人都引以为荣。

五月，凤凰聚集在北海安丘、淳于二县。

广川王刘去被控告杀死自己的老师与姬妾十多人，有的是将熔化的铅汁、锡汁灌入口中致死，有的被分尸，再掺上毒药烹煮，使之糜烂。因而被废除王爵，放逐到上庸；刘去自杀而死。

汉宣帝地节元年（壬子，前 69 年）

春季，正月，西方天空出现孛星。

楚王刘延寿认为广陵王刘胥是武帝的儿子，天下万一出现变乱，一定会被拥立为皇帝，便暗中依附并帮助他，还替他的后母弟弟赵何齐娶了广陵王女儿为妻，因此派赵何齐送信给广陵王，说："希望您密切注意朝廷动向，争天下的事不要落在别人后面！"赵何齐的父亲赵长年上奏朝廷，告发此事，宣帝命有关部门审理，刘延寿供认不讳。冬天，十一月，刘延寿自杀。刘胥免予追究。

十二月三十日癸亥，出现日食。

这一年，于定国担任廷尉。于定国处理疑难案件，用法持平，十分同情那些鳏寡无依的人，只要罪证不确凿的，都从轻发落，务求谨慎小心。朝廷上下称赞他说："张释之当廷尉，天下没有蒙冤的人。于定国任廷尉，人们没有被冤枉的。"

汉宣帝地节二年（癸丑，前 68 年）

春季，霍光病重。宣帝亲临慰问，并为之哭泣。霍光上书谢恩，又表示愿意分出自己的食邑三千户，封给哥哥霍去病的孙子奉车都尉霍山为列侯，以继承对霍去病的祭祀。当天，宣帝就任命霍光的儿子为右将军。三月初八日庚午，霍光去世。宣帝和皇太后都亲临霍光灵堂祭悼，命由中二千石的官员负责治丧事宜，赐谥号为宣成侯。调动三河地区的兵卒为霍光掘修坟墓，设置三百户人家的园邑，作为霍光的墓园，派长、丞去守墓护卫；又下诏免除霍光后代子孙的赋税，让他们承继霍光的封爵食邑，世世代代都无赋税之累。

御史大夫魏相上封事说："国家最近丧失了大将军，应当提拔功臣来镇抚诸侯国，勿使那些显要的官位空缺，以免引发朝臣争权。我认为可任命车骑将军张安世为大将军，不要让他掌领光禄勋之事；可以任命他的儿子张延寿为光禄勋。"宣帝也想起用张安世。夏天，四月十七日戊申，任命张安世为大司马和车骑将军，兼领尚书令。

凤凰在鲁国聚集，成群的鸟都跟着凤凰。因此大赦天下。

上思报大将军德，乃封光兄孙山为乐平侯，使以奉车都尉领尚书事。魏相因昌成君许广汉奏封事，言“《春秋》讥世卿，恶宋三世为大夫及鲁季孙之专权，皆危乱国家。自后元以来，禄去王室，政由冢宰。今光死，子复为右将军，兄子秉枢机，昆弟、诸婿据权势，在兵官，光夫人显及诸女皆通籍长信宫，或夜诏门出入，骄奢放纵，恐浸不制，宜有以损夺其权，破散阴谋，以固万世之基，全功臣之世。”又故事：诸上书者皆为二封，署其一曰“副”，领尚书者先发副封，所言不善，屏去不奏。相复因许伯白去副封以防壅蔽。帝善之，诏相给事中，皆从其议。

帝兴于闾阎，知民事之艰难。霍光既薨，始亲政事，厉精为治，五日一听事。自丞相以下各奉职奏事，敷奏其言，考试功能。侍中、尚书功劳当迁及有异善，厚加赏赐，至于子孙，终不改易。枢机周密，品式备具，上下相安，莫有苟且之意。及拜刺史、守、相，辄亲见问，观其所由，退而考察所行以质其言，有名实不相应，必知其所以然。常称曰：“庶民所以安其田里而亡叹息愁恨之心者，政平讼理也。与我共此者，其唯良二千石乎！”以为太守，吏民之本，数变易则下不安；民知其将久，不可欺罔，乃服从其教化。故二千石有治理效，辄以玺书勉厉，增秩，赐金，或爵至关内侯；公卿缺，则选诸所表，以次用之。是以汉世良吏，于是为盛，称中兴焉。

匈奴壶衍鞮单于死，弟左贤王立为虚闾权渠单于，以右大将女为大阏氏，而黜前单于所幸颛渠阏氏。颛渠阏氏父左大且渠怨望。是时汉以匈奴不能为边寇，罢塞外诸城以休百姓。单于闻之，喜，召贵人谋，欲与汉和亲。左大且渠心害其事，曰：“前汉使来，兵随其后。今亦效汉发兵，先使使者入。”乃自请与呼卢訾王各将万骑，南旁塞猎，相逢俱入。行未到，会三骑亡降汉，言匈奴欲为寇。于是天子诏发边骑屯要害处，

汉宣帝想报大将军的恩德，便封霍光的哥哥霍去病的孙子霍山为乐平侯，让他以奉车都尉的职衔去掌领尚书事。魏相通过昌成君许广汉上奏封事，说：“《春秋》讥讽由贵族世代担任卿大夫的制度，厌恶春秋时宋国三代没有大夫和鲁国季孙氏专权，以致国家陷于危亡混乱之中。自从汉朝后元年以来，皇室不能控制各级官员的任免，政事都由职权最高的大臣决定。如今霍光死了，他的儿子又当右将军，侄儿掌管中枢要职，兄弟和女婿都身居要职，或担任带兵之官，霍光夫人显与几个女儿都在长信宫里录有名籍，有时在夜里也能出入宫门，骄奢放肆，恐怕渐渐难以控制，应当设法削弱他们的权势，消除他们可能生发的阴谋，以巩固汉朝的万世基业，保全功臣的后代。”按照旧例，所有的上书都要写上二份，其中一份标明为副本，掌领尚书的人先打开副本来看，所言之事不妥当，就不予上奏。魏相又通过许伯向宣帝建议，取消副本，防止奏书被压下来，蒙蔽皇上。宣帝认为很对，便下令任用魏相为给事中，一切都听从他的意见。

汉宣帝在民间长大，知道下层民众的疾苦。霍光死后，就亲自主持朝政，励精图治，每隔五天就要亲自听取群臣对朝政事务的意见。因而从丞相以下，都要各依自己的职位，上奏所掌理的事宜，陈述见解，从中考察他们的功德才能。侍中、尚书中有功者，给予升职，有特殊功绩的，从优封赏，而且延及子孙，长久不改变。完善朝廷的决策部门，规章制度十分详备。君臣上下关系和睦，没有人抱着敷衍行事的态度。任命刺史、郡守、封国丞相时，宣帝往往亲自召见询问，了解他们的抱负和打算，再在事后考察他们的所作所为，以征实他们的言论，有言行不一致的，一定要探知原因。宣帝常说：“民众之所以能安居乐业，没有叹息怨愁，主要就在于为政公平清明，处理诉讼之事合情合理。能和我共同治理这个国家的，不正是这些优秀的二千石官员们吗！”宣帝认为郡太守是治理民众的关键，时常更换他们则容易引起治下民众的不安；民众知道他们的郡太守将长期在任，就不敢存有欺罔蒙蔽的侥幸心理，才能使他们服从教化，各安本分。因而凡二千石官员有了治理成效时，宣帝总是颁布诏书去勉励他们，提升他们的品位俸禄，赏赐给他们黄金，有的甚至封为关内侯；若公卿位缺，就从嘉勉的二千石官员中，依次选用。因而，汉朝的优秀官吏以这时最多，世人称这时为汉室中兴。

匈奴壶衍鞮单于死后，其弟左贤王被拥立为虚闾权渠单于，封右将军的女儿为大阏氏，而废黜了前单于宠爱的颛渠阏氏。颛渠阏氏的父亲左大且渠便心生怨恨。此时汉朝认为匈奴已无力侵扰边境，便将塞外各城的屯守士卒取消，让民众得以休养生息。单于听到这个消息，十分欣喜，召集贵族一起商议，想恢复与汉和亲。左大且渠想破坏这件事，说：“以前汉使到来，往往大军就在后面。而今我们也效法汉朝的办法，先派使臣前往汉朝，随后进军偷袭。”并请求派他和呼卢訾王各率领一万

使大将军军监治众等四人将五千骑，分三队，出塞各数百里，捕得虏各数十人而还。时匈奴亡其三骑，不敢入，即引去。是岁，匈奴饥，人民、畜产死什六七，又发两屯各万骑以备汉。其秋，匈奴前所得西嗕居左地者，其君长以下数千人皆驱畜产行，与瓯脱战，所杀伤甚众，遂南降汉。

（以上为第十段，写大将军霍光辞世，魏相崭露头角。匈奴分裂内斗，进一步削弱。）

骑兵，向南沿边塞一带打猎，然后会合，一起攻入汉朝。匈奴两路大军尚未到达汉边境，就有三名骑兵逃亡，归降汉朝，说匈奴想入侵汉边境。于是宣帝下诏征调边境骑兵，驻扎各要害地区，又派了大将军的军监叫治众的等四人，率五千名骑兵，分为三队，出塞数百里抵御，各捕获匈奴数十人而返。当时由于三个匈奴骑兵逃亡汉朝，大军不敢进入汉境，当即撤退回去。这一年，匈奴闹饥荒，百姓和牲畜死亡十分之六七，又调集两处驻屯的骑兵各一万骑以防备汉朝袭击。秋天，过去被匈奴征服，被安置在匈奴东部地区的西嗕族部落，数千人在他们的君长带领下，驱赶着自己的牲畜向汉朝边境靠拢，与匈奴边界守军交战，杀伤很多，然后南奔归降汉朝。

【点评】

霍光行废立之意义。本卷记事只七年，写宣帝初立时期的政治，大权系于霍光一身，自昌邑王废立之后，霍光权力达于巅峰，霍氏一门贵盛，正如大将军夫人显所说："将军领天下，谁敢言者。"霍光乃汉室忠臣，没有异心，由于权力过大而发生了夫人毒害皇后的事件。由此可见，权臣势大，即使是忠臣，于国不利，若是奸佞或野心家，国家就要蒙难了。昌邑王被废，所列举的过失多是一些鸡毛蒜皮的事，昌邑王也能听一些劝谏，还不至于被废；但其个性顽皮固执，宠信群小，若不改正，不宜在皇位。昌邑王个性的发展，即可能成为昏暴之君。若昌邑王为汉之太甲，霍光为汉之伊尹，亦可继昭帝为中兴之主。当时的霍光加皇太后尚能控制昌邑王，但能否引导他为善，霍光没有信心。昌邑王最大之过，是尚未褒奖霍光等功臣集团，却先大肆提升昌邑王旧属。正如太仆丞张敞所谏："国辅大臣未褒，而昌邑小辇先迁，此过之大者也。"霍光最担心权力丧失，趁昌邑王立朝未稳，仅仅二十七日即采取果断措施，所以不费力气就把昌邑王拉下马来。霍光既然敢废皇帝，其他臣僚谁敢与之争锋？就昌邑王与宣帝两人相较，昌邑王在贵胄温室里成长，不知稼穑之艰难，宣帝少年时代的坎坷经历，是以"具知闾里奸邪，吏治得失"，能够成为明主。宣帝继位，是霍光行废立为刘姓天下立下的最大功勋。

汉纪十七

汉宣帝地节三年至元康四年（前67—前62年）

【起阏逢摄提格（甲寅，前67年），尽屠维协洽（己未，前62年），凡六年】

【大事提要】

本卷记事起公元前67年，讫公元前62年，凡六年，当汉宣帝地节三年至元康四年。本卷所载大事，主要有四个方面：其一，霍光家族覆灭；其二，京兆尹赵广汉不避贵戚以悲剧终；其三，宣帝报恩；其四，丞相魏相、御史大夫丙吉同心协力辅政，宣帝任贤使能，任用廉洁宽平官吏，中兴气象日益显现。其中，彰显一大批精英能吏的事迹，如立功绝域的冯奉世，为任一方造福一方的地方官黄霸、尹翁归、龚遂等。

【原文】

中宗孝宣皇帝上之下

地节三年（甲寅，前67年）

春，三月，诏曰："盖闻有功不赏，有罪不诛，虽唐、虞不能化天下。今胶东相王成，劳来不怠，流民自占八万余口，治有异等之效。其赐成爵关内侯，秩中二千石。"未及征用，会病卒官。后诏使丞相、御史问郡、国上计长史、守丞以政令得失。或对言："前胶东相成伪自增加以蒙显赏。是后俗吏多为虚名"云。

夏，四月，戊申，立子奭为皇太子，以丙吉为太傅，太中大夫疏广为少傅。封太子外祖父许广汉为平恩侯。又封霍光兄孙中郎将云为冠阳侯。

霍显闻立太子，怒恚不食，欧血，曰："此乃民间时子，安得立！即后有子，反为王邪？"复教皇后令毒太子。皇后数召太子赐食，保、阿辄先尝之；后挟毒不得行。

五月，甲申，丞相贤以老病乞骸骨；赐黄金百斤、安车、驷马，罢就第。丞相致仕自贤始。

六月，壬辰，以魏相为丞相。辛丑，丙吉为御史大夫，疏广为太子太傅，广兄子受为少傅。

太子外祖父平恩侯许伯，以为太子少，白使其弟中郎将舜监护太子家。上以问广，广对曰："太子，国储副君，师友必于天下英俊，不宜独亲外家许氏。且太子自有太傅、少傅，官属已备，今复使舜护太子家，示陋，非所以广太子德于天下也。"上善其言，以语魏相，相免冠谢曰："此非臣等所能及。"广由是见器重。

京师大雨雹，大行丞东海萧望之上疏，言大臣任政，一姓专权之所致。上素闻望之名，拜为谒者。时上博延贤俊，民多上书言便宜，辄下望之问状；高者请丞相、御史，次者中二千石试事，满岁以状闻；下者报闻，罢。所白处奏皆可。

【语译】

中宗孝宣皇帝上之下

汉宣帝地节三年（甲寅，前67年）

春季，三月，宣帝下诏说："朕听说有功而不奖赏，有罪而不诛罚，即使是唐尧、虞舜也无法教化天下的黎民大众。如今胶东国丞相王成，勤勉不怠，使得各地流民前来申报户籍的达八万多人，政绩十分显著。特加封王成关内侯，并将其秩禄提高到中二千石。"但王成还没等到朝廷征用，就病死在任上。不久，宣帝诏令丞相、御史向各郡国的上计长史、守丞等官员询问朝廷政令的得失。有人便说："前胶东丞相王成谎报户籍，擅自增加户口数，以获取表彰和奖赏。"此后，一些庸碌无能的官吏便靠虚报成绩来骗取名誉。

夏天，四月二十二日戊申，宣帝册立儿子刘奭为皇太子；任命丙吉为太傅，太中大夫疏广为少傅；封太子刘奭的外祖父许广汉为平恩侯；又封霍光的侄孙中郎将霍云为冠阳侯。

霍显听说立了太子，气得吃不下饭，口吐鲜血，说："刘奭是皇上作平民时生的儿子，怎能立为太子！若今后皇后生了儿子，反倒只能做诸侯王吗？"因而她教唆皇后去毒杀太子。皇后几次召来太子赐给他食物，保姆和奶妈就先试吃，所以皇后虽每次拿着毒药，却无机会下手。

五月二十九日甲申，丞相韦贤因年老多病，请求退休。宣帝赐给他黄金一百斤以及一辆四马拉的高级马车，把他送回家去。丞相退休，韦贤是第一个。

六月初七日壬辰，委任魏相为丞相。六月十六日辛丑，任丙吉为御史大夫，疏广为太子太傅，疏广哥哥的儿子疏受为少傅。

太子刘奭的外祖父平恩侯许伯，认为太子年幼，就向宣帝请求让自己的弟弟中郎将许舜管理太子的生活起居。宣帝询问疏广的意见，疏广回答说："太子是国家的储君，他的师友必须由天下的精英人才来充任，不应只与外祖父许氏一家亲密。况且太子自有太傅、少傅，各类官员已经齐备，如今又让许舜去监护太子家，只能使天下人感到见识浅陋，这不是增益太子德行的好办法。"宣帝很欣赏他的话，就把这件事告诉了魏相，魏相摘下帽子，请罪说："这样的见解是臣万万想不到的。"疏广因此受到宣帝的器重。

京师长安下了很大的冰雹，大行丞东海人萧望之上疏，说这是因为大臣当政，由一姓专权所致。宣帝早就耳闻萧望之的名声，便任命他为谒者。此时宣帝正广招贤能，许多人上书朝廷，对国家政事建言献策，宣帝将这些建议都交付给萧望之；萧望之把比较高明的建言转请丞相、御史试行试用，其次的交由中二千石大臣试行

冬，十月，诏曰："乃者九月壬申地震，朕甚惧焉。有能箴朕过失，及贤良方正直言极谏之士，以匡朕之不逮，毋讳有司！朕既不德，不能附远，是以边境屯戍未息。今复饬兵重屯，久劳百姓，非所以绥天下也。其罢车骑将军、右将军屯兵！"又诏："池籞未御幸者，假与贫民。郡国宫馆勿复修治。流民还归者，假公田，贷种食，且勿算事。"

（以上为第一段，宣帝奖励招抚流亡的地方官吏，举贤良，任用魏相为丞相，丙吉为御史大夫，开启政治宽平的时代。）

霍氏骄侈纵横。太夫人显，广治第室，作乘舆辇，加画，绣絪冯，黄金涂；韦絮荐轮，侍婢以五采丝挽显游戏第中；与监奴冯子都乱。而禹、山亦并缮治第宅，走马驰逐平乐馆。云当朝请，数称病私出，多从宾客，张围猎黄山苑中，使仓头奴上朝谒，莫敢谴者。显及诸女昼夜出入长信宫殿中，亡期度。

帝自在民间，闻知霍氏尊盛日久，内不能善。既躬亲朝政，御史大夫魏相给事中。显谓禹、云、山："女曹不务奉大将军余业，今大夫给事中，他人一间女，能复自救邪！"后两家奴争道，霍氏奴入御史府，欲蹋大夫门；御史为叩头谢，乃去。人以谓霍氏，显等始知忧。

会魏大夫为丞相，数燕见言事；平恩侯与侍中金安上等径出入省中。时霍山领尚书，上令吏民得奏封事，不关尚书，群臣进见独往来，于是霍氏甚恶之。上颇闻霍氏毒杀许后而未察，乃徙光女婿度辽将军、未央卫尉、平陵侯范明友为光禄勋，出次婿诸吏、中郎将、羽林监任胜为安定太守。数月，复出光姊婿给事中、光禄大夫张朔为蜀郡太守，群孙婿中郎将王汉为武威太守。顷之，复徙光长女婿长乐卫尉邓广汉为少府。戊戌，更以张安世为卫将军，两宫卫尉、城门、北军兵属焉。以霍禹为大司马，冠小冠，亡印绶；罢其屯兵官属，特使禹官名与光俱大司马者。又收范明友度辽将军印绶，但为光禄勋；及光中女婿赵平为散骑、骑都

试用，待满一年后，将试行情况奏报朝廷；没有采纳价值的建言不予试行，建言人不予录用。经萧望之处理的情况上奏后，都符合宣帝的旨意。

冬天，十月，宣帝下诏说："九月十九日壬申发生的地震，朕非常忧虑。凡能指出朕的过失，以及各郡国举荐的敢说真话的贤良方正，要补救朕的过失，对有关高级官员的错误也不必回避！由于朕的恩德不足，不能使远方的夷狄顺服，因而边境的屯戍事务一直不能停止。现今又要调兵去边境屯守，长久地劳苦百姓，这不是安定天下的好办法。现将车骑将军张安世、右将军霍禹所属的屯兵撤回。"又下诏说："凡是没有开发巡幸的皇室池塘、禁苑等，一律出租给贫民去生产使用。布列郡国的行宫别馆，也不准再修建。返回原籍的流民，一律由官府出租给公田，贷给种子，免除人头税算赋。"

霍氏家族日益骄奢放纵。太夫人显，大兴土木，广筑府第，还修造人力坐车，车的坐垫上有绣花，车的扶手处有彩画，车身涂上黄金，车轮用熟皮和棉絮包裹，让侍女们用五彩丝带拉着车子，在府第中游玩。显还和家奴总管冯子都淫乱。霍禹和霍山也都在修建房宅，时常在上林苑中的平乐馆里骑马驰骋。霍云多次称病不上朝，只派奴仆去支应报到，自己则带领众多门客私自出游，到黄山苑中去张围打猎，朝中竟没有人敢责备他。显和她的几个女儿不分日夜，任意出入上官太后居住的长信宫，毫无顾忌。

汉宣帝早年在民间时，就听说霍氏家族因长期显贵，其德行已不善美。亲临朝政以后，就任命御史大夫魏相兼给事中。显对霍禹、霍云、霍山说："你们从不考虑如何继承大将军的基业，现在御史大夫兼任给事中，一旦有人在他面前说你们的坏话，你们还能保全自己的身家性命吗！"后来，霍、魏两家的奴仆因为在路上相争谁先走，霍家奴仆便冲进御史府，要踢御史大夫府门；经御史叩头致歉，霍家奴仆才离去。有人把这件事告诉了霍家主人，显等才感到忧虑。

正巧魏相又当了丞相，多次被宣帝召入内廷谈话；平恩侯许广汉和侍中金安上等人也都可以直入宫廷。当时霍山为尚书令，宣帝又下令凡官吏和百姓如有上奏，可用密封的方式直接呈奏，不必经尚书转达，群臣如要觐见皇上，也可以单独来去，为此霍氏一家极为恼火。宣帝隐约听说霍显毒杀许皇后的事，但是还没有查明，就改任霍光的女婿度辽将军、未央卫尉、平陵侯范明友为光禄勋，把霍光的二女婿诸吏、中郎将、羽林监任胜调动出京任安定太守。几个月之后，又把霍光的姐夫给事中、光禄大夫张朔调动出京任蜀郡太守，让霍光的孙女婿中郎将王汉调动出京任武威太守。不久，又把霍光的大女婿长乐卫尉邓广汉调任少府。八月十四日戊戌，宣帝调动张安世为卫将军，未央、长乐两宫卫尉以及长安十二门、北军的部队都由他

尉、光禄大夫，将屯兵，又收平骑都尉印绶。诸领胡、越骑、羽林及两宫卫将屯兵，悉易以所亲信许、史子弟代之。

（以上为第二段，写宣帝抑制霍氏家族势力，先解除霍氏集团盘根错节的领兵职权，改任亲信的许、史子弟以代之，保留霍氏的政务职位，权力亦被架空，有名无实。）

初，孝武之世，征发烦数，百姓贫耗，穷民犯法，奸轨不胜，于是使张汤、赵禹之属，条定法令，作见知故纵、监临部主之法，缓深、故之罪，急纵、出之诛。其后奸猾巧法转相比况，禁罔浸密，律令烦苛，文书盈于几阁，典者不能遍睹。是以郡国承用者驳，或罪同而论异，奸吏因缘为市，所欲活则傅生议，所欲陷则予死比，议者咸冤伤之。

廷尉史巨鹿路温舒上书曰："臣闻齐有无知之祸而桓公以兴，晋有骊姬之难而文公用伯；近世赵王不终，诸吕作乱，而孝文为太宗。由是观之，祸乱之作，将以开圣人也。夫继变乱之后，必有异旧之恩，此贤圣所以昭天命也。往者昭帝即世无嗣，昌邑淫乱，乃皇天所以开至圣也。臣闻《春秋》正即位，大一统而慎始也。陛下初登至尊，与天合符，宜改前世之失，正始受命之统，涤烦文，除民疾，以应天意，臣闻秦有十失，其一尚存，治狱之吏是也。夫狱者，天下之大命也，死者不可复生，绝者不可复属。《书》曰：'与其杀不辜，宁失不经。'今治狱吏则不然，上下相驱，以刻为明，深者获公名，平者多后患。故治狱之吏皆欲人死，非憎人也，自安之道在人之死。是以死人之血，流离于市，被刑之徒，比肩而立，大辟之计，岁以万数。此仁圣之所以伤也，太平之未洽，凡以此也。夫人情，安则乐生，痛则思死，棰楚之下，何求而不得！故囚人不胜痛，则饰辞以示之；吏治者利其然，则指导以明之；上奏畏却，则锻练而周内之。盖奏当之成，虽皋陶听之，犹以为死有余辜。何则？成练者众，文致之罪明也。故俗语曰：'画地为狱，议不入；刻木为吏，期不对。'此皆疾吏之风，悲痛之辞也。唯陛下省法制，宽刑罚，则太平之风可兴于世。"上善其言。

统辖。任命霍禹为大司马，但不让他戴应戴的武弁大冠，只戴平常的小冠，又没有印绶，撤除以前统领的屯戍部队和僚属，只有官名和霍光一样，叫作大司马罢了。又收回范明友度辽将军的印绶，只让他担任光禄勋一职；霍光的三女婿赵平本是散骑、骑都尉、光禄大夫，统领屯戍重兵，如今也把赵平的骑都尉印绶收回了。凡是统领胡人和越人骑兵、羽林军，以及担任未央、长乐两宫卫尉以及率领驻屯军的那些人，一律都换成宣帝所亲信的许、史两家子弟担任。

当初，武帝时，频繁征调，百姓穷困，贫穷的人犯法，干为非作歹的事说不完，因此武帝让张汤、赵禹等人制定苛严法令，他们制定了一部知情不检举罪犯的刑法，一旦落实知情不举，以纵容犯罪论处，本人及主管上官都要连坐判罪。对于犯有轻罪重判，甚至栽赃陷害的官吏，放宽惩处，而对疑罪从无、宽待罪犯的官吏加重惩处，乃至诛杀。此后，许多奸猾的官吏玩弄法令而引用案例辗转比附，导致法网日趋严密，律令日加繁苛，法律文书堆满房屋书桌，主管官员无法阅尽。故各郡国在引用法令时出现混乱，有的罪行一样而惩罚不同，一些奸猾官吏借机徇私舞弊，索取贿赂。想使罪犯活命，就引用能让他活命的法令；想使罪犯死，就引用使他必死的条文，人们谈论到这些都感到冤屈悲伤。

廷尉史巨鹿人路温舒上书宣帝说："臣听说春秋时齐国姜无知杀死齐襄公的祸难，却使齐桓公由此兴起，晋国发生骊姬祸国的灾难，却使晋文公后来称霸于诸侯；近世的汉朝赵王不得善终，吕氏一家为害作乱，却造就了孝文皇帝成为汉室太宗。由此看来，祸乱的发生，往往能成就圣人。一般在大乱之后，必定会出现与以前不同的变革，这就是贤人圣哲彰显的天命。从前昭帝去世因无后嗣，立了昌邑王刘贺，但他荒淫、悖言乱辞，这正是替上天造就至圣明君啊！臣听说依照《春秋》义法十分重视正常的即位，君王一统天下，即位之始就必须谨慎小心。现今陛下刚即帝位，这是顺应天意，因此应该改掉前代的过失，要在刚接受天命之时，就使一切政教合乎正道，删除那些烦琐的法令条文，解除民众的疾苦，用以顺应上天的旨意。臣听说秦朝有十大过失，其中一项保留至今，即司法官吏过于残酷。审判定罪，是治理国家的一项要务，死人不能复生，截去肢体的人无法复原。《尚书》里说：'与其枉杀无罪的人，宁可偶尔失之宽容。'现在那些办案人员却不是这样，他们上下彼此互相加码，都争相以严苛为贤明，判刑愈重，越能获得公正无私之名，执法宽平却后患无穷。因此那些办案官吏都愿意置人于死地，这并非他们憎恶某人，而是由于他们想要求得自身平安就要把别人处死。因而死人的血在满街流淌，受刑的囚犯，比比皆是，被判死刑的人每年有好几万。这是仁人圣贤十分忧伤的事，天下之所以未能太平，原因在此。依人之常情，都是安全则乐于生存，惨痛就想去死，严刑拷打

十二月，诏曰："间者吏用法巧文浸深，是朕之不德也。夫决狱不当，使有罪兴邪，不辜蒙戮，父子悲恨，朕甚伤之！今遣廷史与郡鞠狱，任轻禄薄，其为置廷尉平，秩六百石，员四人。其务平之，以称朕意！"于是每季秋后请谳时，上常幸宣室，斋居而决事，狱刑号为平矣。

涿郡太守郑昌上疏言："今明主躬垂明听，虽不置廷平，狱将自正；若开后嗣，不若删定律令。律令一定，愚民知所避，奸吏无所弄矣。今不正其本，而置廷平以理其末，政衰听怠，则廷平将召权而为乱首矣。"

（以上为第三段，写宣帝约法，削除苛酷的法律条文，审案趋向宽平。）

昭帝时，匈奴使四千骑田车师。及五将军击匈奴，车师田者惊去，车师复通于汉；匈奴怒，召其太子军宿，欲以为质。军宿，焉耆外孙，不欲质匈奴，亡走焉耆，车师王更立子乌贵为太子。及乌贵立为王，与匈奴结婚姻，教匈奴遮汉道通乌孙者。

是岁，侍郎会稽郑吉与校尉司马憙，将免刑罪人田渠犁，积谷，发城郭诸国兵万余人，与所将田士千五百人共击车师，破之；车师王请降。匈奴发兵攻车师；吉、憙引兵北逢之，匈奴不敢前。吉、憙即留一候与卒二十人留守王，吉等引兵归渠犁。车师王恐匈奴兵复至而见杀也，乃轻骑奔乌孙。吉即迎其妻子，传送长安。匈奴更以车师王昆弟兜莫为车师王，收其余民东徙，不敢居故地；而郑吉始使吏卒三百人往田车师地以实之。

之下，什么口供都可得到！故而囚犯因为忍受不了刑罚的痛苦，就屈招以满足官吏的需要。官吏为了便于取得囚犯的供词，便引导着他去做不实的招供。有时官吏怕向朝廷奏报时遭到批驳，便想方设法弥补漏洞，务必使定案的理由充足。因此向上奏报的罪状，即使让古代审案能人皋陶听了，也会认为这个人死有余辜。为什么是这样呢？因为屈打成招的人太多，罗织捏造的罪行就非常明显。因而俗话说：‘即使在地上画成一个牢狱，无论如何也不能进去；即使用木头刻成一个审判官，也一定不要去对证。’这都是人们对严刑酷法痛心疾首的悲愤之词。希望陛下能减省法令，宽大刑罚，那太平盛世就会出现。”宣帝很赞赏路温舒的话。

十二月，宣帝下诏说：“近来官吏们舞文弄法的问题越发严重，这是由于朕的寡德造成的。官吏们对一些案件处理不当，使有罪的人继续逍遥法外，而使无罪的人遭到刑戮，造成父子间的悲伤，朕深感难过！如今派廷尉史巡视各郡的复审案件，但职位低、俸禄少，要设置廷尉平，官秩为六百石，员额四名，务必达到执法公平，以符合朕的心意。”于是每年秋天，到了申报定罪的时候，宣帝就经常到未央宫的宣室殿去斋戒，亲自裁决，讼案的审理号称平正。

涿郡太守郑昌上奏书，说：“现今圣明的君主亲自到法庭听审案，哪怕不设置廷尉平，刑案的审理也将自然公平；但若是为后代着想，不如删除那些不利于平民的法律。各项法令一经确定，百姓知道怎样才能不触犯国家法律，那些奸猾官吏也就没有耍手段的机会了。现在不从根本上加以纠正，仅靠设置廷尉平来做一些细枝末节的事，一旦将来朝政衰败，官吏处理案件也就懈怠，那么廷尉平便会专权弄法，成为祸乱之首了。”

昭帝时，匈奴派了四千名骑兵到车师国去田猎。汉朝委派五位将军出击匈奴，在车师田猎的匈奴骑兵惊恐逃离，车师国又与汉朝通好，匈奴得知后大怒，召车师国太子军宿前往匈奴，想将他扣作人质。军宿是焉耆王的外孙，不愿去匈奴作人质，就逃到焉耆，车师王就改立另一个儿子乌贵为太子。后来乌贵继位为车师国王，与匈奴通婚，唆使匈奴去拦截路经乌孙的汉朝使者。

这一年，侍郎会稽人郑吉和校尉司马憙，率领被赦免除刑罚的罪囚在渠犁屯田，积存谷物，又征发西域各城中的诸国军队一万多人，连同所带领的一千五百名屯田兵士一同攻打车师国，结果车师大败，车师王请求归降。匈奴随即发兵进攻车师，郑吉、司马憙率兵北上迎击，匈奴不敢向前。郑吉、司马憙留下一名下级军官和二十名兵卒守护着车师王，郑吉等则率兵返回渠犁。车师王害怕匈奴又会带兵来犯遭到杀害，就率领轻骑飞奔乌孙。郑吉随即把车师王的妻子儿女用驿马送至长安。匈奴改立车师王的弟弟兜莫为车师王，聚集余下的车师国民向东迁徙，不敢再居留

上自初即位，数遣使者求外家；久远，多似类而非是。是岁，求得外祖母王媪。及媪男无故、武。上赐无故、武爵关内侯。旬日间，赏赐以巨万计。

（以上为第四段，写汉匈在西域的角力，匈奴势力被驱逐，失去对车师的掌控。宣帝报恩，优抚外家。）

四年（乙卯，前 66 年）

春，二月，赐外祖母号为博平君；封舅无故为平昌侯。武为乐昌侯。

夏，五月，山阳、济阴雹如鸡子，深二尺五寸，杀二十余人，飞鸟皆死。

诏："自今子有匿父母、妻匿夫、孙匿大父母，皆勿治。"

立广川惠王孙文为广川王。

霍显及禹、山、云自见日侵削，数相对啼泣自怨。山曰："今丞相用事，县官信之，尽变易大将军时法令，发扬大将军过失。又，诸儒生多窭人子，远客饥寒，喜妄说狂言，不避忌讳，大将军常雠之。今陛下好与诸儒生语，人人自书对事，多言我家者。尝有上书言我家昆弟骄恣，其言绝痛，山屏不奏。后上书者益黠，尽奏封事，辄使中书令出取之，不关尚书，益不信人。又闻民间讙言'霍氏毒杀许皇后'，宁有是邪？"显恐急，即具以实告禹、山、云。禹、山、云惊曰："如是，何不早告禹等！县官离散、斥逐诸婿，用是故也。此大事，诛罚不小，奈何？"于是始有邪谋矣。

云舅李竟所善张赦，见云家卒卒，谓竟曰："今丞相与平恩侯用事，可令太夫人言太后，先诛此两人；移徙陛下，在太后耳。"长安男子张章告之，事下廷尉、执金吾，捕张赦等。后有诏，止勿捕。山等愈恐，相谓曰："此县官重太后，故不竟也。然恶端已见，久之犹发，发即族矣，不如先也。"遂令诸女各归报其夫，皆曰："安所相避！"

在原住地；于是郑吉就开始派三百名士兵到车师屯田，以充实这一空虚之地。

汉宣帝自从即位以来，多次派遣使者四处寻访外祖父一家；然而，由于时间久远，寻访到的人家，大多初看相像，实际都不是。这一年，终于找到了外祖母王老太太和她的儿子王无故和王武。宣帝就赐给王无故和王武关内侯的爵位。仅十天时间，对王家赏赐就多达一亿钱。

汉宣帝地节四年（乙卯，前66年）

春季，二月，宣帝赐给外祖母博平君称号；封舅父王无故为平昌侯，王武为乐昌侯。

夏季，五月，山阳、济阴两地下了像鸡蛋一般大小的冰雹，深达二尺五寸厚，死亡二十多人，飞鸟都被击死。

汉宣帝颁诏说："今后，凡属儿子隐匿父母罪状，妻子隐匿丈夫罪状，孙子隐匿祖父母罪状，一律不予治罪。"

册立广川惠王的孙子刘文为广川王。

霍显及霍禹、霍山、霍云看到自己的权力日益削弱，常常相对而泣自我埋怨。霍山说："眼下丞相魏相执政，受到朝廷的信任，完全改变了大将军时定下的法令，反倒举发大将军的过失。还有那些儒生都出身贫贱，远离家乡，客居京城，饥寒交迫，专爱胡说，不知避讳，大将军先前很痛恨这班人。如今皇上却喜欢和这班人讨论事情，不管什么人都可以上奏，议论国事，纷纷指责我们霍家。曾有人上奏，称我们兄弟骄横霸道，言辞十分激烈，我将这封奏章压下，没有转呈。后来，上奏都越来越狡猾，都改成秘密奏章，由中书令直接收取进呈，不再通过尚书，使我越发不被信任。我又听到民间纷纷传言'霍氏毒死许皇后'，真有这件事吗？"霍显十分焦急恐惧，只好将实情告诉霍禹、霍山、霍云。他们听后非常吃惊，说道："既然如此，为什么不早告诉我们！皇上把霍家女婿都贬斥放逐在外，原来都是这个缘故。这是大事，若事发，必遭严惩，这该怎么办呢？"因此霍氏开始图谋不轨了。

霍云的舅舅李竟有一位知交朋友叫张赦，看见霍云家的人惶惶不安，就告诉李竟说："眼下是丞相魏相和平恩侯许广汉掌权，可以让显太夫人去向上官太后进言，把这两个人杀掉。能够左右或废掉皇帝的，全仰赖太后了。"这件事被长安男子张章告发，案子交由廷尉和执金吾处理，逮捕了张赦等人。后来宣帝下诏，停止收捕。霍山等人越发惊恐，商议说："这是皇上看在太后的面子上，所以没有深究。但双方敌对的苗头已经显露，时间一长，就会爆发，一旦爆发，就要灭族，不如我们先下手。"于是就让霍家女儿各自回家告知自己的丈夫，他们都说："此祸一来，我们谁也躲不过。"

会李竟坐与诸侯王交通，辞语及霍氏，有诏："云、山不宜宿卫，免就第。"山阳太守张敞上封事曰："臣闻公子季友有功于鲁，赵衰有功于晋，田完有功于齐，皆畴其庸，延及子孙。终后田氏篡齐，赵氏分晋，季氏颛鲁。故仲尼作《春秋》，迹盛衰，讥世卿最甚。乃者大将军决大计，安宗庙，定天下，功亦不细矣。夫周公七年耳，而大将军二十岁，海内之命断于掌握。方其隆盛时，感动天地，侵迫阴阳。朝臣宜有明言曰：'陛下褒宠大将军以报功德足矣。间者辅臣颛政，贵戚太盛，君臣之分不明，请罢霍氏三侯皆就第；及卫将军张安世，宜赐几杖归休，时存问召见，以列侯为天子师。'明诏以恩不听，君臣以义固争而后许之，天下必以陛下为不忘功德而朝臣为知礼，霍氏世世无所患苦。今朝廷不闻直声，而令明诏自亲其文，非策之得者也。今两侯已出，人情不相远，以臣心度之，大司马及其枝属必有畏惧之心，夫近臣自危，非完计也。臣敞愿于广朝白发其端，直守远郡，其路无由，唯陛下省察！"上甚善其计，然不召也。

禹、山等家数有妖怪，举家忧愁。山曰："丞相擅减宗庙羔、兔、蛙，可以此罪也！"谋令太后为博平君置酒，召丞相、平恩侯以下，使范明友、邓广汉承太后制引斩之，因废天子而立禹。约定，未发，云拜为玄菟太守，太中大夫任宣为代郡太守。会事发觉，秋，七月，云、山、明友自杀，显、禹、广汉等捕得；禹要斩，显及诸女昆弟皆弃市；与霍氏相连坐诛灭者数十家。太仆杜延年以霍氏旧人，亦坐免官。八月，己酉，皇后霍氏废，处昭台宫。乙丑，诏封告霍氏反谋者男子张章、期门董忠、左曹杨恽、侍中金安上、史高皆为列侯。恽，丞相敞子；安上，车骑将军日磾弟子；高，史良娣兄子也。

初，霍氏奢侈，茂陵徐生曰："霍氏必亡。夫奢则不逊，不逊则侮上。

恰好此时李竟因被指控结交诸侯王而被治罪，在供词中牵涉了霍氏，宣帝就下诏说："霍云、霍山不宜宿卫宫禁，免职回家。"山阳太守张敞就向宣帝上呈一道秘密奏章说："臣听说春秋时，公子季友有功于鲁国，赵衰有功于晋国，田完有功于齐国，都因此得到应有的酬劳，恩惠延及子孙。结果，田氏子孙篡夺了齐国政权，赵氏子孙瓜分了晋国，季氏则世代专权于鲁国。因此，孔子作《春秋》，最注重反映各国的兴衰存亡，极力讥刺世卿把持朝政，认为这是国家招致衰乱的原因。以前，由于大将军霍光决定国家大计，才使宗庙和国家得到安定，功劳也不小。然而当年周公辅佐成王，不过七年就归政成王，而大将军霍光执政却长达二十年，国家命运都掌握在他的手中。在他权势鼎盛时，简直可以惊动天地，侵逼日月。因而，朝廷中应有人出来明确提出这样的处置建议，说：'陛下褒扬、宠信已故大将军，报答他的功德已很尽心了。但是近来有些辅佐大臣专擅朝政，外戚势力过大，君臣之间名分没有区别，请求解除霍氏三侯的职务，送他们回家。还有卫将军张安世，也应当赐给他几案与手杖，让他退休，然后经常召见慰问他，以列侯的身份充任天子的老师。'皇上再公开颁诏回应说，因他们对国家有大功，因而大臣奏请他们退休的建议不宜听从，群臣依循义理再三力争后，陛下才同意，这样一来，天下人必定会认为皇上是一位不忘大臣功德的君主，而群臣也都通达礼义，霍家也可以世世代代没有什么忧患和苦难。但现今朝廷上无人直言进谏，却由陛下亲自下诏解除霍云、霍山的职务，这是很失策的。现在霍氏两侯已被逐出朝廷，一般人的心情大致相同，因而依臣的揣测，大司马霍禹和他的亲属一定会产生畏惧心理。让皇上的近侍臣子恐慌自危，总不是一个万全之计。臣愿意在朝中带头发表这一意见，只是我远在山阳为太守，无法实现。只能请陛下仔细审察！"宣帝很赞同他的建议，但却不召见他。

霍禹、霍山等人家中多次出现妖怪，全家人都很忧虑。霍山说："丞相擅自减少宗庙祭祀用的羊羔、兔子和青蛙，可借此事向他问罪。"因而密谋让上官太后为博平君王媪设宴，召丞相魏相和平恩侯许广汉等以下的大臣来作陪，让范明友和邓广汉假借太后的命令，把他们杀死，趁此机会废掉宣帝，改立霍禹为帝。密谋已定，尚未动手，霍云被任命为玄菟太守，太中大夫任宣为代郡太守。恰好这一阴谋被人发觉，秋季，七月，霍云、霍山、范明友自杀。霍显、霍禹、邓广汉等人被捕，霍禹被处腰斩，霍显及霍氏兄弟姐妹都被判在闹市处斩；凡与霍家有牵连而被满门抄斩的共有几十家。太仆杜延年由于是霍氏的旧人，也被株连免官。八月初一日己酉，皇后霍成君被废，移居昭台宫。八月十七日乙丑，下诏封举报霍氏谋反的男子张章、期门董忠、左曹杨恽、侍中金安上和史高为列侯。其中杨恽为丞相杨敞的儿子，金安上是车骑将军金日磾弟弟的儿子，史高是史良娣哥哥的儿子。

当年，因为霍家生活奢侈，茂陵人徐福说："霍氏一定会灭亡。凡奢侈无度，必

侮上者，逆道也。在人之右，众必害之。霍氏秉权日久，害之者多矣；天下害之，而又行以逆道，不亡何待！”乃上疏言：“霍氏泰盛，陛下即爱厚之，宜以时抑制，无使至亡！”书三上，辄报闻。其后霍氏诛灭，而告霍氏者皆封，人为徐生上书曰：“臣闻客有过主人者，见其灶直突，傍有积薪，客谓主人：‘更为曲突，远徙其薪，不者且有火患！’主人嘿然不应。俄而家果失火，邻里共救之，幸而得息。于是杀牛置酒，谢其邻人，灼烂者在于上行，余各以功次坐，而不录言曲突者。人谓主人曰：‘乡使听客之言，不费牛酒，终亡火患。今论功而请宾，曲突徙薪无恩泽，焦头烂额为上客邪？’主人乃寤而请之。今茂陵徐福，数上书言霍氏且有变，宜防绝之。乡使福说得行，则国无裂土出爵之费，臣无逆乱诛灭之败。往事既已，而福独不蒙其功，唯陛下察之，贵徙薪曲突之策，使居焦发灼烂之右！”上乃赐福帛十匹，后以为郎。

帝初立，谒见高庙，大将军光骖乘，上内严惮之，若有芒刺在背。后车骑将军张安世代光骖乘，天子从容肆体甚安近焉。及光身死而宗族竟诛，故俗传霍氏之祸萌于骖乘。后十二岁，霍后复徙云林馆，乃自杀。

（以上为第五段，写宣帝族灭霍氏集团，霍皇后亦被迫自杀。）

班固赞曰：霍光受襁褓之托，任汉室之寄，匡国家，安社稷，拥昭，立宣，虽周公、阿衡何以加此！然光不学亡术，暗于大理；阴妻邪谋，立女为后，湛溺盈溢之欲，以增颠覆之祸，死财三年，宗族诛夷，哀哉！

臣光曰：霍光之辅汉室，可谓忠矣；然卒不能庇其宗，何也？夫威福者，人君之器也；人臣执之，久而不归，鲜不及矣。以孝昭之明，十四而知上官桀之诈，固可以亲政矣。况孝宣十九即位，聪明刚毅，知民疾苦，而光久专大柄，不知避去，多置私党，充塞朝

然傲慢不逊，不逊就一定会冒犯主上。犯上的人，就是违反常道，一个位在众人之上的人这样做，那大家一定会嫉恨他。霍氏掌权的时间已很久了，遭到了很多人的嫉恨，众人嫉恨，又做出大逆不道之事，哪有不灭亡的呢！”于是徐福就上奏说：“霍氏的地位太显赫了，陛下如宠爱他们，就应及时去节制他们的行为，不要让他们发展到招致灭亡的地步。”徐福一连上了三次奏章，都未被采用。后来霍家被满门抄斩，那些告发霍氏谋反的人都受到封赏，有人便上书为徐福鸣不平说：“臣听说有一名客人去拜访一家主人，看到主人家炉灶的烟囱是直的，旁边又堆满了木柴，客人便告诉主人：‘您这个烟囱应改为弯曲的，并将木柴搬远一点，不然会发生火灾！’主人听了不予理会。不久，这家果真失火了，幸得邻居们共同抢救，才将大火扑灭。于是这家人杀牛摆酒，酬谢邻居，被火烧得皮肉焦烂的人被请坐在上席，其余则按出力大小依次而坐，却没有把建议改装烟囱的人列在邀请的名单内。有人便对这家主人说：‘从前要是听了那位客人的劝告，就不会发生这场火灾，也不必杀牛摆酒费事了。如今论功请客，建议改装烟囱、搬走木柴的人却没得到什么好处，只将救火时被烧得焦头烂额的人列为上宾，这是什么道理呢？’主人方才恍然大悟，将那位客人也请了来。茂陵人徐福几次上书说霍氏可能会叛乱，应预先防备制止。假若陛下采纳徐福的建议，国家就不必破费土地和爵位去封赏那些告密的人，大臣也可避免谋逆叛乱、满门抄斩的大祸。事情已过，只有徐福的功绩没有得到奖赏，希望陛下明察，嘉许他提出的‘曲突移薪’之策，让他居于焦头烂额的人之上！”宣帝这才赏赐徐福绸缎十匹，后来又任命他为郎官。

宣帝初即位时，去拜祭高祖庙，大将军霍光同车陪乘，宣帝心中十分害怕，好像芒刺在背。后来车骑将军张安世代替霍光陪乘，宣帝才觉得自然舒坦，安全亲近。等到霍光死后，其宗族全遭杀灭，因此民间就传说霍氏的灾祸源于霍光与宣帝同车陪乘。十二年后，霍皇后又被迁往云林馆，于是自杀。

班固评论说：霍光身受武帝托孤的重任，承担着汉朝安危存亡的职责，匡扶国家，安定社稷，辅佐昭帝，拥立宣帝，就是周公和伊尹也不过如此！但是霍光不学无术，不明大理，隐瞒妻子的邪恶阴谋，立自己的女儿为皇后，沉溺于权势地位的欲望之中，致使灭亡的灾难不断加剧，身死不过三年，宗族便遭诛灭，真是令人悲哀啊！

臣司马光评论说：霍光辅佐汉朝，可谓是忠心尽职；但却不能庇护自己的宗族免遭刑戮，这是为什么呢？说到作威作福的权柄，只属于国君统御臣民的利器；臣下掌握了它，且长久不归还国君，就很少有不遭受祸害的。凭昭帝的聪明，十四岁就知道上官桀的奸谋，原本可以亲理朝政了。况且宣帝十九岁即

廷，使人主蓄愤于上，吏民积怨于下，切齿侧目，待时而发，其得免于身幸矣，况子孙以骄侈趣之哉！虽然，向使孝宣专以禄秩赏赐富其子孙，使之食大县，奉朝请，亦足以报盛德矣；乃复任之以政，授之以兵，及事丛衅积更加裁夺，遂至怨惧以生邪谋，岂徒霍氏之自祸哉？亦孝宣酝酿以成之也。昔斗椒作乱于楚，庄王灭其族而赦箴尹克黄，以为子文无后，何以劝善。夫以显、禹、云、山之罪，虽应夷灭，而光之忠勋不可不祀；遂使家无噍类。孝宣亦少恩哉！

（以上为第六段，写班固、司马光两人对霍氏集团覆灭的评论，两位史家认为霍光有大功于汉，然不学无术，贪恋权位，久久不归政于宣帝，祸由自取。然宣帝诛灭霍氏遗类，亦少恩矣。）

九月，诏减天下盐贾，又令郡国岁上系囚以掠笞若瘐死者，所坐县、名、爵、里，丞相、御史课殿最以闻。

十二月，清河王年坐内乱废，迁房陵。

是岁，北海太守庐江朱邑以治行第一入为大司农，勃海太守龚遂入为水衡都尉。先是，勃海左右郡岁饥，盗贼并起，二千石不能禽制，上选能治者，丞相、御史举故昌邑郎中令龚遂，上拜为勃海太守。召见，问："何以治勃海，息其盗贼？"对曰："海濒遐远，不沾圣化，其民困于饥寒而吏不恤，故使陛下赤子盗弄陛下之兵于潢池中耳。今欲使臣胜之邪，将安之也？"上曰："选用贤良，固欲安之也。"遂曰："臣闻治乱民犹治乱绳，不可急也；唯缓之，然后可治。臣愿丞相、御史且无拘臣以文法，得一切便宜从事。"上许焉，加赐黄金赠遣。乘传至勃海界，郡闻新太守至，发兵以迎。遂皆遣还。移书敕属县："悉罢逐捕盗贼吏，诸持鉏、钩、田器者皆为良民，吏毋得问；持兵者乃为贼。"遂单车独行至府。盗贼闻遂教令，即时解散，弃其兵弩而持钩、鉏，于是悉平，民安土乐业。遂乃开仓廪假贫民，选用良吏尉安牧养焉。遂见齐俗奢侈，好末技，不田作，乃躬率以俭约，劝民务农桑，各以口率种树畜养。民有带持刀剑者，使卖剑买牛，卖刀买犊，曰："何为带牛佩犊！"劳来循行，郡中皆有畜积，狱讼止息。

位，聪明刚毅，明察民间疾苦，而霍光却久掌大权，不知避让，还在朝中广植私党，分置朝廷各要职，使得上则被君主所愤恨，下则为吏民所埋怨，大家对霍氏咬牙切齿，侧目而视，等待时机，准备除掉他，霍光自己能够幸免，已是很侥幸了，何况其子孙更加骄横奢侈！即便如此，如果宣帝只用官阶和俸禄赏赐给他的子孙，让他们去享用大县的赋税，定期朝见皇帝，也就足以报答霍光对汉室的恩德了。然而宣帝仍旧让霍氏主持朝政，授以兵权，等到事故丛生，积怨日益增加，才对他们的职权加以裁夺，以致他们恐惧怨恨，终于产生反叛朝廷的邪念，这难道只是霍氏自己招来的灾祸吗？也是宣帝放纵逐渐造成的。春秋时，斗椒在楚国作乱，楚庄王诛灭了他的宗族，却赦免了担任箴尹一职的斗克黄，认为如果不给有功于国的斗谷于菟留下后人，就不利于勉励人们行善立功。说到霍显、霍禹、霍云、霍山等人所犯的罪，虽应诛灭，但是出于霍光对汉室的忠心和功勋，却不应当让他无后人。现在竟使霍家没有一人生存，孝宣帝也太过于刻薄不恩。

九月，宣帝下诏降低全国盐价。又令各郡国将本地因被拷打或疾病而死于狱中的囚犯籍贯、姓名、爵位、所居邑里，由丞相和御史大夫考核成绩优劣报告天子。

十二月，清河王刘年因被控乱伦，被废去王爵，迁居房陵。

这一年，北海太守庐江人朱邑因政绩和品行居第一，被提升为大司农，渤海太守龚遂也调入朝中担任水衡都尉。先前，渤海周边的邻郡因为闹饥荒，盗贼并起，二千石的大官也无法制服他们。宣帝征选能治理这些乱贼的人，丞相、御史便推荐前昌邑国郎中令龚遂，因此宣帝任命龚遂为渤海太守。召见龚遂时，宣帝问他："你将如何去治理渤海，平定那些盗贼呢？"龚遂回答说："渤海地处海边，远离京师，得不到皇上的教化，当地民众饥寒困苦，而官吏却不去体恤他们，因而迫使那些原本善良的子民不得不盗取陛下的兵器，作乱为寇。现今陛下是要派臣去平定他们呢，还是去安抚他们呢？"宣帝说："我任用贤良大臣，当然是要安抚他们。"龚遂说："臣听说治理乱民就像整理乱绳一样，不可操之过急，只有慢慢来，才可治理。臣希望丞相、御史暂且不要用法规来拘束臣，让臣能相机行事。"宣帝同意了这一请求，还赏赐黄金来勉励龚遂。龚遂乘坐驿车来到渤海郡边界，郡中官员听说新太守到了，便派军队前往迎接。龚遂让迎接的军队回到郡中，随即下达文书给所属各县说："撤销所有负责缉捕盗贼的官吏，凡是手持锄头、镰刀和其他农具的，一律视为良民，官吏不得刁难他们，唯独拿兵器的人才是盗贼。"于是龚遂不用随从，单人驾车去太守官邸就职。盗贼们听到新太守的命令后，纷纷解散，丢弃了兵器弓箭，改拿镰刀、锄头，就此平息了全部盗贼，百姓重又安居乐业。龚遂又下令打开官仓救济贫民，

乌孙公主女为龟兹王绛宾夫人。绛宾上书言："得尚汉外孙，愿与公主女俱入朝。"

（以上为第七段，写宣帝选贤用能，任用廉平官员为地方官，重视民生。）

元康元年（丙辰，前 65 年）

春，正月，龟兹王及其夫人来朝；皆赐印绶，夫人号称公主，赏赐甚厚。

初作杜陵，徙丞相、将军、列侯、吏二千石、訾百万者杜陵。

三月，诏以凤皇集泰山、陈留，甘露降未央宫，赦天下。

有司复言悼园宜称尊号曰皇考；夏，五月，立皇考庙。

冬，置建章卫尉。

赵广汉好用世吏子孙新进年少者，专厉强壮蜂气，见事风生，无所回避，率多果敢之计，莫为持难，终以此败。广汉以私怨论杀男子荣畜，人上书言之，事下丞相、御史按验。广汉疑丞相夫人杀侍婢，欲以此胁丞相，丞相按之愈急。广汉乃将吏卒入丞相府，召其夫人跪庭下受辞，收奴婢十余人去。丞相上书自陈，事下廷尉治，实丞相自以过谴笞傅婢，出至外第乃死，不如广汉言，帝恶之，下广汉廷尉狱。吏民守阙号泣者数万人："臣生无益县官，愿代赵京兆死，使牧养小民！"广汉竟坐要斩。广汉为京兆尹，廉明，威制豪强，小民得职，百姓追思歌之。

是岁，少府宋畸坐议"凤皇下彭城，未至京师，不足美"，贬为泗水太傅。

选派品行优良的官吏对百姓进行安抚、管理。龚遂发现齐地风俗奢侈，人们喜好经营商业，不愿耕作，便以身作则，提倡节俭，劝导百姓从事农桑，规定每人必须种多少树，养多少牲畜。若发现有人带刀持剑，一律让他们卖剑买耕牛，卖刀买牛犊，说："与其带刀剑，不如带牛佩犊！"经过龚遂的辛勤劝勉，身体力行，郡中民众大多有了积蓄，再也没有讼案发生了。

嫁给乌孙国王的汉朝公主刘解忧的女儿是龟兹国王绛宾的夫人。绛宾上书宣帝说："很高兴能娶到汉朝外孙女，我希望与乌孙公主的女儿一同去朝见天子。"

汉宣帝元康元年（丙辰，前65年）

春季，正月，龟兹王及其夫人来朝见天子，宣帝颁赐给他们印信、绶带，夫人封为公主，赏赐非常优厚。

开始在京兆杜县兴建宣帝的陵墓，并改杜县为杜陵。把丞相、将军、列侯、二千石官员和拥有百万以上家财的人迁往杜陵。

三月，宣帝下诏，因为有凤凰聚集于泰山、陈留一带，未央宫也降了甘露，故大赦天下。

管理杜陵的官员再次奏请，宣帝先父的悼园，应该尊称为皇考。夏季，五月，建立皇考庙。

冬季，设置建章卫尉。

赵广汉喜欢任用那些世代为吏的子孙中刚入仕途的年轻人，他们身体强壮，朝气蓬勃，办事雷厉风行，不避权贵，大都果敢决断，绝对听从没有异议，但最终因此而败亡。赵广汉为报私仇，借故将一个名叫荣畜的男子杀死。有人上书朝廷告发此事，宣帝命丞相、御史负责查处。赵广汉怀疑丞相魏相的夫人曾杀死府中婢女，就打算用此事来威胁丞相，但丞相不怕胁迫，反而加紧调查。赵广汉便带着吏卒闯入丞相府，把丞相夫人找来跪在院中接受审问，还抓走了十多名奴婢。丞相便上书宣帝，宣帝命廷尉处理。结果，事实是丞相因为一名保姆犯了过错，就责罚鞭打了她，被责罚的保姆到外宅自杀了，不像赵广汉所说的那种情况。宣帝便讨厌赵广汉，把他关进廷尉掌管的牢狱。长安城中数万吏民听到这个消息后，纷纷来到皇宫门前号泣，说："臣等活着对朝廷毫无用处，情愿替赵京兆去死，让他继续治理百姓！"但赵广汉最终被处以腰斩。赵广汉担任京兆尹时，廉洁清明，抑制豪强，使得百姓能安居乐业，深受老百姓的怀念和歌颂。

这一年，少府宋畴因乱发议论被判罪，他说："凤凰飞集彭城，未到京师长安，不值得赞美。"宋畴被贬为泗水国太傅。

上选博士、谏大夫通政事者补郡国守相，以萧望之为平原太守。望之上疏曰："陛下哀愍百姓，恐德之不究，悉出谏官以补郡吏。朝无争臣，则不知过，所谓忧其末而忘其本者也。"上乃征望之入守少府。

东海太守河东尹翁归，以治郡高第入为右扶风。翁归为人，公廉明察，郡中吏民贤、不肖及奸邪罪名尽知之。县县各有记籍，自听其政；有急名则少缓之。吏民小解，辄披籍。取人必于秋冬课吏大会中及出行县，不以无事时。其有所取也，以一警百。吏民皆服，恐惧，改行自新。其为扶风，选用廉平疾奸吏以为右职，接待有礼，好恶与同之；其负翁归，罚亦必行。然温良谦退，不以行能骄人，故尤得名誉于朝廷。

（以上为第八段，写赵广汉任京兆尹，治理京师不避权贵，万民拥戴，但过于任性，公报私仇，惜身败名裂以悲剧终。）

初，乌孙公主少子万年有宠于莎车王。莎车王死而无子，时万年在汉，莎车国人计，欲自托于汉，又欲得乌孙心，上书请万年为莎车王。汉许之，遣使者奚充国送万年。万年初立，暴恶，国人不说。

上令群臣举可使西域者，前将军韩增举上党冯奉世以卫候使持节送大宛诸国客至伊循城。会故莎车王弟呼屠征与旁国共杀其王万年及汉使者奚充国，自立为王。时匈奴又发兵攻车师城，不能下而去。莎车遣使扬言"北道诸国已属匈奴矣"，于是攻劫南道，与歃盟畔汉，从鄯善以西皆绝不通。都护郑吉、校尉司马憙皆在北道诸国间，奉世与其副严昌计，以为不亟击之，则莎车日强，其势难制，必危西域，遂以节谕告诸国王，因发其兵，南北道合万五千人，进击莎车，攻拔其城。莎车王自杀，传其首诣长安，更立他昆弟子为莎车王。诸国悉平，威振西域，奉世乃罢兵以闻。帝召见韩增曰："贺将军所举得其人。"

奉世遂西至大宛；大宛闻其斩莎车王，敬之异于他使，得其名马象龙而还，上甚说，议封奉世。丞相、将军皆以为可，独少府萧望之以为"奉世奉使有指，而擅制违命，发诸国兵，虽有功效，不可以为后法。即

汉宣帝征选通达政务的博士和谏大夫，到各郡国去担任郡守或封国丞相，任命萧望之为平原太守。萧望之上奏说："陛下哀怜百姓，唯恐教化不能遍及天下，因而把谏官都派往各郡国掌管地方政务，以致朝中缺少直言劝谏的大臣，不利于陛下了解朝政的缺失，这就是常说的只知忧虑细微末节，却忘记了根本大事。"宣帝就征召萧望之担任少府一职。

东海太守河东人尹翁归，因为治理政绩突出被评为高第，调入京中担任右扶风。尹翁归为人公正廉洁，明察秋毫，对郡中的官吏百姓的好坏以及奸邪之徒的罪状清清楚楚。他对属下各县的情况都有簿籍记载，常常亲自审察各县案件，凡是紧急的重大案件，他总是稍加宽缓。而吏民办事稍有怠慢，他就查阅有关记录督促。尹翁归逮捕犯人，总是在秋冬考核官吏时或出巡各县时，从不在无事时进行。这样做的目的，就是要以一儆百。因而官吏百姓无不敬服，恐惧犯罪，并能改过自新。他在右扶风任上，选用清廉公正、嫉恶如仇的部属担任重要的职务。他待人十分注重礼节，无论自己喜欢还是厌恶的人，一律相同对待；对违抗命令的，必加处罚。尹翁归为人温和谦让，从不把自己凌驾于别人之上，因而在朝中尤其受人赞誉。

当初，乌孙公主的小儿子万年很得莎车王的宠爱。莎车王死后没有儿子，当时万年正在汉朝，莎车人商议，既想得到汉朝的保护，又想取得乌孙的欢心，就上书汉朝，请求让万年来当莎车王。汉朝同意了，派使者奚充国送万年到莎车。万年当了国王后，非常残暴凶恶，莎车百姓很不满意。

宣帝命群臣举荐可以出使西域的人，前将军韩增推举上党人冯奉世以卫候身份持节为使者，护送大宛等国客人回到伊循城。恰好遇到莎车王万年的弟弟呼屠征与邻国合计杀死莎车王万年和汉使奚充国，自立为王。这时，匈奴又出兵进攻车师城，未能攻下，撤兵而还。莎车派出使者四处扬言说："西域北路各国已归属匈奴了。"于是派兵攻打南路各国，强迫各国背叛汉朝，使鄯善国以西的国家都与汉朝绝交，西行之路不通。这时都护郑吉、校尉司马憙都在北路各国之间，冯奉世与其副使严昌商议，认为若不立即攻击莎车，必使其日渐强盛，难以控制，一定会危及整个西域，便以皇帝符节告谕各国国王，征调各国军队，聚合南北两路共一万五千人进攻莎车，攻下莎车城。莎车王自杀，把他的首级传送到长安，改立他的另一个兄弟为莎车王。于是西域各国都平定了，冯奉世威震西域，这才收兵，报奏朝廷。宣帝召见韩增说："恭贺将军举荐之人十分出色。"

冯奉世又向西到达大宛，大宛王听说他杀了莎车王，对他非常恭敬，礼遇大大超过其他使臣，大宛王赠送了一匹名叫象龙的宝马，冯奉世将马牵回长安，宣帝很高兴，和朝臣商议要封赏他。丞相、将军都认为应该，只有少府萧望之认为："冯奉

封奉世，开后奉使者利以奉世为比，争逐发兵，要功万里之外，为国家生事于夷狄，渐不可长。奉世不宜受封”。上善望之议，以奉世为光禄大夫。

（以上为第九段，写冯奉世出使西域，立功边陲。）

二年（丁巳，前64年）

春，正月，赦天下。

上欲立皇后，时馆陶主母华婕妤及淮阳宪王母张婕妤、楚孝王母卫婕妤皆爱幸。上欲立张婕妤为后；久之，惩艾霍氏欲害皇太子，乃更选后宫无子而谨慎者，二月，乙丑，立长陵王婕妤为皇后，令母养太子；封其父奉光为邛成侯。后无宠，希得进见。

五月，诏曰：“狱者，万民之命。能使生者不怨，死者不恨，则可谓文吏矣。今则不然。用法或持巧心，析律二端，深浅不平，奏不如实，上亦亡由知，四方黎民将何仰哉！二千石各察官属，勿用此人。吏或擅兴徭役，饰厨传，称过使客，越职逾法以取名誉，譬如践薄冰以待白日，岂不殆哉！今天下颇被疾疫之灾，朕甚愍之，其令郡国被灾甚者毋出今年租赋。”

又曰：“闻古天子之名，难知而易讳也；其更讳询。”

匈奴大臣皆以为“车师地肥美，近匈奴，使汉得之，多田积谷，必害人国，不可不争”，由是数遣兵击车师田者。郑吉将渠犁田卒七千余人救之，为匈奴所围。吉上言：“车师去渠犁千余里，汉兵在渠犁者少，势不能相救，愿益田卒。”上与后将军赵充国等议，欲因匈奴衰弱，出兵击其右地，使不得复扰西域。

魏相上书谏曰：“臣闻之：救乱诛暴，谓之义兵，兵义者王。敌加于已，不得已而起者，谓之应兵，兵应者胜；争恨小故，不忍愤怒者，谓之忿兵，兵忿者败；利人土地、货宝者，谓之贪兵，兵贪者破；恃国家之大，务民人之众，欲见威于敌者，谓之骄兵，兵骄者灭。此五者，非

世作为朝廷使臣，其使命只是护送各国客人，却擅自假借君命，调发西域各国的军队去攻打莎车国，虽然立了功，但不足为后人效法。若因此而封赏他，以后奉命出使的人必定以他为榜样，争相征调各国军队，以图建功于万里之外，使国家在夷狄间惹是生非，此风断不可长，所以冯奉世不应受封赏。”宣帝赞同萧望之的建议，只任命冯奉世为光禄大夫。

汉宣帝元康二年（丁巳，前 64 年）

春季，正月，大赦天下。

汉宣帝打算重立皇后，当时馆陶公主的母亲华婕妤以及淮阳宪王的母亲张婕妤、楚孝王的母亲卫婕妤都受到宣帝的宠爱。宣帝想立张婕妤为皇后。过了很久，又吸取前皇后霍成君企图害死皇太子的教训，改选后宫中没有儿子而且行为谨慎的人为皇后。二月二十六日乙丑，宣帝立长陵人王婕妤为皇后，命她当皇太子的母亲，担负养育太子的责任；封其父王奉光为邛成侯。新皇后不受宠爱，因此很少见到皇上。

五月，宣帝下诏说：“刑狱关系到万民的性命。要使被判刑的人不抱怨，判死刑的人不怀恨，才是精通法律的官吏。目前的情形却并非如此。有的官吏用心巧诈，玩弄法令，随意解释法律条文模棱两可，判案轻重不公，上奏也不如实，就连天子都无法了解真相，那天下四方的百姓还有什么可仰赖呢！因而二千石郡国守相要督察自己的部属，不得任用上面说的那种人。还有的官吏擅自征发徭役，装饰宾馆驿站，大摆酒宴，招待过往使者和官员，超越职权，违反规定，谋取名誉，这就如同站在薄冰上等待太阳出来，岂不危险！现在全国疾病和瘟疫流行，朕深为同情，所以各郡国中受灾严重的地区，免除今年的赋税。”

诏书还说：“听说古代天子的名字，民间都不常用，容易避讳，因而朕现在更名为刘询。”

匈奴的大臣们都认为，“车师国土地肥沃，又靠近匈奴，若被汉朝长期占领，在那里大力垦荒屯田，积聚谷物，一定危害我国，所以不可不争夺车师”，因此多次派兵袭击在车师屯田的汉朝军民。郑吉就率领在渠犁屯田的汉朝兵卒七千余人前来援救，遭匈奴围困。郑吉上书报告说：“车师离渠犁一千多里，在渠犁的汉军兵力单薄，无法援救车师，希望能增派屯田兵卒。”宣帝与后将军赵充国等人商量，打算趁匈奴国力衰弱的机会，出兵袭击匈奴西部地区，迫使其无力再骚扰西域各国。

丞相魏相上书劝谏，说：“臣听说救乱诛暴的军队，叫作义兵，兵行仁义，可以称王于天下；自己受到敌人侵犯，被迫起兵应敌，叫作应兵，应兵可以取胜；为了一点小仇恨，忍不住心中的愤怒而出兵，叫作忿兵，忿兵往往失败；为了贪求别人的土地和财宝而出兵掠夺，叫作贪兵，贪兵也一定败亡；依仗国家强大，人口众多，

但人事，乃天道也。间者匈奴尝有善意，所得汉民，辄奉归之，未有犯于边境；虽争屯田车师，不足致意中。今闻诸将军欲兴兵入其地，臣愚不知此兵何名者也！今边郡困乏，父子共犬羊之裘，食草莱之实，常恐不能自存，难以动兵。'军旅之后，必有凶年，'言民以其愁苦之气伤阴阳之和也。出兵虽胜，犹有后忧，恐灾害之变因此以生。今郡国守相多不实选，风俗尤薄，水旱不时。按今年子弟杀父兄、妻杀夫者凡二百二十二人，臣愚以为此非小变也。今左右不忧此，乃欲发兵报纤介之忿于远夷，殆孔子所谓'吾恐季孙之忧不在颛臾而在萧墙之内也'。"上从相言，止遣长罗侯常惠将张掖、酒泉骑往车师，迎郑吉及其吏士还渠犁。召故车师太子军宿在焉耆者，立以为王；尽徙车师国民令居渠犁，遂以车师故地与匈奴。以郑吉为卫司马，使护鄯善以西南道。

（以上为第十段，写宣帝省狱薄赋以治内，外和好匈奴，将车师地退还匈奴掌控。）

魏相好观汉故事及便宜章奏，数条汉兴已来国家便宜行事及贤臣贾谊、晁错、董仲舒等所言，奏请施行之。相敕掾史按事郡国，及休告，从家还至府，辄白四方异闻。或有逆贼、风雨灾变，郡不上，相辄奏言之。与御史大夫丙吉同心辅政，上皆重之。

丙吉为人深厚，不伐善。自曾孙遭遇，言绝口不道前恩，故朝廷莫能明其功也。会掖庭宫婢则令民夫上书，自陈尝有阿保之功，章下掖庭令考问，则辞引使者丙吉知状。掖庭令将则诣御史府以视吉，吉识，谓则曰："汝尝坐养皇曾孙不谨，督笞汝，汝安得有功！独渭城胡组、淮阴郭征卿有恩耳。"分别奏组等共养劳苦状。诏吉求组、征卿；已死，有子孙，皆受厚赏。诏免则为庶人，赐钱十万。上亲见问，然后知吉有旧恩而终不言，上大贤之。

帝以萧望之经明持重，议论有余，材任宰相，欲详试其政事，复以为左冯翊。望之从少府出为左迁，恐有不合意，即移病。上闻之，使侍

企图靠武力在对方显示自己的威力，叫作骄兵，骄兵一定会被对方消灭。这五种情况，并不只是人为的因素，实为上天的意志。近年，匈奴曾对我们表示了善意，所掳掠的汉人，也都送回来了，并且也未再侵略我国边疆。尽管与我朝争着在车师屯田，那也不足介意。如今听说诸位将军计划出兵攻入匈奴境内，恕我愚昧，不知如此兴兵的名义在哪里！如今边塞各郡都很困乏，连一件狗皮羊皮之衣都是父子二人轮流穿，吃的是野草野果，经常担心活不下去，不可以征召动员百姓从军杀敌。所谓'一场战争之后，一定会有灾年'，说的就是民众的愁苦怨恨之气伤害了天地间的阴阳协调，即使打了胜仗，也会有随之而来的忧患，只怕天灾、民变由此产生。现今各郡守、各诸侯丞相多不称职，风俗非常不好，水旱之灾不时发生。按今年统计，子弟杀父兄、妻子杀丈夫的，就有二百二十二人，臣认为这种情况绝不是小事。如今皇上左右的人不为此担忧，却想发兵到遥远的蛮夷之地去报复细小的仇恨，这恐怕就像孔子所说：'我担心季孙氏的忧患，不在外患颛臾，而在内忧他家的屏风之内。'"宣帝采纳了魏相的建议，只派长罗侯常惠率领张掖、酒泉的骑兵前往车师，迎接郑吉率领的军队退回渠犁。又召回正在焉耆的前车师太子军宿，立他为车师王；把车师百姓都迁移到渠犁去；将原属车师的那一片土地送给了匈奴。任命郑吉为卫司马，派他负责鄯善以西南路地区的安全事务。

魏相喜欢阅读有关汉朝掌故和前人建方利害得失的奏章，将汉朝建立以来推行的对国家有益的措施以及贤臣贾谊、晁错、董仲舒等人所提建议归纳成若干条，奏请宣帝施行。魏相又命令丞相属吏前往各郡国巡视，以及休假回家时，他们返回相府后，都要把各地发生的奇闻异事报告给他。若遇叛贼或风雨灾害，郡守按下不报，总是由魏相上报朝廷。魏相与御史大夫丙吉同心辅佐宣帝，宣帝对二人也很器重。

丙吉为人沉稳忠厚，从不夸耀自己的功劳。自宣帝即位以来，丙吉绝口不提以前救助宣帝的恩德，因而朝中无人知道。正巧一个名叫则的掖庭婢女，她让在民间的丈夫上书宣帝，陈述自己对皇帝有过养育之功，宣帝命掖庭令负责调查这件事，婢女便说丙吉知道此事。掖庭令将婢女带到御史府请丙吉证实，丙吉认识她，对她说："你当年抚育皇曾孙时，因为照顾不周，我曾鞭打过你，你还有什么功劳！只有渭城人胡组、淮阳人郭征卿才对当今皇上有恩。"于是将胡组等人当年共同辛勤抚养的情况上奏宣帝。宣帝下诏命丙吉寻访胡组、郭征卿，但二人已死，留有子孙，都被赐以丰厚赏赐。又下诏恢复则的平民身份，赐她十万钱。皇上还亲自召问她，这才知道丙吉对自己有恩，却一直没有说出来，宣帝不禁对丙吉的贤德大为赞赏。

汉宣帝认为萧望之熟悉经典，行为持重，善发表议论，才华足以担任丞相，想仔细考察他处理政务的能力，就再次任命他为地方官左冯翊。萧望之已任职少府，

中成都侯金安上谕意曰："所用皆更治民以考功。君前为平原太守日浅，故复试之于三辅，非有所闻也。"望之即起视事。

初，掖庭令张贺数为弟车骑将军安世称皇曾孙之材美及征怪；安世辄绝止，以为少主在上，不宜称述曾孙。及帝即位而贺已死，上谓安世曰："掖庭令平生称我，将军止之，是也。"上追思贺恩，欲封其冢为恩德侯，置守冢二百家。贺有子早死，子安世小男彭祖。彭祖又小与上同席研书指，欲封之，先赐爵关内侯。安世深辞贺封；又求损守冢户数，稍减至三十户。上曰："吾自为掖庭令，非为将军也！"安世乃止，不敢复言。

上心忌故昌邑王贺，赐山阳太守张敞玺书，令谨备盗贼，察往来过客；毋下所赐书。敞于是条奏贺居处，著其废亡之效曰："故昌邑王为人，青黑色，小目，鼻末锐卑，少须眉，身体长大，疾痿，行步不便。臣敞尝与之言，欲动观其意，即以恶鸟感之曰：'昌邑多枭。'故王应曰：'然。前贺西至长安，殊无枭；复来，东至济阳，乃复闻枭声'。察故王衣服、言语、跪起，清狂不惠。臣敞前言：'哀王歌舞者张修等十人无子，留守哀王园，请罢归。'故王闻之曰：'中人守园，疾者当勿治，相杀伤者当勿法，欲令亟死。太守奈何而欲罢之？'其天资喜由乱亡，终不见仁义如此。"上乃知贺不足忌也。

（以上为第十一段，写丞相魏相、御史大夫丙吉二人互相配合，尽心辅政，宣帝中兴气象日益显露。宣帝报恩，不忘丙吉、张贺，下及仆庶。）

三年（戊午，前63年）

春，三月，诏封故昌邑王贺为海昏侯。

乙未，诏曰："朕微眇时，御史大夫丙吉、中郎将史曾、史玄、长乐卫尉许舜、侍中、光禄大夫许延寿皆与朕有旧恩，及故掖庭令张贺，辅导朕躬，修文学经术，恩惠卓异，厥功茂焉。《诗》不云乎：'无德不报'，封贺所子弟子侍中、中郎将彭祖为阳都侯，追赐贺谥曰阳都哀侯，吉为博阳侯，曾为将陵侯，玄为平台侯，舜为博望侯，延寿为乐成侯。"贺有孤孙霸，年七岁，拜为散骑、中郎将，赐爵关内侯。故人下至郡邸狱复

如今降为左冯翊，以为自己的言行有不合皇上的心意，就上书称病。宣帝听说后，派侍中成都侯金安上转达自己的用意，说："将你调职是为了考察你治理百姓事务的能力。你从前虽当平原太守，但时间太短，所以再调你到三辅地区试用，并不是听到你有什么过失。"萧望之立刻动身赴任。

当初，掖庭令张贺时常在他的弟弟车骑将军张安世面前称赞皇曾孙的才干，并谈到与皇曾孙有关的一些奇异征兆。张安世总是制止他说这些，认为少主昭帝在上，不应当称赞皇曾孙。等宣帝即位后，张贺已死，宣帝对张安世说："掖庭令生前称赞我，将军阻止他是对的。"宣帝追念张贺的恩惠，想追封他为恩德侯，派二百户人家为他守墓。张贺的儿子去世很早，过继张安世的小儿子张彭祖为养子。张彭祖幼年曾和宣帝一起读书，所以宣帝想封赏他，先赐给他关内侯，张安世极力辞谢，又请求减少守墓户数，减为三十户。宣帝说："我这是为了掖庭令，并不是为了将军你！"张安世这才不敢再推辞。

汉宣帝心中对废居在山阳郡的前昌邑王刘贺十分惧怕，就下敕书给山阳太守张敞，命他严防盗贼，密切注意来往的人，并命张敞不得将所下敕书泄露出去。张敞就将刘贺被废以后的情况以及现在的起居行止一一向宣帝奏报："前昌邑王肤色青黑，眼睛很小，鼻梁塌陷，眉毛胡须都很稀少，身材高大，因为中风而身体萎缩，行走不便。臣敞曾和他交谈，想试探他的内心活动，就用一种恶鸟引诱他说：'昌邑地区有很多猫头鹰。'前昌邑王说：'是啊，以前我到西边的长安去，一只猫头鹰也见不到。回来后，东行至济阳，才重新听到猫头鹰的叫声。'观察他的服饰、言谈、举止，如同一个白痴。我曾对他说：'令尊昌邑哀王的宫中歌舞女张修等十人都没有儿女，一直留守在哀王的墓地，请你放她们回家吧。'他听了之后说：'对于这些守墓的人，有病的不必医治，相互杀伤也不必依法处置，任由她们早点死完算了。太守为什么要放她们走呢？'可见他天性喜好由乱而亡，不懂得什么叫仁义。"宣帝因此知道刘贺不足忌怕了。

汉宣帝元康三年（戊午，前 63 年）

春季，三月，宣帝下诏封前昌邑王刘贺为海昏侯。

三月初二日乙未，宣帝下诏说："朕当年身份低微时，御史大夫丙吉，中郎将史曾、史玄，长乐卫尉许舜，侍中、光禄大夫许延寿都对朕有旧恩，已故掖庭令张贺对朕辅佐引导，帮助朕研修文学、经典，恩惠尤深，功劳最大。《诗经》上这样说：'没有不应报的恩情。'因而现在特封张贺的养子、侍中、中郎将张彭祖为阳都侯，追赐张贺谥号为阳都哀侯、丙吉为博阳侯、史曾为将陵侯、史玄为平台侯、许舜为博望侯、许延寿为乐成侯。"张贺有一孤孙名叫张霸，年仅七岁，也被任命为散骑、

作尝有阿保之功者，皆受官禄、田宅、财物，各以恩深浅报之。

吉临当封，病；上忧其不起，将使人就加印绋而封之，及其生存也。太子太傅夏侯胜曰："此未死也！臣闻有阴德者必飨其乐，以及子孙。今吉未获报而疾甚，非其死疾也。"后病果愈。

张安世自以父子封侯，在位太盛，乃辞禄，诏都内别藏张氏无名钱以百万数。安世谨慎周密，每定大政，已决，辄移病出。闻有诏令，乃惊，使吏之丞相府问焉。自朝廷大臣，莫知其与议也。尝有所荐，其人来谢，安世大恨，以为"举贤达能，岂有私谢邪！"绝弗复为通。有郎功高不调，自言安世，安世应曰："君之功高，明主所知，人臣执事何长短，而自言乎！"绝不许。已而郎果迁。安世自见父子尊显，怀不自安，为子延寿求出补吏，上以为北地太守；岁余，上闵安世年老，复征延寿为左曹、太仆。

夏，四月，丙子，立皇子钦为淮阳王。皇太子年十二，通《论语》、《孝经》。太傅疏广谓少傅受曰："吾闻'知足不辱，知止不殆。'今仕宦至二千石，官成名立，如此不去，惧有后悔。"即日，父子俱移病，上疏乞骸骨。上皆许之，加赐黄金二十斤，皇太子赠以五十斤。公卿故人设祖道供张东都门外，送者车数百两。道路观者皆曰："贤哉二大夫！"或叹息为之下泣。

广、受归乡里，日令其家卖金共具，请族人、故旧、宾客，与相娱乐。或劝广以其金为子孙颇立产业者，广曰："吾岂老悖不念子孙哉！顾自有旧田庐，令子孙勤力其中，足以共衣食，与凡人齐。今复增益之以为赢余，但教子孙怠堕耳。贤而多财，则损其志；愚而多财，则益其过。且夫富者众之怨也，吾既无以教化子孙，不欲益其过而生怨。又此金者，圣主所以惠养老臣也，故乐与乡党、宗族共飨其赐，以尽吾余日，不亦可乎！"于是族人悦服。

中郎将，赐给关内侯爵。凡是过去曾帮助过宣帝的人下至郡邸狱中的囚犯，凡曾经保护抚养他的，都被赐予官禄、土地、财物，宣帝分别按照恩德的深浅予以报答。

丙吉在将要受封时生病了，宣帝担心他一病不起，想派人将印信送到他的病床前，让他能够在世时受封。太子太傅夏侯胜说："这病不会使他死的！臣听说积有阴德的人，一定会享受到他应有的荣华富贵，并且会荫及子孙。如今丙吉尚未得到报偿，因而即使病重，也不会死的。"不久，丙吉的病果然好了。

张安世感到自己父子都被封侯，身居高位过于引人注目，就向宣帝请求辞去俸禄，宣帝下诏掌管藏钱财的都内，为张安世储存了上百万的无名钱。张安世为人谨慎周详，每次参议国家大事，做出决定后，就称病外出。等诏令颁布后，张安世又表示惊异，派人到丞相府去询问，因而朝臣都不知他曾参与此事的决策。张安世曾向朝廷推荐过某人，此人来道谢，张安世很生气，认为："为国家举荐贤能，怎可私相酬谢！"就与这个人断绝了来往。有一位郎官功劳很大，却未升迁，就向张安世说了，张安世说："您的功劳很大，宣帝是知道的，作为君主的人臣，做了一点事，怎可自己说长道短呢！"于是拒绝了他的请求。但不久这位郎官得到了升迁。张安世见自己父子地位显赫，内心深感不安，就替儿子张延寿请求出任地方官，宣帝便任命张延寿为北地太守。一年多后，宣帝体谅张安世年老，又将张延寿调回朝廷，担任左曹、太仆。

夏季，四月十四日丙子，宣帝立皇子刘钦为淮阳王。皇太子刘奭已有十二岁，通晓《论语》、《孝经》，太傅疏广对少傅疏受说："我听说'知道满足就不会受到屈辱，知道适可而止就不会有危险'，现在我们身居二千石高位，功成名就，再不肯离去，只怕将来一定会后悔。"当天，叔侄二人便称病，上书请求退休。宣帝批准了，赏给他们黄金二十斤，皇太子也赠送黄金五十斤。一些和他们长期共事的公卿故交在东都门外摆设酒宴，为他们饯行，前来相送的官员的马车达几百辆之多。道路旁围观的人都说："这两位大夫实在是贤明啊！"有人甚至为之感叹流泪。

疏广、疏受回到故乡，每天都让他们的家人去卖些黄金来置办酒席，宴请族人、故旧、宾客，和他们一同饮酒作乐。有人就劝疏广拿些黄金去替子孙置办一些产业，疏广说："不是我年迈昏庸，不顾子孙，我家本来就有土地房屋，子孙们只要勤劳耕作，足够他们衣食所需，和普通人过同样的生活。现今再给他们增加产业，让他们有盈余，只会使子孙们懈怠堕落。贤能的人，若财产太多，就会损害他们励志奋进；愚笨的人钱太多，就会助长他们犯更多的错。况且富有的人，常是众人怨恨的对象，我既然没有教化好子孙的才能，也不希望可能助长他们犯错而留下怨恨。再说这些金钱，乃是皇上用来赡养老臣的，因而我愿与邻里、族人一起来分享皇上的恩赐，以颐养天年，岂不是很恰当吗！"于是族人都很敬服。

颍川太守黄霸使邮亭、乡官皆畜鸡、豚，以赡鳏、寡、穷者；然后为条教，置父老、师帅、伍长，班行之于民间，劝以为善防奸之意，及务耕桑、节用、殖财、种树、畜养，去浮淫之费。其治，米盐靡密，初若烦碎，然霸精力能推行之。吏民见者，语次寻绎，问他阴伏以相参考，聪明识事，吏民不知所出，咸称神明，豪厘不敢有所欺。奸人去入他郡，盗贼日少。霸力行教化而后诛罚，务在成就全安长吏。许丞老，病聋，督邮白欲逐之。霸曰："许丞廉吏，虽老，尚能拜起送迎，正颇重听何伤！且善助之，毋失贤者意！或问其故，霸曰："数易长吏，送故迎新之费，及奸吏因缘，绝簿书，盗财物，公私费耗甚多，皆当出于民。所易新吏又未必贤，或不如其故，徒相益为乱。凡治道，去其泰甚者耳。"霸以外宽内明，得吏民心，户口岁增，治为天下第一，征守京兆尹顷之，坐法，连贬秩；有诏复归颍川为太守，以八百石居。

（以上为第十二段，写宣帝治政，任贤使能，一大批清廉官吏尽职尽忠，扬人之善，不留痕迹，不夸功矜能，功成身退，善始善终。车骑将军张安世、御史大夫丙吉、太傅疏广、少傅疏受、颍川太守黄霸，以及右扶风尹翁归，堪为楷模，世所敬仰。）

四年（己未，前 62 年）

春，正月，诏："年八十以上，非诬告、杀伤人，他皆勿坐。"

右扶风尹翁归卒，家无余财。秋。八月，诏曰："翁归廉平乡正，治民异等。其赐翁归子黄金百斤，以奉祭祀。"

上令有司求高祖功臣子孙失侯者，得槐里公乘周广汉等百三十六人，皆赐黄金二十斤，复其家，令奉祭祀，世世勿绝。

丙寅，富平敬侯张安世薨。

初，扶阳节侯韦贤薨，长子弘有罪系狱，家人矫贤令，以次子大河都尉玄成为后。玄成深知其非贤雅意，即阳为病狂，卧便利，妄笑语，昏乱。既葬，当袭爵，以狂不应召。大鸿胪奏状，章下丞相、御史按验。按事丞相史乃与玄成书曰："古之辞让，必有文义可观，故能垂荣于后。今子独坏容貌，蒙耻辱为狂痴，光曜晻而不宣，微哉子之所托名也！仆素愚陋，过为丞相执事，愿少闻风声；不然，恐子伤高而仆为小人也。"

颍川太守黄霸命郡内驿站和乡官都要养鸡畜猪，用以赡养光棍汉、寡妇和穷苦无依的人。然后又订立制度，设立父老、师帅、伍长等地方属官，在民间广泛推行，教育百姓行善去恶，务农种桑、讲求节俭、增加财富、种树、饲养牲畜，戒除奢侈浪费。黄霸治理政务，既杂又细，像柴米油盐一般，粗粗一看似乎是很琐碎的事务，黄霸却能有条不紊地贯彻推行。与吏民相见，总是从谈话中反复推敲，再参考旁敲侧击总能问出一些隐秘的事，加上他聪明多识，吏民们想象不到他怎么知道那么多的事情，大家都称赞他的神奇明察，对他不敢有丝毫欺瞒之心。奸邪坏人纷纷逃到别的郡，当地盗贼日益减少。黄霸对下属官吏首先致力于教育感化，如果不从，然后才用刑罚，尽量不轻易换人，使他们尽职终生。许县县丞年老，耳聋，郡督邮告诉黄霸想将其免职。黄霸说："许县县丞是一廉洁好官，尽管年老，但还能进退应对，接送宾客，只不过耳聋，又有什么关系呢！姑且好好照顾他，不要使贤能的人失望。"有人问他为什么这样做，黄霸说："频繁地变动重要官吏，会增加送旧迎新的费用，也会给奸猾官吏藏匿账簿、盗取财物造成可乘之机，公私费用耗费过多，全都出自民脂民膏。再说新换的官吏也未必贤能，甚至可能不如前任，更是徒然增加混乱。治理之道，不过是罢免太不称职的官吏而已。"黄霸外宽内明，得到吏民的爱戴，户口年年都有增加，政绩全国第一，被征调为京兆尹。不久，因被控有违法行为，连连降级。不久宣帝下诏将他调回颍川当太守，俸禄为八百石。

汉宣帝元康四年（己未，前 62 年）

春季，正月，宣帝下诏说："年纪在八十岁以上的人，如果不是因为诬告罪，或是杀伤了人，其余的过失概不论罪。"

右扶风尹翁归去世，家无积蓄。秋季，八月，宣帝下诏说："尹翁归为人廉洁清贫，办事公正，政绩优良。故赐尹翁归儿子黄金一百斤，作为祭祀之用。"

宣帝命令有关部门查访汉高祖功臣的子孙中失去侯爵的人，结果查出槐里人爵位为公乘的周广汉等一百三十六人，各赐黄金二十斤，免除其家徭役赋税，命他们负责祭祀祖先，世世不绝。

八月十一日丙寅，富平敬侯张安世逝世。

当初，扶阳节侯韦贤去世，其长子韦弘因罪被逮捕下狱，韦家怕失去爵位，就假托韦贤的遗命，要以二儿子大河都尉韦玄成作为承袭爵位的后嗣。韦玄成深知这不是父亲的本意，就假装疯癫，躺在粪尿中，胡言乱语，又哭又笑。安葬了韦贤之后，韦玄成本当承袭爵位，但他却继续装疯，不肯应召去袭爵。大鸿胪向宣帝报告了此事，宣帝命丞相、御史去调查核实，负责查办此事的丞相属官就给韦玄成写信说："古人辞让爵位的，一定著有文章，可供观览，因而能流芳百世。现今你却只是

玄成友人侍郎章亦上疏言："圣王贵以礼让为国，宜优养玄成，勿枉其志，使得自安衡门之下。"而丞相、御史遂以玄成实不病，劾奏之，有诏勿劾，引拜；玄成不得已，受爵。帝高其节，以玄成为河南太守。

车师王乌贵之走乌孙也，乌孙留不遣。汉遣使责乌孙，乌孙送乌贵诣阙。

初，武帝开河西四郡，隔绝羌与匈奴相通之路，斥逐诸羌，不使居湟中地。及帝即位，光禄大夫义渠安国使行诸羌；先零豪言："愿时渡湟水北，逐民所不田处畜牧。"安国以闻。后将军赵充国劾安国奉使不敬。是后羌人旁缘前言，抵冒渡湟水，郡县不能禁。

既而先零与诸羌种豪二百余人解仇、交质、盟诅，上闻之，以问赵充国，对曰："羌人所以易制者，以其种自有豪，数相攻击，势不一也。往三十余岁西羌反时，亦先解仇合约攻令居，与汉相距，五六年乃定。匈奴数诱羌人，欲与之共击张掖、酒泉地，使羌居之。间者匈奴困于西方，疑其更遣使至羌中与相结。臣恐羌变未止此，且复结联他种，宜及未然为之备。"后月余，羌侯狼何果遣使至匈奴借兵，欲击鄯善、燉煌以绝汉道。充国以为"狼何势不能独造此计，疑匈奴使已至羌中，先零、罕、幵乃解仇作约。到秋马肥，变必起矣。宜遣使者行边兵，豫为备，敕视诸羌，毋令解仇，以发觉其谋"。于是两府复白遣义渠安国行视诸羌，分别善恶。

是时，比年丰稔，谷石五钱。

（以上为第十三段，写韦玄成谦让显于世。先零诸羌解仇、交质、盟诅，叛汉，因使行诸羌用人不当所致。）

毁坏容貌，忍受耻辱，假装疯癫，光彩不彰，这实在没什么意义，只能得到微小的名声！我这个人向来愚昧浅陋，只在相府充当一名执事小吏，但我希望你稍微听听外界对你的议论。不然的话，只恐你会因清高而受到纠举，我也不得不做检举你的小人。”韦玄成的朋友、侍郎章也上奏说：“圣明的君王尊崇以礼治国，应当厚待韦玄成，不要违背他的意志，让他能安贫乐道，悠游自得。”而丞相、御史则以韦玄成实际上没有疯癫之病为由弹劾他。宣帝下诏免劾，让他接受爵位。韦玄成无奈，只得奉命受爵，宣帝嘉勉他的高风亮节，任命他为河南太守。

车师王乌贵逃到乌孙后，乌孙将其收留。汉朝派遣使者前去责备乌孙，乌孙就把乌贵送回长安。

当初，武帝开设了河西四郡，断绝了羌和匈奴之间的通道，还驱逐了羌人，不让他们居住在湟中地区。宣帝即位后，派光禄大夫义渠安国出使羌人各部。羌人先零部族首领说：“希望能让我们时常渡过湟水，到没有人耕种的地方去放牧。”义渠安国同意，并上报朝廷。后将军赵充国就弹劾义渠安国奉使在外，处事不谨慎。后来羌人就以汉使曾经同意为由，强行犯禁渡过湟水，郡县也无力禁止。

后来，先零部落与其他羌人部族首领二百多人宣布从前的怨仇一笔勾销，彼此交换人质，订立盟约，宣帝听到这一消息，便询问赵充国，赵充国回答说：“羌人之所以容易控制，就是因为羌人各部都有自己的首领，相互间多次发生争战，形势不能统一。三十多年前，西羌反叛汉朝时，也是先化解自身内部的矛盾，然后合力进攻令居，同汉朝抗衡，历时五六年才平定。匈奴多次引诱羌人，企图和羌人一起攻击张掖、酒泉等地，然后就让羌人住在那里。近来匈奴被困在西方，臣疑心匈奴可能又派了使都到羌中去和他们勾结。臣担心羌人变乱并不止于此，还会和其他部族再次联合，我们应设法事先防备他们。”一个多月后，羌侯狼何果真派使者到匈奴去借兵，企图进攻鄯善、敦煌，断绝汉朝到西域的道路。赵充国认为：“狼何不可能单独定出此计，臣怀疑匈奴使者已到羌中，先零、罕、开等羌人部落才化解仇恨，订立盟约。到秋天马肥之时，必有大规模变乱发生。应派出使臣，巡视边塞防御情况，并且设法阻止羌人各部化解仇恨，密切注意羌人的阴谋。”于是两府又向宣帝建议，派义渠安国前去观察诸羌动态，视善恶分别对待。

此时，农业连年丰收，谷子一石仅卖五钱。

【点评】

论赵广汉之死。本卷记事最值得深思的一件事是京兆尹赵广汉因滥杀无辜触犯法律被腰斩，此事带给人们多重反思。京兆尹是二千石高官，赵广汉因公报私仇，冤杀一人也要偿命。丞相夫人，如因施暴杀一奴婢，也要判处极刑。这说明即便是专制政体，如在清明时期，也有王子犯法与庶民同罪的情形。昭宣中兴，汉法有此境界，才有赵广汉被处以腰斩、丞相夫人受审的事件发生。此其一。赵广汉治京兆，不避贵戚，京师整肃，万民景仰。赵广汉有大功于国，数万市民为之请命，但未获蒙恩减罪，树立了法治榜样。此其二。赵广汉获极刑，不是被赐死，而是处以极刑中较为酷烈的腰斩，实属过分。这或许是他执法过严，得罪诸多贵戚而遭报复所致。丞相夫人施暴，因被罚奴婢死于外宅而获免，两相对照，严于彼而宽于此，显现法治受人情干预的迹象。此其三。

汉纪十八

汉宣帝神爵元年至三年（前61—前59年）

【起上章涒滩（庚申，前61年），尽玄黓阉茂（壬戌，前59年），凡三年】

【大事提要】

本卷记事起公元前61年，讫公元前59年，凡三年，当汉宣帝神爵元年到神爵三年。本卷所载大事主要有五个方面。其一，写王褒、张敞、王吉上奏，陈说治国根本是任用贤才，宣明礼义教化，倡导节俭，宣帝从善纳谏。其二，写盖宽饶直言犯上，蒙冤而死，宣帝虽治道有方，但宽仁不足。其三，写赵充国安羌，采用分化敌人、屯田安边的策略，代价小，收效大，西汉一代，从此免除了羌祸。其四，写匈奴内乱，郑吉抓住时机，攻破车师，立功西域，出任首任西域都护。其五，写循吏韩延寿历任颍川太守、东郡太守、左冯翊，为政宽缓，实施礼义教化，仁爱治政。韩延寿只是众多地方官的一个代表者。昭宣中兴，至是显现政通人和新气象。

【原文】

中宗孝宣皇帝中

神爵元年（庚申，前 61 年）

春，正月，上始行幸甘泉，郊泰畤；三月，行幸河东，祠后土。上颇修武帝故事，谨斋祀之礼，以方士言增置神祠；闻益州有金马、碧鸡之神，可醮祭而致，于是遣谏大夫蜀郡王褒使持节而求之。

初，上闻褒有俊才，召见，使为《圣主得贤臣颂》。其辞曰："夫贤者，国家之器用也。所任贤，则趋舍省而功施普；器用利，则用力少而就效众。故工人之用钝器也，劳筋苦骨，终日砣砣；及至巧冶铸干将，使离娄督绳，公输削墨，虽崇台五层、延袤百丈而不溷者，工用相得也。庸人之御驽马，亦伤吻、敝策而不进于行；及至驾啮膝、骖乘旦，王良执靶，韩哀附舆，周流八极，万里一息，何其辽哉？人马相得也。故服絺绤之凉者，不苦盛暑之郁燠；袭貂狐之暖者，不忧至寒之凄怆。何则？有其具者易其备。贤人、君子，亦圣王之所以易海内也。昔周公躬吐捉之劳，故有圉空之隆；齐桓设庭燎之礼，故有匡合之功。由此观之，君人者勤于求贤而逸于得人。人臣亦然。昔贤者之未遭遇也，图事揆策，则君不用其谋；陈见悃诚，则上不然其信；进仕不得施效，斥逐又非其愆。是故伊尹勤于鼎俎，太公困于鼓刀，百里自鬻，宁子饭牛，离此患也。及其遇明君、遭圣主也，运筹合上意，谏诤即见听，进退得关其忠，任职得行其术，剖符锡壤而光祖考。故世必有圣知之君而后有贤明之臣。故虎啸而风冽，龙兴而致云，蟋蟀俟秋吟，蜉蝤出以阴。《易》曰：'飞龙在天，利见大人。'《诗》曰：'思皇多士，生此王国。'故世平主圣，俊艾将自至；明明在朝，穆穆布列，聚精会神，相得益章；虽伯牙操递钟，逢门子弯乌号，犹未足以喻其意也。故圣主必待贤臣而弘功业，俊士亦俟明主以显其德。上下俱欲，欢然交欣，千载一合，论说无疑，翼乎如鸿毛遇顺风，沛乎如巨鱼纵大壑；其得意若此，则胡禁不止，曷令不行，化溢四表，横被无穷。是以圣主不遍窥望而视已明，不殚倾耳而听已聪，太平之责塞，优游之望得，休征自至，寿考无疆，何必偃仰屈伸若彭祖，呴嘘呼吸如侨、松，眇然绝俗离世哉！"是时上颇好神仙，故褒对及之。

【语译】

中宗孝宣皇帝中

汉宣帝神爵元年（庚申，前61年）

春季，正月，宣帝第一次进住甘泉宫，到泰畤祭祀天神。三月，巡幸河东郡，祭祀地神。宣帝效法武帝追求神仙，小心谨慎地遵守斋戒祭祀之礼，又听取方士的建议，增设了很多神祠。宣帝还听说益州有金马神和碧鸡神，可以通过设坛祭拜请到，就派遣谏大夫蜀郡人王褒带着符节前去祈求。

当初，宣帝听说王褒很有才干，就召见了他，要他写一篇《圣主得贤臣颂》，文中写道："贤能的人是国家的工具。任用贤人，国家可以减少举措，而能收到广博良好的功效；使用的器具锋利，就可以用力少而收效大。如果工匠使用了不锋利的工具，即使终日辛勤劳动，也收效甚微；如果使用精巧的工具，就能铸造出干将宝剑。假如派视力好的离娄来正绳墨，由鲁国的公输班来削度长短正斜，那么，即使修建长宽各一百丈的五层高台也不会有差错，这就是由于用人得当。愚笨的人骑着劣马，纵使勒破马嘴，抽坏马鞭，也难以前进；而由千里宝马拉车，精于骑术的王良执辔，善于造车的韩哀赶车周游天下，就是万里之遥，也不过瞬间就可到达。为什么区别这么大呢？由于人马相得益彰。因而，身着凉爽葛布衣服的人，就不会苦于盛夏的炎热；身穿温暖的貂狐皮衣的人，就不必担心严冬的寒苦。为什么呢？因为有了抵御寒暑的衣服了。贤人、君子，正是圣明君王治理天下的工具。从前周公为了接待宾客，吃一餐饭要停顿三次，沐浴一次要束起三次头发，因而才会出现监狱空闲的盛世。齐桓公在庭院中燃起火堆，为的是不分昼夜地接待贤士，由此成就了他九合诸侯，一匡天下的霸业。如此看来，作为君主只有不辞辛劳地访求贤才，才能享受这些贤才给他带来的安逸。为人臣子也是这样。从前，贤能的人士在没有得到君主的赏识之前，贡献策略，君王不用；陈述建议，君王不听。做官后不能施展他的抱负，遭逐斥也并非有什么过失。因此，伊尹曾屈就于庖厨鼎俎之间，姜太公曾在街市上杀牛卖肉，百里奚曾被以五张羊皮的价格卖到秦国，宁戚曾养过牛。他们都曾经历过忧患时期，一旦遇到圣主明君，出谋划策符合圣主的心意，规劝进谏立即被明君接受，不管进退都能显示出他的忠诚，居官任职也能施展出他的才干，于是功名立，接受君主赐给的爵位、土地，光宗耀祖。可见，国家必须要有圣主明君，然后才会有贤明的臣属。因而老虎长啸，风声便凛冽；飞龙兴起，云气便涌出。蟋蟀到秋天才鸣叫，蜉蝣只在阴暗处才出现。《易》说：'飞龙在天，有利于贤才见大人。'《诗》说：'美哉众多贤士，生在周王的国度里。'故而世道清平，君主明圣，才俊之士自会来临；君主明智聪察于朝，人臣仪容端庄布列于廷，聚精会神，相得

京兆尹张敞亦上疏谏曰："愿明主时忘车马之好，斥远方士之虚语，游心帝王之术，太平庶几可兴也。"上由是悉罢尚方待诏。初，赵广汉死后，为京兆尹者皆不称职，唯敞能继其迹；其方略、耳目不及广汉，然颇以经术儒雅文之。

（以上为第一段，写宣帝效法武帝故事，崇方士，好神仙，王褒、张敞上书陈说治国的根本，选贤远佞，宣明礼仪教化，宣帝采纳，罢退尚方待诏。）

上颇修饰，宫室、车服盛于昭帝时；外戚许、史、王氏贵宠。谏大夫王吉上疏曰："陛下躬圣质，总万方，惟思世务，将兴太平，诏书每下，民欣然若更生。臣伏而思之，可谓至恩，未可谓本务也，欲汉之主不世出，公卿幸得遭遇其时，言听谏从，然未有建万世之长策，举明主于三代之隆也。其务在于期会、簿书、断狱、听讼而已，此非太平之基也。臣闻民者，弱而不可胜，愚而不可欺也。圣主独行于深宫，得则天下称诵之，失则天下咸言之，故宜谨选左右，审择所使。左右所以正身，所使所以宣德，此其本也。孔子曰：'安上治民，莫善于礼，'非空言也。王者未制礼之时，引先王礼宜于今者而用之。臣愿陛下承天心，发大业，与公卿大臣延及儒生，述旧礼，明王制，驱一世之民跻之仁寿之域，则俗何以不若成、康，寿何以不若高宗！窃见当世趋务不合于道者，谨条奏，唯陛下财择焉。"吉意以为："世俗聘妻、送女无节，则贫人不及，故不举子。又，汉家列侯尚公主，诸侯则国人承翁主，使男事女，夫屈于妇，逆阴阳之位，故多女乱。古者衣服、车马，贵贱有章；今上下僭差，人人自制，是以贪财诛利，不畏死亡。周之所以能致治刑措而不用者，以其禁邪于冥冥，绝恶于未萌也。"又言："舜、汤不用三公、九卿之世而举皋陶、伊尹，不仁者远。今使俗吏得任子弟，率多骄骜，不通古今，

益彰。即使用伯牙演奏他的递钟名琴，逢蒙使用他的乌号神弓都不足以比喻君臣之间关系融洽的完美。所以圣主必须靠贤臣来辅佐，才能光大功业，俊贤之士只有得到圣主的赏识，才能显示出他的德。君臣相互信任，欢欣无憾，实为千载难逢，没有什么论说值得怀疑，犹如羽毛遇到顺风，巨鲸纵横大海。君臣之间如此投合，还有什么弊端不能禁止，有什么政令不能推行，如此教化传播四海，永无穷尽。所以，圣主不必观察四方就能看清万事万物，不必竭力倾听就能听到所有议论，既尽了使天下太平的责任，又满足了过安乐悠闲生活的愿望，吉兆自然到来，寿命因而无疆，何必费力地俯仰屈伸，呼吸吐纳，像彭祖、王侨、赤松子那样去寻觅与世隔绝的仙境呢！”此时，宣帝正喜好神仙之术，因而王褒在文中便提到此事。

京兆尹张敞也上奏规劝宣帝，说：“希望明主能放弃对车马的爱好，排斥方士那些荒唐的言论，潜心研究帝王统治的艺术，太平盛世才可能出现。”宣帝于是全部遣散了那些炼长生不老药的方士。当初，赵广汉死后，担任京兆尹一职的人都不称职，唯有张敞能继续奉行赵广汉的做法。他的谋略、聪明虽不如赵广汉，但他能以儒家经术和温文雅正的性格来弥补。

汉宣帝十分重视仪容，所使用的宫室、车辆、服饰都比昭帝时华丽。外戚许、史、王氏家族又很受尊宠。谏大夫王吉上奏宣帝说：“陛下以圣明的资质总理万机，专心世事，以实现天下太平，每次颁诏，万民欢欣，如获新生。臣埋头深思，这可以说是陛下对百姓的最大恩德，但还没有达到治理政务的根本。能使国家长治久安的圣主并不经常出现，如今，公卿大臣有幸遇到圣主，言听计从，但未能制定出建立万世基业的长远规划，以使圣君的治国能与夏、商、周三代一样隆盛。如今的政务主要侧重于朝会、审理簿书、断案、听讼等，这并不是治国出现太平盛世的基础。臣听说，民众尽管是弱势群体，但不可以压服，虽然愚昧，却不可以欺骗他们。圣主独处深宫，所做决定，正确的就受到天下人的称颂，错误的就被天下人议论，因而应谨慎地选择身边参与决策的大臣，严格选拔执行政令的官员。使身边的决策大臣能够辅佐君主以身作则，执行政令的官员能够宣示圣德，这才是君主治理政务的根本。孔子说：‘要让君主安逸，百姓得到治理，没有比推行礼义教化更好的了。’这不是一句空话。作为君王，在未制定新的礼仪之前，应当把先前君王制定的适宜于当前情况的礼仪予以实施。臣希望陛下能上承天意，发扬祖宗大业，与公卿大臣以及儒生一起研究古代贤王的礼仪、制度，加以实施，使全体百姓都能生活安逸，长命百岁。如此，国家的风俗怎会不像周朝的成康之治，寿命达到殷高宗武丁那样长寿呢！臣私下见闻所及，当前政务中不合于先王之道的谨条录呈奏，恭请陛下裁

无益于民，宜明选求贤，除任子之令；外家及故人，可厚以财，不宜居位。去角抵，减乐府，省尚方，明示天下以俭。古者工不造雕瑑，商不通侈靡，非工、商之独贤，政教使之然也。”上以其言为迂阔，不甚宠异也。吉遂谢病归。

（以上为第二段，写宣帝颇尚修饰，贵宠外戚，王吉上书，圣主明君不尚奢靡，提倡节俭，抑制外家任权，宣帝不以为然，王吉谢病罢归。）

义渠安国至羌中，召先零诸豪三十余人，以尤桀黠者皆斩之；纵兵击其种人，斩首千余级。于是诸降羌及归义羌侯杨玉等怨怒，无所信乡，遂劫略小种，背畔犯塞，攻城邑，杀长吏，安国以骑都尉将二千屯备羌；至浩亹，为虏所击，失亡车重、兵器甚众。安国引还，至令居，以闻。

时赵充国年七十余，上老之，使丙吉问谁可将者。充国对曰："无逾于老臣者矣！"上遣问焉，曰："将军度羌虏何如？当用几人？"充国曰："百闻不如一见。兵难遥度，臣愿驰至金城，图上方略。羌戎小夷，逆天背畔，灭亡不久，愿陛下以属老臣，勿以为忧！"上笑曰："诺。"乃大发兵诣金城。夏，四月，遣充国将之，以击西羌。

六月，有星孛于东方。

赵充国至金城，须兵满万骑，欲渡河，恐为虏所遮，即夜遣三校衔枚先渡，渡，辄营陈；会明毕，遂以次尽渡。虏数十百骑来，出入军傍，充国曰："吾士马新倦，不可驰逐，此皆骁骑难制，又恐其为诱兵也。击虏以殄灭为期，小利不足贪！"令军勿击。遣骑候四望峡中无虏，夜，引兵上至落都。召诸校司马谓曰："吾知羌虏不能为兵矣！使虏发数千人守杜四望峡中，兵岂得入哉！"

定。”王吉认为：“如今世间娶妻、嫁女的费用没有节制，使穷困的人无力负担，故不敢育子。再则，我朝列侯娶天子的女儿，诸侯国中人娶诸侯王的女儿，让男子服侍妇女，丈夫屈服于妻子，颠倒了阴阳位置，因此才发生许多女人违礼乱规的情况。古人在服饰、车马方面，严格规定了尊卑贵贱，如今却上下混乱，毫无节度，使得人人只知贪图财物，追求利禄，甚至连死都不怕。周朝之所以大治，能把刑罚搁置而不使用，是因为他们将邪恶杜绝在萌芽之前。”王吉又说：“虞舜、商汤王不用三公、九卿的后嗣，而重用皋陶、伊尹，疏远不仁不义的人。如今却使庸官子弟因其父兄任高官得以恩荫任职，他们大多骄横傲慢，不通古今，无益百姓，应当公开选贤求才，废除这一恩荫子弟为官的任子令。对于外戚和故旧，可以赏赐他们丰厚的财物，但不应让他们身居要职。禁止角抵游戏，减少乐府艺人，节省宫廷用度，在全国范围提倡节俭。古代工匠不雕琢细致的装饰，商贾不贩卖奢侈品，不只是古代的工匠和商贾才贤明，而是政令教化造成的。”宣帝认为王吉的话过于迂腐，不切实际，并不重视。王吉就称病回到老家。

义渠安国到达羌中，召集先零各部首领三十余人前来，将其中桀骜不驯的都杀了。还纵兵袭击先零人，斩首一千多级，因此引起原已归附汉朝的各羌人部落以及归义羌侯杨玉的怨恨，认为汉朝不可依赖，就胁持其他弱小民族，背叛汉朝侵犯边塞，攻打城池，杀死官吏。义渠安国以骑都尉身份率领两千骑兵防备羌人，到达浩亹，遭遇羌人袭击，损失了很多军需装备和武器。义渠安国率兵撤退，回到令居，将战况呈奏了朝廷。

此时，赵充国已经七十多岁了，宣帝认为他年事已高，派丙吉询问他谁可担任大将。赵充国回答说：“谁也不如老臣我合适！”宣帝又派人问他：“你估计羌人会怎样？应当派多少兵力？”赵充国说：“百闻不如一见，行军打仗之事难以远距离猜度，臣愿驰至金城，画上地图，拟定方略。羌人不过是戎夷小种，逆天背叛，不久就将灭亡，希望陛下把这一任务交给老臣，不要忧虑！”宣帝笑着说：“好吧。”于是派出大兵直抵金城。夏季，四月，派赵充国率领金城军队，进攻西羌。

六月，东方天空出现彗星。

赵充国到了金城，集结了一万骑兵，想渡过黄河，又怕遭到羌人拦击，就趁夜晚派出三校军队，士兵口中衔枚，先行偷渡，没有声息，渡过黄河后，立即屯设大营。天亮后，全军依次渡过了黄河。约有近百名羌人骑兵出现在汉军附近，赵充国说：“我军现在兵马劳乏，不能飞驰追击，眼前这些是敌人的精锐骑兵，不易制服，又怕是敌人的诱兵。我们此战的目标是要将敌军全部消灭，不可贪图小利！”命令汉军不得出击。赵充国派人到四望峡侦察，发现峡中没有敌军。夜里，赵充国率军

充国常以远斥候为务，行必为战备，止必坚营壁，尤能持重，爱士卒，先计而后战。遂西至西部都尉府，日飨军士，士皆欲为用。虏数挑战，充国坚守。捕得生口，言羌豪相数责曰："语汝无反，今天子遣赵将军来，年八九十矣，善为兵；今请欲一斗而死，可得邪！"初，罕、开豪靡当儿使弟雕库来告都尉曰："先零欲反。"后数日，果反。雕库种人颇在先零中，都尉即留雕库为质。充国以为无罪，乃遣归告种豪："大兵诛有罪者，明白自别，毋取并灭。天子告诸羌人："犯法者能相捕斩，除罪，仍以功大小赐钱有差；又以其所捕妻子、财物尽与之。"充国计欲以威信招降罕、开及劫略者，解散虏谋，徼其疲剧，乃击之。

（以上为第三段，写西羌反叛，赵充国为主将带兵安羌。充国身临前线察知，独先零羌叛汉，罕、开两部被胁迫尚在观望。赵充国制定缓攻叛羌，先做分化工作，招降罕、开，孤立先零的方略瓦解羌人联合的计谋。）

时上已发内郡兵屯边者合六万人矣。酒泉太守辛武贤奏言："郡兵皆屯备南山，北边空虚，势不可久。若至秋冬乃进兵，此虏在境外之册。今虏朝夕为寇，土地寒苦，汉马不耐冬，不如以七月上旬赍三十日粮，分兵出张掖、酒泉，合击罕、开在鲜水上者。虽不能尽诛，但夺其畜产，虏其妻子，复引兵还，冬复击之，大兵仍出，虏必震坏。"天子下其书充国，令议之。充国以为："一马自负三十日食，为米二斛四斗，麦八斛，又有衣装、兵器，难以追逐。虏必商军进退，稍引去，逐水草，入山林。随而深入，虏即据前险，守后厄，以绝粮道，必有伤危之忧，为夷狄笑，千载不可复。而武贤以为可夺其畜产，虏其妻子，此殆空言，非至计也。先零首为畔逆，他种劫略，故臣愚册，欲捐罕、开暗昧之过，隐而勿章，先行先零之诛以震动之，宜改过反善，因赦其罪，选择良吏知其俗者，抚循和辑。此全师保胜安边之册。"

天子下其书，公卿议者咸以为"先零兵盛而负罕、开之助，不先破罕、开，则先零未可图也"。上乃拜侍中许延寿为强弩将军，即拜酒泉太

穿过四望峡，抵达落都山后，便召集各位军校、司马说："我就知道羌人不善用兵！如果羌人派几千军士堵住四望峡，我军哪能这么顺利进入呢！"

赵充国时时向远处派出侦察兵，行军时随时做好战斗准备，扎营后重视营垒的坚固。尤其是他办事老成持重，爱惜士卒，战前一定先制订好计划，然后再战。他率军向西来到西部都尉府，每天都让军士们吃好，军士们都愿为他效劳。羌人多次挑衅，赵充国坚守不出。汉军从俘获的羌人口中得知，羌人各部首领多次相互指责说："告诉你不要造反，现在天子派赵将军率军前来，他八九十岁了善于用兵，现在我们就是想与他拼死一战，有这个机会吗？"起初，罕开两部首领靡当儿派他的弟弟雕库告诉西部都尉说："先零人企图造反。"几天后，先零果真造反。雕库同族人有不少在先零部落中，西部都尉就将雕库留作人质。赵充国认为雕库无罪，将他放走，让他转告羌人各部首领说："大军前来只是诛杀有罪的人，请你们自相区别，不要和有罪者一同自取灭亡。天子要我转告各部羌人：犯法者只要能主动捕杀同党，就可免去罪责，仍按功劳大小赐给钱财，并将捕杀之人的妻子和财物送给他。"赵充国想先凭借威信招降罕开及被先零胁迫的羌人部落，瓦解羌人联合叛汉的计划，等待羌人疲困时，再去攻击他们。

此时，宣帝已征发内地郡国的军队共六万人屯戍边塞。酒泉太守辛武贤上奏说："各郡军队都屯备在南山，北边空虚，这种形势不可持久。如等到秋冬时再进兵，这是羌虏远在边境之外的策略，现在羌人日夜不停地侵扰，气候寒冷，汉军马匹不耐寒冬，何不就在七月上旬，携带三十天的粮食，从张掖、酒泉分路出兵，合击鲜水一带的罕开两部羌人。虽不能全部剿灭，但可夺其牲畜，俘虏他们的妻子，然后领兵退回，冬天到了再次出击，大军多次如此出击，羌人必定恐惧震惊。"宣帝把辛武贤的奏章交给赵充国，征求他的意见。赵充国认为："一匹马要载负一名战士三十天的粮食，计米二斛四斗，麦八斛，再加上衣服、武器，很难再去追逐羌虏。羌虏一定会计算我军进退的时间，暂时撤退，沿着有水草的地方遁入山林。汉军如果随之深入，羌虏便会依据前方险要，扼守后方通路，断绝我军粮道，一定会使我军陷入危亡境地，被夷狄嘲笑，且永远无法报仇。而辛武贤认为可以因此得到羌人的牲畜，俘虏他们的妻子，这恐怕只是一句空话，并非上策。先零是叛逆祸首，其他部族不过是被其胁迫，所以愚臣的计划是，捐弃罕开愚昧不明的过错，暂不公开发布，先诛伐先零，以震惊羌人，迫使他们改过自新，再赦免其罪，挑选了解羌人风俗的贤良官吏加以安抚，这才是保全兵力，获取胜利，安定边境的良策。"

汉宣帝把赵充国的奏章交由群臣讨论，公卿大臣都认为："先零的兵力强盛，又依仗罕开的帮助，如不首先击破罕开，那么对先零是没有办法的。"宣帝就任命侍中

守武贤为破羌将军，赐玺书嘉纳其册。以书敕让充国曰："今转输并起，百姓烦扰，将军将万余之众，不早及秋共水草之利，争其畜食，欲至冬，虏皆当畜食，多藏匿山中，依险阻，将军士寒，手足皲瘃，宁有利哉！将军不念中国之费，欲以岁数而胜敌，将军谁不乐此者！今诏破羌将军武贤等将兵，以七月击罕羌；将军其引兵并进，勿复有疑！"

充国上书曰："陛下前幸赐书，欲使人谕罕，以大军当至，汉不诛罕，以解其谋。臣故遣罕豪雕库宣天子至德；罕、幵之属皆闻知明诏。今先零羌杨玉阻石山木，候便为寇，罕羌未有所犯，乃置先零，先击罕，释有罪，诛无辜，起一难，就两害，诚非陛下本计也！臣闻兵法：'攻不足者守有余。'又曰：'善战者致人，不致于人。'今罕羌欲为敦煌、酒泉寇，宜饬兵马，练战士，以须其至。坐得致敌之术，以逸击劳，取胜之道也。今恐二郡兵少，不足以守，而发之行攻，释致虏之术而从为虏所致之道，臣愚以为不便。先零羌虏欲为背畔，故与罕、幵解仇结约，然其私心不能无恐汉兵至而罕、幵背之也。臣愚以为其计常欲先赴罕、幵之急以坚其约。先击罕羌，先零必助之。今虏马肥、粮食方饶，击之恐不能伤害，适使先零得施德于罕羌，坚其约，合其党。虏交坚党，合精兵二万余人，迫胁诸小种，附著者稍众，莫须之属不轻得离也。如是，虏兵浸多，诛之用力数倍。臣恐国家忧累，由十年数，不二三岁而已。于臣之计，先诛先零已，则罕、幵之属不烦兵而服矣。先零已诛而罕、幵不服，涉正月击之，得计之理，又其时也。以今进兵，诚不见其利！"戊申，充国上奏。秋，七月，甲寅，玺书报，从充国计焉。

充国乃引兵至先零在所。虏久屯聚，懈弛，望见大军，弃车重，欲渡湟水，道厄狭；充国徐行驱之。或曰："逐利行迟。"充国曰："此穷寇，不可迫也。缓之则走不顾，急之则还致死。"诸校皆曰："善。"虏赴水溺死者数百，降及斩首五百余人。虏马、牛、羊十万余头，车四千余

许延寿为强弩将军，又任命酒泉太守辛武贤为破羌将军，颁赐盖有皇帝印信的文书，嘉勉辛武贤的建议。又下诏书责备赵充国说："如今运输繁忙，百姓为此深受困扰，将军率领一万大军，不及早利用秋季水草茂盛之机，争夺羌人的牲畜粮食，却准备等到冬季再行出击，那时羌人做好了牲畜粮食的储备，人都藏匿在山里，据守险要之地，而将军率领的士兵，却受着寒苦，手足皲裂，难道有利于作战吗？将军不考虑国家的巨大耗费，只想拖延年岁而取胜，这样的将军，谁不愿当，现今诏令破羌将军辛武贤等率兵于七月攻击罕开，将军要率军同时进击，不可再有迟疑！"

赵充国又上书说："陛下以前曾赐下书信，想派人劝谕罕羌，告诉他们大军前来，并不是讨伐罕羌，借此瓦解羌人联合叛汉的计划。所以臣派罕羌首领雕库回去宣扬天子的恩德，罕、开两部羌人都已得知了天子的明诏。现今先零羌首领杨玉凭借山中树木岩石自保，并寻机出山骚扰，而罕羌并无冒犯行为，如今要放过有罪的先零，先去攻击罕羌，放过有罪者，诛伐无辜者，又树一敌，形成两敌，这并非陛下的本意啊！臣听《兵法》上说：'发动进攻兵力不足，用于防守则有多余。'又说：'善于打仗的人，能主动引诱敌人，而不被敌人所引诱。'现今罕羌企图进犯敦煌、酒泉，应整顿兵马，训练战士，等待敌人前来，坐获制敌之法，以逸击劳，这才是取胜之道。如今担心二郡兵力单薄，不足防守，却反倒出兵进攻，放弃引诱敌人的战术，反被敌人所引诱，愚臣认为十分不利。先零羌虏想背叛汉朝，所以才与罕开化解怨仇，结成盟约，但其内心深处也担忧汉军一到，罕开又会背叛他们。臣认为先零的策略是想让罕、开先受到攻击，然后再去救助罕开，用以坚定与罕、开的联盟。先攻罕羌，先零一定会去救助。如今羌人的马匹正肥，粮食正多，攻击他们，只怕不但不能伤害他们，反而有机会让先零施恩德给罕羌，坚定其联盟，团结其族党。羌虏联盟巩固之后，能聚集精兵两万多人，再胁迫其他弱小种羌，附合他们的人日渐增多，像莫须这类小部族，便不会轻易背盟离去。这样一来，羌人的兵力就会越来越多，要想再去诛伐他们，就需增加几倍的兵力。臣担心那时，国家的忧劳疲累要拖延十来年，而并非两三年。依臣的意见，先诛灭先零，那罕、开之羌用不着再出兵，就可屈服。万一先零已被诛灭，而罕、开等仍不屈服，等到明年正月再去攻击他们，将是合理和适时的。如果现在进兵，实在是看不出有什么好处！"六月二十八日戊申，赵充国上了奏章。秋季，七月初五甲寅，宣帝颁赐有印玺的诏书，同意了赵充国的计划。

赵充国率兵进抵先零所在地区。羌虏因为屯驻太久，戒备松弛，忽见汉朝大军到来，便抛弃车辆辎重，企图渡过湟水，但道路艰险狭窄，赵充国率兵缓缓进逼。有人对赵充国说："扩大战果，应快速推进。"赵充国说："这些是走投无路的敌人，不可逼之过急。缓缓追击，他们只顾逃跑，追急则会回头死战。"军校们都说："有

两。兵至罕地，令军毋燔聚落、刍牧田中，罕羌闻之，喜曰："汉果不击我矣！"豪靡忘使人来言："愿得还复故地。"充国以闻。未报。靡忘来自归，充国赐饮食，遣还谕种人。护军以下皆争之曰："此反虏，不可擅遣！"充国曰："诸君但欲便文自营，非为公家忠计也！"语未卒，玺书报，令靡忘以赎论。后罕竟不烦兵而下。

（以上为第四段，写朝廷采纳酒泉太守辛武贤立即进攻叛羌，先击弱小的罕、开，最后集中打击先零的方略，朝廷已调集六万之众屯于前线。赵充国认为讨无辜，会把所有羌人推向敌人，是错误的方略。赵充国紧急奏报，朝廷复议，支持赵充国的方略。）

上诏破羌、强弩将军诣屯所，以十二月与充国合，进击先零。时羌降者万余人矣，充国度其必坏，欲罢骑兵，屯田以待其敝。作奏未上，会得进兵玺书，充国子中郎将卬惧，使客谏充国曰："诚令兵出，破军杀将，以倾国家，将军守之可也。即利与病，又何足争！一旦不合上意，遣绣衣来责将军，将军之身不能自保，何国家之安！"充国叹曰："是何言之不忠也！本用吾言，羌虏得至是邪！往者举可先行羌者，吾举辛武贤；丞相御史复白遣义渠安国，竟沮败羌。金城、湟中谷斛八钱，吾谓耿中丞：'籴三百万斛谷，羌人不敢动矣！'耿中丞请籴百万斛，乃得四十万斛耳；义渠再使，且费其半。失此二册，羌人致敢为逆。失之豪厘，差以千里，是既然矣。今兵久不决，四夷卒有动摇，相因而起，虽有知者不能善其后，羌独足忧邪！吾固以死守之，明主可为忠言。"

遂上屯田奏曰："臣所将吏士、马牛食所用粮谷、茭稿，调度甚广，难久不解，徭役不息，恐生他变，为明主忧，诚非素定庙胜之册。且羌易以计破，难用兵碎也，故臣愚心以为击之不便！计度临羌东至浩亹，羌虏故田及公田，民所未垦，可二千顷以上，其间邮亭多坏败者。臣前部士入山，伐林木六万余枚，在水次。臣愿罢骑兵，留步兵万二百八十一人，分屯要害处，冰解漕下，缮乡亭，浚沟渠，治湟狭以西道桥七十所，令可至鲜水左右。田事出，赋人三十亩；至四月草生，

理。”羌虏落入水中淹死数百人，投降及被杀的有五百多人，缴获马、牛、羊十万多头，车四千多辆。汉军来到罕地，赵充国下令不可焚烧罕羌人部落，不得在罕羌人牧地中割草放牧。罕羌听说后，高兴地说：“汉军果然不打我们！”其首领靡忘派人来说：“希望能允许我们回到原住地去。”赵充国报告朝廷，还未得到答复。靡忘亲自前来归降，赵充国赐给他酒食，要他回去劝告本部羌人。护军以下军官都说：“靡忘是汉朝叛逆，不能随便放走！”赵充国说：“各位的想法是只图自己有利，却不是忠心为国的计划。”话音未落，皇帝诏书已到，命靡忘将功赎罪。后来果然未用兵就平定罕羌了。

宣帝诏令破羌将军辛武贤、强弩将军许延寿进兵到赵充国驻地，于十二月与赵充国合兵进攻先零。此时，羌人投降的已经有一万多人，赵充国估计羌人肯定要失败，打算撤走骑兵，只留步兵在当地屯戍，等待羌人疲惫。草拟好奏章，还未呈报之时，接到宣帝命他进兵的诏令。赵充国的儿子中郎将赵卬十分恐惧，让门客去劝赵充国说：“假若此次出兵，真的会使我们损兵折将，使国家蒙受损失，那将军是可以固守不出的。但现在只是利与弊的差别，又有什么可争执的呢！一旦违背了皇上心意，派绣衣御史前来问罪，将军自身尚不能自保，又怎会保证国家的安全！”赵充国叹息说：“你怎能说出这种不忠之言！若当初采纳我的意见，羌人怎能发展到这一步！从前皇上命推举出使羌的人选，我举荐了辛武贤，但丞相、御史却请皇上改派义渠安国，最终坏了大事。金城、湟中地区谷物一斛八钱，我对司农中丞耿寿昌说：‘只要我们购买三百万斛谷物储备，羌人一定不敢轻举妄动。’但耿寿昌只请求购买一百万斛，实际不过四十万斛。义渠安国再次出使，将近用去一半。未派辛武贤为使者未购三百万斛谷物储备，是两大失策，这才造成羌人敢于反叛。因此说失之毫厘，差以千里，就是如此。现在战事迟迟不能结束，如果四方蛮夷突然动摇，借机相继造反，即使有才智的聪明人出来，也无法收拾，那时就不只是羌人值得忧虑了！我宁肯去死也要坚持正确的主张，圣明的君主会知道我这是一片忠言。”

于是赵充国上奏屯田的主张说：“臣带领的将士、马牛食用的粮食、草料数量极大，目前兵事又久持不下，力役征调不息，恐怕会因此发生其他变故，为贤明的君主增加忧虑，这确实不符合朝廷制定的胜敌之策。况且羌人容易用计谋瓦解，难于以武力征服，因而愚臣内心认为进攻不是上策！据估计，从临羌向东至浩亹，原羌人的土地及无人开垦的荒地，约有两千顷以上，这中间的驿站大多已遭破坏。臣在进兵之初就派士卒进山砍伐树木六万多棵，存放于湟水之滨。臣希望撤走骑兵，只留步兵一万零二百八十一人，分别屯戍在要害地区，等到河水解冻后，让木材顺流

发郡骑及属国胡骑各千，就草为田者游兵，以充入金城郡，益积畜，省大费。今大司农所转谷至者，足支万人一岁食，谨上田处及器用簿。”

上报曰：“即如将军之计，虏当何时伏诛？兵当何时得决？孰计其便，复奏！”

充国上状曰：“臣闻帝王之兵，以全取胜，是以贵谋而贱战。‘百战而百胜，非善之善者也，故先为不可胜者以待敌之可胜。’蛮夷习俗虽殊于礼义之国，然其欲避害就利，爱亲戚，畏死亡，一也。今虏亡其美地荐草，愁于寄托，远遁，骨肉心离，人有畔志。而明主班师罢兵，万人留田，顺天时，因地利，以待可胜之虏，虽未即伏辜，兵决可期月而望。羌虏瓦解，前后降者七百余人，及受言去者凡七十辈，此坐支解羌虏之具也。臣谨条不出兵留田便宜十二事：步兵九校、吏士万人留屯，以为武备，因田致谷，威德并行，一也。又因排折羌虏，令不得归肥饶之地，贫破其众，以成羌虏相畔之渐，二也。居民得并田作，不失农业，三也。军马一月之食，度支田士一岁，罢骑兵以省大费，四也。至春，省甲士卒，循河、湟漕谷至临羌，以示羌虏，扬威武，传世折冲之具，五也。以闲暇时，下先所伐材，缮治邮亭，充入金城，六也。兵出，乘危徼幸；不出，令反畔之虏窜于风寒之地，离霜露、疾疫、瘃堕之患，坐得必胜之道，七也。无经阻、远追、死伤之害，八也。内不损威武之重，外不令虏得乘间之势，九也。又亡惊动河南大幵使生他变之忧，十也。治隍狭中道桥，令可至鲜水以制西域，伸威千里，从枕席上过师，十一也。大费既省，繇役豫息，以戒不虞，十二也。留屯田得十二便，出兵失十二利，唯明诏采择！”

上复赐报曰：“兵决可期月而望者，谓今冬邪，谓何时也？将军独不计虏闻兵颇罢，且丁壮相聚，攻扰田者及道上屯兵，复杀略人民，将何

而下，正好用以修治亭驿，疏浚沟渠，整治湟水四望峡以西的七十处道路桥梁，使交通运输可通达到鲜水周围。明年春天，每名兵卒分给三十亩田地。四月草木长出后，集结郡中骑兵和归附的胡人骑兵各一千名，追随水草为屯田者巡逻警卫，收获的粮食运入金城郡，增加积蓄，以节省大量费用。现在大司农运来的粮食，足够一万人食用一年，谨呈上屯田区划及需用器具清册。”

汉宣帝批复说：“依照将军的计划，羌人叛乱何时可以平定？战事何日能够结束？你深思熟虑制定出最佳方案，重新上奏！”

赵充国上奏说：“臣听说帝王的军队应当取得完全胜利，因此重视谋略，拼杀战斗是第二位的。‘百战百胜，并不是最好的策略，所以应当先使自己立于不败之地，再等待可以制敌的机会。’蛮夷习俗，虽然不同于我们礼义之邦，但他们希望避开危险，获取利益，爱护亲属，畏惧死亡，却和我们一样。如今羌人失去了他们肥沃的土地和茂盛的牧草，逃到遥远的荒山野地，为自己的栖身之处而发愁，骨肉之间离心离德，人人都想反叛。若此时陛下能还师休兵，留下万人在此屯田，顺应天时，利用地利，以等待制服羌虏的机会，虽不能立即平定羌虏，但可望在一年内结束战事。现在羌虏已在瓦解，前后共有一万零七百人归降，接受我方劝告，回去劝说同族不再与汉军为敌的又有七十批人，静观这些人都将成为瓦解羌虏的工具。臣谨归纳了不出兵而留兵屯国的十二项好处：九校步兵共有万名官兵留此屯田，以为战备，耕田积粮，威德并行，此其一。运用屯田来排斥羌人，不让他们回到原先肥沃的土地上去，使他们贫困破产，造成羌人互相叛离，此其二。当地人民能够安于农业生产，不失农时，此其三。军马一个月的食用，可以支付屯田士卒一年所需，因而撤去骑兵，可省下一笔很大的费用，此其四。春天以后，调集士卒演习，沿黄河和湟水将粮食运到临羌，向羌人显示威力，为以后平定或谈判奠定基础，此其五。农闲时，将先前砍伐的木材运出，修治驿站，充实金城，此其六。如现在出兵，是怀着侥幸心理而冒险；暂不出兵，使反叛的羌虏流窜于风寒之地，遭受霜露、瘟疫、冰冻的祸患，我们坐等必胜的机会，此其七。不出兵可以免除遇到险阻、深入追击、将士伤亡的灾难，此其八。不出兵对内不使朝廷的威严受到损害，对外不给羌人以可乘之机，此其九。不出兵还不会惊动黄河南岸的大幵部落，致使发生新的变故，增加陛下的忧虑，此其十。整治湟狭中的道路桥梁，使至鲜水道路畅通，以控制西域，扬威千里，使得行军就如从枕席上经过一样，此其十一。节省大量军费，停止徭役，以防止出现意想不到的变故，此其十二。留兵屯田，可得到这十二项利益，请贤明的皇上下诏采纳。”

汉宣帝又批复说：“你说战争可望在一年内结束，是指今年冬季，还是何时？将军想没想过羌人听说我们要撤回骑兵，将会集结壮丁勇士，攻袭骚扰屯田士卒和沿

以止之？将军孰计复奏！”

充国复奏曰：“臣闻兵以计为本，故多算胜少算。先零羌精兵，今余不过七八千人，失地远客分散，饥冻畔还者不绝。臣愚以为虏破坏可日月冀，远在来春，故曰兵决可期月而望。窃见北边自敦煌至辽东万一千五百余里，乘塞列地有吏卒数千人，虏数以大众攻之而不能害。今骑兵虽罢，虏见屯田之士精兵万人，从今尽三月，虏马羸瘦，必不敢捐其妻子于他种中，远涉河山而来为寇；亦不敢将其累重，还归故地。是臣之愚计所以度虏且必瓦解其处，不战而自破之册也。至于虏小寇盗，时杀人民，其原未可卒禁。臣闻战不必胜，不苟接刃；攻不必取，不苟劳众。诚令兵出，虽不能灭先零，但能令虏绝不为小寇，则出兵可也。即今同是，而释坐胜之道，从乘危之势，往终不见利，空内自罢敝，贬重以自损，非所以示蛮夷也。又大兵一出，还不可复留，湟中亦未可空，如是，徭役复更发也。臣愚以为不便。臣窃自惟念：奉诏出塞，引军远击，穷天子之精兵，散车甲于山野，虽亡尺寸之功，偷得避嫌之便，而亡后咎余责，此人臣不忠之利，非明主社稷之福也！”

充国奏每上，辄下公卿议臣。初是充国计者什三；中什五；最后什八。有诏诘前言不便者，皆顿首服。魏相曰：“臣愚不习兵事利害。后将军数画军册，其言常是，臣任其计必可用也。”上于是报充国，嘉纳之；亦以破羌、强弩将军数言当击，以是两从其计，诏两将军与中郎将印出击。强弩出，降四千余人；破羌斩首二千级；中郎将印斩首降者亦二千余级；而充国所降复得五千余人。诏罢兵，独充国留屯田。

大司农朱邑卒。上以其循吏，闵惜之，诏赐其子黄金百斤，以奉其祭祀。

是岁，前将军、龙额侯韩增为大司马、车骑将军。

丁令比三岁钞盗匈奴，杀略数千人。匈奴遣万余骑往击之，无所得。

途守军，再次杀掠民众，那时我们将用什么来制止？将军再次深思熟虑后上奏！”

赵充国又上奏说：“臣听说军事行动以谋略为根本，所以多谋的人胜过少谋的人。先零羌的精兵，如今剩下不过七八千人，失去了原有的土地，分散在远离家乡的地区，挨饿受冻，不断有人逃回家乡。愚臣以为羌虏败亡指日可待了，最迟也不过明年春天，所以说结束战争可望在一个月内。我国北部边塞自敦煌直到辽东，共一万一千五百多里，守卫边塞的将士有几千人，羌人多次派出大批部众攻击他们，都未取胜。如今我们虽撤掉骑兵，可羌虏还将看到一万名屯田精兵。从现在起二个月内，羌人的马匹正是瘦弱时，一定不敢把妻儿安顿在其他部族中，远涉山河前来侵扰，也不敢把家属拖累送回家乡。因而愚臣预计羌虏将就地瓦解，这是不战而灭羌虏的策略。至于羌人的那些小骚扰，或杀了我们的民众，这原本就难以突然禁绝。臣听说打仗如无必胜的把握，就不要与敌人短兵相接；进攻如无必取的把握，就不要轻易兴师动众。如果真的要出兵，虽然不能灭亡先零，也要能禁绝羌人小规模的侵扰，做到这一步就可以出兵。如果出兵仍和现今一样不能禁绝羌虏侵扰，而放弃坐而取胜的机会，采取冒险的行动，不仅得不到好处，还白白使自己陷于疲困不堪的境地，自损大汉的威严，这不是对付蛮夷的好办法。此外，大军一出，无论胜败，收兵时必然人心思归，不愿留下来，而湟中又不可无人防守，如果这样，徭役又将兴起。愚臣认为这样太不划算了。愚臣私下想：如果尊奉陛下的诏令，率军出战，远袭羌人，用尽天子的精兵，将车马、兵甲散落在山野之中，纵使没有立下一丝一毫的战功，也可避免嫌疑，事后还可不负责任，不担罪责，这只是打个人的小算盘，但这些个人的好却是对皇上的不忠，不是贤明君主和国家之福！”

赵充国每次上奏，宣帝都交公卿大臣们讨论。起初，认为赵充国意见正确的人不过十分之三，中间占到十分之五，最后变成十分之八。宣帝责问这些人为什么改变看法，这些人都叩头认错，说自己原来的看法不对。魏相说：“臣对军事上的利害关系不熟悉，后将军赵充国多次筹划军事方略，他的意见通常都正确，臣担保他的建议一定是可行的。”宣帝于是回复赵充国，嘉勉并采纳了他的计划，又因破羌将军辛武贤、强弩将军许延寿多次建议出兵，故采纳了两方面的意见，下令两位将军和中郎将赵印出兵。许延寿出击，降服了四千多人；辛武贤斩杀两千人；赵印斩杀招降也有两千多人；而赵充国也招降了五千多人。宣帝下诏撤兵，只留下赵充国在那里屯田。

大司农朱邑去世。宣帝认为他是个奉职守法的官员，很惋惜他，下诏赐给他儿子一百斤黄金，用以祭祀。

这一年，前将军、龙额侯韩增被任命为大司马、车骑将军。

丁令国近三年来常出兵劫掠匈奴财物，杀死及掳掠几千人。匈奴派一万多骑兵

（以上为第五段，写赵充国建议屯田安羌的策略，与朝廷反复讨论，朝中大臣最初赞成者十分之三，最后十分之八均赞成。汉军用极小的代价，获得了最大的利益，西汉从此解除了羌祸，赵充国之力也。）

二年（辛酉，前60年）

春，正月，以凤皇、甘露降集京师，赦天下。

夏，五月，赵充国奏言："羌本可五万人军，凡斩首七千六百级，降者三万一千二百人，溺河湟、饿死者五六千人，定计遗脱与煎巩、黄羝俱亡者不过四千人。羌靡忘等自诡必得，请罢屯兵！"奏可。充国振旅而还。

所善浩星赐迎说充国曰："众人皆以破羌、强弩出击，多斩首、生降，虏以破坏。然有识者以为虏势穷困，兵虽不出，即自服矣。将军即见，宜归功于二将军出击，非愚臣所及。如此，将军计未失也。"充国曰："吾年老矣，爵位已极，岂嫌伐一时事以欺明主哉！兵势，国之大事，当为后法。老臣不以余命一为陛下明言兵之利害，卒死，谁当复言之者！"卒以其意对。上然其计，罢遣辛武贤归酒泉太守，官充国复为后将军。

秋，羌若零、离留、且种、儿库共斩先零大豪犹非、杨玉首，及诸豪弟泽、阳雕、良儿、靡忘皆帅煎巩、黄羝之属四千余人降。汉封若零、弟泽二人为帅众王，余皆为侯、为君。初置金城属国以处降羌。

诏举可护羌校尉者。时充国病，四府举辛武贤小弟汤。充国遽起，奏："汤使酒，不可典蛮夷。不如汤兄临众。"时汤已拜受节，有诏更用临众。后临众病免，五府复举汤。汤数醉酗羌人，羌人反畔，卒如充国之言。辛武贤深恨充国，上书告中郎卬泄省中语，下吏，自杀。

司隶校尉魏郡盖宽饶，刚直公清，数干犯上意。时上方用刑法，任中书官，宽饶奏封事曰："方今圣道浸微，儒术不行，以刑余为周、召，以法律为《诗》、《书》。"又引《易传》言："五帝官天下，三王家天下。

前去攻击，但毫无所获。

汉宣帝神爵二年（辛酉，前60年）

春季，正月，京师长安有凤凰飞集，同时还降下甘露，于是大赦天下。

夏季，五月，赵充国上奏说："羌人军队原本有五万，先后被斩杀达七千六百人，归降三万一千二百人，在黄河、湟水中淹死和后来饿死的有五六千人，计算起来，跟随其首领煎巩、黄羝一起逃亡的不过四千人。已投降的羌人首领靡忘等人保证可以擒获这些人。因此，请求撤回屯田士兵！"宣帝批准，赵充国于是班师回朝。

赵充国的好友浩星赐前去迎接赵充国，劝他说："大家都认为是因为破羌、强弩两将军出击，多有斩获、招降，才使羌人败亡。但有见识的人则认为羌人已穷途末路，即使不出兵攻击，很快也会自动投降。将军见到皇上时，应表示归功于破羌、强弩两位将军的出击，愚臣不能和他们相比，这样说，也无损于将军的屯田计划。"赵充国说："我年事已高，爵位已到顶了，难道为了避免自夸功劳的嫌疑而欺瞒皇上？军事措施是国家大事，应当垂法后世。老臣不惜余命，应当毫不保留地为皇上明白分析军事上的利害，一旦我死了，谁还能对皇上说这些呢？"终于把自己的看法奏明宣帝。皇上赞同他的意见，就罢免了辛武贤破羌将军之职，仍旧任酒泉太守，赵充国仍旧任后将军之职。

秋季，羌人若零、离留、且种、儿库共同将先零首领犹非、杨玉斩首，羌人各部首领弟泽、阳雕、良儿、靡忘共同率领煎巩、黄羝所属的四千多人投降汉朝。宣帝便封若零和弟泽两人为帅众王，其余的人都被封侯、封君。首次设置金城属国，安置投降的羌人。

汉宣帝诏令各方举荐可担任护羌校尉一职的人选。这时赵充国正在生病，四府共同推举辛武贤的小弟弟辛汤。赵充国听说后，急忙从病床上起来，上奏说："辛汤酗酒成性，不可让他去掌理蛮夷事务。不如派辛汤的哥哥辛临众担任此职。"此时辛汤已经拜受任命，将持节赴任，宣帝下诏改任辛临众。后来由于辛临众生病免职，五府又推举辛汤。辛汤多次在酒醉之后虐待羌人，导致羌人再度反叛，果然如赵充国预料的一样。辛武贤非常记恨赵充国，上书朝廷，告发中郎将赵卬泄露宫中机密。结果交由官吏审理，赵卬自杀身亡。

司隶校尉魏郡人盖宽饶，为人正直公正，几次冒犯宣帝。此时，宣帝正重用刑法，信用宦官。盖宽饶便奏上封事，说："如今圣贤之道逐渐衰微，儒家教化难以推行，以致将刑余之人的宦官当作周公、召公，把法律当作《诗》、《尚书》。"又引

家以传子孙，官以传贤圣。”书奏，上以为宽饶怨谤，下其书中二千石。时执金吾议，以为“宽饶旨意欲求禅，大逆不道！”谏大夫郑昌愍伤宽饶忠直忧国，以言事不当意而为文吏所诋挫；上书讼宽饶曰：“臣闻山有猛兽，藜藿为之不采；国有忠臣，奸邪为之不起。司隶校尉宽饶，居不求安，食不求饱；进有忧国之心，退有死节之义；上无许、史之属，下无金、张之托；职在司察，直道而行，多仇少与。上书陈国事，有司劾以大辟。臣幸得从大夫之后，官以谏为名，不敢不言！”上不听。九月，下宽饶吏；宽饶引佩刀自刭北阙下，众莫不怜之。

（以上为第六段，写赵充国安羌胜利班师，此为宣帝时最大的军事胜利。由于战略分歧，辛武贤挟嫌报复，举报与赵充国子赵卬私密语，迫其下吏自杀；盖宽饶直言犯上，蒙冤而死。此为宣帝寡恩之短也。）

匈奴虚闾权渠单于将十余万骑旁塞猎，欲入边为寇。未至，会其民题除渠堂亡降汉言状，汉以为言兵鹿奚鹿卢侯，而遣后将军赵充国将兵四万余骑屯缘边九郡备虏。月余，单于病欧血，因不敢入，还去，即罢兵。乃使题王都犁胡次等入汉请和亲，未报。会单于死。虚闾权渠单于始立，而黜颛渠阏氏。颛渠阏氏即与右贤王屠耆堂私通，右贤王会龙城而去。颛渠阏氏语以单于病甚，且勿远。后数日，单于死，用事贵人郝宿王刑未央使人召诸王，未至，颛渠阏氏与其弟左大将且渠都隆奇谋，立右贤王为握衍朐鞮单于。握衍朐鞮单于者，乌维单于耳孙也。

握衍朐鞮单于立，凶恶，杀刑未央等而任用都隆奇，又尽免虚闾权渠子弟近亲而自以其子弟代之。虚闾权渠单于子稽侯狦既不得立，亡归妻父乌禅幕。乌禅幕者，本康居、乌孙间小国，数见侵暴，率其众数千人降匈奴，狐鹿姑单于以其弟子日逐姊妻之，使长其众，居右地。日逐王先贤掸，其父左贤王当为单于，让狐鹿姑单于，狐鹿姑单于许立之。国人以故颇言日逐王当为单于。日逐王素与握衍朐鞮单于有隙，即帅其众欲降汉，使人至渠犁，与骑都尉郑吉相闻。吉发渠犁、龟兹诸国五万人迎日逐王口万二千人、小王将十二人，随吉至河曲，颇有亡者，吉追斩之，遂将诣京师。汉封日逐王为归德侯。

吉既破车师，降日逐，威震西域，遂并护车师以西北道，故号都护。都护之置，自吉始焉。上封吉为安远侯。吉于是中西域而立莫府，治乌

用《易传》说：“五帝将政权视为公有，三王将政权视为私有。视为私有就传给子孙，视为公有则传给圣贤。”奏章呈上去后，宣帝认为盖宽饶是怨恨诽谤朝廷，把他的奏章交由中二千石官员处理。当时的执金吾认为：“盖宽饶是想让皇上把皇位禅让给他，实属大逆不道！”谏大夫郑昌同情盖宽饶忠直忧国，因议论违背皇上旨意而遭人诋毁陷害，就上书为盖宽饶辩解说：“臣听说山中有猛兽，就没有人敢去采摘野菜；国家有忠臣，奸邪之徒就不敢抬头。司隶校尉盖宽饶居不求安，食不求饱；仕进有一片忧国的忠心，退居有守节赴死的正气；上无许、史两家与陛下的亲属关系，下无金日磾、张安世两家的近幸依托。身负监察职责，秉公行事，因而仇人多而朋友少。现今他上书陈述对国家大事的看法，竟然受到死罪的弹劾。臣既然有幸名列各位大夫之后，作为谏官，不敢不说出自己的看法！”宣帝没有采纳。九月，把盖宽饶交官吏审判；盖宽饶就用佩刀自刎于未央宫北门之下，大家都为之叹惜。

匈奴虚闾权渠单于率领十多万骑兵沿着汉朝边境进行围猎，企图入侵汉境抢掠。尚未入侵时，正巧有一位名叫题除渠堂的匈奴人逃到汉朝投降，报告了这件事，汉朝就封他为言兵鹿奚卢侯，并派右将军赵充国率骑兵四万多人驻扎在沿边境的九个郡，以防备匈奴。一个多月后，单于重病吐血，故而不敢入侵汉境，收兵退回。匈奴又派题王都犁胡次等人前来汉朝，请示和亲，尚未得到答复，单于就死了。虚闾权渠单于刚即位，就罢废了颛渠阏氏。颛渠阏氏便与右贤王屠耆堂私通，右贤王准备去参加龙城大会时，颛渠阏氏告诉他单于病重，不要走远。几天后单于死了，掌权的贵族郝宿王刑未央派人召各位王前来，还未到达，颛渠阏氏就与其弟左大将且渠都隆奇谋划，立右贤王为握衍朐鞮单于。握衍朐鞮单于是乌维单于的曾孙。

握衍朐鞮单于即位后，性情凶劣，杀了刑未央等人，任用都隆奇，又将虚闾权渠单于的子弟近亲全部罢免，由自己的子弟代替。虚闾权渠单于的儿子稽侯狦没当上单于，就逃亡到岳父乌禅幕那里。乌禅幕本为康居、乌孙之间一个小国的国王，常被邻国侵凌，就率其百姓几千人投降了匈奴，狐鹿姑单于把他的侄儿日逐王的姐姐嫁给乌禅幕为妻，命他为所率部众的首领，居住在右翼地区。日逐王先贤掸的父亲左贤王本当立为单于，他让位给狐鹿姑单于，狐鹿姑单于许诺传位给他。所以匈奴人都认为日逐王应作单于。日逐王向来与握衍朐鞮单于有矛盾，就想率其部众投降汉朝，派人前往渠犁，与骑都尉郑吉取得联系。郑吉征发渠犁、龟兹等国五万人迎接日逐王率领的一万两千人和小王将十二人，跟从郑吉来到河曲，中途有很多人逃亡，郑吉追杀了他们，于是带领日逐王等来到长安。汉朝封日逐王为归德侯。

郑吉攻破车师，招降日逐王，威震西域，于是就兼管车师以西南北两路各国，所以称为都护。都护的设置就是由郑吉开始的。宣帝封郑吉为安远侯。郑吉在西域

垒城，去阳关二千七百余里。匈奴益弱，不敢争西域，僮仆都尉由此罢。都护督察乌孙、康居等三十六国动静，有变以闻，可安辑，安辑之，不可者诛伐之，汉之号令班西域矣。

握衍朐鞮单于更立其从兄薄胥堂为日逐王。

乌孙昆弥翁归靡因长罗侯常惠上书："愿以汉外孙元贵靡为嗣，得令复尚汉公主，结婚重亲，畔绝匈奴。"诏下公卿议。大鸿胪萧望之以为："乌孙绝域，变故难保，不可许。"上美乌孙新立大功，又重绝故业，乃以乌孙主解忧弟相夫为公主，盛为资送而遣之，使常惠送之至敦煌。未出塞，闻翁归靡死，乌孙贵人共从本约立岑娶子泥靡为昆弥，号狂王。常惠上书："愿留少主敦煌。"惠驰至乌孙，责让不立元贵靡为昆弥，还迎少主。事下公卿，望之复以"乌孙持两端，难约结，今少主以元贵靡不立而还，信无负于夷狄，中国之福也。少主不止，繇役将兴。"天子从之，征还少主。

（以上为第七段，写匈奴内乱；郑吉破车师，立功西域，任首任西域都护。）

三年（壬戌，前59年）

春，三月，丙辰，高平宪侯魏相薨。夏，四月，戊辰，丙吉为丞相。吉上宽大，好礼让，不亲小事；时人以为知大体。

秋，七月，甲子，大鸿胪萧望之为御史大夫。

八月，诏曰："吏不廉平，则治道衰。今小吏皆勤事而俸禄薄，欲无侵渔百姓，难矣！其益吏百石已下俸十五。"

是岁，东郡太守韩延寿为左冯翊。始，延寿为颍川太守，颍川承赵广汉构会吏民之后，俗多怨仇。延寿改更，教以礼让；召故老，与议定嫁娶、丧祭仪品，略依古礼，不得过法。百姓遵用其教。卖偶车马、下里伪物者，弃之市道。黄霸代延寿居颍川，霸因其迹而大治。延寿为吏，上礼义，好古教化，所至必聘其贤士，以礼待用，广谋议，纳谏争；表孝弟有行，修治学官，春秋乡射，陈钟鼓、管弦，盛升降、揖让；及都试讲武，设斧钺、旌旗，习射、御之事；治城郭，收赋租，先明布告其日，以期会为大事。吏民敬畏，趋乡之。又置正、五长，相率以孝弟；不得舍奸人，闾里阡陌有非常，吏辄闻知，奸人不敢入界。其始若烦，后吏无追捕之苦，民无棰楚之忧，皆便安之。接待下吏，恩施甚厚而约

中部设立莫府，修治乌垒城，距阳关有两千七百多里。匈奴日益衰弱，不敢争夺西域，汉朝便撤销了僮仆都尉。由都护督察乌孙、康居等三十六国的动静，如发生变乱，就报告朝廷，能安抚则安抚，不能安抚就讨伐，汉朝的号令自此得以颁行于西域。

握衍朐鞮单于改立其从兄薄胥堂为日逐王。

乌孙昆弥王翁归靡通过长罗侯常惠上奏宣帝说："我愿立汉朝外孙元贵靡为继承人，希望让他再娶汉公主为妻，结成两重姻亲，自此永远断绝和匈奴的关系。"宣帝诏命公卿大臣合议。大鸿胪萧望之认为："乌孙离汉朝太远，变化不定，不可答应他。"宣帝赞赏乌孙新立大功，又拒绝了与匈奴的婚姻，就封乌孙公主刘解忧的妹妹刘相夫为公主，送了很多嫁妆，让她到乌孙，派常惠护送她到敦煌。尚未出塞，听说翁归靡去世，乌孙贵族都遵循原来的协定，立岑娶之子泥靡为昆弥王，号称狂王。常惠上奏说："希望将少公主暂时留在敦煌。"常惠迅速赶到乌孙，责问为什么不立元贵靡为昆弥王，既如此，就将把少公主送回长安。宣帝仍诏命公卿大臣合议，萧望之又提出"乌孙脚踏两条船，难以用婚姻进行约束。如今不把少公主召回来，又将兴起徭役"。宣帝接受了萧望之的意见，召回了少公主。

汉宣帝神爵三年（壬戌，前 59 年）

春季，三月十六日丙辰，高平宪侯魏相去世。夏季，四月戊辰日，丙吉被任命为丞相。丙吉主张宽大，讲究礼让，不大过问小事；当时很多人都认为他识大体。

秋季，七月二十六日甲子，大鸿胪萧望之被任命为御史大夫。

八月，宣帝下诏说："官吏如不清廉公正，国家就不能得到很好的治理。如今下级官吏事务繁忙，而俸禄微薄，让他们不侵夺百姓利益，实在很难！现今，俸禄在百石以下的官吏，增加十分之五。"

这一年，东郡太守韩延寿被任命为左冯翊。当初，韩延寿担任颍川太守，颍川郡在前任太守赵广汉鼓励民众相互告发之后，结怨甚多。韩延寿改变这种做法，教导民众礼让为先；又召集年纪大、阅历广的人一起商议决定嫁娶、丧祭的仪式和礼品，基本上依从古代礼制，不得超过标准。百姓都遵从韩延寿的教化。那些贩卖祭祀用的假车马和各种陪葬用的假器物，都被抛弃在街市上。此后黄霸接替韩延寿任颍川太守，继续遵循这些做法，使颍川治理得很出色。韩延寿为官，崇尚礼义，喜好古时礼法教化，所到之处，必聘当地贤士，待之以礼，量才录用请他们出谋划策，听取诤言；他还留意表扬孝顺父母、友爱兄弟的品行高尚的人，修整学校，每年春秋两季都举行乡射之礼，以此选拔人才，赛场上陈设钟鼓、管弦，讲求比射时升降、揖让的古礼；又很重视军队考课，考场上设置斧钺、旌旗，学习射箭、驾御等本领；

誓明。或欺负之者，延寿痛自刻责："岂其负之，何以至此！"吏闻者自伤悔，其县尉至自刺死。及门下掾自刭，人救不殊，延寿涕泣，遣吏医治视；厚复其家。在东郡三岁，令行禁止，断狱大减，由是入为冯翊。

延寿出行县至高陵，民有昆弟相与讼田，自言。延寿大伤之，曰："幸得备位，为郡表率，不能宣明教化，至令民有骨肉争讼，既伤风化，重使贤长吏、啬夫、三老、孝弟受其耻，咎在冯翊，当先退！"是日，移病不听事，因入卧传舍，闭阁思过。一县莫知所为，令、丞、啬夫、三老亦皆自系待罪。于是讼者宗族传相责让；此两昆弟深自悔，皆自髡，肉袒谢，愿以田相移，终死不敢复争。郡中歙然，莫不传相敕厉，不敢犯。延寿恩信周遍二十四县，莫敢以辞讼自言者。推其至诚，吏民不忍欺绐。

匈奴单于又杀先贤掸两弟；乌禅幕请之，不听，心恚。其后左奥鞬王死，单于自立其小子为奥鞬王，留庭。奥鞬贵人共立故奥鞬王子为王，与俱东徙。单于右丞相将万骑往击之。失亡数千人，不胜。

（以上为第八段，写循吏韩延寿历任颍川太守、东郡太守、左冯翊的政绩，以及以古礼和仁爱治政的故事。）

修治城池，收取赋税，都在事前告知日期，把指定期限作为一件大事，因而下级官吏和百姓都很敬畏他，顺服他。又在民间基层设置乡正、里正和伍长，彼此都以孝悌为榜样；禁止收容奸邪之人，街巷、村落中有突发事件，官吏立即报告，所以坏人不敢进入颍川。起初，各项事务似乎有些烦琐，但后来官吏没有了追捕盗贼之苦，百姓也没有了犯法受鞭刑的痛苦，因此吏民都感到安全便利。韩延寿对待下级官吏，既施以深恩厚德，又加以严格管束。如有人欺瞒、辜负于他，韩延寿总是首先深深地自我责备："难道是我亏待了他，不然他怎么能干这种事呢？"使属吏听到都很后悔，他的一位县尉武官竟因此自杀。又有一位门下官吏也因此而自刎，被人救活，韩延寿感动得流下了眼泪，派医生前去治疗，厚送财物，还免除了他家的赋税徭役。韩延寿在东郡三年，令行禁止，刑狱大为减少，所以升迁为左冯翊。

韩延寿出外巡视各县，到了高陵县，民众中有两兄弟，因争夺田产而相互控告，并在他面前申诉。韩延寿由此觉得十分伤心，说道："我有幸任官左冯翊，本应作为全郡的表率，现今却不能宣明教化，使得民间出现亲骨肉争夺田产而告状的事，不但有伤风化，更使贤德的地方长官及啬夫、三老、孝悌等民众乡官蒙爱耻辱，责任在我，我应当首先停职反省！"当天，就称病不理政事，躺在驿站闭门思过。全县官民都不知如何是好，县令、县丞、啬夫、三老也都把自己关了起来，等待处罚。于是争讼的两兄弟的族人，都去责备他俩；两兄弟也很悔恨，自己剃去头发，袒露身体，前去请罪，表示愿将土地让给对方，终生不相争。全郡和睦，都把这件事互相转告引以为戒，不敢再犯。韩延寿的恩德威信遍及所属二十四县，无人再敢挑起争讼。因为韩延寿能以诚待人，故吏民不忍心欺骗他。

匈奴单于又杀死先贤掸的两个弟弟；乌禅幕为其求情，单于不听，因而很气愤。后来匈奴左奥鞬王去世，单于立自己的小儿子当奥鞬王，留居王庭。奥鞬部落贵族共同拥立已故奥鞬王的儿子为王，率领部众东迁。单于派右丞相率万余骑兵追击。损失几千人，也没能取胜。

【点评】

赵充国安羌。西汉宣帝甘露三年（公元前51）图画于麒麟阁的十一位中兴名臣中，有一位甘肃历史人物，排序第四，他就是安羌名将赵充国。

赵充国，字翁孙，生于公元前137年，卒于公元前52年，享年86岁。他原籍陇西上邽（在今甘肃天水市西南）人，随汉武帝开发河西而移居令居县。令居在今甘肃永登县西北庄浪河右岸，这是一个冲要地方。汉朝在这里屯兵储粮，它既是支援河西的补给基地，又是控制湟水流域羌人的战略要地。匈奴联合羌人反汉就多次合约攻令居。公元前121年汉得河西地初置令居塞。从令居到酒泉，沿线千余里建置障塞亭燧，屏绝羌胡交通。公元前115年，汉武帝移民令居置县，赵充国大约在此时移居令居。赵充国23岁时，投军为骑士。他骁勇善战，因"善骑射补羽林郎"，入卫京师。

杰出人物的出现，首先取决于社会的需要和条件。赵充国历仕武、昭、宣三朝，正当西汉鼎盛时期，也是汉匈斗争最严酷的历史时期。从公元前133年到公元前51年，汉匈处于战争状态达83年之久，民族融合总是以民族斗争为前提的。西汉时期汉匈斗争正为汉匈民族融合创造了条件。赵充国的一生恰与这场伟大的斗争相始终。令居又是一个控扼羌胡交通的要塞。它为赵充国的成长提供了理想的舞台。《汉书》本传称赵充国"为人沈勇有大略，少好将帅之节，而学兵法，通知四夷事"。时代的需要和生活历练锻造了赵充国的品德和才干。

神爵元年，赵充国受命安羌是宣帝时期最重大的一次军事行动。赵充国四月从京师出发，他到金城亲赴前线做了详细调查，直到六月才出兵，他认为率领一万骑兵突入湟水就可以平定羌乱。赵充国的策略是用兵示威，立足于抚，力争不战安羌。赵充国不汲汲于一时的战功，力排众议，坚决贯彻以抚为主的安羌策略。具体方略是，孤立打击叛汉的先零羌，团结没有反汉的罕、开羌，分化瓦解羌人的盟约，并用屯田御敌的战略封锁叛羌于高山老林之中，汉军可持久，叛羌丧失水草只有困死在高山老林中，不可持久。按赵充国的估计，一个月后先零羌就可瓦解，最多坚持半年，熬过寒冬到来年的正月叛羌必然溃败。但朝廷内部，主剿派占了上风，宣帝调集了六万多步骑于前线，命令主剿派的中坚人物酒泉太守辛武贤为破羌将军，侍中许延寿为强弩将军。辛武贤提出由他率领河西精骑一万两千人，带三十日粮，从酒泉、张掖翻越祁连山，赵充国沿湟水西进，两路大军在七月上旬合期攻击湟水流域的罕、开羌，"夺其畜产，虏其妻子"，完全颠倒了赵充国的抚羌方针。按此策略，把全体羌人都推到了反汉的敌对一边，将兵连祸结长期不得安宁。赵充国陈说利害，反复上奏力争，丞相魏相等公卿大臣由最初的反对转向支持赵充国。宣帝妥协，两策并用，命令辛武贤等立即进兵，但放过罕、开羌，只打击先零羌，赵充国筹备屯

田事宜。剿抚并用，迅速取得战果，五万多先零叛羌，在强大汉军攻击下，三分之一被剿杀，半数归降，只有不到一成叛羌四千多人远逃。六万多步骑汉兵，只留万人步兵屯田，修整道路，其余大军全部撤回。第二年，罕、开羌已有能力吞灭叛羌，赵充国率领屯田士兵凯旋，回到京城。

赵充国安羌时已是76岁高龄，他毛遂自荐，勇挑重担，“年迈加疾”而始终如一地坚持正确意见，表现出国家栋梁的大臣风节。

赵充国是西汉杰出的军事家，他的大臣风节尤其应该得到高度的评价。

汉纪十九

汉宣帝神爵四年至黄龙元年（前58—前49年）

【起昭阳大渊献（癸亥，前58年），尽玄黓涒滩（壬申，前49年），凡十年】

【大事提要】

本卷记事起公元前58年，讫公元前49年，凡十年，当汉宣帝神爵四年至黄龙元年。本卷所载大事，为汉宣帝晚年政治。汉宣帝晚年仍然励精图治，受到史家的高度赞誉。主要有五个方面。其一，宣帝任人，选贤使能，赏罚分明，此其所长，如酷吏严延年之死，罪有应得；但诛杀大臣过严，有失宽仁，此其所短，如韩延寿、杨恽之死，受到司马光的批评。其二，汉宣帝不喜欢太子刘奭仁弱崇儒，训导谓“汉家制度霸王道杂之”，可视为武帝政治的余波。其三，匈奴十年内乱，由五位单于的争斗，到剩下郅支、呼韩邪两位单于的角力，宣帝抓住时机安抚西域，挤压匈奴，大获成功。甘露三年，呼韩邪来朝，郅支西迁，结束了汉匈长达八十三年的战争状态，象征着西汉极盛。其四，宣帝不忘中兴汉室的文武大臣，甘露三年于匈奴呼韩邪来朝之后，图画十一位功臣于麒麟阁，画上了昭宣中兴的句号。其五，宣帝逝世，班固高度评价宣帝中兴汉朝的功绩，真正达到了贤人治国、民安其乐的境界。

【原文】

中宗孝宣皇帝下

神爵四年（癸亥，前 58 年）

春，二月，以凤皇、甘露降集京师，赦天下。

颍川太守黄霸在郡前后八年，政事愈治；是时凤皇、神爵数集郡国，颍川尤多。夏，四月，诏曰："颍川太守霸，宣明诏令，百姓乡化，孝子、弟弟、贞妇、顺孙日以众多，田者让畔，道不拾遗，养视鳏寡，赡助贫穷，狱或八年无重罪囚；其赐爵关内侯、黄金百斤、秩中二千石。"而颍川孝、弟、有行义民，三老、力田皆以差赐爵及帛。后数月，征霸为太子太傅。

五月，匈奴单于遣弟呼留若王胜之来朝。

冬，十月，凤皇十一集杜陵。

河南太守严延年为治阴鸷酷烈，众人所谓当死者一朝出之，所谓当生者诡杀之，吏民莫能测其意深浅，战栗不敢犯禁。冬月，传属县囚会论府上，流血数里，河南号曰"屠伯"。延年素轻黄霸为人，及比郡为守，褒赏反在己前，心内不服。河南界中又有蝗虫，府丞义出行蝗，还，见延年。延年曰："此蝗岂凤皇食邪？"义年老，颇悖，素畏延年，恐见中伤。延年本尝与义俱为丞相史，实亲厚之，馈遗之甚厚。义愈益恐，自筮，得死卦，忽忽不乐，取告至长安，上书言延年罪名十事；已拜奏，因饮药自杀，以明不欺。事下御史丞按验，得其语言怨望、诽谤政治数事。十一月，延年坐不道，弃市。

初，延年母从东海来，欲从延年腊；到洛阳，适见报囚，母大惊，使止都亭，不肯入府。延年出至都亭谒母，母闭阁不见。延年免冠顿首阁下，良久，母乃见之，因数责延年："幸得备郡守，专治千里，不闻仁爱教化，有以全安愚民；顾乘刑罚，多刑杀人，欲以立威，岂为民父母意哉！"延年服罪，重顿首谢，因为母御归府舍。母毕正腊，谓延年曰："天道神明，人不可独杀。我不意当老见壮子被刑戮也！行矣，去汝东

【语译】

中宗孝宣皇帝下

汉宣帝神爵四年（癸亥，前58年）

春季，二月，凤凰飞集于京师长安，又降了甘露，因此大赦天下。

颍川太守黄霸在颍川郡治事八年，政治越来越清明；这时，凤凰和神雀多次飞集各郡国，以颍川郡最多。夏季，四月，宣帝下诏说："颍川太守黄霸，明确宣示各项诏令，大力推行，治下百姓向往礼义教化，子女孝顺、兄弟友爱、妇女贞节、尊敬老人的子孙日益增多，耕田的农夫不再争夺田界，道路上遗失的东西也没人贪心拾取，奉养照顾孤寡老人，主动帮助贫弱的人，有的监狱连续八年没有重罪囚犯。特别赐黄霸关内侯爵位，黄金一百斤，俸禄提升为中二千石。"对颍川郡中孝顺、友爱和其他有仁义的民众，以及三老、力田等乡官都赏赐给不同的爵位和布帛。几个月后，宣帝又提升黄霸为太子太傅。

五月，匈奴单于派他的弟弟呼留若王胜之到京师朝见宣帝。

冬季，十月，十一只凤凰飞集在杜陵。

河南太守东海人严延年施政狠毒残暴，一般认为应当处死的人，往往被他突然放出；认为不该处死的人，却常被他无端找借口处死，下属、百姓无法揣知其心意，都战战兢兢不敢犯法。每到冬季，严延年就把各县的囚犯集中到郡衙判罪，血流数里，河南郡的人都称他为"屠伯"。严延年一向看不起黄霸的为人，两人在相邻两郡担任太守，看到朝廷对黄霸的褒赏反而多于自己，心中很不服气。河南郡中出现蝗虫，名叫义的府丞出外巡视蝗灾，回来后，去见严延年，严延年说："这些蝗虫难道不正好是凤凰的食物吗？"义年老，有些荒悖糊涂，平素对严延年就很畏惧，生怕遭到严延年的中伤陷害。本来，严延年曾和义是同事，一起当过丞相史，对义很亲近，送过他许多东西。义却反而更加恐惧，自己算了一卦，得的是死卦，闷闷不乐，请假前往长安，控告严延年十大罪状，上奏后就服毒自杀了，以表明自己没有欺骗朝廷。这件事交由御史丞调查核实，证实严延年曾说过怨恨和诽谤朝政的话。十一月，严延年被控为大逆不道，处在闹市斩首的死刑。

当初，严延年的母亲从东海郡来探视，想和严延年一起进行腊祭；到了洛阳，正遇到处决囚犯，他的母亲大惊，便留在驿站中，不肯到郡府去。严延年到驿站谒见母亲，他的母亲闭门不见，严延年摘下冠帽，在门外叩头请罪，过了很长时间，他的母亲才肯与他相见，并一再责备严延年说："你有幸当郡太守，负责治理千里地区，从没听说你用仁爱之心教育、感化民众；反而利用刑罚，多多杀人，用来树立威望，难道为民父母官是这样的吗？"严延年认错，又叩头谢罪，为母亲驾车回到

归，扫除墓地耳！”遂去，归郡，见昆弟、宗人，复为言之。后岁余，果败，东海莫不贤智其母。

（以上为第一段，写酷吏河南太守严延年刑杀过度，不得善终。）

匈奴握衍朐鞮单于暴虐，好杀伐，国中不附。及太子、左贤王数谗左地贵人，左地贵人皆怨。会乌桓击匈奴东边姑夕王，颇得人民，单于怒。姑夕王恐，即与乌禅幕及左地贵人共立稽侯狦为呼韩邪单于，发左地兵四五万人，西击握衍朐鞮单于，至姑且水北。未战，握衍朐鞮单于兵败走，使人报其弟右贤王曰："匈奴共攻我，若肯发兵助我乎？"右贤王曰："或不爱人，杀昆弟、诸贵人。各自死若处，无来污我！"握衍朐鞮单于恚，自杀。左大且渠都隆奇亡之右贤王所，其民尽降呼韩邪单于。呼韩单于归庭；数月，罢兵，使各归故地，乃收其兄呼屠吾斯在民间者，立为左谷蠡王，使人告右贤贵人，欲令杀右贤王。其冬，都隆奇与右贤王共立日逐王薄胥堂为屠耆单于，发兵数万人东袭呼韩邪单于，呼韩邪单于兵败走。屠耆单于还，以其长子都涂吾西为左谷蠡王，少子姑瞀楼头为右谷蠡王，留居单于庭。

（以上为第二段，写匈奴握衍朐鞮单于残忍暴虐引发匈奴内乱，握衍朐鞮单于兵败自杀。）

五凤元年（甲子，前 57 年）

春，正月，上幸甘泉，郊泰畤。

皇太子冠。

秋，七月，匈奴屠耆单于使先贤掸兄右奥鞬王与乌藉都尉各二万骑屯东方，以备呼韩邪单于。是时西方呼揭王来与唯犁当户谋，共谗右贤王，言欲自立为单于。屠耆单于杀右贤王父子；后知其冤，复杀唯犁当户，于是呼揭王恐，遂畔去，自立为呼揭单于。右奥鞬王闻之，即自立为车犁单于。乌藉都尉亦自立为乌藉单于。凡五单于。屠耆单于自将兵东击车犁单于，使都隆奇击乌藉。乌藉、车犁皆败，西北走，与呼揭单于兵合为四万人。乌藉、呼揭皆去单于号，共并力尊辅车犁单于。屠耆单于闻之，使左大将、都尉将四万骑分屯东方，以备呼韩邪单于，自将四万骑西击车犁单于。车犁单于败，西北走。屠耆单于即引兵西南留闟

府衙居舍。严延年的母亲待腊祭之后，对严延年说："要遵循天道，敬畏神明，人的管理不只是用杀的办法。我不想到了晚年，却看到正当壮年的儿子遭受刑杀！我走了，离开你回到东海郡，替你打扫墓地！"于是离去，回到东海郡，见到兄弟、族人，又跟他们提起了这件事。一年多后，严延年果然被判了死刑，东海郡的人无不称赞他的母亲贤明智慧。

匈奴握衍朐鞮单于残忍暴虐，喜好杀人，国人都不依附他。加上太子和左贤王又多次诬陷左翼地区的大小贵族，引起这些人的怨恨。恰好这时乌桓派兵袭击位于匈奴东部边疆的姑夕王，俘获了大批匈奴人口，握衍朐鞮单于大怒。姑夕王惶恐单于降罪，就与乌禅幕及左翼地区贵族拥立稽侯狦为呼韩邪单于，并征发左翼地区军队四五万人，向西进攻握衍朐鞮单于，直抵姑且水北岸。尚未交战，握衍朐鞮单于的军队就自惊溃逃，只好派人联络他的弟弟右贤王说："匈奴人都来围攻我，你肯派兵来帮助我吗？"右贤王说："你不爱怜别人，屠杀兄弟和各位贵族，你就死在那里吧，不要来污损我！"握衍朐鞮单于十分愤恨，自杀而死。左大且渠都隆奇逃到右贤王住地，部众全部归降呼韩邪单于。呼韩邪单于回到王庭；数月后，也撤了兵，让各部匈奴各自回到故地。呼韩邪单于找到了在民间的哥哥呼屠吾斯，立为左谷蠡王，又派人煽动右贤王属下贵族，想让他们杀死右贤王。这一年冬天，都隆奇和右贤王拥立日逐王薄胥堂为屠耆单于，集结数万士兵向东袭击呼韩邪单于，呼韩邪单于兵败逃走。屠耆单于返回，立其长子都涂吾西为左谷蠡王，小儿子姑瞀楼头为右谷蠡王，让他们留在单于王庭。

汉宣帝五凤元年（甲子，前 57 年）

春季，正月，宣帝巡幸甘泉宫，祭祀天神。

太子刘奭举行加冠典礼。

秋季，七月，匈奴屠耆单于派先贤掸的哥哥右奥鞬王与乌藉都尉各率二万骑兵驻扎在东部地区，用以防备呼韩邪单于。这时匈奴西部呼揭王找到唯犁当户，共商一起陷害右贤王，想自立为单于。屠耆单于杀死右贤王父子；事后得知右贤王冤枉，又将唯犁当户处死，于是呼揭王心中害怕，叛逃而去，自立为呼揭单于。右奥鞬王听说后，就自立为车犁单于。乌藉都尉也自立为乌藉单于。由此匈奴一共有了五位单于。屠耆单于亲自率兵向东进攻车犁单于，派都隆奇带兵进攻乌藉单于，乌藉、车犁单于都被击败，向西北方向逃走，与呼揭单于一起合兵四万。乌藉、呼揭二人去掉单于称号，合力辅佐车犁单于。屠耆单于听说后，派左大将、都尉率领骑兵四万分头驻扎在东方，以防备呼韩邪单于，自己率领四万骑兵向西进攻车犁单于。

敦地。

汉议者多曰：“匈奴为害日久，可因其坏乱，举兵灭之。”诏问御史大夫萧望之，对曰：“《春秋》，晋士丐帅师侵齐，闻齐侯卒，引师而还，君子大其不伐丧，以为恩足以服孝子，谊足以动诸侯。前单于慕化乡善，称弟，遣使请求和亲，海内欣然，夷狄莫不闻。未终奉约，不幸为贼臣所杀；今而伐之，是乘乱而幸灾也，彼必奔走远遁。不以义动，兵恐劳而无功。宜遣使者吊问，辅其微弱，救其灾患；四夷闻之，咸贵中国之仁义。如遂蒙恩得复其位，必称臣服从，此德之盛也。”上从其议。

冬，十有二月，乙酉朔，日有食之。

韩延寿代萧望之为左冯翊。望之闻延寿在东郡时放散官钱千余万，使御史案之。延寿闻知，即部吏案校望之在冯翊时廪牺官钱放散百余万。望之自奏：“职在总领天下，闻事不敢不问，而为延寿所拘持。”上由是不直延寿，各令穷竟所考。望之卒无事实。而望之遣御史案东郡者，得其试骑士日奢僭逾制；又取官铜物，候月食铸刀剑，效尚方事；及取官钱私假繇使吏；及治饰车甲三百万以上。延寿竟坐狡猾不道，弃市。吏民数千人送至渭城，老小扶持车毂，争奏酒炙。延寿不忍距逆，人人为饮，计饮酒石余。使掾、史分谢送者：“远苦吏民，延寿死无所恨！”百姓莫不流涕。

（以上为第三段，写萧望之非忠直之士。他任御史大夫，对外引经据典，假借仁义，不趁匈奴内乱讨伐敌人，用以树立声名；而对内忌妒韩延寿声名，滥用职权，冤杀韩延寿。）

二年（乙丑，前56年）

春，正月，上幸甘泉，郊泰畤。

车骑将军韩增薨。五月，将军许延寿为大司马、车骑大将军。

丞相丙吉年老，上重之。萧望之意常轻吉，上由是不悦。丞相司直奏望之遇丞相礼节倨慢，又使吏买卖，私所附益凡十万三千，请逮捕系治。秋，八月，壬午，诏左迁望之为太子太傅；以太子太傅黄霸为御史大夫。

车犁单于被击败，向西北方逃走。屠耆单于随即率兵向西南来，留驻在闟敦地区。

汉朝大臣讨论当前形势，多数人认为："匈奴为害汉朝多年，可趁匈奴分崩离析的时候，派兵去消灭他们。"宣帝颁诏询问御史大夫萧望之，萧望之说："《春秋》上说，晋国士匄带兵进攻齐国，听说齐侯去世，立刻带兵退回，君子非常称赞士匄不乘敌国丧乱的时候去征伐，并认为唯有如此恩德才足以使孝子心服，情义才足以使诸侯感动。先前虚闾权渠单于仰慕汉朝的教化，一心向善，曾自称是汉的弟弟，派使者来请求和亲，全国民众非常高兴，四方夷狄没有不知道的。可惜还没有达成和亲之约时，单于不幸被贼臣杀害；如今去讨伐匈奴，是乘人之乱而幸灾乐祸，他们一定会逃亡远方。没有合法的理由而兴兵，就可能劳而无功。应派使者前去吊丧慰问，并在他们衰弱时扶助一把，为他们解除灾祸；四方夷狄听说后，一定钦服我国的仁义行为。如能因为大汉的恩惠，使其子孙复位，一定会臣属我们，这是一种盛德啊。"宣帝采纳了他的建议。

冬天，十二月初一日乙酉，发生日食。

韩延寿接替萧望之担任左冯翊。萧望之听说韩延寿在任东郡太守时，擅自向穷人发放官府之钱一千多万，就派御史去调查。韩延寿听说后，也派人调查萧望之在任左冯翊时，擅自把廪牺衙门的钱一百多万放债取利的事。萧望之上奏自辩说："臣的职责是总领天下监察事务，听到有人检举，就不敢不问，可现在却因此受到韩延寿的要挟。"宣帝因而认为韩延寿不正派，分别下令追查到底。结果，对萧望之的追查没有实据，倒是萧望之派御史去东郡，查出韩延寿在考试骑兵之日，铺张排场，超越礼制；又动用官府中的铜器，趁月食时铸成刀剑，仿照宫中尚方铸剑的方法；还取用公钱，私自利用役使下属；又因整治车辆、甲胄，耗资三百万以上。韩延寿终于被判有狡猾不道之罪，斩首示众。那时，几千吏民一直将他送到渭城，不论老小，都扶着囚车车轴不放，争着给他送酒肉。韩延寿不忍拒绝，一一饮下，一共喝了一石多的酒，并让属下官吏向前来送他的吏民一一致谢说："辛苦各位远程相送，我韩延寿虽死无憾。"百姓们都痛哭流涕。

汉宣帝五凤二年（乙丑，前 56 年）

春季，正月，宣帝巡幸甘泉，祭祀泰畤。

车骑将军韩增逝世。五月，将军许延寿升任为大司马、车骑大将军。

丞相丙吉年事已高，宣帝很敬重他。萧望之时常看不起丙吉，宣帝为此很不高兴。丞相司直上奏弹劾萧望之对丞相傲慢无礼，还派属吏给自己家买东西，个人收入无形增加了十万三千，请求将萧望之逮捕治罪。秋天，八月初二日壬午，宣帝下诏将萧望之贬为太子太傅；任命太子太傅黄霸为御史大夫。

匈奴呼韩邪单于遣其弟右谷蠡王等西袭屠耆单于屯兵，杀略万余人。屠耆单于闻之，即自将六万骑击呼韩邪单于。屠耆单于兵败，自杀。都隆奇乃与屠耆少子右谷蠡王姑瞀楼头亡归汉。车犁单于东降呼韩邪单于。冬，十一月，呼韩邪单于左大将乌厉屈与父呼遬累乌厉温敦皆见匈奴乱，率其众数万人降汉；封乌厉屈为新城侯，乌厉温敦为义阳侯。是时李陵子复立乌藉都尉为单于，呼韩邪单于捕斩之；遂复都单于庭，然众裁数万人。屠耆单于从弟休旬王自立为闰振单于，在西边；呼韩邪单于兄左贤王呼屠吾斯亦自立为郅支骨都侯单于，在东边。

光禄勋平通侯杨恽，廉洁无私；然伐其行能，又性刻害，好发人阴伏，由是多怨于朝廷。与太仆戴长乐相失；人有上书告长乐罪，长乐疑恽教人告之，亦上书告恽罪曰："恽上书讼韩延寿，郎中丘常谓恽曰：'闻君侯讼韩冯翊，当得活乎？'恽曰：'事何容易，胫胫者未必全也！我不能自保，真人所谓"鼠不容穴，衔窭数"者也。'又语长乐曰：'正月以来，天阴不雨，此《春秋》所记，夏侯君所言。'"事下廷尉。廷尉定国奏恽怨望，为妖恶言，大逆不道。上不忍加诛，有诏皆免恽、长乐为庶人。

（以上为第四段，写匈奴内乱不止。光禄勋杨恽与太仆戴长乐交恶，互相上书揭短，双双被宣帝贬为庶人。）

三年（丙寅，前55年）

春，正月，癸卯，博阳定侯丙吉薨。

班固赞曰：古之制名，必由象类，远取诸物，近取诸身。故《经》谓君为元首，臣为股肱，明其一体相待而成也。是故君臣相配，古今常道，自然之势也。近观汉相，高祖开基，萧、曹为冠；孝宣中兴，丙、魏有声。是时黜陟有序，众职修理，公卿多称其位，海内兴于礼让。览其行事，岂虚乎哉！

二月，壬辰，黄霸为丞相。霸材长于治民，及为丞相，功名损于治郡。时京兆尹张敞舍鹖雀飞集丞相府，霸以为神雀，议欲以闻。敞奏霸曰："窃见丞相请与中二千石、博士杂问郡、国上计长史、守丞为民兴利

匈奴呼韩邪单于派他的弟弟右谷蠡王等人向西进攻屠耆单于的屯军，杀死掠走一万多人。屠耆单于得知，立即率六万骑兵袭击呼韩邪单于。屠耆单于兵败自杀。都隆奇与屠耆单于的小儿子右谷蠡王姑瞀楼头逃到汉朝投降。车犁单于向东投降呼韩邪单于。冬季，十一月，呼韩邪单于的左大将乌厉屈与其父呼遬累乌厉温敦看到匈奴内乱不止，便率领几万部众投降了汉朝；宣帝封乌厉屈为新城侯、乌厉温敦为义阳侯。此时，李陵的儿子又拥立乌藉都尉为单于，被呼韩邪单于捕杀；于是呼韩邪又回到都城单于王庭，但所属人口仅有几万人。屠耆单于的堂弟休旬王在匈奴西部自立为闰振单于；呼韩邪单于的兄长左贤王呼屠吾斯也在匈奴东部自立为郅支骨都侯单于。

光禄勋平通侯杨恽，廉洁无私，但他自恃有才，加之性情刻薄，喜好揭发别人隐私，因而在朝中结怨不少。他与太仆戴长乐交恶，有人上书控告戴长乐有罪，戴长乐怀疑是杨恽指使，也上书告杨恽说："杨恽上书为韩延寿辩护，郎中丘常问杨恽说：'听说你为韩延寿辩护，能不能救他一命？'杨恽说：'谈何容易，正直的人未必就能安全！我只怕也难以自保，这简直就像人们说的："老鼠进不了洞，是因为它嘴里衔了个大东西。"'又曾对我戴长乐说：'正月以来，天气久阴不雨，这类事在《春秋》上记载过，夏侯胜也说过。'"宣帝把两人交恶的事批交给廷尉审理。廷尉于定国上奏说杨恽心怀怨愤，散布妖言邪说，大逆不道。宣帝不忍心杀他，便下诏将杨恽和戴长乐一起贬为平民。

汉宣帝五凤三年（丙寅，前55年）

春季，正月二十六日癸卯，博阳定侯丙吉逝世。

班固评论说：古代给一件事物取一个名称，一定依据这个事物的形貌来取定，远的取之于类似的事物，近的取之于自身。因而在儒家经典中，将君王比喻为头颅，臣下比喻为大腿和手臂，表明君臣是一体、相辅相成的。所以君臣之间互相配合，是古今的常理，自然形成的。考察汉朝建立以来的各位丞相，汉高祖创立基业的丞相萧何和曹参功居第一位；宣帝中兴，丙吉和魏相著闻当世。这些贤相在位时，官员的升降井然有序，各类机构健全，官员朝气蓬勃，公卿大臣多数都很称职，天下盛行礼让风气。观察各级官员的所作所为，就可知道当时的盛世，绝不是一句空话。

二月壬辰日，黄霸任职为丞相。黄霸的才能长于管理民众，当了丞相以后，声誉比不上作郡守。这时，京兆尹张敞住所上的鹖雀飞集在丞相府的屋顶上，黄霸认为是神雀，便商议奏报给皇上。张敞上奏弹劾黄霸说："臣看到丞相约同中二千石大

除害，成大化，条其对。有耕者让畔，男女异路，道不拾遗，及举孝子、贞妇者为一辈，先上殿；举而不知其人数者，次之；不为条教者在后。叩头谢丞相，口虽不言，而心欲其为之也。长史、守丞对时，臣敞舍有鹖雀飞止丞相府屋上，丞相以下见者数百人。边吏多知鹖雀者，问之，皆阳不知。丞相图议上奏曰：'臣问上计长史、守丞以兴化条，皇天报下神爵。'后知从臣敞舍来，乃止。郡国吏窃笑丞相仁厚有知略，微信奇怪也。臣敞非敢毁丞相也，诚恐群臣莫白，而长史、守丞畏丞相指，归舍法令，各为私教，务相增加，浇淳散朴，并行伪貌，有名亡实，倾摇解怠，甚者为妖。假令京师先行让畔、异路、道不拾遗，其实亡益廉贪、贞淫之行，而以伪先天下，固未可也。即诸侯先行之，伪声轶于京师，非细事也，汉家承敝通变，造起律令，所以劝善禁奸，条贯详备，不可复加。宜令贵臣明饬长史、守丞，归告二千石，举三老、孝弟、力田、孝廉、廉吏，务得其人，郡事皆以法令为检式，毋得擅为条教；敢挟诈伪以奸名誉者，必先受戮，以正明好恶。"天子嘉纳敞言，召上计吏，使侍中临饬，如敞指意。霸甚惭。

又，乐陵侯史高以外属旧恩侍中，贵重，霸荐高可太尉。天子使尚书召问霸："太尉官罢久矣。夫宣明教化，通达幽隐，使狱无冤刑，邑无盗贼，君之职也。将相之官，朕之任焉。侍中、乐陵侯高，帷幄近臣，朕之所自亲，君何越职而举之？"尚书令受丞相对，霸免冠谢罪，数日，乃决，自是后不敢复有所请。然自汉兴，言治民吏，以霸为首。

三月，上幸河东，祠后土。减天下口钱；赦天下殊死以下。

臣、博士一起，对各郡国派来呈进计簿的长史、守丞发出各种有关为民兴利除害，推行教化的问题，要他们一一作答。凡报告当地农民不争地界，男女不同行在一条路上，以及道不拾遗，还有能举出当地孝顺子孙、贞节妇女人数的，列为第一等，首先在厅堂接见；虽然能列举出孝子顺孙、贞节妇女，但不知道有多少人的，列为第二等；说不出这方面政绩的，列为末等，他们要向丞相叩头请罪。丞相虽未明言，心中却是希望他们也能举出标志政绩的例子。长史、守丞对答时，一群鹖雀从臣家中屋顶上飞到丞相府的屋顶上，自丞相以下有几百人都看见了。从边郡来的官吏，都知道这是产自羌中的鹖雀，但丞相问他们，却都佯装不知。丞相打算联合众大臣上奏说：'臣正在询问各郡国派来呈进计簿的长史、守丞有关兴举教化的条目时，上天派神雀下来，昭示陛下的盛德。'后得知是从臣敞家屋顶飞来，这才作罢。各郡国官吏都在暗笑丞相虽然仁厚有智，却轻信奇闻怪事。并非臣敞敢于诋毁丞相，只是怕群臣都不敢上报这件事，而各郡国的长史、守丞又畏惧丞相，回到郡国后不依法令，各依私自制定的教令，层层追加一些额外要求，破坏了纯厚朴实的风气，变得浅薄浮夸，甚至虚伪造假，有名无实，而对实质性事务则敷衍懈怠，甚至以妖言惑众。若京师率先大力倡导民众谦让不争，男女分路行走，道不拾遗等，这实际上对区分廉洁与贪污、贞节与淫乱的行为并无益处，反倒以虚伪的外表处于天下第一，这当然是不可行的，即便是各郡国先这样做，竞相以虚名欺瞒朝廷，这不是小事。汉朝承接了秦朝留下的烂摊子和各种弊端，适应形势而变通改革，制定了法令，目的在于鼓励善行，禁止奸恶，条理分明而系统，不可以再有所增加。应该派位尊之臣明确指示各郡国长史、守丞，转告各地二千石官员，推举任命三老、孝弟、力田、孝廉以及廉吏时，务必要任人得当，处理郡中事务都要以法令为依据，不得擅自增改；如有敢于弄虚作假，用来盗取名誉的人，一定遭受刑戮，以明辨是非善恶。"宣帝对张敞的建议十分赞赏，立即采纳，就召集那些到京师来呈进计簿的官员议事，派侍中现场把张敞的建议转告了他们。黄霸因此非常惭愧。

此外，乐陵侯史高凭外戚的身份和过去对宣帝的恩义，担任侍中，地位尊贵显赫，黄霸推荐史高担任太尉。宣帝就派尚书令宣召黄霸问事，说："太尉一职早已撤销。宣明教化，沟通上下，使诉讼无冤狱，城乡无盗贼，这是你的职责。将相一级官员的任免是朕的责任。侍中、乐陵侯史高，是朕的左右近臣，也是朕的近亲，你为什么再越权保举呢？"尚书令听取黄霸的回答。黄霸脱帽，请求宽恕，几天后，才得免罪，自此以后，黄霸再不敢奏请任免官吏。然而，自汉朝建立以来，作为治理民众的官吏，应推黄霸第一。

三月，宣帝巡视河东郡，祭祀后土神。下诏减少各地皇室收取的少年人头税；赦免天下死刑以下的罪犯。

六月，辛酉，以西河太守杜延年为御史大夫。

置西河、北地属国以处匈奴降者。

广陵厉王胥使巫李女须祝诅上，求为天子。事觉，药杀巫及宫人二十余人以绝口。公卿请诛胥。

（以上为第五段，写班固对西汉中兴名臣魏相、丙吉的高度评价，可与开国名相萧何、曹参相提并论。黄霸作为地方官，有很高的声望，称为第一治民官，而作为丞相，治事欠妥。）

四年（丁卯，前 54 年）

春，胥自杀。

匈奴单于称臣，遣弟右谷蠡王入侍。以边塞亡寇，减戍卒什二。

大司农中丞耿寿昌奏言："岁数丰穰，谷贱，农人少利。故事：岁漕关东谷四百万斛以给京师，用卒六万人。宜籴三辅、弘农、河东、上党、太原郡谷，足供京师，可以省关东漕卒过半。"上从其计。寿昌又白："令边郡皆筑仓，以谷贱增其贾而籴，谷贵时减贾而粜，名曰常平仓。"民便之。上乃下诏赐寿昌爵关内侯。

夏，四月，辛丑朔，日有食之。

杨恽既失爵位，家居治产业，以财自娱。其友人安定太守西河孙会宗与恽书，谏戒之，为言"大臣废退，当阖门惶惧，为可怜之意；不当治产业，通宾客，有称誉"。恽，宰相子，有材能，少显朝廷，一朝以暗昧语言见废，内怀不服，报会宗书曰："窃自思念，过已大矣，行已亏矣，常为农夫以没世矣，是故身率妻子，戮力耕桑，不意当复用此为讥议也！夫人情所不能止者，圣人弗禁；故君、父至尊、亲，送其终也，有时而既。臣之得罪，已三年矣，田家作苦，岁时伏腊，烹羊，炰羔，斗酒自劳，酒后耳热，仰天拊缶而呼乌乌，其诗曰：'田彼南山，芜秽不治；种一顷豆，落而为萁。人生行乐耳，须富贵何时！'诚荒淫无度，不知其不可也。"又恽兄子安平侯谭谓恽曰："侯罪薄，又有功，且复用！"恽曰："有功何益！县官不足为尽力。"谭曰："县官实然。盖司隶、韩冯翊皆尽力吏也，俱坐事诛。"会有日食之变，驺马猥佐成上书告"恽骄奢，不悔过。日食之咎，此人所致"。章下廷尉，按验，得所予会宗书，帝见而恶之。廷尉当恽大逆无道，要斩；妻子徙酒泉郡；谭坐免为庶人，诸

六月十六日辛酉，任命西河太守杜延年为御史大夫。

设置西河、北地附属国，安置从匈奴来投降的人。

广陵厉王刘胥请巫师李女须诅咒宣帝，求神灵保佑他当皇帝。事情败露，刘胥把巫师李女须及宫女二十余人毒死，杀人灭口，公卿大臣请求将刘胥处死。

汉宣帝五凤四年（丁卯，前 54 年）

春季，刘胥自杀。

匈奴呼韩邪单于向汉朝称臣，派他的弟弟右谷蠡王到长安来侍奉宣帝作人质。汉朝因边境上无寇贼之患，就将戍边部队减少了十分之二。

大司农中丞耿寿昌上奏说："由于连年丰收，谷物价格便宜，农民收益减少。按照惯例：每年从函谷关以东地区转运粮食四百万斛以供应长安，需调用差役六万人。应趁谷价便宜可以从三辅、弘农、河东、上党、太原等郡购买粮食，就足够长安消费，可以节省函谷关以东转运差役一半以上。"宣帝采纳了他的建议。耿寿昌又禀报说："命令边塞各郡都修筑粮仓，在谷价低时，加价购买，谷价贵时，减价卖出，称作常平仓。"百姓因此深感方便。宣帝于是下诏赐耿寿昌关内侯爵。

夏天，四月初一日辛丑，发生日食。

杨恽失去爵位后，在家经营产业，以追逐财富为乐。杨恽的朋友安定太守西河人孙会宗写信劝诫他说："大臣被免职贬退，应闭门谢客，惶恐思过，表现出可怜的样子；不应当营治产业，交接宾客，获取名声。"杨恽是前丞相杨敞的儿子，很有才干，年少时就在朝廷中崭露头角，一时受到暗昧语言的中伤，遭贬废，心中怨愤不平，就回信给孙会宗说："我自个思量，自己的罪过太大，行为已有亏损，只能做一个农夫来过完一辈子，因此我才带着妻儿，努力耕田种桑，想不到又因此遭到讥评议论！人之常情要做的事，连圣人也不加禁止；即使是国君和父亲这样至尊至亲的人，子女为他们送终，也有一定的时限。臣得罪皇上，已有三年了，田间劳动很辛苦，每年的三伏、腊月，烹烤羊羔，喝些酒来自我犒劳，当酒酣耳热时，仰面朝天，敲打瓦盆，放声高歌，那歌辞是：'在那南山耕作啊，荒草杂乱实难锄；在那里种一顷的豆子啊，想不到只剩下豆茎。人生行乐当及时，等待富贵那要到什么时候！'即使是荒淫无度，也不知有何不可。"另外，杨恽的侄儿安平侯杨谭对杨恽说："你的罪并不大，又曾经对国家有功，将来还会受到任用。"杨恽说："有功有什么用！这样的天子不值得去替他效力。"杨谭说："皇上确实如此。司隶校尉盖宽饶、左冯

在位与恽厚善者，未央卫尉韦玄成及孙会宗等，皆免官。

臣光曰：以孝宣之明，魏相、丙吉为丞相，于定国为廷尉，而赵、盖、韩、杨之死皆不厌众心，其为善政之累大矣！《周官》司寇之法，有议贤、议能，若广汉、延寿之治民，可不谓能乎！宽饶、恽之刚直，可不谓贤乎！然则虽有死罪，犹将宥之，况罪不足以死乎！扬子以韩冯翊之愬萧为臣之自失。夫所以使延寿犯上者，望之激之也。上不之察，而延寿独蒙其辜，不亦甚哉！

匈奴闰振单于率其众东击郅支单于。郅支与战，杀之，并其兵；遂进攻呼韩邪。呼韩邪兵败走，郅支都单于庭。

（以上为第六段，写匈奴内乱，五单于火并，最后剩下两单于，郅支单于得势，呼韩邪单于败逃东方。写杨恽之死，司马光评论汉宣帝诛杀大臣有失宽仁。）

甘露元年（戊辰，前 53 年）

春，正月，行幸甘泉，郊泰畤。

杨恽之诛也，公卿奏京兆尹张敞，恽之党友，不宜处位。上惜敞材，独寝其奏，不下。敞使掾絮舜有所案验，舜私归其家曰："五日京兆耳，安能复案事！"敞闻舜语，即部吏收舜系狱，昼夜验治，竟致其死事。舜当出死，敞使主簿持教告舜曰："五日京兆竟何如？冬月已尽，延命乎？"乃弃舜市。会立春，行冤狱使者出，舜家载尸并编敞教，自言使者。使者奏敞贼杀不辜。上欲令敞得自便，即先下敞前坐杨恽奏，免为庶人。敞诣阙上印绶，便从阙下亡命。数月，京师吏民解弛，枹鼓数起，而冀州部中有大贼，天子思敞功效，使使者即家在所召敞。敞身被重劾，及使者至，妻子家室皆泣，而敞独笑曰："吾身亡命为民，郡吏当就捕。今使者来，此天子欲用我也。"装随使者，诣公车上书曰："臣前幸得备位列卿，待罪京兆，坐杀掾絮舜。舜本臣敞素所厚吏，数蒙恩贷；以臣有章劾当免，受记考事，便归卧家，谓臣五日京兆。背恩忘义，伤薄俗化。臣窃以舜无状，枉法以诛之。臣敞贼杀不辜，鞫狱故不直，虽

翊韩延寿都是尽力国事的大臣，还不是都被找借口杀了！”恰好这时出现了日食，一个名叫成的马夫头上书控告杨恽说：“杨恽骄横奢侈，不思改过。这次发生日食，就是由于他的缘故。”奏章交由廷尉处理，查证核实，发现了杨恽写给孙会宗的信，宣帝看了以后更加憎恨杨恽。廷尉判处杨恽大逆不道之罪，处以腰斩；妻儿贬到酒泉郡；杨谭贬为平民，所有和杨恽要好的现任官员，如未央卫尉韦玄成和孙会宗等人，都被免除官职。

> 臣司马光评论说：依宣帝的圣明，加上魏相、丙吉为丞相，于定国为廷尉，而赵广汉、盖宽饶、韩延寿、杨恽之死，都不能服众，这实在是宣帝善政的最大污点！《周礼》上关于司寇职责的规定，有议贤与议能两条，像赵广汉、韩延寿在治理民众方面，可以说是很有才能；像盖宽饶、杨恽的刚直性格，可以说是很贤明！就是犯了死罪，也应宽恕，何况罪不当死！扬雄认为，韩延寿诬告萧望之是咎由自取，其实韩延寿冒犯上官，则是萧望之所逼。宣帝不能明察，使韩延寿独自遭受罪刑，确实太过分了！

匈奴闰振单于率兵向东进攻郅支单于。郅支单于和他交战，杀死闰振单于，兼并了他的兵众；于是转过头来进攻呼韩邪单于。呼韩邪单于兵败退走，郅支单于建都在单于王庭。

汉宣帝甘露元年（戊辰，前53年）

春季，正月，宣帝巡幸甘泉，在泰畤祭祀太一天神。

杨恽被杀以后，公卿大臣奏劾京兆尹张敞，认为他是杨恽的党友，不应再继续任职。宣帝爱惜张敞的才能，便将奏章留下不发。张敞部属絮舜外出调查案件，絮舜私自回家说：“张敞任京兆尹最多还有五天，哪有时间办什么案子！”张敞听到此话，当即派人逮捕絮舜下狱，昼夜审讯，竟将他罗织成死罪。絮舜被杀之前，张敞派主簿送给絮舜一席讥刺的话，说：“只任五天京兆尹又怎么样？冬天即将过去，你想拖延求生吗？”于是将絮舜斩首于闹市示众。恰好立春到了，巡视冤案的朝廷使者外出察巡，絮舜的家属用车载着絮舜的尸体，还把张敞讽刺絮舜的话编成顺口溜，拦路向使者控告张敞。使者上奏指控张敞妄杀无辜。宣帝想对张敞从轻发落，就先行批下张敞先前为杨恽的事被纠举的奏章，贬为平民。张敞到宫门前交还印绶后，立即从宫门前逃走。几个月以后，京师官员因懈怠职守，治安废弛，致使追捕匪盗的鼓声频传，冀州还出现了大盗，宣帝想起敞治理盗匪的功劳，就派使者到张敞的家征召他。张敞身遭重罪弹劾，听说朝廷使臣到来，他的妻儿家属都吓得大哭起来，只有张敞笑着说：“我是一个逃亡的平民，郡吏就可以来捕捉我了。现今朝廷使者到

伏明法，死无所恨！”天子引见敞，拜为冀州刺史。敞到部，盗贼屏迹。

皇太子柔仁好儒，见上所用多文法吏，以刑绳下，常侍燕从容言：“陛下持刑太深，宜用儒生。”帝作色曰：“汉家自有制度，本以霸王道杂之；奈何纯任德教，用周政乎！且俗儒不达时宜，好是古非今，使人眩于名实，不知所守，何足委任！”乃叹曰：“乱我家者太子也！”

臣光曰：王霸无异道。昔三代之隆，礼乐、征伐自天子出，则谓之王。天子微弱不能治诸侯，诸侯有能率其与国同讨不庭以尊王室者，则谓之霸。其所以行之也。皆本仁祖义，任贤使能，赏善罚恶，禁暴诛乱；顾名位有尊卑，德泽有深浅，功业有巨细，政令有广狭耳，非若白黑、甘苦之相反也。汉之所以不能复三代之治者，由人主之不为，非先王之道不可复行于后世也。夫儒有君子，有小人。彼俗儒者，诚不足与为治也。独不可求真儒而用之乎！稷、契、皋陶、伯益、伊尹、周公、孔子，皆大儒也，使汉得而用之，功烈岂若是而止邪！孝宣谓太子懦而不立，暗于治体，必乱我家，则可矣；乃曰王道不可行，儒者不可用，岂不过哉！非所以训示子孙，垂法将来者也。

淮阳宪王好法律，聪达有材；王母张婕好尤幸。上由是疏太子而爱淮阳宪王，数嗟叹宪王曰：“真我子也！”常有意欲立宪王，然用太子起于微细，上少依倚许氏，及即位而许后以杀死，故弗忍也。久之，上拜韦玄成为淮阳中尉，以玄成尝让爵于兄，欲以感谕宪王；由是太子遂安。

（以上为第七段，写甘露元年京兆尹张敞滥杀属吏未受惩处；太子刘奭好儒，性格柔弱，受到汉宣帝的训斥，申明汉家制度霸王道杂之。司马光批评汉宣帝施政仁

来，这是天子想任用我啊。”于是整理行装，随使者来到接他的公车前，上书皇上说：“臣从前有幸位列九卿，任职京兆尹，被控杀死属吏絮舜。絮舜本是臣平日厚待的官吏，曾几次加恩宽恕他的过失；他认为臣受到弹劾，即将免官，所以我派他查办案件，他竟然回家睡觉，还说臣只能担任五天京兆尹了，实在是忘恩负义，伤风败俗。臣认为絮舜背义弃礼，就擅用法令把他杀了。臣滥杀无辜，判案不公，现今即便遭受法律的制裁，处以死刑，也无遗憾！”宣帝召见张敞，任命他为冀州刺史。张敞到任后，盗贼就收敛起来，不敢外出。

皇太子刘奭性格温柔仁厚，喜好儒术，看到宣帝所任用的多半是精通法令的官吏，常用刑法来控制百姓，就在一次与宣帝一同进餐时，从容建议道：“陛下过于依赖刑法，应当任用儒生。”宣帝生气地说：“汉家自有制度，本来就是兼采王道和霸道；怎么能独用道德教化，采用周朝的政治呢！何况俗儒迂腐不识时务，喜欢古人古事，总认为今不如昔，令人们在名分与实际之间感到迷惑，不知如何去遵行，这种人怎能委以重任！”因而叹息说：“败坏我汉家基业的人将是太子！”

臣司马光评论说：王道和霸道并没有什么区别。从前在夏、商、周三代昌盛时，礼乐、征伐的权力，掌握在天子手中，称为王道。天子地位衰弱，不能控制诸侯时，若有诸侯出头率领同盟国，一起去征讨那些悖逆王廷的人，以尊奉王室，这就称为霸道。无论遵行哪一种道，都在遵循仁义根本，任用贤能，赏善罚恶，禁止暴乱；王道霸道两者只不过在名位上有尊卑之差，德泽上有深浅之别，功业上有大小之分，政令上有广狭之异，并不是像白与黑、甜与苦那样截然相反。汉朝之所以不能恢复夏、商、周三代那样的治世，是由于君主未朝那个方向努力，并不是古代先王的道统不能再行于后世。说到儒生，其中有君子，也有小人。像宣帝所说的俗儒，当然不能依靠他们治理天下，但难道就不能访求真儒而任用吗！稷、契、皋陶、伯益、伊尹、周公、孔子，都是大儒，假若汉朝能得到并且重用，汉朝的功业岂能只像现在这样！宣帝说太子懦弱不能自立，不懂得治国之法，必然将败坏刘氏基业，这还说得过去；假若说王道不可实行，儒生不可任用，岂不是太过分了！这话不能用来训示子孙，也不能留给后人效法。

淮阳宪王刘钦喜好法律，聪明通达，很有才干；他的母亲张婕妤特别受宣帝宠爱。宣帝因此疏远太子而喜欢宪王刘钦，多次称赞宪王刘钦说：“这才真是我的儿子！”经常有意要立宪王刘钦为太子，但由于太子生于自己微贱之时，那时自己是依靠刘奭的母亲许氏家生活的，即位之后，许皇后又被人毒死，所以不忍心罢废太子。过了很久，宣帝任命韦玄成为淮阳中尉，因为韦玄成曾让侯爵给他的哥哥，想以此事来感悟劝解刘钦；从此，太子的地位才稳固了。

义有亏，故有霸王道杂治之论。）

匈奴呼韩邪单于之败也，左伊秩訾王为呼韩邪计，劝令称臣入朝事汉，从汉求助，如此，匈奴乃定。呼韩邪问诸大臣，皆曰："不可。匈奴之俗，本上气力而下服役，以马上战斗为国，故有威名于百蛮。战死，壮士所有也。今兄弟争国，不在兄则在弟，虽死犹有威名，子孙常长诸国。汉虽强，犹不能兼并匈奴；奈何乱先古之制，臣事于汉，卑辱先单于，为诸国所笑！虽如是而安，何以复长百蛮！"左伊秩訾曰："不然，强弱有时。今汉方盛，乌孙城郭诸国皆为臣妾。自且鞮侯单于以来，匈奴日削，不能取复，虽屈强于此，未尝一日安也。今事汉则安存，不事则危亡，计何以过此！"诸大人相难久之。呼韩邪从其计，引众南近塞，遣子右贤王铢娄渠堂入侍。郅支单于亦遣子右大将驹于利受入侍。

二月，丁巳，乐成敬侯许延寿薨。

夏，四月，黄龙见新丰。

丙申，太上皇庙火；甲辰，孝文庙火；上素服五日。

乌孙狂王复尚楚主解忧，生一男鸱靡，不与主和；又暴恶失众。汉使卫司马魏和意、副侯任昌至乌孙。公主言："狂王为乌孙所患苦，易诛也。"遂谋置酒，使士拔剑击之。剑旁下，狂王伤，上马驰去。其子细沈瘦会兵围和意、昌及公主于赤谷城；数月，都护郑吉发诸国兵救之，乃解去。汉遣中郎将张遵持医药治狂王，赐金帛；因收和意、昌系琐，从尉犁槛车至长安，斩之。

初，肥王翁归靡胡妇子乌就屠，狂王伤时，惊，与诸翎侯俱去，居北山中，扬言母家匈奴兵来，故众归之；后遂袭杀狂王，自立为昆弥。是岁，汉遣破羌将军辛武贤将兵万五千人至敦煌，通渠积谷，欲以讨之。

初，楚主侍者冯嫽，能史书，习事，尝持汉节为公主使，城郭诸国敬信之，号曰冯夫人，为乌孙右大将妻。右大将与乌就屠相爱，都护郑吉使冯夫人说乌就屠，以汉兵方出，必见灭，不如降。乌就屠恐，曰：

匈奴呼韩邪单于被郅支单于击败后，左伊秩訾王为呼韩邪单于献计，劝他向汉称臣，归顺汉朝，请求汉朝援助，这样，才能平定匈奴内乱。呼韩邪询求大臣们的意见，大臣们都说："不行。匈奴的风俗，历来是崇尚勇力，耻于服侍别人，从马背上征战建立国家，所以威名才震服蛮夷各国。沙场战死，是壮士分内的事。现今兄弟争国，不是兄死，就是弟亡，即使因此而分裂，但威名尚在，子孙永远统治蛮夷各国。汉朝虽然强大，尚不能吞并匈奴；为什么要败坏先祖的体统，臣服汉朝，使历代单于蒙羞九泉之下，让各国耻笑！就算能因此获得安定，又将如何再去统帅蛮夷各国！"左伊秩訾说："不是这样的，强弱的形势，随时间而改变。现今汉朝正强盛，乌孙等各个国家都已向汉朝称臣。匈奴从且鞮侯单于以来，力量日益衰弱，无力恢复全盛时的匈奴，尽管坚强不屈，却不能得到一日的安宁。如今若能事奉汉朝，便可安全生存，不肯事奉汉朝，则濒于危亡，没有比这更好的策略了！"各位大臣争议许久，呼韩邪采纳了左伊秩訾王的建议，率众南下靠近汉朝边塞，派儿子右贤王铢娄渠堂到长安入侍汉朝。郅支单于也派儿子右大将驹于利受入侍汉朝。

二月二十一日丁巳，乐成敬侯许延寿逝世。

夏季，四月，新丰县发现黄龙。

四月初一日丙申，太上皇祭庙失火；四月初九日甲辰，孝文帝祭庙失火；宣帝穿了五天素服。

乌孙狂王泥靡再把楚公主刘解忧娶以为妻，生一男孩鸱靡，狂王与公主感情不好；又暴戾凶恶，失去民心。汉朝派卫司马魏和意为使臣，卫侯任昌为副使来到乌孙。公主刘解忧说："狂王给乌孙带来很多灾祸，杀他很容易。"因而密谋，在酒宴时，派武士拔剑杀之。结果剑刺歪了，狂王受伤，上马逃走。狂王的儿子细沈瘦率兵将魏和意、任昌以及公主包围在赤谷城中；几个月后，都护郑吉征调西域各国军队前往救助，细沈瘦才解围而去。汉朝派中郎将张遵带医药给狂王治疗，赐给他许多黄金、布帛；又将魏和意、任昌锁拿，从尉犁用囚车押回长安处死。

当初，乌孙肥王翁归靡与胡人妻子生的儿子乌就屠，在狂王受伤时，惊恐不安，与乌孙诸翎侯一起逃走，住在北部山中，声称他的娘家匈奴要派兵来，所以乌孙人都归附于他；随后乌就屠攻杀狂王，自立为昆弥王。这一年，汉朝派破羌将军辛武贤率兵一万五千到敦煌，疏通渠道，囤积粮食，准备讨伐乌就屠。

当初，刘解忧的侍女冯嫽因为能通史书，熟悉汉与西域各国事务，曾携带汉朝符节充当公主的使节，出使城邦各国，城邦各国对她十分尊敬信任，称她为冯夫人，她是乌孙右大将的妻子。右大将与乌就屠关系要好，都护郑吉就让冯嫽劝说乌就屠，

"愿得小号以自处！"帝征冯夫人，自问状；遣谒者竺次、期门甘延寿为副，送冯夫人。冯夫人锦车持节，诏乌就屠诣长罗侯赤谷城，立元贵靡为大昆弥，乌就屠为小昆弥，皆赐印绶。破羌将军不出塞，还。后乌就屠不尽归翎侯人众，汉复遣长罗侯将三校屯赤谷，因为分别人民地界，大昆弥户六万余，小昆弥户四万余；然众心皆附小昆弥。

（以上为第八段，写匈奴五单于内斗，到甘露元年只剩下两单于，皆称臣于汉；西域乌孙分裂为二。）

二年（己巳，前52年）

春，正月，立皇子嚣为定陶王。

诏赦天下，减民算三十。

珠厓郡反。夏，四月，遣护军都尉张禄将兵击之。

杜延年以老病免。五月，己丑，廷尉于定国为御史大夫。

秋，七月，立皇子宇为东平王。

冬，十二月，上行幸萯阳宫、属玉观。

是岁，营平壮武侯赵充国薨。先是，充国以老乞骸骨，赐安车、驷马、黄金，罢就弟。朝廷每有四夷大议，常与参兵谋、问筹策焉。

匈奴呼韩邪单于款五原塞，愿奉国珍，朝三年正月。诏有司议其仪。丞相、御史曰："圣王之制，先京师而后诸夏，先诸夏而后夷狄。匈奴单于朝贺，其礼仪宜如诸侯王，位次在下。"太子太傅萧望之以为："单于非正朔所加，故称敌国，宜待以不臣之礼，位在诸侯王上。外夷稽首称藩，中国让而不臣，此则羁縻之谊，谦亨之福也。《书》曰：'戎狄荒服，'言其来服荒忽亡常。如使匈奴后嗣卒有鸟窜鼠伏，阙于朝享，不为畔臣，万世之长策也。"天子采之，下诏曰："匈奴单于称北蕃，朝正朔。朕之不德，不能弘覆。其以客礼待之，令单于位在诸侯王上，赞谒称臣而不名。"

荀悦论曰：《春秋》之义，王者无外，欲一于天下也。戎狄道里辽远，人迹介绝，故正朔不及，礼教不加，非尊之也，其势然也。

告诉他汉军即将出击，乌孙一定会被汉军所灭，不如归降汉朝。乌就屠大为惊慌，说："希望能封我一个小昆弥的王号，使我能安身。"宣帝召见冯夫人，亲自询问情况；然后派谒者竺次、期门郎甘延寿充当冯夫人的副使，护送冯夫人。冯夫人乘坐锦车，带着汉朝符节，诏令乌就屠到赤谷城去拜见长罗侯常惠。立元贵靡为大昆弥，乌就屠为小昆弥，各赐印信、绶带。破羌将军未曾出塞，就撤回。后来，乌就屠不肯将民众全部交给诸翎侯，汉朝又派长罗侯常惠率领三校部队屯兵赤谷城，给他们划分地界和民众，大昆弥统辖六万多户，小昆弥统辖四万多户；但民心都向着小昆弥。

汉宣帝甘露二年（己巳，前52年）

春季，正月，宣帝立皇子刘嚣为定陶王。

宣帝下诏大赦天下，本年减少百姓赋税三十钱。

珠厓郡叛乱。夏季，四月，派护军都尉张禄率军镇压。

杜延年年老多病，被免职。五月初一日己丑，廷尉于定国任职为御史大夫。

秋季，七月，立皇子刘宇为东平王。

冬季，十二月，宣帝巡幸萯阳宫、属玉观。

这一年，营平壮武侯赵充国逝世。先前，赵充国因年老请求退休，宣帝赐给他安车、驷马、黄金，送他回家休养。每当朝廷处理有关四方夷狄的重大事件，赵充国仍参与兵事决策，朝廷总是向他征询方略。

匈奴呼韩邪单于抵达五原郡边塞，表示愿意奉献本国珍宝，在甘露三年正月到长安朝见宣帝。宣帝下诏商议朝见礼仪。丞相和御史大夫说："按照古代圣王的礼制，京师王室之礼重于各诸侯国，各诸侯国之礼重于四方夷狄。匈奴单于来朝天子，其礼仪应该与诸侯王相同，位次排在诸侯王之后。"太子太傅萧望之提出不同建议，说："单于并非汉朝的臣属，所以称为敌对国，不应以对臣属的礼仪对待他，位次应在诸侯王之上。外夷向我国叩头，自称藩属，我国谦让，应以客礼而不以臣属之礼相待，为的是笼络他，我国谦逊可带来亨通的福气。《尚书》说：'戎狄荒服很难驯服。'说明戎夷反复无常。如果将来匈奴的后代像飞鸟远窜、老鼠潜伏一般不来朝见，那也不能算背叛我国的臣子，这样做就是为子孙万代着想的长远计策。"宣帝采纳了这一建议，下诏说："匈奴单于自称我国北方藩属，将于明年正月初一前来朝见。因为朕的恩德不够，不能广施荫庇。所以应以待客的礼仪来接待他们，让单于位于诸侯王之上，谒见时，只称臣而不称名。"

荀悦评论说：依照《春秋》大义，君主统辖天下，不分内外，为的是天下一统。戎狄外族因相距遥远，人事隔绝，中国的历法政令无法颁行贯彻，礼仪

《诗》云：“自彼氐、羌，莫敢不来王。”故要、荒之君必奉王贡；若不供职，则有辞让号令加焉，非敌国之谓也。望之欲待以不臣之礼，加之王公之上，僭度失序，以乱天常，非礼也！若以权时之宜，则异论矣。

诏遣车骑都尉韩昌迎单于，发所过七郡二千骑为陈道上。

（以上为第九段，写甘露二年安羌名将赵充国辞世，匈奴呼韩邪单于在五原塞上表入朝，汉宣帝与大臣朝议接待礼仪，单于入朝位在诸侯王上，称臣不拜，也不称名，待以客礼。荀悦评论认为，规格高于诸侯王，丧失秩序，扰乱伦常，只是一个权宜之计，不可为常法。）

三年（庚午，前 51 年）

春，正月，上行幸甘泉，郊泰畤。

匈奴呼韩邪单于来朝，赞谒称藩臣而不名；赐以冠带、衣裳，黄金玺、盭绶，玉具剑、佩刀，弓一张，矢四发，棨戟十，安车一乘，鞍勒一具，马十五匹，黄金二十斤，钱二十万，衣被七十七袭，锦绣、绮縠、杂帛八千匹，絮六千斤。礼毕，使使者道单于先行宿长平。上自甘泉宿池阳宫。上登长平阪，诏单于毋谒，其左右当户皆得列观，及诸蛮夷君长、王、侯数万，咸迎于渭桥下，夹道陈。上登渭桥，咸称万岁。单于就邸长安。置酒建章宫，飨赐单于，观以珍宝。二月，遣单于归国。单于自请“愿留居幕南光禄塞下；有急，保汉受降城。”汉遣长乐卫尉、高昌侯董忠、车骑都尉韩昌将骑万六千，又发边郡士马以千数，送单于出朔方鸡鹿塞。诏忠等留卫单于，助诛不服，又转边谷米糒，前后三万四千斛，给赡其食。先是，自乌孙以西至安息诸国近匈奴者，皆畏匈奴而轻汉；及呼韩邪朝汉后，咸尊汉矣。

上以戎狄宾服，思股肱之美，乃图画其人于麒麟阁，法其容貌，署其官爵、姓名；唯霍光不名，曰“大司马、大将军、博陆侯，姓霍氏”，其次张安世，韩增、赵充国、魏相、丙吉、杜延年、刘德、梁丘贺、萧望之、苏武，凡十一人，皆有功德，知名当世，是以表而扬之，明著中兴辅佐，列于方叔、召虎、仲山甫焉。

教化也无法施加给他们，这并不是尊重他们，而是形势使然。《诗经》说："那些氐、羌的夷狄小国，谁敢不来朝见天子。"距离再远的外族君主，也不能不向天子朝贡；不来朝贡，应当先以文辞责问，继之严令申斥，强迫其来朝，而不应称之为敌对之国。萧望之想不以臣属之礼对待，使单于位在王公之上，实属僭越制度，丧失秩序，扰乱伦常，是不合礼仪的！如果只是一时的权宜之计，就另当别论了。

宣帝诏令车骑都尉韩昌前去迎接单于，征调沿途七郡二千骑兵列于道路两旁表示隆重欢迎。

汉宣帝甘露三年（庚午，前51年）

春季，正月，宣帝巡幸甘泉宫，在泰畤祭祀天神。

匈奴呼韩邪单于来到京师朝见宣帝，仅称藩臣而不称名；宣帝赐给他冠带、衣裳、黄金印玺、盭绶带，用玉石装饰的剑、佩刀，一张弓，四支箭，十支用于仪仗的木戟，安车一辆，马鞍一副，十五匹马，二十斤黄金，二十万钱，衣衫被褥七十七一套，锦绣、绸缎、布帛八千匹，丝绵六千斤。朝见典礼完成，宣帝派使者导引单于先到长平阪休息。宣帝也从甘泉宫移往池阳宫。宣帝登上长平阪，下诏让单于不必参拜，随同单于朝见的匈奴大臣左右当户等人，以及各蛮夷国的君王、各诸侯王、列侯等几万人，都来到渭桥下，夹道欢迎。宣帝登上渭桥，大家都高呼万岁。随后单于又移住长安。宣帝在建章宫设宴款待单于，向他展示很多国家珍宝。二月，送单于回国。单于请求"希望能留居大沙漠以南的光禄塞；遇有紧急情况，退入汉受降城自保"。汉朝派长乐卫尉、高昌侯董忠，车骑都尉韩昌率领一万六千名骑兵，又征调边郡数以千计的马匹，护送单于从朔方郡鸡鹿塞出塞。下诏令董忠等人留下护卫单于，帮助单于诛杀不驯服的人，又转运边塞的粮食、干粮，一共三万四千斛，供给单于部众食用。从前，从乌孙以西直至安息与匈奴亲近的西域各国，都惧怕匈奴而轻视汉朝；等到呼朝邪朝见汉朝后，就都尊重汉朝了。

宣帝因为戎狄已经平定，念及朝廷大臣辅佐的功劳，就命人在麒麟阁上，为汉朝中兴做出重大贡献的大臣绘制画像，既依仿容貌，又注明官爵、姓名；唯独霍光不注名字，只写"大司马、大将军、博陆侯，姓霍氏"，依次为张安世、韩增、赵充国、魏相、丙吉、杜延年、刘德、梁丘贺、萧望之、苏武，共十一人，都有功劳和德行，在当世享有盛誉，因而表扬他们，以彰明他们对中兴汉朝的辅佐之功，可

凤皇集新蔡。

三月，己巳，建成安侯黄霸薨。五月，甲午，于定国为丞相，封西平侯。太仆沛郡陈万年为御史大夫。

诏诸儒讲五经同异，萧望之等平奏其议，上亲称制临决焉。乃立梁丘《易》、大小夏侯《尚书》、穀梁《春秋》博士。

乌孙大昆弥元贵靡及鸱靡皆病死。公主上书言："年老土思，愿得归骸骨，葬汉地！"天子闵而迎之。冬，至京师，待之一如公主之制。后二岁卒。

元贵靡子星靡代为大昆弥，弱。冯夫人上书："愿使乌孙，镇抚星靡。"汉遣之。都护奏乌孙大吏大禄、大监皆可赐以金印紫绶，以尊辅大昆弥。汉许之。其后段会宗为都护，乃招还亡叛，安定之。星靡死，子雌栗靡代立。

皇太子所幸司马良娣，病，且死，谓太子曰："妾死非天命，乃诸娣妾、良人更祝诅杀我。"太子以为然。及死，太子悲恚发病，忽忽不乐。帝乃令皇后择后宫家人子可以娱侍太子者，得元城王政君，送太子宫。政君，故绣衣御史贺之孙女也，见于丙殿；壹幸，有身。是岁，生成帝于甲馆画堂，为世适皇孙。帝爱之，自名曰骜，字大孙，常置左右。

（以上为第十段，写甘露三年，匈奴呼韩邪来朝，结束了汉匈之间长达八十三年的战争状态，西域各国从此敬重汉朝，标志西汉极盛。由是汉宣帝图画十一位中兴名臣于麒麟阁，画上了昭宣中兴的句号。随着西汉对西域的掌控，乌孙也赢来了国内安定。）

四年（辛未，前 50 年）

夏，广川王海阳坐禽兽行、贼杀不辜废，徙房陵。

冬，十月，未央宫宣室阁火。

是岁，徙定陶王嚣为楚王。匈奴呼韩邪、郅支两单于俱遣使朝献，汉待呼韩邪使有加焉。

黄龙元年（壬申，前 49 年）

春，正月，上行幸甘泉，郊泰畤。

匈奴呼韩邪单于来朝；二月，归国。始，郅支单于以为呼韩邪兵弱，

以与古代的方叔、召虎、仲山甫等功臣相提并论。

凤凰飞集新蔡县。

三月己巳日，建成安侯黄霸去世。五月十二日甲午，于定国任职为丞相，封西平侯。太仆沛郡人陈万年任职御史大夫。

宣帝下诏命儒家学者分别讲述五经的异同，由萧望之等人辨析，做出公正评议，然后上奏，再由宣帝做最后的裁决。最后，决定以梁丘贺注解的《易经》，夏侯胜、夏侯建注解的《尚书》，穀梁赤注解的《春秋》为标准本，都设置博士。

乌孙大昆弥元贵靡及鸱靡都已病死，公主刘解忧上奏宣帝说："我年纪已老，思念故乡，希望能让我返回家乡，埋在汉朝的土地上！"宣帝颇感悲怜，派人将其接回汉朝。冬，刘解忧回到长安，所受待遇与公主相同。两年后死去。

元贵靡的儿子星靡继立为大昆弥，年纪尚幼。冯夫人就上书说："我愿作为汉使到乌孙去，辅佐星靡。"汉朝就派她去。都护郑吉上奏说，乌孙的大臣大禄、大监都可以按丞相待遇赐给金印和紫绶，让他们尊重和辅佐大昆弥。汉朝同意了。后来，段会宗当都护，就招抚那些流亡在外和叛逃的人回国，用以安抚乌孙。星靡死后，其子雌栗靡继位。

皇太子刘奭宠爱的司马良娣病重，临终前对太子说："我的死不是天命将尽，而是因为那些娣妾、良人诅咒我，害死我的。"太子认为有理。司马良娣死后，太子悲伤过度，也生了病，郁郁不乐。宣帝就令皇后到后宫去挑选可以让太子高兴起来的宫女，找到元城人王政君，送到太子宫中。王政君是从前绣衣御史王贺的孙女，太子在丙殿接见了她；骤加宠爱，有了身孕。甘露三年，在甲馆画堂生下成帝，为嫡皇孙。宣帝十分疼爱，亲自为他取名叫骜，字大孙，经常带在身边。

汉宣帝甘露四年（辛未，前 50 年）

夏季，广川王刘海阳因为被控有乱伦行为，滥杀无辜，被罢废，流放到房陵。

冬季，十月，未央宫宣室阁发生火灾。

这一年，改封定陶王刘嚣为楚王。匈奴呼韩邪、郅支两位单于都派使者来朝贡，汉朝对呼韩邪单于的使臣，礼敬高于郅支单于的使臣。

汉宣帝黄龙元年（壬申，前 49 年）

春季，正月，宣帝巡幸甘泉宫，在泰畤祭祀天神。

匈奴呼韩邪单于再次来朝见天子；二月，回国。起初，郅支单于认为呼韩邪兵

降汉，不能复自还，即引其众西，欲攻定右地。又屠耆单于小弟本侍呼韩邪，亦亡之右地，收两兄余兵，得数千人，自立为伊利目单于；道逢郅支，合战，郅支杀之，并其兵五万余人。郅支闻汉出兵谷助呼韩邪，即遂留居右地；自度力不能定匈奴，乃益西，近乌孙，欲其并力，遣使见小昆弥乌就屠。乌就屠杀其使，发八千骑迎郅支。郅支觉其谋，勒兵逢击乌孙，破之；因北击乌揭、坚昆、丁令，并三国。数遣兵击乌孙，常胜之。坚昆东去单于庭七千里，南至车师五千里，郅支留都之。

三月，有星孛于王良、阁道，入紫微宫。

帝寝疾，选大臣可属者，引外属侍中乐陵侯史高、太子太傅萧望之、少傅周堪至禁中，拜高为大司马、车骑将军，望之为前将军、光禄勋，堪为光禄大夫，皆受遗诏辅政，领尚书事。冬，十二月，甲戌，帝崩于未央宫。

班固赞曰：孝宣之治，信赏必罚，综核名实。政事、文学、法理之士，咸精其能。至于技巧、工匠、器械，自元、成间鲜能及之。亦足以知吏称其职，民安其业也。遭值匈奴乖乱，推亡固存，信威北夷，单于慕义，稽首称藩。功光祖宗，业垂后嗣，可谓中兴，侔德殷宗、周宣矣！

癸巳，太子即皇帝位，谒高庙，尊皇太后曰太皇太后，皇后曰皇太后。

（以上为第十一段，写匈奴郅支单于西迁远离汉朝。宣帝去世，班固高度评价宣帝中兴汉朝的功绩，贤人治国，民安其乐。）

力衰弱，已归降了汉朝，不会再返回匈奴王庭，就率部西进，想攻取匈奴右地。又，屠耆单于的小弟弟原本侍奉呼韩邪单于，也逃到匈奴西部右地，收编了他两个哥哥的余兵，集聚了几千人，自封为伊利目单于；路上遇到了西进的郅支单于，双方大战，郅支杀掉了伊利目，兼并了他的部众，合并有五万多人。郅支单于听说汉朝调出兵粮护卫呼韩邪回匈奴，就留居在右地；估计自己的兵力不足以统一匈奴，就继续西迁，接近乌孙，想和乌孙合作，就派遣使者去见小昆弥乌就屠，乌就屠杀死来使，出动八千骑兵迎接郅支。郅支察觉乌孙的偷袭阴谋，率兵迎战，大破乌孙军；郅支又向北攻击乌揭、坚昆、丁令，兼并了这三国。其后又多次派兵攻击乌孙，大多获胜。坚昆东距匈奴单于王庭七千里，南距车师国五千里，郅支就以坚昆作为他的都城。

三月，有彗星出现在王良、阁道两星座间，后进入紫微宫。

宣帝病重，挑选可以托付后事的大臣，宣召外戚侍中乐陵侯史高、太子太傅萧望之、少傅周堪进到宫中病卧榻前，封史高为大司马、车骑将军，萧望之为前将军、光禄勋，周堪为光禄大夫，共同接受遗诏辅佐太子，主管尚书事。冬季，十二月初七日甲戌，宣帝在未央宫逝世。

班固评论说：孝宣皇帝治理国家，有功必赏，有罪必罚，统筹安排，追查施政成效。无论是政事、文学、法理等各方面的人才，都是当时的英杰，个个干练。说到技巧、工匠、器械方面的成就，自元帝、成帝期间，很少有人赶得上的。这可以足够说明官员尽忠职守，百姓安居乐业。又遇匈奴内乱，排斥郅支加速灭亡，帮助呼韩邪发展生存，威震北方夷狄，使单于慕义归顺，叩头称臣。光宗耀祖，业留子孙，可以说是汉室中兴，功德堪与殷高宗、周宣王相比了！

十二月二十六日癸巳，太子刘奭即位，进谒了高祖刘邦祭庙，尊奉皇太后为太皇太后，皇后为皇太后。

【点评】

论昭宣中兴。宣帝甘露三年，呼韩邪单于来朝，宣帝图画中兴名臣十一位于麒麟阁，这两件事是昭宣中兴的标志，两年后，宣帝去世。

昭宣中兴，指汉昭帝、汉宣帝两代历史时期，公元前 86 年至公元前 49 年，共历时 38 年，是西汉历史的一个重要转折时期。霍光受托孤之重，拥昭立宣，摄政 20 年，遵循汉武帝轮台诏令的政策转变，“知时务之要，轻徭薄赋，与民休息”，使“百姓充实”（《汉书·昭帝纪》），西汉经济获得了恢复和发展。宣帝刘询自幼生长于民间，少时出入三辅，上下诸陵，“具知闾里奸邪，吏治得失”（《汉书·宣帝纪》），亲政十八年，“励精为治，五日一听事，自丞相已下各奉职而进”（《汉书·循吏传》），“吏称其职，民安其业”（《汉书·宣帝纪》），使一度萧条衰败、风雨飘摇的西汉王朝又兴盛强大起来，遂成中兴之业。

宣帝后期十年，匈奴内乱，宣帝君臣抓住时机安抚西域，压迫匈奴，国势达于巅峰。汉匈对峙长达 83 年，使汉匈两族人民都付出了沉重的代价。匈奴失去了漠南以及河西地区的广大水草牧场，远遁漠北，国家四分五裂，人口锐减，处于灭绝境地。汉朝也付出了“海内虚耗，户口减半”（《汉书·昭帝纪》）的代价。民族斗争最后带来的是民族融合。甘露三年（前 51），呼韩邪单于来朝，结束了汉匈的敌对状态，汉匈和平相处，进入了融合的历史新时期。汉宣帝不忘文武功臣的贡献，图画十一位名臣于麒麟阁。画像下注明官爵、姓名，唯独霍光像注明“大司马、大将军、博陆侯，姓霍氏”，只称姓，不称名，表示崇高的尊重，霍光下依次为：张安世、韩增、赵充国、魏相、丙吉、杜延年、刘德、梁丘贺、萧望之、苏武，让千秋万代记住他们的名字。

汉纪二十

汉元帝初元元年至永光二年（前48—前42年）

【起昭阳作噩（癸酉，前48年），尽屠维单阏（己卯，前42年），凡七年】

【大事提要】

本卷记事起公元前48年，讫公元前42年，凡七年，当汉元帝初元元年至永光二年。汉元帝是一个典型的昏君，说得好听一点是一位中庸之君，其特点是可以为善，也可以为恶。汉元帝亲近宦官弘恭、石显，以及外戚史高、许嘉等人，则办出糊涂事，可以逼杀自己尊敬的老师大儒萧望之；汉元帝亲近萧望之、周堪、刘向等人，则可以举贤、纳谏，并克己奉公，做出表率。本卷所载大事，主要有三个方面：其一，汉元帝举贤纳谏。所举贤者王吉、贡禹均为大儒。汉元帝启用萧望之、周堪、刘向、张猛等人，亦皆大儒。汉元帝采纳贡禹之言，为政节俭，下诏御厨房不要每天杀牲，省膳，减少饮食一半，立即停止宫殿的修缮，减少御用马匹，撤销角抵游戏，释放上林苑行宫中难以见到皇上的宫女回家，撤销齐地的皇家织造厂，裁撤北假的军事屯田，废除刑法七十多条判例，发放救济，扩大太学和郡国学校招收生徒的名额，能精通一经的士人免除田租差役。汉元帝又采纳贾捐之上书，停止征讨海南岛珠厓郡夷人的叛乱。这些都是善政。其二，以主要篇幅记载权臣斗争。中官弘恭、石显，外戚史高、许嘉，两派勾结对付朝官，中坚人物为石显。朝官以萧望之、周堪、刘向、张猛等人为中坚，志在除恶，刘向是朝官派的急先锋，他的上书刀光剑影，直指对立面石显，但仍隐晦其辞，不敢直呼其名。纯儒派官僚贡禹、薛广德、韦玄成、匡衡等依违其间。钻营派官僚郑朋、诸葛丰、贾捐之、扬兴等人，推波助澜，他们奔走于权贵之门，策划阴谋诡计于密室，寡廉鲜耻巧言钻营，一副小人嘴脸。常语说，疏不间亲。汉元帝偏听偏信中官和外戚，石显有恃无恐，朝官派事事先发难而常败北。萧望之自杀，刘向、周堪、张猛等人被罢官。其三，汉元帝羁縻北匈奴郅支单于，过于妥协，送还质子，派大臣直送至郅支王庭，示人以弱，郅支反而不买账，杀汉使而西走，大为失计。冯奉世果决平定陇西羌人叛乱，巩固了边防，稳定了西域，这为后来西域都护斩杀郅支奠定了基础。

【原文】

孝元皇帝上

初元元年（癸酉，前48年）

春，正月，辛丑，葬孝宣皇帝于杜陵；赦天下。

三月，丙午，立皇后王氏，封后父禁为阳平侯。

以三辅、太常、郡国公田及苑可省者振业贫民；赀不满千钱者，赋贷种、食。

封外祖平恩戴侯同产弟子中常侍许嘉为平恩侯。

夏，六月，以民疾疫，令太官损膳，减乐府员，省苑马，以振困乏。

关东郡、国十一大水，饥，或人相食；转旁郡钱谷以相救。

上素闻琅邪王吉、贡禹皆明经洁行，遣使者征之。吉道病卒。禹至，拜为谏大夫。上数虚己问以政，禹奏言：“古者人君节俭，什一而税，无他赋役，故家给人足。高祖、孝文、孝景皇帝，宫女不过十余人，厩马百余匹。后世争为奢侈，转转益甚；臣下亦稍放效，臣愚以为如太古难，宜少放古以自节焉。方今宫室已定，无可奈何矣；其余尽可减损。故时齐三服官，输物不过十笥；方今齐三服官，作工各数千人，一岁费数巨万。厩马食粟将万匹。武帝时，又多取好女至数千人，以填后宫。及弃天下，多藏金钱、财物，鸟兽、鱼鳖凡百九十物；又皆以后宫女置于园陵。至孝宣皇帝时，陛下恶有所言，群臣亦随故事，甚可痛也！故使天下承化，取女皆大过度：诸侯妻妾或至数百人，豪富吏民畜歌者至数十人，是以内多怨女，外多旷夫。及众庶葬埋，皆虚地上以实地下。其过自上生，皆在大臣循故事之罪也。唯陛下深察古道，从其俭者：大减损乘舆服御器物，三分去二；择后宫贤者，留二十人，余悉归之，及诸陵园女无子者，宜悉遣；厩马可无过数十匹，独舍长安城南苑地，以为田猎之囿。以方今天下饥馑，可无大自损减以救之，称天意乎！天生圣人，盖为万民，非独使自娱乐而已也。”天子纳善其言，下诏，令诸宫馆希御幸者勿缮治；太仆减谷食马；水衡减肉食兽。

【语译】

孝元皇帝上

汉元帝初元元年（癸酉，前48年）

春季，正月初四日辛丑，安葬汉宣帝于杜陵，下诏大赦天下。

三月初十日丙午，册立皇后王氏，册封皇后父亲王禁为阳平侯。

诏令京师三辅、太常、郡国所掌公田，以及皇室禁苑可以节省的土地借贷给贫民耕作；资产不到一千钱的贫民，赈济或借贷给种子、食粮。

册封外祖父平恩戴侯许广汉的同胞弟弟的儿子中常侍许嘉为平恩侯。

夏季，六月，因为民间流行传染病，下诏命令太官节省宫中膳食费用，裁减乐府人员，减少禁苑养马，用来赈济贫困缺吃少穿的民众。

［秋九月］，函谷关以东有十一个郡和诸侯国发生大水灾，闹饥荒，有的地方人吃人；于是转运相邻郡县的钱谷进行赈救。

汉元帝听说琅邪郡人王吉、贡禹都是精通经术、德行高洁的人，就派遣使者征召他们。王吉不幸病死在途中，贡禹来到京师，被任命为谏大夫。汉元帝经常向贡禹虚心询问治理国家的问题，贡禹上奏说："古代的国君崇尚节俭，只征收十分之一的赋税，没有其他的赋税徭役，因此家家富裕，人人满足。高祖皇帝、孝文皇帝、孝景皇帝，宫女不过十多个人，圈里的养马只有一百多匹。到了后代，争相奢侈，越来越厉害；就连臣子，也在仿效，臣下个人认为，虽然回到太古时代太难，但应该稍稍仿效古人，自行节俭就可以了。如今宫室已成定制，没有办法裁减，但其他方面还留有减省的余地。从前齐国的三服官，每年供奉衣物不过十箱而已。如今齐国的三服官，制作工匠各有几千人，每年费用几个亿。御用马圈里用粮食喂养的马上万匹。武帝时，又多方选取美人几千人，用来充填后宫。等到他去世后，殉葬的金钱、财物、鸟兽、鱼鳖等多达一百九十种；又把后宫宫女全部安排去守护园陵。等到孝宣皇帝去世时，皇上您厌恶节葬的言论，群臣依循旧例厚葬，这真是令人痛心啊！由此演化成社会风气，聘娶女子都无节制，诸侯的妻妾有的多达几百人，豪绅富民和官吏畜养的歌伎多到几十人。因此，宫室内和豪民家里多有未嫁的怨女，社会上多有光棍汉。以至于普通老百姓丧葬时，也都把地上有用的东西用来殉葬死人埋在地下。这种厚葬陋习是从皇上做起，而大臣又都依循旧例造成的罪过啊！只有皇上深深考察古代淳朴治国的道理，效法他们的节俭；大大减损车乘衣物和御用器物，三分去二；选择后宫贤淑的女子，留下二十人，其余的都放她们回家，至于守护先帝各个园陵的女子，应当全部遣送回家；马圈里喂养的御用马匹不要超过几十匹，只留下长安城南的苑囿，供做打猎用地。由于现今天下饥荒，怎能不大大的

臣光曰：忠臣之事君也，责其所难，则其易者不劳而正；补其所短，则其长者不劝而遂。孝元践位之初，虚心以问禹，禹宜先其所急，后其所缓。然则优游不断，谗佞用权，当时之大患也，而禹不以为言；恭谨节俭，孝元之素志也，而禹孜孜言之；何哉！使禹之智不足以知，乌得为贤！知而不言，为罪愈大矣。

匈奴呼韩邪单于复上书，言民众困乏。诏云中、五原郡转谷二万斛以给之。

是岁，初置戊己校尉，使屯田车师故地。

（以上为第一段，着重写孝元皇帝初即位，征召贤者，问政于贡禹。贡禹畏难避祸，不言急务而言枝节，受到司马光的批评。）

二年（甲戌，前47年）

春，正月，上行幸甘泉，郊泰畤。乐陵侯史高以外属领尚书事，前将军萧望之、光禄大夫周堪为之副。望之名儒，与堪皆以师傅旧恩，天子任之，数宴见，言治乱，陈王事。望之选白宗室明经有行，散骑、谏大夫刘更生给事中，与侍中金敞并拾遗左右。四人同心谋议，劝导上以古制，多所欲匡正；上甚乡纳之。史高充位而已，由此与望之有隙。

中书令弘恭、仆射石显，自宣帝时久典枢机，明习文法；帝即位多疾，以显久典事，中人无外党，精专可信任，遂委以政，事无大小，因显白决，贵幸倾朝，百僚皆敬事显。显为人巧慧习事，能深得人主微指，内深贼，持诡辩，以中伤人，忤恨睚眦，辄被以危法；亦与车骑将军高为表里，议论常独持故事，不从望之等。

减省费用来救灾，顺合天意呢？上天降下圣上，正是为了万众百姓，并不是要让他独享快乐啊？”汉元帝赞赏并采纳贡禹的建议，颁下诏书，命令各离宫别馆，凡不常去居住游幸的闲置宫殿，不必整修；太仆减少养马的粮食，掌管禁苑的水衡都尉，减少喂养野兽的肉食。

臣司马光说：忠臣事奉国君，职责是建言国君先做难做的事，这样那些容易做的事不费力气就可上正轨；弥补了国君的短处，那么国君的长处不用劝谏也能充分发挥。孝元皇帝即位之初，既然虚心询问贡禹，贡禹应该首先提出皇上急需办理的事，然后提出缓办的事务。什么是急务呢？孝元皇帝优柔寡断，谗佞之人专权，这才是当时的大祸害。可是贡禹不针对这些提出建议；而恭谨节俭，本是孝元皇帝一向的操守，贡禹却絮絮叨叨地说这些。这是为什么呢？如果贡禹的智慧认识不到，怎么能称为贤者？如果贡禹知道而不敢言，那他就犯了大罪！

匈奴呼韩邪单于再次上书汉天子，诉说匈奴民众生活困乏。汉元帝下诏云中、五原两郡转运两万斛粮食供给。

这一年，首次设置镇抚西域各国的戊己两校尉，命令在从前车师国境内屯田。

汉元帝初元二年（甲戌，前47年）

春季，正月，汉元帝行幸甘泉宫，祭祀天帝泰一神。乐陵侯史高因为是外戚，掌领尚书事，前将军萧望之、光禄大夫周堪任副职。萧望之是当时名儒，他和周堪都由于有教导天子的旧恩，很受信任，汉元帝多次宴请接见，讨论兴衰治乱的事务，陈说天子治国的大事。萧望之举荐皇室中精通经术又有德行修养的散骑常侍、谏大夫刘更生任给事中，让刘更生与侍中金敞两人一起在皇上左右拾遗补阙。萧望之、周堪、刘更生、金敞四人齐心协力谋议政事，劝导孝元皇上依从古代的仪则制度，想多方面纠正缺失，汉元帝上都信赖采纳。史高只是在职充数罢了。因此，史高与萧望之有了嫌隙。

中书令弘恭和仆射石显，自宣帝时起，就长久地掌管中枢机要，精通各种典章法制。汉元帝即位后身体多病，又因石显长期职掌政事，加之是宫中宦官，在外朝没有党羽，精力专一，可以信任，于是孝元皇帝把政事托付给石显，无论大小，均由石显来通报上奏由皇上决断，石显受到的尊宠，震动了外朝，文武百官都敬重奉承石显。石显为人聪明狡猾，办事干练，能够深刻领会皇上心意，内心阴险狠毒，

望之等患苦许、史放纵，又疾恭、显擅权，建白以为："中书政本，国家枢机，宜以通明公正处之。武帝游宴后庭，故用宦者，非古制也。宜罢中书宦官，应古不近刑人之义。"由是大与高、恭、显忤。上初即位，谦让，重改作，议久不定，出刘更生为宗正。

望之、堪数荐名儒、茂材以备谏官，会稽郑朋阴欲附望之，上书言车骑将军高遣客为奸利郡国，及言许、史子弟罪过。章视周堪，堪白："令朋待诏金马门。"朋奏记望之曰："今将军规橅，云若管、晏而休，遂行日昃，至周、召乃留乎？若管、晏而休，则下走将归延陵之皋，没齿而已矣。如将军兴周、召之遗业，亲日昃之兼听，则下走其庶几愿竭区区奉万分之一！"望之始见朋，接待以意；后知其倾邪，绝不与通。朋，楚士怨恨，更求入许、史，推所言许、史事，曰："皆周堪、刘更生教我；我关东人，何以知此！"于是侍中许章白见朋。朋出，扬言曰："我见言前将军小过五，大罪一。"待诏华龙行污秽，欲入堪等，堪等不纳，亦与朋相结。

恭、显令二人告望之等谋欲罢车骑将军，疏退许、史状，候望之出休日，令朋、龙上之。事下弘恭问状，望之对曰："外戚在位多奢淫，欲以匡正国家，非为邪也。"恭、显奏："望之、堪、更生朋党相称举，数谮诉大臣，毁离亲戚，欲以专擅权势。为臣不忠，诬上不道，请谒者召致廷尉。"时上初即位，不省召致廷尉为下狱也，可其奏。后上召堪、更生，曰："系狱。"上大惊曰："非但廷尉问邪！"以责恭、显，皆叩头谢。上曰："令出视事。"恭、显因使史高言："上新即位，未以德化闻天下，而先验师傅。既下九卿、大夫狱，宜因决免。"于是制诏丞相、御史："前将军望之，傅朕八年，无他罪过，今事久远，识忘难明，其赦望之罪，

善于运用诡辩来中伤别人，谁违背他的心意，即使瞪眼睛一样的小小过失，也用重刑惩治。石显与车骑将军史高内外呼应，每每议政，经常坚持按旧例办事，不听从萧望之等人的意见。

萧望之等既为许嘉和史高的放纵而苦恼，又痛恨弘恭和石显的专权，就向汉元帝上提出建议，认为："中书省是施政的根本机关，国家的权力中枢，应当选用通明公正的人担任中书令。武帝时因在后宫游乐宴会，所以用宦官担任中书令，不符合古代制度。应当罢免在中书省任职的宦官，人君应遵守不接近刑人的古制。"因此萧望之等与史高、弘恭、石显产生很大的嫌隙。孝元皇上因为刚即位，做事谦让，不愿有大动作，很久也不能对萧望之的建议做出决断，散骑常侍、给事中刘更生也被排挤出宫担任外朝的宗正官。

萧望之、周堪多次举荐名儒、茂才去担任谏官，会稽郡人郑朋想暗中依附萧望之，就上奏说车骑将军史高派遣宾客到郡国去谋私利，还揭发许嘉、史高子弟的罪过。汉文帝把奏章批转周堪审阅处理。周堪批示："命令郑朋在金马门待诏。"郑朋又打报告给萧望之说："如今将军想成就的规模，是想做到管仲、晏婴那样的业绩，还是要忙得连午饭都没时间去吃，达到周公、召公那样的顶点才肯罢休呢？如果只想做到管仲、晏婴那样的业绩，在下我就回到延陵的岸边，颐养天年算了；如果将军要重振周公、召公那样的功业，亲自接待贤士，连中午饭都顾不上吃，那么在下我就跟随您，竭尽全力奉献我的微薄之力！"萧望之初见郑朋的时候，很诚心地接待他；后来知道他是一个奸邪的小人，就断绝和他来往。郑朋是轻薄无行的楚地人，怨恨萧望之疏远他，就转而投靠许嘉、史高，还推脱自己揭发许嘉、史高丑事的行为，说："这都是周堪、刘更生教唆我做的，我是关东人，怎么知道这些事情呢？"于是侍中许章向汉元帝建言接见郑朋。郑朋出宫以后，扬言说："我朝见皇上报告了前将军萧望之有五件小过错，一件大罪。"待诏华龙品行卑污，想依附周堪等人，周堪等也不接纳他，于是华龙就和郑朋勾结在一起。

弘恭、石显让郑朋、华龙两人告发萧望之等人谋划要罢退车骑将军，离间汉元帝与外戚许、史的关系，等到萧望之休假出宫的时候，要郑朋、华龙上奏给汉元帝。汉元帝批示弘恭去查处此事，萧望之回答说："外戚在位多奢侈放荡，我们想纠正国家的过失，并不是邪恶。"弘恭、石显上奏说："萧望之、周堪和刘更生结成朋党，互相抬举，多次诬陷大臣，诽谤离间亲戚，想专权弄势。为人臣而不忠，诬罔皇上而陷于不义，请求派谒者宣召把他们交给廷尉依法治罪。"当时汉元帝刚即位，不知道交给廷尉治罪就是关进牢狱，就批准了这个奏章。后来汉元帝要召见周堪和刘更生，身边的人告诉说："已经关进牢狱了。"汉元帝大吃一惊地说："不是送交廷尉对质吗？"汉元帝责问弘恭、石显，两人只好叩头谢罪。汉元帝说："立即释放恢复职

收前将军、光禄勋印绶；及堪、更生皆免为庶人。”

（以上为第二段，写汉元帝初即位，以萧望之为首的外朝官与以弘恭、石显为首的中朝官，展开了激烈的斗争，外戚许史集团投入中官集团，无行官僚郑朋辈推波助澜，第一回合，萧望之等败下阵来。）

二月，丁巳，立弟竟为清河王。

戊午，陇西地震，败城郭、屋室，压杀人众。

三月，立广陵厉王子霸为王。

诏罢黄门乘舆狗马，水衡禁囿、宜春下苑、少府佽飞外池、严籞池田假与贫民。又诏赦天下，举茂材异等、直言极谏之士。

夏，四月，立子骜为皇太子。待诏郑朋荐太原太守张敞，先帝名臣，宜傅辅皇太子。上以问萧望之，望之以为敞能吏，任治烦乱，材轻，非师傅之器。天子使使者征敞，欲以为左冯翊，会病卒。

诏赐萧望之爵关内侯，给事中，朝朔望。

关东饥，齐地人相食。

秋，七月，己酉，地复震。

上复征周堪、刘更生，欲以为谏大夫；弘恭、石显白，皆以为中郎。

上器重萧望之不已，欲倚以为相；恭、显及许、史兄弟、侍中、诸曹皆侧目于望之等。更生乃使其外亲上变事，言“地震殆为恭等，不为三独夫动。臣愚以为宜退恭、显以章蔽善之罚，进望之等以通贤者之路，如此，则太平之门开，灾异之原塞矣”。书奏，恭、显疑其更生所为，白请考奸诈，辞果服；遂逮更生系狱，免为庶人。

会望之子散骑、中郎伋亦上书讼望之前事，事下有司，复奏：“望之前所坐明白，无谮诉者，而教子上书，称引亡辜之诗，失大臣体，不敬；请逮捕。”弘恭、石显等知望之素高节，不屈辱，建白：“望之前幸得不坐，复赐爵邑，不悔过服罪，深怀怨望，教子上书，归非于上，自

务办公。”弘恭、石显要史高去向汉元帝建言说：“皇上刚刚即位，天下的人还没听到皇上的德治，那就首先从皇上的师傅做起，既然把九卿宗正刘更生、光禄大夫周堪关进了监狱，就应当一律免职。”于是下诏给丞相和御史大夫，说：“前将军萧望之，辅导朕八年，没有其他罪过，如今年事已高，记忆力衰退，说不清事理，可赦免萧望之的罪过，收回前将军、光禄勋的印绶，周堪和刘更生都免职为平民。”

二月二十七日丁巳，册封汉元帝的弟弟刘竟为清河王。

二月二十八日戊午，陇西郡发生地震，震坏城墙、房屋，压死许多民众。

三月，册封广陵厉王刘胥的儿子刘霸为广陵王。

下诏裁撤黄门寺所掌管的车驾狗马，还有水衡都尉掌管的皇家花园、宜春宫所属的御花园、少府佽飞管理的外池、皇家射鸟园林中的空地，都借贷给贫民去耕种。又下诏赦免天下，选举茂才异等和直言极谏的人士。

夏季，四月，册封皇子刘骜为皇太子。待诏郑朋举荐太原郡太守张敞，因为他是先帝的名臣，适宜辅导皇太子。汉元帝询问萧望之，萧望之认为张敞是一位很能干的官员，能治理繁杂的政务，但行为轻佻，不适宜做皇太子的师傅。汉元帝征召张敞，想任用他为左冯翊，不巧他却病死了。

下诏赐爵萧望之为关内侯，拜给事中，规定每月初一和十五可以进宫朝见天子。

关东闹饥荒，齐地发生人相食之事。

秋季，七月，己酉日（七月无己酉日，疑误），再次发生地震。

汉元帝重新征召周堪、刘更生，想任用为谏大夫，由于弘恭、石显打小报告，又都改任为中郎。

汉元帝十分器重萧望之，想倚重他担任宰相职务，弘恭、石显以及许嘉、史高兄弟、侍中、诸曹都忌恨萧望之等人。刘更生就让他的外亲上奏封事，说：“地震之所以发生，大概是警示弘恭等人的专权，并不是为了萧望之、周堪、刘更生三个孤独的人。臣个人认为应当罢免弘恭、石显用来表明对妒贤害能的小人的惩罚，进用萧望之等人打通贤人效力的道路，如能这样，那么就打开了太平盛世之门，堵塞了灾异发生的根源。”封事文书上奏以后，弘恭、石显怀疑是刘更生指使的，就报告皇上，请求调查其中的诡诈，刘更生的那位外亲，在拷问之下供出了真相，果然是刘更生指使，于是抓捕了刘更生，将其投入监狱，并赦免其为平民。

恰好萧望之的儿子散骑常侍、中郎萧伋也上奏申诉萧望之前次被弘恭、石显诬告的事，这事被批转给主管官吏去审理。主管官吏回奏说：“萧望之先前所犯的罪过十分清楚，没有被人诬告，而萧望之却教唆儿子上书，引用无罪的诗句来为自己辩护，有失大臣的体统，是大不敬的行为，请求逮捕治罪。”弘恭、石显等人深知萧

以托师傅，终必不坐，非颇屈望之于牢狱，塞其怏怏心，则圣朝无以施恩厚！”上曰：“萧太傅素刚，安肯就吏！”显等曰：“人命至重，望之所坐，语言薄罪，必无所忧。”上乃可其奏。冬，十二月，显等封诏以付谒者，敕令召望之手付。因令太常急发执金吾车骑驰围其第。使者至，召望之。望之以问门下生鲁国朱云，云者，好节士，劝望之自裁。于是望之仰天叹曰：“吾尝备位将相，年逾六十矣，老入牢狱，苟求生活，不亦鄙乎！”字谓云曰：“游，趣和药来，无久留我死！”遂饮鸩自杀。天子闻之惊，拊手曰：“曩固疑其不就牢狱，果然杀吾贤傅！”是时，太官方上昼食，上乃却食，为之涕泣，哀动左右。于是召显等责问；以议不详，皆免冠谢，良久然后已。上追念望之不忘，每岁时遣使者祠祭望之冢，终帝之世。

臣光曰：甚矣孝元之为君，易欺而难悟也！夫恭、显之谮诉望之，其邪说诡计，诚有所不能辨也。至于始疑望之不肯就狱，恭、显以为必无忧，已而果自杀，则恭、显之欺亦明矣。在中智之君，孰不感动奋发以底邪臣之罚！孝元则不然。虽涕泣不食以伤望之，而终不能诛恭、显，才得其免冠谢而已。如此，则奸臣安所惩乎！是使恭、显得肆其邪心而无复忌惮者也。

是岁，弘恭病死，石显为中书令。

（以上为第三段，着重写萧望之之死。这是中朝与外朝权臣之争的第二个回合，朝官再度败阵，折了核心主将萧望之。）

初，武帝灭南越，开置珠厓、儋耳郡，在海中洲上；吏卒皆中国人，多侵陵之。其民亦暴恶，自以阻绝，数犯吏禁，率数年一反，杀吏；汉辄发兵击定之。二十余年间，凡六反。至宣帝时，又再反。上即位之明年，珠厓山南县反，发兵击之。诸县更叛，连年不定。上博谋于群臣，

望之向来节操高尚刚烈，不能接受屈辱，就向汉元帝建言说："萧望之前次侥幸没被判罪，又赏赐给他爵邑，却不悔过服罪，还深怀怨恨，教唆儿子上书，归罪皇上，自认为是皇上的师傅，不会治他的罪。现今如果不把萧望之关进牢狱让他稍微吃些苦头，压一压他怨恨不服的心理，那么皇上将没什么恩惠可施加给他。"汉元帝说："萧太傅一向刚强，怎肯去对簿公堂遭受牢狱的屈辱？"石显等人说："人对生命最看重，萧望之所犯的罪过，只是说话不当的轻微过错，皇上没有必要替他担忧。"汉元帝批准了石显等人的建议。冬季，十二月，石显等人密封了汉元帝的诏书交付谒者，敕令宣召萧望之的谒者亲手交给萧望之。又命令太常紧急调发执金吾的车骑迅速包围萧望之的住宅。敕令使者到达，宣召萧望之，萧望之向门生鲁国人朱云询问对策。朱云是一个很有节操的士人，他劝萧望之自裁。于是萧望之仰天长叹，说："我曾经任职将相，现今年过六十，老年进入监狱，苟且求活，难道不是很丢脸的事吗？"萧望之叫着朱云的字说："朱游，赶快去拌和毒药送来，不要延长我等死的时间！"于是就喝了鸩酒自杀。汉元帝听到消息，大吃一惊，拍着手说："我早先就怀疑他不肯去对簿公堂受牢狱之辱，果真是我杀了我的贤良太傅。"这时，太官刚好送来午饭，汉元帝拒绝用膳，为了萧望之哭泣，悲伤的情景感动了身边的人。于是宣召石显等人责问，追究他们处事不周的罪责，石显等人都摘下顶戴叩头谢罪，过了很长时间才作罢。汉元帝追念萧望之，始终不能忘情，每年过节，按时派遣使者去祭奠萧望之的坟冢，一直到汉元帝去世，才终止。

臣司马光评论说：真是太过分了，汉元帝这个国君，竟然是如此容易受骗，而又难以醒悟啊！那弘恭、石显诬告萧望之，他们的邪说诡计，确实有些难以分辨。可是原先就考虑到萧望之不会屈辱接受监禁，弘恭、石显认为不必担忧，结果萧望之真的自杀了，这时弘恭、石显的欺骗也就昭然若揭了。即使是一个中等智力的国君，也会感情冲动拍案奋发而惩办奸臣之罪！孝元皇帝却不是这样，尽管他痛哭不已，甚至伤心得吃不下饭，但始终没有诛杀弘恭、石显，只是让他们摘掉官帽，叩头请罪罢了。这样，对奸臣哪有什么惩戒呢？倒是让弘恭、石显更加放肆耍奸，不再有所顾忌害怕了啊！

这一年，弘恭病死，石显任中书令。

当初，汉武帝灭掉了南越，设置珠厓、儋耳两郡，全都在海南岛上；官吏士兵都是中原人，常常侵犯欺凌当地平民。当地平民也很凶恶，自认为有大海隔绝，多次违反官吏的禁令，隔几年就要反叛一次，杀死官吏；汉朝每次都要出兵攻打才能平定。二十多年间，一共反叛了六次。到汉宣帝时，又一次反叛。汉元帝即位的第

欲大发军。待诏贾捐之曰："臣闻尧、舜、禹之圣德，地方不过数千里，西被流沙，东渐于海，朔南暨声教，言欲与声教则治之，不欲与者不强治也。故君臣歌德，含气之物各得其宜。武丁、成王，殷、周之大仁也，然地东不过江、黄，西不过氐、羌，南不过蛮荆，北不过朔方，是以颂声并作，视听之物咸乐其生，越裳氏重九译而献，此非兵革之所能致也。以至于秦，兴兵远攻，贪外虚内而天下溃畔。孝文皇帝偃武行文，当此之时，断狱数百，赋役轻简。孝武皇帝厉兵马以攘四夷，天下断狱万数，赋烦役重，寇贼并起，军旅数发，父战死于前，子斗伤于后，女子乘亭障，孤儿号于道，老母、寡妇饮泣巷哭，是皆廓地泰大，征伐不休之故也。今关东民众久困，流离道路。人情莫亲父母，莫乐夫妇；至嫁妻、卖子，法不能禁，义不能止，此社稷之忧也。今陛下不忍悁悁之忿，欲驱士众挤之大海之中，快心幽冥之地，非所以救助饥馑，保全元元也。《诗》云：'蠢尔蛮荆，大邦为仇。'言圣人起则后服，中国衰则先畔，自古而患之，何况乃复其南方万里之蛮乎！骆越之人，父子同川而浴，相习以鼻饮，与禽兽无异，本不足郡县置也。颛颛独居一海之中，雾露气湿，多毒草、虫蛇、水土之害；人未见虏，战士自死。又非独珠厓有珠、犀、玳瑁也。弃之不足惜，不击不损威。其民譬犹鱼鳖，何足贪也！臣窃以往者羌军言之，暴师曾未一年，兵出不逾千里，费四十余万万；大司农钱尽，乃以少府禁钱续之。夫一隅为不善，费尚如此，况于劳师远攻，亡士毋功乎！求之往古则不合，施之当今又不便，臣愚以为非冠带之国，《禹贡》所及，《春秋》所治，皆可且无以为。愿遂弃珠厓，专用恤关东为忧！"上以问丞相、御史。御史大夫陈万年以为当击；丞相于定国以为："前日兴兵击之连年，护军都尉、校尉及丞凡十一人，还者二人，卒士及转输死者万人以上，费用三万万余，尚未能尽降。今关东困乏，民难摇动，捐之议是。"上从之。捐之，贾谊曾孙也。

（以上为第四段，写孝元皇帝纳谏，与前一段对照形成鲜明反差，汉元帝判若两人。由此可见，汉元帝是一个中庸之君，可以为善，亦可以为恶。孝元皇帝听信谗佞小人弘恭、石显，杀逐忠臣萧望之、周堪等，表现昏庸；孝元皇帝讷谏，罢珠厓郡用兵，表现仁德。）

二年，珠厓郡山南县反叛，汉朝派兵攻打，各县相继叛乱，连年不断，局势很不稳定。汉元帝广泛征求群臣的意见，打算大规模出兵征讨。待诏贾捐之说：“臣听说尧、舜、禹的圣德教化，方圆领土不过几千里，西部边界到达沙漠，东部边界到了海洋边，朔方以南蒙受中原声威的教化，公开宣布说乐意接受中原声威的教化，便去治理他们；不愿意接受中原声威的教化，便不强求治理。所以，君王和臣僚都被歌功颂德，所有的生灵都能各得其所。殷朝武丁、周朝成王，是殷周时代伟大的仁德之君，然而疆土仍然很小，东部不过界江国、黄国，西部不过界临氐族、羌族部落，南部边界只到达荆州，北部边界只到达朔方，可是却赢得了四面八方的歌颂之声，所有能看能听的生物都快乐地生存，极南边的越裳氏经过重重翻译，来向中原朝贡，这不是凭借干戈征战所能达到的。然而到了秦朝，兴师动众，远征外地，贪图开拓边外的领土，使国库空虚，造成天下崩溃叛乱。孝文皇帝，放弃武力征伐，注重文德治理，在那个时候，判处死刑的囚犯每年只有几百人，赋税轻，徭役少。孝武皇帝磨利兵器，喂养战马，征战四方蛮夷，全国每年判处死刑的有几万人，赋税重，徭役频繁，盗贼四面涌起，军队经常出征，父亲战死在前，儿子受伤在后，以至于征发妇女戍守边塞亭障，失去父母的孤儿在路上号哭，老母、寡妇在里巷痛哭，这都是开拓的疆土太大，连年征战不停的缘故啊！如今关东人民久处困境，四处流亡。人的性情，最亲莫过于父母，快乐莫过于夫妇，不但这些天伦之乐不能享受，甚至出嫁自己的妻子，出卖自己的子女，法令难以禁止，道义无法谴责，这是国家的忧患啊！如今陛下不能忍受一时的怨愤，想要驱赶士兵到大海中去，一定要夺取那个荒芜黑暗的海岛才甘心，这绝不是拯救饥荒，保全百姓的好办法。《诗经》说：‘蠢蠢妄动的荆蛮，敢与我大国为仇。’意思是说贤圣之君出现，外族自然归服；但如果中国衰落，那么外族首先叛乱，这是自古以来的祸患，更何况珠厓是在南方之南远隔万里的蛮夷之地呢？骆越的民众，父子同时在河里洗澡，习惯用鼻子饮水，与禽兽没有两样，本来就不值得去设置郡县。一个孤立在海中的环形小岛，雾大露重，气候潮湿，到处是毒草、毒蛇、毒虫以及水土不适之害，还没看到敌人，战士就得病死亡。再说，又并不是只有珠厓郡才产生珍珠、犀牛、玳瑁。丢弃这种地方，不值得可惜，不去征伐也不会损害国家威望。那里的人民就如同鱼虾，不值得去贪求。臣个人认为可以用先前皇帝征讨西羌做例证，出兵不到一年，兵出之地距离长安京师不足千里，却耗费了四十多亿，大司农所藏国库的钱财用光了，以至于调用少府的禁钱来补贴。西羌那一个角落出了问题，用费却如此之多，何况用兵万里之外，只会死亡战士而不会成功。比照往古不合时宜，当今执行又不便利，臣十分愚昧，认为不是用冠带、习礼义的国家，《禹贡》没有收入，《春秋》没有记载，都可以暂且不去理会。希望果断地放弃珠厓郡，全力体恤关东受灾的饥民。”汉元帝询问丞相、御史大夫的意见。御史大夫陈万年认为应该征讨，丞相于定国认为：“先前连

三年（乙亥，前 46 年）

春，诏曰："珠厓虏杀吏民，背畔为逆。今廷议者或言可击，或言可守，或欲弃之，其指各殊。朕日夜惟思议者之言，羞威不行，则欲诛之；狐疑辟难，则守屯田；通乎时变，则忧万民。夫万民之饥饿与远蛮之不讨，危孰大焉？且宗庙之祭，凶年不备，况乎辟不嫌之辱哉！今关东大困，仓库空虚，无以相赡，又以动兵，非特劳民，凶年随之。其罢珠厓郡，民有慕义欲内属，便处之；不欲，勿强。"

夏，四月，乙未晦，茂陵白鹤馆灾；赦天下。

夏，旱。

立长沙炀王弟宗为王。

长信少府贡禹上言："诸离宫及长乐宫卫，可减其太半以宽繇役。"六月，诏曰："朕惟烝庶之饥寒，远离父母妻子，劳于非业之作，卫于不居之宫，恐非所以佐阴阳之道也。其罢甘泉、建章宫卫，令就农。百官各省费。条奏，毋有所讳。"

是岁，上复擢周堪为光禄勋，堪弟子张猛为光禄大夫、给事中，大见信任。

四年（丙子，前 45 年）

春，正月，上行幸甘泉，郊泰畤。三月，行幸河东，祠后土；赦汾阴徒。

（以上为第五段，写孝元皇帝初元三年裁撤珠厓郡，停止用兵，削减宿卫，厉行节俭以赈灾。初元四年继续休养生息无大事。）

五年（丁丑，前 44 年）

春，正月，以周子南君为周承休侯。

上行幸雍，祠五畤。

年用兵攻击，出征的护军都尉、校尉以及丞共十一人，只有两人生还，战士和后勤运输死了一万多人，费用三亿多，仍然没有完全平定。如今关东困乏，不可使民心动摇，贾捐之的意见是对的。”汉元帝听从了。贾捐之是贾谊的曾孙。

汉元帝初元三年（乙亥，前46年）

春季，汉元帝下诏说：“珠厓郡叛虏杀害官吏和民众，背叛造反。经过朝廷讨论，有的人主张征讨，有的人主张坚守城堡，有的人主张放弃海岛，意见不一，各有理由。朕日夜思考大臣们提出的各种意见，耻于威信不行于海岛，就想发兵去征讨；迟疑不决，避难就易，而施行屯田驻守；按时势变通，就要忧虑战争给千万人民带来困苦。现在面临的决策是：千万人民的饥荒与远方蛮夷的叛乱，哪一件事危害更大？况且宗庙的祭奠，因为荒年祭品不丰，哪里还能顾及区区边境的一点小辱呢？如今关东人民非常困苦，仓库又空虚，没办法去救济，如果再兴兵作战，不只是劳民伤财，荒年还会随之而来。现在只能裁撤珠厓郡，那里的民众有向往中原礼义要求内迁的，便妥善安置；不愿迁移的，不要勉强。”

夏季，四月十一日乙未，天昏地暗。茂陵白鹤馆发生火灾；诏令赦免天下。

夏季，发生旱灾。

册封长沙炀王刘旦的弟弟刘宗继嗣为长沙王。

长信少府贡禹上奏说：“各处离宫和长乐宫的护卫队，可以减少三分之二，用以减轻人民的劳役。”六月，下诏说：“朕忧虑广大黎民饥寒交迫，青壮远离父母妻子，从事非农业的劳作，守卫君王不去居住的行宫，恐怕这不是调和阴阳的办法。应该撤销甘泉宫、建章宫的护卫队，让他们回家从事农耕。所有的官员都要节省用费。凡有好的建议，分条上奏不要有什么顾虑。”

这一年，汉元帝重新起用周堪任光禄勋，周堪的学生张猛被任用为光禄大夫、给事中，大受信任。

汉元帝初元四年（丙子，前45年）

春季，正月，汉元帝行幸甘泉宫，祭祀上天太乙神。三月，巡幸河东郡，祭祀土地神；特赦在汾阴的苦狱犯。

汉元帝初元五年（丁丑，前44年）

春季，正月，册封周子南君为周承休侯。

汉元帝巡幸雍邑行宫，祭祀五帝祠。

夏，四月，有星孛于参。

上用诸儒贡禹等之言，诏太官毋日杀，所具各减半；乘舆秣马，无乏正事而已。罢角抵、上林宫馆希御幸者、齐三服官、北假田官、盐官、常平仓。博士弟子毋置员，以广学者；令民有能通一经者，皆复。省刑罚七十余事。

陈万年卒。六月，辛酉，长信少府贡禹为御史大夫。禹前后言得失书数十上，上嘉其质直，多采用之。

匈奴郅支单于自以道远，又怨汉拥护呼韩邪而不助己，困辱汉使者江乃始等；遣使奉献，因求侍子。汉议遣卫司马谷吉送之，御史大夫贡禹、博士东海匡衡以为："郅支单于乡化未醇，所在绝远，宜令使者送其子，至塞而还。"吉上书言："中国与夷狄有羁縻不绝之义，今既养全其子十年，德泽甚厚，空绝而不送，近从塞还，示弃捐不畜，使无乡从之心，弃前恩，立后怨，不便！议者见前江乃始无应敌之数，智勇俱困，以致耻辱，即豫为臣忧。臣幸得建强汉之节，承明圣之诏，宣谕厚恩，不宜敢桀。若怀禽兽心，加无道于臣，则单于长婴大罪，必遁逃远舍，不敢近边。没一使以安百姓，国之计，臣之愿也。愿送至庭。"上许焉。既至，郅支单于怒，竟杀吉等；自知负汉，又闻呼韩邪益强，恐见袭击，欲远去。会康居王数为乌孙所困，与诸翕侯计，以为："匈奴大国，乌孙素服属之。今郅支单于困厄在外，可迎置东边，使合兵取乌孙而立之，长无匈奴忧矣。"即使使至坚昆，通语郅支。郅支素恐，又怨乌孙，闻康居计，大说，遂与相结，引兵而西。郅支人众中寒道死，余财三千人。到康居，康居王以女妻郅支；郅支亦以女予康居王。康居甚尊敬郅支，欲倚其威以胁诸国。郅支数借兵击乌孙，深入至赤谷城，杀略民人，驱畜产去。乌孙不敢追，西边空虚不居者五千里。

夏季，四月，在参星之旁，出现孛星。

汉元帝采纳儒生和贡禹的建言，下令太官不得每天宰杀牲畜，按规定供给的膳食菜肴数量减少一半；供皇帝乘用的御车御马，只需维持巡狩、祭祀之用就够了。裁撤角力的杂技游戏，释放上林苑离宫中难以见到皇上的宫女回家，撤销齐地三服官、北假田官、铁官、常平仓。博士弟子的员额不加限制，以便广罗人才；下令只要能精通一经以上的士人，免除徭役。又简化刑法，减少了七十多条刑法案例。

御史大夫陈万年去世。六月二十日辛酉，任用长信少府贡禹为御史大夫。贡禹前后上奏数十篇，陈述治理措施的得失，汉元帝欣赏他的坦率正直，多数建议都采纳了。

匈奴郅支单于呼屠吾斯自认为道路遥远，又怨恨汉朝扶助呼韩邪单于稽侯珊而不扶助自己，于是困辱汉朝使者江乃始等人，又派使者到汉朝进贡，要求入侍汉朝的儿子栾提驹于利受回匈奴。汉朝商议派卫司马谷吉护送栾提驹于利受回匈奴，御史大夫贡禹、博士东海人匡衡认为："郅支单于还没有诚心归附，又在离汉朝绝远的地方，应当命令使者送他的儿子到达边界就回来。"谷吉上奏说："汉朝对于蛮夷应当笼络不要断绝关系，如今已经养育了郅支单于的儿子十年，恩德十分深厚，经过荒寒的绝域而不护送，只护送小段路程到边塞就回来，这表示汉朝遗弃了他们，不再畜养，那更会使他们失去归顺的心意，丢弃了先前的恩德，结下往后的怨恨，是很不利的。提议不远送的人，看到先前江乃始缺少应敌的策略，没有智慧，没有勇气，遭致羞辱，于是替我的安全担忧。臣有幸担任强大汉朝的使节，承接皇上圣明的诏书，去宣扬晓谕皇上深厚的恩德，料想郅支单于不会逞凶。如果郅支单于真的怀有禽兽心肠，对臣蛮横无礼，那么郅支单于就犯下了大罪，一定会畏罪跑得更远，不敢接近汉朝的边界。丢了一个使臣而安定了天下百姓，国家最合算，也是臣的意愿。因此，我愿意把郅支单于的儿子送到王庭。"汉元帝准许了谷吉的请求。谷吉送达匈奴王庭，郅支单于忿怒不已，竟然杀害了谷吉等人。郅支单于自知辜负了汉朝的恩义，又听说呼韩邪单于更加强大，害怕遭受打击，想逃到远方。正巧康居王多次受到乌孙国的侵扰，康居王便和他的大臣翕侯商议，认为："匈奴是大国，乌孙一向附属匈奴，如今郅支单于被排斥在外，处境艰难，可以迎接到我国的东边居住，联合起来消灭乌孙，就让郅支单于在乌孙立国。这样，我国永远也不会担忧匈奴了。"康居王当即派使臣到昆坚去，传话给郅支单于。郅支单于一向害怕乌孙，又怨乌孙，听到了康居王的计划，十分高兴，于是与康居王勾结，领兵西去。郅支单于的部众因天寒地冻，不少人死在路上，最后只剩下了三千人。到了康居，康居王把女儿嫁给郅支单于为妻，郅支单于也把女儿嫁给康居王。康居王十分敬重郅支单于，想借重他的声威去威胁邻国。郅支单于也多次借兵去攻击乌孙，深入到乌孙的赤谷

冬，十二月，丁未，贡禹卒。丁巳，长信少府薛广德为御史大夫。

（以上为第六段，写郅支单于远遁康居。）

永光元年（戊寅，前 43 年）

春，正月，上行幸甘泉，郊泰畤。礼毕，因留射猎。薛广德上书曰："窃见关东困极，人民流离；陛下日撞亡秦之钟，听郑、卫之乐，臣诚悼之。今士卒暴露，从官劳倦，愿陛下亟反宫，思与百姓同忧乐，天下幸甚！"上即日还。

二月，诏："丞相、御史举质朴、敦厚、逊让、有行者，光禄岁以此科第郎、从官。"

三月，赦天下。

雨雪、陨霜，杀桑。

秋，上酎祭宗庙，出便门，欲御楼船。薛广德当乘舆车，免冠顿首曰："宜从桥。"诏曰："大夫冠，"广德曰："陛下不听臣，臣自刎，以血污车轮，陛下不得入庙矣！"上不说。先驱光禄大夫张猛进曰："臣闻主圣臣直。乘船危，就桥安；圣主不乘危。御史大夫言可听！"上曰："晓人不当如是邪！"乃从桥。

九月，陨霜杀稼，天下大饥。丞相于定国，大司马、车骑将军史高，御史大夫薛广德俱以灾异乞骸骨；赐安车、驷马、黄金六十斤，罢。太子太傅韦玄成为御史大夫。广德归，县其安车，以传示子孙为荣。

帝之为太子也，从太中大夫孔霸受尚书；及即位，赐霸爵关内侯，号褒成君，给事中。上欲致霸相位，霸为人谦退，不好权势，常称"爵位泰过，何德以堪之！"御史大夫屡缺，上辄欲用霸；霸让位，自陈至于再三。上深知其至诚，乃弗用。以是敬之，赏赐甚厚。

戊子，侍中、卫尉王接为大司马、车骑将军。

石显惮周堪、张猛等，数谮毁之。刘更生惧其倾危，上书曰："臣闻舜命九官，济济相让，和之至也。众臣和于朝则万物和于野，故箫《韶》

城，杀死掳掠乌孙民众，抢夺乌孙的牛马财物离去，乌孙不敢追击，西部有五六千里地方空无一人。

冬季，十二月初九日丁未，贡禹去世。十二月十九日丁巳，长信少府薛广德被任用为御史大夫。

汉元帝永光元年（戊寅，前 43 年）

春季，正月，汉元帝巡幸甘泉宫，祭祀天帝泰一神。行过祭礼，便留下打猎。薛广德上奏书说："臣看到关东地区困苦到了极点，人民流离失所；陛下却每天敲着亡秦的丧钟，听着郑国、卫国的靡靡之音，臣下实在痛惜担忧。如今护卫士兵露宿在野外，随从的官员也疲惫不堪，希望陛下赶快回到宫中，想着与百姓同乐同忧，这才是天下之福。"汉元帝当天就返回长安。

二月，汉元帝下诏说："丞相、御史大夫要推荐质朴、敦厚、逊让、品德良好四种人才，光禄勋每年要依照这四科考核各曹的郎官和侍从官。"

三月，赦免天下。

雨雪交加，又降霜，冻死了桑树。

秋季，汉元帝祭祀祖庙，出了长安南城的便门，准备乘楼船。薛广德挡住汉元帝的车驾，摘掉官帽叩头劝谏说："应当从桥上走。"汉元帝下令说："御史大夫戴上官帽。"薛广德说："陛下不听从臣的劝谏，臣就自杀，用血污染车轮，陛下就进不了祖庙。"汉元帝很不高兴。车队前导官光禄大夫张猛上前奏说："臣听说皇上圣明臣下就刚直。乘船危险，桥上走安全；圣明的皇上不去冒险。御史大夫的建议可以听从。"汉元帝说："劝导别人应该像这样把道理讲明白。"于是从桥上过了护城河。

九月，天降霜冻死了庄稼，全国闹灾荒。丞相于定国，大司马、车骑将军史高，御史大夫薛广德畏惧天灾都引咎辞职。汉元帝允准，赐给他们安车、驷马、金六十斤。任命太子太傅韦玄成为御史大夫。薛广德回到老家，把安车悬吊起来，留传给子孙，以示荣耀。

汉元帝做皇太子的时候，师从太中大夫孔霸学习《尚书》；等到即位为皇帝，赏赐孔霸爵位为关内侯，号褒成君，任用为给事中。汉元帝想提升孔霸为丞相，孔霸为人谦逊，不喜好权势，经常说："爵位太高，我有何德去胜任啊！"御史大夫多次空缺，汉元帝每次都想任用孔霸，孔霸让位，亲自陈述谦让好几次。汉元帝确实知道他的诚心，于是不用，但十分敬重他，给他赏赐更厚。

九月二十四日戊子，任用侍中、卫尉王接为大司马、车骑将军。

石显惧怕周堪、张猛等人，多次在汉元帝面前说他们的坏话。刘更生担心周堪、张猛遭到陷害，就上书奏说："臣听说虞舜任命九位大臣，济济一堂互相谦让，十分

九成，凤皇来仪。至周幽、厉之际，朝廷不和，转相非怨，则日月薄食，水泉沸腾，山谷易处，霜降失节。由此观之，和气致祥，乖气致异，祥多者其国安，异众者其国危，天地之常经，古今之通义也。今陛下开三代之业，招文学之士，优游宽容，使得并进。今贤不肖浑殽，白黑不分，邪正杂糅，忠谗并进；章交公车，人满北军，朝臣舛午，胶戾乖剌，更相谗诉，转相是非；所以营惑耳目，感移心意，不可胜载，分曹为党，往往群朋将同心以陷正臣。正臣进者，治之表也；正臣陷者，乱之机也；乘治乱之机，未知孰任，而灾异数见，此臣所以寒心者也。初元以来六年矣，按《春秋》六年之中，灾异未有稠如今者也。原其所以然者，由谗邪并进也；谗邪之所以并进者，由上多疑心，既已用贤人而行善政，如或谮之，则贤人退而善政还矣。夫执狐疑之心者，来谗贼之口；持不断之意者，开群枉之门；谗邪进则众贤退，群枉盛则正士消。故《易》有《否》、《泰》，小人道长，君子道消，则政日乱；君子道长，小人道消，则政日治。昔者鲧、共工、驩兜与舜、禹杂处尧朝，周公与管、蔡并居周位，当是时，迭进相毁，流言相谤，岂可胜道哉！帝尧、成王能贤舜、禹、周公而消共工、管、蔡，故以大治，荣华至今。孔子与季、孟偕仕于鲁，李斯与叔孙俱宦于秦，定公、始皇贤季、孟、李斯而消孔子、叔孙，故以大乱，污辱至今。故治乱荣辱之端，在所信任；信任既贤，在于坚固而不移。《诗》云：'我心匪石，不可转也，'言守善笃也。《易》曰：'涣汗其大号，'言号令如汗，汗出而不反者也。今出善令未能逾时而反，是反汗也；用贤未能三旬而退，是转石也。《论语》曰：'见不善如探汤。'今二府奏佞谄不当在位，历年而不去。故出令则如反汗，用贤则如转石，去佞则如拔山，如此，望阴阳之调，不亦难乎！是以群小窥见间隙，缘饰文字，巧言丑诋，流言、飞文哗于民间。故《诗》云：'忧心悄悄，愠于群小，'小人成群，诚足愠也。昔孔子与颜渊、子贡更相称誉，不为朋党；禹、稷与皋陶传相汲引，不为比周；何则？忠于为国，无邪心也。今佞邪与贤臣并交戟之内，合党共谋，违善依恶，歙歙訿訿，数设危险之言，欲以倾移主上，如忽然用之，此天地之所以先戒，灾异之所以重至者也。自古明圣未有无诛而治者也，故舜有四放之罚，孔子有两观之诛，然后圣化可得而行也。今以陛下明知，诚深思天地之心，览《否》、《泰》之卦，历周、唐之所进以为法，原秦、鲁之所消以为戒，考祥应之福，灾异之祸，以揆当世之变，放远佞邪之党，坏散险诐之聚，杜闭群枉之门，广开众正之路，决断狐疑，分别犹豫，使是非

和谐。群臣在朝廷和睦相处，万事万物在朝外欣欣向荣。所以洞箫演奏《韶》乐九遍，凤凰就飞来朝拜。到了周幽王、周厉王的时候，朝廷失和，互相排斥怨恨，那么日食、月食相继发生，江河水涨泛滥，山谷崩裂变样，寒暑霜降失去了节令。由此看来，和睦招徕祥瑞，相争导致灾祸，祥瑞多的国家安定，怪异多的国家危险，这是天地不变的法则，古今一贯的道义。如今陛下要开创夏商周三代的盛业，就应招致文学才士，给他们优厚的待遇，宽松的环境，使得贤士都得到任用。可现在贤能之士与不贤的坏人混杂在一起，黑白不分，邪正错乱，忠奸并用。上访的奏章堆集在公车府，北军的监狱人满为患。朝中群臣互相仇恨，意志不合，互相说坏话，辗转生出是非，因而蛊惑皇上视听，动摇皇上主见，真是不可胜记。他们又各自结成帮派，往往共同陷害正直的大臣。正直的大臣被重用，是政治开明的表现；正直的大臣遭陷害，是国家混乱的苗头。在治乱的紧要关头，不知道任用谁，于是灾异屡屡发生，这是臣寒心的原因。从初元以来已有六年，按《春秋》的记载，每六年发生的灾异，没有像今天这样密集。究其原因，是邪恶的人得到任用，邪恶的人之所以得到任用，是因为皇上多疑，既然用了贤人去推行善政，如果贤人受到陷害，那么贤人就被罢退而善政就要终止。因为有猜忌多疑之心，所以招致谗言之口；又由于不能当机立断，才给群小邪恶之徒打开了方便之门；谗邪之徒被任用，而群贤就会被斥退，群小邪恶的人多了，那么正人君子就减少。因此，《易经》有《否卦》和《泰卦》，小人的一套受到重视，君子的道义就要消退，那么政治日益混乱；反之，君子的道义受到重视，小人的一套消退，那么政治日益昌盛。从前鲧、共工、驩兜与舜、禹同在尧的朝廷做官，周公与管叔、蔡叔同在周朝做官，当时他们之间互相诽谤，流言四起，真是有说不完的事。由于帝尧、周成王能够肯定舜、禹、周公贤能而重用他们，而排除了共工、管叔、蔡叔，所以天下大治，荣耀直到今天。孔子与季孙斯、孟孙何忌同在鲁国做官，李斯和叔孙通同在秦朝做官，鲁定公和秦始皇认为季孙斯、孟孙何忌、李斯贤能而重用他们，排斥了孔子、叔孙通，因此国家大乱，恶名一直流传到今天。所以国家的治与乱，荣与辱，关键就在于皇上信任什么样的人，既然信任了贤人，关键就在于坚持而不动摇。《诗经》说：'我心虽然不是石头，却是不可以转动的。'这说的是坚持善行十分执着。《易经》说：'王者发号令，涣然如汗水涌出。'说的是令从口出，如同汗从体出，不可能再返回身体内。现今颁布的善政号令不一会就被取消，便是一种返汗现象；任用贤能的人才，不到三十天就被斥退，如同转动石头。《论语》说：'看见不好的事，就像是手伸到开水里一样。'现今两府弹劾的巧言逢迎不当在位的那些人，可是历经数年还没离去。发出号令却即刻收回，如同要收回流出的汗水，任用贤才立马被斥逐，如同转动石头；而排除邪恶小人，简直像搬动一座大山一样艰难。在这种情况下，希望阴阳调和，

炳然可知，则百异消灭而众祥并至，太平之基，万世之利也。”显见其书，愈与许、史比而怨更生等。

（以上为第七段，记载汉元帝纳言，薛广德拦路跪谏和刘向上书请诛奸佞。薛广德疏谏，拦阻汉元帝出行不要摆渡过河，而要从桥上行路，小题大做，表演热爱君王，汉元帝乐得有纳谏之名而听从。刘向上书言国家大事，汉元帝舍不得左右亲信，下不了诛除奸佞的决心，于是稀里糊涂，甚至把刘向上书给政敌看，于是石显等对刘向恨之入骨。）

是岁，夏寒，日青无光，显及许、史皆言堪、猛用事之咎。上内重堪，又患众口之浸润，无所取信。时长安令杨兴以材能幸，常称誉堪，上欲以为助，乃见问兴：“朝臣龂龂不可光禄勋，何邪？”兴者，倾巧士，谓上疑堪，因顺指曰：“堪非独不可于朝廷，自州里亦不可也！臣见众人闻堪与刘更生等谋毁骨肉，以为当诛；故臣前书言堪不可诛伤，为国养恩也。”上曰：“然此何罪而诛？今宜奈何？”兴曰：“臣愚以为可赐爵关内侯，食邑三百户，勿令典事。明主不失师傅之恩，此最策之得者也。”上于是疑之。

司隶校尉琅邪诸葛丰，始以刚直特立著名于朝，数侵犯贵戚，在位者多言其短；后坐春夏系治人，徙城门校尉。丰于是上书告堪、猛罪。上不直丰，乃制诏御史：“城门校尉丰，前与光禄勋堪、光禄大夫猛在朝

不也是很难吗？因此，一群小人，到处寻找漏洞，专在文字游戏上下功夫，造谣陷害，散布流言，在民间大众广为传布。《诗经》说：‘我心忧如焚，只因触怒了一群小人。’小人拉帮结派，确实令人愤怒。从前孔子与他学生颜渊、子贡，互相赞扬夸奖，没有人诋毁他们结党营私；大禹、后稷与皋陶，互相推荐引用，没有人攻击他们勾结为奸。为什么呢？因为他们忠心为国，没有私心邪念。如今奸佞小人，混杂在贤人中间，小人们勾结在一起，共设阴谋，离善从恶，叽叽喳喳，花言巧语，设置一重又一重的圈套，想用此来改变皇上的主意，如果皇上贸然听信，这样就会导致天变先行警告，大灾大害不断发生。自古以来的圣明君王，从来没有不用诛杀就可以治理好国家的啊！所以虞舜有放逐四凶的惩罚，孔子有在两观诛杀少正卯的事件。只有这样，圣明的教化才得到推行。现今，以陛下的圣明睿智，如能真诚的深思天地的旨意，观览《易经》上《否》、《泰》两卦的卦辞，再效法西周、唐尧时代进用贤人的方法，追根秦国、鲁国贤人消退的原因以为鉴戒，考求那些祥瑞给国家带来幸福，灾异给国家带来祸害，用来对照评估当前的局势，放逐奸佞邪恶的小人，打散专门从事阴谋构陷的集团，堵塞群小钻营之门，大开引进正人君子的途径，杜绝犹疑，区别善恶，让是非光明可知，那么，成百上千的奇异灾害都将消散，而众多的祥瑞都会来临，这是太平盛世的基业，万世的长远利益。”石显看到这份奏章，更加与许、史皇亲朋比为奸，且愈益怨恨刘更生等人。

这一年夏天，天气突然变冷，太阳呈现青色，暗淡无光，石显和许嘉、史高一起说，这都是周堪、张猛执政引起的天变。汉元帝内心敬重周堪，又忧虑众口不停地絮絮叨叨，无法取得大家的信任。当时长安县令杨兴凭着才干得到汉元帝宠爱，经常称赞周堪。汉元帝想得到杨兴的帮助，就召见杨兴，向他询问说：“朝中一些大臣时常激动地非议光禄勋，这是怎么回事？”杨兴是一个见风使舵的奸诈小人，他误会了汉元帝的意思，以为汉元帝不信任周堪了，就顺着自己误解的旨意说：“周堪这人，不但没能力担任朝中大臣，即使做一个州里地方官也不胜任。臣先前听说，周堪和刘更生等挑拨离间陛下的骨肉亲情，应当诛杀；所以臣先前上书说不可诛杀周堪等人，只是为国家培养恩德。”汉元帝说：“那么应当用什么罪名诛杀呢？如今又如何处置呢？”杨兴说：“臣愚昧的个人意见认为，可以赐爵关内侯，封给三百户采邑，而不要掌权。这样，圣明的皇上既不失回报师傅的恩德，又可以说是最高明的办法。”汉元帝于是对周堪起了疑心。

司隶校尉琅邪人诸葛丰，起先由于刚强正直，特立独行，闻名于朝廷，多次执法冒犯了皇亲国戚，致使很多权贵说他的坏话；后来因诸葛丰在春夏季节逮捕犯人，遭到控告，被降职为城门校尉。诸葛丰于是上书控告周堪、张猛有罪。汉元帝不认

之时，数称言堪、猛之美。丰前为司隶校尉，不顺四时，修法度，专作苛暴以获虚威；朕不忍下吏，以为城门校尉。不内省诸己，而反怨堪、猛以求报举，告按无证之辞，暴扬难验之罪，毁誉恣意，不顾前言，不信之大也。朕怜丰之耆老，不忍加刑，其免为庶人！”又曰：“丰言堪、猛贞信不立，朕闵而不治，又惜其材能未有所效，其左迁堪为河东太守，猛槐里令。”

臣光曰：诸葛丰之于堪、猛，前誉而后毁，其志非为朝廷进善而去奸也，欲比周求进而已矣；斯亦郑朋、杨兴之流，乌在其为刚直哉！人君者，察美恶，辨是非，赏以劝善，罚以惩奸，所以为治也。使丰言得实，则丰不当黜；若其诬罔，则堪、猛何辜焉！今两责而俱弃之，则美恶、是非果安在哉！

贾捐之与杨兴善。捐之数短石显，以故不得官，稀复进见；兴新以材能得幸。捐之谓兴曰：“京兆尹缺，使我得见，言君兰，京兆尹可立得。”兴曰：“君房下笔，言语妙天下；使君房为尚书令，胜五鹿充宗远甚。”捐之曰：“令我得代充宗，君兰为京兆，京兆，郡国首，尚书，百官本，天下真大治，士则不隔矣！”捐之复短石显，兴曰：“显方贵，上信用之；今欲进，第从我计，且与合意，即得入矣！”捐之即与兴共为荐显奏，称誉其美，以为宜赐爵关内侯，引其兄弟以为诸曹；又共为荐兴奏，以为可试守京兆尹。石显闻知，白之上，乃下兴、捐之狱，令显治之，奏“兴、捐之怀诈伪，更相荐誉，欲得大位，罔上不道！”捐之竟坐弃市；兴髡钳为城旦。

臣光曰：君子以正攻邪，犹惧不克；况捐之以邪攻邪，其能免乎！

为诸葛丰有理，就下诏书给御史大夫说：“城门校尉诸葛丰，先前与光禄勋周堪、光禄大夫张猛同在朝廷为官，多次称赞周堪、张猛的美德。诸葛丰先前任司隶校尉，不遵顺四时天意，不遵守法律制度，专门用苛刻凶残的手段来树立个人的威望，朕不忍心法办，降职用为城门校尉，可是诸葛丰却不自我反省，反而怨恨周堪、张猛，找茬报复，告发的全是没有证据的事，揭发的全是无法证明的罪，想毁谤就毁谤，想赞誉就赞誉，完全是随心所欲，不顾先前赞誉周堪、张猛的言辞，这是最不诚信的行为。朕可怜诸葛丰是年过七十的老人，不忍心法办，解除他的官职做一个平民。”汉元帝诏书又说：“诸葛丰揭发周堪、张猛缺失忠贞和信义，朕也怜悯两人，不予追究，又惋惜两人的才干不能为国效力，就降职任用，周堪为河东太守，张猛为槐里县令。”

臣司马光评论说：诸葛丰对于周堪、张猛，先前赞扬而后毁谤，目的不是为国家进贤除奸，而是借此结党营私，亲近皇上，企图升官罢了。诸葛丰也是郑朋、杨兴一路货色，哪能是一个刚直的人物啊？作为一个国君，要能考察善恶，明辨是非，用奖赏鼓励善行，用刑罚惩治邪恶，这样才能把国家治理好。如果诸葛丰说的是真话，那么诸葛丰不应当遭贬黜；如果是诬陷，那么周堪、张猛有什么罪过？而今各打五十大板，双方都受到责罚被罢官降职，那么善与恶，是与非，区别在哪里呢？

贾捐之与杨兴两人交好。贾捐之多次抨击石显，因此没有被委任做官，很少有机会见到汉元帝。杨兴最近因自身才干而得到汉元帝赏识。贾捐之对杨兴说：“京兆尹空缺，您安排我见到皇上，凭我的言辞推荐您杨君兰，您立马得到京兆尹。”杨兴说：“您贾君房下笔成文，言语精妙天下第一；如果您贾君房任尚书令，比五鹿充宗强多了。”贾捐之说：“如果我替代五鹿充宗为尚书令，您杨君兰为京兆尹，那么京兆是首都，尚书是百官的根本，天下真的太平，士人将不会遭到弃用隔离了。”贾捐之又揭发抨击石显。杨兴说：“石显正处于得势的时候，汉元帝非常信任重用他；如今我等想要升官，定要依从我的安排，暂且投靠石显，便能入朝做官。”贾捐之就与杨兴一起上书汉元帝，大肆称赞石显美德，认为应当给石显赐爵关内侯，还推荐石显的兄弟为诸曹官员。然后，两人又一起谋划推荐杨兴的奏章，认为可以让杨兴代理京兆尹。石显得到消息，看穿两人的阴谋，就报告汉元帝，将杨兴、贾捐之两人逮捕下狱。汉元帝命令石显治两人的罪。石显上奏说：“杨兴、贾捐之心怀奸诈，彼此推荐称誉，企图谋取重要官职，欺骗皇上，大逆不道。”贾捐之被判处死刑，杨兴被判处五年徒刑。

臣司马光说：正人君子以正压邪，还忧虑不能取胜；何况贾捐之以邪攻邪，怎能免除灾祸呢？

徙清河王竟为中山王。

匈奴呼韩邪单于民众益盛，塞下禽兽尽，单于足以自卫，不畏郅支，其大臣多劝单于北归者。久之，单于竟北归庭，民众稍稍归之，其国遂定。

（以上为第八段，写诸葛丰、贾捐之、杨兴等一般钻营官吏的嘴脸。他们奔走于权门，策划于密室，寡廉鲜耻，随风转舵，不择手段往上爬，揣摩人主说鬼话，到头来竹篮打水一场空。诸葛丰被罢官，贾捐之、杨兴掉了脑袋，可以说是罪有应得。）

二年（己卯，前 42 年）

春，二月，赦天下。

丁酉，御史大夫韦玄成为丞相；右扶风郑弘为御史大夫。

三月，壬戌朔，日有食之。

夏，六月，赦天下。

上问给事中匡衡以地震日食之变，衡上疏曰："陛下躬圣德，开太平之路，闵愚吏民触法抵禁，比年大赦，使百姓得改行自新，天下幸甚！臣窃见大赦之后，奸邪不为衰止，今日大赦，明日犯法，相随入狱，此殆导之未得其务也。今天下俗，贪财贱义，好声色，上侈靡，亲戚之恩薄，婚姻之党隆，苟合徼幸，以身设利；不改其原，虽岁赦之，刑犹难使错而不用也，臣愚以为宜壹旷然大变其俗。夫朝廷者，天下之桢干也。朝有变色之言，则下有争斗之患；上有自专之士，则下有不让之人；上有克胜之佐，则下有伤害之心；上有好利之臣，则下有盗窃之民；此其本也。治天下者，审所上而已。教化之流，非家至而人说之也；贤者在位，能者布职，朝廷崇礼，百僚敬让，道德之行，由内及外，自近者始，然后民知所法，迁善日进而不自知也。《诗》曰：'商邑翼翼，四方之极。'今长安，天子之都，亲承圣化，然其习俗无以异于远方，郡国来者无所法则，或见侈靡而放效之；此教化之原本，风俗之枢机，宜先正者也。臣闻天人之际，精祲有以相荡，善恶有以相推，事作乎下者象动乎上，阴变则静者动，阳蔽则明者晻，水旱之灾随类而至。陛下祗畏天戒，哀闵元元，宜省靡丽，考制度，近忠正，远巧佞，以崇至仁，匡失俗，道德弘于京师，淑问扬乎疆外，然后大化可成、礼让可兴也。"上说其言，迁衡为光禄大夫。

改封清河王刘竟为中山王。

匈奴呼韩邪单于所领民众，日益壮大，边塞的飞禽走兽几乎绝灭，单于也足以自卫，不再害怕郅支单于。呼韩邪单于的臣子、部属大多来劝单于北归。过了一阵，呼韩邪单于终于回到北方的王庭，民众又渐渐地归附了他，国家终于稳定。

汉元帝永光二年（己卯，前 42 年）

春季，二月，大赦天下。

二月初五日丁酉，任命御史大夫韦玄成为丞相，右扶风郑弘为御史大夫。

三月初一日壬戌，发生日食。

夏季，六月，赦免天下。

汉元帝询问给事中匡衡关于地震、日食的天变情况，匡衡上奏说："陛下身体力行致力于德政，开拓太平盛世的大道，怜悯那些愚昧的官吏、民众触犯法律，连年大赦，给犯法民众一个改过自新的机会，真是国家之福。但臣个人认为每次大赦之后，为非作歹的事没有减少和停止，今天刚刚被释放出狱，明天就又犯法，一个接一个重新坐牢，这大概是教导没到位的原因吧！现今社会的风气，贪图财利，轻视道义，喜欢音乐美色，崇尚奢侈，亲情关系日益淡薄，而对婚姻裙带关系却十分看重，以利勾结钻空子，不顾以身试法图谋取利，本性不改，虽每年都在大赦，但仍免不了使用刑法。臣认为要实施专项整治，大力变更风俗。中央政府朝廷是全天下的根本，好比是筑墙的模板。朝中大臣有变脸色的争论，那么在下位的官民就有争斗的隐患；上面有专权弄势的人，下面就有争斗不让之民；上面有争强好胜的官僚，下面就会兴起暗害他人的群小；上面有贪利之臣，下面就会有偷盗之民；因为朝廷是天下的根本。治理天下的国君，只需考察人民崇尚的风气就可以了。教化的推行，并不是要到每个家庭对每一个人进行劝说；只要让贤能的人在位，能干的人任职，朝廷崇尚礼义，文武百官互敬互让，推行道德，由内及外，并从最接近皇上的朝廷开始，然后人民就知道了效法的榜样，努力实行，就会在不知不觉中日益增进善行。《诗经》说：'商王京都的淳厚风气，是全国四方的榜样。'现今长安是天子的都城，皇上亲自推行圣王的教化，但是京都的习俗与远方没有差别，地方郡国的人来到京都，找不到效法的榜样，甚至有的人学会了奢侈荒淫，可见首都的社会风尚是一切教化的根本，是开风气之先的基础，应当首先端正。臣听说天与人的关系，是阴阳

荀悦论曰：夫赦者，权时之宜，非常典也。汉兴，承秦兵革之后，大愚之世，比屋可刑，故设三章之法，大赦之令，荡涤秽流，与民更始，时势然也。后世承业，袭而不革，失时宜矣。若惠、文之世，无所赦之。若孝景之时，七国皆乱，异心并起，奸诈非一；及武帝末年，赋役繁兴，群盗并起，加以太子之事，巫蛊之祸，天下纷然，百姓无聊。及光武之际，拨乱之后，如此之比，宜为赦矣。

（以上为第九段，着重载述汉元帝永兴二年，匡衡上奏，论地震、日食、月食等天地灾变发生，与其颁布赦令，不如改变社会风气，构建和谐社会。具体措施，生活上厉行节俭，政治上亲忠良，远奸佞，倡导仁义道德，矫正败坏的社会风气。汉元帝十分欣赏，提升了匡衡的职务。匡衡的进言，是传统儒家劝导人主畏天以达到节制帝王随意膨胀权力的办法。但是往往收效甚微，汉元帝就始终不能斥逐奸佞。）

秋，七月，陇西羌彡姐旁种反，诏召丞相韦玄成等入议。是时，岁比不登，朝廷方以为忧，而遭羌变，玄成等漠然，莫有对者。右将军冯奉世曰："羌虏近在竟内背畔，不以时诛，无以威制远蛮，臣愿帅师讨之！"上问用兵之数，对曰："臣闻善用兵者，役不再兴，粮不三载，故师不久暴而天诛亟决。往者数不料敌，而师至于折伤，再三发调，则旷日烦费，威武亏矣。今反虏无虑三万人，法当倍，用六万人；然羌戎，弓矛之兵耳，器不犀利，可用四万人。一月足以决。"丞相、御史、两将军皆以为"民方收敛时未可多发；发万人屯守之，且足"。奉世曰："不可。天下被饥馑，士马羸耗，守战之备久废不简，夷狄皆有轻边吏之心，而羌首难。今以万人分屯数处，虏见兵少，必不畏惧；战则挫兵病师，守则百姓不救，如此，怯弱之形见。羌人乘利，诸种并和，相扇而起，臣恐中国之役不得止于四万，非财币之所能解也。故少发师而旷日，与一举而疾决，利害相万也。"固争之，不能得。有诏，益二千人。于是遣奉世将万二千人骑，以将屯为名，典属国任立、护军都尉韩昌为偏裨，到陇西，分屯三处。昌先遣两校尉与羌战，羌众盛多，皆为所破，杀两

精气互相浸润激荡，善恶的德行也会互相影响，事物在下面兴起，而迹象早在上面就有显现，阴气变动就产生地震，阳气衰弱就要发生日食，水旱的灾害也就随之到来。陛下敬畏上天的警示，怜悯天下的人民，应当节省开支，杜绝奢侈，完善制度，引进忠直的人，排斥奸巧小人，崇尚仁德，矫正败坏的风气，让高尚的道德弘扬于京师，美好的声誉播扬到国境之外，然后教化可成，礼让可兴。”汉元帝很欣赏匡衡的建言，升迁匡衡为光禄大夫。

荀悦评论说：赦免囚犯的罪恶，是一种权宜的措施，不是正常的法典。汉朝兴起，承继暴秦战乱之后，也是人民极为昏愚的时代，几乎每家每户都触犯了刑法，所以汉高祖约法三章，颁布大赦命令，用来洗刷当时社会的罪恶、污秽，让人民开始新的生活，这是当时的局势造成的。但是后世继承的人，沿袭这个制度不变革，就不合时宜。在汉惠帝、汉文帝时，就没有什么大赦。在汉景帝时，发生了七国之乱，人心浮动，奸诈百出；到了汉武帝末年，赋税重，徭役繁，盗贼四起，加上皇太子被杀事件，巫蛊之祸兴起，导致天下纷乱，百姓不得安宁。等到光武帝中兴，平息祸乱，以这时的形势与前代相比，应当颁布赦令。

秋季，七月，陇西羌人彡姐部落的分支叛乱，汉元帝召集丞相韦玄成等入宫商议。当时，连年歉收，朝廷正为此忧虑，又碰上羌人叛变，韦玄成等不知怎么办，一个个默不作声，没有人回答汉元帝的质询。右将军冯奉世说：“羌人部落近在国境之内，发动反叛，如不及时诛讨，就无法控制远方的少数民族，臣愿率兵讨伐。”汉元帝问需要多少兵力，冯奉世回答说：“臣听说善于用兵的人，打仗不用再次追加兵力，粮饷运输不超过三年，所以出兵不会长久地露宿在外，而是速战速决。从前我方多次对敌情判断不准确，导致大军遭受创伤，不得不一而再，再而三地增派援军，不但拖延了战争，导致军费增加，而且使国家威望也受到损害。现今反叛的敌人大约有三万人，征讨的军队应当加倍，需要六万人。不过羌人使用的武器，无非是长矛、弓箭罢了，而且不锋利，所以我们只需派出四万兵力，一个月就足以平定。”丞相韦玄成、御史大夫郑弘、车骑将军王接、左将军许嘉一致认为“时值秋收，民间正忙，不可以征调大批民众入伍，只要派出一万人去屯守就足够了”。冯奉世说：“不可以。天下百姓受到天灾饥馑，兵士战马不仅消瘦，而且减员，防守攻战的训练长久废弛，夷狄都有轻视边吏的心思，羌人只不过是首先叛乱的蛮夷。如今只派出一万兵力，分散防守几个地方，羌虏看见兵少，根本就不害怕。官兵出战，则一

校尉。奉世具上地形部众多少之计，愿益三万六千人，乃足以决事。书奏，天子大为发兵六万余人。八月，拜太常弋阳侯任千秋为奋武将军以助之。冬，十月，兵毕至陇西，十一月，并进，羌虏大破，斩首数千级，余皆走出塞。兵未决间，汉复发募士万人，拜定襄太守韩安国为建威将军；未进，闻羌破而还。诏罢吏士，颇留屯田，备要害处。

（以上为第十段，冯奉世讨平陇西羌。）

定受挫丧师；只是防守，则救不了百姓，真是这个局面，我军衰弱胆怯的形象，就暴露无遗。羌人趁势攻击得利，其他夷狄部落就会四起响应，到那时，我汉朝派出的兵力，恐怕不只是四万，更不是多花钱就能解决的事了。所以，派兵少了一定会拖延时间，比起多派兵一战就能迅速灭敌，利与害要相差万倍。”尽管冯奉世据理力争，但是得不到支持。汉元帝下诏，增加二千兵力。于是派冯奉世率领一万二千兵马，声称开荒屯田，任命典属国任立、护军都尉韩昌两人为副将，进兵到达陇西郡，分兵屯守三个地方。韩昌首先派出两个校尉出兵迎战羌人，由于羌人众多，两校尉都被打败，被羌人杀害。冯奉在向朝廷呈报山川地理形势和兵力部署的计划，要求增兵三万六千人，才能决战胜利。奏章上达汉元帝，汉元帝大发兵六万余人。八月，任命太常弋阳侯任千秋为奋武将军增援冯奉世。冬季，十月，大军在陇西集结完成，十一月，各路大军全线出击，大破羌虏，斩杀了数千人，羌人的残余部众，全都逃出边塞。在胜负还没有分晓时，汉朝又征召加派了一万援军，任命定襄太守韩安国为建威将军，援军还没有进兵到目的地，听到羌人大败，就撤了回来。汉元帝下诏，前线大军也撤兵回朝，但留下足够守御的士兵屯田，防守边塞要地。

【点评】

论三种类型的朝官。本卷史事，给评史者提供三大反思。其一，贡禹上书，是儒家圆滑政治的表现。汉元帝求言，贡禹上书以“婚”“丧”两点说事，建言为政节俭。汉元帝说“好”，身体力行做了一番政治秀，诸如停修宫室、减膳、发放救济等。司马光批评贡禹耍滑头，言小不言大。司马光认为，汉元帝是仁弱之君，喜好标榜节俭，而皇帝奢侈浪费，于国家大政而言是其小者。而汉元帝优柔寡断，信用奸佞邪恶，小人专权，才是国家大政，贡禹却不言。如果贡禹不知，就不是一个贤者，如果知而不言，就是罪人。司马光的批评，可以说是一半对，一半错。首先，汉元帝初即位，弘恭、石显等尚未专权，贡禹不可能预推以揭奸。其次，汉元帝昏庸，他虽然听得进忠言，但不能果决除奸，师傅萧望之、宗室刘向等人与奸人斗争，下场如何？以师傅、宗室之亲，尚不能撼动奸小分毫，怎么可能要求一个刚刚被征召的布衣大儒来建言除奸呢？但贡禹确实又耍了滑头，他专挑汉元帝能听得进的或允许说的小题大做，言之谆谆，如说裁减宫女只留二十人，这是帝王不可能做到的事，但这种无关痛痒的话说说无妨。贡禹取得高位以后，对石显等人谗害忠良之事，不闻不问，独善其身，尸位素餐，高居显位而圆滑世故，无视国计民生，当然是罪人。这样看来，司马光又说得对。但身处专制政体中，只要独善其身，如贡禹，也就算是一个好官了。其二，萧望之疾恶如仇，代表了耿直朝官派的风采，敢与奸人奋战，不顾个人安危，确实做到了杀身成仁，是儒家的忠臣榜样。但萧望之也争权好胜，拉帮结派，党同伐异，他也不能避免专制官僚的恶行。如果萧望之一身正气，郑朋就无缝钻营，郑朋推荐张敞，萧望之一本正经指斥张敞轻佻，张敞不过是走马章台、为妇画眉而已，以今天的观点看，张敞恰恰是一位性情直率可以信赖的人。在宣帝朝，萧望之也曾陷害韩延寿，并企图夺丙吉之位。萧望之受陷害遭到审查，却指使儿子上书呼冤，有滥用汉元帝信任之嫌，结果被政敌抓住把柄，枉送了性命。看来萧望之也不是一个宽厚善良之辈。其三，郑朋、贾捐之、杨兴之流，虽然钻营弄巧，却也有为善的一面，如郑朋想投靠萧望之，又举荐张敞，贾捐之、杨兴狼狈为奸，却也有施展才华、治理国家的梦想。纵观贡禹、萧望之、郑朋这三类官僚，似乎既可以为大善，也可以为大恶。大概人性均有善恶两面，在昏君之朝，专政之体的政治场景中，也是摇摆不定的。那么如何才能使人弃恶扬善？和谐的政治场景是关键，的确给人留下深深的思考。

汉纪二十一

汉元帝永光三年至竟宁元年（前41 前33年）

【起上章执徐（庚辰，前41年），尽著雍困敦（戊子，前33年），凡九年】

【大事提要】

本卷记事起公元前41年，讫公元前33年，凡九年，当汉元帝永光三年到竟宁元年。本卷所载大事，着重两个方面。其一，详述中官权臣石显的种种奸诈手段，他善于自保，邀宠固位。石显结纳贡禹，掩盖逼杀萧望之的恶行，而世故官僚贡禹也卖身投靠，互相利用。韦玄成、匡衡等均为世故官僚，他们替奸邪小人护身，也分得了一块蛋糕自享。其二，西域都护甘延寿、副校尉陈汤，审时度势，抓住战机，矫诏一战功成，诛灭了郅支单于，一雪汉使谷吉被杀之耻，高扬大汉国威，建立了盖世之功，而迎接功臣的却是堆积案头的刑法条文，以及被夸大了的过错，审查没完没了，拖了两年多才论功行赏，拘泥迂腐观念的腐儒政治，到了是非不明的程度，令人悲叹！

【原文】

孝元皇帝下

永光三年（庚辰，前41年）

春，二月，冯奉世还京师，更为左将军，赐爵关内侯。

三月，立皇子康为济阳王。

夏，四月，平昌考侯王接薨。秋，七月，壬戌，以平恩侯许嘉为大司马、车骑将军。

冬，十一月，己丑，地震，雨水。

复盐铁官，置博士弟子员千人。以用度不足，民多复除，无以给中外徭役故也。

四年（辛巳，前40年）

春，二月，赦天下。

三月，上行幸雍，祠五畤。

夏，六月，甲戌，孝宣园东阙灾。

戊寅晦，日有食之。上于是召诸前言日变在周堪、张猛者责问，皆稽首谢；因下诏称堪、猛之美，征诣行在所，拜为光禄大夫，秩中二千石，领尚书事；猛复为太中大夫、给事中。中书令石显管尚书，尚书五人皆其党也；堪希得见，常因显白事，事决显口。会堪疾喑，不能言而卒。显诬谮猛，令自杀于公车。

初，贡禹奏言："孝惠、孝景庙皆亲尽宜毁，及郡国庙不应古礼，宜正定。"天子是其议。秋，七月，戊子，罢昭灵后、武哀王、昭哀后、卫思后、戾太子、戾后园，皆不奉祠，裁置吏卒守焉。

冬，十月，乙丑，罢祖宗庙在郡国者。

诸陵分属三辅。以渭城寿陵亭部原上为初陵；诏勿置县邑及徙郡国民。

（以上为第一段，写汉元帝永光三年、四年无大事，为政节俭，限额博士弟子员，裁撤不合典制的皇家陵园，不给自己寿陵置邑，不烦扰百姓。但是元帝信用群

【语译】

孝元皇帝下

汉元帝永光三年（庚辰，前41年）

春季，二月，冯奉世回到京师，调任左将军，赐爵位关内侯。

三月，册立皇子刘康为济阳王。

夏季，四月，平昌考侯王接去世。秋季，七月壬戌日，任命平恩侯许嘉为大司马、车骑将军。

冬季，十一月初八日己丑，发生地震，降雨。

恢复盐铁官，规定博士弟子限额一千人。朝廷开支出现赤字，因为很多民户免除了赋役，收入无法供给内外徭役用度的缘故。

汉元帝永光四年（辛巳，前40年）

春季，二月，大赦天下。

三月，汉元帝巡幸雍县，祭祀五天帝。

夏季，六月二十六日甲戌，孝宣皇帝陵园东门发生火灾。

六月三十日戊寅，发生日食。汉元帝宣召先前那些说天变都是因周堪、张猛而发生的官员，责令他们解释。他们都叩头请罪；于是汉元帝下诏称赞周堪、张猛的美德，征召周堪、张猛到行在所，任用周堪为光禄大夫，秩禄中二千石，兼职尚书事务；张猛官复原职任太中大夫、给事中。当时，中书令石显主管尚书，尚书五人：石显、牢梁、五鹿充宗、伊嘉、陈顺，都是石显死党。周堪很少见到汉元帝，有事常常是通过石显陈奏汉元帝，有了决定，也由石显亲口传达。碰巧周堪得了失音症，不能说话，最后病死。石显又诬陷张猛罪过，逼迫张猛在公车府自杀。

起初，贡禹上奏说："孝惠帝、孝景帝的祭庙，都因血亲已到尽头，应当毁弃，还有各郡国所立的皇帝祭庙，凡不合古礼的，都应当定制后撤毁。"汉元帝批准了贡禹的上奏。秋季，七月初十日戊子，汉元帝下诏撤裁高祖的母亲昭灵后、高祖哥哥武哀王刘伯、高祖姐姐昭哀后、武帝的皇后卫思后、元帝的高曾祖父戾太子、元帝的高曾祖母戾后等人的陵园，都不再按时奉祭，只派少数官兵防卫。

冬季，十月十九日乙丑，裁撤设置在各郡国中那些不合典制的宗庙。

将太常直属管理的各个皇陵，分别隶属三辅管理。又划定渭城北原上的寿陵亭一带为元帝寿陵园地，但下诏不置陵邑，也就不迁移郡国百姓到那里。

小，石显及许史党羽子弟充满朝廷，虽然重新启用了能吏廉吏周堪、张猛，但并不信任，反而被奸佞谗逼至死。汉元帝亲小人，远贤臣，于此可见。）

五年（壬午，前 39 年）

春，正月，上行幸甘泉，郊泰畤。三月，幸河东，祠后土。

秋，颍川水流杀人民。

冬，上幸长杨射熊馆，大猎。

十二月，乙酉，毁太上皇、孝惠皇帝寝庙园，用韦玄成等之议也。

上好儒术、文辞，颇改宣帝之政；言事者多进见，人人以为得上意。又傅昭仪及子济阳王康爱幸，逾于皇后、太子。太子少傅匡衡上疏曰："臣闻治乱安危之机，在乎审所用心。盖受命之王，务在创业垂统，传之无穷；继体之君，心存于承宣先王之德而褒大其功。昔者成王之嗣位，思述文、武之道以养其心，休烈盛美归之二后，而不敢专其名，是以上天歆享，鬼神佑焉。陛下圣德天覆，子爱海内，然而阴阳未和、奸邪未禁者，殆议者未丕扬先帝之盛功，争言制度不可用也，务变更之，所更或不可行而复复之，是以群下更相是非，吏民无所信。臣窃恨国家释乐成之业而虚为此纷纷也！愿陛下详览统业之事，留神于遵制扬功，以定群下之心。《诗·大雅》曰：'无念尔祖，聿修厥德，'盖至德之本也。《传》曰：'审好恶，理情性，而王道毕矣。'治性之道，必审己之所有余而强其所不足，盖聪明疏通者戒于太察，寡闻少见者戒于壅蔽，勇猛刚强者戒于太暴，仁爱温良者戒于无断，湛静安舒者戒于后时，广心浩大者戒于遗忘。必审己之所当戒而齐之以义，然后中和之化应，而巧伪之徒不敢比周而望进。唯陛下戒之，所以崇圣德也！

"臣又闻室家之道修，则天下之理得，故《诗》始《国风》，《礼》本冠、婚。始乎《国风》，原情性以明人伦也；本乎冠、婚，正基兆以防未

汉元帝永光五年（壬午，前39年）

春季，正月，汉元帝巡幸甘泉宫，祭祀天帝太一神。三月，巡幸河东，祭祀土地神。

秋季，颍川郡发生水灾，淹死百姓。

冬季，汉元帝巡幸长杨宫射熊馆，在那里进行大规模围猎。

十二月十六日乙酉，汉元帝采纳韦玄成等人的建议，拆毁太上皇刘执嘉和孝惠帝刘盈两座祖庙及陵园。

汉元帝喜好经学和文学，更改了许多宣帝时的施政办法，凡对施政提出建议的人，往往被召见，人人都自以为给皇上留下了好印象。傅昭仪和她生的皇子济阳王刘康特别受到汉元帝的宠爱，超过了皇后和太子。太子少傅匡衡上奏说："臣听说国家治乱安危的关键，在于人主谨慎的用心。承受天命的开国之君，尽力于开创基业，流传后世，以至于无穷。继承祖业的君主，要一心一意承接先王的功业而发扬光大。从前周成王继承王位以后，追思周文王、周武王的治国大道，用以修养自己的心性，有了伟大的功业和美好的赞誉都归功于文、武二王，而不敢自己居功。因此，上天接受周成王的祭享，鬼神也都保佑周成王。陛下的圣明恩德像天一样覆盖天下，陛下的爱心像爱儿女一样爱护天下人民，但是阴阳仍未调和，奸邪没能禁止，这大概是那些议论政事的臣子没能发扬光大先帝的盛大功业，反而争先恐后地抨击行之有效的规章制度，致力于改变法令，而更改后不合时宜又倒回来实行旧章，导致群臣争论是非，互相攻击，使得下面的官民无法遵循。臣个人十分痛恨国家废弃了大家乐于接受的制度，而推行让人争论不休的新令。希望陛下详细观览创业垂统的大事，全神贯注遵守先帝的法规，光大先帝的功业，用以安定朝臣的心理。《诗经·大雅》说：'怀念你的先祖，继承和发扬他们的功德。'这是圣德的根本。《诗传》说：'能审察好恶，顺应情性，那么就达到了治理国家的圣王之道。'陶冶性情的方法是，一定要了解自己的长处和短处，聪明通达的人，切忌苛求别人的短处；见闻浅薄的人，切忌自己壅塞蒙蔽；勇猛刚强的人，切忌性子暴烈；仁爱敦厚的人，切忌优柔寡断；恬淡安静的人，切忌迟疑而失去机会；胸襟广阔的人，切忌疏忽大意而有遗漏。一定要解剖自己，警惕不足，修养道义，然后才能保持中庸以应对变化，而那些奸巧伪善的人，才不敢结党营私，钻营升迁。恳请陛下知所戒惧而崇尚圣王之德。

"臣又听说，能使家庭和睦安详，那就找到了治理天下的道理。所以《诗经》以《国风》起始，《礼经》以冠礼、婚礼起始。以《国风》起始，追溯性情之原，用

然也；故圣王必慎妃后之际，别适长之位，礼之于内也。卑不逾尊，新不先故，所以统人情而理阴气也；其尊适而卑庶也，适子冠乎阼，礼之用醴，众子不得与列，所以贵正体而明嫌疑也。非虚加其礼文而已，乃中心与之殊异，故礼探其情而见之外也。圣人动静游燕所亲，物得其序，则海内自修，百姓从化。如当亲者疏，当尊者卑，则佞巧之奸因时而动，以乱国家。故圣人慎防其端，禁于未然，不以私恩害公义。《传》曰：‘正家而天下定矣！’”

初，武帝既塞宣房，后河复北决于馆陶，分为屯氏河，东北入海，广深与大河等，故因其自然，不堤塞也。是岁，河决于清河灵鸣犊口，而屯氏河绝。

（以上为第二段，详载元帝永光五年匡衡上书，反复申说尊卑等级秩序是国家大政，不可须臾怠慢，用以维护太子独尊的地位，封杀济阳王刘康可能产生的觊觎之心。这一年黄河决口改道。）

建昭元年（癸未，前 38 年）

春，正月，戊辰，陨石于梁。

三月，上行幸雍，祠五畤。

冬，河间王元坐贼杀不辜废，迁房陵。

罢孝文太后寝祠园。

上幸虎圈斗兽，后宫皆坐；熊逸出圈，攀槛欲上殿，左右贵人、傅婕妤等皆惊走；冯婕妤直前，当熊而立。左右格杀熊。上问：“人情惊惧，何故前当熊？”婕妤对曰：“猛兽得人而止；妾恐熊至御坐，故以身当之。”帝嗟叹，倍敬重焉。傅婕妤惭，由是与冯婕妤有隙。冯婕妤，左将军奉世之女也。

（以上为第三段。元帝建昭元年无大事，特记冯婕妤舍身护帝，贤淑忠勇反遭妒忌。）

以揭示人伦之间的关系；以冠礼、婚礼起始，就是要培植根本防患于未然。所以圣明的君主，一定要慎重地处理好与皇后及嫔妃之间的关系，区别好嫡子与庶子的地位，这是将礼用之于家内。卑贱的不能超过尊贵的，新来的不能超过旧有的，这样才能顺乎人情，合于阴阳。那么尊重嫡子而卑贱庶子怎么做呢？嫡子成人，要在高台上举行加冠典礼，设置座位，用甜酒祝福，各位庶子举行加冠礼，不能享有这等规格，这样做的目的，就是要尊贵正干主体，把嫡子放在不可置疑的地位。隆重的仪式并不是表面的形式，而是要把嫡庶的尊卑根植于人心中，所以礼仪不过是把内心的真情表现出来罢了。圣人的一举一动，甚至与最亲近的人在一起欢宴娱乐，均要合于大小尊卑的秩序，那么，全天下的人都会自然效仿，老百姓蔚然成风。如果应当亲近的反而疏远，应当尊贵的反而卑贱，那么奸巧邪恶之徒就会钻空子兴风作浪，扰乱国家。所以圣人谨慎小心，一有苗头就要防患于未然，决不以个人的私情损害大义。《易传》就这样说：'端正了家庭，那么天下就安定了。'"

当初，汉武帝在元封二年堵塞了黄河瓠子决口，盖了一座宣房宫，后来黄河又在北岸馆陶决口，从这里分流出屯氏河，向东北流入渤海，河床的宽度、深度与黄河相等，所以就让这条河顺其自然发展，不再堵塞。这一年黄河在清河郡灵县鸣犊口决口，屯氏河下游因失水而干涸断绝。

汉元帝建昭元年（癸未，前38年）

春季，正月二十九日戊辰，有陨石坠落在梁国。

三月，汉元帝巡幸雍县，祭祀五天帝。

冬季，河间王刘元因滥杀无辜被废除王位，流放到房陵。

撤除汉文帝母薄太后的寝宫陵园。

汉元帝游幸虎圈观看野兽搏斗，后宫嫔妃在座陪同。有一只熊窜出了兽圈，攀住栅栏，眼看就要爬上看台，汉元帝身边的后宫贵人和傅婕妤都惊恐逃走，而冯婕妤却迎上去，挡在熊的前面。幸亏汉元帝左右的护卫杀死了熊。汉元帝问冯婕妤说："大家见了熊都惊恐害怕，这是情理，你为什么敢挡在熊的前面？"冯婕妤说："猛兽野性发作，抓到了人就会停止前进，我怕熊扑到陛下跟前，所以用我的身体去阻挡。"汉元帝听了，感叹有声，加倍敬重冯婕妤。傅婕妤感到惭愧，由此怨恨冯婕妤。冯婕妤是左将军冯奉世的女儿。

二年（甲申，前37年）

春，正月，上行幸甘泉，郊泰畤。三月，行幸河东，祠后土。

夏，四月，赦天下。

六月，立皇子兴为信都王。

东郡京房学《易》于梁人焦延寿。延寿常曰："得我道以亡身者，京生也。"其说长于灾变，分六十卦，更直日用事，以风雨寒温为候，各有占验。房用之尤精，以孝廉为郎，上疏屡言灾异，有验。天子说之，数召见问。房对曰："古帝王以功举贤，则万化成，瑞应著；末世以毁誉取人，故功业废而致灾异。宜令百官各试其功，灾异可息。"诏使房作其事，房奏考功课吏法。上令公卿朝臣与房会议温室，皆以房言烦碎，令上下相司，不可许；上意乡之。时部刺史奏事京师，上召见诸刺史，令房晓以课事，刺史复以为不可行。唯御史大夫郑弘、光禄大夫周堪初言不可，后善之。

是时，中书令石显颛权，显友人五鹿充宗为尚书令，二人用事。房尝宴见，问上曰："幽、厉之君何以危？所任者何人也？"上曰："君不明而所任者巧佞。"房曰："知其巧佞而用之邪，将以为贤也？"上曰："贤之。"房曰："然则今何以知其不贤也？"上曰："以其时乱而君危知之。"房曰："若是，任贤必治，任不肖必乱，必然之道也。幽、厉何不觉悟而更求贤，曷为卒任不肖以至于是？"上曰："临乱之君，各贤其臣；令皆觉寤，天下安得危亡之君！"房曰："齐桓公、秦二世亦尝闻此君而非笑之；然则任竖刁、赵高，政治日乱，盗贼满山，何不以幽、厉卜之而觉寤乎？"上曰："唯有道者能以往知来耳。"房因免冠顿首曰："《春秋》纪二百四十二年灾异，以示万世之君。今陛下即位以来，日月失明，星辰逆行，山崩，泉涌，地震，石陨，夏霜，冬雷，春凋，秋荣，陨霜不杀，水、旱、螟虫，民人饥、疫，盗贼不禁，刑人满市，《春秋》所记灾异尽备。陛下视今为治邪，乱邪？"上曰："亦极乱耳，尚何道！"房曰："今所任用者谁与？"上曰："然，幸其愈于彼，又以为不在此人也。"房曰：

汉元帝建昭二年（甲申，前37年）

春季，正月，孝元皇上巡幸甘泉宫，祭祀泰一神。三月，巡幸河东，祭祀土地神。

夏季，四月，赦免天下。

六月，册立皇子刘兴为信都王。

东郡人京房，拜梁国人焦延寿为老师，学习《易经》。焦延寿经常说：“由于得到我的学问而招致杀身之祸的人，就是京房。”焦延寿解说《易经》，擅长推算天灾人祸，共分为六十卦，轮换交替当作日期，用来推占每日的善恶祸福，又用风雨冷热的气象变化作验证，十分准确。京房推占的功力，至为深厚，当他由孝廉而被任用为朝廷郎官时，多次上书谈论天象变异，十分灵验。汉元帝很高兴，多次召见询问。京房回答说：“古代帝王按能力成效举用贤人，那么兴办万事都有成就；衰世按人云亦云的诋毁或赞誉用人，因此功业尽废，甚而导致使灾异时常发生。最好是命令文武百官，考核他们每人实际才能和政绩，按才能大小使用，天变灾异才会停息。”于是汉元帝就下诏让京房负责主持这一事务，于是京房就拟定《考功课吏法》上奏。汉元帝下令公卿大臣和京房在温室宫进行讨论，公卿大臣都认为京房的考绩法过于细碎烦琐，又让上下官吏相互监督，这个办法不可使用；可是汉元帝内心却赞同，有意采用。恰好各州的巡察刺史回京向朝廷做例行报告，汉元帝就召见他们，让京房向他们说明“考绩条例”的实行细则，刺史们也认为行不通。只有御史大夫郑弘、光禄大夫周堪，起初认为行不通，后来又赞同这个办法。

这时，中书令石显专权，石显的好友五鹿充宗任尚书令，二人掌管朝中大事。京房曾找机会单独入宫见汉元帝，问汉元帝说：“周幽王、周厉王为什么把国家弄得那么糟？他们所任用的都是些什么人？”汉元帝说：“君王昏庸，所任用的都是巧诈佞邪的小人。”京房说：“君王是明知他们巧诈佞邪而任用他们？还是误以为他们是贤能人才而任用他们？”汉元帝说：“当然是认为他们是贤能人才而任用他们。”京房说：“那么如今我们为什么说他们不是贤能人才呢？”汉元帝说：“如今看到当时局势很混乱，君王又身处险境，这才明白了。”京房说：“由此可见，任用贤能的人，国家一定太平；任用不贤的人，国家一定混乱，这是必然的规律。为什么幽王、厉王不明白这道理，却始终任用奸佞，以致亡国呢？”汉元帝说：“面临乱世的国君，都认为他所任用的人是贤臣；假若都能觉悟到自己的错误，那天下哪还有亡国的昏君呢？”京房说：“齐桓公、秦二世也都曾听说幽王、厉王的无道而讥笑过他们，但他们却任用竖刁、赵高，致使政局日益混乱，盗贼满山遍野。为什么他们不能把周幽王、周厉王当作一面镜子，而觉悟到用人不当呢？”汉元帝说：“只有圣明的君王才能知往鉴今。”京房脱下官帽叩首说：“《春秋》一书，记载二百四十二年的天变

"夫前世之君，亦皆然矣。臣恐后之视今，犹今之视前也！"上良久，乃曰："今为乱者谁哉？"房曰："明主宜自知之。"上曰："不知也；如知，何故用之！"房曰："上最所信任，与图事帷幄之中，进退天下之士者是矣。"房指谓石显，上亦知之，谓房曰："已谕。"房罢出，后上亦不能退显也。

臣光曰：人君之德不明，则臣下虽欲竭忠，何自而入乎！观京房所以晓孝元，可谓明白切至矣，而终不能寤，悲夫！《诗》曰："匪面命之，言提其耳。匪手携之，言示之事。"又曰："诲尔谆谆，听我藐藐。"孝元之谓矣！

上令房上弟子晓知考功、课吏事者，欲试用之。房上"中郎任良、姚平，愿以为刺史，试考功法；臣得通籍殿中，为奏事，以防壅塞。"石显、五鹿充宗皆疾房，欲远之，建言，宜试以房为郡守。帝于是以房为魏郡太守，得以考功法治郡。

房自请："岁竟，乘传奏事，"天子许焉。房自知数以论议为大臣所非，与石显等有隙，不欲远离左右，乃上封事曰："臣出之后，恐为用事所蔽，身死而功不成，故愿岁尽乘传奏事，蒙哀见许。乃辛巳，蒙气复乘卦，太阳侵色，此上大夫覆阳而上意疑也。己卯、庚辰之间，必有欲隔绝臣，令不得乘传奏事者。"

房未发，上令阳平侯王凤承制诏房止无乘传奏事。房意愈恐。秋，房去至新丰，因邮上封事曰："臣前以六月中言《遁卦》不效，法曰：'道

灾异，用来警告后世君王。现今陛下即位以来，太阳、月亮失去了光明，星辰运行混乱，山崩泉涌，地震不断，下流星雨，夏季降霜，冬天打雷，春天草木凋枯，秋天草木茂盛，霜雪不能冻杀害虫，水灾、旱灾、蝗灾接二连三，民间饥荒、瘟疫流行，盗贼横行，满大街是坐过牢的人，《春秋》记载的天灾人祸，现今全都齐备。陛下你看看今天，国家是太平盛世呢，还是乱世？”汉元帝说：“可以说是乱世达到了极点，还有什么好说的！”京房说：“当今任用的都是些什么人呢？”汉元帝说：“还好，幸亏今天的政治还是要比前朝的乱世好一些，再说，今天的混乱，责任也不全在所用的人身上。”京房说：“其实，前世君王也都是这个想法。臣担心后世的君王看待今天，就像我们今天看前代一样。”汉元帝沉默了很长一阵，才说道：“那么导致今天混乱的人是谁呢？”京房说：“圣明的君主应该自己觉察。”汉元帝说：“朕就是不知道啊，如果知道了，为什么还用他呢？”京房说：“汉元帝所最信任的人，每天在宫内与他谋划国家大事，任免天下官吏的那个人就是啊！”京房指的是石显，汉元帝也知道，于是对京房说：“已经知道了。”京房告退出宫，可是后来汉元帝并没有罢退石显。

臣司马光评论说：君王的德行料事不明，那么臣僚即使想竭尽忠心，也是白费力气！看到京房对孝元帝的节节诱导，一片苦心，把道理说得十分透彻，而元帝始终不能觉醒，简直是一场悲剧！《诗经》说：“不只是当面提醒你，还提着你的耳朵教导你。不只是亲手提你耳朵说话，还亲自摆出事实。”又说：“规劝的人苦口婆心，听的人全当耳边风。”汉元帝正是这种人！

汉元帝让京房推荐他的学生中熟悉“考绩条例”并懂得行政事务的人，准备试行条例。京房上奏说：“中郎任良、姚平，请求委派他们做刺史，试行考功法；臣留在朝中能够通名籍于宫中，为的是及时转报他们的奏章，以防止被人隔阻。”石显、五鹿充宗非常忌恨京房，想让京房远离汉元帝，便向汉元帝建议，应当任命京房去试任郡守职务。汉元帝于是任命京房为魏郡太守，一定要用考功法来治理魏郡。

京房请求说：“在年终的时候，请皇上允许我乘坐驿站的车马回到京师直接上奏。”汉元帝同意了。京房自己知道因多次讨论朝政，遭到大臣的非议，又与石显等人有矛盾，所以不想远离皇上，于是上了一封密奏说：“臣离开京师之后，担心被执政大臣隔蔽，会遭到杀身导致功业半途而废，所以盼望年终时能够乘坐驿车，亲自回京向皇上奏报，幸而蒙受皇上应允。可是二月十八日辛巳，阴云蔽日，阳光暗淡。昭示上大夫蒙蔽皇上，导致皇上疑惑。二月十六日己卯、十七日庚辰之间，一定有人打小报告隔绝臣，使臣不能乘驿车回京向皇上奏事。”

京房还没出发，汉元帝就命令阳平侯王凤传达皇上的口头诏令，禁止他年终乘驿马车回京奏事。京房心中十分惊恐。秋季，京房离长安出发到新丰县，用邮亭传

人始去，寒涌水为灾。’至其七月，涌水出。臣弟子姚平谓臣曰：‘房可谓知道，未可谓信道也。房言灾异，未尝不中。涌水已出，道人当逐死，尚复何言！’臣曰：‘陛下至仁，于臣尤厚，虽言而死，臣犹言也。’平又曰：‘房可谓小忠，未可谓大忠也。昔秦时赵高用事，有正先者，非刺高而死，高威自此成，故秦之乱，正先趣之。’今臣得出守郡，自诡效功，恐未效而死，惟陛下毋使臣塞涌水之异，当正先之死，为姚平所笑。”

房至陕，复上封事曰：“臣前白愿出任良试考功，臣得居内。议者知如此于身不利，臣不可蔽，故云‘使弟子不若试师。’臣为刺史，又当奏事，故复云‘为刺史，恐太守不与同心，不若以为太守。’此其所以隔绝臣也。陛下不违其言而遂听之，此乃蒙气所以不解，太阳无色者也。臣去稍远，太阳侵色益甚，愿陛下毋难还臣而易逆天意！邪说虽安于人，天气必变，故人可欺，天不可欺也，愿陛下察焉！”

房去月余，竟征下狱。初，淮阳宪王舅张博，倾巧无行，多从王求金钱，欲为王求入朝。博从京房学，以女妻房。房每朝见，退辄为博道其语。博因记房所说密语，令房为王作求朝奏草，皆持柬与王，以为信验。石显知之，告“房与张博通谋，非谤政治，归恶天子，诖误诸侯王”。皆下狱，弃市，妻子徙边。郑弘坐与房善，免为庶人。

御史中丞陈咸数毁石显，久之，坐与槐里令朱云善，漏泄省中语，石显微伺知之，与云皆下狱，髡为城旦。

（以上为第四段，写京房建言《考绩官吏条例》，还未来得及推行，自身遭不测。此为汉元帝时中外权臣交争的第四个回合，仍是外朝失败，这回京房成了替罪羊。）

送又上了一件密封奏章说："臣先前在六月间上书陛下，所说《遁卦》虽没有效验，但占候之法说：'有道行的人才一离去，天气骤然寒冷，大水涌出成灾。'到七月，果然大水涌出。臣的学生姚平对臣说：'京房先生可说是一位能知晓大道的人，但也不能过于相信大道。京房先生所预测的灾异，没有不被言中。大水已经涌出，可是有道行的人却被放逐，还有什么话可说呢？'臣回答说：'陛下非常仁慈，对臣尤其宽厚，即使因进言而死，臣还是要说的。'姚平又说：'京房先生只能算小忠，不算大忠。从前秦朝赵高当权，有一位叫止先的人，如果没有他讥讽赵高而被处死，那么赵高的权势威望不会从此高涨，所以秦朝的衰乱，是正先促成的。'如今臣被派任郡守，自责为国效力，只怕还没有着手，就被害死，只有请求陛下不要让我去应验大水上涌的预言，充当正先的角色，而被姚平所笑。"

京房到了陕县，又一次上密封奏章说："臣先前推荐任良负责官员考绩制度，臣留在朝廷。那些决策朝政的大臣知道这样对他们不利，而且也不能隔绝臣与朝中的联系，所以他们说：'与其学生去，不如老师亲自试行。'但是臣如果去当刺史，就可以亲自向皇上当面奏事，他们于是又说：'京房担任刺史，恐怕各郡太守不肯配合用心，不如索性让京房当太守。'目的在于隔绝臣，无法面见陛下。陛下忽视了他们的用心，采纳了他们的建议，这正是阴蒙的昏气所以不散，太阳失去光芒的原因。臣离首都长安越远，太阳的暗灰颜色就越重，希望陛下不要以召臣还京师为难，却轻易去违背天意！邪说虽然能蒙骗陛下而不省悟，天象却一定有反应而改变它的常规。因此，可以欺人，不可以欺天，请求陛下详察。"

京房离开京师月余之后，被捕入狱。起初，淮阳宪王刘欣的舅舅张博，是一个投机取巧又毫无品行的人，曾多次向淮阳宪王伸手要钱，自称替宪王活动去京师晋见天子。张博曾求学于京房，而且将女儿嫁给京房为妻。京房每次朝见回家以后，就把和汉元帝的谈话都告诉张博。张博就暗中记下京房的机密言语，拜托京房代淮阳宪王刘欣写了一份入朝的奏章草稿，然后把这些机密言语、奏章草稿带回淮阳国，送给淮阳宪王刘欣作为凭证。石显听说这些情况后，就向汉元帝指控："京房和张博通谋，毁谤朝廷，把罪恶归于皇上，欺骗诸亲王。"所以京房和张博一起被关进监狱，并都被腰斩弃市，妻、子被放逐到边塞。御史大夫郑弘因和京房是好友，也被牵连免职，贬作平民。

御史中丞陈咸多次抨击石显，后来因和槐里令朱云是好友，就将在省中听到的话告诉朱云，被石显侦察得知上奏皇上，说他泄漏谈话，结果陈咸、朱云都被捕入狱，被剃光头，判了五年苦刑。

石显威权日盛，公卿以下畏显，重足一迹。显与中书仆射牢梁、少府五鹿充宗结为党友，诸附倚者皆得宠位。民歌之曰："牢邪，石邪！五鹿客邪！印何累累，绶若若邪！"

显内自知擅权，事柄在掌握，恐天子一旦纳用左右耳目以间己，乃时归诚，取一信以为验。显尝使至诸官，有所征发，显先自白："恐后漏尽宫门闭，请使诏吏开门，"上许之。显故投夜还，称诏开门入。后果有上书告"显颛命，矫诏开宫门"，天子闻之，笑以其书示显。显因泣曰："陛下过私小臣，属任以事，群下无不嫉妒，欲陷害臣者，事类如此非一，唯独明主知之。愚臣微贱，诚不能以一躯称快万众，任天下之怨；臣愿归枢机职，受后宫扫除之役，死无所恨。唯陛下哀怜财幸，以此全活小臣！"天子以为然而怜之，数劳勉显，加厚赏赐，赏赐及赂遗訾一万万。初，显闻众人匈匈，言己杀前将军萧望之，恐天下学士讪己，以谏大夫贡禹明经著节，乃使人致意，深自结纳，因荐禹天子，历位九卿，礼事之甚备。议者于是或称显，以为不妒谮望之矣。显之设变诈以自解免，取信人主者，皆此类也。

荀悦曰：夫佞臣之惑君主也甚矣，故孔子曰："远佞人。"非但不用而已，乃远而绝之，隔塞其源，戒之极也。孔子曰："政者，正也。"夫要道之本，正己而已矣。平直真实者，正之主也。故德必核其真，然后授其位；能必核其真，然后授其事；功必核其真，然后授其赏；罪必核其真，然后授其刑；行必核其真，然后贵之；言必核其真，然后信之；物必核其真，然后用之；事必核其真，然后修之。故众正积于上，万事实于下，先王之道，如斯而已矣！

八月，癸亥，以光禄勋匡衡为御史大夫。

闰月，丁酉，太皇太后上官氏崩。

冬，十一月，齐、楚地震，大雨雪，树折，屋坏。

石显的权威日益隆盛，公卿以下，对他都很害怕，连走路站立都小心翼翼。石显与中书仆射牢梁、少府五鹿充宗结成了死党，凡依附他们的人，都得到了高官厚禄。民间有歌谣说：“牢姓啊，石姓啊，五鹿客啊，官印何其多，绶带何其长。”

石显自知专权，一手遮天，深恐汉元帝一旦听信左右耳目的挑拨而失宠，于是找机会表示忠诚，设局做一件表示忠心的事给汉元帝看。石显曾奉命出宫到各官府办事，他事先向汉元帝请求：“要是回宫太晚，恐怕宫门关闭，小臣可不可以说奉陛下之命，叫他们开门。”汉元帝同意了。石显故意回宫很晚，宣称皇帝命令，唤开宫门。不久，果然有人上奏告发“石显专擅命令，假传圣旨，私开宫门”，汉元帝看了笑着把奏章拿给石显看。石显抓住这机会，就流泪诉说：“陛下过分宠爱小臣，将朝廷政事委任给小臣办理，很多人因此嫉妒小臣，随时随地想陷害小臣，类似这种事情，已不止一次，只有圣明的皇上，才知道小臣的忠心。小臣出身微贱，实在不能以小臣一身去使万人称快，担负起天下所有的怨恨；请允许小臣辞去中枢机要工作，只负责宫廷清洁洒扫的差役，死而无恨。只求陛下可怜，让小臣能保全性命！”汉元帝以为事情果真如此，就很同情他，多方安慰他，又给他加重赏赐，价值一亿之多。当初，石显逼死前将军萧望之，人情激愤，他唯恐招来天下的指责。石显认为谏大夫贡禹经学通达，名节显著，于是托人向贡禹表达他的敬慕，和贡禹密切交往，又向天子举荐，使贡禹升到九卿的职位，对贡禹的礼遇非常周备。因此舆论便转而称颂石显，认为他对萧望之不应该有陷害的行为。石显善于谋略变诈，为自己解困，并取得汉元帝的信任，所用手法，大都如此。

荀悦评论说：奸佞迷惑君王的手法真是厉害呀。所以孔子说：“远离奸佞的人。”不只是不用他而已，还要把他们隔离得远远的，断绝关系，塞住源头，高度警惕。孔子说：“政字的意思就是端正。”治理国家最基本的一条，就是端正自己。正直诚实，是正身的主干。所以，对于一个人的品德，一定要考核无误，才能授给他官职；对于能力，要经过实际考验，然后才能把国家大事交由他处理；对于功劳，也要经过核实，然后才颁发奖赏；对于犯罪，要经过核实，然后才能给予他应得的惩罚；对于行为，要经过考评，然后才能给他应有的显贵；对于言论，要经过核实，而后才能信任；器物要核实精确，然后才可以使用；事务工作要经过核实，然后才去实施。所以，大众的公正廉明，在上位的人做出表率，在下位的臣子要实干真干。古代帝王施政的道理，不过如此罢了。

八月初三日癸亥，任命光禄勋匡衡为御史大夫。

闰八月初八日丁酉，太皇太后上官氏去世。

冬季，十一月，齐国、楚国两诸侯国地区发生地震，大雨大雪交加，树木折断，

（以上为第五段，写石显奸诈的机心，善于自谋固宠之术，非常人所及。荀悦评论，认为汉元帝自己未能正身，喜欢听谗言，替奸佞之人留下了活动空间。）

三年（乙酉，前 36 年）

夏，六月，甲辰，扶阳共侯韦玄成薨。

秋，七月，匡衡为丞相。戊辰，卫尉李延寿为御史大夫。

冬，使西域都护、骑都尉北地甘延寿、副校尉山阳陈汤共诛斩郅支单于于康居。

始，郅支单于自以大国，威名尊重，又乘胜骄，不为康居王礼，怒杀康居王女及贵人、人民数百，或支解投都赖水中；发民作城，日作五百人，二岁乃已。又遣使责阖苏、大宛诸国岁遗，不敢不予。汉遣使三辈至康居，求谷吉等死，郅支困辱使者，不肯奉诏；而因都护上书，言“居困厄，愿归计强汉，遣子入侍”。其骄嫚如此。

汤为人沈勇，有大虑，多策略，喜奇功，与延寿谋曰：“夷狄畏服大种，其天性也。西域本属匈奴，今郅支单于威名远闻，侵陵乌孙、大宛，常为康居画计，欲降服之；如得此二国，数年之间，城郭诸国危矣。且其人剽悍，好战伐，数取胜；久畜之，必为西域患。虽所在绝远，蛮夷无金城、强弩之守。如发屯田吏士，驱从乌孙众兵，直指其城下，彼亡则无所之，守则不足自保，千载之功可一朝而成也！”延寿以为然，欲奏请之。汤曰：“国家与公卿议，大策非凡所见，事必不从。”延寿犹与不听。会其久病，汤独矫制发城郭诸国兵、车师戊己校尉屯田吏士。延寿闻之，惊起，欲止焉。汤怒，按剑叱延寿曰：“大众已集会，竖子欲沮众邪！”延寿遂从之。部勒行陈，汉兵、胡兵合四万余人。延寿、汤上疏自劾奏矫制，陈言兵状，即日引军分行，别为六校：其三校从南道逾葱岭，径大宛；其三校都护自将，发温宿国，从北道入赤谷，过乌孙，涉康居界，至阗池西。而康居副王抱阗将数千骑寇赤谷城东，杀略大昆弥千余人，驱畜产甚多，从后与汉军相及，颇寇盗后重。汤纵胡兵击之，杀四百六十人，得其所略民四百七十人，还付大昆弥，其马、牛、羊以给军食。又捕得抱阗贵人伊奴毒。入康居东界，令军不得为寇。间呼其贵人屠墨见之，谕以威信，与饮、盟，遣去。径引行，未至单于城

房屋倒塌。

汉元帝建昭三年（乙酉，前36年）

夏季，六月十九日甲辰，扶阳共侯韦玄成去世。

秋季，七月，匡衡出任丞相。七月十四日戊辰，卫尉李延寿升任御史大夫。

冬季，派西域都护、骑都尉北地人甘延寿与副校尉山阳人陈汤共同征讨，在康居诛杀了匈奴郅支单于。

当初，郅支单于自认为是大国，他的威名受到邻国尊重，又因一连串的军事胜利而骄傲，不仅对康居王无礼，而且因忿怒杀了康居王的女儿、贵族大臣以及几百名平民，还肢解一些人的尸体投到都赖水中；又征发平民筑城，每天役使五百名苦工，历时两年才完成。又派使臣苛责阖苏王国、大宛王国等国每年进贡，各国害怕不敢不给。汉朝先后派出了三批使臣到康居，前往郅支单于处查问谷吉等人的死因，郅支单于竟然困辱汉使，不肯接受汉朝的诏令，还要求通过西域都护上书汉朝，说："匈奴居处困难，愿意归附强大的汉朝听候差遣，还打算遣送一个儿子到汉朝侍奉天子。"态度傲慢到这个地步。

陈汤为人沉着勇敢，很有谋略，想要建立非常之功。陈汤与甘延寿商量说："夷狄敬畏归服强大的部落和国家，是他们的天性。西域各国，本来都臣属匈奴，如今郅支单于威名远播，不断侵略乌孙、大宛，经常给康居出谋划策，想吞并乌孙和大宛；一旦把这两国征服，只要几年时间，西域城邦各国都要受到严重威胁。况且郅支单于性格强悍，喜好战争，又不断取得胜利。长久容忍他，他一定成为西域的祸害。郅支单于虽然距离汉朝遥远，但这些蛮夷没有坚固的城堡和坚利的弓箭，无法固守。我们如果调派在车师的屯田官兵前往，驱使乌孙的官兵跟从，长驱直入郅支单于城下，他们要逃没有地方可逃，要守又守不住，这种千载难逢的功业，可以一朝完成啊！"甘延寿很同意他的意见，打算奏请汉元帝批准。陈汤说："皇上定会召大臣一起商议，这样重大的计策，不是平庸之辈所能了解、商议的，结果一定不会得到允许。"甘延寿迟疑不决。恰好不久，甘延寿有病，一时不能痊愈，陈汤就单独行动，假传圣旨，调派西域各城邦小国的士兵，以及在车师国由戊己校尉率领的屯田士兵。甘延寿听到这消息，大惊失色，从床上爬起来，想要劝止。陈汤很生气，手按剑柄，大声呵斥甘延寿说："大军已发，你小子是不是想破坏大军的士气！"甘延寿只能顺从陈汤。于是，结集部署汉兵、胡兵共四万多人。甘延寿、陈汤上奏自我弹劾假传圣旨之罪，并陈述之所以这样做的理由，当天就率大军出发，共分属六个校尉，成为六路纵队。其中三路由各自指挥官率领，从南道越过葱岭，穿过大宛；

可六十里，止营。复捕得康居贵人具色子男开牟以为导。具色子，即屠墨母之弟，皆怨单于，由是具知郅支情。明日，引行，未至城三十里，止营。

单于遣使问：“汉兵何以来？”应曰：“单于上书言：‘居困厄，愿归计强汉，身入朝见，’天子哀闵单于，弃大国，屈意康居，故使都护将军来迎单于妻子。恐左右惊动，故未敢至城下。”使数往来相答报，延寿、汤因让之：“我为单于远来，而至今无名王、大人见将军受事者。何单于忽大计，失客主之礼也！兵来道远，人畜罢极，食度且尽，恐无以自还，愿单于与大臣审计策！”

明日，前至郅支城都赖水上，离城三里，止营傅陈。望见单于城上立五采幡帜，数百人被甲乘城；又出百余骑往来驰城下，步兵百余人夹门鱼鳞阵，讲习用兵。城上人更招汉军曰：“斗来！”百余骑驰赴营，营皆张弩持满指之，骑引却。颇遣吏士射城门骑、步兵，骑、步兵皆入。延寿、汤令军：“闻鼓音，皆薄城下，四面围城，各有所守，穿堑，塞门户，卤楯为前，戟弩为后，仰射城楼上人。”楼上人下走；土城外有重木城，从木城中射，颇杀伤外人。外人发薪烧木城，夜，数百骑欲出，外迎射，杀之。

另三路由都护甘延寿亲自率领，从温宿国出发，经过北道进入乌孙国首都赤谷城，穿过乌孙国，进入康居国的边界，到达阗池的西岸。而此时，康居国的副王抱阗，也率领数千骑兵，在赤谷城东边，攻击乌孙国大昆弥地区，屠杀和俘虏千余人，又掳掠了乌孙很多的马牛羊等牲畜，随后尾追汉军，从背后攻击，夺取了汉军的大批辎重。陈汤指挥西域兵全线出击，回头迎战康居兵，斩杀四百六十人，夺回被他们劫走的乌孙人四百七十人，还给大昆弥，又缴获了那些马牛羊，留下做汉军的补给。还俘虏了抱阗手下贵族伊奴毒。汉军进入康居东境，禁令汉军不得烧杀抢掠。暗中召见康居国的贵族屠墨，晓谕汉朝的威力与诚信，设宴喝酒盟誓，然后送他回去。汉军长驱直进，离郅支单于城约六十里的地方，扎下营寨。这时，汉军又活捉了康居另一位贵人具色的儿子开牟，让他做向导。具色的儿子，原来是屠墨母亲的弟弟，也就是屠墨的舅父，他们都怨恨郅支单于，汉军因此得知郅支单于内部的详细情况。第二天，汉军继续前进，在离郅支单于城三十里的地方，扎下营寨。

郅支单于派使者来询问："汉兵为什么到这里来？"汉军回答说："因为郅支单于曾上奏给汉天子，说他：'处境艰苦，很愿意归附强大的汉朝，而且想亲自到长安朝见天子。'汉天子很同情郅支单于，他丢弃那么大的国家，委曲求全地住在康居国，因此派西域都护将军率军前来迎接郅支单于和他的妻小。担心惊动单于左右，所以没敢直接到达城下。"双方使节交涉了好几次，甘延寿、陈汤责备郅支单于的使节说："汉军为了郅支单于，不远万里而来，至今没有一位有名望的王爵、大臣来拜见将军，迎候接待。郅支单于怎么这样疏忽，竟然不懂得主人待客的礼节！汉军从遥远之地到来，人困马乏，粮草也快用完，恐怕是回不去了，希望郅支单于与大臣们商量一个办法啊！"

第二天，汉军前进到郅支城都赖水上，逼近城墙只有三里远，安营布阵。汉军望见单于城上扬起五彩旗帜，有几百名士兵披甲守城；郅支单于又派出一百多骑兵在城下往来奔跑，有步兵一百多人在城门两边排成鱼鳞阵势，正在做战斗演习。

城上守军向汉军挑战说："来攻城啊！"这时，一百多匈奴骑兵直奔汉营，看到汉营张满弓弩指向他们，匈奴骑兵不敢攻击，只好退回。汉军出动大批吏士射杀在城门的骑兵和步兵，骑兵、步兵都退入城内，城门紧闭。甘延寿、陈汤传下总攻击令："听到鼓声时，都要直奔城下，四面包围单于城，各部记住所分配的位置，挖掘壕沟，堵塞门户，盾牌在前，戈矛和弓弩手在后，弓弩手负责朝上射击城楼上的敌人。"攻击开始，城上的敌人不能立足，就向下逃走；土城之外，还有两层坚固的木墙，匈奴兵由木墙内向外射箭，杀伤了很多汉兵。于是，木墙外的汉兵就搬来木柴引火，烧毁木墙，到夜晚，有几百匈奴骑兵突围，汉兵由外向内迎面射击，消灭了他们。

初，单于闻汉兵至，欲去，疑康居怨己，为汉内应，又闻乌孙诸国兵皆发，自以无所之。郅支已出，复还，曰："不如坚守。汉兵远来，不能久攻。"单于乃被甲在楼上，诸阏氏、夫人数十皆以弓射外人。外人射中单于鼻，诸夫人颇死；单于乃下。夜过半，木城穿；中人却入土城，乘城呼。时康居兵万余骑，分为十余处，四面环城，亦与相应和。夜，数奔营，不利，辄却。平明，四面火起，吏士喜，大呼乘之，钲、鼓声动地。康居兵引却；汉兵四面推卤楯，并入土城中。单于男女百余人走入大内。汉兵纵火，吏士争入，单于被创死。军候假丞杜勋斩单于首。得汉使节二及谷吉等所赍帛书；诸卤获以畀得者。凡斩阏氏、太子、名王以下千五百一十八级；生虏百四十五人，降虏千余人，赋予城郭诸国所发十五王。

（以上为第六段，详载汉元帝建昭三年西域都护剿灭郅支单于的战斗过程。此战消除了西域边患，大长日渐衰落的大汉国威，意义十分重大。此役功臣首推西域都护副校尉陈汤，他审时度势，抓住西域各国怨怒郅支单于的时机，矫诏一战功成。西域都护甘延寿虽然是因人成事，但他最后时刻支持了陈汤，建立功名。）

四年（丙戌，前35年）

春，正月，郅支首至京师。延寿、汤上疏曰："臣闻天下之大义当混为一，昔有唐、虞，今有强汉。匈奴呼韩邪单于已称北藩，唯郅支单于叛逆，未伏其辜，大夏之西，以为强汉不能臣也。郅支单于惨毒行于民，大恶通于天；臣延寿，臣汤，将义兵，行天诛，赖陛下神灵，阴阳并应，天气精明，陷陈克敌，斩郅支首及名王以下，宜县头槁街蛮夷邸间，以示万里，明犯强汉者，虽远必诛！"丞相匡衡等以为："方春掩骼、埋胔之时，宜勿县。"诏县十日，乃埋之；仍告祠郊庙，赦天下。群臣上寿，置酒。

六月，甲申，中山哀王竟薨。哀王者，帝之少弟，与太子游学相长大。及薨，太子前吊。上望见太子，感念哀王，悲不能自止。太子既至前，不哀，上大恨曰："安有人不慈仁，而可以奉宗庙，为民父母者乎！"是时驸马都尉、侍中史丹护太子家，上以责谓丹，丹免冠谢曰："臣诚见陛下哀痛中山王，至以感损。向者太子当进见，臣窃戒属，毋涕泣，感

当初，郅支单于听说汉兵到达，想立即逃走，因为疑心康居王对他怨恨，替汉兵做内应，又听说乌孙等西域各国，都派出军队，参与汉兵攻击，四面都是敌人，自料无处可以投奔。郅支单于已经逃出单于城，却又返回，说："不如坚守。汉兵从远方而来，绝不可能持久攻城。"郅支单于亲自披着战甲，登上城楼指挥作战，他的妻、妾数十人，也都用弓箭向城外射击。汉兵一箭射中郅支单于的鼻子，夫人也死了不少，郅支单于只好跑下城楼。过了半夜，木墙全被烧毁，在木墙内的守兵都退入土城，登上城墙呼号呐喊。此时，康居国救援郅支单于的军队一万多人，分为十多支，从四面环绕单于城反包围汉军，与城内匈奴单于兵相互呼应。到了夜晚，康居兵多次发起对汉军营的攻击，战斗不利，又都退了回去。天刚亮时，汉军四面围攻，放火攻城，官兵斗志高昂，大喊杀敌，趁势奋勇，征鼓之声震天动地。康居兵见势远远退走。四面攻城的汉兵跟在持盾士兵的后面，涌入攻破的土城中。郅支单于率领男女百余人退入宫城。汉兵放火，官兵争先冲入，郅支单于受了重伤死亡。担任军候兼任都护丞的杜勋，砍下单于的人头。汉兵在单于王宫找到了两位汉朝使节以及谷吉等带来的书信，其他所有的虏获均归虏获者所有。共计斩杀阏氏、太子、名王以下共五百一十八人，活捉一百四十五人，投降的有一千多人，都分给西域十五个发兵参战的城邦国王。

汉元帝建昭四年（丙戌，前35年）

春季，正月，郅支单于首级送达首都长安。甘延寿、陈汤上奏说："臣听说，天下的大义，最高就是天下统一，从前有唐尧、虞舜，现在有强大的汉朝。匈奴呼韩邪单于已归顺，称为北藩，只有郅支单于背叛汉朝，没有伏罪，他逃亡到大夏国的西边，自以为强大的汉朝也没办法使他臣服。可是，郅支单于对人民暴虐狠毒，罪恶上通于天。臣甘延寿、陈汤率仁义之师，替天征讨，幸赖陛下威灵，阴阳配合，天气晴朗，因此克敌陷阵，斩杀郅支单于以及名王以下，应当把他们的首级悬挂在长安城内槀街各蛮夷客馆之间，用来昭示万里之外的蛮夷，让他们明确知道，胆敢冒犯强大的汉朝，即使距离再远，也一定遭诛杀！"丞相匡衡等人认为："现在正是春天，应当是掩埋白骨的时候，不应悬挂人头。"汉元帝下诏悬挂示众十日，然后埋葬；依例祭告天地宗庙，赦免天下。满朝大臣设宴庆祝，为皇帝祝寿。

六月初五日甲申，中山哀王刘竟去世。哀王是汉元帝最小的弟弟，和皇太子刘骜从小就在一起游玩、读书，一同长大。逝世后，太子前往吊丧。汉元帝看见太子，想起小弟的去世，悲哀不能自已。太子却像没事一般，一点也没有悲容，汉元帝很生气地说："哪有一个人连一点慈心仁爱都没有，而能够继承宗庙香火，做百姓的父母呢？"这时，驸马都尉、侍中史丹，兼职护太子家，汉元帝责备史丹，史丹摘下

伤陛下；罪乃在臣，当死！”上以为然，意乃解。

蓝田地震，山崩，壅霸水；安陵岸崩，壅泾水，泾水逆流。

五年（丁亥，前 34 年）

春，三月，赦天下。

夏，六月，庚申，复戾园。

壬申晦，日有食之。

秋，七月，庚子，复太上皇寝庙园、原庙、昭灵后、武哀王、昭哀后、卫思后园。时上寝疾，久不平，以为祖宗谴怒，故尽复之；唯郡国庙遂废云。

是岁，徙济阳王康为山阳王。

匈奴呼韩邪单于闻郅支既诛，且喜且惧；上书，愿入朝见。

（以上为第七段，写汉元帝平庸，于国家大政无所建树，建昭四年、五年竟无事可述。西域都护诛灭郅支，何等大事，元帝君臣也祭告天地宗庙，设宴弹冠相庆，却把功臣将士冷落一旁。）

竟宁元年（戊子，前 33 年）

春，正月，匈奴呼韩邪单于来朝，自言愿婿汉氏以自亲。帝以后宫良家子王嫱字昭君赐单于。单于欢喜，上书“愿保塞上谷以西至敦煌，传之无穷。请罢边备塞吏卒，以休天子人民”。天子下有司议，议者皆以为便。郎中侯应习边事，以为不可许。上问状，应曰：“周、秦以来，匈奴暴桀，寇侵边境；汉兴，尤被其害。臣闻北边塞至辽东，外有阴山，东西千余里，草木茂盛，多禽兽，本冒顿单于依阻其中，治作弓矢，来出为寇，是其苑囿也。至孝武世，出师征伐，斥夺此地，攘之于幕北，建塞徼，起亭隧，筑外城，设屯戍以守之，然后边境用得少安。幕北地平，少草木，多大沙，匈奴来寇，少所蔽隐；从塞以南，径深山谷，往来差难。边长老言：‘匈奴失阴山之后，过之未尝不哭也！’如罢备塞吏卒，示夷狄之大利，不可一也。今圣德广被，天覆匈奴，匈奴得蒙全活之恩，稽首来臣。夫夷狄之情，困则卑顺，强则骄逆，天性然也。前已罢外城，省亭隧，才足以候望，通烽火而已。古者安不忘危，不可复罢，二也。中国有礼义之教，刑罚之诛，愚民犹尚犯禁；又况单于，能

官帽请罪说："臣看见陛下哀痛中山王，内心伤痛导致神气损耗。刚才，太子要来觐见皇上，臣特地劝诫太子，不要流泪悲泣，怕引起陛下伤感；罪责在臣，臣该死。"汉元帝认为史丹说得有道理，心情才平静下来。

蓝田县发生地震，山体崩塌，阻塞霸水，景帝坟安陵边的泾水河岸崩塌，阻塞泾水，使泾水倒流。

汉元帝建昭五年（丁亥，前 34 年）

春季，三月，赦免天下。

夏季，六月十七日庚申，修复戾园。

六月二十九日壬申，发生日食。

秋季，七月二十八日庚子，恢复太上皇陵寝庙园、原庙，昭灵后、武哀王、昭哀后、卫思后陵园。当时，汉元帝正患病卧床，久治不愈，就认为是祖宗在怪罪他，因而又把园庙都恢复，只有在郡国内的那些园庙不再恢复。

这一年，改封济阳王刘康为山阳王。

匈奴呼韩邪单于听说郅支单于被杀的消息，又高兴，又害怕；因此，上书请求入京朝见。

汉元帝竟宁元年（戊子，前 33 年）

春季，正月，匈奴呼韩邪单于来长安朝见汉天子，请求娶妻汉室，愿做女婿，亲近大汉。汉元帝把一个后宫良家女子王嫱，字昭君，赏赐给了呼韩邪单于。呼韩邪单于非常高兴，上书汉元帝说："愿意替汉朝防守边塞，防护从上谷郡以西直到敦煌，一代接一代，永远归顺无穷期。请求撤裁边境的士兵，让天下的人民得以休养生息。"把呼韩邪的建议下达有关部门讨论，都认为很好。只有熟悉边塞事务的郎中侯应认为不可采纳。汉元帝问他原因，侯应说："从周、秦以来，匈奴桀骜不驯，不断侵犯边境。汉朝兴起，尤其受到匈奴的伤害。据臣了解，北方边境，东起辽东，西到阴山，东西边界线长一千多里，草木茂盛，禽兽成群，原本是冒顿单于盘踞的地方，他们制造弓矢，进出抢掠，当作是一个苑囿。直到武帝时代，出师征伐，开拓领土，夺取了这片地方，把匈奴赶到沙漠以北，建筑了防守的要塞、哨卡，设置亭障、烽燧，用交通壕连接又建筑塞外边城，派驻屯兵防守，然后边境才得到些许安定。沙漠以北，土地平坦，草木稀少，很多大沙丘，匈奴若来侵扰，少有隐蔽之地。边塞之南，山高谷深，交通运输十分不便。边塞上的老年人说：'匈奴失去阴山之后，每次经过那里，都伤心流泪。'我们如果撤走边塞的守兵，恰恰昭示给夷狄卷

必其众不犯约哉！三也。自中国尚建关梁以制诸侯，所以绝臣下之觊欲也。设塞徼，置屯戍，非独为匈奴而已，亦为诸属国降民，本故匈奴之人，恐其思旧逃亡，四也。近西羌保塞，与汉人交通，吏民贪利，侵盗其畜产、妻子，以此怨恨，起而背畔。今罢乘塞，则生嫚易分争之渐，五也。往者从军多没不还者，子孙贫困，一旦亡出，从其亲戚，六也。又边人奴婢愁苦，欲亡者多，曰：'闻匈奴中乐，无奈候望急何！'然时有亡出塞者，七也。盗贼桀黠，群辈犯法，如其窘急，亡走北出，则不可制，八也。起塞以来百有余年，非皆以土垣也，或因山岩、石、木、溪谷、水门，稍稍平之，卒徒筑治，功费久远，不可胜计。臣恐议者不深虑其终始，欲以壹切省徭戍，十年之外，百岁之内，卒有他变，障塞破坏，亭隧灭绝，当更发屯缮治，累岁之功不可卒复，九也。如罢戍卒，省候望，单于自以保塞守御，必深德汉，请求无已；小失其意，则不可测。开夷狄之隙，亏中国之固，十也。非所以永持至安，威制百蛮之长策也！"对奏，天子有诏："勿议罢边塞事。"使车骑将军嘉口谕单于曰："单于上书愿罢北塞吏士屯戍，子孙世世保塞。单于向慕礼义，所以为民计者甚厚，此长久之策也。朕甚嘉之！中国四方皆有关梁障塞，非独以备塞外也，亦以防中国奸邪放纵，出为寇害，故明法度以专众心也。敬谕单于之意，朕无疑焉。为单于怪其不罢，故使嘉晓单于。"单于谢曰："愚不知大计，天子幸使大臣告语，甚厚！"

土重来的可乘之机，这是理由之一。如今皇恩圣德广被天下，像上天一样庇护着匈奴，匈奴才得以保全性命，因此才俯首称臣。不过夷狄的性情，穷困时谦卑恭顺，强大时骄横叛逆，天性如此。此前，我们已撤除塞外诸城，裁减了一些亭燧，所留下的勉强能够担任瞭望、烽火罢了。自古以来的人，都知道居安思危，我们对于边塞的守卫，再也不能撤除，这是理由之二。中原是礼义之邦，有制度，有刑法，有诛杀，但是一般愚民还要犯禁；更何况是匈奴单于，他能约束部民不会冒犯禁约吗？这是理由之三。在中原本土，我们还要修筑水陆关卡，以控制封国王侯，以断绝臣属的非分之想。边境一带，设立要塞城堡，置军屯戍，不仅仅是为了防备匈奴，也是为了防备那些属国的降民，他们原是匈奴人，难道不怕他们因思念故旧而逃亡吗？这是理由之四。接近边塞的西羌部落，与汉人来往做生意，吏民贪利图财，强占他们的牛羊牲畜，甚至强占他们的妻子儿女，由此激起他们的怨恨，奋起叛变。如果我们现在全部撤除边防守备，那么就会使夷狄日渐生出轻慢欺侮之心，而引发纷争，这是理由之五。从前从军的人，许多人都沦陷在匈奴，没有回来，他们的子孙都很贫苦，一旦有了机会，便会大批逃亡出塞去投亲靠友，这是理由之六。沿边各地，奴仆婢女，身世悲苦，想要逃离的人很多，都说：‘听说在匈奴那里生活得很快乐，无奈边境守护很严。’即使这样，但仍经常有人逃亡出塞，这是理由之七。盗贼都很凶恶奸诈，他们犯了法，被追捕得急了，一定会北逃匈奴，就要出现无法控制的局面，这是理由之八。自从沿边设置要塞以来，已经有了一百多年，并不全都是土筑边墙，有的利用悬崖绝壁，有的利用大石瓦木，有的利用深沟险谷，有的利用水峡渡口，稍稍平整，征发役卒罪徒修筑，经年累月，耗费的人力经费，无法计算。臣担心主张撤除边塞的人，没有深思前因后果，就想用快刀斩乱麻的手段，免除一切徭役。十年之后，百年之内，突然发生变故，要塞破坏，亭燧毁绝，就要重新征发屯卒修建，可是百余年累积下来的边防工程，不可能一下修复，这是理由之九。如果撤裁戍边的士卒，省去守望戒备，匈奴单于自认为替汉朝保卫了边境，有大恩大德，就会索求无度；只要有丁点不满足，后果就难以预测。这样一来，开启了匈奴的野心，毁坏了中国的防卫，这是理由之十。可以说，裁撤边塞和守卫士兵，不是保持永久太平，控制外夷的长远策略啊！”侯应回答汉元帝的奏章上去后，天子颁下诏书说：“停止讨论撤除边塞的事。”并派车骑将军许嘉，口谕呼韩邪单于说：“单于上书，请求汉朝撤除北方边塞的守卫士卒，愿子子孙孙、世世代代替汉朝保卫边境。单于向礼慕义，为中原百姓打算的一番好心善意，的确是使国家长治久安的好策略。朕非常感谢！但是中原四面八方边境，都设有关卡、津梁、亭障、边塞，并不仅为了防备塞外的侵扰，也是用来防止中原境内的奸邪坏人，逃离边境，出塞为害，所以使他们了解法度，专心一意，不敢为恶。单于的美意，朕决不怀疑。恐

初，左伊秩訾为呼韩邪画计归汉，竟以安定。其后或谗伊秩訾自伐其功，常鞅鞅，呼韩邪疑之；伊秩訾惧诛，将其众千余人降汉，汉以为关内侯，食邑三百户，令佩其王印绶。及呼韩邪来朝，与伊秩訾相见，谢曰："王为我计甚厚，令匈奴至今安宁，王之力也，德岂可忘！我失王意，使王去，不复顾留，皆我过也。今欲白天子，请王归庭。"伊秩訾曰："单于赖天命，自归于汉，得以安宁，单于神灵，天子之佑也，我安得力！既已降汉，又复归匈奴，是两心也。愿为单于侍使于汉，不敢听命！"单于固请，不能得而归。

单于号王昭君为宁胡阏氏；生一男伊屠智牙师，为右日逐王。

（以上为第八段，写呼韩邪单于来朝，请求和亲，愿为汉家守边。这是因郅支单于被消灭，在匈奴社会引起的震荡。汉元帝改元竟宁以示和平，派宫女王昭君和蕃。郎中侯应驳斥撤边防守备的错误建议，列举十要说明边防守备为国家大政，透彻至明，连糊涂的汉元帝也折服了。）

皇太子冠。

二月，御史大夫李延寿卒。

初，石显见冯奉世父子为公卿著名，女又为昭仪在内；显心欲附之，荐言："昭仪兄谒者逡修敕，宜侍帷幄。"天子召见，欲以为侍中。逡请间言事。上闻逡言显专权，大怒，罢逡归郎官。及御史大夫缺，在位多举逡兄大鸿胪野王；上使尚书选第中二千石，而野王行能第一。上以问显，显曰："九卿无出野王者；然野王，亲昭仪兄，臣恐后世必以陛下度越众贤，私后宫亲以为三公。"上曰："善，吾不见是！"因谓群臣曰："吾用野王为三公，后世必谓我私后宫亲属，以野王为比。"三月，丙寅，诏曰："刚强坚固，确然亡欲，大鸿胪野王是也。心辨善辞，可使四方，少府五鹿充宗是也。廉洁节俭，太子少傅张谭是也。其以少傅为御史大夫。"

怕单于误会中原为什么不撤去边防，因此派许嘉向你说明。”呼韩邪单于感谢说：“我愚昧不知汉天子的周详大计，有幸派大臣来告诉我，待我这么优厚！”

当初，左伊秩訾王曾向呼韩邪单于建议依附汉朝，匈奴竟因此而安定。后来，有人谗毁伊秩訾，说伊秩訾自以为有安定国家的大功，没有封赏，心里很不高兴。呼韩邪单于对伊秩訾有了疑心。伊秩訾害怕被杀，就率领部众一千多人投降汉朝。汉朝封他为关内侯，封邑三百户，令其佩戴王印、保留王号。等到呼韩邪单于来京朝见汉天子，与伊秩訾会面，呼韩邪单于道歉说：“大王为我设计的策略，实在很好，使得匈奴能有今天的太平安定。这都是大王的功劳。恩德岂能相忘！由于我使大王失望，离我而去，不再有所顾念，这都是我的过失。如今我想向天子禀告，请大王重回单于王庭。”伊秩訾说：“单于有幸承受天命，自行归顺汉朝，获得安宁，这是单于明智，也是汉天子的保护，我哪里有什么功劳！我既然已经归降汉朝，如果又回到匈奴，便是有二心。愿意充当单于的使者，留侍在汉朝，不敢听命返回匈奴。”尽管单于坚决请求，最终也无法说动伊秩訾，就自己回国。

单于封号王昭君为宁胡阏氏，生一男孩，取名叫伊屠智牙师，封为右日逐王。

皇太子刘骜举行加冠礼。

二月，御史大夫李延寿去世。

当初，中书令石显，看到冯奉世父子身为公卿且名声显著，女儿又被封为昭仪，住在后宫；石显存心要依附冯氏权贵，就向汉元帝举荐“冯昭仪的哥哥谒者冯逡，有良好的道德修养，最好进宫在皇上左右侍奉”。于是，汉元帝召见冯逡，想任命他为侍中，冯逡请求能单独进言，却在进言时向汉元帝抨击石显窃弄权力。汉元帝听到冯逡说石显专权，非常生气，立即停止提升，仍让他任郎官。等到御史大夫出缺，很多大臣推举冯逡的哥哥、大鸿胪冯野王继任，汉元帝就派尚书在中二千石品级的官员中，选拔品行能力最优秀的，冯野王又名列第一。汉元帝询问石显的意见，石显说：“在九卿中，无论品德才能，没有比冯野王更恰当的人选，问题是，冯野王是冯昭仪的亲哥哥，我担心后世议论起来，认为陛下一定压制了其他人才，由于后宫亲情，才破格选用了冯野王担任三公的职务。”汉元帝说：“对，我怎么想不到这一点。”因此，告诉群臣说：“我若用冯野王为三公，后世必定抨击我重用后宫亲属，就会把冯野王的事拿出来，引为例证。”三月，丙寅日，汉元帝下诏：“刚强正直、

河南太守九江召信臣为少府。信臣先为南阳太守，后迁河南，治行常第一。视民如子，好为民兴利，躬劝耕稼，开通沟渎，户口增倍。吏民亲爱，号曰“召父”。

癸卯，复孝惠皇帝寝庙园、孝文太后、孝昭太后寝园。

初，中书令石显尝欲以姊妻甘延寿，延寿不取。及破郅支还，丞相、御史亦恶其矫制，皆不与延寿等。陈汤素贪，所卤获财物入塞，多不法。司隶校尉移书道上，系吏士，按验之。汤上疏言：“臣与吏士共诛郅支单于，幸得禽灭，万里振旅，宜有使者迎劳道路。今司隶反逆收系按验，是为郅支报仇也！”上立出吏士，令县、道出酒食以过军。既至，论功，石显、匡衡以为：“延寿、汤擅兴师矫制，幸得不诛；如复加爵土，则后奉使者争欲乘危徼幸，生事于蛮夷，为国招难。”帝内嘉延寿、汤功而重违衡、显之议，久之不决。

故宗正刘向上疏曰：“郅支单于囚杀使者、吏士以百数，事暴扬外国，伤威毁重，群臣皆闵焉。陛下赫然欲诛之，意未尝有忘。西域都护延寿，副校尉汤，承圣指，倚神灵，总百蛮之君，揽城郭之兵，出百死，入绝域，遂蹈康居，屠三重城，搴歙侯之旗，斩郅支之首，县旌万里之外，扬威昆山之西，扫谷吉之耻，立昭明之功，万夷慑伏，莫不惧震。呼韩邪单于见郅支已诛，且喜且惧，乡风驰义，稽首来宾，愿守北藩，累世称臣。立千载之功，建万世之安，群臣之勋莫大焉。昔周大夫方叔、吉甫为宣王诛猃狁而百蛮从，其诗曰：‘啴啴焞焞，如霆如雷。显允方叔，征伐猃狁，蛮荆来威。’《易》曰：‘有嘉折首，获匪其丑。’言美诛首恶之人，而诸不顺者皆来从也。今延寿、汤所诛震，虽《易》之折首，《诗》之雷霆，不能及也。论大功者不录小过，举大美者不疵细瑕。《司马法》曰：‘军赏不逾月’，欲民速得为善之利也。盖急武功，重用人也。吉甫之

清白无私，大鸿胪冯野王就是这样的人。反应敏捷，善于辞令，可奉使四方，少府五鹿充宗就是这样的人。廉洁而又节俭，太子少傅张谭就是这样的人。现在就任命少傅张谭为御史大夫。”

河南太守、九江郡人召信臣，被任命为少府。召信臣先为南阳太守，后调任河南太守，治绩在全国常列第一。他热心为人民兴办公利，亲自劝导人民耕种，开通沟渠，用以灌溉，人户倍增。官吏和百姓都敬爱他，称他“召父”。

癸卯日修复在永光五年被毁的汉惠帝寝庙墓园，恢复建昭元年罢废的孝文太后、孝昭太后的寝庙墓园。

当初，中书令石显曾想把自己的姐姐嫁给甘延寿，被甘延寿拒绝。等到甘延寿战胜郅支单于，返回长安，丞相匡衡、御史李延寿对甘延寿假传圣旨这件事，非常不满，加上陈汤又一向贪财，把非法掳获的财物都带回中原。司隶校尉便行文到陈汤所经过的沿途各郡县，要他们逮捕陈汤的部下，查办审问。陈汤就上书说：“臣与官吏士兵一起，共同奋战，攻击郅支单于，幸而击灭了他们，从万里以外，凯旋班师，应当派使臣在道路上迎接慰劳。如今，非但没有使臣迎接慰劳，司隶校尉反而逮捕大批官吏和士兵，拷问口供，这可是在替郅支单于报仇！”汉元帝命令立即释放所有被捕官吏和士兵，还命沿途各郡县准备酒食迎候过境大军。等回到长安，论功行赏，石显、匡衡认为：“甘延寿、陈汤假传圣旨，擅自征调军队，侥幸胜利归来，不诛杀他们，已是宽大，若是再给他们加封爵土，那么以后派出的使节，恐怕都要争先恐后地采取冒险行动，以图侥幸成功，在蛮夷中间，惹是生非，给国家招来灾祸。”汉元帝内心很想嘉奖甘延寿、陈汤，但又不愿违背匡衡、石显的意见，这事很久没有做出决断。

前任宗正刘向上奏说：“郅支单于囚禁及杀害汉朝的使臣和官吏、士兵上百人，这种事情已传播外国，严重地损害了汉朝威信，群臣无不痛心悲悯。陛下要诛杀郅支的意念，一直没有忘记。西域都护甘延寿、副校尉陈汤，秉承圣上的旨意，依赖神灵的庇佑，统率西北各蛮夷的君王，集结各城邦的军队，出生入死，深入遥远荒凉的绝域，终于击破康居国，攻陷郅支单于据守的三重坚城，夺取康居歙侯的大旗，砍下郅支单于的首级，悬挂在万里之外的汉朝首都长安，令国家声威传到昆仑山之西，洗刷掉谷吉被杀的耻辱，建立了显赫的功勋，所有蛮狄无不慑服恐惧。呼韩邪单于看到郅支单于被杀，既高兴又害怕，就向风慕义，驱驰而来，叩头顺从，愿为汉朝守卫北方边疆，世代称臣。立千载之功，建万世之安，群臣中所建立的功勋，没有能超出甘延寿和陈汤的。以前周朝的大夫方叔、尹吉甫，为周宣王诛杀猃狁，使蛮夷归顺，因此《诗经》赞美说：‘军容壮盛，好似雷霆。英明方叔，讨伐猃狁。北方获胜，南蛮归顺。’《易经·离卦》上九爻辞说：‘斩杀敌首，俘获凶丑，这

归，周厚赐之，其诗曰：‘吉甫燕喜，既多受祉。来归自镐，我行永久’。千里之镐犹以为远，况万里之外，其勤至矣。延寿、汤既未获受祉之报，反屈捐命之功，久挫于刀笔之前，非所以厉有功，劝戎士也。昔齐桓前有尊周之功，后有灭项之罪，君子以功覆过而为之讳。贰师将军李广利勋，捐五万之师，靡亿万之费，经四年之劳，而仅获骏马三十匹，虽斩宛王母寡之首，犹不足以复费，其私罪恶甚多；孝武以为万里征伐，不录其过，遂封拜两侯、三卿、二千石百有余人。今康居之国，强于大宛，郅支之号，重于苑王，杀使者罪，甚于留马，而延寿、汤不烦汉士，不费斗粮；比于贰师，功德百之。且常惠随欲击之乌孙，郑吉迎自来之日逐，犹皆裂土受爵。故言威武勤劳，则大于方叔、吉甫；列功覆过，则优于齐桓、贰师；近事之功，则高于安远、长罗：而大功未著，小恶数布，臣窃痛之！宜以时解县，通籍，除过勿治，尊宠爵位，以劝有功。”于是天子下诏赦延寿、汤罪勿治，令公卿议封焉。议者以为宜如军法捕斩单于令。匡衡、石显以为“郅支本亡逃失国，窃号绝域，非真单于”。帝取安远侯郑吉故事，封千户；衡、显复争。夏，四月，戊辰，封延寿为义成侯，赐汤爵关内侯，食邑各三百户，加赐黄金百斤。拜延寿为长水校尉，汤为射声校尉。

于是杜钦上疏追讼冯奉世前破莎车功。上以先帝时事，不复录，钦，故御史大夫延午子也。

荀悦论曰：诚其功义足封，追录前事可也。《春秋》之义，毁泉台则恶之，舍中军则善之，各由其宜也。夫矫制之事，先王之所慎

样的人应受奖励。’说的就是要嘉奖诛杀了首恶的人，这样才能使叛逆不服的人都来归顺。如今甘延寿、陈汤诛杀首恶引起震动，即便是《易经》上说的诛杀敌首之功，《诗经》中说的雷霆之势，都没法与之相比。评价有大功劳的人，不能斤斤计较他的小过错，赞扬最美的事物，不能挑剔细小的瑕疵。《司马法》说：‘对军人的奖赏不要拖延超过一个月。’目的是使功效立竿见影，得到应有的利好，鼓励士气。看重军人的武功，表示重用人才。尹吉甫班师的时候，周宣王给予重赏，《诗经》赞美说：‘周宣王为尹吉甫设下盛大筵席，给予很多的祝福，他应当领受，因为他从镐地回来，行得远，时间久。’千里之镐，尚说很远，何况万里之外的康居，艰辛悲壮达到顶点。甘延寿、陈汤非但没有获得祝福与奖赏，反而被抹杀了冒着生命危险取得的功劳，受到舞文弄墨的文吏的长久压制，这不是奖励、劝勉战士为国尽忠的办法。从前齐桓公有尊崇周朝的功劳，后有灭亡项国的过失，学士君子认为他功大过小有意掩饰。汉武帝时，贰师将军李广利，牺牲了五万士兵，耗费了上亿钱财，经过了四年的辛苦征战，而战果不过是仅得到三十匹骏马，尽管斩了宛王毋寡的首级，还是不足以抵销他的耗费，而且他自身罪过很多。汉武帝仍然认为万里征伐劳苦，不追究过失，于是封了两名侯爵，三名为九卿，获得二千石高官的有一百多人。而现今的康居国比大宛强大，郅支单于的称号比宛王威重，而且郅支单于杀害汉朝使节的罪过，远远超过宛王不献汗血马的过失，再说甘延寿、陈汤并没有劳烦汉朝的军士，也没有花费汉朝的一斗粮食，比起贰师将军李广利的功勋，要超出几百倍。况且当年的常惠，未经宣帝同意，随机进攻乌孙，郑吉没有得到命令，擅自接受匈奴日逐王的归降，他们都享有采邑，受封侯爵。甘延寿、陈汤的威武功勋，大于方叔、尹吉甫，论功补过，则优于齐桓公、贰师将军李广利，比起近来的事功，更高过安远侯郑吉、长罗侯常惠，想不到立下的大功劳没有被显扬，微小的过失反被不断传播，臣深感痛心！我认为应该立即了断这桩悬案，恢复他们的名籍，不再审治他们的过失，应当赐给他们以爵位，用来奖励有功的人。”于是汉元帝下诏赦免甘延寿、陈汤的过失，不再追究，还令公卿商议如何封赏他们。参与讨论的大臣认为，应按军法所规定的捕斩单于的法令奖赏。但是，匡衡、石显仍阻挠说：“郅支本是一个亡命失国的人，而只在荒凉边远的绝域称号单于，并不是真正的单于。”汉元帝援引安远侯郑吉前例，封他们千户，匡衡、石显又力争以为不可。夏季，四月三十日戊辰，封甘延寿为义成侯，陈汤为关内侯，食邑各三百户，赏赐黄金各一百斤。任命甘延寿为长水校尉，陈汤为射声校尉。

于是，杜钦上书追述冯奉世从前击破莎车国的功绩。汉元帝认为那是先帝时的事情，不再去考虑。杜钦是前御史大夫杜延年的儿子。

荀悦评论说：如果冯奉世的功劳足以值得封爵赐赏，就应该追认前功。《春秋》大义：鲁文公因毁坏先祖所修的泉台，应当受谴责；鲁昭公撤销中军，

也，不得已而行之。若矫大而功小者，罪之可也；矫小而功大者，赏之可也；功过相敌，如斯而已可也。权其轻重而为之制宜焉。

（以上为第九段，长篇摘载刘向上疏为甘延寿、陈汤申冤，汉元帝终于醒悟，奖励西域立功将士，封甘延寿为义成侯，封陈汤为关内侯。）

初，太子好经书，宽博谨慎；其后幸酒，乐燕乐，上不以为能。而山阳王康有才艺，母傅昭仪又爱幸，上以故常有意欲以山阳王为嗣。上晚年多疾，不亲政事，留好音乐；或置鼙鼓殿下，天子自临轩槛上，隤铜丸以擿鼓，声中严鼓之节。后宫及左右习知音者莫能为，而山阳王亦能之，上数称其材。史丹进曰："凡所谓材者，敏而好学，温故知新，皇太子是也。若乃器人于丝竹鼙鼓之间，则是陈惠、李微高于匡衡，可相国也！"于是上嘿然而笑。

及上寝疾，傅昭仪、山阳王康常在左右，而皇后、太子希得进见。上疾稍侵，意忽忽不平，数问尚书以景帝时立胶东王故事。是时太子长舅阳平侯王凤为卫尉、侍中，与皇后、太子皆忧，不知所出。史丹以亲密臣得侍视疾，候上间独寝时，丹直入卧内，顿首伏青蒲上，涕泣而言曰："皇太子以适长立，积十余年，名号系于百姓，天下莫不归心臣子。见山阳王雅素爱幸，今者道路流言，为国生意，以为太子有动摇之议。审若此，公卿以下必以死争，不奉诏。臣愿先赐死以示群臣！"天子素仁，不忍见丹涕泣，言又切至，意大感寤，喟然太息曰："吾日困劣，太子、两王幼少，意中恋恋，亦何不念乎！然无有此议。且皇后谨慎，先帝又爱太子，吾岂可违指！驸马都尉安所受此语？"丹即却，顿首曰："愚臣妄闻，罪当死！"上因纳，谓丹曰："吾病浸加，恐不能自还，善辅道太子，毋违我意！"丹嘘唏而起，太子由是遂定为嗣。而右将军、光禄大夫王商、中书令石显亦拥佑太子，颇有力焉。夏，五月，壬辰，帝崩于未央宫。

班彪赞曰：臣外祖兄弟为元帝侍中，语臣曰："元帝多材艺，善

则应受褒扬，各有各的原因。假传圣旨这件事，从前的国君看得非常严重，只有在不得已的情况下，方可那样做。如果假传圣旨事件重大，而所得的功勋较小，处罚他当然应该；如果假传圣旨的事件较小，而功勋却很大，就应该赏赐；如果是功过相等，保持原位不奖不罚算了。这是需要权衡两者的轻重，而后才可做出适当的处理。

当初，太子刘骜从小喜欢读经书，学习广博，待人宽厚，处事小心谨慎；长大后却喜欢饮酒，沉迷于宫中音乐，汉元帝认为他没有治国的才能。而另一位皇子山阳王刘康很有才艺，母亲傅昭仪十分得宠，汉元帝因此有意立山阳王刘康为太子。汉元帝晚年多病，不亲理政事，特别喜欢音乐，有时在殿下放置鼙鼓，亲自到走廊上，靠着栏杆，用铜丸投击鼙鼓，声调激扬短促如同战鼓之声。汉元帝宫妃和左右懂得音乐的人投击不出这般声音，而山阳王刘康却能这样，汉元帝多次夸奖刘康有才干。史丹进言说："一般所说的才干，是指思虑敏捷而爱好学习，温习旧知识而有新意，皇太子是这样的人。如果用演奏音乐的水平来衡量一个人的才能，那么陈惠、李微这些能吹善弹的人，难道比匡衡还要高明，可以做丞相？"汉元帝沉默，一笑了之。

后来，汉元帝卧病在床，傅昭仪和山阳王刘康经常陪伴在左右，而王皇后和太子刘骜却很少觐见皇上。汉元帝病情日益严重，心情烦闷不平静，多次向尚书询问汉景帝改立胶东王刘彻为皇太子的故例。这时，太子的大舅父王凤为卫尉、侍中，同皇后、太子都感到忧虑，想不出怎样才能保护太子。史丹由于是汉元帝最亲密的大臣，能够直接进寝殿探病，等到偶有单独的机会，史丹就直入汉元帝的卧室，叩头匍匐在青色的蒲席上，哭泣说："皇太子以嫡长子的身份，册立为太子，已经十多年，名号已为天下百姓所熟知，万众归顺，自愿当他的臣子。由于山阳王刘康平素受到皇上的宠爱，现今流言纷起，十分关切国事，以为太子的地位将有动摇。果真这样，那么公卿以下的大臣，誓必以死进谏，拒绝接受改变太子的诏命。臣请求陛下先赐臣死，用来昭示群臣。"汉元帝向来心肠软弱，不忍看见老臣史丹泣不成声，而他的话又恳切中肯，很是感动，长叹说："我的病一天比一天沉重，太子和刘康、刘兴两王年纪都小，我的心中非常挂念他们，十分放心不下，并没有改立太子的念头和议论。况且皇后一向谨慎小心，先帝又很喜欢太子，我怎能违背先帝的旨意！驸马都尉是在哪里听到这些话呢？"史丹听后，马上退出青蒲席，叩头说："臣误信传闻，罪当处死！"汉元帝接受了史丹的意见，告诉他说："朕已病入膏肓，恐怕无法再恢复健康，你要用心辅助太子，切莫辜负我的重托！"史丹呜咽抽泣着起身告退。太子因此最终被定为储君。同时，右将军、光禄大夫王商，中书令石显，也都拥护太子，他们也都出了力。夏季，五月二十四日壬辰，汉元帝在未央宫逝世。

班彪评论说：臣的外祖兄弟，曾任元帝的侍中，告诉臣说："元帝多才多

史书，鼓琴瑟，吹洞箫，自度曲，被歌声，分刌节度，穷极幼眇。少而好儒；及即位，征用儒生，委之以政，贡、薛、韦、匡迭为宰相。而上牵制文义，优游不断，孝宣之业衰焉。然宽弘尽下，出于恭俭，号令温雅，有古之风烈。”

匡衡奏言：“前以上体不平，故复诸所罢祠；卒不蒙福。案卫思后、戾太子、戾后园，亲未尽。孝惠、孝景庙，亲尽，宜毁。及太上皇、孝文、孝昭太后、昭灵后、昭哀后、武哀王祠，请悉罢勿奉。”奏可。

六月，己未，太子即皇帝位，谒高庙。尊皇太后曰太皇太后，皇后曰皇太后。以元舅侍中、卫尉、阳平侯王凤为大司马、大将军、领尚书事。

秋，七月，丙戌，葬孝元皇帝于渭陵。

大赦天下。

丞相衡上疏曰：“陛下秉至孝，哀伤思慕，不绝于心，未有游虞弋射之宴，诚隆于慎终追远，无穷已也。窃愿陛下虽圣性得之，犹复加圣心焉！《诗》云：‘茕茕在疚’，言成王丧毕思慕，意气未能平也。盖所以就文、武之业，崇大化之本也。臣又闻之师曰：‘妃匹之际，生民之始，万福之原。婚姻之礼正，然后品物遂而天命全。’孔子论《诗》以《关雎》为始，此纲纪之首，王教之端也。自上世以来，三代兴废，未有不由此者也。愿陛下详览得失盛衰之效，以定大基，采有德，戒声色，近严敬，远技能！臣闻‘六经者’，圣人所以统天地之心，著善恶之归，明吉凶之分，通人道之正，使不悖于其本性者也。及《论语》、《孝经》，圣人言行之要，宜究其意。臣又闻圣王之自为，动静周旋，奉天承亲，临朝享臣，物有节文，以章人伦。盖钦翼祗栗，事天之容也；温恭敬逊，承亲之礼也；正躬严恪，临众之仪也；嘉惠和说，飨下之颜也。举错动作，物遵其仪，故形为仁义，动为法则。今正月初，幸路寝，临朝贺，置酒以飨万方。《传》曰：‘君子慎始。’愿陛下留神动静之节，使群下得望盛德休光，以立基桢，天下幸甚！”上敬纳其言。

（以上为第十段，写汉元帝临终，储君之位的争斗过程。史丹等大臣护卫太子刘骜度过险关。成帝即位，采纳匡衡的建言，节制放纵的品性。）

艺，尤其写得一手好书法，还会弹琴鼓瑟，吹演洞箫，自己谱写曲调，能够放声演唱，可以分切曲谱节拍，精妙无比，从小喜好儒学，即位后任用儒生，把国家大政交给儒生办理，贡禹、薛广德、韦玄成、匡衡，依次为宰相。但是，皇上拘泥于文义，凡事优柔寡断，宣帝中兴的大业，日渐衰退。然而待下宽厚，言行恭俭，态度温和，有古代帝王的风范。”

匡衡上奏说：“前些时因皇上身体欠安，因此把废除的祭庙又先后恢复，最终仍不能蒙受祖先的赐福。依礼教，卫思后、戾太子和戾后墓园，亲属关系尚未疏远，不应撤除。而孝惠帝、孝景帝的庙园，亲属关系疏远，应该撤除。还有太上皇、孝文帝、孝昭太后、昭灵后、昭哀后、武哀王的祠庙，也请不再奉祭。”皇太后批准。

六月二十二日己未，太子刘骜即位，拜谒汉高祖陵庙。尊奉祖母皇太后张氏为太皇太后，皇后王氏为皇太后，任命大舅父侍中、卫尉、阳平侯王凤为大司马、大将军、领尚书事。

秋季，七月丙戌日（疑误），葬孝元皇帝于渭陵。

大赦天下。

宰相匡衡上奏说：“陛下天性孝顺，对先帝的哀伤思念，永存内心，从没有过弋射娱乐。谨慎地对父母送终，追念远代的祖先，尽孝没有止境。臣个人认为陛下尽孝的忠诚本性，虽然得自上天，但臣仍希望陛下还要加强圣心。《诗经》说：‘孤孤单单，痛在心头。’这是形容周成王办完周武王丧事后的心情仍不平静，这也正是追思周文王、周武王的伟大德业以作为教化的本源。臣又听老师说过：‘夫妻匹配，是人生的开始，万般幸福的源头。婚姻的礼仪端正，然后万事万物齐备，完成天命。’孔子编纂《诗经》，以《关雎》为首，以此昭示婚姻居于礼法的首位，是推行教化的起点。自上古以来，夏商周三代兴替，没有不是从婚姻开始。希望陛下详细考察前代得失兴衰的经验，用来奠定基业，录用贤德人才，警惕靡靡之音和女色，亲近庄重自尊的人，远离诡计多端的小人。臣又听说，‘六经’是圣人用来统一天下人心，归类善恶，分辨吉凶，指示怎样做人的大道，使人不违背本性的经典啊！还有《论语》、《孝经》，是圣人言行的摘要，应当探究其中的意义。臣还听说圣王的作为，一举一动，都要敬畏上天，奉祀祖宗，上朝听政，接见臣僚，凡事都有规章法度，以此发扬人伦的美德。恭敬战栗，小心翼翼，这才是敬天的仪容；温顺恭敬，是侍奉父母双亲的礼仪；修饰仪容，表情严肃，是驾驭百官的仪表；和颜悦色，是对待臣下的态度。举止行动，都要遵守一定的规定，所以仪容服饰，要合于仁义；举动措置，要合于法则。现今，正月元旦，皇上要到双亲寝宫门外请安，然后驾临大殿接受群臣朝贺，设置酒宴，慰劳各方来朝见的臣民。古书上说：‘君子要谨慎地开个好头。’希望陛下留心一举一动的节度，使群臣得以看到天下伟大品德的光彩，为国家奠定坚固的基础，那么天下大幸！”汉成帝谦恭地接受了匡衡的建议。

【点评】

汉元帝昏庸误国。汉元帝是西汉第八任国君，也是承继昭宣中兴之后的第一位国君，其时西汉鼎盛，强敌匈奴衰落，内政国库充盈，人民安居，朝中大臣，贤人居多，可以说是太平盛世，正由于此，尽管汉元帝昏庸，奸佞当道，中官石显专权，国家尚无大事，还有余威诛杀郅支。但是汉元帝的昏庸误国，忠奸不辨，是非不明，导致西汉政治走了下坡路。汉元帝是西汉盛衰的一个分水岭。

大体昏庸之君，多是才艺之人。汉元帝善音乐，好文学；南唐后主李煜，写得一手绝妙好词；宋徽宗是一员足球健将，又是一位字画双绝的艺术家。但他们都是误国昏君。论智商，他们不低；论智谋，他们不为恶，还可以说是宽厚待人，一心想做一个明君。汉元帝采取许多节俭措施，心系百姓，想的是要把国家治理好。但其生性仁弱，即所谓有妇人之仁，看不得眼前亲近的人悲伤落泪。石显做了坏事，只要叩头落泪，就可大事化小，小事化了。汉元帝这份看似仁义，遮蔽了他的双眼，使他是非不明，忠奸不分。有时明白了，他也没有能力果断去邪远佞；要不就各打五十大板，诬告者诸葛丰免官，受诬者周堪、张猛被降职，是非善恶一锅煮。如此糊涂，不被群小包围才是怪事。汉元帝看出太子刘骜不成器，临终想更换太子，却又不敢触动宗法制度，最终只好在遗憾中瞑目。继位的成帝、哀帝沿着汉元帝开创的下坡路继续下滑，西汉已无可救药了。

汉纪二十二

汉成帝建始元年至阳朔二年（前 32—前 23 年）

【起屠维赤奋若（己丑，前 32 年），尽著雍阉茂（戊戌，前 23 年），凡十年】

【大事提要】

本卷记事起公元前 32 年，讫公元前 23 年，凡十年，当汉成帝建始元年至阳朔二年。汉成帝是西汉第九位国君，在位二十六年。本卷载述汉成帝前期十年的治国情况。汉成帝是典型的昏庸之君，比汉元帝还要糊涂，还要窝囊，完全被掌控在外戚大将军王凤手中。西汉政治大滑坡，政权逐渐转移到外戚王氏之手，最终王莽代汉，就是成帝为其奠定的基础。成帝河平二年六月在一天之中同时册封五位舅舅王谭、王商、王立、王根、王逢时为列侯，世谓之“五侯”。这一非常事件，打破了开国皇帝刘邦与大臣约定的不是刘姓皇室的外姓“非有功不得封侯”的基本国策，开启了外戚靠裙带可以封侯的制度，如此纵容王凤肆无忌惮的专权，外戚日进、皇室日退的局面基本形成。汉成帝政治上无所作为，自然灾害也频繁发生。黄河两次决堤，第一次在建始四年（前 29），河决东郡金堤，淹没四郡，三十二县，毁坏村落房屋四万余所，冲毁耕地十五万余顷，民众死亡无数。第二次在河平三年（前 26），河决平原郡，淹没两郡，灾害造成的损失是上一次的一半。丞相匡衡反对加固河堤，因此两次决口，造成大灾害，政府不作为占了主要因素。大雨、冰雹、山崩、地震不绝于书。成帝也做了几件好事，斥逐宦官石显，节省皇室开支，以至于许皇后提出了抗议，赈灾、减税，其中人头税减收三分之一，原税一百二十文，减收四十文，大规模整理图书，多次下诏求言。国境四邻尚称安静，不接受匈奴使者的诈降，羁縻西域罽宾，用能吏安抚西南夷，决策正确，成帝尚有英明的一面。可惜成帝生性懦弱、愚孝，在太皇太后王政君和大舅王凤的挟制下，丧失了一切的个人决断，一次又一次地斥逐贤良大臣，丞相王商，京兆尹王尊、王章都蒙冤而死，而心知刘向忠诚却不敢任用。汉成帝违心屈从大将军王凤，丢失了皇帝的威严，令人叹息。

【原文】

孝成皇帝上之上

建始元年（己丑，前32年）

春，正月，乙丑，悼考庙灾。

石显迁长信中太仆，秩中二千石。显既失倚，离权，于是丞相、御史条奏显旧恶；及其党牢梁、陈顺皆免官，显与妻子徙归故郡，忧懑不食，道死。诸所交结以显为官者，皆废罢；少府五鹿充宗左迁玄菟太守，御史中丞伊嘉为雁门都尉。

司隶校尉涿郡王尊劾奏："丞相衡，御史大夫谭，知显等颛权擅势，大作威福，为海内患害，不以时白奏行罚；而阿谀曲从，附下罔上，怀邪迷国，无大臣辅政之义，皆不道！在赦令前。赦后，衡、谭举奏显，不自陈不忠之罪，而反扬著先帝任用倾覆之徒，妄言'百官畏之，甚于主上'；卑君尊臣，非所宜称，失大臣体！"于是衡惭惧，免冠谢罪，上丞相、侯印绶。天子以新即位，重伤大臣，乃左迁尊为高陵令。然群下多是尊者。衡嘿嘿不自安，每有水旱，连乞骸骨让位；上辄以诏书慰抚，不许。

立故河间王元弟上郡库令良为河间王。

有星孛于营室。

赦天下。

壬子，封舅诸吏、光禄大夫、关内侯王崇为安成侯；赐舅谭、商、立、根、逢时爵关内侯。夏，四月，黄雾四塞，诏博问公卿大夫，无有所讳。谏大夫杨兴、博士驷胜等皆以为"阴盛侵阳之气也。高祖之约，非功臣不侯；今太后诸弟皆以无功为侯，外戚未曾有也，故天为见异"。于是大将军凤惧，上书乞骸骨，辞职；上优诏不许。

御史中丞东海薛宣上疏曰："陛下至德仁厚，而嘉气尚凝，阴阳不和，殆吏多苛政。部刺史或不循守条职，举错各以其意，多与郡县事，至开

【语译】

孝成皇帝上之上

汉成帝建始元年（己丑，前32年）

春季，正月初一日乙丑，汉宣帝的父亲悼考庙发生火灾。

石显调任长信宫的中太仆，年俸为中二千石。石显已经失去了汉元帝这个依靠，离开了掌握中枢的职权，丞相匡衡和御史大夫张谭列举一条条罪状上奏弹劾，连同石显的党羽牢梁、陈顺等人都被罢官。石显和妻子被遣送回原籍济南郡，心中忧愁悲惧，吃不下饭，死在路上。所有因交结石显而得官的人，全都被罢官。少府五鹿充宗降职外放任玄菟郡太守，御史中丞伊嘉降职外放任雁门郡都尉。

司隶校尉涿郡人王尊上奏弹劾说："丞相匡衡、御史大夫张谭，明知石显等人专权仗势，作威作福，造成了全国性的灾难，不及时报奏皇上惩处他们，反而百般谄媚，曲意奉承，拉拢臣下，欺骗皇上，心怀邪恶，迷惑国家，丧失了大臣辅政应遵守的义理，同样是犯下了大逆不道之罪！幸好这都在去年七月大赦之前，不必追究。但是，在大赦之后，匡衡、张谭上奏弹劾石显时，不但没有陈述自己不忠的罪过，反而诋毁先帝任用了奸险之徒，荒谬地宣称：'文武百官畏惧石显，甚于畏惧天子'；贬低皇上，抬高臣下，不应当是他们说的话，有失大臣的身份！"这样一来，匡衡既羞愧又恐慌，就脱下官帽请罪，交出了丞相和乐安侯的印绶。汉成帝因刚刚即位，不愿重罚大臣，反而把王尊降职为高陵县的县令。但是朝中很多人支持王尊，认为他做得很对。匡衡沉默寡言，心里很不平静，以后凡遇水旱天灾，就请求辞职让位，汉成帝则每次下诏书慰留，不允许他辞职。

册封以前的河间王刘元的弟弟上郡的武库令刘良为河间王。

有彗星出现在二十八宿的营室星附近。

赦免天下。

壬子日，册封舅舅诸吏、光禄大夫、关内侯王崇为安城侯；另外，赐给舅舅王谭、王商、王立、王根、王逢时等五人关内侯的爵位。夏季，四月，黄色的浓雾充满四方天空，汉成帝下诏广泛地征询公卿大夫的意见，不要有任何顾忌。谏大夫杨兴、博士驷胜等都认为："阴气太盛，阳气被压。当年，高皇帝曾有过规定，不是功臣，不可以封侯爵；如今，太后的几位弟弟并没有功劳，却同时加封侯爵，对外戚从未有过这样的恩典，所以上天有此变异。"于是大将军王凤恐惧，上奏请求退休，辞去职务，汉成帝下诏抚慰，不予批准。

御史中丞东海郡人薛宣上奏说："陛下有至高的仁德，但是阴阳之气仍然聚集不散，大概是官吏们的苛政太多的缘故。十三州各部的巡按刺史，有的不遵守巡查条

私门，听谗佞，以求吏民过，谴呵及细微，责义不量力；郡县相迫促，亦内相刻，流及众庶。是故乡党阙于嘉宾之欢，九族忘其亲亲之恩，饮食周急之厚弥衰，送往劳来之礼不行。夫人道不通则阴阳否隔，和气不通，未必不由此也！《诗》云：'民之失德，干糇以愆。'鄙语曰：'苛政不亲，烦苦伤恩。'方刺史奏事时，宜明申敕，使昭然知本朝之要务。"上嘉纳之。

八月，有两月相承，晨见东方。

冬，十二月，作长安南、北郊，罢甘泉、汾阴祠，及紫坛伪饰、女乐、鸾路、骍驹、龙马、石坛之属。

（以上为第一段，写成帝初即位，斥逐权臣石显及其党羽，优礼大臣，大封外戚王氏，采纳薛宣建言，约法省禁，政治出现一丝曙光。）

二年（庚寅，前 31 年）

春，正月，罢雍五畤及陈宝祠，皆从匡衡之请也。辛巳，上始郊祀长安南郊。赦奉郊县及中都官耐罪徒；减天下赋钱，算四十。

闰月，以渭城延陵亭部为初陵。

三月，辛丑，上始祠后土于北郊。

丙午，立皇后许氏。后，车骑将军嘉之女也。元帝伤母恭哀后居位日浅而遭霍氏之辜，故选嘉女以配太子。

上自为太子时，以好色闻；及即位，皇太后诏采良家女以备后宫。大将军武库令杜钦说王凤曰："礼，一娶九女，所以广嗣重祖也；娣侄虽缺不复补，所以养寿塞争也。故后妃有贞淑之行，则胤嗣有贤圣之君；制度有威仪之节，则人君有寿考之福。废而不由，则女德不厌；女德不厌，则寿命不究于高年。男子五十，好色未衰；妇人四十，容貌改前；以改前之容侍于未衰之年，而不以礼为制，则其原不可救，而后徕异态；后徕异态，则正后自疑而支庶有间嫡之心；是以晋献被纳谗之谤，申生蒙无罪之辜。今圣主富于春秋，未有嫡嗣，方乡术入学，未亲后妃之议。

例办事，纠劾、察举随意进行，多方干预郡县的行政事务，甚至大开后门，接受贿赂，听信谗言。苛求官吏和人民的过失，申斥责问吹毛求疵，要求别人去做不能胜任的事。郡守和县令在压力之下，也随之采取苛刻手段，层层苛责，最后把灾祸转嫁给了民众。因此，乡里之间缺乏真诚对待彼此的欢乐，九族之间，也相互忘了亲密的血缘关系，饮食相助、急难相济的好风尚日益衰退，礼尚往来的礼节也丢了。做人的道德遭到破坏，天地间阴阳之气的流通被阻隔，和睦的气氛被破坏，天象自然发生了变异啊！《诗经》说：'人民丢失了道德，甚至一块干饼也要去争抢。'俗话说：'施政太过苛刻，会伤害亲情；举措太过烦苦，会伤害恩义。'每当一方的部刺史回京奏事，皇上应加以管束，让他们了解朝廷的要务。"汉成帝欣然采纳了他的建议。

八月的一天，早上在东方出现了一上一下两个月亮。

冬季，十二月，汉成帝分别在首都长安南郊、北郊祭祀上天和大地，撤除原在甘泉祭天、汾阴祭地的祭祀，同时撤除在甘泉泰畤的紫坛上所有的装饰、歌伎、车驾、赤色马、神马和石坛等物。

汉成帝建始二年（庚寅，前31年）

春季，正月，下诏撤除位于雍县的五天帝祭坛和陈仓的陈宝祠庙，这都是采纳匡衡的奏请。正月二十三日辛巳，汉成帝到京都长安南郊举行祭天典礼。赦免供奉祭天郊县长安县、祭地郊县长陵县，以及在京师各部门服役的轻罪囚徒；减轻赋税，减少人头税四十文。

闰正月，汉成帝把渭城延陵亭一带划定为自己的初陵地，兴建延陵。

三月十四日辛丑，汉成帝首次在京都北郊举行祭地典礼。

三月十九日丙午，册立许氏皇后。许皇后是车骑将军许嘉的女儿。汉元帝因为哀悼母亲恭哀后在位时间不长就惨遭霍氏的毒害，所以特选许嘉的女儿婚配给太子。

汉成帝任太子时，就以喜爱美女闻名。等到即了皇帝位，皇太后下诏选良家女子充实后宫。大将军武库令杜钦劝谏王凤说："按照古礼制度，君王一次婚娶就是九个妻子，主要的用意是要她们多生儿子，繁衍皇族，才对得起祖先。其中嫔妃死亡，不再续配，为的是养息君王的身体能够长寿，也免得争风吃醋。所以，皇后与嫔妃有贞洁善美的德行，那么后代就有圣贤的国君；嫔妃进幸有严格的节制规定，那么君王才会有高寿的福气。君王如果废弃这些规定不遵守，那么就会不断追求女色，不断追求女色，那就不会得到高寿。男子到了五十岁，还是喜好女色；而女子到了四十，容貌就大不如前；以变丑了容貌的女子，侍奉欲望没有衰退的男子，如果不

将军辅政，宜因始初之隆，建九女之制，详择有行义之家，求淑女之质，毋必有声色技能，为万世大法。夫少戒之在色，《小卞》之作，可为寒心。唯将军常以为忧！”凤白之太后，太后以为故事无有；凤不能自立法度，循故事而已。凤素重钦，故置之莫府，国家政谋常与钦虑之，数称达名士，裨正阙失；当世善政多出于钦者。

夏，大旱。

匈奴呼韩邪单于嬖左伊秩訾兄女二人；长女颛渠阏氏生二子，长曰且莫车，次曰囊知牙斯；少女为大阏氏，生四子，长曰雕陶莫皋，次曰且麋胥，皆长于且莫车，少子咸、乐二人，皆小于囊知牙斯。又他阏氏子十余人。颛渠阏氏贵，且莫车爱，呼韩邪病且死，欲立且莫车。颛渠阏氏曰：“匈奴乱十余年，不绝如发，赖蒙汉力，故得复安。今平定未久，人民创艾战斗。且莫车年少，百姓未附，恐复危国。我与大阏氏一家共子，不如立雕陶莫皋。”大阏氏曰：“且莫车虽少，大臣共持国事。今舍贵立贱，后世必乱。”单于卒从颛渠阏氏计，立雕陶莫皋，约令传国与弟。呼韩邪死，雕陶莫皋立，为复株累若鞮单于。复株累若鞮单于以且麋胥为左贤王，且莫车为左谷蠡王，囊知牙斯为右贤王。复株累单于复妻王昭君，生二女，长女云为须卜居次，小女为当于居次。

（以上为第二段，写杜钦针对成帝好色的秉性，建言大将军王凤建立君王娶妻限额九女的制度，虽未推行，杜钦却受到了大将军的重用，做了一些好事。匈奴呼韩邪单于临终为了安定国家，立长不立嫡，不失为匈奴的明君。）

三年（辛卯，前 30 年）

春，三月，赦天下徒。

秋，关内大雨四十余日。京师民相惊，言大水至；百姓奔走相蹂躏，老弱号呼，长安中大乱。天子亲御前殿，召公卿议。大将军凤以为：“太

用礼教来克制，就不能挽救那原本好色的心意，对待妻子的态度必然发生变化，那样，原配嫡妻就会起疑心，而宠妃与庶子就会产生夺嫡的野心；所以晋献公轻听骊姬谗言，申生蒙受冤枉而被杀。如今，皇上春秋鼎盛，没有嫡子，正当读书求学的年龄，还不懂得处理与皇后、嫔妃的关系。将军身居辅政大臣，责任重大，应当趁着皇上刚即位之时的隆盛，建立只娶九女的制度，仔细选择德行高尚的仁义之家，物色贤惠善良的女子，不必追求过分的美色和能歌善舞的技能，不必一定会歌舞与其他技能，只求建立可传之万世的宫廷基本法则。须知，青春少年时期，必须克制贪求美色。《诗经·小雅》中的那首《小卞》之诗，实在令人寒心啊！希望将军能常以此事为念！”王凤就转告皇太后，皇太后认为皇帝只限于九个妻子，没有前例可循；王凤是个没主见的人，不能自立法度，于是就只有遵守成例去做而已。王凤一向很器重杜钦，因此把他安排在自己身边做事，经常与他共同商议国家的大事方针，杜钦屡次举荐有名望的人士，补救了政治上很多缺失，当时的一些善政很多出于杜钦的建议。

夏季，发生大旱灾。

匈奴呼韩邪单于，宠爱左伊秩訾哥哥的两个女儿；长女颛渠阏氏，生了两个儿子，大儿子叫且莫车，二儿子叫囊知牙斯；小女为大阏氏，生了四个儿子，长子叫雕陶莫皋，次子叫且麋胥，二人都比且莫车年长，另外两个小儿子栾提咸、栾提乐，都比囊知牙斯年小。还有其他的阏氏生的儿子共十多个。颛渠阏氏的地位比较显贵，而且莫车又深受宠爱，呼韩邪病危时，想立且莫车为太子。颛渠阏氏说：“匈奴内乱十多年，国家命脉像一根细细的头发，勉强维持，幸赖汉朝的扶持，才得以稳定下来。如今刚安定不久，人民都十分厌弃战争，很想休养生息。且莫车年纪尚幼，百姓还没有亲附他，立他恐怕再次危害国家。我与大阏氏是亲姐妹，不如立雕陶莫皋。”大阏氏说：“且莫车年纪虽幼，但有大臣们共同辅佐他执掌国政。现今若弃贵立贱，恐怕以后会发生战乱。”单于最终还是采纳了颛渠阏氏的建议，立雕陶莫皋继位，并约定将来雕陶莫皋要传位给弟弟且莫车。呼韩邪死后，雕陶莫皋即位，称复株累若鞮单于。他封且麋胥为左贤王，且莫车为左谷蠡王，囊知牙斯为右贤王。复株累若鞮单于再娶王昭君为妻，生二女，长女云，称为须卜居次，小女为当于居次。

汉成帝建始三年（辛卯，前30年）

春季，三月，赦免天下的囚犯。

秋季，关中连绵大雨四十余天。京师的民众都非常惊慌，传言洪水快到了；长安城内百姓霎时都吓得争先恐后逃跑，互相践踏，老弱号呼求救，城内一片混乱。

后与上及后宫可御船，令吏民上长安城以避水。”群臣皆从凤议。左将军王商独曰：“自古无道之国，水犹不冒城郭；今政治和平，世无兵革，上下相安，何因当有大水一日暴至，此必讹言也！不宜令上城，重惊百姓。”上乃止。有顷，长安中稍定；问之，果讹言。上于是美壮商之固守，数称其议；而凤大惭，自恨失言。

上欲专委任王凤，八月，策免车骑将军许嘉，以特进侯就朝位。

张谭坐选举不实，免。冬，十月，光禄大夫尹忠为御史大夫。

十二月，戊申朔，日有食之。其夜，地震未央宫殿中。诏举贤良方正能直言极谏之士。杜钦及太常丞谷永上对，皆以为后宫女宠太盛，嫉妒专上，将害继嗣之咎。

越巂山崩。

丁丑，匡衡坐多取封邑四百顷，监临盗所主守直十金以上，免为庶人。

（以上为第三段，写成帝建始三年无大事，实质是君臣无所作为，丞相匡衡贪婪被罢官。全国各地灾害不断，大水、地震、山崩相继发生。）

四年（壬辰，前 29 年）

春，正月，癸卯，陨石于亳四，陨于肥累二。

罢中书宦官；初置尚书员五人。

三月，甲申，以左将军乐昌侯王商为丞相。

夏，上悉召前所举直言之士，诣白虎殿对策。是时上委政王凤，议者多归咎焉。谷永知凤方见柄用，阴欲自托，乃曰：“方今四夷宾服，皆为臣妾，北无荤粥、冒顿之患，南无赵佗、吕嘉之难，三垂晏然，靡有兵革之警。诸侯大者乃食数县，汉吏制其权柄，不得有为，无吴、楚、燕、梁之势。百官盘互，亲疏相错，骨肉大臣有申伯之忠，洞洞属属，小心畏忌，无重合、安阳、博陆之乱。三者无毛发之辜，窃恐陛下舍昭昭之白过，忽天地之明戒，听暗昧之瞽说，归咎乎无辜，倚异乎政事，重失天心，不可之大者也。陛下诚深察愚臣之言，抗湛溺之意，解偏驳

汉成帝就亲自到前殿召集公卿商议。大将军王凤认为："皇太后和皇上，以及后宫嫔妃，可以登上御船，然后下令官吏民众登上长安城墙去躲避水灾。"群臣一致同意王凤的建议，只有左将军王商反对，他说："自古以来，即使那些暴虐无道的国君，大水也没有淹没过他的城郭；如今国内一派升平，又无战争，全国上下都相安无事，洪水不可能突然来到，这一定是谣言！不应该让百姓爬上城墙，那只会使全城更加担惊受怕。"汉成帝决定停止行动。过了些时候，长安城内逐渐安定；查问结果，果真是谣言。汉成帝于是很赞赏王商坚守大臣之节的镇定自若，多次称扬他的提议；王凤大感惭愧，自恨说错了话。

汉成帝准备把朝政大权委任给王凤，所以在八月份就把车骑将军许嘉免职，让他以特进侯爵身份，置身朝列。

御史大夫张谭因举荐人才不真实，被罢官。冬季，十月，任命光禄大夫尹忠为御史大夫。

十二月初一日戊申，发生日食，当天夜晚，未央宫发生地震。汉成帝下诏要求举荐贤良方正以及能直言敢谏的人才。杜钦和太常丞谷永上奏，都认为后宫美女过于受宠，既互相嫉妒，又都想专揽皇上，将有害于继嗣。

越巂郡山崩。

十二月三十日丁丑，匡衡被控告在他的封邑中多侵占了四百顷土地，他管辖下的主管官员盗取的实物价值十金以上，因此被罢官为平民。

汉成帝建始四年（壬辰，前29年）

春季，正月二十六日癸卯，亳县落下四块陨石，肥累县落下两块陨石。

撤除中书宦官；首次设置尚书五人，分为五曹，分曹办事。

三月初八日甲申，任命左将军乐昌侯王商为丞相。

夏季，汉成帝召集前些时候所举荐的全部直言敢谏的人士，到未央宫白虎殿参加策对面试。当时，汉成帝把国家权力托给王凤，因此，对策士人大都指向王凤提出批评。谷永知道王凤正受重用且握有大权，就想暗中靠拢，于是在对策中说："如今四方外族都已归顺，都成了我国的臣属，北边没有荤粥、冒顿的祸患，南边没有赵佗、吕嘉的发难，其他边境都很安静，没有战争的警讯。最大的诸侯也不过拥有几个县的封邑，况且有朝廷派去的官吏控制他们的权柄，他们不能有什么作为，不会出现当年吴、楚、燕、梁等诸侯王国那种尾大不掉的形势。加上文武百官互相制衡，皇亲国戚与朝中百官交错共同掌权，在皇上骨肉之亲的大臣中，又有像周宣王

之爱，奋乾刚之威，平天覆之施，使列妾得人人更进，益纳宜子妇人，毋择好丑，毋避尝字，毋论年齿。推法言之，陛下得继嗣于微贱之间，乃反为福；得继嗣而已，母非有贱也。后宫女史、使令有直意者，广求于微贱之间，以遇天所开右，慰释皇太后之忧愠，解谢上帝之谴怒，则继嗣蕃滋，灾异讫息！”

杜钦亦仿此意。上皆以其书示后宫，擢永为光禄大夫。

夏，四月，雨雪。

秋，桃、李实。

大雨水十余日，河决东郡金堤。先是清河都尉冯逡奏言：“郡承河下流，土壤轻脆易伤，顷所以阔无大害者，以屯氏河通，两川分流也。今屯氏河塞，灵鸣犊口又益不利，独一川兼受数河之任，虽高增堤防，终不能泄。如有霖雨，旬日不霁，必盈溢。九河故迹，今既灭难明，屯氏河新绝未久，其处易浚；又其口所居高，于以分杀水力，道里便宜，可复浚以助大河，泄暴水，备非常。不豫修治，北决病、五郡，南决病十余郡，然后忧之，晚矣！”事下丞相、御史，白遣博士许商行视，以为“方用度不足，可且勿浚。”后三岁，河果决于馆陶及东郡金堤，泛滥兖、豫及平原、千乘、济南，凡灌四郡、三十二县，水居地十五万余顷，深者三丈；坏败官亭、室庐且四万所。

冬，十一月，御史大夫尹忠以对方略疏阔，上切责其不忧职，自杀。遣大司农非调调均钱谷河决所灌之郡，谒者二人发河南以东船五百艘，徙民避水居丘陵九万七千余口。

的舅舅申伯一样忠诚的人，谨慎敬畏，小心翼翼，更没有像重合侯马通、安阳侯上官桀、博陆侯霍禹那样的乱臣贼子。外戚、诸侯王、臣僚三个方面都没有丝毫的过失，我深恐陛下保留明显的错误，忽略天地赐予明显的警告，听信愚昧盲目的瞎说，归罪于无辜，把政事托付给不可靠的人，那么就大失天心，这是非常不应该的。陛下若能深切考虑愚臣的建议，排除沉溺已久的心意，解除专宠于一个美色的情爱，奋起阳刚的精神，平等布施恩德，使所有美女都能得到皇上的恩宠，多方收纳能生儿子的女人，无论她美丑，无论她是否曾嫁过人，无论她的年龄是否相当。按理说来，陛下若能让出身卑贱的嫔妃生下儿子，反倒是一种福气；因为主要目的，是让皇位得到继承人，只要能生儿子，就不必去计较其母亲的贵贱。即使是后宫的女史宫婢，只要是皇上中意的，便可广泛接纳侍奉皇上，贵与贱都不重要，一旦上天保佑，说不定降下皇子，就可以宽慰皇太后的忧心，一切烦闷就会消失，也会消解上帝的愤怒，那么后嗣繁衍，灾害消除。”

杜钦也效法奏上同样的意见，汉成帝把奏章都传示后宫，并提升谷永为光禄大夫。

夏季，四月，天降雨雪。

秋季，桃树、李树结下丰收果实。

大雨接连不停下了十多天，黄河在东郡金堤缺口。在这之前，清河郡都尉冯逡上奏说：“清河郡处在黄河的下游，土壤松脆，容易崩塌，近些年来很少有大水灾，因为有屯氏河通水，黄河分流为二。如今屯氏河被堵塞，灵县的鸣犊口也一天天淤塞不通，于是只剩下一条黄河，却要容纳几条河水的流量，即使把堤防加高，也无法使它宣泄畅通。如果遇上连续几天的大雨，甚至下上十天也不晴，河水就会涨满。夏禹疏通的九河遗迹，如今无法找到它的位置。屯氏河淤塞的时间不久，若要加以疏通，还不困难；加上黄河分口处地势较高，可以大大分减黄河水流的冲击力，如果再加以疏导，用来分担黄河的水量，既能宣泄暴涨的洪水，又可预防非常险情的发生。若不预先加以修治，一旦在北岸决口，将令危害四五个郡，在南岸决口，将危害十余郡，到那时才担忧操心，就太迟了！”冯逡的奏章转交到丞相匡衡、御史大夫张谭那里去审议，匡衡、张谭奏请派博士许商前往视察，许商视察后，报告说：“现在国家经费困难，暂时不必去疏通它。”三年后，黄河果然在馆陶和东郡的金堤决口，大水泛滥兖州、豫州以及平原郡、千乘郡、济南郡，共淹没四郡、三十二县，耕地十五万余顷，严重的地方水深达三丈多；官府和民间房屋被冲坏了四万多间。

冬季，十一月，御史大夫尹忠因为提出的救灾方案过于粗疏，汉成帝痛切地指责他不尽职责，尹忠自杀。汉成帝命大司农非调筹措经费和粮食，调往受灾各郡实施救济，又派出两名谒者征召河南郡以东的船舶五百艘，到灾区中抢救灾民迁移到

壬戌，以少府张忠为御史大夫。

（以上为第四段，写汉成帝陶醉于后宫美色，贤良方正谷永在大将军王凤唆使下在对策中不再建言国家大事，反而替皇上纵欲辩护；丞相王商尸位素餐，不治黄河，至此终于酿成大祸。）

南山群盗傰宗等数百人为吏民害。诏发兵千人逐捕，岁余不能禽。或说大将军凤，以“贼数百人在毂下，讨不能得，难以示四夷；独选贤京兆尹乃可”。于是凤荐故高陵令王尊，征为谏大夫，守京辅都尉，行京兆尹事。旬月间，盗贼清；后拜为京兆尹。

上即位之初，丞相匡衡复奏：“射声校尉陈汤以吏二千石奉使，颛命蛮夷中，不正身以先下，而盗所收康居财物，戒官属曰，‘绝域事不覆校’。虽在赦前，不宜处位。”汤坐免。

后汤上言：“康居王侍子，非王子。”按验，实王子也。汤下狱当死。太中大夫谷永上疏讼汤曰：“臣闻楚有子玉得臣，文公为之仄席而坐；赵有廉颇、马服，强秦不敢窥兵井陉；近汉有郅都、魏尚，匈奴不敢南乡沙幕。由是言之，战克之将，国之爪牙，不可不重也。盖君子闻鼓鼙之声，则思将帅之臣。窃见关内侯陈汤，前斩郅支，威震百蛮，武畅西海，汉元以来，征伐方外之将，未尝有也！今汤坐言事非是，幽囚久系，历时不决，执宪之吏欲致之大辟。昔白起为秦将，南拔郢都，北坑赵括，以纤介之过，赐死杜邮；秦民怜之，莫不陨涕。今汤亲秉钺，席卷、喋血万里之外，荐功祖庙，告类上帝，介胄之士靡不慕义。以言事为罪，无赫赫之恶。《周书》曰：‘记人之功，忘人之过，宜为君者也。’夫犬马有劳于人，尚加帷盖之报，况国之功臣者哉！窃恐陛下忽于鼙鼓之声，不察《周书》之意，而忘帷盖之施，庸臣遇汤，卒从吏议，使百姓介然有秦民之恨，非所以厉死难之臣也！”书奏，天子出汤，夺爵为士伍。

丘陵高地躲避，共抢救出来九万七千余人。

十一月二十日壬戌，任命少府张忠为御史大夫。

南山一带盗贼傰宗等数百人横行抢劫官府和人民，为害一方。汉成帝下诏发兵一千去追捕，花一年多时间，始终没能抓获。有人向大将军王凤建议说："盗贼不过数百人，又临近京师，讨伐无效，这如何向四方外族蛮夷彰显威望？唯有选任贤能的京兆尹，才可以办理。"因此王凤推荐前高陵县令王尊，征调为谏大夫，并代理京辅都尉，执行京兆尹职权。一个月的时间，盗贼便被肃清；后来王尊正式被提升为京兆尹。

汉成帝初即位时，丞相匡衡再次旧事重提，上奏说："射声校尉陈汤，以官居二千石的高位出使西域，在蛮夷民族中专权独行，不能以身作则为部下表率，反而盗取了所收的康居国的财物，还告诉部下说：'我们身在绝域干的事，朝廷是不会认真查究的。'这件事虽发生在竟宁元年七月大赦之前，但陈汤也不适宜再居官位。"陈汤就被免职。

后来，陈汤上奏说："康居王送来入侍天子的儿子，并不是真王子。"调查证明，是真王子，陈汤被辅入狱，判了死刑。太中大夫谷永上奏为陈汤辩护，说："我听说楚国有个大夫名叫得臣，字子玉，由于他贤能，使得晋文公坐不安席；赵国有廉颇和马服君赵奢，使得强大的秦国不敢窥视赵国西界的井陉关；近的说说本朝建立之初，在景帝时有雁门郡太守郅都，而文帝时有云中太守魏尚，匈奴不敢南下靠近雁门、云中这两个郡。由这些例证看来，战胜敌人的将领是国家武臣，不能不慎重地对待他们。自古以来，当君王听到战鼓的声音时，便会想到在战场上冲锋陷阵的将领和统帅。如今臣看到关内侯陈汤，从前击斩郅支单于，声威震慑了所有的蛮夷，功名传播了整个西域，自汉朝开国以来，所有在疆域之外作战的将领中，没有人能赶上陈汤的功勋！现在，陈汤因说话不实，被长期囚禁监狱，历时这么久，案子迟迟不审决，那些执法的官吏是想判他死刑。以前白起当秦国的大将，率军南征，攻陷了楚国首都郢都，北伐坑杀了赵括，后来却仅为了一点细小过失，被赐死在杜邮。秦国人民都哀怜他，无不为他的死而流泪。如今陈汤亲执武器，席卷了郅支单于，血战万里之外，凯旋，把战果呈献在皇家祖宗祭庙上，禀告上帝，所有的战士，无不倾心崇拜。陈汤不过是因为说话犯有罪过，并非严重的罪行。《周书》说：'记住他人的功劳，忘却他人的过失，这样的人才适宜做国君。'即便是犬马死后人们尚不

会西域都护段会宗为乌孙兵所围，驿骑上书，愿发城郭、敦煌兵以自救；丞相商、大将军凤及百僚议数日不决。凤言："陈汤多筹策，习外国事，可问。"上召汤见宣室。汤击郅支时中寒，病两臂不屈申；汤入见，有诏毋拜，示以会宗奏。汤对曰："臣以为此必无可忧也。"上曰："何以言之？"汤曰："夫胡兵五而当汉兵一，何者？兵刃朴钝，弓弩不利。今闻颇得汉巧，然犹三而当一。又《兵法》曰：'客倍而主人半，然后敌。'今围会宗者人众不足以胜会宗，唯陛下勿忧！且兵轻行五十里，重行三十里，今会宗欲发城郭、敦煌，历时乃至，所谓报仇之兵，非救急之用也。"上曰："奈何？其解可必乎？度何时解？"汤知乌孙瓦合，不能久攻，故事不过数日，因对曰："已解矣！"屈指计其日，曰："不出五日，当有吉语闻。"居四日，军书到，言已解。大将军凤奏以为从事中郎，莫府事壹决于汤。

（以上为第五段，写段会宗建功西域，用以衬托陈汤的军事才能与功勋，而迂腐大臣匡衡等人却纠缠不休，必欲置陈汤于死地而后快。由于西域边事再起，挽救了功臣陈汤。）

河平元年（癸巳，前 28 年）

春，杜钦荐犍为王延世于王凤，使塞决河。凤以延世为河堤使者。延世以竹落长四丈，大九围，盛以小石，两船夹载而下之。三十六日，河堤成。三月，诏以延世为光禄大夫，秩中二千石，赐爵关内侯、黄金百斤。

夏，四月，己亥晦，日有食之。诏公卿百僚陈过失，无有所讳；大赦天下。光禄大夫刘向对曰："四月交于五月，月同孝惠，日同孝昭，其占恐害继嗣。"是时许皇后专宠，后宫希得进见，中外皆忧上无继嗣，故

忍舍弃，而要加以埋葬，何况是对国家有大功的功臣呢！只怕是陛下忽视了战鼓的声音，没有去翻阅《周书》的记载，因此忘记给陈汤以报答，用对待平庸之臣的态度来看待陈汤，终于批准死刑，使百姓心里再次怀有当年秦国人民那样的遗憾，这绝不是勉励报国忠臣的办法啊！”奏章呈上之后，汉成帝随即下令释放陈汤，但剥夺爵位，贬为士卒。

恰好当时西域都护段会宗被乌孙国的军队围困，骑驿飞驰奏报京师，请求征调西域城邦及在敦煌的驻兵前去营救；丞相王商、大将军王凤以及文武百官商议，讨论了几天也不能决定。王凤建议说：“陈汤谋略胜人，又熟悉西域各国的事务，可以向他询问办法。”汉成帝于是在未央宫的宣室殿召见陈汤。陈汤在攻击郅支单于时患了风湿，两臂不能屈伸；入见时，汉成帝特意让他不必跪拜，把段会宗的奏章给他看。陈汤回答说：“我认为这件事，用不着担忧。”汉成帝说：“你的根据是什么？”陈汤说：“因为五个胡兵，才能抵挡得住一个汉兵，为什么？因为他们的武器落后，刀剑不锋利，弓箭不强劲。后来尽管学到一些中国兵器的技术，但仍须三个胡兵才能抵得过一个汉兵。《兵法》说：‘攻击部队的人数，必须要超过守军人数一倍，才能势均力敌。’而包围段会宗的人数，不足以胜过段会宗，因此请陛下不必忧虑！况且部队轻装行军，每天才五十里，重装行军，每天不过三十里，现在段会宗想调发西域城邦及敦煌的士兵去解围，那需要很长时间才能抵达，这是用来报仇的军队，不是用来救援的军队。”汉成帝说：“那怎么办呢？段会宗一定能够退敌解围吗？估算一下，需要多久时间才能解围呢？”陈汤知道乌孙军队是乌合之众，不能持久作战，料定结束战斗只需数天时间。于是回答说：“已经解围了。”然后，陈汤又屈指计算日期说：“不出五天，就有捷报传来。”过了四天，战事奏报送到京师，说已经解围了。大将军王凤上奏请求任命陈汤为大将军府的从事中郎，大将军幕府的日常事务由陈汤决断。

汉成帝河平元年（癸巳，前 28 年）

春季，杜钦向王凤举荐犍为人王延世，派他去堵塞黄河缺口。王凤任命王延世为河堤使者。王延世用四丈长的竹笼，粗大的竹笼要九人合抱，里面装满小石头，用两条船夹着搬运，投下河堤的缺口。历时三十六天，堵塞了缺口，完成了堤防。三月，下诏任命王延世为光禄大夫，年俸中二千石，封爵位关内侯，赏赐黄金一百斤。

夏季，四月三十日己亥，发生日食。汉成帝下诏要求公卿百官上书条陈过失，不要有忌讳；大赦天下。光禄大夫刘向上书回答说：“四月三十日月末接连五月，这一天的日食，按月份与孝惠皇帝时相同，按日期与孝昭皇帝时相同，按占卜的显示

杜钦、谷永及向所对皆及之。上于是减省椒房、掖庭用度，服御、舆驾所发诸官署及所造作，遗赐外家、群臣妾，皆如竟宁以前故事。

皇后上书自陈，以为："时世异制，长短相补，不出汉制而已，纤微之间未必可同。若竟宁前与黄龙前，岂相放哉！家吏不晓，今壹受诏如此，且使妾摇手不得。设妾欲作某屏风张于某所，曰：'故事无有。'或不能得，则必绳妾以诏书矣。此诚不可行，唯陛下省察！故事，以特牛祠大父母，戴侯、敬侯皆得蒙恩以太牢祠，今当率如故事，唯陛下哀之！今吏甫受诏读记，直豫言使后知之，非可复若私府有所取也。其萌牙所以约制妾者，恐失人理。唯陛下深察焉！"

上于是采谷永、刘向所言灾异咎验皆在后宫之意以报之，且曰："吏拘于法，亦安足过！盖矫枉者过直，古今同之。且财币之省，特牛之祠，其于皇后，所以扶助德美，为华宠也。咎根不除，灾变相袭，祖宗且不血食，何戴侯也！传不云乎：'以约失之者鲜'，审皇后欲从其奢与？朕亦当法孝武皇帝也，如此，则甘泉、建章可复兴矣。孝文皇帝，朕之师也。皇太后，皇后成法也。假使太后在彼时不如职，今见亲厚，又恶可以逾乎！皇后其刻心秉德，谦约为右，垂则列妾，使有法焉！"

给事中平陵平当上言："太上皇，汉之始祖，废其寝庙园，非是。"上亦以无继嗣，遂纳当言。秋，九月，复太上皇寝庙园。

诏曰："今大辟之刑千有余条，律令烦多，百有余万言；奇请、他比，日以益滋。自明习者不知所由，欲以晓喻众庶，不亦难乎！于以罗元元之民，夭绝亡辜，岂不哀哉！其议减死刑及可蠲除约省者，令较然易知，条奏！"时有司不能广宣上意，徒钩摭微细，毛举数事，以塞诏而已。

有人危害后嗣。当时只有许皇后一人专宠，后宫嫔妃很少进御皇上，所以杜钦、谷永以及刘向的对策都特别强调这一点。皇上于是减少椒房、掖庭的用费，压缩御用衣服、车马，以及朝廷百官府署的各项工程的造作，对于皇亲外戚和群臣家属的赏赐依照先帝竟宁以前的规矩办事。”

许皇后上书申辩说：“时代不同，规矩要变，长短互补，只要不超出汉朝的制度，那些细微的地方不一定要完全相同。竟宁时代的元帝与黄龙时代的宣帝难道是一样？服侍后宫的家吏不懂得变通，如今刚颁布节俭的诏书就如此这般，使臣妾想摇摇手都不可能。臣妾如果想在某一个地方放置一个屏风，家吏官员就说：‘没有先例。’臣妾的要求不被理睬，他们用诏书来限制臣妾的需求，这实在是行不通，请陛下明察！按照诏书颁示的旧例，只能用一头牛祭祀祖父母，可是我祖父平恩戴侯许广汉、父亲乐成敬侯许延寿，后来蒙受恩典，可以用牛、羊、猪三牲来祭祀，若一律按照旧制度，就只能用一头牛了，因此请求陛下哀怜，仍准用三牲祭祀。如今家吏刚刚把诏书读给臣妾听，还警告臣妾说不可以和从前一样，把宫廷中的物品当作自己的私产随意支配。才一开始就如此凶狠，将来对臣妾的摆布，恐怕会达到失去人性的地步，请陛下深切考虑！”

汉成帝就把谷永、刘向奏章上关于天变灾祸，其责任都在后宫这一指责转送给许皇后看，并且下诏说：“官吏执行法令，有什么过错！为了矫枉必须过正，古今的道理一样。况且节省钱财，改用一头牛来祭祀先祖，对皇后而言，正好发扬你的美德，使你得到更大的恩宠。如果灾祸的根源不铲除，让它这样继续发展下去，祖宗的祭祀恐怕都会中断，还谈什么平恩戴侯的祭祀啊！《论语》说过：‘保持节俭的美德而犯过失的人是很少有的。’难道皇后真的是追求奢侈？那么朕也应当仿效孝武皇帝了，这样一来，那甘泉、建章两宫就应当派人把它重新修建起来。节俭的孝文皇帝才是朕的老师。皇太后、皇后的待遇应该依循规定。假如皇太后在当年都不能随心所欲，如今皇后受到亲厚，又怎能超过太后呢？皇后应该刻意收敛行为，修养品德，带头谦虚节俭，给众嫔妃做出榜样，使她们能够效法。”

给事中平陵人平当上奏说：“太上皇是汉朝的始祖，元帝时却把他的墓园废除，这是不对的。”汉成帝正忧虑自己没有后代，就采纳平当的建议。秋季，九月，重建太上皇的祭庙墓园。

汉成帝下诏说：“如今仅死刑的条文，就有一千多条，律令繁多，洋洋百余万字；各种附加条文，一天比一天多，就连专门研究和执行法律的法官狱吏，也都弄不清楚，却想拿这些去教导人民，让他们都能知晓，岂不是更难！用刑法来网罗天下的百姓，使无辜的人死于非命，未尽天年，岂不是令人哀痛的事吗？责成主管部门立即商讨减少死刑以及应当废除那些不合时宜的法令，使法律条文明白易知，商

匈奴单于遣右皋林王伊邪莫演等奉献，朝正月。

（以上为第六段，写河平元年汉成帝办了两件大事：一是堵塞了黄河缺口；二是因日食下诏求言，并采纳臣下建议，节省皇室费用，裁减刑法条文。）

二年（甲午，前 27 年）

春，伊邪莫演罢归，自言欲降，“即不受我，我自杀，终不敢还归”。使者以闻，下公卿议。议者或言：“宜如故事，受其降。”光禄大夫谷永、议郎杜钦以为：“汉兴，匈奴数为边害，故设金爵之赏以待降者。今单于屈体称臣，列为北藩，遣使朝贺，无有二心；汉家接之，宜异于往时。今既享单于聘贡之质，而更受其逋逃之臣，是贪一夫之得而失一国之心，拥有罪之臣而绝慕义之君也。假令单于初立，欲委身中国，未知利害，私使伊邪莫演诈降以卜吉凶，受之，亏德沮善，令单于自疏，不亲边吏；或者设为反间，欲因以生隙，受之，适合其策，使得归曲而责直；此诚边境安危之原，师旅动静之首，不可不详也。不如勿受，以昭日月之信，抑诈谖之谋，怀附亲之心，便！”对奏，天子从之。遣中郎将王舜往问降状，伊邪莫演曰：“我病狂，妄言耳。”遣去。归到，官位如故，不肯令见汉使。

（以上为第七段，写汉成帝在河平二年春节朝贡时，倾听群臣意见，采纳了正确的建议，没有接受匈奴朝贡使者的诈降，维护了两国的和平友好关系。）

夏，四月，楚国雨雹，大如釜。

徙山阳王康为定陶王。

六月，上悉封诸舅：王谭为平阿侯，商为成都侯，立为红阳侯，根为曲阳侯，逢时为高平侯。五人同日封，故世谓之“五侯”。太后母李氏更嫁为河内苟宾妻，生子参；太后欲以田蚡为比而封之。上曰：“封田氏，非正也！”以参为侍中、水衡都尉。

议之后，分条详细回奏！”当时那些主管官员，却不能体会皇上的旨意，只不过只求取了一些细微末节，列举了一些毫毛般的小事来搪塞诏书罢了。

匈奴单于派右皋林王伊邪莫演等人前来进贡，将在明年正月入朝。

汉成帝河平二年（甲午，前27年）

春季，匈奴使者伊邪莫演朝贡后应当回国，他突然声称要投降汉朝。他说：“如果不接受我的投降，我就自杀，誓死不回匈奴。”接待官员如实奏报，汉成帝转发给公卿大臣商议。参加商议的大臣，有的说：“依照成例，接受投降。”光禄大夫谷永、议郎杜钦认为：“汉朝建立，匈奴多次侵犯边境，所以用黄金和爵位来奖赏，鼓励匈奴来投降。如今单于屈膝跪拜，称臣归顺，列名为北方的藩属，又遣使朝贡，没有二心。汉朝的接待规格应当不同于往时。如今已经接纳了单于使者的朝贡诚意，却又收留他们叛逃的臣子，这将是为了贪图一个人而失掉了一国的归心，为了一个犯罪的臣子，而断送一位向义归顺的国君。设想一种可能，匈奴复株累若鞮单于刚刚即位时，本想依靠中原，却不知是利是害，现在秘密指使伊邪莫演前来诈降，用以试探汉朝对匈奴的态度，我们接受他的请求，那就有亏道义，败坏美德，使单于和我们疏远，不再亲善中国边境的官吏；或者是他设下的反间之计，想要借此惹是生非，若我们接受他的请求，正好中了他们的圈套，使他们有了正当的借口，而理直气壮地责备我们；这正是关系今后边境安危的头等大事，征战与平安的关键，不能不特别慎重考虑。所以不如拒绝他的请降，以显示我们如同日月一样执着的信义，消除他们诈降的阴谋，安抚他们归顺亲近我们的决心，这是最好的办法！”这项建议上奏后，汉成帝采纳了。派遣中郎将王舜前往询问伊邪莫演请降的原因，伊邪莫演骤然改变态度，说：“我有精神狂妄症，从前说要投降的话，是一种精神失常的胡言乱语。”最后，伊邪莫演被礼送出境。他回到匈奴后，官位如故，单于不再让他会见汉朝使者。

夏季，四月，楚国降落冰雹，大块的冰雹就像一口饭锅。

改封山阳王刘康为定陶王。

六月，汉成帝册封他五个舅舅，全都封侯。王谭为平阿侯，王商为成都侯，王立为红阳侯，王根为曲阳侯，王逢时为高平侯。五人同一天受封，所以世人将他们称为“五侯”。皇太后王政君的母亲改嫁给河内人苟宾为妻，生了一个儿子苟参；皇太后想比照田蚡封苟参为侯。汉成帝说：“孝武皇帝封田蚡，不是正典不可效法。”

御史大夫张忠奏京兆尹王尊暴虐倨慢，尊坐免官；吏民多称惜之。湖三老公乘兴等上书讼："尊治京兆，拨剧整乱，诛暴禁邪，皆前所希有，名将所不及；虽拜为真，未有殊绝褒赏加于尊身。今御史大夫奏尊'伤害阴阳，为国家忧，无承用诏书意，"靖言庸违，象恭滔天。"原其所以，出御史丞杨辅，素与尊有私怨，外依公事建画为此议，傅致奏文，浸润加诬，臣等窃痛伤。尊修身洁己，砥节首公，刺讥不惮将相，诛恶不避豪强，诛不制之贼，解国家之忧，功著职修，威信不废，诚国家爪牙之吏，折冲之臣。今一旦无辜制于仇人之手，伤于诋欺之文，上不得以功除罪，下不得蒙棘木之听，独掩怨仇之偏奏，被共工之大恶，无所陈冤诉罪。尊以京师废乱，群盗并兴，选贤征用，起家为卿；贼乱既除，豪猾伏辜，即以佞巧废黜。一尊之身，三期之间，乍贤乍佞，岂不甚哉！'孔子曰：'爱之欲其生，恶之欲其死，是惑也。''浸润之谮不行焉，可谓明矣。'愿下公卿、大夫、博士、议郎定尊素行！夫人臣而'伤害阴阳'，死诛之罪也；'靖言庸违'，放殛之刑也。审如御史章，尊乃当伏观阙之诛，放于无人之域，不得苟免；及任举尊者，当获选举之辜，不可但已。即不如章，饰文深诋以诉无罪，亦宜有诛，以惩谗贼之口，绝诈欺之路。唯明主参详，使白黑分别！"书奏，天子复以尊为徐州刺史。

（以上为第八段，写京兆尹王尊果敢执法，触犯权贵，被诬告免官；又因吏民替他辩护而被任用，汉成帝左右摇摆，没有独断之明。）

夜郎王兴、钩町王禹、漏卧侯俞更举兵相攻。牂柯太守请发兵诛兴等。议者以为道远不可击，乃遣太中大夫蜀郡张匡持节和解。兴等不从命，刻木象汉吏，立道旁，射之。

汉成帝任命苟参为侍中、水衡都尉。

御史大夫张忠上奏弹劾京兆尹王尊残暴傲慢，王尊就被免除职务；官民却都很惋惜。湖县三老公乘兴等上奏章为王尊辩护，说："王尊治理京师，能够拨乱反正，铲除凶暴，禁止奸邪，成效卓著，前所未有，即使有名的将领都赶不上；虽然由代理而被正式任命为京兆尹，却没有受到任何特别的封赏。如今御史大夫上书指控王尊：'伤天害理，给国家带来忧患，不执行皇上诏书的旨意，就像《尚书》形容的："言行不一，说得好，做得差，外表好像恭廉，实际上罪恶滔天。"'御史大夫指控的原因，是出自御史丞杨辅，因为杨辅素来与王尊有私人仇怨，表面上公事公办，实际上是周密策划的报复弹劾案，东拼西凑，罗织成奏章，一点一点地加大罪状，存心诬陷，臣等非常痛心。王尊向来廉洁自爱，砥砺品节，一心向公，应当讽刺的人，即便是将相，也不畏惧他们的权势；应诛杀的恶霸，即使是土豪强梁，也不避忌；讨灭了不肯顺服的盗匪傰宗等人，解除了国家的忧患，功绩显著，职事修明，建立了朝廷的威信，实在是国家一位难得的武勇威猛的爪牙和能抗敌保国的功臣。如今一旦无辜地陷入仇人之手，被一篇诬陷的文字打倒，上既不能因功赎罪，下又不能在公堂之上申辩，独自因仇家的片面之词，蒙受到共工所受的恶名，却无处陈冤。王尊在京师社会混乱、群盗横行之时，皇上选举贤能，将他征召入朝，列为公卿之臣；如今贼乱已平，大奸巨猾也都伏法，而王尊却立即被指控奸巧谄媚而遭到贬斥。同样一个王尊，只不过三年的时间，一会儿被尊崇为贤能的人，一会儿被指责为奸佞的人，怎么会是这样？孔子说：'爱这个人，就希望他活着，厌恶这个人，就希望他死去。既希望他活，又希望他死，这就是迷惑。'又说：'点点滴滴，日积月累的毁谤，就像水渗透那样，在你那里都行不通，那你可算是个明白人了。'臣等希望把王尊的案件交给公卿、大夫、博士、议郎去会审，按照王尊的一贯表现定罪。为人臣子，果真犯了伤天害理的罪，就应当诛杀；如果真是说得好、做得差的人，也应该遭到放逐的处罚。如果审查的结果，真像御史大夫上奏所说的罪状，王尊就应当伏诛在宫殿之下，或流放到罕无人烟的边境去，不该是免去官职了事；还有那举荐王尊的人，也应该受到举荐不当的惩罚，不应原谅。如果查明王尊不像奏章所说的那样，那么仅靠文字技巧，罗织罪状，以指控无罪的御史大夫等人，也应当遭到惩罚，用以惩戒谗言之人，断绝诈骗欺人的邪路。请求英明的皇上参酌详察，使黑白分明！"奏章呈上后，汉成帝当即又任命王尊为徐州刺史。

夜郎王兴、钩町王禹、漏卧侯俞，彼此兴兵互相攻击。牂柯太守请求发兵征讨他们。参与廷议的大臣认为路途太远，不可出兵讨伐，便派遣太中大夫蜀郡人张匡为使节，前往调解。兴等都不听从和解的命令，还用木头刻成汉吏的雕像，立在道

杜钦说大将军王凤曰："蛮夷王侯轻易汉使，不惮国威，恐议者选耎，复守和解；太守察动静有变，乃以闻。如此，则复旷一时，王侯得收猎其众，申固其谋，党助众多，各不胜忿，必相殄灭。自知罪成，狂犯守尉，远臧温暑毒草之地；虽有孙、吴将，贲、育士，若入水火，往必焦没，智勇亡所施。屯田守之，费不可胜量。宜因其罪恶未成，未疑汉家加诛，阴敕旁郡守尉练士马，大司农豫调谷积要害处，选任职太守往，以秋凉时入，诛其王侯尤不轨者。即以为不毛之地，无用之民，圣王不以劳中国，宜罢郡，放弃其民，绝其王侯勿复通。如以先帝所立累世之功不可堕坏，亦宜因其萌牙，早断绝之，及已成形然后战师，则万姓被害。"于是凤荐金城司马临邛陈立为牂柯太守。

立至牂柯谕告夜郎王兴，兴不从命；立请诛之，未报。乃从吏数十人出行县，至兴国且同亭，召兴。兴将数千人往至亭，从邑君数十人入见立。立数责，因断头。邑君曰："将军诛无状，为民除害，愿出晓士众！"以兴头示之，皆释兵降。钩町王禹、漏卧侯俞震恐，入粟千斛、牛羊劳吏士。立还归郡。

兴妻父翁指，与子邪务收余兵，迫胁旁二十二邑反。至冬，立奏募诸夷，与都尉、长史分将攻翁指等。翁指据厄为垒，立使奇兵绝其饷道，纵反间以诱其众。都尉万年曰："兵久不决，费不可共。"引兵独进；败走，趋立营。立怒，叱戏下令格之。都尉复还战，立救之。时天大旱，立攻绝其水道。蛮夷共斩翁指，持首出降，西夷遂平。

（以上为第九段，写牂柯太守陈立平定了西南夷地区西夷的反叛。）

路旁边，用箭射击。

杜钦向大将军王凤献策说：“蛮夷王侯如此轻视汉朝使节，不惧朝廷的国威，恐怕那些参与廷议的人怯懦手软，到现在仍然坚持和解政策；等到当地太守察知蛮夷王侯的动静有了变化，才呈报上来，这样，就会延误三个月的时间。若蛮夷王侯乘机集结部众，筹划完备了他们的谋略，党徒既多，势力就大，各部落相互之间的愤恨又不能容忍，一定自相残杀。等到他们知道自己犯了罪过时，而罪过已经铸成，就可能会疯狂进犯郡城杀害太守和都尉，然后远远地深藏到烟瘴毒草遍布的地方，到那时，即使有从前名将孙武、吴起当统帅，有古时的勇士孟贲、夏育这样的士兵，也将像跳进火坑、深潭，不是被烧死就是被淹死，智慧和勇敢都无法施展。若派兵去开荒垦田，长期屯守，那费用开支将无法计算。最好是在他们还没有铸成大罪之前，尚未想到汉朝会讨伐的时候，秘密下令相邻各郡的太守和都尉，厉兵秣马，由大司农在各重要军事要冲储备粮草，选用称职的人前去任太守，在秋凉季节发动攻击，诛杀王侯中特别横暴的为首分子，若认为那是不毛之地，无用之民，圣明的君王就不应为此劳烦中国的军队去征讨，那就应当撤销郡县，放弃那里的人民，断绝与他们王侯的关系，不再和他们往来。若认为那里积累几代先帝所建立的万世功业，不可毁坏，也应当在变乱刚刚萌芽之时，及早去消除它，等到变乱已经爆发，再兴师问罪，百姓就更加受害。”于是王凤向汉成帝举荐金城郡司马临邛人陈立为牂柯太守。

陈立到达牂柯郡，给夜郎王兴发布谕告，兴不从命；陈立便上报朝廷，请求杀掉兴，没有等到朝廷回报，陈立就率领随从数十人，巡视所辖各县，当巡视到夜郎国的且同亭时，陈立宣召夜郎王兴晋见。夜郎王兴率领数千部众来到且同亭，带着数十名酋长入见陈立。陈立就指责他的不是，趁机砍下他的头。酋长们说：“将军杀掉了不法之徒，为民除害，请求让我们出去告诉部众。”陈立以夜郎王兴的人头示众，数千部众就都弃械投降。钩町王禹、漏卧侯俞听到消息都很害怕，立即呈献粟米一千斛和一些牛羊慰劳将士。陈立回到牂柯郡。

夜郎王兴的岳父翁指和他的儿子邪务，集结残部，裹胁附近二十二个村邑反叛。到了冬天，陈立奏请招募各部落的夷人当兵，和都尉、长史分别率领攻击翁指等。翁指据守险要山寨，壁垒坚固，陈立用奇兵切断粮道，还派出间谍，利用反间计瓦解他的士气。都尉万年说：“这场战争不能持久不决，军费已无法供给。”就率军单独挺进，大败而还，直奔陈立营垒。陈立大怒，责令部下举刀相向，不让万年退入营垒。都尉万年只好回军再战，陈立率军援救。此时正遇大旱，陈立攻占水源，切断了夷兵的输水渠道。蛮夷无水供给，不能坚守，就一起杀掉翁指，献出人头投降。于是西夷被平定。

三年（乙未，前 26 年）

春，正月，楚王嚣来朝。二月，乙亥，诏以嚣素行纯茂，特加显异，封其子勋为广戚侯。

丙戌，犍为地震，山崩，壅江水，水逆流。

秋，八月，乙卯晦，日有食之。

上以中秘书颇散亡，使谒者陈农求遗书于天下。诏光禄大夫刘向校经传、诸子、诗赋，步兵校尉任宏校兵书，太史令尹咸校数术，侍医李柱国校方技。每一书已，向辄条其篇目，撮其指意，录而奏之。

刘向以王氏权位太盛，而上方向《诗》、《书》古文，向乃因《尚书洪范》，集合上古以来，历春秋、六国至秦、汉符瑞、灾异之记，推迹行事，连傅祸福，著其占验，比类相从，各有条目，凡十一篇，号曰《洪范五行传论》，奏之。天子心知向忠精，故为凤兄弟起此论也；然终不能夺王氏权。

河复决平原，流入济南、千乘，所坏败者半建始时。复遣王延世与丞相史杨焉及将作大匠许商、谏大夫乘马延年同作治，六月乃成。复赐延世黄金百斤。治河卒非受平贾者，为著外繇六月。

（以上为第十段，写刘向受命校理图书，上书成帝抑制王氏外戚势力。成帝不纳，王氏权势日盛。黄河再次决口。）

四年（丙申，前 25 年）

春，正月，匈奴单于来朝。

赦天下徒。

三月，癸丑朔，日有食之。

琅邪太守杨肜与王凤连昏，其郡有灾害，丞相王商按问之。凤以为请，商不听，竟奏免肜，奏果寝不下。凤以是怨商，阴求其短，使频阳耿定上书，言“商与父傅婢通；及女弟淫乱，奴杀其私夫，疑商教使。”天子以为暗昧之过，不足以伤大臣。凤固争，下其事司隶。太中大夫蜀郡张匡，素佞巧，复上书极言诋毁商。有司奏请召商诣诏狱。上素重商，知匡言多险，制曰：“勿治！”凤固争之。夏，四月，壬寅，诏收商丞相印绶。商免相三日，发病，欧血薨，谥曰戾侯。而商子弟亲属为驸马都尉、侍中、中常侍、诸曹、大夫、郎吏者，皆出补吏，莫得留给事、宿

汉成帝河平三年（乙未，前26年）

春季，正月，楚王刘嚣到京师朝见天子。二月十六日乙亥，汉成帝下诏褒扬刘嚣品行一向端正，特别优秀，封他的儿子刘勋为广戚侯。

二月二十七日丙戌，犍为郡发生地震，高山崩塌，堵塞了长江，造成江水倒流。

秋季，八月二十九日乙卯，发生日食。

孝成皇上因为宫中藏书失散很多，就派谒者陈农到全国各地征求失传的书籍。命令光禄大夫刘向负责校正经传、诸子、诗赋等各种典籍，步兵校尉任宏负责校正兵书，太史令尹咸负责校正占卜书籍，侍医李柱国负责校正医药书籍。每本书校正完毕，由刘向列出篇章目录，写出内容提要，呈报汉成帝。

刘向眼看王氏权势日益膨胀，而汉成帝还一心欣赏《诗经》、《书经》等古书，刘向就根据《尚书·洪范篇》，收集自上古以来，历经春秋、战国，以至秦、汉等有关祥瑞吉兆、天地灾异的记载，推测每一次祥瑞或灾异发生的经过以及因果祸福关系，占卜与应验的结果，分门别类，编定篇目，共十一篇，名为《洪范五行传论》，呈献给汉成帝。汉成帝心知刘向对汉朝是一片赤诚之心，是由于王凤兄弟的权势过大，才写此书来劝告他；可是始终不忍剥夺王氏的权位。

黄河又在平原郡决口，洪水泛滥到济南郡、千乘郡，所造成的破坏是建始四年那次水害的一半，于是就派王延世和丞相长史杨焉以及掌管宫室建筑的将作大匠许商、谏大夫乘马延年等人共同前往筑河堤，历时六个月，完成决口堵塞。朝廷再次赏赐王延世黄金一百斤。所有参加治河工程没有领工钱的差役民夫，都登记姓名，可以抵免六个月的其他劳役。

汉成帝河平四年（丙申，前25年）

春季，正月，匈奴单于来京师朝见汉成帝。

赦免天下的囚徒。

三月初一日癸丑，发生日食。

琅邪太守杨肜与大将军王凤是联姻关系。琅邪郡发生灾害，丞相王商派人调查。王凤替杨肜说情，王商不听，竟然上奏罢免杨肜，可是免职奏书搁置宫中没有下发。王凤因此怨恨王商，暗中寻找王商的短处，指使频阳人耿定上奏，说："王商和他父亲的近身侍婢通奸，王商的妹妹淫乱，王商的家奴杀了王商妹妹的情夫，怀疑是王商的唆使。"汉成帝认为这些是属于隐私的过失，不足以伤害一位大臣。王凤坚持己见，将这案子移交司隶校尉查办。太中大夫蜀郡张匡，向来是个奸佞小人，再次上奏用最狠毒的语言诽谤王商。主管部门上奏拘拿王商到天子主管的特别监狱审查。汉成帝一向敬重王商，知道张匡的言论十分阴险，下诏说："不要追究。"王凤坚持

卫者。有司奏请除国邑；有诏："长子安嗣爵为乐昌侯。"

上之为太子也，受《论语》于莲勺张禹，及即位，赐爵关内侯，拜为诸吏、光禄大夫，秩中二千石，给事中，领尚书事。禹与王凤并领尚书，内不自安，数病，上书乞骸骨，欲退避凤；上不许，抚待愈厚。六月，丙戌，以禹为丞相，封安昌侯。

庚戌，楚孝王嚣薨。

（以上为第十一段，写丞相王商在大将军王凤的报复下被罢官逼死，成帝任用老师张禹为丞相。）

初，武帝通西域，罽宾自以绝远，汉兵不能至，独不服，数剽杀汉使。久之，汉使者文忠与容屈王子阴末赴合谋攻杀其王；立阴末赴为罽宾王。后军候赵德使罽宾，与阴末赴相失；阴末赴锁琅当德，杀副已下七十余人，遣使者上书谢。孝元帝以其绝域，不录，放其使者于县度，绝而不通。

及帝即位，复遣使谢罪。汉欲遣使者报送其使。杜钦说王凤曰："前罽宾王阴末赴，本汉所立，后卒畔逆。夫德莫大于有国子民，罪莫大于执杀使者，所以不报恩，不惧诛者，自知绝远，兵不至也。有求则卑辞，无欲则骄慢，终不可怀服。凡中国所以为通厚蛮夷，惬快其求者，为壤比而为寇。今县度之厄，非罽宾所能越也；其乡慕，不足以安西域；虽不附，不能危城郭。前亲逆节，恶暴西域，故绝而不通；今悔过来，而无亲属、贵人，奉献者皆行贾贱人，欲通货市买，以献为名，故烦使者送至县度，恐失实见欺。凡遣使送客者，欲为防护寇害也。起皮山，南更不属汉之国四、五，斥候士百余人，五分夜击刁斗自守，尚时为所侵盗。驴畜负粮，须诸国禀食，得以自赡。国或贫小不能食，或桀黠不肯给，拥强汉之节，馁山谷之间，乞丐无所得，离一、二旬，则人畜弃捐旷野而不反。又历大头痛、小头痛之山，赤土、身热之阪，令人身热无色，头痛呕吐，驴畜尽然。又有三池盘、石阪道，狭者尺六七寸，长者径三十里，临峥嵘不测之深，行者骑步相持，绳索相引，二千余里，乃

查办。夏季，四月二十日壬寅，汉成帝下诏，收回王商的丞相印绶。王商罢官后三天，突发重病，吐血而死，谥号戾侯。王商的子弟亲属任职有驸马都尉、侍中、中常侍、诸吏、大夫、郎官的人，全部外放做地方官，没有一个留在给事中、近卫郎官的任上。主管官员还奏请废除王商的侯爵，削除封邑，汉成帝下诏："王商的长子王安嗣爵为乐昌侯。"

汉成帝任太子的时候，曾跟莲勺县的张禹学习《论语》，等到即皇帝位，赐爵张禹为关内侯，任职诸吏、光禄大夫，年俸中二千石，兼职给事中，领尚书事。张禹与王凤同领尚书，内心惶恐不安，多次称病，上书请求退休，想退避王凤，汉成帝不准，抚慰亲近更加优厚。六月初五日丙戌，任命张禹为丞相，封爵安昌侯。

六月二十九日庚戌，楚孝王刘嚣辞世。

当初，汉武帝打通西域时，罽宾自认为路途遥远，汉兵不能到达，独自不归服，多次劫掠杀害汉朝使节。过了很久，汉使文忠与罽宾的一个附属国容屈王的儿子阴末赴，合谋攻杀罽宾国王，立阴末赴为罽宾国王。此后，汉朝军候赵德出使罽宾，与阴末赴关系闹翻，阴末赴把赵德用铁链拘押起来，杀汉朝副使以下七十多人，派出使者到京师上书请罪。汉元帝因为路途遥远，不接罽宾国使者的上书，把罽宾国的使者流放到县度，断绝邦交，不再通使。

等到汉成帝即皇帝位，罽宾国再次派遣使者来请罪。汉朝打算派遣汉使护送罽宾使者回国。杜钦对王凤进言说："先前罽宾王阴末赴，原本是汉使所立，后来竟然背叛汉朝。最大的恩德莫过于使他当上国王，最大的罪恶莫过于谋杀他国的使节，他们所以不肯报恩，又不怕惩罚，是因为仗恃距离中国太远，汉兵无法前往。因而当他们有所求于我们时，就恭敬谦虚；无所求于我们时，就骄纵怠慢，始终无法使他们感恩归服。大凡中国所以要厚待蛮夷部落，尽量满足他们的要求，为的是双方疆土相接，防止他们因不满意而入境劫掠。如今县度的通道险要，不是罽宾国军队所能越过的；他们如果仰慕而归附汉朝，并不能带动影响西域各国；即使他们不归附，也不会危害已经归汉的西域城邦各国。先前罽宾王亲自谋杀汉使，罪恶已昭彰西域各国，为此，中国才和罽宾断绝来往；如今虽然悔过前来，但是派来的使节，既不是罽宾王的亲属，也不是重要的贵族官员，而是一些从事商业的贱人，不过是想来做生意的，以朝贡为借口罢了。因此，如果派汉使监护他们到县度，他们尊贵的身份不实，比汉使低微，岂不是要被西域笑话。凡是护送外国使节，为的是保护他们不受盗匪伤害。自皮山国以南，不臣属于汉朝的还有四五个国家。汉朝还要派

到县度。畜坠，未半坑谷尽靡碎；人堕，势不得相收视；险阻危害，不可胜言。圣王分九州，制五服，务盛内，不求外；今遣使者承至尊之命，送蛮夷之贾，劳吏士之众，涉危难之路，罢敝所恃以事无用，非久长计也。使者业已受节，可至皮山而还。”于是凤白从钦言。罽宾实利赏赐贾市，其使数年而壹至云。

（以上为第十二段，写中国与西域罽宾国的通使情况。）

阳朔元年（丁酉，前 24 年）

春，二月，丁未晦，日有食之。

三月，赦天下徒。

冬，京兆尹泰山王章下狱，死。

时大将军凤用事，上谦让无所颛。左右尝荐光禄大夫刘向少子歆通达有异材，上召见，歆诵读诗赋，甚悦之，欲以为中常侍；召取衣冠，临当拜，左右皆曰：“未晓大将军。”上曰：“此小事，何须关大将军！”左右叩头争之，上于是语凤，凤以为不可，乃止。

王氏子弟皆卿、大夫、侍中、诸曹，分据势官，满朝廷。杜钦见凤专政太重，戒之曰：“愿将军由周公之谦惧，损穰侯之威，放武安之欲，毋使范雎之徒得间其说！”凤不听。

时上无继嗣，体常不平。定陶共王来朝，太后与上承先帝意，遇共王甚厚，赏赐十倍于他王，不以往事为纤介；留之京师，不遣归国。上

侦察部队百余人，每晚轮班五次，敲打刁斗警戒守卫，但仍不断遭受到袭击。驴子所载负的食粮，需要沿途各国补充，才能自给。有些国家又小又穷，无力供应；有些国家则凶暴狡诈而拒绝供应。奉派前往护送的使节空拿着强大汉朝的符节，在山谷之间，忍饥挨饿，乞讨无门，只要一二十天的时间，人马就会死在旷野，永无生还。沿途又要翻越大头痛山、小头痛山这样的崇山峻岭，以及通过赤土、身热那样的斜坡峭壁，使人浑身发烧，面无人色，头痛、呕吐，连驴马也都是如此。还要穿越三池盘、石阪道的险路，最狭的山径只有一尺六七寸宽，却长达三十里，山径下边是深不可测的险峻山谷，行人与马匹要相互扶持，还要用绳索前后牵连，要走两千余里，才能到达悬度。一旦牲畜不慎失足坠落，还没有跌到谷底，已经粉身碎骨；人一不小心，失足坠落，连尸首也不能收殓；艰难险阻，难以说得清楚。从前圣明的君王把全国划分为九州，制定了五服的远近亲疏关系，只求安内，不管外族之事。如今派遣使节，承奉皇上之命，护送蛮夷的商人回去，烦劳那么多的官员士民，跋涉险恶的道路，疲惫国家依靠的官民，去侍奉毫无用处的蛮夷，这不是长久的计策！既然使节已经派定，就不能撤销，但只可以护送到皮山国就返回。”于是王凤向汉成帝呈报，皇上采纳了杜钦的建议。罽宾王确实怀着贪图赏赐的目的来做生意，因此，每隔数年，总要派遣使节前来中原。

汉成帝阳朔元年（丁酉，前 24 年）

春季，二月三十日丁未，发生日食。

三月，赦免天下囚犯。

冬季，京兆尹泰山郡人王章被捕下狱，死在狱中。

这时大将军王凤独揽朝政，汉成帝谦让软弱，又无力约束他。左右侍从曾举荐光禄大夫刘向的小儿子刘歆，说他通情达理，是个奇才，汉成帝就召见他。刘歆在汉成帝面前，朗诵诗赋，汉成帝听了十分高兴，打算任命他为中常侍，就叫左右的人去拿官服，正当要下拜授职时，左右的人都说：“这件事还没有告诉大将军。”汉成帝说：“这种小事，何必麻烦他呢！”左右惶恐，叩头力争，汉成帝无奈，只好告诉王凤，王凤认为不可以。任命之事，于是作罢。

王氏的子弟都是卿、大夫、侍中、诸曹等官职，分别把握了要害部门的实权，势力布满朝廷。杜钦看到王凤权势太盛，规劝王凤说：“希望将军效法周朝周公姬旦那样谦虚警惧的美德，减少秦朝权臣穰侯魏冉的威势，放弃秦朝武安君白起那样的欲望，不要让范雎这种人抓住把柄挑拨离间！”王凤不听规劝。

这时汉成帝还没有儿子，身体又多病。定陶共王刘康来朝见，皇太后和汉成帝秉承先帝的心意，待刘康很优厚，给他的赏赐十倍于其他的亲王，并不因为先帝曾

谓共王：“我未有子，人命不讳，一朝有他，且不复相见，尔长留侍我矣！”其后天子疾益有瘳，共王因留国邸，旦夕侍上；上甚亲重之。大将军凤心不便共王在京师，会日食，凤因言：“日食，阴盛之象。定陶王虽亲，于礼当奉藩在国；今留侍京师，诡正非常，故天见戒，宜遣王之国！”上不得已于凤而许之。共王辞去，上与相对涕泣而决。

王章素刚直敢言，虽为凤所举，非凤专权，不亲附凤，乃奏封事，言“日食之咎，皆凤专权蔽主之过”。上召见章，延问以事。章对曰：“天道聪明，佑善而灾恶，以瑞应为符效。今陛下以未有继嗣，引近定陶王，所以承宗庙，重社稷，上顺天心，下安百姓，此正议善事，当有祥瑞，何故致灾异！灾异之发，为大臣专政者也。今闻大将军猥归日食之咎于定陶王，建遣之国，苟欲使天子孤立于上，颛擅朝事以便其私，非忠臣也。且日食，阴侵阳，臣颛君之咎。今政事大小皆自凤出，天子曾不壹举手，凤不内省责，反归咎善人，推远定陶王。且凤诬罔不忠，非一事也。前丞相乐昌侯商，本以先帝外属，内行笃，有威重，位历将相，国家柱石臣也，其人守正，不肯屈节随凤委曲；卒用闺门之事为凤所罢，身以忧死，众庶愍之。又凤知其小妇弟张美人已尝适人，于礼不宜配御至尊，托以为宜子，内之后宫，苟以私其妻弟。闻张美人未尝任身就馆也。且羌、胡尚杀首子以荡肠正世，况于天子，而近已出之女也！此三者皆大事，毕下所自见，足以知其余及他所不见者。凤不可令久典事，宜退使就第，选忠贤以代之！”

自凤之白罢商，后遣定陶王也，上不能平；及闻章言，天子感寤，纳之，谓章曰：“微京兆尹直言，吾不闻社稷计。且唯贤知贤，君试为朕求可以自辅者。”于是章奏封事，荐信都王舅琅邪太守冯野王，忠信质直，智谋有余。上自为太子时，数闻野王名，方倚以代凤。章每召见，

一度想立他为太子这事而有所嫌隙。汉成帝把刘康留在京师，不让其返回封国。汉成帝告诉刘康：“我没有嗣子，人生无常，不必忌讳，有朝一日我有了意外，我们就再没有见面的机会，你就长留在京师，与我做伴吧！”后来汉成帝的病情渐渐减轻，刘康便住在京师的定陶共王府邸，早晚都去陪侍汉成帝；汉成帝也很亲近看重他。大将军王凤心中认为刘康久留京师，对自己不利，恰好遇到日食，王凤借机警告汉成帝说：“所以发生日食，是阴气过盛的天象，定陶共王虽然是亲兄弟，依礼他应当回到封国；现今久留京师，这是违犯常规的非常事情，因此上天提出警告，应该遣送定陶共王回国。”汉成帝无力违抗王凤，迫不得已，只好答应。刘康拜辞汉成帝时，兄弟二人相泣而别。

王章一向刚正敢于直言，虽然是王凤举荐的人，但是非常不满王凤的专权，也不亲附王凤，竟然上秘密奏章，说：“日食的发生，都是由于王凤专权、蒙蔽主上的罪过。”汉成帝召见王章，详细询问弹劾王凤的事。王章回答说：“上天十分耳聪目明，它保佑善良而降灾祸给邪恶的人，常用天变作为信验。如今陛下因为无子，所以特别亲近定陶王刘康，这是为承继祖先宗庙，尊重国家，上顺天意，下安民心的作为，是一桩善事，上天应有祥瑞才对，怎么会有灾变呢？灾变发生，那是因为不能忍受大臣专政的缘故。如今听说大将军王凤把日食的发生归咎于定陶王刘康，建议遣送回藩国，目的是使陛下孤立无助，满足他能控制朝政的私欲，这种行为不是忠臣应该有的。况且日食的发生，是由于阴气侵犯了阳气，是臣子专擅君权的罪过。如今朝廷大小事件，都由王凤来裁定，皇上连插手的机会都没有，王凤不从内心检讨，反而怪罪善良的人，把定陶王排挤到远方。何况王凤毁谤欺骗的不忠之事，何止一件。前任丞相乐昌侯王商，本是宣帝舅舅王武的儿子，品德纯厚，威望素重，因而位居将相，是国家的栋梁之臣。由于他耿直正派，不肯向王凤屈膝，结果竟因闺房隐私，被王凤罢官，以致忧愤而死，大家都为他悲伤而惋惜。还有王凤明知他小妾的妹妹张美人曾出嫁过，依礼不当再配给至尊的皇上，他借口说她能生儿子，把她纳进后宫，徇私偏袒她；可是张美人进宫后，却没有怀孕生子。况且西羌、北胡那些少数民族，对女人第一胎的婴儿，还要杀掉，称为洗肠，目的在于纯正血统，何况皇帝陛下，怎可以接近已嫁过人的女子？这三件都是大事，是陛下亲眼所见，足以推断其他看不见的事情。王凤不当继续主持朝政，应该让他辞职让位，回到他的侯府，另选忠良贤能的人来代替。”

自从王凤上奏罢免了丞相王商，后又遣送定陶王回到封国，汉成帝内心愤愤不平。等听到王章秘密上奏后，顿然醒悟，决定采纳王章的建议。汉成帝对王章说：“如果没有你京兆尹的直言，朕就听不到国家大计的言论。况且只有贤能的人才知道谁是贤人，卿试着给朕找一个可以辅佐的人。”于是王章秘密上奏，举荐信都王刘兴

上辄辟左右。时太后从弟子侍中音独侧听，具知章言，以语凤。凤闻之，甚忧惧。杜钦令凤出就第，上疏乞骸骨，其辞指甚哀。太后闻之，为垂涕，不御食。上少而亲倚凤，弗忍废，乃优诏报凤，强起之；于是凤起视事。

上使尚书劾奏章："知野王前以王舅出补吏，而私荐之，欲令在朝，阿附诸侯；又知张美人体御至尊，而妄称引羌胡杀子荡肠，非所宜言。"下章吏。廷尉致其大逆罪，以为"比上夷狄，欲绝继嗣之端；背畔天子，私为定陶王"。章竟死狱中，妻子徙合浦。自是公卿见凤，侧目而视。

冯野王惧不自安，遂病；满三月，赐告，与妻子归杜陵就医药。大将军凤风御史中丞劾奏"野王赐告养病而私自便，持虎符出界归家，奉诏不敬。"杜钦奏记于凤曰："二千石病，赐告得归，有故事；不得去郡，亡著令。传曰：'赏疑从予，'所以广恩劝功也；'罚疑从去，'所以慎刑，阙难知也。今释令与故事而假不敬之法，甚违'阙疑从去'之意。即以二千石守千里之地，任兵马之重，不宜去郡，将以制刑为后法者，则野王之罪在未制令前也。刑赏大信，不可不慎！"凤不听，竟免野王官。

时众庶多冤王章讥朝廷者，钦欲救其过，复说凤曰："京兆尹章，所坐事密，自京师不晓，况于远方！恐天下不知章实有罪，而以为坐言事。如是，塞争引之原，损宽明之德。钦愚以为宜因章事举直言极谏，并见郎从官，展尽其意，加于往前，以明示四方，使天下咸知主上圣明，不以言罪下也。若此，则流言消释，疑惑著明。"凤白行其策焉。

的舅舅琅邪太守冯野王，说他忠心正直，很有谋略。汉成帝为太子时，多次听说冯野王的名声，正要依靠他来代替王凤。王章每次被召见，汉成帝就让身边的人回避。当时皇太后的侄儿王音独自从旁偷听，了解王章的所有呈奏，向王凤报告。王凤听说后，既忧虑又恐惧。杜钦出主意让王凤搬出大将军府，回到自己侯爵住宅，上疏辞职退休，言辞十分悲痛。皇太后听到了，为王凤哭泣，绝食抗议。汉成帝从小就亲近依赖王凤，不忍心罢他的官，于是下诏书亲切挽留，不准辞职，勉励王凤起身任职，王凤于是称病愈，恢复办公。

汉成帝指使尚书上奏弹劾王章说："王章明知冯野王先前因是亲王舅舅的缘故，外放就任地方官，而私自举荐，想让冯野王回到朝中，谄媚诸侯；又明知张美人已经匹配皇上，而荒谬地引用羌胡杀子洗肠的事来比喻，不是臣子应该说的话。"汉成帝把奏章下发主管官吏查办。廷尉罗织罪状判王章大逆不道之罪，判词说："王章把皇上比喻为羌胡蛮族，想用洗肠的办法断绝皇上的后嗣，背叛天子，私心是替定陶王谋划。"王章终于死在狱中，妻子流放到合浦。从此以后，公卿大臣遇见王凤，都侧目而视，敢怒不敢言。

冯野王因为牵连到自己，坐立不安，非常忧惧，就请病假，三个月期满，汉成帝准他带职养病，冯野王便带妻子回到故乡杜陵就医治病。大将军王凤指使御史中丞上奏弹劾，说："冯野王被赐准带职养病，却私自越过郡界而回家，这是对诏书存心不敬。"杜钦给王凤书信劝说："二千石的官员患病，得到皇上恩准带职回家养病，这是有前例可循的；控诉他不应擅离郡界，没有这个法令条文。古书上说：'对奖赏有疑问，宁可奖赏'，目的是在于推广恩德，勉励人立功；'对惩罚有疑问，就免去惩罚'，疑罪从无在于谨慎刑法，避免冤狱。现在把法令和前例丢在一边，而去援引'大不敬'的法条治罪，完全违背'疑罪从无'的古训。如果二千石官员是管辖千里国土，负责军事重任的，不能擅自离开本郡，就应制定新的法条，予以约束后人，而冯野王所犯的罪，却发生在未制定法条之前。惩罚和奖赏必须令人信服，不能不慎重啊！"王凤不听，冯野王竟被免去官职。

当时许多人知道王章死于冤狱，纷纷讥刺朝廷，杜钦为了补救王凤这个过失，又劝王凤说："京兆尹王章被判的罪名，十分隐秘，近在京师的人都不知道，更何况其他远方的人呢？怕天下人不知道王章的确有罪的，而误认为他是因直言规劝才被判刑。如果这样，不仅将会阻塞今后臣下的进谏，杜绝了皇上引纳建议的来源，而且还会伤害朝廷宽厚的德惠。恕我愚昧，应当利用王章的事件，下诏全国举荐直言极谏的人士，以及现任近卫郎官，让他们尽情畅所欲言，比以往更为宽松，用来向四方昭示，让天下的人全都知道皇上圣明，从不因言论治人的罪。如果这样，谣言自然平息，怀疑的人也就没有了。"王凤报告汉成帝，按杜钦的办法实施。

是岁，陈留太守薛宣为左冯翊。宣为郡，所至有声迹。宣子惠为彭城令，宣尝过其县，心知惠不能，不问以吏事。或问宣："何不教戒惠以吏职？"宣笑曰："吏道以法令为师，可问而知；及能与不能，自有资材，何可学也！"众人传称，以宣言为然。

（以上为第十三段，着重写阳朔元年一件大事，京兆尹王章秘密上奏，直言朝政，蒙冤而死。成帝昏庸，大权旁落，可视为王氏代汉的伏笔。）

二年（戊戌，前 23 年）

春，三月，大赦天下。

御史大夫张忠卒。

夏，四月，丁卯，以侍中、太仆王音为御史大夫。于是王氏愈盛，郡国守相、刺史皆出其门下。五侯群弟争为奢侈，赂遗珍宝，四面而至，皆通敏人事，好士养贤，倾财施予以相高尚；宾客满门，竞为之声誉。刘向谓陈汤曰："今灾异如此，而外家日盛，其渐必危刘氏。吾幸得以同姓末属，累世蒙汉厚恩，身为宗室遗老，历事三主。上以我先帝旧臣，每进见，常加优礼。吾而不言，孰当言者！"遂上封事极谏曰："臣闻人君莫不欲安，然而常危；莫不欲存，然而常亡；失御臣之术也。夫大臣操权柄，持国政，未有不为害者也。故《书》曰：'臣之有作威作福，害于而家，凶于而国。'孔子曰：'禄去公室，政逮大夫，'危亡之兆也。今王氏一姓，乘朱轮华毂者二十三人，青、紫、貂、蝉充盈幄内，鱼鳞左右。大将军秉事用权，五侯骄奢僭盛，并作威福，击断自恣，行污而寄治，身私而托公，依东宫之尊，假甥舅之亲，以为威重。尚书、九卿、州牧、郡守皆出其门，管执枢机，朋党比周；称誉者登进，忤恨者诛伤；游谈者助之说，执政者为之言。排摈宗室，孤弱公族，其有智能者，尤非毁而不进，远绝宗室之任，不令得给事朝省，恐其与己分权；数称燕王、盖主以疑上心，避讳吕、霍而弗肯称。内有管、蔡之萌，外假周公之论，兄弟据重，宗族磐互，历上古至秦、汉，外戚僭贵未有如王氏者也。物盛必有非常之变先见，为其人微象。孝昭帝时，冠石立于泰山，仆柳起于上林，而孝宣帝即位。今王氏先祖坟墓在济南者，其梓柱生枝叶，扶疏上出屋，根臿地中，虽立石起柳，无以过此之明也。事势不两大，王氏与刘氏亦且不并立，如下有泰山之安，则上有累卵之危。陛下为人子孙，守持宗庙，而令国祚移于外亲，降为皂隶，纵不为身，奈宗庙何！妇人内夫家而外父母家，此亦非皇太后之福也。孝宣皇帝不与舅

这一年，陈留太守薛宣，调任为左冯翊郡太守。薛宣治理陈留时，所到之处都很有声誉。薛宣的儿子薛惠为彭城县令，薛宣途经彭城，知道儿子没有才能，因此他根本不考查儿子行政方面的事。有人问薛宣："为什么不教导和训诫你儿子怎样当官呢？"薛宣笑着说："当官的诀窍，就是要严格遵守朝廷的法令，以法为师，一问便知。至于能不能当好官的才干，那是天生的，到哪里去学呢？"大家都传颂这句话，认为薛宣说得有道理。

汉成帝阳朔二年（戊戌，前23年）

春季，三月，大赦天下。

御史大夫张忠去世。

夏季，四月二十七日丁卯，汉成帝任命侍中、太仆王音为御史大夫。王氏的权势日益强大，郡国守相、刺史都出自王氏家族的门下。从前同一天封侯的王谭、王商、王立、王根、王逢时五位兄弟，争相奢侈攀比，接受贿赂和馈赠的珍珠宝玉，从四方八面涌入王氏家门。他们又都洞晓人事，好士养贤，输财施舍，互相标榜高尚；宾客满门，竞相传诵王氏美好的声誉。刘向对陈汤说："如今灾异如此严重，而皇亲国戚的权势日益强盛，如此下去，势必威胁刘氏王朝。臣有幸是高祖幼弟楚文王刘交的后代，虽然是疏远的族属，但累代都蒙受汉室的厚恩，臣又是宗室老臣，历事宣帝、元帝、成帝三位皇帝。皇上因为臣是先帝老臣，每次接见我，都给予特别礼遇。如果我不说话，谁还有资格进言！"因此呈递秘密奏章，直言竭力规劝，说："臣听说，没有一个国君不盼望安定，但却常常陷于危险之中；没有一个国君不盼望长存而却常常遭到灭亡。这是由于皇上失去驾驭人臣的办法。让大臣操纵朝廷大权，控制国政，没有不因此而危害国家的。因此《书经》上说：'大臣一旦作威作福，不仅对家族造成灾难，而且对国家造成凶险。'孔子说：'国君不能支配俸禄，大夫操纵政权'，这是国家危亡的先兆啊！如今王氏一姓，能坐红色车轮和彩色轴头的华丽车子的，就有二十三人，佩青、紫色印章绶带，帽上有貂尾与蝉纹绣花的列侯，充斥皇宫，排列在皇上左右，密如鱼鳞，大将军王凤主持朝政大权，五侯骄横奢侈，作威作福，随意横行，行为卑污，却伪装廉洁，一身为私，却假装为公，依仗皇太后的尊位，假借甥舅间的亲情，取得权势。尚书、九卿、州牧、郡守都出自王氏家门，掌管国家机要部门，结党营私。赞扬王氏的人都能得到高升，与王氏作对和憎恨王氏的人，不死即伤；游闲说客之流给他们歌功颂德，一些执政的人也替王氏说话。排斥刘氏宗室，孤立刘氏皇族，皇族中稍有智能的人，尤其受到毁谤，不得晋升，阻绝皇族，不准他们在宫中任职或奉朝请，使其跟皇上疏远，害怕皇室宗亲的人分权，削弱了自己的权势，还经常在皇上跟前提起从前燕王、盖主谋反之

平昌侯权，所以全安之也。夫明者起福于无形，销患于未然，宜发明诏，吐德音，援近宗室，亲而纳信，黜远外戚，毋授以政，皆罢令就弟，以则效先帝之所行，厚安外戚，全其宗族，诚东宫之意，外家之福也。王氏永存，保其爵禄，刘氏长安，不失社稷，所以褒睦外内之姓，子子孙孙无疆之计也。如不行此策，田氏复见于今，六卿必起于汉，为后嗣忧，昭昭甚明。唯陛下深留圣思！”

书奏，天子召见向，叹息悲伤其意，谓曰：“君且休矣，吾将思之！”然终不能用其言。

秋，关东大水。

八月，甲申，定陶共王康薨。

是岁，徙信都王兴为中山王。

（以上为第十四段，录载刘向长篇上疏，陈奏外戚专权之祸，指出刘姓政权面临的危机。糊涂透顶的汉成帝得过且过，毫无能力采取措施。）

事，以表示皇族同样可以谋反，使皇上对宗室大臣心生猜忌，却故意回避吕后的娘家吕产、吕禄等擅权专政，以及霍光的子侄和女婿们反逆被杀的往事，迷惑皇上不对王氏外戚起疑心。在内心里，王氏和管叔、蔡叔一样，叛乱之念已经萌芽，外表上，却借口皇上年幼，自比周公摄政，兄弟盘踞朝中重要位置，王氏宗族盘根错节，从上古直到秦朝、汉朝，外戚僭越，冒用皇上的职权，从没有像王氏这个样子。物忌太盛，太盛一定有不同寻常的天变警告，显现这种人的隐微动机。孝昭帝元凤三年，泰山就有大石块自行起立，上林苑中的枯干的柳树复苏重生，昭示孝宣帝即位。如今王氏在济南郡的祖先坟墓，老屋的梁柱上忽生枝叶，枝叶伸出户外，树根深植地下泥土中，比起泰山大石块起立，枯干柳树复活，是更明显的征兆。两个人主必然势不两立，王氏、刘氏也不可能同时并存，若王氏有泰山那样安稳，而皇上就像堆叠起来的蛋，随时都有倾倒破碎的危险。陛下身为刘氏子孙，守持皇位，却将国家的命运转移到外戚的手中，竟使自己降低成贱役之辈，即使陛下不替自己打算，也应为刘氏宗庙考虑！妇人应当是亲近夫家，疏远娘家，而皇太后却反过来亲近娘家，这并非是皇太后的福分。孝宣皇帝不给舅舅平昌侯王无故大权，为的是保护舅家的安全。英明的君王能在无形中为人造福，把灾祸消除在未发生之前。皇上应当发布明白昭示的诏书，吐发善言，提拔宗室的人以为奥援，亲近信用，疏远外戚，不要交出大权，全都让他们解职回到自己的府第，效法先帝孝宣皇帝的行为，生活上厚待外戚，保全他们的宗族，这才符合皇太后的本意，也是外戚的福分。王氏家族永存，保住爵位和俸禄，刘氏皇族长治久安，不丢失江山。这才是和睦内外两姓，让子子孙孙享受无穷的策略啊！如果不这样，那么田氏篡齐的事件又要重现于今了，晋国六卿分晋的事重演于汉朝，为后世子孙带来忧患，这是多么明显啊！请求陛下三思。”

刘向的奏疏呈上后，汉成帝召见了刘向，知道他叹息悲伤的深意，对刘向说：“你不必再说了，我将认真考虑。”然而最终没有采取行动。

秋季，关东发生大水灾。

八月初十日甲申，定陶共王刘康辞世。

这一年，改封迁徙信都王刘兴为中山王。

【点评】

汉成帝昏庸，权落外戚。本卷史事给读者提出了许多沉重的思考。第一，汉成帝这个误国昏君，个性仁懦，人又聪明，心地善良，有一份孝心。皇太后王政君并不是汉成帝的生母，但他贵为天子，却极有孝心，王政君一耍妇人的小脾气，流眼泪，不吃饭，汉成帝就慌了神，撤销了对王凤的罢免令，转而收拾王章，是非不分，黑白不明，这就是昏君的特点。成帝也想把国家治好，一即位就斥逐了中官权臣石显，下诏求言，似乎有一线新生的曙光，但很快政权就旁落外戚。成帝效法先帝汉元帝节俭之风，减少皇室用费，甚至许皇后都提出了抗议；成帝赈灾、减税，水灾后尚思救弊，修治河堤，安定四夷，加强教育投资，大规模整理图书，给历史留下了闪光的一页。这些善政，表现了成帝仁厚的一面。成帝依赖王凤，常常迫于王凤压力违心处理国家大事，每一次斥逐耿直大臣，冤杀王尊、王章，罢免王商，甚至迫使定陶王回到封国，成帝都是违心做出的决定，这表现了成帝的懦弱，畏惧权臣，产生了依赖心理。成帝没能力治国的弱点，他的父亲汉元帝早就看出了，想要废太子，可是儒家有立嫡不立庶的宗法制度，废立太子是举国震动的大事件，不是乾纲独断的帝王是下不了决心的。汉景帝废立太子带来了汉武帝治国的隆盛；汉武帝废立太子，带来了汉室中兴。而匈奴立单于都是以贤立，既可以父死子继，又可以兄终弟及。呼韩邪单于临终，大小阏氏都支持立长君，不以嫡子为意，有利国家。宗法制度造成汉成帝式的昏君接二连三地产生，是专制政体不可克服的又一病根，岂不令人深思。

第二，那些道貌岸然的纯儒君子，迂腐僵化，这等人当政简直是误国误民。丞相匡衡，知名大儒，官至丞相，历事汉元帝、汉成帝两朝，他干了些什么呢？为了保持爵禄，投靠石显做帮凶；石显倒台，翻脸落井下石；抠死理，钻牛角尖，抓住一个“矫诏”由头，硬是与陈汤过不去，历经元帝、成帝两朝，念念不忘置陈汤于死地。他抓住陈汤贪财做文章，而自己却在封地里强占土地四百余顷，管家盗取财物价值黄金十斤。更不能容忍的是，身为丞相，不为百姓谋利益，反而阻止维修黄河堤，导致后来的黄河大决口，却没有被追究。一个昏庸皇帝，任用玩忽职守的伪君子，要想国家奋发图强，岂不是南辕北辙吗？

第三，还有一些既为善又为恶的骑墙官员，如杜钦、谷永。他们既是权臣王凤的帮凶，又尽可能降低危害国家事件的负面影响。例如为功臣陈汤辩护，保护人才，借王章冤死事件求纳善言，改善紧张关系，缓和矛盾。如果明君当国，政治开明，杜钦、谷永是良臣，而今权臣王凤专政，能够做到和稀泥，也算是不错的了。

汉纪二十三

汉成帝阳朔三年至永始三年（前22—前14年）

【起屠维大渊献（己亥，前22年），尽强圉协洽（丁未，前14年），凡九年】

【大事提要】

本卷记事起公元前22年，讫公元前14年，凡九年，当汉成帝阳朔三年至永始三年。这一时期是汉成帝的中期政治，九年之间几无善政可述。成帝更加荒怠政事，极意声色游乐。鸿嘉元年（前20），成帝与嬖宠张放想出新招，微服出游，皇太后和大臣皆以为忧。直到永始二年（前15），班伯进言，皇太后、诸舅大臣及朝官共同劝谏施压，成帝迫不得已斥遣张放出京做外官，还时常优诏慰问。鸿嘉三年（前18），赵飞燕姐妹大受成帝宠幸。到永始元年（前16）赵飞燕竟然夺取正宫成了新皇后，许皇后被废，打入冷宫。赵皇后行为不检，污秽后宫，大臣交章上书切谏。王音、刘辅、刘向、杜业、谷永、梅福等谏书频奏，成帝不纳。本卷长篇摘载奏书，以彰汉成帝的昏聩顽劣。这时西汉国势渐衰，农民起义此起彼伏。阳朔三年（前22），颍川郡铁官徒暴动，永始三年（前14），尉氏县樊并造反，山阳郡铁官徒起事，自称将军，流窜十九个郡国。水旱之灾频繁发生。鸿嘉四年（前17），黄河在清河等郡决口，淹没三十一县，成帝竟然不加修治，任由洪水泛滥。西汉政治的衰败，不可逆转。代汉的王莽在本卷初露头角。

【原文】

孝成皇帝上之下

阳朔三年（己亥，前 22 年）

春，三月，壬戌，陨石东郡八。

夏，六月，颍川铁官徒申屠圣等百八十人杀长吏，盗库兵，自称将军，经历九郡。遣丞相长史、御史中丞逐捕，以军兴从事，皆伏辜。

秋，王凤疾，天子数自临问，亲执其手涕泣曰："将军病，如有不可言，平阿侯谭次将军矣！"凤顿首泣曰："谭等虽与臣至亲，行皆奢僭，无以率导百姓，不如御史大夫音谨敕，臣敢以死保之！"及凤且死，上疏谢上，复固荐音自代，言谭等五人必不可用；天子然之。初，谭倨，不肯事凤，而音敬凤，卑恭如子，故凤荐之。八月，丁巳，凤薨。九月，甲子，以王音为大司马、车骑将军，而王谭位特进，领城门兵。安定太守谷永以谭失职，劝谭辞让，不受城门职；由是谭、音相与不平。

冬，十一月，丁卯，光禄勋于永为御史大夫。永，定国之子也。

（以上为第一段，写阳朔三年，社会发生动荡，东郡铁官徒造反。王凤堂侄王音亲附王凤，得以取代王凤亲弟王谭而继王凤之后执掌国政。）

四年（庚子，前 21 年）

春，二月，赦天下。

夏，四月，雨雪。

秋，九月，壬申，东平思王宇薨。

少府王骏为京兆尹。骏，吉之子也。先是京兆有赵广汉、张敞、王尊、王章，至骏，皆有能名，故京师称曰："前有赵、张，后有三王。"

闰月，壬戌，于永卒。

乌孙小昆弥乌就屠死，子拊离代立；为弟日贰所杀。汉遣使者立拊离子安日为小昆弥。日贰亡阻康居；安日使贵人姑莫匿等三人诈亡从日贰，刺杀之。于是西域诸国上书，愿复得前都护段会宗；上从之。城郭

【语译】

孝成皇帝上之下

汉成帝阳朔三年（己亥，前22年）

春季，三月壬戌日，在东郡落下八块陨石。

夏季，六月，颍川郡铸铁官所属服徭役的申屠圣等一百八十人造反，杀了长官，盗取武库的兵器，自称将军，流动作战，流窜九个郡。朝廷派出丞相府长史、御史中丞去追捕，用战时军事法行事，全都被抓获伏法。

秋季，王凤生病，汉成帝多次探问，亲自握住王凤的手，流着眼泪说："将军病重，若有不测，用平阿侯王谭接替将军可以吗？"王凤叩头流泪说："王谭等人虽然和臣是至亲，但他们生活奢侈，行为没有规矩，不能为民众做出表率。与其任用王谭，不如任用御史大夫王音，他做事言行谨慎，臣敢以生命做担保。"等到王凤临死时，又上书汉成帝称谢，再次坚持推荐王音代替自己，细说王谭等"五侯"一定不可重用，汉成帝认为说得对。起初，王谭非常傲慢，不肯向王凤低头，而王音尊敬王凤，恭敬卑谦就像儿子对待父亲一样，所以王凤竭尽全力推荐他。八月二十四日丁巳，王凤去世。九月初二日甲子，任命王音为大司马、车骑将军，而王谭只进位特进，掌管城门卫兵。安定太守谷永认为王谭失去执政大将军的职位，劝他辞职，不接受掌管城门卫兵的职位。因此，王谭与王音相互结下了怨恨。

冬季，十一月初六日丁卯，任命光禄勋于永为御史大夫。于永是于定国的儿子。

汉成帝阳朔四年（庚子，前21年）

春季，二月，赦免天下。

夏季，四月，降雪。

秋季，九月十六日壬申，宣帝的儿子东平思王刘宇去世。

任命少府王骏为京兆尹。王骏，是王吉的儿子。先前任过京兆尹的赵广汉、张敞、王尊、王章，以至现任的王骏，都以才干闻名，因此京师传颂说："前有赵、张，后有三王。"

闰十二月初七日壬戌，于永去世。

乌孙的小昆弥乌就屠去世，他的儿子拊离继位，拊离被其弟弟日贰谋杀。汉派遣使臣去封拊离的儿子安日为小昆弥。日贰就逃亡到康居国，安日派贵族姑莫匿等三人也伪装跟随日贰逃亡，找机会刺杀了日贰。于是西域各国都上奏汉天子，请求

诸国闻之，皆翕然亲附。

谷永奏言：“圣王不以名誉加于实效；御史大夫任重职大，少府宣达于从政，唯陛下留神考察！”上然之。

（以上为第二段，写阳朔四年，成帝对京兆尹和御史大夫的任命，以及西域都护的人选，察纳善言，颇为得人。）

鸿嘉元年（辛丑，前 20 年）

春，正月，癸巳，以薛宣为御史大夫。

二月，壬午，上行幸初陵，赦作徒；以新丰之戏乡为昌陵县，奉初陵。

上始为微行，从期门郎或私奴十余人，或乘小车，或皆骑，出入市里郊野，远至旁县甘泉、长杨、五柞，斗鸡、走马，常自称富平侯家人。富平侯者，张安世四世孙放也。放父临，尚敬武公主，生放，放为侍中、中郎将，娶许皇后女弟，当时宠幸无比，故假称之。

三月，庚戌，张禹以老病罢，以列侯朝朔、望，位特进，见礼如丞相；赏赐前后数千万。

夏，四月，庚辰，薛宣为丞相，封高阳侯；京兆尹王骏为御史大夫。

王音既以从舅越亲用事，小心亲职。上以音自御史大夫入为将军，不获宰相之封，六月，乙巳，封音为安阳侯。

冬，黄龙见真定。

是岁，匈奴复株累单于死，弟且麋胥立，为搜谐若鞮单于；遣子左祝都韩王呴留斯侯入侍，以且莫车为左贤王。

（以上为第三段，写王音以皇上表兄弟之亲取代亲舅“五侯”执政，小心谨慎。汉成帝微服出宫嬉戏游乐。）

二年（壬寅，前 19 年）

春，上行幸云阳、甘泉。

再派遣前任都护段会宗返回西域；汉成帝批准了这个请求。西域有城邦的国家听到这个消息，都一致亲附了汉朝。

谷永上奏说：“圣明的君王，考查一个人，不仅注重名声，更注重他的实际才能；御史大夫责任重大，少府薛宣精通行政事务，请陛下留意考察！”汉成帝同意他的举荐。

汉成帝鸿嘉元年（辛丑，前 20 年）

春季，正月初九日癸巳，任命薛宣为御史大夫。

二月二十八日壬午，汉成帝前往视察他自己的寿陵工地，赦免了修建陵墓的囚徒；把陵墓所在的新丰的戏乡改为昌陵县，作为寿陵的奉邑。

汉成帝首次微服出巡，只带十几个期门郎或宫奴跟随，有时乘坐小车，有时大家一起骑马，出入于京师大街、小巷、郊外，甚至远到长安附近邻县地区的甘泉宫、长杨官、五柞宫去看斗鸡赛马，经常自称是富平侯的家人。富平侯是张安世第四代孙张放。张放的父亲张临娶皇上的姑姑敬武公主生下张放。张放任职侍中、中郎将，娶许皇后的妹妹为妻，因此，张放当时受到的宠爱无人可比，汉成帝微服出行就冒称是张放的家人。

三月二十七日庚戌，张禹因年老多病辞职回家，以侯爵的身份每月初一、十五上朝晋见，赐位特进，受到的接见礼遇与丞相一样，所得到的赏赐前后达数千万之多。

夏季，四月二十七日庚辰，任命薛宣为丞相，封为高阳侯；京兆尹王骏为御史大夫。

王音以堂舅父的关系超越亲舅“五侯”而掌握大权，因此特别小心谨慎。汉成帝把王音由御史大夫而直升为车骑将军，却没有封侯，所以在六月乙巳日（疑误），封王音为安阳侯。

冬季，黄龙出现在真定县。

这一年，匈奴复株累单于去世，他的弟弟且麋胥继位，称为搜谐若鞮单于。搜谐若鞮单于派他的儿子左祝都韩王呴留斯侯出使汉朝留侍京师，又任命且莫车为左贤王。

汉成帝鸿嘉二年（壬寅，前 19 年）

春季，汉成帝巡幸云阳宫和甘泉宫。

三月，博士行大射礼。有飞雉集于庭，历阶登堂而雊；后雉又集太常、宗正、丞相、御史大夫、车骑将军之府，又集未央宫承明殿屋上。车骑将军音、待诏宠等上言：“天地之气，以类相应；谴告人君，甚微而著。雉者听察，先闻雷声，故《月令》以纪气。《经》载高宗雊雉之异，以明转祸为福之验。今雉以博士行礼之日历阶登堂，万众睢睢，惊怪连日，径历三公之府，太常、宗正典宗庙骨肉之官，然后入宫，其宿留告晓人，具备深切；虽人道相戒，何以过是！”后帝使中常侍晁闳诏音曰：“闻捕得雉，毛羽颇摧折，类拘执者，得无人为之？”音复对曰：“陛下安得亡国之语！不知谁主为佞谄之计，诬乱圣德如此者！左右阿谀甚众，不待臣音复谄而足。公卿以下，保位自守，莫有正言。如令陛下觉寤，惧大祸且至身，深责臣下，绳以圣法，臣音当先诛，岂有以自解哉！今即位十五年，继嗣不立，日日驾车而出，失行流闻；海内传之，甚于京师。外有微行之害，内有疾病之忧，皇天数见灾异，欲人变更，终已不改。天尚不能感动陛下，臣子何望！独有极言待死，命在朝暮而已。如有不然，老母安得处所，尚何皇太后之有！高祖天下当以谁属乎！宜谋于贤智，克己复礼，以求天意，继嗣可立，灾变尚可销也。”

初，元帝俭约，渭陵不复徙民起邑；帝起初陵，数年后，乐霸陵曲亭南，更营之。将作大匠解万年使陈汤为奏，请为初陵徙民起邑，欲自以为功，求重赏。汤因自请先徙，冀得美田宅。上从其言，果起昌陵邑。

夏，徙郡国豪桀赀五百万以上五千户于昌陵。

五月，癸未，陨石于杜邮三。

六月，立中山宪王孙云客为广德王。

三月，博士举行大射礼，忽然有一群野鸡飞集庭院之中，然后顺着台阶一级一级登上厅堂，发出叫声；随后，野鸡群又飞集到太常、宗正、丞相、御史大夫、车骑将军各府鸣叫一阵，继后又飞集到未央宫承明殿屋顶上留宿。车骑将军王音，待诏宠等人上书说："天地间的云气，分类凝聚，互相呼应。对君王显示告诫的征兆，即使很细微，却是非常明显的。野鸡听觉敏锐，能先听到雷声而鸣叫，所以《礼记·月令》篇就用野鸡的鸣叫来分别节气。《书经》记载：商代的高宗祭祀祖先成汤时，有野鸡飞到太鼎耳上鸣叫，这是一桩不祥的异兆，高宗改行德政，转祸为福，可说这是历史的见证。而今野鸡在博士举行大射礼之日，顺着台阶，登上厅堂鸣叫，使得众多的人瞪大眼睛茫然看着，惊怪了好几天。野鸡又径直飞集三公的府上，还飞到太常、宗正这些掌管宗庙和骨肉亲属的官府，最后又飞到了未央宫屋顶留宿。野鸡这一连串的非常动作，它所显示的警示意义既完备又深切，即使用人事来劝诫，也没有比这更明显的了。"随后汉成帝命中常侍晁闳下诏书给王音说："听说捕捉到的野鸡，发现它的羽毛很多被折断，像是被人捕捉来的，莫不是有人故意这样做。"王音再次上书说："陛下怎么说出这样亡国的话！不知是谁设计的谄媚策略，用来毁坏陛下的圣德，才说出这种话。陛下左右奉承谄媚的人很多，用不着臣再来说奉承话。公卿以下大家都只顾保守好自己的职位，不敢说一句正直的话。臣今吐直言，若能让陛下醒悟，恐怕就要大祸临头，严厉地斥责臣下，无情地用法律制裁，臣王音会第一个被诛杀，哪还有办法解救自己？但臣还是要直言，如今陛下即位已十五年，还没有继承皇位的太子，可陛下却每天驾车出游，过失的行为传遍全国，外地的流言比京师还严重。陛下外有微服私游的毛病，内有疾病缠身，上天多次显示灾异，是警示陛下自己改正错误，而陛下并没有改过。皇天都感动不了陛下，臣等还能有什么办法可指望？唯有极力冒死进言，把生命置于极短的朝暮之间。如果不这样做，大祸到来，臣的老母都不知安身何处，怎又顾得上侍奉皇太后？汉高祖创下的天下，陛下该当交给谁呢？陛下跟贤能智慧的人一起谋划，克制自己的私欲，言行合于礼规，遵循天意，继承人问题才可解决，灾变才会消失。"

当初，汉元帝十分俭约，他的渭陵不再移民充实，也不设立县邑。可是汉成帝建完自己的初陵，几年后，又认为霸陵曲亭南边的风水更好，重新在那里建造初陵。将作大匠解万年要陈汤上奏，请求往初陵移民，并在那里设置县邑，想为自己邀功，谋取重赏。陈汤便自己请求率先迁移，希望分到豪华的住宅和肥沃的田地。汉成帝采纳了他们的主张，果然建置了昌陵邑。

夏季，迁徙郡国中拥有家财五百万以上的豪富五千户到昌陵。

五月初六日癸未，在杜邮落下三块陨石。

六月，册封中山宪王刘福的孙子刘云客为广德王。

是岁，城阳哀王云薨；无子，国除。

（以上为第四段，写成帝从鸿嘉二年起，行为放纵，微服游乐，铺张建置寿陵。车骑将军王音借口野鸡飞集官府、皇宫这一异常事件，极力直谏汉成帝节制游玩。）

三年（癸卯，前18年）

夏，四月，赦天下。

大旱。

王氏五侯争以奢侈相尚。成都侯商尝病，欲避暑，从上借明光宫。后又穿长安城，引内沣水，注第中大陂以行船，立羽盖，张周帷，楫棹越歌。上幸商第，见穿城引水，意恨，内衔之，未言。后微行出，过曲阳侯第，又见园中土山、渐台，象白虎殿，于是上怒，以让车骑将军音。商、根兄弟欲自黥、劓以谢太后。上闻之，大怒，乃使尚书责问司隶校尉、京兆尹，知成都侯商等奢僭不轨，藏匿奸猾，皆阿纵，不举奏正法；二人顿首省户下。又赐车骑将军音策书曰："外家何甘乐祸败！而欲自黥、劓，相戮辱于太后前，伤慈母之心，以危乱国家！外家宗族强，上一身浸弱日久，今将一施之，君其召诸侯，令待府舍！"是日，诏尚书奏文帝诛将军薄昭故事。车骑将军音藉槁请罪，商、立、根皆负斧质谢，良久乃已。上特欲恐之，实无意诛也。

秋，八月，乙卯，孝景庙北阙灾。

初，许皇后与班婕妤皆有宠于上。上尝游后庭，欲与婕妤同辇载，婕妤辞曰："观古图画，贤圣之君皆名臣在侧，三代末主乃有嬖妾；今欲同辇，得无近似之乎！"上善其言而止。太后闻之，喜曰："古有樊姬，今有班婕妤！"班婕妤进侍者李平得幸，亦为婕妤，赐姓曰卫。

其后，上微行过阳阿主家，悦歌舞者赵飞燕，召入宫，大幸；有女

这一年，城阳哀王刘云去世；因无子继承，封国被撤除。

汉成帝鸿嘉三年（癸卯，前18年）

夏季，四月，赦免天下。

发生大旱。

王氏家族的五位侯爵，互相攀比豪华奢侈。成都侯王商有一次生病，想避暑，就向汉成帝借用明光宫。后来又凿穿长安城墙，挖掘渠道，把沣水引到他家的人工湖里，用来泛舟取乐。用羽毛编制船篷，在船的四周张挂帷帐，令划船手高唱古越歌谣。汉成帝曾到王商家，看到穿城引水，心里十分不满，但没有发作说话。随后汉成帝微服出行，路过曲阳侯王根家，又看见他园中有人工假山以及建在水中的渐台，格局就像未央宫中的白虎殿，因此皇上大怒，并申斥车骑将军王音。王商、王根兄弟打算请求自己脸上刺字，割掉鼻子，向皇太后请罪，用以胁迫皇上。皇上听说后，越发生气，就派尚书质问司隶校尉和京兆尹，你们明知成都侯王商等人生活奢侈，行为越轨，又窝藏罪犯，你们竟敢徇私放纵，不举奏揭发，绳之以法！司隶校尉、京兆尹二人一起到宫外下跪叩头请罪。皇上又下诏给车骑将军王音说："外戚他们为什么心甘情愿遭受家破人亡！竟然想刺脸、割鼻，要在皇太后的面前羞辱朕，既伤害慈母的心，又扰乱国家！王氏宗族在朝中太过强横，朕在上面一身孤立，软弱姑息很长时间了，现今要对他们下一次狠手，坚决执法，你通知那几位侯爵，命令他们待在家里等候诏命。"当天，汉成帝下诏尚书，要尚书上奏文帝时诛杀将军薄昭的故事。车骑将军王音坐在草垫子上等候处分，王商、王立、王根都背负刑具请罪。过了很长一段时间，才赦免了他们。汉成帝特意这样安排，给他们一个恐吓警告，实际上没有真要诛杀他们的意思。

秋季，八月十五日乙卯，景帝陵园的北门失火。

起初，许皇后与班婕妤都受汉成帝宠爱。汉成帝曾经在后宫游乐，想要班婕妤跟他同坐一辆车上，班婕妤却推辞说："我看古代的图画，贤圣的国君，都是名臣跟随在身旁，夏、商、周三代的末代君王，才有宠爱的姬妾在身旁；今天要我和皇上一同乘车，岂不是和三代的末代国君相似吗？"汉成帝认为她说得对，就不再勉强。皇太后听到这件事，满意地说："古代有个进谏楚庄王好打猎的樊姬，当代有个贤德的班婕妤！"班婕妤举荐她的侍女李平给汉成帝，李平受到宠爱，也封婕妤，赐她姓卫。

后来，汉成帝微服出行，经过阳阿公主家，非常喜欢公主家的一位歌舞女子叫

弟，复召入，姿性尤醲粹，左右见之，皆啧啧嗟赏。有宣帝时披香博士淖方成在帝后，唾曰："此祸水也，灭火必矣！"姊、弟俱为婕妤，贵倾后宫。许皇后、班婕妤皆失宠。于是赵飞燕谮告许皇后、班婕妤挟媚道，祝诅后宫，詈及主上。

冬，十一月，甲寅，许后废处昭台宫，后姊谒皆诛死，亲属归故郡。考问班婕妤，婕妤对曰："妾闻'死生有命，富贵在天。'修正尚未蒙福，为邪欲以何望！使鬼神有知，不受不臣之诉；如其无知，诉之何益！故不为也。"上善其对，赦之，赐黄金百斤。赵氏姊、弟骄妒，婕妤恐久见危，乃求共养太后于长信宫。上许焉。

广汉男子郑躬等六十余人攻官寺，篡囚徒，盗库兵；自称山君。

（以上为第五段，写汉成帝惩处王氏五侯，五侯丧胆，表明汉成帝仍有控制朝政的绝对权威，碍于王氏皇太后的袒护，始终不能下定决心罢斥五侯。这时出身微贱的歌舞女子赵飞燕姐妹，闯入成帝的生活，大受宠幸，乃至夺了许皇后之位。汉成帝沉溺女色，更加荒怠政事，无所作为。）

四年（甲辰，前 17 年）

秋，勃海、清河、信都河水湓溢，灌县、邑三十一，败官亭、民舍四万余所。平陵李寻奏言："议者常欲求索九河故迹而穿之。今因其自决，可且勿塞，以观水势；河欲居之，当稍自成川，跳出沙土。然后顺天心而图之，必有成功，而用财力寡。"于是遂止不塞。朝臣数言百姓可哀，上遣使者处业振赡之。

广汉郑躬党与浸广，犯历四县，众且万人；州郡不能制。冬，以河东都尉赵护为广汉太守，发郡中及蜀郡合三万人击之，或相捕斩除罪；旬月平。迁护为执金吾，赐黄金百斤。

是岁，平阿安侯王谭薨。上悔废谭使不辅政而薨也，乃复进成都侯商，以特进领城门兵，置幕府，得举吏如将军。

赵飞燕，就召进宫中，大加宠爱；赵飞燕的妹妹也被召入宫，她那天生的姿容仪态，真是纯美无疵，左右侍从看得目瞪口呆，禁不住啧啧称赞。宣帝时在后宫任披香博士的淖方成正站在皇上身后，吐唾沫说："她是祸水，定会把汉朝之火扑灭！"赵飞燕姊妹二人都被封为婕妤，受到汉成帝的宠爱，压倒后宫所有美女。连许皇后、班婕妤都失宠。于是赵飞燕进谗言，诬陷许皇后、班婕妤用妖术诅咒后宫嫔妃，甚至诟骂皇上。

冬季，十月十六日甲寅，许皇后被废，把她幽闭在上林苑的昭台宫，许皇后的姐姐许谒等人被杀害，皇后的亲属都被遣回原籍山阳郡。又拷问班婕妤，班婕妤回答说："臣妾听说：'死生有命，富贵在天。'修行正道，还不一定能蒙受幸福，从事邪恶，还想能有指望吗？假若鬼神有知，就不会接受不守臣道的人提出的控诉；如果鬼神无知，那控诉又有什么用呢？所以我不做这种事。"汉成帝认为她回答得好，就赦免了她，还赏赐黄金一百斤。班婕妤看到赵飞燕姐妹的骄纵妒忌，担心时间一长自己还会遭到危害，就要求到长信宫侍奉皇太后。汉成帝答应她的请求。

益州广汉郡男子郑躬等六十余人造反，攻打地方官署，裹胁狱中囚犯，盗取武库的兵器，自称山君。

汉成帝鸿嘉四年（甲辰，前 17 年）

秋季，勃海、清河、信都各郡境内黄河洪水泛滥，漫过河堤，造成水灾，淹没了三十一县，冲毁邮亭、民房四万多栋。平陵人李寻上奏说："先前廷议治河的官员，经常想去寻找九河故道的遗迹，重新疏通利用。现今趁着黄河决口，暂不堵塞，用来察看水流的形势，黄河流经的地方，当会逐渐形成自然的河道，冲冒泥沙。然后顺着天意疏通河床，一定能成功，能节省大量经费和人力。"于是停止治河工程，不堵塞黄河决口。朝廷大臣多次上奏说，受灾的百姓可怜，汉成帝这才派出使者前往灾区安置救济，重建家园。

广汉人郑躬的党羽日益壮大，前后侵犯了四个县，部众将近一万人，州郡长官没有能力控制。冬季，起用河东郡都尉赵护为广汉太守。赵护征调广汉郡兵和蜀郡的兵力会合，共三万人出击，又发布命令，如果郑躬的部众互相捕杀，或者投降官兵就免除本人的罪。一个月就平定了叛乱。升迁赵护为执金吾，赏赐黄金一百斤。

这一年，平阿安侯王谭去世。汉成帝后悔没有任用王谭为辅政大臣，王谭就死了，于是重新进用成都侯王商，位居特进，掌管城门屯兵，建置幕府，可以举荐官

魏郡杜邺时为郎，素善车骑将军音，见音前与平阿侯有隙，即说音曰："夫戚而不见殊，孰能无怨！昔秦伯有千乘之国而不能容其母弟，《春秋》讥焉。周、召则不然，忠以相辅，义以相匡，同己之亲，等己之尊，不以圣德独兼国宠，又不为长专受荣任，分职于陕，并为弼疑，故内无感恨之隙，外无侵侮之羞，俱享天佑，两荷高名者，盖以此也。窃见成都侯以特进领城门兵，复有诏得举吏如五府，此明诏所欲必宠也。将军宜承顺圣意，加异往时，每事凡议，必与及之。发于至诚，则孰不说谕！"音甚嘉其言，由是与成都侯商亲密。二人皆重邺。

（以上为第六段，写黄河再次闹水害，汉成帝采纳错误意见，不堵决口，人民遭殃。外戚集团，王音、王商采纳杜邺之言，和衷共济。）

永始元年（乙巳，前16年）

春，正月，癸丑，太官凌室火。戊午，戾后园南阙火。

上欲立赵婕妤为皇后，皇太后嫌其所出微甚，难之。太后姊子淳于长为侍中，数往来通语东宫；岁余，乃得太后指，许之。

夏，四月，乙亥，上先封婕妤父临为成阳侯。谏大夫河间刘辅上书，言："昔武王、周公，承顺天地以飨鱼、乌之瑞，然犹君臣祗惧，动色相戒。况于季世，不蒙继嗣之福，屡受威怒之异者乎！虽夙夜自责，改过易行，畏天命，念祖业，妙选有德之世，考卜窈窕之女，以承宗庙，顺神祇心，塞天下望，子孙之祥犹恐晚暮！今乃触情纵欲，倾于卑贱之女，欲以母天下，不畏于天，不愧于人，惑莫大焉！里语曰：'腐木不可以为柱；人婢不可以为主。'天人之所不予，必有祸而无福，市道皆共知之，朝廷莫肯壹言。臣窃伤心，不敢不尽死！"

吏，权力与车骑将军一样。

魏郡人杜邺，当时任郎官，一向与车骑将军王音友好，看到王音先前与平阿侯王谭之间有怨恨，就劝说王音，说：“至亲骨肉得不到殊荣，哪能没有怨恨！从前秦景公是一个拥有千辆兵车的国君，却容不下一个同母弟弟公子鍼，受到《春秋》的讽刺。西周时的周公姬旦、召公姬奭就不是这样。他们都尽忠尽职，彼此情义相辅，互相敬重，平等相待，都不因自己德行高尚而独享国家的恩宠，也不因在位长久，而专享荣华富贵，以陕邑为界，划区分职，共同为弼辅大臣，所以对内没有抱怨，对外没有羞辱，共同享有上天的保佑，两人都获得很高的声誉，大概是他们的忠义带来的。我看到成都侯王商以特进之位掌管城门兵，又有诏命让他和丞相、御史、车骑将军、左将军、右将军等五府一样，有权举荐官吏，这很明显，皇上一定会宠信他。因而将军你应该顺着皇上的意思，要比平常时更要加倍地厚待王商，每一件凡是要协商的政事，都要和他商量，只要出于诚心实意，那么，两颗心就会高兴地融合在一起。”王音很赞同他的见解，从此就和成都侯王商交往亲密。王音、王商也都很敬重杜邺。

汉成帝永始元年（乙巳，前16年）

春季，正月二十二日癸丑，太官冰库发生火灾。正月二十七日戊午，戾后陵园的南门也发生火灾。

汉成帝想立赵婕妤为皇后，皇太后嫌他出身低贱，不同意。皇太后姐姐的儿子淳于长当时是侍中，经常往来于长乐宫说服皇太后；经过一年多努力，才得到皇太后旨意，批准了这件事。

夏季，四月十五日乙亥，汉成帝先封赵飞燕的父亲赵临为成阳侯。谏大夫河间人刘辅上书抗争，说：“从前周武王、周公，顺天应时，上天赐给他们白鱼、乌鸦的祥瑞，然而君臣之间仍是那样的恭敬戒惧，神色严肃地互相诫勉。何况现在，陛下并没有蒙受上天赐给太子的福气，反而多次受到上天愤怒降灾的警告。应该日夜都在自我责备，改过行善，敬畏天命，怀念祖宗的大业，精选品德高尚的人家，考求性情娴静的女子，用来承接宗庙，顺应神明，满足天下人的愿望，即便这样，享受生育子孙的福分，恐怕还要拖很久的时间！如今陛下却放纵情欲，倾心迷恋于卑贱的女子，想立她为皇后，让天下人把她奉为国母，既不敬畏天命，又不怕愧对人民，再没有比这更糊涂的了！俗话说：‘腐朽的木头，不可以做梁柱；出身卑贱的婢女，不可以当主人。’凡是上天和人民所不赞同的事情，只会带来灾祸而决不会带来幸福，这是街巷的小小老百姓都知道的道理，而朝中大臣却没有人出来说一句话，我非常痛心，不敢不冒死以进谏。”

书奏，上使侍御史收缚辅，系掖庭秘狱，群臣莫知其故。于是左将军辛庆忌、右将军廉褒、光禄勋琅邪师丹、太中大夫谷永俱上书曰："窃见刘辅前以县令求见，擢为谏大夫，此其言必有卓诡切至当圣心者，故得拔至于此。旬月之间，收下秘狱。臣等愚以为辅幸得托公族之亲，在谏臣之列，新从下土来，未知朝廷体，独触忌讳，不足深过。小罪宜隐忍而已，如有大恶，宜暴治理官，与众共之。今天心未豫，灾异屡降，水旱迭臻，方当隆宽广问，褒直尽下之时也，而行惨急之诛于谏争之臣，震惊群下，失忠直心。假令辅不坐直言，所坐不著，天下不可户晓。同姓近臣，本以言显，其于治亲养忠之义，诚不宜幽囚于掖庭狱。公卿以下，见陛下进用辅亟而折伤之暴，人有惧心，精锐销耎，莫敢尽节正言，非所以昭有虞之听，广德美之风！臣等窃深伤之，惟陛下留神省察！"上乃徙辅系共工狱，减死罪一等，论为鬼薪。

初，太后兄弟八人，独弟曼早死，不侯；太后怜之。曼寡妇渠供养东宫，子莽幼孤，不及等比；其群兄弟皆将军、五侯子，乘时侈靡，以舆马声色佚游相高。莽因折节为恭俭，勤身博学，被服如儒生；事母及寡嫂，养孤兄子，行甚敕备；又外交英俊，内事诸父，曲有礼意。大将军凤病，莽侍疾，亲尝药，乱首垢面，不解衣带连月。凤且死，以托太后及帝，拜为黄门郎，迁射声校尉。久之，叔父成都侯商上书，愿分户邑以封莽。长乐少府戴崇、侍中金涉、中郎陈汤等皆当世名士，咸为莽言，上由是贤莽，太后又数以为言。五月，乙未，封莽为新都侯，迁骑都尉、光禄大夫、侍中。宿卫谨敕，爵位益尊，节操愈谦，散舆马、衣裘振施宾客，家无所余；收赡名士，交结将、相、卿、大夫甚众。故在位者更推荐之，游者为之谈说，虚誉隆洽，倾其诸父矣。敢为激发之行，处之不惭恧。尝私买侍婢，昆弟或颇闻知，莽因曰："后将军朱子元无子，莽闻此儿种宜子。"即日以婢奉朱博。其匿情求名如此！

奏章呈上后，汉成帝就派侍御史逮捕刘辅，关押在由宦官掌握的宫廷秘密监狱，大臣们都不知是何缘故。于是左将军辛庆忌、右将军廉褒、光禄勋琅邪人师丹、太中大夫谷永等四人一起上书说："刘辅原任襄贲县令，上书求见，皇上提升他为谏大夫，一定是他言论有高明独到的见解，又深合皇上的心意，所以才受到如此提拔。可是才一个月，却忽然被囚禁秘狱。臣等认为刘辅能以皇室宗亲的一员，排在谏臣行列，十分荣幸。但他刚从县里上来，不知朝廷体制，以致触犯忌讳，不应当过分追究。若是小过错，皇上应对他克制忍耐，如果有大的罪过，应公开他的罪状，交由廷尉审理，使大家都知道他犯的罪过。如今上天不高兴，多次降下灾异，水灾、旱灾交替发生，这正应当是皇上宽大为怀，广开言路，褒奖正直，让臣民畅所欲言的时候，可是皇上却对诤谏的臣子施以惨烈的刑罚，使群臣震惊，将会使臣下失去正直效忠的一颗心。如果刘辅不是因犯直言规劝而判罪，他的过失就不明显，那么天下的人就会有疑问而不能去挨家挨户解释。刘辅原本是皇上同姓的近臣，早就因直言而闻名，不论是作为皇族的榜样，还是培植忠良的样板，都不应该把他囚禁在宫廷秘狱。朝廷公卿以下大臣，看到皇上破格提升刘辅，而又突然打击他，人怀恐惧，即使想尽忠心也锐气尽失，没有人敢守节直言，这样就不可能昭示虞舜虚怀纳谏的胸怀。也不可能推广直言敢说的盛德风范！臣等十分痛心，希望陛下留心考察。"汉成帝于是把刘辅移交少府所属的监狱关押，减免死罪，判他三年徒刑，为宗庙采供柴薪。

当初，皇太后王政君有八个弟弟，其中有六个是庶出的弟弟，庶弟中唯有王曼早死，没有被封侯，太后心里非常惋惜。王曼的遗孀名渠，被供养在宫中，儿子王莽，因自幼丧父，不能与堂兄弟们享受到同等的荣华富贵。他的堂兄弟们都是将军。五侯的儿子借着父辈的尊贵地位，生活奢侈糜烂，他们以声色犬马互相攀比来争地位的高低。王莽恰恰相反，言行恭俭，洁身自好，勤奋好学，穿着普通的学生服装，侍奉母亲和守寡的嫂嫂，抚养去世的哥哥王永的儿子王光，都十分尽心尽意。另外，王莽对外结交才智杰出的朋友，对内侍奉伯父、叔父，委曲周备，彬彬有礼。伯父大将军王凤患病时，王莽在床前侍奉，亲自尝药，以致蓬头垢面，连梳洗的时间都没有，好几个月都没有解脱衣带。王凤深为感动，临死前，特意请求皇太后和汉成帝，任命王莽为黄门郎，后来又升为射声校尉。过了一段时间，叔父成都侯王商上奏汉成帝，愿把自己的封邑分出一部分封给王莽。长乐少府戴崇、侍中金涉、中郎陈汤等人都是当代的知名人物，他们都替王莽说好话，汉成帝因此也很器重王莽，而皇太后又一再唠叨，因此在五月初六日乙未，下诏封王莽为新都侯，又升迁为骑都尉、光禄大夫、侍中。王莽在宫中值勤侍奉汉成帝极为小心谨慎。王莽的官爵越尊贵，而他的态度越表现谦逊恭敬。王莽把自己的车马衣裘拿去周济门下的宾客，

六月，丙寅，立皇后赵氏，大赦天下。

皇后既立，宠少衰；而其女弟绝幸，为昭仪，居昭阳舍，其中庭彤朱而殿上髹漆；切皆铜沓，黄金涂；白玉阶；壁带往往为黄金釭，函蓝田璧、明珠、翠羽饰之；自后宫未尝有焉。赵后居别馆，多通侍郎、宫奴多子者。昭仪尝谓帝曰："妾姊性刚，有如为人构陷，则赵氏无种矣！"因泣下凄恻。帝信之，有白后奸状者，帝辄杀之。由是后公为淫恣，无敢言者，然卒无子。

光禄大夫刘向以为王教由内及外，自近者始，于是采取《诗》、《书》所载贤妃、贞妇兴国显家及孽、嬖乱亡者，序次为《列女传》，凡八篇，及采传记行事，著《新序》、《说苑》，凡五十篇，奏之；数上疏言得失，陈法戒。书数十上，以助观览，补遗阙。上虽不能尽用，然内嘉其言，常嗟叹之。

（以上为第七段，写汉成帝荒淫而废除许皇后，以及宠幸赵飞燕姐妹的过程。王莽矫情，初露头角。）

昌陵制度奢泰，久而不成。刘向上疏曰："臣闻王者必通三统，明天命所授者博，非独一姓也。自古及今，未有不亡之国。孝文皇帝尝美石椁之固，张释之曰：'使其中有可欲，虽锢南山犹有隙。'夫死者无终极而国家有废兴，故释之之言为无穷计也。孝文寤焉，遂薄葬。棺椁之作，自黄帝始。黄帝、尧、舜、禹、汤、文、武、周公，丘垅皆小，葬具甚微；其贤臣孝子亦承命顺意而薄葬之，此诚奉安君父忠孝之至也。孔子葬母于防，坟四尺。延陵季子葬其子，封坟掩坎，其高可隐。故仲尼孝子而延陵慈父，舜、禹忠臣，周公弟弟，其葬君、亲、骨肉皆微薄矣；非苟为俭，诚便于体也。秦始皇葬于骊山之阿，下锢三泉，上崇山坟，

致使家里没有积蓄，收留供养名士，结交很多将、相、卿、大夫等文武大臣。所以在朝掌权的官员对王莽无不称赞，轮番推荐他，游说帮闲的人到处宣扬他，以致他的声誉大增，远远高于他的伯父、叔父。王莽还敢做出一些非常出人意料的行为，却毫无愧色。他曾经私下买了婢女，被他兄弟们知道，王莽趁势下坡说："因为后将军朱子元没有儿子，我听说这女子会生儿子，所以买了她。"当天就把这个婢女送给了朱博。他为了隐瞒真情而博取名声，竟能使出这样的手段！

六月初七日丙寅，封赵飞燕为皇后，大赦天下。

赵飞燕被封皇后之后，受汉成帝的宠爱反不如从前。但是她的妹妹却受到汉成帝独特的宠幸，被封为昭仪，住在昭阳宫，庭院的装饰全用朱红色，殿阁漆成黑色，用铜做门槛，外面包上黄金，台阶用白玉雕成，墙壁中带状的横木都用黄金环装饰，还用蓝田玉璧、明珠以及翠色的鸟羽嵌入墙壁作为装饰。自从有皇宫以来，还从没有这样装潢过。皇后赵飞燕另居一宫，经常与侍郎和多子的奴仆私通，希望怀孕。皇后的妹妹赵昭仪曾经对汉成帝说："臣妾的姐姐性格刚强，得罪了不少人，如果有人陷害，那么赵家就要被灭族。"说完哭得非常悲伤。汉成帝相信了她的话，凡有密告皇后奸淫的人，成帝就把告状的人杀害。从此以后，皇后赵飞燕放纵淫乱，也没有人敢揭发，然而始终没有生儿子。

光禄大夫刘向认为君王要教化人民，应当由内向外推广，先从亲近的人开始实施。于是，刘向就摘录《诗经》、《书经》中所记载的能够兴盛国家、显耀家族的贤妃、贞妇以及庶子、宠妾淫乱而亡国的故事，按照一定的顺序编列而成《列女传》，共八篇；又摘录书传上有关国家兴亡的记载，著成《新序》、《说苑》，共五十篇，奏献给汉成帝皇上。还屡次上书评议政事上的得失，陈述治理国家值得效法借鉴的史事。前后上书数十次，供汉成帝观览，用以补救其缺点。汉成帝虽然不能都采用，但心里却认为他说得有道理，常常赞叹他。

汉成帝的寿陵，即昌陵，修建工程时过于浩大奢侈，历时很久仍没有完成。刘向上奏说："臣听说作为一个国家的君主，一定要精通夏商周三统历法的循环，要明白天命承传给予很多人，并不是只有一个姓独占。从古到今，没有不灭亡的国家。孝文帝曾赞美石椁的坚硬，张释之说：'如果石椁中藏有使人想要的东西，即便是与南山浇铸在一起，也会钻凿出缝隙。'说到死亡，是人的必然归宿，国家也有兴盛和衰亡，所以张释之的话是很有远见的。孝文帝领悟了，于是实行薄葬。使用棺椁埋葬，从黄帝时就开始了。黄帝、尧、舜、禹、汤王、文王、武王、周公他们的坟冢都很小，陪葬的物品也很少，他们的贤臣孝子，也都顺承他们的遗愿，实行薄葬，这才是侍奉君父平安的大忠大孝。孔子将母亲埋葬在防邑，坟墓只有四尺高。

水银为江、海，黄金为凫、雁，珍宝之臧，机械之变，棺椁之丽，宫馆之盛，不可胜原；天下苦其役而反之，骊山之作未成，而周章百万之师至其下矣。项籍燔其宫室，营宇，牧儿持火照求亡羊，失火烧其臧椁。自古及今，葬未有盛如始皇者也；数年之间，外被项籍之灾，内离牧竖之祸，岂不哀哉！是故德弥厚者葬弥薄，知愈深者葬愈微。无德寡知，其葬愈厚，丘垅弥高，宫阙甚丽，发掘必速。由是观之，明暗之效，葬之吉凶，昭然可见矣！陛下即位，躬亲节俭，始营初陵，其制约小，天下莫不称贤明；及徙昌陵，增庳为高，积土为山，发民坟墓，积以万数，营起邑居，期日迫卒，功费大万百余，死者恨于下，生者愁于上，臣甚憨焉！以死者为有知，发人之墓，其害多矣；若其无知，又安用大！谋之贤知则不说，以示众庶则苦之，若苟以说愚夫淫侈之人，又何为哉！唯陛下上览明圣之制以为则，下观亡秦之祸以为戒，初陵之模，宜从公卿大臣之议，以息众庶！”上感其言。

初，解万年自诡昌陵三年可成，卒不能就；群臣多言其不便者。下有司议，皆曰：“昌陵因卑为高，度便房犹在平地上；客土之中，不保幽冥之灵，浅外不固。卒徒工庸以巨万数，至然脂夜作，取土东山，且与谷同贾，作治数年，天下遍被其劳。故陵因天性，据真土，处势高敞，旁近祖考，前又已有十年功绪，宜还复故陵，勿徙民，便！”秋，七月，诏曰：“朕执德不固，谋不尽下，过听将作大匠万年言‘昌陵三年可成’，作治五年，中陵、司马殿门内尚未加功。天下虚耗，百姓罢劳，客土疏恶，终不可成，朕惟其难，怛然伤心。夫‘过而不改，是谓过矣’。其罢昌陵，及故陵勿徙吏民，令天下毋有动摇之心！”

延陵季子埋葬他的儿子，坟墓矮得几乎看不见。所以孔子仲尼是孝子，延陵季子是慈父，虞舜、大禹是忠臣，周公友爱弟弟，他们埋葬国君、父亲、骨肉兄弟都是薄葬，并不是抠门节省，而是为了合情合理。秦始皇埋葬在骊山之旁，地下深达三重泉水，用铜铁汁浇铸；地上垒起高高的坟冢，如同山陵，用水银做成江河，用黄金铸成野鸭、飞雁，收藏的珍宝，机械的巧妙，棺椁的华丽，宫殿的雄伟，后人再难以超过。天下的百姓不堪差役的痛苦，群起造反，结果骊山的坟墓还没有建成，而周章的百万大军已经到达了。项羽入关烧了宫殿和陵寝建筑，牧童点着火把找寻失落的羊只，又失火烧了墓穴中的棺椁。从古到今，没有人的陪葬丰盛得超过秦始皇的。不过几年之间，就外受项籍之灾，内遭牧童之祸，这难道不是很悲哀的事吗？因此，道德越是高尚的，葬礼越是轻微；智慧越高的人，葬礼越是微不足道。既缺乏道德又缺少智慧的人，其葬礼越是富厚，坟墓越是高大，宫殿越是华丽，被人挖掘坟墓的时间就越是快速到来。由此看来，埋葬是吉还是凶，就如同光明与黑暗一样清楚明白。陛下初即位时，带头节俭，开始兴建初陵时，规模很小，天下人民都称赞皇上的贤明；后来改建昌陵，却垫高洼地而成山，挖掘民坟数以万计，还要建置县邑，建造房屋，限期建成，时间紧迫，所花费财力、人力达亿万之多，让死了的人含恨于地下，活着的人忧愁于世上，臣深为忧伤！如果认为死后有知，那么挖掘了人家坟墓，是会带来很多灾害的；若死后无知，那又何必把坟墓修建得那么大呢？大建陵墓的事如果咨询贤能的人，他们是不会喜悦的；如果告诉天下人，他们只会因此而痛苦。如果只是为了使那些愚夫和奢侈的人高兴，那又何必呢！希望陛下上观圣朝制度，作为法则，下览秦王朝灭亡的灾祸作为戒鉴，初陵的规模，应当听从公卿大臣的建议，使天下人能休养生息！”汉成帝看到这番话，深为感动。

起初，解万年妄说只要三年，就可把昌陵修筑完工，到期却没能竣工。群臣议论纷纷，认为兴建昌陵有很多不方便的地方。汉成帝就把它交给主管部门去商讨，大家都说：“昌陵地势低下，却要用泥土去把它填高，填了三年，陵寝的便殿位置才在平地上，还要搬运别处的土来垒坟，而从别处运来的泥土，不能保护地下幽灵的平安，由于新土松软，所以不坚固。参与建坟的差役和工匠数万人，白天工作不停，晚上还要点上油灯，加班加点抢修，从东山运来的泥土，耗去的费用差不多与粮食价相等，由于连续几年的修筑，使全国民众都感到疲劳。原先所选定的初陵，顺着天然的地势，使用原地泥土，地势高亢宽广，又靠近祖坟，以前又有十年的修筑基础，还是应该建在那里，也不要移民去建置陵邑，这样比较有利。”秋季，七月，汉成帝下诏说：“朕遵守道德规范不够坚定，又没有广泛地征询群臣意见，错误听信了将作大匠解万年说的‘昌陵三年可以建成’的话，至今建造了五年，陵中的寝殿、司马门都还没有开工。国力已经空虚，百姓筋疲力尽，从外地运来泥土，土质疏软

初，酂侯萧何之子嗣为侯者，无子及有罪，凡五绝祀。高后、文帝、景帝、武帝、宣帝思何之功，辄以其支庶绍封。是岁，何七世孙酂侯获坐使奴杀人，减死，完为城旦。先是，上诏有司访求汉初功臣之后，久未省录。杜业说上曰："唐、虞、三代皆封建诸侯，以成太平之美，是以燕、齐之祀与周并传，子继弟及，历载不堕。岂无刑辟，繇祖之竭力，故支庶赖焉。迹汉功臣，亦皆剖符世爵，受山、河之誓；百余年间，而袭封者尽，朽骨孤于墓，苗裔流于道，生为愍隶，死为转尸。以往况今，甚可悲伤。圣朝怜闵，诏求其后，四方忻忻，靡不归心。出入数年而不省察，恐议者不思大义，徒设虚言，则厚德掩息，吝简布章，非所以示化劝后也。虽难尽继，宜从尤功。"上纳其言。癸卯，封萧何六世孙南䜌长喜为酂侯。

立城阳哀王弟俚为王。

八月，丁丑，太皇太后王氏崩。

九月，黑龙见东莱。丁巳晦，日有食之。

是岁，以南阳太守陈咸为少府，侍中淳于长为水衡都尉。

（以上为第八段，写汉成帝修建寿陵，由于计划不密，选址不周，匆匆动工，来回变动，劳民伤财，虚耗国力。在古代，现任皇帝建寿陵是一项国家大工程，而成帝与执政大臣竟然如此荒怠失职，表现了成帝时期的政治昏暗。）

二年（丙午，前 15 年）

春，正月，己丑，安阳敬侯王音薨。王氏唯音为修整，数谏正，有忠直节。

二月，癸未夜，星陨如雨，绎绎，未至地灭。

不好，始终不能完成，朕念及工程的困难，既伤心又感到不安。古人说过‘有了过失而不改正，那才是真正的过失’。如今撤销修建昌陵，仍建初陵，也不要迁移吏民到初陵去建置县邑，使天下人心安定。”

当初，酂侯萧何的子孙是继承爵位为侯的，因没有儿子继承或犯了法的，共有五次绝代，封国被撤销。高后、文帝、景帝、武帝、宣帝思念萧何的功劳，每次都让他的旁支继承爵位。本年，萧何第七代孙子酂侯萧获因犯教唆杀人罪被判死刑，后来减刑免死，改判四年徒刑。在这之前，汉成帝下诏要主管部门寻访汉初功臣的后代，许久没有结果。杜业劝汉成帝说：“唐尧、虞舜和夏、商、周三代，都是因封建了诸侯，才完成了太平盛世的伟业，因此燕国、齐国的祭祀能和周朝并传，而爵位可以由儿子继承，也可以由兄弟继承，香火永不断绝。这并不是那时的诸侯子孙没有触犯过国法，而是因为君王思念他们祖先竭尽其力，建有功勋，所以庇护他们的子孙而蒙受恩泽。回顾汉朝的功臣也都是剖符受封，世世代代继承，君臣双方立下了‘山河之誓’，然而不过百余年，那些受封世袭的侯爵，几乎全都撤销。腐朽的骨骸孤单单地躺在坟墓之中，贫苦的后代流落在道路之上，活着的时候充当苦役，死后无葬身之地。拿古代的事和现在相比，实在太悲哀了。蒙皇上的怜悯，下诏寻访功臣的后代，四方人民都因此而欢欣，无不心悦诚服地归向朝廷。但是拖延了好几年，却没有访出头绪来，这恐怕是承办人不明大义，只用虚言应付差事。如此，就会使陛下深恩厚德遭到遮蔽而消失。舍不得封赏，不认真地查访布告天下，这不是传布教化，劝勉后人的办法。汉朝的功臣绝后的比较多，尽管很难都去继承，应该选择那些功劳显著的功臣后代去继承爵位。”汉成帝采纳这项建议。七月十五日癸卯，封萧何六世孙，巨鹿郡南䜌县的县长萧喜为酂侯。

册立城阳哀王刘云的弟弟刘俚为城阳王。

八月十九日丁丑，太皇太后王氏去世。

九月，在山东东莱出现黑龙。九月三十日丁巳，发生日食。

这一年，任命南阳太守陈咸为少府，侍中淳于长为水衡都尉。

汉成帝永始二年（丙午，前15年）

春季，正月初三日己丑，安阳敬侯王音去世。在王氏家族中，唯有王音比较修身谨慎，屡次规劝汉成帝，有忠直的节操。

二月二十八日癸未，这一天的夜晚流星像雨一般地从天上坠落，光芒闪烁，没

乙酉晦，日有食之。

三月，丁酉，以成都侯商为大司马、卫将军；红阳侯王立位特进，领城门兵。

京兆尹翟方进为御史大夫。

谷永为凉州刺史，奏事京师，讫，当之部，上使尚书问永，受所欲言。永对曰："臣闻王天下有国家者，患在上有危亡之事而危亡之言不得上闻。如使危亡之言辄上闻，则商、周不易姓而迭兴，三正不变改而更用。夏、商之将亡也，行道之人皆知之；晏然自以若天有日，莫能危，是故恶日广而不自知，大命倾而不寤。《易》曰：'危者有其安者也，亡者保其存者也。'陛下诚垂宽明之听，无忌讳之诛，使刍荛之臣得尽所闻于前，群臣之上愿，社稷之长福也！

"元年，九月，黑龙见；其晦，日有食之。今年二月，己未夜，星陨；乙酉，日有食之。六月之间，大异四发，二二而同月。三代之末，春秋之乱，未尝有也。臣闻三代所以陨社稷，丧宗庙者，皆由妇人与群恶沈湎于酒；秦所以二世、十六年而亡者，养生泰奢，奉终泰厚也。二者，陛下兼而有之，臣请略陈其效。

"建始、河平之际，许、班之贵，倾动前朝，熏灼四方，女宠至极，不可上矣；今之后起，什倍于前。废先帝法度，听用其言，官秩不当，纵释王诛，骄其亲属，假之威权，从横乱政，刺举之吏，莫敢奉宪。又以掖庭狱大为乱阱，榜棰瘠于炮烙，绝灭人命，主为赵、李报德复怨。反除白罪，建治正吏，多系无辜，掠立迫恐，至为人起责，分利受谢，生入死出者，不可胜数。是以日食再既，以昭其辜。

有掉到地面就消失了。

二月三十日乙酉，发生日食。

三月十二日丁酉，任命成都侯王商为大司马、卫将军；红阳侯王立位特进，领城门兵。

京兆尹翟方进被任命为御史大夫。

凉州刺史谷永，到京师上奏公事。事毕，正要返回凉州，汉成帝派尚书去问谷永还有没有什么话要说。谷永就回答说："臣听说治理天下的君王，主宰一个国家，最大的忧虑，就是君主有了危亡的事情，而拯救危亡的办法却不能上达。假若拯救危亡的意见能够上达，那么商朝、周朝就不会改朝换代，相继兴起，夏、商、周三代的历法也就不会改变了。夏朝、商朝将灭亡的时候，连走路的人都知道，但当时的在位君王，却自以为自己就是天上的太阳，没有人能够危害他，因而罪恶一天一天增多，而他自己却毫无察觉，甚至政权即将倾覆，仍不醒悟。《易经》说：'危机出现，有使它转为安全的方法。灭亡的征兆显现，有使它保全的方法。'陛下如果真正垂意听取臣属的意见，使他们不因触犯忌讳而遭到杀头，让那些像草芥一样的小臣，敢于将自己所见所闻向皇上陈述，这是群臣最大的心愿，也是国家长久的福佑！

"去年九月，有黑龙出现，当月三十日，发生日食。今年二月二十八日己未夜晚，有流星陨落；三十日乙酉，又发生日食。在六个月的时间内，就发生四次大的天象变异，而四次却是九月、二月，每月发生两次。看看夏、商、周三代的末期，春秋时的天下大乱，都没有这种现象。臣听说夏、商、周三代所以丧国、丧宗庙，都是因为妇人和一群恶劣的小人，沉湎在酒中。秦王朝所以只传两代，共十六年就被灭亡，也是由于他们生活太骄纵奢侈，死后埋葬过于丰厚。这两样，陛下现在同时都具有，臣愿简要地陈述它的后果：

"建始、河平年间，许皇后，班婕妤两姓外戚，尊贵无比，震动一时，像烟火一样熏灼四方。皇上对美女的宠爱，已登峰造极。当今后起的赵氏姐妹、李平等女人受到的宠爱，却又十倍于先前的许氏、班氏。废弃了先帝的法度，轻信女宠的谗言，随意任官封爵，犯了死刑的罪人无端释放，还让她们的亲属骄奢无比，赐给他们权力，横行霸道，扰乱朝政，负责纠察的官员，无人敢执法办事。另外，宫中掖庭的诏狱简直就是害人的陷阱，苦刑拷打的痛苦犹如殷纣王时的炮烙之刑，灭绝人性，夺取生命，原来只是皇上替赵飞燕、李平两家报仇出气。罪证确凿的犯人，却无罪释放；公正办事的官吏，反而受到逮捕审问。监狱中大多数都是无罪之人，是在苦刑之下屈打成招而有罪。赵、李两姓贵戚，甚至替人放债，自己坐地分利，或接受其财物报谢。活着入狱，死后出牢的事件，不可胜数。因此上天便一再地发生

“王者必先自绝，然后天绝之。今陛下弃万乘之至贵，乐家人之贱事，厌高美之尊号，好匹夫之卑字，崇聚僄轻无义小人以为私客，数离深宫之固，挺身晨夜，与群小相随，乌集杂会，醉饱吏民之家，乱服共坐，沉湎媟嫚，溷淆无别，黾勉遁乐，昼夜在路，典门户、奉宿卫之臣执干戈而守空宫，公卿百僚不知陛下所在，积数年矣。

“王者以民为基，民以财为本，财竭则下畔，下畔则上亡。是以明王爱养基本，不敢穷极，使民如承大祭。今陛下轻夺民财，不爱民力，听邪臣之计，去高敞初陵，改作昌陵，役百乾溪，费拟骊山，靡敝天下，五年不成而后反故。百姓愁恨感天，饥馑仍臻，流散冗食，馁死于道，以百万数。公家无一年之畜，百姓无旬月之储，上下俱匮，无以相救。《诗》云：‘殷监不远，在夏后之世。’愿陛下追观夏、商、周、秦所以失之，以镜考己行，有不合者，臣当伏妄言之诛！

“汉兴九世，百九十余载，继体之主七，皆承天顺道，遵先祖法度，或以中兴，或以治安；至于陛下，独违道纵欲，轻身妄行，当盛壮之隆，无继嗣之福，有危亡之忧，积失君道，不合天意，亦以多矣。为人后嗣，守人功业如此，岂不负哉！方今社稷、宗庙祸福安危之机在于陛下；陛下诚能昭然远寤，专心反道，旧愆毕改，新德既章，则赫赫大异庶几可销，天命去就庶几可复，社稷、宗庙庶几可保！唯陛下留神反覆，熟省臣言！”

帝性宽，好文辞，而溺于宴乐，皆皇太后与诸舅夙夜所常忧；至亲难数言，故推永等使因天变而切谏，劝上纳用之。永自知有内应，展意无所依违，每言事辄见答礼。至上此对，上大怒。卫将军商密擿永令发去。上

日食，来彰明赵飞燕、李平两家外戚的罪恶。

“一个君王一定是自己先毁灭自己了，然后上天才要毁灭他。如今陛下不顾身为一国之尊，而喜欢做家奴小人的微贱之事；厌弃崇高至美的皇帝称号，却喜欢冒顶一个普通男子的名字让随从呼唤。又集结一些无赖、轻佻、好斗的小子，当作自己的宾客。经常离开稳固的深宫，挺身外出，不分昼夜，同那一群小人相伴随，就像乌鸦一样时聚时散，醉饱在官吏小民的家里，穿着平民的衣服，不分尊卑，共起共坐，酗酒戏弄，男女相混无别，尽情欢乐，日夜在外而不回宫，让负责门禁和奉命宿卫的武臣，手执干戈，在那里保护一座空宫。公卿等百官，都不知道陛下在什么地方。这种情况已经连续好几年了。

“君王是以人民作为根基，民众又是以财产作为根本，财产枯竭，那么民众就会反叛，民众反叛，则国家灭亡。因此，圣明的君王都十分爱护、保养这个根基和根本，不敢穷奢极侈，使唤老百姓就像承奉重大祭祀一样，必须谨慎恐惧。如今陛下却那样轻易地剥夺民众财产，不爱惜民力，听信邪臣的计谋，放弃高大开阔的初陵，改变方案去修建昌陵，役使修陵的人工，超过楚灵王修建乾溪宫殿一百倍，财力的耗费可与秦始皇修建骊山陵相比。如此耗尽天下人民财产，经过五年苦修，仍不能建成，然后只好再回去修建初陵。以致百姓愁恨动天，饥荒连年发生，百姓四散逃荒乞讨，饿死在道路上的就有好几百万人。国家没有够一年用度的储蓄，百姓没有十天的积蓄，上下匮乏，彼此都无法相救。《诗经》说：‘商朝子孙的借鉴，近在前朝，看一看夏桀是怎么灭亡的就够了。’希望陛下能仔细回顾夏、商、周、秦失去天下的原因，作为镜子照照自己，若陛下的言行不像他们那样，我愿意服妄言之罪，接受诛杀。

“汉朝的建立，已经历九代，一百九十余年，子继父位的国君不过七位，他们都是承天顺命，遵守祖先的法度，或以中兴隆盛，或以太平治世，国家安定；偏偏传到陛下，却独自违背天道，放纵情欲，轻贱自身的健康而任意妄为。正值盛壮之年，却享不到有儿子的福气，又有国家危亡的忧虑，长久不履行君王的责任，言行都不合天意，这样的事例实在太多了。身为子孙，却如此承继着先人的功勋事业，难道不觉有愧吗？如今社稷、宗庙的祸福安危的关键，全在于陛下一人所为。陛下若真能明白，醒悟过来，专心一意回到正道上来，彻底改掉从前的过失，那么，等到重新建立显著德行之后，巨大的天地灾异就可能消除，已失去的天命也可能兴复，社稷、宗庙也许可以得到保全！请陛下再三注意，仔细考察我的建议。”

汉成帝性情宽厚，喜好文章，却沉迷于饮宴作乐，这都是皇太后和诸舅们日夜忧虑不安的。由于都是至亲，故不好再三劝谏，所以共同推请谷永等趁着天象变异时机，向汉成帝直言极谏，希望皇上能够接受。谷永知道有他们的内应，因此尽情

使侍御史收永，敕过交道厩者勿追；御史不及永，还。上意亦解，自悔。

上尝与张放及赵、李诸侍中共宴饮禁中，皆引满举白，谈笑大噱。时乘舆幄坐张画屏风，画纣醉踞妲己，作长夜之乐。侍中、光禄大夫班伯久疾新起，上顾指画而问伯曰："纣为无道，至于是乎？"对曰："《书》云：'乃用妇人之言'，何有踞肆于朝！所谓众恶归之，不如是之甚者也！"上曰："苟不若此，此图何戒？"对曰："'沉湎于酒'，微子所以告去也。'式号式呼'，《大雅》所以流连也。《诗》、《书》淫乱之戒，其原皆在于酒！"上乃喟然叹曰："吾久不见班生，今日复闻谠言！"放等不怿，稍自引起更衣，因罢出。

时长信庭林表适使来，闻见之。后上朝东宫，太后泣曰："帝间颜色瘦黑。班侍中本大将军所举，宜宠异之；益求其比，以辅圣德！宜遣富平侯且就国！"上曰："诺。"上诸舅闻之，以风丞相、御史，求放过失。于是丞相宣、御史大夫方进奏"放骄蹇纵恣，奢淫不制，拒闭使者，贼伤无辜，从者支属并乘权势，为暴虐，请免放就国。"上不得已，左迁放为北地都尉。其后比年数有灾变，故放久不得还。玺书劳问不绝。敬武公主有疾，诏征放归第视母疾。数月，主有瘳，后复出放为河东都尉。上虽爱放，然上迫太后，下用大臣，故常涕泣而遣之。

（以上为第九段，写谷永上书，直言极谏成帝纵情酒色，荒于政事。在皇太后、诸舅执政的压力下，成帝迫不得已外放嬖臣张放。此时王氏外戚集团尚有护持汉朝之心，而汉成帝太不争气，迷途不返。）

邛成太后之崩也，丧事仓卒，吏赋敛以趋办，上闻之，以过丞相、御史。冬，十一月，己丑，策免丞相宣为庶人，御史大夫方进左迁执金吾。二十余日，丞相官缺，群臣多举方进者；上亦器其能，十一月，壬

陈述，毫无顾忌，每次规劝，都能得到汉成帝的回答和礼敬，但是这次呈上的奏章，汉成帝却很生气。卫将军王商得到消息，暗中透露消息，要谷永赶快离开京师回凉州。皇上命侍御史拘捕谷永，又告诫侍御史，若谷永走出离长安六十里的交道厩，就不要追了。结果侍御史追到交道厩，谷永已远去。这时皇上的心情也宽和了，后悔派人拘捕谷永。

汉成帝曾经与张放以及赵、李两姓中的侍中在宫中宴饮，大家举起满满的酒杯一饮而尽，发狂地大笑取乐。在皇上座位附近有一扇展开的绘画屏风，画面上是殷纣王醉坐在妲己身上通宵取乐。当时侍中、光禄大夫班伯也在座，他久病初愈，汉成帝回头指着屏风上的画问班伯，说："纣王昏庸无道，真是这个样子吗？"班伯回答说："《书经》只是说纣王'听信妇人的话'，哪至于放纵到坐在妲己身上的样子啊！这就是说，一个人一旦做错了事，就把所有的坏事加到他身上。"汉成帝说："如果不是这样，那么这幅画又警示些什么呢？"班伯回答说："《书经》记载，商纣王'沉湎于酒'，所以微子数谏无果之后就告知箕子、比干而离开了纣王。《诗经·大雅·荡》说：酗酒过度，就'大喊大闹'，所以写《大雅·荡》的诗人禁不住涕泣横流。《书经》、《诗经》对于淫乱的劝诫，追根究底，因酒而起！"汉成帝感叹地说："朕很久没看到班先生，今天又听到你正直的话。"在座的张放等人很不高兴，陆续起身托言上厕所，趁势溜走。

这时，长信宫的一位庭林表恰好来到未央宫，看见了这一幕。后来汉成帝到东宫朝见皇太后，皇太后流着眼泪说："皇上近来脸色又瘦又黑。班侍中是大将军王凤推荐的人，皇上应当特别亲爱优待，更应该多找几个像班侍中这样的人来辅助皇上你的德行。像富平侯张放这样的人，应遣送他回国。"汉成帝说："是。"汉成帝的舅舅们听到这个消息，就暗示丞相薛宣、御史大夫翟方进，去寻找张放的过失。于是薛宣、翟方进就上奏说："张放骄慢不驯，又放肆，奢侈荒淫，超越定规，竟敢闭门拒绝使者到他家搜捕盗贼，又因私怨杀伤无辜，他的随从亲属都仗着他的权势为非作歹，因此请求遣送张放回到他的封国。"汉成帝不得已，只好把他降职为北地都尉。后来又因连年多次发生灾变，所以张放长久回不了京师，但汉成帝慰问他的诏书却不断。后来他的母亲敬武公主患病，才诏令征召他回家探视。数月之后，敬武公主的病已痊愈，又把他外放去任河东都尉。汉成帝虽然喜爱张放，但上有皇太后的压力，下有掌权大臣催逼，所以汉成帝常常是流着泪送走张放。

汉成帝祖母邛成太后王氏去世，丧事突然，主办官吏加收赋税来草草完事。汉成帝知道后，就责备丞相薛宣和御史大夫翟方进。冬季，十一月己丑日，下诏免除薛宣的丞相职务，贬为平民。御史大夫翟方进降职为执金吾。过了二十多天，丞相

子，擢方进为丞相，封高陵侯。以诸吏、散骑、光禄勋孔光为御史大夫。方进以经术进，其为吏，用法刻深，好任势立威；有所忌恶，峻文深诋，中伤甚多。有言其挟私诋欺不专平者，上以方进所举应科，不以为非也。光，褒成君霸之少子也，领尚书，典枢机十余年，守法度，修故事，上有所问，据经法，以心所安而对，不希指苟合；如或不从，不敢强谏争，以是久而安。时有所言，辄削草稿，以为章主之过以奸忠直，人臣大罪也。有所荐举，唯恐其人之闻知。沐日归休，兄弟妻子燕语，终不及朝省政事。或问光："温室省中树，皆何木也？"光嘿不应，更答以他语，其不泄如是。

上行幸雍，祠五畤。

卫将军王商恶陈汤，奏"汤妄言昌陵且复发徙；又言黑龙冬出，微行数出之应。"廷尉奏"汤非所宜言，大不敬。"诏以汤有功，免为庶人，徙边。

上以赵后之立也，淳于长有力焉，故德之，乃追显其前白罢昌陵之功，下公卿，议封长。光禄勋平当以为："长虽有善言，不应封爵之科。"当坐左迁巨鹿太守。上遂下诏，以常侍闳、卫尉长首建至策，赐长、闳爵关内侯。

将作大匠万年佞邪不忠，毒流众庶，与陈汤俱徙敦煌。

初，少府陈咸，卫尉逢信，官簿皆在翟方进之右；方进晚进，为京兆尹，与咸厚善。及御史大夫缺，三人皆名卿，俱在选中，而方进得之。会丞相薛宣得罪，与方进相连，上使五二千石杂问丞相、御史，咸诘责方进，冀得其处，方进心恨。陈汤素以材能得幸于王凤及王音，咸、信皆与汤善，汤数称之于凤、音所，以此得为九卿。及王商黜逐汤，方进因奏"咸、信附会汤以求荐举，苟得无耻，"皆免官。

职位仍然空缺，群臣大多数推荐翟方进，汉成帝也很器重他的才能。十一月初二日壬子，提升翟方进为丞相，封为高陵侯。任用诸吏、散骑、光禄勋孔光为御史大夫。翟方进因精通经术进入仕途，他做官后，用法苛刻严酷，喜欢运用权势来树立个人威信，他对自己猜忌厌恶的人，就用苛酷的法条让对方深陷法网，因此受到他陷害的人很多。有人指控他隐藏私心，诬害欺骗，办事不公，汉成帝却认为他所主持的案件，都能合乎法律条文，不认为不妥。孔光是褒成君孔霸的小儿子，担任尚书，掌管中枢机要十多年，奉公守法，一切都依照前例成规办事，汉成帝有什么问题问他，他都依据经典和法令，以问心无愧的话去回答，而不是揣摩汉成帝的意旨，去苟且迎合；汉成帝若不听从，他也不敢坚持力争，因此能较长时间保持他的地位。有时上书建议，奏书写好，就把草稿毁掉，认为显露君王的过失，以博得忠直的美名，是人臣的一项大罪。他要举荐一个人，唯恐被推荐的人知道。休假日回家，在与兄弟、妻子拉家常中，对朝中政事丝毫也不涉及。有人问孔光："温室殿宫中种的树，都是什么树木？"孔光沉默不答，改用别的话岔开。他就像这样，一点也不泄密朝中之事。

汉成帝巡幸雍邑，祭祀五帝庙。

卫将军王商厌恶陈汤，就上奏说："陈汤胡说皇上又要迁徙吏民到昌陵邑去，还说冬天出现黑龙，都是皇上多次微服出行惹的祸。"廷尉也上奏说："陈汤说了他不应该说的话，是犯大不敬的死罪。"汉成帝下诏，念及陈汤有功，只贬为平民，发配到边疆去。

汉成帝册立赵飞燕为皇后，淳于长出了很大的力气，所以汉成帝很感激他，就追溯他建议撤销昌陵的功劳，要公卿们商讨，册封他。光禄勋平当认为："淳于长虽然提出过很好的建议，但还没有达到封侯的法规标准。"平当因此被降调去任巨鹿太守，皇上下诏令，因常侍王闳、卫尉淳于长首先提出撤销昌陵良策，所以赐封两人都为关内侯。

将作大匠解万年奸佞不忠，流毒民众，因而也和陈汤一起被发配敦煌。

起初，少府陈咸、卫尉逢信的官位都在翟方进之上。翟方进是资浅新进的人，他在任京兆尹时和陈咸交情很深，等到御史大夫空缺，陈咸、逢信、翟方进三人都是著名的公卿，三人都列在候选人中，结果被翟方进取得。赶巧丞相薛宣因办邛成太后的葬礼，被控有罪，牵连了翟方进，汉成帝命五位二千石的大臣一起会审丞相薛宣、御史大夫翟方进。陈咸责问翟方进，穷追不舍，希望取代翟方进的职位，翟方进怀恨在心。陈汤向来以卓越的才干得到王凤、王音的宠信，而陈咸、逢信两人与陈汤的关系很好，陈汤几次在王凤、王音面前称赞他们，因此陈咸、逢信才被任命为九卿。等到王商贬斥陈汤时，翟方进就上奏说："陈咸、逢信都因依附陈汤，被

是岁，琅邪太守朱博为左冯翊。博治郡，常令属县各用其豪杰以为大吏，文、武从宜。县有剧贼及他非常，博辄移书以诡责之，其尽力有效，必加厚赏；怀诈不称，诛罚辄行。以是豪强慑服，事无不集。

（以上为第十段，写成帝永始二年外朝的权力斗争和人事调整，薛宣被免相，功臣陈汤再次遭斥免。翟方进、朱博得势，翟方进升任丞相，朱博由地方郡守升任左冯翊。）

三年（丁未，前 14 年）

春，正月，己卯晦，日有食之。

初，帝用匡衡议，罢甘泉泰畤，其日，大风坏甘泉竹宫，折拔畤中树木十围以上百余。帝异之，以问刘向；对曰："家人尚不欲绝种祠，况于国之神宝旧畤！且甘泉、汾阴及雍五畤始立，皆有神祇感应，然后营之，非苟而已也。武、宣之世奉此三神，礼敬敕备，神光尤著。祖宗所立神祇旧位，诚未易动。前始纳贡禹之议，后人相因，多所动摇。《易大传》曰：'诬神者殃及三世。'恐其咎不独止禹等！"上意恨之，又以久无继嗣，冬，十月，庚辰，上白太后，令诏有司复甘泉泰畤、汾阴后土如故，及雍五畤、陈宝祠、长安及郡国祠著明者，皆复之。

是时，上以无继嗣，颇好鬼神、方术之属，上书言祭祀方术得待诏者甚众，祠祭费用颇多。谷永说上曰："臣闻明于天地之性，不可惑以神怪；知万物之情，不可罔以非类。诸背仁义之正道，不遵'五经'之法言，而盛称奇怪鬼神，广崇祭祀之方，求报无福之祠，及言世有仙人，服食不终之药，遥兴轻举、黄冶变化之术者，皆奸人惑众，挟左道，怀诈伪，以欺罔世主，听其言，洋洋满耳，若将可遇，求之，荡荡如系风捕景，终不可得。是以明王距而不听，圣人绝而不语。昔秦始皇使徐福发男女入海求神采药，因逃不还，天下怨恨。汉兴，新垣平、齐人少翁、公孙卿、栾大等皆以术穷诈得，诛夷伏辜。唯陛下距绝此类，毋令奸人有以窥朝者！"上善其言。

（以上为第十一段，写刘向、谷永上书言事，刘向请求成帝恢复已被撤销的神灵祭祀，谷永请求成帝拒绝方术迷信。两人的奏疏，显现当时的政治光怪陆离，君臣

升为九卿，毫无廉耻。”最后陈咸和逢信都被撤职。

这一年，琅邪太守朱博被任命为左冯翊。朱博治理郡事时，常常责令所属各县选用当地的豪杰，充任地方官吏，不论文武，只要有才干，就任用他们。县里如果有大盗巨贼以及其他非常事变，朱博就行文责成所用的地方豪杰，他们如果能尽心出力，而且卓有成效，必加厚赏；如有心怀诡诈而不称职的，就受到诛杀或处罚。所以地方土豪劣绅，全都畏惧顺服，没有什么不能完成的事。

汉成帝永始三年（丁未，前 14 年）

春季，正月三十日己卯，发生日食。

起初，汉成帝采纳匡衡的建议，撤销了甘泉的泰畤，当天，大风突然兴起，吹坏了甘泉的竹宫，吹断或连根拔起泰畤祠中的一百多颗大树，汉成帝十分奇怪，召见刘向询问。刘向回答说：“普通平民尚且不愿折毁家庙，何况是一国的神室旧庙！再说，甘泉、汾阴和雍邑这几个地方的神庙，在初建的时候，都有神灵显应，不是随便建的。在武帝、宣帝时，侍奉这三个地方的神灵，祭礼仪式十分周到，神光也显现得特别灵验。祖宗所建立的神坛庙宇，实在不应该随意变动。从前元帝采纳贡禹的建议，后人相继遵循，所以变动很多。《易经·大传》说：‘诬蔑神灵的人，三代都要受到灾祸。’这个责任，恐怕不能只由贡禹等人单独承当吧！”汉成帝心里很后悔。又因为一直没有继承的后嗣，冬季，十月初十日庚辰，汉成帝禀告皇太后，命令主管官员恢复甘泉的泰畤和汾阴后土的祭祀，一切照旧，雍邑的五帝神坛、陈宝祠，以及长安和郡国中著名的神祠，也都要加以恢复。

这时，汉成帝由于没有继嗣，就十分喜好鬼神、方术这一类的说法，民间上书谈论祭祀和方术而等待候补想做官的人很多，皇上用在祭祀方面的费用也相当庞大。谷永就上书劝诫皇上说：“臣听说，一个人如果明白天地的本性，就不可能拿神怪来迷惑他；了解万物生长的本性，也不可能用鬼神之类的事物来欺骗他。种种违背仁义的准则，不遵守‘五经’的合乎礼法的言论，而去极力称赞鬼怪神奇，多方推崇祭祀的妙方，祈求那些不能带来福音的鬼神庙宇；还有，说世间确有仙人，可以服用长生不死的仙药，能够羽化而成仙；又说有可以冶炼丹砂变成黄金的法术，这些都是妖言惑众，挟持邪门旁道，心怀欺诈，以蒙骗君王。听他们的吹嘘，绘声绘色，似乎随时可以与神仙相遇，如果真的去寻求，却空空荡荡，如同捕风捉影，始终见不到什么神仙。所以，英明的君王都会闭耳不听，圣人们也是闭口不语。以前秦始皇派遣徐福征召一批男女，到大海去寻求神仙，采摘灵药，结果徐福趁机逃亡，不再返回，遭到天下人的怨恨。汉朝建立，又有新垣平、齐人少翁、公孙卿、栾大等

们把国计民生置诸脑后，而在神鬼祭祀、方术迷信上无聊地争论不休。）

十一月，尉氏男子樊并等十三人谋反，杀陈留太守，劫略吏民，自称将军；徒李谭、称忠、钟祖、訾顺共杀并，以闻，皆封为侯。

十二月，山阳铁官徒苏令等二百二十八人攻杀长吏，盗库兵，自称将军；经郡国十九，杀东郡太守及汝南都尉。汝南太守严䜣捕斩令等。迁䜣为大司农。

故南昌尉九江梅福上书曰："昔高祖纳善若不及，从谏如转圜，听言不求其能，举功不考其素，陈平起于亡命而为谋主，韩信拔于行陈而建上将；故天下之士云合归汉，争进奇异，知者竭其策，愚者尽其虑，勇士极其节，怯夫勉其死。合天下之知，并天下之威，是以举秦如鸿毛，取楚若拾遗，此高祖所以无敌于天下也。孝武皇帝好忠谏，说至言，出爵不待廉、茂，庆赐不须显功，是以天下布衣各厉志竭精以赴阙庭，自衒鬻者不可胜数，汉家得贤，于此为盛。使孝武皇帝听用其计，升平可致，于是积尸暴骨，快心胡、越，故淮南王安缘间而起；所以计虑不成而谋议泄者，以众贤聚于本朝，故其大臣势陵，不敢和从也。方今布衣乃窥国家之隙，见间而起者，蜀郡是也。及山阳亡徒苏令之群，蹈藉名都、大郡，求党与，索随和，而无逃匿之意，此皆轻量大臣，无所畏忌，国家之权轻，故匹夫欲与上争衡也。

"士者，国之重器；得士则重，失士则轻。《诗》云：'济济多士，文王以宁。'庙堂之议，非草茅所言也；臣诚恐身涂野草，尸并卒伍，故数上书求见，辄报罢。臣闻齐桓之时，有以九九见者，桓公不逆，欲以致大也。今臣所言，非特九九也；陛下距臣者三矣，此天下士所以不至也。昔秦武王好力，任鄙叩关自鬻；缪公行霸，由余归德。今欲致天下之士，

人，都因法术不灵，诈骗被揭穿，全都遭到杀头、灭族。因此请求陛下拒绝这些不可信的鬼话，不要让那些奸猾的人，觊觎朝廷的官位。”汉成帝赞同他的建议。

十一月，尉氏县的男子樊并等十三人谋反，杀死陈留太守，裹胁官吏和民众，自称将军。囚徒李谭、称忠、钟祖、訾顺等共同击杀了樊并，报告朝廷，都被封为列侯。

十二月，山阳郡铁官所管属的矿工苏令等一百二十八人造反，攻打山阳郡，杀了长史，夺取武库兵器，自称将军；流窜十九个郡国，杀了东郡太守和汝南都尉。汝南太守严䜣捕杀了苏令等人，汉成帝晋升严䜣为大司农。

前南昌县尉九江人梅福上奏说：“从前，高祖接纳善言，常恐来不及；听从规劝，就像转圆环那样快；听取意见，只考虑意见对不对，而不计较提意见的人有无才干；列举功劳而行奖赏时，只看他的功劳大小，不考察他平常的行为。陈平不过是个亡命之徒而被任用为谋臣；韩信不过是普通士兵，而授命为上将；所以天下的人才，都从四面八方像云一样来归附汉王，大家争相奉献奇谋妙计。有才智的人，尽力献出他的策略，就是愚昧的人，也尽力地献出他的一得之见，勇士们用生命捍卫操守，懦夫们也鼓励自己不怕死。集合天下人的聪明才智，团结天下的力量，因而举起秦王朝就像鸿毛那样轻飘，夺取楚就像捡起地下遗物那样容易，这就是汉高祖天下无敌的原因。孝武皇帝欢迎忠言规劝，喜欢听到至理名言，加官晋爵只看功劳大小，不论孝廉、茂才的资历；赏赐嘉许只看现实贡献，不论先前的显赫功勋。因此，全天下的人民都磨砺志节，竭尽忠诚奔赴朝廷效力，毛遂自荐的人不计其数，汉朝所得人才，这时候最多。假使孝武皇帝采纳当时贤人的建议，可以立即获得天下太平。不幸的是，一连串战争爆发，尸首堆积，枯骨满野，皆因孝武皇帝一定要灭亡匈奴、南越才甘心，所以淮南王刘安钻空子，乘机而起，刘安之所以造反失败，计谋泄露，因为众多贤才聚集在朝廷，刘安的臣僚可以控制局势，不随从附和反叛啊。而当今一个平民百姓都在窥视朝廷的不足，乘机而起的事件有蜀郡人郑躬在鸿嘉四年造反，到山阳郡亡命之徒苏令等人践踏了名都大郡，搜罗党羽，寻求随风附和的人毫无逃跑躲藏的意思，表现了他们轻视朝廷大臣，无所畏忌，正是由于国家权势衰退，所以一介匹夫也敢于起来与皇王相争。

“贤能的士人，是治国的重要工具。得到他们，国家才有权威；失掉他们，国家会被轻视。《诗经》说：‘满朝都是贤才，文王得以享受安宁。’朝廷大事，本来一个山野草民没资格议论，但是臣不愿意活着埋没在山野，死后埋葬如同普通士兵一样，所以多次上书请求召见，每次都被搁置。臣听说齐桓公的时候，有人进献九九乘法表得到召见，齐桓公没有拒绝，想以此引来更重要的建议。如今，臣的建言比

民有上书求见者，辄使诣尚书问其所言，言可采取者，秩以升斗之禄，赐以一束之帛，若此，则天下之士，发愤懑，吐忠言，嘉谋日闻于上，天下条贯，国家表里，烂然可睹矣。

“夫以四海之广，士民之数，能言之类至众多也；然其隽桀指世陈政，言成文章，质之先世而不缪，施之当世合时务，若此者亦无几人。故爵禄束帛者，天下之砥石，高祖所以厉世摩钝也。孔子曰：‘工欲善其事，必先利其器。’至秦则不然，张诽谤之罔以为汉驱除，倒持泰阿，授楚其柄。故诚能勿失其柄，天下虽有不顺，莫敢触其锋，此孝武皇帝所以辟地建功，为汉世宗也。

“今陛下既不纳天下之言，又加戮焉。夫鸢鹊遭害，则仁鸟增逝，愚者蒙戮，则智士深退。间者愚民上书，多触不急之法，或下廷尉而死者众。自阳朔以来，天下以言为讳，朝廷尤甚，群臣皆承顺上指，莫有执正。何以明其然也？取民所上书，陛下之所善，试下之廷尉，廷尉必曰‘非所宜言，大不敬，’以此卜之，一矣。故京兆尹王章，资质忠直，敢面引廷争，孝元皇帝擢之，以厉具臣而矫曲朝；及至陛下，戮及妻子；且恶恶止其身，王章非有反畔之辜而殃及室家，折直士之节，结谏臣之舌。群臣皆知其非，然不敢争，天下以言为戒，最国家之大患也！

“愿陛下循高祖之轨，杜亡秦之路，除不急之法，下无讳之诏，博览兼听，谋及疏贱，令深者不隐，远者不塞，所谓‘辟四门，明四目’也。往者不可及，来者犹可追。方今君命犯而主威夺。外戚之权，日以益隆。陛下不见其形，愿察其景！建始以来，日食、地震，以率言之，三倍春秋，水灾亡与比数。阴盛阳微，金铁为飞，此何景也？汉兴以来，社稷三危：吕，霍，上官；皆母后之家也。亲亲之道，全之为右，当与之贤

九九乘法表重要得多，陛下却多次拒绝召见臣，这就是天下的贤才不替朝廷效力的原因。从前，秦武王喜欢武勇蛮力，当时的勇士任鄙入关自荐；秦穆公实施霸业，由余投奔秦国。当今想要招致天下的人才，民众有上书请求召见的，就应当准许他们到尚书府陈述，所提建议值得采纳的，赐给他升斗的俸禄，赏给他一束布帛。如果这样，那么天下的贤才，都会一抒怨气，吐发忠言，将美好的谋略天天上奏皇上，天下也就秩序井然，朝廷内外，光辉灿烂。

"凭着国家疆土的广大，民众的众多，肯进忠言的贤能人才也很多。然而要这些贤才们指出现实政治的利弊，说出富有文采的建议，能够不违背古代圣人的教训，实施在当代也合于时务，这样的人也没有几个。所以封爵、俸禄、绸缎、布匹，不过是一种鼓励，是汉高祖用来磨砺世人，招揽英才罢了。孔子说：'做工的人想把器物做好，一定先要把工具磨锋利。'到了秦朝却不是这样，张开法网，说句不慎的话也要治罪，恰好替汉王朝的建立开辟道路，这好比是倒拿着泰阿宝剑的剑锋，把剑柄交给楚人。如果真能不失剑柄，即使天下人背叛，也不敢去触犯剑锋，这正是孝武皇帝所以开疆拓土，建立功业，成为汉代世宗的原因。

"如今陛下不但不采纳天下贤才的建议，而且还要杀害进言的人。那不祥的猫头鹰被害，仁爱的凤凰就要飞走；愚昧的人都受杀戮，那么智士就要深藏。近来有无知小民上书，多触犯了不合理的法律，有的被逮捕下狱，遭廷尉处死的人很多。自从阳朔年间以来，天下的人忌讳直言，在朝官员尤其如此。大家都顺从皇上的旨意，不敢坚持公正直言。何以证明这种情况呢？不妨在人民所上奏章中，选取陛下所赞许的，交给廷尉，廷尉一定会说：'这不是他们应当说的话，是犯了大不敬皇帝之罪。'依此推测，就可看出群臣办事都是一个样子。前京兆尹王章，性格忠直，敢当着皇上的面在朝廷上据理诤谏，孝元皇帝特意提拔他，用以砥砺那些握有权力的现任臣子，矫正朝廷的歪风邪气。但是到了陛下手上，不但王章被杀头，连他的妻子也被株连流放到合浦。况且，惩治恶人，只应限于本人，再说王章并不是犯了谋反叛乱的重罪，祸殃竟波及全家，这是摧残正直人士的气节，扼住进谏之臣的口舌。群臣都知道这样处理是错误的，却不敢进言劝谏。所以天下人都以闭嘴不说话为戒，这是国家最大的祸患啊！

"臣希望陛下遵循高祖的法则，杜绝亡秦的道路，撤除烦琐不宜的法令，发布不必讳言的诏书，多看多听，即使是疏远卑贱的人，也要询问他们的意见，使藏身深处的人，不再退避，被疏远的人，不再遭到阻隔，正如《书经》所说：'广开四门招请贤能，张大眼睛观察四方。'过去的事情，不可以追悔，未来的事情，还可以补救。如今大臣们已侵夺了君王的权力，外戚的权势也日益膨胀。陛下虽然看不见这种形势的具体形象，但可以察觉它造成的影响。从建始年间以来，日食、地震，大

师良傅，教以忠孝之道；今乃尊宠其位，授以魁柄，使之骄逆，至于夷灭，此失亲亲之大者也。自霍光之贤，不能为子孙虑，故权臣易世则危。《书》曰：‘毋若火，始庸庸。’势陵于君，权隆于主，然后防之，亦无及已！”上不纳。

（以上为第十二段，写成帝永始三年，人民起义此起彼伏。南昌县尉梅福忧虑星火燎原，痛切上书成帝，直言劝谏，希望成帝纳谏用贤，疏远奸佞，抑制外戚，成帝不听。）

概说来是春秋时的三倍，水灾更多，无法比较。阴盛阳衰，金铁化成流星飞上天，这是什么景象？汉朝建立以来，政权出现三次危机，吕氏、霍禹、上官桀，都是皇太后的娘家人。亲爱亲戚的最上策是保全他们，应当给外戚子弟聘请贤良的教师和师傅，教育他们尽忠尽孝的道理。如今不是这样，尊宠他们的官位，授给他们以权力，养成他们骄横背叛的习性，到头来被灭族，这实际是失去了亲爱亲人的大义。即使霍光那样贤明的人，也没有很好地为子孙考虑。所以权力太大的臣子，第二代就陷于危险境地。《书经》说：'不要忽视火星，一场大火开始时很微弱。'等到权臣势力压倒了君王，权力高过了主上，然后再来防范，那就来不及了。"汉成帝不予采纳。

【点评】

论汉成帝刘骜。汉成帝昏聩顽劣，但不是智力不够，而是性情软弱；他荒怠政事，也不是一个傀儡皇帝。汉成帝微服出游，亲眼看到外戚王谭、王商骄奢过制，感到了政权危机。成帝一反常态，严惩王侯，表演了一番大义灭亲的雄主威风，确实打击了外戚的嚣张气焰。只是成帝并没下定决心诛杀外戚，不过是恐吓他们使其有所收敛罢了。此事发生在鸿嘉三年（前18），成帝正在微服出游，宠幸赵飞燕姐妹的兴头上，做出了这一番政治秀，可以说明两个问题。其一，成帝头脑清醒，当亲眼看到外戚的骄奢逾制，皇权受到威胁，也能采取果断措施。第二，王侯受惩，并不甘心，上书自请黥劓之刑，以舅父之尊，挟皇太后之势，胁迫成帝，别无反抗手段。成帝不吃这一套，把诸舅送上设计的假法场，像是真要诛杀他们似的。这说明汉成帝仍牢牢地控制着皇权，成帝的昏聩，不是不能为，而是不作为。这充分暴露了皇权至高无上的体制弊端。举国体制听命于一人是多么的危险。成帝清醒时，也能听几句臣下的劝谏，谷永、刘向这些大臣也能切言直谏；成帝糊涂时，诛杀言官，群臣就噤若寒蝉了。

赵飞燕姐妹，出身寒微，没有任何依靠，仅凭天生丽质，就迷倒了汉成帝，赵飞燕夺了正宫之位，污秽后宫，竟也没受到惩罚。姐妹一心，相互掩护是其一，成帝天生好色，不爱江山爱美人是其二。成帝随心所欲，宴饮大呼小叫，没有一点九五之尊的体统，可算得上是一个风流皇帝。

永始元年（前16），成帝采纳刘向疏奏，停建昌陵，不失为一桩善政，也表明成帝洞察形势的清醒。当时国库空虚，头一年黄河决堤，政府没有经费修治，以寻求黄河故道为由，听任洪水泛滥。昌陵修建，选址不当，劳民伤财，五年不成，裁撤这一工程是明智之举。成帝的昌陵工程，比起秦始皇骊山陵，只是小巫见大巫，在汉代诸陵中也不是最大的，仍然劳动几万人，修建了五年还没完工，为了取土填坑，竟然挖掘了周围一万多平民的坟墓。汉民族敬祖，坟墓被挖是一件大事。破了祖坟，就是惊了祖先的灵魂，灾祸将及于子孙。皇帝建陵，为的是死后灵魂安居，却不顾上万平民，这还能算是天下子民的父母吗？每一座帝王坟墓，都是人民血泪和愤怒的见证。

汉纪二十四

汉成帝永始四年至绥和元年（前 13—前 8 年）

【起著雍涒滩（戊申，前 13 年），尽昭阳赤奋若（癸丑，前 8 年），凡六年】

【大事提要】

本卷记事起公元前 13 年，讫公元前 8 年，凡六年，当汉成帝永始四年至绥和元年，是成帝执政的后期。重大事件有永始四年谷永上书阻止朝廷对梁王刘立骄奢横行、违法犯禁、与舅妈姑母乱伦案的调查，此乃皇室糜烂的延伸。元延二年（前 11），段会宗出使西域，安定了乌孙，影响所及，康居遣子入质。匈奴、乌孙、康居三大国归附汉朝，标志西汉的极盛，实质是昭宣中兴的回光返照。此时王氏外戚势力日益隆盛，成帝浑浑噩噩，无所作为。元延三年，蜀地大山崩，成帝居然动员数十万民众抓捕野兽以实上林苑取乐。连年灾异不断，谷永、刘向、朱云等大臣上疏，劝谏成帝有所作为，成帝不纳。绥和元年（前 8），成帝恢复三公建制，确定定陶王刘欣入继大统。王莽攀附红阳侯王立，利用王立与淳于长两人的权力之争，既铲除了政敌淳于长，又沉重地打击了王立，一箭双雕。王莽长于政治，工于心计，终于夺取了执政中心的大司马职位，崭露头角，身手不凡。

【原文】

孝成皇帝中

永始四年（戊申，前13年）

春，正月，上行幸甘泉，郊泰畤；大赦天下。

三月，行幸河东，祠后土。

夏，大旱。

四月，癸未，长乐临华殿、未央宫东司马门皆灾。六月，甲午，霸陵园门阙灾。

秋，七月，辛未晦，日有食之。

冬，十一月，庚申，卫将军王商病免。

梁王立骄恣无度，至一日十一犯法。相禹奏“立对外家怨望，有恶言”。有司按验，因发其与姑园子奸事，奏“立禽兽行，请诛”。太中大夫谷永上书曰：“臣闻礼，天子外屏，不欲见外也；是以帝王之意，不窥人闺门之私，听闻中冓之言。《春秋》为亲者讳。今梁王年少，颇有狂病，始以恶言按验，既无事实，而发闺门之私，非本章所指。王辞又不服，猥强劾立，傅致难明之事，独以偏辞成罪断狱，无益于治道；污蔑宗室以内乱之恶，披布宣扬于天下，非所以为公族隐讳，增朝廷之荣华，昭圣德之风化也。臣愚以为王少而父同产长，年齿不伦；梁国之富足以厚聘美女，招致妖丽；父同产亦有耻辱之心；按事者乃验问恶言，何故猥自发舒！以三者揆之，殆非人情，疑有所迫切，过误失言，文吏蹑寻，不得转移。萌牙之时，加恩勿治，上也。既已按验举宪，宜及王辞不服，诏廷尉选上德通理之吏更审考清问，著不然之效，定失误之法，而反命于下吏，以广公族附疏之德，为宗室刷污乱之耻，甚得治亲之谊。”天子由是寝而不治。

是岁，司隶校尉蜀郡何武为京兆尹。武为吏，守法尽公，进善退恶，

【语译】

孝成皇帝中

汉成帝永始四年（戊申，前 13 年）

春季，正月，汉成帝巡幸甘泉宫，祭祀天帝太乙神。大赦天下。

三月，巡幸河东郡，祭祀后土神。

夏季，大旱。

四月十一日癸未，长乐宫的临华殿、未央宫的司马门都发生火灾。六月二十三日甲午，霸陵园的正门也发生火灾。

秋季，七月三十日辛未，发生日食。

冬季，十一月二十一日庚申，卫将军王商因病免职。

梁王刘立骄横放纵，没有节制，甚至一天之内，犯法达十一次之多。梁国丞相禹上奏说："刘立对外戚怀有怨恨，因此恶言相加。"汉成帝交由主管部门查办，由此还揭发出刘立与姑母刘园子通奸乱伦的丑事，就奏报说："刘立有乱伦的禽兽行为，请处以死刑。"太中大夫谷永上奏说："臣听说依照礼仪，天子应当在门外修建屏风小墙，为的是不要看到外面的事情。因而帝王的心意，是不过问他人闺门的隐私，窃听他人在内室的私房话。《春秋》大义，要为亲属隐讳过失。如今刘立年纪还轻，疯癫病又很厉害，开始被恶言指控，而查无事实，转而却又告发他闺房中隐私，已不属原指控的内容了。刘立又不承认，竟以鄙陋的手段勉强弹劾，附会罗织这些难以查明的事，只根据一面之词，就行定罪，无益于国家的法治之道。这是在污蔑皇族，把说不清的乱伦丑恶，披露宣扬于天下，这绝对不是隐讳皇族过失，增加朝廷的光彩，宣扬圣德教化的办法。臣愚昧地以为：第一，刘立年少，而姑母年长，两人辈分年龄都不相当；第二，以梁国的富裕，足以用重金选聘美女，罗致绝色美女，而身为姑母的刘园子，也应有耻辱之心；第三，调查的人本来是查问恶言的事，为什么当事人忽然承认自己乱伦？从这三个方面推测，通奸的事，不合人情。因此臣怀疑供词是在逼迫的情况下，一时惊恐失言，被调查人员抓住一句话不放，并顺着错话追查，越追越离谱，以致无法转回。现在此案，才刚刚开始，请陛下特别开恩，不要受理，这才是上策。既然已经立案调查，可以依据刘立拒绝承认为理由，下诏令给廷尉，另选道德高尚、通情达理的官吏，重新审理，问个明白，证明事出无据，肯定初审的失误，命令将调查无罪的事实材料交付有关官吏，以发扬使疏远的皇族亲附的美德，洗刷宗室被诬蔑的耻辱，从而维护亲情。"汉成帝于是就把此案搁置不办。

这一年，任命司隶校尉蜀郡人何武为京兆尹。何武任官时，奉公守法，能引进

所居无赫赫名，去后常见思。

（以上为第一段，写永始四年谷永上书，阻止朝廷对梁王刘立乱伦案件的调查。谷永按常理人情，做出强有力的推论雄辩，掩盖了嫌疑人刘立的犯罪事实，救了一个恶棍的命。在不平等的制度下，刑不上大夫，法律是保护特权的，谷永的辩护才得以奏效。）

元延元年（己酉，前 12 年）

春，正月，己亥朔，日有食之。

壬戌，王商复为大司马、卫将军。

三月，上行幸雍，祠五畤。

夏，四月，丁酉，无云而雷；有流星从日下东南行，四面耀耀如雨，自晡及昏而止。

赦天下。

秋，七月，有星孛于东井。

上以灾变，博谋群臣。北地太守谷永对曰："王者躬行道德，承顺天地，则五征时序，百姓寿考，符瑞并降；失道妄行，逆天暴物，则咎征著邮，妖孽并见，饥馑荐臻；终不改寤，恶洽变备，不复谴告，更命有德。此天地之常经，百王之所同也。加以功德有厚薄，期质有修短，时世有中季，天道有盛衰。陛下承八世之功业，当阳数之标季，涉三七之节纪，遭《无妄》之卦运，直百六之灾厄，三难异科，杂焉同会；建始元年以来，二十载间，群灾大异，交错锋起，多于《春秋》所书。内则为深宫后庭，将有骄臣悍妾、醉酒狂悖卒起之败，北宫苑囿街巷之中、臣妾之家幽闲之处，征舒、崔杼之乱；外则为诸夏下土，将有樊并、苏令、陈胜、项梁奋臂之祸。安危之分界，宗庙之至忧，臣永所以破胆寒心，豫言之累年。下有其萌，然后变见于上，可不致慎！祸起细微，奸生所易。愿陛下正君臣之义，无复与群小媟黩宴饮；勤三纲之严，修后宫之政，抑远骄妒之宠，崇近婉顺之行；朝觐法驾而后出，陈兵清道而后行，无复轻身独出，饮食臣妾之家。三者既除，内乱之路塞矣。诸夏举兵，萌在民饥馑而吏不恤，兴于百姓困而赋敛重，发于下怨离而上不知。《传》曰：'饥而不损，兹谓泰，厥咎亡。'比年郡国伤于水灾，禾麦不收，宜损常税之时，而有司奏请加赋，甚缪经义，逆于民心，市怨趋祸之道也。臣愿陛下勿许加赋之奏，益减奢泰之费，流恩广施，振赡困乏，敕劝耕桑，以慰绥元元之心，诸夏之乱庶几可息！"

良善的人，斥退邪恶的人。在任时，虽没有显赫的功劳和名声，但离开后，人们常常怀念他。

汉成帝元延元年（己酉，前12年）

春季，正月初一日己亥。发生日食。

正月二十四日壬戌，王商被重新起用为大司马、卫将军。

三月，汉成帝巡幸雍邑，祭祀五畤。

夏季，四月初一日丁酉，天空无云而有雷声。有流星从太阳下方向东南方向划过，光耀四射，仿佛下了一场流星雨，从申时到戌时才停止。

赦免天下。

秋季，七月，在东方井宿出现彗星。

汉成帝因为灾害和变异不断发生，广泛征询臣下意见。北地太守谷永回答说："一个君王能够亲身实行道德，承顺天地旨意，那么下雨、天晴、寒冷、炎热、刮风五种气象，就会按时运转，人民就能长寿，吉祥纷纷降临。君王如果违背正道，胡作非为，违背天意，浪费资源，那么五种气象就会反常，妖孽随之出现，大饥荒也一齐来到。到这地步，君王仍不醒悟改过，就会恶贯满盈，灾变丛生，上天不再发出警告，天命转移，另寻有德的人。这是天地行事的正常道理，它对历代的所有君王是一样的。加上功德有厚有薄，天资有高有低，所处时代有中期、晚期，形势有盛有衰。陛下继承汉家累计八代的基业，正当阳九的晚期，临近七轮三十年的二百一十年的劫数，正碰上《易经》上'无妄'之卦的命运，又恰逢'百六'的灾难，不同的三种灾难日食、地震、暴雨，混杂着同时到来。自建始元年以来，二十年间，各种灾害和天象大变异交替发生，比《春秋》记载的乱世还要多。这表示，在宫廷之内有骄横的内臣和凶悍的嫔妃，他们纵酒狂欢，终究会败坏国家。在深宫的花园街巷之中，在侍从之臣和姬妾之家的幽暗僻静之处，将会出现崔杼与夏征舒一样的变乱。在朝廷之外的广大国土之上，将会出现樊并、苏令、陈胜、项梁振臂一呼一样的叛乱祸事。如今国家处在安全与危乱的分界线上，是宗庙社稷最使人担忧的时候，这就是臣谷永敢于冒着胆破心寒，多次上书的缘故啊！人间有不安的苗头，上天才用灾异示警，这可要谨慎小心啊！祸乱起于细微，奸邪生于随意。臣希望陛下端正君臣之间的大义，不要再与那群小人猥亵淫乱，宴饮作乐；严格按照三纲的原则，建立后宫的秩序，疏远恃宠骄悍的嫔妃，亲近和顺、端庄、品德好的美

中垒校尉刘向上书曰："臣闻帝舜戒伯禹'毋若丹朱傲'，周公戒成王'毋若殷王纣'，圣帝明王常以败乱自戒，不讳废兴，故臣敢极陈其愚，唯陛下留神察焉！

"谨按《春秋》二百四十二年，日食三十六，今连三年比食，自建始以来，二十岁间而八食，率二岁六月而一发，古今罕有。异有小大希稠，占有舒疾缓急，观秦、汉之易世，览惠、昭之无后，察昌邑之不终，视孝宣之绍起，皆有变异著于汉纪。天之去就，岂不昭昭然哉！臣幸得托末属，诚见陛下宽明之德，冀销大异而兴高宗、成王之声，以崇刘氏，故恳恳数奸死亡之诛！天文难以相晓，臣虽图上，犹须口说，然后可知；愿赐清燕之闲，指图陈状！"上辄入之，然终不能用也。

红阳侯立举陈咸方正；对策，拜为光禄大夫、给事中。丞相方进复奏"咸前为九卿，坐为贪邪免，不当蒙方正举，备内朝臣"；并劾"红阳侯立选举故不以实"。有诏免咸，勿劾立。

十二月，乙未，王商为大将军。辛亥，商薨。其弟红阳侯立次当辅政；先是立使客因南郡太守李尚占垦草田数百顷，上书以入县官，贵取其直一亿万以上，丞相司直孙宝发之，上由是废立，而用其弟光禄勋曲阳侯根。庚申，以根为大司马、骠骑将军。

女。皇上出行要有法驾的仪仗护卫，还要警卫戒严，不要随便微服出宫，到近侍和后妃娘家去吃吃喝喝。剔除出游、酗酒、好色三种恶习，那么，产生内乱的道路就被堵死。全国各地兴兵造反，起因是民众饥饿而官吏们不加体恤，赋税沉重使民众困苦，民情怨恨而皇上不知。《洪范传》说：‘不采取措施减轻人民的饥饿，反而宣扬国泰民安，一定会兴起灾祸而灭亡。’地方郡国连年遭受水灾伤害，谷子小麦都没有收成，应该是减免正常税额的时候，而主管官员却上奏增加赋税，这种违背经典大义的奏请，背离民心，完全是一种制造怨恨，招致灾祸的做法啊！臣希望陛下不要批准增加赋税的奏请，更要减少奢华享受所需要的费用，广施恩泽，救济贫困的民众，劝勉他们耕田种桑，用来抚慰黎民大众的心，全国各地的造反才可平息。”

中垒校尉刘向接着上书说：“臣听说帝舜曾经告诫大禹：‘不要像帝尧的儿子丹朱那样骄傲。’周公告诫成王：‘不要学殷纣王的样。’圣明的帝王常常把别人的败亡作为自己的警戒，不忌讳说兴亡，所以臣才敢极力奉献愚见，请陛下留心考察。

“臣谨慎考察了《春秋》二百四十二年，记载了日食发生了三十六次，现今连续三年发生日食，自建始以来，二十年间发生了八次日食，平均两年零六个月就发生一次，这是从古以来罕有的现象，变异有大有小，有疏有密，占卜显示有轻有重，有缓有急。看一看秦汉的改朝换代，想一想汉惠帝、昭帝之断绝后代，察考昌邑王刘贺被废太子之位，对照孝宣帝从平民中崛起，都有天象变异而明确地记载在汉朝历史上。上天疏远谁和亲近谁，难道不是昭然若揭吗？臣有幸为皇族的支脉，看到陛下有宽厚的德行，希望能消除变异，而能中兴像商高宗、周成王那样的业绩，以增加刘氏的声誉，所以才不断恳切地冒死上书。天文复杂，难以向陛下说明白，臣虽然绘制了天文图表，呈献陛下，但仍需口头说明才能更为明白，希望陛下能赐给闲暇的时间，让臣指着图表向陛下详述天文变异的情状！”汉成帝立即召见刘向，但还是没有采纳他的建议。

红阳侯王立举荐陈咸为方正，通过对策被任命为光禄大夫、给事中。丞相翟方进再次上奏说：“陈咸从前位列九卿，由于贪赃邪恶而被罢官，因而他不该以方正资格被举荐，并充任朝廷侍从大臣。”同时还弹劾“红阳侯王立，在选拔举荐人才时，有意不如实报告情况”。汉成帝下诏免去陈咸的官职，不追究王立的责任。

十二月初二日乙未，任命王商为大将军。十二月十八日辛亥，王商去世。依照顺序，当由他的弟弟红阳侯王立担任辅政大臣，因为从前王立曾派他的门客通过南郡太守李尚以荒野草田为名，占夺由百姓开垦的田数百顷，然后上书说是新开垦的田，请求政府收购，却乘机高价索取国库超过时价一亿万以上的钱财。丞相司直孙宝揭发此事，汉成帝因此废弃王立，而任用他的弟弟光禄勋、曲阳侯王根。十二月二十七日庚申，任命王根为大司马、骠骑将军。

特进、安昌侯张禹请平陵肥牛亭地；曲阳侯根争，以为此地当平陵寝庙，衣冠所出游道，宜更赐禹他地。上不从，卒以赐禹。根由是害禹宠，数毁恶之。天子愈益敬厚禹，每病，辄以起居闻，车驾自临问之，上亲拜禹床下，禹顿首谢恩；禹小子未有官，禹数视其小子；上即禹床下拜为黄门郎、给事中。禹虽家居，以特进为天子师，国家每有大政，必与定议。

时吏民多上书言灾异之应，讥切王氏专政所致，上意颇然之，未有以明见；乃车驾至禹弟，辟左右，亲问禹以天变，因用吏民所言王氏事示禹。禹自见年老，子孙弱，又与曲阳侯不平，恐为所怨，则谓上曰："《春秋》日食、地震，或为诸侯相杀，夷狄侵中国。灾变之意，深远难见，故圣人罕言命，不语怪神，性与天道，自子贡之属不得闻，何况浅见鄙儒之所言。陛下宜修政事，以善应之，与下同其福喜，此经义意也。新学小生，乱道误人，宜无信用，以经术断之！"上雅信爱禹，由此不疑王氏。后曲阳侯根及诸王子弟闻知禹言，皆喜说，遂亲就禹。

故槐里令朱云上书求见，公卿在前，云曰："今朝廷大臣，上不能匡主，下无以益民，皆尸位素餐，孔子所谓'鄙夫不可与事君，苟患失之，亡所不至'者也！臣愿赐尚方斩马剑，断佞臣一人头以厉其余！"上问："谁也？"对曰："安昌侯张禹！"上大怒曰："小臣居下讪上，廷辱师傅，罪死不赦！"御史将云下；云攀殿槛，槛折。云呼曰："臣得下从龙逄、比干游于地下，足矣！未知圣朝何如耳！"御史遂将云去。于是左将军辛庆忌免冠，解印绶，叩头殿下曰："此臣素著狂直于世，使其言是，不可诛；其言非，固当容之。臣敢以死争！"庆忌叩头流血；上意解，然后得已。及后当治槛，上曰："勿易，因而辑之，以旌直臣！"

官位特进的安昌侯张禹，请求皇上将平陵的肥牛亭那片土地赐给他。曲阳侯王根坚决反对，认为这块地在昭帝陵园附近，是皇帝祭祀衣冠出游庙园必经之地，因此应换另一块地方赐给他。汉成帝不听，终于将那块地赐给张禹。王根因此很忌妒张禹的得宠，就多次在汉成帝面前毁谤张禹。但是汉成帝却越发尊敬厚待张禹，张禹每次患病，汉成帝都要亲自坐车到张禹家问候，甚至亲临张禹床前安慰，张禹叩头谢恩。当时张禹的小儿还没有官职，张禹频频用眼看着小儿，汉成帝会意，就在张禹床前任命他小儿为黄门郎、给事中。张禹尽管住在家里，但以特进为天子的老师，因此国家每有大事，汉成帝都一定要与他商议后才决定。

当时官民中有许多人上书，讽刺指责王氏专政而招致灾异。汉成帝心里也同意这个看法，但又认为证据不明显；就坐车到张禹家，屏退左右侍从，亲自询问张禹关于天象变异的原因，同时把吏民谈论到有关王氏的事情告诉张禹。张禹知道自己年纪太老，子孙太弱，加上又和曲阳侯王根关系不好，恐怕遭到王氏的怨恨，就告诉汉成帝说："《春秋》上所记载的日食、地震，或是由于诸侯互相攻杀，或是因为夷狄侵犯中原。上天降下灾害变异的原因，含意是很深远的，因而难以明见。所以圣人孔子很少谈论天命，也不说有关鬼神的事。像性命与天道的问题，连子贡他们都没有听到孔子谈论过，更何况那些见识肤浅的儒生所说的话呢？陛下应当勤于政事，以行善来应对天地所显示的变异，尽量与臣下共享福泽，这才是经术的大义。那些初学小生，胡言妄语、误人不浅，不要相信和任用他们，一切都要按儒学经术来判断事理！"因为皇上非常宠信张禹，从此不再怀疑王氏。后来曲阳侯王根以及王氏的子弟，听到了张禹的这番话，都很高兴，于是都亲近张禹。

先前的槐里县令朱云，上书请求谒见，当着公卿大臣朱云说："如今朝廷大臣，对上不能纠正君王的过失；对下不能有利于人民；都是占着职位白吃饭的人，如同孔子所说的那样：'庸俗小人，不可以让他侍奉君王，总是提心吊胆失去官位，便会无所不用其极了。'臣希望皇上赐给一口尚方斩马剑，杀一个奸巧谄媚的人头来警诫其他的人！"汉成帝问："要杀谁呀？"朱云回答说："安昌侯张禹！"汉成帝大怒说："你这个大胆的小小臣子，身居下位而毁谤上级，竟敢在朝廷之上侮辱朕的师傅，拉下去砍他的头！"御史拽住朱云往殿下走，朱云死死抓住殿边的栏杆，栏杆都折断了。朱云呼喊着说："小臣可以到地下去和龙逢、比干交朋友了，心满意足啦！只是不知道圣明的朝廷将会怎么样！"御史把朱云押了下去。于是左将军辛庆忌脱掉官帽，解下了官印和绶带，在大殿之下叩首说："这个小臣一向以任性直率闻名当世，假如他说得对，就不可杀；他说得不对，本也该宽容他。我胆敢以死相争！"辛庆忌叩头流血。汉成帝的怒气消除了，然后这事才算了结。等到后来该修理栏杆了，汉成帝说："别换新的，就拼补原有的，用以表彰直臣。"

匈奴搜谐单于将入朝；未入塞，病死。弟且莫车立，为车牙若鞮单于；以囊知牙斯为左贤王。

北地都尉张放到官数月，复征入侍中。太后与上书曰："前所道尚未效，富平侯反复来，其能默乎！"上谢曰："请今奉诏！"上于是出放为天水属国都尉；引少府许商、光禄勋师丹为光禄大夫，班伯为水衡都尉，并侍中，皆秩中二千石，每朝东宫，常从；及大政，俱使谕指于公卿。上亦稍厌游宴，复修经书之业；太后甚悦。

是岁，左将军辛庆忌卒。庆忌为国虎臣，遭世承平，匈奴、西域亲附，敬其威信。

（以上为第二段，写汉成帝元延元年仍依赖外戚王氏专政，灾异不断，大臣谷永、刘向、朱云等人，不断上书，希望成帝有一番作为，成帝依然故我，不采纳善言。）

二年（庚戌，前 11 年）

春，正月，上行幸甘泉，郊泰畤。三月，行幸河东，祠后土。既祭，行游龙门，登历观，陟西岳而归。

夏，四月，立广陵孝王子守为王。

初，乌孙小昆弥安日为降民所杀，诸翎侯大乱；诏征故金城太守段会宗为左曹、中郎将、光禄大夫，使安辑乌孙；立安日弟末振将为小昆弥，定其国而还。时大昆弥雌栗靡勇健，末振将恐为所并，使贵人乌日领诈降，刺杀雌栗靡；汉欲以兵讨之而未能，遣中郎将段会宗立公主孙伊秩靡为大昆弥。久之，大昆弥、翎侯难栖杀末振将，安日子安犁靡代为小昆弥。汉恨不自诛末振将，复遣段会宗发戊己校尉诸国兵，即诛末振将太子番丘。会宗恐大兵入乌孙，惊番丘，亡逃不可得，即留所发兵垫娄地，选精兵三十弩径至昆弥所在，召番丘，责以末振将之罪，即手剑击杀番丘。官属以下惊恐，驰归。小昆弥安犁靡勒兵数千骑围会宗，会宗为言来诛之意，"今围守杀我，如取汉牛一毛耳。宛王、郅支头悬槁街，乌孙所知也。"昆弥以下服，曰："末振将负汉，诛其子可也，独不可告我，令饮食之邪！"会宗曰："豫告昆弥，逃匿之，为大罪。即饮食以付我，伤骨肉恩。故不先告。"昆弥以下号泣罢去。会宗还，奏事，天

匈奴搜谐单于准备到长安朝贡，还没有入塞，就病死了。他弟弟且莫车继立，称号车牙若鞮单于；任命囊知牙斯为左贤王。

北地都尉张放任职几个月后，重新被征召入朝当侍中。皇太后给汉成帝下手谕说："前次我要皇上特别照顾班伯，你却未办，怎么富平侯张放反倒回了京师，我还能默不作声吗？"汉成帝谢罪说："请让我立即奉诏去办！"于是汉成帝就让张放外出任天水属国都尉；接着任命少府许商、光禄勋师丹为光禄大夫，班伯为水衡都尉，仍兼侍中，都是官俸中二千石。汉成帝每次朝见太后，常让他们随从前去。遇有国家大事，就让他们给公卿传谕旨意。汉成帝也逐渐厌倦微服出宫游乐饮宴，重新开始研习儒家经书。太后非常高兴。

这一年，左将军辛庆忌逝世。辛庆忌是国家一名武臣虎将，适逢天下太平无事，匈奴、西域都亲附汉朝，也十分敬畏辛庆忌的威信。

汉成帝元延二年（庚戌，前11年）

春季，正月，汉成帝巡幸甘泉宫，祭祀天帝泰一神。三月，巡幸河东，祭祀后土。祭祀完毕，汉成帝出游龙门，登上历山的道观，在回归京师的途中又登游了华山。

夏季，四月，册立广陵孝王的儿子刘守为王。

当初，乌孙国王小昆弥安日，被投降乌孙的人所杀，各翎侯大乱。成帝下诏征召前任金城太守段会宗为左曹、中郎将、光禄大夫，派他去西域安抚乌孙。段会宗扶立安日的弟弟末振将为小昆弥，安定了乌孙国之后回到京师。当时大昆弥雌栗靡健壮勇猛，末振将害怕被他吞并，就派遣贵人乌日领去诈降，乘机刺杀了雌栗靡。汉朝想派兵去征伐，感到力量不足，就又派中郎将段会宗前去扶立解忧公主的孙子伊秩靡为大昆弥。过了一段时间，大昆弥和翎侯难栖杀掉了末振将，由安日的儿子安犁靡代替末振将为小昆弥。汉朝悔恨没有能杀掉末振将，又再一次派遣段会宗调发戊己校尉所辖诸国的兵马，前往诛杀末振将的太子番丘。段会宗担心大军一到乌孙，会惊动番丘，番丘可能逃跑，那就难以捕杀。因此就让大军留驻在垫娄，只挑选三十名精良的弓弩手，直入昆弥的住地，召见番丘，宣布末振将的罪行，当场亲手举剑刺死番丘，番丘手下的官属惊恐逃走。小昆弥安犁靡听说后，率领数千骑兵包围了段会宗，段会宗向他们讲明杀番丘的原因，并宣示说："现在你们包围了我们，杀了我，对于汉朝的损失，不过是拔了牛身上的一根毫毛。从前的大宛国王、

子赐会宗爵关内侯、黄金百斤。会宗以难栖杀末振将，奏以为坚守都尉。责大禄、大监以雌栗靡见杀状，夺金印、紫绶，更与铜、墨云。末振将弟卑爰疐本共谋杀大昆弥，将众八万北附康居，谋欲借兵兼并两昆弥；汉复遣会宗与都护孙建并力以备之。

自乌孙分立两昆弥，汉用忧劳，且无宁岁。时康居复遣子侍汉，贡献，都护郭舜上言："本匈奴盛时，非以兼有乌孙、康居故也；及其称臣妾，非以失二国也。汉虽皆受其质子，然三国内相输遗，交通如故；亦相候司，见便则发：合不能相亲信，离不能相臣役。以今言之，结配乌孙，竟未有益，反为中国生事。然乌孙既结在前，今与匈奴俱称臣，义不可距。而康居骄黠，讫不肯拜使者；都护吏至其国，坐之乌孙诸使下，王及贵人先饮食已，乃饮啖都护吏，故为无所省以夸旁国。以此度之，何故遣子入侍？其欲贾市，为好辞之诈也。匈奴，百蛮大国，今事汉甚备；闻康居不拜，且使单于有悔自卑之意。宜归其侍子，绝不复使，以章汉家不通无礼之国！"汉为其新通，重致远人，终羁縻不绝。

（以上为第三段，写段会宗三番出使西域，安定了乌孙，影响所及，康居派质子，并向汉朝进贡。于是，匈奴、乌孙、康居，三大强国归附汉朝，西域稳定。）

三年（辛亥，前10年）

春，正月，丙寅，蜀郡岷山崩，壅江三日，江水竭。刘向大恶之，曰："昔周岐山崩，三川竭，而幽王亡。岐山者，周所兴也。汉家本起于蜀、汉，今所起之地，山崩川竭，星孛又及摄提、大角，从参至辰，殆必亡矣！"

郅支单于的人头悬挂在长安槀街上，想必你们乌孙都是知道的。”如此，小昆弥及其下属都畏服了。小昆弥说：“末振将有负于汉朝，可以杀他的儿子，然而为什么不先通报我们呢？好让我们为他送些饮食饯行！”段会宗说：“如果预先告诉你，你与他是叔侄关系，就可能让番丘隐藏或逃跑，你就要犯大罪。假使让你为他饯行后，再交由我们处置，那会伤害你们骨肉恩情。因此没有事先告诉你。”小昆弥及其部属听后都放声大哭，撤兵而去。段会宗回朝奏报，汉成帝赐爵关内侯，赏黄金百斤。段会宗认为，难栖杀末振将有功，奏请任命他为坚守都尉。又追究乌孙的大禄、大监没有尽到保护大昆弥雌栗靡的责任，于是收回原在宣帝时赐给他们的金印、紫绶，改给他们铜印、墨绶。末振将的弟弟卑爰疐，本是共同谋杀大昆弥的主犯，他率领八万部众逃往北方，去依附康居国，图谋借用康居兵马兼并两昆弥。汉朝又派遣段会宗和都护孙建共同防范他。

自从乌孙分为两个昆弥以来，汉朝甚为忧虑和辛劳，没有一年能得安宁。这时，康居国恢复派遣王子入侍天子，并进贡财物，都尉郭舜上书说：“当匈奴强盛时，并不是因为兼并了乌孙、康居两国；等到匈奴称臣归顺汉朝时，也不是因为失去了这两国。汉朝尽管接受了这三个国家的质子，而三国之间仍相互贸易赠送，交往与以前一样。同时也相互探察，窥伺时机，得到机会就攻击对方。三国友好时互不相信，交恶时谁也征服不了谁。就现在的状况来说，从武帝以来，汉朝就与乌孙缔结姻缘，不但没有得到什么好处，反而给中原惹是生非。既然乌孙与汉朝早已结好，现在又和匈奴一起都称臣归顺，从礼义出发，是不好拒绝的。而康居却傲慢狡猾，直到今天，康居国王对汉使们不叩拜。当都护官员到康居国都时，都护的座位却排在乌孙各国使者后面；吃饭时，国王和贵人先饮食完毕，才让都护饮食。故意轻慢都护，表示看不起中原，用以向邻国夸耀。由此推测，康居现在为什么要遣子入侍汉朝呢？其目的是想同中原做生意而已。他们遣子入侍，说一番漂亮话，不过是一场欺骗。匈奴是外族中最强大的国家，如今侍奉汉朝礼仪特别详备。如果知道康居王不拜汉使，就会使匈奴单于产生自卑羞愧的心理。应当遣回康居王子，不派汉使护送，断绝外交，用以显示汉朝不与不懂礼仪的国家交往。”朝廷认为，康居新近才与汉朝往来，应重视边远国家的关系，终于还是采取联络态度，不断绝交往。

汉成帝元延三年（辛亥，前 10 年）

春季，正月初十日丙寅，蜀郡的岷山发生山崩，土石堵塞岷江水流三天，下游江水枯竭。刘向非常震惊，说：“从前周朝岐山崩塌，泾水、渭水、洛水三江枯竭，结果周幽王灭亡。岐山是周朝兴起的地方。汉朝原本兴起于蜀汉，如今兴起的地方，山崩川竭，彗星尾巴扫到了摄提、大角星座，又从参星到辰星扫过，汉朝恐怕要灭亡了。”

二月，丙午，封淳于长为定陵侯。

三月，上行幸雍，祠五畤。

上将大夸胡人以多禽兽，秋，命右扶风发民入南山，西自褒、斜，东至弘农，南驱汉中，张罗罔罝罘，捕熊罴禽兽，载以槛车，输之长杨射熊馆，以罔为周阹，纵禽兽其中，令胡人手搏之，自取其获，上亲临观焉。

（以上为第四段，写成帝元延三年，蜀郡发生大山崩，按古时观念，此为上天发出了严重警告，而成帝毫不觉醒，不恤民生，大搞排场，发动数十万民众捕兽以取一乐的行为，浑浑噩噩，匪夷所思。）

四年（壬子，前9年）

春，正月，上行幸甘泉，郊泰畤。

中山王兴、定陶王欣皆来朝，中山王独从傅，定陶王尽从傅、相、中尉。上怪之，以问定陶王，对曰："令：诸侯王朝，得从其国二千石。傅、相、中尉，皆国二千石，故尽从之。"上令诵《诗》，通习，能说。他日，问中山王："独从傅在何法令？"不能对；令诵《尚书》，又废；及赐食于前，后饱；起下，袜系解。帝由此以为不能，而贤定陶王，数称其材。是时诸侯王唯二人于帝为至亲，定陶王祖母傅太后随王来朝，私赂遗赵皇后、昭仪及票骑将军王根。后、昭仪、根见上无子，亦欲豫自结，为长久计，皆更称定陶王，劝帝以为嗣。帝亦自美其材，为加元服而遣之，时年十七矣。

三月，上行幸河东，祠后土。

陨石于关东二。

王根荐谷永，征入，为大司农。永前后所上四十余事，略相反覆，专攻上身与后宫而已；党于王氏，上亦知之，不甚亲信也。为大司农岁余，病；满三月，上不赐告，即时免。数月，卒。

（以上为第五段，写成帝亲爱定陶王，以及王氏外戚党羽谷永之死。）

二月二十日丙午，册封淳于长为定陵侯。

三月，汉成帝巡幸雍邑，祭祀五天帝。

汉成帝要向各国使节贵宾夸耀花园中的众多珍禽怪兽，秋季，下令右扶风郡守征发人民进入终南山，西起褒斜道，东到弘农郡，南达汉中，在绵延千里的山峦中，张挂罗网，捕猎熊罴等禽兽，用槛车装运到长杨宫的射熊馆，四面架设网形围障，把捕来的禽兽都装在里面，让胡人赤手空拳与野兽格斗，谁打死野兽就归谁所有。汉成帝到场观看取乐。

汉成帝元延四年（壬子，前9年）

春季，正月，汉成帝巡幸甘泉宫，祭祀太乙天神。

中山王刘兴、定陶王刘欣都进京朝见。中山王只由太傅一人陪同，而定陶王则由太傅、相、中尉三人陪同。汉成帝觉得奇怪，就问定陶王刘欣，刘欣回答说："按照法令规定：诸侯王朝见天子，可以由诸侯王国里全体二千石的官员陪同。太傅、相、中尉都是国里二千石的官员，所以就让他们都来了。"汉成帝命令他诵读《诗经》，他不仅能熟练背诵，而且还能理解其中义理。另一天，皇上问中山王刘兴："你只要太傅一人陪同，这是根据哪一条法令呢？"刘兴答不上来。命令他诵读《尚书》，又背诵不下去。等到皇上赐餐，刘兴最后一个吃饱，起身下殿，袜带子松开了也未察觉。汉成帝因此认为刘兴没有什么才能，而认为刘欣贤能，并经常称赞他的才干。当时在诸侯王中，只有他们两人是汉成帝至亲。定陶王祖母傅太后，随定陶王一起来朝见时，曾暗中贿赂赵皇后、赵昭仪和骠骑将军王根。皇后、昭仪和王根看到皇上无子，也想预先私自和定陶王结交，作为自己的长久打算，因此轮流在汉成帝面前称赞定陶王，劝说汉成帝立他为嗣。汉成帝自己也很欣赏他的才能，并亲自为他主持加冠礼，然后才令其回国，刘欣当时是十七岁。

三月，汉成帝巡幸到河东，祭祀后土神。

在关东坠落两块陨石。

王根推荐谷永，于是就把他从北地太守征召入朝，任命为大司农。谷永前后上书四十余次，内容大致相同，专门抨击汉成帝过分专宠后宫美女而已。谷永是王氏外戚党羽，汉成帝也十分了解，所以对谷永并不亲信。谷永任职大司农一年多后，因病休假三个月，汉成帝不给他延长病假，立即将他免职。过了几个月，谷永去世。

绥和元年（癸丑，前 8 年）

春，正月，大赦天下。

上召丞相翟方进、御史大夫孔光、右将军廉褒、后将军朱博入禁中，议“中山、定陶王谁宜为嗣者？”方进、根、褒、博皆以为：“定陶王，帝弟之子。《礼》曰：‘昆弟之子，犹子也。为其后者，为之子也。’定陶王宜为嗣。”光独以为：“礼，立嗣以亲。以《尚书盘庚》殷之及王为比，兄终弟及。中山王，先帝之子，帝亲弟，宜为嗣。”上以“中山王不材；又礼，兄弟不得相入庙，”不从光议。二月，癸丑，诏立定陶王欣为皇太子，封中山王舅谏大夫冯参为宜乡侯，益中山国三万户，以慰其意；使执金吾任宏守大鸿胪，持节征定陶王。定陶王谢曰：“臣材质不足以假充太子之宫；臣愿且得留国邸，旦夕奉问起居，俟有圣嗣，归国守藩。”书奏，天子报“闻”。戊午，孔光以议不合意，左迁廷尉；何武为御史大夫。

初，诏求殷后，分散为十余姓，推求其嫡，不能得。匡衡、梅福皆以为宜封孔子世为汤后，上从之，封孔吉为殷绍嘉侯。三月，与周承休侯皆进爵为公，地各百里。

上行幸雍，祠五畤。

初，何武之为廷尉也，建言：“末俗之敝，政事烦多，宰相之材不能及古，而丞相独兼三公之事，所以久废而不治也。宜建三公官。”上从之。夏，四月，赐曲阳侯根大司马印绶，置官属，罢票骑将军官；以御史大夫何武为大司空，封汜乡侯：皆增奉如丞相，以备三公焉。

秋，八月，庚戌，中山孝王兴薨。

匈奴车牙单于死；弟囊知牙斯立，为乌珠留若鞮单于。乌珠留单于立，以弟乐为左贤王，舆为右贤王，汉遣中郎将夏侯藩、副校尉韩容使匈奴。

或说王根曰：“匈奴有斗入汉地，直张掖郡，生奇材箭竿、鹫羽；如

汉成帝绥和元年（癸丑，前 8 年）

春季，正月，大赦天下。

汉成帝宣召丞相翟方进、御史大夫孔光、右将军廉褒、后将军朱博进宫，召开特别御前会议，商讨“中山王刘兴与定陶王刘欣，两人谁最合适做继承人”。翟方进、王根、廉褒、朱博都认为：“定陶王是皇上亲弟的儿子。《礼记》说：‘兄弟的儿子，就如同自己的儿子。只要做了谁的继承人，也就是谁的儿子了。’所以定陶王刘欣适宜立为继承人。”唯独孔光一人表示反对，他认为：“依礼，确立继承人要选择血缘关系最亲近的人，以《尚书·盘庚》中所记载的殷王的继承情形来比较，殷法是兄终弟及的，从外丙、中壬一直到盘庚，都是兄弟代立。中山王刘兴是先帝的儿子，皇帝的亲弟弟，应当选他为继承人。”汉成帝以“中山王刘兴没有才干，依礼，兄弟的牌位不能同时入祀宗庙”为由，没有采纳孔光的建议。二月初九日癸丑，汉成帝下诏册立定陶王刘欣为皇太子。封中山王的舅父、谏大夫冯参为宜乡侯，又增封中山国采邑三万户，以示安慰。接着派执金吾任宏临时代理大鸿胪，拿着特使的符节征召定陶王入京。定陶王推辞说：“以臣的才能资质，不足以充任太子位，臣请求暂留住在京师的定陶王官邸，早晚进宫问候皇上起居，等到皇上有了亲子，再回定陶国守藩。”奏章呈上，天子回报说“知道了”，不批准他的请求。十四日戊午，因为孔光的建议不合汉成帝的心意，被降职为廷尉。任命何武为御史大夫。

当初，汉成帝曾下诏访求殷商的后代，却发现殷商子孙已分散为十多个姓，无法查考出嫡系子孙。匡衡、梅福都认为可以封孔子的后世子孙为商汤王的后嗣，皇上允准了，封孔吉为殷绍嘉侯。三月，殷绍嘉侯与周承休侯，都进爵位为公爵，地方各一百里。

汉成帝游幸雍邑，祭祀五天帝。

当初，何武担任廷尉时，曾上奏建议：“俗世弊端，政事繁多，当今宰相的才能又不如古人，而丞相之位，却兼管三公的事务，所以国家长时间事务废弛，没能治理好，请恢复古代三公制度，分担国家大事。”汉成帝采纳了何武的建议。夏季，四月，赐曲阳侯王根大司马金印、紫绶，设置办事机构，免去骠骑将军职务。任命御史大夫何武为大司空，封氾乡侯，大司马、大司空的俸禄都增加到和丞相一样，这样，三公制就备齐了。

秋季，八月初九日庚戌，中山王刘兴逝世。

匈奴车牙单于死，弟弟囊知牙斯继位，称乌珠留若鞮单于。乌珠留若鞮继位后，任命弟弟栾提乐为左贤王、栾提舆为右贤王。汉朝派遣中郎将夏侯藩、副校尉韩容出使匈奴。

有人告诉王根说：“匈奴有一块突出的地方，伸入汉地，和张掖郡接壤，它出产

得之，于边甚饶，国家有广地之实，将军显功垂于无穷！”根为上言其利，上直欲从单于求之，为有不得，伤命损威。根即但以上指晓藩，令从藩所说而求之。藩至匈奴，以语次说单于曰：“窃见匈奴斗入汉地，直张掖郡，汉三都尉居塞上，士卒数百人，寒苦，候望久劳，单于宜上书献此地，直断割之，省两都尉士卒数百人，以复天子厚恩，其报必大！”单于曰：“此天子诏语邪，将从使者所求也？”藩曰：“诏指也；然藩亦为单于画善计耳。”单于曰：“此温偶骁王所居地也，未晓其形状、所生，请遣使问之。”

藩、容归汉后，复使匈奴，至则求地。单于曰：“父兄传五世，汉不求此地，至知独求，何也？已问温偶骁王，匈奴西边诸侯作穹庐及车，皆仰此山材木，且先父地，不敢失也。”藩还，迁太原太守。单于遣使上书，以藩求地状闻。诏报单于：“藩擅称诏，从单于求地，法当死；更大赦二，今徙藩为济南太守，不令当匈奴。”

冬，十月，甲寅，王根病免。

上以太子既奉大宗后，不得顾私亲，十一月，立楚孝王孙景为定陶王。太子议欲谢；少傅阎崇以为“为人后之礼，不得顾私亲，不当谢”；太傅赵玄以为“当谢”，太子从之。诏问所以谢状，尚书劾奏玄，左迁少府；以光禄勋师丹为太傅。

初，太子之幼也，王祖母傅太后躬自养视；及为太子，诏傅太后、丁姬自居定陶国邸，不得相见。顷之，王太后欲令傅太后、丁姬十日一至太子家，帝曰：“太子承正统，当共养陛下，不得复顾私亲。”王太后曰：“太子小而傅太后抱养之；今至太子家，以乳母恩耳，不足有所妨！”于是令傅太后得至太子家；丁姬以不养太子，独不得。

（以上为第六段，写成帝绥和元年恢复三公建制，确立太子人选，侄儿定陶王刘欣入承大统。）

奇异箭竿、鹫羽等材料。若能得到这块地方，汉朝边郡就更加富饶，国家有开疆拓土的实惠，将军也可因功业显著而名垂千古！”王根禀报皇上，陈述获得这块地方的好处。皇上想直接向单于请求割让，又怕遭到拒绝，伤害诏令的尊严，损害朝廷的威信。王根就将皇上的旨意告诉汉使夏侯藩，指使他以个人意见向单于求地。夏侯藩到达匈奴后，在与单于交谈中转移话题提出了求地。夏侯藩说：“我看到匈奴有块突出的土地，伸入汉地，和张掖郡接壤，汉朝要派三名都尉沿边驻守，需要几百名士兵，那里天寒地冻，守望时间长了，实在太劳苦。单于应当主动上书向汉天子献上这块土地，取直边界线，把突出部分割给汉朝，可以使汉朝省去两名都尉和数百名士卒守卫，以此报答汉天子的厚恩，天子必然会有丰厚的回报。”单于问：“这是天子给你的旨意？还是你自己提出的要求？”夏侯藩说：“是天子的旨意。不过，这也是我替单于筹划的善计。”单于说：“这块地方是温偶骖王的辖区，不知道地理形势与物产，等我派人前去调查。”

夏侯藩、韩容归国后，再次被奉派出使匈奴。一到匈奴，就正式提出求地的要求。单于说：“从呼韩邪单于开始，我们父子兄弟已传位五代，汉朝从未要求过这块土地，唯独到我囊知牙斯继位忽然提出这个要求，这是什么原因呢？我已问过温偶骖王，他说匈奴西部各诸侯制作帐幕和车辆，全都依赖此地山上出产的木材。况且它是祖先遗留下来的土地，我不敢丢失它。”夏侯藩只好回国复命，被调任太原太守。后来单于遣使上书，陈述夏侯藩要求割地之事。汉成帝下诏回复单于说：“夏侯藩擅自假称诏旨，向单于求地，依法应当处死，因为经过两次大赦，现改任他为济南太守，不再让他出使匈奴。”

冬季，十月十四日甲寅，王根因病被免职。

汉成帝因为太子既然入奉为大宗，依礼就不能再顾念自己生父的骨肉亲情。十一月，册封楚孝王的孙子刘景承继定陶王。太子与左右商议，想上书叩谢。少傅阎崇认为：“既然做了别人的继承人，依礼对生父就不能再有父子亲情，所以不应叩谢。”太傅赵玄则认为：“应当叩谢。”太子听从了太傅赵玄的建议。汉成帝诏问太子为何叩谢，尚书就以此事弹劾赵玄，赵玄被降职为少府，任命光禄勋师丹为太傅。

当初，太子年幼时，由定陶王祖母傅太后亲自抚养。等到立为太子，汉成帝诏令傅太后和生母丁姬留住京师定陶国府邸，不许与太子相见。不久，王太后想让傅太后、丁姬每隔十天到太子宫探望一次，汉成帝说：“太子已承继正统，礼应奉养太后，不应再去照顾自己的骨肉亲人。”王太后说：“太子自小就是傅太后养大的，现在让她到太子宫看望，不过是以乳母的身份罢了，这没有什么关系。”汉成帝这才同意傅太后到太子宫看望。丁姬由于没有抚养太子，就没有让她去。

卫尉、侍中淳于长有宠于上，大见信用，贵倾公卿，外交诸侯、牧、守，赂遗、赏赐累巨万，淫于声色。许后姊嬺为龙雒思侯夫人，寡居；长与嬺私通，因取为小妻。许后时居长定宫，因嬺赂遗长，欲求复为婕妤。长受许后金钱乘舆、服御物前后千余万，诈许为白上，立为左皇后。嬺每入长定宫，辄与嬺书，戏侮许后，嫚易无不言；交通书记，赂遗连年。

时曲阳侯根辅政，久病，数乞骸骨。长以外亲居九卿位，次第当代根。侍中、骑都尉、光禄大夫王莽心害长宠，私闻其事。莽侍曲阳侯病，因言："长见将军久病意喜，自以当代辅政，至对衣冠议语署置；"具言其罪过。根怒曰："即如是，何不白也！"莽曰："未知将军意，故未敢言！"根曰："趣白东宫！"莽求见太后，具言长骄佚，欲代曲阳侯；私与长定贵人姊通，受取其衣物。太后亦怒曰："儿至如此！往，白之帝！"莽白上；上以太后故，免长官，勿治罪，遣就国。

初，红阳侯立不得辅政，疑为长毁谮，常怨毒长；上知之。及长当就国，立嗣子融从长请车骑，长以珍宝因融重遗立。立因上封事，为长求留曰："陛下既托文以皇太后故，诚不可更有他计。"于是天子疑焉，下有司按验。吏捕融，立令融自杀以灭口。上愈疑其有大奸，遂逮长系洛阳诏狱，穷治。长具服戏侮长定宫，谋立左皇后，罪至大逆，死狱中。妻子当坐者徙合浦；母若归故郡。上使廷尉孔光持节赐废后药，自杀。丞相方进复劾奏"红阳侯立，狡猾不道，请下狱。"上曰："红阳侯，朕之舅，不忍致法；遣就国。"于是方进复奏立党友后将军朱博、巨鹿太守孙闳，皆免官，与故光禄大夫陈咸皆归故郡。咸自知废锢，以忧死。

卫尉、侍中淳于长因为受到汉成帝的宠爱，而大受重用和信任，权力和尊贵压倒公卿。他又交结诸侯、州牧、太守，那些人贿赂他的钱财和汉成帝给他的赐赏，累积亿万之多，因而整天纵情于声色之中。许皇后的姐姐许孊，原是龙雒思侯韩宝的夫人，守寡在家，淳于长和她私通，而后娶她为妾。许皇后当时住在长定宫，就通过姐姐贿赂淳于长，想托他在汉成帝面前为她求情，能重做婕妤就心满意足了。淳于长接受了许皇后送的金钱、车马、衣物器件等，前后共有千余万，却欺骗许皇后，假装答应为她向汉成帝请求，立她为左皇后。许孊每次去长定宫看望许皇后，淳于长就让许孊捎书信给许皇后，内容充满戏弄侮辱的话，甚至轻薄污秽的话也敢说。这种情况，持续了好几年。

这时是曲阳侯王根辅政，因久病在床，多次请求辞职。淳于长以外戚身份，位列九卿，按顺序应当是他代替王根职位。侍中、骑都尉、光禄大夫王莽对淳于长心怀妒忌，就暗中探听到他的不少坏事。王莽在伺候曲阳侯王根的病时，就乘机说："淳于长见将军久病，心里很高兴，自以为应当代替将军辅政，甚至还对士大夫及贵族子弟封官许愿。"王莽把淳于长的罪过，一一说出。王根大怒说："竟然有这样的事，为什么不早告诉我！"王莽说："因为不知将军心里的想法，所以不敢告诉你。"王根说："速去禀告太后！"王莽去求见太后，详细讲述了淳于长骄奢淫逸，想代替曲阳侯辅政，私通许孊，并暗中与许皇后交结，接受她贿赂的衣物等罪状。太后也发怒说："竟敢如此放肆！走！快奏告皇上！"王莽又上奏汉成帝。汉成帝因淳于长是太后姐姐的儿子，只免去淳于长的官职，没有治他的罪，把他遣回到定陵侯国去。

当初，红阳侯王立不得辅政时，曾怀疑是淳于长在诽谤诬陷他，因而时常怨恨淳于长，痛切入骨。汉成帝也知道这些情况。等到淳于长将要离开京师到封国去时，王立的嫡长子王融，请求淳于长把他坐的车骑送给他。淳于长就趁机送了许多珍宝财物的重礼，托王融带给王立。王立改变态度，上密封奏书，替淳于长求情留在京师。密封奏书说："陛下诏书说看在皇太后的份上，所以真的不可给他加别的罪，不必到封国去。"正由于王立态度的突然转变，汉成帝起了疑心，把奏书转给主管部门调查。办案官员逮捕了王融，王立命令王融自杀来灭口。汉成帝更加怀疑有大奸谋，于是逮捕淳于长关押在洛阳诏狱，严厉追究。淳于长招供了戏弄许皇后，承诺立她为左皇后的事，定罪名为"大逆不道"，处死在狱中。老婆、儿子遭株连治罪，放逐到合浦。淳于长的母亲王若被遣送回原籍魏郡。汉成帝派廷尉孔光持节送药给废皇后许氏，令其自杀。丞相翟方进又上奏弹劾王立，说："红阳侯王立，狡猾无道，请求逮捕下狱。"汉成帝说："红阳侯王立，是朕的舅舅，不忍心法办他，送他回到封国去。"于是翟方进又上奏弹劾王立的党羽后将军朱博、巨鹿太守孙闳，全都罢官，与原光禄大夫陈咸等人，都回归故里。陈咸明白自己已被废弃禁锢，忧愤而死。

方进智能有余，兼通文法吏事，以儒雅缘饰，号为通明相，天子器重之；又善求人主微指，奏事无不当意。方淳于长用事，方进独与长交，称荐之；及长坐大逆诛，上以方进大臣，为之隐讳，方进内惭，上疏乞骸骨。上报曰："定陵侯长已伏其辜，君虽交通，传不云乎：'朝过夕改，君子与之，'君何疑焉！其专心壹意，毋怠医药，以自持。"方进起视事，复条奏长所厚善京兆尹孙宝、右扶风萧育、刺史二千石以上，免二十余人。函谷都尉、建平侯杜业，素与方进不平，方进奏"业受红阳侯书听请，不敬，"免，就国。

上以王莽首发大奸，称其忠直；王根因荐莽自代。丙寅，以莽为大司马，时年三十八。莽既拔出同列，继四父而辅政，欲令名誉过前人，遂克己不倦。聘诸贤良以为掾、史，赏赐、邑钱悉以享士，愈为俭约。母病，公卿列侯遣夫人问疾，莽妻迎之，衣不曳地，布蔽膝，见之者以为僮使，问知其夫人。其饰名如此。

丞相方进、大司空武奏言："《春秋》之义，用贵治贱，不以卑临尊。刺史位下大夫而临二千石，轻重不相准。臣请罢刺史，更置州牧以应古制！"十二月，罢刺史，更置州牧，秩二千石。

犍为郡于水滨得古磬十六枚，议者以为善祥。刘向因是说上："宜兴辟雍，设庠序，陈礼乐，隆雅颂之声，盛揖让之容，以风化天下。如此而不治者，未之有也。或曰：不能具礼。礼以养人为本，如有过差，是过而养人也。刑罚之过或至死伤，今之刑非皋陶之法也，而有司请定法，削则削，笔则笔，救时务也。至于礼乐，则曰不敢，是敢于杀人、不敢于养人也。为其俎豆、管弦之间小不备，因是绝而不为，是去小不备而就大不备，惑莫甚焉！夫教化之比于刑法，刑法轻，是舍所重而急所轻也。教化，所恃以为治也；刑法，所以助治也；今废所恃而独立其所助，非所以致太平也。自京师有悖逆不顺之子孙，至于陷大辟，受刑戮者不

翟方进很有智谋和才能，又精通法令文书和官吏行政事务，还善于用儒学经典装饰自己，被人称为通达明理的丞相，深受天子的器重。又善于揣摩天子的细微的心思，所奏之事，无不合天子的心意。当淳于长受重用时，翟方进只和淳于长交往，并在汉成帝面前称赞和推荐他。直到淳于长犯有大逆不道的死罪，汉成帝因翟方进是朝廷重臣，特意为他掩饰与淳于长的关系。翟方进内心深感惭愧，就上疏称病乞求辞职。汉成帝批复说：“定陵侯淳于长已经伏罪，你虽然曾与他有过交往，古书上不是说过：‘早上的过失，晚上就改正，君子都会赞许的。’还有什么好怀疑呢？你应当专心一意休养，不要耽误了医治，自己保重。”于是翟方进又出来任职办事，再次上奏，分条弹劾与淳于长有特别交往的京兆尹孙宝、右扶风萧育，以及刺史二千石以上的官员二十余人，全都被罢官。函谷都尉、建平侯杜业，素来与翟方进不和，翟方进上奏说：“杜业曾接受红阳侯书信嘱托，犯了大不敬之罪。”杜业因此也被罢官，遣回封国。

汉成帝认为王莽首先揭发淳于长的奸恶，称赞他忠心正直。王根因此保荐王莽接任自己的职务。[十二月]二十六日丙寅，任命王莽为大司马，时年三十八岁。王莽从同辈中被破格提拔上来，继四位伯父、叔父而成为辅政大臣，想让自己的名誉超越前辈，就竭力克制私欲，自励不倦。聘请各种贤良人士担任自己的部属，助理政事。汉成帝的赏赐和封邑的收入，全部都用来供养名士。自己却比从前更加俭朴节约，当他母亲患病时，公卿诸侯都派夫人去探问，王莽的妻子出来迎接她们，衣服长不拖地，围裙长不过膝，看见她的人，还以为是他家里佣人，询问之后，才知是王莽的夫人。王莽伪装，博取虚名，竟是这个样子。

丞相翟方进、大司空何武上奏说：“《春秋》上所讲的大义，是用尊贵的人去治理卑贱的人，而不是让卑贱的人凌驾在尊贵的人之上。刺史官位低于大夫，却要监督二千石的官员，这轻重的关系被颠倒了。因此臣请求废掉刺史，改设州牧，以符合古制。”十二月，下诏废掉刺史，改设州牧，官秩二千石。

犍为郡有人在水边拾得十六枚古代石磬，言事的人认为这是一种吉祥的征兆。刘向借此劝诫汉成帝说：“应当在京师设立太学辟雍，在各地开办学堂，陈设礼乐，大力提倡规范的语言，讲究谦让的礼仪，用以教化天下。如果这样，仍治理不好天下，那是从未有过的。或许有人会说：‘治理天下，不能只靠礼仪。’礼是以培养人为根本，如果礼有些差错，也只是培养人的效果不显著罢了。如果刑罚有了差错，就要造成人的死伤。如今的刑法，早已不是皋陶时代的简朴刑法，主管部门制定的标准刑法，该删的就删，该增的要增，目的是为了救治时弊。一提到礼乐，却推辞说不敢妄动，岂不是敢于杀人，而不敢于培养人。如果是俎豆祭器、管弦乐器，稍稍不齐全，就索性放弃礼乐不作为，岂不是因一点器乐不齐备的小事就丢了礼乐不

绝，由不习五常之道也。夫承千岁之衰周，继暴秦之余敝，民渐渍恶俗，贪饕险诐，不闲义理，不示以大化而独驱以刑罚，终已不改！”帝以向言下公卿议，丞相、大司空奏请立辟雍，按行长安城南营表；未作而罢。时又有言“孔子布衣，养徒三千人，今天子太学弟子少”。于是增弟子员三千人；岁余，复如故。

刘向自见得信于上，故常显讼宗室，讥刺王氏及在位大臣，其言多痛切，发于至诚。上数欲用向为九卿，辄不为王氏居位者及丞相、御史所持，故终不迁，居列大夫官前后三十余年而卒。后十三岁而王氏代汉。

（以上为第七段，写王莽攀附并利用红阳侯王立，铲除了政治竞争对手淳于长，又沉重地打击了王立的威信，可以说是打击政敌，一箭双雕。王莽长于政治，工于心计，终于夺取了辅政大臣大司马的职位。）

做的大事，没有比这更糊涂的了。教化与刑法两者比较，教化重而刑法轻，不兴礼乐，岂不是弃重取轻。教化是治理国家的依靠；刑法，是治理国家的辅助手段。如今丢了要依靠的东西而去树立辅助的东西，就不可能把天下治理太平。从京师起，总有些悖逆不孝的子孙，甚至被处了死刑，但仍然有许多不孝的受到刑戮，这都是由于不学习仁、义、礼、智、信五常道德的结果。汉朝承袭了历经千年而衰弱的周朝，接受了残暴秦朝留下的积习，民风逐渐浇薄恶劣，贪婪奸险，不明义理，若再不用仁义教化来教导他们，而单靠刑罚来约束他们，那么目前这种现状是无法改变的！”皇上把刘向的建议交由公卿讨论，丞相、大司空也奏请设立京师太学，并派人在长安城南郊选址树立了标志，可是尚未开工就又搁浅了。当时又有人说：“孔子只是一位平民，却有弟子三千人，现在天子太学的弟子太少。”于是又增太学弟子到三千人。只实行了一年多，又恢复原来一千员的人数。

刘向见自己能得到汉成帝的信任，就常常公开替皇族受压抑打抱不平，而讥讽王氏以及在位大臣，言词都沉痛恳切至诚，发自内心。汉成帝多次想任用刘向为九卿，但是却得不到身居高位的王氏及丞相、御史大夫的支持，所以刘向始终未能升迁。他停留在大夫的行列，前后三十多年，直到他去世。在他死后十三年，王莽取代了汉朝。

【点评】

论汉成帝后期政治三大事件。本卷载汉成帝后期执政三大启人深思的事件。第一件，永始四年，梁王刘立违法犯禁，有时一天多达十余起，是一个恶棍。特别是刘立乱伦，与自己的亲姑母兼舅妈刘园子通奸，丑闻被揭发，谷永上书阻止朝廷调查。谷永用常理推断，说刘立与刘园子不仅辈分不同，而且年龄相差太大，不可能有这等事。即使有，也是闺门隐私，为了皇室颜面，也要停止调查。成帝采纳了谷永建议，搁置案件，保护了刘立这个恶棍。谷永、刘向、朱云许多大臣上奏言得失，成帝均不采纳，唯独这件混淆是非的上奏，成帝偏偏采纳了。成帝、谷永为何要保护梁王刘立呢？主要原因有二。其一，专制制度，法律不平等。“刑不上大夫”有着根深蒂固的影响，更何况是宗室王。其二，成帝生活糜烂，刘立乱伦，是皇室腐朽的外延，成帝不欲深究。谷永是外戚王氏党羽，上书强调为尊者讳、为亲者讳的伦常观念，成帝自然心领神会而搁置案件了。

第二件，成帝侄儿刘欣入继大统，立为皇太子，却让刘欣生母丁姬、祖母傅太后与刘欣割断关系。宗法制度，无情有理。皇太后王政君下诏，说傅太后抚育刘欣，可以以奶娘身份十天入见皇太子刘欣一次。这个口子一开，就为傅太后入宫打开了大门。等到刘欣即位，是为哀帝，傅太后就堂而皇之地以祖母身份入宫，控制了哀帝，其后生出许多事端，虽非王政君始料所及，却是亲情斩不断的生动证明。

第三件，段会宗安边，给千疮百孔的西汉王朝打了一剂强心针，制造了成帝时的虚假强盛，段会宗也成为继陈汤之后又一员出使西域的名将。段会宗，字子松，天水上邽人，曾在竟宁元年（前 33）、阳朔四年（前 21），两度出任西域都护。西域都护一任为三年。段会宗既懂军事，又懂政治。他既能宣明汉王朝的恩信、国威，又十分注意汉王朝与乌孙等各国的友好关系。段会宗在西域各国树立了很高的声望，赢得了尊重。元延二年（前 11），段会宗已 73 岁高龄，再次受命，以左曹、中郎将、光禄大夫身份出使西域，率领戊己校尉的军队前去平定乌孙国内乱，以大勇精神智取乌孙国叛臣番丘的首级，可以说是兵不血刃结束了平叛任务，使汉王朝威震西域。两年后，乌孙再度发生内乱，75 岁高龄的段会宗又一次受命前往西域。段会宗与西域都护孙建一起平定了乌孙内乱。段会宗因积劳成疾，又因高龄经受远行风霜以及征战之劳，病死在乌孙。西域各国人民听到噩耗都十分悲痛。段会宗的一生献给了国家，献给了西域各国人民。段会宗出使西域期间，西域各国人心安定，一心归顺汉朝，社会生产得到发展。因此，段会宗死后，人民十分怀念他，西域各国为他发丧，并立祠庙祭祀他。

汉纪二十五

汉成帝绥和二年至汉哀帝建平元年（前7—前6年）

【起阏逢摄提格（甲寅，前7年），尽旃蒙单阏（乙卯，前6年），凡二年】

【大事提要】

本卷记事起公元前7年，讫公元前6年，凡二年，当成帝绥和二年至哀帝建平元年，新老皇帝交替之际。两年史事，洋洋一卷，其实并没多少有关国计民生或对外事务的大事件，主要笔墨写的是统治集团的权力斗争和宫廷黑幕。绥和二年二月，成帝逼死丞相翟方进以应天变，但并没有挽救自己的死亡。三月十八日成帝无疾暴崩，这是一桩疑案。成帝死，哀帝立，宗法伦理与亲情的矛盾立即突显，母以子贵，傅太后入宫掣肘哀帝，阻止对成帝死因的调查，保护皇太后赵飞燕，因为赵飞燕替哀帝入继大统出过力。傅太后又无中生有，以谋反罪逼死中山王太后冯氏，以报昔年两人争宠之仇。哀帝嗣位，无所作为。师丹上书建言限田，贾让上书献治河三策，均议而不决，最终搁置。只有耿育上书为陈汤鸣冤，陈汤被召还终老京师，陈汤的功过是非，终于画了句号。在调查成帝死因中，牵扯出成帝亲手杀死皇子以讨好赵飞燕之妹赵昭仪之事。宫中黑幕，违反伦常，竟至于此。

【原文】

孝成皇帝下

绥和二年（甲寅，前7年）

春，正月，上行幸甘泉，郊泰畤。

二月，壬子，丞相方进薨。

时荧惑守心，丞相府议曹平陵李寻奏记方进，言：“灾变迫切，大责日加，安得保斥逐之戮！阖府三百余人，唯君侯择其中，与尽节转凶。”方进忧之，不知所出。会郎贲丽善为星，言大臣宜当之。上乃召见方进。还归，未及引决，上遂赐册，责让以政事不治，灾害并臻，百姓穷困，曰：“欲退君位，尚未忍，使尚书令赐君上尊酒十石，养牛一，君审处焉！”方进即日自杀。上秘之，遣九卿策赠印绶，赐乘舆秘器、少府供张，柱槛皆衣素。天子亲临吊者数至，礼赐异于他相故事。

臣光曰：晏婴有言：“天命不慆，不贰其命。”祸福之至，安可移乎！昔楚昭王、宋景公不忍移灾于卿佐，曰：“移腹心之疾，寘诸股肱，何益也！”藉其灾可移，仁君犹不忍为，况不可乎！使方进罪不至死而诛之，以当大变，是诬天也；方进有罪当刑，隐其诛而厚其葬，是诬人也；孝成欲诬天、人而卒无所益，可谓不知命矣。

三月，上行幸河东，祠后土。

丙戌，帝崩于未央宫。

帝素强无疾病，是时，楚思王衍、梁王立来朝，明旦，当辞去，上宿供张白虎殿；又欲拜左将军孔光为丞相，已刻侯印，书赞。昏夜，平善，向晨，傅绔袜欲起，因失衣，不能言，昼漏上十刻而崩。民间讙哗，咸归罪赵昭仪。皇太后诏大司马莽杂与御史、丞相、廷尉治，问皇帝起居发病状；赵昭仪自杀。

【语译】

孝成皇帝下

汉成帝绥和二年（甲寅，前7年）

春季，正月，汉成帝巡幸甘泉宫，祭祀太乙天神。

二月十三日壬子，丞相翟方进去世。

当时，火星徘徊在心宿星区，丞相府议曹平陵人李寻向翟方进递交公函，说："天象显示大灾难将要发生，责罚与日俱增，恐怕不是罢官斥逐能够了结的事，相府全家三百余口，只好在其中选择君侯您来负责，自己牺牲，保全节操，才可转祸为福。"翟方进非常忧虑，不知怎么办才好。正好郎官贲丽精通天文，向汉成帝奏说只有大臣负责可以消除灾祸。汉成帝就召见翟方进。翟方进从宫中回家，还没有来得及自裁，汉成帝的谴责诏书就送达下来，斥责翟方进没有办理好政务，导致天灾人祸并起，百姓穷困。诏书中还说："本想免掉你的职位，又不忍心，现在派尚书令送给你美酒十石，肥牛一头，你自己谨慎地处理吧！"翟方进当天就自杀了。汉成帝对这件事秘而不宣，派九卿拿着皇上策书，赠送翟方进用于陪葬的官印和绶带，赐给车辆、棺材、明器，由少府供给丧葬费用，特赐翟方进住宅的房柱及栏杆可以裹上白色绸缎。天子多次亲自到灵堂吊唁，葬礼的规格高于其他丞相。

臣司马光评论说：晏婴说过："天命不可怀疑，命数无法改变。"祸与福真的来了，难道可以转移吗？从前楚昭王、宋景公不忍心把灾祸转移到大臣身上，说："把心腹的病痛，转移到大腿和胳膊上，有什么好处？"假如灾祸可以转移，仁爱的君主尚且不忍心那样做，何况灾祸根本就不可以转移呢？如果翟方进没有犯下死罪而杀了他，用来承当天变，就是欺骗上天；如果翟方进犯有死罪应当正法，却隐瞒了他的罪状，赐给他丰厚的葬礼，是欺骗人民。孝成皇帝既欺骗了天，又欺骗了人民，却没有什么好处，实在是不知道天命。

三月，汉成帝巡幸河东，祭祀后土神。

三月十八日丙戌，汉成帝在未央宫逝世。

成帝身体向来强壮，没有疾病。当时，楚思王刘衍、梁王刘立来京朝见，第二天早晨，两王就应当辞别回到封国。当夜汉成帝留宿在铺设帷帐的白虎殿；汉成帝还想任命左将军孔光为丞相，已经刻好了侯印，写好了委任大臣的赞辞。到了黄昏时候，汉成帝身体还和往常一样。到了清晨，汉成帝手拿裤袜想起床，突然手指抓不住衣服，说不出话，很快逝世，计时的漏斗正指向十刻。民间谣言哗然，都归罪于赵昭仪。皇太后下诏大司马王莽与御史大夫、丞相、廷尉一同调查汉成帝的死因，查问汉成帝的起居和发病情况。赵昭仪自杀。

班彪赞曰：臣姑充后宫为婕妤，父子、昆弟侍帷幄，数为臣言："成帝善修容仪，升车正立，不内顾，不疾言，不亲指，临朝渊嘿，尊严若神，可谓穆穆天子之容矣。博览古今，容受直辞，公卿奏议可述。遭世承平，上下和睦。然湛于酒色，赵氏乱内，外家擅朝，言之可为於邑！"建始以来，王氏始执国命，哀、平短祚，莽遂篡位，盖其威福所由来者渐矣！

是日，孔光于大行前拜受丞相、博山侯印绶。

富平侯张放闻帝崩，思慕哭泣而死。

荀悦论曰：放非不爱上，忠不存焉。故爱而不忠，仁之贼也！

皇太后诏南、北郊长安如故山。

（以上为第一段，写丞相翟方进、汉成帝之死。成帝聪明而多才艺，仪容庄重，待人宽容，可做一个英明天子，只可惜生性风流，沉迷于声色，不仅误了国家，也枉送了性命。翟方进枉死，也没能替这位风流天子免祸。皇太后下诏，大臣合议会审，逼死赵昭仪，挽救不了西汉衰颓的国运。成帝可恶，汉祚可悲。）

夏，四月，丙午，太子即皇帝位，谒高庙；尊皇太后曰太皇太后，皇后曰皇太后。大赦天下。

哀帝初立，躬行俭约，省减诸用，政事由己出，朝廷翕然望至治焉。

己卯，葬孝成皇帝于延陵。

太皇太后令傅太后、丁姬十日一至未央宫。

有诏问丞相、大司空："定陶共王太后宜当何居？"丞相孔光素闻傅太后为人刚暴，长于权谋，自帝在襁褓，而养长教道至于成人，帝之立又有力；光心恐傅太后与政事，不欲与帝旦夕相近，即议以为："定陶太后宜改筑宫。"大司空何武曰："可居北宫。"上从武言。北宫有紫房复道通未央宫，傅太后果从复道朝夕至帝所，求欲称尊号，贵宠其亲属，使上不得由直道行。高昌侯董宏，希指，上书言："秦庄襄王，母本夏氏，而为华阳夫人所子，及即位后，俱称太后。宜立定陶共王后为帝太后。"事下有司，大司马王莽、左将军、关内侯、领尚书事师丹劾奏宏："知皇

班彪评论说：臣的姑姑曾经在后宫充当婕妤，父子兄弟都在皇帝身边侍奉，他们多次对臣说过："成帝十分注重仪表，乘车端庄严肃，不向后顾，不大声说话，不用手指指点点，临朝听政，不多说话，庄重严肃像一尊神，而严肃中又透露出温和的容貌，真是一副天子的仪容。学识渊博，贯通古今，心胸宽容，听得进逆耳的直言，因此，公卿臣下的奏议，都有充实可称赞的内容。适逢太平盛世，上下和睦。可惜，成帝沉迷于酒色，赵飞燕姐妹秽乱后宫，外戚专权，说起来让人痛心！"从建始年间以来，王氏开始执掌国家大权，哀帝、平帝短命而死，于是王莽篡位，王氏作威作福，是长时间逐渐酿成的啊！

成帝逝世的当天，孔光在大行皇帝灵堂前就任丞相，接受博山侯爵的印章、绶带。

富平侯张放听说成帝逝世，思念悲痛过度，也跟着死去。

荀悦评论说：张放并不是不爱皇上，但只有爱心，而没有忠心。如果只有爱心而没有忠心，就是伤害仁义的蟊贼。

皇太后下诏，恢复在京师长安城南郊祭天、长安城北郊祭地的大典。

夏季，四月初八日丙午，太子刘欣即位，祭告汉高祖刘邦陵庙。尊皇太后为太皇太后，皇后为皇太后。大赦天下。

哀帝即位之初，亲自力行节约，减省各项开支，政事都由自己处理，朝廷上下和谐，大家都认为有希望治理好国家。

五月十二日己卯，葬孝成皇帝于延陵。

太皇太后下诏允许博太后、丁姬每十天一次到未央宫探望哀帝。

汉哀帝下诏询问丞相、大司空："定陶太后应当住在哪个宫里才适宜？"丞相孔光素来听说傅太后为人刚强暴戾，工于心计，善于弄权，当汉哀帝还是婴孩时，就由她亲自抚养长大，教导成人，汉哀帝被立为太子，她又尽了力。孔光害怕傅太后干预政事，不希望她这位祖母与汉哀帝旦夕相处，于是便建议说："定陶太后应另建宫室居住。"大司空何武却说："可以住在北宫。"汉哀帝采纳了何武的建议。北宫紫房的楼阁复道直通未央宫，傅太后果然从复道早晚到皇上住所，请求汉哀帝加封她尊号，还要汉哀帝重用她宠信的亲属，迫使汉哀帝不能按正规法定程序办事。高昌侯董宏迎合汉哀帝和傅太后的心意。上奏说："秦庄襄王的母亲，本是夏氏，后因被

太后至尊之号，天下一统，而称引亡秦以为比喻，诖误圣朝，非所宜言，大不道！”上新立，谦让，纳用莽、丹言，免宏为庶人。傅太后大怒，要上，欲必称尊号。上乃白太皇太后，令下诏尊定陶恭王为恭皇。

五月，丙戌，立皇后傅氏，傅太后从弟晏之子也。

诏曰：“《春秋》，母以子贵。宜尊定陶太后曰恭皇太后、丁姬曰恭皇后，各置左右詹事，食邑如长信宫、中宫。”追尊傅父为崇祖侯，丁父为褒德侯；封舅丁明为阳安侯，舅子满为平周侯，皇后父晏为孔乡侯，皇太后弟侍中、光禄大夫赵钦为新城侯。太皇太后诏大司马莽就第，避帝外家；莽上疏乞骸骨。帝遣尚书令诏起莽，又遣丞相孔光、大司空何武、左将军师丹、卫尉傅喜白太皇太后曰：“皇帝闻太后诏，甚悲！大司马即不起，皇帝即不敢听政！”太后乃复令莽视事。

成帝之世，郑声尤甚，黄门名倡丙强、景武之属富显于世，贵戚至与人主争女乐。帝自为定陶王时疾之，又性不好音，六月，诏曰：“孔子不云乎：‘放郑声，郑声淫。’其罢乐府官；郊祭乐及古兵法武乐在《经》，非郑、卫之乐者，别属他官。”凡所罢省过半，然百姓渐渍日久，又不制雅乐有以相变，豪富吏民湛沔自若。

王莽荐中垒校尉刘歆有材行，为侍中，稍迁光禄大夫，贵幸，更名秀。上复令秀典领“五经”，卒父前业；秀于是总群书而奏其七略，有《辑略》、有《六艺略》、有《诸子略》、有《诗赋略》、有《兵书略》、有《术数略》、有《方技略》。凡书六略，三十八种，五百九十六家、万三千二百六十九卷。其叙诸子，分为九流：曰儒，曰道，曰阴阳，曰法，曰名，曰墨，曰纵横，曰杂，曰农，以为：“九家皆起于王道既微，诸侯力政，时君世主好恶殊方，是以九家之术蜂出并作，各引一端，崇其所善，以此驰说，取合诸侯，其言虽殊，譬如水火相灭，亦相生也；

华阳夫人认为嗣子，等到即位后，夏氏、华阳夫人都尊称太后。应当立定陶共王后为帝太后。”皇上把奏章转给有关部门，大司马王莽，左将军、关内侯、主管尚书事师丹联名上奏弹劾董宏，说：“董宏明知皇太后是最尊贵的称号，现在天下一统，他却引用亡秦的事例来做比喻，引导圣朝向错误路上走，这是不应该说的话，犯了大逆不道的罪！”汉哀帝初即位，还谦逊忍让，采纳王莽、师丹的意见，把董宏免职，贬为平民。傅太后大怒，要挟汉哀帝，一定要称尊号。汉哀帝就禀告太皇太后，太皇太后就命令汉哀帝下诏尊称定陶恭王为恭皇。

五月十九日丙戌，册立傅氏为皇后，她是傅太后堂弟傅晏的女儿。

汉哀帝下诏说：“《春秋》上说，母以子贵。因此应尊称定陶太后为恭皇太后、丁姬为恭皇后。各自设置左右詹事，采邑和长信宫皇太后、中宫皇后一样。”还追尊傅太后的父亲为崇祖侯，丁姬的父亲为褒德侯。封舅父丁明为阳安侯，舅父的儿子丁满为平周侯，皇后的父亲傅晏为孔乡侯，皇太后赵飞燕的弟弟侍中、光禄大夫赵钦为新城侯。太皇太后王政君诏令大司马王莽辞职回家，以回避汉哀帝的外戚。王莽就上奏请辞。汉哀帝派尚书令持诏书起用王莽，又派丞相孔光、大司空何武、左将军师丹、卫尉傅喜一同向太皇太后禀报说：“皇上听到太皇太后的诏书，非常悲痛！大司马如果不起来办事，皇上也就不敢听政！”太皇太后于是又命令王莽上朝理事。

汉成帝的时候，靡靡之音的郑乐非常流行，以致著名歌手丙强、景武之流跻身黄门郎，成了巨富，皇亲国戚甚至与汉成帝争夺歌伎舞女。哀帝在做定陶王时，就憎恶这种事，他生性就不喜好音乐，于是在六月下诏说：“孔子不是说过：‘不要听郑国音乐，郑国音乐太淫乱。’应撤销乐府官。郊祭天地大典的音乐及古代军乐、经典中有记载的乐曲由太常管理，那些不是郑国、卫国合于传统的音乐，可由另外的有关部门来管理。”因此裁减的乐曲过半。然而百姓长久以来习惯于那种音乐，而又没有制定其他高雅的音乐来替换，因而富豪和官民之家，仍然一如既往地沉湎在郑、卫之音中。

王莽推荐中垒校尉刘歆，因为他有才能德行，任命为侍中，稍后又升为光禄大夫，地位尊贵，又受到汉哀帝宠信，就改名刘秀。汉哀帝又命令刘秀负责审核校对“五经”，完成其父刘向未完成的事业。刘秀于是汇总群书的精华，编成六略，有：《辑略》、《六艺略》、《诸子略》、《诗赋略》、《兵书略》、《方技略》，其中分类书目，共有六略，包括三十八种著作，五百九十六家言论，一万三千二百六十九卷。其中叙述诸子的，分为九大流派，有儒家、道家、阴阳家、法家、名家、墨家、纵横家、杂家、农家。刘秀认为：“九家都是兴起于王道衰微、诸侯争霸的时代，当时各国的君主好恶大不相同，因而九家学派一时蜂起，各自提出一种主张，坚持自己所称扬

仁之与义，敬之与和，相反而皆相成也。《易》曰：‘天下同归而殊途，一致而百虑。’今异家者推所长，穷知究虑以明其指，虽有蔽短，合其要归，亦‘六经’之支与流裔；使其人遭明王圣主，得其所折中，皆股肱之材已。仲尼有言：‘礼失而求诸野。’方今去圣久远，道术缺废，无所更索，彼九家者，不犹愈于野乎！若能修‘六艺’之术而观此九家之言，舍短取长，则可以通万方之略矣。”

河间惠王良能修献王之行，母太后薨，服丧如礼；诏益封万户，以为宗室仪表。

初，董仲舒说武帝，以“秦用商鞅之法，除井田，民得卖买，富者田连阡陌，贫者亡立锥之地，邑有人君之尊，里有公侯之富，小民安得不困！古井田法虽难卒行，宜少近古，限民名田以赡不足，塞并兼之路；去奴婢，除专杀之威；薄赋敛，省繇役，以宽民力，然后可善治也！”及上即位，师丹复建言：“今累世承平，豪富吏民訾数巨万，而贫弱愈困，宜略为限。”天子下其议，丞相光、大司空武奏请：“自诸侯王、列侯、公主名田各有限；关内侯、吏、民名田皆毋过三十顷；奴婢毋过三十人。期尽三年，犯者没入官。”时田宅、奴婢贾为减贱，贵戚近习皆不便也，诏书：“且须后。”遂寝不行。又诏：“齐三服官、诸官，织绮绣难成、害女红之物，皆止，无作输。除任子令及诽谤诋欺法。掖庭宫人年三十以下，出嫁之；官奴婢五十以上，免为庶人。益吏三百石以下俸。”

（以上为第二段，写汉哀帝即位，诸侯入继大统的宗法继嗣伦理与亲情的矛盾就尖锐地呈现出来。此时，西汉土地高度集中的社会矛盾也呈现出来，师丹建言限田法令，因触犯贵戚官僚的既得利益，而被搁置。刘歆完成《七略》的编制，是目录学史上的一件大事。）

上置酒未央宫，内者令为傅太后张幄，坐于太皇太后坐旁。大司马莽按行，责内者令曰：“定陶太后，藩妾，何以得与至尊并！”彻去，更设坐。傅太后闻之，大怒，不肯会，重怨恚莽；莽复乞骸骨。秋，七月，

的学说，拿它到处游说，希望说服各个诸侯而被采用。他们的学说虽然不同，看起来就像水火不能相容，实际上又是相互而生。仁与义，敬与和，尽管彼此相反，却又彼此相成。《易经》说：‘天下的人走向一个目标可以有不同的道路，治理天下这一个目标，可以有不同的方案。’如今要从各个不同学派中找出它的长处，深入研究，明白它的主旨，虽然各有所短，但综合各家学说的宗旨和内容，也不过是儒家‘六经’的支派和末流。这些人的学说若能遇到圣明国君，将其取长补短，加以折中，那样就可成为国家的栋梁之材。孔子说过：‘失传了的古代礼仪，往往可以在乡村中找到遗存。’现在距离圣人的时代，已经很远了，那时的道德治术都已经消失了，无法追寻。而现存的九家学说，岂不是远远胜过去山野寻求吗？若能专心钻研儒家的‘六艺’，再参考九派的学说，取长补短，那么，也就可以精通万种方略了。”

河间惠王刘良能承继祖先献王刘德的高尚品德，母亲王太后逝世，刘良穿戴丧服治丧，完全符合礼制。汉哀帝下诏增加一万户封邑，让他作为皇族的表率。

起初，董仲舒劝汉武帝说：“秦国采用商鞅变法，废除井田制度，人民可以自由买卖土地，以致富豪的土地连成一大片，贫穷的人却没有立锥之地，每个县邑都有如帝王之尊的豪绅，每个村庄都有公侯一样的富人，小民怎能不贫困！古代的井田制虽然难以突然推行，但也应该稍稍靠近古代制度，限制百姓占有土地数额，调剂田亩，补助耕地不足的民户，堵塞兼并的道路，废除奴婢私有制度，取消主人可以杀害奴婢的特权，减轻赋税，减少徭役，使人民得以休养生息，然后才可以把国家治理好。”等到汉哀帝即位，师丹再次建言说：“如今，经历了几代人的太平，富有的豪绅和官吏，资产有几个亿，而贫困弱小的细民更加困难，应该限制占有土地的数量。”汉哀帝把师丹的奏议转给臣下讨论。丞相孔光、大司空何武上奏请求说：“从诸侯王、列侯、公主起，所占有的田亩都要有限制。关内侯、官吏和富民，占地都不能超过三十顷，家庭奴婢不能超过三十人。定下三年期限，过期仍多占田亩和奴婢的人，罚没入官。”这样，造成了一时田亩、奴婢的价值下跌，贵族、外戚以及汉哀帝亲近的人都深感不利，于是汉哀帝又下诏书说：“暂缓执行。”这样，限田建议被搁置没有实行。汉哀帝又下诏：“设置在齐地的织造厂三服官以及其他主管皇室服装的官员因为刺绣绮罗，织造艰难，伤害女红，全部停业，不再向皇室输送。废除任子令和诽谤诋欺罪的法令条文。掖庭中一般宫女年三十岁以下的，放出宫嫁人，官奴婢五十岁以上的，免除服役为平民。增加三百石以下官吏的俸禄。”

汉哀帝在未央宫设置酒宴，内者令为傅太后设置座位，紧靠在太皇太后座位旁边。大司马王莽巡视检查，斥责内者令，说：“定陶太后只不过是藩王的妾，怎么能够和至尊太皇太后并排平起平坐！撤去她的座位，另外安排座位。”傅太后听说后，

丁卯，上赐莽黄金五百斤，安车驷马，罢就第。公卿大夫多称之者，上乃加恩宠，置中黄门，为莽家给使，十日一赐餐。又下诏益封曲阳侯根、安阳侯舜、新都侯莽、丞相光、大司空武邑户各有差。以莽为特进、给事中，朝朔望，见礼如三公。又还红阳侯立于京师。

傅太后从弟右将军喜，好学问，有志行。王莽既罢退，众庶归望于喜。初，上之官爵外亲也，喜独执谦称疾；傅太后始与政事，数谏之；由是傅太后不欲令喜辅政。庚午，以左将军师丹为大司马，封高乡亭侯；赐喜黄金百斤，上右将军印绶，以光禄大夫养病；以光禄勋淮阳彭宣为右将军。大司空何武、尚书令唐林皆上书言："喜行义修洁，忠诚忧国，内辅之臣也。今以寝病一旦遣归，众庶失望，皆曰：'傅氏贤子，以论议不合于定陶太后，故退，'百寮莫不为国恨之。忠臣，社稷之卫；鲁以季友治乱，楚以子玉轻重，魏以无忌折冲，项以范增存亡。百万之众，不如一贤；故秦行千金以间廉颇，汉散万金以疏亚父。喜立于朝，陛下之光辉，傅氏之废兴也。"上亦自重之，故寻复进用焉。

建平侯杜业上书诋曲阳侯根、高阳侯薛宣、安昌侯张禹而荐朱博。帝少而闻知王氏骄盛，心不能善，以初立，故且优之。后月余，司隶校尉解光奏："曲阳侯，先帝山陵未成，公聘取掖庭女乐五官殷严、王飞君等置酒歌舞，及根兄子成都侯况，亦聘取故掖庭贵人以为妻，皆无人臣礼，大不敬，不道！"于是天子曰："先帝遇根、况父子，至厚也，今乃背恩忘义！"以根尝建社稷之策，遣归国，免况为庶人，归故郡。根及况父商所荐举为官者皆罢。

九月，庚申，地震，自京师到北边郡国三十余处，坏城郭，凡压杀四百余人。上以灾异问待诏李寻，对曰："夫日者，众阳之长，人君之表也。君不修道，则日失其度，晻昧亡光。间者日尤不精，光明侵夺失色，

怒不可遏，不肯参加酒会，加倍痛恨王莽。王莽再次请求辞职。秋季，七月初一日丁卯，汉哀帝批准王莽辞奏，赏赐给王莽黄金五百斤，四马驾的安车一辆，让他回到自己府第。公卿大夫多称赞王莽，汉哀帝就给予特殊的恩宠，特派中黄门官，到王莽家供其驱使，每隔十天，汉哀帝赐宴一次。又下诏加封曲阳侯王根、安阳侯王舜、新都侯王莽、丞相孔光、大司空何武采邑户数，多少不等。又加官王莽为特进、给事中，每月初一、十五朝见天子，朝见礼仪和三公一样。又将红阳侯王立召回京师。

傅太后堂弟右将军傅喜，喜好读书，很有学问，志节操守也很高尚。王莽罢退后，大家都认为傅喜会接替王莽。起初，汉哀帝加封外亲的官爵，唯独傅喜称病不肯接受。傅太后刚开始干预朝政，傅喜就多次进言规劝，因此傅太后不想让傅喜来辅政。七月初四日庚午，任命左将军师丹任大司马，封高乡亭侯，赐傅喜黄金百斤，交回右将军印信绶带，以光禄大夫的身份在家养病。任命光禄勋淮阳人彭宣为右将军。大司空何武、尚书令唐林都上奏说："傅喜操行与道义都很高尚廉洁，忠诚忧国，是最好的辅弼大臣，如今却以卧病为借口，突然将他遣送回家，大家都感到失望，都说：'傅喜是傅氏家族的贤能人才，因为见解与定陶太后不合，所以被罢退。'文武百官没有不为国家惋惜的。忠臣是国家的卫士。鲁国的治乱兴衰，全靠季友是不是当权，楚国因子玉的生死而影响国家地位的高低，魏国依仗公子无忌而战胜强敌，项羽则因范增的去留决定了楚国的存亡。百万之众抵不过一个贤能的人才。所以秦国用千金行贿来离间赵王与廉颇的关系，汉高祖散万金使项羽疏远范增。傅喜能担任朝廷大臣，是陛下的光辉，也是傅氏兴废的关键。"汉哀帝自己也很器重傅喜，因此过了不久，又举用他。

建平侯杜业上奏诋毁曲阳侯王根、高阳侯薛宣、安昌侯张禹，而举荐朱博。汉哀帝从小就知道王氏骄横，内心对他们没有好感。由于刚即位，所以对他们暂且表示优待。杜业上书一个多月后，司隶校尉解光上奏说："曲阳侯王根，在先帝陵墓还没有完成时，就公然聘娶后宫女乐五官殷严、王飞君等，在家设酒歌舞。王根侄子、成都侯王况，也公然聘娶先帝后宫的贵人为妻。因此，王根、王况都丧失人臣的礼节，犯了大不敬和大不道的罪！"于是汉哀帝说："先帝对待王根、王况父子，何等优厚，想不到他们却如此忘恩负义！"由于王根曾参与建议立定陶王为太子的决定，仅遣送他返回封国；撤销王况的侯爵，贬为平民，遣归故里。由王根和王况的父亲王商所举荐而任职的官员，全都免职。

九月二十五日庚申，发生地震，从京师到北边郡国，三十多处城郭被损坏，共压死四百余人。汉哀帝就以这次灾异询问待诏李寻，李寻回答说："太阳，是所有阳性物质的主宰，也是君王的象征。君王昏乱不修道，那么太阳就失去它的常态，暗

邪气珥、蜺数作。小臣不知内事，窃以日视陛下，志操衰于始初多矣。唯陛下执乾刚之德，强志守度，毋听女谒、邪臣之态，诸保阿、乳母甘言卑辞之托，断而勿听。勉强大义，绝小不忍；良有不得已，可赐以货财，不可私以官位，诚皇天之禁也！

“臣闻月者，众阴之长，妃后、大臣、诸侯之象也。间者月数为变，此为母后与政乱朝，阴阳俱伤，两不相便；外臣不知朝事，窃信天文，即如此，近臣已不足杖矣。唯陛下亲求贤士，无强所恶，以崇社稷，尊强本朝！

“臣闻五行以水为本，水为准平，王道公正修明，则百川理，落脉通；偏党失纲，则涌溢为败。今汝、颍漂涌，与雨水并为民害，此《诗》所谓‘百川沸腾’，咎在皇甫卿士之属。唯陛下少抑外亲大臣！

“臣闻地道柔静，阴之常义也。间者关东地数震，宜务崇阳抑阴以救其咎，固志建威，闭绝私路，拔进英隽，退不任职，以强本朝！夫本强则精神折冲；本弱则招殃致凶，为邪谋所陵。闻往者淮南王作谋之时，其所难者独有汲黯，以为公孙弘等不足言也。弘，汉之名相，于今无比，而尚见轻，何况亡弘之属乎！故曰朝廷亡人，则为贼乱所轻，其道自然也。”

（以上为第三段，写哀帝欲整朝纲，却受到傅氏、王氏两股外戚势力的牵制，二者互相角斗，天变灾异，不断示警。）

骑都尉平当使领河堤，奏：“九河今皆窴灭。按经义，治水有决河深川而无堤防壅塞之文。河从魏郡以东多溢决；水迹难以分明，四海之众不可诬。宜博求能浚川疏河者。”上从之。

待诏贾让奏言：“治河有上、中、下策。古者立国居民，疆理土地，必遗川泽之分，度水势所不及。大川无防，小水得入，陂障卑下，以为污泽，使秋水多得其所休息，左右游波宽缓而不迫。夫土之有川，犹人

淡无光。近来太阳尤其不明亮，光明被外物侵犯而失去原来的光泽，太阳四周，环绕黑色云气，多次出现晕霓。小臣不知宫内的事，但个人从太阳的变化来观察陛下的行为，比刚即位时差了许多。希望陛下紧握天子的权柄，坚定不移，恪守法令制度，不要听从美女、邪臣的摆布，拒绝保姆、乳娘私下甜言蜜语的请托，要努力实现大义，断绝小不忍的私情。实在不得已时，可赐予他们钱财珍宝，千万不可私授官职爵位，因为这实在是上天所禁止的！

“我听说月亮是阴性物质的主宰，也是后妃、大臣、诸侯的象征。近来，月亮屡次发生变异，这显示后宫干预朝政，扰乱朝纲，阴阳两败俱伤，两相妨碍。臣是一个没有职任的编外之臣，不知朝廷的事，只是个人就天象变化推断如此。亲近大臣已经不能依靠了。请求陛下亲自另求贤德之士，切忌不要增强奸佞小人的势力，这样才能使国家昌盛，使汉朝强大！

“臣听说五行以水为根本，水的特性是公平。治理国家之道，就是公正廉明，那么，百川顺畅，经脉流通；如果偏向私党，王纲失坠，那么，百川洪水泛滥，外溢成灾。如今汝水、颍水暴涨泛滥，与雨水一起肆虐，给人民带来巨大的灾害。这正像《诗经》里所说的‘百川沸腾’，这些灾害应归咎于皇甫卿士这些人。希望陛下稍稍抑制外戚大臣！

“臣听说大地温柔平静，是阴性事物的正常状态。近来关东地区多次发生地震，应当崇扬阳刚，抑制阴柔，这样才能补救过失，坚定地建立威严，杜绝私下请托的道路，提拔引进英杰人才，罢免不称职的官吏，才能使朝廷根基强盛！根基强盛了，那么就会精神振奋；根基衰弱了，那就招灾惹祸，被邪恶的阴谋所欺凌。听说从前淮南王谋反之时，他所害怕的只有汲黯一人，认为公孙弘等人不值一提。公孙弘是汉朝的名相，今天没有人能比得上他，但是，还被人看轻，何况如今连公孙弘之辈都没有呢！所以说，如果朝廷没有贤能的人才，就会被乱臣贼子轻视，这是很自然的道理。”

骑都尉平当，被委派主管治理河堤事务。他上奏说：“古代的九河，如今都填塞难寻。依照经义记载，治水只有决开堵塞、深挖河床使河水畅通的记载，而没有修筑堤防、堵塞水流的事例。黄河从魏郡以东多次发生河水泛滥决口，从洪水流动的走向，难以找到九河的遗迹，四海之内那么多百姓，是欺骗不得的。应广泛征求能挖深水道、疏浚河水的人才。”汉哀帝采纳了他的建议。

待诏贾让上奏说：“治河有上、中、下三种方案。古人建筑都城，居住人民划界治理，垦辟土地，都要选择在水势所不能到达的地方。河不应修堤防，以免限制河床，让众多小溪可以流入大河，山坡下的低洼地，任其聚水成为湖泊沼泽，这样秋

之有口也，治土而防其川，犹止儿啼而塞其口，岂不遽止，然其死可立而待也。故曰：‘善为川者决之使道，善为民者宣之使言。’盖堤防之作，近起战国，雍防百川，各以自利。齐与赵、魏以河为竟，赵、魏濒山，齐地卑下，作堤去河二十五里，河水东抵齐堤则西泛赵、魏；赵、魏亦为堤去河二十五里，虽非其正，水尚有所游荡，时至而去，则填淤肥美，民耕田之；或久无害，稍筑宫宅，遂成聚落；大水时至，漂没，则更起堤防以自救，稍去其城郭，排水泽而居之，湛溺自其宜也。今堤防，狭者去水数百步，远者数里，于故大堤之内复有数重，民居其间，此皆前世所排也。河从河内黎阳至魏郡昭阳，东西互有石堤，激水使还，百余里间，河再西三东，迫厄如此，不得安息。

“今行上策，徙冀州之民当水冲者，决黎阳遮害亭，放河使北入海；河西薄大山，东薄金堤，势不能远，泛滥期月自定。难者将曰：‘若如此，败坏城郭、田庐、冢墓以万数，百姓怨恨。’昔大禹治水，山陵当路者毁之，故凿龙门，辟伊阙，析厎柱，破碣石，堕断天地之性；此乃人功所造，何足言也！今濒河十郡，治堤岁费且万万；及其大决，所残无数。如出数年治河之费以业所徙之民，遵古圣之法，定山川之位，使神人各处其所而不相奸；且大汉方制万里，岂其与水争咫尺之地哉！此功一立，河定民安，千载无患，故谓之上策。

“若乃多穿漕渠于冀州地，使民得以溉田，分杀水怒，虽非圣人法，然亦救败术也。可从淇口以东为石堤，多张水门。恐议者疑河大川难禁制，荥阳漕渠足以卜之。冀州渠首尽，当仰此水门，诸渠皆往往股引取之：旱则开东方下水门，溉冀州；水则开西方高门，分河流，民田适治，

水涨时可以蓄洪水，水面宽阔，水流就缓慢不急。大地上有河、川，就像人有口一样，用土石去阻塞河流泛滥，就像为了不让小孩子啼哭，而去塞住他的嘴巴，啼哭声停止了，但小孩的死期也就跟着到了。所以说：‘懂得水利的人，开决堤防，疏导水势；懂得治理天下的人，开导人民，使他们畅所欲言。’堤防的修筑，大致是兴起于战国时代。各国只顾自己利益，修筑堤防，堵塞百川。齐国与赵国、魏国以黄河为界，赵、魏靠近高山，而齐国地势低下，因此齐国在距离黄河岸边二十五里处修筑堤防。黄河水东下到达齐国堤防，受阻，则向西流入赵、魏，使其泛滥成灾。赵、魏也在距离黄河岸边二十五里处修筑堤防。尽管双方采取的方法不正，但因河床比较宽，河水还有流动的地方。洪水不断地时来时去，洪水过去后，使河水挟带的泥沙淤泥沉积成为肥沃的土壤，百姓在上面耕种，或者经过很长的时间未发生水灾，于是就逐渐修建住宅，聚成村落。一旦洪水到来，就泛滥成灾，以致田宅人畜漂没，为了自救，就加高堤防的修筑，逐渐离开居于高地的城郭，排除积水而定居下来。由于这样，黄河沿岸人民常常遭受水灾，也是无可奈何的事。如今黄河堤防，狭窄的河段，两岸距离仅数百步，宽的河段，两岸距离也只有几里，在旧有的大堤之内又筑起数道小堤防，人民居住在里面，这都是前代将水排出而形成的。黄河从河内郡的黎阳到魏郡的昭阳，东西两岸都有用石头筑成的堤防，疾驰的洪峰受到石堤阻挡而回转，百余里的间隔，黄河两次向西，三次向东弯折，如此急迫，自然不断发生灾害。

“如今最好的治河方案，就是迁移冀州洪泛区人民，掘开黎阳遮害亭的堤坝，使河水向北溃决，流入渤海。黄河的西边靠近太行山，东边被金堤拦阻，水势不可能冲击很远，决堤造成的泛滥，一个月后自然会平定下来。有人会责难说：‘若这样，必定毁坏数以万计的城郭、田地、房屋和坟墓，人民会怨恨的。’从前大禹治水，山陵挡路则毁掉山陵，因而凿通龙门山，洞穿伊阙山，中分底柱山，破开碣石山，为了治水，可以毁坏了大地固有的面貌。而今那些城郭、田地、房屋和坟墓，不过是人力所造，还有什么舍不得的。如今靠近黄河的十个郡，每年整治堤防的费用以亿计，一旦发生大的决口，堤防几乎全被毁坏。若拿出数年治河的费用，来安置迁移的人民，遵照古代圣贤的做法，确定河水山川的位置，使神与人各得其所，互不相扰。何况大汉朝国土广阔万里，何须与河水去争那一尺一寸的土地呢？这个方案一旦实现，黄河稳定，人民安居乐业，千年不会发生水灾，因此是上等方案。

“若在冀州地区开凿运河渠道，既能使人民用来灌溉田地，又能分杀水势。这虽然不是圣人的作法，但也不失为使损毁降到最低限度的办法。可以从淇口开始，向东修筑石堤，多设水闸门。恐怕有人会怀疑，黄河这样的大河用渠道、水门难以控制。荥阳的粮道运河，就足以为例说明问题。冀州的灌溉水渠，全依靠荥阳运河

河堤亦成。此诚富国安民、兴利除害，支数百岁，故谓之中策。若乃缮完故堤，增卑倍薄，劳费无已，数逢其害，此最下策也！”

（以上为第四段，详细摘载贾让的治河三策，朝廷议而不决，没有下文。）

孔光何武奏：“迭毁之次当以时定，请与群臣杂议。”于是光禄勋彭宣等五十三人皆以为“孝武皇帝虽有功烈，亲尽宜毁。”太仆王舜、中垒校尉刘歆议曰：“《礼》，天子七庙。七者其正法数，可常数者也。宗不在此数中，宗变也。苟有功德则宗之，不可预为设数。臣愚以为孝武皇帝功烈如彼，孝宣皇帝崇立之如此，不宜毁！”上览其议，制曰：“太仆舜、中垒校尉歆议可。”

何武后母在蜀郡，遣吏归迎；会成帝崩，吏恐道路有盗贼，后母留止。左右或讥武事亲不笃，帝亦欲改易大臣，冬，十月，策免武，以列侯归国。癸酉，以师丹为大司空。丹见上多所匡改成帝之政，乃上书言：“古者谅暗不言，听于冢宰；三年无改于父之道。前大行！”尸柩在堂，而官爵臣等以及亲属，赫然皆贵宠，封舅为阳安侯，皇后尊号未定，豫封父为孔乡侯；出侍中王邑、射声校尉王邯等。诏书比下，变动政事，卒暴无渐。臣纵不能明陈大义，复曾不能牢让爵位，相随空受封侯，增益陛下之过。间者郡国多地动水出，流杀人民，日月不明，五星失行，此皆举错失中，号令不定，法度失理，阴阳溷浊之应也。

“臣伏惟人情无子，年虽六七十，犹博取而广求。孝成皇帝深见天命，烛知至德，以壮年克己，立陛下为嗣。先帝暴弃天下，而陛下继体，四海安宁，百姓不惧，此先帝圣德，当合天人之功也。臣闻‘天威不违颜咫尺’，愿陛下深思先帝所以建立陛下之意，且克己躬行，以观群下之从化。天下者，陛下之家也，胏附何患不富贵，不宜仓卒若是，其不久长矣。”丹书数十上，多切直之言。

的水门节制，各条灌溉渠都从这里取水分流。天旱时，打开东方水流向下的水门，灌溉冀州附近的田地；一旦洪水到来，则打开西方高处的水门，分散水流，使农田受到保护，河堤也不会毁坏而得到保存。这实在是富国安民、兴利除害、能控制水灾数百年的办法。因此算是中等方案。若只是修补原有的堤防，把低的地方增高，单薄的地方加厚，徒费人力物力永无止境，而人民已经遭受了无数次的水灾。因此这是最下等方案。”

孔光、何武联名上奏，说：“拆除或变更皇室宗庙祭祀的大事，应当提上议事日程确定下来，请与群臣合议。”于是光禄勋彭宣等五十三人，一致认为：“孝武皇帝虽然有伟大的功业，但亲情已尽，应该拆毁。”太仆王舜、中垒校尉刘歆反对，说：“按照《礼记》，天子应有七座祭庙，‘七’是法定的礼数，是永远不变的。被尊为‘宗’的，不在‘七庙’之内是一个变数，也是永远不毁的。因为，如果建立了伟大功业而被尊为‘宗’的，不可以预先设定数字，臣愚昧地认为孝武皇帝既然建立了被尊为‘宗’的功业，孝宣皇帝又是那样的尊崇孝武帝，不应该毁庙。”汉哀帝看了这个奏议，批示说：“太仆王舜、中垒校尉刘歆的建议可行。”

何武的后母在原籍蜀郡，何武派官员接后母到长安居住。正逢汉成帝逝世，迎接护送的官员怕路上有盗贼，就把何武的后母留在蜀郡，没有接来。汉哀帝左右的近臣有的就指责何武奉养后母不厚道，汉哀帝正想更换大臣，因此在冬季十月，下诏将何武免职，以列侯身份遣归封国。十月初九日癸酉，任命师丹为大司空。师丹见汉哀帝屡次更改成帝时的政令，就上书说：“古代天子居丧时间，不发政令，国家大事，听从大宰处理。三年之内，不能改变先父的治国之道。先帝的尸棺尚停在灵堂，而臣等却升官封爵，赫然显贵起来。皇上封舅父丁明为阳安侯，皇后的尊号还未确定，就预封她父亲傅晏为孔乡侯。侍中王邑、射声校尉王邯等却被解除职位，逐出宫中。诏书连连颁布，人事变动突然，不再温和渐进。臣固然不明大义，又不能坚决辞让爵位，随波逐流，跟着凭空接受封侯，更增加了陛下的过失。近来郡国多次发生地震，涌出大水，淹死百姓。太阳、月亮昏暗无光彩，五星失去它正常的运行，这都是举措失当，号令摇摆不定，法令制度失去常理，阴阳混浊不清的反映。

“臣观察人之常情，假若没有儿子，虽然年龄已到六七十，仍然多娶妻妾，广为求子。孝成皇帝深明天命，独自觉察到陛下有至高的品德，他尽管还在壮年之时，就能克制自己，毅然立陛下为太子。先帝突然舍弃天下，而陛下继位，四海安宁，人民没有丝毫惊慌。这是先帝的圣德，正符合天人合一的功德。臣听说：‘上天的威严不远，近在咫尺之间。’希望陛下深思先帝之所以选择你作为继承人的心意，要努力克制自己，身体力行，以此观察群臣的效法归化。说起天下，既然是陛下的私产，

傅太后从弟子迁在左右，尤倾邪，上恶之，免官，遣归故郡。傅太后怒；上不得已，复留迁。丞相光与大司空丹奏言："诏书前后相反，天下疑惑，无所取信。臣请归迁故郡，以销奸党。"卒不得遣，复为侍中。其逼于傅太后，皆此类也。

（以上为第五段，写大臣议迭毁之制，以及傅太后掣肘朝政。）

议郎耿育上书冤讼陈汤曰："甘延寿、陈汤，为圣汉扬钩深致远之威，雪国家累年之耻，讨绝域不羁之君，系万里难制之虏，岂有比哉！先帝嘉之，仍下明诏，宣著其功，改年垂历，传之无穷。应是，南郡献白虎，边垂无警备。会先帝寝疾，然犹垂意不忘，数使尚书责问丞相，趣立其功；独丞相匡衡排而不予，封延寿、汤数百户，此功臣战士所以失望也。孝成皇帝承建业之基，乘征伐之威，兵革不动，国家无事，而大臣倾邪，欲专主威，排妒有功，使汤块然被见拘囚，不能自明，卒以无罪老弃，敦煌正当西域通道，令威名折冲之臣，旋踵及身，复为郅支遗虏所笑，诚可悲也！至今奉使外蛮者，未尝不陈郅支之诛以扬汉国之盛。夫援之功以惧敌，弃人之身以快谗，岂不痛哉！且安不忘危，盛必虑衰，今国家素无文帝累年节俭富饶之畜，又无武帝荐延枭俊禽敌之臣，独有一陈汤耳！假使异世不及陛下，尚望国家追录其功，封表其墓，以劝后进也。汤幸得身当圣世，功曾未久，反听邪臣鞭逐斥远，使亡逃分窜，死无处所。远览之士，莫不计度，以为汤功累世不可及，而汤过人情所有，汤尚如此，虽复破绝筋骨，暴露形骸，犹复制于唇舌，为嫉妒之臣所系虏耳。此臣所以为国家尤戚戚也。"书奏，天子还汤，卒于长安。

（以上为第六段，写耿育上书为陈汤鸣冤，功臣得以终老京师。陈汤的功过是非，至此画上句号。）

还愁皇亲国戚不能富贵吗？不应当如此迫不及待，那样是不能长久的。”师丹上书数十次，言辞多痛切直率。

傅太后的堂侄傅迁，侍奉在汉哀帝的身边，行为特别阴险奸邪，汉哀帝很讨厌他，就罢免他的官职，遣回原郡。傅太后知道后很生气，汉哀帝无奈，又将傅迁留下。丞相孔光、大司空师丹上奏，说：“两次诏书内容，前后相反，使天下人迷惑，无法取信于民。臣请求仍将傅迁送回原郡，以清除奸党。”但傅迁最终也没有被遣归，又被任命为侍中。汉哀帝受傅太后胁迫的窘况，由此可见一斑。

议郎耿育上书为陈汤鸣冤，说：“甘延寿、陈汤为大汉扬威于边远蛮荒的西域，洗雪国家长久以来的耻辱，讨伐边远西域不驯服的国君，捕捉万里之外难以制服的强虏，他们的功绩有谁能比得上呢？先帝嘉奖他们，而且明确发布诏书，宣扬他们的突出功绩，甚至为此改元竟宁，使英雄业绩传之无穷。于是，南郡贡献白虎，边陲再没有警报。恰遇先帝卧病在床，但是，仍然关怀不忘，多次派尚书责问丞相，催促他们迅速拟定功序等级。唯独丞相匡衡从中阻挠，最后只封甘延寿、陈汤数百户的采邑，因而功臣战士，无不大失所望。孝成皇帝承继的是先人创下的基业，乘征伐之威，战争平息，国家安宁无事。但是大臣歪邪作恶，意欲独占君主的权威，排斥、嫉妒有功之臣，使陈汤孤身被囚禁于监狱，而无法向皇帝剖明辨冤，最终使一个年老的功臣，被遗弃边陲。敦煌正当通往西域的要道，让一个威震远方的功臣名将，转眼成了阶下囚，岂不遭受郅支单于残部的讥笑，实在令人可悲！直到今日，汉朝奉命出使各国的使节，无不以远诛郅支单于的事情来宣扬汉朝的强盛。利用英雄的功绩使敌人惊惶害怕，可是自己却把英雄放逐囚禁，而使谗言陷害的人称心快意，难道不令人痛心吗？何况平安时要不忘危险，鼎盛时一定要想到衰落。如今国家已没有文帝多年节约留下的积蓄，又没有武帝时延揽的那么多贤才和勇猛杀敌的将领，独有陈汤一人而已！假若陈汤已经过世，未能赶上陛下当政的时代，还希望国家能追录他的功劳，加封他的坟墓，用以激励后来的仁人志士。陈汤有幸得逢圣世，他立功的时间也不太久，反而听信奸臣的谗言，把他放逐到偏远的边塞，四处逃亡，死无葬身之地。有远见的人士无不思量，认为陈汤的功劳几代以来无人可比，而陈汤的过失，却是人情之常见，陈汤的下场尚且如此，我们纵使为国家粉身碎骨，捐躯疆场，仍不免被奸臣的口舌所钳制，被嫉妒之臣陷害而成囚犯。这正是我之所以为国家特别忧愁的原因。”奏章呈上后，汉哀帝下诏让陈汤回到长安，后来在长安逝世。

孝哀皇帝上

建平元年（乙卯，前6年）

春，正月，陨石于北地十六。

赦天下。

司隶校尉解光奏言："臣闻许美人及故中宫史曹宫，皆御幸孝成皇帝，产子；子隐不见。臣遣吏验问，皆得其状：元延元年，宫有身；其十月，宫乳掖庭牛官令舍。中黄门田客持诏记与掖庭狱丞籍武，令收置暴室狱。'毋问儿男、女，谁儿也！'宫曰：'善臧我儿胞，丞知是何等儿也！'后三日，客持诏记与武，问：'儿死未？'武对：'未死。'客曰：'上与昭仪大怒，奈何不杀！'武叩头啼曰：'不杀儿，自知当死；杀之，亦死！'即因客奏封事曰：'陛下未有继嗣，子无贵贱，唯留意！'奏入，客复持诏记取儿，付中黄门王舜。舜受诏，内儿殿中，为择乳母，告'善养儿，且有赏，毋令漏泄！'舜择官婢张弃为乳母。后三日，客复持诏记并药以饮宫。宫曰：'果也欲姊弟擅天下！我儿，男也，额上有壮发，类孝元皇帝。今儿安在？危杀之矣！奈何令长信得闻之？'遂饮药死。弃所养儿，十一日，宫长李南以诏书取儿去，不知所置。

"许美人元延二年怀子，十一月乳。昭仪谓帝曰：'常给我言从中宫来。即从中宫来，许美人儿何从生中！许氏竟当复立邪！'怼，以手自捣，以头击壁户柱，从床上自投地，啼泣不肯食，曰：'今当安置我，我欲归耳！'帝曰：'今故告之，反怒为，殊不可晓也！'帝亦不食。昭仪曰：'陛下自知是，不食何为！陛下尝自言："约不负女！"今美人有子，竟负约，谓何？'帝曰：'约以赵氏故不立许氏，使天下无出赵氏上者，毋忧也！'后诏使中黄门靳严从许美人取儿去，盛以苇箧，置饰室帘南去。帝与昭仪坐，使御者于客子解箧缄，未已，帝使客子及御者皆出，自闭户，独与昭仪在。须臾开户，呼客子使缄封箧，及诏记令中黄门吴恭持以与籍武曰：'告武，箧中有死儿，埋屏处，勿令人知！'武穿狱楼垣下为坎，埋其中。

孝哀皇帝上

汉哀帝建平元年（乙卯，前6年）

春季，正月，在北地郡落下十六块陨石。

赦免天下。

司隶校尉解光上奏，说："臣听说许美人和已故皇后女史曹宫都曾经蒙受孝成皇帝幸御，生下儿子，可是儿子下落不明。臣派官员查问，知道了全部实情。元延元年，曹宫怀孕，到了十月，曹宫在宫中牛官令的官舍生下儿子。中黄门田客拿着皇帝手诏给掖庭狱丞籍武看，命令籍武把曹宫关进暴室狱。并吩咐：'不许问生的是男是女，不管他是谁的儿子！'曹宫在被捕时对籍武说：'请好好照顾我儿子，你狱丞知道我儿是谁的孩子？'三天后，田客又拿手诏给籍武，并问：'小孩死了没有？'籍武回答说：'没有死。'田客说：'皇上和赵昭仪很生气，问你为什么不杀死！'籍武叩头哭着说：'不杀男孩违抗了命令，自知难逃一死；杀了，也是死！'就让田客代为呈递密封奏书说：'陛下还没有继承人，自己的儿子还分什么贵贱，请陛下要三思！'奏入，田客又拿着诏书来取走了小孩，交给了中黄门王舜。王舜接受手诏，把小孩送入内宫殿中，为他挑选奶妈，并对奶妈说：'好好喂养小孩，会有赏赐的，此事不准泄露出去！'王舜选了官婢张弃当奶妈。三天后，田客又拿着手诏和毒药，让曹宫自尽。曹宫哭着说：'果然，赵飞燕姐妹俩想独霸天下！我生的是一个男孩，额头上有一束突出的头发，与孝元皇帝一样。如今我儿在哪里？大概被她们杀害了吧！拜托公公想法子告诉皇太后。'于是饮毒药而死。张弃喂养那个小孩，仅十一天，宫长李南就拿着手诏，把小孩带走了。此后就再不知其下落。

"至于许美人，她在元延二年怀孕，十一月分娩。赵昭仪对孝成皇帝说：'你每次欺骗我说从皇后那里来。既然从皇后的宫里来，许美人的孩子是从哪里生出来的？难道许氏还想被立为皇后吗？'赵飞燕非常怨恨，用手打自己，用头撞墙壁和门柱，从床上故意滚到地下，哭泣着不肯吃饭。说：'你现在就打发我好了，我想回家！'皇帝说：'我今天特意告诉你，反而使你大吼大叫，真是令人搞不懂！'孝成皇帝也不吃饭。赵昭仪说：'陛下认为自己是对的，为什么也不吃饭？陛下曾亲口说："誓不负你！"现在许美人有了孩子，竟然违背誓约，陛下还有什么说的？'孝成皇帝说：'就因为朕与你赵氏有誓约的缘故，不仅不立许氏为皇后，而且让天下的人没有能在赵氏之上的，你不要忧虑！'后来孝成皇帝下诏派中黄门靳严从许美人那里抱走小孩，装在苇草编的箩筐里，放在昭阳宫门帘的南边而离开。孝成皇帝和赵昭仪坐着，命侍从于客子解开箩筐的绳子。一会儿，孝成皇帝叫于客子和其他侍从都退出去，自己将门关好，单独与赵昭仪在一起。不久，打开门，呼喊于客子，

“其他饮药伤堕者无数事，皆在四月丙辰赦令前。臣谨按：永光三年，男子忠等发长陵傅夫人冢，事更大赦，孝元皇帝下诏曰：‘此朕所不当得赦也！’穷治，尽伏辜。天下以为当。赵昭仪倾乱圣朝，亲灭继嗣，家属当伏天诛。而同产亲属皆在尊贵之位，迫近帷幄，天下寒心，请事穷竟！”丞相以下议正法，帝于是免新成侯赵钦、钦兄子咸阳侯䜣皆为庶人，将家属徙辽西郡。

（以上为第七段，写由调查成帝死因而牵引出宫中嫔妃争宠而明争暗斗的黑幕，充满血腥。汉成帝恋美，乃至于亲手杀害儿子，比老虎还毒，简直是有悖人伦。）

议郎耿育上疏言：“臣闻继嗣失统，废嫡立庶，圣人法禁，古今至戒。然太伯见历知嫡，逡循固让，委身吴、粤，权变所设，不计常法，致位王季，以崇圣嗣，卒有天下，子孙承业，七八百载，功冠三王，道德最备，是以尊号追及太王。故世必有非常之变，然后乃有非常之谋。孝成皇帝自知继嗣不以时立，念虽末有皇子，万岁之后未能持国，权柄之重，制于女主，女主骄盛则耆欲无极，少主幼弱则大臣不使，世无周公抱负之辅，恐危社稷，倾乱天下。知陛下有贤圣通明之德，仁孝子爱之恩，怀独见之明，内断于身，故废后宫就馆之渐，绝微嗣祸乱之根，乃欲致位陛下以安宗庙。愚臣既不能深援安危，定金匮之计，又不知推演圣德，述先帝之志，乃反覆校省内，暴露私燕，诬污先帝倾惑之过，成结宠妾妒娼之诛，甚失贤圣远见之明，逆负先帝忧国之意！夫论大德不拘俗，立大功不合众，此乃孝成皇帝至思所以万万于众臣，陛下圣德盛茂所以符合于皇天也，岂当世庸庸斗筲之臣所能及哉！且褒广将顺君父之美，匡救销灭既往之过，古今通义也。事不当时固争，防祸于未然，各随指阿从以求容媚；晏驾之后，尊号已定，万事已讫，乃探追不及之事，讦扬幽昧之过，此臣所深痛也！愿下有司议，即如臣言，宜宣布天下，使咸晓知先帝圣意所起。不然，空使谤议上及山陵，下流后世，远闻百蛮，近布海内，甚非先帝托后之意也。盖孝者，善述父之志，善成人之事，唯陛下省察！”帝亦以为太子颇得赵太后力，遂不竟其事。傅太后恩赵太后，赵太后亦归心，故太皇太后及王氏皆怨之。

叫他将箩筐捆好，并写手诏令中黄门吴恭把箩筐交给籍武，还交代说：‘告诉籍武，箩筐里有死婴，把他埋在隐秘的地方，不许让人知道！’籍武在狱楼墙下挖了个坑，将那死婴埋下。

“其他强迫喝毒药、堕胎的事也不少，都是发生在绥和二年四月十八日丙辰赦免令发布之前。臣谨考察：永光三年，一个男子叫忠的一伙人盗掘长陵傅夫人的墓，事经大赦，孝元皇帝下诏说：‘这件事，朕不予赦免！’于是彻底追究，严厉处理，全体伏诛。天下人都认为处理得当。赵昭仪倾覆扰乱圣朝，亲手杀害皇家继嗣，家属应为天所诛伐。但是她的兄弟姐妹仍然高高在上，位居高官，亲近天子，天下人无不寒心。请陛下彻底追查这件事。”丞相以下朝廷大臣都认为应按正常法制处理。于是汉哀帝罢免了新成侯赵钦以及赵钦侄子咸阳侯赵䜣的爵位，贬为平民。将赵氏家属流放到辽西郡。

议郎耿育上疏，说：“臣听说嗣位继承，不按大统顺序，废弃嫡子而立庶子，正是圣人立法所禁的，从古以来都引以为戒。可是吴太伯发现二弟王季适合作继承人，虽然犹豫，仍然坚决辞让，逃到吴、粤躲藏，这是在特殊情况下的通权达变，不按常规办法，把嫡子的嗣位让给了王季，以尊崇圣嗣，结果周朝得了天下，子孙继承，绵延七八百年之久，功业居于夏商周三代王业之首，道德最为完备，因而王位的尊号追加到古公亶父，称为太王。所以时事要有非常的变化，然后才有非常的谋略。孝成皇帝自知早年没有生下继嗣，不能及时立下太子，考虑到如果晚年得子，自己万岁之后，儿子年幼，没有能力掌握国家政权，那么国家大权就要控制在母后女主之手。母后骄纵过度，就会贪欲无厌，少主幼弱，大臣们也束手无策，到那时，如果没有周公姬旦那样抱负成王，尽心辅佐的臣子，恐怕就要危害国家，天下大乱。先帝了解陛下有贤圣英明的品德，仁爱孝顺的恩情，因此独具慧眼，不再召幸嫔妃，所以废除寝宫的侧室，断绝了晚年生子可能带来的祸乱，一心一意把皇位传给陛下，以安定宗庙。愚臣没有能力稳定国家，治定出长治久安的计策，又没有智慧发扬光大圣德，宣扬先帝正大无私的志向，于是反复在宫禁内调查，揭露了宫闱中的隐私，抹黑先帝竟然被美色所迷惑，造成因宠妃的妒忌而残杀，有失先帝圣贤远见的英明，辜负了先帝为国忧虑的本意。评论伟大人物的品德，不要拘泥于世俗的见解，建立了盖世之功的人，不能用常人的标准去衡量，这正是孝成皇帝深谋远虑，高出众臣万万倍的原因，也是陛下圣德茂盛符合皇天选择的原因，岂是当代庸俗鄙陋的小臣所能及的呢？况且赞扬遵循君父的美德，补救消除已往的过失，是古今共同的大义。遇到事情不对时，就应坚决力争，以防患于未然，但却各自见风使舵，顺从主上的心意以取宠；等到先帝已经逝世，赵太后的尊号已经确定，万事都已完毕，这才来

丁酉，光禄大夫傅喜为大司马，封高武侯。

秋，九月，甲辰，陨石于虞二。

郎中令泠褒、黄门郎段犹等复奏言：“定陶共皇太后、共皇后皆不宜复引定陶藩国之名，以冠大号；车马、衣服宜皆称皇之意，置吏二千石以下，各供厥职；又宜为共皇立庙京师。”上复下其议，群下多顺指言：“母以子贵，宜立尊号以厚孝道。”唯丞相光、大司马喜、大司空丹以为不可。丹曰：“圣王制礼，取法于天地。尊卑者，所以正天地之位，不可乱也。今定陶共皇太后、共皇后以‘定陶共’为号者，母从子，妻从夫之义也。欲立官置吏，车服与太皇太后并，非所以明‘尊无二上’之义也。定陶共皇号谥已前定，义不得复改。礼：‘父为士，子为天子，祭以天子，其尸服以士服’，子无爵父之义，尊父母也。为人后者为之子，故为所后服斩衰三年，而降其父母期，明尊本祖而重正统也。孝成皇帝圣恩深远，故为共王立后，奉承祭祀，令共皇长为一国太祖，万世不毁，恩义已备。陛下既继体先帝，持重大宗，承宗庙、天地、社稷之祀，义不可复奉定陶共皇，祭入其庙。今欲立庙于京师，使臣下祭之，是无主也。又，亲尽当毁，空去一国太祖不堕之祀而就无主当毁不正之礼，非所以尊厚共皇也！”丹由是浸不合上意。

会有上书言：“古者以龟、贝为货，今以钱易之，民以故贫，宜可改币。”上以问丹，丹对言可改。章下有司议，皆以为行钱以来久，难卒变易。丹老人，忘其前语，复从公卿议。又丹使吏书奏，吏私写其草；丁、傅子弟闻之，使人上书告“丹上封事，行道人遍持其书。”上以问将军、

追查无法挽回的往事，揭发暴露那昏暗不明的过错，这实在是令臣深感悲痛！希望陛下把此事交给主管官吏讨论，若同意臣的意见，就应宣布于天下，使天下人都知道先帝圣德的用心。不然，平白让诽谤波及死去的成帝，还要流传到后代，而且远传异族，近布海内，这绝对不是先帝托付给陛下的本意。孝顺的人，是善于遵循先父的遗志，善于完成先人未完成的事业，请陛下省览详察！”汉哀帝也觉得自己被立为太子，赵太后是出了力的，于是最终不再追究这件事。傅太后感激赵太后立哀帝之功，赵太后如今又心悦归服，因此太皇太后以及王氏权贵们都怨恨赵太后。

正月初四日丁酉，任命光禄大夫傅喜为大司马，封高武侯。

秋季，九月十五日甲辰，在虞县坠落两块陨石。

郎中令泠褒、黄门郎段犹等又上奏说：“定陶共皇太后、共皇后都不应再使用定陶藩国的名称加在尊号的上面。车马、衣服也都应与皇室的身份相称。可以设置二千石以下官吏在那里供职。还应当为恭皇在京师长安建立宗庙。”汉哀帝又将这奏章交由大臣们商议，大多数大臣都顺从汉哀帝旨意说：“母以子贵，应当建立尊号，以厚孝道。”唯独丞相孔光、大司马傅喜、大司空师丹认为不可以如此。师丹说：“圣王制定礼仪，是取法于天地。上尊下卑，是确定天地的位置，决不能混乱。如今定陶共皇太后、共皇后以‘定陶共’为号，正是表示母从子，妻从夫的意思。想要建官设吏，车马、衣服和太皇太后一样，这就无法表明‘尊无二上’的道理。定陶共皇的尊号、谥号前已确定，在道理上是不能再更改的。《礼记》记载：‘父亲为士，儿子是天子，祭祀父亲时，虽然儿子要用天子之礼去祭祀，但父亲的殡服仍必须是士服。’因为没有儿子加封父亲爵位的道理是表示尊重父母。过继为他人作后嗣的，也就是他人的儿子，所以就要为过继的父母穿不缝边的粗麻布制成的衣服守孝三年，而对亲生父母守孝的时间则要缩短，以表明尊崇所过继的祖先，而持重正统。孝成皇帝圣恩深远，特意为共王选定了继承人，以承奉祭祀，使共皇能长久为藩国的太祖，香火万代不灭，恩义已备至。陛下既然为先帝的继承人，身居嫡系大宗的重要地位，承袭了宗庙、天地、社稷的祭祀，在道义上就不能再承奉定陶共皇到共皇庙去祭祀祖先。如今想在京师建立共皇庙，让臣下去祭祀。这就成为无主的祭祀。再有，亲情尽后，其庙当毁，现在徒然去除掉一个藩王万世不毁的祭祀，而去趋就一个既无主，又将撤除，而且按礼仪又不符合正道的祭祀，这不是尊崇厚待共皇的做法！”由此，师丹渐渐不合汉哀帝的心意。

正好有人上奏说：“古代用龟甲、贝壳当货币，如今用钱币来取代，民众因此贫困，应该改革币制。”汉哀帝问师丹的意见，师丹回答应该更改。奏章交给主管部门商议，都认为使用钱币的时间已很久了，难以骤然改变。师丹年纪大了，忘了他回答汉哀帝说过的话，又顺从公卿们的议论，反对改变。此外，师丹让属官抄写奏章，

中朝臣，皆对曰："忠臣不显谏。大臣奏事，不宜漏泄，宜下廷尉治。"事下廷尉，劾丹大不敬，事未决，给事中、博士申咸、炔钦上书言："丹经、行无比，自近世大臣能若丹者少。发愤懑，奏封事，不及深思远虑，使主簿书，漏泄之过不在丹，以此贬黜，恐不厌众心。"上贬咸、钦秩各二等；遂策免丹曰："朕惟君位尊任重，怀谖迷国，进退违命，反复异言，甚为君耻之！以君尝托傅位，未忍考于理，其上大司空、高乐侯印绶，罢归！"

尚书令唐林上疏曰："窃见免大司空丹策书，泰深痛切。君子作文，为贤者讳。丹，经为世儒宗，德为国黄耇，亲傅圣躬，位在三公；所坐者微，海内未见其大过。事既以往，免爵太重；京师识者咸以为宜复丹爵邑，使奉朝请。唯陛下裁览众心，有以尉复师傅之臣！"上从林言，下诏，赐丹爵关内侯。

上用杜业之言，召见朱博，起家复为光禄大夫；迁京兆尹。冬，十月，壬午，以博为大司空。

中山王箕子，幼有眚病，祖母冯太后自养视，数祷祠解。上遣中郎谒者张由将医治之。由素有狂易病，病发，怒去，西归长安。尚书簿责由擅去状，由恐，因诬言中山太后祝诅上及傅太后。傅太后与冯太后并事元帝，追怨之，因是遣御史丁玄按验；数十日，无所得。更使中谒者令史立治之；立受傅太后指，冀得封侯，治冯太后女弟习及弟妇君之，死者数十人，诬奏云："祝诅，谋弑上，立中山王。"责问冯太后，无服辞。立曰："熊之上殿何其勇，今何怯也！"太后还谓左右："此乃中语，吏何用知之？欲陷我效也！"乃饮药自杀。宜乡侯参、君之、习及夫、子当相坐者，或自杀，或伏法，凡死者十七人。众莫不怜之。

属官私自抄写了一份副本。丁、傅两家子弟得到消息，马上派人上书告发说："师丹呈上机密奏章，街上行路的人，都手捧一份机密奏章的副本。"汉哀帝问将军和朝中大臣对此事的看法，都回答说："忠臣是不炫耀他对君王的规劝。大臣上奏的事情，更不可向外泄露，应把师丹交廷尉治罪。"此案交由廷尉审查，廷尉弹劾师丹犯大不敬罪。皇上还未最后判定，给事中、博士申咸、炔钦上奏说："师丹的经学与德行无人可比，在近世大臣之中，像师丹这样的人太少了。师丹因宣泄郁闷，上呈机密奏书，未能深思熟虑，就让主簿抄写，泄露的过错不在师丹，以这个理由将他贬黜，恐怕不能使大家心悦诚服。"汉哀帝将申咸、炔钦各降级二等。接着下策书罢免师丹，说："朕见你官位尊贵，责任重大，却心怀欺诈，误导国家，行动举止有背诏令，说话反复无常，前后矛盾，朕深为君感到羞耻！只因你曾居太傅之位，我不忍心将你依法治罪，令你交还大司空、高乐侯的印信绶带，免职回家！"

尚书令唐林上奏说："我看到罢免大司空师丹的策书，非常沉痛悲切。君子写文章，要为贤德的人掩饰过错。师丹精通五经，是当代儒学的宗师，品德高尚，是国家的老前辈，亲自教导圣上，位居三公；而被指责的过失十分轻微，全国人民都没有看到师丹犯有重大过错。事情已经过去了，免除爵位的处分，未免太重。京师有识之士都认为应当恢复师丹的爵位封邑，使他能参加朝会请召。请陛下考虑众人的心意重新做一个决断，用以安慰报答当过师傅的大臣！"汉哀帝采纳了唐林的意见，下诏赐师丹关内侯的爵位。

汉哀帝采纳杜业的意见，召见朱博，再任用他为光禄大夫；后升调京兆尹。冬季，十月二十三日壬午，任命朱博为大司空。

中山王刘箕子，从小就患有肝厥症，祖母冯太后亲自抚养看护，多次祈祷，求神保佑。汉哀帝派遣中郎谒者张由带医师去给刘箕子治病。张由原本就有癫痫病，到中山国后，突然发病，就发狂而离开，西回长安。尚书下公文责问张由擅自离开中山国的原因，张由恐惧，就诬告中山太后祝祷诅咒汉哀帝及傅太后，特地回京师奏报。傅太后与冯太后都是一起侍奉元帝的，傅太后追想旧怨而怀恨冯太后，于是派遣御史丁玄调查核实。调查几十天，没有查出实据。就另派遣中谒者令史立去审理。史立受了傅太后的旨意，想因此立功封侯，于是处置了冯太后的妹妹冯习以及弟媳君之，被折磨死的竟达数十人。随后史立上奏诬告说："冯太后诉于鬼神，加害皇上，另立中山王。"但史立责问冯太后，冯太后拒绝认罪。史立就讥讽说："当年熊从栏中逃出，直扑皇上殿前，你上前直立，用身相挡，是何等勇敢，如今为什么如此胆怯不敢认罪呢？"冯太后回宫后对身边的人说："这是宫中的事，史立怎么知道的？这明显是想要陷害我的人提供的！"于是服毒自杀。宜乡侯冯参、君之、冯习与丈夫及儿子等被此案牵连而治罪，有的自杀而死，有的受刑而死，共死了十七

司隶孙宝奏请覆治冯氏狱，傅太后大怒曰：“帝置司隶，主使察我！冯氏反事明白，故欲擿抉以扬我恶，我当坐之！”上乃顺指，下宝狱。尚书仆射唐林争之，上以林朋党比周，左迁敦煌鱼泽障候。大司马傅喜、光禄大夫龚胜固争，上为言太后，出宝，复官。张由以先告，赐爵关内侯；史立迁中太仆。

（以上为第八段，写哀帝在傅太后挟制下执政昏庸，黑白颠倒。傅太后感谢赵飞燕皇太后拥立之功，讽耿育上书阻止了对成帝死因案的彻查；而傅太后欲报昔日冯婕妤当熊而立，使自己尴尬这一莫名之怨，数十年后还大兴冤狱，竟以谋反罪逼杀中山王冯太后。傅氏又索求尊号，贪婪无比，师丹谏之而被罢官。）

人。人们都很同情他们。

司隶孙宝奏请重新审理冯氏一案，傅太后大怒说："皇上设置司隶官，难道是为了追查我！冯氏谋反的事情很清楚，孙宝想故意挑剔，是为了显扬我的过失，那好，我去投案！"汉哀帝只好顺从傅太后的旨意，将孙宝关进监狱。尚书仆射唐林为孙宝辩护，汉哀帝以结党营私的罪名把唐林贬调敦煌郡效谷县当军侯。大司马傅喜、光禄大夫龚胜极力争辩，汉哀帝就把此事告诉傅太后，这才释放孙宝，恢复他的官职。张由因为首先告发，赐爵关内侯，史立升中太仆。

【点评】

论集权之弊。极端的皇权就是所谓的绝对权威，而绝对权威必然带有野蛮性。本卷所载统治集团的权力斗争，以及宫中黑幕，活生生地表现了皇权的野蛮性，上演了一出又一出的悲剧，包括皇帝本人在内亦不能幸免。丞相翟方进之冤死，汉成帝之暴崩，张放效愚忠之死，中山王冯太后被诬谋反而死，赵昭仪专宠丧失人性终被逼死，无一不表现了专制政治的弊端，很有警世意义。专制不除，这些悲剧的上演就不会停止。

先说翟方进之死。按照古代的天人感应学说，人间政治昏乱，上天就要降灾示警。荧惑守心，自然天象，被说成是兆示国君有灾难，但可以转移到大臣身上。春秋时楚昭王二十七年（前489），楚国上空出现火烧红云，像一群火鸟围绕太阳飞奔了三天。楚昭王芈轸派使者到周王室向太史请教。太史说："楚王有灾难，可以用祭祀祷告的法术，转移到大臣令尹或者司马的身上。"楚昭王说："大臣是寡人的臂膀，把腹心的疾病转移到臂膀，有什么好处。"楚昭王不做祷告。孔子称赞楚昭王是一个懂得大道的人。又春秋时宋景公三十七年（前480），荧惑守心，心宿是宋的分野，司星官子韦说："宋公有灾，可转移到国相身上去。"宋景公说："相是我的手和脚。"子韦说："可转移给人民。"宋景公说："国君依靠的是人民。"子韦说："可转移给收成。"宋景公说："没有收成，人民没有饭吃，我这国君有何用。"子韦祝贺说："上天高高在上，听得见下界的声音。国君说了三次善言，荧惑将要后退。"荧惑果然退了三度。如今成帝绥和二年（前7），荧惑守心，成帝却逼死丞相翟方进，企图嫁祸于人，结果自己并没有免祸，只比翟方进多活了一个月零五天。二月十三日翟方进被赐死，三月十八日成帝暴崩。正如司马光所说："假定灾祸可以转移，仁慈的君主也不忍心去做，楚昭王芈轸、宋景公头曼做出了榜样。何况灾祸根本就不可转移。对于翟方进来说，他没有犯死罪，为了承当天变，把他杀了，是冤死而侮辱上天；如果翟方进犯了死罪，借他的人头承当天变，却是在掩盖他的罪行，赐给他丰厚葬礼，是侮辱人民。汉成帝刘骜既欺天，又欺人，而自己并没有得到好处，实在是糊涂而不知天命。"

再说成帝之死。班彪称赞成帝美姿容，是一个帅哥，很注意修饰仪容，乘车必立正，不左顾右盼，说话从容，从不发火，上朝时神情庄重，严肃得像一尊神，很有天子派头。成帝博览古今，知识渊博，听得进逆耳之言，很有权威，力能制奸，是一个聪明天子。很可惜，成帝沉溺女色，大臣直谏的话，能听不能行，只当耳边风，他沉溺于女色达到了癫狂和心理变态的地步，甚至亲手杀死皇子来讨好心上人赵昭仪。虎毒不食子，癫狂天子比虎还毒，令人发指。成帝无疾而暴崩，有人推断是服了过量春药而死，这叫作"自作孽，不可活"。

再说一人之死，那就是富平侯张放。张放是西汉名臣张安世的后裔，成帝宠信的大臣，任侍中、中郎将，与成帝同卧起，经常微行出游，又斗鸡走马长安市中，遭到大臣弹劾，王政君太后斥责，成帝不得已外放张放，三进三出，最后遣就国。成帝死后，张放思慕哭泣而悲死。荀悦认为，张放引导成帝放纵玩乐，不是一个忠臣，但他确实很爱成帝，以至于死。荀悦评论说："爱而不忠，是仁义的蟊贼。"张放之爱，是对成帝的百依百顺，是典型的奴才之爱。成帝放纵，本不应由奴才负责。奴才殉主，是非同一般的爱，只有极效忠的人才舍得生命。奴才的效忠，也就是愚忠。对昏暴之君效愚忠的人，客观上可以说是助纣为虐，说他是仁义的蟊贼未为不可；但主观上，效愚忠的人与阿谀藏奸的人有本质的不同，不能说是仁义的蟊贼。效愚忠的人，其情可悯，而奸险小人，则令人憎恨。张放是值得同情的，但并不可爱。

中山王冯氏王太后被诬谋反而死，比翟方进还要冤。翟方进之冤，死于荒唐的意识形态，替皇帝御灾，用自己的生命去换取皇帝生命的安全，还可以与忠字挂钩，所以死了享受国葬。冯太后之死，则是人为制造的冤案，无中生有，表现了皇权政治体制下司法的无边黑暗。史立奉命造冤狱，仍得不到口供，硬是颠倒黑白，做成冯氏王太后诅咒皇上的冤案。亲王之家尚且如此，平民百姓更是诉告无门，只能发出"屈死不告状"的哀鸣。法律应该是神圣的，但实际上却只为权势和金钱服务。傅太后因嫉妒而生恨，几十年后仗着接近皇权而明目张胆地制造冤案，株连而成大狱，即便是朝中大臣，只要同情冯氏王太后，就要受到打击，司隶校尉孙宝请求调查而被下狱，尚书令唐林出来申辩而遭流放，制造冤案的小人却有功，张由因检举揭发被封关内侯，颠倒黑白的审判官史立被提升为中太仆。

赵昭仪以天生丽质迷倒汉成帝，不仅专宠后宫，而且逼迫成帝杀害皇子，颐指气使，不可一世，成帝死了，她的末日也就到了。

从翟方进之死，到赵昭仪之死，一连串的悲剧发生，无一不是由一人至高无上的皇权生出的弊端。成帝是至高权威，他可以随意让人去替死。傅太后接近了皇权，她才可以呼风唤雨，制造冤案。张放匍匐皇权，才效愚忠而死。其实皇权也是一把双刃剑，它给一个人带来绝对权威，而绝对权威的滥用，也会伤及自身。成帝本人暴死而又无子的悲剧，不也是极端皇权异化人性的产物吗？

汉纪二十六

汉哀帝建平二年至四年（前 5—前 3 年）

【起柔兆执徐（丙辰，前 5 年），尽著雍敦牂（戊午，前 3 年），凡三年】

【大事提要】

本卷记事起公元前 5 年，讫公元前 3 年，凡三年，当汉哀帝建平二年至四年。哀帝是一个短命皇帝，二十岁即位，二十五岁死，在位六年。本卷写哀帝即位前半段，即前期执政的三年史事。哀帝比成帝还要昏庸暴虐，几乎没有一件善政可言。哀帝即位后的第一件大事就是背叛入继大统尊奉成帝为正宗的伦理，他用提拔朱博等群小的办法完成对生父、祖母等直系亲属称尊号的愿望，从而排挤正直的人，亲近小人。董贤、息夫躬、傅宴、傅商等一班奸佞充斥朝廷。诤臣郑崇死在狱中，执金吾毋将隆、谏大夫鲍宣上书劝谏，言民疾苦，哀帝充耳不闻。傅太后挟制天子，干预朝政，哀帝无所作为，既无能，也无心。哀帝尊宠丁氏、傅氏，加上王氏，三家外戚明争暗斗，政治一片昏暗，西汉王朝急剧衰落。

【原文】

孝哀皇帝中

建平二年（丙辰，前5年）

春，正月，有星孛于牵牛。

丁、傅宗族骄奢，皆嫉傅喜之恭俭。又，傅太后欲求称尊号，与成帝母齐尊；喜与孔光、师丹共执以为不可。上重违大臣正议，又内迫傅太后，依违者连岁。傅太后大怒，上不得已，先免师丹以感动喜；喜终不顺。朱博与孔乡侯傅晏连结，共谋成尊号事，数燕见，奏封事，毁短喜及孔光。丁丑，上遂策免喜，以侯就第。

御史大夫官既罢，议者多以为古今异制，汉自天子之号下至佐史，皆不同于古，而独改三公，职事难分明，无益于治乱。于是朱博奏言："故事：选郡国守相高第为中二千石，选中二千石为御史大夫，任职者为丞相；位次有序，所以尊圣德，重国相也。今中二千石未更御史大夫而为丞相，权轻，非所以重国政也。臣愚以为大司空官可罢，复置御史大夫，遵奉旧制。臣愿尽力以御史大夫为百僚率！"上从之。夏，四月，戊午，更拜博为御史大夫。又以丁太后兄阳安侯明为大司马、卫将军，置官属；大司马冠号如故事。

傅太后又自诏丞相、御史大夫曰："高武侯喜附下罔上，与故大司空丹同心背畔，放命圮族，不宜奉朝请，其遣就国！"丞相孔光，自先帝时议继嗣，有持异之隙，又重忤傅太后指；由是傅氏在位者与朱博为表里，共毁谮光。乙亥，策免光为庶人。以御史大夫朱博为丞相，封阳乡侯；少府赵玄为御史大夫。临延登受策，有大声如钟鸣，殿中郎吏陛者皆闻焉。

上以问黄门侍郎蜀郡扬雄及李寻。寻对曰："此《洪范》所谓鼓妖者也。师法，以为人君不聪，为众所惑，空名得进，则有声无形，不知所从生。其《传》曰：'岁、月、日之中，则正卿受之。'今以四月日加辰、巳有异，是为中焉。正卿，谓执政大臣也。宜退丞相、御史，以应

【语译】

孝哀皇帝中

汉哀帝建平二年（丙辰，前5年）

春季，正月，有彗星出现在牵牛星旁。

外戚丁、傅宗族骄横奢侈，他们十分忌恨傅喜谦恭节俭。又傅太后想要称尊号，与成帝母亲王政君太皇太后平起平坐。傅喜与孔光、师丹一起坚决不同意。汉哀帝难违众大臣的正当主张，可又内受傅太后的逼迫，犹豫了一年多。傅太后大怒，汉哀帝不得已先罢了师丹以逼迫傅喜，而傅喜始终不顺从。朱博与孔乡侯傅晏勾结，一起谋划傅太后称尊号的事，多次受汉哀帝召请宴饮，于是递上秘密奏书，诽谤傅喜和孔光。五月二十日丁丑，汉哀帝于是下诏罢了傅喜的官，以侯爵身份回家。

御史大夫的官职已被裁撤，很多廷议大臣认为古今制度不同，汉朝上自天子的称号，下至佐史的名称，都和古代不同，而唯独更改三公的称号，责任与职权难以分清，对治理国家毫无益处。于是朱博上奏说："按照惯例，选拔地方郡守、国相治绩最优的担任朝廷二千石的官职，再从二千石的官员中挑选御史丈夫。御史大夫称职的再担任丞相。这样，官位按一定顺序晋升，就能尊重皇上的恩德，加重丞相的地位和权力。如今官至中二千石，没有经历御史大夫的阶梯，就担任了丞相，地位卑，权力轻，不能加重国家的权威。臣愚昧地认为，大司空官职可以裁撤，恢复御史大夫的官职，遵从旧制。臣尽心竭力做好御史大夫，成为百官的表率。"汉哀帝采纳了朱博的建议。夏季，四月初二日戊午，改任朱博为御史大夫。又任命丁太后的兄长阳安侯丁明为大司马、卫将军，设置官属。大司马所加尊号和先前一样。

傅太后又亲自给丞相、御史大夫下诏说："高武侯傅喜，附和下属，蒙蔽皇上，和前任大司空师丹思想一样，共同背离，不听教令，毁坏宗族，不应当让他奉朝会请召，遣送他回封国去！"丞相孔光在先前先帝讨论立继承人时，就对定陶王持有异议，现在又严重地违背傅太后、哀帝的旨意，因此傅氏在朝廷任职的人，就和朱博内外勾结，一起诋毁孔光。四月十九日乙亥，汉哀帝下策书将孔光免职贬为平民。任命御史大夫朱博为丞相，封为阳乡侯。又任命少府赵玄为御史大夫。当二人随皇上登殿接受天子策书时，忽然传来像钟鸣的洪大声音，殿上中郎、吏以及卫士全都听到了。

汉哀帝把这件怪事询问黄门侍郎蜀郡人扬雄和李寻。李寻回答说："这是《洪范》里所说的那种鼓妖。依据师授之法，认为国君耳目闭塞，被人迷惑，使有名无实之人进入朝廷，并担任重要职位，那时出现有声音而没有形状的怪事，使人不知从何处发出。《洪范五行传》说：'鼓妖出现在年、月、日的中期，预示正卿要承受

天变。然虽不退，不出期年，其人自蒙其咎。”扬雄亦以为“鼓妖，听失之象也。朱博为人强毅，多权谋，宜将不宜相，恐有凶恶亟疾之怒”。上不听。

朱博既为丞相，上遂用其议，下诏曰：“定陶共皇之号，不宜复称定陶；尊共皇太后曰帝太太后，称永信宫；共皇后曰帝太后，称中安宫；为共皇立寝庙于京师，比宣帝父悼皇考制度。”于是四太后各置少府、太仆，秩皆中二千石。

傅太后既尊后，尤骄，与太皇太后语，至谓之“妪”。时丁、傅以一二年间暴兴尤盛，为公卿列侯者甚众；然帝不甚假以权势，不如王氏在成帝世也。丞相博、御史大夫玄奏言：“前高昌侯宏，首建尊号之议，而为关内侯师丹所劾奏，免为庶人。时天下衰粗，委政于丹，丹不深惟褒广尊号之义，而妄称说，抑贬尊号，亏损孝道，不忠莫大焉！陛下仁圣，昭然定尊号，宏以忠孝复封高昌侯；丹恶逆暴著，虽蒙赦令，不宜有爵邑，请免为庶人。”奏可。

又奏：“新都侯莽前为大司马，不广尊尊之义，抑贬尊号，亏损孝道，当伏显戮。幸蒙赦令，不宜有爵土，请免为庶人。”上曰：“以莽与皇太后有属，勿免，遣就国。”及平阿侯仁臧匿赵昭仪亲属，皆遣就国。

天下多冤王氏者！谏大夫杨宣上封事言：“孝成皇帝深惟宗庙之重，称述陛下至德以承天序，圣策深远，恩德至厚。惟念先帝之意，岂不欲以陛下自代，奉承东宫哉！太皇太后春秋七十，数更忧伤，敕令亲属引领以避丁、傅，行道之人为之陨涕，况于陛下！登高远望，独不惭于延陵乎！”帝深感其言，复封成都侯商中子邑为成都侯。

朱博又奏言：“汉家故事，置部刺史，秩卑而赏厚，咸劝功乐进。前罢刺史，更置州牧，秩真二千石，位次九卿；九卿缺，以高第补；其中

灾难。'现在是四月，又是一天的辰时、巳时出现怪异，正是岁、月、日的中期。正卿，指的是执政大臣。应当罢免丞相、御史大夫，以适应上天的变异。即使现在不罢免他们，不到一年，他们自己也会遭受灾祸。"扬雄也认为："鼓妖的出现，是国君耳目失灵的象征。朱博为人刚强坚毅，多权变之谋，适宜为将，不宜为相，如不引退，恐怕会激怒上天，将很快遭到极凶险的灾祸。"汉哀帝没有听从他们的意见。

朱博既为丞相，汉哀帝就采纳他的建议，颁诏说："定陶共皇这个称号，不应当再有'定陶'二字。现尊共皇太后为帝太太后，所居之宫称永信宫；共皇后为帝太后，所居之宫称中安宫。并为共皇在京师建立寝庙，依照宣帝的父亲悼皇考的寝庙规定建立。"于是，汉宫内傅太后、丁太后、赵太后、太皇太后四位太后并立，各自设置少府、太仆，官秩都为中二千石。

傅太后取得尊号，越发骄横，在和太皇太后说话时，甚至称她为"老妪"。当时丁、傅两家在一二年内权势格外强盛，被封为公卿列侯的人很多。但是汉哀帝并不赋予他们很多的实权，在实权上还赶不上王氏在成帝时。

丞相朱博、御史大夫赵玄上奏说："前高昌侯董宏，首先倡议尊号之事，却遭受关内侯师丹的弹劾，被贬为平民。当时天子正在守丧，国家政事都交由师丹处理，师丹不深思褒扬推崇尊号的大义，反而妄加陈说，压抑贬低尊号，损害陛下的孝道，这是最大的不忠！陛下圣明仁慈，彰明大义确定了尊号，董宏因为忠孝而再封为高昌侯；师丹背叛皇上的罪恶暴露无遗，尽管蒙受赦免不治他死罪，也不应当再有爵位封邑，请求皇上将他贬为平民。"汉哀帝批准。

朱博、赵玄又上奏说："新都侯王莽，从前为大司马，不弘扬尊崇尊贵的大义，反而压抑贬低尊号，损伤陛下的孝道，应当明正典刑，杀头示众。幸蒙赦令得免死罪，但不应当有爵位封邑，请求陛下把他贬为平民。"汉哀帝说："王莽是太皇太后的亲属，不要免除他的爵位和封土，遣送回封国算了。"另外，平阿侯王仁隐藏赵昭仪亲属，都被遣送回封国。

天下人大多为王氏受屈而不平。谏大夫杨宣呈上机密奏疏说："孝成皇帝深思宗庙的重要，称赞陛下至高的品德，让陛下承继帝王的正统。圣明的决策，意义深远，对陛下的恩德极其深厚。追念先帝的本意，莫不是想陛下代替自己来侍奉太皇太后吗？太皇太后已年高七十，屡经国丧的忧伤，又下令要自己亲属引退，以避让丁、傅二氏，路上的行人都为此而伤心落泪。更何况陛下呢！陛下如果登高远望，面对成帝的陵寝，难道不感到羞愧吗？"汉哀帝深为此言所感动，就又封成都侯王商的次子王邑为成都侯。

朱博又上奏说："依据汉家前例，设置部刺史，官秩低俸禄薄，但权力大，容易得到升迁的厚赏，因此人人劝勉立功，乐于进取。前几年，撤销刺史，更设州牧，

材则苟自守而已，恐功效陵夷，奸轨不禁。臣请罢州牧，置刺史如故。”上从之。

六月，庚申，帝太后丁氏崩，诏归葬定陶共皇之园，发陈留、济阴近郡国五万人穿复土。

（以上为第一段，写哀帝依靠提拔朱博等群小的办法，终于完成对生父及其亲属称尊号的愿望，而对继承大统的操守，不免亏缺。）

初，成帝时，齐人甘忠可诈造《天官历》、《包元太平经》十二卷，言汉家逢天地之大终，当更受命于天；以教渤海夏贺良等。中垒校尉刘向奏忠可假鬼神，罔上惑众；下狱，治服；未断，病死。贺良等复私以相教。上即位，司隶校尉解光、骑都尉李寻白贺良等，皆待诏黄门。数召见，陈说“汉历中衰，当更受命。成帝不应天命，故绝嗣。今陛下久疾，变异屡数，天所以谴告人也；宜急改元易号，乃得延年益寿，皇子生，灾异息矣。得道不得行，咎殃且无不有，洪水将出，灾火且起，涤荡民人。”上久寝疾冀其有益，遂从贺良等议，诏大赦天下，以建平二年为太初元年，号曰“陈圣刘太平皇帝”，漏刻以百二十为度。

秋，七月，以渭城西北原上永陵亭部为初陵，勿徙郡国民。

上既改号月余，寝疾自若。夏贺良等复欲妄变政事，大臣争以为不可许。贺良等奏言：“大臣皆不知天命，宜退丞相、御史，以解光、李寻辅政。”上以其言无验，八月，诏曰：“待诏贺良等建言改元易号，增益漏刻，可以永安国家；朕信道不笃，过听其言，冀为百姓获福，卒无嘉应。夫过而不改，是谓过矣！六月甲子诏书，非赦令，皆蠲除之。贺良等反道惑众，奸态当穷竟。”皆下狱，伏诛。寻及解光减死一等，徙敦煌郡。

官禄为二千石，官位次于九卿；九卿中有缺额，就由州牧中优胜者递补。州牧中的中等人才，就只求苟且自保而已，如此，恐怕州牧的职能就会逐渐废弛，奸邪不轨的行为就不能禁止。我请求撤销州牧，还和以前一样，设置刺史。”汉哀帝采纳了他的建议。

六月初五日庚申，帝太后丁氏逝世，汉哀帝下诏，运回定陶国，葬于定陶共皇的陵园。征召陈留郡、济阴郡靠近定陶地区的民夫五万人，挖土筑坟。

当初，成帝在位时，齐国人甘忠可伪造《天官历》、《包元太平经》十二卷，称汉朝正遇到天地的一次轮回大终极，应该重新受命于天，并把这个观点传授渤海人夏贺良等。中垒校尉刘向上奏说，甘忠可假借鬼神，欺骗皇上，蛊惑人心。于是抓捕甘忠可关进监狱，在审理中他招认了挟诈欺罔之罪，还没判决，他就病死了。夏贺良等人还在私下互相传授。汉哀帝即位后，司隶校尉解光、骑都尉李寻向汉哀帝引见夏贺良等人，使他们都成为待诏黄门。夏贺良等人多次被汉哀帝召见，并向汉哀帝述说：“汉朝的寿命已中途衰落，应当重新接受天命。成帝不受天命，因而断绝子嗣。如今陛下长年生病，天灾变异不断发生，这是上天对人们发出的谴责和警告。应当尽快更换年号，才能延年益寿，诞生皇子，这样才能平息灾害异变。知道这个道理，而不实行，那么灾祸就会无处不有：洪水将涌出，大火将会燃起，人民将遭到冲击而流离失所。”汉哀帝久病在床，渴望病情好转，就采纳夏贺良等人的建议，下诏大赦天下，并改建平二年为太初元年，号称陈圣刘太平皇帝。还将计时的刻漏改为一百二十刻度。

秋季，七月，汉哀帝选中渭城西北原上永陵亭一带划为自己的陵墓区，但不迁移郡国的百姓去居住。

汉哀帝改元易号一个多月以后，他的病情还和以前一样，并未好转。夏贺良等人又想改变朝廷政事，大臣们就和他们争辩，认为不能答应他们。夏贺良等上奏说：“大臣们都不知天命，应当将丞相、御史罢免，任用解光、李寻等辅助朝政。”天子因为他们的话没有应验，八月就下诏说：“待诏夏贺良等人，建议改元易号，增加漏器的刻度，认为这样就可以使国家永保平安。由于朕对天道的信奉不笃厚，误听了他们的话，想因此而为百姓谋取幸福，结果没有得到好的报应。有过失而不改正，才是真正的过错！六月初九日甲子下诏，除大赦令外，全部作废。夏贺良等背离天道，蛊惑人心，奸恶行为应彻底追究。”于是夏贺良等人都关进监狱，处以死刑。李寻和解光减死罪一等，被放逐到敦煌郡。

上以寝疾，尽复前世所尝兴诸神祠凡七百余所，一岁三万七千祠云。

傅太后怨傅喜不已，使孔乡侯风丞相朱博令奏免喜侯。博与御史大夫赵玄议之，玄言："事已前决，得无不宜？"博曰："已许孔乡侯矣。匹夫相要，尚相得死，何况至尊！博唯有死耳！"玄即许可。博恶独斥奏喜，以故大司空汜乡侯何武前亦坐过免就国，事与喜相似，即并奏："喜、武前在位，皆无益于治，虽已退免，爵土之封，非所当也；皆请免为庶人。"上知傅太后素尝怨喜，疑博、玄承指，即召玄诣尚书问状，玄辞服。有诏："左将军彭宣与中朝者杂问"，宣等奏劾"博、玄、晏皆不道，不敬，请召诣廷尉诏狱"。上减玄死罪三等，削晏户四分之一；假谒者节召丞相诣廷尉，博自杀，国除。

九月，以光禄勋平当为御史大夫，冬，十月，甲寅，迁为丞相；以冬月故，且赐爵关内侯。以京兆尹平陵王嘉为御史大夫。

上欲令丁、傅处爪牙官，是岁，策免左将军淮阳彭宣，以关内侯归家，而以光禄勋丁望代为左将军。

乌孙卑爰疐侵盗匈奴西界，单于遣兵击之，杀数百人，略千余人，驱牛畜去。卑爰疐恐，遣子趋逯为质匈奴，单于受，以状闻。汉遣使者责让单于，告令还归卑爰疐质子；单于受诏遣归。

（以上为第二段，写待诏方术士夏贺良等人，以及朝廷大臣丞相朱博、御史大夫赵玄等佞臣，钻营取巧，终于奸事败露，一个个都没有好下场。）

三年（丁巳，前 4 年）

春，正月，立广德夷王弟广汉为广平王。

帝太太后所居桂宫正殿火。

上使使者召丞相平当，欲封之；当病笃，不应。室家或谓当："不可强起受侯印为子孙邪？"当曰："吾居大位，已负素餐责矣；起受侯印，还卧而死，死有余罪。今不起者，所以为子孙也！"遂上书乞骸骨，上不许。三月，己酉，当薨。

汉哀帝因为卧病在床，恢复前代所有曾经祭祀过的各种神祠共七百余所，一年需要祭祀的次数，多达三万七千次。

傅太后对傅喜越来越怨恨，就派孔乡侯傅晏劝告丞相朱博，让他上奏要求免除傅喜的侯爵。朱博就和御史大夫赵玄商议，赵玄说："此事先前已做了裁决，再提恐怕不合适吧？"朱博说："我已经答应孔乡侯了。匹夫间相交，尚且能以死相报，何况是傅太后的相求！我朱博唯有一死，单独去做！"赵玄也就答应去做。朱博不好单独上奏指控傅喜一人，因为大司空氾乡侯何武前些时也因过失被免职而遣归封国，情况和傅喜相似，就同时上奏弹劾说："傅喜、何武两人从前在位时，对治理国家都没有帮助，虽然已经罢免官职，但还保有爵位封邑，这是不妥当的。请求把他们都贬为平民。"汉哀帝知道傅太后一直怨恨傅喜，就怀疑朱博、赵玄是受傅太后旨意，因此立即召赵玄到尚书处，查问缘由，赵玄认罪。汉哀帝下诏说："左将军彭宣和中朝官一同审问此事。"彭宣等上奏弹劾说："朱博、赵玄、傅晏都犯有不道、不敬之罪，请求将他们召到廷尉诏狱审查。"皇上减赵玄死罪三等，削去傅晏四分之一的封邑；又派谒者持节召丞相朱博到廷尉那里受审，朱博自杀，封国撤销。

九月，任命光禄勋平当为御史大夫。冬季，十月初一日甲寅，升迁平当为丞相。由于冬季不宜封侯，因而暂时先赐爵关内侯。又任命京兆尹、平陵人王嘉为御史大夫。

汉哀帝想把丁、傅两族亲人安置在捍卫王室的重位上以为爪牙，于是在这一年，下策书免去左将军淮阳人彭宣的官职，以关内侯身份回家，而任命光禄勋丁望代替彭宣为左将军。

乌孙国卑爰疐侵犯劫掠匈奴西部边境地区，匈奴单于派兵还击，杀死数百人，掠夺千余人，驱赶牛畜而归。卑爰疐恐慌，派他的儿子到匈奴充当人质。单于接受了，亦将此事呈报汉朝。汉朝派使节到匈奴责怪单于，诏令他归还卑爰疐作为人质的儿子。单于接到诏令，就将他送回乌孙。

汉哀帝建平三年（丁巳，前4年）

春季，正月，册立广德夷王刘云客的弟弟刘广汉为广平王。

帝太太后傅氏居住的桂宫正殿发生火灾。

汉哀帝派使者宣召丞相平当，想封他为侯。平当时逢病重，没有应召进宫。妻妾们有人劝平当说："为何不强打精神进宫接受侯印，替子孙们着想呢？"平当说："我任职丞相高位，已经背负不干事吃闲饭的指责了，如果抱病起身去接受侯印，然后回家卧床而死，那真是死有余辜。今天我不起身接受侯印，正是为子孙后代着想

有星孛于河鼓。

夏，四月，丁酉，王嘉为丞相，河南太守王崇为御史大夫。崇，京兆尹骏之子也。嘉以时政苛急，郡国守相数有变动，乃上疏曰："臣闻圣王之功在于得人，孔子曰：'材难，不其然与！'故'继世立诸侯，象贤也。'虽不能尽贤，天子为择臣、立命卿以辅之。居是国也，累世尊重，然后士民之众附焉，是以教化行而治功立。今之郡守重于古诸侯，往者致选贤材，贤材难得，拔擢可用者，或起于囚徒。昔魏尚坐事系，文帝感冯唐之言，遣使持节赦其罪，拜为云中太守；匈奴忌之。武帝擢韩安国于徒中，拜为梁内史；骨肉以安。张敞为京兆尹，有罪当免，黠吏知而犯敞，敞收杀之，其家自冤，使者覆狱，劾敞贼杀人，上逮捕不下，会免；亡命十数日，宣帝征敞拜为冀州刺史，卒获其用。前世非私此三人，贪其材器有益于公家也。孝文时，吏居官者或长子孙，仓氏、库氏则仓库吏之后也；其二千石长吏亦安官乐职，然后上下相望，莫有苟且之意。其后稍稍变易，公卿以下传相促急，又数改更政事，司隶、部刺史举劾苛细，发扬阴私，吏或居官数月而退，送故迎新，交错道路。中材苟容求全，下材怀危内顾，壹切营私者多。二千石益轻贱，吏民慢易之，或持其微过，增加成罪，言于司隶、刺史，或上书告之；众庶知其易危，小失意则有离畔之心。前山阳亡徒苏令等纵横，吏士临难，莫肯伏节死义，以守、相威权素夺也。孝成皇帝悔之，下诏书，二千石不为故纵，遣使者赐金，尉厚其意，诚以为国家有急，取办于二千石；二千石尊重难危，乃能使下。孝宣皇帝爱其善治民之吏，有章劾事留中，会赦壹解。故事：尚书希下章，为烦扰百姓，证验系治，或死狱中，章文必有'敢告之'字乃下。唯陛下留神于择贤，记善忘过，容忍臣子，勿责以备。二千石、部刺史、三辅县令有材任职者，人情不能不有过差，宜可阔略，令尽力者有所劝。此方今急务，国家之利也。前苏令发，欲遣大夫使逐问状，时见大夫无可使者，召盩厔令尹逢，拜为谏大夫遣之。今诸大夫有材能者甚少，宜豫畜养可成就者，则士赴难不爱其死；临事仓卒乃求，非所以明朝廷也。"嘉因荐儒者公孙光、满昌及能吏萧咸、薛修，皆故二千石有名称者，天子纳而用之。

啊！”于是上书请求辞职，汉哀帝不允准。三月二十八日己酉，平当逝世。

有孛星出现在河鼓星旁。

夏季，四月十七日丁酉，任命王嘉为丞相，河南太守王崇为御史大夫。王崇是京兆尹王骏的儿子。王嘉认为当时施政急迫苛暴，郡国的长官太守和国相频繁变动，于是上疏说：“臣听说圣王的最大功德就是取得人才。孔子曰：‘人才难得，难道不是这样的吗？’所以‘选立诸侯的继承，力求像他的祖父、父亲那样贤能。’虽然诸侯王不可能全都是贤才，但天子尽可能要为诸侯王选择贤良大臣，任命贤卿来辅佐他们。守在封国之内，一连数世，代代尊荣，然后国人才会归附，礼教文化才可以推行，政绩自然显著。如今，一个郡太守的职权重于古代诸侯，因此以往极力选择贤才担任郡太守，由于贤能的人才难得，就提拔可以胜任的人，甚至不惜起用囚犯。从前魏尚因事犯法，汉文帝被冯唐的话所感动，便派遣使者持符节去赦免魏尚的罪，重新任用他为云中郡太守，匈奴对他很害怕。汉武帝（应是景帝）从罪犯中选拔出韩安国，任命他为梁国内史，因此使刘氏骨肉得以平安。张敞为京兆尹，犯了罪本当被赦免，狡猾的小吏明知而故意冒犯张敞，张敞抓住小吏，就把小吏杀了。死者家属为死者鸣冤叫屈，使者详查此案后，弹劾张敞残害杀人罪，上奏皇帝，请求逮捕张敞，宣帝搁置不批，不久，恰逢赦免，张敞逃亡十多天后，宣帝征召他任冀州的刺史，终于得到重用。前代君王并不是偏爱他们三人，而是看中他们的才能，有益于国家和人民。孝文帝时，做官的小吏，有些人就让子孙长大用官名作为姓氏，如仓氏、库氏就是仓库官的后代。那些官秩在二千石的高级官员也安于官位，乐于尽职。然后上下相互监督，没有得过且过的念头。后来情况稍微有所更改，公卿以下的官员调动频繁，又不断更改法令规章，司隶、部刺史检举弹劾十分苛刻，细微的过失都不放过，还揭发宣扬别人的隐私，以致有的官吏在位仅几个月就被罢免，如此送走旧官和迎接新官的人，交错行走在道路上。中等才能的人苟且处事，以求自保；下等才能的人不敢做事，满怀恐惧，内心忧虑很多，不论干什么都只是谋私保饭碗。郡太守和封国丞相等二千石的地方大员，权力削弱，被人轻视，下属和普通民众都看不起他们，有的揪住他们的轻微过失，扩大而成罪状，向司隶、刺史报告，或者直接上书向皇上告发，大众平民都知道官吏那么容易倒台，稍有不如意，就产生背叛之心。前些时，山阳郡的亡命徒苏令等横冲直撞，官吏士民面临危难，没有一个人肯尽节死义，原因是郡太守、诸侯相的威信和权力一向受到削弱。孝成皇帝感到懊悔，下诏书说，二千石的官员不是故意纵容犯罪的，就派使臣赏赐他们黄金，以示安慰厚待。这实在是国家有急难，需要二千石的官员出力办理，唯有加重二千石官员的权威，在危难时才能便宜从事，有能力指挥。孝宣皇帝爱惜那些善于治理地方的官吏，有弹劾他们的奏章都留在宫中，不予批复，遇到大赦，就

六月，立鲁顷王子部乡侯闵为王。

上以寝疾未定，冬，十一月，壬子，令太皇太后下诏复甘泉泰畤、汾阴后土祠，罢南、北郊。上亦不能亲至甘泉、河东，遣有司行事而礼祠焉。

无盐危山土自起覆草，如驰道状；又，瓠山石转立。东平王云及后谒自之石所祭；治石象瓠山立石，束倍草，并祠之。河内息夫躬、长安孙宠相与谋共告之，曰："此取封侯之计也！"乃与中郎右师谭共因中常侍宋弘上变事，告焉。是时上被疾，多所恶，事下有司，逮王后谒下狱验治；服"祠祭诅祝上，为云求为天子，以为石立，宣帝起之表也。"有司请诛王，有诏，废徙房陵。云自杀，谒及舅伍宏及成帝舅安成共侯夫人放，皆弃市。事连御史大夫王崇，左迁大司农。擢宠为南阳太守，谭颍川都尉，弘、躬皆光禄大夫、左曹、给事中。

（以上为第三段，写哀帝以诸侯入继大统，心存猜忌，屡兴大狱。丞相王嘉上奏，劝谏哀帝要珍惜人才，施政宽和，苦口婆心，哀帝似有所悟，任用了王嘉推荐的一些人。紧接着因病又兴大狱，奸险小人息夫躬等得志于朝。）

四年（戊午，前 3 年）

春，正月，大旱。

关东民无故惊走，持稿或掫一枚，转相付与，曰"行西王母筹"，道中相过逢，多至千数；或被发徒跣，或夜折关，或逾墙入，或乘车骑奔

令解除一切。根据以前事例：尚书很少将奏章转交有关管理部门查办，为的是怕骚扰百姓，取证、审查、下狱治罪，有些人就冤死狱中。弹劾奏章上必须写有‘敢告之’三字，才把它转交有关部门查办。希望陛下留意选择贤能之人，记住他的功绩，忘掉他的过失，宽容对待他们，不要对他们求全责备。二千石、部刺史、三辅县令中有才能称职的官员，在人情关系上难免会有过失，应当宽恕其小过失，让竭尽心力者受到勉励。这是当前最紧急的大事，直接关系到国家的利益。前些时发生苏令作乱，想派遣大夫去追击他们，并询问他们作乱的原因，当时朝廷中大夫竟然没有一个合适的人选，就征召盩厔令尹逢，授为谏大夫，派遣他去。如今那些大夫中有才能的非常少，应当预先培养可造就的人才，才能使他们赴难时不惜以死报效朝廷。否则事到临头，才仓促去寻求，这就不能表示朝廷有人才了。”王嘉在奏疏中趁机推荐儒家学者公孙光、满昌以及能干的官吏萧咸、薛修，他们都是从前二千石官员中卓有名望的，汉哀帝采纳了王嘉的建议而任用了他们。

六月，册封鲁顷王的儿子部乡侯刘闵为王。

汉哀帝因卧病不安。冬季，十一月初五日壬子，由太皇太后王政君下诏书：恢复甘泉泰畤、汾阴后土祠的祭祀，撤销长安南、北郊的祭祀。汉哀帝不能亲自到甘泉、河东郡祭祀，就派主管官员代他去祭祀。

无盐县内危山的泥土自动翻起覆盖草木，像是一条宽广的驰道。另外，瓠山上的石头突然翻转起立。东平王刘云和王后谒亲自前往石头地方祭拜。并在王宫树立一块和瓠山立石相似的石块，捆扎上黄倍草，一并祭祀。河内人息夫躬、长安人孙宠合谋一起向朝廷告发这件事，两人互相祝贺说：“这是取得封侯的好计谋！”就与中郎右师谭一同通过中常侍宋弘入奏变乱之事予以告发。此时汉哀帝生病，对很多事情都很厌恶，就将这件事交付主管部门处理，主管官员立即逮捕王后谒，关进监狱，查询审理。王后谒招认“祭祀山石，诅咒皇上，为求神灵保佑刘云做天子。以山石起立，是从前宣帝应天命而为天子的预兆”。主管官员请求杀东平王，汉哀帝下诏，罢免刘云的王位，放逐到房陵。刘云自杀，王后谒和刘云舅父伍宏，以及成帝的舅母安成共侯夫人放，都被处以死刑，并将尸体暴露街头。事情牵连御史大夫王崇，王崇被贬为大司农。擢升孙宠为南阳郡太守，右师谭为颍川都尉，宋弘、息夫躬都升为光禄大夫、左曹、给事中。

汉哀帝建平四年（戊午，前3年）

春季，正月，大旱。

关东地区的民众，无故惊恐奔走，每人手拿一支麦秆或一支麻秆，互相传递，告诉说：“这是西王母娘娘的信牌，拿着它可以走遍天下。”沿途互相转告奔逃的人

驰，以置驿传行，经郡国二十六至京师，不可禁止。民又聚会里巷阡陌，设博具，歌舞祠西王母，至秋乃止。

上欲封傅太后从父弟侍中、光禄大夫商，尚书仆射平陵郑崇谏曰：“孝成皇帝封亲舅五侯，天为赤黄，昼昏，日中有黑气。孔乡侯，皇后父，高武侯以三公封，尚有因缘。今无故复欲封商，坏乱制度，逆天人之心，非傅氏之福也！臣愿以身命当国咎！”崇因持诏书案起。傅太后大怒曰：“何有为天子乃反为一臣所颛制邪！”二月，癸卯，上遂下诏封商为汝昌侯。

（以上为第四段，写傅太后干预朝政，挟制哀帝封堂弟傅商为汝昌侯。）

驸马都尉、侍中云阳董贤得幸于上，出则参乘，入御左右，赏赐累巨万，贵震朝廷。常与上卧起；尝昼寝，偏藉上袖，上欲起，贤未觉，不欲动贤，乃断袖而起。又诏贤妻得通引籍殿中，止贤庐。又召贤女弟以为昭仪，位次皇后。昭仪及贤与妻旦夕上下，并侍左右。以贤父恭为少府，赐爵关内侯。诏将作大匠为贤起大第北阙下，重殿，洞门，土木之功，穷极技巧。赐武库禁兵、上方珍宝。其选物上弟尽在董氏，而乘舆所服乃其副也。及至东园秘器、珠襦、玉匣，豫以赐贤，无不备具。又令将作为贤起冢茔义陵旁，内为便房，刚柏题凑，外为徼道，周垣数里，门阙罘罳甚盛。

郑崇以贤贵宠过度谏上，由是重得罪，数以职事见责；发疾颈痈，欲乞骸骨，不敢。尚书令赵昌佞谄，素害崇；知见疏，因奏“崇与宗族通，疑有奸，请治”。上责崇曰：“君门如市人，何以欲禁切主上？”崇对曰：“臣门如市，臣心如水。愿得考覆！”上怒，下崇狱。司隶孙宝上书曰：“按尚书令昌奏仆射崇狱，覆治，榜掠将死，卒无一辞；道路称冤。疑昌与崇内有纤介，浸润相陷。自禁门枢机近臣，蒙受冤谮，亏损国家，为谤不小。臣请治昌以解众心。”书奏，上下诏曰：“司隶宝附下罔上，以春月作诋欺，遂其奸心，盖国之贼也。免宝为庶人。”崇竟死狱中。

多达上千人，有的披散头发，打着赤脚，有的夜半闯关，有的翻墙而入，有的乘车骑马奔驰，有的公然坐在驿车上沿途传递，经二十六个郡国，向京师长安进发，官府无法禁止。民众又聚集在街巷、田间，摆设赌博工具游戏，载歌载舞祭祀西王母，一直闹到秋天才停止。

汉哀帝想封傅太后叔父的儿子堂弟侍中、光禄大夫傅商为侯，尚书仆射平陵人郑崇劝谏说："孝成皇帝封亲舅五侯，天变为赤黄，白天昏暗，太阳中有黑斑云气。孔乡侯傅晏是皇后父亲，高武侯傅喜位列三公而封侯，既破坏了汉家制度，又违反天人的心意，不是傅氏家族的福分。臣愿意以自身性命承担官家惩处。"王崇说罢拿着诏书起身就走。傅太后大怒说："哪有天子反被一个臣下摆布的道理。"二月二十八日癸卯，汉哀帝仍然下诏封傅商为汝昌侯。

驸马都尉、侍中云阳人董贤很受汉哀帝宠爱，出行同坐一辆车，入宫陪伴在左右，得到的赏赐价值几个亿，尊贵震动了朝廷。董贤经常与汉哀帝睡在一起，曾经有一次白天睡午觉，董贤侧身睡在汉哀帝的袖子上，汉哀帝想起床，但是看到董贤还未睡醒，不想惊醒董贤，就用剑把袖子割断再轻轻起来。又诏命董贤的妻子列名通籍玉牒，出入皇宫，与董贤同住在宫内。又召董贤的妹妹入宫，封为昭仪，地位仅次于皇后。董昭仪、董贤与其妻子早晚侍候在皇上身边。任命董贤的父亲董恭为少府，赐爵关内侯。还下诏书，命令将作大匠为董贤在未央宫北门外建造豪华住宅，有前后两重大殿，殿门广阔如同宫门，土木工程浩大，精巧豪华无与伦比。又赐给他武库里专供给宫中用的兵器和宫中珍宝。经过挑选，上等的精制珍宝器物，都进了董贤的家中，而天子所用的却是次等的。甚至连皇家丧葬用的棺木、用珠串缀成的短寿衣、用玉制成的寿裤，都预先赐给董贤，无不齐备。又下令将作大匠在义陵旁边为董贤建造墓园，墓内建有密室，存放用坚实的柏木做成的外椁题凑，墓园外修建有巡行警戒的道路，墓园的围墙有数里之长，门墙上的防御设施，威严壮观。

郑崇认为董贤受宠过度而劝谏汉哀帝，因而更加得罪汉哀帝，汉哀帝多次借公事谴责他。后来，郑崇颈部长毒痈，想请求退休，又不敢提出。尚书令赵昌是个谄媚之人，平时就想陷害郑崇，知道皇上已疏远了郑崇，就趁机上奏说："郑崇与刘氏宗族中的人交往密切，我怀疑有奸谋，请求查处。"汉哀帝责问郑崇说："你家门庭若市，为什么要禁止朕交朋友？"郑崇回答说："我家是门庭若市，但我内心像水一样清白，希望皇上审核。"汉哀帝受了顶撞后，勃然大怒，将郑崇关进监狱。司隶孙宝上书说："尚书令赵昌上奏指控仆射郑崇一案，经过反复审查，笞击拷问，把郑崇打得半死，但终无一句口供。道路上的行人都说郑崇冤枉。我疑心赵昌与郑崇怀有

三月，诸吏、散骑、光禄勋贾延为御史大夫。

上欲侯董贤而未有缘，侍中傅嘉劝上定息夫躬、孙宠告东平本章，去宋弘，更言因董贤以闻，欲以其功侯之，皆先赐爵关内侯。顷之，上欲封贤等而心惮王嘉，乃先使孔乡侯晏持诏书示丞相、御史。于是嘉与御史大夫贾延上封事言："窃见董贤等三人始赐爵，众庶匈匈，咸曰贤贵，其余并蒙恩；至今流言未解。陛下仁恩于贤等不已，宜暴贤等本奏语言，延问公卿、大夫、博士、议郎，考合古今，明正其义，然后乃加爵土；不然，恐大失众心，海内引领而议。暴评其事，必有言当封者，在陛下所从；天下虽不说，咎有所分，不独在陛下。前定陵侯淳于长初封，其事亦议，大司农谷永以长当封；众人归咎于永，先帝不独蒙其讥。臣嘉，臣延，材驽不称，死有余责，知顺指不迕，可得容身须臾；所以不敢者，思报厚恩也。"上不得已，且为之止。

夏，六月，尊帝太太后为皇太太后。

秋，八月，辛卯，上下诏切责公卿曰："昔楚有子玉得臣，晋文公为之侧席而坐；近事，汲黯折淮南之谋。今东平王云等至有图弑天子逆乱之谋者，是公卿股肱莫能悉心、务聪明以销厌未萌故也。赖宗庙之灵，侍中、驸马都尉贤等发觉以闻，咸伏厥辜。《书》不云乎：'用德章厥善。'其封贤为高安侯，南阳太守宠为方阳侯，左曹、光禄大夫躬为宜陵侯，赐右师谭爵关内侯。"又封傅太后同母弟郑恽子业为阳信侯。息夫躬既亲近，数进见言事，议论无所避，上疏历诋公卿大臣。众畏其口，见之仄目。

上使中黄门发武库兵，前后十辈，送董贤及上乳母王阿舍。执金吾

私人的宿怨，因此用诬告来陷害郑崇。假若连皇帝身边主管机要的大臣，都遭诬陷而蒙受冤屈，致使国家受到损威，这个诽谤不小。我请求追查赵昌诬谤罪，以解众人心中的困惑。”奏章呈上后，汉哀帝下诏说：“司隶孙宝附和臣下，欺蒙皇上，利用春季宽赦之时，毁谤赵昌，欺骗朝廷，想达到救助郑崇的奸恶用心，是害国的奸贼。罢免孙宝的官职，贬为平民。”郑崇最终死在狱中。

三月，任命诸吏、散骑、光禄勋贾延为御史大夫。

汉哀帝打算封董贤侯爵，苦于没有理由，侍中傅嘉劝汉哀帝更改息夫躬、孙宠控告东平王刘云奏章，将宋弘的名字抹去，改说是由董贤告发的，就可以借口这个功劳来封董贤侯爵，第一步，把告发有功的人都先封为关内侯。不久，汉哀帝想正式加封董贤等人为侯，心里又怕王嘉反对，就先派孔乡侯傅晏拿诏书给丞相、御史大夫看。于是王嘉和御史大夫贾延呈进机密奏章说：“臣注意到董贤等三人刚被赐封关内侯时，众人议论纷纷，都说董贤受封是因皇上的宠爱，其他两人是借光而受封，至今流言还没有平息。陛下对董贤等人还要加恩，就应当把董贤等人的奏章原文公布，询问公卿、大夫、博士、议郎，请他们考察是否合乎古今的事例，让大家显明地看到加封合乎道义，然后再加封爵位采邑。否则的话，恐怕大失众心，天下人就要伸长脖子议论抨击。如果公开让大臣们议论此事，必定有人主张应当加封他们，如此，陛下不过是采纳其建议，天下人即使不高兴，责任也有人分担，就不由陛下一人承担责任了。从前定陵侯淳于长初封时，也是经过讨论的，大司农谷永认为淳于长当封侯，众人就怪罪于谷永，先帝因此没有单独蒙受讥刺。臣王嘉、臣贾延，无才无能，又不称职，死有余责，明知只要顺从陛下的心意，不违逆陛下，可以暂时安稳保身，之所以不敢这样做，实在是想报答皇上深德厚恩。”皇上无奈，暂且搁下这件事。

夏季，六月，尊帝太太后傅氏为皇太太后。

秋季，八月十九日辛卯，汉哀帝下诏严厉斥责公卿说：“从前楚国有子玉得臣，晋文公为此忧虑不敢正坐。近代有汲黯，阻止了淮南王叛乱的阴谋。如今东平王刘云等人企图谋杀天子，可是公卿大臣们没能尽心职守，及早发觉，在阴谋没有发生之前消除祸患。幸赖祖宗在天之灵，侍中、驸马都尉董贤等人及时察觉并报告给朕，才使叛臣贼子全都被正法。《书经》不是说过吗：‘要以恩德来彰明善行。’封董贤为高安侯、南阳太守孙宠为方阳侯，左曹、光禄大夫息夫躬为宜陵侯，赐右师谭关内侯爵位。”又封傅太后同母弟郑恽子郑业为阳信侯。息夫躬既然亲近了汉哀帝，他就趁机多次向汉哀帝进言，议论抨击，毫无顾忌，上书诋毁所有公卿大臣。朝廷百官都害怕他那张嘴，遇见他都不敢正视。

汉哀帝派中黄门到武库拿兵器，前后共有十次，送给董贤，又送给汉哀帝乳母

毋将隆奏言：“武库兵器，天下公用。国家武备，缮治造作，皆度大司农钱。大司农钱，自乘舆不以给共养；共养劳赐，一出少府。盖不以本臧给末用，不以民力共浮费，别公私，示正路也。古者诸侯、方伯得颛征伐，乃赐斧钺，汉家边吏职任距寇，亦赐武库兵，皆任事然后蒙之。《春秋》之谊，家不臧甲，所以抑臣威，损私力也。今贤等便僻弄臣，私恩微妾，而以天下公用给其私门，契国威器，共其家备，民力分于弄臣，武兵设于微妾，建立非宜，以广骄僭，非所以示四方也。孔子曰：‘奚取于三家之堂！’臣请收还武库。”上不说。

顷之，傅太后使谒者贱买执金吾官婢八人，隆奏言：“买贱，请更平直。”上于是制诏丞相、御史：“隆位九卿，既无以匡朝廷之不逮，而反奏请与永信宫争贵贱之贾，伤化失俗。以隆前有安国之言，左迁为沛郡都尉。”初，成帝末，隆为谏大夫，尝奏封事言：“古者选诸侯入为公卿，以褒功德，宜征定陶王使在国邸，以填万方。”故上思其言而宥之。

谏大夫渤海鲍宣上书曰：“窃见孝成皇帝时，外亲持权，人人牵引所私以充塞朝廷，妨贤人路，浊乱天下，奢泰亡度，穷困百姓，是以日食且十，彗星四起。危亡之征，陛下所亲见也；今奈何反覆剧于前乎！

“今民有七亡：阴阳不和，水旱为灾，一亡也；县官重责更赋租税，二亡也；贪吏并公，受取不已，三亡也；豪强大姓，蚕食亡厌，四亡也；苛吏繇役，失农桑时，五亡也；部落鼓鸣，男女遮列，六亡也；盗贼劫略，取民财物，七亡也。七亡尚可，又有七死：酷吏殴杀，一死也；治狱深刻，二死也；冤陷亡辜，三死也；盗贼横发，四死也；怨仇相残，五死也；岁恶饥饿，六死也；时气疾疫，七死也。民有七亡而无一得，欲望国安，诚难；民有七死而无一生，欲望刑措，诚难。此非公卿、守相贪残成化之所致邪！

王阿的家中。执金吾毋将隆上奏说："武库兵器，是天下人公用的。国家的武器装备，修理制作，所有费用开支都由大司农支付。大司农的钱就连天子的生活费用都不供给。天子的生活费和对臣下的慰劳赏赐，都出自少府。因此，从不把国家用于根本的储备，供给君王作赏赐，也从不把民力拿去做无谓的消耗，公私分明，显示光明正道。古代诸侯、方伯受命专行征伐的任务时，才赐给他们斧钺。汉朝守边官吏的职责是抵御外来入侵，也赐给他们武库的兵器，这都是因为有军事任务，然后才接受兵器。《春秋》上说的大义，官民之家不能私藏器中，目的就是抑制臣下的威势，削弱私人的势力。如今董贤等人不过是阿谀逢迎而成为皇上所亲近狎玩的小臣，是对皇上有微小恩惠的卑贱奴仆，皇上却将天下公用的兵器赠给私人门户，显示国威的兵器，供给私家作武备，使民力分散到狎玩之臣的手中，把国家武库的兵器摆放在卑贱奴仆之家，这种做法是很不妥当的，将更增强他们骄横，使其超越身份，不是显示给四方之民做榜样啊！孔子说：'天子祭祖之礼，怎么能行于三家大夫祭祖的厅堂上！'我请求陛下收回兵器归库。"汉哀帝很不高兴。

后来，傅太后派谒者以低价收买执金吾官府的八名官婢，毋将隆上奏说："买官婢的价钱太低，请改付公平市价。"汉哀帝因此下诏给丞相、御史大夫说："毋将隆位列九卿，不但不能扶正朝廷的过失，反而奏请与永信宫的傅太后争论价格的高低，有伤教化，败坏风俗。因念他从前有安定国家的建议，只贬黜降职为沛郡都尉。"当初，成帝末年，毋将隆任谏大夫，曾进呈密封奏章说："古代选拔诸侯入朝为公卿，是为了褒奖功德。应当征召定陶王入京，令他住在定陶王府邸，以镇定天下。"因此汉哀帝念及他的话而宽恕了他。

谏大夫渤海人鲍宣上奏说："我看成帝时，外戚把持权柄，人人都引荐各自所偏爱的亲信来充满朝廷，阻碍贤能之士晋升的道路，混乱天下，穷奢极欲，没有节度，使百姓穷困，所以发生了十次日食，彗星四起。这些危亡的征兆，是陛下所亲眼见到的，如今为什么比从前更厉害呢？

"如今百姓逃亡有七种原因：阴阳不和造成水旱之灾频繁，此其一；县吏加重征收更赋和税租，此其二；贪官污吏借口为公，勒索无度，此其三；豪强大族，压榨地方，贪得无厌，此其四；苛刻繁杂的徭役，使农人误了农时，此其五；村落不靖，鸣鼓示警，男女列队，捕盗不迭，此其六；盗贼抢劫，掠夺民众财物，此其七。这七种苦难，人民尚可勉强忍受。但是还要面对七种死亡：其一，被酷吏殴打致死；其二，入狱后，遭虐待致死；其三，无端被冤枉陷害致死；其四，被盗贼杀死；其五，因仇怨而互相残杀致死；其六，荒年饥饿，被活活饿死；其七，被瘟疫传染而死。人民有七种苦难没有一种可以逃避，想让国家安定，实在太难了；人民有七死却没有一条生路，想无人犯法，刑法搁置不用，更是难上加难。这难道不是公卿、

“群臣幸得居尊官，食重禄，岂有肯加恻隐于细民，助陛下流教化者邪！志但在营私家，称宾客，为奸利而已。以苟容曲从为贤，以拱默尸禄为智，谓如臣宣等为愚。陛下擢臣岩穴，诚冀有益豪毛，岂徒使臣美食大官、重高门之地哉！

“天下，乃皇天之天下也。陛下上为皇天子，下为黎庶父母，为天牧养元元，视之当如一，合《尸鸠》之诗。今贫民菜食不厌，衣又穿空，父子、夫妇不能相保，诚可为酸鼻。陛下不救，将安所归命乎！奈何独养外亲与幸臣董贤，多赏赐，以大万数，使奴从、宾客，浆酒藿肉，苍头庐儿，皆用致富，非天意也！

“及汝昌侯傅商，亡功而封。夫官爵非陛下之官爵，乃天下之官爵也。陛下取非其官，官非其人，而望天说民服，岂不难哉！方阳侯孙宠，宜陵侯息夫躬，辩足以移众，强可用独立。奸人之雄，惑世尤剧者也，宜以时罢退；及外亲幼童未通经术者，皆宜令休，就师傅。急征故大司马傅喜，使领外亲；故大司空何武、师丹，故丞相孔光，故左将军彭宣，经皆更博士。位皆历三公；龚胜为司直，郡国皆慎选举；可大委任也。陛下前以小不忍退武等，海内失望。陛下尚能容亡功德者甚众，曾不能忍武等邪！治天下者，当用天下之心为心，不得自专快意而已也。”宣语虽刻切，上以宣名儒，优容之。

（以上为第五段，写哀帝嬖宠董贤贵盛，息夫躬等奸邪小人朋比乱政，直臣尚书仆射郑崇冤死狱中，执金吾毋将隆、谏大夫鲍宣上书劝谏，哀帝充耳不闻。）

匈奴单于上书愿朝五年。时帝被疾，或言：“匈奴从上游来厌人；自黄龙、竟宁时，单于朝中国，辄有大故。”上由是难之，以问公卿，亦以为虚费府帑，可且勿许。单于使辞去，未发，黄门郎扬雄上书谏曰：“臣闻‘六经’之治，贵于未乱；兵家之胜，贵于未战；二者皆微，然而大事之本，不可不察也。今单于上书求朝，国家不许而辞之，臣愚以为汉与匈奴从此隙矣。匈奴本五帝所不能臣，三王所不能制，其不可使隙明甚。臣不敢远称，请引秦以来明之。

守相贪婪残忍成风所造成的结果吗?

“群臣有幸能身居高位，享受丰厚的俸禄，哪里还有谁肯对小民有恻隐之心，帮助陛下推行教化啊！他们唯一的志向就是如何经营自己的私产，满足宾客的要求，为奸图利而已。他们认为，苟且偷生、迎合时势、委曲安身就是贤德。又认为拱手沉默、尸位食禄，才是高度的明智，认为像臣这样的人是愚蠢的。陛下将臣从布衣提升为朝臣，希望臣对朝廷能有丝毫助益，难道只是让我饱尝美食、身居高位、无所作为地站在高门大殿上吗?

“天下是皇天的天下。陛下，上为皇天之子，下为黎民百姓的父母，是替上天来管理和教养人民，应一视同仁，就如同《尸鸠》一诗中布谷鸟怜爱它的七个儿子一样。如今穷人连野菜都吃不饱，衣不蔽体，父子、夫妇不能相互保全，实在令人悲痛而辛酸。陛下如果不救助他们，让他们到哪里去安身呢？为什么只供养外戚和宠臣董贤，赏赐之多动辄上亿，使奴仆、宾客视酒肉如同白水豆汁。奴仆、侍从都成为富翁，这可不是皇天的心意啊！

“至于汝昌侯傅商无功而被封侯。要知道，官爵不是陛下的官爵，而是天下人的官爵。陛下选定的人不配受此官爵，此官也不应当授此人，却希望上天喜悦，民众心服，岂不是太难了吗？方阳侯孙宠、宜陵侯息夫躬，巧言善辩，足以煽动民众的情绪，强暴的手段足以使他们闹独立。这两人是奸邪人中的魁首，迷惑世人中最厉害的人物，应立即将他们罢免。那些外戚幼童不懂经术的，都应命令他们辞职回家，跟老师学习经术。尽快征召前大司马傅喜，令他统率外戚。前大司空何武、师丹，前丞相孔光，前左将军彭宣，他们的经学都由名师传授，而官位都列三公。龚胜为司直，郡国都谨慎严肃地向朝廷举荐人才。这样的人应该委以重任。陛下前些时，因一时生气，罢了何武等人的官，让天下大失所望。陛下对许多无功无德的人尚且能容忍，为什么竟然不能容忍何武等有用的人呢？治理天下的人，就应该以天下人的心意为自己的心意，不能仅凭自己高兴而独断行事。”鲍宣的话尽管深刻激烈（令汉哀帝不满），但汉哀帝认为鲍宣是名儒，因此也就宽容了他。

匈奴单于上奏请求于建平五年入朝。此时汉哀帝正在病中，有人说：“匈奴从黄河上游的西北方向来，气势压人。从黄龙、竟宁年间起，单于每到中原朝见，中原就会发生重大丧事。”汉哀帝因此感到为难，就询问公卿大臣的意见。大家都认为接待单于朝见，白白地浪费国家钱财，可暂且拒绝。单于使节辞别而去，尚未动身，黄门郎扬雄上书劝谏说：“臣听说，儒家‘六经’所讲的治国之道，最重要的事是把祸乱清除在未发生之前；最高明的兵家是不战而胜。这两件事，做好不容易，都很精微深奥，但这都是治国最根本的理论，不可以不明察。如今单于上书请求入朝，

“以秦始皇之强，蒙恬之威，然不敢窥西河，乃筑长城以界之。会汉初兴，以高祖之威灵，三十万众困于平城，时奇谲之士、石画之臣甚众，卒其所以脱者，世莫得而言也。又高后时，匈奴悖慢，大臣权书遗之，然后得解。及孝文时，匈奴侵暴北边，候骑至雍甘泉，京师大骇，发三将军屯棘门、细柳、霸上以备之，数月乃罢。孝武即位，设马邑之权，欲诱匈奴，徒费财劳师，一虏不可得见，况单于之面乎！其后深惟社稷之计，规恢万载之策，乃大兴师数十万，使卫青、霍去病操兵，前后十余年，于是浮西河，绝大幕，破窴颜，袭王庭，穷极其地，追奔逐北，封狼居胥山，禅于姑衍，以临瀚海，虏名王、贵人以百数；自是之后，匈奴震怖，益求和亲，然而未肯称臣也。

“且夫前世岂乐倾无量之费，役无罪之人，快心狼望之北哉？以为不壹劳者不久逸，不暂费者不永宁，是以忍百万之师以摧饿虎之喙，运府库之财填卢山之壑而不悔也。至本始之初，匈奴有桀心，欲掠乌孙、侵公主，乃发五将之师十五万骑以击之，时鲜有所获，徒奋扬威武，明汉兵若雷风耳！虽空行空反，尚诛两将军，故北狄不服，中国未得高枕安寝也。逮至元康、神爵之间，大化神明，鸿恩溥洽，而匈奴内乱，五单于争立，日逐、呼韩邪携国归死，扶伏称臣，然尚羁縻之，计不颛制。自此之后，欲朝者不距，不欲者不强。何者？外国天性忿鸷，形容魁健，负力怙气，难化以善，易肆以恶，其强难诎，其和难得。故未服之时，劳师远攻，倾国殚货，伏尸流血，破坚拔敌，如彼之难也；既服之后，慰荐抚循，交接赂遗，威仪俯仰，如此之备也。往时尝屠大宛之城，蹈乌桓之垒，探姑缯之壁，藉荡姐之场，艾朝鲜之旃，拔两越之旗，近不过旬月之役，远不离二时之劳，固已犁其庭，扫其闾，郡县而置之，云彻席卷，后无余灾。唯北狄为不然，真中国之坚敌也，三垂比之悬矣；前世重之兹甚，未易可轻也。

国家拒绝而辞去，臣认为这将使汉朝与匈奴从此种下怨恨的种子。匈奴原本是五帝所不能臣服，三王所不能控制的国家，因此不能使匈奴有怨恨之心是显而易见的。臣不敢追溯太远的历史来议论，谨就秦朝以来的史实加以说明。

“凭着秦始皇的强大，蒙恬的雄威，仍然不敢窥伺西河，只能修筑长城，作为界限。等到汉朝兴起，以高祖的声威和英明，三十万汉军仍被困于平城，当时奇异的谋士、筹划决策的谋臣很多，最后能脱险的原因后人都不知道。又高后时，匈奴违逆傲慢，幸赖大臣们通权达变，将谦卑之词的回信交给单于，才将危险化解。到了孝文帝时，匈奴大举侵犯北部边境，巡逻侦察骑兵深入汉朝雍城、甘泉，京师震骇，派遣徐厉、周亚夫、刘礼三位将军，率兵分别驻守棘门、细柳、霸上以防备匈奴，双方对峙了几个月，匈奴才撤兵而回。孝武帝即位，设下马邑之计，希望引诱匈奴主力深入，结果既浪费财物，又劳累军队，连一个匈奴人也没有见到，更何况单于呢？此后，武帝深思熟虑国家的安危大计，拟定了万年的太平策略，动员数十万大军，派卫青、霍去病统率，前后奋战十余年，渡过西河，穿过大漠，攻破窴颜山，袭击单于所居之地——王庭，深入匈奴内地，追击逃奔的单于和残兵败将，在狼居胥山筑坛祭天，在姑衍山祭地，汉军迫近瀚海，擒获名王、贵人数百人。自此以后，匈奴震惊惧怕，越发迫切要求和亲。但是，仍不肯向朝廷称臣。

“前代祖先难道愿意耗费庞大的费用，驱使无罪的国民，去狼烟遍地的北方浴血奋战，只是求一时之快吗？那是因为不做一次劳师动众，就得不到长久的安逸，不暂时花费钱财，就得不到长久安宁，因此才狠下心来，投入百万大军，定要摧毁饿虎之口，不惜动用府库的钱财，用以填塞卢山的沟壑，也绝不后悔。至本始初年，匈奴有暴戾不顺之心，企图劫掠乌孙国，侵害乌孙公主，于是宣帝果决地派出田广明、范明友、韩增、赵充国、田顺五员大将，率领十五万骑兵去袭击匈奴。当时收获很少，仅仅是震扬汉朝的国威，显示汉军行动像风雷般的疾速而已。由于这次出征，徒劳往返，朝廷诛杀了田广明、田顺两位将军。所以北方的蛮族不顺服，中国就不能高枕无忧。等到元康、神爵年间，朝政清明，皇恩浩荡，而匈奴内部发生叛乱，五个单于争夺汗位，日逐、呼韩邪率领部落归顺汉廷匍匐称臣，但是朝廷还要对他们实行笼络，以客礼相待，而不能把他们完全控制。从那以后，匈奴想来朝见，都不拒绝，不想来朝见，也不勉强。这是为什么呢？因为化外之人天性凶猛好怒，体魄魁梧健壮，仗恃气力，难以感化他们向善，却容易引导他们作恶。他们性情倔强，难以使其屈服，与他们保持和睦相处，又十分难得。所以，他们未顺服时，朝廷劳师远攻，竭尽国力，耗光财物，伏尸沙场，血流成河，攻坚破城，打败敌人，是如此的困难；已经降服之后，朝廷还要慰劳安抚，往来赠送礼物，接待的礼节隆重威严，又是如此完备而周详。从前汉军曾攻破大宛的都城，夷平乌孙的军营，袭

“今单于归义，怀款诚之心，欲离其庭，陈见于前，此乃上世之遗策，神灵之所想望，国家虽费，不得已者也。奈何距以来厌之辞，疏以无日之期，消往昔之恩，开将来之隙！夫疑而隙之，使有恨心，负前言，缘往辞，归怨于汉，因以自绝，终无北面之心，威之不可，谕之不能，焉得不为大忧乎！夫明者视于无形，聪者听于无声，诚先于未然，即兵革不用而忧患不生。不然，壹有隙之后，虽智者劳心于内，辩者毂击于外，犹不若未然之时也。且往者图西域，制车师，置城郭都护三十六国，为康居、乌孙能逾白龙堆而寇西边哉？乃以制匈奴也。夫百年劳之，一日失之，费十而爱一，臣窃为国不安也。唯陛下少留意于未乱、未战，以遏边萌之祸！”书奏，天子寤焉，召还匈奴使者，更报单于书而许之。赐雄帛五十匹，黄金十斤。单于未发，会病，复遣使愿朝明年；上许之。

（以上为第六段，写汉哀帝朝议匈奴单于请求入朝事宜，公卿大臣主张拒绝，黄门郎扬雄独持异议，认为不可疏远匈奴，接受入朝。哀帝裁决可，虽在病中，头脑还算清醒。）

董贤贵幸日盛，丁、傅害其宠，孔乡侯晏与息夫躬谋欲求居位辅政。会单于以病未朝，躬因是而上奏，以为：“单于当以十一月入塞，后以病为解，疑有他变。乌孙两昆弥弱，卑爰疐强盛，东结单于，遣子往侍，恐其合势以并乌孙；乌孙并，则匈奴盛而西域危矣。可令降胡诈为卑爰疐使者来上书，欲因天子威告单于归臣侍子，因下其章，令匈奴客闻焉；则是所谓‘上兵伐谋，其次伐交’者也。”

击姑缯的营壁，践踏荡姐的战场，砍断朝鲜国的旗柄，拔取两越的军旗，时间短的战役，不过十天一个月，长的也不超过半年辛劳，一定能夷平王庭，耕为桑田，改编原来的部落设置郡县，就像云之散，席之卷，天清地净，不会给后世留下丝毫祸根。只有北狄不是如此，他们才是中国真正的强敌，东、西、南三陲之敌和它相比，实在相差太远了。正由于此，前世对匈奴很重视，如今也绝不可等闲视之。

“现今单于归心教化，怀着诚恳之心，想离开自己的王庭，来京师朝见陛下，这是前代遗留下来的策略，也是祖先神灵所盼望的。国家为此要支出些费用，也是不得不如此。怎么能用‘匈奴从上游来厌人’一句荒唐话，就加以拒绝呢？而且拒绝又含糊其辞，只说以后来朝，没有说定确切日期，把历年积下的所有恩德一笔勾销，开启未来的怨恨。匈奴因被拒绝而有疑心，由疑心产生出怨恨，自然背叛与汉朝和好的承诺，而一味抓住以往的和好，比照今日被拒绝入朝而为辞，把全部怨恨归罪于汉朝，由此与汉朝决裂，最终放弃臣服汉朝之心，到那时，我们的威力吓不住匈奴，好言开导安抚不了匈奴，怎能不构成重大忧患呢？眼明的人能看到无形的东西，耳聪的人能听到无声的音响，果真事先防患于未然，也就能兵革不用，而忧患不生。不然，猜忌一旦开始，尽管有智者在朝廷内辛苦策划，善辩者在外面频频接触，奔走相劝，还是不如在事情没有发生的时候有一个正确的决策。况且从前图谋西域，制服车师国，设置三十六国城郭都护，哪里是为了防备康居国、乌孙国能越过白龙堆沙漠来侵犯我西部边境呢？不过是为了制服匈奴啊！百年的辛劳，一天之间就被破坏而失去，当初开支十分费用去克制匈奴，而今却只为了爱惜一分费用而激发匈奴背叛，臣私下深为国家感到不安。希望陛下在还未发生变乱、战争之时稍加注意，以遏止北边战祸的萌生！”奏书呈上，汉哀帝醒悟，召回匈奴使节，更改给单于的书信，答应单于朝见的要求。赐给扬雄绸缎五十匹，黄金十斤。单于尚未启程，就赶上生病，于是，又派遣使节来京师，希望明年入朝，汉哀帝批准。

董贤的尊贵，日益隆盛。丁氏、傅氏两家外戚非常嫉妒董贤受宠。孔乡侯傅晏与息夫躬谋划想要获得辅政大臣的官位，正好赶上匈奴单于因生病没能来汉朝京师朝见孝哀皇上，息夫躬趁机上奏，认为：“单于应在十一月入关，其后借口生病没有来，疑有其他变故，乌孙两位昆弥势弱，卑爰疐势力强盛，与东方匈奴连接，派出儿子入质匈奴，恐怕他们要联合起来吞并乌孙，如果乌孙被吞并，那么匈奴就强盛而西域就危险了。可以派归降的乌孙人假扮成卑爰疐的使者来长安上书，请求借中原天子的权威施压匈奴，归还乌孙入侍匈奴的质子，皇上把奏章转交朝臣廷议，让匈奴的使臣知道。这就是所谓‘用兵的最好策略是破坏敌人的计谋，其次是断绝敌人的外援’。”

书奏，上引见躬，召公卿、将军大议。左将军公孙禄以为："中国常以威信怀伏夷狄，躬欲逆诈，进不信之谋，不可许。且匈奴赖先帝之德，保塞称藩；今单于以疾病不任奉朝贺，遣使自陈，不失臣子之礼。臣禄自保没身不见匈奴为边竟忧也！"躬掎禄曰："臣为国家计，冀先谋将然，豫图未形，为万世虑。而禄欲以其犬马齿保目所见。臣与禄异议，未可同日语也！"上曰："善！"乃罢群臣，独与躬议。

躬因建言："灾异屡见，恐必有非常之变，可遣大将军行边兵，敕武备，斩一郡守以立威，震四夷，因以厌应变异。"上然之，以问丞相嘉，对曰："臣闻动民以行不以言，应天以实不以文，下民微细，犹不可诈，况于上天神明而可欺哉！天之见异，所以敕戒人君，欲令觉悟反正，推诚行善，民心说而天意得矣！辩士见一端，或妄以意傅著星历，虚造匈奴、西羌之难，谋动干戈，设为权变，非应天之道也。守相有罪，车驰诣阙，交臂就死，恐惧如此，而谈说者欲动安之危，辩口快耳，其实未可从。夫议政者，苦其谄谀、倾险、辩惠、深刻也。昔秦缪公不从百里奚、蹇叔之言，以败其师，其悔过自责，疾诖误之臣，思黄发之言，名垂于后世。愿陛下观览古戒，反覆参考，无以先入之语为主！"上不听。

（以上为第七段，写邪恶佞臣息夫躬策划挑起人为的边患，侥幸立功封侯，独揽朝政大权。息夫躬很不高明的诈计，竟然蛊惑了汉哀帝。）

奏书呈上，汉哀帝召见息夫躬，又召集公卿、将军召开御前会议。左将军公孙禄认为：“中原一贯以威望和信义安抚夷狄，息夫躬假想敌人欺诈，进献不讲信用的计谋，不可允许。况且，匈奴依赖先帝的恩德，保卫边塞，自称藩国，如今单于因病不能胜任来京师朝贺，派使者来做了说明，没有失去臣子的礼节。臣公孙禄敢于担保，在臣的有生之年都不会有匈奴为患边界！”息夫躬接着公孙禄的话说：“臣为国家安危考虑，希望事先谋划，制止敌人可能的行动，防患于未然，为万世太平着想。而公孙禄只考虑到自己有生之年这眼前的安危，臣与公孙禄意见不同，不在一个档次。”汉哀帝说：“说得好。”于是让群臣退朝，单独与息夫躬商议。

息夫躬建议说：“灾异多次出现，恐怕一定有非常的事变，可派大将军巡视边境，整顿军备，斩一个郡的太守以树威，震慑四方蛮族，以此回应变异。”汉哀帝认为有道理，就拿这个建议去询问丞相王嘉，王嘉回答说：“臣听说影响下民，要靠实际行动，不能靠空洞的言辞，顺应天命要靠切合实际的内容，而不能靠表面文章。下民尽管微小，尚且不能诈骗，更何况上天神明，难道是可以欺骗的吗？上天显示变异，是用来警戒君王，想使君王觉悟，更正自己的过失，诚心诚意施行善政，民心喜悦，上天也就满意了。能说会道的人只看见事物的一点迹象，有的就随意用自己的想法去附会，凭空捏造匈奴、西羌将要发难的谎言，想大动干戈，预设下随机应变的策略，这不是顺应上天的办法。太守、国相如果犯了死罪，应当用囚车迅速地押赴皇帝的宫阙，反缚双臂，接受死刑，岂可阴谋杀戮制造恐怖。而今，那些善于言谈的人却想动摇国家的安全大计，走向危亡之途，徒逞口舌之快，其实是不能听从的。商议国家大事，最可恨的就是那些阿谀奉承、阴险狡诈、花言巧语、用心恶毒的人。从前，秦缪公不听百里奚、蹇叔的劝告，以致丧师辱国，后来悔恨自责，痛恨那些贻误大事的大臣，思念黄发老人的诤言，作《秦誓》以悔过，得以名垂后世。希望陛下观览古代的戒鉴，反复考虑，不要先入为主！”汉哀帝没有理会。

【点评】

论汉哀帝刘欣。哀帝入宫即位大统，效法成帝荒淫，年纪轻轻就患上严重的风流病，又受制于祖母傅太后，被丁氏、傅氏以及息夫躬、董贤等群小包围，整天稀里糊涂，浑浑噩噩，不知所为。匈奴单于来朝，朝议拒绝，扬雄上书陈说利害，哀帝有所醒悟，做出了正确的决策，息夫躬一番巧言，哀帝又改变了主意，做出错误的决定。绝对权威的皇权，掌握在这样一个人的手中，国运还能昌盛吗？集权制度使国家安危系于一个人的智愚与精神状态，实在是太危险了。儒家学者制造天人感应理论来制约皇权，利用天象说事，所以昏暗之朝，天象变异不绝于书。没有制度的约束，靠虚无的理论维系政治天平，可收一时之效，绝无长远之福。天人感应是古代的一种意识形态。意识形态代表不了善政，更代表不了合理的制度，而且荒唐的意识形态还要靠强权维护，它更是一把双刃剑。本来借天象说事，是用来限制恶性皇权的，其结果往往是大臣受祸，翟方进之死不就是这样的吗？

成帝纵淫，天象变异不断；哀帝步尘，变异天象更是层出不穷，好像天人之间真有感应似的。皇帝英明，为政不恶，天象自然不为人注意，就好像是正面的感应。一样的自然灾害，水患天旱，在圣明之朝，国家有备，应对有序，不会为民害；若发生在昏暗之朝，政府不管，人民流离，社会就要动乱。古代圣哲荀子早有警言："天行有常，不为尧存，不为桀亡。应之以治则吉，应之以乱则凶。"吉凶善恶，在人不在天。成帝、哀帝朝的天象变异，都是人为说事，并不是真有什么感应。

本卷所载谏大夫鲍宣上书，是一个亮点。鲍宣，字子都，渤海郡高城县人。鲍宣明经好学，为官清廉。他从基层一步一步上来，了解民生疾苦。鲍宣为县乡啬夫，代理束州丞，为郡功曹，举孝廉为郎，历官议郎、大司空府西曹掾、丞相司直等职，几起几落，复为谏大夫，名重当时。鲍宣上书，把人民的疾苦和官吏的暴虐，描写得历历如画。他列举人民有七种苦难和七种死亡。水旱灾害、沉重赋税、贪官勒索、土地兼并、差役不断、社会不宁、强盗横行，是为七苦。陷入法网、入狱受虐、无处申冤、落入贼手、雪恨仇杀、荒年饿死、瘟疫传染，是为七死。人民处于七苦七死的水深火热之中。鲍宣认为，民有七苦七死，完全是朝廷高官、地方郡县官吏贪赃枉法的结果。他为民呼喊："陛下不救，将安所归命乎！"两千年后，再读此文，忍不住动容落泪。可是哀帝看了奏章，无动于衷，还想惩治鲍宣，慑于他的声望，又是为民代言，没有触及统治集团的罪恶，没有犯颜冒昧，置之不理作罢。西汉王朝在哀帝带领之下，向着败亡加速前进。

·文白对照本·

资治通鉴

（全十八册）

第三册

卷第三十五至卷第五十五（汉纪二十七至汉纪四十七）

（宋）司马光　编著
张大可　语译

商务印书馆
创于1897 The Commercial Press

第三册目录

卷第三十五　汉纪二十七

汉哀帝元寿元年至汉平帝元始二年（前 2—2 年）…… 1195

卷第三十六　汉纪二十八

汉平帝元始三年至王莽始初元年（3—8 年）…… 1229

卷第三十七　汉纪二十九

王莽始建国元年至天凤元年（9—14 年）…… 1261

卷第三十八　汉纪三十

王莽天凤二年至地皇三年（15—22 年）…… 1299

卷第三十九　汉纪三十一

汉淮阳王更始元年至二年（23—24 年）…… 1335

卷第四十　汉纪三十二

汉光武帝建武元年至二年（25—26 年）…… 1373

卷第四十一　汉纪三十三

汉光武帝建武三年至五年（27—29 年）…… 1411

卷第四十二　汉纪三十四

汉光武帝建武六年至十一年（30—35 年）…… 1451

卷第四十三　汉纪三十五

汉光武帝建武十二年至二十二年（36—46 年）…… 1487

卷第四十四　汉纪三十六
汉光武帝建武二十三年至汉明帝永平三年（47—60 年）…………… 1527
卷第四十五　汉纪三十七
汉明帝永平四年至十八年（61—75 年）…………………………… 1567
卷第四十六　汉纪三十八
汉章帝建初元年至元和元年（76—84 年）………………………… 1599
卷第四十七　汉纪三十九
汉章帝元和二年至汉和帝永元三年（85—91 年）………………… 1633
卷第四十八　汉纪四十
汉和帝永元四年至元兴元年（92—105 年）……………………… 1665
卷第四十九　汉纪四十一
汉殇帝延平元年至汉安帝元初二年（106—115 年）…………… 1699
卷第五十　汉纪四十二
汉安帝元初三年至延光三年（116—124 年）…………………… 1733
卷第五十一　汉纪四十三
汉安帝延光四年至汉顺帝阳嘉二年（125—133 年）…………… 1771
卷第五十二　汉纪四十四
汉顺帝阳嘉三年至汉冲帝永嘉元年（134—145 年）…………… 1811
卷第五十三　汉纪四十五
汉质帝本初元年至汉桓帝永寿二年（146—156 年）…………… 1847
卷第五十四　汉纪四十六
汉桓帝永寿三年至延熹六年（157—163 年）…………………… 1881
卷第五十五　汉纪四十七
汉桓帝延熹七年至九年（164—166 年）………………………… 1915

汉纪二十七

汉哀帝元寿元年至汉平帝元始二年（前2—2年）

【起屠维协洽（己未，前2年），尽玄黓阉茂（壬戌，2年），凡四年】

【大事提要】

本卷记事起公元前2年，讫公元2年，凡四年，当哀帝元寿元年至平帝元始二年。两代皇帝交接，权臣大换班，王莽乱中取势，西汉实际上已名存实亡，只待举行禅让仪式了。元寿元年，挟制哀帝的祖母傅太后死，丁、傅外戚集团立即失势，嬖佞董贤贵盛，哀帝赏赐违礼过制，丞相王嘉犯颜直谏，蒙冤下狱，绝食而死。元寿二年匈奴单于来朝。六月二十六日，哀帝死于未央宫，太皇太后王政君当天赶到未央宫，收了皇帝印玺，夺回权力，立即启用王莽。凭借多年蛰伏韬晦获得的虚誉，以及果决毒辣的手段，王莽迅速攫取了汉家政权。元始元年，王莽给自己加上了安汉公的名号，又夺了太皇太后王政君垂帘的权力，为自己逼宫篡位铺平了道路。元始二年，王莽送女入宫，备位皇后，还耍了一番权术，表演推让屈从的政治秀，没有一个人敢于直言上奏，西汉国祚，走到了尽头。

【原文】

孝哀皇帝下

元寿元年（己未，前2年）

春，正月，辛丑朔，诏将军、中二千石举明习兵法者各一人，因就拜孔乡侯傅晏为大司马、卫将军，阳安侯丁明为大司马、票骑将军。

是日，日有食之。上诏公卿大夫悉心陈过失；又令举贤良方正能直言者各一人。大赦天下。

丞相嘉奏封事曰："孝元皇帝奉承大业，温恭少欲，都内钱四十万万。尝幸上林，后宫冯贵人从临兽圈，猛兽惊出，贵人前当之，元帝嘉美其义，赐钱五万。掖庭见亲，有加赏赐，属其人勿众谢。示平恶偏，重失人心，赏赐节约。是时外戚赀千万者少耳，故少府、水衡见钱多也。虽遭初元、永光凶年饥馑，加以西羌之变，外奉师旅，内振贫民，终无倾危之忧，以府臧内充实也。孝成皇帝时，谏臣多言燕出之害，及女宠专爱，耽于酒色，损德伤年，其言甚切，然终不怨怒也。宠臣淳于长、张放、史育，育数贬退，家赀不满千万，放斥逐就国，长榜死于狱，不以私爱害公义，故虽多内讥，朝廷安平，传业陛下。

"陛下在国之时，好《诗》、《书》，上俭节，征来，所过道上称诵德美，此天下所以回心也。初即位，易帷帐，去锦绣，乘舆席缘绨缯而已。共皇寝庙比当作，忧闵元元，惟用度不足，以义割恩，辄且止息，今始作治。而驸马都尉董贤亦起官寺上林中，又为贤治大第，开门乡北阙，引王渠灌园池，使者护作，赏赐吏卒，甚于治宗庙。贤母病，长安厨给祠具，道中过者皆饮食。为贤治器，器成，奏御乃行，或物好，特赐其工；自贡献宗庙、三宫，犹不至此。贤家有宾婚及见亲，诸官并共，赐及仓头、奴婢人十万钱。使者护视、发取市物，百贾震动，道路讙哗，群臣惶惑。诏书罢苑，而以赐贤二千余顷，均田之制从此堕坏。奢僭放纵，变乱阴阳，灾异众多，百姓讹言，持筹相惊，天惑其意，不能自止。陛下素仁智慎事，今而有此大讥。

【语译】

孝哀皇帝下

汉哀帝元寿元年（己未，前2年）

春季，正月初一日辛丑，汉哀帝下诏给将军、中二千石的高官，每一位各自举荐一位明习兵法的人，借此任命孔乡侯傅晏为大司马、卫将军，阳安侯丁明为大司马、骠骑将军。

这一天，发生日食。汉哀帝下诏公卿大夫尽心陈述朝廷过失，又命令各自举荐一位敢于直言的贤良方正。大赦天下。

丞相王嘉上密封奏书说："孝元皇帝承继帝位，温良恭俭，很少有个人欲望，国库存钱达四十亿。曾经游幸上林苑，猛兽受惊突然跳出兽圈，冯贵人挺身上前，挡住猛兽，汉元帝嘉奖她的义勇，赏赐也不过五万钱。在深宫中见到亲爱的嫔妃，要给予特别的赏赐，总是嘱受赏的人不要在众人面前谢恩，不愿使人觉得不公，有偏心，很重视人的心理平衡，而且赏赐也很节省。那时外戚的资产很少达到一千万，所以少府、水衡两部门存钱很多。国家虽然遭遇初元、永光年间的荒年饥馑，加上西羌叛变，对外要供给军队的费用，对内救济贫民，但没有倾覆的忧虑，因为国库储备充实。孝成皇帝时，谏臣们都指出微服出行的危害，以及过度宠爱美女，过度酗酒，不但损害品德，还要减少寿命，言辞恳切激烈，但成帝总是包容，不怨恨，不发怒。宠臣淳于长、张放、史育等人，史育多次遭到贬斥降职，家产不满千万，张放被放逐回到封国，淳于长被拷死狱中，没有以私情伤害公义。所以，成帝虽然在朝内受到许多讥评，而国家平安无事，这才把帝业传给了陛下。

"陛下在定陶封国的时候，喜爱《诗经》、《书经》，崇尚俭朴节约，被征召来京师任皇太子时，沿途经过的郡县，大家都称颂陛下的美德，这正是天下人民把爱戴成帝之心转移到陛下身上的原因。陛下刚即位时，更换帷帐，撤去锦绣的服饰，车马和座位的靠垫只不过用粗厚的绨缯包边作为装饰而已。共皇寝庙屡次应当兴建，都因怜悯百姓，念及国家经费不足，以义割恩，常常将它暂停修建，直到现在才开始建造。而驸马都尉董贤却在上林苑里盖了官府，陛下还为他修建高大的邸宅，邸宅的正门正对着皇宫北门，引导御渠的水来灌溉园林水池。在皇上使节监督下，日夜赶工，对吏卒的赏赐，远远超出修建宗庙时的规制。董贤的母亲生病，由长安的厨官供给她祈祷、施舍用具和食品，道路过往行人都可获得一份饮食。陛下还为董贤制造器具，器具制成，必须呈奏陛下审查后方可送去，有工精艺巧的，还特地赏赐匠工。即使奉献宗庙、三宫，都没有这样认真隆重。每逢董贤家有宾客、办婚礼或接待亲戚，各官府都要摊派供奉财物，赏赐给管家、奴仆、婢女的钱，每人达

“孔子曰：‘危而不持，颠而不扶，则将安用彼相矣！’臣嘉幸得备位，窃内悲伤不能通愚忠之信；身死有益于国，不敢自惜。唯陛下慎己之所独向，察众人之所共疑！往者邓通、韩嫣，骄贵失度，逸豫无厌，小人不胜情欲，卒陷罪辜，乱国亡躯，不终其禄，所谓‘爱之适足以害之’者也！宜深览前世，以节贤宠，全安其命。”上由是于嘉浸不说。

前凉州刺史杜邺以方正对策曰：“臣闻阳尊阴卑，天之道也。是以男虽贱，各为其家阳；女虽贵，犹为其国阴。故礼明三从之义，虽有文母之德，必系于子。昔郑伯随姜氏之欲，终有叔段篡国之祸；周襄王内迫惠后之难，而遭居郑之危。汉兴，吕太后权私亲属，几危社稷。窃见陛下约俭正身，欲与天下更始，然嘉瑞未应，而日食、地震。案《春秋》灾异，以指象为言语。日食，明阳为阴所临。坤以法地，为土，为母，以安静为德；震，不阴之效也。占象甚明，臣敢不直言其事！昔曾子问从令之义，孔子曰：‘是何言与！’善闵子骞守礼不苟从亲，所行无非理者，故无可间也。今诸外家昆弟，无贤不肖，并侍帷幄，布在列位，或典兵卫，或将军屯，宠意并于一家，积贵之势，世所希见、所希闻也。至乃并置大司马、将军之官，皇甫虽盛，三桓虽隆，鲁为作三军，无以甚此！当拜之日，晻然日食。不在前后，临事而发者，明陛下谦逊无专，承指非一，所言辄听，所欲辄随，有罪恶者不坐辜罚，无功能者毕受官爵，流渐积猥，过在于是，欲令昭昭以觉圣朝。昔诗人所刺，《春秋》所讥，指象如此，殆不在他。由后视前，忿邑非之；逮身所行，不自镜见，则以为可，计之过者。愿陛下加致精诚，思承始初，事稽诸古，以厌下心，则黎庶群生无不说喜，上帝百神收还威怒，祯祥福禄，何嫌不报！”

十万。在皇帝使者的监护下，董贤家人强行用低价购买货物，各行各业的商人震惊恐惧，道路上的行人都喧哗奔跑，文武百官都感到惶惑。诏书裁撤皇家园林，却把两千多倾田地赐给董贤，破坏了限制官员占田的均衡制度。过分的挥霍纵欲，僭越制度，导致阴阳错乱，天象变异频频发生，百姓听信谣言，手持禾稼麻秆，互相惊恐奔走，是上天迷惑他们，自己身不由己，不能停止。陛下一向仁慈智慧，谨慎行事，可一个董贤却让陛下蒙受这样大的讥讽。

“孔子说：‘看到危险不去解除，看到颠覆不去扶持，要这样的宰相有什么用。’臣王嘉侥幸得任丞相之位，内心经常暗自悲伤，无法在陛下面前表达受信任的愚忠。如果我身死有益于国家，绝不敢爱惜。希望陛下能审慎地对待自己偏爱的宠臣，考虑大家共同的疑虑。从前邓通、韩嫣骄横显贵失去约束，安乐无厌。这些小人不能摆脱心中的私欲，最终犯下大罪，扰乱了国家，自己也丧生，不能终身享受荣华富贵。正所谓‘本是爱他，却反而害了他’。应当深入观览前代的教训，节制对董贤的宠爱，以保全他的生命。”汉哀帝从此对王嘉渐渐不满。

前凉州刺史杜邺，以方正身份，用对策上奏说：“臣听说阳尊阴卑，是上天行事之道。所以男子即使卑贱，仍然是各家之阳；女子即使尊贵，仍是国中之阴。所以礼教明确规定女子在家从父、出嫁从夫、夫死从子的三从准则，即使有周文王母亲的德行，也必须依从于儿子。从前郑庄公顺从母亲姜氏的意愿，以致酿成共叔段篡国的大祸。周襄王内受母后责难，外受亲弟弟叔带召狄人的攻击，而遭遇逃亡到郑国的危难。汉朝兴起后，吕太后把朝廷大权私自交由她的亲属，几乎断送了汉王朝。臣看到陛下修身，想重新开创新局面，但祥瑞没有降临，反而降临日食、地震。查阅《春秋》记载的灾变，那是上天显示的一种警告。日食，表明阳被阴侵犯。阴为坤，坤象征地，称地为土、为母，而大地以安静为美德。地震是不安定，表明大地没有遵循阴之道。占卜的卦象也十分明显，臣不敢不直率地据实报告。从前曾子曾经询问孔子，听从父命是否就是孝顺。孔子说：‘这是什么话！’孔子特别称赞闵子骞谨守礼仪，不随便盲从父母的命令，但他的所作所为没有不合乎道理的，因此别人也就无法离间他和父母的关系。如今这些外戚子弟，不管是贤能的，还是不贤的，一律侍奉皇上，分布在重要的岗位上，有的掌握了禁兵，有的统率驻防军队，宠爱集中于一家，权力迅速膨胀，古今世上罕见，闻所未闻。甚至同时设置两个大司马、将军，周代皇甫卿士的强盛，鲁国三桓势力的隆贵，建置了三军，也无法与今天的傅氏、丁氏相比。就在任命两个大司马、将军的当天，天空昏暗，发生日食，不前不后，偏偏在授官拜职的时候发生，十分鲜明地表现了陛下太过谦虚，不敢独行专断，秉承傅太后的旨意不止一次，她说的话都听，她想要的都给，外戚中犯了罪的不惩处，无功无能的都授官拜爵，这类事情越积越多。上述这些过错，使皇天一再

上又征孔光诣公车，问以日食事，拜为光禄大夫，秩中二千石，给事中，位次丞相。

初，王莽既就国，杜门自守。其中子获杀奴，莽切责获，令自杀。在国三岁，吏民上书冤讼莽者百数。至是，贤良周护、宋崇等对策，复深讼莽功德；上于是征莽及平阿侯仁还京师，侍太后。

董贤因日食之变以沮傅晏、息夫躬之策，辛卯，上收晏印绶，罢就第。

丁巳，皇太太后傅氏崩，合葬渭陵，称孝元傅皇后。

丞相、御史奏息夫躬、孙宠等罪过，上乃免躬、宠官，遣就国；又罢侍中、诸曹、黄门郎数十人。

鲍宣上书曰："陛下父事天，母事地，子养黎民；即位以来，父亏明，母震动，子讹言相惊恐。今日食于三始，诚可畏惧。小民正朔日尚恐毁败器物，何况于日亏乎！陛下深内自责，避正殿，举直言，求过失，罢退外亲及旁仄素餐之人，征拜孔光为光禄大夫，发觉孙宠、息夫躬过恶，免官遣就国，众庶歙然，莫不说喜。天人同心，人心说则天意解矣。乃二月丙戌，白虹干日，连阴不雨，此天下忧结未解，民有怨望未塞者也。侍中、驸马都尉董贤，本无葭莩之亲，但以令色、谀言自进，赏赐无度，竭尽府臧，并合三第，尚以为小，复坏暴室。贤父、子坐使天子使者，将作治第，行夜吏卒皆得赏赐，上冢有会，辄太官为供。海内贡献，当养一君，今反尽之贤家，岂天意与民意邪！天不可久负，厚之如此，反所以害之也！诚欲哀贤，宜为谢过天地，解仇海内，免遣就国，收乘舆器物还之县官，可以父子终其性命；不者，海内之所仇，未有得久安者也。孙宠、息夫躬不宜居国，可皆免，以视天下。复征何武、师丹、彭宣、傅喜，旷然使民易视，以应天心，建立大政，兴太平之端。"上感大异，纳宣言，征何武、彭宣；拜鲍宣为司隶。

发出警告，明明白白地是要唤醒陛下啊！从前诗人的讽刺，《春秋》中的讥刺，所指正是今天的现象，恐怕不是其他方面。从后世人来看前代人的过失行为，不必愤愤不平，想想自身所作所为，拿前人作镜子照一照，还自以为自己正确，那就大错特错了。希望陛下精诚治国，想一想刚即位时的作为，每件事都要察考古人的事例做借鉴，用以满足人民的心愿。那么黎民大众没有不喜悦的，上帝百神也都收回威怒，何愁吉祥福禄不降临呢？”

汉哀帝又征召孔光到公车府，询问日食的事，任命他为光禄大夫，秩中二千石，给事中，列位次于丞相。

当初，王莽回到封国后，把自己关在家中，谢绝宾客。他的第二个儿子王获杀死家奴，王莽痛斥王获，命他自杀。在封国三年，官吏、百姓上奏为王莽申冤的，数以百计。直到此时，贤良周护、宋崇等应对策问又大加赞颂王莽的功德。汉哀帝于是征召王莽和平阿侯王仁回到京师，让他们侍奉太皇太后。

董贤争宠，利用日食的变异，反击傅晏、息夫躬，说日食是因为两人挑动对匈奴的战争引起的。[正月十一日辛卯]汉哀帝收缴傅晏印信绶带，免职回家。

正月十七日丁巳，皇太太后傅氏逝世，和元帝合葬于渭陵，称为“孝元傅皇后”。

丞相、御史上奏弹劾息夫躬、孙宠等人的罪过，汉哀帝因此罢免了息夫躬、孙宠的官职，责令他们回到封国。又罢免了侍中、诸曹、黄门郎数十人。

鲍宣上奏说：“陛下把天地当作父母来侍奉，把黎民百姓当作子女来抚养。即位以来，上天欠缺光明，大地发生地震，黎民百姓讹言流传，互相惊恐奔走。现在日食又发生在正月初一，实在令人畏惧。小民们在正月初一这天都小心翼翼，唯恐损坏一件器具，更何况日食发生在这一天呢！陛下应在内心深刻地责备自己，避开在正殿听政，选拔直言的人，征询过失，罢免斥退外戚以及身边不称职之人，征召任命孔光为光禄大夫，审察孙宠、息夫躬的过错罪恶，把他们罢官遣送回封国。众人都很高兴，没有一个不心服的。天人同心，人心喜悦，那么上天的愤怒本应自然消解。但是在二月十六日丙戌，白虹侵犯太阳，气候又连阴不雨，这表示国家重大的忧虑纠结还没有化解，黎民百姓心怀不满还没有平息。侍中、驸马都尉董贤，原本和陛下毫无亲戚关系，仅凭着他的花言巧语，以及他那副奴颜媚态，博取陛下欢心，以致陛下对他赏赐没有限度，竭尽了府库钱财，合并三座上等房屋为一座赐给他，他还嫌太小，又拆除暴室来扩充面积。董贤父子可以随意呼唤天子的使者。皇上派将作大匠为他修建宅第，连夜间巡逻的吏卒都得到赏赐。董贤上坟祭奠祖先和会见宾客，所需祭用品和食物全都由皇家厨房供应。全国各地进献的财物本当是奉养天子一人，如今反而都在董贤的家里，这难道是天心和民意吗？上天是不可以长久背

上托傅太后遗诏，令太皇太后下丞相、御史，益封董贤二千户，赐孔乡侯、汝昌侯、阳新侯国。王嘉封还诏书，因奏封事谏曰：“臣闻爵禄、土地，天之有也。《书》云：‘天命有德，五服五章哉！’王者代天爵人，尤宜慎之。裂地而封，不得其宜，则众庶不服，感动阴阳，其害疾自深。今圣体久不平，此臣嘉所内惧也。高安侯贤，佞幸之臣，陛下倾爵位以贵之，单货财以富之，损至尊以宠之，主威已黜，府臧已竭，唯恐不足。财皆民力所为，孝文欲起露台，重百金之费，克己不作。今贤散公赋以施私惠，一家至受千金，往古以来，贵臣未尝有此，流闻四方，皆同怨之。里谚曰：‘千人所指，无病而死。’臣常为之寒心。今太皇太后以永信太后遗诏诏丞相、御史，益贤户，赐三侯国，臣嘉窃惑。山崩、地动、日食于三朝，皆阴侵阳之戒也。前贤已再封，晏、商再易邑，业缘私横求，恩已过厚，求索自恣，不知厌足，甚伤尊尊之义，不可以示天下，为害痛矣！臣骄侵罔，阴阳失节，气感相动，害及身体。陛下寝疾久不平，继嗣未立，宜思正万事，顺天人之心，以求福佑，乃何轻身肆意，不念高祖之勤苦，垂立制度，欲传之于无穷哉！臣谨封上诏书，不敢露见；非爱死而不自法，恐天下闻之，故不敢自劾。”

初，廷尉梁相治东平王云狱时，冬月未尽二旬，而相心疑云冤狱，有饰辞，奏欲传之长安，更下公卿覆治。尚书令鞫谭，仆射宗伯凤以为

弃的，对董贤如此厚待，反而会因此而害了他。假使真心想怜悯董贤，就应当向天地承认过错，解除天下人对他的仇视，罢免他的官职，遣送回封国，收回所赐御用的器物，还给官府，如此，董贤父子方可保全性命。不这样，董贤就犯了全国人民的众怒，不可能有长久平安。孙宠、息夫躬不应当封侯，都应免除爵位，以告示天下。重新启用何武、师丹、彭宣、傅喜，使百姓清楚看到陛下所垂示的无私，以顺天心，那么治理之政得到重建，这是太平盛世的开始。”汉哀帝览奏，感到灾异之事严重，就采纳鲍宣的建议，征召何武、彭宣，并授任鲍宣为司隶。

汉哀帝假称傅太后的遗诏，请太皇太后下令给丞相、御史大夫，要他们给董贤增加食邑二千户，赐孔乡侯傅晏、汝昌侯傅商、阳新侯郑业三人侯国封邑。王嘉把诏书封起来，退呈给天子，并呈上密封奏书劝谏说：“我听说爵位、俸禄、土地都是上天所拥有的。《书经》说：‘上天命有德的人为天子、诸侯、公卿、大夫、士五个等级，有五种显示尊卑的衣服，五种衣服的色彩、原料、图案都不相同。’天子代表上天，对人民封爵任官，应该特别慎重。裂地封国，处理不当，人心不服，触动阴阳，就会使天子的病情加重。现在陛下圣体久不能痊愈，这使臣王嘉内心深感不安。高安侯董贤，是个靠巧言谄媚而受宠的臣子，陛下恨不得把所有爵位都封给他，使他显贵，把所有钱财都赐给他，使他大富，甚至降低皇帝的身份去宠爱他，因此君王权威已受损伤，国库的储积已被耗尽，而仍唯恐不能满足。财富都是人民创造的，孝文帝想修建露台，因吝惜那百金的兴建费而克制自己没去兴建。如今董贤散发国家的赋税来布施他个人恩惠，甚至一家可得千金的赏赐，古往今来的宠臣还没有像董贤这样的。关于董贤的所作所为，已流传全国各地，人们都很怨恨他。里巷流行的谚语说：‘千人所指，无病而死。’臣常为此而寒心。如今太皇太后拿永信太后的遗诏命令丞相、御史，增加董贤采邑人户，赐给三个侯国，臣王嘉私下感到很迷惑。山崩、地震、日食同时发生在正月初一，这都是上天因为阴侵阳而显示的警告。前不久，董贤已是第二次封爵，傅晏、傅商也再次改换封国采邑，郑业因私宠而贪求无度，陛下对他们的恩惠已很优厚了，他们仍恣意求索，不知满足，如此则深深伤害尊崇傅太后本意，实在无法向天下人公布，为害极大。臣属骄横，欺蔽圣上，使阴阳失去调节，阴阳二气互相冲动，伤害身体。陛下久病不愈，继承人尚未确定，应当想到把万事纳入正轨，顺应天心人心，以求上天的保佑，岂能任意轻视自身健康，不念及高祖创业的艰苦，创立制度，而使它传之无穷！臣谨慎地将诏书封还，不敢拆开来看，并非爱惜生命不敢承认违抗诏旨，实在是怕天上人知道诏书的内容，因此不敢自我弹劾。”

当初，廷尉梁相审理东平王刘云一案时，正是冬月不到二十天，梁相疑心刘云一案是冤案，有不实的供词，因而上奏，想把案犯押解到长安，改由公卿再加重审。

可许。天子以为相等皆见上体不平，外内顾望，操持两心，幸云逾冬，无讨贼疾恶主仇之意，免相等皆为庶人。后数月，大赦，嘉荐“相等皆有材行，圣王有计功除过，臣窃为朝廷惜此三人”。书奏，上不能平。后二十余日，嘉封还益董贤户事，上乃发怒，召嘉诣尚书，责问以“相等前坐不忠，罪恶著闻，君时辄已自劾；今又称誉，云‘为朝廷惜之’，何也？”嘉免冠谢罪。

事下将军朝者，光禄大夫孔光等劾“嘉迷国罔上，不道，请谒者召嘉诣廷尉诏狱”。议郎龚等以为“嘉言事前后相违，宜夺爵土，免为庶人”。永信少府猛等以为“嘉罪名虽应法，大臣括发关械，裸躬就笞，非所以重国，褒宗庙也。”上不听，诏“假谒者节，召丞相诣廷尉诏狱。”

使者既到，府掾、史涕泣，共和药进嘉，嘉不肯服。主簿曰：“将相不对理陈冤，相踵以为故事，君侯宜引决！”使者危坐府门上，主簿复前进药。嘉引药杯以击地，谓官属曰：“丞相幸得备位三公，奉职负国，当伏刑都市，以示万众。丞相岂儿女子邪！何谓咀药而死！”嘉遂装，出见使者，再拜受诏；乘吏小车，去盖，不冠，随使者诣廷尉。廷尉收嘉丞相、新甫侯印绶，缚嘉载致都船诏狱。上闻嘉生自诣吏，大怒，使将军以下与五二千石杂治。吏诘问嘉，嘉对曰：“案事者思得实。窃见相等前治东平王狱，不以云为不当死，欲关公卿，示重慎，诚不见其外内顾望、阿附为云验，复幸得蒙大赦。相等皆良善吏，臣窃为国惜贤，不私此三人。”狱吏曰：“苟如此，则君何以为罪，犹当有以负国，不空入狱矣？”吏稍侵辱嘉，嘉喟然仰天叹曰：“幸得充备宰相，不能进贤、退不肖，以是负国，死有余责。”吏问贤、不肖主名。嘉曰：“贤故丞相孔光、故大司空何武，不能进；恶高安侯董贤父、子乱朝，而不能退。罪当死，死无所恨！”嘉系狱二十余日，不食，欧血而死。

（以上为第一段，写哀帝贵宠董贤，违礼过制，大失君德。丞相王嘉犯颜直谏，蒙冤而死。）

尚书令鞠谭、仆射宗伯凤认为可以答应。汉哀帝却认为梁相等人看到自己身体不适，别有居心，内外观望，两面讨好，企图把刘云一案拖过冬季，就可减刑免死，毫无讨伐贼寇、痛恨奸恶、为主上复仇的心意，因此罢免了梁相等人的官职，都贬为平民。几个月后大赦，王嘉又推荐说："梁相等都有才能德行，圣明的君王对臣下总是录其功，免其过，臣暗自为朝廷惋惜这三个人。"书奏呈上，汉哀帝愤慨不平。只过了二十多天，王嘉又把增封董贤食邑的诏书封还，汉哀帝更是大发雷霆，召王嘉到尚书处，责问他："梁相等人从前犯了不忠之罪，罪恶昭著，当时你也曾自我弹劾；现在你又称赞他们，说什么'为朝廷怜惜他们'，这是什么意思？"王嘉脱帽谢罪。

汉哀帝把王嘉一案交由文武大臣讨论，光禄大夫孔光等人弹劾王嘉，说："王嘉迷乱国家，蒙蔽圣上，大逆不道，请皇上派谒者宣召王嘉到廷尉府接受审判，关入诏狱。"议郎龚等认为："王嘉奏言之事，前后互相矛盾，应当剥夺爵位食邑，免去官职，贬为平民。"永信少府猛等认为："王嘉的罪名虽然应当依法处置，但把国家大臣束结其发，带上镣铐，裸露身体受拷打，这不是尊重国家、褒扬宗庙的做法。"汉哀帝不听猛等的劝告，下诏"令谒者持节，召丞相王嘉入廷尉诏狱。"

使者到了丞相府，相府的掾、史等官吏流泪哭泣，一起将毒药调好，送给王嘉，王嘉不肯喝。主簿说："将相犯罪，不和执法官面陈冤屈，这是世代相沿而成的惯例，君侯该自杀才是。"使者严肃端正地坐在府门，主簿又走上前去，将毒药呈给王嘉。王嘉拿起药杯掷在地下，对相府的官吏说："我有幸位居三公，如果奉职不谨慎，辜负了国家的重托，应该公开伏法受死，以昭示百姓。丞相难道是小儿妇女吗？为何要喝毒药而死！"王嘉于是穿上朝服，出来见使者，再拜接受诏书，然后乘坐吏属的小车，除掉车篷，不戴官帽，随着使者去廷尉处。廷尉收缴了王嘉的丞相印绶和新甫侯印绶，把王嘉捆绑起来，送到都船诏狱。汉哀帝听到王嘉活着去投案，十分震怒，派出将军共五位二千石的高官会审。主审官讯问王嘉，王嘉回答说："负责审案的人要的是实情。我看到梁相等人前些时审理东平王案件，不是认为刘云没有犯死罪，想的是知会公卿，表示慎重，实在看不出他们对朝廷内外有所顾虑和观望，阿谀攀附刘云的证据，更谈不上企图侥幸大赦。梁相他们都是善良官吏，臣只是为国惜才，并不是偏袒他们三人。"主审官说："若是这样，那么凭什么给你定罪呢？现在你犯了有负国家的罪，不是凭空把你关进监狱的。"狱吏开始刑讯凌辱王嘉，王嘉喟然仰天长叹说："臣有幸能充任丞相，却不能引进贤才，斥退不正派的人，所以是犯有负国家的罪，死有余辜。"主审官问王嘉，谁是贤才，谁是不正派的人，王嘉说："贤能的人是前丞相孔光、前大司空何武，但他们却不能进用；恶者是高安侯董贤父子扰乱朝政，却不能斥退他们。罪当处死，死而无恨！"王嘉关押在监狱二十多天，不进饮食，吐血而死。

已而上览其对，思嘉言，会御史大夫贾延免，夏，五月，乙卯，以孔光为御史大夫。秋，七月，丙午，以光为丞相，复故国博山侯；又以汜乡侯何武为御史大夫。上乃知孔光前免非其罪，以过近臣毁短光者，曰：“傅嘉前为侍中，毁谮仁贤，诬诉大臣，令俊艾者久失其位，其免嘉为庶人，归故郡。”

八月，何武徙为前将军。辛卯，光禄大夫彭宣为御史大夫。

司隶鲍宣坐摧辱丞相，拒闭使者，无人臣礼，减死髡钳。

大司马丁明素重王嘉，以其死而怜之；九月，乙卯，册免明，使就第。

冬，十一月，壬午，以故定陶太傅、光禄大夫韦赏为大司马、车骑将军。己丑，赏卒。

十二月，庚子，以侍中、驸马都尉董贤为大司马、卫将军，册曰：“建尔于公，以为汉辅！往悉尔心，匡正庶事，允执其中！”是时贤年二十二，虽为三公，常给事中，领尚书事，百官因贤奏事。以父卫尉恭不宜在卿位，徙为光禄大夫、秩中二千石；弟宽信代贤为驸马都尉。董氏亲属皆侍中、诸曹、奉朝请，宠在丁、傅之右矣。

初，丞相孔光为御史大夫，贤父恭为御史，事光；及贤为大司马，与光并为三公。上故令贤私过光。光雅恭谨，知上欲尊宠贤。及闻贤当来也，光警戒衣冠出门待，望见贤车乃却入，贤至中门，光入阁，既下车，乃出，拜谒、送迎甚谨，不敢以宾客钧敌之礼。上闻之，喜，立拜光两兄子为谏大夫、常侍。贤自是权与人主侔矣。

是时，成帝外家王氏衰废，唯平阿侯谭子去疾为侍中，弟闳为中常侍。闳妻父中郎将萧咸，前将军望之子也，贤父恭慕之，欲为子宽信求咸女为妇，使闳言之。咸惶恐不敢当，私谓闳曰：“董公为大司马，册文言‘允执其中’，此乃尧禅舜之文，非三公故事，长老见者莫不心惧。此岂家人子所能堪邪！”闳性有知略，闻咸言，亦悟；乃还报恭，深达咸自谦薄之意。恭叹曰：“我家何用负天下，而为人所畏如是！”意不说。

后来，汉哀帝看到王嘉的供词，思考王嘉的话，正好御史大夫贾延被免职，于是在夏季五月十七日乙卯，任命孔光为御史大夫。秋季，七月初九日丙午，任命孔光为丞相，恢复他原先的博山侯的爵位。又任用汜乡侯何武为御史大夫。于是汉哀帝才知道孔光从前被免职，并非他真的有罪，而是亲近自己的大臣诋毁诬陷所造成的，于是说："傅嘉从前为侍中，谗言诽谤仁贤，诬陷大臣，以致杰出的人才长久失去他的职位。现在免除傅嘉的官职，贬为平民，回到原籍去。"

八月，何武被调任前将军。八月二十四日辛卯，任命光禄大夫彭宣为御史大夫。

司隶鲍宣被控告侮辱丞相，闭门拒绝使者的逮捕，犯了丧失臣子礼仪的罪，免除死刑，判处髡刑。

大司马丁明一向尊重王嘉，对王嘉的死十分痛惜。九月十九日乙卯，丁明被罢官，回到侯爵府第。

冬季，闰十一月十七日壬午，任命前定陶王太傅、光禄大夫韦赏为大司马、车骑将军。闰十一月二十四日己丑，韦赏去世。

十二月初六日庚子，任命侍中、驸马都尉董贤为大司马、卫将军，封册诏书说："封立你为三公，作为汉朝的辅佐大臣，今后要悉力尽忠，扶正国家众事，公平处理政务。"当时董贤才二十二岁，尽管位在三公，却常在皇帝左右侍从主管尚书事，百官必须通过董贤才能进呈国事，因董贤的父亲卫尉董恭不再适宜处在卿的位置，汉哀帝就调升他为光禄大夫、官秩二千石。董贤的弟弟董宽信接替董贤为驸马都尉。董氏亲属都被任命为侍中、诸曹、奉朝请，所受宠爱远在丁、傅两家之上。

当初，丞相孔光为御史大夫时，董贤的父亲董恭为御史，侍奉孔光。等到董贤做大司马，与孔光并列三公。汉哀帝特意让董贤私下去拜访孔光。孔光素来恭敬谨慎，知道皇上想尊宠董贤，听说董贤的车驾快到了。孔光很谨慎地穿戴衣冠走出大门等候，等看到了董贤的车驾，孔光才退入中门内。董贤车驾到了中门，孔光退到客厅旁的小门，等候董贤下车后，孔光马上出来拜见，迎候之礼非常恭敬，不敢把董贤看成与自己是同等地位的宾客，使用平等的礼节相待。汉哀帝知道后，非常高兴，立即任命孔光两个侄儿为谏大夫、常侍。从此董贤的权势与汉哀帝相当了。

此时，成帝的外祖父母和舅舅家王氏已衰落微弱，只剩下平阿侯王谭的儿子王去疾担任侍中，弟弟王闳做中常侍。王闳的岳父是中郎将萧咸，萧咸是故将军萧望之的儿子。董贤的父亲董恭很仰慕萧咸。想为儿子董宽信求娶萧咸的女儿为妻，就请王闳去示意萧咸。萧咸恐惧不敢答应，私下对王闳说："任命董贤为大司马时，策书中有一句：'允执其中。'这是唐尧禅让皇帝位给虞舜时所说的一句话，而不是策封三公所惯用的话，长者们看了，无不感到恐惧。这岂是我们普通人家的女儿能够

后上置酒麒麟殿，贤父子、亲属宴饮，侍中、中常侍皆在侧，上有酒所，从容视贤笑曰：“吾欲法尧禅舜，何如？”王闳进曰：“天下乃高皇帝天下，非陛下有也！陛下承宗庙，当传子孙于亡穷，统业至重，天子亡戏言！”上默然不说，左右皆恐。于是遣闳出归郎署。

久之，太皇太后为闳谢，复召闳还。闳遂上书谏曰：“臣闻王者立三公，法三光，居之者当得贤人。《易》曰：‘鼎折足，覆公𫗧’，喻三公非其人也。昔孝文皇帝幸邓通，不过中大夫，武帝幸韩嫣，赏赐而已，皆不在大位。今大司马、卫将军董贤，无功于汉朝，又无肺腑之连，复无名迹高行以矫世，升擢数年，列备鼎足，典卫禁兵，无功封爵，父子、兄弟横蒙拔擢，赏赐空竭帑藏，万民喧哗，偶言道路，诚不当天心也！昔褒神蚖变化为人，实生褒姒，乱周国，恐陛下有过失之讥，贤有小人不知进退之祸，非所以垂法后世也！”上虽不从闳言，多其年少志强，亦不罪也。

（以上为第二段，写哀帝朝嬖宠董贤贵盛，取代傅氏、丁氏，更有过之，汉室朝政一片昏暗。）

二年（庚申，前1年）

春，正月，匈奴单于及乌孙大昆弥伊秩靡皆来朝，汉以为荣。是时西域凡五十国，自译长至将、相、侯、王皆佩汉印绶，凡三百七十六人；而康居、大月氏、安息、罽宾、乌弋之属，皆以绝远，不在数中，其来贡献，则相与报；不督录总领也。自黄龙以来，单于每入朝，其赏赐锦绣、缯絮辄加厚于前，以慰接之。单于宴见，群臣在前，单于怪董贤年少，以问译。上令译报曰：“大司马年少，以大贤居位。”单于乃起，拜贺汉得贤臣。是时上以太岁厌胜所在，舍单于上林苑蒲陶宫，告之以加敬于单于；单于知之，不悦。

承受得起的？”王闳原本有智谋才略，听了萧咸的话，也就领悟了。因此就回答董恭，转达了萧咸自感地位卑微，高攀不上的意思，代致深深的歉意。董恭叹息说：“我家有什么地方得罪了天下，而竟被人们如此地畏惧。”内心很不高兴。后来，汉哀帝在麒麟殿设置酒宴，董贤父子、亲属都参加了宴会，侍中、中常侍都在旁边侍候。汉哀帝有醉意，从容地看着董贤，笑着说：“我想效法唐尧禅让帝位给虞舜，你看怎么样？”王闳当即进言说：“天下是高皇帝的天下，并非陛下所独有！陛下既然承继宗庙，就应该传给子孙万代，继统天下大业，事关重大，天子不可戏言！”汉哀帝默然不悦，左右两旁的人都感惶恐。因此，就命王闳出宫，回到郎署，不得再侍禁中。

过了很久，太皇太后替王闳向汉哀帝谢罪，才又将王闳召回。王闳就上奏劝谏说：“臣听说帝王设立三公的官职，是效法天上日、月、星的意思，身居此位的人必须是贤德的人。《易经》说：‘鼎的脚如果被折断，里面的食物就会倾倒出来。’这是比喻三公人选不当将导致倾覆的后果。过去孝文皇帝宠爱邓通，只不过让他做一个中大夫的官；武帝宠爱韩嫣，也不过多加赏赐而已，他们两人都不居高位。如今大司马、卫将军董贤，既无功于汉朝，更不是皇上的近亲，更没有著名的事迹、崇高的德行可以纠正世风，却连年擢升，位居三公，而且还掌管禁卫军队。无功而受封爵位，父子、兄弟蒙受越级的提拔，赏赐之多，使国库虚空，万民为之喧哗，路上行人不禁窃窃私语，实在不合天意。从前褒邑的毒蛇变化为人，后来生下褒姒，致使周王朝大乱。臣恐惧陛下会有过失而被讥讽，董贤会因小人不知进退而遭灾祸，这可不是永垂后世的榜样。”汉哀帝虽然听不进王闳的劝谏，但却赞赏他年少志壮，因而也就未加罪于他。

汉哀帝元寿二年（庚申，前1年）

春季，正月，匈奴乌珠留若鞮单于栾提囊知牙斯，以及乌孙大昆弥伊秩靡，同时来中原朝见，汉朝感到很荣耀。当时，西域共有五十国，从翻译官到将军、丞相、侯、王都佩戴汉朝印绶，总计外宾三百七十六人。此外，康居、大月氏、安息、罽宾、乌弋等国，都因太遥远，不包括在五十国之内。只有在他们进贡时，汉朝才做回报，但不属西域都护管辖。自黄龙年间以来，单于每次来朝，所赏赐锦绣、缯絮等都比从前丰厚，用以慰劳接待他们。单于在设宴时面见汉哀帝，群臣们在殿前作陪，单于见董贤那么年轻感到惊奇，就询问翻译官。汉哀帝命翻译官回答说：“大司马尽管年轻，却是因有极大才能而居高位。”单于就起身，跪拜恭贺汉朝得此贤臣。这时皇上因太岁在申，申为南向，为了能以诅咒之术制服煞神，将单于安排住在上林苑蒲陶宫。告知宫里的人对单于要以特别礼待。后来单于知道汉朝把他视为煞神，

夏，四月，壬辰晦，日有食之。

五月，甲子，正三公官分职。大司马、卫将军董贤为大司马；丞相孔光为大司徒；彭宣为大司空，封长平侯。

六月，戊午，帝崩于未央宫。

帝睹孝成之世禄去王室，及即位，屡诛大臣，欲强主威以则武、宣。然而宠信谗谄，憎疾忠直，汉业由是遂衰。

太皇太后闻帝崩，即日驾之未央宫，收取玺绶。太后召大司马贤，引见东箱，问以丧事调度；贤内忧，不能对，免冠谢。太后曰："新都侯莽，前以大司马奉送先帝大行，晓习故事，吾令莽佐君。"贤顿首："幸甚！"太后遣使者驰召莽，诏尚书，诸发兵符节、百官奏事、中黄门、期门兵皆属莽。莽以太后指，使尚书劾贤，帝病不亲医药，禁止贤不得入宫殿司马中；贤不知所为，诣阙免冠徒跣谢。己未，莽使谒者以太后诏即阙下册贤曰："贤年少，未更事理，为大司马，不合众心，其收大司马印绶，罢归第！"即日，贤与妻皆自杀；家惶恐，夜葬。莽疑其诈死；有司奏请发贤棺，至狱诊视，因埋狱中。太皇太后诏"公卿举可大司马者"。莽故大司马，辞位避丁、傅，众庶称以为贤，又太皇太后近亲，自大司徒孔光以下，举朝皆举莽。独前将军何武、左将军公孙禄二人相与谋，以为"往时惠、昭之世，外戚吕、霍、上官持权，几危社稷；今孝成、孝哀比世无嗣，方当选立近亲幼主，不宜令外戚大臣持权，亲疏相错，为国计便"。于是武举公孙禄可大司马，而禄亦举武。庚申，太皇太后自用莽为大司马、领尚书事。

太皇太后与莽议立嗣。安阳侯王舜，莽之从弟，其人修饬，太皇太后所信爱也，莽白以舜为车骑将军。秋，七月，遣舜与大鸿胪左咸使持节迎中山王箕子以为嗣。

莽又白太皇太后，诏有司以皇太后与女弟昭仪专宠锢寝，残灭继嗣，贬为孝成皇后，徙居北宫；又以定陶共王太后与孔乡侯晏同心合谋，背

就十分不满。

夏季，四月三十日壬辰，发生日食。

五月初二日甲子，确定三公官名和各分管的职权范围。任命大司马、卫将军董贤为大司马；丞相孔光为大司徒；御史大夫彭宣为大司空、封为长平侯。

六月二十六日戊午，汉哀帝在未央宫逝世。

汉哀帝亲眼看到汉成帝时代政权旁落在王氏手中的情况，等到自己即位后，屡次诛罚大臣，想效法汉武帝、宣帝以加强国君的权威，但是宠任奸佞，听信谗言，憎恶痛恨忠心耿直的大臣，汉朝的大业自此开始衰落。

太皇太后听说哀帝逝世，当天就驾临未央宫，收取皇帝印玺。太皇太后召大司马董贤，在未央宫东厢房接见，询问皇上丧葬如何安排。董贤内心忧虑，不能回答，只好脱帽谢罪。太皇太后说："新都侯王莽，从前任大司马，曾办理过先帝的丧事，熟悉丧事中的规章制度，我命王莽来帮助你。"董贤叩头说："这太好了。"太皇太后派使者飞驰征召王莽又下诏尚书，所有征调发兵的虎符、节信、百官奏事、中黄门、期门武士都由王莽掌管。王莽按太后的旨意，命尚书弹劾董贤，称在哀帝生病时没有亲自侍奉用药，因此禁止董贤进入宫殿司马门，董贤手忙脚乱，不知如何是好，只好到宫门前摘掉官帽，光着脚请罪。六月二十七日己未，王莽派谒者拿着太皇太后的诏书，就在宫门前给董贤颁发免职策书，说："董贤年轻，未经事理，任职大司马不合民心，应当收回大司马印绶，免职回家。"当天，董贤与他的妻子都自杀了。董贤家人惶恐不安，连夜下葬。王莽怀疑董贤诈死，主管部门上奏，请求开棺验尸，把尸体抬到监狱核查，就便埋在狱中。太皇太后下诏，命"公卿大臣举荐可以担任大司马的人选"。王莽曾经担任过大司马，为了避让丁、傅两家而辞退职位，大家都称赞他贤德又是太皇太后的近亲，从大司徒孔光以下满朝文武百官，全都推举王莽担任大司马，只有前将军何武和左将军公孙禄二人相互商议，认为："先前在惠帝、昭帝时代，外戚吕氏、霍氏、上官氏把持朝政，几乎危及刘家天下。现今孝成、孝哀两代连续没有后嗣，正面临选立刘氏近亲辅佐幼主，不应再让外戚大臣把持朝政。应当让外戚与异姓大臣互相掺杂，为国家考虑，这样最方便。"因此何武推举公孙禄为大司马人选，而公孙禄也推举何武为大司马。六月二十八日庚申，太皇太后亲自决定任用王莽为大司马，主管尚书事。

太皇太后与王莽商议皇位继承人选。安阳侯王舜是王莽的堂弟，为人处事谨慎，深受太皇太后的宠爱和信任，王莽奏请太皇太后，任命王舜为车骑将军。秋季，七月，派王舜和大鸿胪左咸持着符节迎接中山王刘箕子进京，立为皇位的继承人。

王莽又奏请太皇太后，下诏主管官员惩治哀帝外戚集团。皇太后赵飞燕与妹妹赵昭仪专宠恃爱，堵塞后宫侍寝之路，残害灭绝成帝后代，将她贬为"孝成皇后"，

恩忘本，专恣不轨，徙孝哀皇后退就桂宫，傅氏、丁氏皆免官爵归故郡，傅晏将妻子徙合浦。独下诏褒扬傅喜曰："高武侯喜，姿性端悫，论议忠直，虽与故定陶太后有属，终不顺指从邪，介然守节，以故斥逐就国。《传》不云乎：'岁寒然后知松柏之后凋也。'其还喜长安，位特进，奉朝请。"喜虽外见褒赏，孤立忧惧；后复遣就国，以寿终。莽又贬傅太后号为定陶共王母，丁太后号曰丁姬。莽又奏董贤父子骄恣奢僭，请收没入财物县官，诸以贤为官者皆免；父恭、弟宽信与家属徙合浦，母别归故郡巨鹿。长安中小民讙哗，向其第哭，几获盗之。县官斥卖董氏财，凡四十三万万。贤所厚吏沛朱诩自劾去大司马府，买棺衣，收贤尸葬之；莽闻之，以他罪击杀诩。莽以大司徒孔光名儒，相三主，太后所敬，天下信之，于是盛尊事光，引光女婿甄邯为侍中、奉车都尉。诸素所不说者，莽皆傅致其罪，为请奏草，令邯持与光，以太后指风光，光素畏慎，不敢不上之；莽白太后，辄可其奏。于是劾奏何武、公孙禄互相称举，皆免官，武就国。又奏董宏子高昌侯武父为佞邪，夺爵。又奏南郡太守毋将隆前为冀州牧，治中山冯太后狱，冤陷无辜，关内侯张由诬告骨肉，中太仆史立、泰山太守丁玄陷人入大辟，河内太守赵昌谮害郑崇，幸逢赦令，皆不宜处位在中土，免为庶人，徙合浦。中山之狱，本立、玄自典考之，但与隆连名奏事；莽少时慕与隆交，隆不甚附，故因事挤之。

红阳侯立，太后亲弟，虽不居位，莽以诸父内敬惮之，畏立从容言太后，令己不得肆意，复令光奏立罪恶："前知定陵侯长犯大逆罪，为言误朝；后白以官婢杨寄私子为皇子，众言曰：'吕氏少帝复出，'纷纷为天下所疑，难以示来世，成襁褓之功；请遣立就国。"太后不听。莽曰："今汉家衰，比世无嗣，太后独代幼主统政，诚可畏惧。力用公正先天下，尚恐不从；今以私恩逆大臣议，如此，群下倾邪，乱从此起。宜可且遣就国，安后复征召之。"太后不得已，遣立就国。莽之所以胁持上下，皆

迁住到北宫去；又因为定陶共王太后傅氏和孔乡侯傅晏同心合谋，背恩忘本，专横放肆，图谋不轨，将孝哀皇后贬居桂宫，傅氏、丁氏两家都免除官职，剥夺爵位，遣回原郡，傅晏和妻子全家流放到合浦。唯独下诏嘉奖表扬傅喜说：“高武侯傅喜，生性端正笃诚，议论忠正耿直，虽然跟已故定陶太后有亲属关系，但始终不肯顺从旨意，依附邪恶，坚定不移地信守名分，保持节操。因此被斥遣回封国。古书不是说：‘岁寒然后知松柏之后凋也。’应当将傅喜召回长安，官位特进，并参加朝会。”傅喜尽管例外被褒赏，但内心深感忧惧和孤立。此后重新被遣回封国，终其天年。王莽又把傅太后号贬为“定陶共王母”，丁太后贬为“丁姬”。王莽又请求说：董贤父子骄横放纵，挥霍无度，请求将财物没收归还官府。所有依靠董贤而做官的都一律免职。他的父亲董恭、弟弟董宽信及其家属流放合浦，他的母亲例外地遣归故郡巨鹿。长安城内的市民欢呼喧哗，一些无赖向着董家府第哭泣，实际想趁机偷点东西。官府变卖董家的财物，共得钱四十三亿之多。董贤从前厚待过的沛郡人朱诩自我弹劾，辞去大司马府的官职，买了棺材、寿衣等，收殓董贤的尸体安葬。王莽知道后，借口其他的罪名将朱诩处死。王莽因为大司徒孔光是著名的儒家学者，辅助过成帝、哀帝、平帝三位君主，为太皇太后所尊敬，天下人也都信赖他，因而对孔光非常推崇尊重。擢升孔光的女婿甄邯做侍中、奉车都尉。王莽平日所不喜欢的人，就罗织罪名，用弹劾奏章的形式，让甄邯拿给孔光，并暗示孔光这是太皇太后的旨意。孔光素来胆小谨慎，不敢不呈上去。王莽然后向太后说明自己的意见，因此太皇太后就同意孔光送上奏章。于是弹劾何武、公孙禄互相荐举之罪，都免除官职，何武遣回封国。又奏请说高昌侯董武的父亲董宏，奸佞邪恶，应当剥夺董宏爵位。又奏说南郡太守毋将隆从前担任冀州牧时，审理中山王冯太后一案，冤枉陷害无辜；关内侯张由诬陷皇帝骨肉之亲；中太仆史立、泰山太守丁玄，陷害人至死；河内郡太守赵昌，诬陷郑崇，这些人幸运地遇上大赦令，可以免除死罪，但都不应再留居中原地区，一律免职，贬为平民，流放到合浦。中山王一案，原是史立、丁玄亲自审理的，而毋将隆只是联名上奏。王莽年轻时非常仰慕毋将隆为人，渴望和他结交，而毋将隆却不怎么依附他，王莽因此借故把他排挤掉。

红阳侯王立，是太皇太后的亲弟弟，尽管不居官位，王莽因为他是叔父的关系，内心对他既敬重又畏惧，担心王立在太皇太后面前说长道短，使自己不能为所欲为。就命孔光弹劾王立的罪状，说：“先前王立知道定陵侯淳于长犯了大逆不道的罪行，却接受贿赂，为淳于长说情，贻误朝廷。此后又建议将婢女杨寄的私生子当作皇子，大家都说：‘吕氏和少帝的局面再度出现。’天下人纷纷质疑问难，无法垂示后世，这才破灭了王立要实现辅佐幼主的功绩。请求遣送王立回封国。”太皇太后不答应。王莽说：“现在汉家天下衰落，接连两代皇帝都没继承人，太皇太后独自代替

此类也。

于是附顺莽者拔擢，忤恨者诛灭，以王舜、王邑为腹心，甄丰、甄邯主击断，平晏领机事，刘秀典文章，孙建为爪牙。丰子寻、秀子棻、涿郡崔发、南阳陈崇皆以材能幸于莽。莽色厉而言方，欲有所为，微见风采，党与承其指意而显奏之；莽稽首涕泣，固推让，上以惑太后，下用示信于众庶焉。

八月，莽复白太皇太后，废孝成皇后、孝哀皇后为庶人，就其园。是日，皆自杀。

大司空彭宣以王莽专权，乃上书言："三公鼎足承君；一足不任，则覆乱美实。臣资性浅薄，年齿老眊，数伏疾病，昏乱遗忘，愿上大司空、长平侯印绶，乞骸骨归乡里，俟置沟壑。"莽白太后策免宣，使就国。莽恨宣求退，故不赐黄金、安车、驷马。宣居国数年，薨。

班固赞曰：薛广德保悬车之荣，平当逡巡有耻，彭宣见险而止，异乎苟患失之者矣！

戊午，右将军王崇为大司空，光禄勋东海马宫为右将军，左曹、中郎将甄丰为光禄勋。

九月，辛酉，中山王即皇帝位，大赦天下。

平帝年九岁，太皇太后临朝，大司马莽秉政，百官总己以听于莽。莽权日盛，孔光忧惧，不知所出，上书乞骸骨；莽白太后，帝幼少，宜置师傅，徙光为帝太傅，位四辅，给事中，领宿卫、供养，行内署门户，省服御食物。以马宫为大司徒，甄丰为右将军。

冬，十月，壬寅，葬孝哀皇帝于义陵。

（以上为第三段，写哀帝之死，王莽复职为大司马，挟太皇太后之威，持多年韬晦赢得的虚誉，以及果决毒辣的手段，迅速攫取汉家政权，百官总己以听，汉室已名存实亡。）

幼主护理朝政，形势令人畏惧。就算尽力做到公正无私，而先为天下人着想，尚怕人心不服；现在因私人的恩情而拒绝大臣们的公议，这样一来，恐怕邪恶的人在下面互相倾轧，祸乱自此而起。应当暂且派人送他回封国，等局势安定之后，再征召他回来。”太皇太后无奈，只能遣送王立回封国。王莽用威胁强迫上下都听从他的安排，类似于此的事情诸多。

于是，附会顺从王莽的人被擢升，不顺从、怨恨他的人就被诛杀灭绝。任用王舜、王邑为心腹；甄丰、甄邯主管举劾断狱；平晏主管机要；刘秀掌管礼乐法度；孙建任武臣。甄丰的儿子甄寻、刘秀的儿子刘棻、涿郡人崔发、南阳人陈崇，都因有才能而受到王莽的重用。王莽外貌矜严，说话庄重，他想要做什么，只需略微有点表示，他的党羽就能承其意公然上奏。王莽却叩首哭泣，坚决辞让。用这种手段，对上迷惑太后，对下显示他的谦恭美德，让众民信任他。

八月，王莽又奏报太皇太后，要求废黜孝成皇后赵飞燕、孝哀皇后傅氏为平民，遣送到成帝、哀帝的陵园守墓。当天，她们都自杀了。

大司空彭宣因为王莽专权，就上书说：“三公好比鼎的三只脚，共同承奉国君，若一只脚不能胜任，就会使鼎倾覆，倒出鼎中美食。臣资质浅薄，年纪又老，屡次患病卧床，头脑昏迷，记忆不好，愿奉上大司空、长平侯印绶，请求批准我辞职，归回乡里，以待寿终。”王莽告诉太皇太后下诏免去彭宣官职，让他返回封国。王莽怨恨彭宣请求辞职，因而不按惯例赐给他黄金、安车、驷马。彭宣在封国居住数年而逝世。

班固评论说：薛广德能保住悬车的荣耀；平当不受封侯，明礼知耻；彭宣看到险境而中止做官，他们实在与苟且患失之辈截然不同！

八月二十七日戊午，任命右将军王崇为大司空，光禄勋东海人马宫被任命为右将军，左曹、中郎将甄丰被任命为光禄勋。

九月初一日辛酉，中山王刘箕子即帝位，大赦天下。

平帝即位，时年九岁，太皇太后临朝听政，大司马王莽主持朝政，百官统一听命于王莽。王莽的权势日渐上升，孔光忧虑惧怕，不知如何是好，就上奏请求辞职。王莽告诉太皇太后，说皇帝年幼，应当为他设置师傅，于是调孔光为平帝的太傅，位居四辅，兼给事中，管理皇宫宿卫、供养，出入禁中，掌管御用服饰、车马、食物供给事务。任命马宫为大司徒，甄丰为右将军。

冬季，十月十二日壬寅，葬孝哀帝于义陵。

孝平皇帝上

元始元年（辛酉，1 年）

春，正月，王莽风益州，令塞外蛮夷自称越裳氏重译献白雉一、黑雉二。莽白太后下诏，以白雉荐宗庙。于是群臣盛陈莽功德，“致周成白雉之瑞；周公及身在而托号于周，莽宜赐号曰安汉公，益户畴爵邑。”太后诏尚书具其事。莽上书言：“臣与孔、王舜、甄丰、甄邯共定策；今愿独条光等功赏，寝置臣莽，勿随辈列。”甄邯白太后下诏曰：“‘无偏无党，王道荡荡。’君有安宗庙之功，不可以骨肉故蔽隐不扬，君其勿辞！”莽复上书固让数四，称疾不起；左右白太后，“宜勿夺莽意，但条孔光等”，莽乃肯起。二月，丙辰，太后下诏：“以太傅、博山侯光为太师，车骑将军、安阳侯舜为太保，皆益封万户；左将军、光禄勋丰为少傅，封广阳侯；皆授四辅之职。侍中、奉车都尉邯封承阳侯。”四人既受赏，莽尚未起。群臣复上言：“莽虽克让，朝所宜章，以时加赏，明重元功，无使百僚元元失望！”太后乃下诏：“以大司马、新都侯莽为太傅，干四辅之事，号曰安汉公，益封二万八千户。”于是莽为惶恐，不得已而起，受太傅、安汉公号，让还益封事，云：“愿须百姓家给，然后加赏。”群臣复争，太后诏曰：“公自期百姓家给，是以听之，其令公奉赐皆倍故。百姓家给人足，大司徒、大司空以闻。”莽复让不受，而建言褒赏宗室群臣，立故东平王云太子开明为王；又以故东平思王孙成都为中山王，奉孝王后；封宣帝耳孙信等三十六人皆为列侯；太仆王恽等二十五人皆赐爵关内侯。又令诸侯王公、列侯、关内侯无子而有孙若同产子者，皆得以为嗣；宗室属未尽而以罪绝者，复其属；天下吏比二千石以上年老致仕者，参分故禄，以一与之，终其身。下及庶民鳏寡，恩泽之政，无所不施。

孝平皇帝上

汉平帝元始元年（辛酉，1年）

春季，正月，王莽讽谕益州刺史，命令边塞外的蛮族自称越裳氏部落，通过辗转翻译才语言相通，向汉朝献上一只白色的野鸡，两只黑色的野鸡。王莽禀报太后，请她下诏令，将一只白色野鸡进献宗庙。因此，群臣极力赞美王莽的功德，称王莽“像周公一样，周公使成王获得白色野鸡的祥瑞。周公在世时，就赐号为周公，现在王莽也是安国定汉的大臣，应赐号为安汉公，增加封邑人户，以与爵号相称”。太皇太后下诏，令尚书详细报告这件事的始末。王莽上奏说：“臣和孔光、王舜、甄丰、甄邯共同决策拥立今皇上，现在只希望让孔光等人论功行赏，至于臣的一点些许贡献，就不要和他们一起列举。”甄邯奏请太皇太后下诏说：“‘不偏私，不偏袒，先王之道广远。’你有安邦定国的大功，不能因为你是我的骨肉亲戚，就遮盖隐瞒起来而不宣扬，请你不要推辞了。”王莽又上奏四次坚决推辞，甚至称病不视事。左右大臣禀报太皇太后说：“最好不要强夺王莽的心意，只给孔光等人论功行赏吧。”王莽才肯入朝视事。二月二十八日丙辰，太皇太后下诏：“任命太傅、博山侯孔光为太师，车骑将军、安阳侯王舜为太保，都增为万户侯；又任命左将军、光禄勋甄丰为少傅，封为广阳侯；他们三人都授予四辅的职位。封侍中、奉车都尉甄邯为承阳侯。”四人已经接受了封赏，而王莽还是称病不起。群臣又上奏说：“王莽虽然谦让，但朝廷应当彰明他的功绩，及时予以奖赏，以表明重视首功之人，不要使百官和人民感到失望！”于是，太皇太后就下诏：“任命大司马、新都侯王莽为太傅，主管四辅之事，号为安汉公，增封二万八千户。”于是王莽假装更加感到惶恐，害怕官职还要加高，不得已而抱病视事，接受太傅、安汉公的称号，却推辞增加封邑的赏赐。王莽说：“臣希望等待天下百姓都能自足之后才能接受加赏。”群臣又替王莽力争，太后下诏说：“他自己期望等到天下百姓都能自给之后才接受加封，这可以听从他，只有他的俸禄和岁时常赐著明在令，应当比往常增加一倍。等到天下百姓都能自给自足时，大司徒、大司空再行奏报。”王莽再次推辞，还是不肯接受两倍俸禄，并建议表扬奖赏宗室群臣。因而，册立已故东平王刘云的太子刘开明为东平王；又册立已故东平思王刘宇的孙子刘成都为中山王，承奉中山孝王之后；封宣帝的曾孙刘信等三十六人都为列侯；又封太仆王恽等二十五人为关内侯。又命诸侯王公、列侯、关内侯，凡没有儿子而有孙子或同母兄弟的儿子的，都可承继王位、爵位；皇宗近亲支系的后代，因犯罪而被断绝的，恢复其属籍；全国俸禄二千石以上的高级官吏，因年老退休的，以原俸禄的三分之一作为退休金，直至死为止。下至平民百姓、鳏夫寡妇，都给以照顾，有关恩德之政，无不实施。

莽既媚说吏民，又欲专断；知太后老，厌政，乃风公卿奏言："往者吏以功次迁至二千石，州部所举茂材异等吏，率多不称，宜皆见安汉公。又，太后春秋高，不宜亲省小事"，令太后下诏曰："自今以来，唯封爵乃以闻，他事安汉公、四辅平决。州牧、二千石及茂材吏初除奏事者，辄引入，至近署对安汉公，考故官，问新职，以知其称否。"于是莽人人延问，密致恩意，厚加赠送，其不合指，显奏免之，权与人主侔矣。

置羲和官，秩二千石。

夏，五月，丁巳朔，日有食之。大赦天下。公卿以下举敦厚能直言者各一人。

王莽恐帝外家卫氏夺其权，白太后："前哀帝立，背恩义，自贵外家丁、傅，挠乱国家，几危社稷。今帝以幼年复奉大宗为成帝后，宜明一统之义，以戒前事，为后代法。"六月，遣甄丰奉玺绶，即拜帝母卫姬为中山孝王后。赐帝舅卫宝、宝弟玄爵关内侯。赐帝女弟三人号曰君，皆留中山，不得至京师。

扶风功曹申屠刚以直言对策曰："臣闻成王幼少，周公摄政，听言下贤，均权布宠，动顺天地，举措不失；然近则召公不说，远则四国流言。今圣主始免襁褓，即位以来，至亲分离，外戚杜隔，恩不得通。且汉家之制，虽任英贤，犹援姻戚，亲疏相错，杜塞间隙，诚所以安宗庙，重社稷也。宜亟遣使者征中山太后，置之别宫，令时朝见，又召冯、卫二族，裁与冗职，使得执戟亲奉宿卫，以抑患祸之端，上安社稷，下全保傅。"莽令太后下诏曰："刚所言僻经妄说，违背大义！"罢归田里。

丙午，封鲁顷公之八世孙公子宽为褒鲁侯，奉周公祀；封褒成君孔霸曾孙均为褒成侯，奉孔子祀。

诏"天下女徒已论，归家，出雇山钱，月三百。复贞妇，乡一人。大司农部丞十三人，人部一州，劝农桑"。

王莽既然已讨好了全国的官员和民众，就想要追求更高的独断权力。他知道太后年老，厌恶政事，就示意公卿上奏说：“从前官吏因功绩按顺序逐渐升到二千石的高官，以及部刺史所推荐的茂材异等的人被委任官职的，大多数是不称职的，应当让他们在被任命之前都去见安汉公，由安汉公亲自考察。此外，太后年事已高，不适宜再亲自过问小事。”并由太皇太后下诏说：“从今以后，只有封爵之事禀报给我，其他事情，可由安汉公、四辅公平处理。州牧、二千石以及茂材出身，第一次任职的、上疏奏事的，应该引进召见，一律直接到大内的官署晋谒安汉公，由安汉公考核他们前任的治绩，并询问到任后如何施政，从而了解他们是否称职。”于是王莽对新任官员一一召见询问，并向他们表示周到的恩情，还赠送丰厚礼品。对其中不迎合他的人，就公然奏报，予以免职。王莽的权势与天子相当了。

设置羲和官职，官秩二千石。

夏季，五月初一日丁巳，发生日食。大赦天下。公卿以下官员各举荐一位敦厚能直言的人。

王莽怕汉平帝外戚卫氏夺去他的权力，就禀告太后说：“先前哀帝登基，背离恩义，只信任自己外戚傅、丁二家，让他们显贵，因而扰乱了国家，几乎使国家处于危险境地。如今汉平帝年幼，又继承大宗而成为成帝之后，应当明示正统相承的大义，以防备再次出现从前的事情，并为后代所效法。”六月，派遣甄丰捧着玺绶，在中山国拜汉平帝的母亲卫姬为中山孝王后，赐平帝舅父卫宝、卫玄为关内侯。赐汉平帝的三位妹妹尊号为君。他们都留居在中山国，不得来到京师。

扶风郡功曹申屠刚在对策中直言说：“臣听说周成王年幼，周公旦摄政，能听取直言，礼贤下士，均衡权力，广施恩宠，作为顺应天地之心意，举措没有过失。即便如此，朝内有召公的不满；朝外诸侯有管、蔡、商、奄四国散布没有根据的恶语。如今皇上刚离襁褓，即位以后，就与亲骨肉分离，外戚隔绝，使恩情不能相通。况且汉朝用人制度，即使任用优秀贤良人才，仍然要引进姻亲，亲疏交错，堵塞空隙，这是用来安定宗庙，巩固社稷的良策。应当赶快派遣使者征召中山太后进京，安置于别宫，以使母子按时相见。再征召冯、卫两家来京，授予闲散的官职，让他们能执持武器，亲自担任宫中的警卫，以抑制祸患的发生。这样上可安定国家，下可保全四辅。”王莽让太皇太后下诏说：“申屠刚的话是离经叛道的邪说，违背大义！”因此罢免申屠刚官职，令他回乡里。

六月二十日丙午，封鲁顷公的八世孙公子姬宽为褒鲁侯，承奉周公的祭祀。又封褒成君孔霸的曾孙孔均为褒成侯，承奉孔子的祭祀。

太皇太后下诏：“天下凡是被判刑的女子，准予释放回家，令每月出三百钱，由官府雇人在山上伐木以自赎。每乡推选一名贞节女子，免除她家的差役。派大司农

秋，九月，赦天下徒。

（以上为第四段，写王莽运用权术，给自己加号安汉公，又直接代替太皇太后主宰朝政，铺平了逼宫篡位的道路。）

二年（壬戌，2 年）

春，黄支国献犀牛。黄支在南海中，去京师三万里。王莽欲耀威德，故厚遗其王，令遣使贡献。

越嶲郡上黄龙游江中，太师光、大司徒宫等咸称“莽功德比周公，宜告祠宗庙”。大司农孙宝曰：“周公上圣，召公大贤，尚犹有不相说，著于经典，两不相损。今风雨未时，百姓不足，每有一事，群臣同声，得无非其美者？”时大臣皆失色。甄邯即时承制罢议者。会宝遣吏迎母，母道病，留弟家，独遣妻子。司直陈崇劾奏宝，事下三公即讯。宝对曰：“年七十，悖眊，恩衰共养，营妻子，如章。”宝坐免，终于家。

帝更名衎。

三月，癸酉，大司空王崇谢病免，以避王莽。

夏，四月，丁酉，左将军甄丰为大司空，右将军孙建为左将军，光禄勋甄邯为右将军。

立代孝王玄孙之子如意为广宗王，江都易王孙盱台侯宫为广川王，广川惠王曾孙伦为广德王。绍封汉兴以来大功臣之后周共等皆为列侯及关内侯，凡百一十七人。

郡国大旱、蝗，青州尤甚，民流亡。王莽白太后：宜衣缯练，颇损膳，以示天下。莽因上书愿出钱百万，献田三十顷，付大司农助给贫民。于是公卿皆慕效焉，凡献田宅者二百三十人，以口赋贫民。又起五里于长安城中，宅二百区，以居贫民。莽帅群臣奏太后言：“幸赖陛下德泽，间者风雨时，甘露降，神芝生，蓂荚、朱草、嘉禾，休征同时并至。愿陛下遵帝王之常服，复太官之法膳，使臣子各得尽欢心，备共养！”莽又令太后下诏，不许。每有水旱，莽辄素食，左右以白太后。太后遣使者诏莽曰：“闻公菜食，忧民深矣。今秋幸孰，公以时食肉，爱身为国！”

部丞十三人，前往十三州，每人负责一州，鼓励农妇耕织。”

秋季，九月，赦免天下囚犯。

汉平帝元始二年（壬戌，2年）

春季，黄支国进贡犀牛。黄支国在南边大海中，距离京师三万里。王莽想要炫耀威德，所以送给黄支国王以厚礼，让黄支国王派使臣进贡。

越嶲郡内出现黄龙在长江中游动，太师孔光、大司徒马宫等都认为：“王莽的功德可以与周公相比，应该告祭宗庙。”大司农孙宝说：“周公是最高的圣人，召公是最大的贤人，他们两人尚有嫌隙，显明地记载于经典，但对两人的声誉并没有损害。现在风雨失调，百姓贫困，每有一件小事，群臣异口同声赞扬，恐怕有些失常吧！”当时大臣们都惊恐变色。甄邯立即宣布，奉旨停止议论。正巧这时孙宝派遣府吏迎接母亲，母亲在途中患病，就留住在孙宝弟弟的家中，让孙宝的妻子先到京师。司直陈崇借此事弹劾孙宝，事情交由三公立即审讯，孙宝回答说：“我年已七十，老迈糊涂，供养母亲的恩情衰退，只思虑妻子，和奏章所说一样。”孙宝因此获罪免职，病死家中。

汉平帝更名为刘衎。

三月二十一日癸酉，大司空王崇称病辞职，是为了避让王莽。

夏季，四月十六日丁酉，任命左将军甄丰为大司空，右将军孙建为左将军，光禄勋甄邯为右将军。

册立代孝王刘参玄孙的儿子刘如意为广宗王，江都易王刘非的孙子盱眙侯刘宫为广川王，广川惠王刘越的曾孙刘伦为广德王。续封汉朝兴起以来大功臣的后代周共等一百十七人为列侯或关内侯。

郡国发生大旱灾、蝗灾，青州尤为严重，人民流散逃亡。王莽禀报太后：宫中应该改穿没有文采的丝服，大大减少膳食费，向天下人表示皇室节俭。王莽又乘机上书，愿意捐钱一百万，献田三十顷，交归大司农以赈济贫民。于是，公卿大臣都仰慕而效法，共有二百三十人捐献田宅，依照贫民人数而分给田宅。又在长安城里建了五个里坊，共有住宅二百所，用以安置贫民。然后，王莽率领群臣上奏太后说：“国家有幸，仰赖陛下的恩德，近来风雨适时，甘露下降，灵芝出现，蓂荚生长，朱草兴旺，嘉禾茂盛，各种祥瑞，同时并至。希望陛下恢复穿帝王的正常服装以及供应正常的膳食，使做臣子的各能竭尽欢心，精心奉养！”王莽又让太皇太后下诏，表示推辞。每逢有水旱灾害，王莽就吃素食。左右近臣就把这事禀报太皇太后，太

六月，陨石于巨鹿二。

光禄大夫楚国龚胜、太中大夫琅邪邴汉以王莽专政，皆乞骸骨。莽令太后策诏之曰："朕愍以官职之事烦大夫，大夫其修身守道，以终高年。"皆加优礼而遣之。

梅福知王莽必篡汉祚，一朝弃妻子去，不知所之。其后，人有见福于会稽者，变姓名为吴市门卒云。

秋，九月，戊申晦，日有食之，赦天下徒。

遣执金吾候陈茂谕说江湖贼成重等二百余人皆自出，送家在所收事。重徙云阳，赐公田宅。

王莽欲悦太后以威德至盛，异于前，乃风单于令遣王昭君女须卜居次云入侍太后，所以赏赐之甚厚。

车师后王国有新道通玉门关，往来差近，戊己校尉徐普欲开之。车师后王姑句以当道供给使者，心不便也。普欲分明其界，然后奏之，召姑句使证之；不肯，系之。其妻股紫陬谓姑句曰："前车师前王为都护司马所杀，今久系必死，不如降匈奴！"即驰突出高昌壁，入匈奴。又去胡来王唐兜与赤水羌数相寇，不胜，告急都护，都护但钦不以时救助。唐兜困急，怨钦，东守玉门关；玉门关不内，即将妻子、人民千余人亡降匈奴；单于受置左谷蠡地，遣使上书言状曰："臣谨已受。"诏遣中郎将韩隆等使匈奴，责让单于；单于叩头谢罪，执二虏还付使者。诏使中郎将王萌待于西域恶都奴界上。单于遣使送，因请其罪；使者以闻。莽不听，诏会西域诸国王，陈军斩姑句、唐兜以示之；乃造设四条，中国人亡入匈奴者，乌孙亡降匈奴者，西域诸国佩中国印绶降匈奴者，乌桓降匈奴者，皆不得受。遣中郎将王骏、王昌，副校尉甄阜、王寻使匈奴，班四条与单于，杂函封，付单于，令奉行；因收故宣帝所为约束封函还。时莽奏令中国不得有二名，因使使者以风单于，宜上书慕化，为一名，汉必加厚赏。单于从之，上书言："幸得备藩臣，窃乐太平圣制。臣故名囊知牙斯，今谨更名曰知。"莽大说，白太后，遣使者答谕，厚赏赐焉。

皇太后派使臣诏令王莽说："听说安汉公只吃素食，真是为民众忧心太深了。今年秋天，庄稼幸而丰收，你应当及时吃肉，为国家保养自己的身体。"

六月，有两块陨石坠落在巨鹿县。

光禄大夫楚国人龚胜、太中大夫琅邪人邴汉看不惯王莽专权，都请求辞职。王莽使太皇太后下策书说："朕不能勉强把官职加到你们身上烦劳两位大夫，你们可以按自己的意愿修身守道，以终天年。"都给予两人优厚的赐赏，遣送回乡。

梅福觉察出王莽必定要篡夺汉朝政权，突然有一天抛弃家人出走，不知去向。后来，有人在会稽郡看到梅福，已更名换姓，在吴县守门。

秋季，九月三十日戊申，发生日食。赦免天下囚犯。

派遣执金吾候陈茂去劝降江湖盗贼成重，成重等二百余人都投降自首，把他们各自送回原籍安置。成重则迁到云阳县安顿，并赐给他公田和住宅。

王莽想让太皇太后高兴，说她的威望和恩德已达到顶点，是前无古人的，就暗示单于，让单于派遣王昭君的女儿须卜居次云入宫侍奉太后，因而对单于的赏赐非常丰厚。

车师后部有一条新道直通玉门关，往来交通比从前的大道要近，戊己校尉徐普想拓宽成大道。车师后王姑句认为他们正处于西域前往中原的要冲，若果拓宽成大道，担心汉朝派往西域使者的供给全落在他们身上，因此心里不愿意。徐普想要勘明新道的路线分界，然后上奏朝廷，就召来姑句，让他证明新道确较旧道为近，姑句不肯证实，徐普便将姑句扣押了。姑句的妻子股紫陬对姑句说："从前车师前王被都护司马所杀，现在你长久囚禁必死，不如投降匈奴！"当即疾驰突围，冲出高昌壁，逃亡匈奴。就在此时，婼羌国的去胡来王唐兜与相邻的赤水羌多次互相攻击，唐兜不能取胜，就向西域都护告急，都护但钦没有及时援助。唐兜被困危急，怨恨但钦不救援，就向东退走，想进入玉门关，而玉门关守将又不让他进关，他只好率领妻子、百姓千余人逃亡投降匈奴。单于收容他们后，安置在左谷蠡王所居住的地方。单于派出使臣到汉朝，把收容姑句、唐兜两人情况据实上奏，说："匈奴很谨慎地接受他们来降。"朝廷下诏遣中郎将韩隆等出使匈奴，指责单于不该收纳他们。单于叩头谢罪，并将姑句、唐兜拘捕起来，交给使者。汉朝又下诏派遣中郎将王萌在西域恶都奴的边界上等待接受姑句、唐兜。单于派遣使者护送汉使押解姑句、唐兜到恶都奴，并代请朝廷宽恕他两人被迫逃亡之罪。汉朝使节回到长安，向王莽转告了单于的请求，王莽不理会，下诏召集西域各国国王来长安，陈列军队，当众将姑句、唐兜斩首。为此还制定了禁止匈奴接纳降人的四项新的条例：第一，逃亡到匈奴的中国人；第二，逃亡投降匈奴的乌孙国人；第三，投降匈奴的西域诸国佩戴中国印绶的人；第四，投降匈奴乌桓国人。这四种人都不能接纳。派遣中郎将王骏、

莽欲以女配帝为皇后以固其权，奏言："皇帝即位三年，长秋宫未建，掖庭媵未充。乃者国家之难，本从无嗣，配取不正，请考论'五经'，定取后礼，正十二女之义，以广继嗣，博采二王后及周公、孔子世、列侯在长安者嫡子女。"事下有司，上众女名，王氏女多在选中者，莽恐其与己女争，即上言："身无德，子材下，不宜与众女并采。"太后以为至诚，乃下诏曰："王氏女，朕之外家，其勿采。"庶民、诸生、郎吏以上守阙上书者日千余人，公卿大夫或诣廷中，或伏省户下，咸言："安汉公盛勋堂堂若此，今当立后，独奈何废公女，天下安所归命？愿得公女为天下母！"莽遣长史以下分部晓止公卿及诸生，而上书者愈甚。太后不得已，听公卿采莽女。莽复自白："宜博选众女。"公卿争曰："不宜采诸女以贰正统。"莽乃白："愿见女。"

（以上为第五段，写王莽上欺太皇太后，下压群臣，耍尽权术表演政治秀，没有一个敢于直言的人劝阻，西汉国祚，走到了尽头。）

王昌，副校尉甄阜、王寻出使匈奴，向单于颁布四条新规定，将它与玺书同函封好，交付单于，命令单于遵照执行。并就此机会将过去宣帝所制定的约束匈奴的诏令加封收回。这时王莽上奏要求下令命中原人不准取两个字的名字，因而派遣使节暗示单于应当上书表示向往并接受教化，改为一个字的名字，汉朝一定加以优厚的赏赐。单于同意就上奏说：“臣单于有幸能充当汉朝的藩国臣属，私下为太平圣制而高兴。臣原名囊知牙斯，现在恭敬更名为知。”王莽非常高兴，禀报太皇太后，派遣使节到匈奴答复知晓，并给单于以丰厚的奖赏。

王莽想将女儿嫁给汉平帝而成为皇后，用来巩固自己的权力，就上奏说：“皇上即位已有三年，皇后尚未确定，掖庭陪嫁的女子也不够数。以往国家的危难，在于皇帝无子，而皇帝无子，则是因为皇后的来路不正。请考查‘五经’的有关记载，制定聘娶皇后的礼仪，使天子一娶十二人的规定纳入正轨，以广求继嗣，多方采纳殷、周二王的后裔，周公、孔子的后代，以及列侯在长安的嫡女。”太皇太后将此事交由主管官吏办理，主管官吏呈上众女名单，王氏的女子多数在被选的名册里。王莽害怕王氏其他女子和自己的女儿竞争，就上奏说：“我没有高尚品德，女儿才能低下，因此她不适宜与众女子一起参加挑选。”太后以为王莽是诚心实意谦虚，就下诏说：“王氏女子，是我的娘家人，就不必参加挑选。”庶民、诸生、郎吏以上官吏，守候在皇宫大门前上奏的，每天有一千多人；公卿、大夫有的来到殿廷之中，有的俯伏在省门之下，一致请求说：“安汉公有如此高显盛大的功德，如今挑选皇后之时，为什么偏偏要排除王莽的女儿入选呢？如此怎能让天下归心呢？臣等都希望安汉公的女儿做国母皇后。”王莽派遣长史以下官员分别布置，劝阻公卿及诸生的请愿。但上奏请求的人，反而增加很多。太皇太后无奈，就听从公卿的请求，挑选王莽的女儿为皇后。王莽又为自己辩白说：“应当广选众女。”公卿们争辩说：“不应当采纳其他女子而有失正统。”王莽只好说：“好吧，让我女儿接受朝廷的考察。”

【点评】

本卷有三大事件值得点评。其一，哀帝嬖幸董贤；其二，丞相王嘉之冤死；其三，王莽诈伪之术。分别讨论如次。

一、哀帝嬖幸董贤。董贤是一个美男子，又天生一副媚骨，因其父董恭为御史，董贤得以为太子舍人，侍从哀帝刘欣。但直到哀帝即位两年之后，董贤在殿下值班报时刻才被哀帝发现，一见钟情，立即升迁董贤，拜为黄门郎，不久又升为驸马都尉侍中，出入宫禁，陪伴哀帝卧起，宠爱无比，董氏一门贵幸。哀帝升迁董贤之父为少府，赐爵关内侯。立董贤妹为昭仪，位次皇后。任命董贤弟为执金吾，董贤妻父为将作大匠。哀帝又诏令将作大匠用国家公款在皇家上林苑中给董贤盖豪华宅第，董贤家中日用器物，乃至祭祀祖先器物费用，也由皇家供给。封董贤为高安侯，竟然在封策文中使用皇帝禅让的命辞“允执其中”，而且哀帝竟然在一次宴会上因醉酒说出要禅位给董贤的话。哀帝昏庸到“不爱江山爱男宠”的地步。西汉国祚弄到这个地步，不亡何待？柏杨读史至此深深长叹，写下一段精彩评论，摘载以供欣赏。柏杨说：“刘欣先生跟董贤先生之间，是一种狂热的同性恋。中国君王群中，刘欣不是唯一搞同性恋的君王，但他却是为了同性恋，而把政府体制全部摧毁的君王。刘奭、刘骜，已把汉王朝蹂躏得奄奄一息，但官员人民效忠的惯性仍在继续，刘欣先生如果稍微有一点点正常，小心翼翼，收拾残局，汉政府仍有维持下去的可能。然而，刘欣先生却是个败家子。任何一个富贵太久的家庭，最后必然要出个败家子，把家产一扫而光。皇家的家产就是政权，这是中国传统政治的悲剧——君王是一个拥有无限权威的司机，他如果决心把车开进万丈深谷，谁都挡不住，谁都救不了。”西汉灭亡，社会阶级矛盾还未到对立阶级总爆发的程度，也就是爆发农民大起义的条件尚未成熟，而是统治阶级自身腐朽，皇位继承人一代不如一代，败家子一个接一个，使刘氏自毁江山。这叫作“自作孽，不可活”。阴谋家王莽应运而生。

二、丞相王嘉之冤死。汉哀帝昏庸误国，亲近小人，远离君子。哀帝滥赏滥杀，群臣恐惧，噤若寒蝉。自元帝、成帝以来，长时期是非颠倒，黑白混淆，正气衰弱，邪气旺炽，到哀帝一朝，满朝文武，鲜有直言者。丞相王嘉，虽然才干平庸，尚保持一丝正气，他仅仅两次上奏密封奏折，劝谏哀帝不要过分宠信董贤，拒绝执行给董贤、傅晏、傅商、郑业增加采邑，既非国家大政，又非当朝直谏，仅仅是提了一点正确建议，哀帝就要赐死王嘉。王嘉拒绝服毒自杀，拍案而起，对部属说，自己有幸位居三公，如果奉职不谨慎，辜负了国家的重托，应该公开伏法受死，用以昭示百姓。身为丞相，难道要像一个妇人服毒自尽吗？何等慷慨，何等自信，气冲斗牛。王嘉理直气壮接受审判，是对昏庸哀帝权威的挑战。王嘉知道必死，但他要死个明白，让天下人知道他的冤。于是哀帝更加愤恨，立即组织五位大臣会审，成立

特别法庭，定要把王嘉打成铁案，给他罗织罪状。光禄大夫孔光指控“王嘉背叛国家，欺骗主上，大逆不道”，无限上纲上线。享有一代贤才美誉的孔光，原是一个伪君子。五大臣合议庭据此审问王嘉，王嘉一一驳斥。所谓“叛国罪”，指的是梁相等三人在审理东平王刘云案件时，没有按照哀帝旨意诬枉刘云，王嘉替三人说了几句公道话，被孔光上纲上线为不与哀帝同一条心，就是“背叛国家、欺骗主上”，自然是“大逆不道”之罪。议郎龚、永信少府猛认为罢官就够了。五大臣只能按孔光定的调子判王嘉大逆之罪，却又说不出道理。于是问王嘉：“照你的说法，我们如何定你的罪。”然后就刑讯逼供。王嘉自己认罪说：“我身为丞相，不能除掉奸邪，进用贤才，这就是辜负国家的罪。”五大臣问：“奸臣是谁，贤才是谁？”王嘉说：“奸臣是董贤，贤臣是孔光、何武。”说完绝食二十余日死于狱中。

王嘉经过堂堂正正的五大臣会审，但没有讨回清白，仍然蒙冤而死。这说明专制集权制度下的司法，权大于法，没有公正可言。王嘉身为丞相，为百官之长，但他的权力大不过皇上，皇上要他死，他就得死，他不服毒好好死，就叫他皮开肉绽横死、饿死。权臣专政，奸佞当道，当官的贪赃，那老百姓就没活头了。这是审理王嘉这场滑稽戏带给人们的思考。

此外，相映成趣的是，王嘉说孔光是一代贤才，而恰恰是这个享有虚誉的贤才说话最毒，他揣摩哀帝心思，为哀帝代言，必置王嘉于死地。后来孔光又阿附王莽，分享了一杯篡国残羹。那么王嘉为何说孔光是一代贤才呢？主要原因有二。一是孔光虽然虚伪奸猾，但还不是奸险阴毒之人。孔光圆滑世故，是根墙头草，他只是苟且偷生要自保。孔光给王嘉上纲上线，是要夺他的相位。孔光损人利己，当然是坏；奸险阴毒之人，损人不利己，坏中之坏。二是，当时贤人隐蔽，孔光虽坏，当不是坏中之坏。王嘉直臣，在矮子里拔将军，为国家惜才，美言孔光，可以说是以德报怨了。

孔光可鄙，王嘉可嘉。王嘉之死，惜哉！冤哉！

三、王莽诈伪之术。元、成、哀三代昏君，把西汉王朝弄得国将不国。恰好王莽姑母王政君为汉元帝皇后，生子成帝刘骜，她又高寿，经历元、成、哀、平四朝，身份屡变，皇后，皇太后，太皇太后。皇帝死后，皇后、皇太后、太皇太后就成为皇室政权的象征，享有极高的威望，在新旧两君交替之际代掌皇权。王政君生性贤淑，才能平庸，不喜好专权，这一切为王莽篡汉提供了条件。王莽是一个野心家和政治家，他的才干当世莫及。王莽类似曹操，从小就有心机，成年后深谋远虑，每下一步棋都有精确计算。王莽对上讨好王政君，对下沽名钓誉，获取好名声，待士卑恭谦让，在朝中有好人缘。王莽兄早死，有子名王光，王莽恩养视如己出。王光为博士弟子，王莽在休息日亲自带上羊肉、美酒慰问王光的老师，一并慰问王光的

同学，博取好名声。哀帝即位，王莽受到哀帝外戚傅氏集团的排挤，一度罢官归第。王莽闭门谢客，韬光养晦。他的次子王获杀奴，王莽令其子偿命自杀，表示王子犯法与庶民同罪。王莽这样做，就事件本身而言无可指责，但他将其作为攫取政权的手段，不仅残忍，而且狡诈。哀帝死后，王政君立即召王莽入京，官复大司马，夺了董贤的权，王莽的凶残本性立刻显露无遗。他逼杀董贤，打击政敌，诛杀斥逐傅氏、丁氏外戚集团及废皇后赵飞燕等。这些乱国嬖幸和外戚，当然应当铲除，不过王莽是带着报复心理的，手段残忍。对潜在政敌王莽也毫不手软。红阳侯王立是太皇太后王政君亲弟，并无过错，王莽担心王立说自己坏话，把他排斥出京。大司徒何武、大司空彭宣、大司农孙宝稍有不满，王莽就罢了他们的官。丞相孔光，原本是见风使舵之徒，由于他的名声高，王莽也要排斥，让他去做小皇帝的师傅，明升暗降，夺其实权。王莽在排斥异己的同时，安插私党，王舜、王邑、甄丰、甄邯、崔发、陈崇等小人受到重用。王莽还利用王政君依赖他的心理，动不动就称病不办公，让群臣三请，王政君迁就，冠冕堂皇地达到自己的目的。王莽送女儿入宫是一个最典型的例证。本来王莽有绝对权威让太皇太后王政君出面给小皇帝平帝指婚，直选自己的女儿。王莽不这样做，他发令公选，让太后、大臣来评选一个最优秀的女子。王莽自知他的女儿不够条件，却偏要用这样的方式把女儿送进宫中，既捞取公正之名，又宣扬了他的女儿是绝对的天下第一。王莽的办法是自己的女儿不参选，闹得大臣不干，三番五次上书太皇太后要求王莽之女参选。如此一番折腾，谁还敢送女参选？于是王莽之女大摇大摆以天下第一优秀女子身份堂皇入宫为皇后。明明是王莽自己要做安汉公，却让群臣三请，自己多次谦让才肯答应。王莽每谦让一次，就在篡国之路上前进了一步，谦让得越厉害，夺取的权力就越多。如此诈伪之术，说是中国历史上的第一人，亦不为过。

汉纪二十八

汉平帝元始三年至王莽始初元年（3—8年）

【起昭阳大渊献（癸亥，3年），尽著雍执徐（戊辰，8年），凡六年】

【大事提要】

本卷记事起公元3年，讫公元8年，凡六年，当汉平帝元始三年至王莽初始元年。本卷详载王莽代汉的过程。元始三年，王莽借吕宽事件，兴大狱，进行大屠杀，消灭政敌，王政君太皇太后被王莽玩于股掌之上，既是护身符，又是挡箭牌。元始四年，王莽称宰衡，狂妄地比德伊尹、周公。元始五年，王莽加九锡。居摄元年，王莽称“摄皇帝”，并毒死平帝，改立幼君孺子婴。王莽篡国夺位之心，已是路人皆知。接着，王莽当了三年代理皇帝，镇压了宗室刘崇等人以及地方的反抗。王莽认为篡国条件成熟，借口天降祥瑞，万民请愿，他顺天应人即真称皇帝，改国号为新。王莽玩弄政治权术，一步一步问鼎，堪称旷世奸雄。

【原文】

孝平皇帝下

元始三年（癸亥，3 年）

春，太后遣长乐少府夏侯藩、宗正刘宏、尚书令平晏纳采见女。还，奏言："公女渐渍德化，有窈窕之容，宜承天序，奉祭祀。"太师光、大司徒宫、大司空丰、左将军孙建、执金吾尹赏、行太常事、太中大夫刘秀及太卜、太史令服皮弁、素积，以礼杂卜筮，皆曰："兆遇金水王相，卦遇父母得位，所谓康强之占，逢吉之符也。"又以太牢策告宗庙。有司奏："故事：聘皇后，黄金二万斤，为钱二万万；"莽深辞让，受六千三百万，而以其四千三百万分予十一媵家及九族贫者。

夏，安汉公奏车服制度，吏民养生、送终、嫁娶，奴婢、田宅、器械之品，立官稷，及郡国、县邑、乡聚皆置学官。

大司徒司直陈崇使张敞孙竦草奏，盛称安汉公功德，以为："宜恢公国令如周公，建立公子令如伯禽，所赐之品亦皆如之，诸子之封皆如六子。"太后以示群公。群公方议其事，会吕宽事起。

初，莽长子宇非莽隔绝卫氏，恐久后受祸，即私与卫宝通书，教卫后上书谢恩，因陈丁、傅旧恶，冀得至京师。莽白太皇太后，诏有司褒赏中山孝王后，益汤沐邑七千户。卫后日夜啼泣，思见帝面，而但益户邑；宇复教令上书求至京师。莽不听。宇与师吴章及妇兄吕宽议其故，章以莽不可谏而好鬼神，可为变怪以惊惧之，章因推类说令归政卫氏。宇即使宽夜持血洒莽第，门吏发觉之；莽执宇送狱，饮药死。宇妻焉怀子，系狱，须产子已，杀之。甄邯等白太后，下诏曰："公居周公之位，辅成王之主，而行管、蔡之诛，不以亲亲害尊尊，朕甚嘉之！"莽尽灭卫氏支属，唯卫后在。吴章要斩，磔尸东市门。

【语译】

孝平皇帝下

汉平帝元始三年（癸亥，3年）

春季，太皇太后派长乐少府夏侯藩、宗正刘宏、尚书令平晏到王莽家下聘礼，并面见他的女儿。夏侯藩等回到长乐宫，上奏说："安汉公的女儿受德教感化，而有良好的道德修养，窈窕美丽，适宜继承帝王的世系，可以承奉祭祀。"太师孔光、大司徒马宫、大司空甄丰、左将军孙建、执金吾尹赏、行太常事兼太中大夫刘秀以及太卜、太史令等众官员，都戴鹿皮帽，穿淡雅的白色衣服，按照礼仪一起占兆和占卦。然后，众官员一起把占兆和占卦的结果上奏说："龟兆显示金生水，卦相显示父母各得其位，可以说是本身安康强健，子孙大吉大利的征兆。"又用太牢和策书祭告宗庙。主管官吏奏报说："依照先例，皇后的聘礼，黄金二万斤，折合钱是二万万。"王莽执意推让，只接受钱六千三百万，还在其中拿出四千三百万，分给十一个被选为陪嫁女子的家人和王氏九族中的贫苦亲属。

夏季，安汉公王莽上奏有关乘车及衣冠服饰的礼仪等级制度，全国官吏平民的日常生活、丧葬送终、男婚女嫁，以及奴婢的买卖与待遇、田地房产的转移、各种器械的使用，都分别制定等级。又设置祭祀五谷稷神的神庙。还在各郡国、县邑、乡聚都设置学官。

大司徒司直陈崇命张敞的孙儿张竦起草奏章，歌颂王莽的功德，说："应当增加王莽的封国采邑扩大到像周公当年一样，王莽的长子也应当像周公的儿子伯禽一样得到封爵，所赏赐之物的数量和品级也都要比照他们，其他儿子的封赐也应当像周公的六个儿子一样。"太皇太后将奏章交由大臣们讨论。正当大臣们在商议这件事时，发生了吕宽事件。

当初，王莽长子王宇反对王莽隔离卫氏，害怕以后要受到报复，就私下与卫宝通信，怂恿卫后上书谢恩，捎带着陈述丁、傅两家从前的罪恶，希望能召来京师。王莽禀报太皇太后，下诏让主管官员褒扬赏赐中山孝王后，增加汤沐邑七千户。卫后日夜哭泣，思念儿子，想和汉平帝见面，但得到的只是增加封邑的户数。王宇又怂恿她上书，请求来京师。王莽不理会。王宇又和老师吴章以及内兄吕宽商议怎样办好这件事。吴章认为王莽不能劝谏，但他相信鬼神，可用灾异变怪之事来惊吓他，吴章就根据灾异变怪而类推，劝说王莽将政权移交卫氏。王宇就让吕宽在夜里拿血涂洒王莽的住宅，结果被看门的官吏发觉，王莽逮捕了儿子王宇，送进监狱，命他服毒药自杀。王宇的妻子吕焉，因怀有身孕，被关进监狱，等她生了孩子后，再杀掉。甄邯等禀报太皇太后，太皇太后下诏表扬王莽说："安汉公身处周公的地位，辅

初，章为当世名儒，教授尤盛，弟子千余人。莽以为恶人党，皆当禁锢不得仕宦，门人尽更名他师。平陵云敞时为大司徒掾，自劾吴章弟子，收抱章尸归，棺敛葬之，京师称焉。

莽于是因吕宽之狱，遂穷治党与，连引素所恶者悉诛之。元帝女弟敬武长公主素附丁、傅，及莽专政，复非议莽；红阳侯王立，莽之尊属；平阿侯王仁，素刚直；莽皆以太皇太后诏，遣使迫守，令自杀。莽白太后，主暴病薨；太后欲临其丧，莽固争而止。甄丰遣使者乘传案治卫氏党与，郡国豪桀及汉忠直臣不附莽，皆诬以罪法而杀之。何武、鲍宣及王商子乐昌侯安、辛庆忌三子护羌校尉通、函谷都尉遵、水衡都尉茂、南郡太守辛伯皆坐死。凡死者数百人，海内震焉。北海逢萌谓友人曰："三纲绝矣，不去，祸将及人！"即解冠挂东都城门，归，将家属浮海，客于辽东。

莽召明礼少府宗伯凤入说为人后之谊，白令公卿、将军、侍中、朝臣并听，欲以内厉天子而外塞百姓之议。先是，秺侯金日磾子赏、都成侯金安上子常皆以无子国绝，莽以曾孙当及安上孙京兆尹钦绍其封。钦谓"当宜为其父、祖立庙，而使大夫主赏祭也"。甄邯时在旁，廷叱钦，因劾奏"钦诬祖不孝，大不敬"。下狱，自杀。邯以纲纪国体，无所阿私，忠孝尤著，益封千户。更封安上曾孙汤为都成侯。汤受封日，不敢还归家，以明为人后之谊。

是岁，尚书令颍川钟元为大理。颍川太守陵阳严诩本以孝行为官，谓掾史为师友，有过辄闭阁自责，终不大言。郡中乱。王莽遣使征诩，官属数百人为设祖道，诩据地哭。掾、史曰："明府吉征，不宜若此！"诩曰："吾哀颍川士，身岂有忧哉！我以柔弱征，必选刚猛代；代到，将

佐像周成王这样的幼主，而施行周公对管叔、蔡叔的诛杀，不因为骨肉私情而损伤君臣的大义，朕特予嘉奖王莽！”于是王莽把卫氏家族全都屠杀，只留下卫后。吴章被腰斩，并在东市门施以分尸。

当时，吴章是著名的儒家学者，传授学业很盛，学生达千余人之多。王莽认为他们都是恶人的党徒，都应该禁锢起来，不得为官，后世永不起用。因此，学生们都隐瞒自己的身份，改投他人为师。平陵人云敞，当时任大司徒掾，上书自我弹劾，承认是吴章的学生，替吴章收尸，并用棺材收殓埋葬，京师人都称赞他的品德。

王莽于是抓住吕宽事件的机会，下令彻底追查吕宽的同党，牵连平素他所厌恶的人，将他们都杀害。包括汉元帝的妹妹敬武长公主，因她平素与丁、傅两家关系友好，现今又不满意王莽；红阳侯王立，是王莽的亲叔父；平阿侯王仁，为人一向刚强正直。王莽都以太皇太后的名义颁下诏书，派使者监督，强令他们自杀。王莽禀报太皇太后，说敬武长公主暴病身亡；太皇太后要亲临她家祭吊，王莽就竭力阻止，才未去。甄丰派使者乘驿马车前往各地清查处理卫氏同党，各郡、国的豪杰以及仍效忠汉朝的忠臣义士，凡不依从王莽的，都被诬陷而杀掉。前任前将军何武、前任司隶校尉鲍宣以及王商的儿子乐昌侯王安，前任左将军辛庆忌的三个儿子：护羌校尉辛通、函谷都尉辛遵、水衡都尉辛茂，南郡太守辛伯，全都被判处死刑。此次共计杀死数百人，全国为之震惊。北海人逢萌对朋友说：“君臣、父子、夫妇的伦常都已丧尽，我们若再不离开，大祸就要临头。”说完后，就脱下官帽悬挂在东都城门上，回家后，携带家属乘船过渤海，旅居辽东。

王莽召精通古礼的少府宗伯凤入宫向太皇太后说明为人后者，不得顾及私亲的道义，并禀报太皇太后令公卿、将军、侍中及朝廷文武百官，都要参加听宗伯凤的讲解，王莽是想借此对内讽谕劝勉天子，对外杜绝百姓的议论。在此之前，秺侯金日磾的儿子金赏、都成侯金安上的儿子金常，都因为没有儿子封国被废除了，王莽就让金日磾的曾孙金当和金安上的孙儿京兆尹金钦，分别继承他们的爵位。金钦在宫殿上说：“金当应当给他父亲、祖父建立祭庙，而派大夫主持伯祖父金赏的祭祀。”甄邯当时正在旁边，就当廷叱责金钦，弹劾上奏：“金钦诬陷祖先不孝，犯了大不敬之罪。”于是，金钦被关进监狱，在狱中自杀而死。甄邯被认为是维护国家纲纪的贤人，不徇私情，忠孝两全，因此增封邑一千户。另封金安上的曾孙金汤为都成侯。金汤受封的当天，不敢回家，以明为人后的道义。

这一年，尚书令颍川人钟元，改任大理之职。颍川郡太守陵阳人严诩，当初因为对父母孝顺而被举荐做官，他把掾、史等属官当作老师和朋友，每遇有过失，就闭门自责，从来不说夸大的话。后来，郡中骚乱，王莽派遣使臣征召严诩，郡府官吏数百人，设宴为严诩饯行，严诩伏地哭泣。掾、史说：“朝廷征召您，这是吉祥的

有僵仆者，故相吊耳！”诩至，拜为美俗使者；徙陇西太守何并为颍川太守。并到郡，捕钟元弟威及阳翟轻侠赵季、李款，皆杀之；郡中震栗。

（以上为第一段，写王莽巩固权势后，借吕宽事件，兴大狱，进行政治杀戮，排除政敌。太皇太后被王莽玩弄于股掌之上，既是护身符，又是挡箭牌。）

四年（甲子，4年）

春，正月，郊祀高祖以配天，宗祀孝文以配上帝。

改殷绍嘉公曰宋公，周承休公曰郑公。

诏：“妇女非身犯法，及男子年八十以上、七岁已下，家非坐不道、诏所名捕，他皆无得系；其当验者即验问。定著令！”

二月，丁未，遣大司徒宫、大司空丰等奉乘舆法驾迎皇后于安汉公第，授皇后玺绂，入未央宫。大赦天下。

遣太仆王恽等八人各置副假节，分行天下，览观风俗。

夏，太保舜等及吏民上书者八千余人，咸请“如陈崇言，加赏于安汉公”。章下有司，有司请“益封公以召陵、新息二县及黄邮聚、新野田；采伊尹、周公称号，加公为宰衡，位上公，三公言事称‘敢言之’；赐公太夫人号曰功显君；封公子男二人安为褒新侯，临为赏都侯；加后聘三千七百万，合为一万万，以明大礼；太后临前殿亲封拜，安汉公拜前，二子拜后，如周公故事”。莽稽首辞让，出奏封事：“愿独受母号，还安、临印韨及号位户邑。”事下，太师光等皆曰：“赏未足以直功；谦约退让，公之常节，终不可听。忠臣之节亦宜自屈，而伸主上之义。宜遣大司徒、大司空持节承制诏公亟入视事；诏尚书勿复受公之让奏。”奏可。莽乃起视事，止减召陵、黄邮、新野之田而已。

莽复以所益纳征钱千万遗太后左右奉共养者。莽虽专权，然所以诳耀媚事太后，下至旁侧长御，方故万端，赂遗以千万数。白尊太后姊、妹号皆为君，食汤沐邑。以故左右日夜共誉莽。莽又知太后妇人，厌居

征兆，不应当悲伤。”严诩说：“我是为颍川人悲伤，哪里是为我自身忧愁啊！我因柔弱被征召，一定会派选一位刚猛的人来接替。等到接替的人到任，必定会有人死亡，所以悲伤啊！”严诩到了京师，被任命为美俗使者，改任陇西太守。何并为颍川太守。何并到任后，当即逮捕钟元的弟弟钟威以及阳翟侠士赵季、李款，都杀掉，全郡人都震惊害怕。

汉平帝元始四年（甲子，4年）

春季，正月，汉平帝在郊外祭祀汉高祖，把他与上天同享，在明堂祭祀孝文帝，把他与上帝同享。

改封殷绍嘉公叫宋公，周承休公叫郑公。

汉平帝下诏：“妇女不是亲身犯法，以及八十岁以上的男子、七岁以下的小孩，如果家庭没有犯不道之罪，或皇帝下诏指名逮捕的罪犯，其他都不准逮捕，其中需要审问取证的，到他家里调查。这些规定为法令！”

二月初七日丁未，派大司徒马宫、大司空甄丰等带着皇帝的乘舆和皇家法驾仪仗队到安汉公府第迎接皇后，送上皇后印玺，迎入未央宫，大赦天下。

派遣太仆王恽等八人为钦差大臣，各又设置副使，凭朝廷的“符节”，分别巡视全国各地，考察社会风俗。

夏季，太保王舜等率领官民八千余人上书，一致请愿：“采纳大司徒司直陈崇的建议，重赏安汉公王莽。”奏章交由主管官吏，主管官吏上奏说：“加封安汉公王莽的封地，将召陵、新息二县以及黄邮聚、新野县的耕田全都划归王莽。合并伊尹、周公的称号，尊称安汉公为‘宰衡’，位列上公，三公与安汉公论事，需称‘敢言之’。封王莽母亲为功显君，封王莽的两个儿子王安为褒新侯、王临为赏都侯。增加皇后聘礼三千七百万，前后合计是一万万，用以表明盛大典礼。太皇太后亲临前殿拜官授爵，安汉公王莽跪拜在前，两个儿子跪拜在后，依照周公的先例。”王莽叩首谦让，出宫后就送上密封奏章：“我只愿接受对母亲的封号，而归还王安、王临的封爵和采邑。”此事交由大臣们商议，太师孔光等都说：“赏赐不足以酬谢大功，谦逊退让是安汉公的一贯节操，但皇上决不可批准他的请求。因为忠臣的气节有时也应自屈而伸张主上的大义。应当派遣大司徒、大司空持节，代表皇上，征召安汉公尽快入朝视事。并诏令尚书不得再接受安汉公的谦让奏章。”奏章被批准。王莽这才出来视事，只是减少召陵、黄邮、新野等三县的封田罢了。

王莽又在所增加的聘礼中拿出一千万赠给太皇太后左右侍从人员。王莽尽管独揽大权，但仍千方百计迷惑逢迎取悦太皇太后，甚至连太皇太后左右的女官、婢女，都用尽各种方法进行贿赂，耗费成千上万。又提议尊崇太皇太后的姐姐、妹妹封号

深宫中，莽欲虞乐以市其权，乃令太后四时车驾巡狩四郊，存见孤、寡、贞妇，所至属县，辄施恩惠，赐民钱帛、牛酒，岁以为常。太后旁弄儿病，在外舍，莽自亲候之。其欲得太后意如此。

太保舜奏言："天下闻公不受千乘之土，辞万金之币，莫不乡化。蜀郡男子路建等辍讼，惭怍而退，虽文王却虞、芮何以加！宜报告天下。"于是孔光愈恐，固称疾辞位。太后诏："太师毋朝，十日一入省中，置几杖，赐餐十七物，然后归；官属按职如故。"

莽奏起明堂、辟雍、灵台，为学者筑舍万区，制度甚盛。立《乐经》；益博士员，经各五人。征天下通一艺、教授十一人以上，及有《逸礼》、古书、天文、图谶、钟律、《月令》、兵法、《史篇》文字，通知其意者，皆诣公车。网罗天下异能之士，前后至者千数，皆令记说廷中，将令正乖谬，壹异说云。

（以上为第二段，写王莽进一步膨胀权势，自称"宰衡"，夸耀德比伊尹、周公，迷惑太皇太后以固其权位，施小恩小惠以取虚誉，王莽确是一个玩弄政治的高手。）

又征能治河者以百数，其大略异者，长水校尉平陵关并言："河决率常于平原、东郡左右，其地形下而土疏恶。闻禹治河时，本空此地，以为水猥盛则放溢，少稍自索，虽时易处，犹不能离此。上古难识。近察秦、汉以来，河决曹、卫之域，其南北不过百八十里。可空此地，勿以为官亭、民室而已。"御史临淮韩牧以为："可略于《禹贡》九河处穿之，纵不能为九，但为四五，宜有益。"大司空掾王横言："河入勃海地，高于韩牧所欲穿处。往者天常连雨，东北风，海水溢，西南出，浸数百里，九河之地已为海所渐矣。禹之行河水，本随西山下东北去。《周谱》云：'定王五年，河徙'，则今所行非禹之所穿也。又秦攻魏，决河灌其都，决处遂大，不可复补。宜却徙完平处更开空，使缘西山足，乘高地而东北入海，乃无水灾。"司空掾沛国桓谭典其议，为甄丰言："凡此数者，必有一是；宜详考验，皆可豫见。计定然后举事，费不过数亿万，亦可以事诸浮食无产业民。空居与行役，同当衣食，衣食县官而为之作，乃两

为君，赐汤沐邑。因而，太皇太后身边的人员就日夜在太皇太后身边赞誉王莽。王莽知道太皇太后仍是个妇道人，厌恶久居深宫的生活，就想用娱乐来换取还掌握在她手里的权力，于是一年四季，都请太皇太后坐车到长安四郊游览，慰问孤儿、寡妇、贞妇，所到各处，都施布恩惠，赐给平民钱、帛、牛肉、酒，每年都是如此。太后身旁的弄儿有病，住在外舍，王莽就亲自去看望，王莽就是采用这些手段得到太皇太后的欢心。

太保王舜奏请说："天下百姓听说安汉公王莽不接受增封的采邑，又拒收黄金万两的聘礼，所有的人都仰慕而向往教化。蜀郡男子路建等人停止诉讼，惭愧地回去了，即使周文王感化虞、芮二国国君停止争地一事也没法与此相比！应当布告天下，让全国百姓都知道这件事。"于是，孔光更加惧怕，一再声称有病，要辞去职位。太皇太后下诏："太师不必上朝，每十天入朝一次就可以了。朝廷为你置备几案和手杖，赐给十七种美食，然后再回家。太师府的属官各自照常行使职务。"

王莽上奏建议兴建明堂、辟雍、灵台，给学员建房一万间，规模庞大而且隆重。在太学设立《乐经》课程，增加博士名额，每经各五人。征召全国精通六经中某一经的，而又传授弟子十一人以上的经师，凡收藏有《逸礼》、古书、天文、图谶、钟律、《月令》、兵法、《史篇》文字，或通晓其意义的人都请到公车署来。聚集全国奇才异士，前后来到京师的数以千计，都把他们的学说记录下来，想用他们的学说来改正谬误，统一学说，消除异端。

王莽又征召能治理黄河的人才一百多人，各人的治河方案并不相同。长水校尉平陵人关并认为："黄河溃决的地点，常常是在平原、东郡这一带，地势低下，土质松软。听说夏禹治理黄河时，原本就把这一带空出来调节水位。水大泛滥时，这一带就可蓄水成湖，水少时就逐渐干涸。尽管时代变更，但这个办法不能改变。上古时代的事遥远，难以知道。考察近代秦、汉以来的状况，黄河总在济阴、定陶、东郡及魏郡黎阳等地决口，而南北相距不过百八十里。可以让这块地方空起来，不要在此修建官亭、民宅。"御史临淮人韩牧认为："依据《禹贡》记载，黄河下游有九条支流，只需在九条河流的故道上略加疏通即可，即使不能疏通九条河流，只要疏通四五条河，应该是大有好处的。"大司空掾王横说："黄河流入渤海，在入口处地势高于韩牧主张要疏通的河道。过去，阴雨连绵，东北风起，海水倒灌，以致黄河水向西南倒流，淹没数百里，古代九河的故道，早就被海水逐渐覆盖了。夏禹当初疏导黄河，原本是顺着太行山向东北流去。《周谱》说：'周定王五年，黄河改道。'现在黄河所经的河道，并不是当年夏禹所挖掘的河道。此外，过去秦国灭亡魏国时，

便，可以上继禹功，下除民疾。”时莽但崇空语，无施行者。

群臣奏言：“昔周公摄政七年，制度乃定。今安汉公辅政四年，营作二旬，大功毕成，宜升宰衡位在诸侯王上。”诏曰：“可。”仍令议九锡之法。

莽奏尊孝宣庙为中宗，孝元庙为高宗；又奏毁孝宣皇考庙勿修；罢南陵、云陵为县。奏可。

莽自以北化匈奴，东致海外，南怀黄支，唯西方未有加，乃遣中郎将平宪等多持金币诱塞外羌，使献地愿内属。宪等奏言：“羌豪良愿等种可万二千人，愿为内臣，献鲜水海、允谷、盐池，平地美草，皆与汉民；自居险阻处为藩蔽。问良愿降意，对曰：‘太皇太后圣明，安汉公至仁，天下太平，五谷成孰，或禾长丈余，或一粟三米，或不种自生，或茧不蚕自成；甘露从天下，醴泉自地出；凤皇来仪，神爵降集。从四岁以来，羌人无所疾苦，故思乐内属。’宜以时处业，置属国领护。”事下莽，莽复奏：“今已有东海、南海、北海郡，请受良愿等所献地为西海郡。分天下为十二州，应古制。”奏可。冬，置西海郡。又增法五十条，犯者徙之西海。徙者以千万数，民始怨矣。

梁王立坐与卫氏交通，废，徙南郑；自杀。

分京师置前辉光、后丞烈二郡。更公卿、大夫、八十一元士官名、位次及十二州名、分界。郡国所属，罢置改易，天下多事，吏不能纪矣。

（以上为第三段，写王莽好大喜功，却不恤民生，修治黄河议而不决，只是空喊口号给自己增添光环。王莽又讽喻四夷来朝，更改官名、地名，凡此，表现自己的

决黄河堤，用黄河水灌入魏国国都大梁，因而决口地方扩大，无法进行堵塞。应当迁走人户，在宽平地另行开通河道，使黄河水顺着太行山的山麓，居高临下向东北流入渤海，才能避免水灾。”司空掾沛国人桓谭主持这次商讨，他对少傅甄丰说：“这些不同的方案，一定有一种方案是正确的。应当详细考察，就能比较利弊得失。计划选定后开始行动，费用不过几亿万，还可以安置一些无业游民。这些无业游民不从事生产，与其让他们闲着，还不如让他们服役，同样都是穿衣吃饭。现在由县官供给他们的衣服和饮食，让他们修治黄河，这对朝廷和他们都有好处。如此上可以继承夏禹的功绩，下可以为百姓除害。”当时王莽只是崇尚空话，因此没有具体加以施行。

文武大臣们上奏说：“以前周公代周成王处理国政七年，国家制度才制定下来。现在安汉公辅助国政只四年，建造明堂、辟雍不过两旬，就大功告成。因此，应该把宰衡的地位升高在诸侯王之上。”汉平帝下诏说：“可以。”随之下令商议九锡的法规。

王莽奏请尊孝宣庙为中宗，孝元庙为高宗。又奏请被毁的孝宣皇考庙不要修理；撤销南陵、云陵而改成为县。平帝下诏批准。

王莽自认为他的德威感化了北方的匈奴，东边到达海外，南边怀柔黄支国，唯有西边还没有施加影响，所以派遣中郎将平宪等人携带很多金币礼物去引诱塞外的羌人，使他们献出土地，同意归顺汉朝。平宪等人上奏说：“羌人首领良愿等部落，人口约一万两千，愿为汉朝的属国，献出鲜水海、允谷、盐池，平原美草，都给汉民居住耕种。自己退到险峻边塞地区游牧，为汉朝的屏障。询问良愿归降的意愿，他回答说：‘太皇太后英明，安汉公最仁慈，天下太平，五谷丰收，禾苗有的长一丈多高，一粟有的包含三粒米，有的不种植而自己生长，不要养蚕而茧可以自结而成；甘露自天而降，甘美的泉水从地下涌出；凤凰来舞，神雀汇集。自从安汉公辅政四年以来，羌人没有遭受过什么痛苦，因而很乐意归属汉朝。’故应及时安排他们居所和生业，设置属国领护。”事情交由王莽处理，王莽再次上奏说：“如今已有东海、南海、北海三个郡，请求接受良愿等所献的土地设立为西海郡。请将全国分为十二州，以合古代的制度。”上奏被批准。冬季，设置西海郡。又增订法律五十条，犯法的被流放到西海郡。被流放的人，数以千计，百姓开始生出怨恨。

梁王刘立被控犯了与卫氏往来的罪，废除封国，放逐到南郑县。刘立自杀。

划分京师长安为前辉光、后丞烈两个郡。更改公卿、大夫、八十一元士的官名、等级以及十二州名、分界线。更改各郡、各国的管辖区域，采取撤除、新置、改动、变更等办法，自此天下事端增多，官吏都难以记住。

绝对权威，为加号九锡铺平道路。）

五年（乙丑，5年）

春，正月，祫祭明堂；诸侯王二十八人，列侯百二十人，宗室子九百余人，征助祭。礼毕，皆益户、赐爵及金帛、增秩、补吏各有差。

安汉公又奏复长安南、北郊。三十余年间，天地之祠凡五徙焉。

诏曰："宗室子自汉元至今十余万人，其令郡国各置宗师以纠之，致教训焉。"

夏，四月，乙未，博山简烈侯孔光薨，赠赐、葬送甚盛，车万余两。以马宫为太师。

吏民以莽不受新野田而上书者前后四十八万七千五百七十二人，及诸侯王公、列侯、宗室见者皆叩头言："宜亟加赏于安汉公。"于是莽上书言："诸臣民所上章下议者，事皆寝勿上，使臣莽得尽力毕制礼作乐；事成，愿赐骸骨归家，避贤者路。"甄邯等白太后，诏曰："公每见辄流涕叩头言，愿不受赏；赏即加，不敢当位。方制作未定，事须公而决，故且听公制作；毕成，群公以闻，究于前议。其九锡礼仪亟奏！"

五月，策命安汉公莽以九锡，莽稽首再拜，受绿韨、衮冕、衣裳，玚琫、玚珌，句履，鸾路，乘马，龙旗九旒，皮弁、素积，戎路、乘马，彤弓矢、卢弓矢，左建朱钺，右建金戚，甲、胄一具，秬鬯二卣，圭瓒二,九命青玉珪二，朱户，纳陛，署宗官、祝官、卜官、史官，虎贲三百人。

（以上为第四段，写王莽加号九锡，距篡夺帝位，只有一步之遥了。）

王恽等八人使行风俗还，言天下风俗齐同，诈为郡国造歌谣、颂功德，凡三万言。闰月，丁酉，诏以羲和刘秀等四人使治明堂、辟雍，令汉与文王灵台、周公作洛同符。太仆王恽等八人使行风俗，宣明德化，

汉平帝元始五年（乙丑，5年）

春季，正月，平帝在明堂举行三年一次的祖先大合祭。征召来京助祭的诸侯王二十八人，列侯一百二十人，宗室子弟九百多人。祭礼完毕，凡有封爵的增加采邑户数，无封爵的赐爵位，以及赏赐金钱、丝绸，增加秩禄，无官的任命官职，各有等级。

安汉公王莽又奏请恢复在南郊祭天、北郊祭地的典礼。三十多年以来，祭祀天地的祠坛改变了五次。

汉平帝下诏说："皇家宗室子弟，从汉朝建立以来，至今已有十多万人。现敕令各郡、各封国，都要设置宗室教师督导他们的行为，完成对他们的教育。"

夏季，四月初一日乙未，博山简烈侯孔光逝世，赐赠丰厚，葬礼隆重，参加送葬车就有一万余辆。任命马宫为太师。

全国吏民因为王莽不接受新野县为采邑而上奏请愿的，前后有四十八万七千五百七十二人，以及诸侯王、公卿、列侯、宗室被召见的，都叩头说："应当赶快增加赏赐给安汉公。"于是王莽上书说："全国臣民所上奏章而交下商议的，其中有关赏赐之事，都扣下不要呈上，使我王莽能竭尽全力来完成制礼作乐。待这项任务完成，希望准许辞职回家，给贤能人才进用让路。"右将军甄邯等禀报太皇太后，太皇太后下诏说："安汉公每次进见，都流着眼泪叩头说，希望不要接受赏赐；若一定要给予赏赐，他就辞位。现在制礼作乐的任务尚未完成，这事必须由安汉公自己决定，暂且听从安汉公专心制礼作乐。等任务完成，群公告知，再商议大家从前的建议。但关于九锡礼仪须尽快制定上奏！"

五月，策书任命安汉公王莽，赐给九锡。王莽再次叩首下拜，接受绿色祭服的蔽膝，礼服、礼帽，家常便服，用黄金装饰刀柄的佩刀，用玉璧装饰的刀鞘，尖端上翘的御鞋，四匹骏马拉的带铃御车，悬垂九个尾梢的龙旗，白鹿皮制作的盔帽，白色的棉制战袍，四马拉的战车一辆，朱红色的弓、箭一副，黑色的弓、箭一副，大门外左边竖着红色大斧，右边竖着金色大斧，一套铠甲、头盔，两樽香酒，两个用玉石做的酒器，两枚上公举行隆重仪式时用的青色玉珪，府第大门可以用朱红色装饰，厅堂有纳陛台阶，可以设置宗官、祝官、卜官、史官，以及护卫勇士三百人。

王恽等八人奉命考察风俗回京，称全国风俗齐同美好。编造郡、国歌谣，歌功颂德，共三万字。闰五月初四日丁酉，汉平帝下诏命羲和刘秀等四人，负责兴建明堂、辟雍，使汉朝土木工程与周文王建筑灵台、周公建筑洛邑能相符合。太仆王恽

万国齐同，皆封为列侯。

时广平相班稚独不上嘉瑞及歌谣；琅邪太守公孙闳言灾害于公府。甄丰遣属驰至两郡，讽吏民，而劾“闳空造不祥，稚绝嘉应，嫉害圣政，皆不道”。稚，班婕妤弟也。太后曰：“不宣德美，宜与言灾害者异罚。且班稚后宫贤家，我所哀也。”闳独下狱，诛。稚惧，上书陈恩谢罪，愿归相印，入补延陵园郎；太后许焉。

莽又奏为市无二贾，官无狱讼，邑无盗贼，野无饥民，道不拾遗，男女异路之制；犯者象刑。

莽复奏言：“共王母，丁姬，前不臣妾，冢高与元帝山齐，怀帝太后、皇太太后玺绶以葬。请发共王母及丁姬冢，取其玺绶；徙共王母归定陶，葬共王冢次。”太后以为既已之事，不须复发。莽固争之，太后诏因故棺改葬之。莽奏：“共王母及丁姬棺皆名梓宫，珠玉之衣，非藩妾服。请更以木棺代，去珠玉衣；葬丁姬媵妾之次。”奏可。公卿在位皆阿莽指，入钱帛，遣子弟及诸生、四夷凡十余万人，操持作具，助将作掘平共王母、丁姬故冢；二旬间，皆平。莽又周棘其处，以为世戒云。又隳坏共皇庙，诸造议者泠褒、段犹皆徙合浦。

征师丹诣公车，赐爵关内侯，食故邑。数月，更封丹为义阳侯；月余，薨。

初，哀帝时，马宫为光禄勋，与丞相、御史杂议傅太后谥曰孝元傅皇后。及莽追诛前议者，宫为莽所厚，独不及。宫内惭惧，上书言：“臣前议定陶共王母谥，希指雷同，诡经僻说，以惑误主上，为臣不忠。幸蒙洒心自新，诚无颜复望阙庭，无心复居官府，无宜复食国邑。愿上太师、大司徒、扶德侯印绶，避贤者路。”八月，壬午，莽以太后诏赐宫策曰：“四辅之职，为国维纲；三公之任，鼎足承君；不有鲜明固守，无以

等八人奉命考察风俗，宣扬朝廷的德治教化，使全国风俗一致，刘秀等四人、王恽等八人都册封为列侯。

此时唯有广平国相班稚不肯进献祥瑞和民歌童谣，琅邪郡太守公孙闳在郡府公开讲说民间灾害。御史大夫甄丰派遣属官迅速赶到广平国、琅邪郡，示意官吏和平民进献祥瑞而隐瞒灾害，并上奏弹劾："公孙闳捏造灾害的消息，班稚拒绝反映祥瑞的征兆，他们二人嫉恨朝廷的圣政，都犯有不道之罪。"班稚是班婕妤的弟弟。太皇太后说："不宣扬美德，应当和捏造灾害的处罚不同。况且班稚是后宫有贤德的班婕妤的弟弟，所以我同情他。"因此，单独将公孙闳关进监狱，诛杀。班稚害怕，上书陈述自己世受国恩，请求恕罪，愿意归还相印，到延陵，补个掌守园寝门户的园郎。太皇太后批准了他的请求。

王莽又上奏制定全国商品买卖，只有一个价格，官府没有诉讼案件，城市没有盗贼，乡村没有饥民，路不拾遗，以及男女分路行走的制度。凡是违犯的，仅在服装上加以象征刑罚的标志，以示耻辱。

王莽还上奏说："定陶共王的母亲傅太后、王后丁姬，从前不遵守臣妾的规矩，坟墓竟然和元帝坟墓一样高，而且怀抱着帝太后、皇太太后的印玺埋葬。请求挖掘定陶共王的母亲以及丁姬的坟墓，取出印玺。将定陶共王母的遗体迁往定陶国，葬在定陶共王的墓园。"太皇太后认为这都是过去的事情，不必再提起。王莽坚持己见，太皇太后只得下诏，用傅太后原来的棺木改葬。王莽又奏说："定陶共王母亲和丁姬的棺材，都是用最名贵的香梓木制成的，穿着金缕玉衣的殓服，这都不是一个藩臣之妾应该享有的。请求改用普通棺木，剥去金缕玉衣，将丁姬葬在陪嫁女子坟墓旁边。"上奏被批准。在位的公卿大臣都迎合王莽的旨意，捐献钱帛，各家都派出子弟，以及众儒生、东夷、西戎、南蛮、北狄四夷共十余万人，拿着锹、箩筐等工具，帮助挖掘定陶共王母亲、丁姬的坟墓。二十天左右，全都铲平。王莽又用荆棘把原地围起来，作为后人的鉴戒。又下令毁坏共皇的陵庙，追查当初提议造庙的泠褒、段犹，都被流放到合浦。

征召师丹到公车府，赐给关内侯的爵位，恢复他从前的封邑。数月后，改封师丹为义阳侯；一个多月后，师丹去世。

当初，哀帝时，马宫为光禄勋，和丞相、御史商议傅太后的谥号为孝元傅皇后。等到王莽追究诛杀从前参与会议的人，马宫被王莽所看重，唯独没有被杀。马宫内心感到惭愧害怕，因此上书说："臣从前在商议定陶共王母的谥号时，臣迎合上级的旨意，随声附和，离经叛道，随意胡说，迷惑皇上，这是臣的不忠。幸而改过自新，实在无颜面再在朝廷议政，也没有心思再留居官府，更不应当再享有封爵食邑。臣愿交出太师、大司徒、扶德侯的官印，给贤能的人让路。"八月二十日壬午，王莽以

居位。君言至诚，不敢文过，朕甚多之。不夺君之爵邑，其上太师、大司徒印绶使者，以侯就第。”

莽以皇后有子孙瑞，通子午道，从杜陵直绝南山，径汉中。

泉陵侯刘庆上书言：“周成王幼小，周公居摄。今帝富于春秋，宜令安汉公行天子事，如周公。”群臣皆曰：“宜如庆言。”时帝春秋益壮，以卫后故，怨不悦。冬，十二月，莽因腊日上椒酒，置毒酒中；帝有疾。莽作策，请命于泰畤，愿以身代，藏策金縢，置于前殿，敕诸公勿敢言。丙午，帝崩于未央宫。大赦天下。莽令天下吏六百石以上皆服丧三年。奏尊孝成庙曰统宗；孝平庙曰元宗。敛孝平，加元服，葬康陵。

班固赞曰：孝平之世，政自莽出，褒善显功，以自尊盛。观其文辞，方外百蛮，无思不服，休征嘉应，颂声并作；至于变异见于上，民怨于下，莽亦不能文也。

以长乐少府平晏为大司徒。

太后与群臣议立嗣。时元帝世绝，而宣帝曾孙有见王五人，列侯四十八人。莽恶其长大，曰：“兄弟不得相为后。”乃悉征宣帝玄孙，选立之。

是月，前辉光谢嚣奏武功长孟通浚井得白石，上圆下方，有丹书著石，文曰：“告安汉公莽为皇帝。”符命之起，自此始矣。莽使群公以白太后，太后曰：“此诬罔天下，不可施行！”太保舜谓太后曰：“事已如此，无可奈何；沮之，力不能止。又莽非敢有他，但欲称摄以重其权，填服天下耳！”太后心不以为可，然力不能制，乃听许。舜等即共令太后下诏曰：“孝平皇帝短命而崩，已使有司征孝宣皇帝玄孙二十三人，差度宜者，以嗣孝平皇帝之后。玄孙年在襁褓，不得至德君子，孰能安之！安汉公莽，辅政三世，与周公异世同符。今前辉光嚣、武功长通上言丹石之符，朕深思厥意，云‘为皇帝’者，乃摄行皇帝之事也。其令安汉公居摄践祚，如周公故事，具礼仪奏！”于是群臣奏言：“太后圣德昭然，

太皇太后的名义，下诏赐马宫的策书说：“四辅的职务是维护国家的法度；三公的责任，就像鼎的三足辅佐君王。不能精明干练处事和坚持节操，就无法居于高位。你的陈述，十分诚恳，不掩盖自己的错误，朕非常欣赏。仍保留你的爵位食邑，可上交太师、大司徒的官印给使者，以侯爵身份回家。”

王莽认为他的皇后女儿有多生子女的祥瑞，于是开凿子午道，从长安杜陵县穿过终南山，直通汉中郡。

泉陵侯刘庆上奏说：“周成王年幼，由周公居位摄政。如今平帝年幼，应该让安汉公王莽正式代理天子执政，就像周公一样。”文武群臣都说：“应当如此。”此时平帝年龄益长，因为自己母亲卫后不能到京城的缘故，就怨恨王莽而郁郁不乐。冬季，十二月，王莽趁腊日大祭，向平帝进献椒酒的时候，将毒药放入酒中。平帝中毒生病，王莽写下祷文策书，到泰畤替平帝向天神祈求，愿用自己的生命，代替平帝去死。并把策书藏在金縢柜里，放置前殿，告诫文武大臣不准泄露。丙午日（疑误），平帝在未央宫逝世。大赦天下。王莽命令全国年俸六百石以上官吏，都要居丧三年。又上奏太皇太后，尊称成帝庙为统宗，孝平庙为元宗。将平帝收敛，穿戴成人的衣冠，葬在康陵。

班固评论说：孝平帝在位期间，由王莽发号施令，褒扬善德、宣扬功绩，用以显示他自己的威严尊贵。如果只看那些华丽文章的记载，边远地区的蛮夷，没有一个不归顺的，吉祥的征兆不断显现，颂扬之声四起。事实上，上有天象的变异，下有黎民百姓的怨恨，这些，王莽也就无法掩饰了。

任命长乐少府平晏为大司徒。

太皇太后和文武大臣商议册立皇帝继承人。此时元帝的后代已断绝，而宣帝的曾孙中被封为王的有五人，为列侯的四十八人。王莽嫌他们长大成人，就说：“兄弟不能相继为后代。”于是，就征召宣帝玄孙，审慎选拔一人立为皇帝。

这一月，前辉光人谢嚣上奏说，武功县令孟通在掘井时得到一块白色的石头，上圆而下方，石头上写着“告安汉公王莽为皇帝”的朱红色的文字。关于上天赐下帝王征兆的议论，从此兴起了。王莽指使诸大臣将这件事禀报太皇太后，太皇太后说：“这是在欺骗天下的人，不能让它流行！”太保王舜对太皇太后说：“事已至此，无可奈何。要想阻止它，已没有力量了。再说王莽不敢有别的企图，不过是想公开摄政来加强自己的权势，好去镇服天下人心罢了！”太皇太后心里知道不可以这样做，但无力制止，只好听从。王舜等人就一同逼迫太皇太后下诏说：“孝平皇帝短命逝世，已命主管官吏征召孝宣皇帝玄孙二十三人，选择其中适宜的承继帝位。可是，玄孙年龄幼小，若得不到有德高望重的君子来辅弼，谁能保护小皇帝的安全呢？安汉公王莽，辅政已经三世，和周公的时代尽管不同，但事迹却相同。现在前辉光人

深见天意，诏令安汉公居摄。臣请安汉公践祚，服天子韨冕，背斧依立于户牖之间，南面朝群臣，听政事；车服出入警跸，民臣称臣妾，皆如天子之制。郊祀天地，宗祀明堂，共祀宗庙，享祭群神，赞曰‘假皇帝’，民臣谓之‘摄皇帝’，自称曰‘予’。平决朝事，常以皇帝之诏称‘制’。以奉顺皇天之心，辅翼汉室，保安孝平皇帝之幼嗣，遂寄托之义，隆治平之化。其朝见太皇太后、帝皇后皆复臣节。自施政教于宫家国采，如诸侯礼仪故事。”太后诏曰：“可。”

（以上为第五段，写王莽毒死平帝，加号“摄皇帝”，其篡国夺位之心，已是路人皆知。）

王莽上

居摄元年（丙寅，6年）

春，正月，王莽祀上帝于南郊，又行迎春、大射、养老之礼。

三月，己丑，立宣帝玄孙婴为皇太子，号曰孺子。婴，广戚侯显之子也。年二岁；托以卜相最吉，立之。尊皇后曰皇太后。

以王舜为太傅、左辅，甄丰为太阿、右拂，甄邯为太保、后承；又置四少，秩皆二千石。

四月，安众侯刘崇与相张绍谋曰：“安汉公莽必危刘氏，天下非之，莫敢先举，此乃宗室之耻也。吾帅宗族为先，海内必和。”绍等从者百余人遂进攻宛；不得入而败。

绍从弟竦与崇族父嘉诣阙自归；莽赦弗罪。竦因为嘉作奏，称莽德美，罪状刘崇：“愿为宗室倡始，父子兄弟负笼荷锸，驰之南阳，猪崇宫室，令如古制；及崇社宜如亳社，以赐诸侯，用永监戒！”于是莽大说，封嘉为率礼侯，嘉子七人皆赐爵关内侯；后又封竦为淑德侯。长安为之语曰：“欲求封，过张伯松。力战斗，不如巧为奏。”自后谋反皆污池云。

谢嚣、武功县令孟通上奏说红字白石的符命，朕深思其意，所谓‘为皇帝’的意思，就是代理皇帝的职权。应当由安汉公为代理皇帝，如同周公的成例，准备行礼的仪式上奏。”于是大臣们上奏说：“太皇太后神圣的道德，昭示全国，深深知道天意，下诏让安汉公代理天子之位，臣等请求安汉公即天子之位，穿着天子的礼服，背后是画着斧形图案的屏风，面向南方，接受群臣朝拜，听取政事。他的进出要有侍卫，所经过的地方，沿途要清道戒严，臣下和平民要向他自称臣妾，与天子的礼仪制度完全一样。在郊外祭祀天地，在明堂和宗庙祭祀祖宗，祭祀各种神灵。在祭祀中司仪称安汉公为‘假皇帝’，平民和臣下称其为‘摄皇帝’，自称为‘予’。裁决国家大事，发号施令，不用‘诏书’，而用‘制书’，这样才可以顺应上天的心意，辅佐汉朝，保护孝平皇帝的幼小继承人，完成受托付的大义，弘扬教化，使国家太平安定。代理皇帝朝见太皇太后、帝皇后，仍然用臣子的礼节。安汉公在他自己的宫馆、家宅、封国、采邑，可以独立实行一套礼仪教化，其他方面，仍依照诸侯礼仪的往例。”太皇太后下诏说：“可。”

王莽上

王莽居摄元年（丙寅，6 年）

春季，正月，王莽在南郊祭祀上帝，又举行迎春、大射、养老的典礼仪式。

正月二十五日己丑，册立宣帝玄孙刘婴为皇太子，称号“孺子”。刘婴是广武侯刘显的儿子，时年两岁。假托占卜和面相最吉利，因此册立他。尊皇后为皇太后。

任命王舜为太傅、左辅，甄丰为太阿、右弼，甄邯为太保、后承。又设置四少，秩禄都是二千石。

四月，安众侯刘崇与侯国相张绍商议说：“安汉公王莽一定会危害刘氏，全天下的人都责怪他，但没有人敢首倡举事，这是皇室的耻辱。我刘崇率领宗族发难起来，全国一定响应。”张绍等附从的有一百多人，于是进攻宛城，没有攻破就失败了。

张绍堂弟张竦与刘崇堂叔刘嘉，到京师宫门前自首请罪，王莽赦免不治他们的罪。张竦代笔刘嘉写奏书，称颂王莽的美德，斥责刘崇的罪状，声称：“我刘嘉愿意作为宗室的带头人，父子兄弟背着土笼，扛着铁锹，飞速赶到南阳，捣毁刘崇的住宅，用水灌注使其变成污水池，这是惩治叛逆的古制。还要拆毁刘崇的祖庙，如同当年周朝拆毁殷商的祭坛亳社一样，把祭器分赐诸侯，永远作为鉴戒！”于是王莽非常高兴，封刘嘉为率礼侯，刘嘉的七个儿子全都赐爵关内侯，稍后又封张竦为淑德侯。长安城内流传谣歌说：“要想封，找张伯松，拼命斗，不如巧为奏。”从这以后，凡是造反的人，家宅都被拆毁变为污水池。

群臣复白："刘崇等谋逆者，以莽权轻也；宜尊重以填海内。"五月，甲辰，太后诏莽朝见太后称"假皇帝"。

冬，十月，丙辰朔，日有食之。

十二月，群臣奏请以安汉公庐为摄省，府为摄殿，第为摄宫。奏可。

是岁，西羌庞恬、傅幡等怨莽夺其地，反攻西海太守程永；永奔走。莽诛永，遣护羌校尉窦况击之。

（以上为第六段，写孺子婴即位，王莽居摄为代理皇帝。宗室刘崇反抗，昙花一现。）

二年（丁卯，7 年）

春，窦况等击破西羌。

五月，更造货：错刀，一直五千；契刀，一直五百；大钱，一直五十；与五铢钱并行，民多盗铸者。禁列侯以下不得挟黄金，输御府受直；然卒不与直。

东郡太守翟义，方进之子也，与姊子上蔡陈丰谋曰："新都侯摄天子位，号令天下，故择宗室幼稚者以为孺子，依托周公辅成王之义，且以观望，必代汉家，其渐可见。方今宗室衰弱，外无强蕃，天下倾首服从，莫能亢扞国难。吾幸得备宰相子，身守大郡，父子受汉厚恩，义当为国讨贼，以安社稷；欲举兵西，诛不当摄者，选宗室子孙辅而立之。设令时命不成，死国埋名，犹可以不惭于先帝。今欲发之，汝肯从我乎？"丰年十八，勇壮，许诺。义遂与东郡都尉刘宇、严乡侯刘信、信弟武平侯刘璜结谋，以九月都试日斩观令，因勒其车骑、材官士，募郡中勇敢，部署将帅。信子匡时为东平王，乃并东平兵，立信为天子；义自号大司马、柱天大将军；移檄郡国，言"莽鸩杀孝平皇帝，摄天子位，欲绝汉室。今天子已立，共行天罚！"郡国皆震。比至山阳，众十余万。

莽闻之，惶惧不能食。太皇太后谓左右曰："人心不相远也。我虽妇

文武百官再次建议："刘崇等人敢于阴谋造反，是因为王莽的权力还轻，应当加重王莽的权力以镇服天下的人。"五月十七日甲辰，太皇太后下诏，王莽朝见太皇太后，自称"代理皇帝"。

冬季，十月初一日丙辰，发生日食。

十二月，群臣上奏请求把安汉公在宫中休息的便殿称为摄省，办公地称为摄殿，住宅称为摄宫。这个奏章被太皇太后认可。

这一年，西羌人庞恬和傅幡等人怨恨王莽掠夺他们的土地，于是反叛，进攻西海郡太守程永，程永逃走。王莽杀了程永，派护羌校尉窦况进攻西羌。

王莽居摄二年（丁卯，7年）

春季，窦况等人打败西羌。

五月，改铸发行新货币：错刀，一枚值五千钱；契刀，一枚值五百钱；大钱，一枚值五十钱；这些货币和五铢钱同时流通，民间私铸货币的很多。王莽下禁令，从列侯以下不准私藏黄金，私人黄金应送缴御府按市值兑换现钱，可是上缴黄金的人，始终没有得到价款。

东郡太守翟义是翟方进的儿子，和姐姐的儿子上蔡人陈丰密谋说："新都侯王莽代理皇帝，向全国发号施令，故意选择宗族中的幼小娃娃，称他为孺子，假托周公辅助成王之义，用以试探全国人心，将来必定要取代汉朝，它的迹象日益明显。如今京师皇族衰弱，外地又没有强大的同姓诸侯，以致天下人全都俯首顺从，也没有人能抗御国家面临的灾难。我有幸是宰相的儿子，自己又是大郡的太守，父子都秉受汉朝的厚恩，有义务为国家讨伐叛贼，使国家安定。因此想兴兵西进，诛灭那不应代理皇帝的人，而另选择宗室子孙，辅助他当皇帝。若这个使命不能完成，为国牺牲，即使姓名不被人知，但可以不愧对于先帝。我准备马上起兵行动，你肯跟从我吗？"陈丰时年十八岁，勇武雄壮，一口承诺。翟义于是与东郡都尉刘宇、严乡侯刘信、刘信的弟弟武平侯刘璜合谋，决定在九月检阅部队的那天，发动起事，斩杀观县县令，收编他的战车、骑兵和射手，再征召郡中勇士，委派将领。刘信的儿子刘匡，当时是东平王，因此就联合东平国的军队，拥立刘信为皇帝。翟义自称大司马、柱天大将军。用檄文通告各郡国，说："王莽用鸩酒毒死孝平皇帝，称代理皇帝，其意是想断绝汉室。如今，天子已经即位，当共同代天行罚。"各郡国大为震动。大军抵达山阳郡时，人数已有十余万。

王莽听到这个消息，惊惶失措，不思饮食。太皇太后对她的近臣说："人心所见

人，亦知莽必以此自危。”莽乃拜其党、亲轻车将军、成武侯孙建为奋武将军，光禄勋、成都侯王邑为虎牙将军，明义侯王骏为强弩将军，春王城门校尉王况为震威将军，宗伯、忠孝侯刘宏为奋冲将军，中少府、建威侯王昌为中坚将军，中郎将、震羌侯窦况为奋威将军，凡七人，自择除关西人为校尉、军吏，将关东甲卒，发奔命以击义焉。复以太仆武让为积弩将军，屯函谷关；将作大匠蒙乡侯逯并为横壄将军，屯武关；羲和、红休侯刘秀为扬武将军，屯宛。

三辅闻翟义起，自茂陵以西至汧二十三县，盗贼并发。槐里男子赵朋、霍鸿等自称将军，攻烧官寺，杀右辅都尉及斄令，相与谋曰：“诸将精兵悉东，京师空，可攻长安！”众稍多至十余万，火见未央宫前殿。莽复拜卫尉王级为虎贲将军，大鸿胪、望乡侯阎迁为折冲将军，西击朋等。以常乡侯王恽为车骑将军，屯平乐馆；骑都尉王晏为建威将军，屯城北；城门校尉赵恢为城门将军；皆勒兵自备。以太保、后承、承阳侯甄邯为大将军，受钺高庙，领天下兵，左杖节，右把钺，屯城外。王舜、甄丰昼夜循行殿中。

莽日抱孺子祷郊庙，会群臣，称曰：“昔成王幼，周公摄政，而管、蔡挟禄父以畔。今翟义亦挟刘信而作乱。自古大圣犹惧此，况臣莽之斗筲！”群臣皆曰：“不遭此变，不章圣德！”冬，十月，甲子，莽依《周书》作《大诰》曰：“粤其闻日，宗室之俊有四百人，民献仪九万夫，予敬以终于此谋继嗣图功。”遣大夫桓谭等班行谕告天下，以当反位孺子之意。

诸将东至陈留菑，与翟义会战，破之，斩刘璜首。莽大喜，复下诏先封车骑都尉孙贤等五十五人皆为列侯，即军中拜授。因大赦天下。于是吏士精锐遂攻围义于圉城，十二月，大破之。义与刘信弃军亡，至固始界中，捕得义，尸磔陈都市；卒不得信。

（以上为第七段，写王莽大规模镇压拥汉派。）

略同。我尽管是女流之辈，也知道王莽一定会有危险。”王莽出动他的党羽和亲属来应对：轻车将军、成武侯孙建为奋武将军，光禄勋、成都侯王邑为虎牙将军，明义侯王骏为强弩将军，春王城门校尉王况为震威将军，宗伯、忠孝侯刘宏为奋冲将军，中少府、建威侯王昌为中坚将军，中郎将、震羌侯窦况为奋威将军，共七人，由各人自己选择关西人做校尉、军吏，率领关东士兵，发出紧急命令，去攻打翟义。又派太仆武让为积弩将军，驻防函谷关：命将作大匠、蒙乡侯逯并为横壄将军，驻防武关；羲和、红休侯刘秀为扬武将军，驻防宛县。

京畿附近的三辅地区知道翟义起兵的消息，东自茂陵县，西到汧县，共二十三县，打杀官兵的盗贼一哄而起。槐里县男子赵朋、霍鸿等自封将军，攻打、焚烧官衙，杀死右扶风都尉以及斄县县令，他们相互商议说：“各将领都率领精锐部队去了东边，京师空虚，我们可以直接进攻长安！”这时人数渐渐增加到十多万，火光照耀未央宫前殿。王莽又封卫尉王级为虎贲将军，大鸿胪、望乡侯阎迁为折冲将军，向西攻击赵明等。任命常乡侯王恽为车骑将军，驻防平乐馆；骑都尉王晏为建威将军，驻防城北；城门校尉赵恢为城门将军；各位将军统率军队进入临战状态以自备。派太保、后承、承阳侯甄邯任大将军，在高庙接受最高军权——一把象征专断诛杀的大斧，统率天下的军队，在军帐左边执持符节，右边把握大斧，驻扎在京师城外。王舜、甄丰昼夜在宫殿里巡视。

王莽每天抱着孺子到郊庙里祈求，集合文武百官声称：“当年周成王年幼，由周公代行国事，而管叔、蔡叔却挟持殷纣王的儿子武庚禄父叛变。现在翟义也挟持刘信而作乱。自古以来伟大的圣人都惧怕发生这种事，何况一个才识短浅的我呢？”群臣们都说：“不遭遇这样的变乱，就不足以显示你的圣德！”冬季，十月十五日甲子，王莽按照《周书·大诰》而作《大诰》，说：“当接到翟义造反奏书的那天，刘家宗室才俊之士有四百人；民众愿意贡献忠诚的贤士有九万人；我敬重和依靠这些人，共同图谋国事，保护皇室继承人，以成功业。”派遣大夫桓谭等到全国各地传达宣布，王莽将来一定要把帝位还给孺子。

各路将领向东抵达陈留郡菑县，与翟义的军队交战，打败了翟义，杀了刘璜。王莽非常高兴，又下诏先赐封车骑都尉孙贤等五十五人为列侯，就在军中颁授爵位。又向全国发布大赦令。于是，精锐的部队围攻翟义于圉城。十二月，攻下圉城，翟义与刘信丢弃军队，只身逃亡。逃到固始县的边界，翟义被捕，押解到淮阳国所属陈县，施以分裂肢体的酷刑，放在闹市示众。但刘信始终没有抓到。

始初元年（戊辰，8年）

春，地震。大赦天下。

王邑等还京师，西与王级等合击赵朋、霍鸿。二月，朋等殄灭，诸县息平。还师振旅，莽乃置酒白虎殿，劳赐将帅。诏陈崇治校军功，第其高下，依周制爵五等，以封功臣为侯、伯、子、男，凡三百九十五人，曰“皆以奋怒，东指西击，羌寇、蛮盗，反虏、逆贼，不得旋踵，应时殄灭，天下咸服”之功封云。其当赐爵关内侯者，更名曰附城，又数百人。莽发翟义父方进及先祖冢在汝南者，烧其棺柩；夷灭三族，诛及种嗣，至皆同坑，以棘五毒并葬之。又取义及赵朋、霍鸿党众之尸，聚之通路之旁，濮阳、无盐、圉、槐里、盩厔凡五所，建表木于其上，书曰：“反虏逆贼鳣鲵。”义等既败，莽于是自谓威德日盛，遂谋即真之事矣。

群臣复奏：进摄皇帝子安、临爵为公；封兄子光为衍功侯。是时莽还归新都国；群臣复白以封莽孙宗为新都侯。

九月，莽母功显君死。莽自以居摄践阼，奉汉大宗之后，为功显君缌缞弁而加麻环绖，如天子吊诸侯服。凡壹吊再会；而令新都侯宗为主，服丧三年云。

司威陈崇奏：莽兄子衍功侯光私报执金吾窦况，令杀人；况为收系，致其法。莽大怒，切责光。光母曰：“汝自视孰与长孙、中孙！”长孙、中孙者，宇及获之字也。遂母子自杀，及况皆死。初，莽以事母、养嫂、抚兄子为名，及后悖虐，复以示公义焉。令光子嘉嗣爵为侯。

是岁，广饶侯刘京言齐郡新井，车骑将军千人扈云言巴郡石牛，太保属臧鸿言扶风雍石；莽皆迎受。十一月，甲子，莽奏太后曰：“陛下遇汉十二世三七之厄，承天威命，诏臣莽居摄。广饶侯刘京上书言：‘七月中，齐郡临淄县昌兴亭长辛当一暮数梦，曰：“吾，天公使也。天公使我告亭长：‘摄皇帝当为真。’即不信我，此亭中当有新井。”亭长晨起视亭中，诚有新井，入地且百尺。’十一月，壬子，直建冬至，巴郡石牛，戊

王莽始初元年（戊辰，8年）

春季，发生地震，大赦天下。

王邑等人从前线回到京师，又向西和王级等人会合攻击赵朋、霍鸿。二月，赵朋等人被消灭，各县之乱平息。军队凯旋，王莽在未央宫白虎殿举行庆功宴会，慰劳和奖赐将帅。诏令陈崇考核军功，评列他们的高下，按照周朝的制度，把爵位分为五等，功臣受封只有公爵以下的侯、伯、子、男四等，共三百九十五人。说："你们都怀着愤怒的心情，东征西讨，羌寇、蛮盗、反虏、逆贼，尚未转过脚后跟，就立即被消灭，天下人无不由衷敬服。"所有人的封爵都用这个理由。应当封关内侯的，改名附城，共数百人。王莽下令挖掘翟义父亲翟方进，以及在汝南的翟氏祖先坟墓，烧掉棺柩，杀死翟氏三族，连幼儿都不放过。斩杀之后，将男女老少的尸体都推到一个大坑中，再放入荆棘、五毒一起埋葬。又将翟义、赵朋、霍鸿同党的尸体，聚集在濮阳、无盐、圉、槐里、盩厔等五个县的交通大道的旁边，把写有"反虏、逆贼、鲸鲵"标志的木牌插在尸堆上。翟义等人都失败了，王莽自认为他的声威德行日益兴盛，就密谋正式夺取皇帝之位。

群臣们又上奏：代理皇帝王莽的儿子王安、王临应晋升为公爵。赐封王莽哥哥王永的儿子王光为衍功侯。这时，王莽交还了自己的封国新都国，群臣们又上奏赐封王莽的孙子王宗为新都侯。

九月，王莽的母亲功显君逝世。王莽自认为是代理帝位，登上宫廷的宝座，承继汉朝大宗的后代，因此不能为母亲功显君穿儿子尽孝的丧服，只能穿天子吊唁封国国君的丧服，用细麻布制作，帽檐上环绕着麻带。王莽到灵前做一次吊唁集合众人两次祭拜。由孙儿——新都侯王宗主祭当丧主，守丧三年。

司威陈崇奏说：王莽的侄儿衍功侯王光私下勾结执金吾窦况，命窦况代他杀人，窦况便为他拘禁了那个人，并施以刑法。王莽大怒，严厉地责备了王光。王光的母亲说："你看看自己的样子，和长孙、中孙相比哪一个亲？"长孙、中孙是王莽之子王宇、王获的字。于是王光母子就自杀了，连窦况也都死了。当初，王莽因服侍母亲、供养嫂嫂、抚育侄儿而出名，到后来悖逆暴虐，为了篡权，不惜利用骨肉之亲显示公正无私。命王光的儿子王嘉继承衍功侯的爵位。

这一年，广饶侯刘京称齐郡出现一口新井，车骑将军下属千人名叫扈云的人说巴郡发现一头石牛；太保下属名叫臧鸿的人说扶风郡雍县发现石文。这些符命，王莽都接受。十一月二十一日甲子，王莽向太皇太后奏报说："陛下正遇到汉朝十二代'三七'数字的困厄，秉承上天威严的命令，下诏让我王莽代理皇帝之位。广饶侯刘京上奏说：七月中，齐郡临淄县昌兴亭长名叫辛当的人一夜做了几次梦，梦中有人对他说：'我是天公的使者。天公让我告诉你亭长：代理皇帝应当做真皇帝。若不相

午，雍石文，皆到于未央宫之前殿。臣与太保安阳侯舜等视，天风起，尘冥，风止，得铜符帛图于石前，文曰：‘天告帝符，献者封侯，’骑都尉崔发等视说。孔子曰：‘畏天命，畏大人，畏圣人之言。’臣莽敢不承用！臣请共事神祇、宗庙，奏言太皇太后、孝平皇后，皆称‘假皇帝’；其号令天下，天下奏言事，毋言‘摄’；以居摄三年为始初元年；漏刻以百二十为度；用应天命。臣莽夙夜养育隆就孺子，令与周之成王比德，宣明太皇太后威德于万方，期于富而教之。孺子加元服，复子明辟，如周公故事。”奏可。众庶知其奉符命，指意群公博议别奏，以示即真之渐矣。

期门郎张充等六人谋共劫莽，立楚王。发觉，诛死。

（以上为第八段，写王莽借口天降符瑞，蚕食汉家国祚，由居摄皇帝再进一步称假皇帝，即代理皇帝。）

梓潼人哀章学问长安，素无行，好为大言，见莽居摄，即作铜匮，为两检，署其一曰“天帝行玺金匮图”，其一署曰“赤帝玺某传予皇帝金策书”。某者，高皇帝名也。书言王莽为真天子，皇太后如天命。图书皆书莽大臣八人，又取令名王兴、王盛，章因自窜姓名，凡十一人，皆署官爵，为辅佐。章闻齐井、石牛事下，即日昏时，衣黄衣，持匮至高庙，以付仆射。仆射以闻。戊辰，莽至高庙拜受金匮神禅，御王冠，谒太后，还坐未央宫前殿，下书曰：“予以不德，托于皇初祖考黄帝之后，皇始祖考虞帝之苗裔，而太皇太后之末属。皇天上帝隆显大佑，成命统序，符契、图文、金匮策书，神明诏告，属予以天下兆民。赤帝汉氏高皇帝之灵，承天命，传金策之书，予甚祇畏，敢不钦受！以戊辰直定，御王冠，即真天子位，定有天下之号曰新。其改正朔，易服色，变牺牲，殊徽帜，异器制。以十二月朔癸酉为始建国元年正月之朔；以鸡鸣为时。服色配德上黄，牺牲应正用白，使节之旄幡皆纯黄，其署曰‘新使五威节’，以承皇天上帝威命也。”

信我，这个亭中应当有口新井’，亭长早晨起来，到亭里去看，果真有口新井，井深将近一百尺。十一月初九日壬子，这一天正当是冬至，日月连星，巴郡出现石牛；十一月十五日戊午，雍县发现石文，都运送到未央宫的前殿。臣和太保安阳侯王舜等前去看时，忽然刮起大风，尘土飞扬，天色为之晦暝，当大风停止时，在石头面前得到铜符帛图，上面的文字是：‘天告帝符，献者封侯。’骑都尉崔发等人看了这些文字并能说出它的意思。孔子说：‘怕天命，怕王公大人，怕圣人的话。’臣王莽不敢不接受这种推崇！臣请求在祭祀天神地祇、宗庙，以及向太皇太后、孝平皇后奏报时，都自称代理皇帝。至于向全国发号施令，全国臣民向臣奏报事情，都不再称是‘摄政’，今年本是居摄三年，现改为初始元年，将计时的漏刻改为一百二十刻，用来顺应上天的旨意。臣王莽一定日夜培养教育使孺子健康地成长，使他能与周成王的德行相媲美，要大力宣扬彰明太皇太后威德，传播万国，期待孺子在年幼成长中受到良好的教育。等到孺子加冕后，臣再把明君的权力归还给他，与周公当初所做的一样。”太皇太后同意了。广大群众知道王莽信奉符命的意图，大臣们又广采众议，分别奏报太皇太后，以证明正式登上帝位的现象逐渐形成。

期门郎张充等六人筹划一起劫持王莽，拥立楚王刘纡为皇帝。结果被察觉而处死。

梓潼县人哀章在长安求学，平素品行不好，好说大话，看到王莽称代理皇帝，决心押上赌注，冒险制作一只铜匮，又制作两道封书题签，一道上写的是“天帝行玺金匮图”，另一道写的是“赤帝玺某传予皇帝金策书”。所谓某，就是高皇帝的名字。策书说王莽是真天子，太皇太后要遵照天命行事。图和书都写有王莽的八个大臣，再增加王兴、王盛的名字，还把哀章自己的名字也塞进里面共十一人。都写明了官职和爵位，作为辅佐。哀章听说齐郡新井、巴郡石牛事件已交由下面有关部门办理，就在当天黄昏的时候，穿着黄色的衣服，拿着铜匮到高庙去，将它交给了仆射。仆射就向上奏报。十一月二十五日戊辰，王莽亲自驾临高庙向铜匮叩拜，接受天神的命令受禅帝位。王莽戴上皇冠，拜谒太皇太后，回到未央宫，登上前殿，颁布文告说：“臣德行浅薄，有幸是皇初祖考黄帝的后代，皇始祖考虞帝的后裔，又是太皇太后的亲族，皇天赐给臣厚重的恩典，保佑臣继承皇帝大统，于是上天降下符契、图文、铜匮、策书，都是在明显指示，把天下人民托付给臣。赤帝是汉朝高祖皇帝的神灵，谨遵天命，用铜匮传下旨意，让帝位给臣，臣十分敬畏，不敢不谨慎接受。十一月二十五日戊辰，应当是接受天命的吉日，臣戴上皇冠，登上真天子的宝座，即皇帝位，定国号为‘新’。决定更改历法，变易服色，改变祭祀用的供品，

莽将即真，先奉诸符瑞以白太后，太后大惊。是时以孺子未立，玺臧长乐宫。及莽即位，请玺，太后不肯授莽。莽使安阳侯舜谕指。舜素谨敕，太后雅爱信之。舜既见太后，太后知其为莽求玺，怒骂之曰：“而属父子宗族，蒙汉家力，富贵累世，既无以报，受人孤寄，乘便利时夺取其国，不复顾恩义。人如此者，狗猪不食其余，天下岂有而兄弟邪！且若自以金匮符命为新皇帝，变更正朔、服制，亦当自更作玺，传之万世，何用此亡国不祥玺为，而欲求之！我汉家老寡妇，旦暮且死，欲与此玺俱葬，终不可得！”太后因涕泣而言，旁侧长御以下皆垂涕。舜亦悲不能自止，良久，乃仰谓太后：“臣等已无可言者。莽必欲得传国玺，太后宁能终不与邪！”太后闻舜语切，恐莽欲胁之，乃出汉传国玺投之地，以授舜曰：“我老已死，知而兄弟今族灭也！”舜既得传国玺，奏之；莽大说，乃为太后置酒未央宫渐台，大纵众乐。

莽又欲改太后汉家旧号，易其玺绶，恐不见听；而莽疏属王谏欲谄莽，上书言：“皇天废去汉而命立新室，太皇太后不宜称尊号，当随汉废，以奉天命。”莽以其书白太后，太后曰：“此言是也！”莽因曰：“此悖德之臣也，罪当诛！”于是冠军张永献符命铜璧文，言太皇太后当为新室文母太皇太后；莽乃下诏从之。于是鸩杀王谏而封张永为贡符子。

班彪赞曰：三代以来，王公失世，稀不以女宠。及王莽之兴，由孝元后历汉四世为天下母，飨国六十余载，群小世权，更持国柄；五将、十侯，卒成新都。位号已移于天下，而元后卷卷犹握一玺，不欲以授莽，妇人之仁，悲夫！

（以上为第九段，写王莽完成篡国夺取皇帝大位最后冲刺的过程。玩弄政治权术，王莽堪称旷世奸雄。）

改变旗帜，改变用具，以十二月初一日为每年的元旦，今年十二月初一日癸酉，为始建国元年正月初一日，以鸡鸣的丑时作为十二时的开始。服装的颜色为淡黄色，祭祀用的牲畜全是白色，使节所持符节的旄头都采用纯黄色，上面书写着‘新使五威节’，用以显示秉承皇天上帝威严的命令。”

王莽要正式登基即皇帝位，就先让人捧上那些符命祥瑞，向太皇太后禀报，太皇太后看后大吃一惊。此时，因为孺子刘婴还没有即位，所以皇帝御印放在太皇太后住的长乐宫里。等到王莽即位、请太皇太后交出御印，太皇太后不肯给王莽。王莽让安阳侯王舜告知旨意。王舜一向谨慎而自饬，深受太后的宠爱和信任。王舜见了太皇太后，太皇太后知道他是为王莽来索取御印的，勃然大怒，当面骂王舜："你们父子兄弟、家庭宗族，蒙受汉家的恩惠，几代享受荣华富贵，不仅没有报答，反而利用别人托孤寄国的时机，夺取别人的政权，不顾念恩德情义。这种人，连猪狗都不吃他剩余的东西，天下怎么会有像你们兄弟这样的人？且王莽自认为凭着铜匮符命当上新皇帝，改变历法、服饰制度，就应当刻一枚自己的御印，让它传之万世，为什么要用这颗亡国的不祥之物，何必一定要讨取呢？我是汉家的一个老寡妇，早晚就要死了，想要跟这块御玺一同埋葬，别打主意，我不会给他。”太皇太后一边说，一边流泪，身旁的侍从人员也陪同流泪，王舜也悲痛流泪，不能自已。过了很久，王舜才抬头对太皇太后说："臣已没有话可说了，只是王莽一定要得到传国御印，太皇太后难道能始终不给他吗？”太皇太后听王舜的话恳切，又担心王莽要逼迫她，就把御印投掷在地上，说："我快要老死了，看不到你们兄弟全族的灭亡！”王舜得到传国的御印之后，就进呈给王莽。王莽非常高兴，就在未央宫渐台宴请太皇太后，让大家纵情地作乐。

王莽又想要改太皇太后在汉朝原有的称号，更换她的印信，又怕太皇太后不听从。而王莽的远房亲属王谏想讨好王莽，就上奏说："皇天废除汉朝而命令建立新朝，太皇太后不应再用汉朝的尊号，应该随着汉朝而同时废除，以顺应天命。”王莽把这奏书禀报太皇太后，太皇太后说："这话说得好呀！”王莽看太皇太后神色不对，改换口气说："这是个惑乱德行的人，其罪当杀！”于是，冠军人张永献上玉璧形状的铜片，上面有神秘文字，说太皇太后应当称"新室文母太皇太后"。王莽就下诏采纳。于是王莽便用鸩酒毒死王谏而封张永为贡符子。

班彪评论说：三代以来，君王或诸侯失去政权，很少不是因为宠爱女人的结果。直到王莽的兴起，也是如此。孝元帝皇后王政君经历四代皇帝，身居国母的高位，享受朝廷奉养六十余年，王氏家族的一些小人物，也居然世代把持政权，掌握国家命脉，总计出现五个大将军，十个侯爵，最后终于促成王莽篡汉。君王的名位、尊号都已转移他人而建立新王朝，而太皇太后还眷恋地紧握一颗御印，不想交给王莽，妇人这种仁慈之心，令人可悲！

【点评】

论王莽篡汉。本卷详载王莽篡汉的全过程，生动地揭示了专制政体下野心家是怎样进行政治暗箱操作的，给人们留下深刻的历史教训。

王莽篡汉分五步，一点一点蚕食汉家政权。第一步，王莽晋爵安汉公，位在四辅之上。第二步，改爵号为“宰衡”，意思是王莽德高无比，享有西周冢宰周公和商朝伊尹阿衡之德。第三步，加赐九锡。第四步，居摄为代理皇帝。第五步，即真篡位为新朝皇帝，西汉终结。

王莽是中国古代第一个懂得大搞政治运动树立个人崇拜的野心家。王莽搞的政治运动有两手，一手正面宣传，大搞造神运动，要全国万众庶民齐呼王莽得了天命，是全民的代表。一手负面打压，运用各种暴力运动，颠倒黑白，不准官民有反对意见，制造万马齐喑的政治局面。野心家得逞，黑箱政治一路绿灯，这两手缺一不可。

王莽大搞个人崇拜，手法诡谲而变化多端。第一，拉大旗作虎皮，他的意志总是通过太皇太后王政君下诏来实施的。这比假手傀儡皇帝平帝更为有效。当然，平帝、孺子婴更是王莽的虎皮。王莽辞封、少要赏赐，甚至捐钱百万，都要太皇太后下诏褒扬。第二，指示公卿大臣上疏颂扬自己。例如大司徒司直陈崇命张竦上疏歌颂王莽功德，提议加封采邑。第三，发动成千上万官民上疏，集体颂扬王莽。太保王舜就率领官民八千余人请愿，让太皇太后加封王莽，全国官民有四十八万多人请愿，加封王莽采邑。王莽装腔作势地辞让。第四，由亲信或投机家在全国范围制造符瑞，说齐郡临淄县有位亭长夜梦神人授命王莽应做真皇帝。巴郡出现石牛，有石文曰：“天告帝符，献者封侯。”于是在京师有个叫哀章的人，狂妄地制作了一个铜匮，又制作两道封书题签，说什么“天帝行玺金匮图”“赤帝玺某传予皇帝金策书”。所有上天降下的符契、图文、铜匮、策书，无一不是人为制作。第五，宣传洗脑。王莽命少府宗伯凤入宫给太皇太后讲宗法正统的大义，朝廷大臣也要听讲。王莽还派王恽等八位大臣巡行全国考察风俗，实质是对天下万民洗脑，伪造郡国民谣，对王莽歌功颂德。第六，建造形象工程，修建明堂、辟雍、灵台，皇家宗庙祭祀大搞排场等。

造神运动必须在高压政治下进行，不然就会被人识破。对造神运动不力，甚至敢于揭露的人，王莽就用暴力打杀。王莽借吕宽事件，杀了自己的长子王宇，杀灭卫氏家族，杀灭王宇的妻族吕氏宗姓，又借机把事件扩大成为全国性的政治运动，排除政敌。汉元帝的妹妹敬武公主，王莽的诸父红阳侯王立、平阿侯王仁，以及效忠汉室的大臣、地方官吏，有前将军何武、前司隶校尉鲍宣、前丞相王商之子王安，左将军辛庆忌的三个儿子：护羌校尉辛通、函谷都尉辛遵、水衡都尉辛茂，以及南阳太守辛伯等数百人全都被处死刑。太学博士大儒王宇的老师吴章被腰斩、分尸。

王莽打压不同的声音，使舆论一律，甚至抛弃假面具，赤裸裸地镇压。广平国宰相班稚、琅邪郡长公孙闳不附和王莽，不制造民谣祥瑞，如实报告民间灾情，遭到指控，说二人不与中央朝廷保持一致，是痛恨“圣政”。公孙闳被杀头，班稚受到王政君的保护得免一死，被罢官回家。

在王莽的高压政治下，不肯说假话的官僚士大夫采取了回避策略，如逢萌辞官回家，深恐避祸不及。明哲保身的大臣孔光、平当、马宫，以及平当的儿子平晏、平咸等都阿顺取容，一个个成了谄媚拍马之士。班固批评他们不配任职宰辅。

王莽篡汉，大树特树个人权威，对此，柏杨先生在他的现代语文版《资治通鉴》中做了可圈可点的精彩评论。柏杨说：“王莽先生的个人崇拜运动，如火如荼，这正是王氏集团大显身手的良机，一面是寡廉鲜耻的歌功和颂德，一面是动刀动枪的监狱和诛杀，二者结合成一种狂热，在这狂热之中，上位的人为了夺权，下位的人为了夺利，纯洁的青年群众，则被拨弄成一群疯狗，理性全失。白的变成黑的，黑的变成白的，是非忠奸，完全颠倒。于是，道德崩溃。”

奸险诈伪，放到政治天平上，也是一种成熟。王莽巴结王政君身边的侍从、宫女，花了上千万的赏钱，人人替他唱赞歌。王莽倡导太学，为士子盖了一万间房舍。王莽征召全国几千名知识分子到公车府，让他们口述著述，确实笼络了许多士人。像扬雄、刘歆这样的大儒，也俯首帖耳地服务于新朝。

王莽的黑箱政治操作之所以能够得手，是因为依靠了王政君这块招牌。于是班固把西汉之亡归咎于女人当政，说什么自从三代以来，国君失去权势，无不种因于女宠。于是女人是祸水就成为一种封建意识。不错，外戚干政是来自女宠。没有王政君，就没有王莽。但这只是一种表面现象，当然，这也是原因之一。但更深层的原因是皇权制度这一固有的弊端，正如柏杨先生的比喻，专制君王就像“一个拥有无限权威的司机，他如果决心把车开进万丈深谷，谁都挡不住，谁都救不了”。王莽打了王政君这块招牌，他假了皇权，于是王莽成了这个开向深渊的车的“一个拥有无限权威的司机”，王莽的种种倒行逆施，谁又能阻挡得了呢？杜绝王莽的产生，就要铲除专制皇权，让人民当家作主，让舆论监督，使王莽的政治黑箱暴露在光天化日之下。其次，汉家皇帝连续几代都是败家子，女人专宠，首要的是男性是败家子而宠幸其人。这样说来，王政君的责任，充其量也是第三位的，所以班固的评论颠倒了是非，这个案要翻过来。此外，还有一个社会原因，由于专制政治的高压，更由于汉家几代败家子皇帝，以及王莽的诛杀，讨伐异己，舆论一律，士人丢了气节，官吏丢了职守，皇室宗姓忘了祖宗创业之艰难，全都投入造神运动之中，不识王莽庐山真面目，或有识之，为了明哲保身，而远离是非，如梅福、逢萌等，辞职归隐，鲜有反抗王莽者。如果个人崇拜成为一种社会时尚，识者钳口，于是群众成了群氓，

是非颠倒，黑白混淆，理性全失，道德崩溃，这时，一场社会的浩劫就不可避免了。在一个道德崩溃的社会中，谁能振臂一呼，大声说：“王莽是个骗子，他不是真命天子，他不是人民的代表。”这个人就是发难者，因为他的一声吼唤醒了人民。这个人粉身碎骨了，但他的精神却永远长存。王莽居摄，宗室刘崇、刘快，名臣之子东郡太守翟义（他是前丞相翟方进之子），他们起兵反抗王莽，就是这样振臂一呼的人。他们明知力量弱小，反抗王莽等于飞蛾扑火，但他们肩负正义，带笑走向死亡，却给王莽敲响了丧钟，得到了王夫之的高度评价。王夫之在《读通鉴论》中说：“二刘、翟义不忍国仇，而奋不顾身，以与逆贼争存亡之命，非天也，其志然也；而义尤烈矣。义知事不成而忘其死，智不逮子房而勇倍之矣。”又说：“当莽之篡，天下如狂而奔赴之，孔光、刘歆之徒，援经术以导谀，上天之神，虞舜之圣，周公之忠，且为群不逞所诬而不能白。义正名其贼，以号召天下于魔魅之中，故南阳诸刘一起，而莽之首早陨于渐台。……义也，崇也，快也，自输其肝脑以拯天之衰而伸莽之诛者也。不走而死，义尤烈哉！”翟义不逃，赴义而死，两千年后的知音当数戊戌变法中的谭嗣同，以血警世，悲夫！壮哉！

汉纪二十九

王莽始建国元年至天凤元年（9—14 年）

【起屠维大荒落（己巳，9 年），尽阏逢阉茂（甲戌，14 年），凡六年】

【大事提要】

本卷记事起公元 9 年，讫公元 14 年，凡六年，当王莽始建国元年至天凤元年，新朝前半期，王莽推行改朝换代的大规模改制。始建国元年，王莽首先推行官制改革，用新官名、新爵号，目的是用新朝制度取代汉家制度，用以消除汉朝的影响。后来王莽改地名、重构行政区划、贬低周边民族的封爵地位，目的都是如此。这种毫无实际意义的理念改革，旨在消除旧朝观念，却适得其反，打乱了人们的生活习惯与语言，只能招来人民怨恨。接着推行井田制度，改革土地制度，禁止买卖，以抑制兼并。始建国二年（10 年），设置五均六筦，用以平抑物价。王莽由于用人不当，推行急迫，违背社会的发展规律，均遭失败。王莽改革货币目的就是用通货膨胀的手法巧取民财，根本得不到推行。王莽贬低周边少数民族封爵地位，轻启边衅，连年征伐，骚动天下，数年之间，边境地区成了无人区。王莽的改革可以说是自掘坟墓。清流士大夫大多归隐山林，拒绝与新朝合作。龚胜绝食而死，是威武不屈的榜样。

【原文】

王莽中

始建国元年（己巳，9 年）

春，正月，朔，莽帅公侯卿士奉皇太后玺韨上太皇太后，顺符命，去汉号焉。

初，莽娶故丞相王䜣孙宜春侯咸女为妻，立以为皇后；生四男，宇、获前诛死，安颇荒忽，乃以临为皇太子，安为新嘉辟。封宇子六人皆为公。大赦天下。

莽乃策命孺子为定安公，封以万户，地方百里；立汉祖宗之庙于其国，与周后并行其正朔、服色；以孝平皇后为定安太后。读策毕，莽亲执孺子手，流涕歔欷曰："昔周公摄位，终得复子明辟；今予独迫皇天威命，不得如意！"哀叹良久。中傅将孺子下殿，北面而称臣。百僚陪位，莫不感动。

又按金匮封拜辅臣：以太傅、左辅王舜为太师，封安新公；大司徒平晏为太傅，就新公；少阿、羲和刘秀为国师，嘉新公；广汉梓潼哀章为国将，美新公；是为四辅，位上公。太保、后承甄邯为大司马，承新公；丕进侯王寻为大司徒，章新公；步兵将军王邑为大司空，隆新公；是为三公。太阿、右拂、大司空甄丰为更始将军，广新公；京兆王兴为卫将军，奉新公；轻车将军孙建为立国将军，成新公；京兆王盛为前将军，崇新公；是为四将。凡十一公。王兴者，故城门令史；王盛者，卖饼；莽按符命求得此姓名十余人，两人容貌应卜相，径从布衣登用，以示神焉。

是日，封拜卿大夫、侍中、尚书官凡数百人，诸刘为郡守者皆徙为谏大夫。改明光宫为定安馆，定安太后居之；以大鸿胪府为定安公第；皆置门卫使者监领。敕阿乳母不得与婴语，常在四壁中，至于长大，不能名六畜；后莽以女孙宇子妻之。

莽策命群司各以其职，如典诰之文。置大司马司允、大司徒司直、大司空司若，位皆孤卿。更名大司农曰羲和，后更为纳言；大理曰作士；太常曰秩宗；大鸿胪曰典乐；少府曰共工；水衡都尉曰予虞：与三公司

【语译】

王莽中

王莽始建国元年（己巳，9年）

春季，正月初一日，王莽率领公侯卿士捧着新制的皇太后御印献给太皇太后，顺从上天的符命，除去了汉朝的尊号。

当初，王莽娶前丞相王䜣的孙子宜春侯王咸的女儿为妻，册立为皇后，生有四个儿子，王宇、王获早先被诛死，三子王安神志不清，于是册立小儿子王临为皇太子，封王安为新嘉辟。册封王宇的六个儿子都为公爵。大赦天下。

王莽策命封汉王朝的孺子刘婴为安定公，赐食邑一万户，土地方圆一百里，在封国内建立汉朝祖宗祭庙，和周朝的后代一视同仁，安定公可以沿用汉朝的历法、服饰和颜色。孝平皇后改立为定安太后。宣读策书完毕，王莽亲自握着孺子刘婴的手，流泪叹息说："从前周公摄政，最后还是把明君的王位归还给成王；现今我只是迫于上天威严的命令，而不能按自己的意思去做！"悲伤叹息许久。中傅带着孺子刘婴下殿去，向北面称臣。百官全体作陪，没有人不悲伤。

王莽又按照哀章所呈献的金匮图、金策书上的人名，加封他们为辅政大臣：任命太傅、左辅王舜为太师，封安新公；大司徒平晏为太傅，封就新公；少阿、羲和刘秀为国师，封嘉新公；广汉郡梓潼人哀章为国将，封美新公；这是四辅，位列上公。又任命太保、后承甄邯为大司马，封承新公；丕进侯王寻为大司徒，封章新公；步兵将军王邑为大司空，封隆新公；这是三公。另外，太阿、右弼、大司空甄丰为更始将军，封广新公；京兆人王兴为卫将军，封奉新公；轻车将军孙建为立国将军，封成新公；京兆人王盛为前将军，封崇新公；这是四将。共十一公。王兴这个人，原是城门令史，王盛这个人，原是卖饼的小贩。王莽按照符命预言的姓名，找到十多个姓名相同的人，其中王兴、王盛这两人只是相貌符合占卜和看相的要求，就直接从一介平民提升到高位，用以向天下显示，一切出于神意。

同一天，还任命卿大夫、侍中、尚书官共几百人。所有刘氏皇族担任郡太守的，都调任谏大夫。把明光宫改为定安馆，让安定太后居住，把大鸿胪府定为定安公住宅，都设置警卫，派专门使者监督管理。告诫刘婴的乳母不准跟定安公说话，让他经常一人住在空洞洞的屋子里，直到长大成人，让他叫不出六畜的名称。后来王莽把王宇的女儿嫁给他。

王莽用策书规定百官的职责，都以《尚书》典、诰的文章为标准。设置大司马司允、大司徒司直、大司空司若，称号为孤卿。把大司农改称为羲和，后来又改称纳言。大理改称作士；太常改称秩宗；大鸿胪改称典乐；少府改称共工；水衡都尉

卿分属三公。置二十七大夫，八十一元士，分主中都官诸职。又更光禄勋等名为六监，皆上卿。改郡太守曰大尹，都尉曰大尉，县令、长曰宰；长乐宫曰常乐室，长安曰常安；其余百官、宫室、郡县尽易其名，不可胜纪。

封王氏齐缞之属为侯，大功为伯，小功为子，缌麻为男；其女皆为任。男以“睦”，女以“隆”为号焉。

又曰：“汉氏诸侯或称王，至于四夷亦如之，违于古典，缪于一统。其定诸侯王之号皆称公，及四夷僭号称王者皆更为侯。”于是汉诸侯王三十二人皆降为公，王子侯者百八十一人皆降为子，其后皆夺爵焉。

莽又封黄帝、少昊、颛顼、帝喾、尧、舜、夏、商、周及皋陶、伊尹之后皆为公、侯，使各奉其祭祀。

莽因汉承平之业，府库百官之富，百蛮宾服，天下晏然，莽一朝有之，其心意未满，狭小汉家制度，欲更为疏阔。乃自谓黄帝、虞舜之后，至齐王建孙济北王安失国，齐人谓之王家，因以为氏；故以黄帝为初祖，虞帝为始祖。追尊陈胡公为陈胡王，田敬仲为田敬王，济北王安为济北愍王。立祖庙五，亲庙四。天下姚、妫、陈、田、王五姓皆为宗室，世世复，无所与。封陈崇、田丰为侯，以奉胡王、敬王后。

天下牧、守皆以前有翟义、赵朋等作乱，领州郡，怀忠孝，封牧为男，守为附城。

以汉高庙为文祖庙。汉氏园寝庙在京师者，勿罢，祠荐如故。诸刘勿解其复，各终厥身；州牧数存问，勿令有侵冤。

莽以劉之为字“卯、金、刀”也，诏正月刚卯、金刀之利皆不得行，乃罢错刀、契刀及五铢钱，更作小钱，径六分，重一铢，文曰“小钱直一”，与前“大钱五十”者为二品，并行。欲防民盗铸，乃禁不得挟铜、炭。

夏，四月，徐乡侯刘快结党数千人起兵于其国。快兄殷，故汉胶东王，时为扶崇公。快举兵攻即墨，殷闭城门，自系狱。吏民距快；快败走，至长广死。莽赦殷，益其国满万户，地方百里。

改称予虞；和司允、司直、司若三公司卿分别归三公管辖。设置大夫二十七，元士八十一，分别担任京师各官府中的各种职务。又把光禄勋等改为六监，称号为上卿。郡太守改称大尹，都尉改称大尉，县令、长改称宰；长乐宫改称常乐室，长安改称常安；其余百官、宫室、郡县全部换了名称，无法完全记载下来。

对王氏家族的封赐，凡丧服为齐缞的亲属封为侯爵，服期九个月的封为伯爵，服期五个月的称为子爵，服期三个月的称为男爵；其中女的都封为任爵。男的以“睦”字作称号，女的用“隆”字作称号。

王莽又说：“汉朝有的诸侯称王，甚至四方夷族也称王，这是和古代典制相违背的，也背离了大一统的原则。现在规定诸侯王的称号都称公，还有四方夷族称王的都改为侯。”因此汉朝诸侯称王的三十二人都降为公，王的子弟称侯的一百八十一人都降为子，后来他们的爵位又被削夺。

王莽又赐封黄帝、少昊、颛顼、帝喾、尧、舜、夏、商、皋陶、伊尹的后代都为公、侯，让他们分别供奉自己祖先的祭祀。

王莽继承了汉王朝盛世的庞大基业，以及丰厚的官府仓库和文武百官财产，四方夷族都归附依从，天下安定。王莽尽管占有了这一切，仍不满足，认为汉朝的制度格局太小，而想恢复古制的简略宏阔。王莽自称是黄帝、虞舜的后裔，一直传到齐王田建的孙子济北王田安才失去政权，齐人称田氏是“王家”，就以此为姓“王”。因此姓王的初祖应是黄帝，始祖应该是虞舜。王莽下诏追封陈胡公为陈胡王，田敬仲为田敬王，济北王田安为济北愍王。还建立五座祖宗祭庙，四座皇亲祭庙。天下姚、妫、陈、田、王五姓都是宗室，世世代代免除赋税、徭役。赐封陈崇、田丰二人为侯爵，让他们分别作陈胡王妫满、田敬王田完的后代。

全国州牧、太守，在翟义、赵朋等人造反时，都能掌领州郡，坚守职位，心怀忠孝，因此王莽便将所有州牧都封为男爵，太守都封附城。

王莽把汉高庙作为文祖庙。在京师的刘家皇帝陵园寝庙仍维持原状，祭祀和原来一样。刘氏皇族继续享有免除赋税徭役的优惠，直到本人去世。各州州牧要经常去慰问安抚，不要使他们遭受侵辱和冤屈。

王莽认为“劉”字是由“卯、金、刀”拼成的，因此下诏，禁止正月刚卯和钱币金刀的通行。于是废除错刀币、契刀币和五铢钱，另制小钱，直径六分，重量一铢，上面铸有“小钱值一”的文字，与以前“大钱五十”的货币为两类，同时通行。为了防止民间私自铸造，就下令禁止私人携带铜、炭。

夏季，四月，徐乡侯刘快集结党羽数千人，在他的封国里起兵反抗。刘快的哥哥刘殷，是从前汉朝的胶东王，时已改为扶崇公。刘快兴兵攻打即墨城，刘殷关闭城门，自投监狱上书请罪。由于官民合力抵抗刘快，刘快被打败而逃亡，到了长广

（以上为第一段，写王莽改官制、改封爵，推行一套新朝制度，以此消除汉朝的影响。）

莽曰："古者一夫田百亩，什一而税，则国给民富而颂声作。秦坏圣制，废井田，是以兼并起，贪鄙生，强者规田以千数，弱者曾无立锥之居。又置奴婢之市，与牛马同阑，制于民臣，颛断其命，缪于'天地之性人为贵'之义。减轻田租，三十而税一，常有更赋，罢癃咸出；而豪民侵陵，分田劫假。厥名三十税一，实什税五也。故富者犬马余菽粟，骄而为邪；贫者不厌糟糠，穷而为奸；俱陷于辜，刑用不错。

"今更名天下田曰'王田'，奴婢曰'私属'，皆不得卖买。其男口不盈八而田过一井者，分余田予九族、邻里、乡党。故无田、今当受田者，如制度。敢有非井田圣制、无法惑众者，投诸四裔，以御魑魅，如皇始祖考虞帝故事！"

秋，遣五威将王奇等十二人班符命四十二篇于天下：德祥五事，符命二十五，福应十二。五威将奉符命，赍印绶，王侯以下及吏官名更者，外及匈奴、西域、徼外蛮夷，皆即授新室印绶，因收故汉印绶。大赦天下。

五威将乘乾文车，驾坤六马，背负鹭鸟之毛，服饰甚伟。每一将各置五帅，将持节，帅持幢。其东出者至玄菟、乐浪、高句骊、夫余；南出者隃徼外，历益州，改句町王为侯；西出至西域，尽改其王为侯；北出至匈奴庭，授单于印，改汉印文，去玺言章。

冬，雷，桐华。

以统睦侯陈崇为司命，主司察上公以下。又以说符侯崔发等为中城、四关将军，主十二城门及绕霤，羊头、肴黾、汧陇之固，皆以五威冠其号。

又遣谏大夫五十人分铸钱于郡国。

是岁，真定、常山大雨雹。

县就死了。王莽赦免刘殷之罪，还增加他的封国达一万户，面积方圆一百里。

王莽说："古代一个成年男子耕田一百亩按十分之一交租税，因此国家丰裕，百姓富足，到处是歌功颂德的声音。秦朝破坏圣人定立的制度，废除井田，所以土地兼并之风兴起，贪婪卑鄙的行为发生了，强者占田以千亩计算，而贫者却毫无立锥之地。还设置买卖奴婢的市场，和牛马一同关入栏圈，被主人控制，甚至专断他们的性命，实在是违背'天地本性，人最尊贵'的大义。汉朝减轻土地租税，以三十分之一征税，但是经常的赋税还有更赋，连年老病残而丧失劳动能力的人都要计口交税。贫民还要受到豪强们的侵犯欺凌，以及租佃关系的残酷剥削，名义上是以三十分之一征税，实际上都是十分之五的税。因此豪富之家犬马有吃不完的粮食，骄纵而为恶；贫穷人家却连糟糠都不能吃饱，因贫困而作邪恶。他们都陷于犯罪，刑罚因而常用不能搁置。

"现在将天下的田地改名为'王田'，奴婢为'私属'，都不准买卖。那些家庭男子人数不满八人，而占有田亩超过九百亩的，就必须把多余的田地分给亲属、邻里和同乡亲友。让原来的无田户，现在应当分得田地，依照限定的标准办理。若有敢于破坏井田这一圣人首创的制度，无视法纪，蛊惑民众的人，就把他流放到四方边远的地方，去抵御妖怪鬼神，就像朕的始祖虞舜惩罚四凶的成例。"

秋季，派五威将王奇等十二人分别到各郡县颁行四十二篇符命：德祥类五篇、符命类二十五篇、福应类十二篇。五威将捧着符命，手持着印信，凡是王侯以下和官吏更改名称的，还有边境匈奴、西域和远方的异族，都就地授予新朝的印信，并且收缴原来汉朝的印信。大赦天下。

五威将乘坐绘有天文图像的车子，套着六匹母马，后面插着锦鸡的翎羽，服装佩饰很雄伟。每一位五威将都在下面设置五个元帅，由五威将手持符节，五帅举着旌旗，向东到达玄菟郡、乐浪郡、高句骊县、夫余国，向南越过边塞之外，经过益州郡，将句町王改为为句町侯，向西则到达西域，将那里的各国国王都改为侯。向北方到匈奴王庭，授予单于印信，改换汉朝印信的文字，即不用玺字而用章字。

冬季，打雷，桐树开花。

任命统睦侯陈崇为司命，负责监督三公以下的朝廷官员。又任命说符侯崔发等人为中城、四关将军，分别负责京城十二城门和绕霤、羊头、肴黾、汧陇的防务。在陈崇、崔发两人官衔头上，增加"五威"两个字。

王莽又遣谏大夫五十人，分别到各郡国去负责铸造钱币。

这一年，真定县、常山郡降下大冰雹。

（以上为第二段，写王莽内政推行复古的井田制度，骚动全国；对外推行大汉族主义，贬低四夷属国的封号，激化了民族矛盾。王莽建国伊始，就开始了自掘坟墓。）

二年（庚午，10年）

春，二月，赦天下。

五威将帅七十二人还奏事，汉诸侯王为公者悉上玺绶为民，无违命者。独故广阳王嘉以献符命，鲁王闵以献神书，中山王成都以献书言莽德，皆封列侯。

班固论曰：昔周封国八百，同姓五十有余，所以亲亲贤贤，关诸盛衰，深根固本，为不可拔者也。故盛则周、召相其治，致刑错；衰则五伯扶其弱，与共守，天下谓之共主，强大弗之敢倾。历载八百余年，数极德尽，降为庶人，用天年终。秦讪笑三代，窃自号为皇帝，而子弟为匹夫，内无骨肉本根之辅，外无尺土藩翼之卫；陈、吴奋其白梃，刘、项随而毙之。故曰，周过其历，秦不及期，国势然也。

汉兴之初，惩戒亡秦孤立之败，于是尊王子弟，大启九国。自雁门以东尽辽阳，为燕、代；常山以南，太行左转，渡河、济，渐于海，为齐、赵；谷、泗以往，奄有龟、蒙，为梁、楚；东带江、湖，薄会稽，为荆、吴；北界淮濒，略庐、衡，为淮南；波汉之阳，亘九嶷，为长沙。诸侯比境，周匝三垂，外接胡、越。天子自有三河、东郡、颍川、南阳，自江陵以西至巴、蜀，北自云中至陇西，与京师、内史，凡十五郡；公主、列侯颇邑其中。而藩国大者夸州兼郡，连城数十，宫室、百官同制京师，可谓矫枉过其正矣。虽然，高祖创业，日不暇给，孝惠享国又浅，高后女主摄位，而海内晏如，亡狂狡之忧，卒折诸吕之难，成太宗之业者，亦赖之于诸侯也。

然诸侯原本以大末，流滥以致溢，小者淫荒越法，大者睽孤横逆以

王莽始建国二年（庚午，10年）

春季，二月，赦免天下。

五威将与所属的五威帅七十二人回到京师奏事，说：汉室诸侯王改称为公的，全都缴还公爵印信自愿为平民，没有人敢违抗。只有原广阳王刘嘉呈献过符命，鲁王刘闵呈献过神书，中山王刘成都呈献过颂德文章，三人改封列侯。

班固评论说：从前，周王朝分封了八百个诸侯国，同姓封国五十多个，这就是友爱亲人，尊重贤人，它是关系国家盛衰的重大措施，深深扎根，成为不可摇动的根本。所以西周的强盛，有周公、召公共同辅政治理，达到了刑罚停止不用的境界，西周衰弱时，又有五霸诸侯来扶持，周王室与诸侯霸主共同维护王室政权，是天下的共主，尽管诸侯势力强大，但没有诸侯敢灭周。周朝历经了八百多年，直到命运终了，德行已尽，周赧王才被贬为平民，仍能享尽天年。秦王朝讥笑夏商周三代，自称"皇帝"，却让皇室子弟做匹夫，使得这个政权在内没有骨肉之亲的辅佐，在外没有藩属封国的护卫。陈胜、吴广揭竿而起，刘邦、项羽继而灭了秦朝的命。所以说，周王朝长到超过了预想的期限，而秦王朝短命到只有两代没达到期限，这是封藩建属的形势不同造成的啊！

汉朝刚建立之时，鉴于秦王朝孤立而失败作为教训，因此大封刘姓宗室子弟为王，一开始就封了九个诸侯王国。从雁门郡以东到辽阳，是燕国、代国；从常山郡以南到太行山折向东，渡黄河，过济水，一直延伸到渤海，是齐国、赵国；从谷水、泗水以南到龟山、蒙山一带，是梁国、楚国；从东边连接长江、太湖，临近会稽郡，称为荆国、吴国；北边以淮河为界，经过庐山、衡山，是淮南国；沿着汉水而下，直到九嶷山一带，为长沙国。各封国边界相接，环绕东、南、北三面边疆，北面连接匈奴，南边连接南越。皇帝直接控制的地区，只有河东郡、河南郡、河内郡、东郡、颍川郡、南阳郡，东起江陵县，西到巴郡、蜀郡，北自云中郡，南到陇西郡，加上京师、内史，共十五个郡。在这十五个郡中，又有许多公主、列侯的食邑。大的藩国跨州兼郡，城池相连几十个，封国的宫室、百官制度和朝廷完全相同，可以说是矫枉过正。即使如此，高祖创建大业，政务繁忙，没有空闲；孝惠帝在位的时间又短，高后吕雉代居帝位临朝执政，但全国却一派升平，没有叛乱的忧虑。后来终于平定了吕氏篡权的阴谋，出现太宗的盛世，这也是仰赖诸侯的力量。

但是，封国的诸侯原本是皇族的末流，末流太滥，就会满溢出来，造成灾害。

害身丧国，故文帝分齐、赵，景帝削吴、楚，武帝下推恩之令而藩国自析。自此以来，齐分为七，赵分为六，梁分为五，淮南分为三。皇子始立者，大国不过十余城。长沙、燕、代虽有旧名，皆亡南北边矣。景遭七国之难，抑损诸侯，减黜其官。武有衡山、淮南之谋，作左官之律，设附益之法；诸侯惟得衣食税租，不与政事。至于哀、平之际，皆继体苗裔，亲属疏远，生于帷墙之中，不为士民所尊，势与富室亡异。而本朝短祚，国统三绝。是故王莽知汉中外殚微，本末俱弱，无所忌惮，生其奸心，因母后之权，假伊、周之称，颛作威福庙堂之上，不降阶序而运天下。诈谋既成，遂据南面之尊，分遣五威之吏，驰传天下，班行符命；汉诸侯王厥角稽首，奉上玺韨，惟恐在后，或乃称美颂德以求容媚，岂不哀哉！

（以上为第三段，以班固评论为中心，论说封建诸侯与国运盛衰的关系。汉初封国过大而有吴楚七国之乱，其后贬抑诸侯过甚，导致王莽篡国。）

国师公刘秀言：“周有泉府之官，收不售，与欲得，即《易》所谓‘理财正辞，禁民为非’者也。”莽乃下诏曰：“《周礼》有赊贷，《乐语》有五均，传记各有筦焉。今开赊贷、张五均、设诸筦者，所以齐众庶，抑并兼也。”遂于长安及洛阳、邯郸、临菑、宛、成都立五均司市、钱府官。司市常以四时仲月定物上中下之贾，各为其市平。民卖五谷、布帛、丝绵之物不售者，均官考检厥实，用其本贾取之；物贵过平一钱，则以平贾卖与民；贱减平者，听民自相与市。又民有乏绝欲赊贷者，钱府予之；每月百钱收息三钱。

又以《周官》税民，凡田不耕为不殖，出三夫之税；城郭中宅不树艺者为不毛，出三夫之布；民浮游无事，出夫布一匹；其不能出布者冗作，县官衣食之。诸取金、银、连、锡、鸟、兽、鱼、鳖于山林、水泽及畜牧者，嫔妇桑蚕、织纴、纺绩、补缝，工匠、医、巫、卜、祝及他

危害小者荒淫无道，触犯朝廷法律，大者则背离朝廷而横行，结果危害自身，丧失封国。因此文帝分割齐国、赵国，景帝削弱吴国、楚国，武帝颁布推广恩惠的教令，而让封国自行分解。自此以后，齐国分为七国，赵国分为六国，梁国分为五国，淮南国分为三国。天子开始封亲王时，大的封国也不过十几个城镇。长沙、燕、代等国尽管仍保留原有名称，已不再紧邻南北边塞。景帝遭遇吴、楚等七国之乱，越发贬抑诸侯王地位，减少封国官员的编制。武帝时衡山王刘赐、淮南王刘安谋反，便更严厉地制定了诸侯置官的法律，以表示诸侯国官员的地位低于朝廷的官员。又设置附益之法。封国诸侯只能获得供穿衣吃饭的租税，不能参与政事。到了哀帝、平帝时代，那些诸侯都是后代子孙，与皇帝的血缘关系尤其疏远，生长在封闭的王宫之中，受不到士民的尊敬，事实上和富豪的财主没有什么不同。特别是本朝皇帝在位年限短促，成帝、哀帝、平帝都过早去世，接连三代没有继嗣。因此王莽知道汉朝内外都已瘫痪，无论是作为根本的朝廷，还是作为枝叶的诸侯，都已经衰弱，故而才肆无忌惮敢于妄为，并产生邪恶之心，凭借太皇太后的权势，假托伊尹、周公之名，在朝廷上作威作福，不用走下台阶就将汉朝政权转移到自己手中。诈谋成功以后，就凭借皇帝的权势，分派五威将、帅，疾驰全国，颁行符命。而汉家的诸侯王顿足叩头，双手捧上印信，唯恐落在人后。有些人还歌颂王莽功德，以求取欢颜，难道不令人悲哀吗？

国师公刘秀建言说："周朝设置泉府的官职，收购民间的剩余物品，供应民间缺少的物资，也就是《易经》所说的'治理国家，社会财物分配的法令公正，就能禁止人民为非作歹'。"王莽于是下诏说："《周礼》记载有赊欠贷款的方法，《乐语》记述了设置调节物资五均官的机构，这说明古书记载了前代各种财政的主管制度。如今要开办信贷，设置五均官，建立主管的制度，目的是帮助平民，对抗富豪的侵吞兼并。"于是在长安以及洛阳、邯郸、临菑、南阳、成都六大城市设置五均官司市和钱府官。司市官在春、夏、秋、冬每个季度的第二个月，对物价进行评估，定出上、中、下三等价格，保证市场价格的稳定。民间卖不出去的五谷、布帛、丝绵等物品，由均官调查核实，按照略高于成本的平价收购，当物价上涨超过平价一钱时，均官就以平价卖出给平民百姓。物价低于平价之下时，就任由百姓自由买卖。百姓如果缺乏资金需要借贷，就由钱府官贷出，月息百分之三。

同时，王莽又按照《周官》征税的办法，规定：凡有田不耕让其荒芜，就叫作"不殖"，按三倍交纳人头税。城市居民在住宅周围空地上不栽种果木、蔬菜的，就叫作"不毛"，一个人要交纳三个人的布匹。对游手好闲没有职业的人，必须交纳布一匹，交纳不出一匹布的，必须为官府做杂役散工，由官府供给生活费。所有在山

方技，商贩、贾人，皆各自占所为于其所之，县官除其本，计其利十分之，而以其一为贡；敢不自占、自占不以实者，尽没入所采取而作县官一岁。

羲和鲁匡复奏请榷酒酤，莽从之。又禁民不得挟弩、铠，犯者徙西海。

（以上为第四段，写王莽改制，设置五均、六筦，用以平抑物价，延缓兼并。）

初，莽既班四条于匈奴，后护乌桓使者告乌桓民，毋得复与匈奴皮布税。匈奴遣使者责税，收乌桓酋豪，缚，倒悬之。酋豪兄弟怒，共杀匈奴使。单于闻之，发左贤王兵入乌桓，攻击之，颇杀人民，驱妇女弱小且千人去，置左地，告乌桓曰："持马畜皮布来赎之！"乌桓持财畜往赎，匈奴受，留不遣。

及五威将王骏等六人至匈奴，重遗单于金帛，谕晓以受命代汉状，因易单于故印。故印文曰"匈奴单于玺"；莽更曰"新匈奴单于章"。将率既至，授单于印绂，诏令上故印绶。单于再拜受诏。译前，欲解取故印绂，单于举掖授之。左姑夕侯苏从旁谓单于曰："未见新印文，宜且勿与。"单于止，不肯与。请使者坐穹庐，单于欲前为寿。五威将曰："故印绂当以时上。"单于曰："诺。"复举掖授译，苏复曰："未见印文，且勿与。"单于曰："印文何由变更！"遂解故印绂奉上将帅，受著新绂，不解视印。饮食至夜，乃罢。右帅陈饶谓诸将帅曰："向者姑夕侯疑印文，几令单于不与人。如令视印，见其变改，必求故印，此非辞说所能距也。既得而复失之，辱命莫大焉！不如椎破故印以绝祸根。"将帅犹与，莫有应者。饶，燕士，果悍，即引斧椎坏之。明日，单于果遣右骨都侯当白将帅曰："汉单于印言'玺'不言'章'，又无'汉'字；诸王已下乃有'汉'，言'章'。今去'玺'加'新'，与臣下无别。愿得故印。"将帅示以故印，谓曰："新室顺天制作，故印随将帅所自为破坏。单于宜承天命，奉新室之制！"当还白，单于知已无可奈何，又多得赂遗，即遣弟右贤王舆奉马牛随将帅入谢，因上书求故印。将帅还左犁污王咸所居地，见乌桓民多，以问咸；咸具言状。将帅曰："前封四条，不得受乌桓降者。

林、水泽开采金矿、银矿、铜矿、锡矿的工人，捕猎鸟、兽、鱼、鳖的猎人和渔民，与从事畜牧业的牧民，养蚕、种桑、纺织、缝纫的妇女，工匠、医生、巫师、算卦、祭祀以及其他技能的人等，还有摊贩、商人，全都各自申报盈利所得的总额，由地方官府扣除他们的成本，在纯利润中征收十分之一作为贡税。若有拒绝申报或申报不实的，就没收其全部资产，还要处罚为官府服役一年。

羲和鲁匡又上奏请求酒类由官府专卖，王莽听从这一建议，还下令禁止民间携带弩弓、铠甲，违反者就流放到西海郡。

当初，王莽向匈奴颁布了关于处理归降匈奴的四条规定，后来护乌桓使者告诉乌桓各部落，不要再向匈奴进贡兽皮、布匹税。匈奴派遣使者向乌桓催税，并把乌桓的酋长抓起来，捆绑着倒挂起来。酋长的兄弟非常愤怒，共同将匈奴的使者杀了。匈奴单于知道这件事后，发动左贤王的属兵侵入乌桓，进行攻击，杀戮民众，掳掠妇女儿童一千人离开乌桓，安置在左贤王属地，告诉乌桓说："拿马匹牲畜、兽皮和布匹来赎人！"乌桓只好将马畜、兽皮和财货送去赎人，但是匈奴收了如数的实物却不释放被掳掠的群众。

等到五威将王骏等六人到达匈奴，赠送单于黄金、丝绸等厚重礼物，说明新朝接受天命取替汉朝，所以须收换单于的旧印信。旧印的字是"匈奴单于玺"五个字，王莽更改为"新匈奴单于章"六个字。汉将帅到达后，授予单于新印信，诏令交回旧印信。单于拜谢，接受诏书。翻译人员走上前去，想从单于身上解取旧印信，单于抬起手臂向使者送交旧印信。匈奴左姑夕侯苏在旁边对单于说："还没有看到新印文，暂且不要交给他们。"单于就放下手臂，不肯交出旧印信。就请使者坐在帐幕里，单于准备上前敬酒。五威将说："旧的印信应当按时上交。"单于说："好。"又举起手臂想解开交给翻译人员。此时苏又说："我们还没有看印章的文字，暂且不能给他们。"单于说："印文怎会变更。"于是解下旧印呈交五威将帅，接受新印；没有打开包装看印章的文字，就开怀畅饮，直至午夜才散。右师陈饶对将帅们说："刚才姑夕侯怀疑印文，差点使单于不交出旧印。假如让他看到印章，发现印文变改，一定要求拿回旧印，这不是用话语所能阻挡得了的。旧印已经到手而又失去，是对我们的使命最大的侮辱。干脆将旧印击坏，以断绝祸根。"五威将帅们都犹豫不定，没有一人响应。陈饶是燕人，果敢而勇悍，当即举起斧头将旧印劈坏。第二天，单于果真派遣右骨都侯当对五威将帅说："汉朝发给单于的印信是'玺'而不是'章'，又没有'汉'字。各王以下的官员的印文有'汉'字，最后一个字也是'章'。现在，不但将'玺'改成'章'，而且又加上'新'字，这样使单于和臣属之间没有分别。

亟还之！”咸曰：“请密与单于相闻，得语，归之。”单于使咸报曰：“当从塞内还之邪，从塞外还之邪？”将帅不敢颛决，以闻。诏报：“从塞外还之。”莽悉封五威将为子，帅为男；独陈饶以破玺之功，封威德子。

单于始用夏侯藩求地，有拒汉语，后以求税乌桓不得，因寇掠其人民，衅由是生，重以印文改易，故怨恨；乃遣右大且渠蒲呼卢訾等十余人将兵众万骑，以护送乌桓为名，勒兵朔方塞下，朔方太守以闻。莽以广新公甄丰为右伯，当出西域。车师后王须置离闻之，惮于供给烦费，谋亡入匈奴；都护但钦召置离，斩之。置离兄辅国侯狐兰支将置离众二千余人，亡降匈奴；单于受之，遣兵与狐兰支共入寇，击车师，杀后城长，伤都护司马，及狐兰兵复还入匈奴。

时戊己校尉刁护病，史陈良、终带、司马丞韩玄、右曲候任商相与谋曰：“西域诸国颇背叛，匈奴大侵，要死，可杀校尉，帅人众降匈奴。”遂杀护及其子男、昆弟，尽胁略戊己校尉吏士男女二千余人入匈奴。单于号良、带曰乌贲都尉。

冬，十一月，立国将军孙建奏：“九月，辛巳，陈良、终带自称废汉大将军，亡入匈奴。又今月癸酉，不知何一男子遮臣建车前，自称‘汉氏刘子舆，成帝下妻子也。刘氏当复，趣空宫！’收系男子，即常安姓武字仲。皆逆天违命，大逆无道。汉氏宗庙不当在常安城中，及诸刘当与汉俱废。陛下至仁，久未定，前故安众侯刘崇等更聚众谋反，令狂狡之虏复依托亡汉，至犯夷灭连未止者，此圣恩不蚤绝其萌芽故也。臣请汉氏诸庙在京师者皆罢；诸刘为吏者皆待除于家。”莽曰：“可。嘉新公、国师以符命为予四辅，明德侯刘龚、率礼侯刘嘉等凡三十二人，皆知天

希望得到旧印章。”五威将帅拿出击破的旧印给他看，向他解释说：“新朝承受天命，制定新的印章，旧印自交回后，就存放在我们身边，没有人动它，它却自行损坏。单于应承受天命，奉行新朝的制度！”右骨都侯当回去报告单于，单于知道事已至此，也无可奈何，况且又得到新朝许多馈赠，只好派他的弟弟右贤王舆带着进贡的牛马，随五威将帅到新朝谢恩，仍上书请求袭用旧印。五威将帅回国途中，经过左犁汙王咸管辖的地区，见到许多乌桓人就询问咸，咸就将从前掠夺乌桓的情况详细告诉他们。五威将帅说：“从前中原对匈奴曾有密封四项约束，其中有一项就是不能接受逃亡投降的乌桓人，请立刻放他们回去！”左犁汙王咸说：“请允许我秘密与单于商议，只要得到单于批准，就让他们回去。”单于教左犁汙王咸询问：“应当在塞内遣回他们，还是在塞外遣回他们？”五威将帅不敢擅自决定，就禀报朝廷。王莽下诏回答说：“从塞外放回。”王莽对出使匈奴的五威将帅全都加封，封五威将为子爵，封帅为男爵。唯独陈饶因立下击坏单于旧印玺的功劳，特赐封为威德子。

单于当初因为拒绝了汉朝中郎将夏侯藩向匈奴求取土地，后来匈奴因为向乌桓索取赋税而没有得到就掠夺乌桓百姓，中原和匈奴之间裂隙由此产生。再加上这次印文的改变，所以对中原怨恨。于是派遣右大且渠蒲呼卢訾等十多人，率领一万多骑兵，以护送乌桓民众回国的名义，屯军于朔方郡边塞附近，朔方郡的太守知道此事后就奏报朝廷。王莽任命广新公甄丰为右伯，准备出使西域。车师后王须置离听到这个消息，害怕供给的费用庞大，就计划逃亡，投归匈奴。西域都护但钦便召见须置离，将他斩首。须置离的哥哥辅国侯狐兰支率领须置离的部属两千多人，投降匈奴。匈奴单于接受了他们，还派兵和狐兰支一同侵入掠夺，攻打车师，斩杀车师后城长，击伤西域都护司马，又和狐兰支一起撤回匈奴。

此时，戊己校尉刁护生病，校尉史陈良、终带、司马丞韩玄、右曲侯任商共同商量说：“西域各国大多背叛，匈奴又大举入侵，我们面临死亡的危险，可以杀掉校尉，率领大家投降匈奴。”于是，杀了校尉刁护和他的儿子、兄弟，挟持戊己校尉所属的吏士两千余男女投奔匈奴。单于任命陈良、终带为乌贲都尉。

冬季，十一月，立国将军孙建上奏说：“闰九月十九日辛巳，陈良、终带自称废汉大将军，逃入匈奴。此外，本月十二日癸酉，不知道从何处闯出一名男子，拦阻在我的车前，自称‘汉氏刘子舆，是成帝小妻的儿子。刘氏要重新登基，快去把宫殿腾让出来’。当时逮捕了这名男子，经审问，原来是常安人，姓武名仲。这些人都是逆天行事，违背符命，大逆不道。所以，汉朝的宗庙不应当设置在常安城里，刘姓家族为官者应当全都罢官待在家中。陛下仁德之至，一直不忍早下决定。从前原安众侯刘崇等聚众谋反，以致一些狂妄狡猾之徒又依托已亡的汉朝，使得犯杀身灭族大罪接连不断发生，这就是圣上一味开恩未及早杜绝邪恶在萌芽状态的缘故。臣

命，或献天符，或贡昌言，或捕告反虏，厥功茂焉。诸刘与三十二人同宗共祖者，勿罢，赐姓曰王。”唯国师公以女配莽子，故不赐姓。

定安公太后自刘氏之废，常称疾不朝会。时年未二十，莽敬惮伤哀，欲嫁之，乃更号曰黄皇室主，欲绝之于汉；令孙建世子盛饰，将医往问疾。后大怒，鞭笞其傍侍御，因发病，不肯起。莽遂不复强也。

十二月，雷。

莽恃府库之富，欲立威匈奴，乃更名匈奴单于曰“降奴服于”，下诏遣立国将军孙建等率十二将分道并出：五威将军苗䜣、虎贲将军王况出五原；厌难将军陈钦、震狄将军王巡出云中；振武将军王嘉、平狄将军王萌出代郡；相威将军李棽、镇远将军李翁出西河；诛貉将军杨俊、讨涉将军严尤出渔阳；奋武将军王骏、定胡将军王晏出张掖；及偏裨以下百八十人，募天下囚徒、丁男、甲卒三十万人，转输衣裘、兵器、粮食，自负海江、淮至北边，使者驰传督趣，以军兴法从事。先至者屯边郡，须毕具乃同时出；穷追匈奴，内之丁令。分其国土人民以为十五，立呼韩邪子孙十五人皆为单于。

（以上为第五段，写王莽立威四夷，贬抑匈奴单于爵号，挑起边患。）

莽以钱币讫不行，复下书曰：“宝货皆重则小用不给，皆轻则僦载烦费；轻重大小各有差品，则用便而民乐。”于是更作金、银、龟、贝、钱、布之品，名曰宝货。钱货六品，金货一品，银货二品，龟货四品，贝货五品，布货十品，凡宝货五物、六名、二十八品。铸作钱布，皆用铜，淆以连、锡。百姓溃乱，其货不行。莽知民愁，乃但行小钱直一与大钱五十,二品并行；龟、贝、布属且寝。盗铸钱者不可禁，乃重其法，一家铸钱，五家坐之，没入为奴婢。吏民出入持钱，以副符传，不持者厨传勿舍，关津苛留。公卿皆持以入宫殿门，欲以重而行之。是时百姓便安汉五铢钱，以莽钱大小两行，难知，又数变改，不信，皆私以五铢钱市买；讹言大钱当罢，莫肯挟。莽患之，复下书：“诸挟五铢钱、言大

建议：凡是在京师的汉朝君王祠庙，全部废除；凡是在朝廷为官的刘氏宗室都予以罢免，在家听候派遣。”王莽说：“可以。嘉新公、国师刘秀响应符命任我的四辅，明德侯刘龚、率礼侯刘嘉等三十二人都听从上天符命，有的进献天符，有的献上善言，有的拘捕或告发反贼，他们的功劳都很大。各刘姓皇族与三十二人同宗共祖的都不免职，但赐姓为王。”只有国师公因为将女儿许配给王莽的儿子王临，因此不赐姓。

安定公太后自从刘氏被废以后，常常假称有病，不去朝见。此时她还不满二十岁，王莽对她既尊敬害怕，又忧伤哀怜，想让她改嫁，便取消安定公太后称号，改称黄皇室主，想以此与汉朝断绝关系。命孙建的儿子身着华美的服饰，带着御医前去请安问疾。安定公太后大怒，鞭打她身边的侍从官。因为生气动怒而发病，卧床不肯起。王莽因此就不再勉强她。

十二月，打雷。

王莽自恃国库储存丰厚，想在匈奴面前树立国威，就将匈奴单于改称“降奴服于”，下诏征伐。派遣立国将军孙建等率领十二个将领，分路并进：五威将军苗䜣、虎贲将军王况从五原郡出发；厌难将军陈钦、震狄将军王巡从云中郡出发；振武将军王嘉、平狄将军王萌从代郡出发；相威将军李棽、镇远将军李翁从西河郡出发；诛貉将军杨俊、讨濊将军严尤从渔阳郡出发；奋武将军王骏、定胡将军王晏从张掖郡出发。还有偏将和裨将以下一百八十八名，招募天下囚犯、壮丁、甲士共三十万人，运输军服皮衣、兵器、粮食，从沿海、长江、淮河流域直到北部边郡，使者驾驿站车马急行监督敦促，依照战时军法办事。先到达的部队驻扎在边郡，等大军全部结集后才同时出动。要穷追匈奴，直追到丁令。把匈奴的土地和百姓分成十五个部分，立呼韩邪单于的十五个子孙做单于。

王莽因为新朝钱币始终在社会上得不到通行就再次下诏说：“货币由于面额过大，不便于小买卖的交易，货币如果都是小面额，恐怕就要雇用车装船载搬运货币，也很麻烦。货币的面额有大有小，各有等级，那才使用方便，人民乐意。”于是改制金、银、龟、贝、铜钱、布货等六种货币，总称宝货。其中钱币六种，金币一种，银币二种，龟币四种，贝币五种，布币十种。总计宝货用金、银、铜、龟、贝五种物质制成，有金币、银币、龟币、贝币、钱币、布币六种名称，共二十八个品种币值。钱币、布币都用铜铸造，其中混杂铅、锡。因为货币种类太多，十分混乱，货币不能流通。王莽知道人民怨愁，于是又下令只用值一钱的小钱和值五十的大钱两种，龟币、布币等暂时停止使用。私铸货币屡禁不止，就加重刑罚力度，一家私铸货币，五家连坐，将他们没入官府作奴婢。官民外出必须携带货币作符传通行证的

钱当罢者，比非井田制，投四裔！”及坐卖买田宅、奴婢、铸钱，自诸侯、卿大夫至于庶民，抵罪者不可胜数。于是农商失业，食货俱废，民人至涕泣于市道。

莽之谋篡也，吏民争为符命，皆得封侯。其不为者相戏曰：“独无天帝除书乎？”司命陈崇白莽曰：“此开奸臣作福之路而乱天命，宜绝其原。”莽亦厌之，遂使尚书大夫赵并验治，非五威将帅所班，皆下狱。

初，甄丰、刘秀、王舜为莽腹心，唱导在位，褒扬功德；安汉、宰衡之号及封莽母、两子、兄子，皆丰等所共谋，而丰、舜、秀亦受其赐，并富贵矣，非复欲令莽居摄也。居摄之萌，出于泉陵侯刘庆、前辉光谢嚣、长安令田终术。莽羽翼已成，意欲称摄，丰等承顺其意；莽辄复封舜、秀、丰等子孙以报之。丰等爵位已盛，心意既满，又实畏汉宗室、天下豪杰；而疏远欲进者并作符命，莽遂据以即真，舜、秀内惧而已。丰素刚强，莽觉其不说，故托符命文，徙丰为更始将军，与卖饼儿王盛同列；丰父子默默。时子寻为侍中、京兆大尹、茂德侯，即作符命：新室当分陕，立二伯，以丰为右伯，太傅平晏为左伯，如周、召故事。莽即从之，拜丰为右伯。当述职西出，未行，寻复作符命，言故汉氏平帝后黄皇室主为寻之妻。莽以诈立，心疑大臣怨谤，欲震威以惧下，因是发怒曰：“黄皇室主天下母，此何谓也！”收捕寻。寻亡，丰自杀。寻随方士入华山，岁余，捕得，辞连国师公秀子隆威侯棻、棻弟右曹、长水校尉、伐虏侯泳、大司空邑弟左关将军、掌威侯奇及秀门人侍中、骑都尉丁隆等，牵引公卿党、亲、列侯以下，死者数百人。乃流棻于幽州，放寻于三危，殛隆于羽山，皆驿车传致其尸云。

附带物才能通行；不持货币的，沿途住宿、饮食之处，不准收留，关卡和渡口要盘问扣留。公卿大夫都要带着货币才能进入宫殿之门，想用这样的办法使其货币流通。当时百姓认为汉铸的五铢钱简便安稳，而王莽铸的大、小钱两种同时流通，不容易分辨，又经常变动，百姓不信任它，都私下用五铢钱在市场上购买物品。一时间谣言四起，说大钱将被废除，都不肯携带。王莽深感忧虑，又再次下诏书："凡携带五铢钱，传言大钱要废除的人，等同诽谤井田制度判罪，放逐到四方极远的地方去。"以致被指控买卖田宅、奴婢、私自铸钱的人，从诸侯、卿大夫到庶民，因犯罪而受到惩处的人，多得难以计算。因而农民、商人失业，全国经济崩溃，以至百姓在市道旁边哭泣。

王莽阴谋篡位时，官民争先恐后地伪造符命呈献，都被封为侯。那些没有呈献伪造符命的人，都相互戏言说："唯独你没有接到上帝的任命书吗？"司命陈崇禀报王莽说："这是为奸臣开辟追求利禄的途径而扰乱天命，应当斩绝其源。"王莽也厌恶这些伪造符命的人，于是便派尚书大夫赵并负责查处，只要不是五威将帅所颁布的符命，而自行制造的人都逮捕入狱。

开始，甄丰、刘秀、王舜都是王莽的心腹，都为王莽夺取大权充当吹鼓手，给王莽歌功颂德。安汉公和宰衡的称号以及赐封王莽的母亲、两个儿子、侄子都是由甄丰等人共同谋划的，而甄丰、王舜、刘秀也得到王莽的恩惠，都名利双收了，但并不想让王莽居位摄政。王莽居位摄政的初谋，出自泉陵侯刘庆、前辉光人谢嚣和长安令田终术。此时，王莽羽翼丰满，想要居位摄政，当代理皇帝，甄丰等人就顺从他的旨意，王莽就又封王舜、刘秀、甄丰等人的子孙加以报答。甄丰等人爵位已显赫，心意也得到满足，又害怕刘氏宗室和天下豪杰。而那些被王莽疏远的人，就想造作符命以此得到信任而升官，王莽便依据哀章等人的符命而正式登上帝位。王舜、刘秀只是在心里恐惧罢了。甄丰一向刚毅强硬，王莽发觉甄丰不高兴，因此就假借符命的文字，将他调任更始将军，和卖饼儿王盛地位相当。甄丰父子默默无言。此时，甄丰的儿子甄寻任侍中、京兆大尹，封为茂德侯，就制造符命，说新朝应该把京师附近地区以陕县为界分开治理，设置两个地区长官，任命甄丰为右伯，太傅平晏为左伯，依照周公、召公的先例。王莽当即听从，任命甄丰为右伯。甄丰述职后准备出发西行时，甄寻又制造符命，称原汉平帝的皇后黄皇室主是甄寻的妻子。王莽凭借骗术登上帝位，心里害怕大臣怨恨指责，正想要显示自己的威严来慑服臣下，于是发怒说："黄皇室主是天下人之母。甄寻说的是什么话！"就下令拘捕甄寻。甄寻逃跑了，甄丰自杀。甄寻跟着江湖术士躲进了华山，过了一年多后才被抓到，供词牵涉到国师公刘秀的儿子隆威侯刘棻，刘棻的弟弟右曹、长水校尉、伐虏侯刘泳，大司空王邑的弟弟左关将军、掌威侯王奇和刘秀的学生侍中、骑都尉丁隆

是岁，莽始兴神仙事，以方士苏乐言，起八风台，台成万金；又种五梁禾于殿中，先以宝玉渍种，计粟斛成一金。

（以上为第六段，写王莽改革币制，以及制造符命引发的内部矛盾。币制改革，由于新币品种面额极其复杂，难以通行，旧币、私铸货币通行，于是犯法者众，天下骚动。王莽诡称符命，暗箱操作政治，死党甄丰等如法炮制，引发矛盾。）

三年（辛未，11年）

遣田禾将军赵并发戍卒屯田五原、北假，以助军粮。

莽遣中郎将蔺苞、副校尉戴级将兵万骑，多赍珍宝至云中塞下，招诱呼韩邪诸子，欲以次拜为十五单于。苞、级使译出塞，诱呼左犁污王咸、咸子登、助三人至。至则胁拜咸为孝单于，助为顺单于，皆厚加赏赐；传送助、登长安。莽封苞为宣威公，拜为虎牙将军；封级为扬威公，拜为虎贲将军。单于闻之，怒曰："先单于受汉宣帝恩，不可负也。今天子非宣帝子孙，何以得立！"遣左骨都侯、右伊秩訾王呼卢訾及左贤王乐将兵入云中益寿塞，大杀吏民。是后，单于历告左右部都尉、诸边王入塞寇盗，大辈万余，中辈数千，少者数百，杀雁门、朔方太守、都尉；略吏民畜产，不可胜数，缘边虚耗。

是时诸将在边，以大众未集，未敢出击匈奴。讨涉将军严尤谏曰："臣闻匈奴为害，所从来久矣，未闻上世有必征之者也。后世三家周、秦、汉征之，然皆未有得上策者也。周得中策，汉得下策，秦无策焉。当周宣王时，猃狁内侵，至于泾阳；命将征之，尽境而还。其视戎狄之侵，譬犹蚊虻，驱之而已，故天下称明，是为中策。汉武帝选将练兵，约赍轻粮，深入远戍，虽有克获之功，胡辄报之。兵连祸结三十余年，中国罢耗，匈奴亦创艾，而天下称武，是为下策。秦始皇不忍小耻而轻民力，筑长城之固，延袤万里，转输之行，起于负海；疆境既完，中国内竭，以丧社稷，是为无策。今天下遭阳九之厄，比年饥馑，西北边尤甚。发三十万众，具三百日粮，东援海、代，南取江、淮，然后乃备。

等人，牵引公卿、乡党、亲戚、列侯以下被处死的就有数百人。因此将刘棻流放到幽州，将甄寻流放到三危山，丁隆被杀死在羽山（几人先后而死），都用驿车装运他们的尸体，运送到流放地点。

这一年，王莽开始迷信神仙，听信方士苏乐的话，兴建八风台，耗费黄金万两。又在宫殿里种植五色谷米，播种之前，先用煮宝玉的水去渍种，一斛粟的成本需要黄金一斤。

王莽始建国三年（辛未，11 年）

派遣田禾将军赵并征发边防兵士在五原、北假屯田，开荒耕种，用以资助军粮。

王莽派遣中郎将蔺苞、副校尉戴级率一万余骑兵，携带大量金银财物到云中郡的边塞附近，招引匈奴呼韩邪单于的几个儿子，打算按照顺序任命为十五个单于。蔺苞、戴级派翻译人员出塞，引诱左犁污王栾提咸和他的儿子栾提登、栾提助三人来到云中郡的边塞。到达后就用威胁手段，任命栾提咸为孝单于，栾提助为顺单于，都给予丰厚的赏赐，并用驿车将栾提登、栾提助兄弟二人送到京师长安。王莽封蔺苞为宣威公、虎牙将军，封戴级为扬威公、虎贲将军。匈奴单于栾提知听说这个消息，勃然大怒说："呼韩邪单于所受汉宣帝的恩惠，不能辜负。如今的皇帝不是宣帝的子孙，凭什么做皇帝！"因此派遣左骨都侯、右伊秩訾王呼卢訾和左贤王乐，率领军队入侵云中郡益寿塞，大肆屠杀官民。从此以后，匈奴单于栾提知逐一告诉左右大都尉、靠近汉朝边界的那些王侯，让他们入侵边塞，从事抢劫掠夺，大规模的一次有一万多人，中等规模的一次也有数千人，规模最小的一次则数百人。他们杀死雁门郡、朔方郡太守、都尉，掠夺官民牲畜，不可胜数。边境自此衰败。

这时，将领们尽管都在边塞，但是应到的兵马却没有完全结集，因此不敢主动出击匈奴。讨濊将军严尤劝谏说："臣听说匈奴侵害中原，由来已久，但是从未听说上古之时有必须征伐他们的先例。后来，周、秦、汉三代才以武力征讨他们，但是都没有找到上策。周朝用的是中策，汉朝用的是下策，秦朝则是无策可言。周宣王的时候，猃狁部落入侵，深入到达泾阳，周朝就命令将领率兵还击，将他们逐出境外而归。周宣王视夷狄的入侵如同蚊子、虻子一般，只要赶走也就算了，因此天下都称赞他英明，这是中策。汉武帝挑选将领，训练军队，携带少量衣装和粮草，深入远地戍守，虽然有克敌制胜的功绩，但是匈奴也常常回击，以致战争相连，祸患不息，前后三十多年，中原疲惫空虚，匈奴也受到惩戒而畏惧，但是天下人都称赞勇武，这是下策。秦始皇忍不住小的耻辱，轻率地浪费民力，修筑长城，坚固结实，

计其道里，一年尚未集合，兵先至者聚居暴露，师老械弊，势不可用，此一难也。边既空虚，不能奉军粮，内调郡国，不相及属，此二难也。计一人三百日食，用糒十八斛，非牛力不能胜；牛又自当赍食，加二十斛，重矣；胡地沙卤，多乏水草，以往事揆之，军出未满百日，牛必物故且尽，余粮尚多，人不能负，此三难也。胡地秋冬甚寒，春夏甚风，多赍釜鍑、薪炭，重不可胜，食糒饮水，以历四时，师有疾疫之忧，是故前世伐胡不过百日，非不欲久，势力不能，此四难也。辎重自随，则轻锐者少，不得疾行，虏徐遁逃，势不能及。幸而逢虏，又累辎重；如遇险阻，衔尾相随，虏要遮前后，危殆不测，此五难也。大用民力，功不可必立，臣伏忧之！今既发兵，宜纵先至者，令臣尤等深入霆击，且以创艾胡虏。”莽不听尤言，转兵谷如故，天下骚动。

咸既受莽孝单于之号，驰出塞归庭，具以见胁状白单于；单于更以为于栗置支侯，匈奴贱官也。后助病死，莽以登代助为顺单于。

吏士屯边者所在放纵，而内郡愁于征发，民弃城郭，始流亡为盗贼，并州、平州尤甚。莽令七公、六卿号皆兼称将军，遣著武将军逯并等镇名都，中郎将、绣衣执法各五十五人，分镇缘边大郡。督大奸猾擅弄兵者，皆乘便为奸于外，挠乱州郡，货赂为市，侵渔百姓。莽下书切责之曰：“自今以来，敢犯此者，辄捕系，以名闻！”然犹放纵自若。北边自宣帝以来，数世不见烟火之警，人民炽盛，牛马布野；及莽挠乱匈奴，与之构难，边民死亡系获，数年之间，北边虚空，野有暴骨矣。

（以上为第七段，写王莽构难匈奴，大发兵征讨，骚动天下。数年之间，边境地区成了无人区。）

长达万里，又修建运输的通道，从海滨开始，尽管保持疆界的完整，国内却告枯竭，终于使秦王朝丧失了国家政权，这是没有策略。现在天下正遭受灾荒和厄运，连年饥馑，西北边境，尤其严重。但朝廷发动三十万大军，储备三百天粮食，东方牵动海滨、岱山，南方取自长江、淮河，然后才齐备。计算它的路程，耗时一年，兵马还不能集合完成。而先到达边塞的军队露天而宿，无所隐蔽，以致士气疲惫，武器损坏，在气势上已不可以作战，这是困难之一。边塞已经空虚，无力供应军粮，从内地各郡国征集运送，难以保证供给，这是困难之二。估计一个士兵三百天所用干粮，就需要十八斛，不用牛力运输是不能胜任的。但牛本身也要携带饲料，再加上二十斛，牛的负担实在太重了。匈奴境内，都是沙漠碱地，缺乏水草，按照以往的经验判断，军队出发不到一百天，牛必定全部死光，剩下的粮草却很多，士兵又无法背负，这是困难之三。匈奴境内秋冬天气严寒，而春夏风大，行军要携带很多炊具、柴炭，重得背不动，吃干粮喝水，一年四季如此，使军队有发生疾病的忧虑，因此从前讨伐匈奴都不超过一百天，并不是不想久战，而是势力不足，这是困难之四。部队随身携带供给物资，轻装精锐的部队就很少，因此不能快速行军，即使敌人慢慢撤退，也无法追上。即使追上，能与他们交战，又被携带物资所累，难以获胜。若遇到险阻，队伍前后单行，不能并驱，敌人若在前后夹击，危险不能预测，这是困难之五。大规模动用民力，功劳又未必能建立，这是臣所担心的！现在既然派出军队，就应该让先到边塞的军队发动攻击，命令臣严尤等对匈奴进行迅速猛烈的攻击，并且给予严重创伤。”王莽不听从严尤的谏言，跟从前一样运输兵器粮物，因此天下动乱不安。

被王莽封为孝单于的栾提咸，趁防卫不备纵马飞驰出边塞，回到匈奴王庭，把自己被胁迫的情况详细向单于栾提知报告。单于便封他为于粟置支侯，这是匈奴低等的官职。后来，被王莽封为顺单于的栾提助病死，王莽就让栾提登为顺单于。

在边塞集结的军士四处骚扰，不循常规。而关内诸郡又为征兵催税而发愁，百姓不堪痛苦而离乡背井，开始逃亡而当盗贼，其中以并州、平州最为严重。王莽命令七公、六卿都兼称将军；派遣著武将军逯并等镇守各地重镇名都；派中郎将、绣衣执法各五十五人，分别镇守边境大郡。本来派出去的这些钦差使臣是监察大奸巨猾和擅动干戈生事的人，结果他们自己却趁机在各地贪赃枉法，作奸犯科，扰乱州郡，贿赂像做买卖一样公开，还掠夺百姓财物。王莽下诏书严厉指责他们说：“从今以后，胆敢再犯此法的就逮捕入狱，把名字报上来。”但是他们还是照样放纵胡作非为。北部边境从汉宣帝以来几代看不见战争的警报，人丁旺盛，牛马遍野。到王莽扰乱匈奴，和匈奴结成仇怨，边境人民不是死亡，就是被抓，几年之间，北方边境一片荒凉，野外已有无人掩埋的白骨。

太师王舜自莽篡位后，病悸浸剧，死。

莽为太子置师、友各四人，秩以大夫。以故大司徒马宫等为师疑、傅丞、阿辅、保拂，是为四师；故尚书令唐林等为胥附、奔走、先后、御侮，是为四友。又置师友、侍中、谏议、“六经”祭酒各一人，凡九祭酒，秩皆上卿。

遣使者奉玺书、印绶、安车、驷马迎龚胜，即拜为师友祭酒。使者与郡太守、县长吏、三老、官属、行义、诸生千人以上入胜里致诏。使者欲令胜起迎，久立门外。胜称病笃，为床室中户西、南牖下，东首加朝服拖绅。使者付玺书，奉印绶，内安车、驷马，进谓胜曰：“圣朝未尝忘君，制作未定，待君为政；思闻所欲施行，以安海内。”胜对曰：“素愚，加以年老被病，命在朝夕，随使君上道，必死道路，无益万分！”使者要说，至以印绶就加胜身；胜辄推不受。使者上言：“方盛夏暑热，胜病少气，可须秋凉乃发。”有诏许之。使者五日壹与太守俱问起居，为胜两子及门人高晖等言：“朝廷虚心待君以茅土之封，虽疾病，宜移动至传舍，示有行意；必为子孙遗大业。”晖等白使者语，胜自知不见听，即谓晖等：“吾受汉家厚恩，无以报；今年老矣，旦暮入地，谊岂以一身事二姓，下见故主哉！”胜因敕以棺敛丧事：“衣周于身，棺周于衣。勿随俗动吾冢、种柏、作祠堂！”语毕，遂不复开口饮食。积十四日死。死时，七十九矣。

是时清名之士，又有琅邪纪逡、齐薛方、太原郇越、郇相、沛唐林、唐尊，皆以明经饬行显名于世。纪逡、两唐皆仕莽，封侯，贵重，历公卿位。唐林数上疏谏正，有忠直节。唐尊衣敝、履空，被虚伪名。郇相为莽太子四友，病死，莽太子遣使裞以衣衾，其子攀棺不听，曰：“死父遗言：‘师友之送，勿有所受！’今于皇太子得托友官，故不受也。”京师称之。莽以安车迎薛方，方因使者辞谢曰：“尧、舜在上，下有巢、由。今明主方隆唐、虞之德，小臣欲守箕山之节。”使者以闻。莽说其言，不强致。

太师王舜从王莽篡位以后，患上心跳病，日益加重而死。

王莽为太子设置师友各四人，俸禄比照大夫。任命原大司徒马宫等人为师疑、傅丞、阿辅、保拂，这是四师。任命原尚书令唐林等人为胥附、奔走、先后、御侮，这是四友。又设置师友、侍中、谏议、“六经”祭酒各一人，共有九位祭酒，秩禄比照上卿。

王莽派遣使者带上加盖皇帝印的诏书、官印、安车、驷马迎接龚胜，立即任命为师友祭酒。使者和郡太守、县长吏、三老、官属、行义、诸生浩浩荡荡一千多人到龚胜的乡里宣读诏书。使者想让龚胜起身出门迎接，长久地站立在龚胜家门外，龚胜称说病重，不能起立，就把床安放在卧室西侧南窗之下，头向东方，把朝服披盖在身上，拖着大带。使者送上诏书、官印，献上安车、驷马，上前对龚胜说：“圣朝没有忘记您，典章制度尚未完备，等待您去行政，希望听听您的施政意见，以便安定天下。”龚胜回答说：“臣向来愚昧，加之年老病重，命在旦夕，如果随您上路，必定死在途中，实在没有一点好处。”使臣威胁劝说，还要把印绶佩戴在龚胜身上，龚胜推辞不接受。使臣只能奏说：“时值盛夏季，天气炎热，龚胜生病，体力不好，可否等到秋凉时再动身？”王莽下诏同意。使臣每隔五天就与太守一起去问候龚胜起居饮食，并向龚胜的两个儿子以及学生高晖等人说：“朝廷毫无成见地以封侯的礼仪对待龚老先生，他虽然身患疾病，也应当移动到驿站去住官舍，以示确有启程的诚意，这样也可为子孙后代留下封邑。”高晖等人将使臣的话转告给龚胜，龚胜知道自己不能顺从，对高晖等人说：“我受汉家的厚恩，无以报答。现今年已衰老，危在旦夕，在道义上，岂能以一身而侍奉两个不同姓的君王？死后以何面见故主？”便吩咐准备棺木、殡敛后事，说：“衣服只要包住身体就够了，棺材只要包住衣服就可。葬后，不可随俗动冢土、种植柏树，修建祠堂。”话一说完，便不再开口喝水吃饭，历时十四天而死。死时，七十九岁。

当时的清名人士，又有琅琊人纪逡、齐郡人薛方、太原人郇越与郇相、沛人唐林与唐尊，都以精通经学、谨慎行事而闻名于世。纪逡、唐林、唐尊都在新朝为官，被封侯爵，地位尊贵，深受敬重，历任公卿的位置。唐林屡次上奏直言规劝，有忠直的节操。唐尊则身着破衣服，脚穿破鞋，假冒俭朴，享受虚名。郇相是王莽太子王临的四友之一，去世后，太子派使臣送去寿衣、寿被，郇相的儿子手扶着棺材拒绝接受，说：“父亲死前留有遗言：‘对教师与宾友的馈赠，不可接受。’现在皇太子自称是我父亲的朋友，故而不能接受。”因此受到京师人们的称赞。王莽用安车迎接薛方，薛方通过使臣婉谢说：“上有唐尧、虞舜，下面就应有巢父、许由。现在圣明的君主美德堪与唐尧、虞舜比高，小臣我愿像许由一样隐居箕山守节。”使臣禀报王

初，隃麋郭钦为南郡太守，杜陵蒋诩为兖州刺史，亦以廉直为名。莽居摄，钦、诩皆以病免官，归乡里，卧不出户，卒于家。哀、平之际，沛国陈咸以律令为尚书。莽辅政，多改汉制，咸心非之；及何武、鲍宣死，咸叹曰：“《易》称‘见几而作，不俟终日。’吾可以逝矣！”即乞骸骨去职。及莽篡位，召咸为掌寇大夫；咸谢病不肯应。时三子参、钦、丰皆在位，咸悉令解官归乡里，闭门不出入，犹用汉家祖腊。人问其故，咸曰：“我先人岂知王氏腊乎！”悉收敛其家律令、书文，壁藏之。又，齐栗融、北海禽庆、苏章、山阳曹竟，皆儒生，去官，不仕于莽。

班固赞曰：春秋列国卿大夫及至汉兴将相名臣，耽宠以失其世者多矣，是故清节之士，于是为贵；然大率多能自治而不能治人。王、贡之材，优于龚、鲍。守死善道，胜实蹈焉。贞而不谅，薛方近之。郭钦、蒋诩，好遁不污，绝纪、唐矣。

是岁，濒河郡蝗生。

河决魏郡，泛清河以东数郡。先是，莽恐河决为元城冢墓害；及决东去，元城不忧水，故遂不堤塞。

（以上为第八段，写情操高洁的士人，拒绝出仕新朝，龚胜绝食而死，是威武不屈的榜样。也有一些士人，如纪逡、唐林、唐尊之流，入仕新朝。）

四年（壬申，12年）

春，二月，赦天下。

厌难将军陈钦、震狄将军王巡上言：“捕得虏生口验问，言虏犯边者皆孝单于咸子角所为。”莽乃会诸夷，斩咸子登于长安市。

大司马甄邯死。

莽至明堂，下书：“以洛阳为东都，常安为西都。邦畿连体，各有采、任。州从《禹贡》为九；爵从周氏为五。诸侯之员千有八百，附城之数亦如之，以俟有功。诸公一同，有众万户；其余以是为差。今已受封者，

莽。王莽听后很高兴，不再勉强征召来京。

当初，隃麋人郭钦任南郡太守，杜陵人蒋诩任兖州刺史，也以廉洁正直而闻名。王莽代帝位而摄政时，郭钦、蒋诩都因病免除官职，回到家乡，卧病闭门不出，在家去世。在哀帝、平帝的时候，沛郡人陈咸因为通晓律令而被任命为尚书。王莽辅佐朝政，大量更换汉朝制度，陈咸内心很怨恨。等到何武、鲍宣被杀，陈咸叹息说："《易经》说：'抓住时机，立即行动，不要坐等错过时机。'我应该离开了。"就请求辞职退休。等到王莽篡位，征召陈咸任掌寇大夫，陈咸就以病婉谢，不肯答应。这时，他的三个儿子陈参、陈钦、陈丰都在当朝做官，陈咸命令他们都辞官回家，闭门不出，年终祭祀，还是沿用汉家的礼仪和时间。别人问他这样做的缘故，陈咸说："我的祖先岂能知道新王朝年终的腊祭呢？"还把家中所有的律令、书籍都藏在墙壁里。还有齐郡人栗融、北海郡人禽庆与苏章、山阳人曹竟，都是儒生，都辞去官职，脱离新王朝。

班固评论说：从春秋列国卿大夫一直到汉朝的将相名臣，因为沉溺宠爱而丧失自己的世家，举不胜举。因而具有高洁节操的士人极为可贵。但是大多数人只能约束自己，而不能影响别人。王吉、贡禹的才能强过龚胜、鲍宣，但是坚守死节，弘扬正道，龚胜却是实际履行了。坚守正道，而不必讲小信，薛方很接近。郭钦、蒋诩不仕于王莽，遁逃浊乱，不污志节，和纪逡、唐林、唐尊又完全不同。

这一年，靠近黄河的各郡发生蝗灾。

黄河在魏郡决口，以致清河以东数郡泛滥成灾。在此之前，王莽害怕黄河决口淹没元城自己的祖坟。等到黄河决口，水向东泛滥，元城就可免水灾，因此决定不筑堤堵塞。

王莽始建国四年（壬申，12 年）

春季，二月，赦免天下。

厌难将军陈钦、震狄将军王巡上奏说："抓捕匈奴俘虏，经过审问，供认匈奴多次侵犯边境，都是孝单于栾提咸的儿子栾提角所为。"王莽于是召集在京的各族夷人，在聚会中将栾提咸的儿子栾提登斩于长安闹市以示众。

大司马甄邯去世。

王莽在明堂下诏书说："将洛阳定为东都，常安定为西都。邦畿相连为一体，受封的男、女各有食邑。按照《禹贡》将全国分为九州。依照周代爵位分为公、侯、伯、子、男五等。诸侯为一千八百名，采邑城的数量也是如此，以等待有功之人。

公侯以下凡七百九十六人，附城千五百五十一人；以图簿未定，未授国邑，且令受奉都内，月钱数千。”诸侯皆困乏，至有佣作者。

莽性躁扰，不能无为，每有所兴造，动欲慕古，不度时宜，制度又不定；吏缘为奸，天下謷謷，陷刑者众。莽知民愁怨，乃下诏：“诸食王田，皆得卖之，勿拘以法。犯私买卖庶人者，且一切勿治。”然他政悖乱，刑罚深刻，赋敛重数，犹如故焉。

初，五威将帅出西南夷，改句町王为侯，王邯怨怒不附。莽讽牂柯大尹周歆诈杀邯。邯弟承起兵杀歆，州郡击之，不能服。莽又发高句骊兵击匈奴；高句骊不欲行，郡强迫，皆亡出塞，因犯法为寇。辽西大尹田谭追击之，为所杀。州郡归咎于高句骊侯驺，严尤奏言：“貉人犯法，不从驺起；正有他心，宜令州郡且尉安之。今猥被以大罪，恐其遂畔，夫余之属必有和者。匈奴未克，夫余、濊貉复起，此大忧也。”莽不尉安，濊貉遂反；诏尤击之。尤诱高句骊侯驺至而斩焉，传首长安。莽大说，更名高句骊为下句骊。于是貉人愈犯边，东、北与西南夷皆乱。莽志方盛，以为四夷不足吞灭，专念稽古之事，复下书：“以此年二月东巡狩，具礼仪调度。”既而以文母太后体不安，且止待后。

初，莽为安汉公时，欲谄太皇太后，以斩郅支功奏尊元帝庙为高宗，太后晏驾后，当以礼配食云。及莽改号太后为新室文母，绝之于汉，不令得体元帝，堕坏孝元庙，更为文母太后起庙；独置孝元庙故殿以为文母馔食堂，既成，名曰长寿宫，以太后在，故未谓之庙。莽置酒长寿宫，请太后。既至，见孝元庙废彻涂地，太后惊泣曰：“此汉家宗庙，皆有神灵，与何治而坏之！且使鬼神无知，又何用庙为！如令有知，我乃人之妃妾，岂宜辱帝之堂以陈馈食哉！”私谓左右曰：“此人慢神多矣，能久得佑乎！”饮酒不乐而罢。自莽篡位后，知太后怨恨，求所以媚太后者无不为，然愈不说。莽更汉家黑貂著黄貂；又改汉正朔、伏腊日。太后令其官属黑貂；至汉家正、腊日，独与其左右相对饮食。

（以上为第九段，写王莽复古，倒行逆施，好大喜功而又轻狂，边衅四起。又贬

所有公爵，都是地方百里，一万户人家。其他爵位，以此为等差。现在已经受封的，公侯以下共七百九十六人，采邑城一千五百五十一人。因为户籍地簿还没有调查测量完毕，无法授给封国食邑，暂且向大司农所属都内府领受俸禄，每月支钱数千。”诸侯们都很贫困，甚至有替人帮工的。

王莽性情急躁好动，不能平静，每做一件事总是羡慕古代的制度，无论是否适合当时的需要，而制度又始终不能确定。贪官污吏趁机为非作歹，天下怨声载道，犯罪的人也很多。王莽知道百姓愁苦怨恨，便下诏说：“国家土地，都可以自由变卖，不受法律拘束。私自买卖平民的，一律暂且不追究。”但是其他政令惑乱，刑罚残酷，赋税繁重，还是和过去一样。

当初，五威将帅出使西南夷，将句町王改为侯，句町王邯怨恨愤怒而不服从。王莽示意牂柯郡大尹周歆采取欺骗手段杀死了句町王邯。邯的弟弟承起兵杀死周歆。王莽命州郡发兵讨伐承，却不能使他降服。王莽又动员高句骊的军队去进攻匈奴，高句骊军队不愿去，因被郡府强迫，便都逃出边界，沦为贼寇。辽西大尹田谭追击他们，被他们所杀。州、郡官府把罪责归在高句骊侯驺的身上，严尤上奏说：“貉人犯法，不是从驺开始的。若驺别有用心，也应当命令州郡去安抚他们。现在突然加以重大罪名，恐怕促成他们叛变，而其余部族一定会有附和的。匈奴没有平定，夫余、濊貉又兴起，这是很大的忧患！”王莽不加安抚，濊貉因此反叛。王莽下诏令严尤进攻他们。严尤引诱高句骊侯驺到来，将他斩首，亦将首级传送到长安。王莽很高兴，将高句骊改为下句骊。如此一来，貉人更加侵犯边境，东部、北部和西南的各蛮夷都作乱了。王莽正值志得意满，认为四方蛮夷不值得去吞并消灭，专心研习古事，又下诏说：“在本年二月，我要到东方巡视，有关部门需把礼仪程序开列出来。”后来，因为文母太后身体不适，暂缓出发。

当初，王莽为安汉公时，想讨好太皇太后，借口斩杀匈奴郅支单于的功劳，上奏尊称汉元帝庙为高宗，等太皇太后去世后，牌位就该送到高宗庙，与元帝分享祭祀香火。等到王莽新朝建立后，王莽将太后的名号改为新室文母，表示与汉朝断绝关系，为了不让她跟元帝为一体享受汉王朝的祭祀，便毁坏孝元庙，而另为文母太后建庙，仅保留孝元庙的一个旧殿作为文母放置膳具之堂。建成之后，称为长寿宫。因为太后健在，因此不能叫庙。王莽在长寿宫设置酒会，宴请太后。太后到了之后，看到孝元庙被彻底毁坏，满地泥土，不可收拾，忍不住惊骇悲伤，哭着说：“这是汉家宗庙，都有神灵保佑，什么地方得罪了你，非毁坏它不可？假若没有鬼神，又何必要建庙呢？若有鬼神，我是他妻子，岂能将他的庙堂改成陈设祭食之处，以侮辱元帝？”她私下对侍从说：“这个人得罪神灵的地方很多，能长久获得神灵的保佑吗？”酒宴在不愉快中结束。王莽篡权后，知道太后怨恨他，因此用尽一切手段讨

损汉家，触怒太皇太后王政君。）

五年（癸酉，13 年）

春，二月，文母皇太后崩，年八十四；葬渭陵，与元帝合，而沟绝之。新室世世献祭其庙；元帝配食，坐于床下。莽为太后服丧三年。

乌孙大、小昆弥遣使贡献。莽以乌孙国人多亲附小昆弥，见匈奴诸边并侵，意欲得乌孙心，乃遣使者引小昆弥使坐大昆弥使上。师友祭酒满昌劾奏使者曰："夷狄以中国有礼谊，故诎而服从。大昆弥，君也。今序臣使于君使之上，非所以有夷狄也。奉使大不敬！"莽怒，免昌官。

西域诸国以莽积失恩信，焉耆先叛，杀都护但钦；西域遂瓦解。

十一月，彗星出；二十余日，不见。

是岁，以挟铜炭者多，除其法。

匈奴乌珠留单于死，用事大臣右骨都侯须卜当，即王昭君女伊墨居次云之婿也。云常欲与中国和亲，又素与伊栗置支侯咸厚善，见咸前后为莽所拜，故遂立咸为乌累若鞮单于。乌累单于咸立，以弟舆为右谷蠡王。乌珠留单于子苏屠胡本为左贤王，后更谓之护于，欲传以国。咸怨乌珠留单于贬己号，乃贬护于为左屠耆王。

（以上为第十段，写汉太皇太后去世，西域背叛新朝。）

天凤元年（甲戌，14 年）

春，正月，赦天下。

莽下诏："将以是岁四仲月遍行巡狩之礼，太官赍糒、干肉，内者行张坐卧；所过毋得有所给。俟毕北巡狩之礼，即于土中居洛阳之都。"群公奏言："皇帝至孝，新遭文母之丧，颜色未复，饮食损少；今一岁四巡，道路万里，春秋尊，非糒、干肉之所能堪。且无巡狩，须阕大服，以安圣体。"莽从之，要期以天凤七年巡狩；厥明年，即土之中，遣太傅平晏、大司空王邑之洛阳营相宅兆，图起宗庙、社稷、郊兆云。

好太后，这反而使太后更加不高兴。王莽改汉家宫廷黑貂服装为黄貂服装。又将汉朝以正月一日作为元旦，改为十二月一日作为元旦。太后命令她的下属仍旧穿黑貂服装。甚至在汉朝元旦和祭祀百神之日，独自和左右聚餐。

王莽始建国五年（癸酉，13 年）

春季，二月，文母皇太后王政君去世，享年八十四岁，安葬在渭陵，与汉元帝合葬，中间用一条沟分开。规定王氏新朝世世代代要祭奠文母寝庙。汉元帝配祭，汉元帝的牌位安放在太后神位的龛架下面。王莽为太后守丧三年。

乌孙大、小昆弥派使者来朝贡。王莽认为乌孙的人大多亲附小昆弥，又看到匈奴的那些边境都受到侵掠，就想博得乌孙人的欢心，于是派使臣带领小昆弥的使者坐在大昆弥使者的上位。师友祭酒满昌上奏弹劾使臣说："夷狄因为中原是礼义之邦委屈服从。大昆弥是国君。现在将臣子使者坐在国君使者的上位，这并非是使夷狄归顺的方位。接待的使臣犯了不大敬之罪！"王莽大怒，罢免满昌的官职。

西域各国因为王莽多次失去恩德、信义，焉耆国率先背叛，杀死西域都护但钦。西域和新室的关系因此瓦解。

十一月，出现彗星，经过二十余天，消失。

这一年，因为私藏铜、炭的人太多，就废除了这项法令。

匈奴乌珠留单于去世，执事大臣右骨都侯须卜当，他是王昭君的女儿伊墨居次云的丈夫。云常想与中国和亲相好，又一向和伊栗置支侯咸很友好，看到咸被王莽封为孝单于，因此就立咸为乌累若鞮单于。乌累单于咸即位后，封弟弟舆为右谷蠡王。乌珠留单于的儿子苏屠胡，原是左贤王，后来改称为护于，想将单于的宝座传给他。咸怨恨乌珠留单于贬低自己的称号，就将护于苏屠胡贬为左屠耆王。

王莽天凤元年（甲戌，14 年）

春季，正月，赦免天下。

王莽下诏说："在今年四个季度的第二个月周游天下，行巡守之礼，太官准备干粮干肉，内者令准备帐篷及坐卧用具，不接受沿途地方的供应。等到巡视完毕，在回归途中停留在四方之中的洛阳，并在那里定都。"众大臣上奏说："皇上非常孝顺，最近又逢文母的丧事，容颜没有恢复，饮食又减少。现在一年四次出巡，行程万里，年岁已高，不是干粮干肉所能支持得了的。可暂不巡守，待三年丧服期满之后，再行巡守，以保重身体。"王莽同意了，约定天凤七年为巡守之期；第二年，到全国的中心洛阳城。因此，派遣太傅平晏、太司空王邑前往洛阳，选择基地，兴建宫殿。

三月，壬申晦，日有食之。大赦天下。以灾异策大司马逯并就侯氏朝位，太傅平晏勿领尚书事。以利苗男䜣为大司马。莽即真，尤备大臣，抑夺下权，朝臣有言其过失者，辄拔擢。孔仁、赵博、费兴等以敢击大臣，故见信任，择名官而居之。国将哀章颇不清，莽为选置和叔；敕曰："非但保国将闺门，当保亲属在西州者。"诸公皆轻贱，而章尤甚。

夏，四月，陨霜杀草木，海濒尤甚。六月，黄雾四塞。秋，七月，大风拔树，飞北阙直城门屋瓦。雨雹，杀牛羊。

莽以《周官》、《王制》之文，置卒正、连率、大尹，职如太守；又置州牧、部监二十五人。分长安城旁六乡，置帅各一人。分三辅为六尉郡；河内、河东、弘农、河南、颍川、南阳为六队郡。更名河南大尹曰保忠信卿。益河南属县满三十，置六郊州长各一人，人主五县。及他官名悉改。大郡至分为五，合百二十有五郡。九州之内，县二千二百有三。又仿古六服为惟城、惟宁、惟翰、惟屏、惟垣、惟藩，各以其方为称，总为万国焉。其后，岁复变更，一郡至五易名，而还复其故。吏民不能纪，每下诏书，辄系其故名云。

匈奴右骨都侯须卜当、伊墨居次云劝单于和亲，遣人之西虎猛制虏塞下，告塞吏云："欲见和亲侯。"和亲侯者，王昭君兄子歙也。中部都尉以闻，莽遣歙、歙弟骑都尉、展德侯飒使匈奴，贺单于初立，赐黄金、衣被、缯帛；绐言侍子登在，因购求陈良、终带等。单于尽收陈良等二十七人，皆械槛付使者，遣厨唯姑夕王富等四十人送歙、飒。莽作焚如之刑，烧杀陈良等。

缘边大饥，人相食，谏大夫如普行边兵还，言"军士久屯寒苦，边郡无以相赡。今单于新和，宜因是罢兵"。校尉韩威进曰："以新室之威而吞胡虏，无异口中蚤虱。臣愿得勇敢之士五千人，不赍斗粮，饥食虏肉，渴饮其血，可以横行！"莽壮其言，以威为将军。然采普言，征还诸将在边者，免陈钦等十八人，又罢四关镇都尉诸屯兵。

绘出宗庙、社稷、祭祀天地的坛址。

三月三十日壬申，发生日食。大赦天下。因为灾异之故，王莽下策书大司马逯并以侯爵就朝位，免去太傅平晏所兼尚书事。任命利苗人王䜣为大司马。王莽正式登上帝位后，十分提防大臣，限制、剥夺大臣的权力，朝中之臣有说大臣过失的，就加以提拔。孔仁、赵博、费兴等人由于敢于攻击大臣，因而获得信任，让他们担任好的官职。国将哀章行为很端正，王莽特意为他设置了和叔的官位，敕令说："不但要保住国将的家门，还要护住他在西州的亲属。"诸公都被王莽所轻贱，尤其是哀章最被轻视。

夏季，四月，霜降冻死了草木，沿海格外厉害。六月，黄雾弥漫。七月，大风将树连根拔起，刮走了北阙直城门屋上的瓦。下冰雹，击死牛羊。

王莽按照《周官》、《王制》的文字，设置卒正、连率、大尹，职务类似太守。又设置州牧、部监二十五人。将长安城郊划分为六个乡，每乡设置乡帅一人。将三辅地区划分为六个尉郡，把河内郡、河东郡、弘农郡、河南郡、颍川郡、南阳郡作为六个队郡。改称河南大尹为保忠信卿。扩充河南郡属县达三十个。设置六郊州长各一人，每人管辖五个县，别的官名也全都更改。大的郡甚至分为五个郡，全国共计一百二十五个郡。九州之内，共有二千二百零三县。又按照古制六服，将国土分为惟城、惟宁、惟翰、惟屏、惟垣、惟藩等六个区域，各自按其方位称呼，总计是一万封国。此后，每年都有变动，甚至一个郡改了五次名称，最后，又恢复它原来的名称。官民难以记住，每次下诏书，总要在新名之下加上旧名。

匈奴右骨都侯须卜当、伊墨居次云劝单于栾提咸与中原和亲，栾提咸同意，派人到西河郡虎猛县制虏塞下，对边塞官吏说："匈奴单于想见和亲侯。"和亲侯就是王昭君的侄子王歙。中部都尉奏请朝廷，王莽派王歙与王歙的弟弟骑都尉、展德侯王飒出使匈奴，恭贺栾提咸登基，赏赐黄金、衣服、被褥、纺织品，欺骗说作为人质的栾提登还活着，并趁机悬赏寻找陈良、终带等人。单于栾提咸就把陈良等二十七人逮捕，全都带上枷锁、镣铐，囚禁起来，交给中国使者。派遣厨唯姑夕王栾提富等四十人护送王歙、王飒回国。王莽就制造一种烧杀刑，将陈良等人活活烧死。

北方边境地区发生严重饥荒，出现了人吃人的现象。谏大夫如普巡察边境驻军，回到京师建议说："军士长期在寒苦的边境戍守，边郡没有办法供应。现单于刚刚与我们和好，应当趁此机会撤军。"校尉韩威进言说："以新朝的威严，吞并匈奴，就如同吃掉口里的跳蚤虱子一样。臣愿意求得勇敢的士兵五千人，不携带一斗粮食，饿了就吃胡虏的肉，渴了就喝胡虏的血，在匈奴境内横冲直撞。"王莽觉得他的话很豪壮，就任命韩威为将军。然而，王莽采纳了如普的建议，调回驻守在边境的将士，

单于贪莽赂遗，故外不失汉故事，然内利寇掠；又使还，知子登前死，怨恨，寇虏从左地入不绝。使者问单于，辄曰：“乌桓与匈奴无状黠民共为寇入塞，譬如中国有盗贼耳！咸初立持国，威信尚浅，尽力禁止，不敢有二心！”莽复发军屯。

益州蛮夷愁扰，尽反，复杀益州大尹程隆。莽遣平蛮将军冯茂发巴、蜀、犍为吏士，赋敛取足于民，以击之。

莽复申下金、银、龟、贝之货，颇增减其贾直，而罢大、小钱，改作货布、货泉二品并行。又以大钱行久，罢之恐民挟不止，乃令民且独行大钱；尽六年，毋得复挟大钱矣。每一易钱，民用破业而大陷刑。

（以上为第十一段，写王莽随意更改制度，变更官名、行政区划，屡变货币，民不堪命。对外四夷也无诚信，边患不断。新朝内外交困。）

免去陈钦等十八人职务，又撤回四关镇都尉的那些屯兵。

匈奴单于贪图王莽贿赂的财物，因此在表面上仍保持对汉朝原有的礼节；实际上却以侵掠为利。同时，匈奴使者从中原回去后，知道单于的儿子栾提登早已被处死，栾提咸单于十分怨恨，便不断地从左地一带入侵边境。王莽使者质问栾提咸单于，单于就回答说：“乌桓勾结匈奴中的无赖奸猾入盗边境，譬如是中国的强盗一样。我栾提咸刚刚即位，主持国政，威信不高，尽力禁止，不敢有二心。”王莽重新派军队到边地戍守。

益州蛮夷因为愁苦困扰，全都反叛，又把大尹程降杀了。王莽派平蛮将军冯茂征发巴郡、蜀郡、犍为等郡地方的官兵，就地从民间征收粮饷，用来攻击叛乱的蛮夷。

王莽重新申令使用金、银、龟、贝等货币，仅仅调整了大小的价值，废除了大钱、小钱，更改为货布、货泉两种货币一并通行。又因为大钱通行已久，一旦废除又担心无法禁止人民携带，就允许大钱暂时通用，以六年为期，六年以后禁止使用。每改变一次货币，百姓跟随破产一次，常常因此蹲监狱。

【点评】

王莽的改革闹剧。本卷集中载述王莽前期统治，推行改革的闹剧，给全社会带来混乱与灾难，导致新朝短命灭亡。王莽改革，分为政治、经济、文化三个层面来说。

王莽的政治改革。王莽出于“革汉立新，废刘兴王”的目的，大肆更张汉朝制度，大力推行新朝制度。但王莽的改革既没有整顿吏治，也没有启用贤人治国，更没有创建新的国家制度，有何善政可言！王莽的政治改革，只是改官名、地名、变更周边民族归附汉朝的封章和名号，这样的三大改革内容完全是在形式上玩文字游戏，徒事扰民的一场闹剧。王莽改变原有的官名，如大司农称羲和、纳言，少府称共工，太守称大尹，县令、县长称宰等，名称极为复杂，而职能仍是汉制，没有丝毫触动。王莽改地名，重新划分行政区，改汉十三州为九州，增设郡、县，全国共九个州，一百二十五个郡，一千二百零三个县，比西汉增加二十二个郡，增加六百一十五个县。王莽又恢复古代周制的五等封爵，滥加封赏，设立一千八百个封国。有的地名年年变更，甚至一郡五易其名，最后又回到了原来的名称。

王莽改官名、地名，要消除一切带汉的字眼，想要以这种方式强制人民忘掉汉朝，一下子弄得语言很混乱，全社会各阶层的人都感到很不方便。在改变官名和改变行政区划的过程中，王莽滥用那些无行无德的歌功颂德之徒，打击忠于汉朝和反对新政权的官吏。所以王莽的政治改革只是一场权力的重新分配，没有一丝治国爱民、整顿官吏、淳化风俗的内容，除了扰民乱政外，没有任何积极意义，完全失败了。

王莽对周边民族，改变他们的王号名称，用新印章换旧印，消除汉朝的痕迹，虚张新朝国威的声势。结果引起周边各民族的反感。王莽改制彻底失败了，已到不可收拾的地步，他为了挽回面子，转移国内尖锐的社会矛盾，找借口挑起边衅，大力征讨匈奴、乌桓、西南夷和西域各国，导致四边告急，几十万士兵出征，骚动天下，府库空虚，物价飞涨，米价高达五千到一万钱一石。人祸加上旱、蝗、水灾，民不聊生，从而爆发农民大起义。

王莽的经济改革。计有三大内容，即王田私属、币制改革与五均六筦。分述如次。

其一，王田私属。始建国元年（9），王莽下诏，历数西汉社会土地兼并之弊，以及奴婢盛行的问题。王莽认为井田制瓦解和土地买卖是造成社会危机的根源。王莽运用行政命令宣布天下土地一律改称王田，天下奴婢一律改称私属，都不许买卖。命令规定，男口不足八人而土地超过一井，即九百亩土地的，要把多出的部分分给九族、邻里、乡党。无田者按一夫百亩的制度授田，违令者处罪。王莽不懂土地私

有和买卖是社会的进步，他要复古回到井田制根本办不到。高官、豪强地主多占的土地没法征收，全国几十万流民和更多无地的农民也没有授田。王莽推行井田制的结果，只是形式上禁止买卖，而走投无路手中还有几亩薄田的农民，出卖土地反而犯罪。出卖子女或出卖自身也是犯罪。当贫民只有出卖土地或出卖自身为奴还能多存活几天的路都被堵死，那真是没有活路了。王莽试图解决土地、奴婢的问题，用心应该是好的，其主观意图无可厚非。但他的方法不对，也无解决问题的综合措施和政策，只是强制禁止买卖，更沉重地打击了贫困的农民。始建国四年（12），王莽被迫宣布王田可以买卖，触犯奴婢买卖的也不治罪。王田私属的改革彻底失败。

其二，币制改革。王莽从居摄二年至天凤元年，即公元7年至公元14年，八年间进行了币制改革。居摄二年，王莽新铸错刀、契刀、大钱等三种钱币，规定错刀一枚值五千，契刀一枚值五百，大钱一枚值五十，与汉朝的旧币五铢钱同时流通。显然王莽是在制造大额币值，实际上就是政府无限制发行大额钱币，用通货膨胀的办法巧取民财。这种不等值的大额货币带动了全社会的人都来私铸货币。王莽下令，私铸货币判重刑，甚至不允许铜和炭的交易，也不准人民携带铜和炭，违令者判罪。于是成千上万的人被判罪，重者被杀，轻者入狱。大额货币不便交易，又不保值，人民不用新币，而王莽下令，不用新币也要判罪。

始建国元年，王莽发现汉皇帝姓刘，而“劉”字由“卯、金、刀”三字组成，于是又禁止错刀、契刀流通。这更是荒唐。王莽的币制改革，带来了社会的大混乱，简直是一场浩劫。

其三，五均六筦改革。始建国二年（10），王莽推行对工商业和市场的改革，有两项措施，一是五均，二是六筦。五均，又称五均赊贷。五均是指在当时全国六大工商城市，即长安、洛阳、邯郸、临淄、南阳、成都设置五均司市平。目的是平抑物价。司市管理人员和市场，每季的中月评估本地物价叫作“市平”。物价低于市平，司市买进，物价高过市平，司市卖出。赊贷，指由五均官下属的泉府，即国家银行向急需用钱的民众放贷，不取利息。六筦，指盐、铁、酒、铸钱、名山大泽、五均赊贷六项事业统由国家掌管，不许私人经营。

王莽施行五均六筦的目的是“齐众庶，抑并兼”，主观用心还是好的，但实际推行仍成为害民政策。王莽的五均六筦，并没有多少新鲜东西，是汉武帝筹措战争经费实施平准、均输和盐铁专卖政策的继续，只是多了一项赊贷，即国家放债。汉武帝的平准、均输、盐铁专卖，目的既不是发展经济，也不是消除两极分化、改善人民生活，而是筹措战争经费。汉武帝的经济政策，沉重地打击了工商自由市场，遏制了社会经济发展，受到太史公司马迁以及昭帝时始元六年（前81）贤良文学的严厉批判。汉武帝的经济政策，可以说是为了抗击匈奴推行的战时经济体制，集中全

社会的财富服务于战争，有它存在的理由。加上汉武帝的雄才大略，强有力的控制，国家得到了资财。王莽的五均六筦也效法汉武帝，启用富商大贾来管理，而王莽没有力量来控制他们，所以掌管五均六筦的商贾官吏借机与郡县贪官污吏勾结，盘剥人民，损公肥私，给百姓带来了深重的灾难。

最后，王莽的文化改革。文化改革主要指统一意识形态和大力办教育。汉武帝“罢黜百家，独尊儒术”，要用崇儒来取代黄老。汉武帝大办教育，兴学校，置博士弟子员，培养有文化的治国人才，都取得了很大的成功。王莽在新朝的教育上没有什么成就，而在统一意识形态上不遗余力，措施最笨拙，内容极荒唐。统一意识形态最核心的内容就是为新王朝制造合理存在的理论依据。王莽改正朔，易服色，这是改朝换代最基本、最正常的行政措施，无须多谈。王莽独创了一套国家机器，大力宣传说谎话的愚民运动，既笨拙又荒诞。说谎运动就是用各种手段在全国范围宣传符瑞，制造符瑞，要百姓相信，王莽是真命天子。王莽篡位的过程，就是一个说谎逐步升级的过程。王莽篡位以后，正式建立国家机构，向全国派出五威将来宣传符瑞，迫使地方政府官员动员百姓集体上奏章歌颂王莽，献民歌民谣、献符瑞闹出许多笑语，司马光详载于史册，这里不再一一细述。

总上，王莽的改革是一场闹剧。《汉书》的《王莽传》和司马光的《资治通鉴》，生动翔实载于史册。很快，新朝衰亡，王莽身首异处。汉朝班固和宋朝司马光两位古代的史学大家，用历史事实否定了王莽的改革，近现代一些历史学家为王莽翻案，说他是改革家。一个被农民起义送上断头台的窃国大盗成了改革家，岂非咄咄怪事。

汉纪三十

王莽天凤二年至地皇三年（15—22 年）

【起旃蒙大渊献（乙亥，15 年），尽玄黓敦牂（壬午，22 年），凡八年】

【大事提要】

本卷记事起公元 15 年，讫公元 22 年，凡八年，当王莽天凤二年至地皇三年，是王莽执政的后期。王莽违众施政，导致从内外交困到社会各种矛盾总爆发。重大事件有七个方面。其一，王莽由擅权篡位而得天下，为了防止臣下效法自己，走上极端揽权自毙的道路，变乱官制及名称以削弱臣下之权，而自己事无巨细都要亲躬，结果是大权旁落，臣下舞弊，荒废政务，举国不宁。其二，官吏无俸，层层贿赂自供，导致政府机构、大小臣工全面腐败，民不堪命。其三，王莽新政全面失败，五均、六筦扰民，币制屡变，通货膨胀，人民犯法者众。其四，王莽对周边少数民族政策失误，运用不诚信的诈计挑动民族之间的矛盾，企图渔利，或用金钱外交羁縻，而常常运用重兵征讨吓阻，这是下下策，结果北方匈奴全线侵扰，又用兵西域、西南夷，均遭失败。其五，百姓受苛暴政治压迫，赋役繁重，经不起天旱、水灾、瘟疫、蝗灾的打击，流民四起，聚众为盗，终于酿成绿林、赤眉大起义。其六，王莽拒谏，日听谄媚之言，直臣隐退，群小得进。平定民变，王莽不用公孙禄之言，不听大司马士的下情上传，不用贤将，田况有功而生猜忌，用兵如儿戏，庸将征讨，屡遭败绩而不悟，以致事不可为。其七，地皇二年（21），太子王临谋诛王莽，发动了一场未遂的宫廷政变，统治集团上层分崩离析。地皇三年，南阳刘氏起兵，与绿林各军联合反对王莽，新朝已到了崩溃边缘。

【原文】

王莽下

天凤二年（乙亥，15 年）

春，二月，大赦天下。

民讹言黄龙堕死黄山宫中，百姓奔走往观者有万数。莽恶之，捕系，问所从起；不能得。

单于咸既和亲，求其子登尸。莽欲遣使送致，恐咸怨恨，害使者，乃收前言当诛侍子者故将军陈钦，以他罪杀之。莽选辩士济南王咸为大使。夏，五月，莽复遣和亲侯歙与咸等送右厨唯姑夕王，因奉归前所斩侍子登及诸贵人从者丧；单于遣云、当子男大且渠奢等至塞迎之。咸到单于庭，陈莽威德，莽亦多遗单于金珍，因谕说改其号，号匈奴曰“恭奴”，单于曰“善于”，赐印绶，封骨都侯当为后安公，当子男奢为后安侯。单于贪莽金币，故曲听之；然寇盗如故。

莽意以为制定则天下自平，故锐思于地理，制礼，作乐，讲合“六经”之说。公卿旦入暮出，论议连年不决，不暇省狱讼冤结，民之急务。县宰缺者数年守兼，一切贪残日甚。中郎将、绣衣执法在郡国者，并乘权势，传相举奏。又十一公士分布劝农桑，班时令，按诸章，冠盖相望，交错道路，召会吏民，逮捕证左，郡县赋敛，递相赇赂，白黑纷然，守阙告诉者多。莽自见前颛权以得汉政，故务自揽众事，有司受成苟免。诸宝物名、帑藏、钱谷官皆宦者领之；吏民上封事，宦官、左右开发，尚书不得知，其畏备臣下如此。又好变改制度，政令烦多，当奉行者，辄质问乃以从事，前后相乘，愦眊不渫。莽常御灯火至明，犹不能胜。尚书因是为奸，寝事，上书待报者连年不得去，拘系郡县者逢赦而后出，卫卒不交代者至三岁。谷籴常贵，边兵二十余万人，仰衣食县官；五原、代郡尤被其毒，起为盗贼，数千人为辈，转入旁郡。莽遣捕盗将军孔仁将兵与郡县合击，岁余乃定。

【语译】

王莽下

王莽天凤二年（乙亥，15 年）

春季，二月，大赦天下。

民间谣传黄龙摔死在黄山宫中，老百姓奔走相告，前去观看的有上万人。王莽讨厌这件事，下令逮捕、追查谣言的来源，但没有找到。

匈奴单于栾提咸既然与中原和亲，就要求新朝归还他儿子栾提登的尸体。王莽想派使者护送到匈奴，又担心栾提咸怨恨，杀害使者，就逮捕先前建议诛杀质子栾提登的将军陈钦，用别的罪名处死他。王莽挑选善于言辞的济南人王咸任大使。夏季五月，王莽又派和亲侯王歙和王咸等人护送右厨唯姑夕王，趁便归还先前被斩首的质子栾提登和各位侍从贵人的尸体。单于派伊墨居次云、右骨都侯须卜当的儿子大且渠奢等人到边境迎接。王咸到了单于王庭，陈述王莽的声威德行，王莽也馈赠了许多金银珍宝，趁机劝说单于改变称号，改匈奴叫恭奴，单于叫善于，接受新朝颁发的印信。封骨都侯须卜当为后安公，须卜当的儿子奢为后安侯。匈奴单于栾提咸贪图王莽的金币，所以勉强听从。但是，对边境的侵扰抢劫依然如故。

王莽认为制度确定以后天下就会太平，所以精心思考划分地域，制定礼仪，创作乐曲，考证儒家“六经”的理论。公卿大臣早上入朝，晚上退朝，整天议论，连续几年没有定论，没有时间审理积案和平反冤狱，以及处理民众的急迫事务。有的是县长缺位好几年仍由别官代理。各种贪赃枉法的行径，日益严重。派往各郡各诸侯国的中郎将、绣衣执法都凭借自己的权势，互相检举奏报。还有十一个公士分布各地，劝课农桑，颁布季节时令，考核各种规章制度，这些官吏往来不绝于道路。每到一地，就集合官民，逮捕证人。郡县官府，苛征暴敛，层层贿赂，以保平安。是非混淆，黑白不分，到朝廷申冤告状的人很多。王莽自己清楚先前因为专权才取得汉朝政权，所以王莽一定要亲自总揽各种事务，主管部门只是按照既定的政令办事，以图免除罪责罢了。各种珍宝名器、钱库、谷粮等主管官吏均由宦官充任、掌管；官民奏上的密封奏章，也都由宦官与身边的近臣拆封，尚书不得参与。王莽提防害怕臣下到如此地步。王莽又喜欢改变制度，政令繁多，原本奉命执行的事，也要多次请示询问确认后才去办理，造成前一件事没办完，后一件事又接上来，以致心乱目昏而不能理事。王莽经常熬夜在灯下办公直到天亮，仍办不完。尚书趁机舞弊，压下一些紧急事务不报，上奏等待回报的地方使者连年得不到回答不能离去，关押在郡县监狱的人只有等到大赦才能出去，卫戍一年的京城士兵，过了三年还没人来换防。粮谷经常是高价，二十多万戍边的士兵都靠官府供给衣食。五原、代郡

邯郸以北大雨，水出，深者数丈，流杀数千人。

（以上为第一段，写王莽惧怕臣下专权，自己总揽朝政，事无巨细亲理，结果荒废政务，臣下舞弊，举国不宁。）

三年（丙子，16 年）

春，二月，乙酉，地震，大雨雪；关东尤甚，深者一丈，竹柏或枯。大司空王邑上书，以地震乞骸骨。莽不许，曰："夫地有动有震，震者有害，动者不害。《春秋》记地震，《易系》坤动；动静辟翕，万物生焉。"其好自诬饰，皆此类也。

先是，莽以制作未定，上自公侯，下至小吏，皆不得俸禄。夏，五月，莽下书曰："予遭阳九之厄，百六之会，国用不足，民人骚动，自公卿以下，一月之禄十緵布二匹，或帛一匹。予每念之，未尝不戚焉。今厄会已度，府帑虽未能充，略颇稍给。其以六月朔庚寅始，赋吏禄皆如制度。"四辅、公卿、大夫、士下至舆、僚，凡十五等。僚禄一岁六十六斛，稍以差称。上至四辅而为万斛云。莽又曰："古者岁丰穰则充其礼，有灾害则有所损，与百姓同忧喜也。其用上计时通计，天下幸无灾害者，太官膳羞备其品矣；即有灾害，以什率多少而损膳焉。自十一公、六司、六卿以下，各分州郡、国邑保其灾害，亦以十率多少而损其禄。郎、从官、中都官吏食禄都内之委者，以太官膳羞备损而为节。冀上下同心，劝进农业，安元元焉。"莽之制度烦碎如此，课计不可理，吏终不得禄，各因官职为奸，受取赇赂以自共给焉。

戊辰，长平馆西岸崩，壅泾水不流，毁而北行。群臣上寿，以为《河图》所谓"以土填水"，匈奴灭亡之祥也。莽乃遣并州牧宋弘、游击都尉任萌等将兵击匈奴，至边止屯。

秋，七月，辛酉，霸城门灾。

戊子晦，日有食之。大赦天下。

平蛮将军冯茂击句町，士卒疾疫死者什六七，赋敛民财什取五，益

尤其遭殃，戍兵群起为盗，几千人为一伙，转移进入邻近各郡。王莽派遣捕盗将军孔仁领兵与郡县官兵联合攻击，经过一年多才平定。

邯郸以北地区，连绵大雨，平地涌水，深的地方有几丈，冲走淹死了几千人。

王莽天凤三年（丙子，16 年）

春季，二月二十四日乙酉，发生地震，下大雪，关东地区尤其严重，积雪厚达一丈，竹子、柏树都枯死了。大司空王邑上书，因为地震请求辞职退休。王莽不准，批示说："大地有动有震，'震'有害而'动'无害。《春秋》记载地震，《易·系辞》记载地动。大地动时张开，静时闭合，动静得宜，万物滋生。"王莽喜欢自我欺骗，自我粉饰，这类事情很多。

此前，王莽借口制度还没有完备，上自公卿，下至小吏，都拿不到俸禄。夏季，五月，王莽下诏书说："我因遭遇阳九困厄的命运，灾害会聚，国家用度不足，百姓骚动，从公卿以下，一个月的俸禄只有两匹十緵布，或者帛一匹。我一想到这事感到十分悲伤，如今厄运已经度过，国库虽然还不充足，但稍微宽裕。将从六月一日庚寅开始，按照制度发给官吏俸禄。"从四辅、公卿、大夫、士，下至舆、僚共分十五个等级。僚吏的俸禄每年六十六斛，按照等级增加，到四辅每年一万斛。王莽又下诏说："古时候，年岁丰收俸禄按全额发放，年岁歉收就要减少，表示与百姓共欢乐同困苦。所需费用是每年郡国上计京师的总额，与丰年收入的标准做比较，天下没有灾害，太官供应膳食品类齐备，如果有了灾害，按照灾害轻重以十为比率而减少膳食供应。从十一公、六司、六卿以下，分别到各州、郡、国去负责减灾保护，也以十为比率而减少俸禄。在京师领取俸禄的郎官、侍从官、政府各部门的官吏，依照太官供应膳食多少的比例为标准决定俸禄的高低。希望上下同心同德，勉励农业生产，安定百姓。"王莽的制度烦琐细碎到这地步。由于年岁丰歉等级难以确定，比率计算无法精确，所以官吏始终得不到俸禄，各级官吏就利用自己的职权做不法之事，靠收取贿赂来供养自己。

五月戊辰日（疑误），长平馆西岸坍塌，阻塞了泾河水，使河水冲破河堤向北横流。大臣们向王莽祝贺，认为《河图》说的"用土填塞水流"，正是匈奴灭亡的吉兆。王莽于是就派并州牧宋弘、游击都尉任萌等领兵出击匈奴，到达北方边境驻扎下来。

秋季，七月辛酉日（疑误），霸城门发生火灾。

[七月三十日戊午]，发生日食，大赦天下。

平蛮将军冯茂讨伐句町国，士兵染上瘟疫而死亡的就有十分之六七；向民众征

州虚耗而不克；征还，下狱死。冬，更遣宁始将军廉丹与庸部牧史熊，大发天水、陇西骑士，广汉、巴、蜀、犍为吏民十万人、转输者合二十万人击之。始至，颇斩首数千；其后军粮前后不相及，士卒饥疫。莽征丹、熊，丹、熊愿益调度，必克乃还，复大赋敛。就都大尹冯英不肯给，上言："自西南夷反叛以来，积且十年，郡县距击不已，续用冯茂，苟施一切之政；僰道以南，山险高深茂，多驱众远居，费以亿计，吏士罹毒气死者什七。今丹、熊惧于自诡，期会调发诸郡兵谷，复訾民取其什四，空破梁州，功终不遂。宜罢兵屯田，明设购赏。"莽怒，免英官；后颇觉寤，曰："英亦未可厚非。"复以英为长沙连率。越嶲蛮夷任贵亦杀太守枚根。

翟义党王孙庆捕得，莽使太医、尚方与巧屠共刳剥之，量度五臧，以竹筳导其脉，知所终始，云可以治病。

是岁，遣大使五威将王骏、西域都护李崇、戊己校尉郭钦出西域；诸国皆郊迎，送兵谷。骏欲袭击之，焉耆诈降而聚兵自备，骏等将莎车、龟兹兵七千余人分为数部，命郭钦及佐帅何封别将居后。骏等入焉耆；焉耆伏兵要遮骏，及姑墨、封犁、危须国兵为反间，还共袭骏，皆杀之。钦后至焉耆，焉耆兵未还，钦袭击，杀其老弱，从车师还入塞。莽拜钦为填外将军，封剿胡子；何封为集胡男。李崇收余士，还保龟兹。及莽败，崇没，西域遂绝。

（以上为第二段，写王莽内外交困。内政繁苛，官吏无俸，盘剥民众，靠层层贿赂自供。外交与周边民族交恶，北拒匈奴侵扰，用兵西域与西南，均遭败绩。）

四年（丁丑，17 年）

夏，六月，莽更授诸侯王茅土于明堂；亲设文石之平，陈菁茅四色之土，告于岱宗、泰社、后土、先祖、先妣以班授之。莽好空言，慕古法，多封爵人；性实吝啬，托以地理未定，故且先赋茅土，用慰喜封者。

秋，八月，莽亲之南郊，铸作威斗，以五石铜为之，若北斗，长二

收专项的军事费用，高达十分之五，以致益州民穷财尽，而战争仍然没有取得胜利。王莽将冯茂召回，投进监狱而死。冬季，王莽另派宁始将军廉丹和庸部牧史熊，大举征调天水县、陇西县的骑兵，以及广汉、巴、蜀、犍为等郡官民十万人，加上负责粮草运输的人共二十万人，再次攻打句町。大军始达句町，一交战，斩杀数千敌人。后来，军粮供应不上，士兵饥寒，又染上瘟疫。王莽征召廉丹、史熊回京师，廉丹、史熊要求增加支援，重新部署，一定要取胜才班师还朝。于是，大举征收捐税，就都大尹冯英不肯供给，上奏说："自从西南夷叛变以来，连续将近十年，郡、县先是不停地出兵抗击，接着派出冯茂，严酷地用尽了所有办法都没能平定。僰道县以南，山高水险，谷深林茂，冯茂将百姓赶到远地居住，耗费以亿计算，官兵不服水土中毒气而死的达十分之七。现在廉丹、史熊害怕追究自己的责任，就约定期限调用各郡的士兵、粮秣，又搜刮民财的十分之四，以致耗尽梁州地方的财力，但仍无法取得胜利。应当停止战争实行驻兵屯田，明令设置重赏，公开征求建功的军民。"王莽大怒，免除冯英的官职。后来他有点醒悟，说："对冯英不应该这么深责。"重新任命冯英为长沙郡连率。越嶲郡蛮夷酋长任贵造反，杀死太守枚根。

翟义的党羽王孙庆被抓获，王莽命令太医、尚方和高明的屠夫一同将王孙庆进行剥皮剖腹，测量五脏，用小竹签通他的经脉，弄清脉搏走向，据说是为了治病用活人做解剖。

这一年，王莽派大使五威将王骏、西域都护李崇、戊己校尉郭钦出使西域。各国都到郊外迎接，提供士兵和粮秣。王骏打算袭击焉耆国，焉耆假装投降，却秘密集结军队自卫。王骏等人率领莎车、龟兹的军队七千多人，分为几个梯队，命令郭钦和佐帅何封另率一支军队作为后卫。王骏等人进入焉耆国。焉耆国的伏兵突起，截断王骏等人退路。而姑墨、封犁、危须等国军队突然全部叛变，掉头和焉耆军队一起进袭王骏，把王骏等人全部斩杀。郭钦稍后抵达焉耆国，此时，焉耆军队还没有回来，郭钦发动袭击，屠杀老人、妇女、儿童，取道车师进入边塞回国。王莽任命郭钦为镇外将军，封为剿胡子，封何封为集胡男。李崇集结残余的军队，退还护卫龟兹。等到王莽新王朝覆灭，李崇去世，西域就跟中原隔绝。

王莽天凤四年（丁丑，17年）

夏季，六月，王莽在明堂重新授予诸侯王茅草和泥土。王莽亲自砌平有纹理的石头坛位台阶，陈列青茅和四色泥土，祭告泰山、泰社、后土、先祖、先妣，然后颁授诸侯。王莽喜好说空话，羡慕古代的法制，大肆封爵给人，其实本性吝啬，推托行政区域还没有划定，所以暂时只先授给茅土，用以安慰那些喜欢封爵的人。

秋季，八月，王莽亲自到南郊，监督铸造威斗，用五色石和铜一起烧炼，铸一

尺五寸，欲以厌胜众兵。既成，令司命负之，莽出在前，入在御旁。

莽置羲和命士，以督五均、六筦。郡有数人，皆用富贾为之，乘传求利，交错天下；因与郡县通奸，多张空簿，府藏不实，百姓愈病。是岁，莽复下诏申明六筦，每一筦为设科条防禁，犯者罪至死。奸民猾吏并侵，众庶各不安生，又一切调上公以下诸有奴婢者，率一口出三千六百，天下愈愁。纳言冯常以六筦谏，莽大怒，免常官。法令烦苛，民摇手触禁，不得耕桑，徭役烦剧，而枯旱、蝗虫相因，狱讼不决。吏用苛暴立威，旁缘莽禁，侵刻小民，富者不能自别，贫者无以自存，于是并起为盗贼，依阻山泽，吏不能禽而覆蔽之，浸淫日广。临淮瓜田仪依阻会稽长州；琅邪吕母聚党数千人，杀海曲宰，入海中为盗，其众浸多，至万数。荆州饥馑，民众入野泽，掘凫茈而食之，更相侵夺。新市人王匡、王凤为平理诤讼，遂推为渠帅，众数百人。于是诸亡命者南阳马武、颍川王常、成丹等，皆往从之；共攻离乡聚，臧于绿林山中，数月间至七八千人。又有南郡张霸、江夏羊牧等与王匡俱起，众皆万人。莽遣使者即赦盗贼，还言："盗贼解辄复合。问其故，皆曰：'愁法禁烦苛，不得举手，力作所得，不足以给贡税；闭门自守，又坐邻伍铸钱挟铜，奸吏因以愁民。'民穷，悉起为盗贼。"莽大怒，免之。其或顺指言"民骄黠当诛"及言"时运适然，且灭不久"，莽说，辄迁官。

（以上为第三段，写王莽五均、六筦政策扰民，赋役苛重，民变四起，绿林起义爆发。）

五年（戊寅，18年）

春，正月，朔，北军南门灾。

以大司马司允费兴为荆州牧；见，问到部方略，兴对曰："荆、扬之民，率依阻山泽，以渔采为业。间者国张六筦，税山泽，妨夺民之利，连年久旱，百姓饥穷，故为盗贼。兴到部，欲令明晓告盗贼归田里，假贷犁牛、种食，阔其租赋，冀可以解释安集。"莽怒，免兴官。

个像北斗的器物，长二尺五寸，用来诅咒镇压所有叛乱的敌兵。铸成之后，命令司命背着它，王莽外出巡视，威斗在前开路，王莽回宫，威斗就放置在御座的旁边。

王莽设置羲和命士，督促实施五均、六筦制度。每郡有几人主持，都用富商大贾担任。他们乘坐驿车，谋求私利，来往全国，乘机和郡县官吏相互勾结，设立假账。府库钱财都不确实，而百姓更加穷困。这一年，王莽又下诏，重申六筦制度，每一管都制定了法令规章，防止犯禁，触犯的人最高处以死刑。贪官污吏与奸猾之徒，密切勾结，共同侵害百姓，以致黎民大众的生活不安定。此外，征收公爵以下拥有奴婢的人头税，每一个奴婢每人平均要缴纳三千六百钱的税金。全天下的人更加愁苦。纳言冯常规劝撤销六筦制度，王莽大怒，将冯常免职。新朝的法令琐碎苛刻，百姓动辄就触犯法令，加上繁重的差役，无法耕田纺织。同时，旱灾、蝗虫灾接连发生，诉讼案子长久不能判决。官吏用苛刻残暴的手段建立威严，依靠并利用王莽的禁令，掠夺百姓财物。以致富人不能自保，穷人无法活命。因此，无论贫富，都起来造反做强盗，盘踞高山大湖，官吏无法捕捉，只好蒙骗上级，以致逐渐扩大，日益增多。临淮人瓜田仪盘踞会稽郡的长州苑，琅邪人吕母聚集党徒数千人，杀死海曲县宰，逃入海中做海盗，人数越来越多，达到近万人。荆州发生大饥荒，人们逃入山林沼泽，挖荸荠为食，因荸荠有限而互相争夺。新市人王匡、王凤因为处理民间纠纷公正，而被推举为首领，有众数百人。于是一些逃亡在外的人，如南阳人马武、颍川人王常、成丹等都来跟随王匡；他们一同攻打离乡聚，躲藏在绿林山中，数月之间，集结七八千人。还有南郡人张霸、江夏人羊牧等，和王匡同时兴起，人数都达上万人。王莽派出使臣，就地赦免这些盗贼。使臣回到京都上奏说："盗贼解散之后，很快就又聚集一起。问他们原因都说：'苦于法令烦琐而苛刻，手脚动弹不得，又难以靠劳力谋生，辛苦所得尚不足以缴纳赋税。即使闭门自守，也往往因邻居私自铸钱币或携带铜器而要连坐入狱，贪官污吏趁机害苦民众。'百姓走投无路，全都起来做强盗。"王莽大怒，罢了使臣的官职。有的人顺着王莽的心意说："老百姓傲慢狡猾应该诛杀。"或者说："时运遭劫，不久当灭。"王莽就会高兴，给他升官。

王莽天凤五年（戊寅，18年）

春季，正月初一，北军南营门发生火灾。

任命大司马允费兴为荆州牧，王莽接见费兴，询问他到任后的施政方针，费兴回答说："荆、杨二州的百姓大都依靠山林湖沼，以捕鱼、采樵为业。近来，国家设置六筦制度，征收山林湖沼税，损害剥夺了百姓的利益，加上连年旱灾，百姓饥饿贫穷，所以沦为盗贼。我到任后，想要明令晓喻盗贼，返回乡里，贷放农具、耕牛、

天下吏以不得俸禄，并为奸利，郡尹、县宰家累千金。莽乃考始建国二年胡虏猾夏以来诸军吏及缘边吏大夫以上为奸利增产致富者，收其家所有财产五分之四以助边急。公府士驰传天下，考覆贪饕，开吏告其将、奴婢告其主，冀以禁奸，而奸愈甚。

莽孙功崇公宗坐自画容貌被服天子衣冠、刻三印，发觉，自杀。宗姊妨为卫将军王兴夫人，坐祝诅姑，杀婢以绝口，与兴皆自杀。

是岁，扬雄卒。初，成帝之世，雄为郎，给事黄门，与莽及刘秀并列；哀帝之初，又与董贤同官。莽、贤为三公，权倾人主，所荐莫不拔擢，而雄三世不徙官。及莽篡位，雄以耆老久次，转为大夫。恬于势利，好古乐道，欲以文章成名于后世，乃作《太玄》以综天、地、人之道；又见诸子各以其智舛驰，大抵诋訾圣人，即为怪迂、析辩诡辞以挠世事，虽小辩，终破大道而惑众，使溺于所闻而不自知其非也，故人时有问雄者，常用法应之，号曰《法言》。用心于内，不求于外，于时人皆忽之；唯刘秀及范逡敬焉，而桓谭以为绝伦，巨鹿侯芭师事焉。大司空王邑、纳言严尤闻雄死，谓桓谭曰："子常称扬雄书，岂能传于后世乎？"谭曰："必传，顾君与谭不及见也。凡人贱近而贵远，亲见扬子云禄位容貌不能动人，故轻其书。昔老聃著虚无之言两篇，薄仁义，非礼学，然后好之者尚以为过于'五经'，自汉文、景之君及司马迁皆有是言。今扬子之书文义至深，而论不诡于圣人，则必度越诸子矣！"

琅邪樊崇起兵于莒，众百余人，转入太山。群盗以崇勇猛，皆附之，一岁间至万余人。崇同郡人逄安、东海人徐宣、谢禄、杨音各起兵，合数万人，复引从崇；共还攻莒，不能下，转掠青、徐间。又有东海刀子

种子和粮食，放宽他们的租税，希望能使他们消解愁怨，安于其业。”王莽发怒，罢了费兴的官。

全国的官吏由于得不到俸禄，都靠贪赃枉法牟取私利，郡尹、县宰家里都积累上千斤黄金。王莽调查从始建国二年匈奴扰乱中国以来，所有军吏和边境官吏大夫以上因非法牟取利益而增加产业发了财的，下令没收他们全部财产的五分之四，用以资助边防急需。此令一下，各公府官吏乘坐驿车迅速跑遍全国，调查审核贪官污吏，启发士兵控告自己的将领，奴婢告发自己的主人，本来希望以此来禁止奸邪，结果奸邪反而越发严重。

王莽的孙子功崇公王宗自画了一幅穿戴皇帝衣幅的画像，且私刻三枚印章，事情败露，王宗自杀。王宗的姐姐王妨是卫将军王兴的夫人，犯了诅咒婆母的罪，为了灭口又杀死婢女；王妨、王兴都自杀身亡。

这一年，扬雄去世。最初，汉成帝时，扬雄为郎官、给事黄门，和王莽、刘秀官位并列；哀帝初期，又与董贤官位相同。后来王莽、董贤任三公之职，权力超过皇帝，只要王莽、董贤推荐保举，没有不被提拔的。但是，扬雄历经了三任皇帝，却仍是原职。等到王莽篡夺帝位，扬雄才以长久官位不升的老前辈资格，提升为大夫。扬雄把势利看得很淡漠，只崇拜古人古事，乐守圣贤之道，想以文章使自己留名于后世，于是撰写《太玄》一书，以综合天、地、人三方面的道理。扬雄又发现先秦诸子的学说，各有其智慧之言，和儒家背道而驰，大多是诋毁儒家学派的圣人，奇异荒诞，似是而非的巧言邪说，扰乱时政。虽然是有一些小小的辩论技巧，但终究可能破坏儒家学派的大道而迷惑群众，让人们信奉它，而不知道它是不对的。因此当时有人向扬雄提出问题，扬雄都用合乎礼法的言论回答，于是收集成书，定名《法言》。只求内省，不向外宣扬，受到当时人的轻视。唯有刘秀和范逡尊敬他，而桓谭也认为他的书无与伦比，钜鹿人侯芭拜扬雄为师。大司空王邑、纳言严尤听说扬雄去世，对桓谭说：“先生经常称赞扬雄的著作，难道能留传后世吗？”桓谭说：“必然能留传，只可惜你和我都看不到罢了。平庸的人以近为贱，以远为贵，看见扬雄官位这么小，地位这么低，容貌又这么平庸，没有动人之处，因此瞧不起他的著作。从前，李耳著虚无之说两篇，轻视仁义，抨击礼学，但是后来喜欢它的人还认为它的价值超过“五经”，从汉文帝、汉景帝到司马迁都有这样的说法。现在扬雄的著作文字功力和内容都十分深刻，但所发议论却不违背儒家学派，将来必定超过其他学派的学说。”

琅邪人樊崇在莒城聚众起兵，有一百余人，辗转进入泰山。为盗民众佩服樊崇的勇猛，纷纷依附，一年之间，集聚了万余人。樊崇同郡人逄安，东海人徐宣、谢禄、杨音各自聚众起兵，总共达数万人。于是，领兵与樊崇会合，一同回军进攻莒

都，亦起兵抄击徐、兖。莽遣使者发郡国兵击之，不能克。

乌累单于死，弟左贤王舆立，为呼都而尸道皋若鞮单于。舆既立，贪利赏赐，遣大且渠奢与伊墨居次云女弟之子醯椟王俱奉献至长安。莽遣和亲侯歙与奢等俱至制虏塞下，与云及须卜当会；因以兵迫胁云、当，将至长安。云、当小男从塞下得脱，归匈奴。当至长安，莽拜为须卜单于，欲出大兵以辅立之，兵调度亦不合。而匈奴愈怒，并入北边为寇。

（以上为第四段，写扬雄之死和山东赤眉起义。匈奴怒恨新朝，大举扰乱北边。）

六年（己卯，19 年）

春，莽见盗贼多，乃令太史推三万六千岁历纪，六岁一改元，布天下；下书自言“己当如黄帝仙升天”，欲以诳耀百姓，销解盗贼。众皆笑之。

初献《新乐》于明堂、太庙。

更始将军廉丹击益州，不能克。益州夷栋蚕、若豆等起兵杀郡守；越嶲夷人大牟亦叛，杀略吏人。莽召丹还，更遣大司马护军郭兴、庸部牧李晔击蛮夷若豆等、太傅羲叔士孙喜清洁江湖之盗贼。而匈奴寇边甚，莽乃大募天下丁男及死罪囚、吏民奴，名曰猪突、豨勇，以为锐卒。一切税天下吏民，訾三十取一，缣帛皆输长安。令公卿以下至郡县黄绶皆保养军马，多少各以秩为差；吏尽复以与民。又博募有奇技术可以攻匈奴者，将待以不次之位，言便宜者以万数：或言能渡水不用舟楫，连马接骑，济百万师；或言不持斗粮，服食药物，三军不饥；或言能飞，一日千里，可窥匈奴；莽辄试之，取大鸟翮为两翼，头与身皆著毛，通引环纽，飞数百步堕。莽知其不可用，苟欲获其名，皆拜为理军，赐以车马，待发。

初，莽之欲诱迎须卜当也，大司马严尤谏曰：“当在匈奴右部，兵不侵边，单于动静辄语中国，此方面之大助也。于今迎当置长安槁街，一胡人耳，不如在匈奴有益。”莽不听。既得当，欲遣尤与廉丹击匈奴，皆

城，没有攻下。就转移到青、徐二州一带抢劫。还有东海人刁子都，也聚众起兵，在徐、兖二州一带劫掠骚扰。王莽派遣使臣征调各郡国的军队攻击，不能取胜。

匈奴乌累单于去世，他的弟弟左贤王栾提舆继位，称为呼都而尸道皋若鞮单于。栾提舆即位后，贪恋赏赐，就派遣大且渠奢和伊墨居次云的妹妹的儿子醯椟王一起到长安进贡。王莽派遣和亲侯王歙与大且渠奢等人一起到制虏塞，去和伊墨居次云、须卜当会面。王歙趁机用兵将伊墨居次云、须卜当二人胁迫到长安。伊墨居次云、须卜当的小儿子从塞下逃脱，回到匈奴。须卜当到长安后，王莽任命他为须卜单于，想派出大军帮助他在匈奴登位，而大军一时难以集结。于是，匈奴更加愤怒，在北边全线侵扰抢劫。

王莽天凤六年（己卯，19 年）

春季，王莽眼见全国民变增多，就命令太史推算三万六千年的日历，每六年改元一次，布告天下。王莽下诏书自称："我当和轩辕黄帝一样成仙升天。"想用这办法欺骗迷惑老百姓，消除民变，听到的民众都哑然失笑。

王莽首次将他御制的《新乐》呈献于明堂、太庙。

更始将军廉丹攻击益州郡叛乱的蛮族，不能取胜。益州蛮族栋蚕、若豆等部落起兵谋反，杀死郡太守。越巂郡夷人大牟也起兵谋反，屠杀官民。王莽将廉丹召回来，另派大司马护军郭兴、庸部牧李晔去攻打蛮夷若豆等部落，派太傅羲叔士孙喜去清除江湖的民变。此时，匈奴侵犯边境，形势更为严峻。王莽就大举招募全国壮丁以及死罪囚犯、官吏及平民的家奴，起名为猪突、豨勇，作为精锐部队。扩大征收捐税，所有赋税均由全国官民承担，收取民众财产的三十分之一，绸绢全部运送到长安。又下令公卿以下直到郡县最低级官员，都要负责饲养并保护军马，其数目根据各人的俸禄规定等级，而官吏都把它转给百姓饲养，又广泛招募全国有可以攻击匈奴的奇巧技术的人才，对他们破格越级提升。于是，上书陈述方略的数以万计。有的声称：渡过江河可以不用舟船，只要将战马首尾相接，就可运送百万雄师。有的声称：不用携带军粮，只要服一种药物，军队就不会饥饿。有的声称：能够飞行，一日飞行一千里，可以深入匈奴腹地侦察。王莽就当场让他们试验，他们拿大鸟羽毛做成两个大翅膀，头上和全身都贴满羽毛，全身用环形扣结缠绕，飞行几百步就摔下来了。王莽知道这种技术不能用，又想博取珍惜人才的名声，都任命为理军，赐给车马，等候出发。

当初，王莽想引诱须卜当来长安，大司马严尤劝谏说："须卜当在匈奴右部，他的部众从来没有进犯过边境，匈奴单于的一举一动，他都及时告诉中原，这对中原有很大的帮助。现今若将须卜当迎来安置在长安稾街，那不过是一个普通的匈奴而

赐姓征氏，号二征将军，令诛单于舆而立当代之。出车城西横厩，未发。尤素有智略，非莽攻伐四夷，数谏不从；及当出，廷议，尤固言“匈奴可且以为后，先忧山东盗贼”。莽大怒，策免尤。

大司空议曹史代郡范升奏记王邑曰：“升闻子以人不间于其父母为孝，臣以下不非其君上为忠。今众人咸称朝圣，皆曰公明；盖明者无不见，圣者无不闻。今天下之事，昭昭于日月，震震于雷霆，而朝云不见，公云不闻，则元元焉所呼天！公以为是而不言，则过小矣；知而从令，则过大矣；二者于公无可以免，宜乎天下归怨于公矣。朝以远者不服为至念，升以近者不悦为重忧。今动与时戾，事与道反，驰骛覆车之辙，踵循败事之后，后出益可怪，晚发愈可惧耳。方春岁首而动发远役，藜藿不充，田荒不耕，谷价腾跃，斛至数千，吏民陷于汤火之中，非国家之民也。如此，则胡、貊守阙，青、徐之寇在于帷帐矣。升有一言，可以解天下倒县，免元元之急；不可书传，愿蒙引见，极陈所怀。”邑不听。

翼平连率田况奏郡县訾民不实，莽复三十取一；以况忠言忧国，进爵为伯，赐钱二百万，众庶皆詈之。青、徐民多弃乡里流亡，老弱死道路，壮者入贼中。

夙夜连率韩博上言：“有奇士，长丈，大十围，来至臣府，欲奋击胡虏，自谓巨毋霸，出于蓬莱东南五城西北昭如海濒，轺车不能载，三马不能胜。即日以大车四马，建虎旗，载霸诣阙。霸卧则枕鼓，以铁箸食，此皇天所以辅新室也！愿陛下作大甲、高车、贲、育之衣，遣大将一人与虎贲百人迎之于道，京师门户不容者，开高大之，以示百蛮，镇安天下。”博意欲以风莽；莽闻，恶之，留霸在所新丰，更其姓曰巨母氏，谓因文母太后而霸王符也。征博，下狱，以非所宜言，弃市。

已，不如让他留在匈奴，对中原更有益。”王莽不听。把须卜当召诱来后，王莽想派严尤和廉丹去攻打匈奴，特赐姓征氏，号称二征将军，要他们杀死单于栾提舆，然后好用须卜当去代替他。从长安车城西横厩出发，正在等待起行日期。严尤是一名很有智谋和才干的将领，素来反对王莽攻打四方夷族，屡次规劝，王莽都没采纳。此次出征时，举行廷仪，严尤坚持说：“匈奴可以暂且不管，我们最大的忧虑应该是山东地区的盗贼。”王莽大怒，下策书罢免严尤。

大司空议曹史代郡人范升向大司空王邑提出书面建议，说：“我范升听说，做儿子的，不离间父母之间的感情，才算孝子。做臣子的，有过即谏，不诋毁国君，才是忠臣。现今，人们都歌颂皇帝神圣，赞扬你英明。但是，英明就是无所不见，神圣就是无所不闻。现今天下大事，像日月一样昭明，像雷霆万钧一样震撼。然而，皇上看不见，你也听不到。那么，天下黎民到哪里去呼喊苍天？你认为措施是对的而不说，那过错还小。明知是错的却仍奉命执行，那么过失就大了。这两种情况，你都不可能避免，难怪天下人将所有的怨恨都集中在你的身上。朝廷以为四夷不服是最大的忧虑，我范升则认为国内人民不心悦诚服，才是最大的忧虑。如今任何举措都不合时宜，所决定的事情与常规相背。在翻车的道路上疾驰，在失败的轨迹上步步逼近，往后降临的灾祸越发令人震惊，爆发得越晚就越可怕。如今，正逢一年开始的春天，却兴兵远征。野菜都不够吃，田地荒芜，无人耕种，谷价猛涨，一斛竟高达数千钱，官吏和百姓都陷于水深火热之中，已不再是国家的基石。如此，就好比胡人、貊人把守未央宫宫门，青州、徐州的贼寇近在帐幕之内。我范升有一句话，可以解除天下危急，免除百姓的痛苦。难以用文字表达，希望承蒙你引见皇帝，当面陈述。”王邑没有理会。

翼平郡连率田况奏报郡、县所报人民的财产不属实，王莽又按三十分之一征税一次。王莽认为田况进呈忠言，忧国忧民，晋升为伯爵，还赐给两百万钱，百姓都咒骂田况。青、徐二州的百姓大批背井离乡，向外逃亡。老弱饿死于道路，而年轻力壮的则加入盗贼。

夙夜郡连率韩博奏报说：“有名奇士，身高一丈，腰粗十围，来到臣的官府，声称要从军出征匈奴，自我介绍名叫巨毋霸，生长在蓬莱山东南、五城西北的昭如海边，小车无法载他，三匹马拖不动他。当天，我就用四匹马的大车，竖立虎旗，载着巨毋霸前来京师。巨毋霸躺着就用鼓做枕头，用铁筷子吃饭，这是皇天派他来辅助新朝的。希望陛下能为他特制大铠甲、高车，勇士孟贲、夏育穿的衣服，派遣一员大将，勇士百余人，在道路上迎接他。京师门户若不能容纳，就增高加大，用以展示给所有蛮族看看，以镇服天下。”韩博意在讽刺王莽。王莽听说大为厌恶。就命巨毋霸留在所到达的新丰县，并将他的姓改为巨母氏，说是因文母太后而出现这个

关东饥旱连年，刁子都等党众浸多，至六七万。

（以上为第五段，写王莽拒谏，施政屡失，横征无已，民怨沸腾，与匈奴交恶，全线告警。）

地皇元年（庚辰，20年）

春，正月，乙未，赦天下；改元曰地皇，从三万六千岁历号也。

莽下书曰："方出军行师，敢有趋讙犯法者辄论斩，毋须时！"于是春、夏斩人都市，百姓震惧，道路以目。

莽见四方盗贼多，复欲厌之，又下书曰："予之皇初祖考黄帝定天下，将兵为大将军，内设大将，外置大司马五人，大将军至士吏凡七十三万八千九百人，士千三百五十万人。予受符命之文，稽前人，将条备焉。"于是置前、后、左、右、中大司马之位，赐诸州牧至县宰皆有大将军、偏、裨、校尉之号焉。乘传使者经历郡国，日且十辈，仓无见谷以给；传车马不能足，赋取道中车马，取办于民。

秋，七月，大风毁王路堂。莽下书曰："乃壬午餔时，有烈风雷雨发屋折木之变，予甚恐焉；伏念一旬，迷乃解矣。昔符命立安为新迁王，临国洛阳，为统义阳王，议者皆曰：'临国洛阳为统，谓据土中为新室统也，宜为皇太子。'自此后，临久病，虽瘳不平。临有兄而称太子，名不正。惟即位以来，阴阳未和，谷稼鲜耗，蛮夷猾夏，寇贼奸宄，人民征营，无所错手足。深惟厥咎，在名不正焉。其立安为新迁王，临为统义阳王。"

莽又下书曰："宝黄厮赤。其令郎从官皆衣绛。"

望气为数者多言有土功象；九月，甲申，莽起九庙于长安城南，黄帝庙方四十丈，高十七丈，余庙半之，制度甚盛。博征天下工匠及吏民以义入钱谷助作者，骆驿道路；穷极百工之巧；功费数百余万，卒徒死

人，而使自己成为霸王的符命。然后，征召韩博，关进监狱，以说话不当为由，将他在闹市斩首示众。

函谷关以东连年饥馑荒旱，刁子都等党羽日渐增多，已达六七万人。

王莽地皇元年（庚辰，20年）

春季，正月乙未日（疑误），赦免天下。改元年号为地皇，根据三万六千年日历六年一改的理论。

王莽下诏书说：“正当大军出征，有人敢在大街奔跑、号叫，触犯法令的立即斩首，不必等到行刑的秋季。”于是春、夏季节也在街市杀人，百姓震惊害怕，路上行人只能以目示意，不敢说话。

王莽看到四面八方盗贼越来越多，再次想用诅咒妖术镇伏盗贼，于是下诏书说：“我的皇初祖黄帝平定天下，自己统领军队任大将军，内设大将，外置大司马五人，从大将军到士吏，总计七十三万八千九百人，士兵一千三百五十万人。我接受符命，效法古人，将逐项设置齐备。”于是设置前、后、左、右、中五个大司马的职位，各地州牧至县宰，都赐给大将军、偏将军、裨将军、校尉的称号。乘着驿车的使者，经过各郡、国传达诏命，每天都有十几批，仓库已经没有存粮供给，驿站车马也不能满足，途中见到民间行驶的车马，就强行征用，或者向民间直接征用。

秋季，七月，狂风摧毁未央宫的王路堂。王莽下诏书说：“在壬午下午三至五时，发生狂风暴雨，摧毁房屋，折断树木，我内心十分担忧。沉思十天之久，才终于解开这场迷惑。先前上天下降符命文说要立王安为新迁王，王临的封国在洛阳，为统义阳王。参与封王讨论的人都说：‘王临封国洛阳，又有统字为称号，是说他居于全国的中心，是新室的正统，应当做皇太子。’因此封王临为皇太子，自此以后，王临长久生病，后来虽然痊愈，但身体尚未恢复健康。王临上有兄长而称皇太子，名分不正。我从即位以来，阴阳不能调和，粮食歉收，蛮夷侵犯中原，盗贼违法作乱，百姓惶恐不安，不知如何安放手脚。深思其过错，在于名分不正的缘故。应当正式按符命立王安为新迁王，王临为统义阳王。”

王莽又下诏书说：“黄色尊贵，赤色轻贱，郎官、侍从官都只应穿深红色的衣服。”

专门观察天象的人很多都说出现了大兴土木工程的征兆。九月甲申日（疑误），王莽于是在长安城的南面建筑九座祭庙，其中以轩辕黄帝的祭庙最大，占地四十平方丈，高十七丈，其他祭庙则仅有它的一半大，规模富丽堂皇，极为壮观。大力征

者万数。

是月，大雨六十余日。

巨鹿男子马适求等谋举燕、赵兵以诛莽。大司空士王丹发觉，以闻。莽遣三公大夫逮治党与，连及郡国豪杰数千人，皆诛死。封丹为辅国侯。

莽以私铸钱死及非沮宝货投四裔，犯法者多，不可胜行；乃更轻其法，私铸作泉布者与妻子没入为官奴婢，吏及比伍知而不举告，与同罪；非沮宝货，民罚作一岁，吏免官。

太傅平晏死；以予虞唐尊为太傅。尊曰："国虚民贫，咎在奢泰。"乃身短衣小褎，乘牝马、柴车，藉稿，以瓦器饮食，又以历遗公卿。出，见男女不异路者，尊自下车，以象刑赭幡污染其衣。莽闻而说之，下诏申敕公卿："思与厥齐；"封尊为平化侯。

汝南郅恽明天文历数，以为汉必再受命，上书说莽曰："上天垂戒，欲悟陛下，令就臣位。取之以天，还之以天，可谓知命矣！"莽大怒，系恽诏狱，逾冬，会赦得出。

（以上为第六段，写王莽面对民变四起，不思抚恤，反而变本加厉横征暴敛，派出使者扰民，又用改封皇子的办法以应天变，自欺欺人，结果民变更加如火如荼发展。）

二年（辛巳，21年）

春，正月，莽妻死，谥曰孝睦皇后。初，莽妻以莽数杀其子，涕泣失明；莽令太子临居中养焉。莽妻旁侍者原碧，莽幸之，临亦通焉；恐事泄，谋共杀莽。临妻愔，国师公女，能为星，语临宫中且有白衣会，临喜，以为所谋且成；后贬为统义阳王，出在外第，愈忧恐。会莽妻病困，临予书曰："上于子孙至严，前长孙、中孙年俱三十而死。今臣临复适三十，诚恐一旦不保中室，则不知死命所在！"莽候妻疾，见其书，大怒，疑临有恶意，不令得会丧。既葬，收原碧等考问，具服奸、谋杀状。莽欲秘之，使杀案事使者司命从事，埋狱中，家不知所在。赐临药；临不肯饮，自刺死。又诏国师公："临本不知星，事从愔起。"愔亦自杀。

召全国工匠并倡导官民义务捐粮赞助兴建，人员和物资，在路上络绎不断。整个工程极尽百工精巧之能事，耗费数百万钱，服劳役的人死亡以万计。

自九月份开始，大雨一连下了六十多天。

巨鹿郡男子马适求等人在燕、赵地区阴谋发动兵变，以讨伐王莽，大司空的属吏王丹发现后，向上禀报。王莽派遣三公大夫逮捕其党羽，加以治罪，牵连地方绅士豪杰数千人，都处以极刑。封王丹为辅国侯。

王莽规定，所有私自铸造钱币的处以死刑；损坏宝货的一律流放到四方荒远之地。因为犯法的人太多，以致法律无法执行。因此，就把处罚减轻。私自铸钱的，夫妻同时送进官府做奴婢，官吏和邻居知道而不检举告发的同罪。散布谣言败坏钱币信誉的，如果是百姓就罚一年劳役，官吏就免其官职。

太傅平晏逝世。任命予虞唐尊为太傅。唐尊说："国家空虚，人民穷苦，原因在于奢侈过甚。"因而，就身穿小袖短衣，骑母马，乘坐简陋的车子，用草作坐卧的衬垫，用瓦器作餐具，又用瓦器盛着食物赠送给公卿。外出时，看到男女不分路而走，唐尊就亲自下车，给予象征性的刑罚，用红土泥水弄脏他们的衣服。王莽听说后，很赞赏他的做法，下诏给所有文武官员："你们要向唐尊学习。"封唐尊为平化侯。

汝南人郅恽深明天文星象、历法，认为汉氏一定复兴，上书劝诫王莽说："上天所以发生灾异，是想使陛下醒悟，早日回到臣子的位置。陛下的帝位，取之于天，如今应还之于天，才算是知道天命。"王莽大怒，将郅恽投入诏狱，过了一个冬天，遇到赦免，才得以出狱。

王莽地皇二年（辛巳，21年）

春季，正月，王莽妻子去世，谥号为孝睦皇后。当初，王莽妻子因为王莽一连杀了两个亲生儿子王获、王宇，哭瞎了眼睛，王莽就让太子王临住在宫中奉养母亲。王莽妻子身边有一个侍女叫原碧，王莽召幸了她，王临也和她私通，害怕事情败露，就共同商量杀死王莽。王临的妻子刘愔是国师公刘秀的女儿，能观看星象，告诉王临说，宫中将有丧事发生，王临很高兴，认为谋划一定会成功。之后贬为统义阳王，出宫住在自己的府第，更加忧愁恐惧。正巧王莽的妻子病重，王临写了一封信，说："皇上对子孙最为严厉，先前长孙王宇、中孙王获都是年三十岁被处死，如今臣王临年岁又正三十，担心母后一旦有什么不幸，臣不知道会死在什么地方。"王莽去探视妻子的病情，看到了这封信，大怒，疑心王临有恶意，妻子死后，不让王临参与丧礼。王莽把妻子安葬完毕，逮捕原碧等人拷打审问，原碧原原本本承认通奸以及谋

是月，新迁王安病死。初，莽为侯就国时，幸侍者增秩、怀能，生子兴、匡，皆留新都国，以其不明故也。及安死，莽乃以王车遣使者迎兴、匡，封兴为功修公，匡为功建公。

卜者王况谓魏成大尹李焉曰："汉家当复兴，李氏为辅。"因为焉作谶书，合十余万言。事发，莽皆杀之。

莽遣太师羲仲景尚、更始将军护军王党将兵击青、徐贼，国师和仲曹放助郭兴击句町，皆不能克。军师放纵，百姓重困。

莽又转天下谷帛诣西河、五原、朔方、渔阳，每一郡以百万数，欲以击匈奴。须卜当病死，莽以庶女妻其子后安公奢，所以尊宠之甚厚，终欲为出兵立之者。会莽败，云、奢亦死。

秋，陨霜杀菽，关东大饥，蝗。

莽既轻私铸钱之法，犯者愈众，及伍人相坐，没入为官奴婢；其男子槛车，女子步，以铁琐琅当其颈，传诣钟官以十万数。到者易其夫妇。愁苦死者什六七。

上谷储夏自请说瓜田仪降之；仪未出而死。莽求其尸葬之，为起冢、祠室，谥曰瓜宁殇男。

闰月，丙辰，大赦。

郎阳成修献符命，言继立民母；又曰："黄帝以百二十女致神仙。"莽于是遣中散大夫、谒者各四十五人，分行天下，博采乡里所高有淑女者上名。

莽恶汉高庙神灵，遣虎贲武士入高庙，四面提击，斧坏户牖，桃汤、赭鞭鞭洒屋壁，令轻车校尉居其中。

（以上为第七段，写王莽皇后及太子王临之死。王临因为策划了一场未遂的宫廷政变，被王莽逼杀。王莽的奸诈与猜忌，连儿子都看不惯而要背叛，王莽的下场可想而知。）

是岁，南郡秦丰聚众且万人；平原女子迟昭平亦聚数千人在河阻中。

杀的事，王莽要掩盖这件丑闻，决定杀人灭口，派人秘密杀死审问案件的司命从事，就地埋在监狱中，连家里人都不知道下落。王莽赐给王临毒药，王临不肯饮药，用剑自杀而死。王莽又下诏给国师公说："王临原本不懂星象，事件由刘愔而起。"刘愔也自杀而死。

这一月，新迁王王安病死。当初，王莽为侯回到封国时，宠幸侍女增秩、怀能，生子王兴、王匡，都留在新都国，因为两子身份不明。等到王安死了，王莽就用侯王的专车派使者迎接王兴、王匡。册封王兴为功修公，王匡为功建公。

卜卦算命的王况对魏成郡大尹李焉说："汉家会复兴，李氏将任辅佐大臣。"就替李焉编造预知未来的谶书，合起来有十多万字。这件事被告发，王莽就诛杀了这两人。

王莽派遣太师羲仲景尚、更始将军护军王党，领兵攻打青、徐二州地区的贼寇，国师和仲曹放协助郭兴攻打句町，两支部队都没有取胜。军纪败坏，百姓越发困苦。

王莽又把全国的粮食、绢帛转运到西河、五原、朔方、渔阳等郡。每郡以百万计，想用以攻击匈奴。此时须卜当病死，王莽将庶女王捷嫁给须卜当的儿子后安公须卜奢，因此对他尊荣赏赐，都很优厚，并决心要用武力送他回国即位。很快，王莽失败，而栾提云、须卜奢也先后在中原去世。

秋季，霜冻伤害庄稼，函谷关以东大饥馑，蝗虫成灾。

王莽减轻私自铸钱的处罚后，犯法的人愈来愈多。邻居五人连坐被收作官府奴婢。其中男子装入囚车，女子步行，都用铁锁链锁住他们的脖子，押解到长安铸钱官府，人数以十万计。到了那儿，拆散夫妇，强迫改配，愁苦而死的十有六七。

上谷郡人储夏季，自我举荐，愿去说服变民首领瓜田仪投降。瓜田仪还没有出面就去世了。王莽要回他的尸体，将其安葬，为他修墓与祠庙，谥号为瓜宁殇男。

闰八月二十七日丙辰，大赦天下。

郎官阳成修进献符命，称要继立皇后。又说："轩辕黄帝后宫有一百二十个女子侍候才成了神仙。"王莽于是派中散大夫、谒者各四十五人，分路到全国各地，广泛地挑选乡间大家赞许的美丽淑女，呈送她们的芳名。

王莽十分憎恶汉高祖庙的神灵，就派遣虎贲郎武士进入高庙，拔剑四面砍击，用斧头砍坏门窗，用桃木煮的水挥洒墙壁，又用红色鞭子乱抽乱打，命令轻车校尉住在庙中。

这一年，南郡人秦丰聚众近万人，平原人女子迟昭平也聚众几千人，活动在黄

莽召问群臣禽贼方略，皆曰：“此天囚行尸，命在漏刻。”故左将军公孙禄征来与议，禄曰：“太史令宗宣，典星历，候气变，以凶为吉，乱天文，误朝廷；太傅平化侯尊，饰虚伪以偷名位，贼夫人之子；国师嘉信公秀，颠倒‘五经’，毁师法，令学士疑惑；明学男张邯、地理侯孙阳，造井田，使民弃土业；羲和鲁匡，设六筦以穷工商；说符侯崔发，阿谀取容，令下情不上通；宜诛此数子以慰天下！”又言：“匈奴不可攻，当与和亲。臣恐新室忧不在匈奴而在封域之中也。”莽怒，使虎贲扶禄出，然颇采其言，左迁鲁匡为五原卒正，以百姓怨诽故也；六筦非匡所独造，莽厌众意而出之。

初，四方皆以饥寒穷愁起为盗贼，稍群聚，常思岁熟得归乡里，众虽万数，不敢略有城邑，日阕而已；诸长吏牧守皆自乱斗中兵而死，贼非敢欲杀之也，而莽终不谕其故。是岁，荆州牧发奔命二万人讨绿林贼；贼帅王匡等相率迎击于云杜，大破牧军，杀数千人，尽获辎重。牧欲北归，马武等复遮击之，钩牧车屏泥，刺杀其骖乘，然终不敢杀牧。贼遂攻拔竟陵，转击云杜、安陆，多略妇女，还入绿林中，至有五万余口，州郡不能制。又，大司马士按章豫州，为贼所获，贼送付县。士还，上书具言状。莽大怒，以为诬罔，因下书责七公曰：“夫吏者，理也。宣德明恩，以牧养民，仁之道也。抑强督奸，捕诛盗贼，义之节也。今则不然。盗发不辄得，至成群党遮略乘传宰士。士得脱者又妄自言：‘我责数贼：何为如是？贼曰：以贫穷故耳。贼护出我。’今俗人议者率多若此。惟贫困饥寒犯法为非，大者群盗，小者偷穴，不过二科；今乃结谋连党以千百数，是逆乱之大者，岂饥寒之谓邪！七公其严敕卿大夫、卒正、连率、庶尹，谨牧养善民，急捕殄盗贼！有不同心并力疾恶黠贼，而妄曰饥寒所为，辄捕系，请其罪！”于是群下愈恐，莫敢言贼情者，州郡又不得擅发兵，贼由是遂不制。

河险要地带。王莽召集群臣询问剿拿动乱民众的策略，大家都说：“这些乱民是违犯天规的囚犯，只不过是行尸走肉，顷刻之间就将灭亡。”召来前左将军公孙禄参与议事，公孙禄说：“太史令宗宣，主管星象历算。占候气节的变化，把凶险的征兆说成是吉祥的征兆，扰乱天文，贻误朝廷。太傅平化侯唐尊，用巧饰虚伪的言行窃取名誉地位，害了人家的子弟。国师嘉信公刘秀，颠倒‘五经’，破坏师法，造成学士们的思想混乱。明学男张邯、地理侯孙阳，造作井田制度，使农民丧失了土地产业。羲和鲁匡，设置六筦制度，使工商业陷入崩溃。说符侯崔发，阿谀拍马，阻塞下情上传。应当处死这几个人，用来平息全国的民愤。”又说：“匈奴不可以去攻击，应当和亲。臣担心新朝的忧虑不在匈奴，而是在国内。”王莽大怒，命令虎贲郎将公孙禄扶出宫去，但采纳了他的一些建议，降职鲁匡为巨原卒正，因为老百姓怨恨抨击他。六筦制度不是鲁匡一个人的创造，王莽为了满足大家的愿望，把鲁匡外放。

当初，四方各地的百姓都因饥寒贫困才铤而走险，群起为强盗，逐渐聚集在一起，经常想念年岁丰收回到乡里。聚众尽管以万计，但不敢夺取城邑，每天只求当天吃饱就满足了。地方州牧、长吏都是自己乱撞乱斗被兵刃所伤而死，盗贼并不敢也不想攻杀他们。可是王莽始终不明白民众为什么要做盗贼。这一年，荆州牧调发奔命士兵两万人讨伐绿林军。绿林军帅王匡等领兵在云杜县迎战，大败荆州牧的官兵，杀死几千人，剿获了官兵全部军用物资。荆州牧打算向北撤退，马武等又进行伏击，用铁钩钩住了荆州牧坐车的车前挡泥板，刺杀了荆州牧的陪乘，始终没有敢杀荆州牧。贼众于是攻占了竟陵，转而攻击云杜、安陆，大量掳掠妇女，还归绿林山中，众达上万余口，州郡官府无可奈何。又，大司马士到豫州办案，被贼盗抓获，贼盗将他送交县府。大司马士回到朝廷，上书报告他的经历详情，王莽大怒，认为他编瞎话骗人，便下诏书指责三公四辅，说：“吏的意思是治理国家，宣扬德政，彰显恩泽，用以管教养育人民，这就是仁的原则。压制豪强，督察奸邪，这就是义的准则。如今却不是这样，盗贼四起却不及时捕拿，到了成群结党，甚至劫掠乘坐驿车的政府官吏，官吏脱身后又胡言乱语，说什么‘我责备盗贼，为什么做强盗？盗贼回答说：因为家里贫困啊！盗贼还护送我出境’。如今平庸的人，说起盗贼的事大多如此。想想看，只因贫困饥寒就为非犯法，大群的就去抢劫，小股的就入室偷窃，不外就是这两种。如今却是结党合谋，人数成百上千，已经是罪大恶极的叛乱，岂能用饥寒来解释吗？着四辅、三公要严厉告诫卿大夫、卒正、连率、庶尹各级官吏，认真抚养善良的民众，紧急捕杀消灭盗贼！若有不同心合力痛恨狡猾的盗贼，反而胡说他们因饥寒才做盗贼的人，就把他逮捕入狱，查办他的罪过！”这样一来，朝廷官吏更加惶恐，没有人敢说盗贼的实情，州郡又不能擅自发兵，盗贼因而始终无法平定。

唯翼平连率田况素果敢，发民年十八以上四万余人，授以库兵，与刻石为约；樊崇等闻之，不敢入界。况自劾奏；莽让况："未赐虎符而擅发兵，此弄兵也，厥罪乏兴。以况自诡必禽灭贼，故且勿治。"后况自请出界击贼，所向皆破。莽以玺书令况领青、徐二州牧事，况上言："盗贼始发，其原甚微，部吏、伍人所能禽也；咎在长吏不为意，县欺其郡，郡欺朝廷，实百言十，实千言百。朝廷忽略，不辄督责，遂至延蔓连州，乃遣将帅，多使者，传相监趣。郡县力事上官，应塞诘对，共酒食，具资用，以救断斩，不暇复忧盗贼、治官事。将帅又不能躬率吏士，战则为贼所破，吏气浸伤，徒费百姓。前幸蒙赦令，贼欲解散，或反遮击，恐入山谷，转相告语；故郡县降贼皆更惊骇，恐见诈灭，因饥馑易动，旬日之间更十余万人，此盗贼所以多之故也。今洛阳以东，米石二千，窃见诏书欲遣太师、更始将军；二人爪牙重臣，多从人众，道上空竭，少则无以威示远方。宜急选牧、尹以下，明其赏罚，收合离乡；小国无城郭者，徙其老弱置大城中，积臧谷食，并力固守。贼来攻城，则不能下；所过无食，势不能群聚；如此，招之必降，击之则灭。今空复多出将帅，郡县苦之，反甚于贼。宜尽征还乘传诸使者以休息郡县；委任臣况以二州盗贼，必平定之。"莽畏恶况，阴为发代，遣使者赐况玺书。使者至，见况，因令代监其兵，遣况西诣长安，拜为师尉大夫。况去，齐地遂败。

（以上为第八段，写王莽刚愎自用，不听公孙禄之言，不纳大司马士的实情报告，不用田况有效的征抚方略，一切征剿措施都按错误的方向走，于是绿林、赤眉大起。）

三年（壬午，22 年）

春，正月，九庙成，纳神主，莽谒见，大驾乘六马，以五采毛为龙文衣，著角，长三尺。又造华盖九重，高八丈一尺，载以四轮车；挽者皆呼"登仙"，莽出，令在前。百官窃言："此似輀车，非仙物也。"

只有冀平郡的连率田况，一向果断勇敢，他擅自动员十八岁以上的丁壮四万多人，发给他们府库的兵器，将纪律法令刻在石头上，樊崇等人听说了，不敢入侵冀平郡。田况自己弹劾上奏，王莽下诏斥责田况，说：“没有赐给虎符而擅自调动军队，这是玩弄兵权，与犯贻误军机的王兴罪同等。由于田况自己定下一定擒灭盗贼的军令状，所以暂且不予治罪。”之后，田况自动请求出境击贼，所到之处，攻无不破。王莽便用玺书诏令田况代理青、徐两州的政务。田况上书说：“盗贼刚起来时，原本势力很小，地方治安官员和同伍的人就能擒拿，但是地方长官不放在心上，县欺骗郡，郡欺骗朝廷，实际盗贼一百人，只上报十人；实际上一千人，只上报一百人。朝廷也没有重视，不能及时督察问责，于是蔓延发展到连片几个州，这才派遣将帅和许多使臣，辗转督察。郡县尽力伺候上司，应付搪塞，回答推脱责任，供给好酒好饭，奉献金银财宝，用以解救自己的死刑，哪有功夫去考虑盗贼、办理公事。再说将帅又不能身先士卒，一交战就被盗贼打败，官兵士气沮丧，白白地耗费了百姓的资财。前次幸而蒙受朝廷的赦免，盗贼想要解散，想不到有的遭到官兵伏击，他们只能惊恐地又逃入山谷，互相转告，以致各郡县已经投降的盗贼都更加惊骇，害怕受骗遭到消灭，趁着因为饥荒人民容易被激动的机会，十天之间便集聚了十多万人，这就是盗贼所以众多的缘故。如今洛阳以东，一石米售价二千，臣看到诏书，朝廷打算派遣太师、更始将军出征，两人是朝廷的爪牙重臣，随从人员众多，沿途无力供给，随从人员少了又无法威震远方。应当赶快在州牧、大尹以下选拔人才，申明赏罚，由他们去收集离散的乡众，没有城邑的小封国，将其境内的老弱迁移安置到邻近的大城市中，积蓄粮谷，合力固守，盗贼来攻城，无法攻破，所经过的地方没有粮食，形势逼使盗贼不能大规模聚集，如果这样，招抚盗贼，一定会投降；进攻盗贼，一定被歼灭。如今徒然派出许多将帅，郡县受到的困苦反而超过盗贼的骚扰，应当尽快召回乘驿车的使者，让郡县休养生息。委任我田况负责青、徐两州的盗贼事务，一定能够平定消灭。”王莽忌恨田况逞能，暗中布置取代他。王莽派出使臣颁赐田况玺书。使者到达，召见田况，宣布接替他掌管兵权，送田况西到长安任职，被任命为师尉大夫。田况离开青、徐二州，齐地局势全部乱了套。

王莽地皇三年（壬午，22 年）

春季，正月，王莽建造的天子九庙落成，各庙都安放了神主。王莽前去祭拜，乘坐六马拉车的大驾，马身上披着用五色羽毛织成龙文图案的套子，马头上装饰假角，长三尺。还制造华丽的九层车盖，高八丈，御车装置有四个车轮，拉车的人高呼“登仙”的口号。王莽出行时，用这辆车在前开路。文武百官窃窃私语说：“这像

二月，樊崇等杀景尚。

关东人相食。

夏，四月，遣太师王匡、更始将军廉丹东讨众贼。初，樊崇等众既浸盛，乃相与为约："杀人者死，伤人者偿创。"其中最尊号三老，次从事，次卒史。及闻太师、更始将讨之，恐其众与莽兵乱，乃皆朱其眉以相识别，由是号曰赤眉。匡、丹合将锐士十余万人，所过放纵。东方为之语曰："宁逢赤眉，不逢太师！太师尚可，更始杀我！"卒如田况之言。

莽又多遣大夫、谒者分教民煮草木为酪，酪不可食，重为烦费。

绿林贼遇疾疫，死者且半，乃各分散引去。王常、成丹西入南郡，号"下江兵"；王凤、王匡、马武及其支党朱鲔、张印等北入南阳，号"新市兵"；皆自称将军。莽遣司命大将军孔仁部豫州，纳言大将军严尤、秩宗大将军陈茂击荆州，各从吏士百余人，乘传到部募士。尤谓茂曰："遣将不与兵符，必先请而后动，是犹绁韩卢而责之获也。"

蝗从东方来，飞蔽天。

流民入关者数十万人，乃置养赡官禀食之，使者监领，与小吏共盗其禀，饥死者什七八。

先是，莽使中黄门王业领长安市买，贱取于民；民甚患之。业以省费为功，赐爵附城。莽闻城中饥馑，以问业。业曰："皆流民也。"乃市所卖梁饭、肉羹，持入示莽曰："居民食咸如此。"莽信之。

秋，七月，新市贼王匡等进攻随；平林人陈牧、廖湛复聚众千余人，号"平林兵"，以应之。

莽诏书让廉丹曰："仓廪尽矣，府库空矣，可以怒矣，可以战矣！将军受国重任，不捐身于中野，无以报恩塞责！"丹惶恐，夜，召其掾冯衍，以书示之。衍因说丹曰："张良以五世相韩，椎秦始皇博浪之中。将军之先，为汉信臣；新室之兴，英俊不附。今海内溃乱，人怀汉德，甚

一辆载着棺材的丧车，不是什么仙物。”

二月，青、徐二州的民变首领樊崇等人杀死了攻打他们的朝廷大臣景尚。

函谷关以东地区出现人吃人的现象。

夏季，四月，王莽派太师王匡、更始将军廉丹东出讨伐盗贼。起初，樊崇等人的部众日益增大，于是与众约定：“杀人抵命，伤人偿创。”其中，最高首领称号三老，其次叫从事，再次叫卒史。等到得知太师、更始将军出兵来讨伐，担心自己的部众与王莽的官兵相混，就把部众的眉毛涂成红色相区别，因此称号叫赤眉军。王匡、廉丹合计率领精锐士兵十余万人，军纪败坏，所过地方没有约束。东方百姓流行歌谣说：“宁可遇上赤眉，不愿碰到太师。太师勉强过得去，更始来了就没命。”确实如同田况说的一样。

王莽又大批派出大夫、谒者到各地去传授民众用草木煮成酪浆充饥，酪浆无法食用，更是加重了民众的负担。

绿林军突然染上严重的瘟疫，死亡将近半数，因而各自分散离开绿林山。王常、成丹向西进入南郡，称为“下江兵”；王凤、王匡、马武及其支党朱鲔、张卬等人，向北进入南阳，称为“新市兵”，各个首领都自称将军。王莽派司命大将军孔仁统领豫州、纳言大将军严尤、秩宗大将军陈茂出击荆州。各自带领随从官员一百多人，乘坐驿车到各自任所招募士兵。严尤对陈茂说：“派出将领，却不给发兵的兵符，遇事一定要先请示然后才行动，这好比是用绳子拴住猎狗韩卢却要求它去捕获猎物啊！”

蝗虫从东方兴起，飞满天空，遮蔽了太阳。

流亡难民进入函谷关的有几十万人。朝廷在各地设置养赡官吏供给食物，由使臣监督，他们却和小吏一起盗窃这些食物，以致流民饿死的十有七八。

先前，王莽派遣中黄门王业负责长安城市场商贸管理，用很低的价格强购民间货物，百姓深受其苦。王业却因节省收购费用而立功，被赐爵为附城。王莽听说京城里发生饥荒，就询问王业，王业回答说：“这些都是流民。”还从市场上买来售卖的好米饭、肉羹，呈送给王莽看，说：“本城居民吃的都是这些东西。”王莽相信了他的话。

秋季，七月，新市兵首领王匡等进攻随县。平林人陈牧、廖湛，也聚众一千余人，称为平林兵，以响应王匡。

王莽下诏书斥责廉丹说：“仓库粮食已尽，国库财物已空，应该愤怒出击了。将军身受朝廷的重任，若不能捐躯于战场，就无法报答朝廷的厚恩，尽到应尽的责任！”廉丹恐惧，当晚就召唤他的文书冯衍，将诏书拿给他看。冯衍趁机对廉丹说：“张良因为五代都是韩国的相国，因而才在博浪沙中，用铁锥谋刺秦始皇。将军的祖

于周人思召公也；人所歌舞，天必从之。今方为将军计，莫若屯据大郡，镇抚吏士，砥厉其节，纳雄杰之士，询忠智之谋，兴社稷之利，除万人之害，则福禄流于无穷，功烈著于不灭；何与军覆于中原，身膏于草野，功败名丧，耻及先祖哉！”丹不听。衍，左将军奉世曾孙也。

冬，无盐索卢恢等举兵，反城附贼，廉丹、王匡攻拔之，斩首万余级。莽遣中郎将奉玺书劳丹、匡，进爵为公；封吏士有功者十余人。

赤眉别校董宪等众数万人在梁郡，王匡欲进击之；廉丹以为新拔城罢劳，当且休士养威。匡不听，引兵独进，丹随之。合战成昌，兵败，匡走；丹使吏持其印、绂、节付匡曰：“小儿可走，吾不可！”遂止，战死。校尉汝云、王隆等二十余人别斗，闻之，皆曰：“廉公已死，吾谁为生！”驰奔贼，皆战死。

国将哀章自请愿平山东，莽遣章驰东与太师匡并力。又遣大将军阳浚守敖仓；司徒王寻将十余万屯洛阳，镇南宫；大司马董忠养士习射中军北垒；大司空王邑兼三公之职。

（以上为第九段，写王莽倾全力大规模镇压起义军，由于军纪败坏，更加使民众痛苦不堪，加上瘟疫、天灾，民变更加如火如荼，赤眉军、绿林军虽受挫折，却愈战愈强，新朝已呈溃败之势。）

初，长沙定王发生舂陵节侯买，买生戴侯熊渠，熊渠生考侯仁。仁以南方卑湿，徙封南阳之白水乡，与宗族往家焉。仁卒，子敞嗣；值莽篡位，国除。节侯少子外为郁林太守，外生巨鹿都尉回，回生南顿令钦。钦娶湖阳樊重女，生三男：縯，仲，秀，兄弟早孤，养于叔父良。縯性刚毅，慷慨有大节，自莽篡汉，常愤愤，怀复社稷之虑，不事家人居业，倾身破产，交结天下雄俊。秀隆准日角，性勤稼穑；縯常非笑之，比于高祖兄仲。秀姊元为新野邓晨妻，秀尝与晨俱过穰人蔡少公，少公颇学图谶，言“刘秀当为天子”；或曰：“是国师公刘秀乎？”秀戏曰：“何用知非仆邪！”坐者皆大笑。晨心独喜。

先，是汉朝的忠信之臣。新王朝兴起，天下英雄豪杰都不亲附。如今全国溃散混乱，百姓怀念汉朝的恩德，远远超过周朝百姓怀念召公。人们所歌颂赞美的，上天一定顺从他。现今，我替将军谋划，最好将部队驻扎在一个大郡，安抚吏士，然后砥砺他们的志节，接纳英雄豪杰之士，请教忠直智慧的谋略，为国家兴利，替万民除害。那么，你的福禄就会流传无穷，功业将永垂青史。何苦要连同你的军队一齐在战场被毁灭，使你的躯体同草本一起腐烂在荒野，身败名裂，使祖先蒙辱！”廉丹没有听冯衍的劝告。冯衍是左将军冯奉世的曾孙。

冬季，无盐县索卢恢等人聚众起兵，占据县城，响应赤眉，廉丹、王匡攻陷无盐县城，杀死一万余人。王莽派中郎将奉诏书慰劳廉丹、王匡，晋升二人为公爵，又封有功官吏十多人。

赤眉别校黄宪等数万部众，据守梁郡，王匡想攻击董宪，廉丹认为刚攻下县城，军队疲劳，应当暂且休整，恢复军威。王匡不听，率领军队单独挺进，廉丹只好跟随。在成昌交战，王匡兵败逃走。廉丹派人将他的印信、绶带、符节全送交王匡。叹息说：“小儿可以逃走，我却不能！”于是留下来战死。校尉汝云、王隆等二十余人正在别处作战，听说廉丹战死的消息，都说：“廉将军已死，我们还为谁活？”驰马冲入敌阵，都战死。

国将哀章，主动请求去平定山东地区的盗贼，王莽便派遣哀章赶往东部地区和太师王匡会合。又派遣大将军阳浚防守敖仓。司徒王寻率领十余万人驻守洛阳，镇戍南宫。大司马董忠在北军中垒营地训练士兵骑射。任命大司空王邑兼掌三公的职责。

起初，汉朝长沙王刘发，生春陵节侯刘买，刘买生戴侯刘熊渠，刘熊渠生考侯刘仁。刘仁因为南方地势低下，气候潮湿，请求改封到南阳郡的白水乡，便与他的家族定居在南阳。刘仁死后，儿子刘敞继承爵位，正遇王莽篡汉，建立新室，封国被废除。节侯刘买的幼子刘外，任郁林太守，刘外生巨鹿郡都尉刘回，刘回生南顿县令刘钦。刘钦娶湖阳县樊重的女儿为妻，生了三个儿子：刘縯、刘仲、刘秀，兄弟三人幼年丧父，由叔父刘良抚养成人。刘縯个性刚强坚毅，慷慨大度，自从王莽篡夺汉朝政权后，他一直愤愤不平，抱有光复汉朝的志向。平常非但不经营家产，反而倾家荡产，用以广交天下英雄豪杰。刘秀鼻子很高，额角中心隆起，形状如日，爱好农事生产。刘縯经常讥笑他，将他比作汉高祖刘邦的兄长刘仲。刘秀的姐姐刘元是新野县邓晨的妻子，刘秀曾经与邓晨一起拜访穰县人蔡少公，蔡少公对宣

宛人李守，好星历、谶记，为莽宗卿师，尝谓其子通曰："刘氏当兴，李氏为辅。"及新市、平林兵起，南阳骚动，通从弟轶谓通曰："今四方扰乱，汉当复兴。南阳宗室，独刘伯升兄弟泛爱容众，可与谋大事。"通笑曰："吾意也！"会秀卖谷于宛，通遣轶往迎秀，与相见，因具言谶文事，与相约结，定计议。通欲以立秋材官都试骑士日，劫前队大夫甄阜及属正梁丘赐，因以号令大众，使轶与秀归舂陵举兵以相应。于是縯召诸豪杰计议曰："王莽暴虐，百姓分崩；今枯旱连年，兵革并起，此亦天亡之时，复高祖之业，定万世之秋也！"众皆然之。于是分遣亲客于诸县起兵，縯自发舂陵子弟。诸家子弟恐惧，皆亡匿，曰："伯升杀我！"及见秀绛衣大冠，皆惊曰："谨厚者亦复为之！"乃稍自安。凡得子弟七八千人，部署宾客，自称"柱天都部"。秀时年二十八。李通未发，事觉，亡走；父守及家属坐死者六十四人。

縯使族人嘉招说新市、平林兵，与其帅王凤、陈牧西击长聚；进屠唐子乡，又杀湖阳尉。军中分财物不均，众恚恨，欲反攻诸刘；刘秀敛宗人所得物，悉以与之，众乃悦。进拔棘阳，李轶、邓晨皆将宾客来会。

严尤、陈茂破下江兵；成丹、王常、张印等收散卒入蒌溪，略钟、龙间，众复振；引军与荆州牧战于上唐，大破之。

十一月，有星孛于张。

刘縯欲进攻宛，至小长安聚，与甄阜、梁丘赐战；时天密雾，汉军大败。秀单马走，遇女弟伯姬，与共骑而奔；前行，复见姊元，趣令上马，元以手挥曰："行矣，不能相救，无为两没也！"会追兵至，元及三女皆死，縯弟仲及宗从死者数十人。

縯复收会兵众，还保棘阳。阜、赐乘胜留辎重于蓝乡，引精兵十万

扬符命占验的书很有研究，说："刘秀当为天子！"有人接着说："是说国师公刘秀吗？"刘秀开玩笑说："你怎么知道不是我呢！"在座的人都哄堂大笑。唯有邓晨暗自高兴。

宛城人李守，喜好星象、谶书，任王莽的宗卿师，曾对他的儿子李通说："刘氏当复兴，李氏为辅佐大臣。"等到新市兵、平林兵纷纷崛起，南阳郡人心骚动，李通的堂弟李轶对李通说："如今天下混乱，汉王朝应当复兴。南阳郡刘家宗室，唯有刘縯兄弟博爱大众，容纳人才。可以与他们图谋国家大事。"李通笑着说："我正有此意！"恰好，刘秀运粮食到宛城出卖，李通派李轶去迎接刘秀，相互见面，李氏兄弟就详细地将谶文上的事告诉刘秀，彼此投缘，盟誓结交，共同商定计谋。李通主张在立秋那天，趁着骑士总考试时，劫持南阳郡守甄阜和属正梁丘赐，趁此号令大众起兵，让李轶和刘秀回舂陵县起兵响应。于是，刘縯召集当地豪杰计议说："王莽残暴酷虐，百姓分崩离析；如今连年旱灾，到处兵荒马乱，这是上天败亡王莽的时机。恢复汉高祖的大业，奠定千秋万世基业的时候到了！"大家一致赞同。于是，分别派出亲近宾客，到各县策动兴兵起事。刘縯自己发动舂陵县的子弟。各家子弟一听说是谋反都很害怕，纷纷逃避，说："刘縯害死我！"但是，一见刘秀身穿红衣，头戴武官的大帽，都吃惊地说："谨慎忠厚的人也都这样干了！"心里才逐渐安定下来。最后，刘縯他们一共集结子弟七八千人，把宾客加以调配安置，自称柱天都部。刘秀此时二十八岁。李通聚众起兵还没有实现就泄露了，李通逃亡，他的父亲李守和家属被牵连犯罪遭王莽杀害，一共死了六十四人。

刘縯派同族人刘嘉去招抚说服新市兵、平林兵，与他们的主帅王凤、陈牧联合西击长聚。攻陷唐子乡，又杀死湖阳县尉。军中由于分配抢夺来的财物不均，大家都很怨恨，要反击刘縯的兵马。刘秀就收集同族人所得的财物，全部交给他们，大家才高兴，军队又向前挺进，攻下棘阳县，李轶、邓晨都率领宾客前来会合。

严尤、陈茂打败下江兵。成丹、王常、张卬等收集散兵，败退转入蒌溪，在三钟山和石龙山一带掳掠，重整部队。接着，带领军队在上唐乡和荆州牧作战，大破州府官军。

十一月，有彗星出现在南方张宿。

刘縯想攻打宛县，挺进到小长安聚，和甄阜、梁丘赐交战。当时大雾迷漫，刘縯率领的汉军大败。刘秀单骑逃命，遇到妹妹刘伯姬兄妹共乘一马逃跑。在逃亡的路上，又碰见姐姐刘元，刘秀叫她赶快上马。刘元挥手说："快走！你们不能救我，不要彼此都死！"此时追兵已到，刘元和三个女儿都被杀害。刘縯的弟弟刘仲和宗族子弟，战死的有几十人。

刘縯又集结残兵，撤到棘阳县拒守。甄阜、梁丘赐乘胜把辎重装备留在蓝乡，

南渡潢淳，临沘水，阻两川间为营，绝后桥，示无还心。新市、平林见汉兵数败，阜、赐军大至，各欲解去，縯甚患之。会下江兵五千余人至宜秋，縯即与秀及李通造其壁曰："愿见下江一贤将，议大事。"众推王常。縯见常，说以合从之利，常大悟曰："王莽残虐，百姓思汉。今刘氏复兴，即真主也；诚思出身为用，辅成大功。"縯曰："如事成，岂敢独飨之哉！"遂与常深相结而去。常还，具为余将成丹、张卬言之。丹、卬负其众曰："大丈夫既起，当各自为主，何故受人制乎！"常乃徐晓说其将帅曰："王莽苛酷，积失百姓之心，民之讴吟思汉，非一日也，故使吾属因此得起。夫民所怨者，天所去也；民所思者，天所与也。举大事，必当下顺民心，上合天意，功乃可成；若负强恃勇，触情恣欲，虽得天下，必复失之。以秦、项之势，尚至夷覆，况今布衣相聚草泽，以此行之，灭亡之道也。今南阳诸刘举兵，观其来议者，皆有深计大虑，王公之才，与之并合，必成大功，此天所以佑吾属也！"下江诸将虽屈强少识，然素敬常，乃皆谢曰："无王将军，吾属几陷于不义！"即引兵与汉军、新市、平林合。于是诸部齐心同力，锐气益壮。縯大飨军士，设盟约，休卒三日，分为六部；十二月，晦，潜师夜起，袭取蓝乡，尽获其辎重。

（以上为第十段，写南阳刘氏起兵反对王莽，刘縯、刘秀兄弟说服各支绿林兵众将联合作战，初战告捷，起义兵士气大振。）

率领十万精兵南渡潢淳水，到达沘水，依托潢淳水和沘水两水之间的险要地区扎营布防，破坏后退的水上桥梁，以示必死而无法后退的决心。新市兵、平林兵眼看到刘縯的汉军屡次遭受失败。而甄阜、梁丘赐的军队又大批到来，就打算脱离刘縯各自逃走，刘縯深感忧虑。正好下江兵五千余人到了宜秋聚，刘縯立即带领刘秀、李通到营寨拜访，说："我们想会见下江兵的一位贤明将领，商议大事。"下江兵推举王常。刘縯见到王常，向他说明只有联合作战才能有利的道理。王常大为醒悟，说："王莽残酷暴虐，百姓都思念汉朝。如今刘氏再次兴起，就是真命天子。我们应当挺身而出为之所用，助你完成大业。"刘縯说："若大事成功，我岂敢独自享受！"于是与王常深相结交而后离去。王常回到军营，就向其他将领成丹、张印详细说明这件事情。成丹、张印凭仗自己的兵力强大，说："大丈夫既然起事，就应当各自做主宰，为什么要受别人控制呢？"王常不慌不忙地向将帅们说明利害，说："王莽苛刻残酷，久失百姓之心，民众思念汉朝，已经不是一天的事。正因为如此，我们才能乘机兴起。民众所怨恨的，上天定会铲除；民众所思念的，上天定会赐予。兴举大事，必须下顺民心，上合天意，功业才能告成。若只凭借自己强大勇猛，为所欲为，即便得到天下，最后还是要失去的。像秦始皇、项羽当年的威势，尚且遭到覆灭，何况如今我们这些平民，相聚在山林水泽，也想横行天下，那是自取灭亡。现在，南阳郡刘氏家族领头起兵，观察他们派来跟我们商议的几位首领，都有深谋远虑，王公之才和他们合作，大功必成，这正是上天派来保佑我们的啊！"下江兵的将领们尽管倔强，缺少见识，却素来尊敬王常，于是都道歉说："没有王将军，我们几乎成为不义之人！"立即率军和汉军、新市兵、平林兵会合。这样一来，各部同心合力，士气高昂。刘縯大宴士卒，订立盟约，让士卒休息三天，分兵为六个部分。十二月三十日乙巳，刘縯下令秘密拔营起寨，乘夜袭击蓝乡，将甄阜军的物资全部夺获。

【点评】

王莽末年的农民大起义。先说起义的发生。王莽末年的农民大起义，首先发生在北方边郡地区。王莽改革失败，为了转移矛盾，人为地挑起边界事端，特别是出击匈奴，在北方沿边长年驻屯几十万大军，后勤供给不足，驻军大肆骚扰百姓，边民不堪其苦，有的流亡内地为人奴婢，有的铤而走险，聚众为盗。始建国三年（11）以后，并州、平州、五原、代郡不断发生农民起义。全国大乱后，河北为甚，有铜马、大彤、高湖、重连、铁胫、大枪、尤来、上江、青犊、五校、五幡、五楼、富平、获索等大小农民军数十支，大股的有数万、数十万，合计有几百万。天凤四年（17）南方民变四起，绿林、赤眉军起义，形成了全国农民大起义。绿林军活动在荆州，赤眉军活动在齐鲁，这两支是最大的农民起义军。

天凤四年，荆州一带发生严重饥荒，新市人王匡、王凤聚众起义，被推为首领，王常、王丹也聚众来附。他们隐蔽在今湖北京山市北的绿林山中，因而被称为绿林军。几个月后，绿林军发展到七八千人。地皇二年（21），绿林军打败荆州牧的镇压，发展到数万人。第二年，由于瘟疫流行，绿林军死亡过半，余下的不得不分兵活动，王常、王丹西入南郡，称下江兵；王匡、王凤、马武等北上南阳，称新市兵。这时，平林人陈牧、廖湛聚众响应，称平林兵。

沿海东部地区也在绿林军起义的天凤四年发生民变。在琅邪海曲，今山东日照地区，有吕母起义，在会稽长州，今江苏苏州地区有临淮人瓜田仪起义。第二年，即天凤五年（18），琅邪人樊崇率众在莒县起义。青徐各地起义首领还有徐宣、逄安、谢禄、杨音等人，都率众归附樊崇。为了作战时与敌人相区别，起义军把眉毛涂红，因此号称赤眉军。地皇三年（22），赤眉军在成昌（今山东东平县）击败王莽军，杀王莽大将廉丹，人数达到数十万，势力扩展到黄河两岸、长江之北的华北、江淮两大平原。

南阳大地主集团的代表人物刘縯、刘秀兄弟在地皇三年也拉起队伍加入反对王莽的起义军行列。刘氏兄弟居南阳春陵，在今湖北枣阳市，这一支地主武装史称春陵军。春陵军训练有素，目标明确，即光复汉室。刘氏兄弟长期隐蔽活动，宣扬汉室复兴，于是掀起“人心思汉”的思潮。由于春陵军与王莽军接战不利，刘氏兄弟游说下江兵合纵。在“人心思汉”思潮的影响下，各支绿林军与春陵军联合，并正式建立汉家旗号，拥立刘姓宗室刘玄做皇帝，史称更始皇帝。更始旗号下的联军，史称汉军。

有了明确政治目标的汉军，成为反抗王莽的中坚和主力军，当然也是王莽的眼中钉。王莽进行全国总动员，集中了四十二万大军征讨，号称百万。地皇四年（23），王莽军和汉军在昆阳决战，这就是历史上有名的以少胜众的昆阳之战。刘秀

率领的一万余人的汉军，打败王莽的四十二万大军，不久新朝就灭亡了。刘秀一战成名，是人们心中的真龙天子，他就是中兴汉朝的光武帝。当然，这是后话，在后面的点评中详说。

再说起义原因。王莽革新改制，不但没有解决社会问题，没有消除尖锐的社会矛盾，反而变本加厉地扰民。因买卖王田、奴婢，私铸钱币，被诛杀的有几十万人。五均六筦也引起愈来愈大的社会混乱。王莽为了挽回威信，拯救灭亡局面，一面继续玩弄符命把戏，欺骗人民；一面虚张声势，发动对匈奴、西南夷和西域的边境战争。结果，王莽军处处受挫，四边告急，物价暴涨，米价高达二千、五千、一万钱一石，灾区甚至人相食。战争的骚扰，加重了原本沉重的赋役，再加上残酷的刑法，使农民完全没有了活路。广大农民被王莽的改制新政弄得“摇手触禁，不得耕桑”，不得不起为盗贼。政治昏暗，加重天灾，旱灾、水灾、蝗灾不断。北方农民起义由兵祸引起，天凤四年的严重饥荒成为南方绿林军起义的导火索，而山东吕母起义则是吕母之子被冤杀引起。总之，天灾人祸逼得广大劳动人民无法再生活下去了。而统治集团内部也不稳，全国人民推翻王莽政权的起义时机成熟了，于是全国农民起义大爆发。王莽后期，连儿子也起来反对他，发动了未遂的宫廷政变。王莽末年的农民大起义是三分天灾，七分人祸。

王莽违道施政，自掘坟墓。这里所说的道，既不是指抽象的天道，也不是指德义的人道，而特指一个正常人的常理人道。人道万端，内容很多，而作为君王的常理人道，一是要圣明，二是要用贤。君王不明，则政治昏乱；君王圣明，则政治清明。王莽聪明绝伦，是玩弄政治的高手，他完全有智慧有能力治理好西汉，而成为汉家周公、刘氏伊尹，不辜负自诩的“安汉公”和“宰衡”的称号。可惜王莽动了窃国之心，一念之差，一切都颠倒了。不能说王莽一登上政治舞台就有野心。王莽的野心，是成帝、哀帝的昏庸政治栽培的，而王政君的长寿为其搭建了平台。王莽一旦有了野心，一切为了夺权窃国，他就要掩人耳目，他的聪明就走上了邪道，于是行为诡异，久而久之，他的心理被扭曲，人性被权力异化。王莽不遗余力宣扬符命，竟异想天开下诏书说自己要“成仙升天”，想用这个办法来欺骗人民，化解民变，岂不让人哑然失笑。王莽专权篡国，害怕臣下效仿成了他的一个心病。有了心病，王莽就变得疯狂，他事无巨细，把一切权力揽在手里，原来奉命执行的事，臣下也要多次请求询问后才能办理。公卿大臣，入朝议事，敷衍搪塞，整天空谈，国家大政连续议论几年没有定论，地方奏报的紧急政务，久久不能上报，许多地方使者整年得不到回答。因为王莽白天黑夜忙得晕头转向，竟致不能理事。尚书趁机舞弊，上下其手，王莽的大权实际旁落。上行下效，加之地方官吏手脚被束，关押在郡县监狱的人，没有人审理，只有等到大赦才能出来。如此行政，国家还能治理得

好吗？

王莽不明，用人更是一团糟。阿谀逢迎之徒得到重用，什么巨毋霸、哀章之流盈于朝廷。王莽忌用贤人。眼见民变大起，王莽不听公孙禄之言，不纳大司马士的实情报告，不用田况为将。有一个效忠又懂军事的严尤，王莽却不听其正面意见，始终不用他独当一面。百万大军交给王邑、王寻。田况早就指出，王邑、王寻辈不宜为将，王莽就是不听。

农民起义，为饥饿所迫，只是找一条活路，因此起义时往往为盗，掠取妇女财物，并无攻城略地的打算。绿林军打败荆州军，俘虏了荆州牧并不敢杀害，送还官军，赤眉军和绿林军一样，只盼望王莽换一个清官，年成丰收，他们好回乡归农。费兴被任命为荆州牧，王莽问他如何治理。费兴说："明令晓谕盗贼，返回乡里，贷放家具、耕牛、种子和粮食，放宽他们的租税，希望能使他们消解愁怨，安于其业。"王莽听了大怒，罢了费兴的官。王莽要杀灭起义的农民，天下人都反，难道能把天下人杀光吗？

更为荒唐的是，王莽不给官吏俸禄，让官吏自己供给。有了俸禄还十官九贪，没有俸禄，不就是明目张胆给贿赂开绿灯吗？各级官吏，利用职权贪赃枉法。朝廷派出的各种各样的使者、公士，一到地方，公开扰民。王莽改革失败，最大的原因是贪官污吏盛行。官逼民反，新朝最为典型。新朝末的农民大起义，完全是王莽的诡异施政造成的。

汉纪三十一

汉淮阳王更始元年至二年（23—24年）

【起昭阳协洽（癸未，23年），尽阏逢涒滩（甲申，24年），凡二年】

【大事提要】

本卷记事起公元23年，讫公元24年，凡两年，当淮阳王更始元年、二年。两年间历史发生大转折。更始元年二月，刘玄称帝，六月一日昆阳大战，汉兵大捷，刘秀建立殊功。九月新朝覆灭，王莽被斩首分尸。刘玄迁都洛阳，遣使巡行全国劝降，多不奉命，刘秀持节安抚河北，脱离更始帝，独当一面。更始二年，刘玄入关都长安，荒怠政事，官民离心。是年，刘秀在河北，历经艰险，平灭王郎，收编铜马，诛杀谢躬，与更始帝决裂。赤眉军西征，公孙述称帝于蜀，梁王刘永、邔县人秦丰、汝南人田戎各自起兵，更始帝号令不行，全国进入群雄纷争的局面。

【原文】

淮阳王

更始元年（癸未，23年）

春，正月，甲子朔，汉兵与下江兵共攻甄阜、梁丘赐，斩之，杀士卒二万余人。王莽纳言将军严尤、秩宗将军陈茂引兵欲据宛，刘縯与战于淯阳下，大破之，遂围宛。先是，青、徐贼众虽数十万人，讫无文书、号令、旌旗、部曲；及汉兵起，皆称将军，攻城略地，移书称说。莽闻之，始惧。

春陵戴侯曾孙玄在平林兵中，号更始将军。时汉兵已十余万，诸将议以兵多而无所统一，欲立刘氏以从人望。南阳豪杰及王常等皆欲立刘縯；而新市、平林将帅乐放纵，惮縯威明，贪玄懦弱，先共定策立之，然后召縯示其议。縯曰："诸将军幸欲尊立宗室，甚厚！然今赤眉起青、徐，众数十万，闻南阳立宗室，恐赤眉复有所立，王莽未灭而宗室相攻，是疑天下而自损权，非所以破莽也。春陵去宛三百里耳，遽自尊立，为天下准的，使后人得承吾敝，非计之善者也。不如且称王以号令，王势亦足以斩诸将。若赤眉所立者贤，相率而往从之，必不夺吾爵位；若无所立，破莽，降赤眉，然后举尊号，亦未晚也。"诸将多曰："善！"张卬拔剑击地曰："疑事无功，今日之议，不得有二！"众皆从之。二月，辛巳朔，设坛场于淯水上沙中，玄即皇帝位，南面立，朝群臣；羞愧流汗，举手不能言。于是大赦，改元，以族父良为国三老，王匡为定国上公，王凤为成国上公，朱鲔为大司马，刘縯为大司徒，陈牧为大司空，余皆九卿将军。由是豪杰失望，多不服。

（以上为第一段，写绿林军拥立更始皇帝，表明起义军要消灭王莽，重建汉室。）

王莽欲外示自安，乃染其须发，立杜陵史谌女为皇后；置后宫，位号视公、卿、大夫、元士者凡百二十人。

【语译】

淮阳王

汉淮阳王更始元年（癸未，23 年）

春季，正月初一日甲子，汉兵与下江兵一起攻打甄阜、梁丘赐，将二人斩首，杀死官兵二万多人。王莽派出的纳言将军严尤、秩宗将军陈茂率兵想坚守宛城，刘縯与官兵在淯阳县交战，大破严尤、陈茂军，于是进围宛城。早先，青、徐两州的起义军有数十万人，但始终是没有公文、号令、旌旗、部曲编制的乌合之众，等到汉兵兴起，才各自称号将军，攻城略地，到处张贴告示，指斥王莽罪恶。王莽听到消息，开始惧怕。

春陵戴侯曾孙刘玄在平林兵中，称更始将军，这时汉兵已发展到十多万人，众将领一同商议，认为军队众多，却没有统一，想拥立一个刘姓首领以顺从民望。南阳郡的豪杰和下江兵王常等，都主张拥立刘縯，而新市兵、平林兵的将领喜欢松散放纵，害怕刘縯的威严明察，贪图刘玄懦弱无能，事先就商量好拥立刘玄，然后去征求刘縯的意见。刘縯说："蒙各位将军厚爱，尊奉刘氏宗室，很好！但是如今赤眉在青、徐二州兴起，有众数十万，一旦听说南阳拥立了宗室称帝，恐怕赤眉军也要拥立一个宗室皇帝。王莽还没消灭而宗室互相攻击，这会造成天下人迷惑而不知所从，自我伤害，这不是破灭王莽的好办法。春陵县离宛城只有三百里，仓促自称皇帝，会成为天下攻击的目标，使得后来的人趁机利用我们的凋敝，这不是好的谋略。不如暂时称王以号令天下，而王的权力也足可以斩杀犯禁的诸将。如果赤眉拥立了一个贤能的皇帝，我们就率领人而去依附它，他们一定不会不授给我们官爵。如果赤眉没有拥立皇帝，等消灭了王莽以后，再降服赤眉，然后再称皇帝，也不算晚。"众将领大多数赞成说："好。"张卬抽出宝剑砍在地上，说："做事怀疑就不能成功，今天只能有一个决定，不能有两个想法。"大家一致同意拥立刘玄称帝。二月初一日辛巳，在淯水河岸沙滩设置坛场，刘玄登坛即皇帝位，南向站立，接受群臣朝拜。刘玄羞愧流汗，紧张得举手却说不出话。于是宣布大赦，改元年号，任命族叔刘良为国三老，王匡为定国上公，王凤为成国上公，朱鲔为大司马，刘縯为大司徒，陈牧为大司空，其余将领都有职位，分任九卿将军。刘玄的表现，使豪杰感到失望，内心不服。

王莽为了对外显示镇定自若，特地把白了的头发和胡须染黑，选立杜陵人史谌的女儿为皇后。设置后宫。后宫嫔妇的封号地位，分等级比照公、卿、士大夫、元士待遇，有一百二十人。

莽赦天下，诏："王匡、哀章等讨青、徐盗贼，严尤、陈茂等讨前队丑虏，明告以生活、丹青之信；复迷惑不解散，将遣大司空、隆新公将百万之师剿绝之矣。"

三月，王凤与太常偏将军刘秀等徇昆阳、定陵、郾，皆下之。

王莽闻严尤、陈茂败，乃遣司空王邑驰传，与司徒王寻发兵平定山东；征诸明兵法六十三家以备军吏，以长人巨毋霸为垒尉，又驱诸猛兽虎、豹、犀、象之属以助威武。邑至洛阳，州郡各选精兵，牧守自将，定会者四十三万人，号百万；余在道者，旌旗、辎重，千里不绝。夏，五月，寻、邑南出颍川，与严尤、陈茂合。

诸将见寻、邑兵盛，皆反走，入昆阳，惶怖，忧念妻孥，欲散归诸城。刘秀曰："今兵谷既少而外寇强大，并力御之，功庶可立；如欲分散，势无俱全。且宛城未拔，不能相救；昆阳即拔，一日之间，诸部亦灭矣。今不同心胆，共举功名，反欲守妻子财物邪！"诸将怒曰："刘将军何敢如是！"秀笑而起。会候骑还，言："大兵且至城北，军陈数百里，不见其后。"诸将素轻秀，及迫急，乃相谓曰："更请刘将军计之。"秀复为图画成败，诸将皆曰："诺。"时城中唯有八九千人，秀使王凤与廷尉大将军王常守昆阳，夜与五威将军李轶等十三骑出城南门，于外收兵。

时莽兵到城下者且十万，秀等几不得出。寻、邑纵兵围昆阳，严尤说邑曰："昆阳城小而坚，今假号者在宛，亟进大兵，彼必奔走；宛败，昆阳自服。"邑曰："吾昔围翟义，坐不生得以见责让，今将百万之众，遇城而不能下，非所以示威也。当先屠此城，蹀血而进，前歌后舞，顾不快邪！"遂围之数十重，列营百数，钲鼓之声闻数十里，或为地道、冲輣撞城；积弩乱发，矢下如雨，城中负户而汲。王凤等乞降，不许。寻、邑自以为功在漏刻，不以军事为忧。严尤曰："《兵法》：'围城为之阙'，宜使得逸出以怖宛下。"邑又不听。

棘阳守长岑彭与前队贰严说共守宛城，汉兵攻之数月，城中人相食，乃举城降；更始入都之。诸将欲杀彭，刘縯曰："彭，郡之大吏，执心固守，是其节也。今举大事，当表义士，不如封之。"更始乃封彭为归

王莽大赦天下，下诏书说：王匡、哀章等人讨伐青徐二州的盗贼，严尤、陈茂讨伐前队地区南阳郡的丑虏，公开告示投降的人不杀，立字为信，如果仍然执迷不悟，拒绝放下武器不解散，将派大司空兼隆新公领兵百万大军剿灭叛乱。

三月，王凤与太常偏将军刘秀等围攻昆阳、定陵、郾城等三县，全都攻克了。

王莽听说严尤、陈茂战败，就派司空王邑乘驿车迅速前去，与司徒王寻发兵平定山东地区的叛乱，征召懂得兵法的人有六十三家以充军吏，用长人巨毋霸为垒尉，又驱赶各种猛兽虎、豹、犀牛、大象之类来壮军威。王邑到了洛阳，各地州郡选派精兵，由州牧、郡守自己率领，限期会合的已达四十三万人，号称百万；其余还在道路上，行进的旌旗、辎重，络绎千里不绝。夏季，五月，王寻、王邑等向南出发到颍川，与严尤、陈茂会合。

起义军各个将领们看到王寻、王邑声势浩大，都退走，进入昆阳，恐慌不安，挂念妻子儿女，想分兵散归各城，刘秀说："如今兵粮既少，而城外的敌人又强大，合力抵御，尚有成功的一线希望；若想要分散，势必无法保全。况且宛城还没攻破，不能前来救援；昆阳若被敌人攻下，只要一天的时间，各路军队也就会被消灭。如果今天不同心协力，共取功名，反倒想要守住妻子儿女和财物行吗？"各位将领发怒说："刘将军岂能这样无礼！"刘秀笑着站起身。此时正好侦察的骑兵回来，说："大兵即将到达城北，军阵长达数百里，不见尽头。"各位将领一向看不起刘秀，等到形势紧急，才互相说："再去请刘将军来商量！"刘秀再给大家筹划成败，各位将领都说："是。"此时城中只有八九千人，刘秀让王凤和廷尉大将军王常守昆阳，趁夜里自己和五威将军李轶等十三骑出昆阳城南门，到外边去征调援兵。

此时王莽大军到达城下的已将近十万，刘秀等人差点出不去。王寻、王邑摆开兵马包围昆阳，严尤劝谏王邑说："昆阳城小而坚固，现在假称皇帝的人住在宛城，赶快将大军开过去，这伙人一定逃走；宛城那边溃败了，昆阳自然就会降服。"王邑说："我上次围攻翟义，因为没有当场将他生擒受到谴责，现在统率百万大军，碰上城池不把它攻克，不能显示军威。应该先屠灭此城，踏血前进，前歌后舞，岂不痛快！"于是就将昆阳城包围上几十重，布列营垒数以百计，钲鼓的声音传出数十里，有的地段挖掘地道攻城，有的用冲车、輣车撞城，弓箭乱发，箭如雨下，城中的人只能背负门板去打水。王凤等人乞求投降，也不允许。王寻、王邑等自认为顷刻之间就可成功，不再为军事操心。严尤说："兵法上说，围城要留有缺口。应当让他们能够逃出去，使宛城外的敌人感到恐惧。"王邑又不听从。

棘阳守长岑彭与前队副将严说共守宛城，汉军围攻了几个月，城中缺粮，人相食，不能抵抗，全城投降。更始皇帝刘玄进入宛城，作为临时首都。各位将领都想杀岑彭，刘縯说："岑彭是一郡的长官，坚守城垣，是他应尽的节操。我们现在兴起

德侯。

刘秀至郾、定陵，悉发诸营兵；诸将贪惜财物，欲分兵守之。秀曰："今若破敌，珍宝万倍，大功可成；如为所败，首领无余，何财物之有！"乃悉发之。六月，己卯朔，秀与诸营俱进，自将步骑千余为前锋，去大军四五里而陈；寻、邑亦遣兵数千合战，秀奔之，斩首数十级。诸将喜曰："刘将军平生见小敌怯，今见大敌勇，甚可怪也！且复居前，请助将军！"秀复进，寻、邑兵却，诸部共乘之，斩首数百、千级。连胜，遂前，诸将胆气益壮，无不一当百，秀乃与敢死者三千人从城西水上冲其中坚。寻、邑易之，自将万余人行陈，敕诸营皆按部毋得动，独迎与汉兵战，不利，大军不敢擅相救；寻、邑陈乱，汉兵乘锐崩之，遂杀王寻。城中亦鼓噪而出，中外合势，震呼动天地；莽兵大溃，走者相腾践，伏尸百余里。会大雷、风，屋瓦皆飞，雨下如注，滍川盛溢，虎豹皆股战，士卒赴水溺死者以万数，水为不流。王邑、严尤、陈茂轻骑乘死人渡水逃去，尽获其军实辎重，不可胜算，举之连月不尽，或燔烧其余。士卒奔走，各还其郡，王邑独与所将长安勇敢数千人还洛阳，关中闻之震恐。于是海内豪杰翕然响应，皆杀其牧守，自称将军，用汉年号以待诏命；旬月之间，遍于天下。

（以上为第二段，写昆阳大战，刘秀建功，王莽军溃败，形势急转，新朝的灭亡进入倒计时。）

莽闻汉兵言莽鸩杀孝平皇帝，乃会公卿于王路堂，开所为平帝请命金縢之策，泣以示群臣。

刘秀复徇颍川，攻父城不下，屯兵巾车乡。颍川郡掾冯异监五县，为汉兵所获。异曰："异有老母在父城，愿归，据五城以效功报德！"秀许之。异归，谓父城长苗萌曰："诸将多暴横，独刘将军所到不虏略，观其言语举止，非庸人也！"遂与萌率五县以降。

新市、平林诸将以刘縯兄弟威名益盛，阴劝更始除之。秀谓縯曰："事欲不善。"縯笑曰："常如是耳。"更始大会诸将，取縯宝剑视之；绣衣御史申徒建随献玉玦；更始不敢发。縯舅樊宏谓縯曰："建得无有范增

大事，应当表扬义士，还不如封他官爵为好。”刘玄便封岑彭为归德侯。

刘秀到郾城、定陵，把各路军营里的兵马全部调出来，各位将领贪恋财物，想要分兵看守。刘秀说：“现在若能打败敌军，珍宝比这里多上万倍，大功也可告成；若被打败，连脑袋都留不住，还能有什么财物！”因此就把军队全部调出来。六月初一日己卯，刘秀和诸营兵马进逼敌军，他亲自率领了一千多步兵、骑兵充当前锋，在距敌军四五里处摆下阵势。王寻、王邑也派出几千兵马来交战，刘秀带兵冲杀过去，斩杀好几十个敌人。各位将领高兴地说：“刘将军平日见到小敌胆怯，今天遇到大敌反而勇敢，真令人惊奇！请将军再作前锋，我们帮助将军！”刘秀再次向前冲击，王寻、王邑的军队后退，各路兵马一同冲杀上去，斩杀成百上千人首级。接连获胜，就乘势杀过去，各位将领的胆子更大了，无不以一当百，刘秀就和三千敢死队员从城西水边冲击敌阵的主将营垒。王寻、王邑轻视汉军，亲自率领一万余人在阵前巡视；指示各营按部停驻不可妄动，单独迎战汉军，不利，大军又不敢擅自救援；王寻、王邑的军阵混乱，汉军乘着锐气击溃他们，就此杀了王寻。城里也擂起战鼓，喊叫着冲杀而出，内外呼应，杀声惊天动地；王莽军全线溃败，逃命的相互践踏，长达百余里的路上躺满尸体。恰逢遇上气候剧变，巨雷响起，狂风大作，屋上的瓦片都被刮飞。暴雨倾盆而下，滍川的水涨溢出来，虎、豹都很害怕，士卒跑到水里逃命被淹死的，数以万计，以致水都堵塞而流不动。王邑、严尤、陈茂率领轻装骑兵从死人尸体上渡水逃走。王莽军的辎重统统被汉军缴获，多得无法清点，连月搬运都没有运完，余下的就只能烧掉。王莽军溃散的士卒，四处逃走，各自回到自己的郡邑，唯有王邑和他率领的长安勇士数千人返回洛阳。关中听到这个消息，大为震惊。因此海内豪杰一起响应，都杀死当地的州牧、太守，自称将军，改用汉朝的年号以等待诏命；不到一个月的时间，遍及全国。

王莽听到汉军说他用鸩酒毒杀了汉平帝，就召集公卿到王路堂，打开铁柜，取出从前他为平帝向上天请命，解除疾病的策书，哭着拿给大臣们看。

刘秀又向颍川一带进军，进攻父城县没有攻克，大军驻屯巾车乡。颍川郡掾冯异督察五个县，被汉军生擒。冯异说：“我有老母在父城县，希望回去，献上这五座县城，以报答恩德！”刘秀答应了他的请求。冯异回去后，对父城县长苗萌说：“刘玄的各位将领多数凶暴蛮横，唯独刘秀将军所到之处，不抢劫百姓和财物，看他的言谈举止，不是一个庸碌之辈。”就与苗萌一同率领五县的官民投降刘秀。

新市兵、平林兵的各位将领，因为刘縯兄弟威名日盛，暗中劝刘玄把他们除掉。刘秀对刘縯说：“看情况，事情对我们不妙。”刘縯笑着说：“一向就是如此。”不久，刘玄集合全体将领，叫刘縯拿出他的宝剑，刘玄接过去仔细观察。此时，绣衣御史

之意乎？”縯不应。李轶初与縯兄弟善，后更谄事新贵；秀戒縯曰：“此人不可复信！”縯不从。縯部将刘稷，勇冠三军，闻更始立，怒曰：“本起兵图大事者，伯升兄弟也。今更始何为者邪！”更始以稷为抗威将军，稷不肯拜；更始乃与诸将陈兵数千人，先收稷，将诛之；縯固争。李轶、朱鲔因劝更始并执縯，即日杀之；以族兄光禄勋赐为大司徒。秀闻之，自父城驰诣宛谢。司徒官属迎吊秀，秀不与交私语，惟深引过而已，未尝自伐昆阳之功；又不敢为縯服丧，饮食言笑如平常。更始以是惭，拜秀为破虏大将军，封武信侯。

道士西门君惠谓王莽卫将军王涉曰：“谶文刘氏当复兴，国师公姓名是也。”涉遂与国师公刘秀、大司马董忠、司中大赘孙伋谋，以所部兵劫莽降汉，以全宗族。秋，七月，伋以其谋告莽，莽召忠诘责，因格杀之，使虎贲以斩马剑剉忠，收其宗族，以醇醯、毒药、白刃、丛棘并一坎而埋之；秀、涉皆自杀。莽以其骨肉旧臣，恶其内溃，故隐其诛。莽以军师外破，大臣内畔，左右亡所信，不能复远念郡国，乃召王邑还，为大司马，以大长秋张邯为大司徒，崔发为大司空，司中寿容苗䜣为国师。莽忧懑不能食，但饮酒，啖鳆鱼；读军书倦，因冯几寐，不复就枕矣。

成纪隗崔、隗义、上邽杨广、冀人周宗同起兵以应汉，攻平襄，杀莽镇戎大尹李育。崔兄子嚣，素有名，好经书，崔等共推为上将军；崔为白虎将军，义为左将军。嚣遣使聘平陵方望，以为军师。望说嚣立高庙于邑东；己巳，祠高祖、太宗、世宗，嚣等皆称臣执事，杀马同盟，以兴辅刘宗；移檄郡国，数莽罪恶。勒兵十万，击杀雍州牧陈庆、安定大尹王向。分遣诸将徇陇西、武都、金城、武威、张掖、酒泉、敦煌，皆下之。

（以上为第三段，写昆阳之战后，敌对双方在新形势下均发生微妙变化。更始皇帝火并刘縯，为刘秀兴起留下伏笔。王莽内部分崩离析，再次发生宫廷未遂政变。新朝后院陇西反叛，王莽四面楚歌。）

初，茂陵公孙述为清水长，有能名；迁导江卒正，治临邛。汉兵起，南阳宗成、商人王岑起兵徇汉中以应汉，杀王莽庸部牧宋遵，众合数万人。述遣使迎成等，成等至成都，虏掠暴横。述召郡中豪杰谓曰：“天下

申徒建随即献上玉玦，刘玄不敢发令。刘縯的舅舅樊宏对刘縯说："申徒建莫非有范增杀刘邦的意图？"刘縯不理。李轶最初与刘縯兄弟感情很好，后来转向谄媚有权柄的新贵，刘秀提醒刘縯说："对这个人不能再信任了！"刘縯不听。刘縯的部将刘稷，勇冠三军，听说刘玄登位当皇帝，就发怒说："当初兴兵图谋大事的，是刘縯兄弟。现在刘玄算个什么！"刘玄任命刘稷为抗威将军，刘稷不肯拜受。因此刘玄就与将领们布置数千士兵，先逮捕刘稷，准备杀掉，刘縯坚决反对。李轶、朱鲔趁机劝刘玄把刘縯一起抓起来，并于当天就把他们二人杀了。刘玄任命堂兄光禄勋刘赐为大司徒。刘秀听说这个消息，当即从父城奔回宛城，向刘玄请罪。司徒所属官员迎接刘秀，并表示哀悼，刘秀不和他们说一句私话，只是深自责备而已，不曾自夸昆阳之战的功劳。又不敢为刘縯穿丧服，饮食说笑与平常一样。刘玄因而惭愧，任命刘秀为破虏大将军，封武信侯。

道士西门君惠对王莽卫将军王涉说："谶书上说刘氏应当复兴，国师公的姓名就是。"因而王涉就和国师公刘秀、大司马董忠、司中大赘孙伋商议，准备用他们所统领的部队，劫持王莽，投降刘玄，以保全自己的家族，秋季，七月，孙伋向王莽告密。王莽就召见董忠责问，并当场格杀，命虎贲武士用斩马剑将董忠尸体剁成碎片，逮捕董忠的家族，全推入一个大坑里，浇上浓醋、毒药、利刃、荆棘搅拌，然后埋葬。刘秀、王涉都自杀。王莽因为王涉是他的亲属，刘秀是他的旧臣，嫌恶他们从内部崩溃，只好秘而不宣。王莽因为军队在外面吃了败仗，大臣们又在内部反叛，身边没有可以信任的人，无法再考虑远方的郡国，就把王邑召回，做大司马。同时，还任命大长秋张邯为大司徒，崔发为大司空，司中寿容苗䜣为国师。王莽忧愁烦闷，吃不下饭，只是喝酒、吃鳆鱼。阅读军书疲倦了，就靠着几案打盹，不再上床睡觉。

成纪人隗崔与隗义、上邽人杨广、冀县人周宗同时聚众起兵，响应刘玄的汉军，攻打平襄县，杀死王莽的镇戎郡大尹李育。隗崔的侄儿隗嚣向来很有声望，喜好读经书，隗崔等人共同推举隗嚣作总首领称上将军，隗崔为白虎将军，隗义为左将军。隗嚣派遣使者聘请平陵人方望担任军师。方望对隗嚣说，在平襄县东郊兴建汉高祖祭庙。七月二十一日己巳，祭祀汉高祖、太宗、世宗，隗嚣等人都称臣执事，杀马盟誓，同心合力以振兴辅佐刘氏宗亲。还向各郡、国传递文告，声讨王莽罪行。统率十万军队，击杀雍州牧陈庆，安定大尹王向。又分别派遣将领招抚陇西、武都、金城、张掖、酒泉、敦煌等郡，都归顺隗嚣。

起初，茂陵人公孙述任清水县长，很有才干闻名于世，调任导江卒正，郡城治所临邛县。汉兵兴起，南阳人宗成、商县人王岑也起兵响应，攻下汉中郡，杀死王莽委任的庸部牧宋遵。宗成、王岑合兵有数万人。公孙述派人迎请宗成等人，宗成

同苦新室，思刘氏久矣，故闻汉将军到，驰迎道路。今百姓无辜而妇子系获，此寇贼，非义兵也。”乃使人诈称汉使者，假述辅汉将军、蜀郡太守兼益州牧印绶；选精兵西击成等，杀之，并其众。

前钟武侯刘望起兵汝南，严尤、陈茂往归之；八月，望即皇帝位，以尤为大司马，茂为丞相。

王莽使太师王匡、国将哀章守洛阳。更始遣定国上公王匡攻洛阳，西屏大将军申屠建、丞相司直李松攻武关，三辅震动。析人邓晔、于匡起兵南乡以应汉，攻武关都尉朱萌，萌降；进攻右队大夫宋纲，杀之；西拔湖。莽愈忧，不知所出。崔发言：“古者国有大灾，则哭以厌之。宜告天以求救！”莽乃率群臣至南郊，陈其符命本末，仰天大哭，气尽，伏而叩头。诸生、小民旦夕会哭，为设餐粥；甚悲哀者，除以为郎，郎至五千余人。

莽拜将军九人，皆以虎为号，将北军精兵数万人以东，内其妻子宫中以为质。时省中黄金尚六十余万斤，他财物称是，莽愈爱之，赐九虎士人四千钱；众重怨，无斗意。九虎至华阴回溪，距隘自守。于匡、邓晔击之，六虎败走；二虎诣阙归死，莽使使责死者安在，皆自杀；其四虎亡。三虎收散卒保渭口京师仓。

邓晔开武关迎汉兵。李松将三千余人至湖，与晔等共攻京师仓，未下。晔以弘农掾王宪为校尉，将数百人北渡渭，入左冯翊界。李松遣偏将军韩臣等径西至新丰击莽波水将军，追奔至长门宫。王宪北至频阳，所过迎降。诸县大姓各起兵称汉将军，率众随宪。李松、邓晔引军至华阴，而长安旁兵四会城下；又闻天水隗氏方到，皆争欲入城，贪立大功、卤掠之利。莽赦城中囚徒，皆授兵，杀豨，饮其血，与誓曰：“有不为新室者，社鬼记之！”使更始将军史谌将之。渡渭桥，皆散走，谌空还。众兵发掘莽妻、子、父、祖冢，烧其棺椁及九庙、明堂、辟雍，火照城中。

等到了成都，横暴抢劫。公孙述召集郡中豪杰说：“全天下的人被新朝害苦，想念汉朝很久了，所以听到汉室将军到来，都跑到路上迎接，如今百姓无罪，他们的老婆子女被抓捕，这是强盗，不是义军。”便派人假称汉室刘玄的使者，任命公孙述为辅汉将军、蜀郡太守兼益州牧，颁发印章绶带。公孙述挑选精兵西击宗成等人，杀了宗成、王岑，合并了他们的部众。

前钟武侯刘望在汝南起兵，严尤、陈茂前往归附。八月，刘望即皇帝位，任命严尤为大司马，陈茂为丞相。

王莽派太师王匡、国将哀章守卫洛阳。更始皇帝刘玄派定国上公王匡攻打洛阳，西屏大将军申屠建、丞相司直李松攻打武关，三辅震动。析县人邓晔、于匡在析县南乡起兵响应汉兵。汉兵进攻武关都尉朱萌，朱萌投降。汉兵进攻右队大夫宋纲，杀了宋纲。向西挺进，攻下湖县，王莽更加忧虑，不知道怎么办。崔发说：“古时国家有了大灾难，可以用哭声来化解，并向上天祷告求救。”王莽听信了，就率领群臣到南郊，陈述他得到符命的始末，仰天大哭，声嘶气绝，然后伏地叩头。众儒生与老百姓，一早一晚集合大哭，王莽为大哭的人准备稀饭。对哭得十分悲哀的人，就任命为郎官，使郎官达到了五千人。

王莽任命了九个将军，都用虎为称号，率领北军精兵数万人出发东征，把将官们的老婆、孩子召入宫中为人质。当时宫中还有黄金六十多万斤，其他财宝也值这么多。王莽到了末日，更加珍爱财物，赏赐给九虎战士每人四千钱，大家非常怨恨，毫无斗志。九虎将军行进到华阳县回溪坂，拒守险要，于匡、邓晔挥兵攻击，六位虎将军败走，其中两位虎将军回到朝廷请罪，王莽派使者责问战死的人在哪里，两位虎将军都自杀，其他四位逃走。还有三位虎将军收集残兵败将，退入渭口保卫京师仓。

邓晔打开武关迎接汉兵。李松率领三千人到达湖县，会合邓晔等一起攻打京师仓，没有攻下。邓晔任命弘农掾王宪为校尉，率领几百兵士渡到渭水北岸，进入左冯翊郡界，李松派出副将韩臣等人直接向西到达新丰县，攻击王莽的波水将军窦融，窦融败逃，韩臣追击直到长门宫。王宪北进到达频阳县，沿路招降。各县的大姓豪强各自起兵都称号汉室将军，率领部众追随王宪。这时，李松、邓晔率众到达华阴县，而长安周围各路军队，从四方起来，在长安城下会合。又传来消息，天水的隗氏军队也抵达长安，大家都争着进入长安，以图大功，并占得抢掠财物的先机。王莽赦免城中的囚徒，都发给兵器，杀猪饮血，与他们立誓说：“有人不替新朝尽力，由土地神记住他！”派更始将军史谌率领，渡过渭桥，全都逃散，史谌一人回来。各路汉兵挖掘王莽老婆、儿子、父亲、祖父的坟冢，烧掉棺椁以及九庙、明堂、辟雍，火光照亮了长安城。

九月，戊申朔，兵从宣平城门入。张邯逢兵见杀；王邑、王林、王巡、𦽆恽等分将兵距击北阙下，会日暮，官府、邸第尽奔亡。己酉，城中少年朱弟、张鱼等恐见卤掠，趋讙并和，烧作室门，斧敬法闼，呼曰："反虏王莽，何不出降！"火及掖庭、承明，黄皇室主所居。黄皇室主曰："何面目以见汉家！"自投火中而死。

莽避火宣室前殿，火辄随之。莽绀袀服，持虞帝匕首；天文郎按式于前，莽旋席随斗柄而坐，曰："天生德于予，汉兵其如予何！"庚戌，且明，群臣扶掖莽自前殿之渐台，公卿从官尚千余人随之。王邑昼夜战，罢极，士死伤略尽；驰入宫，间关至渐台，见其子侍中睦解衣冠欲逃，邑叱之，令还，父子共守莽。军人入殿中，闻莽在渐台，众共围之数百重。台上犹与相射，矢尽，短兵接；王邑父子、𦽆恽、王巡战死，莽入室。下晡时，众兵上台，苗䜣、唐尊、王盛等皆死。商人杜吴杀莽，校尉东海公宾就斩莽首；军人分莽身，节解脔分，争相杀者数十人；公宾就持莽首诣王宪。宪自称汉大将军，城中兵数十万皆属焉；舍东宫，妻莽后宫，乘其车服。癸丑，李松、邓晔入长安，将军赵萌、申屠建亦至；以王宪得玺绶不上，多挟宫女，建天子鼓旗，收斩之。传莽首诣宛，县于市；百姓共提击之，或切食其舌。

班固赞曰：王莽始起外戚，折节力行以要名誉，及居位辅政，勤劳国家，直道而行，岂所谓"色取仁而行违"者邪！莽既不仁而有佞邪之材，又乘四父历世之权，遭汉中微，国统三绝，而太后寿考，为之宗主，故得肆其奸慝以成篡盗之祸。推是言之，亦天时，非人力之致矣！及其窃位南面，颠覆之势险于桀、纣，而莽晏然自以黄、虞复出也，乃始恣睢，奋其威诈，毒流诸夏，乱延蛮貉，犹未足以逞其欲焉。是以四海之内，嚣然丧其乐生之心，中外愤怨，远近俱发，城池不守，支体分裂，遂令天下城邑为虚，害遍生民，自书传所载乱臣贼子，考其祸败，未有如莽之甚者也！昔秦燔《诗》

九月初一日戊申，汉兵从宣平门攻入长安城，大司徒张邯巡视城门遭遇汉兵被杀死。大司马王邑与王林、王巡、䨓恽等人分别率领军队在未央宫北门抵御汉兵。赶上天黑，官府、邸宅的人们都已逃亡一空。九月初二日己酉，长安城中青年朱弟、张鱼等人担心被抢劫，就成群结队，奔跑呼喊，直扑未央宫西北作室便门，放火焚烧，砍开敬法殿的小门，大声叫喊："反贼王莽，为何还不出来投降！"大火延烧到掖庭后宫、承明殿。承明殿是黄皇室主的居所。黄皇室主说："我有什么脸面去见汉家的人。"自己纵身投入火中而死。

王莽逃到未央宫室前殿避火，而火也接着烧到此处。王莽穿着深青色而露着红色的衣服，拿着虞帝匕首。天文郎在前面持着星盘，随时拨动指针，王莽转动座位，随着斗柄所指的方向而坐，说："上天降下大德在我王莽身上，汉军能把我怎样呢？"九月初三日庚戌，天刚亮，大臣们扶着王莽从前殿逃往渐台，凭借池水阻挡汉兵，此时公卿侍从还有一千多人追随左右。王邑日夜作战，疲倦不能支持，士兵死伤殆尽。王邑跑回皇宫，辗转进入渐台，遇见他儿子侍中王睦脱下官衣官帽，准备逃跑，王邑就大声斥责他，命令他回来，父子一起保卫王莽。汉兵进入殿中，听说王莽在渐台，就把渐台重重包围了数百层。此时渐台守军还射箭抗拒，等到箭射光了，汉兵冲近，双方短兵相接。王邑父子、䨓恽、王巡战死，王莽逃入室内。下午申时，也就是傍晚，大批士兵杀入渐台。国师苗䜣，太傅唐尊、王盛等，全被杀死。商县人杜吴杀死王莽，校尉东海郡公宾就砍下王莽人头。众士兵肢解分割王莽的身体，切成碎块，争着砍杀的有几十人。公宾就便拿着王莽人头，进献给王宪。王宪自称汉室大将军，城里几十万士兵都归属他。王宪住在长乐宫，将王莽的妃嫔都作为妻妾，乘坐穿戴王莽的车马、衣服。九月初六日癸丑，李松、邓晔进入长安，将军赵萌、西屏大将军申屠建，接连到达长安，由于王宪缴获皇帝玉玺印信不肯上交，又挟持很多宫女，建立天子旗帜鼓号，就将他捉来杀掉了。把王莽的人头送到宛城，悬挂街市示众。愤怒的人群一起砍王莽的人头，有人甚至割下他的舌头来吃。

班固评论说：王莽开始由外戚起家，屈己下人，尽力做事，以便博取声誉。等到身居高位成了辅政大臣，操劳国事，按照正道为人做事，难道不是孔子所说的"表面上爱好仁德，实际行动却违背仁德"的人吗？王莽本无仁德，却擅长奸邪巧佞的才干，又利用四位伯父、叔父历代掌握的权势，适逢汉朝中途衰落，成帝、哀帝、平帝三代没有皇帝继承人，而王政君太后又高寿，成为王莽依靠的宗主，所以能够大行其奸恶，造成窃国篡位的灾祸。按照这个历程说来，也是天道时势，不是人力能够做得到的。等到他窃取帝位，南向称尊，颠倒的局势比夏桀王、殷纣王时还要危险，而王莽却安然自得，以为是黄帝、虞舜重新出世，便开始放纵暴戾，施展他的威力和诈术，祸害流毒

《书》以立私议，莽诵“六艺”以文奸言，同归殊涂，俱用灭亡，皆圣王之驱除云尔。

（以上为第四段，写新朝的覆灭，王莽被砍头分尸而遗臭万年。）

定国上公王匡拔洛阳，生缚莽太师王匡、哀章，皆斩之。冬，十月，奋威大将军刘信击杀刘望于汝南，并诛严尤、陈茂，郡县皆降。

更始将都洛阳，以刘秀行司隶校尉，使前整修宫府。秀乃置僚属，作文移，从事司察，一如旧章。时三辅吏士东迎更始，见诸将过，皆冠帻而服妇人衣，莫不笑之；及见司隶僚属，皆欢喜不自胜，老吏或垂涕曰：“不图今日复见汉官威仪！”由是识者皆属心焉。

更始北都洛阳，分遣使者徇郡国，曰：“先降者复爵位！”使者至上谷，上谷太守扶风耿况迎，上印绶；使者纳之，一宿，无还意。功曹寇恂勒兵入见使者，请之，使者不与，曰：“天王使者，功曹欲胁之邪！”恂曰：“非敢胁使君，窃伤计之不详也。今天下初定，使君建节衔命，郡国莫不延颈倾耳；今始至上谷而先堕大信，将复何以号令他郡乎！”使者不应。恂叱左右以使者命召况；况至，恂进取印绶带况。使者不得已，乃承制诏之，况受而归。

宛人彭宠、吴汉亡命在渔阳，乡人韩鸿为更始使，徇北州，承制拜宠偏将军，行渔阳太守事，以汉为安乐令。

更始遣使降赤眉。樊崇等闻汉室复兴，即留其兵，将渠帅二十余人随使者至洛阳，更始皆封为列侯。崇等既未有国邑，而留众稍有离叛者，乃复亡归其营。

王莽庐江连率颍川李宪据郡自守，称淮南王。

全国，混乱蔓延到周边蛮夷各族，还没有满足他逞能的欲望。因此，全国之内，一片愁苦，人民丧失了生存的乐趣，朝廷内外愤怨，远近四方同时发生起义，城池不能坚守，自身躯体被分裂，于是使天下城邑变为废墟，害苦了黎民苍生，自有书传记载以来的乱臣贼子，考察他们带来的失败与灾祸，没有一个能超过王莽。从前，秦朝烧毁《诗》、《书》典籍，贯彻一姓的主张，王莽却利用“六经”来文饰奸言，殊途同归，都走向灭亡，不过是替圣明的君王开辟道路罢了。

定国上公王匡攻陷洛阳，活捉王莽的太师王匡、国将哀章，皆斩首。冬季，十月，奋威大将军刘信在汝南击败刚刚称帝的刘望，并斩杀刚刚被任命的大司马严尤、丞相陈茂，所属郡县，全都归附。

更始皇帝刘玄准备建都洛阳，任命刘秀为代理司隶校尉，派他先赴洛阳修建宫殿和官府。刘秀设置属官，用正式公文通知所属郡县，派出从事司察政务，一切按照西汉旧制，此时三辅吏士派代表到洛阳迎接刘玄，人们看到各位将领路过，用布包头，穿着女人的服装，没有不讥笑的。等到看见刘秀的下属官吏，都高兴得不能自已，年纪大的官吏甚至流泪说：“想不到今天还能看到汉朝官员的威仪！”自此，有见识的人，都心悦诚服地归附刘秀。

刘玄北迁定都洛阳，就分别派遣使臣巡视郡国，宣布诏命说：“率先投降的，保持他的封爵官位。”使臣到达上谷郡，上谷郡太守扶风人耿况出城迎接，缴纳印信，使臣接受。但是，过了一夜，并无发还的意思。功曹寇恂带兵去见使臣，请求发还印信，使臣不给，说：“我是天子的使臣，功曹想要威胁我吗？”寇恂说：“不敢威胁使君，只是痛惜使君的计谋前景不妙。现在天下刚平定，使君持节宣布诏命，各郡国没有一个不是伸长脖子洗耳恭听的。如今使君刚到上谷郡，便先自毁承诺，将拿什么再向其他的郡发号施令呢？”使臣不理。寇恂大声斥责左右随从，教他们借使臣的名义召耿况来；耿况来后，寇恂上前去拿印信交给耿况。使臣不得已，只好以承奉天子的制命赐给他，耿况接受印信后告辞回府。

宛城人彭宠、吴汉逃亡到渔阳郡，同乡韩鸿为更始的使臣，到北方沿边郡县巡视，以奉承天子的制命，任命彭宠为偏将军，代理渔阳郡太守；任命吴汉为安乐县令。

更始帝刘玄派遣使臣劝降赤眉。樊崇等人听说汉室复兴消息，就将部众留下，率领二十余名将领，随同使臣到洛阳，更始帝封他们全都为侯爵。但樊崇等人不但没有采邑，而且留在原地的部众有人开始背叛离去，樊崇等又逃回他们的营地。

王莽庐江连率颍川人李宪占据本郡，自称淮南王。

故梁王立之子永诣洛阳；更始封为梁王，都睢阳。

更始欲令亲近大将徇河北，大司徒赐言："诸家子独有文叔可用。"朱鲔等以为不可，更始狐疑，赐深劝之；更始乃以刘秀行大司马事，持节北渡河，镇慰州郡。

以大司徒赐为丞相，令先入关修宗庙、宫室。

大司马秀至河北，所过郡县，考察官吏，黜陟能否，平遣囚徒，除王莽苛政，复汉官名；吏民喜悦，争持牛酒迎劳，秀皆不受。

南阳邓禹杖策追秀，及于邺。秀曰："我得专封拜，生远来，宁欲仕乎？"禹曰："不愿也。"秀曰："即如是，何欲为？"禹曰："但愿明公威德加于四海，禹得效其尺寸，垂功名于竹帛耳！"秀笑，因留宿间语；禹进说曰："今山东未安，赤眉、青犊之属动以万数。更始既是常才而不自听断，诸将皆庸人屈起，志在财币，争用威力，朝夕自快而已，非有忠良明智、深虑远图，欲尊主安民者也。历观往古圣人之兴，二科而已，天时与人事也。今以天时观之，更始既立而灾变方兴；以人事观之，帝王大业非凡夫所任，分崩离析，形势可见。明公虽建藩辅之功，犹恐无所成立也。况明公素有盛德大功，为天下所向服，军政齐肃，赏罚明信。为今之计，莫如延揽英雄，务悦民心，立高祖之业，救万民之命，以公而虑，天下不足定也！"秀大悦，因令禹宿止于中，与定计议；每任使诸将，多访于禹，皆当其才。

秀自兄縯之死，每独居辄不御酒肉，枕席有涕泣处，主簿冯异独叩头宽譬；秀止之曰："卿勿妄言！"异因进说曰："更始政乱，百姓无所依戴。夫人久饥渴，易为充饱。今公专命方面，宜分遣官属徇行郡县，宣布惠泽。"秀纳之。

骑都尉宋子耿纯谒秀于邯郸，退，见官属将兵法度不与他将同，遂自结纳。

故赵缪王子林说秀决列人河水以灌赤眉，秀不从；去之真定。林素任侠于赵、魏间，王莽时，长安中有自称成帝子子舆者，莽杀之。邯郸

前梁王刘立的儿子刘永前往洛阳。更始皇帝封他为梁王，王都设在睢阳县。

更始皇帝打算派亲信大将招抚河北地区，大司徒刘赐说：“南阳宗族子弟中，唯有刘秀可以胜任。”朱鲔等认为不可以，刘玄却犹豫不定，刘赐恳切地规劝更始帝，这才任命刘秀兼任大司马之职，执持符节，北渡黄河，安抚慰问各州郡。

刘玄任命大司徒刘赐为丞相，派他先进入函谷关，修建宗庙、宫室。

大司马刘秀到达河北，所经郡县，考察官吏政绩，有才能的晋升，表现不好的贬退，平反冤假错案，废除王莽时代的暴政，恢复汉朝官名制度。官民一片欢欣，争先恐后地拿着牛肉、美酒来迎接慰劳。刘秀一律不接受。

南阳人邓禹策马投奔刘秀，追到邺城，才见到刘秀。刘秀说：“我有封爵任官的权力，先生从那么远追来，难道想进入仕途？”邓禹说：“不想做官。”刘秀说：“既然如此，你想干什么？”邓禹说：“只希望明公的威望与恩德普及全国，我能在明公的手下尽尺寸之力，使功业、名声流传在史册而已！”刘秀笑笑，就留邓禹住下，私下交谈。邓禹进而建议说：“如今山东依旧没有完全平定，赤眉、青犊所属的部队都数以万计。更始帝刘玄不过是一个平凡人物，况且又不能自己做主听取意见，做出决断，各位将领是平庸之辈，靠着机运而骤然兴起，他们的志向在于发财，卖弄权势，只图眼前快乐罢了，他们没有忠良明智、深谋远虑，更没有安邦尊主、治国安民的志向。历观古代圣明君主的兴起，只有两个条件：天时与人事。现今从天时来看，更始即位之后，灾变更多；从人事来看，帝王大业不是平凡人所能胜任的。分崩离析的形势，极为明显。明公尽管建立辅佐的功勋，到时候恐怕也会无立足之地。何况明公一向具有盛大的德行与功业，为天下人心所向。无论治军，还是治政，纪律严肃，赏罚明信。当今之计，莫如招揽英雄，收取民心，创立汉高祖当年创立的功业，拯救万民于水深火热之中。以明公的远虑，天下不难平定！”刘秀非常高兴，因此命邓禹经常在营中下榻，与他随时商定计谋。刘秀每次任命将领，大多征求邓禹的意见，而所用的将领都与他们的才干相当。

刘秀自兄长刘縯枉死后，表面上非常平静，但每逢独处之时，就不吃酒肉，枕头上常有他悲伤哥哥的泪痕。主簿冯异独自跪下叩首，宽慰劝说大计。刘秀阻止他说：“你不要乱讲！”冯异趁机建议说：“更始政治混乱，百姓失望，无所依从。一个人饥渴得太久，就容易使他吃饱。现在明公独当一面，应当派遣部属巡行郡县，宣扬善政恩德。”刘秀采纳了他的建议。

骑都尉宋子县人耿纯在邯郸晋见刘秀。告辞后，发现刘秀的属官带兵的方法与其他的将领大不相同，就主动留下来，和刘秀结交。

汉朝已故赵缪王的儿子刘林向刘秀建议，将黄河在列人县的那段堤防掘开，用以淹没赤眉军。刘秀没有听从，离开列人县到了真定县。刘林在赵、魏一带素来仗

卜者王郎缘是诈称真子舆，云“母故成帝讴者，尝见黄气从上下，遂任身；赵后欲害之，伪易他人子，以故得全”。林等信之，与赵国大豪李育、张参等谋共立郎。会民间传赤眉将渡河，林等因此宣言“赤眉当立刘子舆”，以观众心，百姓多信之。十二月，林等率车骑数百晨入邯郸城，止于王宫，立郎为天子；分遣将帅徇下幽、冀，移檄州郡，赵国以北、辽东以西皆望风响应。

（以上为第五段，写更始皇帝刘玄迁都洛阳，分派使者巡行全国劝降，多不奉命。刘秀持节安抚河北，豪杰之士邓禹、耿纯等多从之。）

二年（甲申，24 年）

春，正月，大司马秀以王郎新盛，乃北徇蓟。

申屠建、李松自长安迎更始迁都；二月，更始发洛阳。初，三辅豪杰假号诛莽者，人人皆望封侯；申屠建既斩王宪，又扬言“三辅儿大黠，共杀其主”。吏民惶恐，属县屯聚；建等不能下。更始至长安，乃下诏大赦，非王莽子，他皆除其罪，于是三辅悉平。

时长安唯未央宫被焚，其余宫室、供帐、仓库、官府皆按堵如故，市里不改于旧。更始居长乐宫，升前殿，郎吏以次列庭中；更始羞怍，俯首刮席，不敢视。诸将后至者，更始问：“虏掠得几何？”左右侍官皆宫省久吏，惊愕相视。

李松与棘阳赵萌说更始宜悉王诸功臣；朱鲔争之，以为高祖约，非刘氏不王。更始乃先封诸宗室：祉为定陶王，庆为燕王，歙为元氏王，嘉为汉中王，赐为宛王，信为汝阴王；然后立王匡为泚阳王，王凤为宜城王，朱鲔为胶东王，王常为邓王，申屠建为平氏王，陈牧为阴平王，卫尉大将军张卬为淮阳王，执金吾大将军廖湛为穰王，尚书胡殷为随王，柱天大将军李通为西平王，五威中郎将李轶为舞阴王，水衡大将军成丹为襄邑王，骠骑大将军宗佻为颍阴王，尹尊为郾王。唯朱鲔辞不受；乃以鲔为左大司马，宛王赐为前大司马，使与李轶等镇抚关东。又使李通镇荆州，王常行南阳太守事。以李松为丞相，赵萌为右大司马，共秉内任。

更始纳赵萌女为夫人，故委政于萌，日夜饮燕后庭；群臣欲言事，

义行侠，王莽时，长安城中有人自称是成帝的儿子刘子舆，王莽将他杀了。现在邯郸有一位占卜先生王郎，便借此谎称自己是真正的刘子舆，他解释说："母亲从前是成帝的歌女，曾见一股黄气罩到她的身上，就怀了孕。赵飞燕想谋害她，就假换别人的儿子顶替，因而才得以保全生命。"刘林等便信以为真，于是，和赵国有影响力的豪绅李育、张参等人商议，准备立王郎做天子。正好这时民间传说赤眉将西渡黄河，刘林等趁机公开说"赤眉应立刘子舆做天子"，以拭探民心，而百姓大多数相信这件事。十二月，刘林等率领车骑数百人，在凌晨进入邯郸城，停息在以前的赵王宫中，立王郎为天子。然后，分别派遣将领攻下幽、冀二州，发送文告到各郡、州，赵国以北，辽东以西，听到消息，都望风响应。

汉淮阳王更始二年（甲申，24 年）

春季，正月，大司马刘秀因为王郎新起兴盛，就向北攻占蓟县。

申屠建、李松从长安来迎请更始帝刘玄迁都，二月，更始从洛阳出发。当初，三辅的豪杰假称汉室将军诛杀王莽，人人都盼望封侯，申屠建把王宪诛杀了后，就公开扬言说："三辅的男子太狡猾，他们一起杀了自己的君主。"因而，官民一片恐慌，所属各县屯聚自保，申屠建等人不能攻下。更始帝到了长安，发布诏令大赦，除王莽的子孙外，其余的都免罪，于是三辅的局势才告平定。

此时长安只有未央宫被烧，其他宫室、供帐、仓库、官府仍旧保持原状，城里街市也与原来的一样没有什么改变。更始帝刘玄住在长乐宫，登上前殿，接见群臣，官员们依照次序，排列在前殿的院子里等候朝见。更始一见这庄严肃穆的场面，羞愧变色，低头擦席，不敢看人。有些将领后到的，刘玄便问："你掳掠所得有多少？"左右侍从官都是宫中的旧吏，听到更始如此问话，都惊异不已，相视无语。

李松和棘阳人赵萌向更始帝进言，说应该将功臣都封为王。朱鲔不同意，指出汉高祖刘邦约定，不是姓刘的，不能封王。更始就先封刘氏宗室：刘祉为定陶王，刘庆为燕王，刘歙为元氏王，刘嘉为汉中王，刘赐为宛王，刘信为汝阴王。然后再封非刘姓的功臣：王匡为泚阳王，王凤为宜城王，朱鲔为胶东王，王常为邓王，申屠建为平氏王，陈牧为阴平王，卫尉大将军张印为淮阳王，执金吾大将军廖湛为穰王，尚书胡殷为随王，柱天大将军李通为西平王，五威中郎将李轶为舞阴王，水衡大将军成丹为襄邑王，骠骑大将军宗佻为颍阴王，尹尊为郾王。只有朱鲔一人推辞不受。刘玄就任命朱鲔为左大司马，宛王刘赐为前大司马，让他们和李轶等人安抚函谷关以东地区。又派李通镇守荆州，王常兼任南阳郡太守。任命李松为丞相，赵萌为右大司马，共同主持朝政。

更始帝刘玄娶赵萌女儿做夫人，因而将朝政大权都委托赵萌处理，他自己日夜

辄醉不能见，时不得已，乃令侍中坐帷中与语。韩夫人尤嗜酒，每侍饮，见常侍奏事，辄怒曰："帝方对我饮，正用此时持事来邪！"起，抵破书案。赵萌专权，生杀自恣。郎吏有说萌放纵者，更始怒，拔剑斩之，自是无敢复言。以至群小、膳夫皆滥授官爵，长安为之语曰："灶下养，中郎将。烂羊胃，骑都尉。烂羊头，关内侯。"军师将军李淑上书谏曰："陛下定业，虽因下江、平林之势，斯盖临时济用，不可施之既安。唯名与器，圣人所重；今加非其人，望其裨益万分，犹缘木求鱼，升山采珠。海内望此，有以窥度汉祚！"更始怒，囚之。诸将在外者皆专行诛赏，各置牧守；州郡交错，不知所从。由是关中离心，四海怨叛。

更始征隗嚣及其叔父崔、义等。嚣将行，方望以更始成败未可知，固止之；嚣不听，望以书辞谢而去。嚣等至长安，更始以嚣为右将军，崔、义皆即旧号。

（以上为第六段，写更始皇帝入都关中，荒怠政事，官民离心。）

耿况遣其子弇奉奏诣长安，弇时年二十一。行至宋子，会王郎起，弇从吏孙仓、卫包曰："刘子舆，成帝正统；舍此不归，远行安之！"弇按剑曰："子舆弊贼，卒为降虏耳！我至长安，与国家陈上谷、渔阳兵马，归发突骑，以辚乌合之众，如摧枯折腐耳。观公等不识去就，族灭不久也！"仓、包遂亡，降王郎。

弇闻大司马秀在卢奴，乃驰北上谒；秀留署长史，与俱北至蓟。王郎移檄购秀十万户，秀令功曹令史颍川王霸至市中募人击王郎，市人皆大笑，举手邪揄之，霸惭懅而反。秀将南归，耿弇曰："今兵从南方来，不可南行。渔阳太守彭宠，公之邑人；上谷太守，即弇父也。发此两郡控弦万骑，邯郸不足虑也。"秀官属腹心皆不肯，曰："死尚南首，奈何北行入囊中！"秀指弇曰："是我北道主人也。"

在后宫欢宴。大臣们想奏请或议论政事，更始往往因醉酒而不能接见，实在不能推辞，就命侍中坐帐幕之中代替他回答。韩夫人尤其爱好喝酒，每当侍奉更始帝喝酒，看见中常侍前来奏事，就大发脾气说："我正在陪皇上喝酒，你偏要在这个时候来奏事！"跳起来，击破书案。赵萌独揽大权，肆无忌惮，想杀谁就杀谁。郎官中有人说赵萌过于放任，不受约束，更始帝就发怒，拔剑杀了那个郎官，从此之后，再没有人敢说赵萌的不是。以致成群的小人、厨子，都被授官封爵。当时长安街头流传这样的歌谣："灶下会炊烹，可做中郎将；煮烂羊胃，可做骑都尉；煮烂羊头，可做关内侯。"军师将军李淑上奏规劝说："陛下完成大业，尽管是靠着下江兵、平林兵的势力，但这仅能在当时有所帮助，却不能用它安邦定国。只有名号和器物，是圣人所看重的，不可随便给人。如今所赐给的爵位，都是不应该给的人，希望他们对国家有万分贡献，这就像缘木而求鱼，登高山而采珠。四海之内看到这样，定会有人暗中窥伺汉朝皇位。"更始帝大怒，将李淑逮捕下狱。各位将领在全国各地，各自施行诛杀和赏赐，各自设置州牧和太守，州、郡行政官吏互相重叠，不知服从谁好。因而关中地区百姓离心，全国民众怨恨，有的开始叛乱。

更始帝刘玄征召隗嚣与他的叔父隗崔、隗义等人。隗嚣即将出发，方望认为刘玄政权的成败还是一个未知数，就极力劝阻；隗嚣不听，方望便留下辞职书而离去。隗嚣等人到达长安，刘玄就任命隗嚣为右将军，隗崔、隗义仍保留原来的称号。

耿况派他的儿子耿弇到长安奏事，耿弇当时二十一岁。耿弇走到宋子县，正赶上王郎起事，耿弇的随从官员孙仓、卫包说："刘子舆是成帝正统，丢掉这近处不去归附，长途远行干什么呢？"耿弇拿着宝剑说："刘子舆这个坏东西，终究是个俘虏！我到长安，向国家陈奏上谷、渔阳两郡兵马，回来发动精锐骑兵，用它来踏平乌合之众，如同摧枯拉朽罢了。看你们两位不懂归属取舍，遭灭族之祸不会太久。"孙仓、卫包两人不听，于是逃亡，投降王郎。

耿弇听说大司马刘秀在卢奴县，便调头北上，驰马去觐见刘秀，刘秀留下耿弇暂时担任长史，并和耿弇一起北行到蓟县。王郎发布捉拿刘秀的公文，悬赏十万户封邑。刘秀派功曹令史颍川人王霸到闹市上公开招募兵士讨伐王郎，市人全都大笑，做出戏弄的手势，王霸没有招募到一个士兵，羞愧而回。刘秀将要南归，耿弇说："如今敌人从南向北来，不可以南行。北方渔阳太守彭宠，是明公老乡，上谷太守就是我耿弇的父亲。发动这两郡的兵马有善射骑士一万人，扫平邯郸不必忧虑。"刘秀的心腹部属都不同意，说："即便是死，头也要向着南方，为何还要北行钻入口袋中！"刘秀指着耿弇说："他就是我北行路上的主人啊！"

会故广阳王子接起兵蓟中以应郎，城内扰乱，言邯郸使者方到，二千石以下皆出迎。于是秀趣驾而出，至南城门，门已闭；攻之，得出，遂晨夜南驰，不敢入城邑，舍食道傍。至芜蒌亭，时天寒烈，冯异上豆粥。至饶阳，官属皆乏食。秀乃自称邯郸使者，入传舍，传吏方进食，从者饥，争夺之。传吏疑其伪，乃椎鼓数十通，绐言“邯郸将军至”；官属皆失色。秀升车欲驰，既而惧不免，徐还坐，曰：“请邯郸将军入。”久，乃驾去。晨夜兼行，蒙犯霜雪，面皆破裂。

至下曲阳，传闻王郎兵在后，从者皆恐。至滹沱河，候吏还白：“河水流澌，无船，不可济。”秀使王霸往视之。霸恐惊众，欲且前，阻水还，即诡曰：“冰坚可度。”官属皆喜。秀笑曰：“候吏果妄语也！”遂前。比至河，河冰亦合，乃令王霸护渡，未毕数骑而冰解。至南宫，遇大风雨，秀引车入道傍空舍，冯异抱薪，邓禹爇火，秀对灶燎衣，冯异复进麦饭。

进至下博城西，惶惑不知所之。有白衣老父在道旁，指曰：“努力！信都郡为长安城守，去此八十里。”秀即驰赴之。是时郡国皆已降王郎，独信都太守南阳任光、和戎太守信都邳彤不肯从。光自以孤城独守，恐不能全，闻秀至，大喜；吏民皆称万岁。邳彤亦自和戎来会，议者多言可因信都兵自送，西还长安。邳彤曰：“吏民歌吟思汉久矣，故更始举尊号而天下响应，三辅清宫除道以迎之。今卜者王郎，假名因势，驱集乌合之众，遂振燕、赵之地，无有根本之固。明公奋二郡之兵以讨之，何患不克！今释此而归，岂徒空失河北，必更惊动三辅，堕损威重，非计之得者也。若明公无复征伐之意，则虽信都之兵，犹难会也。何者？明公既西，则邯郸势成，民不肯捐父母、背成主而千里送公，其离散亡逃可必也！”秀乃止。

秀以二郡兵弱，欲入城头子路、力子都军中；任光以为不可。乃发傍县，得精兵四千人，拜任光为左大将军，信都都尉李忠为右大将军，邳彤为后大将军，和戎太守如故，信都令万修为偏将军，皆封列侯。留南阳宗广领信都太守事；使任光、李忠、万修将兵以从；邳彤将兵居前，

正巧前广阳王的儿子刘接在蓟县起兵响应王郎，城内混乱，传言邯郸使者已到，二千石以下官员都要出城迎接。于是刘秀赶紧驾车出城，到了南门，南门已经关闭，发起进攻，才得以出城。于是日夜兼程南跑，不敢进入城邑，吃住都在路边。行到芜蒌亭，当时天气寒冷异常，冯异只端上豆粥。到达饶阳，部属全部都没吃饭。刘秀自称是邯郸派来的使者，进入驿站，驿站属吏刚摆出食物，跟随刘秀的人饥饿已极，大家争抢食物，驿站属吏怀疑刘秀是冒牌使者，便擂鼓数十捶，欺骗说："邯郸派来的将军到了。"刘秀的部属全都变了脸色。刘秀想登车逃跑，转而一想逃跑免不了被抓回，于是不慌不忙回到座位上，说："请邯郸的将军进来。"过了很长时间，刘秀才驾车离去，日夜兼程，冒着霜雪赶路，冻得脸部破裂。

到达下曲阳，传闻王郎追兵跟在后边，随从官吏全都惊恐。快到滹沱河，前面探路的候吏回来说："河水漂浮着冰块，没有船，无法渡河。"刘秀派王霸前去察看，王霸担心众人惊恐，想让大家往前走，到了河边被水阻挡再回头，当即诳称，说："河冰坚实可渡。"随从官吏全都高兴。刘秀笑着说："候吏果然是胡说。"于是前行。等到了河边，河冰结满了河面，便命令王霸指挥渡河，还剩下几匹马和几个人人没渡过河，这时河冰破裂。到了南宫县，遇上狂风暴雨，刘秀驾车进入路边的空房，冯异抱柴，邓禹烧水，刘秀对着灶烤衣，冯异送上麦米饭。

前行到博城西，惶恐疑惑不知到哪里去。有一位穿白衣的老头在路边，举手指路说："再努一把力，信都郡的长官，替长安政权坚守，离开这里八十里。"刘秀立即奔驰前往。这时，河北郡国都投降了王郎，只有信都太守南阳人任光、和戎太守信都人邳彤不肯附从。任光自己认为信都一座孤城，难以单独坚守，担心不能保全，听到刘秀来到，十分高兴，官民全都呼喊万岁。邳彤也从和戎来会合。议事的人多数说可凭借信都的兵马亲自带领护送，向西回长安。邳彤说："官民讴歌思念汉朝很长时间了，所以更始皇帝高举尊号，全国响应，三辅清洁宫殿，扫除道路迎接皇帝。如今卖卦人王郎，冒名乘势，驱赶一群乌合之众，于是收取了燕、赵之地，并没有巩固的根据地。明公振奋信都、和戎两郡的兵力讨伐王郎，何愁不胜。如今丢了这机会而西归，岂不是白白地丢了整个河北，一定还会惊动三辅，损害声威，这不是一个好计谋。如果明公已没有征伐叛逆的意思，那么即使信都的兵，也难会合。为什么呢？明公既然西走，那么就成就了邯郸的形势，百姓不肯丢掉父母，背叛已成的主子远行千里护送明公，必定要离散逃亡的。"刘秀于是留下来，停止西行。

刘秀认为两郡的兵力单薄，打算投奔城头子路、力子都的军队。任光认为不可。便征召邻县的丁壮，得到四千精兵。刘秀任命任光为左大将军，信都郡都尉李忠为右大将军，邳彤为后大将军兼任和戎太守，信都县县令万修为偏将军，都封为列侯。留南阳人宗广代理信都郡太守，命令任光、李忠、万修率领兵马随从刘秀讨

任光乃多作檄文曰："大司马刘公将城头子路、力子都兵百万众从东方来，击诸反虏！"遣骑驰至巨鹿界中。吏民得檄，传相告语。秀投暮入堂阳界，多张骑火，弥满泽中，堂阳即降；又击贳县，降之。城头子路者，东平爰曾也，寇掠河、济间，有众二十余万，力子都有众六七万，故秀欲依之。昌城人刘植聚兵数千人据昌城，迎秀；秀以植为骁骑将军。耿纯率宗族宾客二千余人，老病者皆载木自随，迎秀于育；拜纯为前将军。进攻下曲阳，降之。众稍合，至数万人，复北击中山。耿纯恐宗家怀异心，乃使从弟䜣宿归，烧庐舍以绝其反顾之望。

秀进拔卢奴，所过发奔命兵，移檄边郡共击邯郸；郡县还复响应。时真定王杨起兵附王郎，众十余万，秀遣刘植说杨，杨乃降。秀因留真定，纳杨甥郭氏为夫人以结之。进击元氏、防子，皆下之。至鄗，击斩王郎将李恽；至柏人，复破郎将李育。育还保城；攻之，不下。

南郑人延岑起兵据汉中；汉中王嘉击降之，有众数十万。校尉南阳贾复见更始政乱，乃说嘉曰："今天下未定，而大王安守所保，所保得无不可保乎？"嘉曰："卿言大，非吾任也。大司马在河北，必能相用。"乃为书荐复乃长史南阳陈俊于刘秀。复等见秀于柏人，秀以复为破虏将军，俊为安集掾。

秀舍中儿犯法，军市令颍川祭遵格杀之，秀怒，命收遵。主簿陈副谏曰："明公常欲众军整齐，今遵奉法不避，是教令所行也。"乃贳之，以为刺奸将军，谓诸将曰："当备祭遵！吾舍中儿犯法尚杀之，必不私诸卿也。"

初，王莽既杀鲍宣，上党都尉路平欲杀其子永；太守苟谏保护之，永由是得全。更始征永为尚书仆射，行大将军事，将兵安集河东、并州，得自置偏裨。永至河东，击青犊，大破之。以冯衍为立汉将军，屯太原，与上党太守田邑等缮甲养士以捍卫并土。

伐王郎。邳彤率兵充任前锋。任光散发大量的声讨文告说：“大司马刘公率领城头子路、力子都等大军百万，自东方西征，讨伐各路叛贼！”派出骑兵赶到钜鹿郡内散发。吏民看到声讨文告，互相转告。刘秀在傍晚时进入堂阳县界，布置骑兵拿着火把，布满在草泽中，远远看去水边一片光亮，堂阳县令误以为大军压境，当夜就开门投降。紧接着攻打贳县，贳县也投降。城头子路，是东平郡人名叫爰曾，在黄河、济水一带抢劫掳掠，有部众二十余万，而力子都部众也有六七万，所以刘秀想依附他们。昌城人刘植聚集军队数千人，占据昌城县，迎接刘秀。刘秀任命刘植为骁骑将军。耿纯率领宗族宾客两千多人，年老患病的，各自带着棺木，也相随在育县迎接刘秀。刘秀任命耿纯为前将军。攻打下曲阳，下曲阳投降。此时刘秀军队逐渐增多，已达数万人，又向北进攻中山郡。耿纯怕宗族怀有二心，就派他的堂弟耿䜣回到故乡，将所有房舍都纵火烧掉，以断绝他们回头的希望。

刘秀攻下卢奴县，所到之处，就紧急征发地方兵马，传送檄文给边塞郡、县，一起攻打邯郸城。郡、县反戈纷纷响应。此时，真定王刘杨起兵依附王郎，部众十余万。刘秀派遣刘植去游说刘杨，刘杨果真投降。刘秀因而留在真定县，并娶刘杨的外甥女郭氏为夫人，用以团结刘杨。接着攻打元氏县、防子县，全都攻下。进抵鄗县，击杀王郎部将李恽。进抵柏人县，又击败王郎部将李育。李育撤回柏人县城。刘秀围攻，未能攻下。

南郑人延岑，兴兵占据汉中。汉中王刘嘉攻打延岑，延岑投降。刘嘉部众有数十万。校尉南阳人贾复，眼见更始政治混乱，向刘嘉建议：“如今天下还未安定，而大王却安守汉中郡，汉中郡恐怕未必能保？”刘嘉说：“你说的话，关系重大，不是我所能胜任的。大司马刘秀在河北，必定能任用你。”因而写信给刘秀，推荐贾复和长史南阳人陈俊。贾复等人在柏人县拜见刘秀，刘秀任命贾复为破虏将军，陈俊为安集掾。

刘秀的年轻仆人在军市中犯了法，军市令颍川人祭遵用刑杖把他打死。刘秀大怒，命人逮捕了祭遵。主簿陈副劝谏刘秀说：“明公经常要求众军军纪整肃，眼下祭遵执法毫不回避，这正是在执行明公的教令呀！”刘秀因此饶恕了祭遵，用他担任刺奸将军。刘秀跟众将说：“你们要当心祭遵！我的小仆人犯法都给杀了，他决不会偏袒你们。”

当初，王莽杀害鲍宣时，上党郡都尉路平就想趁机杀死鲍宣的儿子鲍永。上党郡太守苟谏竭力保护，鲍永才得以保命。更始征召鲍永为尚书仆射，代理大将军事，率领军队安抚河东郡和并州所属郡县，可以自行任命偏将和裨将。鲍永到达河东郡，攻打青犊兵，大败青犊。鲍永任命冯衍为立汉将军，驻守太原郡，和上党郡太守田邑等人整治兵甲，训练士卒，以保卫并州疆土。

或说大司马秀以守柏人不如定巨鹿，秀乃引兵东北拔广阿。秀披舆地图，指示邓禹曰："天下郡国如是，今始乃得其一；子前言以吾虑天下不足定，何也？"禹曰："方今海内淆乱，人思明君，犹赤子之慕慈母。古之兴者在德薄厚，不以大小也！"

蓟中之乱，耿弇与刘秀相失，北走昌平，就其父况，因说况击邯郸。时王郎遣将徇渔阳、上谷，急发其兵，北州疑惑，多欲从之。上谷功曹寇恂、门下掾闵业说况曰："邯郸拔起，难可信向。大司马，刘伯升母弟，尊贤下士，可以归之。"况曰："邯郸方盛，力不能独拒，如何？"对曰："今上谷完实，控弦万骑，可以详择去就。恂请东约渔阳，齐心合众，邯郸不足图也！"况然之，遣恂东约彭宠，欲各发突骑二千匹、步兵千人诣大司马秀。

安乐令吴汉、护军盖延、狐奴令王梁亦劝宠从秀，宠以为然；而官属皆欲附王郎，宠不能夺。汉出止外亭，遇一儒生，召而食之，问以所闻。生言："大司马刘公，所过为郡县所称；邯郸举尊号者，实非刘氏。"汉大喜，即诈为秀书，移檄渔阳，使生赍以诣宠，令具以所闻说之。会寇恂至，宠乃发步骑三千人，以吴汉行长史，与盖延、王梁将之，南攻蓟，杀王郎大将赵闳。

寇恂还，遂与上谷长史景丹及耿弇将兵俱南，与渔阳军合，所过击斩王郎大将、九卿、校尉以下，凡斩首三万级，定涿郡、中山、巨鹿、清河、河间凡二十二县。前及广阿，闻城中车骑甚众，丹等勒兵问曰："此何兵？"曰："大司马刘公也。"诸将喜，即进至城下。城下初传言二郡兵为邯郸来，众皆恐。刘秀自登西城楼勒兵问之；耿弇拜于城下，即召入。具言发兵状。秀乃悉召景丹等入，笑曰："邯郸将帅数言我发渔阳、上谷兵，吾聊应言'我亦发之'，何意二郡良为吾来！方与士大夫共此功名耳。"乃以景丹、寇恂、耿弇、盖延、吴汉、王梁皆为偏将军，使还领其兵，加耿况、彭宠大将军；封况、宠、丹、延皆为列侯。

有人劝说大司马刘秀，与其固守柏人县，不如去平定巨鹿郡。刘秀采纳，便率军向东北，攻下巨鹿郡的广阿县。刘秀翻开地图，指给邓禹看，说："天下郡国这么多，至今我才得到其中的一个。先生此前却认为我不必忧虑天下不平定，是什么道理？"邓禹回答说："眼下天下混乱，人们渴望出现英明的君主，就仿佛初生的婴儿思念慈母。古代兴起的帝王，都取决于他们品德的厚薄，而不在于他们占地盘的大小。"

蓟中之乱时，耿弇与刘秀分散，向北逃到昌平县，回到他父亲耿况那里，劝说他父亲耿况攻打邯郸。当时，王郎派遣将领进掠渔阳郡、上谷郡，并紧急征调沿边郡县的部队，北方沿边州郡恐惧不安，但多数都打算听从王郎。上谷郡功曹寇恂、门下掾闵业向耿况建议说："邯郸突然崛起，难以信赖。大司马刘秀是刘縯的亲弟弟，礼贤下士，我们应当归附他。"耿况说："邯郸势力正日渐强盛，我们不能单独抵抗，应该怎么办？"寇恂回答说："现在上谷郡充实坚固，拥有骑兵万人，应当认真选择去就。我寇恂愿意到东方联络渔阳郡的彭宠，同心合力，就用不着把邯郸放在心上。"耿况同意，就派遣寇恂前往东方联合彭宠，打算各自派出骑兵突击队两千人、步兵一千人，去支援大司马刘秀。

安乐县令吴汉、护军盖延、狐奴县令王梁也力劝彭宠归附刘秀，彭宠赞同。但是，他的部属都想归附王郎，彭庞拿不定主意，没有做出决定，吴汉出城巡查，在城外的亭子里休息时，遇到一位儒生，就召他一同进餐，并向他打听消息。儒生说："大司马刘秀，所经过的郡、县都受到当地官民的称赞；邯郸那位皇帝，并非刘氏子弟。"吴汉很高兴，立即伪造一份刘秀致渔阳郡的文告，教那儒生拿去送交彭宠，嘱咐他把所听到的消息详细告诉彭宠。正好寇恂抵达，彭宠因而决定派出步骑三千，命吴汉为代理长史，和盖延、王梁一起率领南下攻打蓟县，杀死王郎大将赵闳。

寇恂返回上谷郡，于是与上谷郡长史景丹以及耿弇率军南下，并和渔阳郡的军队会合，所经过的地方，斩杀王郎的大将、九卿、校尉以下吏士，共计约三万人。平定涿郡、中山、巨鹿、清河、河间等二十二县。前锋到达广阿县，听说城里兵马很多，景丹等停兵打听消息，问："这是什么人的军队？"回答说："是大司马刘秀的。"众将都很高兴，当即抵达城下。城里最初谣传上谷、渔阳二郡的军队是援助王郎的，大家都十分惶恐。刘秀整治军队，亲自登上西城楼，询问来意。耿弇下马，就在城下拜见。刘秀当即请他进城，耿弇就详细说明了两郡发兵经过。刘秀因此把景丹等将领全请到城里来，笑着说："邯郸将领多次说我征调了渔阳、上谷二郡的兵力，我随声附和说：'我是征召了。'想不到二郡兵马真的是为我而来！我正好与各位士大夫共同建功立名。"就任命景丹、寇恂、耿弇、盖延、吴汉、王梁等为偏将军，让各自回去统领自己的部队。擢升耿况、彭宠为大将军。封耿况、彭宠、景丹、

吴汉为人，质厚少文，造次不能以辞自达，然沈厚有智略，邓禹数荐之于秀，秀渐亲重之。

更始遣尚书令谢躬率六将军讨王郎，不能下；秀至，与之合军，东围巨鹿，月余未下。王郎遣将攻信都，大姓马宠等开门内之。更始遣兵攻破信都，秀使李忠还，行太守事。王郎遣将倪宏、刘奉率数万人救巨鹿，秀逆战于南䜌，不利。景丹等纵突骑击之，宏等大败。秀曰："吾闻突骑天下精兵，今见其战，乐可言邪！"

耿纯言于秀曰："久守巨鹿，士众疲弊；不如及大兵精锐，进攻邯郸，若王郎已诛，巨鹿不战自服矣。"秀从之。夏，四月，留将军邓满守巨鹿；进军邯郸，连战，破之，郎乃使其谏大夫杜威请降。威雅称郎实成帝遗体，秀曰："设使成帝复生，天下不可得，况诈子舆者乎！"威请求万户侯，秀曰："顾得全身可矣！"威怒而去。秀急攻之，二十余日；五月，甲辰，郎少傅李立开门内汉兵，遂拔邯郸。郎夜亡走，王霸追斩之。秀收郎文书，得吏民与郎交关谤毁者数千章；秀不省，会诸将军烧之，曰："令反侧子自安！"

（以上为第七段，写刘秀历经艰险，平定王郎。）

秀部分吏卒各隶诸军，士皆言愿属大树将军。大树将军者，偏将军冯异也，为人谦退不伐，敕吏士非交战受敌，常行诸营之后。每所止舍，诸将并坐论功，异常独屏树下，故军中号曰"大树将军"。

护军宛人朱祐言于秀曰："长安政乱，公有日角之相，此天命也！"秀曰："召刺奸收护军！"祐乃不敢复言。

更始遣使立秀为萧王，悉令罢兵，与诸将有功者诣行在所；遣苗曾为幽州牧，韦顺为上谷太守，蔡充为渔阳太守，并北之部。

萧王居邯郸宫，昼卧温明殿，耿弇入，造床下请间，因说曰："吏士死伤者多，请归上谷益兵。"萧王曰："王郎已破，河北略平，复用兵何为？"弇曰："王郎虽破，天下兵革乃始耳。今使者从西方来，欲罢兵，

盖延等为列侯。

吴汉为人忠厚朴实，不善言辞，遇到紧急情况，就词不达意，但沉着稳重，有智谋才略。邓禹曾屡次向刘秀推荐，刘秀逐渐对他亲近敬重。

更始派尚书令谢躬率领六位将军讨伐王郎，毫无进展。刘秀到后，谢躬便与刘秀军队会合，向东围攻巨鹿郡，一月有余，还没有攻下。王郎派遣将领攻打信都郡，城内世家大族马宠等人打开城门迎接。更始派军队反击，收复信都郡，刘秀命李忠返回信都郡，代理太守。王郎派遣将领倪宏、刘奉带领数万士兵救巨鹿郡，刘秀在南栾迎战，遭遇失利。景丹等及时派出突击骑兵横冲敌阵，倪宏等大败。刘秀说："我听说突击骑兵，是天下的精锐部队，现在亲眼看到他们作战，高兴得无法用语言来说。"

耿纯对刘秀说："我们长久困在巨鹿城下，官兵疲惫。不如用我们精锐部队，直接进攻邯郸，一旦王郎被杀，巨鹿不用去打就自动降服了。"刘秀采纳了他的建议。夏季，四月，刘秀留下将军邓满继续围困巨鹿；亲自率领大军向邯郸挺进，连战连胜，王郎支持不住，派他的谏大夫杜威请求投降。杜威强调王郎确实是汉成帝嫡亲骨肉，刘秀说："假如成帝复活，也不能再得天下，何况他还是个冒牌儿子？"杜威请求封王郎万户侯，刘秀说："饶他不死已经足够了。"杜威发怒告辞。刘秀向邯郸城发动猛烈攻击，历时二十余天。五月初一日甲辰，王郎少傅李立打开城门，迎接汉军，邯郸陷落。王郎当夜逃走，被王霸追获，就地斩首。刘秀在收缴王郎文书档案时，里面有自己手下吏民交通王郎，诽谤自己的文书达数千件之多。刘秀不加追查，集合全体将领，当大家的面，将这些文书用火烧毁，说："使反复无常的人安心！"

刘秀整编部队，分派新编官兵隶属各位将领，大家都说愿意隶属大树将军。大树将军，就是偏将军冯异。冯异为人谦逊不夸耀。冯异申令自己的部属，只要不是与敌交战或受到攻击，平时行军都要走在其他部队的后面。每次驻停一个地方，各位将领聚在一起议论战功，只有冯异独自隐在树下。所以军中称他"大树将军"。

护军宛人朱祜对刘秀说："长安政令混乱，明公有帝王的相貌，这是天命啊！"刘秀说："快教刺奸将军祭遵收捕护军朱祜！"朱祜便不敢再说了。

更始派使臣封刘秀为萧王，命令他们解散军队，并和有功将领一同返回长安。另行任命苗曾为幽州牧，韦顺为上谷郡太守，蔡充为渔阳郡太守，同时到北方赴任。

萧王刘秀住在邯郸赵王宫，白天睡在温明殿，耿弇入殿，走到床边请求单独谈话。乘机说："吏卒死伤太多，请允许我回上谷郡补充兵源。"刘秀说："王郎已经消灭，河北也稍微太平，还补充兵力干什么呢？"耿弇说："王郎虽被消灭，全国性的

不可听也。铜马、赤眉之属数十辈，辈数十百万人，所向无前，圣公不能办也，败必不久。”萧王起坐曰：“卿失言，我斩卿！”弇曰：“大王哀厚弇如父子，故敢披赤心。”萧王曰：“我戏卿耳，何以言之？”弇曰：“百姓患苦王莽，复思刘氏，闻汉兵起，莫不欢喜，如去虎口得归慈母。今更始为天子，而诸将擅命于山东，贵戚纵横于都内，虏掠自恣，元元叩心，更思莽朝，是以知其必败也。公功名已著，以义征伐，天下可传檄而定也。天下至重，公可自取，毋令他姓得之！”萧王乃辞以河北未平，不就征，始贰于更始。

是时，诸贼铜马、大肜、高湖、重连、铁胫、大枪、尤来、上江、青犊、五校、五幡、五楼、富平、获索等各领部曲，众合数百万人，所在寇掠。萧王欲击之，乃拜吴汉、耿弇俱为大将军，持节北发幽州十郡突骑；苗曾闻之，阴敕诸郡不得应调。吴汉将二十骑先驰至无终，曾出迎于路，汉即收曾，斩之。耿弇到上谷，亦收韦顺、蔡充，斩之。北州震骇，于是悉发其兵。

秋，萧王击铜马于鄡，吴汉将突骑来会清阳，士马甚盛，汉悉上兵簿于莫府，请所付与，不敢自私，王益重之。王以偏将军沛国朱浮为大将军、幽州牧，使治蓟城。铜马食尽，夜遁，萧王追击于馆陶，大破之。受降未尽，而高湖、重连从东南来，与铜马余众合；萧王复与大战于蒲阳，悉破降之，封其渠帅为列侯。诸将未能信贼，降者亦不自安；王知其意，敕令降者各归营勒兵，自乘轻骑按行部陈。降者更相语曰：“萧王推赤心置人腹中，安得不投死乎！”由是皆服，悉以降人分配诸将，众遂数十万。赤眉别帅与青犊、上江、大肜、铁胫、五幡十余万众在射犬，萧王引兵进击，大破之；南徇河内，河内太守韩歆降。

初，谢躬与萧王共灭王郎，数与萧王违戾，常欲袭萧王，畏其兵强而止；虽俱在邯郸，遂分城而处，然萧王有以慰安之。躬勤于吏职，萧王常称之曰：“谢尚书，真吏也！”故不自疑。其妻知之，常戒之曰：“君

战争才刚刚开始。现在更始的使臣从西方来，想解散军队，决不可听从。铜马、赤眉之类的团伙有数十个之多，而每一个团伙都有数十万人，有的甚至百万人。所向无敌，更始帝不能制服他们，不久就会失败。”刘秀从床上坐起来说：“你说了不该说的话，我只有杀你！”耿弇说：“大王怜爱厚待我如同父子，因此我才掏出赤心。”刘秀说：“我只是跟你开玩笑罢了，您想说什么，都讲出来吧！”耿弇说：“全国人民被王莽害得苦不堪言，因此思念刘氏，听说汉军兴起，无不高兴，就像脱离虎口而回到慈母怀抱一样。现今更始做皇帝，而山东的各位将领不听节制，在长安的皇亲国戚，恣肆横行，随意抢掠，老百姓捶胸顿足，怨愤不已，甚至思念王莽。因而可以断定更始必定失败。明公您的功业英名传播海内，以仁义为号召进行讨伐，传递檄文，天下就可平定。夺取天下是最重要的事，明公可自行夺取，切莫让外姓的人得到它！”刘秀于是以河北尚未平定为借口，而推辞回长安，开始和更始离异。

当时，铜马、大彤、高湖、重连、铁胫、大枪、尤来、上江、青犊、五校、五幡、五楼、富平、获索等贼寇，各自所属部众，合计有几百万人，到处抢夺掳掠。刘秀打算攻打他们，就任命吴汉、耿弇为大将军，持节征调幽州所属十郡的骑兵突击队。幽州牧苗曾听到这个消息，暗中吩咐各郡不予理会。吴汉率领二十余骑兵驰往幽州无终县。苗曾出城迎接，吴汉当即逮捕苗曾，就地斩首。耿弇到达上谷，也逮捕韦顺、蔡充，就地斩首。北方各州大为震惊，于是纷纷发兵，听从调遣。

秋季，刘秀在鄡县攻打铜马。吴汉率领骑兵突击队赶到清阳与刘秀会合，士马精强。吴汉到幕府呈上所有官兵名册，然后再请指令，不敢私自留用，萧王刘秀愈发敬重他。刘秀任命偏将军沛国人朱浮为大将军兼幽州牧，将州府设在蓟城。铜马被困粮尽，乘夜逃跑，刘秀追击到馆陶县，大败铜马。刘秀接受铜马投降还没完成，而高湖、重连等各部从东南杀来，与还没有投降的铜马会合，且战且退。刘秀又与他们在蒲阳县大战，高湖等各部被彻底打败，全都投降。刘秀封他们的首领为列侯。刘秀的将领们不敢相信降兵降将的诚意，而降兵降将内心也不能自安。刘秀知道他们的心意，便命令降将各自回到营地、整编队伍，统率军队，刘秀自己只带少数轻装的骑兵，依照次序去巡视部队。降兵降将们互相告诫说：“萧王对我们推心置腹，怎能不让我们为他效死命呢？”从此大家心悦诚服。刘秀将投降的部队分配给各将领，这时人数已达数十万。赤眉的另一位头领和青犊、上江、大彤、铁胫、五幡等共有十余万人，集结在射犬聚，刘秀率领军队，前去攻打，大获全胜。刘秀向南招抚河内郡，河内郡太守韩歆投降。

当初，更始的尚书令谢躬与萧王刘秀一起消灭王郎，但他们之间多次因看法不一致而发生争执，谢躬常想偷袭刘秀，却因畏惧刘秀军队强大而不敢动。双方的部队，尽管都在邯郸，但各有营地防区，而且萧王刘秀经常安慰谢躬。谢躬长于行政，

与刘公积不相能，而信其虚谈，终受制矣！”躬不纳。既而躬率其兵数万还屯于邺。及萧王南击青犊，使躬邀击尤来于隆虑山，躬兵大败。萧王因躬在外，使吴汉与刺奸大将军岑彭袭据邺城。躬不知，轻骑还邺，汉等收斩之，其众悉降。

（以上为第八段，写刘秀剿灭铜马，诛杀更始所署幽州牧苗曾和将军谢躬，与刘玄决裂。）

更始遣柱功侯李宝、益州刺史李忠将兵万余人徇蜀、汉；公孙述遣其弟恢击宝、忠于绵竹，大破走之。述遂自立为蜀王，都成都，民、夷皆附之。

冬，更始遣中郎将归德侯飒、大司马护军陈遵使匈奴，授单于汉旧制玺绶，因送云、当余亲属、贵人、从者还匈奴。单于舆骄，谓遵、飒曰：“匈奴本与汉为兄弟；匈奴中乱，孝宣皇帝辅立呼韩邪单于，故称臣以尊汉。今汉亦大乱，为王莽所篡，匈奴亦出兵击莽，空其边境，令天下骚动思汉；莽卒以败而汉复兴，亦我力也，当复尊我！”遵与相掌拒，单于终持此言。

赤眉樊崇等将兵入颍川，分其众为二部，崇与逄安为一部，徐宣、谢禄、杨音为一部。赤眉虽数战胜，而疲弊厌兵，皆日夜愁泣，思欲东归；崇等计议，虑众东向必散，不如西攻长安。于是崇、安自武关，宣等从陆浑关，两道俱入。更始使王匡、成丹与抗威将军刘均等分据河东、弘农以拒之。

萧王将北徇燕、赵，度赤眉必破长安，又欲乘衅并关中，而未知所寄，乃拜邓禹为前将军，中分麾下精兵二万人，遣西入关，令自选偏裨以下可与俱者。时朱鲔、李轶、田立、陈侨将兵号三十万，与河南太守武勃共守洛阳；鲍永、田邑在并州。萧王以河内险要富实，欲择诸将守河内者而难其人，问于邓禹。邓禹曰：“寇恂文武备足，有牧人御众之才，非此子莫可使也！”乃拜恂河内太守，行大将军事。萧王谓恂曰：“昔高祖留萧何关中，吾今委公以河内；当给足军粮，率厉士马，防遏他兵，勿令北渡而已！”拜冯异为孟津将军，统魏郡、河内兵于河上，以拒洛阳。萧王亲送邓禹至野王，禹既西，萧王乃复引兵而北。寇恂调糇粮、

办事很勤勉，刘秀常常称赞他说：“谢尚书，真是一个好官吏！”所以谢躬也就不怀疑。谢躬的妻子知道这情况，就常常告诫他说：“你跟刘秀的怨仇已深，互不相容，但是你却相信他表面上那套虚情假意，最后会被他制裁的。”谢躬不接受她的劝告。不久，谢躬率领他几万军队回到邺城驻守。等到刘秀向南攻打青犊时，命谢躬在隆虑山截击尤来，谢躬的军队被打得大败。刘秀趁谢躬领兵在外，命吴汉和刺奸将军岑彭乘虚偷袭占据邺城。谢躬不知道城内变化，只率领少数轻装骑兵返回邺城，吴汉等把谢躬抓起来杀了，他的部队也就全部投降。

更始帝派遣柱功侯李宝、益州刺史李忠率军万余人去攻打蜀郡、汉中郡。占据成都的公孙述派他的弟弟公孙恢在绵竹县攻击李宝、李忠，李宝、李忠大败逃走。公孙述便自立为蜀王，建都成都。汉民、外族都归附他。

冬季，更始派遣中郎将归德侯刘飒、大司马护军陈遵出使匈奴，向单于颁发汉朝旧有印信，顺便将栾提云与须卜当尚存的亲属、贵人、随从送回匈奴。匈奴单于栾提舆态度傲慢，对陈遵、刘飒说：“匈奴和汉朝本来是兄弟，由于匈奴曾一度内乱，因孝宣皇帝帮助而立了呼韩邪单于，所以才称臣以示尊敬汉朝。如今汉朝也大乱，政权被王莽篡夺，匈奴也曾出兵攻打王莽，使他的北方边境空虚，引起天下骚动而人心思汉。王莽最终失败，而汉朝复兴，也有我们匈奴的一份力量，汉朝应当称臣，反过来尊敬匈奴。”陈遵与他争执不下，单于栾提舆坚持自己的意见。

赤眉首领樊崇等率军进入颍川郡，将部队分为两部分。樊崇、逄安率领一部分；徐宣、谢禄、杨音率领另一部分。赤眉尽管屡打胜仗，但已筋疲力尽，厌恶作战，忧愁不安，日夜哭泣，都想回到自己的家乡东方。樊崇等商议，认为一旦回到东方，部众势必一哄而散，各奔家乡。不如向西攻打长安。因此樊崇、逄安从武关，徐宣等从陆浑关，分成两路，向长安进军。更始帝派王匡、成丹和抗威将军刘均等人分别驻守河东郡、弘农郡拦截赤眉。

萧王刘秀想向北夺取燕、赵地区，因估计赤眉必定会攻破长安，因此又想利用刘玄和赤眉的争斗而并吞关中，但不知道将这任务交给谁好。最后任命邓禹为前将军，分兵交给他精兵两万，派他西入函谷关，并由他自己选择随同副将和幕僚。此时，更始帝的将领朱鲔、李轶、田立、陈侨率领军队，号称三十万，与河南郡太守武勃，共同防守洛阳。另外鲍永、田邑驻军并州。刘秀因河内郡地势险要，物产充足，想在诸将领中选择一位有才干的人守河内郡，却难以找到，就问邓禹。邓禹说：“寇恂文武兼备，既有行政之才，又有御众的能力，除了他再没有更合适的人。”刘秀就任命寇恂为河内郡太守，并代理大将军职务。刘秀对寇恂说：“从前，汉高祖将关中交给萧何，现在我把河内郡委托给你。应当使军粮充足，统率训练兵马，防范

治器械以供军；军虽远征，未尝乏绝。

隗崔、隗义谋叛归天水；隗嚣恐并及祸，乃告之。更始诛崔、义，以嚣为御史大夫。

梁王永据国起兵，招诸郡豪杰，沛人周建等并署为将帅，攻下济阴、山阳、沛、楚、淮阳、汝南，凡得二十八城。又遣使拜西防贼帅山阳佼强为横行将军，东海贼帅董宪为翼汉大将军，琅邪贼帅张步为辅汉大将军，督青、徐二州，与之连兵，遂专据东方。

邔人秦丰起兵于黎丘，攻得邔、宜城等十余县，有众万人，自号楚黎王。

汝南田戎攻陷夷陵，自称扫地大将军；转寇郡县，众数万人。

（以上为第九段，写刘秀称雄于河北，公孙述称王于蜀，赤眉军西进长安，梁王刘永、邔县人秦丰、汝南人田戎各自起兵，更始帝刘玄号令不行，全国进入群雄纷争的局面。）

其他的军队，不使他们北渡黄河就可以了！”刘秀又任命冯异为孟津将军，统领魏郡、河内两郡的地方兵力，沿着黄河北岸布防，以抗击洛阳方面的更始军队。刘秀亲自送邓禹到野王县，邓禹西去以后，刘秀就又率领军队北上。寇恂征调干粮，制造兵器，供给前方军队使用；军队即便推进很远，也不匮乏物资。

隗崔、隗义阴谋背叛更始帝，回到天水郡。隗嚣害怕事情败露而牵连自己，就向更始帝告发他们。更始帝诛杀隗崔、隗义，任命隗嚣为御史大夫。

梁王刘永，在他的封国起兵，招揽各郡的豪杰，沛郡人周建等都被任命为将领。一连攻陷济阴、山阳、沛、楚、淮阳、汝南等郡，共获得二十八座城池。又派遣使者任命西防县贼帅山阳人佼强为横行将军，东海郡贼帅董宪为翼汉大将军，琅邪郡贼帅张步为辅汉大将军，督察青、徐二州，并将军队都集结起来，在东方称霸。

邔县人秦丰起兵于黎丘，攻破邔县、宜城等十余县，有部众万余人，自称楚黎王。

汝南人田戎攻陷夷陵县，自称扫地大将军。转战劫掠各郡县，有众数万人。

【点评】

论更始帝刘玄。本卷记述淮阳王，即更始帝刘玄得天下又失天下来去匆匆的历史事件，它给人们留下这样一个历史思考：不是真命天子，得了天下也是保不住的。刘縯首先打出了兴汉的旗号，但他也不是真命天子，事业刚开始就悲剧结局。刘秀胜利了，说明他是真命天子。那么三人之间，各有什么特点？他们的差别在哪里呢？刘秀的问题，在下一卷点评中还要评说，这里只评说刘縯和更始帝刘玄失败的原因，刘玄是评说的重点。

刘縯、刘秀兄弟是刘姓皇室宗亲，兄弟三人，刘縯老大，刘秀老三是小弟。中间老二刘仲早夭。刘縯、刘秀兄弟是西汉景帝子刘发的第九代孙，舂陵侯的后裔。新朝建立，王莽废除了舂陵侯国。兄弟两人的父亲刘钦早死，兄弟二人由叔父刘良养大成人。

对王莽夺了刘氏天下，刘縯从小就愤愤不平。刘縯性情刚毅慷慨，发誓要夺回政权，因此野心勃勃，不事生产作业，反而卖田卖宅，投身江湖，有汉高帝刘邦之风度。刘秀性情温和，谨慎小心，勤事农作，被刘縯讥笑，把他比为刘邦的二哥刘仲。但刘秀与刘仲虽同在种田，而心胸完全不同。有一个穰县的民间星象家蔡少公说：图谶有言“刘秀当做天子”。王莽的国师公也叫刘秀。人们都认为图谶上的刘秀是指国师公刘秀，而舂陵刘秀却坦然笑说：“怎么就不是说我呢？”这说明刘秀心中也在图谋大志，他的勤恳务农，不过如同刘备卖鞋，只是一种韬晦术，竟然瞒过了其兄刘縯。由此比较，刘秀比刘縯更有城府。

地皇三年（22），刘縯起兵，与新市兵、平林兵联合。在一次战斗中因分配抢夺的财物不公平，新市兵、平林兵愤怒喧哗，要发动对刘縯的攻击，刘秀在这紧要关头，当机做出决断，把掠得的财物全部交出，维护了大局，也赢得了忠厚长者之称。

昆阳大捷，刘秀立下首功，名声大震。这时，拥戴更始帝的绿林兵诸将谋害了刘縯。眼看大祸就要落到刘秀身上，刘秀连忙从前线赶回南阳，向刘玄赔罪，不接近刘縯的部属，不给刘縯披丧服。刘玄找不到杀刘秀的理由，而内心愧疚，任命刘秀为破虏大将军，封武信侯。白天刘秀饮食说笑与平常一样，夜里为兄长的惨死流泪，湿透了枕巾。沉稳的韬晦使刘秀化险为夷。坚强隐忍的性格和控制力，有如勾践卧薪尝胆。这表明刘秀确实有帝王气度。刘秀外貌“隆准日角”，也就是高鼻梁，高额角，相术家称为帝王之相，也使刘秀赢得不少英雄志士的亲爱。

刘縯也恢宏大度，诚信待人，顾全大局。绿林兵首领多是农民和无赖出身，没有文化，没有远见，所以他们也很容易被“汉家当复兴”“人心思汉”的舆论征服，于是嚷嚷着要立一个刘姓皇帝。诸将本能地敌视刘縯，以张卬、朱鲔为首，强行拥立心无主见又胆小如鼠的刘玄做傀儡皇帝，不仅刘縯诸将不服，绿林军中有许多将

领也不服，例如王常。但是刘縯为了顾全大局，做了让步，以强让弱，表明刘縯有帝王气度。刘縯还推诚与人相交。他的舅舅和刘秀都向他提出警告，李轶不可信任，张卬等诸将要提防，刘縯置若罔闻。当更始朝一班人找茬碴要诛杀刘縯时，刘縯还是没有意识到，也不做防范。更始朝诸将先杀刘縯部将刘稷进行试探。刘縯为了保护自己的部将刘稷，当众抗命刘玄，结果把自己的命也搭进去了。刘縯不知韬晦，不知防人，维护部属表现妇人之仁，这些都说明刘縯政治上的不成熟，有野心家的胸怀气度，而没有野心家的残忍和手段，所以他失败了，他不是真命天子。

刘玄是偶然因素把他推上政治舞台的，如同赤眉军拥立牧羊童刘盆子为帝一样，本来就是做傀儡的，更不是真命天子。刘玄登坛即皇帝位，南向站立，接受群臣朝拜，他没见过这个场面，羞愧得流汗，紧张得举手说不出话。诸将攻入长安，灭了王莽，更始帝从洛阳迁都长安，住在长乐宫，登上前殿，接见群臣，官员们依照秩序，排列在前殿院子里等候朝见。刘玄看到这庄严肃穆的场面，又羞愧变色，低头擦席，不敢看人。刘玄与诸将说话，竟然问："你抢了多少东西？"简直不成体统。刘玄进宫，沉迷酒色。他娶了赵萌的女儿做夫人，就把朝政大权交给赵萌处理，自己乐得日夜在后宫欢宴。大臣奏事或议论朝政，刘玄有时醉得不省人事。如此一个国君，处在乱世之中，怎么能削平群雄做成大事呢？

更始朝诸将拥立傀儡皇帝，只是要一个名义上的皇帝，拉一张遮羞布来掩盖自己的抢劫本性，因此不接受制度约束，打进长安就发生了一场火并。抢先进入长安的王宪自称汉室大将军，他缴获了王莽的皇帝玉玺不肯上交，又挟持很多宫女，在军中建立天子旗帜鼓号，被将军赵萌、申屠建等人抓了把柄就地正法。皇上如此，更始朝诸将如此，一群好利之徒，不忘抢掠本性，不脱农民意识，哪能识天命，审时度势，统一群雄呢？

何为天命？孟子有言："得天下有道：得其民，斯得天下矣；得其民有道：得其心，斯得民矣……"（《孟子·离娄上》）得到了民心的人就能得天命，赢得人民拥护的人就是真命天子。天命在地上人心，不在天上神灵。怎么样叫得民心？抓住时机，拿出办法，想民之所想，去民之所恶，就得到了民心。英雄仰慕，服从领导，是得民心的一大标志。王莽末年，王莽成了天下人的公敌，反抗王莽就能得民心。刘玄被推为皇帝，因为他参加了农民军，他反对王莽，所以得了民心。刘玄入都洛阳，全天下的人都渴望统一，更始帝刘玄成了天下的人心所望。赤眉军首领樊崇等主动归附，接受收编。天水人隗嚣也抚安关西大片土地。此时天下形势，赤眉军活动中心在濮阳，城头子路、力子都在河济间，铜马、大彤在燕赵，李宪在淮南。最大的敌对势力是赤眉军。如果更始皇帝能审时度势，定都在洛阳，遣一能吏入关中，以稳定局势为根本，全力在东靖乱，安抚好赤眉军，那么天下就大定了。刘秀在河北

也未敢轻举妄动。王夫之说：“当其时，气乍盈而易弛，机至速而难留。”（《读通鉴论》）樊崇入洛阳，是统一之机的到来，樊崇逃出洛阳，统一之机丧失。“更始之亡，所以决于樊崇之入见也。”（王夫之语）真是一针见血，说得是何等的好啊！

从形势上说，更始之亡，亡于舍弃定都洛阳而西入长安。更始失败的教训成为光武帝刘秀的财富。从人格魅力上说，刘玄无智力，顶多是一个中等才干的人，不能控驭诸将。刘玄无大略，不知天下形势。刘玄不懂政治，不仅拿不出治理天下的一套方略，而且对归降的人不知怎样安抚。樊崇接受招安，到了洛阳，却又跑了。如此糊涂皇帝，当然不是真命天子。

更始帝刘玄丧失了难得的一次统一机会，于是刘秀称雄于河北，公孙述称王于蜀，隗嚣据陇西，梁王刘永、邔县人秦丰、汝南人田戎各自起兵，更始帝号令不行。赤眉军西进长安，更始政权灭亡，全国进入群雄纷争的局面。

汉纪三十二

汉光武帝建武元年至二年（25—26年）

【起旃蒙作噩（乙酉，25年），尽柔兆阉茂（丙戌，26年），凡二年】

【大事提要】

本卷记事起公元25年，讫公元26年，凡两年，当光武帝建武元年、二年。这是群雄逐鹿中原局势发生重大变化的两年，绿林军、赤眉军、南阳光武帝汉军等三大建立帝位的武装集团发生剧烈的变化，绿林军瓦解，赤眉军削弱，光武帝汉军独大，东汉建立。第一件大事，光武帝刘秀扫平河北，即位鄗邑，建立了东汉，开始了统一战争。第二件大事，赤眉军入长安，立牧羊童刘盆子为帝，更始政权被颠覆，绿林军瓦解，诸将军溃散。光武帝封刘玄为淮阳王，所以史称更始政权为淮阳王。刘玄为赤眉军所控制，未能投归光武帝，后为赤眉军所杀。第三件大事，更始朝覆没，西北局势发生重大变化。窦融保有河西五郡，隗嚣据天水，卢芳称帝于塞北，赤眉军祸乱关中，关中成为主战场。赤眉军遭到光武帝、隗嚣、公孙述三方围攻，不到一年退出了长安，在东归途中为光武帝所灭。第四件大事，光武帝部署全国统一战争。光武帝用离间之计，使更始朝大将朱鲔杀洛阳守将李轶，接着光武帝又赦朱鲔谋杀其兄刘刘縯之罪，不战而下洛阳。第五件大事，光武帝在天下纷争之时，不失时机推行教化，表彰清廉官吏代表人物卓茂，尊礼耿正大臣宋弘，淳风俗，清吏治，尽显一代明君风采。第六件大事，光武帝大将贾复、吴汉南讨，军纪不肃，抢掠滥杀，南人降而复反。幽州牧朱浮逼反渔阳太守彭宠。建武二年末，光武帝北讨彭宠受挫，南方战争也陷入胶着。突发事件，延缓了光武帝的统一事业。贾复、吴汉、朱浮三功臣之过，光武帝含容不惩，有圣德焉。

【原文】

世祖光武皇帝上之上

建武元年（乙酉，25 年）

春，正月，方望与安陵人弓林共立前定安公婴为天子，聚党数千人，居临泾。更始遣丞相松等击破，皆斩之。

邓禹至箕关，击破河东都尉，进围安邑。

赤眉二部俱会弘农。更始遣讨难将军苏茂拒之；茂军大败。赤眉众遂大集，乃分万人为一营，凡三十营。三月，更始遣丞相松与赤眉战于蓩乡，松等大败，死者三万余人；赤眉遂转北至湖。

蜀郡功曹李熊说公孙述宜称天子。夏，四月，述即帝位，号成家，改元龙兴；李熊为大司徒，述弟光为大司马，恢为大司空。越巂任贵据郡降述。

萧王北击尤来、大枪、五幡于元氏，追至北平，连破之；又战于顺水北，乘胜轻进，反为所败。王自投高岸，突骑王丰下马授王，王仅而得免；散兵归保范阳。军中不见王，或云已杀，诸将不知所为，吴汉曰："卿曹努力！王兄子在南阳，何忧无主！"众恐惧，数日乃定。贼虽战胜，而惮王威名，夜，遂引去。大军复进至安次，连战，破之。贼退入渔阳，所过虏掠。强弩将军陈俊言于王曰："贼无辎重，宜令轻骑出贼前，使百姓各自坚壁以绝其食，可不战而殄也。"王然之，遣俊将轻骑驰出贼前，视人保壁坚完者，敕令固守；放散在野者，因掠取之。贼至，无所得，遂散败。王谓俊曰："困此虏者，将军策也。"

冯异遗李轶书，为陈祸福，劝令归附萧王；轶知长安已危，而以伯升之死，心不自安，乃报书曰："轶本与萧王首谋造汉，今轶守洛阳，将军镇孟津，俱据机轴，千载一会，思成断金。唯深达萧王，愿进愚策以佐国安民。"轶自通书之后，不复与异争锋，故异得北攻天井关，拔上党两城，又南下河南成皋以东十三县，降者十余万。武勃将万余人攻诸畔者，异与战于士乡下，大破，斩勃；轶闭门不救。异见其信效，具以白

【语译】

世祖光武皇帝上之上

汉光武帝建武元年（乙酉，25年）

春季，正月，方望与安陵人弓林共同拥立前安定公刘婴为天子，聚众数千人，占据了临泾县。更始刘玄派丞相李松等领兵击破，将其全都斩首。

邓禹抵达箕关，打败河东郡都尉，进兵包围了安邑县。

赤眉军的两支军队在弘农郡会合。更始刘玄派遣讨难将军苏茂拦截，苏茂军大败。赤眉军大规模集结，每一万人编成一营，一共编为三十营。三月，更始刘玄派丞相李松与赤眉军大战于蓩乡，结果李松等大败，死了三万余人。赤眉军掉头向北推进到了湖县。

蜀郡功曹李熊劝说公孙述自称天子。夏季，四月，公孙述即帝位，称号成家，改年号为龙兴。公孙述任命李熊为大司徒，弟弟公孙光为大司马，公孙恢为大司空。越巂人任贵占据了越巂郡。归降公孙述。

萧王刘秀率军北进在元氏县攻打尤来、大枪、五幡等几支盗贼，追至北平县，接连打败他们。又在顺水河的北岸交战，乘胜轻率冒进，反被打败。刘秀被逼走投无路，独自逃到悬崖之上，幸而遇到骑兵突击队的王丰，王丰将马给刘秀，刘秀才免于一死。溃散的兵卒退守范阳县时，发现刘秀不见了，有人说刘秀已经被敌军所杀，众将领都不知该怎么办。吴汉说："大家再加一把劲！刘秀哥哥的儿子就在南阳郡，我们何必担心没有国君！"然而大家仍然感到恐慌，过了几天才安定下来。贼军虽然打了胜仗，然而畏惧刘秀的威名，反而乘夜撤走。刘秀的军队又追到安次县，接连交战，都大败贼军。贼军退入渔阳郡，所过之处，大肆掳掠。强弩将军陈俊向刘秀进言，说："贼军没有粮食辎重，应当派轻骑兵挡在贼军的前面，让沿途的百姓各自坚壁清野，以断绝他们的粮食，如此就用不着攻打，贼军自会消灭。"刘秀十分赞同，随即派遣陈俊率领轻骑兵疾驰到贼军前面，视察那些坚固完整的壁垒，下令百姓固守待援；那些分散在野外荒郊的食物，便抢先掠夺走。贼军到达之后，什么也得不到，就自然溃散。刘秀对陈俊说："困苦这些贼军，全是将军的计策。"

冯异写信给李轶，讲明利害关系，劝他归附萧王刘秀。李轶知道长安已危在旦夕，但因为刘縯之死，心里很不安。因此回信给冯异说："我李轶本来与刘秀首先合谋重建汉朝。现在我守洛阳，将军您镇守孟津，都是据守战略重地，这是千载难逢的良机，你我二人齐心协力，足可断金。请你将我的意思转达给萧王，我甘愿进献愚策，以助他定国安民。"李轶自和冯异通信后，就不再与冯异交战，所以冯异能向北进攻天井关，占领了上党郡的两个县城，又挥师南下，攻取河南郡成皋以东十三

王。王报异曰：“季文多诈，人不能得其要领。今移其书告守、尉当警备者。”众皆怪王宣露轶书；朱鲔闻之，使人刺杀轶，由是城中乖离，多有降者。

朱鲔闻王北征而河内孤，乃遣其将苏茂、贾强将兵三万余人渡巩河，攻温；鲔自将数万人攻平阴以缀异。檄书至河内，寇恂即勒军驰出，并移告属县，发兵会温下。军吏皆谏曰：“今洛阳兵渡河，前后不绝；宜待众军毕集，乃可出也。”恂曰：“温，郡之藩蔽，失温则郡不可守。”遂驰赴之。旦日，合战，而冯异遣救及诸县兵适至，恂令士卒乘城鼓噪，大呼言曰：“刘公兵到！”苏茂军闻之，陈动；恂因奔击，大破之。冯异亦渡河击朱鲔，鲔走；异与恂追至洛阳，环城一帀而归。自是洛阳震恐，城门昼闭。

异、恂移檄上状，诸将入贺，因上尊号。将军南阳马武先进曰：“大王虽执谦退，奈宗庙社稷何！宜先即尊位，乃议征伐。今此谁贼而驰骛击之乎？”王惊曰：“何将军出此言？可斩也！”乃引军还蓟。复遣吴汉率耿弇、景丹等十三将军追尤来等，斩首万三千余级，遂穷追至浚靡而还。贼散入辽西、辽东，为乌桓、貊人所抄击略尽。

都护将军贾复与五校战于真定，复伤创甚；王大惊曰：“我所以不令贾复别将者，为其轻敌也。果然，失吾名将！闻其妇有孕，生女邪，我子娶之；生男邪，我女嫁之；不令其忧妻子也。”复病寻愈，追及王于蓟，相见甚欢。

还至中山，诸将复上尊号；王又不听。行到南平棘，诸将复固请之；王不许。诸将且出，耿纯进曰：“天下士大夫，捐亲戚，弃土壤，从大王于矢石之间者，其计固望攀龙鳞，附凤翼，以成其所志耳。今大王留时逆众，不正号位，纯恐士大夫望绝计穷，则有去归之思，无为久自苦也。大众一散，难可复合。”纯言甚诚切，王深感曰：“吾将思之。”

个县，收编降军十余万人。更始的将领武勃率领万余人攻打那些叛变的部队，冯异与武勃在洛阳东士乡聚展开激战，大破武勃军，杀了武勃。李轶却紧闭城门，不予救援。冯异见李轶守信而使自己获得实效，便详细向萧王刘秀禀报。刘秀回复冯异说："李轶诡计多端，一般人都抓不到他的要领。如今把他给你的信转告各守、尉将领，加以警备。"大家都奇怪刘秀何以要公开李轶的书信。不久，朱鲔听到消息，派人刺杀了李轶，因此洛阳城中人心背离，有很多人出城投降。

朱鲔听说萧王刘秀北征，河内郡势单力孤，便派部将苏茂、贾强领兵三万多人，从巩县渡过黄河，进攻温县，朱鲔亲自率领数万人马进攻平阳县牵制冯异。檄文传到河内郡，寇恂立即领兵迅速出击，并传令所属各县，火速发兵会聚温县。军吏都劝阻说："如今洛阳兵渡河，前后不断，应该等到各县的兵集结以后，才可出击。"寇恂说："温县是河内郡的屏障，丢了温县，郡城就保不住了。"于是寇恂飞奔赶赴温县。第二天早晨，两军交战，这时冯异派来的救兵，以及各县来救的兵恰好赶到，寇恂命令士兵登上城墙击鼓呐喊，大声呼叫说："刘公大军到了。"苏茂军听到喊声，阵列骚动，寇恂趁机冲击，大败苏茂军。这时，冯异也渡过黄河攻击朱鲔，朱鲔退走，冯异与寇恂追击到洛阳，环城绕了一圈撤回。从此洛阳震惊恐惧，白天也紧闭城门。

冯异、寇恂发出公文，向萧王刘秀呈报战果，各位将领纷纷向刘秀祝贺，乘机恳请刘秀称帝。将军南阳人马武首先说："尽管大王您谦虚退让，但国家宗庙社稷怎么办？最好是您先即帝位，然后再讨论征伐的事。如今号位不正，东闯西杀，到底谁是贼、谁是盗？"刘秀吃惊说："将军怎么说出这种话，该当杀头！"于是率军返回蓟县。又派遣吴汉率领耿弇、景丹等十三位将军追击尤来等贼寇，斩杀一万三千余人。直追到浚靡县才返回。贼寇分散进入辽西、辽东郡，被乌桓、貊人部落劫掠击杀，几乎死光。

都护将军贾复在真定与五校交战，贾复身负重伤。刘秀得知大惊说："我之所以不让贾复单独率军，就是怕他轻敌。果真，丧失我一员名将！听说他的妻子身怀有孕，若生女，将来我的儿子便娶她为妻；如果生男，将来我的女儿就嫁给他。告诉贾复，不要为妻子儿女担忧。"贾复的伤势不久痊愈，在蓟县追上刘秀，两人见面后十分高兴。

萧王刘秀回到中山县，各位将领再次请求他即位皇帝，刘秀再次拒绝。大军行进到南平棘，众将领又坚决请求刘秀即位皇帝，刘秀仍不同意。众将领将要告辞而出，耿纯进劝说："天下的士大夫，抛弃亲人，离开故土，冒着飞箭滚石追随大王您，目的是希望能攀龙附凤，以成全自己的志向。现在大王您拖延时间，违背众意，不正号位，我耿纯担心天下的士大夫希望破灭，无计可施，因而产生退归故里的念

行至鄗，召冯异，问四方动静。异曰：“更始必败，宗庙之忧在于大王，宜从众议！”会儒生强华自关中奉《赤伏符》来诣王曰：“刘秀发兵捕不道，四夷云集龙斗野，四七之际火为主。”群臣因复奏请。六月，己未，王即皇帝位于鄗南，改元，大赦。

（以上为第一段，写刘秀扫荡河北，南挫更始，在鄗邑即皇帝位，东汉建立，汉室复兴。）

邓禹围安邑，数月未下，更始大将军樊参将数万人渡大阳，欲攻禹；禹逆击于解南，斩之。王匡、成丹、刘均合军十余万，复共击禹，禹军不利。明日，癸亥，匡等以六甲穷日，不出，禹因得更治兵。甲子，匡悉军出攻禹；禹令军中毋得妄动，既至营下，因传发诸将，鼓而并进，大破之。匡等皆走，禹追斩均及河东太守杨宝，遂定河东，匡等奔还长安。

张卬与诸将议曰：“赤眉旦暮且至，见灭不久，不如掠长安，东归南阳；事若不集，复入湖池中为盗耳！”乃共入，说更始；更始怒不应，莫敢复言。更始使王匡、陈牧、成丹、赵萌屯新丰，李松军掫，以拒赤眉。张卬、廖湛、胡殷、申屠建与隗嚣合谋，欲以立秋日貙膢时共劫更始，俱成前计。更始知之，托病不出，召张卬等入，将悉诛之；唯隗嚣称疾不入，会客王遵、周宗等勒兵自守。更始狐疑不决，卬、湛、殷疑有变，遂突出；独申屠建在，更始斩建，使执金吾邓晔将兵围隗嚣第。卬、湛、殷勒兵烧门，入战宫中，更始大败；嚣亦溃围，走归天水。明旦，更始东奔赵萌于新丰。更始复疑王匡、陈牧、成丹与张卬等同谋，乃并召入；牧、丹先至，即斩之。王匡惧，将兵入长安，与张卬等合。

赤眉进至华阴，军中有齐巫，常鼓舞祠城阳景王，巫狂言：“景王大怒曰：‘当为县官，何故为贼！’”有笑巫者辄病，军中惊动。方望弟阳

头，不想长久忍耐下去。大家一散，就很难再集合在一起了。”耿纯的话非常诚恳真切，萧王刘秀大受感动，说：“容我再想一想吧。”

刘秀到达鄗县，召见冯异，询问各地的动静。冯异说：“更始必败，宗庙社稷的忧虑，全落在大王您的身上，应当接受大家的建议。”正好此时儒生强华从关中捧着《赤伏符》来进见，符上说：“刘秀发兵捕不道，四夷云集龙斗野，四七之际火为主。”群臣们乘机又上奏请。六月二十二日己未，刘秀在鄗县南郊即皇帝位，改换年号，大赦天下。

邓禹围攻安邑县，几个月都没攻下。更始帝的大将军樊参率领几万人从大阳渡过黄河，准备攻打邓禹。邓禹率军在解县南郊迎头痛击，杀了樊参。王匡、成丹、刘均合兵有十余万，再次攻打邓禹，邓禹的军队交战失利。第二天，二十六日癸亥，王匡等人认为癸亥是一轮甲子的最后一天，是忌日，不宜出战。因此邓禹得到喘息，调整部署。二十七日甲子，王匡等倾巢而出攻击邓禹，邓禹下令军队不可轻举妄动，等王匡的军队到达营垒附近时，才传令诸将，突然击鼓反击，大破敌军。王匡等人逃走，邓禹乘胜追击，杀了刘均和河东郡太守杨宝，于是平定河东。王匡等逃回长安。

更始帝刘玄的卫尉大将军张卬与众将军商议，说：“赤眉军很快就要到来，我们的灭亡就在眼前。与其等死，不如抢掠了长安的财物，向东回到南阳郡。事情若不成，我们就回到江湖重新做强盗罢了！”于是便一同入宫，说服更始帝。更始帝满脸怒气，一言不发，张卬等人也不敢再说。更始命王匡、陈牧、成丹、赵萌率军驻守新丰县，命李松驻军掫地，以抵抗赤眉军。张卬、廖湛、胡殷、申屠建和隗嚣合谋，想趁立秋大祭之时，劫持更始帝，实现原先东归南阳的计划。刘玄得知这消息后，到立秋大祭时，称病不出，召张卬等进宫，准备将其全部斩首。当时只有隗嚣称病没有进宫，与他的宾客王遵、周宗等布置警卫戒备。更始帝犹豫不决。张卬、廖湛、胡殷怀疑事情有变化，便突然出宫。只有申屠建仍留在宫中，更始帝就杀了申屠建，派执金吾邓晔率兵包围隗嚣的住宅。张卬、廖湛、胡殷率领军队，火烧宫门，杀进宫中，更始帝大败。隗嚣也突破包围，逃出长安回到天水郡。第二天早晨，更始帝逃出宫中往东投奔驻守在新丰县的赵萌。更始帝又怀疑王匡、陈牧、成丹和张卬等是共同谋划，便将他们一同召入。陈牧、成丹先到，立即斩首。王匡害怕，就率领军队进入长安，与张卬等会合。

赤眉军进入华阳县，随行在军中有一位齐国的巫师，经常击鼓狂跳，祭祀城阳景王刘章。巫师口出狂言：“景王刘章大发雷霆，说：‘要作就作天子，为什么要做盗

说樊崇等曰："今将军拥百万之众，西向帝城，而无称号，名为群贼，不可以久；不如立宗室，挟义诛伐，以此号令，谁敢不从！"崇等以为然，而巫言益甚。前至郑，乃相与议曰："今迫近长安，而鬼神若此，当求刘氏共尊立之。"

先是，赤眉过式，掠故式侯萌之子恭、茂、盆子三人自随。恭少习《尚书》，随樊崇等降更始于洛阳，复封式侯，为侍中，在长安。茂与盆子留军中，属右校卒史刘侠卿，主牧牛。及崇等欲立帝，求军中景王后，得七十余人，唯茂、盆子及前西安侯孝最为近属。崇等曰："闻古者天子将兵称上将军，"乃书札为符曰"上将军"，又以两空札置笥中，于郑北设坛场，祠城阳景王，诸三老、从事皆大会；列盆子等三人居中立，以年次探札，盆子最幼，后探，得符；诸将皆称臣，拜。盆子时年十五，被发徒跣，敝衣赭汗，见众拜，恐畏欲啼。茂谓曰："善臧符！"盆子即啮折，弃之。以徐宣为丞相，樊崇为御史大夫，逢安为左大司马，谢禄为右大司马，其余皆列卿、将军。盆子虽立，犹朝夕拜刘侠卿，时欲出从牧儿戏；侠卿怒止之，崇等亦不复候视也。

（以上为第二段，写更始政权发生内讧。赤眉军西进，立牧羊童刘盆子为主，以正号位。）

秋，七月，辛未，帝使使持节拜邓禹为大司徒，封酂侯、食邑万户；禹时年二十四。又议选大司空，帝以《赤伏符》曰"王梁主卫作玄武"，丁丑，以野王令王梁为大司空。又欲以谶文用平狄将军孙咸行大司马，众咸不悦。壬午，以吴汉为大司马。

初，更始以琅邪伏湛为平原太守；时天下兵起，湛独晏然，抚循百姓。门下督谋为湛起兵，湛收斩之；于是吏民信向，平原一境赖湛以全。帝征湛为尚书，使典定旧制。又以邓禹西征，拜湛为司直，行大司徒事；车驾每出征伐，常留镇守。

贼！'" 当时军中只要讥笑巫师的人就生病，因而军中惊恐骚动。方望弟弟方阳劝说赤眉军首领樊崇等人说："如今将军拥有百万大军，向西京长安进军，却没有一个称号，被人看作一伙盗贼，这样是不可能长久的。不如立一个刘氏宗室，挟天子的名义前往讨伐，以此发号施令，谁敢不服从！" 樊崇等人认为说得不错，而巫师的狂言也越来越厉害。军队前进到达郑县，他们互相商议说："如今已逼近长安，而鬼神的旨意如此明显，应当寻求一位刘氏宗室来当皇帝。"

在这之前，赤眉军经过式县，将西汉时故式侯刘萌的儿子刘恭、刘茂、刘盆子三人劫持随军行动。刘恭自幼学习《尚书》，随着樊崇等人到洛阳投降更始帝刘玄，重新被封为式侯，为侍中，留在长安。刘茂与刘盆子，仍留在赤眉军中，归右校卒史刘侠卿管辖，负责放牛。等到樊崇等人要立刘氏为帝，就在军中寻找景王刘章的后代，一共找到七十余人，其中只有刘茂、刘盆子以及前西安侯刘孝是血统最接近的。樊崇等人说："听说古代天子亲自率领军队都称上将军。" 因此就将"上将军"三个字写在木简上，作为符命，又将两片未写字的木简一起放在竹筐中。在郑县的北面设置祭坛，祭祀城阳景王，各位三老、从事都参加祭典。请刘盆子等三人排列在中间站着，按照长幼顺序抽取木简。刘盆子年纪最幼，最后抽取，抽得有符命的木简。众将领都向刘盆子称臣，下跪行礼。刘盆子当年十五岁，披头散发，光着双脚，穿着破衣服，脸发红、身冒汗，看到各位将领向他称臣跪拜，惊恐得想哭。刘茂对他说："把你抽得的符命藏好！" 刘盆子却把它咬断、扔掉。但是，他已经是任人摆布的皇帝了。因此任命徐宣为丞相，樊崇为御史大夫，逢安为左大司马，谢禄为右大司马，其余将领都被任命为卿、将军。刘盆子尽管被立为皇帝，但每天早晚还要向刘侠卿跪拜，时常想出去和牧童玩耍。刘侠卿发怒制止他，樊崇等人也不再来问候探视。

秋季，七月初五日辛未，光武帝派遣使臣持符节任命邓禹为大司徒，封为酂侯，食邑万户。当时邓禹二十四岁。又商定选拔大司空，光武帝因为《赤伏符》上说的"王梁主卫作玄武"，七月十一日丁丑，任命野王县令王梁为大司空。光武帝又想依谶书的记载，任用平狄将军孙咸为代理大司马，大家都不高兴。七月十六日壬午，任命吴汉为大司马。

当初，更始帝任命琅邪人伏湛为平原郡太守。当时全国各地纷纷起兵，只有伏湛所在的平原郡安然无事，因为他安抚百姓，才避免战祸。门下督为伏湛筹划起兵的事，伏湛将他抓起来杀了。于是吏民信赖归向他，整个平原郡都依靠他得以保全。光武帝征召伏湛为尚书，由他负责审订旧有的典章制度。又因为邓禹率军西征，任命伏湛为司直，代理大司徒之职理事。光武帝每次外出亲征，常常将伏湛留下镇守。

邓禹自汾阴渡河，入夏阳，更始左辅都尉公乘歙引其众十万与左冯翊兵共拒禹于衙；禹复破走之。

宗室刘茂聚众京、密间，自称厌新将军，攻下颍川、汝南，众十余万人。帝使骠骑大将军景丹、建威大将军耿弇、强弩将军陈俊攻之；茂来降，封为中山王。

己亥，帝幸怀，遣耿弇、陈俊军五社津，备荥阳以东；使吴汉率建议大将军朱祐等十一将军围朱鲔于洛阳。八月，进幸河阳。

李松自掫引兵还，从更始与赵萌共攻王匡、张卬于长安。连战月余，匡等败走，更始徙居长信宫。

赤眉至高陵，王匡、张卬等迎降之，遂共连兵进攻东都门。李松出战，赤眉生得松；松弟况为城门校尉，开门纳之。九月，赤眉入长安；更始单骑走，从厨城门出。式侯恭以赤眉立其弟，自系诏狱；闻更始败走，乃出，见定陶王祉，祉为之除械，相与从更始于渭滨。右辅都尉严本，恐失更始为赤眉所诛，即将更始至高陵，本将兵宿卫，其实围之。更始将相皆降赤眉，独丞相曹竟不降，手剑格死。

辛未，诏封更始为淮阳王；吏民敢有贼害者，罪同大逆；其送诣吏者封列侯。

（以上为第三段，写更始政权在光武帝、赤眉军的夹击下崩溃。赤眉军入长安。光武帝封更始帝刘玄为淮阳王。）

初，宛人卓茂，宽仁恭爱，恬荡乐道，雅实不为华貌，行己在于清浊之间，自束发至白首，未尝与人有争竞，乡党故旧，虽行能与茂不同，而皆爱慕欣欣焉。哀、平间为密令，视民如子，举善而教，口无恶言，吏民亲爱，不忍欺之。民尝有言部亭长受其米肉遗者，茂曰："亭长为从汝求乎，为汝有事嘱之而受乎，将平居自以恩意遗之乎？"民曰："往遗之耳。"茂曰："遗之而受，何故言邪？"民曰："窃闻贤明之君，使民不畏吏，吏不取民。今我畏吏，是以遗之；吏既卒受，故来言耳。"茂曰："汝为敝民矣！凡人所以群居不乱，异于禽兽者，以有仁爱礼义，知相敬事也。汝独不欲修之，宁能高飞远走，不在人间邪！吏顾不当乘威力强请求耳。亭长素善吏，岁时遗之，礼也。"民曰："苟如此，律何故禁之？"

邓禹率军从汾阴县渡过黄河，进入夏阳县。更始帝的左辅都尉公乘歙率领十万大军与左冯翊的军队在衙县阻击邓禹。邓禹再次大败更始军，公乘歙等逃走。

宗室刘茂在京密地区聚众起兵，自称厌新将军，攻下颍川、汝南两郡，有部众十余万人。光武帝派骠骑大将军景丹、建威大将军耿弇、强弩将军陈俊攻打刘茂，刘茂前来投降，被封为中山王。

七月己亥日，光武帝巡幸怀县，派耿弇、陈俊驻军五社津、防御荥阳以东的敌情，同时派出吴汉率领建议大将军朱祐等十一位将军围困朱鲔于洛阳。八月，光武帝南进临幸河阳。

李松从掫地率领军队回到新丰，追随更始帝与赵萌会合一同攻打在长安的王匡、张卬。交战一个多月，王匡等兵败溃散，更始帝重新占据长安，迁居长信宫。

赤眉军到达高陵县，王匡、张卬率军投降赤眉军，于是他们联合一同攻打长安的东都门。李松出城迎战，被赤眉生擒。李松的弟弟李况任城门校尉，就打开城门，迎接赤眉军进城。九月，赤眉军进入长安。更始帝刘玄单人独骑从厨城门逃出长安。式侯刘恭因为赤眉军立他弟弟刘盆子为皇帝，就自己投案被囚禁在诏狱里。听说刘玄兵败逃走，才出诏狱，遇见定陶王刘祉，刘祉替他解下身上刑具，一同追随更始帝到渭水河畔。右辅都尉严本，害怕更始走失，被赤眉军所杀，就将更始帝带到高陵县，严本率领军队守卫，实际是将他包围看管起来。更始帝的将相都投降赤眉军，唯有丞相曹竟不投降，手持宝剑抗击，被杀。

九月初六日辛未，光武帝下诏封更始帝刘玄为淮阳王。诏书说，无论官吏或百姓敢有伤害更始帝的，以大逆罪论处；有人将更始帝送到官府的，封为侯爵。

当时，宛县人卓茂宽厚仁义，恭谦慈爱，性情淡泊坦荡，乐守圣贤之道，雅正朴实，不注重浮华的外貌，自己的行为在清浊之间，从稚童到白发苍苍的老年，从没有跟别人争执过，家乡的亲朋好友尽管行为才干与卓茂不同，但都爱戴和仰慕他。卓茂在西汉哀帝、平帝时任密县令，他爱民如子，推行善言善行来教化百姓，从来不口出恶言，官吏与百姓对他很敬爱，都不忍心欺骗他。曾有人上告说，卓茂属下的一个亭长收下了他所馈赠的粮米和肉。卓茂说：“是亭长向你要的呢？还是你有事托他而送给他的呢？还是平时就有恩惠情感而赠送他的呢？”那个人说：“是我自己送到他家的。”卓茂说：“是你自己送去他才接受的，为何还要上告呢？”那个人说：“我听说贤明的国君在位，使老百姓不怕官吏，而官吏也不向老百姓索取财物。如今我惧怕官吏，因此才送财物给他。那个官吏没有推辞就收下了，所以我要告他。”卓

茂笑曰："律设大法，礼顺人情。今我以礼教汝，汝必无怨恶；以律治汝，汝何所措其手足乎！一门之内，小者可论，大者可杀也。且归念之！"初，茂到县，有所废置，吏民笑之，邻城闻者皆蚩其不能。河南郡为置守令；茂不为嫌，治事自若。数年，教化大行，道不拾遗；迁京部丞，密人老少皆涕泣随送。及王莽居摄，以病免归。上即位，先访求茂，茂时年七十余。甲申，诏曰："夫名冠天下，当受天下重赏。今以茂为太傅，封褒德侯。"

臣光曰：孔子称"举善而教不能则劝"。是以舜举皋陶，汤举伊尹，而不仁者远，有德故也。光武即位之初，群雄竞逐，四海鼎沸，彼摧坚陷敌之人，权略诡辩之士，方见重于世，而独能取忠厚之臣，旌循良之吏，拔于草莱之中，置诸群公之首，宜其光复旧物，享祚久长，盖由知所先务而得其本原故也。

（以上为第四段，写光武帝初即位，天下还在纷争之时，首先推行教化，表彰清廉官吏的代表人物卓茂，受到司马光的高度赞扬。）

诸将围洛阳数月，朱鲔坚守不下。帝以廷尉岑彭尝为鲔校尉，令往说之。鲔在城上；彭在城下，为陈成败。鲔曰："大司徒被害时，鲔与其谋，又谏更始无遣萧王北伐，诚自知罪深，不敢降！"彭还，具言于帝。帝曰："举大事者不忌小怨。鲔今若降，官爵可保，况诛罚乎！河水在此，吾不食言！"彭复往告鲔，鲔从城上下索曰："必信，可乘此上。"彭趣索欲上，鲔见其诚，即许降。辛卯，朱鲔面缚，与岑彭俱诣河阳。帝解其缚，召见之，复令彭夜送鲔归城。明旦，与苏茂等悉其众出降。拜鲔为平狄将军，封扶沟侯；后为少府，传封累世。

茂说："你真是个德薄的人！人之所以能群居在一起生活而不混乱，不同于禽兽，是因为人类有仁爱礼义，知道互相尊敬。而你却不遵循这些，难道你能远走高飞，不在人间吗？官吏当然不应该凭权力强求索取。亭长平时是个好官，每年送他一点礼物，正是礼的体现。"那个人说："若是这样，那法律为什么又禁止这样做呢？"卓茂笑着说："法律是按行为立下的规范，礼义是顺应人情。现在我用礼义开导你，你一定没有怨恨厌恶；若我用法律惩办你，你就不知该怎么办了。同一个事情，按小的说可以论罪，按大的说便可以杀头。你姑且回去想想吧！"当初卓茂到密县任职，着手一些改革，官民不理解而嘲笑他，邻近县城的官民知道后也都讥笑他没有才能。河南郡为此在密县又安置一位实习县令和卓茂平起平坐。卓茂也不感到憎恶，照常办公，神态自如。几年之后，卓茂所推行的教化蔚然成风，以致路不拾遗。后来卓茂被升迁为京部丞，密县的老少都流泪为他送行。当王莽居摄皇帝时，卓茂便称病辞职回家。刘秀称帝后，就先寻访卓茂的下落。卓茂此时已七十余岁。九月十九日甲申，光武帝下诏书褒扬卓茂说："名誉满天下的，应该受到国家最重的奖赏。今任命卓茂为太傅，封为褒德侯。"

臣司马光评论说：孔子说："提拔任用一个贤能的人，将影响那些无能的人努力上进。"因此虞舜推荐皋陶，商汤推荐伊尹，而不仁的人就远去，这是由于这两位品德高尚的缘故。光武帝刚刚即位，群雄纷争，天下混乱，那些冲锋陷阵的猛将，擅长奇计谋略、雄辩善言的策士，正被世人所敬重。而只有光武帝能起用忠厚的大臣，表彰奉公守法的官吏，从低微的民间选拔人才，安排在公卿首位。光武帝之所以能够光复汉室，享受长久的国运，是因为他知道首先要做的是什么才能达到根本目的。

汉军众将围攻洛阳几个月，朱鲔坚守而未能攻下。汉廷尉岑彭曾经当过朱鲔的校尉，光武帝派他去说降朱鲔。朱鲔在城墙上，岑彭在城楼下，岑彭向朱鲔陈说利害关系。朱鲔说："大司徒刘縯被害的时候，我朱鲔参与了谋划，又劝阻更始帝不派萧王北伐，我知道自己的罪孽实在深重，不敢投降。"岑彭回来，向光武帝原原本本转述了朱鲔的话。光武帝说："兴办大事业的人，不计较小的仇怨。朱鲔现在投降，官位爵禄可以保全，怎么会诛罚他呢？滔滔黄河水可以作证，我绝不食言。"岑彭再次前去告诉朱鲔，朱鲔从城楼上放下绳索，说："一定要我相信，请你攀绳上来。"岑彭立即攀索打算登城，朱鲔看到了岑彭的诚意，也当即答应投降。九月二十六日辛卯，朱鲔将两手反绑在身后，与岑彭一起到河阳。光武帝亲自解开朱鲔的绳索，接见了他，又下令岑彭当夜送朱鲔回洛阳城。第二天早晨，朱鲔与苏茂等人带领全部人马出城投降。光武帝任命朱鲔为平狄将军，封扶沟侯，后来任职少府，封爵世

帝使侍御史河内杜诗安集洛阳。将军萧广纵兵士暴横，诗敕晓不改，遂格杀广，还，以状闻。上召见，赐以棨戟，遂擢任之。

冬，十月，癸丑，车驾入洛阳，幸南宫，遂定都焉。

（以上为第五段，写光武帝宽仁大度，赦朱鲔之罪，不战而下洛阳，于是定都洛阳。）

赤眉下书曰："圣公降者，封为长沙王；过二十日，勿受。"更始遣刘恭请降，赤眉使其将谢禄往受之。更始随禄，肉袒，上玺绶于盆子。赤眉坐更始，置庭中，将杀之；刘恭、谢禄为请，不能得，遂引更始出。刘恭追呼曰："臣诚力极，请得先死！"拔剑欲自刎；樊崇等遽共救止之。乃赦更始，封为畏威侯。刘恭复为固请，竟得封长沙王。更始常依谢禄居，刘恭亦拥护之。

刘盆子居长乐宫，三辅郡县、营长遣使贡献，兵士辄剽夺之，又数暴掠吏民，由是皆复固守。

百姓不知所归，闻邓禹乘胜独克而师行有纪，皆望风相携负以迎军，降者日以千数，众号百万。禹所止，辄停车拄节以劳来之，父老、童稚，垂发、戴白满其车下，莫不感悦，于是名震关西。

诸将豪杰皆劝禹径攻长安，禹曰："不然。今吾众虽多，能战者少，前无可仰之积，后无转馈之资；赤眉新拔长安，财谷充实，锋锐未可当也。夫盗贼群居无终日之计，财谷虽多，变故万端，宁能坚守者也！上郡、北地、安定三郡，土广人稀，饶谷多畜，吾且休兵北道，就粮养士，以观其敝，乃可图也。"于是引军北至栒邑，所到，诸营保郡邑皆开门归附。

上遣岑彭击荆州群贼，下犨、叶等十余城。

十一月，甲午，上幸怀。

梁王永称帝于睢阳。

十二月，丙戌，上还洛阳。

三辅苦赤眉暴虐，皆怜更始，欲盗出之；张卬等深以为虑，使谢禄

代相传。

光武帝派侍御史河内人杜诗前往洛阳，安定人心。将军萧广放纵士兵横行暴虐，杜诗告诫晓谕仍然不改，杜诗把萧广治罪杀头，回到河阳把实情报告皇上。光武帝召见了杜诗，赏赠他王公用的木戟仪仗，并提拔任用。

冬季，十月十八日癸丑，光武帝车驾进入洛阳，住在南宫。于是定都洛阳。

赤眉军写信给更始帝刘玄说："圣公如果来投降，就封为长沙王，超过了二十天，就不接受投降。"更始帝刘玄派刘恭请求投降，赤眉军派出将领谢禄前往接受投降。更始帝刘玄跟随谢禄，光着膀子，向刘盆子献上印玺，赤眉军将领让更始帝坐在庭院中间，将要杀他。刘恭、谢禄求情，没得到允许，于是把更始帝拉出庭院。刘恭一面追一面喊叫说："臣尽了最大努力，请让我先死！"拔出剑来想要自刎，樊崇等人赶快一同制止，这才赦免更始帝，封为畏威侯。刘恭又坚决替更始帝求情，终于得以封更始帝为长沙王。更始帝经常依靠谢禄生活，刘恭也全力保护他。

刘盆子居住在长乐宫，三辅郡县、营垒派使节朝拜进贡，赤眉军士兵却在半路打劫，又多次残暴地掠夺吏民，因此，三辅吏民又回到各自的营垒固守。

三辅百姓不知归附谁，听说邓禹的军队接连战胜，而行进的军队纪律严明，全都相望，听到风声就扶老携幼迎向邓禹军，每天来归降的人以千计，军众号称百万。邓禹所到之处，就停车竖起符节，慰问来归附的民众。所有人围聚在邓禹的车下，没有不感激高兴的，于是邓禹名声震动关西。

众将领和地方豪杰都劝邓禹直接进攻长安。邓禹说："不行。如今我们的人数虽多，能作战的人很少，前面没有可靠的粮草，后方没有供运送的物资，赤眉军刚刚占有长安，钱粮充实，乘胜之师锐不可当。但终究是一群乌合之众，没有长远的计划，钱粮虽然很多，而变故多端，岂能长期坚守。上郡、北地、安定三郡，地广人稀，粮食充足，畜牧茂盛，我暂且在此一边休养士卒，一边观察等待赤眉军的弊病，才可以消灭他们。"于是邓禹率军向北到达栒邑，所到之处，各营寨、郡邑都开门归顺。

光武帝派岑彭攻击荆州群盗，攻下犨县、叶县等十多座县城。

十一月三十日甲午，光武帝巡幸怀县。

梁王刘永在睢阳称帝。

十二月丙戌日，光武帝回到洛阳。

三辅百姓苦于赤眉军的暴虐，都同情更始帝刘玄，想把他从赤眉军中救出来，

缢杀之。刘恭夜往，收藏其尸；帝诏邓禹葬之于霸陵。中郎将宛人赵憙将出武关，道遇更始亲属，皆裸跣饥困，憙竭其资粮以与之，将护而前；宛王赐闻之，迎还乡里。

（以上为第六段，写赤眉军暴虐三辅百姓，诛杀更始帝刘玄，邓禹进军陕北，觊觎关中。）

隗嚣归天水，复招聚其众，兴修故业，自称西州上将军。三辅士大夫避乱者多归嚣，嚣倾身引接，为布衣交；以平陵范逡为师友，前凉州刺史河内郑兴为祭酒，茂陵申屠刚、杜林为治书，马援为绥德将军，杨广、王遵、周宗及平襄行巡、阿阳王捷、长陵王元为大将军，安陵班彪之属为宾客，由此名震西州，闻于山东。马援少时，以家用不足辞其兄况，欲就边郡田牧。况曰："汝大才，当晚成；良工不示人以朴，且从所好。"遂之北地田牧。常谓宾客曰："丈夫为志，穷当益坚，老当益壮。"后有畜数千头，谷数万斛，既而叹曰："凡殖财产，贵其能赈施也，否则守钱虏耳！"乃尽散于亲旧。闻隗嚣好士，往从之。嚣甚敬重，与决筹策。班彪，稚之子也。

初，平陵窦融累世仕宦河西，知其土俗，与更始右大司马赵萌善，私谓兄弟曰："天下安危未可知；河西殷富，带河为固，张掖属国精兵万骑，一旦缓急，杜绝河津，足以自守，此遗种处也！"乃因萌求往河西。萌荐融于更始，以为张掖属国都尉。融既到，抚结雄杰，怀辑羌虏，甚得其欢心。是时，酒泉太守安定梁统、金城太守库钧、张掖都尉茂陵史苞、酒泉都尉竺曾、敦煌都尉辛肜，并州郡英俊，融皆与厚善。及更始败，融与梁统等计议曰："今天下扰乱，未知所归。河西斗绝在羌、胡中，不同心戮力，则不能自守，权钧力齐，复无以相率，当推一人为大将军，共全五郡，观时变动。"议既定，而各谦让。以位次，咸共推梁统；统固辞，乃推融行河西五郡大将军事。武威太守马期、张掖太守任仲并孤立无党，乃共移书告示之；二人即解印绶去。于是以梁统为武威太守，史苞为张掖太守，竺曾为酒泉太守，辛肜为敦煌太守。融居属国，领都尉职如故；置从事，监察五郡。河西民俗质朴，而融等政亦宽和，上下相亲，晏然富殖；修兵马，习战射，明烽燧，羌、胡犯塞，融辄自将与诸

张卬等人十分忧虑，就派谢禄勒死了刘玄。刘恭趁夜前往，收拾藏匿刘玄的尸体。光武帝得知，下诏邓禹把刘玄安葬在霸陵。原刘玄的中郎将宛人赵熹将兵出武关，路上遇到更始刘玄的亲属，全都赤脚露体，饥饿困乏，赵熹拿出全部钱财粮食送给他们，卫护他们前行，宛王刘赐得到消息，迎接他们回到家乡。

隗嚣回到天水郡，又重新召集他的部下，复兴旧时功业，自称西州上将军。三辅的士大夫为躲避战乱，许多都归附隗嚣。隗嚣也热诚接待，与他们像普通百姓一样平等地交往。任命平陵人范逡为师友，前凉州刺史河内人郑兴为祭酒，茂陵人申屠刚、杜林为治书侍御史，马援为绥德将军，杨广、王遵、周宗以及平襄人行巡、阿阳人王捷、长陵人王元为大将军，安陵人班彪等为宾客，因此威名震动西州，闻名于山东。马援年轻时，因家境贫困，辞别他的哥哥马况，想到边郡一带垦荒放牧。马况说："你是一个天才，不过大器晚成罢了。一个能工巧匠从不把没雕琢好的器物给别人看。你现去做自己意愿的事吧。"于是马援就到北地郡垦荒放牧。他常对宾客说："大丈夫所怀之志，处境愈穷困，志节愈应坚定，年虽老而志更壮烈。"后来，他拥有数千头牲口，数万斛粮食。不久又感叹说："大凡聚敛财富，可贵之处在于能够赈救施舍；否则，只是一个守财奴罢了！"因此，他便将全部家产分送给亲朋好友。他听说隗嚣礼贤下士，就去投奔他。隗嚣很器重马援，让他参与决策。班彪是班稚的儿子。

当初，平陵人窦融一家几代人都在河西地区做官，熟悉当地风俗民情。窦融和更始帝刘玄的右大司马赵萌关系交好。窦融私下对他的弟弟说："天下的安危不能预测。河西非常富足，东面又有黄河作为牢固的屏障。张掖属国有一万精锐骑兵，一旦有危急的情况，断绝黄河渡口，就可以保存自己。这是个保全自己不被绝灭的好地方。"窦融凭借赵萌的关系请求到河西去。赵萌将窦融推荐给更始帝刘玄，更始帝就任用窦融为张掖属国都尉。窦融到任后，就抚慰部众，结交英豪，安抚西羌各部族，深受他们的欢心。这时，酒泉郡太守安定人梁统、金城郡太守库钧、张掖郡都尉茂陵人史苞、酒泉郡都尉竺曾，敦煌郡都尉辛肜，都是州郡的英雄俊杰，窦融和他们的交往深厚。等到更始政权失败，窦融和梁统等人商议说："现在天下大乱，不知该归向谁。河西地方孤悬在羌、胡的中间，如果不同心协力，就不能保卫自己，但权力和力量都相等，就谁也不能统率谁。应该推举一个人做大将军，共同保全五个郡，以观察时局的变化。"商定之后，大家各自谦让。后来按照各位的次序，一致推举梁统为大将军。梁统坚决推辞，便推举窦融兼管河西五郡大将军之事。武威郡太守马期、张掖郡太守任仲都势单力孤，窦融等就写信告诉他们。他们便马上交出

郡相救，皆如符要，每辄破之。其后羌、胡皆震服亲附，内郡流民避凶饥者归之不绝。

王莽之世，天下咸思汉德，安定三水卢芳居左谷中，诈称武帝曾孙刘文伯，云“曾祖母，匈奴浑邪王之姊也；”常以是言诳惑安定间。王莽末，乃与三水属国羌、胡起兵。更始至长安，征芳为骑都尉，使镇抚安定以西。更始败，三水豪杰共立芳为上将军、西平王，使使与西羌、匈奴结和亲。单于以为：“汉氏中绝，刘氏来归，我亦当如呼韩邪立之，令尊事我。”乃使句林王将数千骑迎芳兄弟入匈奴，立芳为汉帝，以芳弟程为中郎将，将胡骑还入安定。

（以上为第七段，写建武元年，中国西北部地区在战乱中的形势，窦融保河西，隗嚣据有天水，卢芳称帝于陕北。）

帝以关中未定，而邓禹久不进兵，赐书责之曰：“司徒，尧也；亡贼，桀也。长安吏民遑遑无所依归，宜以时进讨，镇慰西京，系百姓之心！”禹犹执前意，别攻上郡诸县，更征兵引谷，归至大要。积弩将军冯愔、车骑将军宗歆守栒邑，二人争权相攻，愔遂杀歆，因反击禹，禹遣使以闻。帝问使人：“愔所亲爱为谁？”对曰：“护军黄防。”帝度愔、防不能久和，势必相忤，因报禹曰：“缚冯愔者，必黄防也。”乃遣尚书宗广持节往降之。后月余，防果执愔，将其众归罪。更始诸将王匡、胡殷、成丹等皆诣广降，广与东归；至安邑，道欲亡，广悉斩之。

愔之叛也，引兵西向天水；隗嚣逆击，破之于高平，尽获其辎重。于是禹承制遣使持节命嚣为西州大将军，得专制凉州、朔方事。

腊日，赤眉设乐大会，酒未行，群臣更相辩斗；而兵众遂各逾宫，

印章绶带而离开。于是任命梁统为武威郡太守，史苞任张掖郡太守，竺曾为酒泉郡太守、辛肜为敦煌郡太守。窦融居住在张掖属国，仍旧任都尉之职。设置从事，监督五个郡。河西一带民风淳朴，窦融等人施政也宽和，因此上下相亲相敬，一片安定富足的景象。平时训练兵马，练习战技，点燃烽火，进行实战演习。羌、胡等人侵犯边塞，窦融往往亲自率领兵卒和各郡的军队相救助，每次出击都不失期约，每战也都能将敌人打败。后来羌、胡等各部族全都被窦融的威名所震，亲近归附。内地各郡逃避战乱饥饿的流亡百姓也都络绎不绝地归顺窦融。

王莽当政时，天下人都思念汉朝恩惠。安定郡三水县人卢芳住在左谷里，假称自己是汉武帝的曾孙刘文伯，说："我的曾祖母是匈奴浑邪王的姐姐。"卢芳常用这些话在安定一带欺骗蛊惑大家。王莽末年，卢芳与三水属国的羌、胡人一同兴兵。更始帝刘玄到达长安，征召卢芳为骑都尉，委任他镇守安抚安定郡以西地区。更始政权失败后，三水豪杰共同拥立卢芳为上将军、西平王。卢芳派遣使臣与西羌、匈奴结亲和好。匈奴单于认为："汉朝政权中途断绝，刘氏皇族前来归附，我也应当把卢芳像当年汉朝策立呼韩邪那样来对待，让他尊敬侍奉我。"因此就派遣句林王率领数千骑兵迎接卢芳兄弟到匈奴，立卢芳为汉帝；任命卢芳的弟弟卢程为中郎将，让他们率领胡人骑兵返回安定郡。

光武帝因为关中还未平定，而邓禹又迟迟不进兵长安，就写信指责邓禹说："你是大司徒，应当是圣明的唐尧；亡命的贼寇，是暴虐的夏桀。长安城的官民终日惶惶不安，不知道依靠谁。你应当抓住时机，进攻讨伐，镇抚长安，维系百姓之心！"邓禹仍然坚持自己先前的意见，避开长安，另外攻打上郡各县，然后征兵屯粮，返回大要县。留下积弩将军冯愔、车骑将军宗歆共同防守栒邑县，两人因为争权夺利而互相攻击，冯愔终于杀了宗歆，并乘机掉头来攻打邓禹。邓禹派遣使者向光武帝禀报。光武帝问使者："冯愔最亲近的人是谁？"使者回答说："是护军黄防。"光武帝料定冯愔、黄防不能长久相和，势必相攻，就回答邓禹说："将来捆绑冯愔的，一定是黄防。"便派尚书宗广持符节前往招降他们。一个多月后，黄防果真将冯愔抓起来，率领他的部属回来请罪。更始帝刘玄的几位将领王匡、胡殷、成丹等都到宗广那里投降。宗广与他们一起回到洛阳。走到安邑县路上，有人想逃跑，宗广把他们杀了。

冯愔叛变后，率领军队向西攻打天水郡，隗嚣迎击，在高平县打败冯愔，得到全部辎重。于是，邓禹承制以光武帝的命令，派遣使者持符节任命隗嚣为西州大将军，全权处理凉州、朔方郡的军政大事。

十二月初八是祭祀百神的腊日，赤眉军在长安举行盛大宴会，酒还没有开始喝，

斩关入，掠酒肉，互相杀伤。卫尉诸葛稚闻之，勒兵入，格杀百余人，乃定。刘盆子惶恐，日夜啼泣；从官皆怜之。

帝遣宗正刘延攻天井关，与田邑连战十余合，延不得进。及更始败，邑遣使请降；即拜为上党太守。帝又遣谏议大夫储大伯持节征鲍永；永未知更始存亡，疑不肯从，收系大伯，遣使驰至长安，诇问虚实。

初，帝从更始在宛，纳新野阴氏之女丽华。是岁，遣使迎丽华与帝姊湖阳公主、妹宁平公主俱到洛阳；以丽华为贵人。更始西平王李通先娶宁平公主，上征通为卫尉。

初，更始以王闳为琅邪太守，张步据郡拒之。闳谕降，得赣榆等六县；收兵与步战，不胜。步既受刘永官号，治兵于剧，遣将徇泰山、东莱、城阳、胶东、北海、济南、齐郡，皆下之。闳力不敌，乃诣步相见。步大陈兵而见之，怒曰："步有何罪，君前见攻之甚！"闳按剑曰："太守奉朝命，而文公拥兵相拒。闳攻贼耳，何谓甚邪！"步起跪谢，与之宴饮，待为上宾，令闳关掌郡事。

（以上为第八段，写光武帝建武元年岁末时形势，从三辅到山东齐鲁，西有赤眉军，东有梁王刘永、张步，东西一线成为战乱中心。）

二年（丙戌，26 年）

春，正月，甲子朔，日有食之。

刘恭知赤眉必败，密教弟盆子归玺绶，习为辞让之言。及正旦大会，恭先曰："诸君共立恭弟为帝，德诚深厚！立且一年，淆乱日甚，诚不足以相成，恐死而无益，愿得退为庶人，更求贤知，唯诸君省察！"樊崇等谢曰："此皆崇等罪也。"恭复固请，或曰："此宁式侯事邪！"恭惶恐起去。盆子乃下床解玺绶，叩头曰："今设置县官而为贼如故，四方怨恨，不复信向，此皆立非其人所致。愿乞骸骨，避贤圣路！必欲杀盆子以塞责者，无所离死！"因涕泣嘘唏。崇等及会者数百人，莫不哀怜之，乃皆避席顿首曰："臣无状，负陛下，请自今已后，不敢复放纵！"因共抱持盆子，带以玺绶；盆子号呼，不得已。既罢出，各闭营自守。三辅翕然，称天子聪明，百姓争还长安，市里且满。后二十余日，复出，大掠如故。

文武百官就相互吵闹争斗。而士兵们也纷纷跃墙进入皇宫，劈开大门，掠夺宴席上的酒肉，彼此相互残杀。卫尉诸葛稚得到消息，带领军队进宫，斩杀一百多人，才平定下来。刘盆子吓得要命，日夜哭泣，左右侍从官都很怜悯他。

当初，光武帝派宗正刘延攻打天井关，同更始帝刘玄的守将田邑连战十余次，刘延始终不得前进。等到更始政权失败，田邑派使者请求投降。光武帝便任命田邑为上党郡太守。光武帝又派谏议大夫储大伯持符节征召鲍永。但鲍永不知更始帝刘玄的生死，犹豫不肯归顺，就囚禁了储大伯，并派遣使者到长安，探听虚实。

当初，光武帝跟从刘玄在宛县时，娶新野县阴氏的女儿阴丽华为妻。建武元年，光武帝派遣使者迎接阴丽华与光武帝的姐姐湖阳公主、妹妹宁平公主一起来到洛阳。光武帝封阴丽华为贵人。更始帝的西平王李通早先已娶宁平公主为妻，光武帝便征召李通为卫尉。

当初，更始帝刘玄任命王闳为琅邪郡太守，张步占据琅邪郡拒绝王闳。王闳传谕招降，获得赣、榆等六个县。然后聚集兵力与张步交战，不能取胜。张步已经接受在睢阳称帝的刘永的官职，在剧县训练军队，派将领攻打泰山、东莱、城阳、胶东、北海、济南、齐郡等郡，全都占领。王闳的力量战不过张步，就到张步的驻地见张步。张步陈列大军见王闳，发怒说："我有什么罪，你攻打那么紧迫！"王闳手按着剑说："我是太守，奉朝廷的命令到任，而你却聚集军队抗拒，我不过是攻打贼寇罢了！"张步起身跪拜谢罪，设宴对饮，待为上宾，并由王闳掌握处理全郡之事。

汉光武帝建武二年（丙戌，26 年）

春季，正月初一日甲子，发生日食。

刘恭知道赤眉政权必定失败。便暗中嘱咐弟弟刘盆子交出玉玺绶带，并教他说一番推辞谦让的话。到元旦那天，大会群臣，刘恭抢先说："诸公一起拥立我的弟弟做皇帝，恩德实在太深厚了！他即位快一年，但是，天下混乱，一天比一天严重。他实在不足以成就功业，即使死了也对国家无益。因此请求让他退位，做一个普通老百姓。另外再寻求贤德明智的人选，敬请诸公能详察！"樊崇等人谢罪说："这都是我们的过失。"刘恭再次坚决请求退位。有人说："这难道是式侯你管的事吗？"刘恭害怕而起身离去。这时，刘盆子下了宝座解下玉玺绶带，向诸公磕头说："现今虽设立了皇帝，但大家仍旧做强盗，天下百姓怨恨，不再信服归向我们，这都是由于皇帝拥立错了所造成的。恳请各位让我离开，为圣贤明君让路！若一定要杀我以推卸责任，我也不敢避死！"说完，就痛哭流涕。樊崇等与参加朝会的数百人，听了刘盆子的话，没有一个不同情可怜他，便都离开座位向刘盆子叩首说："都是我们

刁子都为其部曲所杀，余党与诸贼会檀乡，号檀乡贼，寇魏郡、清河。魏郡大吏李熊弟陆谋反城迎檀乡，或以告魏郡太守颍川铫期，期召问熊，熊叩头首服，愿与老母俱就死。期曰："为吏倘不若为贼乐者，可归与老母往就陆也！"使吏送出城。熊行，求得陆，将诣邺城西门；陆不胜愧感，自杀以谢期。期嗟叹，以礼葬之，而还熊故职。于是郡中服其威信。

帝遣吴汉率王梁等九将军击檀乡于邺东漳水上，大破之，十余万众皆降。又使梁与大将军杜茂将兵安辑魏郡、清河、东郡，悉平诸营保，三郡清静，边路流通。

庚辰，悉封诸功臣为列侯；梁侯邓禹、广平侯吴汉皆食四县。博士丁恭议曰："古者封诸侯不过百里，强干弱枝，所以为治也。今封四县，不合法制。"帝曰："古之亡国皆以无道，未尝闻功臣地多而灭亡者也。"阴乡侯阴识，贵人之兄也，以军功当增封，识叩头让曰："天下初定，将帅有功者众，臣托属掖廷，仍加爵邑，不可以示天下；此为亲戚受赏，国人计功也。"帝从之。帝令诸将各言所乐，皆占美县；河南太守颍川丁綝独求封本乡。或问其故，綝曰："綝能薄功微，得乡亭厚矣！"帝从其志，封新安乡侯。帝使郎中魏郡冯勤典诸侯封事；勤差量功次轻重，国土远近，地势丰薄，不相逾越，莫不厌服焉。帝以为能，尚书众事皆令总录之。故事：尚书郎以令史久次补之，帝始用孝廉为尚书郎。

起高庙于洛阳，四时合祀高祖、太宗、世宗；建社稷于宗庙之右；立郊兆于城南。

长安城中粮尽，赤眉收载珍宝，大纵火烧宫室、市里，恣行杀掠，

不好，对不起陛下，从今往后，我们不敢再胡作非为！”就一起将刘盆子抱上宝座，给他系上玉玺绶带。刘盆子大哭不止，但身不由己。宴会毕，诸将出宫，各自紧闭营门，安静自守。三辅一片和睦，称颂天子圣明。百姓争先恐后地回到长安，街市上挤满了人。二十多天以后，赤眉官兵又跑出军营，照旧大肆抢劫。

刁子都被他的部下所杀，余党与其他贼寇在檀乡会合，被称为檀乡贼。他们掠夺魏郡、清河郡。魏郡大吏李熊的弟弟李陆阴谋在城里反叛内应，迎接檀乡贼。有人将这消息告诉魏郡太守颍川人铫期。铫期召见李熊质问，李熊叩头自首，承认有此事，并愿与老母一块儿赴死。铫期说：“你如果认为在城里做官，还不如做贼快乐，那就回去和老母一块儿去投奔你的弟弟李陆！”铫期派官吏将李熊母子送出城。李熊出城，找到李陆，与他一起来到邺城西门，李陆不胜惭愧，就自杀向铫期谢罪。铫期叹息，按照礼节安葬李陆，并恢复李熊的官职。因此，魏郡的人都敬服铫期的威望。

光武帝派遣吴汉率领王梁等九位将军，在邺城东面的漳水河畔攻打檀乡城，大败贼兵，十多万人全部投降。光武帝又派王梁与大将军杜茂率领军队安抚魏郡、清河郡、东郡，扫平了贼兵各自保守的营堡，三郡安宁，由洛阳通往北部边疆的道路得以畅通。

正月十七日庚辰，光武帝封所有功臣为列侯。梁侯邓禹、广平侯吴汉都食邑四县。博士丁恭建议说：“古代封诸侯，地不过百里，为的是使树干强壮，树枝弱小，为的是把国家治理好。如今封四个县的食邑，不合法制。”光武帝说：“古代亡国都是由于不行仁政，从来没有听说过因为功臣的封地多而亡国的。”阴乡侯阴识，是贵人阴丽华的哥哥，因为战功应当增加封地，阴识却叩头辞谢说：“天下刚刚平定，有战功的将帅很多，我是后宫的亲属，还要增加爵位食邑，便无法面对天下百姓。这样做，岂不是亲戚无功受禄，一般人有功才能受赏吗？”光武帝听从了他的意见。光武帝让将领们各自说出自己最想被封在什么地方。大家都想占有富庶的县分。只有河南郡太守颍川人丁綝，请求将本乡封给他。有人问他原因，丁綝说：“我的能力不足，功劳也小，能够封个乡亭侯就很优厚了。”光武帝尊重他志愿，封其为新安乡侯。光武帝命郎中魏郡人冯勤主持诸侯分封事宜。冯勤衡量每人功劳的大小、先后轻重，国土的远近，土地的肥沃贫瘠，论功行赏，没有发生不符实际的差错，大家全都心服。光武帝认为冯勤很有才干，尚书的许多事务都让他统领，负责去办。依照成例，尚书郎是由资深的尚书令史依次补充，到光武皇帝才开始用孝廉为尚书郎。

光武帝在洛阳建筑高庙，每年四季一同祭祀汉高祖、汉文帝、汉武帝。在宗庙左右边建造社稷。在城南建筑祭祀天地的祭坛。

长安城里粮食耗尽，赤眉军将领们大肆搜刮珍珠宝物装车载走，恣意纵火焚烧

长安城中无复人行；乃引兵而西，众号百万，自南山转掠城邑，遂入安定、北地。邓禹引兵南至长安，军昆明池，谒祠高庙，收十一帝神主，送诣洛阳；因巡行园陵，为置吏士奉守焉。

（以上为第九段，写赤眉军退出长安，祸乱三辅。光武帝为平乱蓄势，大封功臣。）

真定王杨造谶记曰："赤九之后，瘿杨为主。"杨病瘿，欲以惑众；与绵曼贼交通。帝遣骑都尉陈副、游击将军邓隆征之，杨闭城门不内。帝复遣前将军耿纯持节行幽、冀，所过劳慰王、侯，密敕收杨。纯至真定，止传舍，邀杨相见。纯，真定宗室之出也，故杨不以为疑，且自恃众强，而纯意安静，即从官属诣之；杨兄弟并将轻兵在门外。杨入，见纯，纯接以礼敬，因延请其兄弟皆入；乃闭阁，悉诛之，因勒兵而出。真定震怖，无敢动者。帝怜杨谋未发而诛，复封其子为真定王。

二月，己酉，车驾幸修武。

鲍永、冯衍审知更始已亡，乃发丧，出储大伯等，封上印绶，悉罢兵，幅巾诣河内。帝见永，问曰："卿众安在？"永离席叩头曰："臣事更始，不能令全，诚惭以其众幸富贵，故悉罢之。"帝曰："卿言大"，而意不悦。既而永以立功见用，衍遂废弃。永谓衍曰："昔高祖赏季布之罪，诛丁固之功；今遭明主，亦何忧哉！"衍曰："人有挑其邻人之妻者，其长者骂而少者报之。后其夫死，取其长者。或谓之曰：'夫非骂尔者邪！'曰：'在人欲其报我，在我欲其骂人也！'夫天命难知，人道易守，守道之臣，何患死亡。"

大司空王梁屡违诏命，帝怒，遣尚书宗广持节即军中斩梁；广槛车送京师。既至，赦之，以为中郎将，北守箕关。

壬子，以太中大夫京兆宋弘为大司空。弘荐沛国桓谭，为议郎、给

宫室、城市街巷，任意杀人抢劫，长安城里看不见行人。赤眉军大众西行，号称百万大军。从南山起，所经过的城邑都被劫掠一空，随后进入安定、北地二郡。邓禹率领军队向南到达长安，驻军于昆明池，拜谒祭祀高庙，收集西汉十一位皇帝的神位，送往洛阳，并巡视历代皇帝的墓园，为它们设立官员和卫士奉行祭祀与看守。

真定王刘杨编造谶书说："赤九之后，瘿杨为主。"刘杨脖子上长了一个瘤，他想借此迷惑民众，与绵曼县的盗贼勾结。光武帝派骑都尉陈副、游击将军邓隆征召刘杨，刘杨关闭城门，拒绝让他们入城。光武帝又派遣前将军耿纯持符节巡视幽、冀二州，所经之处，慰劳王、侯，并密令耿纯捕刘杨。耿纯到达真定县，就住在驿站，邀请刘杨相见。耿纯的母亲，是真定王刘杨宗室之女，所以刘杨放心地来见耿纯，且仗着自己人多势众，而耿纯神态安详，刘杨便带着随从官吏前来会见耿纯。刘杨的兄弟率领轻装士兵守在门外。刘杨进入见到耿纯，耿纯接待他很有礼貌，也很恭敬，并邀请他的兄弟们都进来。随后便关闭房门，将他们全都杀了，然后率领士兵走出驿站，真定县刘杨党羽惶恐震动，但没有人敢妄动。光武帝怜惜刘杨谋反未遂而被杀，就又封刘杨的儿子刘德为真定王。

二月十六日己酉，光武帝车驾巡幸修武。

更始帝刘玄的部将鲍永、冯衍打探确信更始帝刘玄已死，于是便为他发丧追悼，并放出储大伯等人，将印章绶带封好呈上。遣散所有部队，自己用头巾包头往河内归降。光武帝召见鲍永，问他："你的部队在哪里？"鲍永离开席位，跪下磕头，说："我事奉更始，却不能保全他。实在惭愧利用更始的部众侥幸取得富贵，所以全都遣散了。"光武帝说："你说得很好。"但脸上显出不高兴。不久，鲍永因立战功而被重用，冯衍则被废弃不用。鲍永对冯衍说："从前汉高祖奖赏有罪的季布，而诛杀有功的丁固。如今我们遇到了圣明的国君，还有什么好忧虑的呢？"冯衍说："从前，有人挑逗邻居的两个妻子，年长的就诟骂他，年轻的却向他表示好感。后来邻居死了，他却娶了邻居年长的妻子。有人对他说：'她不是诟骂过你的人吗？'那人说：'她是别人的妻子，我盼她接受我的挑逗，她若是我的妻子，我希望她诟骂挑逗她的人。'天命是难以预料的，但做人的道理却很易于遵守。遵守做人道理的臣子，哪能在乎死亡？"

大司空王梁屡次违背诏令，光武帝很恼火，派遣尚书宗广持符节到王梁的军营中就地处决王梁。宗广逮捕王梁后，用囚车将他送到首都洛阳。到了洛阳，光武帝又把他赦免，并任命他为中郎将，防守北边的箕关。

二月十九日壬子，光武帝任命太中大夫京兆人宋弘为大司空。宋弘举荐沛国人

事中。帝令谭鼓琴，爱其繁声。弘闻之，不悦；伺谭内出，正朝服坐府上，遣吏召之。谭至，不与席而让之，且曰："能自改邪，将令相举以法乎？"谭顿首辞谢；良久，乃遣之。后大会群臣，帝使谭鼓琴；谭见弘，失其常度。帝怪而问之，弘乃离席免冠谢曰："臣所以荐桓谭者，望能以忠正导主；而令朝廷耽悦郑声，臣之罪也。"帝改容谢之。

湖阳公主新寡，帝与共论朝臣，微观其意。主曰："宋公威容德器，群臣莫及。"帝曰："方且图之。"后弘被引见，帝令主坐屏风后，因谓弘曰："谚言'贵易交，富易妻，'人情乎？"弘曰："臣闻贫贱之知不可忘，糟糠之妻不下堂。"帝顾谓主曰："事不谐矣！"

（以上为第十段，写光武帝扑灭刘杨反叛于萌芽之际，招降更始朝忠臣鲍永，以及尊礼耿正大臣宋弘，尽显一代明君的风采。）

帝之讨王郎也，彭宠发突骑以助军，转粮食，前后不绝。及帝追铜马至蓟，宠自负其功，意望甚高；帝接之不能满，以此怀不平。及即位，吴汉、王梁，宠之所遣，并为三公，而宠独无所加，愈怏怏不得志，叹曰："如此，我当为王；但尔者，陛下忘我邪！"

是时北州破散，而渔阳差完，有旧铁官，宠转以贸谷，积珍宝，益富强。幽州牧朱浮，年少有俊才，欲厉风迹，收士心，辟召州中名宿及王莽时故吏二千石，皆引置幕府；多发诸郡仓谷禀赡其妻子。宠以为天下未定，师旅方起，不宜多置官属以损军实，不从其令。浮性矜急自多，宠亦狠强，嫌怨转积。浮数谮构之，密奏宠多聚兵谷，意计难量。上辄漏泄令宠闻，以胁恐之。至是，有诏征宠，宠上疏，愿与浮俱征；帝不许。宠益以自疑；其妻素刚，不堪抑屈，固劝无受征，曰："天下未定，四方各自为雄，渔阳大郡，兵马最精，何故为人所奏而弃此去乎！"宠又与所亲信吏计议，皆怀怨于浮，莫有劝行者。帝遣宠从弟子后兰卿喻之；宠因留子后兰卿，遂发兵反，拜署将帅，自将二万余人，攻朱浮于蓟。又以与耿况俱有重功，而恩赏并薄，数遣使邀诱况；况不受，斩其使。

桓谭，当了议郎、给事中。光武帝让桓谭弹琴，喜欢听那种柔靡的音调。宋弘听说此事，很不愉快。派人探察桓谭出宫的时间，宋弘就穿戴公服坐在官府堂上，派官吏去宣召桓谭。桓谭来到，宋弘不给他让座就指责他，并且说："能自己改正过失呢？还是由我依据法律惩治你呢？"桓谭磕头谢罪。过了很久，宋弘才让他走。后来有一天光武帝大会群臣，又让桓谭弹琴；桓谭不禁看了看宋弘，失去了常态。光武帝觉得奇怪，就问怎么回事？宋弘因此离开座席，脱掉官帽，谢罪说："我举荐桓谭，目的是希望他能用忠正之道来辅导君主；而他却让皇上喜爱上了淫靡的音乐，这是我的罪过。"光武帝听了，表情严肃地向宋弘表示了歉意。

湖阳公主新近死了丈夫，光武帝与她一起谈论朝廷大臣，从而悄悄地观察她对谁有意。公主说："宋公的威仪容貌、德行气度，群臣没有谁比得上的。"光武帝说："我正要考虑这件事。"后来宋弘被召见，光武帝事先让湖阳公主坐在屏风后面偷听，光武皇上就对宋弘说："俗语说'地位高了换朋友，钱财多了换老婆'，这是人之常情吧？"宋弘说："我却听说过：贫穷时候的朋友不能忘，一块吃过苦的老婆不能休退。"光武帝回过头来对公主说："事情不成喽！"

光武帝征讨王郎时，彭宠征调骑兵突击队协同作战；运输粮食，前后不断。等到光武帝追击铜马军到了蓟县，彭宠仗着自己的功劳，要求很高；而光武帝却不能满足他的愿望，因此心怀不平。等到光武帝即位之后，吴汉、王梁过去都是彭宠的部下，并列为三公，唯独彭宠没有加官，越发显出不服气、不得志的样子。叹息说："像他们这样都列为三公，那我就应当封为王；但却只是现在这个样子，怕是陛下把我给忘了！"

这时，北方各州郡破散，只有渔阳郡比较完好，还有汉时设置的铁官，彭宠转卖铁器，用来购买粮食，囤积金银财宝，越发富裕强大。幽州牧朱浮，年轻且才华出众，想励精图治改革风俗，收拢士子之心，征召州中一向有名望的人以及王莽时俸禄二千石的旧官吏，都安置在幕府里；调拨各郡县府库的粮食赡养他们的妻子儿女。彭宠认为天下还没有安定，战争方兴未艾，不应该设置很多官员来损耗甲兵、粮储，因而拒绝朱浮的命令。朱浮性情偏执急躁，自以为是；彭宠性格执拗好强。因此二人之间的嫌隙怨恨，越来越深。朱浮多次向光武帝进谗言，诽谤彭宠，秘密上奏说彭宠聚集军队，囤积粮草，意图很难预测。光武帝便故意将此事泄露给彭宠知道，以此胁迫，使他害怕。到此时，有诏书征召彭宠，彭宠就给光武帝上疏，请求与朱浮一起征召；可是光武帝不同意。彭宠因而更加惊疑。他的妻子素来刚强，不能忍受这种压抑和屈辱，力劝彭宠不要接受征召，说："天下没有安定，四方英雄割据称雄，渔阳是个大郡，兵精马壮，无缘无故受小人的谗言就放弃这里而离开

延岑复反，围南郑。汉中王嘉兵败走，岑遂据汉中，进兵武都；为更始柱功侯李宝所破，岑走天水。公孙述遣将侯丹取南郑；嘉收散卒得数万人，以李宝为相，从武都南击侯丹，不利，还军河池、下辨，复与延岑连战。岑引北，入散关，至陈仓；嘉追击，破之。

公孙述又遣将军任满从阆中下江州，东据扞关，于是尽有益州之地。

（以上为第十一段，写幽州牧朱浮逼反渔阳太守彭宠，公孙述全据益州之地。）

辛卯，上还洛阳。

三月，乙未，大赦。

更始诸大将在南方未降者尚多。帝召诸将议兵事，以檄叩地曰："郾最强，宛为次，谁当击之？"贾复率然对曰："臣请击郾。"帝笑曰："执金吾击郾，吾复何忧！大司马当击宛。"遂遣复击郾，破之；尹尊降。又东击更始淮阳太守暴汜，汜降。

夏，四月，虎牙大将军盖延督驸马都尉马武等四将军击刘永，破之；遂围永于睢阳。

故更始将苏茂反，杀淮阳太守潘蹇，据广乐而臣于永；永以茂为大司马、淮阳王。

吴汉击宛，宛王赐奉更始妻子诣洛阳降；帝封赐为慎侯。叔父良、族父歙、族兄祉皆自长安来。甲午，封良为广阳王，祉为城阳王；又封兄縯子章为太原王，兴为鲁王；更始三子求、歆、鲤皆为列侯。

邓王王常降，帝见之甚欢，曰："吾见王廷尉，不忧南方矣！"拜为左曹，封山桑侯。

五月，庚辰，封族父歙为泗水王。

帝以阴贵人雅性宽仁，欲立以为后。贵人以郭贵人有子，终不肯当。

吗？”彭宠又与自己亲信官吏商议，大家都怀恨朱浮，没有一人劝彭宠去洛阳的。光武帝派彭宠的堂弟彭子后（字兰卿）到渔阳开导彭宠，彭宠借此扣留了他，随即起兵造反。设立统帅部，任命各级将领，亲自率领二万多人，攻打在蓟县的朱浮。彭宠又因为与耿况都有大功，而封赏却同样微薄，就多次派遣使者邀约诱惑耿况。耿况拒绝，并斩了他的使者。

延岑又叛变，领兵包围南郑县。汉中王刘嘉兵败逃走，延岑因此占据汉中，随后进攻武都县。被更始帝刘玄的柱功侯李宝击败，延岑逃往天水郡。公孙述派将军侯丹夺取南郑县。刘嘉收集残兵达数万人，任用李宝为丞相，从武都县向南攻打侯丹，失利，退回到河池县、下辨县，又与延岑多次交战。延岑领兵北走，进入散关，抵达陈仓。刘嘉在后面追击，打败延岑。

公孙述又派遣将军任满从阆中县南下攻陷江州县，向东占据捍关，自此全部据有益州之地。

辛卯日（疑误），光武帝从修武返回洛阳。

三月乙未日（疑误），大赦天下。

更始帝刘玄的大将，那些留守在南方的，还有很多人没投降。光武帝召集将领们商议军事，光武帝用写有檄文的木简敲击地面说：“郾县敌人最强，其次是宛县之敌，谁承担攻击他们的任务？”贾复脱口而出，说：“臣请求攻打郾县。”光武帝笑着说：“执金吾率兵攻打郾县，我还有什么可忧虑的？大司马吴汉应率兵攻打宛县。”于是，派遣贾复攻打郾县，郾县陷落，尹尊投降。又向东攻打更始帝刘玄的淮阳郡太守暴汜，暴汜归降。

夏季，四月，虎牙大将军盖延督率驸马都尉马武等四位将军攻打在睢阳称帝的刘永。打败刘永军。于是，把刘永包围在睢阳县。

原更始帝刘玄的将领苏茂叛变，杀害淮阳郡太守潘蹇，占据广乐县，向刘永称臣。刘永任命苏茂为大司马，封淮阳王。

吴汉率兵攻打宛县，宛王刘赐带领刘玄的妻子儿女到洛阳投降。光武帝封刘赐为慎侯。光武帝叔父刘良、堂叔刘歙、堂兄刘祉都从长安来洛阳。四月初二日甲午，封刘良为广阳王，刘祉为城阳王；又封哥哥刘縯的儿子刘章为太原王、刘兴为鲁王。刘玄的三个儿子刘求、刘歆、刘鲤都封为侯爵。

更始帝所封邓王王常归降，光武帝见到他很高兴，说：“我看到王廷尉，不再忧虑南方了！”于是任命王常为左曹，封为山桑侯。

五月十九日庚辰，封堂叔刘歙为泗水王。

光武帝因为贵人阴丽华素性温柔宽厚，想立她为皇后。阴丽华因为郭贵人已有

六月，戊戌，立贵人郭氏为皇后，以其子强为皇太子；大赦。

丙午，封泗水王子终为淄川王。

秋，贾复南击召陵、新息，平之。复部将杀人于颍川，颍川太守寇恂捕得，系狱。时尚草创，军营犯法，率多相容，恂戮之于市。复以为耻，还，过颍川，谓左右曰："吾与寇恂并列将帅，而为其所陷，今见恂，必手剑之！"恂知其谋，不欲与相见。姊子谷崇曰："崇，将也，得带剑侍侧；卒有变，足以相当。"恂曰："不然，昔蔺相如不畏秦王而屈于廉颇者，为国也。"乃敕属县盛供具，储酒醪；执金吾军入界，一人皆兼二人之馔。恂出迎于道，称疾而还。复勒兵欲追之，而吏士皆醉，遂过去。恂遣谷崇以状闻，帝乃征恂。恂至，引见；时贾复先在坐，欲起相避。帝曰："天下未定，两虎安得私斗！今日朕分之。"于是并坐极欢，遂共车同出，结友而去。

八月，帝自率诸将征五校；丙辰，幸内黄，大破五校于羛阳，降其众五万人。

帝遣游击将军邓隆助朱浮讨彭宠；隆军潞南，浮军雍奴，遣吏奏状。帝读檄，怒，谓使吏曰："营相去百里，其势岂可得相及！比若还，北军必败矣。"彭宠果遣轻兵击隆军，大破之；浮远，遂不能救。

盖延围睢阳数月，克之。刘永走至虞，虞人反，杀其母、妻；永与麾下数十人奔谯。苏茂、佼强、周建合军三万余人救永；延与战于沛西，大破之。永、强、建走保湖陵，茂奔还广乐；延遂定沛、楚、临淮。

帝使太中大夫伏隆持节使青、徐二州，招降郡国。青、徐群盗闻刘永破败，皆惶怖请降。张步遣其掾孙昱随隆诣阙上书，献鳆鱼。隆，湛之子也。

堵乡人董䜣反宛城，执南阳太守刘驎。扬化将军坚镡攻宛，拔之；䜣走还堵乡。

儿子，始终不肯答应。六月初七日戊戌，光武帝立贵人郭氏为皇后，封她生的儿子刘强为皇太子。大赦天下。

六月十五日丙午，光武帝封泗水王刘歙的儿子刘终为淄川王。

秋季，贾复率军南下，平定了召陵、新息两县。贾复的部将在颍川杀人，颍川郡太守寇恂将他捕获，关进监狱。当时，规范的制度还在初创时期，军营犯法的大多相互包容，而寇恂将这位无故杀人的部将在闹市中斩首。贾复认为这是在羞辱他，在班师回来经过颍川时，对左右亲信说："我与寇恂同样都是将帅，但我却被他欺侮。今天见到寇恂，定要亲手给他一剑！"寇恂知道贾复的预谋，不想与他见面。寇恂外甥谷崇说："我是一名武将，能佩剑侍候在您身边；一旦有什么变化，足够抵挡。"寇恂说："不应这样。当初，蔺相如不怕秦王而受辱于廉颇完全是为了国家。"因而下令所属各县盛设食物和醇香的酒。执金吾贾复的军队进入颍川郡境内，每人全都是两份酒食。寇恂亲自出城在道旁迎候，然后声称有病而返回城内。贾复带领军队想追他，而将领、士兵们都醉了，因此，只好过境而去。寇恂派遣谷崇到洛阳将情况向皇上禀报，光武帝就征召寇恂。寇恂到达洛阳，光武帝召见。这时，贾复先在座，听说寇恂来了，想起身回避。光武帝说："天下未定，两虎怎么能为私而斗。今天让我来给你们调解。"这样，两人并肩而坐，摒弃前嫌，然后同乘一辆车出宫，结为好友告辞。

八月，光武帝亲自统率大军征讨五校军。八月二十六日丙辰，到达内黄县，在羛阳村把五校军打得大败，收编降卒五万人。

光武帝派游击将军邓隆协助朱浮讨伐彭宠。邓隆的军队屯驻在潞县的南边，朱浮的军队屯驻在雍奴县，派出使者向光武帝奏报布防情况。光武帝看过檄文，大怒，对使者说："两军营地相距百里，这种态势岂能够相互救援！等到你回去，北方军队一定吃了败仗。"彭宠果真派遣轻装的精兵攻击邓隆的军队，大破邓隆军队。而朱浮距离遥远，终于没能相救。

盖延围攻睢阳达数月之久，终于攻克。刘永逃到虞县，虞县百姓反叛刘永，杀了刘永的母亲和妻子。刘永与部下数十人再逃到谯县。苏茂、佼强、周建联合军队共三万余人，来救刘永。盖延跟他们在沛郡西边交战，大破苏茂等军。刘永、佼强、周建逃到湖陵县，苏茂逃回广乐县。盖延因此平定沛郡、楚郡、临淮郡。

光武帝派太中大夫伏隆执节出使青、徐二州，招降刘永管辖下的各郡、国。青、徐二州的盗贼们听说刘永被打败，都惶恐惊慌，请求投降。张步派遣他的掾属孙昱随从伏隆到洛阳向光武帝奏书，献上鳆鱼。伏隆，是伏湛的儿子。

堵乡人董䜣在宛城叛变，逮捕了南阳郡太守刘驎。扬化将军坚镡进攻宛城，将它攻下；董䜣逃回堵乡。

吴汉徇南阳诸县，所过多侵暴。破虏将军邓奉谒归新野，怒汉掠其乡里，遂反，击破汉军，屯据淯阳，与诸贼合从。

九月，壬戌，帝自内黄还。

（以上为第十二段，写光武帝北征南讨受挫。邓隆北援朱浮被彭宠击败，贾复、吴汉南讨，军纪不肃，南人降而复叛，南方战事陷于胶着。）

陕贼苏况攻破弘农；帝使景丹讨之。会丹薨，征虏将军祭遵击弘农、柏华、蛮中贼，皆平之。

赤眉引兵欲西上陇，隗嚣遣将军杨广迎击，破之；又追败之于乌氏、泾阳间。赤眉至阳城番须中，逢大雪，坑谷皆满，士多冻死；乃复还，发掘诸陵，取其宝货。凡有玉匣殓者，率皆如生；贼遂污辱吕后尸。邓禹遣兵击之于郁夷，反为所败；禹乃出之云阳。赤眉复入长安。延岑屯杜陵，赤眉将逢安击之。邓禹以安精兵在外，引兵袭长安；会谢禄救至，禹兵败走。延岑击逢安，大破之，死者十余万人。

廖湛将赤眉十八万攻汉中王嘉；嘉与战于谷口，大破之，嘉手杀湛，遂到云阳就谷。嘉妻兄新野来歙，帝之姑子也，帝令邓禹招嘉，嘉因歙诣禹降。李宝倨慢，禹斩之。

冬，十一月，以廷尉岑彭为征南大将军。帝于大会中指王常谓群臣曰：“此家率下江诸将辅翼汉室，心如金石，真忠臣也！”即日，拜常为汉忠将军，使与岑彭率建义大将军朱祜等七将军讨邓奉、董䜣。彭等先击堵乡，邓奉救之。朱祜军败，为奉所获。

铜马、青犊、尤来余贼共立孙登为天子。登将乐玄杀登，以其众五万余人降。

邓禹自冯愔叛后，威名稍损，又乏粮食，战数不利，归附者日益离散。赤眉、延岑暴乱三辅，郡县大姓各拥兵众，禹不能定。帝乃遣偏将军冯异代禹讨之，车驾送至河南，敕异曰：“三辅遭王莽、更始之乱，重以赤眉、延岑之丑，元元涂炭，无所依诉。将军今奉辞讨诸不轨，营保降者，遣其渠帅诣京师；散其小民，令就农桑；坏其营壁，无使复聚。征伐非必略地、屠城，要在平定安集之耳。诸将非不健斗，然好虏掠。

吴汉率军攻打南阳郡的各县，所过之处，多有侵犯强夺。破虏将军邓奉请假回新野县，看到吴汉军队掳掠他的乡里，十分生气，于是叛变，击败吴汉的军队。邓奉驻扎淯阳县，与其他各路贼寇联合起来。

九月初二日壬戌，光武帝从内黄县返回洛阳。

陕县盗贼苏况攻下弘农县。光武帝派景丹出兵征讨。恰巧景丹去世。改派征虏将军祭遵攻打弘农、柏华、蛮中各地盗贼，全都被平定。

赤眉军想向西去陇县，隗嚣派遣将军杨广迎击，大败赤眉军；又乘胜追击，在乌氏、泾阳两县间再败赤眉军。赤眉军逃到阳城、番须一带，遇到大雪，坑谷都填满了，许多士卒被冻死。因此，又返回来，挖掘西汉皇帝陵墓，盗取陪葬的金银财宝。凡是用金缕玉衣入殓的尸体，大多栩栩如生。赤眉军于是侮辱吕后的尸体。邓禹派兵在郁夷县攻打赤眉军，反而被击败。邓禹就从云阳县逃走。赤眉军又进入长安。延岑此时驻扎杜陵，赤眉军的将领逢安攻打延岑。邓禹认为逢安的精锐部队都在外出击，于是就率军偷袭长安；正巧赤眉大将谢禄率救兵赶到，邓禹战败逃走。延岑攻击逢安，大破赤眉军，杀死十余万人。

廖湛率十八万赤眉军攻打汉中王刘嘉；刘嘉与廖湛在谷口县交战，廖湛大败，刘嘉亲自杀了廖湛。随后刘嘉领兵到云阳县补充粮草。刘嘉妻子的哥哥新野县人来歙，是光武帝姑妈的儿子，光武帝命令邓禹招降刘嘉。刘嘉就借着与来歙的关系到邓禹那里归降。刘嘉的丞相李宝，态度傲慢，邓禹将他杀了。

冬季，十一月，光武帝任命廷尉岑彭为征南大将军。光武帝在召见群臣时，指着王常对文武大臣说："此人率领下江众将辅佐汉室，心像金石一般坚硬，实在是个忠臣。"当天，任命王常为汉忠将军，派他与岑彭率领建义大将军朱祐等七位将军去讨伐邓奉、董䜣。岑彭等先攻打堵乡董䜣，邓奉出兵援救。朱祐军败，被邓奉俘虏。

铜马、青犊、尤来等残余部众共同拥戴孙登当皇帝。孙登部将乐玄叛变，杀了孙登，率领他的部下五万人归降。

邓禹自从冯愔叛变后，威名受损，又缺乏粮食，几次和赤眉军作战都不能取胜，归附的人开始逐渐离开他。赤眉军、延岑军暴虐三辅，郡、县的豪门大族趁机各自拥有兵众，邓禹未能平定他们。光武帝便派偏将军冯异代替邓禹讨伐他们，并亲自送冯异到河南县，告诫冯异说："三辅地区遭受王莽、刘玄战乱，又加赤眉、延岑的暴行，人民涂炭，没有地方哀告倾诉。将军如今奉命讨伐叛逆，保护归降的人，把他们的首领送到洛阳，遣散他们的部众小民，让他们回家耕田种桑，毁坏他们的营

卿本能御吏士，念自修敕，无为郡县所苦！”异顿首受命，引而西；所至布威信，群盗多降。

臣光曰：昔周人颂武王之德曰：“铺时绎思，我徂惟求定。”言王者之兵志在布陈威德安民而已。观光武之所以取关中，用是道也。岂不美哉！

又诏征邓禹还，曰：“慎毋与穷寇争锋！赤眉无谷，自当来东；吾以饱待饥，以逸待劳，折棰笞之，非诸将忧也。无得复妄进兵！”帝以伏隆为光禄大夫，复使于张步，拜步东莱太守，并与新除青州牧、守、都尉俱东。诏隆辄拜令、长以下。

十二月，戊午，诏宗室列侯为王莽所绝者，皆复故国。

三辅大饥，人相食，城郭皆空，白骨蔽野，遗民往往聚为营保，各坚壁清野。赤眉虏掠无所得，乃引而东归，众尚二十余万，随道复散。帝遣破奸将军侯进等屯新安，建威大将军耿弇等屯宜阳，以要其还路，敕诸将曰：“贼若东走，可引宜阳兵会新安；贼若南走，可引新安兵会宜阳。”冯异与赤眉遇于华阴，相拒六十余日，战数十合，降其将卒五千余人。

（以上为第十三段，写赤眉军西窜东逃，走上穷途末路，光武帝派出冯异、侯进、耿弇数路大军布置天网，只等赤眉军自投罗网。）

寨壁垒，不让重新聚集。出征讨伐，不一定要攻占土地，破城杀人，最要紧的是平定叛乱，安抚人民。各位将领并不是不英勇善战，但就是喜好掳掠。卿原本擅长管理部众，希望卿要自己告诫自己，不要给郡县人民带来痛苦。”冯异叩头接受命令，领兵向西行进。所到之处，布告示威，建立信誉，群盗大多来降。

臣司马光评论说：从前周人称颂周武王的恩德说：“把崇高的恩德宣扬出来，我前去追求天下的安定。”这话的意思就是说，圣王用兵的目的，就是宣扬声威恩德，让人民安居乐业罢了。观察光武帝之所以能取得关中，遵循的就是这一原则，真是美好啊！

光武帝又发下诏书，征召邓禹还军，说：“要小心谨慎，千万不要与穷寇争高低。赤眉军没有粮食，自己一定会向东走，我军以饮食来对付饥饿，以安逸对付疲劳，到那时用短棍就可击打敌人，众将领不必忧虑，不得再轻率进攻。”

光武帝任命伏隆为光禄大夫，再派他出使招抚张步，任命张步为东莱太守。伏隆与新任命的青州牧、太守、都尉一起东下，并授权伏隆可以委任县令、县长以下各级官员。

十二月三十日戊午，诏令宗室列侯，凡是被王莽废除的，全部恢复原来的封国。

三辅发生大饥荒，出现人吃人，城郭空虚，白骨遍野，幸存者往往聚集一起修筑营垒以自保，坚壁清野。赤眉军抢劫不到东西，于是率军向东回归，人众还有二十多万，随着长途行军，逃散了不少。光武帝派破奸将军侯进等屯驻新安，建威大将军耿弇等屯驻宜阳，在赤眉军的归路上拦截，告诫诸将说：“赤眉军如果向东逃窜，宜阳之军出动到新安会合；赤眉军如果南逃，新安之军出动到宜阳会合。”冯异与赤眉军在华阴县遭遇，互相对峙了六十多天，交战数十回合，赤眉军将士有五千多人投降。

【点评】

论光武中兴。本卷点评着重评述刘秀的人格魅力。

光武帝的统一战略分为三步。第一步，经营河北，建立根据地，用了近四年时间，河北粗安。第二步，南向争天下，扫荡山东群雄，安定中原，用了三年时间。第三步，用兵陇蜀，平定隗嚣和公孙述，用了六年时间。光武帝中兴，扫灭群雄，完成全国统一，前后用了十三年的时间，《资治通鉴》用了三卷的篇幅来载述，即卷三十二、三十三、三十四，每卷正好是光武帝的一个战略步骤。本卷载述光武帝经营河北，建立根据地的史事，是统一战略的第一步，也是光武帝统一事业最艰难的时期，仅凭更始帝的一纸诏书，一根符节，徒手打天下，又遭逢王郎之变，光武帝几乎性命不保，但他胜利了。光武帝为何取得胜利，是本卷点评的重心，所以着重评述刘秀的人格魅力。下面从经营河北、纳降朱鲔、受降赤眉、用心文治四个方面，略述如次。

第一，经营河北。刘秀为人谦和，办事谨慎小心，营中诸将原本看不起他。昆阳之战，在危急关头，刘秀尽显英雄本色，一夜间声名远播。他临危不惧，有谋有略，有胆有识，冲锋陷阵，勇冠三军。刘秀成了全军的灵魂，大家这才看到刘秀的内刚，智勇双全，是一个超凡绝伦的人物。绿林诸将杀害刘秀兄长刘縯时，刘秀表现出的冷静与忍辱能力也不同凡响。更始元年（23），刘玄计划北上，迁都洛阳，要派一位大将到河北去安抚那里的军民，最适合的人选非刘秀莫属。刘秀到达洛阳，恢复西汉官名、服饰，不接受官民赠送的礼物，赢得一片赞扬声。刘秀带队出行，严肃威武，老人看见感动得流泪说："想不到今天重新看到汉家威仪。"刘秀到了河北，巡行诸郡县，释放囚徒，废除王莽苛政，一路顺风，到达河北卢奴（今河北定州市）。这时突然发生剧变，邯郸王郎诈称是西汉成帝的儿子刘子舆，自称汉帝，河北郡县纷纷反叛。王郎声势浩大，刘秀走投无路。幸亏得到渔阳太守彭宠、上谷太守耿况的支持，刘秀才站稳脚跟。彭宠派大将吴汉、王梁率领步骑三千，耿况派儿子耿弇率领突骑二千追随刘秀。南阳人邓禹，千里追明主来到河北，成了刘秀的智囊。刘秀与邓禹制定了夺取天下的方针，军事上纪律严明，赏罚分明，政治上广招人才，争取民心，步骤上先灭王郎，次并河北铜马、青犊等上百万农民军，建立河北根据地，然后南向以争天下。不到一年的光景，刘秀实现了割据河北的目的，于是与更始政权决裂。更始三年（25）六月，刘秀在鄗县（今河北高邑县）即皇帝位，国号汉，改年号，以当年为建武元年。不久，定都洛阳，史称东汉。刘秀死后，谥号光武，史称光武帝。

第二，纳降朱鲔。绿林诸将杀害刘縯的主谋是朱鲔，胁从策划的是与刘縯、刘秀一同起兵的友人李轶。对朱鲔来说，他替更始帝刘玄排除对手，这叫人各为其主，

尽管是主谋，道理上可以理解，敌对斗争，不是你死就是我亡，没有道义责任。对李轶来说，他投靠了新主子，出卖了旧主子，是刘氏叛徒，人品低下，是见利忘义的小人。朱鲔可恕，李轶不可恕。当刘秀在河北独大，与更始政权决裂以后，朱鲔、李轶最为恐慌。朱鲔是更始政权的中坚，掌握军事大权。朱鲔派李轶率领三十万大军守洛阳，阻击刘秀南下和西进。

刘秀部署邓禹率领精兵二万入河东图取关中。派寇恂为河内太守，冯异留守魏郡为孟津将军，共同对付洛阳之敌。刘秀接受冯异的建议招降李轶。冯异写信给李轶，分析形势，陈说祸福，劝他投降。李轶回信说："我李轶与萧王刘秀，原本共同起兵兴复汉室，如今我李轶守洛阳，将军您守孟津，都是军事战略重镇，这是千载难逢的良机，你我二人齐心协力，足可断金。请您把我的意思转达给萧王，我甘愿献计出力，帮助他定国安民。"刘秀让冯异把李轶的信公开，假手朱鲔诛杀了李轶。接着朱鲔亲自死守洛阳，汉军久攻不克。刘秀派岑彭招降朱鲔，朱鲔坦诚地说："杀害萧王之兄刘縯是我朱鲔主谋，宁可战死，决不投降受辱而死。"刘秀再让岑彭转告朱鲔说："做大事业的人，不计小怨，朱鲔投降，保有原官原职，滔滔黄河可以作证，我刘秀决不食言。"于是朱鲔率领全军投降，刘秀不战而下洛阳，宣布洛阳为都城。朱鲔降汉后，果然被任命为将军，封列侯。

朱鲔、李轶同是恶人，刘秀均恨之入骨，早就恨不得杀掉二人为兄长报仇。两人为了生存，同心死守洛阳，如果汉军久攻不下，可能形势逆转。当时河北未靖，更始未灭，赤眉正隆。刘秀鉴于更始失策，必须迅速拿下居天下之中的洛阳，定为都城，以此号令天下，使英雄有所归附。光复汉室的大局在此一举，个人恩仇只是小怨。但叛徒李轶决不可恕。于是光武帝略施小技，借朱鲔之手除掉李轶，然后招降朱鲔，释却前嫌。朱鲔效忠补过，可以说功大于过，理不可杀。李轶反复无常，没有丝毫气节，他是自取灭亡。

刘秀招降的不同策略，表现了他的深谋与正义，雄略之主也。

第三，受降赤眉。赤眉军首领只有徐宣一人做过狱吏，樊崇、逄安、谢禄等人都不识字，政治、军事知识都很缺乏，一路抢掠烧杀，不知建立根据地，不懂长远治国。赤眉军打败更始，决不能长久。赤眉军与更始政权展开生死战，一死一伤，刘秀坐收渔利。长安粮尽，赤眉军东归。刘秀派英勇善战的冯异代替邓禹在华阴阻击和追杀赤眉军。又派出破奸将军侯进屯驻新安，建威大将军耿弇屯驻宜阳，以逸待劳。刘秀告诫诸将说："赤眉军出关东逃，宜阳之军出动到新安会合；赤眉军如果南逃，新安之军出动到宜阳会合。"冯异在华阴与赤眉军对峙六十余日，大败赤眉军，使赤眉军受到很大消耗。接着冯异追击，又在崤底再败赤眉军。赤眉军东归二十余万大军，只剩下十余万。等到赤眉军残余走到宜阳，遭到宜阳、新安两路大

军合击，刘秀亲自统军，赤眉军丧失斗志，不战而降。赤眉军最终败降在建武三年春闰二月，所以写入下卷。

更始政权瓦解，赤眉军被消灭，东汉政权得到巩固。全国统一，只是早晚之间的事。刘秀完成了汉室中兴，史称光武中兴。

第四，用心文治。刘秀即位伊始就寻访前朝的清廉官吏和隐逸守志的士大夫。刘秀征召伏湛，起用卓茂。伏湛是秦末大儒济南伏生之后，世代书香门第。更始立，伏湛任平原太守，即使在战乱之中，伏湛仍教授不废，他是当时的知名大儒。刘秀征召伏湛为尚书，拜为司直，代理大司徒之职，两年后正式任职大司徒。卓茂在哀帝时任密县县令，政宽爱民，深受人民爱戴。王莽为代理皇帝，卓茂就辞职回家。光武帝即位，卓茂已七十多岁，没有行政能力了。光武帝仍然征起，下诏表扬说："名誉满天下的，应该受到国家的重赏，任命卓茂为太傅，封为褒德侯。"

伏湛、卓茂被征用，表达了光武帝的一个治国信号，全国统一后，军人将退出政治舞台，士大夫文人将为治国中坚。刘秀的思虑何其深远。光武中兴，刘秀成为真命天子，不是应该的吗？

汉纪三十三

汉光武帝建武三年至五年（27—29年）

【起强圉大渊献（丁亥，27年），尽屠维赤奋若（己丑，29年），凡三年】

【大事提要】

本卷记事起公元27年，讫公元29年，凡三年，当光武帝建武三年至建武五年。这一时期，是光武帝定天下最有成效的三年，也是西汉末群雄逐鹿中原战斗最激烈的时期。首先，将赤眉军赶出关中，消灭于河南，使东汉根基站稳洛阳。其次，以善战的冯异代邓禹入镇关中，并羁縻天水隗嚣，成功地阻止了公孙述北上。光武帝分遣诸将征讨，不时亲征，次第平灭了张丰、秦丰、刘永、张步，破董宪、走田戎，中原大局粗安。在并灭群雄过程中，因处置失当，逼反邓丰、彭宠、庞萌，使局势一度逆转，最终三叛将亦被扫灭。建武五年，南疆交趾、西域各国归附汉朝。河西窦融附汉，牵制隗嚣，使之迟迟不敢称王。此时期之末，天下未平者，尚有三大割据集团。西北有卢芳，勾结匈奴扰乱北疆；天水隗嚣不听班彪、郑兴劝谏，阴蓄异态；西蜀公孙述割据称帝；光武帝四分天下已有其三，占绝对优势。

【原文】

世祖光武皇帝上之下

建武三年（丁亥，27 年）

春，正月，甲子，以冯异为征西大将军。邓禹惭于受任无功，数以饥卒徼赤眉战，辄不利；乃率车骑将军邓弘等自河北度至湖，要冯异共攻赤眉。异曰："异与贼相拒数十日，虽虏获雄将，余众尚多，可稍以恩信倾诱，难卒用兵破也。上今使诸将屯渑池，要其东，而异击其西，一举取之，此万成计也！"禹、弘不从，弘遂大战移日。赤眉阳败，弃辎重走；车皆载土，以豆覆其上，兵士饥，争取之。赤眉引还，击弘，弘军溃乱；异与禹合兵救之，赤眉小却。异以士卒饥倦，可且休；禹不听，复战，大为所败，死伤者三千余人，禹以二十四骑脱归宜阳。异弃马奔走，上回溪阪，与麾下数人归营，收其散卒，复坚壁自守。

辛巳，立四亲庙于雒阳，祀父南顿君以上至春陵节侯。

壬午，大赦。

闰月，乙巳，邓禹上大司徒、梁侯印绶；诏还梁侯印绶，以为右将军。

冯异与赤眉约期会战，使壮士变服与赤眉同，伏于道侧。旦日，赤眉使万人攻异前部，异少出兵以救之；贼见势弱，遂悉众攻异，异乃纵兵大战。日昃，贼气衰，伏兵卒起，衣服相乱，赤眉不复识别，众遂惊溃；追击，大破之于崤底，降男女八万人。帝降玺书劳异曰："始虽垂翅回溪，终能奋翼渑池，可谓失之东隅，收之桑榆。方论功赏，以答大勋。"

赤眉余众东向宜阳。甲辰，帝亲勒六军，严陈以待之。赤眉忽遇大军，惊震不知所谓，乃遣刘恭乞降曰："盆子将百万众降陛下，何以待之？"帝曰："待汝以不死耳！"丙午，盆子及丞相徐宣以下三十余人肉袒降，上所得传国玺绶。积兵甲宜阳城西，与熊耳山齐。赤眉众尚十余

【语译】

世祖光武皇帝上之下

汉光武帝建武三年（丁亥，27年）

春季，正月初六日甲子，任命冯异为征西大将军。邓禹因接受重任而没能建功感到惭愧，多次率领饥饿的士兵与赤眉军交战，总是失败，于是率领车骑将军邓弘等从河北县南渡到湖县，要求冯异一起进攻赤眉军。冯异说："我和赤眉军对阵几十天，虽然俘获了他们的勇猛战将，可是他们剩下的部众还很多，可以稍微等待用恩德信义诱使他们归顺，难以用武力打败他们。皇上如今派多位将领屯驻在渑池，在东边拦截，我在西边追击，可以一举成功，这是万无一失的妙计。"邓禹、邓弘不同意，邓弘于是出战，交战了一整天。赤眉军假装败退，丢弃辎重逃跑，车上装泥土，用豆子盖在土上面，汉兵饥饿，争抢豆子。赤眉军趁机回军，反击邓弘，邓弘军被打得大败溃散。冯异与邓禹合兵救邓弘，赤眉军才稍微后退。冯异认为士兵饥饿疲劳，应暂且休养。邓禹不听，又向赤眉军发动进攻，结果被赤眉军打得大败，死伤三千余人。邓禹只带了二十四名骑兵脱险，逃回宜阳。冯异弃马逃跑，登上回溪阪，和几个部下回到营寨，收集散兵，坚守壁垒，不再与赤眉军交战。

正月二十三日辛巳，光武帝在洛阳建造四座亲庙，祭祀他的父亲南顿君刘钦以及上至高祖父舂陵节侯刘买。

正月二十四日壬午，大赦天下。

闰正月十八日乙巳，邓禹呈上大司徒、梁侯的官印和绶带。光武帝诏令归还梁侯的官印和绶带，并任命邓禹为右将军。

冯异与赤眉军约好交战日期，冯异事先挑选些精兵，让他们换上与赤眉军一样的服装，埋伏在路旁。第二天早晨，赤眉军派出万余人攻打冯异的前锋，冯异只用少数军队增援。赤眉军发现冯异人少势弱，就全军出动，攻打冯异，冯异这才全线出击，与赤眉军大战。双方战斗到太阳偏西时，赤眉军士气衰落，路旁的冯异伏兵突然杀出来，因服装相混，使赤眉军不能分辨敌我，惊骇逃散。冯异率军追击，在崤谷大败赤眉军，降服男女八万人。光武帝下诏书慰劳冯异说："你开始虽然在回溪阪受到挫折，可如今能在渑池发奋作为。彼时的失利得到了此时的补偿。我要给你论功行赏，以酬答你的卓越功勋。"

赤眉军残余军队向东边溃退到宜阳县附近。二月十七日甲辰，光武帝亲自统领大军，在宜阳县严阵等候赤眉军。赤眉军突然遇到汉军，吓得不知怎么办好，就派刘恭乞降，说："刘盆子率领百万部众投降陛下，陛下如何对待他呢？"光武帝说："饶他一命。"二月十九日丙午，刘盆子及丞相徐宣以下三千余人，都裸露上身前来

万人，帝令县厨皆赐食。明旦，大陈兵马临雒水，令盆子君臣列而观之。帝谓樊崇等曰："得无悔降乎？朕今遣卿归营，勒兵鸣鼓相攻，决其胜负，不欲强相服也。"徐宣等叩头曰："臣等出长安东都门，君臣计议，归命圣德。百姓可与乐成，难与图始，故不告众耳。今日得降，犹去虎口归慈母，诚欢诚喜，无所恨也！"帝曰："卿所谓铁中铮铮，佣中佼佼者也！"戊申，还自宜阳。帝令樊崇等各与妻子居雒阳，赐之田宅。其后樊崇、逢安反，诛；杨音、徐宣卒于乡里。帝怜盆子，以为赵王郎中；后病失明，赐荥阳均输官地，使食其税终身。刘恭为更始报仇，杀谢禄，自系狱；帝赦不诛。

（以上为第一段，写赤眉军的覆没，并交代赤眉诸将和刘盆子的后事。）

二月，刘永立董宪为海西王。永闻伏隆至剧，亦遣使立张步为齐王。步贪王爵，犹豫未决。隆晓譬曰："高祖与天下约，非刘氏不王；今可得为十万户侯耳！"步欲留隆，与共守二州；隆不听，求得反命，步遂执隆而受永封。隆遣间使上书曰："臣隆奉使无状，受执凶逆；虽在困厄，授命不顾。又，吏民知步反畔，心不附之，愿以时进兵，无以臣隆为念！臣隆得生到阙廷，受诛有司，此其大愿。若令没身寇手，以父母、昆弟长累陛下。陛下与皇后、太子永享万国，与天无极！"帝得隆奏，召其父湛，流涕示之，曰："恨不且许而遽求还也！"其后步遂杀之。帝方北忧渔阳，南事梁、楚，故张步得专集齐地，据郡十二焉。

帝幸怀。

吴汉率耿弇、盖延击青犊于轵西，大破降之。

三月，壬寅，以司直伏湛为大司徒。

涿郡太守张丰反，自称无上大将军，与彭宠连兵。朱浮以帝不自征彭宠，上疏求救。诏报曰："往年赤眉跋扈长安，吾策其无谷必东；果来归附。今度此反虏，势无久全，其中必有内相斩者。今军资未充，故须

投降，又献上所得的皇帝印玺。赤眉军的兵器都堆积在宜阳城的西边，高得几乎和熊耳山相等。此时，赤眉军还有十余万人，光武帝命令宜阳县的厨官为赤眉军准备食物，赏给他们。第二天早晨，光武帝在洛水边陈放大批兵马，命令刘盆子君臣列队观看。光武帝对樊崇等人说："你们是否后悔投降？朕今天让你们回营，可以率领你们的军队鸣鼓再战，以决定彼此的胜负，朕不想勉强你们归顺。"徐宣等磕头说："臣等走出长安东都门，君臣商议，都愿归顺圣上。百姓只能和他们享有成果，却不能一开始就和他们进行图谋，所以没有告诉部众。今天臣等能投降，就像离开虎口回到了慈母的怀抱，真的是高兴得很，没有一点后悔！"光武帝说："卿真是铁中之钢，一代英豪。"戊申，光武帝从宜阳县回到洛阳。光武帝让樊崇等人随同家人居住在洛阳，并赐给他们土地、住宅。后来，樊崇、逄安谋反，被杀；杨音、徐宣在家乡去世。光武帝可怜刘盆子，任命他为赵王刘良的郎中。后来，刘盆子因病双目失明，光武帝就把荥阳县均输官所属的土地赐给他，让他终身享用土地上的租税。刘恭替刘玄报仇，把谢禄杀了，自首投入监狱；光武帝赦免了他，不予追究。

二月，刘永封董宪为海西王。刘永知道伏隆到达剧县，也派出使者封张步为齐王。张步因贪图王爵而犹豫不决。伏隆明白譬解说："汉高祖曾向天下宣布，不是刘氏就不得封王，如今封你为十万户侯爵应说待你不错。"张步想留下伏隆跟他合作，共同防守青、徐二州。伏隆不同意，想要返回洛阳复命，张步就把伏隆抓起来，并接受刘永的王爵封号。伏隆暗中派人上奏书说："臣奉命出使，没有收获，被凶恶的叛逆拘禁。臣虽然身处险境，即使献出生命，也义无反顾。再有，吏民知道张步叛变，心里都不愿归附他，希望陛下按时发兵，不要考虑臣的安危，臣能活着回到朝廷，接受主管官吏的诛杀，这是臣的愿望。倘若臣死于叛贼之手，父母兄弟就要长期托给陛下关照。臣祝愿陛下和皇后、太子永享天下臣民的拥护，万寿无疆！"光武帝看到伏隆的密奏，就召见伏隆的父亲伏湛，流着眼泪传示伏隆的上书，说："我恨不得答应张步封王爵的要求，马上换取伏隆生还。"后来，张步把伏隆杀了。当时，光武帝正担心北方的渔阳郡，南方正对梁、楚用兵，所以张步得以全力经营齐地，占领了十二个郡。

光武帝亲临怀县。

吴汉率领耿弇、盖延在轵县西边攻打青犊军，大破青犊军并使之投降。

三月壬寅，光武帝提拔司直伏湛为大司徒。

涿郡太守张丰叛乱，自称为无上大将军，和彭宠的军队联合起来。朱浮因皇上不亲自征讨彭宠，就上疏求救。光武帝下诏说："往年赤眉军在长安骄横，我计算他们缺粮一定会向东逃走。后来果然归顺。现今估计这些叛贼，其势不能长久保全，

后麦耳！”浮城中粮尽，人相食，会耿况遣骑来救，浮乃得脱身走，蓟城遂降于彭宠。宠自称燕王，攻拔右北平、上谷数县，赂遗匈奴，借兵为助；又南结张步及富平、获索诸贼，皆与交通。

帝自将征邓奉，至堵阳；奉逃归淯阳，董䜣降。夏，四月，帝追奉至小长安，与战，大破之；奉肉袒因朱祜降。帝怜奉旧功臣，且衅起吴汉，欲全宥之。岑彭、耿弇谏曰："邓奉背恩反逆，暴师经年，陛下既至，不知悔善，而亲在行陈，兵败乃降；若不诛奉，无以惩恶！”于是斩之。复朱祜位。

延岑既破赤眉，即拜置牧守，欲据关中。时关中众寇犹盛，岑据蓝田，王歆据下邽，芳丹据新丰，蒋震据霸陵，张邯据长安，公孙守据长陵，杨周据谷口，吕鲔据陈仓，角闳据汧，骆延据盩厔，任良据鄠，汝章据槐里，各称将军，拥兵多者万余人，少者数千人，转相攻击。冯异且战且行，屯军上林苑中。延岑引张邯、任良共击异；异击，大破之，诸营保附岑者皆来降，岑遂自武关走南阳。时百姓饥饿，黄金一斤易豆五升，道路断隔，委输不至，冯异军士悉以果实为粮。诏拜南阳赵匡为右扶风，将兵助异，并送缣、谷。异兵谷渐盛，乃稍诛击豪杰不从令者，褒赏降附有功劳者，悉遣诸营渠帅诣京师，散其众归本业，威行关中。唯吕鲔、张邯、蒋震遣使降蜀，其余悉平。

吴汉率骠骑大将军杜茂等七将军围苏茂于广乐；周建招集得十余万人救之。汉迎与之战，不利，堕马伤膝，还营；建等遂连兵入城。诸将谓汉曰："大敌在前，而公伤卧，众心惧矣！”汉乃勃然裹创而起，椎牛飨士，慰勉之，士气自倍。旦日，苏茂、周建出兵围汉；汉奋击，大破之，茂走还湖陵。睢阳人反城迎刘永，盖延率诸将围之；吴汉留杜茂、陈俊守广乐，自将兵助延围睢阳。

车驾自小长安引还，令岑彭率傅俊、臧宫、刘宏等三万余人南击秦丰。五月，己酉，车驾还宫。

内部之间一定发生互相残杀的局面。现今我军的军需物资不充足，要等收完麦子才出兵！”朱浮所在的蓟城粮食吃尽，发生人吃人的事情，恰好耿况派遣骑兵来救，朱浮才得以脱身逃走，蓟城于是投降彭宠。彭宠自称为燕王，一连攻陷右北平、上谷等几个县，赠送财物贿赂北方匈奴，向他借兵相助。又向南边结交张步，还有富平、获索几路盗匪，彭宠都同他们往来。

光武帝亲自率军征讨邓奉，到达堵阳县。邓奉逃回到淯阳县，董䜣投降。夏季，四月，光武帝追击邓奉到小长安，同邓奉交战，大败邓奉。邓奉裸露上身，通过朱祜出面投降。光武帝怜悯邓奉是过去的有功之臣，而且他的反叛是因吴汉所逼，想要保全生命宽恕他。岑彭、耿弇劝谏说："邓奉背叛恩主，起兵乱了整整一年，陛下亲征抵达堵阳，他不知悔改，反而亲自上阵交战，失败了才投降。如果不杀邓奉，就无法惩戒恶人！"于是，杀了邓奉，恢复朱祜的官职。

延岑打败赤眉军之后，立即设置并任命州牧、太守，打算占领关中。当时关中地区盗贼势力强大，延岑占领蓝田县，王歆占领下邽县，芳丹占领新丰县，蒋震占领霸陵县，张邯占领长安县，公孙守占领长陵县，杨周占领谷口县，吕鲔占领陈仓县，角闳占领汧县，骆延占领盩厔县，任良占领鄠县，汝章占领槐里县，各自称将军，拥有部众多则万余人，少则数千人，各部之间互相攻打。冯异率军一边作战，一边向前推进，驻军在上林苑中。延岑率领张邯、任良一起攻打冯异。冯异迎击，大败延岑等联军。这样，很多归附延岑的营堡都来归降冯异，延岑从武关逃到南阳县。当时，关中百姓饥荒，一斤黄金只能换五升豆子，道路阻绝，运送的粮食不能送达，冯异的士兵只好用树上的野果充饥。光武帝下诏任命南阳人赵匡为右扶风太守，率领军队去帮助冯异，并运送缣帛、粮食。冯异军队有了补给，士气逐渐旺盛，于是攻杀那些不服从命令的豪强，奖赏投降有功的人，把各营堡的首领全都送到京城，遣散他们的部属，令他们各自回去从事农业。冯异威震关中，只有吕鲔、张邯、蒋震派出使节投降西蜀公孙述，其余的都被扫灭。

吴汉率领骠骑大将军杜茂等七位将军在广乐城围攻苏茂。刘永的另一大将周建率领十余万人去救苏茂。吴汉迎战周建，失利，吴汉从马上摔倒，膝盖受伤，回到营地。周建等人带兵入城。众将领对吴汉说："大敌当前，而您却受伤躺在床上，军心恐慌！"吴汉就奋然起身，包扎好伤口，杀牛慰问将士，并奖励他们，军中士气倍增。第二天，苏茂、周建出兵包围吴汉，吴汉坚决回击，大败敌军。苏茂逃回湖陵县。这时，睢阳人据城反叛，迎接刘永进城。盖延率领众将包围睢阳城。吴汉留下杜茂、陈俊防守广乐城，自己率领军队去支援盖延，包围睢阳城。

光武帝从小长安回师，命令岑彭率领傅俊、臧宫、刘宏等三万余人向南边攻击秦丰。五月二十四日己酉，光武帝回到洛阳宫。

乙卯晦，日有食之。

六月，壬戌，大赦。

延岑攻南阳，得数城；建威大将军耿弇与战于穰，大破之。岑与数骑走东阳，与秦丰合；丰以女妻之。建义大将军朱祐率祭遵等与岑战于东阳，破之；岑走归秦丰。祐遂南与岑彭等军合。

延岑护军邓仲况拥兵据阴县，而刘歆孙龚为其谋主。前侍中扶风苏竟以书说之，仲况与龚降。竟终不伐其功，隐身乐道，寿终于家。

秦丰拒岑彭于邓，秋，七月，彭击破之。进围丰于黎丘，别遣积弩将军傅俊将兵徇江东，扬州悉定。

盖延围睢阳百日，刘永、苏茂、周建突出，将走酂；延追击之急，永将庆吾斩永首降。苏茂、周建奔垂惠，共立永子纡为梁王。佼强奔保西防。

冬，十月，壬申，上幸舂陵，祠园庙。

耿弇从容言于帝，自请北收上谷兵未发者，定彭宠于渔阳，取张丰于涿郡，还收富平、获索，东攻张步，以平齐地。帝壮其意，许之。十一月，乙未，帝还自舂陵。

是岁，李宪称帝，置百官，拥九城，众十余万。

帝谓太中大夫来歙曰："今西州未附，子阳称帝，道里阻远，诸将方务关东，思西州方略，未知所在。"歙曰："臣尝与隗嚣相遇长安。其人始起，以汉为名。臣愿得奉威命，开以丹青之信，嚣必束手自归；则述自亡之势，不足图也！"帝然之，始令歙使于嚣。嚣既有功于汉，又受邓禹爵署，其腹心议者多劝通使京师，嚣乃奉奏诣阙。帝报以殊礼，言称字，用敌国之仪，所以慰藉之甚厚。

（以上为第二段，写光武帝平叛灭邓奉，诛梁王刘永，劝降隗嚣，而北边幽州彭宠、齐鲁张步、江东董宪、巴蜀公孙述、南阳秦丰、巴东田戎等数贼，仍割据称雄。）

四年（戊子，28年）

正月，甲申，大赦。

二月，壬子，上行幸怀；壬申，还雒阳。

延岑复寇顺阳；遣邓禹将兵击破之。岑奔汉中；公孙述以岑为大司

乙卯晦（三十日），出现日食。

六月壬戌（初七），大赦天下。

延岑攻打南阳郡，占领几座县城。建威大将军耿弇同延岑在穰县作战，大败延岑。延岑只和几个骑兵逃到东阳县，与秦丰会合。秦丰把女儿嫁给延岑。建义大将军朱祜率领祭遵等同延岑在东阳作战，击败延岑。延岑逃到秦丰的驻地黎丘。于是朱祜率军向南和岑彭等军队汇合。

延岑的护军邓仲况率兵占领阴县，而刘歆的孙子刘龚是他的主谋人。前侍中扶风人苏竟写信说服他，邓仲况与刘龚听从苏竟的劝说而归降。苏竟始终不炫耀自己的功绩，归隐故里，安贫乐道，在家寿终。

秦丰在邓县抵挡岑彭，秋季，七月，岑彭击败秦丰。进兵在黎丘城包围了秦丰，另外派积弩将军傅俊领兵攻打江东，扬州地区全部平定。

盖延围困睢阳一百天，刘永、苏茂、周建突围出城，将要逃到酂县。盖延急速追击，刘永的将领庆吾斩刘永首级归降。苏茂、周建逃到垂惠聚，又立刘永的儿子刘纡为梁王。刘永另一个将领佼强逃到西防县城守。

冬季，十月十九日壬申，光武帝巡幸春陵，祭祀陵园寝庙。

耿弇胸有成竹地向光武帝请求到北方召集上谷郡还没有遣散的士兵，去平定渔阳郡的彭宠，捉拿涿郡的张丰；转回来收拾富平、获索军；再转向东攻打张步，从而平定齐地。光武帝赞许他有雄心壮志，答应了他的请求。

这一年，李宪在庐江称帝，设置文武百官，拥有九个县城，人数十余万。

光武帝对太中大夫来歙说："如今西州还没有平定，公孙述又自称皇帝，道路险峻偏远，众将领正全力征讨山东，如何讨伐西州，一直想不出办法来。"来歙说："臣曾经和隗嚣在长安相见。此人最初起兵时，是以兴汉为名义。臣愿意奉陛下之命出使，隗嚣一定会束手归顺。那么公孙述就自然处于灭亡的形势，也就不值得费力图谋了！"光武帝赞同来歙的意见，并派他出使隗嚣。隗嚣既对汉室有功，又接受邓禹署置的爵位，他的心腹及谋士们多劝他派使节和洛阳联系。于是隗嚣就捧着奏疏到朝廷。光武帝用特殊的礼仪接待隗嚣，说话称他的字，用对待地位平等国家的礼仪来款待隗嚣，安抚慰问十分隆重。

汉光武帝建武四年（戊子，28 年）

正月初二日甲申，大赦天下。

二月初一日壬子，光武帝巡幸怀县。二月二十一日壬申，回到洛阳。

延岑又侵犯顺阳县。光武帝派邓禹率军打败了延岑。延岑逃到汉中郡。公孙述

马，封汝宁王。

田戎闻秦丰破，恐惧，欲降。其妻兄辛臣图彭宠、张步、董宪、公孙述等所得郡国以示戎曰：“雒阳地如掌耳，不如且按甲以观其变。”戎曰：“以秦王之强，犹为征南所围，吾降决矣！”乃留辛臣使守夷陵，自将兵沿江溯沔上黎丘。辛臣于后盗戎珍宝，从间道先降于岑彭，而以书招戎曰：“宜以时降，无拘前计！”戎疑臣卖己，灼龟卜降，兆中坼，遂复反，与秦丰合；岑彭击破之，戎亡归夷陵。

夏，四月，丁巳，上行幸邺；己巳，幸临平，遣吴汉、陈俊、王梁击破五校于临平。鬲县五姓共逐守长，据城而反；诸将争欲攻之。吴汉曰：“使鬲反者，守长罪也。敢轻冒进兵者斩！”乃移檄告郡使收守长，而使人谢；城中五姓大喜，即相率降。诸将乃服，曰：“不战而下城，非众所及也！”

五月，上幸元氏；辛巳，幸卢奴，将亲征彭宠。伏湛谏曰：“今兖、豫、青、冀，中国之都，而寇贼从横，未及从化。渔阳边外荒耗，岂足先图！陛下舍近务远，弃易求难，诚臣之所惑也！”上乃还。

帝遣建议大将军朱祜、建威大将军耿弇、征虏将军祭遵、骁骑将军刘喜讨张丰于涿郡。祭遵先至，急攻丰；禽之。初，丰好方术，有道士言丰当为天子，以五彩囊裹石系丰肘，云“石中有玉玺”。丰信之，遂反。既执，当斩，犹曰“肘石有玉玺”。傍人为椎破之，丰乃知被诈，仰天叹曰：“当死无恨！”

上诏耿弇进击彭宠。弇以父况与宠同功，又兄弟无在京师者，不敢独进，求诣雒阳。诏报曰：“将军举宗为国，功效尤著，何嫌何疑，而欲求征！”况闻之，更遣弇弟国入侍。时祭遵屯良乡，刘喜屯阳乡，彭宠引匈奴兵欲击之；耿况使其子舒袭破匈奴兵，斩两王，宠乃退走。

任命延岑为大司马，封为汝宁王。

田戎听说秦丰被打败，很害怕，就想归降。田戎妻子的哥哥辛臣打开地图，指着彭宠、张步、董宪、公孙述等所占领的郡、国给田戎看，对他说："洛阳之地就像手掌那么大，不如暂且按兵不动，以观察局势的变化。"田戎说："秦丰如此强盛，还被征南将军岑彭击败，我决心投降！"于是留下辛臣，让他守卫夷陵县。自己率领军队沿江而下至沔水，再由沔水逆流而上到达黎丘聚。辛臣在田戎出发后，就盗取田戎的珍珠宝物，从小路逃走，抢先向岑彭投降。而后辛臣又写信给田戎说："你应该及时投降，不要拘泥于以前我们的打算！"田戎怀疑辛臣出卖自己，就用龟甲占卜是否投降，龟甲的裂纹从中断开，这是不吉的征兆。于是田戎再次反叛，同秦丰联合。岑彭率军打败田戎，田戎逃回夷陵县。

夏季，四月初七日丁巳，光武帝巡幸鄗县。四月十九日己巳，光武帝巡幸临平县，派吴汉、陈俊、王梁在临平县击败五校军。鬲县五家豪门大族联合起来赶走郡太守和县长，占据县城反叛。众将领要去攻打。吴汉说："导致鬲县人反叛，是郡太守和县长的罪过。谁敢轻易冒进，一律斩首！"于是用公文通告郡府拘捕郡太守和县长，并派人向鬲县人谢罪。城中五家豪门大族非常高兴，一起投降。众将领心悦诚服，说："不打仗就能获胜，这不是我们所能及的！"

五月，光武帝临幸元氏县。五月初一日辛巳，光武帝临幸卢奴县，打算亲自讨伐彭宠。伏湛劝谏说："如今兖、豫、青、冀等州是中原内地，而盗匪贼寇横行霸道，还没有使之归顺，接受教化。渔阳郡和外夷接壤，荒凉空虚，难道值得首先去图谋吗？陛下舍近求远，弃易求难，实在使臣感到迷惑。"光武帝才打消亲征彭宠的想法。

光武帝派建义大将军朱祜、建威大将军耿弇、征虏将军祭遵、骁骑将军刘喜到涿郡征讨张丰。祭遵率军先到，发动猛烈攻击，活捉张丰。当初，张丰喜好方术，有位道士说张丰应做天子，用五彩口袋包一块石头，系在张丰的手腕上，说："石头里有皇帝用的玉玺。"张丰深信不疑，于是叛变。已被活捉，当要斩首，张丰还说："手腕系的石头里有玉玺。"旁边的人用椎子把石头敲开，里头什么都没有。张丰这才知道上当受骗，仰天长叹说："我该死，死而无憾！"

光武帝诏令耿弇率军攻打彭宠。耿弇因父亲耿况和彭宠同有助汉的功勋，又无兄弟在京师做人质，不敢单独进军，就要求回洛阳。光武帝下诏书回答说："将军全族人都为国效忠，功劳十分显著，有什么嫌隙和疑虑而要求征还洛阳呢？"耿况得知此事后，就派耿弇的弟弟耿国入京侍从。这时，祭遵驻军良乡县，刘喜驻军阳乡县。彭宠想引导匈奴军队进攻。耿况派他的儿子耿舒偷袭匈奴军队，杀了两位匈奴亲王，彭宠才败退而逃走。

六月，辛亥，车驾还宫。

秋，七月，丁亥，上幸谯，遣捕虏将军马武、骑都尉王霸围刘纡、周建于垂惠。

董宪将贲休以兰陵降；宪闻之，自郯围之。盖延及平狄将军山阳庞萌在楚，请往救之。帝敕曰："可直往捣郯，则兰陵自解。"延等以贲休城危，遂先赴之。宪逆战而阳败退，延等因拔围入城。明日，宪大出兵合围；延等惧，遽出突走，因往攻郯。帝让之曰："间欲先赴郯者，以其不意故耳！今既奔走，贼计已立，围岂可解乎！"延等至郯，果不能克；而董宪遂拔兰陵，杀贲休。

八月，戊午，上幸寿春，遣扬武将军南阳马成率诛虏将军南阳刘隆等三将军发会稽、丹阳、九江、六安四郡兵击李宪。九月，围宪于舒。

王莽末，天下乱，临淮大尹河南侯霸独能保全其郡。帝征霸会寿春，拜尚书令。时朝廷无故典，又少旧臣，霸明习故事，收录遗文，条奏前世善政法度，施行之。

冬，十月，甲寅，车驾还宫。

隗嚣使马援往观公孙述。援素与述同里闬，相善，以为既至，当握手欢如平生；而述盛陈陛卫以延援入，交拜礼毕，使出就馆。更为援制都布单衣；交让冠，会百官于宗庙中，立旧交之位，述鸾旗、旄骑，警跸就车，磬折而入，礼飨官属甚盛，欲授援以封侯大将军位。宾客皆乐留，援晓之曰："天下雌雄未定，公孙不吐哺走迎国士，与图成败，反修饰边幅，如偶人形，此子何足久稽天下士乎！"因辞归，谓嚣曰："子阳，井底蛙耳，而妄自尊大！不如专意东方。"

嚣乃使援奉书雒阳。援初到，良久，中黄门引入。帝在宣德殿南庑下，但帻，坐，迎笑，谓援曰："卿遨游二帝间；今见卿，使人大惭。"援顿首辞谢，因曰："当今之世，非但君择臣，臣亦择君矣！臣与公孙述同

六月初二日辛亥，光武帝车驾回到洛阳宫。

秋季，七月初八日丁亥，光武帝巡幸谯县。派捕虏将军马武、骑都尉王霸在垂惠聚包围梁王刘纡、周建。

董宪的部将贲休献出兰陵县归降汉军。董宪知道后，就从郯县亲自率军去包围兰陵县。盖延跟平狄将军山阳县人庞萌驻扎在楚地，请求前往兰陵救援贲休。光武帝告诫说："可直接去攻占空虚的郯县，那样，兰陵县的围困自然解除。"盖延等人认为贲休的城邑危急，就决定先去救贲休。董宪迎战而假装败退，盖延等进入兰陵城。第二天，董宪率领大军重新包围兰陵。盖延等人害怕，立即出城突围，前往攻打郯县。光武帝责备盖延等人说："先前要你们先攻打郯县，为的是出其不意。现在你们既然败走，敌军的谋略已定，兰陵城之围难道还能解除吗？"盖延赶到郯县，果然不能取胜。而董宪却攻下兰陵县，杀了贲休。

八月初十日戊午，光武帝巡幸寿春县，派杨武将军南阳人马成率领诛虏将军南阳人刘隆等三位将军征调会稽、丹阳、九江、六安四个郡的兵力去攻打李宪。九月，在舒县包围李宪。

王莽末年，天下大乱。唯独临淮郡大尹河南人侯霸保全一郡平安无事。光武帝征召侯霸到寿春相见，任命为尚书令。当时，东汉朝廷缺乏旧典可依，又没有西汉老臣，而侯霸熟悉过去典章法度，就让他收集失散的文献档案，分条呈奏前代的善政法制，加以实施。

冬季，十月初七日甲寅，光武帝车驾回到洛阳宫。

隗嚣派马援前往成都观察公孙述的动向。马援和公孙述原本是同乡，一向友好。马援认为到达成都以后，两人一定像过去那样握手相欢。但公孙述戒备森严，用禁卫军列阵，然后才让马援进入。行过交拜礼之后，就要马援出宫，到客栈休息。另外用都布为马援制作了一件朝服，还制作一顶交让冠。公孙述在宗庙召集文武百官，在皇帝座位旁摆上旧友的座位。公孙述从皇宫出来，设立天子的鸾旗，由仪仗队作为前导，开路清道，禁止行人。到达宗庙，公孙述弯腰如磬进入，以表恭敬。设宴款待宾客，百官阵容庞大。公孙述想封马援侯爵，任命为大将军。马援带领的宾客们都很高兴，愿意留下，马援告诉他们说："天下胜负还未定。公孙述不懂得以一饭三吐哺来接待国士共商成败大业，反而只注意仪表，就像一个木偶人，这种人怎能留得住天下贤士呢？"他告辞而回。马援回去后，对隗嚣说："公孙述不过井底之蛙！他狂妄自大，不如专心诚意地归向东方。"

隗嚣就派马援带着给光武帝的书信到洛阳。马援刚到，等了很久，由中黄门领进。光武帝坐在宣德殿南侧的廊屋里，头上裹着包头巾，对马援笑面相迎。皇上对马援说："先生游说在两个皇帝之间，今天看见您，使我感到惭愧。"马援磕头拜谢，

县，少相善；臣前至蜀，述陛戟而后进臣。臣今远来，陛下何知非刺客奸人，而简易若是！”帝复笑曰：“卿非刺客，顾说客耳。”援曰：“天下反覆，盗名字者不可胜数；今见陛下恢廓大度，同符高祖，乃知帝王自有真也。”

太傅卓茂薨。

十一月，丙申，上行幸宛。岑彭攻秦丰三岁，斩首九万余级；丰余兵裁千人，食且尽。十二月，丙寅，帝幸黎丘，遣使招丰，丰不肯降；乃使朱祐等代岑彭围黎丘，使岑彭、傅俊南击田戎。

公孙述聚兵数十万人，积粮汉中；又造十层楼船，多刻天下牧守印章。遣将军李育、程乌将数万众出屯陈仓，就吕鲔，将徇三辅；冯异迎击，大破之，育、乌俱奔汉中。异还，击破吕鲔，营保降者甚众。

是时，隗嚣遣兵佐异有功，遣使上状，帝报以手书曰：“慕乐德义，思相结纳。昔文王三分，犹服事殷，但驽马、铅刀，不可强扶，数蒙伯乐一顾之价。将军南拒公孙之兵，北御羌、胡之乱，是以冯异西征，得以数千百人踯躅三辅。微将军之助，则咸阳已为他人禽矣！如令子阳到汉中，三辅愿因将军兵马，鼓旗相当。傥肯如言，即智士计功割地之秋也！管仲曰：‘生我者父母，成我者鲍子。’自今以后，手书相闻，勿用傍人间构之言。”其后公孙述数遣将间出，嚣辄与冯异合势，共摧挫之。述遣使以大司空、扶安王印绶授嚣；嚣斩其使，出兵击之，以故蜀兵不复北出。

泰山豪杰多与张步连兵。吴汉荐强弩大将军陈俊为泰山太守，击破步兵，遂定泰山。

（以上为第三段，写建武四年，汉兵灭张丰，败秦丰、田戎，联合隗嚣抗拒公孙述，确保关中。马援归服光武帝。）

五年（己丑，29年）

春，正月，癸巳，车驾还宫。

帝使来歙持节送马援归陇右。隗嚣与援共卧起，问以东方事，曰：

说："当今，不但君主选择臣子，臣子也要选择君主。臣与公孙述是同乡，从小就要好；臣前些时到成都，公孙述在陛侧布置持戟卫士后，才肯让臣进去。臣今远道而来，陛下怎么知道臣不是刺客，如此简装召见呢？"皇上笑着说："先生不是刺客，只是个说客罢了！"马援说："天下大局，动荡不安，窃取名号，称帝称王的人不计其数；今天臣见陛下宽宏大度，和汉高祖一个模样，才知道原本有真的帝王。"

太傅卓茂去世。

十一月十九日丙申，光武帝巡幸宛县。岑彭围攻秦丰三年，杀了九万余人；秦丰剩余的士卒才千余人，而粮食又快断绝。十二月二十日丙寅，光武帝巡幸黎丘城，派使者招降秦丰，秦丰却不肯投降。于是派朱祜等人代替岑彭围困黎丘，派岑彭、傅俊率军南下，攻打田戎。

公孙述结集兵马数十万，在汉中郡囤积粮食。又建造十层的楼船，大量刻制天下州牧、太守的印章。派将军李育、程乌率领数万军队驻扎陈仓，与吕鲔合兵，打算攻取三辅地区；冯异率军迎击，大败敌军。李育、程乌都逃回汉中郡。冯异又打败吕鲔，各地的地方武装营兵堡寨纷纷投降。

当时，隗嚣派兵协助冯异作战有功，派使者上奏朝廷。光武帝写亲笔信回报说："将军向往恩德信义，希望与将军结交，从前周文王三分天下有其二，还侍奉殷朝，只是我像劣马与铅刀，不可勉强扶持，却多次承蒙您这位伯乐一顾而增价十倍。将军南面抗拒公孙述的军队，北面抵御羌胡的侵扰，因此冯异西征，才得以靠几千人的队伍在三辅行动。如果没有将军的帮助，那么咸阳早已被人占据了。如今公孙述到了汉中，三辅地区就托给将军，希望依靠将军的兵马抗拒公孙述，双方力量旗鼓相当。如果我的话实现之时，就是给智士贤人计算立功封侯之日。管仲说：'生我的是父母，成就我的是鲍叔牙。'从今以后，我俩之间用亲笔通信，不要听旁人说长道短。"此后，公孙述多次钻空子出兵三辅，隗嚣就与冯异联合，共同打败公孙述。公孙述派使者送给隗嚣大司空、扶安王的印章绶带，隗嚣却杀了使者，出兵攻击，因此蜀兵再没有北上。

泰山郡的很多豪杰与张步联合。吴汉举荐强弩大将军陈俊为泰山郡太守，击败了张步的军队，于是平定了泰山郡。

汉光武帝建武五年（己丑，29 年）

春季，正月十七日癸巳，光武帝车驾回到洛阳宫。

光武帝派来歙持节送马援回到陇右。隗嚣与马援同床卧起，问起到东边洛阳的

“前到朝廷，上引见数十，每接燕语，自夕至旦，才明勇略，非人敌也。且开心见诚，无所隐伏，阔达多大节，略与高帝同；经学博览，政事文辨，前世无比。”嚣曰：“卿谓何如高帝？”援曰：“不如也。高帝无可无不可；今上好吏事，动如节度，又不喜饮酒。”嚣意不怿，曰：“如卿言，反复胜邪！”

二月，丙午，大赦。

苏茂将五校兵救周建于垂惠。马武为茂、建所败，奔过王霸营，大呼求救。霸曰：“贼兵盛，出必两败，努力而已！”乃闭营坚壁。军吏皆争之，霸曰：“茂兵精锐，其众又多，吾吏士心恐，而捕虏与吾相恃，两军不一，此败道也。今闭营固守，示不相援，贼必乘胜轻进；捕虏无救，其战自倍。如此，茂众疲劳，吾承其敝，乃可克也。”茂、建果悉出攻武，合战良久，霸军中壮士数十人断发请战，霸乃开营后，出精骑袭其背。茂、建前后受敌，惊乱败走，霸、武各归营。茂、建复聚兵挑战，霸坚卧不出，方飨士作倡乐；茂雨射营中，中霸前酒樽，霸安坐不动。军吏皆曰：“茂前日已破，今易击也！”霸曰：“不然，苏茂客兵远来，粮食不足，故数挑战，以徼一时之胜。今闭营休士，所谓‘不战而屈人兵’者也。”茂、建既不得战，乃引还营。其夜，周建兄子诵反，闭城拒之：建于道死；茂奔下邳，与董宪合；刘纡奔佼强。

乙丑，上行幸魏郡。

彭宠妻数为恶梦，又多见怪变；卜筮、望气者皆言兵当从中起。宠以子后兰卿质汉归，不信之，使将兵居外，无亲于中。宠斋在便室，苍头子密等三人因宠卧寐，共缚著床，告外吏云：“大王斋禁，皆使吏休。”伪称宠命，收缚奴婢，各置一处。又以宠命呼其妻，妻入，惊曰：“奴反！”奴乃捽其头，击其颊。宠急呼曰：“趣为诸将军办装！”于是两奴将妻入取宝物，留一奴守宠。宠谓守奴曰：“若小儿，吾素所爱也。今为子密所迫劫耳！解我缚，当以女珠妻汝，家中财物皆以与若。”小奴意欲解之，视户外，见子密听其语，遂不敢解。于是收金玉衣物，至宠所装之，被马六匹，使妻缝两缣囊。昏夜后，解宠手，令作记告城门将军云：

情况。马援说:“前些日我到了朝廷，皇上召见我数十次，每次接见说话很随便欢快，通宵达旦无所不谈。皇上的才智勇略，不是一般人比得上的。况且敞开胸怀，披露诚心，没有什么隐藏，豁达不拘小节，雄略与汉高帝相当，博览经学，处理政事，前代帝王比不上他。”隗嚣说:“你细说一下与汉高帝相比怎么样?”马援说:“比不上汉高帝。汉高帝无可无不可，当今皇上喜欢政务，行动讲究规矩，又不喜欢饮酒。”隗嚣很不高兴，说:“照你的说法，反而胜过高帝。”

二月初一日丙午，大赦天下。

苏茂率领五校之兵到垂惠救援周建，马武被苏茂、周建联军打败，逃到王霸军营，大声呼喊求救。王霸说:“贼兵士气旺盛，我出战一定也要失败，你自己努力吧。”于是紧闭军营，坚壁自守。军官们都争着要出战营救，王霸说:“苏茂的士兵很精锐，人数又多，我军官兵恐慌，而捕虏将军与我互相依靠，两军指挥又不统一，这只会走向失败。如今我紧闭军营固守，示意不去救援，贼人一定会轻率进军，捕虏将军得不到救援，作战自然加倍努力。这样一来，苏茂军会筋疲力尽，我军趁贼兵疲劳时袭击，才能取胜。”苏茂、周建果然倾巢出动攻击马武，双方交战很久，王霸军中有几十个勇士割断头发，请求出战。王霸这才打开军营的后门，出动精锐骑兵袭击贼兵的后背。苏茂、周建前后受到夹攻，惊慌败逃，王霸、马武各自回营。苏茂、周建重新集合军队挑战，王霸坚持休息不出战，还在军营设宴酬劳将士，欢歌奏乐，苏茂军向王霸军营射击，箭矢如雨，其中一箭射中王霸面前的酒杯，王霸仍然安坐不动。军官们都说:“苏茂前天打了败仗，今天容易击败他。”王霸说:“不是这样。苏茂客军从远道而来，粮食不足，所以多次挑战，想速战速决取胜。如今我坚闭营门，修整士兵，这正是‘不战而屈人之兵’的方法啊。”苏茂、周建得不到回应，只好率军回营。当天夜里，周建哥哥的儿子周诵反叛，关闭城门，拒绝苏茂、周建进城，周建死在逃跑的路上，苏茂投奔到下邳郡，与董宪会合。刘纡逃奔佼强。

二月二十日乙丑，光武帝巡幸魏郡。

彭宠的妻子多次做噩梦，在梦中见到很多奇怪反常的现象。占卜、望气的人都说将有内乱兴起。彭宠认为子后兰卿在洛阳做过人质，不信任他，派他率领军队住在外地，不让他留在府中。彭宠在便室吃斋静修，奴仆子密等三人趁彭宠睡觉，三人一起用绳索把彭宠绑在床上，然后对府外的官吏说:“大王正在斋戒，有禁忌，让大家都休息。”又假传彭宠的命令，把其他奴仆、婢女都捆绑起来，分别安置在一个地方。又假用彭宠的命令，召见他的妻子。彭宠的妻子一进便殿，吓得要命，大叫:“奴仆反了!”子密等奴仆就揪住她的头发，打她的耳光。彭宠急喊:“赶快为这几位将军置办行装!”于是两个奴仆带着彭宠的妻子到后宫掠取金银财宝，只留下一个奴仆看守彭宠。彭宠对看守他的奴仆说:“你还是一个小孩子，我素来喜欢你。如

"今遣子密等至子后兰卿所，勿稽留之。"书成，斩宠及妻头置囊中，便持记驰出城，因以诣阙。明旦，阁门不开，官属逾墙而入，见宠尸，惊怖。其尚书韩立等共立宠子午为王，国师韩利斩午首诣祭遵降，夷其宗族。帝封子密为不义侯。

权德舆议曰：伯通之叛命，子密之戕君，同归于乱，罪不相蔽，宜各致于法，昭示王度；反乃爵于五等，又以"不义"为名。且举以不义，莫可侯也；此而可侯，汉爵为不足劝矣。《春秋》书齐豹盗、三叛人名之义，无乃异于是乎！

帝以扶风郭伋为渔阳太守。伋承离乱之后，养民训兵，开示威信，盗贼销散，匈奴远迹；在职五年，户口增倍。

帝使光禄大夫樊宏持节迎耿况于上谷，曰："边郡寒苦，不足久居。"况至京师，赐甲第，奉朝请，封牟平侯。

（以上为第四段，写王霸智胜苏茂，诛周建。彭宠因家奴反叛而灭亡，北疆平定。）

吴汉率耿弇、王常击富平、获索贼于平原，大破之；追讨余党，至勃海，降者四万余人。上因诏弇进讨张步。

平敌将军庞萌，为人逊顺，帝信爱之，常称曰："可以托六尺之孤，寄百里之命者，庞萌是也。"使与盖延共击董宪。时诏书独下延而不及萌，萌以为延谮己，自疑，遂反袭延军，破之；与董宪连和，自号东平王，屯桃乡之北。帝闻之，大怒，自将讨萌，与诸将书曰："吾尝以庞萌为社稷之臣，将军得无笑其言乎！老贼当族，其各厉兵马，会睢阳！"

今只是被子密逼迫，做了帮凶！替我解开缚绳，我就把女儿彭珠嫁给你，家里的财宝也都给你。”小奴仆想为他解开绳子，就观察屋外动静，看到子密在听他们说话，又不敢去解。于是，子密等搜取财宝衣物，回到彭宠被捆的便殿，装入袋子，备好六匹马，又叫彭宠的妻子缝两个绢袋。天黑之后，把彭宠手上的绳索解开，命令他给守卫城门的将军写下亲笔命令：“今派子密等人到子后兰卿处，不得停留。”写好后，子密等人杀了彭宠和他的妻子，把他们的头装在口袋里，拿着彭宠的手令骑马出城，直奔东汉都城洛阳。第二天早晨，官吏们看到府门不开，翻墙进入，见了彭宠的尸体，都吓得要命。彭宠的尚书韩立等人一起立彭宠的儿子彭午为燕王，国师韩利斩了彭午的头，到祭遵处投降，祭遵杀灭彭宠的宗族。光武帝封子密为不义侯。

权德舆评论说：彭宠叛变，子密弑君，归根结底，同样都是作乱，罪恶不能掩盖，都应各自绳之以法，昭示圣主的法度于天下。可是光武帝反而授予子密五等爵位之一，又用“不义”作为名称。既然子密的行动不义，就不应封为侯爵。如果这种行为的人被封侯，东汉的爵位也就失去劝勉、奖励的意义了。《春秋》记载卫国司寇齐豹因私怨杀死卫侯的哥哥孟挚而称强盗；对庶其、墨肱、牟夷三个叛徒直书其名，恐怕与光武帝的做法是不一样的吧！

光武帝任命扶风人郭伋为渔阳太守。郭伋接受的是一个残局，他教导百姓，训练士兵，显示恩威和诚信。不久，这个地区盗贼逐渐消失，匈奴也逃到边塞之外了。在他任职五年间，人口增长了一倍。

光武帝派遣光禄大夫樊宏持节到上谷郡欢迎耿况，说：“边塞郡县，天寒贫穷，不宜长久居住。”耿况到达京师，光武帝赐予宅第，封为牟平侯，参加朝会。

吴汉率领耿弇、王常在平原郡攻击富平、获索等贼兵，大获全胜。又追击余部至勃海郡，投降的人有四万多。光武帝下诏命令耿弇征讨张步。

平敌将军庞萌为人谦逊和气，光武帝很信任和器重他。经常称赞他说：“可以把幼主托付给他，可以封侯独当一面的人，就是庞萌啊。”光武帝派他和盖延一起进攻董宪。当时诏令只单独给盖延而没有提到庞萌，庞萌以为是盖延在皇上面前毁谤自己，遂起疑心，于是反叛，攻打盖延，大破盖延军。此后和董宪联合起来，自称东平王，在桃乡以北驻扎军队。光武帝听到庞萌叛变，极为愤怒，亲自率领大军讨伐庞萌，写信给将领们，说：“我曾经认为庞萌是个可以托付国家命运的重臣，你们恐怕会耻笑我说过的话吧？庞萌这个老贼应当灭族，你们各自准备好兵马，在睢阳县会师。”

庞萌攻破彭城，将杀楚郡太守孙萌。郡吏刘平伏太守身上，号泣请代其死，身被七创；庞萌义而舍之。太守已绝复苏，渴求饮，平倾创血以饮之。

岑彭攻拔夷陵，田戎亡入蜀，尽获其妻子、士众数万人。公孙述以戎为翼江王。

岑彭谋伐蜀，以夹川谷少，水险难漕，留威虏将军冯骏军江州，都尉田鸿军夷陵，领军李玄军夷道；自引兵还屯津乡，当荆州要会，喻告诸蛮夷降者，奏封其君长。

夏，四月，旱，蝗。

（以上为第五段，写各路汉军连连告捷，光武帝一纸诏书不慎逼反庞萌，东边战局逆转。）

隗嚣问于班彪曰："往者周亡，战国并争，数世然后定。意者从横之事将复起于今乎，将承运迭兴，在于一人也？"彪曰："周之废兴，与汉殊异。昔周爵五等，诸侯从政，本根既微，枝叶强大，故其末流有从横之事，势数然也。汉承秦制，改立郡县，主有专己之威，臣无百年之柄。至于成帝，假借外家，哀、平短祚，国嗣三绝，故王氏擅朝，能窃号位，危自上起，伤不及下，是以即真之后，天下莫不引领而叹。十余年间，中外骚扰，远近俱发，假号云合，咸称刘氏，不谋同辞。方今雄杰带州域者，皆无六国世业之资，而百姓讴吟思仰，汉必复兴，已可知矣。"

嚣曰："生言周、汉之势可也，至于但见愚人习识刘氏姓号之故，而谓汉复兴，疏矣！昔秦失其鹿，刘季逐而掎之，时民复知汉乎？"

彪乃为之著《王命论》以风切之曰："昔尧之禅舜曰：'天之历数在尔躬。'舜亦以命禹。洎于稷、契，咸佐唐、虞，至汤、武而有天下。刘氏承尧之祚，尧据火德而汉绍之，有赤帝子之符，故为鬼神所福飨，天下所归往。由是言之，未见运世无本，功德不纪，而得屈起在此位者也！俗见高祖兴于布衣，不达其故，至比天下于逐鹿，幸捷而得之。不知神器有命，不可以智力求也。悲夫，此世所以多乱臣贼子者也！夫饿馑流

庞萌攻下彭城，要杀楚郡太守孙萌。楚郡官吏刘平趴在太守孙萌的身上，大声哭喊，哀求代替太守而死，身上被伤七刀。庞萌认为刘平很有义气，就放了他们。孙萌逐渐苏醒过来，口渴想喝水，刘平就侧身把伤口流出的血给他喝。

岑彭攻下夷陵县。田戎逃入蜀郡，岑彭俘虏他们的妻子、儿女以及士卒数万人。公孙述封田戎为翼江王。

岑彭计划征讨蜀郡，但因长江两岸粮食不足，水流湍急，很难运输军队，就留威虏将军冯骏驻守江州，都尉田鸿驻守夷陵县，领军李玄驻守夷道县。他自己回军驻守津乡，把守荆州要冲。告谕安抚那些归降的蛮夷，并上奏请求封赏他们的头领。

夏季，四月，大旱，蝗灾。

隗嚣问班彪："以前周朝灭亡，战国群雄并立，互相争战，经过几代纷乱，天下才终于统一。想一想，合纵连横的故事在今天会重演吗？或者是承受天命改换朝代的任务已落在一个人的肩上呢？"班彪说："周朝的兴亡和西汉的兴亡完全不同。从前周朝把爵位分为五等，诸侯国各自为政，作为根本的王室逐渐衰弱，而作为枝叶的诸侯国势力却强盛起来，所以到了周朝末年出现了合纵连横的事，这是形势发展的必然结果。汉朝继承秦朝的政治制度，改设郡、县，君主有专制独裁的权力，而臣子没有终身的权柄。到汉成帝时，大权旁落外戚，汉哀帝、平帝在位时间极短，皇位的合法继承人三次断绝。所以王莽得以把持朝政，篡取皇位。汉政权的危机发生在上层，伤害没有动摇百姓。因此，王莽篡位后，天下人都摇头叹息。十多年间，内扰外乱，到处都有人兴兵造反，全都打着兴复刘氏的旗号，聚众起事，不谋而合。现在拥有州郡的英雄豪杰，都没有那时六国世代创业的凭借，而老百姓歌颂、歌咏、思念、仰慕的是大汉天下。汉朝必会复兴，这已经是显而易见的了。"

隗嚣说："先生说的周汉两朝形势是对的，但只看见愚昧的老百姓习惯于刘氏政权，就说汉朝肯定会复兴，那就太粗略了！从前，秦朝失去它的政权，刘邦追逐才获得它，当时的老百姓难道也知道汉朝吗？"

班彪因此撰写了《王命论》，以微言大义劝说隗嚣："从前，唐尧把帝位禅让给虞舜的时候说：'天命的运转就在你身上。'虞舜也用这句话告诉夏禹。至于后稷、殷契都辅佐唐尧、虞舜，直到商汤、周武王拥有天下。刘邦继承的唐尧大业，唐尧得到火德，而汉朝把它承袭下来，因而拥有赤帝子的符命，所以受到鬼神的保佑，天下人都归顺刘氏。由此看来，从未见过朝代的继承没有根源，功劳恩德不被世人铭记，却能突然取得天子之位的。世俗的人看到刘邦从一介平民登上皇帝的高位，

隶，饥寒道路，所愿不过一金，然终转死沟壑，何则？贫穷亦有命也。况乎天子之贵，四海之富，神明之祚，可得而妄处哉！故虽遭罹厄会，窃其权柄，勇如信、布，强如梁、籍，成如王莽，然卒润镬伏质，亨醢分裂；又况幺么尚不及数子，而欲晻奸天位者呼！昔陈婴之母以婴家世贫贱，卒富贵不祥，止婴勿王；王陵之母知汉王必得天下，伏剑而死，以固勉陵。夫以匹妇之明，犹能推事理之致，探祸福之机，而全宗祀于无穷，垂策书于春秋，而况大丈夫之事乎！是故穷达有命，吉凶由人，婴母知废，陵母知兴，审此二者，帝王之分决矣。加之高祖宽明而仁恕，知人善任使，当食吐哺，纳子房之策；拔足挥洗，揖郦生之说；举韩信于行陈，收陈平于亡命；英雄陈力，群策毕举，此高祖之大略所以成帝业也。若乃灵瑞符应，其事甚众，故淮阴、留侯谓之天授、非人力也。英雄诚知觉寤，超然远览，渊然深识，收陵、婴之明分，绝信、布之觊觎，距逐鹿之瞽说，审神器之有授，毋贪不可冀，为二母之所笑，则福祚流于子孙，天禄其永终矣！”

嚣不听。彪遂避地河西；窦融以为从事，甚礼重之。彪遂为融画策，使之专意事汉焉。

（以上为第六段，写隗嚣不听班彪劝谏，阴蓄异志。）

初，窦融等闻帝威德，心欲东向，以河西隔远，未能自通，乃从隗嚣受建武正朔；嚣皆假其将军印绶。嚣外顺人望，内怀异心，使辩士张玄说融等曰：“更始事已成，寻复亡灭，此一姓不再兴之效也！今即所有主，便相系属，一旦拘制，自令失柄，后有危败，虽悔无及。方今豪杰竞逐，雌雄未决，当各据土宇，与陇、蜀合从，高可为六国，下不失尉佗。”融等召豪杰议之，其中识者皆曰：“今皇帝姓名见于图书，自前世博

不解其中缘故，以为得天下真的就是众人逐鹿，谁的腿快碰巧先抓住了，却不知道帝位的取得是命中注定，不是靠智慧和武力就可取得的。可悲呵，这就是世上为何有那么多乱臣贼子的原因。遭遇饥荒的流民，他们需要的只是一点点钱而已。然而最终还是死在沟壑，这是为什么呢？因为贫穷也是命中注定。何况天子的尊贵，四海的富裕，神明的赐福，岂是可以妄想就能得到的吗？所以国家虽遭厄难，权力被窃取，勇猛如韩信、英布，强悍如项籍，甚至成功篡夺帝位的王莽，这些人最后还是被烹杀、腰斩、煮成肉酱、五马分尸，又何况是那些微不足道的小人物，却想趁朝廷黑暗妄图盗窃帝位。从前陈婴的母亲因为陈婴的家世低贱，若突然获得富贵，认为这是不祥之兆，她阻止陈婴别称王。王陵母亲知道刘邦一定能得天下，就用剑自杀，以此坚定王陵紧跟刘邦的决心。普通妇人的眼力都能推究事理的必然发展，探知祸福，保全宗庙祭祀，她们的姓名事迹被记录在史书中，更何况是大丈夫的作为呢？因此贫贱显达是由命中注定，吉祥凶险则由自己掌握。陈婴的母亲知道谁会灭亡，王陵的母亲知道谁会兴起，只要仔细想想这两个事例，帝王的地位该不该要，也就可以决定了，刘邦豁达聪明、仁慈宽厚、知人善用。正当吃饭时，张良来献策，刘邦能吐出口里的饭接待张良。正在洗脚时，郦食其求见，刘邦能立即拔出脚不洗，向郦食其行礼，听取他的意见。把韩信从士兵队伍中提拔出来，把陈平从逃亡中收留重用。于是英雄豪杰们为他贡献力量，谋士们为他出谋划策，这就是刘邦的雄才大略，所以他成就了帝王大业。至于说到祥瑞符命和人事相应，这些事情到处都有。所以淮阴侯韩信、留侯张良说高帝的才能是上天赐予，而非人力强求。作为英雄要有自知之明，能够高瞻远瞩，见识深远，像王陵、陈婴那样，接受该得的名分，拒绝韩信、英布那样非分的贪婪，不要听信逐鹿的谬论，认识到帝位的传授是上天意旨，不要贪图不属于自己的东西，而被陈婴、王陵的母亲所嘲笑。那么，自己的福分就能流传给子孙，天赐的福禄也会永远享用了。”

隗嚣不听班彪劝告。于是班彪躲避到河西。窦融任命班彪为从事，很尊重他。班彪就替窦融出谋划策，使窦融专心致志地去侍奉汉朝。

当初，窦融等人听到光武帝的声威仁德，一心想归顺他，因河西与洛阳相隔遥远，不便直接来往，就从隗嚣那里接受建武的年号和历法。隗嚣赐予他将军印章绶带。隗嚣表面上顺应众望，实际上心怀叵测，他派说客张玄去劝说窦融等人，说：“刘玄的大业已成，但不久又灭亡，这是刘氏不能再兴的证明。如今就认定已有了君主，便去归属，一旦被挟制，自己就会失去权力，其后所属之主遭致失败，后悔就来不及了。当今英雄豪杰相互竞争，胜负未定，我们应当各自占据领土，和陇西隗

物道术之士谷子云、夏贺良等皆言汉有再受命之符，故刘子骏改易名字，冀应其占。及莽末，西门君惠谋立子骏，事觉被杀，出谓观者曰：‘谶文不误，刘秀真汝主也！’此皆近事暴著，众所共见者也。况今称帝者数人，而雒阳土地最广，甲兵最强，号令最明，观符命而察人事，他姓殆未能当也！”众议或同或异。

融遂决策东向，遣长史刘钧等奉书诣雒阳。先是，帝亦发使遗融书以招之，遇钧于道，即与俱还。帝见钧欢甚，礼飨毕，乃遣令还，赐融玺书曰：“今益州有公孙子阳，天水有隗将军。方蜀、汉相攻，权在将军，举足左右，便有轻重。以此言之，欲相厚岂有量哉！欲遂立桓、文，辅微国，当勉卒功业；欲三分鼎足，连衡合从，亦宜以时定。天下未并，吾与尔绝域，非相吞之国。今之议者，必有任嚣教尉佗制七郡之计。王者有分土，无分民，自适己事而已。”因授融为凉州牧。玺书至河西，河西皆惊，以为天子明见万里之外。

（以上为第七段，写窦融兴起于河西，善识时务，纳班彪之言，归附光武帝。）

朱祜急攻黎丘，六月，秦丰穷困出降；槛车送雒阳。吴汉劾祜废诏命，受丰降；上诛丰，不罪祜。

董宪与刘纡、苏茂、佼强去下邳，还兰陵，使茂、强助庞萌围桃城。帝时幸蒙，闻之，乃留辎重，自将轻兵晨夜驰赴。至亢父，或言百官疲倦，可且止宿；上不听，复行十里，宿任城，去桃城六十里。旦日，诸将请进，庞萌等亦勒兵挑战；帝令诸将不得出，休士养锐以挫其锋。时吴汉等在东郡，驰使召之。萌等惊曰：“数百里晨夜行，以为至当战，而坚坐任城，致人城下，真不可往也！”乃悉兵攻桃城。城中闻车驾至，众心益固；萌等攻二十余日，众疲困，不能下。吴汉、王常、盖延、王梁、马武、王霸等皆至，帝乃率众军进救桃城，亲自搏战，大破之。庞萌、苏茂、佼强夜走从董宪。

嚣、西蜀公孙述合纵并力，成则为战国时代的六国，不成也能像南海尉佗一样。”窦融等人召集豪杰们商议此事，其中有卓识的人都说：“当今皇帝刘秀的姓名见于谶纬符命，前辈博通事务的法术大师谷子云、夏贺良等都认为汉朝有再次接受天命的符命，所以刘歆改名为刘秀，希望能应验。等到王莽末年，西门君惠出谋要拥立刘歆做皇帝时，事败被杀，西门君惠在被绑赴刑场的途中，对围观的群众说：‘谶书记载的不错，刘秀真的是你们君主！’这是最近发生的事，人人皆知。何况当今称帝的几个人中，刘秀拥有土地最多，兵力最强，纪律最严，观看符命，考察人事，其他姓氏的人大概无法胜任！”大家意见不一，有的赞同，有的反对。

窦融断然决定归顺刘秀，派长史刘钧等人带着书信去洛阳。在这之前，光武帝也派出使臣给窦融送信招抚。使臣正好在途中碰到刘钧，就和刘钧一起返回洛阳。光武帝见到刘钧，极为高兴，以礼相见，设宴款待，然后便让刘钧回去，赐给窦融的文书加盖皇帝印章，说：“如今益州有公孙述，天水有隗嚣将军。蜀、汉两方即将争战，胜败的命运掌握在将军手中，将军的脚跟左转则蜀重，向右转则汉重。由此说来，将军愿意帮助哪一边，影响之大，岂能衡量？将军想要建立像齐桓公、晋文公那样的霸业，就应辅助微弱的汉朝，努力完成大业。要想三分天下，形成鼎立的局面，是连横还是合纵，也应早做决定。天下仍未统一，我和你距离遥远，还不是互相吞并的国家。现今讨论形势，一定会有人提出效法任嚣教导尉佗控制七郡的计谋。君王可以分封土地，但不能分割人民，只是自己做适宜之事罢了。”于是任命窦融为凉州牧。诏书到达河西，河西官员都感到震惊，认为天子能明察万里之外的事情。

朱祐紧急攻打黎丘城。六月，秦丰处于困境，只好出城投降。朱祐用囚车把秦丰送到洛阳。吴汉弹劾朱祐违背诏令，接受秦丰归降。光武帝杀了秦丰，而不加罪朱祐。

董宪和刘纡、苏茂、佼强离开下邳郡，回到兰陵县，派苏茂、佼强协助庞萌围攻桃城。光武帝这时正临幸蒙县，听到消息，就留下辎重，亲自率领轻装部队，连夜奔赴救援。抵达亢父县时，有人认为官员们都很疲倦，可暂且停留住宿。光武帝不同意，于是又走了十里路，住宿在任城，这里距离桃城还有六十里。第二天，众将领请求进军攻击，庞萌等也统率军队挑战。光武帝命令众将领不得出城迎战，暂且休整军队，养精蓄锐，以此挫败敌军的锐气。当时吴汉等人在东郡，光武帝派人将他们迅速召来。庞萌等人吃惊说：“数百里路程日夜兼行，到达之后应立即投入战斗；可是却坚守任城想吸引我们到城下，绝对不能前往！”于是庞萌全力去攻打桃城。桃城里的军民听说皇上亲自来救援，军心更加坚定。庞萌等人攻打二十多天，

秋，七月，丁丑，帝幸沛，进幸湖陵。董宪与刘纡悉其兵数万人屯昌虑；宪招诱五校余贼，与之拒守建阳。帝至蕃，去宪所百余里，诸将请进；帝不听，知五校乏食当退，敕各坚壁以待其敝。顷之，五校果引去。帝乃亲临，四面攻宪，三日，大破之；佼强将其众降，苏茂奔张步，宪及庞萌走保郯。八月，己酉，帝幸郯，留吴汉攻之，车驾转徇彭城、下邳。吴汉拔郯，董宪、庞萌走保朐。刘纡不知所归，其军士高扈斩之以降。吴汉进围朐。

冬，十月，帝幸鲁。

（以上为第八段，写汉兵灭秦丰，破董宪。）

张步闻耿弇将至，使其大将军费邑军历下，又令兵屯祝阿，别于泰山、钟城列营数十以待之。弇渡河，先击祝阿，自旦攻城，日未中而拔之；故开围一角，令其众得奔归钟城。钟城人闻祝阿已溃，大恐惧，遂空壁亡去。

费邑分遣弟敢守巨里。弇进兵先胁巨里，严令军中趣修攻具，宣敕诸部，后三日当悉力攻巨里城；阴缓生口，令得亡归，以弇期告邑。邑至日，果自将精兵三万余人来救之。弇喜，谓诸将曰："吾所以修攻具者，欲诱致之耳。野兵不击，何以城为！"即分三千人守巨里；自引精兵上冈阪，乘高合战，大破之，临陈斩邑；既而收首级以示城中，城中凶惧。费敢悉众亡归张步。弇复收其积聚，纵兵击诸未下者，平四十余营，遂定济南。

时张步都剧，使其弟蓝将精兵二万守西安，诸郡太守合万余人守临菑，相去四十里。弇进军画中，居二城之间。弇视西安城小而坚，且蓝兵又精，临菑名虽大而实易攻，乃敕诸校后五日会攻西安。蓝闻之，晨夜警守。至期，夜半，弇敕诸将皆蓐食，会明，至临菑城。护军荀梁等争之，以为"攻临菑，西安必救之，攻西安，临菑不能救，不如攻西

将士已疲惫不堪，桃城仍未攻下。吴汉、王常、盖延、王梁、马武、王霸等都率军抵达，光武帝就率领各路大军救援桃城，并亲自迎战，大破庞萌军。庞萌、苏茂、佼强连夜逃跑，投奔董宪。

秋季，七月初四日丁丑，光武帝巡幸沛县，再到湖陵县。董宪和刘纡集合全部人马数万人驻守昌虑县。董宪招抚引诱五校残兵，替他驻守建阳县。光武帝率领大军到达蕃县，距离董宪驻地只有百余里，众将领请求进攻，光武帝不同意。他料到五校军缺少粮食，必然撤退，命令各路大军按兵不动等待敌军的疲困。不久，五校军果然撤退。皇上亲临战场，从四面围攻董宪，仅用了三天时间，就大败董宪。佼强率领他的部众归降，苏茂投奔张步，董宪、庞萌逃到郯县驻守。八月初六日己酉，光武帝巡幸郯县，留下吴汉围攻郯县，自己率领大军转战彭城、下邳。吴汉攻下郯县，董宪、庞萌逃到朐县驻守。刘纡不知逃往何处，被他的部属高扈杀死，高扈归降。吴汉进军包围朐县。

冬季，十月，光武帝巡幸鲁县。

张步据守在剧县，听说东汉耿弇率军将要来到，派大将军费邑驻守历下城；又派军队驻守祝阿县；另外在泰山、钟城列阵数十个营堡，严阵以待。耿弇渡过黄河，首先攻打祝阿县，早上发起进攻，还没有到中午就攻破了县城。耿弇故意留下一个缺口，让残兵逃回钟城。钟城军队听说祝阿县已经陷落，非常恐惧，于是弃城逃走。

张步的大将费邑分派他的弟弟费敢驻守巨里聚。耿弇进军先威胁巨里聚，严令军队尽快准备好攻城工具，通告全军，三天后要全力攻打巨里聚。耿弇暗中故意放松看管，让几个俘虏逃回去，把耿弇攻城日期告诉费邑。到第三天，费邑果然亲率精军三万余人来救援。耿弇很高兴，对将领们说:“我要大家立即准备好攻城的工具，想引诱他们到来。郊野的军队不击破，怎能攻城！”耿弇只分兵三千人围住巨里聚，亲自统率精兵登上山岭和山坡，居高临下与费邑展开激战，大败费邑军，斩了费邑的头，悬挂在高竿上向城里示众，城中顿时恐惧骚动。费敢率领全军逃奔张步。耿弇搜取费敢丢下的积蓄，全线攻打那些没有归降的营垒，扫平四十余座。济南郡被平定。

当时张步以剧县为都城。他派弟弟张蓝率领二万精兵驻守西安县，各郡太守集合一万余人驻守临淄县，两地相距四十里，耿弇进军到达画中邑，画中邑位于西安和临淄之间。耿弇观察西安，城小但坚固，张蓝的军队又精锐；临淄县名气虽大，实际上却容易攻下。于是，耿弇命令各军营五天后集中进攻西安县。张蓝听到这个消息，日夜警戒防守。到了预定进攻日期，半夜里，耿弇命令各将领集合军士早早

安”。弇曰：“不然，西安闻吾欲攻之，日夜为备，方自忧，何暇救人！临菑出不意而至，必惊扰，吾攻之一日，必拔。拔临菑，即西安孤，与剧隔绝，必复亡去，所谓‘击一而得二’者也。若先攻西安，不能卒下，顿兵坚城，死伤必多。纵能拔之，蓝引军还奔临菑，并兵合势，观人虚实；吾深入敌地，后无转输，旬月之间，不战而困矣。”遂攻临菑；半日，拔之，入据其城。张蓝闻之，惧，遂将其众亡归剧。

弇乃令军中无得虏掠，须张步至乃取之，以激怒步。步闻，大笑曰：“以尤来、大彤十余万众，吾皆即其营而破之；今大耿兵少于彼，又皆疲劳，何足惧乎！”乃与三弟蓝、弘、寿及故大彤渠帅重异等兵号二十万，至临菑大城东，将攻弇。弇上书曰：“臣据临菑，深堑高垒；张步从剧县来攻，疲劳饥渴。欲进，诱而攻之；欲去，随而击之。臣依营而战，精锐百倍，以逸待劳，以实击虚，旬日之间，步首可获。”于是弇先出菑水上，与重异遇；突骑欲纵，弇恐挫其锋，令步不敢进，故示弱以盛其气，乃引归小城，陈兵于内，使都尉刘歆、泰山太守陈俊分陈于城下。步气盛，直攻弇营，与刘歆等合战。弇升王宫坏台望之，视歆等锋交，乃自引精兵以横突步陈于东城下，大破之。飞矢中弇股，以佩刀截之；左右无知者。至暮，罢；弇明旦复勒兵出。

是时帝在鲁，闻弇为步所攻，自往救之。未至，陈俊谓弇曰：“剧虏兵盛，可且闭营休士，以须上来。”弇曰：“乘舆且到，臣子当击牛、酾酒以待百官，反欲以贼虏遗君父邪！”乃出兵大战。自旦及昏，复大破之；杀伤无数，沟堑皆满。弇知步困将退，豫置左右翼为伏以待之；人定时，步果引去，伏兵起纵击，追至钜昧水上，八九十里，僵尸相属，收得辎重二千余两。步还剧，兄弟各分兵散去。

吃饭，天一亮，就赶到临淄城。护军荀梁等人据理力争，认为："进攻临淄县，西安县必来救援；进攻西安县，临淄县不能救援，还不如进攻西安县。"耿弇说："错了。西安那边听说我们要去攻打它，日夜防备，正在忧虑自己的安全，哪有闲工夫去救别人！我军出其不意攻打临淄县，他们必定惊慌失措，只需一天就能破城。攻陷了临淄，西安县就被孤立，西安县和剧县的交通也被我军切断，西安县的守军就会弃城而逃，这就是所说的'攻打一座城而得两座城'的道理。如果先攻打西安县，却无法很快攻下，军队被困在坚固的城下，伤亡严重。即使攻下城池，张蓝率军回到临淄，两地军队会合，再探察我们的虚实；我们深入敌地，后面缺乏补给，不等一个月，我们不战就已疲困不堪了。"于是耿弇决定进攻临淄，只花了半天时间，就攻占了临淄城，张蓝听到这个消息，十分害怕，就率领他的军队逃回到剧县。

耿弇命令军队不得掳掠，等张步到来时才掠取财物，以此激怒张步。张步听说后，大笑说："凭着尤来、大彤十余万军队，我一出马就能打败他们。如今耿弇的军队比他们还少，又都疲劳，有什么可怕的？"便和他的三个弟弟张蓝、张弘、张寿以及前大彤军首领重异等合兵，号称二十万，抵达临淄大城东边，准备进攻耿弇。耿弇上书说："我军占领临淄县城，挖深沟，筑围墙。张步从剧县来攻打我军，十分疲劳饥渴。如果他前进，我就引诱他攻城而后反攻；如果他撤退，我就尾随追击。我军依靠坚固的营堡作战，比对方强百倍，以逸待劳，以实攻虚，只要十天的时间，就可以获得张步首级。"于是，耿弇率军先到淄水河边，与大彤军首领重异相遇；骑兵突击队希望放手作战，耿弇怕一开始就挫败敌军的锐气，使张步不敢前进，所以就表现自己弱小而助长敌人的气势，率军回到临淄小城，把军队布置在城内，派都尉刘歆、泰山郡太守陈俊分别在城下布阵。张步士气旺盛，直接进攻耿弇的军营，同刘歆等人交战。耿弇登上故齐国宫中残破的高台观望，看见刘歆等同张步交战，就亲自率领精锐部队，在东城下拦腰切断张步的军队，大败张步军。流箭射中耿弇大腿，耿弇抽出佩刀把它砍断，身边无人知道他受伤。战到黄昏，鸣金收兵。第二天早晨，耿弇又率军出战。

这时，光武帝在鲁城，听说耿弇被张步攻击的消息，亲自率军前去救援，还没到达。陈俊对耿弇说："剧贼士气正旺，我们暂且关闭军营，休养士卒，等待皇上驾到。"耿弇说："皇上驾到，我们臣子应当杀牛、斟酒来接待文武百官，怎么反而要把盗贼留给国君去征伐呢？"于是出兵和张步大战。从早晨到黄昏，又大破张步。张步军死亡无数，尸体都填满了水沟深壕。耿弇知道张步被困将会撤退，就预先设置伏兵在左右两翼。黄昏以后，张步果真率军离去，两边伏兵齐出全线攻击，一直追到钜昧水附近，达八九十里，尸体相连，缴获张步的辎重车两千余辆。张步逃回剧县，兄弟各自分兵散离。

后数日，车驾至临菑，自劳军，群臣大会。帝谓弇曰："昔韩信破历下以开基，今将军攻祝阿以发迹，此皆齐之西界，功足相方。而韩信袭击已降，将军独拔勍敌，其功又难于信也。又，田横亨郦生，及田横降，高帝诏卫尉不听为仇；张步前亦杀伏隆，若步来归命，吾当诏大司徒释其怨，又事尤相类也。将军前在南阳，建此大策，常以为落落难合，有志者事竟成也！"帝进幸剧。

耿弇复追张步，步奔平寿，苏茂将万余人来救之。茂让步曰："以南阳兵精，延岑善战，而耿弇走之，大王奈何就攻其营？既呼茂，不能待邪！"步曰："负负，无可言者！"帝遣使告步、茂，能相斩降者，封为列侯。步遂斩茂，诣耿弇军门肉袒降；弇传诣行在所，而勒兵入据其城，树十二郡旗鼓，令步兵各以郡人诣旗下，众尚十余万，辎重七千余两，皆罢遣归乡里。张步三弟各自系所在狱，诏皆赦之，封步为安丘侯，与妻子居雒阳。

于是琅邪未平，上徙陈俊为琅邪太守；始入境，盗贼皆散。

耿弇复引兵至城阳，降五校余党，齐地悉平，振旅还京师。弇为将，凡所平郡四十六，屠城三百，未尝挫折焉。

（以上为第九段，写耿弇用兵如神，以少击众，百战百胜，击降张步，齐地悉平。）

初起太学。车驾还宫，幸太学，稽式古典，修明礼乐，焕然文物可观矣！

十一月，大司徒伏湛免，以侯霸为大司徒。霸闻太原闵仲叔之名而辟之，既至，霸不及政事，徒劳苦而已。仲叔恨曰："始蒙嘉命，且喜且惧。今见明公，喜惧皆去。以仲叔为不足问邪？不当辟也。辟而不问，是失人也！"遂辞出，投劾而去。

初，五原人李兴、随昱、朔方人田飒、代郡人石鲔、闵堪各起兵自称将军。匈奴单于遣使与兴等和亲，欲令卢芳还汉地为帝。兴等引兵至

几天之后，光武帝到达临淄县，亲自慰劳军队，大会群臣。光武帝对耿弇说：“从前韩信攻破历下城，替汉朝开创了基业；今天你攻下祝阿县而立下功绩，这些地方都是故齐国的西界，你们的功劳足以相比。但是韩信袭击的是已归降的军队，而将军独自攻败强劲敌人，这功劳比韩信来得更艰难。此外，田横烹杀了郦食其，等到田横归降时，高帝下诏警告郦食其弟弟卫尉郦商不要报仇。张步以前也曾杀了伏隆，如果张步来归顺，我也应下诏给伏隆的父亲大司徒伏湛消除仇恨，这又是极相似的两件事。将军先前在南阳请命攻张步，建立平齐的大策，我曾经以为浮夸难以实现。事实说明有志者事竟成啊。”光武帝亲临剧县。

耿弇追击张步，张步逃到平寿县，苏茂率领一万余人前来救他。苏茂责备张步说：“因为耿弇的南阳军十分精锐，善战的延岑，也被耿弇赶跑了，如今大王您为什么要轻率地前去攻击耿弇的营地呢？您既然呼叫我，为何不能多等一下呢？”张步说：“非常惭愧，我无话可说。”光武帝派使者告诉张步、苏茂，谁杀了对方而归降，谁就封为列侯。于是张步杀了苏茂，到耿弇军营门前，袒露上身归降。耿弇用驿车把张步送到光武帝那里，自己率军进驻平寿县城，立起十二个郡的旗帜，命令张步的部队按十二郡籍贯分别集合在所属郡的旗下。张步军队还有十余万，辎重七千余辆，都遣散回乡。张步的三位弟弟囚禁在所在地的监狱，光武帝下诏令全都赦免，封张步为安丘侯，让他和妻子住在洛阳。

这时，琅邪郡还没有平定。光武帝任命陈俊为琅邪郡太守。陈俊刚到郡上任，盗贼就全都离散。

耿弇又率军抵达城阳郡，收降五校军的残部，齐地全部平定。耿弇凯旋返回京师。耿弇作为带兵的将领，一共平定四十六个郡，屠城三百座，没有打过一次败仗。

汉朝朝廷开始兴建太学。光武帝车驾回到洛阳宫，亲临太学，郊法古制，整治礼乐，使典章制度焕然一新。

十一月，大司徒伏湛免职。任命侯霸为大司徒。侯霸听说太原人闵仲叔的名声显赫，就举荐征召他来洛阳。闵仲叔到洛阳后，侯霸不与他谈论国家大事，只是慰劳他旅途中的辛苦。闵仲叔后悔说：“刚接到征召的嘉命，既高兴又担忧。今天见到您，高兴担忧都没了。要是你认为我闵仲叔不值得发问，就不应召。既然征召却不问政事，这是错征召了人！”于是告辞出来，递交自我指责的辞呈，离开了洛阳。

当初，五原人李兴、随昱，朔方人田飒，代郡人石鲔、闵堪各自聚众起兵，自称将军。匈奴单于派人同李兴等人和好，还想让卢芳返回中原当皇帝。李兴等就率

单于庭迎芳；十二月，与俱入塞，都九原县；掠有五原、朔方、云中、定襄、雁门五郡，并置守、令，与胡兵侵苦北边。

冯异治关中，出入三岁，上林成都。人有上章言：“异威权至重，百姓归心，号为咸阳王。”帝以章示异；异惶惧，上书陈谢。诏报曰：“将军之于国家，义为君臣，恩犹父子，何嫌何疑，而有惧意！”

（以上为第十段，写卢芳勾结匈奴割据西北边地，以及冯异粗定关中。）

隗嚣矜己饰智，每自比西伯，与诸将议欲称王。郑兴曰：“昔文王三分天下有其二，尚服事殷；武王八百诸侯不谋同会，犹还兵待时；高帝征伐累年，犹以沛公行师。今令德虽明，世无宗周之祚；威略虽振，未有高祖之功；而欲举未可之事，昭速祸患，无乃不可乎！”嚣乃止。后又广置职位以自尊高，郑兴曰：“夫中郎将、太中大夫、使持节官，皆王者之器，非人臣所当制也。无益于实，有损于名，非尊上之意也。”嚣病之而止。

时关中将帅数上书言蜀可击之状，帝以书示嚣，因使击蜀以效其信。嚣上书，盛言三辅单弱，刘文伯在边，未宜谋蜀。帝知嚣欲持两端，不愿天下统一，于是稍黜其礼，正君臣之仪。帝以嚣与马援、来歙相善，数使歙、援奉使往来，劝令入朝，许以重爵。嚣连遣使，深持谦辞，言无功德，须四方平定，退伏闾里。帝复遣来歙说嚣遣子入侍，嚣闻刘永、彭宠皆已破灭，乃遣长子恂随歙诣阙；帝以为胡骑校尉，封镌羌侯。

郑兴因恂求归葬父母，嚣不听，而徙兴舍，益其秩礼。兴入见曰：“今为父母未葬，乞骸骨；若以增秩徙舍，中更停留，是以亲为饵也，无礼甚矣，将军焉用之！愿留妻子独归葬，将军又何猜焉！”嚣乃令与妻子俱东。马援亦将家属随恂归雒阳，以所将宾客猥多，求屯田上林苑中；帝许之。

军到单于王庭迎接卢芳。十二月，卢芳和李兴一起进入边塞，建都九原县。夺取五原、朔方、云中、定襄、雁门五郡，并设置郡守、县令，勾结匈奴军队侵占北方地区，而使人民受苦。

冯异治理关中地区，历经三年，上林苑像都市一样繁华。有人上奏弹劾说：“冯异声威权力极大，人心归附，号称咸阳王。”光武帝把奏章转给冯异看。冯异惶恐害怕，上书认罪。光武帝下诏书回答说：“将军对于国家，在道义上是君臣关系，在恩情上如同父子一样，为什么要猜疑而害怕呢？”

隗嚣夸耀自己高人一等，耍小聪明，常把自己比做周文王，和众将领商议，想要称王。郑兴说：“从前周文王三分天下，占有二分，还是听命殷朝；周武王观兵孟津，不约而来相会的诸侯有八百个，他还要把军队带回去等待时机。汉高祖征讨多年，用沛公的名义带兵出征。如今您的德行虽好，但无周朝世代相承的福禄；声威谋略显扬，但无汉高祖的战功。您想要做不可能成功的事，加速引来祸患，恐怕不行吧！”隗嚣才放弃称王的打算。后来隗嚣又大量设置官职来光耀自己的尊严和富贵。郑兴说：“中郎将、太中大夫、使持节官，都是帝王才能设立的官衔，不是臣子所应设立的，这毫无用处，又有损于名分，不是尊崇皇上的意思。”隗嚣感到很为难，只好作罢。

当时关中将领多次上书如何攻取西蜀公孙述的情况，光武帝把这些上书给隗嚣看，趁便派隗嚣攻打西蜀，用以证明他的诚信。隗嚣上书，极言三辅军队薄弱，卢芳又在北边虎视眈眈，不适宜用兵西蜀。光武帝知道隗嚣脚踏两只船，不愿天下统一，就逐渐降低对他的礼仪，以端正君臣的礼节。皇上因隗嚣和马援、来歙关系很好，就多次派马援、来歙奉命出使往来，劝隗嚣来京师朝见，答应封他高贵的爵位。隗嚣不断派遣使者来洛阳，表面极其谦虚，说自己没有功业与德行，等到天下平定，就隐归乡里。光武帝又派遣来歙劝说隗嚣派儿子到京师进宫侍奉，隗嚣听说刘永、彭宠都被消灭，就派长子隗恂跟随来歙来到朝廷；光武帝任命隗恂为胡骑校尉，封为镌羌侯。

郑兴趁隗恂去京师，请求回故乡安葬父母，隗嚣不同意，反而让郑兴搬进新住宅，增加礼遇和俸禄。郑兴求见隗嚣，说：“我因为父母至今仍未安葬，才请求辞职回乡；如果因为增加俸禄，迁移住所，就中途放弃安葬父母，这是把双亲作为获利的诱饵，太无礼了。将军怎么能任用这种人呢？我愿留下妻儿，独自返回故乡安葬父母，这样做，将军还怀疑什么呢？”于是隗嚣就让他和妻儿一起回去。马援也带领家属随同隗恂回到洛阳，因为所带的宾客很多，就请求在长安上林苑开垦种田；光武帝答应了马援的要求。

嚣将王元以为天下成败未可知，不愿专心内事，说嚣曰：“昔更始西都，四方响应，天下喁喁，谓之太平；一旦坏败，将军几无所厝。今南有子阳，北有文伯，江湖海岱，王公十数，而欲牵儒生之说，弃千乘之基，羁旅危国以求万全四，此循覆车之轨者也。今天水完富，士马最强，元请以一丸泥为大王东封函谷关，此万世一时也。若计不及此，且畜养士马，据隘自守，旷日持久，以待四方之变；图王不成，其敝犹足以霸。要之，鱼不可脱于渊，神龙失势，与蚯蚓同！”嚣心然元计，虽遣子入质，犹负其险厄，欲专制方面。

申屠刚谏曰：“愚闻人所归者天所与，人所畔者天所去也。本朝诚天之所福，非人力也。今玺书数到，委国归信，欲与将军共同吉凶。布衣相与，尚有没身不负然诺之信，况于万乘者哉！今何畏何利，而久疑若是？卒有非常之变，上负忠孝，下愧当世。夫未至豫言，固常为虚；及其已至，又无所及；是以忠言至谏，希得为用，诚愿反覆愚老之言！”嚣不纳，于是游士长者稍稍去之。

（以上为第十一段，写郑兴继班彪之后劝谏隗嚣归顺朝廷。光武帝也多次遣使招抚，隗嚣不听，阳奉阴违，听王元之言，图谋割据。）

王莽末，交趾诸郡闭境自守。岑彭素与交趾牧邓让厚善，与让书，陈国家威德；又遣偏将军屈充移檄江南，班行诏命。于是让与江夏太守侯登、武陵太守王堂、长沙相韩福、桂阳太守张隆、零陵太守田翕、苍梧太守杜穆、交趾太守锡光等相率遣使贡献；悉封为列侯。锡光者，汉中人，在交趾，教民夷以礼义；帝复以宛人任延为九真太守，延教民耕种嫁娶。故岭南华风始于二守焉。

是岁，诏征处士太原周党、会稽严光等至京师。党入见，伏而不谒，自陈愿守所志。博士范升奏曰：“伏见太原周党、东海王良、山阳王成等，蒙受厚恩，使者三聘，乃肯就车；及陛见帝廷，党不以礼屈，伏而不谒，偃蹇骄悍，同时俱逝。党等文不能演义，武不能死君，钓采华名，庶几三公之位。臣愿与坐云台之下，考试图国之道。不如臣言，伏虚妄之罪；而敢私窃虚名，夸上求高，皆大不敬！”书奏，诏曰：“自古明王、圣主，必有不宾之士，伯夷、叔齐不食周粟，太原周党不受朕禄，亦各有志焉。

隗嚣的将领王元认为，天下混乱，成败还是未知数，不愿意隗嚣专心治理现有地盘，就劝说隗嚣向外发展。王元说："从前更始刘玄建都西京长安，四方都响应他，天下人都归向他，以为是天下太平。可是，一旦失败，几乎没有安身之处。现今南方有公孙述，北方有卢芳，江湖山海，自称王公的十多位，您却被儒生的说教所牵制，抛弃自己割据一方的基业，寄居在危国，而祈求万无一失，这是要失败的啊。如今天水郡完整富饶，兵强马壮，我王元请求替大王守住东边的函谷关，这是创立万世基业的好机会。如果计划不到这些，而能休养军士，训练战马，占据险要关口严加防守，拖延时日，长久相持，以待天下形势的变化。即使图谋王位不成，最坏也能称霸一方。总之，鱼不能脱离水，神龙失去势力，和蚯蚓无异！"隗嚣赞同王元的计谋，他虽然派长子入朝当人质，仍然倚仗着地势的险要，想称霸一方。

申屠刚劝谏隗嚣说："我听说人心归向的，上天就会赐予他；人心所叛离的，上天就会离开他。当今皇上确实是上天赐福，而非人力强求的。现在朝廷玺书不断下达，把国事托付给您，完全相信您，愿与您同甘共苦。普通百姓相交，也有一辈子都不背信弃义的，何况对于天子呢？如今归附汉朝有什么不好？归附西蜀，又有什么好？如此犹豫不决，一旦形势突变，对上背叛忠孝，对下愧对百姓。事情还没发生之前的预言，常人以为是假的；等到事情发生之后，后悔也来不及。所以很少能采纳忠直之言，恳切之谏，我希望您能再三考虑老朽所讲的话！"隗嚣不听从，于是游士、长者逐渐离开他。

王莽末年，交趾所属各郡都闭关自守。岑彭平素和交趾牧邓让很要好，就写信给邓让，述说朝廷的声威与德行，又派偏将军屈充在江南地区传布文告，颁布光武帝的命令。于是，邓让和江夏郡太守侯登、武陵郡太守王堂、长沙郡相韩福、桂阳郡太守张隆、零陵郡太守田翕、苍梧郡太守杜穆、交趾太守锡光等相继派使者入朝进贡，光武帝封他们为列侯。锡光是汉中郡人，在交趾任职，用礼仪教化百姓和夷人。光武帝又任命宛县人任延为九真郡太守，任延教育当地民众农耕、婚配的礼仪。岭南广大地区接受华夏风俗习惯，是从锡光、任延两位太守开始的。

这一年，光武帝下诏征召处士太原人周党、会稽人严光等到京师。周党入殿朝见，只伏下身子，却不通报姓名，只是陈述自己希望恪守隐逸的志向。博士范升上奏说："太原郡人周党、东海郡人王良、山阳县人王成等，承蒙皇上厚恩，使者三返才肯前来。等到在宫廷朝见陛下，周党竟然不顾礼仪，仅伏下身子，而不通报姓名，高傲不驯，周党等人文不能阐发经义，武不能为国死难，只是沽名钓誉，竟想得到三公的高位。臣愿意和他们同坐云台之下，考察辩论治国的方略，如果不像臣说的这样，愿承担不实之罪；如果是他们向上夸耀以谋求高位，都应处以大不敬之罪。"

其赐帛四十匹，罢之。”

帝少与严光同游学，及即位，以物色访之，得于齐国，累征乃至；拜谏议大夫，不肯受，去，耕钓于富春山中。以寿终于家。

王良后历沛郡太守、大司徒司直，在位恭俭，布被瓦器，妻子不入官舍。后以病归，一岁复征；至荥阳，疾笃，不任进道，过其友人。友人不肯见，曰：“不有忠言奇谋而取大位，何其往来屑屑不惮烦也！”遂拒之。良惭，自后连征不应，卒于家。

元帝之世，莎车王延尝为侍子京师，慕乐中国。及王莽之乱，匈奴略有西域，唯延不肯附属；常敕诸子：“当世奉汉家，不可负也！”延卒，子康立。康率旁国拒匈奴，拥卫故都护吏士、妻子千余口；檄书河西，问中国动静。窦融乃承制立康为汉莎车建功怀德王、西域大都尉，五十五国皆属焉。

（以上为第十二段，写光武帝征召贤良，南疆交趾和西域各国归附东汉。）

奏疏呈上，光武帝下诏说："自古明王圣君，一定有不屈的士人。伯夷、叔齐不吃周朝的粮食，太原人周党不愿接受朕的俸禄，也是人各有志。赐给周党四十匹绢帛，让他回家。"

光武帝少年时与严光同窗读书，等到光武帝即位，就画上严光的形貌寻找他，在齐国找到了严光，多次征召才到京师，光武帝任命严光为谏议大夫，严光不肯接受，终于离开朝廷，一直在富春山耕种垂钓，最后老死在家中。

王良后来历任沛郡太守、大司徒司直，在任上谦恭节俭，使用布被和陶制器具，妻儿从不进官府。后因病回到故乡，一年后又被征召回洛阳，途经荥阳县时，病情加重，经受不了赶路，便顺路拜访一个朋友。那位朋友不肯见他，说："没有忠言奇谋，却取得高位，何苦来来往往，忙忙碌碌不嫌烦吗？"于是拒绝王良登门，王良感到惭愧。从此以后，多次征召，王良都不接受，最终死在家中。

西汉元帝时，莎车国王延曾经在京师长安做侍子，喜欢中原。到了王莽时代，天下大乱，匈奴趁机夺取了西域各国，只有莎车国王延不肯归附，经常告诫几个儿子，说："应当世世代代侍奉汉朝，不可辜负。"延去世，儿子康继位。康率领邻国共同抵抗匈奴，保护原都护官员和他们的妻儿一千余口，发公文到河西，探问中原的消息。窦融就承用旧制，策立康为汉莎车建功怀德王、西域大都尉，五十五个国家都归他管理。

【点评】

论光武帝的军事战略。本卷载述光武帝建武三年到建武五年（27—29）三年史事，是光武帝扫灭群雄、统一中国的第二阶段，也就是第二步，平定山东群雄。从大局说，这是西汉末战乱最激烈的时期，天下出现了统一的局面；从东汉政权角度说，是光武帝定天下最有成效的丰收期。三年间，东汉政权从只占天下十分之一的群雄中之一员，到占有天下十分之七八的绝对强者。这时山东基本平定，中原大局粗安，光武帝已奠定了真命天子的地位，成为不可战胜的新王朝的统治者。这里只从用兵角度点评光武帝的战功与失误带给我们的历史思考。分为战前战后形势、光武帝的军事战略、光武帝的失误等三个方面来谈。

第一，战前战后形势。战前形势指本卷所载光武帝扫灭群雄的战争时段，即建武三年初的全国群雄割据态势；战后形势系指建武五年末，中原局势粗安的形势。

建武三年初，光武帝歼灭赤眉军，拉开了统一战争的序幕，此时全国群雄纷争。当时光武帝的政权，群雄不予认可，只有割据陇西的隗嚣接受光武帝的封号——西州大将军。隗嚣也只是坐观时变。所有群雄包括隗嚣，光武帝都要以力扫除。更始政权残余，一部分投靠延岑，混战三辅，大部分出关入南阳，融入南方的各个割据集团。更始政权曾经是全国统一的一线曙光。而更始政权的瓦解，让全国人民迷失了方向，不知真龙天子在哪里，形成群雄混战的局面，称王称帝的此起彼伏。最大的军事集团是赤眉军，占第二、第三位置的分别是据有全蜀之地的公孙述和据有陇西的隗嚣。光武政权虽入都洛阳，但光武帝的军事实力和声望只占第四位。当时洛阳四面皆敌，河南河北有五校、青犊、富平等多支农民武装集团环绕。其他称王称帝的割据者有：武安王延岑据汉中，争三辅，失败后转入南阳；周成王田戎据夷陵（今湖北宜都市）；楚黎王秦丰据黎丘（今湖北宜城市）；秦丰以女妻延岑、田戎，于是三家结成联盟；梁王刘永据睢阳（今河南商丘市）称帝，刘永失败，其子刘纡称梁王，据垂惠（今安徽蒙城县）；接受刘永齐王封号的张步，都临淄；海西王董宪据郯城（今山东郯城县）；淮南王李宪据庐江（今安徽庐江县），建武三年称帝。赤眉军、延岑、秦丰、田戎、刘永、刘纡、张步、董宪、李宪等群雄皆逐鹿中原，他们是光武帝的劲敌。在逐鹿过程中，由于光武帝措置失误，逼反了彭宠、邓奉、庞萌、苏茂。彭宠反于渔阳，接着张丰起兵于涿郡，光武帝后院起火。邓奉、庞萌、苏茂反于用兵前线，差点坏了光武帝大事。由于光武帝经营河北起于细微，他凭借的仅仅是更始帝的一根符节，依靠上谷太守耿况、渔阳太守彭宠的五千突骑、河北信都之众，以及临时招募的乌合之众，不足万人起家，所以用了近四年的努力，才使河北粗安。光武帝经营河北，是建立根据地。光武帝入都洛阳，策划消灭赤眉军，正式拉开了统一全国的序幕。

光武帝的统一战争，进行了三年，次第平定了赤眉军、张丰、秦丰、刘永、刘纡、张步、董宪、李宪，走田戎、延岑，灭了彭宠、邓奉、庞萌、苏茂等叛将，山东群雄尽灭，中原局势粗安，全国统一的形势明朗。建武五年末，天下未平者，只有边陲三大集团，即蜀帝公孙述，陇右隗嚣，西北割据五原、云中、朔方、定襄、雁门五郡的卢芳。光武帝四分天下已有其三，占绝对优势。

第二，光武帝的军事战略。建武三年，统一战争之初，光武帝的力量并不占优势，山东群雄力量的总和数倍于光武帝。刘姓皇帝有好几个，赤眉天子刘盆子、汉帝刘永也是皇室正宗。卢芳称帝也冒姓刘。这些拥兵者并不买光武帝的账。张步贪王爵称号，拒绝了光武帝的招降，就是生动例证。但是光武帝最终胜利了，而且统一之势势如破竹，攻无不克，战无不胜，三年之间，灭尽山东群雄，光武帝依靠的是什么呢？光武帝的用兵方略胜人一筹，有以下几个特点。

其一，谋定而后动。《兵法》曰：多算胜少算。光武帝胸中有一天下大势，决机于事发之先，最后统一全国。关键是如何次第消灭山东群雄，从哪里开始呢？光武帝决定各个击破。首先，坐山观赤眉军与更始政权两虎相斗，假手赤眉军打垮更始政权，驱除这一合法政权，为自己的统一战争开辟道路。光武帝预料赤眉军入关，更始政权必败，而赤眉军胜后，因无远略，烧杀抢掠，必不能久立关中，必然东归。在赤眉军未入关中之前，光武帝就部署邓禹入河东，伺机夺取关中，驱赶赤眉军东归。更始政权灭亡，赤眉军是全国最强大的军事集团，绝不能放虎归山，让赤眉军回到山东，要在赤眉军行进中加以歼灭。战争进程完全按光武帝预计的规划发展。

其二，智计胜敌。歼灭赤眉军在西边的关键是，必须抢在赤眉军东归之前先据有洛阳，以便在宜阳、新安赤眉军必经之路设伏，以逸待劳。更始政权用三十万重兵防守洛阳，攻取谈何容易。光武帝为了抢在赤眉东归之前占有洛阳，弃小怨，顾大局，招降朱鲔，不战而下洛阳，不仅实力大增，而且赢得了休整时间。消灭赤眉军后，光武帝避免两线作战，专一扫荡山东群雄，其关键是阻止公孙述、隗嚣东出。羁縻隗嚣，使之拥汉，更是计划成败的关键。光武帝用尽了心机。他利用隗嚣好儒、好面子的特点，优礼隗嚣。隗嚣到洛阳，光武帝待以平等之礼。给隗嚣的信，光武帝亲笔书写。又动员知名大儒班彪、郑兴，隗嚣挚友马援、来歙次第游说隗嚣。隗嚣接受光武帝西州大将军的职事，协助邓禹、冯异争三辅，阻击公孙述北上。光武帝承认隗嚣割据陇右的现实，兼有河西五郡的势力范围，而暗中却又拉拢窦融，既牵制隗嚣，又挖了隗嚣的墙角，一箭双雕。

其三，各个击破。如果山东群雄一致对抗光武帝，胜败就很难说了。单个军事集团，谁都不是光武帝的对手。他们互不统属，给予光武帝各个击破的机会。

其四，光武帝本人雄才大略，部下人才济济，君臣一心，是天下无敌的力量。

光武帝大将邓禹、冯异、贾复、吴汉、耿弇、马武、岑彭、来歙，个个是人才，均可独当一面。而敌方对手也不乏人才，隗嚣大将王元、杨广，公孙述大将荆邯，以及延岑、秦丰、田戎等，单个均可敌光武帝之将。但他们人才分散，光武帝人才集中，对阵时无论人才、兵力都占绝对优势。光武帝本人的雄才大略更是无人可比。光武帝从行伍出身，懂得兵机，他不仅有战略规划之才，更有战术克敌之才，总能在关键时刻给前线诸将授以方略。

以上各点，是光武帝从摸爬滚打中实践出来的，既是人为，又有天授，无人可及。昆阳之战，可以说是光武帝卓绝领袖之才的薪露。

第三，光武帝的失误。光武帝用轻躁青年朱浮为幽州牧，加于自恃有大功的彭宠之上，又拒绝彭宠的要求，同时征召朱浮。光武帝要杀彭宠的傲气，为时过早，正在扫荡群雄难解难分之时逼反彭宠，造成后院起火，两线作战。吴汉军纪不肃，烧杀抢掠，又逼反了邓奉。庞萌、苏茂都是招纳的降将，光武帝未能一视同仁，既用他们在前方作战，又不给予大将同等礼遇，下诏书指示忘了提他们的名字，于是庞萌、苏茂生猜忌而反。邓奉、庞萌、苏茂前线倒戈，尽知虚实，又是突然袭击，使吴汉、盖延被打得大败。光武帝的士兵大都是收编的农民军，纪律松弛。吴汉、耿弇两员主要战将，起于边郡，嗜杀成性。吴汉南征，因士兵劫掠邓奉桑梓，逼反邓奉。吴汉破成都又大肆屠城。史称耿弇未尝打败仗，攻陷郡国四十六个，而屠城三百。贾复南征，他的部将在光武帝统治区颍川行凶杀人，受到颍川太守寇恂的惩治。军纪松弛，带兵之将应负主要责任，而光武帝没有对这些爱将有所惩处，亦是其短。

光武帝的这些失误，延缓了统一战争的进程。特别是诸将之反，一度使新造之东汉政权陷于危局。光武帝有过则改，采取措施转危为安。例如，为镇压反叛诸将，光武帝立即亲征，稳定了军心。邓禹将略为短，争关中受挫，光武帝及时换将，任命冯异代邓禹，扭转了不利局势。吴汉暴掠成都降民，也受到了光武帝的申斥。

光武帝扫灭群雄，最终获得胜利，他的失误不足以掩大德。光武帝其人，作为真命天子，大醇小疵。

汉纪三十四

汉光武帝建武六年至十一年（30—35年）

【起上章摄提格（庚寅，30年），尽旃蒙协洽（乙未，35年），凡六年】

【大事提要】

本卷记事起公元30年，讫公元35年，凡六年，当光武帝建武六年至建武十一年。本卷大事主要载述光武帝用兵陇蜀，完成统一大业。隗嚣据陇，公孙述据蜀，两人皆妄自尊大，而又无远略，均趁乱世而起，期盼出现战国局势，群雄割据，称霸一方。公孙述割据称帝，隗嚣欲称王，一心效法西伯，两人都坐失一搏之良机。当光武帝用兵山东，横扫河朔之时，公孙述未能东出，坐观成败，隗嚣还被光武帝所利用，阻挡公孙述北出。当山东已平，天下四分而光武帝有其三时，两人唇齿相依以叛。光武帝全力攻陇，一度亲征，两次遭败绩，从建武六年到建武十年，前后五年才平定了陇西，用力之勤，莫过于此。因陇地险阻，隗嚣困兽死守，且颇有人望，公孙述又为之后援，遂两败汉军。然而以小敌大，如卵击石，失败固宜。公孙述失去陇山屏障，支撑不到一年就全线溃退。可惜汉军警惕不足，连失两员主将，付出了沉重代价。河西窦融，善识时务，矢志归汉，加速了隗嚣的失败。在战争间隙，光武帝整顿吏治，裁汰冗官，减田租，恢复西汉旧制三十税一，察纳雅言，多所兴革，遂为一代中兴明主。光武帝好图谶，是其一短。

【原文】

世祖光武皇帝中之上

建武六年（庚寅，30 年）

春，正月，丙辰，以春陵乡为章陵县，世世复徭役，比丰、沛。

吴汉等拔朐，斩董宪、庞萌，江、淮、山东悉平。诸将还京师，置酒赏赐。

帝积苦兵间，以隗嚣遣子内侍，公孙述远据边垂，乃谓诸将曰："且当置此两子于度外耳。"因休诸将于雒阳，分军士于河内，数腾书陇、蜀，告示祸福。

公孙述屡移书中国，自陈符命，冀以惑众。帝与述书曰："图谶言公孙，即宣帝也。代汉者姓当涂，其名高；君岂高之身邪？乃复以掌文为瑞，王莽何足效乎？君非吾贼臣乱子，仓卒时人皆欲为君事耳。君日月已逝，妻子弱小，当早为定计。天下神器，不可力争，宜留三思！"署曰"公孙皇帝"。述不答。

其骑都尉平陵荆邯说述曰："汉高祖起于行陈之中，兵破身困者数矣；然军败复合，疮愈复战。何则？前死而成功，愈于却就于灭亡也！隗嚣遭遇运会，割有雍州，兵强士附，威加山东；遇更始政乱，复失天下，众庶引领，四方瓦解，嚣不及此时推危乘胜以争天命，而退欲为西伯之事，尊师章句，宾友处士，偃武息戈，卑辞事汉，喟然自以文王复出也！令汉帝释关、陇之忧，专精东伐，四分天下而有其三；发间使，召携贰，使西州豪杰咸居心于山东，则五分而有其四；若举兵天水，必至沮溃，天水既定，则九分而有其八。陛下以梁州之地，内奉万乘，外给三军，百姓愁困，不堪上命，将有王氏自溃之变矣！臣之愚计，以为宜及天下之望未绝，豪杰尚可招诱，急以此时发国内精兵，令田戎据江陵，临江南之会，倚巫山之固，筑垒坚守，传檄吴、楚，长沙以南必随风而靡。令延岑出汉中，定三辅，天水、陇西拱手自服。如此，海内震摇，冀有大利。"述以问群臣，博士吴柱曰："武王伐殷，八百诸侯不期同辞，然犹还师以待天命。未闻无左右之助而欲出师千里之外者也！"邯曰："今东帝无尺土之柄，驱乌合之众，跨马陷敌，所向辄平，不亟乘时

【语译】

世祖光武皇帝中之上

汉光武帝建武六年（庚寅，30年）

春季，正月十六日丙辰，改舂陵乡为舂陵县，依照汉高祖祖籍丰县、沛县的惯例，世世代代免除舂陵县平民的徭役。

吴汉等人攻占朐县，杀了董宪、庞萌，江淮地区、山东一带都被平定。众将领班师回京，皇上置酒庆功。

光武帝讨厌长年累月的打仗，由于隗嚣派长子入朝侍奉，公孙述割据在遥远的边陲，便对众将领说："暂且不管这两个人。"下令众将领在洛阳休息，兵士分调到河内郡。多次写信给隗嚣、公孙述，劝告指示利害关系。

公孙述也多次向中原地区发布文告，陈述自己得天命的符兆，希望煽动迷惑民众。光武帝写信给公孙述说："图谶上说'废昌帝，立公孙'，是指废昌邑王，立皇公之孙，公孙指的是汉宣帝。图谶又说，代汉的人姓当涂，名字叫高，你难道把自己看作是当涂高这个人吗？你又把所刻的掌纹'公孙帝'作为祥符，像王莽一样值得效法吗？你不是我的乱臣贼子，只不过是天下混乱时人人都想当皇帝罢了。你已年老，妻儿还小，应当早早安排后路，帝位是天命所定，不是靠人力争得的，你要三思。"信的抬头署名公孙皇帝。而公孙述不予回答。

公孙述的骑都尉平陵人荆邯劝谏公孙述，说："汉高祖从行伍中兴起，多次兵败受困，然而兵败后又重新振奋，受创后重整再战，为什么呢？因为冒死前进才能取得成功，总比后退自取灭亡要好。隗嚣遇上时势变化的机会，占有雍州，兵强马壮，士人归附，声威远播山东。这时又碰到更始刘玄朝政混乱，失去天下，黎民大众伸长脖子盼望太平，而全国却土崩瓦解，隗嚣不趁此时消除危险，乘胜而力争帝位，却退而想做周文王。隗嚣于是尊礼经师大儒，优待朋友隐士，停止战争，用恭敬谦虚的言辞依附东汉，还得意地感叹自比是周文王再生。这使光武帝不以隗嚣为忧，把精力全部集中在东边讨灭群雄，四分天下，占据了三分；派出秘密使者，招纳游离未归附的人，使得西州地区的豪杰都倾心附汉，那么五分天下，就占据了四分；如果光武帝派兵进攻天水郡，天水郡一定被击败，等天水郡一平定，就九分天下占了八分。陛下凭着梁州这块地盘，对内侍奉天子，对外供给三军的需要，百姓不堪忍受沉重的负担，就会发生王莽那样的内部变乱！以臣的愚见，就趁着天下人怀有太平的愿望，豪杰人士尚可招聚，紧急调动国内的精锐部队，下令田戎去占领江陵县，控制这一通往江南的都会，依靠巫山的险阻，修建壁垒，严加防守，传檄到吴、楚各地，长沙以南将会望风归附。下令延岑率军北出汉中，平定三辅，天水、

与之分功，而坐谈武王之说，是复效隗嚣欲为西伯也！”

述然邯言，欲悉发北军屯士及山东客兵，使延岑、田戎分出两道，与汉中诸将合兵并势。蜀人及其弟光以为不宜空国千里之外，决成败于一举，固争之，述乃止。延岑、田戎亦数请兵立功，述终疑不听，唯公孙氏得任事。

述废铜钱，置铁钱，货币不行，百姓苦之。为政苛细，察于小事，如为清水令时而已。好改易郡县官名。少尝为郎，习汉家故事，出入法驾，鸾旗旄骑。又立其两子为王，食犍为、广汉各数县。或谏曰：“成败未可知，戎士暴露而先王爱子，示无大志也！”述不从，由此大臣皆怨。

（以上为第一段，写公孙述妄自尊大，既不归附朝廷，也无大志远略，坐守西蜀以待毙。）

冯异自长安入朝，帝谓公卿曰：“是我起兵时主簿也，为吾披荆棘，定关中。”既罢，赐珍宝、钱帛，诏曰：“仓卒芜蒌亭豆粥，虖沱河麦饭，厚意久不报。”异稽首谢曰：“臣闻管仲谓桓公曰：‘愿君无忘射钩，臣无忘槛车。’齐国赖之。臣今亦愿国家无忘河北之难，小臣不敢忘巾车之恩。”留十余日，令与妻子还西。

申屠刚、杜林自隗嚣所来，帝皆拜侍御史。以郑兴为太中大夫。

三月，公孙述使田戎出江关，招其故众，欲以取荆州，不克。

帝乃诏隗嚣，欲从天水伐蜀。嚣上言：“白水险阻，栈阁败绝。述性严酷，上下相患，须其罪恶孰著而攻之，此大呼响应之势也。”帝知其终不为用，乃谋讨之。

夏，四月，丙子，上行幸长安，谒园陵；遣耿弇、盖延等七将军从

陇西二郡就会拱手服从。这样，全国震动，可以期望获得最大的利益。”公孙述以荆邯的话询问文武大臣，博士吴柱回答：“周武王讨伐殷，有八百位诸侯不约而同地聚合在孟津，都说纣王可伐；然而武王还是挥师返回，等待天命。从来没听说没有邻近的帮助，却出兵千里之外。”荆邯回答说：“现今东边的光武帝当初没有什么权力，纠集、指挥的是一群乌合之众，但他跨上战马，冲锋陷阵，所向披靡。不赶紧趁此分享功业，却坐谈周武王伐纣的道理，这是重新效法隗嚣想做周文王！”

公孙述赞同荆邯的意见，想调动全部军队，包括成都的禁卫北军、屯垦军队，以及在蜀地的山东客籍军队，派延岑、田戎分两路出发，与汉中郡各将领的军队汇合。蜀中士大夫与公孙述的弟弟公孙光认为，不应调动全国的兵力征战千里之外，如同赌注，成败在此一举，坚决反对，公孙述只好作罢。延岑、田戎也屡次请求带兵立功，公孙述始终不听，因为只有公孙氏家族才能担任军政大任。

公孙述下诏废除铜钱，铸铁钱，导致货币不流通，百姓深受其害。公孙述为政苛求，特别计较小事，就像当年做清水县令时那样。他喜欢改换郡县官名。年轻时他曾做过郎官，了解汉朝旧例，称帝后，进出都乘皇帝的车驾，鸾旗旄骑。他又封两个儿子为王，以犍为、广汉两郡各数县为食邑。有人劝谏他道：“成败未知，战士暴露在野外战斗，你却先封自己的儿子为王，没有远见呀！”公孙述不听劝谏。从此大臣们一肚子怨恨。

冯异从长安进京朝见，光武帝对公卿大臣们说：“冯异是朕起兵时的主簿，替朕披荆斩棘，平定关中。”朝见后，皇上赏赐冯异珍宝、金银和绢帛，下诏说：“想那艰难岁月，你在芜蒌亭奉上豆粥，虖沱献上麦饭，你的深情厚谊，我无法回报。”冯异叩头拜谢说：“臣听说管仲对齐桓公说：‘希望君王不要忘记臣曾用箭射过您的带钩，臣也不会忘记君王曾用槛车关押过我。’齐国才有希望。现在臣希望皇上不要忘记当年在河北县的困苦，小臣也不敢忘记当年陛下在巾车乡对我的恩惠。”冯异在洛阳逗留十余天，光武帝下令他和妻子儿女西还长安。

申屠刚、杜林从隗嚣那里来到洛阳，光武帝任命他们为侍御史，任命郑兴为太中大夫。

三月，公孙述派田戎东出江关，召集其旧部，想凭借他们夺取荆州。结果失败。

光武帝下诏给隗嚣，要他从天水郡南下攻打公孙述。隗嚣上书说：“白水县地势险峻，栈道破烂，断绝了交通。公孙述性情残酷，上下忧患，等他的罪行显著再攻打，这样才会造成上下内外夹攻、四方响应的形势。”皇上深知隗嚣终不会被己所用，就谋划出兵征讨他。

夏季，四月初八日丙子，光武帝巡视长安，拜谒西汉历代皇陵。派耿弇、盖延

陇道伐蜀，先使中郎将来歙奉玺书赐嚣谕旨。嚣复多设疑故，事久冘豫不决。歙遂发愤质责嚣曰："国家以君知臧否，晓废兴，故以手书畅意。足下推忠诚，既遣伯春委质，而反欲用佞惑之言，为族灭之计邪！"因欲前刺嚣。嚣起入，部勒兵将杀歙，歙徐杖节就车而去，嚣使牛邯将兵围守之。嚣将王遵谏曰："君叔虽单车远使，而陛下之外兄也，杀之无损于汉，而随以族灭。昔宋执楚使，遂有析骸易子之祸。小国犹不可辱，况于万乘之主，重以伯春之命哉！"歙为人有信义，言行不违，及往来游说，皆可按覆；西州士大夫皆信重之，多为其言，故得免而东归。

五月，己未，车驾至自长安。

隗嚣遂发兵反，使王元据陇坻，伐木塞道。诸将因与嚣战，大败，各引兵下陇；嚣追之急，马武选精骑为后拒，杀数千人，诸军乃得还。

（以上为第二段，写隗嚣据陇叛变。）

六月辛卯，诏曰："夫张官置吏，所以为民也。今百姓遭难，户口耗少，而县官吏职，所置尚繁；其令司隶、州牧各实所部，省减吏员，县国不足置长吏者并之。"于是并省四百余县，吏职减损，十置其一。

九月，丙寅晦，日有食之。执金吾朱浮上疏曰："昔尧、舜之盛，犹加三考；大汉之兴，亦累功效，吏皆积久，至长子孙。当时吏职，何能悉治，论议之徒，岂不喧哗！盖以为天地之功不可仓卒，艰难之业当累日也。而间者守宰数见换易，迎新相代，疲劳道路。寻其视事日浅，未足昭见其职，既加严切，人不自保，迫于举劾，惧于刺讥，故争饰诈伪以希虚誉，斯所以致日月失行之应也。夫物暴长者必夭折，功卒成者必亟坏；如摧长久之业而造速成之功，非陛下之福也。愿陛下游意于经年之外，望治于一世之后，天下幸甚！"帝采其言，自是牧守代易颇简。

十二月，壬辰，大司空宋弘免。

癸巳，诏曰："顷者师旅未解，用度不足，故行十一之税。今粮储差

等七位将军从陇西取道攻打公孙述。皇上先派中郎将来歙捧着玺书赐给隗嚣，禀告旨意。隗嚣又提出许多疑难事情，故意拖延时间，犹豫不决，来歙于是责问隗嚣说："皇上认为您懂得善恶得失，通晓成败兴亡，所以亲笔写信表达诚意。您已推诚效忠，派了您的儿子隗恂入朝做人质，却又反悔听信奸佞小人的迷惑，去做那灭族的事吗？"就想上前刺杀隗嚣。隗嚣起身进屋，部署士兵将要杀死来歙，来歙却从容地拿着符节登车离开。隗嚣派牛邯率兵包围了来歙。隗嚣的部将王遵劝谏说："来歙君叔，虽然是使节，但他是陛下的表哥，把他杀了，无损于东汉，随之而来将是灭族之灾。从前，宋国逮捕楚国的使节，结果招来楚国围攻，使宋人蒙受易子而食，用人骨当木柴的大灾。对小国尚不能辱，何况对天子。您要保全隗恂的性命！"来歙为人讲信义，往来游说，都可核实。西州士大夫们都很信任敬重他，很多人为他求情，所以这次他才能幸免于难，回到东方洛阳。

五月二十一日己未，光武帝巡幸车驾到达长安。

隗嚣发动叛变，派王元率兵占据陇坻，砍伐树木堵塞东去之路。光武帝众将领和隗嚣作战，大败逃离陇坻。隗嚣直追，马武就挑选精锐骑兵断后，杀敌数千人，各路军队才得以返回。

六月二十四日辛卯，光武帝下诏说："设置官吏，是因为民众需要的缘故。如今百姓遇难，人口锐减；但县府地方官吏却设立太多。应令司隶、州牧各自考察核实所属地方，精简官员，无论是县还是国，户口不够设立县长的，一律合并。"于是，合并减少了四百多个县，裁减了许多官吏，十个官员才留一个。

九月三十日丙寅，发生日食。执金吾朱浮上奏疏说："从前，唐尧、虞舜时代的盛世，实施三次考核定升降的制度，大汉朝的兴起，官吏积累资历业绩升迁，任职时期很长，甚至传给长子长孙，这怎能治理好政事；论议的人，又岂能不发牢骚？我认为创建功绩，是不能仓促完成的；艰难的事业要积日月累才能办好。然而近来太守、宰相屡次被改换，辞旧迎新，奔忙于道路。找一找原因，是官员们到任的时间短，还没能充分履行自己的职责，就受到严厉斥责，下面人人感到不能自保，他们常常迫于被检举、弹劾的压力，十分惧怕舆论讥刺，所以就争着用欺骗伪装的手段求得虚名。这就是导致日月不能正常运行，出现日食的原因。生物暴长一定会夭折，功业短暂成功必定很快衰落。毁坏长久的大业以求得急功近利，这不是陛下的福分。希望陛下留心，考察官吏要放宽要求在一年之上，期望治绩在三十年之后，那才是国家之福！"光武帝采纳了他的建议，从此州牧、太守更换次数大大减少。

十二月二十七日壬辰，大司空宋弘被免职。

十二月二十八日癸巳，光武帝下诏说："以前征战不休，用度不够，所以按十分

积，其令郡国收见田租，三十税一，如旧制。”

（以上为第三段，写光武帝在征战间隙，已留心整顿吏治，裁汰冗官，减轻田租，恢复西汉三十税一的制度。）

诸将之下陇也，帝诏耿弇军漆，冯异军栒邑，祭遵军汧，吴汉等还屯长安。冯异引军未至栒邑，隗嚣乘胜使王元、行巡将二万余人下陇，分遣巡取栒邑，异即驰兵欲先据之。诸将曰：“虏兵盛而乘胜，不可与争锋，宜止军便地，徐思方略。”异曰：“虏兵临境，忸忕小利，遂欲深入；若得栒邑，三辅动摇。夫攻者不足，守者有余。今先据城，以逸待劳，非所以争也。”潜往，闭城，偃旗鼓。行巡不知，驰赴之。异乘其不意，卒击鼓、建旗而出。巡军惊乱奔走，追击，大破之。祭遵亦破王元于汧。于是北地诸豪长耿定等悉畔隗嚣降。诏异进军义渠，击破卢芳将贾览、匈奴奥鞬日逐王，北地、上郡、安定皆降。

（以上为第四段，写汉军征讨隗嚣，初战不利。）

窦融复遣其弟友上书曰：“臣幸得托先后末属，累世二千石，臣复假历将帅，守持一隅，故遣刘钧口陈肝胆，自以底里上露，长无纤介。而玺书盛称蜀、汉二主三分鼎足之权，任嚣、尉佗之谋；窃自痛伤。臣融虽无识无知，利害之际，顺逆之分，岂可背真旧之主，事奸伪之人，废忠贞之节，为倾覆之事，弃已成之基，求无冀之利！此三者，虽问狂夫，犹知去就，而臣独何以用心！谨遣弟友诣阙，口陈至诚。”友至高平，会隗嚣反，道不通，乃遣司马席封间道通书。帝复遣封赐融、友书，所以尉藉之甚厚。

融乃与隗嚣书曰：“将军亲遇厄会之际，国家不利之时，守节不回，承事本朝；融等所以欣服高义，愿从役于将军者，良为此也！而忿悁之间，改节易图，委成功，造难就，百年累之，一朝毁之，岂不惜乎！殆执事者贪功建谋，以至于此。当今西州地势局迫，民兵离散，易以辅人，难以自建。计若失路不反，闻道犹迷，不南合子阳，则北入文伯耳。夫负虚交而易强御，恃远救而轻近敌，未见其利也。自兵起以来，城郭皆

之一收税。如今国家粮食储存逐渐增多，命令各郡、国按三十分之一征税，恢复过去的制度。”

东汉众将领从陇坻战败后，光武帝命耿弇在漆县驻屯，冯异在栒邑驻屯，祭遵在汧县驻屯，吴汉等率军返回长安驻守。冯异率军还没到达栒邑，隗嚣就乘胜派王元、行巡率领二万余人从陇坻下来，分派行巡攻打栒邑县。冯异听说这消息，立即带兵赶去，想要抢先占据栒邑县。众将领说：“敌军强大，而且乘胜前进，我们不可交战，应停止进军，选择便利就地安营，再图良策。”冯异说：“敌军压境，被小利冲昏了头，竟想深入；如果敌人攻占了栒邑县，三辅地区人心浮动。若进攻，我们兵力不足，若防守，兵力却有余。现在我们抢先占领栒邑县城，以逸待劳，不是要和敌人争胜负。”于是秘密进军栒邑，紧闭城门，偃旗息鼓。行巡不知道这情况，匆忙进攻栒邑。冯异乘其不备，突然间战鼓齐鸣、旌旗招展，率军出城迎战。行巡军队惊慌失措，四下逃散；冯异追击，大破敌军。祭遵也在汧县大败王元的军队。于是，北地郡各豪强首领耿定等全部背叛隗嚣，归降东汉。光武帝下令冯异进军义渠县，击退卢芳的将领贾览以及匈奴奥鞬日逐王。北地郡、上郡、安定郡全部归降。

窦融又派他的弟弟窦友上书说：“臣幸运自己是汉文帝窦皇后亲属的后代，历代都是二千石俸禄。臣又凭借陛下的恩惠，历任将帅，镇守一方。所以派刘钧前来觐见，向陛下禀告臣的赤胆忠心，而陛下的玺书却赞叹公孙述、隗嚣两位君主三分天下，形成鼎足而立的权力；提及任嚣、尉佗的谋略；臣深感悲痛。臣窦融虽无知愚笨，但能明辨利害，懂得顺逆的界限，怎会背叛旧主人，去侍奉奸诈小人，废弃忠贞节操，做颠覆国家的事情呢？又怎会抛开成功的基业，去寻求无望的利益呢？这背主、失节、逐利三件事，即使去问狂夫，尚知取舍，何况臣呢！谨派舍弟窦友赶到朝廷，亲口说明臣的诚心。”窦友到达高平县，正遇隗嚣叛变，道路不通，就派遣司马席封从小路把信带到洛阳。光武帝又派席封给窦融、窦友带去亲笔信，安抚他们。

窦融就给隗嚣去信，说：“当年将军艰难困苦，正当国家蒙受不幸之时，却能坚守节操，义无反顾，侍奉当今的汉朝。我窦融等敬佩将军德义高尚，所以愿跟随将军讨伐。可是一气之下，你改变节操，另有图谋，舍弃成功的事业，开创难以实现的目的，先前百年积聚的成果，毁于一旦，不是很可惜吗？也许是您手下办事的人贪图功业，才到今天这个地步。当今西州地方狭窄，人民流离失所，士兵散乱，容易辅助别人，自创大业却很艰难。假若迷途不返，执迷不悟，那么，不是向南投向

为丘墟，生民转于沟壑。幸赖天运少还，而将军复重其难，是使积疴不得遂瘳，幼孤将复流离，言之可为酸鼻；庸人且犹不忍，况仁者乎！融闻为忠甚易，得宜实难。忧人太过，以德取怨，知且以言获罪也！”嚣不纳。

融乃与五郡太守共砥厉兵马，上疏请师期；帝深嘉美之。融即与诸郡守将兵入金城，击嚣党先零羌封何等，大破之。因并河，扬威武，伺候车驾。时大兵未进，融乃引还。

帝以融信效著明，益嘉之，修理融父坟墓，祠以太牢，数驰轻使，致遗四方珍羞。

梁统犹恐众心疑惑，乃使人刺杀张玄，遂与隗嚣绝，皆解所假将军印绶。

（以上为第五段，写窦融所统河西五郡与隗嚣决裂，效顺朝廷。）

先是，马援闻隗嚣欲贰于汉，数以书责譬之，嚣得书增怒。及嚣发兵反，援乃上书曰：“臣与隗嚣本实交友，初遣臣东，谓臣曰：‘本欲为汉，愿足下往观之，于汝意可，即专心矣。’及臣还反，报以赤心，实欲导之于善，非敢谲以非义。而嚣自挟奸心，盗憎主人，怨毒之情，遂归于臣。臣欲不言，则无以上闻，愿听诣行在所，极陈灭嚣之术。”帝乃召之。援具言谋画。

帝因使援将突骑五千，往来游说嚣将高峻、任禹之属，下及羌豪，为陈祸福，以离嚣支党。援又为书与嚣将杨广，使晓劝于嚣曰：“援窃见四海已定，兆民同情，而季孟闭拒背畔，为天下表的，常惧海内切齿，思相屠裂，故遗书恋恋，以致恻隐之计。乃闻季孟归罪于援，而纳王游翁谄邪之说，因自谓函谷以西，举足可定。以今而观，竟何如邪！

“援间至河内，过存伯春，见其奴吉从西方还，说伯春小弟仲舒望见吉，欲问伯春无他否，竟不能言，晓夕号泣。又说其家悲愁之状，不可言也。夫怨仇可刺不可毁，援闻之，不自知泣下也。援素知季孟孝爱，

公孙述，就是向北投向卢芳。凭着虚假的交情而轻视强敌，依靠远处的救兵而轻视身边的敌人，看不到有什么利益。自从混战以来，城郭变成废墟，百姓死亡遍地。幸好天命回转，战乱稍息，而将军又重蹈覆辙，这样会使旧疾不能痊愈，孤童将再度漂泊，说来真令人伤痛。常人尚不忍心这样做，何况是仁慈的人呢？我窦融听说进忠言容易，但要说得适宜却很困难。过度替人忧虑，反遭怨恨。而且我知道说这些话而获罪。”隗嚣拒不采纳。

窦融和五个郡太守厉兵秣马，向朝廷上书，请求出兵的日期。光武帝非常赞赏窦融。窦融随即和各郡太守率领军队进入金城郡，攻打隗嚣的党羽先零羌首领封何等人，大获全胜。便沿着黄河，展示军威，等候天子。当时汉朝大军还未进发，窦融就率军返回。

光武帝因窦融很讲信义，成果显著，更加赞赏他。下令修整窦融父亲的坟墓，用牛羊猪三牲具全的太牢祭祀。屡次派遣轻装的使臣，赠给窦融珍奇贵重的食物。

梁统仍然担心大家疑惑，就派人刺杀隗嚣的使者张玄，遂与隗嚣断绝关系，解下隗嚣授予的将军印章和绶带。

先前，马援听说隗嚣对汉朝怀有二心，就屡次写信责备劝导他。隗嚣接信后更加气愤。等到隗嚣叛变，马援上书说：“臣和隗嚣本是知交，最初他派我东来，对臣说：‘我原本想侍奉汉室，请您去洛阳观察一下，只要您认为可以，我就专心归汉。’等臣返回，用忠诚待他，想引导他从善，并没欺诈他做不义之事，可是隗嚣心怀奸心，好像强盗憎恨主人，把怨恨发泄在臣的身上。臣本想不说，那就没别的办法上达，希望允许臣即刻进宫，尽情地陈说消灭隗嚣的策略。”光武帝召见马援。马援详细叙说他的谋略。

光武帝派马援率领骑兵突击队五千人，前去游说隗嚣的将领高峻、任禹等，以及羌族首领，向他们陈述利害关系，离间隗嚣党羽。马援写信给隗嚣的将领杨广，叫他劝导隗嚣，说：“我马援看到天下已平，亿万人民同心，可隗嚣（字季孟）封闭边界，起兵反叛，为众矢之的。我担心民众对隗季孟切齿痛恨，争着要宰杀割他的肉，所以不断给他写信，表达我的顾念与忧虑。听说隗季孟把罪过都推到我马援身上，而接纳王元（字游翁）谄媚的意见，宣称函谷关以西举足就可以平定。从现在的局势看，究竟怎么样呢？

“我马援最近到河内郡，慰问隗季孟的儿子隗伯春，看见他的仆人吉从西州返回，说隗伯春的小弟隗仲舒想见吉，询问隗伯春是否已遭意外，竟然说不出话来，早晚悲泣。说到家中的悲愁更是无法用言语来表达。有怨仇可以指责，却不能报复。

曾、闵不过。夫孝于其亲，岂不慈于其子！可有子抱三木而跳梁妄作，自同分羹之事乎！

“季孟平生自言所以拥兵众者，欲以保全父母之国而完坟墓也，又言苟厚士大夫而已；而今所欲全者将破亡之，所欲完者将伤毁之，所欲厚者将反薄之。季孟尝折愧子阳而不受其爵，今更共陆陆往附之，将难为颜乎？若复责以重质，当安从得子主给是哉！往时子阳独欲以王相待而春卿拒之，今者归老，更欲低头与小儿曹共槽枥而食，并肩侧身于怨家之朝乎！

“今国家待春卿意深，宜使牛孺卿与诸耆老大人共说季孟，若计画不从，真可引领去矣。前披舆地图，见天下郡国百有六所，奈何欲以区区二邦以当诸夏百有四乎！春卿事季孟，外有君臣之义，内有朋友之道。言君臣邪，固当谏争；语朋友邪，应有切磋。岂有知其无成，而但萎腇咋舌，叉手从族乎！及今成计，殊尚善也，过是，欲少味矣！且来君叔天下信士，朝廷重之，其意依依，常独为西州言。援商朝廷，尤欲立信于此，必不负约。援不得久留，愿急赐报。”广竟不答。

诸将每有疑议，更请呼援，咸敬重焉。

隗嚣上疏谢曰：“吏民闻大兵卒至，惊恐自救，臣嚣不能禁止。兵有大利，不敢废臣子之节，亲自追还。昔虞舜事父，大杖则走，小杖则受。臣虽不敏，敢忘斯义！今臣之事，在于本朝，赐死则死，加刑则刑；如更得洗心，死骨不朽。”有司以嚣言慢，请诛其子；帝不忍，复使来歙至汧，赐嚣书曰：“昔柴将军云：‘陛下宽仁，诸侯虽有亡叛而后归，辄复位号，不诛也。’今若束手，复遣恂弟归阙庭者，则爵禄获全，有浩大之福矣！吾年垂四十，在兵中十岁，厌浮语虚辞。即不欲，勿报。”嚣知帝审其诈，遂遣使称臣于公孙述。

匈奴与卢芳为寇不息，帝令归德侯飒使匈奴以修旧好。单于骄倨，

援听后，情不自禁泪水涟涟。援一向了解隗季孟孝顺慈爱，曾参、闵子骞也不过如此。孝顺父母的人，哪有不爱自己儿子的？哪有儿子身戴刑具，而父亲飞扬跋扈，正如汉高祖要求项羽分羹这类事发生呢？

“隗季孟平时常说，他拥有军队是用来保全父老乡亲的土地和祖坟；又说凭此优待士大夫。可现在他要保护的乡土即将丧失，想要保护的祖坟即将毁灭，想要优待的士人反而看不起他。隗季孟曾蔑视公孙子阳而不接受他的爵位，今天却同平庸无能之辈一起去依附他，难道不感到羞愧吗？如果公孙子阳也要以长子做人质，隗季孟将从哪里找长子来承担为质的重任呢？从前，公孙子阳只对隗季孟以王相待，却被你杨春卿拒绝；现在隗季孟已经年老，却要低着头和小孩们同在一个养马槽里吃食，而跻身在怨家的小朝廷里呢！

“如今朝廷待您杨春卿不薄，期望极高，你应该请牛孺卿和长辈一起劝说隗季孟。如果说服不了，真的可以调头离开。前些时，我观看地图，看到全国有一百零六个郡，怎么能够用陇西、天水两个小郡来抵抗一百零四个郡呢？您杨春卿侍奉隗季孟，外有君臣的道义，内有朋友的情谊。说到君臣，本应直言规劝，以理相争；说到朋友，也应切磋商议。岂能明知隗季孟事情不成，却因懦弱胆小就一言不发，服服帖帖随他一起遭灭族呢？春卿您应趁早确定大计，还是好样的，但错过了时机，就没机会了。况且来君叔是天下忠信之士，朝廷尊重他，他对隗季孟也很思慕，经常替隗嚣说好话。援认为朝廷，尤其想在这事上树立诚信，一定不会违背诺言。我马援不能久留边陲，希望你尽快回信相告。”杨广竟然不回答。

众将领每当有疑问，相继找马援请教，大家都敬重他。

隗嚣上疏向朝廷谢罪说：“官民听说大军突然到来，惊恐惧怕，只求自救，臣隗嚣无法控制他们。臣虽然打了大胜仗，但臣不敢废弃做臣子的礼节，亲自把军队追回。从前，虞舜侍奉他父亲，他父亲用大棍打他，他就逃跑；用小棍打他，他就承受。臣虽然愚笨，也不敢忘这个道理。而今臣的命运捏在皇上的手中，若赐臣死，臣就死；若加臣刑，臣就受刑。如蒙宽恕，再给臣一次改过自新的机会，死而无憾。”主管部门认为隗嚣的话傲慢，请求杀掉他的儿子；光武帝于心不忍，又派来歙到汧县赐亲笔信给隗嚣，说：“从前汉高祖的大将柴武将军说：‘陛下宽厚仁慈，诸侯即使有逃亡叛变而后又来归顺的人，都恢复他原有的职位，决不诛杀他。’现今你如果自缚其手，停止抵抗，再派遣隗恂的弟弟来做人质，那你的爵位官禄都可保全，洪福齐天。朕年近四十，在军旅中生活了十年，最厌恶大话、空话。你如果不想这样做，就不必回报。”隗嚣知道皇上看穿了他的诈骗诳言，就派使者到成都向公孙述称臣。

匈奴与卢芳在边境不断侵扰，光武帝下命归德侯刘飒出使匈奴，谋求重修旧好。

虽遣使报命，而寇暴如故。

（以上为第六段，写马援致书隗嚣将军杨广，光武帝致书隗嚣，君臣交替劝降，均未奏效。）

七年（辛卯，31年）

春，三月，罢郡国轻车、骑士、材官，令还复民伍。

公孙述立隗嚣为朔宁王，遣兵往来，为之援势。

癸亥晦，日有食之。诏百僚各上封事，其上书者不得言圣。太中大夫郑兴上疏曰："夫国无善政，则谪见日月；要在因人之心，择人处位。今公卿大夫多举渔阳太守郭伋可大司空者，而不以时定；道路流言，咸曰'朝廷欲用功臣'，功臣用则人位谬矣。愿陛下屈己从众，以济群臣让善之功。顷年日食多在晦，先时而合，皆月行疾也。日君象而月臣象；君亢急而臣下促迫，故月行疾。今陛下高明而群臣惶促，宜留思柔克之政，垂意《洪范》之法。"帝躬勤政事，颇伤严急，故兴奏及之。

夏，四月，壬午，大赦。

五月，戊戌，以前将军李通为大司空。

大司农江冯上言，"宜令司隶校尉督察三公"。司空掾陈元上疏曰："臣闻师臣者帝，宾臣者霸。故武王以太公为师，齐桓以夷吾为仲父，近则高帝优相国之礼，太宗假宰辅之权。及亡新王莽，遭汉中衰，专操国柄以偷天下，况己自喻，不信群臣，夺公辅之任，损宰相之威，以刺举为明，激讦为直，至乃陪仆告其君长，子弟变其父兄，罔密法峻，大臣无所措手足；然不能禁董忠之谋，身为世戮。方今四方尚扰，天下未一，百姓观听，咸张耳目。陛下宜修文、武之圣典，袭祖宗之遗德，劳心下士，屈节待贤，诚不宜使有司察公辅之名。"帝从之。

酒泉太守竺曾以弟报怨杀人，自免去郡；窦融承制拜曾武锋将军，更以辛肜为酒泉太守。

秋，隗嚣将步骑三万侵安定，至阴槃，冯异率诸将拒之；嚣又令别将下陇攻祭遵于汧，并无利而还。

匈奴单于骄横傲慢，虽然也派使臣到洛阳复命，但仍然侵扰中原。

汉光武帝建武七年（辛卯，31年）

春季，三月，裁撤郡国地方的轻车、骑兵、步兵，让他们复员为民。

公孙述封隗嚣为朔宁王，派出军队往来造声势，作为援助。

三月三十日癸亥，发生日食。光武帝诏令百官各自上呈密封的奏章，上书的人不能说“圣”字。太中大夫郑兴上疏说：“国家没有好的政策措施，就要受到日食月食的谴责。关键在于顺应民心，用人得当。现今公卿大夫多数推举渔阳郡太守郭伋出任大司空，而陛下却没有及时裁定。外面谣言流传说‘朝廷要任用有功的臣’。启用功臣任职朝廷命官，那么所用的人就不会称职。希望陛下委屈自己，听从大家的意见，成全群臣互相谦让的美德。近年，日食大多发生在月末，日月提前重合，都是由于月亮运行加快的缘故。太阳是君主的形象，月亮是臣子的形象，君主过急，臣子也过急，所以月亮运行迅速。而今陛下高尚明达，而群臣却惶恐不安。应当考虑施行宽缓柔和的政事，留意《尚书·洪范》大法。”光武帝亲自处理政事，总是急于求成，所以郑兴上奏提醒他。

夏季，四月十五日壬午，大赦天下。

五月初六日戊戌，任命前将军李通为大司空。

大司农江冯上书说：“应下令司隶校尉督察三公。”司空掾陈元上奏疏说：“臣听说以臣下为师，可以成就帝业，以臣下为宾，可以成就霸主。所以周武王以姜太公为老师，齐桓公以管仲为仲父。近代汉高祖特别优礼相国萧何，汉文帝授予宰相申屠嘉以重权。等到西汉衰亡，王莽专擅朝政窃取天下，他自比周公，不信任群臣，剥夺三公、辅相的权力，降低宰相的威严，把揭发别人的隐私当作明察，斥责别人的过失当作正直，导致家仆告发主人，儿子、弟弟告发父亲、哥哥。法网严密苛刻，大臣们都手足无措。即使这样，仍不能阻止董忠的叛变，王莽本人遭杀身之祸。现今全国仍然混乱，天下仍未统一，百姓惊慌失措。陛下应该遵循周文王、周武王的典籍制度，继承祖先美德，用心结交有识之士，屈节优待贤能的人，实在不应该派有关部门监督三公、辅相的职位。”光武帝接受了他的提议。

酒泉郡太守竺曾因为弟弟报私仇杀人，就辞职离郡。窦融秉承皇帝旨意，任命竺曾为武锋将军，另派辛肜为酒泉郡太守。

秋季，隗嚣率领步骑三万侵犯安定郡，抵达阴槃县，冯异率领众将领抵抗。隗嚣又命其他将领率军下陇山，到汧县攻打祭遵。隗嚣失败而归。

帝将自征隗嚣，先戒窦融师期，会遇雨，道断，且嚣兵已退，乃止。

帝令来歙以书招王遵，遵来降，拜太中大夫，封向义侯。

冬，卢芳以事诛其五原太守李兴兄弟；其朔方太守田飒、云中太守乔扈各举郡降，帝令领职如故。

帝好图谶，与郑兴议郊祀事，曰："吾欲以谶断之，何如？"对曰："臣不为谶！"帝怒曰："卿不为谶，非之邪？"兴惶恐曰："臣于书有所未学，而无所非也。"帝意乃解。

南阳太守杜诗政治清平，兴利除害，百姓便之。又修治陂池，广拓土田，郡内比室殷足，时人方于召信臣。南阳为之语曰："前有召父，后有杜母。"

（以上为第七段，写光武帝纳谏，常与群臣议论政治得失。光武帝喜好图谶，是其一短。）

八年（壬辰，32年）

春，来歙将二千余人伐山开道，从番须、回中径袭略阳，斩隗嚣守将金梁。嚣大惊曰："何其神也！"帝闻得略阳，甚喜，曰："略阳，嚣所依阻，心腹已坏，则制其支体易矣！"

吴汉等诸将闻歙据略阳，争驰赴之。上以为嚣失所恃，亡其要城，势必悉以精锐来攻；旷日久围而城不拔，士卒顿敝，乃可乘危而进。皆追汉等还。隗嚣果使王元拒陇坻，行巡守番须口，王孟塞鸡头道，牛邯军瓦亭。嚣自悉其大众数万人围略阳，公孙述遣将李育、田弇助之，斩山筑堤，激水灌城。来歙与将士固死坚守，矢尽，发屋断木以为兵。嚣尽锐攻之，累月不能下。

夏，闰四月，帝自将征隗嚣，光禄勋汝南郭宪谏曰："东方初定，车驾未可远征。"乃当车拔佩刀以断车靷。帝不从，西至漆。诸将多以王师之重，不宜远入险阻，计冘豫未决；帝召马援问之。援因说隗嚣将帅有土崩之势，兵进有必破之状；又于帝前聚米为山谷，指画形势，开示众军所从道径，往来分析，昭然可晓。帝曰："虏在吾目中矣！"明旦，遂

光武帝准备亲自征伐隗嚣，先期与窦融商定了出兵的日期，恰好遇上天下雨，道路中断，而且隗嚣的军队已撤退，就停止出兵。

光武帝命来歙写信招降王遵，王遵归降。皇上任命王遵为太中大夫，封为向义侯。

冬季，卢芳因事杀了他的五原郡太守李兴兄弟；他的朔方郡太守田飒、云中郡太守乔扈各自举郡归降，光武帝命他们留任原职。

光武帝喜好宣扬符命占验的书，在与郑兴商议郊外祭祀天地的事，说："我想用符命占验之法来推究，怎么样？"郑兴回答说："我不研究符命占验之术！"光武帝生气说："你不研究符命占验，是认为它不对吗？"郑兴恐惧地说："我没有学过，没认为它不对。"光武帝才消了怒气。

南阳郡太守杜诗施政清廉公平，兴利除害，人民都平安无事。杜诗又兴修水利，大量开垦荒地，南阳郡内，家家都很富裕。当时人们把杜诗比作西汉元帝时的南阳郡太守召信臣。南阳地区流传着称颂他的话："从前有召父，现在有杜母。"

汉光武帝建武八年（壬辰，32 年）

春季，来歙率领两千余人伐山开路，从番须、回中道直接袭击略阳县，斩杀了隗嚣的守将金梁。隗嚣大为震惊，说："竟然如此之快！"光武帝听说取得了略阳县，高兴地说："略阳县是隗嚣所依靠的重要屏障，心腹已除，那么切断肢体也就容易了。"

吴汉等众将领听说来歙攻占了略阳县，争着率军赶去。光武帝认为隗嚣失去依靠，丢弃重镇，势必倾巢出动精锐部队反攻。等到长久相持，隗嚣攻不下围城，士兵困顿疲惫时，就可以乘敌之危而进攻。于是，光武帝下令追吴汉等人还军。隗嚣果真派王元在陇坻抗拒，行巡在番须口防守，王孟堵住鸡头道，牛邯驻扎在瓦亭。隗嚣亲率大军数万人包围略阳县。公孙述也派遣将领李育、田弇协助作战。挖山筑堤，阻遏水流灌城。来歙和将士们死守，箭射完了，就拆房取木制作兵器。隗嚣用尽精锐部队攻城，几个月都攻不下。

夏季，闰四月，光武帝亲自征讨隗嚣，光禄勋汝南人郭宪劝谏说："东方刚平定，天子不可远征。"郭宪于是挡住车驾，拔出佩刀，切断引车前行的皮带缰绳。光武帝不听从，向西到达漆县。众将领多数认为，皇上不宜率领军队深入艰险之地。光武帝犹豫不决，就召见马援，询问他的意见。马援说："隗嚣的众将领出现了土崩瓦解的形势，如果我们进军，必然势如破竹。"接着又用米粮在皇上面前聚集成地形

进军，至高平第一。

窦融率五郡太守及羌虏小月氏等步骑数万，辎重五千余两，与大军会。是时军旅草创，诸将朝会礼容多不肃，融先遣从事问会见仪适。帝闻而善之，以宣告百僚，乃置酒高会，待融等以殊礼。

遂共进军，数道上陇。使王遵以书招牛邯，下之，拜邯太中大夫。于是嚣大将十三人、属县十六、众十余万皆降。嚣将妻子奔西城，从杨广，而田弇、李育保上邽。略阳围解。帝劳赐来歙，班坐绝席，在诸将之右，赐歙妻缣千匹。

进幸上邽，诏告隗嚣曰："若束手自诣，父子相见，保无他也。若遂欲为黥布者，亦自任也。"嚣终不降，于是诛其子恂。使吴汉、岑彭围西城，耿弇、盖延围上邽。

以四县封窦融为安丰侯，弟友为显亲侯，及五郡太守皆封列侯，遣西还所镇。融以久专方面，惧不自安，数上书求代；诏报曰："吾与将军如左右手耳，数执谦退，何不晓人意！勉循士民，无擅离部曲！"

颍川盗贼群起，寇没属县，河东守兵亦叛，京师骚动。帝闻之曰："吾悔不用郭子横之言。"秋，八月，帝自上邽晨夜东驰，赐岑彭等书曰："两城若下，便可将兵南击蜀虏。人苦不知足，既平陇，复望蜀。每一发兵，头须为白！"

九月，乙卯，车驾还宫。帝谓执金吾寇恂曰："颍川迫近京师，当以时定。惟念独卿能平之耳，从九卿复出以忧国可也！"对曰："颍川闻陛下有事陇、蜀，故狂狡乘间相诖误耳。如闻乘舆南向，贼必惶怖归死，臣愿执锐前驱。"帝从之。庚申，车驾南征，颍川盗贼悉降。寇恂竟不拜郡，百姓遮道曰："愿从陛下复借寇君一年。"乃留恂长社，镇抚吏民，受纳余降。

山谷的样子，指点规划敌我双方的形势，展示各路大军进军的路线，分析敌我往来，非常清楚。光武帝说：“敌人已暴露在我的眼中！”第二天早晨，大军进发到高平县第一城。

窦融率领五个郡太守以及羌族、小月氏等步骑兵数万，辎重车五千余辆，与大军汇合。当时军队还刚建立，众将领朝见皇帝的礼仪不够整肃，窦融先派从事请示朝见礼节。光武帝听后认为很好，拿这件事告诉文武百官，摆设酒宴，大会群臣，用特殊的礼遇招待窦融等人。

于是，分成几路同时进军上陇山，光武帝让王遵写信招降牛邯，牛邯归顺。光武帝任命牛邯为太中大夫。这样，隗嚣的十三位大将、天水郡所属的十六个县、十余万部下全部归降。隗嚣带着妻子儿女逃到西城县，跟从杨广。公孙述的将领田弇、李育退守上邽县。略阳县解围。光武帝慰劳、赏赐来歙，让他独坐一席，在将领们的上首，以示显贵。还赐给来歙的妻子一千匹细绢。

光武帝到达上邽县，诏告隗嚣说：“如果你亲自束手来降，父子可以相见，保证不会有任何事故。如果你一定要做黥布，也随你的便。”隗嚣始终不肯投降。于是皇上诛杀他的儿子隗恂。派遣吴汉、岑彭包围西城县，耿弇、盖延包围上邽县。

光武帝用四个县封窦融为安丰侯，封窦融的弟弟窦友为显亲侯，封五个郡的太守为列侯，派他们回到西边各自的驻守地。窦融因长期在一个地方独揽大权，诚恐不安，屡次上书请求派人替代。皇上下诏回答说：“我和将军的关系就像左右手。您屡次要求辞职，为什么就不明白我的心意？您要努力安抚官吏、百姓，不要擅自离开部队。”

颍川郡的盗贼蜂起，攻占所属县城；河东郡的守军也叛变，京城震动。光武帝听到这消息，说：“我后悔没听郭子横的话！”秋季，八月，光武帝从上邽县日夜兼程，向东边奔驰。赐给岑彭等人书信说：“如果攻陷西城、上邽两城，可率军向南攻打公孙述。人苦不知足，既平定了陇西郡，又渴望得到蜀国。每一次发动军队出征，头发与胡须都变白了！”

九月初一日乙卯，光武帝车驾回到洛阳宫。光武帝对执金吾寇恂说：“颍川临近京城，应当及时平定。朕考虑只有您才能平定它。请您以九卿身份，为国率军出征。”寇恂回答说：“颍川郡的盗贼听说陛下远征陇西、蜀国，所以那些狂夫、狡猾之徒，乘机作乱，只不过被人所连累罢了。如果他们听说陛下向南征讨，盗贼一定归顺。臣愿意手执兵器，做陛下的先锋。”光武帝赞同。九月初六日庚申，光武帝率军南征，颍川郡盗贼全部归降。寇恂未被任命为颍川郡太守，百姓都挡在道路上请求说：“恳求陛下把寇恂再借给我们一年。”于是，光武帝就把寇恂留在长社县，抚慰官民，收容降军。

东郡、济阴盗贼亦起，帝遣李通、王常击之。以东光侯耿纯尝为东郡太守，威信著于卫地，遣使拜太中大夫，使与大兵会东郡。东郡闻纯入界，盗贼九千余人皆诣纯降，大兵不战而还；玺书复以纯为东郡太守。戊寅，车驾还自颍川。

安丘侯张步将妻子逃奔临淮，与弟弘、蓝欲招其故众，乘船入海；琅邪太守陈俊追讨，斩之。

冬，十月，丙午，上行幸怀；十一月，乙丑，还雒阳。

杨广死，隗嚣穷困，其大将王捷别在戎丘，登城呼汉军曰："为隗王城守者，皆必死，无二心，愿诸军亟罢，请自杀以明之。"遂自刎死。

初，帝敕吴汉曰："诸郡甲卒但坐费粮食，若有逃亡，则沮败众心，宜悉罢之。"汉等贪并力攻嚣，遂不能遣，粮食日少，吏士疲役，逃亡者多。岑彭壅谷水灌西城，城未没丈余。会王元、行巡、周宗将蜀救兵五千余人乘高卒至，鼓噪大呼曰："百万之众方至！"汉军大惊，未及成陈，元等决围殊死战，遂得入城，迎嚣归冀。吴汉军食尽，乃烧辎重，引兵下陇，盖延、耿弇亦相随而退。嚣出兵尾击诸营，岑彭为后拒，诸将乃得全军东归；唯祭遵屯汧不退。吴汉等复屯长安，岑彭还津乡。于是安定、北地、天水、陇西复反为嚣。

校尉太原温序为嚣将苟宇所获，宇晓譬数四，欲降之。序大怒，叱宇等曰："虏何敢迫胁汉将！"因以节檛杀数人。宇众争欲杀之，宇止之曰："此义士，死节，可赐以剑。"序受剑，衔须于口，顾左右曰："既为贼所杀，无令须污土！"遂伏剑而死。从事王忠持其丧归雒阳，诏赐以冢地，拜三子为郎。

十二月，高句骊王遣使朝贡，帝复其王号。

是岁，大水。

（以上为第八段，写光武帝不听劝谏，御驾亲征隗嚣，大功垂成，因东方叛乱而功亏一篑。）

九年（癸巳，33年）

春，正月，颍阳成侯祭遵薨于军；诏冯异并将其营。遵为人，廉约

东郡、济阴郡的盗贼也纷纷兴起，光武帝派遣李通、王常率军去攻打他们。因为东光侯耿纯做过东郡太守，在东郡地区颇有声望，光武帝派使臣任命耿纯为太中大夫，让他与李通的大军在东郡汇合。东郡盗贼听说耿纯进入郡界，就有九千余人向耿纯归降，大军未经交战就班师。光武帝用玺书再度任命耿纯为东郡太守。九月二十四日戊寅，光武帝从颍川郡回到洛阳。

安丘侯张步带领妻子儿女逃到临淮，和他弟弟张弘、张蓝想召集旧部，乘船入海。琅邪郡太守陈俊追击，将他们杀了。

冬季，十月二十二日丙午，光武帝巡幸怀县。十一月十二日乙丑，回到洛阳宫。

杨广去世，隗嚣走投无路。隗嚣的大将王捷驻守在戎丘城，王捷登上城楼向东汉军高喊："替大王隗嚣守城的人，明知必死，但绝无二心。请你们迅速停止攻击，让我用自杀来表明决心。"于是，拔剑而死。

当初，光武帝对吴汉下手谕说："各郡的地方兵士只是耗费粮食，如有人逃亡，就会败坏军心，应该全部遣散。"吴汉等人贪图用众多兵力进攻隗嚣，不愿遣散士兵。于是，粮食日渐减少，官兵疲惫，逃跑的人很多。岑彭堵住谷水，引水灌进西城，水位距城头只一丈有余。碰巧这时王元、行巡、周宗率领公孙述的救兵五千余人，从高处突袭，击鼓号叫："百万军队来了！"东汉军队惊恐，来不及摆好阵势。王元等拼死战斗突破重围，进入西城，护送隗嚣回到冀县。吴汉军粮吃光，烧掉辎重下陇山。盖延、耿弇也相继撤退。隗嚣派出军队追击，岑彭断后，众将领才得以全军东归。只有祭遵驻军在汧县未撤退。吴汉等人又回军长安，岑彭回到津乡。于是安定、北地、天水、陇西等郡反被隗嚣占领。

校尉太原人温序被隗嚣的将军苟宇俘获，苟宇反复劝导温序归降。温序大怒，斥责苟宇等人说："你们这些匪徒怎么敢威胁汉将！"用手中符节击杀数人。苟宇的左右争着要杀死温序，苟宇制止说："他是位义士，为节操而死，可以赐他一把宝剑。"温序接受宝剑，把胡须衔在嘴里，对左右的人说："既然遭遇匪徒要死，也不要使胡须落地被土弄脏。"于是拔剑自杀而死。从事王忠护送他的灵柩回洛阳。光武帝下诏赐给他墓地，任命他的三个儿子为郎官。

十二月，高句骊国王遣使朝贡，光武帝恢复他的王号。

这一年，发生水灾。

汉光武帝建武九年（癸巳，33 年）

春季，正月，颍阳成侯祭遵在军中去世。光武帝诏令冯异合并祭遵的军队。祭

小心，克己奉公，赏赐尽与士卒；约束严整，所在吏民不知有军。取士皆用儒术，对酒设乐，必雅歌投壶。临终，遗戒薄葬；问以家事，终无所言。帝愍悼之尤甚，遵丧至河南，车驾素服临之，望哭哀恸；还，幸城门，阅过丧车，涕泣不能已；丧礼成，复亲祠以太牢。诏大长秋、谒者、河南尹护丧事，大司农给费。至葬，车驾复临之；既葬，又临其坟，存见夫人、室家。其后朝会，帝每叹曰："安得忧国奉公如祭征虏者乎！"卫尉铫期曰："陛下至仁，哀念祭遵不已，群臣各怀惭惧。"帝乃止。

隗嚣病且饿，餐糗糒，恚愤而卒。王元、周宗立嚣少子纯为王，总兵据冀。公孙述遣将赵匡、田弇助纯。帝使冯异击之。

公孙述遣其翼江王田戎、大司徒任满、南郡太守程泛将数万人下江关，击破冯骏等军，遂拔巫及夷道、夷陵，因据荆门、虎牙，横江水起浮桥、关楼，立攒柱以绝水道，结营跨山以塞陆路，拒汉兵。

夏，六月，丙戌，帝幸缑氏，登轘辕。

吴汉率王常等四将军兵五万余人击卢芳将贾览、闵堪于高柳；匈奴救之，汉军不利。于是匈奴转盛，钞暴日增。诏朱祐屯常山，王常屯涿郡，破奸将军侯进屯渔阳，以讨虏将军王霸为上谷太守，以备匈奴。

帝使来歙悉监护诸将屯长安，太中大夫马援为之副。歙上书曰："公孙述以陇西、天水为藩蔽，故得延命假息；今二郡平荡，则述智计穷矣。宜益选兵马，储积资粮。今西州新破，兵人疲馑，若招以财谷，则其众可集。臣知国家所给非一，用度不足，然有不得已也！"帝然之。于是诏于汧积谷六万斛。秋八月，来歙率冯异等五将军讨隗纯于天水。

骠骑将军杜茂与贾览战于繁畤，茂军败绩。

诸羌自王莽末入居塞内，金城属县多为所有。隗嚣不能讨，因就慰纳，发其众与汉相拒。司徒掾班彪上言："今凉州部皆有降羌。羌胡被发左衽，而与汉人杂处，习俗既异，言语不通，数为小吏黠人所见侵夺，

遵为人廉洁谨慎，克己奉公，每有赏赐都分给士兵，军纪严明，所到之处，地方官民都不知有军队存在。他使用的人才，都是学习儒术的人，在宴会上作乐，一定歌唱《雅》诗，做投壶游戏。临终时，祭遵遗嘱薄葬。问起家事，却不说一句话。光武帝真切地痛惜哀悼。祭遵的灵柩运到河南郡，光武帝亲临吊丧，痛哭流涕。回宫时，又登上城楼，看着灵车经过，悲伤不已。丧礼举行之后，光武帝又亲自用牛、羊、猪三牲具备的太牢礼祭祀。下诏令大长秋、谒者、河南尹主持丧事；由大司农承担费用。下葬那天，光武帝又亲临葬地。埋葬完毕，还亲自到墓前致哀，慰问祭遵夫人和家属。之后，每当朝会时，光武帝常叹息说："我到哪里再找忧心国事像祭征虏将军这样的人啊！"卫尉姚期说："陛下十分仁爱，哀思祭遵不已，使我们深感惭愧。"光武帝才停止唠叨。

隗嚣患病，又遇上饥荒，每餐吃干粮，愤恨而死。王元、周宗就立隗嚣的小儿子隗纯为王，统率军队，坚守冀县。公孙述派遣将领赵匡、田弇援助隗纯。光武帝派遣冯异去攻击他们。

公孙述派遣翼江王田戎、大司徒任满、南郡太守程汎率领数万人出江关，击败东汉将领冯骏等军队，又攻占巫、夷道、夷陵等县。随后占领荆门山、虎牙山，在长江上架起浮桥、关楼，在江中竖立密集的木桩，断绝航道，连山结营堵塞陆路，抗拒汉军。

夏季，六月初六日丙戌，光武帝巡幸缑氏县，登上轘辕山。

吴汉率领王常等四位将军统率五万余人，攻打驻守在高柳县的卢芳部将贾览、闵堪。匈奴派兵来救助他们，汉军失利。于是，匈奴转为强盛，劫掠侵扰，日益严重。光武帝诏令朱祐在常山郡驻军、王常在涿郡驻军、破奸将军侯进在渔阳郡驻军，任命讨虏将军王霸为上谷郡太守，以对付匈奴。

光武帝命来歙全权督察驻扎在长安的军队，命太中大夫马援做他的副手。来歙上书说："公孙述是依靠陇西、天水二郡作为屏障，所以能苟延残喘。现在这两郡已被平定，公孙述毫无办法了。我们应该调集兵马，储备粮草。现今西州刚被击败，军民精疲力竭，如用钱财粮食招抚他们，当地军民很快就能集合起来。臣知道国家需要开支的事项很多，已经财政困难，然而这样做也是迫不得已！"光武帝同意他看法。于是，诏令汧县积储六万斛粮食。秋季，八月，来歙率领冯异等五位将军，到天水郡讨伐隗纯。

骠骑将军杜茂在繁畤与贾览交战，遭到失败。

西羌各部落从王莽末年迁移到边塞之内，金城郡所属各县多被他们占领。隗嚣无力讨伐，就安慰、收容他们，利用他们和汉朝对抗。司徒掾班彪上书说："现今凉州各地都有归降的羌人。羌族人披头散发，左边开襟。他们和汉人杂居，风俗相异，

穷恚无聊，故致反叛。夫蛮夷寇乱，皆为此也。旧制，益州部置蛮夷骑都尉，幽州部置领乌桓校尉，凉州部置护羌校尉，皆持节领护，治其怨结，岁时巡行，问所疾苦。又数遣使译，通导动静，使塞外羌夷为吏耳目，州郡因此可得警备。今宜复如旧，以明威防。”帝从之。以牛邯为护羌校尉。

盗杀阴贵人母邓氏及弟䜣。帝甚伤之，封贵人弟就为宣恩侯。复召就兄侍中兴，欲封之，置印绶于前。兴固让曰：“臣未有先登陷陈之功，而一家数人，并蒙爵土，令天下觖望，诚所不愿！”帝嘉之，不夺其志。贵人问其故，兴曰：“夫外戚家苦不知谦退，嫁女欲配侯王，取妇眄睨公主，愚心实不安也。富贵有极，人当知足，夸奢益为观听所讥。”贵人感其言，深自降挹，卒不为宗亲求位。

帝召寇恂还，以渔阳太守郭伋为颍川太守。伋招降山贼赵宏、召吴等数百人，皆遣归附农；因自劾专命，帝不以咎之。后宏、吴等党与闻伋威信，远自江南，或从幽、冀，不期俱降，骆驿不绝。

莎车王康卒，弟贤立，攻杀拘弥、西夜王，而使康两子王之。

（以上为第九段，写东汉开国功臣的风采，祭遵是一个典型，他为人廉洁雅致，死后光武帝葬以殊礼。卢芳、隗嚣余党、公孙述等垂死挣扎，光武帝部署诸将，以作最后一击。东汉恢复诸夷持节校尉。）

十年（甲午，34 年）

春，正月，吴汉复率捕虏将军王霸等四将军六万人出高柳击贾览，匈奴数千骑救之，连战于平城下，破走之。

夏阳节侯冯异等，与赵匡、田弇战且一年，皆斩之。隗纯未下，诸将欲且还休兵，异固持不动，共攻落门，未拔。夏，异薨于军。

秋，八月，己亥，上幸长安。

初，隗嚣将安定高峻拥兵据高平第一，建威大将军耿弇等围之，一岁不拔。帝自将征之，寇恂谏曰：“长安道里居中，应接近便，安定、陇西必怀震惧；此从容一处，可以制四方也。今士马疲倦，方履险阻，非

语言不通。他们经常被小官吏及狡猾之徒侵掠，穷困怨愤，无以为生，才被迫反叛。南方蛮夷侵犯作乱，都是因此而起。根据旧制，益州地区设立蛮夷骑都尉，幽州地区设置领乌桓校尉，凉州地区设置护羌校尉，都持节领衔，化解郁积的怨气。处理民族纷争，每年巡视各地，了解他们的疾苦。并经常派翻译去疏通关系，了解动静，使塞外的羌人、夷人充当官吏耳目，州、郡才有所戒备。现在应该恢复旧制，以示威严，加强防备。”光武帝采纳了，于是任命牛邯为护羌校尉。

强盗杀死阴贵人的母亲邓氏和弟弟阴䜣。光武帝感到伤心透顶，就封阴贵人的弟弟阴就为宣恩侯。又召见阴就的哥哥侍中阴兴，要封他侯爵，把印章绶带放在阴兴面前。阴兴谦让，坚决推辞说：“臣没有伐敌登城和冲锋陷阵的功劳，一家之中已有好几个人承蒙受爵封土，臣不愿意看到天下人不满。”光武帝赞赏他，也就不强夺他的志愿。阴贵人问阴兴为什么要这样做，阴兴说：“外戚之家苦于不知谦让美德，嫁女要配王侯，娶媳要娶公主，我的内心实在感到不安。富贵有限，人应知足，浮夸奢侈更被世人讥笑。”阴贵人被他的话所感触，更谦恭退让，始终不替亲属求取官爵。

光武帝召回寇恂，任命渔阳郡太守郭伋为颍川郡太守。郭伋招降山贼赵宏、召吴等数百人，遣送回乡务农。又弹劾自己擅自放回降贼。光武帝都不归罪于他。后来，赵宏、召吴等人的同党，有逃亡在外而听说郭伋威信的，从江南或幽州、冀州，不约而同前来归降。

莎车王康去世，他的弟弟贤继位，攻杀了拘弥、西夜王，而委派康的两个儿子分别为拘弥王和西夜王。

汉光武帝建武十年（甲午，34 年）

春季，正月，吴汉又率捕虏将军王霸等四位将军共六万人从高柳县出击贾览，匈奴数千骑兵救贾览，在平城县下多次交战，匈奴骑兵败逃。

夏阳节侯冯异等同赵匡、田弇交战将近一年，最后杀了赵匡和田弇。但隗纯仍未被击败，这时东汉众将领想暂时退兵休整，冯异坚决不同意，就一起出兵攻打落门聚，未能攻下。夏季，冯异在军中去世。

秋季，八月二十五日己亥，光武帝巡幸长安。

当初，隗嚣的将领安定县人高峻率军据守高平第一城。东汉建威大将军耿弇等率军包围，历时一年，未能攻下。光武帝又想御驾亲征，寇恂劝谏说：“长安居于洛阳和高平的中间，接应很近便，陛下坐镇长安，安定、陇西二郡一定震动。长安有

万乘之固也。前年颍川，可为至戒。”帝不从，进幸汧。峻犹不下，帝遣寇恂往降之。恂奉玺书至第一，峻遣军师皇甫文出谒，辞礼不屈；恂怒，将诛之。诸将谏曰：“高峻精兵万人，率多强弩，西遮陇道，连年不下，今欲降之而反戮其使，无乃不可乎？”恂不应，遂斩之，遣其副归告峻曰：“军师无礼，已戮之矣！欲降，急降；不欲，固守！”峻惶恐，即日开城门降。诸将皆贺，因曰：“敢问杀其使而降其城，何也？”恂曰：“皇甫文，峻之腹心，其所取计者也。今来，辞意不屈，必无降心。全之则文得其计，杀之亡其胆，是以降耳。”诸将皆曰：“非所及也！”

冬，十月，来歙与诸将攻破落门，周宗、行巡、苟宇、赵恢等将隗纯降，王元奔蜀。徙诸隗于京师以东。后隗纯与宾客亡入胡，至武威，捕得，诛之。

先零羌与诸种寇金城、陇西，来歙率盖延等进击，大破之，斩首虏数千人。于是开仓廪以赈饥乏，陇右遂安，而凉州流通焉。

庚寅，车驾还宫。

（以上为第十段，写光武帝平定陇西，隗嚣残余被消灭。西羌亦被安抚，河西道路畅通。）

十一年（乙未，35年）

春，三月，己酉，帝幸南阳，还幸章陵；庚午，车驾还宫。

岑彭屯津乡，数攻田戎等，不克。帝遣吴汉率诛虏将军刘隆等三将，发荆州兵凡六万余人、骑五千匹，与彭会荆门。彭装战船数千艘，吴汉以诸郡棹卒多费粮谷，欲罢之；彭以为蜀兵盛，不可遣，上书言状。帝报彭曰：“大司马习用步骑，不晓水战，荆门之事，一由征南公为重而已。”

闰月，岑彭令军中募攻浮桥，先登者上赏。于是偏将军鲁奇应募而前，时东风狂急，鲁奇船逆流而上，直冲浮桥，而攒柱有反杷钩，奇船不得去；奇等乘势殊死战，因飞炬焚之，风怒火盛，桥楼崩烧。岑彭悉

回转空间，可以控制四方。现今人马疲倦，此时深入险境，不是天子最安全的谋略。前年颍川郡群盗蜂起，应引以为戒。”光武帝不听从，进军到汧县，高峻仍不投降。皇上就派寇恂前往招降。寇恂捧着玺书到第一城，高峻派军师皇甫文出城拜见，言辞傲慢。寇恂大怒，要杀皇甫文。众将领劝谏说：“高峻有精兵一万，大多是强劲的弓弩手，断绝西边陇西郡的通道，整年都没有攻下。今天要招降高峻，却杀了他的使节，恐怕不对吧？”寇恂不听，杀了皇甫文，放他的副使回去转告高峻说：“军师无礼，被我杀了！要投降，就赶快投降；不想投降，就继续坚守。”高峻惊慌，当天开城投降。众将领祝贺，便问寇恂，说：“你杀了高峻的使节，却能使他投降，为什么？”寇恂说：“皇甫文是高峻的心腹，也是高峻智囊。这次前来，言辞傲慢，一点没有归降的意思。如果保全皇甫文，那么皇甫文的计谋就能得逞；杀掉皇甫文，就可以使高峻丧胆，所以高峻只好开城投降。”众将领都说：“将军的胆略不是我们能比的。”

冬季，十月，来歙和众将领攻陷落门聚，周宗、行巡、苟宇、赵恢等领着隗纯归降。王元投奔公孙述。光武帝把隗姓宗族迁到京师以东的地方去。后来，隗纯和宾客们逃往匈奴，逃到武威县时被抓获处死。

先零羌和其他部落一起入侵金城、陇西二郡，来歙率领盖延等予以回击，大败他们，杀死数千人。于是开仓救民，陇山以西终于平定，而凉州诸郡到京师的道路得以开通了。

十月十七日，光武帝车驾回到洛阳宫。

汉光武帝建武十一年（乙未，35 年）

春季，三月初九日己酉，光武帝巡幸南阳，又巡幸章陵。三月三十日庚午，光武帝车驾回到洛阳宫。

岑彭驻守津乡，曾多次攻打田戎等，都没有攻克。光武帝派吴汉率领诛虏将军刘隆等三位将军，调发荆州兵六万余人、战马五千匹，与岑彭在荆门县会师。岑彭摆好战船数千艘，吴汉因为各郡派来的水兵消耗粮食太多，想遣散他们；岑彭以为公孙述军队庞大，不能遣散，上书光武帝说明情况。光武帝回答岑彭说：“大司马习惯陆战，不习惯水战，荆门的军事，全由征南大将军岑彭做主。”

闰三月，岑彭在军中挑选攻击浮桥的士兵，下令先登上浮桥的，给予重奖。于是，偏将军鲁奇挺身而出。当时东风刮得很厉害，鲁奇的船只逆流而上，直冲向浮桥。而密排在江中的木柱布满反钩，钩住鲁奇的船只，使它不能进退。鲁奇只有趁

军顺风并进，所向无前，蜀兵大乱，溺死者数千人，斩任满，生获程泛，而田戎走保江州。

彭上刘隆为南郡太守；自率辅威将军臧宫、骁骑将军刘歆长驱入江关。令军中无得虏掠，所过百姓皆奉牛酒迎劳，彭复让不受；百姓大喜，争开门降。诏彭守益州牧，所下郡辄行太守事，彭若出界，即以太守号付后将军。选官属守州中长吏。

彭到江州，以其城固粮多，难卒拔，留冯骏守之；自引兵乘利直指垫江，攻破平曲，收其米数十万石。吴汉留夷陵，装露桡继进。

夏，先零羌寇临洮。来歙荐马援为陇西太守，击先零羌，大破之。

公孙述以王元为将军，使与领军环安拒河池。六月，来歙与盖延等进攻元、安，大破之，遂克下辨，乘胜遂进。蜀人大惧，使刺客刺歙，未殊，驰召盖延。延见歙，因伏悲哀，不能仰视。歙叱延曰："虎牙何敢然！今使者中刺客，无以报国，故呼巨卿，欲相属以军事，而反效儿女子涕泣乎！刃虽在身，不能勒兵斩公邪！"延收泪强起，受所诫。歙自书表曰："臣夜人定后，为何人所贼伤，中臣要害。臣不敢自惜，诚恨奉职不称，以为朝廷羞。夫理国以得贤为本，太中大夫段襄，骨鲠可任，愿陛下裁察。又臣兄弟不肖，终恐被罪，陛下哀怜，数赐教督。"投笔抽刃而绝。帝闻，大惊，省书揽涕；以扬武将军马成守中郎将代之。歙丧还洛阳，乘舆缟素临吊，送葬。

赵王良从帝送歙丧还，入夏城门，与中郎将张邯争道，叱邯旋车；又诘责门候，使前走数十步。司隶校尉鲍永劾奏"良无藩臣礼，大不敬。"良尊戚贵重，而永劾之，朝廷肃然。永辟扶风鲍恢为都官从事，恢亦抗直，不避强御。帝常曰："贵戚且敛手以避二鲍。"

永行县到霸陵，路经更始墓，下拜，哭尽哀而去；西至扶风，椎牛

势死拼，利用风势把火把抛上浮桥，大火乘风越燃越猛，很快浮桥上的桥楼被烧毁。岑彭全军顺风挺进，所向无敌，蜀军大乱，落水淹死的有几千人，杀了任满，活捉程汎，只有田戎逃跑，退守江州。

岑彭上奏请求任命刘隆为南郡太守，自己率领辅威将军臧宫、骁骑将军刘歆等，长驱直入袭击江关。岑彭下令，不得劫掠抢夺，军队所到之处，百姓都捧着牛肉、美酒欢迎、慰劳，岑彭又不肯接受。百姓非常高兴，争着开城投降。光武帝诏令岑彭暂时代理益州牧；攻下某郡，就兼任某郡太守。岑彭如果率军离开某郡，就把太守的职务交付接防的将领。选拔属官为益州长吏。

岑彭到达江州县。因为江州城防坚固，粮食充足，难以很快攻破，他就留在冯骏围守；自己则率军直指垫江县，攻占平曲，获粮食数十万石。吴汉在夷陵县得到岑彭捷报，率军乘轻快船，作为后续部队进军。

夏季，先零羌侵犯临洮县。来歙推荐马援为陇西郡太守。马援攻打先零羌，大获全胜。

公孙述任命王元为将军，下令他和领军环安共守河池县。六月，来歙和盖延等攻击王元、环安，大败敌军，攻占了下辨县，乘胜前进。公孙述恐惧万分，派刺客谋害来歙。来歙被刺，但未马上断气，命人快马急召盖延。盖延看见来歙被刺的样子，伏地痛哭，不敢抬头看来歙。来歙斥责盖延说：“您虎牙将军怎么这样？现今我被刺客刺中，无以报国，所以才叫您来，要把军事大权交付给你，你却像小孩子一样哭泣。刀尖虽然插在我身上，但难道我就不能杀您吗？”盖延擦干眼泪，勉强站起来，接受来歙的命令。来歙亲手写书表，说：“夜深时，臣不知被什么刺伤，已刺中要害。臣不敢爱惜生命，只恨自己没能尽职，给朝廷带来羞辱。治理国家以任用贤才为根本，太中大夫段襄，正直无私，可承担重任，望陛下裁断明察。又，臣的兄弟不贤，恐怕有一天要犯法判罪，还请陛下可怜他们，赐予教正。”写完后，把笔抛掉，拔出身上刀刃就断气身亡。光武帝得知消息，极为震惊，一边看奏章，一面流泪。他任命扬武将军马成为代理中郎将，代替来歙。来歙的灵柩运回洛阳，皇上穿上丧服，亲自吊丧、送葬。

赵王刘良随光武帝参加来歙的葬礼回来，进入夏城门，和中郎将张邯抢夺道路，大声呵斥张邯车回转；又斥责守卫城门的门候，下令他向前走数十步。司隶校尉鲍永弹劾刘良，说：“刘良毫无诸侯的礼节，犯大不敬之罪。”刘良尊贵是最显赫的皇亲，鲍永敢弹劾他，使朝廷百官肃然起敬。鲍永征辟扶风人鲍恢任都官从事。鲍恢也刚直不屈，不畏强权显贵。光武帝经常告诫说：“皇亲贵戚应收敛一点，回避二鲍，不要让他揭发。”

鲍永巡视各县来到霸陵县，途经更始帝刘玄坟墓，下车跪拜行礼，哭泣尽哀后

上苛谏冢。帝闻之，意不平，问公卿曰："奉使如此，何如？"太中大夫张湛对曰："仁者，行之宗，忠者，义之主也；仁不遗旧，忠不忘君，行之高者也。"帝意乃释。

帝自将征公孙述；秋七月，次长安。

公孙述使其将延岑、吕鲔、王元、公孙恢悉兵拒广汉及资中，又遣将侯丹率二万余人拒黄石。岑彭使臧宫将降卒五万，从涪水上平曲，拒延岑，自分兵浮江下还江州，溯都江而上，袭击侯丹，大破之；因晨夜倍道兼行二千余里，径拔武阳。使精骑驰击广都，去成都数十里，势若风雨，所至皆奔散。初，述闻汉兵在平曲，故遣大兵逆之。及彭至武阳，绕出延岑军后，蜀地震骇。述大惊，以杖击地曰："是何神也！"

延岑盛兵于沅水。臧宫众多食少，转输不至，降者皆欲散畔郡邑，复更保聚，观望成败。宫欲引还，恐为所反；会帝遣谒者将兵诣岑彭，有马七百匹，宫矫制取以自益，晨夜进兵，多张旗帜，登山鼓噪，右步左骑，挟船而引，呼声动山谷。岑不意汉军卒至，登山望之，大震恐；宫因纵击，大破之，斩首溺死者万余人，水为之浊。延岑奔成都，其众悉降，尽获其兵马珍宝。自是乘胜追北，降者以十万数。军至阳乡，王元举众降。

帝与公孙述书，陈言祸福，示以丹青之信。述省书太息，以示所亲。太常常少、光禄勋张隆皆劝述降。述曰："废兴，命也，岂有降天子哉！"左右莫敢复言。少、隆皆以忧死。

帝还自长安。

冬，十月，公孙述使刺客诈为亡奴，降岑彭，夜，刺杀彭；太中大夫监军郑兴领其营，以俟吴汉至而授之。彭持军整齐，秋豪无犯。邛谷王任贵闻彭威信，数千里遣使迎降；会彭已被害，帝尽以任贵所献赐彭妻子。蜀人为立庙祠之。

马成等破河池，遂平武都。先零诸种羌数万人，屯聚寇钞，拒浩亹隘。成与马援深入讨击，大破之，徙降羌置天水、陇西、扶风。

离去。向西到达扶风，杀牛去祭奠苟谏的坟墓。光武帝知道此事后，内心不满，就问公卿说："奉命出使，做这样的事，该怎么办？"太中大夫张湛回答说："仁德是行动的根本，忠孝是伦理的根本。仁德的人不忘旧交，忠孝的人不忘君主，这应是最高尚的情操。"光武帝的不平之意才消除。

光武帝亲自领兵征讨公孙述。秋季，七月，驻停长安。

公孙述派他的将领延岑、吕鲔、王元、公孙恢率领各自所属的全部军队据守广汉、资中两个县。又派将领侯丹率领二万余人据守黄石滩。岑彭分兵，派臧宫率领归降部队五万人，沿涪水北上，到达平曲，抵抗延岑。彭岑自己另率一军顺流而下，回到江州县，然后沿都江逆流而上，袭击侯丹，大败侯丹军。接着彭岑日夜兼程，急行两千余里，攻占武阳县。他又立即派出精锐骑兵袭击广都县，距离成都仅数十里，势如风暴，所经之处，公孙述的军队都溃不成军。最初，公孙述听说汉军在平曲，所以派大军去抵抗。等到岑彭抵达武阳县，绕到延岑军队后背，蜀地上下震惊。公孙述大惊，用手杖敲击地面说："怎么这样快呀！"

延岑大军驻扎在沅水。臧宫军队多粮食少，运输的物资跟不上，投降过来的士兵都想背叛或逃走，回到所属郡县，再聚集起来自保，以观成败。臧宫打算率军撤退，又害怕引起士兵反叛。恰好光武帝所派谒者率领支援岑彭的军队赶到，有战马七百匹，臧宫就假传圣旨，全部收归自己，还昼夜进军，到处树起军旗，登上高山，击鼓呐喊，右岸是步兵，左岸是骑兵，护卫着战船前进，呼喊震天。延岑没有料到东汉军队突然来到，登山遥望，极为惧怕。臧宫趁机全线攻击，大败蜀军，斩首、淹死的就有一万余人，涪水都染红了。延岑逃回成都，他的部下全都投降。臧宫获取延岑所有兵马珍宝，乘胜追击，投降的军队又有十万之多。臧宫率军抵达阳乡，王元率部下投降。

光武帝写信给公孙述，晓以利害，指明光明前途。公孙述看信叹息，亦拿给亲近的大臣看。太常卿常少、光禄勋张隆都劝公孙述归降。公孙述说："兴与废，都是天命，哪有投降的天子呢？"左右大臣都不再言语。常少、张隆都忧虑而死。

光武帝从长安返回洛阳。

冬季，十月，公孙述派刺客假装是逃跑的奴仆，归降岑彭。在夜里刺杀岑彭。太中大夫监军郑兴率领岑彭的军队，等吴汉率军前来再移交给他。岑彭带兵，管理严格，秋毫无犯。公孙述封的邛谷王任贵听说岑彭的威信，从数千里之外派使节来归降。正赶上岑彭被刺身亡，光武帝就把任贵所献的礼物全部赐予岑彭的妻子儿女。蜀郡人为岑彭立庙祭祀他。

东汉将军马成等攻占河池县，于是武都郡被平定。先零羌各部共数万人，纠集起来到处抢劫，据守浩亹隘口抗拒东汉军队。马成和马援深入讨伐，大败羌人，并

是时，朝臣以金城破羌之西，涂远多寇，议欲弃之。马援上言："破羌以西，城多坚牢，易可依固；其田土肥壤，灌溉流通。如令羌在湟中，则为害不休，不可弃也。"帝从之。民归者三千余口，援为置长吏，缮城郭，起坞候，开沟洫，劝以耕牧，郡中乐业。又招抚塞外氐、羌，皆来降附，援奏复其侯王君长；帝悉从之。乃罢马成军。

十二月，吴汉自夷陵将三万人溯江而上，伐公孙述。

郭伋为并州牧，过京师，帝问以得失，伋曰："选补众职，当简天下贤俊，不宜专用南阳人。"是时在位多乡曲故旧，故伋言及之。

（以上为第十一段，写光武帝全力伐蜀，两路进军，大将来歙为北路出汉中，岑彭为南路出夷陵。汉军势如破竹，公孙述全线崩溃。可惜胜利前夕，汉军两路主帅来歙、岑彭均被公孙述所派刺客杀害。此光武帝用兵以来损失最重之战，折了两员大将。）

将归降的羌人迁到天水、陇西、扶风等地区安置。

这时，朝廷大臣们认为金城郡破羌县的西边，偏僻遥远，盗贼又多，建议放弃它。马援上书说：“破羌县以西，城池坚固，易守难攻。那里的土地肥沃，灌溉方便。如果让羌人占据湟中地区，将后患无穷，不应放弃。”光武帝同意马援的意见。那里民众归顺的有三千余人，马援替他们设立长吏，修理城郭，建筑屏障，兴修水利，鼓励人民种田放牧，安居乐业。马援又招抚氐人、羌人，都来归附。马援又奏请朝廷恢复他们的侯王君长。光武帝完全同意。于是召回了马成的军队。

十二月，吴汉从夷陵率军三万人，逆长江而上，进军讨伐公孙述。

并州牧郭伋到达洛阳，皇上询问他政事的得失。郭伋说：“选拔补充各级官吏，应从全国范围内选取贤士俊杰，不宜专用南阳人。”因为这时担任官职的大多是皇上同乡或故旧，所以郭伋说这番话。

【点评】

光武帝用兵陇蜀。本卷载述光武帝建武六年（30）至建武十一年（35）六年史事，着重记载光武帝完成统一大业的第三步用兵陇蜀。此时，公孙述据蜀，隗嚣据陇。纷乱全国的群雄，除陇蜀外，均已被消灭，光武帝占有四分天下有其三的绝对优势，吞并陇蜀毫无疑问。光武帝扫灭山东群雄，以寡敌众，总体力量是以弱敌强，只用了三年时间，而用兵陇蜀，是以大吞小，占绝对优势，却用了六年多的时间，而且付出了沉重代价。汉兵平陇，吃了两次败仗，汉兵平蜀，折了两员大将。同一个光武帝，为何前后有如此大的反差，这就是本卷史事点评的重点。

陇蜀联兵，有取胜之道。在冷兵器时代，地形险阻是争天下的一个重要因素，即使在现代战争中，军事要地，地理因素仍是一个制胜因素。秦并天下，古人就认为是因秦得地利。汉高祖以蜀地汉中为基地，还军定三秦，也是据陇蜀而得天下。三国鼎立，诸葛亮隆中对策，也是规划据陇蜀以争天下，刘备有蜀而无陇，结果失败了。公孙述只有蜀而无陇，隗嚣有陇而无蜀，如果两人联兵，在群雄纷争之时，协力东出，天下大势就很难说了。光武帝征战东方，陇蜀敌对，隗嚣接受光武帝西州大将军的封号，替光武帝阻击公孙述北上，丧失了大好时机。等到光武帝用兵陇蜀，公孙述、隗嚣两人才顿悟唇亡齿寒，携手相抗，所以迟滞了光武帝的统一进程，并使光武帝付出了沉重的代价。但此时陇蜀只是消极自保，公孙述没有采纳荆邯之言，东出荆州，开辟第二战线策应隗嚣，导致被动挨打，以小敌大，焉能不败？隗嚣两战取胜，经不起消耗，必然灭亡。

公孙述、隗嚣亦人中之杰，两人能割据称雄，也是乱世英雄。公孙述如同东汉末的袁绍，隗嚣如同刘表，两人都尊礼儒者，好客养士，身边聚集了一些人才，但不能用。公孙述部属中有荆邯，有刺客死士，能刺杀光武帝两员大将，也不简单。公孙述、隗嚣，两人到了穷途末路，宁死不屈，能保持个人尊严，亦是英雄之举。袁绍能聚人而不能用人，公孙述更有过之。光武帝进兵陇蜀，隗嚣称臣于蜀，公孙述没有北面侧背之忧，若纳荆邯之言，放手一搏，田戎、延岑均善战之将，必效死力。但公孙述猜疑心重，不放军权，坐以待毙，可见是一个胸无大志的人。公孙述见故友马援，摆谱讲排场，礼仪烦琐，形同木偶，马援称他为井底之蛙，无法与光武帝的恢宏气度相比。公孙述的人品，比隗嚣还要低下，所以他也迅速败亡。公孙述的地盘、兵众比隗嚣大几倍，可是不到一年就丢失干净，而隗嚣却能抗击汉兵五年。

在群雄中，除光武帝之外，隗嚣应是第一人。隗嚣好经书，尊礼士人，年少素有名，活脱脱一个刘表。天水十六家大姓起事反王莽，众推隗嚣为盟主。隗嚣打出拥汉旗号，在天水立汉室宗庙，祭祀汉高祖、武帝太宗、宣帝世宗，赢得陇西豪右

拥戴，于是割有河西。部将杨广、王元、高峻、行巡、王捷均是一方人才。隗嚣君臣以区区两郡之地，兼受腹背之敌，河西窦融率五郡之众袭其后，陇右之众还能两败汉军，可以说隗嚣君臣尽了死力。汉使来歙当面行刺隗嚣，隗嚣宽宥不诛，放马援、郑兴东归，亦显恢宏气度。不过隗嚣没有经过大浪，没有见过大世面，一心只想做周文王，企图割据称王，不敢逐鹿中原，他只想保有陇右，连关中三辅地区都不敢取。当赤眉、更始、延岑、邓禹四方在三辅混战时，隗嚣居高临下，以逸待劳，最有夺取关中之地的优势，他却助邓禹抗击公孙述，这说明隗嚣亦是一个井底之蛙。当光武帝逼迫隗嚣平蜀时，他自知末日已到，又不肯束手就缚，于是不得已而反。此时隗嚣未能效法窦融，释兵东归，又说明他是一个不识时务者。

假如公孙述、隗嚣早识天命，归附汉朝，不仅身家可保，也避免陇蜀人民遭浩劫。公孙述说："有天子投降的吗？"专制制度，天无二日，人无二王，得胜者乃家天下之主，必然猜疑，失败者归诚亦鲜有善终者。公孙述、隗嚣顽抗到底，势不得已也。

汉纪三十五

汉光武帝建武十二年至二十二年（36—46年）

【起柔兆涒滩（丙申，36年），尽柔兆敦牂（丙午，46年），凡十一年】

【大事提要】

本卷记事起公元36年，讫公元46年，凡十一年，当建武十二年至建武二十二年，是光武帝执政的中期。此时期，光武帝平定公孙述，完成全国统一。但北方疆土始终不宁，匈奴扶植傀儡政权卢芳对抗东汉，继之联合乌桓、鲜卑侵扰北方，直到建武二十二年，匈奴单于栾提舆死，又发生大旱、蝗灾，人畜饥疫损失过半，受乌桓攻击，匈奴远遁，北疆粗安。西域各国归附，光武帝以天下未宁，不复置都护，莎车王称大。这一时期，交趾夷人、西南夷相继叛乱，内地亦不时发生民变。马援讨平交趾，西南夷亦平服，天下称治。光武帝巡视各地，考察民情，抑制豪强，检括户口，丈量田土，惩治贪吏，诛杀大司徒欧阳歙，以及郡守十余人。奖励直臣，怀县令赵憙、洛阳令董宣，两人敢于抗旨惩凶，光武帝嘉之。光武帝又巡幸太学，重奖经师桓荣等，重视教育。这一时期，光武帝还开创性地办了两件大事。其一，保护开国功臣，封以爵邑，不使其问政事，食其租赋，颐养天年。大功臣贾复等不任三公，只是奉朝请。其二，更易太子，立贤不立嫡，打破宗法传统，意义重大，惜其未能影响深远。本卷记述窦融、吴汉、马援风采，寓意良深。

【原文】

世祖光武皇帝中之下

建武十二年（丙申，36 年）

春，正月，吴汉破公孙述将魏党、公孙永于鱼涪津，遂围武阳。述遣子婿史兴救之，汉迎击，破之，因入；犍为界诸县皆城守。诏汉直取广都，据其心腹。汉乃进军攻广都，拔之，遣轻骑烧成都市桥。公孙述将帅恐惧，日夜离叛，述虽诛灭其家，犹不能禁。帝必欲降之，又下诏谕述曰："勿以来歙、岑彭受害自疑，今以时自诣，则宗族完全。诏书手记，不可数得。"述终无降意。

秋，七月，冯骏拔江州，获田戎。

帝戒吴汉曰："成都十余万众，不可轻也。但坚据广都，待其来攻，勿与争锋。若不敢来，公转营迫之，须其力疲，乃可击也。"汉乘利，遂自将步骑二万进逼成都；去城十余里，阻江北营，作浮桥，使副将武威将军刘尚将万余人屯于江南，为营相去二十余里。帝闻之大惊，让汉曰："比敕公千条万端，何意临事勃乱！既轻敌深入，又与尚别营，事有缓急，不复相及。贼若出兵缀公，以大众攻尚，尚破，公即败矣。幸无他者，急引兵还广都。"诏书未到，九月，述果使其大司徒谢丰、执金吾袁吉将众十许万，分为二十余营，出攻汉，使别将将万余人劫刘尚，令不得相救。汉与大战一日，兵败，走入壁，丰因围之。汉乃召诸将厉之曰："吾与诸君逾越险阻，转战千里，遂深入敌地，至其城下。而今与刘尚二处受围，势既不接，其祸难量；欲潜师就尚于江南，并兵御之。若能同心一力，人自为战，大功可立；如其不然，败必无余。成败之机，在此一举。"诸将皆曰："诺。"于是飨士秣马，闭营三日不出，乃多树幡旗，使烟火不绝，夜，衔枚引兵与刘尚合军。丰等不觉，明日，乃分兵拒水北，自将攻江南。汉悉兵迎战，自旦至晡，遂大破之，斩丰、吉。于是引还广都，留刘尚拒述，具以状上，而深自谴责。帝报曰："公还广都，甚得其宜，述必不敢略尚而击公也。若先攻尚，公从广都五十里悉步骑赴之，适当值其危困，破之必矣！"自是汉与述战于广都、成都之间，八战八克，遂军于其郭中。

【语译】

世祖光武皇帝中之下

汉光武帝建武十二年（丙申，36 年）

春季，正月，吴汉在鱼涪津击败公孙述的将领魏党、公孙永，包围了武阳县。公孙述派女婿史兴救援，吴汉迎击，打败了史兴，趁势进入犍为郡。犍为郡各县都闭城坚守。光武帝下诏吴汉直接攻取广都，占领心腹要地。吴汉于是进军广都，攻下了广都，派出轻骑兵烧毁了成都市桥。公孙述的将领恐惧，日夜都有叛逃的人，公孙述诛灭叛逃者的家属，还是不能阻止。光武帝一心想公孙述投降，又下诏书劝谕公孙述说："不要因为来歙、岑彭受害就不自安，现在你及时亲自前来，宗族还能保全。诏书是朕亲笔写的，机会不多。"公孙述始终无意投降。

秋季，七月，冯骏攻下江州，俘虏了田戎。

光武帝告诫吴汉说："成都有十多万人，不可轻视。你只要坚守广都，等待公孙述来进攻，不要与敌争胜负。如果公孙述不敢来进攻，你就转移营垒逼迫敌人，必须等到敌人疲困，才可以进攻。"吴汉不听，乘胜前进。吴汉亲自率领步骑两万逼近成都，离城十余里，依托岷江，在江北岸扎营，架设浮桥，派副将武威将军刘尚率领一万余人在江南岸扎营，两地相距二十余里。光武帝得到消息大吃一惊，责备吴汉说："刚刚千叮万嘱，你为什么事到临头乱弹琴，既然轻敌深入，又与刘尚分别扎营，一旦紧急，不能互相照应。敌人若果出兵牵制你，用重兵攻击刘尚，刘尚被打败，你也跟着失败。如果侥幸没有变故，赶快率领军队退回广都。"诏书还没有到达。九月，公孙述果然派他的大司徒谢丰、执金吾袁吉率领约十万之众，分为二十余营，出城进攻吴汉，另派别的将领率兵一万余人牵制刘尚，使他不能去救援吴汉。吴汉与蜀兵大战一整天，兵败，逃入营垒，谢丰军便包围了吴汉。吴汉便召集众将领，勉励说："我和各位将军越过无数险阻，转战千里，于是深入敌境，逼进城下。如今我们与刘尚两地都被包围，互相不能接应，祸患难以预料。我想秘密发兵到江南，与刘尚合兵抵抗。如果大家同心合力，每人努力作战，大功可成，如果不这样，必定失败。成与败的机会，在此一举。"众将领都说："好。"于是犒劳士兵，喂饱战马，紧闭营门，三天没有出战。并多处竖立旌旗，烟火不绝。到了夜晚，人马都口中衔枚，悄悄撤营与刘尚会合。谢丰等人没有发觉。到了第二天，谢丰兵分两路，一路守江北，一路自己亲自率领进攻江南。吴汉率领全军迎战，从早晨一直战斗到下午，大败谢丰军，杀了谢丰和袁吉。于是吴汉率军退回广都，刘尚仍留下逼近成都。吴汉把详情报告光武帝，深深自责。光武帝回复说："你回到广都，十分得体。公孙述不敢越过刘尚进攻广都，如果先攻击刘尚，你从广都率领全军救援，只

臧宫拔绵竹，破涪城，斩公孙恢；复攻拔繁、郫，与吴汉会于成都。

李通欲避权势，乞骸骨；积二岁，帝乃听上大司空印绶，以特进奉朝请。后有司奏封皇子，帝感通首创大谋，即日，封通少子雄为召陵侯。

公孙述困急，谓延岑曰："事当奈何？"岑曰："男儿当死中求生，可坐穷乎！财物易聚耳，不宜有爱。"述乃悉散金帛，募敢死士五千余人以配岑。岑于市桥伪建旗帜，鸣鼓挑战，而潜遣奇兵出吴汉军后袭击破汉，汉堕水，缘马尾得出。汉军余七日粮，阴具船，欲遁去；蜀郡太守南阳张堪闻之，驰往见汉，说述必败、不宜退师之策。汉从之，乃示弱以挑敌。

冬，十一月，臧宫军咸阳门；戊寅，述自将数万人攻汉，使延岑拒宫。大战，岑三合三胜，自旦及日中，军士不得食，并疲。汉因使护军高午、唐邯将锐卒数万击之，述兵大乱；高午奔陈刺述，洞胸堕马，左右舆入城。述以兵属延岑，其夜，死；明旦，延岑以城降。辛巳，吴汉夷述妻子，尽灭公孙氏，并族延岑，遂放兵大掠，焚述宫室。帝闻之怒，以谴汉。又让刘尚曰："城降三日，吏民从服，孩儿、老母，口以万数，一旦放兵纵火，闻之可为酸鼻。尚宗室子孙，更尝吏职，何忍行此！仰视天，俯视地，观放麑、啜羹，二者孰仁？良失斩将吊民之义也！"

（以上为第一段，写汉军平灭公孙述。光武帝责备吴汉治兵不严，克敌后纵兵抢掠。建武二年吴汉征南阳，亦因纵兵暴虐，逼反邓奉。吴汉之过，真可诛矣。）

初，述征广汉李业为博士，业固称疾不起。述羞不能致，使大鸿胪尹融奉诏命以劫业，"若起则受公侯之位，不起赐以毒酒"。融譬旨曰："方今天下分崩，孰知是非，而以区区之身试于不测之渊乎！朝廷贪慕名德，旷官缺位，于今七年，四时珍御，不以忘君；宜上奉知己，下为子孙，身名俱全，不亦优乎！"业乃叹曰："古人危邦不入，乱邦不居，为此故也。君子见危授命，何乃诱以高位重饵哉！"融曰："宜呼室家计

有五十里路程，赶到之时敌人正疲困，一定能打败他们！”从此，吴汉与公孙述在广都与成都之间交战，吴汉八战八胜，于是攻入成都外城，并在那里围守。

臧宫攻占了绵竹县，又打破了涪城，杀了公孙恢。又攻占了繁县、郫县，与吴汉在成都会师。

李通想避开有权势的职位，两年来不断请求辞职，光武帝终于同意让李通交出大司空的印章绶带，赐他以特进爵位参与朝政。后来，主管部门上奏请求册封皇子，光武帝有感李通开创兴汉大谋，当天就册封李通的小儿子李雄为召陵侯。

公孙述困境危急，对延岑说：“当前的事该怎么办呢？”延岑说：“好男儿要在死中求活，怎能等死呢？财物容易聚积，不应当吝啬。”公孙述便拿出全部黄金绢帛，召募了敢死队五千多人分配给延岑。延岑在市桥竖立旌旗，伪装成主力，击鼓挑战。实际秘密派出奇兵在吴汉军的背后发起偷袭，大败吴汉军。吴汉堕马落水，抓着马尾才逃脱。吴汉的军队只剩七天的粮草，暗中准备船只，想要撤退。蜀郡太守南阳人张堪知道后，急忙驰马去见吴汉，说明公孙述一定失败、不应撤军的看法。吴汉接受他的意见，就故意显示衰弱而向敌人挑战。

冬季，十一月，臧宫驻军在成都北门咸阳门。十一月十八日戊寅，公孙述亲自率数万人进攻吴汉，派延岑抵抗臧宫。双方展开激战，延岑三战三胜，从早晨到中午，官兵没有进食、疲劳不堪。吴汉派护军高午、唐邯率领精锐士兵数万人袭击公孙述，公孙述的军队大乱。高午直奔敌阵刺杀公孙述，刺穿公孙述的胸脯，使其从马背落下，左右的人抢救，把他抬进城。公孙述把军队托付给延岑，当天夜里去世。第二天，延岑举城归降。十一月二十一日辛巳，吴汉杀公孙述的妻子儿女，灭了公孙家族还杀了延岑，最后放纵士兵大肆掠夺，火烧公孙述的宫室。光武帝听说后，非常震怒，指责吴汉。又斥责刘尚说：“开城归降已经三天，官民顺服，仅孩子、老母，就有万余口，一旦纵兵放火，听到这消息令人悲伤之极。你是汉宗室的子孙，又担任过官职，怎么忍心做出这种事。抬头看看天，低头看看地，想一想秦西巴释放小鹿，乐羊吃自己儿子的肉羹，两个人中，哪一个仁慈呢？你们的所作所为，已失去斩杀敌将、抚慰人民的道义！”

当初，公孙述征召广汉人李业为博士，李业坚称有病卧床不起。公孙述因不能召来李业，感到羞辱，派大鸿胪尹融拿着诏书去威胁李业：“如果应聘，就授予公侯的高位，如果不应聘，就赐予毒酒。”尹融解释说：“天下四分五裂，谁知道正确、错误，却用小小的身体去试探深渊呢？公孙述仰慕您，留下官位赐给您，到现在已经等了七年；四季供皇上用的珍贵食物，没有忘记赐你一份，您对上酬答供奉知己，对下替子孙打算，保全性命和名声，这不是好事吗？”李业却叹息说：“古人说，不

之。”业曰：“丈夫断之于心久矣，何妻子之为！”遂饮毒而死。述耻有杀贤之名，遣使吊祠，赙赠百匹，业子翚逃，辞不受。述又聘巴郡谯玄，玄不诣；亦遣使者以毒药劫之，太守自诣玄庐，劝之行，玄曰：“保志全高，死亦奚恨！”遂受毒药。玄子瑛泣血叩头于太守，愿奉家钱千万以赎父死，太守为请，述许之。述又征蜀郡王皓、王嘉，恐其不至，先系其妻子，使者谓嘉曰：“速装，妻子可全。”对曰：“犬马犹识主，况于人乎！”王皓先自刎，以首付使者。述怒，遂诛皓家属。王嘉闻而叹曰：“后之哉！”乃对使者伏剑而死。犍为费贻不肯仕述，漆身为癞，阳狂以避之。同郡任永、冯信皆托青盲以辞征命。帝既平蜀，诏赠常少为太常，张隆为光禄勋。谯玄已卒，祠以中牢，敕所在还其家钱，而表李业之闾。征费贻、任永、冯信，会永、信病卒，独贻仕至合浦太守。上以述将程乌、李育有才干，皆擢用之。于是西土咸悦，莫不归心焉。

初，王莽以广汉文齐为益州太守，齐训农治兵，降集群夷，甚得其和。公孙述时，齐固守拒险，述拘其妻子，许以封侯，齐不降。闻上即位，间道遣使自闻。蜀平，征为镇远将军，封成义侯。

十二月，辛卯，扬武将军马成行大司空事。

（以上为第二段，写蜀中士大夫高风亮节，不与公孙述合作，宁死不仕。光武帝兴汉征聘蜀中贤士，民心归附。）

是岁，参狼羌与诸种寇武都，陇西太守马援击破之，降者万余人，于是陇右清静。援务开恩信，宽以待下，任吏以职，但总大体，而宾客故人日满其门。诸曹时白外事，援辄曰：“此丞、掾之任，何足相烦！颇哀老子，使得遨游，若大姓侵小民，黠吏不从令，此乃太守事耳。”傍县尝有报仇者，吏民惊言羌反，百姓奔入城，狄道长诣门，请闭城发兵。援时与宾客饮，大笑曰：“虏何敢复犯我！晓狄道长，归守寺舍。良怖急

进入有危险的国家，不居住在发生祸乱的国家，君子在危难关头，敢于付出生命，恐怕不是用高官厚禄可以引诱的吧？”尹融说：“你和妻子商量一下此事。”李业说：“我断绝仕途的决心很久，为何要和妻子商量呢？”于是喝下毒酒而死。公孙述怕落下杀贤的恶名。就派使节去吊祭李业，还送去一百匹绢帛作为丧礼。李业的儿子李翚逃走，拒不接纳。公孙述又征聘巴郡人谯玄，谯玄也不前来应聘。公孙述派使节用毒药威吓，巴郡太守亲自到谯玄家拜访，劝谯玄动身，谯玄回答说：“保全高尚的意志节操，死而无憾！”就接受毒药。谯玄的儿子谯瑛向太守叩头流血痛哭，愿交出家产一千万钱，以赎父亲的死罪，太守替谯玄求请，公孙述才放过谯玄。公孙述又征蜀郡人王皓、王嘉，担心他们不来，先逮捕他们的妻儿。使者对王嘉说：“赶快准备行装，妻儿才可保全。”王嘉回答说：“犬马还认得主人，何况是人呢？”王皓先割颈自杀，让家人把他的头交给使者。公孙述一气之下杀了王皓家属。王嘉听说后叹息说：“我落后了！”便面对使节以剑自杀。犍为郡人费贻，不肯做公孙述的官，用油漆涂身长满癞疮，装疯卖傻以躲避灾祸。同郡人任永、冯信都假称患了青光眼，用来推辞征召。光武帝平定蜀郡，下诏追赠常少为太常，张隆为光禄勋。谯玄已死，就用少牢的祭品祭祀谯玄，命令所在地方官府还给他家一千万钱，表扬李业的乡里。征召费贻、任永、冯信，恰巧任永、冯信病逝，只剩费贻一人应聘，官至合浦郡太守。光武帝因为公孙述的将领程乌、李育有才干，都提拔任用。于是，蜀地上下都喜欢，百姓无不归顺。

当初，王莽任命广汉人文齐为益州太守，文齐劝导农民耕田，训练军队，招降各部夷族，安定和谐。公孙述称帝，文齐坚守益州，占据险要对抗公孙述。公孙述就拘禁文齐的妻子儿女，许诺封文齐为侯，文齐还是不投降。后来听说光武帝即位，就派使者从小路去洛阳，上奏情况。蜀地平定后，光武帝征召文齐为镇远将军，封成义侯。

十二月初一日辛卯，任命扬武将军马成代理大司空。

这一年，参狼羌和其他羌人部落侵入武都，陇西郡太守马援击败羌人，受降一万余人。从此陇山以西平安无事。马援在任期间，致力于展示恩德信义，对待部属宽厚，各级官吏职责分明，他只总揽大局，宾客故人每天盈门。各部门的郡吏向马援报告外面的事情，他总是说：“这是丞、掾分内的事情，为什么来麻烦我？要好好可怜我这个老头子，让我能尽情游乐。如果豪族大姓侵犯小民，狡猾的官吏不听从命令，这才是太守该管的事。”邻县曾有人报仇，就假装说羌人反叛，百姓吓得跑

者，可床下伏！”后稍定，郡中服之。

诏：“边吏力不足战则守，追虏料敌，不拘以逗留法。”

山桑节侯王常、牟平烈侯耿况、东光成侯耿纯皆薨。况疾病，乘舆数自临幸，复以弇弟广、举并为中郎将。弇兄弟六人，皆垂青紫，省侍医药，当世以为荣。

卢芳与匈奴、乌桓连兵，数寇边。帝遣骠骑大将军杜茂等将兵镇守北边，治飞狐道，筑亭障，修烽燧，凡与匈奴、乌桓大小数十百战，终不能克。

（以上为第三段，写马援安抚西羌，总大体，不问苛细，成效显著。北境卢芳勾引匈奴、乌桓侵扰，仍未安定。）

上诏窦融与五郡太守入朝。融等奉诏而行，官属宾客相随，驾乘千余两，马牛羊被野。既至，诣城门，上印绶。诏遣使者还侯印绶，引见，赏赐恩宠，倾动京师。寻拜融冀州牧。又以梁统为太中大夫，姑臧长孔奋为武都郡丞。姑臧在河西最为富饶，天下未定，士多不修检操，居县者不盈数月，辄致丰积；奋在职四年，力行清洁，为众人所笑，以为身处脂膏不能自润。及从融入朝，诸守、令财货连毂，弥竟川泽；唯奋无资，单车就路，帝以是赏之。

帝以睢阳令任延为武威太守，帝亲见，戒之曰：“善事上官，无失名誉。”延对曰：“臣闻忠臣不和，和臣不忠。履正奉公，臣子之节；上下雷同，非陛下之福。善事上官，臣不敢奉诏。”帝叹息曰：“卿言是也！”

（以上为第四段，写光武帝召窦融入朝，蒙受殊礼。窦融识时归附，隆贵超过中兴征战功臣，是乱世英雄中最大的赢家。）

十三年（丁酉，37 年）

春，正月，庚申，大司徒侯霸薨。

戊子，诏曰：“郡国献异味，其令太官勿复受！远方口实所以荐宗庙，自如旧制。”时异国有献名马者，日行千里，又进宝剑，价直百金。诏以

进城内，狄道县长就到郡府衙门，请求关闭城门，发兵征讨。马援当时正和宾客们饮酒，听后大笑说：“羌人怎么敢再来侵犯我！告诉狄道县长，回去看好官舍，如果实在害怕的话，就躲到床底下去！”后来逐渐平静，郡里人对马援钦佩不已。

光武帝下诏说：“边塞官吏对来犯的敌人，如果兵力不足以战胜它，就防守，应估量敌人的情况再追击，不要受法令有关条文的约束。”

山桑节侯王常、牟平烈侯耿况、东光成侯耿纯都去世。耿况患病时，皇上多次看望，又任命耿弇的弟弟耿广、耿举为中郎将。耿弇兄弟六人，都做高官，探望侍奉医药，满门青紫，荣耀无比。

卢芳与匈奴、乌桓的军队联合，多次侵扰边境。光武帝派骠骑大将军杜茂等率军镇守北方边境，整治飞狐通道，建修堡垒，筑哨卡造烽火台。与匈奴、乌桓大大小小交战总计百余次，终究未能取胜。

光武帝诏令窦融和五郡太守都入京朝见。窦融等接到诏令后就启程，随行的官属、宾客，驾车一千多辆车，马牛羊遍野。窦融到达洛阳后，亲赴城门，奉上印章绶带。光武帝派使节发还窦融的侯爵印章绶带。窦融等入宫朝见，受到隆重的恩宠礼遇和重赏，传遍了京城。不久，光武帝任命窦融为冀州牧。又任命梁统为太中大夫，姑臧县长孔奋升任武都郡丞。姑臧县在河西各郡中最富饶肥沃，在战乱时，士人做官，多不检点，做县令的几个月下来，就能积累丰厚的财富。孔奋任职四年，清正廉洁，被人讥笑，说他守着一块肥肉，却不会自用。等到跟随窦融入京朝见，各郡太守、县令都是一车又一车的装载财货，满布于山川河谷。唯独孔奋没有钱物，全家只共乘一辆车子，光武帝因此奖励他。

光武帝任命睢阳县令任延做武威郡太守，光武帝亲自接见，并告诫他说：“听从长官，别沽名钓誉。”任延回答说：“臣听说忠臣是不随声附和，随声附和的臣子就不是忠臣。走路正直，奉公守法，是臣子的节操。如果人云亦云，那不是陛下的福分。陛下告诉臣要听从长官，臣是不会奉行诏令的。”光武帝叹息说：“您说得很对！”

汉光武帝建武十三年（丁酉，37年）

春季，正月初一日庚申，大司徒侯霸去世。

正月二十九日戊子，光武帝下诏令说：“各郡国进献的奇异美味，太官不应接受。远方进献的美食，是用来祭祀宗庙的，应按照惯例执行。”当时，外国有进献日

剑赐骑士，马驾鼓车。上雅不喜听音乐，手不持珠玉。尝出猎，车驾夜还，上东门候汝南郅恽拒关不开。上令从者见面于门间，恽曰：“火明辽远。”遂不受诏。上乃回，从东中门入，明日，恽上书谏曰：“昔文王不敢槃于游田，以万民惟正之供。而陛下远猎山林，夜以继昼，其如社稷宗庙何！”书奏，赐恽布百匹，贬东中门候为参封尉。

二月，遣捕虏将军马武屯虖沱河以备匈奴。

卢芳攻云中，久不下。其将随昱留守九原，欲胁芳来降；芳知之，与十余骑亡入匈奴，其众尽归随昱，昱乃诣阙降。诏拜昱五原太守，封镌胡侯。

朱祐奏：“古者人臣受封，不加王爵。”丙辰，诏长沙王兴、真定王得、河间王邵、中山王茂皆降爵为侯。丁巳，以赵王良为赵公，太原王章为齐公，鲁王兴为鲁公。是时，宗室及绝国封侯者凡一百三十七人。富平侯张纯，安世之四世孙也，历王莽世，以敦谨守约保全前封；建武初，先来诣阙，为侯如故。于是有司奏：“列侯非宗室不宜复国。”上曰：“张纯宿卫十有余年，其勿废！”更封武始侯，食富平之半。

庚午，以绍嘉公孔安为宋公，承休公姬常为卫公。

三月，辛未，以沛郡太守韩歆为大司徒。

丙子，行大司空马成复为扬武将军。

吴汉自蜀振旅而还，至宛，诏过家上冢，赐谷二万斛；夏四月，至京师。于是大飨将士，功臣增邑更封凡三百六十五人，其外戚、恩泽封者四十五人。定封邓禹为高密侯，食四县；李通为固始侯，贾复为胶东侯，食六县；余各有差。已殁者益封其子孙，或更封支庶。

帝在兵间久，厌武事，且知天下疲耗，思乐息肩，自陇、蜀平后，非警急，未尝复言军旅。皇太子尝问攻战之事，帝曰：“昔卫灵公问陈，孔子不对。此非尔所及。”邓禹、贾复知帝偃干戈，修文德，不欲功臣拥众京师，乃去甲兵，敦儒学。帝亦思念，欲完功臣爵土，不令以吏职为过，遂罢左、右将军官。耿弇等亦上大将军、将军印绶，皆以列侯就第，加位特进，奉朝请。

行千里的名马，又有进献价值一百两黄金的宝剑，诏令把宝剑赐给骑士，名马用来驾皇家仪仗用的鼓车。光武帝平常耳不听音乐，手不接触珠玉，却爱好打猎，有一次深夜才回城，上东门候汝南人郅恽不肯开城门。光武帝命随从在门缝和郅恽相见，郅恽说："看不清是谁。"仍拒绝接受诏令开城门。光武帝只好回转，从东中门进城。第二天，郅恽上书劝谏说："从前周文王不敢沉迷于狩猎的欢乐，因为不随便耗费天下万民供奉的租税，而陛下却到很远的山林中打猎，夜以继日，这对国家、宗庙有什么好处呢？"奏书呈上，皇上赏赐郅恽一百匹布，把东中门候贬为参封县尉。

二月，派捕虏将马武驻屯虖沱河以防备匈奴。

卢芳进攻云中郡，久攻不下。他的将领随昱留守在九原郡，想挟持卢芳前来投降东汉；卢芳得知后，就和十余名骑兵逃入匈奴。卢芳的部下归附随昱。随昱就到洛阳归降。皇上下诏：任命随昱为五原郡太守，封为镌胡侯。

朱祜上奏："古代臣子受到封赏，不加封王爵。"二月二十七日丙辰，诏令长沙王刘兴、真定王刘得、河间王刘邵、中山王刘茂都降封为侯爵。二月二十八日丁巳，改封赵王刘良为赵公，太原王刘章为齐公，鲁王刘兴为鲁公。这时，刘氏宗室以及绝嗣的封国而得封侯的共一百三十七人。富平侯张纯是张安世的第四代孙子，在王莽时代，因敦厚谨慎、勤俭节约所以能保持爵位。建武初年，张纯首先来归附，所以侯爵照旧。于是，主管部门上奏："列侯不是刘氏宗室，不应该恢复封国。"光武帝回答说："张纯守卫宫廷十余年，不要废除！"改封为武始侯，以富平县的一半做封地。

[二月十九日戊午]，下诏改封绍嘉公孔安为宋公，又改封承休公姬常为卫公。

三月十二日辛未，任命沛郡太守郭歆为大司徒。

三月十七日丙子，重新任命代理大司空马成为扬武将军。

吴汉从蜀地胜利班师回朝，路过宛县，诏令他回家祭祀祖坟，赏赐谷米二万斛。夏季，四月，吴汉回到京师。光武帝设宴犒赏将士。改封功臣增加食邑的人，共三百六十五人，其中外戚恩泽受封的有四十五人。实授封邑的侯爵有：邓禹为高密侯，以四个县做封邑；李通为固始侯，贾复为胶东侯，以六个县做封邑；其他封爵的土地各个不同。已死者加封他们的子孙，或改封庶子。

光武帝久经战阵，十分讨厌军事，而且知道百姓疲困损耗，希望休养生息。自从陇西郡、蜀郡平定之后，不是紧急警报，不再提及军事。皇太子刘强曾问军事，光武帝说："从前卫灵公曾问孔子行军布阵的方法，孔子不回答。这不是你应该考虑的。"邓禹、贾复知道光武帝想停止战争，实施礼乐统治，不愿那些有功的将领手握兵权住在京师，于是他们交出军权，笃信儒家学说。光武帝也在想如何保全功臣们的爵位食邑，避免功臣因担任官职而犯过错，就撤销左、右将军的官职。耿弇等也

邓禹内行淳备，有子十三人，各使守一艺，修整闺门，教养子孙，皆可以为后世法，资用国邑，不修产利。

贾复为人刚毅方直，多大节，既还私第，阖门养威重。朱祜等荐复宜为宰相，帝方以吏事责三公，故功臣并不用。是时，列侯唯高密、固始、胶东三侯与公卿参议国家大事，恩遇甚厚。帝虽制御功臣，而每能回容，宥其小失。远方贡珍甘，必先遍赐诸侯，而太官无余，故皆保其福禄，无诛谴者。

益州传送公孙述瞽师、郊庙乐器、葆车、舆辇，于是法物始备。时兵革既息，天下少事，文书调役，务从简寡，至乃十存一焉。

甲寅，以冀州牧窦融为大司空。融自以非旧臣，一旦入朝，在功臣之右，每朝会进见，容貌辞气，卑恭已甚，帝以此愈亲厚之。融小心，久不自安，数辞爵位，上疏曰："臣融有子，朝夕教导以经艺，不令观天文，见谶记，诚欲令恭肃畏事，恂恂守道，不愿其有才能，何况乃当传以连城广土，享故诸侯王国哉！"因复请间求见，帝不许。后朝罢，逡巡席后，帝知欲有让，遂使左右传出。他日会见，迎诏融曰："日者知公欲让职还土，故命公暑热且自便；今相见，宜论他事，勿得复言。"融不敢重陈请。

五月，匈奴寇河东。

（以上为第五段，写光武帝奖励直臣，保护功臣，开创功臣不任职事以避免犯过的先例。窦融为大司空，优礼有加，因窦融不是开国功臣，又极谦恭，特用之为朝臣榜样。）

交出大将军、将军印章绶带，都以列侯的身份回到自己的府第，但赐以特进之位，参与朝廷议事。

邓禹平时居家操行惇厚，有十三个儿子，使他们各自学习一经，闭门读书，教养子孙，立下规矩让后代子孙效法。所有用度都取自封邑税收，而不从事其他行业挣钱。

贾复为人刚毅正直看重大节，既然回到了府第，干脆关门修养威严厚重的德行。朱祐等推荐贾复任宰相，光武帝正推行三公职事的三公问责制度，所以不用功臣任职，避免他们被问责。这时，在功臣列侯中，只有高密侯邓禹、固始侯李通、胶乐侯贾复三人和公卿们参与朝议国家大事，享有特别丰厚的待遇。光武帝虽然控制有功之臣，但宽容、谅解他们的小过失。远方进献珍奇美味，一定先赏赐所有诸侯，而太官却没有剩余的。所以各功臣诸侯都保全了他们的福泽爵禄，没有被诛杀或贬谪的。

益州郡把公孙述的乐师、郊庙乐器、用羽毛作盖伞的车，以及皇帝乘的专车，全部送到洛阳，于是朝廷的仪仗用具与祭祀器物齐备。当时战争已经停止，国家也少兴事务，发往地方的各种文书，征调差役，都力求从简从少，只占从前的十分之一。

三月二十五日甲寅，任命冀州牧窦融为大司空。窦融自知不是刘秀的旧臣，一旦入朝当官，官位还在功臣的上面，因此每次入朝觐见，表情说话，都极为谦虚恭敬。这样，光武帝更加亲近厚待他。可是窦融非常小心谨慎，长久地内心不安，屡次请求辞去官职和爵位。窦融上奏说："臣有儿子，早晚教导他不准观天文、看图谶传记，真的想培养他端庄严肃，小心做事，温良笃守道义。不希望儿子有才能，更何况要继承广大的封邑，享受留传的诸侯王国呢？"窦融上奏后又多次要求单独觐见皇上。光武帝不同意他的请求。后来，有一次朝会完毕，窦融在座席的后面徘徊，光武帝知道他要谈辞官还乡之事，就命近臣传旨窦融出宫。过后有一天光武帝见到窦融，对他说："那天，朕知道你要辞去官职，想回归故乡，所以让近臣告诉你，天气太热，暂且出去凉快一下。今天见面，不要再说辞职的事了。"窦融就不敢再说此事。

五月，匈奴侵扰河东。

十四年（戊戌，38 年）

夏，邛谷王任贵遣使上三年计，即授越嶲太守。

秋，会稽大疫。

莎车王贤、鄯善王安皆遣使奉献。西域苦匈奴重敛，皆愿属汉，复置都护；上以中国新定，不许。

太中大夫梁统上疏曰："臣窃见元帝初元五年，轻殊死刑三十四事，哀帝建平元年，轻殊死刑八十一事；其四十二事手杀人者，减死一等。自是之后，著为常准，故人轻犯法，吏易杀人。臣闻立君之道，仁义为主，仁者爱人，义者正理。爱人以除残为务，正理以去乱为心；刑罚在衷，无取于轻。高帝受命，约令定律，诚得其宜，文帝唯除省肉刑、相坐之法，自余皆率由旧章，至哀、平继体，即位日浅，听断尚寡。丞相王嘉轻为穿凿，亏除先帝旧约成律，数年之间百有余事，或不便于理，或不厌民心，谨表其尤害于体者，傅奏于左。愿陛下宣诏有司，详择其善，定不易之典！"事下公卿。光禄勋杜林奏曰："大汉初兴，蠲除苛政，海内欢欣；及至其后，渐以滋章。果桃菜茹之馈，集以成赃，小事无妨于义，以为大戮。至于法不能禁，令不能止，上下相遁，为敝弥深。臣愚以为宜如旧制，不合翻移。"统复上言曰："臣之所奏，非曰严刑。《经》曰：'爰制百姓，于刑之衷。'衷之为言，不轻不重之谓也。自高祖至于孝宣，海内称治。至初元、建平而盗贼浸多，皆刑罚不衷，愚人易犯之所致也。由此观之，则刑轻之作，反生大患，惠加奸轨，而害及良善也！"事寝，不报。

（以上为第六段，写光武帝君臣讨论法制建设，梁统建言适量加重死刑的奏议被搁置。）

十五年（己亥，39 年）

春，正月，辛丑，大司徒韩歆免。

歆好直言，无隐讳，帝每不能容。歆于上前证岁将饥凶，指天画地，言甚刚切，故坐免归田里。帝犹不释，复遣使宣诏责之；歆及子婴皆自杀。歆素有重名，死非其罪，众多不厌；帝乃追赐钱谷，以成礼葬之。

臣光曰：昔高宗命说曰："若药弗瞑眩，厥疾弗瘳。"夫切直之言，非人臣之利，乃国家之福也。是以人君日夜求之，唯惧弗得闻。

汉光武帝建武十四年（戊戌，38 年）

夏季，邛谷王任贵遣使上报三年的治理情况，当即任命为越嶲太守。

秋季，会稽郡发生瘟疫。

莎车王贤、鄯善王安都遣使奉献。西域各国遭受匈奴沉重赋税的痛苦，都希望归属东汉，请求重新设置都护。光武帝因为中国刚刚安定，没有准许。

太中大夫梁统上书说："臣看到汉元帝初元五年，减轻死刑判决有三十四件；汉哀帝建平元年，减轻死刑判决有八十一件，其中四十二件是亲手杀人，减刑一等免死判决。从此以后，写在法律条文中成为定法。所以人民轻易犯法，官吏容易杀人。臣听说君主的设立是为了贯彻仁义。仁是指爱人，义是指做事有准则。爱人就要以消除残暴为要务，坚持准则就要把除去祸乱放在心上。刑罚的设立在于适中，不是无原则的减轻。汉高祖受命建国，制订法令和制度，恰到好处。汉文帝只是除去肉刑和连坐律的法令，其余都还是遵循旧制。到了汉哀帝、平帝登基，由于在位时间短暂，听讼断狱较少。丞相王嘉牵强附会，随便找些理由，削减先帝旧有法令法规，几年之间，就减除一百余条，有的合乎道理，有的不合民意。臣谨呈上其中对国家政体特别有害的，附在左边，希望陛下诏令主管部门，选择其中好的，制定成永久的法典。"光武帝把梁统的奏章交给公卿讨论。光禄勋杜林奏报说："汉朝最初兴起，废除苛政，百姓高兴。后世法令越来越烦琐，馈送果桃蔬菜，上纲上线判为贪赃。对于不损害做事准则的小事，也要处以死刑。以至于有法不能禁，有令不能止，上下互相欺骗、积弊越来越深。臣认为应当按照旧制，不该更改。"梁统再次上奏说："臣所上奏的，并不是说要使用严酷的刑法。《尚书》上说：'要治理好百姓，刑法就要适中。'适中的意思，即轻重合适。从高祖到宣帝，天下太平。到了元帝、哀帝时，盗贼日益增多，这都是由于刑法不适中，愚人轻易犯法造成。由此看来，刑法过轻，反而容易产生大祸。对为非作歹之徒施加恩惠，就是谋害善良的人！"这件事被光武帝搁置，没有批复。

汉光武帝建武十五年（己亥，39 年）

春季，正月二十三日辛丑，大司徒韩歆被免职。

韩歆性好直言，没有什么隐讳，光武帝难以容忍。韩歆当着光武帝的面说今年将出现饥荒，指天画地，说得十分激动直切，所以被免职回乡。光武帝还不解气，又派遣使臣传旨责备韩歆。韩歆及儿子韩婴都自杀。韩歆一直有好名声，没有犯罪而被逼死，所以人多不服。光武帝就追赠钱谷，按规定的礼仪安葬他。

臣司马光评论说：从前，商王武丁对宰相傅说说："如果吃了药不头晕眼花，疾病就不能痊愈。"严厉直率的话，对臣子不利，却是国家之福。因此国

惜乎，以光武之世而韩歆用直谏死，岂不为仁明之累哉！

丁未，有星孛于昴。

以汝南太守欧阳歙为大司徒。

匈奴寇钞日盛，州郡不能禁。二月，遣吴汉率马成、马武等北击匈奴，徙雁门、代郡、上谷吏民六万余口置居庸、常山关以东，以避胡寇。匈奴左部遂复转居塞内，朝廷患之，增缘边兵，部数千人。

夏，四月，丁巳，封皇子辅为右翊公，英为楚公，阳为东海公，康为济南公，苍为东平公，延为淮阳公，荆为山阳公，衡为临淮公，焉为左翊公，京为琅邪公。癸丑，追谥兄缜为齐武公，兄仲为鲁哀公。帝感缜功业不就，抚育二子章、兴，恩爱甚笃；以其少贵，欲令亲吏事，使章试守平阴令，兴缑氏令；其后章迁梁郡太守，兴迁弘农太守。

帝以天下垦田多不以实自占，又户口、年纪互有增减，乃诏下州郡检核。于是刺史、太守多为诈巧，苟以度田为名，聚民田中，并度庐屋、里落，民遮道啼呼；或优饶豪右，侵刻羸弱。

时诸郡各遣使奏事，帝见陈留吏牍上有书，视之云："颍川、弘农可问，河南、南阳不可问。"帝诘吏由趣，吏不肯服，抵言"于长寿街上得之"。帝怒。时东海公阳年十二，在幄后言曰："吏受郡敕，当欲以垦田相方耳。"帝曰："即如此，何故言河南、南阳不可问？"对曰："河南帝城，多近臣；南阳帝乡，多近亲；田宅逾制，不可为准。"帝令虎贲将诘问吏，吏乃实首服，如东海公对。上由是益奇爱阳。

遣谒者考实二千石长吏阿枉不平者。冬，十一月，甲戌，大司徒歙坐前为汝南太守，度田不实，赃罪千余万，下狱。歙世授《尚书》，八世为博士，诸生守阙为歙求哀者千余人，至有自髡剔者。平原礼震，年十七，求代歙死；帝竟不赦，歙死狱中。

君要时时刻刻听取直言，唯恐听不到。可惜啊，韩歆在汉光武之世却因直言进谏而死，难道不是有损于仁德圣明吗？

正月二十九日辛丑，孛星出现在昴宿星区。

任命汝南太守欧阳歙为大司徒。

匈奴侵扰边塞越来越厉害，州、郡无力阻止。二月，朝廷派遣吴汉率领马成、马武等北上攻打匈奴。把雁门郡、代郡、上谷郡的官民六万余人迁到居庸关、常山关以东的地方安置，避开匈奴的抢夺。匈奴左部又进入边塞以内居住，朝廷为此忧虑，所以在边塞增加军队，每支部队达数千人。

夏季，四月［初二日戊申］，光武帝封皇子刘辅为右翊公，刘英为楚公，刘阳为东海公，刘康为济南公，刘苍为东平公，刘延为淮阳公，刘荆为山阳公，刘衡为临淮公，刘焉为左翊公，刘京为琅邪公。四月初七日癸丑，光武帝追封皇兄刘縯为齐武公，刘仲为鲁哀公。光武帝感叹大哥刘縯的功业未成，抚育刘縯的两个儿子刘章、刘兴，十分恩爱，因为两兄弟从小娇贵，为了让他们亲身熟悉和体验吏事，就派刘章暂时代理平阴县令，刘兴代理缑氏县令。后来，刘章升为梁郡太守，刘兴升为弘农郡太守。

光武帝因为全国自报的耕地面积多隐瞒不实，户口、年纪也变化不定，就下诏，令各州、郡进行检查核实。刺史、太守很多人投机取巧，假借丈量田地的名义，把民众集聚到田中，连房屋、村落用地都丈量为耕地面积，民众趴在路上呼号啼哭。有的地方长官，对待富家豪绅优厚保护，对待贫弱百姓就严厉刻薄。

当时各郡派使者到京都奏事，光武帝发现陈留郡呈递的公文木牍上面另写有字，看上面写的是："颍川、弘农郡可以问，河南、南阳郡不可以问。"光武帝责问陈留郡使者这是怎么回事？陈留郡使者不说实话，抵赖说："是在长寿街上捡的。"光武帝大怒。当时东海公刘阳只有十二岁，在帐后面说："使者是受郡守敕令，要他打听其他郡丈量耕地的情况，进行比较。"光武帝说："即使如此，为什么说河南、南阳两郡不可以问？"刘阳回答说："河南郡是京师所在地，有很多皇上亲近的臣僚；南阳郡是皇上的故乡，有很多皇亲国戚。这些地方的豪族占有的田地住宅都超过规定，不能作为标准。"光武帝命令虎贲中郎将责问使者，使者才从实招来，从此光武帝更器重刘阳。

光武帝派谒者对二千石官员中被控告徇私枉法的，要进行切察核实。冬季，十一月初一日甲戌，查出大司徒欧阳歙以前做汝南郡太守时，犯有丈量土地不实之罪，共收赃款一千多万，被捕下狱。欧阳歙世代教授《尚书》，八代人都为博士，有一千余门徒守在宫门外替欧阳歙求情，有人剃光自己头发，求请饶恕。平原人礼震，十七岁，请求代替欧阳歙去死。光武帝终究未答应赦免，欧阳歙死在狱中。

十二月，庚午，以关内侯戴涉为大司徒。

卢芳自匈奴复入居高柳。

是岁，骠骑大将军杜茂坐使军吏杀人，免。使扬武将军马成代茂，缮治障塞，十里一候，以备匈奴。使骑都尉张堪领杜茂营，击破匈奴于高柳。拜堪渔阳太守。堪视事八年，匈奴不敢犯塞，劝民耕稼，以致殷富。百姓歌曰："桑无附枝，麦秀两岐。张君为政，乐不可支！"

安平侯盖延薨。

交趾麊泠县雒将女子征侧，甚雄勇，交趾太守苏定以法绳之，征侧忿怨。

（以上为第七段，写光武帝检核人口、丈量田土，征治贪吏，使政治走上轨道。匈奴犯边之害仍未解除。）

十六年（庚子，40 年）

春，二月，征侧与其妹征贰反，九真、日南、合浦蛮俚皆应之，凡略六十五城，自立为王，都麊泠。交趾刺史及诸太守仅得自守。

三月，辛丑晦，日有食之。

秋，九月，河南尹张伋及诸郡守十余人皆坐度田不实，下狱死。后上从容谓虎贲中郎将马援曰："吾甚恨前杀守、相多也！"对曰："死得其罪，何多之有！但死者既往，不可复生也！"上大笑。

郡国群盗处处并起，郡县追讨，到则解散，去复屯结，青、徐、幽、冀四州尤甚。冬十月，遣使者下郡国，听群盗自相纠擿，五人共斩一人者，除其罪；吏虽逗留回避故纵者，皆勿问，听以禽讨为效。其牧守令长坐界内有盗贼而不收捕者，又以畏愞捐城委守者，皆不以为负，但取获贼多少为殿最，唯蔽匿者乃罪之。于是更相追捕，贼并解散，徙其魁帅于他郡，赋田受禀，使安生业。自是牛马放牧不收，邑门不闭。

卢芳与闵堪使使请降，帝立芳为代王，堪为代相，赐缯二万匹，因

十二月二十七日庚午，任命关内侯戴涉为大司徒。

卢芳从匈奴回来，重新进入国内，盘踞在高柳。

这一年，骠骑大将军杜茂犯下指使军官杀人之罪，被免职。任命扬武将军马成接替杜茂的职务。马成修治要塞，每隔十里设置一个哨所堡塞，用来防备匈奴。光武帝又派骑都尉张堪率领杜茂的军队，在高柳县打败匈奴。任命张堪为渔阳郡太守。张堪任职八年，匈奴不敢侵犯边塞。张堪鼓励人民从事农耕，使他们生活富足。百姓都歌颂说："桑树没有附枝，麦子却有两穗。张君当太守，百姓乐不可支！"

平安侯盖延去世。

交趾郡麊泠县雒将的女儿征侧，特别英武，交趾郡太守苏定用法令约束她，征侧非常怨恨。

汉光武帝建武十六年（庚子，40 年）

春季，二月，征侧和她妹妹征贰造反，九真、日南、合浦三郡的蛮夷俚民全都起来响应，共攻占城池六十五座。征侧自称为王，建都麊泠县。交趾郡刺史以及各郡太守无力征讨，只能勉强自保。

三月三十日辛丑，发生日食。

秋季，九月，河南尹张伋和其他各郡太守十余人都犯丈量土地不确之罪，关进监狱而死。后来，光武帝私下对虎贲中将马援说："我很后悔前些时不应该杀那么多太守、国相。"马援说："犯罪而死，怎么能说多不多呢？再说，人已经死了，事情都过去了，死了的人是活不了啦。"光武帝听了大笑。

各郡、国的盗贼到处纷纷兴起，郡、县派兵围剿。征讨军队一来，盗贼四散，军队一走，盗贼重又聚集。青、徐、幽、冀四州尤其严重。冬季，十月，光武帝派遣使臣到各郡、国发出布告，听任盗贼相互揭发攻击，五人共杀一个人，就免除这五人的罪行；对于那些征讨不力，回避盗贼，故意开脱盗贼罪行的官员，一律不追究，只看现在讨贼的功绩。州牧、郡守、县令、长吏在所辖界内有盗贼而未收捕，又因胆小怯懦、放弃城池、推卸责任的，都不判罪，只看现在捕获盗贼的多少核定业绩的优劣。只有对隐藏盗贼的人才予以判罪。于是，盗贼之间相互攻击，官府又全力追剿，成群的盗贼全都解散，把他们的头领迁到其他郡、县，赐给他们田地、粮食，使他们安心生产。从此以后，放牧的牛马晚上不必赶回，村落的大门也可以不必关闭。

卢芳与他的大将闵堪派遣使者到洛阳请求投降，光武帝接受，封卢芳为代王，

使和集匈奴。芳上疏谢，自陈思望阙庭；诏报芳朝明年正月。

初，匈奴闻汉购求芳，贪得财帛，故遣芳还降。既而芳以自归为功，不称匈奴所遣，单于复耻言其计，故赏遂不行。由是大恨，入寇尤深。

马援奏，宜如旧铸五铢钱，上从之；天下赖其便。

卢芳入朝，南及昌平，有诏止，令更朝明岁。

（以上为第八段，写光武帝继续整屯吏治，诛杀贪官污吏，平定因度田引发的叛乱。南方交趾夷人反叛，北边卢芳终于归服。）

十七年（辛丑，41年）

春，正月，赵孝公良薨。初，怀县大姓李子春二孙杀人，怀令赵憙穷治其奸，二孙自杀，收系子春。京师贵戚为请者数十，憙终不听。及良病，上临视之，问所欲言，良曰："素与李子春厚，今犯罪，怀令赵憙欲杀之，愿乞其命。"帝曰："吏奉法律，不可枉也。更道他所欲。"良无复言。既薨，上追思良，乃贳出子春。迁憙为平原太守。

二月，乙未晦，日有食之。

夏，四月，乙卯，上行幸章陵；五月，乙卯，还宫。

六月，癸巳，临淮怀公衡薨。

妖贼李广攻没皖城，遣虎贲中郎将马援、骠骑将军段志讨之。秋，九月，破皖城，斩李广。

郭后宠衰，数怀怨怼，上怒之。冬，十月，辛巳，废皇后郭氏，立贵人阴氏为皇后。诏曰："异常之事，非国休福，不得上寿称庆。"郅恽言于帝曰："臣闻夫妇之好，父不能得之于子，况臣能得之于君乎！是臣所不敢言。虽然，愿陛下念其可否之计，无令天下有议社稷而已。"帝曰："恽善恕己量主，知我必不有所左右而轻天下也！"帝进郭后子右翊公辅为中山王，以常山郡益中山国，郭后为中山太后；其余九国公皆为王。

任命闵堪为代相，赏赐缯绢二万匹，趁机派卢芳去缓和匈奴的关系。卢芳上奏谢恩，说自己思念朝廷，盼望能亲自入朝。光武帝诏书答应卢芳明年正月进京朝见。

起初，匈奴听说东汉朝廷悬赏缉拿卢芳。匈奴单于贪图钱财绢帛，所以派卢芳还归汉朝投降。稍后，卢芳投降，说成是自己主动归服以立功，不提匈奴派遣，单于也羞愧说出是自己的主意，所以最终没有得到奖励。因此匈奴非常恼恨，侵犯边境尤为厉害。

马援上奏，建言恢复使用西汉时的五铢钱。光武帝采纳了建议，全国百姓都感到方便。

卢芳入汉朝见皇上，向南走到了昌平，接到诏令停止下来，让他明年入朝。

汉光武帝建武十七年（辛丑，41 年）

春季，正月，赵孝公刘良去世。当初，怀县豪门大族李子春的两个孙子杀人，怀县令赵熹彻底追究罪行，两个孙子自杀，就收押了李子春。数十位在洛阳的皇亲国戚为李子春求情，赵熹始终不答应。等到刘良病重，光武帝亲自去病榻前探望，问他还有什么话要说。刘良说："我和李子春向来交情深厚，如今他犯罪，怀县令赵熹要杀他，希望饶他一命。"光武帝说："官吏按法律办事，法律是不可以歪曲的。你另说其他要求。"刘良不再言语。刘良去世后，光武帝追念他，就赦免李子春，而升赵熹为平原郡太守。

二月二十九日乙未，发生日食。

夏季，四月乙卯日，皇上巡幸章陵。五月二十一日乙卯，光武帝回到洛阳宫。

六月二十九日癸巳，临淮怀公刘衡去世。

妖贼李广攻占皖城，光武帝派虎贲中郎将马援、骠骑将军段志征讨。秋季，九月，攻破皖城，杀了李广。

郭皇后失宠，常怀有怨言，光武帝很生气。冬季，十月十九日辛巳，废皇后郭氏，改立贵人阴氏为皇后。诏书说："这不是一件正常的事，不是国家的福分，不准献酒庆贺。"郅恽对光武帝说："臣听说夫妻和睦，连作父亲的都不能了解儿子的事，何况作臣属的怎么能了解皇上的心意。所以，臣不敢说什么，即使这样，臣还是希望陛下想一个可行的办法，不要让天下人议论。"光武帝说："郅恽善于用自己的心揣度君主的心意，知道我一定不会轻视天下人的反应！"光武帝就封郭皇后的儿子右翊公刘辅为中山王，把常山郡并入中山国。封郭后为中山太后。其余的九位皇子，都从公爵晋封为王。

甲申，帝幸章陵，修园庙，祠旧宅，观田庐，置酒作乐，赏赐。时宗室诸母因酣悦相与语曰：“文叔少时谨信，与人不款曲，唯直柔耳，今乃能如此！”帝闻之，大笑曰：“吾治天下，亦欲以柔道行之。”十二月，还自章陵。

是岁，莎车王贤复遣使奉献，请都护；帝赐贤西域都护印绶及车旗、黄金、锦绣。敦煌太守裴遵上言：“夷狄不可假以大权；又令诸国失望。”诏书收还都护印绶，更赐贤以汉大将军印绶；其使不肯易，遵迫夺之。贤由是始恨，而犹诈称大都护，移书诸国，诸国悉服属焉。

匈奴、鲜卑、赤山乌桓数连兵入塞，杀略吏民；诏拜襄贲令祭肜为辽东太守。肜有勇力，虏每犯塞，常为士卒锋，数破走之。肜，遵之从弟也。

征侧等寇乱连年，诏长沙、合浦、交趾具车船，修道桥，通障溪，储粮谷。拜马援为伏波将军，以扶乐侯刘隆为副，南击交趾。

（以上为第九段，写豪强大臣勾结皇亲国戚，廉吏惩治豪强，十分艰难。交趾北疆仍未安宁。光武帝废立皇后，郭后失宠被废，阴贵人入主正宫。）

十八年（壬寅，42 年）

二月，蜀郡守将史歆反，攻太守张穆，穆逾城走；宕渠杨伟等起兵以应歆。帝遣吴汉等将万余人讨之。

甲寅，上行幸长安；三月，幸蒲坂，祠后土。

马援缘海而进，随山刊道千余里，至浪泊上，与征侧等战，大破之，追至禁溪，贼遂败走。

夏，四月，甲戌，车驾还宫。

戊申，上行幸河内；戊子，还宫。

五月，旱。

卢芳自昌平还，内自疑惧，遂复反，与闵堪相攻连月。匈奴遣数百骑迎芳出塞。芳留匈奴中十余年，病死。

吴汉发广汉、巴、蜀三郡兵，围成都百余日，秋，七月，拔之，斩史歆等。汉乃乘桴沿江下巴郡，杨伟等惶恐解散。汉诛其渠帅，徙其党与数百家于南郡、长沙而还。

十月二十二日甲申，光武帝巡幸章陵县，修整宗庙，祭祀旧宅，视察田地和房舍，设酒宴作乐，赏赐宗室。当时宗室的伯母、叔母们喝酒到高兴的时候，大家就在一起相互议论说：“刘文叔小时谨慎信实，不善于应酬，只是直率温和罢了，如今还是这样。”光武帝听了，大笑说：“我治理天下，也要用温和谦顺之道。”十二月，光武帝从章陵县回到洛阳。

这一年，莎车王贤又派遣使者来洛阳奉献珍宝财物，请求设置都护。光武帝赐给贤西域都护的印章绶带以及车旗、黄金、锦绣。敦煌郡太守裴遵上书说：“对于狄夷部落，不能给予大权。使其他西域各国失望。”于是下诏收回西域都护的印章绶带，改赐贤东汉大将军的印章绶带。莎车王的使者不肯交换，裴遵就强行夺走。贤从此怨恨东汉，但又诈称是大都护，致书给西域各国，各国都归顺他。

匈奴、鲜卑、赤山乌桓屡次联合起来侵犯边塞，杀戮官民，抢夺财物。光武帝下诏任命襄贲县令祭肜为辽东太守。祭肜勇猛有力，每次胡人侵犯，祭肜总是身先士卒，冲锋陷阵，多次打败他们。祭肜，是祭遵的堂弟。

征侧等人为寇作乱，连年不能平定。光武帝诏令长沙、合浦、交趾三郡准备车辆船只，修建道路、桥梁，打通水、陆交通，储备粮食。任命马援任伏波将军，派扶乐侯刘隆为副将，率军南征交趾。

汉光武帝建武十八年（壬寅，42 年）

二月，蜀郡守将史歆叛变，攻打郡守张穆，张穆翻城逃走。宕渠县人杨伟等起兵响应史歆。光武帝派遣吴汉等率军万余人征讨。

[二月二十二日壬午]，光武帝巡幸长安，三月，巡幸蒲坂，祭祀后土。

马援沿着南海向交趾挺进，依山砍树开道一千余里，到达浪泊，同征侧等交战，大败征侧，乘胜追击，直到禁溪县，征侧部众四处逃散。

夏季，四月十五日甲戌，光武帝车驾回到洛阳宫。

[四月二十五日甲申]，光武帝巡幸河内郡，四月二十九日戊子，光武帝回到洛阳宫。

五月，大旱。

卢芳从昌平县回去后，内心害怕猜疑，于是又反叛，同闵堪互相攻打几个月。匈奴派数百名骑兵把卢芳接到塞外。从此卢芳留在匈奴，十余年后病死。

吴汉征调广汉、巴、蜀三个郡的兵力，包围成都一百多天。秋季，七月，攻占成都，杀了史歆等。吴汉率军乘着竹木筏沿江而下，直达巴郡，杨伟等人恐惧不安，解散部众。吴汉杀了他们的首领，将他们的党徒数百家迁移到南郡、长沙郡，然后

冬，十月，庚辰，上幸宜城；还，祠章陵；十二月，还宫。

是岁，罢州牧，置刺史。

五官中郎将张纯与太仆朱浮奏议：“礼，为人子，事大宗，降其私亲。当除今亲庙四，以先帝四庙代之。”大司徒涉等奏“立元、成、哀、平四庙”。上自以昭穆次第，当为元帝后。

（以上为第十段，写光武帝巡幸疆土，建立太宗太庙。马援进兵交趾平叛，卢芳复叛逃入匈奴。）

十九年（癸卯，43年）

春，正月，庚子，追尊宣帝曰中宗。始祠昭帝、元帝于太庙，成帝、哀帝、平帝于长安，舂陵节侯以下于章陵；其长安、章陵，皆太守、令、长侍祠。

马援斩征侧、征贰。

妖贼单臣、傅镇等相聚入原武城，自称将军。诏太中大夫臧宫将兵围之，数攻不下，士卒死伤。帝召公卿、诸侯王问方略，皆曰：“宜重其购赏。”东海王阳独曰：“妖巫相劫，势无久立，其中必有悔欲亡者，但外围急，不得走耳。宜小挺缓，令得逃亡，逃亡，则一亭长足以禽矣。”帝然之，即敕宫彻围缓贼，贼众分散。夏四月，拔原武，斩臣、镇等。

马援进击征侧余党都阳等，至居风，降之；峤南悉平。援与越人申明旧制以约束之，自后骆越奉行马将军故事。

闰月，戊申，进赵、齐、鲁三公爵皆为王。

郭后既废，太子强意不自安。郅恽说太子曰：“久处疑位，上违孝道，下近危殆，不如辞位以奉养母氏。”太子从之，数因左右及诸王陈其恳诚，愿备藩国。上不忍，迟回者数岁。六月，戊申，诏曰：“《春秋》之义，立子以贵。东海王阳，皇后之子，宜承大统。皇太子强，崇执谦退，愿备藩国，父子之情，重久违之。其以强为东海王，立阳为皇太子，改名庄。”

班师。

冬季，十月二十四日庚辰，光武帝巡幸宜城，在回京路上，祭祀章陵。十二月，回到洛阳宫。

这一年，裁撤州牧，设置刺史。

五官中郎将张纯与太仆朱浮上奏说："按照礼制，既为别人的儿子，就应尊奉大宗，降低自己亲生父母的地位。应当撤除陛下在洛阳立的四座亲庙，用亲近的四位西汉先帝庙来代替。"大司徒戴涉等上奏建议："立元帝、成帝、哀帝、平帝四庙。"光武帝以为依照宗庙中辈分，他自己应当是继元帝之后。

汉光武帝建武十九年（癸卯，43年）

春季，正月十五日庚子，光武帝追尊汉宣帝为中宗。从此，在洛阳太庙祭祀昭帝、元帝，在长安祭祀成帝、哀帝、平帝。光武帝亲高祖父舂陵节侯刘买以下的宗庙仍在章陵县。那些在长安、章陵两地的宗庙，都由当地太守、县令、县长负责守候祭祀。

马援杀了征侧、征贰姐妹俩。

妖贼单臣、傅镇等聚众造反，占领原武县，自称将军。诏令太中大夫臧宫率兵围剿，数次攻城不克，士兵死伤不少。光武帝召集公卿、诸侯王们询问谋略，大家都说："应重金悬赏。"唯独东海王刘阳说："妖巫劫掠，势必不能长久，其中一定有人后悔造反想逃跑，只是城外围攻太紧，想逃没法逃。应该稍稍放宽，只要能够让妖贼逃走，妖贼就自然溃散。那么，只需一个亭长就可以抓获他们的头领了。"光武帝认为说得很对，就下令臧宫撤除包围，果然妖贼分散逃走。夏季，四月，官兵攻陷原武城，杀单臣、傅镇等。

马援继续追击征侧余党都阳等，直追到居风县，都阳等投降，岭南地区全部平定。马援帮助南越人申明用旧有法律来管理他们。从此以后，骆越部落一直奉行马援的有关规定。

闰四月二十五日戊申，晋爵赵公刘栩、齐公刘章、鲁公刘兴为王。

郭皇后被废后，皇太子刘强内心不安。郅恽劝谏太子说："长久地处在被猜疑的位置上，上违背孝道，下接近危险。不如辞去太子之位，专心奉养母亲为好。"皇太子刘强听从劝说，多次拜托父皇左右亲信和其他亲王，向光武帝陈述诚意，希望退居诸侯国。光武帝于心不忍，拖了几年才下决心。六月二十六日戊申，光武帝下诏："根据《春秋》大义，册立太子是依据尊贵而不是依照长幼。东海王刘阳是皇后阴氏的儿子，应继承皇位。皇太子刘强，始终坚持崇尚退让。出于父子之情，很难违背

袁宏论曰：夫建太子，所以重宗统，一民心也，非有大恶于天下，不可移也。世祖中兴汉业，宜遵正道以为后法。今太子之德未亏于外，内宠既多，嫡子迁位，可谓失矣。然东海归藩，谦恭之心弥亮；明帝承统，友于之情愈笃；虽长幼易位，兴废不同，父子兄弟，至性无间。夫以三代之道处之，亦何以过乎！

帝以太子舅阴识守执金吾，阴兴为卫尉，皆辅导太子。识性忠厚，入虽极言正议，及与宾客语，未尝及国事。帝敬重之，常指识以敕戒贵戚，激厉左右焉。兴虽礼贤好施，而门无游侠，与同郡张宗、上谷鲜于裒不相好，知其有用，犹称所长而达之；友人张汜、杜禽，与兴厚善，以为华而少实，俱私之以财，终不为言；是以世称其忠。

（以上为第十一段，写马援平定交趾叛乱，恢复岭南秩序。光武帝立贤不立嫡，平和地废立太子，受到史家的称赞。）

上以沛国桓荣为议郎，使授太子经。车驾幸太学，会诸博士论难于前，荣辨明经义，每以礼让相厌，不以辞长胜人，儒者莫之及，特加赏赐。又诏诸生雅歌击磬，尽日乃罢。帝使左中郎将汝南钟兴授皇太子及宗室诸侯《春秋》，赐兴爵关内侯。兴辞以无功，帝曰："生教训太子及诸王侯，非大功耶？"兴曰："臣师少府丁恭。"于是复封恭，而兴遂固辞不受。

陈留董宣为雒阳令。湖阳公主苍头白日杀人，因匿主家，吏不能得。及主出行，以奴骖乘，宣于夏门亭候之，驻车叩马，以刀画地，大言数主之失；叱奴下车，因格杀之。主即还宫诉帝，帝大怒，召宣，欲棰杀之。宣叩头曰："愿乞一言而死。"帝曰："欲何言？"宣曰："陛下圣德中兴，而纵奴杀人，将何以治天下乎？臣不须棰，请得自杀！"即以头击楹，流血被面。帝令小黄门持之。使宣叩头谢主，宣不从；强使顿之，宣两手据地，终不肯俯。主曰："文叔为白衣时，藏亡匿死，吏不敢至门；今为天子，威不能行一令乎？"帝笑曰："天子不与白衣同！"因敕："强项令出！"赐钱三十万；宣悉以班诸吏。由是能搏击豪强，京师莫不震慓。

他的意愿。封刘强为东海王，立刘阳为皇太子，改名刘庄。”

袁宏评论说：“册立太子，为的是尊重嫡统，统一民心，皇太子没有大的过错闻于天下，就不应动摇。世祖光武帝复兴汉家大业，应当遵行正道而成为后世的楷模。如今太子的品德对外无所亏损，对内又多恩宠，像这样的嫡子被改换，可以说是一个错误。然而东海王刘强回到诸侯国，更加谦让恭敬明亮。明帝刘庄继承帝位，兄弟友爱之情更加深厚。即使长幼改变地位，一兴一废结局不同，然而父子兄弟之间保持的纯厚孝友之情没有丝毫隔阂。即使拿夏、商、周三代的纯正道德来衡量，也未必能超过啊！”

光武帝任命皇太子的舅舅阴识代理执金吾，阴兴为卫尉，一起辅导太子。阴识性情忠厚，直言不讳，等到和宾客交谈时，都从来不提国家大事。光武帝看重他，常以阴识为榜样，而告诫皇亲国戚，激发近臣。阴兴虽然礼贤下士，喜好施予，但宾客中无游侠。阴兴和同郡人张宗、上谷人鲜于裒关系不好，但知道他们是有用的人才，仍然称赞他们的优点而向光武帝引进。阴兴和张汜、杜禽的友情深厚，但认为这两人华而不实，只在钱财上资助他们，始终不替他们说一句话，因此，世人都赞扬阴兴是一个忠臣。

光武帝任命沛国人桓荣为议郎，命他教授太子刘庄经书。光武帝巡幸太学，正赶上众位博士在辩论经学疑义，便当着光武帝的面进行。桓荣分析阐述经书的精义，总是以礼相待使人折服，而不用激烈的言辞取胜别人，其他儒家学者没有人赶得上，光武帝给以特别的赏赐。光武帝又命学生们唱雅歌，敲乐磬，愉快地过了一整天。光武帝命左中郎将汝南人钟兴给皇太子以及宗室诸侯王教授《春秋》，赐钟兴为关内侯。钟兴以自己没有功劳而推辞，光武帝说：“你教导太子以及各位亲王、列侯，难道不是大功劳吗？”钟兴说：“我是从师于少府丁恭。”于是，光武帝又封丁恭为关内侯，而钟兴坚决推辞，终于没有接受封爵。

陈留县人董宣任洛阳县令。光武帝姐姐湖阳公主的家奴白天杀了人，藏在公主家里，官吏不能逮捕他。等到公主出行，让这位家奴陪同乘车。董宣探知此事，就带人在夏门亭等候。公主车到，董宣上前扣住了马缰绳，喝令停车，用刀划地，大声指责公主的过失。董宣斥责那家奴下车，并杀了他。公主立即回宫在皇帝面前告状，光武帝大怒，派人把董宣召来，要用木杖把他打死。董宣叩头说：“臣请求说一句话再死。”光武帝说：“想说什么话？”董宣说：“陛下圣明高德复兴汉室，而竟放任家奴杀人，怎能治理天下呢？臣不用杖打死，让臣自杀吧！”说完就头撞大柱，流血满面。光武帝赶快命令太监拽住他。光武帝让董宣叩头拜谢公主，董宣不服。叫人使劲摁住脑袋，董宣就用两手撑着地面，始终不肯低头。湖阳公主说：“文叔当

九月，壬申，上行幸南阳；进幸汝南南顿县舍，置酒会，赐吏民，复南顿田租一岁。父老前叩头言：“皇考居此日久，陛下识知寺舍，每来辄加厚恩，愿赐复十年。”帝曰：“天下重器，常恐不任，日复一日，安敢远期十岁乎！”吏民又言：“陛下实惜之，何言谦也！”帝大笑，复增一岁。进幸淮阳、梁、沛。

西南夷栋蚕反，杀长吏；诏武威将军刘尚讨之。路由越嶲，邛谷王任贵恐尚既定南边，威法必行，己不得自放纵；即聚兵起营，多酿毒酒，欲先劳军，因袭击尚。尚知其谋，即分兵先据邛都，遂掩任贵，诛之。

（以上为第十二段，写光武帝重视教育，重奖博士经师，不以私枉法，奖励强项令董宣。）

二十年（甲辰，44 年）

春，二月，戊子，车驾还宫。

夏，四月，庚辰，大司徒戴涉坐入故太仓令奚涉罪，下狱死。帝以三公连职，策免大司空窦融。

广平忠侯吴汉病笃，车驾亲临，问所欲言，对曰：“臣愚，无所知识，惟愿陛下慎无赦而已。”五月，辛亥，汉薨；诏送葬如大将军霍光故事。

汉性强力，每从征伐，帝未安，常侧足而立。诸将见战陈不利，或多惶惧，失其常度，汉意气自若，方整厉器械，激扬吏士。帝时遣人观大司马何为，还言方修战攻之具，乃叹曰：“吴公差强人意，隐若一敌国矣！”每当出师，朝受诏，夕则引道，初无辨严之日。及在朝廷，斤斤谨质，形于体貌。汉尝出征，妻子在后买田业，汉还，让之曰：“军师在外，吏士不足，何多买田宅乎！”遂尽以分与昆弟、外家。故能任职以功名终。

平民百姓时，窝藏逃犯，官吏不敢上门来找，现今当了天子，权威却不能行使在一个县令的身上吗？”光武帝笑着说：“天子跟平民不同哇！”接着命令：“强项令出去吧！”光武帝赏钱三十万，董宣都分给了手下官吏。从此他更能打击依附权势犯法的人，京城地区那些素不检点的人，都害怕他。

九月二十一日壬申，光武帝巡幸南阳郡。又前往汝南郡巡幸南顿县，下榻官舍，大摆宴席，赐给官民，下令免除南顿县田租一年。乡亲父老们上前叩头说：“陛下的父亲在这里住了很长时间，陛下熟悉本县的官府衙门，每次亲临本县都给予深厚的恩泽，愿陛下赏赐免除田租十年。”光武帝说：“权力是国家的大器，常担心不能胜任，怎敢免除十年的田租呢？”吏民们又说：“陛下实在是吝惜，为什么说得如此谦恭呢？”光武帝大笑，于是又多免租一年。接着，光武帝巡幸淮阳国、梁国、沛国。

西南夷栋蚕部落反叛，杀死长吏。光武帝诏令武威将军刘尚率军征讨。大军路经越巂郡，邛谷王任贵怕刘尚平定南边后，法律制度一定会严加执行，自己不能为所欲为。于是聚集军队，建立营垒，酿制很多毒酒，准备用毒酒慰劳刘尚的军队，趁机偷袭刘尚军，刘尚事先得知他的阴谋，就先分出一部军队占据邛都县，乘其不备，逮捕任贵，将他杀了。

汉光武帝建武二十年（甲辰，44 年）

春季，二月初十日戊子，光武帝车驾回到洛阳宫。

夏季，四月初三日庚辰，大司徒戴涉犯下谋害前太仓令奚涉之罪，被捕下狱而死。光武帝认为三公的职责相连，大司空窦融负有连带责任，下诏书免去了他的职务。

广平忠侯吴汉病重，光武帝亲自探望，问他有什么话要说，吴汉回答说：“臣愚笨，没有什么知识，只希望陛下特别谨慎，不要赦免罪犯罢了。”五月初四日辛亥，吴汉去世。诏令安葬礼仪与西汉大将军霍光的规格一样。

吴汉性格刚强，每次跟随光武帝出征，光武帝没有安顿好，他就站在旁边。其他将领看到战斗失利，就惊慌失措，而吴汉却镇定自若，加紧修理兵器，振奋官兵的斗志。光武帝总是在紧要时候派人去看吴汉，回报说正在准备进攻的装备。光武帝于是叹息说：“吴公总是能振奋人心，简直可与一个国家相匹敌。”每次出征，吴汉都是早上接到命令，傍晚就出发，全没有置办行装的时间。等到在朝廷任职，事事谨慎朴实，全都显现在脸上。有一次吴汉率军出征，他妻子在后方购买田产。吴汉回来责怪她说：“军队出征在外面，官兵得不到充足的供给，我们怎么能买这么多的田地房舍呢？”于是就把这些田产全部分给兄弟、外祖父母、舅家。所以，吴汉能够享受功名，任职以尽天年。

匈奴寇上党、天水，遂至扶风。

帝苦风眩，疾甚，以阴兴领侍中，受顾命于云台广室。会疾瘳，召见兴，欲以代吴汉为大司马，兴叩头流涕固让，曰："臣不敢惜身，诚亏损圣德，不可苟冒！"至诚发中，感动左右，帝遂听之。太子太傅张湛，自郭后之废，称疾不朝，帝强起之，欲以为司徒，湛固辞疾笃，不能复任朝事，遂罢之。

六月，庚寅，以广汉太守河内蔡茂为大司徒，太仆朱浮为大司空。壬辰，以左中郎将刘隆为骠骑将军，行大司马事。

乙未，徙中山王辅为沛王。以郭况为大鸿胪，帝数幸其第，赏赐金帛，丰盛莫比，京师号况家为"金穴"。

秋，九月，马援自交趾还，平陵孟冀迎劳之。援曰："方今匈奴、乌桓尚扰北边，欲自请击之，男儿要当死于边野，以马革裹尸还葬耳，何能卧床上在儿女子手中邪！"冀曰："谅！为烈士当如是矣！"

冬，十月，甲午，上行幸鲁、东海、楚、沛国。

十二月，匈奴寇天水、扶风、上党。

壬寅，车驾还宫。

马援自请击匈奴，帝许之，使出屯襄国，诏百官祖道。援谓黄门郎梁松、窦固曰："凡人富贵，当使可复贱也；如卿等欲不可复贱，居高坚自持。勉思鄙言！"松，统之子；固，友之子也。

刘尚进兵与栋蚕等连战，皆破之。

（以上为第十三段，着重写吴汉、马援两位忠诚战将的风采。吴汉善战，一生戎马，不问家事，死后蒙受隆重国葬，比照西汉中兴功臣霍光规格。马援请缨抗击匈奴，要做好男儿马革裹尸还，铿锵语言，积淀为中华军魂。）

二十一年（乙巳，45年）

春，正月，追至不韦，斩栋蚕帅，西南诸夷悉平。

乌桓与匈奴、鲜卑连兵为寇，代郡以东尤被乌桓之害；其居止近塞，朝发穹庐，暮至城郭，五郡民庶，家受其辜，至于郡县损坏，百姓流亡，

匈奴侵扰上党郡、天水郡，深入到扶风郡。

光武帝得了一种头痛目眩的病，十分痛苦，病得厉害，便任命阴兴兼侍中，把阴兴宣召在南宫云台广德殿内托付身后之事。等到病好以后，又召见阴兴，想让他代替吴汉做大司马，阴兴叩头流泪，坚决推辞说："臣不敢爱惜自己的生命，实在是担心损害陛下的圣明高德，所以不能随便充任！"阴兴的诚恳发自内心，感动了光武帝左右的侍从，光武帝也就顺从了他。太子太傅张湛，自从郭后被废之后，就称有病，不再上朝。光武帝勉强他上朝，想任命他为司徒，张湛就以病重为借口，坚决推辞，光武帝只好作罢。

六月十四日庚寅，任命广汉郡太守河内人蔡茂为大司徒，太仆朱浮为大司空。六月十六日壬辰，任命中郎将刘隆为骠骑将军，代理大司马职务。

六月十九日乙未，光武帝把中山王刘辅改封为沛王。任命郭况为大鸿胪，光武帝数次临幸郭况家，赏赐金银绢帛无数，京城人称郭况家是"金穴"。

秋季，九月，马援从交趾郡回到洛阳，平陵人孟冀慰劳他。马援说："当今匈奴、乌桓还在扰乱北部边境，我想请求率兵征伐。男儿应战死沙场，马革裹尸归葬故乡，怎么能躺在床上死在女人手里呢？"孟冀说："确实！真正的烈士，就应当这样！"

冬季，十月二十日甲午，光武帝巡幸鲁国、东海国、楚国、沛国。

十二月，匈奴侵扰天水郡、扶风郡、上党郡。

十二月二十八日壬寅，光武帝车驾回到洛阳宫。

马援自动请求攻打匈奴，光武帝允准，命令马援驻军襄国县。皇上下诏文武百官送行，马援对黄门郎梁松、窦固说："一个人富贵以后，还可能回到贫贱地位；如果你们不想回到贫贱，那就要身居高位克制自己，好好想一想我说的话。"梁松是梁统的儿子；窦固是窦友的儿子。

刘尚进兵与栋蚕各部落交战，全都打败了他们。

汉光武帝建武二十一年（乙巳，45 年）

春季，正月，刘尚率军追击西南夷到不韦县，杀了栋蚕的首领。西南夷全部被平定。

乌桓和匈奴，以及鲜卑的军队联合侵犯北部边境。代郡以东受到乌桓的侵夺尤其严重。乌桓所居地域接近边塞，早晨从他们的帐篷出发，傍晚就能抵达塞内城郭，

边陲萧条，无复人迹。秋，八月，帝遣马援与谒者分筑堡塞，稍兴立郡县，或空置太守、令、长，招还人民。乌桓居上谷塞外白山者最为强富，援将三千骑击之，无功而还。

鲜卑万余骑寇辽东，太守祭肜率数千人迎击之，自被甲陷陈；虏大奔，投水死者过半，遂穷追出塞；虏急，皆弃兵裸身散走。是后鲜卑震怖，畏肜，不敢复窥塞。

冬，匈奴寇上谷、中山。

莎车王贤浸以骄横，欲兼并西域，数攻诸国，重求赋税，诸国愁惧。车师前王、鄯善、焉耆等十八国俱遣子入侍，献其珍宝；及得见，皆流涕稽首，愿得都护。帝以中国初定，北边未服，皆还其侍子，厚赏赐之。诸国闻都护不出，而侍子皆还，大忧恐，乃与敦煌太守檄，“愿留侍子以示莎车，言侍子见留，都护寻出，冀且息其兵”。裴遵以状闻，帝许之。

（以上为第十四段，写北方边境不宁，匈奴、乌桓、鲜卑联兵扰边，东汉无力西顾，莎车王称大。）

二十二年（丙午，46 年）

春，闰正月，丙戌，上幸长安；二月，己巳，还雒阳。

夏，五月，乙未晦，日有食之。

秋，九月，戊辰，地震。

冬，十月，壬子，大司空朱浮免；癸丑，以光禄勋杜林为大司空。

初，陈留刘昆为江陵令，县有火灾，昆向火叩头，火寻灭；后为弘农太守，虎皆负子渡河。帝闻而异之，征昆代林为光禄勋。帝问昆曰：“前在江陵，反风灭火，后守弘农，虎北渡河，行何德政而致是事？”对曰：“偶然耳。”左右皆笑，帝叹曰：“此乃长者之言也！”顾命书诸策。

是岁，青州蝗。

匈奴单于舆死，子左贤王乌达鞮侯立；复死，弟左贤王蒲奴立。匈

沿边五个郡的百姓，家家受到侵害。以至于郡、县城郭被破坏，百姓流离失所，造成边疆地区荒无人烟。秋季，八月，光武帝派遣马援和谒者分别修筑城堡要塞，逐渐恢复，建立郡、县，有的无人区先设置太守、县令、县长，然后把民众召集回来。乌桓所居地在上谷郡塞外，其中居于白山县的乌桓部落最为强悍富裕。马援率骑兵三千人袭击乌桓，无功而返。

鲜卑一万余骑兵掠夺辽东郡，太守祭肜率领数千人迎击。祭肜亲自披上盔甲，冲锋陷阵。鲜卑骑兵大败，投水死者过半，祭肜紧追不舍到了塞外，鲜卑骑兵全都抛弃兵器，赤裸身体，四散逃命。从此以后，鲜卑人震惊害怕，畏惧祭肜，不敢再侵犯边塞。

冬季，匈奴侵扰上谷郡、中山郡。

莎车国王贤逐渐骄横跋扈，妄图吞并西域各国，屡次进攻其他国家，要他们缴纳沉重赋税，西域各国愁苦害怕。车师前王、鄯善、焉耆等十八个国家都派他们的儿子到东汉来侍奉光武帝，充当人质，贡献珍宝。等到见到光武帝，都流涕痛哭，下跪叩头，希望能再次设置西域都护。光武帝认为中原刚刚平定，北方边境还没有征服，便把西域的人质都送回，并赏赐丰厚的礼物。西域各国听说朝廷不肯派出都护，而且把人质送回，更加忧愁恐惧，就给敦煌太守裴遵呈送公文："要求裴遵将人质留在敦煌郡，向莎车王展示：人质被留下，都护不久会派出，希望能暂时阻止莎车出兵。"裴遵把情况报告朝廷，光武帝答应了。

汉光武帝建武二十二年（丙午，46 年）

春季，闰正月十九日丙戌，光武帝巡幸长安。二月己巳日，光武帝回到洛阳。

夏季，五月三十日乙未，发生日食。

秋季，九月初五日戊辰，发生地震。

冬季，十月十九日壬子，大司空朱浮被免职。十月二十日癸丑，任命光禄勋杜林为大司空。

当初，陈留人刘昆任江陵县令，县里发生火灾，刘昆对着火叩头，顿时火熄灭。后来，刘昆做弘农郡太守，郡内老虎都背着幼虎渡过黄河离去。光武帝听说后，感到惊奇，征召刘昆代理杜林做光禄勋。光武帝问刘昆说："你先前在江陵县，转变风向，使火熄灭；后来在弘农郡当太守，老虎向北渡过黄河。你推行的什么德政，竟发生这样的奇事？"刘昆回答说："只是碰巧罢了。"光武帝左右侍从都忍不住笑起来。光武帝叹息说："这是年长德高者说的话。"回头命令国史把这件事记载下来。

这一年，青州发生蝗灾。

匈奴单于舆去世，他的儿子左贤王乌达鞮侯继位，也死了。乌达鞮侯的弟弟左

奴中连年旱蝗，赤地数千里，人畜饥疫，死耗太半。单于畏汉乘其敝，乃遣使诣渔阳求和亲；帝遣中郎将李茂报命。

乌桓乘匈奴之弱，击破之，匈奴北徙数千里，幕南地空。诏罢诸边郡亭候、吏卒，以币帛招降乌桓。

西域诸国侍子久留敦煌，皆愁思亡归。莎车王贤知都护不至，击破鄯善，攻杀龟兹王。鄯善王安上书："愿复遣子入侍，更请都护；都护不出，诚迫于匈奴。"帝报曰："今使者大兵未能得出，如诸国力不从心，东西南北自在也。"于是鄯善、车师复附匈奴。

班固论曰：孝武之世，图制匈奴，患其兼从西国，结党南羌，乃表河曲列四郡，开玉门，通西域，以断匈奴右臂，隔绝南羌、月氏；单于失援，由是远遁，而幕南无王庭。遭值文、景玄默，养民五世，财力有余，士马强盛，故能睹犀布、玳瑁，则建珠崖七郡；感蒟酱、竹杖，则开牂柯、越嶲；闻天马、蒲陶，则通大宛、安息；自是殊方异物，四面而至。于是开苑囿，广宫室，盛帷帐，美服玩，设酒池肉林以飨四夷之客，作鱼龙角抵之戏以观视之；及赂遗赠送，万里相奉，师旅之费，不可胜计。至于用度不足，乃榷酒酤，筦盐铁，铸白金，造皮币，算至车船，租及六畜。民力屈，财用竭，因之以凶年，寇盗并起，道路不通，直指之使始出，衣绣杖斧，断斩于郡国，然后胜之。是以末年遂弃轮台之地而下哀痛之诏，岂非仁圣之所悔哉！

且通西域，近有龙堆，远则葱岭，身热、头痛、悬度之厄，淮南、杜钦、扬雄之论，皆以为此天地所以界别区域，绝外内也。西域诸国，各有君长，兵众分弱，无所统一，虽属匈奴，不相亲附；匈奴能得其马畜、旃罽而不能统率，与之进退。与汉隔绝，道里又远，得之不为益，弃之不为损，盛德在我，无取于彼。故自建武以来，西域思汉威德，咸乐内属，数遣使置质于汉，愿请都护。圣上

贤王蒲奴继位。匈奴境内连年发生旱、蝗灾，赤地数千里，人畜因饥饿、瘟疫而死亡过半。匈奴单于害怕东汉趁着他们的疲困而进攻他们，就派使节到渔阳，请求和亲。光武帝派遣中郎将李茂去复命。

乌桓趁匈奴衰弱，就发兵攻击，将它打败。匈奴向北迁徙数千里，使沙漠以南地区成为一片空地。皇上诏令裁除沿边各郡的亭候和边防官兵，用财物去招降乌桓。

西域各国派出当人质的王子，因长久留在敦煌郡，都愁闷思乡而逃回本国。莎车国王贤才知都护不来，于是出兵击败鄯善，杀死龟兹国王。鄯善国王安上书说："希望能再派儿子入朝当人质，再次请求朝廷派都护。如果不派都护，只好被迫屈服于匈奴。"光武帝回答说："现今无力派出使节、军队，如果西域各国感到力不从心，随意选择臣附。"于是鄯善、车师再次归附匈奴。

班固评论说：汉武帝时代，图谋制服匈奴，忧虑它吞并西域各国，跟南羌结成联盟，于是在黄河以西设置武威、张掖、酒泉、敦煌四郡，打开玉门关，通使西域，切断匈奴的右臂，隔绝匈奴同南羌、月氏二国的联系。单于失去援助，因此不得不逃向远方，以致沙漠以南没有匈奴王庭。西汉经历汉文帝、景帝两代的休养生息，人民经过汉高祖、惠帝、吕后、文帝、景帝五代的和平，财富有余，兵强马壮，所以能够看到南方的犀布、玳瑁，设立珠崖等七郡；由于蒟酱、竹杖的启发，就开拓牂柯、越巂两郡；听说天马、葡萄，就与大宛、安息两个国家建交。从此奇珍异宝，从四方八面而来。于是朝廷大量开辟畜养禽兽的苑囿，扩建宫室，服用和玩赏的物品艳丽无比。设酒池肉林以款待外国使节；又设置"鱼龙"、"角抵"的游戏让他们欣赏，加上贿赂、赏赐、赠送，万里之遥，往来相送，加上战争支出，费用不可胜计。以致入不敷出，只好设置酒类专卖，盐、铁专营，铸造白金币、鹿皮币。甚至连坐车乘船，以及家里饲养的马牛羊狗鸡猪等六畜，都要征税。结果人民贫困，财政枯竭。接着又是水、旱、蝗灾的凶年。所以盗贼四起，道路断绝。为此，朝廷派出特使，穿着绣衣，手持大斧，到各郡、国督捉捕盗，可以专断诛杀郡国守相，这才平息了盗贼。因此，汉武帝晚年，终于放弃轮台屯田，颁下怜悯百姓的诏书。这难道不是仁爱圣君表示的悔意吗？

况且通使西域，最近的是龙堆，最远的是葱岭，历经身热、头痛、悬度的险恶之地，使人身临其地就要犯身热、头痛的疾病，悬度则是万丈深渊，按照淮南王刘安、杜钦、扬雄的说法，他们都认为那些险恶地势是天然用来划分疆界，隔绝内外的地方。西域各国，各自有君王，士兵人民分散弱小，无法统一。虽然归附匈奴，并不心悦诚服。匈奴能得到西域各国的马羊等牲畜和毛织品，但不能统率西域的军队，随同作战进退。西域和汉朝互相隔绝，道路又

远览古今，因时之宜，辞而未许；虽大禹之序西戎，周公之让白雉，太宗之却走马，义兼之矣！

（以上为第十五段，写北方匈奴势弱，光武帝仍然拒绝开通西域，受到史家的赞扬。当时，一个小小的莎车就能称雄西域，若东汉重置都护，无须多大力气，史家之颂，实为迂阔。光武帝坐失通西域之良机，实为失计。）

遥远，得到西域，对汉室无益；丢弃西域，对汉朝无害。所有的恩德都出自汉朝，汉朝对西域却没有任何索取。所以，自光武帝以来，西域各国思念汉朝的威望和恩德，都乐意归汉，屡次派遣使节，把王子送到汉朝当人质，请求设置都护。圣上纵览古今，认为时机不到，没有答应。从前，虽然有大禹善待西戎部落，周公推辞越裳进贡的白野鸡，汉文帝不接受千里马，而今皇上的做法，却更加出色。

【点评】

本卷点评光武帝四大史事。

一、光武帝护佑功臣。汉高祖统一，兴建西汉，为子孙长远计，大肆屠灭功臣，且手段残酷，淮阴侯韩信、梁王彭越、淮南王黥布，以及燕王卢绾、韩王韩信、将军陈豨等，均逼以谋反，或以谋反诛，淮阴侯遭族灭，彭越受烹刑，狡兔死，走狗烹，令人寒心。光武帝解除功臣兵权，封以爵禄，最大者四县，令其食租赋，足以养老。不任功臣政事，以免犯过。且功臣多为武夫，治政非其所长，功臣远离政治，亦是国家之福。光武帝护佑功臣的用心和措施，值得肯定。后世帝王，宋太祖赵匡胤杯酒释兵权，可以比美光武帝。

二、光武帝立贤。光武帝更易太子，立贤不立长，用心良苦。皇太子刘强，并无过错，其母郭皇后亦贤良，光武帝无端废郭皇后，立阴氏为皇后，为立刘阳为皇太子扫清道路。刘阳聪明过人，年十二便精通吏事，识破南阳郡上计使者的讽谏，受到光武帝的器重。外戚阴氏兄弟阴识、阴兴亦贤良，大臣爱之，故光武帝更易太子没有什么阻力。宗法制度，立嫡不立长，立长不立贤，为的是尊重嫡长，统一臣心、民心，免生争议。但嫡长不贤明或柔弱，则非国家之福，所以立太子是一个两难选择，为避免争夺，只好以宗法为依归。光武帝有鉴于元、成、哀、平诸帝之柔弱昏庸，刘氏失统，故而立贤。但仍未彻底破除宗法制度，先废皇后，使太子刘强失去嫡子之位，逼使刘强自省逊位，和平更易，不失父子兄弟亲情，受到史家袁宏的高度称赞。于是光武之更易太子，虽立贤不立长，却仍是立嫡不立长，因之减杀了立贤之意义，对后世没有产生深远影响。宗法制度以嫡统为正道，不以立贤为宗旨，故历代皇帝大都不贤，这是宗法制度的悲哀，但家天下确实也没有善法可以代替，光武帝之立贤，也就成了个案。

三、光武帝惩贪不抑豪强。西汉末的战乱，人民流离，社会秩序失控，光武中兴，重整纲纪，检括户口，丈量田土。建武十五年（39），全国大规模检括户口，丈量田土，是恢复社会秩序的重大举措。可是地方各级官吏庇护豪强，对贫弱百姓却严厉苛刻，连村落房宅都丈量为田土，激起民变，光武帝惩治贪官，诛杀了世代大儒而又任职大司徒的欧阳歙，郡太守被诛杀的有十几人，整顿吏治的力度不可谓不强。但对豪强的抑制却软弱无力，怀县豪门大姓李子春，两个孙子杀人，怀县令赵憙追究罪行，抓捕了李子春，京师几十位皇亲国戚为之说情，赵孝公刘良去世，临死要求皇上施压释放李子春，结果是光武帝特下赦令，免了李子春的罪行，升迁赵憙为平原太守，把他调离怀县。光武帝护佑功臣，广施恩惠，大封爵禄，扶植了大批地方豪强。建武十三年四月，吴汉平蜀，班师回朝，光武帝欢宴将士，改封和增加食邑的功臣就达三百六十五人，其中外戚恩泽四十五人。光武帝检括户口，丈量

田土，只是加强了对平民的控制，而对豪强则宽容，以致当时就有“颍川、弘农可问，河南、南阳不可问”的议论。河南帝城，多近臣；南阳帝乡，多近亲。光武帝施恩功臣、亲戚，成为既定国策，所以不可能抑制豪强。东汉世家大族的发展，源于光武帝的施政，奠定了这一历史走向的基础。

四、光武帝不开通西域，大为失计。西汉末年，中原周边各族，主要是匈奴，均处于衰微时期，故归附汉朝。王莽倒行逆施，导致四方夷族叛乱，而西域遥远，未受王莽影响，因此始终安定。光武中兴，海内虚耗，匈奴犯边，为祸北疆，但也没有大规模深入，非不欲为，而力不足也。中原统一之后，其力足以制西域。先是莎车王贤入贡，请送质子，光武帝不纳。其后车师前王、鄯善等十八国请入质子，光武帝仍不纳，于是莎车称大。西域诸国请留质子在敦煌，就足以震慑莎车不敢出兵欺侮西域列国。最后，各国质子逃归，莎车王贤知汉朝都护不出，才出兵击鄯善，攻杀龟兹王，光武帝仍不施援手，于是鄯善、车师等国复附匈奴。司马光引班固之赞，认为汉武帝通西域，造成民穷财竭，而后有轮台罪己诏之悔，光武帝有鉴于此不通西域，是仁圣明君。武帝之世，匈奴强大，为祸中国，武帝经过数十年的努力才解除了边患，其力已竭，而并非通西域造成民屈财竭，武帝通西域只是断匈奴右臂。光武之世，西域归附，而光武帝不施援手，把西域推给匈奴，两者完全不可同日而语。光武帝不通西域是一大失策，班固、司马光非议汉武而赞光武之明，可以说是不明是非，不辨时势，迂腐妄论，不值一提。

汉纪三十六

汉光武帝建武二十三年至汉明帝永平三年（47—60年）

【起强圉协洽（丁未，47年），尽上章涒滩（庚申，60年），凡十四年】

【大事提要】

本卷记事起公元47年，讫公元60年，凡十四年，当光武帝建武二十三年至汉明帝永平三年。这一时期是东汉中兴开国两任皇帝交替之际，由于两任皇帝的精明强干，天下已承平二十余年，政治稳定，国力日益强盛，百姓日渐丰裕。于是光武帝封禅泰山，祭天告成功。明帝继位，尊礼大儒，兴起儒学，修治礼乐。初即位问民疾苦，表彰功臣，既能纳谏，却又偏听偏信，政治日渐转入严苛。光武帝晚年迷信图谶，渐生骄侈心，发无名之火，迫害功臣马援，未免小肚鸡肠。南匈奴归附，光武帝不接受北匈奴归附，分化匈奴，以夷制夷，边郡安宁，边民归还本土。局部地区的蛮夷仍有反叛。马援高龄出征武陵蛮，为国殉难，反遭迫害，实令人可悯。

【原文】

世祖光武皇帝下

建武二十三年（丁未，47 年）

春，正月，南郡蛮叛；遣武威将军刘尚讨破之。

夏，五月，丁卯，大司徒蔡茂薨。

秋，八月，丙戌，大司空杜林薨。

九月，辛未，以陈留玉况为大司徒。

冬，十月，丙申，以太仆张纯为大司空。

武陵蛮精夫相单程等反，遣刘尚发兵万余人溯沅水入武溪击之。尚轻敌深入，蛮乘险邀之，尚一军悉没。

初，匈奴单于舆弟右谷蠡王知牙师以次当为左贤王，左贤王次即当为单于。单于欲传其子，遂杀知牙师。乌珠留单于有子曰比，为右薁鞬日逐王，领南边八部。比见知牙师死，出怨言曰："以兄弟言之，右谷蠡王次当立；以子言之，我前单于长子，我当立！"遂内怀猜惧，庭会稀阔。单于疑之，乃遣两骨都侯监领比所部兵。及单于蒲奴立，比益恨望，密遣汉人郭衡奉匈奴地图诣西河太守求内附。两骨都侯颇觉其意，会五月龙祠，劝单于诛比。比弟渐将王在单于帐下，闻之，驰以报比。比遂聚八部兵四五万人，待两骨都侯还，欲杀之。骨都侯且到，知其谋，亡去。单于遣万骑击之，见比众盛，不敢进而还。

是岁，鬲侯朱祜卒。祜为人质直，尚儒学；为将多受降，以克定城邑为本，不存首级之功。又禁制士卒不得虏掠百姓，军人乐放纵，多以此怨之。

（以上为第一段，写光武中兴，后期政治稳定，是年国家无大事，局部地区蛮夷反叛，邻国匈奴发生争位内乱。）

二十四年（戊申，48 年）

春，正月，乙亥，赦天下。

匈奴八部大人共议立日逐王比为呼韩邪单于，款五原塞，愿永为藩

【语译】

世祖光武皇帝下

汉光武帝建武二十三年（丁未，47年）

春季，正月，南郡境内蛮夷叛乱，派武威将军刘尚讨伐，打败了他们。

夏季，五月初八日丁卯，大司徒蔡茂去世。

秋季，八月二十八日丙戌（八月无此日，疑为丙未日），大司空杜林去世。

九月十三日辛未，任命陈留人玉况为大司徒。

冬季，十月初九日丙申，任命太仆张纯为大司空。

武陵蛮首领相单程等人叛乱，朝廷派刘尚率领一万多人沿着沅水，逆流而上，进入武溪讨伐叛乱。刘尚轻敌冒进，武陵蛮凭借地势险要阻击，刘尚全军覆没。

当初，匈奴单于栾提舆的弟弟右谷蠡王知牙师按照次序本应做左贤王，左贤王按次序就应做单于。可是栾提舆单于想传位给自己的儿子，就杀了知牙师。栾提舆的前任乌珠留单于有个儿子叫栾提比，做右薁鞬日逐王，统率南边八个部落。栾提比看到知牙师被杀死，气愤地说："按兄弟次序，右谷蠡王当立为单于；按父子次序，我是前一个单于的长子，我应当立为单于！"于是，他心怀猜疑、恐惧，很少参加王庭朝会。栾提舆单于怀疑他，就派左、右骨都侯监督栾提比的军队。等到单于蒲奴继位，栾提比更加怨恨，秘密派汉人郭衡带匈奴地图到西河太守那里，请求归附。左、右骨都侯已经察觉到栾提比的想法，恰好到了五月龙城大会祭祀祖先，左、右骨都侯劝蒲奴单于杀栾提比。栾提比的弟弟渐将王在单于帐下任职，听说此事，赶快通知栾提比。栾提比于是就召集八个部落的四五万军队，等待左、右骨都侯回营时，想先下手杀掉两人。左、右骨都侯快要到达时，发觉了栾提比的图谋，就逃走了。蒲奴单于派出一万骑兵进攻栾提比，看到栾提比的人数众多，不敢冒进，只好回去了。

这一年，鬲侯朱祜去世。朱祜为人朴实正直，崇尚儒学；他担任将军，接受了许多人的投降，以攻占平定城邑为原则，不贪求多杀人来立功。朱祜又严禁和制止士兵不能去抢掠百姓，军人喜欢恣意放纵，因此很多士兵都怨恨朱祜。

汉光武帝建武二十四年（戊申，48年）

春季，正月十九日乙亥，大赦天下。

南部匈奴八个部落的首领一起商议拥立日逐王栾提比为呼韩邪单于，派人到五

蔽，捍御北虏。事下公卿，议者皆以为“天下初定，中国空虚，夷狄情伪难知。不可许”。五官中郎将耿国独以为“宜如孝宣故事，受之，令东捍鲜卑，北拒匈奴，率厉四夷，完复边郡。”帝从之。

秋七月，武陵蛮寇临沅，遣谒者李嵩、中山太守马成讨之，不克。马援请行，帝愍其老，未许，援曰：“臣尚能被甲上马。”帝令试之。援据鞍顾眄，以示可用，帝笑曰：“矍铄哉是翁！”遂遣援率中郎将马武、耿舒等将四万余人征五溪。援谓友人杜愔曰：“吾受厚恩，年迫日索，常恐不得死国事；今获所愿，甘心瞑目，但畏长者家儿或在左右，或与从事，殊难得调，介介独恶是耳！”

冬，十月，匈奴日逐王比自立为南单于，遣使诣阙奉藩称臣。上以问朗陵侯臧宫。宫曰：“匈奴饥疫分争，臣愿得五千骑以立功。”帝笑曰：“常胜之家，难与虑敌，吾方自思之。”

（以上为第二段，写南匈奴归附东汉，马援老将出征武陵蛮。）

二十五年（己酉，49 年）

春，正月，辽东徼外貊人寇边，太守祭彤招降之。彤又以财利抚纳鲜卑大都护偏何，使招致异种，骆驿款塞。彤曰：“审欲立功，当归击匈奴，斩送头首，乃信耳。”偏何等即击匈奴，斩首二千余级，持头诣郡。其后岁岁相攻，辄送首级，受赏赐。自是匈奴衰弱，边无寇警，鲜卑、乌桓并入朝贡。彤为人质厚重毅，抚夷狄以恩信，故皆畏而爱之，得其死力。

南单于遣其弟左贤王莫，将兵万余人击北单于弟薁鞬左贤王，生获之；北单于震怖，却地千余里。北部薁鞬骨都侯与右骨都侯率众三万余人归南单于。三月，南单于复遣使诣阙贡献，求使者监护，遣侍子，修旧约。

戊申晦，日有食之。

马援军至临乡，击破蛮兵，斩获二千余人。

初，援尝有疾，虎贲中郎将梁松来候之，独拜床下，援不答。松去后，诸子问曰：“梁伯孙，帝婿，贵重朝廷，公卿已下莫不惮之，大人奈

原塞，表示愿意永远做汉朝屏障，抵御北方的胡虏。光武帝把这事交给公卿讨论，谋议的人都认为“天下刚刚平定，国内空虚，夷狄的情况复杂真伪难知，不能答应”。唯有五官中郎将耿国认为：“应当仿照孝宣帝处事的旧例，接受栾提比的要求，命令他们向东抵御鲜卑，向北抗击匈奴，作为榜样勉励四夷，保全恢复边郡。”光武帝采纳了耿国的意见。

秋季，七月，武陵蛮人侵扰临沅县，朝廷派谒者李嵩、中山太守马成讨伐他们，没有取得胜利。马援请求出征，光武帝考虑到他年老，没有批准，马援说：“臣还能披甲上马。”光武帝命令他试一试。马援跨鞍回视，以表示自己还可任用，光武帝笑着说：“真是精神抖擞！”于是，派马援率领中郎将马武、耿舒等四万多士兵讨伐五溪。马援对友人杜愔说：“我蒙受圣恩，年事已高，时常担心不能以身殉国；如今得偿所愿，死也瞑目了，只是担心一些权贵子弟在军中，有的在我身边为助手，有的参谋做事，很难调和，这是让我耿耿于怀、最痛恨的事！”

冬季，十月，匈奴日逐王栾提比自立为南单于，派使臣到朝廷，以藩属的地位自称臣子。光武帝以此事问朗陵侯臧宫，臧宫说：“匈奴面临着饥饿和疾疫，争乱不休，臣希望率领五千骑兵去建立功业。”光武帝笑着说：“经常打胜仗的人，很难与之讨论敌情，我还是自己考虑这件事。”

汉光武帝建武二十五年（己酉，49年）

春季，正月，辽东郡国界外的貊人侵扰边境，太守祭肜招降他们。祭肜又用财货利益招抚鲜卑大都护偏何，让他召集异族，内附者络绎不绝地来到边塞。祭肜说：“真想立功的话，应当去攻打匈奴，带来头颅，才可相信。”偏何等部就去攻打匈奴，杀了两千多人，带着头颅送到郡里。这以后，他们年年攻打匈奴，总是送来头颅，受到赏赐。从此匈奴衰败，边境没有侵扰的警报，鲜卑、乌桓都入朝进贡。祭肜为人厚重刚毅，用恩信来招抚夷狄，所以夷人都既敬畏又爱戴祭肜，愿意为祭肜拼死效力。

南匈奴单于派他的弟弟左贤王莫率领一万多人攻打北单于的弟弟薁鞬左贤王，活捉了他；北单于惊恐，后退了一千多里。北匈奴薁鞬骨都侯和右骨都侯率领三万多人归附南匈奴单于。三月，南匈奴单于又派使者到朝廷进贡，请求汉朝派使者监护，允许南匈奴派王子当人质，重新修好汉朝与匈奴的关系。

三月二十九日戊申晦，发生日食。

马援的军队到达临乡，击败蛮兵，斩杀、俘获两千多人。

当初，马援曾生病，虎贲中郎将梁松来看望他，跪拜在床下，马援不答礼。梁松走后，众子问道：“梁伯孙是皇上的女婿，是朝廷中显贵的大臣，公卿以下的官吏

何独不为礼？”援曰：“我乃松父友也，虽贵，何得失其序乎！”

援兄子严、敦并喜讥议，通轻侠，援前在交趾，还书诫之曰：“吾欲汝曹闻人过失，如闻父母之名，耳可得闻，口不可得言也。好论议人长短，妄是非政法，此吾所大恶也；宁死，不愿闻子孙有此行也。龙伯高敦厚周慎，口无择言，谦约节俭，廉公有威，吾爱之重之，愿汝曹效之。杜季良豪侠好义，忧人之忧，乐人之乐，父丧致客，数郡毕至，吾爱之重之，不愿汝曹效也。效伯高不得，犹为谨敕之士，所谓‘刻鹄不成尚类鹜’者也；效季良不得，陷为天下轻薄子，所谓‘画虎不成反类狗’者也。”伯高者，山都长龙述也；季良者，越骑司马杜保也；皆京兆人。会保仇人上书，讼“保为行浮薄，乱群惑众，伏波将军万里还书以诫兄子，而梁松、窦固与之交结，将扇其轻伪，败乱诸夏”。书奏，帝召责松、固，以讼书及援诫书示之，松、固叩头流血，而得不罪。诏免保官，擢拜龙述为零陵太守。松由是恨援。

及援讨武陵蛮，军次下隽，有两道可入，从壶头则路近而水崄，从充则涂夷而运远。耿舒欲从充道；援以为弃日费粮，不如进壶头，扼其喉咽，充贼自破；以事上之，帝从援策。进营壶头，贼乘高守隘，水疾，船不得上；会暑甚，士卒多疫死，援亦中病，乃穿岸为室以避炎气。贼每升险鼓噪，援辄曳足以观之，左右哀其壮意，莫不为之流涕。耿舒与兄好畤侯弇书曰：“前舒上书当先击充，粮虽难运而兵马得用，军人数万，争欲先奋。今壶头竟不得进，大众怫郁行死，诚可痛惜！前到临乡，贼无故自致，若夜击之，即可殄灭，伏波类西域贾胡，到一处辄止，以是失利。今果疾疫，皆如舒言。”弇得书奏之，帝乃使梁松乘驿责问援，因代监军。

会援卒，松因是构陷援。帝大怒，追收援新息侯印绶。初，援在交趾，常饵薏苡实，能轻身，胜障气，军还，载之一车。及卒后，有上书谮之者，以为前所载还皆明珠文犀。帝益怒。

没有谁不怕他，大人为何独不敬礼他？”马援回答：“我是梁松父亲的朋友，梁松虽然显贵，我怎么可以丢掉我的辈分呢？”

马援哥哥的儿子马严、马敦都爱议论别人的是非，交结轻浮的游侠，马援先前在交趾时，写信告诫他们说：“我要你们听到别人的过失，就像听见父母的名字一样，可以听，但不能说。喜好议论别人的长短，随便议论时政，这是我最痛恨的事；我宁愿去死，也不想听到子孙有这种行为。龙伯高为人厚道谨慎，绝不说让人挑剔的话，谦逊节俭，廉洁公正而有威严，我喜爱并敬重他，希望你们效仿他。杜季良豪放侠义而喜好道义，把别人的忧愁当作自己的忧愁，把别人的快乐当作自己的快乐，父丧时招请宾客，几个郡的人都到了，我喜爱并敬重他，但不愿你们学习他。效仿龙伯高不成功，仍不失为一个谨慎的人，这就叫‘画天鹅不成还像鸭’；效仿杜季良不成功，就会成为天下可笑的人，这就叫‘画虎不成反类犬’。”龙伯高就是山都县长龙述；杜季良就是越骑司马杜保；他俩都是京兆人。正巧碰上杜保的仇人上书，控告说：“杜保行为轻薄，惑乱百姓，伏波将军在万里之外还寄信来告诫兄长的儿子，然而梁松、窦固却与他交结，将会助长他的轻薄虚伪行为，败坏纲纪。”奏书送上，光武帝召见梁松、窦固，责备二人，并把控告书和马援的告诫信给他二人看，梁松、窦固叩头至流血，才得以免罪。诏令罢免杜保的官职，提升龙述为零陵太守。梁松于是仇恨马援。

马援讨伐武陵蛮，军队驻扎在下隽县，有两条路可进入，一是往壶头山走，路近而水险；二是往充县走，道路平坦而运输遥远。耿舒想要走充县，马援认为耗时费粮，不如从壶头山走，扼住叛贼咽喉，充县的叛贼就不攻自破。将这事上报朝廷，光武帝采纳了马援的策略。进军到壶头山，叛贼居高守险，水急，船不能上行；遇到酷热，士卒多染瘟疫而死，马援也得了病，于是就在水岸边挖地洞用来躲避热气。每次叛贼登上高险之地击鼓喊叫，马援就拖着双腿观察，身边的人被他感动，没有不流泪的。耿舒给兄长好畤侯耿弇写信说：“先前我上书说应当先进攻充县，虽然粮食难运，但兵马前进无碍，数万军人，可以奋勇杀敌。而如今因为壶头山阻挡竟然不能前进，全军都忧愁将会染上瘟疫死亡，真令人痛惜！前次到临乡，叛贼无故自来，如果乘夜攻击他们，就可以将他们消灭，但伏波将军马援像个西域做买卖的胡人，到一处就停下来，因此失利。如今果然流传瘟疫，都像我预知的那样。”耿弇收到书信就进呈给光武帝，光武帝就派梁松乘驿车去责问马援，并留下代理监军。

正当此时，马援去世，梁松罗织罪状陷害马援。光武帝大怒，收回马援新息侯的印章绶带。当初，马援在交趾常吃薏苡的果实，能使身体轻松，防御瘴气。军队返回时，载了一车回来。等到马援死后，有人上书诋毁他，说车里装的都是明珠和有文彩的犀牛角。光武帝更加愤怒。

援妻孥惶惧，不敢以丧还旧茔，稿葬域西，宾客故人，莫敢吊会。严与援妻子草索相连，诣阙请罪。帝乃出松书以示之，方知所坐，上书诉冤，前后六上，辞甚哀切。前云阳令扶风朱勃诣阙上书曰："窃见故伏波将军马援，拔自西州，钦慕圣义，间关险难，触冒万死，经营陇、冀，谋如涌泉，势如转规，兵动有功，师进辄克。诛锄先零，飞矢贯胫；出征交趾，与妻子生诀。间复南讨，立陷临乡，师已有业，未竟而死；吏士虽疫，援不独存。夫战或以久而立功，或以速而致败，深入未必为得，不进未必为非，人情岂乐久屯绝地不生归哉！惟援得事朝廷二十二年，北出塞漠，南渡江海，触冒害气，僵死军事，名灭爵绝，国土不传，海内不知其过，众庶未闻其毁，家属杜门，葬不归墓，怨隙并兴，宗亲怖栗，死者不能自列，生者莫为之讼，臣窃伤之！夫明主醲于用赏，约于用刑，高祖尝与陈平金四万斤以间楚军，不问出入所为，岂复疑以钱谷间哉！愿下公卿，平援功罪，宜绝宜续，以厌海内之望。"帝意稍解。

初，勃年十二，能诵《诗》、《书》，常候援兄况，辞言娴雅，援裁知书，见之自失。况知其意，乃自酌酒慰援曰："朱勃小器速成，智尽此耳，卒当从汝禀学，勿畏也。"勃未二十，右扶风请试守渭城宰。及援为将军封侯，而勃位不过县令。援后虽贵，常待以旧恩而卑侮之，勃愈身自亲。及援遇谗，唯勃能终焉。

（以上为第三段，写马援正直，结怨梁松，年迈出征，为国殉职，反遭陷害。）

谒者南阳宗均监援军，援既卒，军士疫死者太半，蛮亦饥困。均乃与诸将议曰："今道远士病，不可以战，欲权承制降之，何如？"诸将皆伏地莫敢应。均曰："夫忠臣出竟，有可以安国家，专之可也。"乃矫制调伏波司马吕种守沅陵长，命种奉诏书入虏营，告以恩信，因勒兵随其后。蛮夷震怖，冬十月，共斩其大帅而降。于是均入贼营，散其众，遣归本郡，为置长吏而还，群蛮遂平。均未至，先自劾矫制之罪；上嘉其功，迎，赐以金帛，令过家上冢。

马援的妻子儿女惶恐，不敢把马援的棺木运回祖坟安葬，就在洛阳城西草草安葬，宾客旧友没有敢去吊祭和参加入葬的。马严和马援的妻儿用草绳捆绑自己，连在一起，到皇宫门口请罪。光武帝拿出梁松的奏书给他们看，他们才知道马援的罪名，便上书诉冤，前后有六次，措辞非常悲切。前云阳县令、扶风人朱勃上书说："臣认为已故伏波将军马援，兴起于凉州，钦佩仰慕圣上的德义，历经艰难险阻，冒着生命危险，指挥陇西、冀州的征战，谋略如涌泉一样源源不断，审时度势，军队行动像圆规一样灵活。兵卒一动就立功，队伍前进就获胜。灭掉先零时，飞箭射穿小腿。出征交趾时，与妻儿生别。过了不久又南征，立即攻陷了临乡，军事已有了头绪，竟没有完成使命就牺牲。吏卒虽然染上瘟疫，但马援也没有幸存。有人因为久战而立功，有人因为速战而致败，深入未必就对，不进未必就错，屯驻在险地谁不想生还？唯有马援能够为朝廷效力二十二年，北征塞外沙漠，南渡江海，他冒着毒气，为战斗而死，名声被毁，爵位被除，封土不能承袭，人们不知他的过失，大家未听说他的败毁，家属闭门，下葬不得入祖坟，怨声载道，亲戚害怕，死了的人没法开口自述，活着的人谁也不敢替他申冤，我私下对此伤感！英明的君主奖赏厚重，处罚宽松。高祖曾经交给陈平四万斤金，用以离间楚军，不问是怎样支出的，怎么又会在钱谷方面怀疑他呢？我希望能将此事交给公卿，公平地对待马援的功过，到底是应该削封除爵，还是应该继续享有，以满足天下人的愿望。"光武帝的怒气才稍稍化解。

当初，朱勃十二岁就能背诵《诗经》、《尚书》，经常看望马援的兄长马况，辞令娴雅，马援这时刚读书，见到他则自卑。马况了解他的心思，就亲自酌酒安慰马援说："朱勃是小器速成，最终还要向你学习，不要畏惧。"朱勃不到二十岁时，右扶风请他试任渭城县宰。等到马援做了将军，封了侯，而朱勃的官位还不过是个县令。马援后来虽然尊贵了，仍常常依照马家旧时对朱勃的恩情照顾他，但又看不起朱勃，甚至凌辱他，可朱勃却更加谦恭，亲近马援。等到马援遭受谗言，只有朱勃能始终如一地对待马援。

谒者南阳人宗均原是马援的监军，马援已死，士卒又有大半死于瘟疫，蛮人也饥饿困乏。宗均就和诸将商议说："如今路远士兵多病，丧失了作战能力，我想用权宜之计，以皇帝旨意招降他们，怎么样？"各位将领都害怕地伏地不敢回答。宗均说："忠臣出境，只要使国家安定，就可自行其是。"便假传圣旨任命伏波将军马援的司马吕种任沅陵县长，命令吕种带着诏书进入敌营，向他们宣告恩惠，趁机带着军队尾随其后。蛮人震惊恐怖，冬季，十月，他们杀了首领而归降。宗均进入敌营，解散了他们的队伍，为他们设立长吏，蛮人们终于被平定。宗均还没有到朝廷，就

是岁，辽西乌桓大人郝旦等率众内属，诏封乌桓渠帅为侯、王、君长者八十一人，使居塞内，布于缘边诸郡，令招来种人，给其衣食，遂为汉侦候，助击匈奴、鲜卑。时司徒掾班彪上言："乌桓天性轻黠，好为寇贼，若久放纵而无总领者，必复掠居人，但委主降掾吏，恐非所能制。臣愚以为宜复置乌桓校尉，诚有益于附集，省国家之边虑。"帝从之，于是始复置校尉于上谷宁城，开营府，并领鲜卑赏赐、质子，岁时互市焉。

（以上为第四段，写马援死后，监军宗均便宜从事，矫旨招降武陵蛮，安定一方，受到光武帝嘉奖。）

二十六年（庚戌，50 年）

正月，诏增百官奉，其千石已上，减于西京旧制，六百石已下，增于旧秩。

初作寿陵。帝曰："古者帝王之葬，皆陶人、瓦器、木车、茅马，使后世之人不知其处。太宗识终始之义，景帝能述遵孝道，遭天下反覆，而霸陵独完受其福，岂不美哉！今所制地不过二三顷，无山陵陂池，裁令流水而已。使迭兴之后，与丘陇同体。"

诏遣中郎将段彬、副校尉王郁使南匈奴，立其庭，去五原西部塞八十里。使者令单于伏拜受诏，单于顾望有顷，乃伏称臣。拜讫，令译晓使者曰："单于新立，诚惭于左右，愿使者众中无相屈折也。"诏听南单于入居云中，始置使匈奴中郎将，将兵卫护之。

夏，南单于所获北虏薁鞬左贤王将其众及南部五骨都侯，合三万余人畔归，去北庭三百余里，自立为单于。月余，日更相攻击，五骨都侯皆死，左贤王自杀，诸骨都侯子各拥兵自守。

秋，南单于遣子入侍。诏赐单于冠带、玺绶、车马、金帛、甲兵、什器。又转河东米糒二万五千斛，牛羊三万六千头以赡给之。令中郎将将弛刑五十人，随单于所处，参辞讼，察动静。单于岁尽辄遣奉奏，送侍子入朝，汉遣谒者送前侍子还单于庭，赐单于及阏氏、左、右贤王以下缯彩合万匹，岁以为常。于是云中、五原、朔方、北地、定襄、雁门、上谷、代八郡民归于本土。遣谒者分将弛刑，补治城郭，发遣边民在中国者布还诸县，皆赐以装钱，转给粮食。时城郭丘墟，扫地更为，上乃

先自己弹劾自己假传圣旨的罪状；光武帝嘉奖了他的功劳，派专使出京迎接他，赐给他金帛，特许他经过家乡时可以上坟祭告。

这一年，辽西郡乌桓部落大人郝旦等人率领部众内归，诏封乌桓的首领为侯、王、君长的有八十一人，让他们住在边塞之内，分布在沿边的那些郡县，命令他们招回同族人，供给他们衣食，于是他们就成为侦察敌情的哨探，帮助汉人攻击匈奴、鲜卑。这时，司徒掾班彪上书说："乌桓人天性轻薄黠狡，喜好掠夺，如果长久放纵而没人管理，一定会重新掠夺汉朝居民，只把乌桓交给临时设置的受降官员来管理，恐怕难以控制。臣认为应当重新设置乌桓校尉，以便减轻国家的忧虑。"光武帝接受了这个建议，于是就在上谷郡宁城县设立校尉，建立办事机构，管理对鲜卑的赏赐和质子事宜，以及每年按时进行的双边交易。

汉光武帝建武二十六年（庚戌，50 年）

正月，光武帝下诏增加百官的俸禄，那些一千石以上的，低于西汉时的旧制；六百石以下的，高于西汉时的旧制。

开始建造寿陵。光武帝说："古代帝王随葬品，全是用陶人、瓦器、木车、茅马，这些东西容易腐烂，使后代的人找不到埋葬的地方。汉文帝了解人生终结的目的，汉景帝能遵循孝道，经过天下动荡，而霸陵独保持完好，这多好啊！如今规定陵冢的土地只有二三顷，没有山陵池塘。务使朝代更换之后，坟地仍与山丘同在。"

光武帝下诏派中郎将段郴、副校尉王郁出使南匈奴，为南匈奴建立王庭，离五原郡西部边塞八十里。使者要求单于行跪拜礼接受诏书，单于左看右看犹豫了一阵，才俯首称臣。单于拜毕，命令译者告诉使者说："单于刚刚即位，在左右部属面前跪拜实在羞惭，但愿使者在众人面前不要使单于过于难堪。"光武帝下诏允许南单于进入云中郡居住。汉朝开始设立使匈奴中郎将，率领军队护卫南单于。

夏季，南单于先前捕获的北虏薁鞬左贤王率领他的部众和南匈奴五个骨都侯，共三万多人逃回到北方，在离北庭三百多里处自立为单于。一个多月，每天互相攻击，五个骨都侯都死了，左贤王自杀，那些骨都侯的儿子各自拥兵自守。

秋季，南匈奴单于派儿子入京为质。光武帝下诏赏赐南匈奴单于冠带、玺绶、车马、金帛、甲兵、什器。又转运河东郡二万五千斛米粮、三万六千头牛羊赠给他们。命令中郎将带领五十个减刑的囚徒，随从单于，协助单于处理诉讼案件，暗中侦察单于的动静。单于在年终要派使者上奏，送侍子入京，汉朝派谒者送前一个侍子回单于王庭，赠给单于和阏氏、左右贤王以下共万匹彩色丝绸，年年以为惯例。于是云中、五原、朔方、北地、定襄、雁门、上谷、代八个郡的百姓都返归故乡。派谒者分路带领减罪囚徒，修补破烂的城郭，遣送迁入中原的边民回到原籍各县，

悔前徙之。

冬，南匈奴五骨都侯子复将其众三千人归南部，北单于使骑追击，悉获其众。南单于遣兵拒之，逆战不利，于是复诏单于徙居西河美稷，因使段彬、王郁留西河拥护之，令西河长史岁将骑二千、弛刑五百人助中郎将卫护单于，冬屯夏罢，自后以为常。南单于既居西河，亦列置诸部王，助汉捍戍北地、朔方、五原、云中、定襄、雁门、代郡，皆领部众，为郡县侦逻耳目。北单于惶恐，颇还所掠汉民以示善意，钞兵每到南部下，还过亭候，辄谢曰："自击亡虏薁鞬日逐耳，非敢犯汉民也。"

（以上为第五段，写南单于归附，助东汉抗击北匈奴，边郡安宁，边民各还本土。）

二十七年（辛亥，51 年）

夏，四月，戊午，大司徒玉况薨。

五月，丁丑，诏司徒、司空并去"大"名，改大司马为太尉。骠骑大将军行大司马刘隆即日罢，以太仆赵憙为太尉，大司农冯勤为司徒。

北匈奴遣使诣武威求和亲，帝召公卿廷议，不决；皇太子言曰："南单于新附，北虏惧于见伐，故倾耳而听，争欲归义耳。今未能出兵而反交通北虏，臣恐南单于将有二心，北虏降者且不复来矣。"帝然之，告武威太守勿受其使。

朗陵侯臧宫、扬虚侯马武上书曰："匈奴贪利，无有礼信，穷则稽首，安则侵盗。虏今人畜疫死，旱蝗赤地，疲困乏力，不当中国一郡，万里死命，悬在陛下；福不再来，时或易失，岂宜固守文德而堕武事乎！今命将临塞，厚县购赏，喻告高句骊、乌桓、鲜卑攻其左，发河西四郡、天水、陇西羌·胡击其右，如此，北虏之灭，不过数年。臣恐陛下仁恩不忍，谋臣狐疑，令万世刻石之功不立于圣世！"诏报曰："《黄石公记》曰：'柔能制刚，弱能制强。舍近谋远者，劳而无功；舍远谋近者，逸而有终。故曰：务广地者荒，务广德者强，有其有者安，贪人有者残。残灭之政，虽成必败。'今国无善政，灾变不息，百姓惊惶，人不自保，而复欲远事边外乎！孔子曰：'吾恐季孙之忧不在颛臾。'且北狄尚强，而屯田警备，传闻之事，恒多失实。诚能举天下之半以灭大寇，岂非至愿！

都赏给安家费，供给粮食。当时城郭到处是废墟，一切要从头开始，光武帝于是后悔当初不该强迫边民撤迁内地。

冬季，南匈奴五个骨都侯的儿子又带领他们的三千人回到南匈奴，北匈奴单于派骑兵追击，将他们全部抓住。南匈奴单于派兵抵抗北匈奴，迎战失利，于是光武帝下诏让南匈奴单于再向南迁，到西河郡美稷县定居，趁机派段彬、王郁留在西河郡护卫他们，命令西河郡长史每年率领两千骑兵、五百减罪囚徒辅助中郎将护卫单于，冬季屯守，夏季撤回，从此以后成为惯例。南匈奴单于居住西河郡后，也设立了诸部王，帮助汉朝保卫北地郡、朔方郡、五原郡、云中郡、定襄郡、雁门郡、代郡，诸部王都统领部众，为中国郡县充当侦察巡逻，探听消息。北匈奴单于惶恐，归还了抢去的汉民，以示友善，北匈奴突击的士兵每次到南匈奴附近，经过中国边塞亭障时，总是谢罪说："我们只是攻打亡虏薁鞬日逐，不敢入侵汉朝人民。"

汉光武帝建武二十七年（辛亥，51年）

夏季，四月二十一日戊午，大司徒玉况去世。

五月十一日丁丑，光武帝下诏把大司徒、大司空的"大"字去掉，改大司马为太尉。当天罢免了署理大司马职务的骠骑大将军刘隆，任命太仆赵熹为太尉，大司农冯勤为司徒。

北匈奴单于派使者到武威郡请求和亲，光武帝召见公卿当廷商议，没有结果；皇太子说："南单于刚刚归附，北匈奴怕被我攻伐，所以倾耳听命，争着归顺。现今我们没替南匈奴出兵讨伐北匈奴，反而去与北匈奴交往，我担心南匈奴单于将有二心，这样北匈奴也不再来归顺了。"光武帝认为有道理，通知武威郡太守不接受北匈奴使者的要求。

朗陵侯臧宫、扬虚侯马武上书说："匈奴贪婪，不讲礼信，穷困就磕头臣服，安定就侵扰抢夺。北匈奴现在人畜死于瘟疫，遭逢旱灾、蝗灾，土地荒芜，疲困贫乏，抵不上汉朝的一个郡。匈奴虽然远在万里之外，但他们的生死却由陛下决定；福不再来，时机易失，怎么可以固守文治而放弃军事呢？如今应当命令将军到边塞，悬以重赏，传告高句骊、乌桓、鲜卑攻击北匈奴的东部，调动河西四个郡、天水、陇西的羌胡，攻击北匈奴的西部，这样的话，用不了几年就可以消灭北匈奴。臣担心陛下过于仁恩，不忍心这样做，出谋划策的臣子猜疑不定，使得万代不朽功业付诸流水！"诏书回答说："《黄石公记》说：'柔能克刚，弱能克强。舍近图远，劳而无功；舍远谋近，逸而有成。所以说：专门致力于扩充土地的人会使自己疲惫；专门致力于扩展德行的人才会日益强大；珍惜自己已有的人得到安定；贪图夺取别人的人变得残忍。残暴的政治，即使一时成功，也一定会失败。'如今国家没有很好的政

苟非其时，不如息民。”自是诸将莫敢复言兵事者。

上问赵憙以久长之计，憙请遣诸王就国。冬，上始遣鲁王兴、齐王石就国。

（以上为第六段，写光武帝执行分化匈奴的政策，不接受北匈奴归降。）

是岁，帝舅寿张恭侯樊宏薨。宏为人，谦柔畏慎，每当朝会，辄迎期先到，俯伏待事；所上便宜，手自书写，毁削草本；公朝访逮，不敢众对。宗族染其化，未尝犯法。帝甚重之。及病困，遗令薄葬，一无所用。以为棺柩一藏，不宜复见，如有腐败，伤孝子之心，使与夫人同坟异藏。帝善其令，以书示百官，因曰：“今不顺寿张侯意，无以彰其德；且吾万岁之后，欲以为式。”

（以上为第七段，写光武帝薄葬国舅樊宏。）

二十八年（壬子，52 年）

春，正月，己巳，徙鲁王兴为北海王；以鲁益东海。帝以东海王强去就有礼，故优以大封，食二十九县，赐虎贲、旄头，设钟虡之乐，拟于乘舆。

夏，六月，丁卯，沛太后郭氏薨。

初，马援兄子婿王磐，平阿侯仁之子也。王莽败，磐拥富赀为游侠，有名江、淮间。后游京师，与诸贵戚友善，援谓姊子曹训曰：“王氏，废姓也，子石当屏居自守，而反游京师长者，用气自行，多所陵折，其败必也。”后岁余，磐坐事死；磐子肃复出入王侯邸第。时禁罔尚疏，诸王皆在京师，竞修名誉，招游士。马援谓司马吕种曰：“建武之元，名为天下重开，自今以往，海内日当安耳。但忧国家诸子并壮而旧防未立，若多通宾客，则大狱起矣。卿曹戒慎之！”至是，有上书告肃等受诛之家，为诸王宾客，虑因事生乱。会更始之子寿光侯鲤得幸于沛王，怨刘盆子，结客杀故式侯恭。帝怒，沛王坐系诏狱，三日乃得出。因诏郡县收捕诸王宾客，更相牵引，死者以千数；吕种亦与其祸，临命叹曰：“马将军诚神人也！”

策，灾异不断，百姓害怕，人人不能自保，怎么还想要到边境去建功立业？孔子说：‘我担忧季孙的大祸不在颛臾，而在萧墙之内啊！’何况北狄还很强盛，而屯田警备，传闻的事情，常多失实。果真能拿半个天下去消灭大敌，难道不是朕最大的愿望？若时机未到，还不如让百姓休息。”从此以后，众将领不敢再说用兵之事。

光武帝问赵熹国家长治久安的办法，赵熹建议下令各个诸侯王回到自己的侯国。冬季，光武帝派遣鲁王刘兴、齐王刘石回到侯国。

这一年，光武帝的舅舅寿张恭侯樊宏去世。樊宏为人谦虚温和，小心翼翼，每到朝会时，总是先到，恭敬地等候差遣；上奏应该兴革的条陈，亲手书写，毁掉草稿；公开朝会问到他，从不当众回答。宗族受他影响，无人犯法。光武帝很敬重他。等到他病危，遗命薄葬，不用陪葬品。认为棺柩一经掩埋，不应该再见天日，如果尸体腐败，会使孝子伤心，就遗命让自己与夫人埋一个坟但不用同一个墓穴。光武帝赞赏他的遗命，让百官看他的遗书，说：“如今不顺从寿张侯的意思，就不能够彰显他的美德；而且我死后，也要以他为榜样。”

汉光武帝建武二十八年（壬子，52年）

春季，正月十三日己巳，徙封鲁王刘兴为北海王；撤销鲁国并入东海国。光武帝因为东海王刘强进退有礼，封给他大国，食邑二十九个县，赐给虎贲、旄头，以及用木架悬挂的编钟，比拟天子的排场。

夏季，六月初七日丁卯，沛太后郭氏去世。

当初，马援哥哥的女婿王磐是平阿侯王仁的儿子。王莽失败，王磐凭借财富做游侠，在江、淮一带很有名气。后来王磐到了京城，和那些贵戚交友，马援对姐姐的儿子曹训说：“王氏是个败落之家，本应该居家自保，可王磐却到京城交结贵戚，任气独行，他必遭失败。”一年后，王磐犯罪被杀；王磐的儿子王肃又出入王侯之门。这时禁网还宽，众多诸侯王都在京城，争相建立名誉，招募游士。马援对司马吕种说：“建武之初，国家刚刚重建，从今以后，国家会越来越安定。只是担心各位皇子一天天长大，而防隔内外的旧制度还没有恢复，如果和宾客交往很多，就会出现大案。你们要小心谨慎！”这时，正好有人上书控告王肃等被诛杀之家，是诸侯王的宾客，担心出事生乱。正巧碰到更始帝刘玄的儿子寿光侯刘鲤得到沛王的宠爱，而刘鲤仇恨刘盆子，交结宾客杀死刘盆子之兄前式侯刘恭。光武帝发怒，沛王被牵连下狱，三天后才放出。于是下诏郡县逮捕诸侯王的宾客，互相揭发，死者数以千计；吕种也受到灾祸，临刑时感叹说：“马将军像个神仙啊！”

秋，八月，戊寅，东海王强、沛王辅、楚王英、济南王康、淮阳王延始就国。

上大会群臣，问“谁可傅太子者？”群臣承望上意，皆言“太子舅执金吾原鹿侯阴识可”。博士张佚正色曰：“今陛下立太子，为阴氏乎，为天下乎？即为阴氏，则阴侯可；为天下，则固宜用天下之贤才！”帝称善，曰：“欲置傅者，以辅太子也；今博士不难正朕，况太子乎！”即拜佚为太子太傅，以博士桓荣为少傅，赐以辎车、乘马。荣大会诸生，陈其车马、印绶，曰：“今日所蒙，稽古之力也，可不勉哉！”

（以上为第八段，写马援洞察光武帝心态，诫亲友不要攀附权贵以避大狱，不幸言中。光武帝为太子择师傅不唯亲，选用贤士。）

北匈奴遣使贡马及裘，更乞和亲，并请音乐，又求率西域诸国胡洛俱献见。帝下三府议酬答之宜，司徒掾班彪曰：“臣闻孝宣皇帝敕边守尉曰：‘匈奴大国，多变诈，交接得其情，则却敌折冲；应对入其数，则反为轻欺。’今北单于见南单于来附，惧谋其国，故数乞和亲，又远驱牛马与汉合市，重遣名王，多所贡献，斯皆外示富强以相欺诞也。臣见其献益重，知其国益虚；归亲愈数，为惧愈多。然今既未获助南，则亦不宜绝北，羁縻之义，礼无不答。谓可颇加赏赐，略与所献相当，报答之辞，令必有适。今立稿草并上，曰：‘单于不忘汉恩，追念先祖旧约，欲修和亲，以辅身安国，计议甚高，为单于嘉之！往者匈奴数有乖乱，呼韩邪、郅支自相仇隙，并蒙孝宣帝垂恩救护，故各遣侍子称藩保塞。其后郅支忿戾，自绝皇泽，而呼韩附亲，忠孝弥著。及汉灭郅支，遂保国传嗣，子孙相继。今南单于携众向南，款塞归命，自以呼韩嫡长，次第当立，而侵夺失职，猜疑相背，数请兵将，归扫北庭，策谋纷纭，无所不至。惟念斯言不可独听，又以北单于比年贡献，欲修和亲，故拒而未许，将以成单于忠孝之义。汉秉威信，总率万国，日月所照，皆为臣妾，殊俗百蛮，义无亲疏，服顺者褒赏，叛逆者诛罚，善恶之效，呼韩、郅支是也。今单于欲修和亲，款诚已达，何嫌而欲率西域诸国俱来献见！西域国属匈奴与属汉何异！单于数连兵乱，国内虚耗；贡物裁以通礼，何必献马裘！今赍杂缯五百匹，弓鞬韇丸一，矢四发，遗单于；又赐献马左骨都侯、右谷蠡王杂缯各四百匹，斩马剑各一。单于前言“先帝时所赐呼韩邪竽、瑟、空侯皆败，愿复裁赐”。念单于国尚未安，方厉武节，以战攻为务，竽、瑟之用，不如良弓、利剑，故未以赍。朕不爱小物，于

秋季，八月十九日戊寅，东海王刘强、沛王刘辅、楚王刘英、济南王刘康、淮阳王刘延各自开始离开京师官邸回到自己的封国。

光武帝问群臣："谁可以教太子？"群臣迎合上意，都说："太子的舅舅执金吾原鹿侯阴识可以担当此任。"博士张佚严肃地说："如今陛下立太子，是为了阴氏，还是为了天下？如果为了阴氏，则阴侯可以；如果为国家利益，就该用天下的贤才！"光武帝赞同，说："要请老师，是为了辅导太子；如今博士能够不顾忌谏朕，何况太子呢？"就任命张佚做太子的太傅，任命博士桓荣做少傅，赐予辎车、乘马。桓荣集合太学全体学生，陈列车马、印章绶带，说："今天蒙此荣幸，得力于研究古书，怎能不勉励呢？"

北匈奴派遣使者进贡，再次请求和亲，还请求教导他们汉朝的音乐，以及请求率领西域各国使节一起朝见。光武帝要三府商议适宜的对策，司徒掾班彪说："臣听说孝宣皇帝敕令边境守尉说：'匈奴是个大国，善变多诈，如能通过交往得到他们的真情，他们能够替你冲锋陷阵；如果一旦中其圈套，就反而会上当受骗。'如今北匈奴单于看到南匈奴单于来归附，害怕图谋他的国家，所以屡次请求和亲，又赶着牛车来跟汉人做生意，更派遣有名的部王前来，进贡很多，这都是用对外显示富强来迷惑我们。臣以为北匈奴单于的贡献越重，他的国家越空虚；归依次数越多，他们内心的恐惧就越多。然而中国如今既然没有帮助南匈奴，也就不宜和北匈奴断绝，所以没有不安抚笼络的道理。按照礼节，不能不回答。臣认为可以稍加赏赐，大致与所献之物相当，回复的言辞，务必恰如其分。臣拟了一个草稿一起呈上。拟稿内容说：'单于不忘汉朝的恩惠，追念先祖的旧约，想修好和亲，安定国家，计划很好，单于的做法值得赞赏！过去，匈奴常有内乱，呼韩邪、郅支自相内争，都受到孝宣皇帝救助，所以各自派侍子，自称藩臣，保卫汉朝边塞。而后郅支愤怒翻脸，自断汉朝的恩泽。而呼韩邪内附和亲，忠孝更加显明。等到汉朝将郅支消灭，就保全了呼韩邪单于的国家，传位其子，子孙相继。现在南单于率众徙南，叩塞归顺，自认为是呼韩邪嫡长子，按次序当立，却被侵夺了应得的王位，互相猜疑背叛，多次请求兵卒将帅，要回去扫荡北边的王庭。为了说动汉朝，各种谋略层出不穷，毫无保留上奏。汉朝廷只是想到不可偏听一方，又因北单于连年进贡，要修好和亲，所以拒绝了南匈奴单于栾提比请兵北伐的要求，目的是要成全北匈奴单于蒲奴归附中国的忠孝之义。汉朝秉持威信，统领众国，凡日月所照，都是臣属。对待所有不同风俗的蛮夷，在道义上不论远近亲疏，归顺者褒赏，叛逆者诛杀，向善和作恶的后果，可从呼韩邪、郅支身上看出。如今单于要修好和亲，诚意已经充分表达出来

单于便宜所欲，遣驿以闻。"' 帝悉纳从之。

（以上为第九段，写光武帝修好北匈奴。）

二十九年（癸丑，53 年）

春，二月，丁巳朔，日有食之。

三十年（甲寅，54 年）

春，二月，车驾东巡。群臣上言："即位三十年，宜封禅泰山。"诏曰："即位三十年，百姓怨气满腹，'吾谁欺，欺天乎！''曾谓泰山不如林放乎！'何事污七十二代之编录！若郡县远遣吏上寿，盛称虚美，必髡，令屯田。"于是群臣不敢复言。

甲子，上幸鲁、济南；闰月，癸丑，还宫。

有星孛于紫宫。

夏，四月，戊子，徙左翊王焉为中山王。

五月，大水。

秋，七月，丁酉，上行幸鲁；冬，十一月，丁酉，还宫。

胶东刚侯贾复薨。复从征伐，未尝丧败，数与诸将溃围解急，身被十二创。帝以复敢深入，希令远征，而壮其勇节，常自从之，故复少方面之勋。诸将每论功伐，复未尝有言。帝辄曰："贾君之功，我自知之。"

三十一年（乙卯，55 年）

夏，五月，大水。

癸酉晦，日有食之。

蝗。

京兆掾第五伦领长安市，公平廉介，市无奸枉。每读诏书，常叹息

了，还有什么顾虑，要率领西域众国一起来贡献朝见！西域国归属匈奴与归属汉朝一样！北匈奴连年兵乱不断，国内空耗，贡物酌量就可表达礼仪，何必进献马匹、裘皮！如今赠给各色丝绸五百匹，以及弓和收藏弓箭的器具各一件、箭四发，送给单于；又赐予献马的左骨都侯、右谷蠡王每人各色丝绸四百匹、斩马剑一把。单于以前说：'汉朝先帝时赐送呼韩邪的竽、瑟、箜篌都坏了，希望再酌量赐给。'考虑到单于的国家仍不安定，正在激励武节，专力从事征战，竽、瑟的用处不如良弓利剑，所以没有带来送你。朕不吝啬小东西，只是送给单于适用的东西，故派驿使向你说明。"光武帝全部采纳了他的建议，照此办理。

汉光武帝建武二十九年（癸丑，53 年）

春季，二月初一日丁巳朔，发生日食。

汉光武帝建武三十年（甲寅，54 年）

春季，二月，光武帝到东方巡视。群臣上奏说："皇上即位三十年了，应当到泰山行封禅之礼。"光武帝下诏说："即位三十年，百姓满腹怨气，'我欺骗谁呢？难道要欺骗上天吗？''难道说泰山之神还不如林放吗？'为什么要去玷污七十二位君王的记录！如果郡县远道派来官吏祝寿，大赞虚美之词，一定要处以髡刑，惩罚他去屯田。"于是，群臣不敢再说。

二月十三日甲子，光武帝到鲁国济南巡视；闰三月初三日癸丑，光武帝返回皇宫。

在紫宫星区出现异星。

夏季，四月初九日戊子，改封左翊王刘焉为中山王。

五月，发洪水。

秋季，七月，丁酉日，光武帝巡视到鲁国；冬季，十一月，丁酉日（疑误），光武帝返回皇宫。

胶东刚侯贾复去世。贾复出兵作战，从没有打过败仗，屡次和众将突破敌围，身上有十二处创伤。光武帝因为贾复敢深入敌境，很少让他远征，但嘉奖他的勇猛气节，经常把他安置在身边，所以贾复很少有独当一面的功勋。众将每次议论战功，贾复都沉默不语。光武帝总是说："贾君的功劳，我自己知道得一清二楚。"

汉光武帝建武三十一年（乙卯，55 年）

夏季，五月，发洪水。

五月三十日癸酉晦，发生日食。

有蝗灾。

京兆掾第五伦掌管长安的市，公平廉洁耿直，市场上没有作奸犯科与冤枉的事

曰："此圣主也，一见决矣。"等辈笑之曰："尔说将尚不能下，安能动万乘乎！"伦曰："未遇知己，道不同故耳。"后举孝廉，补淮阳王医工长。

中元元年（丙辰，56年）

春，正月，淮阳王入朝，伦随官属得会见。帝问以政事，伦因此酬对，帝大悦；明日，复特召入，与语至夕。帝谓伦曰："闻卿为吏，篣妇公，不过从兄饭，宁有之邪？"对曰："臣三娶妻，皆无父。少遭饥乱，实不敢妄过人食。众人以臣愚蔽，故生是语耳。"帝大笑。以伦为扶夷长，未到官，追拜会稽太守；为政清而有惠，百姓爱之。

上读《河图会昌符》曰："赤刘之九，会命岱宗。"上感此文，乃诏虎贲中郎将梁松等按察《河、洛谶文》，言九世当封禅者凡三十六事。于是张纯等复奏请封禅，上乃许焉。诏有司求元封故事，当用方石再累，玉检、金泥。上以石功难就，欲因孝武故封石，置玉牒其中；梁松等争以为不可，乃命石工取完青石，无必五色。

丁卯，车驾东巡，二月己卯，幸鲁，进幸泰山。辛卯，晨，燎，祭天于泰山下南方，群神皆从，用乐如南郊。事毕，至食时，天子御辇登山，日中后，到山上，更衣。晡时，升坛北面，尚书令奉玉牒检，天子以寸二分玺亲封之，讫，太常命驺骑二千余人发坛上方石，尚书令藏玉牒已，复石覆讫，尚书令以五寸印封石检。事毕，天子再拜。群臣称万岁，乃复道下。夜半后，上乃到山下，百官明旦乃讫。甲午，禅祭地于梁阴，以高后配，山川群神从，如元始中北郊故事。

三月，戊辰，司空张纯薨。

夏，四月，癸酉，车驾还宫；己卯，赦天下，改元。

上行幸长安；五月，乙丑，还宫。

六月，辛卯，以太仆冯鲂为司空。

情。第五伦每次读诏书，常叹息说："这是圣明的君主，只要有机会见圣上一面，一定会得到赏识。"同僚讥笑他说："你劝说一个将领都不能使其信从，怎么能说服天子！"第五伦说："只是未遇知己，道不相同而已。"后被举做孝廉，担任淮阳王手下的医工长。

汉光武帝中元元年（丙辰，56年）

春季，正月，淮阳王进京朝见，第五伦随着官属见到光武帝。光武帝问他政事，第五伦回答，光武帝很满意；第二天，又单独召他入宫，光武帝和他一直谈到黄昏。光武帝对第五伦说："听说你做官，鞭打岳父；拜访堂兄，不肯留下吃饭，真有这些事吗？"第五伦回答说："我三次娶妻，他们都没有父亲健在。我从小遭逢饥饿乱世，实在不敢轻易吃别人的饭。别人以为我愚笨，才这样说。"光武帝大笑。派第五伦做扶夷县长，还没上任，又任命他为会稽郡太守；第五伦为政清廉仁慈，百姓十分爱戴他。

光武帝读《河图会昌符》说："赤刘之九，会命岱宗。"光武帝深感这些文字玄妙，就命令虎贲中郎将梁松等人考查《河、洛谶文》，这本书上提到汉朝第九代应当上泰山封禅的地方共三十六处。于是张纯等人再次上奏请求封禅，光武帝就允许了。诏令有关官吏考究汉武帝元封年间的旧例，应当用方石两块扣合封藏玉牒，金泥密封，玉检按捺。光武帝认为方石之工很难完成，想使用以前汉武帝用过的封石，将玉牒放在里面；梁松等人争相认为不可以，就命石匠取用一色的青石，不一定要按方位用五色的青石。

正月二十八日丁卯，光武帝到东方巡视。二月初十日己卯，到鲁地登上泰山。二月二十二日辛卯，早晨，举行燎祭，在泰山南麓祭天，随同祭祀众神，比照南郊大祀奏乐。祭祀完毕，光武帝登车上山，中午后，到山上更衣。傍晚申时，登上祭坛，面向北边，尚书令捧着玉牒玉检，光武帝用一寸二分的印玺亲自印上。太常命令两千多个骑士打开坛上的方石，尚书令将玉牒藏好，再盖上方石，尚书令用五寸的印章印在石检上。封藏完毕，天子两次叩拜。群臣高呼万岁，就从原路下山。半夜后，光武帝才到山下，百官第二天早晨才全部下山。二月二十五日甲午，在梁父山的北面祭地，以高后配享，同时祭祀山川众神，祭礼比照元始年间在北郊祭地的旧例。

三月三十日戊辰，司空张纯去世。

夏季，四月初五日癸酉，光武帝返回皇宫；四月十一日己卯，大赦天下，更改年号。

光武帝巡幸长安；五月二十八日乙丑，返回皇宫。

六月二十四日辛卯，任命太仆冯鲂为司空。

乙未，司徒冯勤薨。

京师醴泉涌出，又有赤草生于水崖，郡国频上甘露。群臣奏言："灵物仍降，宜令太史撰集，以传来世。"帝不纳。帝自谦无德，于郡国所上，辄抑而不当，故史官罕得记焉。

秋，郡国三蝗。

冬，十月，辛未，以司隶校尉东莱李䜣为司徒。

甲申，使司空告祠高庙，上薄太后尊号曰高皇后，配食地祇。迁吕太后庙主于园，四时上祭。

十一月，甲子晦，日有食之。

是岁，起明堂、灵台、辟雍，宣布图谶于天下。

初，上以《赤伏符》即帝位，由是信用谶文，多以决定嫌疑。给事中桓谭上疏谏曰："凡人情忽于见事而贵于异闻。观先王之所记述，咸以仁义正道为本，非有奇怪虚诞之事。盖天道性命，圣人所难言也，自子贡以下，不得而闻，况后世浅儒，能通之乎！今诸巧慧小才、伎数之人，增益图书，矫称谶记，以欺惑贪邪，诖误人主，焉可不抑远之哉！臣谭伏闻陛下穷折方士黄白之术，甚为明矣；而乃欲听纳谶记，又何误也！其事虽有时合，譬犹卜数只偶之类。陛下宜垂明听，发圣意，屏群小之曲说，述'五经'之正义。"疏奏，帝不悦。会议灵台所处，帝谓谭曰："吾欲以谶决之，何如？"谭默然，良久曰："臣不读谶。"帝问其故，谭复极言谶之非经。帝大怒曰："桓谭非圣无法，将下，斩之！"谭叩头流血，良久，乃得解。出为六安郡丞，道病卒。

范晔论曰：桓谭以不善谶流亡，郑兴以逊辞仅免；贾逵能傅会文致，最差贵显；世主以此论学，悲哉！

逵，扶风人也。

南单于比死，弟左贤王莫立，为丘浮尤鞮单于。帝遣使赍玺书拜授玺绶，赐以衣冠及缯彩，是后遂以为常。

（以上为第十段，写光武帝晚年封禅泰山，迷信图谶，渐生骄侈心。）

二年（丁巳，57 年）

春，正月，辛未，初立北郊，祀后土。

六月二十八日乙未，司徒冯勤去世。

京城涌出甜水泉，水边又生长出朱草，郡国频频献上甘露。群臣上奏说："祥瑞不断降临，应下令太史撰写汇集，收集记录，流传到后世。"光武帝没有采纳。光武帝又自谦认为恩德不够，对郡国献上的祥瑞灵物，总是推辞不受，所以史官很少得以记载。

秋季，有三个郡国发生蝗灾。

冬季，十月初六日辛未，任命司隶校尉东莱李䜣为司徒。

甲申日（疑误），派遣司空祭告高庙，尊称薄太后为高皇后，配享地神。将高庙中吕太后的神主及牌位迁出，安置在墓园按四季祭祀。

十一月三十日甲子晦，发生日食。

这一年，盖起明堂、灵台、辟雍，向天下宣布图谶。

当初，光武帝认为他是应验了《赤伏符》的预言，才即帝位，从此，十分相信谶文，许多疑虑的事情就在图谶中找答案。给事中桓谭上奏说："大凡人之常情总是轻视眼前看得见的正常事物，而重视各种奇闻逸事。观看先王的记述，都以仁义正道为根本，本无奇怪虚诞的事情。圣人很难说清天道、性命，从子贡以下的孔门弟子，没有谁听说过，后世浅薄儒生又怎能通晓这些？如今那些方伎术数之人，擅自更改图书，谎称是谶记，用以达到贪婪利己的目的，欺骗国君，怎么能不惩治疏离他们？臣恭听陛下极力批评方士炼丹点金之术，真是英明；然而却接受谶记，为何犯这个错误？有些事情虽然有时和谶书相合，譬如占卜偶然对了一样。陛下应当明察视听，抛弃各种邪说，讲述'五经'的正统意义。"奏疏呈上，光武帝很不高兴。时逢讨论灵台处所，光武帝对桓谭说："我要用谶书来决定它，可以吗？"桓谭不吭声，好久才说："臣不读谶书。"光武帝问其中原因，桓谭又极力说谶书不合经典。光武帝大怒说："桓谭非议圣人，目无法纪，将他带下，斩首。"桓谭叩头流血，才得解救。贬出京城当六安郡丞，赴任途中病死。

范晔评论说：桓谭由于不好谶书而被放逐，郑兴却因恭顺的言辞而幸免；贾逵擅长附会文饰，最为显贵。国君以此论学问，真是令人悲叹！

贾逵是扶风人。

南匈奴单于栾提比死了，弟左贤王栾提莫继位，这就是丘浮尤鞮单于。光武帝派使者持着印玺和诏书，举行了授玺仪式，赐给单于衣服、冠冕及彩缯。此后，这就成了惯例。

汉光武帝中元二年（丁巳，57年）

春季，正月初八日辛未，开始在北郊立地坛，祭祀土地神。

二月，戊戌，帝崩于南宫前殿，年六十二。帝每旦视朝，日昃乃罢，数引公卿、郎将讲论经理，夜分乃寐。皇太子见帝勤劳不怠，承间谏曰："陛下有禹、汤之明，而失黄、老养性之福，愿颐爱精神，优游自宁。"帝曰："我自乐此，不为疲也！"虽以征伐济大业，及天下既定，乃退功臣而进文吏，明慎政体，总揽权纲，量时度力，举无过事，故能恢复前烈，身致太平。

太尉赵憙典丧事。时经王莽之乱，旧典不存，皇太子与诸王杂止同席，藩国官属出入宫省，与百僚无别。憙正色，横剑殿阶，扶下诸王以明尊卑；奏遣谒者将护官属分止他县，诸王并令就邸，唯得朝晡入临；整礼仪，严门卫，内外肃然。

太子即皇帝位，尊皇后曰皇太后。

山阳王荆哭临不哀，而作飞书，令苍头诈称大鸿胪郭况书与东海王强，言其无罪被废，及郭后黜辱，劝令东归举兵以取天下，且曰："高祖起亭长，陛下兴白水，何况于王，陛下长子、故副主哉！当为秋霜，毋为槛羊。人主崩亡，闾阎之伍尚为盗贼，欲有所望，何况王邪！"强得书惶怖，即执其使，封书上之。明帝以荆母弟，秘其事，遣荆出止河南宫。

三月，丁卯，葬光武皇帝于原陵。

夏，四月，丙辰，诏曰："方今上无天子，下无方伯，若涉渊水而无舟楫。夫万乘至重而壮者虑轻，实赖有德左右小子。高密侯禹，元功之首；东平王苍，宽博有谋；其以禹为太傅，苍为骠骑将军。"苍恳辞，帝不许。又诏骠骑将军置长史，掾史员四十人，位在三公上。苍尝荐西曹掾齐国吴良，帝曰："荐贤助国，宰相之职也。萧何举韩信，设坛而拜，不复考试，今以良为议郎。"

初，烧当羌豪滇良击破先零，夺居其地；滇良卒，子滇吾立，附落转盛。秋，滇吾与弟滇岸率众寇陇西，败太守刘盱于允街，于是守塞诸羌皆叛。诏谒者张鸿领诸郡兵击之，战于允吾，鸿军败没。冬，十一月，复遣中郎将窦固监捕虏将军马武等二将军、四万人讨之。

二月初五日戊戌，光武帝在南宫前殿去世，终年六十二岁。光武帝每天早晨上朝办事，到黄昏才停止，经常召见公卿、郎将讲论经学，半夜才睡。皇太子刘庄看到光武帝勤劳不怠，找一个机会劝谏说："陛下有禹、汤的英明，却失去了黄帝、老子长寿的福分，但愿能保养爱惜精神，悠闲宁静。"光武帝说："我喜欢这样做事，不感到疲劳！"光武帝虽然依靠征讨完成大业，但等到天下已经平定，就使功臣隐退，让文吏进升。明察政体，谨慎办事，总揽大权，观察时势，量力而行，不做办不到的事，因此能够恢复前代的功业，实现天下太平。

太尉赵熹掌管丧事。这时经过王莽之乱，旧有的典制都不复存在，皇太子刘庄和各位封王起居饮食，平起平坐，侯国属官进出宫禁，和百官没有差别。赵熹神色严肃，在殿阶拿着剑，将各位封王扶下大殿，以表明尊卑；奏请派遣谒者把诸侯王的官属护送分散到别的郡县，下令诸王都回到自己的官邸，只有早晚入宫哭丧。整齐礼仪，严守宫门防卫，宫廷内外肃然。

太子即皇帝位，尊称阴皇后为皇太后。

山阳王刘荆哭得不哀伤，还写匿名信，命家仆谎称是大鸿胪郭况给东海王刘强的信，说刘强没有罪而被废掉，以及母亲郭后被黜受辱，劝他回到东边起兵夺天下，而且说："高祖由亭长兴起，陛下自白水乡兴起，何况东海王您是陛下的长子、过去的太子。应当做肃杀万物的秋霜，不要做关在栅槛里的羔羊。国君去世，民间的百姓尚且做盗贼，想有所希望，何况是大王呢？"刘强接到信害怕恐慌，立即抓捕使者，密封上奏明帝。明帝因为刘荆是同母的弟弟，秘而不宣，只是命刘荆出居河南宫。

三月初五日丁卯，安葬光武皇帝葬于原陵。

夏季，四月二十四日丙辰，汉明帝下诏说："朕现在上没有先帝，下没有独当一面的重臣，就像渡深渊而无船桨。皇帝位重，朕因年轻往往思虑不周，实在需要有德行的人辅佐朕。高密侯邓禹，列元勋之首；东平王刘苍，宽厚博学而有谋略。特命邓禹为太傅，刘苍为骠骑将军。"刘苍恳切推辞，汉明帝不同意。又诏令骠骑将军设立长史、掾史四十人，使骠骑将军地位在三公之上。刘苍曾推荐西曹掾齐国人吴良，汉明帝说："推荐贤者辅助国家，是宰相的职责。萧何举荐韩信，设坛而拜将，不再考试，现今任命吴良为议郎。"

当初，羌族烧当部落首领滇良打败先零羌，占领他们的地方；滇良去世，儿子滇吾继位，部落转向强盛。秋季，滇吾和弟弟滇岸率领部众抢夺陇西，在允街击败太守刘盱，于是，防守边塞的各部羌人都起来反叛。诏令谒者张鸿率领诸郡军队攻击他们，在允吾县作战，张鸿全军覆没。冬季，十一月，又派遣中郎将窦固监督捕虏将军马武等两个将军，率领四万人讨伐羌人。

是岁，南单于莫死，弟汗立，为伊伐於虑鞮单于。

（以上为第十一段，写光武帝驾崩，明帝顺利继位。）

显宗孝明皇帝上

永平元年（戊午，58 年）

春，正月，帝率公卿已下朝于原陵，如元会仪。乘舆拜神坐，退，坐东厢；侍卫官皆在神坐后，太官上食，太常奏乐；郡国上计吏以次前，当神轩占其郡谷价及民所疾苦。是后遂以为常。

夏，五月，高密元侯邓禹薨。

东海恭王强病，上遣使者太医乘驿视疾，骆驿不绝。诏沛王辅、济南王康、淮阳王延诣鲁省疾。戊寅，强薨，临终，上书谢恩，言："身既夭命，孤弱复为皇太后、陛下忧虑，诚悲诚惭！息政，小人也，猥当袭臣后，必非所以全利之也，愿还东海郡。今天下新罹大忧，惟陛下加供养皇太后，数进御餐。臣强困劣，言不能尽意，愿并谢诸王，不意永不复相见也！"帝览书悲恸，从太后出幸津门亭发哀，使大司空持节护丧事，赠送以殊礼，诏楚王英、赵王栩、北海王兴及京师亲戚皆会葬。帝追惟强深执谦俭，不欲厚葬以违其意，于是特诏："遣送之物，务从约省，衣足敛形，茅车瓦器，物减于制，以彰王卓尔独行之志。"将作大匠留起陵庙。

秋，七月，马武等击烧当羌，大破之，余皆降散。

山阳王荆私迎能为星者，与谋议，冀天下有变；帝闻之，徙封荆广陵王，遣之国。

辽东太守祭肜使偏何讨赤山乌桓，大破之，斩其魁帅。塞外震詟，西自武威，东尽玄菟，皆来内附，野无风尘，乃悉罢缘边屯兵。

东平王苍以为中兴三十余年，四方无虞，宜修礼乐，乃与公卿共议定南北郊冠冕、车服制度及光武庙登歌、八佾舞数，上之。好畤愍侯耿弇薨。

（以上为第十二段，写汉明帝初即位，问民疾苦，修治礼乐。东海王刘强薨。）

这一年，南匈奴单于栾提莫去世，他的弟弟栾提汗继立，是为伊伐於虑鞮单于。

显宗孝明皇帝上

汉明帝永平元年（戊午，58年）

春季，正月，汉明帝率领公卿以下到光武帝原陵祭拜，使用光武帝在世时朝会的礼仪。汉明帝向光武帝牌位跪拜，礼毕，到寝殿东厢落座；侍卫官都站在牌位后面，太官献上食物，太常奏乐；各郡国参加考绩的簿官排次上前，在供光武帝牌位大殿前的平台处奏报本郡谷价和民众的困苦。此后这种仪式便成为惯例。

夏季，五月，高密元侯邓禹去世。

东海恭王刘强病重。汉明帝派遣使者、太医乘车探望病情，络驿不绝。诏令沛王刘辅、济南王刘康、淮阳王刘延到东海国首府鲁城去看望。五月二十二日戊寅，刘强去世，临死前，上书谢恩说："我就要死了，子孙孤苦无助，又使得皇太后、陛下担心，实在悲伤和羞愧。儿子刘政还年幼，承袭我的爵位之后，一定没有保全他的好办法，愿意归还东海郡。如今天下刚遇上大丧，希望陛下更好地侍奉皇太后，多进献膳食。臣刘强困顿愚笨，千言万语，不能尽意。特别感谢各位封王，没想到永远不能再相见了。"汉明帝看了奏书很悲泣，和太后一起出宫到津门亭发丧，派大司空执持符节办理丧事，赠送特优之礼，诏令楚王刘英、赵王刘栩、北海王刘兴以及京城里的亲戚都一起参加葬礼。汉明帝追思刘强谦逊节俭，不愿违背他的心意厚葬，于是特颁布诏书："馈送的物品，一定要简单，寿衣能遮住身体就行，茅车、瓦器等丧葬用物要少于正常规定，以表彰东海王特立独行的志节。"此后，留下将作大匠建筑陵墓庙寝。

秋季，七月，马武等人进攻羌人烧当部落，大败羌人，残余羌人有的投降，有的逃散。

山阳王刘荆私下接来擅长观察星象的人，和他谋议，希望天下发生变故；汉明帝知道此事，改封刘荆为广陵王，遣送他到封国。

辽东太守祭肜派偏何讨伐赤山乌桓，大败乌桓，杀了乌桓的首领，塞外震惊恐惧，西自武威，东到玄菟，都向汉朝归附，野外没有战争，于是裁撤了沿边的屯防军队。

东平王刘苍认为中兴三十多年了，四方没有事，应修治礼乐，就和公卿商议南北郊祭礼的冠冕、车服制度，以及光武庙的祭礼歌曲、八佾舞的人数，呈献给汉明帝。

二年（己未，59 年）

春，正月，辛未，宗祀光武皇帝于明堂，帝及公卿列侯，始服冠冕、玉佩以行事。礼毕，登灵台，望云物。赦天下。

三月，临辟雍，初行大射礼。

冬，十月，壬子，上幸辟雍，初行养老礼；以李躬为三老，桓荣为五更。三老服都纻大袍，冠进贤，扶玉杖；五更亦如之，不杖。乘舆到辟雍礼殿，御坐东厢，遣使者安车迎三老、五更于太学讲堂，天子迎于门屏，交礼；道自阼阶，三老升自宾阶；至阶，天子揖如礼。三老升，东面，三公设几，九卿正履，天子亲袒割牲，执酱而馈，执爵而酳，祝鲠在前，祝饐在后。五更南面，三公进供，礼亦如之。礼毕，引桓荣及弟子升堂，上自为下说，诸儒执经问难于前，冠带缙绅之人圜桥门而观听者，盖亿万计。于是下诏赐荣爵关内侯；三老五更皆以二千石禄养终厥身。赐天下三老酒，人一石，肉四十斤。

上自为太子，受《尚书》于桓荣，及即帝位，犹尊荣以师礼。尝幸太常府，令荣坐东面，设几杖，会百官及荣门生数百人，上亲自执业；诸生或避位发难，上谦曰："太师在是。"既罢，悉以太官供具赐太常家。荣每疾病，帝辄遣使者存问，太官、太医相望于道。及笃，上疏谢恩，让还爵土。帝幸其家问起居，入街，下车，拥经而前，抚荣垂涕，赐以床茵、帷帐、刀剑、衣被，良久乃去。自是诸侯、将军、大夫问疾者，不敢复乘车到门，皆拜床下。荣卒，帝亲自变服临丧送葬，赐冢茔于首山之阳。子郁当嗣，让其兄子泛；帝不许，郁乃受封，而悉以租入与之。帝以郁为侍中。

上以中山王焉，郭太后少子，太后尤爱之，故独留京师，至是始与诸王俱就国，赐以虎贲、官骑，恩宠尤厚，独得往来京师。帝礼待阴、郭，每事必均，数受赏赐，恩宠俱渥。

甲子，上行幸长安。十一月，甲申，遣使者以中牢祠萧何、霍光，帝过，式其墓。进幸河东；癸卯，还宫。

汉明帝永平二年（己未，59 年）

春季，正月十九日辛未，在明堂隆重祭祀光武帝，汉明帝以及公卿列侯穿戴冠冕、佩戴玉饰行祭礼。祭礼完毕，汉明帝登上灵台，观望云气天象，大赦天下。

三月，汉明帝临幸辟雍，首次举行大射礼。

冬季，十月初五日壬子，汉明帝莅临辟雍，初次举行养老礼。任命李躬为三老，桓荣为五更。三老穿戴优质的麻布大袍，戴进贤冠，持玉杖；五更也比照这样穿戴，但不持杖。天子乘车到达辟雍礼殿，坐在东厢，派使者用安稳的车子将三老、五更接到太学的讲堂，天子在门屏接待，行交拜礼；从东阶引路，三老登上宾阶；到了阶上，天子按礼作揖。三老登上宾阶，面向东方，三公摆设几案，九卿放好木屐，天子亲自挽袖袒臂分割祭肉，然后捧起酱汁，一并进献三老，举杯向三老敬酒，首先祝福老人吃鱼不受鱼刺伤害，然后祝福老人吃饭不被食物噎住，身体健康。五更面向南方，三公进献酒食，礼节像天子对待三老一般。礼仪完毕，引导桓荣以及弟子登上讲堂，汉明帝亲自为臣下讲说，各位儒学大师拿着经书在前面请问疑难，环绕太学（辟雍）大门外护城桥头观看和倾听的士大夫，成千上万。于是，下诏赐桓荣关内侯；三老、五更都以二千石的俸禄供养终身。还赐予全国各郡国三老每人一石酒，四十斤肉。

汉明帝做太子时，曾向桓荣学《尚书》，等到做了皇帝，还是用师礼尊敬桓荣。曾到太常府，令桓荣向东而坐，摆设几案、手杖，聚集所有官员及桓荣的几百个学生，汉明帝亲自拿着经书；有的人离开座位提问，汉明帝谦虚地说："太师在这里。"事后，将太官供奉的御膳全部赐给太常家。桓荣每次生病，汉明帝总是派遣使者慰问，送食的太官、治病的太医往来不绝。等到桓荣病重，上书谢恩，归还爵位食邑。汉明帝亲自到桓荣家询问起居，进入街道就下车，拿着经书上前，摸着桓荣流泪，赐送床垫、帷帐、刀剑、衣被，很久才离开。此后，诸侯、将军、大夫探病的不敢再乘车到门口，都在床下跪拜。桓荣去世，汉明帝亲自穿上丧服赴丧送葬，把首阳山南麓赐给他作为墓地。儿子桓郁应继承爵位，想让位给他哥哥的儿子桓汎；汉明帝不同意，桓郁才接受封爵，然而将租税收入都送给桓汎。汉明帝任命桓郁为侍中。

汉明帝因中山王刘焉是郭太后的小儿子，阴太后尤其喜欢他，就将他单独留在京城里，现在才和各位封王一样回到自己的封国，赐予他虎贲、官骑，恩宠非常优厚，只有他可以随时进京。汉明帝以礼待阴太后和郭太后，事事都同样对待，多次赏赐，恩宠都很优厚。

十月十七日甲子，汉明帝到长安。十一月初七日甲申，派使者用中牢祭品祭祀萧何、霍光，汉明帝经过他们的墓地，在车上俯身致哀。继续前行巡幸河东郡；十一月二十六日癸卯，汉明帝回宫。

十二月，护羌校尉窦林坐欺罔及臧罪，下狱死。林者，融之从兄子也。于是窦氏一公、两侯、三公主、四二千石相与并时，自祖及孙，官府邸第相望京邑，于亲戚功臣中莫与为比。及林诛，帝数下诏切责融，融惶恐乞骸骨，诏令归第养病。

是岁，初迎气于五郊。

新阳侯阴就子丰尚郦邑公主。公主骄妒，丰杀之，被诛，父母皆自杀。

南单于汗死，单于比之子適立，为醢僮尸逐侯鞮单于。

（以上为第十三段，写明帝尊礼大儒，兴起儒学。）

三年（庚申，60 年）

春，二月，甲寅，太尉赵憙、司徒李䜣免。丙辰，以左冯翊郭丹为司徒。己未，以南阳太守虞延为太尉。

甲子，立贵人马氏为皇后，皇子炟为太子。

后，援之女也，光武时，以选入太子宫，能奉承阴后，傍接同列，礼则修备，上下安之，遂见宠异；及帝即位，为贵人。时后前母姊女贾氏亦以选入，生皇子炟；帝以后无子，命养之，谓曰：“人未必当自生子，但患爱养不至耳！”后于是尽心抚育，劳悴过于所生。太子亦孝性淳笃，母子慈爱，始终无纤介之间。后常以皇嗣未广，荐达左右，若恐不及。后宫有进见者，每加慰纳；若数所宠引，辄加隆遇。

及有司奏立长秋宫，帝未有所言，皇太后曰：“马贵人德冠后宫，即其人也。”后既正位宫闱，愈自谦肃，好读书。常衣大练，裙不加缘；朔望诸姬主朝请，望见后袍衣疏粗，以为绮縠，就视，乃笑。后曰：“此缯特宜染色，故用之耳。”群臣奏事有难平者，帝数以试后，后辄分解趣理，各得其情，然未尝以家私干政事。帝由是宠敬，始终无衰焉。

帝思中兴功臣，乃图画二十八将于南宫云台，以邓禹为首，次马成、吴汉、王梁、贾复、陈俊、耿弇、杜茂、寇恂、傅俊、岑彭、坚镡、冯异、王霸、朱祐、任光、祭遵、李忠、景丹、万修、盖延、邳彤、铫期、刘植、耿纯、臧宫、马武、刘隆；又益以王常、李通、窦融、卓茂，合三十二人。马援以椒房之亲，独不与焉。

十二月，护羌校尉窦林犯欺骗和贪赃罪，被关进狱中而死。窦林是窦融堂兄的儿子。此时，窦氏有一人做公，两个人做侯，三人娶了公主，四人有二千石俸禄的官职，从祖父到孙子，在京城里有许多官府住宅，帝王的亲戚和功臣中无人可与之相比。等到窦林被诛杀，汉明帝多次下诏指责窦融，窦融惶恐，请求辞职，于是下诏命令他回家养病。

这一年，第一次在五郊举行迎节气庆典。

新阳侯阴就的儿子阴丰娶郦邑公主。公主骄横妒忌，阴丰杀了她，自己被诛，父母也都自杀。

南匈奴单于栾提汗去世，单于栾提比的儿子栾提適即位，就是醢僮尸逐侯鞮单于。

汉明帝永平三年（庚申，60 年）

春季，二月初九日甲寅，太尉赵熹、司徒李䜣被罢免。二月十一日丙辰，任命左冯翊郭丹为司徒。二月十四日己未，任命南阳太守虞延为太尉。

二月二十九日甲子，立贵人马氏为皇后，皇子刘炟为太子。

皇后是马援的女儿。光武帝时，她被选进太子的宫里，能够侍奉阴皇后，跟同辈相处融洽，各种礼仪周全，上下和睦，于是日渐被宠爱；等到汉明帝即位，选为贵人。当初，马贵人的异母姐姐的女儿贾氏被选进宫里，生了皇子刘炟；汉明帝因为马皇后没有儿子，就命马皇后抚养，对她说："人不一定要自己生儿子，只是担心对他爱抚不周到。"马皇后尽心养育，辛苦超过对待亲生的儿子。太子也淳厚笃实，母爱子慈，始终没有一点异心。马皇后常因为明帝皇子不多，推荐身边的美女，唯恐不够。后宫女子有觐见的，她都给予安排。如果多次受召，就给予重赏。

等到主管官吏奏请立皇后，汉明帝还没开口，皇太后说："马贵人的品性在后宫中最佳，皇后就是她。"马皇后坐了正宫后，愈加谦恭，爱好读书。常穿粗厚的素色绸衣，裙不加边。初一、十五妃嫔和公主来请安，见皇后的衣服粗疏，以为是特制的高级绸缎，走近一看，便笑了。马皇后说："这种丝料适合染色，所以用它罢了。"群臣上奏的事情有难于决定的，汉明帝多次询问马皇后，马皇后分析义理，然而从未以家中私事干涉政事。汉明帝于是宠爱敬重她，始终不变。

汉明帝怀念中兴功臣，在南宫云台画了二十八个将军的肖像，以邓禹为首，依次是马成、吴汉、王梁、贾复、陈俊、耿弇、杜茂、寇恂、傅俊、岑彭、坚镡、冯异、王霸、朱祜、任光、祭遵、李忠、景丹、万修、盖延、邳肜、铫期、刘植、耿纯、臧宫、马武、刘隆；加上王常、李通、窦融、卓茂，共三十二人。马援因是皇后的父亲，所以不包括在内。

夏，四月，辛酉，封皇子建为千乘王，羡为广平王。

六月，丁卯，有星孛于天船北。

帝大起北宫。时天旱，尚书仆射会稽钟离意诣阙、免冠、上疏曰：“昔成汤遭旱，以六事自责曰：‘政不节邪？使民疾邪？宫室营邪？女谒盛邪？苞苴行邪？谗夫昌邪？’窃见北宫大作，民失农时；自古非苦宫室小狭，但患民不安宁，宜且罢止，以应天心。”帝策诏报曰：“汤引六事，咎在一人，其冠、履，勿谢！”又敕大匠止作诸宫，减省不急。诏因谢公卿百僚，遂应时澍雨。

意荐全椒长刘平，诏征拜议郎。平在全椒，政有恩惠，民或增赀就赋，或减年从役。刺史、太守行部，狱无系囚，人自以得所，不知所问，唯班诏书而去。

帝性褊察，好以耳目隐发为明，公卿大臣数被诋毁，近臣尚书以下至见提曳。常以事怒郎药崧，以杖撞之；崧走入床下，帝怒甚，疾言曰：“郎出！”崧乃曰：“天子穆穆，诸侯皇皇，未闻人君，自起撞郎。”帝乃赦之。

是时朝廷莫不悚栗，争为严切以避诛责，唯钟离意独敢谏争，数封还诏书，臣下过失，辄救解之。会连有变异，上疏曰：“陛下敬畏鬼神，忧恤黎元，而天气未和，寒暑违节者，咎在群臣不能宣化治职，而以苛刻为俗，百官无相亲之心，吏民无雍雍之志，至于感逆和气，以致天灾。百姓可以德胜，难以力服，《鹿鸣》之诗必言宴乐者，以人神之心洽，然后天气和也。愿陛下垂圣德，缓刑罚，顺时气以调阴阳。”帝虽不能时用，然知其至诚，终爱厚之。

秋，八月，戊辰，诏改太乐官曰太予，用谶文也。

壬申晦，日有食之。诏曰：“昔楚庄无灾，以致戒惧，鲁哀祸大，天不降谴。今之动变，傥尚可救，有司勉思厥职，以匡无德！”

夏季，四月十七日辛酉，册封皇子刘建为千乘王，封刘羡为广平王。

六月二十四日丁卯，在天船星北，出现异星。

汉明帝大规模兴建北宫。当时发生旱灾，尚书仆射会稽人钟离意到宫门，脱下宫帽，上奏说："从前成汤遇到天旱，以六件事自责：'是政务不恰当吗？是役民过分吗？是宫室建得太多吗？是爱听女人的话太多吗？是贿赂流行吗？是媚上的小人太多吗？'臣个人认为大规模兴建北宫，耽误农时；从古以来，不以宫室狭窄为苦，只是忧虑人民不能平安，应停止工程，顺应天意。"汉明帝下诏说："成汤引用责备的六件事，错误全在朕一人。钟离意你可以穿戴上帽子、鞋子，不必谢罪。"汉明帝下令将作大匠停止建造各座宫殿，裁减不急用的开支。趁此下诏向公卿百官致谢，天空终于落下及时雨。

钟离意推举全椒县长刘平，下诏征召他为议郎。刘平在全椒县，施政有恩惠，百姓中有人自动多报资产以便多缴纳赋税，有人减低自己的年龄以便继续为国家服役。刺史、太守到县里巡查，监狱里没有囚犯，人人安乐，各得其所，刺史、太守不知道要纠查什么，只好颁布完诏书就离开。

汉明帝心胸狭窄，爱听小报告，喜欢让耳目打探文武百官的隐私，并以此为英明。公卿大臣屡次被毁谤，近臣尚书以下甚至被汉明帝推搡拉扯。曾经因为一件事迁怒郎官药崧，用手杖敲他。药崧逃到床下，汉明帝非常生气，厉声地喊："郎官出来！"药崧于是说："天子端庄肃穆，诸侯恭敬庄严，从没听说身为人君却亲自用手杖敲打郎官的。"汉明帝就赦免了他。

这时朝廷中没有一个人不害怕，争着表现得严厉急切来躲避被诛杀与责罚；只有钟离意一人敢劝谏，多次将下达的不适宜的诏书封好退还宫中。臣下犯了过错，钟离意总是尽力解救。正巧遇到连续发生灾变怪异，就上疏说："陛下敬畏鬼神，忧恤黎民百姓，而天气不和，寒暑违反节令，错在臣子们未能宣布德化和管理职事，大家争以苛刻为风俗，百官之间缺乏相爱之心，官民之间缺少祥和的气氛，以至悖逆祥和之气，发生天灾。百姓可以用恩德感化，但难以用压力来达到目的，《鹿鸣》这首诗一定在宴会上演唱，就是为了沟通人神的心灵，然后天气才调和。但愿陛下布施圣德，减缓刑罚，顺从时令节气以调和阴阳。"汉明帝虽然没有采用，然而知道钟离意出自诚意，始终厚爱他。

秋季，八月二十五日戊辰，汉明帝下诏改太乐官为太予宫，这是用图谶上的文字。

八月二十九日壬申晦，发生日食。诏书说："从前楚庄王没有灾害警告，自己也恐惧；鲁哀公有大祸，上天却不降罪惩罚。现今发生的日食灾害，还来得及拯救，官吏应该做好自己的事业，以匡正无德的天子！"

冬，十月，甲子，车驾从皇太后幸章陵。荆州刺史郭贺，官有殊政，上赐以三公之服，黼黻、冕旒；敕行部去襜帷，使百姓见其容服，以章有德。戊辰，还自章陵。

是岁，京师及郡国七大水。

莎车王贤以兵威逼夺于阗、大宛、妫塞王国，使其将守之。于阗人杀其将君德，立大人休莫霸为王，贤率诸国兵数万击之，大为休莫霸所败，脱身走还。休莫霸进围莎车，中流矢死，于阗人复立其兄子广德为王，广德使其弟仁攻贤。广德父先拘在莎车，贤乃归其父，以女妻之，与之和亲。

（以上为第十四段，写明帝册立马皇后，表彰开国功臣，为政严苛，偏听偏信，亦能纳谏。）

冬季，十月二十二日甲子，汉明帝与皇太后去章陵。荆州刺史郭贺有政绩，汉明帝赐予他三公的礼服，绣有黼黻纹饰，还有冕旒礼帽，敕令郭贺在各地巡视，特地打开车子的前帷，使百姓可以看见他的仪容服饰，以表扬他的美德。十月二十六月戊辰，汉明帝从章陵回宫。

这一年，京师洛阳及周围的七个郡国发生大水灾。

莎车国王贤用军队威胁，夺取于阗、大宛、妫塞，并派莎车的将领防守。于阗人杀掉莎车将领君德，立大人休莫霸为王，于是莎车王贤率领各国几万军队攻击于阗，被休莫霸打败，全军覆没，只身逃还。休莫霸包围莎车，被流箭射死，于阗人又立他哥哥的儿子广德为王，广德派他的弟弟仁继续进攻莎车王贤。广德的父亲以前被囚禁在莎车，莎车王贤于是将他的父亲送回，还将女儿嫁给广德，与他和亲。

【点评】

本卷史事点评三事：一、马援蒙冤；二、匈奴内讧；三、光武帝迷信图谶。

一、马援蒙冤。武陵蛮反叛，马援请缨出征。光武帝怜惜马援年老，没有答应。马援效法廉颇，骑马扬威，表示老当益壮，可堪大任。光武帝笑着说："果然是一个精神抖擞的老头。"光武帝于是派马援出征，中郎将马武、耿舒为副将。耿舒是好畤侯耿弇之弟。耿氏一门在光武帝经营河北时追随，亲爱无比。马援率军抵达下隽（在今湖南沅陵县东北），临近武陵蛮叛乱地区。从下隽进入武陵蛮腹地有两条进军路线，一是从壶头山（今湖南沅陵县东）进兵，路近便而沿途凶险；二是从充县（在今湖南桑植县）进兵，路迂远而平坦。马援主张从壶头山进军，出其不意，速战速决，从充县进兵，时间拖得太久，军粮不够。但从充县进军，道路平坦，比较安全。两种意见，相持不下，同时报告光武帝，由皇帝裁决，光武帝批准了马援的进军路线，惹得耿舒不高兴。天不佑马援，由于酷暑行军，北方战士水土不服，瘟疫突然发生，士兵多病死，大军丧失了战斗能力，只好在沿溪河岸凿石窟避暑，暂时休养。马援也身染瘟疫，当敌人来攻，马援总是拖着病体，挣扎到洞口观察敌情。耿舒就写了一封告状信托其兄耿弇上呈光武帝，说马援进兵，不但进军路线错误，还像一个西域小商人，每到一处都要停留，慢吞吞地进兵，贻误了战机，现在瘟疫流行，完全像他所预料的那样。耿舒把马援的持重说成是畏敌，显然是恶意中伤。光武帝得到报告，派梁松前往调查，并担任监军官。

梁松，字伯孙，梁统长子。梁统是更始皇帝委任的武威太守，追随窦融归附光武帝，封临乡侯。梁松托父之福，年少为郎，任虎贲中郎将。马援曾经患病，梁松登门看望，在马援病榻前拜见，马援视梁松为晚辈，又在病中，因此没有还礼。梁松是皇帝女婿，满朝文武无不奉承，他认为马援没有还礼是看不起他，于是怀恨在心。马援的侄儿马严、马敦不守本分，好交结朋友。越骑司马杜保，作风孟浪，马援出征，致信马严、马敦不要与杜保交游。正好杜保的仇人上书揭发杜保行为浮躁，妖言惑众，并举出马援在万里外写给侄儿的信来作证。恰好梁松也与杜保交游。光武帝把控告书和马援的信交给梁松看，训斥了梁松。梁松吓得灵魂出窍，叩头流血才过了关。梁松从此更是对马援恨之入骨。梁松抓住调查马援贻误军机、导致大军受困的机会，大做文章，罗织罪状，报复马援。光武帝收到报告怒火中烧，立即下诏收回马援新息侯的印信。这时马援已死在军中，为国捐躯。早先，马援南征交趾时，买了一车预防瘟疫的南方特产薏苡，俗称薏米，既可入药，又可当杂粮吃。恰好这时有人出来诬告说马援征交趾受贿了一车珍珠。这是否是梁松唆使，不得而知。光武帝看了这封诬告状，更加愤怒，要罪及马援家属。马援妻儿闻讯，惊骇万分，不敢把马援的棺柩运回祖宗坟墓安葬，只好草草地掩埋在都城的西侧。

马援妻子和侄儿马严，把自己捆绑着到宫门请罪。光武帝给他们看梁松的弹劾状子，马援的妻子才知道原委。回家后连续上书六道诉冤，光武帝置之不理。这时马援的亲友故旧没有一个人出来说话。云阳县长扶风人朱勃站出来为马援辩诬。朱勃是马援的近邻，马援哥哥马况的朋友，小时读书比马援敏捷，马援吃醋怀恨。马援尊贵后非常看不起朱勃，朱勃二十多年只是一个县长。朱勃不以为意，仍保持与马家的亲近关系。等到马援有难，只有一个朱勃出来替他说话。人世间炎凉冷暖，危难关头，方得彰显。俗话说，“疾风知劲草，路遥知马力”，朱勃乃可当此。

光武帝对于功臣，恩德至重，给他们高位，维护他们的平安。为什么偏偏对马援如此刻薄呢？马援处世谨慎，不说人坏话，规劝子侄避免灾祸，到头来却不能自保。范晔在《后汉书·马援传》的评论中认为，在名利场中，旁观者清，当局者迷。马援评论别人，与自己没有利害关系，只讲原则，看得准，说理正，而看自己，就名利蒙眼说不清了。要站在旁观者的立场看自己，就差不多了。范晔说的大道理是不错的，马援不从流俗而在梁松面前以长辈自居，合于原则，疏了人情，得罪了梁松，连儿子们都看得清楚，马援心里也明白，但自己地位尊显，又是梁松父亲梁统的朋友，无意中怠慢了梁松。马援哪里想得到梁松要害他呢？但看不起朱勃，无论人情，还是待人之礼，马援都是不对的。人无完人，金无足赤，马援也不例外。

光武帝对待马援的薄情寡恩，有失常态，范晔对此没有评论。王夫之《读通鉴论》认为是马援自找。王夫之说马援没有遵守道家功成名就应身退的原则，有了高官厚俸，年事已高，还要出征，用别人的军队替自己赚取名利。在王夫之看来，出征就是掠夺，不然为什么要留恋戎马一生呢？事实胜于雄辩，马援掠夺了吗？买了一车薏米，就被说成是收受一车珍珠，这是害人者的恶意中伤。马援的一生名言是：“男儿要当死于边野，以马革裹尸还葬耳。”又说：“丈夫为志，穷当益坚，老当益壮。”马援说到做到，实践了自己的人生格言，是何等的思想境界，光武帝偏听偏信，与马援相比，只是一个小丈夫。“马革裹尸”成为千余年来鼓舞青年捍卫国家、树立凌云壮志人生观的格言成语，注入了炎黄子孙的灵魂。

马援时代，人们的思想观念受宗法制度与专制制度约束，亲亲至上，各种错综复杂的人情关系决定一切。所谓有理讲理，无理论大，谁是老大，谁说了算。封建社会，皇权至高无上，皇帝的话就是法律。马援生性高傲，无意中得罪了梁松，梁松抓住机会以驸马之亲在皇帝面前打小报告，马援自然是大祸临头。东汉统治集团高层以南阳豪强为班底，耿弇、窦融、梁统等是早期追随光武帝打天下的人，他们盘根错节，互相维护。马援半道投主，孤单无援。耿舒毁谤于前，梁松诬陷于后，耿氏、梁氏，加上皇室，联手加害马援，谁还敢对马援施以援手！光武帝发雷霆之怒，正是由于被亲情包围，加上猜疑心，只好去委屈马援了。马援既已身死，光武

帝还有何顾忌。马援蒙冤，司空见惯。

二、匈奴内讧。强大的匈奴在西汉遭到汉武帝的沉重打击而衰落，分为南北两部，南匈奴归附汉朝，北匈奴远窜，在西域为患。到东汉建立，匈奴的这种格局依旧。匈奴南北两部对抗，对汉朝有利。东汉朝廷只接受南匈奴为归附，不接受北匈奴的归附与和亲，还挑动两部相争，自己坐收渔人之利。东汉朝廷高价赎回南匈奴获得的俘虏，再把俘虏无偿地归还北匈奴。

南匈奴单于栾提比俘获了北匈奴的左贤王薁鞬。光武帝建武二十六年（50）夏季，薁鞬左贤王煽动栾提比旧部五个骨都侯一起反叛栾提比，向北逃离，在距北匈奴王庭三百里的地方另立王庭。一个月后，叛逃的匈奴互相残杀，五个骨都侯全都死了，自称单于的薁鞬也自杀了。五位骨都侯的儿子们仍互不服气，各自拥兵自守，无止无休地互斗残杀。叛逃的匈奴原有三万多人，半年过后只剩下三千人，十分之九的匈奴都死于自己的刀下。这年冬天，剩下的三千匈奴人无法生存，于是南下回归南匈奴。北匈奴栾提蒲奴派兵追击，全部俘虏了这三千人。南匈奴单于栾提比派兵救援，被北匈奴打败，实力也受到损伤。中原得益于匈奴内讧，北方边疆恢复了宁静，云中、五原、朔方、北地、定襄、雁门、上谷、代郡等八个郡流亡在外的郡民，先后回归本土。东汉朝廷以夷制夷的政策获得成功。汉朝使臣到南匈奴王庭，单于栾提比行跪拜礼接受训书，昔日威风全无。

三、光武帝迷信图谶。光武帝刘秀曾在王莽天凤年间到长安向中大夫许子威学习《尚书》，略通大义。王莽末，天下大乱。宛人李通用图谶游说刘秀起事。李通说："刘氏复起，李氏为辅。"刘秀长兄刘縯，好侠养士，有一身武艺，素志反对王莽，先于刘秀起事，为众所服，更加坚定了刘秀起事的意志。刘秀一向忠厚，又懂经学，当他起事，穿上将军服，戴上武士帽，族人大惊，互相转告说："老实的刘秀都造反了，世道是要变了。"刘秀起事，稳定了军心。刘縯为更始帝所害，刘秀经营河北，成就了大事。建武元年，刘秀在鄗邑，当时为萧王，诸将劝其称尊号。这时从关中来了一个儒生强华手捧《赤伏符》献给萧王刘秀说："刘秀发兵捕不道，四夷云集龙斗野，四七之际火为主。"四七为二十八。从汉高祖到光武帝初起，合二百二十八年。汉高祖刘邦封王在公元前206年。刘秀起兵在公元22年，正好228年，即四七之际。汉为火德，故火为王。中元元年，公元56年，光武帝读《河图会昌符》曰："赤刘之九，会命岱宗。"光武帝刘秀是汉高祖的第九代孙。光武帝十分激动，诏令中郎将梁松等考核《河、洛谶文》，找出高皇帝九世孙应当封禅的谶文有36条之多。光武帝于是按汉武帝元封元年封禅泰山的礼仪完成了封禅礼。十一月，明堂、灵台、辟雍落成，光武帝正式宣布图谶于天下。给事中桓谭上疏反对图谶，又在灵台会议时陈说图谶不是经典。光武帝大怒，要杀桓谭的头，桓谭求情，叩头

流血，被贬出京，到六安县做县丞。太中大夫郑兴也曾反对图谶。光武帝询问郑兴：“用图谶来决断郊祀的事可以吗？”郑兴回答：“臣不懂图谶。”光武帝大怒说：“卿不懂图谶，是反对吗？”郑兴说：“臣没读过图谶，不是反对。”郑兴避免了惩罚。郑兴精通《春秋公羊传》、《春秋左氏传》，不言图谶，不受重用。贾逵精通“五经”，运用图谶演绎经义，完成经学图谶化，身享高官厚禄。桓谭、郑兴、贾逵三位经学家对待图谶三种态度，三样下场。司马光引用范晔的话批评光武帝说：“君王如此对待学术，岂不可悲。”

汉纪三十七

汉明帝永平四年至十八年（61—75年）

【起重光作噩（辛酉，61年），尽旃蒙大渊献（乙亥，75年），凡十五年】

【大事提要】

本卷记事起公元61年，讫公元75年，凡十五年，当汉明帝永平四年至永平十八年，囊括了一代明君的风采。汉明帝是东汉光武帝之后最有作为的一代明君，东汉国力达于鼎盛。对外，窦固北伐大破北匈奴，班超建功西域，重新开通了贯通欧亚的丝绸之路。佛教传入中国，古代东西方文化交流上了一个新台阶。汉明帝不尚浮夸，不信祥瑞。为政严苛，治楚王英谋反案，兴大狱，蒙冤者众。侍御史寒朗冒死谏诤，被平反者一千余人。统治集团上层奢靡之风潜滋暗长。窦融子孙纵诞不法，门庭衰落。

【原文】

显宗孝明皇帝下

永平四年（辛酉，61年）

春，帝近出观览城第，欲遂校猎河内；东平王苍上书谏；帝览奏，即还宫。

秋，九月，戊寅，千乘哀王建薨，无子，国除。

冬，十月，乙卯，司徒郭丹、司空冯鲂免，以河南尹沛国范迁为司徒，太仆伏恭为司空，恭，湛之子也。

陵乡侯梁松坐怨望、悬飞书诽谤，下狱死。

初，上为太子，太中大夫郑兴子众以通经知名，太子及山阳王荆因梁松以缣帛请之，众曰："太子储君，无外交之义；汉有旧防，蕃王不宜私通宾客。"松曰："长者意，不可逆。"众曰："犯禁触罪，不如守正而死。"遂不往。及松败，宾客多坐之，唯众不染于辞。

于阗王广德将诸国兵三万人攻莎车，诱莎车王贤，杀之，并其国。匈奴发诸国兵围于阗，广德请降。匈奴立贤质子不居征为莎车王，广德又攻杀之，更立其弟齐黎为莎车王。

东平王苍自以至亲辅政，声望日重，意不自安，前后累上疏称："自汉兴以来，宗室子弟无得在公卿位者，乞上骠骑将军印绶，退就藩国。"辞甚恳切，帝乃许苍还国，而不听上将军印绶。

（以上为第一段，写郑众守正，刘苍自律，不贪权位。）

五年（壬戌，62年）

春，二月，苍罢归藩；帝以骠骑长史为东平太傅，掾为中大夫，令史为王家郎，加赐钱五千万，布十万匹。

冬，十月，上行幸邺；是月，还宫。

十一月，北匈奴寇五原；十二月，寇云中，南单于击却之。

是岁，发遣边民在内郡者，赐装钱，人二万。

安丰戴侯窦融年老，子孙纵诞，多不法。长子穆尚内黄公主，矫称阴太后诏，令六安侯刘盱去妇，以女妻之。盱妇家上书言状，帝大怒，

【语译】

显宗孝明皇帝下

汉明帝永平四年（辛酉，61年）

春季，汉明帝出宫就近巡幸京城宅第，想在河内郡校阅军队和狩猎；东平王刘苍上书劝谏。汉明帝看过奏表，马上回宫。

秋季，九月十二日戊寅，千乘哀王刘建去世，由于没有儿子，封国被废除。

冬季，十月十九日乙卯，司徒郭丹、司空冯鲂被免职，任命河南尹沛国人范迁做司徒，太仆伏恭做司空。伏恭是伏湛的儿子。

陵乡侯梁松犯了敌视朝廷、张贴匿名告示诽谤的罪，被关进牢狱死去。

当初，汉明帝做太子，太中大夫郑兴的儿子郑众以通晓经学而闻名，太子和山阳王刘荆通过梁松用缣帛邀请他，郑众回答说："太子是储君，没有与宫外朝官交结的道理；汉朝旧有禁令，藩王不该私通宾客。"梁松说："皇亲国戚的心意，不可违背。"郑众回答道："触犯禁令而得罪，不如坚守正理而死。"始终不肯前往。等到梁松出事，宾客多受牵连判刑，只有郑众未受牵连。

于阗王广德率领各国军队三万人进攻莎车国，设计引诱莎车王贤，杀死了他，吞并了他的国家。匈奴派各国军队包围于阗，广德请求投降。匈奴立莎车王贤在匈奴做人质的儿子不居徵为莎车王，广德又一次进攻，杀死不居徵，另立他的弟弟齐黎为莎车王。

东平王刘苍自从以皇室至亲的关系辅政，名声一天天大起来，心感不安，前后多次上疏说："自大汉复兴以来，宗室子弟没有在公卿位上的，乞求呈上骠骑将军的印绶，让我回到自己的封国去。"言辞异常诚挚，汉明帝就答应刘苍，让他回到封国去，但不同意他呈上将军印绶。

汉明帝永平五年（壬戌，62年）

春季，二月，刘苍离职回到封国，汉明帝以骠骑长史为东平王太傅，掾史为中大夫，令史为王府的郎官，加赏钱五千万，布十万匹。

冬季，十月，汉明帝巡幸邺县；当月回宫。

十一月，北匈奴入侵五原郡；十二月，入侵云中郡，南单于击退了来犯之敌。

这一年，朝廷派遣内地郡国的平民驻守边境，赐给每人办理行装的钱，共二万人。

安丰戴侯窦融年衰，子孙大胆妄为，多次触犯法禁。长子窦穆娶内黄公主为妻，假称阴太后的诏书，下令六安侯刘盱把妻子休了，把自己的女儿嫁给刘盱。刘盱妻

尽免穆等官。诸窦为郎吏者，皆将家属归故郡，独留融京师；融寻薨。后数岁，穆等复坐事与子勋、宣皆下狱死。久之，诏还融夫人与小孙一人居雒阳。

（以上为第二段，写窦融子孙纵诞不法，门庭衰落。）

六年（癸亥，63年）

春，二月，王雒山出宝鼎，献之。夏四月，甲子，诏曰："祥瑞之降，以应有德；方今政化多僻，何以致兹！《易》曰：'鼎象三公，'岂公卿奉职得其理邪！其赐三公帛五十匹，九卿、二千石半之。先帝诏书，禁人上事言'圣'，而间者章奏颇多浮词；自今若有过称虚誉，尚书皆宜抑而不省，示不为谄子蚩也。"

冬，十月，上行幸鲁；十二月，还幸阳城；壬午，还宫。

是岁，南单于适死，单于莫之子苏立，为丘除车林鞮单于；数月，复死，单于適之弟长立，为湖邪尸逐侯鞮单于。

（以上为第三段，写汉明帝不尚浮夸，不信祥瑞。）

七年（甲子，64年）

春，正月，癸卯，皇太后阴氏崩。二月，庚申，葬光烈皇后。

北匈奴犹盛，数寇边，遣使求合市；上冀其交通，不复为寇，许之。

以东海相宗均为尚书令。初，均为九江太守，五日一听事，悉省掾、史，闭督邮府内，属县无事，百姓安业。九江旧多虎暴，常募设槛阱，而犹多伤害。均下记属县曰："夫江、淮之有猛兽，犹北土之有鸡豚也，今为民害，咎在残吏，而劳勤张捕，非忧恤之本也。其务退奸贪，思进忠善，可一去槛阱，除削课制。"其后无复虎患。帝闻均名，故任以枢机。均谓人曰："国家喜文法、廉吏，以为足以止奸也；然文吏习为欺谩，而廉吏清在一己，无益百姓流亡、盗贼为害也。均欲叩头争之，时未可改也，久将自苦之，乃可言耳！"未及言，会迁司隶校尉。后上闻其言，追善之。

（以上为第四段，写循吏宗均为官，重视民生，敢为百姓言事。）

子娘家人上书告发这一情况，汉明帝大怒，免去窦穆等人的官职。窦氏家族中有做郎吏的，全都要把家属遣归故里，只留下窦融在京城。窦融不久去世。几年后，窦穆等人又犯罪，和儿子窦勋、窦宣一起被关进监狱死去。过了很久，汉明帝才下诏让窦融的妻子和一个小孙子回到洛阳居住。

汉明帝永平六年（癸亥，63 年）

春季，二月，在王雒山出现宝鼎，被献给朝廷。夏季，四月初七日甲子，汉明帝下诏书说："祥瑞的降临，以应和有德的人；现在政务教化多有偏颇，怎么会有祥瑞降临呢？《周易》说：'鼎象征三公。'难道是公卿奉行职务很有条理吗？现在赐给三公五十匹帛，九卿、二千石的官员赏给一半。先皇下诏书，禁止臣下上书称'圣'，而近来的奏章有很多溢美之词；从现在开始，如果过分浮夸的话，尚书都应该制止，不予受理，用以表示不为谄媚的人所讥笑！"

冬季，十月，汉明帝巡幸鲁地；十二月，在返回途中巡幸阳城县；十二月二十九日壬午，回宫。

这一年，南匈奴单于栾提適去世，单于栾提莫的儿子栾提苏继位，是为丘除车林鞮单于；过了几个月，栾提苏也去世了。单于栾提適的弟弟栾提长继位，是为湖邪尸逐侯鞮单于。

汉明帝永平七年（甲子，64 年）

春季，正月二十日癸卯，皇太后阴氏去世。二月初八日庚申，安葬光烈皇后阴氏。

北匈奴的势力仍然强盛，时常侵犯边界，派使者要求通商；汉明帝希望彼此来往，不再让匈奴入侵，就同意了。

任命东海相宗均做尚书令。起初，宗均是九江郡太守，五天处理一次政事，最大限度地裁减掾、史等中下级官吏，把督邮留在府内，不准他们去干扰属县，所属的县平安无事，百姓安居乐业。九江郡过去有许多老虎为暴的事情，经常招募人设下机关和陷阱，但仍有很多人受伤。宗均颁下训令，通报各属县，说："江、淮有猛兽，就好像北方有鸡和猪一样，现在成为人民的祸害，过失在害民的官吏，而劳神费力设下机关和陷阱去捕兽，不是体恤人民的根本办法。务必斥退奸邪贪念之徒，提拔忠心善良之士，就可完全撤销机关和陷阱，免除削减额定的租赋。"后来就不再有老虎为患的事了。汉明帝听说宗均的名声，因此，任用他承担重要职务。宗均对人说："朝廷喜好精通文书法令、清正廉洁的官吏，认为他们能制止奸邪的行为。但是，精通文书法令的官吏惯于钻法令条文的空子，欺上瞒下，而清廉的官吏只关心

八年（乙丑，65 年）

春，正月，己卯，司徒范迁薨。

三月，辛卯，以太尉虞延为司徒，卫尉赵憙行太尉事。

越骑司马郑众使北匈奴，单于欲令众拜，众不为屈。单于围守，闭之不与水火；众拔刀自誓，单于恐而止，乃更发使，随众还京师。

初，大司农耿国上言："宜置度辽将军屯五原，以防南匈奴逃亡。"朝廷不从。南匈奴须卜骨都侯等知汉与北虏交使，内怀嫌怨，欲叛，密使人诣北虏，令遣兵迎之。郑众出塞，疑有异；伺候，果得须卜使人。乃上言："宜更置大将，以防二虏交通。"由是始置度辽营，以中郎将吴棠行度辽将军事，将黎阳虎牙营士屯五原曼柏。

秋，郡国十四大水。

冬，十月，北宫成。

丙子，募死罪系囚诣度辽营；有罪亡命者，令赎罪各有差。楚王英奉黄缣、白纨诣国相曰："托在藩辅，过恶累积，欢喜大恩，奉送缣帛，以赎愆罪。"国相以闻，诏报曰："楚王诵黄、老之微言，尚浮屠之仁慈，洁斋三月，与神为誓，何嫌何疑，当有悔吝！其还赎，以助伊蒲塞、桑门之盛馔。"

初，帝闻西域有神，其名曰佛，因遣使之天竺求其道，得其书及沙门以来。其书大抵以虚无为宗，贵慈悲不杀；以为人死，精神不灭，随复受形；生时所行善恶，皆有报应，故所贵修炼精神，以至为佛。善为宏阔胜大之言，以劝诱愚俗。精于其道者，号曰沙门。于是中国始传其术，图其形像，而王公贵人，独楚王英最先好之。

壬寅晦，日有食之，既。诏群司勉修职事，极言无讳。于是在位者

自身的清廉，而百姓流亡、盗贼为害却毫无办法。我宗均想叩头向朝廷争论这件事，短时间不可能改正，时间一久，朝廷自己就会深受其害，那就是最好的说话时机。”宗均还没来得及向朝廷进言，正好调任司隶校尉。后来汉明帝听到宗均的这些议论，表示很赞许。

汉明帝永平八年（乙丑，65年）

春季，正月初二日己卯，司徒范迁去世。

三月，辛卯日（疑误），朝廷任命太尉虞延做司徒，任命卫尉赵熹代理太尉职务。

越骑司马郑众出使北匈奴，单于想要郑众下拜，郑众不屈服。单于叫人包围住所，看守住他，并断绝水火供应，郑众拔刀以死相抗，单于害怕，只好另外派使者，随郑众回到京城。

当初，大司农耿国上书说：“应设立度辽将军驻守五原郡，以防止南匈奴逃亡。”朝廷不接受。南匈奴须卜骨都侯等人知道汉朝和北匈奴交换使臣，内心怀有怨恨，想要背叛，秘密派人到北匈奴，要他们发兵接应。郑众出使塞外，怀疑有变乱，伺机守候，果然发现了须卜骨都侯派遣的使者。郑众于是上书说：“应再设大将，以防止南、北匈奴交往。”从此开始设立度辽营，用中郎将吴棠代理度辽将军职务，派黎阳虎牙营的士兵去驻守五原郡曼柏县。

秋季，十四个郡国发生洪水。

冬季，十月，北宫修建完工。

十月初四日丙子，朝廷招募关在牢中的死刑犯去度辽营；有罪受追捕的逃亡犯，视罪行轻重，定出减免等级，从军赎罪。楚王刘英拿着黄色丝绸、白色细绢拜见楚国的相说：“我身为藩侯辅臣，却犯有过失，承蒙天子恩德，特奉送缣帛，以赎罪过。”国相把此事报告汉明帝，汉明帝下诏书说：“楚王诵读黄、老之书，崇尚佛家的仁慈，斋戒三个月，向神明发誓，哪有什么嫌疑？不应该有悔恨。退还赎罪之物，用来多摆筵席招待佛门弟子。”

当初，汉明帝听说西域有神，名字叫佛，于是派使者到天竺国访求佛道，得到佛书和僧人。佛书以虚无为宗旨，崇尚慈悲不杀生灵；认为人死后灵魂不灭，可以投胎转世，又成人形，转生回到人间；生前所做的善恶是非之事，来生都有报应，所以佛教崇尚的是修炼心灵以及行为，最终成为佛。佛书擅长说些高深莫测的话，用来诱导愚人和俗人。精通佛教道义的人称为沙门。从此中国开始传播佛教的道术，描画佛的图像，而王公贵人中，只有楚王刘英最先喜好佛教。

十月三十日壬寅，发生日食。日食以后，汉明帝下诏令群臣努力于职任，直率

皆上封事，各言得失；帝览章，深自引咎，以所上班示百官。诏曰："群僚所言，皆朕之过。民冤不能理，吏黠不能禁；而轻用民力，缮修宫宇，出入无节，喜怒过差。永览前戒，竦然兢惧；徒恐薄德，久而致怠耳！"

北匈奴虽遣使入贡，而寇钞不息，边城昼闭。帝议遣使报其使者，郑众上疏谏曰："臣闻北单于所以要致汉使者，欲以离南单于之众，坚三十六国之心也；又当扬汉和亲，夸示邻敌，令西域欲归化者局足狐疑，怀土之人绝望中国耳。汉使既到，便偃蹇自信；若复遣之，虏必自谓得谋，其群臣驳议者不敢复言。如是，南庭动摇，乌桓有离心矣。南单于久居汉地，具知形势，万分离析，旋为边害。今幸有度辽之众扬威北垂，虽勿报答，不敢为患。"帝不从。复遣众往，众因上言："臣前奉使，不为匈奴拜，单于恚恨，遣兵围臣；今复衔命，必见陵折，臣诚不忍持大汉节对毡裘独拜。如令匈奴遂能服臣，将有损大汉之强。"帝不听。众不得已，既行，在路连上书固争之；诏切责众，追还，系廷尉，会赦，归家。其后帝见匈奴来者，闻众与单于争礼之状，乃复召众为军司马。

（以上为第五段，写佛教传播中国。郑众出使北匈奴，维护大国地位与礼仪，不屈匈奴，不辱使命。）

九年（丙寅，66年）

夏，四月，甲辰，诏司隶校尉、部刺史岁上墨绶长吏视事三岁已上、治状尤异者各一人与计偕上，及尤不治者亦以闻。

是岁，大有年。

赐皇子恭号曰灵寿王，党号曰重熹王，未有国邑。

帝崇尚儒学，自皇太子诸王侯及大臣子弟、功臣子孙，莫不受经。又为外戚樊氏、郭氏、阴氏、马氏诸子立学于南宫，号"四姓小侯"。置"五经"师，搜选高能以授其业。自期门、羽林之士，悉令通《孝经》章句。匈奴亦遣子入学。

地畅所欲言，不要有忌讳。于是在位的官员都呈上密封奏章，各说得失，汉明帝看过奏章后，深刻懊悔并主动承担了责任，把所上的奏章交给百官传阅。汉明帝下诏说："群臣所说的，都是朕的过失。百姓的冤情不能得到审理，官吏的奸诈不能禁止；反而轻易动用民力，修建宫殿，挥霍国库和增加赋税没有节制，欢喜怨怒无常。永远诵读前人的告诫，深感惊恐，只是担心自己德行浅薄，时间一久就会懈怠。"

北匈奴虽然派遣使者进贡，但侵扰不断，边地的城门白天也要关闭。汉明帝商议派遣使臣回报北匈奴的使者，郑众上疏进谏说："臣听说北匈奴单于之所以请求汉朝派遣使臣，是想挑拨南匈奴单于的部众，坚定西域三十六国的诚心；又可以大肆宣扬汉朝的和亲，向邻近的敌国炫耀，使西域想要归附汉朝的国家犹豫不决，思念汉朝故土的人对中原失望。汉朝的使臣一到，北匈奴便会傲慢自信起来；假如再派使臣去，北匈奴一定会自以为计谋得逞，那些劝北匈奴单于归附汉朝的大臣，便不敢再说话了。果真这样，南匈奴单于的朝廷产生震荡，乌桓国就会有叛离之心。由于南匈奴单于长久地居住汉地，完全知道中原的形势，万一背叛汉朝，很快就会成为边界的祸害。现在幸好有度辽将军的军队在北边显扬国威，虽然南匈奴没有酬答，但不敢为患。"汉明帝不采纳郑众的建议，又派郑众出使北匈奴，郑众就上书说："臣前次奉命出使，不肯向北匈奴单于下拜，北匈奴单于忿恨，派遣军队包围了臣。现在又受命出使，必定会受到侮辱，臣实在不忍心拿着大汉的符节向穿着毡裘的北匈奴单于下拜。即使令匈奴最终臣服汉朝，也会有损我大汉的国威。"汉明帝不听。郑众不得已，出发之后，在路上接连上奏书，据理力争；汉明帝下诏严厉责备郑众，派人把郑众追回，关在廷尉的监狱中，正好遇到大赦，才回到家里。后来汉明帝接见匈奴的使者，听说郑众跟北匈奴单于争辩礼节的情形，就又召回郑众任命为军司马。

汉明帝永平九年（丙寅，66年）

夏季，四月甲辰日，汉明帝下诏责令司隶校尉和十三州刺史，每年推荐一个任职三年以上、考绩最优等的县长以下官员，随同各郡呈送考绩的上计掾，一起来京，考绩最差的，也要上报朝廷。

这一年，五谷丰收。

赐皇子刘恭的封号为灵寿王，刘党的封号为重熹王，但无封邑。

汉明帝爱好儒学，从皇太子、各封国王侯到各大臣的子弟、功臣的子孙，没有不学习儒经的。又为外戚樊氏、郭氏、阴氏、马氏诸子弟在南宫设立贵族学校，号称"四姓小侯"。设"五经"师傅，挑选高水平的老师教授学业。从期门、羽林的郎官起，都要通晓《孝经》的章句。匈奴也派子弟到汉朝学习。

广陵王荆复呼相工谓曰："我貌类先帝，先帝三十得天下，我今亦三十，可起兵未？"相者诣吏告之，荆惶恐，自系狱，帝加恩，不考极其事，诏不得臣属吏民，唯食租如故，使相、中尉谨宿卫之。荆又使巫祭祀、祝诅。诏长水校尉樊儵等杂治其狱，事竟，奏请诛荆。帝怒曰："诸卿以我弟故，欲诛之；即我子，卿等敢尔邪？"儵对曰："天下者高帝天下，非陛下之天下也。《春秋》之义，君亲无将，将而必诛。臣等以荆属托母弟，陛下留圣心，加恻隐，故敢请耳；如令陛下子，臣等专诛而已。"帝叹息善之。儵，宏之子也。

（以上为第六段，写广陵王刘荆谋逆被告发，治狱大臣引《春秋》之义，判处其死刑。）

十年（丁卯，67 年）

春，二月，广陵思王荆自杀，国除。

夏，四月，戊子，赦天下。

闰月，甲午，上幸南阳，召校官弟子作雅乐，奏《鹿鸣》，帝自奏埙篪和之，以娱嘉宾。还，幸南顿。冬，十二月，甲午，还宫。

初，陵阳侯丁綝卒，子鸿当袭封，上书称病，让国于弟盛，不报。既葬，乃挂衰绖于冢庐而逃去。友人九江鲍骏遇鸿于东海，让之曰："昔伯夷、吴札，乱世权行，故得申其志耳。《春秋》之义，不以家事废王事。今子以兄弟私恩而绝父不灭之基，可乎？"鸿感悟垂涕，乃还就国。鲍骏因上书荐鸿经学至行，上征鸿为侍中。

十一年（戊寅，68 年）

春，正月，东平王苍与诸王俱来朝，月余，还国。帝临送归宫，凄然怀思，乃遣使手诏赐东平国中傅曰："辞别之后，独坐不乐，因就车归，伏轼而吟，瞻望永怀，实劳我心。诵及《采菽》，以增叹息。日者问东平王：'处家何等最乐？'王言：'为善最乐。'其言甚大，副是要腹矣。今送列侯印十九枚，诸王子年五岁已上能趋拜者，皆令带之。"

（以上为第七段，写汉明帝崇尚雅乐儒行，友爱兄弟。）

广陵王刘荆又叫看相的人来说："我的面貌像先帝，先帝三十岁得到天下，我今年也三十岁了，可以起兵了吗？"看相的人到官府告发此事，刘荆害怕，自我囚禁起来，汉明帝施恩，不彻底追究此事，下诏令刘荆不得掌管属吏和百姓，只是像以前那样收租，派广陵相、中尉对刘荆加强警卫，严密监视。刘荆又让巫师祭祀、诅咒汉明帝。汉明帝下诏令长水校尉樊鯈等人会审这个案子，审完后，樊鯈等奏请诛杀刘荆。汉明帝发怒说："诸位大臣因为他是我弟弟的缘故，就想杀他；如果是我儿子，你们还敢这样做吗？"樊鯈回答说："天下是高祖的天下，不是陛下的天下。《春秋》的大义，对国君和父母不能做出弑逆的事，否则就一定要诛杀。臣等因刘荆是陛下同母的弟弟，陛下怀有圣德心，对刘荆有恻隐之心，所以才敢奏请陛下。如果是陛下的儿子，臣等就不向陛下请示，直接把他杀了。"汉明帝叹息而称赞樊鯈。樊鯈是樊宏的儿子。

汉明帝永平十年（丁卯，67 年）

春季，二月，广陵思王刘荆自杀，封国被废除。

夏季，四月二十四日戊子，大赦天下。

闰十月甲午，汉明帝巡幸南阳，召唤学校的官家弟子演奏雅乐，奏《鹿鸣》，汉明帝亲自奏埙、篪相和，用来娱乐嘉宾。在返回途中，到南顿县。冬季，十二月初四日甲午，回宫。

当初，陵阳侯丁綝去世，儿子丁鸿应该继承封爵，上书称有病，希望把封国让给弟弟丁盛，没有得到朝廷的允许。安葬了丁綝后，丁鸿就把丧服上的麻布条挂在墓旁守丧的草屋上逃走了。朋友九江人鲍骏在东海郡碰到丁鸿，责备丁鸿说："从前伯夷、季札在乱世权宜行事，所以能实现让位的心愿。《春秋》的大义，不因家庭私事，妨碍国家大事。现在你却因兄弟的私情而断绝了父亲永远不灭的万世基业，可以吗？"丁鸿于是感动醒悟流下了眼泪，便回到封国。鲍骏乘机上书荐举丁鸿经学深妙、品行高洁，汉明帝征诏丁鸿任命为侍中。

汉明帝永平十一年（戊寅，68 年）

春季，正月，东平王刘苍和诸封王一起来朝见汉明帝，过了一个多月才回到封国。汉明帝亲自送行，回宫后思念感怀凄然不止，就派遣使臣奉汉明帝的手诏赐给东平国的中傅说："朕与东平王辞别之后，独自坐着也不快乐，坐车回宫，伏在车轼上吟诵，向上仰望内心深深怀念，心中难过。吟诵《采菽》，增加了朕内心的感叹。往日问东平王：'居住在家如何最快乐？'东平王说：'做善事最快乐。'东平王的话博大精深，恰似他的腰围啊！现在送去列侯的印十九枚，五岁以上，能小跑行礼的王子，都要带上印章。"

十二年（己巳，69 年）

春，哀牢王柳貌率其民五万余户内附，以其地置哀牢、博南二县。始通博南山，度兰仓水，行者苦之，歌曰：“汉德广，开不宾；度兰仓，为他人。”

初，平帝时，河、汴决坏，久而不修。建武十年，光武欲修之；浚仪令乐俊上言，民新被兵革，未宜兴役，乃止。其后汴渠东侵，日月弥广，兖、豫百姓怨叹，以为县官恒兴他役，不先民急。会有荐乐浪王景能治水者，夏，四月，诏发卒数十万，遣景与将作谒者王吴修汴渠堤，自荥阳东至千乘海口千余里，十里立一水门，令更相洄注，无复溃漏之患。景虽简省役费，然犹以百亿计焉。

秋，七月，乙亥，司空伏恭罢；乙未，以大司农牟融为司空。

是时，天下安平，人无徭役，岁比登稔，百姓殷富，粟斛三十，牛羊被野。

（以上为第八段，写哀牢王内附，汉明帝修治黄河。）

十三年（庚午，70 年）

夏，四月，汴渠成；河、汴分流，复其旧迹。辛巳，帝行幸荥阳，巡行河渠，遂渡河，登太行，幸上党；壬寅，还宫。

冬，十月，壬辰晦，日有食之。

楚王英与方士作金龟、玉鹤，刻文字为符瑞。男子燕广告英与渔阳王平、颜忠等造作图书，有逆谋；事下案验。有司奏“英大逆不道，请诛之。”帝以亲亲不忍。十一月，废英，徙丹阳泾县，赐汤沐邑五百户；男女为侯、主者，食邑如故；许太后勿上玺绶，留住楚宫。先是有私以英谋告司徒虞延者，延以英藩戚至亲，不然其言。及英事觉，诏书切让延。

十四年（辛未，71 年）

春，三月，甲戌，延自杀。以太常周泽行司徒事；顷之，复为太常。夏，四月，丁巳，以巨鹿太守南阳邢穆为司徒。

汉明帝永平十二年（己巳，69年）

春季，哀牢王柳貌率领他的五万多户民众来归附，在他原来的地方设置哀牢、博南二县。开始实施开通博南山、渡兰仓水的工程，服役者对此感到十分痛苦，歌唱说："汉朝的恩德深广，教化边远蛮荒不肯臣服的百姓；通渡兰仓水，为了其他县的百姓。"

当初，平帝时，黄河、汴水决堤，久未修理。建武十年，光武帝要修治；浚仪县令乐俊上书说，百姓刚受到战争的创伤，不适宜征发徭役，就中止治理。后来，汴渠向东泛滥，范围一天天扩大，兖州、豫州的百姓埋怨，认为朝廷经常征发徭役，却不以百姓的急务为先。恰好有人推荐乐浪人王景擅长治水。夏季，四月，下诏派出兵卒数十万，派王景与将作大匠谒者王吴去修筑汴渠堤防，从荥阳东边到千乘县海口一千多里，每十里建立一座水门，让水流逆流注入，不再有水灾。王景精打细算节省费用，但是仍然花费了上千万。

秋季，七月二十四日乙亥，司空伏恭被免职；乙未日（疑误），派大司农牟融做司空。

这时，天下安定，人民没有劳役，年年丰收，百姓富裕，米谷一斛三十钱，牛羊遍地。

汉明帝永平十三年（庚午，70年）

夏季，四月，汴渠的堤防修成；黄河、汴水分流，恢复到先前状态。四月初四日辛巳，汉明帝到荥阳，巡视河渠，于是渡过黄河，登上太行山，到了上党郡。四月二十五日壬寅，汉明帝回宫。

冬季，十月二十九日壬辰晦，发生日食。

楚王刘英和方士做成金龟、玉鹤，刻上文字作为显示祥瑞的符号。男子燕广告发刘英和渔阳人王平、颜忠等制造图谶，有谋反之心；案子交给司法机关审验。主管官吏上奏说："刘英大逆不道，报请诛杀。"汉明帝不忍心亲人伏法。十一月，废掉刘英的王爵，迁移到丹阳郡泾县，赐予汤沐邑五百户，男为侯，女为公主，食邑照旧；许太后不必缴回印玺，留住楚宫。在这之前，有人秘密把刘英的谋划报告给司徒虞延，虞延认为刘英是王侯、皇帝的至亲，不相信。等到刘英事发，汉明帝下诏谴责虞延。

汉明帝永平十四年（辛未，71年）

春季，三月初三日甲戌，虞延自杀。派太常周泽代理司徒职务。过了不久，又让周泽复职为太常。夏季，四月十六日丁巳，任命巨鹿太守南阳人刑穆做司徒。

楚王英至丹阳，自杀。诏以诸侯礼葬于泾。封燕广为折奸侯。

是时，穷治楚狱，遂至累年。其辞语相连，自京师亲戚、诸侯、州郡豪杰及考按吏，阿附坐死、徙者以千数，而系狱者尚数千人。

初，樊鯈弟鲔，为其子赏求楚王英女，鯈闻而止之曰："建武中，吾家并受荣宠，一宗五侯。时特进一言，女可以配王，男可以尚主；但以贵宠过盛，即为祸患，故不为也。且尔一子，奈何弃之于楚乎！"鲔不从。及楚事觉，鯈已卒，上追念鯈谨恪，故其诸子皆得不坐。

英阴疏天下名士，上得其录，有吴郡太守尹兴名，乃征兴及掾史五百余人诣廷尉就考。诸吏不胜掠治，死者大半；惟门下掾陆续、主簿梁宏、功曹史驷勋，备受五毒，肌肉消烂，终无异辞。续母自吴来雒阳，作食以馈续。续虽见考，辞色未尝变，而对食悲泣不自胜。治狱使者问其故，续曰："母来不得见，故悲耳。"问："何以知之？"续曰："母截肉未尝不方，断葱以寸为度，故知之。"使者以状闻，上乃赦兴等，禁锢终身。

（以上为第九段，写汉明帝穷治楚王英谋反案，兴大狱，司徒虞延死，蒙冤者甚众。）

颜忠、王平辞引隧乡侯耿建、朗陵侯臧信、濩泽侯邓鲤、曲成侯刘建。建等辞未尝与忠、平相见。是时，上怒甚，吏皆惶恐，诸所连及，率一切陷入，无敢以情恕者。侍御史寒朗心伤其冤，试以建等物色，独问忠、平，而二人错愕不能对。朗知其诈，乃上言："建等无奸，专为忠、平所诬；疑天下无辜，类多如此。"帝曰："即如是，忠、平何故引之？"对曰："忠、平自知所犯不道，故多有虚引，冀以自明。"帝曰："即如是，何不早奏？"对曰："臣恐海内别有发其奸者。"帝怒曰："吏持两端！"促提下捶之。左右方引去，朗曰："愿一言而死。"帝曰："谁与共为章？"对曰："臣独作之。"上曰："何以不与三府议？"对曰："臣自知当必族灭，不敢多污染人。"上曰："何故族灭？"对曰："臣考事一年，不能穷尽奸状，反为罪人讼冤，故知当族灭。然臣所以言者，诚冀陛下一觉悟而已。臣见考囚在事者，咸共言妖恶大故，臣子所宜同疾，今出之不如入之，可无后责。是以考一连十，考十连百。又公卿朝会，陛下问以得失，皆

楚王刘英到丹阳，自杀。汉明帝下诏用诸侯的礼节在泾县埋葬刘英。封燕广为折奸侯。

这时，穷追、深挖楚王英的案子，拖几年都没有结束。案犯供词牵连许多人，从皇亲国戚、诸侯、州郡的豪杰，以及考查案情的官吏，因依附楚王而被处死、流放的数以千计，案情不明而被关进牢狱的还有几千人。

当初，樊儵的弟弟樊鲔为他的儿子樊赏求娶楚王刘英的女儿，樊儵听了劝阻说："建武年间，我们家族备受恩宠，一门有五人封侯，当时父亲为特进，只需一句话，女的可以嫁给亲王为妻，男的可以娶公主为妻；但太过显贵荣宠，就是祸害，所以不能这样。而且你只有一个儿子，为什么要把他丢在楚国呢？"樊鲔不听从。等到楚王事发，樊儵已去世，汉明帝追念樊儵的谨行，所以他的几个儿子才没有受牵连。

刘英私下寻求天下的知名人士，汉明帝得到这份名单，有吴郡太守尹兴的名字，就召集尹兴和属吏五百多人前往廷尉接受审问。众属吏都受不了刑罚，大半死去；只有门下掾陆续、主簿梁宏、功曹史驷勋受尽五种毒刑，肌肉烂掉，始终没有更改过供词。陆续的母亲从吴郡来洛阳，煮了食物送给陆续。陆续虽被拷打，言辞神色始终不变，而面对食物却极度悲伤痛哭以致不能自拔。管理监狱的人问他原因，陆续说："母亲来了不能见面，所以伤心啊！"狱吏问："怎样知道的呢？"陆续说："母亲切肉从未有不是方形的，切葱以一寸为准，所以知道。"管理监狱的人将此情形上报，汉明帝才赦免尹兴等人不死，但限制他们终生不准为官。

颜忠、王平供词牵连隧乡侯耿建、朗陵侯臧信、濩泽侯邓鲤、曲成侯刘建。耿建等人声称从未和颜忠、王平相见。这时，汉明帝非常生气，官吏都感到惶惧，所有牵连的人，全都卷入楚案中，没有人敢替冤枉的人开释。侍御史寒朗对冤情不满，试着以耿建等人的服饰形貌，单独问颜忠、王平，而二人惊愕不能对答。寒朗知道他们说谎，就上书说："耿建等人没有犯法，而是被颜忠、王平诬告。怀疑天下无辜的人，大多如此。"汉明帝说："既然如此，颜忠、王平为什么要牵连到他们呢？"回答说："颜忠、王平自知犯了大逆不道之罪，因此凭空多牵连些人，以表自己坦白。"汉明帝说："既然如此，为什么不早点奏明？"回答说："臣担心天下会有其他人揭发颜忠、王平的奸私。"汉明帝生气说："你这审案官模棱两可！"催促将寒朗拉下去鞭打。左右的人正要拉寒朗下去，寒朗说："希望说最后一句话再死。"汉明帝说："谁和你一起拟草诉冤的奏章？"寒朗回答说："臣一人。"汉明帝说："为什么不与三府议论呢？"寒朗回答说："臣自知一定会被灭族，不敢牵连别人。"汉明帝说："为什么会灭族？"寒朗回答说："臣审问这件案子已一年，不能完全弄清罪状，

长跪言：‘旧制，大罪祸及九族；陛下大恩，裁止于身，天下幸甚！’及其归舍，口虽不言而仰屋窃叹，莫不知其多冤，无敢忤陛下言者。臣今所陈，诚死无悔！”帝意解，诏遣朗出。

后二日，车驾自幸洛阳狱录囚徒，理出千余人。时天旱，即大雨。马后亦以楚狱多滥，乘间为帝言之，帝恻然感悟，夜起彷徨，由是多所降宥。

任城令汝南袁安迁楚郡太守，到郡不入府，先往按楚王英狱事，理其无明验者，条上出之。府丞、掾史皆叩头争，以为“阿附反虏，法与同罪，不可”。安曰：“如有不合，太守自当坐之，不以相及也。”遂分别具奏。帝感悟，即报许，得出者四百余家。

夏，五月，封故广陵王荆子元寿为广陵侯，食六县。又封窦融孙嘉为安丰侯。

初作寿陵，制：“令流水而已，无得起坟。万年之后，扫地而祭，杅水脯糒而已。过百日，唯四时设奠。置吏卒数人，供给洒扫。敢有所兴作者，以擅议宗庙法从事。”

（以上为第十段，写侍御史寒朗冒死谏诤，为楚王英案扩大化申冤，明帝感悟，平反千余人。）

十五年（壬申，72 年）

春，二月，庚子，上东巡。癸亥，耕于下邳。三月，至鲁，幸孔子宅，亲御讲堂，命皇太子、诸王说《经》；又幸东平、大梁。夏，四月，庚子，还宫。

封皇子恭为巨鹿王，党为乐成王，衍为下邳王，畅为汝南王，昞为常山王，长为济阴王；帝亲定其封域，裁令半楚、淮阳。马后曰：“诸子数县，于制不亦俭乎？”帝曰：“我子岂宜与先帝子等，岁给二千万足矣！”

乙巳，赦天下。

反而替罪人叫屈，所以知道该灭族。但是，臣所以要说出来，实在是希望陛下完全觉悟过来。臣看到审理此案的人，都说叛逆大罪，作臣子的都应痛恨罪犯，现今与其脱罪，不如定罪，就没有事后的责任。所以审问一人牵连十人，审问十人牵连百人。而且公卿朝会，陛下问这事的得失，都长跪着说：‘按照旧制，大罪祸及九族；陛下大恩，才处罚一人，天下很幸运。’等到他们回到家中，嘴里虽不说，却暗中叹气，都知道那些人是受冤，只是不敢违背陛下的话！臣今天所说的，死也无憾！”汉明帝明白了，下诏叫寒朗退下。

过了两天，汉明帝亲自到洛阳狱中查阅囚犯卷宗，平反释放了一千多人。当时天旱，随即大雨。马皇后也认为楚王的案子有些滥杀无辜，乘机向汉明帝说这件事，汉明帝幡然醒悟，夜不能寐。于是有很多人被减刑释放。

任城县令汝南人袁安升调楚郡太守，到了楚郡不入太守府，先去复查楚王刘英的案子，理出那些没有明确证据的，登记上报要求将其释放。府丞、掾史等大小官员都叩头争论，认为：“依附叛逆，依法与犯人同罪，不可这样做。”袁安说：“如果有不当的，我一人承担，不会牵连你们。”就分别详细奏明。汉明帝醒悟，随即回复同意，获释者有四百多家。

夏季，五月，册封已故广陵王刘荆的儿子刘元寿为广陵侯，食邑六个县。又封窦融的孙子窦嘉为安丰侯。

开始修建寿陵，汉明帝规定：“只要让墓地不积水就可以了，不要堆起陵坟。死后，清扫坟墓，只用一碗水和一些干肉、干粮祭祀就可以了。过了一百天，每年只要在四时祭奠四次。安排几名吏卒，供给祭品，打扫坟墓。敢有大兴陵墓的人，以擅自议论改变皇室祭祀宗庙法罪论处。”

汉明帝永平十五年（壬申，72 年）

春季，二月初四日庚子，汉明帝到东边巡视。二月二十七日癸亥，汉明帝在下邳县亲自耕作。三月，汉明帝到鲁地孔子家，亲临孔子当年的讲堂，命令皇太子刘炟、诸亲王解说经书；又临幸东平、大梁。夏季，四月初五日庚子，汉明帝回宫。

册封皇子刘恭为巨鹿王，刘党为乐成王，刘衍为下邳王，刘畅为汝南王，刘昞为常山王，刘长为济阴王。汉明帝亲自决定各位亲王的封域，他们所得封土的总和仅及旧楚国、淮阳国封地的一半。马皇后说：“诸皇子封域只有几个县，按定制来说不是太少了吗？”汉明帝说：“我的儿子怎么可以和先帝的儿子相等，每年给二千万就足够了！”

四月初十日乙巳，大赦天下。

谒者仆射耿秉数上言请击匈奴，上以显亲侯窦固尝从其世父融在河西，明习边事，乃使秉、固与太仆祭肜、虎贲中郎将马廖、下博侯刘张、好畤侯耿忠等共议之。耿秉曰："昔者匈奴援引弓之类，并左衽之属，故不可得而制。孝武既得河西四郡及居延、朔方，虏失其肥饶畜兵之地，羌、胡分离；唯有西域，俄复内属；故呼韩邪单于请事款塞，其势易乘也。今有南单于，形势相似；然西域尚未内属，北虏未有衅作。臣愚以为当先击白山，得伊吾，破车师，通使乌孙诸国以断其右臂；伊吾亦有匈奴南呼衍一部，破此，复为折其左角，然后匈奴可击也。"上善其言。议者或以为"今兵出白山，匈奴必并兵相助，又当分其东以离其众"。上从之。十二月，以秉为驸马都尉，固为奉车都尉；以骑都尉秦彭为秉副，耿忠为固副，皆置从事、司马，出屯凉州。秉，国之子；忠，弇之子；廖，援之子也。

（以上为第十一段，写汉明帝采纳耿秉建言，部署出击匈奴。）

十六年（癸酉，73年）

春，二月，遣肜与度辽将军吴棠将河东、西河羌、胡及南单于兵万一千骑出高阙塞，窦固、耿忠率酒泉、敦煌、张掖甲卒及卢水羌、胡万二千骑出酒泉塞，耿秉、秦彭率武威、陇西、天水募士及羌、胡万骑出张掖居延塞，骑都尉来苗、护乌桓校尉文穆将太原、雁门、代郡、上谷、渔阳、右北平、定襄郡兵及乌桓、鲜卑万一千骑出平城塞，伐北匈奴。窦固、耿忠至天山，击呼衍王，斩首千余级；追至蒲类海，取伊吾卢地，置宜禾都尉，留吏士屯田伊吾卢城。耿秉、秦彭击匈林王，绝幕六百余里，至三木楼山而还。来苗、文穆至匈河水上，虏皆奔走，无所获。祭肜与南匈奴左贤王信不相得，出高阙塞九百余里，得小山，信妄言以为涿邪山，不见虏而还。肜与吴棠坐逗留畏懦，下狱，免。肜自恨无功，出狱数日，欧血死；临终，谓其子曰："吾蒙国厚恩，奉使不称，身死诚惭恨，义不可以无功受赏。死后，若悉簿上所得物，身自诣兵屯，效死前行，以副吾心。"既卒，其子逢上疏，具陈遗言。帝雅重肜，方更任用，闻之，大惊，嗟叹良久。乌桓、鲜卑每朝贺京师，常过肜冢拜谒，仰天号泣；辽东吏民为立祠，四时奉祭焉。窦固独有功，加位特进。

（以上为第十二段，写窦固大破北匈奴。）

谒者仆射耿秉屡次上书请求攻打匈奴，汉明帝认为显亲侯窦固曾经跟随他的伯父窦融在河西，通晓边疆的事情，就让耿秉、窦固和太仆祭彤、虎贲中郎将马廖、下博侯刘张、好畤侯耿忠等人共同商议此事。耿秉说："过去，匈奴是引弓好战的游牧部族，又都是衣襟左开的野蛮人，所以不能占有并制服匈奴。孝武帝既已得到河西四郡以及居延海、朔方郡，匈奴失去了肥沃富饶可以养兵的土地，羌族和匈奴也被分离，只有西域各国暂时依顺匈奴。所以呼韩邪单于叩塞请求臣服于中国，这种形势容易利用。现在有南匈奴单于，形势十分相似；然而西域各国还没有最终归附，北匈奴内部还没有发生冲突。臣以为应当先攻取白山，取得伊吾，击败车师国，与乌孙等国通使，以此砍断匈奴的右臂；伊吾也有匈奴南呼衍的一个部落，打败伊吾，就又砍断了匈奴的左臂，然后可以攻打匈奴了。"汉明帝赞同耿秉的话。议论中有的人认为："现在出兵白山，匈奴一定联军援助，还应当分出军队到东边，牵引匈奴的部众。"汉明帝表示同意。十二月，任命耿秉做驸马都尉，窦固做奉车都尉；派骑都尉秦彭做耿秉的副手，耿忠做窦固的副手，都配置从事、司马，出兵驻守凉州。耿秉是耿国的儿子，耿忠是耿弇的儿子，马廖是马援的儿子。

汉明帝永平十六年（癸酉，73年）

春季，二月，派遣祭彤和度辽将军吴棠率领河东、西河的羌人、胡人以及南单于合计一万一千骑兵从高阙塞进军；窦固、耿忠率领酒泉、敦煌、张掖的军士，以及卢水羌人、胡人合计一万两千骑兵从酒泉塞进军；耿秉、秦彭率领武威、陇西、天水征募的兵士，以及羌人、胡人合计一万骑兵从张掖居延塞进军；骑都尉来苗、护乌桓校尉文穆率领太原、雁门、代郡、上谷、渔阳、右北平、定襄郡的军队，以及乌桓、鲜卑合计一万一千骑兵从平城塞进军，征伐北匈奴。窦固、耿忠来到天山，攻击呼衍王，杀死了一千余人；追到蒲类海，夺取了伊吾庐，设置宜禾都尉，留下官吏士兵在伊吾庐城屯田。耿秉、秦彭攻打北匈奴匈林王，穿过六百余里沙漠，抵达三木楼山才返回。来苗、文穆到达匈河水附近，敌人都跑了，一无所获。祭彤和南匈奴左贤王信意见不合，出了高阙塞九百多里，有座小山，左贤王信妄称到了涿邪山，没有遇见敌人就回来了。祭彤和吴棠因延误军队、胆小获罪，被投进狱中，罢官。祭彤自恨没有立功，出狱后几天，吐血死去。祭彤临终前对自己的儿子说："我承蒙国家的厚恩，奉命却不称职，死了觉得实在惭愧遗憾。按道义，无功不得受赏。我死后，你把簿册上记载的皇上赐物封还朝廷，你去军屯，以死报效，让我放心。"祭彤死后，他的儿子祭逢上奏疏，详细陈述祭彤的遗言。汉明帝一向器重祭彤，正想再起用祭彤，得知消息十分吃惊，叹息了很久。乌桓、鲜卑怀念祭彤，每次到京城朝贺，常到祭彤的墓上拜谒，仰天哭泣；辽东的吏民为他立祠，四季祭奠

固使假司马班超与从事郭恂俱使西域。超行到鄯善，鄯善王广奉超礼敬甚备，后忽更疏懈。超谓其官属曰：“宁觉广礼意薄乎？”官属曰：“胡人不能常久，无他故也。”超曰：“此必有北虏使来，狐疑未知所从故也。明者睹未萌，况已著邪！”乃召侍胡，诈之曰：“匈奴使来数日，今安在乎？”侍胡惶恐曰：“到已三日，去此三十里。”超乃闭侍胡，悉会其吏士三十六人，与共饮，酒酣，因激怒之曰：“卿曹与我俱在绝域，今虏使到裁数日，而王广礼敬即废。如令鄯善收吾属送匈奴，骸骨长为豺狼食矣，为之奈何？”官属皆曰：“今在危亡之地，死生从司马！”超曰：“不入虎穴，不得虎子。当今之计，独有因夜以火攻虏，使彼不知我多少，必大震怖，可殄尽也。灭此虏，则鄯善破胆，功成事立矣。”众曰：“当与从事议之。”超怒曰：“吉凶决于今日；从事文俗吏，闻此必恐而谋泄，死无所名，非壮士也。”众曰：“善！”初夜，超遂将吏士往奔虏营。会天大风，超令十人持鼓藏虏舍后，约曰：“见火然，皆当鸣鼓大呼。”余人悉持兵弩，夹门而伏。超乃顺风纵火；前后鼓噪，虏众惊乱，超手格杀三人，吏兵斩其使及从士三十余级，余众百许人悉烧死。明日乃还，告郭恂，恂大惊；既而色动，超知其意，举手曰：“掾虽不行，班超何心独擅之乎！”恂乃悦。超于是召鄯善王广，以虏使首示之，一国震怖。超告以汉威德，“自今以后，勿复与北虏通”。广叩头，“愿属汉，无二心，”遂纳子为质。还白窦固，固大喜，具上超功效，并求更选使使西域。帝曰：“吏如班超，何故不遣，而更选乎！今以超为军司马，令遂前功。”

固复使超使于阗，欲益其兵；超愿但将本所从三十六人，曰：“于阗国大而远，今将数百人，无益于强；如有不虞，多益为累耳。”是时于阗王广德雄张南道，而匈奴遣使监护其国。超既至于阗，广德礼意甚疏。且其俗信巫，巫言：“神怒，何故欲向汉？汉使有騧马，急求取以祠我！”

他。窦固一人有功，提升官位为特进。

窦固派代理司马班超和从事郭恂一起出使西域。班超来到鄯善国，鄯善王广接待班超礼节周备，后来忽然疏远怠慢。班超对部属说："你们难道没察觉到鄯善王广的礼节态度变冷淡了吗？"部属说："胡人行礼不能持久，没有其他的缘故。"班超说："这一定是北匈奴的使者来了，鄯善王犹豫不知归附谁的缘故。聪明人在事情还没发生前就能看出，何况现在显而易见。"于是召唤接待的胡人，骗他说："匈奴的使者来到了好几天，现今住在哪里？"接待的胡人惶惧不安地说："已经来了三天，离这里三十里。"班超立即关押了接待的胡人，集合部属吏士三十六人，一起饮酒，大家喝到高兴时，班超激怒他们说："你们和我都处在被隔绝的边疆，如今北匈奴的使者到这里才几天，而鄯善王广的礼节就不周到了。如果鄯善王把我们抓起来，送给匈奴人，我们的尸骨终究会成为豺狼的食物，这种情况该怎么办呢？"部属都说："如今处在危亡的地方，是生是死都听从司马的。"班超说："不入虎穴，焉得虎子。为今之计，只有趁着夜晚用火攻打击匈奴人，使他们不知道我们有多少人，一定会非常害怕，就可以全部消灭他们。消灭了匈奴人，那么鄯善王害怕，我们就可以建功立业了。"大家说："应该和从事郭恂商量这件事。"班超生气地说："吉凶就取决于今天；从事郭恂是文官，听到此事一定害怕而泄密，死不成名，不算壮士！"大家说："好！"初更时分，班超就率领吏士奔往匈奴人的营房。时逢天刮大风，班超令十人拿着鼓，躲在匈奴人的屋舍后面，约好说："看到火烧起来，都要敲鼓大喊。"其余的人都拿着兵器弓箭，在门的两边埋伏。班超顺风点火；前后的人打鼓喊叫，匈奴人都惊恐慌乱，班超亲手杀掉三人，部属杀了匈奴的使者以及随从士兵三十多人，剩下的一百多人都被烧死。第二天，班超一行返回住地，告诉郭恂，郭恂大惊；随即变了脸色，班超知道他的心意，举手说："从事虽未参加，班超也不会独占功劳。"郭恂这才高兴。班超于是召唤鄯善王广，把匈奴使者的头颅给他看，鄯善全国震动。班超向鄯善王宣扬汉朝的威严和恩德，说："从今以后，不准再和北匈奴来往。"鄯善王广叩头，说："原本就归属汉，没有二心。"就把儿子做人质。班超回来报告窦固，窦固很高兴，把班超的功劳向朝廷一一呈报，并要求再选拔使者出使西域。汉明帝说："像班超这样的官吏，为什么不派遣，还要再选呢？现在就任命班超为军司马，让他完成先前的功业。"

窦固再派班超出使于阗，想要增加他的兵力；班超只愿率领原来的三十六名随从，说："于阗辽阔遥远，现在带领几百人，对增强实力没有好处。如果发生不测事情，人多了反而是累赘了。"这时候于阗王广德在西域南道上正强大，而且匈奴派使者监护他的国家。班超已经来到于阗，于阗王广德的态度很怠慢。而且于阗国的

广德遣国相私来比就超请马。超密知其状，报许之，而令巫自来取马。有顷，巫至，超即斩其首；收私来比，鞭笞数百。以巫首送广德，因责让之。广德素闻超在鄯善诛灭虏使，大惶恐，即杀匈奴使者而降。超重赐其王以下，因镇抚焉。于是诸国皆遣子入侍，西域与汉绝六十五载，至是乃复通焉。超，彪之子也。

淮阳王延，性骄奢，而遇下严烈。有上书告“延与姬兄谢弇及姊婿韩光招奸猾，作图谶，祠祭祝诅”。事下按验。五月，癸丑，弇、光及司徒邢穆皆坐死，所连及死徙者甚众。

戊午晦，日有食之。

六月，丙寅，以大司农西河王敏为司徒。

有司奏请诛淮阳王延；上以延罪薄于楚王英，秋，七月，徙延为阜陵王，食二县。

是岁，北匈奴大入云中，云中太守廉范拒之；吏以众少，欲移书傍郡求救，范不许。会日暮，范令军士各交缚两炬，三头爇火，营中星列。虏谓汉兵救至，大惊，待旦将退。范令军中蓐食，晨，往赴之，斩首数百级，虏自相蹂藉，死者千余人，由此不敢复向云中。范，丹之孙也。

（以上为第十三段，写班超建功西域。）

十七年（甲戌，74 年）

春，正月，上当谒原陵，夜，梦先帝、太后如平生欢，既寤，悲不能寐；即案历，明旦日吉，遂率百官上陵。其日，降甘露于陵树，帝令百官采取以荐。会毕，帝从席前伏御床，视太后镜奁中物，感动悲涕，令易脂泽装具；左右皆泣，莫能仰视。

北海敬王睦薨。睦少好学，光武及上皆爱之。尝遣中大夫诣京师朝贺，召而谓之曰：“朝廷设问寡人，大夫将何辞以对？”使者曰：“大王忠孝慈仁，敬贤乐士，臣敢不以实对！”睦曰：“吁，子危我哉！此乃孤幼时进趣之行也。大夫其对以孤袭爵以来，志意衰惰，声色是娱，犬马是好，乃为相爱耳。”其智虑畏慎如此。

风俗相信巫术，巫师说：“神很生气，为什么要归降汉朝呢？汉朝的使者有黑嘴的黄马，赶快去牵马来给我当祭品！”于阗王广德派遣国相私来比向班超求马。班超暗中知道后，回答同意送马，但要巫师自己来取马。过了一会，巫师来了，班超立刻砍下他的头，捉住私来比，鞭打了几百下。班超把巫者的头送给于阗王广德，责备他。于阗王广德本来就听说班超在鄯善杀死匈奴使者，感到非常惶恐，立即杀了匈奴使者来归降。班超重赏于阗王以下的人，安抚他们。于是各国都派儿子到汉朝侍奉，西域与汉朝断交六十五年，到现在才再度恢复交往。班超是班彪的儿子。

淮阳王刘延，生性骄傲奢侈，对下严酷暴烈。有人上奏告发说：“刘延和表兄谢弇，以及姊夫韩光招募奸狡的人，制作图谶、进行祭祀，诅咒皇上。”汉明帝下诏查办。五月二十五日癸丑，谢弇、韩光和司徒邢穆都被处死，受牵连被处死流放的人很多。

五月三十日戊午，发生日食。

六月初八日丙寅，任命大司农西河人王敏为司徒。

有官员奏请诛杀淮阳王刘延；汉明帝因为刘延的罪比楚王刘英轻，秋季，七月，贬刘延为阜陵王，食邑两个县。

这一年，北匈奴大肆入侵云中郡，云中郡太守廉范尽心竭力抗拒；部属因为兵少，想发信向邻郡求救，廉范不同意。正好天黑了，廉范命令军士各自把两只火把交叉成十字绑好，点着火把的左、上、右三头，火光在营中如繁星布列，匈奴人以为汉朝救兵到了，非常吃惊，等到天亮就要退兵。廉范命令士兵在寝席上吃饭，清晨，向敌营攻击，杀了敌军几百人，匈奴人自相践踏，死了一千多人。从此不敢再入侵云中郡。廉范是廉丹的孙子。

汉明帝永平十七年（甲戌，74 年）

春季，正月，汉明帝应去祭告原陵，夜里，梦见先帝、太后像往日那样欢乐，梦醒后，因为悲伤而难以入睡；立即查历书，第二天是吉日，于是带领百官上原陵。那天，甘露降落在陵园的树上，汉明帝下命令百官采集进献。祭毕，汉明帝在席位前俯身在御床上，观看太后镜匣中的东西，感动、悲伤地流下眼泪，命令更换化妆品以及梳妆用具；左右的人都流泪，不能仰视。

北海敬王刘睦去世。刘睦年少好学，光武帝和汉明帝都喜欢他。刘睦曾派中大夫到京城朝贺，刘睦叫来中大夫对他说：“如果皇上问到我，你将如何回答？”中大夫说：“大王忠孝仁慈，敬贤好士，我怎敢不据实回答？”刘睦说：“你要陷害我吗？这是我年幼时上进的行为。你将回答说我继承爵位以来，意志衰退，沉溺于声色，爱好于犬马，这才是爱护我的做法。”刘睦的智慧和谨慎，大都像这样。

二月，乙巳，司徒王敏薨。

三月，癸丑，以汝南太守鲍昱为司徒。昱，永之子也。

益州刺史梁国朱辅宣示汉德，威怀远夷，自汶山以西，前世所不至，正朔所未加，白狼、槃木等百余国，皆举种称臣奉贡。白狼王唐菆作诗三章，歌颂汉德，辅使犍为郡掾由恭译而献之。

初，龟兹王建为匈奴所立，倚恃虏威，据有北道，攻杀疏勒王，立其臣兜题为疏勒王。班超从间道至疏勒，去兜题所居槃橐城九十里，逆遣吏田虑先往降之，敕虑曰："兜题本非疏勒种，国人必不用命；若不即降，便可执之。"虑既到，兜题见虑轻弱，殊无降意。虑因其无备，遂前劫缚兜题，左右出其不意，皆惊惧奔走。虑驰报超，超即赴之，悉召疏勒将吏，说以龟兹无道之状，因立其故王兄子忠为王，国人大悦。超问忠及官属："当杀兜题邪，生遣之邪？"咸曰："当杀之。"超曰："杀之无益于事，当令龟兹知汉威德。"遂解遣之。

夏，五月，戊子，公卿百官以帝威德怀远，祥物显应，并集朝堂奉觞上寿。制曰："天生神物，以应王者；远人慕化，实由有德；朕以虚薄，何以享斯！唯高祖、光武圣德所被，不敢有辞，其敬举觞，太常择吉日策告宗庙。"仍推恩赐民爵及粟有差。

冬，十一月，遣奉车都尉窦固、驸马都尉耿秉、骑都尉刘张出敦煌昆仑塞，击西域，秉、张皆去符、传以属固，合兵万四千骑，击破白山虏于蒲类海上，遂进击车师。车师前王，即后王之子也，其廷相去五百余里。固以后王道远，山谷深，士卒寒苦，欲攻前王；秉以为先赴后王，并力根本，则前王自服。固计未决，秉奋身而起曰："请行前。"乃上马引兵北入，众军不得已，并进，斩首数千级。后王安得震怖，走出门迎秉，脱帽，抱马足降，秉将以诣固；其前王亦归命，遂定车师而还。于是固奏复置西域都护及戊、己校尉。以陈睦为都护；司马耿恭为戊校尉，屯后王部金蒲城；谒者关宠为己校尉，屯前王部柳中城，屯各置数百人。恭，况之孙也。

（以上为第十四段，写东汉国力盛强，重新威行西域。）

二月，乙巳日（疑误），司徒王敏去世。

三月二十九日癸丑，任命汝南太守鲍昱做司徒。鲍昱是鲍永的儿子。

益州刺史梁国人朱辅，宣扬汉朝的恩德，使远方的夷族敬畏。从汶山以西，前代势力未能达到、朝廷政令不能实施的地方，白狼、槃木等一百多国，都举族称臣朝贡。白狼王唐菆作诗三篇，歌颂汉朝的恩德，朱辅让犍为郡属官由恭翻译出来奏献朝廷。

当初，龟兹王建是匈奴所拥立的，依仗匈奴人的势力，控制了北道，杀死疏勒王，立疏勒王的臣子兜题为疏勒王。班超走捷径小道来到疏勒，距离兜题所在的槃槖城九十里，预先派属吏田虑去招降，口授密令给田虑："兜题本不是疏勒人，疏勒民众必不听命。如果不立即归降，就把他抓起来。"田虑一到，兜题看田虑的兵力单薄，一点投降的诚意都没有。田虑乘他没有预防，就上前捆绑了兜题，事出意外，左右人都害怕得逃跑了。田虑快马向班超报告，班超立即前往，召集疏勒的所有将吏，把龟兹的暴行说给他们听，并拥立他们前任国王哥哥的儿子忠为疏勒王，疏勒国人很高兴。班超问忠和官属说："应当杀死兜题呢，还是放他一条活命？"忠和官属都说："杀死他。"班超说："杀了他，对事情没有好处，应让龟兹王知道汉朝的威德。"于是就把兜题放了。

夏季，五月初五日戊子，公卿百官因为汉明帝的威德征服了远方，祥瑞应验，都集会在朝堂举杯祝贺。汉明帝下诏说："天降神物，用以感应君王；远方的人仰慕中原的教化，实在是因为有德行；朕的德行浅薄，怎能享有这些祥瑞呢？只因高祖、光武帝的圣德普及天下，朕不敢有所推卸。请允许朕与大家一齐举杯敬酒，祝贺先帝吧，由太常选择吉日到宗庙策告先祖。"于是推广皇恩，按不同等级赏赐臣民爵位和米粟。

冬季，十一月，派奉车都尉窦固、驸马都尉耿秉、骑都尉刘张从敦煌昆仑塞出兵，进攻西域，耿秉、刘张都交出各自的兵符和符信，隶属窦固，合计骑兵一万四千人，在蒲类海附近击败了白山的匈奴，于是乘胜进击车师国。车师前王就是后王的儿子，两车师国的都城相距五百多里。窦固考虑到后王的路途僻远，山谷幽深，士兵要受寒受苦，就想首先攻打前王；耿秉认为首先应攻打后王，铲除他的根本大营，那么前王自然归顺降服。窦固举棋不定，耿秉猛然站起来说："我军请求为先锋。"于是上马率领军队向北前进。众军不得已，只好一同前进，杀死敌人几千。后王安得惊恐，跑出城门迎接耿秉，脱帽，抱住马腿投降。耿秉带着他们去见窦固；车师前王也归附听命，于是安定了车师国胜利回师。窦固为奏请重新设立西域都护以及戊、己校尉。于是明帝任命陈睦为都护；司马耿恭为戊校尉，驻守车师后王部的金蒲城；谒者关宠为己校尉，驻守车师前王部的柳中城，各部的驻守军队

十八年（乙亥，75 年）

春，二月，诏窦固等罢兵还京师。

北单于遣左鹿蠡王率二万骑击车师，耿恭遣司马将兵三百人救之，皆为所没，匈奴遂破杀车师后王安得而攻金蒲城。恭以毒药傅矢，语匈奴曰："汉家箭神，其中疮者必有异。"虏中矢者，视疮皆沸，大惊。会天暴风雨，随雨击之，杀伤甚众；匈奴震怖，相谓曰："汉兵神，真可畏也！"遂解去。

夏，六月，己未，有星孛于太微。

耿恭以疏勒城傍有涧水可固，引兵据之。秋，七月，匈奴复来攻，拥绝涧水；恭于城中穿井十五丈，不得水，吏士渴乏，至笮马粪汁而饮之。恭身自率士挽笼，有顷，水泉奔出，众皆称万岁。乃令吏士扬水以示虏，虏出不意，以为神明，遂引去。

八月，壬子，帝崩于东宫前殿，年四十八。遗诏："无起寝庙，藏主于光烈皇后更衣别室。"

帝遵奉建武制度，无所变更，后妃之家不得封侯与政。馆陶公主为子求郎，不许，而赐钱千万，谓群臣曰："郎官上应列宿，出宰百里，苟非其人，则民受其殃，是以难之。"公车以反支日不受章奏，帝闻而怪曰："民废农桑，远来诣阙，而复拘以禁忌，岂为政之意乎！"于是遂蠲其制。尚书阎章二妹为贵人，章精力晓旧典，久次当迁重职，帝为后宫亲属，竟不用。是以吏得其人，民乐其业，远近畏服，户口滋殖焉。

太子即位，年十八。尊皇后曰皇太后。

明帝初崩，马氏兄弟争欲入宫。北宫卫士令杨仁被甲持戟，严勒门卫，人莫敢轻进者。诸马乃共谮仁于章帝，言其峻刻，帝知其忠，愈善之，拜为什邡令。

壬戌，葬孝明皇帝于显节陵。

冬，十月，丁未，赦天下。

诏以行太尉事节乡侯憙为太傅，司空融为太尉，并录尚书事。

各设几百人。耿恭是耿况的孙子。

汉明帝永平十八年（乙亥，75 年）

春季，二月，下诏窦固等停止进兵，返回京城。

北匈奴单于派遣左鹿蠡王率领二万骑兵攻击车师，戊校尉耿恭派遣司马率领三百士兵去救助，全军覆没。匈奴于是攻破车师并杀死了车师后王安得，接着攻打金蒲城。耿恭用毒药涂在箭上，对匈奴人说："汉朝的神箭，中了箭就和普通的伤不同。"匈奴人中箭，伤口发烫，大惊。恰逢天下暴风雨，汉军乘雨进攻，杀敌很多，匈奴人害怕，相互说："汉兵神勇，太可怕了。"于是撤退。

夏季，六月十二日己未，在太微星区出现异星。

耿恭因疏勒城旁有涧水可以持久防守，就带领士兵驻守在那里。秋季，七月，匈奴人再次侵扰，筑堤截断涧水，耿恭在城中挖井十五丈深，见不到水，官吏士卒口渴饥乏，以至于榨马粪的液汁饮用。耿恭亲自率领士兵挖井运土，过了不久，泉水涌出，众人高呼万岁。耿恭命令将士往城外泼水给匈奴人看，匈奴人很惊奇，以为有神明，于是领兵撤离了。

八月初六日壬子，汉明帝在东宫前殿去世，享年四十八岁。汉明帝的遗诏说："不要建寝庙，把牌位安置在光烈皇后寝殿中储衣物的房间。"

汉明帝遵奉建武的制度，没有变更，后妃家人不可封侯和参政。馆陶公主替儿子求做郎官，汉明帝不批准，只赏钱千万，对群臣说："郎官和天上的星宿相应，出朝迁到地方要管理百里之地，如果不是恰当的人选，那么民众就要遭受祸殃，因此没有同意。"旧例公车府在反支日这天不受理奏章。汉明帝听了很奇怪，说："民众放下农桑之事，远道前来宫阙上书，却因禁忌加以限制，这难道是为政的本意吗？"于是就废除了这个制度。尚书阎章的两个妹妹都是贵人，阎章精力旺盛，通晓旧典，长期担任现职，应当升任重职，汉明帝认为是后妃亲属，一直不重用阎章。因此，任用官吏都选恰当的人，民众安居乐业，远近都敬畏顺从，户口日益增加。

太子刘炟即位，年十八岁。尊称马皇后为皇太后。

汉明帝刚去世，马氏兄弟争着要进宫。北宫卫士令杨仁披上铠甲，手执长戟，严守宫门，谁也不敢轻进。马家众人就一起向汉章帝说杨仁的坏话，说他十分严厉苛刻，汉章帝知道杨仁忠诚，更加赏识杨仁，任命他做什邡县县令。

八月十六日壬戌，安葬孝明皇帝于显节陵。

冬季，十月初二日丁未，大赦天下。

汉章帝下诏任命代理太尉职务的节乡侯赵熹为太傅，司空牟融为太尉，一起总领尚书事务。

十一月，戊戌，以蜀郡太守第五伦为司空。伦在郡公清，所举吏多得其人，故帝自远郡用之。

焉耆、龟兹攻没都护陈睦，北匈奴围关宠于柳中城。会中国有大丧，救兵不至，车师复叛，与匈奴共攻耿恭。恭率厉士众御之，数月，食尽穷困，乃煮铠弩，食其筋革。恭与士卒推诚同死生，故皆无二心，而稍稍死亡，余数十人。单于知恭已困，欲必降之，遣使招恭曰：“若降者，当封为白屋王，妻以女子。”恭诱其使上城，手击杀之，炙诸城。单于大怒，更益兵围恭，不能下。

关宠上书求救，诏公卿会议，司空伦以为不宜救；司徒鲍昱曰：“今使人于危难之地，急而弃之，外则纵蛮夷之暴，内则伤死难之臣，诚令权时，后无边事可也。匈奴如复犯塞为寇，陛下将何以使将！又二部兵人裁各数十，匈奴围之，历旬不下，是其寡弱力尽之效也。可令敦煌、酒泉太守各将精骑二千，多其幡帜，倍道兼行以赴其急；匈奴疲极之兵，必不敢当，四十日间足还入塞。”帝然之。乃遣征西将军耿秉屯酒泉，行太守事，遣酒泉太守段彭与谒者王蒙、皇甫援发张掖、酒泉、敦煌三郡及鄯善兵合七千余人以救之。

甲辰晦，日有食之。

太后兄弟虎贲中郎廖及黄门郎防、光，终明帝世未尝改官。帝以廖为卫尉，防为中郎将，光为越骑校尉。廖等倾身交结，冠盖之士争赴趣之。第五伦上疏曰：“臣闻《书》曰：‘臣无作威作福，其害于而家，凶于而国。’近世光烈皇后虽友爱天至，而抑损阴氏，不假以权势。其后梁、窦之家，互有非法，明帝即位，竟多诛之。自是洛中无复权戚，书记请托，一皆断绝。又谕诸外戚曰：‘苦身待士，不如为国。戴盆望天，事不两施。’今之议者，复以马氏为言。窃闻卫尉廖以布三千匹，城门校尉防以钱三百万，私赡三辅衣冠，知与不知，莫不毕给。又闻腊日亦遗其在雒中者钱各五千。越骑校尉光，腊用羊三百头，米四百斛，肉五千斤。臣愚以为不应经义，惶恐，不敢不以闻。陛下情欲厚之，亦宜所以安之。臣今言此，诚欲上忠陛下，下全后家也。”

是岁，京师及兖、豫、徐州大旱。

（以上为第十五段，写明帝崩，章帝即位，耿恭困守西域，建立殊勋。）

十一月二十四日戊戌，任命蜀郡太守第五伦为司空。第五伦在蜀郡公正清廉，所举用的属吏都是合适人选。所以，汉章帝从遥远蜀郡调用了第五伦。

焉耆、龟兹攻杀都护陈睦，陈睦全军覆没。北匈奴则把关宠困在柳中城。时逢汉朝有国丧，救兵不来，车师反叛，和匈奴一同进攻耿恭。耿恭率领激励士卒抵抗，坚守了几个月，食物用尽，处境困难，只好煮铠甲弓弩，吃那些筋皮。耿恭和士卒推诚布公，生死与共，因此都没有二心，但士卒逐渐死去，只剩下几十人。单于知道耿恭处境已很困难，想要让耿恭投降，就派使者招抚耿恭说："只要你投降了，一定封你做白屋王，把女儿嫁给你。"耿恭诱骗匈奴使者上城来，亲手杀死了他，在城上用火烤匈奴使者的尸体。单于大怒，更增兵围困耿恭，但无法攻下。

关宠上书求救，汉章帝下诏要公卿商议，司空第五伦以为不该救助，司徒鲍昱说："如今派人到危难之地，有了危难就抛开他，对外放纵蛮夷暴虐，对内使死难的臣子伤心。如果权衡时宜，以后不再发动边界战争，就可以这样做。匈奴如果再侵犯关塞，陛下将如何派选将领？关宠和耿恭的士兵才各几十人，匈奴围困他们，经过十天还攻不下，这是他们兵少力弱却尽心尽力。可以命令敦煌、酒泉太守率领精锐骑兵两千人，多举些旗帜，倍道兼程赶路去解救他们的危急；匈奴疲倦之极的士兵一定不能抵挡，有四十天就足够回到关塞。"汉章帝赞同这一计划。就派征西将军耿秉驻守酒泉，代理太守职务，派酒泉太守段彭和谒者王蒙、皇甫援，发张掖、酒泉、敦煌三郡以及鄯善的士兵共七千多人救援耿恭。

十一月三十日甲辰晦，发生日食。

马太后的兄弟虎贲中郎将马廖以及黄门郎马防、马光，在汉明帝时一直未升官。汉章帝任命马廖做卫尉，马防做中郎将，马光做越骑校尉。马廖等人尽力交结天下豪杰，达官贵人争着与马氏兄弟交往。第五伦上疏说："臣听说《尚书》有'臣子不要作威作福，那样会祸及家人，危害国家'的话。近世光烈皇后虽然天性友爱，但压制、拘束阴家人的势力，不授予权势。后来梁家、窦家，都有非法的行为，明帝即位，多半被杀。从此京师洛阳不再有有权势的皇亲国戚，写信请托的，一概断绝。还告诫众外戚说：'辛苦结交朋友，不如全心奉献国家，头顶盆子望天，既戴不住盆，也望不见天，事情不能两全。'现在议论的人又在议论马氏。臣听说卫尉马廖拿三千匹布，城门校尉马防拿三百万钱，暗地供给三辅的官吏，不论是谁，没有不供给的。臣又听说在腊日赠送给洛阳城的官吏每人各五千钱。越骑校尉马光，腊祭用羊三百头，米四百斛，肉五千斤。臣认为不合经书的义理，深感不安，只好向陛下报告。陛下在情分上想要对他们友善，就应使他们安分。臣现在说这些，实在是要对上忠于陛下，对下保全皇太后的家族。"

这一年，京师和兖州、豫州、徐州，发生大旱。

【点评】

本卷史事点评三事：一、佛教传入中国；二、楚王英谋反案；三、班超建功西域。

一、佛教传入中国。永平八年（65），汉明帝颁布诏令，罪人可以用钱财赎罪。楚王刘英派他的郎中令向国相上交三十匹黄白细绢，声称用以赎罪，楚王英并未触犯刑律，无罪可赎。国相上奏汉明帝，汉明帝下诏书回报说："楚王诵读黄老之书，崇尚佛家的仁慈，斋戒三个月，向神明发誓，哪有什么嫌疑？不应该有悔恨。退还赎罪的细绢，用来多摆筵席招待佛门弟子。"汉明帝还把这道诏书转发给其他诸侯封国的中傅，表明最高统治者承认佛教的合法地位。东汉末年融作《理惑论》，说汉明帝夜梦宫殿里飞来一个神人，名字叫"佛"。于是遣使到天竺（印度）求佛经。汉使归来，求来佛像、佛经，还有印度高僧同来中国。据说是用白马驮载佛经抵达京都洛阳，汉明帝在洛阳城西建造佛寺用白马命名。白马寺至今香火不绝。

佛教创始人释迦牟尼，约生于公元前566年，死于公元前486年，是在今尼泊尔境内迦毗罗国的王子，与中国圣人孔子同时。到了中国秦代，印度阿育王大弘佛法，派遣僧徒四出布教，西汉时西域的一些城邦国家已信奉佛法。汉武帝开通西域，佛教已经东来。汉哀帝元寿元年（前2），西域佛教国大月氏使臣伊存来朝，博士弟子景卢从伊存受《浮屠经》。但佛教受到中国儒学与道教的抵制，一直未能流传。汉明帝的诏书真正打开了佛教传布的大门，经过魏晋南北朝到隋唐，佛教盛行，与儒、道并驾齐驱。而作为学术，儒、道、释三足鼎立，互相渗透。佛教在中国生根、开花、结果，汉明帝功不可没。

二、楚王英谋反案。汉明帝永平十三年（70），一个名叫燕广的男子上书告发楚王英与渔阳人王平、颜忠等制作图谶，刻文字为符瑞，有谋反行动。经过审理，主管部门上奏："楚王英大逆不道，犯了死罪。"汉明帝不忍加刑，废其王爵，发配到丹阳泾县，给五百户汤沐邑。第二年，刘英自杀了。刘英死了，而审查定罪刘英叛党的案件还没有结束。刘英把天下的知名人士秘密地记载在一个小册子上，其中有吴郡太守尹兴的名字，办案人逮捕了尹兴，郡守属官被抓捕五百多人，严刑拷打致死二百多人。主案犯颜忠、王平随口咬人，隧乡侯耿建、朗陵侯臧信、濩泽侯邓鲤、曲成侯刘建，从未见过颜忠、王平两人，无辜被株连，屈打成招，没完没了。侍御史寒朗冒死上书为囚犯申冤，汉明帝醒悟，亲自到洛阳狱查阅囚犯卷宗，释放了一千多人。任城令袁安转任楚郡太府，释放了四百多人。楚王英谋反案牵连数千人蒙冤。一个诸侯王谋反，未成事实，只是密谋计划，为何牵连这么多人蒙冤呢？原因有三：第一，皇帝严旨亲办的案件，办案人不敢违抗，多为冤案；第二，办案人表示效忠，踩着他人的血迹晋升，往往以多诛杀为能，结案时间拖得越长，牵涉的

人就会越多。第三，司法程序只要口供，不重证据。严刑逼供，不仅屈打成招，而且牵连无辜以减罪行，或报复仇人。这种司法弊端在专制政体下，是其常态。回顾历史，着实令人可悯。

楚王英案的扩大化开了一个恶例，可以说这是东汉末党锢之祸波及全国的一次预演。

三、班超建功西域。西汉末年，北匈奴乘中国之乱，再度入侵西域，切断丝绸之路整整六十年。东汉建立，决计恢复中西交通，这一艰巨的历史使命落在了一介书生身上。这个书生就是“投笔从戎”立功西域的班定远（班超）。

班超（32—102），字仲升，扶风平陵人。东汉大史学家班固之弟。班超从小博览群书，胸藏韬略，志向高远。不幸早年丧父，家道中落，生活清苦。明帝永平五年（62），朝廷征召班固为校书郎兰台令史，举家迁居洛阳。但兰台令史这一小官的薪俸不足以养家，班超不得不受官家雇佣为抄书吏。这一现实与班超的报国壮志有很大的落差。有一天，班超情不自禁地把笔扔在了地上，十分激动地说：“一个男子汉，不能效法傅介子、张骞，立功边外，取封侯之赏，怎么能长此做一个抄书匠呢？”班超此举，如同陈涉发鸿鹄之叹一样，遭到他人的嘲笑。明帝永平十六年（73），班超投笔从戎的机会来了。他被征为奉车都尉窦固的假司马，即参谋军事的副司马，出征匈奴，打通西域道路。窦固这次出征，从今甘肃酒泉西北，进入今新疆哈密巴里坤湖一带，赶走了北匈奴派驻西域的呼衍王，在西域设置了宜禾都尉，驻军屯垦。班超在战斗中初露头角，被窦固推荐为西域副使，与从事郭恂一起出使西域。

西域通道有南北两道。南道沿昆仑山，北道沿天山，两道都东起鄯善国，西至疏勒。汉朝要打通中西交通，就必须控制鄯善和疏勒两个城邦小国。鄯善尤为汉匈双方争夺的要点。鄯善王两边都得罪不起。于是常常是脚踏两只船，时而倒向匈奴，时而倒向汉朝。

鄯善原名楼兰。西汉昭帝元凤四年（前77），傅介子出使楼兰，用智计杀死了倒向匈奴的楼兰王，因而改名鄯善。班超如今出使西域第一站鄯善的情况，就是当年傅介子的处境，鄯善王头几天还殷勤接待班超等人，过了几天忽然怠慢起来。班超敏感地意识到必然是北匈奴的使团来到了鄯善，他用智计从鄯善接待人员口中落实了匈奴使团一百多人住在离班超住地三十多里的地方。班超不待请示郭恂，当夜果断地率领汉使三十六人攻杀匈奴使团，断了鄯善王倒向北匈奴的后路。班超是第二个傅介子，他比傅介子走得更远。当时西域各国不堪忍受匈奴的沉重掠夺，日夜期盼汉使到来。班超消灭匈奴使团的消息，一阵风似的传遍了西域各国。班超乘势与三十六位壮士沿南道出使了于阗、莎车、疏勒等国，帮助西域各国驱逐了匈奴派

驻的监护官。东汉朝廷不费干戈就恢复了西域都护和戊、己校尉等官。都护陈睦驻焉耆国乌垒城，在今新疆轮台县东。戊校尉耿恭驻金蒲城（在今新疆吉木萨尔县），己校尉关宠驻柳中（今新疆吐鲁番市东南）。这是东汉朝廷的第一次通西域。

东汉一朝自汉明帝至汉安帝经营西域三绝三通。73—77 年，班超第一次通西域。77—91 年，东汉政府不愿与北匈奴作战，放弃伊吾，中西交通再次中断。91—107 年，窦宪大破北匈奴，班超经营西域完全成功，这是第二次通西域。107—124 年，班超的后继者庸劣贪婪，引起西域一些国家反抗，北匈奴侵入，东汉政府召回都护，中西交通第三次中断。125 年，班勇击走北匈奴，第三次恢复中西交通。东汉三通西域，班氏父子建立大功。班超第二次通西域后，立即派甘英出使大秦，即罗马帝国。甘英到达地中海东海岸，因缺乏渡海工具而返回。班超通大秦的目的没有实现，但他那博大的胸怀，远大的目光，凌云的壮志，却永垂青史，也激励了一代又一代中华儿女。

汉纪三十八

汉章帝建初元年至元和元年（76—84年）

【起柔兆困敦（丙子，76年），尽阏逢涒滩（甲申，84年），凡九年】

【大事提要】

本卷记事起公元76年，讫公元84年，凡九年，当汉章帝建初元年至元和元年，章帝在位的前期。此时期马太后临朝，章帝垂拱。马太后识大体，抑制外家，章帝三位舅舅马廖、马防、马光不得封侯。章帝为明帝贾贵人所生，马太后养为己子。章帝韬晦孝谨，多次要求太后封爵舅氏，而太后谢世，坟土未干，章帝即裁制舅家，诸马失势，却放纵窦皇后外戚，于是窦宪得势，专横跋扈。章帝宽仁，平反冤狱，废酷刑，慎选举，量才用人，讷谏，奖励直臣，劝农桑，以宽缓纠明帝之苛猛，政治出现开明的新气象。西域不宁，耿恭困守疏勒抗击北匈奴一年有余，被救回国，全军只存活十三人，可见其艰苦卓绝。西羌开始暴动，马防平定了暴乱。章帝诏令诸儒会议白虎观，亲临裁决《白虎议奏》，是东汉文化思想建设的一件大事。

【原文】

肃宗孝章皇帝上

建初元年（丙子，76年）

春，正月，诏兖、豫、徐三州禀赡饥民。上问司徒鲍昱："何以消复旱灾？"对曰："陛下始践天位，虽有失得，未能致异。臣前为汝南太守，典治楚事，系者千余人，恐未能尽当其罪。夫大狱一起，冤者过半。又，诸徙者骨肉离分，孤魂不祀。宜一切还诸徙家，蠲除禁锢，使死生获所，则和气可致。"帝纳其言。

校书郎杨终上疏曰："间者北征匈奴，西开三十六国，百姓频年服役，转输烦费；愁困之民足以感动天地，陛下宜留念省察！"帝下其章，第五伦亦同终议。牟融、鲍昱皆以为："孝子无改父之道，征伐匈奴，屯戍西域，先帝所建，不宜回异。"终复上疏曰："秦筑长城，功役繁兴；胡亥不革，卒亡四海。故孝元弃珠崖之郡，光武绝西域之国，不以介鳞易我衣裳。鲁文公毁泉台，《春秋》讥之曰：'先祖为之而已毁之，不如勿居而已，'以其无妨害于民也；襄公作三军，昭公舍之，君子大其复古，以为不舍则有害于民也。今伊吾之役，楼兰之屯兵，久而未还，非天意也。"帝从之。

丙寅，诏："二千石勉劝农桑；罪非殊死，须秋按验。有司明慎选举，进柔良，退贪猾，顺时令，理冤狱。"是时承永平故事，吏政尚严切。尚书决事，率近于重。尚书沛国陈宠以帝新即位，宜改前世苛俗，乃上疏曰："臣闻先王之政，赏不僭，刑不滥；与其不得已，宁僭无滥。往者断狱严明，所以威惩奸慝；奸慝既平，必宜济之以宽。陛下即位，率由此义，数诏群僚，弘崇晏晏，而有司未悉奉承，犹尚深刻；断狱者急于篣格酷烈之痛，执宪者烦于诋欺放滥之文，或因公行私，逞纵威福。夫为政犹张琴瑟，大弦急者小弦绝。陛下宜隆先王之道，荡涤烦苛之法，轻薄棰楚以济群生，全广至德以奉天心！"帝深纳宠言，每事务于宽厚。

（以上为第一段，写汉章帝初即位，纳鲍昱、陈宠之言，平冤狱，慎选举，劝农桑，政治出现新气象。）

【语译】

肃宗孝章皇帝上

汉章帝建初元年（丙子，76年）

春季，正月，汉章帝下诏兖、豫、徐三州发放米粮，救济灾民。汉章帝问司徒鲍昱："如何消除旱灾？"鲍昱回答说："陛下刚刚继承天子之位，即使有成败得失也不可能招来灾异。臣以前做汝南太守，主办楚王刘英的案子，关在牢里有一千多人，恐怕未必都有罪。大的案件一出现，受冤者超过半数。再者，那些被流放的人骨肉分离，无人祭祀孤魂。应该让流放者回归家园，消除禁锢，使已经死去的人和还活着的人都获得照顾，各得其所，那么就可以得到祥和之气而消灭旱灾。"汉章帝接受了鲍昱的建议。

校书郎杨终上疏说："最近北征匈奴，向西开通了西域三十六国，百姓连年服役，转运粮饷，负担了沉重的战争费用；百姓愁困无比，足以感动天地，陛下应该留意体恤民情！"汉章帝把杨终的奏章交给群臣议论，第五伦也同意杨终的建议。牟融、鲍昱则认为："孝子不该改变父亲的做法。征伐匈奴，屯守西域，是先皇所制定的策略，不应改变。"杨终又上奏说："秦修筑长城，频繁征发徭役；胡亥不改弦更张，最终丢失天下。所以孝元帝舍弃了珠崖郡，光武帝断绝同西域诸国来往，不效法远夷的习俗改变中原的礼仪穿戴。鲁文公毁坏泉台，《春秋》讥评鲁文公说：'先祖建立的泉台，与其自己把它毁坏，不如不居住罢了。'因为它并没有妨害到百姓；鲁襄公建立三军，鲁昭公把它取消，君子称赞鲁昭公能够恢复祖宗之法，认为不取消三军就有害于百姓。现在伊吾服役的士兵、楼兰的驻军，长久不能回国，这不符合天意啊！"汉章帝最终赞同了杨终的看法。

正月二十三日丙寅，汉章帝下诏说："二千石官员勉励劝导百姓从事农业生产；犯人犯的不是死罪，要到秋天复审。主管官员透明谨慎地推举人才，提升温和贤良的人，斥退贪心狡猾的人，顺应时令，平反冤案。"这时继承明帝年间的惯例，官吏的政务崇尚严苛酷烈，尚书决断政事，一律都太严厉，尚书沛国人陈宠认为汉章帝刚即位，应当改变前代的苛刻风气，就上疏说："臣听说先王的政务，奖赏不过度，刑罚不泛滥；迫不得已，宁可厚加奖赏也不滥施刑罚。过去决断讼狱严明，能威吓惩罚奸恶的人；奸恶的人既已消除，必须应用宽政来辅助。陛下即位，一向遵照这个原则，数次向群臣下诏，极力推崇温和的做法，而主管官员没能完全依从，仍推重苛刻；判案的人急于施行残酷手段；执法的人下达烦琐夸张、诬陷不实的文书，专事烦琐、欺骗、肆意的法令，有的甚至假公济私，作威作福。为政就像安装琴瑟，大弦过度拉紧，小弦就会断。陛下应该发扬古代圣明君王的宽宏之道，废除苛烦的

酒泉太守段彭等兵会柳中，击车师，攻交河城，斩首三千八百级，获生口三千余人。北匈奴惊走，车师复降。会关宠已殁，谒者王蒙等欲引兵还；耿恭军吏范羌，时在军中，固请迎恭。诸将不敢前，乃分兵二千人与羌，从山北迎恭，遇大雪丈余，军仅能至。城中夜闻兵马声，以为虏来，大惊。羌遥呼曰：“我范羌也，汉遣军迎校尉耳。”城中皆称万岁。开门，共相持涕泣。明日，遂相随俱归。虏兵追之，且战且行。吏士素饥困，发疏勒时，尚有二十六人，随路死没，三月至玉门，唯余十三人，衣履穿决，形容枯槁。中郎将郑众为恭以下洗沐，易衣冠，上疏奏：“恭以单兵守孤城，当匈奴数万之众，连月逾年，心力困尽，凿山为井。煮弩为粮，前后杀伤丑虏数百千计，卒全忠勇，不为大汉耻，宜蒙显爵，以厉将帅。”恭至雒阳，拜骑都尉。诏悉罢戊、己校尉及都护官，征还班超。

超将发还，疏勒举国忧恐；其都尉黎弇曰：“汉使弃我，我必复为龟兹所灭耳，诚不忍见汉使去。”因以刀自刭。超还至于阗，王侯以下皆号泣，曰：“依汉使如父母，诚不可去！”互抱超马脚不得行。超亦欲遂其本志，乃更还疏勒。疏勒两城已降龟兹，而与尉头连兵。超捕斩反者，击破尉头，杀六百余人，疏勒复安。

甲寅，山阳、东平地震。

东平王苍上便宜三事。帝报书曰：“间吏民奏事亦有此言；但明智浅短，或谓傥是，复虑为非，不知所定。得王深策，恢然意解；思惟嘉谋，以次奉行。特赐王钱五百万。”后帝欲为原陵、显节陵起县邑，苍上疏谏曰：“窃见光武皇帝躬履俭约之行，深睹始终之分，勤勤恳恳，以葬制为言；孝明皇帝大孝无违，承奉遵行；谦德之美，于斯为盛。臣愚以园邑之兴，始自强秦。古者丘陇且不欲其著明，岂况筑郭邑、建都郛哉！上违先帝圣心，下造无益之功，虚费国用，动摇百姓，非所以致和气、祈丰年也。陛下履有虞之至性，追祖祢之深思，臣苍诚伤二帝纯德之美不畅于无穷也！”帝乃止。自是朝廷每有疑政，辄驿使咨问，苍悉心以对，

法令，减轻鞭打的刑罚，救济百姓，推广完美的恩德，用来遵奉天意！”汉章帝诚恳地采纳了陈宠的建议，处理事务力求宽大仁厚。

酒泉太守段彭等在柳中城集合军队，攻击车师，进攻交河城，杀敌三千八百人，抓获三千多人。北匈奴逃走，车师再次归降。时逢关宠死亡，谒者王蒙等人想率领军队回国；耿恭的属将范羌当时在王蒙军中，坚决迎请耿恭。众将领不敢前行，于是分给范羌两千士兵，从北山去迎请耿恭，遇上一丈多深的大雪，军队费尽力气才到达。城中在夜间听到兵马的声音，以为敌人来犯，大惊。范羌远远地叫喊：“我是范羌，汉朝派来迎接耿校尉的。”城中的人都高呼万岁。打开城门，大家拥抱流泪。第二天，耿恭与援军一同回国。匈奴的军队追来，一面作战，一面行进。将士一路饥饿困乏，耿恭部众从疏勒城出发时还有二十六人，一路上相继死亡，三月到达玉门关，只剩下十三人，衣服鞋子都破破烂烂，面目憔悴。中郎将郑众送耿恭及部下的将士去洗沐，更换衣帽，上奏疏说：“耿恭以孤单的军队防守孤城，抵抗好几万匈奴军队，成年累月，精神困乏到极点，在山上挖井，煮弓弩为粮，前后杀伤匈奴人数以千百计，忠勇俱全，没有让大汉朝受辱，应当获高官显爵，以激励将帅。”耿恭回到洛阳，被任命为骑都尉。汉章帝下诏全部废除戊、己校尉及都护官，征召班超回京。

班超将要回京，疏勒举国担心；其都尉黎弇说：“汉朝的使者抛下我们，我们必将被龟兹所灭，实在不忍心汉朝使者离开。”因此拔刀自杀。班超返回于阗，王侯以下都哭泣，说：“我们依赖汉朝的使者如同依赖父母，实在不能离去啊！”互相抱住班超的马脚使班超不能起程。班超也想完成志愿，就又返回疏勒。疏勒有两座城已经投降龟兹，而与尉头国联合。班超逮捕斩杀了反叛的人，攻占尉头，杀死六百多人，疏勒再次获得安定。

三月十二日甲寅，山阳郡和东平国发生地震。

东平王刘苍上书提出了应该施行的三件事。汉章帝回答说：“最近官民奏事也有这样说，但朕智慧浅薄，有时认为好像是对的，再考虑又觉得不对，不知如何是好。看见卿王的深谋远虑，豁然醒悟；深入考虑好意见，将依次遵行。特地赏赐卿王五百万钱。”后来汉章帝想要为原陵、显节陵兴建县城，刘苍上疏进谏说：“臣看到光武皇帝亲自实践节俭的德行，深明生命的初始与终结，恳切地指示丧葬后事；孝明皇帝孝顺，秉承奉行；谦恭的美德，在丧葬上表现得最为显明。臣以为陵园县邑的建造，始兴于强大的秦朝。古代的坟丘连突起尚且都不要它显露，更何况是建造县邑城池泥？真是这样，那对上是违先帝的圣心，对下是做无益的事功，虚耗钱财，动摇民心，并不是导致祥和之气、祈求丰年的做法。陛下践行虞舜的至高德行，追

皆见纳用。

秋，八月，庚寅，有星孛于天市。

初，益州西部都尉广汉郑纯，为政清洁，化行夷貊，君长感慕，皆奉珍内附；明帝为之置永昌郡，以纯为太守。纯在官十年而卒。后人不能抚循夷人，九月，哀牢王类牢杀守令反，攻博南。

阜陵王延数怀怨望，有告延与子男鲂造逆谋者；上不忍诛，冬十一月，贬延为阜陵侯，食一县，不得与吏民通。

北匈奴皋林温禺犊王将众还居涿邪山，南单于与边郡及乌桓共击破之。是岁，南部次饥，诏禀给之。

（以上为第二段，写耿恭困守西域疏勒孤城抗击北匈奴一年多，被救回朝，班超不受征召，留守西域。）

二年（丁丑，77 年）

春，三月，甲辰，罢伊吾卢屯兵，匈奴复遣兵守其地。

永昌、越嶲、益州三郡兵及昆明夷卤承等击哀牢王类牢于博南，大破，斩之。

夏，四月，戊子，诏还坐楚、淮阳事徙者四百余家。

上欲封爵诸舅，太后不听。会大旱，言事者以为不封外戚之故，有司请依旧典。太后诏曰："凡言事者，皆欲媚朕以要福耳。昔王氏五侯同日俱封，黄雾四塞，不闻澍雨之应。夫外戚贵盛，鲜不倾覆；故先帝防慎舅氏，不令在枢机之位，又言'我子不当与先帝子等'，今有司奈何欲以马氏比阴氏乎！且阴卫尉，天下称之，省中御者至门，出不及履，此蘧伯玉之敬也；新阳侯虽刚强，微失理，然有方略，据地谈论，一朝无双；原鹿贞侯，勇猛诚信；此三人者，天下选臣，岂可及哉！马氏不及阴氏远矣。吾不才，夙夜累息，常恐亏先后之法，有毛发之罪吾不释，言之不舍昼夜，而亲属犯之不止，治丧起坟，又不时觉，是吾言之不立而耳目之塞也。

念祖先的深意，臣刘苍实在为两位先帝纯正的美德不能永远流行而难过。”汉章帝于是取消了建造陵邑的想法。从此，每当朝廷有疑难不决的政务，就派驿使询问（刘苍），刘苍都尽心回答，他的意见都被采纳。

秋季，八月二十日庚寅，在天市星座出现异星。

当初，益州西部都尉广汉人郑纯为政清廉，在夷貊推行教化，夷貊君长感动，倾慕汉朝的德政，都进献珍宝贡物请求内附；汉明帝为他们设立了永昌郡，任命郑纯做太守。郑纯担任太守十年后去世。接替郑纯的官员不能安抚夷人，九月，哀牢王类牢杀死太守反叛，攻击博南县。

阜陵王刘延屡次心怀怨恨，有人告发刘延和儿子刘鲂谋划造反；汉章帝不忍心诛杀他们，冬季，十一月，贬刘延为阜陵侯，食邑一个县，不准刘延和属下的官吏百姓往来。

北匈奴皋林温禺犊王率领部众返回涿邪山居住，南匈奴单于和边界的郡县以及乌桓一起把北匈奴击败。这一年，南匈奴发生大饥荒，汉章帝下诏发放米粮救济南匈奴。

汉章帝建初二年（丁丑，77 年）

春季，三月初八日甲辰，撤回在伊吾庐的驻军，匈奴于是又派军队守护那些地方。

永昌、越巂、益州三郡的军队以及昆明夷卤承等在博南攻击哀牢王类牢，大败哀牢王类牢，并诛杀了类牢。

夏季，四月二十二日戊子，汉章帝下诏召回因楚王、淮阳王案而判罪流放的人四百多家。

汉章帝想要给几个舅舅封爵位，马太后不答应。时逢大旱灾，奏事的臣子认为是不封外戚的缘故，主管官员请求依照旧典分封外戚。马太后下诏说：“凡是奏事的臣子，都想承奉我以求得好处。过去王氏家五人同一天封侯，黄雾弥漫，没有雨水滋润万物。外戚太强，很少有不垮台的。所以先皇帝谨慎防范舅舅，不让舅氏担任重要职务，又说：‘我的儿子不应该和先帝的儿子一样。’现在官员为什么要以马氏和阴氏相比呢？而且卫尉阴兴，天下人都称赞他，宫中的侍从人员到他家门口，来不及穿鞋就欢迎，如同蘧伯玉一样彬彬有礼；新阳侯阴就虽然刚强，稍有失理，但是有谋略规划，即席论议，满朝百官，找不出第二个人；原鹿贞侯阴识，勇猛诚信。这三个人都是天下极一时之选的臣子，谁能比得上呢？马氏远远比不上阴氏。我没有才能，日夜警惕，不敢出大气，常常担心违背先皇后的规定，即使是毛发一般的

“吾为天下母，而身服大练，食不求甘，左右但著帛布，无香薰之饰者，欲身率下也。以为外亲见之，当伤心自敕；但笑言‘太后素好俭’。前过濯龙门上，见外家问起居者，车如流水，马如游龙，仓头衣绿褠，领袖正白，顾视御者，不及远矣。故不加谴怒，但绝岁用而已，冀以默愧其心；犹懈怠无忧国忘家之虑。知臣莫若君，况亲属乎！吾岂可上负先帝之旨，下亏先人之德，重袭西京败亡之祸哉！”固不许。

帝省诏悲叹，复重请曰：“汉兴，舅氏之封侯，犹皇子之为王也。太后诚存谦虚，奈何令臣独不加恩三舅乎！且卫尉年尊，两校尉有大病，如令不讳，使臣长抱刻骨之恨。宜及吉时，不可稽留。”太后报曰：“吾反覆念之，思令两善，岂徒欲获谦让之名而使帝受不外施之嫌哉！昔窦太后欲封王皇后之兄，丞相条侯言：‘高祖约，无军功不侯。’今马氏无功于国，岂得与阴、郭中兴之后等邪！常观富贵之家，禄位重叠，犹再实之木，其根必伤。且人所以愿封侯者，欲上奉祭祀，下求温饱耳；今祭祀则受太官之赐，衣食则蒙御府余资，斯岂不可足，而必当得一县乎！吾计之孰矣，勿有疑也！

“夫至孝之行，安亲为上。今数遭变异，谷价数倍，忧惶昼夜，不安坐卧，而欲先营外家之封，违慈母之拳拳乎！吾素刚急，有匈中气，不可不顺也。子之未冠，由于父母，已冠成人，则行子之志。念帝，人君也；吾以未逾三年之故，自吾家族，故得专之。若阴阳调和，边境清静，然后行子之志；吾但当含饴弄孙，不能复关政矣。”上乃止。

太后尝诏三辅：诸马婚亲有属托郡县、干乱吏治者，以法闻。太夫人葬起坟微高，太后以为言，兄卫尉廖等即时减削。其外亲有谦素义行者，辄假借温言，赏以财位；如有纤介，则先见严恪之色，然后加谴。其美车服、不遵法度者，便绝属籍，遣归田里。广平、巨鹿、乐成王，车骑朴素，无金银之饰，帝以白太后，即赐钱各五百万。于是内外从化，被服如一；诸家惶恐，倍于永平时。置织室，蚕于濯龙中，数往观视，以为娱乐。常与帝旦夕言道政事及教授小王《论语》经书，述叙平生，

小罪过，我也不肯宽恕，昼夜不停地规劝，而亲属们仍然违背不遵守，办丧事垒坟，又不能及时觉悟，这是我说的话不算数，再加上耳目闭塞的缘故啊！

“我身为天下的母后，而身上穿的是厚帛，吃的是粗菜淡饭，身边的人只穿帛布衣服，没有香薰的装饰，是想以身作则，成为榜样。我以为外戚看到这些，应当感到惊心难过而约束自己；反而取笑说我：‘太后一向喜好节俭。’前不久经过濯龙门，看到外家前来问候请安的人，车子如流水，马如游龙，仆役穿着绿色的护臂套，衣领袖口洁白，我回头看我的仆从，远远比不上。我没有责备他们，只是停止供给他们每年的例行费用而已，希望让他们内心惭愧；但他们却仍然懈怠，不关心国家。最了解臣子的莫过于国君，何况是对亲属？我怎么可以对上辜负先皇的旨意，对下有损先祖的美德，让西汉败亡的灾祸重演呢？”因此坚决不给外戚封爵。

汉章帝看了诏书十分悲叹，又重新请求说：“汉朝建立以来，舅舅封侯，犹如皇子为王。太后固然存心谦让，但为何唯独不让儿臣施恩于三个舅舅呢？而且卫尉年纪大了，两个校尉身体有病，假如他们去世了，我将终生遗憾。应该趁着吉日封侯，不可拖延。”马太后回答说：“我反复考虑，想要使得朝廷和亲戚两全其美，哪里是想得到谦让的美名而使皇帝落下不施恩外家的嫌疑呢？从前窦太后想封王皇后的哥哥，丞相条侯周亚夫说：‘高祖规定，没有战功的不能封侯。’现在马家的人于国无功，怎么能与中兴汉朝的阴皇后、郭皇后相比呢？常常看到富贵的家庭，俸禄高，权位重，好像两次结果的树木，其根基必定受损。而且人们所以希望封侯，是想在上能祭祀祖先，在下能求温饱；现在祭祀祖先有太官供给，衣食有御府供给，难道还不知足，而一定要一个县的封邑吗？我已经详细考虑过了，皇帝不要再有疑问。

“说到最高的孝行，以抚慰双亲为上。现在屡次遭到灾异，谷价上涨了好几倍，我日夜惶恐，坐卧不安，而皇帝却想先谋划外家的封侯，违背慈母的善心。我向来刚烈性急，胸部胀痛，不能不排胸中之气。儿子未成年时，听从父母意见，已经长大了，就要按自己的志愿去做。想到皇帝你是一国之君；我考虑到因为你对先帝服丧未满三年，又关系到我家族的事，所以才专断裁决。如果阴阳调和，边境清静，然后照你自己的心愿去做，我就该含饴弄孙，不再过问朝政了。”汉章帝这才作罢。

马太后曾经下诏给三辅的官员：所有马家亲戚有嘱托郡县官吏、干扰政事的，绳之以法。马太后的母亲埋葬时坟土略高，马太后就发话，马太后的哥哥卫尉马廖等人立刻就削减坟土。对那些谦虚朴素、行为正直的外戚，就温言以待，赏给财物和爵位。如果有小错，就先给以严厉的脸色，然后加以谴责。对那些车服华丽，不遵守法度的外戚，就削除外戚的名册，断绝关系，遣散回乡。广平王、巨鹿王、乐成王的车骑简朴，没有用金银装饰，汉章帝向马太后报告，随即就赐给他们各五百万钱。于是宫内宫外都被感化，诚心效法节俭，表里如一；外戚都很惶恐，超

雍和终日。

（以上为第三段，写马太后识大体，抑制外家，章帝三舅，马氏兄弟不得封侯。）

马廖虑美业难终，上疏劝成德政曰：“昔元帝罢服官，成帝御浣衣，哀帝去乐府，然而侈费不息，至于衰乱者，百姓从行不从言也。夫改政移风，必有其本。《传》曰：‘吴王好剑客，百姓多创瘢；楚王好细腰，宫中多饿死。’长安语曰‘城中好高结，四方高一尺；城中好广眉，四方且半额；城中好大袖，四方全匹帛’。斯言如戏，有切事实。前下制度未几，后稍不行；虽或吏不奉法，良由慢起京师。今陛下素简所安，发自圣性，诚令斯事一竟，则四海诵德，声熏天地，神明可通，况于行令乎！”太后深纳之。

初，安夷县吏略妻卑湳种羌人妇，吏为其夫所杀，安夷长宗延追之出塞。种人恐见诛，遂共杀延而与勒姐、吾良二种相结为寇。于是烧当羌豪滇吾之子迷吾率诸种俱反，败金城太守郝崇。诏以武威太守北地傅育为护羌校尉，自安夷徙居临羌。迷吾又与封养种豪布桥等五万余人共寇陇西、汉阳。秋，八月，遣行车骑将军马防、长水校尉耿恭将北军五校兵及诸郡射士三万人击之。第五伦上疏曰：“臣愚以为贵戚可封侯以富之，不当任以职事。何者？绳以法则伤恩，私以亲则违宪。伏闻马防今当西征，臣以太后恩仁，陛下至孝，恐卒有纤介，难为意爱。”帝不从。

马防等军到冀，布桥等围南部都尉于临洮，防进击，破之，斩首虏四千余人，遂解临洮围；其众皆降，唯布桥等二万余人屯望曲谷不下。

十二月，戊寅，有星孛于紫宫。

帝纳窦勋女为贵人，有宠。贵人母，即东海恭王女沘阳公主也。

第五伦上疏曰：“光武承王莽之余，颇以严猛为政，后代因之，遂成风化；郡国所举，类多办职俗吏，殊未有宽博之选以应上求者也。陈留

过明帝时期。马太后设置织室，在濯龙园中养蚕，屡次前往巡视，以此为乐。常常和汉章帝早晚谈论政事，以及教导小侯王读《论语》等经书，叙述平生经历，终日欢乐和谐。

马廖想到美好的事业难于长期坚持到底，上疏勉励马太后坚持节俭政治到底，成为一代政风，说："从前元帝取消三服之官，成帝穿用洗过的衣服，哀帝撤除乐府，然而奢侈浪费并没有停止，导致衰微动乱的原因，是百姓效法朝廷的行动，不效法朝廷的宣传。改革政治，移风易俗，一定要从根本入手。经传说'吴王喜欢剑客，百姓身上多伤疤；楚王喜爱细腰的人，宫中很多人饿死。'长安流传的谚语说：'城里人喜爱梳高的发髻，各地的人发髻就高一尺；城里人喜爱宽眉毛，各地的人就把眉毛画得遮住了半个额头；城里人喜欢大袖，各地的人就用整匹布帛做衣袖。'这些话听起来好像是戏言，却符合事实。前些时颁行制度没多久，稍后就不能实行。虽然有的是官吏不落实，实在是因为从京师怠慢开始。现在太后朴素节俭，安于一贯的简朴生活，如果让这事坚持下去，天下称颂恩德，声誉传遍天地，可以通达神明，何况是推行政令呢？"马太后深信不疑地采纳了马廖的提议。

当初，安夷县官强娶卑湳部落羌人的妻子为妻，官吏被那妇人的丈夫杀死，安邑县长宗延追捕犯人出塞，卑湳族人害怕被杀，就把宗延杀了，而和勒姐、吾良二族互相联合侵扰汉地。于是，烧当羌酋长滇吾的儿子迷吾率各种族一起反叛汉朝，打败金城郡太守郝崇。汉章帝下诏派武威郡太守北地人傅育做护羌校尉，从安夷县迁到临羌县。迷吾又和封养部落酋长布桥等五万多人一起侵扰陇西郡、汉阳郡。秋季，八月，派代理车骑将军马防、长水校尉耿恭率北军五校士兵，以及各郡三万骑射部队去攻打他们。第五伦上奏疏说："臣认为贵戚可以封侯使他富有，不应当委任职事。为什么呢？因为用法律处分他们就会伤害皇恩，用亲情偏袒他们就会违背法律。臣听说马防现在正要西征，臣以为太后仁慈有恩，陛下事亲至孝，恐怕突然有了小差错，难以惩罚亲属。"汉章帝不采纳。

马防等人进军到了冀州，布桥等人把南部都尉困在临洮县，马防进攻，打败了羌人，杀敌四千人，解除了临洮的围困。其余的敌人都归降了，只有布桥等二万多人驻守望曲谷，攻打不下。

十二月十六日戊寅，在紫微宫星区出现异星。

汉章帝娶窦勋的女儿为贵人，十分宠幸。窦贵人的母亲是东海恭王的女儿沘阳公主。

第五伦上疏说："光武帝继承王莽之后，处理政务非常苛刻，后代承袭这种做法，蔚然成风；郡国所推举的，大多是办事的俗吏，实在没有宽厚博学的人才适应

令刘豫，冠军令驷协，并以刻薄之姿，务为严苦，吏民愁怨，莫不疾之。而今之议者反以为能，违天心，失经义；非徒应坐豫、协，亦宜谴举者。务进仁贤以任时政，不过数人，则风俗自化矣。臣尝读书记，知秦以酷急亡国，又目见王莽亦以苛法自灭，故勤勤恳恳，实在于此。又闻诸王、主、贵戚，骄奢逾制，京师尚然，何以示远！故曰：'其身不正，虽令不行。'以身教者从，以言教者讼。"上善之。伦虽天性峭直，然常疾俗吏苛刻，论议每依宽厚云。

（以上为第四段，写章帝征讨西羌。马廖、第五伦上疏请实行宽政以代苛猛。）

三年（戊寅，78年）

春，正月，己酉，宗祀明堂，登灵台，赦天下。

马防击布桥，大破之，布桥将种人万余降，诏征防还。留耿恭击诸未服者，斩首虏千余人，勒姐、烧何等十三种数万人，皆诣恭降。恭尝以言事忤马防，监营谒者承旨，奏恭不忧军事，坐征下狱，免官。

三月，癸巳，立贵人窦氏为皇后。

初，显宗之世，治虖沱、石臼河，从都虑至羊肠仓，欲令通漕。太原吏民苦役，连年无成，死者不可胜算。帝以郎中邓训为谒者，监领其事。训考量隐括，知其难成，具以上言。

夏，四月，己巳，诏罢其役，更用驴辇，岁省费亿万计，全活徒士数千人。训，禹之子也。

闰月，西域假司马班超率疏勒、康居、于阗、拘弥兵一万人攻姑墨石城，破之，斩首七百级。

冬，十二月，丁酉，以马防为车骑将军。

武陵溇中蛮反。

是岁，有司奏遣广平王羡、巨鹿王恭、乐成王党俱就国；上性笃爱，不忍与诸王乖离，遂皆留京师。

（以上为第五段，写马防大破西羌，邓训谏止修治滹沱河通漕工程。）

四年（己卯，79年）

春，二月，庚寅，太尉牟融薨。

皇上的要求。陈留县令刘豫、冠军县令驷协，都是以刻薄的态度，施行严厉苛刻的政令，官民都抱怨不已，没有不痛恨他们的。而现今评论的人反而认为他们能干，违背了天意，失去了正义。不但应该定刘豫、驷协的罪，还应责罚推举的人。一定要选用仁厚贤才的人担任现时的治国大政，只要有几个这样的人，那么就能移风易俗。臣曾经读过古书，知道秦朝因严酷亡国，又看到王莽也是因法令苛刻而自取灭亡，因此恳切进谏，原因就在这了。又听说各位王爷、公主、贵戚，骄逸奢侈超过了法制，京城尚且如此，又怎能昭示远方，为全国表率呢？所以说：'其身不正，虽令不行。'以身作则，别人会跟随；只会用言语教人的人，只能引来议论纷纷。"汉章帝很赞赏这些话。第五伦虽然天性严峻，但是一向痛恨俗吏的苛刻，议论总是遵循宽大仁厚的原则。

汉章帝建初三年（戊寅，78年）

春季，正月十七日己酉，汉章帝在明堂祭祀，登上灵台，大赦天下。

马防攻打布桥，大败布桥，布桥率领一万多族人归降，下诏征召马防回京。留下耿恭攻打其他没有降服的人，杀敌一千多人，勒姐、烧何等十三族数万人都向耿恭归降。耿恭曾经因向朝廷奏事而得罪了马防，监营谒者奉承马防旨意，奏耿恭不关心军事，被定罪下狱，免官。

三月初二日癸巳，立贵人窦氏为皇后。

当初，显宗的时候，治理滹沱河、石臼河，想疏通从都虑到羊肠仓的漕运。太原郡的官吏和人民苦于劳役，连续几年没有完成，死人无数。汉章帝派郎中邓训为谒者，督促负责这件事。邓训考察度量此事，知道难以完成，详细地上书说明。

夏季，四月初九日己巳，汉章帝下诏停止疏通漕运的劳役，改用驴车转运，每年节省费用上亿万，保护了数千差役的生命。邓训是邓禹的儿子。

闰九月，西域假司马班超率领疏勒、康居、于阗、拘弥等国的军队一万人攻击姑墨国的石城，攻下了石城，杀敌七百人。

冬季，十二月十一日丁酉，任命马防为车骑将军。

武陵郡的溇中蛮反叛。

这一年，主管官吏奏请遣送广平王刘羡、巨鹿王刘恭、乐成王刘党都回到封国去，汉章帝生性友爱兄弟，不忍心和各诸侯王分开，就将他们都留在京师。

汉章帝建初四年（己卯，79年）

春季，二月初五日庚寅，太尉牟融去世。

夏，四月，戊子，立皇子庆为太子。

己丑，徙巨鹿王恭为江陵王，汝南王畅为梁王，常山王昞为淮阳王。

辛卯封皇子伉为千乘王，全为平春王。

有司连据旧典，请封诸舅；帝以天下丰稔，方垂无事，癸卯，遂封卫尉廖为顺阳侯，车骑将军防为颍阳侯，执金吾光为许侯。太后闻之曰："吾少壮时，但慕竹帛，志不顾命。今虽已老，犹戒之在得，故日夜惕厉，思自降损，冀乘此道，不负先帝。所以化导兄弟，共同斯志，欲令瞑目之日，无所复恨，何意老志复不从哉！万年之日长恨矣！"廖等并辞让，愿就关内侯，帝不许。廖等不得已受封爵而上书辞位，帝许之。五月，丙辰，防、廖、光皆以特进就第。

甲戌，以司徒鲍昱为太尉，南阳太守桓虞为司徒。

六月，癸丑，皇太后马氏崩。帝既为太后所养，专以马氏为外家，故贾贵人不登极位，贾氏亲族无受宠荣者。及太后崩，但加贵人王赤绶，安车一驷，永巷宫人二百，御府杂帛二万匹，大司农黄金千斤，钱二千万而已。

秋，七月，壬戌，葬明德皇后。

校书郎杨终建言："宣帝博征群儒，论定'五经'于石渠阁。方今天下少事，学者得成其业，而章句之徒，破坏大体。宜如石渠故事，永为后世则。"帝从之。冬，十一月，壬戌，诏太常："将、大夫、博士、郎官及诸儒会白虎观，议'五经'同异。"使五官中郎将魏应承制问，侍中淳于恭奏，帝亲称制临决，作《白虎议奏》，名儒丁鸿、楼望、成封、桓郁、班固、贾逵及广平王羡皆与焉。固，超之兄也。

（以上为第六段，写汉章帝诏诸儒会议白虎观，章帝亲临会议，并裁决《白虎议奏》。）

五年（庚辰，80 年）

春，二月，庚辰朔，日有食之；诏举直言极谏。

荆、豫诸郡兵讨溇中蛮，破之。

夏，五月，辛亥，诏曰："朕思迟直士，侧席异闻，其先至者，各已发愤吐懑，略闻子大夫之志矣。皆欲置于左右，顾问省纳。建武诏书又

夏季，四月初四日戊子，立皇子刘庆为太子。

四月初五日己丑，改封巨鹿王刘恭为江陵王，汝南王刘畅为梁王，常山王刘昞为淮阳王。

四月初七日辛卯，册封皇子刘伉为千乘王，刘全为平春王。

主管官吏根据旧典，不断请求册封汉章帝的几个舅舅为侯。汉章帝因为全国丰收，边陲安定，四月十九日癸卯，封卫尉马廖为顺阳侯，车骑将军马防为颍阳侯，执金吾马光为许侯。马太后听到此事说："我年轻时，只羡慕留名史册，不顾虑寿命的长短。现今虽然年老，仍然告诫自己不要贪婪，所以日夜警惕思危，自我谦虚抑制欲望，希望这种做法，不辜负先帝。我之所以感化劝导自己的兄弟，就是希望共同达到这个志愿，想要在我去世的时候，不再有悔恨，哪里想到临到暮年了我的夙愿还不受人遵从！我将死不瞑目。"马廖等人都辞让，愿意接受关内侯，汉章帝不批准。马廖等不得已接受封爵而上书辞去职位，汉章帝同意了。五月初二日丙辰，马防、马廖、马光都以特进的官位回归列侯府第。

五月二十日甲戌，任命司徒鲍昱为太尉，南阳太守桓虞为司徒。

六月三十日癸丑，皇太后马氏去世。汉章帝是马太后养大，就完全把马氏当作外家，所以贾贵人不能登上至尊的位子，贾氏的亲属未受到尊宠显荣的封赐。等到太后去世，只加赐贾贵人诸侯王赤绶，安车一辆，永巷宫女二百人，御府杂色帛二万匹，大司农黄金千斤，钱二千万而已。

秋季，七月初九日壬戌，埋葬明德马皇后。

校书郎杨终建议说："宣帝曾广召群儒，在石渠阁讨论确定了'五经'。现在天下太平，学者能够完成他们的学业，而那些只会辨析章节句读的人，破坏了经书大义。应该如石渠阁旧例，永久作为后世的法则。"汉章帝听从了杨终的建议。冬季，十一月十一日壬戌，汉章帝下诏给太常说："将军、大夫、博士、郎官，以及各位儒学大师会集白虎观，讨论'五经'的同异。"让五官中郎将魏应奉汉章帝的圣旨提问，侍中淳于恭将讨论结果上奏给汉章帝，汉章帝亲自批复并出席白虎观裁决，作《白虎议奏》，有名的儒者丁鸿、楼望、成封、桓郁、班固、贾逵以及广平王刘羡都参加了。班固是班超的哥哥。

汉章帝建初五年（庚辰，80 年）

春季，二月初一日庚辰朔，发生日食；汉章帝下诏推举直言极谏的贤士。

荆、豫各郡的军队讨伐溇中蛮，打败了溇中蛮。

夏季，五月初三日辛亥，汉章帝下诏说："朕思盼正直之士，坐在侧席听取不同意见，那些先到的人都已说出了他们心中的愤怨，使朕略微听到了诸位贤士的志向。

曰：‘尧试臣以职，不直以言语笔札。’今外官多旷，并可以补任。”

戊辰，太傅赵憙薨。

班超欲遂平西域，上疏请兵曰：“臣窃见先帝欲开西域，故北击匈奴，西使外国，鄯善、于阗即时向化，今拘弥、莎车、疏勒、月氏、乌孙、康居复愿归附，欲共并力，破灭龟兹，平通汉道。若得龟兹，则西域未服者百分之一耳。前世议者皆曰：‘取三十六国，号为断匈奴右臂。’今西域诸国，自日之所入，莫不向化，大小欣欣，贡奉不绝，唯延耆、龟兹独未服从。臣前与官属三十六人奉使绝域，备遭艰厄，自孤守疏勒，于今五载，胡夷情数，臣颇识之，问其城郭小大，皆言倚汉与依天等。以是效之，则葱岭可通，龟兹可伐。今宜拜龟兹侍子白霸为其国王，以步骑数百送之，与诸国连兵，岁月之间，龟兹可禽。以夷狄攻夷狄，计之善者也！臣见莎车、疏勒田地肥广，草牧饶衍，不比敦煌、鄯善间也，兵可不费中国而粮食自足。且姑墨、温宿二王，特为龟兹所置，既非其种，更相厌苦，其势必有降者；若二国来降，则龟兹自破。愿下臣章，参考行事，诚有万分，死复何恨！臣超区区特蒙神灵，窃冀未便僵仆，目见西域平定，陛下举万年之觞，荐勋祖庙，布大喜于天下。”书奏，帝知其功可成，议欲给兵。平陵徐干上疏，愿奋身佐超，帝以干为假司马，将弛刑及义从千人就超。

先是莎车以为汉兵不出，遂降于龟兹，而疏勒都尉番辰亦叛。会徐干适至，超遂与干击番辰，大破之，斩首千余级。欲进攻龟兹，以乌孙兵强，宜因其力，乃上言：“乌孙大国，控弦十万，故武帝妻以公主，至孝宣帝卒得其用，今可遣使招慰，与共合力。”帝纳之。

（以上为第七段，写班超抚定西域。）

六年（辛巳，81 年）

春，二月，辛卯，琅邪孝王京薨。

夏，六月，丙辰，太尉鲍昱薨。

辛未晦，日有食之。

秋，七月，癸巳，以大司农邓彪为太尉。

想把他们都安排在我的左右，作为顾问省察。光武帝的诏书又说：‘尧用职务来考验臣下，不只是听取言语书信。’现在外官多有空缺，都可以补足任用。”

五月二十日戊辰，太傅赵憙去世。

班超想一鼓作气平定西域，上疏请求增派援兵，说：“臣私下看到先皇帝想要开发西域，所以往北边攻打匈奴，向西出使外国，鄯善、于阗即时归顺，现在拘弥、莎车、疏勒、月氏、乌孙、康居等也愿意重新归附，想要共同努力，消灭龟兹，平定通往汉朝的道路。若得到龟兹，那么西域还未顺服的只有百分之一而已。前代议论西域的人都说：‘取得西域三十六国，可称是切断了匈奴的右臂。’现在西域诸国，从太阳落下的地方，没有不倾慕汉德的，大国小国都很乐意，进贡不断，只有延耆、龟兹独不服从。臣以前和官属三十六人奉命出使西域，受尽困厄，自从孤守疏勒到现在有五年了，胡夷的情况，我很了解，不论问大国还是小国，都回答说依附汉朝像依附天一样。以此验证，则葱岭可以通行，可以讨伐龟兹国。现在应该任命龟兹的侍子白霸做龟兹的国王，派遣几百名步兵骑兵护送，和各国联兵，在数月之内就可以降服龟兹。用夷狄攻败夷狄，这是最好的计策。臣看到莎车、疏勒田地肥沃广阔，牧草充足，不像敦煌、鄯善之间那样贫困，军队可以不依靠中原供应而粮食自足。况且姑墨、温宿二国的郡主是龟兹所立，既不和龟兹同族，又厌恶痛恨龟兹，在这种情势下必然会有归降的；如果二国来降，那么龟兹自然会被攻破。希望把臣的奏章付下廷议，用作参考行事，如果万一有意外，臣死也无憾！臣班超，渺小的人，可总是蒙受神灵的保护，希望不要轻易死去，能亲眼看到西域平定，陛下高举庆祝万年和平的酒杯，祭祀祖庙时呈献功勋，向全国人颁布胜利的特大喜讯。”疏奏上，汉章帝知道这功业可成，商议要派援兵。平陵人徐干上疏，愿意尽力捐躯帮助班超，汉章帝派徐干做假司马带领减刑的犯人以及自愿从行的一千人跟随班超。

先前，莎车以为汉朝不派兵，就向龟兹归降，而疏勒都尉番辰也背叛了。正逢徐干赶到，班超于是就和徐干攻打番辰，大败了番辰，杀敌一千多人。想要进攻龟兹，因乌孙兵力强盛，应当借用乌孙的兵力，就上书说：“乌孙是大国，有十万军队，所以武帝把公主嫁给乌孙王，到孝宣帝时终于能借用乌孙帮助，现在可以派使者招抚，共同合力。”汉章帝接受了这个意见。

汉章帝建初六年（辛巳，81 年）

春季，二月十八日辛卯，琅邪孝王刘京去世。

夏季，六月十五日丙辰，太尉鲍昱去世。

六月三十日辛未晦，发生日食。

秋季，七月二十二日癸巳，任命大司农邓彪为太尉。

武都太守廉范迁蜀郡太守。成都民物丰盛，邑宇逼侧，旧制，禁民夜作以防火灾，而更相隐蔽，烧者日属。范乃毁削先令。但严使储水而已。百姓以为便，歌之曰："廉叔度，来何暮！不禁火，民安作。昔无襦，今五绔。"

帝以沛王等将入朝，遣谒者赐貂裘及太官食物、珍果，又使大鸿胪窦固持节郊迎。帝亲自循行邸第，豫设帷床，其钱帛、器物无不充备。

（以上为第八段，写廉范为官，注重民生，百姓爱戴。）

七年（壬午，82 年）

春，正月，沛王辅、济南王康、东平王苍、中山王焉、东海王政、琅邪王宇来朝。诏沛、济南、东平、中山王赞拜不名；升殿乃拜，上亲答之，所以宠光荣显，加于前古。每入宫，辄以辇迎，至省阁乃下，上为之兴席改容，皇后亲拜于内；皆鞠躬辞谢不自安。三月，大鸿胪奏遣诸王归国，帝特留东平王苍于京师。

初，明德太后为帝纳扶风宋杨二女为贵人，大贵人生太子庆；梁松弟竦有二女，亦为贵人，小贵人生皇子肇。窦皇后无子，养肇为子。宋贵人有宠于马太后，太后崩，窦皇后宠盛，与母沘阳公主谋陷宋氏，外令兄弟求其纤过，内使御者侦伺得失。宋贵人病，思生兔，令家求之，因诬言欲为厌胜之术，由是太子出居承禄观。夏六月，甲寅，诏曰："皇太子有失惑无常之性，不可以奉宗庙。大义灭亲，况降退乎！今废庆为清河王。皇子肇，保育皇后，承训怀衽，今以肇为皇太子。"遂出宋贵人姊妹置丙舍，使小黄门蔡伦案之。二贵人皆饮药自杀，父议郎杨免归本郡。庆时虽幼，亦知避嫌畏祸，言不敢及宋氏；帝更怜之，敕皇后令衣服与太子齐等。太子亦亲爱庆，入则共室，出则同舆。

己未，徙广平王羡为西平王。

秋，八月，饮酎毕，有司复奏遣东平王苍归国，帝乃许之，手诏赐苍曰："骨肉天性，诚不以远近为亲疏，然数见颜色，情重昔时。念王久

武都太守廉范迁升蜀郡太守。成都人口众多，物产丰盛，房屋比比相连，旧时的法令，禁止百姓夜晚劳作以防止火灾，但百姓隐瞒躲藏使用灯光，使火灾时有发生。廉范就取消以前的禁令，只是严格要求百姓储存用水。百姓认为很方便，歌颂廉范说："廉叔度，为什么来得这么迟！不禁火，人民安心劳作。过去没有上衣穿，现在裤子都有了五条。"

汉章帝因为沛王刘辅等人将入朝，派谒者赐给他貂裘以及太官食物、珍奇果品，又派大鸿胪窦固拿着符节在京城郊外欢迎。汉章帝亲自巡视府第，预先陈设帷帐、卧床，钱帛、器物都十分充足。

汉章帝建初七年（壬午，82 年）

春季，正月，沛王刘辅、济南王刘康、东平王刘苍、中山王刘焉、东海王刘政、琅邪王刘宇一起来朝见汉章帝。汉章帝下诏，司仪谒者引荐沛王、济南王、东平王、中山王时只称王，不称名；登上殿堂才拜，汉章帝亲自回礼，使恩宠荣耀，超过从前。刘辅等人每次入宫，总是用皇帝皇后专用的车辇迎请，到禁中阁门才下车步行，见面时汉章帝起身，恭恭敬敬，皇后则以侄媳晚辈礼在帘内拜礼诸叔父亲王；诸王都行礼辞谢，诚惶诚恐。三月，大鸿胪奏请送诸王返国，汉章帝特地留下东平王刘苍在京城。

当初，明德马太后替汉章帝娶扶风人宋杨的两个女儿做贵人，大贵人生了太子刘庆。梁松的弟弟梁竦有两个女儿，也做贵人，小贵人生了皇子刘肇。窦皇后未生儿子，认养刘肇做儿子。马太后喜爱宋贵人，马太后去世，窦皇后更加受到皇帝的宠爱，就和母亲沘阳公主设计陷害宋氏，在外命令兄弟网罗宋贵人娘家兄弟的细小过失，在内派服侍宋贵人的宦者、车夫暗中侦探宋贵人的行动。宋贵人生病，想找只活兔子吃，要家人去找，窦皇后就诬告宋贵人想作法诅咒害人。章帝于是命太子迁出太子宫到承禄观。夏季，六月十八日甲寅，汉章帝下诏说："皇太子生来精神恍惚，喜怒无常，不可以奉祀宗庙。大义灭亲都不为过，何况仅仅是降退身份而已呢？现在废了太子刘庆，改封为清河王。皇子刘肇受皇后的保护，在怀抱中就接受训导，现以刘肇做了皇太子。"就把宋贵人姊妹迁到丙舍，让小黄门蔡伦审察她们。两位贵人都喝毒药自杀，父亲议郎宋杨被免职回乡。刘庆年纪虽小，也知避疑、害怕祸事，说话不敢谈宋氏；汉章帝更加怜爱他，敕令窦皇后让刘庆的衣服和太子相同。太子也亲爱刘庆，入宫同住一室，出外同坐一车。

六月二十三日己未，改封广平王刘羡为西平王。

秋季，八月，酎祭高庙的宴会之后，主管官吏再次奏请送东平王刘苍回国，汉章帝这才同意，亲手下诏书给刘苍说："骨肉亲生，不会因为距离远近而显得或亲或

劳，思得还休，欲署大鸿胪奏，不忍下笔，顾授小黄门；中心恋恋，恻然不能言。”于是车驾祖送，流涕而诀；复赐乘舆服御、珍宝、舆马，钱布以亿万计。

九月，甲戌，帝幸偃师，东涉卷津，至河内，下诏曰：“车驾行秋稼，观收获，因涉郡界，皆精骑轻行，无他辎重。不得辄修道桥，远离城郭，遣吏逢迎，刺探起居，出入前后，以为烦扰。动务省约，但患不能脱粟瓢饮耳。”己酉，进幸邺；辛卯，还宫。

冬，十月，癸丑，帝行幸长安，封萧何末孙熊为酂侯。进幸槐里、岐山；又幸长平，御池阳宫，东至高陵；十二月丁亥，还宫。

东平献王苍疾病，驰遣名医、小黄门侍疾，使者冠盖不绝于道。又置驿马，千里传问起居。

（以上为第九段，写汉章帝宠爱窦皇后而废太子，对东平王关爱有加。）

八年（癸未，83年）

春，正月，壬辰，王薨。诏告中傅“封上王自建武以来章奏，并集览焉”。遣大鸿胪持节监丧，令四姓小侯、诸国王、主悉会葬。

夏，六月，北匈奴三木楼訾大人稽留斯等率三万余人款五原塞降。

冬，十二月，甲午，上行幸陈留、梁国、淮阳、颍阳；戊申，还宫。

太子肇之立也，梁氏私相庆；诸窦闻而恶之。皇后欲专名外家，忌梁贵人姊妹，数谮之于帝，渐致疏嫌。是岁，窦氏作飞书，陷梁竦以恶逆，竦遂死狱中，家属徙九真，贵人姊妹以忧死。辞语连及梁松妻舞阴公主，坐徙新城。

顺阳侯马廖，谨笃自守，而性宽缓，不能教勒子弟，皆骄奢不谨。校书郎杨终与廖书，戒之曰：“君位地尊重，海内所望。黄门郎年幼，血气方盛，既无长君退让之风，而要结轻狡无行之客，纵而莫诲，视成任性，览念前往，可为寒心！”廖不能从。防、光兄弟资产巨亿，大起第

疏；然而多次见面，情感比过去更深。念及你长年辛劳，希望能够回去休息。想要在大鸿胪的奏章上签批，不忍心下笔，特地写这封信派贴身的小黄门送达；心中不舍，难过得说不出话。”于是，汉章帝亲自饯道送行，流泪而别；又赐予东平王车舆、衣服、珍宝、钱布以十万计。

九月初十日甲戌，汉章帝巡幸偃师县，向东渡过卷津，到达河内，下诏书说：“朕巡视秋天的米谷收获，趁便来到河内郡界内，都是精壮的骑兵和轻装，没有其他笨重的行李。各郡不必建路造桥，远离城郭，派官吏迎接，打探行止，在车驾前后伺候，烦扰地方。切忌一切要从简，只是担心吃不到粗米饭，喝不到瓢盛的水而已。”九月己酉日（疑误），汉章帝巡幸到邺县，九月二十七日辛卯，回宫。

冬季，十月十九日癸丑，汉章帝出宫巡视长安，封萧何的末代孙萧雄为酂侯。前行到槐里、岐山；又到长平，住在池阳宫，往东到了高陵县；十二月丁亥日（疑误），回宫。

东平献王刘苍患病，汉章帝赶快派名医、小黄门去侍候治病，使者不断。又安排驿马，千里传问东平王的生活起居。

汉章帝建初八年（癸未，83年）

春季，正月二十九日壬辰，东平王刘苍去世。汉章帝下诏通告中傅：“封呈东平王从建武以来的奏章，以便朕一并阅览。”派大鸿胪手持节符监督办理丧事，命令樊、郭、阴、马四姓小侯，各位封国的国王、公主都来参加葬礼。

夏季，六月，北匈奴住在三木楼山的訾大人稽留斯等，率领三万多人到五原塞归降。

冬季，十二月初七日甲午，汉章帝巡幸到陈留、梁国、淮阳、颍阳等郡国；十二月二十一日戊申，回宫。

太子刘肇册立，梁氏家族私下相互庆祝；窦氏的人听了心里憎恶。窦皇后一心想让窦氏成为唯一的外家，妒忌梁贵人姊妹，多次在皇帝面前毁谤梁贵人姊妹，致使汉章帝逐渐疏远梁贵人姊妹。这年，窦氏写匿名信，以恶逆的罪名陷害梁竦，梁竦死在狱中，家属流放到九真郡，梁贵人姊妹忧虑而死。匿名信牵连到梁松的妻子舞阴公主，被论罪判处流放到新城县。

顺阳侯马廖谨慎老实，遵纪守法，但是生性宽厚，不能约束子弟，子弟都很骄奢。校书郎杨终写信给马廖，告诫马廖说：“您位尊德高望重，为天下人仰望。而黄门郎马防、马光年纪还小，血气方刚，没有像窦长君那样退让的作风，反而邀约轻浮狡猾的朋友，你放纵而不教导，任凭他们任性放肆，想到他们往日的作为，令人

观，弥亘街路，食客常数百人。防又多牧马畜，赋敛羌、胡。帝不喜之，数加谴敕，所以禁遏甚备。由是权势稍损，宾客亦衰。

廖子豫为步兵校尉，投书怨诽。于是有司并奏防、光兄弟奢侈逾僭，浊乱圣化，悉免就国。临上路，诏曰："舅氏一门俱就国封，四时陵庙无助祭先后者，朕甚伤之。其令许侯思愆田庐，有司勿复请，以慰朕渭阳之情。"光比防稍为谨密，故帝特留之，后复位特进。豫随廖归国，考击物故。后复有诏还廖京师。

（以上为第十段，写汉章帝抑制母后外戚，舅家诸马失势。）

诸马既得罪，窦氏益贵盛。皇后兄宪为侍中、虎贲中郎将，弟笃为黄门侍郎，并侍宫省，赏赐累积；喜交通宾客。司空第五伦上疏曰："臣伏见虎贲中郎将窦宪，椒房之亲，典司禁兵，出入省闼，年盛志美，卑让乐善，此诚其好士交结之方。然诸出入贵戚者，类多瑕衅禁锢之人，尤少守约安贫之节；士大夫无志之徒，更相贩卖，云集其门，盖骄佚所从生也。三辅论议者至云，'以贵戚废锢，当复以贵戚浣濯之，犹解酲当以酒也。'诐险趣势之徒，诚不可亲近。臣愚愿陛下、中宫严敕宪等闭门自守，无妄交通士大夫，防其未萌，虑于无形，令宪永保福禄，君臣交欢，无纤介之隙，此臣之所至愿也！"

宪恃宫掖声势，自王、主及阴、马诸家，莫不畏惮。宪以贱直请夺沁水公主园田，主逼畏不敢计。后帝出过园，指以问宪，宪阴喝不得对。后发觉，帝大怒，召宪切责曰："深思前过夺主田园时，何用愈赵高指鹿为马！久念使人惊怖。昔永平中，常令阴党、阴博、邓叠三人更相纠察，故诸豪戚莫敢犯法者。今贵主尚见枉夺，何况小民哉！国家弃宪，如孤雏、腐鼠耳！"宪大惧，皇后为毁服深谢，良久乃得解，使以田还主。虽不绳其罪，然亦不授以重任。

寒心！”马廖不听从。马防、马光兄弟的资产巨万，大肆兴建宅第楼台，连绵相接，布满道路，家中的食客经常好几百人。马防还饲养了很多马，向羌人、胡人征收赋税。汉章帝对此反感，多次颁下手谕斥责，所有劝诫抑制的方法都用尽了。这样，他们的权势才稍有减弱，宾客也少了。

马廖的儿子马豫做步兵校尉，有人上书抱怨。于是，主管官吏一并奏劾马防、马光兄弟奢侈过度，扰乱圣明的教化，马防、马光都被免职，返回封国。临走时，汉章帝下诏书说：“舅舅一家都返回封国，陵墓祖庙四季没有帮助祭祀先皇太后的人，我很难过。命令许侯马光留在京城，看守田庐思过，主管官吏不要再奏请，以此来安抚我对舅舅的一片情意了。”马光比马防稍微谨慎小心，所以汉章帝特别挽留他。后来又恢复了马光特进的官位。马豫随马廖回国，被拷打致死。后来汉章帝又下诏书召马廖回京城。

马家诸人既已获罪，窦氏更加显贵。窦皇后的哥哥窦宪做侍中、虎贲中郎将，弟弟窦笃做黄门侍郎，都在宫中任职，受到的赏赐累积很多；爱好交结宾客。司空第五伦上疏说：“臣看到虎贲中郎将窦宪是皇后的亲属，职掌宫中卫兵，出入宫廷，年轻志美，谦卑乐于施善，这实在是他爱好贤士、交结朋友的方法。然而，所有出入贵戚之家的人，大多是品德不高或因罪受到政治禁锢的人，尤其缺乏安守本分和甘于贫困的节操；士大夫中没有志向的那些人互相吹捧，纷纷涌向他的家门，这是骄恣放纵所产生的原因。三辅有人甚至议论说：‘因为贵戚而被禁锢，应当再靠贵戚来洗除罪名，就好像用酒来消除醉酒一样。’心性险恶，趋炎附势的人，实在不可亲近。臣愚昧，希望陛下、皇后严厉告诫窦宪等人闭门谢客，自守法度，不要随意交结士大夫，在事情未发生之前就防预，在祸患没有出现之前就考虑，使窦宪永远保有福禄，君臣相处得欢洽，没有一点嫌疑，这是臣最希望的！”

窦宪依恃宫中声势，亲王、公主以及阴家、马家的人，没有不害怕他的。窦宪以低贱的价钱报请有司强行购买沁水公主的园田，公主迫于威吓而不敢与窦宪计较。后来汉章帝出巡经过那块园田，指着问窦宪，窦宪暗中喝阻左右的人，使其不敢以实情回答汉章帝。后来发现实情，汉章帝大怒，召唤窦宪严厉地责备说：“想想你强夺沁水公主庄园的罪过，你的气焰简直超过了那赵高指鹿为马，越想越让人害怕。以前永平年间，常常命令阴党、阴博、邓叠三人互相监视揭发，所以那些亲戚都不敢触法。现在显贵的公主尚且被你掠夺，何况那些黎民百姓呢？国家抛弃你窦宪，就像抛弃小鸡、腐鼠一样。”窦宪非常害怕，皇后降格穿衣，向汉章帝深深谢罪求饶，过了很久，汉章帝才消解怒气，让窦宪把园田还给沁水公主。虽然没有治窦宪的罪，但也不委以重任。

臣光曰：人臣之罪，莫大于欺罔，是以明君疾之。孝章谓窦宪何异指鹿为马，善矣；然卒不能罪宪，则奸臣安所惩哉！夫人主之于臣下，患在不知其奸，苟或知之而复赦之，则不若不知之为愈也。何以言之？彼或为奸而上不之知，犹有所畏；既知而不能讨，彼知其不足畏也，则放纵而无所顾矣！是故知善而不能用，知恶而不能去，人主之深戒也。

下邳周纡为雒阳令，下车，先问大姓主名；吏数闾里豪强以对数。纡厉声怒曰："本问贵戚若马、窦等辈，岂能知此卖菜佣乎！"于是部吏望风旨，争以激切为事，贵戚局蹐，京师肃清。窦笃夜至止奸亭，亭长霍延拔剑拟笃，肆詈恣口。笃以表闻，诏召司隶校尉、河南尹诣尚书谴问；遣剑戟士收纡，送廷尉诏狱数日，贳出之。

（以上为第十一段，写汉章帝放纵窦皇后外戚，窦宪得势骄横。）

帝拜班超为将兵长史，以徐干为军司马，别遣卫候李邑护送乌孙使者。邑到于阗，值龟兹攻疏勒，恐惧不敢前，因上书陈西域之功不可成，又盛毁超："拥爱妻，抱爱子，安乐外国，无内顾心。"超闻之叹曰："身非曾参而有三至之谗，恐见疑于当时矣！"遂去其妻。帝知超忠，乃切责邑曰："纵超拥爱妻，抱爱子，思归之士千余人，何能尽与超同心乎！"令邑诣超受节度，诏："若邑任在外者，便留与从事。"超即遣邑将乌孙侍子还京师。徐干谓超曰："邑前亲毁君，欲败西域，今何不缘诏书留之，更遣他吏送侍子乎？"超曰："是何言之陋也！以邑毁超，故今遣之。内省不疚，何恤人言！快意留之，非忠臣也。"

帝以侍中会稽郑弘为大司农。旧交趾七郡贡献转运，皆从东冶泛海而至，风波艰阻，沉溺相系。弘奏开零陵、桂阳峤道，自是夷通，遂为常路。在职二年，所省息以亿万计。遭天下旱，边方有警，民食不足，而帑藏殷积。弘又奏宜省贡献，减徭费以利饥民；帝从之。

（以上为第十二段，写班超、郑弘公忠体国，尽心职守。）

臣司马光评论说：做臣子的罪过，没有比欺骗君主更严重的，因此，英明的君主痛恨此事。汉章帝指责窦宪的行为与赵高指鹿为马没有不同，说得对；然而，最终也没有治窦宪的罪，那么，怎么使奸臣戒惧呢？君主对于臣子，担心的是不知道他们的奸私，如果知道了他们的奸私却反而赦免他们，还不如不知道为好。为什么这样说呢？那些臣子有的犯法了，而君主不知道此事，臣子对君主仍有所畏惧；君主既已知道而又不治罪。臣子知道君主没有什么好害怕的，就会放纵而无所顾忌了！所以，知道臣子的善行而不能用他，知道臣子的恶行而不能罢免他，这是人君所要深深警惕的。

下邳人周纡做洛阳县令，刚到任，就询问豪强大姓的名字；属吏数着邻里中的豪强回答，周纡严厉喝道："我本是要问马家、窦家那样的皇亲国戚，难道只是要知道这些卖菜的奴仆吗！"于是，部属了解了周纡暗示将要打击强势豪强的意图，以争相用严厉的手段打击不法贵戚为能事，贵戚们感到恐惧，京城肃然安定。窦笃晚上到止奸亭去，亭长霍延拔剑对着窦笃，放肆地破口大骂。窦笃上奏报告，下诏召唤司隶校尉、河南尹见尚书，接受训话，责备其不抚佑外戚；派剑戟士收捕周纡，送交廷尉，关进狱中，过了几天才被保释出狱。

汉章帝任命班超为将兵长史，派徐干为军司马，还派卫侯李邑护送乌孙的使者。李邑到达于阗，正遇上龟兹攻击疏勒，害怕不敢继续前进，就上书说平定西域的事不能成功，又极力毁谤班超："妻儿在旁，在外国安乐享受，没有顾及朝廷的心意。"班超听到此事感叹说："我不是曾参，却像他那样遇到三次谗言，恐怕要被怀疑了！"于是送走妻子。汉章帝知道班超忠心耿耿，就责备李邑说："纵然班超妻儿在身边，想归家的汉军有一千多人，怎能都和班超同心协力呢？"汉章帝命令李邑到班超那里接受班超的指挥，下诏说："像李邑这样在外就职的人，你可以将他留在身边作部属从事官。"班超随即派遣李邑带着乌孙侍子回京城。徐干对班超说："李邑以前亲自毁谤你，想要破坏西域事，现在为什么不依照诏书把他留下，另派别的属吏护送侍子呢？"班超说："这话多么浅薄！因为李邑毁谤我，所以现在派他。我内心毫无愧疚，何必怕什么流言呢？为了使自己快乐而把他留下，这不是忠臣。"

汉章帝任命侍中会稽人郑弘为大司农。过去交趾州七郡贡献物品都是从东冶县海运进京，风高浪急路途艰险，沉船事件不断发生。郑弘奏请开辟从零陵到桂阳郡的山路，从此平坦畅通，就成为通行的道路。郑弘在职二年，节省了亿万钱。遇到天下大旱，边地有警报，人民的粮食不够，但国库钱财充足。郑弘又奏请应当减少各地的进贡，减轻徭役赋税，使饥民受益，汉章帝接受了郑弘的提议。

元和元年（甲申，84 年）

春，闰正月，辛丑，济阴悼王长薨。

夏，四月，己卯，分东平国，封献王子尚为任城王。

六月，辛酉，沛献王辅薨。

陈事者多言“郡国贡举，率非功次，故守职益懈，而吏事浸疏，咎在州郡”。有诏下公卿朝臣议。大鸿胪韦彪上议曰：“夫国以简贤为务，贤以孝行为首，是以求忠臣必于孝子之门。夫人才行少能相兼，是以孟公绰优于赵、魏老，不可以为滕、薛大夫。忠孝之人，持心近厚；锻炼之吏，持心近薄。士宜以才行为先，不可纯以阀阅。然其要归，在于选二千石。二千石贤，则贡举皆得其人矣。”彪又上疏曰：“天下枢要，在于尚书，尚书之选，岂可不重！而间者多从郎官超升此位，虽晓习文法，长于应对，然察察小慧，类无大能。宜鉴啬夫捷急之对，深思绛侯木讷之功也。”帝皆纳之。彪，贤之玄孙也。

秋，七月，丁未，诏曰：“律云：‘掠者唯得榜、笞、立’；又《令丙》，棰长短有数。自往者大狱以来，掠考多酷，钻钻之属，惨苦无极。念其痛毒，怵然动心！宜及秋冬治狱，明为其禁。”

八月，甲子，太尉邓彪罢，以大司农郑弘为太尉。

癸酉，诏改元。丁酉，车驾南巡。诏：“所经道上州县，毋得设储跱。命司空自将徒支拄桥梁。有遣使奉迎，探知起居，二千石当坐。”

九月，辛丑，幸章陵；十月，己未，进幸江陵；还，幸宛。召前临淮太守宛人朱晖，拜尚书仆射。晖在临淮，有善政，民歌之曰：“强直自遂，南阳朱季，吏畏其威，民怀其惠。”时坐法免，家居，故上召而用之。十一月，己丑，车驾还宫。尚书张林上言：“县官经用不足，宜自煮盐，及复修武帝均输之法。”朱晖固执以为不可，曰：“均输之法，与贾贩无异，盐利归官，则下民穷怨，诚非明主所宜行。”帝因发怒切责诸尚书，晖等皆自系狱。三日，诏敕出之，曰：“国家乐闻驳义，黄发无愆；诏书过耳，何故自系！”晖因称病笃，不肯复署议。尚书令以下惶怖，

汉章帝元和元年（甲申，84年）

春季，闰正月十四日辛丑，济阴悼王刘长去世。

夏季，四月二十四日己卯，从东平国分出部分封土，册封献王子刘尚为任城王。

六月初七日辛酉，沛献王刘辅去世。

上奏政事的人大多说："郡国保举推荐人才，大都不按照功绩实效依次举用，所以官员不称职，日益懈怠，效率低落，过失在州郡。"汉章帝下诏把这事交给公卿朝臣议论。大鸿胪韦彪上奏说："国家以选贤为首要任务，贤才以孝行为首，因此，寻找忠臣一定要到孝子的家门。人的才能、德行很少能二者具备，因此，要孟公绰做赵国、魏国的家臣是能力有余，却不能让他去做滕国、薛国的大夫。忠心而又有孝心的人，心地仁厚；熟悉法律条文的官吏，心肠大多苛刻寡恩。选用贤士应以才德为重，不可以只重视门第出身和积资历升迁。但是根本问题在于选用二千石的官员。二千石的官员贤明，那么保举推荐就能得到优秀人才。"韦彪又上奏说："国家的行政中枢，集中在尚书处，尚书的选用，怎可不慎重？而最近多是从郎官中破格提升这个职位，郎官虽熟知法律条文，擅长应对，但只是精细的小聪明，这类人中没有大才。应当吸取啬夫敏捷应对的教训，仔细思考绛侯质朴寡言而立大功的事例。"汉章帝采用了韦彪的全部建议。韦彪是韦贤的玄孙。

秋季，七月二十三日丁未，汉章帝下诏书说："律法说：'审问官只能从鞭打、棍击、站立三种刑讯中录取口供。'另外《令丙》规定了刑杖的长短大小。自从过去有重大狱案以来，拷问犯人过于残酷，用锥刺肌肉之类的刑罚，让犯人悲惨痛苦到极点。想到那些痛苦的毒刑，令人恐惧惊心。应当在秋冬两季审问案狱时，明令禁止酷刑审讯。"

八月十一日甲子，太尉邓彪被罢免，任命大司农郑弘为太尉。

八月二十日癸酉，下诏改换年号。九月十四日丁酉，汉章帝车驾南巡。汉章帝下诏说："路上经过的州县不许置办招待物资。命令司空自己率徒吏搭架桥梁。如有派遣使者来迎接，探问皇帝起居的，二千石的官吏要受到处分。"

九月十八日辛丑，汉章帝巡幸章陵县；十月初七日己未，前行巡幸江陵县；返回途中，巡幸宛县。汉章帝召见前临淮太守宛县人朱晖，任命为尚书仆射。朱晖在临淮郡时有政绩，百姓歌颂他说："刚强正直而自信，南阳郡人朱文季，属吏敬畏他的威严，百姓怀念他的惠政。"当时因犯法被免职，住在家里，所以皇帝召见而重用他。十一月初七日己丑，汉章帝车驾回宫。尚书张林上书说："朝廷费用不足，应该由政府经营制盐，再推行汉武帝时国家控制物资转运的均输法。"朱晖坚持认为不可以，说："均输法与商人买卖一样，制盐的利润归属官府，那么人民埋怨，明君实在是不应当实施它。"汉章帝因此发怒，严厉斥责诸位尚书，朱晖等人都自投监狱囚

谓晖曰：“今临得谴让，奈何称病，其祸不细！”晖曰：“行年八十，蒙恩得在机密，当以死报。若心知不可，而顺旨雷同，负臣子之义！今耳目无所闻见，伏待死命。”遂闭口不复言。诸尚书不知所为，乃共劾奏晖。帝意解，寝其事。后数日，诏使直事郎问晖起居，太医视疾，太官赐食，晖乃起谢；复赐钱十万，布百匹，衣十领。

（以上为第十三段，写汉章帝量才用人，废酷刑，纳谏奖励直臣。）

鲁国孔僖、涿郡崔骃同游太学，相与论“孝武皇帝，始为天子，崇信圣道，五六年间，号胜文、景；及后恣己，忘其前善”。邻房生梁郁上书，告“骃、僖诽谤先帝，刺讥当世”，事下有司。骃诣吏受讯。僖以书自讼曰：“凡言诽谤者，谓实无此事而虚加诬之也。至如孝武皇帝，政之美恶，显在汉史，坦如日月，是为直说书传实事，非虚谤也。夫帝者，为善为恶，天下莫不知，斯皆有以致之，故不可以诛于人也。且陛下即位以来，政教未过，而德泽有加，天下所具也，臣等独何讥刺哉！假使所非实是，则固应悛改，倘其不当，亦宜含容，又何罪焉！陛下不推原大数，深自为计，徒肆私忌以快其意，臣等受戮，死即死耳；顾天下之人，必回视易虑，以此事窥陛下心，自今以后，苟见不可之事，终莫复言者矣。齐桓公亲扬其先君之恶以唱管仲，然后群臣得尽其心。今陛下乃欲为十世之武帝远讳实事，岂不与桓公异哉！臣恐有司卒然见构，衔恨蒙枉，不得自叙，使后世论者擅以陛下有所比方，宁可复使子孙追掩之乎！谨诣阙伏待重诛。”书奏，帝立诏勿问，拜僖兰台令史。

十二月，壬子，诏：“前以妖恶禁锢三属者，一皆蠲除之，但不得在宿卫而已。”

庐江毛义，东平郑均，皆以行义称于乡里。南阳张奉慕义名，往候之，坐定而府檄适至，以义守安阳令，义捧檄而入，喜动颜色；奉心贱之，辞去。后义母死，征辟皆不至，奉乃叹曰：“贤者固不可测。往日之

禁。过了三天，汉章帝下诏令释放他们，说："国家乐意听到反对的意见，老者们没有过错，是诏令责备过分了，为什么要自己进监狱？"朱晖推说病重，不肯在议案上署名。尚书令以下都害怕，对朱晖说："现在正当皇帝斥责之际，怎么还要称病？这样灾祸难以预测。"朱晖说："我已八十岁了，承蒙皇恩得以任枢密的职位，应当以死报答。如果心中知道这事不可行，却顺着皇帝的旨意表示同意，有负臣子的责任。现在耳不明、目不见，等着处死我的命令。"就不再说话了。诸位尚书不知该怎么办，就共同上奏弹劾朱晖。汉章帝怒气已消，搁置此事不办。过了几天，下诏派值班的署郎去问候朱晖的生活起居，太医去探望疾病，太官去赐给食物，朱晖才起身答谢；汉章帝又赏赐给他钱十万，布百匹，衣服十件。

鲁国人孔僖、涿郡人崔骃一起在太学就学，互相议论："孝武皇帝初即位做天子时，崇信圣贤之道，五六年中，号称胜过文帝、景帝；后来放纵自己，忘却先前的善政。"邻房的太学生梁郁上奏揭发，指控"崔骃、孔僖诽谤先皇帝，讥评当代的政事"。事情交给主管官吏审理。崔姻前往审讯官接受审判。孔僖写文字材料替自己辩解，说："凡称为诽谤的，是说没有这事而凭空捏造。至如孝武皇帝，政治的优劣记载在汉代史书中，像日月一样明白，这是直接叙说书传中的实事，不是无据诽谤。皇帝的善恶好坏，天下人没有不知道的，这叫有什么样的事，招致什么样的评论，所以不可用这理由来怪罪人。况且陛下即位以来，政治教化没有过错，恩泽普及，天下人都知道。我们为何要讥评呢？如果所批评的是实事，那么本该改过，即使批评不当，也应容忍，又何必要怪罪呢？陛下不钻研如何治国的大事，为自己深远打算，只是大搞忌讳来使自己畅快，臣等被杀，死了就是一条命；但是，天下的人一定会回顾因为说话就被杀头的往事，从而改变思考的方式，用此事来揣摩陛下的心意，从此以后，看见不对的事，将没有人敢提意见了。齐桓公亲自揭露前任国君的失政之举，以求教于管仲，然后群臣能尽到他们的心意。现在，陛下却想为十代之前的武帝来避讳事实，岂不是和桓公的做法相异吗？臣恐怕官吏突然诬陷臣，使臣蒙冤却不能辩解，使得后世议论的人，随便拿陛下的行事来做比喻，怎么能再让子孙来掩饰呢？臣恭谨地前往宫阙，等待重罚。"这道奏书上奏后，汉章帝立刻下诏不要审问，任命孔僖为兰台令史。

十二月初一日壬子，汉章帝下诏："以前（因楚王刘英等大狱）以妖言惑众罪株连被政治禁锢的三族，全部平反，只是不能任宫廷禁卫而已。"

庐江人毛义、东平人郑均因讲义气在乡里闻名。南阳人张奉仰慕毛义的声名，前往拜访，刚坐下，郡府的文件恰好到达，委任毛义为安阳县令，毛义捧着文件进来，欣喜至极；张奉打从心里看不起他，告辞离去。后来毛义的母亲去世，朝廷征

喜，乃为亲屈也。”均兄为县吏，颇受礼遗，均谏不听，乃脱身为佣，岁余得钱帛，归以与兄曰：“物尽可复得；为吏坐臧，终身捐弃。”兄感其言，遂为廉洁。均仕为尚书，免归。帝下诏褒宠义、均，赐谷各千斛，常以八月长吏问起居，加赐羊酒。

武威太守孟云上言：“北匈奴复愿与吏民合市。”诏许之。北匈奴大且渠伊莫訾王等驱牛马万余头来与汉交易，南单于遣轻骑出上郡钞之，大获而还。

帝复遣假司马和恭等将兵八百人诣班超。超因发疏勒、于阗兵击莎车。莎车以赂诱疏勒王忠，忠遂反，从之，西保乌即城。超乃更立其府丞成大为疏勒王，悉发其不反者以攻忠，使人说康居王执忠以归其国，乌即城遂降。

（以上为第十四段，写汉章帝表彰直言与廉吏，加强西域武备。）

召和官府辟举，毛义都坚决不去，张奉这才感慨地说：“确实不可猜测贤者。他以前那么欣喜，是为了博得母亲欢心而屈身啊。”郑均的哥哥做县吏，经常贪污受贿，郑均劝说他也不听，郑均就抛开一切去做佣仆，把一年多赚的钱帛拿回给哥哥，说：“财物用完了可以再拥有，贪赃枉法，一生被人遗弃。”哥哥被他的话所感动，于是成了廉洁的官吏。郑均官历至尚书，后免职回家。汉章帝下诏书褒扬毛义、郑均，赐给米谷各千斛，每年八月派各级政府正长官去慰问毛义、郑均的生活起居，另外赐给羊和酒。

武威太守孟云上书说：“北匈奴又想和官吏百姓做生意。”下诏准许此事。北匈奴大且渠伊莫訾王等，赶着一万多头牛马前来和汉人交易，南匈奴单于派轻骑兵从上郡去掠取，大获而归。

汉章帝又派假司马和恭等人率八百兵卒前往班超处。班超发动疏勒、于阗的军队攻打莎车。莎车用钱财引诱疏勒王忠，忠就反叛汉朝，顺从莎车，西面守护乌即城。班超另立他的府丞成大做疏勒王，派那些没有反叛的人攻击忠，派人游说康居王逮捕忠送回疏勒，乌即城最终归降。

【点评】

本卷点评四大史事：一、耿恭下狱；二、马太后辞世；三、白虎观会议；四、梁郁告密。

一、耿恭下狱。耿恭字伯宗，耿弇弟耿广之子。将门虎子，耿恭少壮有将帅之才。永平十七年（74），耿恭为骑都尉刘张的司马，出击车师，任戊校尉，驻屯金蒲城。永平十八年（75），北匈奴单于遣左鹿蠡王率领两万骑兵击车师，杀车师后王安得，围攻金蒲城。耿恭激励将士，击退匈奴，转守有涧水的疏勒城，作长守之计。果然匈奴大举来攻，切断涧水，耿恭掘井十五丈得水，坚持战斗。这时焉耆、龟兹攻杀了都护陈睦，车师复叛，与匈奴联合大发兵围攻疏勒城。耿恭孤军困守，以数千之众敌数万匈奴之师，双方攻战一年有余。耿恭粮食吃完，乃煮铠弩，食其筋革。耿恭只剩下几十个战士，仍坚守不降。匈奴单于敬佩耿恭坚强，要劝降这位良将。耿恭假意投降，让匈奴使者进城，然后亲手杀了匈奴使者，放在城墙上烧烤。耿恭这一残忍的极端做法，意在表示必死，绝无降意。单于大怒，又一次增兵围攻。这时汉朝援兵赶来，救出了耿恭，数千战士，只剩下二十六人。存活战士身体虚弱，等回到玉门关，只剩下十三人。耿恭回朝，被授予骑都尉之职。这时已是章帝在位，马太后临朝。章帝建初元年（76），耿恭迁长水校尉，奉命率领五校士三千人随车骑将军马防出征西羌，任副帅。马防是马太后的哥哥，并无将帅之才，凭皇亲国戚的身份任高职。第二年马防被召回京师，实际讨羌的统帅是耿恭。耿恭俘虏了叛羌一千余人，获牛羊四万余头，勒姐、烧何等部数万羌人投降，基本平定了叛羌。对于如何善后，巩固胜利成果，耿恭上疏，举荐窦固镇抚凉州，马防驻屯汉阳为后援。窦固是窦融的侄儿，窦融在河西很有声望，窦固有军事才能，永平十六年（73）东汉第一次开通西域就是窦固领兵北伐匈奴取得的胜利。耿恭的这一建议是安边的良策，尽忠报国的表现。耿恭哪里知道马氏、窦氏两家皇亲国戚互不服气有嫌隙，马防为后援更是带气。马防要置耿恭于死地，指控耿恭成天打猎游戏，不关心军事，敌人来了不战斗，只是紧闭营门贪生怕死。这完全是捏造的罪名。耿恭被召回京，罢了官，打入监狱。

耿恭血战西域，大胜西羌，为国尽良言，却莫名其妙地下狱，这是马太后以章帝名义制造的又一桩冤案。自马援蒙冤以来，东汉一朝善战良将大多蒙冤。镇抚西羌的名将皇甫规、张奂、段颎，以及第三次通西域的班勇，都受到不公平的待遇。马援蒙冤，为颠倒是非、混淆黑白的错案提供了样板。马太后还算开明，千方百计地约束娘家兄弟，但亲情的偏听偏信蒙住了她的双眼，或许是为了维护娘家利益，睁一只眼闭一只眼，章帝为了讨好太后和舅舅，明知是冤也要这么办。光武帝制造的马援案，明帝制造的楚王英谋反扩大案，章帝制造的耿恭下狱案，三代帝王都算

是东汉英明有为的国君，在政治最开明的时期，尚且如此，东汉一朝的政治就可想而知了。

二、马太后辞世。章帝建初四年（79）六月三十日，马太后辞世。马太后是伏波将军马援的小女。马援蒙冤，家道败落。马太后时年十三岁，堂兄马严上书光武帝愿送马援女入后宫，服侍皇家。马太后被选入太子宫，得到太子的宠爱。太子即位，是为汉明帝。马太后被封为贵人，加上阴太后喜欢，于是被立为皇后。马皇后没有生育，明帝说："儿子不一定要亲生，要的是有爱心。"章帝为明帝贾贵人所生，马皇后养以为子，百般爱护，视同己出。章帝也极为孝顺，只认马皇后为生母，只承认马家兄弟是自己的舅舅。章帝即位，马皇后被尊为太后，临朝听政。章帝多次要封马廖、马防、马光三个舅舅为侯，都被马太后阻止。马太后抑制外家，考虑的是身后马家的安全。马太后临终前，章帝违背马太后的约束，强行册封三个舅舅为侯，这是章帝亲政前夕的一次权力专断的预演。一是让马太后亲眼看到三个舅舅册封为侯，太后可以放心。二是利用三个舅舅辞封的谦让，顺坡下驴，不准辞封，允准辞官，实际是收了三个舅舅的权力，赐以"特进"身份回家养老。马太后临终的遗恨大概就在这里。

章帝一心一意地孝敬马太后都是真的。马太后辞世后，章帝没有把生母贾贵人尊为太后，只不过把贾贵人印信的绿色绣带改为红色绣带，即稍微提高贵人品秩，加派二百名宫女，赏赐车一辆、各色绸缎二万匹、黄金一千斤、钱两千万而已。马太后付出了爱心，得到了养子的高额回报，马氏家族再兴，她提供了一个成功的榜样。章帝窦皇后无子，抱养梁贵人所生子刘肇为己子，立为太子，即位后是为汉和帝，窦皇后为了汉和帝只认窦氏为外家，不认梁氏为外家，窦皇后耍了一个小聪明，她制造流言，诬陷梁贵人之父梁竦有罪，诛杀了梁家，梁贵人忧愁而死。和帝永元九年（97），窦太后死，还没有下葬，梁贵人的姐姐梁嫕就上书揭发真相，窦氏家族遭受灭顶之灾。窦太后用尽心机，搬起石头砸了自己的脚，这就叫作聪明反被聪明误。马太后高明于梁太后，不但聪明，更有智慧。马太后没有杀贾贵人，也没有迫害贾氏家族，这就是马太后的智慧、马太后的品德。马太后抑制娘家人，也是她深谋远虑的智慧和高贵品德的表现。只不过马氏兄弟太暴戾，不珍惜自己，才受到章帝惩治，这不是马太后的过错。

三、白虎观会议。章帝建初四年（79），校书郎杨终上奏效法西汉宣帝会集诸儒在石渠阁讨论经义的做法，在白虎观召开学术大会，统一经义。章帝准奏，召开了白虎观会议，并且亲临裁定讨论纪要，企图编成一本统一思想作为永久法则的书，称《白虎议奏》，又名《白虎通》。这是汉代经学发展和汉代思想史上的一次重要会议，由皇帝亲自主持的一次百家争鸣的学术大会。参加讨论的学者阵容庞大，当代

大儒家李育、魏应、杨终、淳于恭、丁鸿、楼望、张酺、成封、鲁恭、桓郁、召训、班固、贾逵等参加会议。诸儒有今古文学者，也有谶纬学者。章帝爱好古文，古文经学家占了主导地位，班固、贾逵都是古文经学家。

东汉初，由于谶纬的发展，古文经学的兴起，动摇了今文经学的主导地位，思想领域出现了极其复杂的矛盾。光武帝宣布图谶为国宪，图谶把经学神学化，把孔子说成神，把六艺说成神书，遭到了古今文两派经学家的反对。汉初大儒桓谭、范升、陈元、郑兴、杜林、卫宏、刘昆、桓荣、尹敏都反对谶纬，皇权的强力压制只是表面上压服了诸儒，实际上强力压制更激化了矛盾，白虎观会议就是要消除矛盾，统一思想。

《白虎议奏》是白虎观会议的成果，全书记录了四十三条名词解释，内容涉及社会、礼仪、风习、国家制度、伦理道德，以及哲学范畴的名词天地、五行、人、性情等。古文经学的观点在讨论中占了主导地位，谶纬的许多简单粗糙的神学说教被清除了。而加强专制集权的三纲教义更加强化与神化，为东汉绝对君权提供了理论基础。

思想的统一不可能通过一次会议完成。作为统一学术思想的会议，白虎观会议是一次彻底的失败，相反，正是这种统一，阻碍了经学的发展。白虎观会议后，社会兴起了以王符、崔寔、仲长统、荀悦等为代表的社会批判思潮。但作为遏制谶纬学的发展、恢复经学原有面貌的举措，白虎观会议开辟了一条通道，学术应当自由讨论，只有百家争鸣学术才能发展，思想才能统一。白虎观会议后，统一经学的努力一直在进行。到东汉末，郑玄遍注群经，对两汉经学做了统一的整理。

四、梁郁告密。太学生鲁国人孔僖与涿郡人崔骃两人讨论学术，涉及对汉武帝的议论，被邻房的一个太学生梁郁偷听到了，梁郁上书向章帝打小报告，揭发两人诽谤先帝，罪名如成立，重则杀头，轻则下狱或驱逐出太学。崔骃被官员传讯，孔僖赶紧上书申辩，认为讨论汉武帝的功过，只是复述了一遍历史，说的功与过都是事实，符合事实的说话不是诽谤，即使说错了，皇帝也应宽容，这样才能听到臣民的声音。章帝还算开明，指示主管官员撤销控告案，还给了孔僖一个小官做。章帝欣赏孔僖的勇气与直言，且谈论的是十代以前的皇帝，章帝赦免了孔僖、崔骃的过错。两人是幸运者，章帝也得到纳谏的美名。可恶的是梁郁这种人，偷听别人的话来揭发，损人利己，甚至是损人不利己。在一个以言论就可定罪的社会里，身边的这种人防不胜防，所以告密与以言论定罪这样的制度必须铲除。

汉纪三十九

汉章帝元和二年至汉和帝永元三年（85—91年）

【起旃蒙作噩（乙酉，85年），尽重光单阏（辛卯，91年），凡七年】

【大事提要】

本卷记事起公元85年，讫公元91年，凡七年，当章帝元和二年至和帝永元三年，国内政治平稳，章帝坚持尊儒祭孔、倡导儒学的路线，推行新历。章帝驾崩，窦太后临朝，窦宪更加恣意妄为，因惧诛而发兵北击匈奴，肃靖了北疆，却也立了大功。东汉政府高价赎回南匈奴的俘虏归还北匈奴，挑动南北匈奴斗争，以夷制夷策略收到成效，为窦宪的北征奠定了基础。班超在西域大败莎车，打通了西域南道交通；又大破月氏侵犯，威震西域。由于傅育、张纡两任护羌校尉邀功自炫，失信西羌，又多杀戮，逼使西羌大叛，严重影响了西疆的安宁。邓训接任护羌校尉，恩威并用，羌人远遁。

【原文】

肃宗孝章皇帝下

元和二年（乙酉，85 年）

春，正月，乙酉，诏曰：“令云：‘民有产子者，复勿算三岁。’今诸怀妊者，赐胎养谷人三斛，复其夫勿算一岁。著以为令！”又诏三公曰：“安静之吏，悃愊无华，日计不足，月计有余。如襄城令刘方，吏民同声谓之不烦，虽未有他异，斯亦殆近之矣！夫以苛为察，以刻为明，以轻为德，以重为威，四者或兴，则下有怨心。吾诏书数下，冠盖接道，而吏不加治，民或失职，其咎安在？勉思旧令，称朕意焉！”

北匈奴大人车利涿兵等，亡来入塞，凡七十三辈。时北虏衰耗，党众离畔，南部攻其前，丁零寇其后，鲜卑击其左，西域侵其右，不复自立，乃远引而去。

南单于长死，单于汗之子宣立，为伊屠於闾鞮单于。

《太初历》施行百余年，历稍后天。上命治历编䜣、李梵等综校其状，作《四分历》；二月，甲寅，始施行之。

帝之为太子也，受《尚书》于东郡太守汝南张酺。丙辰，帝东巡，幸东郡，引酺及门生并郡县掾史并会庭中。帝先备弟子之仪，使酺讲《尚书》一篇，然后修君臣之礼；赏赐殊特，莫不沾洽。行过任城，幸郑均舍，赐尚书禄以终其身，时人号为“白衣尚书”。

乙丑，帝耕于定陶。辛未，幸泰山，柴告岱宗；进幸奉高。壬申，宗祀五帝于汶上明堂；丙子，赦天下。进幸济南。三月，己丑，幸鲁；庚寅，祠孔子于阙里，及七十二弟子，作六代之乐，大会孔氏男子二十以上者六十二人。帝谓孔僖曰：“今日之会，宁于卿宗有光荣乎？”对曰：“臣闻明王圣主，莫不尊师贵道。今陛下亲屈万乘，辱临敝里，此乃崇礼先师，增辉圣德；至于光荣，非所敢承！”帝大笑曰：“非圣者子孙焉有斯言乎！”拜僖郎中。

【语译】

肃宗孝章皇帝下

汉章帝元和二年（乙酉，85年）

春季，正月初五月乙酉，汉章帝下诏书说："法令规定：'生了孩子的百姓，免去三年算赋。'现在对所有怀孕的人，赐予每人三斛养胎谷，免除丈夫一年的算赋。将此诏书载入法令。"又下诏书给三公说："稳重的官吏，非常诚恳而不浮华，论天的劳绩似乎不足，但论月的功绩便绰绰有余。如襄城县令刘方，属吏百姓都说他做事简练，虽然无特殊表现，这也差不多符合朝廷的要求。以苛暴为洞察，以刻薄为明亮，以从轻发落罪犯为有仁德，以重刑制裁为树立威望，这四种治政方法如果推行起来，那么处于下位的老百姓将怨声载道。我不断下诏书，宣诏的使者四出，一批又一批，但是政治仍未走上正轨，百姓有的不守本分，这过错出在什么地方呢？希望记住已有的法令，做出合乎我心意的事！"

北匈奴部落酋长车利涿兵等逃到塞内的，共七十三批。当时北匈奴衰弱，部众离散反叛。南匈奴袭击北匈奴的南方，丁零侵占北匈奴的北方，鲜卑攻击北匈奴的东方，西域侵入北匈奴的西方，北匈奴单于不能自立，只好率领部属逃离。

南匈奴单于栾提长去世，单于栾提汗的儿子宣即位，就是伊屠於闾鞮单于。

《太初历》施行了一百多年，历法比天象季节稍迟，汉章帝命令治历专家编䜣、李梵等人综合各家历法，考校天象运行的情况，编定《四分历》；二月初四日甲寅，开始施行。

汉章帝在做太子时，向东郡太守汝南人张酺学《尚书》。二月初六日丙辰，汉章帝巡幸东方，到达东郡，让张酺以及他的学生和郡县的属吏一起在庭中会聚。汉章帝先施弟子的礼仪，让张酺讲授一篇《尚书》，然后再行君臣的礼仪；赏赐特别优厚，在场的人没有不蒙受赏赐的。汉章帝经过任城县，巡幸郑均的住宅，赏赐郑均终身领取尚书的俸禄，当时的人称郑均为"白衣尚书"。

二月十五日乙丑，汉章帝在定陶县举行耕籍之礼。二月二十一日辛未，汉章帝巡幸泰山，在岱宗燔柴祭告上天；前行巡幸奉高县。二月二十二日壬申，在汶上明堂祭祀五帝；二月二十六日丙子，大赦天下。前行巡幸济南国。三月初十日己丑，巡幸鲁国；三月十一日庚寅，在阙里祭祀孔子及七十二弟子，演奏六代的音乐，召集孔子后裔中二十岁以上的男子共六十二人。汉章帝对孔僖说："今天的聚会，难道不是光耀卿的宗族吗？"孔僖回答说："臣听说英明的帝王和圣明的国君，没有不尊敬老师和重视圣道的。现在陛下亲自委屈万乘之君的尊严，幸临臣的故乡，这是崇敬先师孔子，发扬光大皇帝尊师的神圣品德；至于光耀，不是臣所敢接受的。"汉章

壬辰，帝幸东平，追念献王，谓其诸子曰："思其人，至其乡；其处在，其人亡。"因泣下沾襟。遂幸献王陵，祠以太牢，亲拜祠坐，哭泣尽哀。献王之归国也，骠骑府吏丁牧、周栩以献王爱贤下士，不忍去之，遂为王家大夫数十年，事祖及孙。帝闻之，皆引见，既愍其淹滞，且欲扬献王德美，即皆擢为议郎。乙未，幸东阿，北登太行山，至天井关。夏，四月，乙卯，还宫。庚申，假于祖祢。

五月，徙江陵王恭为六安王。

秋，七月，庚子，诏曰："《春秋》重三正，慎三微。其定律无以十一月、十二月报囚，止用冬初十月而已。"

（以上为第一段，写汉章帝尊儒祭孔，推行新历。）

冬，南单于遣兵与北虏温禺犊王战于涿邪山，斩获而还。武威太守孟云上言："北虏以前既和亲，而南部复往抄掠，北单于谓汉欺之，谋欲犯塞，谓宜还南所掠生口以慰安其意。"诏百官议于朝堂。太尉郑弘、司空第五伦以为不可许，司徒桓虞及太仆袁安以为当与之。弘因大言激厉虞曰："诸言当还生口者，皆为不忠！"虞廷叱之，伦及大鸿胪韦彪皆作色变容。司隶校尉举奏弘等，弘等皆上印绶谢。诏报曰："久议沈滞，各有所志，盖事以议从，策由众定，訚訚衎衎，得礼之容，寝嘿抑心，更非朝廷之福。君何尤而深谢！其各冠履！"帝乃下诏曰："江海所以长百川者，以其下之也。少加屈下，尚何足病！况今与匈奴君臣分定，辞顺约明，贡献累至，岂宜违信，自受其曲！其敕度辽及领中郎将庞奋倍雇南部所得生口以还北虏；其南部斩首获生，计功受赏，如常科。"

（以上为第二段，写东汉政府挑动南北匈奴恶斗，高价购买南匈奴的俘虏归还北匈奴，两面讨好，坐收渔人之利。）

三年（丙戌，86 年）

春，正月，丙申，帝北巡；辛丑，耕于怀；二月，乙丑，敕侍御史、司空曰："方春所过，毋得有所伐杀；车可以引避，引避之，骓马可辍解，

帝大笑说："不是圣人的子孙，怎么能说出这样的话啊？"任命孔僖为郎中。

三月十三日壬辰，汉章帝到东平国，追念东平献王刘苍，对刘苍的儿子们说："朕思念刘苍，到了他的家乡；刘苍的邑地还在，人却死了。"汉章帝流下眼泪沾湿了衣襟。于是来到献王的陵墓，用太牢祭祀刘苍，亲自祭拜刘苍的牌位，哭得很悲伤。献王归国时，骠骑府吏丁牧、周栩认为献王礼贤下士，不愿离开他，于是做了东平王国大夫几十年，侍奉祖孙三代。汉章帝听了，召见二人，既怜惜他们久居下位，又想要发扬献王的美德，就把两人都提升为议郎。三月十六日乙未，汉章帝巡幸东阿县，往北登上太行山，到达天井关。夏季，四月初六日乙卯，回宫。四月十一日庚申，到祖庙祭告。

五月，改封江陵王刘恭为六安王。

秋季，七月二十三日庚子，汉章帝下诏书说："《春秋》看重天、地、人三正，对十一月、十二月、正月这三微很慎重。所以制定律令不在十一月、十二月申报囚刑，只在冬初十月而已。"

冬季，南匈奴单于派军队和北匈奴温禺犊王在涿邪山作战，斩杀敌人获胜而归，武威郡太守孟云上奏说："北匈奴以前已经和亲，而南匈奴又去入侵，北匈奴单于认为是汉朝欺负他，图谋要侵扰边塞，应当把南匈奴虏掠北匈奴的人和牲口送还，以此安抚北匈奴。"汉章帝下诏百官在朝堂商量此事。太尉郑弘、司空第五伦认为不可答应，司徒桓虞和太仆袁安认为应当把人和牲口归还。郑弘激动而严厉地对桓虞说："所有说应当归还人口和牲畜的人都是不忠诚。"桓虞大声责骂郑弘，第五伦和大鸿胪韦彪都大惊失色。司隶校尉举奏郑弘等人，郑弘等都呈上印绶请罪。汉章帝下诏安慰说："长久议论而不决，意见不一，国家大事要集思广益，政策要由大家来决定，忠正和睦，才符合朝廷的礼仪。沉默不言说违心话，更不是朝廷的福气。诸位有什么过错而要深深谢罪呢？请各位戴好官帽，穿好官服鞋袜。"汉章帝下诏说："长江、东海之所以比千万条河流长，是因为它地势低下容纳了百川，稍受委屈，又有什么不好？何况现在和匈奴君臣的名分确定，北匈奴言辞恭顺，誓约明显，进献的贡物不断到来，怎么可以违约，自己担负理亏的指责呢？命令度辽将军和领护匈奴中郎将庞奋加倍出钱赎买南匈奴所得到的人和牲口，归还北匈奴。南匈奴杀敌抓住俘虏，计功受赏，依照惯例。"

汉章帝元和三年（丙戌，86年）

春季，正月二十二日丙申，汉章帝巡视北方；正月二十七日辛丑，在怀县举行耕籍之礼。二月二十一日乙丑，命令侍御史、司空说："正值春天，所经过的地方，

辍解之。”戊辰，进幸中山，出长城；癸酉，还，幸元氏；三月，己卯，进幸赵；辛卯，还宫。

太尉郑弘数陈侍中窦宪权势太盛，言甚苦切，宪疾之。会弘奏宪党尚书张林、雒阳令杨光在官贪残。书奏，吏与光故旧，因以告之，光报宪。宪奏弘大臣，漏泄密事，帝诘让弘。夏，四月，丙寅，收弘印绶。弘自诣廷尉，诏敕出之，因乞骸骨归，未许。病笃，上书陈谢曰："窦宪奸恶，贯天达地，海内疑惑，贤愚疾恶，谓'宪何术以迷主上！近日王氏之祸，昞然可见。'陛下处天子之尊，保万世之祚，而信谗佞之臣，不计存亡之机；臣虽命在晷刻，死不忘忠，愿陛下诛四凶之罪，以厌人鬼愤结之望！"帝省章，遣医视弘病，比至，已薨。

以大司农宋由为太尉。

司空第五伦以老病乞身；五月，丙子，赐策罢，以二千石俸终其身。伦奉公尽节，言事无所依违。性质悫，少文采，在位以贞白称。或问伦曰："公有私乎？"对曰："昔人有与吾千里马者，吾虽不受，每三公有所选举，心不能忘，亦终不用也。若是者，岂可谓无私乎！"

以太仆袁安为司空。

秋，八月，乙丑，帝幸安邑，观盐池。九月，还宫。

烧当羌迷吾复与弟号吾及诸种反。号吾先轻入，寇陇西界，督烽掾李章追之，生得号吾，将诣郡。号吾曰："独杀我，无损于羌；诚得生归，必悉罢兵，不复犯塞。"陇西太守张纡放遣之，羌即为解散，各归故地。迷吾退居河北归义城。

疏勒王忠从康居王借兵，还据损中，遣使诈降于班超；超知其奸而伪许之。忠从轻骑诣超，超斩之，因击破其众，南道遂通。

楚许太后薨。诏改葬楚王英，追爵谥曰楚厉侯。

帝以颍川郭躬为廷尉。决狱断刑，多依矜恕，条诸重文可从轻者四十一，奏之，事皆施行。

不要使车驾践踏庄稼。车子可以绕行避开的，就避开；骈马可以解卸的，就解卸。”二月二十四日戊辰，前行巡幸中山国，出长城。二月二十九日癸酉，返回，巡幸元氏县。三月初六日己卯，前行巡幸赵国。三月十八日辛卯，回宫。

太尉郑弘屡次陈述侍中窦宪权势太大，言辞极具苦心而诚恳，窦宪痛恨郑弘。正逢郑弘弹劾窦宪的同党尚书张林、洛阳令杨光在任职内贪婪残暴。上书奏上，处理奏书的官吏和杨光是老朋友，就把这事告诉杨光，杨光报告窦宪。窦宪奏明身为大臣的郑弘泄露国家机密，汉章帝责问郑弘。夏季，四月二十三日丙寅，收回郑弘的印绶。郑弘自己前往廷尉投案，汉章帝下诏把郑弘释放。于是郑弘请求辞职回家，没有被批准。郑弘病重，上书陈述谢罪说：“窦宪作奸犯科，恶行滔天，国人疑惑，大家都痛恨说：‘窦宪用什么法术迷惑了皇上？近日王莽的祸害，明显可见。’陛下处于天子至尊的地位，保全国家万代的福气，却相信谗佞的臣子，不管国家存亡的关键；臣虽危在旦夕，到死也没有忘记效忠，但愿陛下定罪杀四凶，以满足人鬼愤恨的心愿。”汉章帝看了奏章，派御医去给郑弘看病，等御医到达时，郑弘已经去世。

汉章帝任命大司农宋由为太尉。

司空第五伦因年老多病，请求辞职。五月初三日丙子，赐予策书允许辞职，给予优待，终身享受二千石的俸禄。第五伦奉公尽节，陈述意见坚定果断。本性质朴敦厚，不注重外表修饰，在职以忠正清白著称。有人问第五伦：“你有私心吗？”第五伦回答说：“过去有人送给我千里马，我虽然没有接受，每次三公要选举贤才，我心中不能忘却此事，最终还是没有推荐送马者。像这样，怎么可以说没有私心呢？”

汉章帝任命太仆袁安为司空。

秋季，八月二十四日乙丑，汉章帝巡幸安邑县，观看盐池。九月，回宫。

烧当羌迷吾再次和弟弟号吾以及各部落反叛。号吾先以轻骑侵犯，侵扰陇西郡边界，管理烽火的郡吏李章追逐他们，活捉号吾，要把他送到郡太守处，号吾说：“杀了我一人，对于羌族没有什么损失；如果放我回去，一定全部撤兵，不再侵入汉朝的关塞。”陇西太守张纡释放了他，羌人的军队离去，各自回到原来居住的地方。迷吾退居到河北的归义城。

疏勒王忠从康居王处借到军队，回来据守损中城，派使者假装向班超归降；班超知道疏勒王忠的奸计就假装答应。疏勒王忠率领轻骑到班超处，班超杀了疏勒王忠，于是击败疏勒王忠的部队，通往西域南边的道路终于开通了。

楚国许太后去世。下诏改葬楚王刘英之墓，追封刘英的爵位谥号为楚厉侯。

汉章帝任用颍川人郭躬为廷尉。判决狱案罪行，多半依照宽恕的原则，郭躬从那些判处重刑的条文中，寻出可以从轻处置的四十一条，向朝廷奏明，一一得到

博士鲁国曹褒上疏，以为“宜定文制，著成汉礼”。太常巢堪以为“一世大典，非褒所定，不可许”。帝知诸儒拘挛，难与图始，朝廷礼宪，宜以时立，乃拜褒侍中。玄武司马班固以为“宜广集诸儒，共议得失”。帝曰：“谚言：‘作舍道边，三年不成。’会礼之家，名为聚讼，互生疑异，笔不得下。昔尧作《大章》，一夔足矣。”

（以上为第三段，写太尉郑弘敢言，弹劾窦宪过恶；班超打通西域南道交通。）

章和元年（丁亥，87年）

春，正月，帝召褒，受以叔孙通《汉仪》十二篇，曰：“此制散略，多不合经，今宜依礼条正，使可施行。”

护羌校尉傅育欲伐烧当羌，为其新降，不欲出兵，乃募人斗诸羌、胡；羌、胡不肯，遂复叛出塞，更依迷吾。育请发诸郡兵数万人共击羌。未及会，三月，育独进军。迷吾闻之，徙庐落去。育遣精骑三千穷追之，夜，至三兜谷，不设备，迷吾袭击，大破之，杀育及吏士八百八十人。及诸郡兵到，羌遂引去。诏以陇西太守张纡为校尉，将万人屯临羌。

夏，六月，戊辰，司徒桓虞免。癸卯，以司空袁安为司徒，光禄勋任隗为司空。隗，光之子也。

齐王晃及弟利侯刚，与母太姬更相诬告。秋，七月，癸卯，诏贬晃爵为芜湖侯，削刚户三千，收太姬玺绶。

壬子，淮阳顷王昞薨。

鲜卑入左地，击北匈奴，大破之，斩优留单于而还。

羌豪迷吾复与诸种寇金城塞，张纡遣从事河内司马防，与战于木乘谷；迷吾兵败走，因译使欲降，纡纳之。迷吾将人众诣临羌，纡设兵大会，施毒酒中，伏兵杀其酋豪八百余人，斩迷吾头以祭傅育冢，复放兵击其余众，斩获数千人。迷吾子迷唐，与诸种解仇，结婚交质，据大、小榆谷以叛，种众炽盛，张纡不能制。

壬戌，诏以瑞物仍集，改元章和。是时，京师四方屡有嘉瑞，前后数百千，言事者咸以为美。而太尉掾平陵何敞独恶之，谓宋由、袁安曰：“夫瑞应依德而至，灾异缘政而生。今异鸟翔于殿屋，怪草生于庭际，不

实施。

博士鲁国人曹褒上疏，认为："应当制定典章制度，建立汉朝的礼制。"太常巢堪认为："一代的典制不是曹褒所能制订的，不能同意。"汉章帝知道儒者们太拘泥，难以开创新的局面，而朝廷的礼仪规章，应该及时制定，就命曹褒为侍中。玄武司马班固认为："应当广集众儒，共同商计此事的得失。"汉章帝说："谚语说：'路边盖屋，三年不成。'大家在一起讨论礼仪制度，就争论不休，互相生疑，无法下笔。从前尧作《大章》，一个乐官夔就足够了。"

汉章帝章和元年（丁亥，87年）

春季，正月，汉章帝召见曹褒，给他叔孙通所定《汉仪》十二篇，说："这礼制散乱简略，多半不合经义，现在应根据礼法逐条修改，使它可以施行。"

护羌校尉傅育想要攻打烧当羌，因为他刚刚归降，不想派出军队，就征募人员去离间羌人、胡人，使其自斗，羌、胡不肯，就再度叛变汉朝出塞外去，重新依赖迷吾。傅育请求派各郡数万军队共同攻打羌人。还没有等到诸军结集，三月，傅育独自进军。迷吾听到消息，就把穹庐和部落迁移。傅育派遣精锐骑兵三千人穷追迷吾不舍。夜里，到达三兜谷，没有设防，迷吾偷袭，击败傅育，杀死傅育和他的部属士兵八百八十人。等到各郡军队到来，羌人就领兵逃离。下诏任命陇西郡太守张纡为护羌校尉，率领一万人驻守临羌县。

夏季，六月初二日戊辰，司徒桓虞被免职。六月癸卯日（疑误），任命司空袁安为司徒，光禄勋任隗为司空。任隗是任光的儿子。

齐王刘晃和弟弟利侯刘刚，与母亲太姬互相诬告。秋季，七月初八日癸卯，下诏贬刘晃的爵位为芜湖侯，减少刘刚的食邑三千户，收回太姬的玺绶。

七月十七日壬子，淮阳顷王刘昞去世。

鲜卑深入匈奴左方，攻击北匈奴，北匈奴大败，鲜卑杀死优留单于后收兵返回。

羌人首领迷吾再次与羌人各部侵犯金城塞，张纡派从事河内人司马防，在木乘谷与羌人开战，迷吾的军队败逃，通过翻译使者想归降，张纡接受了。迷吾率领部众前往临羌县，张纡设下伏兵，举办盛会，放了毒药在酒中，埋伏的军队杀死了羌人八百多，砍下迷吾的头来傅育坟前祭祀，再派兵攻打其余的羌人部众，杀死和俘虏了好几千人。迷吾的儿子迷唐与各部羌族消除仇怨，互相嫁娶并交换人质，占领大榆谷、小榆谷反叛，羌人愈来愈多，张纡无法控制。

七月二十七日壬戌，汉章帝下诏因为祥瑞之物不断出现，改年号为章和。当时，京城周围常常出现祥瑞，前后几百上千次，报告的人都认为是好事。唯独太尉掾平陵人何敞认为不好，对宋由、袁安说："祥瑞的征兆应随着美德而到来，灾异随政治

可不察！”由、安惧不敢答。

八月，癸酉，帝南巡。戊子，幸梁；乙未晦，幸沛。

日有食之。

九月，庚子，帝幸彭城。辛亥，幸寿春；复封阜陵侯延为阜陵王。己未，幸汝阴。冬，十月，丙子，还宫。

北匈奴大乱，屈兰储等五十八部、二十八万诣云中、五原、朔方、北地降。

曹褒依准旧典，杂以“五经”、《谶记》之文，撰次天子至于庶人冠、婚、吉、凶终始制度，凡百五十篇，奏之。帝以众论难一，故但纳之，不复令有司平奏。

是岁，班超发于阗诸国兵共二万五千人击莎车，龟兹王发温宿、姑墨、尉头兵合五万人救之。超召将校及于阗王议曰：“今兵少不敌，其计莫若各散去；于阗从是而东，长史亦于此西归，可须夜鼓声而发。”阴缓所得生口。龟兹王闻之，大喜，自以万骑于西界遮超，温宿王将八千骑于东界徼于阗。超知二虏已出，密召诸部勒兵，驰赴莎车营。胡大惊乱，奔走，追斩五千余级；莎车遂降，龟兹等因各退散。自是威震西域。

（以上为第四段，写傅育、张纡两任护羌校尉失信西羌，以杀戮为功，逼使西羌大叛，朝廷失控。班超在西域大败莎车，东汉国威远扬。）

二年（戊子，88年）

春，正月，济南王康、阜陵王延、中山王焉来朝。上性宽仁，笃于亲亲，故叔父济南、中山二王，每数入朝，特加恩宠，及诸昆弟并留京师，不遣就国。又赏赐群臣，过于制度，仓帑为虚。何敞奏记宋由曰：“比年水旱，民不收获；凉州缘边，家被凶害；中州内郡，公私屈竭；此实损膳节用之时。国恩覆载，赏赉过度，但闻腊赐，自郎官以上，公卿、王侯以下，至于空竭帑藏，损耗国资。寻公家之用，皆百姓之力。明君赐赉，宜有品制；忠臣受赏，亦应有度。是以夏禹玄圭，周公束帛。今明公位尊任重，责深负大，上当匡正纲纪，下当济安元元，岂但空空无违而已哉！宜先正己以率群下，还所得赐，因陈得失，奏王侯就国，除苑囿之禁，节省浮费，赈恤穷孤，则恩泽下畅，黎庶悦豫矣。”由不能用。

而出现。现在有怪异的鸟在宫殿上空飞，有奇怪的草在庭中生长，不可不注意。”宋由、袁安畏惧不敢回复。

八月初八日癸酉，汉章帝巡视南方。八月二十三日戊子，巡幸梁国。八月三十日乙未晦，巡幸沛国。

发生日食。

九月初五日庚子，汉章帝亲临彭城县。九月十六日辛亥，临幸寿春县。再次封阜陵侯刘延为阜陵王。九月二十四日己未，临幸汝阴县。冬季，十月十二日丙子，回宫。

北匈奴大乱，屈兰储等五十八个部落，二十八万人到云中郡、五原郡、朔方郡、北地郡归降。

曹褒根据旧礼典，以及“五经”、《谶记》的内容，编定从天子到庶人的冠礼、婚礼、吉礼、凶礼，从开始到结束的礼仪制度，共一百五十篇，上奏汉章帝。汉章帝因为大家议论难以统一，因此就直接接受了，不再下令有关主管部门讨论评议。

这一年，班超派于阗等国的军队共二万五千人攻占莎车，龟兹王结集温宿、姑墨、尉头的军队共五万人援助莎车。班超召集部下将校以及于阗王商议说：“现在军队少，打不过他们，最好的策略是各自分散；于阗从这里往东，长史我也从这里往西返回，可以等到夜晚击鼓为号一齐出发。”暗中放松监管俘虏，使其逃归，报告汉兵将散去的假情报。龟兹王听到这消息，大喜，自己带着一万骑兵在西界阻击班超，温宿王率领八千骑兵在东界阻击于阗王。班超得知龟兹、温宿已经出动，秘密召集诸部调转方向，奔袭莎车军营。胡人大为恐惧，逃奔，追杀了五千多人；莎车于是归降，龟兹等国的军队就各自撤散。从此，汉朝威震西域。

汉章帝章和二年（戊子，88 年）

春季，正月，济南王刘康、阜陵王刘延、中山王刘焉来朝见汉章帝。汉章帝本性宽厚仁慈，重视亲人感情，叔父济南、中山二王经常入京朝见，每次都受到特殊恩宠，与各位兄弟都留在京师，不让刘康等回到封国。又赏赐群臣，超过了定制，国库日渐空虚。太尉掾何敞打报告给太尉宋由说：“连年水灾旱灾，百姓没有收获；凉州边界，百姓受到伤害；中原各州内地各郡，公家和私人都衰竭；这实在是应该减少膳食、节省费用的时候。朝廷的恩惠如天覆地载，赏赐超支，仅听说腊日赏赐，从郎官以上，公卿、王侯以下，致使库府储藏的钱财耗尽，损耗了国家的钱财。公家的财用，都是百姓劳力付出。英明的国君赏赐，应有等级制度；忠臣受赏，也应有限度。因此，夏禹治水成功，尧赐以黑色的玉印；周公姬旦受赏，只接受绸缎，而不受币。如今你太尉位高权重，责任深重，肩负大任，对上应匡正朝廷纲纪，对

尚书南阳宋意上疏曰：“陛下至孝烝烝，恩爱隆深，礼宠诸王，同之家人，车入殿门，即席不拜，分甘损膳，赏赐优渥。康、焉幸以支庶，享食大国，陛下恩宠逾制，礼敬过度。《春秋》之义，诸父、昆弟，无所不臣，所以尊尊卑卑，强干弱枝者也。陛下德业隆盛，当为万世典法，不宜以私恩损上下之序，失君臣之正。又西平王羡等六王，皆妻子成家，官属备具，当早就蕃国，为子孙基址；而室第相望，久磐京邑，骄奢僭拟，宠禄隆过。宜割情不忍，以义断恩，发遣康、焉，各归蕃国，令羡等速就便时，以塞众望。”帝未及遣。

壬辰，帝崩于章德前殿，年三十一。遗诏：“无起寝庙，一如先帝法制。”

范晔论曰：魏文帝称明帝察察，章帝长者。章帝素知人，厌明帝苛切，事从宽厚；奉承明德太后，尽心孝道；平徭简赋，而民赖其庆，又体之以忠恕，文之以礼乐。谓之长者，不亦宜乎！

（以上为第五段，写汉章帝驾崩，在位时厚赏亲王，尽孝太后，制礼作乐，史家称其为宽厚仁君。）

太子即位，年十岁，尊皇后曰皇太后。

三月，用遗诏徙西平王羡为陈王，六安王恭为彭城王。

癸卯，葬孝章皇帝于敬陵。

南单于宣死，单于长之弟屯屠何立，为休兰尸逐侯鞮单于。

太后临朝，窦宪以侍中内干机密，出宣诰命；弟笃为虎贲中郎将，笃弟景、瓌并为中常侍，兄弟皆在亲要之地。宪客崔骃以书戒宪曰：“《传》曰：‘生而富者骄，生而贵者傲。’生富贵而能不骄傲者，未之有也。今宠禄初隆，百僚观行，岂可不‘庶几夙夜，以永终誉’乎！昔冯

下应安抚百姓黎民。怎能只是满足于做到不违反皇上就可以了呢？应先严肃自己，以此作为属下的表率，把赏赐还给朝廷，并说明这事的得失，奏请王侯回到自己的封国，撤除苑囿的禁令，节省多余的开支，赈济贫穷，抚恤孤弱，这样恩泽就会下达，百姓就会高兴了。”宋由没有采用何敞的主张。

尚书南阳人宋意上疏说：“陛下孝顺进取，恩惠亲人，对各位亲王宠信有礼，如同一家人，允许朝见的车子进入殿门，入座时不必下拜，节省膳食分赐诸王，十分优厚。刘康、刘焉有幸以庶出的身份受封大国，陛下的恩德宠爱超过标准，敬礼诸王的礼仪超过了君臣制度定规。《春秋》的大义，伯父叔父、兄长弟弟，无论尊长，皆为臣属。为了尊卑有序，尊重皇权为强干，卑下诸侯王为弱枝。陛下道德功业伟大，应当成为万代榜样，不应当因为私人的恩情毁坏了上下秩序，失去君臣道义。而且平西王刘羡等六个王都有妻有子，自成一家，官员属下都已具备，应当早些回到封国，为子孙奠下根基；诸王宅第相连成片，他们长久地停留在京城，骄傲奢侈，超过法制规定，恩宠食禄过分厚重。陛下应当断然克制感情用事，以大义切断私情，让刘康、刘焉各自回归封国，命令刘羡等迅速就国以顺应时势，用以满足舆情众望。”然而汉章帝已来不及遣送诸王回封国了。

正月壬辰日（疑误），汉章帝在章德宫前殿去世，享年三十一岁，汉章帝的遗诏说：“不要建造寝庙，完全依照先帝的法制。”

> 范晔评论说：魏文帝称说汉明帝苛刻，汉章帝是宽厚的人。汉章帝一向了解民情，不满汉明帝的苛刻严厉，凡事以宽厚为原则。侍奉明德太后，尽心孝道；减免徭役赋税，百姓都依靠他的恩德；又以忠恕为根本，以礼乐来修饰，称他为德行高尚的人，不是很恰当吗？

太子刘肇即位，年仅十岁，尊称窦皇后为皇太后。

三月［初五日丁酉］，遵照汉章帝的遗嘱，改封西平王刘羡为陈王，六安王刘恭为彭城王。

三月十一日癸卯，把孝章皇帝安葬在敬陵。

南匈奴单于栾提宣去世，单于栾提长的弟弟栾提屯屠何即位，这就是休兰尸逐侯鞮单于。

窦太后临朝摄政，窦宪以侍中的职位，在宫内主持中枢事务，出宫宣布太后的诏令；弟弟窦笃做虎贲中郎将，窦笃的弟弟窦景、窦瓌都做中常侍，兄弟都在亲近皇帝的显要之地。窦宪的门客崔骃写信劝告窦宪说：“古书说：‘生来就富有的人容易自满，生来就尊贵的人容易傲慢。’生来富贵而不傲慢的人是没有的。现在你的恩

野王以外戚居位，称为贤臣；近阴卫尉克己复礼，终受多福。外戚所以获讥于时，垂愆于后者，盖在满而不挹，位有余而仁不足也。汉兴以后，迄于哀、平，外家二十，保族全身，四人而已。《书》曰：‘鉴于有殷’，可不慎哉！”

庚戌，皇太后诏：“以故太尉邓彪为太傅，赐爵关内侯，录尚书事，百官总己以听。”窦宪以彪有义让，先帝所敬，而仁厚委随，故尊崇之。其所施为，辄外令彪奏，内白太后，事无不从。彪在位，修身而已，不能有所匡正。宪性果急，睚眦之怨，莫不报复。永平时，谒者韩纡考劾宪父勋狱，宪遂令客斩纡子，以首祭勋冢。

癸亥，陈王羡、彭城王恭、乐成王党、下邳王衍、梁王畅始就国。

夏，四月，戊寅，以遗诏罢郡国盐铁之禁，纵民煮铸。

五月，京师旱。

北匈奴饥乱，降南部者岁数千人。秋，七月，南单于上言：“宜及北虏分争，出兵讨伐，破北成南，共为一国，令汉家长无北念。臣等生长汉地，开口仰食，岁时赏赐，动辄亿万，虽垂拱安枕，惭无报效之义，愿发国中及诸郡故胡新降精兵，分道并出，期十二月同会虏地。臣兵众单少，不足以防内外，愿遣执金吾耿秉、度辽将军邓鸿及西河、云中、五原、朔方、上郡太守并力而北，冀因圣帝威神，一举平定。臣国成败，要在今年，已敕诸部严兵马，唯裁哀省察！”太后以示耿秉。秉上言：“昔武帝单极天下，欲臣虏匈奴，未遇天时，事遂无成。今幸遭天授，北虏分争，以夷伐夷，国家之利，宜可听许。”秉因自陈受恩，分当出命效用。太后议欲从之。尚书宋意上书曰：“夫戎狄简贱礼义，无有上下，强者为雄，弱即屈服。自汉兴以来，征伐数矣，其所克获，曾不补害。光武皇帝躬服金革之难，深昭天地之明，因其来降，羁縻畜养，边民得生，劳役休息，于兹四十余年矣。今鲜卑奉顺，斩获万数，中国坐享大功而百姓不知其劳，汉兴功烈，于斯为盛，所以然者，夷虏相攻，无损汉兵者也。臣察鲜卑侵伐匈奴，正是利其抄掠；及归功圣朝，实由贪得重赏。

宠官位刚刚上升，所有官员都在观察你的行为，怎么可以不‘兢兢业业日夜小心，用以求得荣耀终身’呢？从前冯野王以外戚的身份居处要职，被称为贤臣；近来阴卫尉克己复礼，终于享受到福佑。外戚之所以受到当世人的讥讽，遭到后世人的指责，大概在于权势太大而不知收敛谦让，官位太高而仁德不够。汉朝中兴后，到哀帝、平帝时，有外家二十人，能保全家族的，只有四人而已。《尚书》说：‘以殷代为镜。’可要小心谨慎啊！”

三月十八日庚戌，窦太后下诏说：“以前任太尉邓彪为太傅，赐关内侯的爵位，总领尚书事务，百官各守本职听从他。”窦宪因为邓彪仁义礼让，为汉章帝所敬重，而且忠厚顺从，所以尊敬邓彪。窦宪想要做的事，就让邓彪在外朝向汉和帝上奏，自己则入宫向窦太后解说，没有一件是不被准奏的。邓彪在位，修养保身而已，无法匡救朝政。窦宪的个性果断急躁，即使像瞪眼睛这样微小的仇怨，没有不报复的。永平年间，谒者韩纡审问弹劾窦宪父亲窦勋的案子，窦宪就命令宾客杀死韩纡的儿子，拿他的头祭祀父亲窦勋。

三月癸亥，陈王刘羡、彭城王刘恭、乐成王刘党、下邳王刘衍、梁王刘畅开始回到封国。

夏季，四月十七日戊寅，遵照汉章帝的遗诏取消郡国制盐、冶铁的禁令，允许百姓煮盐铸铁。

五月，京师洛阳发生旱灾。

北匈奴饥荒混乱，一年有几千人归降南匈奴。秋七月，南匈奴单于上书说：“应乘北匈奴分裂之际，出兵征伐，消灭北匈奴，成全南匈奴，并成一个国家，让汉朝永远没有北方边境的忧患。臣等生长在汉朝的地方，仰赖汉朝才有食物，每年四时的赏赐，动以亿万计，虽然无忧无虑，但没能报答朝廷而感到羞愧，希望发动国内以及诸郡旧部和新投降的精锐士兵，分路一起出动，约定十二月共同会师在北匈奴的地方。臣的军队很少，不足以维护内部治安和对外作战，希望朝廷委派执金吾耿秉、度辽将军邓鸿，以及西河郡、云中郡、五原郡、朔方郡、上郡太守合力北进，希望依靠圣明皇帝的神威，一举平定北匈奴。臣所守国家的成败，关键就在今年，臣已经命令各部落严格按临战状态准备兵马，请太后定夺。”太后把奏书给耿秉看。耿秉上书说：“从前汉武帝倾全天下之力，想要使匈奴臣服，没有遇到上天赐予的时机，事情终于没有成功。现在有幸上天赐予好时机，北匈奴内部分裂争斗，加上用南匈奴之众以伐北匈奴，对国家有利，可以准允。”耿秉趁势诉说自己蒙受皇恩，按职责也应当拼命效劳。窦太后和大臣商量要听从耿秉的建议。尚书宋意上奏说：“戎狄轻视礼义，不分上下，强者做首领，弱者就屈从。自从汉朝建立以来，多次征伐，所得收获，竟不能弥补损失。光武皇帝亲冒战争的危险，昭示了天地的圣明，因为

今若听南虏还都北庭，则不得不禁制鲜卑；鲜卑外失暴掠之愿，内无功劳之赏，豺狼贪婪，必为边患。今北虏西遁，请求和亲，宜因其归附，以为外捍，巍巍之业，无以过此。若引兵费赋，以顺南虏，则坐失上略，去安即危矣。诚不可许。”

会齐殇王子都乡侯畅来吊国忧，太后数召见之，窦宪惧畅分宫省之权，遣客刺杀畅于屯卫之中，而归罪于畅弟利侯刚，乃使侍御史与青州刺史杂考刚等。尚书颍川韩棱以为“贼在京师，不宜舍近问远，恐为奸臣所笑”。太后怒，以切责棱，棱固执其议。何敞说宋由曰：“畅宗室肺府，茅土藩臣，来吊大忧，上书须报，亲在武卫，致此残酷。奉宪之吏，莫适讨捕，踪迹不显，主名不立。敞备数股肱，职典贼曹，欲亲至发所，以纠其变。而二府执事以为三公不与贼盗，公纵奸慝，莫以为咎。敞请独奏案之。”由乃许焉。二府闻敞行，皆遣主者随之。于是推举，具得事实。太后怒，闭宪于内宫。宪惧诛，因自求击匈奴以赎死。

冬，十月，乙亥，以宪为车骑将军，伐北匈奴，以执金吾耿秉为副；发北军五校、黎阳、雍营、缘边十二郡骑士及羌、胡兵出塞。

公卿举故张掖太守邓训代张纡为护羌校尉。迷唐率兵万骑来至塞下，未敢攻训，先欲胁小月氏胡。训拥卫小月氏胡，令不得战。议者咸以羌、胡相攻，县官之利，不宜禁护。训曰：“张纡失信，众羌大动，凉州吏民，命悬丝发。原诸胡所以难得意者，皆恩信不厚耳。今因其追急，以德怀之，庶能有用。”遂令开城及所居园门，悉驱群胡妻子内之，严兵守卫。羌掠无所得，又不敢逼诸胡，因即解去。由是湟中诸胡皆言：“汉家常欲斗我曹；今邓使君待我以恩信，开门内我妻子，乃是得父母也！”咸欢

南匈奴来归降，控制和畜养他们，使边民得以生存，劳役得以停止，到现在四十多年了。现今鲜卑顺奉汉朝，斩杀、俘获北匈奴一万多人，朝廷分享大功而百姓不知劳苦，汉朝中兴的功勋，这时最强盛。之所以这样，是因为夷人互相攻击，没有伤到汉朝的兵卒。臣考察鲜卑攻打匈奴，正是为了争夺利益；至于把功劳归于汉朝，其实是想贪图朝廷的重赏。现今如果听任南匈奴回到北庭定都，就不得不控制鲜卑；如果鲜卑对外丢失了暴力掳掠的利益，对内又没有因功劳而得到奖赏，将如同豺狼般贪婪，一定会成为边境的祸患。现今北匈奴往西边逃跑，请求和亲，应当利用北匈奴的归附，作为抵抗外患的屏障，宏伟的功业，不可能超过这个了。如果率领军队，劳民伤财，顺从南匈奴，那就错过了上好的策略，将会远离安定，而陷入困境，实在不能同意啊。”

当时正巧齐殇王的儿子都乡侯刘畅来参加国君的丧礼，窦太后好几次召见他。窦宪担心刘畅瓜分他宫中的权力，派人在宫中禁卫军的驻处杀死刘畅，却嫁祸于刘畅的弟弟利侯刘刚，并派侍御史和青州刺史会同审问刘刚等人。尚书颍川人韩棱认为：“凶手在京城，不应该舍近求远，恐怕会被奸臣所笑话。”太后发怒，严厉地责备韩棱，韩棱坚持自己的意见。何敞说服宋由说：“刘畅是皇室宗亲，封有食邑的藩臣，来京参加大丧礼，呈上奏疏，等待回音，身在武装卫士之中，却遭残杀。接受窦宪命令的官吏，胡乱讨捕，犯罪的踪迹不明，凶手抓不到。我何敞作为股肱大臣，主管破案捕盗的部门，想要亲自到发生命案的地方，以督察事情的变化。而司徒、司空两府的办事官员认为按惯例三公不应当参与追获盗贼，公然纵容奸贼，没有比这更大的过错了。我何敞请求独自具名上奏请求追查此案。”宋由于是答应了。两府听说何敞行动了，就派主办盗贼的官员随同何敞办案。于是通过深入追查举发，真相大白。窦太后大怒，把窦宪关闭在内宫。窦宪担心被杀，于是自己请求攻打匈奴以赎罪免死。

冬季，十月十七日乙亥，任用窦宪为车骑将军，征伐北匈奴，任用执金吾耿秉担任副将，发动北军五校尉所率领的宿卫军，黎阳营、雍营，边境上的十二郡骑兵，以及羌族、南匈奴的军队等齐集出塞征讨。

公卿推荐前张掖郡太守邓训代替张纡担任护羌校尉。烧当羌首领迷唐统领一万骑兵来到关塞前，不敢攻打邓训，想先威胁小月氏胡。邓训护卫小月氏胡，命令不许和迷唐开战。议论的人都认为羌人、匈奴人互相攻打，对朝廷有利，不应该采取禁止和保护的方法。邓训说：“张纡失信，羌人大动干戈，凉州的官员百姓，生命就像悬在一根丝发上那样危险。先前匈奴人之所以难与汉人同心，因是恩信不够深厚的缘故。现今趁着他被追赶危急，用恩德去安慰他，希望能对朝廷有所帮助。”于是命令打开城门以及自己所居住的后园门，把匈奴人的妻儿都放进去，派军队严密

喜叩头曰："唯使君所命！"训遂抚养教谕，大小莫不感悦。于是赏赂诸羌种，使相招诱，迷唐叔父号吾将其种人八百户来降。训因发湟中秦、胡、羌兵四千人出塞，掩击迷唐于写谷，破之，迷唐乃去大、小榆，居颇岩谷，众悉离散。

（以上为第六段，写窦太后临朝，窦宪专权自恣。张掖太守邓训代张纡为护羌校尉，恩威并用，羌人远遁。）

孝和皇帝上

永元元年（己丑，89 年）

春，迷唐欲复归故地；邓训发湟中六千人，令长史任尚将之，缝革为船，置于箄上以渡河，掩击迷唐，大破之，斩首前后一千八百余级，获生口二千人，马牛羊三万余头，一种殆尽。迷唐收其余众西徙千余里，诸附落小种皆畔之。烧当豪帅东号，稽颡归死，余皆款塞纳质。于是训绥接归附，威信大行，遂罢屯兵，各令归郡，唯置弛刑徒二千余人，分以屯田、修理坞壁而已。

窦宪将征匈奴，三公、九卿诣朝堂上书谏，以为："匈奴不犯边塞，而无故劳师远涉，损费国用，徼功万里，非社稷之计。"书连上，辄寝，宋由惧，遂不敢复署议，而诸卿稍自引止；唯袁安、任隗守正不移，至免冠朝堂固争，前后且十上，众皆为之危惧，安、隗正色自若。侍御史鲁恭上疏曰："国家新遭大忧，陛下方在谅暗，百姓阙然，三时不闻警跸之音，莫不怀思皇皇，若有求而不得。今乃以盛春之月兴发军役，扰动天下以事戎夷，诚非所以垂恩中国，改元正时，由内及外也。万民者，天之所生；天爱其所生，犹父母爱其子，一物有不得其所，则天气为之舛错，况于人乎！故爱民者必有天报。夫戎狄者，四方之异气，与鸟兽无别；若杂居中国，则错乱天气，污辱善人，是以圣王之制，羁縻不绝而已。今匈奴为鲜卑所破，远藏于史侯河西，去塞数千里，而欲乘其虚耗，利其微弱，是非义之所出也。今始征发，而大司农调度不足，上下相迫，民间之急，亦已甚矣。群僚百姓咸曰不可，陛下奈何以一人之计，弃万人之命，不恤其言乎！上观天心，下察人志，足以知事之得失。臣恐中国不为中国，岂徒匈奴而已哉！"尚书令韩棱、骑都尉朱晖、议郎

守卫。羌人抢夺一无所获，又不敢进逼匈奴各族，因此解兵离去。于是，湟中的那些匈奴人都说："汉朝常常想要和我们相斗争，现在邓使君以恩信对待我们，开城门收容我们的妻儿，我们得到父母了！"百姓都欢喜地叩头说："我们只听从使君的命令。"邓训于是抚养教导他们，大大小小的人无不感动欢悦。于是赏赐钱财给羌人各族，让他们互相招降诱惑。迷唐的叔父号吾率领他的八百户族人来降。邓训因此派湟中秦人、胡人、羌人的军队共四千人出塞，在写谷袭击迷唐，打败了他们，迷唐于是离开大、小榆谷，迁移颇岩谷，部众全都逃散。

孝和皇帝上

汉和帝永元元年（己丑，89 年）

春季，迷唐想要返回到旧地，邓训派湟中六千人，命令长史任尚率领，用皮革缝制成船，放在木筏上渡河，全线攻袭迷唐，大获全胜，前后杀死敌人一千八百多人，抓获两千人，马牛羊三万多头，迷唐一族差不多被灭掉。迷唐收集残余部众，向西迁徙一千多里，那些归附迷唐的羌人小部落都反叛他，烧当部的酋长东号叩头请死，投降了汉军，其余各部羌人都入关进贡，委派人质。于是邓训安抚归顺的羌人，威信高涨，撤退屯驻击羌的部队，各回到本郡，只留下减刑的两千多犯人，分开屯田，修理哨所城塞。

窦宪将要讨伐匈奴，三公九卿到朝堂上书谏止，三公九卿认为："匈奴不侵犯边塞，却无故大兴军队远征，耗费国家财用，在万里外获取功劳，这不是安定国家的办法。"奏书连上数道，总是被搁置，宋由害怕了，就不敢再签名上奏此事，而诸卿也逐渐停止进言。只有袁安、任隗坚守正道不变，甚至摘掉冠冕在朝堂坚决争论，前后将近十次上书，众人都为他两人感到恐慌，袁安、任隗镇静自如。侍御史鲁恭上疏说："国家刚刚遭到大忧，陛下正在居丧，百姓看不到天子，夏秋冬三季听不见天子出巡的警跸之声，没有不深切忧虑的，就像急切需要而得不到的样子。现在竟然在盛春的月份发起军事行动，惊动天下百姓去讨伐戎夷，实在不是施恩中原百姓、改元更始、首先安定内部然后再及外事的做法。万民是上天所降生，上天爱护他所降生的事物，如同父母爱护他的子女一样，有一物得不到适当的照料，那么天气就会错乱，更何况是人呢？所以爱百姓的国君必定得到上天的馈赠。戎狄如同四方不同之气，与鸟兽无别。如果在中国杂居，那么天气就会错乱，扰乱中原的百姓，因此圣王的法制是牵制、畜养他们，使其不绝灭罢了。现在匈奴被鲜卑打败，远藏在史侯河的西边，离塞数千里，却想乘其虚弱疲惫，利用他的微弱，这不是正义的行为。现在开始征发军队，而大司农调度不够，上下相逼胁，人民急困，已经到达顶

京兆乐恢，皆上疏谏，太后不听。

又诏使者为宪弟笃、景并起邸第，劳役百姓。侍御史何敞上疏曰："臣闻匈奴之为桀逆久矣，平城之围，慢书之耻，此二辱者，臣子所为捐躯而必死，高祖、吕后忍怒含忿，舍而不诛。今匈奴无逆节之罪，汉朝无可惭之耻，而盛春东作，兴动大役，元元怨恨，咸怀不悦。又猥为卫尉笃、奉车都尉景缮修馆第，弥街绝里。笃、景亲近贵臣，当为百僚表仪。今众军在道，朝廷焦唇，百姓愁苦，县官无用，而遽起大第，崇饰玩好，非所以垂令德、示无穷也。宜且罢工匠，专忧北边，恤民之困。"书奏，不省。

窦宪尝使门生赍书诣尚书仆射郅寿，有所请托，寿即送诏狱，前后上书，陈宪骄恣，引王莽以诫国家；又因朝会，刺讥宪等以伐匈奴、起第宅事，厉音正色，辞旨甚切。宪怒，陷寿以买公田、诽谤，下吏，当诛，何敞上疏曰："寿机密近臣，匡救为职，若怀默不言，其罪当诛。今寿违众正议以安宗庙，岂其私邪！臣所以触死瞽言，非为寿也。忠臣尽节，以死为归；臣虽不知寿，度其甘心安之。诚不欲圣朝行诽谤之诛，以伤晏晏之化，杜塞忠直，垂讥无穷。臣敞谬与机密，言所不宜，罪名明白，当填牢狱，先寿僵仆，万死有余。"书奏，寿得减死论，徙合浦，未行，自杀。寿，恽之子也。

夏六月，窦宪、耿秉出朔方鸡鹿塞，南单于出满夷谷，度辽将军邓鸿出稒阳塞，皆会涿邪山。宪分遣副校尉阎盘、司马耿夔、耿谭将南匈奴精骑万余，与北单于战于稽洛山，大破之，单于遁走；追击诸部，遂临私渠北鞮海，斩名王已下万三千级，获生口甚众，杂畜百余万头，诸裨小王率众降者，前后八十一部二十余万人。宪、秉出塞三千余里，登燕然山，命中护军班固刻石勒功，纪汉威德而还。遣军司马吴汜、梁讽奉金帛遗北单于，时虏中乖乱，汜、讽及北单于于西海上，宣国威信，以诏致赐，单于稽首拜受。讽因说令修呼韩邪故事，单于喜悦，即将其

点。群臣百姓都说不可以这样做，陛下为何因为一人的建议，抛弃万人的生命，不考虑群臣百姓的言论呢？上观天的心意，下察人的志向，可知事情的得失。臣担忧中原将不成为中原，难道只是为了匈奴吗？”尚书令韩稜、骑都尉朱晖、议郎京兆人乐恢，都上疏谏止，窦太后不接受。

汉和帝又下诏，派使者替窦宪的弟弟窦笃、窦景建造府第，劳役百姓。侍御史何敞上疏说：“臣听说匈奴凶暴违逆已经很久了，高祖在平城受困，吕后受到冒顿单于不敬书信的羞辱，这两件国耻，臣子愿意以必死的决心雪耻捐躯，而高祖、吕后却忍辱含怒，把匈奴丢在一边不去惩罚。现今匈奴没有违反朝廷的罪行，汉朝也没有值得羞愧的耻辱，却在盛春耕作时，大兴军事，天下百姓怨恨，全都不高兴，又随意替卫尉窦笃、奉车都尉窦景修建府第，满街遍里，窦笃、窦景是朝廷亲近大臣，应当做百官的榜样。现今出征大军还在途中，朝廷苦心劳力，百姓困窘，国家财政萎缩，却突然建造大宅，推崇饰品玩物，这不是流传美德，昭示永久，以为表率。应该暂时停止工匠的劳作，全力进行讨伐北匈奴的战争，体恤百姓的困苦。”奏书呈上，未被理会。

窦宪曾经让门生拿着书信前往尚书仆射郅寿那里，有所请托，郅寿立即把送信的人送到诏狱，先后上书，陈述窦宪骄横，引用王莽的例子劝诫朝廷；又趁着朝会时，讥嘲窦宪等人征伐匈奴、建造府第的事情，神色严正，词语恳切。窦宪大怒，陷害郅寿买公田、诽谤朝廷、交给官吏审查，应当诛杀，何敞上疏说：“郅寿是参与机密的近臣，匡救朝政是他的职守，如果保持沉默，罪应诛杀。现在郅寿不随声附和，敢于直言来安定宗庙，难道是他的私心吗？臣之所以冒死上言，并非为了郅寿。忠臣尽节，视死如归；臣虽然不了解郅寿，推测他是甘心情愿尽忠而死。实在不希望圣明的朝廷因为诽谤而诛杀大臣，伤害宽容的教化，堵塞了忠正直言的路途，留下了后世无穷的讥讽。臣何敞忝列参与机密大事，说话不当，罪名显然，应当关牢狱，在郅寿之前先死，死有余辜。”奏书呈上，郅寿获得免死的判决，流放合浦郡，还未走，郅寿就自杀了。郅寿是郅恽的儿子。

夏季，六月，窦宪、耿秉从朔方郡鸡鹿塞出击，南单于从满夷谷出击，度辽将军邓鸿从稒阳塞出击，会师涿邪山。窦宪分别派遣副校尉阎盘，司马耿夔、耿谭，率南匈奴精锐骑兵一万多人，与北单于在稽洛山交战，大败北匈奴，北单于逃跑。追击北匈奴的各部汉军，最终到达私渠北鞮海，杀死匈奴名王以下一万三千多人，生擒很多，以及各种牲畜一百多万头，所有北匈奴的小王率领部众来归降，前后有八十一部二十多万人。窦宪、耿秉出塞外三千多里，登上燕然山，下令中护军班固刻石记功，记录了汉朝威德而回师。派军司马吴汜、梁讽拿着金银布帛赠给北单于。当时匈奴内乱，吴汜、梁讽在西海附近追赶上北单于，宣扬汉朝威信，以朝廷名义

众与讽俱还；到私渠海，闻汉军已入塞，乃遣弟右温禺鞮王奉贡入侍，随讽诣阙。宪以单于不自身到，奏还其侍弟。

秋，七月，乙未，会稽山崩。

九月，庚申，以窦宪为大将军，中郎将刘尚为车骑将军，封宪武阳侯，食邑二万户；宪固辞封爵，诏许之。旧，大将军位在三公下，至是，诏宪位次太傅下、三公上；长史、司马秩中二千石。封耿秉为美阳侯。

窦氏兄弟骄纵，而执金吾景尤甚，奴客缇骑强夺人财货，篡取罪人，妻略妇女；商贾闭塞，如避寇仇；又擅发缘边诸郡突骑有才力者。有司莫敢举奏，袁安劾景"擅发边民，惊惑吏民；二千石不待符信而辄承景檄，当伏显诛"。又奏"司隶校尉河南尹阿附贵戚，不举劾，请免官案罪"。并寝不报。驸马都尉瓌，独好经书，节约自修。

尚书何敞上封事曰："昔郑武姜之幸叔段，卫庄公之宠州吁，爱而不教，终至凶戾。由是观之，爱子若此，犹饥而食之以毒，适所以害之也。伏见大将军宪，始遭大忧，公卿比奏，欲令典干国事；宪深执谦退，固辞盛位，恳恳勤勤，言之深至，天下闻之，莫不说喜。今逾年未几，入礼未终，卒然中改，兄弟专朝，宪秉三军之重，笃、景总宫卫之权，而虐用百姓，奢侈僭逼，诛戮无罪，肆心自快。今者论议汹汹，咸谓叔段、州吁复生于汉。臣观公卿怀持两端，不肯极言者，以为宪等若有匪懈之志，则已受吉甫褒申伯之功；如宪等陷于罪辜，则自取陈平、周勃顺吕后之权，终不以宪等吉凶为忧也！臣敞区区诚欲计策两安，绝其绵绵，塞其涓涓，上不欲令皇太后损文母之号、陛下有誓泉之讥，下使宪等得长保其福祐也。驸马都尉瓌，比请退身，愿抑家权，可与参谋，听顺其意，诚宗庙至计，窦氏之福！"时济南王康尊贵骄甚，宪乃白出敞为济南太傅。康有违失，敞辄谏争，康虽不能从，然素敬重敞，无所嫌牾焉。

赏赐，北单于叩头接受。梁讽趁机提议效法呼韩邪单于归附汉朝的旧例，北单于很高兴，立即率部众和梁讽返回，到达私渠海，听说汉军已经进入塞内，就派弟弟右温禺鞮王拿着贡礼进京侍奉，随梁讽进宫。窦宪因为北单于没有亲自到来，奏请送还北单于入侍的弟弟。

秋季，七月十一日乙未，会稽山崩塌。

九月初七日庚申，任命窦宪为大将军，中郎将刘尚为车骑将军。封窦宪为武阳侯，食邑二万户。窦宪坚决推辞封爵，下诏允许。旧例，大将军地位在三公之下，现在，下诏让窦宪的地位在太傅之下、三公之上；其长史、司马的俸禄为二千石。封耿秉为美阳侯。

窦氏兄弟骄傲放肆，而执金吾窦景尤其过分，家奴、宾客、缇骑强取财货，非法占有罪犯，夺人之妻；商人门户紧闭，好像躲开仇敌一样；又擅自征用边界各郡的精锐骑兵。主管官员不敢揭发检举，袁安弹劾窦景说："擅自征用边兵，惊扰迷惑官民；二千石的官员未见调兵虎符，而只凭窦景签发的公文就调动军队，应受到诛杀。"又奏："司隶校尉河南尹讨好依附贵戚，不揭发弹劾窦景的罪行，请求免官定罪。"所有奏书都被搁置不做批答。驸马都尉窦瓌自爱，好经书，崇尚节约，自修德行。

尚书何敞上密封奏书说："从前郑武姜宠幸叔段，卫庄公宠爱州吁，溺爱而不教育，终于成为顽凶恶徒。由此看来，像这样爱护儿子，好比是儿子饿了却拿毒物给他吃，恰恰是害了他。臣看见大将军窦宪，在国家刚刚遭到大丧时，公卿就频频上奏，想要请窦宪主持国事；窦宪深守谦退礼节，坚决推辞高位，勤勤恳恳，言语深刻，天下人听了，没有不高兴的。现在国忧才过一年不久，三年的丧礼还没有结束，突然中途改变，兄弟在朝廷专政，窦宪掌管三军的重职，窦笃、窦景总管宫中守卫大权，虐待百姓，奢侈残暴，淫逸超越礼制，杀害无辜，任意妄为，以图个人痛快。现在朝廷大臣议论纷纷，都说叔段、州吁在汉朝复活了。臣观察公卿们心怀两端，不肯畅所欲言。公卿们是认为窦宪等人如果兢兢业业，勤劳王事，那么已经得到了像尹吉甫褒赞申伯的功勋；如果窦宪等人犯罪，就像陈平、周勃顺着吕后的意图一样诛除，最终不会为窦宪等人的吉凶而忧虑。臣何敞真诚希望想出两全的妙策，杜绝绵绵的祸患，堵塞细细的祸流，对上不想使皇太后有损'文德之母'的美号，不想使陛下受到与母后不和、'黄泉相见'的讥嘲；对下能使窦宪等人能够永远保有福气。驸马都尉窦瓌多次请求辞职，希望抑制窦家的权势，可以和他商议，接受他的意见，这实在是对国家宗庙最好的办法，也是窦家的福分！"当时，济南王刘康地位尊贵而傲慢，窦宪就报告把何敞调走，出京任济南王的太傅。刘康有过错，何敞常常向他进谏，刘康虽然不听从，但是一向敬重何敞，没有互相不快而发生冲突。

冬，十月，庚子，阜陵质王延薨。

是岁，郡国九大水。

（以上为第七段，写邓训大破西羌。窦宪出击北匈奴，大获全胜，居功骄恣，窦氏气焰，炙手可热。）

二年（庚寅，90年）

春，正月，丁丑，赦天下。

二月，壬午，日有食之。

夏，五月，丙辰，封皇弟寿为济北王，开为河间王，淑为城阳王；绍封故淮南顷王子侧为常山王。

窦宪遣副校尉阎砻将二千余骑掩击北匈奴之守伊吾者，复取其地。车师震慑，前、后王各遣子入侍。

月氏求尚公主，班超拒还其使，由是怨恨，遣其副王谢将兵七万攻超。超众少，皆大恐；超譬军士曰："月氏兵虽多，然数千里逾葱岭来，非有运输，何足忧邪！但当收谷坚守，彼饥穷自降，不过数十日决矣！"谢遂前攻超，不下，又钞掠无所得。超度其粮将尽，必从龟兹求食，乃遣兵数百于东界要之。谢果遣骑赍金银珠玉以赂龟兹，超伏兵遮击，尽杀之，持其使首以示谢。谢大惊，即遣使请罪，愿得生归，超纵遣之。月氏由是大震，岁奉贡献。

初，北海哀王无后，肃宗以齐武王首创大业而后嗣废绝，心常愍之，遗诏令复齐、北海二国。丁卯，封芜湖侯无忌为齐王，北海敬王庶子威为北海王。

六月，辛卯，中山简王焉薨。焉，东海恭王之母弟，而窦太后，恭王之甥也；故加赙钱一亿，大为修冢茔，平夷吏民冢墓以千数，作者万余人，凡征发摇动六州十八郡。

诏封窦宪为冠军侯，笃为郾侯，瓌为夏阳侯；宪独不受封。

秋七月，乙卯，窦宪出屯凉州，以侍中邓叠行征西将军事为副。

北单于以汉还其侍弟，九月，复遣使款塞称臣，欲入朝见。冬十月，窦宪遣班固、梁讽迎之。会南单于复上书求灭北庭，于是遣左谷蠡王师

冬季，十月十八日庚子，阜陵质王刘延去世。

这一年，九个郡国发生大水灾。

汉和帝永元二年（庚寅，90 年）

春季，正月二十六日丁丑，大赦天下。

二月初二日壬午，发生日食。

夏季，五月初七日丙辰，册封皇弟刘寿为济北王，刘开为河间王，刘淑为城阳王。封原淮南顷王的儿子刘侧为常山王，继承其父刘昞。

窦宪派副校尉阎砻率领两千多骑兵袭击北匈奴防守伊吾的军队，再度夺取那个地方。车师震惊，前、后王各派儿子进京侍奉天子。

月氏要求娶公主，班超拒绝遣回他的使者，于是月氏仇恨班超，就派他的副王谢率领七万士兵攻击班超。班超兵众少，都很害怕；班超向士兵解释说："月氏的军队虽然多，但是经过几千里越过葱岭而来，没有后勤运输，有什么值得担心的？只要收藏米谷，守住城池，他们饥饿困苦了，自然会归降，不超过几十天，就能决定胜负！"谢进军攻打班超，攻不下城池，又夺不到东西。班超估算月氏粮米将要吃完，必定向龟兹求取粮食，就派几百兵士在东界伏击他们。谢果然派骑兵带着金银珠玉去贿赂龟兹，班超用伏兵拦阻，把他们全部杀了，拿着使者的头去给谢看。谢非常害怕，立即派使者请罪，希望能活着回去，班超释放了他们。月氏因此非常恐惧，每年向朝廷进贡。

当初，北海哀王没有后代，章帝因为齐武王刘縯开创中兴的大业，而没有后代子孙，心里念念不忘此事，遗诏命令恢复齐、北海二国。五月十八日丁卯，册封芜湖侯刘无忌为齐王，北海敬王的庶子刘威为北海王。

六月十二日辛卯，中山简王刘焉去世。刘焉是东海恭王同母的弟弟，而窦太后是恭王的外甥女，所以增加丧礼钱十万，大修坟墓，铲掉了官民的上千座坟墓，征发调动一万人劳役，影响了六州十八郡。

汉和帝下诏册封窦宪为冠军侯，窦笃为郾侯，窦瓌为夏阳侯；只有窦宪不接受封爵。

秋季，七月初七日乙卯，窦宪出兵屯驻凉州，以侍中邓叠代理征西将军，作为副手。

北匈奴单于因为汉朝送还了他派去侍奉天子的弟弟，九月，又派使者到边塞称臣，希望入京朝见天子。冬季，十月，窦宪派班固、梁讽迎接北匈奴使者。时逢南

子等将左右部八千骑出鸡鹿塞，中郎将耿谭遣从事将护之，袭击北单于。夜至，围之，北单于被创，仅而得免，获阏氏及男女五人，斩首八千级，生虏数千口。班固至私渠海而还。是时，南部党众益盛，领户三万四千，胜兵五万。

（以上为第八段，写班超在西域以少胜众，大败月氏国的侵犯，威震西域。窦宪遣将监护南匈奴，再次大破北匈奴。）

三年（辛卯，91 年）

春，正月，甲子，帝用曹褒新礼，加元服；擢褒监羽林左骑。

窦宪以北匈奴微弱，欲遂灭之，二月，遣左校尉耿夔、司马任尚出居延塞，围北单于于金微山，大破之，获其母阏氏，名王已下五千余级，北单于逃走，不知所在。出塞五千余里而还，自汉出师所未尝至也。封夔为粟邑侯。

窦宪既立大功，威名益盛，以耿夔、任尚等为爪牙，邓叠、郭璜为心腹，班固、傅毅之徒典文章，刺史、守、令，多出其门，赋敛吏民，共为赂遗。司徒袁安、司空任隗举奏诸二千石并所连及，贬秩免官四十余人，窦氏大恨；但安、隗素行高，亦未有以害之。尚书仆射乐恢，刺举无所回避，宪等疾之。恢上书曰："陛下富于春秋，纂承大业，诸舅不宜干正王室，以示天下之私。方今之宜，上以义自割，下以谦自引，四舅可长保爵土之荣，皇太后永无惭负宗庙之忧，诚策之上者也。"书奏，不省。恢称疾乞骸骨，归长陵；宪风厉州郡，迫胁恢饮药死。于是朝臣震慑，望风承旨，无敢违者。袁安以天子幼弱，外戚擅权，每朝会进见，及与公卿言国家事，未尝不喑呜流涕；自天子及大臣，皆恃赖之。

冬，十月，癸未，上行幸长安，诏求萧、曹近亲宜为嗣者，绍其封邑。

诏窦宪与车驾会长安。宪至，尚书以下议欲拜之，伏称万岁，尚书韩棱正色曰："夫上交不谄，下交不渎；礼无人臣称万岁之制！"议者皆惭而止。尚书左丞王龙私奏记、上牛酒于宪，棱举奏龙，论为城旦。

单于再次上书请求消灭北匈奴，于是派左谷蠡王师子等率领左右部八千骑兵出了鸡鹿塞，中郎将耿谭派遣从事率领汉军监护南匈奴军，攻打北单于。夜晚到达，围住北匈奴，北匈奴单于受伤，仅仅保全了性命，生擒阏氏和男女五人，杀了八千人，生获几千人。班固到达私渠海然后返回。这时，南匈奴的部众越来越多，统领三万四千户，能动员参战的士兵有五万人。

汉和帝永元三年（辛卯，91 年）

春季，正月十九日甲子，汉和帝采用曹褒新订的仪礼，头戴冠冕；提升曹褒为羽林左骑总监。

窦宪认为北匈奴衰败，想要趁机消除。二月，派左校尉耿夔、司马任尚出了居延塞，在金微山包围北单于，大败他们，生擒单于的母亲阏氏，杀掉名王以下五千人，北单于逃跑，不知所终。汉军远出塞外五千多里然后班师，自从汉朝出师以来，未曾到过这么远。册封耿夔为粟邑侯。

窦宪立了大功，名声赫赫，以耿夔、任尚等作为爪牙，邓叠、郭璜为心腹，班固、傅毅这些人掌管文书，刺史、太守、县令大都是他家的宾客，强征暴敛，凌辱吏民，共同受贿。司徒袁安、司空任隗向朝廷举奏，许多二千石的大臣被牵连，有四十多人被免职，窦宪非常仇恨袁安、任隗。但是袁安、任隗向来德行高洁，窦宪也无办法陷害袁安和任隗。尚书仆射乐恢，检举揭发窦宪无所避讳，窦宪等人仇恨乐恢。乐恢上奏说："陛下还年轻，继承了帝业，几位舅舅不应该干扰王室，以此向天下人表示无私。现在恰当的做法是，在上位的要以大义来割舍私爱，在下位的要谦卑自我约束，四位国舅可以永远留有爵位、土地的荣耀，皇太后永远没有愧对宗庙的担心，实在是最好的策略。"奏疏呈上，汉和帝不予理睬。乐恢称病请求辞官，回到长陵县；窦宪私令州郡长官强迫乐恢服毒而死，于是朝臣惊恐，奉承窦宪的旨意，不敢违反。袁安因为天子幼小，外戚弄权，每次朝会觐见汉和帝，以及与公卿大臣谈论国家大事，没有不呜咽流泪的；从汉和帝到朝中大臣，都依赖袁安。

冬季，十月十二日癸未，汉和帝巡幸长安，下诏找寻适宜为萧何、曹参后嗣的近亲，继承其封邑。

汉和帝下诏，要窦宪赶到长安接受召见。窦宪到达，尚书以下大臣建议向他下拜，伏地称万岁，尚书韩棱严肃地说："与在上位的人交往不可谄媚，与在下位的人交往不可轻视。礼仪没有对臣子称万岁的制度。"建议的人都羞愧不已而作罢。尚书左丞王龙私自向窦宪上奏，给窦宪奉献牛肉和美酒，韩棱举报王龙的罪行，判处王龙三年苦刑。

龟兹、姑墨、温宿诸国皆降。十二月，复置西域都护、骑都尉、戊已校尉官。以班超为都护，徐干为长史。拜龟兹侍子白霸为龟兹王，遣司马姚光送之。超与光共胁龟兹，废其王尤利多而立白霸，使光将尤利多还诣京师。超居龟兹它乾城，徐干屯疏勒，惟焉耆、危须、尉犁以前没都护，犹怀二心，其余悉定。

初，北单于既亡，其弟右谷蠡王於除鞬自立为单于，将众数千人止蒲类海，遣使款塞。窦宪请遣使立於除鞬为单于，置中郎将领护，如南单于故事。事下公卿议，宋由等以为可许；袁安、任隗奏以为："光武招怀南虏，非谓可永安内地，正以权时之算，可得捍御北狄故也。今朔漠已定，宜令南单于反其北庭，并领降众，无缘更立於除鞬以增国费。"事奏，未以时定。安惧宪计遂行，乃独上封事曰："南单于屯先父举众归德，自蒙恩以来四十余年，三帝积累以遗陛下，陛下深宜追述先志，成就其业。况屯首创大谋，空尽北虏，辍而弗图，更立新降；以一朝之计，违三世之规，失信于所养，建立于无功。《论语》曰：'言忠信，行笃敬，虽蛮貊行焉。'今若失信于一屯，则百蛮不敢复保誓矣。又，乌桓、鲜卑新杀北单于，凡人之情，咸畏仇雠，今立其弟，则二虏怀怨。且汉故事，供给南单于，费直岁一亿九十余万，西域岁七千四百八十万；今北庭弥远，其费过倍，是乃空尽天下而非建策之要也。"诏下其议，安又与宪更相难折。宪险急负势，言辞骄讦，至诋毁安，称光武诛韩歆、戴涉故事，安终不移，然上竟从宪策。

（以上为第九段，写窦宪扶植北匈奴残部另立单于与南匈奴抗衡，以夷制夷。）

龟兹、姑墨、温宿等国都归降了。十二月，重新设置西域都护、骑都尉、戊己校尉官。委任班超为都护，徐干为长史。任龟兹的侍子白霸为龟兹王，派司马姚光护送他返回。班超和姚光共同胁迫龟兹，废掉原来的王尤多利，而立白霸为王，让姚光把尤多利带回京城。班超住在龟兹的它乾城，徐干驻守疏勒，只有焉耆、危须、尉犁因为以前没有都护，仍然对汉朝怀有反叛之心，其余各国都归服于汉。

先前，当北匈奴单于不知去向以后，他的弟弟右谷蠡王於除鞬自立为单于，率领几千人驻扎在蒲类海，派遣使者叩关请求内附。窦宪奏请遣使立於除鞬为单于，派中郎将统领，如同过去对待南单于的惯例。事情交给公卿大臣议论，宋由等人认为可以答应；袁安、任隗上奏认为："光武帝招徕安抚南匈奴，并不是认为可以永久安居内地，只是权宜之计，用以抵御北匈奴的缘故。现在北方大漠已经攻克，应该命令南单于返回北方匈奴朝廷，管辖归降的部众，没有理由另外立於除鞬而增加国家的费用。"建议上奏，未能及时决定。袁安害怕窦宪的计划得以施行，于是独自上奏说："南单于屯屠何的先父率领部众归降汉朝，自蒙汉朝恩典已有四十多年，三位皇帝积累基业以传给陛下，陛下实在应该继承遵守先人的遗愿，成就这个基业。况且屯屠何首先提出北征重大计划，要彻底消灭北匈奴，现在朝廷中途而废，另立新归降的於除鞬单于；以一时有利的计划，违反了三朝的规矩，背信于南单于，而去扶植无功的北匈奴单于。《论语》说：'说话忠诚守信，行为笃厚恭敬，虽是在蛮貊的地方也行得通。'现在如果失信于屯屠何一人，那么，所有的蛮人都不敢再遵循誓约了。又，乌桓国、鲜卑国新近杀死北单于，按人之常情，都恐惧仇雠，现在立北单于的弟弟，那么乌桓、鲜卑二国对汉朝心怀有抱怨。况且汉朝的旧例，提供给南单于每年费用一亿九十多万，提供给西域每年七千四百八十万；现今北匈奴的朝廷更加遥远，费用超过一倍，这是白白地耗尽财富，而不是制定政策的正确原则。"汉和帝下诏要大臣讨论这个议案，袁安又和窦宪互相攻击。窦宪阴险急躁，依恃权势，言辞骄横，甚至诋毁袁安，提到光武帝杀韩歆、戴涉的往事，袁安始终忠诚，可汉和帝竟然接受窦宪的建议。

【点评】

本卷集中点评窦宪其人其事，重点点评北征匈奴的历史功绩。

一、太尉郑弘弹劾窦宪过恶。窦宪是东汉开国功臣安丰侯窦融的第四代孙。窦宪父窦勋、祖窦穆因纵诞不法，与轻浮子弟交游，请托郡县，干乱政事被诛杀。导火索是窦穆假传阴太后诏书，命令六安侯刘盱休掉妻子，改娶窦穆之女。永平五年（62），刘盱妇家揭发窦穆的丑恶，汉明帝大怒，下诏诸窦罢官，窦穆遣归故里，窦勋因尚东海王刘强女沘阳公主留居京师。后窦穆在乡里又犯罪，死平陵狱，窦勋死洛阳狱，窦氏门庭衰落。谒者韩纡曾审问窦勋，窦宪含恨在心。章帝建初二年册立窦宪妹妹为皇后，窦宪拜为郎，稍迁为侍中、虎贲中郎将。弟窦笃为黄门侍郎，窦景、窦瓌为中常侍。窦氏一门又显贵起来。诸侯王，以及外戚阴氏、马氏莫不畏惮。窦宪公然以低价强买沁水公主的园田。沁水公主是章帝之妹，窦宪也敢欺压。郑弘上书弹劾窦宪，说他奸恶"上达于天，下通地下"，请求章帝以虞舜诛除"四凶"的决心，诛杀窦宪，用以避免国家重蹈王莽颠覆国家之祸，并"消除人神共有的愤怒"。作为一个贵族纨绔子弟，窦宪兄弟确实是恶棍。

二、窦宪犯禁。汉章帝驾崩，和帝即位，窦太后临朝，窦宪肆无忌惮，为所欲为。他为了报复韩纡审判父亲窦勋的往事，杀了韩纡的儿子，用韩纡儿子的人头去祭奠父亲的坟冢。皇室都乡侯刘畅到京师吊唁明帝，受到窦太后的亲爱，窦宪担心刘畅被重用，分了他的权柄。刘畅是光武帝兄刘伯升的第五代孙。进京有禁军保护。窦宪派刺客在禁军营房杀了刘畅，嫁祸于刘畅之弟刘刚。刘刚在青州，不在京师。窦太后派侍御史与青州刺史组成合议庭审问刘刚。尚书韩棱抗辩说："盗贼在京师，不应舍近求远，恐为奸臣所笑。"窦太后大怒，严厉斥责韩棱，韩棱坚持不屈。太尉府掾何敞自告奋勇冒死请求参加合议庭会审。司徒府、司空府也派出了会审官员。在三公府与侍御史青州刺史组成的大合议庭的审理中，查出了真凶就是窦宪。窦太后感到脸面无光，把窦宪禁闭在内宫，释放了刘刚。韩棱、何敞坚持正义，为平反冤案，敢与皇太后对抗，大勇精神令人敬佩。

三、窦宪北伐匈奴。窦宪有将帅之才，他害怕被诛杀，请求立功赎罪，北伐匈奴。汉章帝章和二年（88）冬十月十七日任命窦宪为车骑将军，以执金吾耿秉为副帅，班固为中护军，准备大举北伐匈奴。这道出征诏书引起轩然大波，满朝文武上奏谏止，窦太后不听。袁安、任隗在朝堂上脱帽强争也改变不了窦太后的决心。和帝永元元年（89）六月，窦宪率众出征，多路深入，汉匈两军主力在稽洛山决战，大破匈奴，单于逃走，斩名王以下一万三千级，获牲口杂畜一百余万头。汉军登燕然山刻石颂功而回。这篇刻石为班固所写，史称《燕然山铭》，范晔载于《后汉书》卷二十三《窦宪传》中。

窦宪北伐匈奴是汉朝对匈奴作战的重大胜利。匈奴经过这次打击，以后逐渐消亡了。汉武帝动员全国之力，前后征战数十年才打败了匈奴。当然窦宪时的匈奴，力量大衰，而窦宪运用的部队，主力是沿边各郡的地方部队，以及归义的羌胡，中央禁军数量不多，然而获此盖世功勋，不能不钦佩窦宪的军事才能，以及窦太后的全力支持。窦宪是为了立功赎罪，窦太后为的是捞回面子，重振窦家雄风，主观动机渺小，而客观功业巨大，有利于中原农耕民族的发展，这是应当肯定的。

窦宪急躁暴戾，本性难移，作恶多端，随着窦太后之死，诸窦被诛杀，窦氏家族再度衰落。

汉纪四十

汉和帝永元四年至元兴元年（92—105 年）

【起玄默执徐（壬辰，92 年），尽旃蒙大荒落（乙巳，105 年），凡十四年】

【大事提要】

本卷记事起公元 92 年，讫公元 105 年，凡十四年，当和帝永元四年至元兴元年，载和帝一朝史事。和帝是一个平庸之君，没有大作为，尚不昏暴，友爱诸王，留居京师，为了减轻民劳，停止岭南进贡鲜荔枝。和帝诛杀权臣窦宪是一快事，班固受牵连下狱死，所作《汉书》未完，由其妹班昭完成。班超在西域，不断进取，大破焉耆，西域五十六国附汉。班超派使者甘英出使大秦。班超年迈，荣归故里，至洛阳一月而卒。北匈奴残部被歼，南匈奴争位内乱，匈奴势衰，鲜卑兴起。东汉最大的边患仍是西羌，叛服不定，耗损东汉国力。东汉重置西海郡，用以安抚羌人。和帝驾崩，邓太后临朝，明察善断，避免了一场宫廷冤狱大案的发生。

【原文】

孝和皇帝下

永元四年（壬辰，92年）

春，正月，遣大将军左校尉耿夔授於除鞬印绶，使中郎将任尚持节卫护屯伊吾，如南单于故事。

初，庐江周荣辟袁安府，安举奏窦景及争立北单于事，皆荣所具草，窦氏客太尉掾徐齮深恶之，胁荣曰："子为袁公腹心之谋，排奏窦氏，窦氏悍士、刺客满城中，谨备之矣！"荣曰："荣，江淮孤生，得备宰士，纵为窦氏所害，诚所甘心！"因敕妻子："若卒遇飞祸，无得殡殓，冀以区区腐身觉悟朝廷。"

三月，癸丑，司徒袁安薨。

闰月，丁丑，以太常丁鸿为司徒。

夏，四月，丙辰，窦宪还至京师。

六月，戊戌朔，日有食之。丁鸿上疏曰："昔诸吕擅权，统嗣几移；哀、平之末，庙不血食。故虽有周公之亲而无其德，不得行其势也。今大将军虽欲敕身自约，不敢僭差；然而天下远近，皆惶怖承旨。刺史、二千石初除，谒辞、求通待报，虽奉符玺，受台敕，不敢便去，久者至数十日，背王室，向私门，此乃上威损，下权盛也。人道悖于下，效验见于天，虽有隐谋，神照其情，垂象见戒，以告人君。禁微则易，救末则难；人莫不忽于微细以致其大，恩不忍诲，义不忍割，去事之后，未然之明镜也。夫天不可以不刚，不刚则三光不明；王不可以不强，不强则宰牧从横。宜因大变，改政匡失，以塞天意！"

丙辰，郡国十三地震。

旱，蝗。

窦氏父子兄弟并为卿、校，充满朝廷，穰侯邓叠、叠弟步兵校尉磊及母元、宪女婿射声校尉郭举、举父长乐少府璜共相交结；元、举并出入禁中，举得幸太后，遂共图为杀害，帝阴知其谋。是时，宪兄弟专权，

【语译】

孝和皇帝下

汉和帝永元四年（壬辰，92 年）

春季，正月，派大将军左校尉耿夔授给於除鞬印绶，让中郎将任尚持符节，护卫屯驻伊吾，如南单于惯例。

当初，庐江郡人周荣受征召到袁安的司徒府任职，袁安弹劾窦景和反对封立北匈奴单于这两事情的奏章，都是周荣起草的，窦氏的宾客、太尉掾徐齮很仇恨周荣，威吓周荣说："你是袁安的心腹，奏告窦氏，窦氏的武士、刺客到处都是，你要小心防备！"周荣说："我周荣是江淮无依无靠的书生，能够在司徒府任职，纵被窦氏所害，也是心甘情愿。"因此告诫妻子儿女说："如果我突然遭遇飞来横祸，不要入棺埋葬，希望以我渺小的身体使朝廷觉悟。"

三月十四日癸丑，司徒袁安去世。

闰三月初九日丁丑，任命太常丁鸿为司徒。

夏季，四月十八日丙辰，窦宪回到京师。

六月初一戊戌，发生日食。丁鸿上疏说："从前吕氏兄弟专权，刘姓皇统继嗣差点转移；汉哀帝、汉平帝末年，刘姓宗庙香火断绝。所以虽然有周公那样的亲属关系，却没有周公那样的美德，不能让他们执掌国事。现在，虽然大将军想要修身自束，不敢僭越，然而天下远近的臣子都害怕而仰承其鼻息。初任刺史、二千石官的，要先拜见大将军，向他辞别，请求通名，等待回报，虽然已经拿着符节玺印，接受尚书台敕命，不敢随便离开，久的要等待几十天，背离王室，投向私门，这便是皇上威信受损，而臣下权势太盛啊！人道悖逆于下，效验就在天上显现。虽然计谋极其隐秘，而神明却能分辨实情，垂示天象变易的警戒，用以告诫人君。禁止祸乱在细微之时比较容易，挽救灾祸于已成事实之后就很困难了。人们没有不是忽视细微，以致终于酿成大祸的。恩情太重就不忍教诲，仁义太深就不忍割舍，事情发生之后，再看事情未发生前的隐微，就如明镜了。天道不可以不刚健，不刚健则日月星不明亮；君王不可以不强大，不强大则宰臣州牧就会失控。应该乘着天象大变，改革政治，匡救过失，用以回报天意。"

六月十九日丙辰，有十三个郡国发生地震。

大旱，发生蝗灾。

窦氏父子兄弟都做了九卿、校尉，充塞朝廷，穰侯邓叠、邓叠的弟弟步兵校尉邓磊，以及母亲元、窦宪的女婿射声校尉郭举、郭举的父亲长乐少府郭璜互相勾结；元、郭举都出入宫中，郭举得到窦太后的宠爱，于是共同图谋害天子，汉和帝暗中

帝与内外臣僚莫由亲接，所与居者阉宦而已。帝以朝臣上下莫不附宪，独中常侍钩盾令郑众，谨敏有心几，不事豪党，遂与众定议诛宪，以宪在外，虑其为乱，忍而未发；会宪与邓叠皆还京师。时清河王庆，恩遇尤渥，常入省宿止；帝将发其谋，欲得《外戚传》，惧左右，不敢使，令庆私从千乘王求，夜，独内之；又令庆传语郑众，求索故事。庚申，帝幸北宫，诏执金吾、五校尉勒兵屯卫南、北宫，闭城门，收捕郭璜、郭举、邓叠、邓磊，皆下狱死，遣谒者仆射收宪大将军印绶，更封为冠军侯，与笃、景、瓌皆就国。帝以太后故，不欲名诛宪，为选严能相督察之。宪、笃、景到国，皆迫令自杀。

初，河南尹张酺，数以正法绳治窦景，及窦氏败，酺上疏曰："方宪等宠贵，群臣阿附唯恐不及，皆言宪受顾命之托，怀伊、吕之忠，至乃复比邓夫人于文母，今严威既行，皆言当死，不顾其前后，考折厥衷。臣伏见夏阳侯瓌每存忠善，前与臣言，常有尽节之心，检敕宾客，未尝犯法。臣闻王政骨肉之刑，有三宥之义，过厚不过薄。今议者欲为瓌选严能相，恐其迫切，必不完免，宜裁加贷宥，以崇厚德。"帝感其言，由是瓌独得全。窦氏宗族宾客以宪为官者，皆免归故郡。

初，班固奴尝醉骂洛阳令种兢，兢因逮考窦氏宾客，收捕固，死狱中，固尝著《汉书》，尚未就，诏固女弟曹寿妻昭踵而成之。

华峤论曰：固之序事，不激诡，不抑抗，赡而不秽，详而有体，使读之者亹亹而不厌，信哉其能成名也！固讥司马迁是非颇谬于圣人，然其论议，常排死节，否正直，而不叙杀身成仁之为美，则轻仁义，贱守节甚矣！

（以上为第一段，写汉和帝诛杀窦宪，班固被牵连下狱死，所写《汉书》未竟，由其妹班昭续写完成。）

初，窦宪纳妻，天下郡国皆有礼庆。汉中郡亦当遣吏，户曹李郃谏

知道了窦宪等人的阴谋。这时，窦宪兄弟专权，汉和帝与内外臣僚无法靠近，与汉和帝一起居住的只有宦官。汉和帝因为朝中大臣上下没有不依靠窦宪的，只有中常侍钩盾令郑众，为人谨慎机敏，很有心计，不依附豪党，于是汉和帝就与郑众商议诛杀窦宪。由于窦宪驻守在外，汉和帝担心窦宪作乱，忍耐着没有采取行动；恰逢窦宪和邓叠都回到京城。当时清河王刘庆受到特殊恩遇，常常进入宫中住宿；汉和帝将要实施谋划，想要看《汉书·外戚传》，害怕身边人泄密，不敢使用身边的人，就命令刘庆私下向千乘王刘伉求取，夜间，要刘庆单独送来。又命令刘庆传话给郑众，寻找诛杀外戚的例证。六月二十三日庚辰，汉和帝驾临北宫，下诏执金吾、北军五校尉带兵驻守南宫、北宫，关闭城门，捕拿郭璜、郭举、邓叠、邓磊，全都关在狱中处死。派谒者仆射收回窦宪大将军的印绶，改封为冠军侯，和窦笃、窦景、窦瓌一齐回到自己的封国。汉和帝因为窦太后的缘故，不想以罪名诛杀窦宪，就选派严明能干的人作封国相，监督他们。窦宪、窦笃、窦景到达封国，就都被逼迫自杀。

当初，河南尹张酺，屡次依照法令惩治窦景，等到窦氏失败，张酺上疏说："当窦宪等人宠贵时，群臣阿谀唯恐不及，都说窦宪受先皇帝托付，怀有伊尹、吕尚的忠心，甚至还将邓夫人比喻为文王的妻子，现在朝廷威严已经实行，都说应当诛杀，不再考虑前后所说的话来考察他的行为。臣看到夏阳侯窦瓌始终保有忠诚和善良，从前和臣交谈，常有尽臣之心，约束告诫宾客，从未犯法。臣听说圣王之政，对于惩治亲族犯罪，有三次赦免的义理，宁肯失之于厚道，而不要失之于刻薄。现在议论的人希望为窦瓌选派严厉能干的诸侯相，恐怕他会遭遇迫害，一定不能保全性命，应当略加宽容宥赦，以增加天子的厚德。"汉和帝被张酺的话所感动，窦瓌一家才得以保全。窦氏宗族宾客因为窦宪的关系而做官的，都被免官回归故郡。

当初，班固的奴仆曾经在醉酒时骂洛阳县令种兢，种兢就把他抓来拷问，借着审讯窦家宾客的机会，收捕班固，班固被关在牢狱中死去。班固编写《汉书》，还没有完成，下诏班固的妹妹曹寿的妻子班昭继续完成《汉书》。

华峤评论说：班固记述史事，不偏激毁谤，不贬抑虚誉，内容丰富而不芜杂，详尽而有条理，使阅读的人津津有味而不厌倦，班固能成名是令人信服的！班固讥评司马迁，认为司马迁的是非观点背离了圣人的原则，然而班固对人物的评论，常常排斥死节之士，非议正直的人，而不记叙杀身成仁是美德，这是轻视仁义，卑贱守节到了极点！

当初，窦宪娶妻，天下郡国都有礼物祝贺，汉中郡也应该派官吏送礼，户曹李

曰："窦将军椒房之亲，不修德礼而专权骄恣，危亡之祸，可翘足而待；愿明府一心王室，勿与交通。"太守固遣之，郃不能止，请求自行，许之。郃遂所在迟留以观其变，行至扶风而宪就国。凡交通者皆坐免官，汉中太守独不与焉。

帝赐清河王庆奴婢、舆马、钱帛、珍宝，充牣其第。庆或时不安，帝朝夕问讯，进膳药，所以垂意甚备。庆亦小心恭孝，自以废黜，尤畏事慎法，故能保其宠禄焉。

帝除袁安子赏为郎，任隗子屯为步兵校尉，郑众迁大长秋。帝策勋班赏，众每辞多受少，帝由是贤之，常与之议论政事，宦官用权自此始矣。

秋，七月，己丑，太尉宋由以窦氏党策免，自杀。

八月，辛亥，司空任隗薨。

癸丑，以大司农尹睦为太尉。太傅邓彪以老病上还枢机职，诏许焉，以睦代彪录尚书事。

冬，十月，以宗正刘方为司空。

武陵、零陵、澧中蛮叛。

护羌校尉邓训卒，吏、民、羌、胡旦夕临者日数千人。羌、胡或以刀自割，又刺杀其犬马牛羊，曰："邓使君已死，我曹亦俱死耳！"前乌桓吏士皆奔走道路，至空城郭；吏执，不听，以状白校尉徐傿，傿叹息曰："此为义也！"乃释之。遂家家为训立祠，每有疾病，辄请祷求福。

蜀郡太守聂尚代训为护羌校尉，欲以恩怀诸羌，乃遣译使招呼迷唐，使还居大、小榆谷。迷唐既还，遣祖母卑缺诣尚，尚自送至塞下，为设祖道，令译田汜等五人护送至庐落。迷唐遂反，与诸种共生屠裂汜等，以血盟诅，复寇金城塞。尚坐免。

（以上为第二段，写李郃有先知之明，回护汉中太守免受窦宪案的牵连。邓训去世，西羌再次反叛。）

五年（癸巳，93 年）

春，正月，乙亥，宗祀明堂，登灵台，赦天下。

戊子，千乘贞王伉薨。

辛卯，封皇弟万岁为广宗王。

郃劝告太守说："窦将军是太后的亲人，不修德行礼节，却专权骄横，危亡的灾祸即将临头；希望明府一心忠于朝廷，别和他交往。"太守固执地要派人去，李郃无法禁止，就请求自己前去送礼，太守答应了。李郃于是在路上滞留，观察事情变化，走到扶风郡时，窦宪被遣回自己的封国。凡与窦宪来往的人都被论罪免官，唯独汉中郡太守没有受牵连。

汉和帝赐予清河王刘庆奴婢、车马、钱帛、珍宝，塞满了清河王府。有时刘庆身体不适，汉和帝早晚问候，送膳食、药物，关怀备至。刘庆也恭敬孝顺；自己摆正被废弃太子位置，尤其害怕生事而谨守法规，故能保持恩宠和禄位。

汉和帝委任袁安的儿子袁赏为郎、任隗的儿子任屯为步兵校尉，郑众升任大长秋。汉和帝按功奖赏，郑众总是推辞的多接受的少。汉和帝于是认为郑众贤能，常与郑众议论政事，宦官掌权从此开始。

秋季，七月二十三日己丑，太尉宋由因为和窦家同党而被免职，自杀。

八月十五日辛亥，司空任隗去世。

八月癸丑，任命大司农尹睦为太尉。太傅邓彪因年老多病请求辞职，下诏书准许，任命尹睦代邓彪掌管尚书事。

冬季，十月，任命宗正刘方为司空。

武陵蛮、零陵蛮、澧中蛮发生叛乱。

护羌校尉邓训去世，属吏、汉民、羌人、胡人每天到灵前哭泣的达数千人。羌人、胡人有的用刀子割自己，又杀死犬马牛羊，说："邓使君已经死了，我们随他而去吧！"邓训先前任乌桓校尉时的吏士全来奔丧，城郭都空了；官吏逮捕他们，仍不听禁令，向校尉徐傿报告这种情况，徐傿叹息说："这是为了道义啊！"便放了他们。于是，家家为邓训立祠，每遇疾病，总是到邓训祠祈祷求福。

蜀郡太守聂尚代替邓训做护羌校尉，想用恩信安抚羌族，于是派翻译使者告知迷唐，允许返回大、小榆谷。迷唐回来后，派遣自己的祖母卑缺拜会聂尚，聂尚亲自送卑缺到塞下，为其饯行，命令翻译田汜等五人护送卑缺回到羌人驻地。迷唐却造反，和羌人各族一起宰杀了田汜等，用人血盟誓，再次进犯金城塞。聂尚被论罪免官。

汉和帝永元五年（癸巳，93 年）

春季，正月十一日乙亥，汉和帝在明堂祭祀祖先，登上灵台，大赦天下。

正月二十四日戊子，千乘王刘伉去世。

正月二十七日辛卯，册封皇弟刘万岁为广宗王。

甲寅，太傅邓彪薨。

戊午，陇西地震。

夏，四月，壬子，绍封阜陵殇王兄鲂为阜陵王。

九月，辛酉，广宗殇王万岁薨，无子，国除。

初，窦宪既立於除鞬为北单于，欲辅归北庭，会宪诛而止。於除鞬自畔还北，诏遣将兵长史王辅以千余骑与任尚共追讨，斩之，破灭其众。

耿夔之破北匈奴也，鲜卑因此转徙据其地。匈奴余种留者尚有十余万落，皆自号鲜卑；鲜卑由此渐盛。

冬，十月，辛未，太尉尹睦薨。

十一月，乙丑，太仆张酺为太尉。酺与尚书张敏等奏“射声校尉曹褒，擅制汉礼，破乱圣术，宜加刑诛”。书凡五奏。帝知酺守学不通，虽寝其奏，而汉礼遂不行。

是岁，武陵郡兵破叛蛮，降之。

梁王畅与从官卞忌祠祭求福，忌等谄媚云：“神言王当为天子。”畅与相应答，为有司所奏，请征诣诏狱。帝不许，但削成武、单父二县。畅惭惧，上疏深自刻责曰：“臣天性狂愚，不知防禁，自陷死罪，分伏显诛。陛下圣德，枉法曲平，横赦贷臣，为臣受污。臣知大贷不可再得，自誓束身约妻子，不敢复出入失绳墨，不敢复有所横费，租入有余，乞裁食睢阳、谷熟、虞、蒙、宁陵五县，还余所食四县。臣畅小妻三十七人，其无子者，愿还本家，自选择谨敕奴婢二百人，其余所受虎贲、官骑及诸工技、鼓吹、仓头、奴婢，兵弩、厩马，皆上还本署。臣畅以骨肉近亲，乱圣化，污清流，既得生活，诚无心面目以凶恶复居大宫，食大国，张官属，藏杂物，愿陛下加恩开许。”上优诏不听。

护羌校尉贯友遣译使构离诸羌，诱以财货，由是解散。乃遣兵出塞，攻迷唐于大、小榆谷，获首虏八百余人，收麦数万斛，遂夹逢留大河筑城坞，作大航，造河桥，欲度兵击迷唐。迷唐率部落远徙，依赐支河曲。

单于屯屠何死，单于宣弟安国立。安国初为左贤王，无称誉；及为单于，单于適之子右谷蠡王师子以次转为左贤王。师子素勇黠多知，前

二月二十四日甲寅，太傅邓彪去世。

二月二十八日戊午，陇西发生地震。

夏季，四月二十日壬子，汉和帝下诏封阜陵殇王的哥哥刘鲂为阜陵王。

九月初一日辛酉，广宗王刘万岁去世，没有儿子，撤销封国。

当初，窦宪立於除鞬为北单于，计划护送他返回北匈奴王庭，恰遇窦宪受诛，就停止了计划。於除鞬背叛，返回北方。汉和帝下诏命令将兵长史王辅率领一千余骑兵与任尚一同讨伐，杀死於除鞬，攻破并消灭了他的部众。

自从耿夔攻破北匈奴，鲜卑趁机迁移到北匈奴的故地。匈奴余留下来的还有十多万户，全都自称鲜卑人。鲜卑从此日益强盛。

冬季，十一月十二日辛未，太尉尹睦去世。

十一月初六日乙丑，任命太仆张酺为太尉。张酺与尚书张敏等人上奏："射声校尉曹褒，擅自制定汉朝礼仪，毁坏圣术，当处死罪。"前后上了五次奏书。汉和帝知道张酺墨守儒学不通达，虽然搁置了张酺的奏书，也不实行曹褒的汉朝礼仪。

这一年，武陵郡军队攻破反叛的蛮人，制服了蛮人。

梁王刘畅与随从官卞忌祠祭祀求福。卞忌等献媚说："神灵说大王当为天子。"刘畅与卞忌等谈论此事，被有关官员奏劾，请求征召刘畅进京治罪。汉和帝没有奏准，只是削减了刘畅的成武、单父两个封县。刘畅羞愧恐慌，上疏深刻自责道："臣生性狂妄愚昧，不知提防和禁忌，自陷死罪，该当诛杀。陛下圣恩厚德，曲法施恩，宽大处理，硬是赦免了罪臣，为臣蒙受恶名。臣知道法外大赦不可能再次得到，因此臣发誓约束自己，束缚妻儿，不敢再有越轨犯禁行为，不敢再滥用浪费，租税收入有余，请求只食邑睢阳、谷熟、虞、蒙、宁陵五县，归还剩余的四个食邑县。臣有小妾三十七人，其中没有子女的，愿将她们送还娘家。臣自己选择谨慎的二百名奴婢，其余所受赏赐的虎贲武士、骑兵以及各种工匠技人、鼓吹手、仆隶、奴婢、兵器、马匹，全部上缴给原来的官署。臣身为圣上的骨肉近亲，却扰乱神圣的教化，污染了清廉的政风。既然得以生存下去，实在无脸以罪恶之身继续住在巨大的宫室，食邑大封国，设立官吏僚属，享受优厚的生活。愿皇上开恩允许臣的请求。"汉和帝下恩诏，不批准刘畅的请求。

护羌校尉贯友派遣翻译离间众羌，以财货引诱他们，羌人于是解散。贯友这才派兵出塞，在大、小榆谷攻击迷唐，杀死并俘虏八百多人，缴获小麦数万斛，于是在逢留大河两岸建城堡，造大船，修河桥，计划派兵渡河追击迷唐。迷唐率领部落迁向远方，依靠赐支河曲。

匈奴单于屯屠何死，单于宣的弟弟安国继位。安国曾为左贤王，声誉不好。等到当了单于，单于適的儿子右谷蠡王师子按次序升为左贤王。师子向来勇猛狡黠，

单于宣及屯屠何皆爱其气决，数遣将兵出塞，掩击北庭，还，受赏赐，天子亦加殊异。由是国中尽敬师子而不附安国，安国欲杀之；诸新降胡，初在塞外数为师子所驱掠，多怨之。安国委计降者，与同谋议。师子觉其谋，乃别居五原界，每龙庭会议，师子辄称病不往。度辽将军皇甫棱知之，亦拥护不遣，单于怀愤益甚。

（以上为第三段，写北匈奴残部被歼，南匈奴争单于位而分裂，北方鲜卑坐大。护羌校尉贯友大破西羌。）

六年（甲午，94年）

春，正月，皇甫棱免，以执金吾朱徽行度辽将军。时单于与中郎将杜崇不相平，乃上书告崇；崇讽西河太守令断单于章，单于无由自闻，崇因与朱徽上言："南单于安国，疏远故胡，亲近新降，欲杀左贤王师子及左台且渠刘利等；又，右部降者，谋共迫胁安国起兵背畔，请西河、上郡、安定为之儆备。"帝下公卿议，皆以为："蛮夷反覆，虽难测知，然大兵聚会，必未敢动摇。今宜遣有方略使者之单于庭，与杜崇、朱徽及西河太守并力，观其动静。如无他变，可令崇等就安国会其左右大臣，责其部众横暴为边害者，共平罪诛。若不从命，令为权时方略，事毕之后，裁行赏赐，亦足以威示百蛮。"于是徽、崇遂发兵造其庭。安国夜闻汉军至，大惊，弃帐而去，因举兵欲诛师子。师子先知，乃悉将庐落入曼柏城；安国追到城下，门闭，不得入。朱徽遣吏譬和之，安国不听；城既不下，乃引兵屯五原。崇、徽因发诸郡骑追赴之急，众皆大恐，安国舅骨都侯喜为等虑并被诛，乃格杀安国，立师子为亭独尸逐侯鞮单于。

己卯，司徒丁鸿薨。

二月，丁未，以司空刘方为司徒，太常张奋为司空。

夏，五月，城阳怀王淑薨，无子，国除。

秋，七月，京师旱。

西域都护班超发龟兹、鄯善等八国兵合七万余人讨焉耆，到其城下，诱焉耆王广、尉犁王汎等于陈睦故城，斩之，传首京师；因纵兵钞掠，斩首五千余级，获生口万五千人，更立焉耆左侯元孟为焉耆王。超留焉

智慧过人，前单于宣和屯屠何都喜爱师子的勇气和果断，多次派他率兵出塞，攻击北匈奴王庭，回师后受到赏赐，汉朝皇帝也另眼相待，特加殊礼。因此，匈奴国中都敬奉师子而不归附安国，安国想杀掉师子。那些新归顺的匈奴人，当初在塞外屡次遭到师子的掳掠，许多人怨恨师子。安国于是把计划寄托在投降者身上，与投降者一同策划。师子发觉了安国的图谋，就迁往五原郡界，每次龙庭会议，师子假装生病不去。度辽将军皇甫稜知道此事，也拥护师子不去，单于安国就更加仇恨。

汉和帝永元六年（甲午，94 年）

春季，正月，皇甫棱被免职，任命执金吾朱徽代理度辽将军。当时单于与中郎将杜崇关系不善，就上书状告杜崇。杜崇暗示西河郡太守，使他截获安国单于的奏章，单于无法向朝廷奏明。杜崇就和朱徽上奏说："南单于安国，疏远旧有的胡族（指南匈奴本部），亲近新顺服的北匈奴残部，试图杀害左贤王师子以及左台且渠刘利等人；而且，右部归降的胡人图谋共同胁迫安国起兵反叛汉朝，请西河郡、上郡、安定郡为此警备。"汉和帝交给公卿商议，公卿都认为："蛮夷反复无常，虽然难以揣度，但是大兵聚集，一定不敢轻动，现在应该派有谋略的使者到单于王庭，与杜崇、朱徽以及西河太守同心协力，观察单于的动静，如果没有其他变动，可以派杜崇等人前往安国王庭，集合他的左右大臣，谴责其部众中在边界横暴为害的人，共同决议罪责，该杀就杀。如果单于不听从命令，令杜崇等随机应变，见机行事，事情完毕之后，酌量赏赐，也足以向各蛮族显示权威。"汉和帝接受建议。于是朱徽、杜崇就出兵到单于王庭。安国在夜晚听说汉军到来，大惊，丢弃帐落逃跑。趁此发兵想诛杀师子。师子预知此事，就把部属所居帐落都迁往曼柏城。安国追到城下，城门关闭，无法进入。朱徽派遣属吏向安国说明利害，劝他讲和，安国不听从。安国既然攻不下曼柏城，就移师驻守五原郡。杜崇、朱徽于是发遣各郡骑兵赶往救急援助，匈奴部众大惊，安国的舅舅骨都侯喜为等人担心被杀，于是杀了安国，立师子为亭独尸逐侯鞮单于。

正月二十一日己卯，司徒丁鸿去世。

二月二十日丁未，任命司空刘方为司徒，太常张奋为司空。

夏季，五月，城阳怀王刘淑去世，没有儿子，撤除封国。

秋季，七月，京师洛阳大旱。

西域都护班超派龟兹、鄯善等八国的七万多军队，征伐焉耆，到达焉耆城下，诱骗焉耆王广、尉犁王汎等，在陈睦旧城杀了他们，并把首级传送到京城。于是纵容士兵抢夺，杀死五千多人，俘获活口一万五千人，另立焉耆左侯元孟为焉耆王。

耆半岁，慰抚之。于是西域五十余国悉纳质内属，至于海滨，四万里外，皆重译贡献。

南单于师子立，降胡五六百人夜袭师子，安集掾王恬将卫护士与战，破之。于是降胡遂相惊动，十五部二十余万人皆反，胁立前单于屯屠何子薁鞬日逐王逢侯为单于，遂杀略吏民，燔烧邮亭、庐帐，将车重向朔方，欲度幕北。九月，癸丑，以光禄勋邓鸿行车骑将军事，与越骑校尉冯柱、行度辽将军朱徽将左右羽林、北军五校士及郡国迹射、缘边兵，乌桓校尉任尚将乌桓、鲜卑，合四万人讨之。时南单于及中郎将杜崇屯牧师城，逢侯将万余骑攻围之。冬，十一月，邓鸿等至美稷，逢侯乃解围去，向满夷谷。南单于遣子将万骑及杜崇所领四千骑，与邓鸿等追击逢侯于大城塞，斩首四千余级。任尚率鲜卑、乌桓要击逢侯于满夷谷，复大破之，前后凡斩万七千余级。逢侯遂率众出塞，汉兵不能追而还。

以大司农陈宠为廷尉。宠性仁矜，数议疑狱，每附经典，务从宽恕，刻敝之风，于此少衰。

帝以尚书令江夏黄香为东郡太守，香辞以："典郡从政，才非所宜，乞留备冗官，赐以督责小职，任之宫台烦事。"帝乃复留香为尚书令，增秩二千石，甚见亲重。香亦祗勤物务，忧公如家。

（以上为第四段，写汉军大败南单于，班超在西域大破焉耆国，西域五十六国都顺服汉朝。）

七年（乙未，95年）

春，正月，邓鸿等军还，冯柱将虎牙营留屯五原；鸿坐逗留失利，下狱死。后帝知朱徽、杜崇失胡和，又禁其上书，以致胡反，皆征，下狱死。

夏，四月，辛亥朔，日有食之。

秋，七月，乙巳，易阳地裂。

九月，癸卯，京师地震。

乐成王党坐贼杀人，削东光、鄡二县。

八年（丙申，96年）

春，二月，立贵人阴氏为皇后。后，识之曾孙也。

夏，四月，乐成靖王党薨。子哀王崇立，寻死，无子，国除。

班超停留在焉耆半年，安慰抚育他们。于是西域五十多国都派人质向汉朝顺服，远至西海之滨，四万里外的地域，都多次辗转翻译，来向汉朝进贡。

南匈奴单于师子继位，有五六百名归降的胡人夜袭师子，安集掾王恬带领护卫的士兵与反叛的人战斗，打败了反叛者。于是投降的胡人彼此惊动，十五个部族二十多万人叛乱，胁迫拥立前单于屯屠何的儿子薁鞬日逐王逢侯为单于，公然杀戮官吏百姓，焚烧邮驿亭障、所居帐落，带着辎重前往朔方，想要渡过漠北。九月，癸丑日（疑误），任命光禄勋邓鸿代理车骑将军职务，与越骑校尉冯柱、代理度辽将军朱徽率领左右羽林、北军五校上以及各郡国的弓箭手、边郡士兵，乌桓校尉任尚率领乌桓国、鲜卑国的军队合计四万人征讨反叛的胡人。当时南匈奴单于和中郎将杜崇驻守牧师城，逢侯率领一万多骑兵进攻包围了牧师城。冬季，十一月，邓鸿等人进军到美稷，逢侯才解围离去，进入满夷谷。南单于派儿子统领一万骑兵以及杜崇所统领的四千骑兵，与邓鸿等人在大城塞追杀逢侯，杀死四千多人。任尚率领鲜卑国、乌桓国的军队，在满夷谷拦击逢侯，又一次大败他们，前后共杀了一万七千多人。逢侯于是率领部众逃出塞外，汉军无法追赶而返回。

任命大司农陈宠为廷尉。陈宠本性仁厚，屡次议论悬案讼狱，经常依据经典，力求宽恕，刻薄舞弊的风气略有收敛。

汉和帝任用尚书令江夏人黄香做东郡太守，黄香推辞说："掌管一郡政事，我的才能不合适，请求留下充当闲散的官职，赐予我督责的小职，让我任宫中尚书台的杂事。"汉和帝于是重新任用黄香为尚书令，增加俸禄为二千石，很器重他。黄香也勤于公务，忧劳国事如同家事。

汉和帝永元七年（乙未，95年）

春季，正月，邓鸿等人的军队返回，冯柱率领虎牙营驻守五原郡；邓鸿因为调动部队失期，延误军机，被下狱处死。后来汉和帝知道朱徽、杜崇与匈奴冲突，又禁止他们上疏，导致胡人背叛，将他们都征召回京，下狱处死。

夏季，四月初一日辛亥朔，发生日食。

秋季，七月二十六日乙巳，易阳县大地震裂。

九月二十五日癸卯，京师洛阳发生地震。

乐成王刘党因被控告杀人而论罪，减除东光、鄡两个县。

汉和帝永元八年（丙申，96年）

春季，二月，立贵人阴氏为皇后。阴皇后是阴识的曾孙女。

夏季，四月十八日癸亥，乐成靖王刘党去世。儿子哀王刘崇立为乐成王，不久

五月，河内、陈留蝗。

南匈奴右温禺犊王乌居战畔出塞。秋，七月，度辽将军庞奋、越骑校尉冯柱追击破之，徙其余众及诸降胡二万余人于安定、北地。

车师后部王涿鞮反，击前王尉毕大，获其妻子。

九月，京师蝗。

冬，十月，乙丑，北海王威以非敬王子，又坐诽谤，自杀。

十二月，辛亥，陈敬王羡薨。

丁巳，南宫宣室殿火。

护羌校尉贯友卒，以汉阳太守史充代之。充至，遂发湟中羌、胡出塞击迷唐。迷唐迎败充兵，杀数百人。充坐征，以代郡太守吴祉代之。

（以上为第五段，写汉与匈奴、汉与西羌仍不断发生战斗。和帝册立阴皇后。）

九年（丁酉，97 年）

春，三月，庚辰，陇西地震。

癸巳，济南安王康薨。

西域长史王林击车师后王，斩之。

夏，四月，丁卯，封乐成王党子巡为乐成王。

五月，封皇后父屯骑校尉阴纲为吴房侯，以特进就第。

六月，旱，蝗。

秋，八月，鲜卑寇肥如，辽东太守祭参坐沮败，下狱死。

闰月，辛巳，皇太后窦氏崩。初，梁贵人既死，宫省事秘，莫有知帝为梁氏出者。舞阴公主子梁扈遣从兄祖奏记三府，以为“汉家旧典，崇贵母氏，而梁贵人亲育圣躬，不蒙尊号，求得申议”。太尉张酺言状，帝感恸良久，曰：“于君意若何？”酺请追上尊号，存录诸舅。帝从之。会贵人姊南阳樊调妻嫕上书自讼曰：“妾父竦冤死牢狱，骸骨不掩；母氏年逾七十，及弟棠等远在绝域，不知死生。愿乞收竦朽骨，使母、弟得归本郡。”帝引见嫕，乃知贵人枉殁之状。三公上奏，“请依光武黜吕太后故事，贬窦太后尊号，不宜合葬先帝，”百官亦多上言者。帝手诏曰：“窦氏虽不遵法度，而太后常自减损。朕奉事十年，深惟大义：礼，臣子无贬尊上之文，恩不忍离，义不忍亏。按前世，上官太后亦无降黜，其

去世，没有后代，撤除封国。

五月，河内郡、陈留郡发生蝗灾。

南匈奴右温禺犊王乌居战背叛，跑出塞外。秋季，七月，度辽将军庞奋、越骑校尉冯柱追赶，击败乌居战，把乌居战的余众以及那些归降的胡人共二万多人迁到安定郡、北地郡居住。

车师国后部王涿鞮反，攻占前王尉毕大，活捉了尉毕大的妻子。

九月，京师洛阳发生蝗灾。

冬季，十月二十三日乙丑，北海王刘威因为被指控为不是北海敬王刘睦之子，又非议朝政，被迫自杀。

十二月十日辛亥，陈敬王刘羡去世。

丁巳日（疑误），南宫宣室殿起火。

护羌校尉贯友去世，以汉阳郡太守史充代替其职。史充到任，就派湟中的羌人、胡人出塞侵扰迷唐。迷唐阻击，打败史充的军队，杀了几百人。史充论罪被召回，以代郡太守吴祉代其职。

汉和帝永元九年（丁酉，97年）

春季，三月初十日庚辰，陇西郡发生地震。

三月二十三日癸巳，济南安王刘康去世。

西域长史王林进攻车师后王，杀死了车师后王。

夏季，四月二十八日丁卯，册封乐成王刘党的儿子刘巡为乐成王。

五月，册封阴皇后的父亲屯骑校尉阴纲为吴房侯，以特进官位留居京师府第。

六月，大旱，发生蝗灾。

秋季，八月，鲜卑人侵犯肥如，辽东郡太守祭参因打败仗被判罪，下狱而死。

闰八月十四日辛巳，窦太后去世。当初，梁贵人之死发生在宫中的事很隐秘，无人知道和帝是梁氏所生。舞阴公主的儿子梁扈指使堂兄梁禧向三公之府报告，认为应“按汉朝旧制，尊崇母氏，而梁贵人是皇帝生母，没有蒙受尊号，请求得到申理议论”。太尉张酺奏明情况，汉和帝感伤许久，说：“卿的意思认为该怎么办？”张酺请求追封尊号，录用诸位舅舅，汉和帝接受了。正逢梁贵人的姊姊南阳人樊调的妻子梁嫕上书申诉说：“臣的父亲梁竦含冤死于狱中，尸骨没有埋好；年过七十的母亲和弟弟梁棠等远在人迹罕至之地，不知是死是生。请求收埋梁竦的尸骨，使母亲、弟弟得以回归本郡。”汉和帝引见梁嫕，才知道梁贵人冤死的情形。三公上奏说：“请依照光武帝贬除吕太后的旧例，贬除窦太后的尊号，不应当和先皇帝葬在一起。”百官也多半上书赞同，汉和帝下手诏说：“窦氏虽不依据法度，而窦太后常常

勿复议！”丙申，葬章德皇后。

烧当羌迷唐率众八千人寇陇西，胁塞内诸种羌合步骑三万人击破陇西兵，杀大夏长。诏遣行征西将军刘尚、越骑校尉赵世副之，将汉兵、羌、胡共三万人讨之。尚屯狄道，世屯枹罕；尚遣司马寇盱临诸郡兵，四面并会。迷唐惧，弃老弱，奔入临洮南。尚等追至高山，大破之，斩虏千余人。迷唐引去，汉兵死伤亦多，不能复追，乃还。

九月，庚申，司徒刘方策免，自杀。

甲子，追尊梁贵人为皇太后，谥曰恭怀，追复丧制。冬，十月，乙酉，改葬梁太后及其姊大贵人于西陵。擢樊调为羽林左监。追封谥皇太后父竦为褒亲愍侯，遣使迎其丧，葬于恭怀皇后陵旁。征还竦妻子；封子棠为乐平侯，棠弟雍为乘氏侯，雍弟翟为单父侯，位皆特进，赏赐以巨万计，宠遇光于当世，梁氏自此盛矣。

清河王庆始敢求上母宋贵人冢，帝许之，诏太官四时给祭具。庆垂涕曰：“生虽不获供养，终得奉祭祀，私愿足矣！”欲求作祠堂，恐有自同恭怀梁后之嫌，遂不敢言，常泣向左右，以为没齿之恨。后上言：“外祖母王年老，乞诣雒阳疗疾，”于是诏宋氏悉归京师，除庆舅衍、俊、盖、暹等皆为郎。

十一月，癸卯，以光禄勋河南吕盖为司徒。

十二月，丙寅，司空张奋罢。壬申，以太仆韩棱为司空。

西域都护定远侯班超遣掾甘英使大秦、条支，穷西海，皆前世所不至，莫不备其风土，传其珍怪焉。及安息西界，临大海，欲渡，船人谓英曰：“海水广大，往来者逢善风，三月乃得渡，若遇迟风，亦有二岁者；故入海，人皆赍三岁粮，海中善使人思土恋慕，数有死亡者。”英乃止。

（以上为第六段，写窦太后死，和帝平反梁贵人冤狱追尊为皇太后。西域汉使甘英出使大秦国，未能成功。）

自我克制。朕侍奉窦太后十年，深思大义：依照礼制，做臣子和儿子的，不能贬抑长上君王和父母，从感情上说，不忍父母坟穴分开，从大义上说，也不忍做这种损害父母的事。按照前代的惯例，上官太后也没有受到降黜，不要再议论此事了。”闰八月二十九日丙申，安葬章德皇后（即窦太后）。

烧当羌迷唐率领部众八千人侵入陇西郡，胁迫塞内羌人各部，会集步兵骑兵三万人打败了陇西郡的军队，杀死大夏县县长。下诏派刘尚代理征西将军，以越骑校尉赵世为副将，率领汉朝军队、羌人、胡人共三万人征讨迷唐。刘尚屯驻狄道县，赵世屯驻枹罕县；刘尚派司马寇盱监督各郡军队，从四面合围。迷唐害怕，抛弃老弱病残，逃到临洮县以南。刘尚等追到高山，再次大败迷唐，杀敌一千多人。迷唐带领残余部众逃离，汉朝士兵死伤也很多，不能再追赶，也就撤兵返回。

九月二十四日庚申，发布公文罢免司徒刘方，刘方自杀。

九月二十八日甲子，追尊梁贵人为皇太后，谥号叫恭怀，重新按皇后礼服丧。冬季，十月十九日乙酉，改葬梁太后和她的姊姊大贵人于西陵。升迁樊调为羽林左监。追封皇太后的父亲梁竦为褒亲愍侯，派使者迎接他的棺柩，葬在恭怀皇后（即梁太后）的陵旁。召回梁竦的妻子，册封她的儿子梁棠为乐平侯，梁棠的弟弟梁雍为乘氏侯，梁雍的弟弟梁翟为单父侯，官位都为特进，赏赐金钱以数万计，宠恩耀于当世，梁氏从此兴旺发达。

清河王刘庆此时才敢请求到母亲宋贵人墓拜祭，汉和帝准许了，下诏太官四时供给祭具。刘庆流泪说：“生前虽不能供养，死后得以祭祀，心满意足了。”刘庆还想请求建造祠堂，害怕自己母亲有等同恭怀皇后的嫌疑，于是一直不敢上奏，经常当着随从流泪，认为是终身的遗憾。后来刘庆上奏说：“外祖母王氏年老，请求前往洛阳治病。”于是汉和帝下诏宋氏都回京城，任命刘庆的舅舅宋衍、宋俊、宋盖、宋暹等人都为郎。

十一月初八日癸卯，任命光禄勋河南尹吕盖为司徒。

十二月初一日丙寅，罢免司空张奋。十二月初七日壬申，任命太仆韩棱为司空。

西域都护定远侯班超派属官甘英出使大秦、条支，直到西海，都是前人未曾到过的地方，详细考察当地的风土人情，带回当地的珍宝。甘英到达安息西界，濒临大海，想要渡海，船夫对甘英说：“海水广阔，往来的人遇到顺风，需要三个月才能渡过。如果遇到逆风，也有二年才渡过的。所以入海，人们都要携带三年的粮食，海上航行易使人怀念故土，思念亲人，经常有死亡情况发生。”于是甘英便停止了前行。

十年（戊戌，98年）

夏，五月，京师大水。

秋，七月，己巳，司空韩棱薨。八月，丙子，以太常太山巢堪为司空。

冬，十月，五州雨水。

行征西将军刘尚、越骑校尉赵世坐畏懦征，下狱，免。谒者王信领尚营屯枹罕，谒者耿谭领世营屯白石。谭乃设购赏，诸种颇来内附。迷唐恐，乃请降；信、谭遂受降罢兵。十二月，迷唐等帅种人诣阙贡献。

戊寅，梁节王畅薨。

初，居巢侯刘般薨，子恺当嗣，称父遗意，让其弟宪，遁逃久之，有司奏绝恺国。肃宗美其义，特优假之，恺犹不出。积十余岁，有司复奏之，侍中贾逵上书曰："孔子称'能以礼让为国乎何有'。有司不原乐善之心，而绳以循常之法，惧非长克让之风，成含弘之化也。"帝纳之，下诏曰："王法崇善，成人之美，其听宪嗣爵；遭事之宜，后不得以为比。"乃征恺，拜为郎。

南单于师子死，单于长之子檀立，为万氏尸逐鞮单于。

十一年（己亥，99年）

夏，四月，丙寅，赦天下。

帝因朝会，召见诸儒，使中大夫鲁丕与侍中贾逵、尚书令黄香等相难数事，帝善丕说，罢朝，特赐衣冠，丕因上疏曰："臣闻说经者，传先师之言，非从己出，不得相让；相让则道不明，若规矩权衡之不可枉也。难者必明其据，说者务立其义，浮华无用之言，不陈于前，故精思不劳而道术愈章。法异者各令自说师法，博观其义，无令刍荛以言得罪，幽远独有遗失也。"

（以上为第七段，写西羌归降。和帝下诏褒扬刘恺让爵。中大夫鲁丕上奏，讨论经学要博采众长，不搞一言堂，不以言论定罪。）

十二年（庚子，100年）

夏，四月，戊辰，秭归山崩。

秋，七月，辛亥朔，日有食之。

汉和帝永元十年（戊戌，98年）

夏季，五月，京师洛阳发生大水灾。

秋季，七月，己巳日（疑误），司空韩棱去世。八月十五日丙子，任命太常太山人巢堪为司空。

冬季，十月，五个州下雨不止。

代理征西将军刘尚、越骑校尉赵世因畏惧敌人、懦弱无能而被论罪，下狱，免职。谒者王信率领刘尚的军队驻守在枹罕县，谒者耿谭率领赵世的军队驻守白石县。于是耿谭悬赏招降，羌人多来归附。迷唐恐惧，只好请降。王信、耿谭就接受了他的归降而停战。十二月，迷唐等率领族人前往朝廷贡献物品。

十二月十九日戊寅，梁节王刘畅去世。

当初，居巢侯刘般去世，儿子刘恺本应继承爵位，刘恺满足父亲的遗愿，把爵位让给弟弟刘宪，逃走了很长时间，有关官员奏请撤除刘恺的封国。汉章帝赞美他的义行，特别优待而宽恕他，刘恺仍然不出来继任。过了十几年，有关官员再次奏明此事，侍中贾逵上书说："孔子称'能够用礼让来治理国家，还有什么困难呢？'官员不推究刘恺乐善之心，反而以寻常的法度加以办理，恐怕不能表扬克己谦让的风气，完成恢宏宽厚的教化。"汉和帝接受建议，下诏书说："王法推崇善行，成全别人的美德，听便刘宪继承爵位；事属例外，以后不得援此为例。"于是征召刘恺，任命他为郎。

南匈奴单于师子去世，前单于长的儿子栾提檀继承王位，是为万氏尸逐鞮单于。

汉和帝永元十一年（己亥，99年）

夏季，四月初九日丙寅，大赦天下。

汉和帝借朝会时机召见诸位儒者，使中大夫鲁丕和侍中贾逵、尚书令黄香等人讨论经义，互相辩难，和帝赞扬鲁丕的说法，散朝，特意赐给他衣冠。鲁丕趁机上疏说："我听说，解经的人是传授先师的言论，不是自我发挥，不能谦让；相让就会使道义不明，如同圆规曲尺衡器不可随意更变。质疑的人必须说明其根据，答疑解经的人务必根据师法申说大义，不得在众人面前陈述浮华之言，所以不需要劳神而经义的道理要旨更加明白。各自所承师法不同，就只说自己师傅的看法，并存、博览各家大义，不要让乡野樵夫因为言语获罪，使至深道理有所丢失。"

汉和帝永元十二年（庚子，100年）

夏季，四月十六日戊辰，秭归县发生山崩。

秋季，七月初一日辛亥朔，发生日食。

九月，戊午，太尉张酺免。丙寅，以大司农张禹为太尉。

烧当羌豪迷唐既入朝，其余种人不满二千，饥窘不立，入居金城。帝令迷唐将其种人还大、小榆谷；迷唐以汉作河桥，兵来无常，故地不可复居，辞以种人饥饿，不肯远出。护羌校尉吴祉等多赐迷唐金帛，令籴谷市畜，促使出塞，种人更怀猜惊。是岁，迷唐复叛，胁将湟中诸胡寇钞而去，王信、耿谭、吴祉皆坐征。

十三年（辛丑，101 年）

秋，八月，己亥，北宫盛馔门阁火。

迷唐复还赐支河曲，将兵向塞。护羌校尉周鲔与金城太守侯霸及诸郡兵、属国羌、胡合三万人至允川。侯霸击破迷唐，种人瓦解，降者六千余口，分徙汉阳、安定、陇西。迷唐遂弱，远逾赐支河首，依发羌居。久之，病死，其子来降，户不满数十。

荆州雨水。

冬，十一月，丙辰，诏曰："幽、并、凉州户口率少，边役众剧，束修良吏进仕路狭。抚接夷狄，以人为本，其令缘边郡口十万以上，岁举孝廉一人，不满十万，二岁举一人，五万以下，三岁举一人。"

鲜卑寇右北平，遂入渔阳，渔阳太守击破之。

戊辰，司徒吕盖以老病致仕。

巫蛮许圣以郡收税不均，怨恨，遂反；辛卯，寇南郡。

（以上为第八段，写西羌降而后叛，遭到汉军沉重打击后瓦解流离。）

十四年（壬寅，102 年）

春，安定降羌烧何种反，郡兵击灭之。时西海及大、小榆谷左右无复羌寇，隃麋相曹凤上言："自建武以来，西羌犯法者，常从烧当种起，所以然者，以其居大、小榆谷，土地肥美，有西海鱼盐之利，阻大河以为固。又，近塞诸种，易以为非，难以攻伐，故能强大，常雄诸种，恃其拳勇，招诱羌、胡。今者衰困，党援坏沮，亡逃栖窜，远依发羌。臣愚以为宜及此时建复西海郡县，规固二榆，广设屯田，隔塞羌、胡交关之路，遏绝狂狡窥欲之源。又殖谷富边，省委输之役，国家可以无西方之忧。"上从之，缮修故西海郡，徙金城西部都尉以戍之，拜凤为金城西部都尉，屯龙耆。后增广屯田，列屯夹河，合三十四部。其功垂立，会

九月初九日戊午，太尉张酺被罢免。九月十七日丙寅，任命大司农张禹为太尉。

烧当羌首领迷唐已进京，其余部众不足两千人，饥饿贫困，无法自立，迁入金城县。汉和帝命令迷唐率领他的部众回到大、小榆谷；迷唐认为汉朝造了河桥，军队来去无常，旧地不可再居留，以族人饥饿为由，不愿出塞远离。护羌校尉吴祉等赐给迷唐很多金帛，让他们购米、买牲畜，迫使他们出塞，羌人更加猜疑惊恐。这年，迷唐又一次反叛，威胁湟中各部胡人，抢掠而去，王信、耿谭、吴祉都被论罪召回。

汉和帝永元十三年（辛丑，101 年）

秋季，八月二十五日己亥，北宫御厨房发生火灾。

迷唐又返回赐支河曲，率兵靠近边塞。护羌校尉周鲔和金城太守侯霸，以及各郡的军队和属国的羌人、胡人共三万人，到达允川。侯霸攻破迷唐，部众瓦解，有六千多人投降，分别被迁徙到汉阳郡、安定郡、陇西郡。迷唐于是衰败，远走赐支河头，依靠发羌居住。过了很久，迷唐病死，他的儿子来归降，人口不到几十家。

荆州发生水灾。

冬季，十一月十四日丙辰，汉和帝下诏说："幽州、并州、凉州人口稀少，边地徭役繁重，奉公的良吏仕路狭隘。安抚夷狄，用人很重要，现命令人口在十万以上的边郡，每年推荐一名孝廉，人口不满十万的郡，每两年推荐一名。人口在五万以下的郡，每三年推荐一名。"

鲜卑人侵犯右北平，进入渔阳郡，渔阳太守打败了鲜卑人。

十一月二十六日戊辰，司徒吕盖因年老多病而辞官回家。

巫蛮人许圣因郡府收税不公，非常仇恨，于是反叛；十二月十九日辛卯，入侵南郡。

汉和帝永元十四年（壬寅，公元 102 年）

春季，安定郡归降的羌人烧何部背叛，郡中军队消灭了叛乱的羌人。当时，西海和大、小榆谷附近不再有羌人侵入。隃麋国相曹凤上奏说："自从建武以来，西羌犯法的事，常常是从烧当部开始，之所以这样是因为他们居位在大、小榆谷，土地肥美，有西海鱼盐的利益，有大河阻隔，可以坚守。而且，靠近边塞的种族容易背叛，朝廷难以攻打，所以能够强大，长久地在羌人各部中称雄，依靠武力勇气，引诱羌人、胡人。现今西羌困窘，同伙外援枯竭，逃亡奔跑，依赖发羌。臣认为应当乘此时重新设置西海郡县，控制大、小榆谷，广置屯田，隔离羌人、胡人交通路线。消除狂妄狡黠之徒钻空子的根源。同时种植五谷，富裕边地，减少向边地运粮的劳役，国家可以消除西边的忧虑。"汉和帝批准了这个建议。修建原来的西海郡，调遣

永初中，诸羌叛，乃罢。

三月，戊辰，临辟雍飨射，赦天下。

夏，四月，遣使者督荆州兵万余人，分道讨巫蛮许圣等，大破之。圣等乞降，悉徙置江夏。

阴皇后多妒忌，宠遇浸衰，数怀恚恨。后外祖母邓朱，出入宫掖，有言后与朱共挟巫蛊道者；帝使中常侍张慎与尚书陈褒案之，劾以大逆无道，朱二子奉、毅，后弟辅皆考死狱中。六月，辛卯，后坐废，迁于桐宫，以忧死。父特进纲自杀，后弟轶、敞及朱家属徙日南比景。

秋，七月，壬子，常山殇王侧薨，无子，立其兄防子侯章为常山王。

三州大水。

班超久在绝域，年老思土，上书乞归曰："臣不敢望到酒泉郡，但愿生入玉门关。谨遣子勇随安息献物入塞，及臣生在，令勇目见中土。"朝廷久之未报，超妹曹大家上书曰："蛮夷之性，悖逆侮老；而超旦暮入地，久不见代，恐开奸宄之原，生逆乱之心。而卿大夫咸怀一切，莫肯远虑，如有卒暴，超之气力不能从心，便为上损国家累世之功，下弃忠臣竭力之用，诚可痛也！故超万里归诚，自陈苦急，延颈逾望，三年于今，未蒙省录。妾窃闻古者十五受兵，六十还之，亦有休息，不任职也。故妾敢触死为超求哀，丐超余年，一得生还，复见阙庭，使国家无劳远之虑，西域无仓卒之忧，超得长蒙文王葬骨之恩，子方哀老之惠。"帝感其言，乃征超还。八月，超至雒阳，拜为射声校尉；九月，卒。

超之被征，以戊己校尉任尚代为都护。尚谓超曰："君侯在外国三十余年，而小人猥承君后，任重虑浅，宜有以诲之！"超曰："年老失智。君数当大位，岂班超所能及哉！必不得已，愿进愚言：塞外吏士，本非孝子顺孙，皆以罪过徙补边屯；而蛮夷怀鸟兽之心，难养易败。今君性严急，水清无大鱼，察政不得下和，宜荡佚简易，宽小过，总大纲而

金城西部都尉驻防，任命曹凤为金城西部都尉，驻守龙耆县。后来增加屯田，沿黄河两岸都屯兵垦田，总共三十四部。大功将要告成，时逢永初年间，各羌族背叛，于是作罢。

三月二十七日戊辰，汉和帝到辟雍（即太学）举行宴会及飨射之礼，大赦天下。

夏季，四月，汉和帝遣使监督荆州兵一万多人，分路讨伐巫蛮许圣等人，大败巫蛮。许圣等人请求归降，把巫蛮全部迁往江夏郡。

阴皇后妒忌猜忌心重，受到的恩宠逐渐衰减，心怀怨恨。阴皇后的外祖母邓朱出入宫廷，有人报告说皇后和邓朱共同施用巫蛊道术；汉和帝命令中常侍张慎与尚书陈褒追查此事，张慎和陈褒弹劾阴皇后大逆不道。邓朱的两个儿子邓奉、邓毅，阴皇后的弟弟阴辅都受到审问、拷打，死在狱中。六月二十二日辛卯，阴皇后论罪被废，迁至桐宫，忧郁死去。阴皇后的父亲特进阴纲自杀，阴皇后的弟弟阴轶、阴敞和邓朱的家属被流放到日南郡比景县。

秋季，七月十三日壬子，常山殇王刘侧去世，没有儿子，册封他哥哥刘防的儿子列侯刘章为常山王。

三个州发生大水。

班超长期驻守边疆，年老思乡，上书请求回国，说："臣不敢奢望回到酒泉郡，只希望活着进入玉门关，恭谨地派儿子班勇随着安息进献贡品的使者进入塞内，趁臣还活着，让班勇亲眼看到汉土。"朝廷很久没有回音，班超的妹妹曹大家（即班昭）上奏说："蛮夷的本性，欺侮年老；而班超年老，眼看就要死去，长久没有人接替，恐怕会引起蛮族的奸邪动机，产生叛乱之心，而且卿大夫都怀有一时权宜之计的想法，不肯做长远的计划，如有意外暴乱，班超力不从心，在上将破坏国家积累多年的功业，在下抛弃忠臣竭力的尽忠，实在痛惜。所以班超从万里表示诚心，陈述急迫之情，伸长脖子遥望，至今已三年，没有受到朝廷的重视。我听说古代十五岁服兵役，六十岁退役回家，都有休养生息的时间，无须再任职。所以臣冒死为班超请求朝廷的哀悯，乞求让班超在残年生还，再见到宫廷，使国家免去操心边疆的忧虑，西域没有突然发生事变的祸患，班超能蒙受文王葬骨那样的恩爱，田子方哀怜老马那样的仁慈。"汉和帝被她的话感动了，于是征召班超回朝。八月，班超到达洛阳，被任命为射声校尉。九月，去世。

班超被征召回朝，以戊己校尉任尚接替班超做都护。任尚对班超说："君侯在国外三十多年，而我接替您的职务，任务重大，我却思虑浅薄，您应该给予指教。"班超说："我年老缺少智谋，你多次承当大任，哪里是我班超所能赶得上的？如果一定要说，我愿说几句愚浅的话：塞外的官吏士兵，本非孝子贤孙，都是因犯罪而流放到边远地方屯田；而蛮夷是禽兽心肠，很难教化，容易叛变。现在你的性情严厉急

已。”超去，尚私谓所亲曰：“我以班君当有奇策，今所言，平平耳。”尚后竟失边和，如超所言。

（以上为第九段，写东汉安羌，重置西海郡。班超年老，荣归故里，八月到达洛阳，九月去世。）

初，太傅邓禹尝谓人曰：“吾将百万之众，未尝妄杀一人，后世必有兴者。”其子护羌校尉训，有女曰绥，性孝友，好书传，常昼修妇业，暮诵经典，家人号曰：“诸生。”叔父陔曰：“尝闻活千人者子孙有封。兄训为谒者，使修石臼河，岁活数千人，天道可信，家必蒙福。”绥后选入宫为贵人，恭肃小心，动有法度，承事阴后，接抚同列，常克己以下之，虽宫人隶役，皆加恩借，帝深嘉焉。尝有疾，帝特令其母、兄弟入亲医药，不限以日数，贵人辞曰：“宫禁至重，而使外舍久在内省，上令陛下有私幸之讥，下使贱妾获不知足之谤，上下交损，诚不愿也！”帝曰：“人皆以数入为荣，贵人反以为忧邪！”每有燕会，诸姬竞自修饰，贵人独尚质素，其衣有与阴后同色者，即时解易，若并时进见，则不敢正坐离立，行则偻身自卑，帝每有所问，常逡巡后对，不敢先后言。阴后短小，举指时失仪，左右掩口而笑，贵人独怆然不乐，为之隐讳，若己之失。帝知贵人劳心曲体，叹曰：“修德之劳，乃如是乎！”后阴后宠衰，贵人每当御见。辄辞以疾。时帝数失皇子，贵人忧继嗣不广，数选进才人以博帝意。阴后见贵人德称日盛，深疾之；帝尝寝病，危甚，阴后密言：“我得意，不令邓氏复有遗类！”贵人闻之，流涕言曰：“我竭诚尽心以事皇后，竟不为所祐。今我当从死，上以报帝之恩，中以解宗族之祸，下不令阴氏有人豕之讥。”即欲饮药。宫人赵玉者固禁止之，因诈言“属有使来，上疾已愈”，贵人乃止。明日，上果瘳。及阴后之废，贵人请救，不能得；帝欲以贵人为皇后，贵人愈称疾笃，深自闭绝。冬，十月，辛卯，诏立贵人邓氏为皇后；后辞让，不得已，然后即位。郡国贡献，悉令禁绝，岁时但供纸墨而已。帝每欲官爵邓氏，后辄哀请谦让，故兄骘终帝世不过虎贲中郎将。

丁酉，司空巢堪罢。

迫，水清就没有大鱼，苛察秋毫的政治，就得不到在下位人的拥护，应该放松管理达到自然的程度，实施简单易行的政策，宽恕小过，注重大的原则而已。”班超离开，任尚私下对他亲近的人说：“我以为班超有特殊的策略，今天所说的，不过如此而已。”任尚后来最终断送了与边疆的友好关系，正如班超预言的那样。

当初，太傅邓禹曾经对人说：“我率领百万部众，从未随便杀死一人；后世必有子孙兴起。”他的儿子护羌校尉邓训，有个女儿名绥，本性孝顺友好，喜欢读书，经常白天修习妇业，晚上诵读经典，家人称她为“诸生”。叔父邓陔说：“听说救活一千人的，子孙必有封爵。哥哥邓训做谒者，负责修理石臼河，每年救活几千人，天道可以信赖，家族必定蒙受福赐。”邓绥后来被选进宫中做贵人，小心谨慎，举止守法度，侍奉阴皇后，对待同辈，克制自己，谦卑待人，即便是宫人奴隶，都加倍善待，汉和帝很称赞邓绥。邓绥曾患病，汉和帝特地让邓绥的母亲、兄弟入宫亲自侍奉医药，不限制时日，邓绥推辞说：“宫廷是非常重要地方，却让外家久住宫内，在上使皇上受到偏爱的嘲讽，在下使我受到不知足的毁谤，上下都受到损失，臣妾实在不愿意这样。”汉和帝说：“别人都以经常入宫为荣耀，贵人反以为忧虑。”每次举行宴会，众妃都竞相打扮，邓贵人却注重朴素，邓绥的衣装有与阴后同颜色的，马上换掉，如果与阴皇后同时觐见皇上，则不敢并肩而坐，并肩而立，走路时弯腰以示谦卑，汉和帝每次有所询问，常退让后答，不敢在阴皇后之前回答。阴皇后矮小，举止时有失态，旁边的人窃笑，邓贵人独闷闷不乐，为阴皇后遮掩，好像是自己的错误一样。汉和帝知道贵人的苦心和委屈，叹息说：“修养道德竟然达到这样的境界！”后来阴皇后宠爱衰减，邓贵人每当被汉和帝召见时，就以生病推辞。当时汉和帝屡次失去皇子，邓贵人担心子嗣不多，多次选进才人以受汉和帝宠幸。阴皇后见邓贵人的德誉日增，很妒忌邓贵人；汉和帝曾经病重危险，阴皇后暗中说：“如果我得势，不使邓家留一个活口！”邓贵人听到这话，流着泪说：“我竭诚尽心地侍奉皇后，竟不能得到她的宽容，现今我应当跟从皇帝死去，对上报皇恩，在中以消除家族之祸，对下不让阴氏落下人彘的讥评。”就准备喝下毒药。宫人赵玉坚决阻止她，就骗邓贵人说：“刚才有使者来报，皇上的病已经痊愈。”邓贵人才作罢。第二天，汉和帝的病果然转好。等到阴皇后被废黜，邓贵人求情挽救阴皇后，没能做到。汉和帝准备立邓贵人为皇后，邓贵人宣称病重，闭门不出。冬季，十月二十四日辛卯，诏立贵人邓氏为皇后；邓氏推让，不得已，然后就位皇后。各郡、各封国的进贡，一律禁止，每年只让供应纸墨而已。汉和帝每次想对邓氏家族的人加官晋爵，邓皇后总是真诚谦让，所以邓贵人的哥哥邓骘在汉和帝时不过是个虎贲中郎将。

十月三十日丁酉，司空巢堪被罢免。

十一月，癸卯，以大司农沛国徐防为司空。防上疏，以为："汉立博士十有四家，设甲乙之科以勉劝学者。伏见太学试博士弟子，皆以意说，不修家法，私相容隐，开生奸路。每有策试，辄兴诤讼，论议纷错，互相是非。孔子称'述而不作'，又曰'吾犹及史之阙文'。今不依章句，妄生穿凿，以遵师为非义，意说为得理，轻侮道术，浸以成俗，诚非诏书实选本意。改薄从忠，三代常道；专精务本，儒学所先。臣以为博士及甲乙策试，宜从其家章句，开五十难以试之，解释多者为上第，引文明者为高说。若不依先师，义有相伐，皆正以为非。"上从之。

是岁，初封大长秋郑众为鄛乡侯。

（以上为第十段，写和帝册立邓皇后。）

十五年（癸卯，103 年）

夏，四月，甲子晦，日有食之。时帝遵肃宗故事，兄弟皆留京师，有司以日食阴盛，奏遣诸王就国。诏曰："甲子之异，责由一人。诸王幼稚，早离顾复，弱冠相育，常有《蓼莪》、《凯风》之哀。选懦之恩，知非国典，且复宿留。"

秋，九月，壬午，车驾南巡，清河、济北、河间三王并从。

四州雨水。

冬，十月，戊申，帝幸章陵；戊午，进幸云梦。时太尉张禹留守，闻车驾当幸江陵，以为不宜冒险远游，驿马上谏。诏报曰："祠谒既讫，当南礼大江；会得君奏，临汉回舆而旋。"十一月，甲申，还宫。

岭南旧贡生龙眼、荔枝，十里一置，五里一候，昼夜传送。临武长汝南唐羌上书曰："臣闻上不以滋味为德，下不以贡膳为功。伏见交趾七郡献生龙眼等，鸟惊风发；南州土地炎热，恶虫猛兽，不绝于路，至于触犯死亡之害。死者不可复生，来者犹可救也。此二物升殿，未必延年益寿。"帝下诏曰："远国珍羞，本以荐奉宗庙，苟有伤害，岂爱民之本，其敕太官勿复受献！"是岁，初令郡国以日北至按薄刑。

十一月初六日癸卯，任命大司农沛国人徐防为司空。徐防上疏，认为："汉朝设立十四家博士，设甲乙科，用以劝导勉励学者。臣见到太学考试博士弟子，都是自我发挥创意立说，不遵守师法，私下互相隐瞒，开启奸邪之路。每次举行策试，总是发生争执，议论纷纭交错，互为是非。孔子说：'只是转述先圣的言论，而不进行自我创作。'又说：'我还能够看到史书存疑的地方。'现在不依照原书的章句，妄自凭空解说，以尊崇师道为不合理，随意解说为合理，轻视侮慢经典的传统解说，逐渐形成风气，实在是违背了诏书依照真才实学选拔人才的本意。改变浅薄的习俗而崇尚厚道，这是二代的正常发展；专心而精密地研究师传的基本意义，是儒家学者的最高守则。臣以为博士和甲乙科策试，应该遵照师道的章句，挑出五十道难题来考试，解释最多的为第一等，引文出处准确的为高明回答。如果不依照先师的说法，申说义理而违背师说，都应纠正，指出其错误。"汉和帝听从了这一建议。

这一年，开始封大长秋郑众为鄛乡侯。

汉和帝永元十五年（癸卯，103 年）

夏季，四月三十日甲子晦，发生日食。当时汉和帝遵照汉章帝惯例，兄弟都留在京城，主管官员认为日食是阴气太重，上奏请求遣送各位诸侯王回到封国。汉和帝下诏说："甲子日的异常天象，责任是朕一人。各位诸侯王年龄幼小，早早失去亲人照顾，等养育到成年，不至于常常有《蓼莪》、《凯风》那样的悲伤。不忍心遣送幼弱的诸王回到封国，朕明知不合国家法典，暂且再留他们住在京城。"

秋季，九月二十日壬午，汉和帝南巡，清河王、济北王、河间王随行。

四个州发生水灾。

冬季，十月十七日戊申，汉和帝巡幸章陵；十月二十七日戊午，前往巡幸云梦。当时太尉张禹留守京城，听说汉和帝的车驾正要前往巡幸江陵，认为不应该冒险远行，立即传驿上奏劝谏。汉和帝下诏说："已祭拜四亲的陵庙完毕，应当向南边祭祀大江；正好收到你的奏书，朕到达汉水就掉转车舆返回。"十一月二十三日甲申，回宫。

岭南过去进贡新鲜龙眼、荔枝，十里设一驿，五里设一候，日夜传递。临武县长汝南人唐羌上奏说："臣听说在上位的君主不把口味的享受作为美德，在下位的臣子不把进贡食物作为功绩。见到交趾州七郡进献新鲜龙眼等，像鸟惊风吹，一路疾驰。南方各州气候炎热，恶虫猛兽，沿路可见，碰上都要死亡。死了不可复生，活着却可以挽救。这新鲜龙眼、荔枝供上宫殿，未必能延年益寿。"汉和帝下诏说："边远国家的美味，本是用来祭祀宗庙的，若对百姓有伤害，不是爱民的本意，告诉

（以上为第十一段，写汉和帝亲爱诸王，留居京师。为了减轻民劳，停止岭南进贡鲜荔枝。）

十六年（甲辰，104 年）

秋，七月，旱。

辛酉，司徒鲁恭免。

庚午，以光禄勋张酺为司徒；八月，己酉，酺薨。冬，十月，辛卯，以司空徐防为司徒，大鸿胪陈宠为司空。

十一月，己丑，帝行幸缑氏，登百岯山。

北匈奴遣使称臣贡献，愿和亲，修呼韩邪故约。帝以其旧礼不备，未许；而厚加赏赐，不答其使。

元兴元年（乙巳，105 年）

春，高句骊王宫入辽东塞，寇略六县。

夏，四月，庚午，赦天下，改元。

秋，九月，辽东太守耿夔击高句骊，破之。

冬，十二月，辛未，帝崩于章德前殿。初，帝失皇子，前后十数，后生者辄隐秘养于民间，群臣无知者。及帝崩，邓皇后乃收皇子于民间。长子胜，有痼疾；少子隆，生始百余日，迎立以为皇太子，是夜，即皇帝位。尊皇后曰皇太后，太后临朝。是时新遭大忧，法禁未设。宫中亡大珠一箧；太后念欲考问，必有不辜，乃亲阅宫人，观察颜色，即时首服。又，和帝幸人吉成御者共枉吉成以巫蛊事，下掖庭考讯，辞证明白。太后以吉成先帝左右，待之有恩，平日尚无恶言，今反若此，不合人情；更自呼见实核，果御者所为，莫不叹服以为圣明。

北匈奴重遣使诣敦煌贡献，辞以国贫未能备礼，愿请大使，当遣子入侍。太后亦不答其使，加赐而已。

雒阳令广汉王涣，居身平正，能以明察发擿奸伏，外行猛政，内怀慈仁。凡所平断，人莫不悦服，京师以为有神，是岁卒官，百姓市道，莫不咨嗟流涕。涣丧西归，道经弘农，民庶皆设槃案于路，吏问其故，咸言："平常持米到雒，为吏卒所钞，恒亡其半，自王君在事，不见侵枉，故来报恩。"雒阳民为立祠、作诗，每祭，辄弦歌而荐之。太后诏曰："夫

太官不再接受贡礼。”这一年，开始命令郡国在夏至日审查罪轻的刑案。

汉和帝永元十六年（甲辰，104 年）

秋季，七月，大旱。

七月初四日辛酉，司徒鲁恭被罢免。

七月十三日庚午，任命光禄勋张酺为司徒；八月二十二日己酉，张酺去世。冬季，十月初五日辛卯，任命司空徐防为司徒，大鸿胪陈宠为司空。

十一月，己丑日（疑误），汉和帝巡幸缑氏，登百岯山。

北匈奴派使臣向汉称臣贡献礼物，愿意通婚和好，重新遵守呼韩邪旧约。汉和帝认为北匈奴没有遵守过去汉匈和亲的礼数，不予允许；对北匈奴赏赐丰厚，却不接见北匈奴使臣，不回答其和亲请求。

汉和帝元兴元年（乙巳，105 年）

春季，高句骊国王宫侵入辽东塞，掳掠六个县。

夏季，四月，庚午日（疑误），大赦天下，改年号。

秋季，九月，辽东郡太守耿夔攻入高句骊，击败了敌人。

冬季，十二月二十二日辛未，汉和帝在章德前殿驾崩。当初，汉和帝失去皇子，前后十几个，后来出生的就暗地在民间养育，群臣都不知道。等到汉和帝去世，邓皇后才在民间接回皇子。长子刘胜患有瘫痪病；小皇子刘隆出生才一百多天，就被迎立为皇太子，当晚即位。尊称邓皇后为皇太后，邓太后临朝摄政，这时刚逢大丧，法律禁令尚未设立。宫中丢失一箱大珠；邓太后认为，如果审问，一定会牵连无罪的人，于是亲自召见宫人，观察神色，偷珠者很快就低头服罪。另外，汉和帝宠幸的宫妃吉成被侍者一起告发，称她用巫蛊害人，送交掖庭拷问，供词、证据都很清楚，证据确凿，邓太后认为吉成在先帝身边侍奉，汉和帝对吉成有恩，平日也没有听吉成说过坏话，现在反而如此，不合人之常情，便亲自寻根究底，审考其实，果然是侍者诬陷，没有人不叹服邓太后的圣明。

北匈奴又派使者到敦煌进献礼物，解释说国家太穷，没能准备厚礼，希望请求汉朝派出大使，北匈奴当派儿子入侍朝廷。邓太后不回答使者，只予以赏赐。

洛阳县令广汉人王涣，为人正直，能够明察秋毫，举报揭发隐藏的奸邪之徒，外表看他推行严厉的政治，内心却怀有仁慈。凡是王涣所平断的案子，人们没有不心悦诚服的，京城的人认为他有神明相助。这一年，王涣在官位上去世，百姓在街上没有不叹息流泪的。王涣的棺柩往西运回故乡，路过弘农郡，百姓在路上设祭案，官吏问百姓原因，百姓们都说：“平常携米到洛阳，被小吏抢夺勒索，常常损失

忠良之吏，国家之所以为治也，求之甚勤，得之至寡，今以涣子石为郎中，以劝劳勤。”

（以上为第十二段，写和帝驾崩，邓太后临朝，明察善断，避免了一场宫中冤狱大案。洛阳令王涣清廉正直，死后，百姓为之立祠祭祀。）

一半，自从王涣当了县长，没有被抢夺过，所以来报恩。”洛阳百姓为王涣立祠，作诗，每次祭祀，就和弦歌诵来祭祀他。邓太后下诏书说：“忠良的官吏是国家管理的依靠，朝廷勤于寻求他们，得到的却很少。现今在任命王涣的儿子王石做郎中，用以勉励劳苦勤奋的官吏。”

【点评】

本卷点评不同类型和社会地位的几个人物，以小喻大，从一件事看一个人的品性与人格魅力。点评五事如次。

一、张酺守正。张酺字孟侯，汝南细阳（在今安徽太和县）人。西汉赵王张敖之后，少小从祖父学习《尚书》，又为太常桓荣弟子，经明行修，讲学乡里，聚徒以百数。历仕汉明帝、章帝、和帝三朝，官至太尉。永元四年（92），和帝打击窦宪权贵集团，不分青红皂白，全面清洗。窦宪有三个弟弟，窦笃、窦景、窦瓌。窦景跋扈，窦瓌谨守法度，约束家奴宾客，没有过错。张酺上书和帝为窦瓌申诉。张酺认为，窦宪得势之时，文武官员趋炎附势唯恐不及，众口一词称赞窦宪有伊尹、吕尚的忠心。而今，这些唱赞歌的人见风转舵，又众口一词说窦家的人全都该杀。自己了解窦瓌，忠心善良，有报国之心，没有过错，应网开一面。张酺是一个严正有操守、秉持正义的贤士。他多次打击窦家恶霸的行为。张酺为魏郡太守，窦景派人请托张酺枉法办案，张酺逮捕法办了窦景的请托人。张酺调任河南尹，窦景的家人在光天化日之下打伤街头的巡视人员，张酺毫不留情惩办了窦景的人。当时窦景任执金吾，炙手可热。张酺不畏权势，为时人所重。张酺出来为窦家说话，极有分量，和帝轻办了窦瓌。

东汉政治，自和帝打击窦氏外戚始，朝中存在三股势力，即外戚、宦官、朝官士大夫。和帝不是窦太后的亲生子，窦太后临朝，外戚得势。和帝夺回权力，依靠宦官。中常侍郑众为和帝策划，发动流血政变打击权势外戚，为东汉政治开了一个恶例。张酺为窦氏说话，表明朝官士大夫与外戚既有斗争，又可以联合。外戚势力过大，宦官与朝官士大夫都排挤外戚，但决不联手。东汉中后期，一再上演诸侯入继大统，小皇帝身边主要是宦官，所以宦官势力有皇权护身，越来越大，桓、灵以后达于巅峰，东汉也就灭亡了。

二、班固下狱。班固以写《汉书》与司马迁齐名，并称“班马”，或《史》《汉》。华峤评论说：“班固记述史事，不偏激毁谤，不贬抑虚誉，内容丰富而不芜杂，详尽而有条理，使阅读的人津津有味而不厌倦，班固能成名是令人信服的！班固讥评司马迁，认为司马迁的是非背离了圣人的原则，然而班固对人物的评论，常常排斥死节之士，非议正直的人，而不记叙杀身成仁是美德，这是轻视仁义，卑贱守节到了极点！”华峤是西晋著名史学家，他对班固的评论是中肯的。华峤肯定《汉书》是实录，丰赡而文字华美，批评班固讥评司马迁不公允，在对待死节、公正、忠义等大节上班固不如司马迁。班固还讥评司马迁受腐刑，不能做到明哲保身，而自己却下狱而死。班固受窦宪案牵连下狱有些冤屈，窦宪任用班固是公事，而班

固也并没有卷入窦宪谋反案。再说，窦宪也没有谋反，但窦宪专横霸道应当打击，碍于窦太后的面子，不定谋反罪不能打击窦宪，朝廷于是控告窦宪同党邓叠、邓磊兄弟及其母亲邓元等人有谋害和帝意图，如此株连，窦氏谋反罪成立。再由窦氏扩大到班固头上，更没道理。因此班固下狱是皇帝与外戚权力之争的牺牲品，着实令人同情。但是班固趋附权势，借窦家势力，也是罪有应得。史书没有记载班固本身有什么恶行，但他的一个家奴竟敢辱骂洛阳县令种兢，种兢并非柔弱之辈，他借助手中权力逮捕窦氏宾客，把班固也牵连进去。文如其文，华峤批评《汉书》的缺点，不就是班固人格缺点的显现吗？

班固死时，《汉书》没有写完，由他的妹妹班昭完成。班昭是一位才女，她替兄长完成未竟事业，名垂千古。

三、西羌迷唐反叛。西羌居于今青海境。迷唐是西羌中烧当羌部种酋。其父迷吾，在章帝建初元年（76）反叛，汉朝官兵征讨。章帝元和元年（84），迷吾打败官军，杀了护羌校尉傅育。张纡继任护羌校尉，用招降办法，骗诱迷吾投降、会盟，用毒酒灌醉羌人，杀降八百余人，此为反人道的卑鄙屠杀。迷吾之子迷唐与汉朝有血海深仇，双方血战了十余年，迷唐种人绝大部分被消灭、投降。迷唐率领一千余众远走赐支河。蜀郡太守聂尚继任护羌校尉，改征剿为招抚，迷唐接受招降，还回原居住地大、小榆谷。迷唐派祖母卑缺为特使到聂尚驻地献礼。聂尚隆重接待卑缺，亲自设宴送行，派翻译官田汜等五人护送卑缺回到迷唐驻地。迷唐会聚诸种羌人头目，将田汜等五人屠杀分尸，报当年张纡杀降之仇。由此种下了东汉与西羌不可和解的仇怨。护羌校尉聂尚被罢了官。

四、甘英通使大秦。和帝永元六年（94），西域都护班超杀焉耆王，传首京师，西域北道畅通。班超因功封定远侯。班超目光远大，他不满足开通西域，他要探险全世界。永元七年（95），班超派甘英向西去交通大秦，即罗马帝国。甘英首次越过葱岭，经过今阿富汗、伊朗、巴勒斯坦，都是前人没有走过的路。甘英记载沿途的风土人情，收购土特产品，带回中国，扩大了中国对西方的了解，是东西方文化交流的使者。可惜甘英怕水，到了地中海东岸，望洋而叹，折返回来，说要水行三个月才能到达大秦，缺少船只水手，没法到达。就这样，当时东西方两个强大帝国失之交臂，甘英的怯懦，难辞其咎。

五、皇太后邓绥审案。和帝永元十七年（105），改元元兴，十二月，和帝驾崩。皇后邓绥立婴孩皇子刘隆即位，是为殇帝。邓皇后被尊为皇太后。在新旧皇帝交替之时，宫中发生一些混乱，有一个叫吉成的宫女，受到和帝的宠信，身边的其他宫女妒忌，趁和帝之死，合起来诬陷吉成，妄说吉成使用巫蛊诅咒和帝，这引起了邓

太后的警觉。和帝对吉成有恩，吉成在和帝死后还要诅咒，太不合人情。邓太后决定亲自审讯宫女，结果真相大白，吉成获救。吉成诅咒和帝，若屈打成招，不只吉成一个人会人头落地，还会牵连家属，祸及三族，不知会有多少人伏尸法场。邓绥太后，料理国丧，万机事务缠身，还能有心思来平反冤案，这一件善事，就足可称道了。

汉纪四十一

汉殇帝延平元年至汉安帝元初二年（106—115年）

【起柔兆敦牂（丙午，106年），尽旃蒙单阏（乙卯，115年），凡十年】

【大事提要】

本卷记事起公元106年，讫公元115年，凡十年，当殇帝延平元年至安帝元初二年，载安帝一朝前期史事。此时实际执政者为邓太后，安帝垂拱。邓太后名绥，平定西羌的护羌校尉邓训之女，宽仁果决，临大事方寸不乱，是东汉继明德马太后又一贤太后。殇帝、安帝，皆邓太后策立。此时东汉内灾外患严重，邓太后倡导节俭，停止方国贡献，敕令各级官员如实奏报灾情，约束外戚，关注西域、西羌军事。邓太后敕令减刑狱，复核死罪。邓太后挫败了司空周章发动的宫廷政变，安帝得以不废。东汉国力支绌，裁撤西域都护。西羌大起叛乱，官军连战皆败，徙金城郡治以避其锋。西疆汉阳、安定、武都、汉中诸郡，并受羌祸，三辅告急。大将军邓骘提出丢弃边郡之议，受到郎中虞诩的批评。虞诩赴任武都太守，用增灶法神速到任，大破羌人，稳固了西疆。政论家仲长统著《昌言》，论东汉皇权过度集权之弊。

【原文】

孝殇皇帝

延平元年（丙午，106 年）

春，正月，辛卯，以太尉张禹为太傅，司徒徐防为太尉，参录尚书事。太后以帝在襁褓，欲令重臣居禁内。乃诏禹舍宫中，五日一归府；每朝见，特赞，与三公绝席。

封皇兄胜为平原王。

癸卯，以光禄勋梁鲔为司徒。

三月，甲申，葬孝和皇帝于慎陵，庙曰穆宗。

丙戌，清河王庆、济北王寿、河间王开、常山王章始就国；太后特加庆以殊礼。庆子祜，年十三，太后以帝幼弱，远虑不虞，留祜与嫡母耿姬居清河邸。耿姬，况之曾孙也；祜母，犍为左姬也。

夏，四月，鲜卑寇渔阳，渔阳太守张显率数百人出塞追之。兵马掾严授谏曰："前道险阻，贼势难量，宜且结营，先令轻骑侦视之。"显意甚锐，怒，欲斩之。遂进兵。遇虏伏发，士卒悉走，唯授力战，身被十创，手杀数人而死。主簿卫福、功曹徐咸皆自投赴显，俱没于陈。

丙寅，以虎贲中郎将邓骘为车骑将军、仪同三司。骘弟黄门侍郎悝为虎贲中郎将，弘、阊皆侍中。

司空陈宠薨。

五月，辛卯，赦天下。

壬辰，河东垣山崩。

六月，丁未，以太常尹勤为司空。

郡国三十七雨水。

己未，太后诏减太官、导官、尚方、内署诸服御、珍膳、靡丽难成之物，自非供陵庙，稻粱米不得导择，朝夕一肉饭而已。旧太官、汤官经用岁且二万万，自是裁数千万。及郡国所贡，皆减其过半；悉斥卖上林鹰犬；离宫、别馆储峙米糒、薪炭，悉令省之。

丁卯，诏免遣掖庭宫人及宗室没入者皆为庶民。

【语译】

孝殇皇帝

汉殇帝延平元年（丙午，106年）

春季，正月十三日辛卯，任命太尉张禹任太傅，司徒徐防为太尉，参与尚书事务。邓太后因为汉殇帝还在襁褓之中，想要重臣住在宫内。于是下令张禹住在宫中，五天回家一次。每次朝会，先呼张禹的名字，不与三公联席而坐。

册封汉殇帝的哥哥刘胜为平原王。

正月二十五日癸卯，任命光禄勋梁鲔为司徒。

三月初七日甲申，安葬汉和帝于慎陵，庙号为穆宗。

三月初九日丙戌，清河王刘庆、济北王刘寿、河间王刘开、常山王刘章始就封国，邓太后对刘庆特别给予优厚的礼遇。刘庆的儿子刘祜十三岁，邓太后因为汉殇帝年纪幼小，为防不测，留下刘祜和他的嫡母耿姬居住在清河王府。耿姬是耿况的曾孙女。刘祜的母亲是犍为人左姬。

夏季，四月，鲜卑人入侵渔阳郡，渔阳郡太守张显率领几百人出塞追击鲜卑。兵马掾严授进谏说："前面道路险阻，盗贼势力难以预料，应暂且安营，先派骑兵侦察。"张显的锐气正盛，怒气冲冲，甚至想在阵前诛杀严授，于是进兵。遇到敌人的伏击，士兵都逃走了，只有严授奋尽作战，身受十处创伤，杀死好几个敌人，英勇牺牲。主簿卫福、功曹徐咸一起赶到张显身边护卫，都战死了。

四月十九日丙寅，任命虎贲中郎将邓骘为车骑将军，仪制如同三公。邓骘的弟弟黄门侍郎邓悝为虎贲中郎将。邓弘、邓阊都委以侍中。

司空陈宠去世。

五月十五日辛卯，大赦天下。

五月十六日壬辰，河东郡垣山发生山崩。

六月初一日丁未，任命太常尹勤为司空。

三十七个郡国发生水灾。

六月十三日己未，邓太后下诏减少太官、导官、尚方、内署衣服车马、美味佳肴、华贵的物品，除非是祭祀陵墓和供奉祖庙，稻粱米不得精碾，早晚一天只吃一顿有肉的饭而已。过去太官、汤官每年的经费将近二万万，自此裁削几千万。各郡国所献贡品都减少一半以上，命令把上林苑的鹰犬全部卖掉，离宫、别馆储存的米粮、薪炭，一律裁省。

六月二十一日丁卯，邓太后下诏将皇宫中没有位号的一般宫婢，以及皇族宗室妇女因犯罪而被囚入宫廷做奴婢的人遣散释放回家，当普通平民。

秋，七月，庚寅，敕司隶校尉、部刺史曰："间者郡国或有水灾，妨害秋稼，朝廷惟咎，忧惶悼惧。而郡国欲获丰穰虚饰之誉，遂覆蔽灾害，多张垦田，不揣流亡，竞增户口，掩匿盗贼，令奸恶无惩，署用非次，选举乖宜，贪苛惨毒，延及平民。刺史垂头塞耳，阿私下比，不畏于天，不愧于人。假贷之恩，不可数恃，自今以后，将纠其罚。二千石长吏其各实核所伤害，为除田租刍稿。"

八月，辛卯，帝崩。癸丑，殡于崇德前殿。太后与兄车骑将军骘、虎贲中郎将悝等定策禁中，其夜，使骘持节以王青盖车迎清河王子祜，斋于殿中。皇太后御崇德殿，百官皆吉服陪位，引拜祜为长安侯。乃下诏，以祜为孝和皇帝嗣，又作策命。有司读策毕，太尉奉上玺绶，即皇帝位，太后犹临朝。

诏告司隶校尉、河南尹、南阳太守曰："每览前代，外戚宾客浊乱奉公，为民患苦，咎在执法怠懈，不辄行其罚故也。今车骑将军骘等虽怀敬顺之志，而宗门广大，姻戚不少，宾客奸猾，多干禁宪，其明加检敕，勿相容护。"自是亲属犯罪，无所假贷。

九月，六州大水。

丙寅，葬孝殇皇帝于康陵。以连遭大水，百姓苦役，方中秘藏及诸工作事，减约十分居一。

乙亥，殒石于陈留。

诏以北地梁慬为西域副校尉。慬行至河西，会西域诸国反，攻都护任尚于疏勒；尚上书求救，诏慬将河西四郡羌、胡五千骑驰赴之。慬未至而尚已得解，诏征尚还，以骑都尉段禧为都护，西域长史赵博为骑都尉。禧、博守它乾城，城小，梁慬以为不可固，乃谲说龟兹王白霸，欲入共保其城；白霸许之，吏民固谏，白霸不听。慬既入，遣将急迎段禧、赵博，合军八九千人。龟兹吏民并叛其王，而与温宿、姑墨数万兵反，共围城，慬等出战，大破之。连兵数月，胡众败走，乘胜追击，凡斩首万余级，获生口数千人，龟兹乃定。

冬，十月，四州大水，雨雹。

清河孝王庆病笃，上书求葬樊濯宋贵人冢旁。十二月，甲子，王薨。

秋季，七月十五日庚寅，下诏司隶校尉、部刺史说："近来有些郡国发生水灾，妨害秋天庄稼，朝廷检查过错，忧愁担心，而郡国却想获得丰收的虚誉，就隐瞒灾害，夸张垦田数目，不过问逃亡的人，多报户口，隐蔽有盗贼的情况，使奸恶得不到惩罚，官署用人不按次序，推举失宜，贪污苛刻达到惨烈地步，祸及百姓。刺史低头塞耳，附和包庇，上不怕天，下不愧民。宽贷的恩典，不能一贯依恃，从今以后，一定要检举他们的罪行。二千石的官吏要切实查清本郡的实际灾情，作为减免灾区田租赋税及缴纳额定的军马草料的依据。"

八月，辛卯日，汉殇帝去世。八月初八日癸丑，在崇德前殿殡殓。邓太后与她哥哥车骑将军邓骘、虎贲中郎将邓悝等人在宫中商议策略，当天晚上，派邓骘持节，以青盖车迎接清河王的儿子刘祜，在崇德殿斋戒。邓太后登崇德殿，百官都穿着吉服陪侍。指引刘祜上殿封拜为长安侯。于是下诏，以刘祜为孝和皇帝的嗣子，又发布诏命。有关官员宣读策命完毕，太尉奉上玺印，刘祜即皇帝位，邓太后继续临朝听政。

下诏通告司隶校尉、河南尹、南阳太守说："每次览读前代事迹，外戚和宾客扰乱执法的官吏，给人民造成祸患，责任是在于执法松懈，不能严明处罚。现今车骑将军邓骘等人虽怀有恭敬孝顺的心愿，但宗族广大，姻戚多，宾客奸诈狡猾，多有冒犯朝廷禁令，应当严格检点约束，不准互相包容。"从此，邓氏家族犯罪，毫不宽恕。

九月，六个州发生水灾。

九月丙寅日（疑误），把汉殇帝安葬在康陵。因为连遭大变故，百姓苦于劳役，陵中秘藏之物，以及各种工程都裁省了十分之九，只留下十分之一。

九月初一日乙亥，有陨石落在陈留郡。

邓太后下诏任命北地人梁慬为西域副校尉。梁慬到达河西，适逢西域各国反叛，在疏勒攻击都护任尚；任尚上书求救，下诏命令梁慬率领河西四郡的羌族、胡族五千骑兵奔驰援助。梁慬未到而任尚被围已解，诏书征召任尚回京，任命骑都尉段禧为都护，西域长史赵博为骑都尉。段禧、赵博驻守它乾城，城垣较小，梁慬认为不能坚守，于是用诈术劝说龟兹王白霸，声称希望入城据守；白霸同意了，龟兹的官吏和百姓执意进谏反对，白霸不听。梁慬进入它乾城以后，派部将急忙迎接段禧、赵博，集结军队八九千人。龟兹的官吏和百姓都背叛国王，而与温宿、姑墨几万军队反叛，一起包围龟兹城，梁慬等人出来迎战，把他们打得大败。一连数月开战，胡人部众败逃，梁慬乘胜追击，共杀死一万多敌人，俘虏几千人，龟兹才得以安定。

冬季，十月，四个州发大水，下冰雹。

清河孝王刘庆病重，上书请准许葬在樊濯宋贵人的墓旁。十二月二十一日甲子，

乙酉，罢鱼龙曼延戏。

尚书郎南阳樊准以儒风浸衰，上疏曰："臣闻人君不可以不学。光武皇帝受命中兴，东西诛战，不遑启处，然犹投戈讲艺，息马论道。孝明皇帝庶政万机，无不简心，而垂情古典，游意经艺，每飨射礼毕，正坐自讲，诸儒并听，四方欣欣。又多征名儒，布在廊庙，每燕会则论难衎衎，共求政化，期门、羽林介胄之士，悉通《孝经》，化自圣躬，流及蛮荒，是以议者每称盛时，咸言永平。今学者益少，远方尤甚，博士倚席不讲，儒者竞论浮丽，忘謇謇之忠，习诐诐之辞。臣愚以为宜下明诏，博求幽隐，宠进儒雅，以俟圣上讲习之期。"太后深纳其言，诏："公、卿、中二千石各举隐士、大儒，务取高行，以劝后进，妙简博士，必得其人。"

（此上为第一段，写邓太后临朝，倡导节俭，敕令各级官员如实反映灾情民生，约束外戚，关注西域军事。冷静处置殇帝之死，安帝平稳即位。）

孝安皇帝上

永初元年（丁未，107 年）

春，正月，癸酉朔，赦天下。

蜀郡徼外羌内属。

二月，丁卯，分清河国封帝弟常保为广川王。

庚午，司徒梁鲔薨。

三月，癸酉，日有食之。

己卯，永昌徼外僬侥种夷陆类等举种内附。

甲申，葬清河孝王于广丘，司空、宗正护丧事，仪比东海恭王。

自和帝之丧，邓骘兄弟常居禁中。骘不欲久在内，连求还第，太后许之。夏，四月，封太傅张禹、太尉徐防、司空尹勤、车骑将军邓骘，城门校尉邓悝、虎贲中郎将邓弘、黄门郎邓阊皆为列侯，食邑各万户，骘以定策功增三千户；骘及诸弟辞让不获，遂逃避使者，间关诣阙，上疏自陈，至于五六，乃许之。

五月，甲戌，以长乐卫尉鲁恭为司徒。恭上言："旧制立秋乃行薄刑，自永元十五年以来，改用孟夏。而刺史、太守因以盛夏征召农民，拘对

刘庆去世。

十二月乙酉日（疑误），取消鱼龙戏和曼延戏。

尚书郎南阳人樊准因为儒学衰败，上奏说：“臣听说国君不可以不学儒学。光武皇帝受天命中兴汉室，东征西战，没有闲暇时间休息，但是只要有间隙，就学习儒家经典，利用战马休息时刻讨论圣人之道。孝明帝日理万机，没有不操心的，却留意古代典籍，注意六经文艺。每次飨射礼完毕，上座讲读，众儒倾听，四方欢喜。又多次征召名儒，安置在政府各部门，每当有宴会就讨论疑难，一起谋求政治教化，期门郎、羽林郎等禁卫军都通晓《孝经》，儒学教化从皇上本身做起，传到蛮荒地区，因此人们常称这就是盛世时代，全都称赞明帝永平年代的学风。现今学者日益减少，偏远地区尤其如此，博士占据讲席却不讲学，儒士争讲浮华的学问，忽视最根本的忠心，讲究谄谀的言语。臣认为应该下一道明确的诏书，广求隐居的学者，尊宠儒雅的人士，用以等待皇上讲习的需要。”邓太后很赞成樊准的进言，颁下诏令说：“公、卿、中二千石的官吏，各推举隐士、大儒，务必选取有高贵德行的，以此劝勉教导晚生后学，精选博学之士，一定可以得到合适的人选。”

孝安皇帝上

汉安帝永初元年（丁未，107 年）

春季，正月初一日癸酉朔，大赦天下。

蜀郡塞外的羌族内附。

二月二十五日丁卯，分割清河国一部分给安帝的弟弟刘常保，并封他为广川王。

二月二十八日庚午，司徒梁鲔去世。

三月初二日癸酉，发生日食。

三月初八日己卯，永昌郡界外僬侥种夷陆类等全部归附。

三月十三日甲申，安葬清河孝王在广丘，司空、宗正护送灵柩，仪式比照东海恭王。

自从汉和帝逝世以后，邓骘兄弟经常住在宫中。邓骘不愿久住宫内，一再请求返回私第，邓太后答应了。夏季，四月，封太傅张禹、太尉徐防、司空尹勤、车骑将军邓骘、城门校尉邓悝、虎贲中郎将邓弘、黄门郎邓阊为列侯，各有食邑万户，邓骘因有决策的功劳，增加三千户食邑。邓骘和几个弟弟推让没有获准，于是躲开使者，绕至宫门，亲自上奏陈述请求辞去侯位，一连五六次，邓太后才答应了。

五月初三日甲戌，任命长乐宫卫尉鲁恭为司徒。鲁恭上奏说：“根据旧制，立秋才实施轻刑。自永元十五年以来，改为孟夏四月行轻刑。而刺史、太守因此在盛夏

考验，连滞无已；上逆时气，下伤农业。按《月令》‘孟夏断薄刑’者，谓其轻罪已正，不欲令久系，故时断之也。臣愚以为今孟夏之制，可从此令；其决狱案考，皆以立秋为断。”又奏：“孝章皇帝欲助三正之微，定律著令，断狱皆以冬至之前。小吏不与国同心者，率十一月得死罪贼，不问曲直，便即格杀，虽有疑罪，不复谳正。可令大辟之科，尽冬月乃断。”朝廷皆从之。

丁丑，诏封北海王睦孙寿光侯普为北海王。

九真徼外、夜郎蛮夷，举土内属。

西域都护段禧等虽保龟兹，而道路隔塞，檄书不通。公卿议者以为“西域阻远，数有背叛，吏士屯田，其费无已”。六月，壬戌，罢西域都护，遣骑都尉王弘发关中兵迎禧及梁慬、赵博，伊吾卢、柳中屯田吏士而还。

初，烧当羌豪东号之子麻奴随父来降，居于安定。时诸降羌布在郡县，皆为吏民豪右所徭役，积以愁怨。及王弘西迎段禧，发金城、陇西、汉阳羌数百千骑与俱，郡县迫促发遣。群羌惧远屯不还，行到酒泉，颇有散叛，诸郡各发兵邀遮，或覆其庐落；于是勒姐、当煎大豪东岸等愈惊，遂同时奔溃。麻奴兄弟因此与种人俱西出塞，滇零与钟羌诸种大为寇掠，断陇道。时羌归附既久，无复器甲，或持竹竿木枝以代戈矛，或负板案以为楯，或执铜镜以象兵，郡县畏懦不能制。丁卯，赦除诸羌相连结谋叛逆者罪。

秋，九月，庚午，太尉徐防以灾异、寇贼策免。三公以灾异免，自防始。辛未，司空尹勤以水雨漂流策免。

（以上为第二段，写邓太后减轻刑狱，复核死罪。东汉裁撤西域都护，征召羌人迎接西域将士，郡县催逼，羌人大起反叛。）

仲长统《昌言》曰：光武皇帝愠数世之失权，忿强臣之窃命，矫枉过直，政不任下，虽置三公，事归台阁。自此以来，三公之职，备员而已；然政有不治，犹加谴责。而权移外戚之家，宠被近习之竖，亲其党类，用其私人，内充京师，外布州郡，颠倒贤愚，贸易选举，疲驽守境，贪残牧民，挠扰百姓，忿怒四夷，招致乖叛，乱离斯瘼，怨气并作，阴阳失和，三光亏缺，怪异数至，虫螟食稼，

征召农民，拘留审查，一次又一次审问，拖个没完没了。这上违反天时节气，下损害农业。按《月令》‘初夏决断轻刑’之语，说的是那些已经确定的轻罪徒，不要长期囚禁，应及时决断。我认为现在施行的孟夏断刑的法制，可根据这种法令，判决案狱，都以立秋为最后期限。”又上奏说：“孝章皇帝想助天地人三正的开始，制定律令，决断案狱都在冬至之前，小官吏有的不和朝廷同心协力，对十一月犯了死罪的人，不管是不是冤枉，就立即处死，即使发现判罪有问题，已来不及复审纠正。应该命令对死刑重罪，可延长到冬月（即十二月）底才作判决。”朝廷都接受了。

五月初六日丁丑，下诏册封北海王刘睦的孙子寿光侯刘普为北海王。

九真郡界外的蛮人和夜郎国的蛮人连同土地一起归附。

西域都护段禧等人虽然保护了龟兹，但路途隔塞，交通受阻，连紧急公文都无法送出。参加议论的公卿认为：“西域阻隔遥远，屡有叛逆行为，官吏士兵屯田，耗费无穷。”六月二十二日壬戌，撤销西域都护，派遣骑都尉王弘带领关中军队，迎接段禧和梁慬、赵博，以及在伊吾庐、柳中屯田的将吏士卒回归。

当初，烧当羌首领东号的儿子麻奴随父归降，居住在安定。当时来降的羌人分布在各个郡县，都被官吏、豪绅所驱使，积怨愤怒。等到王弘西去迎接段禧，征发金城郡、陇西郡、汉阳郡的成百上千的羌人骑兵一起前往，郡县急迫催促他们出发。羌人们担心远出驻守不能回来，行军到酒泉郡，很多叛逃。各郡发兵拦挡，有的推倒了他们的帐篷；于是，勒姐族、当煎族的大酋长东岸等人更加惊惧，就同时奔散。麻奴兄弟因此与部众都西出塞外，滇零与钟羌大肆抢掠，阻断关中通往凉州的陇山道路。当时羌人归附已久，不再有武器铠甲，有的就拿着竹竿树枝用来代替戈矛，有的拿着木板作为盾牌，有的用铜镜反射阳光象征明晃晃的兵器，郡县的官吏害怕怯懦，不能控制他们。六月二十七日丁丑，赦免了羌人互相勾结谋反者的罪行。

秋季，九月初一日庚午，太尉徐防因为发生灾异、寇贼横行而被免职。三公因为灾异而被免职的事情从徐防开始。九月辛未，司空尹勤因为雨水泛滥成灾而被免职。

仲长统《昌言》说：光武皇帝痛恨几代皇帝接连丢失权柄，愤怨强臣窃夺政柄，结果矫枉过正，政权不交给臣下，虽然设立三公，政事却归尚书。从此以后，三公的职位只是虚设；然而遇到政务失衡，却归罪于三公。而大权转移到外戚之家，恩宠施予身边的侍从小人，亲信同党，重用亲朋，在内充满了京师，在外分布于州郡，贤愚颠倒，把选举人才当作交易，愚钝之人防守国境，贪婪残酷的人管理人民，扰乱百姓，激怒四夷，导致他们反叛，政治纷乱，瓦

水旱为灾。此皆戚宦之臣所致然也，反以策让三公，至于死、免，乃足为叫呼苍天，号咷泣血者矣！又，中世之选三公也，务于清悫谨慎，循常习故者，是乃妇女之检柙，乡曲之常人耳，恶足以居斯位邪！势既如彼，选又如此，而欲望三公勋立于国家，绩加于生民，不亦远乎！昔文帝之于邓通，可谓至爱，而犹展申徒嘉之志。夫见任如此，则何患于左右小臣哉！至如近世，外戚、宦竖，请托不行，意气不满，立能陷人于不测之祸，恶可得弹正者哉！曩者任之重而责之轻，今者任之轻而责之重。光武夺三公之重，至今而加甚；不假后党以权，数世而不行；盖亲疏之势异也！今人主诚专委三公，分任责成，而在位病民，举用失贤，百姓不安，急讼不息，天地多变，人物多妖，然后可以分此罪矣！

壬午，诏太仆、少府减黄门鼓吹以补羽林士；厩马非乘舆常所御者，皆减半食；诸所造作，非供宗庙园陵之用，皆且止。

庚寅，以太傅张禹为太尉，太常周章为司空。

大长秋郑众、中常侍蔡伦等皆秉势豫政，周章数进直言，太后不能用。初，太后以平原王胜有痼疾，而贪殇帝孩抱，养为己子，故立焉。及殇帝崩，群臣以胜疾非痼，意咸归之。太后以前不立胜，恐后为怨，乃迎帝而立之。周章以众心不附，密谋闭宫门，诛邓骘兄弟及郑众、蔡伦，劫尚书，废太后于南宫，封帝为远国王而立平原王。事觉，冬，十一月，丁亥，章自杀。

戊子，敕司隶校尉、冀、并二州刺史，“民讹言相惊，弃捐旧居，老弱相携，穷困道路。其各敕所部长吏躬亲晓喻：若欲归本郡，在所为封长檄；不欲，勿强”。

十二月，乙卯，以颍川太守张敏为司空。

诏车骑将军邓骘、征西校尉任尚将五营及诸郡兵五万人，屯汉阳以备羌。

解瘫痪，怨恨之气并发，阴阳失调，日月星三光不明，经常发生怪异现象，蝗虫吞噬庄稼，水旱成灾。这些都是外戚宦官专权引起的，反而下诏谴责三公，甚至处死、免职，足以使人呼天痛哭啊！而且，从西汉中叶起，选举三公，注重清廉忠厚而小心谨慎、循规蹈矩而熟悉典故文案的人，这是妇人检束的美德，选中者不过是乡间里巷的平庸人而已，怎么能居于这样的要职？形势既然是那样（指三公无权），选用人才又是如此（指尽用庸碌之辈），却希望三公为国家建功立业，管理人民有政绩，岂不是太遥远了吗？从前汉文帝对待邓通，可以称得上宠爱到极点，但是，宰相申徒嘉仍然可以惩治邓通，伸展心志。大臣如此被信任，身边的小人又有什么好担心的呢？到了近世，外戚、宦官只要请托朝官不能如愿，心中不满，立即就陷害他人使之遭遇不测之祸，怎么可能弹劾纠正他们呢？过去，大臣的责任重而受责备轻，现在却是责任轻而受责备重。光武帝剥夺三公的大权，而今剥夺得更彻底；同时也不把权力分给外戚共享，但几代以后就行不通了，这是因为三公疏、外戚亲，两者形势不同的缘故。现今，国君如果真的委任于三公，分别责任，各有其责，那么，三公在任时若使百姓受害，用人不当，百姓不安，争斗诉讼不止，天地变化无常，人物多邪恶，这时才能让三公承担这些罪责。

九月十三日壬午，下诏：太仆、少府减少黄门鼓吹以补充羽林士；马厩的马，不是驾车常用的御马，都减少一半饲料；各项建造，凡不是供给宗庙陵园的，都将禁止。

九月二十一日庚寅，任命太傅张禹为太尉，太常周章为司空。

大长秋郑众、中常侍蔡伦等都利用机会参与政务，周章多次进直言，邓太后不听。当初，邓太后因为平原王刘胜患了不治之症，而贪念汉殇帝还在襁褓之中，就收养为自己的儿子，因此立汉殇帝当皇帝。等到汉殇帝去世，群臣认为刘胜的病并不严重，心意都向着他。邓太后因为过去没有立刘胜为帝，担心刘胜日后有仇恨，就迎立了现在的皇帝。周章因为群臣不拥护汉安帝，就密谋要关闭宫门，杀死邓骘兄弟和郑众、蔡伦，劫持尚书，废黜邓太后，软禁在南宫，封汉安帝为偏远的侯国国王，而拥立平原王为帝。事情泄露，冬季，十一月十九日丁亥，周章自杀。

十一月二十日戊子，下诏司隶校尉、冀州、并州的刺史："民间传谣，相互惊扰，抛弃旧居，老弱扶携，疲于奔命。应敕令所属官吏亲自劝导，如果有人想要回本郡，在当地给予长牒文书作为凭证。不想回本郡的人，不要强迫。"

十二月十八日乙卯，任命颍川太守张敏为司空。

诏令车骑将军邓骘、征西校尉任尚率领北军五校营以及各郡的五万军队，屯驻汉阳以防止羌人。

是岁，郡国十八地震，四十一大水，二十八大风，雨雹。

鲜卑大人燕荔阳诣阙朝贺。太后赐燕荔阳王印绶、赤车、参驾，令止乌桓校尉所居宁城下，通胡市，因筑南、北两部质馆。鲜卑邑落百二十部各遣入质。

（以上为第三段，写仲长统《昌言》论君王过度集权之弊。邓太后挫败司空周章发动的宫廷政变，汉安帝得以不废。）

二年（戊申，108年）

春，正月，邓骘至汉阳；诸郡兵未至，钟羌数千人击败骘军于冀西，杀千余人。梁慬还，至敦煌，逆诏慬留为诸军援。慬至张掖，破诸羌万余人，其能脱者十二三；进至姑臧，羌大豪三百余人诣慬降，并慰譬，遣还故地。

御史中丞樊准以郡国连年水旱，民多饥困，上疏："请令太官、尚方、考功、上林池御诸官，实减无事之物；五府调省中都官吏、京师作者。又，被灾之郡，百姓凋残，恐非赈给所能胜赡，虽有其名，终无其实。可依征和元年故事，遣使持节慰安，尤困乏者徙置荆、扬孰郡。今虽有西屯之役，宜先东州之急。"太后从之，悉以公田赋与贫民，即擢准与议郎吕仓并守光禄大夫。二月，乙丑，遣准使冀州、仓使兖州禀贷，流民咸得苏息。

夏，旱。五月，丙寅，皇太后幸雒阳寺及若卢狱，录囚徒。雒阳有囚，实不杀人而被考自诬，羸困舆见，畏吏不敢言，将去，举头若欲自诉。太后察视觉之，即呼还问状，具得枉实。即时收雒阳令下狱抵罪。行未还宫，澍雨大降。

六月，京师及郡国四十大水，大风，雨雹。

秋，七月，太白入北斗。

闰月，广川王常保薨，无子，国除。

癸未，蜀郡徼外羌举土内属。

冬，邓骘使任尚及从事中郎河内司马钧率诸郡兵与滇零等数万人战于平襄，尚军大败，死者八千余人，羌众遂大盛，朝廷不能制。湟中诸

这一年，十八个郡国发生地震，四十一个郡国发生水灾，二十八个郡国刮大风，下大雨和冰雹。

鲜卑族首领燕荔阳到宫阙朝贺。邓太后赐给燕荔阳王的印绶、赤车、三匹马拉的车子，命令在乌桓校尉所居住的宁城旁居住，开放边塞汉胡贸易市场，建造南匈奴、北匈奴受降人质的馆第。鲜卑的一百二十个部落分别遣送人质。

汉安帝永初二年（戊申，108年）

春季，正月，邓骘到达汉阳郡，各郡的军队还未到达，钟羌的几千人在冀县西边击败邓骘的军队，杀死一千多人。梁慬从西域回京，到了敦煌郡，接到诏书，要他留下援救各郡军队。梁慬到达张掖，打败各部羌人一万多，只有十之二三的人逃跑；前进到姑臧县，羌人的三百多人向梁慬投降，梁慬抚慰他们，并送回原来的居住地。

御史中丞樊准因为郡国连年水旱成灾，民众大多饥饿贫困，上疏建议："请命令太官、尚方、考功、上林池苑等官，减少不需要的东西；五府应减少调往京城的官吏和营建工匠。又说，受灾的各郡百姓生活苦楚，恐怕不是发给一点赈济就能完全解决，虽然有赈救的名义，却毫无实效。可以按照征和元年的惯例，派使者持节去慰问，把最贫困的人迁徙到荆州、扬州丰收的各郡就食。现今虽然有西边的军事行动，但应先解决东边各州的灾害之急。"邓太后同意了，就把官府控制的公田全部分给贫民，随即提升樊準和议郎吕仓一起兼职光禄大夫。二月二十九日己丑，派樊准到冀州、吕仓到兖州赈济，流民得以生存下来。

夏季，旱灾。五月初一日丙寅，邓太后巡幸洛阳寺与若卢狱，审讯囚犯。洛阳县有个囚犯，实际上并没有杀人却被屈打成招，骨瘦如柴，困苦萎形，躺在竹床上，却害怕官吏而不敢诉说，这个囚犯将要离去时，抬头似乎要诉冤。邓太后明察发觉这种状况后，立即叫这个囚犯过来询问情况，得知冤情，当即收捕洛阳县令下狱抵罪，御驾尚未返回到皇宫，天空就降下了及时雨。

六月，京城和四十个郡国发生水灾，刮大风，发生水雹。

秋季，七月，太白星进入北斗。

闰七月初七日辛丑，广川王刘常保去世，无后，废除封国。

八月二十日癸未，蜀郡界外的羌人带着土地一起内附。

冬季，邓骘派任尚与从事中郎将河内人司马钧率领各郡军队与滇零等几万人在平襄县作战，任尚的军队溃败，死了八千多人，羌人势力大涨，朝廷无法控制。湟

县，粟石万钱，百姓死亡不可胜数，而转运难剧。故左校令河南庞参先坐法输作若卢，使其子俊上书曰："方今西州流民扰动，而征发不绝，水潦不休，地力不复，重之以大军，疲之以远戍，农功消于转运，资财竭于征发，田畴不得垦辟，禾稼不得收入，搏手困穷，无望来秋，百姓力屈，不复堪命。臣愚以为万里运粮，远就羌戎，不若总兵养众，以待其疲。车骑将军骘宜且振旅，留征西校尉任尚，使督凉州士民转居三辅，休徭役以助其时，止烦赋以益其财，令男得耕种，女得织纴，然后畜精锐，乘懈沮，出其不意，攻其不备，则边民之仇报，奔北之耻雪矣。"书奏，会樊准上疏荐参，太后即擢参于徒中，召拜谒者，使西督三辅诸军屯。十一月，辛酉，诏邓骘还师，留任尚屯汉阳为诸军节度。遣使迎拜骘为大将军。既至，使大鸿胪亲迎，中常侍郊劳，王、主以下候望于道，宠灵显赫，光震都鄙。

滇零自称天子，于北地招集武都参狼、上郡、西河诸杂种羌断陇道，寇钞三辅，南入益州，杀汉中太守董炳。梁慬受诏当屯金城，闻羌寇三辅，即引兵赴击，转战武功、美阳间，连破走之，羌稍退散。

十二月，广汉塞外参狼羌降。

是岁，郡国十二地震。

（以上为第四段，写邓太后节省支出，赈济灾民。朝廷征讨西羌，互有胜败。）

三年（己酉，109 年）

春，正月，庚子，皇帝加元服，赦天下。

遣骑都尉任仁督诸郡屯兵救三辅。仁战数不利，当煎、勒姐羌攻没破羌县，钟羌攻没临洮县，执陇西南部都尉。

三月，京师大饥，民相食。壬辰，公卿诣阙谢；诏"务思变复，以助不逮"。

壬寅，司徒鲁恭罢。恭再在公位，选辟高第至列卿、郡守者数十人，而门下耆生或不蒙荐举，至有怨望者。恭闻之，曰："学之不讲，是吾忧也，诸生不有乡举者乎！"终无所言，亦不借之议论。学者受业，必穷核问难，道成，然后谢遣之。学者曰："鲁公谢与议论，不可虚得。"

中郡各县，粟米每石一万钱，百姓死亡不计其数，而运输十分困难。前左校令河南人庞参因犯法正在若卢狱，叫他的儿子庞俊上书说："现今西州的流民扰乱，而征发不断，水灾不停，地力耗尽，加之大军过境，征发戍边，使农夫精疲力竭，农业劳动力被粮饷转运消耗殆尽，民众资财被征发耗光，田地得不到开垦，庄稼无法收割，两手相搓，无计可施，窘迫困顿，来年的秋收没有希望，百姓精力耗尽，无法生存下去。臣认为与其运粮万里到遥远的地方去防守羌人，不如统领军队，生息养众，等待敌人疲乏。车骑将军邓骘应当暂时回师，留下征西校尉任尚，让他监督凉州士兵和百姓迁居关中，停止征调民夫及兵役，停止征收苛重的田租赋税以增加人民的财产，使男人能耕种，妇女能织布。然后蓄精养锐，乘着敌人松懈时，出其不意，攻其不备，就可以为边民报仇，雪耻败溃之辱。"奏书呈进，正好樊準上疏推荐庞参，邓太后马上从刑徒中提升庞参，召见任命他为谒者，委派庞参到西边监督三辅各驻军。十一月二十九日辛酉，下诏邓骘回师，留下任尚屯驻汉阳郡调度各军。派使者迎接邓骘，拜他为大将军。邓骘抵达京城后，派大鸿胪亲自迎接，中常侍在城郊慰劳，王侯、公主以下在道路旁远远等候，恩宠显赫，惊动京城内外。

滇零首领自称天子，在北地郡召集居住在武都的参狼人，以及居住在上郡、西河郡的各部羌人，阻隔陇西道路，入侵抢夺三辅，往南入犯益州，杀死汉中郡太守董炳。梁慬奉命应当防守金城，听说羌入犯三辅，马上率兵前往攻击，在武功县、美阳县转战，连续击败赶走他们，羌人稍有退散。

十二月，广汉郡塞外的参狼羌投降。

这年，十二个郡国发生地震。

汉安帝永初三年（己酉，109年）

春季，正月初九日庚子，汉安帝行加冠礼，大赦天下。

朝廷派骑都尉任仁督促各郡军队援助三辅。任仁数战不利，当煎羌、勒姐羌攻占破羌县，钟羌攻下临洮县，活捉了陇西南部都尉。

三月，京城大饥荒，人吃人。三月初二日壬辰，三公九卿到宫门前向皇上谢罪；下诏说："务必要致力于思变补过，以辅助朕能力的不足。"

三月十二日壬寅，司徒鲁恭被免职。鲁恭两次在三公位，他选举征辟的人才中担任了列卿、郡守的有几十个，而鲁恭门下的弟子，有的已经年老，还没有得到推荐，以致有人抱怨他。鲁恭听到后说："学问没有解释明白，这是我要忧虑的，你们不是有郡县长官推荐的机会吗？"这些人终于没有怨言，也不借机议论了。学生们接受学业，鲁恭一定要学生们穷尽义理，考核探究，完成学业后，赞誉并让其离去。

夏，四月，丙寅，以大鸿胪九江夏勤为司徒。

三公以国用未足，奏令吏民入钱谷得为关内侯、虎贲、羽林郎、五官、大夫、官府吏、缇骑、营士各有差。

甲申，清河愍王虎威薨，无子。五月，丙申，封乐安王宠子延平为清河王，奉孝王后。

六月，渔阳乌桓与右北平胡千余寇代郡、上谷。

汉人韩琮随匈奴南单于入朝，既还，说南单于云："关东水潦，人民饥饿死尽，可击也。"单于信其言，遂反。

秋，七月，海贼张伯路等寇滨海九郡，杀二千石、令、长；遣侍御史巴郡庞雄督州郡兵击之，伯路等乞降，寻复屯聚。

九月，雁门乌桓率众王无何允与鲜卑大人丘伦等及南匈奴骨都合七千骑寇五原，与太守战于高渠谷，汉兵大败。

南单于围中郎将耿种于美稷。冬十一月，以大司农陈国何熙行车骑将军事，中郎将庞雄为副，将五营及边郡兵二万余人，又诏辽东太守耿夔率鲜卑及诸郡共击之。以梁慬行度辽将军事。雄、夔击南匈奴薁鞬日逐王，破之。

十二月，辛酉，郡国九地震。

乙亥，有星孛于天苑。

是岁，京师及郡国四十一雨水，并、凉二州大饥，人相食。

太后以阴阳不和，军旅数兴，诏岁终飨遣卫士勿设戏作乐，减逐疫侲子之半。

（以上为第五段，写司徒鲁恭为官公正，两为三公，用人不徇私情。乌桓侵扰边郡。）

四年（庚戌，110 年）

春，正月，元会，彻乐，不陈充庭车。

邓骘在位，颇能推进贤士，荐何熙、李郃等列于朝廷，又辟弘农杨震、巴郡陈禅等置之幕府，天下称之。震孤贫好学，明欧阳《尚书》，通达博览，诸儒为之语曰："关西孔子杨伯起。"教授二十余年，不答州郡礼命，众人谓之晚暮，而震志愈笃。骘闻而辟之，时震年已五十余，累迁荆州刺史、东莱太守。当之郡，道经昌邑，故所举荆州茂才王密为昌邑令，夜怀金十斤以遗震。震曰："故人知君，君不知故人，何也？"密曰：

学生们说："鲁公赞誉学成的评语都不可虚得。"

夏季，四月初七日丙寅，任命大鸿胪九江人夏勤为司徒。

三公因为国库匮乏，奏请：捐献钱财谷米的人，可以分别按等级做关内侯、虎贲、羽林郎、五官、大夫、官府吏、缇骑和营士。

四月二十五日甲申，清河愍王刘虎威去世，没有后代。五月初七日丙申，册封乐安王刘宠的儿子刘延平为清河王，作为清河孝王刘庆的后代。

六月，渔阳郡的乌桓人与右北平的胡人合计一千多人侵扰代郡、上谷郡。

汉人韩琮随匈奴南单于入京朝拜，已经回去后，进言南单于："关东水灾，人民饿死殆尽，我们可以进攻他们。"单于相信他的话，于是背叛。

秋季，七月，海贼张伯路等人侵入临海的九个郡，杀死郡县长官。派侍御史巴郡人庞雄督促州郡的军队打击他们。张伯路等人乞求归降，不久又聚合在一起。

九月，雁门关的乌桓率众王无何允和鲜卑族首领丘伦等人，以及南匈奴骨都侯，集合七千骑兵攻打五原郡，与五原郡太守在高渠谷作战，汉兵大败。

南匈奴单于在美稷县包围中郎将耿种。冬季，十一月，任命大司农陈国人何熙代理车骑将军事务，中郎将庞雄为副职，率领五营与边郡兵共二万多人，又下诏辽东郡太守耿夔率领鲜卑和诸郡兵一起攻击来犯敌人。任命梁慬代理度辽将军事务。庞雄、耿夔进攻南匈奴薁鞬日逐王，击败了他们。

十二月初五日辛酉，九个郡国发生地震。

十二月十九日乙亥，有异星出现在天苑星区。

本年，京城和四十一个郡国雨水成灾，并州、凉州大饥荒，人吃人。

邓太后认为阴阳不和，不断发生战事，下诏：年底，卫士交接仪式，不再设戏作乐，逐疫的童子依定员减少半数。

汉安帝永初四年（庚戌，110 年）

春季，正月，元旦朝会，禁止演奏音乐，不准在庭中摆放车辇。

邓骘在位，很善于推荐贤士，推举何熙、李郃等人参与朝政，又征辟弘农郡人杨震、巴郡人陈禅等人作为自己的幕僚，天下人赞扬邓骘。杨震早孤家贫，好学，通晓欧阳《尚书》，博览通识，众儒生称他为"关西孔子杨伯起"。教授学生二十多年，不接受州郡的推荐和征召，大家认为他年老以后才出仕，而杨震不出仕的心意却更加坚定。邓骘闻风而征召他，当时杨震已经五十多岁了，接连担任荆州刺史、东莱郡太守。当杨震前往东莱郡时，经过昌邑县，过去所推荐的荆州茂才王密做了

"暮夜无知者。"震曰："天知，地知，我知，子知，何谓无知者！"密愧而出。后转涿郡太守。性公廉，子孙常蔬食、步行；故旧或欲令为开产业，震不肯，曰："使后世称为清白吏子孙，以此遗之，不亦厚乎！"

张伯路复攻郡县，杀守令。党众浸盛；诏遣御史中丞王宗持节发幽、冀诸郡兵，合数万人，征宛陵令扶风法雄为青州刺史，与宗并力讨之。

南单于围耿种数月，梁慬、耿夔击斩其别将于属国故城，单于自将迎战，慬等复破之，单于遂引还虎泽。

丙午，诏减百官及州郡县奉各有差。

二月，南匈奴寇常山。

滇零遣兵寇褒中，汉中太守郑勤移屯褒中。

任尚军久出无功，民废农桑，乃诏尚将吏民，还屯长安，罢遣南阳、颍川、汝南吏士。

乙丑，初置京兆虎牙都尉于长安，扶风都尉于雍，如西京三辅都尉故事。

谒者庞参说邓骘，"徙边郡不能自存者入居三辅"，骘然之，欲弃凉州，并力北边。乃会公卿集议，骘曰："譬若衣败坏，一以相补，犹有所完，若不如此，将两无所保。"郎中陈国虞诩言于太尉张禹曰："若大将军之策，不可者三：先帝开拓土宇，劬劳后定，而今惮小费，举而弃之。此不可一也。凉州既弃，即以三辅为塞，则园陵单外，此不可二也。喭曰：'关西出将，关东出相。'烈士武臣，多出凉州，土风壮猛，便习兵事。今羌、胡所以不敢入据三辅为心腹之害者，以凉州在后故也。凉州士民所以推锋执锐，蒙矢石于行陈，父死于前，子战于后，无反顾之心者，为臣属于汉故也。今推而捐之，割而弃之，民庶安土重迁，必引领而怨曰：'中国弃我于夷狄！'虽赴义从善之人，不能无恨。如卒然起谋，因天下之饥敝，乘海内之虚弱，豪雄相聚，量材立帅，驱氐、羌以为前锋，席卷而东，虽贲、育为卒，太公为将，犹恐不足当御；如此，则函谷以西，园陵旧京非复汉有，此不可三也。议者喻以补衣犹有所完，诩恐其疽食侵淫而无限极也！"禹曰："吾意不及此，微子之言，几败国事！"诩因说禹："收罗凉土豪杰，引其牧守子弟于朝，今诸府各辟数人，外以劝厉答其功勤，内以拘致防其邪计。"禹善其言，更集四府，皆从诩

昌邑县令，夜晚亲自带了十斤金送给杨震，杨震说："老朋友了解你，你却不了解老朋友，是什么原因呢？"王密说："夜晚无人知道。"杨震说："天知，地知，我知，你知，怎么能说无人知道？"王密惭愧而去。杨震后来担任涿郡太守，公正廉洁，子孙经常吃素食，徒步走路；亲友故旧中有人想替他增加产业，杨震不肯，说："让后世称为清白官吏的子孙，以此为遗产，不是很丰厚吗？"

海贼张伯路再次进攻郡县，杀死太守县令，势力越来越大。下诏派御史中丞王宗持符节前往，调动幽州、冀州各郡的军队，合计几万人，征召宛陵县令扶风人法雄做青州刺史，与王宗联合讨伐海贼。

南匈奴单于包围了耿种几个月，梁慬、耿夔在属国故城击斩其大将，单于亲自率兵迎战，梁慬等人又击败他们，于是单于率兵退回虎泽。

正月二十一日丙午，下诏按等级减少百官俸禄和各州郡县支出。

二月，南匈奴侵入常山郡。

滇零派兵侵犯褒中县，汉中郡太守郑勤移守褒中县。

任尚出师，久无战功，百姓荒废了农业，于是下诏任尚率领官吏士兵返回驻扎长安，解散遣返南阳郡、颍川郡、汝南郡的官兵。

二月初十日乙丑，初次在长安设立京兆虎牙都尉，在雍县设立扶风都尉，如同西汉三辅都尉旧例。

谒者庞参进言邓骘说："把沿边各郡不能自立的人民迁到三辅。"邓骘赞同，准备抛弃凉州，合力防守北边。于是召集公卿讨论，邓骘说："这好比衣服破了，拿一件补另一件，仍然有完整的。要不是这样，两件衣服都保不住。"郎中陈国人虞诩对太尉张禹说："按大将军的计划，有三方面不可以：先皇帝开拓疆域，勤劳而后安定，而现在却害怕花费一点军费，将之全部抛弃，这是第一个不可以。既然抛弃了凉州，就是拿三辅作为边塞，先皇帝的园陵被孤单地置于塞外，这是第二个不可以。俗谚说：'关西出将，关东出相。'烈士武臣多半出自凉州，凉州民风雄烈勇猛，习惯军旅。现在羌人、胡人之所以不敢占领三辅而成为心腹之害，原因是凉州在后面。凉州士民手执锐利的武器，冒着弓箭炮石冲锋陷阵，父亲阵亡之后，儿子又继续战斗，毫无退缩之心，因为他们是汉朝的臣民。现在把他们推开扔掉，割舍遗弃，必然会引发怨言：'朝廷把我们抛弃给夷狄！'即便是注重忠义的人，也不可能没有怨怒。如果突然起而反抗朝廷，趁天下饥馑疲惫，国家虚弱，豪雄聚集之时，推举有才能的人当主帅，驱使氐人、羌人为前锋，像卷席子一样向东挺进，虽有孟贲、夏育做士兵，太公做大将，恐怕也无法抵抗；这样，函谷关以西，先帝的陵园、旧都长安都不再归汉朝所有，这是第三个不可以。议论的人用补衣使之完整为譬喻，我担心这是疮疽侵入肌肉，溃烂没有止境！"张禹说："我还未考虑如此深刻，没有你

议。于是辟西州豪杰为掾属，拜牧守、长吏子弟为郎，以安慰之。

邓骘由是恶诩，欲以吏法中伤之。会朝歌贼宁季等数千人攻杀长吏，屯聚连年，州郡不能禁，乃以诩为朝歌长。故旧皆吊之，诩笑曰："事不避难，臣之职也。不遇盘根错节，无以别利器，此乃吾立功之秋也！"始到，谒河内太守马棱。棱曰："君儒者，当谋谟庙堂，乃在朝歌，甚为君忧之！"诩曰："此贼犬羊相聚，以求温饱耳，愿明府不以为忧！"棱曰："何以言之？"诩曰："朝歌者，韩、魏之郊，背太行，临黄河，去敖仓不过百里，而青、冀之民流亡万数，贼不知开仓招众，劫库兵，守成皋，断天下右臂，此不足忧也。今其众新盛，难与争锋；兵不厌权，愿宽假辔策，勿令有所拘阂而已。"及到官，设三科以募求壮士，自掾史以下各举所知，其攻劫者为上，伤人偷盗者次之，不事家业者为下，收得百余人。诩为飨会，悉贯其罪，使入贼中诱令劫掠，乃伏兵以待之，遂杀贼数百人。又潜遣贫人能缝者佣作贼衣，以采线缝其裾，有出市里者，吏辄禽之。贼由是骇散，咸称神明，县境皆平。

（以上为第六段，写大将军邓骘欲丢弃边郡以避西羌，受到郎中虞诩的批评。邓骘怀恨，借刀杀人，任用虞诩为朝歌长，虞诩到任，盗贼悉平，一方安定。）

三月，何熙军到五原曼柏，暴疾，不能进；遣庞雄与梁慬、耿种将步骑万六千人攻虎泽，连营稍前。单于见诸军并进，大恐怖，顾让韩琮曰："汝言汉人死尽，今是何等人也！"乃遣使乞降，许之。单于脱帽徒跣，对庞雄等拜陈，道死罪，于是赦之，遇待如初，乃还所钞汉民男女，及羌所略转卖入匈奴中者合万余人。会熙卒，即拜梁慬为度辽将军。庞雄还，为大鸿胪。

先零羌复寇褒中，郑勤欲击之，主簿段崇谏，以为"虏乘胜，锋不可当，宜坚守待之"。勤不从，出战，大败，死者三千余人，段崇及门下史王宗、原展以身扞刃，与勤俱死。徙金城郡居襄武。

这番话，几乎耽误了国家大事！”虞诩因此对张禹说：“网罗凉州豪杰，引荐州牧郡守的子弟到朝廷任职，命令各官府各自征用几个人，外表是奖励、回报他们父兄的功勋，内里实际上是控制他们为人质，以防止凉州地方出事。”张禹很赞同，又集合四府会议，都听从虞诩的建议。于是征辟西州的豪杰做掾属，任命州牧、郡守、县长、官吏的子弟为郎官，加以安慰。

邓骘因此仇恨虞诩，想用约束官吏之法来惩治他。正逢朝歌县盗贼宁季等几千人攻杀长吏，连年聚众作乱，州郡禁止不了他们，于是委任虞诩为朝歌县长。老朋友都感到不安，虞诩笑着说：“遇事不回避困难，这是臣子的职责。不遇到盘根错节，就无法分辨锋利的器械，这是我立功的时机！”虞诩初到任，拜见河内太守马稜。马稜说：“你是一个儒学人士，应该在朝廷尽职，却被安排到朝歌县，我很为你担忧！”虞诩说：“这些民贼不过是犬羊相聚，谋求温饱，请长官不要为我忧心。”马稜问：“这话怎么说？”虞诩说：“朝歌是古代韩国、魏国的交界，背靠太行山，面临黄河，离敖仓不过百里，而青州、冀州的人民流亡以万计，民贼不知道打开粮仓招徕部众，夺取兵库，据守成皋县，切断朝廷的右臂，说明不值得担心。现在他们的人数增多，很难和他们开战；兵不厌诈，希望你放宽法律尺度，不要让他们的手脚受到拘束。”虞诩到了县里，制定三项标准招募勇士，从掾史以下各人推举所了解的人，那些擅于攻击劫守的人为上等，擅于伤人偷盗的是次等，不务家业的为下等，收得一百多人。虞诩设立宴会，赦免了他们的全部罪行，派他们引诱民贼抢劫，于是埋伏军队等待民贼，杀死几百贼人。又暗中派能缝制衣服的穷人受雇为起事的变民做衣服，用彩色线缝制他们的衣裙，贼人一出现在市邑乡里，官吏就可以抓住他。贼人因此恐惧而逃散，都说虞诩为神明，于是朝歌县全境都获得安全。

三月，何熙率军到五原郡曼柏县，突患重病，无法前进；派庞雄和梁慬、耿种率领步兵骑兵一万六千人攻占虎泽，连营稍稍向前推进。单于看见各军一起到来，非常惊恐，回头责备韩琮说：“你说汉人都死光了，现在是些什么人？”于是派使者请求归降，得到允许。单于脱帽赤脚，向庞雄等人叩拜陈述，自称死罪。于是赦免了单于，像当初一样对待他，单于便归还了所掠去的和羌人转卖给匈奴的汉族男女一万多人。这时正巧何熙去世，随即任命梁慬为度辽将军。庞雄回到京城，担任大鸿胪。

先零羌又侵入褒中县，郑勤打算攻击他们，主簿段崇劝谏他，认为：“羌人乘胜，势不可当，应该坚守等待机会。”郑勤不听，出战大败，死了三千多人，段崇和门下史王宗、原展用身体抵挡敌人的兵刃，与郑勤一起战死。于是迁徙金城郡治到襄武县。

戊子，杜陵园火。

癸巳，郡国九地震。

夏，四月，六州蝗。

丁丑，赦天下。

王宗、法雄与张伯路连战，破走之。会赦到，贼以军未解甲，不敢归降。王宗召刺史太守共议，皆以为当遂击之，法雄曰："不然。兵凶器，战危事，勇不可恃，胜不可必。贼若乘船浮海，深入远岛，攻之未易也。及有赦令，可且罢兵以慰诱其心，势必解散，然后图之，可不战而定也。"宗善其言，即罢兵。贼闻，大喜，乃还所略人；而东莱郡兵独未解甲，贼复惊恐，遁走辽东，止海岛上。

秋，七月，乙酉，三郡大水。

骑都尉任仁与羌战累败，而兵士放纵，槛车征诣廷尉，死。护羌校尉段禧卒，复以前校尉侯霸代之，移居张掖。

九月，甲申，益州郡地震。

皇太后母新野君病，太后幸其第，连日宿止；三公上表固争，乃还宫。冬，十月，甲戌，新野君薨，使司空护丧事，仪比东海恭王。邓骘等乞身行服，太后欲不许，以问曹大家，大家上疏曰："妾闻谦让之风，德莫大焉。今四舅深执忠孝，引身自退，而以方垂未静，拒而不许，如后有毫毛加于今日，诚恐推让之名不可再得。"太后乃许之。及服除，诏骘复还辅朝政，更授前封，骘等叩头固让，乃止。于是并奉朝请，位次三公下，特进、侯上，其有大议，乃诣朝堂，与公卿参谋。

太后诏阴后家属皆归故郡，还其资财五百余万。

（以上为第七段，写汉军大胜匈奴、海贼而败于西羌，徙金城郡治以避其锋。）

五年（辛亥，111 年）

春，正月，庚辰朔，日有食之。

丙戌，郡国十地震。

己丑，太尉张禹免。甲申，以光禄勋颍川李修为太尉。

三月初四日戊子，汉宣帝杜陵园发生火灾。

三月初九日癸巳，有九个郡国发生地震。

夏季，四月，六个州发生蝗灾。

四月二十三日丁丑，大赦天下。

王宗、法雄跟海贼张伯路连续战斗，大败海贼把他们赶走。恰逢赦令到达，海贼因为朝廷军队没有解除盔甲，不敢投降。王宗召集刺史、太守共同商议，都认为应当继续攻打他们，法雄说："不对。兵器是凶器，战争是危险行为，不可仗恃勇猛，不可能必定胜利。贼人如果乘船浮海，深入海中远岛，攻打就不易了。趁有赦令，可以暂且停战以诱惑他们，海贼必然解散，然后再想办法，就可以不战而胜。"王宗很赞同，立即停战。贼人听了很高兴，于是归还掠走的人；而只有东莱郡的士兵尚未解除戒备，贼人又惊，逃到辽东郡，驻留在海岛上。

秋季，七月初三日乙酉，三个郡发生水灾。

骑都尉任仁与羌人作战，多次战败，而士兵又无纪律约束，恣意妄为，朝廷用囚车押送任仁到廷尉论罪，被处死。护羌校尉段禧去世，任命前任校尉侯霸代理，移居张掖郡。

九月初三日甲申，益州郡发生地震。

邓太后的母亲新野君患病，邓太后到其府第探望，连住几日；三公上奏力争，邓太后才回宫。冬季，十月二十三日甲戌，新野君去世，派司空护送灵柩，仪式比照东海恭王。邓骘等请求亲自服丧，邓太后不想批准，以此事询问曹大家，曹大家上疏说："臣听说谦让是最大的美德。现在四位舅舅遵守忠孝之道，引身自退，而太后以边界尚未安定，拒不批准，如果以后有丝毫差错加在今天的事情上，臣真担忧谦让的美名不能再获得。"邓太后就批准了。后来，丧服期满，下诏邓骘又回朝辅政，重新授予以前的封爵。邓骘等人叩头，坚决推让，才算中止。于是让邓骘等四位舅舅定期进宫参加朝会，地位仅次于三公，在特进、列侯之上，如有重大议题，就到朝堂上，与公卿共同讨论。

邓太后下诏说：阴皇后的家属都回归故里南阳郡，发还没收的五百多万财产。

汉安帝永初五年（辛亥，111 年）

春季，正月初一日庚辰朔，发生日食。

正月初七日丙戌，十个郡国发生地震。

正月初十日己丑，太尉张禹被罢免。正月初五日甲申，任命光禄勋颍川人李修为太尉。

先零羌寇河东，至河内，百姓相惊，多南奔渡河，使北军中候朱宠将五营士屯孟津，诏魏郡、赵国、常山、中山缮作坞候六百一十六所。羌既转盛，而缘边二千石、令、长多内郡人，并无守战意，皆争上徙郡县以避寇难。三月，诏陇西徙襄武，安定徙美阳，北地徙池阳，上郡治衙。百姓恋土，不乐去旧，遂乃刈其禾稼，发彻室屋，夷营壁，破积聚。时连旱蝗饥荒，而驱蹙劫掠，流离分散，随道死亡，或弃捐老弱，或为人仆妾，丧其太半。复以任尚为侍御史，击羌于上党羊头山，破之；乃罢孟津屯。

夫余王寇乐浪。高句骊王宫与濊貊寇玄菟。

夏，闰四月，丁酉，赦凉州、河西四郡。

海贼张伯路复寇东莱，青州刺史法雄击破之；贼逃还辽东，辽东人李久等共斩之，于是州界清静。

秋，九月，汉阳人杜琦及弟季贡、同郡王信等与羌通谋，聚众据上邽城。冬，十二月，汉阳太守赵博遣客杜习刺杀琦；封习讨奸侯。杜季贡、王信等将其众据樗泉营。

是岁，九州蝗，郡国八雨水。

（以上为第八段，写先零羌侵扰深入内地河东。）

六年（壬子，112 年）

春，正月，甲寅，诏曰："凡供荐新味，多非其节，或郁养强孰，或穿掘萌芽，味无所至而夭折生长，岂所以顺时育物乎！《传》曰：'非其时不食。'自今当奉祠陵庙及给御者，皆须时乃上。"凡所省二十三种。

三月，十州蝗。

夏，四月，乙丑，司空张敏罢。己卯，以太常刘恺为司空。

诏建武元功二十八将皆绍封。

五月，旱。

丙寅，诏令中二千石下至黄绶，一切复秩。

六月，壬辰，豫章员溪原山崩。

先零羌入侵河东，到达河内郡，百姓相互惊恐，大多向南奔逃渡过黄河，派北军中候朱宠率领五营士卒驻守孟津，下诏魏郡、赵国、常山国、中山国修筑碉堡城塞六百一十六座，叛乱的羌人日益壮大，而沿边的二千石官员、县令、县长多是内地各郡人士，没有守土奋战的决心，都争先上书要求内迁郡治、县治，以逃避灾难。三月，下诏陇西郡迁到襄武县，安定郡迁到美阳县，北地郡迁到池阳县，上郡治所迁到衙县。百姓眷恋乡土，不愿意离开，于是官兵割去禾稼，拆坏房屋，推平城墙营寨，破坏粮储。当时连年旱灾、蝗灾、饥荒，而敌人驱迫劫掠，百姓流离失散，沿途有死亡，有的抛弃老弱，有的做人家的仆妾，人口损失大半。朝廷重新任命任尚为侍御史，在上党羊头山击败羌人；于是撤除孟津的军屯。

夫馀王侵入乐浪郡，高句骊国王宫和濊貊侵犯玄菟郡。

夏季，闰四月十九日丁酉，赦免凉州、河西四郡不愿内迁的民众。

海盗张伯路又侵犯东莱郡，青州刺史法雄击败他们；海贼逃回辽东郡，辽东人李久等一起杀了他们，于是青州境内平静下来。

秋季，九月，汉阳郡人杜琦和弟弟杜季贡、同郡人王信等人与羌人勾结谋反，聚众占领上邽城。冬季，十二月，汉阳郡太守赵博派刺客杜习杀杜琦；册封杜习为讨奸侯。杜季贡、王信等人率领部众驻守樗泉营。

这一年，九个州发生蝗虫灾害，八个郡国雨水泛滥。

汉安帝永初六年（壬子，112 年）

春季，正月十一日甲寅，汉安帝下诏说："凡进献新鲜美味，大多不合时宜，有的是在地窖温室中强行培植使其成熟，有的是人工刨土助长植物提前发芽，还没长出滋味就提前收摘，这难道是顺应天时，养育万物的道理吗？《论语》上说：'不到成熟时节的食物，不吃。'从现在起，凡是供奉祖庙陵园和供应给天子的食物，都应按时节进献。"这样总计减少了二十三种供品。

三月，十个州发生蝗灾。

夏季，四月，乙丑日（疑误），司空张敏被免职。四月初七日己卯，任命太常刘恺为司空。

下诏，对追随光武帝的开国功臣云台二十八将，后裔绝国的，一律恢复封国。

五月，旱灾。

五月二十五日丙寅，诏令中二千石的官员下至黄色印绶的二百石官员，一律恢复原来的俸禄。

六月二十一日壬辰，豫章郡员溪县的原山崩塌。

辛巳，赦天下。

侍御史唐喜讨汉阳贼王信，破斩之。杜季贡亡，从滇零。是岁，滇零死，子零昌立，年尚少，同种狼莫为其计策，以季贡为将军，别居丁奚城。

七年（癸丑，113 年）

春，二月，丙午，郡国十八地震。

夏，四月，乙未，平原怀王胜薨，无子，太后立乐安夷王宠子得为平原王。

丙申晦，日有食之。

秋，护羌校尉侯霸、骑都尉马贤击先零别部牢羌于安定，获首虏千人。

蝗。

元初元年（甲寅，114 年）

春，正月，甲子，改元。

二月，乙卯，日南地坼，长百余里。

三月，癸亥，日有食之。

诏遣兵屯河内通谷冲要三十六所，皆作坞壁，设鸣鼓，以备羌寇。

夏，四月，丁酉，赦天下。

京师及郡国五旱，蝗。

五月，先零羌寇雍城。

蜀郡夷寇蚕陵，杀县令。

九月，乙丑，太尉李修罢。

羌豪号多与诸种钞掠武都、汉中，巴郡板楯蛮救之，汉中五官掾程信率郡兵与蛮共击破之。号多走还，断陇道，与零昌合，侯霸、马贤与战于枹罕，破之。

辛未，以大司农山阳司马苞为太尉。

冬，十月，戊子朔，日有食之。

凉州刺史皮杨击羌于狄道，大败，死者八百余人。

是岁，郡国十五地震。

（以上为第九段，写西羌为害东汉西疆沿边诸郡，汉阳、安定、武都、汉中并受侵扰。）

六月初十日辛巳，大赦天下。

侍御史唐喜讨伐汉阳郡贼人王信，打败并杀了他。杜季贡逃亡，投奔滇零。本年，滇零去世，滇零的儿子零昌立为王，年龄还小，同族人狼莫为他出谋划策，以杜季贡为将军，居住在丁奚城。

汉安帝永初七年（癸丑，113 年）

春季，二月，丙午日（疑误），十八个郡国发生地震。

夏季，四月二十九日乙未，平原怀王刘胜去世，没有儿子；邓太后立乐安夷王刘宠的儿子刘得为平原王。

四月三十日丙申晦，发生日食。

秋季，护羌校尉侯霸、骑都尉马贤在安定郡攻打先零羌的别部牢羌，俘虏并杀死一千人。

发生蝗灾。

汉安帝元初元年（甲寅，114 年）

春季，正月初二日甲子，改年号。

二月二十四日乙卯，日南郡发生大地震，地裂长达一百余里。

三月初二日癸亥，发生日食。

下诏派军队屯驻河内郡交通要道关卡三十六处，全都建造坞壁，设置鸣鼓，以预防羌人侵入。

夏季，四月初七日丁酉，大赦天下。

京师及五个郡国大旱，发生蝗灾。

五月，先零羌侵犯雍城县。

蜀郡夷人侵犯蚕陵县，杀死县令。

九月初七日乙丑，太尉李修被免职。

羌人酋长号多和诸部落抢掠武都郡、汉中郡，巴郡的板楯蛮人援救郡民，汉中郡五官掾程信率领本郡军队和蛮人一起击败了叛羌。号多败逃回到原地，切断雍州与凉州之间的陇山通道，与零昌会合，侯霸、马贤在枹罕县和叛羌作战，击败了他们。

九月十三日辛未，任命大司农山阳人司马苞为太尉。

冬季，十月初一日戊子朔，发生日食。

凉州刺史皮杨在狄道县攻击羌人，遭到大败，官兵死了八百多人。

这年，十五个郡国发生地震。

二年（乙卯，115 年）

春，护羌校尉庞参以恩信招诱诸羌，号多等帅众降；参遣诣阙，赐号多侯印，遣之。参始还治令居，通河西道。

零昌分兵寇益州，遣中郎将尹就讨之。

夏，四月，丙午，立贵人荥阳阎氏为皇后。后性妒忌，后宫李氏生皇子保，后鸩杀李氏。

五月，京师旱，河南及郡国十九蝗。

六月，丙戌，太尉司马苞薨。

秋，七月，辛巳，以太仆泰山马英为太尉。

八月，辽东鲜卑围无虑；九月，又攻夫犁营，杀县令。

壬午晦，日有食之。

尹就击羌党吕叔都等，蜀人陈省、罗横应募刺杀叔都，皆封侯，赐钱。

诏屯骑校尉班雄屯三辅。雄，超之子也。以左冯翊司马钧行征西将军，督关中诸郡兵八千余人。庞参将羌、胡兵七千余人，与钧分道并击零昌。参兵至勇士东，为杜季贡所败，引退。钧等独进，攻拔丁奚城，杜季贡率众伪逃。钧令右扶风仲光等收羌禾稼，光等违钧节度，散兵深入，羌乃设伏要击之，钧在城中，怒而不救。冬十月，乙未，光等兵败，并没，死者三千余人，钧乃遁还。庞参既失期，称病引还。皆坐征，下狱，钧自杀。时度辽将军梁慬亦坐事抵罪。校书郎中扶风马融上书称参、慬智能，宜宥过责效。诏赦参等，以马贤代参领护羌校尉，复以任尚为中郎将，代班雄屯三辅。

怀令虞诩说尚曰："兵法：弱不攻强，走不逐飞，自然之势也。今虏皆马骑，日行数百里，来如风雨，去如绝弦，以步追之，势不相及，所以虽屯兵二十余万，旷日而无功也。为使君计，莫如罢诸郡兵，各令出钱数千，二十人共市一马，以万骑之众，逐数千之虏，追尾掩截，其道自穷。便民利事，大功立矣！"尚即上言，用其计，遣轻骑击杜季贡于丁奚城，破之。

太后闻虞诩有将帅之略，以为武都太守。羌众数千遮诩于陈仓崤

汉安帝元初二年（乙卯，115年）

春季，护羌校尉庞参以恩德、信誉招诱各部羌人，号多等率众归降；庞参护送号多到京城朝见安帝，安帝赐给号多侯爵印绶，遣送号多回归。庞参才回到令居县治事，河西道路打通。

零昌分兵侵占益州郡，朝廷委派中郎将尹就去征讨。

夏季，四月二十一日丙午，册立贵人荥阳人阎氏为皇后。阎皇后生性妒忌，后宫李氏生了皇子刘保，阎皇后用鸩酒把李氏毒死。

五月，京城发生旱灾，河南和十九个郡国蝗虫成灾。

六月初二日丙戌，太尉司马苞去世。

秋季，七月二十八日辛巳，任命太仆泰山人马英为太尉。

八月，辽东郡的鲜卑人包围无虑县；九月，又攻打夫犁营，杀死县令。

九月三十日壬午，发生日食。

中郎将尹就攻打羌族的吕叔都等人，蜀郡人陈省、罗横应征刺杀吕叔都，两人都封为侯爵，赏赐钱币。

汉安帝下诏令屯骑校尉班雄驻防三辅。班雄是班超的儿子。任命左冯翊人司马钧代理征西将军，督促关中各郡军队八千多人。庞参率领羌人、胡人的军队七千多人，与司马钧分路进攻零昌。庞参的军队到达勇士县以东，被杜季贡击败，率军后退。司马钧等人孤军前进，占领了丁奚城，杜季贡率军假装逃跑。司马钧命令右扶风人仲光等收割羌人的庄稼，仲光等人违反司马钧的指挥，分兵深入，羌人于是设伏兵阻击他们，司马钧在城中，愤怒而不援救。冬季，十月十三日乙未，仲光等人兵败，同时阵亡，死了三千多人，司马钧逃走。庞参既已延误了日期，宣称有病撤退。司马钧、庞参两人都因罪被征回，下狱，司马钧自杀。当时度辽将军梁慬也因他事被控而判罪。校书郎中扶风人马融上奏称说庞参、梁慬有才能，应当宽赦两人的罪过，责成他们戴罪立功。汉安帝下诏赦免庞参等人，任命马贤代替庞参领职护羌校尉，又任命任尚为中郎将，代替班雄屯驻三辅。

怀县县令虞诩对任尚说："兵法规定：弱者不攻打强者，地上跑的不追赶天上飞的，此乃自然之理。现在敌人都是骑兵，日行百里，来如风，去如箭，用步兵追逐他们，形势上无法追得上，所以虽然驻兵二十多万，持久战斗也无法取得功绩。当下之计，不如遣散各郡的军队，命令他们各出几千钱，二十人共买一匹马，以一万人的骑兵追击几千敌人，尾随追击，出其不意包围拦击他们，他们就会陷入穷途末路。这对民方便，对事有利，大功可告成！"任尚随即上报，采用虞诩的计策，派轻骑在丁奚城击败了杜季贡。

邓太后听说虞诩有将帅之才，任用虞诩为武都太守。几千羌人在陈仓崤谷拦击

谷，诩即停军不进，而宣言“上书请兵，须到当发”。羌闻之，乃分钞傍县。诩因其兵散，日夜进道，兼行百余里，令吏士各作两灶，日增倍之，羌不敢逼。或问曰：“孙膑减灶而君增之；兵法日行不过三十里，以戒不虞，而今日且二百里：何也？”诩曰：“虏众多，吾兵少，徐行则易为所及，速进则彼所不测。虏见吾灶日增，必谓郡兵来迎，众多行速，必惮追我。孙膑见弱，吾今示强，势有不同故也。”既到郡，兵不满三千，而羌众万余，攻围赤亭数十日。诩乃令军中，强弩勿发，而潜发小弩；羌以为矢力弱，不能至，并兵急攻。诩于是使二十强弩共射一人，发无不中，羌大震，退。诩因出城奋击，多所伤杀。明日，悉陈其兵众，令从东郭门出，北郭门入，贸易衣服，回转数周；羌不知其数，更相恐动。诩计贼当退，乃潜遣五百余人于浅水设伏，候其走路；虏果大奔，因掩击，大破之，斩获甚众，贼由是败散。诩乃占相地势，筑营壁百八十所，招还流亡，假赈贫民，开通水运。诩始到郡，谷石千，盐石八千，见户万三千；视事三年，米石八十，盐石四百，民增至四万余户，人足家给，一郡遂安。

十一月，庚申，郡国十地震。

十二月，武陵澧中蛮反，州郡讨平之。

己酉，司徒夏勤罢。

庚戌，以司空刘恺为司徒，光禄勋袁敞为司空。敞，安之子也。

前虎贲中郎将邓弘卒。弘性俭素，治欧阳《尚书》，授帝禁中。有司奏赠弘骠骑将军，位特进，封西平侯。太后追弘雅意，不加赠位、衣服，但赐钱千万，布万匹；兄骘等复辞不受。诏封弘子广德为西平侯。将葬，有司复奏发五营轻车骑士，礼仪如霍光故事。太后皆不听，但白盖双骑，门生挽送。后以帝师之重，分西平之都乡，封广德弟甫德为都乡侯。

（以上为第十段，写西羌叛乱，为害日益猖獗，三辅告警。虞诩赴任武都太守，用增灶法骗诱羌人，神速到任，大破羌人，安定一方。）

虞诩，虞诩马上停军不前，宣称："上书请朝廷派兵，必须等到援兵到来才走。"羌人听了，就分别侵扰其他各县，虞诩乘羌人军队分散，日夜不停，倍速赶路，日行一百多里，命令吏士各造两个灶，每天翻一倍，羌人不敢靠近。有人问："孙膑减灶而你增灶；兵法说每天行军不超过三十里，以备不测，而现在日行将近二百里，是什么缘故？"虞诩说："羌人多，我兵少，慢走就容易被他们赶上，快进，羌人就无法预知。羌人看到我军的灶日益增加，一定认为各郡的军队已来迎接，军队多，行动快，必然不敢追击我们。孙膑为显示兵少，我们现在为显示兵多，这是形势有不同的缘故。"虞诩到达武都郡，郡兵不满三千，而羌人一万多，攻打包围赤亭几十天。虞诩于是下令将士不准发射强弓，只暗中发射小弓箭；羌人以为箭射不远，不能射到，联兵强攻。虞诩要求每二十个强弓集中射一人，发射没有不命中的，羌人极为恐惧，败退。虞诩因此出城奋力反击，杀伤许多敌人。第二天，把军队都排列好，命令他们从东门出去，由北门入城，更换衣服，来回几次，羌人不知军队的数量，更为惊恐。虞诩估计羌人要撤走，就暗中派五百多人在浅水处埋伏，扼住羌人的退路；羌人果然大批退逃，汉军趁机拦击，大败羌人，斩杀并俘虏了许多人，羌人于是溃散。虞诩研究细察地形，建造了一百八十多处营垒，招回流亡的百姓，借贷赈救贫民，开凿水道。虞诩初到郡时，每石谷一千钱，每石盐八千钱，人口有一万三千户；任职三年，每石米八十钱，每石盐四百钱，人口增至四万多户，人人富足，家家丰裕，全郡安全。

十一月初九日庚申，十个郡国发生地震。

十二月，武陵郡的澧中蛮背叛，州郡讨平了蛮人。

十二月二十八日己酉，司徒夏勤被罢免。

十二月二十九日庚戌，任命司空刘恺为司徒，光禄勋袁敞为司空。袁敞是袁安的儿子。

前任虎贲中郎将邓弘去世。邓弘生性节俭朴素，研治欧阳《尚书》，在宫中为皇上授书。主管官员上奏请追赠邓弘为骠骑将军，位居特进，封为西平侯。邓太后追念邓弘一向坚守的志节，不加赠官位、衣服，只是赐给一千万钱、一万匹布；邓弘的哥哥邓骘等人又推辞不受。下诏封邓弘的儿子邓广德为西平侯。将要埋葬邓弘时，主管官员又上奏请求派五营轻车骑士护送灵柩，礼仪比照霍光惯例。邓太后都未接受，只是用白盖丧车，两匹马拉，门生送葬。后来因为邓弘拥有汉安帝老师的贵重身份，于是分出西平郡的都乡县，册封邓广德的弟弟邓甫德为都乡侯。

【点评】

本卷史事点评下列四事。

一、东汉裁撤西域都护。班超在西域和睦各国，联防抗击北匈奴，人民安居乐业，依附汉朝没有赋税。西域各国臣民视班超为父母，亲爱如家人。公元102年，班超回朝，任尚继任为西域都护，违背班超和睦政策，崇尚严苛，加上贪污、欺压西域各国，数年间西域人民愤怨不已，纷纷起来反抗，中西交通阻断，汉朝官兵的屯田区域成了几个孤岛。安帝永初元年（107）六月，东汉政府决定撤销西域都护以及伊吾卢、柳中等屯田战士，全部回朝。班超和数万将士，历时三十年的惨淡经营，被一个不称职的任尚一朝毁弃，教训是极为深刻的。

二、南匈奴反叛。南匈奴自西汉宣帝时呼韩邪单于归附以来，受到汉朝保护，安置内地沿边诸郡。东汉政府每年抚慰物资财币一亿多，恩不可谓不重，情不可谓不深。一个投靠南匈奴的汉奸叫韩琮，在安帝永初三年（109）六月随南匈奴栾提檀单于入朝。韩琮沿途察看，看到中原大雨成灾，人民饥困，东汉朝廷被西羌之乱闹得焦头烂额。韩琮和栾提檀朝见安帝回去后，劝说单于反叛，栾提檀觉得确实是个好时机，于是起兵反汉。在南匈奴煽动下，雁门郡的乌桓部落也反叛。乌桓与南匈奴联兵在五原郡高渠谷大败汉军。这一年，东汉有九个郡国发生地震，京师及四十一个郡大雨成灾，并州、凉州大灾荒，人吃人。南匈奴的反叛，使陷入困境的东汉政府雪上加霜。南匈奴恩将仇报，未脱野蛮习俗，匈奴人不但没有复兴，还日渐衰微，并终被历史抹去。当然最可恨的还是汉奸韩琮。他和西汉时的中行说是一类人，背叛民族，唆使外族人杀戮同胞，只不过是为了从异族人嘴里分一些余弃。凡是汉奸都是民族的罪人，将永远被钉在历史的耻辱柱上。

三、仲长统著《昌言》。仲长统，东汉政论家。他看到东汉朝廷孱弱不堪，国家武备不能讨平小小的西羌叛乱，满朝文武极少贤才，忧心如焚，写作《昌言》告诉人民原因，大声疾呼改善政治。仲长统认为光武帝过度集权，三公高位虚设，皇帝大权旁落，小人当道，政治体制被扭曲。祸乱根源，就是皇帝过度集权之弊。仲长统说，西汉文帝时，申屠嘉对于汉文帝的嬖宠邓通敢于传讯，灭了得势小人的威风，得到汉文帝的支持。如此，皇帝身边的亲信不敢为非。东汉建立后，三公即司徒、司空、太尉没有权力，三公在位只是摆摆样子，而发生灾变，却要三公承担责任。三公无权，皇帝一人管不过来，大权不是旁落外戚，就是旁落宦竖，于是东汉朝廷外戚与宦竖控制了朝政。外戚与宦竖，又引进自己的亲戚宾友，成为私党，充斥于京师，布满于州郡，这些人只知贪残，压迫百姓，触怒四方外族，引起叛乱，致使国家瘫痪。于是怨愤之气，一时迸发，阴阳二光，失去秩序，怪异事情，不断出现，地震、水旱、虫害不断，这都是皇后家族和宦官擅权引发的警告。纠弊的办

法是，把权力还给三公，如果再出现天谴的警告，惩罚三公才是合理的啊。仲长统看到了国家的积弊，他利用古时人们的信仰，用天变、灾害来抨击时政，用心良苦，用意纯正，目的是想唤醒朝廷，重用朝官，抑制外戚和宦官。邓太后虽然贤明，哪肯放下手中的权力？邓太后临终前，邓康进言太后归权皇帝，立即遭罢免。仲长统的呼喊，只不过是言论而已。

四、虞诩增灶惑敌。虞诩，字升卿，陈国武平人。虞诩为人刚正不阿，仕安帝、顺帝两朝，九次被降职，三次入狱，刚正之气，终老不改，是一个铮铮铁骨的大丈夫。安帝永初四年（110），大将军邓骘没有能力靖乱西羌，竟然采纳谒者庞参建议，收缩力量，放弃凉州，全力对付南匈奴。虞诩当时只是一个初级禁卫官，没有资格参加朝议，就进言太尉张禹，提出凉州不可放弃的三大理由：第一，先帝流血流汗开拓的疆土不可丢弃；第二，弃了凉州，三辅关中地方就成了边塞，西汉皇室祖宗坟墓没有保护；第三，关西出将，关东出相。关西人民擅长征战，丢弃关西，就是丢了捍卫国家的长城之士。再说，关西人民多少年来与敌人战斗，保卫了国家，怎么能为了省军费就丢弃他们呢？张禹认为虞诩说得对，重新举行四府会议，否定了邓骘的主张，保有了河西。邓骘觉得没面子，就恶毒地想借刀杀人。当时朝歌盗贼群起，朝廷派兵征剿都没有取胜。邓骘认为虞诩一个文士，哪有能力制服惯匪。于是推荐虞诩任朝歌县长，冠冕堂皇地公报私仇。虞诩面对邓骘设下的陷阱，不怨天，不尤人，勇敢地接受挑战。虞诩到任，很快就平定了盗匪，他使用的巧计，被盗贼认为有神灵相助。虞诩的声誉上达朝廷。邓太后认为他有将帅之才，在安帝元初二年（115），调任虞诩为武都郡太守。西羌痛恨虞诩，集合了几千人在陈仓崤谷伏击虞诩。虞诩到了谷口，宣称等待援军再行进，以麻痹羌人。趁羌人放松戒备，虞诩日夜兼程推进，第一天奔驰一百余里，虞诩命战士每人造两个灶；第二天加倍，每人造四个灶。连续几天行军，每天将近二百里。羌人尾追，看到炊灶倍增，认为官军的援军源源不断增加，不敢发动进攻。虞诩甩掉羌人，从容抵达武都郡府，官军只有三千人，羌虏数万人来进攻，虞诩用计破敌，保一郡平安。战国时孙膑用减灶方法，示敌以弱，大破魏军，虞诩用增灶方法，示敌以强。兵法说，部队行军每日不能超过三十里，以保持战斗力，虞诩每天行军将近二百里，为的是迅速甩掉羌人的追击。形势不同，兵法活用。虞诩不仅有才，更有节操，敢于对抗炙手可热的大将军、皇亲国戚。虞诩是一代人杰。虞诩的大勇，来自对国家的忠诚，公而忘私，着实令人敬佩。

汉纪四十二

汉安帝元初三年至延光三年（116—124年）

【起柔兆执徐（丙辰，116年），尽阏逢困敦（甲子，124年），凡九年】

【大事提要】

本卷记事起公元116年，讫公元124年，凡九年，当安帝元初三年至延光三年，载安帝一朝后期史事。这一时期灾害严重。十三个郡国地震，三十三个郡国大水，二十七个郡国大雨，三十七个郡国地震，四十一个郡国冰雹。当时的思想观念认为朝政阴盛阳衰，外戚势重，上天示警。德高望重的大臣司空袁敞不阿附邓太后，太后以他事策免逼迫袁敞自杀。邓太后堂弟越骑校尉邓康建言太后归政皇帝被罢官。邓太后临终恋权不放，等到驾崩，安帝亲政，邓氏外戚立即遭到报复，邓骘等诸舅被贬杀。安帝乳母王圣、亲信宦官江京等一群奸佞得势，谗害太子刘保，刘保被废为济阴王。群小又陷害太尉杨震。公元107年羌人反叛，羌祸导致国库空虚，十余年间军费支出达二百四十亿。班勇受命重新开通西域。匈奴入侵车师，朝廷上主张闭玉门关弃西域之声再起，尚书令陈忠严厉驳斥，诏令班勇为长史驻屯柳中。

【原文】

孝安皇帝中

元初三年（丙辰，116 年）

春，正月，苍梧、郁林、合浦蛮夷反；二月，遣侍御史任逴督州郡兵讨之。

郡国十地震。

三月，辛亥，日有食之。

夏，四月，京师旱。

五月，武陵蛮反，州郡讨破之。

癸酉，度辽将军邓遵率南单于击零昌于灵州，斩首八百余级。

越嶲徼外夷举种内属。

六月，中郎将任尚遣兵击破先零羌于丁奚城。

秋，七月，武陵蛮复反，州郡讨平之。

九月，筑冯翊北界候坞五百所以备羌。

冬，十一月，苍梧、郁林、合浦蛮夷降。

旧制：公卿、二千石、刺史不得行三年丧，司徒刘恺以为“非所以师表百姓，宣美风俗”。丙戌，初听大臣行三年丧。

癸卯，郡国九地震。

十二月，丁巳，任尚遣兵击零昌于北地，杀其妻子，烧其庐舍，斩首七百余级。

四年（丁巳，117 年）

春，二月，乙巳朔，日有食之。

乙卯，赦天下。

壬戌，武库灾。

任尚遣当阗种羌榆鬼等刺杀杜季贡，封榆鬼为破羌侯。

司空袁敞，廉劲不阿权贵，失邓氏旨。尚书郎张俊有私书与敞子俊，怨家封上之。夏，四月，戊申，敞坐策免，自杀；俊等下狱当死。俊上书自讼；临刑，太后诏以减死论。

己巳，辽西鲜卑连休等入寇，郡兵与乌桓大人於秩居等共击，大破

【语译】

孝安皇帝中

汉安帝元初三年（丙辰，116年）

春季，正月，苍梧郡、郁林郡、合浦郡的蛮夷背叛；二月，派遣侍御史任逴督促州郡的军队征讨叛夷。

十个郡国发生地震。

三月初二日辛亥，发生日食。

夏季，四月，京城旱灾。

五月，武陵郡的蛮人叛乱，州郡军队征讨战胜叛蛮。

五月二十五日癸酉，度辽将军邓遵率领南单于在灵州攻击零昌，杀敌八百多人。

越嶲郡界外的夷人举族内迁。

六月，中郎将任尚派遣军队在丁奚城战胜先零羌。

秋季，七月，武陵郡蛮人又叛乱，州郡军队平定了叛蛮。

九月，在左冯翊郡北界建筑五百处哨所，用以预防羌人。

冬季，十一月，苍梧郡、郁林郡、合浦郡蛮夷归降。

原有的制度：公卿、二千石官员、刺史不许守三年丧，司徒刘恺认为："这不能作为百姓的表率，不利于宣扬美化风俗。"十一月十一日丙戌，开始准许大臣守三年丧。

十一月二十八日癸卯，九个郡国发生地震。

十二月十二日丁巳，任尚派遣军队在北地攻击零昌羌，杀死零昌羌人的妻子儿女，烧毁他们的房舍，杀死七百多人。

汉安帝元初四年（丁巳，117年）

春季，二月初一日乙巳朔，发生日食。

二月十一日乙卯，大赦天下。

二月十八日壬戌，兵器库发生火灾。

任尚派当阗种羌人榆鬼等刺杀杜季贡，朝廷册封榆鬼为破羌侯。

司空袁敞廉洁刚正，不讨好权贵，得罪了邓太后。尚书郎张俊有私函给袁敞的儿子袁俊，仇家用密封奏疏把这件事上奏汉安帝。夏季，四月初五日戊申，袁敞论罪免职，自杀。袁俊等人下狱，按罪当处死。袁俊上奏诉冤，临刑时，邓太后下诏改判减刑一等，免予死刑。

四月二十六日己巳，辽西郡鲜卑人连休等入侵，辽西郡兵与乌桓国酋长於秩居

之，斩首千三百级。

六月，戊辰，三郡雨雹。

尹就坐不能定益州，征抵罪；以益州刺史张乔领其军屯，招诱叛羌，稍稍降散。

秋，七月，京师及郡国十雨水。

九月，护羌校尉任尚复募效功种羌号封刺杀零昌；封号封为羌王。

冬，十一月，己卯，彭城靖王恭薨。

越嶲夷以郡县赋敛烦数，十二月，大牛种封离等反，杀遂久令。

甲子，任尚与骑都尉马贤共击先零羌狼莫，追至北地，相持六十余日，战于富平河上，大破之，斩首五千级，狼莫逃去。于是西河虔人种羌万人诣邓遵降，陇右平。

是岁，郡国十三地震。

（以上第一段，写东汉十三个郡国发生地震、冰雹灾害，西疆羌祸仍在继续，汉军疲于征战。）

五年（戊午，118 年）

春，三月，京师及郡国五旱。

夏，六月，高句骊与濊貊寇玄菟。

永昌、益州、蜀郡夷皆叛应封离，众至十余万，破坏二十余县，杀长吏，焚掠百姓，骸骨委积，千里无人。

秋，八月，丙申朔，日有食之。

代郡鲜卑入寇，杀长吏；发缘边甲卒、黎阳营兵屯上谷以备之。冬，十月，鲜卑寇上谷，攻居庸关，复发缘边诸郡黎阳营兵、积射士步骑二万人屯列冲要。

邓遵募上郡全无种羌雕何刺杀狼莫；封雕何为羌侯。自羌叛十余年间，军旅之费，凡用二百四十余亿，府帑空竭，边民及内郡死者不可胜数，并、凉二州遂至虚耗。及零昌、狼莫死，诸羌瓦解，三辅、益州无复寇警。诏封邓遵为武阳侯，邑三千户。遵以太后从弟，故爵封优大。任尚与遵争功，又坐诈增首级、受赇枉法赃千万已上，十二月，槛车征尚，弃市，没入财物。邓骘子侍中凤尝受尚马，骘髡妻及凤以谢罪。

是岁，郡国十四地震。

等人共同抗击，大败鲜卑人，杀死一千三百人。

六月二十六日戊辰，三个郡下冰雹。

尹就因不能平定益州郡，被征回论罪；任命益州刺史张乔取代尹就领兵屯驻，张乔招徕引诱反叛的羌人，羌人慢慢瓦解。

秋季，七月，京师和十个郡国降雨不止。

九月，护羌校尉任尚又征募效功种羌人号封刺死零昌；册封号封为羌王。

冬季，十一月初九日己卯，彭城靖王刘恭去世。

越巂郡的夷人因为郡县的赋敛烦琐，十二月，大牛部落封离等叛乱，杀遂久县令。

十二月二十五日甲子，任尚与骑都尉马贤共同攻击先零羌人狼莫，追赶到北地郡，对峙六十多天，在富平河边发生战斗，大败狼莫，杀敌五千人，狼莫逃走。于是西河郡虔人种羌一万人向邓遵投降，陇右平定。

这一年，十三个郡国发生地震。

汉安帝元初五年（戊午，118 年）

春季，三月，京师和五个郡国干旱。

夏季，六月，高句骊和濊貊侵入玄菟郡。

永昌郡、益州郡、蜀郡的夷人全都叛乱以响应封离，部众达十多万人，破坏了二十几个县，杀死官吏，抢劫百姓，尸骨堆积，千里无人。

秋季，八月初一日丙申朔，发生日食。

代郡的鲜卑人入侵，杀官吏；征发缘边军队、黎阳营士兵驻守上谷郡用来预防鲜卑。冬季，十月，鲜卑人侵入上谷郡，攻打居庸关，又征发缘边各郡和黎阳营士兵、弓弩手等步兵、骑兵共二万人，驻守边塞要地。

邓遵招募上郡全无种羌人雕何刺死狼莫：册封雕何为羌侯。在羌人叛乱的十几年间，军费支出总计二百四十多亿，国库耗尽，边地的人民及内地各郡死去的人不计其数，并州、凉州差不多耗竭。等到零昌、狼莫被刺死，各羌族瓦解，于是三辅、益州不再有外敌入侵的警报。下诏封邓遵为武阳侯，食邑三千户。邓遵是邓太后的堂弟，所以封爵特别丰厚。任尚与邓遵争功，又因虚报战功、受贿违法的赃款千万以上而被论罪，十二月，用囚车召回任尚，杀死弃市，没收所有财物。邓骘的儿子侍中邓凤曾接受任尚的马，邓骘剃去妻子和邓凤的头发，以此谢罪。

这年，十四个郡国发生地震。

太后弟悝、阊皆卒，封悝子广宗为叶侯，阊子忠为西华侯。

（以上为第二段，写羌祸导致东汉政府国库空虚，十余年间耗费240多亿。）

六年（己未，119年）

春，二月，乙巳，京师及郡国四十二地震。

夏，四月，沛国、勃海大风，雨雹。

五月，京师旱。

六月，丙戌，平原哀王得薨，无子。

秋，七月，鲜卑寇马城塞，杀长吏，度辽将军邓遵及中郎将马续率南单于追击，大破之。

九月，癸巳，陈怀王竦薨，无子，国除。

冬，十二月，戊午朔，日有食之，既。

郡国八地震。

是岁，太后征和帝弟济北王寿、河间王开子男女年五岁以上四十余人，及邓氏近亲子孙三十余人，并为开邸第，教学经书，躬自监试。诏从兄河南尹豹、越骑校尉康等曰："末世贵戚食禄之家，温衣美饭，乘坚驱良，而面墙术学，不识臧否，斯故祸败之所从来也。"

豫章有芝草生，太守刘祗欲上之，以问郡人唐檀，檀曰："方今外戚豪盛，君道微弱，斯岂嘉瑞乎！"祗乃止。

益州刺史张乔遣从事杨竦将兵至楪榆，击封离等，大破之，斩首三万余级，获生口千五百人。封离等惶怖，斩其同谋渠帅，诣竦乞降。竦厚加慰纳，其余三十六种皆来降附。竦因奏长吏奸猾，侵犯蛮夷者九十人，皆减死论。

初，西域诸国既绝于汉，北匈奴复以兵威役属之，与共为边寇。敦煌太守曹宗患之，乃上遣行长史索班将千余人屯伊吾以招抚之。于是车师前王及鄯善王复来降。

初，疏勒王安国死，无子，国人立其舅子遗腹为王；遗腹叔父臣磐在月氏，月氏纳而立之。后莎车畔于窴，属疏勒，疏勒遂强，与龟兹、于窴为敌国焉。

（以上为第三段，写邓太后注重教育宗室子弟和外戚子弟。益州刺史张乔大破乱羌。）

邓太后的弟弟邓悝、邓阊都去世，册封邓悝的儿子邓广宗为叶侯，邓阊的儿子邓忠为西华侯。

汉安帝元初六年（己未，119年）

春季，二月十二日乙巳，京城和四十二个郡国地震。

夏季，四月，沛国、渤海郡刮大风，下冰雹。

五月，京师大旱。

六月二十六日丙戌，平原哀王刘得去世，没有儿子。

秋季，七月，鲜卑人侵入马城塞，杀死官吏，度辽将军邓遵和中郎将马续率领南单于追击，大败鲜卑人。

九月初四日癸巳，陈怀王刘竦去世，没有儿子，废除封国。

冬季，十二月初一日戊午朔，发生日全食。

八个郡国地震。

这一年，邓太后征召和帝的弟弟济北王刘寿、河间王刘开年龄在五岁以上的儿女四十几人，以及邓氏近亲子孙三十多人，为他们建造馆舍，教授学习经书，亲自监督考试。下诏堂兄河南尹邓豹、越骑校尉邓康等告诫说："衰乱之世的贵戚靠食禄为生，穿暖衣，吃美食，乘坚固的车子，驾良马，而面对学术如同面临墙壁（比喻不学无术），不懂是非善恶，这就是发生祸患的原因。"

豫章郡有灵芝草生长，太守刘祗准备献给朝廷，以此事询问本郡人唐檀，唐檀说："现在外戚权势盛旺，君主权势衰微，这难道是祥瑞？"刘祗只好作罢。

益州刺史张乔派从事杨竦率领军队到楪榆县，攻击封离等人，大败他们，杀了三万多人，活捉一千五百人。封离等人害怕，杀死同谋首领，向杨竦投降。杨竦同意了，并丰厚的犒劳安慰他们，其余三十六部都来投降归顺。杨竦因此奏明揭发九十名奸诈狡猾、侵犯蛮夷的官吏，全都以减死论罪。

当初，西域各国既已与汉朝断绝关系，北匈奴又以兵力威吓，役使他们臣属，和北匈奴一起侵占边界。敦煌郡太守曹宗对此担心，便请朝廷派代理长史索班率领一千多人屯驻伊吾以招降安抚他们。于是车师前王和鄯善王又来投降。

当初，疏勒王安国去世，没有儿子，国人立他舅舅的儿子遗腹为王；遗腹的叔父臣磐在月氏，月氏送臣磐回国，立为王。后来莎车叛离于阗，臣属于疏勒，疏勒于是日益强盛，与龟兹、于阗互为敌国。

永宁元年（庚申，120 年）

春，三月，丁酉，济北惠王寿薨。

北匈奴率车师后王军就共杀后部司马及敦煌长史索班等，遂击走其前王，略有北道。鄯善逼急，求救于曹宗，宗因此请出兵五千人击匈奴，以报索班之耻，因复取西域；公卿多以为宜闭玉门关，绝西域。太后闻军司马班勇有父风，召诣朝堂问之。勇上议曰："昔孝武皇帝患匈奴强盛，于是开通西域，论者以为夺匈奴府藏，断其右臂。光武中兴，未遑外事，故匈奴负强，驱率诸国；及至永平，再攻敦煌，河西诸郡，城门昼闭。孝明皇帝深惟庙策，乃命虎臣出征西域，故匈奴远遁，边境得安；及至永元，莫不内属。会间者羌乱，西域复绝，北虏遂遣责诸国，备其逋租，高其价直，严以期会，鄯善、车师皆怀愤怨，思乐事汉，其路无从；前所以时有叛者，皆由牧养失宜，还为其害故也。今曹宗徒耻于前负，欲报雪匈奴，而不寻出兵故事，未度当时之宜也。夫要功荒外，万无一成，若兵连祸结，悔无所及。况今府藏未充，师无后继，是示弱于远夷，暴短于海内，臣愚以为不可许也。旧敦煌郡有营兵三百人，今宜复之，复置护西域副校尉，居于敦煌，如永元故事，又宜遣西域长史将五百人屯楼兰，西当焉耆、龟兹径路，南强鄯善、于阗心胆，北捍匈奴，东近敦煌，如此诚便。"

尚书复问勇："利害云何？"勇对曰："昔永平之末，始通西域，初遣中郎将居敦煌，后置副校尉于车师，既为胡虏节度，又禁汉人不得有所侵扰，故外夷归心，匈奴畏威。今鄯善王尤还，汉人外孙，若匈奴得志，则尤还必死。此等虽同鸟兽，亦知避害，若出屯楼兰，足以招附其心，愚以为便。"

长乐卫尉镡显、廷尉綦毋参、司隶校尉崔据难曰："朝廷前所以弃西域者，以其无益于中国而费难供也。今车师已属匈奴，鄯善不可保信，一旦反覆，班将能保北虏不为边害乎？"勇对曰："今中国置州牧者，以禁郡县奸猾盗贼也。若州牧能保盗贼不起者，臣亦愿以要斩保匈奴之不为边害也。今通西域则虏势必弱，虏势弱则为患微矣；孰与归其府藏，续其断臂哉？今置校尉以捍抚西域，设长史以招怀诸国，若弃而不立，则西域望绝，望绝之后，屈就北虏，缘边之郡将受困害，恐河西城门必

汉安帝永宁元年（庚申，120年）

春季，三月十一日丁酉，济北惠王刘寿去世。

北匈奴率领车师后王军就一起杀害后部司马和敦煌郡长史索班等人，乘胜攻击赶走车师前王，控制了北道交通。鄯善被逼危急，向曹宗求救，曹宗因此请求派出五千军队进攻匈奴，以报复索班被杀的耻辱，趁机再次收回西域；大多数公卿认为应当关闭玉门关，与西域隔绝关系。邓太后听说军司马班勇有他父亲的风范，召他到朝堂询问。班勇上奏说："以前孝武帝担心匈奴强盛，于是开通西域，议论的人认为夺了匈奴府库，切断了匈奴右臂。光武帝中兴，来不及关注国外的事情，所以匈奴自恃强大，统率西域诸国；到了永平年间，他们又攻击敦煌、河西各郡，城门在白天都要关闭。孝明皇帝深虑国策，于是命令虎将出征西域，所以匈奴逃离到远方，边境得以安宁；到了永元年间，西域诸国没有不臣服于汉朝的。时逢羌人作乱，西域再次隔绝，北匈奴于是派人谴责各国，追讨积欠的贡赋，提升价值，严格规定时间，鄯善、车师都满怀怨愤，乐意侍奉汉朝，不知道怎么打开路子；以前之所以时常有叛离，都因为管理不当，反而使他们受害。现在，曹宗只是蒙受前次战败的耻辱，想要报复匈奴，而不思考过去出兵的因果，没有考虑当时战略得失。在边远之地求取战功，很难成功，如果连续用兵，战祸不断，就来不及后悔了。何况现在国库不足，军队出征，缺少后援，这是向远方夷族显出弱点，向海内暴露短处，臣认为不可答应。过去，敦煌郡有三百名营兵，现在应当恢复，重新设立西域副校尉，驻在敦煌，如同永元旧例。还应该派西域长史率领五百人驻守楼兰，西边正对着焉耆、龟兹的要道，南边增强了鄯善、于阗的信心和胆识，北边抵抗匈奴，东边靠近敦煌，这样是最可行的。"

尚书又问班勇："这事的优劣如何？"班勇回复说："从前在永平末年，开始打通西域，起初派中郎将住在敦煌，后来在车师国设副校尉，不只是控制胡人，也禁止汉人对外族的侵扰，所以外族诚心归顺，匈奴畏惧汉朝的威严。现在鄯善王尤还，是汉人的外孙，如果匈奴得志，那么尤还必被杀。这些人虽同于鸟兽，也知道避祸，如果屯兵楼兰，足以招抚他们归顺朝廷，我认为这样可行。"

长乐卫尉镡显、廷尉綦毋参、司隶校尉崔据责备说："朝廷从前所以抛弃西域，是因他无益于中原而且难以供应费用。现在车师已经臣属于匈奴，鄯善不可能担保守信用，一旦背叛，班将军能确保北匈奴不成为边界的祸害吗？"班勇回答说："现今中原设立州牧郡守等地方长官，就是要禁止郡县中的奸猾盗贼！如果州牧郡守能够保证盗贼不会起来作乱，臣甘愿接受腰斩的惩罚来保证匈奴不为边害。现在和西域通好，那么敌人的势力必然削减，敌人势力削弱，那么祸害就小了；这与把府库归还给匈奴，把已断续的右臂重新接起来相比较，哪一种有利呢？现在设置校尉用

须复有昼闭之儆矣！今不廓开朝廷之德而拘屯戍之费，若此，北虏遂炽，岂安边久长之策哉！”

太尉属毛轸难曰：“今若置校尉，则西域骆驿遣使，求索无厌，与之则费难供，不与则失其心，一旦为匈取所迫，当复求救，则为役大矣。”勇对曰：“今设以西域归匈奴，而使其恩德大汉，不为钞盗，则可矣。如其不然，则因西域租入之饶，兵马之众，以扰动缘边。是为富仇雠之财，增暴夷之势也。置校尉者，宣威布德，以系诸国内向之心而疑匈奴觊觎之情，而无费财耗国之虑也。且西域之人，无他求索，其来入者不过禀食而已；今若拒绝，势归北属夷虏，并力以寇并、凉，则中国之费不止十亿。置之诚便。”

于是从勇议，复敦煌郡营兵三百人，置西域副校尉居敦煌，虽复羁縻西域，然亦未能出屯。其后匈奴果数与车师共入寇钞，河西大被其害。

沈氐羌寇张掖。

夏，四月，丙寅，立皇子保为太子，改元，赦天下。

（以上为第四段，写班勇受命，重新开拓西域。）

己巳，绍封陈敬王子崇为陈王，济北惠王子苌为乐成王，河间孝王子翼为平原王。

六月，护羌校尉马贤将万人讨沈氐羌于张掖，破之，斩首千八百级，获生口千余人，余虏悉降。时当煎等大豪饥五等，以贤兵在张掖，乃乘虚寇金城，贤还军出塞，斩首数千级而还。烧当、烧何种闻贤军还，复寇张掖，杀长吏。

秋，七月，乙酉朔，日有食之。

冬，十月，己巳，司空李郃免。癸酉，以卫尉庐江陈褒为司空。

京师及郡国三十三大水。

十二月，永昌徼外掸国王雍曲调遣使者献乐及幻人。

戊辰，司徒刘恺请致仕；许之，以千石禄归养。

来捍卫安抚西域，设置长史用来招致各国归顺，如果抛弃而不置校尉，那么西域就会失望，失望之后，就屈服于北匈奴，沿边各郡将会受到困扰和伤害，恐怕河西的城门一定会又一次有白天关闭的警报！现在不推广朝廷的恩德而拘于屯兵防戍的费用，这样，北匈奴就会强大，哪里是安定边地的长久之计？”

太尉掾属毛轸责难说：“现在如果设立校尉，西域就会络绎不绝地派来使者，贪婪求索没有满足的时候，如果给他们，费用就会难以供应；不给他们，就会失去他们归顺的诚心，一旦被匈奴所逼迫，必会再向朝廷求助，那么所挑起的战役就大了。”班勇回答说：“现在如果把西域丢弃给匈奴，而使匈奴感恩大汉，不掠夺为盗，那还可以。如果不是这样，那么匈奴就会依靠西域的丰富租税、众多兵马，侵扰沿边各郡。这好比是增添了仇人的财富，增强了残暴异族的势力。设立校尉，宣扬声威，施舍恩德，以维系各国倾向汉朝之心，使匈奴窥伺汉朝的心意动摇，就没有花费钱财、虚耗国力的担心了。况且西域的人民没有其他需求，他们入关不过是想得到食物而已；现在如果拒绝他们，他们势必归顺北边的匈奴，合力侵扰并州、凉州，那么中原的费用就不只十亿了。设置校尉确实有利。”

于是毛轸接受班勇的建议，派敦煌郡三百名营兵，设置西域副校尉驻守敦煌，虽然再度笼络牵制西域，然而未能出屯楼兰。后来，匈奴果然数次与车师一起入侵劫掠边境，河西大受其害。

沈氐羌侵入张掖郡。

夏季，四月十一日丙寅，立皇子刘保为太子，改换年号，大赦天下。

四月十四日己巳，册封陈敬王的儿子刘崇为陈王，济北惠王的儿子刘苌为乐成王，河间孝王的儿子刘翼为平原王。

六月，护羌校尉马贤率领一万人在张掖郡征讨沈氐羌，击败他们，杀死一千八百人，俘虏一千多人，其余敌人全部归降。这时，当煎大酋长饥五等人，因马贤的军队在张掖郡，就乘虚侵入金城郡，马贤掉头出塞，杀了几千人返回。烧当羌、烧何族听说马贤的军队回去了，又侵犯张掖郡，杀死长吏。

秋季，七月初一日乙酉朔，发生日食。

冬季，十月十六日己巳，司空李郃被免职。十月二十日癸酉，任命卫尉庐江人陈褒为司空。

京师以及三十三个郡国发大水。

十二月，永昌郡界外的掸国王雍由调派使者进献乐工和魔术师。

十二月十六日戊辰，司徒刘恺请求退休，得到允许，赐予千石俸禄回家养老。

辽西鲜卑大人乌伦、其至鞬各以其众诣度辽将军邓遵降。

癸酉，以太常杨震为司徒。

是岁，郡国二十三地震。

太后从弟越骑校尉康，以太后久临朝政，宗门盛满，数上书太后，以为宜崇公室，自损私权，言甚切至，太后不从。康谢病不朝，太后使内侍者问之；所使者乃康家先婢，自通“中大人”，康闻而诟之。婢怨恚，还，白康诈疾而言不逊。太后大怒，免康官，遣归国，绝属籍。

初，当煎种饥五同种大豪卢忽、忍良等千余户别留允街，而首施两端。

（以上为第五段，写马贤征讨西羌。二十三郡国大水。邓太后堂弟越骑校尉邓康建言太后归政皇帝被罢官。）

建光元年（辛酉，121年）

春，护羌校尉马贤召卢忽，斩之，因放兵击其种人，获首虏二千余，忍良等皆亡出塞。

幽州刺史巴郡冯焕、玄菟太守姚光、辽东太守蔡讽等将兵击高句骊，高句骊王宫遣子遂成诈降而袭玄菟、辽东，杀伤二千余人。

二月，皇太后寝疾，癸亥，赦天下。三月，癸巳，皇太后邓氏崩。未及大敛，帝复申前命，封邓骘为上蔡侯，位特进。

丙午，葬和熹皇后。

太后自临朝以来，水旱十载，四夷外侵，盗贼内起，每闻民饥，或达旦不寐，躬自减彻以救灾厄，故天下复平，岁还丰穰。

上始亲政事，尚书陈忠荐隐逸及直道之士颍川杜根、平原成翊世之徒，上皆纳用之。忠，宠之子也。初，邓太后临朝，根为郎中，与同时郎上书言：“帝年长，宜亲政事。”太后大怒，皆令盛以缣囊，于殿上扑杀之，既而载出城外，根得苏；太后使人检视，根遂诈死，三日，目中生蛆，因得逃窜，为宜城山中酒家保，积十五年。成翊世以郡吏亦坐谏太后不归政抵罪。帝皆征诣公车，拜根侍御史，翊世尚书郎。或问根曰：“往者遇祸，天下同义，知故不少，何至自苦如此？”根曰：“周旋民间，非绝迹之处，邂逅发露，祸及亲知，故不为也。”

辽西郡鲜卑酋长乌伦、其至鞬各自率领部众向度辽将军邓遵归降。

十二月二十一日癸酉，任命太常杨震为司徒。

这一年，二十三个郡国发生地震。

邓太后的堂弟越骑校尉邓康，认为邓太后久临朝政，宗族满门做官，多次上书邓太后，建议尊重皇权，减少自己私权，言辞诚恳，邓太后不听从。邓康称病不上朝，邓太后派内侍问候邓康；派去的使者是邓康家原来的婢女，自我通报称为“中大人”，邓康听了就斥责她。婢女怨恨，回宫报告说邓康假装有病而且出言不善。邓太后大怒，免去邓康官职，遣送回封国，削去族籍，断绝血亲关系。

当初，当煎族饥五的同部大酋长卢忽、忍良等一千多户另留居允街县，像老鼠探头来回张望一般迟疑不决。

汉安帝建光元年（辛酉，121 年）

春季，护羌校尉马贤召见卢忽，杀死卢忽，派兵攻击卢忽的族人，俘杀两千多人，忍良等人都逃出了塞外。

幽州刺史巴郡人冯焕、玄菟郡太守姚光、辽东郡太守蔡讽等人率领军队攻击高句骊，高句骊王宫派儿子遂成假降而攻击玄菟郡、辽东郡，杀伤两千多人。

二月，邓太后生病，二月十二日癸亥，大赦天下。三月十三日癸巳，皇太后邓氏去世。尸体尚未来得及入棺，汉安帝重提前令，册封邓骘为上蔡侯，位居特进。

三月二十六日丙午，安葬和熹邓太后。

邓太后自临政以来，有十年水旱成灾，外有四夷侵入，内有盗贼兴起，每当邓太后听说百姓受饥，有时通宵不眠，亲自削减开支，以赈救灾民，所以天下再度太平，恢复丰收。

汉安帝开始亲自理政，尚书陈忠推荐隐逸和耿直端正的颍川人杜根、平原人成翊世等人，汉安帝全都接纳任用。陈忠是陈宠的儿子。当初，邓太后临朝听政，杜根身为郎中，与同时的郎官上奏说：“皇帝长大了，应亲临政事。”邓太后大怒，下令把杜根等人都装进丝袋，在殿上锤打他们至死，接着又把他们的尸体扔到城外，杜根得以苏醒；太后派人检视尸体，杜根装作已死，过了三天，眼里生蛆，才得以逃跑，在宜城县山中做酒保，达十五年。成翊世以郡吏身份，也因诤谏太后不归政而被论罪。汉安帝都用公车征召他们，任命杜根为侍御史，成翊世为尚书郎。有人问杜根说：“以前碰到祸患，天下人都尊敬你，有不少的知己至交，何至于使自己苦到这等地步？”杜根说：“辗转隐藏在民间，并不是没有人生活的偏僻之地，万一碰

戊申，追尊清河孝王曰孝德皇，皇妣左氏曰孝德后，祖妣宋贵人曰敬隐后。初，长乐太仆蔡伦受窦后讽旨诬陷宋贵人，帝敕使自致廷尉，伦饮药死。

夏，四月，高句骊复与鲜卑入寇辽东，蔡讽追击于新昌，战殁。功曹掾龙端、兵马掾公孙酺以身捍讽，俱殁于陈。

丁巳，尊帝嫡母耿姬为甘陵大贵人。

甲子，乐成王苌坐骄淫不法，贬为芜湖侯。

己巳，令公卿下至郡国守相各举有道之士一人。尚书陈忠以诏书既开谏争，虑言事者必多激切，或致不能容，乃上疏豫通广帝意曰："臣闻仁君广山薮之大，纳切直之谋，忠臣尽謇谔之节，不畏逆耳之害，是以高祖舍周昌桀、纣之譬，孝文喜袁盎人豕之讥，武帝纳东方朔宣室之正，元帝容薛广德自刎之切。今明诏崇高宗之德，推宋景之诚，引咎克躬，咨访群吏。言事者见杜根、成翊世等新蒙表录，显列二台，必承风响应，争为切直。若嘉谋异策，宜辄纳用；如其管穴，妄有讥刺，虽苦口逆耳，不得事实，且优游宽容，以示圣朝无讳之美；若有道之士对问高者，宜垂省览，特迁一等，以广直言之路。"书御，有诏，拜有道高第士沛国施延为侍中。

初，汝南薛包，少有至行，父娶后妻而憎包，分出之。包日夜号泣，不能去，至被驱扑，不得已，庐于舍外，旦入洒扫。父怒，又逐之，乃庐于里门，晨昏不废。积岁余，父母惭而还之。及父母亡，弟子求分财异居；包不能止，乃中分其财，奴婢引其老者，曰："与我共事久，若不能使也。"田庐取其荒顿者，曰："吾少时所治，意所恋也。"器物取朽败者，曰："我素所服食，身口所安也。"弟子数破其产，辄复赈给。帝闻其名，令公车特征，至，拜侍中。包以死自乞，有诏赐告归，加礼如毛义。

（以上为第六段，写邓太后驾崩，汉安帝亲政，下诏求贤。）

上熟人认出，则行迹败露，祸及亲友知己，所以不肯这么做。”

三月二十八日戊申，追尊清河孝王为孝德皇，母亲左氏为孝德后，祖母宋贵人为敬隐后。最初，长乐宫太仆蔡伦受窦后之旨诬害宋贵人，汉安帝敕令蔡伦自己到廷尉狱中，蔡伦饮毒药而死。

夏季，四月，高句骊又与鲜卑人侵犯辽东郡，蔡讽追击至新昌县，阵亡。功曹掾龙端、兵马掾公孙酺用身体护卫蔡讽，一同阵亡。

四月初七日丁巳，尊汉安帝的嫡母耿姬为甘陵大贵人。

四月十四日甲子，乐成王刘苌因骄奢淫逸而又犯法，被论罪，贬为芜湖侯。

四月十九日己巳，命令公卿以下到郡太守、侯国相各推举一名有德行的人。尚书陈忠认为诏书既然征求直谏，考虑到进言的人必定会有许多激励之辞，以至于皇上不能容忍，于是上书预先疏通汉安帝的心意说：“臣听说仁君像高山大湖一样有博大的气量，采取恳切正直的议谋，忠臣要尽到赴难直谏的操守，不怕触怒龙颜的灾祸。所以汉高祖不追究周昌把自己比作桀、纣的譬喻，孝文帝高兴听到袁盎以人彘的故事讥讽他专宠慎夫人，汉武帝采纳东方朔不可在宣室正殿设酒宴的劝谏，汉元帝容忍薛广德以自杀相迫强谏皇帝不宜乘船。现在要下严明的诏书必须遵循殷高宗武丁的品德，推崇宋景公的诚心，自己承认错误，向群臣询问意见。谏言国事的人看见杜根、成翊世等人刚刚蒙受表扬录用，显耀地在尚书台、御史台任职，必然会闻风响应，争相进献恳诚正直之言。如果是好的谋略，就采纳；如果是浅陋之言，随意讥刺，虽然是苦口逆耳，却不合事实，也姑且对他们大度包容，以显示朝廷无所隐讳的美德。如果有道之士有高深的见解，陛下应当亲自披阅，特别晋升一等，广开直言进谏之路。”奏书呈上，汉安帝下诏，任命有道义而考试成绩优秀的沛国人施延为侍中。

当初，汝南人薛包从小就有很好的德行，父亲娶后妻，憎恨薛包，让他分居。薛包日夜哭泣，不忍离开，以致被殴打，不得已，薛包只好在屋外盖了一间庐舍住下，早晨回家洒扫。父亲很生气，又赶他走，于是在里门盖庐舍居住，早晚请安，从不间断。一年有余，父母羞愧而让薛包回家。等到父母去世，兄弟子侄要求分家别居，薛包不能禁止，于是平分家财，自己留下老年奴婢，说：“与我共同生活久了，你们不能差使他们。”田地房舍挑选荒废了的，说：“这是我年轻时经营的，有留恋之情。”器物挑选破烂的，说：“我一向使用它们，用起来顺手。”兄弟子侄多次破产，薛包又总是救济他们。汉安帝听到薛包的事迹，命令公车特别征召他。薛包到了京师，被任命为侍中。薛包以死请求不做官，下诏书准许他回家，按照汉章帝对待毛义一样优待他。

帝少号聪明，故邓太后立之。及长，多不德，稍不可太后意；帝乳母王圣知之。太后征济北、河间王子诣京师；河间王子冀，美容仪，太后奇之，以为平原怀王后，留京师。王圣见太后久不归政，虑有废置，常与中黄门李闰、江京候伺左右，共毁短太后于帝，帝每怀忿惧。及太后崩，宫人先有受罚者怀怨恚，因诬告太后兄弟悝、弘、阊先从尚书邓访取废帝故事，谋立平原王。帝闻，追怒，令有司奏悝等大逆无道，遂废西平侯广宗、叶侯广德、西华侯忠、阳安侯珍、都乡侯甫德皆为庶人，邓骘以不与谋，但免特进，遣就国；宗族免官归故郡，没入骘等赀财田宅。徙邓访及家属于远郡，郡县迫逼，广宗及忠皆自杀。又徙封骘为罗侯；五月，庚辰，骘与子凤并不食而死。骘从弟河南尹豹、度辽将军舞阳侯遵、将作大匠畅皆自杀；唯广德兄弟以母与阎后同产，得留京师。复以耿夔为度辽将军，征乐安侯邓康为太仆。丙申，贬平原王翼为都乡侯，遣归河间。翼谢绝宾客，闭门自守，由是得免。

初，邓后之立也，太尉张禹、司徒徐防欲与司空陈宠共奏追封后父训，宠以先世无奏请故事，争之，连日不能夺；及训追加封谥，禹、防复约宠俱遣子奏礼于虎贲中郎将骘，宠不从；故宠子忠不得志于邓氏。骘等败，忠为尚书，数上疏陷成其恶。

大司农京兆朱宠痛骘无罪遇祸，乃肉袒舆榇上疏曰：“伏惟和熹皇后圣善之德，为汉文母。兄弟忠孝，同心忧国，社稷是赖；功成身退，让国逊位，历世贵戚，无与为比，当享积善履谦之佑。而横为宫人单辞所陷，利口倾险，反乱国家，罪无申证，狱不讯鞠，遂令骘等罹此酷陷，一门七人，并不以命，尸骸流离，冤魂不反，逆天感人，率土丧气。宜收还冢次，宠树遗孤，奉承血祀，以谢亡灵。”宠知其言切，自致廷尉；陈忠复劾奏宠，诏免官归田里。众庶多为骘称枉者，帝意颇悟，乃谴让州郡，还葬骘等于北芒，诸从兄弟皆得归京师。

帝以耿贵人兄牟平侯宝监羽林左军车骑；封宋杨四子皆为列侯，宋氏为卿、校、侍中大夫、谒者、郎吏十余人；阎皇后兄弟显、景、耀，

汉安帝小时候，大家都称他聪明，所以邓太后立他做皇帝。等到长大，汉安帝的德行很不好，略使邓太后失望。汉安帝的奶妈王圣知道这事。邓太后征召济北王、河间王的儿子到京城。河间王的儿子刘翼容仪俊美，邓太后特别喜欢，作为平原怀王的后嗣，把他留在京师。王圣见太后许久不归还政权，担虑有废置之举，常常与中黄门李闰、江京在汉安帝左右服侍，向汉安帝说邓太后的坏话，汉安帝常常感到怨恨和恐惧。等到邓太后去世，那些先前受到惩罚而怀恨的宫人，趁机诬告邓太后的兄弟邓悝、邓弘、邓阊先前听从尚书邓访废掉安帝的旧事，谋议改立平原王。汉安帝听了，回忆往事而大怒，命令有关官员奏明邓悝等人大逆无道，于是废除西平侯邓广宗、叶侯邓广德、西华侯邓忠、阳安侯邓珍、都乡侯邓甫德的爵位，把他们都贬为庶人。邓骘因为没有参与议谋，只免除特进，送回封国。邓氏宗族被免职回乡，没收邓骘等人的资产田宅。将邓访和他的亲属迁到边远郡县，郡县官吏逼迫他们，邓广宗和邓忠都自杀。又改封邓骘为罗侯；五月初一日庚辰，邓骘和儿子邓凤都绝食而死。邓骘的堂弟河南尹邓豹、度辽将军舞阳侯邓遵、将作大匠邓畅也都自杀；唯有邓广德兄弟因为母亲和阎皇后是姊妹，得以留在京师。重新任命耿夔为度辽将军，征召乐安侯邓康为太仆。五月十七日丙申，贬平原王刘翼为都乡侯，遣回河间。刘翼谢绝宾客，闭门自守，才得以免祸。

当初，邓太后被立为皇后，太尉张禹、司徒徐防想和司空陈宠共同奏请追封邓皇后的父亲邓训，陈宠因为前代没有这类事例，争议了几天都无法决定；等到邓训追加封谥，张禹、徐访又约陈宠，都派儿子向虎贲中郎将邓骘送礼，陈宠没有接受；所以陈宠的儿子陈忠在邓氏当权时不得志。邓骘等人失势，陈忠为尚书，屡次上疏，诬陷他们作恶。

大司农京兆人朱宠痛惜邓骘无罪而遭祸，于是裸露上身，抬着棺材，上书说："臣认为和熹邓皇后有圣善美德，就像汉朝的文王之母。她的兄弟忠孝同心，为国操劳，是社稷的依靠。功成身退，辞让封国爵位，历代的贵戚，没有可以与之相比的，应享有积善谦让的福佑才是。然而，他们却遭到宫人片面之词的陷害，利舌尖口最为险恶，危害国家，罪行没有确切证据，也不调查审讯，就使邓骘等人遭受这样残酷的陷害，一家七人都死于非命，尸骨流离，冤魂不散，逆天之行，令人痛心，普天之下都为之哀伤。应当收尸还归故土安葬，加宠封立遗留下来的孤儿，奉祀香火，以慰亡灵。"朱宠知道他的话过于激切，自己到廷尉等待处罚；陈忠又弹劾朱宠，下诏免官归家。大多数人都认为邓骘冤枉，汉安帝才稍有悔悟，于是谴责州郡，把邓骘等人归葬到北芒山，邓氏的堂兄弟都得以回到京城。

汉安帝派耿贵人的哥哥牟平侯耿宝监领羽林左军车骑；册封外曾祖宋杨的四个儿子为列侯，宋氏一族做卿、校尉、侍中大夫、谒者、郎吏的有十几人；阎皇后的

并为卿、校，典禁兵。于是内宠始盛。

帝以江京尝迎帝于邸，以为京功，封都乡侯，封李闰为雍乡侯，闰、京并迁中常侍。京兼大长秋，与中常侍樊丰、黄门令刘安、钩盾令陈达及王圣、圣女伯荣扇动内外，竞为侈虐；伯荣出入宫掖，传通奸赂。司徒杨震上疏曰："臣闻政以得贤为本，治以去秽为务；是以唐、虞俊乂在官，四凶流放，天下咸服，以致雍熙。方今九德未事，嬖幸充庭。阿母王圣，出自贱微，得遭千载，奉养圣躬，虽有推燥居湿之勤，前后赏惠，过报劳苦，而无厌之心不知纪极，外交属托，扰乱天下，损辱清朝，尘点日月。夫女子、小人，近之喜，远之怨，实为难养。宜速出阿母，令居外舍，断绝伯荣，莫使往来；令恩德两隆，上下俱美。"奏御，帝以示阿母等，内幸皆怀忿恚。

而伯荣骄淫尤甚，通于故朝阳侯刘护从兄瓌，瓌遂以为妻，官至侍中，得袭护爵。震上疏曰："经制，父死子继，兄亡弟及，以防篡也。伏见诏书，封故朝阳侯刘护再从兄瓌袭护爵为侯；护同产弟威，今犹见在。臣闻天子专封，封有功；诸侯专爵，爵有德。今瓌无他功行，但以配阿母女，一时之间，既位侍中，又至封侯，不稽旧制，不合经义，行人喧哗，百姓不安。陛下宜鉴镜既往，顺帝之则。"尚书广陵翟酺上疏曰："昔窦、邓之宠，倾动四方，兼官重绂，盈金积货，至使议弄神器，改更社稷，岂不以势尊威广以致斯患乎！及其破坏，头颡堕地，愿为孤豚，岂可得哉！夫致贵无渐，失必暴；受爵非道，殃必疾。今外戚宠幸，功均造化，汉元以来未有等比。陛下诚仁恩周洽，以亲九族，然禄去公室，政移私门，覆车重寻，宁无摧折！此最安危之极戒，社稷之深计也。昔文帝爱百金于露台，饰帷帐于皂囊，或有讥其俭者，上曰：'朕为天下守财耳，岂得妄用之哉！'今自初政以来，日月未久，费用赏赐，已不可算。敛天下之财，积无功之家，帑藏单尽，民物雕伤，卒有不虞，复当重赋，百姓怨叛既生，危乱可待也。愿陛下勉求忠贞之臣，诛远佞谄之党，割情欲之欢，罢宴私之好，心存亡国所以失之，鉴观兴王所以得之，庶灾害可息，丰年可招矣。"书奏，皆不省。

（以上为第七段，写汉安帝报复诸舅，贬杀邓氏兄弟，汉安帝乳母王圣、亲信宦官江京等一帮贪婪小人得势。）

兄弟阎显、阎景、阎耀都做了卿、校尉，掌管禁卫军队。于是，汉安帝的内宠开始兴旺。

汉安帝因为江京曾经到清河王邸迎接自己，认为江京有功，封为都乡侯，封李闰为雍乡侯，李闰、江京都迁职为中常侍。江京兼任大长秋，和中常侍樊丰、黄门令刘安、钩盾令陈达，以及王圣、王圣的女儿伯荣煽动内外大臣，争相奢华暴虐；伯荣出入宫廷，传达奸情贿赂。司徒杨震上疏说："臣听说政事以得到贤才为根本，治国以铲除污秽为主旨；因此，唐尧、虞舜以有俊德的人担任官职，流放了四个有大罪的人，以致天下顺从，人人和乐。现在有九种高尚品德的人没有被任用，佞幸小人充满朝廷。乳母王圣出身低贱，遇到千年难逢的机会，奉养圣上，虽有克己待人的勤劳，前后赏赐的恩惠，已超过她应得的回报，然而贪得无厌，不知足，与外朝交接，为人请托，干扰天下，使清明的朝廷受到损害和污垢，使日月受到玷污。女子和小人，接近她们，她们就得意；疏离她们，她们就抱怨，实在难以伺候。应尽快让乳母王圣出宫，命令她住到外面去，隔绝与伯荣的往来，使皇上的恩德在宫廷内外得到兴盛，上下和睦。"奏章呈上后，汉安帝拿给王圣等人看，内宠们都心怀愤恨。

而伯荣最为骄奢，和已故朝阳侯刘护的堂兄刘瓌通奸，刘瓌娶她为妻，官做到侍中，得以继承刘护的爵位。杨震上疏说："正常的制度是父死子继，兄亡弟及，以预防篡位。臣看到诏书，册封已故朝阳侯刘护的堂兄刘瓌承袭刘护的爵位为侯，而刘护的同母弟弟刘威，如今还健在。臣听说天子有封爵的权力，封给有功之人；诸侯有任命官员的权力，任命有德的人。现在刘瓌没有其他功劳德行，只是娶了皇上保姆的女儿，一时之间，他不仅官至侍中，而且得以封侯，不符原有制度，不合经典大义，民众议论纷纷，百姓不安。陛下应当以史为鉴，遵照顺从先帝的法则。"尚书广陵人翟酺上疏说："从前窦氏、邓氏被宠，权倾天下，身兼数职，掌握好几颗印信，累积钱财，甚至干预政权，更换皇帝，难道不是因为权势太重、威望太高而导致了这些祸害？等到他们败亡，人头落地，想当一只猪崽也不可能了！大凡富贵不是循序渐进得到的，失去的必然很快；官爵不是通过正道得来的，祸殃必然迅速来临。现在外戚得到宠幸，所受之禄与创造国家的皇室相等，汉代以来还没有谁能和他们相比。陛下实在是仁义恩德普施，亲近九族，然而朝廷已经不能控制禄位，政权移到私人手上，重蹈前人覆辙，怎能不垮台？这已达到最危险的警戒线，是国家的深远大计。过去，汉文帝爱惜财物而停建露台，收集臣子送奏章的黑色绸袋做成帷帐，有人讥笑他太节约，汉文帝说：'朕为天下保守钱财，岂能随便浪费？'现在，自从皇上亲政以来，时间不长，费用和赏赐却已无法算计。搜括天下财富，堆积到无功的家庭，国库枯竭，民生凋敝，突然发生变故，又要加重赋税，百姓愤恨的情绪已经产生，危难会随时到来。但愿陛下尽力访求忠臣贤士，诛杀和疏远谄媚

秋，七月，己卯，改元，赦天下。

壬寅，太尉马英薨。

烧当羌忍良等，以麻奴兄弟本烧当世嫡，而校尉马贤抚恤不至，常有怨心，遂相结，共胁将诸种寇湟中，攻金城诸县。八月，贤将先零种击之，战于牧苑，不利。麻奴等又败武威、张掖郡兵于令居，因胁将先零、沈氏诸种四千余户缘山西走，寇武威。贤追到鸾鸟，招引之，诸种降者数千，麻奴南还湟中。

甲子，以前司徒刘恺为太尉。初，清河相叔孙光坐臧抵罪，遂增禁锢二世。至是，居延都尉范邠复犯臧罪，朝廷欲依光比；刘恺独以“《春秋》之义，善善及子孙，恶恶止其身，所以进人于善也。如今使臧吏禁锢子孙，以轻从重，惧及善人，非先王详刑之意也。”陈忠亦以为然。有诏：“太尉议是。”

鲜卑其至鞬寇居庸关。九月，云中太守成严击之，兵败，功曹杨穆以身捍严，与之俱殁；鲜卑于是围乌桓校尉徐常于马城。度辽将军耿夔与幽州刺史庞参发广阳、渔阳、涿郡甲卒救之，鲜卑解去。

戊子，帝幸卫尉冯石府，留饮十余日，赏赐甚厚，拜其子世为黄门侍郎，世弟二人皆为郎中。石，阳邑侯鲂之孙也，父柱尚显宗女获嘉公主，石袭公主爵，为获嘉侯，能取悦当世，故为帝所宠。

京师及郡国二十七雨水。

冬，十一月，己丑，郡国三十五地震。

鲜卑寇玄菟。

尚书令祋讽等奏，以为“孝文定约礼之制，光武皇帝绝告宁之典，贻则万世，诚不可改，宜复断大臣行三年丧”。尚书陈忠上疏曰：“高祖受命，萧何创制，大臣有宁告之科，合于致忧之义。建武之初，新承大乱，凡诸国政，多趣简易，大臣既不得告宁而群司营禄念私，鲜循三年之丧以报顾复之恩者，礼义之方，实为凋损。陛下听大臣终丧，圣功美业，靡以尚兹。《孟子》曰：‘老吾老以及人之老，幼吾幼以及人之幼，天下可

的小人，割去情欲的欢乐，停止私宴的贪好，时常想到亡国的原因，借鉴创业之君昌盛的经验，这样就可以消灾除害，导致丰年。”奏章呈上后，汉安帝不理睬。

秋季，七月初一日己卯，改换年号，大赦天下。

七月二十四日壬寅，太尉马英去世。

烧当羌忍良等人认为麻双兄弟本是烧当酋长的嫡亲后代，而校尉马贤抚慰不够，常有怨心，于是互相勾结，共同强迫羌人各部侵入湟中，进攻金城郡各县。八月，马贤率领先零羌攻击他们，在牧苑作战，没有获利。麻奴等人又在令居县击败武威郡、张掖郡的官军，于是裹胁先零、沈氐各部四千多户沿着祁连山西行，侵入武威郡。马贤追击到鸾鸟县，招降引诱他们，各部归降的有几千人，麻奴往南退还湟中。

七月十六日甲子，任命前任司徒刘恺为太尉。当初，清河国的宰相叔孙光犯贪赃罪，于是皇上加刑，使其两代子孙被管制不得做官。现在，居延都尉范邠又犯贪赃罪，朝廷想要比照叔孙光加以处分。唯独刘恺认为：“《春秋》的大义，报赏善行应延及子孙，惩罚罪行只限于自身，为的是鼓励人们向善。如今，对贪赃者的子孙也加以禁锢，将轻罪重判，使善人也害怕，这不是先王详察用刑的本意。”陈忠也认为是这样。汉安帝下诏：“太尉说的有道理。”

鲜卑酋长其至鞬侵入居庸关。九月，云中郡太守成严攻击鲜卑，战败，功曹杨穆用身体保卫成严，一起阵亡；于是鲜卑人在马城县包围乌桓校尉徐常。度辽将军耿夔和幽州刺史庞参调动广阳郡、渔阳郡、涿郡的官军去援助徐常，鲜卑人解围退去。

九月十日戊子，汉安帝到卫尉冯石家，吃住十几天，赏赐很多，任命冯石的儿子冯世为黄门侍郎，冯世的两个弟弟都任命为郎中。冯石是阳邑侯冯鲂的孙子，父亲冯柱娶显宗的女儿获嘉公主为妻，冯石继承公主爵位，为获嘉侯，能得到当世人欢心，所以受到汉安帝宠幸。

京师及二十七个郡国降雨不止。

冬季，十一月十二日己丑，三十五个郡国发生地震。

鲜卑人侵犯玄菟郡。

尚书令祋讽等人上奏，认为：“孝文帝定下俭约礼仪的制度，光武帝不允许臣僚因父母去世而长期休假，留下万世遵守的法则，实在不可改变，应该重申停止大臣守三年丧的规定。”尚书陈忠上疏说：“高祖接受天命，萧何创立法制，大臣有守三年之丧的规定，合乎哀伤大义。建武初年，正是大乱之后，种种国政，大多趋于简单，大臣既不坚持三年之丧，而百官又追求功名利禄，很少有人遵守三年丧期以报答父母养育恩情，礼义的常道，实际上在衰弱。陛下听任大臣服完丧期，这是圣明

运于掌。’臣愿陛下登高北望，以甘陵之思揆度臣子之心，则海内咸得其所。”时宦官不便之，竟寝忠奏。庚子，复断二千石以上行三年丧。

袁宏论曰：古之帝王所以笃化美俗，率民为善，因其自然而不夺其情，民犹有不及者，而况毁礼止哀，灭其天性乎！

十二月，高句骊王宫率马韩、濊貊数千骑围玄菟，夫余王遣子尉仇台将二万余人与州郡并力讨破之。是岁，宫死，子遂成立。玄菟太守姚光上言，欲因其丧，发兵击之，议者皆以为可许。陈忠曰：“宫前桀黠，光不能讨，死而击之，非义也。宜遣使吊问，因责让前罪，赦不加诛，取其后善。”帝从之。

（以上为第八段，写二十七郡国大雨，三十五郡国地震，西羌、鲜卑、高句骊侵扰，国家多事。）

延光元年（壬戌，122 年）

春，三月，丙午，改元，赦天下。

护羌校尉马贤追击麻奴，到湟中，破之，种众散遁。

夏，四月，京师、郡国四十一雨雹，河西雹大者如斗。

幽州刺史冯焕、玄菟太守姚光数纠发奸恶，怨者诈作玺书，谴责焕、光，赐以欧刀，又下辽东都尉庞奋，使速行刑。奋即斩光，收焕。焕欲自杀，其子绲疑诏文有异，止焕曰：“大人在州，志欲去恶，实无他故。必是凶人妄诈，规肆奸毒。愿以事自上，甘罪无晚。”焕从其言，上书自讼，果诈者所为，征奋，抵罪。

癸巳，司空陈褒免。五月，庚戌，宗正彭城刘授为司空。

己巳，封河间孝王子德为安平王，嗣乐成靖王后。

六月，郡国蝗。

秋，七月，癸卯，京师及郡国十三地震。

高句骊王遂成还汉生口，诣玄菟降，其后濊貊率服，东垂少事。

君王最美好的功业，没有任何功业可以超过这三年之丧的大礼。《孟子》说：‘尊敬自己的老人并推广到尊敬别人的老人，爱护自己的儿女并推广到爱护别人的儿女，天下就在掌控之中了。’臣希望陛下登高北望，以怀念甘陵的心思（指对皇上生父刘庆的怀念之情），揣度臣子的心意，那么天下人各得其所。”当时宦官认为对他们不利，就搁置了陈忠的奏章。十一月二十三日庚子，重新决定二千石以上的官员守三年丧。

袁宏认为：古代帝王之所以能深厚教化，美化风俗，引导人民向善，是因为能顺其自然而不剥夺情感，尽管如此，人民还有达不到的地方，何况是毁坏礼制、禁止哀情，灭绝天性呢？

十二月，高句骊王宫率领马韩、濊貊数千骑兵袭击玄菟郡。夫余王派儿子尉仇台率领二万多人与州郡合力打败入侵的敌人。这一年，宫死，儿子遂成继位。玄菟太守姚光上言，想趁其大丧，派兵攻占他们，议事的人都认为可以。陈忠说：“高句骊王宫以前桀骜狡黠，姚光不能征伐，现在趁高句骊王宫去世而去攻占高句骊，不合义理。应该派使者吊问，趁机斥责高句骊以前的罪过，赦免而不诛罚，求取日后的善报。”汉安帝采纳了。

汉安帝延光元年（壬戌，122 年）

春季，三月初二日丙午，改换年号，大赦天下。

护羌校尉马贤追击麻奴到湟中，打败了麻奴，其部落四处逃走。

夏季，四月，京师和四十一个郡国下冰雹，河西地区的冰雹像斗一样大。

幽州刺史冯焕、玄菟太守姚光多次揭露奸恶，仇恨冯焕、姚光的人用欺诈手段制作皇帝的诏书，斥责冯焕、姚光，赐予刑刀，又下令辽东都尉庞奋，迅速执行刑罚。庞奋立即杀了姚光，拘捕冯焕。冯焕想自杀，他的儿子冯绲怀疑诏书有假，阻止冯焕说：“您在州府时，立志要除去恶人，实在没有其他事故，一定是恶人妄自造假，奸人严密而大胆策划的毒计。希望能就此事亲自上书，再受罚也不晚。”冯焕听从了儿子的话，上书争辩，果然是诈骗者所为，征召庞奋，判处罪刑。

四月十九日癸巳，司空陈褒被免职。五月初七日庚戌，任命宗正彭城人刘授为司空。

五月二十六日己巳，册封河间孝王的儿子刘德为安平王，以为乐成靖王的后嗣。

六月，有郡国发生蝗灾。

秋季，七月初一日癸卯，京师以及十三个郡国发生地震。

高句骊王遂成送还汉人和牲畜，到玄菟归附，后来，濊貊跟着也顺服了，于是

虔人羌与上郡胡反，度辽将军耿夔击破之。

八月，阳陵园寝火。

九月，甲戌，郡国二十七地震。

鲜卑既累杀郡守，胆气转盛，控弦数万骑，冬，十月，复寇雁门、定襄；十一月，寇太原。

烧当羌麻奴饥困，将种众诣汉阳太守耿种降。

是岁，京师及郡国二十七雨水。

帝数遣黄门常侍及中使伯荣往来甘陵，尚书仆射陈忠上疏曰："今天心未得，隔并屡臻，青、冀之域，淫雨漏河，徐、岱之滨，海水盆溢，兖、豫蝗蝝滋生，荆、扬稻收俭薄，并、凉二州羌戎叛戾，加以百姓不足，府帑虚匮。陛下以不得亲奉孝德皇园庙，比遣中使致敬甘陵，朱轩骈马，相望道路，可谓孝至矣。然臣窃闻使者所过，威权翕赫，震动郡县，王、侯、二千石至为伯荣独拜车下，发民修道，缮理亭传，多设储偫，征役无度，老弱相随，动有万计，赂遗仆从，人数百匹，顿踣呼嗟，莫不叩心。河间托叔父之属，清河有陵庙之尊，及剖符大臣，皆猥为伯荣屈节车下，陛下不问，必以为陛下欲其然也。伯荣之威，重于陛下，陛下之柄，在于臣妾，水灾之发，必起于此。昔韩嫣托副车之乘，受驰视之使，江都误为一拜，而嫣受欧刀之诛。臣愿明主严天元之尊，正乾刚之位，不宜复令女使干错万机。重察左右，得无石显漏泄之奸？尚书纳言，得无赵昌谮崇之诈？公卿大臣，得无朱博阿傅之援？外属近戚，得无王凤害商之谋？若国政一由帝命，王事每决于己，则下不得逼上，臣不得干君，常雨大水必当霁止，四方众异不能为害。"书奏，不省。

时三府任轻，机事专委尚书，而灾眚变咎，辄切免三公，陈忠上疏曰："汉兴旧事，丞相所请，靡有不听。今之三公，虽当其名而无其实，选举诛赏，一由尚书，尚书见任，重于三公，陵迟以来，其渐久矣。臣忠心常独不安。近以地震，策免司空陈褒，今者灾异，复欲切让三公。昔孝成皇帝以妖星守心，移咎丞相，卒不蒙上天之福，徒乖宋景之诚；故知是非之分，较然有归矣。又尚书决事，多违故典，罪法无例，诋欺

东面边境平安。

虔人羌和上郡胡人反叛，度辽将军耿夔打败了反叛者。

八月，阳陵陵园失火。

九月，甲戌日（疑误），二十七个郡国发生地震。

鲜卑已经多次杀害郡守，胆量越来越大，有几万挽弓的骑兵，冬季，十月，又侵犯雁门、定襄；十一月，进军太原。

烧当羌麻奴饥馑困乏，率领各部向汉阳太守耿种归降。

这一年，京师及二十七个郡国降雨不止。

汉安帝几次派黄门常侍和中使伯荣往来甘陵，尚书仆射陈忠上疏说："现在上天还没有回心转意，水灾旱灾连续发生；青州、冀州，大雨不停，堤防崩溃；徐州、泰山的沿海地区，海水倒溢；兖州、豫州蝗虫繁生；荆州、扬州稻谷歉收；并州、凉州，羌戎背叛；加上百姓穷困，国库耗尽。陛下以为不能亲自侍奉孝德皇的园陵寝庙，常常派中使到甘陵进香，朱红色的车辆，并驾的骏马跑在道路上，前后相望，可以说是最好的孝道。但臣私下听说：使者所过之处，威权显赫，惊动郡县，王、侯、二千石的官员都要在车下拜见伯荣，征发民夫修路，修理驿站，多设仓廪，充实储备物资，没有限度地征发劳役，老弱相接，动辄以万计；行贿给中使及伯荣的随从，每人就要花费几百匹帛；（走投无路的小民）呼天抢地，痛彻心扉，哀号之声，叩击心灵。河间王是陛下的叔父，清河王国内有陛下父母的陵庙和陛下的亲信大臣，他们都屈服在伯荣车下，陛下不过问，他们必定以为陛下是希望如此。伯荣的威望，比陛下还重，陛下的大权陷入臣妾手中。如今水灾的发生，必定是这个原因。过去韩嫣乘坐天子的副车，担任巡视的使命，江都王误以为天子向他下拜，而韩嫣受到刑刀诛杀。臣希望圣明的君王应严肃天子的尊严，摆正君权的地位，不应再命令女使参与朝政。严格监察左右亲信，没有石显攻击陈咸泄露机密的奸情。尚书进言，没有赵昌毁谤郑崇的奸谋。公卿大臣，没有朱博依附傅喜的例子。外戚亲侍，没有王凤伤害王商的阴谋。如果朝政一概由皇上颁布，大事都由自己决定，那么，下臣不得胁迫皇上，臣子不得干预君主。久雨大水必会停止，四方的种种怪异不能继续为害。"奏章呈上后，汉安帝不理睬。

这时三府没有实权，机要事务专付尚书，而灾变过失却归咎于三公，陈忠上疏说："汉朝旧制，丞相的建议，没有不听的。现在的三公虽然接受了名号而没有实际的职权，选拔举荐人才，诛杀奖赏的人事大权，都由尚书来办，尚书被任用，职权超过三公。衰弱的情形由来已久。臣陈忠时常深感不安。近来因为地震，下令免掉司空陈褒，现在出现灾变，又想责怪三公。以前，孝成皇帝因为彗星徘徊在心宿附近，归咎于丞相，最终还是不能蒙受上天的赐福，只不过是违背了宋景公的一片诚

为先，文惨言丑，有乖章宪。宜责求其意，割而勿听，上顺国典，下防威福，置方员于规矩，审轻重于衡石，诚国家之典，万世之法也！”

（以上为第九段，写四十一郡国冰雹。尚书仆射陈忠上奏汉安帝抑制群小，尊重三公九卿大臣以息灾害。）

汝南太守山阳王龚，政崇宽和，好才爱士。以袁阆为功曹，引进郡人黄宪、陈蕃等；宪虽不屈，蕃遂就吏。阆不修异操而致名当时，蕃性气高明，龚皆礼之，由是群士莫不归心。

宪世贫贱，父为牛医。颍川荀淑至慎阳，遇宪于逆旅，时年十四；淑竦然异之，揖与语，移日不能去，谓宪曰：“子，吾之师表也。”既而前至袁阆所，未及劳问，逆曰：“子国有颜子，宁识之乎？”阆曰：“见吾叔度耶？”是时同郡戴良，才高倨傲，而见宪未尝不正容，及归，罔然若有失也。其母问曰：“汝复从牛医儿来邪？”对曰：“良不见叔度，自以为无不及；既睹其人，则瞻之在前，忽然在后，固难得而测矣。”陈蕃及同郡周举尝相谓曰：“时月之间，不见黄生，则鄙吝之萌复存乎心矣。”太原郭泰，少游汝南，先过袁阆，不宿而退；进，往从宪，累日方还。或以问泰，曰：“奉高之器，譬诸氿滥，虽清而易挹。叔度汪汪若千顷陂，澄之不清，淆不之浊，不可量也。”宪初举孝廉，又辟公府。友人劝其仕，宪亦不拒之，暂到京师，即还，竟无所就，年四十八终。

范晔论曰：黄宪言论风旨，无所传闻；然士君子见之者靡不服深远，去玼吝，将以道周性全，无德而称乎！余曾祖穆侯以为：“宪，隤然其处顺，渊乎其似道，浅深莫臻其分，清浊未议其方，若及门于孔氏，其殆庶乎！”

（以上为第十段，写名士黄宪的器量风采。）

二年（癸亥，123 年）

春，正月，旄牛夷反，益州刺史张乔击破之。

夏，四月，戊子，爵乳母王圣为野王君。

北匈奴连与车师入寇河西，议者欲复闭玉门、阳关以绝其患。敦煌

心。所以，是非的分界，显然分明。而且尚书决断大事，大多违反旧典，不遵守前例而判刑，总是诋毁欺骗，言辞恶毒，信口雌黄，违背法典。应当探求原意，断绝不听，对上可依从法典，对下可预防被人利用作威作福，运用方矩和圆规去画方和圆，用权衡和量器去称量轻重与体积大小，这才是国家的标准、万代的法则。”

汝南太守山阳人王龚，理政崇尚宽和，喜好人才贤士。以袁阆为功曹，引进郡中人士黄宪、陈蕃等人。黄宪虽不顺从，但陈蕃最终接受做官。袁阆不标奇立异，但在当世颇有名气；陈蕃性格爽朗，王龚都以礼节对待他们，因此，士人没有不倾心于王龚的。

黄宪家世贫贱，父亲是牛医。颍川人荀淑到了慎阳，在旅途中遇见黄宪，黄宪当年十四岁；荀淑大为惊异，作揖交谈，久久不能离开，荀淑对黄宪说：“你真是我的表率。”接着前往袁阆的住所，来不及寒暄，就问：“你的国家有颜回，你认识么？”袁阆说：“看到了我们的叔度（黄宪的字）吗？”当时同郡有个戴良，居才自傲，但见到黄宪不得不端正容貌，等到回来，若有所失。戴良的母亲问他：“你又从牛医的儿子那里来吗？”戴良回答说：“我没有见到叔度以前，自以为没人能比得上自己，自从看到他，好像他在前面，忽然又出现在后面，实在难以猜度。”陈蕃和同郡人周举曾经互相说：“只要有一段时间没有见到黄生，卑鄙可耻的想法就会再次萌发于心中。”太原人郭泰年轻时到汝南游历，最先拜访袁阆，不过夜就离开。后来又去拜访黄宪，好几天才返回。有人请郭泰解释，郭泰说：“奉高（袁阆的字）的器量好像泉水的支流，虽然清澈见底，但是容易舀取。叔度却好像千顷波涛，无法使它澄清，但也无法使它混浊，不可度量。”黄宪最初被推荐为孝廉，又被三公府署征召。朋友劝黄宪做官，黄宪也不拒绝，只是在京师短暂停留，随即就回去了，最终也没有就职，四十八岁去世。

范晔评论说：“黄宪的言论和见解，没有什么传闻。然而，士人君子见到他，无不佩服他的深谋远虑，扫除了头脑中的污秽念头，以求道德周备、心性完美，道德至大无可比拟所以无法称名！我的曾祖父穆侯范汪认为：‘黄宪，以柔和顺应时代，所具道义如同深渊，不可测度，深浅无法估量，清浊都不能干扰他的心田。即使孔门弟子，也不过如此。’”

汉安帝延光二年（癸亥，123年）

春季，正月，旄牛夷反叛，益州刺史张乔打败他们。

夏季，四月二十日戊子，册封乳母王圣为野王君。

北匈奴联合车师入侵河西，有人议论要再次关闭玉门关、阳关，断绝外患。敦

太守张珰上书曰：“臣在京师，亦以为西域宜弃，今亲践其土地，乃知弃西域则河西不能自存。谨陈西域三策：北虏呼衍王常展转蒲类、秦海之间，专制西域，共为寇钞。今以酒泉属国吏士二千余人集昆仑塞，先击呼衍王，绝其根本，因发鄯善兵五千人胁车师后部，此上计也。若不能出兵，可置军司马，将士五百人，四郡供其犁牛、谷食，出据柳中，此中计也。如又不能，则宜弃交河城，收鄯善等悉使入塞，此下计也。”朝廷下其议。陈忠上疏曰：“西域内附日久，区区东望扣关者数矣，此其不乐匈奴、慕汉之效也。今北虏已破车师，势必南攻鄯善，弃而不救，则诸国从矣。若然，则虏财贿益增，胆势益殖，威临南羌，与之交通，如此，河西四郡危矣。河西既危，不可不救，则百倍之役兴，不訾之费发矣。议者但念西域绝远，恤之烦费，不见孝武苦心勤劳之意也。方今敦煌孤危，远来告急；复不辅助，内无以慰劳吏民，外无以威示百蛮，蹙国减土，非良计也。臣以为敦煌宜置校尉，按旧增四郡屯兵，以西抚诸国。”帝纳之，于是复以班勇为西域长史，将兵五百人出屯柳中。

秋，七月，丹阳山崩。

九月，郡国五雨水。

冬，十月，辛未，太尉刘恺罢；甲戌，以司徒杨震为太尉，光禄勋东莱刘熹为司徒。大鸿胪耿宝自候震，荐中常侍李闰兄于震曰：“李常侍国家所重，欲令公辟其兄；宝唯传上意耳。”震曰：“如朝廷欲令三府辟召，故宜有尚书敕。”宝大恨而去。执金吾阎显亦荐所亲于震，震又不从。司空刘授闻之，即辟此二人；由是震益见怨。时诏遣使者大为王圣修第；中常侍樊丰及侍中周广、谢恽等更相扇动，倾摇朝廷。震上疏曰：“臣伏念方今灾害滋甚，百姓空虚，三边震扰，帑藏匮乏，殆非社稷安宁之时。诏书为阿母兴起第舍，合两为一，连里竟街，雕修缮饰，穷极巧伎，攻山采石，转相迫促，为费巨亿。周广、谢恽兄弟，与国无肺府枝叶之属，依倚近幸奸佞之人，与之分威共权，属托州郡，倾动大臣，宰司辟召，承望旨意，招来海内贪污之人，受其货赂，至有臧锢弃世之徒，复得显用；白黑浑淆，清浊同源，天下讙哗，为朝结讥。臣闻师言，上之所取，财尽则怨，力尽则叛，怨叛之人，不可复使，惟陛下度之！”上不听。

煌太守张珰上书说："臣在京城时，也认为应当抛弃西域，现在亲自到了这儿，才知道抛弃西域则河西就不能自保。谨呈献关于西域的三个策略：北匈奴呼衍王常辗转蒲类、秦海一带，专门控制西域，共同犯境抢夺。现在派酒泉属国吏士两千多人聚集昆仑塞，先进攻呼衍王，断绝匈奴的根本，然后派鄯善军队五千人威吓车师后部，这是上策。如果不能出兵，可以设立军司马，统领五百将士，四个郡供给他们犁、牛和粮食，出关占领柳中，这是中策。如果还不能，就应当抛弃交河城，把鄯善等全部迁移塞内，这是下策。"朝廷讨论他的决策。陈忠上疏说："西域内附已久，向东盼望，多次请求进关，这是他们不喜欢匈奴、敬慕汉朝的明证。现在，北匈奴已经攻破车师，势必向南攻打鄯善，如果抛开不救，各国就会顺服北匈奴。这样，敌人的财货就会日益增多，胆识和势力日益扩大，威吓南部羌人，和他们交通往来，这样，河西四郡就危险万分了。河西要有危险，不能不救，势必发动百倍的劳役，耗费不计其数的财货。发表议论的人只想到西域非常遥远，耗资很多，却未看到孝武帝经营的苦心。现在敦煌孤独危险，从远方前来告急，又不帮助，对内无法安抚（守边的）吏民，对外无法向各族显露威信，减少国土，不是良策。臣认为，敦煌应当设置校尉，按惯例增派四郡的屯垦军队，用以安慰西边的各国。"汉安帝接受了。于是，再次派班勇做西域长史，率领五百人驻守柳中。

秋季，七月，丹阳山崩塌。

九月，五个郡国降雨不止。

冬季，十月初六日辛未，太尉刘恺被免职；十月初九日甲戌，以司徒杨震为太尉，光禄勋东莱人刘熹为司徒。大鸿胪耿宝亲自向杨震推荐中常侍李闰的哥哥说："李常侍深受朝廷推重，想要使公侯征辟他的哥哥，我只是传达上面的意思罢了。"杨震说："如果朝廷想要命令三公府征召，应当有尚书敕令。"耿宝怀恨离开。执金吾阎显也向杨震推荐亲友，杨震又不接受。司空刘授听了，立即征辟二人；于是杨震更被怨恨。当时下诏派使者为王圣大修宅第；中常侍樊丰和侍中周广、谢恽等人互相勾结，惊动朝野。杨震上疏说："臣考虑现在灾害日益深重，百姓贫穷，三面边境告危，国库空虚，不是国家安宁之际。诏书要替皇上的乳母兴修大宅，合两坊的街市建成为一姓的住宅，两坊相连，占了一整条街，雕刻装饰，穷尽人间工艺，凿山采石，辗转威逼，耗费巨亿。周广、谢恽兄弟，与皇家没有亲属关系，甚至连枝叶都算不上，依赖奸佞小人，共窃权柄，请托州郡，制约大臣，三公征召，承顺意旨，招徕天下贪官污吏，接受贿赂，甚至那些因贪赃而被剥夺政治权利受世人唾弃的人，又再次被重用；黑白颠倒，清浊同源，天下喧哗，给朝廷引来讥讽。我听先师说：上面的人把财货取用竭尽了，就会引起民众怨恨；耗费民力，民众就会背叛，心怀怨恨背叛的民众，是不可以再驱使的。请陛下度量。"汉安帝不听。

鲜卑其至鞬自将万余骑攻南匈奴于曼柏，薁鞬日逐王战死，杀千余人。

十二月，戊辰，京师及郡国三地震。

陈忠荐汝南周燮、南阳冯良学行深纯，隐居不仕，名重于世；帝以玄纁羔币聘之，燮宗族更劝之曰："夫修德立行，所以为国，君独何为守东冈之陂乎？"燮曰："夫修道者度其时而动，动而不时，焉得亨乎！"与良皆自载至近县，称病而还。

（以上为第十一段，写匈奴入侵车师，朝廷主张闭玉门关弃西域之声再度鹊起，尚书令陈忠严厉驳斥，诏令班勇为西域长史，驻屯柳中。）

三年（甲子，124 年）

春，正月，班勇至楼兰，以鄯善归附，特加三绶，而龟兹王白英犹自疑未下；勇开以恩信，白英乃率姑墨、温宿，自缚诣勇，因发其兵步骑万余人到车师前王庭，击走匈奴伊蠡王于伊和谷，收得前部五千余人，于是前部始复开通；还，屯田柳中。

二月，丙子，车驾东巡。辛卯，幸泰山。三月，戊戌，幸鲁；还，幸东平，至东郡，历魏郡、河内而还。

初，樊丰、周广、谢恽等见杨震连谏不从，无所顾忌，遂诈作诏书，调发司农钱谷、大匠见徒材木，各起冢舍、园池、庐观，役费无数。震复上疏曰："臣备台辅，不能调和阴阳，去年十二月四日，京师地动，其日戊辰；三者皆土，位在中宫，此中臣、近官持权用事之象也。臣伏惟陛下以边境未宁，躬自菲薄，宫殿垣屋倾倚，枝拄而已。而亲近幸臣，未崇断金，骄溢逾法，多请徒士，盛修第舍，卖弄威福，道路讙哗，地动之变，殆为此发。又，冬无宿雪，春节未雨，百僚焦心，而缮修不止，诚致旱之征也。惟陛下奋乾刚之德，弃骄奢之臣，以承皇天之戒！"震前后所言转切，帝既不平之，而樊丰等皆侧目愤怨，以其名儒，未敢加害。会河间男子赵腾上书指陈得失，帝发怒，遂收考诏狱，结以罔上不道。震上疏救之曰："臣闻殷、周哲王，小人怨詈，则还自敬德。今赵腾所坐，激讦谤语，为罪与手刃犯法有差，乞为亏除，全腾之命，以诱刍荛舆人之言。"帝不听，腾竟伏尸都市。及帝东巡，樊丰等因乘舆在外，竞修第宅，太尉部掾高舒召大匠令史考校之，得丰等所诈下诏书，具奏，

鲜卑人其至鞬亲自率领一万多骑兵到曼柏攻打南匈奴，薁鞬日逐王战死，杀了一千多人。

十二月初四日戊辰，京师和三个郡国发生地震。

陈忠推荐汝南人周燮、南阳人冯良，称赞他们学识高深，品行端正，隐居不当官，名重一时。汉安帝用黑色绸缎、羔羊、钱币聘请他们。周燮的宗族劝诫他：“修德立行，是为了治国，你为什么要独守东山的坡田？”周燮说：“修治道德的人因时而动，时机不成熟，怎么行得通？”周燮和冯良都自己坐车到就近县府，假称有病，然后回家。

汉安帝延光三年（甲子，124年）

春季，正月，班勇到楼兰，因为鄯善归附，特别赠赐鄯善王有三条绶带的王印。而龟兹王白英仍然犹豫不决。班勇用恩德、信义引导，白英才率领姑墨、温宿的国王，捆着自己双臂，向班勇归降。于是班勇调遣龟兹等国的一万多步兵、骑兵到车师前王庭，在伊和谷赶跑了匈奴伊蠡王，收编了车师前部的五千多人，于是车师前部才再度开通。班勇得胜回师，在柳中屯驻。

二月十三日丙子，汉安帝东巡。二月二十八日辛卯，巡幸泰山。三月初五日戊戌，巡幸鲁国；在返回途中巡幸东平国，经过东郡，到达魏郡、河内，然后回到京城。

当初，樊丰、周广、谢恽等人看到杨震连上奏章，汉安帝不理睬，于是无所顾忌，假造诏书，调度司农掌管的国库钱粮、将作大臣掌管的工人和建材，各自起建巨宅、园池、亭台楼阁，耗费无数。杨震又上疏说：“臣身为皇帝的三公辅佐，不能协调阴阳，去年十二月初四日，京城地震，这一天是戊辰日；地震与干支三者都属土，位在中宫，这是内臣近侍弄权用事的征兆。臣考虑到陛下因为边境不安宁，亲自节约，宫殿墙屋倾斜了，仅仅用柱子支撑而已。而身边被宠幸的臣子，却不遵行断金之义，不与主上同心，骄奢淫逸，超越礼制法度，大量征调囚徒军士，大修宅第，炫耀权威，社会上的民众议论纷纷，地震的原因应在于此。而且，冬天没有积雪，春天没有下雨，百官焦急，而大建宅第不止，实在是造成旱灾的征兆。唯望陛下振奋帝王阳刚的独断精神，抛弃骄奢的宠臣，用来回应上天的警告。”杨震前后所上奏章的言辞变得越来越激烈，汉安帝终于有些忍受不了，樊丰等人全都对他侧目怒视，因为他是有名的儒者，不敢伤害。时逢河间男子赵腾上书分析批评朝廷政治得失，汉安帝大怒，于是收捕他到诏狱审讯，以欺君罔上大逆不道定罪。杨震上疏救援赵腾说：“臣听说殷周的明哲君主，如果小民怨恨咒骂，君主就反躬自省，培养

须行还上之，丰等惶怖。会太史言星变逆行，遂共谮震云："自赵腾死后，深用怨怼；且邓氏故吏，有恚恨之心。"壬戌，车驾还京师，便时太学，夜，遣使者策收震太尉印绶；震于是柴门绝宾客。丰等复恶之，令大鸿胪耿宝奏："震大臣，不服罪，怀恚望。"有诏，遣归本郡。震行至城西夕阳亭，乃慷慨谓其诸子、门人曰："死者，士之常分。吾蒙恩居上司，疾奸臣狡猾而不能诛，恶嬖女倾乱而不能禁，何面目复见日月！身死之日，以杂木为棺，布单被，裁足盖形，勿归冢次，勿设祭祀！"因饮鸩而卒。弘农太守移良承樊丰等旨，遣吏于陕县留停震丧，露棺道侧，谪震诸子代邮行书；道路皆为陨涕。

（以上为第十二段，写群小陷害太尉杨震。）

太仆征羌侯来历曰："耿宝托元舅之亲，荣宠过厚，不念报国恩，而倾侧奸臣，伤害忠良，其天祸亦将至矣。"历，歙之曾孙也。

夏，四月，乙丑，车驾入宫。

戊辰，以光禄勋冯石为太尉。

南单于檀死，弟拔立，为乌稽侯尸逐鞮单于。时鲜卑数寇边，度辽将军耿夔与温禺犊王呼尤徽将新降者连年出塞击之，还使屯列冲要。耿夔征发烦剧，新降者皆怨恨，大人阿族等遂反，胁呼尤徽欲与俱去。呼尤徽曰："我老矣，受汉家恩，宁死，不能相随！"众欲杀之，有救者，得免。阿族等遂将其众亡去。中郎将马翼与胡骑追击，破之，斩获殆尽。

日南徼外蛮夷内属。

六月，鲜卑寇玄菟。

庚午，阆中山崩。

秋，七月，辛巳，以大鸿胪耿宝为大将军。

（以上为第十三段，写南匈奴叛离。）

恩德。现在赵腾所犯之罪，不过是措辞激烈，造成诽谤，这罪与持刀杀人的犯法有所差别，乞求减免罪行，保全赵腾的性命，以诱导乡野小民进言。”汉安帝不听，赵腾终被处死，横尸街头。等到汉安帝东巡，樊丰等人趁机争相修建宅第，太尉部掾高舒召来将作大臣的属吏，进行拷问核查，得到了樊丰等人伪造的诏书，一一写好奏章，只等汉安帝回来奏上，樊丰等人害怕了。正好太史说星辰变化逆行，于是共同毁谤杨震说：“自从赵腾死后，杨震非常怨恨；况且杨震又是邓氏以前的官吏，有仇恨之心。”三月二十九日壬戌，汉安帝回到京城，车驾停留在太学休息，以待吉日入宫。晚上派使者没收了杨震的太尉印绶；杨震于是闭门谢客。樊丰等人又陷害他，要大鸿胪耿宝上奏：“杨震身为大臣，不服罪过，心怀怨恨。”又颁下诏书，遣送杨震回故乡本郡。杨震行至城西的夕阳亭，悲切慷慨地对儿子和门徒说：“死，是士人的正常遭遇。我蒙受皇恩，位居高官，痛恨奸臣狡猾而不能诛杀；厌恶淫妇作乱而不能阻止，有什么面目再见日月？我死时用杂木做棺材，用单层麻布遮盖尸身，只要能够盖住尸身就行了，不要送回祖宗墓地，不要设立祭祀！”于是饮毒酒而死。弘农太守移良奉承樊丰等人的意旨，派官吏到陕西留停杨震的棺木，棺木露天摆在道路旁边，贬谪杨震的儿子代替驿吏传递文书，路上的人为他们流泪悲伤。

太仆征羌侯来历说：“耿宝是皇上的嫡亲舅父，荣耀宠幸过分，不思报答国恩，而投靠奸臣，伤害忠臣良士，上天降给他的灾难就要来临了。”来历是来歙的曾孙。

夏季，四月初二日乙丑，汉安帝回宫。

四月初五戊辰，任命光禄勋冯石为太尉。

南匈奴单于檀去世，弟弟拔继位，是为乌稽侯尸逐鞮单于。当时鲜卑数次侵入边境，度辽将军耿夔与温禺犊王呼尤徽率领刚归降的部落，连年出塞袭击鲜卑，回来后，安置呼尤徽的部落在要冲屯防。耿夔征调的人力物力频繁而量大，刚归降的部落都很仇恨，酋长阿族等人于是叛乱，胁迫呼尤徽和他们一起离开。呼尤徽说：“我老了，受汉室皇恩，宁愿死，也不愿追随你们！”众人想杀掉他，有人相救，才得以免死。阿族等人于是率领他们的部众逃走。中郎将马翼和胡人骑兵追赶，打败他们，把他们几乎全部杀光。

日南郡境外的蛮夷归顺。

六月，鲜卑人侵犯玄菟郡。

六月初八日庚午，阆中县发生山崩。

秋季，七月辛巳日［八月二十日辛巳］，任命大鸿胪耿宝为大将军。

王圣、江京、樊丰等谮太子乳母王男、厨监邴吉等，杀之，家属徙比景；太子思男、吉，数为叹息。京、丰惧有后害，乃与阎后妄造虚无，构谗太子及东宫官属。帝怒，召公卿以下，议废太子。耿宝等承旨，皆以为当废。太仆来历与太常桓焉、廷尉犍为张皓议曰："经说，年未满十五，过恶不在其身；且男、吉之谋，太子容有不知；宜选忠良保傅，辅以礼义。废置事重，此诚圣恩所宜宿留！"帝不从。焉，郁之子也。张皓退，复上书曰："昔贼臣江充造构谗逆，倾覆戾园，孝武久乃觉寤，虽追前失，悔之何及。今皇太子方十岁，未习保傅之教，可遽责乎！"书奏，不省。九月，丁酉，废皇太子保为济阴王，居于德阳殿西钟下。来历乃要结光禄勋祋讽、宗正刘玮、将作大匠薛皓、侍中闾丘弘、陈光、赵代、施延、太中大夫九江朱伥等十余人，俱诣鸿都门证太子无过。帝与左右患之，乃使中常侍奉诏胁群臣曰："父子一体，天性自然；以义割恩，为天下也。历、讽等不识大典，而与群小共为讙哗，外见忠直，而内希后福，饰邪违义，岂事君之礼！朝廷广开言路，故且一切假贷；若怀迷不反，当显明刑书。"谏者莫不失色。薛皓先顿首曰："固宜如明诏。"历怫然，廷诘皓曰："属通谏何言，而今复背之？大臣乘朝车，处国事，固得辗转若此乎！"乃各稍自引起。历独守阙，连日不肯去。帝大怒。尚书令陈忠与诸尚书遂共劾奏历等，帝乃免历兄弟官，削国租，黜历母武安公主不得会见。

陇西郡始还狄道。

烧当羌豪麻奴死，弟犀苦立。

庚申晦，日有食之。

冬，十月，上行幸长安；十一月，乙丑，还雒阳。

是岁，京师及诸郡国二十三地震，三十六大水、雨雹。

（以上为第十四段，写王圣、江京集团谗害太子刘保，太子被废为济阴王。）

王圣、江京、樊丰等人诬害太子乳母王男、厨监邴吉等，杀死他们，家属流放比景。太子思念王男、邴吉，多次为他们叹息。江京、樊丰害怕后患，就与阎后捏造证据，陷害太子和东宫官员。汉安帝愤怒，召集公卿以下的官员，谋议废除太子。耿宝等人奉承旨意，都认为应当废除。太仆来历和太常桓焉、廷尉犍为人张皓建议说："经书说，不足十五岁的人，有错不在他自己；况且王男、邴吉的计谋，太子或许不知道；应当选择忠诚贤良的少保、少傅，教育礼义。废置太子是重大的事情，这应是圣上恩德所应留意的。"汉安帝不听。桓焉是桓郁的儿子。张皓退朝，又上书说："从前，贼臣江充假造证据，陷害皇太子刘据，犯下欺君之罪，废除了皇太子，孝武帝过很久才觉悟，虽然追悔以前的错误，后悔都来不及。现在皇太子才十岁，没有受过少保、少傅的教导，能重加责备吗？"奏章呈上，汉安帝不理睬。九月初七日丁酉，废除皇太子刘保为济阴王，居住在德阳殿西侧钟楼下。来历就集合光禄勋祋讽，宗正刘玮，将作大匠薛皓，侍中闾丘弘、陈光、赵代、施延，太中大夫九江人朱伥等十几人，一起到鸿都门证明太子没有错误。汉安帝和左右臣子忧虑这事，就派中常侍拿着诏书，威吓群臣说："父子一体，是自然本性；用大义割断恩情，是为了天下。来历、祋讽等人不识大体，却和小人共同议论纷纷，表面上忠诚耿直，内心不过是希望谋求日后的福祉，掩藏邪恶，违反大义，岂是侍奉君主的礼法？朝廷广开言路，所以暂且一概宽恕；如果执迷不悟，就要明正刑罚！"进谏的人莫不害怕失色。薛皓先叩头说："就按照圣明诏书办吧。"来历怒形于色，当廷责问薛皓说："大家一起进谏时是怎么说的？而现在却要违背？大臣乘坐朝车，处理国家大事，怎么能反复无常竟至如此呢？"但是其他官员陆续退出朝外。来历独自守在宫阙，接连几天不肯离去。汉安帝生气，尚书令陈忠和各尚书就一起弹劾来历等人，汉安帝就免去来历兄弟的官职，夺走封国的租赋，罢黜来历的母亲武安公主，不准入宫觐见。

陇西郡治所迁回狄道县。

烧当羌酋长麻奴去世，立弟弟犀苦为酋长。

九月三十日庚申晦，发生日食。

冬季，十月，汉安帝巡视长安；十一月初六日乙丑回到洛阳。

这一年，京师和二十三个郡国发生地震，三十六个郡国发生大水，下冰雹。

【点评】

本卷点评下列四事。

一、袁敞蒙冤。袁敞字叔平，汝南郡汝阳县人。汉汝阳在今河南商水县西南。汝南袁氏是东汉著名经学传世的世家大族。袁敞父袁安，袁敞兄子袁汤，袁汤子袁逢、袁隗，五人皆位三公，史称四世三公。袁敞精通《易经》，历官将军、大夫、侍中，出为东郡太守，征拜太仆、光禄勋，元初三年（116）为司空。袁敞仕和帝、安帝两朝，德高望重，为国之干城。他品性刚正廉洁，不阿权贵，大将军邓骘深为不满，想方设法抓袁敞的辫子。一个偶然事件使袁敞落入陷阱。尚书郎张俊要举奏两位同僚尚书郎朱济、丁盛品行不修，两人抓住张俊与袁敞儿子袁俊有私交通信，朱济、丁盛恶人先告状，诬陷张俊泄露国家机密，把张俊、袁俊一并打入死囚牢中。袁敞被罢官，自杀。张俊上疏申辩，邓太后下诏减死一等。邓太后为了维护外戚权势，容不下贤士立于朝。邓太后临朝，在位三公，张禹、尹勤、梁鲔、徐防、张敏、李修、司马苞、马英等，都是庸才。断送西域、征讨西羌屡败的任尚，因趋附邓氏而不被罢黜。邓太后所得贤名，无非是提倡节俭，平反几桩冤案，有谦让之风而已。袁敞蒙冤，彰显了邓氏外戚的跋扈，也预示了邓氏的灭亡。

二、杜根避祸有智慧。尚书郎杜根因上书邓太后劝其归政皇帝，遭到捕杀，抛尸城外，杜根只是休克昏死，复苏后诈死，三天三夜不吃不喝不动，乃至眼中生蛆，这才躲过了检查人员的眼睛，得以逃亡山中，在一家客栈做杂活。杜根艰苦生活了十五年，直至邓太后死，安帝亲政后才出山，安帝征用其为侍御史。有人问杜根，天下的人都愿意保护你，为何跑到山中吃苦？杜根回答："躲藏在民间亲友中，一旦暴露，株连亲友，我杜根不做这样的事。"杜根的选择是绝佳的避祸方法。秦始皇通缉张耳、陈馀，张耳、陈馀两人逃到谁也不认识的外黄县，找了一个村庄当看门人，躲过了劫难。东汉末张俭逃亡，祸及万家。杜根躲到深山，藏身酒家，智慧高人一等。这智慧来源于杜根不愿株连亲友的高尚品德。

三、名士黄宪的器量风采。黄宪，字叔度，汝南郡慎阳县人。汉慎阳县治在今河南正阳县北。黄宪出生在一个贫困的牛医之家，没有条件入名门受教大师。他年十四就知名当时，汝南太守王龚征召当地名士为郡吏，袁阆、陈蕃应召为郡功曹，黄宪不就征，于是名气越来越大。当时的学问泰斗，颍川荀淑称赞黄宪是当代颜渊，可以当他的老师，太原郭林宗造访称赞黄宪的学问气度如同汪洋大海，深不可测。同郡戴良，恃才傲物，自比是当世孔子，大禹转世，谁也看不起，可是见了黄宪，甘拜下风，失魂落魄，称赞黄宪高不可攀。但是黄宪没有留下一言一行可为后世效法的事迹。黄宪何以有如此大的名声呢？一是他不苟言笑，使人莫测高深。二是他安贫乐道，一辈子不做官。假名士做不到，真名士也很少有这等境界。郭林宗有学

问，但不做官，与天下士子交游被奉为领袖。名士们需要互相标榜，还需要树立一尊雕像供人膜拜，黄宪大名也就由此得来了。

四、安帝废太子。安帝长子刘保，李妃所生。安帝皇后阎氏无子，妒忌李氏，杀之。安帝永宁元年（120），刘保六岁，被立为皇太子。安帝为清河王刘庆妃耿氏所生，耿氏兄耿宝，牟平侯耿舒之孙。安帝入继大统即位为皇帝，耿宝为帝舅，任大将军。耿宝趋附皇后，与中常侍樊丰和江京、安帝乳母王圣、皇后兄阎显等结为同党，借故害死太子乳母王男、太子厨监邴吉。然后称太子怨恨，请安帝废太子。这是皇后阎氏在背后策划的一场不流血的宫廷政变，废储君太子为自己的未来清除障碍。安帝延光三年（124），安帝不顾大臣谏阻，强行废太子刘保为济阴王。第二年安帝崩，阎皇后与阎显兄弟及中常侍江京、樊丰等册立济北王刘寿之幼子北乡侯为皇帝，史称少帝。阎皇后被尊为太后，临朝。阎显兄弟妒忌大将军耿宝，以耿宝与樊丰、王圣结党为名，予以诛杀，乱了自己同盟，为废太子济阴王复辟奠定基础。少帝立，半年后夭亡，阎太后与阎显兄弟还想如法炮制，征济北王、河间王幼子入京，还没到达，中黄门孙程等抢先发动宫廷政变，拥立济阴王刘保即位，是为顺帝，阎显一党伏诛。

光武帝废嫡立贤，乱了宗法。明帝刘庄为光武帝第四子，此后章帝刘炟为明帝第五子，和帝刘肇为章帝第四子，而安帝则是诸侯王子入继大统，故安帝不费力气就废了太子。阎皇后又开了诸侯王子入继大统的先例，导致宫廷政变、宦官得势的局面。东汉一朝有五位诸侯王子入继大统：安帝刘祜，北乡侯刘懿，质帝刘缵，桓帝刘志，灵帝刘宏。东汉一朝有七位太后临朝：明德马皇后，章德窦皇后，和熹邓皇后，安思阎皇后，顺烈梁皇后，桓思窦皇后，灵思何皇后。以上七位皇后，尊为皇太后后皆临朝，其中邓太后、阎太后、梁太后、窦太后四位太后均贪权立幼，外戚势盛。幼君年长，依靠宦官夺权，宦官势盛。于是东汉宫廷政变，流血的与不流血的事件不断发生，中央政局动荡不宁。究其所以，光武帝自乱宗法，开了恶例；三公权轻，无法制衡内宫，此为光武帝过度集权之弊。安帝废太子及其后果，把光武帝肇启的两大政治积弊彰显无遗。

汉纪四十三

汉安帝延光四年至汉顺帝阳嘉二年（125—133年）

【起旃蒙赤奋若（乙丑，125年），尽昭阳作噩（癸酉，133年），凡九年】

【大事提要】

本卷记事起公元125年，讫公元133年，凡九年，当安帝延光四年至顺帝阳嘉二年，载顺帝一朝前期史事。顺帝在位十九年，国家多事，史分两卷。顺帝为皇太子被废，借宦官之力得以即位，宦官孙程等十九人皆封为侯，由此，宦官势力炽盛。阎太后临朝，阎氏兄弟共掌权要，威福自专而庸劣无才，阎太后贪权立幼，策立年幼的北乡侯刘懿入继大统，半年后病亡，阎氏根基不牢，顷刻倒台。顺帝亲政，欲有一番作为，征召名士及敢言之士上书言事。受征士人郎𫖮上疏言七事，皆有益于国。尚书令左雄建言延长地方官任期，少调动以省送往迎来之费，加大考核力度以清吏治。名士樊英徒有虚名，受朝廷征召而无奇策善言。司马光认为此等浮华之士乃少正卯之流，应加诛辟，何以征召。顺帝才劣，近于昏庸。西域用兵，敦煌太守张朗违反军令冒进，侥幸立功受赏，西域长史班勇克期进兵受罚，顺帝赏罚错位。司隶校尉虞诩惩奸被下狱。李固、马融、张衡等人对策，建言裁减宦官，宦官子弟不得入仕，提倡孝悌之礼，重民生，使百姓能养育妻子，社会自然和谐，顺帝皆不纳。

【原文】

孝安皇帝下

延光四年（乙丑，125 年）

春，二月，乙亥，下邳惠王衍薨。

甲辰，车驾南巡。

三月，戊午朔，日有食之。

庚申，帝至宛，不豫。乙丑，帝发自宛；丁卯，至叶，崩于乘舆。年三十二。

皇后与阎显兄弟、江京、樊丰等谋曰："今晏驾道次，济阴王在内，邂逅公卿立之，还为大害。"乃伪云"帝疾甚"，徙御卧车，所在上食、问起居如故。驱驰行四日，庚午，还宫。辛未，遣司徒刘熹诣郊庙、社稷，告天请命；其夕，发丧。尊皇后曰皇太后。太后临朝。以显为车骑将军、仪同三司。太后欲久专国政，贪立幼年，与显等定策禁中，迎济北惠王子北乡侯懿为嗣。济阴王以废黜，不得上殿亲临梓宫，悲号不食；内外群僚莫不哀之。

甲戌，济南孝王香薨，无子，国绝。

乙酉，北乡侯即皇帝位。

夏，四月，丁酉，太尉冯石为太傅，司徒刘熹为太尉，参禄尚书事；前司空李郃为司徒。

阎显忌大将军耿宝位尊权重，威行前朝，乃风有司奏"宝及其党与中常侍樊丰、虎贲中郎将谢恽、侍中周广、野王君王圣、圣女永等更相阿党；互作威福，皆大不道"。辛卯，丰、恽、广皆下狱，死；家属徙比景。贬宝及弟子林虑侯承皆为亭侯，遣就国；宝于道自杀。王圣母、子徙雁门。于是以阎景为卫尉，耀为城门校尉，晏为执金吾，兄弟并处权要，威福自由。

己酉，葬孝安皇帝于恭陵，庙曰恭宗。

九［六］月，乙巳，赦天下。

秋，七月，西域长史班勇发敦煌、张掖、酒泉六千骑及鄯善、疏勒、车师前部兵击后部王军就，大破之，获首虏八千余人，生得军就及匈奴持节使者，将至索班没处斩之，传首京师。

冬，十月，丙午，越巂山崩。

【语译】

孝安皇帝下

汉安帝延光四年（乙丑，125年）

春季，二月，乙亥日（疑误），下邳惠王刘衍去世。

二月十七日甲辰，汉安帝南巡。

三月初一日戊午朔，发生日食。

三月初三日庚申，汉安帝巡幸，到达宛城，身体不舒服。三月初八日乙丑，汉安帝从宛城出发；三月初十日丁卯，到达叶县，死在轿内，终年三十二岁。

皇后和阎显兄弟、江京、樊丰等人谋划说："现在皇上在半道上去世，济阴王在京城内，万一公卿立他为帝，回去将有大祸。"于是伪称"皇上病得厉害"，把尸体搬进卧车，每天的进食、起居问安，一如既往。疾速前行了四天，三月十三日，回到宫中。十四日，派司徒刘熹到郊庙、社稷，告天祈福；当晚，发丧。尊皇后为皇太后。阎太后临朝听政。以阎显为车骑将军，权位比照三公。阎太后想长期专断国政，欲立一个幼小的国君，和阎显等人在宫中谋划策略，迎接济北惠王的儿子北乡侯刘懿做继承人。济阴王于是被废掉，不能到殿上亲自哭奠安帝，悲伤号哭，不进食；朝廷内外没有不悲痛的。

三月十七日甲戌，济南孝王刘香去世，没有儿子，废除封国。

三月二十八日乙酉，北乡侯刘懿即皇帝位。

夏季，四月十一日丁酉，太尉冯石任太傅，司徒刘熹任太尉，管理宫廷机要。前任司空李郃任司徒。

阎显顾忌大将军耿宝位尊权重，在前朝很有权威，于是暗示有关官员进奏："耿宝和同党中常侍樊丰、虎贲中郎将谢恽、侍中周广、野王君王圣、王圣的女儿王永等人互相勾结，作威作福，不合正道。"四月初五日丁卯，樊丰、谢恽、周广都被下狱处死，家属被流放到比景。耿宝和他的侄儿林虑侯耿承，都被贬降为亭侯，遣返封国；耿宝在中途自杀。王圣母子被流放到雁门。于是命阎景为卫尉，阎耀为城门校尉，阎晏为执金吾，兄弟共掌机要，作威作福，为所欲为。

四月二十三日己酉，将孝安皇帝安葬在恭陵，庙号恭宗。

［六月］二十日乙巳，大赦天下。

秋季，七月，西域长史班勇派敦煌、张掖、酒泉六千骑兵，以及鄯善、疏勒、车师前部的军队，袭击后部王军就，大败军就的军队，杀死和俘虏八千多人，活捉军就和持节的匈奴使者，把他们带到索班战死的地方杀掉，把头颅送到京城。

冬季，十月二十二日丙午，越巂郡发生山崩。

（以上为第一段，写汉安帝驾崩，阎皇后与外戚阎显兄弟专权，立幼年的北乡侯刘懿为帝。）

北乡侯病笃，中常侍孙程谓济阴王谒者长兴渠曰："王以嫡统，本无失德；先帝用谗，遂至废黜。若北乡侯不起，相与共断江京、阎显，事无不成者。"渠然之。又中黄门南阳王康，先为太子府史，及长乐太官丞京兆王国等并附同于程。江京谓阎显曰："北乡侯病不解，国嗣宜以时定，何不早征诸王子，简所置乎！"显以为然。辛亥，北乡侯薨；显白太后，秘不发丧，更征诸王子，闭宫门，屯兵自守。

十一月，乙卯，孙程、王康、王国与中黄门黄龙、彭恺、孟叔、李建、王成、张贤、史泛、马国、王道、李元、杨佗、陈予、赵封、李刚、魏猛、苗光等聚谋于西钟下，皆截单衣为誓。丁巳，京师及郡国十六地震。是夜，程等共会崇德殿上，因入章台门。时江京、刘安及李闰、陈达等俱坐省门下，程与王康共就斩京、安、达。以李闰权势积为省内所服，欲引为主，因举刃胁闰曰："今当立济阴王，毋得摇动！"闰曰："诺。"于是扶闰起，俱于西钟下迎济阴王即皇帝位，时年十一。召尚书令、仆射以下从辇幸南宫，程等留守省门，遮捍内外，帝登云台，召公卿、百僚，使虎贲、羽林士屯南、北宫诸门。

阎显时在禁中，忧迫不知所为，小黄门樊登劝显以太后诏召越骑校尉冯诗、虎贲中郎将阎崇将兵屯平朔门以御程等。显诱诗入省，谓曰："济阴王立，非皇太后意，玺绶在此。苟尽力效功，封侯可得。"太后使授之印曰："能得济阴王者，封万户侯；得李闰者，五千户侯。"诗等皆许诺。辞以"卒被召，所将众少"。显使与登迎吏士于左掖门外，诗因格杀登，归营屯守。

显弟卫尉景遽从省中还外府，收兵至盛德门。孙程传召诸尚书使收景。尚书郭镇时卧病，闻之，即率直宿羽林出南止车门，逢景从吏士拔白刃呼曰："无干兵！"镇即下车持节诏之，景曰："何等诏！"因斫镇，不中。镇引剑击景堕车，左右以戟叉其胸，遂禽之，送廷尉狱，即夜死。

北乡侯刘懿病重，中常侍孙程对济阴王的谒者长兴渠说：“大王是皇上的嫡子，本无过错，先皇帝听信谗言，才被废除。如果北乡侯一病不起，我们就一起铲除江京、阎显，事情没有不成功的。”长兴渠以为有理。而且中黄门南阳人王康，以前做太子府史，和长乐太官丞京兆人王国等都依附孙程。江京对阎显说：“北乡侯病情不愈，皇上继承人应及时决定，为什么不早些征召各王子，选择储嗣？”阎显认为言之有理，十月二十七日辛亥，北乡侯去世；阎显禀告阎太后，隐藏这个秘密，暂不发丧，又征召各王子，关闭宫门，驻军守卫。

十一月初二日乙卯，孙程、王康、王国和中黄门黄龙、彭恺、孟叔、李建、王成、张贤、史汎、马国、王道、李元、杨佗、陈予、赵封、李刚、魏猛、苗光等人，在西钟楼下聚集谋议，每人都撕块单衣作盟誓。十一月初四日丁巳，京城和十六个郡国地震。这天晚上，孙程等人在崇德殿会合，进入章台门。这时，江京、刘安和李闰、陈达等人都坐在禁门下，孙程和王康一同杀了江京、刘安、陈达。因为李闰有权势，一向在宫内有影响，想拉他做领头人，因而举刀威胁他说：“现在应立济阴王，不得动摇变卦！”李闰说：“是。”于是扶李闰起来，一同到西钟楼下迎济阴王，立他做皇帝，年仅十一岁。召集尚书令、仆射以下随从辇车，到达南宫，孙程等人留守宫门，截断宫内和外朝的交通。新皇帝刘保登上云台，召集公卿、百官，命令虎贲武士、羽林武士防守南宫和北宫的各个宫门。

阎显当时正在宫中，惊慌失措，不知如何是好，小黄门樊登劝阎显以阎太后的诏书，征召越骑校尉冯诗、虎贲中郎将阎崇率兵守卫平朔门，抵抗孙程等人。阎显诱使冯诗进宫，对他说：“济阴王即位，不是皇太后的意旨，天子玉玺和绶带在这里。如果尽力报效，就可以封侯。”阎太后把印信授给他，说：凡“能抓获济阴王的人，册封为万户侯；抓到李闰的人，册封为五千户侯”。冯诗等人一一答应，然后推辞说：“仓促被征召，所带的军队太少。”阎显要冯诗与樊登到左掖门外去迎接官吏、将士，冯诗趁机杀了樊登，回军营防守。

阎显的弟弟卫尉阎景急忙从宫中回到卫尉府，集合士兵到盛德门。孙程传令，召集各尚书收捕阎景。尚书郭镇当时病在床上，听到命令，立即率领值夜的羽林军，出南止车门，正遇见阎景。阎景的部下拔刀大叫：“不要挡路，兵器不长眼！”郭镇立即下车，拿着符节，宣告诏书，阎景说：“什么诏书！”于是用刀砍向郭镇，没有砍中。郭镇拔剑反击阎景，阎景掉下车来，卫兵用铁戟叉住他的胸膛，于是抓住阎景，送到廷尉狱，当晚阎景就死了。

戊午，遣使者入省，夺得玺绶，帝乃幸嘉德殿，遣侍御史持节收阎显及其弟城门校尉耀、执金吾晏，并下狱，诛；家属皆徙比景。迁太后于离宫。己未，开门，罢屯兵。壬戌，诏司隶校尉："惟阎显、江京近亲，当伏辜诛，其余务崇宽贷。"封孙程等皆为列侯：程食邑万户，王康、王国食九千户，黄龙食五千户，彭恺、孟叔、李建食四千二百户，王成、张贤、史泛、马国、王道、李元、杨佗、陈予、赵封、李刚食四千户，魏猛食二千户，苗光食千户：是为十九侯，加赐车马、金银、钱帛各有差；李闰以先不豫谋，故不封。擢孙程为骑都尉。初，程等入章台门，苗光独不入。诏书录功臣，令王康疏名，康诈疏光入章台门。光未受符策，心不自安，诣黄门令自告。有司奏康、光欺诈主上；诏书勿问。以将作大匠来历为卫尉。祋讽、闾丘弘等先卒，皆拜其子为郎。朱伥、施延、陈光、赵代皆见拔用，后至公卿。征王男、邴吉家属还京师，厚加赏赐。帝之见废也，监太子家小黄门籍建、傅高梵、长秋长赵熹、丞良贺、药长夏珍皆坐徙朔方；帝即位，并擢为中常侍。

初，阎显辟崔骃之子瑗为吏，瑗以北乡侯立不以正，知显将败，欲说令废立，而显日沈醉，不能得见，乃谓长史陈禅曰："中常侍江京等惑蛊先帝，废黜正统，扶立疏孽。少帝即位，发病庙中，周勃之征，于斯复见。今欲与君共求见说将军，白太后，收京等，废少帝，引立济阴王，必上当天心，下合人望，伊、霍之功不下席而立，则将军兄弟传祚于无穷；若拒违天意，久旷神器，则将以无罪并辜元恶；此所谓祸福之会，分功之时也。"禅犹豫未敢从。会显败，瑗坐被斥；门生苏祗欲上书言状，瑗遽止之。时陈禅为司隶校尉，召瑗谓曰："弟听祗上书，禅请为之证。"瑗曰："此譬犹儿妾屏语耳，愿使君勿复出口！"遂辞归，不复应州郡命。

己卯，以诸王礼葬北乡侯。

司空刘授以阿附恶逆，辟召非其人，策免。十二月，甲申，以少府河南陶敦为司空。

杨震门生虞放、陈翼诣阙追讼震事；诏除震二子为郎，赠钱百万，以礼改葬于华阴潼亭，远近毕至。有大鸟高丈余集震丧前；郡以状上。

十一月初五日戊午，派使者进入北宫，夺得玺印、绶带，皇帝到嘉德殿，派侍御史持符节收捕阎显和他的弟弟城门校尉阎耀、执金吾阎晏，一同下狱，杀死；家属都被流放到比景。把太后移至离宫。十一月初六日己未，开宫门，撤除戒严部队。十一月初九日壬戌，下诏司隶校尉："只对阎显、江京的近亲一概诛杀，其余的人从宽处理。"册封孙程等人为列侯：孙程食邑万户，王康、王国食邑九千户，黄龙食邑五千户，彭恺、孟叔、李建食邑四千二百户，王成、张贤、史汎、马国、王道、李元、杨佗、陈予、赵封、李刚食邑四千户，魏猛食邑二千户，苗光食邑一千户。这就是同日所封十九侯，另外还加赐车马、金银、钱帛，各有等级差别。因为李闰事先未参与预谋，所以不封。提升孙程做骑都尉。当初，孙程等人进入章台门，只有苗光没有进入。下诏记录功臣，命令王康疏奏姓名，王康谎称苗光进入章台门。苗光一直没有收到封侯的策文，心中不安，向黄门令自首。有关官员奏劾王康、苗光欺骗君主；下诏不要过问此事。派将作大匠来历做卫尉。祋讽、刘玮、闾丘弘等人先死了，任命他们的儿子做郎官。朱伥、施延、陈光、赵代都被提升任用，后来官至公卿。征召王男、邴吉的家属回到京城，多加赏赐。汉顺帝被罢黜时，派到太子宫担当监视的小宦官籍建、傅高梵、长秋长赵熹、丞良贺、药长夏珍都被控有罪，放逐朔方。汉顺帝即位，全都提升为中常侍。

当初，阎显征召崔骃的儿子崔瑗为官吏，崔瑗认为北乡侯即位不合正统，预知阎显将要失败，想要劝说废立之事，但是，阎显终日沉醉，崔瑗见不到阎显，于是就对长史陈禅说："中常侍江京等人迷惑先帝，废掉正统，扶立疏远的支族。少帝刘恭即位，在宫中发病，周勃诛除吕氏立少帝的征兆，今天又重现了。现在想和你一起去劝诫将军，禀告太后，逮捕江京等人，废黜少帝，拥立济阴王，必定上合天心，下顺民心，效法商伊尹、霍光扶危安宗庙之功坐而可得，那么，将军兄弟的封爵就可以传之久远；如果违背了天意，皇帝宝座长期空缺，恐怕会以无罪而与元凶一同获罪；这是祸福的关键，分封功业的时候。"陈禅犹豫不敢接受。时逢阎显溃败，崔瑗受到谴责，门生苏祇想要上书陈述往事，崔瑗立刻阻止了他。这时，陈禅做司隶校尉，召见崔瑗说："你只要听从苏祇上书，我为你作证。"崔瑗说："这些往事不过是像小儿、女妾的私下话，但愿你不要再提及。"于是辞职回家，不再接受州郡的聘请。

十一月二十六日己卯，按诸王的礼仪埋葬了北乡侯刘懿。

司空刘授因为攀附邪恶势力，征辟任用了不称职的人，被免职。十二月初一日甲申，任命少府河南人陶敦做司空。

杨震的门生虞放、陈翼到宫门为杨震陈述冤情；下诏委派杨震的两个儿子为郎官，赐钱百万，按礼节改葬杨震于华阴县潼亭，远近的人都来了。有一只高一丈多

帝感震忠，诏复以中牢具祠之。

议郎陈禅以为："阎太后与帝无母子恩，宜徙别馆，绝朝见，"群臣议者咸以为宜。司徒掾汝南周举谓李郃曰："昔瞽瞍常欲杀舜，舜事之逾谨；郑武姜谋杀庄公，庄公誓之黄泉，秦始皇怨母失行，久而隔绝，后感颍考叔、茅蕉之言，复修子道；书传美之。今诸阎新诛，太后幽在离宫，若悲愁生疾，一旦不虞，主上将何以令于天下！如从禅议，后世归咎明公。宜密表朝廷，令奉太后，率群臣朝觐如旧，以厌天心，以答人望！"郃即上疏陈之。

（以上为第二段，写中官孙程等十九人与朝官联合推倒外戚阎氏兄弟，迎立济阴王即位，是为汉顺帝。）

孝顺皇帝上

永建元年（丙寅，126年）

春，正月，帝朝太后于东宫，太后意乃安。

甲寅，赦天下。

辛未，皇太后阎氏崩。

辛巳，太傅冯石、太尉刘熹以阿党权贵免。司徒李郃罢。

二月，甲申，葬安思皇后。

丙戌，以太常桓焉为太傅；大鸿胪朱宠为太尉，参录尚书事；长乐少府朱伥为司徒。

封尚书郭镇为定颍侯。

陇西钟羌反，校尉马贤击之，战于临洮，斩首千余级，羌众皆降；由是凉州复安。

六月，己亥，封济南简王错子显为济南王。

秋，七月，庚午，以卫尉来历为车骑将军。

八月，鲜卑寇代郡，太守李超战殁。

司隶校尉虞诩到官数月，奏冯石、刘熹，免之，又劾奏中常侍程璜、陈秉、孟生、李闰等，百官侧目，号为苛刻。三公劾奏："诩盛夏多拘系无辜，为吏民患。"诩上书自讼曰："法禁者，俗之堤防；刑罚者，民之衔辔。今州曰任郡，郡曰任县，更相委远，百姓怨穷；以苟容为贤，尽节

的大鸟，停留在杨震的灵堂；郡守将此情形上奏，汉顺帝深感杨震忠心耿耿，诏命再用中牢祭祀。

议郎陈禅认为："阎太后和汉顺帝没有母子情义，应迁移到别的宫馆，不再跟她见面。"群臣议论都认为适当。司徒掾汝南人周举对李郃说："从前，舜的瞎眼父亲常常想杀害舜，舜侍奉他却更加恭谨；郑武姜要谋杀庄公，庄公发誓不到黄泉不相见；秦始皇抱怨母亲与假宦官嫪毐通奸，长期不往来，后来受到颍考叔、茅蕉的进言而感动，重新修行儿子的孝道。史书流传，赞美他们。现在阎氏一门刚刚受诛，太后幽禁在离宫，如果悲伤致疾，一旦发生意外的事，皇上将何以号令天下？如果接受陈禅的建议，后世就要把罪责归咎到你们的身上。应向皇上秘密进言，继续侍奉太后，像过去一样率领群臣朝见，以顺天心，以答民望。"李郃马上上疏陈述这事。

孝顺皇帝上

汉顺帝永建元年（丙寅，126 年）

春季，正月，汉顺帝到东宫朝见阎太后，阎太后得以安心。

正月初二日甲寅，大赦天下。

正月十九日辛未，皇太后阎氏死去。

正月二十九日辛巳，太傅冯石、太尉刘熹因为奉承权贵被免职。司徒李郃被罢官。

二月初二日甲申，安葬安思阎皇后（即阎太后）。

二月初四日丙戌，任命太常桓焉为太傅；大鸿胪朱宠为太尉，参录尚书政事；长乐少府朱伥为司徒。

册封尚书郭镇为定颍侯。

陇西钟羌反叛，校尉马贤进击叛羌，在临洮作战，官军斩杀叛羌一千多人，羌族部众全都归降；因此凉州再次安定。

六月十九日己亥，册封济南简王刘错的儿子刘显为济南王。

秋季，七月二十一日庚午，任命卫尉来历为车骑将军。

八月，鲜卑侵入代郡，太守李超战死。

司隶校尉虞诩任职仅几个月，就奏劾冯石、刘熹，免去他们的官职。又弹劾中常侍程璜、陈秉、孟生、李闰等人，文武百官横目怒视，异口同声说虞诩太苛刻。三公弹劾上奏说："虞诩在盛夏时抓了很多无辜的人，成为官吏和民众的祸患。"虞诩上书自辩，说："法令，是民间的堤防；刑罚，是民众的缰绳。现在，州说责任在

为愚。臣所发举，臧罪非一。三府恐为臣所奏，遂加诬罪。臣将从史鱼死，即以尸谏耳！”帝省其章，乃不罪诩。

中常侍张防卖弄权势，请托受取；诩案之，屡寝不报。诩不胜其愤，乃自系廷尉，奏言：“昔孝安皇帝任用樊丰，交乱嫡统，几亡社稷。今者张防复弄威柄，国家之祸将重至矣。臣不忍与防同朝，谨自系以闻，无令臣袭杨震之迹！”书奏，防流涕诉帝，诩坐论输左校；防必欲害之，二日之中，传考四狱。狱吏劝诩自引，诩曰：“宁伏欧刀以示远近！喑呜自杀，是非孰辨邪！”浮阳侯孙程、祝阿侯张贤相率乞见，程曰：“陛下始与臣等造事之时，常疾奸臣，知其倾国。今者即位而复自为，何以非先帝乎！司隶校尉虞诩为陛下尽忠，而更被拘系；常侍张防臧罪明正，反构忠良。今客星守羽林，其占宫中有奸臣；宜急收防送狱，以塞天变。”时防立在帝后，程叱防曰：“奸臣张防，何不下殿！”防不得已，趋就东箱。程曰：“陛下急收防，无令从阿母求请！”帝问诸尚书，尚书贾朗素与防善，证诩之罪；帝疑焉，谓程曰：“且出，吾方思之！”于是诩子颉与门生百余人，举幡候中常侍高梵车，叩头流血，诉言枉状。梵入言之，防坐徙边，贾朗等六人或死或黜；即日赦出诩。程复上书陈诩有大功，语甚切激。帝感悟，复征拜议郎；数日，迁尚书仆射。

诩上疏荐议郎南阳左雄曰：“臣见方今公卿以下，类多拱默，以树恩为贤，尽节为愚，至相戒曰，‘白璧不可为，容容多后福。’伏见议郎左雄，有王臣蹇蹇之节，宜擢在喉舌之官，必有匡弼之益。”由是拜雄尚书。

（以上为第三段，写司隶校尉虞诩惩治奸佞遭诬陷下狱，孙程营救获赦免，调任为议郎。）

浮阳侯孙程等怀表上殿争功，帝怒；有司劾奏“程等干乱悖逆，王国等皆与程党，久留京都，益其骄恣”。帝乃免程等官，悉徙封远县；因遣十九侯就国，敕洛阳令促期发遣。

郡，郡说责任在县，互相推卸，百姓怨恨；以苟且因循为贤能，以尽忠职守为愚蠢。臣所举发的贪赃枉法罪不止一种。三公府担虑被臣下奏劾，所以对臣加以诬陷。臣将像史鱼那样死去，用尸体进谏！”汉顺帝看了奏章，才没有怪罪虞诩。

中常侍张防卖弄权势，接受请托，收取贿赂。虞诩弹劾他，奏章屡次被搁置，得不到回答。虞诩忍不住愤恨，就捆起自己到廷尉，上奏说：“以前，孝安皇帝任用樊丰，搞乱了嫡传世统，几乎断送国家。现在，张防重新玩弄权柄，国家的灾祸将再次降临。臣不愿意与张防同在朝廷当官，慎重地捆绑自己下狱，以求皇帝知道臣的意愿，不要让臣落得杨震的下场！”奏章呈上，张防向汉顺帝哭诉，虞诩被判罪，送到左校服苦役。张防要置虞诩于死地，两天之中就过了四次公堂，遭受苦刑。狱吏劝虞诩自杀，虞诩说：“宁愿伏法受刑，以昭示远近之人！啼哭而自杀，又怎能辨别是非善恶呢？”浮阳侯孙程、祝阿侯张贤一同朝见汉顺帝，孙程说：“陛下开始与我们共创大业时，常痛恨奸臣，认为他们败毁国家。现在皇上即位，却又像先帝那样做，怎样能评价先帝的缺点？司隶校尉虞诩为皇上尽忠，反被拘禁；常侍张防的罪证明显，反而陷害忠良的臣子。现在客星贴近羽林星，表明宫中有奸臣；应当赶快逮捕张防下狱，以防天变。”当时张防站在汉顺帝身后，孙程大声斥责道：“奸臣张防，怎么还不下殿！”张防不得已，匆忙退入东厢。孙程说：“陛下赶快逮捕张防，别让他向保姆（指顺帝另一个保姆宋娥）求情！”汉顺帝询问各位尚书，尚书贾朗向来和张防友善，证明虞诩有罪；汉顺帝疑惑，对孙程说：“你暂且出去，朕要认真想想这事。”于是，虞诩的儿子虞颉和一百多位门生，举着招魂的幡旗，等候中常侍高梵的车子，叩头流血，申告冤枉。高梵入宫禀告，张防被流放边疆，贾朗等六人有的被处死，有的被罢官；当天赦免并放出虞诩。孙程又上书陈述虞诩有大功，措辞急切。汉顺帝醒悟，又征召虞诩为议郎；过了几天，擢升为尚书仆射。

虞诩上疏推荐议郎南阳人左雄说：“臣看到现在公卿以下的官员，多是拱手寡言，以广结人缘为贤能，以尽节操为愚蠢，甚至互相警告：‘清白的玉石不可做，碌碌庸庸才会有无限后福。’臣发现议郎左雄，有人臣耿直的节操，应当提升为进言的官职，必有匡辅王室的裨益。”于是任命左雄为尚书。

浮阳侯孙程等人带着奏章上殿争功，汉顺帝发怒；有关官员弹劾说：“孙程等人大逆不道，王国等人与孙程结为党羽，滞留京城，更加骄横放肆。”汉顺帝于是免去孙程等人的官职，都改封到僻远的地区；趁机命令遣送十九侯前往郡国，下令洛阳令限期遣送。

司徒掾周举说朱伥曰："朝廷在西钟下时，非孙程等岂立！今忘其大德，录其小过；如道路夭折，帝有杀功臣之讥。及今未去，宜急表之！"伥曰："今诏指方怒，吾独表此，必致罪谴。"举曰："明公年过八十，位为台辅，不于今时竭忠报国，惜身安宠，欲以何求！禄位虽全，必陷佞邪之讥；谏而获罪，犹有忠贞之名。若举言不足采，请从此辞！"伥乃表谏，帝果从之。

程徙封宜城侯；到国，怨恨恚怼，封还印绶、符策，亡归京师，往来山中。诏书追求，复故爵土，赐车马、衣物，遣还国。

冬，十月，丁亥，司空陶敦免。

朔方以西，障塞多坏，鲜卑因此数侵南匈奴；单于忧恐，上书乞修复障塞。庚寅，诏："黎阳营兵出屯中山北界；令缘边郡增置步兵，列屯塞下，教习战射。"

以廷尉张皓为司空。

班勇更立车师后部故王子加特奴为王。勇又使别校诛斩东且弥王，亦更立其种人为王；于是车师六国悉平。

勇遂发诸国兵击匈奴，呼衍王亡走，其众二万余人皆降。生得单于从兄，勇使加特奴手斩之，以结车师、匈奴之隙。北单于自将万余骑入后部，至金且谷；勇使假司马曹俊救之，单于引去，俊追斩其贵人骨都侯。于是呼衍王遂徙居枯梧河上，是后车师无复虏迹。

（以上为第四段，写孙程争功受贬谪，班勇大破北匈奴。）

二年（丁卯，127年）

春，正月，中郎将张国以南单于兵击鲜卑其至鞬，破之。

二月，辽东鲜卑寇辽东玄菟；乌桓校尉耿晔发缘边诸郡兵及乌桓出塞击之，斩获甚众；鲜卑三万人诣辽东降。

三月，旱。

初，帝母李氏瘗在洛阳北，帝初不知；至是，左右白之，帝乃发哀，亲到瘗所，更以礼殡。六月，乙酉，追谥为恭愍皇后，葬于恭陵之北。

西域城郭诸国皆服于汉，唯焉耆王元孟未降，班勇奏请攻之。于是

司徒掾周举劝说朱伥说：“皇上当初在西钟楼时，若非孙程等人，哪能即位？现在忘记了他们的大德，计较他们的微小过失；如果他们死于半道，皇上就会受到杀害功臣的讥讽。趁他们还未离开，应该赶快上表救他们。”朱伥说：“皇上正在气头上，我独自上奏此事，必会受到责备。”周举说：“您年纪已过八十，位居宰臣，不在此时尽忠报国，而珍爱自身的安逸恩宠，还想得到什么？即使保全了高官厚禄，也必定会落下佞邪之辈的讥讽名声；如果因为进谏而获罪，仍有忠诚贞节的名声。如果认为我的话不该采纳，请允许我从此辞官！”朱伥于是上书劝谏，汉顺帝果然接受了。

孙程改封为宜城侯，到了封国，怨恨烦恼，把印绶、封策归还朝廷，逃离京城，来往于山中。汉顺帝下诏找到他，恢复了原来的封爵和食邑，赐给车马、衣物，派送回到封国。

冬季，十月初九日丁亥，司空陶敦被免职。

朔方郡以西，大多数关塞已经破坏，鲜卑因此不断侵犯南匈奴；单于担心恐惧，上书请求修理关塞。十月十二日庚寅，下诏：“黎阳营的军队屯兵驻扎中山郡北界，令沿边各郡增设步兵，驻守关塞，教授学习作战骑射。”

任命廷尉张皓为司空。

班勇另立车师后部前任国王的儿子加特奴为国王。班勇又派别将杀死东且弥王，另外立他们部落的人做国王。于是车师六国又都安定了。

班勇于是征发各国军队攻击匈奴，呼衍王逃离，他的部众两万多人全部归降。活捉了单于的堂兄，班勇让加特奴亲手杀死他，以此播下车师和北匈奴结仇的种子。北单于亲率一万多骑兵进入车师后部，到达金且谷；班勇派假司马曹俊去救助，单于率兵离去，曹俊追击，杀死匈奴贵族骨都侯。于是，呼衍王迁移到枯梧河附近，从此，车师后部没有再见到北匈奴骑兵的踪迹。

汉顺帝永建二年（丁卯，127年）

春季，正月，中郎将张国用南匈奴单于军队攻击鲜卑其至鞬，打败了鲜卑。

二月，辽东鲜卑人侵扰辽东玄菟；乌桓校尉耿晔征发沿边各郡军队和乌桓人，出塞攻击侵扰者，杀死很多人。鲜卑部落三万人到辽东投降。

三月，发生旱灾。

当初，汉顺帝的母亲李氏葬在洛阳城北，汉顺帝不知道；这时，身边的人告诉了汉顺帝，于是汉顺帝才发丧，亲自到埋葬的地点，改用皇后礼仪殡殓。六月十一日乙酉，追尊谥号为“恭愍皇后”，把她葬在恭陵的北面。

西域的城邦诸国都归顺汉朝，只有焉耆国王元孟没有降服，班勇上奏请求攻

遣敦煌太守张朗将河西四郡兵三千人配勇，因发诸国兵四万余人分为两道击之，勇从南道，朗从北道，约期俱至焉耆。而朗先有罪，欲徼功自赎，遂先期至爵离关，遣司马将兵前战，获首虏二千余人，元孟惧诛，逆遣使乞降。张朗径入焉耆，受降而还。朗得免诛，勇以后期征，下狱，免。

秋，七月，甲戌朔，日有食之。

壬午，太尉朱宠、司徒朱倀免。庚子，以太常刘光为太尉、录尚书事，光禄勋汝南许敬为司徒。光，矩之弟也。敬仕于和、安之间，当窦、邓、阎氏之盛，无所屈桡；三家既败，士大夫多染污者，独无谤言及于敬，当世以此贵之。

初，南阳樊英，少有学行，名著海内，隐于壶山之阳，州郡前后礼请，不应；公卿举贤良、方正、有道，皆不行；安帝赐策书征之，不赴。是岁，帝复以策书、玄纁，备礼征英，英固辞疾笃。诏切责郡县，驾载上道。英不得已，到京，称疾不肯起；强舆入殿，犹不能屈。帝使出就太医养疾，月致羊酒。其后帝乃为英设坛，令公车令导，尚书奉引，赐几、杖，待以师傅之礼，延问得失，拜五官中郎将。数月，英称疾笃；诏以为光禄大夫，赐告归，令在所送谷，以岁时致牛酒。英辞位不受，有诏譬旨，勿听。

英初被诏命，众皆以为必不降志。南郡王逸素与英善，因与其书，多引古譬喻，劝使就聘。英顺逸议而至；及后应对无奇谋深策，谈者以为失望。河南张楷与英俱征，谓英曰："天下有二道，出与处也。吾前以子之出，能辅是君也，济斯民也。而子始以不訾之身怒万乘之主，及其享受爵禄，又不闻匡救之术，进退无所据矣。"

（以上为第五段，写汉顺帝对边将赏罚错位，张朗违背军令冒进受赏，班勇守纪被罚。名士樊英徒有虚名，受朝廷征召无嘉言奇策。）

臣光曰：古之君子，邦有道则仕，邦无道则隐。隐非君子之所欲也。人莫己知而道不得行，群邪共处而害将及身，故深藏以避之。王者举逸民，扬仄陋，固为其有益于国家，非以徇世俗之耳目也。是故有道德足以尊主，智能足以庇民，被褐怀玉，深藏不市，则王

伐。于是派敦煌太守张朗率领河西四郡的三千名军队，配合班勇，趁机发动各国军队四万多人，分为两路进攻焉耆。班勇从南路，张朗从北路，约定日期到焉耆会师。然而，张朗先前有罪，想获功赎罪，于是比预定日期先到爵离关，派遣司马率军上前作战，杀虏两千多人，元孟担心被杀，派使者乞求归降。张朗进入焉耆，接受归降然后返回。张朗因功得以免受诛罚，班勇因比张朗后到焉耆，征回下狱，免官。

秋季，七月初一日甲戌朔，发生日食。

七月初九日壬午，太尉朱宠、司徒朱伥被免官。七月二十七日庚子，任用太常刘光为太尉、录尚书事，任用光禄勋汝南人许敬为司徒。刘光是刘矩的弟弟。许敬在和帝、安帝时任职，正是窦氏、邓氏、阎氏专断极盛之时，许敬不肯屈服于权贵；三家外族败落后，士大夫大多受到牵连，只有许敬例外，没有任何诽谤牵连到他，世人因此崇敬他。

当初，南阳人樊英从小品学兼优，闻名天下，在壶山的南面隐居，州郡前后多次聘请他出来做官，他不答应；公卿推荐贤良、方正、有道，他都不去；汉安帝下诏书征召他，不接受。这一年，汉顺帝再次用策书、黑色绸缎，带齐礼物征召樊英，樊英以病重为由坚决推卸。诏书严厉责备郡县，于是郡县强行把樊英架上公车上道。樊英不得已，到了京城，装病不肯起床；强行把他抬到宫殿，仍不愿当官。汉顺帝让他出宫接受太医治疗，每月送去羔羊和美酒。后来，汉顺帝为樊英设立讲坛，命令公车令在前引路，尚书陪同，赐予几案、手杖，用师傅的礼节对待他，询问国事得失，任命为五官中郎将。过了几个月，樊英说病得很重，下诏任命为光禄大夫，准许告病返乡，命令当地送给谷米，按季节送给牛肉和美酒。樊英呈请辞职，有诏书宣告圣旨，不准辞职。

樊英当初接受诏命，众人以为他一定不会改变志节。南郡人王逸向来与樊英相好，因而写信给他，引用很多古时的譬喻，劝他接受聘任。樊英顺从王逸的建议，到了京城；等到后来回答皇帝对策，没有什么奇谋深策，议论的人感到失望。河南人张楷和樊英同时接受征召，对樊英说："天下的为人之道有两个基点，即如何出仕做官和如何避世隐退。我以前认为你出仕做官，能辅助君主，拯救人民。而你，起初以无价可比的声名不肯屈附，引起君主生气，等到享受了高官厚禄，又拿不出匡救国家的方法，进退都没有原则。"

臣司马光认为：古代的君子，国家政治清明，就出来当官；国家政治暴虐，就隐退。隐退并非是君子所希望的。没有人了解自己，正道又不能推行，与邪恶的人混在一起，灾害就要降临自身，所以深藏起来回避。君主启用隐逸的贤民，提升出身卑微、隐居的人，为的是他们对国家有益，不是追随世俗的

者当尽礼而致之，屈己以访之，克己以从之，然后能利泽施于四表，功烈格于上下。盖取其道不取其人，务其实不务其名也。

其或礼备而不至，意勤而不起，则姑内自循省而不敢强致其人，曰："岂吾德之薄而不足慕乎？政之乱而不可辅乎？群小在朝而不敢进乎？诚心不至而忧其言之不用乎？何贤者之不我从也？"苟其德已厚矣，政已治矣，群小远矣，诚心至矣，彼将扣阍而自售，又安有勤求而不至者哉！荀子曰："耀蝉者，务在明其火，振其木而已；火不明，虽振其木，无益也。今人主有能明其德，则天下归之，若蝉之归明火也。"或者人主耻不能致，乃至诱之以高位，胁之以严刑。使彼诚君子邪，则位非所贪，刑非所畏，终不可得而致也；可致者，皆贪位畏刑之人也，乌足贵哉！

若乃孝弟著于家庭，行谊隆于乡曲，利不苟取，仕不苟进，洁己安分，优游卒岁，虽不足以尊主庇民，是亦清修之吉士也；王者当褒优安养，俾遂其志。若孝昭之待韩福，光武之遇周党，以励廉耻，美风俗，斯亦可矣，固不当如范升之诋毁，又不可如张楷之责望也。

至于饰伪以邀誉，钓奇以惊俗，不食君禄而争屠沽之利，不受小官而规卿相之位，名与实反，心与迹违，斯乃华士、少正卯之流，其得免于圣王之诛幸矣，尚何聘召之有哉！

（以上为第六段，写司马光对浮华之士的批评。）

时又征广汉杨厚、江夏黄琼。琼，香之子也。厚既至，豫陈汉有三百五十年之厄以为戒，拜议郎。琼将至，李固以书逆遗之曰："君子谓伯夷隘，柳下惠不恭。不夷不惠，可否之间，圣贤居身之所珍也。诚欲枕山栖谷，拟迹巢、由，斯则可矣；若当辅政济民，今其时也。自生民以来，善政少而乱俗多，必待尧、舜之君，此为士行其志终无时矣。尝闻语曰：'峣峣者易缺，皦皦者易污。'盛名之下，其实难副。近鲁阳樊君被征初至，朝廷设坛席，犹待神明，虽无大异，而言行所守，亦无所缺；

浅见舆论。所以，有道术德行，就足以使君主尊敬；有智慧和才能而足以保护人民的贤者，就像身穿粗衣而怀揣美玉一样，深藏不露，没有好价钱就不肯出售，那么君主应当尽施礼仪招聘他，放下架子寻访他，克制自己听从他，然后才能在天下普施恩泽，功业能贯穿天上地下，留传万古。这是要取用他的治国之道，而不是取用他这个人；是要求实际才能，而不追求虚名。

假如礼节齐备而贤才不应聘，心意诚挚而贤才不肯做官，圣王就应从内心反省自己，不必强迫征召，反省说："难道是我的德行浅显而不足以使他动心？是政治混乱而不足以使他辅佐？是小人在朝廷而使他不敢进来？是诚意不够而担心他的主张不被采用？为什么贤士不跟从我？"如果君王品德厚重，政治清明，疏离小人，表达诚心，他们将会亲自前来自荐，又怎会辛勤寻找而不来呢？荀子说："照蝉的人务必点亮火光，摇晃树木。火光不亮，即使摇动树木也无益。现在人主能修明德治，天下就会归顺，如同蝉扑明火。"有的君主对不能招引贤士而感到羞耻，甚至用高官加以诱惑，用严刑强迫。如果他们果真是君子，那么他就不贪图官位，也不畏惧刑罚，君主终究还是得不到他。能够招来的都是些贪图官位、畏惧刑罚的人，这些人又怎么值得尊重呢？

说起那些在家有孝敬父母和友爱兄弟的美德，品行道义在乡里广为人传诵的人，不随便谋求不义之财，不随便出来当不义之官，安分守己，从容终老，虽未辅佐君主，保护人民，但也是清修的良民。君主应当褒扬优待、安慰照顾，使他们实现志向。像汉昭帝刘弗陵对待韩福，光武帝对待周党一样，用来鼓励廉耻之心，美化风俗，这样也可以了。固然不必像范升那样去毁谤，又不可以像张楷那样抱怨。

至于有些人以掩饰伪善来求取名誉，以奇怪行为来惊世骇俗，不接受国君的俸禄，却去争抢屠夫酒贩一样的小利，不接受小的官职，却窥伺卿相的地位，名不副实，表里不一，这就是浮华之士、少正卯之流，能够避免圣王的诛杀，已经算是幸运了，还谈什么被征召？

当时又征召广汉人杨厚、江夏人黄琼。黄琼是黄香的儿子。杨厚到了以后，预先陈述汉朝三百五十年来的困境作为警惕，被任命为议郎。黄琼快要到洛阳，李固写信，派人在中途送给黄琼说："君子认为伯夷狭隘，柳下惠傲慢，不学伯夷，也不学柳下惠，处于在二者之间是圣贤处世所珍惜的。如果真心想归隐山林，效法巢父、许由，这是可行的；如果要辅佐政务，救济人民，现在正是时候。自古以来，清明的政治少而纷乱昏俗的政治多，如果贤良之人一定要等候有尧舜这样的君主，才推行自己的心志，将永远没有时机。曾经听人说：'山太高则易缺，玉太白则易污。'

而毁谤布流，应时折减者，岂非观听望深，声名太盛乎！是故俗论皆言‘处士纯盗虚声’。愿先生弘此远谟，令众人叹服，一雪此言耳！”琼至，拜议郎，稍迁尚书仆射。琼昔随父在台阁，习见故事，及后居职，达练官曹，争议朝堂，莫能抗夺。数上疏言事，上颇采用之。

李固，郃之子，少好学，常改易姓名，杖策驱驴，负笈从师，不远千里，遂究览坟籍，为世大儒。每到太学，密入公府，定省父母，不令同业诸生知其为郃子也。

三年（戊辰，128 年）

春，正月，丙子，京师地震。

夏，六月，旱。

秋，七月，茂陵园寝灾。

九月，鲜卑寇渔阳。

冬，十二月，己亥，太傅桓焉免。

车骑将军来历罢。

南单于拔死，弟休利立，为去特若尸逐就单于。

帝悉召孙程等还京师。

（以上为第七段，写杨厚、黄琼被征就任议郎，名实相符。）

四年（己巳，129 年）

春，正月，丙寅，赦天下。

丙子，帝加元服。

夏，五月，壬辰，诏曰：“海内颇有灾异，朝廷修政，太官减膳，珍玩不御。而桂阳太守文砻，不惟竭忠宣畅本朝，而远献大珠以求幸媚，今封以还之！”

五州雨水。

秋，八月，丁巳，太尉刘光、司空张皓免。

尚书仆射虞诩上言：“安定、北地、上郡，山川险厄，沃野千里，土宜畜牧，水可溉漕。顷遭元元之灾，众羌内溃，郡县兵荒，二十余年。夫弃沃壤之饶，捐自然之财，不可谓利；离河山之阻，守无险之处，难

美好的名声之下，很难有实际的才能与之相匹配。近来鲁阳人樊君刚刚被征召，朝廷设置讲坛，犹如对待神明，虽没有大的才能但言行操守也无可谴责；而毁谤的流言广为传播，一时之间名声一落千丈，这难道不是众人听其名已久，对其期望太高、名声太盛吗？所以世俗的论调都说‘隐士都是徒有虚名’。希望先生能有深谋远虑，使众人叹服，雪洗这种偏见！”黄琼到了，被任命为议郎，不久升为尚书仆射。黄琼过去跟随父亲在台阁，经常见到旧日的典章；等到后来担任职务，对官场之事明习干练，在朝堂上争议，无人能驳倒他。多次上疏论事，汉顺帝都接纳了他的建议。

李固是李郃的儿子，少时好学，常改变姓名，执鞭骑驴，背着书箱，追随老师，不管路遥，终于通读各种古本秘籍，成为当世大儒。每次到太学，偷偷进入公府，回家探问父母，不让同学们知道他是李郃的儿子。

汉顺帝永建三年（戊辰，128 年）

春季，正月初六日丙子，京师发生地震。

夏季，六月，旱灾。

秋季，七月，茂陵墓园寝殿发生火灾。

九月，鲜卑侵犯渔阳郡。

冬季，十二月初四日己亥，太傅桓焉被免职。

车骑将军来历被免职。

南匈奴单于栾提拔去世，其弟栾提休利即位，这就是去特若尸逐就单于。

汉顺帝召孙程等人返回京师洛阳。

汉顺帝永建四年（己巳，129 年）

春季，正月初一日丙寅，大赦天下。

正月十一日丙子，汉顺帝举行加冠礼。

夏季，五月二十九日壬辰，汉顺帝下诏说：“全国发生许多怪异之事，朝廷应修整政事，太官减少膳食，奇珍玩物停止进贡。而桂阳太守文砻不领会竭尽忠诚、宣示本朝因遇灾害而厉行节俭的德音，却从远方贡献宝珠，以求谄媚宠幸，现在将原物封好退回。”

五个州降雨不止。

秋季，八月二十五日丁巳，太尉刘光、司空张皓被免职。

尚书仆射虞诩上书：“安定、北地、上郡，山川险要，沃野千里，土地适于畜牧，河水可以灌溉通漕。近年来百姓连遭灾害，诸羌内部溃败，郡县兵荒马乱，长达二十多年。抛开肥沃土地，失去自然的财货，不利于国家；离开了河山险阻的地

以为固。今三郡未复，园陵单外，而公卿选懦，容头过身，张解设难，但计所费，不图其安。宜开圣听，考行所长。”九月，诏复安定、北地、上郡还旧土。

癸酉，以大鸿胪庞参为太尉、录尚书事。太常王龚为司空。

冬，十一月，庚辰，司徒许敬免。

鲜卑寇朔方。

十二月，乙卯，以宗正弘农刘崎为司徒。

是岁，于阗王放前杀拘弥王兴，自立其子为拘弥王，而遣使者贡献，敦煌太守徐由上求讨之。帝赦于阗罪，令归拘弥国；放前不肯。

五年（庚午，130年）

夏，四月，京师旱。

京师及郡国十二蝗。

定远侯班超之孙始尚帝姑阴城公主。主骄淫无道；始积忿怒，伏刃杀主。冬，十月，乙亥，始坐腰斩，同产皆弃市。

（以上为第八段，写汉顺帝纳虞诩之策，加固北疆边防。班始怒杀所尚荒淫公主，被腰斩。）

六年（辛未，131年）

春，二月，庚午，河间孝王开薨；子政嗣。政慠很不奉法，帝以侍御史吴郡沈景有强能，擢为河间相。景到国，谒王，王不正服，箕踞殿上；侍郎赞拜，景峙不为礼，问王所在。虎贲曰：“是非王邪！”景曰：“王不正服，常人何别！今相谒王，岂谒无礼者邪！”王惭而更服，景然后拜；出，住宫门外，请王傅责之曰：“前发京师，陛见受诏，以王不恭，相使检督。诸君空受爵禄，曾无训导之义！”因奏治其罪，诏书让政而诘责傅。景因捕诸奸人，奏案其罪，杀戮尤恶者数十人，出冤狱百余人。政遂为改节，悔过自修。

帝以伊吾膏腴之地，傍近西域，匈奴资之以为钞暴；三月，辛亥，复令开设屯田，如永元时事，置伊吾司马一人。

利，防守没有险要依靠的地方，很难巩固边防。现在有三个郡未能恢复，长安的园陵缺乏屏障，而公卿懦弱苟且，藏头缩脑，张口论辩，提出种种疑问，只斤斤计较耗费，不考虑边境的安定。请陛下垂听，考虑实施长久之计。”九月，下诏令安定、北地、上郡的郡治迁回原地。

九月十二日癸酉，任命大鸿胪庞参为太尉、录尚书事，太常王龚为司空。

冬季，十一月二十日庚辰，司徒许敬被免职。

鲜卑人侵犯朔方郡。

十二月二十五日乙卯，命令宗正弘农人刘崎为司徒。

这一年，于阗王放前杀死拘弥王兴，立自己的儿子为拘弥王，并且派使者进贡，敦煌太守徐由上书请求讨伐。汉顺帝赦免了于阗王的罪过，命令放前归还拘弥国，放前不答应。

汉顺帝永建五年（庚午，130 年）

夏季，四月，京师洛阳发生旱灾。

京师和十二个郡国发生蝗灾。

定远侯班超的孙子班始娶汉顺帝的姑姑阴城公主。阴城公主骄淫无度，班始久积愤恨，怀揣利刃杀死阴城公主。冬季，十月二十日乙亥，班始被腰斩，同胞兄弟姐妹都被处决。

汉顺帝永建六年（辛未，131 年）

春季，二月十七日庚午，河间孝王刘开去世；儿子刘政继位。刘政傲慢犯法，汉顺帝因为侍御史吴郡人沈景能力很强，提为河间相。沈景到了河间国，进见刘政，刘政却不穿官服，盘膝坐在殿上；侍郎呼沈景之职名拜见河间王，沈景故意倨傲不拜礼，反问王在哪里。虎贲卫士说：“这不就是大王吗？”沈景说：“大王不穿王袍，与一般平民百姓有什么区别？现在封国相来拜见的是大王，岂能拜见一个不懂礼貌的人！”刘政自感惭愧而更换衣服，沈景然后拜见。出宫，住在宫门外，请出河间王的师傅，责备说：“我从京城出发时，在皇上面前接受诏书，因为亲王不恭敬，设相加以考核监督。各位先生白白领受爵位俸禄，却没有做一点训导义理的事情！”因此上奏治他们的罪，汉顺帝下诏书斥责刘政并追究其师傅的失职。沈景于是逮捕了一些坏人，上奏治罪，杀死几十个作恶太多的人，救出一百多个冤徒。于是刘政改变作风，悔过自新。

汉顺帝因为伊吾的土地肥沃，靠近西域，匈奴凭借伊吾作为侵扰中原的基地；三月二十九日辛亥，汉顺帝再度命令开垦屯田，像永元时代的做法，设立一名伊吾

初，安帝薄于艺文，博士不复讲习，朋徒相视怠散，学舍颓敝，鞠为园蔬，或牧儿、荛竖薪刈其下。将作大匠翟酺上疏请修缮，诱进后学，帝从之。秋，九月，缮起太学，凡所造构二百四十房，千八百五十室。

护乌桓校尉耿晔遣兵击鲜卑，破之。

护羌校尉韩皓转湟中屯田置两河间，以逼群羌。皓坐事征，以张掖太守马续代为校尉。两河间羌以屯田近之，恐必见图，乃解仇诅盟，各自儆备；续上移田还湟中，羌意乃安。

帝欲立皇后，而贵人有宠者四人，莫知所建，议欲探筹，以神定选。尚书仆射南郡胡广与尚书冯翊郭虔、史敞上疏谏曰："窃见诏书，以立后事大，谦不自专，欲假之筹策，决疑灵神；篇籍所记，祖宗典故，未尝有也。恃神卜筮，既未必当贤；就值其人，犹非德选。夫岐嶷形于自然，伣天必有异表，宜参良家，简求有德，德同以年，年钧以貌；稽之典经，断之圣虑。"帝从之。

恭怀皇后弟子乘氏侯商之女，选入掖庭为贵人，常特被引御，从容辞曰："夫阳以博施为德，阴以不专为义。《螽斯》则百福所由兴也。愿陛下思云雨之均泽，小妾得免于罪。"帝由是贤之。

（以上为第九段，写侍御史沈景训导诸侯王。汉顺帝重整太学，选贤士，立皇后。）

阳嘉元年（壬申，132 年）

春，正月，乙巳，立贵人梁氏为皇后。

京师旱。

三月，扬州六郡妖贼章河等寇四十九县，杀伤长吏。

庚寅，赦天下，改元。

夏，四月，梁商加位特进；顷之，拜执金吾。

冬，耿晔遣乌桓戎末魔等钞击鲜卑，大获而还。鲜卑复寇辽东属国，耿晔移屯辽东无虑城以拒之。

尚书令左雄上疏曰："昔宣帝以为吏数变易，则下不安业；久于其事，

司马。

当初，汉顺帝轻视经书学术，博士不再讲经研习，门徒学生们一个比一个懒散，学校房舍倒塌损坏，校园变为为菜园，或长满野草，牧童、樵夫在校园里割草。将作大匠翟酺上疏请求修理，诱导后学上进，汉顺帝答应了。秋季，九月，重修太学，共造二百四十栋房，一千八百五十间。

护乌桓校尉耿晔派兵攻打鲜卑，击败他们。

护羌校尉韩皓把湟中的屯田改换到两河地区，用来威逼各羌族。韩皓因犯法，被征回京城，派张掖太守马续接替韩皓为护羌校尉。两河之间的羌族因为屯田逼近了他们，害怕受到攻击，于是互相解除仇怨，结盟发誓，各自警备。马续上书请把屯田移回湟中，羌人心里才安定。

汉顺帝想立皇后，受宠的贵人有四个，不知该立谁，有人提议在神灵前抽签，由神灵决定人选。尚书仆射南郡人胡广和尚书冯翊人郭虔、史敞上书进谏说："臣等见到诏书，认为选皇后是件大事，皇上自谦不想专断，想依靠竹筹，由神灵来决疑；在书籍的记载、祖宗的典故中，从未有先例。依靠神明卜筮，最终未必能得到贤者；即使碰巧选取了合适的人，也不是凭德行选拔出来的。说到聪明智慧，自然形于外表，天生的才德一定会有与众不同的外貌，应选取良家女子，物色有德行的女子，德行相同者则看年龄大小，年龄相当者则看容貌；考据典籍，再由圣上决断。"汉顺帝采纳了。

恭怀皇后弟弟的儿子乘氏侯梁商的女儿，被选入后宫为贵人，经常被特殊召见侍奉君主，她从容地推卸说："作为男人要广泛施恩才是美德，作为妇人以不专宠才叫懂得大义。《螽斯》这首诗所赞颂螽斯子孙繁衍，就是这个缘故，希望陛下考虑到雨露之恩布施均匀，臣妾才可以免于罪行。"汉顺帝于是认为她很贤惠。

汉顺帝阳嘉元年（壬申，132 年）

春季，正月二十八日乙巳，册封贵人梁氏为皇后。

京师发生旱灾。

三月，扬州六郡的乱民章河等骚乱四十九个县，伤害长官。

三月十三日庚寅，大赦天下，改元年号为阳嘉。

夏季，四月，加位梁商为特进；不久，任命梁商为执金吾。

冬季，耿晔派乌桓戎末魔等人攻袭鲜卑，大胜回来。鲜卑再次侵乱辽东属国，耿晔把屯防移到辽东无虑城，用以对抗鲜卑。

尚书令左雄上疏说："从前，汉宣帝认为官吏变动太多，百姓就不能安居乐业；

则民服教化；其有政治者，辄以玺书勉励，增秩赐金，公卿缺则以次用之。是以吏称其职，民安其业，汉世良吏，于兹为盛。今典城百里，转动无常，各怀一切，莫虑长久。谓杀害不辜为威风，聚敛整办为贤能；以治己安民为劣弱，奉法循理为不治。髡钳之戮，生于睚眦；覆尸之祸，成于喜怒。视民如寇雠，税之如豺虎。监司项背相望，与同疾疢，见非不举，闻恶不察。观政于亭传，责成于期月；言善不称德，论功不据实。虚诞者获誉，拘检者离毁；或因罪而引高，或色斯而求名，州宰不覆，竞共辟召，踊跃升腾，超等逾匹。或考奏捕案，而亡不受罪，会赦行赂，复见洗涤，朱紫同色，清浊不分。故使奸猾枉滥，轻忽去就，拜除如流，缺动百数。乡官、部吏，职贱禄薄，车马衣服，一出于民，廉者取足，贪者充家；特选、横调，纷纷不绝，送迎烦费，损政伤民。和气未洽，灾眚不消，咎皆在此。臣愚以为守相、长吏惠和有显效者，可就增秩，勿移徙；非父母丧，不得去官。其不从法禁，不式王命，锢之终身，虽会赦令，不得齿列。若被劾奏，亡不就法者，徙家边郡，以惩其后。其乡部亲民之吏，皆用儒生清白任从政者，宽其负算，增其秩禄；吏职满岁，宰府州郡乃得辟举。如此，威福之路塞，虚伪之端绝，送迎之役损，赋敛之源息，循理之吏得成其化，率土之民各宁其所矣。”帝感其言，复申无故去官之禁，又下有司考吏治真伪，详所施行；而宦官不便，终不能行。

（以上为第十段，写尚书令左雄进言，延长地方官的任期，少调动以省送往迎来之费，加大考核力度以清吏治。）

雄又上言：“孔子曰‘四十不惑’，《礼》称强仕。请自今，孝廉年不满四十，不得察举，皆先诣公府，诸生试家法，文吏课笺奏，副之端门，练其虚实，以观异能，以美风俗；有不承科令者，正其罪法。若有茂材

官吏久处职任，人民就会服从教化。对有政绩的人，皇上应用诏书奖励他们，提级增加俸禄，或赏赐黄金，公卿有了缺额，就依据考课次序录用。所以官吏称职，人民安居乐业，汉代优秀的官吏在这时出现最多。现在治理一县的地方官员变换无常，各怀权宜之计，不做长久打算。以杀害无辜者为威风，以聚集财物、备办贡物为贤能；以修身安民为无能；以奉法守制为失职。剃发、钳颈刑法的产生，是眨眼之间的怨恨引起；伏尸惨祸取决于一时喜怒。把民众当强盗仇敌，苛捐杂税像虎狼一样凶暴。朝廷派出的监督人员一批接一批，后出发的可以望见前一批的脖子和脊背，全都害了狂热病，发现错误不检举，听到邪恶也不纠正。考察只停留在驿传，责其成效要求在一年之内。说地方官好，没有具体的德政措施；夸地方官有功，说不出有什么事实。虚妄的人得到赞誉，拘谨实干的人受到诽谤。有的因为有罪而弃官，表示清高；有人看到上司脸色而辞职，求得名声。州郡长官不审查，争相辟举引荐，使他们身价倍涨，往往破格升迁。有的一旦败露，被上奏收审，通缉捉拿，他们就逃亡免罪，赶上大赦令颁布，或贿赂上司，就可以把罪行洗刷得干干净净，使红色与紫色混杂，清白与混浊不分。因此奸猾小人到处充斥，不在乎免职和任职，任免如流水，一个空缺就会牵动几百人轮转调动。缺额动辄上百。地方乡官，或各级官府部属小吏，尽管职位低贱，俸禄微薄，他们的车马衣服，无不来自于百姓，清廉的官吏只取够个人的生活费用，贪婪的官吏还要满足他的整个家族。国家常赋之外，还有特别捐税，横加勒索；辞旧迎新，费用浩大，既损害政风又祸害人民。融洽和谐的气氛不能形成，灾害不能消除，一切过错的原因就在这里。臣下愚昧地认为郡守国相、长吏慈惠祥和，有明显功绩，就可以依职增加俸禄，不要调动职位；不遇父母的丧事，不得离开官职。如果有谁不依从法禁，不听信王命，终身禁锢，虽遇大赦，也不录用。假若受到弹劾，就弃官逃亡避开法律制裁的人，就将他们的家属充军边郡，以警告后来的人。在乡间直接与民众打交道的官吏，都选拔清白有能力从政的儒生承担，减免他们的积欠和算赋，增加俸禄；任职满了一年，中央和地方可以举荐。这样，作威作福的道路被阻塞，虚假作伪的弊端就会消除，辞旧迎新的消费就会减少，横征暴敛的源头就会止息，守法讲理的官吏得以完成教化，天下百姓各安其所。”汉顺帝有感于他的话，重新申明政府各级官吏不得无故辞官的禁令，下令有关部门制定考核各级官吏真伪的细则，认真执行；而宦官认为对其不利，从中作梗，所以计划始终没有施行。

左雄又上书说：“孔子说‘四十而不惑’，《礼记》说四十岁的人不迷惑，可以当官。请从现在开始，孝廉不满四十岁，不得察举，都要先到三公府报到，接受所学师承的家法考试，出身公职的孝廉，则考试公文程式，把副本送到宫廷正南门，检

异行，自可不拘年齿。”帝从之。

胡广、郭虔、史敞上书驳之曰：“凡选举因才，无拘定制。六奇之策，不出经学；郑、阿之政，非必章奏；甘、奇显用，年乖强仕；终、贾扬声，亦在弱冠。前世以来，贡举之制，莫或回革。今以一臣之言，刬戾旧章，便利未明，众心不厌。矫枉变常，政之所重，而不访台司，不谋卿士；若事下之后，议者剥异，异之则朝失其便，同之则王言已行。臣愚以为可宣下百官，参其同异，然后览择胜否，详采厥衷。”帝不从。

辛卯，初令“郡国举孝廉，限年四十以上；诸生通章句，文吏能笺奏，乃得应选。其有茂才异行，若颜渊、子奇，不拘年齿”。

久之，广陵所举孝廉徐淑，年未四十；台郎诘之，对曰：“诏书曰：‘有如颜回、子奇，不拘年齿。’是故本郡以臣充选。”郎不能屈。左雄诘之曰：“颜回闻一知十，孝廉闻一知几邪？”淑无以对；乃罢却之。郡守坐免。

袁宏论曰：夫谋事作制，以经世训物，必使可为也。古者四十而仕，非谓弹冠之会必将是年也，以为可仕之时在于强盛，故举其大限以为民衷。且颜渊、子奇，旷代一有，而欲以斯为格，岂不偏乎！

然雄公直精明，能审核真伪，决志行之。顷之，胡广出为济阴太守，与诸郡守十余人皆坐谬举免黜；唯汝南陈蕃、颍川李膺、下邳陈球等三十余人得拜郎中。自是牧、守畏栗，莫敢轻举。迄于永嘉，察选清平，多得其人。

闰月，庚子，恭陵百丈庑灾。

上闻北海郎𫖮精于阴阳之学。

（以上为第十一段，写左雄建言，举荐孝廉，年龄限制在四十以上，并加以严格的科举考试，朝廷得到了一批人才。）

查他们功底的虚实，观察他们的特殊才能，建立良好的政风；有不接受科举法令的人，依法定罪。如果有优秀才干与特长异能，当然可以不受年龄限制。”汉顺帝同意了。

胡广、敦虔、史敞上书驳斥左雄说：“凡是选举都要根据才能，不要规定条件限制。陈平六出奇计，都不是出自于经书；子产治郑国和晏子治东阿，并非他们精于公文程式；甘罗、子奇最受重用之时，离四十岁还远；终军、贾谊名声显扬之时，也是正当成年。从前代以来，贡举制度，从未改变。现在因一个臣子的建议，改变传统规章制定，利益还未显现，难以服众心。纠正违失和变革常规，是政治上的重要事情，却不征求各政府部门的意见，也不和公卿大臣商量；如果将左雄建言用诏书颁布，议论的人必将有反驳的不同意见，如果不理睬反驳的不同意见，则执行起来就有困难，朝廷失去威望；如果同意反驳的不同意见，则是反对皇帝圣旨。臣愚昧地认为可以宣示让百官讨论，比较赞同和反对两方意见，然后选择能否施行，广泛听取各种意见后再权衡决定。”汉顺帝不听。

十一月十八日辛卯，汉顺帝初次下令：“郡国推荐孝廉，年龄限定在四十岁以上；儒生要通达儒家经典，文官要通晓公文程式，才能接受推举。如果有优秀才干和特长异能，像颜渊、子奇那样的人，可以不受年龄限制。”

过了好久，广陵郡所推荐的孝廉徐淑年不满四十；尚书郎责问徐淑，回答说：“诏书讲过：‘有如颜回、子奇似的人，可不限制年龄。’所以本郡选派我应征。”尚书郎不能反驳徐淑使他屈服。左雄责问说：“颜回闻一知十，你这个孝廉闻一能知几？”徐淑无法回答；于是把徐淑罢黜，送还故乡，郡守被论罪免职。

袁宏评论说：谋划事业，建立制度，用于治理世事，教化万物，必定要切实可行。古代人四十岁做官，并非规定做官一定要在这个年纪，而是认为做官之际，在于精力强盛，所以推举大约的限度作为标准。况且颜渊、子奇是旷代奇才，却想把这种人作为标准，难道不太片面了吗？

然而，左雄公正精明，能明辨真假，决心实施。不久，胡广外出任济阴太守，与十多个郡守都因推荐不时而被指控，免官罢黜；只有汝南人陈蕃、颍川人李膺、下邳人陈球等三十多人被任命为郎中。从此，郡县长官恐惧战栗，没有敢轻易推荐的。直到永嘉年间，选举清廉公正，朝廷得到了不少人才。

闰十二月二十八日庚子，恭陵寝殿的百丈走廊失火。

汉顺帝听说北海人郎𫖮对阴阳之学很精通。

二年（癸酉，133年）

春，正月，诏公车征颛，问以灾异。颛上章曰："三公上应台阶，下同元首，政失其道，则寒阴反节。今之在位，竞托高虚，纳累钟之奉，亡天下之忧。栖迟偃仰，寝疾自逸，被策文，得赐钱，即复起矣，何疾之易而愈之速！以此消伏灾眚，兴致升平，其可得乎！今选牧、守，委任三府；长吏不良，既咎州、郡，州、郡有失，岂得不归责举者！而陛下崇之弥优，自下慢事愈甚，所谓'大网疏，小网数'。三公非臣之仇，臣非狂夫之作，所以发愤忘食，恳恳不已者，诚念朝廷，欲致兴平。臣书不择言，死不敢恨！"因条便宜七事："一，园陵火灾，宜念百姓之劳，罢缮修之役。二，立春以后阴寒失节，宜采纳良臣，以助圣化。三，今年少阳之岁，春当旱，夏必有水，宜遵前典，惟节惟约。四，去年八月，荧惑出入轩辕，宜简出宫女，恣其姻嫁。五，去年闰十月，有白气从西方天苑趋参左足，入玉井，恐立秋以后，将有羌寇畔戾之患，宜豫告诸郡，严为备御。六，今月十四日乙卯，白虹贯日，宜令中外官司，并须立秋然后考事。七，汉兴以来三百三十九岁，于时三期，宜大蠲法令，有所变更。王者随天，譬犹自春徂夏，改青服绛也。自文帝省刑，适三百年，而轻微之禁，渐已殷积。王者之法，譬犹江、河，当使易避而难犯也。"

二月，颛复上书荐黄琼、李固，以为宜加擢用。又言："自冬涉春，讫无嘉泽，数有西风，反逆时节，朝廷劳心，广为祷祈，荐祭山川，暴龙移市。臣闻皇天感物，不为伪动；灾变应人，要在责已。若令雨可请降，水可攘止，则岁无隔并，太平可待。然而灾害不息者，患不在此也！"书奏，特拜郎中；辞病不就。

三月，使匈奴中郎将赵稠遣从事将南匈奴兵出塞击鲜卑，破之。

（以上为第十二段，写受征士人朗颛上书言七事，皆有益于国。）

初，帝之立也，乳母宋娥与其谋，帝封娥为山阳君，又封执金吾梁商子冀为襄邑侯。尚书令左雄上封事曰："高帝约，非刘氏不王，非有功

汉顺帝阳嘉二年（癸酉，133 年）

春季，正月，汉顺帝下诏命公车征召郎顗，询问灾异的事情，郎顗上书说：“三公在天上象征着台阶，在人间与国君同体，政治失去正常轨道，则天气冷热就要反常。现任的官员，争相请托求得高位，领取丰厚的俸禄，却从不忧国忧民。生活悠闲，称病卧床，自我安乐，一接到新的策命，得到赏赐，随即起身，是什么样的病卧床时那么容易，而痊愈又是那么快呢？靠这些人来消解灾害，得到太平盛世，怎么可能实现呢？现在选择州牧郡守，由三公负责；长吏不称职，就责怪州郡长官；州郡长官有了过错，难道不应当追究保举他们的人？皇上对下宠爱越是宽容，在下恃宠怠慢公事就愈发厉害，这就是‘大网稀疏，小网细密’。三公不是臣的仇人，臣也不是疯子发作，胡乱伤人，之所以要发愤忘食，恳切陈述不止，实在是为朝廷着想，渴望兴旺太平。臣上书不知忌避，虽死不怨。”因而逐条陈述了七件有益于国的大事：“（一）园陵失火，应当念及百姓劳苦，停止修缮陵园，以减徭役。（二）立春以后，冷热反常，应选拔优秀的官员，以辅助圣上推广教化。（三）今年属于少阳之年，春天当有旱灾，夏天当有水灾，应遵守前代的制度，力求节省。（四）去年八月，火星出入轩辕星，应当挑选不宜在皇宫的宫女送出宫，任其婚嫁。（五）去年闰十月，有白气从西方天苑星趋向参星左足，进入玉井星附近，恐怕立秋以后将有羌人反叛的灾祸，应预先告诫各郡，严加防备。（六）本月十四日乙卯，一条白虹穿越太阳，应令京师及地方所有审案法官，一律等到立秋之后才能审决案件。（七）汉朝建立已三百三十九年，已经越过了三个循环期，应大幅度修改法令，有所变动。统治者要顺从天道，犹如从春天到夏天，改变青色为绛色。从文帝减省刑法至今已三百年，一次次的轻微过失，日渐累积而成大罪。君主的法令，犹如长江、黄河浩浩荡荡，使人望而生畏，极力避开，不轻易触犯。”

二月，郎顗再次上书推荐黄琼、李固，认为应当提拔任用，又说：“从冬天到春天，一直没有甘露，常有西风，违反时节，朝廷忧心，广为祈祷，祭祀山川，在烈日下舞龙求雨，同时转移市场。臣听说苍天感应万物，不会为虚伪的行为所诱惑；灾难反映人事，关键在于责备自己。如果雨水可以通过请求降下，水灾可以通过祈祷来避免，那么，年年丰收，和平的日子指日可待。然而，灾难不停的原因恐怕不在于此。”奏章呈上，郎顗被特别任命为郎中；郎顗假托有病，拒不就职。

三月，命令匈奴中郎将赵稠派从事官，率领南匈奴军队出塞攻打鲜卑，击败了他们。

当初，汉顺帝即位，乳母宋娥参与了计划，汉顺帝封宋娥为山阳君，又封执金吾梁商的儿子梁冀为襄邑侯。尚书令左雄上书密奏说：“高祖刘邦约定，不是刘氏不

不侯。孝安皇帝封江京、王圣等，遂致地震之异。永建二年封阴谋之功，又有日食之变。数术之士，咸归咎于封爵。今青州饥虚，盗贼未息，诚不宜追录小恩，亏失大典。”诏不听。

雄复谏曰：“臣闻人君莫不好忠正而恶谗谀，然而历世之患，莫不以忠正得罪，谗谀蒙幸者，盖听忠难，从谀易也。夫刑罪，人情之所甚恶，贵宠，人情之所甚欲，是以时俗为忠者少而习谀者多；故令人主数闻其美，稀知其过，迷而不悟，以至于危亡。臣伏见诏书，顾念阿母旧德宿恩，欲特加显赏。按尚书故事，无乳母爵邑之制，唯先帝时阿母王圣为野王君，圣造生谗贼废立之祸，生为天下所咀嚼，死为海内所欢快。桀、纣贵为天子，而庸仆羞与为比者，以其无义也；夷、齐贱为匹夫，而王侯争与为伍者，以其有德也。今阿母躬蹈俭约，以身率下，群僚蒸庶，莫不向风；而与王圣并同爵号，惧违本操，失其常愿。臣愚以为凡人之心，理不相远，其所不安，古今一也。百姓深惩王圣倾覆之祸，民萌之命危于累卵，常惧时世复有此类，怵惕之念未离于心，恐惧之言未绝于口。乞如前议，岁以千万给奉阿母，内足以尽恩爱之欢，外可不为吏民所怪。梁冀之封，事非机急，宜过灾厄之运，然后平议可否。”于是冀父商让还冀封；书十余上，帝乃从之。

夏，四月，己亥，京师地震。五月，庚子，诏群公、卿士各直言厥咎，仍各举敦朴士一人。左雄复上疏曰：“先帝封野王君，汉阳地震，今封山阳君而京城复震，专政在阴，其灾尤大。臣前后瞽言，封爵至重，王者可私人以财，不可以官，宜还阿母之封以塞灾异。今冀已高让，山阳君亦宜崇其本节。”雄言切至，娥亦畏惧辞让；而帝恋恋不能已，卒封之。

是时，大司农刘据以职事被谴，召诣尚书，传呼促步，又加以捶扑。雄上言：“九卿位亚三事，班在大臣，行有佩玉之节，动则有庠序之仪。孝明皇帝始有扑罚，皆非古典。”帝纳之，是后九卿无复捶扑者。

戊午，司空王龚免。六月，辛未，以太常鲁国孔扶为司空。

（以上为第十三段，写左雄上奏谏阻汉顺帝给乳母宋娥封爵。）

封王，无功不封侯。孝安皇帝封了江京、王圣等人，招致了地震的灾异。永建二年封赠有阴谋的人功劳，又有日食的变异。数术方士把罪过都归为是封赠爵位。现在青州饥荒贫困，盗贼无法平息，实在不应该追念小恩，破坏国家大事。”汉顺帝下诏命，不听从。

左雄再次进言：“臣听说国君没有不喜欢忠正的人而不厌恶阿谀谄媚的人，然而历代的祸患，没有不是忠正的人得罪，而阿谀谄媚的人却蒙受宠幸，大概是听忠言难，听谗言容易。犯罪服刑，人人所厌恶；富贵荣华，人人所盼望，所以社会风气做正直尽忠的人少，习惯阿谀谄媚的人多；一旦让君主经常听到自己的优点，很少知道自己的过错，迷惑不悟，濒于危亡。臣恭敬地看到诏书，思念乳母旧日的恩德，想要显扬特殊奖赏。按尚书过去的惯例，没有乳母封爵封邑的制度。只是先帝时封乳母王圣为野王君，王圣造谣陷害导致了废立太子的祸事，活着受天下人痛骂，死了使天下人高兴。夏桀、商纣贵为天子，而奴仆都羞与为伍，因为这两个暴君缺乏道义；伯夷、叔齐是低贱的平民，而王侯都争相效法，因为伯夷、叔齐有美德。现在乳母亲身实行节俭，以身作则，群臣和百姓，莫不响应；而却和王圣一样封爵号，恐怕有违她的本心操守，失去平日的愿望。臣愚昧地认为，人心相差不远，人们所不安的东西古今相同。百姓对王圣造成的倾覆之祸深为警惕，民众的命运危若累卵，时常忧虑颠覆大祸又要重演，恐惧心理从未消失，口中恐惧的言辞从没停止。请求按照先前的议论，每年供给乳母一千万钱，对内足以尽恩回报，对外也不会引起官民的抱怨。梁冀的封爵不是机要紧迫的事情，应等到灾异过后，再讨论是否可实行。”于是，梁冀的父亲梁商推让辞退梁冀的封爵，十多次上书，汉顺帝这才同意。

夏季，四月二十九日己亥，京城发生地震。五月初一日庚子，诏命公侯、卿士各人直言政治得失，仍然各举荐一名诚朴之士。左雄再次上奏说：“先帝封了野王君，汉阳地震，现在封山阳君京城又地震，政治集中在妇人身上，灾害更大。臣前前后后说了一些不中听的话，封爵是大事，君主可以随意给人财物，但不可以随意封官，应当收回保姆宋娥的封号，以阻止灾祸发生。现在梁冀已经谦让，山阳君也应当尊崇她本来的节操。”左雄言辞诚挚，宋娥也害怕了，表示辞让；而汉顺帝恋恋不已，终于还是赐封了。

这时，大司农刘据因为办事失职受到斥责，宣召他到尚书台，传呼的人大声吆喝刘据快走，又加以棍棒殴打。左雄上书：“九卿的地位仅次于三公，属于大臣之列，行动有佩玉的礼节，举止有教养的仪态，孝明皇帝时才有鞭打的刑罚，并非是古时典制。”汉顺帝采纳了，此后九卿再没人受到鞭打。

五月十九日戊午，司空王龚被免职。六月初二日辛未，任命太常鲁国人孔扶为司空。

丁丑，洛阳宣德亭地坼，长八十五丈；帝引公卿所举敦朴之士，使之对策，及特问以当世之敝，为政所宜。李固对曰：“前孝安皇帝变乱旧典，封爵阿母，因造妖孽，改乱嫡嗣，至令圣躬狼狈，亲遇其艰。既拔自困殆，龙兴即位，天下喁喁，属望风政。积敝之后，易致中兴，诚当沛然，思惟善道，而论者犹云‘方今之事，复同于前’；臣伏在草泽，痛心伤臆！实以汉兴以来三百余年，贤圣相继十有八主，岂无阿乳之恩，岂忘贵爵之宠？然上畏天威，俯案经典，知义不可，故不封也。今宋阿母虽有大功、勤谨之德，但加赏赐，足以酬其劳苦；至于裂土开国，实乖旧典。闻阿母体性谦虚，必有逊让，陛下宜许其辞国之高，使成万安之福。夫妃、后之家所以少完全者，岂天性当然？但以爵位尊显，颛总权柄，天道恶盈，不知自损，故致颠仆。先帝宠遇阎氏，位号太疾，故其受祸曾不旋时，《老子》曰：‘其进锐者其退速也。’今梁氏戚为椒房，礼所不臣，尊以高爵，尚可然也；而子弟群从，荣显兼加，永平、建初故事，殆不如此。宜令步兵校尉冀及诸侍中还居黄门之官，使权去外戚，政归国家，岂不休乎？又，诏书所以禁侍中、尚书、中臣子弟不得为吏、察孝廉者，以其秉威权，容请托故也。而中常侍在日月之侧，声势振天下，子弟禄任，曾无限极，虽外托谦默，不干州郡，而谄伪之徒，望风进举。今可为设常禁，同之中臣。昔馆陶公主为子求郎，明帝不许，赐钱千万，所以轻厚赐，重薄位者，为官人失才，害及百姓也。窃闻长水司马武宣、开阳城门候羊迪等，无他功德，初拜便真，此虽小失而渐坏旧章。先圣法度，所宜坚守，故政教一跌，百年不复，《诗》云：‘上帝板板，下民卒瘅’，刺周王变祖法度，故使下民将尽病也。今陛下之有尚书，犹天之有北斗也。斗为天喉舌，尚书亦为陛下喉舌。斗斟酌元气，运乎四时；尚书出纳王命，赋政四海，权尊势重，责之所归，若不平心，灾眚必至，诚宜审择其人，以毗圣政。今与陛下共天下者，外则公、卿、尚书，内则常侍、黄门，譬犹一门之内，一家之事。安则共其福庆，危则通其祸败。刺史、二千石，外统职事，内受法则。夫表曲者景必邪，源清者流必洁，犹叩树本，百枝皆动也。由此言之，本朝号令，岂可蹉跌！天下之纪纲，当今之急务也。夫人君之有政，犹水之有堤防；堤防完全，虽遭雨水霖潦，不能为变；政教一立，暂遭凶年，不足为忧。诚令堤防穿漏，万夫同力，不能复救；政教一坏，贤智驰骛，不能复还；今堤防虽坚，渐有孔穴。譬之一人之身，本朝者，心腹也，州、郡者，

六月初八日丁丑，洛阳宣德亭地裂，长八十五丈。汉顺帝召见公卿所举荐的诚朴人士，让他们出对策，趁此询问当代的弊端和为政该做的事。李固对策答："以前孝安皇帝改变旧制，给乳母封爵，因而引出妖孽，扰乱了嗣统，使得圣上陷入危境，身遭艰难险阻。现在，圣上从困苦中超脱出来，高升帝位，天下百姓人心向往，渴望善政蔚然成风。政治衰败之后，容易中兴，实在应当放宽胸怀，追求善道，而议论的人却说：'现在的政治，回到以前一个样。'臣隐居在乡野，痛心感伤！实在说来，汉朝创立二百多年来，相继有十八位君主，哪一位没有乳母的哺乳之恩？哪里会忘记给她尊贵宠幸？然而，他们上畏天威，下依经典，知道不符合义理，所以不加封赠，现在，乳母宋娥虽拥有大功和勤奋的品德，只要加以赏赐就足以酬报她的勤苦；至于分封国土，建立郡国，实在是违反旧日的典章制度。听说宋氏乳母性情谦虚，必会谦让，陛下应当允许她辞去郡国的高尚行为，使她享受万安的福祥。后妃、皇后的娘家所以很少有保全的，难道是她们天性邪恶？只因爵位尊贵显赫，专断朝政，天道厌恶满溢，不知自我克制，所以导致败亡。先皇帝宠幸阎氏，赏赐地位名号太快，所以祸害即至。《老子》说'前进太快，后退必速。'现在，梁商的女儿身为皇后，按礼制，皇上不把梁氏役使为臣子，赐给显爵，这还说得过去。但是，梁氏的子弟和随从，都位高名显，即使按永平、建初时期的惯例，恐怕也到不了这一地步。应当命令步兵校尉梁冀和各侍中，回到黄门的职位去，使外戚不掌权力，政令归于国家，这难道不是一件美事吗？诏书之所以阻止侍中、尚书、中朝百官子弟不得担任官吏、举拔孝廉，是因为他们把持政柄，容易请托主事官员作弊。而中常侍在皇帝皇后身边，声势惊动天下，其子弟进仕求禄，前途无量。他们虽然外表谦和沉默，不干涉州郡事务，但谄媚之徒自会望风行事，会主动推荐其子弟。现在为中常侍子弟设禁令，可比照中朝百官子弟一样，也一律不得参与保荐推举。过去，馆陶公主为儿子要求当一名郎官，明帝不答应，赐给一千万钱，之所以轻视厚重的赏赐，看重小小的官职，在于当官的人无才，就会损害百姓利益。臣听说长水司马武宣、开阳城门候羊迪等人，没有特殊功业和品德，初次任职就给予实权，这虽然是小小的失误，但逐渐破坏了原来的制度。先圣的法度应当坚持，所以政治教化一旦受损，百年难得恢复。《诗经》说：'周厉王为政尽反先王及天之道，天下之民都遭殃。'讥讽周厉王更改祖先的法度，使全天下的民众受到伤害。现在陛下拥有《尚书》，犹如上天拥有北斗。北斗是上天的喉舌，《尚书》也是陛下的喉舌。北斗控制元气，在四时运行。《尚书》接受君王的命令，在天下实施，权大势重，责任所在，如果不能公正，灾害就来临，实在应谨慎地选拔人才，以辅佐朝政。现在和陛下共同治理天下的人，在外有公、卿、尚书，在内则有常侍、黄门，犹如一门之内，一

四支也，心腹痛则四支不举。故臣之所忧，在腹心之疾，非四支之患也。苟坚堤防，务政教，先安心腹，整理本朝，虽有寇贼、水旱之变，不足介意也；诚令堤防坏漏，心腹有疾，虽无水旱之灾，天下固可以忧矣。又宜罢退宦官，去其权重，裁置常侍二人，方直有德者省事左右；小黄门五人，才智闲雅者给事殿中。如此，则论者厌塞，升平可致也！”

扶风功曹马融对曰：“今科条品制，四时禁令，所以承天顺民者，备矣，悉矣，不可加矣。然而天犹有不平之效，民犹有咨嗟之怨者，百姓屡闻恩泽之声而未见惠和之实也。古之足民者，非能家赡而人足之，量其财用，为之制度。故嫁娶之礼俭，则婚者以时矣；丧祭之礼约，则终者掩藏矣；不夺其时，则农夫利矣。夫妻子以累其心，产业以重其志，舍此而为非者，有必不多矣！”

太史令南阳张衡对曰：“自初举孝廉，迄今二百岁矣，皆先孝行；行有余力，始学文法。辛卯诏书，以能章句、奏案为限；虽有至孝，犹不应科，此弃本而取末。曾子长于孝，然实鲁钝，文学不若游、夏，政事不若冉、季。今欲使一人兼之，苟外有可观，内必有阙，则违选举孝廉之志矣。且郡国守相，剖符宁境，为国大臣，一旦免黜十有余人，吏民罢于送迎之役，新故交际，公私放滥，或临政为百姓所便而以小过免之，是为夺民父母使嗟号也。《易》不远复，《论》不惮改，朋友交接且不宿过，况于帝王，承天理物，以天下为公者乎！中间以来，妖星见于上，震裂著于下，天诫详矣，可为寒心！明者销祸于未萌，今既见矣，修政恐惧，则祸转为福矣。”

家之事，平安则共享福庆，危险则同遇祸害。刺史、二千石对外掌管政务代表朝廷，对内受朝廷约束，接受法规。测表弯曲则影子必然倾斜，河源清澈则流水必然清洁，如同摇动树干，所有的树枝都摇晃。由此推断，本朝的号令岂能有差错！天下的纲纪，是当今急务。国君拥有政令，如同水有堤防；堤防完整，虽遇连绵大雨浇淹，也不能造成灾害。政治教化一经确立，即使暂时遭到凶年，也不足为忧。如果让堤防穿洞漏水，即使万人同心出力，却不能再救治。政治教化一旦毁损，即使贤人智士齐集奔救，也不能再挽回；现在堤防虽坚，已逐渐出现孔穴。拿人的身躯作比方，朝廷是心腹，州郡是四肢，心腹疼痛则四肢举不起来。所以臣下的忧虑在于心腹患病，而不是四肢的忧虑。如果能够加固堤防，从事政治教化，先安定心腹，整顿朝廷，虽有贼人侵犯和水灾旱灾发生，也不必介意；如果堤防坏漏，心腹有病，虽没有水灾旱灾，天下仍令人忧心忡忡。还有应当罢免宦官，削减他们的大权，只设立二名常侍，让品德端正的人在身边侍奉；设小黄门五名，让有聪明才智而风度翩翩的人在宫中服务。这样，批评政治的言论自然就会停止，太平就可以得到。”

扶风功曹马融对策说：“现在的法令章规、四时禁令，已承顺上天、顺应民众，完备齐全，不能增加了。然而，上天仍有不公平的反响，民众仍有嗟叹抱怨，百姓常听到要施行善政的声音，却不见善政的实惠。古代使民众富足的办法，不是靠赡养其家使家人富足，而是度量财货用度，为民众建立合理的制度。所以嫁娶的礼仪节简，那么男女双方就可以及时婚配；丧祭礼仪简单，那么送终的人就可以及时掩埋死者了；不在农忙时节征发徭役，则农夫受利。有妻子儿女就可以增添他们的牵挂，有家业就可以加重人民守法的意志，只要不丢弃这些为非作歹的人，即使还有恐怕也不多。”

太史令南阳人张衡对策说：“自从开始举孝廉，至今已二百年了，都首先看重孝行；孝行而有余力，然后才学习文章法典。去年十一月十八日辛卯采纳左雄之言而下的诏书，以通读经书、会写公文为标准；即使有最高孝行的人，也不能入选推荐，这是舍本逐末。曾子长于孝道，但实在愚笨，文学不如子游、子夏，政务不如冉有、季路。现在却想使一个人兼有这些品行，如果外表可观的话，内在必有缺失，那么就会违背举孝廉的本意了。况且郡守国相得以任命，须安宁州境，作为朝廷大臣，一下子就罢免了十几人，使官吏和民众疲于奔命，辞旧迎新，新旧交接，公私混乱。有的人治政有利于百姓，却因为小错被免黜，这是夺取人民的父母，使他们悲号无已。《易经》说不要走得太远才返回，《论语》说不要怕改正过失。朋友的交往，尚且没有隔夜不忘的仇恨，何况帝王要顺天意，治万物，以天下为公呢？近年来，天上出现妖星，地上出现裂地的大地震，上天的警告是这样明显，真令人担心！明智的人将灾祸消灭于还没有萌发之前，现在已经出现灾祸，整顿政治，心怀恐惧，小

上览众对，以李固为第一，即时出阿母还舍，诸常侍悉叩头谢罪，朝廷肃然。以固为议郎；而阿母、宦者皆疾之，诈为飞章以陷其罪。事从中下，大司农南郡黄尚等请之于梁商，仆射黄琼复救明其事。久乃得释，出为洛令，固弃官归汉中。融博通经籍，美文辞；对奏，亦拜议郎。衡善属文，通贯“六艺”，虽才高于世，而无骄尚之情；善机巧，尤致思于天文、阴阳、历算，作浑天仪，著《灵宪》。性恬憺，不慕当世；所居之官辄积年不徙。

太尉庞参，在三公中最名忠直，数为左右所毁。会所举用忤帝旨，司隶承风案之。时当会茂才、孝廉，参以被奏，称疾不会。广汉上计掾段恭因会上疏曰：“伏见道路行人、农夫、织妇皆曰：‘太尉参竭忠尽节，徒以直道不能曲心，孤立群邪之间，自处中伤之地。’夫以谗佞伤毁忠正，此天地之大禁，人臣之至诫也！昔白起赐死，诸侯酌酒相贺；季子来归，鲁人喜其纾难。夫国以贤治，君以忠安；今天下咸欣陛下有此忠贤，愿卒宠任以安社稷。”书奏，诏即遣小黄门视参疾，太医致羊酒。后参夫人疾前妻子，投于井而杀之；洛阳令祝良奏参罪。秋，七月，己未，参竟以灾异免。

八月，己巳，以大鸿胪施延为太尉。

鲜卑寇马城，代郡太守击之，不克。顷之，其至鞬死。鲜卑由是抄盗差稀。

（以上为第十四段，写李固、马融、张衡对策言时政，建言顺帝裁减宦官，不得举荐宦官子弟入仕，提倡孝悌之礼，重民生，使能养育妻子。）

心谨慎，这样才能转祸为福啊。”

汉顺帝观看了各人的奏对，以李固为第一，立即让乳母宋娥出宫回到家中，诸常侍叩头谢罪，朝廷法纪肃然。任用李固为议郎；而乳母和宦官都怨恨李固，伪造匿名信诬陷他。查办的诏书由宫中直接发出，大司农南郡人黄尚等向梁商请求营救，仆射黄琼又上书营救，说明原委。李固很久才获释放，改任为洛阳令。李固抛官弃职，回到故乡汉中。马融博通经籍，文辞优美；参加了对奏，被任命为议郎。张衡擅长作文，通贯“六艺”，虽才华盖世，但没有骄狂的性情；通晓机械，尤其对天文、阴阳、历算思考深邃，创作浑天仪，著述《灵宪》。性情淡泊，不羡慕当时世俗所看重的高官厚爵；所任官职，多年没有提升。

太尉庞参在三公中忠心耿耿，屡次被汉顺帝身边人诋毁诽谤。正好他所推荐的人违反了皇帝的旨意，司隶校尉看准风向弹劾他。当时正是朝廷会见茂才、孝廉之时，庞参因为受到奏劾，称病没有出席。广汉上计掾段恭趁着朝会上奏说：“我听见路上行人和农夫、织妇都说：‘太尉庞参竭忠尽节，只是因为秉持正道，不肯昧心，被邪奸小人们孤立，自己处于被中伤诬陷的位置上。’因为小人的中伤而毁灭忠正的臣子，这是天地的大忌，是人主最大的警戒！过去，秦国白起被赐自杀，诸侯国君举杯庆贺；季子回归鲁国，鲁国人为他能纾解国难而喜悦。国家依赖贤臣治理，君主依靠忠臣才能平安；现在天下都因为陛下有这些忠臣贤士而高兴，但愿一直宠信并任用他们，使国家安定。”奏书呈上，诏命小黄门探视庞参的疾病，御医为他看病，又赏赐羔羊和美酒。后来，庞参的夫人仇恨前妻生的儿子，把儿子投到井中淹死；洛阳令祝良上奏庞参罪过。秋季，七月二十日己未，庞参竟因为灾异被免职。

八月初一日己巳，任命大鸿胪施延为太尉。

鲜卑侵犯马城，代郡太守迎击，打了败仗。不久，其至犍去世，鲜卑于是减少了侵犯抢掠。

【点评】

本卷集中点评顺帝的即位与施政，有下列五项。

一、顺帝即位。延光四年（125）十一月四日，以中常侍孙程等十九位宦官为核心，发动政变，诛杀阎党宦官江京、刘安、陈达以及阎显、阎崇、阎景兄弟，夺回政权，迎立废太子济阴王刘保即位，是为顺帝。顺帝得以即位，原因有三：其一，刘保为和帝长子，法统当立，无其他和帝子可以代替。阎太后贪权立幼，迎立诸侯王子北乡侯，既是婴孩，又半岁而亡，毫无影响。其二，刘保被废，仍封为王，未出宫，住在崇德大殿西厢钟楼下，得到孙程等一大批忠于帝胄的宦官保护，这也是政变的中坚力量。第三，阎显兄弟，庸懦才劣又暴戾贪婪。北乡侯初立，自己立脚未稳就同党争权内讧，杀大将军耿宝、安帝乳母王圣、中常侍樊丰等，削弱了自身力量，又极不得人心。阎氏外戚，根基不牢，在朝臣中很孤立，没有呼应的人。阎太后性妒凶残，杀刘保生母，在宫中也不得人心。阎太后临朝，败亡顺理成章。

顺帝一朝，政治昏暗。东汉政治以和、安二帝为分水岭。和帝之前光武、明帝、章帝三朝为鼎盛期，政治较为开明。和帝、安帝两朝维持表面的平稳，邓太后掌权时期连年灾害，内有西羌之乱，外有匈奴、乌桓扰边，国家已呈衰败迹象。顺帝即位，外戚势力抬头，后期任用顽劣无比的梁冀为大将军，国势急剧走下坡路。司马光批评顺帝昏愚超过西汉成帝。王夫之《读通鉴论》认为顺帝为中上之君，但无忠良之臣，所以国势不张。王夫之说："帝之废居西钟下也，顺以全生，群奸不忌，非不智也。安帝崩，不得上殿亲临，非号不食，非不仁也。孙程等拯之危亡之中而登天位，一上殿争功，而免官就封，不使终持国政，非不断也。谅虞诩之谏逐张防，听李固之言出阿母，任左雄之策请吏治，非不明也。樊英、黄琼、郎顗，公车接轮，纳翟酺之说，广拓学宫，非不知务也。"据此，顺帝作为一国之君，还像一个君主，只是没有丙吉、宋璟、张九龄、韩琦、姚崇、杜黄裳这样的大臣为辅，国是以不治。人才代代有，君不明，则臣不才。左雄、虞诩未尽其用，李固、张衡未得其用，梁冀之流放心以用，这就是顺帝之昏。顺帝不立，阎氏奸计得逞，东汉或许即行大乱。从粉碎阎党角度说，顺帝即位，延长了东汉国祚。

二、顺帝赏罚错位。班勇完成了东汉第三次开通西域的伟业，立下重大功勋。公元 125 年，班勇大破北匈奴，西域各城邦国都服从于汉朝，唯有焉耆王未附。顺帝派敦煌太守张朗将河西四郡兵入援班勇，约期分两道攻击。班勇从南道，张朗从北道。张朗想独贪功劳，先期冒进，侥幸取胜，受赏。班勇按期到达，因无功，征还下狱，罢官。军事冒进，犯兵家大忌，张朗受班勇节制，冒进是不听将令的行为，应当受罚，因侥幸有功却受赏。班勇克期，是纪律严明的表现，反而被判重罪，顺帝判事不明，赏罚错位。

三、樊英受征。南阳樊英，海内知名，安帝赐策书征召，樊英不就。顺帝再次用策书征召，樊英开始推辞，顺帝诏令郡县逼迫，樊英就征。到了京师，顺帝隆重接待，赐几杖，以师傅礼召见，问得失，拜五官中郎将。樊英如同竹笋，嘴尖皮厚腹中空，始终没说出一句善言，出一条治国良策，自觉脸上无光，称疾告归。顺帝赐以光禄大夫品秩，带薪回乡，命令地方岁时致以牛酒。司马光批评说，帝王征召贤士，诚心敬重，像樊英这样没有真才实学的浮华之士，要用对待少正卯的方法加以诛杀，用以纯正风俗。顺帝重赏虚名之士，失重贤之旨。

四、班始忿杀公主。班超孙子班始尚清河王之女阴城公主，是顺帝的姑姑。阴城公主放纵淫荡，甚至把情夫带回家，让情夫睡在床上，逼班始藏在床下。班始不堪，怒杀公主。顺帝将班始处以腰斩，量刑至此，也算得当。顺帝将班始同胞兄弟姐妹全部处死，则是滥用刑法，逞专制淫威，不可谓明。

五、顺帝求言。顺帝征召士人，问以灾异。北海士人郎𫖮上书言七事，皆有益于国，又荐黄琼、李固，以为宜加擢用。阳嘉二年（133）六月八日，洛阳宣德亭地裂，顺帝召集公卿所举荐的淳朴之士对策，问以当世政治的弊端，应当如何改进。李固、马融、张衡对策，建言顺帝裁减宦官，不得举荐宦官子弟入仕，提倡孝悌之礼，重民生，使百姓能温饱，养育妻子。顺帝借此整肃了一番宫禁，及时遣乳母还舍，诸常侍叩头谢罪，朝廷肃然。顺帝欲有一番作为，这就是王夫之所说的中上之君，贤臣为辅，可以为善。由于东汉大权长期落入太后、外戚、宦官、群小之手，积重难返，顺帝非有为之君，整肃朝纲，昙花一现，很快又皇权旁落。等到梁冀当朝，顺帝只是一个傀儡。

汉纪四十四

汉顺帝阳嘉三年至汉冲帝永嘉元年（134—145年）

【起阏逢阉茂（甲戌，134年），尽旃蒙作噩（乙酉，145年），凡十二年】

【大事提要】

本卷记事起公元134年，讫公元145年，凡十二年，当顺帝阳嘉三年至冲帝永嘉元年，载顺帝一朝后期史事。这一时期，权落梁皇后外戚梁氏。皇后父梁商为大将军，梁商无治国之才，从事中郎李固劝说梁商让贤，梁商不听。梁商子梁冀为河南尹，初任一方即残暴自恣，梁氏父子结纳宦官曹节、曹腾等以固宠，挑起宦官内讧，兴大狱，政治一片乌烟瘴气。梁商恋权，尚无大恶，天时干旱，还能劝顺帝下诏求言。尚书令周举、太史令张衡建言裁宫女，减御膳，皇上亲贤远佞，总政要，不信图谶。李固反对用兵岭南言七不可，建言选贤良任郡守，招抚叛乱。张乔等人到任，兵不血刃，岭南安定。梁商死，顺帝竟然任命顽劣无赖梁冀为大将军，司马光批评顺帝昏庸甚于西汉成帝。皇甫规献奏安羌之策，顺帝不采纳。八使巡风，御史张纲弹劾梁冀，梁冀深恨之，欲置之于死地。顺帝崩，冲帝即位，梁太后感念李固，李固当政，罢贪残，任贤才，清剿东南盗匪，梁冀冷眼，伺机反扑。

【原文】

孝顺皇帝下

阳嘉三年（甲戌，134 年）

夏，四月，车师后部司马率后王加特奴掩击北匈奴于阊吾陆谷，大破之；获单于母。

五月，戊戌，诏以春夏连旱，赦天下。上亲自露坐德阳殿东厢请雨。以尚书周举才学优深，特加策问。举对曰："臣闻阴阳闭隔，则二气否塞。陛下废文帝、光武之法，而循亡秦奢侈之欲，内积怨女，外有旷夫。自枯旱以来，弥历年岁，未闻陛下改过之效，徒劳至尊暴露风尘，诚无益也，陛下但务其华，不寻其实，犹缘木希鱼，却行求前。诚宜推信革政，崇道变惑，出后宫不御之女，除太官重膳之费。《易传》曰：'阳感天不旋日。'惟陛下留神裁察！"帝复召举面问得失，举对以"宜慎官人，去贪污，远佞邪。"帝曰："官贪污、佞邪者为谁乎？"对曰："臣从下州超备机密，不足以别群臣。然公卿大臣数有直言者，忠贞也；阿谀苟容者，佞邪也。"

太史令张衡亦上疏言："前年京师地震土裂，裂者，威分；震者，民扰也。窃惧圣思厌倦，制不专己，恩不忍割，与众共威。威不可分，德不可共。愿陛下思惟所以稽古率旧，勿使刑德八柄不由天子，然后神望允塞，灾消不至矣！"

衡又以中兴之后，儒者争学《图纬》，上疏言："《春秋元命包》有公输班与墨翟，事见战国；又言别有益州，益州之置在于汉世。又刘向父子领校秘书，阅定九流，亦无《谶录》。则知《图谶》成于哀、平之际，皆虚伪之徒以要世取资，欺罔较然，莫之纠禁。且律历、卦候、九宫、风角，数有征效，世莫肯学，而竞称不占之书，譬犹画工恶图犬马而好作鬼魅，诚以实事难形而虚伪不穷也！宜收藏《图谶》，一禁绝之，则朱紫无所眩，典籍无瑕玷矣！"

【语译】

孝顺皇帝下

汉顺帝阳嘉三年（甲戌，134 年）

夏季，四月，车师后部司马率领后王加特奴在阊吾陆谷包抄匈奴，击败他们，抓获了单于的母亲。

五月初四日戊戌，汉顺帝下诏，因为春夏一直干旱，赦免天下的赋税。汉顺帝亲自在德阳殿的东厢露天而坐，请求降雨。因为尚书周举学识优秀，汉顺帝特别询问周举。周举回答："我听说阴阳闭塞，天地二气就不通畅。陛下废弃了汉文帝、汉光武帝的法度，却追求亡国的秦朝的奢欲，宫内聚集了太多宫女，不能婚配，宫外单身汉很多。自从干旱以来，已经过了一整年，没有听说陛下有改过表现，徒使陛下暴露在烈日风尘中，也是没有益处，陛下只求虚华，不讲实际，如同缘木求鱼，倒退着走，却希望前进。实在应该推出诚信来改革政务，尊崇大道，消除民众的疑惑，释放后宫中未被皇帝召幸过的女子，减少太官制作御膳过分奢侈的费用。《易传》说：'皇帝所作所为，上天将立即回报，不超过一天。'希望陛下留心明断。"汉顺帝又召周举，当面问得失，周举回答说："应当仔细选择官员，罢免贪官污吏，远离奸邪小人。"汉顺帝说："哪些人是贪官污吏、佞邪小人？"周举回答说："我从外州破格升迁到机密中枢位置上，还不能完全鉴别文武百官谁优谁劣。但是，公卿大臣中常有直谏的，就是忠臣；阿谀奉承、看眼色行事的，就是佞邪小人。"

太史令张衡也上疏说："前年京城地震土裂。土裂，意味着权威分离；地震意味着民众骚动。臣担心圣上思虑厌倦，不理朝政，制度不由自己决裁，不忍割舍恩爱，而与众人共享威望。威望不可以分，恩德不可以共享。希望陛下考求古制，遵循旧典，不要使刑德的八种大权脱离君王之手，这样天子的神圣威望获得充实，灾祸就可消除。"

张衡又认为中兴以来，儒生争学神秘的预言书《图》、《纬》，便上疏说："《春秋元命苞》载有公输班和墨翟，事情见于战国；又说另外有益州，益州是在汉朝设立的。而且，刘向父子主持校订宫中图书，审阅评定九家学术，其中没有《谶录》。由此可知《图谶》是在哀帝、平帝时出现的，都是虚妄的人用来欺世盗名以骗取钱财，欺诈的意图十分明显，政府却没有把它列入禁令，并且律历、卦候、九宫、风角等不断有应验，世人不肯去学，却争相称赞无法考察应验的谶纬之学，犹如画匠厌恶画狗画马，却喜欢画鬼画妖，实在是因为真实的事物难以惟妙惟肖，而虚伪的鬼怪可以随意涂抹。应当收缴《图谶》，一概禁止，使红色和紫色不再混淆，使儒家经典不再受到玷污。"

秋，七月，钟羌良封等复寇陇西、汉阳。诏拜前校尉马贤为谒者，镇抚诸种。冬，十月，护羌校尉马续遣兵击良封，破之。

十一月，壬寅，司徒刘崎、司空孔扶免，用周举之言也。乙巳，以大司农黄尚为司徒，光禄勋河东王卓为司空。

耿贵人数为耿氏请，帝乃绍封耿宝子箕为牟平侯。

（以上为第一段，写汉顺帝因干旱求言，尚书周举、太史令张衡等建言，裁宫女，减御膳，皇上亲贤远佞，总政要，不要信图谶。）

四年（乙亥，135年）

春，北匈奴呼衍王侵车师后部。帝令敦煌太守发兵救之，不利。

二月，丙子，初听中官得以养子袭爵。初，帝之复位，宦官之力也，由是有宠，参与政事。御史张纲上书曰："窃寻文、明二帝，德化尤盛，中官常侍，不过两人，近幸赏赐，裁满数金，惜费重民，故家给人足。而顷者以来，无功小人，皆有官爵，非爱民重器、承天顺道者也。"书奏，不省。纲，皓之子也。

旱。

谒者马贤击钟羌，大破之。

夏，四月，甲子，太尉施延免。戊寅，以执金吾梁商为大将军，故太尉宠参为太尉。

商称疾不起且一年；帝使太常桓焉奉策就第即拜，商乃诣阙受命。商少通经传，谦恭好士，辟汉阳巨览、上党陈龟为掾属，李固为从事中郎，杨伦为长史。

李固以商柔和自守，不能有所整裁，乃奏记于商曰："数年以来，灾怪屡见。孔子曰：'智者见变思形，愚者睹怪讳名。'天道无亲，可为祗畏。诚令王纲一整，道行忠立，明公踵伯成之高，全不朽之誉，岂与此外威凡辈耽荣好位者同日而论哉！"商不能用。

秋，闰八月，丁亥朔，日有食之。

冬，十月，乌桓寇云中。度辽将军耿晔追击，不利。十一月，乌桓围晔于兰池城；发兵数千人救之，乌桓乃退。

十二月，丙寅，京师地震。

（以上为第二段，写御史张纲上奏顺帝赏赐亲信应有节度，从事中郎李固劝说梁商让大将军之位于贤者，皆未被采纳。）

秋季，七月，钟羌首领良封等人又侵入陇西、汉阳。下诏任命前校尉马贤为谒者，镇抚各部落。冬季，十月，护羌校尉马续派兵攻打良封，击败了他们。

十一月十一日壬寅，司徒刘崎、司空孔扶被免职，这是因为采用了周举建议。十一月十四日乙巳，任命大司农黄尚为司徒，光禄勋河东人王卓为司空。

耿贵人多次为耿氏请托，汉顺帝这才封耿宝的儿子耿箕为牟平侯。

汉顺帝阳嘉四年（乙亥，135 年）

春季，北匈奴呼衍王侵扰车师后部。汉顺帝命令敦煌太守派兵援助，出师不利。

二月十六日丙子，开始允许宦官养子承袭爵位。当初，汉顺帝恢复皇位，宦官有功，参与政事。御史张纲上书说："臣发现汉文帝、汉明帝在位时，道德教化隆盛，设立的宦官常侍不过两人。赏赐亲信侍宠，才不过数万钱，珍惜费用，重视生民，所以家家富裕。可是，近年，无功绩的小人都拥有官职爵位，这不是爱惜百姓、重视国家、顺应天心的做法。"奏章呈上，汉顺帝不理睬。张纲是张皓的儿子。

发生旱灾。

谒者马贤攻击钟羌人，战胜了钟羌人。

夏季，四月初五日甲子，太尉施延被免职。四月十九日戊寅，任命执金吾梁商为大将军，前太尉庞参为太尉。

梁商称病不上朝，休息将近一年；汉顺帝派太常桓焉带着策文，到梁商府上任命，梁商这才到宫廷接受官职。梁商从小通达经传，谦恭小心，喜好贤士。征召汉阳人巨览、上党人陈龟做掾属，李固为从事中郎，杨伦为长史。

李固因为梁商温和保守，没有能力整理朝纲决断政务，于是向梁商上书说："这些年来，灾变怪事常常出现。孔子说：'智慧的人看到灾变，就会思考它产生的原因；愚蠢的人看到怪异，就忌讳提起。'天道没有亲疏，可敬可畏。真要使朝纲整顿，大道运行，建立忠义，你就应当继承伯成的崇高德行而功成身退，成就不朽的名誉。难道要跟这些沉溺荣耀、贪图官位的外戚凡辈相提并论吗？"梁商不采用。

秋季，闰八月初一日丁亥，日食。

冬季，十月，乌桓侵扰云中，度辽将军耿晔追击，出师不利。十一月，乌桓在兰池城包围了耿晔；朝廷派遣几千人前往援助，乌桓才退兵。

十二月，丙寅日（疑误），京师发生地震。

永和元年（丙子，136 年）

春，正月，己巳，改元，赦天下。

冬，十月，丁亥，承福殿火。

十一月，丙子，太尉庞参罢。

十二月，象林蛮夷反。

乙巳，以前司空王龚为太尉。

龚疾宦官专权，上书极言其状。诸黄门使客诬奏龚罪；上命龚亟自实。李固奏记于梁商曰："王公以坚贞之操，横为谗佞所构，众人闻知，莫不叹栗。夫三公尊重，无诣理诉冤之义，纤微感慨，辄引分决，是以旧典不有大罪，不至重问。王公卒有他变则朝廷获害贤之名，群臣无救护之节矣！语曰：'善人在患，饥不及餐。'斯其时也！"商即言之于帝，事乃得释。

是岁，以执金吾梁冀为河南尹。冀性嗜酒，逸游自恣，居职多纵暴非法。父商所亲客洛阳令吕放以告商，商以让冀。冀遣人于道刺杀放，而恐商知之，乃推疑放之怨仇，请以放弟禹为洛阳令，使捕之，尽灭其宗、亲、宾客百余人。

武陵太守上书，以蛮夷率服，可比汉人，增其租赋。议者皆以为可。尚书令虞诩曰："自古圣王，不臣异俗。先帝旧典，贡赋多少，所由来久矣；今猥增之，必有怨叛。计其所得，不偿所费，必有后悔。"帝不从。澧中、溇中蛮各争贡布非旧约，遂杀乡吏，举种反。

（以上为第三段，写梁冀为河南尹，初任方面，即残暴违法。朝廷加征赋税，逼反蛮夷。）

二年（丁丑，137 年）

春，武陵蛮二万人围充城，八千人寇夷道。

二月，广汉属国都尉击破白马羌。

帝遣武陵太守李进击叛蛮，破平之。进乃简选良吏，抚循蛮夷，郡境遂安。

三月，司空王卓薨。丁丑，以光禄勋郭虔为司空。

夏，四月，丙申，京师地震。

五月，癸丑，山阳君宋娥坐构奸诬罔，收印绶，归里舍。黄龙、杨

汉顺帝永和元年（丙子，136年）

春季，正月十五日己巳，改年号为永和，赦免天下。

冬季，十月初七日丁亥，承福殿失火。

十一月二十七日丙子，太尉庞参被免职。

十二月，日南郡象林县的蛮夷反叛。

十二月二十六日乙巳，任命前司空王龚为太尉。

王龚憎恨宦官弄权，上书极言宦官之祸。各黄门宦官诬奏王龚犯罪；汉顺帝命令王龚立即到廷尉申诉实情。李固向梁商上书说："王龚因为坚贞的操守，反而被小人谋陷，众人听了，无不叹息恐惧。作为尊贵的三公，没有亲自前往廷尉府自辨申冤的道理，即便是细小的过失，也只好自杀了事。所以旧典规定，三公若没有大罪，决不审问。王龚如果突然发生意外，朝廷就会蒙受伤害贤臣的罪名，众大臣也丢失了救护的节操。俗话说：'好人在受罪，为了救人即使肚子饿了也来不及去吃饭。'现在正是救人的时候了！"梁商随即向汉顺帝陈述，事情才得以解决。

这一年，任命执金吾梁冀为河南尹。梁冀贪酒，好逸游乐，纵情任性，身居要位，却非常残暴，经常违法。父亲梁商的亲信、洛阳令吕放禀告梁商，梁商因此责怪梁冀。梁冀派人在路上刺杀吕放，却怕梁商知道，于是就推说怀疑是吕放的仇人所杀，请求派吕放的弟弟吕禹做洛阳令，要他抓获凶犯；吕禹杀了仇人的宗族、亲戚、宾客一百多人。

武陵太守上书，认为蛮夷都已降服，可以比照汉人增加他们的租赋。议论的人都认为可以。尚书令虞诩说："自古圣王不把风俗不同的民族当作自己的臣民。历代先帝的旧制惯例，规定赋税的数量，由来已久；现在突然增加，必然会造成怨恨和骚乱。计算所得到的，还无法补偿所耗费的，一定会后悔。"汉顺帝不听从。澧中、溇中的蛮人都争着谴责不按旧约征收贡布，于是杀死地方官员，举族反叛。

汉顺帝永和二年（丁丑，137年）

春季，武陵蛮二万人围攻充城县，八千人侵入夷道。

二月，广汉属国都尉攻破白马羌。

汉顺帝派武陵太守李进攻打叛乱的蛮族，攻破平定蛮族。李进又选择良吏，安抚蛮夷，郡内终于安定。

三月，司空王卓去世。三月三十日丁丑，任命光禄勋郭虔为司空。

夏季，四月十九日丙申，京城洛阳发生地震。

五月初六日癸丑，山阳君宋娥被指控结党为奸和诬陷欺诈而论罪，没收印绶，

佗、孟叔、李建、张贤、史泛、王道、李元、李刚等九侯坐与宋娥更相赂遗，求高官增邑，并遣就国，减租四分之一。

象林蛮区怜等攻县寺，杀长吏。交趾刺史樊演发交趾、九真兵万余人救之；兵士惮远役，秋，七月，二郡兵反，攻其府。府虽击破反者，而蛮势转盛。

冬，十月，甲申，上行幸长安。扶风田弱荐同郡法真博通内、外学，隐居不仕，宜就加衮职。帝虚心欲致之，前后四征，终不屈。友人郭正称之曰："法真名可得闻，身难得而见。逃名而名我随，避名而名我追，可谓百世之师者矣！"真，雄之子也。

丁卯，京师地震。

太尉王龚以中常侍张昉等专弄国权，欲奏诛之。宗亲有以杨震行事谏之者，龚乃止。

十二月，乙亥，上还自长安。

（以上为第四段，写宋娥势力倒台，张昉等奸佞依然得势。）

三年（戊寅，138年）

春，二月，乙亥，京师及金城、陇西地震，二郡山崩。

夏，闰四月，己酉，京师地震。

五月，吴郡丞羊珍反，攻郡府；太守王衡破斩之。

侍御史贾昌与州郡并力讨区怜，不克，为所攻围；岁余，兵谷不继。帝召公卿百官及四府掾属问以方略；皆议遣大将，发荆、扬、兖、豫四万人赴之。李固驳曰："若荆、扬无事，发之可也。今二州盗贼磐结不散，武陵、南郡蛮夷未辑，长沙、桂阳数被征发，如复扰动，必更生患，其不可一也。又，兖、豫之人卒被征发，远赴万里，无有还期，诏书迫促，必致叛亡，其不可二也。南州水土温暑，加有瘴气，致死亡者十必四五，其不可三也。远涉万里，士卒疲劳，比至岭南，不复堪斗，其不可四也。军行三十里为程，而去日南九千余里，三百日乃到，计人禀五升，用米六十万斛，不计将吏驴马之食，但负甲自致，费便若此，其不可五也。设军所在，死亡必众，既不足御敌，当复更发，此为刻割心腹以补四支，其不可六也。九真、日南相去千里，发其吏民犹尚不堪，何况乃苦四州之卒以赴万里之艰哉！其不可七也。前中郎将尹就讨益州叛

遣返乡里。黄龙、杨佗、孟叔、李建、张贤、史汎、王道、李元、李刚等九位侯爵，犯有与宋娥互相贿赂、谋求高官、增加封邑户口的罪行，一同遣回封国，减少其采邑租税的四分之一。

象林县蛮区怜等人攻打县衙，杀掉官吏。交趾刺史樊演派交趾、九真的军队一万多人去救援；士兵害怕远征，秋季，七月，两郡士兵叛乱，攻击郡府。郡府虽然击败叛军，但是，蛮人势力逐渐强盛。

冬季，十月初十日甲申，汉顺帝到巡幸长安，扶风人田弱举荐同郡人法真，说法真博通儒家内学（指纬书）和外学（指六经），隐居不当官，应聘以高官。汉顺帝虚心征召，前后四次，始终不肯屈从。友人郭正称赞他："法真的名声可以听到，却难见到其人。逃避名声，名声却随着他；躲避名声，名声追赶他，可以说法真是百代之师了！"法真是法雄的儿子。

十一月二十三日丁卯，京城洛阳发生地震。

太尉王龚因为中常侍张昉等人专擅朝政，想要上奏杀掉他们。宗亲中有人用杨震的事情劝阻，王龚才放弃这一念头。

十二月初二日乙亥，汉顺帝从长安返回洛阳。

汉顺帝永和三年（戊寅，138年）

春季，二月初三日乙亥，京城和金城、陇西地震，两个郡发生山崩。

夏季，闰四月初八日己酉，京师发生地震。

五月，吴郡丞羊珍叛乱，进攻郡府；太守王衡击破叛军，杀死羊珍。

侍御史贾昌和州郡联合讨伐区怜，不能取胜，反被包围；长达一年多，兵力和粮食都供应不足。汉顺帝召集公卿百官和四府幕僚，询问方法策略。大家一致主张派大将，征发荆、扬、兖、豫四州的四万人前去救援。李固驳斥说："如果荆州、扬州没有乱事，就可以征发。现在，二州的盗贼盘踞不散，武陵、南郡的蛮夷没有平定，长沙、桂阳的民众常常被征发，如果再惊动他们，必然又会发生祸乱，这是不可以的第一个原因。而且，兖州、豫州的百姓突然被征发到万里之外，没有回来的日期，诏书催得急，必然导致叛乱，这是不可以的第二个原因。南方水温土湿，加上生于夏季的湿热毒起，十人中必然会有四五个人死亡，这是不可以的第三个原因。远涉万里，士兵疲劳，等到达岭南，不能再打仗了，这是不可以的第四个原因。军队走三十里为一日途程，京城到日南郡有九千多里，三百天才到，估计每人每天供给五升米，要用六十万斛米，这还不包括将士、官吏的驴、马粮草，仅仅大军自己携带的费用，便有如此之多，这是不可以的第五个原因。军队战斗过的地方，死亡

羌，益州谚曰：‘虏来尚可，尹来杀我。’后就征还，以兵付刺史张乔；乔因其将吏，旬月之间破殄寇虏。此发将无益之效，州郡可任之验也。宜更选有勇略仁惠任将帅者，以为刺史、太守，悉使共住交趾。今日南兵单无谷，守既不足，战又不能，可一切徙其吏民，北依交趾，事静之后，乃命归本；还募蛮夷使自相攻，转输金帛以为其资；有能反间致头首者，许以封侯裂土之赏。故并州刺史长沙祝良、性多勇决，又南阳张乔，前在益州有破虏之功，皆可任用。昔太宗就加魏尚为云中守，哀帝即拜龚舍为泰山守；宜即拜良等，便道之官。”四府悉从固议，即拜祝良为九真太守，张乔为交趾刺史。乔至，开示慰诱，并皆降散。良到九真，单车入贼中，设方略，招以威信，降者数万人，皆为良筑起府寺。由是岭外复平。

（以上为第五段，写李固反对朝廷用兵岭南七不可，建议慎选刺史、郡守，张乔等人到任，岭南叛乱兵不血刃得以平息。）

秋，八月，己未，司徒黄尚免。九月，己酉，以光禄勋长沙刘寿为司徒。

丙戌，令大将军、三公举刚毅、武猛、谋谟任将帅者各二人，特进、卿、校尉各一人。

初，尚书令左雄荐冀州刺史周举为尚书；既而雄为司隶校尉，举故冀州刺史冯直任将帅。直尝坐臧受罪，举以此劾奏雄。雄曰：“诏书使我选武猛，不使我选清高。”举曰：“诏书使君选武猛，不使君选贪污也！”雄曰：“进君，适所以自伐也。”举曰：“昔赵宣子任韩厥为司马，厥以军法戮宣子仆，宣子谓诸大夫曰：‘可贺我矣！吾选厥也任其事。’今君不以举之不才误升诸朝，不敢阿君以为君羞；不寤君之意与宣子殊也。”雄悦，谢曰：“吾尝事冯直之父，又与直善；今宣光以此奏吾，是吾之过也！”天下益以此贤之。

是时，宦官竞卖恩势，唯大长秋良贺清俭退厚。及诏举武猛，贺独无所荐。帝问其故，对曰：“臣生自草茅，长于宫掖，既无知人之明，又

一定很多，既然不能够抗敌，就要重新征集军队，是割舍心腹以补足四肢，这是不可以的第六个原因。九真、日南相距千里，征发他们的官吏、民众还不能承受，何况四州的士兵，征赴万里，该多么艰苦！这是不可以的第七个原因。前中郎将尹就征讨益州羌族叛军，益州俗语说：‘叛军来了还可，尹就来了杀我。’后来调走尹就，把军队交给刺史张乔；张乔依靠将士，只一个月就消除敌寇。这就是朝廷派将发兵没有效果，而贤明的州郡长官足可胜任的有力证明。应该再选派有勇气谋略、仁厚的人担任将帅，作为刺史、太守，命他们一同去交趾。现在日南兵力单薄而又缺粮，既不能守，又不能战，可以迁移所有的官吏、民众，向北依靠交趾，等事情平定以后，再令其回到本郡；还可以招募蛮夷。使他们互相残杀，送给金银绸缎作为资助；有人能够深入隐藏于敌人之中作策反间谍，杀死诸蛮首领的，答应给予封侯、赐地的奖赏。前并州刺史长沙人祝良，勇敢而有决断，还有南阳人张乔，以前在益州有攻破敌虏的功劳，都可以任用。从前，汉文帝就任命魏尚为云中郡太守，汉哀帝任命龚舍为泰山郡太守；应立即任命祝良等人，从小道赴任。”四府完全同意李固的建议，立即任命祝良为九真太守，张乔为交趾刺史。张乔到职，开诚布公宣示政策，安抚诱导，叛人都归降或解散。祝良到了九真，单独乘车进入蛮营中，宣示朝廷的威望和信誉来招降安抚，有几万人归降，大家还共同替祝良修筑郡府官舍。于是，岭外重新平定。

秋季，八月二十日己未，司徒黄尚被免职。九月，己酉日，任命光禄勋长沙人刘寿为司徒。

九月十七日丙戌，命令大将军、三公推荐刚毅、武猛、有谋略能担当将帅的人才各二名，特进、卿、校尉推荐各一名。

开始，尚书令左雄举荐冀州刺史周举为尚书；不久，左雄任司隶校尉，推荐前冀州刺史冯直担任将帅。冯直曾经被指控贪污受刑，周举因此弹劾左雄推荐失误。左雄说：“诏书命我推荐武猛，没有让我推荐清高。”周举说：“诏书命你推荐武猛，不是命你推荐贪污！”左雄说：“我当初推荐你，没想到是自找祸害。”周举说：“以前，赵宣子任命韩厥为司马，韩厥以军法杀掉韩宣子的仆从，宣子对各大夫说：‘你们可以祝贺我，我选拔的韩厥非常称职。’现在，你把我这个没有才能的人而错荐到中央，我绝不敢阿附你，使你蒙受羞辱；想不到你的心意和赵宣子不同！”左雄大为高兴，道歉说：“我曾经事奉过冯直的父亲，又与冯直友善；现在你以此上告我，是我的过失！”天下人由此对左雄更为敬重。

这时，宦官依仗皇帝宠信而争相玩弄权势，只有大长秋良贺清正节俭，淡泊谦让。等到诏书命令推荐武猛，只有良贺没有推荐。汉顺帝问原因，回答说：“臣生在

未尝交加士类。昔卫鞅因景监以见，有识知其不终。今得臣举者，匪荣伊辱，是以不敢！”帝由是赏之。

冬，十月，烧当羌那离等三千余骑寇金城，校尉马贤击破之。

十二月，戊戌朔，日有食之。

大将军商以小黄门南阳曹节等用事于中，遣子冀、不疑与为交友；而宦官忌其宠，反欲陷之。中常侍张逵、蘧政、杨定等与左右连谋，共谮商及中常侍曹腾、孟贲，云“欲征诸王子，图议废立，请收商等案罪”。帝曰：“大将军父子，我所亲，腾、贲，我所爱，必无是，但汝曹共妒之耳。”逵等知言不用，惧迫，遂出，矫诏收缚腾、贲于省中，帝闻，震怒，敕宦者李歙急呼腾、贲释之；收逵等下狱。

（以上为第六段，写司隶校尉左雄、尚书周举公忠廉直，而大将军梁商与其子梁冀勾结宦官曹节、曹腾等人固宠，挑起宦官内讧而兴大狱。）

四年（己卯，139年）

春，正月，庚辰，逵等伏诛；事连弘农太守张凤、安平相杨皓，皆坐死；辞所连染，延及在位大臣。商惧多侵枉，乃上疏曰：“《春秋》之义，功在元帅，罪止首恶。大狱一起，无辜者众，死囚久系，纤微成大，非所以顺迎和气，平政成化也。宜早讫竟，以止逮捕之烦。”帝纳之，罪止坐者。

二月，帝以商少子虎贲中郎将不疑为步兵校尉。商上书辞曰：“不疑童孺，猥处成人之位。昔晏平仲辞鄁殿以安其富，公仪休不受鱼飧以定其位；臣虽不才，亦愿固福禄于圣世！”上乃以不疑为侍中、奉车都尉。

三月，乙亥，京师地震。

烧当羌那离等复反；夏，四月，癸卯，护羌校尉马贤讨斩之，获首虏千二百余级。

戊午，赦天下。

五月，戊辰，封故济北惠王寿子安为济北王。

秋，八月，太原旱。

（以上为第七段，写梁商谏止大狱蔓延。）

贫穷的乡间，长在宫廷，既没有知人之明智，也不曾结交有学问的士子。以前，商鞅是因为景监才得推荐，有见识的人知道他不能善终。现今若得到臣推荐的人，不仅不会引以为荣，反而会使他蒙受羞辱，所以才不敢推荐。”汉顺帝因此奖赏了他。

冬季，十月，烧当羌那离等三千多骑兵侵犯金城，校尉马贤击败了侵扰的羌人。

十二月初一日戊戌朔，发生日食。

大将军梁商因为小黄门南阳人曹节等人在朝廷中弄权，让儿子梁冀、梁不疑与他们结为朋友；宦官对曹节受宠很妒恨，反而想陷害他。中常侍张逵、蘧政、杨定等人和左右亲信一起策划，共同毁谤梁商和中常侍曹腾、孟贲，说：“梁氏想征召各王子，图谋废黜皇上，请求收捕梁商等人，审查其罪行。”汉顺帝说：“大将军父子是我亲近的人，曹腾、孟贲是朕所爱惜的人，一定没有叛乱之事，只是你们这些人都忌恨他们而已。”张逵等人知道说的话不被采用，很害怕，于是出宫，伪造诏书，在宫中收捕曹腾、孟贲。汉顺帝听到了，大为生气；命令宦官李歙赶紧传命释放曹腾、孟贲，收捕张逵等人下狱。

汉顺帝永和四年（己卯，139 年）

春季，正月十三日庚辰，张逵等人被杀；事情牵连到弘农太守张凤、安平国相杨皓，他们都被处决；讼词还牵连到在位的大臣。梁商担心冤枉无辜，于是上疏说：“《春秋》所书大义，功绩归于元帅，罪过只追究元凶。大狱一兴，无辜受冤的人就多了，长久地拘禁囚犯，细小的过失，也会变成大案件，这不是顺应春天的和气，使政治平和、完善教化的办法。应当早日结案，停止无休止的逮捕。”汉顺帝采纳了，只追究当事人的罪行。

二月，汉顺帝任命梁商的小儿子虎贲中郎将梁不疑为步兵校尉。梁商上书推卸说：“梁不疑年纪尚小，难以担任成人的职位。从前，晏平仲推辞邶殿，以守护他的富贵；公仪休不接受赠鱼，以安定他的高位；臣虽然没有才能，也希望在圣主之世保护自己的福禄。”汉顺帝就任命梁不疑为侍中、奉车都尉。

三月初九日乙亥，京城洛阳发生地震。

烧当羌那离等人再次叛乱；夏季，四月初八日癸卯，护羌校尉马贤去征讨他们，杀死那离，又杀敌一千二百多人。

四月二十三日戊午，大赦天下。

五月初三日戊辰，册封前济北惠王刘寿的儿子刘安为济北王。

秋季，八月，太原郡发生旱灾。

五年（庚辰，140 年）

春，二月，戊申，京师地震。

南匈奴句龙王吾斯、车纽等反，寇西河；招诱右贤王合兵围美稷，杀朔方、代郡长吏。夏，五月，度辽将军马续与中郎将梁并等发边兵及羌、胡合二万余人掩击，破之。吾斯等复更屯聚，攻没城邑。天子遣使责让单于；单于本不预谋，乃脱帽避帐，诣并谢罪。并以病征，五原太守陈龟代为中郎将。龟以单于不能制下，逼迫单于及其弟左贤王皆令自杀。龟又欲徙单于近亲于内郡，而降者遂更狐疑。龟坐下狱，免。

大将军商上表曰："匈奴寇畔，自知罪极；穷鸟困兽，皆知救死，况种类繁炽，不可单尽。今转运日增，三军疲苦，虚内给外，非中国之利。度辽将军马续，素有谋谟，且典边日久，深晓兵要；每得续书，与臣策合。宜令续深沟高垒，以恩信招降，宣示购赏，明为期约，如此，则丑类可服，国家无事矣！"帝从之，乃诏续招降畔虏。

商又移书续等曰："中国安宁，忘战日久。良骑夜合，交锋接矢，决胜当时，戎狄之所长而中国之所短也；强弩乘城，坚营固守，以待其衰，中国之所长而戎狄之所短也。宜务先所长而观其变，设购开赏，宣示反悔，勿贪小功以乱大谋。"于是右贤王部抑鞮等万三千口皆诣续降。

己丑晦，日有食之。

初，那离等既平，朝廷以来机为并州刺史，刘秉为凉州刺史。机等天性虐刻，多所扰发；且冻、傅难种羌遂反，攻金城，与杂种羌、胡大寇三辅，杀害长吏。机等并坐征。于是拜马贤为征西将军，以骑都尉耿叔为副，将左右羽林五校士及诸州郡兵十万人屯汉阳。

九月，令扶风、汉阳筑陇道坞三百所，置屯兵。

辛未，太尉王龚以老病罢。

且冻羌寇武都，烧陇关。

壬午，以太常桓焉为太尉。

汉顺帝永和五年（庚辰，140年）

春季，二月十七日戊申，京师发生地震。

南匈奴句龙王吾斯、车纽等人叛乱，侵入西河郡；诱使右贤王联合军队，围攻美稷，杀死朔方、代郡的官吏。夏季，五月，度辽将军马续和中郎将梁并等人，派边境军队和羌人、胡人共两万多人包抄袭击，击败了他们。吾斯等人又聚合在一起，攻占城池。汉顺帝派遣使者质问南匈奴单于；单于本来没有参与阴谋，就脱下帽子，离开帐幕，到梁并军营中请罪。梁并因为生病被征还京师，派五原太守陈龟代行中郎将职。陈龟因为单于不能控制下属，逼迫单于和他的弟弟左贤王都自杀，陈龟又打算把单于的近亲迁到塞内的郡县，使得投降的人更加猜疑不安。陈龟被论罪下狱，免官。

大将军梁商上书说："匈奴反叛作乱，罪大恶极；穷困的鸟兽都知道挽救死亡，何况匈奴种族繁盛，不会消灭干净。而今转运日增，三军疲劳困苦，使国内空乏来供应边防，不利于中原。度辽将军马续向来有谋略，并长期主持边防，精通用兵打仗的要害。臣每次收到马续的书信，总是和臣的策略相合。应当命马续深挖壕沟，加固垒壁，以恩德信誉招抚降敌，明确颁布悬赏条例，订立投降期限，这样，敌人就可以顺服，国家就无事了！"汉顺帝听从了，于是下诏命令马续招降叛敌。

梁商又写信给马续等人说："中原安定，久无战事。战马夜袭，短兵相接，顷刻之间决定胜负，这是匈奴的长处，而是中原的短处；可是，强弓守城，坚营固守，以等待敌人士气低落，寻找战机，这是中原的长处，而是匈奴的短处。应该务必先发挥我们的长处，观察形势的变化，设立悬赏，宣讲政策，使敌人后悔而归降，切勿出战贪图一时的痛快，而扰乱了长久安边的大谋。"于是，右贤王的部下抑鞮等一万三千人都到马续军营投降。

五月三十日己丑晦，发生日食。

当初，那离等人既已平定，朝廷任命来机为并州刺史，刘秉为凉州刺史。来机等人本性暴虐残忍，常常骚扰、征调百姓；且冻、傅难种羌人于是反叛，攻打金城，联合其他部落的羌人、胡人大肆侵入三辅，杀死官吏。来机等人一起都被论罪征回。于是命马贤为征西将军，骑都尉耿叔为副职，率领左右羽林五校士和各州郡军队共十万人，驻扎在汉阳郡。

九月，命令扶风郡和汉阳郡在两郡之间的陇山通道上建筑三百座坞壁城堡，驻扎军队。

九月十四日辛未，太尉王龚因为年老多病而免职。

且冻羌侵扰武都，焚毁陇关。

九月二十五日壬午，任命太常桓焉为太尉。

匈奴句龙王吾斯等立车纽为单于，东引乌桓，西收羌、胡等数万人攻破京兆虎牙营，杀上郡都尉及军司马，遂寇掠并、凉、幽、冀四州。乃徙西河治离石，上郡治夏阳，朔方治五原。十二月，遣使匈奴中郎将张耽将幽州、乌桓诸郡营兵击车纽等，战于马邑，斩首三千级，获生口甚众。车纽乞降，而吾斯犹率其部曲与乌桓寇钞。

（以上为第八段，写梁商主张以恩德信誉招降北方匈奴。）

初，上命马贤讨西羌，大将军商以为贤老，不如太中大夫宋汉；帝不从。汉，由之子也。贤到军，稽留不进。武都太守马融上疏曰："今杂种诸羌转相钞盗，宜及其未并，亟遣深入，破其支党；而马贤等处处留滞。羌、胡百里望尘，千里听声，今逃匿避回，漏出其后，则必侵寇三辅，为民大害。臣愿请贤所不可用关东兵五千，裁假部队之号，尽力率厉，埋根行首以先吏士；三旬之中，必克破之。臣又闻吴起为将，暑不张盖，寒不披裘；今贤野次垂幕，珍肴杂遝，儿子侍妾，事与古反。臣惧贤等专守一城，言攻于西而羌出于东，且其将士将不堪命，必有高克溃叛之变也。"安定人皇甫规亦见贤不恤军事，审其必败，上书言状。朝廷皆不从。

（以上为第九段，写马贤不懂军事而任护羌校尉。）

六年（辛巳，141 年）

春，正月，丙子，征西将军马贤与且冻羌战于射姑山，贤军败；贤及二子皆没，东、西羌遂大合。闰月，巩唐羌寇陇西，遂及三辅，烧园陵，杀掠吏民。

二月，丁巳，有星孛于营室。

三月，上巳，大将军商大会宾客，燕于洛水；酒阑，继以《薤露之歌》。从事中郎周举闻之，叹曰："此所谓哀乐失时，非其所也，殃将及乎？"

武都太守赵冲追击巩唐羌，斩首四百余级，降二千余人。诏冲督河西四郡兵为节度。

安定上计掾皇甫规上疏曰："臣比年以来，数陈便宜：羌戎未动，策其将反；马贤始出，知其必败；误中之言，在可考校。臣每惟贤等拥众

南匈奴句龙王吾斯等人立车纽做单于，向东与乌桓交结，向西收集羌族、胡族等几万人，进犯攻破京兆虎牙营，杀害上郡都尉和军司马，于是抢劫并、凉、幽、冀四州。朝廷于是就把西河的治所迁到离石，上郡的治所迁到夏阳，朔方的治所迁到五原。十二月，派出使者匈奴中郎将张耽，率领幽州、乌桓各郡军队攻击车纽等人，在马邑作战，杀死三千人，俘获许多敌人。车纽请求投降，而吾斯仍然率领他的部众和乌桓四处抢劫。

当初，汉顺帝命令马贤讨伐西羌，大将军梁商认为马贤已经老了，不如委任太中大夫宋汉；汉顺帝没有听从梁商建议。宋汉是宋由的儿子。马贤到军营逗留，不向前推进。武都太守马融上疏说："现在各部落羌人辗转轮番抢掠诸县，应当乘他们还来不及合并，应快速进兵深入，逐个打破这些从属部落；而马贤等人进军迟缓，走走停停。羌人和胡人可以在百里之外看到官军的尘土，千里之外就听到了动静，现在逃避躲藏，绕到马贤军队的后方，必然会侵扰三辅，酿成大害。臣希望得到马贤淘汰的五千关东兵，临时编拟一个部队名号，愿尽力率领鼓励，前进不退，作将士先锋；三十天之内必能攻破敌兵。臣又听说：吴起作为将领时，热天不撑伞，冷天不披裘衣；现在马贤驻扎野外，设置帷幕，山珍美肴摆了一大堆，妻妾儿女在身边侍候，事事与古代名将相反。臣担虑马贤等人专守一个城池，而羌人声称攻击西方，反而从东方跑出，将要发生将士不听从命令的局势，必将暴发类似于高克全军溃散的变乱。"安定人皇甫规也发现马贤不懂军事，推测他必定失败，上书说明情况。朝廷一概不听。

汉顺帝永和六年（辛巳，141 年）

春季，正月二十一日丙子，征西将军马贤和且冻羌在射姑山开战，马贤的军队战败；马贤和两个儿子都死掉，东西羌人于是合为一体。闰月，巩唐羌侵入陇西，直达三辅，焚毁园陵，杀害并抢掠官吏百姓。

二月初三日丁巳，在营室星区出现孛星。

三月初九日上巳，大将军梁商大会宾客，在洛水之滨设宴；酒兴正浓，接着又唱《薤露之歌》。从事中郎将周举听到了，叹息说："这哀乐演奏的不是时候，也不是地方，灾祸快要降临了！"

武都太守赵冲追击巩唐羌，杀死四百多人，收降了两千多人。下诏，命令赵冲督导河西四郡的军队，负责调度。

安定上计掾皇甫规上疏说："臣这些年来，多次陈述有利于国家的建议：当羌人还未行动起来，臣就预料到将要反叛；马贤一出兵，就预料到必定失败；不幸言中

四年，未有成功，悬师之费，且百亿计，出于平民，回入奸吏，故江湖之人，群为盗贼，青、徐荒饥，襁负流散。夫羌戎溃叛，不由承平，皆因边将失于绥御，乘常守安则加侵暴，苟竞小利则致大害，微胜则虚张首级，军败则隐匿不言。军士劳怨，困于猾吏，进不得快战以徼功，退不得温饱以全命，饿死沟渠，暴骨中原；徒见王师之出，不闻振旅之声。酋豪泣血，惊惧生变，是以安不能久，叛则经年，臣所以搏手扣心而增叹者也！愿假臣两营、二郡屯列坐食之兵五千，出其不意，与赵冲共相首尾。土地山谷，臣所晓习；兵势巧便，臣已更之；可不烦方寸之印，尺帛之赐，高可以涤患，下可以纳降。若谓臣年少、官轻，不足用者，凡诸败将，非官爵之不高，年齿之不迈。臣不胜至诚，没死自陈！”帝不能用。

（以上为第十段，写皇甫规上奏安羌之策，顺帝不予采用。）

庚子，司空郭虔免。丙午，以太仆赵戒为司空。

夏，使匈奴中郎将张耽、度辽将军马续率鲜卑到谷城，击乌桓于通天山，大破之。

巩唐羌寇北地。北地太守贾福与赵冲击之，不利。

秋，八月，乘氏忠侯梁商病笃，敕子冀等曰：“吾生无以辅益朝廷，死何可耗费帑藏！衣衾、饭含、玉匣、珠贝之属，何益朽骨！百僚劳扰，纷华道路，只增尘垢耳。宜皆辞之。”丙辰，薨，帝亲临丧。诸子欲从其诲，朝廷不听，赐以东园秘器、银镂、黄肠、玉匣。及葬，赐轻车、介士，中宫亲送。帝至宣阳亭，瞻望车骑。壬戌，以河南尹、乘氏侯梁冀为大将军，冀弟侍中不疑为河南尹。

臣光曰：成帝不能选任贤俊，委政舅家，可谓暗矣；犹知王立之不材，弃而不用。顺帝援大柄，授之后族，梁冀顽嚚凶暴，著于平昔，而使之继父之位，终于悖逆，荡覆汉室；校于成帝，暗又甚焉！

初，梁商病笃，帝亲临幸，问以遗言。对曰：“臣从事中郎周举，清

的事情，是可以验证的。臣每次想到马贤等人统军四年，没有功业，出师远征的耗费却以百亿计算，全部由平民百姓付出，结果却落到贪官奸吏手中，所以社会上的人，成群结为盗贼，青州、徐州发生饥荒，民众拖儿带女地流散。羌戎的叛乱，并不是因为太平无事而引起的，都是因为边将安抚管理不好，羌人平常安定时，地方官就对百姓侵扰暴虐；羌人叛乱，仍不加安抚，为了贪图小利而进剿，终于酿成大祸；偶有小胜，就虚报斩敌首级，浮夸战功；一旦战败就掩盖实情不向外透露。军士劳苦怨恨，受到狡猾官员的压制，进不能速战以立功，退不能保证温饱以活命，饿死在沟渠，暴骨在荒野；只看到王师出兵，没有听到捷报。夷狄首领悲伤得哭出血来，惊恐惧怕而产生变乱，所以保持安定的时间不会长久，叛乱却连年不断，这就是臣为何扼腕捶胸，无限悲叹的原因了！希望给拨给臣两营、二个郡中担任留守未出征的预备军五千名，出其不意，和赵冲首尾相连。羌人的地理形势，臣向来熟知；掌握形势，运兵作战，臣也有实践经验；可以不必颁发印绶和赏赐布帛，战后最好的结果是清除灾患，最差的结局也可以使他们归降。如果以为臣年纪太轻、官职低微，不值得任用，凡是战败的将领都不是官爵不高、年龄不大的。臣万分诚恳，冒死陈述！”汉顺帝没能采用。

三月十六日庚子，司空郭虔被免职。三月二十二日丙午，任命太仆越戒为司空。

夏季，派匈奴中郎将张耽、度辽将军马续率领鲜卑人到谷城，在通天山进攻乌桓，击败了他们。

巩唐羌侵扰北地郡。北地郡太守贾福和赵冲迎击，遭到失败。

秋季，八月，乘氏忠侯梁商病得很重，告诫儿子梁冀等人说：“我活着时对朝廷毫无贡献，死后怎么可以耗费国家库藏？衣被、口中含物，玉匣、珠宝贝壳之类，对尸骨有什么益处？百官送葬，骚扰不安，在道路上喧哗，只会增加我的污点，一切皆加以谢绝。”八月初四日丙辰，梁商去世；汉顺帝亲自吊丧。梁商的儿子们想听从梁商的教诲，朝廷不答应，赐予东园棺木、银镂、黄肠、玉匣。等到下葬，诏赐政府派出兵车及甲士送葬，梁皇后亲自送丧。汉顺帝到宣阳亭，遥望送葬的车队远远离去。八月初十日壬戌，任命河南尹、乘氏侯梁冀为大将军，梁冀的弟弟侍中梁不疑为河南尹。

臣司马光评论说：汉成帝不能选用贤才，把政务托付给舅父，可以说是很昏庸；但仍然知道王立无才，抛弃不用。汉顺帝把大权交给皇后家族，梁冀顽劣嚣张，凶恶残忍，平时已很昭然，却要让他继承父亲的地位，终于导致反叛，大逆不道，汉朝动荡。汉顺帝与汉成帝相比，更加昏庸！

当初，梁商病重，汉顺帝亲自探望，问梁商有何遗言，梁商回答说：“臣的从事

高忠正，可重任也。”由是拜举谏议大夫。

九月，诸羌寇武威。

辛亥晦，日有食之。

冬，十月，癸丑，以羌寇充斥，凉部震恐，复徙安定居扶风，北地居冯翊。十一月，庚子，以执金吾张乔行车骑将军事，将兵万五千人屯三辅。

荆州盗贼起，弥年不定；以大将军从事中郎李固为荆州刺史。固到，遣吏劳问境内，赦寇盗前衅，与之更始。于是贼帅夏密等率其魁党六百余人自缚归首，固皆原之，遣还，自相招集，开示威法；半岁间，余类悉降，州内清平。奏南阳太守高赐等臧秽；赐等重赂大将军梁冀，冀为之千里移檄，而固持之愈急，冀遂徙固为泰山太守。时泰山盗贼屯聚历年，郡兵常千人追讨，不能制；固到，悉罢遣归农，但选留任战者百余人，以恩信招诱之。未满岁，贼皆弭散。

（以上为第十一段，写汉顺帝任用顽劣嚣张的梁冀为大将军，司马光认为汉顺帝比汉成帝更加昏庸。李固外任地方，盗贼平息，社会安定。）

汉安元年（壬午，142 年）

春，正月，癸巳，赦天下，改元。

秋，八月，南匈奴句龙吾斯与薁鞬、台耆等复反，寇掠并部。

丁卯，遣侍中河内杜乔、周举、守光禄大夫周栩、冯羡、魏郡栾巴、张纲、郭遵、刘班分行州郡，表贤良，显忠勤；其贪污有罪者，刺史、二千石驿马上之，墨绶以下便辄收举。乔等受命之部，张纲独埋其车轮于洛阳都亭，曰：“豺狼当路，安问狐狸！”遂劾奏“大将军冀、河南尹不疑，以外戚蒙恩，居阿衡之任，而专肆贪叨，纵恣无极，谨条其无君之心十五事，斯皆臣子所切齿者也”。书御，京师震竦。时皇后宠方盛，诸梁姻戚满朝，帝虽知纲言直，不能用也。杜乔至兖州，表奏泰山太守李固政为天下第一，上征固为将作大匠。八使所劾奏，多梁冀及宦者亲党；互为请救，事皆寝遏。侍御史河南种暠疾之，复行案举。廷尉吴雄、将作大匠李固亦上言：“八使所纠，宜急诛罚。”帝乃更下八使奏章，令考正其罪。

中郎周举，清高忠正，可以重用。”于是，任命周举为谏议大夫。

九月，羌人各部侵入武威。

九月三十日辛亥晦，发生日食。

冬季，十月初二日癸丑，由于羌人到处横行霸道，凉州惊恐，再次将安定的治所迁到扶风，将北地的治所迁到冯翊。十一月二十日庚子，任命执金吾张乔代理车骑将军，率军一万五千人驻守三辅。

荆州盗贼兴起，数年不能平定；任命大将军从事中郎李固为荆州刺史。李固到任，派官吏慰问境内人民，赦免盗民以前的罪过，让他们重新做人。于是，盗民首领夏密等人率领他的头领六百多人，捆绑自己，归降自首，李固宽恕他们，遣送回乡，相互召集旧部，宣扬朝廷威信法令；半年的时间，残余的盗民全部归降，州内清明太平。李固弹劾南阳太守高赐等人贪赃的丑事；高赐等人以贵重物品贿赂大将军梁冀，梁冀为了替高赐等人说情，动用紧急情报传驿送信，而李固却抓住不放，而且追查更急，梁冀就把李固调为泰山郡太守。当时，泰山的盗民已经聚集多年，郡中常派上千人的部队追击讨伐，不能将之制伏。李固到任，把郡兵全部遣散务农，只选留一百多个有战斗力的士兵，用恩德、信誉招降诱导盗民。不到一年，盗民全部消散。

汉顺帝汉安元年（壬午，142 年）

春季，正月十四日癸巳，大赦天下，改元年号为汉安。

秋季，八月，南匈奴句龙吾斯和薁鞬、台耆等人再次叛乱，抢劫并州。

八月二十一日丁卯，派遣侍中河内人杜乔、周举，代光禄大夫周栩、冯羡，魏郡人栾巴、张纲、郭遵、刘班，分别到各州郡去，表扬贤良人才，推举忠诚勤劳的人；对于犯有贪污罪的刺史、二千石，派驿马快速上奏，县级以下的赃官，可以直接收捕审查。杜乔等人接受命令前往各部，只有张纲把车子停在在洛阳的近郊驿站，说：“豺狼在道，哪有工夫去找狐狸！”于是上书弹劾：“大将军梁冀、河南尹梁不疑凭借外戚关系，蒙受恩德，居宰相之位，却一味贪污，恣情纵欲没有限度，一一罗列出他们目无国君的十五件事，这都是大臣子民所痛恨的！”奏章呈上后，京城惊动。当时梁皇后正受宠幸，梁氏亲戚充斥朝廷，汉顺帝虽然知道张纲的言辞切中要害，却不能采纳。杜乔到了兖州，上表推荐泰山太守李固的政绩为天下第一，汉顺帝征召李固为将作大匠。八位使臣所弹劾进奏的人多是梁冀和宦官的亲朋党羽；皇亲和宦官互相请托救助，所弹劾的事全被搁置。侍御史河南人种暠深恶痛绝，再次上书弹劾。廷尉吴雄、将作大匠李固也上言：“八位使臣所指控的官员，应赶快从重处罚。”汉顺帝才出示八位使臣的奏章，命令有关部门考查问罪。

梁冀恨张纲，思有以中伤之。时广陵贼张婴寇乱扬、徐间积十余年，二千石不能制，冀乃以纲为广陵太守。前太守率多求兵马，纲独单车之职。既到，径诣婴垒门；婴大惊，遽走闭垒。纲于门罢遣吏民，独留所亲者十余人，以书喻婴，请与相见。婴见纲至诚，乃出拜谒。纲延置上坐，譬之曰："前后二千石多肆贪暴；故致公等怀愤相聚；二千石信有罪矣，然为之者又非义也。今主上仁圣，欲以恩德服叛，故遣太守来，思以爵禄相荣，不愿以刑罚相加，今诚转祸为福之时也。若闻义不服，天子赫然震怒，荆、扬、兖、豫大兵云合，身首横分，血嗣俱绝。二者利害，公其深计之！"婴闻，泣下曰："荒裔愚民，不能自通朝廷，不堪侵枉，遂复相聚偷生，若鱼游釜中，知其不可久，且以喘息须臾间耳！今闻明府之言，乃婴等更生之辰也！"乃辞还营。明日，将所部万余人与妻子面缚归降。纲单车入婴垒，大会，置酒为乐，散遣部众，任从所之；亲为卜居宅、相田畴；子孙欲为吏者，皆引召之，人情悦服，南州晏然。朝廷论功当封，梁冀遏之。在郡一岁，卒，张婴等五百余人为之制服行丧，送到犍为，负土成坟。诏拜其子续为郎中，赐钱百万。

（以上为第十二段，写汉顺帝委派八使巡风，张纲弹劾梁冀，梁冀怀恨，想借盗贼之手杀害张纲，任命张纲为广陵太守，张纲到任，十余年为乱的盗匪请降。）

是时，二千石长吏有能政者，有洛阳令任峻、冀州刺史京兆苏章、胶东相陈留吴祐。洛阳令自王涣之后，皆不称职；峻能选用文武吏，各尽其用，发奸不旋踵，民间不畏吏，其威禁猛于涣，而文理政教不如也。章为冀州刺史；有故人为清河太守，章行部，欲案其奸臧，乃请太守为设酒肴，陈平生之好甚欢。太守喜曰："人皆有一天，我独有二天！"章曰："今夕苏孺文与故人饮者，私恩也；明日冀州刺史案事者，公法也。"遂举正其罪；州境肃然。后以摧折权豪忤旨，坐免。时天下日敝，民多愁苦，论者日夜称章，朝廷遂不能复用也。祐为胶东相，政崇仁简，民不忍欺。啬夫孙性，私赋民钱，市衣以进其父，父得而怒曰："有君如是，何忍欺之！"促归伏罪。性惭惧诣阁，持衣自首。祐屏左右问其故，性具谈父言。祐曰："掾以亲故受污秽之名，所谓'观过斯知仁矣。'"使归谢其父，还以衣遗之。

梁冀怀恨张纲，想要加害张纲。当时广陵贼人张婴扰乱扬州、徐州，长达十几年，二千石官员无法平定，梁冀就任命张纲为广陵太守。以前的太守大多要求增派军队，唯有张纲单车上任，不请兵相随。张纲到任，就直接前往张婴的军营垒门；张婴大惊，急匆匆跑进军营关闭垒门拒守。张纲在门外遣散随从官员和士兵，只留下十几个亲信，写信开导张婴，请求相见。张婴见到张纲确有诚意，于是出营门拜见。张纲请张婴到郡府，安排在首席的贵宾座位上，解释说："以前的郡守大多贪污暴虐，使你们愤怒而聚众起兵；郡守确有罪责，但你们这样做也不合大义。现在，皇上仁厚圣明，想用恩德使叛逆归顺信服，所以派太守来，考虑的是让你们立功赎罪，把爵位官禄送给你们，不想施加刑罚，这正是转祸为福的时机。如果你们明白了大义还不顺服，天子一旦震怒，集合荆、扬、兖、豫州的大军征讨，你们将身首异处，断子绝孙。这两种后果的利害关系，你们要认真考虑！"张婴听后，流泪说："我们这些荒野愚民，自己不能上通朝廷，忍受不了迫害冤枉，于是聚集一起，苟且偷生，自知如同鱼在锅里游，日子不会长久，只是获得片刻的喘息。今日听到英明的太守的话，正是我们重获新生的时候！"于是告辞回营。第二天，率领一万多部众，带着妻子儿女，当面捆绑，向张纲投降。张纲单独乘车进入张婴军营，会见众人，饮酒为乐，遣散部属，任其离去；亲自为他们选择住宅，安置田亩；有子弟想做官的，都招来任命，人人心悦诚服，南方的州郡于是安定。朝廷评论功绩，应封赠张纲，梁冀从中阻挠。张纲在郡中任职一年，去世；张婴等五百多人为他制作丧服、办理丧事，把灵柩送到犍为郡，背土垒坟。汉顺帝下诏任命张纲的儿子张续为郎中，赐钱一百万。

这时，有政绩的二千石官员有洛阳令渤海人任峻、冀州刺史京兆人苏章、胶东国相陈留人吴祐。担任洛阳令的官员自从王涣以后，都不称职；任峻能够选派文武官员，各尽其才，果断地揭发犯罪行为，民众不再害怕官吏，任峻的威严禁令比王涣猛烈，但推行文化教育不如王涣。苏章做冀州刺史；有位老朋友做清河太守，苏章到任，想要立案追查他贪污的事，于是请清河太守作客，摆下丰盛的宴会，畅叙平生的友情，十分欢好。清河太守高兴地说："别人只有一个天，我却有两个天！"苏章说："今天晚上我和老友饮酒，是私情；明天冀州刺史查问案件，是公务。"于是揭发了清河太守的过恶将其治罪，全州肃然。后来苏章因为与特权豪门对抗，违反了圣旨，被论罪免官。当时全国政治日益腐败，民多怨苦，评论国事的人每天都在赞赏苏章，但朝廷终究没有再任用苏章。吴祐做胶东国相，政治清明，仁爱简洁，民众不忍心欺诈吴祐。啬夫孙性，私自向民众收税敛钱，买衣服送给父亲。孙性的父亲得到衣服生气说："你有这样好的长官，怎么忍心欺骗他！"催促孙性去认罪。

冬，十月，辛未，太尉桓焉、司徒刘寿免。

罕羌邑落五千余户指赵冲降，唯烧何种据参䜌未下。甲戌，罢张乔军屯。

十一月，壬午，以司隶校尉下邳赵峻为太尉，大司农胡广为司徒。

（以上为第十三段，写苏章惩贪，铁面无私。吴祐仁厚清廉，民不欺诈。）

二年（癸未，143年）

夏，四月，庚戌，护羌校尉赵冲与汉阳太守张贡击烧当羌于参䜌，破之。

六月，丙寅，立南匈奴守义王兜楼储为呼兰若尸逐就单于。时兜楼储在京师，上亲临轩授玺绶，引上殿，赐车马、器服、金帛甚厚。诏太常、大鸿胪与诸国侍子于广阳门外祖会，飨赐，作乐、角抵、百戏。

冬，闰十月，赵冲击烧当羌于阿阳，破之。

十一月，使匈奴中郎将扶风马寔遣人刺杀句龙吾斯。

凉州自九月以来，地百八十震，山谷坼裂，坏败城寺，民压死者甚众。

尚书令黄琼以前左雄所上孝廉之选，专用儒学、文吏，于取士之义犹有所遗，乃奏增孝悌及能从政为四科；帝从之。

建康元年（甲申，144年）

春，护羌从事马玄为诸羌所诱，将羌众亡出塞，领护羌校尉卫琚追击玄等，斩首八百余级。赵冲复追叛羌到建威鹯阴河；军渡竟，所将降胡六百余人叛走。冲将数百人追之，遇羌伏兵，与战而殁。冲虽死，而前后多所斩获，羌遂衰耗。诏封冲子为义阳亭侯。

夏，四月，使匈奴中郎将马寔击南匈奴左部，破之。于是胡、羌、乌桓悉诣寔降。

辛巳，立皇子炳为太子，改元，赦天下。太子居承光宫，帝使侍御

孙性羞愧恐惧地来到相府，拿着衣服自首。吴祐屏退左右，询问缘故，孙性把父亲的话详细叙说了。吴祐说：“你为了父亲而不惜败坏自己的名声，正是所谓‘考察一个人所犯的过失，就知道这是个什么样的人。’”吴祐命令孙性回去，向父亲谢罪，还把衣服赠送给了孙性。

冬季，十月二十六日辛未，太尉桓焉、司马刘寿被免职。

罕羌部落五千多户向赵冲归降，只有烧何种占据参䜌县，不肯归降。十月二十九日甲戌，罢除张乔掌管的军屯。

十一月初七日壬午，任命司隶校尉下邳人赵峻为太尉，大司农胡广为司徒。

汉顺帝汉安二年（癸未，143 年）

夏季，四月初八日庚戌，护羌校尉赵冲和汉阳太守张贡，在参䜌攻击烧当羌，大败他们。

六月二十五日丙寅，立南匈奴守义王兜楼储为呼兰若尸逐就单于。当时，兜楼储在京城，汉顺帝亲自主持仪式授予玺绶，宣召上宝殿，赐给许多车马、器服、金钱、布帛。汉顺帝下诏命令太常、大鸿胪和各国的侍子在广阳门外给兜楼储饯行，举行盛大宴会，在宴会上演奏音乐、观看摔跤角力和各种节目。

冬季，闰十月，赵冲在阿阳县攻打烧当羌，击破了烧当羌。

十一月，匈奴中郎将扶风人马寔派人刺杀句龙王吾斯。

自九月以来，凉州发生了一百八十次地震，山崩谷裂，震塌了城墙官舍，被压死的百姓很多。

尚书令黄琼认为，从前左雄提出了举孝廉的办法，专门用于选儒学、文吏，这对于举拔人才仍有疏漏，于是上奏，请加孝悌与从政两项，共为四科。汉顺帝接受了。

汉顺帝建康元年（甲申，144 年）

春季，护羌从事马玄受羌人引诱，率领羌民逃到塞外，兼护羌校尉的卫瑶追杀马玄等人，杀了八百多人。赵冲又追击背叛的羌人，直到武威鹯阴河；军队刚刚渡河完毕，所率领的归降的六百多名胡人叛逃；赵冲率领几百人追击，遭遇羌人的埋伏，与兵士一起全军阵亡。赵冲虽死，但他前后斩杀和俘虏的羌人很多，羌人于是逐渐衰弱。汉顺帝下诏封赵冲的儿子为义阳亭侯。

夏季，四月，委派匈奴中郎将马寔进攻南匈奴左部，攻破他们。于是，胡人、羌人、乌桓人都向马寔归降。

四月十五日辛巳，立皇子刘炳为太子，改元年号为建康，大赦天下。太子刘炳

史种暠监太子家。中常侍高梵从中单驾出迎太子，时太傅杜乔等疑不欲从而未决，暠乃手剑当车曰："太子，国之储副，人命所系。今常侍来，无诏信，何以知非奸邪？今日有死而已！"梵辞屈，不敢对，驰还奏之。诏报，太子乃得去，乔退而叹息，愧暠临事不惑；帝亦嘉其持重，称善者良久。

扬、徐盗贼群起，盘互连岁。秋，八月，九江范容、周生等寇掠城邑，屯据历阳，为江、淮巨患；遣御史中丞冯绲督州兵讨之。

庚午，帝崩于玉堂前殿。太子即皇帝位，年二岁。尊皇后曰皇太后。太后临朝。丁丑，以太尉赵峻为太傅，大司农李固为太尉，参录尚书事。

九月，丙午，葬孝顺皇帝于宪陵，庙曰敬宗。

是日，京师及太原、雁门地震。

庚戌，诏举贤良方正之士，策问之。皇甫规对曰："伏惟孝顺皇帝初勤王政，纪纲四方，几以获安；后遭奸伪，威分近习，受赂卖爵，宾客交错，天下扰扰，从乱如归，官民并竭，上下穷虚。陛下体兼乾坤，聪哲纯茂，摄政之初，拔用忠贞，其余维纲，多所改正，远近翕然望见太平，而灾异不息，寇贼纵横，殆以奸臣权重之所致也。其常侍尤无状者，宜亟黜遣，披扫凶党，收入财贿，以塞痛怨，以答天诫。大将军冀、河南尹不疑，亦宜增修谦节，辅以儒术，省去游娱不急之务，割减庐第无益之饰。夫君者，舟也；民者，水也；群臣，乘舟者也；将军兄弟，操楫者也。若能平志毕力，以度元元，所谓福也；如其怠弛，将沦波涛，可不慎乎！夫德不称禄，犹凿墉之趾以益其高，岂量力审功，安固之道哉！凡诸宿猾、酒徒、戏客，皆宜贬斥，以惩不轨；令冀等深思得贤之福，失人之累。"梁冀忿之，以规为下第，拜郎中；托疾免归，州郡承冀旨，几陷死者再三，遂沈废于家，积十余年。

住在承光宫，汉顺帝派侍御史种暠做太子宫总管。中常侍高梵从皇宫中乘一辆车子出宫迎接太子进宫，当时，太傅杜乔等有怀疑，不想让高梵把太子接走，但又不敢确定，种暠于是手持利剑，挡着车子说："太子是国家的储君，是天下民众命运的寄托。现在常侍来，没有诏书符信，怎么知道不是奸贼？今天只有一死罢了。"高梵理屈，无言以对，赶快回去报告。汉顺帝发出正式诏书通报杜乔、种暠，太子才得以进宫。杜乔退朝后叹息，惭愧自己不如种暠临阵不乱；汉顺帝也嘉勉种暠做事稳重，称赞了许久。

扬州、徐州的盗贼蜂起，一股股的起事民众互相呼应，盘结在一起有好几年了。秋季，八月，九江人范容、周生等人侵犯掠夺城邑，占据历阳县，成为江淮的大祸；派御史中丞冯绲督率州中军队讨伐叛贼。

八月初六日庚午，汉顺帝在玉堂前殿去世。太子即皇帝位，年仅二岁。尊称梁皇后为皇太后，梁太后临朝听政。八月十三日丁丑，任命太尉赵峻为太傅，大司农李固为太尉，参决尚书事务。

九月十二日丙午，在宪陵埋葬孝顺皇帝，庙号敬宗。

这一天，京师和太原、雁门发生地震。

九月十六日庚戌，下诏举荐贤良方正的人才，策问政事。皇甫规对策说："臣考虑到先皇顺帝开始理政时，建立纲纪，国家差不多出现太平景象；后来遇到奸贼的包围，威权落到身边亲近人之手。他们收受贿赂，卖官鬻爵，交结宾客，天下骚乱，民众投奔叛乱，如同归家，官吏和民众都走投无路，国家和民众都财穷力尽。陛下以慈母之身，君临天下，聪明圣洁，品行纯洁，临朝听政初期，选拔忠正坚贞之士，烦琐的法令规章很多都被改革修正，朝廷内外和睦团结，可见太平局面。然而灾害怪异现象不断出现，盗贼四处侵扰，这恐怕是奸臣权势太强盛所导致的。那些毫无善行的常侍，应该立即淘汰，凶人奸党一起扫除，没收奸人的财富，用以安抚民众的痛苦和抱怨，以回答上天的警告。大将军、河南尹梁不疑，也应加强修养谦逊的节操，并学习儒术，裁除游乐的不急需开支，削减无益的个人居宅的豪华装饰。君王是船，民众是水，群臣是乘船的人，梁氏将军兄弟是划桨的人。如果志向坚定，全力以赴，为民谋取平安，这就是福气；如果放松怠慢，国家之舟将就会被波涛吞没，能不慎重吗？品德与爵禄不相称，犹如挖墙脚来增加墙的高度，岂不是白费力气，哪能加固墙头呢？老奸巨猾、酒肉朋友、无聊的宾客，应该一律贬斥，以惩罚违法的人；责令梁冀等人深刻反省得贤才的福气和误交朋友所受的拖累。"梁冀发怒，把皇甫规列为下等，任命为郎中；皇甫规借口有病，免职，遣回家乡，州郡官员奉承梁冀的意旨，多次差点置皇甫规于死地，皇甫规最终被埋没禁锢在家，长达十几年。

扬州刺史尹耀、九江太守邓显讨范容等于历阳，败殁。

冬，十月，日南蛮夷复反，攻烧县邑。交趾刺史九江夏方招诱降之。

十一月，九江盗贼徐凤、马勉攻烧城邑，凤称无上将军，勉称皇帝，筑营于当涂山中，建年号，置百官。

十二月，九江贼黄虎等攻合肥。

是岁，群盗发宪陵。

（以上为第十四段，写顺帝驾崩，冲帝即位，诏举贤良对策，皇甫规借对策讥刺梁冀非治国之才，被列为下第，禁锢乡里十余年。）

孝冲皇帝

永嘉元年（乙酉，145 年）

春，正月，戊戌，帝崩于玉堂前殿，梁太后以扬、徐盗贼方盛，欲须所征诸王侯到乃发丧。太尉李固曰："帝虽幼少，犹天下之父。今日崩亡，人神感动，岂有人子反共掩匿乎！昔秦皇沙丘之谋及近日北乡之事，皆秘不发丧，此天下大忌，不可之甚者也！"太后从之，即暮发丧。

征清河王蒜及渤海孝王鸿之子缵皆至京师。蒜父曰清河恭王延平；延平及鸿皆乐安夷王宠之子，千乘贞王伉之孙也。清河王为人严重，动止有法度，公卿皆归心焉。李固谓大将军冀曰："今当立帝，宜择长年，高明有德，任亲政事者，愿将军审详大计，察周、霍之立文、宣，戒邓、阎之利幼弱！"冀不从，与太后定策禁中。丙辰，冀持节以王青盖车迎缵入南宫。丁巳，封为建平侯。其日，即皇帝位，年八岁。蒜罢归国。

将卜山陵，李固曰："今处处寇贼，军兴费广，新创宪陵，赋发非一；帝尚幼小，可起陵于建陵茔内，依康陵制度。"太后从之。己未，葬孝冲皇帝于怀陵。

太后委政宰辅，李固所言，太后多从之，宦官为恶者一皆斥遣，天下咸望治平；而梁冀深忌疾之。

初，顺帝时所除官多不以次；及固在事，奏免百余人。此等既怨，又希望冀旨，遂共作飞章诬奏固曰："太尉李固，因公假私，依正行邪，

扬州刺史尹耀、九江太守邓显等人在历阳讨伐范容等人，战败身亡。

冬季，十月，日南郡蛮夷再次背叛，焚烧县城。交趾刺史九江人夏方招抚诱导他们投降。

十一月，九江盗贼徐凤、马勉焚烧城池；徐凤自称无上将军，马勉称皇帝，在当涂山建造营垒，建立年号，设立百官。

十二月，九江贼人黄虎等攻占合肥。

这一年，一群强盗发掘了宪陵。

孝冲皇帝

汉冲帝永嘉元年（乙酉，145年）

春季，正月初六日戊戌，汉冲帝在玉堂前殿去世。梁太后因为扬州、徐州盗贼问题严重，想等到征召的各王侯到了再发丧。太尉李固说："皇上年龄虽小，但仍是天下的君父。今天去世，人神感动，岂有当人臣的共同隐藏君父的死期呢？从前，秦始皇死后的沙丘阴谋，和近时北乡侯的事情，都是秘不发丧，这是天下的忌讳，绝对不可以！"梁太后同意了，当晚就发丧。

征召清河王刘蒜和渤海孝王刘鸿的儿子刘缵到京城。刘蒜的父亲是清河恭王刘延平；刘延平和刘鸿都是乐安夷王刘宠的儿子，千乘贞王刘伉的孙子。清河王为人庄严稳重，行为举止合乎法度，公卿大臣都一致赞成立他为皇帝。李固对大将军梁冀说："现在选立皇帝，应当择年纪稍长，高明有德行，能亲自处理朝政的人，希望将军深思熟虑国家大计，想想周勃立文帝、霍光立宣帝，预防像邓氏、阎氏一样推立幼弱。"梁冀不听从，和太后在宫中决定了国家立君大事。正月二十四日丙辰，梁冀持节，用王侯乘坐的青盖车迎接刘缵到南宫。正月二十五日丁巳，封刘缵为建平侯。当天，刘缵即皇帝位，年仅八岁。刘蒜被遣返回到封国。

将要为汉冲帝选择陵地，李固说："现在处处是盗贼，军事耗费大，刚刚建造宪陵，又要加重增收赋税，势必引起不止一股的政治风波；皇帝年纪还小，可以在建陵陵园中造陵，依照康陵的规模及前例安葬冲帝。"梁太后采纳了李固的建议。正月二十七日己未，把孝冲皇帝葬在怀陵。

梁太后让宰臣管理政事，李固的进言，梁太后大多听从；作恶的宦官一概驱逐，天下都向往太平；但梁冀对李固深恶痛绝。

当初，汉顺帝时任命官员，多不依旧制按次序逐级升迁；等到李固当政，上奏罢免一百多人。这些人都仇恨李固，又为了迎合梁冀的心意，于是共同捏造匿名信

离间近戚，自隆支党。大行在殡，路人掩涕，固独胡粉饰貌，搔头弄姿，盘旋偃仰，从容冶步，曾无惨怛伤悴之心。山陵未成，违矫旧政，善则称己，过则归君；斥逐近臣，不得侍送。作威作福，莫固之甚矣！夫子罪莫大于累父，臣恶莫深于毁君，固之过衅，事合诛辟。”书奏，冀以白太后，使下其书；太后不听。

广陵贼张婴复聚众数千人反，据广陵。

二月，乙酉，赦天下。

西羌叛乱积年，费用八十余亿。诸将多断盗牢禀，私自润入，皆以珍宝货赂左右。上下放纵，不恤军事，士卒不得其死者，白骨相望于野。左冯翊梁并以恩信招诱叛羌；离湳、狐奴等五万余户皆诣并降，陇右复平。

太后以徐、扬盗贼益炽，博求将帅。三公举涿令北海滕抚有文武才；诏拜抚九江都尉，与中郎将赵序助冯绲，合州郡兵数万人共讨之。又广开赏募，钱、邑各有差。又议遣太尉李固，未及行。三月，抚等进击众贼，大破之，斩马勉、范容、周生等千五百级。徐凤以余众烧东城县。夏，五月，下邳人谢安应募，率其宗亲设伏击凤，斩之。封安为平乡侯。拜滕抚中郎将，督扬、徐二州事。

丙辰，诏曰：“孝殇皇帝即位逾年，君臣礼成。孝安皇帝承袭统业，而前世遂令恭陵在康陵之上，先后相逾，失其次序。今其正之！”

六月，鲜卑寇代郡。

秋，庐江盗贼攻寻阳，又攻盱台。滕抚遣司马王章击破之。

九月，庚戌，太傅赵峻薨。

滕抚进击张婴；冬，十一月，丙午，破婴，斩获千余人。丁未，中郎将赵序坐畏懦、诈增首级，弃市。

历阳贼华孟自称黑帝，攻杀九江太守杨岑。滕抚进击，破之，斩孟等三千八百级，虏获七百余人。于是东南悉平，振旅而还。以抚为左冯翊。

永昌太守刘君世，铸黄金为文蛇，以献大将军冀；益州刺史种暠纠发逮捕，驰传上言。冀由是恨暠。会巴郡人服直聚党数百人，自称天王，

诬告李固说："太尉李固，假公济私，表面上是正人君子，实际行为却是个奸邪小人，挑拨皇室宗亲与皇帝的感情，自己拉起山头结成私党。先帝出殡安葬时，路上的行人掩面悲哭，只有李固涂脂抹粉，搔首弄姿，左顾右盼，俯仰做作，行为妖冶，丝毫没有一点忧伤悲痛的感情。先帝山陵还没有造成，李固就改变旧有的规章制度，将成绩归于自己，把过失归于君主；驱逐亲近的臣子，不能侍奉在君侧，不能为君送葬。作威作福，没有人超过李固！儿子的罪，没有比连累父母更大的了，臣子的罪恶，没有比损伤君主更严重的，李固的过恶，理应诛杀。"奏章呈上后，梁冀面见梁太后，要求办理此事，梁太后没有听从。

广陵郡贼人张婴再次召集几千人反叛，占领广陵。

二月二十四日乙酉，大赦天下。

西羌连年动乱，耗费八十多亿，各级将领大多克扣军粮，层层中饱私囊，都拿珍宝贿赂长官左右亲近。上上下下肆无忌惮，层层包庇，不理军务，士卒死不得安，白骨相望，遍布原野。左冯翊梁并用恩德、信誉招诱叛变的羌人；离湳、狐奴等五万多户，都向梁并归降，陇右再次平定。

梁太后因为徐州、扬州盗贼日益猖狂厉害，令朝廷广求将帅。三公举荐涿县县令北海人滕抚有文才武略；下诏任命滕抚为九江都尉，和中郎将赵序辅助冯绲，集结州郡数万军队，共同征讨叛贼。又广设赏招募，悬赏的金钱和封爵采邑按功劳大小各有等级。又议论派太尉李固前往，还未来得及动身。三月，滕抚等人进攻贼巢，大胜，杀死马勉、范容、周生等一千五百多人。徐凤带领残部烧坏东城县。夏季，五月，下邳人谢安接受招募，率领他的宗族，设下埋伏攻击徐凤，斩杀了徐凤。册封谢安为平乡侯。任命滕抚为中郎将，督导扬、徐二州军事。

五月二十六日丙辰，下诏说："孝殇皇帝在位已超过一年，君臣名分已定。孝安皇帝继承大统，而过去竟使恭陵排在康陵之上，后辈超过了先辈，次序颠倒，应当改正。"

六月，鲜卑侵犯代郡。

秋季，庐江盗贼攻击寻阳，又攻击盱台。滕抚派司马王章击败了他们。

九月二十二日庚戌，太傅赵峻去世。

滕抚攻击张婴，冬季，十一月十九日丙午，击败张婴，杀死和俘虏了一千多人。十一月二十日丁未，中郎将赵序因为畏惧怯懦和谎报斩敌人数，被判处死刑。

历阳盗贼华孟自称黑帝，杀死九江太守杨岑。滕抚进军攻击，获胜，杀死华孟等三千八百多人，俘虏七百多人。于是，东南完全安定，凯旋。任命滕抚为左冯翊。

永昌太守刘君世，用黄金铸造文蛇，进呈给大将军梁冀；益州刺史种暠揭发并逮捕了刘君世，由驿传向朝廷报告。梁冀于是怀恨种暠。时逢巴郡人服直聚集几百

嚣与太守应承讨捕，不克，吏民多被伤害；冀因此陷之，传逮嚣、承。李固上疏曰："臣伏闻讨捕所伤，本非嚣、承之意，实由县吏惧法畏罪，迫逐深苦，致此不详。比盗贼群起，处处未绝。嚣、承以首举大奸而相随受罪，臣恐沮伤州县纠发之意，更共饰匿，莫复尽心！"太后省奏，乃赦嚣、承罪，免官而已。金蛇输司农，冀从大司农杜乔借观之，乔不肯与；冀小女死，令公卿会丧，乔独不往；冀由是衔之。

（以上为第十五段，写冲帝即位不足半年而亡，质帝即位，梁太后临朝，李固当政，罢贪残，任用贤才，清剿东南盗贼，梁冀怀恨，伺机反扑。）

人，自称天王，种暠和太守应承前往讨伐，打了败仗，官吏和民众多受伤害；梁冀据此陷害种暠，传令抓获种暠和应承。李固上书说：“臣听说，讨伐所造成的官民的损伤，本不是种暠、应承之意造成的，实在是由于县里的官吏害怕法令，怕承担罪责，逼迫民众作战，使民众陷入深深的痛苦之中，官民受损伤的局面，原来是县里的官吏不了解形势造成的。等到盗贼群起，到处作乱，种暠、应承因为首先揭发奸恶而立即受到罪罚，臣担心这样会挫伤州县揭发贼情的诚意，以后会更加互相隐瞒，不肯再尽忠心。”梁太后看了奏章，于是赦免了种暠、应承，只免官而已。金蛇收归国库，由大司农收藏，梁冀想从大司农杜乔那里借来观看，杜乔不同意。梁冀的小女儿死了，命令公卿都去赴丧，只有杜乔不去；梁冀因此更加仇恨杜乔。

【点评】

本卷点评顺帝后期政治，三大史事，从正反两个方面看出，东汉政治昏暗，顺帝心明志衰，国家不振，无可救药。

一、招抚岭南。侍御史贾昌与岭南州郡联兵征讨南人部落反叛，一年多没有攻克，官军反而被围困。顺帝诏公卿大臣与四府合议征讨方略，一致主张大发兵征讨。议郎李固独持异议，陈述了七条不可大发兵的理由，只要州郡长官称职，无须征讨，就可招抚。四府一致采纳李固建议，朝廷调任长沙人并州刺史祝良为九真太守，南阳人张乔为交州刺史。两人到任，张乔开诚布公，宣慰诱导，交趾叛乱的部落大多投降，一部分解散。祝良乘单车直接进入叛军大营，陈说利害前途，展示政府威望和信誉，叛军感悟，纷纷向官军投降。叛乱投降的有几万人。五岭地区，秩序全部恢复。事实生动证明，少数民族地区的反叛，是贪官污吏的盘剥暴行引起的。只要有一个清廉的官吏，百姓视之如父母。祝良不是以暴易暴，用大军征讨，而是单车宣慰，就这一点诚信就感动了九真的叛众，不仅放下武器，还自动修建郡府官舍。

二、皇甫规献策安羌。皇甫规，字威明。张奂，字然明。段颎，字纪明。三人的字都有一个“明”字，都是凉州人，三人又都是安羌名将，故三人合传，史称“凉州三明”，传见《后汉书》卷六十五。东汉被西羌之祸困扰一百余年，最后为三明所安抚。征西将军马贤，既不懂军事，又无爱民之心，征讨四年，耗费数十亿钱财，还为祸一方。皇甫规，安定朝那（今甘肃平凉市西北）人。这是夷汉混杂的地区，皇甫规自幼生于斯地，熟悉边地风土民情，胸藏韬略，他上书朝廷献安羌之策，请兵五千，不要军饷，不要高官，只为效忠国家，安定社会。当时皇甫规为安定郡上计掾，人微言轻，汉顺帝没有采纳。

皇甫规在上书中指出祸乱原因，是地方贪官暴吏逼使民反，而征讨之将克剥兵士，不爱民，也不爱兵，虚夸战功，讳言失败，所以长年无功。

三、八使巡风。顺帝汉安元年（142）八月，顺帝派遣侍中林乔、周举，守光禄大夫周栩、冯羡、栾巴、张纲、郭遵、刘班八人，分行州郡，举荐贤良，表彰尽忠勤劳的官吏，平反冤狱，惩治贪黩，史称“八使巡风”。张纲，廷尉张皓之子。张皓，犍为武阳人。武阳县旧治在今四川眉山市彭山区东。张皓是西汉名相张良第六代孙。张皓、张纲继承了祖上刚强、正义的传统，父子皆为东汉名臣，不畏权势，护持大义。张纲字文纪，少明经学，“虽为公子，而厉布衣之节”。司徒府征辟，张纲以对策高第为侍御史，极端不满汉顺帝宠信宦官，发愿说：“秽恶满朝，不能奋身出命扫国家之难，虽生吾不愿也。”八使巡风，唯张纲最年轻，官位最低，其他七位都是硕学大儒，多历显位。张纲抓住这样一次难得的机会要干一番大事业，他在洛阳都亭大使出行与朝廷送行的祖道地点，即上路的地点，把车轮埋在地下，表示不

去地方拍苍蝇，要留在京师抓大老虎。张纲说：“豺狼当路，安问狐狸。”豺狼即指大将军梁冀。张纲气势如虹，视死如归，弹劾大将军梁冀、河南尹梁不疑。这件事震动了京城。当时梁皇后正受宠爱，梁氏姻亲党羽满朝，汉顺帝不受理张纲的奏书，也不治张纲的罪。张纲忠诚，所言都是事实，这一点顺帝心里还算明白。

梁冀不满，利用手中职权，公报私仇。广陵大盗张婴聚众数万人，杀刺史二千石，寇乱扬州、徐州十多年，官军征讨不能取胜。梁冀点名要尚书省委派张纲任广陵太守，意在借刀杀人。张纲受命，没有推辞，单车上任，不带军队，他以个人的胆识毅力和智慧，劝降张婴，得一方安宁。后来张纲离任，张婴复叛。所谓盗贼横行，都是官逼民反，黎民百姓要求很低，他们只要一个像张纲这样的清官，让他们能生存下去。贪官恶吏，不让民众生存，民众只能拿起刀枪棍棒，在死中求活。八使巡风，其他各使，未见史载一个字的政绩，只不过是走了一番过场。张纲的壮烈行为，也只是走了一个过场。东汉政权，已不可能自上而下改革了，除了走向灭亡，无药可救。

汉纪四十五

汉质帝本初元年至汉桓帝永寿二年（146—156年）

【起柔兆阉茂（丙戌，146年），尽柔兆涒滩（丙申，156年），凡十一年】

【大事提要】

本卷记事起公元146年，讫公元156年，凡十一年，当质帝本初元年至桓帝永寿二年，载质帝及桓帝一朝前期史事。不学无术的外戚梁冀，为了一句“跋扈将军”就随意毒杀质帝，此时外戚势力最为嚣张，名臣李固、杜乔皆为梁冀害死。桓帝以诸侯入继大统，受制于外戚梁氏，不甘于傀儡地位，而与宦官结盟，结果皇权不落于外戚之手，则落于宦官之手。宦官浊流为朝官士大夫看不起，宦官心灵受辱，则横暴变本加厉。皇帝愈是贴近宦官，必然愈是疏远朝官士大夫。外戚失势，朝官士大夫被疏远，二者合流对抗宦官，其势必然把皇权更加推入宦官怀抱。于是皇帝、宦官、外戚、朝官士大夫，相互的权力之争陷入恶性循环。桓灵时期，宦官专权达于鼎盛，东汉政权进入了黑暗期。梁冀目空一切，大起宅第，扩建范围，僭越制度，自掘坟墓。太学生刘陶上奏桓帝纳谏亲贤，建言召李膺入朝治事，桓帝不听。三十二个郡国大闹蝗灾。崔寔《政论》倡言治乱邦要用重典。司马光认为宽严相济，才是治国常典。鲜卑兴起，侵扰北疆。

【原文】

孝质皇帝

本初元年（丙戌，146年）

夏，四月，庚辰，令郡、国举明经诣太学，自大将军以下皆遣子受业；岁满课试，拜官有差。又千石、六百石、四府掾属、三署郎、四姓小侯先能通经者，各令随家法，其高第者上名牒，当以次赏进。自是游学增盛，至三万余生。

五月，庚寅，徙乐安王鸿为勃海王。

海水溢，漂没民居。

六月，丁巳，赦天下。

帝少而聪慧，尝因朝会，目梁冀曰："此跋扈将军也！"冀闻，深恶之。闰月，甲申，冀使左右置毒于煮饼而进之；帝苦烦盛，使促召太尉李固。固入前，问帝得患所由；帝尚能言，曰："食煮饼。今腹中闷，得水尚可活。"时冀亦在侧，曰："恐吐，不可饮水。"语未绝而崩。固伏尸号哭，推举侍医，冀虑其事泄，大恶之。

将议立嗣，固与司徒胡广、司空赵戒先与冀书曰："天下不幸，频年之间，国祚三绝。今当立帝，天下重器，诚知太后垂心，将军劳虑，详择其人，务存圣明；然愚情眷眷，窃独有怀。远寻先世废立旧仪，近见国家践祚前事，未尝不询访公卿，广求群议，令上应天心，下合众望。《传》曰：'以天下与人易，为天下得人难。'昔昌邑之立，昏乱日滋；霍光忧愧发愤，悔之折骨。自非博陆忠勇，延年奋发，大汉之祀，几将倾矣。至忧至重，可不熟虑！悠悠万事，唯此为大；国之兴衰，在此一举。"冀得书，乃召三公、中二千石、列侯，大议所立。固、广、戒及大鸿胪杜乔皆以为清河王蒜明德著闻，又属最尊亲，宜立为嗣，朝廷莫不归心。而中常侍曹腾尝谒蒜，蒜不为礼，宦者由此恶之。初，平原王翼既贬归河间，其父请分蠡吾县以侯之；顺帝许之。翼卒，子志嗣；梁太后欲以女弟妻志，征到夏门亭。会帝崩；梁冀欲立志。众论既异，愤愤不得意，而未有以相夺。曹腾等闻之，夜往说冀曰："将军累世有椒房之亲，秉摄万机，宾客纵横，多有过差。清河王严明，若果立，则将军

【语译】

孝质皇帝

汉质帝本初元年（丙戌，146 年）

夏季，四月二十五日庚辰，命令郡、国推荐明通经学的大儒到太学，从大将军以下都把子弟送至学校读书。学满一年考试，按等级差别担任官职。另外千石、六百石、四府属官、三署郎、四姓小侯中已经通晓经书的，下令他们各自继承家学，考试成绩好的列入牒册，按照排名顺序给以赏赐。从此，学风昌盛，有三万多太学生。

五月初六日庚寅，改封乐安王刘鸿为渤海王。

海水倒溢，淹没民宅。

六月初三日丁巳，赦免天下。

汉质帝少年聪慧，曾经在朝会时，瞪着梁冀说："这位就是跋扈将军！"梁冀听后，十分憎恨汉质帝。闰六月初一日甲申，梁冀派汉质帝身边的侍从在汤饼里下毒，送给汉质帝吃；汉质帝吃后，口干涩苦，胸中十分烦闷，下令赶快召问太尉李固。李固入宫，问汉质帝得病的原因；当时汉质帝还能说话，说："吃了煮饼，现在肚子胀，喝水能活命。"当时梁冀也在旁边，说："担心会吐，不能喝水。"话还未说完，汉质帝就死了。李固伏尸痛哭，追查弹劾值班的御医；梁冀害怕事情泄露，极为痛恨李固。

将要商量继位的人选，李固和司徒胡广、司空赵戒先给梁冀写信说："天下不幸，数年之间，三个皇帝相继死去。现在又要立皇帝，这是国家最重大的事情，深知太后惦念，将军劳神思虑，谨慎地选择继位的人，力求圣明；然而，我们念念于此，独有所感。查考远古君王的废立，近看汉代至此的君主登基，没有不访问公卿大臣，广泛征求群臣意见，务必使立嗣上应天心，下合众望。古书上说：'把天下交给别人容易，为天下求得明君艰辛。'从前，昌邑王被立为帝，昏乱日益滋长；霍光忧愁惭愧而奋发有为，悔恨得锥心折骨。如果不是博陆侯霍光忠正勇猛，延年奋发有为，大汉国统，几乎要断绝了。立君是一件最令人忧心，最重要的事情，怎能不深思熟虑？国家之事千头万绪，只有这才是最大的事。国家兴衰，就在此一举。"梁冀获得书信后，召集三公、中二千石以及列侯，议论立帝大事。李固、胡广、赵戒以及大鸿胪杜乔等人都认为清河王刘蒜以有圣明的德行而著闻，是质帝的同父兄长，最为亲贵，应立他为嗣，朝臣没有不赞同的。但是，中常侍曹腾曾经觐见刘蒜，刘蒜对曹腾毫不客气，宦官因此憎恨刘蒜。当初，平原王刘翼被贬回河间，刘翼的父亲河间孝王刘开请求划分蠡吾县给刘翼，使刘翼为侯；汉顺帝接受了。刘翼去世，

受祸不久矣！不如立蠡吾侯，富贵可长保也。”冀然其言，明日，重会公卿，冀意气凶凶，言辞激切，自胡广、赵戒以下莫不慑惮，皆曰：“惟大将军令！”独李固、杜乔坚守本议。冀厉声曰：“罢会！”固犹望众心可立，复以书劝冀，冀愈激怒。丁亥，冀说太后，先策免固。戊子，以司徒胡广为太尉；司空赵戒为司徒，与大将军冀参录尚书事；太仆袁汤为司空。汤，安之孙也。庚寅，使大将军冀持节以王青盖车迎蠡吾侯志入南宫；其日，即皇帝位，时年十五。太后犹临朝政。

秋，七月，乙卯，葬孝质皇帝于静陵。

大将军掾朱穆奏记劝戒梁冀曰：“明年丁亥之岁，刑德合于乾位，《易经》龙战之会，阳道将胜，阴道将负。愿将军专心公朝，割除私欲，广求贤能，斥远佞恶，为皇帝置师傅，得小心忠笃敦礼之士，将军与之俱入，参劝讲授，师贤法古，此犹倚南山、坐平原也，谁能倾之！议郎大夫之位，本以式序儒术高行之士，今多非其人，九卿之中亦有乖其任者，惟将军察焉！”又荐种暠、栾巴等，冀不能用。穆，晖之孙也。

九月，戊戌，追尊河间孝王为孝穆皇，夫人赵氏曰孝穆后，庙曰清庙，陵曰乐成陵；蠡吾先侯曰孝崇皇，庙曰烈庙，陵曰博陵；皆置令、丞，使司徒持节奉策书玺绶，祠以太牢。

冬，十月，甲午，尊帝母匽氏为博园贵人。

滕抚性方直，不交权势，为宦官所恶；论讨贼功当封，太尉胡广承旨奏黜之；卒于家。

（以上为第一段，写梁冀毒死质帝，违逆公卿迎立蠡吾侯刘志即位，是为桓帝。太尉李固被罢免。）

孝桓皇帝上之上

建和元年（丁亥，147年）

春，正月，辛亥朔，日有食之。

戊午，赦天下。

儿子刘志嗣位；梁太后想把妹妹嫁给刘志，把刘志召到夏门亭。正遇到汉质帝去世，梁冀想拥立刘志。与众人的意见不同，愤然不乐，又没有充分的理由驳斥公卿众臣。曹腾等人知道此事，夜间前往游说梁冀："将军世代为皇亲国戚，掌管国政，门客众多，有不少过失。清河王严肃端正，如果继位，那么不久大将军将大祸临头啊！不如立蠡吾侯，可以长保富贵。"梁冀认为曹腾的话有道理，第二天，再次会集公卿，梁冀气势汹汹，言辞偏激强硬，自胡广、赵戒以下的官员，没有不恐惧，都说："只听从大将军的命令！"唯有李固、杜乔坚持原议。梁冀严厉地说："散会！"李固仍然认为刘蒜是众望所归，再次写信劝说梁冀，梁冀更加愤恨。闰六月初四日丁亥，梁冀说服了梁太后，下诏免去李固的官职。闰六月初五日戊子，任命胡广为太尉，司空赵戒为司徒，与大将军梁冀共同掌管宫廷机要；太仆袁汤为司空。袁汤是袁安的孙子。闰六月初七日庚寅，命令大将军梁冀持节，以王侯的青盖车迎接蠡吾侯入皇宫；当天，皇帝即位，年仅十五岁。梁太后仍然临朝听政。

秋季，七月初二日乙卯，把汉质帝葬于静陵。

大将军属官朱穆致书劝诫梁冀说："明年是丁亥年，刑罚和恩德都在北方，《易经》记载龙战于野，阳道将获得胜利，阴道将失败。希望将军专心公务，割除私欲，广求贤能之人，排斥疏远奸邪小人，为皇帝选择师傅，选择小心谨慎、笃信礼义的人担当，将军与他一起进宫，参加讲授学习，效法古代先贤，这如同背靠南山、稳坐平原，谁能颠覆！议郎、谏议大夫等言官的职位，本来就是用来安置那些精通儒术、志行高尚的士人的，而现在的人选多不适当，九卿之中也有不能胜任的，请将军考察！"又举荐种暠、栾巴等人，梁冀没有采用。朱穆是朱晖的孙子。

九月，戊戌日（疑误），追尊河间孝王为孝穆皇，夫人赵氏为孝穆后，祭庙称为清庙，陵墓称为乐成陵；蠡吾先侯称为孝崇皇，祭庙称烈庙，陵墓称博陵；这些陵寝全都设立令、丞，派司徒持节，携带诏书、印信，以太牢之礼祭祀。

冬季，十月十二日甲午，尊汉桓帝生母匽氏为博园贵人。

滕抚性格刚直，不巴结权贵，被宦官仇恨；按照讨贼战功，应当封侯，但太尉胡广奉承旨意，上书弹劾滕抚；后来滕抚死在家中。

孝桓皇帝上之上

汉桓帝建和元年（丁亥，147年）

春季，正月初一日辛亥，发生日食。

正月初八日戊午，大赦天下。

三月，龙见谯。

夏，四月，庚寅，京师地震。

立阜陵王代兄勃遒亭侯便为阜陵王。

六月，太尉胡广罢，光禄勋杜乔为太尉。自李固之废，朝野丧气，群臣侧足而立；唯乔正色无所回桡，由是朝野皆倚望焉。

秋，七月，渤海孝王鸿薨，无子；太后立帝弟蠡吾侯悝为渤海王，以奉鸿祀。

诏以定策功，益封梁冀万三千户，封冀弟不疑为颍阳侯，蒙为西平侯，冀子胤为襄邑侯，胡广为安乐侯，赵戒为厨亭侯，袁汤为安国侯。又封中常侍刘广等皆为列侯。

杜乔谏曰："古之明君，皆以用贤、赏罚为务。失国之主，其朝岂无贞干之臣，典诰之篇哉？患得贤不用其谋，韬书不施其教，闻善不信其义，听谗不审其理也。陛下自藩臣即位，天人属心，不急忠贤之礼而先左右之封，梁氏一门，宦者微孽，并带无功之绂，裂劳臣之土，其为乖滥，胡可胜言！夫有功不赏，为善失其望；奸回不诘，为恶肆其凶。故陈资斧而人靡畏，班爵位而物无劝。苟遂斯道，岂伊伤政为乱而已，丧身亡国，可不慎哉！"书奏，不省。

八月，乙未，立皇后梁氏。梁冀欲以厚礼迎之，杜乔据执旧典，不听。冀属乔举汜宫为尚书，乔以宫为臧罪，不用。由是日忤于冀。九月，丁卯，京师地震。乔以灾异策免。冬，十月，以司徒赵戒为太尉，司空袁汤为司徒，前太尉胡广为司空。

宦者唐衡、左悺共谮杜乔于帝曰："陛下前当即位，乔与李固抗议，以为不堪奉汉宗祀。"帝亦怨之。

十一月，清河刘文与南郡妖贼刘鲔交通，妄言"清河王当统天下"，欲共立蒜。事觉，文等遂劫清河相谢暠曰："当立王为天子，以暠为公。"暠骂之，文刺杀暠。于是捕文、鲔，诛之。有司劾奏蒜；坐贬爵为尉氏侯，徙桂阳，自杀。

梁冀因诬李固、杜乔，云与文、鲔等交通，请逮按罪；太后素知乔忠，不许。冀遂收固下狱；门生渤海王调贯械上书，证固之枉，河内赵承等数十人亦要鈇锧诣阙通诉；太后诏赦之。及出狱，京师市里皆称万

三月，谯县出现了龙。

夏季，四月十一日庚寅，京师洛阳发生地震。

册封阜陵王刘代的哥哥勃遒亭侯刘便为阜陵王。

六月，太尉胡广被免职，任命光禄勋杜乔为太尉。自从李固被罢免，朝野上下一片丧气，群臣人人自危；只有杜乔端正严肃，不肯屈从，因而朝野寄望于他。

秋季，七月，渤海孝王刘鸿去世，没有儿子；梁太后立汉桓帝的弟弟蠡吾侯刘悝为渤海王，以祀奉刘鸿。

下诏表扬梁冀拥立皇帝的功绩，增封梁冀采邑一万三千户，封梁冀的弟弟梁不疑为颍阳侯，梁蒙为西平侯，梁冀的儿子梁胤为襄邑侯，胡广为安乐侯，赵戒为厨亭侯，袁汤为安国侯，又封中常侍刘广等人为列侯。

杜乔劝谏说："古代的明君都致力于重用贤才、赏罚分明。亡国的君主，在他当政时朝廷上难道就没有忠贞干练的贤臣和治理国家的法令规章吗？问题在于即使有贤能，却不采用他们的谋略，即使有好的法令规章，也不得施行，听到忠信的建议不能采用，听到谗言也不能分辨好坏。陛下从藩臣登上皇位，天下归心，不把征求忠贤作为当务之急，反而把分封左右亲近放在首位，梁氏家族和卑贱的宦官，都佩戴上了无功而封侯拜官的印绶，占据本应归于功臣的采邑土地，这种乖张错乱，不是言辞能够形容的。有功不赏，行善的人失去希望；奸邪不受惩处，作恶者更加猖狂。所以，把砍头的利斧放在面前而没有人害怕；颁布封爵官位而没有人动心。这样下去，岂只是伤害政务、造成混乱而已？还会丧身亡国，能不谨慎吗？"奏章呈上，汉桓帝不理睬。

八月十八日乙未，册立梁女莹为皇后。梁冀准备用厚礼迎接，杜乔根据惯例，不听从。梁冀又嘱咐杜乔推荐汜宫任尚书，杜乔认为汜宫有贪赃罪，不予推荐。于是，杜乔日益冒犯梁冀。九月二十一日丁卯，京城洛阳地震。杜乔因灾异而被下诏免职。冬季，十月，任命司徒赵戒为太尉，司空袁汤为司徒，前太尉胡广为司空。

宦官唐衡、左悺一起在汉桓帝面前诬陷杜乔，说："陛下在即位之前，杜乔和李固反对陛下，认为您不够资格祀奉汉室宗庙。"汉桓帝于是也仇恨杜乔。

十一月，清河人刘文与南郡民贼刘鲔结交，妄言"清河王该统治天下"，准备共同拥戴刘蒜。事情泄露，刘文等人就劫持了清河国相谢暠，说："应当立清河王为天子，请你为三公。"谢暠大骂他们，刘文杀了谢暠。于是，朝廷抓获刘文、刘鲔，处死。主管官员弹劾刘蒜，被论罪贬爵为尉氏侯，流放到桂阳，刘蒜自杀。

梁冀趁机诬告李固、杜乔，说他们与刘文、刘鲔等勾结，请逮捕治罪；梁太后向来知道杜乔忠厚，不同意。于是梁冀把李固逮捕下狱；李固的门生渤海人王调身戴刑具上书，证明李固冤枉，河内人赵承等数十人也腰系腰斩时的刑具到宫门控诉；

岁。冀闻之，大惊，畏固名德终为己害，乃更据奏前事。大将军长史吴祐伤固之枉，与冀争之；冀怒，不从。从事中郎马融主为冀作章表，融时在坐，祐谓融曰："李公之罪，成于卿手。李公若诛，卿何面目视天下人！"冀怒，起，入室；祐亦径去。固遂死于狱中；临命，与胡广、赵戒书曰："固受国厚恩，是以竭其股肱，不顾死亡，志欲扶持王室，比隆文、宣。何图一朝梁氏迷谬，公等曲从，以吉为凶，成事为败乎！汉家衰微，从此始矣。公等受主厚禄，颠而不扶，倾覆大事，后之良史岂有所私！固身已矣，于义得矣，夫复何言！"广、戒得书悲惭，皆长叹流涕而已。

冀使人胁杜乔曰："早从宜，妻子可得全。"乔不肯。明日，冀遣骑至其门，不闻哭者，遂白太后收系之；亦死狱中。

冀暴固、乔尸于城北四衢，令："有敢临者加其罪。"固弟子汝南郭亮尚未冠，左提章、钺，右秉铁锧，诣阙上书，乞收固尸，不报；与南阳董班俱往临哭，守丧不去。夏门亭长呵之曰："卿曹何等腐生！公犯诏书，欲干试有司乎！"亮曰："义之所动，岂知性命！何为以死相惧邪！"太后闻之，皆赦不诛。杜乔故掾陈留杨匡，号泣星行，到洛阳，著故赤帻，托为夏门亭吏，守护尸丧，积十二日；都官从事执之以闻，太后赦之。匡因诣阙上书，并乞李、杜二公骸骨，使得归葬，太后许之。匡送乔丧还家，葬讫，行服，遂与郭亮、董班皆隐匿，终身不仕。

梁冀出吴祐为河间相，祐自免归，卒于家。

冀以刘鲔之乱，思朱穆之言，于是请种暠为从事中郎，荐栾巴为议郎，举穆高第，为侍御史。

是岁，南单于兜楼储死，伊陵尸逐就单于车儿立。

（以上为第二段，写梁冀借拥立桓帝之功，排除政敌，害死李固、杜乔，朝廷奸邪结炽，正义丧尽。）

二年（戊子，148年）

春，正月，甲子，帝加元服。庚午，赦天下。

梁太后下诏赦免李固。等到李固出狱时，京城的大街小巷都高呼万岁。梁冀听说这种情况，非常恐慌，忧虑李固的声誉终将危及自己，于是重新以旧案诬奏李固。大将军长史吴祐痛惜李固蒙冤，与梁冀抗争；梁冀发怒，不听。从事中郎马融专为梁冀写文作书，当时马融恰好在座，吴祐对马融说："李固的罪状由你一手写成。如果李固被杀，看你有什么脸见天下人！"梁冀大怒，起身，走进内室；吴祐也离去。李固最终还是死在狱中；临死时，李固给胡广、赵戒写信说："我蒙受朝廷的厚恩，所以竭尽一个大臣的忠贞职责，不顾生死，立志扶持汉室，希望能像汉文帝、汉宣帝时那样实现中兴大业。万没想到梁氏一门愚昧而专横，而你们阿附曲从，以吉为凶，功败垂成！汉室的衰微，由此开始了。你们受君主的厚禄，国家危机而不扶持，此等倾覆大事，后世的良史一定会秉笔直书！我虽然身亡，在道义上却有所获，还有什么可说呢！"胡广、赵戒看了信悲痛惭愧，都流泪长叹不已。

梁冀派人威吓杜乔说："及早安排自己的归宿，就可以保全妻子儿女。"杜乔不理睬。第二天，梁冀派遣骑兵到杜家，未听见哭声，于是报告梁太后逮捕杜乔，杜乔也死于狱中。

梁冀把李固、杜乔暴尸于城北的街口，下令说："有敢吊丧的加罪惩治。"李固的弟子汝南人郭亮还未成年，左手拿着奏章和大斧，右手拿着铡刀和砧板，到宫门上书，请求为李固收尸，没有被上报；郭亮和南阳人董班都到现场哭丧、守丧，不愿离去。夏门亭长呵斥道："你们真是迂腐的书呆子！公然冒犯诏书，欲以身试法吗？"郭亮说："被大义所感召，哪里还顾得上性命？何必以死来吓唬我们！"梁太后得知消息，将郭亮、董班赦免不杀。杜乔的旧属陈留人杨匡，痛哭不止，日夜兼程地赶到洛阳，戴着原来当部属时的红色头巾，冒充夏门亭官吏，守护尸体，长达十二天。都官从事把此事报告了梁太后，梁太后赦免了杨匡。杨匡因而到宫门上书，请求为李固和杜乔收尸，让他们葬回乡里，梁太后同意了。杨匡护送杜乔灵柩回乡，葬毕，守完丧服礼，就与郭亮、董班都隐居起来，终身不当官。

梁冀贬黜吴祐为河间相，吴祐辞职回家，死于家中。

梁冀因刘鲔作乱，想起朱穆当初的建议，于是任命种暠为从事中郎，推举栾巴为议郎，推荐朱穆担任高官，做侍御史。

这一年，南单于兜楼储去世，伊陵尸逐就单于车儿即位。

汉桓帝建和二年（戊子，148 年）

春季，正月十九日甲子，汉桓帝行加冠礼。正月二十五日庚午，大赦天下。

三月，戊辰，帝从皇太后幸大将军冀府。

白马羌寇广汉属国，杀长吏。益州刺史率板楯蛮讨破之。

夏，四月，丙子，封帝弟顾为平原王，奉孝崇皇祀；尊孝崇皇夫人为孝崇园贵人。

五月，癸丑，北宫掖庭中德阳殿及左掖门火，车驾移幸南宫。

六月，改清河为甘陵。立安平孝王得子经侯理为甘陵王，奉孝德皇祀。

秋，七月，京师大水。

三年（己丑，149 年）

夏，四月，丁卯晦，日有食之。

秋，八月，乙丑，有星孛于天市。

京师大水。

九月，己卯，地震。庚寅，地又震。

郡、国五山崩。

冬，十月，太尉赵戒免；以司徒袁汤为太尉，大司农河内张歆为司徒。

是岁，前朗陵侯相荀淑卒。淑少博学有高行，当世名贤李固、李膺皆师宗之。在朗陵，莅事明治，称为神君。有子八人：俭、绲、靖、焘、汪、爽、肃、专，并有名称，时人谓之八龙。所居里旧名西豪，颍阴令渤海苑康以为昔高阳氏有才子八人，更命其里曰高阳里。

膺性简亢，无所交接，唯以淑为师，以同郡陈寔为友。荀爽尝就谒膺，因为其御；既还，喜曰："今日乃得御李君矣！"其见慕如此。

陈寔出于单微，为郡西门亭长。同郡钟皓以笃行称，前后九辟公府，年辈远在寔前，引与为友。皓为郡功曹，辟司徒府；临辞，太守问："谁可代卿者？"皓曰："明府欲必得其人，西门亭长陈寔可。"寔闻之曰："钟君似不察人，不知何独识我！"太守遂以寔为功曹。时中常侍侯览托太守高伦用吏，伦教署为文学掾，寔知非其人，怀檄请见，言曰："此人不宜用，而侯常侍不可违，寔乞从外署，不足以尘明德。"伦从之。于是乡论怪其非举，寔终无所言。伦后被征为尚书，郡中士大夫送至纶氏，伦谓众人曰："吾前为侯常侍用吏。陈君密持教还而于外白署，比闻议者以此少之，此咎由故人畏惮强御，陈君可谓'善则称君，过则称己'者

三月二十四日戊辰，汉桓帝随梁太后临幸大将军梁冀的住宅。

白马羌侵扰广汉属国，杀死地方官吏。益州刺史率领板楯蛮击败他们。

夏季，四月初三日丙子，册封汉桓帝的弟弟刘顾为平原王，祀奉孝崇皇；尊孝崇皇夫人马氏为孝崇园贵人。

五月初十日癸丑，北宫掖庭的德阳殿和左掖门失火，汉桓帝迁住南宫。

六月，清河国改名为甘陵国，封安平孝王刘得的儿子经侯刘理为甘陵王，祀奉孝德皇。

秋季，七月，京师发大水。

汉桓帝建和三年（己丑，149 年）

夏季，四月三十日丁卯晦，发生日食。

秋季，八月三十日乙丑，在天市星区出现孛星。

京师洛阳发大水。

九月十四日己卯，发生地震。九月二十五日庚寅，再次发生地震。

五个郡、侯国发生山崩。

冬季，十月，太尉赵戒被免职。任命司徒袁汤为太尉，大司农河内人张歆为司徒。

这一年，前朗陵国相荀淑去世。荀淑年轻时就学问渊博，品德高尚，当代有名的贤才李固、李膺都尊他为师长。荀淑在郎陵国，治事公正，被称神君。荀淑有八个儿子：荀俭、荀绲、荀靖、荀焘、荀汪、荀爽、荀肃、荀专，都名声在外，时人称为八龙。他们所居住的乡里本名西豪，颍阴县令勃海人苑康认为过去高阳氏有才子八人，就改名西豪里为高阳里。

李膺本性耿直严正，不与达官贵人交往，只以荀淑为师，以同郡人陈寔为朋友。荀爽曾经拜访李膺，顺便给他驾车；回来后，高兴地说："今天有幸为李君驾车！"李膺就是如此受人仰慕。

陈寔出身低微，担任颍川郡西门亭长。同郡人钟皓以高尚的品行受人称赞，前后九次被公府征召，辈分远在陈寔之上．却同陈寔做朋友。钟皓担任郡功曹，被征召到司徒府；临行时，太守问："谁可以接替你的职务？"钟皓说："您如果一定要得到合适人选，西门亭长陈寔就可以。"陈寔听到此事说："钟君似乎不怎么观察人，不知为何偏偏能赏识我。"太守于是任命陈寔为功曹。当时，中常侍侯览托太守高伦安排一个人做官，高伦就安排这个人为文学掾，陈寔知道这人不恰当，于是揣着任命书求见郡守，对高伦说："这个人不应该任用，但又不可得罪侯常侍，请允许由我自行签署，你太守就可以不沾灰尘了。"高伦接受了。于是，众人责备陈寔用人不当，陈寔毫不为自己辩解。后来高伦被征召为尚书，郡中士大夫把他送到纶氏县，

也。”寔固自引愆，闻者方叹息，由是天下服其德。后为太丘长，修德清静，百姓以安。邻县民归附者，寔辄训导譬解发遣，各令还本。司官行部，吏虑民有讼者，白欲禁之；寔曰：“讼以求直，禁之，理将何申！其勿有所拘。”司官闻而叹息曰：“陈君所言若是，岂有冤于人乎！”亦竟无讼者。以沛相赋敛违法，解印绶去；吏民追思之。

钟皓素与荀淑齐名，李膺常叹曰：“荀君清识难尚；钟君至德可师。”皓兄子瑾母，膺之姑也。瑾好学慕古，有退让风，与膺同年，俱有声名，膺祖太尉修常言：“瑾似我家性，‘邦有道，不废；邦无道，免于刑戮。’”复以膺妹妻之。膺谓瑾曰：“孟子以为‘人无是非之心，非人也’，弟于是何太无皂白邪！”瑾尝以膺言白皓。皓曰：“元礼祖、父在位，诸宗并盛，故得然乎！昔国子好招人过，以致怨恶，今岂其时邪！必欲保身全家，尔道为贵。”

（以上为第三段，写李膺、陈寔、钟皓等名士风采。）

和平元年（庚寅，150年）

春，正月，甲子，赦天下，改元。

乙丑，太后诏归政于帝，始罢称制。二月，甲寅，太后梁氏崩。

三月，车驾徙幸北宫。

甲午，葬顺烈皇后。增封大将军冀万户，并前合三万户；封冀妻孙寿为襄城君，兼食阳翟租，岁入五千万，加赐赤绂，比长公主。寿善为妖态以蛊惑冀，冀甚宠惮之。冀爱监奴秦宫，官至太仓令，得出入寿所，威权大震，刺史、二千石皆谒辞之。冀与寿对街为宅，殚极土木，互相夸竞，金玉珍怪，充积藏室；又广开园圃，采土筑山，十里九阪，深林绝涧，有若自然，奇禽驯兽飞走其间。冀、寿共乘辇车，游观第内，多从倡伎，酣讴竟路，或连日继夜以骋娱恣。客到门不得通，皆请谢门者；门者累千金。又多拓林苑，周遍近县，起兔苑于河南城西，经亘数十里，

高伦对众人说："我先前为侯常侍安派官吏，陈寔暗中退还我的任命书，而对外却说是由他签署委任的，近来听到一些议论纷纷的人拿这事轻视陈寔，这个责任是因为我害怕恶霸造成的，而陈君可以称得上是'把善行归于别人，把过错归于自己'的人。"陈寔仍坚持是自己的错误，大家听到此事，都感叹不已，于是人人敬佩陈寔的德行。陈寔后来做太丘县长，广施恩德，休养生息，百姓安定。邻县有人前来归顺，陈寔就加以训导，送回本县。上级主管官员前来巡视，县吏害怕有人向巡察官诉冤，就向陈寔禀报想加以禁止。陈寔说："诉讼为的是寻求公道，如果禁止，公理将如何申辩！千万不要有所拘禁。"上级官员听了而叹息说："如果像陈君说的这般，哪里会有受冤的人！"最终也没有上诉的人。由于沛国相加收苛税违反法律，陈寔就弃官而去；官民都很思念陈寔。

钟皓向来与荀淑齐名。李膺常慨叹说："荀淑的清高品德和卓越见识，难以追踪；钟皓的高尚品德，可以作为榜样。"钟皓哥哥的儿子钟瑾的母亲是李膺的姑妈。钟瑾好学，仰慕古圣，为人谦虚，与李膺同岁，都有名声。李膺的祖父太尉李修常说："钟瑾很像我家人的品性，'国家清平，做官不会被废除；国家昏暗，也不会受到诛伐。'"他还把李膺的妹妹嫁给他。李膺对钟瑾说："孟子认为：'人如果没有是非之心，他就不是个人。'你简直是黑白不分！"钟瑾曾经把李膺的这番话告诉钟皓。钟皓说："李膺的祖父、父亲在位时，家族旺盛，所以他才会如此！过去，齐国大夫国佐总是爱揭举别人的过失，因而被人怨恨，现在哪是他那个时代！如果想保全家人，你的处世之道最为可贵。"

汉桓帝和平元年（庚寅，150 年）

春季，正月初一日甲子，大赦天下，改元年号为和平。

正月初二日乙丑，梁太后下诏归政给汉桓帝，开始停止临朝称制。二月二十二日甲寅，梁太后去世。

三月，汉桓帝移往北宫。

四月初三日甲午，安葬顺烈皇后，增封大将军梁冀一万户，连同以前的共三万户；册封梁冀的妻子孙寿为襄城君，兼收阳翟县的租税，每年收入五千万，特赐红色的绶带，与长公主相同。孙寿善于以娇艳狐媚之态迷惑梁冀，梁冀对她又宠又怕。梁冀宠爱奴仆总管秦宫，让秦宫任太仓令，可以出入孙寿的住宅，权威大震，刺史和二千石官员都要对秦宫觐见、辞行。梁冀与孙寿在街道两侧相对建宅，用最高标准的土木建筑，相互夸耀竞争，金玉珍奇，装满了秘藏室；又广开园圃，挖土建造假山，宏伟曲折，十里九阪，人工所造的树林幽深，山涧流水，好似天然生成，奇禽驯兽飞走其间。梁冀和孙寿一同乘坐人力车，在府第园内游览，倡伎相伴，一路

移檄所在调发生兔，刻其毛以为识，人有犯者，罪至死刑。尝有西域贾胡不知禁忌，误杀一兔，转相告言，坐死者十余人。又起别第于城西，以纳奸亡；或取良人悉为奴婢，至数千口，名曰自卖人。冀用寿言，多斥夺诸梁在位者，外以示谦让，而实崇孙氏。孙氏宗亲冒名为侍中、卿、校、郡守、长吏者十余人，皆贪饕凶淫。各使私客籍属县富人，被以他罪，闭狱掠拷，使出钱自赎，赀物少者至于死。又扶风人士孙奋，居富而性吝，冀以马乘遗之，从贷钱五千万，奋以三千万与之。冀大怒，乃告郡县，认奋母为其守藏婢，云盗白珠十斛、紫金千斤以叛，遂收考奋兄弟死于狱中，悉没其赀财亿七千余万。冀又遣客周流四方，远至塞外，广求异物，而使人复乘势横暴，妻略妇女，殴击吏卒；所在怨毒。

侍御史朱穆自以冀故吏，奏记谏曰："明将军地有申伯之尊，位为群公之首，一日行善，天下归仁；终朝为恶，四海倾覆。顷者官民俱匮，加以水虫为害，京师诸官费用增多，诏书发调，或至十倍，各言官无见财，皆当出民，搒掠割剥，强令充足。公赋既重，私敛又深，牧守长吏多非德选，贪聚无厌，遇民如虏，或绝命于棰楚之下，或自贼于迫切之求。又掠夺百姓，皆托之尊府，遂令将军结怨天下，吏民酸毒，道路叹嗟。昔永和之末，纲纪少弛，颇失人望，四五岁耳，而财空户散，下有离心，马勉之徒乘敝而起，荆、扬之间几成大患；幸赖顺烈皇后初政清静，内外同力，仅乃讨定。今百姓戚戚，困于永和，内非仁爱之心可得容忍，外非守国之计所宜久安也。夫将相大臣，均体元首，共舆而驰，同舟而济，舆倾舟覆，患实共之。岂可以去明即昧，履危自安，主孤时困而莫之恤乎！宜时易宰守非其人者，减省第宅园池之费，拒绝郡国诸所奉送，内以自明，外解人惑；使挟奸之吏无所依托，司察之臣得尽耳目。宪度既张，远迩清壹，则将军身尊事显，德耀无穷矣！"冀不纳。冀虽专朝纵横，而犹交结左右宦官，任其子弟、宾客为州郡要职，欲以自固恩宠。穆又奏记极谏，冀终不悟，报书云："如此，仆亦无一可邪！"然素重穆，亦不甚罪也。

饮酒唱歌，有时夜以继日地纵情娱乐。客人拜访，不得通报，都要先贿赂门房；看门人都累积了很多钱财。梁冀又开辟许多林苑，遍及邻近各县，在河南城西筑兔苑，纵横数十里，传令地方官府供应活兔，在兔毛上做记号，如有谁伤害兔子，要判处死刑。曾经有西域商人，是胡人，不知道禁忌，误杀了一只兔，被逼互相牵连指控，有十几个人被处死刑。又在城西修筑宅第，收容作奸犯科之徒及逃亡犯；或者抓良民充当奴婢，多达几千人，称为自卖人。梁冀采用孙寿的主意，罢免一些梁家宗室的在位官员，对外表示谦让，实际上是扶植孙家宗室。孙氏宗亲，冒名为侍中、卿、校、郡守、长吏的有十多人，个个贪婪荒淫。各自派出私人登记各县的富人，找个罪名，下狱拷问，让他们出钱自赎，财物出得少的，就被活活打死。有个扶风人士孙奋，富有而吝啬，梁冀赠给他马匹和乘车，而向他借五千万钱，士孙奋只给了三千万钱。梁冀大怒，就向郡县告状，说士孙奋的母亲是他家库房的婢女，偷窃了白珠十斛、紫金千斤，背叛主人而逃走，于是收拷士孙奋兄弟，杀死在狱中，共没收他们的财产一亿七千多万。梁冀又派人周游四方，远至塞外，广求珍奇异宝，而那些被派出的人又乘势施暴，奸淫、抢掠妇女，殴打地方官员和士兵；所到之处，遭民众刻骨怨恨。

侍御史朱穆自以为是梁冀的旧属，上书劝谏说："大将军的地位，像申伯那样尊贵，是众公之首。如果一天行善，天下无不归服；一朝为恶，天下将颠覆。最近，国家和民众都很贫穷，加以碰到水灾虫害，京城各府的费用增多，朝廷征调，有时高达平日的十倍，竟然都说官府没有现钱，应当全部由百姓承担，拷打勒索榨取，强迫人民缴足。国家赋税已经很深重，地方官吏私下盘剥又多，州牧郡守长官大多不是按德行选任的，贪得无厌，对待民众如同对待强盗，有的人被鞭打而死，有的人无法忍受暴虐而自杀。地方贪官抢夺百姓，都托词说是大将军的命令，于是使天下人都仇恨将军，官吏和百姓都愁苦痛恨，怨声载道。过去，永和末年，国家的法纪松弛，人心失望，只四五年时间，国库空虚，人民流亡，下属叛逆，马勉等人趁机造反，在荆州、扬州一带几乎造成大灾；幸亏顺烈皇后当初清静无为治理政务，朝廷内外同力，才平定叛贼。现在，百姓悲哀超过永和年间，对内没有仁爱之心，岂能得到人民的容忍？对外没有保家卫国的方略，岂能长治久安？将相大臣与皇帝同为一体，同车而驰，同舟共济，车翻船沉，患难与共。怎么可以离开光明而靠近黑暗，踏上危险之途而只求自身的安全？君主孤单，时局艰难，怎能不予以关心？应及时换掉不称职的宰臣郡守，减少宅第园池的费用，拒收郡国各种名目的进贡，对内表明品德高洁，对外消除民众的疑惑；使仗势为恶的官吏无所依靠，主管监察的臣子得以尽职。法令制度得以贯彻，远近清平，那么将军就会身份尊贵，地位显赫，功德的光辉永远照耀了！"梁冀没有采纳。梁冀虽然专权自恣，却还要交结皇

冀遣书诣乐安太守陈蕃，有所请托，不得通。使者诈称他客求谒蕃；蕃怒，笞杀之。坐左转修武令。

时皇子有疾，下郡县市珍药；而冀遣客赍书诣京兆，并货牛黄。京兆尹南阳延笃发书收客，曰："大将军椒房外家，而皇子有疾，必应陈进医方，岂当使客千里求利乎！"遂杀之。冀惭而不得言。有司承旨求其事，笃以病免。

夏，五月，庚辰，尊博园匽贵人曰孝崇后，宫曰永乐；置太仆、少府以下，皆如长乐宫故事。分巨鹿九县为后汤沐邑。

秋，七月，梓潼山崩。

（以上为第四段，写梁冀专权自恣，勾结宦官同恶相济，大起宅第，扩建苑囿。）

元嘉元年（辛卯，151 年）

春，正月朔，群臣朝会，大将军冀带剑入省。尚书蜀郡张陵呵叱令出，敕虎贲、羽林夺剑。冀跪谢，陵不应，即劾奏冀，请廷尉论罪。有诏，以一岁俸赎；百僚肃然。河南尹不疑尝举陵孝廉，乃谓陵曰："昔举君，适所以自罚也！"陵曰："明府不以陵不肖，误见擢序，今申公宪以报私恩！"不疑有愧色。

癸酉，赦天下，改元。

梁不疑好经书，喜待士，梁冀疾之，转不疑为光禄勋；以其子胤为河南尹。胤年十六，容貌甚陋，不胜冠带；道路见者莫不蚩笑。不疑自耻兄弟有隙，遂让位归第，与弟蒙闭门自守。冀不欲令与宾客交通，阴使人变服至门，记往来者。南郡太守马融、江夏太守田明初除，过谒不疑；冀讽有司奏融在郡贪浊，及以他事陷明，皆髡笞徙朔方。融自刺不殊，明遂死于路。

夏，四月，己丑，上微行，幸河南尹梁胤府舍。是日，大风拔树，昼昏。尚书杨秉上疏曰："臣闻天不言语，以灾异谴告。王者至尊，出入有常，警跸而行，静室而止，自非郊庙之事，则銮旗不驾。故诸侯入诸臣之家，《春秋》尚列其诫；况于以先王法服而私出槃游，降乱尊卑，等

帝身边的宦官，任用他们的子弟、宾客担任州郡要职，想依赖宦官巩固自己受恩宠的地位。朱穆又上奏苦口婆心地劝谏，梁冀终不悔悟，回书说："照你说的，我一无是处了。"然而，梁冀一向看重朱穆，也没有严厉处治他。

梁冀写信给乐安太守陈蕃，托他办事，未成。信使就冒充其他客人请见陈蕃，陈蕃大怒，用鞭子打死信使。陈蕃被论罪，贬为修武县令。

当时，皇子有病，下令郡县购买珍贵药物；梁冀派人携带书信见京兆尹，要求同时收购牛黄。京兆尹南阳人延笃下令逮捕梁氏门客，说："大将军是皇后家里的人，皇子有病，应该推荐名医，怎能派人到千里之外，谋求私利！"于是杀了他。梁冀理亏，不好说话。有关官吏承旨追究此事，延笃因生病而被免职。

夏季，五月十九日庚辰，尊奉博园匽贵人为孝崇皇后，宫称永乐；设立太仆、少府和属吏，都比照长乐宫惯例。划分巨鹿郡的九个县为孝崇后的汤沐邑。

秋季，七月，梓潼县山崩。

汉桓帝元嘉元年（辛卯，151 年）

春季，正月初一日，群臣朝会，大将军梁冀带剑入禁中。尚书蜀郡人张陵呵责梁冀退出，下令虎贲武士、羽林武士夺下梁冀的剑。梁冀跪下请罪，张陵不理，当即弹劾梁冀，请廷尉定罪。下诏，罚梁冀一年的俸禄赎罪；百官肃然。河南尹梁不疑曾经推荐张陵为孝廉，便对张陵说："我当初推荐你，原来是自找惩罚啊！"张陵说："你不以我不才，误加提拔任用，今天我伸张王法，正是报答你当初推荐我的恩情。"梁不疑面有愧色。

正月十六日癸酉，大赦天下，改元年号为元嘉。

梁不疑好读经书，喜欢结交士人，梁冀讨厌他，把梁不疑调任光禄勋；派儿子梁胤为河南尹。梁胤年十六岁，容貌很丑，不适合穿官服，路上看见的人没有不嘲笑梁胤的。梁不疑认为兄弟闹矛盾是耻辱的事，于是辞官回家，和弟弟梁蒙闭门修养。梁冀不想让梁不疑与宾客来往，暗中派人改装，守在梁不疑家门，记下往来的客人。南郡太守马融、江夏太守田明刚上任，路过梁不疑家而拜访他。梁冀指使有司诬奏马融在郡内贪污，并用其他事诬害田明，两人都被剃光头发，同时杖罚，充军到朔方郡。马融自杀未成，田明死在路上。

夏季，四月初三日己丑，汉桓帝秘密出行，到河南尹梁胤的府第。这一天，大风吹起大树，白天昏暗，尚书杨秉上疏说："臣听说上天不说话，只以灾异谴责警告人事。君王至尊，进出都有规章制度，清道戒严而行动，安静而宿止，如果不是祭天或祭祀宗庙的大事，皇帝不出宫。所以，诸侯进入臣子家中，《春秋》列为鉴戒；

威无序，侍卫守空宫，玺绂委女妾！设有非常之变，任章之谋，上负先帝，下悔靡及！”帝不纳。秉，震之子也。

京师旱，任城、梁国饥，民相食。

司徒张歆罢，以光禄勋吴雄为司徒。

北匈奴呼衍王寇伊吾，败伊吾司马毛恺，攻伊吾屯城。诏敦煌太守马达将兵救之；至蒲类海，呼衍王引去。

秋，七月，武陵蛮反。

冬，十月，司空胡广致仕。

（以上为第五段，写尚书张陵廷责梁冀。汉桓帝私幸梁冀之子河南尹梁胤府第。）

十一月，辛巳，京师地震。诏百官举独行之士。涿郡举崔寔，诣公车，称病，不对策；退而论世事，名曰《政论》。其辞曰：“凡天下所以不治者，常由人主承平日久，俗渐敝而不悟，政浸衰而不改，习乱安危，怢不自睹。或荒耽耆欲，不恤万机；或耳蔽箴诲，厌伪忽真；或犹豫歧路，莫适所从；或见信之佐，括囊守禄；或疏远之臣，言以贱废；是以王纲纵弛于上，智士郁伊于下。悲夫！

“自汉兴以来，三百五十余岁矣，政令垢玩，上下怠懈，百姓嚣然，咸复思中兴之救矣！且济时拯世之术，在于补绽决坏，枝拄邪倾，随形裁割，要措斯世于安宁之域而已。故圣人执权，遭时定制，步骤之差，各有云设。不强人以不能，背急切而慕所闻也。盖孔子对叶公以来远，哀公以临人，景公以节礼，非其不同，所急异务也。俗人拘文牵古，不达权制，奇伟所闻，简忽所见，乌可与论国家之大事哉！故言事者虽合圣听，辄见掎夺。何者？其顽士暗于时权，安习所见，不知乐成，况可虑始，苟云率由旧章而已；其达者或矜名妒能，耻策非己，舞笔奋辞以破其义。寡不胜众，遂见摈弃，虽稷、契复存，犹将困焉。斯贤智之论所以常愤郁而不伸者也。

何况穿着历代先王穿用的龙袍，私自外出游乐，降低了皇帝身份，使尊卑混淆，等级威仪失去了次序，侍卫守着空荡荡的皇宫，天子玺印和绶带委托给后宫！万一发生意外事变，出现类似任章的叛变，对上有负于先帝，对下则追悔莫及。”汉桓帝没有采纳。杨秉是杨震的儿子。

京师发生旱灾，任城、梁国发生饥荒，人吃人。

司徒张歆被免职，任命光禄勋吴雄为司徒。

北匈奴呼衍王侵入伊吾，击败伊吾司马毛恺，攻占伊吾屯城，诏令敦煌太守马达率兵救助；援军进至蒲类海，呼衍王率兵离去。

秋季，七月，武陵蛮叛乱。

冬季，十月，司空胡广退休。

十一月二十八日辛巳，京城洛阳地震。诏令百官推举特立独行的高明之人。涿郡推荐崔寔，送到公车署，推托有病，不应对策；回乡议论国事，写了《政论》。文中说：“大凡天下之所以得不到治理，常是由于君主过了许久太平日子，风俗渐渐衰弱而不能察觉，政务衰败而不改革，习惯了混乱与危局，安于现状，熟视无睹。有的人君荒淫沉溺，不理国政；有的人君耳朵闭塞，听不进规劝，喜好假话，厌恶实话；有的人君在正邪之间摇摆不定，不知所措；有的人君连他的亲信近臣都闭口不敢说话，只求保守高爵厚禄；有的人君疏远他的臣僚，说一点实情，却因为地位低下，而不被采纳；因此，国家法纪从上面开始破坏，才智之士在下面受到委屈压制。真可悲呀！

“自从汉朝建立以来，有三百五十多年了，政令荒驰，上下松懈，民众怨声载道，都再次盼望中兴的到来，以拯救国家危局。况且，救世之道在于弥补裂缝，支持倾斜，要根据实际情况采取相应措施，把当前社会安置在和平安宁的境界。所以，圣明的人当权，因时制宜，安排步骤，各有一套道理。不强求人所不能，不放弃紧急的公务而去追求遥远无边的理想。孔子回答叶公说，好的政治就是能召来远人；回答哀公说，好的政治就是要用好的官吏去治理民众；回答齐景公说，好的政治就是要减少烦琐礼仪。孔子的回答不同，并不是他的政治主张不同，而是针对不同的形势提出所要急切办理的不同的要务。迂腐的人墨守条文，受古制约束，不懂权变改制，对传闻感到奇怪惊讶，对眼前所见的现实变化漠然处之，又怎可以与之谈论国家大事？所以，上书的人虽能合乎皇上的心意，但往往被奸佞之臣在背后掣肘改变了皇上心志。这是什么原因呢？那些顽固保守的人，不懂时势权变，安于现状，因循守旧，不乐于成就事业，更何况考虑创新，只是苟且偷安，照章办事罢了；那

“凡为天下者，自非上德，严之则治，宽之则乱。何以明其然也？近孝宣皇帝明于君人之道，审于为政之理，故严刑峻法，破奸轨之胆，海内清肃，天下密如，算计见效，优于孝文。及元帝即位，多行宽政，卒以堕损，威权始夺，遂为汉室基祸之主。政道得失，于斯可鉴。昔孔子作《春秋》，褒齐桓，懿晋文，叹管仲之功；夫岂不美文、武之道哉？诚达权救敝之理也。圣人能与世推移，而俗士苦不知变，以为结绳之约，可复治乱秦之绪，干戚之舞，足以解平城之围。夫熊经鸟伸，虽延历之术，非伤寒之理；呼吸吐纳，虽度纪之道，非续骨之膏。盖为国之法，有似理身，平则致养，疾则攻焉。夫刑罚者，治乱之药石也；德教者，兴乎之粱肉也。夫以德教除残，是以粱肉养疾也；以刑罚治平，是以药石供养也。方今承百王之敝，值厄运之会，自数世以来，政多恩贷，驭委其辔，马骀其衔，四牡横奔，皇路险倾，方将拑勒鞬辀以救之，岂暇鸣和銮，调节奏哉！昔文帝虽除肉刑，当斩右趾者弃市，笞者往往至死。是文帝以严致平，非以宽致平也。”寔，瑗之子也。山阳仲长统尝见其书，叹曰：“凡为人主，宜写一通，置之坐侧。”

臣光曰：汉家之法已严矣，而崔寔犹病其宽，何哉？盖衰世之君，率多柔懦，凡愚之佐，唯知姑息，是以权幸之臣有罪不坐，豪猾之民犯法不诛；仁恩所施，止于目前；奸宄得志，纪纲不立。故崔寔之论，以矫一时之枉，非百世之通义也。孔子曰：“政宽则民慢，慢则纠之以猛；猛则民残，残则施之以宽。宽以济猛，猛以济宽，政是以和。”斯不易之常道矣。

闰月，庚午，任城节王崇薨；无子，国绝。

些通达之士贪求名声、妒忌贤能，懊恨好的策谋不是出于自己之手，于是舞文弄墨来曲解不是出于自己之手的善策佳谋。使得合宜的谋略寡不敌众，终于被抛弃，即使后稷、子契还活着，也束手无策。这就是贤才智士的议论之所以遭压抑而得不到伸展的缘故。

“大凡治理天下，并不是非有很高的德教，一般情况是严格就能治平，宽松就会动乱。何以证明呢？近看孝宣皇帝，他通晓驭民之道，洞晓为政之理，所以使用严刑峻法，奸恶小人心惊胆战，全国清静肃然，天下太平，政令的设计规划，能见到实效，超过了孝文帝。等到元帝即位，大多实施宽松的政令，最终使朝政衰退，国家的权威开始转移，终于成为汉室衰亡祸患的君主。政治的得失，由此可以借鉴。从前，孔子作《春秋》，表彰齐桓公，赞美晋文公，感慨管仲的功勋；孔子难道不崇拜周文王、周武王的治道吗？实在是为了通达权变以拯救时弊。圣人能够随着时世的变化改变策略，而庸俗的人不知道变通，认为用上古结绳记事的方法，可以再次治理秦末的乱政；用上古干戚之舞，就可以除去汉高祖的平城之围。像熊、鸟那样运动锻炼，虽可延年益寿，但不是治愈伤寒重病的办法；做深呼吸运动，虽然强身健体，但不是接骨的良药。治国如同养身，平常注意调养，有了疾病就用药物治疗。刑罚是治理混乱的药石；德教是达到太平的谷物肉类。企图用道德教化铲除残暴，等于用白米肥肉治病；用刑罚治理太平，等于用药石养身。现在，承袭历代帝王遗留下来的积弊，正值艰难之时，自几代以来，法纪宽松，政务崇尚宽恕，如同赶车人丢弃了缰绳，马口脱掉了衔勒，拉车的四匹雄马横冲直撞，而道路又狭窄倾斜，这正是应当紧急勒马刹车救难的时候，怎么还有闲暇慢条斯理，调节铃铛的节奏！从前，汉文帝虽然表面上废除肉刑，但对应砍断右趾的犯人却处以死刑，判笞刑的往往鞭打至死。这就是汉文帝以严刑实现太平，而不是用宽政达到太平。”崔寔是崔瑗的儿子。山阳人仲长统看到这篇文章，感叹道：“所有做君主的都应把它抄写一遍，放在案几旁作为座右铭。”

臣司马光评论说：汉朝的法令已经够严厉的，而崔寔还认为太宽松。为什么呢？因为末世的君主大多软弱怯懦，凡庸的辅助大臣只知道姑息纵容，因此专权的臣子有罪也不被惩罚，强横狡猾的小民犯了法也不杀头；施行的仁义厚恩，只限于眼前；奸人得志，规章法令瘫痪。所以崔寔的议论，可以矫正一时的弊端，但不是百世治国的通则。孔子说：“政令宽松则民众轻视法纪；民众轻视法纪则用严刑峻法纠正。政令太严格则民众受损害，民众忍受不了凶残压迫官府就要放宽。用宽松来补救严厉，用严厉来补救宽松，政务才能和顺。”这才是永恒治国的常道。

闰十二月十八日庚午，任城节王刘崇去世，没有儿子，撤除封国。

以太常黄琼为司空。

帝欲褒崇梁冀，使中朝二千石以上会议其礼。特进胡广、太常羊溥、司隶校尉祝恬、太中大夫边韶等咸称冀之勋德宜比周公，锡之山川、土田、附庸。黄琼独曰：“冀前以亲迎之劳，增邑万三千户；又其子胤亦加封赏。今诸侯以户邑为制，不以里数为限，冀可比邓禹，合食四县。”朝廷从之。于是有司奏：“冀入朝不趋，剑履上殿，谒赞不名，礼仪比萧何；悉以定陶、阳成余户增封为四县，比邓禹；赏赐金钱、奴婢、彩帛、车马、衣服、甲第，比霍光；以殊元勋。每朝会，与三公绝席。十日一入，平尚书事。宣布天下，为万世法。”冀犹以所奏礼薄，意不悦。

（以上为第六段，写崔寔著《政论》，认为治国要不断革新，以合时变，治乱要用重刑。司马光认为一味用重刑只是矫枉，宽严相济才是治国之道。）

二年（壬辰，152年）

春，正月，西域长史王敬为于阗所杀。初，西域长史赵评在于阗，病痈死。评子迎丧，道经拘弥。拘弥王成国与于阗王建素有隙，谓评子曰：“于阗王令胡医持毒药着创中，故致死耳！”评子信之，还，以告敦煌太守马达。会敬代为长史，马达令敬隐核于阗事。敬先过拘弥，成国复说云：“于阗国人欲以我为王；今可因此罪诛建，于阗必服矣。”敬贪立功名，前到于阗，设供具，请建而阴图之。或以敬谋告建，建不信，曰：“我无罪，王长史何为欲杀我？”旦日，建从官属数十人诣敬，坐定，建起行酒，敬叱左右执之。吏士并无杀建意，官属悉得突走。时成国主簿秦牧随敬在会，持刀出，曰：“大事已定，何为复疑！”即前斩建。于阗侯、将输僰等遂会兵攻敬，敬持建头上楼宣告曰：“天子使我诛建耳！”输僰不听，上楼斩敬，县首于市。输僰自立为王；国人杀之，而立建子安国。马达闻王敬死，欲将诸郡兵出塞击于阗；帝不听，征达还，而以宋亮代为敦煌太守。亮到，开募于阗，令自斩输僰；时输僰死已经月，乃断死人头送敦煌而不言其状，亮后知其诈，而竟不能讨也。

任命太常黄琼为司空。

汉桓帝准备表扬梁冀，让朝廷二千石以上官员共议礼制。特进胡广、太常羊溥、司隶校尉祝恬、太中大夫边韶等人都认为梁冀的功勋大德可同周公相比，应赐给山川、土田、附庸。只有黄琼一人说："梁冀以前因迎立皇帝的功绩，增加食邑一万三千户；而且他的儿子梁胤也给以封赏。现在诸侯以户邑为制，不以里数为限，梁冀可比照邓禹，前后所封，总计食邑四县。"朝廷接受。于是，有关部门上奏："梁冀入朝不必小步快走，准允佩剑和穿木屐上殿，朝拜皇帝时，不呼梁冀姓名（只称大将军），礼仪比照萧何；全部把定陶、阳成两县的余户都封给他，合计四县，比照邓禹；赏给金钱、奴婢、彩帛、车马、衣服、甲第，比照霍光；加梁冀特殊之礼，以区别于一般三公大臣。每次朝会，与三公不同座，每十天入朝一次，处置尚书事务。向天下宣布，作为万世法则。"梁冀仍然认为所奏议的礼仪太低，心中不快。

汉桓帝元嘉二年（壬辰，152年）

春季，正月，西域长史王敬被于阗国诛杀。起初，前任西域长史赵评在于阗，因生恶性脓疮而死，赵评的儿子前往迎接灵柩，路上经过拘弥国。由于拘弥王成国和于阗王建一向有怨隙，于是拘弥王成国对赵评的儿子说："于阗王让匈奴医生将毒药放在伤口上，所以使令尊致死。"赵评的儿子信以为真，回来后，将此情况报告敦煌太守马达。当时，正逢王敬接任西域长史，马达命王敬秘密调查核实此事。王敬去于阗，先经过拘弥国，拘弥王成国又对王敬说："于阗国人打算拥戴我当国王，现在可以用害死西域长史的罪名将于阗王建诛杀，于阗一定归服。"王敬贪图建立功名，来到于阗后，摆设酒席，请于阗王建赴宴，而暗中却图谋杀害他。有人将王敬的密谋报告于阗王建，但建并不相信，说："我没罪，王长史为什么要杀我？"第二天，于阗王建率领随从数十人去拜见王敬。宾主入席后，于阗王建起身敬酒，王敬喝令左右的人将他逮捕。当时，官吏和卫士都没有杀建的意思。所以，跟随建来赴宴的随从全都逃走了。当时拘弥王成国的主簿秦牧也在宴会上，他持刀站出来说："大局已定，为什么还犹豫！"随即上前将建斩首。于是，于阗国侯、大将输僰等集合部队攻打王敬，王敬提着建的人头上楼宣告："是天子派我来杀建的。"输僰不听，冲到楼上，斩杀王敬，将他的人头悬挂在街市上示众。输僰自立为于阗王，国人杀死他，另拥立前国王建的儿子安国为于阗王。马达听说王敬被杀死后，准备率领各郡的地方兵，出塞攻击于阗国。桓帝不准，将马达征召回京都洛阳，任命宋亮接任敦煌郡太守。宋亮到任以后，开导并招募于阗人，命他们自己斩杀输僰。这时，输僰已死了一个月。于是他们将死人的头砍下，送到敦煌郡太守府，但没有说斩杀的具体情况。宋亮后来才知道其中有诈，但到底不能再出兵讨伐。

丙辰，京师地震。

夏，四月，甲辰，孝崇皇后匽氏崩；以帝弟平原王石为丧主，敛送制度比恭怀皇后。五月，辛卯，葬于博陵。

秋，七月，庚辰，日有食之。

冬，十月，乙亥，京师地震。

十一月，司空黄琼免。十二月，以特进赵戒为司空。

（以上为第七段，写西域长史王敬贪求功名，人为制造了于阗国的动乱，也搭上了自己的性命，由是汉朝威令不复行于西域。）

永兴元年（癸巳，153 年）

春，三月，丁亥，帝幸鸿池。

夏，四月，丙申，赦天下，改元。

丁酉，济南悼王广薨；无子，国除。

秋，七月，郡、国三十二蝗，河水溢。百姓饥穷流冗者数十万户，冀州尤甚。诏以侍御史朱穆为冀州刺史。冀部令长闻穆济河，解印绶去者四十余人。及到，奏劾诸郡贪污者，有至自杀，或死狱中。宦者赵忠丧父，归葬安平，僭为玉匣；穆下郡案验，吏畏其严，遂发墓剖棺，陈尸出之。帝闻，大怒，征穆诣廷尉，输作左校。太学书生颍川刘陶等数千人诣阙上书讼穆曰："伏见弛刑徒朱穆，处公忧国，拜州之日，志清奸恶。诚以常侍贵宠，父子兄弟布在州郡，竞为虎狼，噬食小民，故穆张理天纲，补缀漏目，罗取残祸，以塞天意。由是内官咸共恚疾，谤讟烦兴，谗隙仍作，极其刑谪，输作左校。天下有识，皆以穆同勤禹、稷而被共、鲧之戾，若死者有知，则唐帝怒于崇山，重华忿于苍墓矣！当今中官近习，窃持国柄，手握王爵，口衔天宪，运赏则使饿隶富于季孙，呼噏则令伊、颜化为桀、跖；而穆独亢然不顾身害，非恶荣而好辱，恶生而好死也，徒感王纲之不摄，惧天纲之久失，故竭心怀忧，为上深计。臣愿黥首系趾，代穆输作。"帝览其奏，乃赦之。

冬，十月，太尉袁汤免，以太常胡广为太尉。司徒吴雄、司空赵戒

丙辰日，京都洛阳发生地震。

夏季，四月甲辰日，桓帝的母亲孝崇皇后匽氏去世，由桓帝的弟弟平原王刘石主持丧事，装殓和下葬的礼仪，比照和帝的母亲恭怀皇后。五月十二日辛卯，将孝崇皇后安葬在博陵。

秋季，七月初二庚辰，出现日食。

冬季，十月二十八日乙亥，京都洛阳发生地震。

十一月，司空黄琼被免官。十二月，任命特进赵戒为司空。

汉桓帝永兴元年（癸巳，153年）

春季，三月十二日丁亥，汉桓帝巡幸鸿池。

夏季，四月丙申日［五月二十二日丙申］，大赦天下，改元年号为永兴。

五月二十三日丁酉，济南悼王刘广去世，没有儿子，撤除封国。

秋季，七月，三十二个郡国蝗虫成灾，河水泛滥。百姓因为饥饿贫困而流亡的有几十万户，冀州最为严重。汉桓帝下诏任命侍御史朱穆为冀州刺史。冀州的官员听说朱穆渡黄河前来，有四十多人弃官而逃。等到朱穆到任，上奏弹劾各郡的贪官污吏，有的畏罪自杀，有的死在狱中。宦官赵忠的父亲死了，葬于安平，僭越礼制使用玉匣；朱穆下令郡守追查，官吏畏惧朱穆的威严，于是掘墓开棺，把尸首拖出来。汉桓帝听说此事，非常生气，召朱穆到廷尉，判罪送到左校营做苦工。太学学生颍川人刘陶等几千人到宫门上书，为朱穆申辩说："我们看到减刑罚做苦工的罪徒朱穆，处事公正，忧国忧民，任命冀州刺史之时，立志清除奸邪。实在是因为宦官常侍深受宠爱，父子兄弟分布在州郡，争相如狼似虎，吞吃小民。所以朱穆伸张国法，修补法纪的漏洞，打击残贼祸首，以顺天意。因此，宦官都很仇恨朱穆，诽谤不断，谗言四起，最后使用刑罚惩治，送到左校营做苦工。天下有识之士都认为朱穆如同勤劳的大禹、后稷，却遭受共工、鲧的惩治，如果死后的人还有知觉，那么，唐尧会在崇山发怒，虞舜会在苍梧忿恨！当今宦官近臣，窃夺国家权柄，手上掌管封侯封王的大权，嘴里说的就是王法；他们滥加赏赐，可使快饿死的奴隶比季孙还富；他们随心所欲，可使伊尹、颜渊变成夏桀、盗跖；只有朱穆昂首直立，不顾本身的利害，不是他讨厌荣耀而喜爱受辱，不想活着而乐于去死，只是有感于王法不振，忧心朝纲久乱，所以竭尽心力，为皇上作长期的打算。我们愿意脸上刺字，脚铐铁镣，代替朱穆。"汉桓帝看过奏章，才赦免了朱穆。

冬季，十月，太尉袁汤免职，任命太常胡广为太尉。司徒关雄、司空赵戒被免

免，以太仆黄琼为司徒，光禄勋房植为司空。

武陵蛮詹山等反，武陵太守汝南应奉招降之。

车师后部王阿罗多与戊部候严皓不相得，忿戾而反，攻围屯田，杀伤吏士。后部侯炭遮领余民畔阿罗多，诣汉吏降。阿罗多迫急，从百余骑亡入北匈奴。敦煌太守宋亮上立后故王军就质子卑君为王。后阿罗多复从匈奴中还，与卑君争国，颇收其国人。戊校尉严详虑其招引北虏，将乱西域，乃开信告示，许复为王；阿罗多乃诣详降。于是更立阿罗多为王，将卑君还敦煌，以后部人三百帐与之。

（以上为第八段，写三十二郡国大蝗灾。冀州刺史朱穆惩治宦官赵忠越礼葬父。敦煌太守宋亮抚定车师后王。）

二年（甲午，154 年）

春，正月，甲午，赦天下。

二月，辛丑，复听刺史、二千石行三年丧。

癸卯，京师地震。

夏，蝗。

东海朐山崩。

乙卯，封乳母马惠子初为列侯。

秋，九月，丁卯朔，日有食之。

太尉胡广免；以司徒黄琼为太尉。闰月，以光禄勋尹颂为司徒。

冬，十一月，甲辰，帝校猎上林苑，遂至函谷关。

泰山、琅邪贼公孙举、东郭窦等反，杀长吏。

永寿元年（乙未，155 年）

春，正月，戊申，赦天下，改元。

二月，司隶、冀州饥，人相食。

太学生刘陶上疏陈事曰："夫天之与帝，帝之与民，犹头之与足，相须而行也。陛下目不视鸣条之事，耳不闻檀车之声，天灾不有痛于肌肤，震食不即损于圣体，故蔑三光之谬，轻上天之怒。伏念高祖之起，始自布衣，合散扶伤，克成帝业，勤亦至矣；流福遗祚，至于陛下。陛下既不能增明烈考之轨，而忽高祖之勤，妄假利器，委授国柄，使群丑刑隶，芟刈小民，虎豹窟于麑场，豺狼乳于春囿，货殖者为穷冤之魂，贫馁者作饥寒之鬼，死者悲于窀穸，生者戚于朝野，是愚臣所为咨嗟长怀叹息者也！且秦之将亡，正谏者诛，谀进者赏，嘉言结于忠舌，国命出于谗

职，任命太仆黄琼为司徒，光禄勋房植为司空。

武陵蛮首领詹山等人叛乱，武陵太守汝南人应奉招降了他们。

车师后部王阿罗多与戊部候严皓不和，愤怒起兵反叛，攻占屯田，杀伤官吏和士卒。阿罗多的属下后部侯炭遮率领余众叛离阿罗多，向汉朝官吏归降；阿罗多感到危险，带着一百多骑兵逃向北匈奴。敦煌太守宋亮上书，请立车师后部的前王军就送到汉朝当人质的儿子卑君为王。后来，阿罗多又从匈奴回来，与卑君抢夺王位，召集了不少国人。戊校尉严详担心阿罗多招引北匈奴，会骚扰西域，就开诚布公，同意让阿罗多再称王；阿罗多才向严详归降。于是，再立阿罗多为王，把卑君送回敦煌，拨出后部的三百户归他统治。

汉桓帝永兴二年（甲午，154年）

春季，正月二十四日甲午，大赦天下。

二月初二日辛丑，再次允许刺史、两千石的官吏守丧三年。

二月初四日癸卯，京师洛阳地震。

夏季，发生蝗灾。

东海郡朐山崩塌。

二月十六日乙卯，册封乳母马惠的儿子初为列侯。

秋季，九月初一日丁卯朔，发生日食。

太尉胡广被免职，任命司徒黄琼为太尉；闰九月，任命光禄勋尹颂为司徒。

冬季，十一月初九日甲辰，汉桓帝在上林苑打猎，于是到达函谷关。

泰山、琅邪的贼人公孙举、东郭窦等人叛乱，杀死地方官员。

汉桓帝永寿元年（乙未，155年）

春季，正月十四日戊申，大赦天下，改元年号为永寿。

二月，司隶、冀州发生饥荒，人吃人。

太学生刘陶上疏陈事说："上天与皇帝，皇帝与百姓，犹如头和脚，必须相互依靠才能行动。皇帝的眼睛看不见鸣条战事，耳朵听不见战车厮杀的声音，天灾、地震和日食这些自然灾害都没有直接损害皇帝本身，所以不在乎日月星的变异，轻视上天的震怒。臣想到高祖的兴起，由一介布衣起家，收聚流散与扶助伤残的民众，完成了帝业，艰苦勤劳达到极点；福禄、帝位一代代流传，传到了陛下。陛下既不能发扬光大祖宗的事业，又忽视了高祖创业的艰辛，错误地把大权交给别人，乱授权柄，使奸凶小人、宦官之流任意宰割百姓，让虎豹在幼鹿场营造窟穴，让豺狼在花园中养育幼崽，增殖财富的商贾被逼杀成为穷苦的冤魂之鬼，贫困冻饿之人死于

口，擅阎乐于咸阳，授赵高以车府，权去己而不知，威离身而不顾。古今一揆，成败同势；愿陛下远览强秦之倾，近察哀、平之变，得失昭然，祸福可见。臣又闻危非仁不扶，乱非智不救；窃见故冀州刺史南阳朱穆、前乌桓校尉臣同郡李膺，皆履正清平，贞高绝俗，斯实中兴之良佐，国家之柱臣也，宜还本朝，夹辅王室。臣敢吐不时之义于讳言之朝，犹冰霜见日，必至消灭；臣始悲天下之可悲，今天下亦悲臣之愚惑也。”书奏，不省。

夏，南阳大水。

司空房植免；以太常韩缜为司空。

巴郡、益州郡山崩。

秋，南匈奴左薁鞬台耆、且渠伯德等反，寇美稷；东羌复举种应之。安定属国都尉敦煌张奂初到职，壁中唯有二百许人，闻之，即勒兵而出；军吏以为力不敌，叩头争止之。奂不听，遂进屯长城，收集兵士，遣将王卫招诱东羌，因据龟兹县，使南匈奴不得交通。东羌诸豪遂相率与奂共击薁鞬等，破之。伯德惶恐，将其众降，郡界以宁。羌豪遗奂马二十匹，金鐻八枚。奂于诸羌前以酒酹地曰：“使马如羊，不以入厩；使金如粟，不以入怀。”悉以还之。前此八都尉率好财货，为羌所患苦；及奂正身洁己，无不悦服，威化大行。

（以上为第九段，写太学生刘陶上疏汉桓帝讷谏亲贤，召还李膺入朝治事，汉桓帝不听。安定属国都尉张奂安定东羌，打败犯边的南匈奴。）

二年（丙申，156年）

春，三月，蜀郡属国夷反。

初，鲜卑檀石槐，勇健有智略，部落畏服，乃施法禁，平曲直，无敢犯者，遂推以为大人。檀石槐立庭于弹汙山、歠仇水上，去高柳北三百余里，兵马甚盛；东、西部大人皆归焉。因南抄缘边，北拒丁零，东却夫余，西击乌孙，尽据匈奴故地，东西万四千余里。

秋，七月，檀石槐寇云中。以故乌桓校尉李膺为度辽将军。膺到边，

饥寒成为恶鬼，死者在墓穴中悲号，活着的人，无论在朝在野，无不愁苦，这就是愚臣所以嗟叹的原因！秦朝将亡时，直言进谏的人被处死，阿谀奉承的人受赏赐；善言出于忠贞之口却被冻结，国家命运系于奸佞人之口；皇上纵容阎乐在咸阳专权，任命赵高为中车府令，大权旁落却毫无知觉，国柄离身而不闻不问。古今道理相同，成败形势一样；希望陛下远看强秦的颠覆，近观哀帝、平帝的祸变，就可以清楚地知道祸福得失。臣又听说，危急之势，只有仁政才能扶持；败乱之局，只有智士才能拯救；臣私下认为前冀州刺史南阳人朱穆和前乌桓校尉、臣的同郡人李膺都品行端正、洁身自好、高尚忠贞、超越凡俗，实在是中兴的良臣和国家的支柱，应召回朝廷，辅助皇室。臣竟敢在忌讳很深的当朝，说些不合时宜的大义，犹如冰霜见到太阳，肯定会被消灭；臣以前感到天下之人的麻木实在可悲可叹，而现在天下的人也会认为臣的愚昧实在可悲。”奏书呈上后，汉桓帝不理。

夏季，南阳郡发生大水。

司空房植被免职；任命太常韩縯为司空。

巴郡、益州郡发生山崩。

秋季，南匈奴左薁鞬台耆、且渠伯德等人叛变，侵占美稷；东羌的各部落都再次响应。安定属国都尉敦煌人张奂刚到任，军营中只有二百多人，张奂得到情报后，马上率军出战；军吏认为寡不敌众，争相叩头阻止。张奂不听，于是进兵屯驻于长城，征召士卒，派遣将领王卫招降东羌，趁机占据了龟兹县，使南匈奴无法内外沟通。东羌各部首领于是相率归降，与张奂共同攻击左薁鞬等人，打败了南匈奴。且渠伯德惶恐不安，率领部众归降，郡境得以安宁。东羌首领送给张奂二十匹马、八枚金耳环。张奂在羌人面前用酒浇地，说：“即使马匹像羊一样多，也不能私入马厩；即使黄金像米粟一样多，也不能私入腰包。”把全部赠品还给东羌。以前的八任都尉都贪掠财货，使羌人深感愁苦；当他们看到了张奂洁身自爱，羌人无不心悦诚服，威名教化于是推行无阻。

汉桓帝永寿二年（丙申，156 年）

春季，三月，蜀郡属国夷人反叛。

当初，鲜卑人檀石槐，勇敢有智谋，部落都敬畏他，檀石槐立法施禁，审理诉讼，人民不敢犯法作乱，于是他被选举为部落酋长。檀石槐在弹汗山、歠仇水之间建立王庭，在高柳以北三百多里，兵马很多，东、西部首领都归顺他。因而，向南侵扰掠夺汉朝边境，向北反抗丁零，向东击退夫余，向西进攻乌孙，完全占领了匈奴原来的地盘，东西长达一万四千多里。

秋季，七月，檀石槐侵入云中郡。朝廷派前乌桓校尉李膺为度辽将军。李膺到

羌、胡皆望风畏服，先所掠男女，悉诣塞下送还之。

公孙举、东郭窦等聚众至三万人，寇青、兖、徐三州，破坏郡县。连年讨之，不能克。尚书选能治剧者，以司徒掾颍川韩韶为嬴长。贼闻其贤，相戒不入嬴境。余县流民万余户入县界；韶开仓赈之，主者争谓不可。韶曰："长活沟壑之人，而以此伏罪，含笑入地矣。"太守素知韶名德，竟无所坐。韶与同郡荀淑、钟皓、陈寔皆尝为县长，所至以德政称，时人谓之"颍川四长"。

初，鲜卑寇辽东，属国都尉段颎率所领驰赴之。既而恐贼惊去，乃使驿骑诈赍玺书召颎，颎于道伪退，潜于还路设伏；虏以为信然，乃入追颎，颎因大纵兵，悉斩获之。坐诈为玺书，当伏重刑；以有功，论司寇；刑竟，拜议郎。至是，诏以东方盗贼昌炽，令公卿选将帅有文武材者。司徒尹颂荐颎，拜中郎将，击举、窦等，大破斩之，获首万余级，余党降散。

封颎为列侯。

冬，十二月，地震。

封梁不疑子马为颍阴侯，梁胤子桃为城父侯。

（以上为第十段，写鲜卑檀石槐兴起，侵扰北疆，段颎平定山东乱匪。）

边境，羌人和胡人闻风归降，将以前掠夺的男女百姓全部送到塞下。

公孙举、东郭窦等召集了三万人，骚乱青州、兖州、徐州，毁坏郡县。朝廷连年讨伐，不能取胜。尚书选取能够平息叛乱的人，任命司徒掾颍川人韩韶为嬴县县长。贼人听说韩韶贤能，相互告诫不入嬴县县境。其他各县的一万户流民进入嬴县；韩韶下令开仓赈济，主管仓库的官员坚决认为不可。韩韶说：“若能够使这濒临死亡的人活命，即使因此而犯罪，我也能含笑于九泉之下。”太守向来知道韩韶负有德望，最终也没有惩罚他。韩韶与同郡人荀淑、钟皓、陈寔都曾经当过县长，每到一地，以德政闻名，时人称为“颍川四长”。

当初，鲜卑侵占辽东，属国都尉武威人段颎率领他的部队赶赴辽东。随即忧虑鲜卑受惊逃跑，就派驿站骑士假传圣旨召段颎回去，段颎在路上假装撤退，暗中在半路上埋伏；敌人信以为真，就追击段颎，段颎趁机大发伏兵，把敌人全部斩杀俘虏了。但是，段颎犯有诈称圣旨的罪行，当判死刑；因为他立了功，只判了两年徒刑；刑满，被任命为议郎。这年，因为东方盗贼势盛，诏令公卿推荐文武双全的将帅。司徒尹颂推荐段颎，任命他为中郎将，去征讨公孙举、东郭窦等，大获全胜，杀敌一万多人，余贼投降解散。

册封段颎为列侯。

冬季，十二月，发生地震。

册封梁不疑的儿子梁马为颍阴侯，梁胤的儿子梁桃为城父侯。

【点评】

本卷点评两大史事：一是梁冀跋扈，二是崔寔《政论》。一实一虚，以察东汉国运。

一、梁冀跋扈。梁冀字伯卓，安定乌氏（今甘肃平凉市西北）人。东汉权臣外戚，历仕顺、冲、质、桓四朝，官至大将军，专断朝政二十年。

梁冀出身贵戚，父梁商为大将军，在顺帝朝总揽朝政。商女梁妠，顺帝永建三年（128）选入掖庭，阳嘉元年（132）立为皇后。梁商死，未及葬，顺帝拜梁冀为大将军，梁冀弟梁不疑为河南尹。梁冀，梁皇后之兄。顺帝死，冲帝立，梁皇后尊为太后，临朝，历冲帝、质帝、桓帝三朝。梁冀在顺帝朝为大将军，执掌朝政，到桓帝延熹二年（159）诛死，擅权跋扈达二十年之久。梁冀少为纨绔子弟，斗鸡走狗，酗酒赌博，恣意妄为。梁冀说话词不达意，无学无德。就这样一个流氓式的贵族少爷，因父为大将军，妹为顺帝贵人，梁冀官运通亨。初为黄门侍郎，转侍中，虎贲中郎将，越骑校尉、步兵校尉、执金吾、河南尹、大将军，一路高升。梁贵人为皇后，梁冀秉政，权倾内外。

梁冀生性阴毒，视人命如草芥。父梁商好友吕放为洛阳令，曾告语梁商管束梁冀，梁冀怀恨，派人在路上杀了吕放，栽赃于吕放的仇家，然后捕了这一家的全族、宾客达一百多人。梁冀任大将军后，更是无法无天。一个西域商人误杀梁冀兔园一只兔，牵连相坐十余人被处死。百官任免，先要到梁冀府谢恩送礼。辽东太守侯猛，拜见梁冀没有事先递进名帖，梁冀假托他事将侯猛腰斩。宫卫近侍，多为梁冀私党，皇帝起居动静，梁冀了如指掌。事无大小，一决于梁冀。皇帝完全成了一个傀儡。

梁冀妒贤嫉能，兄弟也不能幸免。其弟梁不疑好读经书，喜欢与士人交接，梁冀十分不满。梁不疑任河南尹，梁冀调转梁不疑为光禄勋，改任自己的儿子梁胤为河南尹。梁胤年十六，形貌丑恶，有乃父之风，加上衣冠不整，路人见了都要耻笑，却任河南尹。梁不疑辞官家居。梁冀监视梁不疑，发现士人与梁不疑交往，就借故陷害，充军或致死。大儒南郡太守马融、江夏太守田明，上任时曾去拜访梁不疑，被梁冀侦知，借故将二人判刑流放朔方。马融自杀得救，田明死于半路。

梁冀性极奢侈贪婪。朝廷内外，地方要员，多为私党，个个都是贪官。梁冀专权时，民变四起，都是这帮贪官所逼。扶风人士孙奋也是一个贪财聚敛之徒，为关中首富。梁冀派人送给士孙奋一匹马，向士孙奋索钱五千万，士孙奋只给了三千万，梁冀大怒，指使地方官诬告士孙奋母亲为官奴婢，偷盗宫物白珠十斛，紫金千斤，于是收拷士孙奋兄弟，活活打死狱中，抄没其家资一亿七千万。全国四方地方官进贡，要备上两份礼物，一份先贡梁冀，一份后贡皇帝。梁冀俨然是一个太上皇。

梁冀大造私宅，穷极壮丽，占了京城一整条街。后花园建造假山，十里九陂，

取象崤山。又在洛阳城西建造兔园，周回数十里。又在洛阳城西盖别墅，选取良家妇女为奴婢，多至数千人，称“自卖人”。梁冀心犹未足，又在京城辟大林苑，比拟皇帝禁苑。范围东界荥阳，南达鲁阳，西至弘农，北到淇县，封域达千里。

桓帝立，梁冀以拥立之功，享崇殊礼，入朝不趋，剑履上殿，唱拜不呼其名而称大将军，仪比萧何，食邑四县比邓禹，宅第比霍光，梁冀还认为礼薄。当梁太后死，桓帝长大，梁冀的大限就到了，但他还不知收敛。延熹二年（159）诛梁冀，党羽上至公卿，下至列校、刺史、二千石高官五十七人，故吏宾客为朝官被罢免者三百余人，朝廷为之一空。抄没其家资，合三十余亿，因减当年天下租税之半。梁冀巨贪，亘古未有，是中国历史上最大的贪污权臣。

梁冀贵盛时，一门前后七人封侯，梁氏诸女三人为皇后，六人为贵人，父子二人为大将军，夫人及女食邑为封君者七人，诸男尚公主者五人。一衣裙带，皇权旁落，凶狡人专权，为害之巨，竟至于此。这就是东汉专制政体结出的恶果。

二、崔寔《政论》。崔寔，字子真，又名台，字元始。涿郡安平人。东汉著名政论家。所著《政论》受到东汉另一政论家仲长统的高度评价，认为凡是当帝王的人都应当把崔寔的《政论》抄下来当座右铭，天天温习。

司马光摘抄的《政论》有两个中心内容。第一项中心内容是治国者要懂得社会在不断变化，不能墨守古训，治国之策要适应形势而变革，这是进步思想。《政论》指出，顽固守旧的人，不懂时势权变，安于现状，因循守旧，不乐于成就事业，更谈不上创新，只知道苟且偷安，照章办事。更有甚者，只知贪求名声，妒忌贤能，懊恨好的策谋不是出于自己之手，于是舞文弄墨来曲解不是出于自己之手的善策佳谋，使得合宜的谋略寡不敌众，终于被抛弃。《政论》认为，这些保守人士，充斥于朝，成了奸倭佞臣的帮凶，不除掉这些人，即使后稷、子契在世也束手无策。崔寔一针见血，洞穿了专制政体的惰性。

《政论》第二项中心内容是论治国者要懂得治乱邦应用重刑。治乱要用重刑，原则上没有错，但针对东汉政治没有说到点子上。东汉自明帝起，兴大狱，用重刑，继任者，即使在宽柔的顺帝朝，在权臣掌控中实际是更为苛酷，看看梁冀的滥杀无辜，刑不只是重，而是无法无天。全国四方民变，恰恰是因贪官污吏为政苛暴，把良民逼上梁山。法律的权威、政府的公信力，是建立在公平公正上的。不公平公正的刑法是暴政。政府为暴，人民有权利反暴，汤武革命，诛杀桀纣，就是儒家学说中的民主性成分。不过这都是早期儒家的学说，至于东汉图谶化的儒学，早把民主性扼杀了。即使是敏睿的崔寔也麻痹了，司马光自然也不懂，或者懂了也不说。如果只是抽象地谈用刑的轻重，司马光的评论没有错。治乱用重典，治国可不能一味地用重典，宽严相济才是常道。

汉纪四十六

汉桓帝永寿三年至延熹六年（157—163年）

【起强圉作噩（丁酉，157年），尽昭阳单阏（癸卯，163年），凡七年】

【大事提要】

本卷记事起公元157年，讫公元163年，凡七年，当桓帝永寿三年至延熹六年，载桓帝一朝中期史事。这一时期的最重大政治事件是桓帝诛除了梁冀，外戚梁氏垮台。单超、徐璜、藻瑗、左悺、唐衡五宦官为发难功臣，同日封侯，世谓之“五侯”。宦官势盛，当时流行政治民谚：“左回天，具独坐，徐卧虎，唐雨堕。”宦官子弟布列州郡，地方廉吏刘矩、刘宠以恩信治民，百姓感戴，这样的清官凤毛麟角，无补大局。太学生刘陶上奏，阻止了朝廷铸造重币，避免了又一轮通货膨胀。皇甫规讨平三辅及河西叛羌，冯绲讨平荆州武陵蛮的叛乱。边警四起。南匈奴、乌桓、鲜卑相互策应侵扰北方沿边九郡。桓帝迫于形势需要与舆情，重新起用皇甫规、张奂、段颎三大安边名将。桓帝还惩治了一批任职州郡的宦官子弟。

【原文】

孝桓皇帝上之下

永寿三年（丁酉，157年）

春，正月，己未，赦天下。

居风令贪暴无度，县人朱达等与蛮夷同反，攻杀令，聚众至四五千人。夏，四月，进攻九真，九真太守儿式战死。诏九真都尉魏朗讨破之。

闰月，庚辰晦。日有食之。

京师蝗。

或上言："民之贫困以货轻钱薄，宜改铸大钱。"事下四府，群僚及太学能言之士议之。太学生刘陶上议曰："当今之忧，不在于货，在乎民饥。窃见比年已来，良苗尽于蝗螟之口，杼轴空于公私之求。民所患者，岂谓钱货之厚薄，铢两之轻重哉！就使当今沙砾化为南金，瓦石变为和玉，使百姓渴无所饮，饥无所食，虽皇、羲之纯德，唐、虞之文明，犹不能以保萧墙之内也。盖民可百年无货，不可一朝有饥，故食为至急也。议者不达农殖之本，多言铸冶之便。盖万人铸之，一人夺之，犹不能给；况今一人铸之，则万人夺之乎！虽以阴阳为炭，万物为铜，役不食之民，使不饥之士，犹不能足无厌之求也。夫欲民殷财阜，要在止役禁夺，则百姓不劳而足。陛下愍海内之忧戚，欲铸钱齐货以救其弊，犹养鱼沸鼎之中，栖鸟烈火之上；水、木，本鱼鸟之所生也，用之不时，必至焦烂。愿陛下宽锲薄之禁，后冶铸之议，听民庶之谣吟，问路叟之所忧，瞰三光之文耀，视山河之分流，天下之心，国家大事，粲然皆见，无有遗惑者矣。伏念当今地广而不得耕，民众而无所食，群小竞进，秉国之位，鹰扬天下，乌钞求饱，吞肌及骨，并噬无厌。诚恐卒有役夫、穷匠起于版筑之间，投斤攘臂，登高远呼，使愁怨之民响应云合，虽方尺之钱，何有能救其危也！"遂不改钱。

【语译】

孝桓皇帝上之下

汉桓帝永寿三年（丁酉，157年）

春季，正月十三日己未，大赦天下。

居风县令贪婪无度，县民朱达等与蛮夷一起叛乱，攻进县城杀死县令，并聚集民众，达四五千人。夏季，四月，进攻九真郡，九真太守兒式战死。诏令九真都尉魏朗征讨朱达叛贼，将其击败。

闰五月三十日庚辰晦，发生日食。

京师发生蝗灾。

有人上言说："民众贫困是因为钱币太轻太薄，应改铸厚重的大钱。"此事交给四府，群僚与太学生中能言之士讨论。太学生刘陶上奏说："当今忧患，不在于钱币的厚薄轻重，而在于人民饥困。臣的个人见解，近几年来，好的禾苗全部被蝗虫吃掉，织机所产布帛被公家及贪官污吏索取一空。百姓所忧虑的，怎能说是钱币的厚薄、铢两的轻重呢？即使今天所有的沙砾都变成南方产的金子，所有的瓦石都变成和氏宝玉，如果百姓渴了没有水喝，饿了没有东西吃，即使有天皇氏、伏羲氏纯美的德教，唐尧、虞舜昌明的典章来治国，恐怕还是不能保证朝廷无事。因为平民百姓可以一百年家无积财，但不能一天无饭吃，所以如何解决百姓吃饭问题才是最紧急的事。议论国事的人不通晓农耕的根本，而大谈铸制钱币的益处。实际上，万人铸钱，一人夺用，尚不能满足；更何况现在是一人铸币，而上万的人抢用呢！即使把整个天地的阴阳作为炭，万物全变成赤铜，驱使人民整日整夜不吃饭，不休息，一刻不停地做工，这样仍不能满足贪得无厌的欲望。如果真想使民富财足，首要的是立即禁止劳役百姓，侵夺民财，那么百姓没有徭役之苦而日渐富足。皇上怜悯天下苍生忧愁凄苦，想重新铸币统一货币来拯救时弊，就像在开水锅中养鱼，让鸟在燃烧着的树木上栖息；水和树，本是鱼鸟生存之地，但在那种不合适的情况下，必定会使鱼烂鸟焦。诚愿皇上放宽刻薄的政令，暂缓讨论铸钱之事，垂听小民诉苦的歌谣，询问路边老人的忧虑，仰视日月星辰三光明暗的变化，俯察山崩水竭的凶兆，这样，民心的向背，政治的得失，便可昭然明见，而不致有遗漏忽略了。臣想当今土地广阔而未加耕植，人口众多而粮食不够，小人佞幸只顾争相钻营求进，篡位夺权，贪官污吏横行天下，凶残如同苍鹰，捕鸟求食，连皮带骨，一起吞食仍不满足。实在揪心突然会有劳役之夫、穷困之匠出头闹事，丢下斧子，登高举臂一呼，而满怀怨忿的民众就会云集响应，纵然钱币有一方尺之大，又怎能挽救这种危险呢？"于是没有改铸钱币。

冬，十一月，司徒尹颂薨。

长沙蛮反，寇益阳。

以司空韩缤为司徒；以太常北海孙朗为司空。

（以上为第一段，写太学生刘陶上奏，阻止了朝廷铸造重币，避免了通货膨胀。）

延熹元年（戊戌，158年）

夏，五月，甲戌晦，日有食之。太史令陈授因小黄门徐璜陈“日食之变咎在大将军冀”。冀闻之，讽洛阳收考授，死于狱。帝由是怒冀。

京师蝗。

六月，戊寅，赦天下，改元。

大雩。

秋，七月，甲子，太尉黄琼免；以太常胡广为太尉。

冬，十月，帝校猎广成，遂幸上林苑。

十二月，南匈奴诸部并叛，与乌桓、鲜卑寇缘边九郡。帝以京兆尹陈龟为度辽将军。龟临行，上疏曰：“臣闻三辰不轨，擢士为相；蛮夷不恭，拔卒为将。臣无文武之材而忝鹰扬之任，虽殁躯体，无所云补。今西州边鄙，土地塉埆，民数更寇虏，室家残破，虽含生气，实同枯朽。往岁并州水雨，灾螟互生，稼穑荒耗，租更空阙。陛下以百姓为子，焉可不垂抚循之恩哉！古公、西伯天下归仁，岂复舆金辇宝以为民惠乎！陛下继中兴之统，承光武之业，临朝听政而未留圣意。且牧守不良，或出中官，惧逆上旨，取过目前。呼嗟之声，招致灾害，胡虏凶悍，因衰缘隙；而令仓库单于豺狼之口，功业无铢两之效，皆由将帅不忠，聚奸所致。前凉州刺史祝良，初除到州，多所纠罚，太守令长，贬黜将半，政未逾时，功效卓然，实应赏异，以劝功能；改任牧守，去斥奸残；又宜更选匈奴、乌桓护羌中郎将、校尉，简练文武，授之法令；除并、凉二州今年租、更，宽赦罪隶，扫除更始；则善吏知奉公之佑，恶者觉营私之祸，胡马可不窥长城，塞下无候望之患矣。”帝乃更选幽、并刺史，自营、郡太守、都尉以下，多所革易。下诏为陈将军除并、凉一年租赋，以赐吏民。龟到职，州郡重足震栗，省息经用，岁以亿计。

冬季，十一月，司徒尹颂去世。

长沙蛮族叛乱，侵扰益阳县。

任命司空韩缜为司徒，任命太常北海人孙朗为司空。

汉桓帝延熹元年（戊戌，158年）

夏季，五月二十九日甲戌，发生日食。太史令陈授通过小黄门徐璜上奏说："出现日食变异的凶兆责任在于大将军梁冀。"梁冀听了，暗中命令洛阳县令拘捕拷讯陈授，使陈授死在狱中。汉桓帝因此怨恨梁冀。

京师发生蝗灾。

六月初四日戊寅，大赦天下，改元年号为延熹。

举行盛大的求雨大典。

秋季，七月二十日甲子，太尉黄琼被免职；任命太常胡广为太尉。

冬季，十月，汉桓帝在广成苑狩猎，于是巡幸上林苑。

十二月，南匈奴各部落群起叛乱，与乌桓、鲜卑联合入侵缘边九郡。汉桓帝任用京兆尹陈龟为度辽将军。陈龟临行时，上奏说："臣听说日、月、星三辰不按轨道运行，就应提升贤士做丞相；蛮夷不恭顺，就应提升士兵为将领。臣没有文武之才，却担任统帅之任，即使为国捐躯，也没法弥补。如今西州边疆地带，土地贫瘠，人民多次遭盗匪侵掠，家庭残败，虽然口中还有一点生气，实际如同枯朽尸骨一般。往年并州水灾、虫灾交相发生，庄稼荒芜，租税空缺。皇上以百姓当作子女，怎能不多给予抚恤安慰呢？古公亶父、西伯，天下人民都因两位贤君有仁德而归顺，难道还需要两位贤君用车子装载金银宝物向人民施行恩惠吗？皇上继承了中兴的大统和光武的德业，临朝听政，却不能多多留意。而且州郡的长官不贤，有的是由宦官推举的，他们唯恐违背圣上意旨，只求得过且过。百姓呼救哀叹之声，引起天谴而导致灾害，外族凶狠剽悍，趁此我国势衰落、民众怨恨的空隙，起兵作乱；致使国库被贪官污吏这群豺狼吃光，没有些微的功业，这都是由于将帅不忠诚、奸臣聚集所导致。前凉州刺史祝良，刚刚接受任命到徐州，揭露惩治了许多人，太守、县官被罢免的将近有一半，施政不到三月，成效卓然，实在应该特别奖赏，用以鼓励立功、施展才能的官吏；应改派郡牧、太守，排斥奸邪害人的官吏；还应另外选择匈奴、乌桓、护羌中郎将、校尉，精选文武官员，授予行使法令的权力；免却并、凉二州今年的田租更赋，赦免宽大罪恶，给予重新做人的机会；这样，好的官吏就知道廉洁奉公的好处，坏人就会发现徇私舞弊的害处，胡人骑兵不敢窥视长城，边塞没有候望敌兵的祸患了。"于是汉桓帝另外选派幽州、并州刺史，从京兆虎牙营、扶

诏拜安定属国都尉张奂为北中郎将，以讨匈奴、乌桓等。匈奴、乌桓烧度辽将军门，引屯赤坑，烟火相望，兵众大恐，各欲亡去。奂安坐帷中，与弟子讲诵自若，军士稍安。乃潜诱乌桓，阴与和通，遂使斩匈奴、屠各渠帅，袭破其众，诸胡悉降。奂以南单于车儿不能统理国事，乃拘之，奏立左谷蠡王为单于。诏曰："《春秋》大居正；车儿一心向化，何罪而黜！其遣还庭！"

大将军冀与陈龟素有隙，谮其沮毁国威，挑取功誉，不为胡虏所畏，坐征还，以种暠为度辽将军。龟遂乞骸骨归田里，复征为尚书。冀暴虐日甚，龟上疏言其罪状，请诛之，帝不省。龟自知必为冀所害，不食七日而死。种暠到营所，先宣恩信，诱降诸胡，其有不服，然后加讨；羌虏先时有生见获质于郡县者，悉遣还之；诚心怀抚，信赏分明，由是羌、胡皆来顺服。暠乃去烽燧，除候望，边方晏然无警；入为大司农。

（以上为第二段，写南匈奴、乌桓、鲜卑联合侵犯缘边九郡，度辽将军陈龟、继任者种暠、北中都将张奂，共同努力，安定了北疆。）

二年（己亥，159 年）

春，二月，鲜卑寇雁门。

蜀郡夷寇蚕陵。

三月，复断刺史、二千石行三年丧。

夏，京师大水。

六月，鲜卑寇辽东。

梁皇后恃姊、兄荫势，恣极奢靡，兼倍前世，专宠妒忌，六宫莫得进见。及太后崩，恩宠顿衰。后既无嗣，每宫人孕育，鲜得全者。帝虽迫畏梁冀，不敢谴怒，然进御转希，后益忧恚。秋，七月，丙午，皇后梁氏崩。乙丑，葬懿献皇后于懿陵。

梁冀一门，前后七侯，三皇后，六贵人，二大将军，夫人、女食邑称君者七人，尚公主者三人，其余卿、将、尹、校五十七人。冀专擅威柄，凶恣日积，宫卫近侍，并树所亲，禁省起居，纤微必知。其四方调发，岁

风雍营的都尉，郡太守、都尉以下，大都改换。下诏书，为陈将军免去并州、凉州一年的租税，以赏赐官吏、人民。陈龟到任，州郡官员并足而立，恐惧不安，每年节省的经费以亿计。

汉桓帝下诏任命安定属国都尉张奂为北中郎将，征伐匈奴、乌桓等。匈奴、乌桓烧毁度辽将军军门，率领军队驻扎赤阬，烟火相望，军士惊恐，各自想要逃离。张奂镇静地坐在军帐中，和平日一样与弟子们谈论事理，军士稍为安定。于是就派人秘密引诱乌桓人，暗中与乌桓讲和，于是让乌桓人杀了匈奴、屠各的主帅，大破匈奴军队，各部胡人全部投降。张奂因南单于车儿不能管理国政，于是逮捕了他，上奏请立左谷蠡王为单于。汉桓帝下诏书说："按《春秋》大义崇尚正统；车儿专心致力于教化，有何罪该罢呢？应把车儿送返王庭！"

大将军梁冀与陈龟一向有仇，诽谤陈龟破坏国家威望，谋取功业名誉，不被胡人敌虏所敬畏，被论罪召回，派种暠为度辽将军。陈龟请求返回故乡，却再次被征召为尚书。梁冀的残忍一日比一日更厉害，陈龟上奏章，列举了梁冀的罪状，请求诛杀梁冀，汉桓帝不理睬。陈龟自知必会遭受梁冀的残害，绝食七天而死。种暠到了军营，先宣布朝廷的恩德威信，诱导各胡族投降，有不顺服的，然后再加以讨伐；羌敌中以前被捕获在郡县留作人质的，全部遣送回各部，诚心安抚他们，奖赏分明，于是羌人、胡人都来归顺。种暠于是撤销烽火台，拆掉了哨所，边境安然无事，不再有警报；种暠入朝做了大司农。

汉桓帝延熹二年（己亥，159年）

春季，二月，鲜卑人入侵雁门郡。

蜀郡蛮夷侵犯蚕陵县。

三月，再次禁止刺史、二千石官员守丧三年。

夏季，京师发大水。

六月，鲜卑人侵犯辽东郡。

梁皇后依仗着姐姐和兄长的势力，放肆奢侈，超过前代几倍，独占宠幸，本性妒忌，六宫嫔妃不能觐见汉桓帝。等到梁太后去世，顿时失宠。梁皇后没有后嗣，每当宫人怀孕了，很少有保全的。汉桓帝虽然迫于畏惧梁冀，不敢责备发怒，然而梁皇后侍奉汉桓帝的时间逐渐少了，梁皇后越来越忧虑。秋季，七月初八日丙午，梁皇后去世。七月二十七日乙丑，将懿献皇后安葬在懿陵。

梁冀一族中，前后有七位侯爵，三位皇后，六位贵人，二位大将军，夫人、女儿有食邑称为君的有七人，娶公主的有三人，其他卿、将、尹、校五十七人。梁冀独自专断大权，一天比一天凶狠放肆，宫中卫士和近侍都安排亲信的人，有关汉桓

时贡献，皆先输上第于冀，乘舆乃其次焉。吏民赍货求官、请罪者，道路相望。百官迁召，皆先到冀门笺檄谢恩，然后敢诣尚书。下邳吴树为宛令，之官辞冀，冀宾客布在县界，以情托树，树曰："小人奸蠹，比屋可诛。明将军处上将之位，宜崇贤善以补朝阙。自侍坐以来，未闻称一长者，而多托非人，诚非敢闻！"冀默然不悦。树到县，遂诛杀冀客为人害者数十人。树后为荆州刺史，辞冀，冀鸩之，出，死车上。辽东太守侯猛初拜，不谒冀，冀托以他事腰斩之。郎中汝南袁著，年十九，诣阙上书曰："夫四时之运，功成则退，高爵厚宠，鲜不致灾。今大将军位极功成，可为至戒；宜遵县车之礼，高枕颐神。传曰：'木实繁者披枝害心。'若不抑损盛权，将无以全其身矣！"冀闻而密遣掩捕，著乃变易姓名，托病伪死，结蒲为人，市棺殡送；冀知其诈，求得，笞杀之。太原郝絜、胡武，好危言高论，与著友善，絜、武尝连名奏记三府，荐海内高士，而不诣冀；冀追怒之，敕中都官移檄禽捕，遂诛武家，死者六十余人。絜初逃亡，知不得免，因舆榇奏书冀门，书入，仰药而死，家乃得全。安帝嫡母耿贵人薨，冀从贵人从子林虑侯承求贵人珍玩，不能得，冀怒，并族其家十余人。涿郡崔琦以文章为冀所善，琦作《外戚箴》、《白鹄赋》以风；冀怒。琦曰："昔管仲相齐，乐闻讥谏之言；萧何佐汉，乃设书过之吏。今将军屡世台辅，任齐伊、周，而德政未闻，黎元涂炭，不能结纳贞良以救祸败，反欲钳塞士口，杜蔽主听，将使玄黄改色、鹿马易形乎！"冀无以对，因遣琦归。琦惧而亡匿，冀捕得，杀之。

冀秉政几二十年，威行内外，天子拱手，不得有所亲与，帝既不平之；及陈授死，帝愈怒。和熹皇后从兄子郎中邓香妻宣，生女猛，香卒，宣更适梁纪；纪，孙寿之舅也。寿以猛色美，引入掖庭，为贵人，冀欲认猛为其女，易猛姓为梁。冀恐猛姊婿议郎邴尊沮败宣意，遣客刺杀之。又欲杀宣，宣家与中常侍袁赦相比，冀客登赦屋，欲入宣家，赦觉

帝宫中起居生活，细微小事都会知道。全国各地的调派，一年四季的贡献，都先把上等的送给梁冀，天子只能得到次等的。官吏、百姓中携带金银珠宝贿赂求官的人，请求脱罪的人，在路上络绎不绝。百官迁升、征召，都先到梁冀家中呈上书信谢恩，然后才敢到尚书府上表谢恩。下邳人吴树做宛城县令，前往就职，告别梁冀，梁冀的宾客散布在宛城县的很多，托吴树照顾他们，吴树说："小人奸恶害国，即使在邻县的也应该诛杀。将军身处上将的地位，应当尊敬贤良善德的人士来弥补朝廷的缺失。从我造访将军陪坐一旁，一直没有听到将军称赞一位品行高尚的人，而托付的大多是不称职的人，这实在是我不愿听到的！"梁冀默默不语，心中不快。吴树到了县城，就杀死几十个伤害百姓的梁冀客卿。吴树后来做荆州刺史，向梁冀辞别，梁冀让他喝下毒酒，他出门，死在车上。辽东太守侯猛刚刚接到任命，没有觐见梁冀，梁冀借口别的事情把他腰斩了。郎中汝南人袁著只有十九岁，到宫门上书说："四时运转，完成了功业，就该身退，高官深宠，很少有不造成灾祸的。现在大将军的地位已达顶峰，功业有成，可要特别警戒；应该光荣引退，高枕无忧，颐养精神。古书上说：'果实累累，会折断树枝，伤害树心。'如果不削弱大权，将来无法保全自身！"梁冀听到后，秘密遣人逮捕袁著，袁著改姓换名，假称生病死去，用蒲草编成人形，置于棺内殡葬；梁冀知道其中有诈，找到了他，将他活活打死。太原人郝絜、胡武，喜好公开发表正直的言论，和袁著关系友好，郝絜、胡武曾经联名向三府上奏书，推举海内高洁人士，却不送往梁冀府中；梁冀生气，要中都官传布檄令擒捕，杀了胡武全家，死去六十多人。郝絜最初逃跑，后来知道不能逃脱，于是用车拉着棺木到梁冀府中进陈奏书，奏书送进去后，喝下毒药而死，全家才得以保全。安帝的嫡母耿贵人去世，梁冀向贵人的侄儿林虑侯耿承索取贵人的珍奇玩物，没有得到，梁冀愤怒，杀死他全族十多人。涿郡人崔琦因为文章受到梁冀的赞美，崔琦写了《外戚箴》、《白鹄赋》来讽刺他，梁冀大怒。崔琦说："以前管仲辅佐齐国，喜欢听讥刺逆耳的话；萧何辅佐汉朝，设立了记录过失的官吏。现在将军多年做国家的丞相，责任与伊尹、周公相同，但未听见有德政，黎民困窘，不交结坚贞善良的人士来挽救国家不幸，反而想要阻塞士子的嘴，蒙蔽皇上视听，要使天地变色，指鹿为马！"梁冀无法回答，只好送崔琦回去。崔琦害怕躲藏起来，梁冀抓到他，把他杀了。

梁冀主持国政差不多二十年，威势和权力在朝廷内外不可一世，汉桓帝束手无策，不能亲自参与朝政，早已愤愤不平；等到陈授死了，汉桓帝更加生气。和熹邓皇后堂兄的儿子、郎中邓香的妻子宣，生下女儿邓猛，邓香去世后，宣改嫁给梁纪；梁纪是梁冀之妻孙寿的舅舅。孙寿因邓猛姿色美丽，把她引进宫中，做了贵人，梁冀想要让邓猛做女儿，改邓猛姓梁。梁冀害怕邓猛的姊夫议郎邴尊会从中破坏，使

之，鸣鼓会众以告宣。宣驰入白帝，帝大怒，因如厕，独呼小黄门史唐衡，问：“左右与外舍不相得者，谁乎？”衡对：“中常侍单超、小黄门史左悺与梁不疑有隙；中常侍徐璜、黄门令邃瑗常私忿疾外舍放横，口不敢道。”于是帝呼超、悺入室，谓曰：“梁将军兄弟专朝，迫胁内外，公卿以下，从其风旨，今欲诛之，于常侍意如何？”超等对曰：“诚国奸贼，当诛日久；臣等弱劣，未知圣意如何耳。”帝曰：“审然者，常侍密图之。”对曰：“图之不难，但恐陛下腹中狐疑。”帝曰：“奸臣胁国，当伏其罪，何疑乎！”于是召璜、瑗，五人共定其义，帝啮超臂出血为盟。超等曰：“陛下今计已决，勿复更言，恐为人所疑。”

冀心疑超等，八月，丁丑，使中黄门张恽入省宿，以防其变。邃瑗敕吏收恽，以“辄从外入，欲图不轨”。帝御前殿，召诸尚书入，发其事，使尚书令尹勋持节勒丞、郎以下皆操兵守省阁，敛诸符节送省中，使邃瑗将左右厩驺、虎贲、羽林、都候剑戟士合千余人，与司隶校尉张彪共围冀第，使光禄勋袁盱持节收冀大将军印绶，徙封比景都乡侯。冀及妻寿即日皆自杀；不疑、蒙先卒。悉收梁氏、孙氏中外宗亲送诏狱，无少长皆弃市；他所连及公卿、列校、刺史、二千石，死者数十人。太尉胡广、司徒韩缜、司空孙郎皆坐阿附梁冀，不卫宫，止长寿亭，减死一等，免为庶人。故吏、宾客免黜者三百余人，朝廷为空。是时，事猝从中发，使者交驰，公卿失其度，官府市里鼎沸，数日乃定；百姓莫不称庆。收冀财货，县官斥卖，合三十余万万，以充王府用，减天下税租之半，散其苑囿，以业穷民。

壬午，立梁贵人为皇后，追废懿陵为贵人冢。帝恶梁氏，改皇后姓为薄氏，久之，知为邓香女，乃复姓邓氏。

（以上为第三段，写汉桓帝诛除梁冀。）

诏赏诛梁冀之功，封单超、徐璜、邃瑗、左悺、唐衡皆为县侯，超

宣改换主意，于是派刺客杀了他。之后还想要杀宣；宣家和中常侍袁赦家相邻，梁冀的刺客登上了袁赦的屋顶，想进宣家，袁赦发现了，聚众鸣鼓让宣知道。宣赶快入宫禀告汉桓帝，汉桓帝大怒，于是去厕所，单独叫小黄门史唐衡跟随，问："宦官中与皇后娘家有矛盾的，有谁？"唐衡回答说："中常侍单超、小黄门史左悺与梁不疑有仇；中常侍徐璜、黄门令蘧瑗常私下怨恨皇后娘家放肆霸道，只是不敢开口说。"于是汉桓帝叫单超、左悺进入寝宫，对他们说："梁将军兄弟独揽朝政，胁迫内外大臣，公卿以下的官员都顺从梁冀的旨意，现在想杀了梁冀，你们意下如何？"单超等人回答说："梁冀的确是奸贼，早就该杀。臣等势弱无力，不知道圣上的意思怎样。"汉桓帝说："真是这样的，你们就秘密铲除他。"单超等人回答说："图谋不难，但怕陛下心中犹豫不决！"汉桓帝说："奸臣威胁国家，该杀，有什么犹豫的！"于是召来徐璜、蘧瑗，五人共同商议计划，汉桓帝咬破了单超的手臂，以血作盟誓。单超等人说："陛下今天计划已定，不要再对别人提起此事，恐怕被人疑心。"

梁冀心中怀疑单超等人，八月初十日丁丑，命令中黄门张恽进入宫中值宿，以防事变。蘧瑗敕令官吏收捕张恽，用"突然从外面进宫，图谋不轨"作罪名。汉桓帝亲自到前殿，召集各尚书进宫，发动铲除梁冀之事，命令尚书令尹勋，秉持符节，统领尚书左右丞及尚书郎以下的官员，都手执兵器，守卫尚书府，收取各种符节送到宫中，命令蘧瑗率领左右厩的骑兵、虎贲、羽林、都侯所属的剑戟士，共一千多人，和司隶校尉张彪一起包围了梁冀的住宅，命令光禄勋袁盱手持符节收回梁冀的大将军印绶，贬为比景都乡侯。梁冀和妻子当天自杀；梁不疑、梁蒙在他们之前就已经死了。逮捕所有在朝廷和地方上做官的梁氏、孙氏宗亲，送至诏狱，不论老幼，全部处以死刑；其他受牵连的公卿、列校、刺史、二千石的官员，死了几十人。太尉胡广、司徒韩縯、司空孙朗都被指控依附梁冀，事发后不保护宫廷，停留在长寿亭观望，本应得死罪，减一等处分，废为平民。梁冀过去的官吏、宾客被罢免的有三百多人，朝廷为之一空。这时，诛杀梁冀的事情从宫中突然发动，使者交相奔跑，三公九卿失去常态，官府和大街小巷一片沸腾，数天后才安定下来；百姓没有不称道庆贺的。没收梁冀的财产，由官府拍卖，共三十多亿，全都上缴国库，减免天下一半的赋税，把梁冀的林园分给贫民耕种。

八月十五日壬午，立梁贵人为皇后，追废懿陵，改为贵人冢。汉桓帝厌恶梁氏，改皇后姓薄，时间久了，知道她是邓香的女儿，才恢复姓邓。

诏命奖赏诛杀梁冀的功绩，封单超、徐璜、蘧瑗、左悺、唐衡为县侯，单超食

食二万户，璜等各万余户，世谓之五侯。仍以悺、衡为中常侍。又封尚书令尹勋等七人皆为亭侯。

以大司农黄琼为太尉，光禄大夫中山祝恬为司徒，大鸿胪梁国盛允为司空。

是时，新诛梁冀，天下想望异政，黄琼首居公位，乃举奏州郡素行暴污，至死徙者十余人，海内翕然称之。

琼辟汝南范滂。滂少厉清节，为州里所服。尝为清诏使，案察冀州，滂登车揽辔，慨然有澄清天下之志。守令臧污者，皆望风解印绶去；其所举奏，莫不厌塞众议。会诏三户掾属举谣言，滂奏刺史、二千石权豪之党二十余人。尚书责滂所劾猥多，疑有私故；滂对曰："臣之所举，自非叨秽奸暴，深为民害，岂以污简札哉！间以会日迫促，故先举所急，其未审者，方更参实。臣闻农夫去草，嘉谷必茂；忠臣除奸，王道以清。若臣言有贰，甘受显戮！"尚书不能诘。

尚书令陈蕃上疏荐五处士，豫章徐稚、彭城姜肱、汝南袁闳、京兆韦著、颍川李昙；帝悉以安车、玄纁备礼征之，皆不至。

稚家贫，常自耕稼，非其力不食，恭俭义让，所居服其德；屡辟公府，不起。陈蕃为豫章太守，以礼请署功曹；稚不之免，既谒而退。蕃性方峻，不接宾客，唯稚来，特设一榻，去则县之。后举有道，家拜太原太守，皆不就。稚虽不应诸公之辟，然闻其死丧，辄负笈赴吊。常于家豫炙鸡一只，以一两绵絮渍酒中暴干，以裹鸡，径到所赴冢隧外，以水渍绵，使有酒气，斗米饭，白茅为藉，以鸡置前，醊酒毕，留谒则去，不见丧主。

肱与二弟仲海、季江俱以孝友著闻，常同被而寝，不应征聘。肱尝与弟季江俱诣郡，夜于道为盗所劫，欲杀之，肱曰："弟年幼，父母所怜，又未聘娶，愿杀身济弟。"季江曰："兄年德在前，家之珍宝，国之英俊，乞自受戮，以代兄命。"盗遂两释焉，但掠夺衣资而已。既至，郡中见肱无衣服，怪问其故，肱托以他辞，终不言盗。盗闻而感悔，就精庐求见征君，叩头谢罪，还所略物。肱不受，劳以酒食而遣之。帝既征肱不至，

邑二万户，徐璜等人各一万户，世人称为“五侯”。仍以左悺、唐衡为中常侍，又封尚书令尹勋等七人为亭侯。

任命大司农黄琼为太尉，光禄大夫中山人祝恬为司徒，大鸿胪梁国人盛允为司空。

这时，刚刚诛杀了梁冀，天下盼望新政，黄琼位居公卿之首，就进奏揭露州郡中行为一向残暴、贪污的人，被处死流放的有十多人，全国一片欢腾。

黄琼征召汝南人范滂。范滂年少时便磨砺修治清高节操，受到州郡和乡里人的称道。曾做过清诏使，考察冀州政事，范滂登上车子，手执缰绳，大有澄清天下的志向。郡守、县令中贪污的人，都闻风弃职；范滂所进奏检举的，没有不符合众议的。时逢诏命三府掾属收集褒贬地方官的谣言。范滂进奏弹劾刺史、二千石官员、权贵和豪门之流的有二十多人。尚书谴责范滂弹劾的太多，怀疑有私人恩怨；范滂说：“臣下所揭发的，如果不是贪赃枉法、奸恶残暴、深为民害的人，岂容它来弄脏我的奏章！近日因为朝会时间急促，所以先揭发紧急的案件，其他没有查清楚的正在落实。臣听说农夫除草，庄稼一定茂盛；忠臣锄奸，王道因而清明。如果臣有二心，甘受诛杀。”尚书无法往下追究。

尚书令陈蕃上奏推荐五位隐士，豫章人徐稚、彭城人姜肱、汝南人袁闳、京兆人韦著、颍川人李昙；汉桓帝用安车、黑色丝绸，备齐礼仪，征召他们，但是他们都不接受征召。

徐稚家中贫寒，常自己耕种，不是自己辛苦生产的东西不食用，恭敬节俭，谦逊合宜，所住地方的人都佩服徐稚的品德；公府屡次征召，徐稚不愿出来做官。陈蕃做豫章太守，依礼仪请徐稚任功曹；徐稚不上任，要求免职，进见陈蕃后，立即告辞。陈蕃个性方正严峻，不交往宾客，只有徐稚来的时候，特别设立一张坐榻，离开后就悬挂起来。后来徐稚被选拔为有道之士，在家中被委任为太原太守，都不接受。徐稚虽然不接受各公侯的征召，但听到他们丧亡的消息，马上就背起书箱前去吊丧。他常在家中预先烧好一只鸡，用一两棉花浸在酒中晒干，用来裹鸡，径直赶到所要祭奠的坟墓墓道外，用水浸泡酒棉，使之染有了酒气，米饭一斗，用白茅草为垫子，把鸡放在前面，用酒祭奠完了，留下名帖就离开，不见丧祭的主人。

姜肱和二位弟弟姜仲海、姜季江都以孝顺友爱闻名，经常同盖一条被子睡觉，不接受征召。姜肱曾和弟弟姜季江一同前往郡中，晚上在路上被强盗抢劫，想要杀他们，姜肱说：“弟弟年幼，父母怜爱，还未娶妻，愿意被杀保全弟弟。”季江说：“哥哥年长德高，是家中珍宝，国家英才，请杀我以代替哥哥的生命。”于是强盗把他俩释放了，只抢走了些衣服路费而已。到了郡里，郡中官员看到姜肱没有衣服，奇怪地问他们原因，姜肱以别的话搪塞过去，始终不说出强盗抢劫之事。强盗知道

乃下彭城，使画工图其形状。肱卧于幽暗，以被韬面，言患眩疾，不欲出风，工竟不得见之。

闳，安之玄孙也，苦身修节，不应辟召。

著隐居讲授，不修世务。

昙继母苦烈，昙奉之逾谨，得四时珍玩，未尝不先拜而后进，乡里以为法。

帝又征安阳魏桓，其乡人劝之行，桓曰："夫干禄求进，所以行其志也。今后宫千数，其可损乎？厩马万匹，其可减乎？左右权豪，其可去乎？"皆对曰："不可。"桓乃慨然叹曰："使桓生行死归，于诸子何有哉！"遂隐身不出。

（以上为第四段，写诛除梁冀的五宦官单超、徐璜、蘧瑗、左倌、唐衡同日封侯，世谓之五侯，外戚失势，宦官势增。朝官士大夫间隙求生，尚书令陈蕃荐贤五隐士，皆不应征召。）

帝既诛梁冀，故旧恩私，多受封爵：追赠皇后父邓香为车骑将军，封安阳侯；更封后母宣为昆阳君，兄子康、秉皆为列侯，宗族皆列校、郎将，赏赐以巨万计。中常侍侯览上缣五千匹，帝赐爵关内侯，又托以与议诛冀，进封高乡侯；又封小黄门刘普、赵忠等八人为乡侯，自是权势专归宦官矣；五侯尤贪纵，倾动内外。时灾异数见，白马令甘陵李云露布上书，移副三府曰："梁冀虽恃权专擅，虐流天下，今以罪行诛，犹召家臣扼杀之耳，而猥封谋臣万户以上；高祖闻之，得无见非！西北列将，得无解体！孔子曰：'帝者，谛也。'今官位错乱，小人谄进，财货公行，政化日损；尺一拜用，不经御省，是帝欲不谛乎！"帝得奏震怒，下有司逮云，诏尚书都护剑戟送黄门北寺狱，使中常侍管霸与御史、廷尉杂考之。时弘农五官掾杜众伤云以忠谏获罪，上书"愿与云同日死"，帝愈怒，遂并下廷尉。大鸿胪陈蕃上疏曰："李云所言，虽不识禁忌，干上逆旨，其意归于忠国而已。昔高祖忍周昌不讳之谏，成帝赦朱云腰领之诛，今日杀云，臣恐剖心之讥，复议于世矣！"太常杨秉、洛阳市长沐茂、郎中上官资并上疏请云。帝恚甚，有司奏以为大不敬；诏切责蕃、秉，免归田里，茂、资贬秩二等。时帝在濯龙池，管霸奏云等事，霸跪言曰："李云草泽愚儒，杜众郡中小吏，出于狂戆，不足加罪。"帝谓霸

了后，感到后悔，就到他的住处求见姜肱，叩头道歉，送还抢去的东西。姜肱不肯接纳，摆设酒食款待，然后送他们离开。汉桓帝既然征召不到姜肱，于是下令彭城县，命令画工画出他们的形象。姜肱睡在光线昏暗处，用被子捂住脸，说是患了眼花的病，不能见光和被风吹，画工最终也没有看到他。

袁闳是袁安的玄孙，刻苦修治品性，不肯接受征召。

韦著，隐居在家，教授学生，不管世事。

李昙的继母凶残，李昙奉养她更加恭敬，有四季珍奇玩物，从来没有不先礼拜继母，然后进献给她的，乡里人以他为榜样。

汉桓帝又征召安阳人魏桓，他的同乡劝他前往，魏桓说："当官得俸禄求升迁，目的是为了实现自己的治世理想。现在后宫人数以千计，可以减去吗？厩中的马有万匹，可以减去吗？左右权贵豪门，可以除去吗？"同乡人都回答说："不可以！"魏桓慨叹道："让我活着出门，死了回来，对于各位先生有什么好处呢！"于是他终生隐居不出。

汉桓帝诛杀梁冀以后，对以前臣子中有恩的人，大多赐予爵位：追尊邓皇后的父亲邓香为车骑将军，封为安阳侯；又封邓皇后的母亲宣为昆阳君，封邓皇后哥哥的儿子邓康、邓秉为列侯；宗族都做了列校、郎将，赏赐以巨万计。中常侍侯览呈献五千匹缣绸，汉桓帝赐予他关内侯的爵位，又凭借参与议论诛杀梁冀的功劳，进封为高乡侯；又封小黄门刘普、赵忠等八人为乡侯，从此，权势全集中在宦官手中了；五侯更加贪婪放肆，震惊朝廷内外。当时灾异时常出现，白马令甘陵人李云呈上不封缄的奏书，副本送给三府，说："梁冀虽仗势独揽大权，祸及天下，现在因罪受诛杀，如同召来家臣杀掉罢了，而今滥封密谋的臣子食邑在一万户以上；高祖听到了，能不怪罪吗？西北各将领听到了，能不涣散吗？孔子说：'皇帝，是审明万物的人。'现在官位错乱，小人谄媚得升，公开贿赂，政教一天天败坏；任官的诏书，不经皇帝过目，是皇帝不想洞察万物吗？"汉桓帝得到奏书，大为愤怒，下令有关部门逮捕李云，诏命尚书、都护带领剑戟士，送至黄门北寺狱，下命中常侍管霸和御史、廷尉会审拷问李云。当时弘农五官掾杜众悲伤李云因为忠心进谏而获罪，上书"愿意与李云同日受死刑"，汉桓帝更加愤怒，于是一起交付廷尉。大鸿胪陈蕃上奏说："李云所说的，虽不知道禁忌，冒犯皇上，违反旨意，他的心意是忠于国家的。从前高祖容忍周昌不知避讳的进谏，成帝赦免朱云腰斩、断颈的刑罚，今天杀死李云，臣下恐怕比干剖心的讥嘲，又将在社会上议论开了！"太常杨秉、洛阳市

曰："'帝欲不谛'，是何等语，而常侍欲原之邪！"顾使小黄门可其奏，云、众皆死狱中，于是嬖宠益横。太尉琼自度力不能制，乃称疾不起，上疏曰："陛下即位以来，未有胜政，诸梁秉权，竖宦充朝，李固、杜乔既以忠言横见残灭，而李云、杜众复以直道继踵受诛，海内伤惧，益以怨结，朝野之人，以忠为讳。尚书周永，素事梁冀，假其威势，见冀将衰，乃阳毁示忠，遂因奸计，亦取封侯。又，黄门挟邪，群辈相党，自冀兴盛，腹背相亲，朝夕图谋，共构奸轨；临冀当诛，无可设巧，复托其恶以要爵赏。陛下不加清征，审别真伪，复与忠臣并时显封，粉墨杂糅，所谓抵金玉于砂砾，碎珪璧于泥涂，四方闻之，莫不愤叹。臣世荷国恩，身轻位重，敢以垂绝之日，陈不讳之言。"书奏，不纳。

冬，十月，壬申，上行幸长安。

中常侍单超疾病；壬寅，以超为车骑将军。

十二月，己巳，上还自长安。

烧当、烧何、当煎、勒姐等八种羌寇陇西金城塞，护羌校尉段颎击破之，追至罗亭，斩其酋豪以下二千级，获生口万余人。

诏复以陈蕃为光禄勋，杨秉为河南尹。单超兄子匡为济阴太守，负势贪放。兖州刺史第五种使从事卫羽案之，得臧五六千万，种即奏匡，并以劾超。匡窘迫，赂客任方刺羽。羽觉其奸，捕方，囚系洛阳。匡虑杨秉穷竟其事，密令方等突狱亡走。尚书召秉诘责，秉对曰："方等无状，衅由单匡，乞槛车征匡，考核其事，则奸慝踪绪，必可立得。"秉竟坐论作左校。时泰山贼叔孙无忌寇暴徐、兖，州郡不能讨，单超以是陷第五种，坐徙朔方；超外孙董援为朔方太守，稸怒以待之。种故吏孙斌知种必死，结客追种，及于太原，劫之以归，亡命数年，会赦得免。种，伦之曾孙也。

是时，封赏逾制，内宠猥盛。陈蕃上疏曰："夫诸侯上象四七，藩屏

长沐茂、郎中上官资，一起上奏，请求释放李云。汉桓帝更加愤怒，认为这是大不敬；下诏谴责陈蕃、杨秉，免除官职，回到乡里；沐茂、上官资贬俸禄二级。当时汉桓帝在濯龙池，管霸等人进奏李云等人的事情，管霸跪着说："李云是乡野愚蠢的儒生，杜众是郡中小小的官吏，出于狂放愚直，犯不着施加罪罚。"汉桓帝对管霸说："皇帝想不审明万物，这是什么样的话！常侍想要谅解他们吗？"回头命令小黄门批准管霸的进奏，李云、杜众却都死在狱中，宠幸的近臣更加横行霸道，太尉黄琼衡量自己不能控制，于是托病不起，上奏说："陛下登上皇位以来，没有超过前代的政事，梁氏秉持大权，宦官充斥朝廷，李固、杜乔因忠诚进言，遭到残杀的横祸，而李云、杜众又因忠心相继被杀，全天下悲伤恐惧，更加怨恨，朝廷内外的人士以忠心为忌讳。尚书周永一向事奉梁冀，假借他的威势，看到梁冀要衰弱，才假装抨击梁冀，以示忠诚，终于奸计得逞，也得到封侯。另外，黄门宦官心怀邪恶，众人相互勾结，自从梁冀得势以后，内结皇后，外附梁冀，早晚策划，共同制造奸恶不法的事；等到梁冀受诛杀时，无法弄巧，又反过来借攻击梁冀的罪恶用以谋求爵位和赏赐。陛下不加以认真澄清，辨别真伪，又让其和忠臣同时受到显耀的封号，使得白黑混淆，这真是把金玉投进沙砾，把玉珠摔碎在稀泥中，各地百姓听到了，没有不愤怒叹息的，臣下世代蒙受国家的恩德，声名微弱而地位重要，胆敢在临死的时候，陈述不知避讳的言辞。"上书奏上后，不被汉桓帝采纳。

冬季，十月初五日壬申，汉桓帝巡幸长安。

中常侍单超患病；十一月初六日壬寅，任命单超为车骑将军。

十二月初三日己巳，汉桓帝自长安返回。

烧当、烧何、当煎、勒姐等八部羌人侵入陇西金城塞，护羌校尉段颎击败叛羌，追赶到罗亭，杀死诸羌酋长以下两千人，俘虏了一万多人。

汉桓帝诏命重新任命陈蕃为光禄勋，杨秉为河南尹。单超哥哥的儿子单匡任济阴太守，仗势横行贪污。兖州刺史第五种命令从事卫羽调查，得赃款五六千万，第五种立即上奏弹劾单匡，并且弹劾单超。单匡困窘，贿赂门客任方刺杀卫羽。卫羽发觉单匡的阴谋，逮捕任方，囚禁在洛阳。单匡忧心杨秉会穷追这件事，秘密要任方等人从狱中逃跑。尚书召杨秉责问，杨秉回答说："任方等人无法无天，事情起因是由单匡引发，请用槛车征召单匡，查明此事，那么奸恶头绪必然可以马上查清。"杨秉竟然反被判刑送到左校营作苦役。当时，泰山贼人叔孙无忌抢掠徐州、兖州，州郡无力征伐，单超因此陷害第五种，被论罪流放朔方；单超的外孙董援任朔方太守，怒气冲冲地等着他。第五种的旧属孙斌知道第五种一定会被害死，召集门客追赶第五种，追到太原，劫持他回去，逃亡多年，遇赦得免。第五种是第五伦的曾孙。

此时，封赏超过了标准，宫内美女太多。陈蕃上疏说："诸侯象征天上的二十八

上国，高祖之约，非功臣不侯。而闻追录河南尹邓万世父遵之微功，更爵尚书令黄雋先人之绍封，近习以非义授邑，左右以无功传赏，至乃一门之内，侯者数人，故纬象失度，阴阳谬序。臣知封事已行，言之无及，诚欲陛下从是而止。又，采女数千，食肉衣绮，脂油粉黛，不可赀计。鄙谚言‘盗不过五女门’，以女贫家也；今后宫之女，岂不贫国乎！”帝颇采其言，为出宫女五百余人，但赐雋爵关内侯，而封万世南乡侯。

帝从容问侍中陈留爰延：“朕何如主也？”对曰：“陛下为汉中主。”帝曰：“何以言之？”对曰：“尚书令陈蕃任事则治，中常侍黄门与政则乱：是以陛下可与为善，可与为非。”帝曰：“昔朱云廷折栏槛，今侍中面称朕违，敬闻阙矣。”拜五官中郎将，累迁大鸿胪。会客星经帝坐，帝密以问延，延上封事曰：“陛下以河南尹邓万世有龙潜之旧，封为通侯，恩重公卿，惠丰宗室；加顷引见，与之对博，上下媟黩，有亏尊严。臣闻之，帝左右者，所以咨政德也。善人同处，则日闻嘉训；恶人从游，则日生邪情。惟陛下远谗谀之人，纳謇謇之士，则灾变可除。”帝不能用。延称病，免归。

（以上为第五段，写汉桓帝重赏宦官亲信，诛杀谏臣李云等，政治更加昏暗。）

三年（庚子，160年）

春，正月，丙申，赦天下，诏求李固后嗣。初，固既策罢，知不免祸，乃遣三子基、兹、燮皆归乡里。时燮年十三，姊文姬为同郡赵伯英妻，见二兄归，具知事本，默然独悲曰：“李氏灭矣！自太公已来，积德累仁，何以遇此！”密与二兄谋，豫藏匿燮，托言还京师，人咸信之。有顷，难作，州郡收基、兹，皆死狱中。文姬乃告父门生王成曰：“君执义先公，有古人之节；今委君以六尺之孤，李氏存灭，其在君矣！”成乃将燮乘江东下，入徐州界，变姓名为酒家佣，而成卖卜于市，各为异人，阴相往来。积十余年，梁冀既诛，燮乃以本末告酒家，酒家具车重厚遣之，燮皆不受。遂还乡里，追行丧服，姊弟相见，悲感傍人。姊戒燮曰：“吾家血食将绝，弟幸而得济，岂非天邪！宜杜绝众人，勿妄往来，慎无一言加于梁氏！加梁氏则连主上，祸重至矣，唯引咎而已。”燮谨从其诲。后王成卒，燮以礼葬之，每四节为设上宾之位而祠焉。

宿，拱卫君主；高祖规定，不是功臣不封侯。听说圣上追封河南尹邓万世父亲邓遵的小小功劳，又赐给尚书令黄雋祖先已断隔的封爵，宦官没有为国尽大义而得到封邑，皇上身边的人无功受赏，以至于一家之中，有数人封侯，使得天象失常，阴阳错乱。臣知道爵位已封，谈论也无用，实在希望陛下到此为止。另外，宫女数千，吃肉食，穿彩绸，胭脂水粉，费用无法计算。俗语说：‘家庭失盗，超不过五女在门。’因为女儿使家里贫穷。现在，后宫的女子，岂不使国家贫困吗！”汉桓帝诚心采纳陈蕃的建议，遣放了五百多名宫女，只赐给黄雋为关内侯，封邓万世为南乡侯。

汉桓帝从容地问侍中陈留人爰延：“朕是个什么样的君主？”爰延回答说：“陛下是汉朝的中等君主。”汉桓帝问：“为什么这样说？”爰延回答说：“尚书令陈蕃担任政事，国家就有治，中常侍黄门参与政事，天下就乱。所以，陛下可以管理好国家，也可能管理不好国家。”汉桓帝说：“从前，朱云在朝廷上折断栏杆强谏成帝；现在，侍中当面陈说朕的过失，朕知道自己的缺点了。”任命爰延为五宫中郎将，连续升迁为大鸿胪。正逢客星经过帝座星，汉桓帝暗中问爰延，爰延上密奏说：“陛下因为河南尹邓万世是陛下登基以前的老朋友，封为通侯，比公卿的恩德还重要，比宗室的恩惠还丰厚；加上不时宣见，和他一起玩对阵赌博游戏，上下失礼，有损尊严。臣听说，皇上身边的人在于咨询政德。和好人在一起，每天就可以听到好的教诲；和恶人在一起游乐，每天就会产生邪恶的念头。希望陛下远离奸邪小人，接受正直人士，那么灾祸就会消解。”汉桓帝不能接受。爰延称病，免职回乡。

汉桓帝延熹三年（庚子，160 年）

春季，正月初一日丙申，大赦天下，汉桓帝下诏寻找李固的后代。当初，李固既被罢官，知道难免有祸，于是把三个儿子李基、李兹、李燮都送回乡里。当时李燮十三岁，姐姐李文姬嫁给了同郡人赵伯英为妻子，看见二位兄长回来，仔细了解了事情的本末，独自悲伤地说：“李氏就要灭族了！自从祖父李郃以来，积恩积德，怎会遇到如此厄运！”秘密与二位兄长谋议，先隐藏李燮，假说他回到京城去了，大家全都相信。不久，灾难来临，州郡逮捕李基、李兹，他们都死在狱中。李文姬告诉父亲的门生王成说：“你为我父亲秉持正义，有古人的高节；现在把未成年的孤儿托付给你，李氏家族的存亡，全看你的了。”王成带着李燮，沿长江东行，进入徐州境界，改姓埋名，在酒家作工，而王成在街上占卦，二人假装不认识，暗中往来。十几年之后，梁冀被诛，李燮才把事情本末告诉酒店主人，酒店主人备好车马重礼送李燮归乡，李燮推谢不接受。于是李燮回到故乡，重新给老父服丧，姐弟相见，悲伤得感动了旁边的人。姐姐告诉弟弟说：“我家血脉险些断绝，弟弟幸亏得救，难道不是天意？当和人们断绝往来，不要随意走动，小心别说一句批评梁氏的话。批

丙午，新丰侯单超卒，赐东园秘器，棺中玉具；及葬，发五营骑士、将作大匠起冢茔。其后四侯转横，天下为之语曰：“左回天，具独坐，徐卧虎，唐雨堕。”皆竞起第宅，以华侈相尚，其仆从皆乘牛车而从列骑，兄弟姻戚，宰州临郡，辜较百姓，与盗无异，虐遍天下；民不堪命，故多为盗贼焉。

中常侍侯览，小黄门段珪，皆有田业近济北界，仆从宾客，劫掠行旅。济北相滕延，一切收捕，杀数十人，陈尸路衢。览、珪以事诉帝，延坐征诣廷尉，免。

左悺兄胜为河东太守，皮氏长京兆赵岐耻之，即日弃官西归。唐衡兄玹为京兆尹，素与岐有隙，收岐家属宗亲，陷以重法，尽杀之。岐逃难四方，靡所不历，自匿姓名，卖饼北海市中；安丘孙嵩见而异之，载与俱归，藏于复壁中。及诸唐死，遇赦，乃敢出。

闰月，西羌余众复与烧何大豪寇张掖，晨，薄校尉段颎军。颎下马大战，至日中，刀折矢尽，虏亦引退。颎追之，且斗且行，昼夜相攻，割肉食雪，四十余日，遂至积石山，出塞二千余里，斩烧何大帅，降其余众而还。

夏，五月，甲戌，汉中山崩。

六月，辛丑，司徒祝恬薨。

秋，七月，以司空盛允为司徒，太常虞放为司空。

长沙蛮反，屯益阳，零陵蛮寇长沙。

九真余贼屯据日南，众转强盛；诏复拜桂阳太守夏方为交趾刺史。方威惠素著，冬十一月，日南贼二万余人相率诣方降。

勒姐、零吾种羌围允街；段颎击破之。

泰山贼叔孙无忌攻杀都尉侯章；遣中郎将宗资讨破之。诏征皇甫规，拜泰山太守。规到官，广设方略，寇虏悉平。

（以上为第六段，写宦官势盛，当时流行的政治民谚说：“左回天，具独坐，徐卧虎，唐雨堕。”宦官子弟布满州郡，搜掠百姓，与盗匪无异。）

评梁氏就会牵连到君主，灾祸就会重来，我们只能引咎自责。”李燮严格地遵守姐姐的教诲。后来王成去世，李燮按礼节埋葬了王成，每年四时祭祀，都把王成的牌位放在上位祭奠。

正月十一日丙午，新丰侯单超去世，汉桓帝赐予单超御用棺木，棺木中放金缕玉衣。等到埋葬时，又派五营骑兵、将作大匠造坟。此后，剩下的四侯更加横行，天下民众有俗语说：“左回天，具独坐，徐卧虎，唐雨堕。”四人竞相建造宅第，攀比奢侈，他们的仆从都乘坐牛车，拥有骑兵侍卫；兄弟亲戚都当了州郡的长官，搜掠百姓，跟盗匪没有区别，暴虐遍及天下；民众不堪忍受，所以许多人都去当盗匪。

中常侍侯览、小黄门段珪在济北国边界有田产，他们的仆从宾客抢夺行路的人。济北相滕延把这些人全抓获，杀死几十人，把尸体摆在街上。侯览、段珪向皇帝投诉此事，滕延被诏到廷尉论罪，免去官职。

左倌的兄长左胜任河东太守，皮氏县县长京兆人赵岐对有这样的上司感到耻辱，当天弃官西去。唐衡的兄长唐玹任京兆尹，向来与赵岐有仇恨，逮捕了赵岐的家属宗亲，诬害他们犯下重罪，全部杀害。赵岐四处逃避，到处躲藏，隐姓埋名，在北海郡的街头卖饼。安丘人孙嵩见他与众不同，载他一同回来，藏在夹墙中。等到唐衡兄弟死了，遇到赦免，才敢出来。

闰正月，西羌残余的部众又与烧何部大酋长侵扰张掖，凌晨，逼近校尉段颎的军队。段颎下马大战，到了中午，刀砍断了，箭用尽了，敌人也撤退了。段颎追赶，边战边进，日夜攻击，割吃战马肉，饮积雪，四十多天，到达积石山，出塞门两千多里，杀死烧何部大帅，使其残部归降，而后班师回还。

夏季，五月十一日甲戌，汉中郡发生山崩。

六月初九日辛丑，司徒祝恬去世。

秋季，七月，任命司空盛允为司徒，太常虞放为司空。

长沙蛮人叛乱，屯集在益阳，和零陵蛮人一起骚乱长沙。

九真郡残余的贼人聚合在日南郡，势力变得强盛；下诏再次任命桂阳太守夏方为交趾刺史。夏方向来有威信，冬季，十一月，日南郡的二万多贼人，前来向夏方归降。

勒姐、零吾部落羌人包围允街，段颎击败了他们。

泰山反贼叔孙无忌进攻并杀害了都尉侯章，朝廷派中郎将宗资讨伐，击败了他们。下诏征召皇甫规为泰山太守。皇甫规到任，精心谋划，平息了叛乱。

四年（辛丑，161 年）

春，正月，辛酉，南宫嘉德殿火；戊子，丙署火。

大疫。

二月，壬辰，武库火。

司徒盛允免，以大司农种暠为司徒。

三月，太尉黄琼免；夏，四月，以太常沛国刘矩为太尉。

初，矩为雍丘令，以礼让化民；有讼者，常引之于前，提耳训告，以为忿恚可忍，县官不可入，使归更思。讼者感之，辄各罢去。

甲寅，封河间孝王子参户亭侯博为任城王，奉孝王后。

五月，辛酉，有星孛于心。

丁卯，原陵长寿门火。

己卯，京师雨雹。

六月，京兆、扶风及凉州地震。

庚子，岱山及博尤来山并颓裂。

己酉，赦天下。

司空虞放免，以前太尉黄琼为司空。

犍为属国夷寇钞百姓。益州刺史山昱击破之。

零吾羌与先零诸种反，寇三辅。

秋，七月，京师雩。

减公卿已下奉，贷王侯半租，占卖关内侯、虎贲、羽林、缇骑、营士、五大夫钱各有差。

九月，司空黄琼免，以大鸿胪东莱刘宠为司空。

宠尝为会稽太守，简除烦苛，禁察非法，郡中大治；征为将作大匠。山阴县有五六老叟，自若邪山谷间出，人赍百钱以送宠曰："山谷鄙生，未尝识郡朝，他守时，吏发求民间，至夜不绝，或狗吠竟夕，民不得安。自明府下车以来，狗不夜吠，民不见吏；年老遭值圣明，今闻当见弃去，故自扶奉送。"宠曰："吾政何能及公言邪！勤苦父老！"为人选一大钱受之。

冬，先零、沈氐羌与诸种羌寇并、凉二州，校尉段颎将湟中义从讨之。凉州刺史郭闳贪共其功，稽固颎军，使不得进；义从役久恋乡旧，

汉桓帝延熹四年（辛丑，161年）

春季，正月初二日辛酉，南宫嘉德殿着火；正月二十九日戊子，丙署殿失火。

发生大瘟疫。

二月初三日壬辰，武器库失火。

司徒盛允被免职，任命大司农种暠为司徒。

三月，太尉黄琼被免职；夏季，四月，任命太常沛国人刘矩为太尉。

当初，刘矩任雍丘县令，用礼仪谦让教化人民；遇到诉讼的人，他常引到面前，耳提面命，谆谆教诲，认为有些不平的愤怒是可以忍耐的，县衙不可以随便进出，要他们回去反思。争讼的人被感动，就不再争执了。

四月二十六日甲寅，册封河间孝王的儿子参户亭侯刘博为任城王，作为继承人奉祀孝王刘尚。

五月初四日辛酉，在心星区域出现孛星。

五月初十日丁卯，光武帝的原陵长寿门失火。

五月二十二日己卯，京师洛阳下冰雹。

六月，京兆、扶风和凉州发生地震。

六月十三日庚子，泰山和博县尤来山崩塌。

六月二十二日己酉，大赦天下。

司空虞放被免职，任命前太尉黄琼为司空。

犍为属国夷人侵扰百姓，益州刺史山昱击败了他们。

零吾羌和先零各族反叛，侵入三辅。

秋季，七月，京城设坛祈雨。

减少公卿以下的俸禄，借贷王侯一半的租税，出卖关内侯、虎贲、羽林缇骑、营士、五大夫官职，售价各有差异。

九月，司空黄琼被免职，委派大鸿胪东莱人刘宠为司空。

刘宠曾经任过会稽太守，简化烦琐的政令，禁止、明察非法的行为，郡里井然有序，征召为将作大匠。山阴县有五六位老人，从若邪山谷出来，每人拿一百钱送给刘宠说："我们是山野村夫，从没到过郡官府，不认识郡太守。别的郡守派官吏到民间求取财物，到了晚上还不停止，有时，狗整夜在叫喊，民众不得安宁。自从你到任以来，晚上狗不再叫，百姓不见索物的官吏；我年老了才遇到圣明的政治，现在听说你要离开我们，所以互相搀扶着来送你。"刘宠说："我的政绩哪里赶得上你们所说的，辛苦各位父老了。"在每个人手上选了一个大钱，留下做纪念。

冬季，先零、沈氐羌和各部落侵扰并州和凉州，校尉段颎率领湟中义从羌组成的军队征讨叛羌。凉州刺史郭闳贪求分享战功，故意阻挠段颎的军队，使他不能前

皆悉叛归。郭闳归罪于颎，颎坐征下狱，输作左校，以济南相胡闳代为校尉。胡闳无威略，羌遂陆梁，覆没营坞，转相招结，唐突诸郡，寇患转盛。泰山太守皇甫规上疏曰："今猾贼就灭，泰山略平，复闻群羌并皆反逆。臣生长邠岐，年五十有九，昔为郡吏，再更叛羌，豫筹其事，有误中之言。臣素有痼疾，恐犬马齿穷，不报大恩，愿乞冗官，备单车一介之使，劳来三辅，宣国威泽，以所习地形兵势佐助诸军。臣穷居孤危之中，坐观郡将已数十年，自鸟鼠至于东岱，其病一也。力求猛敌，不如清平；勤明《孙吴》，未若奉法。前变未远，臣诚戚之，是以越职尽其区区。"诏以规为中郎将，持节监关西兵讨零吾等。十一月，规击羌，破之，斩首八百级。先零诸种羌慕规威信，相劝降者十余万。

（以上为第七段，写地方廉吏刘矩、刘宠以恩信治民，百姓感戴，如此廉吏，凤毛麟角，无补大局。）

五年（壬寅，162 年）

春，正月，壬午，南宫丙署火。

三月，沈氐羌寇张掖、酒泉。皇甫规发先零诸种羌，共讨陇右，而道路隔绝，军中大疫，死者十三四。规亲入庵庐，巡视将士，三军感悦。东羌遂遣使乞降，凉州复通。

先是安定太守孙隽受取狼藉，属国都尉李翕、督军御史张禀多杀降羌，凉州刺史郭闳、汉阳太守赵熹并老弱不任职，而皆倚恃权贵，不遵法度。规到，悉条奏其罪，或免或诛；羌人闻之，翕然反善，沈氐大豪滇昌、饥恬等十余万口复诣规降。

夏，四月，长沙贼起，寇桂阳、苍梧。

乙丑，恭陵东阙火。戊辰，虎贲掖门火。五月，康陵园寝火。

长沙、零陵贼入桂阳、苍梧、南海，交趾刺史及苍梧太守望风逃奔，遣御史中丞盛修督州郡募兵讨之，不能克。

乙亥，京师地震。

甲申，中藏府丞禄署火。秋七月，己未，南宫承善闼火。

进；义从随军太久，思念家乡，全都叛走。郭闳归咎于段颎，段颎被征回下狱，判罪送到左校作苦役，任命济南相胡闳代理校尉。胡闳毫无威信、谋略，羌人于是占领边地，攻陷营寨哨所，招诱各部落，骚扰各郡，灾祸越来越厉害。泰山太守皇甫规上疏说："现在狡猾的盗贼将要消灭，泰山将要平定，又听说各羌族都在叛乱。臣生长在邠山、岐山之间，年纪五十九岁了，以前做过郡中官吏，两次经历羌人的暴动，臣预先估计羌人暴动的局势发展，不幸言中。臣向来疾病缠身，害怕像犬马一样老死，不能报答皇恩，请赐臣一个不重要的官职，只需要一辆车子，让臣做一个使臣，慰问三辅人民，宣扬国家的声威和恩德，用臣所熟悉的地形和用兵经验，帮助前线各军。臣当初孤身在危境，静观郡中将领已经历几十年，认为从西边的鸟鼠山到东边的泰山，弊病一样。与其用猛力镇压，不如施行清平政治；与其奖励精通《孙吴兵法》，不如鼓励将士奉公守法。先前的叛乱，为时不远，臣实在担心，所以越职进言，以表示区区忠诚。"汉桓帝下诏任命皇甫规为中郎将，持符节，监督关西军队，征伐零吾等族。十一月，皇甫规进击羌人，获胜，杀了八百人。先零各部羌人仰慕皇甫规的威信，相互规劝来归降的有十几万人。

汉桓帝延熹五年（壬寅，162 年）

春季，正月二十九日壬午，南宫丙署殿失火。

三月，沈氐羌人侵占张掖、酒泉，皇甫规派先零各部落的羌人，共同到陇山之东讨伐，但道路断绝，军中流行瘟疫，死亡人数达十之三四。皇甫规亲自进入营帐，巡视将士，三军振奋。东羌于是派使者请求归降，通往凉州的道路再次打通。

起初，安定太守孙隽收取贿赂，声名狼藉，属国都尉李翕、督军御史张禀杀死很多归降的羌人，凉州刺史郭闳、汉阳太守赵熹都年老体弱，不能胜任职守，却都依仗权贵，不遵纪守法。皇甫规到职，一条条列出全部罪状向汉桓帝报告，他们有的免官，有的受诛；羌人听了，全都和睦归服，跟汉朝亲善，沈氐大酋长滇昌、饥恬等十几万人再向皇甫规归降。

夏季，四月，长沙贼人起事，骚扰桂阳郡、苍梧郡。

五月十三日乙丑，恭陵东门失火；五月十六日戊辰，虎贲掖门失火。五月，康陵园寝失火。

长沙、零陵贼人进入桂阳郡、苍梧郡、南海郡，交趾刺史和苍梧太守望风逃跑，朝廷委派御史中丞盛脩督促州郡募兵，讨伐贼人，不能取胜。

五月二十三日乙亥，京师发生地震。

六月初三日甲申，皇宫钱库中的俸禄署失火。秋季，七月初八日己未，南宫承善门失火。

乌吾羌寇汉阳，陇西、金城诸郡兵讨破之。

艾县贼攻长沙郡县，杀益阳令，众至万余人；谒者马睦督荆州刺史刘度击之，军败，睦、度奔走。零陵蛮亦反。冬十月，武陵蛮反，寇江陵，南郡太守李肃奔走，主簿胡爽扣马首谏曰："蛮夷见郡无儆备，故敢乘间而进。明府为国大臣，连城千里，举旗鸣鼓，应声十万，奈何委符守之重，而为逋逃之人乎！"肃拔刃向爽曰："掾促去！太守今急，何暇此计！"爽抱马固谏，肃遂杀爽而走。帝闻之，征肃，弃市；度、睦减死一等；复爽门闾，拜家一人为郎。

尚书朱穆举右校令山阳度尚为荆州刺史。辛丑，以太常冯绲为车骑将军，将兵十余万讨武陵蛮。先是，所遣将帅，宦官多陷以折耗军资，往往抵罪，绲愿请中常侍一人监军财费。尚书朱穆奏"绲以财自嫌，失大臣之节"；有诏勿劾。绲请前武陵太守应奉与俱，拜从事中郎。十一月，绲军至长沙，贼闻之，悉诣营乞降。进击武陵蛮夷，斩首四千余级，受降十余万人，荆州平定。诏书赐钱一亿，固让不受，振旅还京师，推功于应奉，荐以为司隶校尉；而上书乞骸骨，朝廷不许。

（以上为第八段，写良将皇甫规讨平三辅河西的羌乱，冯绲讨平荆州武陵蛮的叛乱。）

滇那羌寇武威、张掖、酒泉。

太尉刘矩免，以太常杨秉为太尉。

皇甫规持节为将，还督乡里，既无他私惠，而多所举奏，又恶绝宦官，不与交通。于是中外并怨，遂共诬规货赂群羌，令其文降，帝玺书诮让相属。

规上书自讼曰："四年之秋，戎丑蠢戾，旧都惧骇，朝廷西顾。臣振国威灵，羌戎稽首，所省之费一亿以上。以为忠臣之义不敢告劳，故耻以片言自及微效，然比方先事，庶免罪悔。前践州界，先奏孙隽、李翕、张禀；旋师南征，又上郭闳、赵熹，陈其过恶，执据大辟。凡此五臣，支党半国，其余墨绶下至小吏，所连及者复有百余。吏托报将之怨，子思复父之耻，载贽驰车，怀粮步走，交构豪门，竞流谤讟，云臣私报诸羌，雠以钱货。若臣以私财，则家无担石；如物出于官，则文簿易考。就臣愚惑，信如言者，前世尚遗匈奴以宫姬，镇乌孙以公主；今臣但费

乌吾羌侵占汉阳郡，陇西、金城等郡的军队征讨获胜。

艾县贼人攻击长沙郡县，杀死益阳县令，部众达一万多人。谒者马睦督促荆州刺史刘度攻击他们，战败，马睦、刘度逃跑。零陵蛮也跟着叛乱。冬季，十月，武陵蛮叛乱，骚扰江陵，南郡太守李肃逃跑，主簿胡爽拦住马头进谏说："蛮夷看见郡中没有戒备，所以敢趁机来犯。明府是国家大臣，管辖连绵千里的地方，如果举旗鸣鼓作为号召，将有十万人响应，为什么要抛开持符节守土的重任，变为逃亡犯呢？"李肃拔出刀对着胡爽说："主簿你快走开，我现在如此窘急，哪里有时间顾及这些！"胡爽抱着马，竭力进谏，于是李肃杀死胡爽逃走。汉桓帝听说此事，征召李肃，在街市上处以腰斩；刘度、马睦判处死刑减一等；免除胡爽家赋税，任命家中一人做郎官。

尚书朱穆推举右校令山阳人度尚为荆州刺史。十月十二日辛丑，任命太常冯绲为车骑将军，率领十几万军队征讨武陵蛮。原先，所派遣的将帅多被宦官以浪费军资罪加以诬陷，常常被判罪，冯绲希望请一位中常侍监督军事开支。尚书朱穆上奏说："冯绲为了避免贪财的嫌疑，而有失大臣节操。"汉桓帝下诏不要弹劾。冯绲请求前武陵太守应奉一起前往，委派他为从事中郎。十一月，冯绲率军到达长沙，贼人获得消息，都到军营请求归降。向武陵蛮夷进军，杀死四千多人，有十几万人投降，平定了荆州。下诏赐钱一亿，冯绲坚决不受，凯旋，把功绩归于应奉，推荐他为司隶校尉；而自己却上书请求辞职回乡，朝廷不批准。

滇那羌侵扰武威、张掖和酒泉郡。

太尉刘矩被免职，任命太常杨秉为太尉。

皇甫规持节担任将职，回到故乡，监察州郡军政，既无私人的恩惠，还多多举奏不法事，又痛恨宦官，不与他们往来。于是朝中近习宦官和地方贪官都抱怨他，就一起诬告皇甫规贿赂各羌部落，要他们假装归降，汉桓帝接连下诏责备皇甫规。

皇甫规上书自辩说："去年的秋季，戎狄欲动，长安惊惧，朝廷担心西方政事。臣振兴了国家的威望，使羌戎叩首投降，节省军事费用一亿以上。臣认为这是忠臣的本分，不应该诉说劳苦，所以耻于没有只言片语自称微薄功劳，然而不妨与先前做一下对比，可以说臣没有什么罪过和后悔的事。先前臣进入凉州州界，弹劾了孙儁、李翕、张禀；后来率军东征，又弹劾了郭闳、赵熹，陈明他们的过错罪恶，依法他们应执行死刑。这五个臣子的党羽遍布半个国家，其他从佩戴黑色绶带印信的官员以下，到小官吏，牵连的有一百多人。部属假借要为长官报仇，儿子一心想要为父亲雪耻，他们用车载着礼物在路上奔驰，带着粮食步行奔走，交结权豪，争相

千万以怀叛羌，则良臣之才略，兵家之所贵，将有何罪负义违理乎！自永初以来，将出不少，覆军有五，动资巨亿，有旋车完封，写之权门，而名成功立，厚加爵封。今臣还本土，纠举诸郡，绝交离亲，戮辱旧故，众谤阴害，固其宜也！”

帝乃征规还，拜议郎，论功当封；而中常侍徐璜、左悺欲从求货，数遣宾客就问功状，规终不答。璜等忿怒，陷以前事，下之于吏。官属欲赋敛请谢，规誓而不听，遂以余寇不绝，坐系廷尉，论输左校。诸公及太学生张凤等三百余人诣阙讼之，会赦，归家。

（以上为第九段，写宦官诬罔皇甫规，良将被罢官。）

六年（癸卯，163 年）

春，二月，戊午，司徒种暠薨。

三月，戊戌，赦天下。

以卫尉颍川许栩为司徒。

夏，四月，辛亥，康陵东署火。

五月，鲜卑寇辽东属国。

秋，七月，甲申，平陵园寝火。

桂阳贼李研等寇郡界，武陵蛮复反；太守陈举讨平之。宦官素恶冯绲，八月，绲坐军还，盗贼复发，免。

冬，十月，丙辰，上校猎广成，遂幸函谷关、上林苑。光禄勋陈蕃上疏谏曰：“安平之时，游畋宜有节，况今有三空之厄哉！田野空，朝廷空，仓库空。加之兵戎未戢，四方离散，是陛下焦心毁颜，坐以待旦之时也，岂宜扬旗曜武，骋心舆马之观乎！又前秋多雨，民始种麦，今失其劝种之时，而令给驱禽除路之役，非贤圣恤民之意也。”书奏，不纳。

十一月，司空刘宠免。十二月，以卫尉周景为司空。景，荣之孙也。

散布流言秽语，说臣私下与诸羌交往，送给大量钱物。如果说臣是拿了别人财物，可是，臣家中没有一石存粮；如果说臣取走了官府的财物，那么，按文籍账簿登记的财物很容易查考。臣很愚昧困惑，真如流言所说，前朝尚有政府用宫女赏赐匈奴，甚至把公主嫁给乌孙。现在，臣只用了一千万钱就安慰了羌人，这正是良臣的谋略，军事家所推崇的，有什么地方违背义理？从永初以来，不少将帅被派到关外，军队大败的有五次，费用不知多少亿，有的把朝廷供应的军饷，还没有启封的整车金银发回洛阳，倾倒在权贵之门，因而名成功立，封官晋爵。现在臣回到乡里，揭露各郡的官员，与亲戚朋友断绝关系，诛杀羞辱臣的旧交故友，众人诽谤暗害臣，这是情理中的事情。”

汉桓帝于是征召皇甫规回到京城，任用皇甫规为议郎，论功应当封赏；而中常侍徐璜、左悺想向他敲诈财物，多次派宾客询问他立功的情况，皇甫规始终不理会。徐璜等人大怒，又重翻旧账，用先前浪费军资之事诬陷他，把他交付主管官吏审判。皇甫规的部下想凑钱送礼求情，皇甫规坚决不同意，终于以没有平定羌人残敌的罪名，被判拘押廷尉狱，判处送到左校营作苦工。公卿和太学生三百多人到宫门诉冤，皇甫规遇赦，回到家中。

汉桓帝延熹六年（癸卯，163 年）

春季，二月十一日戊午，司徒种暠去世。

三月二十二日戊戌，大赦天下。

任命卫尉颍川人许栩为司徒。

夏季，四月初五日辛亥，康陵东厢房失火。

五月，鲜卑人侵犯辽东属国。

秋季，七月初十日甲申，平陵园寝失火。

桂阳贼人李研等人骚扰郡界，武陵蛮又叛乱；太守陈举讨伐平定了。宦官向来讨厌冯绲，八月，冯绲被控以军队回师后盗贼重新叛乱的罪名被免职。

冬季，十月十三日丙辰，汉桓帝在广成打猎，于是巡幸函谷关、上林苑。光禄勋陈蕃上疏进谏说：“在国家安定的时候，打猎尤应有所节度，何况现在有‘三空’的厄运呢？田野空、朝廷空、仓库空。加上战争还没有停止，四方人民逃散，正是陛下忧心如焚，愁眉不展，彻夜不能安眠的时候，怎么可以耀武扬威，把心意用到狩猎上呢？而且去年秋天多雨，人民开始种麦，现在延误了他们耕种的时机，却下令征发他们为皇帝围猎驱赶禽兽、修筑道路服徭役，这不是圣贤体恤关心人民的本意。”奏章呈上，汉桓帝没有采纳。

十一月，司空刘宠被免职。十二月，任命卫尉周景为司空。周景是周荣的孙子。

时宦官方炽，景与太尉杨秉上言：“内外吏职，多非其人。旧典，中臣子弟，不得居位秉势；而今枝叶宾客，布列职署，或年少庸人，典据守宰；上下忿患，四方愁毒。可遵用旧章，退贪残，塞灾谤。请下司隶校尉、中二千石、城门、五营校尉、北军中候，各实核所部；应当斥罢，自以状言三府，廉察有遗漏，续上。”帝从之。于是秉条奏牧、守青州刺史羊亮等五十余人，或死或免，天下莫不肃然。

诏征皇甫规为度辽将军。初，张奂坐梁冀故吏，免官禁锢，凡诸交旧，莫敢为言；唯规荐举，前后七上，由是拜武威太守。及规为度辽，到营数月，上书荐奂，“才略兼优，宜正元帅，以从众望。若犹谓愚臣宜充举事者，愿乞冗官，以为奂副”。朝廷从之。以奂代规为度辽将军，以规为使匈奴中郎将。

西州吏民守阙为前护羌校尉段颎讼冤者甚众；会滇那等诸种羌益炽，凉州几亡，乃复以颎为护羌校尉。

尚书朱穆疾宦官恣横，上疏曰：“按汉故事，中常侍参选士人，建武以后，乃悉用宦者。自延平以来，浸益贵盛，假貂珰之饰，处常伯之任，天朝政事，一更其手。权倾海内，宠贵无极，子弟亲戚，并荷荣任，放滥骄溢，莫能禁御，穷破天下，空竭小民。愚臣以为可悉罢省，遵复往初，更选海内清淳之士明达国体者，以补其处，即兆庶黎萌，蒙被圣化矣！”帝不纳。后穆因进见，复口陈曰：“臣闻汉家旧典，置侍中、中常侍各一人，省尚书事；黄门侍郎一人，传发书奏；皆用姓族。自和熹太后以女主称制，不接公卿，乃以阉人为常侍，小黄门通命两宫。自此以来，权倾人主，穷困天下，宜皆罢遣，博选耆儒宿德，与参政事。”帝怒，不应。穆伏不肯起，左右传“出”！良久，乃趋而去。自此中官数因事称诏诋毁之。穆素刚，不得意，居无几，愤懑发疽卒。

（以上为第十段，写汉桓帝迫于舆论与军情，重新起用皇甫规、张奂、段颎等良将，惩治一批任州牧郡守的宦官子弟。）

这时，宦官势力正在壮大，周景和太尉杨秉上书说："朝廷内外的官吏，多是用人不当。按旧制，宦官的子弟不得当高官，掌大权；可是现在，宦官的亲族宾客，遍布朝廷各官署，有些年轻的平庸之辈，职任地方州郡长官，全国上下对此局面无不愤恨忧患，全国百姓愁苦怨恨。应当遵循旧章，黜退贪婪残暴之人，消除天灾谴告和人民的讥讽。请下诏司隶校尉、中二千石、城门、五营校尉、北军中候等，各部门切实核查所属部下；应当罢免的，主动呈报三府，复查有遗漏的，继续上报。"汉桓帝接受了，于是杨秉逐条列举进奏、弹劾青州刺史羊亮等州牧、郡守五十多人，有的处死，有的免职，天下肃然清静。

汉桓帝下诏征召皇甫规为度辽将军。当初，张奂被指控是梁冀的旧部，免除官职，禁锢在家。张奂的所有旧交无人敢替张奂说话，只有皇甫规推荐张奂，前后七次上奏，因此委派张奂为武威太守。等到皇甫规担任度辽将军，到职才几个月，就上书举荐张奂，认为："张奂才能谋略都很优秀，应该担任元帅，以满足众望。如果认为臣还可以充当军事长官，臣愿担任副职，作为张奂的助手。"朝廷准允了。任命张奂代替皇甫规为度辽将军，皇甫规为使匈奴中郎将。

西州的官吏和百姓守在宫门为前护羌校尉段颎诉冤，人数众多；正逢滇那等各部羌人的势力扩大，几乎要丢失凉州，才重新任命段颎为护羌校尉。

尚书朱穆痛恨宦官肆意专横，上疏说："按照汉朝旧制，中常侍只参与选拔士人，建武以后，才改为全用宦官。自从延平以来，宦官地位逐渐尊贵隆盛，凭借金蝉貂尾的帽饰，处于侍中的职位，朝廷大事全都要经过他们之手。宦官权力动摇全国，宠贵没有限度，他们的子弟亲戚都任要职，放纵骄横，无法控制，使天下穷窘，小民空竭。臣认为应当全部罢免，恢复从前的制度，另外选择国内清廉纯朴、通达国家体制的人，以弥补他们的职位，这样，亿万民众就能蒙受圣明的教化！"汉桓帝没有采纳。后来，朱穆有事进见，再次口头陈述说："臣听说汉朝旧的典章制度，设立侍中、中常侍各一人，负责传达尚书政事；黄门侍郎一人，传达奏书；都要用大姓的士子担当。自从和熹太后以女主的地位管理政事，不接触公卿，而任命宦官为常侍，小黄门在皇上和皇后之间奔走。从此以后，宦官权力超过君主，使天下人穷困，应当全部罢黜遣出，广泛选取年高德望的学者参与政事。"汉桓帝很不高兴，不理睬朱穆，朱穆伏在地上不肯起来，左右的人传令"出去！"过了很久，朱穆才急步离开。从此，宦官多次借传达汉桓帝命令的机会，诟骂朱穆。朱穆一向正直刚烈，不得意，没过多久，愤怒到了极点，引发毒疮溃烂而死。

【点评】

本卷史事点评下列四事，分述如下。

一、刘陶谏阻铸重币。铸造重币，就是铸造不等值的大钱，如同今之发行大额面值的纸币。铸造大钱就是用通货膨胀的办法转嫁国家财政赤字，祸害黎民百姓。汉武帝后期，财政枯竭，造白鹿皮币，一方尺白鹿皮，缘以藻缋，面值四十万。王莽制造刀币，契刀一枚值五百，文曰“契刀五百”，错刀一枚值五千，文曰“一刀直五千”。王莽多次改变铸钱面值，每改一次，就有大批民众破产，随后兴大狱。桓帝永寿三年（157），民众贫困交加，有人建议国家改铸大钱，朝廷让四府、群僚广泛讨论，让太学生参加讨论。于是太学生刘陶上奏，抨击铸重币之害。刘陶说：“当今民众的忧患，不是钱币，而是饥馑。即使把沙砾化成黄金，把瓦片变成白玉，民众渴了不能当水喝，饥了不能当饭吃，有什么用？民众可以一百年没有钱币，却不能一天没有饭吃。让民众富裕的唯一办法就是停止官府的重税和官吏的贪污，没有了重税和贪污，民众自然富足。”刘陶一针见血指出：“官府用铸大钱的方法来补救过失，好比把鱼养到沸水中，把鸟放置在烈火燃烧的树上一样。水和树木，本来是鱼和鸟的生命线，但用错地方，一定焦烂。”刘陶又警告说：如今“贪官污吏，凶残如同兀鹰，窃盗匪徒，掠夺好像乌鸦，连皮带肉把民众一口吞下还不满足，臣深忧一朝人民在困苦中崛起，有人振臂一呼，群起响应以求得一条生路，到那时，即使钱大如尺，也挽救不了危亡”。刘陶说理透彻，简洁明快，不可辩驳。东汉朝廷停止铸造重币的讨论，百姓避免了一场通货膨胀的灾难，刘陶之功也。

二、五侯横空出世。延熹二年（159），桓帝与小黄门史唐衡密议诛梁冀。唐衡引宦官左悺、单超、徐璜、蘧瑗共谋，轻而易举地诛杀了梁冀，恰如王夫之所说，如同瓮中捉鼠。原因是朝官士大夫自李固、杜乔死后，满朝文武噤若寒蝉，听任梁冀为所欲为，胡广之流明哲保身，阿附梁冀以分一杯羹，桓帝又是诸侯王子入继大统，不满处于傀儡的地位，朝官士大夫既不可依靠，而身边的人就是一群宦官。桓帝依靠宦官打倒外戚，夺回权力，就一心一意倒向宦官。而宦官在宫廷糜烂生活和皇帝淫威的熏陶下，养成了阿谀皇帝、崇拜权势的品行。他们只争自己的利益得失，哪管什么国计民生。桓帝依靠中官单超、左悺、蘧瑗、徐璜、唐衡五人诛杀梁冀，同日封五人为侯，世谓之五侯，其后超死，四侯专横，皆竞起宅第，穷极壮丽。民间语曰：“左回天，具独坐，徐卧虎，唐雨堕”。州郡牧守多为宦官子弟姻戚。他们不仅“剥割萌黎，竞恣奢欲”，而且“拘害明贤，专树党类”，真是“穷暴极毒，莫敢谁何”。宦官五侯横空出世，宦官势力开始达于鼎盛，东汉政治从此进入了黑暗，不久爆发的祸及全国的党锢之祸，就是朝官士大夫与外戚联合反击宦官激起的政治斗争，将在下卷点评中详析，兹从略。

三、五名士皆不应征。尚书令陈蕃举荐五位有大名声的隐逸贤士，豫章徐稚、彭城姜肱、汝南袁闳、京兆韦著、颍川李昙，桓帝派出五辆蒲轮安车，带着布帛礼品、皇帝诏书征起五位名士，五名士全都谢绝，不应征召。五名士中徐稚名声最大，他不应征召的心态也最为典型。徐稚字孺子，豫章南昌人。家贫，自耕为食。陈蕃为豫章太守，在郡不接待宾客，只有徐稚来访，专备一榻，徐稚走后就悬吊起来不再用。陈蕃以礼请徐稚为功曹，徐稚谢绝。稍后朝廷以有道之士名义征拜徐稚为太原太守，徐稚不应征，延熹二年（159），陈蕃为尚书令与仆射胡广联名举荐五名士，徐稚居首，五名士皆不就。郭林宗游说京师，徐稚带话给郭林宗说："巨木就要倒下，不是一根绳子可以把它拴住，为什么每天奔忙辛苦，不能安定下来。"郭林宗听了这话感慨地说："徐稚先生可以做我的老师。"徐稚遵循的原则是："邦有道则仕，邦无道则隐。"这是一种明哲保身的哲学，不符合"天下兴亡，匹夫有责"的大义原则，徐稚的社会责任感不能与郭林宗相比。但徐稚锐敏地看到了东汉政权的衰亡无可救药，所以不应征召，不愿与权奸小人为伍，耐得住安贫乐道仍然值得肯定。五名士都看到了东汉衰亡的前景，不愿为这个政权殉葬。

四、冯绲请监军。桓帝延熹五年（162），朝廷任命太常冯绲为车骑将军，领兵十余万讨武陵蛮。在这之前，几任将领出征，都被宦官诬陷克扣军资，往往无功有罪，冯绲出征，要求桓帝派中常侍一人监军财费，尚书朱穆弹劾冯绲为了避嫌，就要求宦官监军，丢失了大臣的节操。桓帝下诏不准弹劾，也就是批准了冯绲的请求，开了宦官监军的先例。王夫之批评冯绲开了一个恶例，宦官监军，影响深远，唐代、明代的宦官监军，无一不败坏军事。王夫之的批评，指错了目标。良将皇甫规讨平三辅河西的羌乱，冯绲讨平了荆州武陵蛮的叛乱，宦官仍借故将二人下狱。冯绲不请宦官监军，也会有李绲、王绲请宦官监军。唐代、明代，宦官监军，一再误事，乃至崇祯皇帝自毁长城杀袁崇焕，哪一个不是遭宦官的毒手？不是宦官有多大能量，而是皇帝猜疑而信宦官，皇权不受节制可以任意诛杀。宦官制度是专制政体上的一块恶性肿瘤，割除恶性肿瘤，躯体会随之死亡。可是专制政体不除，恶性肿瘤又伴随生长。因此宦官监军是专制之弊的必然发展，而不能怪罪冯绲开了先例。

汉纪四十七

汉桓帝延熹七年至九年（164—166年）

【起阏逢执徐（甲辰，164年），尽柔兆敦牂（丙午，166年），凡三年】

【大事提要】

本卷记事起公元164年，讫公元166年，凡三年，当桓帝延熹七年至九年。这一时期最重大的政治事件是爆发了第一次党锢之祸。大司农刘祐、河南尹李膺、廷尉冯绲联手惩治贪残，反被下狱。贤良刘瑜上奏，指出宦官不应裂土分封，宦官子弟不应任职地方。京师太学生与清流士大夫清议朝政，褒贬人物，渐成风气，形成社会舆论。地方功曹岑晊、张俭、范滂等人不接受宦官请托，惩治奸人，触动宦官集团利益，引发党锢之祸。窦贵人被立为皇后，其父窦武为特进、城门校尉，封槐里侯。窦武亲近清流士大夫，李膺出狱任司隶校尉，打击为恶的宦官，毫不手软，蛊惑桓帝的风角师张成推占朝廷有赦令，教子杀人。李膺嫉之如仇，在大赦令中杀死张成父子。宦官借机中伤，诬陷太学生与士大夫结成朋党，诽谤朝廷，扰乱风俗。桓帝大怒，以党人名义逮捕清流士大夫，第一次党锢之祸形成。

【原文】

孝桓皇帝中

延熹七年（甲辰，164年）

春，二月，丙戌，邟乡忠侯黄琼薨。将葬，四方远近名士会者六七千人。

初，琼之教授于家，徐稚从之咨访大义，及琼贵，稚绝不复交。至是，稚往吊之，进酹，哀哭而去，人莫知者。诸名士推问丧宰，宰曰："先时有一书生来，衣粗薄而哭之哀，不记姓字。"众曰："必徐孺子也。"于是选能言者陈留茅容轻骑追之，及于涂。容为沽酒市肉，稚为饮食。容问国家之事，稚不答。更问稼墙之事，稚乃答之。容还，以语诸人，或曰："孔子云：'可与言而不与言，失人。'然则孺子其失人乎？"太原郭泰曰："不然。孺子之为人，清洁高廉，饥不可得食，寒不可得衣，而为季伟饮酒食肉，此为已知季伟之贤故也！所以不答国事者，是其智可及，其愚不可及也！"

（以上为第一段，写名士徐孺子风采。）

泰博学，善谈论。初游洛阳，时人莫识，陈留符融一见嗟异，因以介于河南尹李膺。膺与相见，曰："吾见士多矣，未有如郭林宗者也。其聪识通朗，高雅密博，今之华夏，鲜见其俦。"遂与为友，于是名震京师。后归乡里，衣冠诸儒送至河上，车数千两，膺唯与泰同舟而济，众宾望之，以为神仙焉。

泰性明知人，好奖训士类，周游郡国。茅容，年四十余，耕于野，与等辈避雨树下，众皆夷踞相对，容独危坐愈恭；泰见而异之，因请寓宿。旦日，容杀鸡为馔，泰谓为己设；容分半食母，余半庋置，自以草蔬与客同饭。泰曰："卿贤哉远矣！郭林宗犹减三牲之具以供宾旅，而卿如此，乃我友也。"起，对之揖，劝令从学，卒为盛德。巨鹿孟敏，客居太原，荷甑堕地，不顾而去。泰见而问其意，对曰："甑已破矣！视之何益！"泰以为有分决，与之言，知其德性，因劝令游学，遂知名当世。陈留申屠蟠，家贫，佣为漆工；鄢陵庾乘，少给事县廷为门士；泰见而

【语译】

孝桓皇帝中

汉桓帝延熹七年（甲辰，164 年）

春季，二月［三月］十五日丙戌，邟乡忠侯黄琼去世。即将安葬，远近各地来了六七千人吊丧。

当初，黄琼在家设教，徐稚追随他访求道义，等到黄琼做了高官，徐稚就不再与他交往。到黄琼去世时，徐稚才前往吊祭，以酒洒地祭奠，哀哭离去，但没有人认识他。那些名士便问主持丧事的人，主持回答说："先前有一位书生到来，穿的是粗布衣服，哭得很悲伤，但没有留下姓名。"众人说："一定是徐稚。"于是就推选善言的陈留人茅容骑马去追赶徐稚，在半道追上徐稚。茅容特地打酒买肉招待徐稚，徐稚吃了茅容这一顿饭。茅容询问国家大事，徐稚不回答。改问有关庄稼的事情，徐稚才回答。茅容回来，向大家说明情况，有的人说："孔子说：'可以与某人谈论大道而不谈论，就失去了可以谈论的人。'照此说来，徐稚岂不是失去了一个可以论道的人么？"太原人郭泰说："不对。徐稚为人，清廉高洁，即使饥饿了，没有人可以让他吃饭；即使冷了，没有人可以让他穿衣。而却能与季伟（茅容的字）饮酒食肉，这是徐稚已经知道了季伟贤明的缘故啊！他之所以不回答有关国事的问题，是因为他的智慧我们可以赶得上，而他的大智若愚我们赶不上啊！"

郭泰学识广博，善于谈论。初游洛阳时，当时的人都不认识郭泰，陈留人苻融一见郭泰便很惊异，就把郭泰介绍给河南尹李膺。李膺与郭泰相见，说："我见到过的贤士够多了，还没有像郭林宗（郭泰的字）这样的。他有聪慧卓识，品行高雅，思维细密精博，在今天，还很难遇见能与他匹敌的人。"就与郭泰交为朋友，这样郭泰名震京师。后来郭泰返乡时，达官贤士送他到黄河岸边，有数千辆车子，李膺独与郭泰同舟渡河，众宾客望见他们，觉得像是神仙在舟中。

郭泰有知人之明，喜好鼓励士人上进，到郡国周游。茅容有四十多岁，在田野耕种，与农友们在树下避雨，众人都杂乱地蹲坐在地上，茅容却正襟端坐，非常恭敬；郭泰见了很惊异，请求在茅容家借宿。第二天，茅容杀鸡做菜，郭泰以为是招待自己；茅容分了半只鸡给母亲吃，剩下的半只搁在橱柜里，自己却炒了素菜与客人一同吃饭。郭泰说："你的贤德远远超过了一般人！我郭林宗尚且还要减少对双亲的供养，用来招待宾客，而你竟然如此，这才是我要交的朋友啊。"郭泰站起来，向茅容作揖，勉励他从学，终于将他培养成有高超德行的人。巨鹿人孟敏，寄居在太原，扛着的瓦甑摔在地上，看都不看就走了。郭泰看见问他是如何想的，孟敏回答：

奇之，其后皆为名士。自余或出于屠沽、卒伍，因泰奖进成名者甚众。

陈国童子魏昭请于泰曰："经师易遇，人师难遭，愿在左右，供给洒扫。"泰许之。泰尝不佳，命昭作粥，粥成，进泰，泰呵之曰："为长者作粥，不加意敬，使不可食！"以杯掷地。昭更为粥重进，泰复呵之。如此者三，昭姿容无变。泰乃曰："吾始见子之面，而今而后，知卿心耳！"遂友而善之。

陈留左原，为郡学生，犯法见斥，泰遇诸路，为设酒肴以慰之。谓曰："昔颜涿聚，梁甫之巨盗。段干木，晋国之大驵，卒为齐之忠臣，魏之名贤；蘧瑗、颜回尚不能无过，况其余乎！慎勿恚恨，责躬而已！"原纳其言而去。或有讥泰不绝恶人者，泰曰："人而不仁，疾之已甚，乱也。"原后忽更怀忿结客，欲报诸生。其日，泰在学，原愧负前言，因遂罢去。后事露，众人咸谢服焉。

或问范滂曰："郭林宗何如人？"滂曰："隐不违亲，贞不绝俗，天子不得臣，诸侯不得友，吾不知其他。"

泰尝举有道，不就，同郡宋冲素服其德，以为自汉元以来，未见其匹，尝劝之仕。泰曰："吾夜观乾象，昼察人事，天之所废，不可支也，吾将优游卒岁而已。"然犹周旋京师，诲诱不息。徐稚以书戒之曰："大木将颠，非一绳所维，何为栖栖不遑宁处！"泰感寤曰："谨拜斯言，以为师表。"

（以上为第二段，写党人精神领袖郭林宗识人，以及善处乱世之道。）

济阴黄允，以隽才知名，泰见而谓曰："卿高才绝人，足成伟器，年过四十，声名著矣。然至于此际，当深自匡持，不然，将失之矣！"后司徒袁隗欲为从女求姻，见允，叹曰："得婿如是，足矣。"允闻而黜遣其

“瓦甑已经摔破了，看了它又有何用！”郭泰认为孟敏处事有决断能力，与他交谈，了解他的德行，趁机劝孟敏游学，孟敏终于闻名当世。陈留人申屠蟠家贫，替人做油漆工；鄢陵人庾乘，年轻时在县衙做守门人；郭泰见到他们认为是奇才，后来他们都成为知名人士。其余有些出身于屠宰、沽酒、行伍的人，因获郭泰奖励成名的人很多。

陈国少年魏昭求见郭泰说：“学识渊博的经师容易遇见，品行高尚的人师难得碰见，我愿意跟追随在你身边，做些打扫卫生的杂事。”郭泰答应了。郭泰曾身体不适，叫魏昭煮稀饭，稀饭煮好了，进奉给郭泰，郭泰大声斥责说：“替长辈煮稀饭，没有敬意，使我怎么吃得进！”把碗扔到地上。魏昭重新煮了稀饭，进奉给郭泰，郭泰再次大声斥责他。像这样有三次，魏昭始终不动声色。郭泰才说：“起初我只见到你的外表，从今之后，了解你的内心了！”于是把魏昭当作朋友善待他。

陈留人左原作为郡里的学生，犯法被斥责，郭泰在路上遇到他，设置酒菜安慰他，说：“从前颜涿聚是梁甫山的大盗，段干木是晋国大市侩，最后分别成了齐国的忠臣，魏国的名贤；蘧瑗、颜回尚且不能没有过错，何况其他的人呢？千万不要愤恨，应当反躬自责。”左原接受了他的劝告离去。有人嘲讽郭泰连坏人都不拒绝，郭泰说：“一个没有仁德的人，若是过分厌恶他，就会生出更大的乱子。”左原后来又心怀恨意，约聚党羽，想去报复学士们。那天，郭泰正在郡学中，左原感到辜负了郭泰先前的劝导，就羞愧地走了。后来这件事的真相被弄清了，众人都很感谢和敬佩郭泰。

有人问范滂说：“郭林宗这人怎么样？”范滂回答说：“他隐居不仕，却不违反双亲，保持操守，却不与世俗断绝，天子不能得他为臣，诸侯不能得他为交，其他的我就不知道了。”

郭泰曾经被推举为有道之士，不肯应征，同郡人宋冲向来仰慕郭泰的德行，认为从汉初以来，没有见到有人能与他相比，曾劝他出来当官。郭泰说：“我夜里观察天象，白天观察人事，上天要废除这个朝代，人力不可撑住，我只想优游自在地过完这一辈子。”然而郭泰却还是在京师与各方应酬，谆谆地劝导人们从不停止。徐稚写信告诫他说：“大树将倒，不是一根绳子所能维系的，为什么还要忙忙碌碌不休息，难道没有清静的地方？”郭泰感悟地说：“我诚恳地接受你的劝诲，以你为我的表率。”

济阴人黄允，以高才闻名于世，郭泰见到黄允对他说：“你的才气过人，足成大器，四十岁以后，名声赫赫。然而到了这个时候，应知自我约束，不然，美誉将被毁掉！”后来司徒袁隗想为侄女物色夫婿，见到黄允，赞叹说：“能有这样的女婿，

妻。妻请大会宗亲为别，因于众中攘袂数允隐慝十五事而去，允以此废于时。

初，允与汉中晋文经并恃其才智，曜名远近，征辟不就。托言疗病京师，不通宾客，公卿大夫遣门生旦暮问疾，郎吏杂坐其门，犹不得见；三公所辟召者，辄以询访之，随所臧否，以为与夺。符融谓李膺曰："二子行业无闻，以豪杰自置，遂使公卿问疾，王臣坐门，融恐其小道破义，空誉违实，特宜察焉。"膺然之。二人自是名论渐衰，宾徒稍省，旬日之间，惭叹逃去，后并以罪废弃。

（以上为第三段，写假名士黄允现形嘴脸。）

陈留仇香，至行纯嘿，乡党无知者。年四十，为蒲亭长。民有陈元，独与母居，母诣香告元不孝，香惊曰："吾近日过元舍，庐落整顿，耕耘以时，此非恶人，当是教化未至耳。母守寡养孤，苦身投老，奈何以一旦之忿，弃历年之勤乎！且母养人遗孤，不能成济，若死者有知，百岁之后，当何以见亡者！"母涕泣而起。香乃亲到元家，为陈人伦孝行，譬以祸福之言，元感悟，卒为孝子。考城令河内王奂署香主簿，谓之曰："闻在蒲亭，陈元不罚而化之，得无少鹰鹯之志邪？"香曰："以为鹰鹯不若鸾凤，故不为也。"奂曰："枳棘之林非鸾凤所集，百里非大贤之路。"乃以一月奉资香，使入太学。郭泰、符融赍刺谒之，因留宿；明旦，泰起，下床拜之曰："君，泰之师，非泰之友也。"香学毕归乡里，虽在宴居，必正衣服，妻子事之若严君；妻子有过，免冠自责，妻子庭谢思过，香冠，妻子乃敢升堂，终不见其喜怒声色之异。不应征辟，卒于家。

（以上为第四段，写学行一致的真名士仇香风采。）

三月，癸亥，陨石于鄠。

夏，五月，己丑，京师雨雹。

荆州刺史度尚募诸蛮夷击艾县贼，大破之，降者数万人。桂阳宿贼卜阳、潘鸿等逃入深山，尚穷追数百里，破其三屯，多获珍宝。阳、鸿

就心满意足了。”黄允听说后就要休去自己的妻子。妻子邀请很多宗亲聚会作为告别，当着众人激愤地数落黄允十五件隐瞒的丑事，然后离去，黄允因此被时人唾弃。

当初，黄允与汉中人晋文经都依恃自己的才智，远近扬名，不应征召。声称有病到京师疗病，不与宾客交往，公卿大夫派门生早晚去探询病情，郎吏以下的小官去看望的挤满门庭，却见不到他们；三公府所荐举征召的人，都要去访问晋文经、黄允二人，做出评价，二人随意褒贬，竟使三公作为任用与黜退的依据。苻融对李膺说：“这两个人的德行功业一无所闻，却以豪杰自居，竟能使公卿差人问病，朝官聚坐门口，我忧心他们的小聪明会破坏大义，空有声誉，名不副实，特别应当留意考察。”李膺认为说得对。这两个人从此名望和评论都渐渐衰退，宾客门徒越来越少了，过了十天左右，惭愧叹息而逃走，后来都因罪而被黜免。

陈留人仇香，德行至美，默默无闻，同乡的人都不了解他。四十岁时，做了蒲亭长。乡民陈元与母亲各自单独居住，母亲到仇香那里告陈元不孝，仇香惊奇地说：“我最近曾经过陈元家，房舍院落都整顿得很好，按时耕耘，他不是个坏人，一定是没有受到好好教导。母亲守寡养孤儿，一辈子辛苦，而今年衰，怎可因一时之愤，就抛开了多年养育的辛勤呢？再说当母亲的养育遗孤，不能教子成器，如果死者知道，您去世之后，有何面目去见死去的丈夫呢？”陈元的母亲流泪站起来。仇香于是亲自到陈元家，向他讲述伦理孝道，并以祸福报应的例子做比喻，陈元感悟，最终成为孝子。考城县令河内人王奂任命仇香为主簿，王奂对仇香说：“听说你在蒲亭时，不惩罚陈元而教化他，未免缺乏雄鹰搏击的志向吧？”仇香说：“我以为雄鹰的搏击不如鸾凤的和鸣，所以不用惩罚治民。”王奂说：“长满荆棘的丛林不是鸾凤的栖身之处，一个百里的县城不是高尚的贤人所走的路。”于是用一个月的薪俸资助仇香，让他进太学。郭泰、苻融带着名帖拜见仇香，趁机在他那儿住了一夜，第二天清晨，郭泰起身，下床向仇香拜揖说：“您是我的老师，不是我的朋友。”仇香学成回乡，即使是平常闲居，也一定穿戴整齐，妻子儿女待他像侍奉严君一样；妻子儿女有过错，仇香就摘下帽子以示自责，等妻子儿女在院子里承认错误，表示悔改后，仇香才戴上帽子，妻子儿女才被允许进屋，始终不见他因喜怒而改变音容。仇香不应征召，死于家中。

三月［四月］二十四日癸亥，在鄠县落下陨石。

夏季，五月十九日己丑，京师洛阳下冰雹。

荆州刺史度尚召募蛮夷进击艾县的贼人，获得大胜，有数万人归降。桂阳郡多年来的贼人卜阳、潘鸿等逃到深山，度尚死死追击了好几百里，攻破三处据点，获

党众犹盛，尚欲击之，而士卒骄富，莫有斗志。尚计缓之则不战，逼之必逃亡，乃宣言：“卜阳、潘鸿作贼十年，习于攻守，今兵寡少，未易可进，当须诸郡所发悉至，乃并力攻之。”申令军中恣听射猎，兵士喜悦，大小皆出。尚乃密使所亲客潜焚其营，珍积皆尽；猎者来还，莫不泣涕。尚人人慰劳，深自咎责，因曰：“卜阳等财宝足富数世，诸卿但不并力耳，所亡少少，何足介意！”众咸愤踊。尚敕令秣马蓐食，明旦，径赴贼屯，阳、鸿等自以深固，不复设备，吏士乘锐，遂破平之。尚出兵三年，群寇悉定，封右乡侯。

（以上为第五段，写荆州刺史度尚巧计破贼，抚定荆州。）

冬，十月，壬寅，帝南巡；庚申，幸章陵；戊辰，幸云梦，临汉水，还，幸新野。时公卿、贵戚车骑万计，征求费役，不可胜极。护驾从事桂阳胡腾上言：“天子无外，乘舆所幸，即为京师。臣请以荆州刺史比司隶校尉，臣自同都官从事。”帝从之。自是肃然，莫敢妄干扰郡县。帝在南阳，左右并通奸利，诏书多除人为郎，太尉杨秉上疏曰：“太微积星，名为郎位，入奉宿卫，出牧百姓，宜割不忍之恩，以断求欲之路。”于是诏除乃止。

护羌校尉段颎击当煎羌，破之。

十二月，辛丑，车驾还宫。

中常侍汝阳侯唐衡、武原侯徐璜皆卒。

初，侍中寇荣，恂之曾孙也，性矜洁，少所与，以此为权宠所疾。荣从兄子尚帝妹益阳长公主，帝又纳其从孙女于后宫。左右益忌之，遂共陷以罪，与宗族免归故郡，吏承望风旨，持之浸急。荣恐不免，诣阙自讼。未至，刺史张敬追劾荣以擅去边，有诏捕之，荣逃窜数年，会赦，不得除，积穷困，乃自亡命中上书曰：“陛下统天理物，作民父母，自生齿以上，咸蒙德泽；而臣兄弟独以无辜，为专权之臣所见批抵，青蝇之人所共构会，今陛下忽慈母之仁，发投杼之怒。残谄之吏，张设机网，并驱争先，若赴仇敌，罚及死没，髡剔坟墓，欲使严朝必加滥罚；是以不敢触突天威而自窜山林，以俟陛下发神圣之听，启独睹之明，救可济

得许多珍宝。卜阳、潘鸿的势力仍然很大，度尚想继续进攻他们，但士卒骄傲，没有斗志。度尚审度形势，拖延下去，士气低落不肯出战；逼迫过甚，士兵必定要逃跑，于是宣称：“卜阳、潘鸿当了十年盗贼，擅长攻守，现在我们军队太少，不可轻易进攻，只有等待各郡派来的军队都到了才能协力进攻。”下令军中士兵自由行动，准许出营射猎，兵士高兴，上下都出营作乐。度尚秘密派自己的亲信潜入他们的军营放火，军资及个人所藏全部化为灰烬；等打猎的士兵回来，没有不痛惜流泪的。度尚逐个安慰，狠狠地责备自己对火灾的责任，趁机说：“卜阳等人的财宝足够用几辈子，只怕你们不肯出力，被烧毁的比起他们的聚积，少得可怜，不值得耿耿于怀。”全军感情激动，踊跃请求出征。度尚命令喂饱战马，早早吃饭。第二天清晨，直捣贼窝，卜阳、潘鸿等人自以为营垒很坚固，未加提防，官军借着锐气，终于攻陷贼营。度尚出征三年，完全平定盗贼，册封为右乡侯。

冬季，十月初五日壬寅，汉桓帝南巡。十月二十三日庚申，汉桓帝巡幸章陵；十一月初一日戊辰，汉桓帝巡幸云梦，抵至汉水，返回，巡幸新野。当时护驾的公卿贵戚车马数以万计，征用的财物和劳役无法计算。护驾从事桂阳人胡腾上奏说：“天子所到之处没有内外之别，圣驾所到之处就是京城。臣请求以荆州刺史比同司隶校尉，臣自己与都官从事一样。”汉桓帝接受了。从此，汉桓帝扈从队伍一片肃然，没有人敢再借天子权威扰乱勒索郡县。汉桓帝在南阳，左右亲信都营私舞弊，使得汉桓帝下诏任命了不少人为郎。太尉杨秉上疏劝谏说：“太微宫五帝后有众多小星，称为郎位，在朝负责宿卫，外出牧守百姓，请陛下割弃不忍拒绝的小恩，用以断绝奸人求欲的道路。”于是，汉桓帝不再下诏拜官。

护羌校尉段颎攻击当煎羌，打败他们。

十二月初四日辛丑，汉桓帝车驾回到洛阳宫。

中常侍汝阳侯唐衡、武原侯徐璜都去世了。

当初，寇恂的曾孙寇荣生性高傲廉洁，很少与人交往，因此受到权贵宠臣的嫉恨。寇荣堂兄的儿子娶了汉桓帝的妹妹益阳长公主，汉桓帝又把寇荣的侄孙女纳入后宫。于是桓帝左右的人更加忌恨寇荣，就共同诬陷寇荣，使寇荣与宗族的人都被免官回到故乡，地方官员受权贵指使，对寇荣的迫害一天天加深。寇荣担心灾祸不可避免，就到宫廷去倾诉。人未到京城，刺史张敬就抢先弹劾他擅离边境，朝廷下诏追捕寇荣。寇荣只得逃跑，过了数年，遇到大赦天下，但不赦免寇荣的罪，困难越来越多。寇荣于是就在逃亡途中上书，说：“陛下统管天下万物，为民父母，一岁以上的百姓都蒙受恩泽；而臣兄弟本是无辜的，却被专权的臣子打击，受到像青蝇般的小人陷害，现在陛下忽视慈母的仁爱，却发泄出像曾参老母那样扔下织布梭子

之人，援没溺之命。不意滞怒不为春夏息，淹恚不为岁时怠，遂驰使邮驿，布告远近，严文克剥，痛于霜雪，逐臣者穷人途，追臣者极车轨，虽楚购伍员，汉求季布，无以过也。臣遇罚以来，三赦再赎，无验之罪，足以蠲除；而陛下疾臣愈深，有司咎臣甫力，止则见扫灭，行则为亡虏，苟生则为穷人，极死则为冤鬼，天广而无以自覆，地厚而无以自载，蹈陆土而有沉沦之忧，远岩墙而有镇压之患。如臣犯元恶大憝，足以陈原野，备刀锯，陛下当班布臣之所坐，以解众论之疑。臣思入国门，坐于肺石之上，使三槐九棘平臣之罪，而阊阖九重，陷阱步设，举趾触罘罝，动行絓罗网，无缘至万乘之前，永无见信之期。悲夫，久生亦复何聊！盖忠臣杀身以解君怒，孝子殒命以宁亲怨，故大舜不避涂廪、浚井之难，申生不辞姬氏谗邪之谤；臣敢忘斯义，不自毙以解明朝之忿哉！乞以身塞责，愿陛下丐兄弟死命，使臣一门颇有遗类，以崇陛下宽饶之惠。先死陈情，临章泣血！”帝省章愈怒，遂诛荣，寇氏由是衰废。

（以上为第六段，写开国功臣寇恂曾孙寇荣，身为皇亲国戚，生性傲岸廉洁，遭群小构陷致死，寇氏衰落。）

八年（乙巳，165年）

春，正月，帝遣中常侍左悺之苦县祠老子。

勃海王悝，素行险僻，多僭傲不法。北军中候陈留史弼上封事曰：“臣闻帝王之于亲戚，爱虽隆必示之以威，体虽贵必禁之以度，如是，和睦之道兴，骨肉之恩遂矣。窃闻勃海王悝，外聚剽轻不逞之徒，内荒酒乐，出入无常，所与群居，皆家之弃子，朝之斥臣，必有羊胜、伍被之变。州司不敢弹纠，傅相不能匡辅，陛下隆于友于，不忍遏绝，恐遂滋蔓，为害弥大。乞露臣奏。宣示百僚，平处其法。法决罪定，乃下不忍之诏；臣下固执，然后少有所许：如是，则圣朝无伤亲之讥，勃海有享国之庆；不然，惧大狱将兴矣。”上不听。悝果谋为不道，有司请废之，诏贬为瘿陶王，食一县。

的愤怒。残虐谄媚的酷吏张设陷网，都争着诬陷臣，如同报复仇敌，惩罚已经去世的人，把坟前松柏砍光，使坟墓像似受了髡刑一样，想要使严明的朝廷再滥施重刑；因此，臣不敢冒犯圣怒，只好逃到山林，用以等待陛下打开神圣的听觉，张开圣明的眼睛，拯救可以救济的人，帮助快被淹死的人。没想到陛下的积怒并未随着春夏的过去而消失，仇恨并未随岁月的流逝而冲淡，始终让驿使奔跑，远近传告，严厉地通缉，令限期捉拿，读后犹如遭受霜雪，缉拿臣的人搜索尽了所有的道路，布满了所有通车的路口，即便是昔日楚王逮捕伍员，前汉搜捕季布，也没有今天追捕臣这样严厉。臣受罚以来，已经遇到三次赦令和两次赎罪的命令，臣犯有无法验证的罪责，也足以赦免；但陛下对臣越来越恨，使得主管部门对臣的追捕越来越厉害，臣不逃就会丧命，逃跑则成了在逃犯，苟且偷生就是个穷途末路的人，自杀又会是个冤死鬼，上天宽广无边却不肯覆盖臣，土地辽阔却不肯载臣立足，臣脚踏大地也有陷下去的忧虑，远离高墙仍有被墙塌埋的灾祸。如果臣犯了滔天大罪，实在应该千刀万剐，暴陈荒野，陛下应当颁布臣的罪行事实，以消解众人的疑问。臣想进京，坐在宫廷门外的肺石上，让三公九卿平议臣的罪过，但是宫门重重，步步是陷阱，走一步就会触及法网，动一动就会遭受陷害，臣没有机会到陛下面前，永远也不会有被信任的时候。悲叹啊！长久地这样活着又有什么意思！忠臣杀身以消解君主的怒气，孝子舍命以平静父母的怨恨，所以大舜不回避涂廪、掘井的危难，申生不逃避后母姬氏谗邪的诽谤；臣怎敢忘却这些道理，不自杀以消除圣上的忿恨！请求以身抵罪，希望陛下饶恕兄弟的死罪，让臣家族留有后代，以显扬陛下宽宏的恩惠。临死哀诉以表衷情，面对奏章泪尽流血。”汉桓帝看了奏章后更加愤怒，于是杀了寇荣，寇氏从此衰败。

汉桓帝延熹八年（乙巳，165 年）

春季，正月，汉桓帝派遣中常侍左悺到苦县祭祀老子。

勃海王刘悝向来阴险冷僻，经常傲慢不遵法纪。北军中候陈留人史弼上密奏：“臣听说帝王对于亲戚，虽厚爱但要显示威严，仪礼虽尊贵但须以法度加以控制，如此，和睦的风气才能兴起，骨肉的恩情才能保全。臣听说勃海王刘悝，在外聚集了剽悍轻狂的不法之徒，在内疯狂地酗酒作乐，进出王府没有法度，与他一起居住的都是被家族抛弃的浪荡公子，朝廷斥责的奸邪小人，必然引发羊胜、伍被之类的叛变。州刺史不敢弹劾追究，诸侯王太傅、丞相也不能匡正辅佐，陛下碍于兄弟手足之情，不忍心及时阻止，恐怕日益蔓延，酿成大患。请求公开臣的奏疏。向群臣宣布，由百官平议，依法处置。根据法律定罪以后，陛下再颁不忍严惩的诏书；臣下出面坚决依法惩治，然后由陛下裁定略加宽大，这样，圣明的朝廷不会受到伤害亲

丙申晦，日有食之。诏公、卿、校尉举贤良方正。

千秋万岁殿火。

中常侍侯览兄参为益州刺史，残暴贪婪，累臧亿计。太尉杨秉奏槛车征参，参于道自杀，阅其车重三百余两，皆金银锦帛。秉因奏曰：“臣案旧典，宦者本在给使省闼，司昏守夜；而今猥受过宠，执政操权，附会者因公褒举，违忤者求事中伤，居法王公，富拟国家，饮食极肴膳，仆妾盈纨素。中常侍侯览弟参，贪残元恶，自取祸灭；览顾知衅重，必有自疑之意，臣愚以为不宜复见亲近。昔懿公刑邴歜之父，夺阎职之妻，而使二人参乘，卒有竹中之难。览宜急屏斥，投畀有虎，若斯之人，非恩所宥，请免官送归本郡。”书奏，尚书召对秉掾属，诘之曰：“设官分职，各有司存。三公统外，御史察内；今越奏近官，经典、汉制，何所依据？其开公具对！”秉使对曰：“《春秋传》曰：‘除君之恶，唯力是视。’邓通懈慢，申屠嘉召通诘责，文帝从而请之。汉世故事，三公之职，无所不统。”尚书不能诘，帝不得已，竟免览官。司隶校尉韩缜因奏左悺罪恶，及其兄太仆南乡侯称请托州郡，聚敛为奸，宾客放纵，侵犯吏民。悺、称皆自杀。缜又奏中常侍蘧瑗兄沛相恭臧罪，征诣廷尉。瑗诣狱谢，上还东武侯印绶，诏贬为都乡侯。超及璜、衡袭封者，并降为乡侯，子弟分封者，悉夺爵土。刘普等贬为关内侯，尹勋等亦皆夺爵。

（以上为第七段，写宦官五侯子弟在地方为官，作恶多端犯众怒，汉桓帝接受舆情，五侯袭封者被贬为乡侯。）

帝多内宠，宫女至五六千人，及驱役从使复兼倍于此，而邓后恃尊骄忌，与帝所幸郭贵人更相谮诉。癸亥，废皇后邓氏，送暴室，以忧死。河南尹邓万世、虎贲中郎将邓会皆下狱诛。

护羌校尉段颎击罕姐羌，破之。

三月，辛巳，赦天下。

宛陵大姓羊元群罢北海郡，臧污狼藉；郡舍溷轩有奇巧，亦载之以归。河南尹李膺表按其罪；元群行赂宦官，膺竟反坐。单超弟迁为山阳

情的嘲讽，勃海国也有长存的幸福。不这样的话，恐怕会发生重大狱案。”汉桓帝不听。刘悝果然图谋不轨，主管官员奏请废除刘悝，下诏贬刘悝为瘿陶王，食邑一县。

正月三十日丙申，发生日食。汉桓帝下诏公、卿、校尉推荐贤良方正。

千秋万岁殿失火。

中常侍侯览的弟弟侯参任益州刺史，凶残贪婪，赃款以亿计算。太尉杨秉奏请以囚车征回侯参，侯参在途中自杀，搜出装有金银锦帛的重车三百多辆。杨秉因此上奏说：“臣寻查先前的典章制度，宦官本来只限于在宫内供使唤，负责早晚看守门户；而现在多受过分宠爱，执掌政权，依附宦官的人，宦官就利用国家推荐人才的机会选用他们；冒犯宦官的人，宦官就找借口中伤他们。宦官的居室模仿王侯三公，富贵比拟国家，饮食极尽珍肴，奴仆侍妾都穿绫罗绸缎。中常侍侯览的弟弟侯参，贪婪残暴，罪大恶极，自取灭亡。侯览知道侯参的罪恶深重，必然惧怕不安，臣认为不宜让他再亲近陛下。过去，齐懿公对邴歜父亲施以刑罚，强占阎职的妻子，却让邴歜赶车，阎职陪乘，终于发生了竹林中的大祸。应当尽快斥逐侯览，把他投给饿虎，像他这种人，不可以施恩宽恕，请免除他的官职，送回本郡。”奏书呈上，尚书召见杨秉的属吏，责备说：“设置官署分配职务，各有工作范围。三公掌管朝外，御史按察宫内；现在太尉越职弹劾内侍，是根据经典还是汉朝制度？请公做出详细回答。”杨秉的属吏回答：“《春秋传》说：‘为君王铲除奸恶，要尽力而为。’邓通举动轻慢长上，申屠嘉召见邓通审问斥责，汉文帝为他求情。汉朝旧例，三公职权，无所不管。”尚书无法反驳，汉桓帝不得已，只好免除了侯览的官职。司隶校尉韩縯因此弹劾左悺的罪恶，以及左悺兄长太仆南乡侯左称私相嘱托州郡官府，聚敛作奸，宾客仗势横行，侵犯官吏百姓。左悺、左称都自杀。韩縯又弹劾中常侍蘧瑗的兄长沛国相具恭的贪赃罪行，征召到廷尉。蘧瑗到狱中谢罪，交还东武侯印绶，下诏贬为都乡侯。单超、徐璜、唐衡的袭封者都贬为乡侯，子弟得分封的都被夺去爵位和封土。刘普等人被贬为关内侯，尹勋等人都被削夺爵位。

汉桓帝有许多女宠，宫女多达五六千人，而侍候有官称宫女的奴仆妇女，又多出一倍。而邓皇后依仗尊贵的地位，骄横妒忌，和汉桓帝宠幸的郭贵人互相诋毁。二月二十七日癸亥，废黜皇后邓氏，送到宫禁监狱，邓皇后忧愤而死。河南尹邓万世、虎贲中郎将邓会都下狱被杀。

护羌校尉段颎攻袭勒姐羌，战胜了他们。

三月十六日辛巳，大赦天下。

宛陵大族羊元群被罢免了北海郡郡守职务，他贪赃枉法，声名狼藉；郡府的珍奇饰物，也被羊元群装在车子上带走。河南尹李膺上表请求审查羊元群；羊元群贿

太守，以罪系狱，廷尉冯绲考致其死；中官相党，共飞章诬绲以罪。中常侍苏康、管霸，固天下良田美业，州郡不敢诘，大司农刘祐移书所在，依科品没入之；帝大怒，与膺、绲俱输作左校。

夏，四月，甲寅，安陵园寝火。

丁巳，诏坏郡国诸淫祀，特留洛阳王涣、密县卓茂二祠。

五月，丙戌，太尉杨秉薨。秉为人，清白寡欲，尝称“我有三不惑：酒、色、财也”。

秉既没，所举贤良广陵刘瑜乃至京师上书言：“中官不当比肩裂土，竞立胤嗣，继体传爵。又，嬖女充积，冗食空宫，伤生费国。又，第舍增多，穷极奇巧，掘山攻石，促以严刑。州郡官府，各自考事，奸情赇赂，皆为吏饵。民愁郁结，起入贼党，官辄兴兵诛讨其罪，贫困之民，或有卖其首级以要酬赏，父兄相代残身，妻孥相视分裂。又，陛下好微行近习之家，私幸宦者之舍，宾客市买，熏灼道路，因此暴纵，无所不容。惟陛下开广谏道，博观前古，远佞邪之人，放郑、卫之声，则政致和平，德感祥风矣。”诏特召瑜问灾咎之征。执政者欲令瑜依违其辞，乃更策以他事，瑜复悉心对八千余言，有切于前。拜为议郎。

荆州兵朱盖等叛，与桂阳贼胡兰等复攻桂阳，太守任胤弃城走，贼众遂至数万。转攻零陵，太守下邳陈球固守拒之。零陵下湿，编木为城，郡中惶恐。掾史白球遣家避难，球怒曰：“太守分国虎符，受任一邦，岂顾妻孥而沮国威乎！复言者斩！”乃弦大木为弓，羽矛为矢，引机发之，多所杀伤。贼激流灌城，球辄于内因地势，反决水淹贼，相拒十余日不能下。时度尚征还京师，诏以尚为中郎将，率步骑二万余人救球，发诸郡兵并势讨击，大破之，斩兰等首三千余级，复以尚为荆州刺史。苍梧太守张叙为贼所执，及任胤皆征弃市。胡兰余党南走苍梧，交趾刺史张磐击破之，贼复还入荆州界。度尚惧为己负，乃伪上言苍梧贼入荆州界，于是征磐下廷尉。辞状未正，会赦见原，磐不肯出狱，方更牢持械节。狱吏谓磐曰：“天恩旷然，而君不出，可乎？”磐曰：“磐备位方伯，为尚所枉，受罪牢狱。夫事有虚实，法有是非，磐实不辜，赦无所除；如忍

赂宦官，李膺反被判罪。单超的弟弟单迁为山阳太守，犯罪下狱，廷尉冯绲把他拷打致死；宦官群起攻击，一起上奏章诬陷冯绲有罪。中常侍苏康、管霸，强占天下良田美业，州郡官吏不敢谴责，大司农刘祐写信给有关州郡，按照法令没收了他们的田产；皇帝大怒，将刘祐和李膺、冯绲一起送到左校去做苦工。

夏季，四月十九日甲寅，安陵园寝失火。

四月二十二日丁巳，汉桓帝下诏拆除各郡各封国滥建的祭祠，只保留洛阳王涣、密县卓茂两地的祠堂。

五月二十二日丙戌，太尉杨秉去世。杨秉为人清心寡欲，曾经说："有三样东西不能迷惑我：酒、色、财。"

杨秉死后，他推举的贤良广陵人刘瑜到京城上书说："宦官不应当跟士人一样裂土受封，争先恐后养子为后嗣，继承爵位。另外，美女充满后宫，白吃闲饭，伤害生民，浪费国库。同时，扩增许多住宅府第，式样尽量奇异，挖山取石，用严刑逼迫。州郡官府，各自审案，奸人贿赂，诱引官吏。民众愁苦无处申诉而郁结在心里，只好群起加入盗贼之中，官府动辄兴兵征讨他们的罪行，贫困困顿的百姓，有的出卖首级，使其家人拿去报功邀赏，老父和兄长争着自杀，妻子儿女眼睁睁看着死别。另外，陛下喜欢穿着便服到近臣家里，私下到宦官的房舍去，近臣、宦官把皇上的光临作为炫耀资本，如同买了珍贵货物一样，招摇喧嚷，弄得街巷道路乌烟瘴气，暴虐放纵，什么事都干得出来。请求陛下广开言路，借鉴古代，疏离邪佞小人，舍弃郑、卫靡靡的音乐，这样朝廷政通人和，恩德将感召和祥之风。"汉桓帝下诏特别召见刘瑜问询灾异征兆。执政者想要刘瑜含糊其辞，就用其他事情策问，刘瑜却尽心写了八千字的对策，言辞比前面的上奏更加激烈，被任用为议郎。

荆州士兵朱盖等人叛乱，与桂阳贼人胡兰等再次攻击桂阳，太守任胤弃城逃离，贼众于是达到数万人。转攻零陵，太守下邳人陈球坚持抵抗。零陵地势低洼潮湿，树木桩为城墙，郡中人士惊恐。属吏请陈球把家人送出避难，陈球发怒说："太守领有国家虎符，负责一邦安全，怎能为了顾及妻子儿女而使国家威严遭受损害？谁敢再说这样的话，处斩！"于是，士兵用大木制弓，在矛上粘羽毛当箭，用机械发射，杀伤了许多贼兵。贼人筑堤提高水位来灌城，陈球顺着城内地势，使大水反灌淹贼人，相互抗衡了十几天，贼人攻占不下。这时，度尚已回到京城，下诏任命度尚为中郎将，率领二万多人的步骑救助陈球，又派几个郡的军队两面夹击征讨，大败贼兵，杀死胡兰等三千多人，再次任命度尚为荆州刺史。苍梧太守张叙被叛贼活捉，和任胤一起被征召处死。胡兰的余部向南逃至苍梧，交趾刺史张磐攻破了他们，残部又回到荆州境内。度尚担心承受罪责，谎称苍梧贼人入侵荆州，于是朝廷就召张磐到廷尉。案子还未审定，遇到大赦而被宽免，张磐不肯出狱，反把刑具钉得更牢。

以苟免，永受侵辱之耻，生为恶吏，死为敝鬼。乞传尚诣廷尉，面对曲直，足明真伪。尚不征者，磐埋骨牢槛，终不虚出，望尘受枉！”廷尉以其状上，诏书征尚，到廷尉，辞穷，受罪，以先有功得原。

闰月，甲午，南宫朔平署火。

段颎击破西羌，进兵穷追，展转山谷间，自春及秋，无日不战，虏遂败散，凡斩首二万三千级，获生口数万人，降者万余落。封颎都乡侯。

（以上为第八段，写刘祐、李膺、冯绲惩治贪残，反被下狱。刘瑜上奏，宦官不应裂土受封，子弟不应任职地方。）

秋，七月，以太中大夫陈蕃为太尉。蕃让于太常胡广、议郎王畅、弛刑徒李膺，帝不许。

畅，龚之子也；尝为南阳太守，疾其多贵戚豪族，下车，奋厉威猛，大姓有犯，或使吏发屋伐树，堙井夷灶。功曹张敞奏记谏曰：“文翁、召父、卓茂之徒，皆以温厚为政，流闻后世。发屋伐树，将为严烈，虽欲惩恶，难以闻远。郡为旧都，侯甸之国，园庙出于章陵，三后生自新野，自中兴以来，功臣将相，继世而隆。愚以为恳恳用刑，不如行恩；孳孳求奸，未若礼贤。舜举皋陶，不仁者远，化人在德，不在用刑。”畅深纳其言，更崇宽政，教化大行。

八月，戊辰，初令郡国有田者亩敛税钱。

九月，丁未，京师地震。

冬，十月，司空周景免；以太常刘茂为司空。茂，恺之子也。

郎中窦武，融之玄孙也，有女为贵人。采女田圣有宠于帝，帝将立之为后。司隶校尉应奉上书曰：“母后之重，兴废所因；汉立飞燕，胤祀泯绝。宜思《关雎》之所求，远五禁之所忌。”太尉陈蕃亦以田氏卑微，窦族良家，争之甚固。帝不得已，辛巳，立窦贵人为皇后，拜武为特进、城门校尉，封槐里侯。

十一月，壬子，黄门北寺火。

陈蕃数言李膺、冯绲、刘祐之枉，请加原宥，升之爵任，言及反覆，

狱吏对张磐说："皇恩浩荡，而你却不肯出狱，行吗？"张磐说："我身为刺史，如同方伯，被度尚冤枉，背着罪名下狱。事有真假，法有是非，我确实无辜，赦罪之令与我无关；如果忍心接受不明不白的赦免，将永远背黑锅蒙受耻辱，活着被指为恶吏，死后被骂为恶鬼。请求传召度尚到廷尉，与我当面对质，就可以明辨是非。如果度尚不来，我就死在牢中，不愿不明不白的出狱，蒙受冤枉。"廷尉把情况报告了汉桓帝，汉桓帝下诏征召度尚到廷尉，度尚无言以对，应当论罪，因从前立有大功，得到宽大。

闰七月初一日甲午，南宫朔平司马署失火。

段颎攻破西羌，穷追不舍，辗转于山谷之中，从春到秋季，没有一天不打仗，羌人终于溃败，官军共杀了两万三千多敌人，俘虏了几万人，归顺的有一万多户。册封段颎为都乡侯。

秋季，七月，任命太中大夫陈蕃为太尉。陈蕃推让给太常胡广、议郎王畅、正在服刑役的李膺，汉桓帝不赞同。

王畅是王龚的儿子，曾任南阳太守，痛恨当地许多贵戚豪族，刚到任，就振奋法纪，严厉整顿。大族犯法，王畅就派属吏拆屋砍树，填井毁灶。功曹张敞奏记劝告说："文翁、召公、卓茂等人都以温厚治政，流传后世。拆屋砍树过于严厉，虽是为了惩治邪恶，难以留下声名流传后世。南阳是旧都，是京师邻近之地，皇室祖先园庙建在章陵，三位皇后都是新野人，自中兴以来，功臣将相，世代相承，代代兴隆。我认为严加用刑，不如广施恩德；积极捉奸，不如礼待贤能。虞舜把皋陶从众人中提拔出来，不仁的坏人就远远地躲开了，教化人在于使用恩德，不在于用刑。"王畅很赞同他的意见，改变做法，崇尚宽大，使教化施行。

八月初六日戊辰，首次下令各郡、各封国中有土地的人按亩征税。

九月十五日丁未，京师洛阳发生地震。

冬季，十月，司空周景被免职；任命太常刘茂为司空。刘茂是刘恺的儿子。

郎中窦武是窦融的玄孙，有女儿是贵人。采女田圣受汉桓帝宠爱，准备立为皇后。司隶校尉应奉上书说："皇后地位高贵，关系到国家兴亡；汉成帝立赵飞燕为后，后嗣灭绝。应当念及《关雎》中君子所追求的好配偶，疏离五种禁忌的女子。"太尉陈蕃也认为田氏卑微，窦氏是良家女子，竭力争求。汉桓帝不得已，十月二十日辛巳，立窦贵人为皇后，任命窦武为特进、城门校尉，册封槐里侯。

十一月二十一日壬子，黄门北寺狱失火。

陈番几次为李膺、冯绲、刘祐申冤，请求原谅过失，宽大处理，恢复原职，再

诚辞恳切，以至流涕；帝不听。应奉上疏曰："夫忠贤武将，国之心膂。窃见左校弛刑徒冯绲、刘祐、李膺等，诛举邪臣，肆之以法；陛下既不听察，而猥受谮诉，遂令忠臣同愆元恶，自春迄冬，不蒙降恕，遐迩观听，为之叹息。夫立政之要，记功忘失；是以武帝舍安国于徒中，宣帝征张敞于亡命。绲前讨蛮荆，均吉甫之功；祐数临督司，有不吐茹之节；膺著威幽、并，遗爱度辽。今三垂蠢动，王旅未振，乞原膺等，以备不虞。"书奏，乃悉免其刑。久之。李膺复拜司隶校尉。时小黄门张让弟朔为野王令，贪残无道，畏膺威严，逃还京师，匿于兄家合柱中。膺知其状，率吏卒破柱取朔，付洛阳狱，受辞毕，即杀之。让诉冤于帝，帝召膺，诘以不先请便加诛之意。对曰："昔仲尼为鲁司寇，七日而诛少正卯。今臣到官已积一旬，私惧以稽留为愆，不意获速疾之罪。诚自知衅责，死不旋踵，特乞留五日，克殄元恶，退就鼎镬，始生之愿也。"帝无复言，顾谓让曰："此汝弟之罪，司隶何愆！"乃遣出。自此诸黄门、常侍皆鞠躬屏气，休沐不敢出宫省。帝怪问其故，并叩头泣曰："畏李校尉。"时朝廷日乱，纲纪颓阤，而膺独持风裁，以声名自高，士有被其容接者，名为登龙门云。

征东海相刘宽为尚书令。宽，崎之子也，历典三郡，温仁多恕，虽在仓卒，未尝疾言遽色。吏民有过，但用蒲鞭罚之，示辱而已，终不加苦。每见父老，慰以农里之言，少年，勉以孝悌之训，人皆悦而化之。

（以上为第九段，写窦贵人立为皇后，其父窦武为特进、城门校尉，封槐里侯。李膺重新任职司隶校尉，惩治为恶的宦官亲戚，毫不手软。）

九年（丙午，166年）

春，正月，辛卯朔，日有食之。诏公卿、郡国举至孝。太常赵典所举荀爽对策曰："昔者圣人建天地之中而谓之礼，众礼之中，昏礼为首。阳性纯而能施，阴体顺而能化，以礼济乐，节宣其气，故能丰子孙之祥，致老寿之福。及三代之季，淫而无节，阳竭于上，阴隔于下，故周公之戒曰：'时亦罔或克寿'《传》曰：'截趾适履，孰云其愚，何与斯人，追欲丧躯'诚可痛也。臣窃闻后宫采女五六千人，从官、侍使复在其外，

三请求，言辞恳切，直至流涕；汉桓帝不理会。应奉上疏说："忠臣良将是国家的腹心和手臂。臣认为左校服刑徒冯绲、刘祐、李膺等人，揭发奸臣，绳之以法；陛下不但不调查，却轻信诬告，使忠臣良将与大奸大恶同罪，从春到冬季，未受到宽恕，远近看到听到此事的人士为之叹息。皇上施政的关键，就是牢记臣下的功绩，忘掉臣下的过失；因此，景帝直接从监狱中提拔韩安国，宣帝从逃犯中征召张敞。冯绲以前征讨荆蛮，可与西周尹吉甫同功；刘祐多次担任检查举证不法的主司官，具有刚正廉直的节操；李膺威震幽州、并州，遗爱北疆。现在，三面边陲蛮夷蠢动，而官军没有振奋，请求原谅李膺等人，以防意外。"奏章呈上后，汉桓帝才赦免了他们的罪行。过了好久，重新任命李膺为司隶校尉。当时小黄门张让的弟弟张朔为野王县令，贪婪残暴，不讲道义，害怕李膺的威严，逃回京城，藏匿在哥哥张让家的夹墙中。李膺知道了这一情况，带着吏卒到张让家，破坏柱子，抓走了张朔，送到洛阳狱中，审问完毕就杀了他。张让向汉桓帝诉冤，汉桓帝召见李膺，责备他不上奏就杀死张朔。李膺回答说："过去孔子在鲁国任司寇，到任七天就杀掉少正卯。如今，臣到任已十天了，暗自担忧会因积压案件而获罪，没想到会为办案迅速而获罪。臣自知闯下大祸将受责，很快就要受死，特请让臣留职五天，铲除大奸，然后再受烹刑，这是臣一生的心愿。"汉桓帝无言以对，回头对张让说："这都是你弟弟的罪过，司隶有何过错！"于是命令李膺退出。从此，黄门、常侍都小心谨慎，不敢出大气，休假日也不敢出宫门。汉桓帝觉得奇怪，问其中缘故，内侍都叩头流泪说："害怕李校尉。"这时，朝廷日益衰败，纲纪松懈，而只有李膺坚持法纪，有清高正直的名誉，有被他接纳的士人，称之为登龙门。

征召东海相刘宽为尚书令。刘宽是刘崎的儿子，先后担任三个郡的郡守，温柔仁厚，多行宽恕，即使时间再匆忙，也从不疾言厉色。官吏和百姓有过失，只用蒲草鞭打，以示羞辱而已，始终不用酷刑。每次见到地方父老，就鼓励父老农耕，见到少年，就训勉他们孝顺友爱，人们都乐意接受他的教导。

汉桓帝延熹九年（丙午，166 年）

春季，正月初一日辛卯，发生日食。汉桓帝下诏令公卿、郡国举荐至孝的人才。太常赵典所推荐的荀爽对策说："从前，圣人采集天地间的法则，称为礼。礼制中，婚礼为第一位。阳性纯正就能施行，阴性柔顺就能教化，用礼克制欢乐，用节制调适气血，所以能使子孙绵延祥瑞，导致长寿的福气。到了夏商周的末年，君主淫乱而没有节制，阳气衰竭于上，阴气隔闭于下，所以周公告诫说：'从这以后，也就没有能够长寿的君王。'古书上说：'把脚削小以适应鞋子的大小，都说他很愚蠢，跟

空赋不辜之民，以供无用之女，百姓穷困于外，阴阳隔塞于内，故感动和气，灾异屡臻。臣愚以为诸未幸御者，一皆遣出，使成妃合，此诚国家之大福也。”诏拜郎中。

司隶、豫州饥，死者什四五，至有灭户者。

诏征张奂为大司农，复以皇甫规代为度辽将军。规自以为连在大位，欲求退避，数上病，不见听。会友人丧至，规越界迎之，因令客密告并州刺史胡芳，言规擅远军营，当急举奏。芳曰：“威明欲避第仕涂，故激发我耳。吾当为朝廷爱才，何能申此子计邪！”遂无所问。

夏，四月，济阴、东郡、济北、平原河水清。

司徒许栩免；五月，以太常胡广为司徒。

庚午，上亲祠老子于濯龙宫，以文罽为坛饰，淳金釦器，设华盖之坐，用郊天乐。

鲜卑闻张奂去，招结南匈奴及乌桓同叛。六月，南匈奴、乌桓、鲜卑数道入塞，寇掠缘边九郡。秋七月，鲜卑复入塞，诱引东羌与共盟诅。于是上郡沈氐、安定先零诸种共寇武威、张掖，缘边大被其毒。诏复以张奂为护匈奴中郎将，以九卿秩督幽、并、凉三州及度辽、乌桓二营，兼察刺史、二千石能否。

初，帝为蠡吾侯，受学于甘陵周福，及即位，擢福为尚书。时同郡河南尹房植有名当朝，乡人为之谣曰：“天下规矩房伯武，因师获印周仲进。”二家宾客，互相讥揣，遂各树朋徒，渐成尤隙。由是甘陵有南北部，党人之议自此始矣。

汝南太守宗资以范滂为功曹，南阳太守成瑨以岑晊为功曹，皆委心听任，使之褒善纠违，肃清朝府。滂尤刚劲，疾恶如仇。滂甥李颂，素无行，中常侍唐衡以属资，资用为吏；滂寝而不召。资迁怒，捶书佐朱零，零仰曰：“范滂清裁，今日宁受笞而死，滂不可违。”资乃止。郡中中人以下，莫不怨之。于是二郡为谣曰：“汝南太守范孟博，南阳宗资主画诺；南阳太守岑公孝，弘农成瑨但坐啸。”

太学诸生三万余人，郭泰及颍川贾彪为其冠，与李膺、陈蕃、王畅

为了淫欲而丧生的人相比呢？’这实在令人痛心。臣听说后宫有五六千采女，从官、侍使还在其外，榨取人民的财物，用来供奉这些无用的女子，百姓在外边穷困，阴阳在宫里隔离，所以有伤于天地和气，屡兴灾异。我认为，凡是没有被召幸过的女子，一律遣离皇宫，让她们早成婚配，这才真是国家的福气。”汉桓帝下诏，任命荀爽为郎中。

司隶、豫州发生饥荒，百姓饿死十分之四五，甚至有全家死光的。

下诏征召张奂任大司农，重新任命皇甫规代理度辽将军。皇甫规自认为连任高官，想请求退隐，几次称病，汉桓帝不准许。正好有位友人去世，灵柩运回安葬，皇甫规越界迎丧，趁机派人暗中向并州刺史胡芳报告，说皇甫规擅自远离军营，应当立即检举。胡芳说："皇甫规想远避仕途，所以才激发我上奏。我应当为朝廷爱惜人才，怎能让他的计策得逞呢？"因而不追究此事。

夏季，四月，济阴郡、东郡、济北郡、平原郡黄河水清澈。

司徒许栩被免职；五月，任命太常胡广为司徒。

六月十二日庚午，汉桓帝到濯龙宫祭祀老子，用织花毛毡铺在祭坛上，用纯金镶边的祭器，摆设华盖座位，演奏祭天的乐曲。

鲜卑人听说张奂离职，就召集南匈奴和乌桓人共同背叛。六月，南匈奴、乌桓、鲜卑分别率兵入塞，劫夺缘边九郡。秋季，七月，鲜卑又入塞，引诱东羌和他们结盟设誓。于是，上郡的沈氏、安定的先零等部联合侵占武威、张掖，使沿边地区深受其害。朝廷下诏重新任命张奂为护匈奴中郎将，以九卿的级别督导幽州、并州、凉州，以及度辽、乌桓二营，并考察刺史、二千石官员的政绩。

当初，汉桓帝还是蠡吾侯时，向甘陵人周福学习，等到即位，擢升周福为尚书。那时同郡人河南尹房植在朝已很有名，乡人为他编歌谣说："天下规矩房伯武，因师获印周仲进。"房、周二家宾客互相讥讽猜度，于是各树朋党，逐渐形成了怨隙。从此甘陵有了南北两派，朋党的议论由此开始。

汝南太守宗资用范滂为功曹，南阳太守成瑨用岑晊为功曹，都十分信任他们，让他们扬善惩恶，整肃郡府的法纪。范滂尤为刚健正直，疾恶如仇。范滂的外甥李颂，一向行为不正，中常侍唐衡替他向宗资请托，宗资让他做一名小吏；范滂却将公文搁放不发。宗资发泄怒气，拷打文书员朱零，朱零仰叹说："范滂的裁决是公正的，今天我宁愿被打死，也不能违反范滂。"宗资这才停止拷打。郡中一般不了解范滂的人，没有不抱怨他的。于是两郡的人为他们编歌谣说："汝南太守是范孟博（范滂的字），南阳人宗资只是在公文上画押签字；南阳太守是岑公孝（岑晊的字），弘农人成瑨不过是闲坐啸咏，无所事事。"

太学里有三万多学生，郭泰和颍川人贾彪是他们的领袖，与李膺、陈蕃、王畅

更相褒重。学中语曰：“天下模楷，李元礼；不畏强御，陈仲举；天下俊秀，王叔茂。”于是中外承风，竞以臧否相尚，自公卿以下，莫不畏其贬议，屣履到门。

（以上为第十段，写郡功曹范滂、岑晊不接受宦官请托，惩治奸人。太学生与士大夫清流领袖请议朝政，褒贬人物，渐成风气。）

宛有富贾张汎者，与后宫有亲，又善雕镂玩好之物，颇以赂遗中官，以此得显位，用势纵横。岑晊与贼曹史张牧劝成瑨收捕汎等；既而遇赦，瑨竟诛之，并收其宗族宾客，杀二百余人，后乃奏闻。小黄门晋阳赵津，贪暴放恣，为一县巨患。太原太守平原刘瓆，使郡吏王允讨捕，亦于赦后杀之。于是中常侍侯览使张泛妻上书讼冤，宦者因缘谮诉瑨、瓆。帝大怒，征瑨、瓆，皆下狱。有司承旨，奏瑨、瓆罪当弃市。

山阳太守翟超，以郡人张俭为东部督邮。侯览家在防东，残暴百姓；览丧母还家，大起茔冢。俭举奏览罪，而览伺候遮截，章竟不上。俭遂破览冢宅，藉没资财，具奏其状，复不得御。徐璜兄子宣为下邳令，暴虐尤甚。尝求故汝南太守李暠女不能得，遂将吏卒至暠家，载其女归，戏射杀之。东海相汝南黄浮闻之，收宣家属，无少长，悉考之。掾史以下固争，浮曰：“徐宣国贼，今日杀之，明日坐死，足以瞑目矣！”即案宣罪弃市，暴其尸。于是宦官诉冤于帝，帝大怒，超、浮并坐髡钳，输作左校。

太尉陈蕃、司空刘茂共谏，请瑨、瓆、超、浮等罪；帝不悦。有司劾奏之，茂不敢复言。蕃乃独上疏曰：“今寇贼在外，四支之疾；内政不理，心腹之患。臣寝不能寐，食不能饱，实忧左右日亲，忠言日疏，内患渐积，外难方深。陛下超从列侯，继承天位，小家畜产百万之资，子孙尚耻愧失其先业，况乃产兼天下，受之先帝，而欲懈怠以自轻忽乎！诚不爱己，不当念先帝得之勤苦邪！前梁氏五侯，毒遍海内，天启圣意，收而戮之。天下之议，冀当小平；明鉴未远，覆车如昨，而近习之权，复相扇结。小黄门赵津、大猾张汎等，肆行贪虐，奸媚左右。前太原太守刘瓆、南阳太守成瑨纠而戮之，虽言赦后不当诛杀，原其诚心，在乎去恶，至于陛下，有何悁悁！而小人道长，荧惑圣听，遂使天威为之发怒，必加刑谴，已为过甚，况乃重罚令伏欧刀乎！又，前山阳太守翟超、

互相推崇。太学中有歌谣说："天下楷模李元礼，不畏强御陈仲举，天下俊秀王叔茂。"于是京师内外激发而形成一种风气，竞相崇尚褒贬善恶，自公卿以下，没有人不怕他们的贬议，接踵而来，登门趋附。

宛县有富商张汎，与后宫的人有亲戚关系，又爱好雕镂玩物，常拿来送给宦官作为贿赂，因此才做高官，仗势横行。岑晊与贼曹史张牧劝成瑨拘捕张汎等人；后来碰上赦免，成瑨竟然杀了张汎，并且抓了他的宗族与宾客，杀了二百多人，然后才报告给朝廷。小黄门晋阳人赵津，凶残放纵，成了全县的大害。太原太守平原人刘瓆派郡吏王允去抓他，也是在大赦后杀了他。于是中常侍侯览要张汎的妻子上书讼冤，宦官们乘机告发成瑨、刘瓆。汉桓帝生气，把成瑨、刘瓆都送进监狱。主管部门逢迎朝廷的意思，上奏成瑨、刘瓆罪该处死。

山阳太守翟超以当地人张俭为东部督邮。侯览家在防东，对待百姓残暴；侯览因母亲去世回家，大修坟墓。张俭上奏告发侯览的罪行，而侯览伺机拦阻，奏章最终也没有送上去。张俭于是拆掉了侯览的冢宅，没收资产，详细上奏告发侯览的罪状，奏章终究没能上达御览。徐璜哥哥的儿子徐宣为下邳县令，极端暴虐。徐宣曾经想占有前汝南太守李暠的女儿，未能得逞，就带领吏卒到李暠家，抢了李暠的女儿回来，玩游戏射杀了她。东海相汝南人黄浮听到此事，抓了徐宣家属，无论老少都拷打。掾史以下都极力反对他这样做，黄浮说："徐宣这个国贼，我今天要把他杀了，明天判我死罪，足以让我瞑目了！"当即判徐宣死罪，陈暴其尸。宦官于是向汉桓帝诉冤，汉桓帝大怒，翟超、黄浮都被判以髡钳重刑，送到左校做苦工。

太尉陈蕃、司空刘茂一同上书，请求宽恕成瑨、刘瓆、翟超、黄浮等人的罪责；汉桓帝不高兴。有关官吏弹劾陈蕃、刘茂，刘茂闭嘴不敢再说话。陈蕃于是单独上书说："现在，边疆的寇贼不过是四肢疾病；内地政务不能治理，才是心腹之患。臣睡不得安，食不能饱，实在担忧内侍一天天倍受亲信，忠言一天天减少，内患越积越多，外患正在发展。陛下由列侯超越直升而继承帝位，小民家庭积累百万钱家产，当子孙的尚且以败坏祖业为羞愧，何况陛下的产业兼及天下，承受先帝的托付，怎么能够怠惰政事，不看重皇位呢？即使真的不爱惜自己，不应当想到先帝创业的辛勤劳苦吗？先前，梁姓五位侯爵，祸害全国，上天启发圣意，收捕并杀死他们。天下人对此评议，盼望太平的日子；前车之鉴不远，覆车如在昨天，而陛下身边的亲信，重新相互煽动勾结。小黄门赵津、大奸贼张汎等人，肆行残暴，谄媚内侍。前太原太守刘瓆、南阳太守成瑨检举并杀了他们，虽说是大赦后不应当诛杀，推究他

东海相黄浮，奉公不桡，疾恶如仇，超没侯览财物，浮诛徐宣之罪，并蒙刑坐，不逢赦怒。览之从横，没财已幸；宣犯衅过，死有余辜。昔丞相申屠嘉召责邓通，洛阳令董宣折辱公主，而文帝从而请之，光武加以重赏，未闻二臣有专命之诛。而今左右群竖，恶伤党类，妄相交构，致此刑谴，闻臣是言，当复啼诉。陛下深宜割塞近习与政之源，引纳尚书朝省之士，简练清高，斥黜佞邪。如是天和于上，地洽于下，休祯符瑞，岂远乎哉！”帝不纳。宦官由此疾蕃弥甚，选举奏议，辄以中诏谴却，长史以下多至抵罪，犹以蕃名臣，不敢加害。

平原襄楷诣阙上疏曰：“臣闻皇天不言，以文象设教。臣窃见太微，天廷五帝之坐，而金、火罚星扬光其中，于占，天子凶；又俱入房、心，法无继嗣。前年冬大寒，杀鸟兽，害鱼鳖，城傍竹柏之叶有伤枯者。臣闻于师曰：‘柏伤竹枯，不出二年，天子当之。’今自春夏以来，连有霜雹及大雨雷电，臣作威作福，刑罚急刻之所感也。太原太守刘瓆，南阳太守成瑨，志除奸邪，其所诛翦，皆合人望。而陛下受阉竖之谮，乃远加考逮。三公上书乞哀瓆等，不见采察而严被谴让，忧国之臣，将遂杜口矣。臣闻杀无罪，诛贤者，祸及三世。自陛下即位以来，频行诛罚，梁、寇、孙、邓并见族灭，其从坐者又非其数。李云上书，明主所不当讳；杜众乞死，谅以感悟圣朝；曾无赦宥而并被残戮，天下之人咸知其冤，汉兴以来，未有拒谏诛贤，用刑太深如今者也！昔文王一妻，诞致十子；今宫女数千，未闻庆育，宜修德省刑以广《螽斯》之祚。按春秋以来，及古帝王，未有河清。臣以为河者，诸侯位也。清者，属阳；浊者，属阴。河当浊而反清者，阴欲为阳，诸侯欲为帝也。京房《易传》曰：‘河水清，天下平。’今天垂异，地吐妖，人疠疫，三者并时而有河清，犹春秋麟不当见而见，孔子书之以为异也。愿赐清闲，极尽所言。”书奏，不省。

们的用心，意在为国除恶，陛下为什么要怨恨不平呢？可是小人得势，迷惑陛下的视听，才使得陛下为此事大发雷霆，一定要惩办刘瓆、成瑨，这已经够过分了，何况要从严重罚斩首处决！另外，前山阳太守翟超、东海相黄浮，秉公办事，不屈服于权势，疾恶如仇，翟超没收了侯览的财物，黄浮依法诛杀徐宣，竟然都受到惩处，不能得到赦令的宽恕。侯览的放纵横暴，只是没收财物，已是幸事；徐宣犯的大罪，死有余辜。先前，丞相申屠嘉征召斥责邓通；洛阳令董宣敢于折辱公主。而汉文帝只是出面请求从轻发落邓通；汉光武帝确对董宣加以重赏，没有听说这两位臣子蒙受专擅朝命而被杀。而今，陛下身边的小丑，怨恨党羽受到伤害，狂妄地交相进谗陷害，导致当前的刑狱，他们听到我的这些话，必定又会在陛下面前号哭倾诉。陛下应当杜绝近侍参与政务的祸根，亲信朝廷百官，选拔清高人士，排除佞邪小人。这样，上天和祥，人间融洽，祥瑞呈现，难道还会远吗？”汉桓帝不采纳。宦官因此更加痛恨陈蕃，凡是陈蕃推荐的人才或呈上的奏章，每每借用汉桓帝的旨意，斥责退还。长史以下的官员，很多被判刑。因为陈蕃是名臣，还不敢加害于他。

平原人襄楷到宫门上疏说：“臣听说上天不发言，只用天象变异来设置教化。臣看见天廷五帝的星座间，竟有金星、火星这样的罚星在其中闪闪发光。依照五星占卜，表明天子有凶；金星、火星又侵入了房宿、心宿星座，警示着皇上没有后嗣。前年冬季大寒，冻死鸟兽鱼鳖，京城旁边的竹和柏树叶有伤冻枯萎的现象。臣听术师说过：‘柏树凋敝，竹林枯萎，不出二年，天子必有灾祸。’今年自春夏以来，连续有霜雹和大雨雷电，这是因为有臣子作威作福，刑罚严酷，上感于天而出现的天谴。太原太守刘瓆、南阳太守成瑨，有志铲除奸邪，他们所诛杀的，都符合众望。而陛下轻信阉宦的谗言，把他们从远处征回洛阳拷问治罪，三公上书哀求宽恕刘瓆等人，不予采纳，反被斥责，为国担忧的臣子将闭口不言了。臣听说滥杀无辜，枉诛贤士的，要祸及三世。自从陛下即位以来，不断地诛杀，梁冀、寇荣、孙寿、邓万世都被满门抄斩，被牵连的不知有多少人。李云上书，圣明的君主不应当忌讳他人的言辞；杜众继而死谏，不过是希望使圣明的朝廷有所感悟；二人竟没有受到赦免而被处死，天下的人都知道他们受冤枉死。汉朝中兴以来，从未拒绝纳谏而诛杀贤士，刑罚没有苛刻得像今天这样！古代周文王只有一个妻子，却生了十个儿子；现在宫中有数千女子，却没有听说有谁生育，应修德减刑，子孙才会像螽斯一样繁衍。从春秋时代以来，以及古代帝王当政，黄河从来没有清澈过。臣认为，黄河象征着诸侯之位。清为阳，浊为阴。河水本当浑浊，属于阴，反而变得清澈，阴气要取代阳气，是诸侯想夺取帝位。京房《易传》说：‘河水清澈，天下太平。’现在，上天显示变异现象，地上有妖孽灾祸，人间有瘟疫，三种情况同时发生而河水居然清澈，犹如春秋时麒麟不应出现而出现，孔子记载下来作为怪异。请陛下在空闲时

十余日，复上书曰："臣闻殷纣好色，妲己是出；叶公好龙，真龙游廷。今黄门、常侍，天刑之人，陛下爱待，兼倍常宠，系嗣未兆，岂不为此！又闻宫中立黄、老、浮屠之祠，此道清虚，贵尚无为，好生恶杀，省欲去奢。今陛下耆欲不去，杀罚过理，既乖其道，岂获其祚哉！浮屠不三宿桑下，不欲久生恩爱，精之至也；其守一如此，乃能成道。今陛下淫女艳妇，极天下之丽，甘肥饮美，单天下之味，奈何欲如黄、老乎！"书上，即召入，诏尚书问状。楷言："古者本无宦臣，武帝末数游后宫，始置之耳。"尚书承旨，奏："楷不正辞理，而违背经艺，假借星宿，造合私意，诬上罔事，请下司隶正楷罪法，收送洛阳狱。"帝以楷言虽激切，然皆天文恒象之数，故不诛；犹司寇论刑。自永平以来，臣民虽有习浮屠术者，而天子未之好；至帝，始笃好之，常躬自祷祠，由是其法浸盛，故楷言及之。

符节令汝南蔡衍、议郎刘瑜表救成瑨、刘瓆，言甚切厉，亦坐免官。瑨、瓆竟死狱中。瑨、瓆素刚直，有经术，知名当时，故天下惜之。岑晊、张牧逃窜获免。

晊之亡也，亲友竞匿之；贾彪独闭门不纳，时人望之。彪曰："《传》言'相时而动，无累后人'。公孝以要君致衅，自遗其咎，吾已不能奋戈相待，反可容隐之乎！"于是咸服其裁正。彪尝为新息长，小民困贫，多不养子；彪严为其制，与杀人同罪。城南有盗劫害人者，北有妇人杀子者，彪出按验，掾吏欲引南；彪怒曰："贼寇害人，此则常理；母子相残，逆天违道！"遂驱车北行，按致其罪。城南贼闻之，亦面缚自首。数年间，人养子者以千数。曰："此贾父所生也。"皆名之为贾。

（以上为第十一段，写岑晊、张俭惩治为害地方的宦官亲属，引发党锢之祸。）

河南张成，善风角，推占当赦，教子杀人。司隶李膺督促收捕，既而逢宥获免；膺愈怀愤疾，竟按杀之。成素以方伎交通宦官，帝亦颇讯其占；宦官教成弟子牢修上书，告"膺等养太学游士，交结诸郡生徒，

召见臣，详细陈述心中的话。”奏章呈上，汉桓帝不予理睬。

过了十几天，襄楷再次上书说：“臣听说殷纣贪色，所以出现了妲己；叶公喜欢龙，果然有真龙降临在庭院中。现在，黄门、常侍都是受到上天惩罚的阉人，而陛下宠幸他们反而超过正常人的一倍，陛下后嗣还没有苗头，岂不就是这个原因？又听说宫中建有黄帝、老子、佛祖的庙宇，黄老及佛都主张清心寡欲，崇尚安静无为，爱护生命，厌恶杀戮，戒除欲念，舍弃奢侈。而今陛下奢欲无度，杀罚过多．已违反正道，岂能蒙受赐福！和尚不在一棵桑树下连住三夜，不愿久住以免萌生爱恋之情，这道理精妙绝伦，只因如此专心修行，才能修成正果。现在，陛下的美女，极尽天下美色，吃佳肴，喝玉液，极尽天下美味，怎能与黄帝、老子相比？”奏书呈上，即被召入宫中，诏令尚书问明情况。襄楷说：“古代本来没有宦官，汉武帝末年总是沉溺于后宫，才开始设立宦官。”尚书听从宦官旨意，上奏说：“襄楷的言辞道理不合正道，违背儒家经典礼义，假借星象，编造自己的私意，欺骗圣上，蒙蔽事实，请下令司隶确定他的罪责，押送到洛阳监狱。”汉桓帝认为襄楷的言辞虽然激厉，但都是正常的天文现象，所以不杀襄楷；仍判二年徒刑。自从永平年间以来，臣民中虽然有崇信佛教的人，但天子还不推崇此道；到了汉桓帝，才开始崇信此道，经常亲自祈祷祭祀，由此佛教日益传播开来，所以襄楷上书才谈到了它。

符节令汝南人蔡衍、议郎刘瑜上表救援成瑨、刘瓆，言辞激烈，也被论罪免官。成瑨、刘瓆最终还是死在狱中。成瑨、刘瓆向来刚毅正直，通晓经学术数，在当世很出名，所以天下人都感到痛惜。岑晊、张牧逃匿在外，幸免于难。

岑晊逃亡期间，亲友们争着保护；只有贾彪闭门不肯收留，时人都指责他。贾彪说：“《左传》说：‘根据时机而行动，不要累及后人。’岑公孝（岑晊的字）因为得罪君王而遭祸，是他自取其祸，我已经不能举戈相对，岂能反过来隐藏他？”于是，人们都敬佩他做法公正。贾彪曾经担任新息县县长，百姓贫困，多半不想生育儿女；贾彪严格对此制定法令，不生养子女与杀人同罪。城南有盗贼害人，城北有妇人杀了孩子，贾彪前往检查案件，属吏想要引导他往南走，贾彪发脾气说：“贼寇害人，这是正常现象；母亲和孩子相互残害，这是忤逆上天，违反道义！”于是赶车向北行，查明情况，判处杀子的罪名。城南的盗贼听到了，当面捆绑自己自首。数年之间，养育子女的人以千数，说：“这都是贾父赐给我们的。”于是都以“贾”作为姓氏。

河南人张成擅长风角术，推算占卜朝廷要颁布赦令，教唆儿子杀人。司隶校尉李膺命令手下逮捕了张成父子，不久遇赦获免；李膺愤恨之极，还是判处张成父子死刑并杀了他们。张成向来以占候术勾结宦官，汉桓帝也时常向张成询问占卜。宦

更相驱驰，共为部党；诽讪朝廷，疑乱风俗”。于是天子震怒，班下郡国，逮捕党人，布告天下，使同忿疾。案经三府，太尉陈蕃却之曰：“今所按者，皆海内人誉，忧国忠公之臣，此等犹将十世宥也，岂有罪名不章而致收掠者乎！”不肯平署。帝愈怒，遂下膺等于黄门北寺狱，其辞所连及，太仆颍川杜密、御史中丞陈翔及陈寔、范滂之徒二百余人。或逃遁不获，皆悬金购募，使者四出相望。陈寔曰：“吾不就狱，众无所恃。”乃自往请囚。范滂至狱，狱吏谓曰：“凡坐系者，皆祭皋陶。”滂曰：“皋陶，古之直臣，知滂无罪，将理之于帝；如其有罪，祭之何益！”众人由此亦止。陈蕃复上书极谏，帝讳其言切，托以蕃辟召非其人，策免之。

时党人狱所染逮者，皆天下名贤，度辽将军皇甫规，自以西州豪杰，耻不得与，乃自上言：“臣前荐故大司农张奂，是附党也。又，臣昔论输左校时，太学生张凤等上书讼臣，是为党人所附也，臣宜坐之。”朝廷知而不问。

杜密素与李膺名行相次，时人谓之李、杜，故同时被系。密尝为北海相，行春，到高密，见郑玄为乡啬夫，知其异器，即召署郡职，遂遣就学，卒成大儒。后密去官还家，每谒守令，多所陈托。同郡刘胜，亦自蜀郡告归乡里，闭门扫轨，无所干及。太守王昱谓密曰：“刘季陵清高士，公卿多举之者。”密知昱以激己，对曰：“刘胜位为大夫，见礼上宾，而知善不荐，闻恶无言，隐情惜己，自同寒蝉，此罪人也。今志义力行之贤而密达之，违道失节之士而密纠之，使明府赏刑得中，令问休扬，不亦万分之一乎！”昱惭服，待之弥厚。

九月，以光禄勋周景为太尉。

司空刘茂免；冬，十二月，以光禄勋汝南宣酆为司空。

以越骑校尉窦武为城门校尉。武在位，多辟名士，清身疾恶，礼赂不通；妻子衣食裁充足而已，得两宫赏赐，悉散与太学诸生及丐施贫民，由是众誉归之。

匈奴乌桓闻张奂至，皆相率还降，凡二十万口；奂但诛其首恶，余皆慰纳之，唯鲜卑出塞去。朝廷患檀石槐不能制，遣使持印绶封为王，

官忿恿张成的弟子牢脩上书，告发“李膺等人蓄养太学生和游士，勾结各郡的学生，互相驱逐奔驰，结成群党，诽谤朝廷，扰乱风俗”。汉桓帝因而大怒，下诏各郡国，逮捕党人，公布于天下，使人们都仇恨他们。公文过三府，太尉陈蕃拒绝签署，说：“这次所要逮捕的人都是海内有名誉的人，是忧国忧民的忠臣，这些人即使犯了过失，也要宽恕十代，怎么能够没搞清罪名就收捕拷打！”不肯联名颁发诏令。汉桓帝更加生气，将李膺等人关进了黄门北寺狱，案子牵连太仆颍川人杜密、御史中丞陈翔以及陈寔、范滂等二百多人。有的人逃匿搜捕不到，就悬赏捉拿，派出使者四处搜捕。陈寔说：“我不下狱，众人就会无所依靠。”于是自己前去请求下狱。范滂到了狱中，管监狱的官吏说：“凡是坐牢的人都要先祭皋陶。”范滂说：“皋陶是古代的耿直之臣，知道我无罪，就会在天帝面前为我诉理；如果我犯罪了，祭祀他又有什么用处！”众人因此都不祭祀皋陶。陈蕃又上书极力规劝，汉桓帝忌讳他言辞激切，就借口说陈蕃推荐的人不称职，下诏免去他的官。

当时，受党人案件牵连的都是天下知名的贤士，度辽将军皇甫规自认为是西州的豪杰，以没有被牵连为羞耻，因而上言说：“臣以前举荐大司农张奂，这是附和党人。另外，臣当初被罚在左校做劳工时，太学生张凤等人上书为臣辩护，这是党人附和臣，臣应下狱。”朝廷知道这些事却不加追究。

杜密向来与李膺声名相同，时人并称他们为李、杜，所以同时被捕下狱。杜密曾经担任北海相，有一次春季出巡，到了高密，见到乡村小吏郑玄，知道他是个奇才，就把他召去郡中任职，又送他去学习，郑玄终于成为大儒。后来杜密辞官回家，每次拜谒太守、县令，总是拜托一些事情。同郡人刘胜也是从蜀郡告老乡里，闭门谢客，从不打扰地方官长。太守王昱对杜密说：“刘季陵（刘胜的字）是位清高雅士，公卿总是推荐他。”杜密知道王昱在讥讽自己，就回答说：“刘胜身为大夫，受到上宾之礼，可是，刘胜知道善良正直的人却不推荐，听到恶人坏事却不说，隐瞒真情，爱惜自己，如同不语的寒蝉，这是罪人。现在，我要举荐言行一致的贤人，要揭发违法乱纪的小人，使你赏罚得当，声名远扬，不是也尽到了万分之一的力量吗？”王昱羞愧佩服不已，对杜密愈加尊敬。

九月，任命光禄勋周景为太尉。

司空刘茂被免职。冬季，十二月，委任光禄勋汝南人宣酆为司空。

任命越骑校尉窦武为城门校尉。窦武在位，多方延聘知名人士，洁身自好，嫉恶如仇，不受贿赂；妻子儿女的衣食费用，仅够用就行。他得到皇帝和皇后的赏赐，全都分给太学生或赠送施舍给贫民，得到了众人的称誉。

匈奴人和乌桓人听说张奂来了，全都归降，总共有二十万人之多。张奂只杀了为首的恶人，其他的都善加接纳，唯有鲜卑出塞离去。朝廷担心不能制服檀石槐，

欲与和亲。檀石槐不肯受，而寇抄滋甚；自分其地为三部：从右北平以东至辽东，接夫余、濊貊二十余邑，为东部；从右北平以西，至上谷十余邑，为中部；从上谷以西至敦煌、乌孙二十余邑，为西部：各置大人领之。

（以上为第十二段，写司隶校尉李膺疾恶如仇，在教令中杀死蛊惑桓帝的风角师张成父子，宦官借机中伤，诬陷太学生与士大夫结成朋党，诽谤朝廷，扰乱风俗，桓帝大怒，以党人名义逮捕清流士大夫，第一次党锢之祸形成。）

派使者拿着印绶封檀石槐为王，想与他和亲，檀石槐不肯接受，反而扰边掠夺更加厉害。檀石槐把占领的地区分为三部：从右北平以东到辽东，连接夫余、濊貊二十多城邑，作为东部；从右北平以西到上谷有十几个城邑，作为中部；从上谷以西到敦煌、乌孙的二十几个城邑作为西部。每部设立大人统领。

【点评】

本卷点评两大史事：其一，汉末清议之风；其二，第一次党锢之祸。

一、汉末清议之风。东汉一朝有五位诸侯王子入继大统，七位皇太后临朝。太后临朝，贪权立幼，以诸侯子入继，使外来即位的小皇帝在朝官士大夫中根基不深，便于外戚擅权。幼君长成，不满傀儡地位，依靠宦官扳倒外戚，宦官得势。东汉政治长期是外戚与宦官两大势力博弈，轮番执政。朝官士大夫在夹缝中生存。由于儒学礼义是朝官士大夫的立身之本，通过征辟、举孝廉、皇帝求言对策、入太学明经等渠道入仕，称清流。宦官子弟亲戚宾友靠权力安排入仕称浊流。耿直的朝官士大夫标榜清高，看不起浊流入仕的官员，鄙夷那些依附宦官势力固宠的朝官士大夫。太学生不满宦官子弟侵夺士人的仕途，逐渐与耿直派朝官士大夫相互呼应形成清议之风，成为强大的社会舆论。社会名流互相标榜，指天下名士，为之称号。上曰“三君”，次曰“八俊”，次曰“八顾”，次曰“八及”，次曰“八厨”，比拟上古时代的“八元”“八恺”。《史记·五帝本纪》载，昔高阳氏有才子八人，世得其利，为之“八恺”。高辛氏有才子八人，世谓之“八元”。东汉清议的“三君”为窦武、刘淑、陈蕃。“君”指一代宗师。“八俊”为李膺、荀翌、杜密、王畅、刘祐、魏朗、赵典、朱寓。“俊”指人中英杰。“八顾”为郭林宗、宗慈、巴肃、夏馥、范滂、尹勋、蔡衍、羊陟。“顾”指德行为人楷模。“八及”为张俭、岑晊、刘表、陈翔、孔昱、苑康、檀敷、翟超。“及”指能引导人上进。“八厨”为度尚、张邈、王考、刘儒、胡母班、秦周、蕃向、王章。“厨”指能用财物救济人。这三十五人都是当时的社会精英，人中豪杰。他们是朝官士大夫耿直派的代表，国家栋梁，反宦官浊流第一线的斗士。陈蕃、窦武、李膺、范滂等在反宦官斗争中为国殉难，他们护持大义、高风亮节的精神，永垂千古。

二、第一次党锢之祸。东汉后期，于公元166—184年，发生了一场遍及全国的大冤狱，史称钩党之狱，又称党锢之祸。这场冤狱，前后有三次高潮，为祸近二十年，其持续之久，规模之大，迫害之虐，都是前所未有的。虽然，钩党之狱的直接受害者是士大夫儒生阶层，但罹其祸毒者，皆“天下善士”，又浩劫全国，故造成了社会的大倒退，使贤愚错位，是非颠倒，法制瓦解，道德沦丧。老百姓也不可避免地承受了社会动乱的实际灾难，生产停滞，经济崩溃，从而激化了阶级矛盾，加速了东汉政权的灭亡。因此，钩党之狱就成为中国古代史上一个引人注目的问题，自然也是本卷点评的一个重大事件。

学术界研究钩党之狱，主要有以下几种观点：1. 钩党之狱是君子与小人之争，士大夫是君子，宦官是小人。2. 党祸是商贾市籍豪强与世家地主争夺参政权的斗争。3. 东汉党争是统治集团内部的派性斗争。这些观点都有它的合理性，各自从不同的

侧面揭示了钩党之狱的一些现象。但这些观点都未能揭示钩党之狱的本质。试问：作为皇帝家奴的宦官，士大夫眼里的刑余之人何以能专国？世家地主乃是东汉政权的基础，重农抑商又是两汉的国策，桓、灵二帝站在宦官一边，岂不是东汉皇帝作为商贾市籍豪强的代表来反对立国的基础吗？从理论上和实践上都是说不通的。说到派性斗争，离真理就更加遥远。东汉士大夫多贤人君子，不避斧钺之诛以急国家之难，光明磊落，彪炳史册，而钩党之狱，却专事残害忠良，这又是为什么？所谓派性斗争论，是20世纪60年代特殊背景下提出的观点，而这一观点，恰恰是钩党之狱研究中的一种倒退。因此，关于东汉钩党之狱，应予重新点评。

钩党之狱的实质是一场集权运动，它是桓、灵二帝与宦官合谋发动的。桓、灵二帝相继以诸侯王子身份入继大统，最初都受制于太后。宦官乘势诡称太后、朝官欲废帝诳惑君主，加剧桓、灵二帝的猜忌之心，以假权窃国。桓、灵二帝不仅依靠宦官之力杀逐外戚，而且还利用群小的无耻无行来排抑被猜忌的耿直大臣，以集中皇权。皇帝与宦官互相操纵和利用，为了集权而制造冤狱，这就是钩党之狱产生的直接原因。

论从史出，首先必须把钩党之狱的经过、规模及其影响搞清楚。下面先谈桓帝发动的第一次钩党之狱。

第一次钩党之狱发生在桓帝延熹九年，即公元166年。它的导火线由三大案引发。其一，汝南太守宗资任范滂为功曹，委以政事。滂外甥李颂素无行，范滂寝而不召。凡行违孝悌，不轨仁义者，范滂即逐斥之。郡中豪强莫不怨恨范滂，于是编造谣言，煽动舆论说：“汝南太守范孟博，南阳宗资主画诺”，并指范滂所用之人为“范党”。其二，南阳太守成瑨，以岑晊为功曹，亦委以政事，宛地有富商张泛，是桓帝美人外亲，赂遗中官，横行乡里。岑晊劝成瑨捕拿张泛，诛杀其宾客二百余人。其时遇赦，晊先斩后奏。豪强贵戚造作飞语云：“南阳太守岑公孝，弘农成瑨但坐啸。”其三，李膺为河南尹，河内张成善风角，因其推占当赦，教子杀人，其实是中官透露朝中消息，以显示张成之能。因张成不但交通宦竖，而且桓帝亦问其占。李膺收拿张成，既而果逢赦令，膺竟杀之。

河南、南阳、汝南是三个大郡，东汉王朝的政治中枢地区。河南是帝城，南阳是帝乡。皇亲贵戚，盘根错节，结纳宦竖，鱼肉百姓。李膺、范滂、岑晊等按治豪强，直接打击宦官势力，并以直行触犯龙颜。其时又值太原太守刘瓆捕讨小黄门晋阳赵津，瓆为除“一县巨患”，“亦于赦后杀之”；山阳太守翟超，籍没中常侍侯览“资财”，东海相黄浮收拿中常侍徐璜兄子下邳令徐宣，“案宣罪弃市，暴其尸”。宦官向桓帝诉冤，“帝大怒”，刘瓆、翟超、黄浮俱被捕拿，公卿大臣交章疏救。桓帝欲致极刑，苦其无辞。三大案发，于是中官讽张成弟子牢修上书诬告李膺结纳朋党，

“诽讪朝廷，疑乱风俗”，侯览又使张泛妻上书讼冤。这样一来，本不相干的三大案被中官串联起来，说成是朋党为奸，有意犯禁树威。桓帝震怒，大捕党人。宗资、成瑨下狱死。岑晊遁逃。李膺、范滂等二百余人下狱。这就是第一次钩党之狱。

中常侍王甫治党狱，给党人的颈、手、脚加上“三木”的刑具，蒙头拷打，逼供牵引同党。“钩谓相牵引也”（《后汉书·灵帝纪》李贤注），所以史称党人为“钩党”。可见它完全是宦官诬加给李膺、范滂等人的一顶莫须有的政治帽子。但是一经圣旨钦定，便成法律，以颠倒黑白之事实，“布告天下，使同忿疾”。李膺、范滂等人，既没有组织，也没有什么宣言和主张，“旷年拘录，事无效验”（《后汉书·窦武列传》）。他们都是汉室忠臣。范滂临捕，对他的儿子说：“吾欲使汝为恶，则恶不可为；使汝为善，则我不为恶。”所谓钩党之狱，就是这样的一场忠直遭殃、邪曲嚣张的政治大冤狱。

但是，派性斗争论者认为，钩党之狱是由于党人行事操切激怒了皇帝，似乎是咎由自取，这是值得商榷的。

单从权力斗争的现象来看，钩党之狱是东汉政局长期动荡的总爆发。东汉政局不稳是由于外戚、宦官、朝官士大夫三大势力互斗不已，水火不容。外戚借太后之力专国，宦官假皇权肆虐，士大夫标榜清流自重。所谓清流就是以儒学为正宗，凭着孝廉、征辟、策对的正途仕进。这三大势力实质上代表着太后、皇权、相权三种力量，它们之间的斗争，的确像是统治集团内部的派性斗争。但是历史研究绝不只是对历史现象的描述，而应深入地揭示历史发展的本质。东汉外戚、宦官、士大夫三种势力，由于所代表的社会阶层利益不同，因而各派掌权治国所影响的历史面貌也是不同的。派性斗争论不能说明这种区别，它抹杀正义与非正义之分，混淆进步与反动之别，这是不能苟同的。

·文白对照本·

资治通鉴

（全十八册）

第四册

卷第五十六至卷第七十三（汉纪四十八至魏纪五）

（宋）司马光　编著
张大可　语译

商务印书馆
创于1897　The Commercial Press

第四册目录

卷第五十六　汉纪四十八
汉桓帝永康元年至汉灵帝建宁四年（167—171 年）…………………… 1949

卷第五十七　汉纪四十九
汉灵帝熹平元年至光和三年（172—180 年）……………………………… 1983

卷第五十八　汉纪五十
汉灵帝光和四年至中平四年（181—187 年）……………………………… 2021

卷第五十九　汉纪五十一
汉灵帝中平五年至汉献帝初平元年（188—190 年）…………………… 2054

卷第六十　汉纪五十二
汉献帝初平二年至四年（191—193 年）…………………………………… 2091

卷第六十一　汉纪五十三
汉献帝兴平元年至二年（194—195 年）…………………………………… 2127

卷第六十二　汉纪五十四
汉献帝建安元年至三年（196—198 年）…………………………………… 2165

卷第六十三　汉纪五十五
汉献帝建安四年至五年（199—200 年）…………………………………… 2203

卷第六十四　汉纪五十六
汉献帝建安六年至十年（201—205 年）…………………………………… 2237

卷第六十五　汉纪五十七
汉献帝建安十一年至十三年（206—208 年）………………………… 2267

卷第六十六　汉纪五十八
汉献帝建安十四年至十八年（209—213 年）………………………… 2303

卷第六十七　汉纪五十九
汉献帝建安十九年至二十一年（214—216 年）……………………… 2335

卷第六十八　汉纪六十
汉献帝建安二十二年至二十四年（217—219 年）…………………… 2361

卷第六十九　魏纪一
魏文帝黄初元年至三年（220—222 年）……………………………… 2393

卷第七十　魏纪二
魏文帝黄初四年至魏明帝太和元年（223—227 年）………………… 2433

卷第七十一　魏纪三
魏明帝太和二年至四年（228—230 年）……………………………… 2467

卷第七十二　魏纪四
魏明帝太和五年至青龙二年（231—234 年）………………………… 2495

卷第七十三　魏纪五
魏明帝青龙三年至景初元年（235—237 年）………………………… 2535

汉纪四十八

汉桓帝永康元年至汉灵帝建宁四年（167　171年）

【起强圉协洽（丁未，167年），尽重光大渊献（辛亥，171年），凡五年】

【大事提要】

本卷记事起公元167年，讫公元171年，凡五年，当汉桓帝永康元年至汉灵帝建宁四年，载桓灵二帝政权交替五年间史事。这一时期东汉政坛发生剧烈震动，短短五年，社会陷于大分裂，可以说东汉政治处于暴风骤雨、雷击电闪的深夜，最为黑暗。这一时期的重大事件，是第一次党锢之祸解禁，紧接着是第二次党锢之祸兴起，由京师波及全国，被诬为党人者数十万人，邪气旺炽，正义遭压迫，社会大分裂。颍川名士贾彪西行入京劝说外戚皇后父城门校尉窦武与朝官士大夫联手抗衡宦官，于是窦武与尚书令霍谞等共同上奏桓帝为党人申诉，桓帝释放了党人，释放范滂、李膺等二百余人出狱，但禁锢终身。桓帝死，灵帝立，窦太后临朝，窦武与太尉陈蕃等谋诛宦官。灵帝仍是由诸侯入继大统，不满太后临朝，倒向与宦官结盟夺权，宦官抢先发难，陈蕃、窦武被诛，窦太后迁居南宫。第二次党锢之祸兴起，布告天下，全国范围清理党人。李膺、范滂等人慷慨就义，张俭逃亡，祸及万家。州郡长官趋附宦官，抓捕党人并肆意扩大化。平原相史弼抗命，存活者数百上千人。灵帝御座出现青蛇，诏公卿以下各上封事，大司农张奂、郎中谢弼上封事为陈蕃、窦武申冤，张奂下狱，谢弼罢官，遣回乡里以他事诛杀。汉灵帝加冠，大赦天下，唯党人不赦。

【原文】

孝桓皇帝下

永康元年（丁未，167 年）

春，正月，东羌先零围祋祤，掠云阳，当煎诸种复反。段颎击之于鸾鸟，大破之，西羌遂定。

夫余王夫台寇玄菟；玄菟太守公孙域击破之。

夏，四月，先零羌寇三辅，攻没两营，杀千余人。

五月，壬子晦，日有食之。

陈蕃既免，朝臣震栗，莫敢复为党人言者。贾彪曰："吾不西行，大祸不解。"乃入洛阳，说城门校尉窦武、尚书魏郡霍谞等，使讼之。武上疏曰："陛下即位以来，未闻善政，常侍、黄门，竞行谲诈，妄爵非人。伏寻西京，佞臣执政，终丧天下。今不虑前事之失，复循覆车之轨，臣恐二世之难，必将复及，赵高之变，不朝则夕。近者奸臣牢修造设党议，遂收前司隶校尉李膺等逮考，连及数百人，旷年拘录，事无效验。臣惟膺等建忠抗节，志经王室，此诚陛下稷、卨、伊、吕之佐；而虚为奸臣贼子之所诬枉，天下寒心，海内失望。惟陛下留神澄省，时见理出，以厌神鬼喁喁之心。今台阁近臣，尚书朱寓、荀绲、刘祐、魏朗、刘矩、尹勋等，皆国之贞士，朝之良佐；尚书郎张陵、妫皓、苑康、杨乔、边韶、戴恢等，文质彬彬，明达国典，内外之职，群才并列。而陛下委任近习，专树饕餮，外典州郡，内干心膂，宜以次贬黜，案罪纠罚；信任忠良，平决臧否，使邪正毁誉，各得其所，宝爱天官，唯善是授，如此，咎征可消，天应可待。间者有嘉禾、芝草、黄龙之见。夫瑞生必于嘉士，福至实由善人，在德为瑞，无德为灾。陛下所行不合天意，不宜称庆。"书奏，因以病上还城门校尉、槐里侯印绶。霍谞亦为表请。帝意稍解，使中常侍王甫就狱讯党人范滂等，皆三木囊头，暴于阶下，甫以次辩诘曰："卿等更相拔举，迭为唇齿，其意如何？"滂曰："仲尼之言，'见善如不及，见恶如探汤，'滂欲使善善同其清，恶恶同其污，谓王政之所愿闻，不悟更以为党。古之修善，自求多福。今之修善，身陷大戮。身死之日，愿埋滂于首阳山侧，上不负皇天，下不愧夷、齐。"甫愍然为之改容，乃得并解桎梏。李膺等又多引宦官子弟，宦官惧，请帝以天时宜赦。六月，庚申，赦天下，改元；党人二百余人皆归田里，书名三府，禁锢

【语译】

孝桓皇帝下

汉桓帝永康元年（丁未，167 年）

春季，正月，东羌先零围攻祋祤县，抢掠云阳县，当煎各族又叛乱。段颎在鸾鸟县攻击，大败他们，于是西羌平安。

夫余王夫台骚扰玄菟，玄菟太守公孙域打败他们。

夏季，四月，先零羌攻打三辅，攻破京兆虎牙营和扶风雍营两大军营，杀死一千多人。

五月三十日壬子，发生日食。

陈蕃最终被免职，朝臣惊惧，无人再敢为党人说话。贾彪说："如果我不西去京城一趟，大祸不可能化解。"于是到了洛阳，游说城门校尉窦武、尚书魏郡人霍谞等人，请他们为党人诉讼。窦武上疏说："自从陛下即位以来，没有听闻实行善政，而常侍、黄门争相欺诈，使不适宜的人封官晋爵。臣想到西汉时，奸佞之臣执政，终于丧失了天下。现在不借鉴前面的教训，反而重蹈覆辙，臣担心秦二世的灾祸必将重演，赵高的叛变早晚会发生。最近，奸臣牢修虚造党人之事，逮捕了前司隶校尉李膺等人拷打，牵连几百人，整年拘押审讯，没有可验证的事实。臣认为李膺等人都有忠心直节，志在经营朝廷，这实在是陛下的后稷、后契、伊尹、吕尚这样的辅臣，却枉为奸臣贼子诬害，使得天下寒心，举国失望。请求陛下留心明察，及时审理释放，以满足朝野上下人士的愿望。而今，尚书署臣僚，如尚书朱寓、荀绲、刘祐、魏朗、刘矩、尹勋等人都是国家的忠贞之士、朝廷的辅佐良臣。尚书郎张陵、妫皓、苑康、杨乔、边韶、戴恢等人文雅朴素，熟知国家典制，内外官员，不缺良才。然而，陛下却委权于身边左右的小人，单独宠任凶狡的人，这些在外掌管州郡，在内作为心腹，应依次贬黜，调查罪状，揭发惩治；同时，应当信任忠正善良之人，明辨善恶，使得邪恶和正直、诋毁和名誉各得其所，珍惜官职，只授予贤才。这样，过失的征验就可以消除，上天祥瑞的感应就可以得到。近来有嘉禾、灵芝、黄龙等出现。瑞祥发生，必有贤才出现；福分降临，实在是因为有善人。祥瑞出现，有德便是吉祥，无德便是灾祸。陛下的作为不符天意，不应该庆祝。"奏章呈上，窦武就称病，交还城门校尉和槐里侯印绶。霍谞也上书请求宽恕党人。汉桓帝对党人的态度逐渐好转，派中常侍王甫到狱中审讯党人范滂等，范滂等人都头戴枷锁，脚手带着镣铐，脸上罩着黑布，暴露在大庭之中。王甫依次诘问："你们互相标榜，唇齿相依，有什么意图？"范滂说："孔子有言：'看到善良的行为，就像赶不上似的，要努力追赶；见到邪恶的行为，就像伸手到沸水里一样，立即躲开。'我想使善良的人如

终身。

（以上为第一段，写城门校尉窦武、尚书霍谞上奏党人之冤，汉桓帝下诏赦免二百余党人出狱，禁锢终身，故史称党锢之祸。）

范滂往候霍谞而不谢。或让之，滂曰："昔叔向不见祁奚，吾何谢焉！"滂南归汝南，南阳士大夫迎之者，车数千两，乡人殷陶、黄穆侍卫于旁，应对宾客。滂谓陶等曰："今子相随，是重吾祸也！"遂遁还乡里。

初，诏书下举钩党，郡国所奏相连及者，多至百数，唯平原相史弼独无所上。诏书前后迫切州郡，髡笞掾史。从事坐传舍责曰："诏书疾恶党人，旨意恳恻。青州六郡，其五有党，平原何治而得独无？"弼曰："先王疆理天下，画界分境，水土异齐，风俗不同。他郡自有，平原自无，胡可相比！若承望上司，诬陷良善，淫刑滥罚，以逞非理，则平原之人，户可为党。相有死而已，所不能也！"从事大怒，即收郡僚职送狱，遂举奏弼。会党禁中解，弼以俸赎罪。所脱者甚众。

窦武所荐：朱寓，沛人；苑康，勃海人；杨乔，会稽人；边韶，陈留人。乔容仪伟丽，数上言政事，帝爱其才貌，欲妻以公主，乔固辞，不听，遂闭口不食，七日而死。

秋，八月，巴郡言黄龙见。初，郡人欲就池浴，见池水浊，因戏相恐，"此中有黄龙"，语遂行民间，太守欲以为美，故上之。郡吏傅坚谏曰："此走卒戏语耳。"太守不听。

六月，大水，勃海溢。

冬，十月，先零羌寇三辅，张奂遣司马尹端、董卓拒击，大破之，斩其酋豪，首虏万余人，三州清定。奂论功当封，以不事宦官故不果封，唯赐钱二十万，除家一人为郎。奂辞不受，请徙属弘农。旧制，边人不得内徙，诏以奂有功，特许之。拜董卓为郎中。卓，陇西人，性粗猛有谋，羌胡畏之。

十二月，壬申，复瘿陶王悝为勃海王。

同清水一样在一起，使邪恶的人如同污水一样归在一起，认为这样会受到朝廷的鼓励，从没想到这是结党。古人修德行善，可以得福。而今修德行善，却遭杀身之祸。我死那天，希望把我葬在首阳山旁，上不负皇天，下无愧于伯夷、叔齐。”王甫颇为感动，肃然起敬，就解除了所有党人罪徒的刑械。李膺等人的口供牵扯到宦官子弟，宦官恐慌，借口天时，请求汉桓帝赦免天下。六月初八日庚申，大赦天下，改年号为“永康”。二百多名党人放归乡里，在三公府登记姓名，终身不许当官。

范滂拜访霍谞，却不肯道谢。有人责备他，范滂说：“从前，晋国范宣子欲杀叔向，为祁奚所救，叔向没有去见祁奚致谢，我何必要谢霍谞。”范滂南归汝南，南阳士大夫迎接他，有几千辆车子，同乡人殷陶、黄穆在一旁侍卫，接待宾客。范滂对殷陶等人说：“现在你们跟从我，将加重我的罪过啊！”于是悄悄地返回乡里。

当初，诏令揭发党人，各郡国奏报牵连的人多达几百，只有平原相史弼未上报。诏书连续下达，催促州郡，对掾史施以髡刑鞭打。从事史在驿舍谴责史弼：“诏书对党人痛恨入骨，旨意诚恳凄恻。青州所属六郡，有五郡都有党人，平原郡怎么治理的，竟然没有一个党人？”史弼说：“先王经营天下，划分境界，水土有不同，风俗有异。其他的郡有党人，平原郡没有，怎能相提并论！如果仰承上司的旨意，诬害忠良，滥施刑罚，以满足不合理的要求，那么平原郡的百姓，家家有党人。我只有一死，不能做不该做的事！”从事史大怒，当即逮捕平原郡的一些掾史，上奏弹劾史弼。正逢党禁中途化解，准允史弼扣薪赎罪。当时，得解脱的人很多。

窦武所推举的人有：沛郡人朱寓、勃海人苑康、会稽人杨乔、陈留人边韶。杨乔容貌俊伟，多次上书谈论国政，汉桓帝喜爱他的才识容貌，想把公主嫁给他，杨乔坚决推辞，汉桓帝不准许，杨乔于是就绝食七天而死。

秋季，八月，巴郡传言有黄龙出现。最初是郡中有人到池里去洗澡，见池水混浊，因此开玩笑恐吓说：“池里有黄龙。”这话于是流行民间，太守想以此事向汉桓帝献媚，所以上奏。郡吏傅坚劝谏说：“这不过是小民的一句玩笑话。”太守不听。

六月，发大水，勃海溢水。

冬季，十月，先零羌骚扰三辅，张奂派司马尹端、董卓对抗，大败先零羌，杀死先零羌的首领，俘虏一万多人，使幽州、并州、凉州平定。张奂论功应当受封，因为不会奉承宦官所以没有被封，只赐予他二十万钱，录用张奂家一人为郎。张奂辞谢不受，请求内迁到弘农郡。按照旧制，边郡人士不得迁往内地，因为张奂有功，下诏特许张奂的请求。任命董卓为郎中，董卓是陇西人，粗暴勇猛，颇有谋略，羌人和胡人都害怕他。

十二月二十三日壬申，再次任命瘿陶王刘悝为勃海王。

丁丑，帝崩于德阳前殿。戊寅，尊皇后曰皇太后。太后临朝。初，窦后既立，御见甚稀，唯采女田圣等有宠。后素忌忍，帝梓宫尚在前殿，遂杀田圣。城门校尉窦武议立嗣，召侍御史河间刘儵，问以国中宗室之贤者，儵称解渎亭侯宏。宏者，河间孝王之曾孙也，祖淑，父苌，世封解渎亭侯。武乃入白太后，定策禁中，以儵守光禄大夫，与中常侍曹节并持节将中黄门、虎贲、羽林千人，奉迎宏，时年十二。

（以上为第二段，写汉桓帝驾崩，汉灵帝即位。）

孝灵皇帝上之上

建宁元年（戊申，168 年）

春，正月，壬午，以城门校尉窦武为大将军。前太尉陈蕃为太傅，与武及司徒胡广参录尚书事。

时新遭大丧，国嗣未立，诸尚书畏惧，多托病不朝。陈蕃移书责之曰："古人立节，事亡如存。今帝祚未立，政事日蹙，诸君奈何委荼蓼之苦，息偃在床，于义安乎！"诸尚书惶怖，皆起视事。

己亥，解渎亭侯至夏门亭，使窦武持节，以王青盖车迎入殿中，庚子，即皇帝位，改元。

二月，辛酉，葬孝桓皇帝于宣陵，庙曰威宗。

辛未，赦天下。

初，护羌校尉段颎既定西羌，而东羌先零等种犹未服，度辽将军皇甫规、中郎将张奂招之连年，既降又叛。桓帝诏问颎曰："先零东羌造恶反逆，而皇甫规、张奂各拥强众，不时辑定，欲令颎移兵东讨，未识其宜，可参思术略。"颎上言曰："臣伏见先零东羌虽数叛逆，而降于皇甫规者，已二万许落；善恶既分，余寇无几。今张奂踌躇久不进者，当虑外离内合，兵往必惊。且自冬践春，屯结不散，人畜疲羸，有自亡之势，欲更招降，坐制强敌耳。臣以为狼子野心，难以恩纳，势穷虽服，兵去复动；唯当长矛挟胁，白刃加颈耳！计东种所余三万余落，近居塞内，路无险折，非有燕、齐、秦、赵从横之势，而久乱并、凉，累侵三辅，西河、上郡，已各内徙，安定、北地，复至单危；自云中、五原，西至汉阳二千余里，匈奴、诸羌，并擅其地，是为痈疽伏疾，留滞胁下，如

十二月二十八日丁丑，汉桓帝在德阳前殿去世。十二月二十九日戊寅，尊窦皇后为皇太后。窦太后临朝听政。最初，窦皇后受到册立，汉桓帝很少宠幸她，只有采女田圣等人受宠。窦太后向来妒忌残忍，汉桓帝的灵柩还停在前殿，窦太后就杀死田圣。城门校尉窦武商议新皇帝的人选，召侍御史河间人刘儵，询问刘姓皇族中的贤人，刘儵推举解渎亭侯刘宏。刘宏是河间孝王的曾孙，刘宏的祖父刘淑、父亲刘苌，世代受封为解渎亭侯。窦武就入宫报告窦太后，在皇宫中秘密决定皇位，任命刘儵为光禄大夫，自己与中常侍曹节共同持节，管理中黄门、虎贲武士、羽林军一千人，奉迎刘宏。当时，刘宏只有十二岁。

孝灵皇帝上之上

汉灵帝建宁元年（戊申，168年）

春季，正月初三日壬午，委派城门校尉窦武为大将军，前太尉陈蕃为太傅。窦武、陈蕃、司徒胡广共同管理尚书事务。

这时正逢汉桓帝大丧，继位的皇帝还未确定，各尚书都很害怕，大多称病不上朝。陈蕃写信责备他们说：“古人坚守志节，侍奉死者如同生时。现在，新皇帝还没有即位，国家的政事日益艰难，诸位怎可逃避艰辛，躺在床上安歇，在道义上能安心吗？”尚书们害怕，都入朝办公。

正月二十日己亥，解渎亭侯到达夏门亭，派窦武持节，用侯王专用的青盖车迎接入宫。正月二十一日庚子，汉灵帝即位，改年号为“建宁”。

二月十三日辛酉，安葬孝桓皇帝在宣陵，庙号为威宗。

二月二十三日辛未，大赦天下。

当初，护羌校尉段颎虽然平定西羌，但东羌、先零等部还没有归降。度辽将军皇甫规、中郎将张奂连年讨伐，羌人时降时叛。桓帝下诏问段颎：“先零、东羌作恶反叛，皇甫规与张奂各拥有强兵，未能按时讨平，而今想令你率兵征讨东羌，不知是否合适，可以先制定谋略对策。”段颎上言说：“臣听说先零、东羌虽然数次叛乱，但是向皇甫规归降的已达二万多户；善恶泾渭分明，残余的叛贼所剩无几。现在，张奂之所以踌躇而久不进兵，只因考虑到已经归附的羌人和尚未归服的羌人交相呼应，大军一动，必然惊惧。何况，从去年冬季到今年春季，叛羌长久屯防不散，已经是人疲畜困，大有自取灭亡的态势，想改用招降的方式，以逸待劳牵制强敌。臣认为羌人狼子野心，很难用恩德感化。羌人薄弱时就降服，大兵一旦撤走就会重新暴动；唯一的办法是用长矛直刺他们的前胸，用大刀架在他们的脖子上！估计东羌余寇还有三万多户，集居在塞内附近，没有险隘的道路，更没有燕、齐、秦、

不加诛，转就滋大。若以骑五千、步万人、车三千两，三冬二夏，足以破定，无虑用费为钱五十四亿，如此，则可令群羌破尽，匈奴长服，内徙郡县，得反本土。伏计永初中，诸羌反叛，十有四年，用二百四十亿；永和之末，复经七年，用八十余亿。费耗若此，犹不诛尽，余孽复起，于兹作害。今不暂疲民，则永宁无期。臣庶竭驽劣，伏待节度。”帝许之，悉听如所上。颎于是将兵万余人，赍十五日粮，从彭阳直指高平，与先零诸种战于逢义山。虏兵盛，颎众皆恐。颎乃令军中长镞利刃，长矛三重，挟以强弩，列轻骑为左右翼，谓将士曰：“今去家数千里，进则事成，走必尽死，努力共功名！”因大呼，众皆应声腾赴，驰骑于傍，突而击之，虏众大溃，斩首八千余级。太后赐诏书褒美曰：“须东羌尽定，当并录功勤；今且赐颎钱二十万，以家一人为郎中。”敕中藏府调金钱、彩物增助军费，拜颎破羌将军。

（以上为第三段，写段颎大破西羌。）

闰月，甲午，追尊皇祖为孝元皇，夫人夏氏为孝元后，考为孝仁皇，尊帝母董氏为慎园贵人。

夏，四月，戊辰，太尉周景薨，司空宣酆免；以长乐卫尉王畅为司空。

五月，丁未朔，日有食之。

以太中大夫刘矩为太尉。

六月，京师大水。

癸巳，录定策功，封窦武为闻喜侯，武子机为渭阳侯，兄子绍为鄠侯，靖为西乡侯，中常侍曹节为长安乡侯，侯者凡十一人。

涿郡卢植上书说武曰：“足下之于汉朝，犹旦、奭之在周室，建立圣主，四海有系，论者以为吾子之功，于斯为重。今同宗相后，披图案牒，以次建之，何勋之有！岂可横叨天功以为己力乎！宜辞大赏，以全身名。”武不能用。植身长八尺二寸，音声如钟，性刚毅，有大节。少事

赵的纵横势力，却长期干扰并、凉二州，屡次入侵三辅，使得西河、上郡治所已经被迫内迁，安定、北地势单力薄而重陷危境。从云中、五原西到汉阳两千多里，匈奴、诸羌占领这一地区，这等于脓疮暗疾隐藏在臂腋之下，如不诛灭，就会辗转迅速膨大。如果以五千骑兵、一万步兵、三千辆战车，有三个冬季和两个夏季，就足以平定他们，估计费用为五十四亿钱，这样就可使羌人全部歼灭，匈奴长期顺服，内迁的郡县得以返回本地。臣计算，永初年间羌人各部叛乱，长达十四年，耗费一百四十亿钱；永和末年，又经过七年，消耗八十多亿。如此庞大的耗费，还不能把贼寇全部歼灭，残余的贼寇又冒出来，直至今天，仍在作恶。如果现在不让百姓忍受暂时的困苦，永久的安宁，将遥遥无期。臣愿竭尽有限的能力，听候差遣。”汉桓帝同意了，完全按上述建议行事。于是段颎率领一万多士卒，带上十五天的军粮，从彭阳向高平行进，在逢义山与先零等羌人开战。敌兵强盛，段颎的部队都很恐惧。段颎下令士兵拿着长枪利刀，用长枪的编为三个梯队，拉强弓的弓箭手混编在长枪队伍中，把轻骑排列在左右两翼，对将土说：“现在我们离家有几千里，前进就能成功，后退必然全部战死，大家一起努力争取功名吧！”于是大声呐喊，全部步骑随着杀敌的呐喊声，争相奔腾冲向敌人，段颎亲自骑马奔驰在队伍旁指挥，带头冲入敌阵骑兵中砍杀，敌军大败，被斩杀了八千多人。窦太后赐诏书表扬说：“等到东羌全部平定之后，当一并论功行赏；今赐给段颎二十万钱，选用段颎家一人为郎中。”并敕令中藏府调拨金钱、彩缎等，增加军费，任命段颎为破羌将军。

闰三月甲午［四月十七日甲午］追尊皇祖为孝元皇，夫人夏氏为孝元后，皇父为孝仁皇，尊皇帝生母董氏为慎园贵人。

夏季，四月戊辰（疑为初三日庚辰之误），太尉周景去世，司空宣酆被免职；任命长乐卫尉王畅为司空。

五月初一日丁未朔，发生日食。

任命太中大夫刘矩为太尉。

六月，京师发大水。

六月十七日癸巳，奖赏策立新皇帝的功劳，封窦武为闻喜侯，窦武的儿子窦机为渭阳侯，窦武哥哥的儿子窦绍为鄠侯、窦靖为西乡侯，中常侍曹节为长安乡侯，共有十一人被封侯。

涿郡人卢植上书劝谏窦武：“您对于汉朝，如周公旦、召公奭对于周室，拥戴圣主，维系天下人心，舆论认为您的功劳，以此最为重要。事实上，同宗相继，依照名牒，依亲疏关系确立人选，又有什么功绩可言！怎么可以把天功据为己有！应当推辞重赏，以保全你的声名。”窦武不采用。卢植身高八尺二寸，声如洪钟，性情刚

马融，融性豪侈，多列女倡歌舞于前，植侍讲积年，未尝转盼，融以是敬之。

太后以陈蕃旧德，特封高阳乡侯。蕃上疏让曰："臣闻割地之封，功德是为。臣虽无素洁之行，窃慕君子'不以其道得之，不居也'。若受爵不让，掩面就之，使皇天震怒，灾流下民，于臣之身，亦何所寄！"太后不许。蕃固让，章前后十上，竟不受封。

段颎将轻兵追羌，出桥门，晨夜兼行，与战于奢延泽、落川、令鲜水上，连破之；又战于灵武谷，羌遂大败。秋，七月，颎至泾阳，余寇四千落，悉散入汉阳山谷间。

护匈奴中郎将张奂上言："东羌虽破，余种难尽，段颎性轻果，虑负败难常，宜且以恩降，可无后悔。"诏书下颎，颎复上言："臣本知东羌虽众，而软弱易制，所以比陈愚虑，思为永宁之算；而中郎将张奂说虏强难破，宜用招降。圣朝明监，信纳瞽言，故臣谋得行，奂计不用。事势相反，遂怀猜恨，信叛羌之诉，饰润辞意，云臣兵'累见折衄'，又言'羌一气所生，不可诛尽，山谷广大，不可空静，血流污野，伤和致灾'。臣伏念周、秦之际，戎狄为害，中兴以来，羌寇最盛，诛之不尽，虽降复叛。今先零杂种，累以反覆，攻没县邑，剽略人物，发冢露尸，祸及生死，上天震怒，假手行诛。昔邢为无道，卫国伐之，师兴而雨；臣动兵涉夏，连获甘澍，岁时丰稔，人无疵疫。上占天心，不为灾伤；下察人事，众和师克。自桥门以西、落川以东，故宫县邑，更相通属，非为深险绝域之地，车骑安行，无应折衄。案奂为汉吏，身当武职，驻军二年，不能平寇，虚欲修文戢戈，招降犷敌，诞辞空说，僭而无征。何以言之？昔先零作寇，赵充国徙令居内，煎当乱边，马援迁之三辅，始服终叛，至今为鲠，故远识之士，以为深忧。今傍郡户口单少，数为羌所创毒，而欲令降徒与之杂居，是犹种枳棘于良田，养蛇虺于室内也。故臣奉大汉之威，建长久之策，欲绝其本根，不使能殖。本规三岁之费，用五十四亿；今适期年，所耗未半，而余寇残烬，将向殄灭。臣每奉诏书，军不内御，愿卒斯言，一以任臣，临时量宜，不失权便。"

（以上为第四段，写太尉陈蕃辞封。讨伐西羌，段颎主伐，张奂主抚，两人主张相左，于是结怨。）

毅，高风亮节。年轻时跟随马融，马融奢侈豪华，常令美女在庭前载歌载舞，卢植做了多年侍讲，从不偷看，于是马融非常敬重他。

窦太后因为陈蕃昔日的功德，特封他为高阳乡侯。陈蕃上疏辞让说："臣听说，割地分封，应该以功德为凭据。臣虽然不是一向具有清廉的德行，但也私心羡慕君子'不用正当的办法取得的东西，君子不接受'。如果臣接受封爵而不辞让，厚颜无耻地享用封邑、使得皇天震怒，灾祸转向人民，那么臣该到何处寄托渺渺之身？"窦太后不准许。陈蕃坚决辞让，前后上了十几次奏章，最终没有受封。

段颎率领轻兵追赶羌人，出了桥门，日夜兼行，在奢延泽、落川、令鲜水岸开战，连续打败羌人；又在灵武谷交战，羌人再次大败。秋季，七月，段颎到达泾阳，残余的四千多户羌人全都逃跑到汉阳山谷中。

护匈奴中郎将张奂上言："东部的叛羌虽然被击破，残余却难以全部消灭。段颎轻率而果断，应当考虑打仗是胜败无常，应该在有利时恩德招降，才永远不会后悔。"诏书通知段颎，段颎又上书说："臣原本就知道东羌虽然人口众多，但是涣散而容易驯服，所以再次陈述臣的愚见，打算为永久和平考虑，而中郎将张奂却说敌势强大，难以攻破该使用招降的方法。主上英明，采纳信用了臣的愚见，使臣的谋略得以施行，而张奂的计策没有被采用。事情的发展与他的猜想相反，于是心怀忌恨，听信叛羌的申诉，把叛军控诉臣的话做了一番修饰，说臣军队'连吃败仗'，又说：'羌人也是上天灵气所生，不可赶尽杀绝，山谷广阔，不可无人居住，血流污染原野，有伤和气，导致灾祸。'臣想到周、秦之际，戎狄为害，汉朝中兴以来，羌贼最为盛强，诛杀不尽，即使投降还会再次反叛。而今先零等部落，反复无常，攻占城邑，抢夺人民和财物，挖掘坟墓，暴露尸骨，祸及活人和死人，上天震怒，借用臣的双手进行诛罚。从前，邢国政治暴虐，卫国就去讨伐他们，大军出征之日，上天及时降雨；臣率军以来，酷夏连降雨水，谷物丰收，人民没有瘟疫。对上察考天意，不会降下灾害；对下省察人事，军民和谐，战无不胜。从桥门以西，到落川以东，故有的乡镇房舍连接，并不是深谷险峻、荒无人烟的地区，车辆马匹都可平安行驶，没有折损的事情发生。张奂身为汉朝官吏，担任武职，在边境驻军二年，不能平定敌寇，为了掩饰没有能力平定羌人，才提倡讲文息武，招降野蛮的敌人，夸大招降的效果，实际上虚妄而无验证。为什么这样说呢？从前先零侵犯，赵充国把他们迁至边塞境内；煎当犯边，马援把他们迁至三辅，他们先是归降，继而叛乱，至今为患，所以有卓见的人士深为忧虑。而今边郡人口稀少，屡次受到羌人祸害，而想把归降的羌人与汉人混住，这等于是在良田里种枳棘，在屋里养毒蛇。所以，臣依靠大汉权威，设立长久的策略，要剪断他们的根，使其不再生存。原来预计三年的军费，用五十四亿；现在刚满一年，军费还没用到一半，而残余的贼寇已像行

八月，司空王畅免，宗正刘宠为司空。

初，窦太后之立也，陈蕃有力焉。及临朝，政无大小，皆委于蕃。蕃与窦武同心戮力，以奖王室，征天下名贤李膺、杜密、尹勋、刘瑜等，皆列于朝廷，与共参政事。于是天下之士，莫不延颈想望太平。而帝乳母赵娆及诸女尚书，旦夕在太后侧，中常侍曹节、王甫等共相朋结，谄事太后，太后信之，数出诏命，有所封拜。蕃、武疾之，尝共会朝堂，蕃私谓武曰："曹节、王甫等，自先帝时操弄国权，浊乱海内，今不诛之，后必难图。"武深然之。蕃大喜，以手推席而起。武于是引同志尚书令尹勋等共定计策。

会有日食之变，蕃谓武曰："昔萧望之困一石显，况今石显数十辈乎！蕃以八十之年，欲为将军除害，今可因日食斥罢宦官，以塞天变。"武乃白太后曰："故事，黄门、常侍但当给事省内门户，主近署财物耳；今乃使与政事，任重权，子弟布列，专为贪暴。天下匈匈，正以此故，宜悉诛废以清朝廷。"太后曰："汉元以来故事，世有宦官，但当诛其有罪者，岂可尽废邪！"时中常侍管霸，颇有才略，专制省内，武先白收霸及中常侍苏康等，皆坐死。武复数白诛曹节等，太后冘豫未忍，故事久不发。蕃上疏曰："今京师嚣嚣，道路喧哗，言侯览、曹节、公乘昕、王甫、郑飒等，与赵夫人、诸尚书并乱天下，附从者升进，忤逆者中伤，一朝群臣如河中木耳，泛泛东西，耽禄畏害。陛下今不急诛此曹，必生变乱，倾危社稷，其祸难量。愿出臣章宣示左右，并令天下诸奸知臣疾之。"太后不纳。

是月，太白犯房之上将，入太微。侍中刘瑜素善天官，恶之，上书皇太后曰："案《占书》："宫门当闭，将相不利，奸人在主傍；愿急防之。"又与武、蕃书，以星辰错缪，不利大臣，宜速断大计。于是武、蕃以朱寓为司隶校尉，刘祐为河南尹，虞祁为洛阳令。武奏免黄门令魏彪，以所亲小黄门山冰代之，使冰奏收长乐尚书郑飒，送北寺狱。蕃谓武曰："此曹子便当收杀，何复考为！"武不从，令冰与尹勋、侍御史祝瑨杂考

将熄灭的灰烬一样，面临绝灭。臣每次接到诏书，表示军事行动，朝廷不做遥控，请求一直坚持这种态度，让臣全权处理，临机应变，不失军机。”

八月，司空王畅被免职，任命宗正刘宠为司空。

当初，窦太后被封为皇后，陈蕃曾经尽力。等到窦太后临朝听政，就把大小政事都交给陈蕃处理。陈蕃与窦武同心协力，辅助王室，征召天下有名的贤士李膺、杜密、尹勋、刘瑜等人，让他们在朝廷供职，一起参与政事。于是，天下的士人，无不渴望太平盛世，但是汉灵帝的乳母赵娆和一些主事女官，日夜围着太后，中常侍曹节、王甫等人互相勾结成朋党，向窦太后献媚，窦太后宠信他们，数次下诏，封官拜爵。陈蕃、窦武憎恨这批人，曾在朝堂聚会时，陈蕃私下对窦武说：“曹节、王甫等人从桓帝时就窃取朝政，扰乱天下，现在不把他们杀掉，后患无穷。”窦武非常赞同。陈蕃大喜，用手推开几案，兴奋地站了起来。窦武于是结纳志同道合的尚书令尹勋等人共商大策。

正好发生日食，陈蕃对窦武说：“从前，御史大夫萧望之败在一个阉官石显手上，何况今日有几十个石显！我已经八十岁了，想为将军除害，现在可以借日食的灾变，罢除宦官，消解天变。”窦武于是对窦太后说：“按照旧例，黄门、常侍只负责在宫里看门，主管宫中各部的财物；现在却让他们参与政事，委派大权，宦官子弟党羽遍布州郡，专门做些贪赃暴虐的事。天下舆论纷纷，正是为了这事，所以应当把他们诛杀或撤职，使朝政清明。”窦太后说：“汉初以来，世代有宦官，只应当诛罚有罪的，怎么可以把他们全都废除？”当时，中常侍管霸颇有才能谋略，在宫中弄权，窦武请求先收捕了管霸和中常侍苏康等人，都处以死刑。窦武几次请求窦太后诛杀曹节等人，窦太后犹豫不决，所以事情拖了很久没有办成。陈蕃上疏说：“现在京城舆论沸腾，传言侯览、曹节、公乘昕、王甫、郑飒等人，与赵夫人、尚书们一起扰乱天下，附和他们就升官晋爵，违背他们就被中伤，满朝大臣如同河中漂木，一会儿东，一会儿西，贪图俸禄，畏惧权势。如果陛下不赶快诛灭他们，必发生祸害，危及社稷，灾祸难于估算。请把我的奏章宣示近臣，并让天下所有的奸臣知道我对他们的痛恨。”窦太后没有采纳。

这一月，金星侵入房宿四星的上将星，接近太微天子庭。侍中刘瑜向来对天文有研究，认为这是凶兆，上书给窦太后说：“按照《占书》，宫门应当紧闭，不利于将相，奸邪就在君主身边，请紧急防范”，又上书给窦武、陈蕃，认为星辰错乱，不利于大臣，应当立即决断大事。于是，窦武、陈蕃任命朱寓为司隶校尉，刘祐为河南尹，虞祁为洛阳县令。窦武又奏请免除了黄门令魏彪的职务，而以他的亲信小黄门山冰代理，令山冰奏请收捕长乐尚书郑飒，押至北寺狱。陈蕃对窦武说：“这些家

飒，辞连及曹节、王甫。勋、冰即奏收节等，使刘瑜内奏。

九月，辛亥，武出宿归府。典中书者先以告长乐五官史朱瑀，瑀盗发武奏，骂曰："中官放纵者，自可诛耳，我曹何罪，而当尽见族灭！"因大呼曰："陈蕃、窦武奏白太后废帝，为大逆！"乃夜召素所亲壮健者长乐从官史共普、张亮等十七人，歃血共盟，谋诛武等。曹节白帝曰："外间切切，请出御德阳前殿。"令帝拔剑踊跃，使乳母赵娆等拥卫左右，取棨信，闭诸禁门，召尚书官属，胁以白刃，使作诏板，拜王甫为黄门令，持节至北寺狱，收尹勋、山冰。冰疑，不受诏，甫格杀之，并杀勋；出郑飒，还兵劫太后，夺玺绶。令中谒者守南宫，闭门绝复道。使郑飒等持节及侍御史谒者捕收武等。武不受诏，驰入步兵营，与其兄子步兵校尉绍共射杀使者。召会北军五校士数千人屯都亭，下令军士曰："黄门、常侍反，尽力者封侯重赏。"陈蕃闻难，将官属诸生八十余人，并拔刃突入承明门，到尚书门，攘臂呼曰："大将军忠以卫国，黄门反逆，何云窦氏不道邪！"王甫时出与蕃相遇，适闻其言，而让蕃曰："先帝新弃天下，山陵未成，武有何功，兄弟父子并封三侯！又设乐饮宴，多取掖庭宫人，旬日之间，赀财巨万，大臣若此，为是道邪！公为宰辅，苟相阿党，复何求贼！"使剑士收蕃，蕃拔剑叱甫，辞色逾厉。遂执蕃，送北寺狱。黄门从官驺蹋蹴蕃曰："死老魅！复能损我曹员数、夺我曹禀假不！"即日，杀之。时护匈奴中郎将张奂征还京师，曹节等以奂新至，不知本谋，矫制以少府周靖行车骑将军、加节，与奂率五营士讨武。夜漏尽，王甫将虎贲、羽林等合千余人，出屯朱雀掖门，与奂等合，已而悉军阙下，与武对陈。甫兵渐盛，使其士大呼武军曰："窦武反，汝皆禁兵，当宿卫宫省，何故随反者乎！先降有赏！"营府兵素畏服中官，于是武军稍稍归甫，自旦至食时，兵降略尽。武、绍走，诸军追围之，皆自杀，枭首洛阳都亭；收捕宗亲宾客姻属，悉诛之，及侍中刘瑜、屯骑校尉冯述，皆夷其族。宦官又谮虎贲中郎将河间刘淑、故尚书会稽魏朗，云与武等通谋，皆自杀。迁皇太后于南宫，徙武家属于日南；自公卿以下尝为蕃、武所举者及门生故吏，皆免官禁锢。议郎勃海巴肃，始与武等同谋，曹节等不知，但坐禁锢，后乃知而收之。肃自载诣县，县令见肃，入阁，解印绶，欲与俱去。肃曰："为人臣者，有谋不敢隐，有罪不逃刑，既不隐其谋矣，又敢逃其刑乎！"遂被诛。

伙应当赶快收捕斩杀，为何还要审讯？”窦武不同意，命山冰和尹勋、侍御史祝瑨先后审讯郑飒，供词牵连到曹节、王甫。尹勋、山冰随即逮捕了曹节等人，让刘瑜向汉灵帝报告。

九月初七日辛亥，窦武因休假出宫回到大将军府。掌管中书的人早已得到消息，报告长乐宫五官史朱瑀，朱瑀偷看了窦武的奏章，骂道：“对于放肆的宦官当然应该诛杀，我们有什么罪，竟要将我们杀尽灭族！”于是大声呼喊：“陈蕃、窦武上奏，请太后废掉皇上，大逆不道！”连夜召集平日亲近、身体健壮的长乐宫从官史共普、张亮等十七人，喝血酒结盟，阴谋诛杀窦武等人。曹节报告汉灵帝说：“外面的情况紧急，请出宫坐镇德阳前殿。”叫汉灵帝拔剑腾跳，以壮胆气，令乳母赵娆等人护在身边，收取所有印信，关闭宫门，召来尚书府的官员，拿着刀胁逼他们，要他们写诏书，任命王甫为黄门令，持节到北寺狱，逮捕尹勋、山冰。山冰怀疑诏书是伪造的，拒不接受，王甫当场杀了他，又杀死尹勋。放出郑飒，回兵劫持太后，夺了太后玺绶。命令中谒者把守南宫，关闭宫门，断绝通道。派郑飒等人持节和侍御中谒者逮捕窦武等人。窦武不接诏令，飞驰进入步兵营，和他哥哥的儿子窦绍合力射杀使者。召集北军五路校士数千人把守洛阳都亭，对兵士下令说：“黄门、常侍反乱，尽力作战的人封侯重赏。”陈蕃听说有难，就带领属官和门生八十多人，一起手持大刀，冲入承明门，到尚书门前，举臂呼喊：“大将军窦武忠心卫国，黄门宦官反叛，怎么能说窦氏大逆不道！”王甫正好出来遇见陈蕃，听到陈蕃的话，就谴责陈蕃：“先帝去世不久，陵墓还没完工，窦武有什么功？兄弟父子三人同时封侯！又大摆筵席，饮酒作乐，带走了很多后宫宫女，十天之内，资财巨万，大臣做这样的事，难道还有理吗？你身为宰辅，苟且结党，还去何处抓贼！”于是命令武士逮捕陈蕃，陈蕃拔剑斥责王甫，声色俱厉。于是逮捕陈蕃，送到北寺狱。黄门从官用脚踢陈蕃，骂道：“老不死的，还能裁减我们的人数，削夺我们的薪俸吗？”当天就杀死陈蕃。当时，护匈奴中郎将张奂征召回到京城，曹节等人以为张奂刚到，不知政变内幕，就假传汉灵帝诏令，派少府周靖代理车骑将军，持节，会同张奂率领五营校尉的士卒讨伐窦武。天刚亮，王甫率领虎贲武士、羽林军等总共一千多人出朱雀掖门布防，与张奂等人会合，会合的军队全部抵达宫门之下，与窦武对抗。王甫的兵势渐渐强盛，派军士向窦武军营喊话：“窦武反叛，你们都是禁兵，应当保卫宫廷，为什么要追随叛贼呢？先归降的有赏！”营府的士兵向来害怕宦官，于是，窦武的士兵中慢慢地有人归降王甫，从清晨到上午，士兵几乎都归降了。窦武和窦绍逃跑，军队追捕包围，他们就都自杀了，之后士兵把他俩的头颅悬挂在洛阳都亭；逮捕了窦氏的宗亲宾客和姻属，全都杀了；侍中刘瑜、屯骑校尉冯述都被灭族。宦官又诬害虎贲中郎将河间人刘淑、前尚书会稽人魏朗，说他们与窦武串通同谋，迫使他们自杀。

曹节迁长乐卫尉，封育阳侯。王甫迁中常侍，黄门令如故。朱瑀、共普、张亮等六人皆为列侯，十一人为关内侯。于是群小得志，士大夫皆丧气。

蕃友人陈留朱震收葬蕃尸，匿其子逸，事觉，系狱，合门桎梏。震受考掠，誓死不言，逸由是得免。武府掾桂阳胡腾殡敛武尸，行丧，坐以禁锢。武孙辅，年二岁，腾诈以为己子，与令史南阳张敞共匿之于零陵界中，亦得免。

张奂迁大司农，以功封侯。奂深病曹节等所卖，固辞不受。

以司徒胡广为太傅，录尚书事，司空刘宠为司徒，大鸿胪许栩为司空。

冬，十月，甲辰晦，日有食之。

十一月，太尉刘矩免，以太仆沛国闻人袭为太尉。

十二月，鲜卑及濊貊寇幽、并二州。

是岁，疏勒王季父和得杀其王自立。

乌桓大人上谷难楼有众九千余落，辽西丘力居有众五千余落，自称王。辽东苏仆延有众千余落，自称峭王。右北平乌延有众八百余落，自称汗鲁王。

（以上为第五段，写陈蕃、窦武谋诛宦官事泄，宦官抢先发难，陈蕃、窦武被诛，窦太后迁居南宫。陈蕃、窦武所举荐的门生故吏皆被禁锢，此为第二次党锢之祸。）

二年（己酉，169年）

春，正月，丁丑，赦天下。

帝迎董贵人于河间。三月，乙巳，尊为孝仁皇后，居永乐宫，拜其兄宠为执金吾，兄子重为五官中郎将。

夏，四月，壬辰，有青蛇见于御坐上。癸巳，大风，雨雹，霹雳，

把皇太后迁入南宫，将窦武的家属流放到日南。从公卿以下，凡是陈蕃、窦武举荐的人及其门生故吏，全都免官，禁锢终身，不准做官。议郎勃海人巴肃，当初曾与窦武等人共谋，曹节等人不知道，只受到禁锢处分，后来知道实情，就下令逮捕巴肃。巴肃自己坐车到县府，县令见到巴肃，就引入后室，解下印绶，想和他一同离去。巴肃说："身为臣子，有谋略不敢隐瞒，有罪不逃避刑罚，我既不愿隐瞒原来的谋略，又怎敢逃避刑罚！"于是被诛杀。

曹节升任为长乐卫尉，册封育阳侯。王甫任为中常侍，仍任黄门令。朱瑀、共普、张亮等六人都被封为列侯，十一人为关内侯。于是众多小人得志，士大夫十分沮丧。

陈蕃的友人陈留人朱震安葬了陈蕃的尸体，隐匿了他的儿子陈逸，事情泄露，抓进大狱，全家都被捕，戴上刑具。朱震受到拷打，誓死不说，陈逸才得以免除死罪。窦武府中的官吏桂阳人胡腾为窦武收尸发丧，受到禁锢处分，窦武的孙子窦辅才两岁，胡腾假称他是自己的儿子，与令史南阳人张敞一起把他隐藏在零陵境内，也得以逃罪。

张奂升任大司农，因功封侯。张奂深深懊恼被曹节等人利用，坚决推卸不受官。

任命司徒胡广为太傅，处理尚书事务。任命司空刘宠为司徒，大鸿胪许栩为司空。

冬季，十月三十日甲辰晦，发生日食。

十一月，太尉刘矩被免职，任命太仆沛国人闻人袭为太尉。

十二月，鲜卑和濊貊侵犯幽州、并州。

这一年，疏勒王季父和得杀了疏勒王而自立为王。

乌桓酋长上谷难楼，拥有九千多帐落；辽西郡的丘力居有五千多帐落，都自立为王。辽东郡的苏仆延有一千多帐落，自称峭王。右北平郡的乌延有八百多帐落，自称汗鲁王。

汉灵帝建宁二年（己酉，169年）

春季，二月初五日丁丑，大赦天下。

汉灵帝把董贵人从河间国迎到京城。三月初三日乙巳，尊董贵人为孝仁皇后，住在永乐宫。任命她的哥哥董宠为执金吾，董宠的儿子董重为五官中郎将。

夏季，四月二十一日壬辰，汉灵帝的御座上发现青蛇。四月二十二日癸巳，刮

拔大木百余。诏公卿以下各上封事。大司农张奂上疏曰：“昔周公葬不如礼，天乃动威。今窦武、陈蕃忠贞，未被明宥，妖眚之来，皆为此也，宜急为收葬，徙还家属，其从坐禁锢，一切蠲除。又，皇太后虽居南宫，而恩礼不接，朝臣莫言，远近失望。宜思大义顾复之报。”上深嘉奂言，以问诸常侍，左右皆恶之，帝不得自从。奂又与尚书刘猛等共荐王畅、李膺可参三公之选，曹节等弥疾其言，遂下诏切责之。奂等皆自囚廷尉，数日，乃得出，并以三月俸赎罪。

郎中东郡谢弼上封事曰：“臣闻‘惟虺惟蛇，女子之祥’。伏惟皇太后定策宫闼，援立圣明，《书》曰：‘父子兄弟，罪不相及’，窦氏之诛，岂宜咎延太后！幽隔空宫，愁感天心，如有雾露之疾，陛下当何面目以见天下！孝和皇帝不绝窦氏之恩，前世以为美谈。礼，‘为人后者为之子’，今以桓帝为父，岂得不以太后为母哉！愿陛下仰慕有虞蒸蒸之化，《凯风》慰母之念。臣又闻‘开国承家，小人勿用’，今功臣久外，未蒙爵秩，阿母宠私，乃享大封，大风雨雹，亦由于兹。又，故太傅陈蕃，勤身王室，而见陷群邪，一旦诛灭，其为酷滥，骇动天下；而门生故吏，并离徙锢。蕃身已往，人百何赎！宜还其家属，解除禁网。夫台宰重器，国命所系，今之四公，唯司空刘宠断断守善，余皆素餐致寇之人，必有折足覆餗之凶，可因灾异，并加罢黜，征故司空王畅、长乐少府李膺并居政事，庶灾变可消，国祚惟永。”左右恶其言，出为广陵府丞，去官，归家。曹节从子绍为东郡太守，以他罪收弼，掠死于狱。

帝以蛇妖问光禄勋杨赐，赐上封事曰：“夫善不妄来，灾不空发。王者心有所想，虽未形颜色，而五星以之推移，阴阳为其变度。夫皇极不建，则有龙蛇之孽，《诗》云：‘惟虺惟蛇，女子之祥。’惟陛下思乾刚之道，别内外之宜，抑皇甫之权，割艳妻之爱，则蛇变可消，祯祥立应。”赐，秉之子也。

（以上为第六段，写灵帝御座出现青蛇，诏公卿以下各上封事，大司农张奂、郎中谢弼上封事为陈蕃、窦武、窦太后申冤，张奂下狱，谢弼被罢官，遣回乡里，以

大风，降冰雹，响霹雳，拔起一百多株大树。汉灵帝下诏令公卿以下，各上密奏。大司农张奂上疏说："从前，埋葬周公时违反了葬礼，上天发怒。现在，窦武、陈蕃一片忠诚，却未得到公开赦罪，妖异之所以发生，都是这个原因，应当迅速为他们安葬，召回家属，对受牵连而被禁锢的人，全赦免罪过。另外，皇太后虽住在南宫，但未受到皇恩礼遇，朝臣都不敢说话，远近的士人都感到失望。应当思念大义，回报父母的亲恩。"汉灵帝很赞同张奂的建议，询问诸位常侍，宦官们都很反感，汉灵帝不好自作主张。张奂又与尚书刘猛等人共同举荐王畅、李膺担任三公要职，曹节等人更加痛恶，于是下诏严厉责备。张奂等人都自己到廷尉府囚禁，过了几天才被释放，以三个月的俸禄赎罪。

郎中东郡人谢弼上密奏说："臣听说'毒蛇是女子的象征'。想到当初太后在宫内定策，拥立圣明的陛下继位，《尚书》说：'父子兄弟犯罪，不相牵连。'窦武被诛，怎么能祸及太后？把太后隔绝在空荡的宫中，哀愁感应了上天，如果发生意外的疾病，陛下还有什么面目见天下人！孝和皇帝不割断窦氏的养育之恩，前代引以为美谈。《礼记》说：'继承谁的香火，就是谁的儿子。'既然以桓帝为父，又怎能不以太后为母？愿陛下仰慕虞舜孝行淳厚的样子，怀念《凯风》歌颂思念母亲的恩情。臣又听说'开创国家、继承家业，不任用小人'。现在，功臣久居外地，未蒙赐爵晋级，而乳母赵娆受到私宠，竟然享受封爵，之所以刮风、下雨、降冰雹，原因也是在此。另外，前太傅陈蕃，辛勤地为王室效力，却被一群邪恶小人诬害，一旦被杀，滥施酷刑，使天下震动惧之；而陈蕃的门生和部属，全都遭到流放、禁锢。陈蕃已经死去，即使用一百个人的生命也赎不回他的性命。应当迁回他的家属，解去禁锢的大网。台阁宰臣是国家的重要职位，关系国家命脉，目前在位的四公，只有司徒刘宠谨守善道，其余的都是白吃闲饭、招引盗贼的人，必将导致折断鼎足、食物倾覆的凶事。建议趁着灾异，应当把闻人袭、胡广、许栩三人免职，征召前司空王畅、长乐少府李膺共同管理国政，这些灾异差不多就可以消解，国家永昌。"左右宦官对谢弼的话很痛恨，把谢弼调离京城，贬斥为广陵府丞，谢弼告官，返回家乡。曹节的侄子曹绍在东郡担任太守，用其他罪名逮捕谢弼，把他打死在狱中。

汉灵帝向光禄勋杨赐询问蛇妖的事情，杨赐上密奏说："福善不会凭空而降，凶灾不会无故发生。君王心里所想的，虽然没有显现在脸上，而五星却为此推移，阴阳为之变化。君王的权威没有树立，就会有龙蛇妖孽，《诗经》上说：'毒蛇是女子的象征。'请陛下思虑阳刚之道，应该内外有别，压制皇后家族的权力，割断美妻艳妾的宠幸，那么，蛇妖出现的灾异就可消解，福祥随即就应验。"杨赐是杨秉的儿子。

他罪掠死狱中。）

五月，太尉闻人袭、司空许栩免；六月，以司徒刘宠为太尉，太常汝南许训为司徒，太仆长沙刘嚣为司空。嚣素附诸常侍，故致位公辅。

诏遣谒者冯禅说降汉阳散羌。段颎以春农，百姓布野，羌虽暂降，而县官无廪，必当复为盗贼，不如乘虚放兵，势必殄灭。颎于是自进营，去羌所屯凡亭山四五十里，遣骑司马田晏、假司马夏育将五千人先进，击破之。羌众溃东奔，复聚射虎谷，分兵守谷上下门，颎规一举灭之，不欲复令散走。秋七月，颎遣千人于西县结木为栅，广二十步，长四十里遮之。分遣晏、育等将七千人衔枚夜上西山，结营穿堑，去虏一里许，又遣司马张恺等将三千人上东山，虏乃觉之。颎因与恺等挟东、西山，纵兵奋击，破之，追至谷上下门，穷山深谷之中，处处破之，斩其渠帅以下万九千级。冯禅等所招降四千人，分置安定、汉阳、陇西三郡。于是东羌悉平。颎凡百八十战，斩三万八千余级，获杂畜四十二万七千余头，费用四十四亿，军士死者四百余人；更封新丰县侯，邑万户。

臣光曰：《书》称“天地，万物父母。惟人万物之灵，亶聪明，作元后，元后作民父母。”夫蛮夷戎狄，气类虽殊，其就利避害，乐生恶死，亦与人同耳。御之得其道则附顺服从，失其道则离叛侵扰，固其宜也。是以先王之政，叛则讨之，服则怀之，处之四裔，不使乱礼义之邦而已。若乃视之如草木禽兽，不分臧否，不辨去来，悉艾杀之，岂作民父母之意哉！且夫羌之所以叛者，为郡县所侵冤故也；叛而不即诛者，将帅非其人故也。苟使良将驱而出之塞外，择良吏而牧之，则疆埸之臣也，岂得专以多杀为快邪！夫御之不得其道，虽华夏之民，亦将蜂起而为寇，又可尽诛邪！然则段纪明之为将，虽克捷有功，君子所不与也。

九月，江夏蛮反，州郡讨平之。

丹杨山越围太守陈夤，夤击破之。

五月，太尉闻人袭、司空许栩被免职。六月，任命司徒刘宠为太尉，太常汝南人许训为司徒，太仆长沙人刘嚣为司空。刘嚣向来依附于宦官，所以能够官至公卿宰辅。

下诏派谒者冯禅前往汉阳郡，说服羌人归降。段颎认为春季正是耕种的季节，百姓遍布田野，羌人虽然暂时归降，官府却没有粮食安抚他们，羌人必会再叛为盗贼，不如乘虚纵兵进击，势必将羌人全部歼灭。段颎于是亲自进入前线军营，距羌人屯聚的凡亭山四五十里扎营，派骑司马田晏、假司马夏育率领五千人作先锋，打垮羌人。羌人溃散，向东逃跑，又屯聚在射虎谷，分兵把守射虎谷的上下口。段颎计划一举歼灭羌人，不让羌人再逃散。秋季，七月，段颎派一千人在西县编木为栅，宽二十步，长四十里，用以阻拦羌人。分别派田晏、夏育等率领七千人口衔木片，乘夜攀登西山，在距离敌人一里多的地方驻营、挖壕沟，又派司马张恺等率领三千人直上东山，羌人这才发现被围。段颎于是与张恺分别由东西两山夹攻，率兵奋力进攻，打败羌人，追赶到射虎谷的上下门以及穷山深谷之中，处处破贼，杀了羌帅以下等一万九千多人。把冯禅所归降的四千羌人，分别安排在安定、汉阳、陇西三郡中。于是，东部羌人全部平定。段颎先后经历一百八十次战斗，杀死三万八千多人，捕获各种牲畜四十二万七千多头，花费四十四亿，军士死亡四百多人；于是改封段颎为新丰侯，食邑一万户。

臣司马光评论说：《尚书》说："天地是万物的父母。只有人是万物的精灵，绝顶聪明的人做帝王，帝王是百姓父母。"蛮夷戎狄虽为异族，但他们趋利避害、喜好生厌恶死的特性，与汉族人是一样的。以正确的方式治理蛮夷，蛮夷就会顺从，治理不得法，蛮夷就会叛乱，这本来是合理的。所以，先王为政，对叛乱加以征伐，对顺服加以安抚，把蛮夷安置在四方边境，不使蛮夷扰乱中原礼义之邦。如果把蛮夷看作草木禽兽，不分善恶，不明顺逆，一律杀害，这难道是作百姓父母的心意吗？何况羌人之所以叛乱，是郡县侵扰、使羌人受冤的缘故；对于叛乱者不能及时处决，这是所用将帅不当的缘故。如果能选任良将，把叛贼驱逐到塞外，然后选用良吏管理羌人，那么，边疆战场上的武将又怎么会以大肆杀戮为快乐呢？如果治理不合正道，即使是华夏汉人，也会蜂拥为寇，岂能杀尽？段纪明（段颎的字）身为将领，虽然有克敌报捷的功勋，但君子不赞成他的行为。

九月，江夏蛮反叛，州郡讨伐平定了叛蛮。

丹杨郡山越人围攻太守陈夤，陈夤击败山越人。

（以上为第七段，写段颎用歼灭战平定羌乱，杀人众多，受到司马光的批评。）

初，李膺等虽废锢，天下士大夫皆高尚其道而污秽朝廷，希之者唯恐不及，更共相标榜，为之称号：以窦武、陈蕃、刘淑为三君，君者，言一世之所宗也；李膺、荀翌、杜密、王畅、刘祐、魏朗、赵典、朱寓为八俊，俊者，言人之英也；郭泰、范滂、尹勋、巴肃及南阳宗慈、陈留夏馥、汝南蔡衍、泰山羊陟为八顾，顾者，言能以德行引人者也；张俭、翟超、岑晊、苑康及山阳刘表、汝南陈翔、鲁国孔昱、山阳檀敷为八及，及者，言其能导人追宗者也；度尚及东平张邈、王孝、东郡刘儒、泰山胡母班、陈留秦周、鲁国蕃向、东莱王章为八厨，厨者，言能以财救人者也。及陈、窦用事，复举拔膺等；陈、窦诛，膺等复废。

宦官疾恶膺等，每下诏书，辄申党人之禁。侯览怨张俭尤甚，览乡人朱并素佞邪，为俭所弃，承览意指，上书告俭与同乡二十四人别相署号，共为部党，图危社稷，而俭为之魁。诏刊章捕俭等。

冬，十月，大长秋曹节因此讽有司奏“诸钩党者故司空虞放及李膺、杜密、朱寓、荀翌、翟超、刘儒、范滂等，请下州郡考治”。是时上年十四，问节等曰：“何以为钩党？”对曰：“钩党者，即党人也。”上曰：“党人何用为恶而欲诛之邪？”对曰：“皆相举群辈，欲为不轨。”上曰：“不轨欲如何？”对曰：“欲图社稷。”上乃可其奏。

或请李膺曰：“可去矣！”对曰：“事不辞难，罪不逃刑，臣之节也。吾年已六十，死生有命，去将安之！”乃诣诏狱，考死；门生故吏并被禁锢。侍御史蜀郡景毅子顾为膺门徒，未有录牒，不及于谴，毅慨然曰：“本谓膺贤，遣子师之，岂可以漏脱名籍，苟安而已！”遂自表免归。

汝南督邮吴导受诏捕范滂，至征羌，抱诏书闭传舍，伏床而泣，一县不知所为。滂闻之曰：“必为我也。”即自诣狱。县令郭揖大惊，出，解印绶，引与俱亡，曰：“天下大矣，子何为在此！”滂曰：“滂死则祸塞，何敢以罪累君。又令老母流离乎！”其母就与之决，滂白母曰：“仲博孝敬，足以供养。滂从龙舒君归黄泉，存亡各得其所。惟大人割不可忍之

当初，李膺虽然被禁锢，但天下士大夫都推崇李膺而蔑视朝廷，追随李膺的人，唯恐赶不上，就互相称扬，为他们取雅号：称呼窦武、陈蕃、刘淑为三君，“君”的意思是一代宗师；称呼李膺、荀翌、杜密、王畅、刘祐、魏朗、赵典、朱寓为八俊，“俊”的意思是人中英杰；称呼郭泰、范滂、尹勋、巴肃以及南阳人宗慈、陈留人夏馥、汝南人蔡衍、泰山人羊陟为八顾，“顾”的意思是以德行引导别人；称呼张俭、翟超、岑晊、苑康以及山阳人刘表、汝南人陈翔、鲁国人孔昱、山阳人檀敷为八及，“及”的意思是引导别人追求宗师；又称呼度尚和东平人张邈、王孝，东郡人刘儒、泰山人胡母班、陈留人秦周、鲁国人蕃向、东莱人王章为八厨，“厨”的意思是说能施财救人。后来，陈蕃、窦武执政，又推荐了李膺等人；当陈蕃、窦武被杀，李膺等人就再次被罢黜而遭禁锢。

宦官非常仇恨李膺等人，每次下诏书都重申对党人的禁锢。侯览对张俭特别仇恨，侯览的同乡人朱并一向谄媚奸邪，被张俭驱逐，就逢迎侯览的意旨，上书诬告张俭与同乡二十四人互相起称号，结成同党，企图危害国家，而以张俭为首。下诏隐去告发人的姓名，公布名单，逮捕张俭等人。

冬季，十月，大长秋曹节唆使有关官员上奏：“以钩党人之名罗列前司空虞放和李膺、杜密、朱寓、荀翌、翟超、刘儒、范滂等人，请下诏书责成州郡拷问治罪。”这时，汉灵帝才十四岁，问曹节等人：“什么叫钩党？”曹节回答：“钩党就是勾结在一起的党人。”汉灵帝问道：“党人有什么罪非杀不可？”曹节回答：“党人相互勾结，图谋不轨。”汉灵帝问道：“图谋不轨又想怎么样？”曹节回答：“党人想要夺权窃国。”汉灵帝这才批准了奏章。

有人对李膺说：“你可以逃跑。”李膺说：“做事不辞艰难，犯罪不逃避刑罚，这是臣子的节操。我已经六十岁了，生死自有天命，又能逃到何地！”于是自投狱中，被拷打而死；他的门生和旧属都被禁锢。侍御史蜀郡人景毅的儿子景顾是李膺的学生，禁锢的名册上没有记录他，因而没有受到惩罚，景毅感叹地说：“本认为李膺是个贤才，才教我儿子拜他为师，怎么能够因为名册上脱漏了名字而苟且偷安？”于是上表检举自己，被免官回乡。

汝南督邮吴导奉诏逮捕范滂，到范滂的家乡征羌县，关闭驿舍，抱着诏书，伏在床上流泪。全县的人都不知道为了什么事。范滂听到这事就说：“这必定是为了我。”就自己到狱中。县令郭揖大惊，走出县衙，解下印绶，要与范滂一起逃走，说：“天下这么大，你为什么一定要在这里！”范滂说：“我死了，灾祸就停止了，怎敢以罪牵连你。而又让我的老母流离失所呢？”范滂的母亲与范滂诀别，范滂对母

恩，勿增感戚！”仲博者，滂弟也。龙舒君者，滂父龙舒侯相显也。母曰：“汝今得与李、杜齐名，死亦何恨！既有令名，复求寿考，可兼得乎！”滂跪受教，再拜而辞。顾其子曰：“吾欲使汝为恶，恶不可为；使汝为善，则我不为恶。”行路闻之，莫不流涕。

凡党人死者百余人，妻子皆徙边，天下豪杰及儒学有行义者，宦官一切指为党人；有怨隙者，因相陷害，睚眦之忿，滥入党中。州郡承旨，或有未尝交关，亦离祸毒，其死、徙、废、禁者又六七百人。

郭泰闻党人之死，私为之恸曰：“《诗》云：‘人之云亡，邦国殄瘁。’汉室灭矣，但未知‘瞻乌爰止，于谁之屋’耳！”泰虽好臧否人伦，而不为危言核论，故能处浊世而怨祸不及焉。

张俭亡命困迫，望门投止，莫不重其名行，破家相容。后流转东莱，止李笃家。外黄令毛钦操兵到门，笃引钦就席曰：“张俭负罪亡命，笃岂得藏之！若审在此，此人名士，明廷宁宜执之乎？”钦因起抚笃曰：“蘧伯玉耻独为君子，足下如何专取仁义！”笃曰：“今欲分之，明廷载半去矣。”钦叹息而去。笃导俭经北海戏子然家，遂入渔阳出塞。其所经历，伏重诛者以十数，连引收考者布遍天下，宗亲并皆殄灭，郡县为之残破。俭与鲁国孔褒有旧，亡抵褒，不遇，褒弟融，年十六，匿之。后事泄，俭得亡走，国相收褒、融送狱，未知所坐。融曰：“保纳舍藏者，融也，当坐。”褒曰：“彼来求我，非弟之过。”吏问其母，母曰：“家事任长，妾当其辜。”一门争死，郡县疑不能决，乃上谳之，诏书竟坐褒。及党禁解，俭乃还乡里，后为卫尉，卒，年八十四。夏馥闻张俭亡命，叹曰：“孽自己作，空污良善，一人逃死，祸及万家，何以生为！”乃自翦须变形，入林虑山中，隐姓名，为冶家佣，亲突烟炭，形貌毁瘁，积二三年，人无知者。馥弟静载缣帛追求饷之，馥不受曰：“弟奈何载祸相饷乎！”党禁未解而卒。

初，中常侍张让父死，归葬颍川，虽一郡毕至，而名士无往者，让

亲说："仲博很孝敬，足以奉养您。我跟随龙舒君到黄泉之下，生死各得其所。求母亲割舍母子不忍之情，不要过于悲痛！"仲博是范滂的弟弟。龙舒君是范滂的父亲范显，范显曾做过龙舒侯国的国相。范滂的母亲说："你今天能与李膺、杜密齐名，死也无憾。已经得到美名，又想求长寿，岂能两者兼而有之。"范滂跪着接受教训，再次拜辞。母亲又回头对儿子说："我要使你作恶，恶不可作；我要教你行善，而我不作恶。"路人听见了，无不流泪。

钩党之狱蒙冤而死的有一百多人，妻儿都发配边疆。天下豪杰和学行兼优的儒士，都被宦官指责为党人；有仇怨的人，乘机陷害，甚至连瞪一眼的小积忿也被滥指为党人。州郡奉承旨意，有些没有和党人交结的人，也遭遇祸害荼毒，受死刑、放逐、废黜、禁锢的人达六七百人之多。

郭泰听到党人惨死，暗中悲痛说："《诗经》说：'人才消失，国家危亡。'汉室就要灭亡了，只是不知'乌鸦飞翔，将落在谁家屋上！'"郭泰虽然喜好评论人物，但从不说尖刻触及对方隐私的话，所以处于乱世而未受灾祸。

张俭流亡，穷困窘迫，漫无目的乱跑，见有人家就请求收容，主人无不尊重他的名望与德行，冒着家破人亡的危险收容他。后来张俭流亡到东莱郡，住在李笃家。外黄县县令毛钦带着兵器来到李家，李笃请毛钦入座，说："张俭犯罪逃亡，我怎敢窝藏！如果他真的在此，对这样一位名士，你认为应当逮捕吗？"毛钦因此起身，摸着李笃的肩膀说："蘧伯玉不愿独为君子，你怎么想独行仁义呢？"李笃说："我现在就想与你平分，你已经得到了一半。"毛钦慨叹告辞。于是，李笃带着张俭投奔到北海戏子然家，又从渔阳郡逃至塞外。张俭逃亡期间，牵连被杀的人以十计，被逮捕、拷讯的遍及天下，张俭的宗族亲戚都被杀尽，郡县受到残害。张俭与鲁国的孔褒是旧交，张俭投奔孔褒，孔褒不在家，孔褒的弟弟孔融才十六岁，就做主藏起张俭。事情后来泄露，张俭幸得逃走，鲁国国相就收捕了孔褒、孔融，关进监狱，不知该判谁有罪。孔融说："保护收纳而藏匿张俭在家里的是我，应当判我的罪。"孔褒说："张俭是来找我的，这并不是弟弟的过错。"官吏问孔褒、孔融的母亲，说："家长负责家事，我当其罪。"全家人都争着承担死罪，县官犹疑不决，上报朝廷，下诏最终判处孔褒有罪。直到解除党锢，张俭才返回家乡，后来担任卫尉，死时八十四岁。当初，夏馥听说张俭逃命，叹息说："张俭自己作孽，却凭空牵连善良之人，一个人逃亡，使万家受祸，何必活着！"于是夏馥剃发化妆，躲到林虑山中，隐姓埋名，受雇于铁铺做工，亲身受烟熏火燎，面容憔悴，二三年之后，没人认出他。夏馥的弟弟夏静在车上装着缣帛，到处找他、救济他，夏馥不肯接受，说："你怎么带着灾祸来给我？"党禁还没有解除，夏馥就去世了。

当初，中常侍张让的父亲去世，回颍川埋葬，虽然郡里去了许多人，却没有名

甚耻之，陈寔独吊焉。及诛党人，让以寔故，多所全宥。南阳何颙，素与陈蕃、李膺善，亦被收捕，乃变名姓匿汝南间，与袁绍为奔走之交，常私入洛阳，从绍计议，为诸名士罹党事者求救援，设权计，使得逃隐，所全免甚众。

初，太尉袁汤三子，成、逢、隗，成生绍，逢生术。逢、隗皆有名称，少历显官。时中常侍袁赦以逢、隗宰相家，与之同姓，推崇以为外援，故袁氏贵宠于世，富奢甚，不与他公族同。绍壮健有威容，爱士养名，宾客辐凑归之，辎軿、柴毂，填接街陌。术亦以侠气闻。逢从兄子闳，少有操行，以耕学为业，逢、隗数馈之，无所受。闳见时方险乱，而家门富盛，常对兄弟叹曰："吾先公福祚，后世不能以德守之，而竞为骄奢，与乱世争权，此即晋之三郤矣。"及党事起，闳欲投迹深林，以母老，不宜远遁，乃筑土室四周于庭，不为户，自牖纳饮食。母思闳时，往就视，母去，便自掩闭，兄弟妻子莫得见也。潜身十八年，卒于土室。

初，范滂等非讦朝政，自公卿以下皆折节下之，太学生争慕其风，以为文学将兴，处士复用。申屠蟠独叹曰："昔战国之世，处士横议，列国之王至为拥彗先驱，卒有坑儒烧书之祸，今之谓矣。"乃绝迹于梁、砀之间，因树为屋，自同佣人。居二年，滂等果罹党锢之祸，唯蟠超然免于评论。

臣光曰：天下有道，君子扬于王庭以正小人之罪，而莫敢不服。天下无道，君子囊括不言以避小人之祸，而犹或不免。党人生昏乱之世，不在其位，四海横流，而欲以口舌救之，臧否人物，激浊扬清，撩虺蛇之头，践虎狼之尾，以至身被淫刑，祸及朋友，士类歼灭而国随以亡，不亦悲乎！夫唯郭泰既明且哲，以保其身，申屠蟠见几而作，不俟终日，卓乎其不可及已！

庚子晦，日有食之。

十一月，太尉刘宠免；太仆扶沟郭禧为太尉。

鲜卑寇并州。

长乐太仆曹节病困，诏拜车骑将军。有顷，疾瘳，上印绶，复为中

士去吊丧，张让认为这是耻辱，只有陈寔单独致吊唁。等到大杀党人的时候，张让为了回报陈寔，尽量保全饶恕他。南阳人何颙，向来与陈蕃、李膺友善，也被搜捕，何颙于是变换姓名，躲在汝南一带，与袁绍结交，替党人奔走，常常潜入洛阳，和袁绍策议，为被卷入党祸的名士救援，想计谋，让他们逃跑，使很多人得以保全。

当初，太尉袁汤有三个儿子：袁成、袁逢、袁隗。袁成的儿子名绍，袁逢的儿子名术。袁逢、袁隗都有名声，年少就当高官。中常侍袁赦认为袁逢、袁隗出身于相府，和自己同姓，特别推举和接纳作为自己的外援势力，所以袁氏家族在当时显贵得宠，富有奢华，不同于其他公族。袁绍健壮而有威仪，喜欢交往贤士，声名远扬，宾客盈门，有篷的大车和木头车填满街巷。袁术也以侠义而闻名。袁逢堂兄的儿子袁闳从小品行良好，以躬耕读书为业，袁逢、袁隗多次赠财物，袁闳一概不接受。袁闳见时局险恶混乱，而家族显贵富足，常对兄弟慨叹息说："我们的先祖开创的福分，后代不能以德行守家，反而竞相骄奢，在乱世争权，这就好像晋国的三郤大夫一样。"等到党祸事发，袁闳想逃入深山密林，因母亲年迈，不宜远行遁世，就在院子里筑了一间土屋，有窗无门，从窗口递送食物。母亲思念他时，就从窗口向里看，母亲离开后，就关闭窗子，兄弟妻子都不见。袁闳藏身土室十八年，最后在土室中去世。

当初，范滂等人抨击朝政，自公卿以下都放下架子礼敬范滂等人，太学生争相追慕范滂等人的风范，认为学术将会兴盛，隐逸之士会被重新任用。唯有申屠蟠独自慨叹："从前，战国时代的名士放言高论，列国之君尊礼为贵宾，甚至亲自拿着扫帚在前引导，终于演出了焚书坑儒的大祸，现在正是历史的重演。"于是申屠蟠隐藏在梁国、砀县之间，靠着大树筑屋，像佣人一样劳动。过了二年，范滂等人果真陷入党禁大祸，只有申屠蟠超然事外，免受议论。

臣司马光评论说：天下合乎正道，君子就可以在朝廷上宣扬正义，谴责小人的罪行，而无人敢不服从。天下不合乎正道，君子闭口不言，以避免小人诬害，仍有一些人不能免祸。党人生于昏乱的世道，没有显贵的位置，四海混乱，却想以言辞挽救时弊，评论人物，扬善惩恶，实在是拨弄毒蛇的头，踢虎狼的屁股，以至于身受酷刑，祸及朋友，知识分子被消灭光，国家也跟着灭亡，这不是很可悲吗？只有郭泰明哲保身，申屠蟠见机行事，不到天黑就回头，见识卓然，实是无人可比。

庚子［十月三十日戊戌］，发生日食。

十一月，太尉刘宠被免职；任命太仆扶沟人郭禧为太尉。

鲜卑人侵犯并州。

长乐太仆曹节病重，诏令拜曹节为车骑将军。不久，曹节病愈，交还印绶，仍

常侍，位特进，秩中二千石。

高句骊王伯固寇辽东，玄菟太守耿临讨降之。

（以上为第八段，追述第二次党锢之祸党人心态。李膺、范滂慷慨就义，张俭逃亡，祸及万家。）

三年（庚戌，170 年）

春，三月，丙寅晦，日有食之。

征段颎还京师，拜侍中。颎在边十余年，未尝一日蓐寝，与将士同甘苦，故皆乐为死战，所向有功。

夏，四月，太尉郭禧罢；以太中大夫闻人袭为太尉。

秋，七月，司空刘嚣罢；八月，以大鸿胪梁国桥玄为司空。

九月，执金吾董宠坐矫永乐太后属请，下狱死。

冬，郁林太守谷永以恩信招降乌浒人十余万，皆内属，受冠带，开置七县。

凉州刺史扶风孟佗遣从事任涉将敦煌兵五百人，与戊己校尉曹宽、西域长史张宴将焉耆、龟兹、车师前、后部，合三万余人讨疏勒，攻桢中城，四十余日，不能下，引去。其后疏勒王连相杀害，朝廷亦不能复治。

初，中常侍张让有监奴，典任家事，威形喧赫。孟佗资产饶赡，与奴朋结，倾竭馈问，无所遗爱。奴咸德之，问其所欲。佗曰："吾望汝曹为我一拜耳！"时宾客求谒让者，车常数百千两，佗诣让，后至，不得进，监奴乃率诸仓头迎拜于路，遂共舆车入门，宾客咸惊，谓佗善于让，皆争以珍玩赂之。佗分以遗让，让大喜，由是以佗为凉州刺史。

（以上为第九段，写凉州刺史孟佗矫情结交中常侍张让管家奴，用钱财贿买得任凉州刺史。）

四年（辛亥，171 年）

春，正月，甲子，帝加元服，赦天下，唯党人不赦。

二月，癸卯，地震。

三月，辛酉朔，日有食之。

太尉闻人袭免；以太仆汝南李咸为太尉。

大疫。司徒许训免；以司空桥玄为司徒；夏，四月，以太常南阳来

任中常侍，赐位特进，俸禄二千石。

高句骊王伯固侵扰辽东，玄菟太守耿临讨伐，伯固归降。

汉灵帝建宁三年（庚戌，170年）

春季，三月三十日丙寅晦，发生日食。

汉灵帝下诏征段颎回京城，任命他为侍中。段颎在边塞十几年，从未在席垫上睡过一个安稳觉，与将士同甘共苦，所以将士都乐于为他拼死作战，所到之处都建有功勋。

夏季，四月，太尉郭禧被罢官，任命太中大夫闻人袭为太尉。

秋季，七月，司空刘嚣被罢官；八月，任命大鸿胪梁国人桥玄为司空。

九月，执金吾董宠伪称永乐太后的懿旨，托人办事，事泄后下狱处死。

冬季，郁林太守谷永以恩德信誉招降了十几万乌浒人，授予冠带，设立了七个县。

凉州刺史扶风人孟佗派遣从事任涉，率领五百名敦煌士兵，与戊己校尉曹宽、西域长史张晏率领的焉耆、龟兹以及车师前、后部，总共三万多人征讨疏勒，攻打桢中城四十多天，不能攻克，退兵。后来，疏勒王相继被杀害，朝廷也无法制服他们。

当初，中常侍张让养有管家奴，管理家务，威势显赫。孟佗资产富足，与管家奴结交为好友，拿出所有家产来馈赠贿赂奴仆们，毫不吝惜。奴仆们都称赞孟佗，问孟佗想要什么，孟佗说："我只希望你们向我一拜。"当时，求见张让的宾客每天常有成百上千的车辆，孟佗去拜访张让，因迟到排在后头，不能进门，管家奴就率领一群管家奴头到路上迎拜孟佗，一同乘车进入大门，宾客都很惊讶，认为孟佗与张让关系很好，都抢着送珍玩贿赂孟佗。孟佗把一部分珍玩分给张让，张让大喜，于是任命孟佗为凉州刺史。

汉灵帝建宁四年（辛亥，171年）

春季，正月初三日甲子，汉灵帝加冠礼，赦免天下，只有党人不赦免。

二月十三日癸卯，发生地震。

三月初一日辛酉，发生日食。

太尉闻人袭被免职；任命太仆汝南人李咸为太尉。

瘟疫流行。司徒许训被免职；任命司空桥玄为司徒；夏季，四月，任命太常南

艳为司空。

秋，七月，司空来艳免。

癸丑，立贵人宋氏为皇后。后，执金吾酆之女也。

司徒桥玄免；以太常南阳宗俱为司空，前司空许栩为司徒。

帝以窦太后有援立之功，冬，十月，戊子朔，率群臣朝太后于南宫，亲馈上寿。黄门令董萌因此数为太后诉冤，帝深纳之，供养资奉，有加于前。曹节、王甫疾之，诬萌以谤讪永乐宫，下狱死。

鲜卑寇并州。

（以上为第十段，写灵帝加冠，赦天下，唯党人不赦。）

阳人来艳为司空。

秋季，七月，司空来艳被免职。

八月二十五日癸丑，册立贵人宋氏为皇后，皇后是执金吾宋酆的长女。

司徒桥玄被免职；任命太常南阳人宗俱为司空，前司空许栩为司徒。

汉灵帝因为窦太后有推立自己即位的功绩，冬季，十月初一日戊子，率领群臣到南宫朝见窦太后，亲自为窦太后进食祝寿。黄门令董萌趁机一再陈述窦太后的冤枉，汉灵帝都采纳了，增加供养窦太后的待遇标准。曹节、王甫仇恨董萌，诬陷董萌诽谤住在永乐宫的皇帝生母，董萌被下狱处死。

鲜卑人侵犯并州。

【点评】

本卷史事点评，仍以党锢之祸为重心。因本卷所载为桓灵二帝政权交替五年间的史事，最重大事件是党锢之祸扩大化，成为全国性的一场政治大迫害，广大社会精英人士遭荼毒，黑白颠倒，是非混淆，邪气旺炽，正义遭压迫，社会大分裂。可以说这一时期东汉处于最黑暗时期，具体点评第一、二次党锢之祸的问题。

一、第一次党锢之祸解禁。东汉外戚专权，梁冀权势达于巅峰。桓帝与宦官推倒梁冀，宦官势力达于巅峰，独霸政坛。党锢之祸是宦官向朝官士大夫开刀，下了狠手，置党人于死地，全没了政治的妥协空间，双方成了你死我活的仇敌。失势的外戚站在朝官士大夫一边。第一次党锢解禁，就是外戚与朝官士大夫联盟取得的成果。朝官士大夫可以与外戚联合，但绝不与宦官妥协，这是外戚与宦官不同的政治品质与根基所决定的。外戚是靠裙带关系专权，一心谋取的是皇亲国戚这个小集团的利益，所以窦宪、梁冀等专权误国，终被诛灭，无可非议。但外戚的根基是朝官士大夫，他们沾了皇亲，有了特权，从朝官士大夫中分化出来，失势后回归朝官士大夫，所以当宦官势力独大时，外戚与朝官士大夫自然地联手对抗。至于宦官，原本就是一群不学无术的皇帝家奴，他们深居皇宫，与世隔绝，“不知稼穑之艰难，不恤征戍之劳苦”，至于治国良策更是茫然不知。也就是说，宦官专权不仅广大劳动人民受到更沉重的剥削和压迫，而且统治阶级本身的大多数也遭受压迫，国家失去了组织生产、调节社会矛盾的职能，只代表一小撮凶恶狡猾人的利益，成为他们专政的工具。正途仕进的朝官士大夫为了维护整个地主阶级的长远利益，他们既忠君，也忧国忧民。他们敢于置个人生死于度外，抗愤而起，排抑宦官，完全是正义的行为。由于宦官为祸全国，他们在有限的权力下，迫不得已果断地采取了先斩后奏的激烈手段来打击宦官，表示正邪不两立，为国除奸，为民除害。“原其诚心，在乎去恶”，士大夫的行为是值得肯定的。

正因为士大夫排抑宦官是正义的行为，所以被禁党人赢得了广泛的社会支持和民众的拥护。于是这次冤狱的严重后果，就是造成了社会的大分裂。一是“正直废放，邪枉炽结”，宦官更加得意，“举动回山海，呼吸变霜露。阿旨曲求，则光宠三族”，无耻之徒，竞相比附。南阳樊陵，“阿附宦官，致位太尉”。扶风孟佗，交结中常侍张让家奴，得凉州刺史。“州牧郡守，承顺风旨，辟召选举，释贤取愚。”法制瓦解，道德沦丧。二是“海内希风之流，遂共相标榜，指天下名士，为之称号”。全国有“三君”“八俊”“八顾”“八及”“八厨”等称号三十五人为学人士子公认的道德楷模。南阳太守王畅敢于纠发豪右；桓帝下令逮捕党人，太尉陈蕃不肯平署。于是王畅、陈蕃与李膺齐名。京师太学生三万余人与诸郡生徒结合成强大的在野舆论集团，转相传颂党人的品德节操，与宦官的“布告天下，使同忿疾”唱对台戏！太

学中语曰："天下模楷李元礼，不畏强御陈仲举，天下俊秀王叔茂。"范滂出狱南归，"始发京师，汝南、南阳士大夫迎之者车数千辆"。李膺免归乡里，居阳城山中，"天下士大夫皆高尚其道，而污秽朝廷"。由此可见，宦官制造的这场冤狱，不但没有加重自己的权威，反而激发了正义。桓帝利用和支持宦官肆虐，使他转化成黑暗势力的总代表，而李膺等人的声名却日益高涨。这生动地说明，公道真理自在人心，至高无上的皇权也不能强奸民意。

中官王甫审讯所谓党人，李膺等连引宦官子弟，宦官恐惧。桓帝皇后父窦武与尚书令霍谞上疏劝桓帝赦党人，宦官顺势下坡，亦"请帝以天时宜赦"，公元167年党人出狱，而党人之名，犹书王府，禁锢终身。所以钩党之狱又称党锢之祸，或党锢之狱。从禁锢党人的角度讲所谓的党人出狱，恰恰是党禁的形成，党禁即禁锢党人。其后又发生了第二次党锢之祸和第三次党锢之祸，是党禁的扩大化。李膺等出狱后，不久桓帝崩殂，十二岁的灵帝以诸侯王子解渎亭侯入继大统，窦太后临朝，窦武执政，起用党人，党禁之锢无形自解。所以第一次党锢之祸解禁，是朝官士大夫与外戚联手对抗宦官的一个事实成果，而法律名义并没有解禁，宦官咬牙切齿，岂能容忍党人东山再起。一场更大的暴风骤雨即将来临，那就是第二次党锢之祸。

二、第二次党锢之祸。第二次党锢之祸发生在灵帝建宁二年（169）。这一次株连面进一步扩大化，无辜受害者成千累万，遍及全国。

中常侍侯览家在山阳防东，"贪侈奢纵"、强夺人宅，"残暴百姓，所为不轨"。延熹九年（166），督邮张俭助太守翟超破侯览家宅，籍没资财，举劾侯览及母罪恶，声名大振。建宁二年（169），侯览丧母还家，大起茔冢。"制度重深，僭类宫省"，"又豫作寿冢，石椁双阙，……虏夺良人，妻略妇子"。张俭具言罪状，再劾侯览，被侯览截留。侯览指使张俭乡人朱并诬告张俭联结钩党，谋大逆。"灵帝诏刊章捕俭等。"大长秋曹节唆使有司奏捕前党，李膺、范滂等百余人，"皆死狱中"。李膺被非法打死，"妻子徙边，门生、故吏及其父兄"均遭株连，"并被禁锢"。宦竖阉丑还肆意扩大打击面，凡"天下豪杰及儒学有行义者，宦官一切指为党人；有怨隙者，因相陷害，睚眦之忿，滥入党中。州郡承旨，或有未尝交关，亦离祸毒，其死、徙、废、禁者，又六七百人"。这仅仅是京师诏狱拷讯的人数。这次党狱波及全国范围，州郡被冤遭屠者不可胜数。"时诏书下举钩党，郡国所奏相连及者多至数百。"青州六郡，五郡有党，"唯弼独无所上"。平原相史弼舍命保护，抗旨不报，"济活者千余人"。由于民众保护党人，于是出现了"一人逃死，祸及万家"的惨况。"俭等亡命，经历之处，皆被收考，辞所连引，布遍天下。""其所经历，伏重诛者以十数，宗亲并皆殄灭，郡县为之残破。"宦官何以有这样大的能量，使全国成千累万的无辜者惨遭杀害呢？只因"诏书疾恶党人，旨意恳恻"，整个国家机器以专制君主的名义被发

动起来制造冤案，海内生灵，在劫难逃。

第一次钩党之狱，桓帝指名逮捕的只是李膺、范滂等二百余名士大夫上层人物。第二次钩党之狱，双方动了杀机。宦官包围了灵帝，不容党人东山再起，陈蕃、窦武，即朝官士大夫与外戚联手谋诛宦官。双方磨刀霍霍，都想一举歼灭对方，这就是第二次党锢之祸的背景。由于灵帝猜忌，又急于铲除外戚势力，夺取太后手中的政权，因而全力支持宦官制造冤狱，所以第二次钩党之狱，一爆发就是暴风骤雨之势，洒向人间都是怨。只有平原一郡，平原相史弼抗旨，存活一千余人，全国一百多郡国，蒙冤罹难者数十万人。灵帝直接过问的诏狱，杀李膺、范滂一百余人，禁锢六七百人，太学生被捕一千余人。党人五服内亲属以及门生故吏凡有官职的人全部免官禁锢。灵帝建宁四年（171），灵帝加冠，大赦天下，唯党人不赦。

汉纪四十九

汉灵帝熹平元年至光和三年（172—180年）

【起玄黓困敦（壬子，172年），尽上章涒滩（庚申，180年），凡九年】

【大事提要】

本卷记事起公元172年，讫公元180年，凡九年，当汉灵帝熹平元年至光和三年，载灵帝一朝中期史事。此时期的重大事件仍是清理党人扩大化，熹平五年（176），兴起了第三次党锢之祸。先是窦太后忧死，汉灵帝俯从舆情，礼葬窦太后。民间流言宦官曹节、王甫幽杀太后。段颎投靠宦官任司隶校尉，在京师大捕所谓流言者一千余人，使党锢之祸扩大化。熹平五年，永昌太守曹鸾上书请求赦免党人，灵帝盛怒，诏令追究党人，罪及五服，这是第三次党锢之祸。公元166年、公元169年、公元176年，连续三次党锢之祸，是非颠倒，正义受摧残。五侯余孽唐衡弟弟唐珍任司空。灵帝立熹平石经，以示倡导儒学，颁布三互法，以示清吏治。所谓三互法，是任官回避制度，指两地相邻有婚姻关系或士人之间有密切关系者，不能交互做官。司马光评论说，国之将亡，法令滋章。灵帝好文学，另设鸿都门学，招收经学以外士人，善言辞、技艺者入学，与太学相抗。灵帝又在西园设立卖官所，三公九卿皆标价出售。司徒刘郃、少府陈球、司隶校尉阳球谋诛宦官，泄密，皆下狱死。

【原文】

孝灵皇帝上之下

熹平元年（壬子，172 年）

春，正月，车驾上原陵。司徒掾陈留蔡邕曰："吾闻古不墓祭。朝廷有上陵之礼，始谓可损；今见威仪，察其本意，乃知孝明皇帝至孝恻隐，不易夺也。礼有烦而不可省者，此之谓也。"

三月，壬戌，太傅胡广薨，年八十二。广周流四公，三十余年，历事六帝，礼任极优，罢免未尝满岁，辄复升进。所辟多天下名士，与故吏陈蕃、李咸并为三司。练达故事，明解朝章，故京师谚曰："万事不理，问伯始；天下中庸，有胡公。"然温柔谨悫，常逊言恭色以取媚于时，无忠直之风，天下以此薄之。

五月，己巳，赦天下，改元。

长乐太仆侯览坐专权骄奢，策收印绶，自杀。

六月，京师大水。

窦太后母卒于比景，太后忧思感疾，癸巳，崩于云台。宦者积怨窦氏，以衣车载太后尸置城南市舍，数日，曹节、王甫欲用贵人礼殡。帝曰："太后亲立朕躬，统承大业，岂宜以贵人终乎！"于是发丧成礼。

节等欲别葬太后，而以冯贵人配祔。诏公卿大会朝堂，令中常侍赵忠监议。太尉李咸时病，扶舆而起，捣椒自随，谓妻子曰："若皇太后不得配食桓帝，吾不生还矣！"既议，坐者数百人，各瞻望良久，莫肯先言。赵忠曰："议当时定！"廷尉陈球曰："皇太后以盛德良家，母临天下，宜配先帝，是无所疑。"忠笑而言曰："陈廷尉宜便操笔。"球即下议曰："皇太后自在椒房，有聪明母仪之德；遭时不造，援立圣明承继宗庙，功烈至重。先帝晏驾，因遇大狱，迁居空宫，不幸早世，家虽获罪，事非太后，今若别葬，诚失天下之望。且冯贵人冢尝被发掘，骸骨暴露，与贼并尸，魂灵污染，且无功于国，何宜上配至尊！"忠省球议，作色俯仰，蚩球曰："陈廷尉建此议甚健！"球曰："陈、窦既冤，皇太后无故

【语译】

孝灵皇帝上之下

汉灵帝熹平元年（壬子，172年）

春季，正月，汉灵帝祭祀光武帝陵墓。司徒掾陈留人蔡邕说："以前臣听说古代天子不到墓前祭祀。朝廷设有到陵前祭祀的礼节，起初，臣认为可以废除，现在见到了这种祭祀的威严，体察祭礼的本意，才知道孝明皇帝非常孝顺，有恻隐之心，不容废掉。有些礼仪虽然繁缛，但仍不可减省，这种墓祭就是一个例证。"

三月初八日壬戌，太傅胡广去世，终年八十二岁。胡广先后担任过太傅、太尉、司徒、司空，任职三十多年，经历安、顺、冲、质、桓、灵六位皇帝，受到朝廷极其优厚的礼遇，每次免职不到一年，就又高升。他所征召的多是天下名士，与故吏陈蕃、李咸并列三公。胡广精通典章制度，熟悉史事，所以京城有谚语说："任何事情理不清，就去问伯始（胡广的字）；天下的中和之道，可以向胡广请教。"胡广温柔敦厚，谨慎小心，态度谦和，言语谦逊，迎合了当时人的喜好，可是胡广没有耿直的气节，天下人又因此轻视他。

五月十六日己巳，大赦天下，改年号为熹平。

长乐宫太仆侯览专权骄横奢侈，汉灵帝下令收回他的印信，侯览自杀。

六月，京师发大水。

窦太后的母亲在比景去世，窦太后十分怀念、悲痛异常，一病不起，六月初十日癸巳，在南宫云台去世。宦官仇恨窦氏，用行李车拖着窦太后的尸体，拉到洛阳城南的房舍中，停尸数日，曹节、王甫想用贵人的礼节埋葬窦太后。汉灵帝说："窦太后亲自扶持朕，让朕继承帝业，怎么能用贵人的仪式为窦太后送终？"于是按太后礼仪发丧。

曹节等人想把窦太后葬在别处，把冯贵人的牌位放在桓帝宗庙里配享。汉灵帝下诏令公卿都在朝堂聚会，让中常侍赵忠主持会议。太尉李咸当时正在生病，挣扎着上了车，带着毒药，对妻儿说："如果皇太后不能配桓帝祭享，我就不活着回来了！"会议开始，几百人坐着，互相观望了很久，谁都不肯先发言。赵忠说："没人发言，议案就这么决定了。"廷尉陈球说："窦太后以盛德和良好的家世，作为国母，应该配享先帝，无可怀疑。"赵忠笑着说："陈廷尉，请写出你的理由。"陈球随即写下议案说："窦太后早在做皇后时，具有聪明贤淑的德行；后来，遭遇先帝去世的不幸，她就扶立当今皇帝继承宗庙，功绩伟大；先帝去世不久，受到大狱牵连，谪居冷宫，不幸过早地去世，窦家虽有罪，但事与太后无关，现在如果把她葬在别处，会使天下人失望。况且冯贵人的墓地曾经被人挖掘，尸骨暴露。与贼人尸体混

幽闭，臣常痛心，天下愤叹！今日言之，退而受罪，宿昔之愿也！”李咸曰：“臣本谓宜尔，诚与意合。”于是公卿以下皆从球议。曹节、王甫犹争，以为：“梁后家犯恶逆，别葬懿陵，武帝黜废卫后，而以李夫人配食，今窦氏罪深，岂得合葬先帝！”李咸复上疏曰：“臣伏惟章德窦后虐害恭怀，安思阎后家犯恶逆，而和帝无异葬之议，顺朝无贬降之文。至于卫后，孝武皇帝身所废弃，不可以为比。今长乐太后尊号在身，亲尝称制，且援立圣明，光隆皇祚。太后以陛下为子，陛下岂得不以太后为母！子无黜母，臣无贬君，宜合葬宣陵，一如旧制。”帝省奏，从之。

秋，七月，甲寅，葬桓思皇后于宣陵。

（以上为第一段，写汉灵帝俯从舆论，礼葬窦太后。）

有人书朱雀阙，言：“天下大乱，曹节、王甫幽杀太后，公卿皆尸禄，无忠言者。”诏司隶校尉刘猛逐捕，十日一会。猛以诽书言直，不肯急捕。月余，主名不立；猛坐左转谏议大夫，以御史中丞段颎代之。颎乃四出逐捕，及太学游生系者千余人。节等又使颎以他事奏猛，论输左校。

初，司隶校尉王寓依倚宦官，求荐于太常张奂，奂拒之，寓遂陷奂以党罪禁锢。奂尝与段颎争击羌，不相平，颎为司隶，欲逐奂归敦煌而害之；奂奏记哀请于颎，乃得免。

初，魏郡李暠为司隶校尉，以旧怨杀扶风苏谦；谦子不韦瘗而不葬，变姓名，结客报仇。暠迁大司农，不韦匿于瘤中，凿地旁达暠之寝室，杀其妾并小儿。暠大惧，以板藉地，一夕九徙。又掘暠父冢，断取其头，标之于市。暠求捕不获，愤恚，呕血死。不韦遇赦还家，乃葬父行丧。张奂素睦于苏氏，而段颎与暠善，颎辟不韦为司隶从事，不韦惧，称病不诣。颎怒，使从事张贤就家杀之，先以鸩与贤父曰：“若贤不得不韦，便可饮此！”贤遂收不韦，并其一门六十余人，尽诛之。

在一起，而且对国家没有功劳，怎么能够配享天子！”赵忠审查陈球的奏折，脸色大变，同时上下打量陈球，做出一副威迫的样子，嘲笑陈球说：“陈廷尉的建议真是好啊！”陈球说：“陈、窦两家受到冤枉，窦太后无故被幽禁，我非常痛心，天下人愤慨！今天说这些话，即使将会受到报复获罪，也是我自愿的。”李咸说：“我的本意也是如此，真是跟我志同道合。”于是公卿们同意陈球的意见。曹节、王甫仍然争辩，他们认为：“从前梁皇后家犯了大罪，就把梁皇后另外葬在懿陵；汉武帝废除了卫皇后，就以李夫人配享。现在窦氏罪恶深重，怎能和先帝合葬。”李咸又上疏说：“臣认为，从前章德窦皇后杀害恭怀梁皇后、安思阎皇后家犯了大罪，而和帝没有改葬她的议论，也没有贬降她的诏书。至于卫皇后，是孝武皇帝亲自废除，不可以用来类比。如今，长乐太后一直拥有太后尊号，曾经临朝听政，并且扶立当今皇帝即位，光大皇族，太后以陛下为儿子，陛下怎能不以太后为母亲？儿子不应嫌弃母亲，臣子不应贬斥君王，应当把窦太后与先帝合葬在宣陵，一切遵守旧例。”汉灵帝看了奏章，接受了李咸的提议。

秋季，七月初二日甲寅，安葬窦太后于宣陵。

有人在朱雀门上写着：“天下大乱，曹节、王甫暗杀太后，满朝大臣没有人做出实质政绩，也没有人敢说忠言实话。”诏令司隶校尉刘猛逮捕，十天讨论一次。刘猛认为朱雀门阙上诽谤的无头告示切中要害，说了真话，不肯迅速破案缉拿犯人。一个多月，主犯仍然没有找到；刘猛被降为谏议大夫，由御史中丞段颎代理他的职务。段颎到处搜捕，包括太学学生，总共抓了一千多人。曹节又令段颎用别的事情弹劾刘猛，刘猛被判罪送到左校做苦工。

当初，司隶校尉王寓依赖宦官，请太常张奂举荐，张奂拒绝了，王寓于是诬陷张奂，使张奂受到党锢之祸。张奂曾经与段颎争着进攻羌人，互相怨恨不平，段颎任司隶校尉，想把张奂驱逐到敦煌然后杀害；张奂写了封公函，向段颎哀求，才得以免于一死。

当初，魏郡人李暠任司隶校尉，因为旧仇杀了扶风人苏谦；苏谦的儿子苏不韦把父亲的尸体偷偷掩埋，不建造坟冢，改变姓名，交结宾客想要报仇。李暠升任大司农，苏不韦藏在草料房中，挖掘地道，直通李暠寝室，杀死他的妾和小儿。李暠十分害怕，用木板铺地，一夜搬迁九次。苏不韦又挖了李暠父亲的坟墓，斩下头颅，标明身份，陈列在闹市。李暠要求捕拿苏不韦，愤怒怨恨，吐血而死。后来，苏不韦遇到大赦回家，才按丧礼安葬了父亲。张奂向来和苏家和睦，而段颎和李暠关系很好，段颎征召苏不韦为司隶从事，苏不韦害怕，装病不肯就职。段颎发怒，命令

勃海王悝之贬瘿陶也，因中常侍王甫求复国，许谢钱五千万；既而桓帝遗诏复悝国，悝知非甫功，不肯还谢钱。中常侍郑飒、中黄门董腾数与悝交通，甫密司察以告段颎。冬，十月，收飒送北寺狱，使尚书令廉忠诬奏"飒等谋迎立悝，大逆不道"，遂诏冀州刺史收悝考实，迫责悝，令自杀；妃妾十一人、子女七十人、伎女二十四人皆死狱中，傅、相以下悉伏诛。甫等十二人皆以功封列侯。

十一月，会稽妖贼许生起句章，自称阳明皇帝，众以万数，遣扬州刺史臧旻、丹阳太守陈寅讨之。

十二月，司徒许栩罢，以大鸿胪袁隗为司徒。

鲜卑寇并州。

是岁，单于车儿死，子屠特若尸逐就单于立。

（以上为第二段，写京师流言宦官王甫、曹节幽杀窦太后。段颎投靠宦官任司隶校尉，以流言为借口，大捕清流士大夫及太学生一千余人，使党锢之祸扩大化。）

二年（癸丑，173年）

春，正月，大疫。

丁丑，司空宗俱薨。

二月，壬午，赦天下。

以光禄勋杨赐为司空。

三月，太尉李咸免。

夏，五月，以司隶校尉段颎为太尉。

六月，北海地震。

秋，七月，司空杨赐免，以太常颍川唐珍为司空。珍，衡之弟也。

冬，十二月，太尉段颎罢。

鲜卑寇幽、并二州。

癸酉晦，日有食之。

三年（甲寅，174年）

春，二月，己巳，赦天下。

以太常东海陈耽为太尉。

属吏张贤到苏家杀了苏不韦。行前，把毒酒交给张贤的父亲说：“如果张贤杀不了苏不韦，你就得喝掉它。”张贤于是抓了苏不韦，并将其全家六十多人全部杀害。

勃海王刘悝被贬为瘿陶王，通过中常侍王甫请求恢复封国，答应给钱五千万为酬礼；不久，桓帝有遗诏，恢复刘悝的封国，刘悝知道这不是王甫的功劳，不愿酬谢钱财。中常侍郑飒、中黄门董腾多次与刘悝交结，王甫暗中察访，向段颎报告。冬季，十月，逮捕郑飒，送到北寺狱，要尚书令廉忠诬陷说：“郑飒等人图谋迎立刘悝为皇帝，大逆不道。”于是汉灵帝下诏，命令冀州刺史逮捕刘悝拷打审讯，逼问刘悝，要刘悝自杀；刘悝的妻妾十一人、子女七十人、女仆二十四人都死在狱中，封国的师傅、国相以下的官吏都被杀死。王甫等十二人因功封为列侯。

十一月，会稽贼人许生在句章县反叛，自称为阳明皇帝，部众达数万人；朝廷委派扬州刺史臧旻、丹阳太守陈寅讨伐他们。

十二月，司徒许栩被罢免；任命大鸿胪袁隗为司徒。

鲜卑人侵犯并州。

这年，南匈奴单于车儿去世，其子屠特若尸逐就继位为单于。

汉灵帝熹平二年（癸丑，173年）

春季，正月，发生瘟疫。

正月二十七日丁丑，司空宗俱去世。

二月初三日壬午，大赦天下。

任命光禄勋杨赐为司空。

三月，太尉李咸被免职。

夏季，五月，任命司隶校尉段颎为太尉。

六月，北海郡发生地震。

秋季，七月，司空杨赐被免职；任命太常颍川人唐珍为司空。唐珍是唐衡的弟弟。

冬季，十二月，太尉段颎被罢免。

鲜卑人侵犯幽州、并州。

十二月二十九日癸酉晦，发生日食。

汉灵帝熹平三年（甲寅，174年）

春季，二月二十六日己巳，大赦天下。

任命太常东海人陈耽为太尉。

三月，中山穆王畅薨，无子，国除。

夏，六月，封河间王利子康为济南王，奉孝仁皇祀。

吴郡司马富春孙坚召募精勇，得千余人，助州郡讨许生。冬，十一月，臧旻、陈寅大破生于会稽，斩之。

任城王博薨，无子，国绝。

十二月，鲜卑入北地，太守夏育率屠各追击，破之。迁育为护乌桓校尉。鲜卑又寇并州。

司空唐珍罢，以永乐少府许训为司空。

（以上为第三段，写五侯余孽唐衡弟弟唐珍任司空。鲜卑侵犯北地郡。）

四年（乙卯，175 年）

春，三月，诏诸儒正“五经”文字，命议郎蔡邕为古文、篆、隶三体书之，刻石，立于太学门外。使后儒晚学咸取正焉。碑始立，其观视及摹写者车乘日千余两，填塞街陌。

初，朝议以州郡相党，人情比周，乃制昏姻之家及两州人士不得对相监临，至是复有三互法，禁忌转密，选用艰难，幽、冀二州久缺不补。蔡邕上疏曰：“伏见幽、冀旧壤，铠、马所出，比年兵饥，渐至空耗。今者阙职经时，吏民延属，而三府选举，逾月不定。臣怪问其故，云避三互。十一州有禁，当取二州而已。又，二州之士或复限以岁月，狐疑迟淹，两州悬空，万里萧条，无所管系。愚以为三互之禁，禁之薄者。今但申以威灵，明其宪令，对相部主，尚畏惧不敢营私；况乃三互，何足为嫌！昔韩安国起自徒中，朱买臣出于幽贱，并以才宜，还守本邦，岂复顾循三互，系以末制乎！臣愿陛下上则先帝，蠲除近禁，其诸州刺史器用可换者，无拘日月、三互，以差厥中。”朝廷不从。

臣光曰：叔向有言：“国将亡，必多制。”明王之政，谨择忠贤而任之，凡中外之臣，有功则赏，有罪则诛，无所阿私，法制不烦而天下大治。所以然者何哉？执其本故也。及其衰也，百官之任不能择人，而禁令益多，防闲益密，有功者以阂文不赏，为奸者以巧法免诛，上下劳扰而天下大乱。所以然者何哉？逐其末故也。孝灵之时，

三月，中山穆王刘畅去世，没有儿子，撤销封国。

夏季，六月，册封河间王刘利的儿子刘康为济南王，祀奉孝仁皇帝宗庙。

吴郡司马富春人孙坚召募勇士，获得一千多人，协助州郡征讨许生。冬季，十一月，臧旻、陈寅在会稽大败许生，杀死他。

任城王刘博去世，没有儿子，封国被废除。

十二月，鲜卑人侵犯北地郡，郡守夏育率领屠各部落追击，大败鲜卑，升迁夏育为护乌桓校尉。鲜卑人又侵犯并州。

司空唐珍被罢官，任命永乐少府许训为司空。

汉灵帝熹平四年（乙卯，175年）

春季，三月，下诏儒士校正“五经”文字，命令议郎蔡邕用古文、篆、隶三种文体抄写“五经”，刻在石碑上，树立在太学门外，让后代儒士和学生把它作为标准。石碑刚立，前来观看和摹写经文的车子，每天达一千多辆，挤满了大街小巷。

当初，朝廷为避免州郡之间互相勾结，讲究私情而互相包庇，就规定有婚姻关系的家族，以及两州之间的人士不得相互做官，到这时，正式颁布这些规定，称为三互法，禁忌趋向严密，很难选拔人才，导致幽、冀两州的刺史长期空缺无人填补。蔡邕上疏说：“臣注意到幽、冀两州原来出产铠甲和良马，近年因为兵灾饥荒，渐渐空乏。现在一直没有任命州官，百姓引颈相望，而三公府所提人选，一个多月都不能决定。臣很奇怪，问三公府是什么原因，都说为了回避三互法。全国十一个州有三互的禁令，但只有幽、冀这两个州执行最为严格。另外，对这两州人士，又加上限以年资的规定，拖延太久，州官空缺，使两州一片萧条，没有人治理。臣认为三互的禁令是最不值得提倡的。现在，只要用朝廷权威，申明法令，两州两郡的人士交互做官，尚且畏惧法律，不敢营私；何况三互关系，不值得防嫌。从前，韩安国从囚徒中被提升，朱买臣以卑微之身被任官，都因为有才干而做官，均是本郡人在本地做官，哪里会受到三互的限制而被约束？臣希望陛下效法先帝，废除现在的三互禁令，对各州刺史有才能可更换的，不要受年资、三互的约束，这是比较中和的办法。”朝廷没有采纳。

臣司马光评论说：叔向说过：“国家将亡时，法令规章必定繁多。”圣明君主的政治，是要小心地选用忠贤而任命，对朝廷内外的臣子，有功就赏，有罪就诛杀，没有偏袒，法令不复杂而天下太平。为什么这样呢？因为是掌握了治政根本的缘故。等到世道衰微，百官的任用不能选用适当的人，而禁令越来越多，防范越来越严密，有功的人受到条文拘束，得不到赏赐；作恶的人巧妙地

刺史、二千石贪如豺虎，暴殄烝民，而朝廷方守三互之禁。以今视之，岂不适足为笑而深可为戒哉！

封河间王建孙佗为任城王。

夏，四月，郡、国七大水。

五月，丁卯，赦天下。

延陵园灾。

鲜卑寇幽州。

六月，弘农、三辅螟。

于阗王安国攻拘弥，大破之，杀其王。戊己校尉、西域长史各发兵辅立拘弥侍子定兴为王，人众裁千口。

（以上为第四段，写朝廷立熹平石经，颁布三互之法。司马光评论认为国之将亡，法令烦琐。）

五年（丙辰，176 年）

夏，四月，癸亥，赦天下。

益州郡夷反，太守李颙讨平之。

大雩。

五月，太尉陈耽罢；以司空许训为太尉。

闰月，永昌太守曹鸾上书曰："夫党人者，或耆年渊德，或衣冠英贤，皆宜股肱王室，左右大猷者也；而久被禁锢，辱在涂泥。谋反大逆尚蒙赦宥，党人何罪，独不开恕乎！所以灾异屡见，水旱荐臻，皆由于斯。宜加沛然，以副天心。"帝省奏，大怒，即诏司隶、益州槛车收鸾，送槐里狱，掠杀之。于是诏州郡更考党人门生、故吏、父子、兄弟在位者，悉免官禁锢，爰及五属。

六月，壬戌，以太常南阳刘逸为司空。

秋，七月，太尉许训罢；以光禄勋刘宽为太尉。

冬，十月，司徒袁隗罢；十一月，丙戌，以光禄大夫杨赐为司徒。

是岁，鲜卑寇幽州。

（以上为第五段，写永昌太守曹鸾上奏请赦免党人，灵帝大怒，诏令追究党人五服之内的亲族。此为第三次党锢之祸。）

钻法律的空子，得以免于惩罚，上上下下各级政府十分辛苦，而天下大乱。为什么如此？这是舍本逐末的缘故。孝灵帝时，刺史、二千石的官员贪婪得如同豺狼，剥削百姓，而朝廷还在严守三互的禁令。现在看来，岂不是足以令人发笑，应以此为戒！

册封河间王刘建的孙子刘佗为任城王。

夏季，四月，七个郡和封国发大水。

五月初一日丁卯，大赦天下。

延陵失火。

鲜卑人侵犯幽州。

六月，弘农郡和三辅地区出现蝗灾。

于阗王安国攻打拘弥，打败了拘弥，杀死拘弥国王。戊己校尉、西域长史各自发兵，辅佐送到汉朝为人质的拘弥王子定兴为拘弥王，拘弥的人口减少了一千户。

汉灵帝熹平五年（丙辰，176年）

夏季，［五月初三日］癸亥，大赦天下。

益州郡夷人造反，太守李颙讨平了叛乱。

举行隆重的求雨大典。

五月，太尉陈耽被罢官，任命司空许训为太尉。

闰月，永昌郡太守曹鸾上奏说："所谓党人，有些是年高德厚的人，有些是杰出的知识分子，他们都应当是辅佐王室、在陛下身边参决谋议的人，却被长期禁锢，屈辱埋没。即使是大逆不道的谋反者都受到宽恕，党人又有什么罪得不到宽恕呢？因此灾异屡次出现，水灾旱灾不断，都是由于这个原因。应赐下恩典，以合天意。"汉灵帝看了奏书，大怒，诏令司隶校尉、益州刺史用囚车逮捕曹鸾，送到槐里县的监狱，活活打死。又诏令各州郡重新拷问追查党人的学生、属吏、父子、兄弟，凡在官位的都被免职禁锢，一直追究到五服之内的亲族。

六月［初三日］壬戌，任命太常南阳人刘逸为司空。

秋季，七月，太尉许训被罢官；任命光禄勋刘宽为太尉。

冬季，十月，司徒袁隗被罢官；［十二月三十日］丙戌，任命光禄大夫杨赐为司徒。

这一年，鲜卑人侵犯幽州。

六年（丁巳，177年）

春，正月，辛丑，赦天下。

夏，四月，大旱，七州蝗。

令三公条奏长吏苛酷贪污者，罢免之。平原相渔阳阳球坐严酷，征诣廷尉。帝以球前为九江太守讨贼有功，特赦之，拜议郎。

鲜卑寇三边。

市贾小民相聚为宣陵孝子者数十人，诏皆除太子舍人。

秋，七月，司空刘逸免；以卫尉陈球为司空。

初，帝好文学，自造《皇羲篇》五十章，因引诸生能为文赋者并待制鸿都门下；后诸为尺牍及工书鸟篆者，皆加引召，遂至数十人。侍中祭酒乐松、贾护多引无行趣势之徒置其间，憙陈闾里小事；帝甚悦之，待以不次之位；又久不亲行郊庙之礼。会诏群臣各陈政要，蔡邕上封事曰："夫迎气五郊，清庙祭祀、养老辟雍，皆帝者之大业，祖宗所祗奉也。而有司数以蕃国疏丧、宫内产生及吏卒小污，废阙不行，忘礼敬之大，任禁忌之书，拘信小故，以亏大典。自今斋制宜如故典，庶答风霆、灾妖之异。又，古者取士必使诸侯岁贡，孝武之世，郡举孝廉，又有贤良、文学之选，于是名臣辈出，文武并兴。汉之得人，数路而已。夫书画辞赋，才之小者；匡国治政，未有其能。陛下即位之初，先涉经术，听政余日，观省篇章，聊以游意当代博弈，非以为教化取士之本。而诸生竞利，作者鼎沸，其高者颇引经训风喻之言，下则连偶俗语，有类俳优，或窃成文，虚冒名氏。臣每受诏于盛化门，差次录第，其未及者，亦复随辈皆见拜擢。既加之恩，难复收改，但守奉禄，于义已弘，不可复使治民及在州郡。昔孝宣会诸儒于石渠，章帝集学士于白虎，通经释义，其事优大，文武之道，所宜从之。若乃小能小善，虽有可观，孔子以为致远则泥，君子固当志其大者。又，前一切以宣陵孝子为太子舍人，臣闻孝文皇帝制丧服三十六日，虽继体之君，父子至亲，公卿列臣受恩之重，皆屈情从制，不敢逾越。今虚伪小人，本非骨肉，既无幸私之恩，又无禄仕之实，恻隐之心，义无所依。至有奸轨之人通容其中；桓思皇后祖载之时，东郡有盗人妻者，亡在孝中，本县追捕，乃伏其辜。虚伪杂秽，难得胜言。太子官属，宜搜选令德，岂有但取丘墓凶丑之人！其为不祥，莫与大焉，宜遣归田里，以明诈伪。"书奏，帝乃亲迎气北郊及

汉灵帝熹平六年（丁巳，177 年）

春季，正月十五日辛丑，大赦天下。

夏季，四月，发生旱灾，七个州出现蝗灾。

汉灵帝下诏令三公分别揭发贪污暴虐的地方官员，罢免了他们。平原国相渔阳人阳球被控用法严酷，征召到廷尉受审。汉灵帝因为阳球以前任九江太守时讨贼有功，特别赦免了他，任命他为议郎。

鲜卑人侵犯边境。

有几十个市井小民聚集在一起，到桓帝陵前守丧，自称是桓帝的孝子，下诏将他们任命为太子舍人。

秋季，七月，司空刘逸被免职，任命卫尉陈球为司空。

当初，汉灵帝喜好文学，自己写了《皇羲篇》五十章，又引进太学中能够写文章辞赋的人，召集在鸿都门下；后来，一些能写公文书信及擅写鸟篆的人，都加以引进，于是有数十人之多。侍中祭酒乐松、贾护又引入一些品德低下、趋炎附势的人，这些人喜欢讲一些街头巷尾的琐事；汉灵帝很喜欢听，不按照程序越级提升他们；汉灵帝很久没有举行祭天祭祖之礼。正好，此时诏令群臣陈述对朝廷的意见，蔡邕上密奏说：“在五郊迎接节气，在清静的宗庙祭祀，在太学里举行敬养三老、五老的礼仪，都是皇帝的大事，是祖宗所敬奉的事。而有关部门总是用蕃国远亲的丧事、宫内妇女的生产、小吏宫卫的病亡等为禁忌，废缺祭礼，忘记了行礼敬重的大事，信任那些讲禁忌的邪书，拘泥于黄道吉日小信的理由，而不举行祭祀大典。从现在起，一切斋戒祭祀制度，应当恢复从前的典制，这样差不多可以平息上天的震怒、雷霆等灾异之变。而且，古代选拔人才都是使各诸侯每年向朝廷推举，汉武帝时，由郡国举孝廉，还有贤良、文学人才的选用，于是不断出现名臣。汉代选举人才，就是用孝廉、贤良和文学这几条道路。书画辞赋不过是小才，对治国治民无能为力。陛下即位之初先阅读儒家经典，听政的闲暇之余，观览文学篇章取代博戏、围棋，不是教化人民、选取士人的根本。那些儒生竞逐利益，雅好文艺的人如鼎中沸水，踊跃异常。才高的文艺之士，还能够引用经书、训诂教化风俗；才艺低的人，造几句对偶的俗语，就好像演戏一样，有的甚至抄袭拼凑成文，假冒别人的名字。臣每次在盛化门接受诏书，一一定出名次，加以录用，那些没有取得名次的，也因为他们追随在后而被授予官职。朝廷的恩典既然已经施加，就很难收回更改，只给他们发放俸禄，已经是很大的恩义，万万不可让他们去州郡做官，任职治民。从前，孝宣皇帝在石渠阁会聚众儒，章帝在白虎观集合学士、统一经义，影响至为重大，文治武功的道理都要符合经义。至于小的才能和小的善行，虽有一定价值，但孔子认为推广太远就行不通，君子应当追求大道。而且，前不久把愿意做桓帝孝子

行辟雍之礼。又诏宣陵孝子为舍人者悉改为丞、尉焉。

（以上为第六段，写汉灵帝好文学而兴办鸿都门学，好虚名而滥施恩自称桓帝孝子的趋炎附势之徒为县丞、县尉。）

护乌桓校尉夏育上言："鲜卑寇边，自春以来三十余发，请征幽州诸郡兵出塞击之，一冬、二春，必能禽灭。"先是护羌校尉田晏坐事论刑，被原，欲立功自效，乃请中常侍王甫求得为将。甫因此议遣兵与育并力讨贼，帝乃拜晏为破鲜卑中郎将；大臣多有不同；乃召百官议于朝堂。蔡邕议曰："征讨殊类，所由尚矣。然而时有同异，势有可否，故谋有得失，事有成败，不可齐也。夫以世宗神武，将帅良猛，财赋充实，所括广远，数十年间，官民俱匮，犹有悔焉。况今人财并乏，事劣昔时乎！自匈奴遁逃，鲜卑强盛，据其故地，称兵十万，才力劲健，意智益生；加以关塞不严，禁网多漏，精金良铁，皆为贼有，汉人逋逃为之谋主，兵利马疾，过于匈奴。昔段颎良将，习兵善战，有事西羌，犹十余年。今育、晏才策未必过颎，鲜卑种众不弱曩时，而虚计二载，自许有成，若祸结兵连，岂得中休，当复征发众人，转运无已，是为耗竭诸夏，并力蛮夷。夫边垂之患，手足之疥搔，中国之困，胸背之瘭疽，方今郡县盗贼尚不能禁，况此丑虏而可伏乎！昔高祖忍平城之耻，吕后弃慢书之诟，方之于今，何者为盛？天设山河，秦筑长城，汉起塞垣，所以别内外，异殊俗也。苟无蹙国内侮之患则可矣，岂与虫蚁之虏校往来之数哉！虽或破之，岂可殄尽，而方令本朝为之旰食乎！昔淮南王安谏伐越曰：'如使越人蒙死以逆执事，厮舆之卒有一不备而归者，虽得越王之首，犹为大汉羞之。'而欲以齐民易丑虏，皇威辱外夷，就如其言，犹已危矣，况乎得失不可量邪！"帝不从。八月，遣夏育出高柳，田晏出云中，匈奴中郎将臧旻率南单于出雁门，各将万骑，三道出塞二千余里。檀石槐命三部大人各帅众逆战，育等大败，丧其节传辎重，各将数十骑奔还，

的人都拜为舍人，我听说孝文皇帝规定丧制，服丧只须三十六日，即使是继位的君主、父子之亲，以及身受重恩的大臣，都应克制感情、遵守制度，不敢超越三十六日。而今，这些虚伪的市井小人，与桓帝不是骨肉至亲，既没有受到桓帝宠幸的恩惠，又没有做官食禄的实惠，孝心何来？他们的孝心，没有产生的依据，甚至有些奸邪小人混在其中。窦太后出葬时，东郡有个通奸犯也混在孝子行列，本县追捕缉拿，才定罪伏法。类似这种虚伪肮脏的事情，难以言尽。太子的属官，应选用品德高尚的人，怎么可以用一些在墓陵假冒孝子的凶丑之徒？这样做是不吉利的，没有比这更严重的了，应当把这些人遣还乡里，让人们明白他们的诈伪行为。”奏书呈上，汉灵帝亲自到北郊迎接冬气，并在太学举行礼仪。又诏令那些被任命为舍人的宣陵孝子，一律改为县丞、县尉。

护乌桓校尉夏育上书说：“鲜卑侵入边境，自从春季以来已有三十多次，请求征用幽州等郡的兵出塞攻打，只需一个冬季、两个春季，定能歼灭他们。”原先，护羌校尉田晏犯罪被判刑，受到宽恕，想立功效劳，就请托中常侍王甫谋取将领职务。于是王甫建议他出兵，与夏育协力讨贼，汉灵帝就任命田晏为破鲜卑中郎将。许多大臣不同意，于是召集百官在朝堂议论。蔡邕议论说：“征讨周边异族，由来已久。然而，时候不同，形势也不同，所有计谋有得有失，战事有成功有失败，不可齐观。汉武帝那样英明神武、良将勇猛，财源充足，开拓了广远的疆域，但经过数十年用兵，政府与百姓都陷入了贫困，汉武帝尚且后悔出兵。何况今日人力财力都很匮乏，国力不如汉武帝时强大。自从匈奴逃走，鲜卑强盛后占领匈奴故地，拥有十万军队，才智武力勇猛刚健，智慧谋略优于匈奴。加上关卡要塞修缮不固，禁令不严，精良的钢铁被贼人占有，逃亡的汉人成为鲜卑人的谋划者，鲜卑武器锋利，战马雄健，胜过匈奴。从前，良将段颎熟悉军事，善于作战，对西羌用兵尚且经过十几年才有成效。现在，夏育、田晏的才智策略未必能超过段颎，鲜卑族不比过去柔弱，而且妄说两年时间能够讨平，如果一旦展开战事，怎么可以中途收兵，那就必然要再次征兵，运输不止，这就是耗尽国力，以此来全力对付蛮夷。边境的祸患，就像手脚的癣疥小疮；而国内的困顿，就好比长在胸上、背上的毒瘤，现在连各郡县的盗贼都无法禁止，又怎能降伏鲜卑那样的野蛮异族？从前，汉高祖忍受平城被困的耻辱，吕后忍受匈奴无礼信件的羞辱，当初的国力同现在相比，哪个强大？上天创设山川，秦朝建筑长城，汉代兴修关塞，是用来划分内外，区别不同的风俗。只要没有损害国家疆土，内地不遭受祸患就行了，岂能与像昆虫蚂蚁一样的野蛮部落计较长短呢？即使击败他们，难道可以将他们全部歼灭吗？只是让朝廷忧心不安而已。从前，淮南王刘安劝阻进攻越地说：‘如果迫使越人拼死迎战，只要服役的士卒有一个没有

死者什七八。三将槛车征下狱，赎为庶人。

冬，十月，癸丑朔，日有食之。

太尉刘宽免。

辛丑，京师地震。

十一月，司空陈球免。

十二月，甲寅，以太常河南孟郁为太尉。

庚辰，司徒杨赐免。

以太常陈耽为司空。

辽西太守甘陵赵苞到官，遣使迎母及妻子，垂当到郡；道经柳城，值鲜卑万余人入塞寇钞，苞母及妻子遂为所劫质，载以击郡。苞率骑二万与贼对陈，贼出母以示苞，苞悲号，谓母曰："为子无状，欲以微禄奉养朝夕，不图为母作祸。昔为母子，今为王臣，义不得顾私恩，毁忠节，唯当万死，无以塞罪。"母遥谓曰："威豪，人各有命，何得相顾以亏忠义，尔其勉之！"苞即时进战，贼悉摧破，其母妻皆为所害。苞自上归葬，帝遣使吊慰，封鄃侯。苞葬讫，谓乡人曰："食禄而避难，非忠也；杀母以全义，非孝也。如是，有何面目立于天下！"遂欧血而死。

（以上为第七段，写汉灵帝不纳忠言，任用智略不备的夏育、田晏讨伐鲜卑，官兵大败。）

光和元年（戊午，178 年）

春，正月，合浦、交趾乌浒蛮反，招引九真、日南民攻没郡县。

太尉孟郁罢。

二月，辛亥朔，日有食之。

癸丑，以光禄勋陈国袁滂为司徒。

己未，地震。

置鸿都门学，其诸生皆敕州郡、三公举用辟召，或出为刺史、太守，

回来，那么纵然得到越王的头颅，仍然是汉朝的羞耻。’现在却想以大汉的平民交换胡虏，屈辱皇家威严与蛮夷同列，真是这样，即使打了胜仗也是危险的。何况胜败得失还不可预料呢。”汉灵帝不听从，八月，派夏育率军从高柳县出发，田晏率军从云中郡出发，匈奴中郎将臧旻率领南单于从雁门郡出发，各自率领一万骑兵，分三路出塞两千多里。鲜卑首领檀石槐命令三部大人各自率众迎战，夏育等人大败，大将符节和辎重丧失殆尽，各人带领几十个骑兵逃回，军队死者十之七八。三个将领用囚车押到狱中，缴钱赎罪，废为庶民。

冬季，十月初一日癸丑朔，发生日食。

太尉刘宽被免职。

辛丑日，京师发生地震。

十一月，司空陈球被免职。

十二月初三日甲寅，任命太常河南人孟戫为太尉。

十二月二十九日庚辰，司徒杨赐被免职。

任命太常陈耽为司空。

辽西太守甘陵人赵苞到职，派人迎接他的母亲和妻儿，将要到郡，经过柳城，碰到一万多鲜卑人内犯骚扰，赵苞的母亲和妻儿，被抢作为人质，用车载着攻打辽西郡。赵苞率领两万骑兵与贼人对阵，贼人把赵苞的母亲给他看，赵苞痛哭，对母亲说：“儿子不孝，原想用少量俸禄朝夕奉养您，不料为您引来大祸。从前我是您的儿子，现在我是皇帝的臣子，道义不得顾及私恩，毁弃忠节，我只求一死，不然难以弥补罪过。”母亲远远地对他说：“赵苞，人各有命，何必顾及私恩而损忠义，你要努力啊！”赵苞即刻进兵，把贼人全部击败，他的母亲和妻子也都遇害。赵苞自动离职，上书请求回家埋葬，汉灵帝派人吊问，册封他为鄃侯。赵苞安葬完毕，对乡人说：“拿国家的俸禄而逃避灾难，不是忠臣；杀了母亲成全大义，不是孝子。如此，我有什么面目活在世上！”不久赵苞吐血而死。

汉灵帝光和元年（戊午，178年）

春季，正月，合浦郡、交趾郡乌浒的蛮人叛乱，招引九真、日南的民众攻占郡县。

太尉孟戫被罢免。

二月初一日辛亥朔，发生日食。

二月初三日癸丑，任命光禄勋陈国人袁滂为司徒。

二月初三日己未，发生地震。

设立鸿都门学，其学生都是各州郡、三公推荐征召来的，有的派出担任刺史、

入为尚书、侍中，有封侯、赐爵者；士君子皆耻与为列焉。

三月，辛丑，赦天下，改元。

以太常常山张颢为太尉。颢，中常侍奉之弟也。

夏，四月，丙辰，地震。

侍中寺雌鸡化为雄。

司空陈耽免；以太常来艳为司空。

六月，丁丑，有黑气堕帝所御温德殿东庭中，长十余丈，似龙。

秋，七月，壬子，青虹见玉堂后殿庭中。诏召光禄大夫杨赐等诣金商门，问以灾异及消复之术。赐对曰：“《春秋谶》曰：‘天投蜺，天下怨，海内乱。’加四百之期，亦复垂及。今妾媵、阉尹之徒共专国朝，欺罔日月；又，鸿都门下招会群小，造作赋说，见宠于时，更相荐说，旬月之间，并各拔擢。乐松处常伯，任芝居纳言，郤俭、梁鹄各受丰爵不次之宠，而令搢绅之徒委伏畎亩，口诵尧、舜之言，身蹈绝俗之行，弃捐沟壑，不见逮及。冠履倒易，陵谷代处，幸赖皇天垂象谴告。《周书》曰：‘天子见怪则修德，诸侯见怪则修政，卿大夫见怪则修职，士庶人见怪则修身。’唯陛下斥远佞巧之臣，速征鹤鸣之士，断绝尺一，抑止槃游，冀上天还威，众变可弭。”

（以上为第八段，写汉灵帝建立鸿都门学，因灾异求言。）

议郎蔡邕对曰：“臣伏思诸异，皆亡国之怪也。天于大汉殷勤不已，故屡出祆变以当谴责，欲令人君感悟，改危即安。今蜺堕、鸡化，皆妇人干政之所致也。前者乳母赵娆，贵重天下，谗谀骄溢，续以永乐门史霍玉，依阻城社，又为奸邪。今道路纷纷，复云有程大人者，察其风声，将为国患；宜高为堤防，明设禁令，深惟赵、霍，以为至戒。今太尉张颢，为玉所进；光禄勋伟璋，有名贪浊；又长水校尉赵玹，屯骑校尉盖升，并叨时幸，荣富优足；宜念小人在位之咎，退思引身避贤之福。伏见廷尉郭禧，纯厚老成；光禄大夫桥玄，聪达方直；故太尉刘宠，忠实守正；并宜为谋主，数见访问。夫宰相大臣，君之四体，委任责成，优劣已分，不宜听纳小吏，雕琢大臣也。又，尚方工技之作，鸿都篇赋之文，可且消息，以示惟忧。宰府孝廉，士之高选，近者以辟召不慎，切

太守，有的在朝廷担任尚书、侍中，有的封侯、赐爵；士大夫君子认为与他们为伍很可耻。

三月二十一日辛丑，大赦天下，改换年号。

任命太常常山人张颢为太尉。张颢是中常侍张奉的弟弟。

夏季，四月初七日丙辰，发生地震。

侍中寺里的母鸡叫鸣。

司空陈耽被免职，任命太常来艳为司空。

六月二十九日丁丑，有黑色雾气笼罩汉灵帝所在的温德殿东庭，长达十多丈，形状很像龙。

秋季，［八月初五日壬子］在玉堂后殿的庭中看见青虹。诏令光禄大夫杨赐等到金商门，策问灾异情况，以及消除灾祸、恢复正常的办法。杨赐对策说："《春秋谶》说：'天上投下彩虹，天下抱怨，海内混乱。'加上刘氏四百年的期限，又快到来。如今，宫女和宦官共同专断朝政，欺诈天子；而且，鸿都门下招集一群小人，写作辞赋，受到宠幸，互相推荐，很快就被举用。乐松位居侍中，任芝官居尚书，郤俭、梁鹄各自得到很高的封爵和特殊的恩幸，而那些正直的士大夫君子却被埋没在乡间，口中诵读尧、舜的话，亲身实践超越世俗的高尚品德，却被抛弃在山谷，不被国家录用。如同帽子和鞋子颠倒了位置，山峰和山谷交换了地方，幸亏上天显示天象加以谴告。《周书》说：'天子见到怪异就修明德行，诸侯看见怪异就修明政治，卿大夫看见到怪异就修明职守，士庶人看见怪异就修明行为。'但愿陛下罢黜奸贼，迅速征用品德高尚、为时所称的士人，杜绝假传圣旨的渠道，节制放纵的娱乐，乞求上天平息愤怒，所有的灾变都会消解。"

议郎蔡邕对策说："臣认为所有的灾异，都是亡国的征兆。上天对汉朝很殷勤，不断显示怪异作为谴责，希望君主感悟，转危为安。如今霓虹从天上降落，母鸡变成公鸡叫鸣，都是女人参政导致的。从前，乳母赵娆无比贵宠，说人坏话、阿谀奉承、骄淫放纵；接着又有永乐宫通报门官霍玉，依仗董太后，为非作歹。现在，路上议论纷纷，说宫中有位姓程的宦官，观察他的风望和名声，将会成为国家的祸害，皇上应特别提防，明确禁令，应当深切地思量赵娆、霍玉的前车之鉴，引以为鉴。现在的太尉张颢就是霍玉引进的；光禄勋伟璋是出名的贪官污吏；另外，长水校尉赵玹、屯骑校尉盖升都因为一时侥幸，享受荣华富贵。皇上要思考，小人在高位必有祸患；再回想一下，引用贤能必得幸福。臣注意到廷尉郭禧忠厚老成，光禄大夫桥玄聪明正直，前太尉刘宠朴实守正，都应当作为主要的谋臣，常常询问他们的意见。宰相大臣是君主的四肢，委任他们完成职责，才能分辨优劣，不应听从小吏的

责三公，而今并以小文超取选举，开请托之门，违明王之典，众心不厌，莫之敢言；臣愿陛下忍而绝之，思惟万机，以答天望。圣朝既自约厉，左右近臣亦宜从化，人自抑损，以塞咎戒，则天道亏满，鬼神福谦矣。夫君臣不密，上有漏言之戒，下有失身之祸，愿寝臣表，无使尽忠之吏受怨奸仇。”章奏，帝览而叹息；因起更衣，曹节于后窃视之，悉宣语左右，事遂漏露。其为邕所裁黜者，侧目思报。

初，邕与大鸿胪刘郃素不相平，叔父卫尉质又与将作大匠阳球有隙。球即中常侍程璜女夫也。璜遂使人飞章言“邕、质数以私事请托于郃，郃不听。邕含隐切，志欲相中”。于是诏下尚书召邕诘状。邕上书曰：“臣实愚戆，不顾后害，陛下不念忠臣直言，宜加掩蔽，诽谤卒至，便用疑怪。臣年四十有六，孤特一身，得托名忠臣，死有余荣，恐陛下于此不复闻至言矣！”于是下邕、质于洛阳狱，劾以“仇怨奉公，议害大臣，大不敬，弃市”。事奏，中常侍河南吕强愍邕无罪，力为伸请，帝亦更思其章，有诏：“减死一等，与家属髡钳徙朔方，不得以赦令除。”阳球使客追路刺邕，客感其义，皆莫为用。球又赂其部主，使加毒害，所赂者反以其情戒邕，由是得免。

（以上为第九段，写议郎蔡邕对策建言汉灵帝亲近朝官，举用孝廉及士人，远离奸佞，罢斥请托任官的小人，被宦官飞书诬罔，流放朔方郡。）

八月，有星孛于天市。

九月，太尉张颢罢；以太常陈球为太尉。

司空来艳薨。冬，十月，以屯骑校尉袁逢为司空。

宋皇后无宠，后宫幸姬众共谮毁。勃海王悝妃宋氏，即后之姑也，中常侍王甫恐后怨之，因谮后挟左道祝诅；帝信之，遂策收玺绶。后自致暴室，以忧死。父不其乡侯酆及兄弟并被诛。

丙子晦，日有食之。

尚书卢植上言：“凡诸党锢多非其罪，可加赦恕，申宥回枉。又，宋

言辞，责难大臣。另外，皇家工匠的技巧作品，鸿都学生的辞赋文章，可以暂时停止，以表示为国事担虑。宰府里的孝廉是士人中的高才，近来因为荐拔征召不严，严加斥责三公，而今因雕虫小技的文章，越级升任，开启了请托升官的后门，违反了圣明君主的制度，众心不服，无人敢说真话；但愿陛下忍痛屏绝，集中精力处理国家大事，以报上天的厚望。圣明的君主既然已经自我约束上进，左右的臣子自然就会受到感化，人人都约束自己，用以消除灾害的警戒。这样，天道就会把灾难降给骄傲的人，鬼神就会把福分赐给谦谨的人。君臣对话要严守秘密，君不守秘密，会受到泄密的批评；臣子不守秘密，会遭杀身之祸，请陛下不要泄露臣的奏章，以免忠臣受到小人的报复。”奏章呈上，汉灵帝看后叹息；起身去厕所时，曹节在后面偷看，把内容向左右亲近的人传播，事情败露，那些被蔡邕指责的人，都横目冷视，图谋报复。

当初，蔡邕与大鸿胪刘郃向来不和，蔡邕的叔父卫尉蔡质和将作大匠阳球有仇恨。阳球是中常侍程璜的女婿。程璜于是派人匿名上奏章说：“蔡邕、蔡质常向刘郃托付私事，刘郃不肯。蔡邕怀恨在心，一心想中伤刘郃。”下诏命令尚书责问蔡邕。蔡邕上书说：“臣实在愚昧厚直，不顾后患，陛下不顾念忠臣说实话，本应当加以保护，诽谤突然兴起，却对臣猜疑。臣今年已经四十六岁，孤单一人，能够得到忠臣的名声，即使是死，也感到荣耀，只是担心陛下从此再也听不到忠言了。”后来蔡邕、蔡质被关进洛阳监狱，认为他们“公报私仇，陷害大臣，犯大不敬罪，应斩首弃市”。事情上报，中常侍河南人吕强同情蔡邕无罪，尽力为他求情，汉灵帝也重新考虑蔡邕的那篇奏章，下诏说：“免死，减刑一等，与家属剃发、戴上刑具，流放到朔方郡，不得因赦令而免刑。”阳球派人在路上刺杀蔡邕，刺客因蔡邕的正直，都不愿做这种事。阳球又贿赂地方官员，要他们害死蔡邕，受贿的人反而把真情告诉了蔡邕，使他幸免灾难。

八月，在天市星区出现孛星。

九月，太尉张颢被罢官，任命太常陈球为太尉。

司空来艳去世。冬季，十月，任命屯骑校尉袁逢为司空。

宋皇后不受宠幸，后宫受到宠爱的姬妃一起诬害她。勃海王刘悝的妃子宋氏是宋皇后的姑妈，中常侍王甫恐怕宋皇后怨恨他，就诬告宋皇后用邪术诅咒汉灵帝；汉灵帝相信了王甫，收回了宋皇后的印信。宋皇后自行到宫廷监狱暴室投案，忧郁而死。其父亲不其乡侯宋酆和兄弟都被诛杀。

十月三十日丙子晦，发生日食。

尚书卢植上书说：“因党人案件受禁锢的人大多无罪，可以赦免，申诉冤枉而宽

后家属并以无辜委骸横尸，不得敛葬，宜敕收拾，以安游魂。又，郡守、刺史一月数迁，宜依黜陟以章能否，纵不九载，可满三岁。又，请谒希求，一宜禁塞，选举之事，责成主者。又，天子之体，理无私积，宜弘大务，蠲略细微。”帝不省。

十一月，太尉陈球免；十二月，丁巳，以光禄大夫桥玄为太尉。

鲜卑寇酒泉；种众日多，缘边莫不被毒。

诏中尚方为鸿都文学乐松、江览等三十二人图象立赞，以劝学者。尚书令阳球谏曰：“臣案松、览等皆出于微蔑，斗筲小人，依凭世戚，附托权豪，俯眉承睫，徼进明时。或献赋一篇，或鸟篆盈简，而位升郎中，形图丹青。亦有笔不点牍，辞不辨心，假手请字，妖伪百品，莫不蒙被殊恩，蝉蜕滓浊。是以有识掩口，天下嗟叹。臣闻图象之设，以昭劝戒，欲令人君动鉴得失，未闻竖子小人诈作文颂，而可妄窃天官，垂象图素者也。今太学、东观足以宣明圣化，愿罢鸿都之选，以销天下之谤。”书奏，不省。

是岁，初开西邸卖官，入钱各有差：二千石二千万；四百石四百万；其以德次应选者半之，或三分之一；于西园立库以贮之。或诣阙上书占令长，随县好丑，丰约有贾。富者则先入钱，贫者到官然后倍输。又私令左右卖公卿，公千万，卿五百万。初，帝为侯时常苦贫，及即位，每叹桓帝不能作家居，曾无私钱，故卖官聚钱以为私藏。

帝尝问侍中杨奇曰：“朕何如桓帝？”对曰：“陛下之于桓帝，亦犹虞舜比德唐尧。”帝不悦曰：“卿强项，真杨震子孙，死后必复致大鸟矣。”奇，震之曾孙也。

南匈奴屠特若尸逐就单于死，子呼征立。

（以上为第十段，写汉灵帝重用鸿都门学乐松、江览等人，大臣劝谏不听，又公然设西园卖官所，三公九卿皆标价出售。）

二年（己未，179年）

春，大疫。

三月，司徒袁滂免，以大鸿胪刘郃为司徒。

怨。另外，宋皇后的家属都是无辜的，但是尸体暴露，没有收敛安葬，应当准予收拾尸体，使游魂得以安宁。还有郡守、刺史在一个月中几次受到提拔，应当依照任免制度考察能与不能，即使不满九年，也应满三年。而且，朝臣的私人请托以求非分之想，应一律阻止，选拔官员的事情应由主管官员负责。另外，天子以国为家，按理不应该有个人私产，应当致力于国家大政，不要计较小事。”汉灵帝不理睬。

十一月，太尉陈球被免职。十二月十二日丁巳，任命光禄大夫桥玄为太尉。

鲜卑人侵犯酒泉郡。部落人数日益增多，周边地区没有不受害的。

诏令中尚方给鸿都门文学家乐松、江览等三十二人画像、写赞辞，用以鼓励学者。尚书令阳球劝谏说：“臣认为乐松、江览等人出身低微，气量狭小的人，借着外戚的关系依靠权势阿谀奉承，在这圣明之世侥幸得以上进。有的献上一篇辞赋，有的只写满一简的草书，竟然升任郎中，还要用丹青画像。有的根本不会用笔写字，有的辞不达意，请别人代写，作伪花样上百种方式，却没有不蒙受特殊恩宠的，就好像鸣蝉脱壳一样。因此天下有识之士掩口嘲笑，人人嗟叹。臣听说画像是为了发扬劝诫，使君主的行动借鉴前人的得失，从没听说小人狡猾地写了几篇文章，竟可以窃取高官，留下画像。现在太学、东观足以宣扬圣明的教化，请停止鸿都门的选举，用以消除天下人的诽谤。”奏章呈上，汉灵帝不理睬。

这一年开始允许在西邸卖官，价格不等：二千石的官员是二千万，四百石的官员是四百万。按德行应选的官员出一半钱，有的出三分之一钱。在西园设立库府贮藏这些钱财。有的人到宫门上书，出钱买县官，按照县的好坏，决定官价高低。有钱人先交钱，无钱的先上任再加倍偿还。汉灵帝又私下命令身边的人卖公卿职位，三公的价格是一千万，卿的价格是五百万。当初，汉灵帝还在做王侯时，常为没有钱而痛苦，等到即位，又感叹桓帝不能经营私人产业，没有私房钱，所以卖官聚钱作为私人积蓄。

汉灵帝曾问侍中杨奇：“朕同桓帝相比如何？”杨奇回答：“陛下和桓帝比，就像虞舜比唐尧一样。”汉灵帝不高兴地说：“你的脖子太硬，不随便低头，真是杨震的子孙，死后一定会引来大鸟。”杨奇是杨震的曾孙。

南匈奴屠特若尸逐就单于去世，其子呼征被立为单于。

汉灵帝光和二年（己未，179年）

春季，发生大瘟疫。

三月，司徒袁滂被免职，任命太鸿胪刘郃为司徒。

乙丑，太尉桥玄罢，拜太中大夫；以太中大夫段颎为太尉。玄幼子游门次，为人所劫，登楼求货；玄不与。司隶校尉、河南尹围守玄家，不敢迫。玄瞋目呼曰："奸人无状，玄岂以一子之命而纵国贼乎！"促令攻之，玄子亦死。玄因上言："天下凡有劫质，皆并杀之，不得赎以财宝，开张奸路。"由是劫质遂绝。

京兆地震。

司空袁逢罢；以太常张济为司空。

夏，四月，甲戌朔，日有食之。

王甫、曹节等奸虐弄权，扇动内外，太尉段颎阿附之。节、甫父兄子弟为卿、校、牧、守、令、长者布满天下，所在贪暴。甫养子吉为沛相，尤残酷，凡杀人，皆磔尸车上，随其罪目，宣示属县，夏月腐烂，则以绳连其骨，周遍一郡乃止，见者骇惧。视事五年，凡杀万余人。尚书令阳球常拊髀发愤曰："若阳球作司隶，此曹子安得容乎！"既而球果迁司隶。

甫使门生于京兆界辜榷官财物七千余万，京兆尹杨彪发其奸，言之司隶。彪，赐之子也。时甫休沐里舍，颎方以日食自劾。球诣阙谢恩，因奏甫、颎及中常侍淳于登、袁赦、封昱等罪恶，辛巳，悉收甫、颎等送洛阳狱，及甫子永乐少府萌、沛相吉。球自临考甫等，五毒备极；萌先尝为司隶，乃谓球曰："父子既当伏诛，亦以先后之义，少以楚毒假借老父。"球曰："尔罪恶无状，死不灭责，乃欲论先后求假借邪！"萌乃骂曰："尔前奉事吾父子如奴，奴敢反汝主乎！今日临厄相挤，行自及也！"球使以土窒萌口，棰扑交至，父子悉死于杖下；颎亦自杀。乃僵磔甫尸于夏城门，大署榜曰："贼臣王甫。"尽没入其财产，妻子皆徙比景。

球既诛甫，欲以次表曹节等，乃敕中都官从事曰："且先去权贵大猾，乃议其余耳。公卿豪右若袁氏儿辈，从事自办之，何须校尉邪！"权门闻之，莫不屏气。曹节等皆不敢出沐。会顺帝虞贵人葬，百官会丧还，曹节见磔甫尸道次，慨然抆泪曰："我曹可自相食，何宜使犬舐其汁乎！"语诸常侍："今且俱入，勿过里舍也。"节直入省，白帝曰："阳球故酷暴

三月二十二日乙丑，罢免桥玄太尉的官职，改任太中大夫；任命太中大夫段颎为太尉。桥玄的小儿子在门外玩，被贼人劫夺，贼人上楼要求赎金，桥玄不给。司隶校尉、河南尹包围桥玄的住宅，不敢逼近。桥玄瞪眼大喊："贼人无法无天，我岂能因为一个儿子的命而放掉国贼呢？"督促进攻贼人，贼死，桥玄的儿子也死了。桥玄因此上书说："凡是劫夺为人质，都一起杀掉，不许用钱财赎回，为奸贼开路。"从此，劫持人质的事件断绝。

京兆发生地震。

司空袁逢被罢官，任命太常张济为司空。

夏季，四月初一日甲戌朔，发生日食。

王甫、曹节等人滥用权力，煽动朝廷内外，太尉段颎阿附他们。曹节、王甫的父子兄弟任九卿、校官、州牧、郡守、县长的布满全国各地，贪婪残暴。王甫的养子王吉任沛国相，尤其残酷，凡是杀人，都要把尸体卸成几大块装在囚车上，张贴罪名，在沛国所属各县巡回展示，夏天尸体腐烂，就用绳索把骨架绑在囚车上，游遍全郡才算了事，看见的人无不震骇恐惧。王吉任沛国相五年，杀了一万多人。尚书令阳球常常拍着大腿，发愤地说："如果我做司隶校尉，怎么会容忍这种人。"不久，阳球果然迁为司隶校尉。

王甫派门生在京兆境内搜刮公家财物七千多万，京兆尹杨彪揭露他们的恶行，报告给司隶校尉。杨彪是杨赐的儿子。这时，王甫正好在家休假，段颎正因为日食而弹劾自己。阳球到宫门谢恩，趁机向天子上告王甫、段颎以及中常侍淳于登、袁赦、封羁等人的罪恶。四月初八日辛巳，把王甫、段颎，以及王甫的儿子永乐少府王萌、沛国相王吉等都送进洛阳监狱。阳球亲自审讯王甫等人，用了五种毒刑。王萌曾经担任司隶校尉，就对阳球说："我们父子既然已经认罪受诛，只求想到我们先后为同僚的情面上，宽恕老父，让他少受点苦。"阳球说："你罪大恶极，万死也不能抵消你的罪过，还想以同官之情请求宽宥！"王萌就骂："从前，你像奴仆一样巴结我们父子，奴仆竟然反叛主子！今天，你乘人之危落井下石，加劲排挤，你很快会受到报应的！"阳球要人用泥巴堵住王萌的嘴巴，鞭棍齐下，王甫父子都被打死，段颎自杀。阳球派人把王甫的尸体砍成几大块暴露在夏城门，贴出大布告，写着"贼臣王甫"，没收他所有财产，妻儿都发配到比景。

阳球已杀王甫，又想依次揭露曹节等人，就命令中都官从事："暂且先除去权贵大奸，再考虑其余的人。像袁家这样的公卿大族，你们自己处置，何必要我出面！"权贵们听了，没有谁敢大声出气的。曹节等人都不敢出宫休假。正逢顺帝的虞贵人出葬，百官出丧回来，曹节看见王甫的尸体一块块地堆在路旁，慨叹流泪说："我们可以自相残杀，怎么能让狗来舐我们的血！"对常侍们说："我们今天一起进宫，不

吏，前三府奏当免官，以九江微功，复见擢用。愆过之人，好为妄作，不宜使在司隶，以骋毒虐。”帝乃徙球为卫尉。时球出谒陵，节敕尚书令召拜，不得稽留尺一。球被召急，因求见帝，曰：“臣无清高之行，横蒙鹰犬之任，前虽诛王甫、段颎，盖狐狸小丑，未足宣示天下。愿假臣一月，必令豺狼鸱枭各服其辜。”叩头流血。殿上呵叱曰：“卫尉捍诏邪！”至于再三，乃受拜。

（以上为第十一段，写阳球任司隶校尉，矢志除宦官，只诛杀了王甫，半途而废。）

于是曹节、朱瑀等权势复盛。节领尚书令。郎中梁人审忠上书曰：“陛下即位之初，未能万机，皇太后念在抚育，权时摄政，故中常侍苏康、管霸应时诛殄。太傅陈蕃、大将军窦武考其党与，志清朝政。华容侯朱瑀知事觉露，祸及其身，遂兴造逆谋，作乱王室，撞蹋省闼，执夺玺绶，迫胁陛下，聚会群臣，离间骨肉母子之恩，遂诛蕃、武及尹勋等。因共割裂城社，自相封赏，父子兄弟，被蒙尊荣，素所亲厚，布在州郡，或登九列，或据三司。不惟禄重位尊之责，而苟营私门，多蓄财货，缮修第舍，连里竟巷，盗取御水，以作渔钓，车马服玩，拟于天家。群公卿士，杜口吞声，莫敢有言，州牧郡守，承顺风旨，辟召选举，释贤取愚。故虫蝗为之生，夷寇为之起。天意愤盈，积十余年；故频岁日食于上，地震于下，所以谴戒人主，欲令觉悟，诛鉏无状。昔高宗以雉雊之变，故获中兴之功；近者神祇启悟陛下，发赫斯之怒，故王甫父子应时馘截，路人士女莫不称善，若除父母之仇。诚怪陛下复忍孽臣之类，不悉殄灭。昔秦信赵高，以危其国；吴使刑臣，身遘其祸。今以不忍之恩，赦夷族之罪，奸谋一成，悔亦何及！臣为郎十五年，皆耳目闻见，瑀之所为，诚皇天所不复赦。愿陛下留漏刻之听，裁省臣表，扫灭丑类，以答天怒。与瑀考验，有不如言，愿受汤镬之诛，妻子并徙，以绝妄言之路。”章寝不报。

中常侍吕强清忠奉公，帝以众例封为都乡侯，强固辞不受，因上疏陈事曰：“臣闻高祖重约，非功臣不侯，所以重天爵、明劝戒也。中常侍曹节等，宦官祐薄，品卑人贱，谗谄媚主，佞邪徼宠，有赵高之祸，未

要回家。”曹节一直走进宫中，对汉灵帝说：“阳球本是个酷吏，以前三公曾经上奏要罢免他，因为他在九江有微小功劳，再次受到提升。犯过错误的人，胆大妄为，不宜担任司隶校尉，纵容他恣意横行。”汉灵帝就改任阳球为卫尉。当时，阳球出城拜谒先帝陵墓，曹节命令尚书令召阳球拜谢，不许拖延诏令。阳球受到征召，趁机求见汉灵帝，叩头说：“臣没有清高的德行，总算是蒙恩作皇家的猎鹰走狗，前不久杀了王甫、段颎，他们不过是狐狸小丑，不足以告示天下。臣希望给臣一个月时间，臣必定让豺狼、猫头鹰凶鸟之类，受到应得的惩治。”叩得流血。殿上的侍从呵斥说：“卫尉该不是要反抗圣旨吧！”一连几次，阳球才接受新职。

于是，曹节、朱瑀等人的权势再次旺盛。曹节兼管尚书令。郎中梁国人审忠上书说：“陛下当初即位时，不能管理国政，皇太后顾念养育之情，权且摄政，所以中常侍苏康、管霸即时伏诛。太傅陈蕃、大将军窦武审查他们的余党，志在清理朝政。华容侯朱瑀知道事情败露，灾祸就要降临，于是兴起逆谋，扰乱王室，发动宫廷政变，强夺印绶，胁逼陛下，会聚群臣，离间陛下的骨肉母子恩情，杀了陈蕃、窦武和尹勋等人。共同分裂国土，互相封赏赐爵，父子兄弟，都受到尊崇荣耀。平时亲信的人，散布在州郡为官，有的当上九卿，有的做了三公。不仅没有想到俸禄厚重、职位崇高的责任，而且还专门经营私事，积蓄大量钱财，修建住宅，连街接巷，偷取皇宫禁苑的水作为渔池钓鱼，车马衣服玩物可以和君王相比拟。所有的公卿大臣都闭口噤声，无人敢说话，州牧郡守听从奸人指挥，征召选举放弃贤才，取用愚昧之人。所以，蝗虫成灾，夷寇作乱，皇天愤怒到了极点，已经积累十几年，所以连年上有日食，下有地震，用来谴责警告人君，想使皇上觉悟，清除奸贼。从前，殷高宗武丁因为野鸡停在鼎上鸣叫，于是修政，实现了中兴大业。近来，神灵启悟陛下，勃然发怒，所以王甫父子及时被诛杀了，路上行人男男女女，没有不叫好的，好像是报了杀父之仇。只是抱怨陛下还能容忍残余的奸贼，不一网打尽。当初秦二世相信赵高，危及国家；吴王余祭信任受刑的人，身遭毒手。现在，陛下不忍心诛杀他们，赦免他们灭族的大罪，一旦他们计谋得逞，后悔莫及啊！臣做了十五年官，耳闻目睹朱瑀的所作所为，实在是皇天不能宽恕的。但愿陛下用片刻时间听臣陈奏，察看臣的奏章，肃清奸邪之徒，来平息上天的愤怒。敢和朱瑀对证，如果有不实的言辞，臣甘愿接受烹煮的刑罚，发配妻儿，断绝胡言乱语的发生。”奏章呈上被搁置，没有回音。

中常侍吕强清廉忠正一心奉公，汉灵帝按照惯例，册封吕强为都乡侯，吕强坚决推辞不肯接受，因而上书陈述政事说：“臣听说，高祖严格规定，不是功臣不封侯，为的是尊重国家的爵位，使惩奖鲜明。中常侍曹节等人身为宦官，福分微薄，

被镮裂之诛。陛下不悟，妄授茅土，开国承家，小人是用，又并及家人，重金兼紫，交结邪党，下比群佞。阴阳乖剌，稼穑荒芜，人用不康，罔不由兹。臣诚知封事已行，言之无逮，所以冒死干触陈愚忠者，实愿陛下损改既谬，从此一止。臣又闻后宫采女数千余人，衣食之费日数百金，比谷虽贱而户有饥色，按法当贵而今更贱者，由赋发繁数，以解县官，寒不敢衣，饥不敢食，民有斯厄而莫之恤。宫女无用，填积后庭，天下虽复尽力耕桑，犹不能供。又，前召议郎蔡邕对问于金商门，邕不敢怀道迷国，而切言极对，毁刺贵臣，讥呵宦官。陛下不密其言，至令宣露，群邪项领，膏唇拭舌，竞欲咀嚼，造作飞条。陛下回受诽谤，致邕刑罪，室家徙放，老幼流离，岂不负忠臣哉！今群臣皆以邕为戒，上畏不测之难，下惧剑客之害，臣知朝廷不复得闻忠言矣！故太尉段颎，武勇冠世，习于边事，垂发服戎，功成皓首，历事二主，勋烈独昭。陛下既已式序，位登台司，而为司隶校尉阳球所见诬胁，一身既毙，而妻子远播，天下惆怅，功臣失望。宜征邕更加授任，反颎家属，则忠贞路开，众怨以弭矣。”帝知其忠而不能用。

丁酉，赦天下。

（以上为第十二段，写郎中审忠与中常侍吕强上奏，述曹节奸佞，后宫太盛，平反陈蕃、窦武冤狱，召还蔡邕及段颎家属，灵帝皆充耳不闻。）

上禄长和海上言：“礼，从祖兄弟别居异财，恩义已轻，服属疏末。而今党人锢及五族，既乖典训之文，有谬经常之法。”帝览之而悟，于是党锢自从祖以下皆得解释。

五月，以卫尉刘宽为太尉。

护匈奴中郎将张修与南单于呼征不相能，修擅斩之，更立右贤王羌渠为单于。秋，七月，修坐不先请而擅诛杀，槛车征诣廷尉，死。

初，司徒刘郃兄侍中鯈与窦武同谋，俱死，永乐少府陈球说郃曰：“公出自宗室，位登台鼎。天下瞻望，社稷镇卫，岂得雷同，容容无违

品格低劣，谗言谄媚，使用奸佞邪恶的手段，邀取恩宠。犯有赵高的祸害，却未遭到车裂的刑法。陛下一直不觉悟，随意封给他们土地，建立封国世袭，小人受宠，而且推及家人，个个佩戴尊贵的金印紫绶，结成党羽。阴阳颠倒，农田荒废，人事不和，都是由此产生的。臣完全知道对宦官封爵的事情已经成为事实了，说话也于事无补，臣之所以冒着死罪，干犯触怒忌讳，陈述一片愚忠，实在是希望陛下改正过错，到此为止。臣又听说，后宫美女有几千人，衣食费用每天耗费几百金。近来，尽管谷价很低，而贫困的百姓还有受饥挨饿的，按理说百姓饥饿，粮价应该上涨，反而如此便宜，实在是因为政府不断征收赋税，百姓只好抛售粮食来向县官缴税造成的，天寒不敢多穿，饥饿不敢多吃，百姓如此困窘却不抚恤。宫女一无用处，却充满后宫，即使全国都尽力耕种纺织，还是无法满足。前些时召议郎蔡邕到金商门策问，蔡邕不敢把治国之道藏起来而让国家走入迷途，就直言不讳地答对，讥讽了权贵，批评了宦官。陛下没有为他保守秘密泄露出来，一群小人伸着脖子，舔着嘴唇，伸出舌头，争着想把蔡邕一口吞噬，制造匿名信诬告蔡邕。陛下相信小人的诽谤，判处了蔡邕重罪，全家流放，老少分离，岂不辜负了忠臣！现在，群臣都以蔡邕为戒，上怕飞来横祸，下怕刺客暗杀！臣知道朝廷再也听不到忠言良语了。前太尉段颎英勇盖世，熟悉边疆事务，孩提时就从军，到头发白才完成功业，历事桓帝、灵帝两位君主，功业昭著，为功臣之冠。陛下已经叙录其功，逐级提升他，位列三公，却被司隶校尉阳球陷害，身既死亡，妻儿流放到远方，天下人叹息，功臣感到绝望。应当召回蔡邕，重新任用，召回段颎的家属，这样忠贞的道路才能开启，众人的怨恨才会消失。”汉灵帝知道吕强忠诚，但未采用吕强的建议。

四月二十四日丁酉，大赦天下。

上禄县长和海上书说：“按照礼制，同曾祖父的兄弟，可以分开居住，分开财产，因为亲情已经淡薄，亲情关系已经疏远。如今，党人受禁锢延及五族，既不合乎经典，又违反正常的法律。”汉灵帝看了奏章，有所感悟，于是，解除党人同曾祖父兄弟以下的禁锢。

五月，任命卫尉刘宽为太尉。

护匈奴中郎将张脩和南单于呼征不相容，张脩擅自杀死呼征，改立右贤王羌渠为单于。秋季，七月，张脩被指控不先请示而擅自诛杀呼征，被送到廷尉，处死。

当初，司徒刘郃的哥哥侍中刘儵和窦武同谋，一同被处死，永乐少府陈球对刘郃说：“你出身皇族，位居三公，天下人瞻望，是国家栋梁，怎么能够随波逐流，唯

而已。今曹节等放纵为害，而久在左右，又公兄侍中受害节等，今可表徙卫尉阳球为司隶校尉，以次收节等诛之，政出圣主，天下太平，可翘足而待也！”郃曰：“凶竖多耳目，恐事未会，先受其祸。”尚书刘纳曰：“为国栋梁，倾危不持，焉用彼相邪！”郃许诺，亦与阳球结谋。球小妻，程璜之女，由是节等颇得闻知，乃重赂璜，且胁之。璜惧迫，以球谋告节，节因共白帝曰：“郃与刘纳、陈球、阳球交通书疏，谋议不轨。”帝大怒。冬，十月，甲申，刘郃、陈球、刘纳、阳球皆下狱，死。

巴郡板楯蛮反，遣御史中丞萧瑗督益州刺史讨之，不克。

十二月，以光禄勋杨赐为司徒。

鲜卑寇幽、并二州。

（以上为第十三段，写司徒刘郃、少府陈球、司隶校尉阳球谋诛宦官不密，皆下狱死。）

三年（庚申，180 年）

春，正月，癸酉，赦天下。

夏，四月，江夏蛮反。

秋，酒泉地震。

冬，有星孛于狼、弧。

鲜卑寇幽、并二州。

十二月，己巳，立贵人何氏为皇后。征后兄颍川太守进为侍中。后本南阳屠家，以选入掖庭，生皇子辨，故立之。

是岁作罼圭、灵昆苑。司徒杨赐谏曰：“先帝之制，左开鸿池，右作上林，不奢不约，以合礼中。今猥规郊城之地以为苑囿，坏沃衍，废田园，驱居民，畜禽兽，殆非所谓若保赤子之义。今城外之苑已有五六，可以逞情意，顺四节也。宜惟夏禹卑宫、太宗露台之意，以尉下民之劳。”书奏，帝欲止，以问侍中任芝、乐松；对曰：“昔文王之囿百里，人以为小；齐宣五里，人以为大。今与百姓共之，无害于政也。”帝悦，遂为之。

巴郡板楯蛮反。

苍梧、桂阳贼攻郡县，零陵太守杨琁制马车数十乘，以排囊盛石灰

唯唯诺诺，惧怕得罪人？现在，曹节等人放纵肆虐，长期在皇帝身边，你的哥哥侍中受曹节等人陷害，你现在可以上表推荐阳球担任司隶校尉，依次逮捕曹节等人把他们杀掉，使政令出自天子，天下太平，翘首可待。”刘郃说：“宦官的耳目众多，恐怕事情还没有成功，就先受到祸害。”尚书刘纳说：“身为国家栋梁，国家有危而不扶持，何必还要你辅佐？”刘郃答应了，就和阳球密谋。阳球的小妾是程璜的女儿，因此曹节等人知道了这事，就重重贿赂程璜，并且威吓他。程璜害怕，就把阳球等人的计划告诉了曹节，曹节等人共同报告汉灵帝说：“刘郃和刘纳、陈球、阳球来往书信，图谋不轨。”汉灵帝大怒。冬季，十月十四日甲申，刘郃、陈球、刘纳、阳球入狱被处死。

巴郡板楯蛮叛乱，派遣御史中丞萧瑗督领益州刺史征讨他们，失败。

十二月，任命光禄勋杨赐为司徒。

鲜卑人侵犯幽州、并州。

汉灵帝光和三年（庚申，180 年）

春季，正月，癸酉日，大赦天下。

夏季，四月，江夏蛮反叛。

秋季，酒泉郡发生地震。

冬季，在东井东南的狼、弧星区出现孛星。

鲜卑人侵犯幽州、并州。

十二月初五日己巳，立贵人何氏为皇后。征召皇后的哥哥颍川太守何进为侍中。何皇后本是南阳屠户的女儿，因选入宫中，生了皇子刘辩，所以被立为皇后。

这年，修造毕圭苑、灵昆苑。司徒杨赐劝谏说：“先帝的制度，左边开鸿池，右边造上林苑，不奢侈也不简约，合乎中庸之礼。现在随意规划京郊的土地来建造苑囿，破坏沃土，抛弃田园，驱逐居民，畜养禽兽，这不是爱民如子的大道。如今，京城外的苑囿已有五六处，可以尽情欢乐，顺应四时。应想到夏禹宫室简单，太宗（汉文帝）不建露台的用意，以安抚小民的劳苦。”奏书呈上，汉灵帝准备停建苑囿，询问侍中任芝和乐松，他们回答说：“从前，周文王有百里苑囿，人民认为太小；齐宣王有五里苑囿，人民认为很大。现在，陛下和人民一起享受，不会危害国政。”汉灵帝很高兴，于是决定建造。

巴郡板楯蛮反叛。

苍梧、桂阳的贼民进攻郡县，零陵太守杨琁造了几十辆马车，用袋子装石灰放

于车上，系布索于马尾；又为兵车，专彀弓弩。及战，令马车居前，顺风鼓灰，贼不得视，因以火烧布然，马惊，奔突贼阵，因使后车弓弩乱发，钲鼓鸣震，群盗波骇破散，追逐伤斩无数，枭其渠帅，郡境以清。荆州刺史赵凯诬奏琁实非身亲破贼，而妄有其功；琁与相章奏。凯有党助，遂槛车征琁，防禁严密，无由自讼；乃噬臂出血，书衣为章，具陈破贼形势，及言凯所诬状，潜令亲属诣阙通之。诏书原琁，拜议郎；凯受诬人之罪。琁，乔之弟也。

（以上为第十四段，写汉灵帝册立何皇后，大建苑囿。零陵太守杨琁平定叛乱，荆州刺史赵凯忌功诬奏杨琁冒功，事核，赵凯被判诬告罪。）

在车上，在马尾系上布条；又制造射箭矢的专用战车。临战时，他命令马车在前，顺着风洒石灰，贼人睁不开眼，趁机用火点燃布条，布条燃烧，马惊而奔，直冲贼人阵营，于是命令后面的车子射箭，战鼓齐擂，众贼惊慌溃逃，像水波一样扩散开，追杀贼人，死伤不计其数，割下首领的脑袋示众，郡境太平。荆州刺史赵凯诬奏杨琁实际上未亲自打败贼人，妄报军功；杨琁上书答辩。赵凯有朋党相助，终于用囚车逮捕杨琁，防犯严密，杨琁无法申诉；于是杨琁就咬破手臂，用血在衣服上写奏章，详细说明打败贼人的形势，以及赵凯诬奏的情况，秘密交给亲属到宫门上书。下诏宽恕了杨琁，任命为议郎。赵凯被判处诬告罪。杨琁是杨乔的弟弟。

【点评】

本卷点评三大史事：一、汉灵帝立熹平石经，二、开办鸿都门学，三、第三次党锢之祸。

一、灵帝立熹平石经。汉灵帝熹平四年，公元175年，春季，三月，汉灵帝下诏，命儒家大师校定五经文字，命议郎蔡邕用古文、篆、隶三体书写，刻石立碑于太学门外，使太学生员和全国儒生参观抄写，每天有车千余辆，从四面八方云集，填满大街小巷，热闹非凡。石经之刻，是官方写定的经书标准本。这是中国学术史、经学史上的一件大事。灵帝立熹平石经，对倡导学术严谨与推动学术发展有重大意义，应该肯定。

经书石刻，不始于灵帝，嗣后历代有继承发展，至今立于西安市碑林博物馆。借此，将历代石经的沿革发展与内容，略述于下。

古代明经取士，而经学传写多误，故刻石立于太学以为定本。由于石经之刻，引发而有雕版印刷术之发明，影响至深且远。最早的石经，始刻于王莽。西汉平帝末年，莽命甄丰摹古文《易》《书》《诗》《左传》于石。东汉灵帝时，诏诸儒正定、蔡邕书写《易》《书》《诗》《仪礼》《公羊传》《论语》六经，刻石于太学门外，称为《熹平石经》。魏废帝曹芳时，所刻石经称《正始石经》。东汉和魏所立石经均用古文、篆、隶三体书法以相对照，又称《三体石经》。唐文宗时又立《开成石经》，所刻增至十二经，无《孟子》。五代时蜀主孟昶立《蜀石经》，所刻凡十一经，无《孝经》《尔雅》而有《孟子》。北宋太宗刻十三经石经。南宋高宗御书石经，立于临安太学。清十三经石刻刻于高宗乾隆时，仁宗嘉庆时磨改。今存于西安碑林中十三经石刻即唐《开成石经》十二经，《孟子》朱注石经为康熙年间补刻。《开成石经》中之《孝经》四石为唐玄宗御书，天宝时立，是碑林现存石经中最早的石经。碑林创始于北宋哲宗元祐二年（1087）。石经于元祐五年（1090）移入碑林。十三经石刻共114碑，计经、注刻石近六十六万字。其中，《易经》，王弼注；《尚书》，伪孔传；《毛诗》《周礼》《仪礼》《礼记》，均郑玄注；《春秋》三传，《左氏》杜预集解，《公羊传》何休注，《穀梁》范宁注；《论语》，何晏集解；《孝经》，唐玄宗注；《尔雅》，郭璞注；《孟子》，朱熹集解。

汉灵帝立《熹平石经》，在文化上有进步意义，在政治上是为了缓解太学生的愤怒，转移他们攻击宦官的专注力。本来五经文字与宦官毫不相干，由于太学生考试争等第高下，抄写经书文本有差异，往往闹到官府里去争讼。太学生与朝官士大夫的清议，蔑视宦官的高傲，已经让宦官们发疯发狂，乱杀一气。太学生纠缠经学，吵吵闹闹随时可转为对宦官的攻击。六经石刻一立，引导太学生去钻故纸堆，确实使宦官清静了许多，也给汉灵帝脸上增添了一层光彩。

二、汉灵帝立鸿都门学。光和元年（178），汉灵帝在洛阳鸿都门创办学校，收文学艺术类士子入学，与太学相抗，史称鸿都门学。鸿都门学讲习辞赋、小说、绘画、书法。汉灵帝本人爱好文学艺术，加以提倡，无可厚非。文学艺术登上大雅之堂，还成为入仕资本，对中国传统文化的发展有进步意义。但灵帝创办鸿都门学，招收杂家九流，旨在与太学对抗，或者说是扶植制衡太学的新兴力量。汉灵帝为鸿都文学艺术家乐松、江览等三十二人画像题赞，用来对抗党人的“八俊”“八顾”“八及”“八厨”三十二大名士。鸿都学生考试及格给大官做，三公举用辟召，外放为刺史、太守，回朝为侍中、尚书，乃至封侯。考试不及格的就给小官做。但朝官士大夫都鄙视他们为出身“微蔑”，称其品性为“斗筲小人”。太学生不肯与鸿都门学生为伍。鸿都门学是宦官的舆论阵地，自然名声很臭，在世家大族处于上升时期的风头上，根本不是对手。伴随灵帝之死，东汉之灭，鸿都门学式微了。

三、第三次党锢之祸。宦官杀逐党人，引用大批下层豪强和宦官子弟夺占士族官职，激起双方的尖锐矛盾。一方是宦官继续利用各种借口把党锢之祸扩大化，打击士族。熹平五年（176），窦太后死，有流言说王甫杀太后。宦官追查流言，大捕清流朝官士大夫和太学生一千余人。另一方朝官士大夫也是抓住机会就大杀宦官。灵帝光和二年四月，阳球任司隶校尉，一上任就杀了王甫，把王甫尸体砍成肉块在夏城门示众，用大大的字写布告说:“这就是贼臣王甫的下场。”宦官与朝官士大夫如同针尖对麦芒，双方势不两立，这是第三次党锢之祸的背景。

第三次钩党之狱发生在灵帝熹平五年，即公元 176 年，这次是灵帝为了饰过而加重对钩党的迫害，株连党人的远亲旁支。学术界已往的论著一般称东汉两次钩党之狱，把第三次看作是前两次的余波，这是应当辩证的。这一次冤狱发生在灵帝加元服，即亲掌政权之后，分析它的内容，有助于我们对钩党之狱性质的认识和评述，因此是很重要的。

建宁四年，即公元 171 年，灵帝加元服，大赦天下，唯党人不赦。熹平五年（176），永昌太守曹鸾上书，为党人说话鸣不平，说他们有的年高德重，有的是治国人才，应该解除党禁，“股肱王室”。曹鸾质问说:“党人何罪，独不开恕乎！”曹鸾的方切直言恰恰触到了灵帝的忌讳。灵帝览奏，勃然大怒，“即诏司隶、益州槛车收鸾”，关押在槐里狱中，活活打死，又“诏州郡更拷党人门生、故吏、父子、兄弟在位者，悉免官禁锢，爰及五属”。

桓帝制造钩党之狱，造成了社会的分裂，灵帝继位后愈演愈烈，这是形势所逼，已非个人能力所能控制。但是历史背景并不能洗刷昏暴之君制造并扩大冤狱的责任。在专制政体下，掌握了国家权力的最高统治者，其个人的修养、品德将给历史打下善善恶恶的烙印，这是客观的存在。灵帝是比较聪明能干的，还懂一点文学，故其

智更能饰诈拒谏。但他并无真才伟略，又是一个贪财鬼，所以与群阉小丑臭味相依，合伙经营西园卖官所。他曾经宣言：“张常侍是我公，赵常侍是我母”，纵放张让、赵忠等十二中常侍专国乱政，达到了顶点。史称灵帝是“以小人而乘君子之器”。所以第二次党狱穷治，扩大成为全国性的大冤狱。曹鸾上书，道明真相，这无异于是在给专制的淫威火上加油，于是灵帝变本加厉地导演了株连五服的第三次钩党之狱。从公元166年至公元176年，十年之间，三次钩党之狱，浩劫全国。生灵涂炭，纲纪荡然；是非颠倒，廉耻相冒；天下钳口，人心思乱。汉室江山，气数已尽。灵帝一再扩大冤狱，伴随着正义的被剿杀，他的威信也降到零点。于是中平元年（184）爆发了黄巾大起义，灵帝惧，“乃大赦党人，诛徙之家皆归故郡”。

以上就是东汉三次钩党之狱的始末，范晔评论称之为“主荒政谬”。无疑，范晔的观点是应该肯定的。但是为什么桓、灵二帝相继演出钩党之祸？宦官为恶，二帝不是不知，尤其是十常侍与黄巾通谋，灵帝亦未加责罚而独对于起而矫弊的士大夫横加屠戮呢？难道桓、灵二帝不想把江山传之万世，以至无穷吗？这才是问题的本质所在。

追本溯源，东汉钩党之狱是秦汉专制制度消极因素的必然发展。秦汉中央集权制度，在加强统一全国、发展经济和繁荣共同文化等方面发挥了巨大作用。但是家天下的中央集权是靠君主独裁政体的形式来维系的，它就不可避免地要产生以意为法、权落群小的弊端。秦始皇集权，不辨赵高之奸；汉武帝集权，不明江充之佞，其结果都给国家带来了灾难。光武帝不悟个人过度集权之害，反其道而行之，致有外戚、宦官、士大夫之争，愈演愈烈而有钩党之狱，这是光武帝始料所不及之事。

太后之权、皇权、相权，这三权的鼎立是封建专制政体的必然产物。三种权力平衡，国家政局稳定；失去平衡，政局动荡。三种权力平衡的关键是加重相权，使皇帝、太后受到牵制，依照封建之法秉政。反之，削弱相权，皇权过分集中，皇帝为所欲为，就会形成以意为法的多中心权力结构，大权必然旁落群小，宦竖小丑成了皇权的代理，国家怎不衰败？东汉政局不稳，主要是“危自上起”，其源盖出于光武帝集权过度，使帝相权力失去了平衡。东汉政论家仲长统早有极中肯的评论。他在《昌言·法诫篇》中说：光武皇帝愠数世之失权，忿强臣之窃命，矫枉过直，政不任下，虽置三公，事归台阁。自此以来，三公之职，备员而已；然政有不治，犹加谴责。而权移外戚之家，宠被近习之竖，亲其党类，用其私人，内充京师，外布州郡，颠倒贤愚，贸易选举，疲驽守境，贪残牧民，挠扰百姓，忿怒四夷，招致乖叛，乱离斯瘼，怨气并作……此皆戚宦之臣所致然也……

但是，仲长统的议论也仍然只是表象。他只看到了光武帝的集权，却没有看到这是秦汉专制政体的必然发展。当然仲长统更看不到宦官之祸是封建专制政体不可

割除的肿瘤。因为宦官专政或群小误国，实质不过就是君主独裁的一种折射。割除这一肿瘤，岂不意味着君主独裁的终结！这是古代政论家不可思议的，所以我们不能苛求前人。

秦汉初制，丞相权大，其职“掌丞天子助理万机”（《汉书·百官公卿表》），君权受到相权牵制，大权不得旁落群小。秦末赵高弄权，拥立二世，须得丞相李斯同意。西汉公卿操废立之权，当国统断续之际，大臣以社稷为重，所立之君既长且贤。周勃诛诸吕，迎立文帝，而有“文景之治”。霍光拥昭立宣，“摧燕王，仆上官，因权制敌，以成其忠”（《汉书·霍光传》），而有“昭宣中兴”。西汉前期没有宦官之祸。汉文帝与宦官赵谈同载，郎中袁盎变色；丞相申屠嘉责罚邓通，文帝改容谢过。汉武帝封禅改制，削夺相权，以侍中参议朝政，又设中书令出纳章奏，形成了皇帝近侍左右决策的机构，称为“中朝”。“中朝”直接代表皇帝，所以凌驾在以丞相为首的“外朝”之上，这就为宦竖阉丑的登台扫清了道路。光武中兴进一步削弱相权，废丞相，事归台阁。东汉三公只是荣衔，毫无实权。东汉三公诛一宦竖，须得请旨而行。故有陈蕃、窦武之谋泄，何进议诛宦官之败，但是朝廷有过，天象变异，却要策免三公。外朝大臣成了皇帝犯过的替罪羊，于是外戚、宦官乘隙而起。东汉皇帝废立操于外戚、宦官之手。太后贪权立幼，权落外家。幼帝长成与外戚争权，重用宦官。因此宫廷政变，迭次发生，造成了东汉政局长期动荡不稳。士大夫有感于此，激扬气节，以正色立于朝堂，外戚专权与外戚斗，宦官窃柄与宦官争。但是公卿无实权裁抑外戚和群阉小丑，只能以气节相尚，争取舆论。舆论“污秽朝廷”，更加激起皇帝对外朝官僚的猜忌。因此，愈是清廉之臣，就愈是罪尤之臣。皇帝要杀逐这些忠正清廉之臣以释猜忌，就要大兴冤狱，这就是钩党之狱产生的根本原因。

汉纪五十

汉灵帝光和四年至中平四年（181—187年）

【起重光作噩（辛酉，181年），尽强圉单阏（丁卯，187年），凡七年】

【大事提要】

本卷记事起公元181年，讫公元187年，凡七年，当汉灵帝光和四年至中平四年，是灵帝执政的后期。这一时期的最大事件是东汉末黄巾大起义。汉灵帝解除党禁，汉朝士大夫一致镇压起义。皇甫嵩、朱儁、傅燮、卢植等人，建立殊勋。黄巾大起义，很快被扑灭，但边境事变方兴未艾。叛贼边章、韩遂、马腾、张纯等，勾结羌人、乌桓，祸乱西北雍凉和北疆幽并，官军征讨乏力，久不建功。昏暴贪残的汉灵帝，没有一丝悔悟，乱政的十常侍不但毫发未损，反而封侯拜爵，立功将士遭斥逐，鲠正大臣遭诛杀，吕强、张钧、刘陶、陈耽蒙冤屈死，汉家气数，不可复振。最大弊政是皇帝登上前台，公然卖官。皇帝如此贪婪，汉祚能够久长吗?

【原文】

孝灵皇帝中

光和四年（辛酉，181年）

春，正月，初置騄骥厩丞，领受郡国调马。豪右辜榷，马一匹至二百万。

夏，四月，庚子，赦天下。

交趾乌浒蛮久为乱，牧守不能禁。交趾人梁龙等复反，攻破郡县，诏拜兰陵令会稽朱儁为交趾刺史，击斩梁龙，降者数万人，旬月尽定；以功封都亭侯，征为谏议大夫。

六月，庚辰，雨雹如鸡子。

秋，九月，庚寅朔，日有食之。

太尉刘宽免；卫尉许馘为太尉。

闰月，辛酉，北宫东掖庭永巷署灾。

司徒杨赐罢；冬，十月，太常陈耽为司徒。

鲜卑寇幽、并二州。檀石槐死，子和连代立。和连才力不及父而贪淫，后出攻北地，北地人射杀之。其子骞曼尚幼，兄子魁头立。后骞曼长大，与魁头争国，众遂离散。魁头死，弟步度根立。

是岁，帝作列肆于后宫，使诸采女贩卖，更相盗窃争斗；帝著商贾服，从之饮宴为乐。又于西园弄狗，着进贤冠，带绶。又驾四驴，帝躬自操辔，驱驰周旋；京师转相仿效，驴价遂与马齐。

帝好为私稸，收天下之珍货，每郡国贡献，先输中署，名为“导行费”。中常侍吕强上疏谏曰：“天下之财，莫不生之阴阳，归之陛下，岂有公私！而今中尚方敛诸郡之宝，中御府积天下之缯，西园引司农之藏，中厩聚太仆之马，而所输之府，辄有导行之财，调广民困，费多献少，奸使因其利，百姓受其敝。又，阿媚之臣，好献其私，容谄姑息，自此而进。旧典：选举委任三府，尚书受奏御而已；受试任用，责以成功，功无可察，然后付之尚书举劾，请下廷尉覆按虚实，行其罪罚；于是三公每有所选，参议掾属，咨其行状，度其器能；然犹有旷职废官，荒秽不治。今但任尚书，或有诏用，如是，三公得免选举之负，尚书亦复不

【语译】

孝灵皇帝中

汉灵帝光和四年（辛酉，181 年）

春季，正月，首次创立騄骥厩丞，接受郡国征拨的马匹。由于豪强的垄断，马价一匹高达二百万钱。

夏季，四月庚子日，大赦天下。

交趾乌浒蛮夷长久叛乱，州牧郡守不能控制。交趾人梁龙等又加入叛乱，攻破郡县。于是诏命兰陵县令会稽人朱儁任交趾刺史，朱儁击败并杀死梁龙，归降的蛮夷民众有几万人，一月之间暴乱就彻底平定；朱儁因功被封为都亭侯，征召京师任谏议大夫。

六月十九日庚辰，天降冰雹像鸡蛋一样大。

秋季，九月初一日庚寅，发生日食。

太尉刘宽被免职，任命卫尉许馘为太尉。

闰九月初二日辛酉，北宫东厢房永巷署发生火灾。

司徒杨赐被罢免；冬季，十月，任命太常陈耽为司徒。

鲜卑进犯幽、并两州。鲜卑首领檀石槐死。檀石槐的儿子和连继位。和连的才能赶不上父亲，却又贪婪淫乱，后来，他出兵进攻北地，被北地人射死。和连的儿子骞曼年幼，就让和连哥哥的儿子魁头继位。后来骞曼长大，和魁头争夺王位，鲜卑民众于是分离。魁头死去，弟弟步度根继位。

这一年，孝灵皇上在后宫修建成排的店铺，选出一批宫女买卖货物，宫女们相互偷拿争斗；孝灵皇上身穿商人的衣服，跟她们一起饮酒作乐。孝灵皇上又在西园玩狗，头戴进贤冠，身佩文官印绶。还驾着四驴，亲自操纵缰绳，驱车来回奔跑；京师中辗转相互仿效，驴的价格于是上涨与马相等。

孝灵皇上喜好收藏天下的珍奇宝物，每有郡国进贡，要先献纳宫内官署，名叫“导行费”。中常侍吕强上疏劝谏说：“天下的财物，无不生于阴阳二气，全都归于陛下，哪还有公私的分别？但现在宫中尚方署收敛各郡的珍宝，中御府聚积天下的缯帛，西园索取大司农的贮藏，中厩集中太仆的马匹，而且那些进贡的郡府，总有导行的费用，征调太多将造成民众贫困，耗费太大国库就少。奸诈的官吏由此获利，老百姓却蒙受祸害。再有，阿谀谄媚的臣子，喜欢进贡他们的私蓄；谄媚苟安的小人，由此得到晋升。原有的典章规定：选举大事交给三公衙府，尚书只是接纳僚属参与评议，奏书上呈皇帝罢了；人才任用，需接受考核才能委任，还要责成被用的人做出成绩，如果没有贡献，就把他们交给尚书纠举弹劾，送至廷尉反复审查核实，

坐，责赏无归，岂肯空自劳苦乎！”书奏，不省。

何皇后性强忌，后宫王美人生皇子协，后鸩杀美人。帝大怒，欲废后；诸中官固请，得止。

大长秋华容侯曹节卒；中常侍赵忠代领大长秋。

（以上为第一段，写朱儁崭露头角，平乱入京任谏大夫。汉灵帝聚敛财货珍宝。）

五年（壬戌，182 年）

春，正月，辛未，赦天下。

诏公卿以谣言举刺史、二千石为民蠹害者。太尉许馘、司空张济承望内官，受取货赂，其宦者子弟、宾客，虽贪污秽浊，皆不敢问，而虚纠边远小郡清修有惠化者二十六人，吏民诣阙陈诉。司徒陈耽上言：“公卿所举，率党其私，所谓放鸱枭而囚鸾凤。”帝以让馘、济，由是诸坐谣言征者，悉拜议郎。

二月，大疫。

三月，司徒陈耽免。

夏，四月，旱。

以太常袁隗为司徒。

五月，庚申，永乐宫署灾。

秋，七月，有星孛于太微。

板楯蛮寇乱巴郡，连年讨之，不能克。帝欲大发兵，以问益州计吏汉中程包，对曰：“板楯七姓，自秦世立功，复其租赋。其人勇猛善战。昔永初中，羌入汉川，郡县破坏，得板楯救之，羌死败殆尽，羌人号为神兵，传语种辈，勿复南行。至建和二年，羌复大入，实赖板楯连摧破之。前车骑将军冯绲南征武陵，亦倚板楯以成其功。近益州郡乱，太守李颙亦以板楯讨而平之。忠功如此，本无恶心。长吏乡亭更赋至重，仆役棰楚，过于奴虏，亦有嫁妻卖子，或乃至自刭割，虽陈冤州郡，而牧守不为通理，阙庭悠远，不能自闻，含怨呼天，无所叩愬，故邑落相聚以叛戾，非有谋主僭号以图不轨。今但选明能牧守，自然安集，不烦征

然后实施惩罚。于是三公每次选用人才，三公僚属参与评议，三公咨询所选人才的品行业绩，量才使用，即使这样，还有不称职的官吏，荒废了整个部门的工作。现今只委任尚书选才，有的甚至直接下诏书任用，如此，三公免去了选举的责任，尚书也不再有失职罪，惩处与奖励都没了归属，这样谁还肯辛勤劳苦呢？”谏书上奏后，孝灵皇上没有理会。

何皇后性情倔强妒忌，后宫王美人生下皇子刘协，皇后用毒酒杀死了王美人。孝灵皇上大怒，要废掉皇后；众宦官苦苦求情，才得罢休。

大长秋华容侯曹节死了，中常侍赵忠被授命为大长秋。

汉灵帝光和五年（壬戌，182 年）

春季，正月十四日辛未，全国大赦。

下诏公卿依据民间流传的歌谣，调查刺史、二千石高官中祸害民众的官吏。太尉许馘、司空张济谄媚宦官，收取贿赂，这些宦官们的子弟、宾客，虽然贪污肮脏，却无人过问，反而毫无根据地揭发逮捕了边远小郡中清廉有德行的官吏二十六人，官民到京师陈情申诉。司徒陈耽上奏说：“公卿所揭发的，大都偏私，这正是所谓放走了鸱枭而囚住了鸾凤。”孝灵皇上以此责备许馘、张济，那些因谣言而被揭发征调入京的官员，全都被任命为议郎。

二月，发生大瘟疫。

三月，司徒陈耽被免职。

夏季，四月，大旱。

任命太常袁隗为司徒。

五月初五日庚申，永乐宫署发生火灾。

秋季，七月，太微星区出现彗星。

板楯蛮侵扰巴郡，连年讨伐，没能平定。孝灵皇上想大规模出兵，便询问益州计吏汉中人程包，程包回答说：“板楯有七个大姓，从秦朝起建立了功业，免除了租赋。板楯蛮勇猛善战。从前永初年间，羌人侵入汉川，郡县遭到破坏，得到板楯蛮的援救，羌人死伤殆尽，羌人称他们是神兵，传话给自己的同胞，不要再南进。到建和二年，羌人再次大举入侵，还是依靠板楯连续击败了羌人。前车骑将军冯绲征伐南方的武陵，也依靠板楯蛮才建立了功勋。近来益州郡县叛乱，太守李颙也是用板楯蛮来平定叛乱。板楯蛮忠诚有功，本无坏心。只是那些长吏、乡长、亭长的更赋太重，还把他们当作奴仆使用，随意鞭打，残暴的程度超过了对待奴隶和俘虏。有的人嫁妻卖子，甚至割颈自杀，虽然向州郡申诉冤情，而州牧郡守却不予受理，

伐也！”帝从其言，选用太守曹谦，宣诏赦之，即时皆降。

八月，起四百尺观于阿亭道。

冬，十月，太尉许馘罢；以太常杨赐为太尉。

帝校猎上林苑，历函谷关，遂狩于广成苑。十二月，还，幸太学。

桓典为侍御史，宦官畏之。典常乘骢马，京师为之语曰：“行行且止，避骢马御史！”典，焉之孙也。

（以上为第二段，写宦官庇护贪吏。巴郡板楯蛮民变，亦由贪吏激起，廉吏到任，民变平定。）

六年（癸亥，183 年）

春，三月，辛未，赦天下。

夏，大旱。

爵号皇后母为舞阳君。

秋，金城河水溢出二十余里。

五原山岸崩。

初，巨鹿张角奉事黄、老，以妖术教授，号“太平道”。咒符水以疗病，令病者跪拜首过，或时病愈，众共神而信之。角分遣弟子周行四方，转相诳诱，十余年间，徒众数十万，自青、徐、幽、冀、荆、扬、兖、豫八州之人，莫不毕应。或弃卖财产，流移奔赴，填塞道路，未至病死者亦以万数。郡县不解其意，反言角以善道教化，为民所归。

太尉杨赐时为司徒，上书言：“角诳曜百姓，遭赦不悔，稍益滋蔓。今若下州郡捕讨，恐更骚扰，速成其患。宜切敕刺史、二千石，简别流民，各护归本郡，以孤弱其党，然后诛其渠帅，可不劳而定。”会赐去位，事遂留中。司徒掾刘陶复上疏申赐前议，言：“角等阴谋益甚，四方私言，云角等窃入京师，觇视朝政。鸟声兽心，私共鸣呼；州郡忌讳，不欲闻之，但更相告语，莫肯公文。宜下明诏，重募角等，赏以国土，有敢回避，与之同罪。”帝殊不为意，方诏陶次第《春秋条例》。

朝廷离得又远，他们的冤情不能上达，含冤呼号，无处申诉，所以村邑部落相聚叛乱，其实并不是想要僭号称王，图谋不轨。如今只要选用贤明能干的州牧郡守，自然会平安和谐，无须征战讨伐！”孝灵皇上采纳了程包的建言，选用太守曹谦，颁布诏书赦免板楯蛮，他们很快都归降了。

八月，在阿亭道修建了四百尺高的台观。

冬季，十月，太尉许馘被免职，太常杨赐接任太尉。

孝灵皇上在上林苑围猎，经过函谷关，就到广成苑狩猎。十二月，回到京师，巡视太学。

宦官们害怕桓典任职侍御史。桓典经常骑一匹青白杂色的骢马，京师人为此编了一句歌谣：“走走停停，为的是避开骑骢马的御史！”桓典是桓焉的孙子。

汉灵帝光和六年（癸亥，183 年）

春季，三月二十一日辛未，大赦天下。

夏季，大旱。

册封何皇后之母为舞阳君。

秋季，金城河水暴涨，溢出二十余里。

五原山发生山体滑坡。

当初，巨鹿人张角信奉黄老道，用妖术传教，号称“太平道”。张角用念过咒语的符水治病，让病人跪拜忏悔自己的罪过，有时病人还真的被治好，因而大家都把张角当作神来信奉。张角分别派信徒周游四方，辗转传授。十多年间，有几十万信徒，青、徐、幽、冀、荆、扬、兖、豫八州的人，无不响应。有的人变卖财产，投奔张角，皈依他的人阻塞了道路。没有赶到而病死半道的人也数以万计。郡县的官吏们不知晓张角的意图，反而替张角说话，说他用道教感化天下，为民心所向。

太尉杨赐此时为司徒，上书说：“张角煽动百姓，受到赦免却不悔过，逐渐扩展势力。现在如果下诏州郡追捕讨伐，恐怕引起更大骚乱，加速酿成祸害。当前适宜的办法是皇上颁布严厉的命令，要各州郡的刺史、二千石官吏检查流民，护送他们各归本郡，以此来削弱他们的党羽，然后杀掉他们的首领，便可以不用大力气而平定动乱。”适逢杨赐免职，所奏之事便滞留宫中，没有实施。司徒掾刘陶又上疏申述杨赐免职前的奏议，说：“张角等人的阴谋活动日趋严重，四方传言张角等已经偷偷进入京师，窥探朝政。他们像鸟声兽心一样，彼此呼应。州郡官吏忌讳此事，捂住盖子不想使朝廷知道，只是相互转告，没有谁愿行文上奏。朝廷应下诏明示，重新

角遂置三十六方；方，犹将军也，大方万余人，小方六七千，各立渠帅；讹言“苍天已死，黄天当立，岁在甲子，天下大吉”。以白土书京城寺门及州郡官府，皆作“甲子”字。大方马元义等先收荆、扬数万人，期会发于邺。元义数往来京师，以中常侍封谞，徐奉等为内应，约以三月五日内外俱起。

（以上为第三段，写黄巾领袖张角用太平道组织民众起义。）

中平元年（甲子，184 年）

春，角弟子济南唐周上书告之。于是收马元义，车裂于雒阳。诏三公、司隶按验宫省直卫及百姓有事角道者，诛杀千余人；下冀州逐捕角等。角等知事已露，晨夜驰敕诸方，一时俱起，皆着黄巾以为标帜，故时人谓之“黄巾贼”。二月，角自称天公将军，角弟宝称地公将军，宝弟梁称人公将军，所在燔烧官府，劫略聚邑，州郡失据，长吏多逃亡；旬月之间，天下响应，京师震动。安平、甘陵人各执其王应贼。

三月，戊申，以河南尹何进为大将军，封慎侯，率左右羽林、五营营士屯都亭，修理器械，以镇京师；置函谷、太谷、广成、伊阙、轘辕、旋门、孟津、小平津八关都尉。

帝召群臣会议。北地太守皇甫嵩以为宜解党禁，益出中藏钱、西园厩马以班军士。嵩，规之兄子也。上问计于中常侍吕强，对曰：“党锢久积，人情怨愤，若不赦宥，轻与张角合谋，为变滋大，悔之无救。今请先诛左右贪浊者，大赦党人，料简刺史、二千石能否，则盗无不平矣。”帝惧而从之。壬子，赦天下党人，还诸徙者；唯张角不赦。发天下精兵，遣北中郎将卢植讨张角，左中郎将皇甫嵩、右中郎将朱儁讨颍川黄巾。

（以上为四段，写公元 184 年黄巾大起义，党人蒙赦。）

是时中常侍赵忠、张让、夏恽、郭胜、段珪、宋典等皆封侯贵宠，上常言：“张常侍是我公，赵常侍是我母。”由是宦官无所惮畏，并起第宅，拟则宫室。上尝欲登永安候台，宦官恐望见其居处，乃使中大人尚但谏曰：“天子不当登高，登高则百姓虚散。”上自是不敢复升台榭。及封

悬赏抓捕张角等人，赏赐国土，有谁敢回避的，与张角同罪。”孝灵皇上仍不在意，甚至还在这时下诏刘陶编次《春秋条例》。

张角于是把信徒编制成三十六方。方相当于将军，大方一万多人，小方六七千人，各方设置首领。他们散布谣言说：“苍天已死，黄天当立，岁在甲子，天下大吉。”用白土在京师各衙门和州郡官府的门上，写“甲子”二字。大方马元义等先集结荆、扬两州的几万信徒，约定日期，在邺地发难。马元义多次来往京师，策动中常侍封谞、徐奉等作为内应，定在明年甲子年的三月五日内外一起行动。

汉灵帝中平元年（甲子，184 年）

春季，张角弟子济南人唐周上书告密。于是逮捕了马元义，在洛阳车裂示众。诏令三公、司隶校尉审讯宫中宿卫及百姓中信奉张角太平教的人，判一千多人死刑。下令冀州追查抓捕张角等人。张角等知道起义的事已败露，派人日夜奔驰告令各方，同时提前起事，全都头戴黄巾作标志，因此当时人们称他们是“黄巾贼”。二月，张角自称天公将军，张角的弟弟张宝称地公将军，张宝的弟弟张梁称人公将军，他们所到之处，烧毁官府，抢掠城镇，州郡失守，长官大多逃跑；一月之间，全国响应，京城震惊。安平、甘陵两个侯国的人，起来抓了侯王响应“黄巾贼”。

三月初三日戊申，诏命河南尹何进为大将军，封慎侯，率领左右羽林军和五营的士兵驻守都亭，修造兵器，镇守京城；并设立函谷、太谷、广成、伊阙、轘辕、旋门、孟津、小平津八关都尉。

孝灵皇上召集群臣商议。北地太守皇甫嵩认为应当解除对党人的禁锢，拿出大笔中藏府里的钱财、西园厩中的马来分发给士兵。皇甫嵩是皇甫规哥哥的儿子。孝灵皇上向中常侍吕强询问对策，吕强回答说：“党锢之祸积久，人心怨恨，如果不赦免，党人很容易与张角合流同谋，危害更大，那时后悔就来不及了。现在请皇上先诛杀身边的贪官，大赦党人，选拔刺史、二千石中贤能的官吏留任，那么盗贼自然平定。”孝灵皇上恐惧，于是采纳了吕强的建议。三月初七日壬子，赦免天下党人，招回被流放的人，唯独张角不予赦免。征调全国的精锐部队，派北中郎将卢植征讨张角，左中郎将皇甫嵩、右中郎将朱儁征讨颍川黄巾贼。

这时中常侍赵忠、张让、夏恽、郭胜、段珪、宋典等都被封为列侯，尊贵得宠，孝灵皇上常说：“张常侍是我父亲，赵常侍是我母亲。”因此宦官毫无畏惧，一齐建造住宅，模仿宫室。皇上曾经想登上永安宫的瞭望台，宦官们害怕皇上看见他们豪华的住宅，就让老资格的宦官中大人尚但劝谏皇上说：“天子不宜登高，天子登高老

谞、徐奉事发，上诘责诸常侍曰："汝曹常言党人欲为不轨，皆令禁锢，或有伏诛者。今党人更为国用，汝曹反与张角通，为可斩未？"皆叩头曰："此王甫、侯览所为也！"于是诸常侍人人求退，各自征还宗亲、子弟在州郡者。

赵忠、夏恽等遂共谮吕强，云"与党人共议朝廷，数读《霍光传》；强兄弟所在并皆贪秽"。帝使中黄门持兵召强。强闻帝召，怒曰："吾死，乱起矣！丈夫欲尽忠国家，岂能对狱吏乎！"遂自杀。忠、恽复谮曰："强见召，未知所问而就外自屏，有奸明审。"遂收捕其宗亲，没入财产。

侍中河内向栩上便宜，讥刺左右。张让诬栩与张角同心，欲为内应，收送黄门北寺狱，杀之。郎中中山张钧上书曰："窃惟张角所以能兴兵作乱，万民所以乐附之者，其源皆由十常侍多放父兄、子弟、婚亲、宾客典据州郡，辜榷财利，侵掠百姓，百姓之冤，无所告诉，故谋议不轨，聚为盗贼。宜斩十常侍，县头南郊，以谢百姓，遣使者布告天下，可不须师旅而大寇自消。"帝以钧章示诸常侍，皆免冠徒跣顿首，乞自致雒阳诏狱，并出家财以助军费。有诏，皆冠履视事如故。帝怒钧曰："此真狂子也！十常侍固当有一人善者不！"御史承旨，遂诬奏钧学黄巾道，收掠，死狱中。

（以上为第五段，写汉灵帝尊宠宦官，导致十常侍乱政，颠倒黑白，陷害忠良，黄巾乱起，灵帝仍执迷不悟。）

庚子，南阳黄巾张曼成攻杀太守褚贡。

帝问太尉杨赐以黄巾事，赐所对切直，帝不悦。夏，四月，赐坐寇贼免。以太仆弘农邓盛为太尉。已而帝阅录故事，得赐与刘陶所上张角奏，乃封赐为临晋侯，陶为中陵乡侯。

司空张济罢，以大司农张温为司空。

皇甫嵩、朱儁合将四万余人共讨颍川，嵩、儁各统一军。儁与贼波才战，败；嵩进保长社。

汝南黄巾败太守赵谦于邵陵。广阳黄巾杀幽州刺史郭勋及太守刘卫。

波才围皇甫嵩于长社。嵩兵少，军中皆恐。贼依草结营，会大风，

百姓会逃散。”皇上从此不敢再登上台榭。直到封谞、徐奉叛乱的事情发生，皇上才责问众常侍说：“你们经常说党人图谋不轨，要把党人全都禁锢，有的还被诛杀，如今党人却被国家任用，而你们反与张角勾结，可不可以杀你们的头？”赵忠等全都叩头说：“这是王甫、侯览他们干的。”于是众常侍人人以求退保，招回在州郡中同宗的亲属和子弟。

接着赵忠、夏恽等一起诬害吕强，说他与党人一起议论朝政，经常读《霍光传》。吕强的兄弟所在之处都贪污受贿。孝灵皇上派中黄门手执兵器宣召吕强。吕强听到皇帝传召，气愤地说：“我死后，祸乱就要发生了！大丈夫要为国家尽忠，怎么能去面对狱吏的审讯呢？”于是自杀。赵忠、夏恽又诬陷说：“吕强被召，不知道要问他什么就在外自杀了，他有奸邪的事太明显了。”于是逮捕了吕强同宗的亲属，没收了他们的财产。

侍中河内人向栩上书建言国家应急须办的事宜，讥讽了皇帝左右的人。张让就诬陷向栩和张角同心，要做内应，于是逮捕向栩送到黄门北寺监狱，杀死了他。郎中中山人张钧上书说：“我认为张角之所以能兴兵作乱，成千上万的民众乐于追随他，根源就是十常侍安排他们的父兄、子弟、姻亲、朋友把持州郡，垄断财富，掠取百姓，而百姓却无处申冤，所以才图谋不轨，成群结伙做盗贼。应当杀掉十常侍，将他们的头悬挂南郊，向百姓道歉，再派使者公告全国，这样无须军队，大乱自然会解除。”孝灵皇上把张钧的奏章拿给众常侍看，他们人人摘下帽子，打着赤脚向皇上叩头认罪，主动请求把自己送到洛阳诏狱，愿意拿出家财来资助军费。皇上下诏，命他们戴上帽子，穿上鞋子，官复原职，却对张钧发怒说：“这真是个狂人！十常侍里竟连一个好人都没有吗？”御史秉承皇上旨意，于是诬奏张钧学黄巾道，将他逮捕拷问，死在狱中。

三月庚子日，南阳黄巾张曼成攻杀了太守褚贡。

孝灵皇上询问太尉杨赐黄巾变乱的事，杨赐据实回答，皇上很不高兴。夏季，四月，因盗贼乱起，杨赐被免职。任命太仆弘农人邓盛为太尉。不久，皇上翻阅先前的档案，看到杨赐与刘陶上奏张角的事，于是就封杨赐为临晋侯，刘陶为中陵乡侯。

罢免了司空张济，任命大司农张温为司空。

皇甫嵩、朱儁合兵率领四万多将士，共同征讨颍川黄巾。皇甫嵩与朱儁，各自统领一军。朱儁与黄巾波才交战，便失败了。皇甫嵩进兵保卫长社。

汝南黄巾在邵陵击败太守赵谦。广阳黄巾杀死幽州刺史郭勋和太守刘卫。

波才在长社包围了皇甫嵩。皇甫嵩兵少，军中将士都很恐惧。盗贼靠着草垛扎

嵩约敕军士皆束苣乘城，使锐士间出围外，纵火大呼，城上举燎应之，嵩从城中鼓噪而出，奔击贼陈，贼惊，乱走。会骑都尉沛国曹操将兵适至，五月，嵩、操与朱儁合军，更与贼战，大破之，斩首数万级。封嵩都乡侯。

操父嵩，为中常侍曹腾养子，不能审其生出本末，或云夏侯氏子也。操少机警，有权数，而任侠放荡，不治行业；世人未之奇也，唯太尉桥玄及南阳何颙异焉。玄谓操曰："天下将乱，非命世之才，不能济也。能安之者，其在君乎！"颙见操，叹曰："汉家将亡，安天下者，必此人也。"玄谓操曰："君未有名，可交许子将。"子将者，训之从子劭也，好人伦，多所赏识，与从兄靖俱有高名，好共核论乡党人物，每月辄更其品题，故汝南俗有月旦评焉。尝为郡功曹，府中闻之，莫不改操饰行。曹操往造劭而问之曰："我何如人？"劭鄙其为人，不答。操乃劫之，劭曰："子，治世之能臣，乱世之奸雄。"操大喜而去。

朱儁之击黄巾也，其护军司马北地傅燮上疏曰："臣闻天下之祸不由于外，皆兴于内。是故虞舜先除四凶，然后用十六相，明恶人不去，则善人无由进也。今张角起于赵、魏，黄巾乱于六州，此皆衅发萧墙而祸延四海者也。臣受戎任，奉辞伐罪，始到颍川，战无不克；黄巾虽盛，不足为庙堂忧也。臣之所惧，在于治水不自其源，末流弥增其广耳。陛下仁德宽容，多所不忍，故阉竖弄权，忠臣不进。诚使张角枭夷，黄巾变服，臣之所忧，甫益深耳。何者？夫邪正之人不宜共国，亦犹冰炭不可同器。彼知正人之功显而危亡之兆见，皆将巧辞饰说，共长虚伪。夫孝子疑于屡至，市虎成于三夫，若不详察真伪，忠臣将复有杜邮之戮矣！陛下宜思虞舜四罪之举，速行谗佞之诛，则善人思进，奸凶自息。"赵忠见其疏而恶之。燮击黄巾，功多当封，忠谮诉之；帝识燮言，得不加罪，竟亦不封。

营，正巧刮起了大风。皇甫嵩布置士兵们都用苇草扎成火炬，登上城楼，派精锐的战士悄悄地潜出包围圈，放火大喊，城楼上的士兵举火炬响应，皇甫嵩带兵从城里击鼓呐喊着杀出，奔袭盗贼的阵地，盗贼惊恐，四处乱跑。正巧骑都尉沛国人曹操这时率兵赶到。五月，皇甫嵩、曹操与朱儁合兵，再与盗贼交战，大败盗贼，杀了几万人。于是封皇甫嵩为都乡侯。

曹操的父亲曹嵩是中常侍曹腾的养子，不能详知他的身世，有人说他是夏侯姓的后嗣。曹操从小机灵，有权术，而且行侠仗义，放纵不拘，不喜欢从事生计职业；当时的人不看重他，只有太尉桥玄和南阳人何颙认为他非同一般。桥玄对曹操说："天下将要动乱，不是治世之才的人，不能拯救天下。能安定天下的人，恐怕就是你曹操了！"何颙见到曹操，惊奇感叹地说："汉室将要灭亡，安定天下的人，一定是这个人了。"桥玄告诉曹操说："你还没有名气，可以和许子将结交。"许子将是许训的侄子许劭，他喜欢结交各种人物，能辨别人的品性和能力，和堂兄许靖都有很大的声望，他们喜欢共同评论乡里人物，每个月两人总要轮换品评，因此汝南形成了每月初一评品人物的风气。许子将曾做过汝南郡的功曹，郡府里的人听到他的事迹，没有人不注重自己的操守品行。曹操去拜访许劭，询问他："我是一个什么样的人？"许劭看不起曹操的为人，不肯回答。曹操就强逼他回答，许劭说："你是一个治世之能臣，乱世之奸雄。"曹操非常高兴地离开了。

朱儁进击黄巾军的时候，他的护军司马北地人傅燮上奏说："我听说天下的祸乱不是源于外部，而是起源于内部。所以虞舜首先除掉四凶，然后任用十六位贤人，这说明恶人不除掉，好人就无路进用。如今张角在赵、魏之地起事，黄巾军在六个州叛乱，这都是根源于宫廷内部而祸患蔓延四海的结果。臣受任军务，奉命征伐罪逆，刚到颍川，战无不胜；黄巾军虽然强大，但不足以成为国家的忧患。我担心治水不从它的源头开始，那么下游会更加泛滥成灾。陛下仁德宽容，常怀不忍之心，让宦官钻空子专权弄势，致使忠臣得不到进用。即便把张角枭首，让黄巾军顺服，而臣所担忧的，反而更加严重。为什么呢？大凡奸邪小人与正人君子不应在朝廷共存，就像寒冰、炭火不能同处一个容器一样。那些人知道正人君子的功绩显赫，就是他们危亡的征兆，所以花言巧语，修饰虚伪作风。说谎言的人多了，连曾参那样的孝子也会受到怀疑；连续三个人都说市上有虎，人们就会相信。如果不细致地考察识别真伪，忠臣当中将再次发生白起在杜邮自杀的悲剧！陛下应当反思虞舜驱逐四凶的举动，迅速诛灭谗言奸佞的小人，那么贤人才会奋起为朝廷效命，恶人就会自然消失。"赵忠看见傅燮的奏疏非常痛恨他。傅燮攻打黄巾军，立了很多战功，应受到封赏，赵忠却说他的坏话。孝灵皇上尚还记得傅燮奏疏说的话，因而没有加罪于他，但始终也没有封赏他。

张曼成屯宛下百余日；六月，南阳太守秦颉击曼成，斩之。

交趾土多珍货，前后刺史多无清行，财计盈给，辄求迁代，故吏民怨叛，执刺史及合浦太守来达，自称柱天将军。三府选京令东郡贾琮为交趾刺史。琮到部，讯其反状，咸言"赋敛过重，百姓莫不空单。京师遥远，告冤无所，民不聊生，故聚为盗贼。"琮即移书告示，各使安其资业，招抚荒散，蠲复徭役，诛斩渠帅为大害者，简选良吏试守诸县，岁间荡定，百姓以安。巷路为之歌曰："贾父来晚，使我先反；今见清平，吏不敢饭！"

皇甫嵩、朱儁乘胜进讨汝南、陈国黄巾，追波才于阳翟，击彭脱于西华，并破之，余贼降散，三郡悉平。嵩乃上言其状，以功归儁，于是进封俊西乡侯，迁镇贼中郎将。诏嵩讨东郡，俊讨南阳。

北中郎将卢植连战破张角，斩获万余人，角等走保广宗。植筑围凿堑，造作云梯，垂当拔之。帝遣小黄门左丰视军，或劝植以赂送丰，植不肯。丰还，言于帝曰："广宗贼易破耳，卢中郎固垒息军，以待天诛。"帝怒，槛车征植，减死一等；遣东中郎将陇西董卓代之。

巴郡张修以妖术为人疗病，其法略与张角同，令病家出五斗米，号"五斗米师"。秋，七月，修聚众反，寇郡县；时人谓之"米贼"。

八月，皇甫嵩与黄巾战于苍亭，获其帅卜巳。董卓攻张角无功，抵罪。乙巳，诏嵩讨角。

九月，安平王续坐不道，诛，国除。

初，续为黄巾所虏，国人赎之得还，朝廷议复其国。议郎李燮曰："续守藩不称，损辱圣朝，不宜复国。"朝廷不从。燮坐谤毁宗室，输作左校。未满岁，王坐诛，乃复拜议郎。京师为之语曰："父不肯立帝，子不肯立王。"

冬，十月，皇甫嵩与张角弟梁战于广宗，梁众精勇，嵩不能克；明日，乃闭营休士以观其变，知贼意稍懈，乃潜夜勒兵，鸡鸣，驰赴其陈，

张曼成围困宛城一百多天。六月，南阳太守秦颉攻击张曼成，砍了他的头。

交趾的土地盛产珍贵宝物，前后刺史行为不清廉，他们估算搜刮够了财物，就要求调任，所以官民怨恨反叛，捉拿了刺史与合浦太守来达，首领自称为柱天将军；三府选派京县令东郡人贾琮为交趾刺史。贾琮到任，调查人民反叛的原因，都说："赋税太重，百姓无不被搜刮一空。京城遥远，百姓无处申冤，民不聊生，因此聚众为盗贼。"贾琮就贴出告示，劝说百姓各自安心生产，招收安抚逃荒在外的流民，免去徭役，诛杀罪大恶极的头目，挑选试用一批良吏镇守各县。一年之内就平定了动乱，百姓安居。大街小巷可以听到赞颂贾琮的歌谣："贾父来晚了，致使我们先反；如今太平了，官吏不敢吃百姓的饭！"

皇甫嵩、朱儁乘胜进军征讨汝南郡和陈国的黄巾军，把波才追赶到阳翟，又在西华攻击彭脱，将他们全都打败，残余的黄巾有的投降，有的逃散，颍川、汝南、陈国三郡全部平定。皇甫嵩上书报告战况，将战功归于朱儁，于是进封朱儁为西乡侯，提升为镇贼中郎将。诏令皇甫嵩进军征讨东郡的黄巾军，朱儁征讨南阳的黄巾军。

北中郎将卢植连续打败张角，斩杀俘获一万多人，张角等逃窜退保广宗。卢植筑起围墙，挖壕沟，制造登城的云梯，即将攻破广宗城。灵帝派小黄门左丰来视察军队，有人劝卢植贿赂左丰，卢植不肯。左丰回到京师向孝灵皇上报告说："广宗的黄巾军贼容易攻破，卢中郎将却守在营垒中休息，等待黄巾贼自行消亡。"皇上愤怒，用囚车把卢植押送回京，减罪一等，免去死刑，派东中郎将陇西人董卓取代卢植。

巴郡人张修用妖术给人治病，他的方法与张角大致相同，让病人的家出五斗米，因此号称"五斗米师"。秋季，七月，张脩聚众造反，劫掠郡县，当时的人称他们是"米贼"。

八月，皇甫嵩与黄巾军在苍亭交战，俘获黄巾军首领卜巳。董卓攻打张角没有战果，受到处罚。八月初三日乙巳，诏令皇甫嵩征讨张角。

九月，安平王刘续被判大逆不道的罪，杀头，封国被削除。

当初，刘续被黄巾军俘虏，国人把他赎回，朝廷商议恢复他的封国。议郎李燮说："刘续守卫藩国不称职，损害了圣朝的声誉，不应当恢复封国。"朝廷没有听从。李燮反而被判处诽谤宗室之罪，被送到左校官署做苦工。不到一年，安平王刘续犯罪被杀，于是李燮官复原职为议郎。京城人为此编了一首顺口溜，说："父亲不肯立皇帝，儿子不肯立藩王。"

冬季，十月，皇甫嵩和张角的弟弟张梁在广宗交战，张梁的部众精良勇敢，皇甫嵩无法取胜。第二天，就闭营休兵来观察敌情，发现敌寇稍稍有些松懈，于是暗

战至晡时，大破之，斩梁，获首三万级，赴河死者五万许人。角先已病死，剖棺戮尸，传首京师。十一月，嵩复攻角弟宝于下曲阳，斩之，斩获十余万人。即拜嵩为左车骑将军，领冀州牧，封槐里侯。嵩能温恤士卒，每军行顿止，须营幔修立，然后就舍，军士皆食，尔乃尝饭，故所向有功。

（以上为第六段，写皇甫嵩、朱儁等将领平定了黄巾起义。）

北地先零羌及枹罕、河关群盗反，共立湟中义从胡北宫伯玉、李文侯为将军，杀护羌校尉泠征：金城人边章、韩遂素著名西州，群盗诱而劫之，使专任军政，杀金城太守陈懿，攻烧州郡。初，武威太守倚恃权贵，恣行贪暴，凉州从事武都苏正和案致其罪。刺史梁鹄惧，欲杀正和以免其负，访于汉阳长史敦煌盖勋。勋素与正和有仇，或劝勋因此报之，勋曰："谋事杀良，非忠也；乘人之危，非仁也。"乃谏鹄曰："夫绁食鹰隼，欲其鸷也。鸷而亨之，将何用哉！"鹄乃止。正和诣勋求谢，勋不见，曰："吾为梁使君谋，不为苏正和也。"怨之如初。

后刺史左昌盗军谷数万，勋谏之。昌怒，使勋与从事辛曾、孔常别屯阿阳以拒贼，欲因军事罪之；而勋数有战功。及北宫伯玉之攻金城也，勋劝昌救之，昌不从。陈懿既死，边章等进围昌于冀，昌召勋等自救，辛曾等疑不肯赴，勋怒曰："昔庄贾后期，穰苴奋剑。今之从事岂重于古之监军乎！"曾等惧而从之。勋至冀，诮让章等以背叛之罪；皆曰："左使君若早从君言，以兵临我，庶可自改；今罪已重，不得降也。"乃解围去。

叛羌围校尉夏育于畜官，勋与州郡合兵救育，至狐槃，为羌所败。勋余众不及百人，身被三创，坚坐不动，指木表曰："尸我于此！"句就种羌滇吾以兵捍众曰："盖长史贤人，汝曹杀之者为负天。"勋仰骂曰："死反虏！汝何知，促来杀我！"众相视而惊。滇吾下马与勋，勋不肯上，遂为羌所执。羌服其义勇，不敢加害，送还汉阳。后刺史杨雍表勋领汉阳太守。

（以上为第七段，写雍凉边事，表彰盖勋的忠勇节义。）

中在夜晚部署兵马，鸡叫时，奔赴敌阵，一直战斗到黄昏时分，大破敌军，杀了张梁，斩杀三万首级，把敌人赶进河里淹死的有五万多。张角在这之前已病死，被开棺碎尸，首级被送到京师。十一月，皇甫嵩又在下曲阳攻击张角的弟弟张宝，杀了张宝，斩杀俘虏十多万人。皇甫嵩因功升任左车骑将军，兼任荆州牧，封为槐里侯。皇甫嵩能体贴抚慰士兵，每次行军休息时，一定要等到士兵的营帐建好，才回到自己的住处，士兵们全都吃了饭，自己才吃饭，因此所到之处都能建立战功。

北地的先零羌和枹罕、河关的群盗造反，共同拥护湟中归服汉朝的羌人首领北宫伯玉、李文侯为将军，杀死护羌校尉泠征。金城人边章、韩遂在西州很有名望，群盗引诱并劫持了边章、韩遂，逼迫他们两人主管军政，杀死金城太守陈懿，焚烧州郡。当初武威太守倚靠权贵，专横跋扈，贪赃残暴，凉州从事武都人苏正和考察追究武威太守的罪行。刺史梁鹄害怕，想杀死苏正和来免除自己的职责，就去询问汉阳郡长史敦煌人盖勋的意见。盖勋一向与苏正和有私仇，有人劝盖勋乘机报复。盖勋说："替人谋事而杀害好人，不是忠诚；乘人之危，不是仁道。"于是劝告梁鹄说："大凡人们豢养猎鹰是想让它捕捉猎物，捕捉了猎物就将它烹杀，那么养它将有什么用处呢？"梁鹄于是打消了杀苏正和的念头。苏正和到盖勋那里致谢，盖勋不见他，说："我是为梁使君谋事，不是帮你苏正和。"还是像当初一样仇恨苏正和。

后任凉州刺史左昌盗窃军粮几万石，盖勋劝阻他。左昌发怒，派盖勋和从事辛曾、孔常另外驻守河阳抗拒叛贼，想要利用军事上的失利来惩治盖勋，可是盖勋屡建战功。等到北宫伯玉攻打金城的时候，盖勋劝左昌救援金城，左昌不听。陈懿死后，边章等进军冀县包围左昌，左昌召盖勋等来救援自己，辛曾等迟疑不肯出兵，盖勋愤怒地说："从前庄贾贻误军期，司马穰苴挥剑杀了他。今天的从事难道大于古代的监军吗？"辛曾等畏惧军法便接受了。盖勋到达冀县，斥责边章等人的背叛罪行，边章等都说："左使君如果早听从你的话，率兵来攻击我们，或许我们可以改过，如今罪恶已深重，无法归降了。"终于解围离去。

叛乱的羌人在官办畜牧场包围了护羌校尉夏育，盖勋与州郡合兵来救援夏育，到达狐槃，被羌人击败。盖勋的余部不到百人，身受三处创伤，但坚坐着不动，指着路边竖立的木牌标记说："把我的尸体放在这里！"句就种羌人首领滇吾用兵器拦截众人说："盖长史是个贤人，你们谁杀了他，就会得罪上天。"盖勋昂头骂道："该死的叛贼，你们知道什么，还不快来杀我！"羌众互相对视吃惊。滇吾下马让马给盖勋，盖勋不肯上马，于是被羌人抓获。羌人敬佩他的节义和勇敢，不敢杀害他，就送他回汉阳。后任凉州刺史杨雍上表推举盖勋兼任汉阳太守。

张曼成余党更以赵弘为帅，众复盛，至十余万，据宛城。朱儁与荆州刺史徐璆等合兵围之，自六月至八月不拔；有司奏征儁。司空张温上疏曰："昔秦用白起，燕任乐毅，皆旷年历载，乃能克敌。儁讨颍川已有功效，引师南指，方略已设；临军易将，兵家所忌，宜假日月，责其成功。"帝乃止。儁击弘，斩之。

贼帅韩忠复据宛拒儁，儁鸣鼓攻其西南，贼悉众赴之；儁自将精卒掩其东北，乘城而入。忠乃退保小城，惶惧乞降；诸将皆欲听之，儁曰："兵固有形同而势异者。昔秦、项之际，民无定主，故赏附以劝来耳。今海内一统，唯黄巾造逆。纳降无以劝善，讨之足以惩恶。今若受之，更开逆意，贼利则进战，钝则乞降，纵敌长寇，非良计也！"因急攻，连战不克。儁登土山望之，顾谓司马张超曰："吾知之矣。贼今外围周固，内营逼急，乞降不受，欲出不得，所以死战也；万人一心，犹不可当，况十万乎！不如彻围，并兵入城，忠见围解，势必自出，自出则意散，破之道也。"既而解围，忠果出战，儁因击，大破之，斩首万余级。

南阳太守秦颉杀忠，余众复奉孙夏为帅，还屯宛。儁急攻之，司马孙坚率众先登；癸巳，拔宛城。孙夏走，儁追至西鄂精山，复破之，斩万余级。于是黄巾破散，其余州郡所诛，一郡数千人。

十二月，己巳，赦天下，改元。

豫州刺史太原王允破黄巾，得张让宾客书，与黄巾交通，上之。上责怒让；让叩头陈谢，竟亦不能罪也。让由是以事中允，遂传下狱，会赦，还为刺史；旬日间，复以他罪被捕。杨赐不欲使更楚辱，遣客谢之曰："君以张让之事，故一月再征，凶慝难量，幸为深计！"诸从事好气决者，共流涕奉药而进之。允厉声曰："吾为人臣，获罪于君，当伏大辟以谢天下，岂有乳药求死乎！"投杯而起，出就槛车。既至，大将军进与杨赐、袁隗共上疏请之，得减死论。

（以上为第八段，写黄巾余党覆灭，豫州刺史王允揭露宦官而蒙冤。）

张曼成的余党又拥护赵弘为首领，贼众又强盛起来，达十几万人，占领了宛城。朱儁和荆州刺史徐璆等合兵包围宛城，从六月到八月，没能攻下。主管部门上奏征召朱儁回京师。司空张温上奏说："从前秦国任用白起，燕国任用乐毅，都是经过长年累月，才能克敌制胜。朱儁征伐颍川的黄巾军已见成效，率师南进，方案已定；临阵换将乃是兵家大忌，应当宽限时日，责令他取得成功。"孝灵皇上才停止征召。朱儁进攻赵弘，将他杀死。

叛贼首领韩忠再次夺取宛城抗拒朱儁，朱儁擂起战鼓进攻宛城西南，叛贼全部奔向西南；朱儁亲自率领精兵突袭城东北，登上城墙攻入。韩忠于是退守小城，惊惧求降；众将领都想接受韩忠的请求，朱儁说："打仗原本就有形势相同而实质各异的情况。从前秦末、项羽的时代，民众没有确定的君主，所以奖励归附者用来鼓励前来归服的人。如今海内统一，只有黄巾军反叛。接受归降就无法勉励守法的好人，讨伐他们才可以惩罚叛逆。倘若现在接受了归降，就助长了叛贼的叛逆心理，叛贼有利就进攻开战，不利就求降，放纵敌人就是助长贼寇的气焰，这不是良策。"朱儁趁敌乞降，急攻猛打，不停地攻击仍不能攻克。朱儁登上土山观察敌军，回头对司马张超说："我知道破城的原因了。叛贼现在被严密围困，军营内部形势危急，求降不被接受，想出来又不能，只好拼死决战。万人一心，就势不可挡，何况十万人呢。不如撤除包围，合兵进城，韩忠见包围解开，势必亲自出战，亲自出战，就会斗志涣散，这就是攻破他的方法。"随即解除包围，韩忠果然出来作战，朱儁趁机进攻，大破叛贼，杀了一万多人。

南阳太守秦颉杀死韩忠，残余贼众又拥立孙夏为首领，回军驻守宛城。朱儁猛攻宛城，司马孙坚率领突击士兵首先登上城墙。十一月二十二日癸巳，攻占宛城。孙夏逃走，朱儁追击到西鄂县的精山，又击败孙夏，杀死一万多人。于是黄巾军被击破分散，残余叛贼被州郡收捕诛杀，每郡诛杀了几千人。

十二月二十九日己巳，大赦天下，改年号为中平元年。

豫州刺史太原人王允击破黄巾军，获得张让的门客与黄巾军交往的书信，呈报孝灵皇上。皇上责备张让，张让叩头告罪，竟然没被治罪。张让怀恨，利用他事中伤王允，最终将王允收捕下狱，适逢赦免，王允回到豫州复任刺史。十天之内，他又因其他罪名被捕。杨赐不想让王允再受屈辱，派人去劝他说："你因为揭发张让，所以在一月之中两次入狱，凶险难测，你要好好地想一想做好安排。"王允属下的那些崇尚气节的人，都流着泪捧着毒药送给他。王允厉声道："我身为人臣，得罪了君主，应当受到正式处决，公告天下，哪里有服毒自杀的道理！"甩掉杯子，奋然起身，出去登上囚车。到了京师，大将军何进与杨赐、袁隗共同上奏说情，王允才得以减去死罪。

二年（乙丑，185年）

春，正月，大疫。

二月，己酉，南宫云台灾。庚戌，乐城门灾。

中常侍张让、赵忠说帝敛天下田，亩十钱，以修宫室，铸铜人。乐安太守陆康上疏谏曰："昔鲁宣税亩而蝝灾自生，哀公增赋而孔子非之，岂有聚夺民物以营无用之铜人，捐舍圣戒，自蹈亡王之法哉！"内幸谮康援引亡国以譬圣明，大不敬，槛车征诣廷尉。侍御史刘岱表陈解释，得免归田里。康，续之孙也。

又诏发州郡材木文石，部送京师。黄门常侍辄令谴呵不中者，因强折贱买，仅得本贾十分之一，因复货之，宦官复不为即受，材木遂至腐积，宫室连年不成。刺史、太守复增私调，百姓呼嗟。又令西园驺分道督趣，恐动州郡，多受赇赂。刺史、二千石及茂才、孝廉迁除，皆责助军、修宫钱，大郡至二三千万，余各有差。当之官者，皆先至西园谐价，然后得去；其守清者乞不之官，皆迫遣之。时巨鹿太守河内司马直新除，以有清名，减责三百万。直被诏，怅然曰："为民父母而反割剥百姓以称时求，吾不忍也。"辞疾；不听。行至孟津，上书极陈当世之失，即吞药自杀。书奏，帝为暂绝修宫钱。

以朱儁为右车骑将军。

自张角之乱，所在盗贼并起，博陵张牛角、常山褚飞燕及黄龙、左校、于氐根、张白骑、刘石、左髭文八、平汉大计、司隶缘城、雷公、浮云、白雀、杨凤、于毒、五鹿、李大目、白绕、眭固、苦蝤之徒，不可胜数，大者二三万，小者六七千人。

张牛角、褚飞燕合军攻瘿陶，牛角中流矢，且死，令其众奉飞燕为帅，改姓张。飞燕名燕，轻勇趫捷，故军中号曰"飞燕"。山谷寇贼多附之。部众浸广，殆至百万，号黑山贼，河北诸郡县并被其害，朝廷不能讨。燕乃遣使至京师，奏书乞降，遂拜燕平难中郎将，使领河北诸山谷事，岁得举孝廉、计吏。

汉灵帝中平二年（乙丑，185 年）

春季，正月，发生大瘟疫。

二月初十日己酉，南宫云台发生火灾。二月十一日庚戌，乐城门发生火灾。

中常侍张让、赵忠劝说灵帝加征天下田赋，每亩十钱，用来修造宫室，铸造铜人。乐安太守陆康上奏疏劝谏说：“从前鲁宣公按亩征税引起了蝗灾，鲁哀公增加赋税受到孔子的批评，怎么可以搜刮民众的财物来营造无用的铜人？哪有抛开圣人的训诫，去效法亡国君主的法典呢？”宦官们抓住陆康引用亡国君主的例子来比附圣明的孝灵皇上，诽谤陆康犯了大不敬的罪，用囚车把陆康押解到京城交给廷尉治罪。侍御史刘岱上书解释，陆康才得免死放逐家乡。陆康是陆续的孙子。

又诏令征发州郡的木材和纹理美观的石料送达京城。宫中黄门常侍等总是呵斥不合格，乘机强迫贱卖，价格仅是原价的十分之一，于是宦官便把已验收的木材再回卖给州郡官吏，州郡官吏又拿这些木材交纳时，宦官们仍然刁难不马上接受，导致木材积压腐烂，宫室连年建不成。刺史、太守又私自增加赋税，百姓叫苦连天，又令西园的皇家卫士分别到各地督促采办，使各州郡受到恐吓惊动，勒索了许多贿赂。刺史、二千石官吏以及茂才、孝廉升迁、任命时，都要交拿一笔助军或修建宫室的费用，大郡的太守达到二三千万，其余的依官职级别不同而多少不等。即将上任的官吏，都要先到西园议定交付的价钱，然后才能去上任；那些清廉之士请求辞职不赴任，则被强迫去上任、交钱。当时巨鹿太守河内人司马直被委任新职，因为有清廉美名，减去三百万的应交数额。司马直被诏，慨然地说道：“做官本来是为民父母，却反而要剥削百姓来迎合时弊的勒索，我不忍心这样做。”于是借口生病辞职，但未获批准。赴任途中，行到孟津时，上书批评时政的过失，然后就服毒自杀。奏书呈上，孝灵皇上因此暂时停止征收修造宫室费。

任命朱儁为右车骑将军。

自从张角叛乱后，各地盗贼纷纷兴起，博陵人张牛角、常山人褚飞燕以及黄龙、左校、于氐根、张白骑、刘石、左髭丈八、平汉大计、司隶缘城、雷公、浮云、白雀、杨凤、于毒、五鹿、李大目、白绕、眭固、苦蝤等之流，不可胜数，势力大的达到二三万人，势力小的有六七千人。

张牛角、褚飞燕联合进攻瘿陶，张牛角被流箭射中，临死时，他命令部众拥戴褚飞燕为首领，让褚飞燕改姓张，号张飞燕。褚飞燕原名为褚燕，因作战骁勇，来去如飞，所以军中称为“飞燕”。山区的贼寇大多归附他，部众逐渐增多，将近百万人，被称为“黑山贼”，河北各郡、县都受到黑山贼的侵扰，朝廷无力讨伐。张飞燕派使者到京师洛阳，上书求降，于是朝廷任命张飞燕为平难中郎将，统领河北各山区的事务，每年可向朝廷选举孝廉，派出上计吏向朝廷汇报。

司徒袁隗免。三月，以廷尉崔烈为司徒。烈，寔之从兄也。

是时，三公往往因常侍、阿保入钱西园而得之，段颎、张温等虽有功勤名誉，然皆先输货财，乃登公位。烈因傅母入钱五百万，故得为司徒。及拜日，天子临轩，百僚毕会，帝顾谓亲幸者曰："悔不少靳，可至千万！"程夫人于傍应曰："崔公，冀州名士，岂肯买官！赖我得是，反不知姝邪！"烈由是声誉顿衰。

北宫伯玉等寇三辅，诏左车骑将军皇甫嵩镇长安以讨之。

时凉州兵乱不止，征发天下役赋无已，崔烈以为宜弃凉州。诏会公卿百官议之，议郎傅燮厉言曰："斩司徒，天下乃安！"尚书奏燮廷辱大臣。帝以问燮，对曰："樊哙以冒顿悖逆，愤激思奋，未失人臣之节，季布犹曰'哙可斩也'。今凉州天下要冲，国家藩卫。高祖初兴，使郦商别定陇右；世宗拓境，列置四郡，议者以为断匈奴右臂。今牧御失和，使一州叛逆；烈为宰相，不念为国思所以弭之之策，乃欲割弃一方万里之土，臣窃惑之！若使左衽之虏得居此地，士劲甲坚，因以为乱，此天下之至虑，社稷之深忧也。若烈不知，是极蔽也，知而故言，是不忠也。"帝善而从之。

夏，四月，庚戌，大雨雹。

五月，太尉邓盛罢，以太仆河南张延为太尉。

六月，以讨张角功，封中常侍张让等十二人为列侯。

秋，七月，三辅螟。

皇甫嵩之讨张角也，过邺，见中常侍赵忠舍宅逾制，奏没入之。又中常侍张让私求钱五千万，嵩不与。二人由是奏嵩连战无功，所费者多，征嵩还，收左车骑将军印绶，削户六千。八月，以司空张温为车骑将军，执金吾袁滂为副，以讨北宫伯玉；拜中郎将董卓为破虏将军，与荡寇将军周慎并统于温。

九月，以特进杨赐为司空。冬，十月，庚寅，临晋文烈侯杨赐薨。以光禄大夫许相为司空。相，训之子也。

谏议大夫刘陶上言："天下前遇张角之乱，后遭边章之寇，今西羌逆类已攻河东，恐遂转盛，豕突上京。民有百走退死之心，而无一前斗生

司徒袁隗被免职。三月，任命廷尉崔烈为司徒。崔烈是崔寔的堂兄。

这时，三公的职位常常是通过中常侍、孝灵皇上乳母送钱到西园才能取得。段颎、张温等虽有功有声誉，但也要事先进献财物，才能登上三公的职位。崔烈通过孝灵皇上乳母送了五百万钱，所以取得了司徒的职位。到了任命那天，天子亲临殿前，百官们都来参加仪式。孝灵皇上回头对亲信说："真后悔没有稍吝惜一些，不然可以得到一千万！"乳母程夫人在一旁应道："崔公是冀州的名士，怎么肯用钱买官！是靠了我他才肯这样的，你还不觉得满意吗？"因此崔烈声誉顿然下跌。

北宫伯玉等侵扰三辅地区，诏令左车骑将军皇甫嵩镇守长安以讨伐他们。

此时凉州不断发生兵变，朝廷为了进行征讨无休止地征收天下的徭役和赋税。崔烈认为应该放弃凉州。孝灵皇上诏令公卿百官商议这事，议郎傅燮厉声辩驳说："只有杀掉司徒崔烈，天下才能安定。"尚书上奏傅燮在朝廷上侮辱大臣。孝灵皇上问傅燮，傅燮回答说："樊哙因为匈奴单于冒顿悖逆，出于义愤，请求出兵，尚未失去人臣的节义，季布还说'樊哙可杀'。如今凉州是天下的要塞，是保卫国家西面的门户。高祖初定天下时，派郦商分兵去平定陇右；武帝开拓疆域，设立了河西四郡，当时谋议的人认为这是切断了匈奴的右臂。现在州郡地方官管理不当，导致全州叛乱；崔烈身为宰相，不考虑替国家制定平定叛乱的方略，反而要割弃这一块广阔万里的国土，臣真是感到疑惑。如果让胡人占领了这块土地，胡兵勇健，铠甲坚牢，乘机作乱，这将是天下最大的祸害，是社稷最深的忧患。如果崔烈不懂得这些，他就是最大的傻瓜；如果他知道却故意说出这种话，就是不忠诚。"灵帝认为傅燮的话很有道理，同意不放弃凉州。

夏季，四月十二日庚戌，降落冰雹。

五月，太尉邓盛被免职。任命太仆河南人张延为太尉。

六月，因为征讨张角有功，册封中常侍张让等十二人为列侯。

秋季，七月，三辅地区发生虫灾。

皇甫嵩征讨张角，路经邺城，发现中常侍赵忠的宅第超过规制，奏请没收宅第。又有中常侍张让私下索求五千万钱，皇甫嵩不给。赵忠、张让两人因此上奏诬陷皇甫嵩久战无功，耗费太大，孝灵皇上召回皇甫嵩，收了左车骑将军的印绶，削减封邑六千户。八月，任命司空张温为车骑将军，执金吾袁滂为副将，讨伐北宫伯玉。任命中郎将董卓为破虏将军，与荡寇将军周慎一同受张温节制。

九月，任命特进杨赐为司空。冬季，十月庚寅日，临晋文烈侯杨赐去世。任命光禄大夫许相为司空。许相是许训的儿子。

谏议大夫刘陶上奏说："国家前遇张角之乱，后遭边章为寇，如今西羌叛众已在进攻河东，恐怕事态还要扩大，冒犯京师。百姓想尽办法四处逃散免遭死亡，却毫

之计，西寇浸前，车骑孤危，假令失利，其败不救。臣自知言数见厌，而言不自裁者，以为国安则臣蒙其庆，国危则臣亦先亡也。谨复陈当今要急八事。”大较言天下大乱，皆由宦官。宦官共谗陶曰：“前张角事发，诏书示以威恩，自此以来，各各改悔。今者四方安静，而陶疾害圣政，专言妖孽。州郡不上，陶何缘知？疑陶与贼通情。”于是收陶下黄门北寺狱，掠按日急。陶谓使者曰：“臣恨不与伊、吕同畴，而以三仁为辈。今上杀忠謇之臣，下有憔悴之民，亦在不久，后悔何及！”遂闭气而死。前司徒陈耽为人忠正，宦官怨之，亦诬陷，死狱中。

张温将诸郡兵步骑十余万屯美阳，边章、韩遂亦进兵美阳，温与战，辄不利。十一月，董卓与右扶风鲍鸿等并兵攻章、遂，大破之，章、遂走榆中。

温遣周慎将三万人追之。参军事孙坚说慎曰：“贼城中无谷，当外转粮食，坚愿得万人断其运道，将军以大兵继后，贼必困乏而不敢战，走入羌中，并力讨之，则凉州可定也！”慎不从，引军围榆中城，而章、遂分屯葵园峡，反断慎运道，慎惧，弃车重而退。

温又使董卓将兵三万讨先零羌，羌、胡围卓于望垣北，粮食乏绝，乃于所渡水中立隅以捕鱼，而潜从隅下过军。比贼追之，决水已深，不得渡，遂还屯扶风。

张温以诏书召卓，卓良久乃诣温；温责让卓，卓应对不顺。孙坚前耳语谓温曰：“卓不怖罪而鸱张大语，宜以召不时至，陈军法斩之。”温曰：“卓素著威名于河、陇之间，今日杀之，西行无依。”坚曰：“明公亲率王师，威震天下，何赖于卓！观卓所言，不假明公，轻上无礼，一罪也；章、遂跋扈经年，当以时进讨，而卓云来可，沮军疑众，二罪也；卓受任无功，应召稽留，而轩昂自高，三罪也。古之名将仗钺临众，未有不断斩以成功者也。今明公垂意于卓，不即加诛，亏损威刑，于是在矣。”温不忍发，乃曰：“君且还，卓将疑人。”坚遂出。

无一丝向前拼命求生的办法，西边寇贼渐渐推进，车骑将军张温危难孤立，假如他战场失利，国家就无法救亡。臣自知说多了令人讨厌，但不能克制自己不说话。臣认为国家安宁，臣才能蒙受幸福；国家危亡，臣就会先行灭亡。所以臣现在又来陈述当今紧急的八件事务。”大意是说天下大乱都是由宦官造成的。宦官们共同诬害刘陶，说：“先前张角叛乱，下诏恩威并施，自此以后，叛逆们各自改悔。现在四方安宁平静，而刘陶毁谤圣明的朝政，专说那些妖孽作祟的怪事。再说州郡没有上报这些事情，刘陶是怎么知道的？我们怀疑刘陶与叛贼勾结。”于是逮捕刘陶，囚禁在黄门北寺监狱，拷打审讯，一天比一天厉害。刘陶对皇上的使者说：“臣恨不能和伊尹、吕尚同类，却与‘三仁’为伍。如今国家在上杀害忠诚正直的臣子，在下有苦难贫困的人民，这样的局面也不会长期维持，到时恐怕后悔都来不及了！”于是自己闭气而死。前司徒陈耽为人忠良正直，宦官怨恨他，也遭到诬害，死在狱中。

张温率领各郡的步兵骑兵十几万驻守美阳，边章、韩遂也追逼进攻美阳，张温与贼交战总是失败。十一月，董卓和右扶风人鲍鸿等合兵攻打边章、韩遂，大败贼兵，边章、韩遂逃到榆中县。

张温派周慎率领三万人追击边章、韩遂，参军事孙坚献计周慎说：“叛贼的城中没有粮食，一定会从外面转运粮食，我愿率领一万人截断贼人的运粮通道，将军统帅大军紧随其后，叛贼一定困顿饥饿而不敢交战，只能逃入羌中，我们再合力征讨他们，凉州就可以平定了！”周慎不听，率军包围榆中城，而边章、韩遂分兵驻守葵园峡，反而断绝了官兵的运粮通道，周慎惊慌恐惧，丢弃车辆辎重撤离。

张温又派董卓率兵三万讨伐先零羌，羌人、胡人在望垣的北面包围了董卓。董卓军中粮尽，于是董卓命人在要渡河的地方筑起堤堰，假装捕鱼，而暗地里在堤堰掩护下撤退军队。等到叛贼追来时，决开堤堰，水已很深，贼兵无法渡河。董卓于是安全回师驻守扶风。

张温以皇帝诏书的名义召见董卓，董卓过了许久才来拜见张温，张温责备董卓，董卓应答时态度不恭敬。孙坚向前对张温耳语说：“董卓对自己的罪行不表示畏惧，反而气焰嚣张，出言不逊，应当以奉召迟慢的罪名，依照军法杀掉他。”张温说：“董卓在黄河、陇山一带颇负威名，今天杀了他，西征就没有依赖了。”孙坚说：“明公您亲自率领的朝廷大军，威震天下，为何要依靠董卓呢？看看董卓刚才所讲的话，对您满不在乎，轻视上级，毫无礼貌，这是第一条罪状；边章、韩遂跋扈多年，应当及时讨伐，但董卓说时机不行，阻止发兵，动摇军心，这是第二条罪状；董卓受命无功，应召迟缓，而且态度傲慢，这是第三条罪状。古代的名将受王命统帅军队，没有不依赖断然诛杀来获得成功的。现在您对董卓如此谦下，不立刻诛杀，损害军法的威严，这仅仅是一个开头。”张温不忍心发令处死董卓，便说：“你还是回去吧，

是岁，帝造万金堂于西园，引司农金钱、缯帛牣积堂中，复藏寄小黄门、常侍家钱各数千万，又于河间买田宅，起第观。

（以上为第九段，写黄巾军失败，国家稍事安宁，而边患未靖，灵帝又故态复发，聚敛无度，宠幸宦官，杀害忠良。）

三年（丙寅，186 年）

春，二月，江夏兵赵慈反，杀南阳太守秦颉。

庚戌，赦天下。

太尉张延罢。遣使者持节就长安拜张温为太尉。三公在外始于温。

以中常侍赵忠为车骑将军。帝使忠论讨黄巾之功，执金吾甄举谓忠曰："傅南容前在东军，有功不侯，天下失望。今将军亲当重任，宜进贤理屈，以副众心。"忠纳其言，遣弟城门校尉延致殷勤于傅燮。延谓燮曰："南容少答我常侍，万户侯不足得也！"燮正色拒之曰："有功不论，命也。傅燮岂求私赏哉！"忠愈怀恨，然惮其名，不敢害，出为汉阳太守。

帝使钩盾令宋典修南宫玉堂，又使掖庭令毕岚铸四铜人，又铸四钟，皆受二千斛。又铸天禄、虾蟆吐水于平门外桥东，转水入宫。又作翻车、渴乌，施于桥西，用洒南北郊路，以为可省百姓洒道之费。

五月，壬辰晦，日有食之。

六月，荆州刺史王敏讨赵慈，斩之。

车骑将军赵忠罢。

冬，十月，武陵蛮反，郡兵讨破之。

前太尉张延为宦官所谮，下狱死。

十二月，鲜卑寇幽、并二州。

征张温还京师。

（以上为第十段，写鲠直朝官傅燮拒绝与宦官同流合污。）

四年（丁卯，187 年）

春，正月，己卯，赦天下。

免得董卓疑心我们。”于是孙坚离去。

这一年，孝灵皇上在西园建造万金堂，调出司农的金钱、丝帛堆积在堂里，又把钱存放在小黄门、常侍的家中，每家寄存了几千万，还在河间买田买房，建造宅第楼阁。

汉灵帝中平三年（丙寅，186年）

春季，二月，江夏官兵赵慈反叛，杀死南阳太守秦颉。

二月十六日庚戌，大赦天下。

太尉张延被免职。孝灵皇上派使者持节到长安授命张温为太尉。三公在京师外被委任，从张温开始。

任命中常侍赵忠为车骑将军。孝灵皇上委派赵忠论定讨伐黄巾军的战功，执金吾甄举对赵忠说：“傅燮先前在东征的战事中，立下功劳没有被封侯，天下人失望。现在将军亲自担任重职，应该举荐贤才，审理冤屈，以合民心。”赵忠采纳了甄举的意见，派遣弟弟城门校尉赵延向傅燮表示亲近和关切。赵延对傅燮说：“只要你对我哥哥赵常侍略有答谢，封万户侯不值一提。”傅燮神色严肃地回答说：“有功无赏，这是命。我傅燮怎么能私下乞求赏赐呢？”赵忠愈发怀恨傅燮，但顾忌到他的名望，不敢加害，便调他外出做汉阳太守。

孝灵皇上派钩盾令宋典修建南宫的玉堂殿，又派掖庭令毕岚铸造四个铜人，再铸造四口铜钟，容量都为二千斛。又铸造天禄、蛤蟆吐水的铜器放置在平门外的桥东，从它们的口中吐出的水转流进皇宫之内。又制作翻车、渴乌，安置在桥西，用来喷洒南北大路，认为可以节省百姓喷洒大路的费用。

五月三十日壬辰，发生日食。

六月，荆州刺史王敏征讨赵慈，将其斩杀。

车骑将军赵忠被罢免。

冬季，十月，武陵蛮反叛，郡兵打败了叛军。

前太尉张延遭到宦官的诬陷，被捕，死在狱中。

十二月，鲜卑侵犯幽、并两州。

孝灵皇上下诏，征召张温回到京师。

汉灵帝中平四年（丁卯，187年）

春季，正月二十一日己卯，大赦天下。

二月，荥阳贼杀中牟令。三月，河南尹何苗讨荥阳贼，破之；拜苗为车骑将军。

韩遂杀边章及北宫伯玉、李文侯，拥兵十余万，进围陇西，太守李相如叛，与遂连和。

凉州刺史耿鄙率六郡兵讨遂。鄙任治中程球，球通奸利，士民怨之。汉阳太守傅燮谓鄙曰："使君统政日浅，民未知教。贼闻大军将至，必万人一心，边兵多勇，其锋难当；而新合之众，上下未和，万一内变，虽悔无及。不若息军养德，明赏必罚，贼得宽挺，必谓我怯，群恶争势，其离可必。然后率已教之民，讨成离之贼，其功可坐而待也！"鄙不从。夏，四月，鄙行至狄道，州别驾反应贼，先杀程球，次害鄙，贼遂进围汉阳。城中兵少粮尽，燮犹固守。

时北地胡骑数千随贼攻郡，皆夙怀燮恩，共于城外叩头，求送燮归乡里。燮子幹，年十三，言于燮曰："国家昏乱，遂令大人不容于朝。今兵不足以自守，宜听羌、胡之请，还乡里，徐俟有道而辅之。"言未终，燮慨然叹曰："汝知吾必死邪！圣达节，次守节。殷纣暴虐，伯夷不食周粟而死。吾遭世乱，不能养浩然之志，食禄，又欲避其难乎！吾行何之，必死于此！汝有才智，勉之勉之！主簿杨会，吾之程婴也。"

狄道人王国使故酒泉太守黄衍说燮曰："天下已非复汉有，府君宁有意为吾属帅乎？"燮按剑叱衍曰："若剖符之臣，反为贼说邪！"遂麾左右进兵，临阵战殁。耿鄙司马扶风马腾亦拥兵反，与韩遂合，共推王国为主，寇掠三辅。

太尉张温以寇贼未平，免；以司徒崔烈为太尉，五月，以司空许相为司徒；光禄勋沛国丁宫为司空。

初，张温发幽州乌桓突骑三千以讨凉州，故中山相渔阳张纯请将之，温不听，而使涿令辽西公孙瓒将之。军到蓟中，乌桓以牢禀逋县，多叛还本国。张纯忿不得将，乃与同郡故泰山太守张举及乌桓大人丘力居等连盟，劫略蓟中，杀护乌桓校尉公綦稠、右北平太守刘政、辽东太守阳终等，众至十余万，屯肥如。举称天子，纯称弥天将军、安定王，移书

二月，荥阳的叛贼杀死中牟县令。三月，河南尹何苗率军讨伐荥阳叛贼，大败叛贼。孝灵皇上任命何苗为车骑将军。

韩遂杀死边章及北宫伯玉、李文侯，拥兵十余万，进兵包围陇西郡，太守李相如叛变朝廷，与韩遂联合。

凉州刺史耿鄙率领六郡的兵力讨伐韩遂，耿鄙信任治中程球，但程球贪污，官民痛恨。汉阳太守傅燮对耿鄙说："使君你在职不久，民众还没有受到你的教化。叛贼听到大军将到，一定万众一心，边疆的士兵又大多勇猛，其锋利锐不可当，而刚刚从各郡集结的官兵，上下不和谐，万一内部有变动，后悔就来不及了。不如休兵，蓄养士气，严明赏罚，让叛贼看到形势缓和，一定认为官兵胆怯，叛贼首领就会开始争权夺利，必然离心离德。然后使君率领已教化的军民，讨伐离心离德的叛贼，这样便可坐等大功了！"耿鄙不听。夏季，四月，耿鄙进兵到狄道，凉州别驾反叛，响应叛贼，先杀死程球，后杀死耿鄙，叛兵乘势进攻包围汉阳。城中兵少粮竭，傅燮仍坚守城池。

当时北地的几千名胡人骑兵追随叛贼攻击汉阳郡，这些胡人都怀念傅燮的旧恩，一起在城外叩头，请求送傅燮回乡。傅燮的儿子傅干才十三岁，向傅燮进言道："国家政治腐败昏乱，导致父亲大人不能在朝廷中容身。如今官兵不足以驻防，应听从羌人、胡人的请求，回到故乡，静候有道的君主出世后再去辅佐他。"傅干的话还没讲完，傅燮慨叹说："你知道我必须去死的原因吗？最高的圣人对节操可通达权变，次等的只能坚守节操。商纣王暴虐，忠臣伯夷不吃周朝的粮食而死。我正逢乱世，不能修养出崇高的志向和节操，既然已经领受了国君的俸禄，又怎能躲避危难呢？再说我能跑到哪里去呢？我一定要死在这里！你有才学，好好自勉吧！主簿杨会是我的程婴。"

狄道人王国派前酒泉太守黄衍劝说傅燮说："天下已不再是汉朝所有，府君您有意当我们的首领吗？"傅燮握着剑柄斥责黄衍说："你是汉朝的臣子，怎么反而替叛贼游说呢？"于是指挥左右进军，临阵战死。耿鄙的司马扶风人马腾也拥兵反叛，与韩遂联合，共同选举王国为首领，侵扰三辅一带。

太尉张温由于没能平定叛贼，被罢免，朝廷任命司徒崔烈出任太尉。五月，任命司空许相为司徒，光禄勋沛国人丁宫为司空。

起初，张温征调幽州乌桓的三千突击骑兵讨伐凉州叛贼，前中山相渔阳人张纯请求率领突骑，张温不听，而派涿县县令辽西人公孙瓒去统率。这支军队行进到蓟城时，由于粮饷拖欠，乌桓骑兵大多逃回部落。张纯愤恨没有获得统帅的权力，就和同郡人前泰山太守张举及乌桓的部落酋长丘力居等联盟，抢掠蓟县，杀死护乌桓校尉公綦稠、右北平太守刘政、辽东太守阳终等，部众达十几万，驻扎在肥如县。

州郡，云举当代汉，告天子避位，敕公卿奉迎。

冬，十月，长沙贼区星自称将军，众万余人；诏以议郎孙坚为长沙太守，讨击平之，封坚乌程侯。

十一月，太尉崔烈罢；以大司农曹嵩为太尉。

十二月，屠各胡反。

是岁，卖关内侯，直五百万钱。

前太丘长陈寔卒，海内赴吊者三万余人。寔在乡间，平心率物，其有争讼，辄求判正，晓譬曲直，退无怨者；至乃叹曰：“宁为刑罚所加，不为陈君所短！”杨赐、陈耽，每拜公卿，群僚毕贺，辄叹寔大位未登，愧于先之。

（以上为第十一段，写忠臣傅燮赴义而死，名士陈寔大志不伸，黯然凋谢。）

张举自称天子，张纯称弥天将军、安定王，向各州郡发布文告，说张举将代换汉朝，命天子退位，敕令公卿来迎接张举。

冬季，十月，长沙叛贼区星自称将军，部众一万多人；孝灵皇上下诏派议郎孙坚出任长沙太守，讨伐平定叛贼，册封孙坚为乌程侯。

十一月，太尉崔烈被罢官；任命大司农曹嵩为太尉。

十二月，屠各胡反叛。

这一年，售卖关内侯，价值五百万钱。

前太丘县县长陈寔去世，全国来吊丧的有三万多人。陈寔为人处事公平正直，民众有了争执诉讼，总是请求他裁决，他把是非曲直说得明明白白，事后没有人抱怨；甚至人们叹息说："宁可遭受刑罚，也不愿受陈君批评！"杨赐、陈耽每次被任命为公卿，百官们都来祝贺，二人总是感叹陈寔没有登上高位，而为自己先担当要职感到惭愧。

【点评】

黄巾大起义与东汉王朝的关系。黄巾大起义是借助宗教形式发动的。东汉统治者为了加强对人民的思想控制，极力宣扬谶纬迷信思想，以火德自命，用来表示天命所在。农民群众深受谶纬迷信的束缚，反过来以其人之道还治其人之身。顺帝时，琅邪人于吉造了一部《太平清领书》，后称之为《太平经》。东汉末年，《太平经》广泛流传于民间，《太平经》中宣扬的平均、平等以及变革天命的思想为困苦的百姓所接受，在传经布道中分为几个流派，其中最主要的是“太平道”和“五斗米道”。

太平道的教主是巨鹿人张角，他自称“大贤良师”，通过用符水给人治病传播太平道，在冀州吸引了许多徒众，十余年间，信徒达到十多万人，遍于青、徐、幽、冀、荆、扬、豫等州。张角把信徒组织起来，按地区分为36方，大方一万多人，小方六七千人，各立首领，由他统一指挥。张角利用宗教把他的触角深入统治集团的最高中枢，吸纳皇宫中的宦官入道。经过周密准备，决定在中平元年（184）发动起义。事先向各地道徒传播“苍天已死，黄天当立，岁在甲子，天下大吉”。这是一道谶语，张角用作发动起义的口号，并在各地官府墙壁上用隐语写上“甲子”二字，作为一致起事的时间。张角要从京师心脏地区发动起义，宦官封谞、徐奉等愿做内应。由于弟子叛徒唐周告密，计划泄露，张角被迫通知各方提前在二月起义。波才在颍川，张曼成、赵弘、韩忠、孙夏等人在南阳，彭脱等人在汝南陈国，张角、张宝、张梁兄弟在巨鹿，杀逐太守，攻占城池，形成了几支强大的黄巾军。黄巾军人数极多，遍布大江南北，声势浩大，京师震动。

灵帝以诸侯入继大统，他与太后争权，依靠宦官，宠信张让、赵忠、封谞、段珪、曹节、侯览、蹇硕、程旷、夏恽、郭胜等十常侍。十常侍假借皇权，排斥外戚，打压朝官和士大夫，党羽子弟遍布州郡，残暴百姓，侵夺民宅。十常侍朋比为奸，蛊惑圣心，灵帝竟然称“张常侍是我公，赵常侍是我母”。宦官专权的黑暗政治是激发黄巾大起义的重要原因，而宦官却在“黄天当立”的谶语威胁下倒戈助黄巾。汉灵帝感到士大夫有用，于是质问十常侍说：“你们说党人要造反，杀的杀，禁锢的禁锢，而今倒是你们勾结黄巾军造朝廷的反，该不该杀呢？”十常侍叩头请罪，灵帝信任如故。但灵帝还是采纳了中常侍吕强的谏言，大赦党人，解除党禁，于是各地豪强地主纷纷起兵，配合朝廷所遣中郎将皇甫嵩、朱儁、卢植、董卓等率领的大军，分路镇压黄巾军，到十一月，各路黄巾军均被打败。张角病死，张宝、张梁被杀害。但黄巾军余部坚持战斗了近二十年。青徐黄巾军和冀州黑山军，一度部众达一百万，最终青徐黄巾军被曹操收编为青州兵，冀州黑山军被袁绍击败，此时已进入军阀大混战阶段，东汉已经名存实亡。

波及之广的黄巾军如同暴风骤雨，突然兴起，而短短九个月就遭败绩，根本原

因是东汉末年地主与农民两大对立阶级的矛盾还未到你死我活的地步，农民群众还未到不能生活的地步，黄巾大起义前夕没有重大的天灾人祸，黄巾军是靠宗教形式组织起来的，又计划泄露，匆匆而起，黄巾军是乌合之众，而官军与地方豪强则训练有素，且统治阶级一致对抗黄巾军，所以黄巾军很快失败了。东汉末年的腐败政治，表现为统治阶级上层集团的尖锐斗争，宦官专政，制造党锢冤狱，士大夫受到人民的同情。而党锢解禁，士大夫一致起来镇压黄巾起义，宦官一时收敛，人心还向着朝廷。一方面是黄巾基础不牢固，另一方面是汉家旗帜有士大夫的一致拥护而为人心所望。不过黄巾军虽然失败，却沉重地打击了东汉政权，而黄巾军余众的继续反抗，导致豪强集团兴起，为军阀混战打下了基础。由于黄巾军的过快失败，灵帝依然故我，宦官势力立即抬头，宦官集团反攻倒算，杀逐正直士大夫，还杀了吕强。灵帝比宦官还要贪婪，公然设立西园卖官所，朝官、郡守均标价拍卖。于是天下人心失望，诸侯打起了废立的主意，东汉的覆亡不可避免。但以怎样的形式改朝换代，那要看时局怎样发展。总之，黄巾军的沉重一击，注定了东汉政权一蹶不振。黄巾军虽然失败了，却扮演了改朝换代清道夫的角色。

资治通鉴（文白对照本）　卷第五十九

汉纪五十一

汉灵帝中平五年至汉献帝初平元年（188—190年）

【起著雍执徐（戊辰，188年），尽上章敦牂（庚午，190年），凡三年】

【大事提要】

本卷记事起公元188年，讫公元190年，凡三年，当汉灵帝中平五年至汉献帝初平元年。三年间，东汉王朝发生剧烈震荡，影响历史的重大事件连续不断发生。主要有五大事件：一、灵帝英年早逝；二、朝士大夫诛灭宦官；三、董卓入京擅废立；四、关东诸侯起兵讨董卓；五、董卓挟帝西迁长安。这一系列大事件，导致东汉王朝在灵帝死后两年间换了两个皇帝，发生了两次宫廷政变，年号换了四个，政局动荡，权臣窃国，天子蒙尘，京都播迁，东汉由治世转入乱世，军阀形成，东汉名存实亡。东汉政治，宦官、外戚、朝士大夫三大势力长期并存。东汉新皇帝继位，年幼的居多，有五任皇帝是诸侯入继大统。桓、灵二帝相继以诸侯入继大统，桓帝十五岁即位，灵帝十二岁即位。少年登基，外戚得势，皇帝长成，依靠宦官抗衡外戚。宦官、外戚分羹，朝士大夫不满。于是，宦官、外戚、朝士大夫三大势力既相争又共存，是东汉政权的三大支柱。灵帝在位，虽然昏暴，正在英年，三大势力尚能维持平衡。灵帝三十四岁突然病逝，皇子年幼，长子刘辩仅十五岁，加之智力平庸，无法掌控政权。皇权出现真空。所以灵帝一死，失去皇权掩蔽的三大势力的斗争立即由明争暗斗转为公开白热化，宦官与朝士大夫势不两立，水火不容。此时外戚代表皇权，却又内部分裂。刘辩即位，史称少帝。少帝母何太后临朝，太后之兄大将军何进掌控朝政。何进倒向朝士大夫，谋诛宦官，而何氏是借助宦官势力登上政治舞台的，因此何太后庇护宦官，何进之弟何苗也党同宦官。何进本人优柔寡断，执政能力差。于是外戚夹在宦官、朝士大夫两股势力中间左右摇摆。何进没有决断力，也就使朝廷失去了制衡能力。何进宣召董卓等诸侯带兵入洛，想借用外力挟制太后，诛灭宦官。结果宦官先下手为强，杀了何进，袁绍借机兴兵入宫，尽杀宦官，

造成一场浩劫，宦官、外戚两股势力均被消灭。三大势力，只剩下朝士大夫一股力量，独木难支，朝政大权落入董卓之手。董卓为了进一步削弱朝士大夫，擅自废立，少帝刘辩被废杀，何太后亦死，九岁的陈留王刘协被立为帝，史称献帝。反对废立的袁绍、曹操等人被逼出京。如果说袁绍诛宦官是第一次宫廷政变，董卓废少帝、立献帝则是第二次宫廷政变。两次宫廷政变，发生在一年之内，年号换了四个：光熹、昭宁、永汉、初平，表明政权动荡激烈。两次宫廷政变，皇权遭践踏，统治集团大洗牌。公元190年，关东兵起，董卓西迁，东汉洛阳二百年帝京，董卓一把火把它化作了瓦砾场。随即，关东诸侯罢兵，各归州郡，互相征伐，形成了军阀混战，东汉也就名存实亡了。

【原文】

孝灵皇帝下

中平五年（戊辰，188年）

春，正月，丁酉，赦天下。

二月，有星孛于紫宫。

黄巾余贼郭大等起于河西白波谷，寇太原、河东。

三月，屠各胡攻杀并州刺史张懿。

太常江夏刘焉见王室多故，建议以为："四方兵寇，由刺史威轻，既不能禁，且用非其人，以致离叛。宜改置牧伯，选清名重臣以居其任。"焉内欲求交趾牧。侍中广汉董扶私谓焉曰："京师将乱，益州分野有天子气。"焉乃更求益州。会益州刺史郤俭赋敛烦扰，谣言远闻，而耿鄙、张懿皆为盗所杀，朝廷遂从焉议，选列卿、尚书为州牧，各以本秩居任。以焉为益州牧，太仆黄琬为豫州牧，宗正东海刘虞为幽州牧。州任之重，自此而始。焉，鲁恭王之后；虞，东海恭王之五世孙也。虞尝为幽州刺史，民夷怀其恩信，故用之。董扶及太仓令赵韪皆弃官，随焉入蜀。

诏发南匈奴兵配刘虞讨张纯，单于羌渠遣左贤王将骑诣幽州。国人恐发兵无已，于是右部醯落反，与屠各胡合，凡十余万人，攻杀羌渠。国人立其子右贤王於扶罗为持至尸逐侯单于。

夏，四月，太尉曹嵩罢。

五月，以永乐少府南阳樊陵为太尉；六月，罢。

益州贼马相、赵祗等起兵绵竹，自号黄巾，杀刺史郤俭，进击巴郡、犍为，旬月之间，破坏三郡，有众数万，自称天子。州从事贾龙率吏民攻相等，数日破走，州界清静。龙乃选吏卒迎刘焉。

焉徙治绵竹，抚纳离叛，务行宽惠，以收人心。

郡国七大水。

（以上为第一段，写东汉末初置州牧，刘焉入蜀任益州牧。）

【语译】

孝灵皇帝下

汉灵帝中平五年（戊辰，188年）

春季，正月十五日丁酉，大赦天下。

二月，有异星出现在紫微星旁。

郭大率领的残余黄巾军，在河西白波谷起兵，侵扰太原、河东。

三月，屠各胡攻杀了并州刺史张懿。

太常江夏人刘焉看到王室多难，向朝廷建议："四方兵乱，原因是刺史威望太低，本已无能力禁止地方变乱，且又用人不当，以致叛变。朝廷应当改设州级军政，为州牧、州伯，还应选举有清名的重臣担任。"刘焉心里想得到交趾牧。侍中广汉人董扶私下对刘焉说："京师将发生变乱，益州地区有天子气象。"刘焉改求益州牧。适逢益州刺史郤俭赋敛繁重，扰乱百姓，讥讽的民谣远近流传，而且耿鄙、张懿又都被盗贼杀死，于是朝廷听从了刘焉的建议，选任列卿、尚书出任州牧，各人以原有的品秩上任。任命刘焉为益州牧，太仆黄琬为豫州牧，宗正东海人刘虞为幽州牧。州牧地位的上升与重要性自此开始。刘焉是鲁恭王的后裔，刘虞是东海恭王的五世孙。刘虞曾经担任幽州刺史，汉民夷狄都想念他的恩德和信义，所以任用他为幽州牧。董扶和太仓令赵韪都抛开官职，追随刘焉进蜀。

诏令征发南匈奴兵协同刘虞讨伐张纯，匈奴单于羌渠派左贤王率领骑兵到幽州听候调遣。匈奴人害怕没完没了征发军队，于是右部醢落反叛，与屠各胡联合，总计十多万人，攻占并杀死羌渠单于。匈奴人拥护羌渠的儿子右贤王於扶罗继位，称为持至尸逐侯单于。

夏季，四月，太尉曹嵩被免职。

五月，任命永乐少府南阳人樊陵为太尉。六月，樊陵被免职。

益州盗贼马相、赵祇等人在绵竹起兵，自称黄巾军，杀死刺史郤俭，进兵攻击巴郡、犍为，一个月里，攻破三郡，有徒众几万，自称天子。益州从事贾龙率领官吏百姓打败马相等人，几天内马相等人兵败逃散，益州境内安静。于是贾龙选派官兵迎接刘焉。

刘焉到任，把益州治所迁到绵竹，安抚招纳离乡背井的叛乱民众，推行宽大恩惠的政策，用来收取人心。

有七个郡国发生大水灾。

故太傅陈蕃子逸与术士襄楷会于冀州刺史王芬坐，楷曰：“天文不利宦者，黄门、常侍真族灭矣。”逸喜。芬曰：“若然者，芬愿驱除！”因与豪杰转相招合，上书言黑山贼攻劫郡县，欲因以起兵。会帝欲北巡河间旧宅，芬等谋以兵徼劫，诛诸常侍、黄门，因废帝，立合肥侯，以其谋告议郎曹操。操曰：“夫废立之事，天下之至不祥也。古人有权成败、计轻重而行之者，伊、霍是也。伊、霍皆怀至忠之诚，据宰辅之势，因秉政之重，同众人之欲，故能计从事立。今诸君徒见曩者之易，未睹当今之难，而造作非常，欲望必克，不以危乎！”芬又呼平原华歆、陶丘洪共定计。洪欲行，歆止之曰：“夫废立大事，伊、霍之所难。芬性疏而不武，此必无成。”洪乃止。会北方夜半有赤气，东西竟天，太史上言：“北方有阴谋，不宜北行。”帝乃止。敕芬罢兵，俄而征之。芬惧，解印绶亡走，至平原，自杀。

秋，七月，以射声校尉马日磾为太尉。日磾，融之族孙也。

八月，初置西园八校尉，以小黄门蹇硕为上军校尉，虎贲中郎将袁绍为中军校尉，屯骑校尉鲍鸿为下军校尉，议郎曹操为典军校尉，赵融为助军左校尉，冯芳为助军右校尉，谏议大夫夏牟为左校尉，淳于琼为右校尉；皆统于蹇硕。帝自黄巾之起，留心戎事；硕壮健有武略，帝亲任之，虽大将军亦领属焉。

九月，司徒许相罢；以司空丁宫为司徒，光禄勋南阳刘弘为司空。

以卫尉条侯董重为票骑将军。重，永乐太后兄子也。

冬，十月，青、徐黄巾复起，寇郡县。

望气者以为京师当有大兵，两宫流血。帝欲厌之，乃大发四方兵，讲武于平乐观下，起大坛，上建十二重华盖，盖高十丈；坛东北为小坛，复建九重华盖，高九丈。列步骑数万人，结营为陈。甲子，帝亲出临军，驻大华盖下，大将军进驻小华盖下。帝躬擐甲、介马，称“无上将军”，行阵三匝而还，以兵授进。帝问讨虏校尉盖勋曰：“吾讲武如是，何如？”对曰：“臣闻先王曜德不观兵。今寇在远而设近陈，不足以昭果毅，只黩武耳！”帝曰：“善！恨见君晚，群臣初无是言也。”勋谓袁绍曰：“上甚聪明，但蔽于左右耳。”与绍谋共诛嬖幸，蹇硕惧，出勋为京兆尹。

前太傅陈蕃的儿子陈逸和术士襄楷在冀州刺史王芬的宾座上相见。襄楷说："天文之象不利于宦官，黄门、常侍将要被灭族了。"陈逸十分高兴。王芬说："如果这样的话，我愿意驱除他们！"于是招引豪杰交通，上奏书说黑山贼攻打抢劫郡县，想借此举兵。适逢灵帝想去北方巡视在河间的旧居，王芬等阴谋用兵拦截，杀死那些常侍、黄门，趁机废除灵帝，迎立合肥侯，王芬把他的计划告诉了议郎曹操。曹操说："废立皇帝的事，是天下最不吉祥的大事。古代有权衡成败、估量轻重后才实行的人，伊尹、霍光便是。伊尹、霍光都怀着最大的忠诚，依靠宰相的势力，凭借把持的重权，顺同众人的心愿，所以能按计算成就大事。今日各位只看到过去的容易，没看见现在的困难，而要做非常之举，想着一定成功，难道不是很危险的吗？"王芬又邀请平原人华歆、陶丘洪共同商定计划，陶丘洪打算投奔，华歆阻拦他说："废立皇帝的大事，伊尹、霍光都很为难。王芬生性粗忽又不果断，这事一定不能成功。"于是陶丘洪没有去。恰巧北方半夜里有股赤气，从东至西横贯天空，太史上书说："北方有阴谋活动，不宜去北方。"于是灵帝取消了北巡。诏令王芬收兵，不久征召王芬。王芬惧怕，卸下印绶逃亡，逃到平原自杀了。

秋季，七月，任命射声校尉马日磾为太尉。马日磾是马融的同族孙子。

八月，灵帝创立西园八校尉，派小黄门蹇硕为上军校尉，虎贲中郎将袁绍为中军校尉，屯骑校尉鲍鸿为下军校尉，议郎曹操为典军校尉，赵融为助军左校尉，冯芳为助军右校尉，谏议大夫夏牟为左校尉，淳于琼为右校尉，全都接受蹇硕节制。灵帝从黄巾军起事后，关心军事；蹇硕身强体健又有武勇策略，灵帝亲近信任他，即使大将军何进也要从属于他。

九月，司徒许相被罢官；任命司空丁宫为司徒，光禄勋南阳人刘弘为司空。

任命卫尉条侯董重为骠骑将军。董重是永乐太后哥哥的儿子。

冬季，十月，青州、徐州的黄巾重新起事，寇掠郡县。

观察云气用以推测吉凶的术士认为京都有兵乱，两宫会出现流血事件。灵帝想压制这种事件的发生，于是大举征集四方兵力，在平乐观下讲习武事，修建一个大坛，坛上树立起十二层彩色的坛盖，盖高十丈；大坛的东北面建筑一个小坛，坛上也树起九层的彩色坛盖，高九丈。排列步骑兵几万人，列队布阵。十日十六日甲子，灵帝亲自临坛检阅军队，站立于大坛盖下，大将军何进站立在小坛盖下。灵帝亲自披上甲胄，跨上披有铠甲的战马，自称"无上将军"巡行军阵三圈回到坛位，将兵权授给何进。灵帝问讨虏校尉盖勋说："朕如此讲习武事，怎么样？"盖勋回答说："臣听说先王只宣扬德政，不检阅军队。现在寇贼在远方而皇上却在这里布阵，这不足以表明果敢和坚强，是滥用武力罢了。"灵帝说："好！只恨见你太晚，群臣以前没有这样的言论。"盖勋对袁绍说："皇上很聪明，只是被他左右的人蒙蔽了。"盖勋

十一月，王国围陈仓。诏复拜皇甫嵩为左将军，督前将军董卓，合兵四万人以拒之。

张纯与丘力居钞略青、徐、幽、冀四州，诏骑都尉公孙瓒讨之。瓒与战于属国石门，纯等大败，弃妻子，逾塞走；悉得所略男女。瓒深入无继，反为丘力居等所围于辽西管子城二百余日，粮尽众溃，士卒死者什五六。

董卓谓皇甫嵩曰："陈仓危急，请速救之。"嵩曰："不然，百战百胜，不如不战而屈人兵。陈仓虽小，城守固备，未易可拔。王国虽强，攻陈仓不下，其众必疲，疲而击之，全胜之道也，将何救焉！"国攻陈仓八十余日，不拔。

（以上为第二段，写王芬议废立，虽然胎死腹中，却标志汉室天命已摇摇欲坠。灵帝讲武，设置新军西园八校尉，无补于政局稳定。）

六年（己巳，189 年）

春，二月，国众疲敝，解围去，皇甫嵩进兵击之。董卓曰："不可！兵法，穷寇勿迫，归众勿追。"嵩曰："不然。前吾不击，避其锐也；今而击之，待其衰也；所击疲师，非归众也；国众且走，莫有斗志，以整击乱，非穷寇也。"遂独进击之，使卓为后拒，连战，大破之，斩首万余级。卓大惭恨，由是与嵩有隙。

韩遂等共废王国，而劫故信都令汉阳阎忠使督统诸部。忠病死，遂等稍争权利，更相杀害，由是浸衰。

幽州牧刘虞到部，遣使至鲜卑中，告以利害，责使送张举、张纯首，厚加购赏。丘力居等闻虞至，喜，各遣译自归。举、纯走出塞，余皆降散。虞上罢诸屯兵，但留降虏校尉公孙瓒，将步骑万人屯右北平。三月，张纯客王政杀纯，送首诣虞。公孙瓒志欲扫灭乌桓，而虞欲以恩信招降，由是与瓒有隙。

夏，四月，丙子朔，日有食之。

太尉马日磾免；遣使即拜幽州牧刘虞为太尉，封容丘侯。

蹇硕忌大将军进，与诸常侍共说帝遣进西击韩遂，帝从之。进阴知其谋，奏遣袁绍收徐、兖二州兵，须绍还而西，以稽行期。

和袁绍密谋一起诛杀皇帝左右的亲信宦官。蹇硕惧怕，把盖勋外放为京兆尹。

十一月，王国攻围陈仓。诏令重新启用皇甫嵩出任左将军，统领前将军董卓，合兵四万人抵御王国。

张纯和乌桓酋长丘力居在青、徐、幽、冀四州抢掠侵扰，诏令骑都尉公孙瓒讨伐他们。公孙瓒在辽东属国石门山与张纯等交战，张纯等大败，丢弃妻子儿女，越过边塞逃跑；被虏掠的男女全部被官兵夺回。公孙瓒深入敌后没有后援，反而被丘力居等围困于辽西管子城二百多天，粮尽而全军溃散，士兵死亡的有十分之五六。

董卓对皇甫嵩说："陈仓危急，请赶快救援。"皇甫嵩说："不必去救，百战百胜，不如不战而胜，陈仓虽小，但城池坚固守备严密，不易被攻克。王国虽然兵强，却攻不下陈仓，他的部众一定疲困，疲困后再进攻他，这是获胜的策略，何必匆忙去救援呢？"王国攻围陈仓八十多天，果然不能攻克。

汉灵帝中平六年（己巳，189 年）

春季，二月，王国部众疲敝，解陈仓之围离去，皇甫嵩进兵追击。董卓说："不可。兵法说：'穷寇勿迫，归众勿追。'"皇甫嵩说："不对，以前我不进击，是为了避开敌人的锐气；现今我要出击，正是等待敌人的士气衰弱；我们所进攻的是一支疲惫的军队，不是归兵；王国的部队一心逃遁，缺乏斗志，这是用我们整齐的部队去攻击溃逃的军队，而不是穷寇。"于是皇甫嵩单独追击，派董卓断后，连续战斗，大胜王国，杀敌一万多。董卓非常羞耻恼怒，因此和皇甫嵩有了仇怨。

韩遂等共同废掉王国的头领地位，劫持胁迫前信都令汉阳人阎忠统领各部。阎忠病死，韩遂等争权夺利，相互残杀，因此他们日渐衰弱。

幽州牧刘虞到任，派使者到鲜卑部落，晓以利害，责令鲜卑派使者送上张举、张纯的人头，悬以重赏。丘力居等人听说刘虞到任，很高兴，各派译员来联络，自己带兵回去。张举、张纯逃出边塞，余部或降或散。刘虞上奏朝廷请求裁撤各处防卫点的屯兵，只留下降虏校尉公孙瓒，率领步兵骑兵一万人屯守右北平。三月，张纯的门客王政杀掉张纯，把首级送给刘虞。公孙瓒立志要消灭乌桓，而刘虞想用恩德和信义来招降，因此与公孙瓒有了仇怨。

夏季，四月初一日丙子［丙午］，发生日食。

太尉马日磾被免职，朝廷派使者到幽州任命幽州牧刘虞为太尉，封容丘侯。

蹇硕忌刻大将军何进，便与众常侍一起劝说灵帝派何进西征韩遂，灵帝接受了众宦官的意见。何进心中清楚他们的阴谋，上奏请求委派袁绍集结徐、兖两州的官

初，帝数失皇子，何皇后生子辩，养于道人史子眇家，号曰“史侯”。王美人生子协，董太后自养之，号曰“董侯”。群臣请立太子。帝以辩轻佻无威仪。欲立协，犹豫未决。会疾笃，属协于蹇硕。丙辰，帝崩于嘉德殿。硕时在内，欲先诛何进而立协，使人迎进，欲与计事；进即驾往。硕司马潘隐与进早旧，迎而目之。进惊，驰从儳道归营，引兵入屯百郡邸，因称疾不入。

（以上为第三段，写幽州公孙瓒与刘虞因政见不同而有隙。灵帝崩于嘉德殿。）

戊午，皇子辩即皇帝位，年十四。尊皇后曰皇太后。太后临朝。赦天下，改元为光熹。封皇弟协为勃海王。协年九岁。以后将军袁隗为太傅，与大将军何进参录尚书事。

进既秉朝政，忿蹇硕图己，阴规诛之。袁绍因进亲客张津，劝进悉诛诸宦官。进以袁氏累世贵宠，而绍与从弟虎贲中郎将术皆为豪杰所归，信而用之。复博征智谋之士何颙、荀攸及河南郑泰等二十余人，以颙为北军中候，攸为黄门侍郎，泰为尚书，与同腹心。攸，爽之从孙也。

蹇硕疑不自安，与中常侍赵忠、宋典等书曰：“大将军兄弟秉国专朝，今与天下党人谋诛先帝左右，扫灭我曹，但以硕典禁兵，故且沉吟。今宜共闭上阁，急捕诛之。”中常侍郭胜，进同郡人也，太后及进之贵幸，胜有力焉，故亲信何氏；与赵忠等议，不从硕计，而以其书示进。庚午，进使黄门令收硕，诛之，因悉领其屯兵。

票骑将军董重，与何进权势相害，中官挟重以为党助。董太后每欲参干政事，何太后辄相禁塞，董后忿恚，詈曰：“汝今辀张，怙汝兄耶！吾敕票骑断何进头，如反手耳！”何太后闻之，以告进。五月，进与三公共奏：“孝仁皇后使故中常侍夏恽等交通州郡，辜较财利，悉入西省。故事，蕃后不得留京师；请迁宫本国。”奏可。辛巳，进举兵围票骑府，收董重，免官，自杀。六月，辛亥，董太后忧怖，暴崩。民间由是不附何氏。

辛酉，葬孝灵皇帝于文陵。何进惩蹇硕之谋，称疾，不入陪丧，又不送山陵。

兵，等到袁绍回来再西征，以此来拖延行期。

先前，灵帝多次失去皇子，何皇后生下儿子刘辩，把他放在道人史子眇家养育，称为“史侯”。王美人生下儿子刘协，由董太后亲自养育，称为“董侯”，群臣请求确立太子。灵帝认为刘辩轻浮没有威严，想立刘协，犹豫不决。灵帝恰逢病重，就把刘协托付给蹇硕。四月十一日丙辰，灵帝在嘉德殿去世。当时蹇硕在宫内，想先杀死何进然后立刘协，派人去迎请何进，说要与他商讨事情；何进马上驾车前往。蹇硕的司马潘隐和何进早有交谊，潘隐出宫迎接何进，用眼神暗示。何进心领神会，大惊失色，从捷径飞马回营，率兵进驻各郡国在京城的官邸，称病不入宫。

四月十三日戊午，皇子刘辩即皇帝位，年仅十四岁。尊皇后为皇太后，太后临朝听政，大赦天下，改元年号为光熹，册封皇帝的弟弟刘协为勃海王。刘协当时只有九岁。任命后将军袁隗为太傅，与大将军何进共同管理尚书事务。

何进执掌朝政后，愤恨蹇硕曾想谋害自己，暗中策划诛杀他。袁绍通过何进的亲信门客张津，劝说何进杀灭全部宦官。何进认为袁氏历代显贵受宠幸，而且袁绍和他的堂弟虎贲中郎将袁术都是豪杰归附的英雄，十分信任重用袁氏兄弟。何进又广泛地征求智谋之士何颙、荀攸以及河南人郑泰等二十多人，委任何颙出为北军中候，荀攸为黄门侍郎，郑泰为尚书，把他们视作自己的心腹。荀攸是荀爽的堂孙。

蹇硕疑虑不安，和中常侍赵忠、宋典等通信说：“大将军兄弟俩掌握国政，现今正与天下党人策划诛杀先帝左右的亲信，要全部消灭我辈，只是因为我掌管了禁军，所以暂且不敢妄动。现今应当一起关闭宫门，赶快捕杀何进。”中常侍郭胜与何进是同郡人，太后和何进得以显贵宠幸，郭胜起了很大作用，所以依附何氏；于是和赵忠等商议，不听从蹇硕的策划，反倒把蹇硕的书信给何进看。四月二十五日庚午，何进派黄门令收捕蹇硕，立即诛杀，趁势夺取了屯守京师的全部兵权。

骠骑将军董重与何进发生权力冲突，宫中宦官依靠董重来增强自己的势力。董太后每次要参与政事，何太后就要加以阻挠，董太后很愤恨，骂道：“你现在这样猖狂，还不是仗着你的哥哥！我下令骠骑将军斩下何进的头颅，易如反掌！”何太后听到这话就告诉了何进。五月，何进和三公共同上奏：“董太后派前中常侍夏恽等勾结州郡官府，独霸财物，全部纳入她住的永乐宫。依据惯例，藩国的王后不能留住京城，请把董太后迁回本国。”奏章得到准许。五月初六日辛巳，何进举兵包围骠骑将军府，逮捕董重，罢免他的官职，董重自杀。六月初七日辛亥，董太后由于忧惧突然去世。从此民心不归向何氏。

六月十七日辛酉，安葬汉灵帝于文陵。何进鉴于蹇硕加害自己的教训，称病不出，既不入宫守灵，也不送葬汉灵帝的棺椁到墓地。

大水。

秋，七月，徙勃海王协为陈留王。

司徒丁宫罢。

袁绍复说何进曰："前窦武欲诛内宠而反为所害者，但坐言语漏泄；五营兵士皆畏服中人，而窦氏反用之，自取祸灭。今将军兄弟并领劲兵，部曲将吏皆英俊名士，乐尽力命，事在掌握，此天赞之时也。将军宜一为天下除患，以垂名后世，不可失也！"进乃白太后，请尽罢中常侍以下，以三署郎补其处。太后不听，曰："中官统领禁省，自古及今，汉家故事，不可废也。且先帝新弃天下，我奈何楚楚与士人共对事乎！"进难违太后意，且欲诛其放纵者。绍以为中官亲近至尊，出纳号令，今不悉废，后必为患。而太后母舞阳君及何苗数受诸宦官赂遗，知进欲诛之，数白太后为其障蔽；又言："大将军专杀左右，擅权以弱社稷。"太后疑以为然。进新贵，素敬惮中官，虽外慕大名而内不能断，故事久不决。

绍等又为画策，多召四方猛将及诸豪杰。使并引兵向京城，以胁太后；进然之。主簿广陵陈琳谏曰："谚称'掩目捕雀'，夫微物尚不可欺以得志，况国之大事，其可以诈立乎！今将军总皇威，握兵要，龙骧虎步，高下在心，此犹鼓洪炉燎毛发耳。但当速发雷霆，行权立断，则天人顺之。而反委释利器，更征外助，大兵聚会，强者为雄，所谓倒持干戈，授人以柄，功必不成，只为乱阶耳！"进不听。典军校尉曹操闻而笑曰："宦者之官，古今宜有，但世主不当假之权宠，使至于此，既治其罪，当诛元恶，一狱吏足矣，何至纷纷召外兵乎！欲尽诛之，事必宣露，吾见其败也。"

初，灵帝征董卓为少府，卓上书言："所将湟中义从及秦、胡兵皆诣臣言：'牢直不毕，禀赐断绝，妻子饥冻。'牵挽臣车，使不得行。羌、胡憋肠狗态，臣不能禁止，辄将顺安慰。增异复上。"朝廷不能制。及帝寝疾，玺书拜卓并州牧，令以兵属皇甫嵩。卓复上书言："臣误蒙天恩，掌戎十年，士卒大小，相狎弥久，恋臣畜养之恩，为臣奋一旦之命，乞将之北州，效力边垂。"嵩从子郦说嵩曰："天下兵柄，在大人与董卓耳。

发生大水灾。

秋季，七月，迁徙勃海王刘协为陈留王。

司徒丁宫被免职。

袁绍再次劝说何进说："从前窦武想诛杀宦官，结果反为宦官所害，只因语言泄露，北军的五营士兵都害怕而服从宦官，而窦武反要利用他们，自取灭亡。现在将军兄弟俩共同统领精锐部队，部属将帅都是英雄豪杰，乐于效命，大事全在您的掌控之中，这是天赐良机。将军应当果断地为天下除害，留名后世，不可失去这个机会。"何进于是禀报太后，请求罢免所有中常侍以下的宦官，用三署中的郎官补其缺。太后不听从，说："既是从古到今的制度，也是汉家的传统，不能废掉。况且先帝刚去世，我怎能去抛头露面和群僚相处共事呢？"何进难以违抗太后的意见，就只想杀掉那些飞扬跋扈的宦官。袁绍认为宦官亲近皇帝，诏书敕令全由他们传递，如果现在不彻底消灭，将来祸害无穷。但太后的母亲舞阳君与何苗多次接受众宦官的贿赂，知道何进要诛杀他们，多次呈请太后保护他们。又说："大将军要专门杀害太后亲近的人，目的是专擅权力以削弱国家。"太后起了疑心，认为此话有理。何进刚刚显贵，一向害怕宦官，虽然对外表示要诛杀宦官建立伟大的功名，内心却下不了决断，所以此事长久不能决定下来。

袁绍等又为何进出谋划策，多招募四方猛将和众豪杰，要他们都带兵向京城进发，以此胁逼太后，何进同意了。主簿广陵人陈琳劝谏说："谚语说'掩目捕雀'，即使是一件小事尚且不能用欺骗手段来达到目的，何况国家大事，怎么可以用欺骗的方式去完成呢？现在将军身居高位，手握军权，龙行虎步，为所欲为，消灭宦官就像鼓起大火炉烧掉毛发一样容易。只要行动迅速如雷霆闪电，行使权力果敢坚决，那么天意民心都会顺服。如果放弃手中兵权，转而向外求援，大兵一旦聚集，强者就要称雄，这就像倒着拿兵器，把刀柄送给别人一样，一定不能成功，只会酿成祸乱。"何进不听从。典军校尉曹操听到后大笑着说："宦官古今都应当有，只有天子不应给予权势宠幸，导致现在的局面。既然要治他们的罪，就应消灭元凶，只留一个狱官就足够了，何至于纷纷去征召外地的军队呢？要想完全诛灭宦官，事情一定会败露，我看这事一定失败。"

当初，灵帝征召董卓任少府，董卓上奏说："臣所率领的湟中义从羌兵和秦、胡的士兵都对臣说：'没有发给足额的粮饷，赏赐也断了，使得妻子儿女饥寒交迫。'他们拉着臣的车子，使臣不能前进一步。羌人、胡人的心肠就像狗一样急躁，无法禁止，只好顺情安慰。将来情况有变，再上奏章。"朝廷对他无可奈何。等到灵帝病重，下诏书任命董卓为并州牧，要他把军队交给皇甫嵩。董卓又上奏说："臣错蒙皇帝恩惠，掌管军事十年，官兵上下，长期共处，产生情感，他们眷念臣培育的恩惠，

今怨隙已结，势不俱存。卓被诏委兵而上书自请，此逆命也。彼度京师政乱，故敢踌躇不进，此怀奸也。二者，刑所不赦。且其凶戾无亲，将士不附。大人今为元帅，杖国威以讨之，上显忠义，下除凶害，无不济也。”嵩曰：“违命虽罪，专诛亦有责也。不如显奏其事，使朝廷裁之。”乃上书以闻。帝以让卓。卓亦不奉诏，驻兵河东以观时变。

何进召卓使将兵诣京师。侍御史郑泰谏曰：“董卓强忍寡义，志欲无厌，若借之朝政，授以大事，将恣凶欲，必危朝廷。明公以亲德之重，据阿衡之权，秉意独断，诛除有罪，诚不宜假卓以为资援也！且事留变生，殷鉴不远，宜在速决。”尚书卢植亦言不宜召卓，进皆不从。泰乃弃官去。谓荀攸曰：“何公未易辅也。”

进府掾王匡，骑都尉鲍信，皆泰山人，进使还乡里募兵；并召东郡太守桥瑁屯成皋，使武猛都尉丁原将数千人寇河内，烧孟津，火照城中，皆以诛宦官为言。

董卓闻召，即时就道，并上书曰：“中常侍张让等，窃幸承宠，浊乱海内。臣闻扬汤止沸，莫若去薪；溃痈虽痛，胜于内食。昔赵鞅兴晋阳之甲以逐君侧之恶，今臣辄鸣钟鼓如雒阳，请收让等以清奸秽！”太后犹不从。何苗谓进曰：“始共从南阳来，俱以贫贱依省内以致富贵，国家之事，亦何容易。覆水不收，宜深思之，且与省内和也。”卓至渑池，而进更狐疑，使谏议大夫种邵宣诏止之。卓不受诏，遂前至河南，邵迎劳之，因譬令还军。卓疑有变，使其军士以兵胁邵。邵怒，称诏叱之，军士皆披，遂前质责卓；卓辞屈，乃还军夕阳亭。邵，暠之孙也。

（以上为第四段，写少帝刘辩即位，大将军何进与袁绍谋诛宦官，召董卓入京。）

袁绍惧进变计，因胁之曰：“交构已成，形势已露，将军复欲何待而不早决之乎？事久变生，复为窦氏矣！”进于是以绍为司隶校尉，假节，专命击断；从事中郎王允为河南尹。绍使雒阳方略武吏司察宦者，而促董卓等使驰驿上奏，欲进兵平乐观。太后乃恐，悉罢中常侍、小黄门使

乐意为臣流血效命，臣请求率领他们北上并州，为国家的边防效力。”皇甫嵩的侄子皇甫郦劝告皇甫嵩说：“天下兵权握在您和董卓的手中，其势无法共存。董卓受诏令交出兵权却上奏自请率兵，这是违抗诏命的大罪，他敢于这样，其实是在审度京城的政治动乱，所以才拖延不进，这是怀有奸心。抗旨、拖延，这两种行为都是刑律不能赦免的。况且他凶残暴虐不讲亲情，将士不依附。大人现在身为元帅，凭仗国家的威严去讨伐他，对上表示忠义，对下消除凶害，没有不成功的。”皇甫嵩说：“违反诏命虽然有罪，但擅自诛伐也有罪责。不如清楚地奏报此事，让朝廷来裁决。”于是上书呈报汉灵帝。汉灵帝以此斥责董卓。董卓仍不肯接受诏书，驻兵河东以观望时局变化。

何进召董卓率兵到京城。侍御史郑泰劝谏说：“董卓强暴残忍缺少仁义，欲望无边，倘若他掌管朝政，处理国家大事，那将会助长他的凶残和欲望，必定危害朝廷。明公您凭着皇亲国戚、德高望重，掌握国家大权，可以按照意愿独断专行，惩除罪犯，真不该借重董卓为援助，再说事情延迟会生变故，前不久窦武的教训可作殷鉴，应尽快决断。”尚书卢植也说不应征召董卓，何进俱不听从。郑泰辞职离去，对荀攸说：“何公是个难以辅助的人。”

何进的僚属王匡、骑都尉鲍信都是泰山人，何进派他们回故乡去招募军队；又召东郡太守桥瑁屯驻成皋，委派武猛都尉丁原率领几千人骚扰河内，火烧孟津，火光照到洛阳城中。这些行动都打着诛除宦官的名义。

董卓接到征召诏令，立即上路，同时上书说：“中常侍张让等人，依靠皇帝的宠幸，扰乱天下。臣听说扬汤止沸，不如釜底抽薪；挑破脓包，虽然疼痛，但胜过它向内腐蚀肌体。从前有赵鞅兴晋阳之兵去驱赶国君身边的恶人，如今臣擂响钟鼓进兵洛阳，请求收捕张让等扫清奸邪！”太后还是不听从。何苗对何进说：“当初我们一起从南阳来，出身贫贱，依靠了宦官才获得富贵，国家的事情，谈何容易。覆水难收，你应当深思熟虑，还是和宦官们议和吧。”董卓到了渑池，何进却更加狐疑，拿不定主意，便派谏议大夫种劭宣布诏书阻拦董卓。董卓不接受诏令，竟进军到河南。种劭出迎慰劳军队，趁此宣明圣谕令其回师。董卓怀疑有变故，下令他的部下用武器威吓胁迫种劭。种劭愤怒，用皇帝诏书的名义呵斥士兵，士兵们都跑散了，于是种劭向前质问董卓；董卓理屈词穷，只好撤回夕阳亭。种劭是种暠的孙子。

袁绍害怕何进改变计划，因而威吓他说：“冲突已经形成，情势已经显露，将军还要等待什么而不早做决断？事情拖久了就会发生变故，难道要重演窦氏的悲剧吗？”何进于是委任袁绍为司隶校尉、持节，专门负责隔断内外的消息。又委任从事中郎王允为河南尹。袁绍派出洛阳方略武吏观察宦官动静，又督促董卓等快马上

还里舍，唯留进所私人以守省中。诸常侍、小黄门皆诣进谢罪，唯所措置。进谓曰："天下匈匈，正患诸君耳。今董卓垂至，诸君何不早各就国！"袁绍劝进便于此决之，至于再三；进不许。绍又为书告诸州郡，诈宣进意，使捕按中官亲属。

进谋积日，颇泄，中官惧而思变。张让子妇，太后之妹也，让向子妇叩头曰："老臣得罪，当与新妇俱归私门。唯受恩累世，今当远离宫殿，情怀恋恋，愿复一入直，得暂奉望太后陛下颜色，然后退就沟壑，死不恨矣！"子妇言于舞阳君，入白太后；乃诏诸常侍皆复入直。

八月，戊辰，进入长乐宫，白太后，请尽诛诸常侍。中常侍张让、段珪相谓曰："大将军称疾，不临丧，不送葬，今欻入省，此意何为？窦氏事竟复起邪？"使潜听，具闻其语。乃率其党数十人持兵窃自侧闼入，伏省户下，进出，因诈以太后诏召进，入坐省阁。让等诘进曰："天下愦愦，亦非独我曹罪也。先帝尝与太后不快，几至成败，我曹涕泣救解，各出家财千万为礼，和悦上意，但欲托卿门户耳。今乃欲灭我曹种族，不亦大甚乎！"于是尚方监渠穆拔剑斩进于嘉德殿前。让、珪等为诏，以故太尉樊陵为司隶校尉，少府许相为河南尹。尚书得诏版，疑之，曰："请大将军出共议。"中黄门以进头掷与尚书曰："何进谋反，已伏诛矣！"

进部曲将吴匡、张璋在外，闻进被害，欲引兵入宫，宫门闭。虎贲中郎将袁术与匡共斫攻之，中黄门持兵守阁。会日暮，术因烧南宫青琐门，欲以胁出让等。让等入白太后，言大将军兵反，烧宫，攻尚书闼，因将太后、少帝及陈留王，劫省内官属，从复道走北宫。尚书卢植执戈于阁道窗下，仰数段珪；珪惧，乃释太后，太后投阁，乃免。袁绍与叔父隗矫诏召樊陵、许相，斩之。绍及何苗引兵屯朱雀阙下，捕得赵忠等，斩之。吴匡等素怨苗不与进同心，而又疑其与宦官通谋，乃令军中曰："杀大将军即车骑也，吏士能为报仇乎？"皆流涕曰："愿致死！"匡遂引兵与董卓弟奉车都尉旻攻杀苗，弃其尸于苑中。绍遂闭北宫门，勒兵捕诸宦者，无少长皆杀之，凡二千余人，或有无须而误死者。绍因进兵排宫，或上端门屋，以攻省内。

奏章，说要进兵平乐观。太后惊恐，罢免所有的中常侍、小黄门，让他们返回自己的住所，只留下何进亲信的人守卫在宫中。中常侍、小黄门都到何进那里请罪，任凭处置。何进说："天下纷乱不安，正是由于厌恨你们。现在董卓就要来了，诸位为何不早点到自己的封国。"袁绍劝何进趁此机会除掉他们，一而再，再而三，何进不同意。袁绍又发出公文到各州郡，假称是何进的意见，要他们收审宦官的亲属。

何进的计划拖延许久，有所泄露，宦官们因为恐惧转而想发动政变。张让的儿媳是何太后的妹妹，张让向儿媳叩头说："老臣已犯罪，应和儿媳一起返回故里。只是蒙受几代的皇恩，如今要远离宫殿，心中留恋，希望能再一次进宫值宿，暂时侍奉太后、皇帝，然后退归乡野，死而无憾！"儿媳将这话转告舞阳君，舞阳君入宫禀告何太后；何太后诏令众常侍都重新入宫值宿。

八月二十五日戊辰，何进进入长乐宫，报告太后，请求诛杀所有常侍。中常侍张让、段珪相互商议说："大将军称病，不参加守丧，不去送葬，现在突然进宫，他要干什么？难道又要重演窦氏的事件吗？"于是派人去窃听，获知全部谈话内容。率领他们的同党几十人手持兵器偷偷地从侧门进去，埋伏在宫门下，何进出来，趁机诈称太后征召何进，何进复入宫坐定，张让等斥责何进说："天下混乱，也不仅仅是我们的罪过。先帝曾与太后不和睦，几乎到了决裂的地步，我们流泪挽救和解，各人拿出家财千万作为礼物，取悦皇帝，只是想依附在你们的门下罢了。现今你却要消灭我们一族，不是也太过分了吗！"于是尚书监渠穆拔剑在嘉德殿前杀了何进。张让、段珪等起草诏书，任命前太尉樊陵为司隶校尉，少府许相为河南尹。尚书得到诏书，觉得可疑，说："请大将军出来共同商量。"中黄门把何进的人头扔给尚书说："何进谋反，已被诛杀！"

何进部将吴匡、张璋在宫外，听到何进被害，想率兵冲入宫内，但宫门已经关闭。虎贲中郎将袁术和吴匡一起攻击，用刀劈宫门，中黄门手持兵器守护。适逢天黑，袁术趁机火烧南宫青琐门，想以此胁迫张让等出来。张让等入后宫禀报太后，说大将军的军队谋反，焚烧皇宫，攻打尚书府，张让等趁机挟持太后、少帝和陈留王，以及宫内的其他官属从阁道逃向北宫。尚书卢植手持长戈在阁道的窗下，迎面数落段珪罪状；段珪害怕，于是释放太后，太后从阁道窗口跳下，才幸免被劫持。袁绍和叔父袁隗伪造诏书征召樊陵、许相，杀死他们。袁绍与何苗率兵驻守朱雀阙下，将抓获的赵忠等人全杀了。吴匡等一向怨恨何苗不与何进同心，而且又疑心他与宦官同谋，于是在军中下令说："杀死大将军的人就是车骑将军何苗，你们能为大将军报仇吗？"官兵们都流泪说："我们愿意拼命致死！"吴匡率兵和董卓的弟弟奉车都尉董旻进攻杀死了何苗，把他的尸体扔在宫苑中。于是袁绍关闭北宫门，率兵捕捉所有的宦官，无论长幼统统杀掉，总计两千多人，有些还是小孩。袁绍乘势进

庚午，张让、段珪等困迫，遂将帝与陈留王数十人步出穀门，夜，至小平津，六玺不自随，公卿无得从者，唯尚书卢植、河南中部掾闵贡夜至河上。贡厉声质责让等，且曰：“今不速死，吾将杀汝！”因手剑斩数人。让等惶怖，叉手再拜，叩头向帝辞曰：“臣等死，陛下自爱！”遂投河而死。

贡扶帝与陈留王夜步逐萤光南行，欲还宫，行数里，得民家露车，共乘之，至雒舍止。辛未，帝独乘一马，陈留王与贡共乘一马，从雒舍南行，公卿稍有至者。董卓至显阳苑，远见火起，知有变，引兵急进；未明，到城西，闻帝在北，因与公卿往奉迎于北芒阪下。帝见卓将兵卒至，恐怖涕泣。群公谓卓曰：“有诏却兵。”卓曰：“公诸人为国大臣，不能匡正王室，至使国家播荡，何却兵之有！”卓与帝语，语不可了，乃更与陈留王语，问祸乱由起，王答，自初至终，无所遗失。卓大喜，以王为贤，且为董太后所养，卓自以与太后同族，遂有废立之意。

是日，帝还宫，赦天下，改光熹为昭宁。失传国玺，余玺皆得之。以丁原为执金吾。骑都尉鲍信自泰山募兵适至，说袁绍曰：“董卓拥强兵，将有异志，今不早图，必为所制；及其新至疲劳，袭之，可禽也！”绍畏卓，不敢发。信乃引兵还泰山。

（以上为第五段，写大将军何进优柔寡断，为宦官所害。袁绍趁机清宫杀灭宦官，实质是一场震动京师的宫廷政变。）

董卓之入也，步骑不过三千，自嫌兵少，恐不为远近所服，率四五日辄夜潜出军近营，明旦，乃大陈旌鼓而还，以为西兵复至，雒中无知者。俄而进及弟苗部曲皆归于卓，卓又阴使丁原部曲司马五原吕布杀原而并其众，卓兵于是大盛。乃讽朝廷，以久雨，策免司空刘弘而代之。

初，蔡邕徙朔方，会赦得还。五原太守王智，甫之弟也，奏邕谤讪朝廷；邕遂亡命江海，积十二年。董卓闻其名而辟之，称疾不就。卓怒，詈曰：“我能族人！”邕惧而应命，到，署祭酒，甚见敬重，举高第，三

兵宫禁，有的士兵爬上端门，冲进宫内。

八月二十七日庚午，张让、段珪走投无路，于是劫持少帝和陈留王几十人走出正北门，夜晚，来到小平津，御用的六玺没有带在身边，没有一个公卿跟随，只有尚书卢植、河南中部掾闵贡夜里追赶到黄河边。闵贡一边厉声呵斥张让等，一边说："你们现在还不赶快自杀，我就要杀死你们！"于是挥剑杀了几个人。张让等惊惧，拱手一再作揖，向少帝叩头告辞说："臣等要死了，请陛下自己保重！"于是投河而死。

闵贡扶着少帝和陈留王乘夜借着萤火虫的光向南步行，想返回皇宫，走了几里，得到百姓一辆没有帷盖的车子，一起乘坐到洛舍歇息。八月二十八日辛未，少帝独乘一匹马，陈留王和闵贡同乘一匹马，从洛舍向南走，逐渐有少数公卿赶来。董卓到显阳苑，远远看见火光亮起，知道有了变故，率兵急进；天还未亮，董卓到达洛阳城西，听说少帝在北面，就与公卿们赶往北芒阪下迎接。少帝看见董卓率兵来到，惊恐涕泣。大臣们对董卓说："有诏令，命你退兵。"董卓说："诸位自为国家大臣，不能辅佐王室，导致国家动荡，哪有退兵这一说！"董卓和少帝交谈，少帝不懂董卓的话；于是董卓和陈留王交谈，问起祸乱原因，陈留王一一回答，自始到终，没有什么遗漏。董卓十分高兴，认为陈留王贤能，又是董太后养育，董卓自认为与太后同族，于是产生了废立的念头。

这一天，少帝回宫，大赦天下，改年号光熹为昭宁。只丢了传国玉玺，其余的玉玺都找到了。任命丁原为执金吾。骑都尉鲍信从泰山招募军队刚好赶到，劝袁绍说："董卓拥持强兵，将来会有野心，现今若不早点下手，将来一定受他控制；趁他刚来还很疲惫，偷袭他，可以把他抓到。"袁绍害怕董卓，不敢发兵。鲍信便率兵返回泰山。

董卓刚进京城，步兵骑兵不过三千，自己嫌兵力太少，忧虑不能使远近害怕，大约每隔四五日就在夜里偷偷地派出近一营兵士，第二天早晨，再大张旗鼓地回来，使人认为西军又来了，这一情况洛阳城中没人知晓。不久何进及弟弟何苗的部队都归属董卓，董卓又暗中派丁原的部下司马五原人吕布杀死丁原，吞并了他的部队，董卓的兵力空前扩大。他暗示朝廷，以久雨不晴为借口，下诏罢免司空刘弘，让自己代理。

起初，蔡邕流放到朔方，遇到大赦得以返回。五原大守王智是王甫的弟弟，上奏蔡邕诽谤朝廷；蔡邕四处逃亡达十二年。董卓闻知蔡邕的名声而征召辟举他，蔡邕装病不应征。董卓发怒，骂道："我可以灭掉蔡邕全族！"蔡邕害怕从而应召，到

日之间，周历三台，迁为侍中。

董卓谓袁绍曰："天下之主，宜得贤明，每念灵帝，令人愤毒！董侯似可，今欲立之，为能胜史侯否？人有小智大痴，亦知复何如为当；且尔，刘氏种不足复遗！"绍曰："汉家君天下四百许年，恩泽深渥，兆民戴之。今上富于春秋，未有不善宣于天下。公欲废嫡立庶，恐众不从公议也！"卓按剑叱绍曰："竖子敢然！天下之事，岂不在我！我欲为之，谁敢不从！尔谓董卓刀为不利乎！"绍勃然曰："天下健者岂惟董公！"引佩刀，横揖，径出。卓以新至，见绍大家，故不敢害。绍县节于上东门，逃奔冀州。

九月，癸酉，卓大会百僚，奋首而言曰："皇帝暗弱，不可以奉宗庙，为天下主。今欲依伊尹、霍光故事，更立陈留王，何如？"公卿以下皆惶恐，莫敢对。卓又抗言曰："昔霍光定策，延年按剑。有敢沮大议，皆以军法从事！"坐者震动。尚书卢植独曰："昔太甲既立不明，昌邑罪过千余，故有废立之事。今上富于春秋，行无失德，非前事之比也。"卓大怒，罢坐。将杀植，蔡邕为之请，议郎彭伯亦谏卓曰："卢尚书海内大儒，人之望也；今先害之，天下震怖。"卓乃止，但免植官，植遂逃隐于上谷。卓以废立议示太傅袁隗，隗报如议。

甲戌，卓复会群僚于崇德前殿，遂胁太后策废少帝，曰："皇帝在丧，无人子之心，威仪不类人君，今废为弘农王，立陈留王协为帝。"袁隗解帝玺绶，以奉陈留王，扶弘农王下殿，北面称臣。太后鲠涕，群臣含悲，莫敢言者。

卓又议："太后踧迫永乐宫，至令忧死，逆妇姑之礼。"乃迁太后于永安宫。赦天下，改昭宁为永汉。丙子，卓鸩杀何太后，公卿以下不布服，会葬，素衣而已。卓又发何苗棺，出其尸，支解节断，弃于道边，杀苗母舞阳君，弃尸于苑枳落中。

诏除公卿以下子弟为郎，以补宦官之职，侍于殿上。

乙酉，以太尉刘虞为大司马，封襄贲侯。董卓自为太尉，领前将军事，加节传、斧钺、虎贲，更封郿侯。

了洛阳，被任命为祭酒，很受敬重，对策评为高第，三日之内升迁三次，历任三个不同官署的官职，后升为侍中。

董卓对袁绍说："天下的君主应由贤明的人来登位，每每想到灵帝，令人愤恨。董侯似乎可以，现在我打算拥立他，不知他是否能胜过史侯？有的人小事聪明大事糊涂，也不知他将怎么样？现在暂且如此，刘氏的后代不值得再辅佐。"袁绍说："汉家统治天下约四百年了，恩泽深厚，万民拥戴。现在皇上年轻，没有什么不良的行为显露天下。您想废嫡立庶，恐怕众人不会接受您的意见。"董卓按剑呵斥袁绍说："小子胆敢如此！天下的事情，难道不是由我来定夺？我想做的，谁敢不服从？你认为董卓的刀不锐利吗？"袁绍也大怒说："天下的英雄难道仅只有你董公吗？"他抽出佩刀，横向作个揖，径直走出。董卓刚到京师，见袁绍是累代显贵的大家，所以不敢加害他。袁绍把司隶校尉的符节悬挂在上东门，逃到冀州。

九月癸酉日［八月三十日癸酉］，董卓召集百官，抬头说道："皇帝昏庸懦弱，不可以继承宗庙，做天下的君主，现今我想按照伊尹、霍光的故事，改立陈留王，怎么样？"公卿以下的大臣都很惊惧，没有谁敢回答。董卓又高声说："从前霍光定夺废立大计时，田延年手握剑柄。今天敢阻止大事，就按军法论处。"在座的人惊骇震动。只有尚书卢植说："从前太甲继位后昏庸不明，昌邑王罪过一千有余，所以有废立的事情。现今皇上年轻，没有失德的行为，不能与前面的事情相比。"董卓大怒，宣布休会，将要诛杀卢植，蔡邕为卢植说情，议郎彭伯也谏劝董卓说："卢尚书是海内大儒，人人仰望；如今先杀了他，天下震惊。"董卓这才罢手，但免去了卢植的官职，卢植于是逃跑隐居上谷。董卓把废立的计划告诉太傅袁隗，袁隗回报赞同。

九月初一日甲戌，董卓又在崇德前殿召集群臣会议，于是威逼太后策令废除少帝，诏令说："皇帝守丧期间，未尽孝子之心，威仪不像国君的样子，现今废为弘农王，立陈留王刘协为皇帝。"袁隗解下皇帝的玉玺印绶，呈献给陈留王，扶持弘农王下殿，面北称臣。太后哽咽流涕，群臣悲痛，但没人敢说话。

董卓又提议："何太后曾逼迫董太后，使她忧郁而死，违反了媳妇侍奉婆母的礼节。"于是把何太后迁至永安宫。大赦天下，改年号昭宁为永汉。九月初三日丙子，董卓毒死何太后，公卿以下大臣都不能穿丧服，到参加葬礼那一天，也只让穿白色的衣服。董卓又挖掘何苗的棺材，拖出他的尸体，分裂截断，扔到路边，杀死何苗的母亲舞阳君，将其尸首扔在宫苑的枳木篱笆中。

下诏令任命公卿以下百官的儿子或兄弟为郎官，用来弥补宦官被诛杀后的缺位，在殿上侍奉。

九月十三日乙酉，任命太尉刘虞为大司马，封襄贲侯。董卓自己就任太尉，兼任前将军，加赐节传、斧钺、虎贲，改封为郿侯。

丙戌，以太中大夫杨彪为司空。

（以上为第六段，写董卓大权独揽，擅自废立。）

甲午，以豫州牧黄琬为司徒。

董卓率诸公上书，追理陈蕃、窦武及诸党人，悉复其爵位，遣使吊祠，擢用其子孙。

自六月雨至于是月。

冬，十月，乙巳，葬灵思皇后。

白波贼寇河东，董卓遣其将牛辅击之。

初，南单于於扶罗既立，国人杀其父者遂叛，共立须卜骨都侯为单于。於扶罗诣阙自讼。会灵帝崩，天下大乱，於扶罗将数千骑与白波贼合兵寇郡县。时民皆保聚，钞掠无利，而兵遂挫伤。复欲归国，国人不受，乃止河东平阳。须卜骨都侯为单于一年而死，南庭遂虚其位，以老王行国事。

十一月，以董卓为相国，赞拜不名，入朝不趋，剑履上殿。

十二月，戊戌，以司徒黄琬为太尉，司空杨彪为司徒，光禄勋荀爽为司空。

初，尚书武威周毖，城门校尉汝南伍琼，说董卓矫桓、灵之政，擢用天下名士以收众望，卓从之，命毖、琼与尚书郑泰、长史何颙等沙汰秽恶，显拔幽滞。于是征处士荀爽、陈纪、韩融、申屠蟠。复就拜爽平原相，行至宛陵，迁光禄勋，视事三日，进拜司空。自被征命及登台司，凡九十三日。又以纪为五官中郎将，融为大鸿胪。纪，寔之子；融，韶之子也。爽等皆畏卓之暴，无敢不至。独申屠蟠得征书，人劝之行，蟠笑而不答，卓终不能屈，年七十余，以寿终。卓又以尚书韩馥为冀州牧，侍中刘岱为兖州刺史，陈留孔伷为豫州刺史，东平张邈为陈留太守，颍川张咨为南阳太守。卓所亲爱，并不处显职，但将校而已。

诏除光熹、昭宁、永汉三号。

董卓性残忍，一旦专政，据有国家甲兵、珍宝，威震天下，所愿无极，语宾客曰："我相，贵无上也！"侍御史扰龙宗诣卓白事，不解剑，

九月十四日丙戌，任命太中大夫杨彪为司空。

九月二十一日甲午，任命冀州牧黄琬为司徒。

董卓领衔大臣上奏，请求重新审查陈蕃、窦武以及所有党人的案件，平反昭雪，全部恢复他们的爵位，派出使者吊唁祭祀，启用他们的子孙。

从六月下雨不停，直到九月。

冬季，十月初三日乙巳，安葬何皇后。

白波贼党徒侵扰河东，董卓派部将牛辅征剿。

当初，南单于於扶罗即位后，杀死他父亲的匈奴国人反叛，拥立须卜骨都侯为单于。於扶罗到京师控告反叛者。正碰上灵帝去世，天下大乱，于是於扶罗率领几千骑兵和白波贼党合兵侵扰郡县。当时百姓都组织起来修筑坞壁聚众自保，於扶罗单于抢劫不到什么东西，反而伤亡不少部众。於扶罗想再回国，国人不予接受，他只好停留在河东平阳。须卜骨都侯做了一年的单于就死了，南匈奴的王庭空下单于位置，由老王代行国事。

十一月，册命董卓为相国，给予董卓在朝拜时不称名，上朝时也不必趋步快行，还可以佩剑穿鞋上殿的权利。

十二月戊戌日［十一月二十六日戊戌］，任命司徒黄琬为太尉，司空杨彪为司徒，光禄勋荀爽为司空。

起初，尚书武威人周毖、城门校尉汝南人伍琼，劝说董卓矫正桓帝、灵帝的政治，任用天下名士以收拾民心，董卓听从了，便命令周毖、伍琼和尚书郑泰、长史何颙等淘汰贪官污吏，选拔被压抑的人才。于是朝廷征用隐士荀爽、陈纪、韩融、申屠蟠。又委任荀爽为平原相，荀爽赴任走到宛陵时，又改任升迁为光禄勋，上任才三天，再次升迁为司空。自从他被征召到登上三公之位，总共才九十三日。又任命陈纪为五官中郎将，韩融为大鸿胪。陈纪是陈寔的儿子，韩融是韩韶的儿子。荀爽等都害怕董卓的凶残，没有谁敢不来。只有申屠蟠得到征召令时，别人劝他赴任，申屠蟠却笑而不答，董卓始终没能让他屈服，他活了七十多岁，寿终正寝。董卓又委任尚书韩馥为冀州牧，侍中刘岱为兖州刺史，陈留人孔伷为豫州刺史，东平人张邈为陈留太守，颍川人张咨为南阳太守。董卓所宠爱的人并不担任显要官职，只是做将校罢了。

下诏令废除光熹、昭宁、永汉三个年号。

董卓天性残忍，一旦大权在握，控制了国家的军队、珍宝，威震天下，权势欲望更是没有止境，他对宾客们说：“我的相貌，尊贵无比！”侍御史扰龙宗到董卓那

立柎杀之。是时，雒中贵戚，室第相望，金帛财产，家家充积，卓纵放兵士，突其庐舍，剽虏资物，妻略妇女，不避贵戚，人情崩恐，不保朝夕。

卓购求袁绍急，周毖、伍琼说卓曰："夫废立大事，非常人所及。袁绍不达大体，恐惧出奔，非有他志。今急购之，势必为变。袁氏树恩四世，门生故吏遍于天下，若收豪杰以聚徒众，英雄因之而起，则山东非公之有也。不如赦之，拜一郡守，绍喜于免罪，必无患矣。"卓以为然，乃即拜绍勃海太守，封邟乡侯。又以袁术为后将军，曹操为骁骑校尉。

术畏卓，出奔南阳。操变易姓名，间行东归，过中牟，为亭长所疑，执诣县。时县已被卓书，唯功曹心知是操，以世方乱，不宜拘天下雄儁，因白令释之。操至陈留，散家财，合兵得五千人。

是时，豪杰多欲起兵讨卓者，袁绍在勃海，冀州牧韩馥遣数部从事守之，不得动摇。东郡太守桥瑁诈作京师三公移书与州郡，陈卓罪恶，云"见逼迫，无以自救，企望义兵，解国患难。"馥得移，请诸从事问曰："今当助袁氏邪，助董氏邪？"治中从事刘子惠曰："今兴兵为国，何谓袁、董！"馥有惭色。子惠复言："兵者凶事，不可为首；今宜往视他州，有发动者，然后和之。冀州于他州不为弱也，他人功未有在冀州之右者也。"馥然之。馥乃作书与绍，道卓之恶，听其举兵。

（以上为第七段，写董卓平反党人冤狱，征用名士，外示宽柔，而放纵部属肆意抢掠皇亲国戚和大户，野心勃勃，觊觎神器。）

孝献皇帝甲

初平元年（庚午，190 年）

春，正月，关东州郡皆起兵以讨董卓，推勃海太守袁绍为盟主；绍自号车骑将军，诸将皆板授官号。绍与河内太守王匡屯河内，冀州牧韩馥留邺，给其军粮。豫州刺史孔伷屯颍川，兖州刺史刘岱、陈留太守张邈、邈弟广陵太守超、东郡太守桥瑁、山阳太守袁遗、济北相鲍信与曹操俱屯酸枣，后将军袁术屯鲁阳，众各数万。豪杰多归心袁绍者：鲍信独谓曹操曰："夫略不世出，能拨乱反正者，君也。苟非其人，虽强必毙。君殆天之所启乎！"

里汇报政务，没有卸下佩剑，立即被打死。当时，洛阳城中的豪门贵戚，宅第相望，金银财宝，家家充足，董卓放纵士兵，冲入他们的住宅，掠夺财宝，奸污、抢走妇女，不回避皇亲国戚；人人自危，朝不保夕。

董卓悬赏急于捉拿袁绍，周毖、伍琼劝谏董卓说："废立大事不是一般的人所能理解的。袁绍不识大体，恐惧出逃，没有其他野心。现今悬赏捉拿，逼迫太急，势必促成他叛乱。袁氏四代显贵，门生故吏遍布天下，如果他收揽豪杰，聚集徒众，英雄随之四处兴起，那么崤山以东就不属于您了。不如赦免他，任命他为一个郡守，袁绍高兴被免罪，一定不会有祸害。"董卓同意这个办法，马上任命袁绍为勃海太守，封邟乡侯。又任命袁术为后将军，曹操为骁骑校尉。

袁术害怕董卓，逃到南阳。曹操改名换姓，走小路东逃，经过中牟县时，被亭长怀疑，抓捕送到县衙。当时县衙已接到董卓缉拿曹操的文书，只有功曹心里知道他是曹操，认为天下正乱，不应抓捕天下的英雄豪杰，因此向县令建议释放了他。曹操回到陈留，散发家财招兵，聚集起五千人马。

这时，豪杰大多想起兵征讨董卓，袁绍在勃海郡，冀州牧韩馥派出几个州牧从事监管他，使他不得起兵。东郡太守桥瑁，假托京师三公的名义给州郡发下声讨董卓的檄文，列举董卓罪恶，说："皇上被逼迫，无法自救，盼望地方兴起义兵，除去国家祸害。"韩馥得到檄文，请从事们商量，韩馥问大家："现今应帮助袁氏还是董氏？"治中从事刘子惠说："现今兴兵是为了国家，怎么能说是为袁绍还是为董卓？"韩馥面有愧色。刘子惠又说："战争是凶事，不能带这个头；现今应当关注其他各州的动静，有起兵的，我们再响应。冀州不比其他州弱，建功立名，没有哪个州能超过冀州的。"韩馥认为有理。韩馥于是写信给袁绍，陈述董卓的罪恶，听任袁绍起兵。

孝献皇帝甲

汉献帝初平元年（庚午，190 年）

春季，正月，关东各州郡都起兵征讨董卓，推举勃海太守袁绍为盟主；袁绍自称车骑将军，各将领都临时授予官号。袁绍与河内太守王匡驻屯河内，冀州牧韩馥驻屯邺城，供给各军的军粮。豫州刺史孔伷驻屯颍川，兖州刺史刘岱、陈留太守张邈、张邈的弟弟广陵太守张超、东郡太守桥瑁、山阳太守袁遗、济北相鲍信和曹操都驻屯酸枣，后将军袁术驻屯鲁阳，各路兵马都有几万人。豪杰大多拥护袁绍，只有鲍信对曹操说："谋略超群，能拨乱反正的人就是您。如果不是非凡的人，即使他现在强盛也一定会失败。您恐怕是上天派来拯救乱世的人吧！"

辛亥，赦天下。

癸酉，董卓使郎中令李儒鸩杀弘农王辩。

卓议大发兵以讨山东。尚书郑泰曰：“夫政在德，不在众也。”卓不悦曰：“如卿此言，兵为无用邪！”泰曰：“非谓其然也，以为山东不足加大兵耳。明公出自西州，少为将帅，闲习军事。袁本初公卿子弟，生处京师；张孟卓东平长者，坐不窥堂；孔公绪清谈高论，嘘枯吹生；并无军旅之才，临锋决敌，非公之俦也。况王爵不加，尊卑无序，若恃众怙力，将各棋峙以观成败，不肯同心共胆，与齐进退也。且山东承平日久，民不习战；关西顷遭羌寇，妇女皆能挟弓而斗，天下所畏者，无若并、凉之人与羌、胡义从；而明公拥之以为爪牙，譬犹驱虎兕以赴犬羊，鼓烈风以扫枯叶，谁敢御之！无事征兵以惊天下，使患役之民相聚为非，弃德恃众，自亏威重也。”卓乃悦。

（以上为第八段，写关东诸侯起兵讨董卓。）

董卓以山东兵盛，欲迁都以避之，公卿皆不欲而莫敢言。卓表河南尹朱儁为太仆以为己副，使者召拜，儁辞，不肯受；因曰：“国家西迁，必孤天下之望，以成山东之衅，臣不知其可也。”使者曰：“召君受拜而君拒之，不问徙事而君陈之，何也？”儁曰：“副相国，非臣所堪也；迁都非计，事所急也。辞所不堪，言其所急，臣之宜也。”由是止不为副。

卓大会公卿议，曰：“高祖都关中，十有一世，光武宫雒阳，于今亦十一世矣。按《石包谶》，宜徙都长安，以应天人之意。”百官皆默然。司徒杨彪曰：“移都改制，天下大事，故盘庚迁亳，殷民胥怨。昔关中遭王莽残破，故光武更都雒邑，历年已久，百姓安乐，今无故捐宗庙，弃园陵，恐百姓惊动，必有糜沸之乱。《石包谶》，妖邪之书，岂可信用！”卓曰：“关中肥饶，故秦得并吞六国。且陇右材木自出，杜陵有武帝陶灶，并功营之，可使一朝而办。百姓何足与议！若有前却，我以大兵驱之，可令诣沧海。”彪曰：“天下动之至易，安之甚难，惟明公虑焉！”卓作色曰：“公欲沮国计邪！”太尉黄琬曰：“此国之大事，杨公之言，得无可思！”卓不答。司空荀爽见卓意壮，恐害彪等，因从容言曰：“相国岂乐此邪！山东兵起，非一日可禁，故当迁以图之，此秦、汉之势也。”卓意

正月初十日辛亥，大赦天下。

［二月初三日］癸酉，董卓派郎中令李儒毒死弘农王刘辩。

董卓提议大举发兵征讨山东的各路诸侯。尚书郑泰说：“政治在于德行，不在于军队众多”，董卓不高兴地说：“按您的说法，军队没有用了！”郑泰说：“我说的不是这个意思，只是认为山东不值得用大军征讨罢了。明公您来自西州，年轻时就担任将帅，通晓军事。袁本初是公卿子弟，生长在京城；张邈是东平的忠厚长者，坐下之后目不斜视；孔伷高谈阔论，能把死的说成活的，他们都没有军事才能，临阵打仗，他们不是明公您的对手。况且没有受封王爵，无尊卑次序，如果他们依靠人多势众，就会各自独立坐观成败，不肯同心协力，共进共退。况且山东长期太平，人民不熟习战事；函谷关以西刚遭羌人侵扰，妇女都能持弓战斗，天下最不怕死的人，没有超过并州、凉州的人和羌人、胡人的义从战士，而明公您却拥有这些人作为自己的爪牙，犹如驱赶老虎犀牛扑向犬羊，鼓动狂风横扫枯叶一样，谁敢抗拒你呢？没有特大事情而征召兵马来惊动天下，恰恰是把害怕当兵的人聚集起来正好闹事，抛弃德政依仗军队，这是自己损害自己的威望。”董卓听完才高兴起来。

董卓认为山东兵力强大，想迁都避开锋芒，公卿大臣们都不愿意，却没人敢说话。董卓上书推举河南尹朱儁为太仆作为自己的副手，使者宣召，朱儁推辞并趁机说：“国家西迁，势必要辜负天下人的希望，而且会成为山东联合抗命的借口，我不认为这是可行的。”使者说：“召您接受任命您却拒绝，没有询问您迁都的事您却评论它，这是为什么？”朱儁说：“辅佐相国，不是我能胜任的；迁都不是好办法，事情紧急。我推辞自己不能胜任的，说出当务之急的建议，是我作为臣子的本分。”因此董卓不再勉强朱儁做自己的副手。

董卓召集公卿大臣商议，说：“高祖建都关中传世十一代，光武帝建都洛阳，至今也有十一代了。按照《石包谶》的说法，应迁都长安来应合天意。”百官全都沉默。司徒杨彪说：“迁移京都改革制度是国家大事，所以盘庚迁都亳邑，殷代的百姓都抱怨。从前关中地区遭到王莽的毁坏，所以光武帝改洛邑，历时已久，百姓安居乐业，今天无故抛弃祖宗祠庙，远离先帝陵园，恐怕百姓受到惊动，势必引发天下混乱。《石包谶》是妖邪之书，怎么能相信！”董卓说：“关中地区土地肥沃，所以秦国能吞并六国。况且陇右地区出产木材，杜陵地区有武帝时烧陶器的窑灶，合起来经营，很快就见成效。老百姓的议论，不值得考虑，如果敢来阻止，我用大兵驱赶百姓，把他们统统赶下海。”杨彪说：“要天下动荡很容易，要天下安定很难，希望明公要三思！”董卓变脸说：“你要败坏国家大计吗？”太尉黄琬说：“这是国家大事，杨公所言，还是值得考虑。”董卓不回答。司空荀爽见董卓肝火正旺，恐怕他杀

小解。琬退，又为驳议。二月，乙亥，卓以灾异奏免琬、彪等，以光禄勋赵谦为太尉，太仆王允为司徒。城门校尉伍琼、督军校尉周毖固谏迁都，卓大怒曰："卓初入朝，二君劝用善士，故卓相从，而诸君到官，举兵相图，此二君卖卓，卓何用相负！"庚辰，收琼、毖，斩之。杨彪、黄琬恐惧，诣卓谢，卓亦悔杀琼、毖，乃复表彪、琬为光禄大夫。

卓征京兆尹盖勋为议郎；时左将军皇甫嵩将兵三万屯扶风，勋密与嵩谋讨卓。会卓亦征嵩为城门校尉，嵩长史梁衍说嵩曰："董卓寇掠京邑，废立从意，今征将军，大则危祸，小则困辱。今及卓在雒阳，天子来西，以将军之众迎接至尊，奉令讨逆，征兵群帅，袁氏逼其东，将军迫其西，此成禽也！"嵩不从，遂就征。勋以众弱不能独立，亦还京师。卓以勋为越骑校尉。河南尹朱儁为卓陈军事，卓折儁曰："我百战百胜，决之于心，卿勿妄说，且污我刀！"盖勋曰："昔武丁之明，犹求箴谏，况如卿者，而欲杜人之口乎！"卓乃谢之。

卓遣军至阳城，值民会于社下，悉就斩之，驾其车重，载其妇女，以头系车辕，歌呼还雒，云攻贼大获。卓焚烧其头，以妇女与甲兵为婢妾。

丁亥，车驾西迁，董卓收诸富室，以罪恶诛之，没入其财物，死者不可胜计；悉驱徙其余民数百万口于长安，步骑驱蹙，更相蹈藉，饥饿寇掠，积尸盈路。卓自留屯毕圭苑中，悉烧宫庙、官府、居家，二百里内，室屋荡尽，无复鸡犬。又使吕布发诸帝陵及公卿以下冢墓，收其珍宝。卓获山东兵，以猪膏涂布十余匹，用缠其身，然后烧之，先从足起。

三月，乙巳，车驾入长安，居京兆府舍，后乃稍葺宫室而居之。时董卓未至，朝政大小皆委之王允。允外相弥缝，内谋王室，甚有大臣之度，自天子及朝中皆倚允；允屈意承卓，卓亦雅信焉。

（以上为第九段，写董卓胁迫献帝西迁长安，火烧洛阳，东汉二百年帝京，成了一片废墟。）

害杨彪等，因而和气地劝道："相国哪里乐意这样呢？只是山东起兵，不是一天两天能够平息的，所以应该迁都来对付他们，这和秦汉当初的形势一样。"董卓的怒气才稍有平息。黄琬退朝后，又上书反对。二月初五乙亥，董卓用灾异为借口上奏罢免黄琬、杨彪等，任命光禄勋赵谦为太尉，太仆王允为司徒。城门校尉伍琼、督军校尉周毖坚决谏阻迁都，董卓大怒说："我当初入朝，二位劝我任用贤良的名士，所以我听从了，而这些人到任后，却起兵反对我，你们二位出卖我，我董卓没有什么对不起你们！"二月初十庚辰，董卓逮捕伍琼、周毖，杀了他们。杨彪、黄琬恐惧，到董卓那里谢罪，董卓也后悔杀死伍琼、周毖，又上表任用杨彪、黄琬为光禄大夫。

董卓征召京兆尹盖勋为议郎；当时左将军皇甫嵩率领三万兵众屯驻扶风，盖勋秘密和皇甫嵩谋划征讨董卓。恰好董卓正在征召皇甫嵩为城门校尉，皇甫嵩的长史梁衍劝皇甫嵩说："董卓抢劫京师，随意废立皇帝，现在征召将军，大则有祸，小则受辱。现在趁董卓还在洛阳，天子将西迁，用将军的大军迎接天子，奉天子之命讨伐逆贼，征召各路统帅的兵马，袁氏从东面进攻董卓，将军从西面逼迫，这样一定能抓获董卓。"皇甫嵩不听，终于接受了征召。盖勋因兵弱势孤，不能独自行动，也返回京师。董卓任命盖勋为越骑校尉。河南尹朱儁向董卓陈说军事，董卓蔑视朱儁说："我百战百胜，胸有成竹，你不要胡说，免得你的血玷污了我的刀！"盖勋说："从前武丁那样圣明，还征求别人的意见，何况像你这样的人，反而要堵塞别人的口！"董卓于是向他道歉。

董卓派军队到阳城，碰上老百姓在社下进行祭祀，就把男人们全杀掉，驾着他们的车辆辎重，装着他们抢掠的妇女，还割下被杀人的头颅绑在车辕上，歌唱呼喊着返回洛阳，说是攻打叛贼大获全胜。董卓焚烧这些头颅，把妇女配给兵士做婢妾。

二月十七日丁亥，天子西迁，董卓收捕众富豪，捏造罪名诛杀他们，没收其财产，死人不计其数，董卓驱赶剩余的几百万人全都迁往长安，步兵骑兵裹胁逼迫，人马践踏，加上饥饿和抢夺，沿途尸首遍地。董卓自己留屯毕圭苑中进行督促，焚烧掉所有的宫殿、陵庙、官府、民房，洛阳二百里内，屋室尽毁，鸡犬不留。又派吕布挖掘各皇帝的陵墓和大臣的墓地，收罗珍宝。董卓擒获山东的士兵，用猪油涂在十几匹布上，把它裹在俘虏的身上，然后从脚下点火，活活烧死他们。

三月初五日乙巳，天子进入长安，暂住在京兆尹的府宅，等到把宫室稍加修整后才迁入。此时董卓还没有到长安，大小朝政都由王允处置。王允对外协调各方，安抚王室，颇有大臣风度，从天子到百官都依靠他；王允委屈奉承董卓，董卓也很信任他。

董卓以袁绍之故，戊午，杀太傅袁隗、太仆袁基，及其家尺口以上五十余人。

初，荆州刺史王睿与长沙太守孙坚共击零、桂贼，以坚武官，言颇轻之。及州郡举兵讨董卓，睿与坚亦皆起兵。睿素与武陵太守曹寅不相能，扬言当先杀寅。寅惧，诈作按行使者檄移坚，说睿罪过，令收，行刑讫，以状上。坚承檄，即勒兵袭睿。睿闻兵至，登楼望之，遣问“欲何为？”坚前部答曰：“兵久战劳苦，欲诣使君求资直耳。”睿见坚惊曰：“兵自求赏，孙府君何以在其中？”坚曰：“被使者檄诛君！”睿曰：“我何罪？”坚曰：“坐无所知！”睿穷迫，刮金饮之而死。坚前至南阳，众已数万人。南阳太守张咨不肯给军粮，坚诱而斩之；郡中震栗，无求不获。前到鲁阳，与袁术合兵。术由是得据南阳，表坚行破虏将军、领豫州刺史。

诏以北军中候刘表为荆州刺史。时寇贼纵横，道路梗塞，表单马入宜城，请南郡名士蒯良、蒯越，与之谋曰：“今江南宗贼甚盛，各拥众不附，若袁术因之，祸必至矣。吾欲征兵，恐不能集，其策焉出？”蒯良曰：“众不附者，仁不足也；附而不治者，义不足也。苟仁义之道行，百姓归之如水之趣下，何患征兵之不集乎！”蒯越曰：“袁术骄而无谋，宗贼帅多贪暴，为下所患，若使人示之以利，必以众来。使君诛其无道，抚而用之，一州之人有乐存之心，闻君威德，必襁负而至矣。兵集众附，南据江陵，北守襄阳，荆州八郡可传檄而定，公路虽至，无能为也。”表曰：“善！”乃使越诱宗贼帅，至者五十五人，皆斩之而取其众。遂徙治襄阳，镇抚郡县，江南悉平。

董卓在雒阳，袁绍等诸军皆畏其强，莫敢先进。曹操曰：“举义兵以诛暴乱，大众已合，诸君何疑！向使董卓倚王室，据旧京，东向以临天下，虽以无道行之，犹足为患。今焚烧宫室，劫迁天子，海内震动，不知所归，此天亡之时也，一战而天下定矣。”遂引兵西，将据成皋，张邈遣将卫兹分兵随之。进至荥阳汴水，遇卓将玄菟徐荣，与战，操兵败，为流矢所中，所乘马被创。从弟洪以马与操，操不受。洪曰：“天下可无

董卓因为袁绍起兵，三月十八日戊午，杀死太傅袁隗、太仆袁基及其家中婴孩以上五十多人。

起初，荆州刺史王睿与长沙太守孙坚共同攻击零陵、桂阳的贼党，王睿认为孙坚是个武夫，话里颇有轻蔑之意。到了州郡起兵讨伐董卓时，王睿与孙坚也一同起兵。王睿一向与武陵太守曹寅不和，扬言首先要杀的就是曹寅。曹寅害怕，伪造一份按行使者的公文给孙坚，数说王睿的罪过，令孙坚逮捕王睿，先斩后奏。孙坚接到公文，立刻整兵袭击王睿。王睿听到孙坚的兵到了，登上城楼察看，派人寻问："你想要干什么？"孙坚的前锋回答说："士兵们长久作战非常辛苦，想来见您，向您讨生活费用。"王睿看到孙坚惊讶地说："士兵们自己来求赏，孙府君为何在当中？"孙坚说："受使者的公文来诛杀你！"王睿说："我犯有什么罪？"孙坚说："犯了无知的罪！"王睿被迫无奈，只好刮下金屑吞饮而死。孙坚前进到南阳，部众已有几万人。南阳太守张咨不肯供给军粮，孙坚把张咨诱出杀死；郡中人人惊恐，孙坚要什么就给什么。孙坚又到鲁阳，与袁术汇合兵力。因此袁术占据了南阳，上表举荐孙坚为破虏将军，兼豫州刺史。

朝廷诏令北军中侯刘表为荆州刺史。此时寇贼遍布，道路不通。刘表单骑进入宜城，邀请南郡的名士蒯良、蒯越，与他们谋划，刘表说："现今江南宗族贼党，势力强盛，各自拥兵独立，如果袁术利用他们，必降祸患。我想征召兵马，担心不能召集起来，用什么办法呢？"蒯良说："民众不归附，是仁德不厚；归附后不能治理，是恩义不足。如果推行仁义之道，百姓归顺就如同水往下流一样，怎么还怕征召不到兵呢？"蒯越说："袁术骄横而无谋略，宗族贼党大多贪婪残暴，一盘散沙，常常遭部下祸害。如果派人用财利来引诱他们，一定会率众前来。使君你诛杀其中无道的，安抚后加以任用，州内百姓都想安居生存，听说使君你的威望德行，一定用襁褓背负子女来投奔。兵马聚集民众归附，南据江陵，北守襄阳，这样荆州境内的八郡只要一纸檄文便可平安，袁术虽然赶来，他也无能为力了。"刘表说："好！"于是派蒯越引诱宗族贼党首领，来了五十五人，刘表把他们全部杀掉，并收编了他们的部众。于是迁移荆州治所到襄阳，镇压各郡县的叛乱，安抚百姓，江南全部平定下来。

董卓在洛阳，袁绍等各军都害怕他的强大，没有人敢先进兵。曹操说："兴起义兵，为的是消灭暴乱，现在大军已汇合，诸位还迟疑什么！假如当初董卓倚仗王室，据守旧京，东向进兵来控制天下，尽管他行使的是无道政治，仍然会成为我们的祸害。如今他焚烧宫殿房屋，劫持天子西迁，国内震动，百姓不知所从，这是上天要灭绝董卓的时候，一战就可以平定天下。"于是曹操率兵西进，打算战领成皋，张邈派卫兹率兵跟随。曹操进军到荥阳汴水，遭遇了董卓部将玄菟人徐荣，双方开战，

洪，不可无君！”遂步从操，夜遁去。荣见操将兵少，力战尽日，谓酸枣未易攻也，亦引兵还。

操到酸枣，诸军十余万，日置酒高会，不图进取，操责让之，因为谋曰：“诸君能听吾计，使勃海引河内之众临孟津，酸枣诸将守成皋，据敖仓，塞轘辕、太谷，全制其险，使袁将军率南阳之军军丹、析，入武关，以震三辅，皆高垒深壁，勿与战，益为疑兵，示天下形势，以顺诛逆，可立定也。今兵以义动，持疑不进，失天下望，窃为诸君耻之！”邈等不能用。操乃与司马沛国夏侯惇等诣扬州，募兵，得千余人，还屯河内。

顷之，酸枣诸军食尽，众散。刘岱与桥瑁相恶，岱杀瑁，以王肱领东郡太守。青州刺史焦和亦起兵讨董卓，务及诸将西行，不为民人保障，兵始济河，黄巾已入其境。青州素殷实，甲兵甚盛。和每望寇奔北，未尝接风尘、交旗鼓也。性好卜筮，信鬼神，入见其人，清谈干云，出观其政，赏罚淆乱，州遂萧条，悉为丘墟。顷之，和病卒，袁绍使广陵臧洪领青州以抚之。

夏，四月，以幽州牧刘虞为太傅，道路壅塞，信命竟不得通。先是，幽部应接荒外，资费甚广，岁常割青、冀赋调二亿有余以足之。时处处断绝，委输不至，而虞敝衣绳屦，食无兼肉，务存宽政，劝督农桑，开上谷胡市之利，通渔阳盐铁之饶，民悦年登，谷石三十，青、徐士庶避难归虞者百余万口，虞皆收视温恤，为安立生业，流民皆忘其迁徙焉。

五月，司空荀爽薨。六月，辛丑，以光禄大夫种拂为司空。拂，邵之父也。

董卓遣大鸿胪韩融、少府阴修、执金吾胡毋班、将作大匠吴修、越骑校尉王瓌安集关东，解譬袁绍等。胡毋班、吴修、王环至河内，袁绍使王匡悉收击杀之。袁术亦杀阴修；惟韩融以名德免。

董卓坏五铢钱，更铸小钱，悉取雒阳及长安铜人、钟虡、飞廉、铜马之属以铸之，由是货贱物贵，谷石至数万钱。

曹操兵败，被流箭射中，他骑的马也受了伤。堂弟曹洪把自己的乘马给曹操，曹操不接受。曹洪说：“天下可以没有曹洪，但不能没有你！”曹洪于是步行跟随曹操，趁夜逃跑。徐荣见曹操率兵很少，却苦战了一整天，认为酸枣不容易攻占，也就率兵撤退。

曹操回到酸枣，见各路军队十多万人，天天置酒宴会，不思进取。曹操一面责备他们，一面献计说：“诸位能听从我的计谋，请勃海太守袁绍率领河内之军到孟津，酸枣各将据守成皋，占领敖仓，封锁轘辕、太谷，控制全部险要地方，让袁术将军率领南阳之军驻屯丹水、析县，进攻武关，用以震动三辅地区，各军都高筑壁垒，不与董卓交战，广设疑兵，向他们显示天下形势，然后名正言顺地讨伐，这样很快就可以平定了。如今我们因道义而起兵，却迟疑不前，辜负天下厚望，我为诸位感到羞耻！”张邈等不采纳。曹操于是和司马沛国人夏侯惇等到扬州，招募兵马，获得一千多人回来驻守河内。

不久，酸枣各军粮尽四散。刘岱和桥瑁互相怨恨，刘岱杀了桥瑁，命王肱兼领东郡太守。青州刺史焦和也起兵征讨董卓，他急于进军想赶上酸枣的各路将领一起西征，不保障青州民众的安全，青州军刚刚渡过黄河，黄巾军就侵入青州境内。青州历来富庶，军队很强大，可是焦和每次一见贼寇就逃跑，从不与对方交锋作战。他生性喜欢占卜，相信鬼神，内观其人，喜欢高谈阔论，外察其政，赏罚混乱，于是青州萧条衰落，成了一片废墟。不久，焦和病死，袁绍派广陵人臧洪兼治青州以安抚百姓。

夏季，四月，朝廷任命幽州牧刘虞为太傅，由于道路阻断，使者和诏令竟不能到达。先前，幽州要照应接济边远地区，所需费用很多，每年都要从青、冀二州的赋税中拨出两亿多来补充幽州的不足。此时处处隔绝，财物运送不进来，刘虞本人也穿破衣草鞋，吃饭没有肉食，却仍然尽力于推行仁厚的政治，鼓励百姓从事农桑，开放上谷的关市与胡人做生意，发展渔阳郡的盐、铁生产，百姓欢悦，粮食丰收，每石谷价只有三十钱，青、徐二州为避战乱归顺刘虞的难民有一百多万人，刘虞全部收容、悉心安抚，使他们安居立业，流民都忘记了自己是逃亡在外的难民。

五月，司空荀爽去世。六月，辛丑日，任命光禄大夫种拂为司空。种拂是种劭的父亲。

董卓派大鸿胪韩融、少府阴修、执金吾胡毋班、将作大匠吴修、越骑校尉王瓌安抚关东、晓谕袁绍等。胡毋班、吴修、王瓌到了河内，袁绍派王匡把他们全部杀掉。袁术也杀了阴修，只有韩融因德高望重得免。

董卓废除五铢钱，改铸小钱，全部收缴洛阳和长安的铜人、钟虡、飞廉、铜马之类的东西来铸造，从此货币贬值，物价飞涨，每石谷价高达数万钱。

冬，孙坚与官属会饮于鲁阳城东，董卓步骑数万猝至，坚方行酒，谈笑，整顿部曲，无得妄动。后骑渐益，坚徐罢坐，导引入城，乃曰："向坚所以不即起者，恐兵相蹈藉，诸君不得入耳。"卓兵见其整，不敢攻而还。

王匡屯河阳津，董卓袭击，大破之。

左中郎将蔡邕议："孝和以下庙号称宗者，皆宜省去，以遵先典。"从之。

中郎将徐荣荐同郡故冀州刺史公孙度于董卓，卓以为辽东太守。度到官，以法诛灭郡中名豪大姓百余家，郡中震栗，乃东伐高句骊，西击乌桓，语所亲吏柳毅、阳仪等曰："汉祚将绝，当与诸卿图正耳。"于是分辽东为辽西、中辽郡，各置太守，越海收东莱诸县，置营州刺史。自立为辽东侯、平州牧，立汉二祖庙，承制，郊祀天地，藉田，乘鸾路，设旄头、羽骑。

（以上为第十段，写董卓西迁后，关东诸侯散归各自领属的州郡，互相征伐，初步形成军阀混战的态势。）

冬季，孙坚正与部属在鲁阳城东饮酒聚会，董卓的几万步兵、骑兵突然出现，孙坚仍从容不迫敬酒，谈笑风生，同时整顿军队不得妄动。后来敌骑逐渐增加，孙坚才慢慢离开座位，引导部队进城，这时才说：“刚才我之所以不立即起身的原因是恐怕兵卒惊慌拥挤，诸位进不了城。”董卓的部队看见孙坚部队整齐严密，不敢进攻就撤退了。

王匡驻守河阳津，董卓进击，大败王匡。

左中郎将蔡邕建议：“从孝和帝以后庙号称宗的，都应省去，以遵守传统的典章制度。”献帝同意了。

中郎将徐荣把同郡人前冀州刺史公孙度推荐给董卓，董卓委任他为辽东太守。公孙度上任后，依法诛杀了郡中名豪大姓一百多家，全郡惊恐，然后东征高句骊，西击乌桓，对他亲信的官吏柳毅、阳仪等说：“汉朝将亡，我应和诸位图谋王业了。”于是分辽东为辽西、中辽郡，各设立太守，又渡海占领东莱各县，设置营州刺史。公孙度自称为辽东侯、平州牧，建立汉高祖、汉世祖的宗庙，承袭以前的制度，在郊外祭祀天地，举行藉田之礼，乘坐鸾车，设立旄头、羽林骑。

【点评】

窃国大盗董卓。本卷点评东汉末大军阀董卓窃国乱政、祸害两京带给人们的历史思考。

董卓字仲颖，陇西郡临洮县（今甘肃岷县）人。临洮为陇西郡南部都尉治，在西汉时是一个防御羌人的边陲重镇。这一带的地理形势山高水险，本是羌中之地。这里的人民与羌人交接，骑马弯弓，养成了勇武剽悍的习性。董卓就是在这样的地理环境和社会习俗中成长起来的雄略人物。

董卓出生于一个武官家族。他父亲董君雅是颍川纶氏县尉。县尉领县兵，维持地方治安。董卓生来力大体壮，有一副好身躯，粗猛有谋，史称他“膂力过人，双带两鞬，左右驰射，为羌胡所畏”（《后汉书·董卓传》）。董卓青年时游历羌中，尽与羌豪相结，精通羌胡事，被羌胡人视为豪侠好汉，董卓后来的队伍就是以羌胡为主体的凉州兵。公元184年黄巾大起义，董卓被起用为东中郎将，与北中郎将卢植并击河北、山东黄巾军。公元185年董卓被任为破虏将军，受司空张温节制，西征韩遂。汉军六路征讨，五路皆败，董卓独全众而返，屯驻扶风，拜为前将军。公元189年，灵帝征董卓为少府，要他交出兵权，董卓抗旨不就。灵帝无奈，只好调派他做并州刺史，而董卓仍不交出凉州兵，以前将军头衔拥众驻屯河东观变。当年四月灵帝死，太子刘辩即位，年十七，史称少帝，朝廷大权旁落外戚何进手中。何进任大将军，与袁绍谋诛宦官，而何进无能，擅召董卓入京相助，实际上是引狼入室，给早就怀有异心的董卓创造了千载难逢的好时机。宦官得知董卓入京，抢先下手杀了何进，袁绍兵围皇宫，尽诛宦官。董卓身经百战，当时东汉朝廷里，没有一个将军是他的对手，因镇压黄巾军而负有盛名的两个中郎将，皇甫嵩和朱儁都十分害怕董卓，听其摆布，于是董卓不把任何朝官放在眼里。

董卓入洛，步骑不过三千。当时京师官兵甚盛。司隶校尉袁绍拥有西园八校尉禁军的指挥权，当时曹操是八校尉之一，任典军校尉。大将军何进被宦官杀了以后，何氏部曲为后将军袁术所控制。济北相鲍信又募来一支山东兵，执金吾丁原有骁将吕布。这些力量合起来十倍于董卓而有余。董卓觉察自己势单力弱，过四五天就将部众在夜里暗地拉出军营，天明又大张旗鼓而还，造成援军不断入京的假象。董卓这一手竟镇住了一时人杰袁绍、袁术、曹操等人，他们纷纷逃出京师，禁军及何进部曲统归于董卓。曹操欲刺杀董卓，董卓防范严密，不得下手，董卓又离间丁原部曲，收买吕布为义子，使吕布杀丁原而并其众，于是董卓势力大盛。

董卓的政治手腕不凡且雄略过人。他进兵洛阳，冠冕堂皇发表清君侧诛讨宦官的表章，争取舆论，但是未等董卓入京，二袁已诛除了宦官，少帝派公卿去阻止董

卓入京，董卓趁此威迫公卿大臣，堂而皇之施以强权。他对公卿大臣说："诸公大人不能匡正王室，致使国家倾危，有什么资格来阻止我进京！"俗话说：来者不善。董卓入洛，他办的第一件事就是废了少帝，更立少帝弟陈留王刘协为献帝，控制皇权。当时献帝只有九岁，成为董卓任意摆弄的傀儡。他毫不手软地杀了何太后，拔掉了朝官和名士所凭借的旗帜。与之同时，董卓外示宽柔，起用党人名士做朝官，外放大臣为牧伯太守，平反党人冤狱，"以从人望"（《后汉书·董卓传》）。董卓自为太尉，统掌兵权，以朱儁为副，但不让他掌握一兵一卒。

关西是董卓的根本。董卓挟天子以令诸侯，招抚了凉州的马腾、韩遂，又征召了关中潜在的政敌皇甫嵩和京兆尹盖勋。左将军皇甫嵩屯驻扶风，有雄兵三万。盖勋鼓动皇甫嵩起兵响应关东军夹击董卓。本来皇甫嵩的兵谋比董卓还高一筹。但皇甫嵩雄略不足以驾驭董卓，他乖乖地交出了兵权，到洛阳去做城门校尉。董卓为了使皇甫嵩屈服，先给了他一个下马威，逮捕皇甫嵩入狱，然后放出来用为御史中丞。盖勋孤掌难鸣，也只好接受征召，到洛阳去任越骑校尉。这样董卓就有了一个安定的后方。公元 190 年，关东诸侯起兵讨董卓，于是董卓挟持献帝，迁都到长安。

董卓完成废帝更立后，大权在握，自为相国，入朝时可以带剑穿鞋上殿，朝见皇帝也可以大摇大摆慢步行进。东汉两百年承平，京师贵戚宅地相望，金帛财物，家家殷实。董卓放纵士兵剽掳，随意抄没，淫掠妇女，叫作"搜牢"，意思是牢固封藏的财物也要搜索出来。何太后合葬灵帝文陵，董卓趁机掠取陵中随葬珍宝，又"奸乱公主，妻略宫人"，严刑挟众，公报私仇，国家法纪全被践踏。董卓公开宣言，"我的面相，无比尊贵"。由于关东兵起，才未能篡逆。

董卓退出洛阳，挟帝西迁，更加暴露了他的凶残。他开掘了诸帝寝陵及公卿冢墓，收其珍宝。董卓是中国历史上最大的一个盗墓贼。董卓还把洛阳及其周围二百里内几百万居民驱赶入关中，将房屋烧光，鸡犬杀尽。被驱赶的人民，沿途缺粮，遭到野蛮的凉州兵的践踏和抢掠，死亡无算，积尸满路，史称"旧京空虚，数百里中无烟火"（《孙坚传》裴注引《江表传》）。东汉两百年政治、经济、文化中心的巍峨帝京，成了一片瓦砾场。接着，董卓又把关中弄得残破不堪，他大肆搜刮，敲剥黎民，筑坞于郿县，高厚七丈，与长安城相同，号曰"万岁坞"，积屯了三十年的军粮，珍藏黄金二三万斤，银八九万斤，绫罗绸缎堆积如山。董卓得意扬扬地声称："事成，雄据天下；不成，守此足以毕老。"足以看出，董卓把个人的荣辱完全建立在百姓的尸骨上。

董卓为了满足他无止境的贪欲，还椎破了秦时所铸的铜人，又废除了汉时流行

的五铢钱，更铸小钱，造成物价飞涨，米谷一斛数十万。平民百姓再次蒙受一次残害。

公元 192 年四月，司徒王允利用吕布与董卓的矛盾，谋杀了董卓，长安士女出卖衣装首饰，沽酒相庆，士卒皆呼万岁，百姓歌舞于道。董卓的尸体被暴露在街头示众，守尸的士兵用草绳盘结在卓尸肚脐上，点燃作灯，光明达旦，一直到整个尸体成了一堆灰烬。

汉纪五十二

汉献帝初平二年至四年（191—193年）

【起重光协洽（辛未，191年），尽昭阳作噩（癸酉，193年），凡三年】

【大事提要】

本卷记事起公元191年，讫公元193年，凡三年，当汉献帝初平二年至初平四年，三年间时局大乱。董卓被关东军驱逐出洛阳，西走长安，为王允所诛灭。凉州兵团残余李傕、郭汜兵入长安杀王允，西京又遭浩劫。两汉四百年，帝京长安、洛阳，惨遭凉州兵团荼毒，成了一片废墟。随着天子西迁，朝纲坠地，关东诸侯互相残杀兼并，中原大混战方兴未艾。河南河北，江淮徐扬，四处烽烟。三年混战，袁绍据冀州，陶谦据徐州，曹操据兖州，袁术据淮南，公孙度据辽东，刘焉据益州，公孙瓒火并刘虞得幽州。孙坚死，刘表稳坐荆州。汉末军阀割据，初具格局。

【原文】

孝献皇帝乙

初平二年（辛未，191年）

春，正月，辛丑，赦天下。

关东诸将议：以朝廷幼冲，迫于董卓，远隔关塞，不知存否，幽州牧刘虞，宗室贤俊，欲共立为主。曹操曰："吾等所以举兵而远近莫不响应者，以义动故也。今幼主微弱，制于奸臣，非有昌邑亡国之衅，而一旦改易，天下其孰安之！诸君北面，我自西向。"韩馥、袁绍以书与袁术曰："帝非孝灵子，欲依绛、灌诛废少主、迎立代王故事，奉大司马虞为帝。"术阴有不臣之心，不利国家有长君，乃外托公义以拒之。绍复与术书曰："今西名有幼君，无血脉之属，公卿以下皆媚事卓，安可复信！但当使兵往屯关要，皆自蹙死；东立圣君，太平可冀，如何有疑！又室家见戮，不念子胥，可复北面乎？"术答曰："圣主聪睿，有周成之质，贼卓因危乱之际，威服百寮，此乃汉家小厄之会，乃云今上'无血脉之属'，岂不诬乎！又曰'室家见戮，可复北面'，此卓所为，岂国家哉！慺慺赤心，志在灭卓，不识其他！"馥、绍竟遣故乐浪太守张岐等赍议上虞尊号。虞见岐等，厉色叱之曰："今天下崩乱，主上蒙尘，吾被重恩，未能清雪国耻；诸君各据州郡，宜共戮力尽心王室，而反造逆谋以相垢污邪！"固拒之。馥等又请虞领尚书事，承制封拜，复不听，欲奔匈奴以自绝；绍等乃止。

二月，丁丑，以董卓为太师，位在诸侯王上。

孙坚移屯梁东，为卓将徐荣所败，复收散卒进屯阳人。卓遣东郡太守胡轸督步骑五千击之，以吕布为骑督。轸与布不相得，坚出击，大破之，枭其都督华雄。

或谓袁术曰："坚若得雒，不可复制，此为除狼而得虎也。"术疑之，不运军粮。坚夜驰见术，画地计校曰："所以出身不顾者，上为国家讨贼，下慰将军家门之私仇。坚与卓非有骨肉之怨也，而将军受浸润之言，还

【语译】

孝献皇帝乙

汉献帝初平二年（辛未，191 年）

春季，正月初六日辛丑，大赦天下。

关东地区的各位将领商议，认为天子年幼，受到董卓逼迫，远远地被关塞阻断，不知生死，幽州牧刘虞是皇室宗亲里最贤明的，众将领想共同拥立他为天子。曹操说："我们之所以起兵，远近所有的人也起来响应，是依靠道义行动的缘故。现今年幼的天子柔弱，被奸臣控制，并没有犯下昌邑王那样亡国祸家的过错，而一旦改废，天下谁能平心接受呢？诸位向北迎立幽州的刘虞，我自向西侍奉长安的天子。"韩馥、袁绍写信给袁术说："皇帝不是孝灵的儿子，想按照前汉绛侯周勃和灌婴废除少主，迎立代王的先例，拥戴大司马刘虞为皇帝。"袁术私下有做皇帝的野心，认为国家有了年长的皇帝对自己不利，表面上却借君臣大义拒绝了韩馥和袁绍的建议。袁绍再次写信给袁术说："现今西边名义上有个年幼君主，却不是嫡传的血统，公卿大臣们都谄媚董卓，怎能再相信他们呢？只要派兵去守住关塞，他们全部自会困死；在东边拥护一个圣明的君主，天下太平就有了希望，为何还要迟疑！再说我们袁氏全家遭屠杀，你难道不想学伍子胥为父兄报仇吗？怎能再向这样的皇帝北面称臣呢？"袁术回信说："天子聪明，有周成王的本质，奸贼董卓趁国家危乱之际，用暴力压服百官，这不过是汉家一个小小的厄运，你说当今皇上'不是嫡传的血统'，岂不是在欺骗吗？又说'至于家室遭屠杀，怎能再向这样的皇帝北面称臣'，这是董卓所为，哪是皇帝的本意！我忠心耿耿，志在消灭董卓，不想了解其他的事！"韩馥、袁绍最终还是派前乐浪太守张岐等带着提议到幽州，向刘虞奉上天子的尊号。刘虞见到张岐等人，厉声呵斥说："现今天下混乱，天子在外蒙难，我受国家厚恩，不能洗雪国耻；诸位各自据有州郡，应该齐心为王室效劳，为何反而策划叛逆的阴谋来玷污我呢？"他坚决拒绝了。韩馥等又请求刘虞兼管尚书事务，秉承皇帝旨意封爵任官，刘虞还是不听从，他想逃到匈奴那儿把自己隔离开，袁绍等才作罢。

二月十二日丁丑，委任董卓为太师，地位在诸侯王之上。

孙坚移军驻守在梁县东面，被董卓部将徐荣击败，孙坚重新聚集散兵进驻在梁县西边的阳人聚。董卓派东郡太守胡轸率领步骑五千攻打孙坚，用吕布为骑兵都督。胡轸与吕布不和，孙坚出击，大败胡轸，并砍下步兵都督华雄的头示众。

有人对袁术说："孙坚如果得到洛阳，就不能再控制他了，这就叫除去狼却招来了虎。"袁术起了疑心，便不给孙坚运送军粮。孙坚连夜驰马来见袁术，在地上比画着与他理论，说："我之所以奋不顾身的原因，上为国家讨征逆贼，下为你将军家门

相嫌疑，何也？”术踧踖，即调发军粮。

坚还屯，卓遣将军李傕说坚，欲与和亲，令坚疏子弟任刺史、郡守者，许表用之。坚曰：“卓逆天无道，今不夷汝三族，县示四海，则吾死不瞑目，岂将与乃和亲邪！”复进军大谷，距雒九十里。卓自出，与坚战于诸陵间，卓败走，却屯渑池，聚兵于陕。坚进至雒阳，击吕布，复破走。坚乃扫除宗庙，祠以太牢，得传国玺于城南甄官井中；分兵出新安、渑池间以要卓。

卓谓长史刘艾曰：“关东军败数矣，皆畏孤，无能为也。惟孙坚小戆，颇能用人，当语诸将，使知忌之。孤昔与周慎西征边、韩于金城，孤语张温，求引所将兵为慎作后驻，温不听。温又使孤讨先零叛羌，孤知其不克而不得止，遂行，留别部司马刘靖将步骑四千屯安定以为声势。叛羌欲截归道，孤小击辄开，畏安定有兵故也。虏谓安定当数万人，不知但靖也。而孙坚随周慎行，谓慎求先将万兵造金城，使慎以二万作后驻。边、韩畏慎大兵，不敢轻与坚战，而坚兵足以断其运道。儿曹用其言，凉州或能定也。温既不能用孤，慎又不能用坚，卒用败走。坚以佐军司马所见略与人同，固自为可；但无故从诸袁儿，终亦死耳！”乃使东中郎将董越屯渑池，中郎将段煨屯华阴，中郎将牛辅屯安邑，其余诸将布在诸县，以御山东。辅，卓之婿也。卓引还长安。孙坚修塞诸陵，引军还鲁阳。

（以上为第一段，写孙坚奋勇击贼，逼迫董卓退出洛阳，龟缩关中。关东诸侯讨卓，孙坚建功为诸侯之冠，为孙氏崛起江东伏笔。）

夏，四月，董卓至长安，公卿皆迎拜车下。卓抵手谓御史中丞皇甫嵩曰：“义真，怖未乎？”嵩曰：“明公以德辅朝廷，大庆方至，何怖之有！若淫刑以逞，将天下皆惧，岂独嵩乎！”卓党欲尊卓比太公，称尚父，卓以问蔡邕，邕曰：“明公威德，诚为巍巍，然比之太公，愚意以为未可，宜须关东平定，车驾还反旧京，然后议之。”卓乃止。

卓使司隶校尉刘嚣籍吏民有为子不孝、为臣不忠、为吏不清、为弟不顺者，皆身诛，财物没官。于是更相诬引，冤死者以千数。百姓嚣嚣，道路以目。

报仇。我和董卓没有个人怨恨，而你却听信谗言，反倒猜忌我，这是为什么？”袁术感到窘迫不安，立刻拨给他军粮。

孙坚回到驻地，董卓派将军李傕劝说孙坚，想和孙坚结为亲家，并要孙坚开列推荐儿子兄弟做刺史、郡守的名单，许愿保举任用他们。孙坚对李傕说：“董卓违背天意肆行无道，今天若不诛灭你们三族，把头悬挂起来昭示天下，我死不瞑目，怎会与他董卓结亲呢！”孙坚又继续进攻大谷，离洛阳九十里。董卓亲自率军出击，与孙坚在诸陵园开战，董卓兵败撤离洛阳，退守渑池，在陕县聚集军队。孙坚进兵到洛阳，攻击吕布，吕布也兵败撤退。于是孙坚打扫皇帝宗庙，用牛、羊、猪三牲祭祀，在城南甄官署的井中找到了传国玉玺；又分兵到新安、渑池之间去截击董卓。

董卓对长史刘艾说：“关东的军队屡遭失利，他们都十分畏惧我，无所作为。只有孙坚稍微有点不知死活，却很会用人，应当通知诸位将领，让他们知道提防。从前我与周慎到金城西征边章、韩遂，我告诉张温，让我率领我的军队为周慎的后援，张温不听。张温又派我征伐先零叛乱的羌人，我知道孤军不能打赢，但又不得不去，于是出发，留下别部司马刘靖率领步骑四千以为声势。叛乱的羌人想拦堵我的回路，我稍微出击便冲开了拦截，这是羌人害怕安定有兵的缘故。羌人认为安定一定有几万人，却不知只有刘靖一支小部队，而孙坚随周慎作战，他向周慎请求率一万人攻击金城，让周慎率两万人作后援。边章、韩遂畏惧周慎的后援大军，不敢轻易和孙坚开战，而孙坚的军队足以断绝他们的运输要道。周慎、张温如果采用了孙坚的计谋，凉州也许能平定。张温既不能听从我，周慎又不能听从孙坚，只能最终战败撤退。孙坚一个佐军司马见解却大致和我相同，确实是个有用之才；只是无故追随袁家那些小子，终究难免一死！”于是派东中郎将董越驻守渑池，中郎将段煨屯驻华阴，中郎将牛辅驻守安邑，其余各将安排在各县，用来抵御山东的军队。牛辅是董卓的女婿。董卓率军回长安。孙坚修整所有的陵园后，率兵回到鲁阳。

夏季，四月，董卓到达长安，大臣们都来到他的车下迎接参拜。董卓击掌对御史中丞皇甫嵩说：“皇甫义真，你怕不怕？”皇甫嵩说：“明公您用德行辅佐朝廷，巨大的喜庆刚来，有何可怕的！如果滥施刑罚，将使天下人都害怕，又岂只是我皇甫嵩！”董卓的党羽想按照姜太公的地位尊奉董卓，称为尚父，董卓就此询问蔡邕，蔡邕说：“明公您的威仪道德，实在是伟大，然而我认为不可以和太公相提并论，应等到关东平定，天子返回旧京洛阳，再来商讨这事。”董卓于是作罢。

董卓派司隶校尉刘嚣登记官民中有做儿子不孝、做臣子不忠、做官吏不廉、做弟弟不顺从的人，一律处死，财产没收。于是出现相互诬告牵引的情况，含冤而死的人数以千计。百姓恐慌，在路上相遇，只敢用眼睛相互致意。

六月，丙戌，地震。

秋，七月，司空种拂免；以光禄大夫济南淳于嘉为司空。太尉赵谦罢；以太常马日磾为太尉。

初，何进遣云中张杨还并州募兵，会进败，杨留上党，有众数千人。袁绍在河内，杨往归之，与南单于於扶罗屯漳水。韩馥以豪杰多归心袁绍，忌之；阴贬节其军粮，欲使其众离散。会馥将麴义叛，馥与战而败，绍因与义相结。

绍客逢纪谓绍曰："将军举大事而仰人资给，不据一州，无以自全。"绍曰："冀州兵强，吾士饥乏，设不能办，无所容立。"纪曰："韩馥庸才，可密要公孙瓒，使取冀州，馥必骇惧，因遣辩士为陈祸福，馥迫于仓卒，必肯逊让。"绍然之，即以书与瓒。瓒遂引兵而至，外托讨董卓而阴谋袭馥，馥与战不利。会董卓入关，绍还军延津，使外甥陈留高干及馥所亲颍川辛评、荀谌、郭图等说馥曰："公孙瓒将燕、代之卒乘胜来南，而诸郡应之，其锋不可当。袁车骑引军东向，其意未可量也，窃为将军危之！"馥惧，曰："然则为之奈何？"谌曰："君自料宽仁容众为天下所附，孰与袁氏？"馥曰："不如也。""临危吐决，智勇过人，又孰与袁氏？"馥曰："不如也。""世布恩德，天下家受其惠，又孰与袁氏？"馥曰："不如也。"谌曰："袁氏一时之杰，将军资三不如之势，久处其上，彼必不为将军下也。夫冀州，天下之重资也，彼若与公孙瓒并力取之，危亡可立而待也。夫袁氏，将军之旧，且为同盟，当今之计，若举冀州以让袁氏，彼必厚德将军，瓒亦不能与之争矣。是将军有让贤之名，而身安于泰山也。"馥性恇怯，因然其计。馥长史耿武、别驾闵纯、治中李历闻而谏曰："冀州带甲百万，谷支十年。袁绍孤客穷军，仰我鼻息，譬如婴儿在股掌之上，绝其哺乳，立可饿杀，奈何欲以州与之！"馥曰："吾袁氏故吏，且才不如本初，度德而让，古人所贵，诸君独何病焉！"先是，馥从事赵浮、程涣将强弩万张屯孟津，闻之，率兵驰还。时绍在朝歌清水，浮等从后来，船数百艘，众万余人，整兵鼓，夜过绍营，绍甚恶之。浮等到，谓馥曰："袁本初军无斗粮，各已离散，虽有张杨、於扶罗新附，未肯为用，不足敌也。小从事等请以见兵拒之，旬日之间，必土崩瓦解；明将军但当开阁高枕，何忧何惧！"馥又不听，乃避位，出居中常侍赵忠故舍，遣子送印绶以让绍。绍将至，从事十人争弃馥去，独耿武、闵纯杖刀拒之，不能禁，乃止；绍皆杀之。绍遂领冀州牧，承制以馥为奋威将军，而无所将御，亦无官属。绍以广平沮授为奋武将军，使监护诸

六月二十三日丙戌，发生地震。

秋季，七月，司空种拂被免职，任命光禄大夫淳于嘉为司空。太尉赵谦被免职，任命太常马日磾为太尉。

起初，何进派云中人张杨回并州招募军队，恰好何进被杀，张杨就留在上党，有部众几千人。袁绍在河内，张杨去归附他，与南单于於扶罗一起驻守漳水。韩馥因豪杰大多归服袁绍，心里妒恨；暗中减少供给袁绍的军粮，想让袁绍的部队离散。正好此时韩馥的部将麴义叛乱，韩馥与麴义交战而失败，袁绍趁机与麴义勾结。

袁绍的门客逄纪对袁绍说："将军倡义举大事却依靠别人供给，如不占领一州，就无法保全自己。"袁绍说："冀州兵强，我的士兵又饥又乏，假如不能得到冀州，就没有立足之地了。"逄纪说："韩馥是个蠢材，可以秘密联络公孙瓒，让他去攻打冀州，韩馥一定惊惧，趁机派一个能言善辩的使者替他分析祸福利害，韩馥迫于这一突发事件，一定会让出冀州。"袁绍十分赞同，立即写信给公孙瓒。于是公孙瓒率兵而来，表面声称征讨董卓，实际却要偷袭韩馥，韩馥与公孙瓒交战失利。正遇董卓进入关中，袁绍便率兵回到延津，派外甥陈留人高干和韩馥的亲信颍川人辛评、荀谌、郭图等劝诫韩馥，说："公孙瓒率领燕、代两地的军队乘胜南来，而各郡热烈响应，势不可挡。袁绍率兵东来，他的意向不可捉摸，我们深深地替将军忧虑。"韩馥害怕，说："那我该怎么办呢？"荀谌说："你自己估量一下，宽厚仁爱能为天下百姓所归附，跟袁绍比谁占优势？"韩馥说："我不如袁绍。"荀谌又说："临危果决，智勇过人，跟袁绍比谁又占优势？"韩馥说："我不如袁绍。"荀谌继续说："累世广布恩德，使天下的人受惠，跟袁绍比谁又占优势？"韩馥说："我不如袁绍。"荀谌说："袁绍是一代豪杰，将军三个方面的资历都不如他，却长期位居其上，他一定不会屈从将军之下。冀州是争夺天下最重要的地区，他如果与公孙瓒联合攻取，将军立刻危亡。袁绍是你的旧交，而且是讨伐董卓的同盟者，现今的办法如果把冀州让给袁绍，他一定会厚报将军，公孙瓒也不能与将军争执了。这样将军有让贤的美名，而自身可以安如泰山了。"韩馥生性胆小懦弱，因而接受了这个建议。韩馥长史耿武、别驾闵纯、治中李历听说后劝阻说："冀州有甲兵百万，粮食够吃十年。袁绍是支孤单穷困的客军，完全依靠我们的供给，好像是一个掌控在手中的婴儿，只要断绝给他供给，立刻就会饿死，怎么可以把冀州让给他！"韩馥说："我是袁氏的老部下，何况才干又不如袁绍，估量德行不如让贤，这是古人称道的行为，诸位为何要责难呢！"先前，韩馥从事赵浮、程涣率一万名弓弩手驻扎孟津，听到这个消息，率军快速回到冀州。这时袁绍在朝歌清水，赵浮等从后面赶来，战船几百艘，士兵一万多，部队严整、鼓声震天，夜里走过袁绍的营地，袁绍很憎恶。赵浮等到达冀州，对韩馥说："袁绍军中无粮，已各自离散，虽然有张杨、於扶罗归附，但不肯为

将，宠遇甚厚。魏郡审配、巨鹿田丰并以正直不得志于韩馥，绍以丰为别驾，配为治中，及南阳许攸、逢纪、颍川荀谌皆为谋主。

绍以河内朱汉为都官从事。汉先为韩馥所不礼，且欲徼迎绍意，擅发兵围守馥第，拔刃登屋，馥走上楼，收得馥大儿，槌折两脚；绍立收汉，杀之。馥犹忧怖，从绍索去，往依张邈。后绍遣使诣邈，有所计议，与邈耳语；馥在坐上，谓为见图，无何，起至溷，以书刀自杀。

（以上为第二段，写关东军盟主袁绍以诈术夺取冀州，开启了军阀混战的局面。）

鲍信谓曹操曰："袁绍为盟主，因权专利，将自生乱，是复有一卓也。若抑之，则力不能制，只以遘难。且可规大河之南以待其变。"操善之。会黑山、于毒、白绕、眭固等十余万众略东郡，王肱不能御。曹操引兵入东郡，击白绕于濮阳，破之。袁绍因表操为东郡太守，治东武阳。

南单于劫张杨以叛袁绍，屯于黎阳。董卓以杨为建义将军、河内太守。

太史望气，言当有大臣戮死者；董卓使人诬卫尉张温与袁术交通，冬，十月，壬戌，笞杀温于市以应之。

青州黄巾寇勃海，众三十万，欲与黑山合。公孙瓒率步骑二万人逆击于东光南，大破之，斩首三万余级。贼弃其辎重，奔走渡河；瓒因其半济薄之，贼复大破，死者数万，流血丹水，收得生口七万余人，车甲财物不可胜算，威名大震。

刘虞子和为侍中，帝思东归，使和伪逃董卓，潜出武关诣虞，令将兵来迎。和至南阳，袁术利虞为援，留和不遣，许兵至俱西，令和为书与虞。虞得书，遣数千骑诣和。公孙瓒知术有异志，止之，虞不听。瓒恐术闻而怨之，亦遣其从弟越将千骑诣术，而阴教术执和，夺其兵，由是虞、瓒有隙。和逃术来北，复为袁绍所留。

他尽力，不足为敌。让我们这些从事请求率领现有的军队抗拒他，不出十日，袁绍一定土崩瓦解；将军您只管高枕无忧，有什么好担忧害怕的！”韩馥还是不听从，而是辞职让位，搬出官府，住在中常侍赵忠的故宅，派儿子把印绶送给袁绍。袁绍将要到达冀州的时候，韩馥的十个从事争先抛弃韩馥离去，只有耿武、闵纯挥刀阻拦，不能禁止，只好作罢；袁绍将他们都杀了。袁绍终于兼任冀州牧，以皇帝的名义任命韩馥为奋威将军，但既无兵卒，也无官属。袁绍任命广平人沮授为奋武将军，派他管理所有将领，对他十分宠信。魏郡人审配、巨鹿人田丰都因为品性正直而在韩馥手下不得意，袁绍任命田丰为别驾，审配为治中，以及南阳人许攸、逢纪、颍川人荀谌都成为他的主要谋士。

袁绍任命河内人朱汉为都官从事。朱汉先前受到韩馥的轻慢，又想迎合袁绍的心意，就擅自出兵包围韩馥的住宅，拔出战刀登上屋顶，韩馥躲藏到楼上，朱汉抓住韩馥的大儿子，打断了他的双脚，袁绍马上收捕朱汉，杀了他。韩馥还是害怕，于是向袁绍请求离去，投奔张邈。后来袁绍派使者去见张邈，有事商量，与张邈密谈，韩馥当时在座，认为他们是要谋害自己，起身到厕所，用削竹简的书刀自杀了。

鲍信对曹操说：“袁绍作为盟主，利用权势独占利益，将使天下发生祸乱，等于又出现了一个董卓。如果抑制他，我们尚无力去制服，只会招来祸害。我们暂且可以图谋在黄河南面发展，以等待局势变化。”曹操十分赞同。正巧黑山、于毒、白绕、眭固等十多万人侵犯东郡，太守王肱无力抵抗。曹操率兵进入东郡，在濮阳攻击白绕，获得大胜。袁绍于是上表推举曹操为东郡太守，治所设在东武阳。

南单于於扶罗劫持张杨背叛袁绍，在黎阳驻军。董卓委任张杨为建义将军、河内太守。

太史观察天象，说大臣中将有人被杀死；董卓派人诬陷卫尉张温和袁绍勾结，冬季，十月初一日壬戌，在闹市上用棍棒打死张温，以此迎合天意。

青州黄巾军入侵勃海，部众有三十万，想与黑山黄巾军会合。公孙瓒率领步骑两万人在东光县以南迎战，大败黄巾军，杀死三万多人。黄巾军抛掉辎重，争抢渡河；公孙瓒趁他们渡到一半时发动攻击，又大破黄巾军，杀死几万人，流血染红了河水，俘获七万多人，车辆、甲胄、财物不可胜计，公孙瓒威名大震。

刘虞的儿子刘和任侍中，献帝想要东归洛阳，派刘和化装逃离董卓，秘密过武关绕行去幽州见刘虞，命令刘虞率兵来迎接。刘和走到南阳，袁术想利用刘虞做外援，便扣留了刘和，不让刘和北上。袁术向刘和承诺，只要刘虞兵到，一起西征，让刘和写信给刘虞。刘虞收到刘和的信，派遣几千骑兵到刘和那里。公孙瓒知道袁术有野心，制止刘虞发兵，刘虞没有接受。公孙瓒恐怕袁术知道后怨恨他，也派遣

是时关东州、郡务相兼并以自强大，袁绍、袁术亦自离贰。术遣孙坚击董卓未返，绍以会稽周昂为豫州刺史，袭夺坚阳城。坚叹曰："同举义兵，将救社稷，逆贼垂破而各若此，吾当谁与戮力乎！"引兵击昂，走之。袁术遣公孙越助坚攻昂，越为流矢所中死。公孙瓒怒曰："余弟死，祸起于绍。"遂出军屯磐河，上书数绍罪恶，进兵攻绍。冀州诸城多叛绍从瓒，绍惧，以所佩勃海太守印绶授瓒从弟范，遣之郡，而范遂背绍，领勃海兵以助瓒。瓒乃自署其将帅严纲为冀州刺史，田楷为青州刺史，单经为兖州刺史，又悉改置郡、县守、令。

初，涿郡刘备，中山靖王之后也，少孤贫，与母以贩履为业，长七尺五寸，垂手下膝，顾自见其耳；有大志，少语言，喜怒不形于色。尝与公孙瓒同师事卢植，由是往依瓒。瓒使备与田楷徇青州有功，因以为平原相。备少与河东关羽、涿郡张飞相友善；以羽、飞为别部司马，分统部曲。备与二人寝则同床，恩若兄弟，而稠人广坐，侍立终日，随备周旋，不避艰险。常山赵云为本郡将吏兵诣公孙瓒，瓒曰："闻贵州人皆愿袁氏，君何独迷而能反乎？"云曰："天下讻讻，未知孰是，民有倒县之厄，鄙州论议，从仁政所在，不为忽袁公，私明将军也。"刘备见而奇之，深加接纳，云遂从备至平原，为备主骑兵。

（以上为第三段，写军阀逐鹿方兴。曹操据有东郡，公孙瓒破黄巾军于河北，南联袁术，北战袁绍，于是二袁交恶。刘备投公孙瓒，为逐鹿河南伏笔。）

初，袁术之得南阳，户口数百万，而术奢淫肆欲，征敛无度，百姓苦之，稍稍离散。既与袁绍有隙，各立党援以相图谋。术结公孙瓒而绍连刘表，豪杰多附于绍。术怒曰："群竖不吾从而从吾家奴乎！"又与公孙瓒书曰："绍非袁氏子。"绍闻大怒。

术使孙坚击刘表，表遣其将黄祖逆战于樊、邓之间，坚击破之，遂围襄阳。表夜遣黄祖潜出发兵，祖将兵欲还，坚逆与战，祖败走，窜岘山中。坚乘胜，夜追祖，祖部曲兵从竹木间暗射坚，杀之。坚所举孝廉长沙桓阶诣表请坚丧，表义而许之。坚兄子贲率其士众就袁术，术复表

他的堂弟公孙越率领一千骑兵到袁术那里，暗中唆使袁术逮捕刘和，兼并他的骑兵。因此，刘虞与公孙瓒结下了仇怨。刘和逃离袁术来到北方，又被袁绍扣留。

这时关东各州郡只顾互相兼并用以壮大自己。袁绍、袁术也相互背离有二心。袁术派孙坚攻击董卓还没有返回，袁绍便派会稽人周昂为豫州刺史，偷袭攻占了阳城。孙坚叹息说："共同高举义兵，为的是拯救国家，现在叛贼即将被消灭而各路诸侯如此相攻，我将和谁一起奋斗啊！"于是领兵攻击周昂，赶走了他。袁术派公孙越帮助孙坚攻击周昂，公孙越被流矢射中而死。公孙瓒愤怒地说："我弟弟的死，是袁绍惹的祸。"于是出兵到磐河，上奏朝廷，列举袁绍罪恶，进兵攻击袁绍。冀州所属各城，大都背叛袁绍追随公孙瓒。袁绍害怕，把自己所佩的勃海太守印绶交给公孙瓒的堂弟公孙范，派他到勃海上任，而公孙范却背叛了袁绍，率领勃海郡的兵帮助公孙瓒。公孙瓒就任命自己的部将严纲为冀州刺史，田楷为青州刺史，单经为兖州刺史，又全部重新任命了各州所属的郡守、县令。

起初，涿郡人刘备，他是西汉中山靖王的后代，年少丧父家贫，与母亲一起靠卖鞋为生，身高七尺五寸，双手下垂过膝，眼睛侧视可以看到自己的耳朵，志向远大，沉默寡言，喜怒不形于色。曾经与公孙瓒同窗，拜卢植为师，因此刘备前往依附公孙瓒。公孙瓒派刘备协同田楷夺取青州有功，于是任命他为平原相。刘备年轻时与河东关羽、涿郡张飞交好，任命关羽、张飞为别部司马，分别统领部众。刘备与关、张二人同床睡觉，情同手足，但在大庭广众中，关、张二人整天站立在刘备身边，跟随刘备征讨，不避艰辛。常山人赵云率领本郡的兵马投奔公孙瓒。公孙瓒对赵云说："听说你们州的人都心向袁绍，为何只有你能迷途知返？"赵云说："天下大乱，不知谁是谁非，人民遭受苦难有如被倒吊起来一样，本州人议论，只是渴望仁政所在，并未轻视袁绍，偏爱将军。"刘备见到赵云，认为他才能出众，便与他深交，于是赵云跟随刘备到平原，为刘备统领骑兵。

起初，袁术得到南阳，户口有几百万，但袁术骄奢淫逸，为所欲为，征税没完没了，百姓痛苦不堪，逐渐流亡。后来他又和袁绍结怨，各自培植党羽寻找外援来算计对方。袁术和公孙瓒勾结，而袁绍与刘表联合，豪杰大多归附袁绍。袁术愤怒地说："这帮小子不跟随我却去跟随我的家奴！"又写信给公孙瓒说："袁绍不是袁家的后代。"袁绍听到后极为愤怒。

袁术派孙坚攻打刘表，刘表派部将黄祖在樊城和邓县一带迎战。孙坚击败黄祖，于是包围了襄阳。刘表乘夜派黄祖偷偷出城，去调集援军，黄祖率兵在返回时，遭到孙坚阻击，黄祖战败逃跑，进入岘山中。孙坚乘胜连夜追击，黄祖部下的士兵躲在竹林丛中用暗箭射死孙坚。曾被孙坚推举的孝廉长沙人桓阶觐见刘表，请求为孙

贲为豫州刺史。术由是不能胜表。

初，董卓入关，留朱儁守雒阳，而儁潜与山东诸将通谋，惧为卓所袭，出奔荆州。卓以弘农杨懿为河南尹；儁复引兵还雒，击懿，走之。儁以河南残破无所资，乃东屯中牟，移书州郡，请师讨卓。徐州刺史陶谦上儁行车骑将军，遣精兵三千助之，余州郡亦有所给。谦，丹阳人。朝廷以黄巾寇乱徐州，用谦为刺史。谦至，击黄巾，大破走之，州境晏然。

刘焉在益州阴图异计。沛人张鲁，自祖父陵以来世为五斗米道，客居于蜀。鲁母以鬼道常往来焉家，焉乃以鲁为督义司马，以张修为别部司马，与合兵掩杀汉中太守苏固，断绝斜谷阁，杀害汉使。焉上书言“米贼断道，不得复通”。又托他事杀州中豪强王咸、李权等十余人，以立威刑。犍为太守任岐及校尉贾龙由此起兵攻焉，焉击杀岐、龙。焉意渐盛，作乘舆车具千余乘，刘表上“焉有似子夏在西河疑圣人”之论。时焉子范为左中郎将，诞为治书御史，璋为奉车都尉，皆从帝在长安，惟小子别部司马瑁素随焉；帝使璋晓喻焉，焉留璋不遣。

公孙度威行海外，中国人士避乱者多归之，北海管宁、邴原、王烈皆往依焉。宁少时与华歆为友，尝与歆共锄菜，见地有金，宁挥锄不顾，与瓦石无异，歆捉而掷之，人以是知其优劣。邴原远行游学，八九年而归，师友以原不饮酒，会米肉送之；原曰：“本能饮酒，但以荒思废业，故断之耳。今当远别，可一饮燕。”于是共坐饮酒，终日不醉。宁、原俱以操尚称，度虚馆以候之。宁既见度，乃庐于山谷，时避难者多居郡南，而宁独居北，示无还志，后渐来从之，旬月而成邑。宁每见度，语唯经典，不及世事；还山，专讲《诗》、《书》，习俎豆，非学者无见也。由是度安其贤，民化其德。邴原性刚直，清议以格物，度以下心不安之。宁谓原曰：“潜龙以不见成德。言非其时，皆招祸之道也。”密遣原逃归，度闻之，亦不复追也。王烈器业过人，少时名闻在原、宁之右。善于教诱，乡里有盗牛者，主得之，盗请罪，曰：“刑戮是甘，乞不使王彦方知也！”烈闻而使人谢之，遗布一端。或问其故，烈曰：“盗惧吾闻其过，是有耻恶之心，既知耻恶，则善心将生，故与布以劝为善也。”后有老父遗剑于

坚发丧，刘表赞赏桓阶仗义就答应了。孙坚哥哥的儿子孙贲率领孙坚的部众投奔袁术，袁术再次上表推荐孙贲做豫州刺史。袁术从此不能战胜刘表。

当初，董卓进入关中，留下朱儁守卫洛阳，而朱儁暗中与山东各路将领通谋，害怕被董卓袭击，逃到荆州。董卓任命弘农人杨懿为河南尹；朱儁又率兵返回洛阳，攻打杨懿，把他赶走了。朱儁认为河南残破，没有依靠的资源，便向东进驻中牟，发文告给各个州郡，请求出兵征讨董卓。徐州刺史陶谦上书推荐朱儁代理车骑将军，派三千精锐部队帮助他，其余各州郡也都派出人马援助。陶谦是丹阳人，朝廷因黄巾军侵扰徐州，派陶谦任刺史。陶谦到了徐州，攻击黄巾军，大败黄巾军将其赶出徐州，于是徐州境内平静。

刘焉在益州暗地图谋割据。沛国人张鲁从祖父张陵以来世代信奉五斗米道，客居在蜀地。张鲁的母亲因能通鬼神巫术经常来往刘焉家，刘焉就派张鲁做督义司马，派张修做别部司马，要他们联兵进攻汉中郡，杀死太守苏固，切断斜谷阁通道，杀掉汉朝的使臣。刘焉借此上书说："米贼断绝道路，不能再与朝廷交通。"又借口他事杀了益州的豪强王咸、李权等十几人，用以树立刑法威严。犍为太守任岐和校尉贾龙因此起兵攻打刘焉，刘焉迎击并杀死任岐、贾龙。刘焉想称霸一方的野心越来越强，便建造天子御车和其他车具一千多辆。刘表上书说："刘焉在蜀，就像子夏在西河一样模仿圣人。"当时刘焉的儿子刘范任左中郎将、刘诞任治书御史、刘璋任奉车都尉，都跟随献帝在长安，只有小儿子别部司马刘瑁一向跟在刘焉身边；献帝派刘璋去明确告知刘焉的错误行为，刘焉趁机留下刘璋，不让他回朝廷。

公孙度在海外享有威名，中原人士为避战乱，有许多人投奔公孙度。北海人管宁、邴原、王烈也都投奔了公孙度。管宁小时候和华歆是朋友，曾和华歆一起种菜，锄地时发现了一块金子，管宁举锄不看它，视同瓦砾，华歆捡起又扔掉，人们从这件小事看出了他们两人的优劣。邴原曾到远方去游学，八九年后才回家，老师和学友们认为他不会喝酒，便筹集米肉送给他。邴原说："我本来能喝酒，只因怕荒废学业，所以戒掉了。今天我就要远别，可以一醉方休。"于是同众人坐在一起喝酒，喝了一天也没有醉。管宁、邴原都以操行高尚著称，公孙度空着客房来等候他们。管宁拜见公孙度后，便到山谷里搭建茅屋，当时避难的人大多居住郡南，而管宁独居郡北，以示不回去的决心，后来逐渐来了些追随者，不出一个月这儿就成了村落。管宁每次拜见公孙度，只谈儒家经典，不涉时事；回到山里，专门讲授《诗经》、《尚书》，研习礼仪，不是求学的人他不会见。因此公孙度对他的贤明很优待，民间也受到他的感化。邴原生性刚烈耿直，喜欢用褒贬的方式来纠正人们的不善行为，公孙度以下的各级官吏，心里感到不安宁。管宁对邴原说："潜在水下的龙，以不为人所见才修炼成德。说话不合时宜是招惹灾祸的原因。"暗地让邴原逃回中原，

路，行道一人见而守之，至暮，老父还，寻得剑，怪之，以事告烈，烈使推求，乃先盗牛者也。诸有争讼曲直将质之于烈，或至涂而反，或望庐而还，皆相推以直，不敢使烈闻之。度欲以为长史，烈辞之，为商贾以自秽，乃免。

（以上为第四段，写刘表挫败袁术，站稳荆州，陶谦据徐州，刘焉据西州，公孙度据辽东。）

三年（壬申，192 年）

春，正月，丁丑，赦天下。

董卓遣牛辅将兵屯陕，辅分遣校尉北地李傕、张掖郭汜、武威张济将步骑数万击破朱儁于中牟，因掠陈留、颍川诸县，所过杀虏无遗。

初，荀淑有孙曰彧，少有才名，何颙见而异之，曰："王佐才也！"及天下乱，彧谓父老曰："颍川四战之地，宜亟避之。"乡人多怀土不能去，彧独率宗族去依韩馥。会袁绍已夺馥位，待彧以上宾之礼。彧度绍终不能定大业，闻曹操有雄略，乃去绍从操。操与语，大悦，曰："吾子房也！"以为奋武司马。其乡人留者，多为傕、汜等所杀。

袁绍自出拒公孙瓒，与瓒战于界桥南二十里。瓒兵三万，其锋甚锐。绍令麹义领精兵八百先登，强弩千张夹承之。瓒轻其兵少，纵骑腾之。义兵伏楯下不动，未至十数步，一时同发，讙呼动地，瓒军大败。斩其所置冀州刺史严纲，获甲首千余级。追至界桥，瓒敛兵还战，义复破之，遂到瓒营。拔其牙门，余众皆走。

初，兖州刺史刘岱与绍、瓒连和，绍令妻子居岱所，瓒亦遣从事范方将骑助岱。及瓒击破绍军。语岱令遣绍妻子，别敕范方："若岱不遣绍家，将骑还！吾定绍，将加兵于岱。"岱与官属议，连日不决，闻东郡程

公孙度得知后，也不追赶。王烈的气度、学识超过一般的人，年轻时的名望在管宁、邴原之上，善于教诲诱导。乡里有个偷牛的人，被牛的主人抓到，这个偷牛的人表示认罪，说："我愿意接受刑法惩处，请求不要让王烈知道。"王烈听到这件事，派人向偷牛的人致谢，送了他一匹布。有人询问王烈为何送布，王烈说："这个小偷害怕我听到他的过失，这表明他有羞耻之心，既然他知道了羞耻，那么将会萌发善心，所以送布勉励他为善。"后来有一个老头把剑丢失在路上，一个过路人看到了这把剑，就一直守在路边，直到天黑，老头返回找到了剑，很是惊讶，把这件事告诉了王烈。王烈派人去寻找，拾剑的人原来就是那个偷牛的人。许多人争论是非曲直去找王烈裁定，有的走到路上又回去了，有的看到了王烈的住所便往回走，都互相推说对方正确，不敢让王烈知道。公孙度想让王烈做长史，王烈推辞，就去经商来玷污自己，公孙度这才作罢。

汉献帝初平三年（壬申，192年）

春季，正月丁丑日，大赦天下。

董卓派牛辅率兵屯守陕县，牛辅分路派出校尉北地人李傕、张掖人郭汜、武威人张济率领几万步骑兵在中牟击败朱儁，趁势攻占陈留、颍川两郡所属各县，所过之处烧杀掳掠，无恶不作。

当初，荀淑有个孙子叫荀彧，从小就有才华名望，何颙见到后很惊奇，说："真是个辅佐君王的人才！"等到天下大乱，荀彧对乡亲父老们说："颍川是个四面受敌的地方，应当赶快逃避。"乡里人大多怀念故土不愿离去，荀彧独自率领他的家族去投奔韩馥。正赶上袁绍已夺取了韩馥的地位，袁绍用贵宾的礼节接待了荀彧。荀彧衡量袁绍终究不能成就大业，听说曹操有雄才大略，于是离开袁绍追随曹操。曹操与荀彧交谈，十分高兴，说："你就是我的张良！"任命他为奋武司马。那些不愿离开颍川而留下来的乡亲，大多被李傕、郭汜等人杀害。

袁绍亲自率兵迎战公孙瓒，与公孙瓒在界桥以南二十里的地方交战。公孙瓒的兵力三万，锐不可当。袁绍派麴义率精兵八百为前锋，强弩手一千夹道跟随其后。公孙瓒轻视麴义兵少，派骑兵进攻。麴义的士兵埋伏在盾下不动，等双方不到十几步距离时，同时出击，杀声震天，公孙瓒的军队大败。麴义杀死公孙瓒任命的冀州刺史严纲，获得甲士的首级一千多。追赶到界桥，公孙瓒收兵还击，被麴义再次击败。最后麴义攻击到公孙瓒的军营，拔掉他的营门大旗，公孙瓒的残兵全部逃走。

起初，兖州刺史刘岱和袁绍、公孙瓒联和，袁绍让妻子儿女寄居在刘岱家里，公孙瓒也派从事范方率骑兵帮助刘岱。等到公孙瓒击败袁绍的军队，就通告刘岱要他把袁绍的妻子儿女交出来，另外命令范方说："如果刘岱不交出袁绍家属，你就率

昱有智谋，召而问之。昱曰："若弃绍近援而求瓒远助，此假人于越以救溺子之说也。夫公孙瓒非袁绍之敌也，今虽坏绍军，然终为绍所禽。"岱从之。范方将其骑归，未至而瓒败。

曹操军顿丘，于毒等攻东武阳。操引兵西入山，攻毒等本屯。诸将皆请救武阳。操曰："使贼闻我西而还，武阳自解也；不还，我能败其本屯，虏不能拔武阳必矣。"遂行。毒闻之，弃武阳还。操遂击眭固及匈奴於扶罗于内黄，皆大破之。

董卓以其弟旻为左将军，兄子璜为中军校尉，皆典兵事，宗族内外并列朝廷。卓侍妾怀抱中子皆封侯，弄以金紫。卓车服僭拟天子，召呼三台，尚书以下皆自诣卓府启事。又筑坞于郿，高厚皆七丈，积谷为三十年储，自云："事成，雄据天下，不成，守此足以毕老。"

卓忍于诛杀，诸将言语有蹉跌者，便戮于前，人不聊生。司徒王允与司隶校尉黄琬、仆射士孙瑞、尚书杨瓒密谋诛卓。中郎将吕布，便弓马，膂力过人，卓自以遇人无礼，行止常以布自卫，甚爱信之，誓为父子。然卓性刚褊，尝小失卓意，卓拔手戟掷布，布拳捷，避之，而改容顾谢，卓意亦解。布由是阴怨于卓。卓又使布守中阁，而私于傅婢，益不自安。王允素善待布，布见允，自陈卓几见杀之状，允因以诛卓之谋告布，使为内应。布曰："如父子何？"曰："君自姓吕，本非骨肉。今忧死不暇，何谓父子？掷戟之时，岂有父子情邪！"布遂许之。

夏，四月，丁巳，帝有疾新愈，大会未央殿。卓朝服乘车而入，陈兵夹道，自营至宫，左步右骑，屯卫周匝，令吕布等捍卫前后。王允使士孙瑞自书诏以授布，布令同郡骑都尉李肃与勇士秦谊、陈卫等十余人伪著卫士服，守北掖门内以待卓。卓入门，肃以戟刺之；卓衷甲，不入，伤臂，堕车，顾大呼曰："吕布何在！"布曰："有诏讨贼臣！"卓大骂曰："庸狗，敢如是邪！"布应声持矛刺卓，趣兵斩之。主簿田仪及卓仓

领骑兵返回！等我平定了袁绍，再向刘岱用兵。”刘岱和部下商量，一连几天不能决定，听说东郡人程昱有智谋，就招来向他询问，程昱说：“如果抛开袁绍的近援，而求公孙瓒的远助，这就好比远到南方去请熟悉水性的越人来解救正沉于水中的儿子一样。公孙瓒不是袁绍的对手，现在虽击败了袁绍的军队，但他终将被袁绍捉拿。”刘岱听从了他的话。范方率领他的骑兵赶回去，还没到达而公孙瓒军队已败。

曹操的军队驻守在顿丘，于毒等黄巾军攻打东武阳。曹操率兵西行入山，前去进攻于毒的大本营。诸位将领都请求救援东武阳。曹操说：“如果叛贼听说我西行而回师救援，那么东武阳之围自然解除，如果叛贼不回师救援，我一定能够占领叛贼的大本营，叛贼不能够攻占东武阳是肯定的。”曹操于是率军西进。于毒听说，放弃东武阳返回。曹操便趁势在内黄进攻眭固和南匈奴单于於扶罗，把他们打得大败。

董卓派他的弟弟董旻任左将军，哥哥的儿子董璜任中军校尉，让他们都掌管兵权。董卓的宗族及其亲属都在朝做官，连董卓侍妾襁褓中的儿子也封了侯，把金印和紫绶当作玩物。董卓的车辆和服饰全部模仿皇帝，对尚书台、御史台、府节台三台朝官发号施令，尚书以下的朝官都要亲自到董府去汇报。董卓在郿县修建城堡，高厚都是七丈，积存了可以吃三十年的粮食，自我夸耀说：“事成，我可以雄踞天下；不成，守住这里也足以终老。”

董卓为人残暴，将领们言语稍有差错，便当场处死，人人自危。司徒王允和司隶校尉黄琬、仆射士孙瑞、尚书杨瓒密谋诛除董卓。中郎将吕布，擅长骑射，臂力过人，董卓知道自己待人无礼，无论到哪里都常常把吕布作为自己的侍卫，非常宠信他，两人誓为父子。然而董卓生性刚愎狭隘，吕布曾因小过不合董卓心意，董卓便拔出手戟抛向吕布，吕布身手矫健，敏捷地避开了，又立即和颜悦色地向董卓道歉，董卓的怒意才消解。从此吕布背地里怨恨董卓。董卓又让吕布侍卫内室，吕布却和董卓的贴身侍女私通，因此心里感到不安宁。王允一向对吕布很好，吕布见到王允，亲自述说差点被董卓杀死的情况，王允趁此将诛除董卓的密谋告诉吕布，让他做内应。吕布说：“可我们如同父子，怎么行呢？”王允说：“你自姓吕，与董卓本不是骨肉。现在你生死都顾不了，还谈什么父子？他在抛戟的时候，难道他还有父子之情吗？”吕布终于答应了。

夏季，四月丁巳日［四月二十三日辛巳］，献帝有病初愈，便在未央殿大会文武百官。董卓穿着朝服乘车入宫，道路两旁皆是卫兵，从他的军营一直到皇宫，左面是步兵，右面是骑兵，戒备森严，命吕布等护卫他。王允命士孙瑞亲自写诏书交给吕布，吕布命同郡人骑都尉李肃和勇士秦谊、陈卫等十多人穿着卫士服冒充卫士，守在北掖门内等待董卓。董卓入门，李肃用戟刺杀他；董卓内穿铠甲，戟刺不进，只伤及臂膀，从车上跌下，董卓回头大喊：“吕布在哪里？”吕布说：“有诏令诛讨你

头前赴其尸，布又杀之，凡所杀三人。布即出怀中诏版以令吏士曰："诏讨卓耳，余皆不问。"吏士皆正立不动，大称万岁。百姓歌舞于道，长安中士女卖其珠玉衣装市酒肉相庆者，填满街肆。弟旻、璜等及宗族老弱在郿，皆为其群下所斫射死。暴卓尸于市，天时始热。卓素充肥，脂流于地，守尸吏为大炷，置卓脐中然之，光明达曙，如是积日。诸袁门生聚董氏之尸，焚灰扬之于路。坞中有金二三万斤，银八九万斤，锦绮奇玩积如丘山。以王允录尚书事，吕布为奋威将军、假节、仪比三司，封温侯，共秉朝政。

卓之死也，左中郎将高阳侯蔡邕在王允坐，闻之惊叹。允勃然叱之曰："董卓国之大贼，几亡汉室，君为王臣，所宜同疾，而怀其私遇，反相伤痛，岂不共为逆哉！"即收付廷尉。邕谢曰："身虽不忠，古今大义，耳所厌闻，口所常玩，岂当背国而向卓也！愿黥首刖足，继成汉史。"士大夫多矜救之，不能得。太尉马日磾谓允曰："伯喈旷世逸才，多识汉事，当续成后史，为一代大典；而所坐至微，诛之，无乃失人望乎！"允曰："昔武帝不杀司马迁，使作谤书流于后世。方今国祚中衰，戎马在郊，不可令佞臣执笔在幼主左右，既无益圣德，复使吾党蒙其讪议。"日磾退而告人曰："王公其无后乎！善人，国之纪也；制作，国之典也；灭纪废典，其能久乎！"邕遂死狱中。

初，黄门侍郎荀攸与尚书郑泰、侍中种辑等谋曰："董卓骄忍无亲，虽资强兵，实一匹夫耳，可直刺杀也。"事垂就而觉，收攸系狱，泰逃奔袁术。攸言语饮食自若，会卓死，得免。

（以上为第五段，写王允诛除董卓，罪及无辜蔡邕，为王允滥杀而败伏笔。）

青州黄巾寇兖州，刘岱欲击之，济北相鲍信谏曰："今贼众百万，百姓皆震恐，士卒无斗志，不可敌也。然贼军无辎重，唯以钞掠为资，今不若畜士众之力，先为固守；彼欲战不得，攻又不能，其势必离散，然后选精锐，据要害，击之可破也。"岱不从，遂与战，果为所杀。

这个贼臣！”董卓大骂：“蠢狗，你胆敢如此！”吕布没等他骂完就拿起长矛直刺，并催促士兵杀死董卓。主簿田仪和董卓的仆人上前扑向董卓的尸体，吕布又杀死他们，总共杀了三人。吕布随即从怀中拿出诏书对官兵们宣布说：“诏令只诛讨董卓一人，其余的都不过问。”官兵们不动，高呼万岁。老百姓在路上唱歌跳舞，长安城中士女变卖珠宝、玉器、衣服来打酒、买肉互相庆贺，人群挤满了街道。董卓弟弟董旻、董璜及其宗族老少住在郿县，全都被其部下砍杀射死。董卓的尸首被丢在街头示众，这时天开始热起来，董卓一向肥胖，油脂流到了地上，看守尸体的官吏做了一个大灯芯，放入董卓的肚脐里点着，从晚上一直烧到天亮，持续了好些天。袁氏各家的门生收集董氏家人的尸体，焚烧成灰，在路上飘洒。城堡中有黄金二三万斤，白银八九万斤，绫罗绸缎、珍奇玩宝堆积如山。朝廷任命王允为录尚书事，吕布为奋威将军，假节、礼仪等待遇与三公相同，封为温侯，和王允共同主持朝政。

董卓死时，左中郎将高阳侯蔡邕在王允家做客，听到这个消息惊讶不已。王允勃然发怒，斥责他说：“董卓差点亡了汉家天下，你身为王臣，应当同仇敌忾，却念念不忘他对你的私恩，为他悲伤，岂不是共同为逆吗？”当即收捕了蔡邕交给廷尉治罪。蔡邕认罪说：“我虽然不忠，但古今君臣的大义，耳中常常听见，口里常常念叨，怎么会背叛国家而心向董卓呢？我愿受刑，脸上刺字，砍去双脚，继续完成汉史。”士大夫们多同情蔡邕，设法营救他，但没能成功。太尉马日磾对王允说：“蔡邕是旷世奇才，熟悉汉代的史事，应该让他继续写完后汉史，成就一代大典；再说只因犯下小小的过失就杀了他，岂不是要让天下人失望吗？”王允说：“从前武帝不杀司马迁，让他写了诽谤的书流传后世。现在国家中衰，兵马在野外作战，不可让奸臣在幼主身边掌握笔墨，这既无益于圣德，又会使我们遭受他的讥讽。”马日磾退出后对人说：“王允要无后了！善人是国家的纲纪，著史是国家的经典，毁灭纲纪废除经典，还能长久吗？”蔡邕终于死在狱中。

起初，黄门侍郎荀攸与尚书郑泰、侍中种辑等密谋说：“董卓骄横残忍毫无亲情，虽然拥有强兵，其实只不过是一个匹夫，只需一个刺客就可以直接刺杀他。”事情就要成功却被发现，荀攸被捕入狱，郑泰逃奔袁术。荀攸言谈饮食如旧，恰逢董卓被杀，得以幸免。

青州黄巾军寇掠兖州，刘岱要出兵迎击。济北相鲍信劝谏说：“现今贼众有一百万，百姓们震动惊恐，士兵们没有斗志，不可以对抗敌人。然而黄巾军没有后勤辎重，只靠抢掠来补给，现在不如让将士养精蓄锐，首先是固守城池，黄巾军想求战不能得，攻城不能下，黄巾军的势力一定会离散，然后挑选精锐士众，控制要害之地，看准机会打击，一定能打败黄巾军。”刘岱不听从，于是与黄巾军交战，果然

曹操部将东郡陈宫谓操曰："州今无主，而王命断绝，宫请说州中纲纪，明府寻往牧之，资之以收天下，此霸王之业也。"宫因往说别驾、治中曰："今天下分裂而州无主；曹东郡，命世之才也，若迎以牧州，必宁生民。"鲍信等亦以为然，乃与州吏万潜等至东郡，迎操领兖州刺史。操遂进兵击黄巾于寿张东，不利。贼众精悍，操兵寡弱，操扶循激励，明设赏罚，承间设奇，昼夜会战，战辄禽获，贼遂退走。鲍信战死，操购求其丧不得，乃刻木如信状，祭而哭焉。诏以京兆金尚为兖州刺史，将之部，操逆击之，尚奔袁术。

五月，以征西将军皇甫嵩为车骑将军。

初，吕布劝王允尽杀董卓部曲，允曰："此辈无罪，不可。"布欲以卓财物班赐公卿、将校，允又不从。允素以剑客遇布，布负其功劳，多自夸伐，既失意望，渐不相平。允性刚棱疾恶，初惧董卓，故折节下之。卓既歼灭，自谓无复患难，颇自骄傲，以是群下不甚附之。

允始与士孙瑞议，特下诏赦卓部曲，既而疑曰："部曲从其主耳。今若名之恶逆而赦之，恐适使深自疑，非所以安之也。"乃止。又议悉罢其军，或说允曰："凉州人素惮袁氏而畏关东，今若一旦解兵开关，必人人自危。可以皇甫义真为将军，就领其众，因使留陕以安抚之。"允曰："不然。关东举义兵者，皆吾徒也，今若距险屯陕，虽安凉州，而疑关东之心，不可也。"

时百姓讹言当悉诛凉州人，卓故将校遂转相恐动，皆拥兵自守，更相谓曰："蔡伯喈但以董公亲厚尚从坐；今既不赦我曹而欲使解兵，今日解兵，明日当复为鱼肉矣。"吕布使李肃至陕，以诏命诛牛辅，辅等逆与肃战，肃败，走弘农，布诛杀之。辅恇怯失守，会营中无故自惊，辅欲走，为左右所杀。李傕等还，辅已死，傕等无所依，遣使诣长安求赦。王允曰："一岁不可再赦。"不许。傕等益惧，不知所为，欲各解散，间行归乡里，讨虏校尉武威贾诩曰："诸君若弃军单行，则一亭长能束君矣；不如相率而西，以攻长安，为董公报仇，事济，奉国家以正天下；若其

被黄巾军杀害。

曹操部将东郡人陈宫对曹操说:“兖州现今没有主人,而王命被隔绝,我陈宫请求去劝说州中的主事官员,府君你随后去就任州牧,凭借兖州来收聚天下的英雄,这是霸王的事业。”陈宫便前往兖州游说别驾、治中等主要官员。陈宫说:“如今天下分裂而兖州没有主人,东郡太守曹操,是治国安邦的大才,如果迎接他来做州牧,一定能使一州百姓安宁。”鲍信等赞同,便与兖州大吏万潜等人到东郡,迎请曹操代理兖州刺史。曹操于是进兵在寿张县攻击黄巾军,初战不利。黄巾军精悍众多,曹操兵少弱小,曹操整军安抚激励,定出鲜明的赏罚条例,找机会巧设奇兵,日夜交战,每战必有擒获,黄巾军终于退走。鲍信战死,曹操悬赏寻找他的尸体,始终没有找到,于是刻了一个木偶,形似鲍信,曹操亲自祭奠,痛哭不已。诏书任命京兆人金尚为兖州刺史,金尚到兖州赴任,曹操迎击,金尚逃奔袁术。

五月,任命征西将军皇甫嵩为车骑将军。

当初,吕布劝说王允杀尽董卓部众,王允说:“这些人无罪,不能杀。”吕布想把董卓的财物赏赐给公卿、将校,王允又不同意。王允一向只把吕布当作剑客来对待,吕布自恃有功,经常夸耀自己,既然有许多事都不顺心,自然就渐渐不平起来。王允性情刚直方正,疾恶如仇,起先害怕董卓,所以不得不对吕布委屈谦让。董卓既以除灭,他认为再也没有必要了,便骄傲起来,因此群僚百官逐渐疏远、不拥戴他了。

王允和士孙瑞商量,下诏特赦董卓部下,随即又怀疑说:“部下只是追随主人而已。现在如果称他们是恶逆之人而赦免,恐怕反而加深他们的疑心,这不是安抚他们的好办法。”于是作罢。又商量解散董卓所有的军队,有人劝王允说:“凉州人一向害怕袁绍而畏惧关东大军,现在如果解散军队,打开函谷关,一定人人自危。可以任命皇甫嵩为将军,统领董卓旧部,让他们留在陕县来安抚百姓。”王允说:“不行,关东举义兵的人和我们是同类人,现今如果据守险要,留兵陕县,虽然安抚了凉州人,却让关东将领起疑心,不能这样办。”

当时百姓假传要杀尽凉州人,董卓先前的将校相互转告恐惧,都拥兵自守,还互相传言说:“蔡邕仅因董公的信任和厚待就遭受牵连,现在既不赦免我们又要解散我们的军队,今天解散了军队,明天我们就要成为鱼肉了。”吕布派李肃到陕县,宣布诏命要杀牛辅,牛辅等迎击李肃,李肃战败,逃至弘农,吕布杀死了李肃。牛辅害怕失守,恰又赶上军营中发生惊乱,牛辅想逃跑,被左右的部下杀死。李傕等回来,牛辅已死,李傕等人失去依靠,便派使者到长安请求赦免。王允说:“一年中不可以赦免两次。”不答应。李傕等人更加恐惧,不知所措,想各自散去,从小路逃回家乡,讨虏校尉武威人贾诩说:“诸位如果丢弃军队只身行走,那么一个亭长就能把

不合，走未晚也。”傕等然之，乃相与结盟，率军数千，晨夜西行。王允以胡文才、杨整修皆凉州大人，召使东，解释之，不假借以温颜，谓曰：“关东鼠子，欲何为邪？卿往呼之！”于是二人往，实召兵而还。

傕随道收兵，比至长安，已十余万，与卓故部曲樊稠、李蒙等合围长安城，城峻不可攻，守之八日。吕布军有叟兵内反，六月，戊午，引傕众入城，放兵虏掠。布与战城中，不胜，将数百骑以卓头系马鞍出走，驻马青琐门外，招王允同去。允曰：“若蒙社稷之灵，上安国家，吾之愿也；如其不获，则奉身以死之。朝廷幼少，恃我而已，临难苟免，吾不忍也。努力谢关东诸公，勤以国家为念！”太常种拂曰：“为国大臣，不能禁暴御侮，使白刃向宫，去将安之！”遂战而死。

傕、汜屯南宫掖门，杀太仆鲁馗、大鸿胪周奂、城门校尉崔烈、越骑校尉王颀，吏民死者万余人，狼籍满道。王允扶帝上宣平门避兵，傕等于城门下伏地叩头，帝谓傕等曰：“卿等放兵纵横，欲何为乎？”傕等曰：“董卓忠于陛下，而无故为吕布所杀，臣等为卓报仇，非敢为逆也。请事毕诣廷尉受罪。”傕等围门楼，共表请司徒王允出，问“太师何罪？”允穷蹙，乃下见之。己未，赦天下，以李傕为扬武将军，郭汜为扬烈将军，樊稠等皆为中郎将。傕等收司隶校尉黄琬，杀之。

初，王允以同郡宋翼为左冯翊，王宏为右扶风，傕等欲杀允，恐二郡为患，乃先征翼、宏。宏遣使谓翼曰：“郭汜、李傕以我二人在外，故未危王公，今日就征，明日俱族，计将安出？”翼曰：“虽祸福难量，然王命，所不得避也！”宏曰：“关东义兵鼎沸，欲诛董卓，今卓已死，其党与易制耳。若举兵共讨傕等，与山东相应，此转祸为福之计也。”翼不从，宏不能独立，遂俱就征。甲子，傕收允及翼、宏，并杀之；允妻子皆死。宏临命诟曰：“宋翼竖儒，不足议大计！”傕尸王允于市，莫敢收者，故吏平陵令京兆赵戬弃官收而葬之。始，允自专讨卓之劳，士孙瑞归功不侯，故得免于难。

你们抓起来；不如率兵向西，进攻长安，替董公报仇，事成，则拥戴天子来匡正天下，如果不成，再逃也不晚。”李傕等人十分赞同，于是结成同盟，率领几千兵马，日夜兼程向西进攻。王允认为胡文才、杨整修都是凉州名人，便召见他们，要他们去东面向李傕等人开释，可是王允在会见他们时不是和颜悦色，却说：“关东那帮鼠辈，究竟想要干什么？你们去叫他们来！”于是二人东去，把大兵招来长安。

李傕沿途收买兵马，等到行进至长安，已拥有十多万人，与董卓旧部樊稠、李蒙等合围长安城，长安城高不能攻下，守到第八天，吕布军中有西南夷兵众叛乱。六月初一日戊午，叛军引导李傕的军队进城，李傕纵兵抢劫掠夺。吕布与李傕在城中巷战不胜，率领几百骑兵，把董卓的头系在马鞍上往城外逃跑，逃到青琐门外停下马，招呼王允一起逃跑。王允说：“如果得到社稷的神灵保护，上使国家安宁，这是我的愿望；如果不能实现，那么我愿献出生命。皇帝幼小，只能依赖我，遇到危急逃跑偷生，我不忍心。希望你务必告诉关东诸位将领，劝诫他们要以国家为重！”太常种拂说：“身为国家大臣，不能禁止暴力抵拒外侮，使叛贼用刀枪逼向皇宫，将逃到哪里去安身呢？”于是奋战而死。

李傕、郭汜驻守南宫掖门，杀死太仆鲁馗、大鸿胪周奂、城门校尉崔烈、越骑校尉王颀，被杀死的官民一万多人，尸首横七竖八铺满街道。王允扶持献帝上宣平门躲避兵乱，李傕等在城门下伏地叩头，献帝对李傕等说：“你们放纵士兵胡作非为，想要干什么？”李傕等说：“董卓忠于陛下，而无端被吕布杀死，臣等是为董卓报仇，哪敢叛变。臣等请求报仇事完后到廷尉接受惩罚。”李傕等包围门楼，一齐上表请求司徒王允出来，问道：“太师董卓有什么罪？”王允被迫无奈，只好下门楼接见他们。六月初二日己未，赦免天下，任命李傕为扬武将军，郭汜为扬烈将军，樊稠等都任中郎将。李傕等逮捕司隶校尉黄琬，将他杀死。

起初，王允任命同郡人宋翼为左冯翊，王宏为右扶风，李傕等杀王允，害怕他们起兵报仇，于是先征召宋翼、王宏。王宏派使者对宋翼说：“郭汜、李傕因为有我们两人在外，所以才未危害王公，今日如果我们接受征召，明日将一起被灭族，你有什么办法吗？”宋翼说：“虽然难以预测福祸，然而我们不能违抗王命！”王宏说：“关东义兵气势汹涌，想杀董卓，现在董卓已死，他的党羽很容易被控制。如果我们举兵共同征讨李傕等，与山东义兵相呼应，这是转祸为福的策略。”宋翼不听从，王宏独自难以成事，于是一起接受征召。六月初七日甲子，李傕逮捕王允和宋翼、王宏，把他们一起杀掉。王允的妻子儿女全被杀害。王宏临刑骂道：“宋翼，你这个没有见识的儒生，不值得和你商量大计！”李傕把王允的尸体摆在街市上，没有人敢去收敛，王允以前的属吏平陵令京兆人赵戬，抛弃官职，收葬了王允。起初，王允把征讨董卓的功劳全部归于自己，士孙瑞让功未封侯，所以幸免于难。

臣光曰：易称“劳谦君子有终吉”，士孙瑞有功不伐，以保其身，可不谓之智乎！

傕等以贾诩为左冯翊，欲侯之，诩曰：“此救命之计，何功之有！”固辞不受。又以为尚书仆射，诩曰：“尚书仆射，官之师长，天下所望，诩名不素重，非所以服人也。”乃以为尚书。

（以上为第六段，写凉州将李榷、郭汜为董卓报仇，诛杀王允。）

吕布自武关奔南阳，袁术待之甚厚。布自恃有功于袁氏，恣兵钞掠。术患之，布不自安，去从张杨于河内。李傕等购求布急，布又逃归袁绍。

丙子，以前将军赵谦为司徒。

秋，七月，庚子，以太尉马日磾为太傅，录尚书事；八月，以车骑将军皇甫嵩为太尉。

诏太傅马日磾、太仆赵岐杖节镇抚关东。

九月，以李傕为车骑将军、领司隶校尉、假节；郭汜为后将军，樊稠为右将军，张济为骠骑将军，皆封侯。傕、汜、稠筦朝政，济出屯弘农。

司徒赵谦罢。

甲申，以司空淳于嘉为司徒，光禄大夫杨彪为司空，录尚书事。

初，董卓入关，说韩遂、马腾与共图山东，遂、腾率众诣长安。会卓死，李傕等以遂为镇西将军，遣还金城；腾为征西将军，遣屯郿。

冬，十月，荆州刺史刘表遣使贡献。以表为镇南将军、荆州牧，封成武侯。

十二月，太尉皇甫嵩免，以光禄大夫周忠为太尉，参录尚书事。

曹操追黄巾至济北，悉降之，得戎卒三十余万，男女百余万口，收其精锐者，号青州兵。

操辟陈留毛玠为治中从事，玠言于操曰：“今天下分崩，乘舆播荡，生民废业，饥馑流亡，公家无经岁之储，百姓无安固之志，难以持久。夫兵义者胜，守位以财，宜奉天子以令不臣，修耕植以畜军资，如此，则霸王之业可成也。”操纳其言，遣使诣河内太守张杨，欲假涂西至长安；杨不听。

定陶董昭说杨曰：“袁、曹虽为一家，势不久群。曹今虽弱，然实天下之英雄也，当故结之。况今有缘，宜通其上事，并表荐之，若事有成，

臣司马光评论说：“《易经》说：‘有功而又谦让的君子，最终必有吉祥。’士孙瑞有功却不自夸，保全了身家性命，我们能够不称赞他是一个智者吗？”

李傕等派贾诩做左冯翊，想给他封侯，贾诩说：“这只是救命之计，有什么功劳！”坚决推辞不受。又任命他为尚书仆射，贾诩说：“尚书仆射是百官的师长，为天下所瞩目，我的名声向来不高，不能使人信服。”于是任命他为尚书。

吕布从武关奔逃到南阳，袁术待他十分优厚。吕布自恃对袁氏有功，纵兵抢劫。袁术十分忧虑，吕布察觉后心感不安，离开袁术到河内投奔张扬。李傕等悬赏急于捉拿吕布，吕布又逃跑，归附袁绍。

六月十九日丙子，任命前将军赵谦为司徒。

秋季，七月十三日庚子，任命太尉马日磾为太傅，录尚书事。八月，任命车骑将军皇甫嵩为太尉。

皇帝诏令太尉马日磾、太仆赵岐为特命大使，持府节弹压安抚关东诸侯。

九月，任命李傕为车骑将军，兼司隶校尉，假节；任命郭汜为后将军，樊稠为右将军，张济为骠骑将军，全都封侯。李傕、郭汜、樊稠掌管朝政，张济出守弘农。

司徒赵谦被罢官。

九月二十九日甲申，任命司空淳于嘉为司徒，光禄大夫杨彪为司空，录尚书事。

当初，董卓入关到长安后，游说韩遂、马腾与他一同对付山东诸侯，韩遂、马腾率领部众到长安。正赶上董卓被诛杀，李傕等任命韩遂为镇西将军，令他返回金城，任命马腾为征西将军，驻屯郿县。

冬季，十月，荆州刺史刘表派使者进献贡品。诏令刘表任镇南将军荆州牧，封为成武侯。

十二月，太尉皇甫嵩被免职，任命光禄大夫周忠为太尉，参录尚书事。

曹操追击黄巾军到济北，黄巾军全部归降，获得兵众三十多万，百姓一百多万人，收编其中其精锐的士兵，号称青州兵。

曹操征召陈留人毛玠为治中从事，毛玠向曹操进言说：“现在天下分裂，天子流亡，百姓荒废农业，饥饿流浪，官府没有一年的存粮，百姓没有安心守业的意愿，统治难以长久。军队奉行道义才能取胜，守住地位要依靠财富，应当依靠天子来号令不守臣节的臣子，发展农桑来积蓄军需，这样，那霸王之业才可以完成。”曹操采纳他的建议，派使者见河内太守张杨，想借道西上长安，张杨不答应。

定陶人董昭劝张杨说：“袁绍、曹操虽然是一家，随着势力的发展，一定不会长期合作。曹操现在虽然弱小，其实他才是天下的英雄，应当寻找机会与他交结。何

永为深分。”杨于是通操上事，仍表荐操。昭为操作书与李傕、郭汜等，各随轻重致殷勤。

傕、汜见操使，以为关东欲自立天子，今曹操虽有使命，非其诚实，议留操使。黄门侍郎钟繇说傕、汜曰：“方今英雄并起，各矫命专制，唯曹兖州乃心王室，而逆其忠款，非所以副将来之望也！”傕、汜乃厚加报答。繇，皓之曾孙也。

徐州刺史陶谦与诸守相共奏记，推朱儁为太师，因移檄牧伯，欲以同讨李傕等，奉迎天子。会李傕用太尉周忠、尚书贾诩策，征儁入朝。儁乃辞谦议而就征，复为太仆。

公孙瓒复遣兵击袁绍，至龙凑，绍击破之。瓒遂还幽州，不敢复出。

扬州刺史汝南陈温卒，袁绍使袁遗领扬州；袁术击破之，遗走至沛，为兵所杀。术以下邳陈瑀为扬州刺史。

（以上为第七段，写凉州将李傕、郭汜共掌朝政，曹操奉正朔以蓄积政治资本，大败山东黄巾军，收编为青州军，势力渐大。）

四年（癸酉，193 年）

春，正月，甲寅朔，日有食之。

丁卯，赦天下。

曹操军甄城。袁术为刘表所逼，引兵屯封丘，黑山别部及匈奴於扶罗皆附之。曹操击破术军，遂围封丘；术走襄邑，又走宁陵。操追击，连破之。术走九江，扬州刺史陈瑀拒术不纳。术退保阴陵，集兵于淮北，复进向寿春，瑀惧，走归下邳，术遂领其州，兼称徐州伯。李傕欲结术为援，以术为左将军，封阳翟侯，假节。

袁绍与公孙瓒所置青州刺史田楷连战二年，士卒疲困，粮食并尽，互掠百姓，野无青草。绍以其子谭为青州刺史，楷与战，不胜。会赵岐来和解关东，瓒乃与绍和亲，各引兵去。

三月，袁绍在薄落津。魏郡兵反，与黑山贼于毒等数万人共覆邺城，

况现在有缘，最好准许他的使者通过，沟通他上奏书的道路，并上表举荐他。如果事成，可永结深交。”于是张杨让曹操的使者通过，并上表举荐曹操。董昭还以曹操的名义写信给李傕、郭汜等，按照他们地位高低，分别致以问候。

李傕、郭汜接见曹操使者，认为关东诸将想要自己拥立皇帝，现今曹操虽然派了使者来京，但并非真心实意，商量扣留曹操使者。黄门侍郎钟繇劝谏李傕、郭汜说：“现今英雄四处涌现，各自假天子之命称霸一方，只有曹操还心向王室，若不接受他的诚意，这不符合将来要效法曹操的那些人的愿望。”于是李傕、郭汜对曹操厚加报答。钟繇是钟皓的曾孙。

徐州刺史陶谦和各郡国的太守、国相联合上奏章，举荐朱儁为太师，趁机传檄各州郡的长官，想共同讨伐李傕等，迎取天子。恰好李傕采用太尉周忠、尚书贾诩的计策，征召朱儁入朝，于是朱儁拒不接受陶谦的计议而接受征召，被重新任命为太仆。

公孙瓒再次派兵攻打袁绍，进兵到龙凑，被袁绍打败。于是公孙瓒返回幽州，不敢再出兵。

扬州刺史汝南人陈温死，袁绍派袁遗兼扬州刺史；袁术打退袁遗，袁遗逃至沛县，被兵卒杀死。袁术任命下邳人陈瑀为扬州刺史。

汉献帝初平四年（癸酉，193 年）

春季，正月初一日甲寅，发生日食。

正月十四日丁卯，大赦天下。

曹操驻军甄城。袁术遭刘表逼迫，率兵驻守封丘，黑山军的一部与南匈奴单于於扶罗都归附袁术。曹操打败袁术的军队，于是包围封丘；袁术出逃到襄邑，又逃到宁陵。曹操追击，连续打败袁术。袁术逃到九江，扬州刺史陈瑀拒绝袁术，不准袁术入境。袁术退守阴陵，在淮北集结兵力，又向寿春进军；陈瑀害怕，逃回下邳，袁术于是占领扬州，兼称徐州伯。李傕想结交袁术作为外援，任命袁术为左将军，封阳翟侯，假节。

袁绍与公孙瓒任命的青州刺史田楷连续交战两年，双方将士疲惫不堪，粮食也吃光了，双方交相掠夺百姓，田野荒芜。袁绍派儿子袁谭做青州刺史，田楷与袁谭交战，不能取胜。恰逢赵岐来山东和解各路诸侯，公孙瓒与袁绍结亲，各自引兵撤退。

三月，袁绍驻军在薄落津。这时，他属下的魏郡士兵叛乱，和黑山军于毒等几

杀其太守。绍还屯斥丘。

夏，曹操还军定陶。

徐州治中东海王朗及别驾琅邪赵昱说刺史陶谦曰："求诸侯莫如勤王，今天子越在西京，宜遣使奉贡。"谦乃遣昱奉章至长安。诏拜谦徐州牧，加安东将军，封溧阳侯。以昱为广陵太守，朗为会稽太守。

是时，徐方百姓殷盛，谷实差丰，流民多归之。而谦信用谗邪，疏远忠直，刑政不治，由是徐州渐乱。许劭避地广陵，谦礼之甚厚，劭告其徒曰："陶恭祖外慕声名，内非真正，待吾虽厚，其势必薄。"遂去之。后谦果捕诸寓士，人乃服其先识。

六月，扶风大雨雹。

华山崩裂。

太尉周忠免，以太仆朱儁为太尉，录尚书事。

下邳阙宣聚众数千人，自称天子；陶谦击杀之。

大雨，昼夜二十余日，漂没民居。

袁绍出军入朝歌鹿肠山，讨于毒，围攻五日，破之，斩毒及其众万余级。绍遂寻山北行，进击诸贼左髭丈八等，皆斩之。又击刘石、青牛角、黄龙左校、郭大贤、李大目、于氐根等，复斩数万级，皆屠其屯壁。遂与黑山贼张燕及四营屠各、雁门乌桓战于常山。燕精兵数万，骑数千匹。绍与吕布共击燕，连战十余日，燕兵死伤虽多，绍军亦疲，遂俱退。

吕布将士多暴横，绍患之，布因求还雒阳。绍承制以布领司隶校尉，遣壮士送布，而阴图之。布使人鼓筝于帐中，密亡去，送者夜起，斫帐被皆坏。明旦，绍闻布尚在，惧，闭城自守。布引军复归张杨。

前太尉曹嵩避难在琅邪，其子操令泰山太守应劭迎之。嵩辎重百余两，陶谦别将守阴平，士卒利嵩财宝，掩袭嵩于华、费间，杀之，并少子德。秋，操引兵击谦，攻拔十余城，至彭城，大战，谦兵败，走保郯。

初，京雒遭董卓之乱，民流移东出，多依徐土，遇操至，坑杀男女数十万口于泗水，水为不流。

万人共同占据邺城，杀死太守。袁绍率军返回斥丘。

夏季，曹操回师屯驻定陶。

徐州治中东海人王朗和别驾琅邪人赵昱劝说刺史陶谦："要想得到诸侯的拥护，莫过于尽心王事，现在天子远在西京长安，你应派使者前去进贡。"于是陶谦派赵昱带着奏章到长安。下诏任命陶谦为徐州牧，授予安东将军，封溧阳侯。任命昱为广陵太守，王朗为会稽太守。

这时，徐州百姓富裕，粮食丰足，流民多来归附。可惜陶谦信任奸佞小人，疏远忠直之士，刑法政治施行不适当，因此徐州逐渐混乱起来。许劭避难来到广陵，陶谦待他礼遇甚厚，许劭警告他的门徒说："陶谦表面上追求尊贤重才的名声，实际上心地并不正直，待我虽然优厚，以后必然会改变态度。"于是离开了陶谦。后来陶谦果真捕捉了避居在徐州的士人，人们才敬佩许劭有先见之明。

六月，扶风降落大雨和冰雹。

华山崩塌断裂。

太尉周忠被免职，任命太仆朱儁为太尉，录尚书事。

下邳人阙宣聚集了几千徒众，自称天子，陶谦攻击，杀了阙宣。

京师大雨，昼夜不停连续下了二十多天，冲毁淹没了众多民居。

袁绍进军朝歌县的鹿肠山征讨于毒，围攻五天，打败了于毒，杀死于毒及其部众一万多人。于是袁绍乘胜沿着山麓北行，进攻其他各路贼人左髭丈八等，把他们全部杀了。又打败刘石、青牛角、黄龙左校、郭大贤、李大目、于氐根等，又斩杀了几万人，残留在军营壁垒中的贼匪遭到屠杀。最后与黑山军张燕以及匈奴的四营屠各部落、雁门的乌桓部落在常山交战。张燕拥有精兵数万、骑兵数千。袁绍和吕布共同进攻张燕，连续战斗十几天。张燕兵死伤惨重，袁绍军队也疲乏不堪，于是各自撤退。

吕布的将士大多凶残蛮横，袁绍深深感到忧虑，吕布因而要求返回洛阳。袁绍以承受皇帝的名义命吕布兼任司隶校尉，派壮士护送吕布，而暗地想谋害他。吕布派人在营帐中弹筝，自己悄悄逃出营帐，送行的人夜里偷袭，把营帐床被全部砍坏。天亮，袁绍得知吕布还活着，十分恐惧，关闭城门自守。吕布率军又归附张杨。

前太尉曹嵩在琅邪避难，他的儿子曹操命泰山太守应劭迎接护送，曹嵩辎重车一百多辆，陶谦的一个部将把守在阴平，这支守军将士贪求曹嵩的财宝，在华县与费县之间伏击杀死了曹嵩，以及曹嵩的小儿子曹德。秋季，曹操率兵袭击陶谦，攻占了十几座城，进兵到彭城，双方大战，陶谦失败，退守郯县。

起初，京县、洛阳一带遭受董卓之乱，人民东迁，大多归附徐州，等到曹操到达，男女几十万人被驱赶进泗水淹死，致使河水不能流。

操攻郯不能克，乃去，攻取虑、睢陵、夏丘，皆屠之，鸡犬亦尽，墟邑无复行人。

冬，十月，辛丑，京师地震。

有星孛于天市。

司空杨彪免。丙午，以太常赵温为司空，录尚书事。

（以上为第八段，写中原大混战，河南、河北、江淮徐扬，四处烽烟。袁绍与公孙瓒争夺青州。吕布遭袁氏兄弟驱逐，归依河内张杨。曹操得兖州，驱袁术入淮南，又大破徐州牧陶谦。）

刘虞与公孙瓒积不相能，瓒数与袁绍相攻，虞禁之，不可，而稍节其禀假。瓒怒，屡违节度，又复侵犯百姓。虞不能制，乃遣驿使奉章陈其暴掠之罪，瓒亦上虞禀粮不周。二奏交驰，互相非毁，朝廷依违而已。瓒乃筑小城于蓟城东南以居之，虞数请会，瓒辄称病不应；虞恐其终为乱，乃率所部兵合十万人以讨之。时瓒部曲放散在外，仓卒掘东城欲走。虞兵无部伍，不习战，又爱民庐舍，敕不听焚烧，戒军士曰："无伤余人，杀一伯珪而已。"攻围不下。瓒乃简募锐士数百人，因风纵火，直冲突之，虞众大溃。虞与官属北奔居庸，瓒追攻之，三日，城陷，执虞并妻子还蓟，犹使领州文书。会诏遣使者段训增虞封邑，督六州事；拜瓒前将军，封易侯。瓒乃诬虞前与袁绍等谋称尊号，胁训斩虞及妻子于蓟市。故常山相孙瑾、掾张逸、张瓒等相与就虞，骂瓒极口，然后同死。瓒传虞首于京师，故吏尾敦于路劫虞首，归葬之。虞以恩厚得众心，北州百姓流旧莫不痛惜。

初，虞欲遣使奉章诣长安，而难其人，众咸曰："右北平田畴，年二十二，年虽少，然有奇材。"虞乃备礼，请以为掾。具车骑将行，畴曰："今道路阻绝，寇虏纵横，称官奉使，为众所指。愿以私行，期于得达而已。"虞从之。畴乃自选家客二十骑，俱上西关，出塞，傍北山，直趣朔方，循间道至长安致命。

诏拜畴为骑都尉。畴以天子方蒙尘未安，不可以荷佩荣宠，固辞不

曹操不能攻克郯县，就率兵撤离，又攻取虑县、睢陵、夏丘，三县都遭屠杀，鸡犬不留，废墟城邑中不再有行人。

冬季，十月二十二日辛丑，京师发生地震。

天市垣出现孛星。

司空杨彪被免职。十月二十七日丙午，任命太常赵温为司空，录尚书事。

刘虞和公孙瓒结怨不和，公孙瓒屡次与袁绍相互攻打，刘虞制止，但没有效果，因此逐渐减少后勤的供给。公孙瓒愤怒，屡屡违反刘虞的命令，又一再侵夺百姓。刘虞无法管束，于是派驿吏奉上奏章陈述公孙瓒残忍掠夺的罪状，公孙瓒也上奏刘虞克扣军粮。两人的奏章交替呈上，相互诋毁，朝廷只是应付而已。于是公孙瓒便在蓟城东南建造小城居住，刘虞多次召见他，公孙瓒都称病不应召；刘虞害怕他终将叛乱，于是率其所属兵马共十万人去征讨公孙瓒。这时公孙瓒的部下分散在外地，公孙瓒挖开东城想逃走。刘虞的部队没有编队阵列，不会打仗，刘虞又珍爱百姓的房屋，下令不准随意放火，告诫部下说："不要伤害其他人，只杀公孙瓒一人而已。"所以围攻不克。于是公孙瓒挑选招募来的勇士几百人，趁风纵火，直朝刘虞的部队冲去，刘虞的部队全军溃败。刘虞和他的将领们向北逃到居庸，公孙瓒追击，围攻三日，城池陷落，活捉了刘虞及其妻子儿女返回蓟城，仍让刘虞签署州府的公文。恰逢诏令派使者段训来增加刘虞的封邑，总管六州的事务；任命公孙瓒出任前将军，封易侯。公孙瓒趁机诬陷刘虞先前与袁绍等共谋做天子，威胁逼迫段训在蓟城街头杀掉刘虞及其妻子儿女。前常山国相孙瑾，常山掾张逸、张瓒等一起伴随刘虞赴刑场，破口大骂公孙瓒，然后一起被处死，公孙瓒把刘虞的首级送往京城，刘虞以前的属吏尾敦在路上抢夺了首级，送回安葬。刘虞因恩义宽厚而深得民心，无论是当地的还是流亡来到幽州的百姓，无不痛惜。

当初，刘虞想派使者送奏章到长安，却难找到适合的人，大家都说："右北平人田畴年二十二岁，虽然年轻，然而有奇才。"刘虞于是送上礼物，请他做自己的僚属，准备好车马将要出发，田畴说："现今道路阻塞，盗寇横行，如果公开作为官方的使者，必然成为他们抢夺的目标。我愿独自赶路，只要能到达长安就行。"刘虞接受了他的建议。田畴自己在门客中挑选了二十名骑士，一起去西关，出了关塞，沿着北山而行，直奔朔方，然后走小路到长安，顺利完成了使命。

诏令任田畴为骑都尉。田畴认为天子刚流亡还未安定，不能享有这种荣耀，坚

受。得报，驰还，比至，虞已死，畴谒祭虞墓，陈发章表，哭泣而去。公孙瓒怒，购求获畴，谓曰："汝不送章报我，何也？"畴曰："汉室衰颓，人怀异心，唯刘公不失忠节。章报所言，于将军未美，恐非所乐闻，故不进也。且将军既灭无罪之君，又雠守义之臣，畴恐燕、赵之士皆将蹈东海而死，莫有从将军者也。"瓒乃释之。

畴北归无终，率宗族及他附从者数百人，扫地而盟曰："君仇不报，吾不可以立于世！"遂入徐无山中，营深险平敞地而居，躬耕以养父母，百姓归之，数年间至五千余家。畴谓其父老曰："今众成都邑，而莫相统一，又无法制以治之，恐非久安之道。畴有愚计，愿与诸君共施之，可乎？"皆曰："可！"畴乃为约束，相杀伤、犯盗、诤讼者，随轻重抵罪，重者至死，凡一十余条。又制为婚姻嫁娶之礼，与学校讲授之业，班行于众，众皆便之，至道不拾遗。北边翕然服其威信，乌桓、鲜卑各遣使致馈，畴悉抚纳，令不为寇。

十二月，辛丑，地震。

司空赵温免。乙巳，以卫尉张喜为司空。

（以上为第九段，写公孙瓒火并刘虞割据幽州。）

决推辞不接受。田畴得到朝廷回复的章报，立即奔驰而回，等到回来时，刘虞已死，田畴拜祭刘虞墓，并呈上天子回复的诏令，流泪痛哭离开墓地。公孙瓒愤怒，悬赏捉拿到了田畴，质问田畴说："你不送诏书给我，为什么？"田畴回答："汉室衰亡，人人都怀有野心，只有刘公不失忠贞之节。诏书的内容，对将军没有什么美辞，恐怕不是你喜欢听到的，所以没送给你。而且将军既然杀害了无罪的主人，又仇恨守节义之臣僚，我恐怕燕、赵的士人宁愿赴东海淹死，也不愿跟随你。"公孙瓒释放了田畴。

田畴向北回到了无终县，率领宗族及其附从几百人，扫地盟誓说："君主之仇不报，我就不活在世上！"于是进入徐无山中，在幽深险峻的地方，寻找一块平地经营安居，亲自耕作来奉养父母，百姓前来归附，几年里增至五千多户人家。田畴对他的乡亲们说："现在人口众多已成村镇，但不统一，又没有法制来管理，恐怕不是长久之计。我有一个计划，愿意和诸位一起来实行，可以吗？"大家都说："可以！"田畴于是制定法令，凡相互杀伤、偷盗、因争吵而诉讼的人，按情节轻重定罪，最重的处死，总计十多条。又制定了婚姻嫁娶的礼节，以及学校讲授的课程，在群众中颁布实行，大家都觉得有利，致使道不拾遗。北方边境的人民都倾心归服田畴的威信，乌桓、鲜卑各自派使者来馈赠礼物，田畴都一律接受安抚，要他们不要侵扰抢掠。

十二月二十三日辛丑，发生地震。

司空赵温被免职。十二月二十七日乙巳，任命卫尉张喜为司空。

【点评】

本卷重点点评两个问题。

一、凉州兵团的终结。董卓西迁被王允谋杀，但祸患未已，因为董卓的部曲凉州兵团未受损伤。所谓凉州兵团，是一支汉羌混合的队伍。这支军队是董卓长期对西羌作战中精心培植起来的部曲武装，基础是湟中义从羌和关中秦胡，有三万余人，扩充的部队中汉人有十余万。董卓倚重的是凉州将、羌胡兵。董卓死后，扰乱长安的四大将李傕、郭汜、张济、樊稠都是凉州人。董卓挟汉献帝西迁，凉州主力部署在潼关以东防范关东诸侯。董卓死后，凉州将以李傕、郭汜为首，打着为董卓报仇的旗号杀向长安。公元 192 年六月，凉州兵攻破长安，杀王允等公卿百官及长安民众一万余人。公元 194 年，马腾、韩遂攻长安，又适值天旱大饥荒，谷一斗五十万，豆麦一斗二十万，人相食，白骨委积道路。公元 195 年，李傕、郭汜争权，连月相攻，死者数万。关中户有数十万，经过这场浩劫，“二三年间，关中无复人迹”。富庶的关中，遭凉州兵扰乱，一片荒残。从公元 189 年八月董卓入洛，到公元 198 年四月李傕在长安覆灭，凉州兵在东汉末的历史舞台上活跃了整整十年，造成极大破坏。关中和中原的经济遭到极大的摧残，人口死亡数百万。“白骨露于野，千里无鸡鸣。”（曹操《蒿里行》）这就是凉州兵在两汉四百年繁华的东、西两京制造的人间惨剧。当时传播文化的书籍是用手写的简策帛书，传播不广，京师所藏，极为珍贵。不读书的凉州兵，把珍贵的简册帛书毁坏，把缣帛文书制成帷盖、巾囊，造成了无法弥补的损失。李傕、郭汜和董卓相同，愈是凶残，愈是加速了自己的灭亡。他们在自相火并中残杀。樊稠为李傕所杀，郭汜为其部将所杀，张济出关攻战死于穰县。公元 198 年，曹操以天子名义命驻屯华阴的凉州将段煨讨灭李傕，并夷其三族。伴随李傕之死，凉州兵也就随之消亡。

二、东汉末军阀混战格局的形成。东汉末年的军阀混战，从公元 190 年至 199 年（汉献帝初平元年至建安四年），十年混战异常激烈，黄河两岸、淮河之南与整个中原大地化为战场，城邑村落变成废墟。

东汉军阀混战的形成，有其远因、近因和导火索。先说远因，军阀混战是豪强地主集团割据性的一种表现。东汉豪强集团的兴起是军阀混战的远因。两汉四百年的统一，地主经济得到了高度发展。东汉开国者刘秀就出身贵族官僚地主家庭。他是汉高祖刘邦的九世孙。东汉开国的功臣，云台二十八将，三十二功臣、三百六十五功臣，大多出身“世吏二千石”，或为“乡闾著姓”，是一个以南阳豪强为基干的豪强集团。因此，东汉政权一建立，就显示出严重的兼并性和割据性。它维护豪强地主的利益，造成土地高度集中。如贵族地主济南王刘康，有田八百顷，奴婢一千四百多人。官僚地主郑泰，有田四百顷。东汉政论家仲长统对东汉豪强地

主经济势力的膨胀有生动描绘。他说："汉朝中兴以来，豪强富人，居住着几百间富丽堂皇的深宅大院，占据了大片肥沃的土地，役使着成千的奴婢和上万的长工，妖童美妾充满了内庭，女乐倡优排列于深堂。有的兼营商业，车船周游各地，囤积居奇，货物充满都邑。他们的奇物宝货堆满了巨室，马牛猪羊布满了山谷。"（《后汉书·仲长统传》）豪强地主不仅占有巨大的财富，而且在地方上有很大的势力，大都拥有自己的武装，有的多达二三万。有一官半职的豪强，依势作威作福，没有官职的乡绅也武断于乡曲。豪强们的荣耀逸乐不亚于王侯，他们的势力显赫与郡守县令相匹敌。如果中央政权稳固，能够有效地控制豪强地主，地方经济愈发达，国家愈强大。反过来，如果中央政权削弱，国家对豪强控制失御，地方经济愈发达，愈要与中央闹独立。东汉末年就是这一情况。

东汉军阀混战的近因是黄巾大起义动摇了东汉根基，加深加速了封建割据性。汉灵帝为了加强对黄巾军的镇压，在公元188年采纳刘焉的建议，改刺史为州牧。汉承秦制，地方行政为郡、县两级，汉武帝加强对地方的控制，划分全国为十三个部，每部即一州，设置十三个州刺史。州不是一级地方行政机构，刺史只起监察作用，由六百石的中级官充任。州刺史改为州牧，成为地方最高一级行政机构，有领兵治民之权，由二千石高官领牧。朝廷派刘焉为益州刺史，刘虞为幽州刺史，黄琬为豫州刺史。起初这三大州牧的设置，目的是加强对益州、豫州农民军的镇压，以及对幽州张纯叛乱的镇压。很快，州牧增设，各州牧便成了事实上各霸一方的土皇帝。各郡国守相也趁机扩张势力。因此，州牧的设置加速了地方割据势力的发展，军阀混战只差一根导火索来点燃了。

何进召军阀董卓入京，董卓擅废立，点燃了军阀混战的导火索。公元190年正月，东郡太守桥瑁发起讨伐董卓的战争，他假传京师三公的手谕，草拟讨董卓檄文，列数罪恶，布告各州郡牧守，同时起兵。后将军南阳太守袁术、冀州牧韩馥、豫州刺史孔伷、兖州刺史刘岱、河内太守王匡、渤海太守袁绍、陈留太守张邈、东郡太守桥瑁、山阳太守袁遗、济北相鲍信，共十路诸侯起兵，各有数万兵马，一致推举袁绍为盟主。十路诸侯都在关东中原，所以史称关东军。此外，长沙太守孙坚率军北上讨董卓。曹操起兵陈留，与诸侯会合，称奋武将军。

关东军盟主袁绍与王匡屯驻河内，张邈、刘岱、鲍信、桥瑁、袁遗、曹操屯驻酸枣，袁术、孙坚屯驻南阳，孔伷屯驻颍州，韩馥屯驻邺城，为袁绍后援。关东军从北、东、南三面对京师洛阳夹击。关东军十倍于董卓，又高举堂皇正大之旗，讨灭董卓易如反掌。但各路诸侯同床异梦，每天饮酒宴会，不图进取。曹操孤军深入攻向荥阳，在汴水遭到董卓将徐荣阻击，曹操寡不敌众，大败而归。曹操到酸枣，指陈形势，献计说："袁绍引河内之军，攻占孟津，在洛阳背后切断董卓向西的退

路，酸枣诸军，攻取成皋、敖仓，控制轘辕、太谷的险要，深沟高垒，不与董卓决战。袁术率南阳之军，西入武关，据长安。这样一来，董卓就会困死洛阳，一战而定天下。”曹操当时尚有重振汉室之心，所以提出如此建议，并亲冒矢石，奋勇先进。当时能左右局势的袁绍、袁术兄弟，却心怀二志，只做攻击姿态，逼使董卓西迁，不但不去挽救朝廷的败落，而且企图借董卓之手扫荡汉天子朝廷势力。袁氏兄弟，假讨董卓之名，行割据之实，各路诸侯也坐观形势，扩充势力。董卓从容撤出洛阳，浩劫两京。汉献帝西迁，中原无主，各路诸侯立即展开了火并。首先，刘岱杀桥瑁，夺了东郡。袁绍用计，引诱幽州公孙瓒南下攻击冀州，逼使韩馥让出冀州，袁绍自领冀州牧。作为盟主的袁绍，抢夺别人的地盘，关东军联盟不复存在。中原大地，军阀混战就这样形成了。

汉纪五十三

汉献帝兴平元年至二年（194—195年）

【起阏逢阉茂（甲戌，194年），尽旃蒙大渊献（乙亥，195年），凡二年】

【大事提要】

本卷记事起公元194年，讫公元195年，凡二年，当汉献帝兴平元年至二年。两年间军阀大混战，烽烟遍及全国主要地区，主战场有六处：河南、徐州、关中、淮南、江东、河北。袁绍与曹操联手，袁绍战河北，曹操战河南，两个背靠背互无后顾之忧。曹操战河南，两线作战：一是屠徐州，打败陶谦，陶谦困危忧死，让州牧给刘备。二是曹操与吕布争兖州，吕布不敌，败投刘备，曹操稳固地保有兖州，在河南立足，成为显赫大军阀。袁绍战河北与公孙瓒交战，由于逼反臧洪，袁绍掉头灭臧洪，自毁长城，公孙瓒趁机经营幽州。袁术经营淮南，孙策兴起于江东。关中战场主要是凉州兵团李傕与郭汜内讧，长安遭屠，献帝趁机摆脱凉州兵团控制东归，驻扎河东。曹、孙、刘三家兴起，孙、刘两家已初见曙光。

【原文】

孝献皇帝丙

兴平元年（甲戌，194 年）

春，正月，辛酉，赦天下。

甲子，帝加元服。

二月，戊寅，有司奏立长秋宫。诏曰：“皇妣宅兆未卜，何忍言后宫之选乎！”壬午，三公奏改葬皇妣王夫人，追上尊号曰灵怀皇后。

陶谦告急于田楷，楷与平原相刘备救之。备自有兵数千人，谦益以丹阳兵四千，备遂去楷归谦，谦表为豫州刺史，屯小沛。曹操军食亦尽，引兵还。

马腾私有求于李傕，不获而怒，欲举兵相攻；帝遣使者和解之，不从。韩遂率众来和腾、傕，既而复与腾合。谏议大夫种邵、侍中马宇、左中郎将刘范谋使腾袭长安，己为内应，以诛傕等。壬申，腾、遂勒兵屯长平观。邵等谋泄，出奔槐里。傕使樊稠、郭汜及兄子利击之，腾、遂败走，还凉州。又攻槐里，邵等皆死。庚申，诏赦腾等。

夏，四月。以腾为安狄将军，遂为安降将军。

曹操使司马荀彧、寿张令程昱守鄄城，复往攻陶谦，遂略地至琅邪、东海，所过残灭。还，击破刘备于郯东。谦恐，欲走归丹阳。会陈留太守张邈叛操迎吕布，操乃引军还。

初，张邈少时，好游侠，袁绍、曹操皆与之善。及绍为盟主，有骄色，邈正议责绍；绍怒，使操杀之。操不听，曰：“孟卓，亲友也，是非当容之。今天下未定，奈何自相危也！”操之前攻陶谦，志在必死，敕家曰：“我若不还，往依孟卓。”后还见邈，垂泣相对。

陈留高柔谓乡人曰：“曹将军虽据兖州，本有四方之图，未得安坐守也。而张府君恃陈留之资，将乘间为变，欲与诸君避之，何如？”众人皆以曹、张相亲，柔又年少，不然其言。柔从兄干自河北呼柔，柔举宗从之。

【语译】

孝献皇帝丙

汉献帝兴平元年（甲戌，194年）

春季，正月十三日辛酉，大赦天下。

正月十六日甲子，献帝举行加冠礼。

二月初一日戊寅，主管部门奏请册立皇后。献帝下诏说："母亲皇妣的墓地还没有定下来，怎么忍心谈论选立皇后的事呢？"二月初五日壬午，三公上奏改葬皇母王夫人，追加尊号为灵怀皇后。

陶谦向田楷告急，田楷与平原相刘备去救援陶谦。刘备拥有数千人马，陶谦增加四千丹阳兵给刘备，刘备于是离开田楷归附陶谦，陶谦上表推荐刘备为豫州刺史，驻屯小沛。曹操军粮耗尽，领兵退回。

马腾因私事有求于李傕，没有满足而愤怒，便想发兵进攻李傕，献帝派使者和解，马腾不肯听从。韩遂领兵劝解马腾、李傕，随后反而与马腾联合。谏议大夫种邵、侍中马宇、左中郎将刘范策划马腾偷袭长安，自己为内应，用以诛杀李傕等人。二月壬申日，马腾、韩遂领兵驻屯长平观。种邵等人密谋泄露，出逃到槐里。李傕派樊稠、郭汜及兄子李利攻击马腾、韩遂，马腾、韩遂战败，退回凉州。樊稠等又进攻槐里，种邵等人被杀死。［三月十三日］庚申，诏令赦免马腾等。

夏季，四月，任命马腾为安狄将军，韩遂为安降将军。

曹操派司马荀彧、寿张县令程昱留守鄄城，自己率军再次攻打陶谦。曹操攻占琅邪、东海等郡，一路烧杀抢掠，所过之地残破毁灭。曹操在回军途中，在郯县东打败刘备。陶谦惊恐，想出逃到丹阳。正在这时，陈留太守张邈背叛曹操迎接吕布入兖州，曹操率军退还。

起初，张邈年轻时，喜欢仗义行侠，袁绍、曹操都和张邈友善。等到袁绍为关东军盟主，有了骄傲的神色，张邈义正词严地责备袁绍。袁绍大怒，派曹操去杀张邈。曹操不接受使命，说："张孟卓是我亲密的朋友，即使有些是是非非的过错也应当宽容。如今天下没有安定，怎么可以自相残害呢？"曹操前次进攻陶谦，决心以死奋战，于是嘱咐家人说："我如果不能生还，你们去投靠张孟卓。"事后，曹操回军，见了张邈，两人相对流泪。

陈留郡高柔对乡亲们说："曹操将军虽然据有兖州，但他本来就有图谋四方的大志，不会安然坐守兖州。而张邈太守凭借陈留为资本，将会找机会下手改变现状，想和大家一起避开这场张曹之间的战斗，怎么样？"众人都认为张曹两人十分亲密，高柔又年轻，因此不信高柔的话。高柔堂兄的儿子高干在河北召唤高柔，高柔于是

吕布之舍袁绍从张杨也，过邈，临别，把手共誓；绍闻之，大恨。邈畏操终为绍杀己也，心不自安。前九江太守陈留边让尝讥议操，操闻而杀之，并其妻子。让素有才名，由是兖州士大夫皆恐惧。陈宫性刚直壮烈，内亦自疑，乃与从事中郎许汜、王楷及邈弟超共谋叛操。宫说邈曰：“今天下分崩，雄杰并起，君以千里之众，当四战之地，抚剑顾盼，亦足以为人豪，而反受制于人，不亦鄙乎！今州军东征，其处空虚，吕布壮士，善战无前，若权迎之，共牧兖州，观天下形势，俟时事之变，此亦纵横之一时也。”邈从之。

时操使宫将兵留屯东郡，遂以其众潜迎布为兖州牧。布至，邈乃使其党刘翊告荀彧曰：“吕将军来助曹使君击陶谦，宜亟供其军食。”众疑惑，或知邈为乱，即勒兵设备，急召东郡太守夏侯惇于濮阳；惇来，布遂据濮阳。时操悉军攻陶谦，留守兵少，而督将、大吏多与邈、宫通谋，惇至，其夜，诛谋叛者数十人，众乃定。

豫州刺史郭贡率众数万来至城下，或言与吕布同谋，众甚惧。贡求见荀彧，彧将往，惇等曰：“君一州镇也，往必危，不可。”彧曰：“贡与邈等，分非素结也，今来速，计必未定，及其未定说之，纵不为用，可使中立。若先疑之，彼将怒而成计。”贡见彧无惧意，谓鄄城未易攻，遂引兵去。

是时，兖州郡县皆应布，唯鄄城、范、东阿不动。布军降者言：“陈宫欲自将兵取东阿，又使汜嶷取范。”吏民皆恐。程昱本东阿人，彧谓昱曰：“今举州皆叛，唯有此三城，宫等以重兵临之，非有以深结其心，三城必动。君，民之望也，宜往抚之。”昱乃归过范，说其令靳允曰：“闻吕布执君母、弟、妻子，孝子诚不可为心。今天下大乱，英雄并起，必有命世能息天下之乱者，此智者所宜详择也。得主者昌，失主者亡。陈宫叛迎吕布而百城皆应，似能有为；然以君观之，布何如人哉？夫布粗中少亲，刚而无礼，匹夫之雄耳。宫等以势假合，不能相君也；兵虽众，终必无成。曹使君智略不世出，殆天所授；君必固范，我守东阿，则田

带着高家全族的人去投奔高干。

吕布离开袁绍转投张杨的时候，拜访张邈，分别的时候，两人手把手一同发誓，袁绍知道后，十分恼怒。张邈害怕曹操终究会替袁绍来杀害自己，心里很不安。原九江郡太守陈留郡人边让，曾经在背后讥讽过曹操，曹操听到后杀了边让，还杀了边让的妻子和儿子。边让一向有很高的名望，因此兖州的士大夫都很担心。陈宫性格刚烈正直，内心也有疑惧，于是与从事中郎许汜、王楷，以及张邈的弟弟张超，共同商议背叛曹操。陈宫劝张邈说："如今天下分裂，豪杰并起，你拥有广阔千里的民众，处于四战之地，按剑环视，也足以成为人中豪杰，如今反而受人控制，不是太卑鄙了吗？现在兖州大军东征，根据地空虚，吕布是一个壮士，英勇善战没人可比，如果暂且迎接他，共同管理兖州，观察天下的形势，等待时局的变化，这是纵横天下的一个时机啊！"张邈听从了。

当时曹操派陈宫领兵留守东郡，于是陈宫带领这支人马暗中迎接吕布为兖州牧。吕布到来，张邈便派他的同党刘翊通告荀彧说："吕布将军前来帮助曹操征讨陶谦，应当赶快供给军粮。"众人感到疑惑，荀彧知道张邈叛乱，立即率兵设防，紧急宣召留守濮阳的东郡太守夏侯惇赶来设防。夏侯惇一走，吕布占据了濮阳。当时曹操集中了全部兵力攻打陶谦，留守的兵很少，而军中将领、行政长官很多与张邈、陈宫同谋，夏侯惇赶到鄄城的当天夜里，杀死了几十个叛乱的人，军民才安定下来。

豫州刺史郭贡率领几万军队来到鄄城，有人说郭贡与吕布同谋，众人非常惊慌恐惧。郭贡请求与荀彧见面，荀彧将要前往，夏侯惇等人说："你是一州的顶梁柱，前去一定很危险，不可以去。"荀彧说："郭贡与张邈等人，本来平时并不交好，如今又来得这么快，计谋一定还没有确定，趁他计谋还没有确定之时去劝说他，即使不站在我们这一边，至少使他中立。如果我们先怀疑他，他一定愤怒，反而促成他们确定计划。"郭贡看到荀彧没有害怕的意思，认为鄄城不容易攻下，于是领兵退走。

这时，兖州各郡各县都响应吕布，只有鄄城、范县、东阿县没有动摇。吕布军中归降的人说："陈宫想亲自领兵取东阿，另派氾嶷夺取范县。"官民听到消息都很恐惧。程昱原本是东阿人，荀彧对程昱说："如今全兖州都背叛了，只剩下三个城池，陈宫等人派大军来攻打，如果我们拿不出办法凝聚军民的心，这三座城一定动摇。您程昱是东阿人民敬仰的人，应当去安抚他们。"程昱于是返回东阿，途经范县，劝导县令靳允说："听说吕布抓了你的母亲、弟弟、妻子儿女，作为一个孝子确实没法安心。现今天下大乱，英雄并起，一定会有主宰时代命运的人能够平息天下混乱，这是有智慧的人应当认真选择的啊。得到好的主人就能昌盛，失去好的主人就会灭亡。陈宫叛乱迎接吕布，得到百城的响应，好像很有一番作为，但是据你观

单之功可立也。孰与违忠从恶而母子俱亡乎？唯君详虑之！”允流涕曰：“不敢有贰心。”时氾嶷已在县，允乃见嶷，伏兵刺杀之，归，勒兵自守。

徐众评曰：允于曹公未成君臣；母至亲也，于义应去。卫公子开方仕齐，积年不返，管仲以为不怀其亲，安能爱君！是以求忠臣必于孝子之门；允宜先救至亲。徐庶母为曹公所得，刘备遣庶归北，欲为天下者恕人子之情也；曹公亦宜遣允。

昱又遣别骑绝仓亭津，陈宫至，不得渡。昱至东阿，东阿令颍川枣祗已率厉吏民拒城坚守，卒完三城以待操。操还，执昱手曰：“微子之力，吾无所归矣。”表昱为东平相，屯范。吕布攻鄄城不能下，西屯濮阳。曹操曰：“布一旦得一州，不能据东平，断亢父、泰山之道，乘险要我，而乃屯濮阳，吾知其无能为也。”乃进攻之。

（以上为第一段，写曹操征徐州，暴虐残民，被吕布抄了后路，丢失兖州。幸亏荀彧、程昱应变有方，才保留了三城的根据地。）

五月，以扬武将军郭汜为后将军，安集将军樊稠为右将军，并开府如三公，合为六府，皆参选举。李傕等各欲用其所举，若一违之，便忿愤喜怒，主者患之，乃以次第用其所举。先从傕起，汜次之，稠次之，三公所举，终不见用。

河西四郡以去凉州治远，隔以河寇，上书求别置州。六月，丙子，诏以陈留邯郸商为雍州刺史，典治之。

丁丑，京师地震；戊寅，又震。

乙酉晦，日有食之。

秋，七月，壬子，太尉朱儁免。

戊午，以太常杨彪为太尉，录尚书事。

甲子，以镇南将军杨定为安西将军，开府如三公。

察，吕布是一个什么人呢？依我看来，吕布是一个粗暴，缺少亲信的人，刚烈而无礼貌，只是一个猛夫罢了。陈宫等人迫于形势权宜联合，他们之间不能互相确立君臣关系，军队虽然众多，终究不能成事。曹操使君的智慧谋略世间少有，大概是上天授给他的。靳县令你一定坚守范县，我程昱守住东阿，那么可以立当世的田单之功。这与背叛忠贞追随恶人而母子都遭灭亡相比，哪一个好呢？希望你认真考虑。”靳允流着眼泪说：“不敢有二心。”这时氾嶷已经到达范县，靳允会见氾嶷，埋伏士兵刺杀他，靳允回到县城，组织军队防守。

徐众评论说：靳允与曹操之间并未确立君臣关系，而母亲确是至亲，按道义靳允应该离开曹操到母亲那里去。从前卫国公子开方在齐国做官，多年不回，管仲认为一个不怀念至亲的人，哪能爱他的君主。因此，寻找忠臣，一定要到有孝道的人家，靳允应该先去拯救母亲。徐庶的母亲被曹操抓获，刘备送徐庶回到北方。想要取得天下的人，应当体谅作为人子的孝顺之情。曹操也应该送靳允去救他的母亲。

程昱又派出一支骑兵隔断仓亭津，陈宫到达，无法渡河。程昱到了东阿，东阿县令颍川人枣祗已经率领官民并鼓励他们坚守城池，终于完好地守住了东阿、范县、鄄城等三座城等候曹操。曹操回军，紧握程昱的手说：“没有您的努力，我就无家可归了。”曹操上表推举程昱为东平相，屯驻范县。吕布进攻鄄城不能攻克，于是回军西面驻守濮阳。曹操说：“吕布一天就得了一个州，却不知道占领东平，切断亢父、泰山之间的通道，扼守险要来拦截我，我知道他不会有什么作为。”于是进兵攻击吕布。

五月，任命扬武将军郭汜为后将军，安集将军樊稠为右将军，都与三公一样开府治事，并与三公一起合称为六府，参与选举。李傕等人要任用自己所举荐的人，如果一有违反，就非常气愤，大发脾气，主管人事的尚书十分头疼这事。于是按次序来使用他们选举的人。先任用李傕的人，郭汜次之，樊稠再次之，三公选举的人，始终不被任用。

河西四郡因离凉州的治所州府太远，又由于黄河寇盗阻挠，所以上书请求另设州府。六月初一日丙子，诏书任用陈留人邯郸商为雍州刺史，掌管河西四郡的事务。

六月初二日丁丑，京师地震。六月初三日戊寅，京师又一次地震。

六月三十日乙酉［乙巳］，发生日食。

秋季，七月初七日壬子，太尉朱儁被免职。

七月十三日戊午，任命太常杨彪为太尉，录尚书事。

七月十九日甲子，任命镇南将军杨定为安西将军，开府治事，比照三公。

自四月不雨至于是月，谷一斛直钱五十万，长安中人相食。帝令侍御史侯汶出太仓米豆为贫人作糜，饿死者如故。帝疑禀赋不实，取米豆各五升于御前作糜，得二盆。乃杖汶五十，于是悉得全济。

八月，冯翊羌寇属县，郭汜、樊稠等率众破之。

吕布有别屯在濮阳西，曹操夜袭破之，未及还；会布至，身自搏战，自旦至日昳，数十合，相持甚急。操募人陷陈，司马陈留典韦将应募者进当之，布弓弩乱发，矢至如雨，韦不视，谓等人曰："虏来十步，乃白之。"等人曰："十步矣。"又曰："五步乃白。"等人惧，疾言："虏至矣！"韦持戟大呼而起，所抵无不应手倒者，布众退。会日暮，操乃得引去；拜韦都尉，令常将亲兵数百人，绕大帐左右。

濮阳大姓田氏为反间，操得入城，烧其东门，示无反意。及战，军败，布骑得操而不识，问曰："曹操何在？"操曰："乘黄马走者是也。"布骑乃释操而追黄马者。操突火而出，至营，自力劳军，令军中促为攻具，进，复攻之，与布相守百余日。蝗虫起，百姓大饿，布粮食亦尽，各引去。九月，操还鄄城。布到乘氏，为其县人李进所破，东屯山阳。

冬，十月，操至东阿。袁绍使人说操，欲使操遣家居邺；操新失兖州，军食尽，将许之。程昱曰："意者将军殆临事而惧，不然，何虑之不深也！夫袁绍有并天下之心，而智不能济也；将军自度能为之下乎？将军以龙虎之威，可为之韩、彭邪！今兖州虽残，尚有三城，能战之士，不下万人，以将军之神武，与文若、昱等收而用之，霸王之业可成也，愿将军更虑之！"操乃止。

十二月，司徒淳于嘉罢，以卫尉赵温为司徒，录尚书事。

马腾之攻李傕也，刘焉二子范、诞皆死。议郎河南庞羲，素与焉善，乃募将焉诸孙入蜀。会天火烧城，焉徙治成都，疽发背而卒。州大吏赵韪等贪焉子璋温仁，共上璋为益州刺史，诏拜颍川扈瑁为刺史。璋将沈弥、娄发、甘宁反，击璋，不胜，走入荆州；诏乃以璋为益州牧。璋以

从四月起大旱不下雨，一直到七月。谷一斛售价高达五十万钱，长安城中出现人吃人的惨况。皇帝诏令侍御史侯汶拿出太仓的米、豆为贫民熬粥，可是饿死的人数依然像原来一样。皇帝怀疑熬粥的粮食被人贪污，于是取出米、豆各五升在御案前亲自监督下熬粥，熬得粥两盆。真相查明，侯汶被打了五十棍，贫民才都得到了救济。

八月，冯翊的羌人侵扰所属各县，郭汜、樊稠等率军击败了羌人。

吕布有一支部队驻在濮阳西面，曹操趁夜偷袭击败了它，还没来得及退回，就遇上吕布赶到，吕布亲自上阵，从早晨一直打到日头偏西，双方开战几十个回合，相持不下，十分危险。曹操招募敢死队冲锋陷阵，司马陈留人典韦带领应募的人上前抵抗吕布，吕布的军队弓弩乱发，箭如雨下，典韦看都不看，对应募的人说："敌人离我们十步，再报告我。"应募的人说："已经十步了。"又说："五步时再报告。"应募的人很惊惧，赶紧喊："敌人到了！"典韦拿起战戟大喊一声跃起，冲入敌阵，所到之处，敌人无不倒下，吕布的军队后退。直到黄昏，曹操才能率兵撤离，于是任命典韦为都尉，让他经常率领几百亲兵，在自己的大帐周围巡逻警戒。

濮阳的大姓田氏替曹操实施反间计，曹操才得以进入濮阳城，并烧毁了城的东门，表示绝不后退。等到交战，曹操兵败，吕布的骑兵捉住曹操却不认识，问道："曹操在哪里？"曹操回答说："那个骑黄马逃走的人就是。"吕布的骑兵于是放了曹操去追击那个骑黄马的人。曹操冲出火墙逃走，到了营地，亲自慰问军队，命令军中赶快布置攻城的器械，指挥军队前进，再次攻击濮阳城，与吕布相持了一百多天。这时发生蝗灾，百姓大闹饥荒，吕布的军粮用完，于是各自率兵离去。九月，曹操回到鄄城，吕布进兵到乘氏县，被县中人李进打败，向东退守山阳县。

冬季，十月，曹操来到东阿县。袁绍派人劝说曹操，想让曹操把家迁往邺城，曹操因刚失掉兖州，军粮用光，准备同意袁绍的建议。程昱说："我料想将军因面临当前的艰难局势而害怕，不然为什么考虑得这么不周全！袁绍有兼并天下的野心，但他的智慧不能成就大事，将军自己估量一下，能屈从在他的手下吗？将军您有龙虎之威，难道可以做他的韩信、彭越吗？今日兖州虽然残缺，但还有三城，能够作战的士兵不下万人，凭着将军的神武，以及荀彧和我程昱，一起收集整顿将士而后运用，可以完成霸王的事业，希望将军重新考虑！"曹操这才搁置了先前的主意。

十二月，司徒淳于嘉被免职，任命卫尉赵温为司徒，录尚书事。

马腾攻击李傕的时候，刘焉的两个儿子刘范、刘诞都被杀死。议郎河南人庞羲，一向跟刘焉友善，于是募人送刘焉的几个孙子回到蜀郡。正逢雷击烧了绵竹城，刘焉迁治所到成都，不久因背上生毒疮而死。州中主事的长官赵韪等贪图刘焉儿子刘璋宽厚仁爱，共同上书举荐刘璋为益州刺史，但皇帝诏书却任命颍川人扈瑁为益州

韪为征东中郎将，率众击刘表，屯朐䏰。

徐州牧陶谦疾笃，谓别驾东海麋竺曰："非刘备不能安此州也。"谦卒，竺率州人迎备。备未敢当，曰："袁公路近在寿春，君可以州与之。"典农校尉下邳陈登曰："公路骄豪，非治乱之主，今欲为使君合步骑十万，上可以匡主济民，下可以割地守境；若使君不见听许，登亦未敢听使君也。"北海相孔融谓备曰："袁公路岂忧国忘家者邪！冢中枯骨，何足介意！今日之事，百姓与能；天与不取，悔不可追。"备遂领徐州。

（以上为第二段，写吕布与曹操激战争兖州，刘备渔翁得利，陶谦临终让州牧，刘备第一次得徐州。）

初，太傅马日磾与赵岐俱奉使至寿春，岐守志不桡，袁术惮之。日磾颇有求于术，术侵侮之，从日磾借节视之，因夺不还，条军中十余人，使促辟之。日磾从术求去，术留不遣，又欲逼为军师，日磾病其失节，呕血而死。

初，孙坚娶钱唐吴氏，生四男策、权、翊、匡及一女。坚从军于外，留家寿春。策年十余岁，已交结知名。舒人周瑜与策同年，亦英达夙成，闻策声问，自舒来造焉，便推结分好，劝策徙居舒；策从之。瑜乃推道旁大宅与策，升堂拜母，有无通共。及坚死，策年十七，还葬曲阿，已乃渡江，居江都，结纳豪俊，有复仇之志。

丹阳太守会稽周昕与袁术相恶，术上策舅吴景领丹阳太守，攻昕，夺其郡，以策从兄贲为丹阳都尉。策以母弟托广陵张纮，径到寿春见袁术，涕泣言曰："亡父昔从长沙入讨董卓，与明使君会于南阳，同盟结好，不幸遇难，勋业不终。策感惟先人旧恩；欲自凭结，愿明使君垂察其诚！"术甚奇之，然未肯还其父兵，谓策曰："孤用贵舅为丹阳太守，贤从伯阳为都尉，彼精兵之地，可还依召募。"策遂与汝南吕范及族人孙河迎其母诣曲阿，依舅氏，因缘召募，得数百人；而为泾县大帅祖郎所袭，几至危殆，于是复往见术。术以坚余兵千余人还策，表拜怀义校尉。策骑士有罪，逃入术营，隐于内厩，策指使人就斩之，讫，诣术谢。术

刺史。刘璋的部将沈弥、娄发、甘宁等趁势反叛，攻击刘璋，但没有获胜，逃走荆州。诏书于是才任命刘璋为益州牧。刘璋任命赵韪当征东中郎将，率军攻打刘表，驻守朐䏰县。

徐州牧陶谦病危，对别驾东海人麋竺说："除了刘备没有谁能安定这个州。"陶谦死去，麋竺率领徐州官民迎接刘备。刘备不敢接受，说："袁术近在寿春，你可以把徐州交付他。"典农校尉下邳人陈登说："袁术骄横，不是治理乱世的主人，现今我们打算替您集合步兵骑兵十万，这样上可以辅佐君主拯救万民，下可以割据一方自守；如果您不答应我的要求，我也不敢接受您的建议。"北海相孔融对刘备说："袁术哪是一个忧国忘家的人呢，他不过是坟墓中的枯骨，不值得放在心上！今天这事，是百姓推举贤才；上天赐予而不敢取，后悔莫及。"刘备这才领有徐州。

当初，太傅马日磾与赵岐一起奉天子的使命到寿春，赵岐坚持气节，不肯屈从，袁术有点惧怕他。马日磾有私事求助于袁术，遭到袁术的侮辱。袁术向马日磾借符节观赏，乘机夺走不还，并开列出军中十几人的名单，逼迫马日磾立即征召他们。马日磾向袁术请求离开，袁术把他扣留下来不准回京师，又想逼迫他做军师。马日磾因为自己失去符节而痛心抑郁，最后吐血而死。

起初，孙坚娶钱唐人吴氏，生了四个男孩：孙策、孙权、孙翊、孙匡，以及一个女儿。孙坚在外从军，家属留在寿春。孙策十几岁时，已经结交了许多知名人士。舒县人周瑜和孙策同年，十分英俊有智慧，很早成才，听到孙策的名声，从舒县赶来拜访，两人互相赞誉结交。周瑜劝孙策迁往舒县，孙策接受了。周瑜让出路边的一栋大宅院给孙策，登堂拜见孙策的母亲，两家互通有无。到孙坚死时，孙策年十七岁，他送父丧回到曲阿县安葬，然后才过长江，住在江都，结交豪杰，有为父报仇的志向。

丹阳太守会稽人周昕与袁术相互仇视，袁术上表推荐孙策的舅舅吴景代理丹阳太守，进攻周昕，攻下丹阳郡，任命孙策堂兄孙贲为丹阳都尉。孙策把母亲和弟弟托付广陵人张纮，自己则直往寿春拜见袁术，流着泪说："亡父以前从长沙出发征讨董卓，与英明的使君您在南阳相见，结成友好同盟，不幸遇难，功业未成。我孙策感念您与先人的旧恩，想归附于您，愿您明察我的一片诚心！"袁术非常惊奇孙策的言谈表现，但不肯归还他父亲的旧部，对孙策说："我任用你的舅舅为丹阳太守，又任用你的堂兄孙贲为都尉，那是出产精兵的地方，你可以回去依赖他们重新招募军队。"孙策于是和汝南人吕范以及孙氏同族人孙河将母亲接到曲阿，依靠舅舅，乘机招募兵马，得到了几百人；可是遭到泾县豪强祖郎的攻击，几乎全军覆没，于是

曰："兵人好叛，当共疾之，何为谢也！"由是军中益畏惮之。术初许以策为九江太守，已而更用丹阳陈纪。后术欲攻徐州，从庐江太守陆康求米三万斛；康不与。术大怒，遣策攻康，谓曰："前错用陈纪，每恨本意不遂，今若得康，庐江真卿有也。"策攻康，拔之，术复用其故吏刘勋为太守；策益失望。

侍御史刘繇，岱之弟也，素有盛名，诏书用为扬州刺史；州旧治寿春，术已据之，繇欲南渡江，吴景、孙贲迎置曲阿。及策攻庐江，繇闻之，以景、贲本术所置，惧为袁、孙所并，遂构嫌隙，迫逐景、贲；景、贲退屯历阳，繇遣将樊能、于麋屯横江，张英屯当利口以拒之。术乃自用故吏惠衢为扬州刺史，以景为督军中郎将，与贲共将兵击英等。

（以上为第三段，写袁术经营淮南，孙坚之子孙策年少建功，崭露头角，为孙氏割据江东伏笔。）

二年（乙亥，195年）

春，正月，癸丑，赦天下。

曹操败吕布于定陶。

诏即拜袁绍为右将军。

董卓初死，三辅民尚数十万户，李傕等放兵劫掠，加以饥馑，二年间，民相食略尽。李傕、郭汜、樊稠各相与矜功争权，欲斗者数矣，贾诩每以大体责之，虽内不能善，外相含容。

樊稠之击马腾、韩遂也，李利战不甚力，稠叱之曰："人欲截汝父头，何敢如此，我不能斩卿邪！"及腾、遂败走，稠追至陈仓，遂语稠曰："本所争者非私怨，王家事耳。与足下州里人，欲相与善语而别。"乃俱却骑，前接马，交臂相加，共语良久而别。军还，李利告傕："韩、樊交马语，不知所道，意爱甚密"，傕亦以稠勇而得众，忌之。稠欲将兵东出关，从傕索益兵。二月，傕请稠会议，便于坐杀稠。由是诸将转相疑贰。

再次去拜见袁术。袁术把孙坚余部一千多人还给孙策，并上表推荐孙策为怀义校尉。孙策的骑士有罪，逃入袁术的营地，藏在里面的马圈里，孙策派人当场杀了这个骑士，事后，孙策去袁术那里请罪。袁术说："士兵凡是叛变的，应当是我们痛恨的行为，为什么要请罪呢！"从此军中更加畏惧孙策。袁术起初答应任命孙策为九江太守，不久改用丹阳人陈纪。后来袁术想攻打徐州，向庐江太守陆康要三万斛粮米，陆康不给。袁术大怒，派孙策攻击陆康，对孙策说："以前错用了陈纪，常常悔恨没有兑现承诺，现今如果你打败了陆康，庐江就一定归你所有。"孙策攻打陆康，占领了庐江，袁术又派他的旧吏刘勋任庐江太守，孙策更加失望。

侍御史刘繇是已故兖州刺史刘岱的弟弟，一向享有很好的名声，诏书任命他为扬州刺史；州府原在寿春，由于袁术已占据了寿春，刘繇打算向南渡过长江，吴景、孙贲迎接刘繇，把他安置在曲阿。等到孙策攻打庐江，刘繇听到后，认为吴景、孙贲本是袁术所起用的人，害怕自己被袁术、孙策吞并，于是由猜忌产生了仇怨，便赶走了吴景、孙贲。吴景、孙贲退守历阳，刘繇派部将樊能、于麋屯驻横江，张英屯守当利口来抵抗吴景、孙贲。袁术于是自己任用老部下惠衢为扬州刺史，任命吴景为督军中郎将，与孙贲一同率兵攻打张英等。

汉献帝兴平二年（乙亥，195 年）

春季，正月十一日癸丑，赦免天下。

曹操在定陶击败吕布。

诏令任命袁绍为右将军。

董卓刚死的时候，三辅地区的人口还有几十万户，由于李傕等人放任士兵抢劫掠夺，加上饥荒，两年之间，百姓相互蚕食几乎死光。李傕、郭汜、樊稠各自居功争权，多次差点火并，贾诩常常以大局为重责备他们，虽然他们内里勾心斗角，表面上还能相互包容。

樊稠攻击马腾、韩遂的时候，李傕的侄子李利作战不太卖力，樊稠呵斥他说："人家要砍你叔父的头，你怎敢这样，难道我不能杀你吗！"等到马腾、韩遂战败逃跑，樊稠追击到了陈仓，韩遂告语樊稠说："本来我们争的不是为了个人私怨，而是国家大事。我和你是同州人，想与你友好叙叙作别。"于是各自命令自己的骑兵撤退，他们两人向前，马挨着马手拉着手，一起交谈了许久才分别。军队返回后，李利向李傕打小报告说："韩遂、樊稠并马交谈，不知讲了些什么，看起来十分密切。"李傕也因樊稠勇猛而得众心，因而猜忌他。樊稠想率兵往东出关，向李傕请求增加军队。二月，李傕请樊稠相会议事，便在座上杀死樊稠。从此将领们相互猜疑怀有二心。

傕数设酒请郭汜，或留汜止宿。汜妻恐汜爱傕婢妾，思有以间之。会傕送馈，妻以豉为药，擿以示汜曰："一栖不两雄，我固疑将军信李公也。"他日，傕复请汜，饮大醉，汜疑其有毒，绞粪汁饮之，于是各治兵相攻矣。

帝使侍中、尚书和傕、汜，傕、汜不从。汜谋迎帝幸其营，夜有亡者，告傕。三月，丙寅，傕使兄子暹将数千兵围宫，以车三乘迎帝。太尉杨彪曰："自古帝王无在人家者，诸君举事，奈何如是！"暹曰："将军计定矣。"于是群臣步从乘舆以出，兵即入殿中，掠宫人、御物。帝至傕营，傕又徙御府金帛置其营，遂放火烧宫殿、官府、民居悉尽。帝复使公卿和傕、汜，汜留杨彪及司空张喜、尚书王隆、光禄勋刘渊、卫尉士孙瑞、太仆韩融、廷尉宣璠、大鸿胪荣郃、大司农朱儁、将作大匠梁邵、屯骑校尉姜宣等于其营以为质。朱儁愤懑发病死。

夏，四月，甲子，立贵人琅邪伏氏为皇后；以后父侍中完为执金吾。

郭汜飨公卿，议攻李傕。杨彪曰："群臣共斗，一人劫天子，一人质公卿，可行乎！"汜怒，欲手刃之。彪曰："卿尚不奉国家，吾岂求生邪！"中郎将杨密固谏，汜乃止。傕召羌、胡数千人，先以御物缯彩与之，许以宫人、妇女，欲令攻郭汜。汜阴与傕党中郎将张苞等谋攻傕。丙申，汜将兵夜攻傕门，矢及帝帘帷中，又贯傕左耳。苞等烧屋，火不然。杨奉于外拒汜，汜兵退，苞等因将所领兵归汜。

是日，傕复移乘舆幸北坞，使校尉监坞门，内外隔绝，侍臣皆有饥色。帝求米五斗、牛骨五具以赐左右。傕曰："朝晡上饭，何用米为？"乃以臭牛骨与之。帝大怒，欲诘责之。侍中杨琦谏曰："傕自知所犯悖逆，欲转车驾幸池阳黄白城，臣愿陛下忍之。"帝乃止。司徒赵温与傕书曰："公前屠陷王城，杀戮大臣，今争睚眦之隙，以成千钧之仇，朝廷欲令和解，诏命不行，而复欲转乘舆于黄白城，此诚老夫所不解也。于《易》，一为过，再为涉，三而弗改，灭其顶，凶。不如早共和解。"傕大怒，欲杀温，其弟应谏之，数日乃止。

李傕多次设酒宴请郭汜，或者留郭汜住夜。郭汜的妻子怕郭汜爱上李傕的婢妾，想方设法挑拨离间郭汜与李傕。恰巧李傕派人送来吃的，郭汜的妻子把豆豉说成毒药，挑选出来给郭汜看，说："一个鸡窝容不得两只公鸡，我十分不明白你为什么这样信任李傕。"有一天，李傕又宴请郭汜，郭汜喝得大醉，怀疑酒食里有毒，就搅拌着粪汁喝下去了，从此各自部署军队，相互攻击。

献帝派侍中、尚书与郭汜、李傕调解，李傕、郭汜不听从。郭汜谋划迎献帝到他的营地，夜里营中有人逃走，报告李傕。三月二十五日丙寅，李傕派哥哥的儿子李暹率几千士兵包围皇宫，用三辆车子迎献帝。太尉杨彪说："自古以来帝王从没有在别人家居住，诸位做事，怎能这样呢！"李暹说："李傕将军的主意已经确定了。"于是群臣徒步跟着御驾出宫，士兵随即进入殿中，抢掠宫人和御用什物。献帝到了李傕军营，李傕又把宫里的金银绸帛搬到自己的营里，随后放火把宫殿、官府、民居都烧为灰烬。献帝再次派公卿与李傕、郭汜调解，郭汜把杨彪以及司空张喜、尚书王隆、光禄勋刘渊、卫尉士孙瑞、太仆韩融、廷尉宣播、大鸿胪荣郃、大司农朱儁、将作大匠梁邵、屯骑校尉姜宣等扣留在他的军营里作为人质。朱儁发病而死。

夏季，四月甲子日［四月二十三日甲午］，册立贵人琅邪人伏氏为皇后，任命皇后的父亲侍中伏完为执金吾。

郭汜宴请公卿，商议攻打李傕。杨彪说："群臣互相争斗，一个劫持天子，一个把公卿扣押为人质，能行吗？"郭汜大怒，要亲手杀杨彪。杨彪说："你尚且连天子都不尊奉，难道我还想求生吗？"中郎将杨密全力劝谏，郭汜才作罢。李傕召集几千名羌人、胡人，先把皇宫用的物品和绸缎赏赐给他们，还许愿把宫人、妇女赏赐给他们，想鼓励他们去攻打郭汜。郭汜暗地和李傕党羽中郎将张苞等谋划攻击李傕。四月二十五日丙申，郭汜率兵趁夜攻击李傕营门，飞箭射到献帝的帷帘中，又射穿了李傕的左耳。张苞等放火烧屋，但点不着火。杨奉在外面抵抗郭汜，郭汜军撤离，张苞等乘机率领所属兵马归属郭汜。

这一天，李傕又把天子转移到北坞，派校尉监守北坞垒门，断绝内外联系，侍臣们都面有饥色。献帝要求给五斗米、五副牛骨来赐给左右侍臣。李傕说："朝晚送饭，要米干什么？"于是拿臭牛骨送给献帝。献帝大怒，想斥责李傕，侍中杨琦劝导说："李傕自知犯下的是叛逆之罪，正想把陛下转移到池阳县黄白城，我希望陛下忍耐一下。"献帝才作罢。司徒赵温写信给李傕说："你先前屠杀攻陷王城，杀死大臣，如今为了些小怨争斗不已，结果铸成大恨深仇。朝廷想让你们和解，你不遵从诏命实行，却又想把天子转到黄白城，这实在使我这个老头子很不理解。依据《易经》所论，一次已经过分，二次就要落入水中，三次还不悔改，就要遭受灭顶之灾，是有大凶的。不如早日共同和解。"李傕大怒，要杀死赵温，李傕的弟弟李应劝导，

傕信巫觋厌胜之术，常以三牲祠董卓于省门外；每对帝或言“明陛下”，或言“明帝”，为帝说郭汜无状，帝亦随其意应答之。傕喜，自谓良得天子欢心也。

闰月，己卯，帝使谒者仆射皇甫郦和傕、汜。郦先诣汜，汜从命；又诣傕，傕不肯，曰：“郭多，盗马虏耳，何敢欲与吾等邪，必诛之！君观吾方略士众，足办郭多否邪？郭多又劫质公卿，所为如是，而君苟欲左右之邪！”郦曰：“近者董公之强，将军所知也；吕布受恩而反图之，斯须之间，身首异处，此有勇而无谋也。今将军身为上将，荷国宠荣，汜质公卿而将军胁主，谁轻重乎！张济与汜有谋，杨奉，白波贼帅耳，犹知将军所为非是，将军虽宠之，犹不为用也。”傕呵之令出。郦出，诣省门，白“傕不肯奉诏，辞语不顺”。帝恐傕闻之，亟令郦去。傕遣虎贲王昌呼，欲杀之，昌知郦忠直，纵令去，还答傕，言“追之不及”。

辛巳，以车骑将军李傕为大司马，在三公之右。

（以上为第四段，写凉州将李傕、郭汜内讧，西京长安士民遭荼毒，天子公卿被双方劫为人质，朝纲坠地。）

吕布将薛兰、李封屯巨野，曹操攻之，布救兰等，不胜而走，操遂斩兰等。操军乘氏，以陶谦已死，欲遂取徐州，还乃定布。荀彧曰：“昔高祖保关中，光武据河内，皆深根固本以制天下，进足以胜敌，退足以坚守，故虽有困败而终济大业。将军本以兖州首事，平山东之难，百姓无不归心悦服。且河、济，天下之要地也，今虽残坏，犹易以自保，是亦将军之关中、河内也，不可以不先定。今已破李封、薛兰，若分兵东击陈宫，宫必不敢西顾，以其间收熟麦，约食畜谷，一举而布可破也。破布，然后南结扬州，共讨袁术，以临淮、泗。若舍布而东，多留兵则不足用，少留兵则民皆保城，不得樵采，布乘虚寇暴，民心益危，唯鄄城、范、卫可全，其余非己之有，是无兖州也。若徐州不定，将军当安所归乎！且陶谦虽死，徐州未易亡也。彼惩往年之败，将惧而结亲，相为表里。今东方皆已收麦，必坚壁清野以待将军，攻之不拔，略之无获，不出十日，则十万之众，未战而先自困耳。前讨徐州，威罚实行，其子

过了几天才罢休。

李傕迷信男女巫师能用咒语制服对手、取胜的法术，经常在宫门外用猪、牛、羊三牲祭祀董卓；每次见到献帝或称“明陛下”，或称“明帝”，向献帝控诉郭汜的罪行，献帝也顺从他的意思。李傕高兴，自以为得到天子的欢心。

闰五月初九日己卯，献帝派谒者仆射皇甫郦调解李傕、郭汜。皇甫郦先到郭汜那里，郭汜听从诏命；然后去李傕那里，李傕不听，说：“郭汜，一个盗马贼，怎敢与我平起平坐呢？一定要杀掉他！您看看我的谋略和军队，难道对付一个郭汜不够吗？郭汜又劫持公卿为人质，所作所为如此，而您还想要帮助他吗？”皇甫郦说：“不久前董卓很强盛，将军是知道的；吕布受他的恩惠，却要谋害他，不过转眼之间，董卓就身首异处，这是因为他有勇无谋。如今将军身为上将，享有国家的宠幸，郭汜劫持公卿而将军胁迫天子，哪个轻哪个重呢？张济和郭汜有智谋，杨奉不过是白波军的大帅，他尚且还知道将军的行为不对，将军虽然相信他，但终究不会被你所用。”李傕呵斥皇甫郦，赶他出去。皇甫郦出来，径直到尚书府衙门，报告献帝：“李傕不肯领受诏命，言辞不恭顺。”献帝惧怕李傕听到这些，急令皇甫郦离开。李傕派遣虎贲王昌把皇甫郦喊回，想杀死他，王昌知道皇甫郦忠贞正直，放走了他，回来答复李傕说：“没有赶上。”

闰五月十一日辛巳，任命车骑将军李傕为大司马，位在三公之右。

吕布的将领薛兰、李封驻守巨野，曹操进攻巨野，吕布赶来救援薛兰等，不能取胜而退走，曹操杀死薛兰等。曹操驻军乘氏县，认为陶谦已死，想先取徐州，然后回来再平定吕布。荀彧说：“从前高祖保住关中，光武据守河内，都是稳固根本来征服天下，进可以胜敌，退可以固守，所以虽有危难失败却终于成就大业。将军本来是从兖州起兵，平定山东的祸乱，老百姓无不心悦诚服。再说兖州处于黄河、济水之间，是天下的要冲，如今虽然残弱，还是容易自保，这是将军的‘关中’、‘河内’，不可以不首先安定。现在已经攻破李封、薛兰，如果乘胜分兵东击陈宫，陈宫一定不敢向西发兵，趁机在这一地区收获成熟的麦子，省吃节食，积累谷物，这样一举可以击败吕布。打败了吕布，然后与南边扬州的刘繇联盟，共同征讨袁术，就可举兵逼进淮水、泗水。如果现在放下吕布而东征，留兵多了则东征兵力不够用，留兵少了则州民都只顾保守城池，不可能去砍柴收割，吕布将趁虚来侵扰，民心就更加不稳，只有鄄城、范县、濮阳可以保全，其他的就不归我们所有，这样就没有兖州了。如果不能平定徐州，将军将回到哪里去呢？况且陶谦虽然死了，徐州

弟念父兄之耻，必人自为守，无降心，就能破之，尚不可有也。夫事故有弃此取彼者，以大易小可也，以安易危可也，权一时之势，不患本之不固可也。今三者莫利，惟将军熟虑之。”操乃止。

布复从东缗，与陈宫将万余人来战，操兵皆出收麦，在者不能千人，屯营不固。屯西有大堤，其南树木幽深，操隐兵堤里，出半兵堤外；布益进，乃令轻兵挑战，既合，伏兵乃悉乘堤，步骑并进，大破之，追至其营而还。布夜走，操复攻拔定陶，分兵平诸县。布东奔刘备，张邈从布，使其弟超将家属保雍丘。

布初见备，甚尊敬之，谓备曰：“我与卿同边地人也！布见关东起兵，欲诛董卓。布杀卓东出，关东诸将无安布者，皆欲杀布耳。”请备于帐中，坐妇床上，令妇向拜，酌酒饮食，名备为弟。备见布语言无常，外然之而内不悦。

（以上为第五段，写吕布不敌曹操，兵败归依刘备。）

李傕、郭汜相攻连月，死者以万数。六月，傕将杨奉谋杀傕，事泄，遂将兵叛傕，傕众稍衰。庚午，镇东将军张济自陕至，欲和傕、汜，迁乘舆权幸弘农。帝亦思旧京，遣使宣谕，十反，汜、傕许和，欲质其爱子。傕妻爱其男，和计未定，而羌、胡数来窥省门，曰：“天子在此中邪！李将军许我宫人，今皆何在？”帝患之，使侍中刘艾谓宣义将军贾诩曰：“卿前奉职公忠，故仍升荣宠；今羌、胡满路，宜思方略。”诩乃召羌、胡大帅饮食之，许以封赏，羌、胡皆引去，傕由此单弱。于是复有言和解之计者，傕乃从之，各以女为质。

秋，七月，甲子，车驾出宣平门，当渡桥，汜兵数百人遮桥曰：“此

并不是那么容易被攻破。他们吸取往年失败的教训，将因害怕而团结起来，内外呼应。如今东边都已经收完麦子，一定会坚壁清野来等待将军。如果攻城不下，抢夺无获，不出十天，则十万大军，不战就先已陷于困境。先前讨伐徐州，施加严厉的惩罚，徐州的子弟记着父兄的耻辱，一定人人自守，没有投降之心，即使攻下了徐州，也还是守不住。事情本来就有舍此取彼的选择，可以用大换小，可以用安宁换危险，采用权宜之计，一定要在不动摇根本的前提下才可以。现在如果东征，取胜、割麦、稳固根本，这三样我们都不具备，希望将军要认真考虑。”于是曹操停止了东征徐州。

吕布又从东缗县和陈宫率领一万多人来交战，曹操的士兵都外出收割麦子，留在军营中的不到千人，营垒也不牢固。军营西边有一道大堤，大堤南边树林茂密，曹操把士兵一半隐伏在堤内，一半暴露在堤外。等吕布更加靠近时，曹操才下令轻装部队挑战，等到双方战斗开始，堤内伏兵突然全部登上大堤，步兵、骑兵一齐出击，大败吕布，一直追击到吕布的军营前才撤回。吕布连夜逃走，曹操又攻占了定陶，分兵平定各县。吕布向东投奔刘备，张邈跟随吕布，让他的弟弟张超带领家属保卫雍丘。

吕布初见刘备，十分尊敬他，对刘备说：“我和您同是边疆人！因看到关东起兵，想除掉董卓。所以我就杀死了董卓东出函谷关，可是关东众将领没有一个肯接收我，都想要杀掉我。”吕布邀请刘备到自己的军帐中，坐在妻子的床上，要妻子向刘备下拜行礼，设酒款待，称刘备为弟，刘备见吕布言语有失常态，虽然表面应酬，但内心却不高兴。

李傕、郭汜一连几个月相互攻打，死了几万人。六月，李傕部将杨奉谋划要杀死李傕，事情泄露，杨奉于是率兵背叛了李傕，李傕的势力逐渐衰败。六月庚午日，镇东将军张济从陕县赶来，想促成李傕、郭汜和解，把天子迁到弘农。献帝也怀念旧京洛阳，派使者向他们宣读谕旨，如此经过十次来回，郭汜、李傕才答应和解，两人互相送爱子作为人质。李傕的妻子疼爱儿子，致使和解的事没法确定。而这时羌人、胡人多次来到皇宫门前探视，询问：“天子在这里面吗？李将军答应给我们的宫女，她们都在哪里？”献帝十分忧虑，派侍中刘艾对宣义将军贾诩说：“你以前尽职尽责，奉公忠直，所以一直得到提升享受宠信；如今满地是羌人、胡人，你要想个办法来解决。”贾诩于是设宴招待羌人、胡人的大首领，许愿给他们封赏，羌人、胡人于是全部离去，李傕从此势单力弱。在这时又有人说起和解一事，李傕才同意了，与郭汜一起都以女儿作为人质。

秋季，七月甲子日，天子的车驾出了宣平门，正要过桥，郭汜的几百名士兵拦

天子非也？”车不得前。傕兵数百人，皆持大戟在乘舆车前，兵欲交，侍中刘艾大呼曰：“是天子也！”使侍中杨琦高举车帷，帝曰：“诸君何敢迫近至尊邪？”汜兵乃却。既渡桥，士众皆称万岁。夜到霸陵，从者皆饥，张济赋给各有差。傕出屯池阳。

丙寅，以张济为票骑将军，开府如三公；郭汜为车骑将军，杨定为后将军，杨奉为兴义将军；皆封列侯。又以故牛辅部曲董承为安集将军。

郭汜欲令车驾幸高陵，公卿及济以为宜幸弘农，大会议之，不决。帝遣使谕汜曰：“弘农近郊庙，勿有疑也！”汜不从。帝遂终日不食。汜闻之曰：“可且幸近县。”八月，甲辰，车驾幸新丰。丙子，郭汜复谋胁帝还都郿，侍中种辑知之，密告杨定、董承、杨奉，令会新丰。郭汜自知谋泄，乃弃军入南山。

曹操围雍丘，张邈诣袁术求救，未至，为其下所杀。

冬，十月，以曹操为兖州牧。

戊戌，郭汜党夏育、高硕等谋胁乘舆西行。侍中刘艾见火起不止，请帝出幸一营以避火。杨定、董承将兵迎天子幸杨奉营，夏育等勒兵欲止乘舆，杨定、杨奉力战，破之，乃得出。壬寅，行幸华阴。

宁辑将军段煨具服御及公卿已下资储，欲上幸其营。煨与杨定有隙，定党种辑、左灵言煨欲反，太尉杨彪、司徒赵温、侍中刘艾、尚书梁绍皆曰：“段煨不反，臣等敢以死保。”董承、杨定胁弘农督邮令言郭汜来在煨营，帝疑之，乃露次于道南。

丁未，杨奉、董承、杨定将攻煨，使种辑、左灵请帝为诏，帝曰：“煨罪未著，奉等攻之，而欲令朕有诏邪！”辑固请，至夜半，犹弗听。奉等乃辄攻煨营，十余日不下。煨供给御膳，禀赡百官，无有二意。诏使侍中、尚书告谕定等，令与煨和解，定等奉诏还营。

李傕、郭汜悔令车驾东，闻定攻煨，相招共救之，因欲劫帝而西。

断桥头问：“这是不是天子？”车子不能前行。李傕的几百名士兵，手握大戟在御车前面，准备开战，侍中刘艾大喊道：“这就是天子！”让侍中杨琦高高地掀起车帘，献帝说：“诸位怎敢逼近天子？”郭汜的士兵才退走。过了桥，士兵们都高呼万岁，夜晚到达霸陵，跟随的人都饿了，张济依据不同身份等级分发粮饷。李傕出京驻留池阳。

七月丙寅日，任命张济为骠骑将军，设置府署和三公一样。郭汜被任命为车骑将军，杨定为后将军，杨奉为兴义将军，都封为列候。又任命前牛辅部属董承为安集将军。

郭汜想要献帝到高陵，公卿百官和张济认为献帝应该到弘农，朝官们开大会议论，没有结果。献帝派使者告谕郭汜，说：“弘农接近洛阳的郊庙，不要犹豫。”郭汜仍不听从。献帝整天绝食抗议。郭汜听到后说：“可以暂时到就近的县。”八月初六日甲辰，献帝车驾到达新丰。八月丙子日，郭汜又谋划逼迫献帝回长安，定都郿县，侍中种辑探得消息，密告杨定、董承、杨奉，要他们到新丰会合。郭汜知道自己的阴谋泄露，于是丢弃军队逃入南山。

曹操围困雍丘，张邈到袁术那里去求救，还没到达，被他的部下杀死。

冬季，十月，任命曹操为兖州牧。

十月初一日戊戌，郭汜的同党夏育、高硕等阴谋逼迫献帝车驾西行，先纵火扰乱人心。侍中刘艾见献帝所住的军营大火不停止，请献帝出来到其他军营避火。杨定、董承领兵迎接天子临幸杨奉军营，夏育等整军想阻止献帝移动军营，杨定、杨奉奋力苦战，打败了夏育的军队，献帝才逃出了军营。十月初五日壬寅，献帝前行到达华阴。

宁辑将军段煨置办好皇上御用衣服车辆等物品，以及公卿以下官吏所需的物资，希望天子巡幸他的军营。段煨和杨定有仇怨，杨定的党羽种辑、左灵说段煨想造反，太尉杨彪、司徒赵温、侍中刘艾、尚书梁绍都说：“段煨不会反叛，臣等敢以性命担保。”董承、杨定胁迫弘农郡督邮让他报告说郭汜已经来到段煨营中，献帝疑惑，于是在大路南边的野外露宿。

十月初十日丁未，杨奉、董承、杨定将要攻击段煨，派种辑、左灵请求献帝下达诏令，献帝说：“段煨造反的罪行并没有显露，是杨奉等人要去攻击他，却还要强迫朕写诏书吗！”种辑坚决请求，直到半夜，献帝仍然不听。于是杨奉等就攻击段煨的军营，十几天拿不下。段煨照样供应皇帝的御膳和百官的食粮，并没有二心。献帝下诏派侍中、尚书向杨定等宣读圣谕，命令他们与段煨和解，杨定等接受诏令回到军营。

李傕、郭汜后悔让天子东行，听说杨定攻打段煨，双方互相招呼共同救驾，李

杨定闻傕、汜至，欲还蓝田，为汜所遮，单骑亡走荆州。张济与杨奉、董承不相平，乃复与傕、汜合。十二月，帝幸弘农，张济、李傕、郭汜共追乘舆，大战于弘农东涧，承、奉军败，百官士卒死者不可胜数，弃御物、符策、典籍，略无所遗。射声校尉沮俊被创坠马，傕谓左右曰："尚可活否？"俊骂之曰："汝等凶逆，逼劫天子，使公卿被害，宫人流离，乱臣贼子，未有如此也！"傕乃杀之。

壬申，帝露次曹阳。承、奉乃谲傕等与连和，而密遣间使至河东，招故白波帅李乐、韩暹、胡才及南匈奴右贤王去卑；并率其众数千骑来，与承、奉共击傕等，大破之，斩首数千级。

于是董承等以新破傕等，可复东引。庚申，车驾发东，董承、李乐卫乘舆，胡才、杨奉、韩暹、匈奴右贤王于后为拒。傕等复来战，奉等大败，死者甚于东涧。光禄邓渊、廷尉宣璠、少府田芬、大司农张义皆死。司徒赵温、太常王绛、卫尉周忠、司隶校尉管郃为傕所遮，欲杀之。贾诩曰："此皆大臣，卿奈何害之！"乃止。李乐曰："事急矣，陛下宜御马。"上曰："不可舍百官而去，此何辜哉！"兵相连缀四十里，方得至陕，乃结营自守。

时残破之余，虎贲、羽林不满百人，傕、汜兵绕营叫呼，吏士失色，各有分散之意。李乐惧，欲令车驾御船过砥柱，出孟津，杨彪以为河道险难，非万乘所宜乘，乃使李乐夜渡，潜具船，举火为应。上与公卿步出营，皇后兄伏德扶后，一手挟绢十匹。董承使符节令孙徽从人间斫之，杀旁侍者，血溅后衣。河岸高十余丈，不得下，乃以绢为辇，使人居前负帝，余皆匍匐而下，或从上自投，冠帻皆坏。既至河边，士卒争赴舟，董承、李乐以戈击之，手指于舟中可掬。帝乃御船，同济者，皇后及杨彪以下才数十人，其宫女及吏民不得渡者，皆为兵所掠夺，衣服俱尽，发亦被截，冻死者不可胜计。卫尉士孙瑞为傕所杀。

傕见河北有火，遣骑候之，适见上渡河，呼曰："汝等将天子去邪！"董承惧射之，以被为幔。既到大阳，幸李乐营。河内太守张杨使数千人负米来贡饷。乙亥，帝御牛车，幸安邑，河东太守王邑奉献绵帛，悉赋公卿以下，封邑为列侯，拜胡才为征东将军，张杨为安国将军，皆假节开府。其垒壁群帅竞求拜职，刻印不给，至乃以锥画之。

傕、郭汜想乘机劫持献帝西行。杨定听到李傕、郭汜来了，想回到蓝田，被郭汜阻拦，只身单骑逃奔荆州。张济与杨奉、董承不合，于是又与李傕、郭汜会合。十二月，献帝到达弘农，张济、李傕、郭汜一齐追赶天子，在弘农的东涧发生大战，董承、杨奉的军队战败，百官士兵被杀死的不计其数，御用物品、符信书策、典章图籍，差不多全都丢失。射声校尉沮俊受伤落马，李傕问身边的人说："还想活吗？"沮俊责骂李傕说："你们这帮凶恶的叛逆贼子，逼迫劫持天子，使公卿被杀，宫女流离失所。从前的乱臣贼子，也没有像你们这样的！"李傕于是杀死他。

十二月壬申日，献帝在曹阳露营。董承、杨奉假装与李傕等和好，暗地却派使者到河东，招来前白波军的首领李乐、韩暹、胡才以及南匈奴右贤王去卑，一起率领他们的几千骑兵赶来，与董承、杨奉共同攻击李傕等，大败李傕，杀死几千人。

这时董承等认为刚刚击败李傕一伙，可以再次东行。十月二十四日庚申，天子的车驾出发东行，董承、李乐护卫御车，胡才、杨奉、韩暹、匈奴右贤王殿后。李傕一伙又来交战，杨奉等大败，被杀的人数超过了东涧之役。光禄勋邓渊、廷尉宣播、少府田芬、大司农张义都死了。司徒赵温、太常王绛、卫尉周忠、司隶校尉管郃被李傕抓获，李傕要杀他们，贾诩说："这些人都是大臣，你怎么可以杀死他们！"李傕才罢手。李乐说："事情危急，陛下应当乘马。"献帝说："不能抛弃百官逃走，他们有何罪？"行进的士兵前后相接四十里，一到达陕县，就立即筑营防守。

大败之后，当时残留的禁卫军虎贲、羽林不到百人，李傕、郭汜的士兵围绕着营地喊叫，官兵们惊慌失色，各自打算逃跑。李乐恐慌，想让献帝乘船经过砥柱石，从孟津上岸，杨彪认为黄河河道艰险，不宜天子乘坐，于是派李乐夜里渡河，暗地准备船只，举火把为信号。献帝和公卿徒步出营，皇后的哥哥伏德一手搀着皇后，一手挟着十匹绢。董承派符节令孙徽在人群中砍死伏德，杀死了旁边的侍从，血溅到皇后的衣服上。河岸高达十几丈，献帝下不去，便用绢绑成乘辇，让人在前面背着献帝，其余的人都爬在地上滑下去。有的人从上面跳下去，官帽都摔坏了。到了河边，士兵们争先恐后地去抓船沿，董承、李乐用戈砍他们的手，在船中被砍断的手指可以一把把地捧起来。献帝坐上船，一起渡河的只有皇后以及杨彪等几十个人，那些宫女以及官民没能渡河的，都遭到乱兵的抢夺，衣服被剥光，头发也被割断，冻死的人不计其数。卫尉士孙瑞被李傕杀死。

李傕看见黄河北岸有火光，派骑兵去侦察，正好看见献帝在南岸上船渡河，大声呼喊："你们要把天子抢走吗！"董承担心李傕的骑兵放箭，就用被子当围障。到达大阳后，献帝进到李乐的军营。河内太守张杨派几千人背着米来进贡粮饷。十二月乙亥日，献帝乘坐牛车，到达安邑，河东太守王邑奉献丝绵和绸缎，献帝全部赐给公卿以下的官吏，册封王邑为列侯，任命胡才为征东将军，张杨为安国将军，都

乘舆居棘篱中，门户无关闭，天子与群臣会，兵士伏篱上观，互相镇压以为笑。

帝又遣太仆韩融至弘农与傕、汜等连和，傕乃放遣公卿百官，颇归所掠宫人及乘舆器服。已而粮谷尽，宫人皆食菜果。

乙卯，张杨自野王来朝，谋以乘舆还雒阳，诸将不听，杨复还野王。

是时，长安城空四十余日，强者四散，羸者相食，二三年间，关中无复人迹。

沮授说袁绍曰："将军累叶台辅，世济忠义。今朝廷播越，宗庙残毁，观诸州郡虽外托义兵，内实相图，未有忧存社稷恤民之意。今州域粗定，兵强士附，西迎大驾，即宫邺都，挟天子而令诸侯，畜士马以讨不庭，谁能御之！"颍川郭图、淳于琼曰："汉室陵迟，为日久矣，今欲兴之，不亦难乎！且英雄并起，各据州郡，连徒聚众，动有万计，所谓秦失其鹿，先得者王。今迎天子自近，动辄表闻，从之则权轻，违之则拒命，非计之善者也。"授曰："今迎朝廷，于义为得，于时为宜，若不早定，必有先之者矣。"绍不从。

（以上为第六段，写献帝东归，历尽磨难，终于渡过黄河，脱离了李傕、郭汜的掌控，驻跸河东。）

初，丹阳朱治尝为孙坚校尉，见袁术政德不立，劝孙策归取江东。时吴景攻樊能、张英等，岁余不克。策说术曰："家有旧恩在东，愿助舅讨横江；横江拔，因投本土召募，可得三万兵，以佐明使君定天下。"术知其恨，而以刘繇据曲阿，王朗在会稽，谓策未必能定，乃许之，表策为折冲校尉。将兵千余人、骑数十匹，行收兵，比至历阳，众五六千。时周瑜从父尚为丹阳太守，瑜将兵迎之，仍助以资粮，策大喜，曰："吾得卿，谐也！"进攻横江、当利，皆拔之，樊能、张英败走。

策渡江转斗，所向皆破，莫敢当其锋者。百姓闻孙郎至，皆失魂魄。长吏委城郭，窜伏山草。及策至，军士奉令，不敢虏略，鸡犬菜茹，一

假节，开设府署。于是军营中的将领们都纷纷争着要官职，刻的印章供不应求，甚至用锥子来刻画。

献帝居住在以荆棘为篱笆的房子中，关不上窗门，天子与群臣聚会，士兵们趴在篱笆上观看，相互拥挤取笑。

献帝又派太仆韩融到弘农与李傕、郭汜等和解，李傕释放公卿百官，还归还了许多被抢去的宫女以及御用的车辆器物。不久粮谷用光，宫女们都以野菜野果为食。

十二月十九日乙卯，张杨从野王赶来朝见天子，谋划皇帝车驾回到洛阳，各位将领不赞同，张杨又回到野王。

这时，长安城空了四十多天，身体强壮的人四处逃散，老弱病残的人互相为食，两三年间，关中不再有人迹。

沮授进言袁绍说："将军世家几代为国家重臣，世传忠义。如今天子蒙难，四处流亡，宗庙残破焚毁，环视各州郡县，虽然表面上号称义兵，实际却相互图谋，没有拯救国家抚恤人民的意思。现今冀州大体安定，军队强盛，士民归附，如果向西迎接天子，定都邺城，挟持天子用以号令诸侯，蓄养兵马来讨伐叛臣，谁能抵抗！"颍川人郭图、淳于琼说："汉室衰微，为时已久，如今要振兴它，不是太困难了吗？况且英雄四起，各自占据州郡，聚集兵马，动辄数以万计，这正是所谓秦人丢了天下，先得到的人称王。如今要把天子迎到身边，动辄上表奏报，顺从的话，则权轻力微，违背的话，则反抗圣命，这并不是一个好的计谋。"沮授说："如今迎天子，既得道义，又合时机，如果不早做决定，一定有捷足先登的人。"袁绍不听从。

当初，丹阳人朱治曾经担任孙坚的校尉，看到袁术不行德政，就劝孙策回归占领江东。这时，孙策的舅父吴景正在进攻樊能、张英等，一年多不能获胜。孙策进言袁术说："我家在江东对当地人有旧恩故情，我愿意帮助舅舅征讨横江，只要攻占横江，乘机回到本土招募兵马，可以得到三万士兵，用来帮您英明的使君平定天下。"袁术知道孙策怀恨，由于有刘繇占领曲阿，王朗守在会稽，认为孙策未必能平定他们，于是答应他的要求，上表举荐孙策为折冲校尉。孙策率兵一千多人，骑兵几十名，沿途召集兵马，等到进兵至历阳时，部众有了五六千人。当时周瑜的伯父周尚任丹阳太守，周瑜率兵迎接孙策，还资助他军费和粮食，孙策大喜，说："我得到你，事业一定能成功。"孙策进攻横江、当利，全都一举拿下，樊能、张英战败逃跑。

孙策渡江后辗转战斗，所向披靡，没有人抵挡得住他的锋芒。百姓听说孙郎来了，都魂飞魄散，长官们抛弃城郭，逃进深山草丛中躲避。等到孙策一来，将士遵

无所犯，民乃大悦，竞以牛酒劳军。策为人，美姿颜，能笑语，阔达听受，善于用人，是以士民见者莫不尽心，乐为致死。

策攻刘繇牛渚营，尽得邸阁粮谷、战具。时彭城相薛礼、下邳相丹阳笮融依繇为盟主，礼据秣陵城，融屯县南，策皆击破之。又破繇别将于梅陵，转攻湖孰、江乘，皆下之，进击繇于曲阿。

繇同郡太史慈时自东莱来省繇。会策至，或劝繇可以慈为大将。繇曰：“我若用子义，许子将不当笑我邪！”但使慈侦视轻重。时独与一骑卒遇策于神亭，策从骑十三，皆坚旧将辽西韩当、零陵黄盖辈也。慈便前斗，正与策对，策刺慈马，而揽得慈项上手戟，慈亦得策兜鍪。会两家兵骑并各来赴，于是解散。

繇与策战，兵败，走丹徒。策入曲阿，劳赐将士，发恩布令，告谕诸县：“其刘繇、笮融等故乡部曲来降首者，一无所问；乐从军者，一身行，复除门户；不乐者不强。”旬日之间，四面云集，得见兵二万余人，马千余匹，威震江东。

丙辰，袁术表策行殄寇将军。策将吕范言于策曰：“今将军事业日大，士众日盛，而纲纪犹有不整者，范愿暂领都督，佐将军部分之。”策曰：“子衡既士大夫，加手下已有大众，立功于外，岂宜复屈小职，知军中细事乎！”范曰：“不然。今舍本土而托将军者，非为妻子也，欲济世务也。譬犹同舟涉海，一事不牢，即俱受其败。此亦范计，非但将军也。”策笑，无以答。范出，便释褠，著袴褶，执鞭诣阁下启事，自称领都督，策乃授传，委以众事；由是军中肃睦，威禁大行。

策以张纮为正议校尉，彭城张昭为长史，常令一人居守，一人从征讨，及广陵秦松、陈端等亦参与谋谟。策待昭以师友之礼，文武之事，一以委昭。昭每得北方士大夫书疏，专归美于昭，策闻之，欢笑曰：“昔管子相齐，一则仲父，二则仲父，而桓公为霸者宗。今子布贤，我能用之，其功名独不在我乎！”

袁术以从弟胤为丹阳太守。周尚、周瑜皆还寿春。

命，不敢抢掠，鸡犬蔬菜，无人敢拿。民众非常高兴，争着用牛肉和美酒慰劳军队。孙策容貌英俊，谈笑风生，豁达大度，善于用人，因此从士大夫到老百姓，见过他的人全都尽心尽力，乐意为他效命。

孙策进攻刘繇在牛渚的营地，全部缴获了仓库里的粮食和武器。当时彭城相薛礼、下邳相丹阳人笮融都拥立刘繇为盟主，薛礼据守秣陵城，笮融驻军秣陵县南，孙策把他们打败。又在梅陵打败刘繇的别将，接着转攻湖孰、江乘，全都攻克，然后进兵攻击盘踞在曲阿的刘繇。

刘繇的同郡人太史慈这时从东莱探视刘繇，正碰上孙策率兵来交战，有人劝刘繇可任命太史慈为大将。刘繇说："我若用子义（太史慈），许劭将会嘲笑我用人不当！"只派太史慈去侦察敌情。有一天太史慈只带了一个骑兵在神亭与孙策相遇，孙策身后跟着十三名骑兵，都是孙坚的旧将辽西人韩当、零陵人黄盖等。太史慈迎上前去交战，正和孙策相对，孙策刺中太史慈的马，并摘取插在他脖子边上的手戟，太史慈也抢得孙策的头盔。这时两家的步兵骑兵一起赶来，于是双方各自撤退。

刘繇与孙策交战，兵败，逃到丹徒。孙策进入曲阿，慰问赏赐将士，发布宽大命令，告知各县："凡是刘繇、笮融等同乡部属来归降的，一律既往不咎，愿意继续当兵的，一人从军，便可免去全家赋税劳役；不愿再当兵的，决不勉强。"不出十天，应召者从四面八方赶来，得到士兵两万多人，马一千多匹，顿时孙策威震江东。

十二月二十日丙辰，袁术上表推举孙策代理殄寇将军。孙策部将吕范向孙策进言说："如今将军事业日益扩展，军队日益强大，可是军纪还不完备，我愿暂时兼任都督，辅佐将军整顿管理。"孙策说："你已经是士大夫，加上手下已有大军，又在外立功，怎么能让你再屈任低级职务小官，去管理军中的小事呢？"吕范说："不对。如今我离开家乡而把自己托付给将军，不是为了妻子儿女，而是一心想要济世救民。好比同坐一条船渡海一样，一件事情不牢靠，大家立即一同遭受灭顶之灾。这也是为我自己打算，不仅仅是为了将军。"孙策微笑，没有用话来回答。吕范出来，便脱下布衣，穿上戎装，提起马鞭到孙策办公的地方报告，自称都督，于是孙策授予符信，托付都督事务；从此军中严肃和睦，令行禁止。

孙策任命张纮为正议校尉，彭城人张昭为长史，一直让他俩人中一个留下驻守，一个跟随出征。广陵人秦松、陈端等也参与谋划。孙策以师友的礼节对待张昭，把文武之事，一概委托他。张昭每每得到北方士大夫的书信，信中把江东的政绩都归功于张昭，孙策听到后，很高兴地说："从前管仲任齐国的宰相，齐桓公尊称他为叔父，遇事一口一个管叔父，因而齐桓公终于成为五霸之首。如今张昭贤明，我能任用他，难道他的功名不都属于我吗？"

袁术派堂弟袁胤任丹阳太守。周尚、周瑜都回到寿春。

刘繇自丹徒将奔会稽，许劭曰：“会稽富实，策之所贪，且穷在海隅，不可往也。不如豫章，北连豫壤，西接荆州；若收合吏民，遣使贡献，与曹兖州相闻，虽有袁公路隔在其间，其人豺狼，不能久也。足下受王命，孟德、景升必相救济。”繇从之。

初，陶谦以笮融为下邳相，使督广陵、下邳、彭城粮运。融遂断三郡委输以自入，大起浮屠祠，课人诵读佛经，招致旁郡好佛者至五千余户。每浴佛，辄多设饮食，布席于路，经数十里，费以巨亿计。及曹操击破陶谦，徐土不安，融乃将男女万口走广陵，广陵太守赵昱待以宾礼。先是彭城相薛礼为陶谦所逼，屯秣陵，融利广陵资货，遂乘酒酣杀昱，放兵大掠，因过江依礼，既而复杀之。

刘繇使豫章太守朱皓攻袁术所用太守诸葛玄，玄退保西城。及繇溯江西上，驻于彭泽，使融助皓攻玄。许劭谓繇曰：“笮融出军，不顾名义者也。朱文明喜推诚以信人。更使密防之。”融到，果诈杀皓，代领郡事。繇进讨融，融败走，入山，为民所杀。诏以前太傅掾华歆为豫章太守。

丹阳都尉朱治逐吴郡太守许贡而据其郡，贡南依山贼严白虎。

（以上为第七段，写孙策年少英雄，借袁术之势经营江东，连战皆捷，威名大振。）

张超在雍丘，曹操围之急，超曰：“惟臧洪当来救吾。”众曰：“袁、曹方睦，洪为袁所表用，必不败好以招祸。”超曰：“子源天下义士，终不背本，但恐见制强力，不相及耳。”洪时为东郡太守，徒跣号泣，从绍请兵，将赴其难，绍不与；请自率所领以行，亦不许。雍丘遂溃，张超自杀，操夷其三族。

洪由是怨绍，绝不与通。绍兴兵围之，历年不下。绍令洪邑人陈琳以书喻之，洪复书曰：“仆小人也，本乏志用；中因行役，蒙主人倾盖，恩深分厚，遂窃大州，宁乐今日自还接刃乎！当受任之初，自谓究竟大事，共尊王室。岂悟本州被侵，郡将遘厄，请师见拒，辞行被拘，使洪故君遂至沦灭，区区微节，无所获申，岂得复全交友之道、重亏忠孝之名乎！斯所以忍悲挥戈，收泪告绝。行矣孔璋，足下徼利于境外，臧洪

刘繇从丹徒将要逃奔会稽郡，许劭说："会稽富裕充实，是孙策想占领的地方，而且它孤悬在海角，不可到那里去。不如到豫章郡，它的北部与豫州接壤，西部和荆州相连；如果收聚团结好那里的官民，派使者去朝廷进贡，和曹兖州联系，虽然现在有袁术在中间隔离，但他为人如同豺狼一样，不会长久。您是受命于朝廷的刺史，曹操、刘表一定会来救助的。"刘繇听从了许劭的建议。

当初，陶谦任命笮融为下邳相，派他管理广陵、下邳、彭城的粮运。笮融就截获这三郡的运输物资归己所有，大肆兴造佛寺，督促民众诵读佛经，招来附近各郡的佛教徒达五千多户。每次浴佛节大会，总要备办许多饮食，在路边摆下宴席，连绵几十里，费用以万亿计。等到曹操击退陶谦，徐州动荡时，笮融才率领男女万人逃至广陵，广陵太守赵昱用宾客的礼节接待他。此前彭城相薛礼被陶谦逼迫，屯驻秣陵，笮融贪图广陵的财富，就乘喝酒正浓时杀了赵昱，放纵士兵大肆抢劫，带着抢掠的财物渡过长江投靠薛礼，不久又杀掉薛礼。

刘繇派豫章太守朱皓攻打袁术委任的太守诸葛玄，诸葛玄退守西城。等到刘繇逆江西上，进驻在彭泽，便派笮融帮助朱皓攻击诸葛玄。许劭对刘繇说："笮融出兵，不讲名节信义。朱皓待人喜欢推心置腹。要让朱皓严密预防他。"笮融到后，果然用诈骗之计杀了朱皓，代理豫章郡事务。刘繇进兵征讨笮融，笮融战败逃跑，遁入山中，被老百姓杀死。献帝下诏任命前太傅掾华歆为豫章太守。

丹阳郡都尉朱治驱赶吴郡太守许贡占据了吴郡，许贡南逃，投靠山寇严白虎。

张超困守雍丘，曹操加紧围攻。张超说："只有臧洪会来救助我。"众人说："袁绍、曹操目前正和睦，而臧洪是被袁绍上表推荐任用的人，他一定不会败坏袁、曹的和好来招惹大祸。"张超说："臧子源是天下的义士，始终不会背离初衷；只是恐怕被强力所迫，没法来罢了。"这时臧洪任东郡太守，赤脚步行，放声痛哭地向袁绍请求出兵，要赶去解救张超的危难，袁绍不发兵给他。臧洪又请求率领自己所属的军队去，袁绍也不批准。雍丘失守，张超自杀，曹操灭了张超的三族。

臧洪因此怨恨袁绍，断绝关系不与袁绍往来。袁绍举兵包围臧洪，连年不能攻克。袁绍命臧洪的同县人陈琳写信给臧洪，晓以利害，臧洪复信说："我本是一个小人物，没有大志；只因仕途中承蒙主人袁绍赏识，恩情深厚，于是拥有一州，难道我乐意今天与袁绍兵戎相见吗？当初受任之时，我自认为能成就大业，共同尊奉王室。哪里想到本州被侵占，郡守张超遭遇危难，我请求出兵被拒绝，辞别又遭拘留，致使我的故主被歼灭，我这一点区区的微小节义都无处表达，哪里还能顾全朋友的

投命于君亲；吾子托身于盟主，臧洪策名于长安；子谓余身死而名灭，仆亦笑子生而无闻焉！”

绍见洪书，知无降意，增兵急攻。城中粮谷已尽，外无强救，洪自度必不免，呼将吏士民谓曰：“袁氏无道，所图不轨，且不救洪郡将，洪于大义，不得不死；念诸君无事，空与此祸，可先城未败，将妻子出。”皆垂泣曰：“明府与袁氏本无怨隙，今为本朝郡将之故，自致残困；吏民何忍当舍明府去也！”初尚掘鼠煮筋角，后无可复食者。主簿启内厨米三升，请稍以为饘粥，洪叹曰：“何能独甘此邪！”使作薄糜，遍班士众，又杀其爱妾以食将士。将士咸流涕，无能仰视者。男女七八千人，相枕而死，莫有离叛者。城陷，生执洪。绍大会诸将见洪，谓曰：“臧洪，何相负若此！今日服未？”洪据地瞋目曰：“诸袁事汉，四世五公，可谓受恩。今王室衰弱，无扶翼之意，欲因际会，希冀非望，多杀忠良以立奸威。洪亲见呼张陈留为兄，则洪府君亦宜为弟，同共戮力，为国除害，奈何拥众观人屠灭！洪惜力劣，不能推刃为天下报仇，何谓服乎！”绍本爱洪，意欲令屈服，原之；见洪辞切，知终不为己用，乃杀之。

洪邑人陈容少亲慕洪，时在绍坐，起谓绍曰：“将军举大事，欲为天下除暴，而先诛忠义，岂合天意！臧洪发举为郡将，奈何杀之！”绍惭，使人牵出，谓曰：“汝非臧洪俦，空复尔为！”容顾曰：“仁义岂有常，蹈之则君子，背之则小人。今日宁与臧洪同日而死，不与将军同日而生也！”遂复见杀，在坐无不叹息，窃相谓曰：“如何一日杀二烈士！”

（以上为第八段，写袁绍迂腐，因信守袁曹同盟，不救张超，逼反臧洪，自毁长城，在纵横捭阖中输了曹操一着。）

公孙瓒既杀刘虞，尽有幽州之地，志气益盛，恃其才力，不恤百姓，记过忘善，睚眦必报。衣冠善士，名在其右者，必以法害之，有材秀者，必抑困使在穷苦之地。或问其故，瓒曰：“衣冠皆自以职分当贵，不谢人惠。”故所宠爱，类多商贩、庸儿，与为兄弟，或结婚姻，所在侵暴，百姓怨之。

交情，损害忠孝的名节呢？这就是我为什么要忍住悲伤挥戈上阵，擦干泪水毅然与袁绍绝交的原因。永别了孔璋，你在境外追求财利，臧洪我效命于国君；你依靠盟主袁绍，臧洪我投身长安天子。你说我身死名裂，我还笑你活着却默默无闻！”

袁绍拿到臧洪的书信，知道他没有归降的意思，增派军队加紧围攻。城中的粮食已经耗尽，外面没有强兵营救，臧洪自料不能幸免，召集将士官民，对他们说：“袁绍没有道义，图谋不轨，而且不救助我的故主太守张超，我臧洪为了大义，不得不死；想到你们诸位平白无故地卷入这场灾祸，你们可以趁城池未破之前，带着妻子儿女逃走。”大家都流泪哭泣道：“您与袁绍本来没有怨仇，如今为了本朝的旧长官，自己招致了目前的困窘；我们作为您的属下吏民，怎能忍心抛下您而逃走！”起初还能挖老鼠煮筋角来充饥，后来再没有什么可吃的了。主簿打开内厨房门取出三升米，请求做一点稠粥，臧洪感慨地说：“我怎能独自享用呢？”命做成稀粥，分给士兵和民众，又杀了自己的爱妾给将士们吃。将士们都流下眼泪，不能仰视。男女七八千人，相互枕藉而死，没有一个叛离的。城池被攻陷，活捉了臧洪。袁绍会集各位将领，召见臧洪，对他说：“臧洪，为什么这样背离我！今天服从了吗？”臧洪坐在地上瞪大眼睛说：“袁氏效力汉朝已历四代，有五人出任三公，可说是受了朝廷的洪恩。如今皇室衰弱，你却没有扶持辅佐的意思，反而想趁此机会，图谋非分的希望，滥杀忠良来建立你的奸邪威望。我亲眼见你称呼张邈为兄，那么张超也应该是弟，本应同心协力，为国除害，怎么能拥兵旁观他遭人杀害？我只恨力量单薄，不能拔刀为天下人报仇，说什么服不服？”袁绍本来喜爱臧洪，意思要让他屈从，再原谅他；见臧洪言辞急切，知道他终究不会被自己所任用，于是将他杀死。

臧洪的同县人陈容从小敬仰臧洪，此时正好在座，起身对袁绍说：“将军起兵举大事，想要为天下除害，却先杀忠义之士，岂能合乎天意！臧洪的行为是为了自己的故主，怎能杀他！”袁绍羞愧，命人把他拖出去，对他说：“你不是臧洪的同伙，何必如此！”陈容回头说：“仁义哪有一定形式，遵守它的就是君子，违反它的就是小人。今天宁愿和臧洪同日而死，不愿与将军同日而生！”于是他也被杀害，在座的人无不叹息，私下议论说：“怎么可以在一天内就杀害了二位烈士！”

公孙瓒杀掉刘虞后，占有幽州全境，更加趾高气扬，凭借自己的才能和武力，不体恤百姓，只记住人家的过失，却忘却人家的好处，连瞪眼这样小小的怨恨也一定要报复。官宦豪绅，名望在他之上的，一定要用严法陷害，有才干优秀的人，一定要迫害，把他们打压在穷困之中。有人问这是什么原因，公孙瓒说：“豪绅都自认命当富贵，不感激别人给他的恩惠。”所以被他宠爱的人，大多是些商贾、贩子、庸

刘虞从事渔阳鲜于辅等，合率州兵欲共报仇，以燕国阎柔素有恩信，推为乌桓司马。柔招诱胡、汉数万人，与瓒所置渔阳太守邹丹战于潞北，斩丹等四千余级。乌桓峭王亦率种人及鲜卑七千余骑，随辅南迎虞子和与袁绍将麴义合兵十万共攻瓒，破瓒于鲍丘，斩首二万余级。于是代郡、广阳、上谷、右北平各杀瓒所置长吏，复与鲜于辅、刘和兵合，瓒军屡败。

先是有童谣曰："燕南垂，赵北际，中央不合大如砺，唯有此中可避世。"瓒自谓易地当之，遂徙镇易，为围堑十重，于堑里筑京，皆高五六丈，为楼其上；中堑为京，特高十丈，自居焉。以铁为门，斥去左右，男人七岁以上不得入门，专与姬妾居。其文簿、书记皆汲而上之。令妇人习为大声，使闻数百步，以传宣教令。疏远宾客，无所亲信，谋臣猛将，稍稍乖散。自此之后，希复攻战。或问其故。瓒曰："我昔驱畔胡于塞表，扫黄巾于孟津，当此之时，谓天下指麾可定。至于今日，兵革方始，观此，非我所决，不如休兵力耕，以救凶年。兵法，百楼不攻。今吾诸营楼橹数十重，积谷三百万斛，食尽此谷，足以待天下之事矣。"

南单于於扶罗死，弟呼厨泉立，居于平阳。

（以上为第九段，写公孙瓒经营幽州。）

人，公孙瓒和这些人结拜为兄弟，或者缔结姻缘，所到之处侵夺暴抢，老百姓都非常怨恨。

刘虞的从事、渔阳人鲜于辅等，联合率领州兵想一起为刘虞报仇，认为燕国人阎柔一向有恩德信义，就推举他为乌桓司马。阎柔召引胡人、汉人几万人马，与公孙瓒委派的渔阳太守邹丹在潞县的北面交战，杀死邹丹等四千多人。乌桓峭王也率同族人和鲜卑人共七千多骑兵，追随鲜于辅南下迎刘虞的儿子刘和，又与袁绍部将麴义会合十万兵马共同进攻公孙瓒，在鲍丘打败公孙瓒，杀死两万多人。这时代郡、广阳郡、上谷郡、右北平郡都各自杀掉公孙瓒任命的官吏，又与鲜于辅、刘和的兵马会合，于是公孙瓒的军队屡遭失败。

在这之前，有童谣说："燕国南陲，赵国北界，中间不合拢，空隙大如砺石，只有在这空隙中，才可以避世。"公孙瓒自认为易县就是这避世的空隙地，于是迁到易县，在四周挖出十道堑壕，在堑壕里筑起高丘，每座都有五六丈高，在高丘上修造楼台；在中间的堑壕中也筑高丘，高达十丈，公孙瓒居住在这座楼台上，用角铁做成大门，撤去左右身边的人，七岁以上的男子不准进门，只和妻妾住在里面。公孙瓒要批阅的文书、报告都用绳索吊上去。命令妇女练习大声喊话，使声音能传到几百步远，用来传达命令。疏远宾客，没有亲信，谋臣猛将逐渐叛离。从此之后，很少再出征攻战。有人问这是什么缘故。公孙瓒说："从前我在塞外驱逐叛逆的胡人，在孟津横扫黄巾军，那时，我以为天下可以轻易平定。直到今日，战争似乎方兴未艾，如此看来，平定天下不是我能完成的，不如休养军队，尽力耕作，度过荒年。兵法说百层高楼不可攻打，如今我各军营的楼台几十层，积蓄谷物三百万斛，吃完这些粮食，足以等到天下太平时了。"

南单于於扶罗死，他的弟弟呼厨泉继立为南单于，居留在平阳。

【点评】

本卷着重点评曹孙刘三家的兴起。东汉豪强地主集团分为两个阶层。一是世代官僚地主，史称世族地主，又称世家大族。他们世代为高官，经学传世，在中央和地方都有着坚固的势力。如汝南袁氏四世五公，弘农杨氏四世四公，颍川荀氏世为“冠冕”。他们的门生故吏遍天下，在政治上有很大的号召力。二是地方豪强地主，主要是大商贾兼并土地形成的豪强，史称庶族地主。他们有大量的田产，奴婢以千计，但在政治上受士族地主的压抑。曹操家族是沛国谯县的大豪强，属于宦官集团的大官僚，其父曹嵩曾官至太尉，但仍是庶族地主。所以曹操在政治上的号召力不如士族地主的代表人物袁绍、袁术兄弟强，初起时不能与二袁匹敌。二袁利用他们的政治号召力，在东汉末最早萌动了觊觎汉室之心，成为祸首，这是他们在政治上失败的一个重要因素。曹操、孙权、刘备都是庶族地主的代表人物，大乱初起时他们还想扶持汉室，建立功名；后来看到汉室不可复兴，便各自打着效忠汉室的旗号收揽人心，终于鼎立三分。此外，士族地主集团多谋士，庶族地主集团多武将。士族地主军阀排斥庶族地主，他们手下缺乏能征惯战之将，军队战斗力不强，在混乱中极易被消灭。曹孙刘三家都以庶族地主和平民出身的战将为骨干，又广延世族智士，得到两个阶层豪强地主集团的支持，所以在混战中越战越强，刘备更是屡仆屡起。认识东汉末豪强地主集团的割据性，把握两个阶层的军阀具有重要的意义。

一、曹操崛起于乱世。曹操字孟德，一名吉利，小字阿瞒，沛国谯县人。汉谯县，即今安徽北部的亳州市。曹操生于公元155年，死于公元220年，享年六十六岁。他二十岁时被举为孝廉，初仕郎官，登上政治舞台，想立功封侯，此其本志。公元190年，曹操三十五岁，陈留起兵讨董卓，在风云突变的汉末乱世中，纵横驰骋三十年。他“挟天子以令诸侯”，统一了北方，是奠定三国鼎立局面的第一人物。乱世造就了曹操，培养了他的野心。时人评为“治世之能臣，乱世之奸雄”。

曹操出身于宦官集团的大官僚大地主豪强大族。他的祖父曹腾是历事安帝、顺帝、冲帝、质帝、桓帝五朝的大宦官，位至中常侍，桓帝封为费亭侯。曹操父亲曹嵩是曹腾的养子，出自夏侯氏。《曹瞒传》和《世说新语》都说曹嵩是夏侯惇的叔父，即曹操与夏侯惇是叔伯兄弟。所以曹氏、夏侯氏两族非常亲密，两姓子弟为曹操起家的重要人物。

曹腾是大宦官，恩荫曹嵩仕途一帆风顺，历官司隶校尉、大司农等职，灵帝卖官，曹嵩花了一亿钱买得太尉高官，可见家产之豪富。曹氏家族在汉末做京官和地方官的不只曹嵩一人。曹腾弟曹褒官至颍川太守，褒子曹炽官至侍中、长水校尉。曹炽是曹仁之父。曹腾侄儿曹鼎官至尚书令，另一堂侄官至吴郡太守。这些人都家财万贯，有僮仆上百人。曹鼎侄儿曹洪家财甚至超过曹操，所豢养的家兵达千余人。

曹氏家族在政治上和经济上都是显赫的大豪强，给曹操的仕途带来便利，但宦官出身仍属寒门，被官僚士大夫看不起。公元200年官渡之战时，袁绍发布的讨操檄文就称曹嵩为“乞丐携养”，诋毁曹操为“赘阉遗丑”。因此曹操不免也有自卑感，这对于曹操所走的道路，以及执政都产生了复杂而微妙的影响。

公元189年，大将军何进与袁绍谋诛宦官，曹操参决机要。曹操出身于宦官集团却走了反宦官的道路，由此表现了他的不凡。曹操要在政治上崭露头角，必须侧身于世族名士行列。所以他矫情饰志，力争赢得士族地主集团的支持。梁国桥玄、南阳何颙都十分器重他。桥玄官至太尉，称曹操为“命世之才”，并以妻子儿女相托。

公元210年末，曹操曾发布“明志令”，称他青年时期希望天下太平，做一个清官，或归隐于故里，秋夏读书，冬春射猎。后做典军校尉，想为国家讨贼立功，西征韩遂，死后立一墓碑，刻上“汉故征西将军曹侯之墓”，这就是他的本志。从曹操步入仕途的所作所为来看，这是符合实情的。曹操想以个人的努力来立功封侯，洗刷“赘阉遗丑”的污名，成为一个汉家忠臣。由于董卓构难，形势导使曹操走上了另一条道路，这就是逐鹿中原，与敌竞争，称孤道寡，建立曹氏基业。

曹氏、夏侯氏的豪强资本，加之曹操个人的筹策善计，曹氏集团很快在北方乱世中崛起。

二、刘备转战北方。刘备字玄德，涿郡涿县（今河北涿州市）人。生于公元161年，死于公元223年，享年六十三岁。

刘备是三国时期杰出的政治家，深为曹操所忌服。如果将刘备与曹操、孙权做比较，刘备经历了更为艰难曲折的道路，可以说是屡仆屡起，九折臂而终成良医。刘备从微贱到发迹，直至建立蜀国，既不像孙权那样有父兄之业相承，也没有像曹操那样有雄厚的政治经济实力而起家。刘备一无所有，只有依靠自己的努力，借乱世而成英雄。

刘备的祖先是西汉景帝之子中山靖王刘胜，所以称“帝室之胄”。但支系疏远，家世没落，至刘备这一代到了织席贩鞋为生的地步。公元184年黄巾起义时，刘备二十四岁。他招兵买马，要趁此机会建功立名。因打仗立功出仕，后来官至高唐县（今山东高唐县东）令。关东诸侯起兵讨伐董卓，刘备也领兵参加。不久被青州黄巾军打败，就投奔幽州军阀、同窗师兄公孙瓒。公孙瓒表请刘备为别部司马，为青州刺史田楷助手，对抗冀州袁绍，不久改任平原相。

刘备由于出身寒微，威名不著，与关羽、张飞结义起兵，转战十年，位不过县令。关张二人却始终不离左右。公孙瓒部将真定人赵云也倾心与刘备相结。由于刘备宽厚待人，能得人死力。公元194年，曹操第二次东征徐州，陶谦向公孙瓒告急，

刘备奉命救陶谦，正式脱离了公孙瓒集团。这一年冬，陶谦病死，他的部属共推刘备为徐州牧，刘备再三谦让。下邳人陈登，字元龙，时为广陵太守，颇有才干，他看不起一般的士人武将，但十分敬重刘备。他劝刘备说："我们可以替你集合步骑十万，你用这支军队，进可以辅助天子，安抚百姓，退可以据州自守，这是一个好机会，应该听从我们的主张。"北海相孔融也劝刘备："今天的事势，人民拥护有才干的人。错过这个机会，后悔莫及。"刘备多年来一直颠沛流离，他何尝不想做州牧。他的谦让是为了争取人心，尤其是需要陈登这样的人来支持。陈登发话，刘备非常高兴地接了官印，出任徐州牧，有了自己的一席之地。

刘备坐领徐州，得到了袁绍和曹操的认可。袁绍对徐州派去的使者说："刘玄德弘雅有信义，现在徐州人士拥戴他，真是一个恰当的人选。"曹操为了稳住兖州东部边境的局势，并利用刘备对抗袁术，对刘备也采取了笼络的策略。公元 196 年，曹操迎献帝都许后，以天子名义拜刘备为镇东将军，封宜城亭侯。刘备的名字，在中原日益显赫起来。

三、孙氏兴起江东。三国时吴国的开国之主孙权，十九岁承父兄之业，克平暴乱，历尽艰险，终于创立了吴国。孙权承父兄之业，也就是说孙氏集团的兴起，奠基人是孙权之父孙坚和孙权之兄孙策。孙坚仗义扶持汉室，而使孙氏名声冠江南；孙策创业江东，才使孙权有了承继的基业。孙权父兄三世创业，孙氏集团终于兴起于江东。

孙坚字文台，吴郡富春（今浙江杭州市富阳区）人。《三国志》记载说孙坚是春秋时兵法家孙武之后，陈寿用的是"盖"词，意思是传说、大概是。可能这是孙氏发迹以后的附会，因孙氏世系无考。现在当地人传说，孙坚之父是瓜农出身，民间传说，或许可信。总之孙坚出身最寒微，孙氏基业完全是自身努力创立的，没有任何凭借。孙坚仗义讨董卓可以说是孙氏赢得人心的最初根基。可惜由于孙坚误投袁术，奉袁术为主，公元 191 年，袁术与刘表争荆州，孙坚为先锋，连败刘表大将黄祖，黄祖退入襄阳。在进围襄阳时，孙坚轻骑到前沿阵地侦察敌情，被流矢所中，死于湖北岘山，时年三十七岁。

孙策字伯符，为孙坚长子，一表人才，好笑语，人称孙郎。孙坚死时，孙策只有十七岁。公元 195 年，孙策二十岁，领兵征江东，人称小霸王。霸王是秦末项羽的称号。项羽力能扛鼎，率领江东八千子弟打天下，英勇无敌，所向披靡。项羽性情爽直而粗暴，果于杀戮，人人闻之胆寒。这些特点孙策都具备，小霸王之称，当之无愧。

孙坚得人，程普、黄盖、韩当、朱治等都是他的旧部。孙坚死后，其众由孙策堂兄孙贲率领投靠袁术。孙策携母投舅父丹阳太守吴景。孙策聪明英武，好结交朋

友，声名远播。舒县（今安徽舒城县）人周瑜与孙策同年，慕名来访，一见如故，两人结为生死之交。孙策到了舒县，在周瑜资助下，招募部曲六七百人。公元194年，孙策率众投附占据寿春的袁术，希望从袁术那里讨还父亲的旧部。

孙策在寿春，很受袁术赏识，表荐为怀义校尉。公元195年，孙策的舅父吴景被扬州刺史刘繇赶出，双方在横江津一带相持不下。孙策趁机对袁术说："我父亲在江东有威望，我想到江南招募，可得三万精兵，帮助舅父打退敌人，再来替主公效劳。"袁术也知道孙策怀恨想离去，他认为刘繇在曲阿，王朗在会稽，孙策未必能成功，就把孙坚旧部将士千余人交给孙策指挥，并表荐孙策为折冲校尉。

袁术放虎归山，孙策如鱼得水。孙策出寿春时只有千余人马，他沿途招募军队，由于纪律严明，行至历阳（今安徽和县），已拥众五六千人。这时周瑜领兵来迎，孙策力量更为壮大，开始向东南进军，攻击扬州刺史刘繇。

孙策打仗，总是一马当先。敌方将士一听，大都失魂落魄。小儿啼哭，大人说："孙郎来了。"小儿即不敢啼，威名如此。孙策颁下军令，士兵不得掳夺民间财物，"鸡犬菜茹，一无所犯"，受到百姓欢迎。他还优待刘繇降卒，愿从军的，免除家庭赋税徭役，不愿从军的也不强迫。这样一来，不仅刘繇部众不少投奔孙策，而且四方士众云集，半个月功夫，孙策队伍扩大到两万人，马千余匹，"威震江东，形势转盛"。

当时江东各地豪强林立，地方宗族部伍各不统属，主要有吴郡太守许贡，会稽太守王朗，以及地方豪强如乌程邹他、钱铜，吴郡严白虎，前合浦太守王晟及自称吴郡太守驻屯海西的陈瑀等。孙策采取先打弱敌、后打强敌的策略，首先扫荡地方豪强，即先打小敌邹他、钱铜、王晟等，然后拔掉严白虎、陈瑀。三四年间，东灭吴郡太守许贡，降服会稽太守王朗、豫章太守华歆，聚众三万余人，将领除孙坚旧部程普、黄盖、韩当外，又收聚了周瑜、蒋钦、周泰、董袭、凌操等人。谋士有张昭、张纮、秦松等。俨然大家气象。

东汉末太尉乔玄（桥玄）有两女，皆天姿国色，称大乔、小乔。孙策娶了大乔，周瑜娶了小乔。

曹孙刘三家集团的兴起，各自招纳天下豪杰，导致东汉末人才三分，这是三国鼎立形成的最重要的原因。

汉纪五十四

汉献帝建安元年至三年（196—198年）

【起柔兆困敦（丙子，196年），尽著雍摄提格（戊寅，198年），凡三年】

【大事提要】

本卷记事起公元196年，讫公元198年，凡三年，当汉献帝建安元年至三年，是中原十年大混战（191—200）的中段。这一时期，袁绍与曹操联手争战，袁绍战河北，曹操战河南，两大集团在扫灭群雄中逐渐胜出。袁绍大致兼并了河北四州：冀、并、青、幽，到公元198年，只有公孙瓒还在幽州挣扎。曹操在河南，迁汉献帝到许，挟天子以令诸侯，在政治上占了制高点，曹操又在许下屯田，保证了军资，因此，优势更为明显。曹操两次南下荆州，挫败张绣，到公元198年，已东灭吕布。西边关中，曹操任钟繇为司隶校尉，督关中诸将，以天子名义招抚马腾、韩遂，西边无事。徐州刘备遭吕布暗算，丢了徐州，投靠了曹操。曹操亦占有河南兖、豫、司、徐四州，足可以与袁绍抗衡。袁绍、曹操两人势力发展，矛盾也在加深。建安二年两人争大将军之位，“一山不能容二虎”的形势已初露端倪。袁术在淮南，妄自称帝，众叛亲离，又遭曹操连续打击，势力大衰，坐以待毙。孙策脱离袁术，征战江东，败刘繇，灭严白虎等豪强，又得周瑜之助，势力大增，在江东已是一枝独秀。

【原文】

孝献皇帝丁

建安元年（丙子，196 年）

春，正月，癸酉，大赦，改元。

董承、张杨欲以天子还雒阳，杨奉、李乐不欲，由是诸将更相疑贰。二月，韩暹攻董承，承奔野王。韩暹屯闻喜，胡才、杨奉之坞乡。胡才欲攻韩暹，上使人喻止之。

汝南、颍川黄巾何仪等拥众附袁术，曹操击破之。

张杨使董承先缮修雒阳宫。太仆赵岐为承说刘表，使遣兵诣雒阳，助修宫室；军资委输，前后不绝。夏，五月，丙寅，帝遣使至杨奉、李乐、韩暹营，求送至雒阳，奉等从诏。六月乙未，车驾幸闻喜。

袁术攻刘备以争徐州，备使司马张飞守下邳，自将拒术于盱眙、淮阴，相持经月，更有胜负。下邳相曹豹，陶谦故将也，与张飞相失，飞杀之，城中乖乱。袁术与吕布书，劝令袭下邳，许助以军粮。布大喜，引军水陆东下。备中郎将丹阳许耽开门迎之。张飞败走，布虏备妻子及将吏家口。备闻之，引还，比至下邳，兵溃。备收余兵东取广陵，与袁术战，又败，屯于海西，饥饿困踧，吏士相食，从事东海麋竺以家财助军。备请降于布，布亦忿袁术运粮不继，乃召备，复以为豫州刺史，与并势击术，使屯小沛。布自称徐州牧。

布将河内郝萌夜攻布，布科头袒衣，走诣都督高顺营。顺即严兵入府讨之，萌败走；比明，萌将曹性击斩萌。

（以上为第一段，写刘备遭反复无常的小人吕布偷袭，一失徐州。）

庚子，杨奉、韩暹奉帝东还，张杨以粮迎道路。秋，七月，甲子，车驾至雒阳，幸故中常侍赵忠宅。丁丑，大赦。八月，辛丑，幸南宫杨安殿。张杨以为己功，故名其殿曰杨安。杨谓诸将曰："天子当与天下共之，朝廷自有公卿大臣，杨当出捍外难。"遂还野王，杨奉亦出屯梁，韩暹、董承并留宿卫。癸卯，以安国将军张杨为大司马，杨奉为车骑将军，韩暹为大将军、领司隶校尉，皆假节钺。

【语译】

孝献皇帝丁

汉献帝建安元年（丙子，196 年）

春季，正月初七日癸酉，大赦天下，改年号为建安元年。

董承、张杨想护送天子回到洛阳，杨奉、李乐不愿意，因此导致众将领相互猜疑，怀有二心，二月，韩暹攻击董承，董承逃向野王。韩暹进兵屯驻闻喜，胡才、杨奉到坞乡。胡才打算攻击韩暹，皇上派人传旨制止了这场战斗。

汝南、颍川的黄巾军何义等率众归降袁术，曹操打败了这支黄巾军。

张杨派董承先去修缮洛阳宫。太仆赵岐替董承劝说刘表，让刘表派兵到洛阳，帮助修复宫室；同时还运输军用物资，前后源源不断。夏季，五月初二日丙寅，献帝派使者到杨奉、李乐、韩暹的军营，要求他们护送天子到洛阳，杨奉等接受诏令。六月初一日乙未，天子的车驾到达闻喜。

袁术攻打刘备，以争夺徐州，刘备派司马张飞留守下邳，自己率兵在盱眙、淮阴一带抵抗袁术，相持一月，各有胜负。下邳相曹豹，是陶谦的旧部将领，与张飞不和，张飞杀了曹豹，导致城中发生叛乱。袁术给吕布写信。劝他偷袭下邳，许诺资助他军粮。吕布惊喜，率领军队，水陆两路东下。刘备任命的中郎将丹阳人许耽打开下邳城门，迎接吕布。张飞战败逃走，吕布俘获了刘备的妻子儿女，以及将领官吏们的家属。刘备闻讯，率军回救，等赶到下邳时，军队溃败。刘备收整残兵东出攻取广陵，与袁术交战，又被打败，退守海西，饥饿困窘，官兵相互残害，以致人吃人。徐州东海人从事糜竺拿出自家财物作为军费。刘备请求归降吕布，吕布也恼恨袁术没有继续运粮，于是召请刘备，委任他做豫州刺史，和他联合攻击袁术，派刘备驻守小沛。吕布自称为徐州牧。

吕布部将河内人郝萌乘夜攻击吕布，吕布蓬头散发、衣衫不整地逃到都督高顺的军营，高顺立即出动兵马，下死令攻入州府讨伐郝萌，郝萌战败逃走；等到天亮时，郝萌的部将曹性攻杀了郝萌。

六月初六日庚子，杨奉、韩暹护卫车驾向东回洛阳，张杨运送粮食在路上迎接。秋季，七月初一日甲子，天子车驾到达洛阳，暂住在前中常侍赵忠的旧宅。七月十四日丁丑，大赦天下。八月初八日辛丑，献帝住进南宫杨安殿。张杨认为自己护驾有功，所以把南宫改名为杨安殿。张杨对众将领说：“天子应当与全天下的人共同治理国家，朝廷的事自有公卿大臣来处理，我张杨应当出朝去抵抗外患。”于是回到野王，杨奉也出京驻守梁县，韩暹、董承两人一起留下，负责京都的警卫。八月初

是时，宫室烧尽，百官披荆棘，依墙壁间，州郡各拥强兵，委输不至；群僚饥乏，尚书郎以下自出采稆，或饥死墙壁间，或为兵士所杀。

袁术以谶言“代汉者当涂高”，自云名字应之。又以袁氏出陈，为舜后，以黄代赤，德运之次，遂有僭逆之谋。闻孙坚得传国玺，拘坚妻而夺之。及闻天子败于曹阳，乃会群下议称尊号，众莫敢对。主簿阎象进曰：“昔周自后稷至于文王，积德累功，参分天下有其二，犹服事殷。明公虽奕世克昌，未若有周之盛；汉室虽微，未若殷纣之暴也！”术默然。

术聘处士张范；范不往，使其弟承谢之。术谓承曰：“孤以土地之广，士民之众，欲徼福齐桓，拟迹高祖，何如？”承曰：“在德不在强。夫用德以同天下之欲，虽由匹夫之资而兴霸王之功，不足为难。若苟欲僭拟，干时而动，众之所弃，谁能兴之！”术不悦。

孙策闻之，与术书曰：“成汤讨桀称‘有夏多罪’，武王伐纣曰‘殷有重罚’，此二主者，虽有圣德，假使时无失道之过，无由逼而取也。今主上非有恶于天下，徒以幼小，胁于强臣，异于汤、武之时也。且董卓贪淫骄陵，志无纪极，至于废主自兴，亦犹未也，而天下同心疾之，况效尤而甚焉者乎！又闻幼主明智聪敏，有夙成之德，天下虽未被其恩，咸归心焉。使君五世相承，为汉宰辅，荣宠之盛，莫与为比，宜效忠守节，以报王室，则旦、奭之美，率土所望也。时人多惑图纬之言，妄牵非类之文，苟以悦主为美，不顾成败之计，古今所慎，可不孰虑！忠言逆耳，驳议致憎，苟有益于尊明，无所敢辞。”术始自以为有淮南之众，料策必与己合，及得其书，愁沮发疾。既不纳其言，策遂与之绝。

曹操在许，谋迎天子。众以为“山东未定，韩暹、杨奉负功恣睢，

十日癸卯，朝廷委任安国将军张杨为大司马，杨奉出任车骑将军，韩暹出任大将军、兼任司隶校尉，三人都得到假节、持钺的地位。

当时，宫室烧光，百官劈开荆棘，靠着墙壁间居住，州郡各自拥有强兵，不肯进贡；百官饥困，尚书郎以下官吏自己出去采摘野生谷物，有的饿死在墙壁间，有的被士兵杀死。

袁术因为谶言有：“代汉者当途高”，便认为自己的名字应合谶语，又认为袁氏出于陈国，是舜的后代，用黄色代替赤色，是五行运转的次序，于是袁术萌发篡位叛逆的阴谋。听说孙坚得到传国玉玺，就拘捕孙坚的妻子抢走了玉玺。等听到天子在曹阳兵败，就召集部下商量称帝事宜，部下没有人敢应对。主簿阎象进言说：“从前周朝从后稷到文王，积德累功，三分天下有其二，仍臣服殷朝。明公您虽然累世显赫但不如周朝兴盛；汉室虽然衰败，但不如殷纣王残暴！”袁术沉默不语。

袁术征召隐士张范，张范不来，张范只让他的弟弟张承来表示歉意。袁术对张承说：“孤拥有广阔的土地，众多的军队和人民，想求福于齐桓公，模仿高祖，怎么样？”张承说：“获得天下要有仁德而不在于强大。推行仁德来顺应天下人的意愿，即使起步时只有一个人的资本，但可以创建霸王的功勋，也不算难事。如果想僭越篡位，违背天时而行动，是众人唾弃的对象，谁能使他兴旺呢？”袁术听了很不高兴。

孙策听到此事，写信给袁术说：“商汤王讨伐夏桀时宣称：‘夏朝多罪’，周武王征讨商纣时说：‘殷有重罪’，商汤王、周武王这两位君主，虽然有圣德，倘若当时夏桀、商纣没有犯下丧失道义的过错，也没有理由逼迫取而代之。如今皇上没有对天下人犯下罪过，只是因为幼小，被强暴的臣子所逼，这是不同于商汤王、周武王的时代。再说董卓贪婪荒淫，骄横凌人，野心勃勃，欲望没有止境，以至于废主另立新君想壮大自己，也没有敢于自己称帝，尚且遭到天下人的同仇敌忾，何况效法他而比他更过分的人呢。又听说年幼的君主聪明，有早成之德；天下虽然没有蒙受他的恩泽，但都倾心归附他。您使君五代相继，为汉朝辅佐，蒙受恩宠的深厚，没有谁能相比，理应效忠朝廷严守臣节，用以报答王室，那么您获得像周公旦、召公奭的功勋美名，是全天下的人所盼望的。现在许多人被图谶纬书的谣言所困惑，妄自解释，牵强附会，只为讨好主人，不顾成败得失，这是古今都慎重的事，岂能不认真考虑！忠直的言语不中听，反对的议论会招致憎恨，但如果有利于您明公的话，我是不敢推辞的。”袁术起初自认为有淮南众多军队和人民，预计孙策一定会拥护自己，等得到孙策的书信后，就忧愁丧气生起病来。孙策看到袁术既然不采用他的意见，于是与袁术断交。

曹操在许县，谋划迎天子。众人认为：“山东既未安定，韩暹、杨奉，自恃有

未可卒制。”荀彧曰：“昔晋文公纳周襄王而诸侯景从，汉高祖为义帝缟素而天下归心。自天子蒙尘，将军首唱义兵，徒以山东扰乱，未遑远赴。今銮驾旋轸，东京榛芜，义士有存本之思，兆民怀感旧之哀。诚因此时，奉主上以从人望，大顺也；秉至公以服天下，大略也；扶弘义以致英俊，大德也。四方虽有逆节，其何能为？韩暹、杨奉，安足恤哉！若不时定，使豪杰生心，后虽为虑，亦无及矣。”操乃遣扬武中郎将曹洪将兵西迎天子，董承等据险拒之，洪不得进。

议郎董昭，以杨奉兵马最强而少党援，作操书与奉曰：“吾与将军闻名慕义，便推赤心。今将军拔万乘之艰难，反之旧都，翼佐之功，超世无畴，何其休哉！方今群凶猾夏，四海未宁，神器至重，事在维辅，必须众贤，以清王轨，诚非一人所能独建，心腹四支，实相恃赖，一物不备，则有阙焉。将军当为内主，吾为外援，今吾有粮，将军有兵，有无相通，足以相济，死生契阔，相与共之。”奉得书喜悦，语诸将军曰：“兖州诸军近在许耳，有兵有粮，国家所当依仰也。”遂共表操为镇东将军，袭父爵费亭侯。

韩暹矜功专恣，董承患之，因潜召操；操乃将兵诣雒阳。既至，奏韩暹、张杨之罪。暹惧诛，单骑奔杨奉。帝以暹、杨有翼车驾之功，诏一切勿问。辛亥，以曹操领司隶校尉、录尚书事。操于是诛尚书冯硕等三人，讨有罪也；封卫将军董承等十三人为列侯，赏有功也；赠射声校尉沮俊为弘农太守，矜死节也。

操引董昭并坐，问曰：“今孤来此，当施何计？”昭曰：“将军兴义兵以诛暴乱，入朝天子，辅翼王室，此五霸之功也。此下诸将，人殊意异，未必服从，今留匡弼，事势不便，惟有移驾幸许耳。然朝廷播越，新还旧京，远近跂望，冀一朝获安，今复徙驾，不厌众心。夫行非常之事，乃有非常之功，愿将军算其多者。”操曰：“此孤本志也。杨奉近在梁耳，闻其兵精，得无为孤累乎？”昭曰：“奉少党援，心相凭结，镇东、费亭之事，皆奉所定，宜时遣使厚遗答谢，以安其意。说‘京都无粮，欲车驾暂幸鲁阳，鲁阳近许，转运稍易，可无县乏之忧’。奉为人勇而寡虑，必不见疑，比使往来，足以定计，奉何能为累！”操曰：“善！”即遣使

功，骄横跋扈，不能很快制服。”荀彧说：“从前晋文公接纳周襄王而诸侯如影随形，汉高祖为义帝服丧而使天下人诚心归附。自从天子流亡在外，将军最先倡义兴兵，只因山东战乱，无法远赴迎驾。如今天子车驾掉头回返，东京荒废，忠义之士都有保存国本的向往，黎民大众都有感怀故旧的悲伤。真的要趁此时机，奉迎主上，以顺从人民的愿望，这是最合时宜的行动；把握住这最大的公心使天下人归顺，这是最正确的策略；匡扶大义来招纳俊才，这是最大的德行。四方虽然有叛逆的贼臣，但他们有什么作为？韩暹、杨奉，有什么值得忧虑！如果不抓住时机做决定，将使得豪杰们生出异心，再来考虑，就来不及了。”于是曹操派扬武中郎将曹洪率兵向西迎天子，董承等据险对抗，曹洪不能西进。

议郎董昭认为杨奉兵马最强却少党羽外援，替曹操写信劝杨奉说：“我久闻将军名气，敬慕您的信义，真心与您相交。如今将军在艰难中解救天子，返回旧京，辅佐的功劳，盖世无双，是多么了不起啊！如今群凶大乱华夏，四海不得安宁，天子地位至关重要，事事在于大臣的辅佐；必须要有众多的贤明之士，共同来清除君王路上的困难，这确实不是一个人就能单独建立的功业。心腹四肢，实在要相互依靠，有一样不具备，身体就有缺陷。将军应当在内主持朝廷事务，我在外作为援助，如今我有粮食，将军有兵众，互通有无，才可以互助成功，生死忧劳，祸福与共。”杨奉得到信很高兴，对各位将军说：“曹操各军近在许县，有兵有粮，国家应当依靠他。”于是杨奉与众将一起上表推选曹操任镇东将军，承袭他父亲的爵位费亭侯。

韩暹自以为有功，专横霸道，董承担忧，因而秘密招来曹操，于是曹操率兵赶往洛阳。到达后，上奏韩暹、张杨的罪行。韩暹惧怕被杀，只身单骑逃奔杨奉。献帝认为韩暹、张杨有护驾之功，下诏一切不予追究。八月十八日辛亥，任命曹操为司隶校尉、录尚书事。于是曹操处死尚书冯硕等三人，表示讨伐有罪的人；册封卫将军董承等十三人为列侯，表示赏赐有功的人；追赠射声校尉沮俊为弘农太守，表示哀怜守节而死的人。

曹操请董昭与自己一起坐下，问道：“如今我来到这里，应该怎么办！”董昭说：“将军兴起义兵来诛除暴乱，入京朝见天子，辅佐王室，这是春秋五霸的功业。现在这里的各个将领，立场不同，意见各异，未必能听从你，如今留在洛阳辅佐天子，形势不利，只有转移天子到许县才好。可是天子流亡，最近才回旧京，远近都立起脚尖希望迅速安定，现在又要迁走天子，不合朝野大众的心愿。不过，要干不同寻常的事情，才有不同寻常的功业，愿将军考虑怎样做最有利。”曹操说：“这是我本来的心意。杨奉就近在梁县，听说他的军队精良，恐怕会是我的拖累啊！”董昭说：“杨奉缺少党羽援助，所以一心想与我们结交。任命你为镇东将军、册封您为费亭侯的事情都是杨奉决定的。应该不断地派使者送厚礼答谢，来安定他的心。就

诣奉。庚申，车驾出轘辕而东，遂迁都许。

己巳，幸曹操营，以操为大将军，封武平侯。始立宗庙社稷于许。（以上为第二段，写曹操迎献帝都许。）

孙策将取会稽。吴人严白虎等众各万余人，处处屯聚，诸将欲先击白虎等。策曰："白虎等群盗，非有大志，此成禽耳。"遂引兵渡浙江。会稽功曹虞翻说太守王朗曰："策善用兵，不如避之。"朗不从。发兵拒策于固陵。

策数渡水战，不能克。策叔父静说策曰："朗负阻城守，难可卒拔。查渎南去此数十里，宜从彼据其内，所谓攻其无备，出其不意者也。"策从之，夜，多然火为疑兵，分军投查渎道，袭高迁屯。朗大惊，遣故丹阳太守周昕等帅兵逆战，策破昕等，斩之。朗遁走；虞翻追随营护朗，浮海至东冶，策追击，大破之，朗乃诣策降。

策自领会稽太守，复命虞翻为功曹，待以交友之礼。策好游猎，翻谏曰："明府喜轻出微行，从官不暇严，吏卒常苦之。夫君人者不重则不威，故白龙鱼服，困于豫且；白蛇自放，刘季害之。愿少留意！"策曰："君言是也。"然不能改。

九月，司徒淳于嘉、太尉杨彪、司空张喜皆罢。

车驾之东迁也，杨奉自梁欲邀之，不及。冬，十月，曹操征奉，奉南奔袁术，遂攻其梁屯，拔之。

诏书下袁绍，责以"地广兵多，而专自树党，不闻勤王之师，但擅相讨伐。"绍上书深自陈诉。戊辰，以绍为太尉，封邺侯。绍耻班在曹操下，怒曰："曹操当死数矣，我辄救存之，今乃挟天子以令我乎！"表辞不受。操惧，请以大将军让绍。丙戌，以操为司空，行车骑将军事。

操以荀彧为侍中，守尚书令。操问彧以策谋之士，彧荐其从子蜀郡太守攸及颍川郭嘉。操征攸为尚书，与语，大悦，曰："公达，非常人也。

说：'京都无粮，想让天子暂到鲁阳，鲁阳靠近许县，粮食运送比较容易，可以免去匮乏的忧虑。'杨奉这个人虽然勇猛却少智谋，一定不会被怀疑，等使者往来交涉期间，完全可以定下大计，杨奉怎么能成为拖累呢？"曹操说："好！"随即派使者去见杨奉。八月二十七日庚申，天子的车驾驶出轘辕关向东，终于完成迁都许县。

九月初七日己巳，天子巡幸曹操军营，册命曹操出任大将军，封为武平侯。开始在许都建造宗庙社稷。

孙策将要攻取会稽。吴郡人严白虎等各有部众一万多人，处处设置栅寨聚众驻守，众将领想首先攻击大头目严白虎等。孙策说："严白虎等一群蟊贼，胸无大志，他们很容易被抓获。"于是率军渡过浙江。会稽功曹虞翻劝告太守王朗说："孙策善于用兵，不如回避他。"王朗不听。发兵在固陵抵抗孙策。

孙策几次渡水作战，不能获胜。孙策的叔父孙静对孙策说："王朗据城防守，难以一下攻克。查渎那个地方从这里往南还有几十里，应从那里攻入敌人的腹心，这就是所谓的攻其不备，出其不意。"孙策听从了孙静的意见，趁着黑夜，燃起许多火把作为疑兵，分出一支军队向查渎道进发，去偷袭高迁屯。王朗惊恐，慌忙派前丹阳太守周昕等率兵迎击，孙策击败周昕等，杀死了周昕。王朗潜逃；虞翻追随保护王朗乘船渡海到东冶，孙策乘胜追击，大败王朗，于是王朗到孙策军营归降。

孙策自己兼任会稽太守，重新任命虞翻为功曹，用朋友的礼节招待他。孙策喜欢游猎，虞翻劝告他说："您喜欢轻装便服出行，随行的官员来不及准备，士兵们常以为苦。作为统治别人的首领，不庄重就没有尊严，所以白龙变化为鱼，被渔夫豫且射伤，白蛇随便出来，被刘邦杀掉。希望您稍加留心！"孙策嘴上说："你说得对。"然而行动上没有改变。

九月，司徒淳于嘉、太尉杨彪、司空张喜，都被免职。

天子车驾东迁到许县，杨奉从梁县出兵想拦截，没有追上。冬季，十月，曹操征讨杨奉，杨奉南逃投奔袁术，于是攻打杨奉梁县的军营，占领了梁县。

天子下诏给袁绍，责备他说："地广兵多，而一心拉山头树立党羽，没听说出动过勤王之师，只是擅自互相征讨。"袁绍上奏竭力为自己辩护。十一月初七日戊辰，朝廷任命袁绍为太尉，封邺侯。袁绍耻于职位在曹操之下，发怒说："曹操好几次死里逃生，每次都是我救了他，如今却用天子的命令来要挟我。"上表推辞，不接受任命。曹操惧怕，请求把大将军让给袁绍。十一月二十五日丙戌，任命曹操为司空，代理车骑将军事务。

曹操任命荀彧为侍中，管理尚书令的事务。曹操请荀彧推选有智谋的人才，荀彧推荐他的侄儿蜀郡太守荀攸和颍川人郭嘉。曹操征聘荀攸任尚书，跟他交谈非常

吾得与之计事，天下当何忧哉！”以为军师。

初，郭嘉往见袁绍，绍甚敬礼之，居数十日，谓绍谋臣辛评、郭图曰：“夫智者审于量主，故百全而功名可立。袁公徒欲效周公之下士，而不知用人之机，多端寡要，好谋无决，欲与共济天下大难，定霸王之业，难矣。吾将更举而求主，子盍去乎！”二人曰：“袁氏有恩德于天下，人多归之，且今最强；去将何之！”嘉知其不寤，不复言，遂去之。操召见，与论天下事，喜曰：“使孤成大业者，必此人也！”嘉出，亦喜曰：“真吾主也！”操表嘉为司空祭酒。

操以山阳满宠为许令，操从弟洪，有宾客在许界数犯法，宠收治之，洪书报宠，宠不听。洪以白操，操召许主者，宠知将欲原客，乃速杀之。操喜曰：“当事不当尔邪！”

（以上为第三段，写孙策定会稽，与袁术决裂。曹操在许都站稳脚跟，招纳人才，荀攸、郭嘉、满宠受到重用。袁绍与曹操争大将军之位，初现裂痕。）

北海太守孔融，负其高气，志在靖难，而才疏意广，讫无成功。高谈清教，盈溢官曹，辞气清雅，可玩而诵，论事考实，难可悉行。但能张磔网罗，而目理甚疏；造次能得人心，久久亦不愿附也。其所任用，好奇取异，多剽轻小才。至于尊事名儒郑玄，执子孙礼，易其乡名曰郑公乡，及清俊之士左承祖、刘义逊等，皆备在座席而已，不与论政事，曰：“此民望，不可失也！”

黄巾来寇，融战败，走保都昌。时袁、曹、公孙首尾相连，融兵弱粮寡，孤立一隅，不与相通。左承祖劝融宜自托强国，融不听而杀之，刘义逊弃去。青州刺史袁谭攻融，自春至夏，战士所余才数百人，流矢交集，而融犹隐几读书，谈笑自若。城夜陷，乃奔东山，妻子为谭所虏。曹操与融有旧，征为将作大匠。

袁谭初至青州，其土自河而西，不过平原。谭北排田楷，东破孔融，威惠甚著；其后信任群小，肆志奢淫，声望遂衰。

高兴，说：“荀公达是一个特殊的人才，我能和他商计大事，天下还有什么可担心的！”任命荀攸为军师。

起初，郭嘉投靠袁绍，袁绍很看重他，待为贵宾。郭嘉住了几十天，对袁绍的谋臣辛评、郭图说：“明智的人要审慎地挑选主人，因此才能万事周全建立功名。袁公只是想模仿周公礼贤下士，却不懂得用人的诀窍。事务繁杂却不知道重点，喜欢谋划却不能决断，想和他共同拯救天下大难，建立霸王的功业，太难了。我将重新挑选主人，你们何不一同离开他！”两人回答道：“袁绍对天下有恩德，人民大多归附他，而且现在势力最强，离开了他将到哪里去？”郭嘉知道他们不开窍，不再多说，于是离开了袁绍。曹操召见郭嘉，与他议论天下大事，高兴地说：“能使我成就大业的人，一定是这个人！”郭嘉出来，也高兴地说：“这才是我真正的主人！”曹操上表推荐郭嘉任司空祭酒。

曹操任命山阳人满宠为许县县令，曹操的堂弟曹洪有门客，在许县境内屡次犯罪，满宠收捕要惩治他，曹洪写信给满宠求情，满宠不听。曹洪将此事报告曹操，曹操召见许县的主事官吏，满宠知道曹操将要宽恕门客，于是赶紧杀掉门客，曹操高兴地说：“处置应办理的事情难道不正该这样吗？”

北海太守孔融自恃才高气盛，立志要平定祸乱，可是志大才疏，一直未能成功。谈论高雅的言教，在官场成为风气，文章清新优雅，值得玩赏传诵，但将其论议付诸实践检验，却很难一一实行。可是孔融却能铺张敷陈，但细目条理漏洞百出；暂时能得人心，时间长了人们便不愿依附。孔融所用的人，喜欢标新立异，多是些浮华耍小聪明的人。尊奉名儒郑玄，用子孙的礼节对待他，把郑玄的乡名改为“郑公乡”。孔融把清雅俊逸的士人左承祖、刘义逊等当作摆设待为座上宾，却不跟他们谈论政事，说：“这些是人民所仰慕的人物，不能失去。”

黄巾军来侵犯，孔融战败，逃往都昌县驻守。当时袁绍、曹操、公孙瓒首尾呼应，孔融兵力薄弱粮食匮乏，孤立一方，却不与他们交往。左承祖劝孔融应依附强国，孔融不听反而杀死了左承祖，刘义逊离开了孔融。青州刺史袁谭攻击孔融，从春到夏，孔融的战士只剩下几百人，乱箭交叉密集，而孔融仍靠着案几读书，谈笑风生。城池夜里陷落，于是逃往东山，妻子儿女被袁谭抓获。曹操和孔融有老交情，便征聘孔融为将作大匠。

袁谭刚到青州时，他拥有的疆土从黄河往西不超过平原县。袁谭向北排挤田楷，向东打败孔融，一时威望和德惠很闻名，后来他信任一帮小人，专横跋扈，骄奢淫逸，于是声望衰退。

中平以来，天下乱离，民弃农业，诸军并起，率乏粮谷，无终岁之计，饥则寇掠，饱则弃余，瓦解流离，无敌自破者，不可胜数。袁绍在河北，军人仰食桑椹，袁术在江淮，取给蒲蠃，民多相食，州里萧条。羽林监枣祗请建置屯田，曹操从之，以祗为屯田都尉，以骑都尉任峻为典农中郎将。募民屯田许下，得谷百万斛。于是州郡例置田官，所在积谷，仓廪皆满。故操征伐四方，无运粮之劳，遂能兼并群雄。军国之饶，起于祗而成于峻。

袁术畏吕布为己害，乃为子求婚，布复许之。术遣将纪灵等步骑三万攻刘备，备求救于布。诸将谓布曰："将军常欲杀刘备，今可假手于术。"布曰："不然。术若破备，则北连泰山诸将，吾为在术围中，不得不救也。"便率步骑千余驰往赴之。灵等闻布至，皆敛兵而止。布屯沛城西南，遣铃下请灵等，灵等亦请布，布往就之，与备共饮食。布谓灵等曰："玄德，布弟也，为诸君所困，故来救之。布性不喜合斗，喜解斗耳。"乃令军候植戟于营门，布弯弓顾曰："诸君观布射戟小支，中者当各解兵，不中可留决斗。"布即一发，正中戟支。灵等皆惊，言："将军天威也！"明日复欢会，然后各罢。

备合兵得万余人，布恶之，自出兵攻备；备败走，归曹操，操厚遇之，以为豫州牧。或谓操曰："备有英雄之志，今不早图，后必为患。"操以问郭嘉，嘉曰："有是。然公起义兵，为百姓除暴，推诚杖信以招俊杰，犹惧其未也。今备有英雄名，以穷归己而害之，是以害贤为名也。如此，则智士将自疑，回心择主，公谁与定天下乎！夫除一人之患以沮四海之望，安危之机也，不可不察。"操笑曰："君得之矣！"遂益其兵，给粮食，使东至沛，收散兵以图吕布。

初，备在豫州，举陈郡袁涣为茂才。涣为吕布所留，布欲使涣作书骂辱备，涣不可，再三强之，不许。布大怒，以兵胁涣曰："为之则生，不为则死！"涣颜色不变，笑而应之曰："涣闻唯德可以辱人，不闻以骂！使彼固君子邪，且不耻将军之言；彼诚小人邪，将复将军之意，则辱在此不在于彼，且涣他日之事刘将军，犹今日之事将军也，如一旦去

中平以来，天下分裂，人民荒废农业，各地军队四起，大都匮乏粮食，没有一年的储蓄，饿了就去抢夺，饱了就抛弃剩余，瓦解流散，没有遭遇敌人便自行消亡的，不可胜数。袁绍在河北，军人依靠桑葚充饥，袁术在江淮，军人采食嫩蒲和田螺，很多民众相互残害，人吃人，州里萧条。羽林监枣祗请求建立屯田制度，曹操接受了这个建议，任命枣祗为屯田都尉，派骑都尉任峻任典农中郎将。招募民众在许县一带屯田，当年获得谷子一百万斛，于是推广到各州郡循例设立田官，凡是建立屯田制的地方，都聚积谷物，装满了仓库。所以曹操四处征战，没有运粮的劳苦，终于能吞并群雄。军队和国家的富裕，从枣祗开始，到了任峻手中获得成功。

袁术惧怕吕布祸害自己，于是给自己的儿子向吕布求婚，吕布同意了。袁术派部将纪灵等率领步骑兵三万攻击刘备，刘备向吕布求救。众将领对吕布说："将军一直想杀刘备，现今正可以借袁术之手来完成。"吕布说："不行。袁术如果打败刘备，那么，袁术就可在北边联合泰山的各位将领，我就要陷入袁术的包围中，所以不得不救。"于是率领步骑兵一千多火速赶去救援刘备。纪灵等听说吕布来到，都收兵停战。吕布在沛城西南，派侍卫去请纪灵等，纪灵等也来请吕布，吕布去了，他和刘备同桌进餐。吕布对纪灵等说："玄德是我的弟弟，被诸位围困，所以前来救援他。吕布生性不喜欢打斗，只喜欢解斗。"于是让军法官在军营门口立一根铁戟，吕布拉开弓回头说："诸位看我射戟头上的小支，射中了各自罢兵，射不中可留下决斗。"吕布随即一箭，正中戟支。纪灵等都大吃一惊，说："将军真是天赋神威！"第二天他们又欢聚一起饮宴，然后各自罢兵。

刘备集结部队有一万多人，吕布心里很厌恶，亲自出兵攻击刘备；刘备战败逃离，归属曹操，曹操款待刘备很优厚，举荐刘备任豫州牧。有人对曹操说："刘备有英雄的志向，如今不趁早除去，一定会后患无穷。"曹操就此事询问郭嘉，郭嘉说："是这个道理。可是明公您兴起义兵是为百姓除暴，推出诚心依靠信义来招纳豪杰，还怕他们不来。现今刘备有英雄的大名，因为走投无路来投靠您，却谋害了他，这将留下杀害贤人的恶名。如果这样，那么智士将有疑虑，回心转意去挑选新的主人，您与谁去平定天下呢？如果除去一个有祸患的人，而丧失了天下人的期望，这将是安危存亡的关键，不可不明察。"曹操笑着说："你说得对！"于是增强刘备的兵力，供应粮食，使他向东进驻小沛，收集散兵来抵抗吕布。

起初，刘备在豫州，推举陈郡人袁涣为茂才。袁涣被吕布扣留，吕布想让袁涣写信咒骂刘备，袁涣不答应，再三强迫他，仍不回应。吕布大怒，用兵器威胁袁涣说："写就活命，不写就死！"袁涣面不改色，笑着回应说："袁涣听说只有德义可使人羞辱，没有听说用辱骂的办法折服人。倘使刘备是君子，将不以将军的辱骂为耻；如果刘备真是一个小人，他就会回信辱骂将军。那么受辱的将是将军而不是刘备。

此，复骂将军，可乎？”布惭而止。

（以上为第四段，写曹操在许都挟天子以令诸侯，势力渐盛，孔融失北海，刘备失徐州，两人均投靠曹操。为长远计，曹操在许下屯田，当年获利。）

张济自关中引兵入荆州界，攻穰城，为流矢所中死。荆州官属皆贺，刘表曰：“济以穷来，主人无礼，至于交锋，此非牧意，牧受吊，不受贺也。”使人纳其众；众闻之喜，皆归心焉。济族子建忠将军绣代领其众，屯宛。

初，帝既出长安，宣威将军贾诩上还印绶，往依段煨于华阴。诩素知名，为煨军所望，煨礼奉甚备。诩潜谋归张绣，或曰：“煨待君厚矣，君去安之！”诩曰：“煨性多疑，有忌诩意，礼虽厚，不可恃久，将为所图。我去必喜，又望吾结大援于外，必厚吾妻子；绣无谋主，亦愿得诩：则家与身必俱全矣。”诩遂往，绣执子孙礼，煨果善视其家。诩说绣附于刘表，绣从之。诩往见表，表以客礼待之。诩曰：“表，平世三公才也，不见事变，多疑无决，无能为也！”

刘表爱民养士，从容自保，境内无事，关西、兖、豫学士归之者以千数。表乃起立学校，讲明经术，命故雅乐郎河南杜夔作雅乐。乐备，表欲庭观之。夔曰：“今将军号不为天子，合乐而庭作之，无乃不可乎！”表乃止。

平原祢衡，少有才辩，而尚气刚傲，孔融荐之于曹操。衡骂辱操，操怒，谓融曰：“祢衡竖子，孤杀之，犹雀鼠耳！顾此人素有虚名，远近将谓孤不能容之。”乃送与刘表，表延礼以为上宾。衡称表之美盈口，而好讥贬其左右，于是左右因形而谮之曰：“衡称将军之仁，西伯不过也，唯以为不能断，终不济者，必由此也。”其言实指表短，而非衡所言也。表由是怒，以江夏太守黄祖性急，送衡与之，祖亦善待焉。后衡众辱祖，祖杀之。

（以上为第五段，写刘表在荆州爱民养士，雍容自保。曹操借刀杀人，假刘表、黄祖之手杀害了祢衡。）

况且我过去事奉过刘将军，就像今天事奉将军一样，倘若我有一天离开了将军，再回头来辱骂将军，可以吗？”吕布惭愧，只好作罢。

张济从关中率领军队进入荆州境内，攻占穰城时，被流箭射中而死。荆州的官吏都向刘表庆贺，刘表说：“张济因走投无路而来荆州，我作为主人没有按礼去迎接他，以至于兵戎相见，这不是我的本意，我接受哀悼，不接受庆贺。”刘表于是派人去接纳张济的部队；张济的部队听到后很高兴，全都诚心归服。张济的族子建忠将军张绣接管部队，屯驻宛城。

当初，献帝离开长安后，宣威将军贾诩奉还印绶，去华阴投靠段煨。贾诩素有名气，为段煨军中将士所倾慕，段煨对他礼遇十分周到。贾诩暗中谋划归附张绣。有人说：“段煨对你够优厚了，你还要去哪里呢？”贾诩说：“段煨生性多疑，有猜忌我的意思，礼遇虽优，但不能持久，我将被他谋害。我要是离去，他一定喜欢，他又希望我在外为他联络强大的援助，一定厚待我的妻子儿女；张绣没有出谋划策的人，他也愿意得到我，那么我和我的家属一定都能保平安。”贾诩于是往投张绣，张绣以晚辈自居，段煨也果然很好地照顾贾诩的家属。贾诩劝张绣归附刘表，张绣听从了。贾诩去见刘表，刘表用宾客的礼仪招待贾诩。事后，贾诩说：“刘表在太平盛世是难得的三公之才，但他看不到事情的变化，遇事多疑不能决断，不会有所作为！”

刘表爱护人民善待士人，从容不迫，境内没有战事，关西、兖州、豫州的学者归附他的数以千计。刘表建立学校，讲授儒经，命前雅乐郎河南人杜夔制作雅乐。雅乐齐全了，刘表想在庭中观赏演奏。杜夔说：“如今将军不是天子，在庭中演奏雅乐，恐怕不当吧？”刘表只好作罢。

平原人祢衡从小聪慧，善于辞令，但盛气凌人，刚愎自用，孔融把他推举给曹操。祢衡谩骂曹操，曹操愤怒，对孔融说：“祢衡这小子，我要杀他如同杀一个麻雀老鼠一样！考虑到此人向来有虚名，担心远近的人会说我不能大度容人。”于是曹操把弥衡送给刘表，刘表用优厚的礼仪待弥衡为上宾。祢衡满口赞叹刘表，却喜欢讥刺刘表周围的人。于是刘表左右的人找机会诬害弥衡，说：“祢衡称颂将军的仁义，西伯也不能超过，只是认为将军你处事不能决断，终究不能成功。”这话事实上点到了刘表的短处，却不是祢衡讲的。刘表因此怀恨，想到江夏太守黄祖性情急躁，就把祢衡送给黄祖，黄祖本来也善待祢衡。后来祢衡当众侮辱黄祖，黄祖就把他杀了。

二年（丁丑，197 年）

春，正月，曹操讨张绣，军于淯水，绣举众降。操纳张济之妻，绣恨之；又以金与绣骁将胡车儿，绣闻而疑惧，袭击操军，杀操长子昂。操中流矢，败走，校尉典韦与绣力战，左右死伤略尽，韦被数十创。绣兵前搏之，韦双挟两人击杀之，瞋目大骂而死。操收散兵，还住舞阴。绣率骑来追，操击破之，绣走还穰，复与刘表合。

是时，诸军大乱，平虏校尉泰山于禁独整众而还，道逢青州兵劫掠人，禁数其罪而击之；青州兵走，诣操。禁既至，先立营垒，不时谒操。或谓禁："青州兵已诉君矣，宜促诣公辨之。"禁曰："今贼在后，追至无时，不先为备，何以待敌！且公聪明，谮诉何缘得行！"徐凿堑安营讫，乃入谒，具陈其状。操悦，谓禁曰："淯水之难，吾犹狼狈，将军在乱能整，讨暴坚垒，有不可动之节，虽古名将，何以加之！"于是录禁前后功，封益寿亭侯。操引军还许。

袁绍与操书，辞语骄慢。操谓荀彧、郭嘉曰："今将讨不义而力不敌，何如？"对曰："刘、项之不敌，公所知也。汉祖惟智胜项羽，故羽虽强，终为所禽。今绍有十败，公有十胜，绍虽强，无能为也。绍繁礼多仪，公体任自然，此道胜也。绍以逆动，公奉顺以率天下，此义胜也。桓、灵以来，政失于宽，绍以宽济宽，故不摄，公纠之以猛，上下知制，此治胜也。绍外宽内忌，用人而疑之，所任唯亲戚子弟，公外易简而内机明，用人无疑，唯才所宜，不间远近，此度胜也。绍多谋少决，失在后事，公得策辄行，应变无穷，此谋胜也。绍高议揖让以收名誉，士之好言饰外者多归之，公以至心待人，不为虚美，士之忠正远见而有实者皆愿为用，此德胜也。绍见人饥寒，恤念之，形于颜色，其所不见，虑或不及，公于目前小事，时有所忽，至于大事，与四海接，恩之所加，皆过其望，虽所不见，虑无不周，此仁胜也。绍大臣争权，谗言惑乱，公御下以道，浸润不行，此明胜也。绍是非不可知，公所是进之以礼，所不是正之以法，此文胜也。绍好为虚势，不知兵要，公以少克众，用兵如神，军人恃之，敌人畏之，此武胜也。"操笑曰："如卿所言，孤何德

汉献帝建安二年（丁丑，197 年）

春季，正月，曹操征讨张绣，驻军淯水，张绣率军归降。曹操收纳了张济的妻子，张绣本已怀恨；曹操却又拿出金子送给张绣的猛将胡车儿，张绣听到后疑虑不安，便偷袭曹操的军队，杀了曹操的长子曹昂。曹操被流箭射中，战败逃走，校尉典韦与张绣奋战，典韦左右的人死伤殆尽，典韦身负创伤几十处。张绣的士兵向前与他搏斗，典韦用胳膊夹住两个敌人将他们杀死，瞪着眼睛也大骂而死。曹操收集散兵，回军驻屯舞阴。张绣率兵追赶，曹操打败张绣，张绣逃回穰县，重新与刘表联合。

张绣偷袭之时，曹操各军大乱，只有平虏校尉泰山人于禁率领的队伍完整回来，路上碰到青州兵抢掠百姓，于禁述说他们的罪行并攻打他们；青州兵败逃，到曹操那里告状。于禁到后，首先安营筑垒，没有马上去拜见曹操。有人对于禁说："青州兵抢先控告了你，应该赶快去见曹公辩白。"于禁说："如今贼寇在后，随时可能追来，不先做好防备，凭什么抵抗敌人！况且曹公耳聪目明，打小报告诬告哪里行得通！"于是从容地挖好壕沟，安好营寨后，才进去拜见曹操，详细陈述了事情的经过。曹操很高兴，对于禁说："淯水的惨败，我也同样的狼狈，将军在混乱中能保持整齐，又能讨伐暴虐的人，巩固营垒，有不可撼动的气节，即便是古代的名将，又谁能超过你呢？"于是记下于禁前前后后的功劳，封为益寿亭侯。曹操率军回到许县。

袁绍写信给曹操，言语傲慢。曹操对荀彧、郭嘉说："现今我如果去征讨不义的袁绍，但力量不敌，怎么办？"郭嘉回答说："刘邦不敌项羽，明公您是知道的。汉高祖唯有智慧胜过项羽，所以项羽虽然强盛，终被刘邦擒获。如今袁绍有十个失败的因素，明公您却有十个胜利的因素，袁绍虽然强大，也无能为力。袁绍礼仪烦琐；明公您听任自然，这是在做人之原则上胜过袁绍。袁绍逆天下而行动；明公您奉顺天子来统领天下，这是在道义上胜过袁绍。自桓帝、灵帝以来，政治失于宽缓，袁绍用宽缓来拯救宽缓，所以不能控制局势；明公您用威猛加以纠正，使上下知道法令制度，这是在法治上胜过袁绍。袁绍外表上宽柔而内心猜忌，用人易起疑心，任用的只是亲戚子弟；明公您外表平易近人而心中精明，用人不疑，只按才能大小用人，不论亲疏远近，这是在器识度量上胜过袁绍。袁绍谋划多却决断少，经常坐失良机；明公您有了计谋就雷厉风行，随机应变没有止境，这是在谋略上胜过袁绍。袁绍喜欢清谈高论，待人谦恭以沽名钓誉，士人中喜欢空谈而徒有虚名的多去归顺他；明公您诚心待人，不追求虚美，士人中忠诚正直而有真才实学的人都愿被你所用，这是在品德上胜过袁绍。袁绍见人饥寒，就抚恤关怀，怜悯之情表现在脸上，他看不见的东西，就考虑不到；明公您对眼前的小事，常有疏忽，至于大事，跟全

以堪之！”嘉又曰：“绍方北击公孙瓒，可因其远征，东取吕布；若绍为寇，布为之援，此深害也。”彧曰：“不先取吕布，河北未易图也。”操曰：“然，吾所惑者，又恐绍侵扰关中，西乱羌、胡，南诱蜀、汉，是我独以兖、豫抗天下六分之五也，为将奈何？”彧曰：“关中将帅以十数，莫能相一，唯韩遂、马腾最强，彼见山东方争，必各拥众自保，今若抚以恩德，遣使连和，虽不能久安，比公安定山东，足以不动。侍中、尚书仆射钟繇有智谋，若属以西事，公无忧矣。”操乃表繇以侍中守司隶校尉，持节督关中诸军，特使不拘科制。繇至长安，移书腾、遂等，为陈祸福，腾，遂各遣子入侍。

（以上为第六段，曹操南征张绣受挫，袁绍投书威逼，曹操意气低沉。郭嘉论曹操优于袁绍有十胜之德，以坚其克敌之志。）

袁术称帝于寿春，自称仲家，以九江太守为淮南尹，置公卿百官，郊祀天地。沛相陈珪，球弟子也，少与术游；术以书召珪，又劫质其子，期必致珪。珪答书曰：“曹将军兴复典刑，将拨平凶慝，以为足下当戮力同心，匡翼汉室；而阴谋不轨，以身试祸，欲吾营私阿附，有死不能也。”术欲以故兖州刺史金尚为太尉，尚不许而逃去，术杀之。

三月，诏将作大匠孔融持节拜袁绍大将军，兼督冀、青、幽、并四州。

夏，五月，蝗。

袁术遣使者韩胤以称帝事告吕布，因求迎妇，布遣女随之。陈珪恐徐、扬合从，为难未已，往说布曰：“曹公奉迎天子，辅赞国政，将军宜与协同策谋，共存大计。今与袁术结昏，必受不义之名，将有累卵之危矣！”布亦怨术初不已受也，女已在涂，乃追还绝昏，械送韩胤，枭首许市。

天下的人交往，明公您给予的恩惠，都超过了本人的希望，即使是眼睛看不见的事情，也考虑得很周全，这是在仁爱上胜过袁绍。袁绍的大臣们争权夺利，相互诬陷，是非颠倒；明公您用道义驾驭部下，谗言诬陷行不通，这是在理智上胜过袁绍。袁绍分不清是非；明公您认定是对的人就按礼仪加以升迁，认定是错的人就按法律加以惩治，这是在文治上胜过袁绍。袁绍喜欢虚张声势，不懂得用兵的要领；明公您以少胜多，用兵如神，您的军队依靠您，敌人惧怕您，这是在武略上胜过袁绍。”曹操笑着说：“照你说的，我哪里担当得起！”郭嘉又说：“袁绍正在北面攻打公孙瓒，可乘他远征，向东攻取吕布；如果袁绍来侵伐我们，吕布做他的支援，这是很大的祸害。”荀彧说：“不先攻破吕布，河北就不容易图谋了。”曹操说：“对，这正是我所疑惑的，但又担心袁绍侵扰关中，西联羌胡，南诱蜀汉，一起来侵犯，这样我仅以兖州、豫州来抗拒天下六分之五的地区，这该怎么办？”荀彧说：“关中的将领数以十计，没有人能统一，只有韩遂、马腾最强盛，他们见山东正在争斗，一定各自拥兵自保，如今要是用恩德安抚，派使者与他们联和，虽然不能保持长期安定，只要等到明公您在安定山东以前，完全可以不动。侍中、尚书仆射钟繇有智慧谋略，如把西边联和的事托付给他，明公您就没有什么忧虑了。”曹操于是上表推荐钟繇为侍中兼理司隶校尉事务，持符节管理关中各军，特别准许他可以不拘常法行事。钟繇到了长安，发公文给韩遂、马腾等，给他们分析祸福得失，于是马腾、韩遂各自派儿子入京为质，侍奉皇上。

袁术在寿春称帝，自号“仲家”，改称九江太守为淮南尹，设置公卿百官，举行在郊外祭祀天地的典礼。沛相陈珪是陈球弟弟的儿子，少时和袁术是好朋友，袁术写信宣召陈珪，并劫持他的儿子作为人质，以求一定要把陈珪招来。陈珪回信说：“曹将军复兴典刑，将扫除凶恶，我认为你会同心协力，辅佐汉室；而你却图谋不轨，引祸上身，还要我贪图私利依附你，我宁死也不可能这样。”袁术又想任命前兖州刺史金尚做太尉，金尚不答应而逃离，袁术杀死了他。

三月，诏命将作大匠孔融持节委任袁绍为大将军，兼管冀、青、幽、并四州事务。

夏季，五月，发生蝗灾。

袁术派使者韩胤把称帝的事通告吕布，乘机要求迎娶儿媳，吕布令女儿跟随韩胤去淮南。陈珪害怕徐州、扬州联合，祸害无穷，于是去游说吕布，说：“曹公奉迎天子，辅佐国政，将军应和曹公同心协力谋划，一起商量大计。如今你要和袁术联姻，一定会蒙受不义的名声，将有累卵一样的危险。”吕布也怨恨袁术当初没有收容自己，女儿已经走在路上，于是追了回来，断绝和袁术的婚事，押送韩胤交给曹操，

陈珪欲使子登诣曹操，布固不肯。会诏以布为左将军，操复遗布手书，深加尉纳。布大喜，即遣登奉章谢恩，并答操书。登见操，因陈布勇而无谋，轻于去就，宜早图之。操曰："布狼子野心，诚难久养，非卿莫究其情伪。"即增珪秩中二千石，拜登广陵太守。临别，操执登手曰："东方之事，便以相付。"令阴合部众以为内应。

始，布因登求徐州牧不得，登还，布怒，拔戟斫几曰："卿父劝吾协同曹操，绝婚公路；今吾所求无获，而卿父子并显重，但为卿所卖耳！"登不为动容，徐对之曰："登见曹公言：'养将军譬如养虎，当饱其肉，不饱则将噬人。'公曰：'不如卿言。譬如养鹰，饥即为用，饱则扬去。'其言如此。"布意乃解。

袁术遣其大将张勋、桥蕤等与韩暹、杨奉连势，步骑数万趣下邳，七道攻布。布时有兵三千，马四百匹，惧其不敌，谓陈珪曰："今致术军，卿之由也，为之奈何？"珪曰："暹、奉与术，卒合之师耳，谋无素定，不能相维，子登策之，比于连鸡，势不俱栖，立可离也。"布用珪策，与暹、奉书曰："二将军亲拔大驾，而布手杀董卓，俱立功名，今奈何与袁术同为贼乎！不如相与并力破术，为国除害。"且许悉以术军资与之。暹、奉大喜，即回计从布。布进军，去勋营百步，暹、奉兵同时叫呼，并到勋营，勋等散走，布兵追击，斩其将十人首，所杀伤堕水死者殆尽。布因与暹、奉合军向寿春，水陆并进，到钟离，所过虏掠，还渡淮北，留书辱术。术自将步骑五千扬兵淮上，布骑皆于水北大咍笑之而还。

泰山贼帅臧霸袭琅邪相萧建于莒，破之。霸得建资实，许以赂布而未送，布自往求之。其督将高顺谏曰："将军威名宣播，远近所畏，何求不得，而自行求赂！万一不克，岂不损邪！"布不从。既至莒，霸等不测往意，固守拒之，无获而还。

在许都街市上枭首示众。

陈珪想让儿子陈登拜见曹操，吕布坚决不同意。适逢诏令任命吕布为左将军，曹操又亲笔写信给吕布，对他大加慰抚。吕布大喜，随即派陈登奉呈奏章谢恩，并回复曹操的书信。陈登见了曹操，乘机陈述吕布有勇无谋，反复无常，应及早除去他。曹操说："吕布为人狼子野心，确实很难长期任用，除了你没有谁能洞察出他的真伪。"随即将陈珪的秩位增至中二千石，任陈登为广陵太守。临行时，曹操拉着陈登的手说："东方的事就委托你了。"命他暗中集合部众来作为内应。

当初，吕布要求陈登到了许都举荐自己为徐州牧而没有得到，陈登回来，吕布大怒，拔出铁戟砍向案几说："你父亲劝我协同曹操辅佐朝政，断绝与袁术结亲；如今我的请求遭拒绝，而你们父子一齐显赫，受到尊敬，我只不过是被你们出卖罢了！"陈登毫不动声色，从容不迫地说："我见到曹公时说：'蓄养将军犹如养虎一样，要用肉来喂饱它，不饱就要吃人。'曹公说：'不是你说的这样。应当像养鹰一样，饿着才能被我们所利用，饱了它就要远走高飞。'曹公就是这样说的。"吕布的怒气才消掉了。

袁术派遣他的大将张勋、桥蕤等跟韩暹、杨奉联合，步兵骑兵有数万之众，直接指向下邳，分七路攻击吕布。吕布这时只有士兵三千，马四百匹，害怕自己打不过，对陈珪说："今天招惹来袁术军队的是你，怎么办呢？"陈珪说："韩暹、杨奉和袁术只是临时聚合的部队罢了，并不是早就谋划好的，不会长期联合，我的儿子陈登策划好了这事，认为他们有如一群公鸡，势必不能呆在一个鸡窝里，很快就会分散。"吕布依照陈珪的计谋，写信给韩暹、杨奉说："二位将军亲自护送天子大驾返回东都，而我亲手杀死董卓，我们都为朝廷建立了功名，如今你们怎么和袁术搞在一起做贼呢？不如我们合力攻击袁术，为国除害。"并答应打了胜仗，就把袁术的全部军用物资供给他们。韩暹、杨奉大喜，立刻回头，改变计划听从吕布的意见。吕布进军，离张勋军营百步时，韩暹、杨奉的士兵一起叫喊，同时冲向张勋的军营，张勋等溃败逃走，吕布的军队追赶，杀死了十名将领，士兵几乎都被杀伤落水淹死。吕布乘势和韩、杨合兵杀向寿春，水陆并进，到达钟离县，一路上抢劫掠夺，然后回军渡到北岸，留下书信谩骂袁术。袁术亲率步兵骑兵五千来到淮河南岸耀武扬威，吕布骑兵都在淮河北岸大声嘲笑，然后回军。

泰山各支土豪军队的首领臧霸在莒县偷袭琅邪相萧建，把萧建打败。臧霸缴获了萧建的军资财物，答应把它送给吕布却没有送，吕布亲自去索取。他的督将高顺劝谏说："将军威名远扬，远近敬畏，要什么没有得不到的，哪能自己去索取？万一得不到，岂不损坏了您的名声！"吕布没有听从。到莒县后，臧霸等不知来意，坚守拒绝吕布，吕布什么也没得到，只好空手而回。

顺为人清白有威严，少言辞，所将七百余兵，号令整齐，每战必克，名“陷陈营”。布后疏顺，以魏续有内外之亲，夺其兵以与续，及当攻战，则复令顺将，顺亦终无恨意。布性决易，所为无常，顺每谏曰：“将军举动，不肯详思，忽有失得，动辄言误，误岂可数乎！”布知其忠而不能从。

曹操遣议郎王诵以诏书拜孙策为骑都尉，袭爵乌程侯，领会稽太守，使与吕布及吴郡太守陈瑀共讨袁术。策欲得将军号以自重，诵便承制假策明汉将军。

策治严，行到钱唐，瑀阴图袭策，潜结祖郎、严白虎等，使为内应。策觉之，遣其将吕范、徐逸攻瑀于海西，瑀败，单骑奔袁绍。

初，陈王宠有勇，善弩射。黄巾贼起，宠治兵自守，国人畏之，不敢离叛。国相会稽骆俊素有威恩，是时王侯无复租禄，而数见虏夺，或并日而食，转死沟壑，而陈独富强，邻郡人多归之，有众十余万。及州郡兵起，宠率众屯阳夏，自称辅汉大将军。袁术求粮于陈，骆俊拒绝之，术忿恚，遣客诈杀俊及宠，陈由是破败。

秋，九月，司空曹操东征袁术。术闻操来，弃军走，留其将桥蕤等于蕲阳以拒操；操击破蕤等，皆斩之。术走渡淮，时天旱岁荒，士民冻馁，术由是遂衰。

（以上为第七段，写袁术称帝于淮南，招降吕布，由于陈珪离间，拆散袁吕合纵，袁术势孤，遭曹操攻击而衰败。）

操辟陈国何夔为掾，问以袁术何如，对曰：“天之所助者顺，人之所助者信。术无信顺之实而望天人之助，其可得乎！”操曰：“为国失贤则亡，君不为术所用，亡，不亦宜乎！”操性严，掾属公事往往加杖；夔常蓄毒药，誓死无辱，是以终不见及。

沛国许褚，勇力绝人，聚少年及宗族数千家，坚壁以御外寇，淮、汝、陈、梁间皆畏惮之，操徇淮、汝，褚以众归操，操曰：“此吾樊哙也！”即日拜都尉，引入宿卫，诸从褚侠客，皆以为虎士焉。

高顺清廉而有威严，沉默寡言，所统领的七百多位士兵，号令整齐，每战必胜，被称为“陷阵营”。后来吕布疏远高顺，因为魏续是自己的亲戚，就夺高顺的兵权给魏续，到了打仗时，又重新命令高顺统领，高顺也始终没有抱怨。吕布生性易变，举止无常，高顺常常劝谏他说：“将军的举止行动，不肯仔细思量，每每有了过错，动辄就说自己错了，错误哪能一犯再犯呢？”吕布知道高顺忠诚却不能接受他的意见。

曹操派议郎王诵以诏命委任孙策为骑都尉，继承父爵乌程侯，兼任会稽太守，同时诏命孙策和吕布以及吴郡太守陈瑀共同征讨袁术。孙策想得到将军的名号来提高自己的声望，王诵就以天子名义授予孙策为明汉将军。

孙策整装出发，行军到钱唐。陈瑀暗地谋划偷袭孙策，于是暗中勾结祖郎、严白虎等，让他们做内应。孙策发觉是个阴谋，派部将吕范、徐逸在海西攻打陈瑀；陈瑀战败，只身单骑逃跑去投靠了袁绍。

起初，陈王刘宠勇猛，擅长弓弩。黄巾军起事，刘宠整军自守，国人害怕他，不敢叛离。国相会稽人骆俊一向有威望，这时王侯不再有租赋俸禄，反而常常被抢夺，有的两天吃一餐，辗转流亡，死于荒野沟壑，而只有陈国富强，邻郡人民多来归附，拥有部众十多万。等到州郡起义兵时，刘宠率领军队驻守阳夏，自称辅汉大将军。袁术向陈国求粮，骆俊拒绝，袁术愤恨，派刺客用奸计杀死骆俊和刘宠，陈国从此破落。

秋季，九月，司空曹操向东征讨袁术。袁术听说曹操来了，弃军逃跑，留下他的将领桥蕤等在蕲阳抵抗曹操；曹操打败桥蕤等，把他们全部杀掉。袁术逃跑渡淮河，这时旱灾严重，没有收成，士民饥寒交迫，袁术从此逐渐衰落。

曹操征辟陈国人何夔做掾属，向他问袁术的情况。何夔回答说：“上天帮助能顺应时代的人，人民帮助能值得信赖的人，袁术没有顺应时代，又缺乏信誉，却希望得到天与人的帮助，那怎么可能得到呢？”曹操说：“统治国家失去贤人就灭亡，您不被袁术所用，他的灭亡不是应该的吗？”曹操性情严厉，掾属们因公事经常被杖打；何夔常常携带着毒药，誓死不受杖责的侮辱，因此始终没有被杖打。

沛国人许褚勇猛过人，聚集一帮青年以及宗族数千家，修筑坚固的壁垒以抵抗外来的侵扰，淮河、汝水、陈国、梁国一带的人都畏惧他，曹操征伐淮水、汝水一带时，许褚率众归属曹操，曹操说：“这是我的樊哙！”当天任命他为都尉，引入宫禁中当值宿警卫，跟随许褚的侠客都成为侍卫武士。

故太尉杨彪与袁术婚姻，曹操恶之，诬云欲图废立，奏收下狱，劾以大逆。将作大匠孔融闻之，不及朝服，往见操曰："杨公四世清德，海内所瞻。《周书》，父子兄弟，罪不相及，况以袁氏归罪杨公乎！"操曰："此国家之意。"融曰："假使成王杀召公，周公可得言不知邪！"操使许令满宠按彪狱，融与尚书令荀彧皆属宠曰："但当受辞，勿加考掠。"宠一无所报，考讯如法。数日，求见操，言之曰："杨彪考讯，无他辞语。此人有名海内，若罪不明白，必大失民望；窃为明公惜之。"操即日赦出彪。初，彧、融闻宠考掠彪，皆怒；及因此得出，乃更善宠。彪见汉室衰微，政在曹氏，遂称脚挛，积十余年不行，由是得免于祸。

马日磾丧至京师，朝廷议欲加礼，孔融曰："日磾以上公之尊，秉髦节之使，而曲媚奸臣，为所牵率，王室大臣，岂得以见胁为辞！圣上哀矜旧臣，未忍追按，不宜加礼。"朝廷从之。金尚丧至京师，诏百官吊祭，拜其子玮为郎中。

冬，十一月，曹操复攻张绣，拔湖阳，禽刘表将邓济；又攻舞阴，下之。

韩暹、杨奉在下邳，寇掠徐、扬间，军饥饿，辞吕布，欲诣荆州；布不听。奉知刘备与布有宿憾，私与备相闻，欲共击布；备阳许之。奉引军诣沛，备请奉入城，饮食未半，于座上缚奉，斩之。暹失奉，孤特，与十余骑归并州，为杼秋令张宣所杀。胡才、李乐留河东，才为怨家所杀，乐自病死。郭汜为其将伍习所杀。

颍川杜袭、赵俨、繁钦避乱荆州，刘表俱待以宾礼。钦数见奇于表，袭喻之曰："吾所以与子俱来者，徒欲全身以待时耳，岂谓刘牧当为拨乱之主而规长者委身哉！子若见能不已，非吾徒也，吾与子绝矣！"钦慨然曰："请敬受命！"及曹操迎天子都许，俨谓钦曰："曹镇东必能匡济华夏。吾知归矣！"遂还诣操，操以俨为朗陵长。

阳安都尉江夏李通妻伯父犯法，俨收治，致之大辟。时杀生之柄，决于牧守，通妻子号泣以请其命。通曰："方与曹公戮力，义不以私废公！"嘉俨执宪不阿，与为亲交。

前太尉杨彪和袁术有姻亲关系，曹操因此讨厌杨彪，诬陷杨彪说他想阴谋废除天子，上奏收捕杨彪下狱，以大逆不道的罪行控告他。将作大匠孔融听说后，来不及穿上朝服，前往拜见曹操说："杨公四代清白有德行，天下敬慕。《周书》说，父子兄弟，罪不牵连，何况是把袁氏的罪过归咎于杨公呢？"曹操说："这是天子的意思。"孔融说："假如周成王要杀召公，周公可以推说不知道吗？"曹操命许县令满宠审理杨彪的案件，孔融和尚书令荀彧都嘱咐满宠说："只可记录口供，不得用刑拷问。"满宠没有说什么，按刑法拷打审讯。几天后，满宠求见曹操，对曹操说："杨彪经过拷打审讯，没有说什么。此人天下闻名，如果没有证据就定罪，一定大失民心；我替明公你感到可惜。"曹操当天就释放了杨彪。起初，荀彧、孔融听到满宠拷问杨彪，都很生气；等到杨彪因拷问得以出狱时，才对满宠更加亲近。杨彪见汉室衰微，政柄落在曹操手里，于是称腿脚痉挛，长达十多年不行走，因此得以免祸。

马日磾的灵柩送达京城，朝廷商量治丧要提高礼节规格，孔融说："马日磾居上公的尊位，是持旄节的使臣，却委屈地献媚奸臣，受奸臣控制，难道可以用遭威胁为借口推脱责任吗？圣上怜悯旧臣，不忍心追究，但也不应该提高礼节规格。"朝廷接受了孔融的意见。金尚的灵柩到达京城，诏令百官吊祭，还任命他的儿子金玮任郎中。

冬季，十一月，曹操再次进军攻打张绣，占领了湖阳，活捉了刘表部将邓济；又攻下了舞阴。

韩暹、杨奉在下邳，掠夺徐、扬二州一带，士兵饥饿，杨奉向吕布辞别，想去荆州；吕布不听。杨奉知道刘备和吕布有旧怨，私下和刘备联系，想共同攻打吕布；刘备假装同意。杨奉率军至沛县，刘备请杨奉入城，酒宴不到一半，刘备在座位上捆绑了杨奉，把他杀死。韩暹失去杨奉，非常孤立，带了十几个骑兵返回并州，被杼秋县令张宣杀死。胡才、李乐留在河东，胡才被仇家杀死，李乐病死。郭汜被他的将领伍习杀死。

颍川人杜袭、赵俨、繁钦避乱到荆州，刘表都待以宾客之礼。繁钦多次受到刘表的赏识，杜袭劝告他说："我和你一起来的原因，仅仅是想保全性命、等待时机，哪里认为刘表是拨乱反正的主人而劝你委身侍奉他呢？你如果不断地表现才能，就不是和我一类的人，我跟你断绝关系！"繁钦感叹地说："敬受君命！"等到曹操奉迎天子建都许县时，赵俨对繁钦说："曹操一定能安定全国，我知道归宿了！"于是回到许都拜见曹操，曹操任命赵俨为郎陵县长。

阳安都尉江夏人李通妻子的伯父犯法，赵俨收捕他，判了死刑。当时，州郡牧守决定生杀大权，李通的妻子儿女号啕大哭地向李通哀求，李通说："我正和曹公竭力为国，从道义上讲，不能以私废公。"赞叹赵俨执法公正，同他结为朋友。

（以上为第八段，写曹操在许都招纳文武之才，何夔、许褚、杜袭、赵俨、繁钦、李通等均为曹操所举用。）

三年（戊寅，198 年）

春，正月，曹操还许。三月，将复击张绣。荀攸曰："绣与刘表相恃为强；然绣以游军仰食于表，表不能供也，势必乖离。不如缓军以待之，可诱而致也；若急之，其势必相救。"操不从，围绣于穰。

夏，四月，使谒者仆射裴茂，诏关中诸将段煨等讨李傕，夷其三族。以煨为安南将军，封阌乡侯。

初，袁绍每得诏书，患其有不便于己者，欲移天子自近，使说曹操以许下埤湿，雒阳残破，宜徙都鄄城以就全实，操拒之。田丰说绍曰："徙都之计，既不克从，宜早图许，奉迎天子，动托诏书，号令海内，此算之上者。不尔，终为人所禽，虽悔无益也。"绍不从。

会绍亡卒诣操，云田丰劝绍袭许，操解穰围而还，张绣率众追之。五月，刘表遣兵救绣，屯于安众，守险以绝军后。操与荀彧书曰："吾到安众，破绣必矣。"及到安众，操军前后受敌，操乃夜凿险伪遁。表、绣悉军来追，操纵奇兵步骑夹攻，大破之。他日，彧问操："前策贼必破，何也？"操曰："虏遏吾归师，而与吾死地，吾是以知胜矣。"

绣之追操也，贾诩止之曰："不可追也，追必败。"绣不听，进兵交战，大败而还。诩登城谓绣曰："促更追之，更战必胜。"绣谢曰："不用公言，以至于此，今已败，奈何复追？"诩曰："兵势有变，促追之！"绣素信诩言，遂收散卒更追，合战，果以胜还。乃问诩曰："绣以精兵追退军而公曰必败，以败卒击胜兵而公曰必克，悉如公言，何也？"诩曰："此易知耳。将军虽善用兵，非曹公敌也。曹公军新退，必自断后，故知必败。曹公攻将军，既无失策，力未尽而一朝引退，必国内有故也。已破将军，必轻军速进，留诸将断后，诸将虽勇，非将军敌，故虽用败兵而战必胜也。"绣乃服。

（以上为第九段，写曹操第二次南征张绣，因传言袁绍南下，曹操匆忙撤军，不胜而归。）

汉献帝建安三年（戊寅，198年）

春季，正月，曹操返回许都。三月，曹操要再次攻打张绣。荀攸说："张绣和刘表相互依靠而势力强大；可是张绣是支游兵完全仰仗刘表的供给，刘表如果不能供给，势必反目分离。不如暂缓出军以等待变化，可采用引诱的办法把张绣招降过来；如果急于出兵，他们势必相互援救。"曹操不听，在穰城包围了张绣。

夏季，四月，朝廷派谒者仆射裴茂奉诏命令关中各将领段煨等讨伐李傕，段煨灭了李傕的三族。于是朝廷任命段煨为安南将军，封阌乡侯。

起初，袁绍每次接到诏书，十分烦恼总有不利于自己的地方，想把天子迁移到靠近自己的地方，就派使者去游说曹操，指出许县低洼潮湿，洛阳又残破，应该迁都鄄城得到更安全的保护，曹操拒绝了这个建议。田丰进言袁绍，说："迁都之计，既然不能被接受，应该及早图谋许县，奉迎天子，那样，每次行动就可以用诏书来号令天下，这是上策。不然，终将被人征服，后悔也来不及了。"袁绍没有听从。

时逢袁绍的逃兵来进见曹操，报告田丰劝袁绍偷袭许县，曹操立即解除对穰城的包围而撤回军队，张绣率军追击。五月，刘表也派军队救援张绣，驻军安众，据守险要，切断了曹操军队的归路。曹操写信给荀彧说："我到安众，一定能打败张绣。"等到曹操回军安众，前后受到夹击，于是曹操趁夜开凿险道，假装要逃跑。刘表、张绣率领全军来追赶，曹操出动骑兵步兵夹击，大败刘表、张绣。后来，荀彧问曹操："你事前预料敌军必败，依据是什么？"曹操说："敌人阻挡我回师，置我于死地，因此我知道我军一定能取胜。"

张绣去追击曹操，贾诩劝阻说："不可追击，追击必败。"张绣没有听从，进军交战，大败而回。贾诩登上城楼对张绣说："赶紧再去追赶曹操，这次交战一定取胜。"张绣推辞说："我没有听从你的话，以致落到这个地步，现今已经打了败仗，为何还要去赶？"贾诩说："战场的形势发生了变化，要赶紧追击！"张绣一向信服贾诩的话，于是收集散兵再去追赶，两军交战，果然得胜而返。于是张绣请教贾诩说："我用精兵追击退兵而你说必败，我败兵追击胜兵而你却说必胜，结果正如你说的，这是什么原因呢？"贾诩说："这容易明白，将军虽然善于用兵，但不是曹操的对手。曹操的军队开始撤退时，曹操他一定亲自断后，所以知道你一定打败仗。因为曹操攻击将军，既然没有失策，也没有用尽全力就突然撤退，一定是国内有变故。曹操已经打败了将军，他一定轻装急速回军，留下其他的将领断后，其他的将领虽然勇猛，但不是将军的对手，所以你虽然用败兵追击也一定取胜。"这让张绣佩服不已。

吕布复与袁术通，遣其中郎将高顺及北地太守雁门张辽攻刘备；曹操遣将军夏侯惇救之，为顺等所败。秋，九月，顺等破沛城，虏备妻子，备单身走。

曹操欲自击布，诸将皆曰："刘表、张绣在后，而远袭吕布，其危必也。"荀攸曰："表、绣新破，势不敢动。布骁猛，又恃袁术，若从横淮、泗间，豪杰必应之。今乘其初叛，众心未一，往可破也。"操曰："善！"比行，泰山屯帅臧霸、孙观、吴敦、尹礼、昌豨等皆附于布。操与刘备遇于梁，进至彭城。陈宫谓布："宜逆击之，以逸待劳，无不克也。"布曰："不如待其来，蹙著泗水中。"冬，十月，操屠彭城。广陵太守陈登率郡兵为操先驱，进至下邳。布自将屡与操战，皆大败，还保城，不敢出。

操遗布书，为陈祸福；布惧，欲降。陈宫曰："曹操远来，势不能久。将军若以步骑出屯于外，宫将余众闭守于内，若向将军，宫引兵而攻其背；若但攻城，则将军救于外。不过旬月，操军食尽，击之，可破也。"布然之，欲使宫与高顺守城，自将骑断操粮道。布妻谓布曰："宫、顺素不和，将军一出，宫、顺必不同心共城守也，如有蹉跌，将军当于何自立乎！且曹氏待公台如赤子，犹舍而归我。今将军厚公台不过曹氏，而欲委全城，捐妻子，孤军远出，若一旦有变，妾岂得复为将军妻哉！"布乃止；潜遣其官属许汜、王楷求救于袁术。术曰："布不与我女，理自当败，何为复来？"汜、楷曰："明上今不救布，为自败耳；布破，明上亦破也。"术乃严兵为布作声援。布恐术为女不至，故不遣救兵，以绵缠女身缚著马上，夜自送女出，与操守兵相触，格射不得过，复还城。

河内太守张杨素与布善，欲救之，不能，乃出兵东市，遥为之势。十一月，杨将杨丑杀杨以应操，别将眭固复杀丑，将其众北合袁绍。杨性仁和，无威刑，下人谋反发觉，对之涕泣，辄原不问，故及于难。

操掘堑围下邳，积久，士卒疲敝，欲还。荀攸、郭嘉曰："吕布勇而

吕布又重新与袁术和好，派他的中郎将高顺、北地太守雁门人张辽攻击刘备；曹操派出将军夏侯惇救援刘备，被高顺等打败。秋季，九月，高顺等攻占了沛县城，俘获了刘备的妻儿，刘备独自逃走。

曹操想要亲自率军攻击吕布，众将领都说："刘表、张绣在背后，而长途行军去袭击吕布，一定会很危险。"荀攸说："刘表、张绣刚被打败，势必不敢轻举妄动。吕布骁勇，又依靠袁术，如果纵横于淮河、泗水一带，豪杰们一定会响应他。现今趁他刚刚叛变，军心不统一，前去进攻一定可以打败他。"曹操说："好！"等到曹操出征时，泰山各支土豪军的首领臧霸、孙观、吴敦、尹礼、吕豨等都归附吕布。曹操和刘备在梁国会合，一起进军驻扎在彭城。陈宫对吕布说："应当出兵迎战，以逸待劳，战无不胜。"吕布说："不如等曹军来进攻，一股劲赶他们到泗水中。"冬季，十月，曹操攻下彭城进行了大屠杀。广陵太守陈登率领郡中军队为曹操先锋，进军下邳。吕布亲自率军多次与曹操交战，都被打得大败，只好退守下邳城，闭门不敢出兵。

曹操派人送信给吕布，向他陈述祸福得失；吕布害怕，想投降。陈宫说："曹操率军远来，一定不能持久。将军如果率领步骑兵出城在外驻守，我率领余部在城内闭门防守，如果曹操攻击将军，我率兵攻打他的背后；如果曹操只是攻城，那么将军在外救援。不出一个月，曹操军粮用完，这时出战，就可以打败曹军。"吕布赞同，准备让陈宫和高顺守城，自己率领骑兵切断曹操运粮通道。吕布的妻子对吕布说："陈宫、高顺一向不和，将军一走，陈宫、高顺一定不会同心协力共守城池，万一有失误，将军到哪里立身呢？况且曹操对待陈宫像待赤子一样，他陈宫却抛开曹操归属我们，现在将军厚待陈宫没有超过曹操，却要托付全城给他，抛弃妻儿，孤军远出，如一旦有变故，我还能再做你的妻子吗？"于是吕布作罢；暗地派他的部下许汜、王楷向袁术求救。袁术说："吕布不把女儿送给我，当然要失败，为什么又来求助我？"许汜、王楷说："明上您现在不救助吕布，确实是吕布自取灭亡；但吕布被打败，您也要被打败。"袁术于是整理兵马，给吕布做声援。吕布忧心袁术因自己未送女儿去，就不派援兵相救；于是用绸缎裹住女儿身子绑在马上，夜里亲自护送女儿出城，与曹操围城的守军相遇，双方格斗，吕布无法通过曹军密集的箭雨，只好又退回到城里。

河内太守张杨一向和吕布交好，想去救援，力量不够，于是出兵到野王县东市，遥作声势。十一月，张杨部将杨丑杀死张杨以响应曹操，张杨的另一个部将眭固又杀掉杨丑，率领部众向北会合袁绍。张杨仁慈温和，不施严刑，部下谋反被察觉，只哭泣流泪想感化部下，往往原谅不加追究，所以最终遭受祸难。

曹操掘壕沟围困下邳，时间一长，士兵疲困，曹操打算撤军。荀攸、郭嘉说：

无谋，今屡战皆北，锐气衰矣。三军以将为主，主衰则军无奋意。陈宫有智而迟，今及布气之未复，宫谋之未定，急攻之，布可拔也。”乃引沂、泗灌城，月余，布益困迫，临城谓操军士曰：“卿曹无相困我，我当自首于明公。”陈宫曰：“逆贼曹操，何等明公！今日降之，若卵投石，岂可得全也！”

布将侯成亡其名马，已而复得之，诸将合礼以贺成，成分酒肉先入献布。布怒曰：“布禁酒而卿等酝酿，为欲因酒共谋布邪！”成忿惧。十二月，癸酉，成与诸将宋宪、魏续等共执陈宫、高顺，率其众降。布与麾下登白门楼。兵围之急，布令左右取其首诣操，左右不忍，乃下降。

布见操曰：“今日已往，天下定矣。”操曰：“何以言之？”布曰：“明公之所患不过于布，今已服矣。若令布将骑，明公将步，天下不足定也。”顾谓刘备曰：“玄德，卿为坐上客，我为降虏，绳缚我急，独不可一言邪？”操笑曰：“缚虎不得不急。”乃命缓布缚，刘备曰：“不可。明公不见吕布事丁建阳、董太师乎！”操颔之。布目备曰：“大耳儿，最叵信！”

操谓陈宫曰：“公台平生自谓智有余，今竟何如！”宫指布曰：“是子不用宫言，以至于此。若其见从，亦未必为禽也。”操曰：“奈卿老母何？”宫曰：“宫闻以孝治天下者不害人之亲，老母存否，在明公，不在宫也。”操曰：“奈卿妻子何？”宫曰：“宫闻施仁政于天下者不绝人之祀，妻子存否，在明公，不在宫也。”操未复言。宫请就刑，遂出，不顾，操为之泣涕，并布、顺皆缢杀之，传首许市。操召陈宫之母，养之终其身，嫁宫女，抚视其家，皆厚于初。

前尚书令陈纪、纪子群在布军中，操皆礼用之。张辽将其众降，拜中郎将。臧霸自亡匿，操募索得之，使霸招吴敦、尹礼、孙观等，皆诣操降。操乃分琅邪、东海为城阳、利城、昌虑郡，悉以霸等为守、相。

初，操在兖州，以徐翕、毛晖为将。及兖州乱，翕、晖皆叛。兖州

"吕布有勇无谋，现在屡战屡败，锐气衰竭，三军以将帅为主，主将气衰那么军队就没有斗志。陈宫有智谋却迟疑不决，现在趁吕布锐气还未恢复，陈宫计谋尚未决定，加紧攻击，吕布完全可以攻取了。"曹军于是引沂水、泗水灌城，一个多月后，吕布更加困窘，就登上城墙对曹操的士兵喊道："你们不要围困我了，我将向明公归降自首。"陈宫说："叛贼曹操，算什么明公，今日向他归降，如同以卵击石，怎么能保全性命？"

吕布部将侯成丢了名马，不久又找到了，众将领合伙送礼向侯成祝贺，侯成分出一份酒肉首先送给吕布，吕布发怒道："我下令禁酒而你们却酿酒，是想乘饮酒一起谋害我吗？"侯成又气又怕。十二月二十四日癸酉，侯成和宋宪、魏续等将领一同抓捕了陈宫、高顺，率领部下投降。吕布和身边的人登上白门楼。曹操的士兵紧急围攻，吕布命令身边的人砍下他的人头去见曹操，左右的人不忍心，于是下楼投降。

吕布见到曹操说："从今以后，天下平定了。"曹操说："你凭什么这样说？"吕布说："你担心的人不就是我吕布吗？今天我已降服了。如果命我统率骑兵，明公你统率步兵，天下不就足以平定了。"吕布又回头对刘备说："玄德，你是座上客，我是归降的俘虏，绳子把我捆得太紧，难道你就不能替我说一句话吗？"曹操笑着说："捆老虎不能不紧。"于是命部下给吕布松绑，刘备说："可以啊，明公你难道没看见吕布是如何侍奉丁建阳、董太师的吗？"曹操点头赞同。吕布瞪着眼睛对刘备说："大耳儿最不可信！"

曹操对陈宫说："你平生自以为有智有谋，现今竟然是这样？"陈宫指着吕布说："是这小子不听我的话，才落到这个地步。如我的意见被采用，也未必被擒获。"曹操说："你老母亲怎么办？"陈宫说："我听说用孝道治理天下的人不杀别人的双亲，我老母亲的生死在你明公手里，不在我。"曹操说："你的妻子儿女怎么办？"陈宫说："我听说施仁政于天下的人，不断绝人的后代，妻子儿女的生死也在你明公手里，不在我。"曹操没有再说话。陈宫请求受刑，于是出去，头也不回，曹操为他流泪，把他连同吕布、高顺一起绞死，将他们的首级送到许都的街市上示众。曹操招来陈宫的母亲，赡养终身，把陈宫的女儿许配了人家，抚恤照顾陈宫的全家，比当初陈宫跟随曹操时还优越。

前尚书令陈纪、陈纪的儿子陈群在吕布的军中，曹操都以礼相待，任用他们。张辽率领部下归降，被任命为中郎将。臧霸躲藏起来，曹操悬赏捉到了他，就派臧霸去招纳吴敦、尹礼、孙观等，他们都来向曹操归降。曹操把琅邪、东海分为城阳、利城、昌虑三个郡，全部任命臧霸等为郡守和国相。

当初，曹操在兖州时，委任徐翕、毛晖为将。等到兖州动乱时，徐翕、毛晖又

既定，翕、晖亡命投霸。操语刘备，令霸送二首，霸谓备曰："霸所以能自立者，以不为此也。霸受主公生全之恩，不敢违命；然王霸之君，可以义告，愿将军为之辞。"备以霸言白操，操叹息谓霸曰："此古人之事，而君能行之，孤之愿也。"皆以翕、晖为郡守。陈登以功加伏波将军。

刘表与袁绍深相结约。治中邓义谏表，表曰："内不失贡职，外不背盟主，此天下之达义也。治中独何怪乎？"义乃辞疾而退。

长沙太守张羡，性屈强，表不礼焉。郡人桓阶说羡举长沙、零陵、桂阳三郡以拒表，遣使附于曹操，羡从之。

（以上为第十段，写曹操讨灭吕布。）

孙策遣其正议校尉张纮献方物，曹操欲抚纳之，表策为讨逆将军，封吴侯；以弟女配策弟匡，又为子彰取孙贲女；礼辟策弟权、翊；以张纮为侍御史。

袁术以周瑜为居巢长，以临淮鲁肃为东城长。瑜、肃知术终无所成，皆弃官渡江从孙策，策以瑜为建威中郎将。肃因家于曲阿。

曹操表征王朗，策遣朗还。操以朗为谏议大夫，参司空军事。

袁术遣间使赍印绶与丹阳宗帅祖郎等，使激动山越，共图孙策。刘繇之奔豫章也，太史慈遁于芜湖山中，自称丹阳太守。策已定宣城以东，惟泾以西六县未服，慈因进住泾县，大为山越所附。于是策自将讨祖郎于陵阳，禽之。策谓郎曰："尔昔袭孤，斫孤马鞍，今创军立事，除弃宿恨，惟取能用，与天下通耳，非但汝，汝勿恐怖。"郎叩头谢罪，即破械，署门下贼曹。又讨太史慈于勇里，禽之，解缚，捉其手曰："宁识神亭时邪？若卿尔时得我云何？"慈曰："未可量也。"策大笑曰："今日之事，当与卿共之，闻卿有烈义，天下智士也，但所托未得其人耳。孤是卿知己，勿忧不如意也。"即署门下督。军还，祖郎、太史慈俱在前导，军人以为荣。

都背叛。兖州平定后，徐翕、毛晖逃命投靠臧霸。曹操让刘备转达，命臧霸送来他们两人的首级。臧霸对刘备说："我之所以能自立的原因就是不干这样的事。我蒙受主公不杀之恩，不敢违反命令；然而霸王之君，可以用道义告谕，希望将军为我说几句话。"刘备把臧霸的话转告曹操，曹操感慨地对臧霸说："这是古人所崇尚的事情，而你能去实施它，这也是我的愿望。"曹操把徐翕、毛晖都任用为郡守。陈登因功提升为伏波将军。

刘表和袁绍密切深交。治中邓羲劝阻刘表，刘表说："我内不失朝贡之职，外不背弃盟主，这是天下的公义。治中你有什么好奇怪的？"邓羲于是称病隐退。

长沙太守张羡性格倔强，刘表对他不礼貌。同郡人桓阶劝张羡用长沙、零陵、桂阳三郡来对抗刘表，派使者去向曹操表示归服，张羡听从了桓阶的意见。

孙策派他的正议校尉张纮给朝廷贡献土产，曹操想安抚拉拢孙策，就上表推举孙策为讨逆将军，册封为吴侯；还把自己弟弟的女儿许配给孙策的弟弟孙匡，又替自己的儿子曹彰娶了孙贲的女儿；以礼征辟孙策的弟弟孙权、孙翊；任命张纮为侍御史。

袁术委派周瑜任居巢县长，临淮人鲁肃任东城县长。周瑜、鲁肃知道袁术终究不能成就大业，都丢弃官职渡过长江去追随孙策。孙策任命周瑜为建威中郎将，鲁肃把家定居在曲阿。

曹操上表征召王朗，孙策送王朗回到京师。曹操任命王朗为谏议大夫，参议司空军事。

袁术派密使携带印绶给丹阳郡地方首领祖郎等，让他们鼓动山越人，一起图谋孙策。刘繇投奔到豫章郡时，太史慈藏在芜湖山中，自称丹阳郡太守。孙策已平定宣城以东地区，只有泾县以西六县没有征服，太史慈乘机驻军泾县，山越人大多归附他。于是孙策亲自率兵到陵阳讨伐祖郎，活捉了他。孙策对祖郎说："从前你袭击我，砍我的马鞍，现今我创立军队兴建大业，抛开旧恨，只求能为我所任用的人才，对天下人都是这样，不仅只是你，你不要害怕。"祖郎叩头认罪，孙策立刻解下他的枷锁，安置他为门下贼曹。孙策又在勇里讨伐太史慈，活捉了他，孙策解开捆他的绳子，握住他的手说："还记得神亭相遇的情景吗？倘若你当时捉住我该怎么办？"太史慈说："无法想象。"孙策大笑说："今天的大业，我要和你一起奋斗，听说你有气节，是天下的智士，只是依靠的主人不合适。我是你的知己，不要忧虑不合心意。"立即任命他为门下督。军队得胜返回，祖郎、太史慈都在前面引导，军人们都引以为荣。

会刘繇卒于豫章，士众万余人，欲奉豫章太守华歆为主；歆以为“因时擅命，非人臣所宜”，众守之连月，卒谢遣之，其众未有所附。策命太史慈往抚安之，谓慈曰：“刘牧往责吾为袁氏攻庐江，吾先君兵数千人，尽在公路许。吾志在立事，安得不屈意于公路而求之乎？其后不遵臣节，谏之不从，丈夫义交，苟有大故，不得不离，吾交求公路及绝之本末如此，恨不及其生时与共论辩也。今儿子在豫章，卿往视之，并宣孤意于其部曲，部曲乐来者与俱来，不乐来者且安慰之。并观华子鱼所以牧御方规何如。卿须几兵，多少随意。”慈曰：“慈有不赦之罪，将军量同桓、文，当尽死以报德。今并息兵，兵不宜多，将数十人足矣。”左右皆曰：“慈必北去不还。”策曰：“子义舍我，当复从谁！”饯送昌门，把腕别曰：“何时能还？”答曰：“不过六十日。”慈行，议者犹纷纭言遣之非计。策曰：“诸君勿复言，孤断之详矣。太史子义虽气勇有胆烈，然非纵横之人，其心秉道义，重然诺，一以意许知己，死亡不相负，诸君勿忧也。”慈果如期而反，谓策曰：“华子鱼，良德也，然无他方规，自守而已。又，丹阳僮芝，自擅庐陵，番阳民帅别立宗部，言‘我已别立郡海昏上缭，不受发召’，子鱼但睹视之而已。”策拊掌大笑，遂有兼并之志。

袁绍连年攻公孙瓒，不能克，以书谕之，欲相与释憾连和；瓒不答，而增修守备，谓长史太原关靖曰：“当今四方虎争，无有能坐吾城下相守经年者明矣，袁本初其若我何！”绍于是大兴兵以攻瓒。先是瓒别将有为敌所围者，瓒不救，曰：“救一人，使后将恃救，不肯力战。”及绍来攻，瓒南界别营，自度守则不能自固，又知必不见救，或降或溃。绍军径至其门，瓒遣子续请救于黑山诸帅，而欲自将突骑出傍西山，拥黑山之众侵掠冀州，横断绍后。关靖谏曰：“今将军将士莫不怀瓦解之心，所以犹能相守者，顾恋其居处老少，而恃将军为主故耳。坚守旷日，或可使绍自退；若舍之而出，后无镇重，易京之危，可立待也。”瓒乃止。绍渐相攻逼，瓒众日蹙。

（以上为第十一段，写孙策在江东收降太史慈，势力日盛。袁绍在幽州困迫公孙瓒。）

恰巧正赶上刘繇死在豫章，留下部众一万多人，要求豫章太守华歆任首领，华歆认为“趁机擅自取得权力，不是人臣应做的”。部众一连几个月跟随华歆，华歆最终还是推辞遣散他们，于是这些部众无所归属。孙策命太史慈前去安抚他们。对太史慈说：“刘繇从前责备我替袁术攻打庐江，那时，我先父留下的几千人马都在袁术手里。我志在建立大业，怎么能不向袁术屈膝索求我先父的人呢？后来袁术不守臣节，自立皇帝，我劝谏袁术，他不听从。大丈夫以道义交往，如果有大节的缘故，不得不分手，我有求于袁术并交往，后来与他断绝关系的经过就是这样，我恨不能在刘繇在世时与他一起说明此事。如今他的儿子在豫章，你去探望他，并向他的部属表达我的意思，他的部属愿意来的跟你一起来，不愿意来的就安抚他们。你还要观察一下华歆处理郡务的策略。你需要多少士兵，随你决定。”太史慈说：“我太史慈有不可饶恕的罪行，将军的度量和齐桓公、晋文公一样，我当以死来回报你的恩情。如今正在休战，不宜多带兵马，带几十个人就足够了。”孙策左右的人都说：“太史慈一定北去不返。”孙策说：“太史慈如果抛弃我，当又跟从谁呢？”孙策在昌门饯行，他拉着太史慈的手腕告别说：“何时能回来？”太史慈回答说：“不超过六十天。”太史慈走后，议论的人还纷纷说派太史慈去招降是失策。孙策说：“诸位别再说了，我的决定是经过周密思考的。太史慈虽然勇猛刚正，但不是朝秦暮楚的人，他信仰道义，说话算数，一旦把心交给知己，至死也不会背叛，诸位不必忧虑。”太史慈果然按期返回，他对孙策说：“华歆有美德，但没有什么谋略，只能自守而已。另外，丹阳人僮芝在庐陵横行霸道，番阳人首领另立宗部，说：‘我已在海昏、上缭另立了郡，不听从豫章郡的号令。’华歆只能眼睁睁地看着而已。”孙策拍掌大笑，于是产生了兼并的念头。

袁绍连年攻打公孙瓒，不能取胜，就写信告谕公孙瓒，想相互抛开前嫌联合起来；公孙瓒不回答，反而加强防守，对长史太原人关靖说：“当今四方如虎相争，还没有能在我的城下与我对峙几年的，袁绍能把我怎么样？”袁绍于是大举发兵攻打公孙瓒。在此之前，公孙瓒的将领中有一个被敌围困，公孙瓒不去救助，说：“救了这一人，就使得后来的将领依靠救援，不肯拼力奋战。”等到袁绍来进攻，公孙瓒南边的各个军营，自知守不住，又知道一定没有救援，于是有的归降、有的溃退。袁绍的军队径直攻到了易京城门，公孙瓒派儿子公孙续向黑山军各位首领求救，并想亲自率领突击骑兵出城，沿着西山，率领黑山军队侵扰冀州，切断袁绍的退路。关靖劝阻说：“如今将军的壮士谁也不想瓦解离散，所以还能一心固守，只是顾念他们家中的老少，而且依靠将军在此做主罢了。坚守城池，拖延时日，或许可让袁绍自动退兵；如果将军抛弃他们出城，后方没有坐镇的领袖，易京的失陷就指日可待了。”公孙瓒才放弃出城偷袭的计划。袁绍的部队逐渐进逼，公孙瓒的部队日益困窘。

【点评】

本卷值得点评的有三大问题。一、曹操挟天子以令诸侯之利弊；二、曹操屯田许下之功过；三、刘备为何轻易丢失徐州。

一、曹操挟天子以令诸侯之利弊。汉献帝刘协是董卓扶植的傀儡，有皇帝之名而无皇帝之实。但皇帝在古代是国家的象征，谁充当他的保护人，谁也就掌握了国家的最高权力，在政治上有发号施令之权，史称挟天子以令诸侯。当汉家天子大旗还没有完全倒下的时候，逐鹿中原，一是抢地盘，二是争皇帝，所以董卓、李傕、郭汜等紧紧抓住汉献帝不放，故能为祸两京。曹操在角逐中，凭借他的智谋和对时机的把握，赢得了“挟天子以令诸侯”的胜利。

献帝东归，争夺皇帝的只有两个人有能力，一是袁绍，二是曹操。河内张杨是倾向袁绍的。当献帝路过河内，袁绍谋士沮授向袁绍献计说：“我们赶快把献帝接到邺城来，这样就可以挟天子以令诸侯，蓄士马以讨叛逆，谁能抵挡呢？”袁绍的另一谋士郭图反对说：“现在英雄并起，各据州郡，正所谓‘秦失其鹿，先得者王’。如果把献帝迎到身边，一举一动都要向他请示，听从则权轻，不听为拒命，没有什么好处。”沮授说：“迎接天子，符合道义，现在时机正好，错过了一定有人抢先。”袁绍听不进沮授的建议，让张杨放走了献帝，果然被曹操抢了先，袁绍后悔不及。

迎接献帝，“挟天子以令诸侯”是其利，而人臣事君，听之则权轻，不听则为拒命，脱不了奸臣的帽子，这就是弊。曹操挟天子得到了汉献帝这张招牌的好处，却也落下了权奸的骂名。但两者相较，还是“挟天子以令诸侯”更有实惠。因为夺取胜利是眼前的事，而身后名是未来的事。这个账袁绍也会算，但他还是输给了曹操，至少有三个原因在其中。其一，袁绍的机权干略不如曹操。郭嘉论袁绍与曹操相比，曹操有十胜，袁绍有十败，语或夸张，而事实不容否认。其二，袁绍个性外宽内忌，刚愎自用，不辨忠奸，见事迟疑，少谋寡断，焉能不败？其三，袁绍过早野心膨胀，要取代汉朝，这也是他不迎献帝的原因。曹操随着事业的发展，野心不断膨胀，汉献帝东归时，曹操还有辅汉之心，荀彧等人佐曹操，亦志在兴复汉室。兴复汉室的这一共同点，也是曹操果决行动的一个原因。

二、曹操屯田许下之功过。用兵打仗，粮草先行，因此解决粮食问题是逐鹿中原和巩固政权的经国大计。曹操陈留起兵之后，就经常苦恼粮食问题。汴水失利，曹操在扬州募兵，因粮食问题，新兵哗变。他东征陶谦，因粮食不足中途退兵。他与吕布争兖州，也一度因粮食不足罢兵自守。这时程昱从自己所辖三县筹得三天军粮，里面还有人肉干。曹操到洛阳迎献帝，因粮食吃光，将士们险些饿死，幸亏新郑令杨沛拿出储存的桑葚干来充饥，才渡过危难。许多小军阀只知烧杀抢掠，不知存抚百姓，由于粮食缺乏而瓦解流离，无敌自破。袁绍军在河北，以桑葚为食。袁

术在江淮，取食蒲蠃。刘备在广陵，饥饿困败，军吏士卒人相食。要生存就得生产粮食。公元 192 年，毛玠就提出“修耕植，蓄军资”，这是迫切问题。随后东阿令枣祗组织军民生产，支援了曹操与吕布争夺兖州。但是靠一般手段，且耕且战，或鼓励农民发展生产，都不能解决大规模军需的燃眉之急。只有大规模屯田，把大量流民或归降的黄巾民众组织起来，密集劳动，才是解决粮食的有效方法。公元 196 年，曹操定都许昌以后，伴随新都建设，曹操采纳枣祗和韩浩的建议，在许昌试行屯田，任命枣祗为典农都尉，主持其事，当年得谷数百万斛，获得成功。接着，所在州郡例置田官，设置郡级的典农中郎将主持其事，招募流民，组织生产，推广屯田。其后，吴、蜀两国为了解决军粮，也都进行了屯田。屯田成了三国时期招抚流亡的主要形式。

曹操屯田，作为一项国家恢复经济的重大政策加以执行。曹操在《置屯田令》中说:“夫定国之术，在于强兵足食。秦人以急农兼天下，孝武以屯田定西域，此先代之良式也。”秦人，指秦孝公用商鞅变法，奖励耕战。孝武，指汉武帝屯田西域。良式，好的榜样。曹操以秦孝公、汉武帝为榜样，用屯田方式“修耕植以蓄军资”是一个有远见的战略措施。史称曹操屯田“征伐四方，无运粮之劳，遂兼灭群贼，克平天下”。后来曹操打败袁绍，追思枣祗之功，下令褒奖。由于枣祗已死，曹操封其子枣处中。由此可见，屯田对曹操事业的兴起和发展起了重要作用。公元 213 年，曹操在淮河两岸地区推广军屯，规模更大，生产效率也比民屯高。

曹操兴屯田，安抚了流亡，恢复了生产，增强了实力，在当时起了进步作用。但屯田的实质，不是为了民生，而是用高强度的国家机器迫使贫民有组织地生产军粮，使农民农奴化，从而加深了人身依附，是一种历史的倒退。由于汉末社会大混乱，生产大破坏，人口锐减而又大量流亡，在这一特殊历史条件下，军事化的屯田才得以施行，带有必然性。随着三国鼎立，国家政治稳定，社会秩序恢复，倒退的农奴式生产不合时宜。咸熙元年（264），司马昭为了争取民心，废除了民屯。

三、刘备为何轻易失徐州。刘备是三国时期杰出的政治家，深为曹操所忌惮。如果将刘备与曹操、孙权做比较，刘备经历了更为艰难曲折的道路，屡仆屡起，九折臂而成良医。刘备从微贱到发迹，直至建立蜀汉，既不像孙权那样有父兄之业相承，也没有像曹操那样靠雄厚的政治经济实力起家。刘备一无所有，只有依靠自己的主观努力，借乱世而成英雄。

刘备字玄德，涿郡涿县（今河北涿州市）人。刘备祖先是西汉景帝之子中山靖王刘胜的后代，所以史称“帝室之胄”。《三国演义》叙家谱，说刘备辈分是汉献帝之叔，故称皇叔，这是小说家的增益。据《三国志·先主传》记载，刘备是中山靖王刘胜之子刘贞的后代。刘贞封涿县陆亭侯，早在汉武帝元鼎五年（前 112）坐酎

金失侯，家世衰落。刘备祖父刘雄、父刘弘只做过地方小官。刘雄举孝廉，官至东郡范县令。刘备早年丧父，已沦落到与母亲卖鞋织席为业。所以刘备初起之时，名微众寡，只是依附军阀征战。初投公孙瓒，做到平原相。公元 194 年，曹操东征陶谦，公孙瓒派刘备率兵救援陶谦，这一年冬，陶谦忧死，临终让徐州牧给刘备，刘备不敢接受，由于当地大族陈登支持，刘备才敢接受徐州牧。

东汉豪强地主集团分为两个阶层。一是世代官僚地主，史称世族地主，又称世家大族。如汝南袁氏四世五公，颍州荀氏世为“冠冕”。他们的门生故吏遍天下，在政治上有很大的号召力，所以袁绍、袁术一起事就兵强马壮。二是地方豪强地主，主要是大商贾或地方大姓，史称庶族地主。如曹操家族是沛国谯县的大豪强，属于宦官集团的大官僚。曹操本人官历洛阳北部尉、顿丘令、济南相、议郎、典军校尉，与袁绍为盟兄弟，所以有能力逐鹿中原。刘备家世寒微，与关羽、张飞结义起兵，可以说是行伍出身，所以在中原转战十年，位不过县令。由于关羽、张飞皆万人之敌，刘备信义素著，所以才有机会坐领徐州，得到了袁绍和曹操的承认。公元 196 年，曹操迎献帝都许，为了稳住兖州东部边境的局势，借刘备来挡住吕布、袁术，于是以天子名义拜刘备为镇东将军，封宜城亭侯。刘备的名字，在中原日益显赫起来。

由于历史的原因，士族地主集团多智士，庶族地主集团多武将。士族地主集团排斥庶族，他们手下缺乏能征惯战之将，军队战斗力不强，在军阀混战中极易被消灭。曹操、孙权、刘备三家都以庶族地主和平民出身的战将为骨干，又广延智士，得到两个阶层豪强地主的支持，所以在混战中越战越强。而当时逐鹿中原的刘备，在北方始终没得到士族地主集团的支持，身边无谋臣，所以遭吕布暗算，徐州得之易也失之易。后来刘备归依刘表，在荆州请得诸葛亮出山，又得到庞统辅佐，有了谋臣，又有荆州世族的支持，刘备才得以兴盛。

汉纪五十五

汉献帝建安四年至五年（199—200年）

【起屠维单阏（己卯，199年），尽上章执徐（庚辰，200年），凡二年】

【大事提要】

本卷记事起公元199年，讫公元200年，凡二年，当汉献帝建安四年、五年。两年间军阀混乱的局面发生了重大变化。伴随袁曹官渡之战的结果曹胜袁败，中原十年大混乱的局面基本结束，北方统一的形势大局已定，曹操独大，已无人可以与之争锋。刘备第二次得徐州，旋即丢失，已不能在北方立足。在南方，淮南袁术已被消灭，孙策平定江东。在袁曹官渡两强相斗正酣之际，南方形势也发生了重大变化，孙策被仇家所杀，年仅二十岁的孙权继承父兄之业。他临危受命，举贤任能，果决平叛，站稳脚跟，一股新兴力量崛起。刘表趁曹操无暇南顾，清除了亲曹派异端，攻杀长沙太守张羡，巩固了对江南的统治。西部关中局势稳定。汉中张鲁脱离益州刘璋的控制，又多了一个割据者，但无关大局。

【原文】

孝献皇帝戊

建安四年（己卯，199 年）

春，黑山贼帅张燕与公孙续率兵十万，三道救之。未至，瓒密使行人赍书告续，使引五千铁骑于北隰之中，起火为应，瓒欲自内出战。绍候得其书，如期举火。瓒以为救至，遂出战。绍设伏击之，瓒大败，复还自守。绍为地道，穿其楼下，施木柱之，度足达半，便烧之，楼辄倾倒，稍至京中。瓒自计必无全，乃悉缢其姊妹、妻子，然后引火自焚。绍趣兵登台，斩之。田楷战死。关靖叹曰："前若不止将军自行，未必不济。吾闻君子陷人危，必同其难，岂可以独生乎！"策马赴绍军而死。续为屠各所杀。

渔阳田豫说太守鲜于辅曰："曹氏奉天子以令诸侯，终能定天下，宜早从之。"辅乃率其众以奉王命。诏以辅为建忠将军，都督幽州六郡。

初，乌桓王丘力居死，子楼班年少，从子蹋顿有武略，代立，总摄上谷大人难楼、辽东大人苏仆延、右北平大人乌延等。袁绍攻公孙瓒，蹋顿以乌桓助之。瓒灭，绍承制皆赐蹋顿、难楼、苏仆延、乌延等单于印绶；又以阎柔得乌桓心，因加宠慰以安北边。其后难楼、苏仆延奉楼班为单于，以蹋顿为王，然蹋顿犹秉计策。

（以上为第一段，写乌桓助袁绍灭公孙瓒，为后来曹操北征三郡乌桓伏笔。）

眭固屯射犬，夏，四月，曹操进军临河，使将军史涣、曹仁渡河击之。仁，操从弟也。固自将兵北诣袁绍求救，与涣、仁遇于犬城，涣、仁击斩之。操遂济河，围射犬；射犬降，操还军敖仓。

初，操在兖州举魏种孝廉。兖州叛，操曰："唯魏种且不弃孤。"及闻种走，操怒曰："种不南走越、北走胡，不置汝也！"既下射犬，生禽种，操曰："唯其才也！"释其缚而用之，以为河内太守，属以河北事。

【语译】

孝献皇帝戊

汉献帝建安四年（己卯，199 年）

春季，黑山军头领张燕与公孙续率领十万大军，分三路救援公孙瓒。援兵未到，公孙瓒秘密派人送信给公孙续，让他率领五千铁骑兵潜伏在北边的低洼地带，以点火为信号，公孙瓒打算从城内出战。袁绍的侦察兵截获了这封信，依照信中约定的时间举火。公孙瓒以为救兵到了，于是出击。袁绍设置伏兵攻打公孙瓒，公孙瓒失败，又回城自守。袁绍挖地道，通到城墙楼下，用木头顶住，估算已到城楼的一半，就烧毁木柱，城楼顷刻塌倒，这样逐渐攻击到达公孙瓒居住的中京。公孙瓒自料一定不能保全，就逼迫自己的姊妹、妻子儿女统统自杀吊死，然后燃火自焚，袁绍催促士兵登上楼台，砍了公孙瓒的头，田楷也战死。关靖叹息说："先前如果不禁止将军率军出城，未必不能挽救。我听说君子使人陷入危难之中，一定和他共同分担危难。我怎么可以独自活命呢？"于是策马冲入袁绍军中战死。公孙续被匈奴屠各部落杀死。

渔阳人田豫劝太守鲜于辅说："曹操挟天子以号令诸侯，终究能平定天下，应该趁早投靠他。"于是鲜于辅率领部众归附朝廷。诏书任命鲜于辅为建忠将军，都督幽州六郡的军政。

当初，乌桓王丘力居死时，他的儿子楼班年纪还小，侄儿蹋顿有军事才能，代替楼班继承王位，统领上谷大人难楼、辽东大人苏仆延、右北平大人乌延等。袁绍攻击公孙瓒，蹋顿率领乌桓人帮助袁绍。公孙瓒破灭，袁绍以朝廷的名义赐给蹋顿、难楼、苏仆延、乌桓等单于印绶。由于阎柔深得乌桓民心，袁绍加以特别关爱，用他来稳定北方边境。后来难楼、苏仆延等奉楼班为单于。而尊蹋顿为王，但蹋顿仍掌握谋划定计的权力。

眭固驻军射犬，夏季，四月，曹操进军兵临黄河，派将军史涣、曹仁渡河攻击眭固。曹仁是曹操的堂弟。眭固亲自率兵北上到袁绍那儿求救，在犬城与史涣、曹仁相遇，史涣、曹仁进击眭固，砍了他的头。曹操于是渡过黄河，围攻射犬；射犬归降，曹操回军敖仓。

起初，曹操在兖州时举用魏种为孝廉。兖州反叛，曹操说："只有魏种将不会背叛我。"等到听说魏种也逃跑了，曹操愤怒地说："你魏种不南逃到越地，北逃到胡地，我饶不了你！"攻下射犬后，恰又活捉了魏种，曹操说："我只是爱惜他的才华！"就松了他的绑，又任命他为河内太守，把黄河以北的事委托给他。

以卫将军董承为车骑将军。

袁术既称帝，淫侈滋甚，媵御数百，无不兼罗纨，厌粱肉，自下饥困，莫之收恤。既而资实空尽，不能自立，乃烧宫室，奔其部曲陈简、雷薄于潜山，复为简等所拒，遂大穷，士卒散走，忧懑不知所为。乃遣使归帝号于从兄绍曰："禄去汉室久矣，袁氏受命当王，符瑞炳然。今君拥有四州，人户百万，谨归大命，君其兴之！"袁谭自青州迎术，欲从下邳北过。曹操遣刘备及将军清河朱灵邀之，术不得过，复走寿春。六月，至江亭，坐箦床而叹曰："袁术乃至是乎！"因愤慨结病，欧血死。术从弟胤畏曹操，不敢居寿春，率其部曲奉术柩及妻子奔庐江太守刘勋于皖城。故广陵太守徐璆得传国玺，献之。

（以上为第二段，写袁术之死，东汉末第三号大军阀陨落。）

袁绍既克公孙瓒，心益骄，贡御稀简。主簿耿包密白绍，宜应天人，称尊号。绍以包白事示军府。僚属皆言包妖妄，宜诛，绍不得已，杀包以自解。

绍简精兵十万、骑万匹，欲以攻许。沮授谏曰："近讨公孙瓒，师出历年，百姓疲敝，仓库无积，未可动也。宜务农息民，先遣使献捷天子；若不得通，乃表曹操隔我王路，然后进屯黎阳，渐营河南，益作舟船，缮修器械，分遣精骑抄其边鄙，令彼不得安，我取其逸，如此，可坐定也。"郭图、审配曰："以明公之神武，引河朔之强众，以伐曹操，易如覆手，何必乃尔！"授曰："夫救乱诛暴，谓之义兵；恃众凭强，谓之骄兵；义者无敌，骄者先灭。曹操奉天子以令天下，今举师南向，于义则违。且庙胜之策，不在强弱。曹操法令既行，士卒精练，非公孙瓒坐而受攻者也。今弃万安之术而兴无名之师，窃为公惧之！"图、配曰："武王伐纣，不为不义；况兵加曹操，而云无名！且以公今日之强，将士思奋，不及时以定大业，所谓'天与不取，反受其咎'，此越之所以霸，吴之所以灭也。监军之计在于持牢，而非见时知几之变也。"绍纳图言。图等因是谮授曰："授监统内外，威震三军，若其浸盛，何以制之！夫臣与主同者亡，此《黄石》之所忌也。且御众于外，不宜知内。"绍乃分授所统为三都督，使授及郭图、淳于琼各典一军。骑都尉清河崔琰谏曰："天子在许，民望助顺，不可攻也！"绍不从。

任命卫将军董承为车骑将军。

袁术称帝后，荒淫奢侈更加严重，侍妾数百人，个个身穿绫罗绸缎，饱食美味佳肴，部属饥饿穷困，却没有谁去抚恤帮助他们。没多久袁术的财物耗尽，无法立足，于是焚烧宫室，投靠驻在灊山的部属陈简、雷薄，又被陈简等拒绝。这时袁术已走投无路，士兵四散逃走，他忧怨愤懑，不知所措，只好派使者把帝号送给堂兄袁绍，说："汉室失去天下已经很久了，袁氏应当受天命为君王，符瑞征兆非常明显。如今你拥有四州，人口百万，我谨将大位送给你，你就努力振兴吧！"袁谭从青州来迎接袁术，想从下邳的北边经过。曹操派刘备及将军清河人朱灵来阻击袁术，袁术无法通过，又逃奔到寿春。六月，到江亭，坐在竹席上感叹说："我袁术竟落到了这个地步！"因忧愤生病，吐血而死。袁术堂弟袁胤害怕曹操，不敢留在寿春，率领部下护送袁术的灵柩以及他的妻子儿女投奔驻军在皖城的庐江太守刘勋。前广陵太守徐璆获得传国玉玺，献给了朝廷。

袁绍灭了公孙瓒以后，心里更加骄横，进献朝廷的贡物越来越少。主簿耿包暗地里向袁绍建议，应顺应天命人心称帝。袁绍把耿包的建议交给部下讨论，官吏们都说耿包妖言惑众，妄议朝政，应该斩首，袁绍没有办法，只好杀了耿包来为自己解脱。

袁绍挑选十万精兵、马万匹，准备进攻许县。沮授劝阻说："最近讨伐公孙瓒，连年出兵，百姓疲惫，仓库没有蓄积，不可轻举妄动。应当致力于农业，使人民休养生息，先派使者向天子进贡战利品；如果不能送到天子那里，就上表弹劾曹操阻断我们与天子的联系，然后驻守黎阳，逐渐向黄河南岸发展，多造船只，修缮武器装备，分派精锐骑兵去侵扰曹操所属辖区的边境，让他不得安宁，我却以逸待劳，这样，我们就可以坐着平定天下了。"郭图、审配说："以明公的神武，率领河朔的强兵去征讨曹操，易如反掌，何必这样！"沮授说："拯救乱世、诛除暴逆，叫作义兵；依赖人多，依仗强大，叫作骄兵；义兵无敌，骄兵先亡。曹操挟天子以令天下，如今我们兴兵南下，从道义上讲我们就违反了。况且克敌制胜的谋略，不在兵力强弱。曹操法令雷厉风行、士兵精锐，不是像公孙瓒那样坐着挨打的人。如今我们要抛弃万全之策而发动无名之师，我为主公担心！"郭图、审配说："周武王征伐商纣，不能说不道义；何况是讨伐曹操，怎能说是无名！再说以明公今天这样的强盛，将士斗志高昂，不趁机来完成大业，这叫作：'上天赐予，不去获取，反过来就要遭受祸害。'这正是越国之所以称霸，吴国之所以灭亡的原因。监军的计策在于稳当，却没有看见时机的变化。"袁绍接受了郭图的意见。郭图等趁机说沮授的坏话："沮授统领内外，威震三军，如果他的权力逐渐增大，拿什么来控制他！臣下权威和

许下诸将闻绍将攻许，皆惧，曹操曰："吾知绍之为人，志大而智小，色厉而胆薄，忌克而少威，兵多而分画不明，将骄而政令不壹，土地虽广，粮食虽丰，适足以为吾奉也。"孔融谓荀彧曰："绍地广兵强，田丰、许攸智士也，为之谋，审配、逢纪忠臣也，任其事，颜良、文丑勇将也，统其兵，殆难克乎！"彧曰："绍兵虽多而法不整，田丰刚而犯上，许攸贪而不治，审配专而无谋，逢纪果而自用。此数人者，势不相容，必生内变。颜良、文丑，一夫之勇耳，可一战而禽也。"

秋，八月，操进军黎阳，使臧霸等将精兵入青州以捍东方，留于禁屯河上。九月，操还许，分兵守官渡。

袁绍遣人招张绣，并与贾诩书结好。绣欲许之，诩于绣坐上，显谓绍使曰："归谢袁本初，兄弟不能相容，而能容天下国士乎！"绣惊惧曰："何至于此！"窃谓诩曰："若此，当何归？"诩曰："不如从曹公。"绣曰："袁强曹弱，又先与曹为仇，从之如何？"诩曰："此乃所以宜从也。夫曹公奉天子以令天下，其宜从一也；绍强盛，我以少众从之，必不以我为重，曹公众弱，其得我必喜，其宜从二也；夫有霸王之志者，固将释私怨以明德于四海，其宜从三也。愿将军无疑！"冬，十一月，绣率众降曹操，操执绣手，与欢宴，为子均取绣女，拜扬武将军，表诩为执金吾，封都亭侯。

关中诸将以袁、曹方争，皆中立顾望。凉州牧韦端使从事天水杨阜诣许，阜还，关右诸将问："袁、曹胜败孰在？"阜曰："袁公宽而不断，好谋而少决；不断则无威，少决则后事，今虽强，终不能成大业。曹公有雄才远略，决机无疑，法一而兵精，能用度外之人，所任各尽其力，必能济大事者也。"

曹操使治书侍御史河东卫觊镇抚关中，时四方大有还民，关中诸将

君王等同就灭亡，这是《黄石》兵书最忌讳的。况且率领军队在外，不应当知道内部事务。”袁绍于是把沮授统帅的军队分为三个都督来统制，让沮授和郭图、淳于琼各领一军。骑都尉清河人崔琰劝阻说：“天子在许县，民众期望人人辅助天子，不可去攻打！”袁绍不听。

许县的众将领听说袁绍将要进攻许县，都很害怕，曹操说：“我知道袁绍的为人，志向远大却智谋短小，外表坚强却内心怯懦，嫉妒刻薄却缺少威望，士兵众多却组织不严明，将领骄横却政令不统一，土地虽广，粮食虽多，正好可以成为我们的供给。”孔融对荀彧说：“袁绍地广兵强，田丰、许攸是智士，为他谋划；审配、逢纪是忠臣，为他理事；颜良、文丑是勇将，为他统兵，恐怕难以战胜吧？”荀彧说：“袁绍兵马虽多却纪律不严，田丰刚直却触犯上司，许攸贪婪却不精心政务，审配专权却没有谋略，逢纪果敢却自以为是。这几个人一定不能互相容纳，内部必然会发生矛盾。颜良、文丑，不过是匹夫之勇罢了，可以一战就擒获他们。”

秋季，八月，曹操进军黎阳，派臧霸等率领精兵进入青州来屏卫东方，留下于禁驻守在黄河边。九月，曹操回到许县，分兵驻守官渡。

袁绍派使者去招抚张绣，并给贾诩写信愿结为好友。张绣想答应袁绍的要求，而贾诩却在张绣的座上，公开对袁绍的使臣说：“请回去代我告谢袁本初，他们兄弟无法相容，还能容纳天下的豪杰吗？”张绣惊惧地说：“何必这样呢！”私下对贾诩说：“如果按你说的那样，我们将归附谁呢？”贾诩说：“我们不如投奔曹公。”张绣说：“袁绍强曹操弱，我们又先与曹操结怨，怎么可以投奔他呢？”贾诩说：“袁强曹弱这正是我们投奔曹公的原因。曹公挟天子来号令天下，这是投奔的第一条理由；袁绍强大，我们率领不多的军队去投奔他，他必然不把我们看得重要，而曹公兵弱，他得到我们必然欢欣，这是投奔的第二条理由；有霸王志向的人，一定会抛开私怨来向天下表明他的恩德，这是投奔的第三条理由。希望将军不要迟疑不决！”冬季，十一月，张绣率领部众归降曹操，曹操握住张绣的手，跟他一起同桌欢宴，曹操为儿子曹均娶了张绣的女儿，任命张绣为扬武将军，上表推举贾诩为执金吾，册封为都亭侯。

关中各位将领因为袁绍、曹操正在互相争斗，全都中立观望。凉州牧韦端派从事天水人杨阜到许县，杨阜回来，关西的各位将领问他：“袁、曹两方谁胜谁败呢？”杨阜说：“袁绍宽仁却不果断，喜欢谋划却犹豫不决；不果断就没有威望，犹豫就错过时机，现在虽然强大，但终究不能成就大业。曹公有雄才大略，遇事果断毫不迟疑，法令统一而士兵精锐，不拘一格选用人才，所任用的人各尽其能，他是个一定能办成大事的人。”

曹操派治书侍御史河东人卫觊镇抚关中，当时从四面八方涌来了很多难民，关

多引为部曲。觊书与荀彧曰："关中膏腴之地，顷遭荒乱，人民流入荆州者十万余家，闻本土安宁，皆企望思归；而归者无以自业，诸将各竞招怀以为部曲，郡县贫弱，不能与争，兵家遂强，一旦变动，必有后忧。夫盐，国之大宝也，乱来放散，宜如旧置使者监卖，以其直益市犁牛，若有归民，以供给之，勤耕积粟以丰殖关中，远民闻之，必日夜竞还。又使司隶校尉留治关中以为之主，则诸将日削，官民日盛，此强本弱敌之利也。"彧以白操，操从之。始遣谒者仆射监盐官，司隶校尉治弘农。关中由是服从。

袁绍使人求助于刘表，表许之而竟不至，亦不援曹操。从事中郎南阳韩嵩、别驾零陵刘先说表曰："今两雄相持，天下之重在于将军。若欲有为，起乘其敝可也；如其不然，固将择所宜从。岂可拥甲十万，坐观成败，求援而不能助，见贤而不肯归！此两怨必集于将军，恐不得中立矣。曹操善用兵，贤俊多归之，其势必举袁绍，然后移兵以向江、汉，恐将军不能御也。今之胜计，莫若举荆州以附曹操，操必重德将军；长享福祚，垂之后嗣，此万全之策也。"蒯越亦劝之，表狐疑不断，乃遣嵩诣许曰："今天下未知所定，而曹操拥天子都许，君为我观其衅。"嵩曰："圣达节，次守节。嵩，守节者也。夫君臣名定，以死守之。今策名委质，唯将军所命，虽赴汤蹈火，死无辞也。以嵩观之，曹公必得志于天下。将军能上顺天子，下归曹公，使嵩可也；如其犹豫，嵩至京师，天子假嵩一职，不获辞命，则成天子之臣，将军之故吏耳。在君为君，则嵩守天子之命，义不得复为将军死也。惟加重思，无为负嵩！"表以为惮使，强之。至许，诏拜嵩侍中、零陵太守。及还，盛称朝廷、曹公之德，劝表遣子入侍。表大怒，以为怀贰，大会寮属，陈兵，持节，将斩之，数曰："韩嵩敢怀贰邪！"众皆恐，欲令嵩谢。嵩不为动容，徐谓表曰："将军负嵩，嵩不负将军！"且陈前言。表妻蔡氏谏曰："韩嵩，楚国之望也；且其言直，诛之无辞。"表犹怒，考杀从行者，知无他意，乃弗诛而囚之。

（以上为第三段，写袁绍骄矜，不合时宜地发动官渡之战。袁曹双方展开外交攻势，曹操赢得关中归附，张绣归降，荆州刘表中立，解除了后顾之忧。袁绍外交，一无所获，此一回合败下阵来。）

中各位将领多收编为部众。卫觊写信给荀彧说："关中是富裕的地方，最近遭受饥荒战乱，人民流入荆州的有十多万家，现在听到本土安宁，都想念回返；而回返的人无法谋生，各位将领各自竞相招收为部众，郡县贫苦弱小，不能跟他们竞争，于是拥兵的将领势力更壮大，一旦有变故，一定会有后患。盐是国家的一大财富，战乱以来无人管理，应当按照以前的制度，设置盐官负责专卖，用所赚的钱来购买铁犁和耕牛，如果有回归的百姓，就供应给他们，让他们勤劳耕耘，积蓄粮食，使关中富裕充实起来，远方的流民听说之后，一定会日夜兼程，争相回乡。再派司隶校尉留在关中，管理这一地区的事务，那么各位将领的势力就会日益衰弱，而郡县官府和百姓的力量就会日益强盛，这是增强根本，削弱敌人的好办法。"荀彧将卫觊的建议上报曹操，曹操采纳了这一建议。开始派谒者仆射为主管盐政的官员，司隶校尉在弘农设立官署，关中从此归服朝廷。

袁绍派人向刘表求助，刘表许诺却一直不派出军队给袁绍，也不援救曹操。从事中郎将南阳人韩嵩、别驾零陵人刘先劝谏刘表说："现今两雄竞争，天下的重心落在将军手里。如果想有所作为，就要趁他们两败俱伤时起兵；如果不想这样，就应当选择一方归顺。怎么能拥兵十万，坐观成败，碰上求援而不愿相助，看到贤人而不肯归属呢？这样，两家的怨仇一定会集中到将军身上，恐怕无法中立了。曹操善于用兵，贤人豪杰大多归属他，他的势力一定能打败袁绍，然后掉过头来向长江、汉水地区进兵，恐怕将军就不能抵抗了。如今最好的计策，莫过于以荆州归附曹操，曹操必然会感谢将军的大德；将军可以长享福禄，传给后代，这是万全之策。"蒯越也这样劝导刘表，刘表迟疑不决，于是派韩嵩到许县，并对他说："如今不知谁来平定平下，而曹操拥有天子定都许县，你去为我观察一下形势。"韩嵩说："圣人对节操可以通权达变，次等的只能保守节操。我是一个属于守节的人。一旦君臣名分已定，就只能以死守之；如今我作为将军的臣僚，只听从将军的命令，虽赴汤蹈火，宁死也不推辞。依我看来，曹公一定能平定天下。将军能对上奉迎天子，对下归附曹公，派我去可以；如果将军犹豫，我到达京城，天子授予我一个职务，又不能辞让，我就成了天子的臣子，只不过是将军的故吏罢了。做国君的臣子就要为国君效命，那么我只有遵从天子的命令了，在道义上就无法再为将军效命了。愿将军三思，不要辜负我的一片诚心！"刘表以为韩嵩害怕出使，就强求他去。韩嵩到了许县，诏命任韩嵩为侍中、零陵太守。等到韩嵩回到荆州，极力称颂朝廷和曹公的美德，劝谏刘表派儿子入京侍奉天子。刘表大怒，认为韩嵩怀有二心，召集全体部属，排列兵马，手持符节，将要斩杀韩嵩，刘表责备说："韩嵩，你竟敢怀有二心！"众人都十分惊惧，想让韩嵩认错。韩嵩面不改色，从容地对刘表说："是将军辜负了我，我没有辜负将军！"并重述了前面讲过的话。刘表的妻子蔡氏劝谏说："韩嵩是楚国

扬州贼帅郑宝欲略居民以赴江表，以淮南刘晔，高族名人，欲劫之使唱此谋，晔患之。会曹操遣使诣州，有所案问，晔要与归家。宝来候使者，晔留与宴饮，手刃杀之，斩其首以令宝军曰：“曹公有令，敢有动者，与宝同罪！”其众数千人皆詟服，推晔为主。晔以其众与庐江太守刘勋，勋怪其故，晔曰：“宝无法制，其众素以钞略为利；仆宿无资，而整齐之，必怀怨难久，故以相与耳！”勋以袁术部曲众多，不能赡，遣从弟偕求米于上缭诸宗帅，不能满数，偕召勋使袭之。

孙策恶勋兵强，伪卑辞以事勋曰：“上缭宗民数欺鄙郡，欲击之，路不便。上缭甚富实，愿君伐之，请出兵以为外援。”且以珠宝、葛越赂勋。勋大喜，外内尽贺，刘晔独否，勋问其故，对曰：“上缭虽小，城坚池深，攻难守易，不可旬日而举也。兵疲于外而国内虚，策乘虚袭我，则后不能独守。是将军进屈于敌，退无所归，若军必出，祸今至矣。”勋不听，遂伐上缭；至海昏，宗帅知之，皆空壁逃迁，勋了无所得。时策引兵西击黄祖，行及石城，闻勋在海昏，策乃分遣从兄贲、辅将八千人屯彭泽，自与领江夏太守周瑜将二万人袭皖城，克之，得术、勋妻子及部曲三万余人；表汝南李术为庐江太守，给兵三千人以守皖城，皆徙所得民东诣吴。勋还至彭泽，孙贲、孙辅邀击，破之。勋走保流沂，求救于黄祖，祖遣其子射率船军五千人助勋。策复就攻勋，大破之。勋北归曹操，射亦遁走。

策收得勋兵二千余人，船千艘，遂进击黄祖。十二月，辛亥，策军至沙羡，刘表遣从子虎及南阳韩晞，将长矛五千来救祖。甲寅，策与战，大破之，斩晞。祖脱身走，获其妻子及船六千艘，士卒杀溺死者数万人。

策盛兵将徇豫章，屯于椒丘，谓功曹虞翻曰：“华子鱼自有名字，然

最有声望的人；他又很正直，杀他又没有罪名。”刘表仍未消怒气，就拷问诛杀韩嵩的随行人员，终于知道韩嵩没有背离的意思，才没有杀他，还是把他关进了监狱。

扬州的叛贼首领郑宝想把居民强行赶到长江以南，他认为淮南人刘晔是皇族的名人，便想劫持刘晔，逼他领头响应这一谋划，刘晔十分忧虑这件事。适逢曹操派使者到扬州，来调查事件，刘晔邀请使者和自己一起回家。郑宝前来问候使者，刘晔就留郑宝一起参加宴会饮酒，亲自杀死了郑宝，砍下郑宝的头，命令郑宝的部众，说：“曹公有令，敢有妄动的，与郑宝同罪！”郑宝部众的几千人都被镇服了，推选刘晔为主子。刘晔把郑宝的部众交给庐江太守刘勋，刘勋奇怪，问刘晔是什么原因。刘晔说：“郑宝没有法纪制度，他的部众一向以抢夺维持生存；我一向没有什么名气作为资本，而要管理他们，一定引起怨恨，难以长久，所以把他们交给你了！”刘勋因收容袁术的部众太多，没有办法供给，于是派堂弟刘偕去上缭向各个宗党首领求助米粮，没能满足所求的数量，于是刘偕请刘勋派兵攻击他们。

孙策厌恶刘勋兵力强盛，假装谦卑侍奉刘勋，说：“上缭宗党部众屡次欺负本郡，我想袭击他们，只是道路不方便。上缭很富足，希望你出兵征伐，我请求出兵作为外援。”并且用珠宝、葛布贿赂刘勋。刘勋大喜，内外都来庆贺，只有刘晔一人反对进兵上缭，刘勋问他什么原因。刘晔回答说：“上缭地方虽小，但城墙坚固，壕沟很深，易守难攻，不能在十天内攻下。军队在外征战疲惫而国内空虚，孙策乘虚攻击我，那么后方就不能自守。这样一来，将军前进受到敌人阻碍，后退没有落脚的地方，如果军队一定要出动，灾难立即降临。”刘勋不听从，于是出兵征讨上缭；兵到海昏，宗党首领得知，留下空空的营寨，转移到了别处，刘勋一无所获。这时孙策率兵西进袭击黄祖，走到石城，听说刘勋在海昏，孙策于是分派堂兄孙贲、孙辅率领八千人驻军彭泽，自己和兼任江夏太守的周瑜率领两万人偷袭皖城，打破了城池，俘获了袁术、刘勋的妻子儿女以及部众三万多人；孙策上表推荐汝南人李术为庐江太守，拨给他三千人守皖城，把所俘获的人全部东迁到吴郡。刘勋返回彭泽，孙贲、孙辅出兵阻击，打败了刘勋。刘勋退守流沂，向黄祖求援，黄祖派儿子黄射率领水军五千人救援刘勋。孙策再次来攻打刘勋，刘勋溃败。刘勋向北投归曹操，黄射逃走。

孙策收编刘勋士兵两千多人，缴获船只千艘，于是进兵攻击黄祖。十二月初八日辛亥，孙策的军队到达沙羡，刘表派侄子刘虎和南阳人韩晞率领长矛军五千来救黄祖。十二月十一日甲寅，孙策与他们开战，大败荆州军，杀死了韩晞。黄祖逃走，俘获了黄祖的妻子儿女及其船只六千艘，荆州士兵被杀死、淹死的有几万人。

孙策集结了强大的兵力将要攻打豫章，驻军椒丘。孙策对功曹虞翻说：“华歆虽

非吾敌也。若不开门让城，金鼓一震，不得无所伤害。卿便在前，具宣孤意。”翻乃往见华歆曰：“窃闻明府与鄙郡故王府君齐名中州，海内所宗，虽在东垂，常怀瞻仰。”歆曰：“孤不如王会稽。”翻复曰：“不审豫章资粮器仗，士民勇果，孰与鄙郡？”歆曰：“大不如也。”翻曰：“明府言不如王会稽，谦光之谭耳；精兵不如会稽，实如尊教。孙讨逆智略超世，用兵如神，前走刘扬州，君所亲见；南定鄙郡，亦君所闻也。今欲守孤城，自料资粮，已知不足，不早为计，悔无及也。今大军已次椒丘，仆便还去，明日日中迎檄不到者，与君辞矣。”歆曰：“久在江表，常欲北归；孙会稽来，吾便去也。”乃夜作檄，明旦，遣吏赍迎。策便进军，歆葛巾迎策。策谓歆曰：“府君年德名望，远近所归；策年幼稚，宜修子弟之礼。”便向歆拜，礼为上宾。

孙盛曰：“歆既无夷、皓韬邈之风，又失王臣匪躬之操，桡心于邪儒之说，交臂于陵肆之徒，位夺节堕，咎孰大焉！”

策分豫章为庐陵郡，以孙贲为豫章太守，孙辅为庐陵太守。会僮芝病，辅遂进取庐陵，留周瑜镇巴丘。

孙策之克皖城也，抚视袁术妻子；及入豫章，收载刘繇丧，善遇其家。士大夫以是称之。

会稽功曹魏腾尝迕策意，策将杀之，众忧恐，计无所出。策母吴夫人倚大井谓策曰：“汝新造江南，其事未集，方当优贤礼士，舍过录功。魏功曹在公尽规，汝今日杀之，则明日人皆叛汝。吾不忍见祸之及，当先投此井中耳！”策大惊，遽释腾。

初，吴郡太守会稽盛宪举高岱孝廉，许贡来领郡，岱将宪避难于营帅许昭家。乌程邹佗、钱铜及嘉兴王晟等各聚众万余或数千人，不附孙策。策引兵扑讨，皆破之，进攻严白虎。白虎兵败，奔余杭，投许昭。程普请击昭，策曰：“许昭有义于旧君，有诚于故友，此丈夫之志也。”乃舍之。

（以上为第四段，写孙策平定庐江、豫章、会稽三郡，在袁曹官渡之战前夕，据有江东六郡之地。）

有名气，但不是我的对手。如果他不开门让城，战鼓一响，不可能没有伤害。你现在前往，表达我的意思。”虞翻去见华歆说：“我听说明府您和本郡前任太守王朗在中州齐名，是海内所崇敬的人物，我虞翻虽然生在东部边陲，心中却一直敬仰您。”华歆说：“我比不上会稽太守王朗。”虞翻又说：“不知豫章郡的资源粮草、武器装备、民众的果断和勇猛，跟本郡会稽相比谁强？”华歆说：“远远比不上。”虞翻说：“您说比不上会稽太守王朗，这是谦逊的话；您说精兵不如会稽郡，确实像您说的。讨逆将军孙策智慧谋略超几世人、用兵如神，先前他赶走刘繇，是您亲眼看到的；向南平定本郡会稽，也是您所知道的。如今您想坚守孤城，自知物资粮草不足，如不早作安排，后悔莫及。现今孙将军的大军已进驻椒丘，我就要回去复命，如果明天中午收不到您的回答檄文，我就与您告别了。”华歆说：“久居江南，一直想北归故里，孙策一来，我就离开。”于是连夜写好檄文，第二天早上，派官吏带着檄文去欢迎孙策。孙策便进军，华歆戴着葛巾迎接孙策。孙策对华歆说：“明府您年高德厚，远近归服，我年幼无知，该行子弟之礼。”就向华歆下拜，礼尊他为上宾。

孙盛评论说：华歆既无伯夷、四皓隐居遗世的淡泊德风，又无朝廷臣子舍己尽忠的高尚节操，屈从于邪儒虞翻的游说之辞，交结孙策那样的狂妄之徒，以致地位被夺，名节被毁，还有什么罪比这更大呢！

孙策分出豫章郡的一部分为庐陵郡，派孙贲任豫章太守，孙辅任庐陵太守。正逢僮芝生病，孙辅于是进军攻取庐陵，留下周瑜驻守巴丘。

孙策攻克皖城，安抚袁术的妻子儿女；等他进入豫章，又收敛运送刘繇的灵柩回故乡，善待刘繇的全家。士大夫皆因此称赞他。

会稽郡功曹魏腾曾经违背过孙策的心意，孙策将要杀他，众人担忧恐惧，不知如何是好。孙策的母亲吴夫人靠近一口大井对孙策说：“你刚刚得到江南，你的事业还未成功，正应礼贤下士，不计较以前的过错，录用有功的人才。魏功曹秉公尽职，你今天杀死他，那么明天人人都会背离你。我不忍心看到灾难临头，现在就先跳进这口井里！”孙策大惊，马上释放了魏腾。

当初，吴郡太守会稽人盛宪举荐高岱为孝廉，许贡来接管吴郡，高岱把盛宪藏在营帅许昭家中避难。乌程人邹佗、钱铜，以及嘉兴人王晟等，各自聚合部众一万多或几千人，不归附孙策。孙策率兵征讨，一一打败了他们。又进攻严白虎，严白虎兵败，逃奔余杭，投奔许昭。程普请求进兵攻击许昭，孙策说：“许昭对我过去的主人盛宪有义，对我的老朋友严白虎诚挚，这是大丈夫的志气。”于是孙策放过了许昭。

曹操复屯官渡，操常从士徐他等谋杀操，入操帐，见校尉许褚，色变，褚觉而杀之。

初，车骑将军董承称受帝衣带中密诏，与刘备谋诛曹操。操从容谓备曰：“今天下英雄，惟使君与操耳，本初之徒，不足数也！”备方食，失匕箸，值天雷震，备因曰：“圣人云‘迅雷风烈必变’，良有以也。”遂与承及长水校尉种辑、将军吴子兰、王服等同谋。会操遣备与朱灵邀袁术，程昱、郭嘉、董昭皆谏曰：“备不可遣也！”操悔，追之，不及。术既南走，朱灵等还。备遂杀徐州刺史车胄，留关羽守下邳，行太守事，身还小沛。东海贼昌豨及郡县多叛操为备。备众数万人，遣使与袁绍连兵，操遣司空长史沛国刘岱、中郎将扶风王忠击之，不克。备谓岱等曰：“使汝百人来，无如我何。曹公自来，未可知耳！”

（以上为第五段，写刘备第二次得徐州。由于刘备低估曹操的应变能力，认为曹操不会从官渡抽身来争徐州，为其失败伏笔。）

五年（庚辰，200 年）

春，正月，董承谋泄；壬子，曹操杀承及王服、种辑，皆夷三族。

操欲自讨刘备，诸将皆曰：“与公争天下者，袁绍也。今绍方来而弃之东，绍乘人后，若何？”操曰：“刘备，人杰也，今不击，必为后患。”郭嘉曰：“绍性迟而多疑，来必不速。备新起，众心未附，急击之，必败。”操师遂东。冀州别驾田丰说袁绍曰：“曹操与刘备连兵，未可卒解。公举军而袭其后，可一往而定。”绍辞以子疾，未得行。丰举杖击地曰：“嗟乎！遭难遇之时，而以婴儿病失其会，惜哉，事去矣！”

曹操击刘备，破之，获其妻子；进拔下邳，禽关羽；又击昌豨，破之。备奔青州，因袁谭以归袁绍。绍闻备至，去邺二百里迎之；驻月余，所亡士卒稍稍归之。

（以上为第六段，写刘备第二次失徐州。由于刘备在袁曹官渡之战袁绍尚未进军之时，为了与袁绍争政治制高点，过早打出衣带诏讨汉贼曹操，曹操全力灭火，袁绍按兵不救，刘备与袁绍两人鹬蚌相争，二人皆失，渔人曹操得利。）

曹操又返回官渡布防。曹操身边的侍从徐他等要谋杀曹操，已经走进了曹操的营帐，看见校尉许褚，脸色大变，许褚觉察，就把他们杀了。

起初，车骑将军董承自称接受了献帝衣带中的密诏，策划与刘备一起谋杀曹操。曹操从容不迫地对刘备说："如今天下的英雄，只有你和我，袁绍之流是不算数的！"刘备正在吃饭，吓得手中的汤匙和筷子都掉了，正巧天上打响雷，刘备便乘机说："圣人说'迅雷和狂风会使人改变脸色'，这话实在有理！"于是和董承以及长水校尉种辑、将军吴子兰与王服等一起谋划。正巧曹操派刘备和朱灵去截击袁术，程昱、郭嘉、董昭都劝谏曹操，说："不可派刘备出去！"曹操后悔，派人去追刘备，已经来不及了。袁术向南逃走后，朱灵等率军返回许县。刘备就杀死徐州刺史车胄，留下关羽驻守下邳，代理太守事务，自己回到小沛。东海地方强盗头目昌豨以及附近的郡县大多背叛曹操投奔刘备。刘备拥有几万人马，便派使者与袁绍联合，曹操派司空长史沛国人刘岱、中郎将扶风人王忠进兵攻讨刘备，不能取胜。刘备对刘岱等人说："派你这样的人来一百个，也不能把我怎么样。如果曹操亲自来，就不得而知了！"

汉献帝建安五年（庚辰，200 年）

春季，正月，董承的谋划泄露；壬子日，曹操杀死董承以及王服、种辑，并诛灭他们三族。

曹操想亲自讨伐刘备，各位将领都说："跟您争夺天下的是袁绍。如今袁绍正要来进犯而您却丢在一边去东征刘备，袁绍乘机从我们的背后攻击，怎么办？"曹操说："刘备是人中的豪杰，现在不去攻击他，一定会成为后患。"郭嘉说："袁绍性格迟钝且又多疑，即使要来攻击，一定不会快速。刘备刚兴起，部众还没有完全归附，赶快去攻打，刘备必败。"于是曹操率领军队东征。冀州别驾田丰劝说袁绍，说："曹操跟刘备作战，不可能很快解决战斗。明公进军攻击曹操的后背，可以一到就能平定。"袁绍以儿子生病为由推辞，没有行动。田丰拿起手杖叩击地面说："唉！碰上这千载难遇的机会，却因为婴儿的病而抛弃它，可惜啊，大事完了！"

曹操攻击刘备，打败了他，俘获了他的妻子儿女；又进军攻占了下邳，活捉关羽；又出击昌豨，将他打败。刘备逃到青州，通过袁谭归附袁绍。袁绍听说刘备到来，远离邺城二百里迎接刘备。刘备驻留一个多月，逃散的士兵才逐渐回到身边。

曹操还军官渡，绍乃议攻许，田丰曰："曹操既破刘备，则许下非复空虚。且操善用兵，变化无方，众虽少，未可轻也，今不如以久持之。将军据山河之固，拥四州之众，外结英雄，内修农战，然后简其精锐，分为奇兵，乘虚迭出以扰河南，救右则击其左，救左则击其右，使敌疲于奔命，民不得安业，我未劳而彼已困，不及三年，可坐克也。今释庙胜之策而决成败于一战，若不如志，悔无及也。"绍不从。丰强谏忤绍，绍以为沮众，械系之。于是移檄州郡，数操罪恶。二月，进军黎阳。

沮授临行，会其宗族，散资财以与之曰："势存则威无不加，势亡则不保一身，哀哉！"其弟宗曰："曹操士马不敌，君何惧焉！"授曰："以曹操之明略，又挟天子以为资，我虽克伯珪，众实疲敝，而主骄将忲，军之破败，在此举矣。扬雄有言：'六国蚩蚩，为嬴弱姬。'其今之谓乎！"

振威将军程昱以七百兵守鄄城。曹操欲益昱兵二千，昱不肯，曰："袁绍拥十万众，自以所向无前，今见昱少兵，必轻易，不来攻。若益昱兵，过则不可不攻，攻之必克，徒两损其势，愿公无疑。"绍闻昱兵少，果不往。操谓贾诩曰："程昱之胆，过于贲、育矣！"

袁绍遣其将颜良攻东郡太守刘延于白马。沮授曰："良性促狭，虽骁勇，不可独任。"绍不听。夏，四月，曹操北救刘延。荀攸曰："今兵少不敌，必分其势乃可。公到延津，若将渡兵向其后者，绍必西应之，然后轻兵袭白马，掩其不备，颜良可禽也。"操从之。绍闻兵渡，即分兵西邀之。操乃引军兼行趣白马，未至十余里，良大惊，来逆战。操使张辽、关羽先登击之。羽望见良麾盖，策马刺良于万众之中，斩其首而还，绍军莫能当者。遂解白马之围，徙其民，循河而西。

绍渡河追之，沮授谏曰："胜负变化，不可不详。今宜留屯延津，分兵官渡，若其克获，还迎不晚，设其有难，众弗可还。"绍弗从。授临济叹曰："上盈其志，下务其功，悠悠黄河，吾其济乎！"遂以疾辞。绍不

曹操率领军队回到官渡，袁绍才商议进攻许县。田丰说："曹操已经打败了刘备，那么许县就不会再空虚了。况且曹操善于用兵，变化无常，军队虽少，不可轻视，现今不如与他长久地抗衡。将军的领地山河险固，拥有四州的民众，对外交结英雄豪杰，对内从事农耕备战，然后挑选精锐的士兵，分为多支奇兵，寻找敌方空虚之地频繁地出击，用以来骚乱黄河以南的地区，敌方救右边我军就袭击其左边，敌方救左边就击其右边，迫使敌人疲于奔命，百姓无法安居乐业，我方没有辛劳而敌方已经疲惫，不到三年，可轻易地击败敌人。如今放弃克敌制胜的谋略，而凭一战来决定成败，如果不能如愿，后悔就来不及了。"袁绍不听从。田丰坚决劝阻，触犯了袁绍，袁绍认为田丰扰乱军心，给他戴上刑具关进监狱。于是向各州郡发布檄文，历数曹操的罪恶。二月，进军黎阳。

沮授临行，召集他的宗族，把家中的财产散发给他们，说："得势时权威无所不在，失势时性命都难自保，可悲哟！"他的弟弟沮宗说："曹操的兵马敌不过我军，你惧怕什么呢？"沮授说："凭曹操的英明谋略，加上挟天子作为资本，我们虽然击败了公孙瓒，军队确实疲劳了，而且主人骄傲，将领奢侈，军队的败毁，就在这一仗了。扬雄曾经说过：'六国扰扰攘攘，只是帮助了秦国，削弱了周室。'说的就是今天这样的情形呀！"

振威将军程昱，率领七百士兵驻守鄄城。曹操要增加二千士兵给程昱，程昱不肯接受，说："袁绍拥有十万军队，自认为所向无敌，如今看到我兵少，一定会轻忽，不来进攻。如果增加我的军队，袁绍经过时就不可能不来进攻，袁军进攻就一定能攻下，这样就白白地丧失了你我两处的势力，请你不要疑虑。"袁绍听说程昱兵少，果然不去进攻。曹操对贾诩说："程昱的胆识超过了孟贲和夏育！"

袁绍派遣他的大将颜良到白马进攻东郡太守刘延。沮授说："颜良性情急躁，虽然猛勇，不可独当一面。"袁绍不听从。夏季，四月，曹操北进救援刘延。荀攸说："如今我们兵少打不过敌人，一定要分散他们的势力才可以。明公您到达延津，如果做出要分兵渡过黄河奔袭袁绍的后方，袁绍一定会率领军队向西迎击，然后明公您率领轻装部队奔袭白马，攻其不备，颜良就会被擒获了。"曹操采用了这个建议。袁绍听说曹操要带兵渡黄河，立即分兵向西拦截。曹操于是率军日夜兼程前往白马，离白马十多里时，颜良才发现，赶忙来迎战。曹操派张辽、关羽为先锋出战，关羽看见了颜良的战车麾盖，驱马直入，在敌军万人中杀了颜良，砍了他的人头得胜而回。袁绍的士兵没有人能抵挡关羽。终于解除白马之围，迁移当地居民，沿着黄河西行。

袁绍要渡过黄河追击，沮授劝阻说："胜负的变化，不能不审慎地考虑。现在应该驻守延津，分兵到官渡，如果先头部队攻下了官渡，再回来迎接驻守的大军渡河也不迟，如果全军进发遭遇不幸，大军就没有退路了。"袁绍不听。沮授临渡河时感

许而意恨之，复省其所部，并属郭图。

绍军至延津南，操勒兵驻营南阪下，使登垒望之，曰："可五六百骑。"有顷，复白："骑稍多，步兵不可胜数。"操曰："勿复白。"令骑解鞍放马。是时，白马辎重就道。诸将以为敌骑多，不如还保营。荀攸曰："此所以饵敌，如何去之！"操顾攸而笑。绍骑将文丑与刘备将五六千骑前后至。诸将复白"可上马"。操曰："未也。"有倾，骑至稍多，或分趣辎重。操曰："可矣。"乃皆上马。时骑不满六百，遂纵兵击，大破之，斩丑。丑与颜良，皆绍名将也，再战，悉禽之，绍军夺气。

初，操壮关羽之为人，而察其心神无久留之意，使张辽以其情问之，羽叹曰："吾极知曹公待我厚；然吾受刘将军恩，誓以共死，不可背之。吾终不留，要当立效以报曹公乃去耳。"辽以羽言报操，操义之。及羽杀颜良，操知其必去，重加赏赐。羽尽封其所赐，拜书告辞，而奔刘备于袁军。左右欲追之，操曰："彼各为其主，勿追也。"

操还军官渡，阎柔遣使诣操，操以柔为乌桓校尉。鲜于辅身见操于官渡，操以辅为右度辽将军，还镇幽土。

（以上为第七段，写袁绍进军官渡，曹操迎击，斩杀袁绍先锋大将颜良、文丑。这是袁曹官渡决战之前的序战，北军失利，士气受损。）

广陵太守陈登治射阳，孙策西击黄祖，登诱严白虎余党，图为后害。策还击登，军到丹徒，须待运粮。初，策杀吴郡太守许贡，贡奴客潜民间，欲为贡报仇。策性好猎，数出驱驰，所乘马精骏，从骑绝不能及，卒遇贡客三人，射策中颊，后骑寻至，皆刺杀之。策创甚，召张昭等谓曰："中国方乱，以吴、越之众，三江之固，足以观成败，公等善相吾弟！"呼权，佩以印绶，谓曰："举江东之众，决机于两阵之间，与天下争衡，卿不如我；举贤任能，各尽其心以保江东，我不如卿。"丙午，策卒，时年二十六。

慨说："主上志得意满，部下急功近利，悠悠黄河呀，我们还能回来渡河吗？"于是称病辞职，袁绍不同意；心里怀恨沮授，又减少了他的军队，还使沮授归属郭图。

袁绍率领军队进到延津的南面，曹操领军队在南阪扎营，派人登上营垒瞭望袁绍的军队，报告说："大约有五六百骑兵。"过一会儿，又报告说："骑兵逐渐增加，步兵多得无法计数。"曹操说："不要再报告了。"命令骑兵解下马鞍，放出马匹。这时，从白马西迁的辎重已经上路。各位将领认为敌人骑兵多，不如退守军营。荀攸说："这是在引诱敌人，怎么能离开阵地呢？"曹操回头看着荀攸微微一笑。袁绍的骑将文丑和刘备率领五六千骑兵前后赶到。各位将领又说："可以上马了。"曹操说："还不到时候。"过了一会儿，敌人骑兵来得更多了，有的分头去抢辎重。曹操说："可以上马了！"于是全都上马。这时曹操的骑兵不到六百，曹操挥兵进攻袁军，把袁军打得大败，杀了文丑。文丑和颜良都是袁绍的名将，两次战斗先后把他们都杀死。袁绍军队因而士气衰退。

起初，曹操钦佩关羽的为人，但发现他的心里没有久留的想法，便派张辽去问关羽的心意，关羽叹息说："我非常明白曹公待我很优厚，然而我受过刘备将军的恩德，发誓和他同生死，不可背叛。我终究不会留下，但要立功来报答曹公，然后才离开。"张辽把关羽的话告诉了曹操，曹操十分佩服关羽的义气。等到关羽杀死颜良，曹操知道他一定要离去，就重加赏赐。关羽把曹操的赏赐全部封好，留下一封信向曹操告别，就去投奔袁绍军中的刘备。曹操左右的人要去追赶，曹操说："他是各为其主，不要追赶。"

曹操率领军队回到官渡，阎柔派使者来拜见曹操，曹操任命阎柔为乌桓校尉。鲜于辅亲自到官渡拜见曹操，曹操任命他为右度辽将军，回去镇守幽州。

广陵太守陈登在射阳设立郡府，孙策向西进攻黄祖，陈登引诱严白虎的余党，企图让他们危害孙策后方。孙策回军攻打陈登，进军到了丹徒，必须等待粮食运来。起初，孙策杀死吴郡太守许贡，许贡的奴仆和门客潜藏民间，想要替许贡报仇。孙策喜欢出外游猎，经常策马飞奔，他骑的是一匹飞驰的骏马，左右侍从的马很难跟上。有一次，突然遇见许贡的三名门客，他们射中了孙策的面颊，后面的侍从骑士及时赶来，三名门客全被刺死。孙策受伤很重，于是招来张昭等，对他们说："中原正战乱，凭借吴、越的军民，三江的险固，完全可以观望成败，你们要认真辅佐我的弟弟！"于是又叫来孙权，给他佩戴上印绶，对他说："率领江东的部众，在敌我两军阵前较量，与天下英雄争胜败，你不如我；选用贤才，使用能人，使他们各尽

权悲号，未视事，张昭曰："孝廉！此宁哭时邪！"乃改易权服，扶令上马，使出巡军。昭率僚属，上表朝廷，下移属城，中外将校，各令奉职。周瑜自巴丘将兵赴丧，遂留吴，以中护军与张昭共掌众事。时策虽有会稽、吴郡、丹阳、豫章、庐江、庐陵，然深险之地，犹未尽从，流寓之士，皆以安危去就为意，未有君臣之固，而张昭、周瑜等谓权可与共成大业，遂委心而服事焉。

秋，七月，立皇子冯为南阳王。壬午，冯薨。

汝南黄巾刘辟等叛曹操应袁绍，绍遣刘备将兵助辟，郡县多应之。绍遣使拜阳安都尉李通为征南将军，刘表亦阴招之，通皆拒焉。或劝通从绍，通按剑叱之曰："曹公明哲，必定天下；绍虽强盛，终为之虏耳。吾以死不贰。"即斩绍使，送印绶诣操。

通急录户调，朗陵长赵俨见通曰："方今诸郡并叛，独阳安怀附，复趣收其绵绢，小人乐乱，无乃不可乎？"通曰："公与袁绍相持甚急，左右郡县背叛乃尔，若绵绢不调送，观听者必谓我顾望，有所须待也。"俨曰："诚亦如君虑，然当权其轻重。小缓调，当为君释此患。"乃书与荀彧曰："今阳安郡百姓困穷，邻城并叛，易用倾荡，乃一方安危之机也。且此郡人执守忠节，在险不贰，以为国家宜垂慰抚；而更急敛绵绢，何以劝善！"彧即白操，悉以绵绢还民，上下欢喜，郡内遂安。通击群贼瞿恭等，皆破之，遂定淮、汝之地。

时操制新科，下州郡，颇增严峻，而调绵绢方急。长广太守何夔言于操曰："先王辨九服之赋以殊远近；制三典之刑以平治乱。愚以为此郡宜依远域新邦之典，其民间小事，使长吏临时随宜，上不背正法，下以顺百姓之心。比及三年，民安其业，然后乃可齐之以法也。"操从之。

刘备略汝、颍之间，自许以南，吏民不安，曹操患之。曹仁曰："南方以大将军方有目前急，其势不能相救，刘备以强兵临之，其背叛故宜

忠心来保有江东，我不如你。”四月初四日丙午，孙策去世，这时才二十六岁。

孙权悲痛号哭不已，不理军政事务，张昭说：“孙孝廉现在难道是哭的时候吗？”于是为孙权换上服装，扶他上马，让他出外巡察各军。张昭率领诸官，上表奏报天子，下公文通告所属各城，内外将校，命令各自奉公守职。周瑜从巴丘带兵前来奔丧，就停驻在吴郡，被孙权任命为中护军和张昭一起管理军政事务。当时孙策虽有会稽、吴郡、丹阳、豫章、庐江、庐陵六郡，但幽远险峻的地区，仍没有全部归顺，流亡寓居的士大夫都以个人安危来决定去留，还没有跟孙氏政权建立稳定的君臣关系，但张昭、周瑜等认为孙权可以和他们共同成就大业，于是全心全意为孙权效劳。

秋季，七月，册立皇子刘冯为南阳王。七月十二日壬午，南阳王刘冯死去。

汝南黄巾军刘辟等叛离曹操响应袁绍，袁绍派刘备率兵援助刘辟，附近的郡县纷纷响应。袁绍派使者任命阳安都尉李通为征南将军，刘表也暗地征召他，李通都拒绝了。有人劝李通归属袁绍，李通握着剑柄呵斥说：“曹公英明睿知，一定能平定天下；袁绍虽然强大，终究会成为曹公的俘虏。我誓死不二。”随即杀死袁绍的使者，把袁绍给他的印绶送给了曹操。

李通加紧征收户税绵绢，朗陵县长赵俨拜见李通说：“如今各郡都叛离了，只有阳安感戴顺从朝廷，又征收户税绵绢，这样小人会趁机作乱，恐怕不行吧？”李通说：“曹公和袁绍相互攻战激烈，周围的郡县又都背叛，如果不征收户税绵绢送给曹公，有人一定会认为我静坐观望，有所等待。”赵俨说：“你说的确实有理，但是应当衡量事物的轻重。稍微缓一点征收，我来为你解开这个忧患。”于是写信给荀彧说：“如今阳安郡百姓穷困，附近各城都已叛变，阳安郡很容易动荡倾覆，这是关系一方安危存亡的关键时刻。阳安郡的人保持忠节，在困境中不怀二心，我认为国家应该加以安抚；反而紧急征收绵绢，这将拿什么来勉励人们从善呢？”荀彧随即转告曹操，因此把征收的绵绢全部还给老百姓，上下都高兴，于是阳安郡内稳定。李通打击瞿恭一伙，获得全胜，于是平定了淮水、汝水一带地区。

这时曹操制定了新的法令，下到州郡，增加了许多严厉的条款，而且征收户税绵绢也催得紧急。长广太守何夔向曹操进言说：“古代的君王分别九服的赋税，用来分辨远近亲疏；制定三典的刑法用来区分治世和乱世。我认为长广郡应按照新归附的边远地区较轻的法律，至于民间小事，可让地方长官临时权宜处置，这样上不违反朝廷正法，下可顺应百姓的心意。等过了三年，人民安定了他们的职业，然后才能推行统一的法典。”曹操采纳了他的建议。

刘备攻打汝水、颍水一带，从许县往南，官民不安宁，曹操为此担忧。曹仁说：“南方认为大将军正与袁绍对峙到了危急关头，势必无法去救援，刘备率领强兵压

也。备新将绍兵，未能得其用，击之，可破也。”操乃使仁将骑击备，破走之，尽复收诸叛县而还。

备还至绍军，阴欲离绍，乃说绍南连刘表。绍遣备将本兵复至汝南，与贼龚都等合，众数千人。曹操遣将蔡杨击之，为备所杀。

袁绍军阳武，沮授说绍曰：“北兵虽众而劲果不及南，南军谷少而资储不如北；南幸于急战，北利在缓师。宜徐持久，旷以日月。”绍不从。八月，绍进营稍前，依沙埠为屯，东西数十里。操亦分营与相当。

（以上为第八段，写袁曹两军对峙官渡。）

九月，庚午朔，日有食之。

曹操出兵与袁绍战，不胜，复还，坚壁。绍为高橹，起土山，射营中，营中皆蒙楯而行。操乃为霹雳车，发石以击绍楼，皆破；绍复为地道攻操，操辄于内为长堑以拒之。操众少粮尽，士卒疲乏，百姓困于征赋，多叛归绍者。操患之，与荀彧书，议欲还许，以致绍师。彧报曰：“绍悉众聚官渡，欲与公决胜败。公以至弱当至强，若不能制，必为所乘，是天下之大机也。且绍，布衣之雄耳，能聚人而不能用。以公之神武明哲而辅以大顺，何向而不济！今谷食虽少，未若楚、汉在荥阳、成皋间也。是时刘、项莫肯先退者，以为先退则势屈也。公以十分居一之众，画地而守之，扼其喉而不得进，已半年矣。情见势竭，必将有变。此用奇之时，不可失也。”操从之，乃坚壁持之。

操见运者，抚之曰：“却十五日为汝破绍，不复劳汝矣。”绍运谷车数千乘至官渡，荀攸言于操曰：“绍运车旦暮至，其将韩猛锐而轻敌，击，可破也！”操曰：“谁可使者？”攸曰：“徐晃可。”乃遣偏将军河东徐晃与史涣邀击猛，破走之，烧其辎重。

冬，十月，绍复遣车运谷，使其将淳于琼等将兵万余人送之，宿绍营北四十里。沮授说绍：“可遣蒋奇别为支军于表，以绝曹操之钞。”绍

境，他们的背叛完全可以理解。刘备刚统领袁绍的军队，还不能完全控制他们，我们去攻打刘备，可以击败他。”曹操就让曹仁率领骑兵袭击刘备，刘备战败逃走，曹仁又收复全部叛离的各县得胜返回。

刘备回到袁绍军中，暗中打算脱离袁绍，就劝说袁绍与南方的刘表联合。袁绍派刘备率领他原来的部众，重新进军汝南，与贼匪龚都等联合，部众达到几千人。曹操派部将蔡杨进攻刘备，被刘备杀死。

袁绍驻军阳武，沮授劝谏袁绍说：“北军虽多但战斗力不如南军，南军粮少而储备不如北军；南军利于速战，北军利于持久战。所以我方应该缓慢持久，拖延时间。”袁绍不听从。八月，袁绍把军营往前稍稍移动，靠近沙丘驻守，东西连绵几十里。曹操也展开部队，与袁绍的军营对垒相持。

九月初一日庚午，发生日食。

曹操出兵与袁绍交战，不能取胜，就退回坚守营垒。袁绍建筑高高的楼台，堆起土山，居高向曹操营中射击，营中的人都顶着盾牌行走。曹操制造霹雳车，发射石块来攻击袁绍的楼台，楼台全部被摧垮；袁绍又挖地道攻击曹操，曹操就在营内挖长长的深沟来抵抗。曹操兵少粮尽，士兵疲困，百姓被赋税困扰，纷纷反叛曹操而归附袁绍。曹操非常担忧，就写信给荀彧，商议想回到许县，用这个办法来引诱袁绍。荀彧回信说：“袁绍聚集全部人马到官渡，想与您一决胜败。明公您用最弱之军抵抗了最强之师，如果不能打败敌人，就一定被敌人征服，这是夺取天下的最大关键。况且袁绍只是一个普通的英雄而已，能够吸引人才却不能使用。凭明公您的神武和明智，再加上名正言顺的地位，有什么不能办成的事！如今粮食虽少，还没像楚汉在荥阳、成皋之间对峙的情况。那时刘邦、项羽没有谁肯首先撤退离开，认为先撤退就处于下风。明公您拿只有袁军十分之一的兵力，画出界线坚守阵地，扼紧袁军的咽喉，使它无法前进已经有半年了。形势发展到尽头，一定会起变化，这是出奇制胜的时候，不可失去。”曹操采纳了荀彧的意见，于是坚守壁垒与袁军对峙。

曹操看见运粮的人，安慰他们说：“再过十五天，替你们打败袁绍，不再辛苦你们了。”袁绍运粮车几千辆到达官渡。荀攸向曹操说道：“袁绍运粮的车队早晚之间就要到了，押运的将领韩猛精锐却轻敌，攻击他就可以取胜！”曹操问：“派谁合适呢？”荀攸说：“徐晃。”于是派偏将军河东人徐晃和史涣截击韩猛，韩猛被打败逃走，曹军放火烧掉了韩猛的辎重粮车。

冬季，十月，袁绍又派车辆运粮，让他的部将淳于琼率兵一万多人护送，宿营在袁绍大营的北面四十里。沮授劝说袁绍：“可派蒋奇另外率领一个支队在运粮车队

不从。

许攸曰："曹操兵少而悉师拒我，许下余守，势必空弱。若分遣轻军，星行掩袭，许可拔也。许拔，则奉迎天子以讨操，操成禽矣。如其未溃，可令首尾奔命，破之必也。"绍不从，曰："吾要当先取操。"会攸家犯法，审配收系之，攸怒，遂奔操。

操闻攸来，跣出迎之，抚掌笑曰："子卿远来，吾事济矣！"既入坐，谓操曰："袁氏军盛，何以待之？今有几粮乎？"操曰："尚可支一岁。"攸曰："无是，更言之！"又曰："可支半岁。"攸曰："足下不欲破袁氏邪，何言之不实也！"操曰："向言戏之耳。其实可一月，为之奈何？"攸曰："公孤军独守，外无救援而粮谷已尽，此危急之日也。袁氏辎重万余乘，在故市、乌巢，屯军无严备，若以轻兵袭之，不意而至，燔其积聚，不过三日，袁氏自败也。"操大喜，乃留曹洪、荀攸守营，自将步骑五千人，皆用袁军旗帜，衔枚缚马口，夜从间道出，人抱束薪，所历道有问者，语之曰："袁公恐曹操钞略后军，遣兵以益备。"闻者信以为然，皆自若。既至，围屯，大放火，营中惊乱。会明，琼等望见操兵少，出陈门外，操急击之。琼退保营，操遂攻之。

绍闻操击琼，谓其子谭曰："就操破琼，吾拔其营，彼固无所归矣！"乃使其将高览、张郃等攻操营。郃曰："曹公精兵往，必破琼等，琼等破，则事去矣，请先往救之。"郭图固请攻操营。郃曰："曹公营固，攻之必不拔。若琼等见禽，吾属尽为虏矣。"绍但遣轻骑救琼，而以重兵攻操营，不能下。

绍骑至乌巢，操左右或言"贼骑稍近，请分兵拒之。"操怒曰："贼在背后，乃白！"士卒皆殊死战，遂大破之，斩琼等，尽燔其粮谷，士卒千余人，皆取其鼻，牛马割唇舌，以示绍军。绍军将士皆恟惧。郭图惭其计之失，复谮张郃于绍曰："郃快军败。"郃忿惧，遂与高览焚攻具，诣操营降。曹洪疑不敢受，荀攸曰："郃计画不用，怒而来奔，君有何疑！"乃受之。

的外围，以隔绝曹操来夺取。”袁绍不听从。

许攸说：“曹操兵少而出动全部军队来对抗我，许县由剩余的少量部队驻守，防备一定空虚。如果分派轻装队伍，夜行偷袭，可以攻占许县。占领许县后，就奉迎天子来征讨曹操，曹操就会成为俘虏。如果一时攻不下，也可让曹操前后奔命，这样一定能够打败他。”袁绍不听从，说：“我应当要先攻取曹操。”时逢许攸的家人犯法，审配将其逮捕，许攸愤怒，就投奔曹操。

曹操听说许攸来了，来不及穿鞋光着脚出去迎接，拍掌大笑说：“子卿远来，我的事业就要成功了！”入座后，许攸对曹操说：“袁军强盛，用什么来对抗它？现在有多少粮食？”曹操说：“还可以对付一年。”许攸说：“没那么多，你再说！”曹操又说：“可支付半年。”许攸说：“您不想打败袁绍吗？为什么不讲实话？”曹操说：“刚才说的是玩笑话。其实只可将就一个月，该怎么办呢？”许攸说：“您孤军独守，外面没有救援而且粮食已尽，这是危险的时刻。袁绍辎重一万多辆，存放在故市、乌巢，驻守的军队防备不严，如果派轻装部队去偷袭，出其不意地到达，烧毁他们储藏的粮草，不出三天，袁绍不战自败。”曹操大喜，于是留下曹洪、荀攸防守军营，亲自率步兵骑兵五千人装扮成袁军，举着袁军的旗帜，人衔着枚，马绑住口，夜里从小道出发，人人抱着一捆柴草，经过的路上有人诘问，告诉他说：“袁公怕曹操袭击后面的军队，派兵来加强守备。”听的人信以为真，照常行事。到达乌巢后，包抄营寨，点燃大火，营中惊慌混乱。正好天亮了起来，淳于琼看见曹操兵少，就率军出营布阵，曹操紧急攻击，淳于琼退保军营，于是曹操围攻军营。

袁绍听说曹操攻击淳于琼，就对他儿子袁谭说：“即便曹操击退淳于琼，而我除掉他的军营，他就无处可归了！”于是派他的将领高览、张郃等攻击曹操的军营。张郃说：“曹操率精锐士兵前往，一定能击败淳于琼等，淳于琼等被打败，那大事就完了，请先去救淳于琼。”郭图坚决请求攻击曹操军营。张郃说：“曹公军营坚固，一定不能攻克。如果淳于琼等被擒获，我们都将成为俘虏了。”袁绍只派轻骑救援淳于琼，而用重兵攻打曹操军营。却不能攻占曹操军营。

袁绍的骑兵到了乌巢，曹操左右中有人说：“袁军渐渐靠近，请分兵对付。”曹操愤怒地说：“贼人到了身后，再报告！”士兵们都殊死奋战，于是大破敌军，斩杀了淳于琼，烧掉袁军的全部粮食，杀死袁军士兵一千多人，全都割下鼻子，又割下牛马的嘴唇和舌头，拿来展示给袁绍的军队看。袁军将士都非常害怕。郭图对自己的计谋失策感到羞愧，反而在袁绍面前说张郃的坏话：“张郃对我军失败幸灾乐祸。”张郃又气又怕，于是和高览放火烧掉进攻军营的器械装备，到曹操的军营归降。曹洪怀疑不敢受降，荀攸说：“张郃因计谋不被采纳，气愤至极而来投奔，你有什么可怀疑的？”于是接受了投降。

于是绍军惊扰，大溃。绍及谭等幅巾乘马，与八百骑渡河。操追之不及，尽收其辎重、图书、珍宝。余众降者，操尽坑之，前后所杀七万余人。

沮授不及绍渡，为操军所执，乃大呼曰："授不降也，为所执耳！"操与之有旧，迎谓曰："分野殊异，遂用圮绝，不图今日乃相禽也！"授曰："冀州失策，自取奔北。授知力俱困，宜其见禽。"操曰："本初无谋，不相用计，今丧乱未定，方当与君图之。"授曰："叔父、母弟，县命袁氏，若蒙公灵，速死为福。"操叹曰："孤早相得，天下不足虑也。"遂赦而厚遇焉。授寻谋归袁氏，操乃杀之。

操收绍书中，得许下及军中人书，皆焚之，曰："当绍之强，孤犹不能自保，况众人乎！"

冀州城邑多降于操。袁绍走至黎阳北岸，入其将军蒋义渠营，把其手曰："孤以首领相付矣！"义渠避帐而处之，使宣号令。众闻绍在，稍复归之。

或谓田丰曰："君必见重矣。"丰曰："公貌宽而内忌，不亮吾忠，而吾数以至言迕之，若胜而喜，犹能救我，今战败而恚，内忌将发，吾不望生。"绍军士皆拊膺泣曰："向令田丰在此，必不至于败。"绍谓逢纪曰："冀州诸人闻吾军败，皆当念吾，惟田别驾前谏止吾，与众不同，吾亦惭之。"纪曰："丰闻将军之退，拊手大笑，喜其言之中也。"绍于是谓僚属曰："吾不用田丰言，果为所笑。"遂杀之。初，曹操闻丰不从戎，喜曰："绍必败矣。"及绍奔遁，复曰："向使绍用其别驾计，尚未可知也。"

审配二子为操所禽，绍将孟岱言于绍曰："配在位专政，族大兵强，且二子在南，必怀反计。"郭图、辛评亦以为然。绍遂以岱为监军，代配守邺。护军逢纪素与配不睦，绍以问之，纪曰："配天性烈直，每慕古人之节，必不以二子在南为不义也。愿公勿疑。"绍曰："君不恶之邪？"纪曰："先所争者，私情也；今所陈者，国事也。"绍曰："善！"乃不废配，配由是更与纪亲。冀州城邑叛绍者，绍稍复击定之。

绍为人宽雅，有局度，喜怒不形于色，而性矜愎自高，短于从善，

这时袁绍的军队惊惧混乱，全线溃散。袁绍和袁谭等连帽子也来不及戴，只裹着头巾乘马跟随八百名骑兵渡过黄河。曹操追赶不上，就全部缴获袁军的辎重、图书、珍宝。把其余归降的袁军全部活埋，前前后后杀了七万多人。

沮授未赶上袁绍渡河，被曹操的军队俘获，于是大叫着说："我沮授不归降，只是被擒获罢了！"曹操与沮授原有交情，亲自接待他，说："地理上的差异，使我们相互阻隔，想不到今天你被我抓获！"沮授说："袁绍失策，自取失败而逃奔北方，我沮授智慧和力量都无法施展，应该被擒。"曹操说："袁绍没有谋略，不用你的计谋，现今战乱没有平定，正应当和你共同谋划。"沮授说："我的叔父和母亲弟弟，性命都操纵在袁绍的手中，如蒙您不弃，请快点杀掉我，这才是我的福气。"曹操叹气说："我如早点得到你，天下大事就用不着担心了。"于是赦免沮授，给他很好的待遇。不久，沮授谋划归回袁绍，曹操就杀掉了他。

曹操在收缴袁绍的书信中，获得许县和军队中一些人写给袁绍的信，全都烧掉，说："当袁绍强盛时候，我尚且不能自保，何况众人呢？"

冀州郡的城邑纷纷归降曹操。袁绍逃到黎阳北岸，进入他部将蒋义渠的军营，拉着他的手说："我把我的脑袋托付你了！"蒋义渠空出营帐给袁绍住下，让他发号施令。部众们听说袁绍在，渐渐又来归属。

有人对田丰说："你一定被重用。"田丰说："袁绍表面上宽容，内心却十分猜忌，不相信我的忠心，而我多次以直言冒犯他，如果胜利了他高兴，或许能放过我，如今战败，他一定生气，就会猜忌，我不能指望活命了。"袁绍的将士都捶胸哭泣说："如果田丰在此，一定不致失败。"袁绍对逢纪说："冀州众人听说我军失败，都在牵挂我，只有田丰从前劝阻过我，我很羞愧。"逢纪说："田丰听说将军败退，拍掌大笑，庆幸他说中了。"袁绍这时对部属说："我不用田丰的计策，果然被他嘲笑。"于是杀了田丰。起初，曹操听说田丰没有随军出征，高兴地说："袁绍必败。"等到袁绍奔逃，又说："假如先前袁绍使用田丰的计策，还不知道结果是什么。"

审配的两个儿子被曹操抓获，袁绍的部将孟岱向袁绍进言说："审配位高权重，族大兵强，而且他的两个儿子在南方，一定怀有背叛的打算。"郭图、辛评也认为是这样。于是袁绍任命孟岱为监军，代替审配驻守邺城。护军逢纪一向与审配不和，袁绍就审配的事向逢纪征求意见，逢纪说："审配天性刚烈正直，常常敬慕古人的气节，一定不会因为两个儿子在南方做出不义的事情，希望明公不要多疑。"袁绍说："你不是憎恶审配吗？"逢纪说："先前的争执是私情；现在所讲的是国事。"袁绍说："好！"于是不废掉审配，审配从此与逢纪的关系日愈亲近。冀州城邑背叛袁绍的，袁绍又逐渐平定了他们。

袁绍为人宽容文雅，有器量，喜怒不形于色，但生性刚愎自用，不接受正确的

故至于败。

（以上为第九段，写袁绍与曹操官渡决战，袁绍大败。）

冬，十月，辛亥，有星孛于大梁。

庐江太守李术攻杀扬州刺史严象，庐江梅乾、雷绪、陈兰等各聚众数万在江淮间，曹操表沛国刘馥为扬州刺史。时扬州独有九江，馥单马造合肥空城，建立州治，招怀乾、绪等，皆贡献相继。数年中，恩化大行，流民归者以万数。于是广屯田，兴陂堨；官民有畜，乃聚诸生，立学校；又高为城垒，多积木石，以修战守之备。

曹操闻孙策死，欲因丧伐之。侍御史张纮谏曰："乘人之丧，既非古义，若其不克，成仇弃好，不如因而厚之。"操即表权为讨虏将军，领会稽太守。

操欲令纮辅权内附，乃以纮为会稽东部都尉。纮至吴，太夫人以权年少，委纮与张昭共辅之。纮思惟补察，知无不为。太夫人问扬武都尉会稽董袭曰："江东可保不？"袭曰："江东有山川之固，而讨逆明府恩德在民，讨虏承基，大小用命，张昭秉众事，袭等为爪牙，此地利人和之时也，万无所忧。"权遣张纮之部，或以纮本受北任，嫌其志趣不止于此，权不以介意。

鲁肃将北还，周瑜止之，因荐肃于权曰："肃才宜佐时，当广求其比以成功业。"权即见肃，与语，悦之。宾退，独引肃合榻对饮，曰："今汉室倾危，孤思有桓、文之功，君何以佐之？"肃曰："昔高帝欲尊事义帝而不获者，以项羽为害也。今之曹操，犹昔项羽，将军何由得为桓、文乎！肃窃料之，汉室不可复兴，曹操不可卒除，为将军计，惟有保守江东以观天下之衅耳。若因北方多务，剿除黄祖，进伐刘表，竟长江所极，据而有之，此王业也。"权曰："今尽力一方，冀以辅汉耳，此言非所及也。"张昭毁肃年少粗疏，权益贵重之，赏赐储偫，富拟其旧。

权料诸小将兵少而用薄者，并合之。别部司马汝南吕蒙，军容鲜整，

意见，所以招致失败。

冬季，十月十二日辛亥，有彗星出现在大梁星空区域。

庐江太守李术攻打并杀掉扬州刺史严象，庐江人梅乾、雷绪、陈兰等各自聚集部众几万人在江淮一带，曹操上表推举沛国人刘馥为扬州刺史。当时扬州只有九江属曹操控制，刘馥单枪匹马到合肥这座空城，建立州府，安抚梅乾、雷绪等人，他们都不断向朝廷进献。几年之中，大力施行恩德教化，归附的流民数以万计。又进行大规模屯田，兴建池塘渠堰；官府百姓有了储蓄，便招收士子，建造学校；又高筑城墙堡垒，多积木材石头，用来修造作战和守备的设施装备。

曹操听到孙策死讯，想乘孙权新丧征伐他。侍御史张纮劝阻说："乘人家丧事去攻击，不合乎古代道义，如果不能成功，就结了新仇而丢了旧好，不如趁机厚待他。"曹操就上表推荐孙权讨虏将军，兼任会稽太守。

曹操想让张纮辅助孙权归附自己，于是任命张纮为会稽东部都尉。张纮到达吴郡，孙权的母亲认为孙权年纪小，委托张纮和张昭共同辅佐孙权。张纮思虑周到，能观察补救缺失，知道要办的事就一定去办。孙权的母亲太夫人问扬武都尉会稽人董袭说："江东可以保得住吗？"董袭说："江东有山川的险峻，而且讨逆将军孙策在民间广施恩德，讨虏将军孙权继承基业，大小百官听从，张昭操持军政事务，我董袭等作为辅佐之臣，这正是地利人和最好的时候，万事都不用担心。"孙权派张纮到会稽郡上任，有人认为张纮是北方朝廷任命的官员，恐怕他的志向不在于南方，但孙权并不介意。

鲁肃准备北归，周瑜阻止他，趁此把鲁肃推荐给孙权，说："鲁肃的才干适宜做辅佐，应广泛招收像他这般的人才来成就功业。"孙权立即召见鲁肃，与他交谈，甚为赏识。宾客们走后，孙权单独留下鲁肃，把榻合并在一起，举杯同饮，孙权说："如今汉室摇摇欲坠，我想建立齐桓公、晋文公的功业，你用什么来辅助我？"鲁肃说："从前汉高祖想尊奉义帝却未能成功，是由于项羽从中作梗。今天的曹操，正同昔日的项羽一样，将军如何能够去效仿齐桓公、晋文公呢？我私下预计汉室不可能复兴，曹操也不可能一下被除去，替将军着想，只有保住江东，观察天下形势的变化。如果趁北方多事，消灭黄祖，进讨刘表，把整个长江一线据为己有，这是霸王的功业。"孙权说："如今我竭力管好这一方本土，只是希望以此来辅佐汉室罢了，你说的这些不是我能够达到的。"张昭诋毁鲁肃年纪太轻，办事粗心，孙权却更加看重鲁肃，把国家储备的财物重赏给他，使鲁肃的家像当初一样的富有。

孙权整顿众多低级将领少兵而能力差的，把他们进行合并。别部司马汝南人吕

士卒练习。权大悦，增其兵，宠任之。

功曹骆统劝权尊贤接士，勤求损益，飨赐之日，人人别进，问其燥湿，加以密意，诱谕使言，察其志趣。权纳用焉。统，俊之子也。

庐陵太守孙辅恐权不能保江东，阴遣人赍书呼曹操。行人以告，权悉斩辅亲近，分其部曲，徙辅置东。

曹操表征华歆为议郎、参司空军事。庐江太守李术不肯事权，而多纳其亡叛。权以状白曹操曰："严刺史昔为公所用，而李术害之，肆其无道，宜速诛灭。今术必复诡说求救。明公居阿衡之任，海内所瞻，愿敕执事，勿复听受。"因举兵攻术于皖城。术求救于操，操不救。遂屠其城，枭术首，徙其部曲二万余人。

刘表攻张羡，连年不下。曹操方与袁绍相拒，未暇救之。羡病死，长沙复立其子怿。表攻怿及零、桂，皆平之。于是表地方数千里，带甲十余万，遂不供职贡，郊祀天地，居处服用，僭拟乘舆焉。

张鲁以刘璋暗懦，不复承顺，袭别部司马张修，杀之而并其众。璋怒，杀鲁母及弟，鲁遂据汉中，与璋为敌。璋遣中郎将庞羲击之，不克。璋以羲为巴郡太守，屯阆中以御鲁。羲辄召汉昌賨民为兵，或构羲于璋，璋疑之。赵韪数谏不从，亦恚恨。

初，南阳、三辅民流入益州者数万家，刘焉悉收以为兵，名曰东州兵。璋性宽柔，无威略，东州人侵暴旧民，璋不能禁。赵韪素得人心，因益州士民之怨，遂作乱，引兵数万攻璋；厚赂荆州，与之连和；蜀郡、广汉、犍为皆应之。

（以上为第十段，写孙权承父兄之业统领江东，招贤平叛，士民归附。刘表平叛，固有荆州。张鲁据汉中。）

蒙，军容整齐，士兵训练有素。孙权很高兴，增加他的兵力，宠爱重用他。

功曹骆统劝孙权尊贤纳士，要不断询问他们为政的得失，在犒赏宴饮的日子里，分别接见每一个人，问寒问暖，亲切关怀，鼓励大家发表自己的意见，以此观察他们的志向和兴趣，孙权采纳实施。骆统是骆俊的儿子。

庐陵太守孙辅害怕孙权不能保守江东，暗中派人带信叫曹操南下。送信的人把这件事报告给了孙权，孙权杀掉孙辅的全部亲信，遣散他的部众，把孙辅流放到吴郡的东部。

曹操上表征召华歆任议郎、参司空军事。庐江太守李术不肯事奉孙权，而且收容了许多背叛孙权的逃亡者。孙权把这些情况报告曹操说："刺史严象，从前是您任用的人，而李术却杀了他，又十分放纵自己的无道行为，应该将李术迅速诛灭。现今李术一定会用花言巧语向您求救。明公身负天下重任，海内景仰，愿明公劝告左右，不要再听李术的话。"孙权于是举兵到皖城攻击李术。李术向曹操求救，曹操不救。孙权得以攻破皖城，进行了屠城，把李术枭首示众，迁移收编他的部众两万多人。

刘表攻打张羡，连年没能破城。曹操正与袁绍对峙，没空救援张羡。张羡病死，长沙郡人又拥立他的儿子张怿。刘表攻打张怿以及零陵、桂阳两郡，全部平定。这时刘表的地盘方圆几千里，拥兵十多万，于是不向朝廷进献，在郊外祭祀天地，住宅服饰器皿用具，都模仿天子。

张鲁认为刘璋昏庸懦弱，不再归顺，突然袭击别部司马张修，杀了张修而且吞掉了张修的部众。刘璋愤怒，杀了张鲁的母亲和弟弟，于是张鲁占据汉中，与刘璋为敌。刘璋派中郎将庞羲攻击张鲁，没有获胜。刘璋任命庞羲为巴郡太守，驻守阆中以抵御张鲁。庞羲就招募汉昌县的賨民为兵，有人在刘璋面前诬陷庞羲，刘璋开始怀疑庞羲。赵韪多次劝说刘璋，刘璋不听，于是心中有了怨恨。

起初，南阳、三辅的人流入到益州的有几万家，刘焉收容他们，称为"东州兵"。刘璋生性宽厚柔弱，没有威严谋略，东州人欺诈当地的土著居民，刘璋不能禁止。赵韪一向得人心，利用益州士民对刘璋的仇恨，于是犯上作乱，率领几万兵众攻击刘璋；赵韪还用厚礼贿赂荆州的刘表与他合作；蜀郡、广汉郡、犍为郡等都起来响应。

【点评】

本卷记载的最大事件是袁曹官渡之战。官渡之战是袁曹势力消长的转折点。当时袁强曹弱，而交战结果是袁败曹胜。曹操此役以少胜众，在中国战争史上写下了辉煌的一笔。曹操为何能以弱抗强？袁绍本有取胜之道，他为何不救刘备，夹击曹操？胜败是兵家常事，一时雄杰的袁绍，为何一蹶不振？点评这些问题，将带给我们深刻的启迪。

一、袁绍发动官渡之战不合时宜。公元 200 年二月，袁绍发布讨伐曹操的檄文，列举曹操进兵河内、图谋不轨的罪状。此时袁绍刚刚结束与公孙瓒的数年激战，不顾士众疲劳，不听谋臣劝谏，立即发动讨伐许都之战，简选精兵十万，骑万匹，大举南向。曹操迎战，袁曹相遇于官渡，史称官渡之战。袁曹双方的有识之士，都预言袁绍必败，因为袁绍急于南向，时机不对。袁绍智勇双全的大将沮授认为，袁军连年征战，“百姓疲惫，仓库无积”，且曹操奉迎天子，建宫许都，袁军南向，“于义则违”，即师出无名。沮授建议休整士卒，缮治器械，派出少量游兵骚扰河南，造成“彼不得安，我取其逸”的战略，“如此可以不战而胜”。但袁绍听不进去，田丰进谏，他甚至把田丰投入监狱。是什么原因使得袁绍不取稳操胜券的战略而要立即与曹操决一雌雄呢？原因有四：其一，天无二日，人无二王，袁曹两人都是有雄才者，随着势力的膨胀而外亲内疏，明争暗斗，公开破裂是迟早的事。其二，袁绍所并河北冀、并、青、幽四州，战乱没有河南司、豫、兖、徐惨烈，袁绍的实力大于曹操，特别是打败公孙瓒之后，骄傲自大，他要乘胜扩大战果，忘了将士连年征战的疲劳。其三，袁绍与曹操结盟，处处遭曹操暗算，特别是曹操进兵河内，插足自己的地盘，而且是乘人之危，袁绍与公孙瓒决战正酣，曹操给自己背上来了一刀，袁绍被激怒，急于向曹操兴师问罪而冒进，犯了兵家之大忌。其四，袁绍想打败曹操，自己挟天子以令诸侯，甚至是取汉室而代之。这时袁绍的野心比曹操还要大，他曾经讽喻耿苞陈说天命，可见袁绍想当皇帝的欲望已到发昏的地步。袁绍的野心，路人皆知，所以他在外交上节节失利。游说关西，关西接受朝廷节制。拉拢张绣，张绣反而投曹。联盟刘表，刘表坐观成败。只有一个刘备打出衣带诏，堂堂讨逆，袁绍又气愤刘备抢先倡议而见死不救，丧失了战机。这表现了袁绍不识大体，不顾大局，气度偏狭，焉能不败？

二、曹操人杰，非袁绍能敌。袁曹两人相较，郭嘉有袁绍十败、曹操十胜之说，大体得当。其主要方面，曹操取胜有四大原因。其一，曹操机权干略，高袁一等。就以官渡之战为例，曹操进兵河内，占了地利和实利，挑起了袁曹的公开对立，而又把发动战争的责任转嫁到袁绍身上，确实是道高一尺，先赢一着。两军对峙官渡，后勤保障极其重要。先是曹操派徐晃烧了袁军官渡前线的几千车军粮，袁绍又

重新从河北运粮一万多车屯于官渡大营北面的乌巢（今河南延津县）。曹操亲率步骑五千，乘夜赶到乌巢，攻寨烧粮。在这存亡千钧一发之际，袁绍得知曹操偷袭乌巢，却执意只派少数人去援救，而以重兵去劫曹军大营。结果袁军攻打曹军营垒不力，而乌巢的军粮被曹操烧光。袁军军心动摇，全线溃退。其二，曹操个性奸诈，袁绍重义，不是曹操对手。袁曹结盟，划分势力范围，袁绍战河北，曹操战河南，两个背靠背合力作战，扫灭群雄，获得了极大的成功。公元194年，曹操部将陈宫和陈留太守张邈反叛曹操，迎接吕布入兖州。曹操向袁绍告急，袁绍派大将朱灵引兵救援。事后曹操招诱朱灵投归，挖了袁绍的墙角。袁绍手下大将臧洪，文武双全，替袁绍打下青州，袁绍让其子袁谭守青州，徙臧洪为东郡太守。公元196年，曹操攻围张超，张超与臧洪是结盟兄弟，臧洪要救张超，袁绍不许，逼反臧洪，袁绍兴兵攻围臧洪一年有余，才破杀了臧洪，不仅使自己痛失一臂，又贻误了剿灭公孙瓒的时机，大为失计。反观曹操，“宁我负人，毋人负我”，有利可图，绝不放过。曹操进兵河内，背后捅刀子，就是生动的例证。袁曹两人相较，袁绍是君子，曹操是小人。君子与小人斗，小人常胜，君子常败。其三，曹操大度，善于用人，因此能得人死力。徐晃、张辽来自敌垒，投曹后都能效死力。袁绍褊狭，用人好猜忌，又忠奸不分，自己把人才推到了曹操一边。谋士许攸，战将张郃、高览，皆因遭猜忌和被诬陷，临阵倒戈，要了袁绍的命。其四，曹操有识，不耻下问而善听忠言。官渡之战每到关键时刻，曹操就向荀彧、郭嘉问计，得策即行，与袁绍的拒谏饰非形成鲜明对比。

三、袁绍也是英雄。《后汉书·袁绍传》注引《献帝春秋》的记载，袁绍病死，冀州的老百姓奔走相告，街头巷尾，到处是哭声，好像死了亲人一样。当时的老百姓把袁绍看作是一个英雄，而且是不应当死的英雄，难道百姓们都错了吗？有人说这是史家的编造。曹操灭了袁谭，袁尚、袁熙兄弟二人逃奔乌桓，河北士民相随十余万，说明袁绍生前能宽仁待众以及对北边民族的和解政策起了一定的作用。但是袁曹相斗，袁绍失败了，曹操胜利了，这有着多方面的原因。袁绍失败的主要原因有三：一是他个人的谋略智计、气质权术不是曹操对手；二是他外宽内忌，刚愎自用，不能容忍人才而取长补短，官渡之战中以个人之智力对曹氏集团之群士，哪有不败之理？三是个人心胸狭窄，袁绍官渡之战败后，不思更张，反而变本加厉忌刻人才，冤杀田丰，气愤忧闷而死。袁绍死后，又无良辅协调二子，被曹操利用，于是袁绍集团不可避免地覆亡了。

袁绍失败了，但他鹰扬河朔的业绩替曹操统一北方开辟了道路，仍不失为汉末的一个英雄人物。

汉纪五十六

汉献帝建安六年至十年（201—205年）

【起重光大荒落（辛巳，201年），尽旃蒙作噩（乙酉，205年），凡五年】

【大事提要】

本卷记事起公元201年，讫公元205年，凡五年，当汉献帝建安六年至建安十年。这五年是官渡之战后，现存各大军阀调整战略、对内平叛、对外观望、重新洗牌的时期，没有大战役发生，整体形势相对平静。荆州无事，刘表继续保境安民。江东孙权、益州刘璋、汉中张鲁，平定内乱，巩固区域统治。孙权拒绝曹操征质，分庭抗礼。北方仍是激烈的争战地区。官渡之战后，由于袁绍忧死，刘备退出逐鹿中原，南依刘表，中原叱咤风云的英雄只剩了一个曹操。袁绍废长立幼，导致袁氏兄弟相残，曹操趁机各个击破，先破袁尚，后灭袁谭，高干归降，完成了对北方的统一。建安十年，高干复叛，引发河东骚乱，迟滞了曹操北征乌桓，但无损北方大局。

【原文】

孝献皇帝己

建安六年（辛巳，201年）

春，三月丁卯朔，日有食之。

曹操就谷于安民。以袁绍新破，欲以其间击刘表。荀彧曰："绍既新败，其众离心，宜乘其困，遂定之；而欲远师江、汉，若绍收其余烬，乘虚以出人后，则公事去矣。"操乃止。夏，四月，操扬兵河上，击袁绍仓亭军，破之。秋，九月，操还许。

操自击刘备于汝南，备奔刘表，龚都等皆散。表闻备至，自出郊迎，以上宾礼待之，益其兵，使屯新野。备在荆州数年，尝于表坐起至厕，慨然流涕。表怪，问备，备曰："平常身不离鞍，髀肉皆消。今不复骑，髀里肉生。日月如流，老将至矣，而功业不建，是以悲耳。"

曹操遣夏侯渊、张辽围昌豨于东海，数月，粮尽，议引军还。辽谓渊曰："数日已来，每行诸围，豨辄属目视辽，又其射矢更稀；此必豨计犹豫，故不力战。辽欲挑与语，傥可诱也。"乃使谓豨曰："公有命，使辽传之。"豨果下与辽语。辽为说操神武，方以德怀四方，先附者受大赏。豨乃许降。辽遂单身上三公山，入豨家，拜妻子。豨欢喜，随辽诣操；操遣豨还。

赵韪围刘璋于成都。东州人恐见诛灭，相与力战，韪遂败退，追至江州，杀之。庞羲惧，遣吏程祁宣旨于其父汉昌令畿，索賨兵。畿曰："郡合部曲，本不为乱，纵有谗谀，要在尽诚，若遂怀异志，不敢闻命。"羲更使祁说之，畿曰："我受牧恩，当为尽节，汝为郡吏，自宜效力。不义之事，有死不为。"羲怒，使人谓畿曰："不从太守，祸将及家！"畿曰："乐羊食子，非无父子之恩，大义然也。今虽羹祁以赐畿，畿啜之矣。"羲乃厚谢于璋。璋擢畿为江阳太守。

【语译】

孝献皇帝己

汉献帝建安六年（辛巳，201年）

春，三月初一日丁卯朔，发生日食。

曹操移军到粮食充足的安民县。曹操认为袁绍刚被打败，想乘机攻击刘表。荀彧说："袁绍既然刚刚战败，部众一定涣散，应趁他危困，彻底平定，而你却想远征长江、汉水，如果袁绍召集他的残余部众，乘虚而出现在我们的后方，那么您的事业就结束了。"于是曹操暂停攻击刘表。夏季，四月，曹操在黄河边显扬兵力，攻击在仓亭驻守的袁军，将其打败。秋季，九月，曹操回到许县。

曹操亲自率领军队在汝南进攻刘备，刘备奔投刘表，龚都等全都逃散。刘表听说刘备到来，亲自到郊外迎接，用上宾的礼节接待刘备，给他增加兵力，让他驻守在新野。刘备在荆州住了几年，有一次他在刘表那里作客，起身上厕所，忽然感叹流泪。刘表感到奇怪，询问刘备，刘备说："以前经常身不离马鞍，屁股上的肉都瘦了。如今不再骑马，屁股上的肉长了出来。日月如流水，我都快老了，而功业还没有创立，所以悲怆！"

曹操派夏侯渊、张辽到东海征讨，包围了昌豨，几个月后，粮食告尽，就商量率军退回。张辽对夏侯渊说："连日以来，每次巡视外围阵地，昌豨的目光总是注意我，他的箭也射得更少了；这一定是昌豨心中犹豫，所以不全力奋战。我想挑逗和他说话，也许可以引诱他归降。"于是派人去对昌豨说："曹公有令，让张辽传达给你。"昌豨果然走下城墙与张辽讲话。张辽就对他称颂曹操的神武，正以恩德安慰四方，先归降的人可领受大赏。昌豨便答应归降。张辽单身一人上了三公山，到昌豨家里，以礼会见昌豨的妻子儿女。昌豨很高兴，跟着张辽去拜见曹操；曹操派昌豨返回。

赵韪在成都包围了刘璋。东州人惧怕被诛灭，就互相鼓励拼力奋战，赵韪因而战败逃走，在江州被追上遇害。庞羲恐惧，派官吏程祁向他的父亲汉昌县令程畿宣明旨意，索求賨兵。程畿说："郡里集合军队，原本不是犯上作乱，即使有谗言诽谤，最要紧的是尽职献忠，如果因此怀有异心，我不敢听命。"庞羲再次派程祁去游说程畿，程畿说："我接受州牧刘璋的恩惠，应当为他尽忠，你为庞羲的官吏，自应为他效力。不合乎道义的事情，宁死不为。"庞羲大怒，派人对程畿说："不听太守的命令，大祸就降临到你的全家。"程畿说："从前乐羊吃他儿子的肉，并非没有父子恩情，是为大义才这样做的。如今即使把程祁煮成肉汤来赐给我，我也得喝下去。"庞羲便向刘璋深表歉意。刘璋提拔程畿为江阳太守。

朝廷闻益州乱，以五官中郎将牛亶为益州刺史；征璋为卿，不至。

张鲁以鬼道教民，使病者自首其过，为之请祷；实无益于治病，然小人昏愚，竞共事之。犯法者，三原，然后乃行刑；不置长吏，皆以祭酒为治。民、夷便乐之，流移寄在其地者，不敢不奉其道。后遂袭取巴郡。朝廷力不能征，遂就宠鲁为镇民中郎将，领汉宁太守，通贡献而已。

民有地中得玉印者，群下欲尊鲁为汉宁王。功曹巴西阎圃谏曰：“汉川之民，户出十万，财富土沃，四面险固；上匡天子，则为桓、文，次及窦融，不失富贵。今承制署置，势足斩断，不烦于王。愿且不称，勿为祸先。”鲁从之。

（以上为第一段，写官渡之战后各方重新蓄积力量。曹操治乱徐州，刘备南依刘表，益州刘璋、汉中张鲁，保境安民。）

七年（壬午，202 年）

春，正月，曹操军谯，遂至浚仪，治睢阳渠。遣使以太牢祀桥玄。进军官渡。

袁绍自军败，惭愤，发病呕血；夏，五月，薨。

初，绍有三子，谭、熙、尚。绍后妻刘氏爱尚，数称于绍，绍欲以为后而未显言之。乃以谭继兄后，出为青州刺史。沮授谏曰：“世称万人逐兔，一人获之，贪者悉止，分定故也。谭长子，当为嗣，而斥使居外，祸其始此矣。”绍曰：“吾欲令诸子各据一州，以视其能。”于是以中子熙为幽州刺史，外甥高干为并州刺史。

逢纪、审配素为谭所疾，辛评、郭图皆附于谭，而与配、纪有隙。及绍薨，众以谭长，欲立之。配等恐谭立而评等为害，遂矫绍遗命，奉尚为嗣。谭至，不得立，自称车骑将军，屯黎阳。尚少与之兵，而使逢纪随之。谭求益兵，审配等又议不与。谭怒，杀逢纪。秋，九月，曹操渡河攻谭。谭告急于尚，尚留审配守邺，自将助谭，与操相拒。连战，谭、尚数败，退而固守。

尚遣所置河东太守郭援，与高干、匈奴南单于共攻河东，发使与关

朝廷听说益州发生叛乱，派五官中郎将牛亶为益州刺史；征召刘璋为列卿，刘璋不接受。

张鲁用鬼神邪道教诲民众，让病人忏悔自己的过失，便为病人祈祷；其实无益于治病。然而一些人昏聩愚昧，竞相信奉他。他对犯法者，原谅三次，然后才行刑；不设立长官，全都以祭酒来治理。民众与夷人感到方便，非常高兴，流落寄居于此的人，不敢不信奉他的鬼道。后来张鲁袭击夺取了巴郡。朝廷无力去讨伐，于是就恩赐任命他为镇民中郎将，兼任汉宁太守，张鲁只是进献朝廷一点贡物罢了。

百姓中有人在地下获得一枚玉印，张鲁的部众想尊奉张鲁为汉宁王。功曹巴西人阎圃劝谏说："汉水流域的民众，有十多万户，资财丰裕，土地肥沃，四面险固；作为太守上可辅佐天子，成就齐桓公、晋文公那样的功业；次可做窦融那样人，不失富贵。如今要以秉承天子名义称王，那就要自行设立官职，势必切断向齐桓、晋文功业和窦融富贵的道路，岂不是自找称王的麻烦吗！希望暂且不称王号，不要先招惹灾祸。"张鲁听从了阎圃的意见。

汉献帝建安七年（壬午，202 年）

春季，正月，曹操驻军谯县，又到达浚仪县，修建睢阳渠。曹操派专使用太牢祭祀桥玄。进军官渡。

袁绍自从在官渡战败后，悔恨交加，生病吐血。夏季，五月，逝世。

当初，袁绍有三个儿子，袁谭、袁熙、袁尚。袁绍的后妻刘氏偏爱袁尚，多次在袁绍面前称颂他，袁绍也想把袁尚作为自己的继承人却未明说。于是袁绍把袁谭过继给自己的哥哥，任青州刺史。沮授劝谏说："有一万人在追赶一只兔，只要有一个人抓到兔子，其余想得到兔子的人只好作罢，这是因为名分已定的缘故。袁谭是长子，应当作为继承人，却把他排斥到外地居住，灾祸就要从这里开始。"袁绍说："我想让儿子们各自占据一州，好来考察他们的能力。"于是派二儿子袁熙做幽州刺史，外甥高干为并州刺史。

逢纪、审配一向被袁谭嫉恨，辛评、郭图都依附袁谭，而和审配、逢纪有矛盾。等到袁绍去世后，众人认为袁谭是长子，想拥立他。审配等害怕袁谭继位后受到辛评等人的迫害，就假造袁绍的遗嘱，拥立袁尚为继承人。袁谭来到冀州，不能继位，自称为车骑将军，驻守黎阳。袁尚只给他很少的兵力，而且派逢纪跟随他。袁谭请求增加兵力，审配等商量后又不给。袁谭发怒杀死逢纪。秋季，九月，曹操渡过黄河攻打袁谭。袁谭向袁尚告急，袁尚留守邺城，亲自率兵援助袁谭，与曹操两军对峙。持续交战，袁谭、袁尚屡屡战败，只好退兵坚守城池。

袁尚派自己任命的河东太守郭援和高干、匈奴南单于合力攻击河东郡，派出使

中诸将马腾等连兵，腾等阴许之，援所经城邑皆下。河东郡吏贾逵守绛，援攻之急；城将溃，父老与援约，不害逵，乃降，援许之。援欲使逵为将，以兵劫之，逵不动。左右引逵使叩头，逵叱之曰："安有国家长吏为贼叩头！"援怒，将斩之，或伏其上以救之。绛吏民闻将杀逵，皆乘城呼曰："负约杀我贤君，宁俱死耳！"乃囚于壶关，著土窖中，盖以车轮。逵谓守者曰："此间无健儿邪，而使义士死此中乎？"有祝公道者，适闻其言，乃夜往，盗引出逵，折械遣去，不语其姓名。

曹操使司隶校尉钟繇围南单于于平阳，未拔而救至。繇使新丰令冯翊张既说马腾，为言利害。腾疑未决。傅干说腾曰："古人有言：'顺德者昌，逆德者亡。'曹公奉天子诛暴乱，法明政治，上下用命，可谓顺道矣。袁氏恃其强大，背弃王命，驱胡虏以陵中国，可谓逆德矣。今将军既事有道，阴怀两端，欲以坐观成败；吾恐成败既定，奉辞责罪，将军先为诛首矣！"于是腾惧。干因曰："智者转祸为福。今曹公与袁氏相持，而高干、郭援合攻河东，曹公虽有万全之计，不能禁河东之不危也。将军诚能引兵讨援，内外击之，其势必举。是将军一举，断袁氏之臂，解一方之急，曹公必重德将军，将军功名无与比矣。"腾乃遣子超将兵万余人与繇会。

初，诸将以郭援众盛，欲释平阳去。钟繇曰："袁氏方强，援之来，关中阴与之通，所以未悉叛者，顾吾威名故耳。若弃而去，示之以弱，所在之民，谁非寇仇，纵吾欲归，其得至乎！此为未战先自败也。且援刚愎好胜，必易吾军，若渡汾为营，及其未济击之，可大克也。"援至，果径前渡汾，众止之，不从。济水未半，繇击，大破之。战罢，众人皆言援死而不得其首。援，繇之甥也。晚后，马超校尉南安庞德，于鞬中出一头，繇见之而哭。德谢繇，繇曰："援虽我甥，乃国贼也，卿何谢之有！"南单于遂降。

（以上为第二段，写袁绍忧死，因其废长立幼，为袁氏兄弟相残伏笔。）

者与关中各位将领马腾等联合行动，马腾等暗中回应，郭援攻下一路所经过的城邑。河东郡官吏贾逵守卫绛县，郭援发动了凌厉的攻势，绛县城即将陷落，城中长老与郭援约定，不杀贾逵就归降，郭援答应了。郭援想要贾逵为部将，用武力胁迫他，贾逵不为所动，左右拉着贾逵让他叩头，贾逵斥责他们说："哪里有国家的官吏给贼匪叩头的！"郭援发怒，要杀死贾逵，有人就伏在贾逵身上来救护。绛县的官民听说郭援要杀贾逵，都登上城墙大喊："背信弃义杀掉我们贤明的君子，我们宁愿一起拼死！"于是郭援把贾逵关在壶关土窖中，用车轮盖住。贾逵对看守他的人说："难道这里没有好汉吗，而让义士死在地窖中？"有个叫祝公道的人，恰好听到贾逵的话，就在夜里前往，偷偷地领着贾逵出了土窖，砸开枷锁，放跑贾逵，没有说出自己的姓名。

曹操命令司隶校尉钟繇在平阳围攻南匈奴单于，还没有攻下，敌人的救兵就赶到了。钟繇派新丰县令冯翊人张既游说马腾，为他陈述利害。马腾犹豫不决。傅干对马腾说："古人说过这样一句话：'顺德者昌，逆德者亡。'曹公尊奉天子，诛除暴乱，法纪严谨，政治修明，上下听命，驱使胡人来侵扰中国，这就是逆德。如今将军已经侍奉有道的曹公，却怀有二心，想坐观成败；我担心成败有了结果后，曹公奉天子之命来追究你的罪过，将军就会第一个被诛杀啊！"马腾恐惧。傅干乘机进言说："有智慧的人能转祸为福。如今曹公与袁氏对峙，而高干、郭援合力攻击河东郡，曹公纵然有万全之计，也不能控制河东郡的局势不出现危险。将军如能率兵征讨郭援，内外夹击他，势必取胜。将军的这一举动，就切断了袁氏的一只手臂，解救了一方的危急，曹公一定会深深地感谢将军的德行，将军的功名将无与伦比。"马腾于是派儿子马超率兵一万多人与钟繇会合。

起初，围攻平阳的各位将领，认为郭援兵力强大，想解围离开平阳。钟繇说："袁氏力量正强，因此郭援到来，关中众将领暗中与郭援交通，他们没有全部背叛的原因，是考虑我的威名。如果解围离去就表明我们虚弱，这里的民众，谁都会成为我们的敌人，如果我们想再回来，能办得到吗？这就是还没有作战就已自败。况且郭援刚愎自用，一定会轻视我军，如果他要渡过汾水扎营，等他的部众还没有完全渡过汾水时出击，便可以取胜。"郭援来了，果然直接向前要渡过汾河，众人劝阻，他不听从。郭援部众渡河还不到一半，钟繇出击，把郭援打得大败。战斗停止后，众人都说郭援已死但未找到他的首级。郭援是钟繇的外甥。稍后，马超的司隶校尉南安人庞德，从装弓箭的袋中拿出一颗人头，钟繇看见便哭泣起来。庞德向钟繇表示歉意，钟繇说："郭援虽然是我的外甥，但他是叛贼，你有什么可道歉的！"南匈奴单于于是投降。

刘表使刘备北侵，至叶，曹操遣夏侯惇、于禁等拒之。备一旦烧屯去，惇等追之。裨将军巨鹿李典曰："贼无故退，疑必有伏。南道窄狭，草木深，不可追也。"惇等不听，使典留守而追之，果入伏里，兵大败。典往救之，备乃退。

曹操下书责孙权任子，权召群僚会议，张昭、秦松等犹豫不决。权引周瑜诣吴夫人前定议，瑜曰："昔楚国初封，不满百里之地。继嗣贤能，广土开境，遂据荆、扬，传业延祚，九百余年。今将军承父兄余资，兼六郡之众，兵精粮多，将士用命，铸山为铜，煮海为盐，境内富饶，人不思乱，有何逼迫而欲送质？质一人，不得不与曹氏相首尾，与相首尾，则命召不得不往，如此，便见制于人也。极不过一侯印，仆从十余人，车数乘，马数匹，岂与南面称孤同哉！不如勿遣，徐观其变。若曹氏能率义以正天下，将军事之未晚；若图为暴乱，彼自亡之不暇，焉能害人！"吴夫人曰："公瑾议是也。公瑾与伯符同年，小一月耳，我视之如子也，汝其兄事之。"遂不送质。

（以上为第三段，写孙权拒绝征质，与曹操分庭抗礼。）

八年（癸未，203 年）

春，二月，曹操攻黎阳，与袁谭、袁尚战于城下，谭、尚败走，还邺。夏，四月，操追至邺，收其麦；诸将欲乘胜遂攻之，郭嘉曰："袁绍爱此二子，莫适立也。今权力相侔，各有党与，急之则相保，缓之则争心生。不如南向荆州以待其变；变成而后击之，可一举定也。"操曰："善！"五月，操还许，留其将贾信屯黎阳。

谭谓尚曰："我铠甲不精，故前为曹操所败。今操军退，人怀归志，及其未济，出兵掩之，可令大溃，此策不可失也。"尚疑之，既不益兵，又不易甲。谭大怒，郭图、辛评因谓谭曰："使先公出将军为兄后者，皆审配之谋也。"谭遂引兵攻尚，战于门外。谭败，引兵还南皮。

别驾北海王修，率吏民自青州往救谭。谭欲更还攻尚，修曰："兄弟者，左右手也。譬人将斗而断其右手，曰'我必胜'，其可乎？夫弃兄弟而不亲，天下其谁亲之！彼谗人离间骨肉以求一朝之利，愿塞耳勿听也。若斩佞臣数人，复相亲睦，以御四方，可横行于天下。"谭不从。谭

刘表派刘备向北侵扰，到达叶县，曹操派夏侯惇、于禁等抵抗刘备。刘备忽然烧毁军营撤离，夏侯惇等追赶刘备。裨将军巨鹿人李典说：“贼敌无故退却，我疑心一定有埋伏。南边的道路狭窄，草木深密，不能追击。”夏侯惇等不听，让李典留守而自己率兵追赶，果然中了埋伏，军队惨败。李典前往救助。刘备才退去。

曹操给孙权发去公文要求孙权派儿子作为人质。孙权召集部属商量，张昭、秦松等犹豫不决。孙权招呼周瑜到自己母亲吴夫人跟前商议这件事，周瑜说：“从前楚国最初的封地，方圆不到一百里。后继的子孙贤明能干，拓展疆域，终于占据荆州、扬州，传承基业延续爵位，共九百多年。如今将军继承父兄的事业，拥有六郡的民众，兵精粮多，将士听命，开山采铜，煮海水制盐，境内富裕，人心安定，有什么力量能逼迫你而要送去人质？人质一旦送去，那就不得不跟随服从曹操鞍前马后，亦步亦趋，那时曹操再下令征召将军你就不能不去，这样一来，就要受人控制，最多不过得一侯印，仆从十几人，车几辆，马几匹，怎能跟南面称孤相比呢？不如不送人质，慢慢观察时局的变化。如果曹操能遵守道义来治理天下，将军再归顺他也不晚；如果图谋暴乱，他自保都来不及，又怎能害人呢？”吴夫人说：“周公瑾的话是正理，周公瑾和孙策同年，只小一个月，我把他看成自己的儿子，你要把他看作哥哥来尊敬。”于是孙权没有送人质。

汉献帝建安八年（癸未，203年）

春季，二月，曹操攻打黎阳，与袁谭、袁尚在黎阳城下作战，袁谭、袁尚战败逃跑，回到邺城。夏季，四月，曹操追击到邺城，收割了邺城周围的麦子；众将领要乘胜进攻邺城，郭嘉说：“袁绍爱这两个儿子，不知立谁最合适。如今两人权力相当，各有党羽，局势危急就会团结，情况缓和就会争斗。不如南向荆州攻打刘表，以等待他们自相残杀的变化，然后再攻击，可一举平定。”曹操说：“好！”五月，曹操返回许县，留下部将贾信驻守黎阳。

袁谭对袁尚说：“我军的铠甲不好，所以先前被曹操打败。如今曹操军队撤离，将士思归，等他们没有完全渡过黄河时，出动军队追杀他们，可使敌军全面溃散，这个良策不可失去。”袁尚怀疑袁谭的动机，既不给袁谭增兵，也不改换铠甲。袁谭大怒，郭图、辛评乘机对袁谭说：“让你已故的父亲把你过继给伯父，全是审配的谋划。”袁谭于是率兵攻击袁尚，在邺城门外大战，袁谭战败，率兵回到南皮县。

青州别驾北海人王修，率领吏民从青州去援助袁谭，袁谭想再回头去攻打袁尚，王修说：“兄弟好比是左右手。好比一个人将要去打斗却砍断自己的右手说：‘我一定能胜’，可以吗？抛开自家兄弟而不亲近，天下还有谁可亲近？那些说人坏话，离间别人的骨肉亲情来求得一时的益处，希望你堵住耳朵不要听。如果杀掉几个奸臣，

将刘询起兵漯阴以叛谭，诸城皆应之。谭叹曰：“今举州皆叛，岂孤之不德邪！”王修曰：“东莱太守管统，虽在海表，此人不反，必来。”后十余日，统果弃其妻子来赴谭，妻子为贼所杀。谭更以统为乐安太守。

秋，八月，操击刘表，军于西平。

袁尚自将攻袁谭，大破之，谭奔平原，婴城固守。尚围之急，谭遣辛评弟毗诣曹操请救。

刘表以书谏谭曰：“君子违难不适仇国，交绝不出恶声，况忘先人之仇，弃亲戚之好，而为万世之戒，遗同盟之耻哉！若冀州有不弟之傲，仁君当降志辱身，以济事为务，事定之后，使天下平其曲直，不亦为高义邪！”又与尚书曰：“金、木、水、火以刚柔相济，然后克得其和，能为民用。青州天性峭急，迷于曲直。仁君度数弘广，绰然有余，当以大包小，以优容劣，先除曹操以卒先公之恨，事定之后，乃议曲直之计，不亦善乎！若迷而不反，则胡夷将有讥诮之言，况我同盟，复能戮力为君之役哉！此韩卢、东郭自困于前而遗田父之获者也。”谭、尚皆不从。

辛毗至西平见曹操，致谭意，群下多以为刘表强，宜先平之，谭、尚不足忧也。荀攸曰：“天下方有事，而刘表坐保江、汉之间，其无四方之志可知矣。袁氏据四州之地，带甲数十万，绍以宽厚得众心；使二子和睦以守其成业，则天下之难未息也。今兄弟遘恶，其势不两全，若有所并则力专，力专则难图也；及其乱而取之，天下定矣，此时不可失也。”操从之。

后数日，操更欲先平荆州，使谭、尚自相敝，辛毗望操色，知有变，以语郭嘉。嘉白操，操谓毗曰：“谭必可信，尚必可克不？”毗对曰：“明公无问信与诈也，直当论其势耳。袁氏本兄弟相伐，非谓他人能间其间，乃谓天下可定于己也。今一旦求救于明公，此可知也。显甫见显思困而不能取，此力竭也。兵革败于外，谋臣诛于内，兄弟谗阋，国分为二，连年战伐，介胄生虮虱，加以旱蝗，饥馑并臻；天灾应于上，人事困于下，民无愚智，皆知土崩瓦解，此乃天亡尚之时也。今往攻邺，尚不还救，即不能自守；还救，即谭踵其后。以明公之威，应困穷之敌，击疲

兄弟重新相亲和睦，治理四方，就可以横行天下。”袁谭不听从。袁谭部将刘询在漯阴起兵背叛袁谭，各城都响应。袁谭叹息说：“现在整个州的人都反叛，难道是我没有德行吗？”王修说：“东莱太守管统，虽在海外，这个人不会反叛，一定会来。”十几天后，管统果真抛弃妻子儿女来追随袁谭，管统的妻儿却被叛贼杀掉。袁谭改任管统为乐安太守。

秋季，八月，曹操攻击刘表，在西平驻扎军队。

袁尚亲自率兵攻打袁谭，把袁谭打得大败，袁谭逃到平原，据城固守。袁尚围攻得很凶猛，袁谭派辛评的弟弟辛毗到曹操那里求救。

刘表写信劝导袁谭说：“君子遇难而不到仇国去，绝交而不用恶语伤人，更何况是丢掉先父的大仇，抛开兄弟亲情的友好，而要做出万世引以为戒，使同盟者都感到羞愧的事呢？如果袁尚有不尊重兄长的怠慢，你应当忍辱负重，以成就事业为要务，事成之后，让天下人评定你们的曲直是非，难道不也是高尚的道义吗？”刘表又写信给袁尚说：“金、木、水、火，以刚柔相济，才能使得它们和谐，被人使用。袁谭天性严格急躁，不辨是非曲直。你宽宏大量，容忍他绰绰有余，应当以大包小，以优容劣，先除掉曹操来了却你们先父的遗恨，事成之后，再来评定曲直是非，不是很好吗？如果迷途而不返，那么胡人、夷人就将有讥讽的言语，何况我们这些同盟者，还能努力为你效力吗？这正是良犬韩卢、狡兔东郭相互驱逐，两败俱伤，而让老农轻松捕获的原因。”袁谭、袁尚都听不进去。

辛毗到西平拜见曹操，向他传达袁谭的心意，曹操部属多数人认为刘表强盛，应该先平定他，袁谭、袁尚不值得担心。荀攸说：“天下正争斗激烈，而刘表坐保长江、汉水一带，可见他没有兼并天下的大志。袁氏占领四州之地，拥有几十万人马，袁绍因宽厚获得民心，假如他的两个儿子和睦相处来保护已有的基业，那么天下的祸乱难以平定了。如今他们兄弟结怨相争，势不两立，如果有一人被火并，那么他们的势力就合二为一，合二为一后就难对抗了，趁他们内乱而攻占他们，天下就能平定了，这样的时机不可丢失。”曹操接受了荀攸的建议。

几天后，曹操改变主意要先平定荆州，让袁谭、袁尚自相残杀，辛毗观察曹操的脸色，知道有变，就把这种情况告诉郭嘉。郭嘉报告曹操，曹操对辛毗说：“袁谭一定可以相信，袁尚一定能被打败吗？”辛毗回答说：“明公不要管他是诚信还是欺诈，只需直接来谈论当前的形势。袁氏本是兄弟相互攻击，并没有想到别人能离间他们来利用，只认为自己可以平定天下。”如今袁谭忽然向明公您求救，其走投无路的情况就可知了。袁尚看到袁谭陷入困境却不能攻取，这说明他已势衰力竭了。军队在外吃败仗，谋臣在内被诛杀，兄弟内乱，国分为二，连年攻战征伐，将士们的甲胄里长了虱子，加上旱灾蝗灾、饥荒一并发生；上有天灾相应，下有人祸困扰，

敝之寇，无异迅风之振秋叶矣。天以尚与明公，明公不取而伐荆州；荆州丰乐，国未有衅。仲虺有言，'取乱侮亡'。方今二袁不务远略而内相图，可谓乱矣；居者无食，行者无粮，可谓亡矣。朝不谋夕，民命靡继，而不绥之，欲待他年；他年或登，又自知亡而改修厥德，失所以用兵之要矣。今因其请救而抚之，利莫大焉。且四方之寇，莫大于河北，河北平，则六军盛而天下震矣。"操曰："善！"乃许谭平。

冬，十月，操至黎阳。尚闻操渡河，乃释平原还邺。尚将吕旷、高翔畔归曹操，谭复阴刻将军印以假旷、翔。操知谭诈，乃为子整聘谭女以安之，而引军还。

孙权西伐黄祖，破其舟军，惟城未克，而山寇复动。权还，过豫章，使征虏中郎将吕范平鄱阳、会稽，荡寇中郎将程普讨乐安，建昌都尉太史慈领海昏，以别部司马黄盖、韩当、周泰、吕蒙等守剧县令长，讨山越，悉平之。建安、汉兴、南平民作乱，聚众各万余人，权使南部都尉会稽贺齐进讨，皆平之，复立县邑，料出兵万人；拜齐平东校尉。

（以上为第四段，写袁氏兄弟相残，曹操渔人得利。孙权镇抚山越。）

九年（甲申，204年）

春，正月，曹操济河，遏淇水入白沟以通粮道。

二月，袁尚复攻袁谭于平原，留其将审配、苏由守邺。曹操进军至洹水，苏由欲为内应，谋泄，出奔操。操进至邺，为土山、地道以攻之。尚武安长尹楷屯毛城，以通上党粮道。夏，四月，操留曹洪攻邺，自将击楷，破之而还；又击尚将沮鹄于邯郸，拔之。

易阳令韩范、涉长梁岐皆举县降。徐晃言于操曰："二袁未破，诸城未下者倾耳而听，宜旌赏二县以示诸城。"操从之，范、岐皆赐爵关内侯。黑山贼帅张燕遣使求助，操拜平北将军。

百姓中无论是聪明的人还是傻瓜，都知道袁氏统治要土崩瓦解了，这是上天要灭亡袁尚的时候啊。如今明公去攻打邺城，袁尚不回军救助，邺城就不能自守；袁尚回军救援，袁谭尾追其后。凭借明公的威力，对付一个穷困的敌人，打击一个疲惫的贼寇，无异于疾风扫秋叶一样。上天把灭亡袁尚的机会送给了明公您，而明公您却不接受而去讨伐荆州；荆州年丰民乐，国家没有灭亡的兆头。仲虺说过：'敌人混乱就去攻取，敌人有灭亡的迹象就去欺负。'现今二袁不从长远着想而内部相互谋害，已是混乱了；居住的人没有食物，行路的人没有干粮，已是有灭亡的迹象了。朝不保夕，民不聊生，你不去安抚平定，想等待来年再去夺取，来年或许丰收，加上袁氏兄弟自己醒悟，认识到相斗要被灭亡而改正错误修养道德，这样就会失去用兵的最好机会。现今利用袁谭的请救而去安抚他，没有比这更有利了。何况四方的敌人，没有比占领黄河以北的袁氏更强大的了，平定了黄河以北，那么朝廷的军队就会更强大而使天下震动。"曹操说："好！"于是答应袁谭媾和请援的要求。

冬季，十月，曹操进兵到达黎阳。袁尚听说曹操渡过黄河，就解除对平原的包围回救邺城。袁尚部将吕旷、高翔叛变归降曹操，袁谭又暗中刻好将军的印章送给吕旷、高翔。曹操知道袁谭的诡计，就让儿子曹整娶袁谭的女儿，用来安抚袁谭，然后率领军队返回。

孙权向西讨伐黄祖，打败他的水军，只有城池没攻下，而这时山越人再次骚动。孙权回军，经过豫章郡，派征虏中郎将吕范平定鄱阳、会稽，派荡寇中郎将程普讨伐乐安，建昌都尉太史慈接管海昏县任代理县令，派出别部司马黄盖、韩当、周泰、吕蒙等兼任有山越人居住的县的县令、县长，讨伐山越，全部平定。建安、汉兴、南平三县的百姓反叛，各聚众一万多人，孙权派南部都尉会稽人贺齐进军征讨，又都一一平定，重建县城，从归降的叛民中挑选出士兵一万人；任命贺齐为平东校尉。

汉献帝建安九年（甲申，204 年）

春季，正月，曹操渡过黄河，筑堤坝导引淇水流入白沟，用来沟通运粮的水道。

二月，袁尚再次进兵平原攻打袁谭，留下部将审配、苏由驻守邺城。曹操进军到洹水，苏由准备作为内应，阴谋泄露，出城投奔曹操。曹操进军到邺城，堆土山、挖地道来攻打邺城。袁尚委任的武安县长尹楷驻守毛城，保护通向上党的运粮道路。夏季，四月，曹操留下曹洪攻击邺城，自己率兵攻打尹楷，获胜回师；又攻打留守邯郸的袁尚部将沮鹄，攻占了邯郸。

易阳县令韩范、涉县长梁岐都率领全县军民向曹操投降。徐晃进言曹操说："二袁尚未击败，那些没有被攻下城池的官吏们都在倾听投诚者的消息，应当表扬赏赐易阳、涉县这两个县的官吏，以此展示给其他县城的人看。"曹操采纳了这个意见。

五月，操毁土山、地道，凿堑围城，周回四十里，初令浅，示若可越。配望见，笑之，不出争利。操一夜浚之，广深二丈，引漳水以灌之，城中饿死者过半。

秋，七月，尚将兵万余人还救邺；未到，欲令审配知外动止，先使主簿巨鹿李孚入城。孚斫问事杖，系著马边，自著平上帻，将三骑，投暮诣邺下；自称都督，历北围，循表而东，步步呵责守围将士，随轻重行其罚。遂历操营前，至南围，当章门，复责怒守围者，收缚之。因开其围，驰到城下，呼城上人，城上人以绳引，孚得入。配等见孚，悲喜，鼓噪称万岁。守围者以状闻，操笑曰："此非徒得入也，方且复出。"孚知外围益急，不可复冒，乃请配悉出城中老弱以省谷，夜，简别数千人，皆使持白幡，从三门并出降。孚复将三骑作降人服，随辈夜出，突围得去。

尚兵既至，诸将皆以为："此归师，人自为战，不如避之。"操曰："尚从大道来，当避之；若循西山来者，此成禽耳。"尚果循西山来，东至阳平亭，去邺十七里，临滏水为营。夜，举火以示城中，城中亦举火相应。配出兵城北，欲与尚对决围。操逆击之，败还，尚亦破走，依曲漳为营，操遂围之。未合，尚惧，遣使求降；操不听，围之益急。尚夜遁，保祁山，操复进围之；尚将马延、张颉等，临陈降，众大溃，尚奔中山。尽收其辎重，得尚印绶、节钺及衣物，以示城中，城中崩沮。审配令士卒曰："坚守死战！操军疲矣，幽州方至，何忧无主！"操出行围，配伏弩射之，几中。

配兄子荣为东门校尉，八月，戊寅，荣夜开门内操兵。配拒战城中，操兵生获之。辛评家系邺狱，辛毗驰往，欲解之，已悉为配所杀。操兵缚配诣帐下，毗逆以马鞭击其头，骂之曰："奴，汝今日真死矣！"配顾

韩范、梁岐都被赐爵关内侯。黑山军首领张燕派使者请求曹操派兵资助，曹操任命张燕为平北将军。

五月，曹操拆除土山、地道，挖壕沟围邺城，周长达四十里，壕沟开始挖得很浅，看起来好像可以飞身越过。审配远远看到，讥笑不已，不出兵阻拦。曹军乘夜加紧挖掘，在一夜之间将壕沟扩展挖成深宽各两丈的大壕堑，引来漳水灌满，结果城中饿死的人超过了一半。

秋季，七月，袁尚率领士兵一万多人回救邺城，他还没到达，想让审配知道城外的动静，先派主簿巨鹿人李孚进城，李孚就砍下树枝作为鞭打士兵的刑杖，绑在马身边，自己头上戴着武官的头巾，率领三名骑士，黄昏时来到邺城城下；他自称是都督，巡视北边的围城阵地，沿着城墙上的标志向东走，不断呵斥守围的将士，根据所犯过失的轻重予以惩罚。于是路过曹操的军营前，到达南边的围城阵地，巡视到章门，又呵斥守围的将士，把他们捆绑起来。然后乘机打开阵前的围栏，飞奔到城下，向城上守卫的士兵呼唤，城上的士兵用绳子把他们吊上去，李孚等得以进城。审配等见到李孚，悲喜交加，击鼓欢迎，高呼万岁。围困邺城阵地的将士向曹操报告李孚进城的情况，曹操笑着说："这些人不仅能够进城，而且正要出来。"李孚也知道外面包围得更加严实，不能再冒充曹军，就请审配放出全城的老弱病残，以便节约粮食，夜里，挑出几千人，让他们都手拿白旗，从三个城门一起出来投降。李孚还率领原来的三名骑士，身上穿着和其他投降的人一样的衣服，混在这些人中乘夜出城，突围而去。

袁尚的军队已到达邺城，曹营的各位将领都认为："这是回救的军队，人人都独自奋力作战，不如回避他们。"曹操说："袁尚从大路来，应当避开他；如果是沿着西山而来，这就要成为我们的俘虏了。"袁尚果然沿着西山来，东进到阳平亭，离邺城十七里，临滏水扎营。夜里，袁尚军燃起火堆，告诉城中守军，城中守军也点火回应。审配等从城北出兵，想和袁尚夹击突围。曹操迎击袁军，审配战败退还城中，袁尚也战败逃跑，沿着曲折的漳水扎营，曹操于是包围袁尚。还没有合围，袁尚恐慌，派使者求降；曹操不许，围攻得更紧。袁尚乘夜逃跑，守护祁山，曹操又进军包围袁尚；袁尚部将马延、张颉等临阵投降，袁尚全军溃散，逃奔中山。曹军收缴了袁军的全部辎重，获得袁尚的印绶、符节、斧钺以及衣物，用它向邺城守军展示，城中守军斗志崩溃。审配命令士兵们说："坚守死战！曹军已经疲惫，袁熙就要到了，何必担心没有主人！"曹操巡视围城的阵地，审配埋伏强弩射他，差点命中。

审配哥哥的儿子审荣任东门校尉，八月初二日戊寅，夜里审荣打开城门放曹操的军队进城。审配在城中抵抗，曹军活捉了审配。辛评一家被关在邺城监狱，辛毗奔驰前往，想救出他们，但已被审配全部杀光。曹操的士兵捆着审配押到曹操的大

曰："狗辈，正由汝曹，破我冀州，恨不得杀汝也；且汝今日能杀生我邪！"有顷，操引见，谓配曰："曩日孤之行围，何弩之多也！"配曰："犹恨其少！"操曰："卿忠于袁氏，亦自不得不尔。"意欲活之。配意气壮烈，终无桡辞，而辛毗等号哭不已，遂斩之。冀州人张子谦先降，素与配不善，笑谓配曰："正南，卿竟何如我？"配厉声曰："汝为降虏，审配为忠臣，虽死，岂羡汝生邪！"临行刑，叱持兵者令北向，曰："我君在北也。"操乃临祀绍墓，哭之流涕；慰劳绍妻，还其家人宝物，赐杂缯絮，禀食之。

初，袁绍与操共起兵，绍问操曰："若事不辑，则方面何所可据？"操曰："足下意以为何如？"绍曰："吾南据河，北阻燕、代，兼戎狄之众，南向以争天下，庶可以济乎？"操曰："吾任天下之智力，以道御之，无所不可。"

九月，诏以操领冀州牧，操让还兖州。

（以上为第五段，写曹操大败袁尚，攻克冀州。）

初，袁尚遣从事安平牵招至上党督军粮，未还，尚走中山，招说高干以并州迎尚，并力观变，干不从。招乃东诣曹操，操复以为冀州从事；又辟崔琰为别驾，操谓琰曰："昨按户籍，可得三十万众，故为大州也。"琰对曰："今九州幅裂，二袁兄弟亲寻干戈，冀方蒸庶，暴骨原野，未闻王师存问风俗，救其涂炭，而校计甲兵，唯此为先，斯岂鄙州士女所望于明公哉！"操改容谢之。

许攸恃功骄嫚，尝于众坐呼操小字曰："某甲，卿非我，不得冀州也！"操笑曰："汝言是也。"然内不乐。后竟杀之。

冬，十月，有星孛于东井。

高干以并州降，操复以干为并州刺史。

曹操之围邺也，袁谭复背之，略取甘陵、安平、勃海、河间。攻袁尚于中山，尚败，走故安，从袁熙；谭悉收其众，还屯龙凑。操与谭书，责以负约，与之绝婚，女还，然后进讨。十二月，操军其门，谭拔平原，

帐下，辛毗迎面用马鞭抽打审配的脑袋，大骂审配说：“奴才，你今天死定了！”审配回头对他说：“狗东西，正是你们这帮家伙，毁我冀州，恨不得杀死你；再说今天你有权力让我死还是让我活吗？”过了一会儿，曹操引见，对审配说：“前些天我巡视围城阵地时，怎么有那么多弓弩？”审配说：“我还恨太少了！”曹操说：“你忠诚于袁氏，也是身不由己吧。”曹操有意想给审配一条活路。审配意气壮烈，始终没有说一句求饶的话，而辛毗等人则号哭不止，曹操只好杀死审配。冀州人张子谦先归降了曹操，一向与审配不和，笑着对审配说：“审正南，你跟我比究竟怎么样？”审配厉声道：“你是叛徒，我是忠臣，我愿意赴死，难道还羡慕你苟活偷生？”临刑时，呵斥刽子手让自己面向北边，说：“我的君主在北面。”曹操亲临袁绍墓前祭祀，痛哭流涕；慰问袁绍的妻子，退回袁绍家里的财宝，赏给彩色的绸缎丝绵，并供给粮食。

起初，袁绍和曹操共同起兵，袁绍问曹操：“如果维护汉室没能成功，那么应当占领哪一个地方呢？”曹操说：“您的意思如何？”袁绍说：“我南据黄河，北倚燕、代，招集北方戎狄的民众，向南面争夺天下，大概可以成功吧！”曹操说：“我使用天下的智谋和力量，用道义来控制他们，无论在什么地方都可以。”

九月，下诏任命曹操兼职冀州牧；曹操辞去兖州牧职务。

起初，袁尚派从事安平人牵招到上党督办军粮，还没有回来，袁尚逃到中山，牵招劝说高干依靠并州迎接袁尚，合力观察时局的变化，高干不从。牵招就东走去投奔曹操，曹操任命牵招为冀州从事；又征辟崔琰为别驾。曹操对崔琰说：“昨天我查阅了户籍，可以获得三十万人，所以冀州是一个大州。”崔琰回答说：“如今九州分裂，二袁兄弟同室操戈，冀州百姓，尸骨遍野，没有听到天子的军队询问民间风俗，救民于水火之中，却去计算丁壮数目，唯独把它放在首位，这哪里是我冀州百姓对明公的期望呢？”曹操立即改变脸色向崔琰道歉。

许攸恃功骄傲自大，曾经在很多人在座的场合直呼曹操的小名：“阿瞒，你不是靠我，不能得到冀州！”曹操笑道：“你说得对。”可是心里不高兴，后来终于杀了他。

冬季，十月，有孛星出现在东井星区。

高干投降曹操，交出并州，曹操仍任命高干为并州刺史。

曹操围攻邺城的时候，袁谭再次叛离曹操，攻略甘陵、安平、勃海、河间。袁谭又到中山攻击袁尚，袁尚战败，逃到故安，跟从袁熙；袁谭全部收编了袁尚的残部，回军驻守龙凑。曹操写信给袁谭，责备他违约，与他断绝婚姻，让女儿回家，

走保南皮，临清河而屯。操入平原，略定诸县。

曹操表公孙度为武威将军，封永宁乡侯。度曰："我王辽东，何永宁也！"藏印绶于武库。是岁，度卒，子康嗣位，以永宁乡侯封其弟恭。

操以牵招尝为袁氏领乌桓，遣诣柳城，抚慰乌桓。值峭王严五千骑欲助袁谭，又，公孙康遣使韩忠假峭王单于印绶。峭王大会群长，忠亦在坐。峭王问招："昔袁公言受天子之命，假我为单于；今曹公复言当更白天子，假我真单于；辽东复持印绶来。如此，谁当为正？"招答曰："昔袁公承制，得有所拜假；中间违错天子命，曹公代之，言当白天子，更假真单于；辽东下郡，何得擅称拜假也！"忠曰："我辽东在沧海之东，拥兵百余万，又有扶余、涉貊之用，当今之势，强者为右，曹操何得独为是也！"招呵忠曰："曹公允恭明哲，翼戴天子，伐叛柔服，宁静四海。汝君臣顽嚚，今恃险远，背违王命，欲擅拜假，侮弄神器；方当屠戮，何敢慢易咎毁大人！"便捉忠头顿筑，拔刀欲斩之。峭王惊怖，徒跣抱招，以救请忠，左右失色。招乃还坐，为峭王等说成败之效，祸福所归；皆下席跪伏，敬受敕教，便辞辽东之使，罢所严骑。

（以上为第六段，写牵招奉使安辑乌桓，不辱朝命。）

丹阳大都督妫览、郡丞戴员杀太守孙翊。将军孙河屯京城，驰赴宛陵，览、员复杀之；遣人迎扬州刺史刘馥，令住历阳，以丹阳应之。

览入居军府中，欲逼取翊妻徐氏。徐氏绐之曰："乞须晦日，设祭除服，然后听命。"览许之。徐氏潜使所亲语翊亲近旧将孙高、傅婴等与共图览，高、婴涕泣许诺，密呼翊时侍养者二十余人与盟誓合谋。到晦日，设祭。徐氏哭泣尽哀，毕，乃除服，薰香沐浴，言笑欢悦。大小凄怆，怪其如此。览密觇，无复疑意。徐氏呼高、婴置户内，使人召览入。徐氏出户拜览，适得一拜，徐大呼："二君可起！"高、婴俱出，共杀览，余人即就外杀员。徐氏乃还缞绖，奉览、员首以祭翊墓，举军震骇。

然后进军讨伐。十二月，曹操进军驻屯在其门。袁谭攻下平原，退守南皮县，兵临清河驻守。曹操攻下平原，平定周围的几个县。

曹操上表推荐公孙度为武威将军，册封为永宁乡侯。公孙度说：“我在辽东称王，哪来什么永宁乡侯！”把印绶藏进武器库里。这一年，公孙度死去，儿子公孙康继位，就把永宁乡侯册封给他的弟弟公孙恭。

曹操因为牵招曾替袁氏管理过乌桓的事务，就派他到柳城，安抚乌桓。正碰上乌桓峭王整装了五千骑兵，准备资助袁谭。另外，公孙康派使者韩忠送给峭王单于印绶。峭王正与所有部落酋长会议，韩忠也在座。峭王问牵招：“从前袁绍说受天子之命，封我为单于；如今曹公又说还要上奏天子，封我真单于；辽东又派使者送印绶来。这样，哪一个的任命才是正统呢？”牵招回答说：“从前袁公能代表天子的旨意任官封爵；中间袁公违逆了天子的旨意，由曹公取代他，因而曹公说要再次奏报天子，册封你为真单于；辽东只是朝廷属下的一个郡，怎么能有权任官封爵呢？”韩忠说：“我辽东在沧海之东，有兵一百多万，又有夫余、濊貊人为我所用，当今的局势是强者为尊，曹操怎么能专擅此事呢？”牵招呵斥韩忠说：“曹公诚信、谦恭、开明、睿智，辅佐拥护天子，征伐叛逆的人，安抚顺从的人，安定四海。你们君臣奸诈凶顽，如今倚仗险要僻远，违反王命，想擅权任官封爵，亵渎神器，正当诛除格杀，怎敢诬蔑诋毁曹公大人！”就抓住韩忠的头往地上磕，抽出刀来要杀他。峭王惊惧，打着赤脚跑过来抱住牵招，护救韩忠，周围的人大惊变了脸色。牵招才回到座位上，向峭王等诉说成败得失，祸福的结局；于是满座离开席位，跪拜在地，敬受天子之命，就拒绝了辽东的使者，解除了整装待发的骑兵。

丹阳郡的大都督妫览、郡丞戴员杀了太守孙翊。将军孙河驻守京城，闻讯后驰赴宛陵，妫览、戴员又杀了孙河；妫览、戴员派人迎请扬州刺史刘馥，让刘馥居留在历阳，妫览、戴员则留在丹阳与刘馥呼应。

妫览住进太守的军府中，想强逼孙翊的妻子徐氏嫁给他。徐氏骗他说：“请您等到月底让我祭奠丈夫脱去丧服后，然后再做决定。”妫览同意了。徐氏暗中派亲信告知孙翊亲近的旧将孙高、傅婴等和她一起策划除去妫览，孙高、傅婴流着眼泪答应了，两人秘密找来孙翊生前优厚供养的二十多名侍从，一起盟誓合谋。到了月底，设礼祭祀。徐氏痛哭，表达哀思，祭奠结束，就脱去丧服，熏香沐浴，谈笑欢快。府中大小莫不悲痛，都对徐氏的这般举止感到惊讶。妫览也偷偷察看，不再疑虑。徐氏呼唤孙高、傅婴潜伏在房里，派人请妫览进来。徐氏出门拜见妫览，只拜了一拜，徐氏就大声呼喊：“两位可以动手！”孙高、傅婴一齐奔出，合力杀掉妫览，其余的人立刻到外面杀死戴员。徐氏于是重新穿上丧服，捧着妫览、戴员的首级，到

孙权闻乱，从椒丘还。至丹阳，悉族诛览、员余党，擢高、婴为牙门，其余赏赐有差。

河子韶，年十七，收河余众屯京城。权引军归吴，夜至京城下营，试攻惊之；兵皆乘城，传檄备警，讙声动地，颇射外人。权使晓喻，乃止。明日见韶，拜承烈校尉，统河部曲。

（以上为第七段，写孙权整顿江东内乱。）

十年（乙酉，205 年）

春，正月，曹操攻南皮，袁谭出战，士卒多死。操欲缓之，议郎曹纯曰："今县师深入，难以持久，若进不能克，退必丧威。"乃自执桴鼓以率攻者，遂克之。谭出走，追斩之。

李孚自称冀州主簿，求见操曰："今城中强弱相陵，人心扰乱，以为宜令新降为内所识信者宣传明教。"操即使孚往入城，告谕吏民，使各安故业，不得相侵，城中乃安。操于是斩郭图等及其妻子。

袁谭使王修运粮于乐安，闻谭急，将所领兵往赴之，至高密，闻谭死，下马号哭曰："无君焉归！"遂诣曹操，乞收葬谭尸，操许之，复使修还乐安，督军粮。谭所部诸城皆服，唯乐安太守管统不下。操命修取统首，修以统亡国忠臣，解其缚，使诣操，操悦而赦之，辟修为司空掾。

郭嘉说操多辟青、冀、幽、并名士以为掾属，使人心归附，操从之。官渡之战，袁绍使陈琳为檄书，数操罪恶，连及家世，极其丑诋。及袁氏败，琳归操，操曰："卿昔为本初移书，但可罪状孤身，何乃上及父祖邪！"琳谢罪，操释之，使与陈留阮瑀俱管记室。

先是渔阳王松据涿郡，郡人刘放说松以地归操，操辟放参司空军事。

袁熙为其将焦触、张南所攻，与尚俱奔辽西乌桓。触自号幽州刺史，驱率诸郡太守令长，背袁向曹，陈兵数万，杀白马而盟，令曰："敢违者

孙翊的墓前祭奠，全军为之惊骇。

孙权听到叛乱，从椒丘回军，到了丹阳，把妫览、戴员的余党全部灭族，提拔孙高、傅婴为牙门将，其余的按照不同的等级加以赏赐。

孙河的儿子孙韶，才十七岁，收集孙河的余部驻守京城。孙权率军返回吴郡，夜里到京城的城下扎营，派出军队伪装攻击孙韶，试探孙韶是否惊惧。结果孙韶的士兵都登上城墙，传达军令，严密守备，杀声动地，向城外射击，箭如雨下。孙权派人告喻守军，才停止了攻击。第二天孙权召见孙韶，任命他为承烈校尉，率领孙河的部众。

汉献帝建安十年（乙酉，205 年）

春季，正月，曹操进攻南皮，袁谭出城迎击，曹军士兵伤亡很多。曹操想暂缓攻打，议郎曹纯说："现在孤军深入，难以持久，如果进攻不能得胜，撤退一定会损伤军威。"曹操于是亲自拿起鼓槌击鼓，以此作为进攻将士的榜样，终于攻下南皮。袁谭出城逃跑，被曹军追杀。

李孚自称冀州主簿，求见曹操说："如今城中强弱相残，人心动乱，我建议应派出刚刚归降的，又能让城中人认识和信服的人来传达英明的教令。"曹操当即派李孚进城，告示官民，安居乐业，不得相互侵犯，城中才安定下来。曹操这时杀掉了郭图等人及其妻子儿女。

袁谭派王修到乐安运送军粮，王修听到袁谭危急，率领所统帅的部众奔赴救援，到达高密，听到袁谭的死讯，下马痛哭道："没有您，我将投奔哪里？"就去拜见曹操，请求收葬袁谭的尸体，曹操答应了，重新委派王修回乐安，督运军粮。袁谭所属的各城全都降服，只有乐安太守管统不肯。曹操命令王修去擒拿管统，王修认为管统是亡国的忠臣，就松了绑，送管统去见曹操，曹操很高兴，赦免了管统，还举荐王修为司空掾。

郭嘉劝曹操多征召青、冀、幽、并四州的名士委任为属官，使人心归附，曹操采用了这一建议。官渡之战时，袁绍命陈琳写征讨曹操的檄文，历数曹操的罪恶，上连曹操的家世，极尽丑化诽谤。等到袁绍战败，陈琳归降曹操，曹操说："你先前为袁绍作檄书，只能数落我的罪状，怎么能往上牵连到我的父亲和祖父呢？"陈琳谢罪，曹操赦免了陈琳，还让他和陈留人阮瑀一起管掌记室之职。

早先渔阳人王松占据了涿郡，郡中人刘放劝说王松举郡归降曹操，曹操任命刘放为参司空军事。

袁熙被自己的部将焦触、张南打败，和袁尚一起逃到辽西郡的乌桓部落。焦触自称幽州刺史，威逼各郡太守，各县的县令、县长叛离袁氏归向曹操，陈兵几万人，

斩！”众莫敢仰视，各以次歃。别驾代郡韩珩曰：“吾受袁公父子厚恩，今其破亡，智不能救，勇不能死，于义阙矣；若乃北面曹氏，所不能为也。”一坐为珩失色。触曰：“夫举大事，当立大义，事之济否，不待一人，可卒珩志，以厉事君。”乃舍之。触等遂降曹操，皆封为列侯。

夏，四月，黑山贼帅张燕率其众十余万降，封安国亭侯。

故安赵犊、霍奴等杀幽州刺史及涿郡太守，三郡乌桓攻鲜于辅于犷平。秋，八月，操讨犊等，斩之，乃渡潞水救犷平，乌桓走出塞。

（以上为第八段，写曹操灭袁谭，河北悉平。）

冬，十月，高干闻操讨乌桓，复以并州叛，执上党太守，举兵守壶关口。操遣其将乐进、李典击之。河内张晟，众万余人，寇崤、渑间，弘农张琰起兵以应之。

河东太守王邑被征，郡掾卫固及中郎将范先等诣司隶校尉钟繇，请留之。繇不许。固等外以请邑为名，而内实与高干通谋。曹操谓荀彧曰：“关西诸将，外服内贰，张晟寇乱殽、渑，南通刘表，固等因之，将为深害。当今河东，天下之要地也，君为我举贤才以镇之。”彧曰：“西平太守京兆杜畿，勇足以当难，智足以应变。”操乃以畿为河东太守。钟繇促王邑交符，邑佩印绶，径从河北诣许自归。

卫固等使兵数千人绝陕津，杜畿至，数月不得渡。操遣夏侯惇讨固等，未至，畿曰：“河东有三万户，非皆欲为乱也。今兵迫之急，欲为善者无主，必惧而听于固。固等势专，讨之不胜，为难未已；讨之而胜，是残一郡之民也。且固等未显绝王命，外以请故君为名，必不害新君，吾单车直往，出其不意，固为人多计而无断，必伪受吾，吾得居郡一月，以计縻之，足矣。”遂诡道从郖津渡。

范先欲杀畿以威众，且观畿去就，于门下斩杀主簿以下三十余人，畿举动自若。于是固曰：“杀之无损，徒有恶名，且制之在我。”遂奉之。畿谓固、先曰：“卫、范，河东之望也，吾仰成而已。然君臣有定义，成败同之，大事当共平议。”以固为都督，行丞事，领功曹；将校吏兵三千

杀白马盟誓，发出命令说："有敢违抗的人就杀掉他们。"众人没有谁敢仰视的，各人按顺序歃血盟誓。别驾代郡人韩珩说："我蒙受袁公父子的厚恩，如今他们已经失败，我的智慧不能救援，我的勇气不能殉死，节义已经丧失；但是北向臣服曹氏，恐怕我也做不到。"满座的人担心韩珩而惊恐失色。焦触说："大凡做大事情，应当建立大义，事情的成败，不在乎一个人，可以成全韩珩的志向，以勉励侍奉君主的人。"于是放走了韩珩。焦触等人投降曹操，都被册封为列侯。

夏季，四月，黑山贼首领张燕率领部众十几万人投降，被册封为安国亭侯。

故安人赵犊、霍奴等杀死幽州刺史和涿郡太守，三个郡的乌桓部族在犷平攻击鲜于辅。秋季，八月，曹操征讨赵犊等人，斩杀了这些人，乘胜渡过潞水救援犷平，乌桓部众逃往塞外。

冬季，十月，高干得知曹操征讨乌桓，重新据守并州叛乱，逮捕了上党郡太守，率兵把守壶关口。曹操派部将乐进、李典进攻高干。河内人张晟聚众一万多人，侵扰崤山、渑池一带，弘农人张琰起兵与张晟呼应。

河东郡太守王邑受到征召，郡掾卫固和中郎将范先等拜见司隶校尉钟繇，请求王邑留任。钟繇不允许。卫固等表面上请求王邑留任，只是一个借口，而内心却要与高干通谋。曹操对荀彧说："关西的各位将领，外表服从却内怀二心，张晟抢掠崤山、渑池一带，南与刘表勾结，卫固等趁机反叛，会成为大祸害。当今河东是天下的冲要重地，你为我推举一名贤才来镇守。"荀彧说："西平太守京兆人杜畿，他的勇敢足以承担危难，他的智慧完全可以应付事变。"曹操就任命杜畿为河东太守。钟繇催促王邑交出郡守符节，王邑佩戴着印绶，直接从河北县回到许县，向朝廷交割。

卫固等派兵几千人切断黄河上的陕津渡口，杜畿到达，几个月无法渡过黄河。曹操派夏侯惇讨伐卫固等，夏侯惇还没到达，杜畿说："河东有三万户人民，并不想叛乱。只是现今被叛兵逼得太紧，想从善的人没有领头的，一定会恐惧而屈从卫固，这样卫固等人就势大而团结，如果讨伐他不能获胜，酿成的祸乱就不会停止；如果讨伐他取得胜利，这就要残害一郡的人民。况且卫固等还没有公开拒绝王命，表面上是以请求留任原太守为名，必然不会杀害新太守，我单车直入，出其不意，加之卫固为人计谋多但无决断力，一定假意接受我，我能在郡中留住一个月，用计笼络他就行了。"于是杜畿另外走捷径从郖津渡过了黄河。

范先想杀掉杜畿来威镇部众，就暂且观察杜畿的去留，便在郡府门前杀死主簿以下三十多人，杜畿行动和往常一样，于是卫固说："杀了杜畿没有什么用处，只能留下坏名声；况且他还掌握在我们的手里。"就奉杜畿为太守。杜畿对卫固、范先说："卫家、范家是河东的望族，我得依仗你们才能办成事情。然而君臣上下要有确

余人，皆范先督之。固等喜，虽阳事畿，不以为意。固欲大发兵，畿患之，说固曰：“今大发兵，众情必扰，不如徐以赀募兵。”固以为然，从之，得兵甚少。畿又喻固等曰：“人情顾家，诸将掾史，可分遣休息，急缓召之不难。”固等恶逆众心，又从之。于是善人在外，阴为己援；恶人分散，各还其家。

会白骑攻东垣，高干入濩泽。畿知诸县附己，乃出，单将数十骑，赴坚壁而守之，吏民多举城助畿者，比数十日，得四千余人。固等与高干、张晟共攻畿，不下，略诸县，无所得。曹操使议郎张既西征关中诸将马腾等，皆引兵会击晟等，破之，斩固、琰等首，其余党与皆赦之。

于是杜畿治河东，务崇宽惠。民有辞讼，畿为陈义理，遣归谛思之，父老皆自相责怒，不敢讼；劝耕桑，课畜牧，百姓家家丰实；然后兴学校，举孝弟，修戎事，讲武备，河东遂安。畿在河东十六年，常为天下最。

（以上为第九段，写高干据并州叛，曹操委派杜畿守河东。）

秘书监、侍中荀悦作《申鉴》五篇，奏之。悦，爽之兄子也。时政在曹氏，天子恭己，悦志在献替，而谋无所用，故作是书。其大略曰：“为政之术，先屏四患，乃崇五政。伪乱俗，私坏法，放越轨，奢败制：四者不除，则政末由行矣，是谓四患。兴农桑以养其生，审好恶以正其俗，宣文教以章其化，立武备以秉其威，明赏罚以统其法，是谓五政。人不畏死，不可惧以罪；人不乐生，不可劝以善。故在上者，先丰民财以定其志，是谓养生。善恶要乎功罪，毁誉效于准验，听言责事，举名察实，无或诈伪以荡众心。故俗无奸怪，民无淫风，是谓正俗。荣辱者，赏罚之精华也，故礼教荣辱以加君子，化其情也；桎梏鞭扑以加小人，化其形也。若教化之废，推中人而坠于小人之域，教化之行，引中人而纳于君子之涂，是谓章化。在上者必有武备以戒不虞，安居则寄之内政，有事则用之军旅，是谓秉威。赏罚，政之柄也。人主不妄赏，非爱其财也，赏妄行，则善不劝矣；不妄罚，非矜其人也，罚妄行，则恶不惩矣。

定的名分，因为成败是绑在一起的，郡中大事应当共同商量。”杜畿任命卫固为都督，署理郡丞事务，兼任功曹；将校官兵三千多人，都由范先统领。卫固等人十分高兴，虽然表面上侍奉杜畿，实际没把杜畿放在眼里。卫固想大量征兵，杜畿为此担忧，劝卫固说：“如今大肆征兵，必然会骚动民心，不如慢慢地用钱来招募士兵。”卫固认为对就同意了，但招募得到的士兵却很少。杜畿又告喻卫固等人说：“人情爱家，各位将领和属官，可以轮流回家休息，有急事再召他们不难。”卫固等人害怕违反众人的心愿，又同意了。于是善良的人大多留下在外值勤，这些人暗中成为杜畿自己的帮手，性恶凶狠的人大多分散，各自回到自己的家中。

恰巧黑山军张白骑攻打东垣，高干进入濩泽。杜畿知道河东所属各县依附自己，于是出城，只带领几十名骑兵，奔赴坚固的壁垒而据守，官民们纷纷举城援助杜畿，过了几十天，得到四千多人。卫固等和高干、张晟一起攻击杜畿，不能攻克；侵扰各县城，也没有什么收获。曹操派议郎张既向西征召关中众将领马腾等，带兵来会合攻击张晟等，联军取得了大胜，斩了卫固、张琰等的脑袋，其余的党羽全都被赦免。

于是杜畿治理河东，努力推行宽厚仁惠的政治。百姓有来打官司的，杜畿为他们陈述道义事理，让他们回去仔细思量，乡亲父老都各自责备自己，不敢去告状。杜畿鼓励农耕蚕桑，教导人民畜牧，百姓家家富裕。然后兴办学校，举荐孝弟，整治军务，讲习武事，河东郡终于平安。杜畿在河东郡任职十六年，政绩总是天下之最。

秘书监、侍中荀悦撰写了《申鉴》五篇，奏报天子。荀悦是荀爽哥哥的儿子。当时大权掌握在曹操手中，天子只是向南面端坐罢了，荀悦立志向君主进献宜兴宜革的诤言，但他的智谋无处施展，所以撰写此书。该书的大要说：“治理政治的方法，首先是摒弃四患，然后才能推行五政。以虚伪干扰风俗，以营私毁坏法纪，以放纵僭越正轨，以奢靡破坏制度，这是乱政的四大积弊，如果不把它摒弃，那么就无法推行政治，这叫四患。振兴农桑用来养育芸芸众生，明辨好恶用来端正民间风俗，宣扬文教用来昭明社会德化，建立武备用来维护天子威严，赏罚分明用来统一朝廷法令，这叫五政。人不怕死，不可能用惩罚来使他恐惧；人不乐生，不可能用从善来勉励他。所以在上位的统治者，要先使人民的财物丰富，用以安定民心，这就叫养活芸芸众生。是善是恶要以功以罪来衡量，是毁是誉要用实效来查验。言行一致，名副其实，没有虚伪欺诈来迷乱民心。因此世俗没有奸诈怪异，百姓没有靡乱淫风，这就叫端正民间风俗。荣誉与耻辱是赏罚的重心，所以用礼教荣辱来管理君子，感化他的性情；用枷锁和鞭打来管理小人，规范他的行为。如果教化遭到毁

赏不劝，谓之止善，罚不惩，谓之纵恶。在上者能不止下为善，不纵下为恶，则国法立矣。是谓统法。四患既独，五政又立，行之以诚，守之以固，简而不怠；疏而不失，垂拱揖让，而海内平矣。”

（以上为第十段，摘载荀悦所作《申鉴》有关政体和时事的内容，委婉地表达自己的政治主张，用以讥刺曹操的专权。）

弃，就是把中间的人推向陷入小人之中；如果教化实行，就是把中间的人引导走向君子的道路，这就叫昭明社会德化。在上位的统治者一定要有武备，用以预防意外，安宁时用于内政，战乱时用于军事，这就叫维护天子的威严。赏罚是政治的根本。君主不滥赏，并不是爱惜钱财，因为如果滥赏，那么善行就得不到奖励；君主不乱罚，并不是怜悯恶人，因为乱罚，那么恶行就得不到惩罚。赏赐不能产生鼓励作用，就是阻止行善，刑罚不能产生惩罚作用，就是纵容作恶。在上位的统治者能够不阻止下面行善，不纵容下面作恶，那么国法就确立了，这就叫统一朝廷法令。四患得到摒除，五政得到建立，就要诚心实施，坚持固守，简要但不松懈，疏阔但不遗漏，无为而治，天下就太平了。”

【点评】

本卷点评三事：一是袁氏兄弟相残；二是益州赵韪反叛刘璋；三是荀悦作《申鉴》。

一、袁氏兄弟相残。袁绍生年，史无明载，但从他二十弱冠为濮阳长，随后守丧六年，归隐洛阳，举为大将军掾的事迹推断，官渡之战时袁绍四十二三岁，略与曹操相当，依相关材料推定，约生于公元158年，官渡败北，正步入不惑的盛壮之年。可是官渡之战后只两年，袁绍就吐血而死。说明官渡失败，注定了袁绍政治上的彻底覆灭。袁绍虽死，而祸犹未已。袁谭、袁尚兄弟不睦，互相攻杀，给曹操分化瓦解、逐个击破提供了可乘之机。

袁绍有三个儿子，依次为谭、尚、熙，外甥高干。绍留次子在身边，却把其他几个放在外任，各据一州。长子袁谭为青州刺史，三子袁熙为幽州刺史，外甥高干为并州刺史。袁绍如此安排诸子，口头上冠冕堂皇，让诸子各据一州以观其能，其实偏爱之情益显。因为袁尚被留在身边，所据之州即冀州，明显将其定为继承人，废嫡立庶，废长立幼，乱了宗法制度，不可避免地要引起内乱。袁绍煞费苦心，把袁谭过继给早已死去的兄长，这样依次袁尚为嫡子，但这样的掩耳盗铃之计是毫无意义的。结果是造成军中以谭、尚为首分裂为两派。审配、逢纪矫诏遗命，奉袁尚为冀州牧，郭图、辛评拥护袁谭以长争位。兄弟火并，曹操坐收渔人之利。公元205年，曹操破冀州，灭袁谭，北上幽州，袁尚、袁熙率残部入乌桓。公元206年又灭高干。袁绍统治河北，极有声望，因此幽、冀吏民追随袁尚、袁熙者十余万户，有可能成为二袁东山再起的凭借。公元207年北征乌桓，迫使辽东太守公孙康斩二袁。至此袁氏家族便彻底覆灭了。

宗法制度不是万灵药，但宗法制度是维系家天下的理论基础，谁破坏了它，谁就要遭到祸殃。袁绍自食恶果，而殷鉴不远，荆州刘表又继其后。才略不世出的曹操也险些重蹈覆辙。感情与理性的矛盾，剪不断，理还乱，英雄也难免。

二、赵韪反叛刘璋。刘焉入蜀，收容南郡、三辅逃入益州的数万家难民，全部编为部曲，称“东州兵”，用以作为自己的统治基础。东州集团的吏士也被大量启用。赵韪，东汉末官吏，曾为太仓令。赵韪追随刘焉入蜀，为东州集团上层大吏。刘焉死后，赵韪拥戴刘璋，任征东中郎将。由于刘璋宽仁，缺少威严，纵容东州人暴虐益州土著，赵韪拍案而起，倒向益州土著，率领军民反叛刘璋，蜀郡、广汉、犍为等郡纷纷响应，很快队伍壮大达数万人。赵韪外联刘表，领兵进围成都。由于东州人害怕益州人报复遭到屠杀，拼死力战，赵韪战败，向东撤退。东州兵紧追赵韪，赵韪在江州（今重庆市）被追上，送了性命。这件事暴露了益州地区政权基础不牢，益州土著的利益被外来人分享，而且外来人还占了上风，矛盾不可调和。中

央政权稳固时尚可维持，一旦削弱，矛盾立现。后来刘备入蜀，又带来一个荆州集团。诸葛亮《前出师表》，向后主所荐人才，一共七人，六人是荆州人士，只有张裔一人是益州土著。贤如诸葛亮，也未能大胆启用益州土著，这是形势使然。公元263年邓艾入蜀，光禄大夫谯周建言投降，邓艾不战而下成都。蜀汉政权，基础不固，所以最先灭亡。由赵韪事件，可以观之矣。

三、荀悦作《申鉴》。荀悦是东汉末著名史学家，他长于《春秋》，精熟编年史体。汉献帝因《汉书》文繁难读，命荀悦删摘《汉书》，荀悦便依《左传》体例，改写为编年体《汉纪》三十卷，号称名著，时人评为“辞约事详”。荀悦是尊奉儒家传统的，维护汉献帝的权威，不满曹操专横跋扈，但他手无寸铁，只能在舆论上做文章，而且荀悦也没有孔融那样的胆量，不敢公然与曹操叫板，讽喻的锐气也没有，所以只能转弯抹角以政论形式来表达自己的主张，只是不合时宜的空论，在当时并没有什么影响。

汉纪五十七

汉献帝建安十一年至十三年（206—208年）

【起柔兆阉茂（丙戌，206年），尽著雍困敦（戊子，208年），凡三年】

【大事提要】

本卷记事起公元206年，讫公元208年，凡三年，当汉献帝建安十一年至建安十三年。三年间，神州大地又起大波澜，历史发生重大转折，三分天下的序幕伴随赤壁大战而拉开。北方曹操灭高干，平定三郡乌桓，灭袁尚、袁熙，扫除了袁氏残余势力，巩固了北方的统治，没有了后顾之忧，掉转矛头，大举南下，志欲一鼓作气荡平江南。曹操南下，第一步就是要夺取荆州。江东孙权，此时也已巩固了对江东的统治，抢先于曹操在公元208年春发动了争荆州之战，一举歼灭了替荆州防守东大门江夏的黄祖，同时也报了杀父之仇。南依刘表的刘备，在公元207年三顾茅庐，请得诸葛亮出山辅佐，诸葛亮献隆中对策，规划三分，第一步也是要夺取荆州。公元208年的赤壁之战，就是曹孙刘三家争夺荆州之战。结果，三分荆州，三分天下的序幕由此拉开。

【原文】

孝献皇帝庚

建安十一年（丙戌，206年）

春，正月，有星孛于北斗。

曹操自将击高干，留其世子丕守邺，使别驾从事崔琰傅之。操围壶关，三月，壶关降。高干自入匈奴求救，单于不受；干独与数骑亡，欲南奔荆州，上洛都尉王琰捕斩之。并州悉平。

曹操使陈郡梁习以别部司马领并州刺史。时荒乱之余，胡狄雄张，吏民亡叛入其部落，兵家拥众，各为寇害。习到官，诱喻招纳，皆礼召其豪右，稍稍荐举，使诣幕府；豪右已尽，次发诸丁强以为义从；又因大军出征，令诸将分请以为勇力。吏兵已去之后，稍移其家，前后送邺，凡数万口；其不从命者，兴兵致讨，斩首千数，降附者万计。单于恭顺，名王稽颡，服事供职，同于编户。边境肃清，百姓布野，勤劝农桑，令行禁止。长老称咏，以为自所闻识，刺史未有如习者。习乃贡达名士避地州界者河内常林、杨俊、王象、荀纬及太原王凌之徒，操悉以为县长，后皆显名于世。

初，山阳仲长统游学至并州，过高干，干善遇之，访以世事。统谓干曰："君有雄志而无雄材，好士而不能择人，所以为君深戒也。"干雅自多，不悦统言，统遂去之。干死，荀彧举统为尚书郎。著论曰《昌言》，其言治乱，略曰："豪杰之当天命者，未始有天下之分者也，无天下之分，故战争者竞起焉。角智者皆穷，角力者皆负，形不堪复伉，势不足复校，乃始羁首系颈，就我之衔绁耳。及继体之时，豪杰之心既绝，士民之志已定，贵有常家，尊在一人。当此之时，虽下愚之才居之，犹能使恩同天地，威侔鬼神，周、孔数千无所复角其圣，贲、育百万无所复奋其勇矣。彼后嗣之愚主，见天下莫敢与之违，自谓若天地之不可亡也，乃奔其私嗜，骋其邪欲，君臣宣淫，上下同恶，荒废庶政，弃忘人物。信任亲爱者，尽佞谄容说之人也；宠贵隆丰者，尽后妃姬妾之家也。遂至熬天下之脂膏，斫生民之骨髓，怨毒无聊，祸乱并起，中国扰攘，四夷侵叛，土崩瓦解，一朝而去，昔之为我哺乳之子孙者，今尽是我饮血之寇

【语译】

孝献皇帝庚

汉献帝建安十一年（丙戌，206 年）

春季，正月，有孛星出现在北斗星区。

曹操亲自率领军队攻打高干，留下嫡长子曹丕驻守邺城，委任别驾从事崔琰辅佐曹丕。曹操包围壶关，三月，壶关投降。高干亲自到匈奴请求援救，单于不肯；高干独自和几名骑兵逃跑，想向南投奔荆州，被上洛县都尉王琰捉住，斩了首级，并州全部平定。

曹操委派陈郡人梁习以别部司马的职位兼任并州刺史。当时，兵荒马乱之后，胡人、狄人势大称雄，官民叛逃进入其部落，各个地方豪强拥有部众，各自为害一方。梁习到任后，用诱导、晓谕等手段来招抚，一律用礼节征召那些豪强，逐渐地推荐任用他们，让他们到州府里任职；等这些豪强的势力被铲除后，就征发强壮的青年为兵，称为义从，又因大军出征，就让各位将领分割占有义从为勇士。官兵离去后，逐步迁走他们的家属，前后送往邺城，总计几万人；那些不听从命令的，派兵去讨伐，杀头的人以千数计，投降归附的人以万数计。单于态度恭顺，部落各王也叩拜顺从，服役纳贡，和在册的百姓一样。边境安宁，百姓遍布，梁习勉励农桑，执法令行禁止。老人们称颂，认为在自己的所见所闻中，刺史中还没有一个像梁习的人。于是梁习把在并州境内避难的各地名士，河内人常林、杨俊、王象、荀纬以及太原人王凌等，举荐给朝廷，曹操全部任命为县长，后来他们都扬名于世。

起初，山阳人仲长统游学到并州，拜见高干，高干待他很好，向他征询对世事的意见。仲长统对高干说："你有雄心大志但没有雄才大略，喜欢士人但不能选拔人才，这些是你要深刻引以为戒的。"高干向来自视才高，对仲长统说的话很不高兴，仲长统于是离开了高干。高干死后，荀彧推荐仲长统为尚书郎。仲长统撰有《昌言》一书，讲治乱兴衰的事，大意是说："受天命的豪杰，并不是一开始就拥有天下的名分，当他没拥有天下的名分时，就用战争来争取，所以天下的人就纷纷而起。等到斗智的人都穷尽了智囊，斗力的人都一一失败，到了形势不能再抵抗，力量不可再较量时，这些人才管束自己，俯首听命。再到继承人都登上帝位时，豪杰们雄心早已灰飞烟灭，民心已经安定，显贵之家习以为常，至尊地位只有一人。这个时候，即使是下等的蠢材处在至尊的地位，也能使他的恩德和天地一样，威信与鬼神等同，即使有几千个周公、孔子也无法再实行他们的圣德，有百万个孟贲、夏育也无法再显扬他们的勇力。那些后继的愚蠢的君主，看见天下没有谁敢与他违抗，自以为自己的君位如天地一样永恒，于是放纵嗜好，膨胀邪欲，君臣公开淫乐，上下一同作

仇也。至于运徙势去，犹不觉悟者，岂非富贵生不仁，沈溺致愚疾邪！存亡以之迭代，治乱从此周复，天道常然之大数也。”

秋，七月，武威太守张猛杀雍州刺史邯郸商；州兵讨诛之。猛，奂之子也。

八月，曹操东讨海贼管承，至淳于，遣将乐进、李典击破之，承走入海岛。

昌豨复叛，操遣于禁讨斩之。

是岁，立故琅邪王容子熙为琅邪王，齐、北海、阜陵、下邳、常山、甘陵、济阴、平原八国皆除。

乌桓乘天下乱，略有汉民十余万户，袁绍皆立其酋豪为单于，以家人子为己女，妻焉。辽西乌桓蹋顿尤强，为绍所厚，故尚兄弟归之，数入塞为寇，欲助尚复故地。曹操将击之，凿平虏渠、泉州渠以通运。

孙权击山贼麻、保二屯，平之。

（以上为第一段，写曹操灭高干，凿平虏渠、泉州渠，为北征乌桓、扫荡袁氏残余做准备。摘载仲长统《昌言》。）

十二年（丁亥，207 年）

春，二月，曹操自淳于还邺。丁酉，操奏封大功臣二十余人，皆为列侯；因表万岁亭侯荀彧功状，三月，增封彧千户。又欲授以三公，彧使荀攸深自陈让，至于十数，乃止。

曹操将击乌桓。诸将皆曰：“袁尚亡虏耳，夷狄贪而无亲，岂能为尚用。今深入征之，刘备必说刘表以袭许，万一为变，事不可悔。”郭嘉曰：“公虽威震天下，胡恃其远，必不设备，因其无备，卒破击之，可破灭也。且袁绍有恩于民夷，而尚兄弟生存。今四州之民，徒以威附，德施未加，舍而南征，尚因乌桓之资，招其死主之臣，胡人一动，民夷俱应，以生蹋顿之心，成觊觎之计，恐青、冀非己之有也。表坐谈客耳，自知才不足以御备，重任之则恐不能制，轻任之则备不为用，虽虚国远

恶，荒废朝政，遗失人才。被信任亲近的都是些奸佞谄媚的人；被宠贵推重的尽是那嫔妃的家族，终于到达熬尽天下膏脂，榨尽万民骨髓的地步，怨声载道，民不聊生，灾祸战乱，一时俱起，中国纷扰，四夷侵扰，朝廷土崩瓦解，大厦一朝倒塌，从前那些被我养育的子孙，如今都是饮我血的仇敌。到了气数已尽，大势已去，还不能觉悟的人，难道不是由于富贵产生不仁，沉醉导致愚昧的结果吗？朝代兴亡因此更替无穷，天下的治理与战乱从此周而复始，这是天地运行的规律。”

秋季，七月，武威太守张猛杀死雍州刺史邯郸商；雍州的军队杀死张猛。张猛是张奂的儿子。

八月，曹操向东讨伐海盗管承，到达淳于县，派部将乐进、李典打败了管承，管承逃向海岛。

昌豨又叛乱，曹操派于禁讨伐并杀了他。

这一年，册立前琅邪王刘容的儿子刘熙为琅邪王。削除齐、北海、阜陵、下邳、常山、甘陵、济阴、平原八国都为郡县。

乌桓趁天下混乱，掳掠汉民十多万户，袁绍把他们各部落的酋长都立为单于，把平民家的姑娘视作自己的女儿，嫁给单于们做妻子。辽西乌桓酋长蹋顿最强大，受到袁绍的优礼，所以袁尚兄弟去投奔蹋顿，他们经常进入塞内侵掠，想帮助袁尚再收回旧地。曹操率兵进攻，并开凿平虏渠、泉州渠来沟通粮运。

孙权攻击山贼的麻、保两屯，平定他们。

汉献帝建安十二年（丁亥，207年）

春季，二月，曹操从淳于县返回邺城。二月初五日丁酉，曹操上奏封赏大功臣二十多人，全都封为列侯。还上表称赞万岁亭侯荀彧的功劳，三月，加封荀彧一千户。又授给荀彧三公的职位，荀彧派荀攸去向曹操转达自己推让的深切心愿，以致十次之多，曹操才作罢。

曹操将要攻打乌桓。各位将领都说：“袁尚只是一个逃犯罢了，夷狄贪婪而无亲情，岂会被袁尚利用。现在深入征讨，刘备一定劝说刘表率兵袭击许县，万一有变乱，就后悔莫及了。”郭嘉说：“明公虽然威震天下，胡人却依靠他们地处偏远，一定没有防备，攻其不备，可以打败歼灭他们。况且袁绍对百姓和夷狄都有恩惠，而袁尚兄弟还活着。如今四州的民众，只是迫于武力威吓而归附，我们的恩德尚未施及他们，如果我们放过他们而南征，袁尚利用乌桓的势力，召集愿为主子效命的臣属，胡人一出动，百姓夷狄一起响应，致使蹋顿萌发野心，妄生非分的计划，这样，

征，公无忧矣。”操从之。行至易，郭嘉曰：“兵贵神速。今千里袭人，辎重多，难以趋利，且彼闻之，必为备；不如留辎重，轻兵兼道以出，掩其不意。”

初，袁绍数遣使召田畴于无终，又即授将军印，使安辑所统，畴皆拒之。及曹操定冀州，河间邢颙谓畴曰：“黄巾起来，二十余年，海内鼎沸，百姓流离。今闻曹公法令严。民厌乱矣，乱极则平，请以身先。”遂装还乡里。畴曰：“邢颙，天民之先觉者也。”操以颙为冀州从事。畴忿乌桓多杀其本郡冠盖，意欲讨之而力未能。操遣使辟畴，畴戒其门下趣治严。门人曰：“昔袁公慕君，礼命五至，君义不屈；今曹公使一来而君若恐弗及者，何也？”畴笑曰：“此非君所识也。”遂随使者到军，拜为蓚令，随军次无终。

时方夏水雨，而滨海洿下，泞滞不通，虏亦遮守蹊要，军不得进。操患之，以问田畴。畴曰：“此道，秋夏每常有水，浅不通车马，深不载舟船，为难久矣。旧北平郡治在平冈，道出卢龙，达于柳城；自建武以来，陷坏断绝，垂二百载，而尚有微径可从。今虏将以大军当由无终，不得进而退，懈弛无备。若嘿回军，从卢龙口越白檀之险，出空虚之地，路近而便，掩其不备，蹋顿可不战而禽也。”操曰：“善！”乃引军还，而署大木表于水侧路傍曰：“方今夏暑，道路不通，且俟秋冬，乃复进军。”虏候骑见之，诚以为大军去也。

操令畴将其众为乡导，上徐无山，堑山堙谷，五百余里，经白檀，历平冈，涉鲜卑庭，东指柳城。未至二百里，虏乃知之。尚、熙与蹋顿及辽西单于楼班、右北平单于能臣抵之等将数万骑逆军。八月，操登白狼山，卒与虏遇，众甚盛。操车重在后，被甲者少，左右皆惧。操登高，望虏阵不整，乃纵兵击之；使张辽为前锋，虏众大崩，斩蹋顿及名王已下，胡、汉降者二十余万口。

辽东单于速仆丸与尚、熙奔辽东太守公孙康，其众尚有数千骑。或

恐怕青州、冀州就不属我们所有了。刘表只不过是一个坐谈的清客，自知才能不足可以控制刘备，重用刘备担心不能控制，轻用刘备则刘备不会卖力，即使倾国远征，明公也不必担心。”曹操听从了郭嘉的意见。大军行进到易县，郭嘉说：“兵贵神速。如今离千里之远袭击敌人，辎重太多，难以获得有利战机，而且他们听到消息，一定严加预防；不如留下辎重，部队轻装兼程前往，打他一个出其不意。”

起初，袁绍几次派使者到无终征召田畴，还就地授予田畴将军印，让他安抚部众，田畴都拒绝了。等到曹操平定了冀州，河间人邢颙对田畴说：“黄巾军闹事以来，二十多年，天下动荡，百姓流离失所。如今所说曹公法令严整。人民憎恨战乱，乱到极点就想回归太平，请允许我先去试一试。”于是邢颙整装回到乡里。田畴说：“邢颙是人民中的先知先觉者。”曹操任命邢颙为冀州从事。田畴愤恨乌桓杀死许多本郡的著名官宦士人，想去讨伐却力量不够。曹操派使者征召田畴，田畴告诉他的门客赶快打点行李。门客说：“从前袁公敬慕你，五次来礼聘，你都守义不屈；如今曹公的使者一来，你却好像是恐怕赶不上的样子，为什么？”田畴笑着说：“这不是你能懂的道理。”田畴于是随使者到曹操军中，曹操任命他为蓨县令，随军驻扎无终县。

此时正是夏天，雨水绵延，而沿海地势低洼，道路泥泞不通，敌人又把守切断了交通要道，军队无法行进。曹操为此担心，就去问田畴。田畴说：“这条道路在秋夏两季常常积水，因为积水不能通车马，由于水不深又无法行船，这个困难存在许久了。过去北平郡府治设在平冈，道路通过卢龙塞，到达柳城；从光武帝建武以来，这条道路崩塌中断，已经两百年了，但还有小路可行。敌人现在认为我们大军应当取道无终，无法行进就要撤退，因此放松没有防备。如果偷偷回军，从卢龙口越过白檀险阻，进入没有设防的空虚之地，路近而方便，攻其不备，蹋顿可不战而被擒获。”曹操说：“好！”于是率军回转，并在水边路旁树起大木牌，上写：“现正当夏季，气候炎热，道路受阻，且待秋冬，再来进军。”敌人的侦察骑兵见到木牌，果真以为大军撤去了。

曹操命田畴率领他的部众为向导，登上徐无山，开山平谷，五百多里，经过白檀，通过平冈，穿过鲜卑族部落和王庭，向东直指柳城。离柳城不到二百里时，敌人才得以发现。袁尚、袁熙和蹋顿以及辽西单于楼班、右北平单于能臣抵之等，率领几万骑兵迎战曹军。八月，曹操登上白狼山，突然和敌军相遇，敌人众多。曹操的辎重在大军后面，士兵穿铠甲的很少，左右的人都感到惧怕。曹操登上高处，望见敌人阵容队列不整齐，就出动军队进攻敌军，派张辽为前锋，敌军全线崩溃，曹军斩杀了蹋顿和各部落酋长以下的敌人，胡人、汉人投降的有二十多万。

辽东单于速仆丸和袁尚、袁熙投靠辽东太守公孙康，他们的部众还有几千骑兵。

劝操遂击之，操曰："吾方使康斩送尚、熙首，不烦兵矣。"九月，操引兵自柳城还。公孙康欲取尚、熙以为功，乃先置精勇于厩中，然后请尚、熙入，未及坐，康叱伏兵禽之，遂斩尚、熙，并速仆丸首送之。诸将或问操："公还而康斩尚、熙，何也？"操曰："彼素畏尚、熙，吾急之则并力，缓之则自相图，其势然也。"操枭尚首，令三军："敢有哭之者斩！"牵招独设祭悲哭，操义之，举为茂才。

时天寒且旱，二百里无水，军又乏食，杀马数千匹以为粮，凿地入三十余丈方得水。既还，科问前谏者，众莫知其故，人人皆惧。操皆厚赏之，曰："孤前行，乘危以徼幸，虽得之，天所佐也，顾不可以为常。诸君之谏，万安之计，是以相赏，后勿难言之。"

（以上为第二段，写曹操平定三桓乌桓，灭袁尚、袁熙，彻底清除袁氏残余。）

冬，十月，辛卯，有星孛于鹑尾。

乙巳，黄巾杀济南王赟。

十一月，曹操至易水，乌桓单于代郡普富卢、上郡那楼皆来贺。

师还，论功行赏，以五百户封田畴为亭侯。畴曰："吾始为刘公报仇，率众遁逃，志义不立，反以为利，非本志也。"固让不受。操知其至心，许而不夺。

操之北伐也，刘备说刘表袭许，表不能用。及闻操还，表谓备曰："不用君言，故为失此大会。"备曰："今天下分裂，日寻干戈，事会之来，岂有终极乎？若能应之于后者，则此未足为恨也。"

是岁，孙权西击黄祖，虏其人民而还。

权母吴氏疾笃，引见张昭等，属以后事而卒。

初，琅邪诸葛亮寓居襄阳隆中，每自比管仲、乐毅，时人莫之许也，惟颍川徐庶与崔州平谓为信然。州平，烈之子也。

刘备在荆州，访士于襄阳司马徽。徽曰："儒生俗士，岂识时务，识时务者在乎俊杰。此间自有伏龙、凤雏。"备问为谁，曰："诸葛孔明、庞士元也。"徐庶见备于新野，备器之。庶谓备曰："诸葛孔明，卧龙也，将

有人劝曹操乘胜追击，曹操说：“我正考虑让公孙康杀掉袁尚和袁熙，并把他们的首级送来，无须出兵。”九月，曹操率军从柳城班师。公孙康想斩杀袁尚、袁熙的首级以立功，于是事先在马棚里埋伏精兵勇士，然后请袁尚、袁熙进来，还未坐定，公孙康喝令伏兵捉拿了他们，于是杀死袁尚、袁熙和速仆丸，把他们的首级一并送给曹操。将领中有人问曹操：“明公您班师回军后，公孙康才杀袁尚、袁熙，为什么呢？”曹操说：“公孙康一向畏惧袁尚、袁熙，我把他们逼急了，那么他们就会联合，我把他们放松了，那么他们就会自相残杀，形势就是这样。”曹操把袁尚的首级悬挂起来示众，命令三军：“敢有为他哭丧的，斩！”牵招独设祭悲哭，曹操认为他有忠义，推荐为茂才。

这时天寒干旱，方圆二百里无水，军队又缺乏食物，于是杀了几千匹马作为食物，挖地三十多丈深才见水。军队到许县，曹操查询先前劝阻出兵人的姓名，众人中没有谁知道其中的缘故，人人都很害怕。曹操对查出的人一一厚赏说：“我先前出兵，带着侥幸去冒风险，虽然获胜，是上天的保佑，冒险不能作为常规，而诸位的劝谏才是万安的计策，因此加以厚赏，以后不要害怕讲话。”

冬季，十月初三日辛卯，有孛星出现在鹑尾星区。

十月十七日乙巳，黄巾军杀死济南王刘赟。

十一月，曹操回军到达易水，乌桓代郡部落单于普富卢、上郡部落单于那楼都来恭贺。

曹操班师回来，论功奖赏，用五百户封田畴为亭侯。田畴说：“起初我是为刘虞报仇，带领部众逃走，我的志向没有实现，义节没有完成，反以此谋利，这不是我本来的意愿。”坚决推辞不受。曹操知道他的诚心，没有强迫他改变志向，同意了。

曹操北征乌桓，刘备劝说刘表袭击许县，刘表没有采用。等到得知曹操班师回来，刘表对刘备说：“没有采用你的意见，所以失去了这个大好机会。”刘备说：“现在天下分裂，天天在打仗，机会来了，哪能就到头了呢？如把握好以后的机会，那么对这次失误也不足遗憾了。”

这一年，孙权向西攻击黄祖，劫掠黄祖的人民得胜而归。

孙权母亲吴氏生了重病，她召见了张昭等人，嘱托后事之后逝世。

起初，琅邪人诸葛亮寄居襄阳隆中，常把自己比为管仲、乐毅；当时没有谁赞同，只有颍川人徐庶和崔州平完全相信。崔州平是崔烈的儿子。

刘备在荆州时，向襄阳人司马徽访求贤士，司马徽说：“儒生俗士，哪能识时务，识时务的人是俊杰。本地就有卧龙和凤雏。”刘备问是谁，司马徽说：“诸葛孔明和庞统。”徐庶到新野拜见刘备，刘备十分器重他。徐庶对刘备说：“诸葛孔明是

军岂愿见之乎？”备曰：“君与俱来。”庶曰：“此人可就见，不可屈致也，将军宜枉驾顾之。”

备由是诣亮，凡三往，乃见。因屏人曰：“汉室倾颓，奸臣窃命，孤不度德量力，欲信大义于天下，而智术浅短，遂用猖蹶，至于今日。然志犹未已，君谓计将安出？”亮曰：“今曹操已拥百万之众，挟天子而令诸侯，此诚不可与争锋。孙权据有江东，已历三世，国险而民附，贤能为之用，此可与为援而不可图也。荆州北据汉、沔，利尽南海，东连吴、会，西通巴、蜀，此用武之国，而其主不能守，此殆天所以资将军也。益州险塞，沃野千里，天府之土；刘璋暗弱，张鲁在北，民殷国富而不知存恤，智能之士思得明君。将军既帝室之胄，信义著于四海，若跨有荆、益，保其岩阻，抚和戎、越，结好孙权，内修政治，外观时变，则霸业可成，汉室可兴矣。”备曰：“善！”于是与亮情好日密。关羽、张飞不悦，备解之曰：“孤之有孔明，犹鱼之有水也。愿诸君勿复言。”羽、飞乃止。

司马徽，清雅有知人之鉴。同县庞德公素有重名，徽兄事之。诸葛亮每至德公家，独拜床下，德公初不令止。德公从子统，少时朴钝，未有识者，惟德公与徽重之。德公尝谓孔明为卧龙，士元为凤雏，德操为水鉴；故德操与刘备语而称之。

（以上为第三段，写刘备三顾茅庐，诸葛亮发表隆中对，替刘备谋划天下三分。）

十三年（戊子，208 年）

春，正月，司徒赵温辟曹操子丕。操表“温辟臣子弟，选举故不以实”；策免之。

曹操还邺，作玄武池以肄舟师。

初，巴郡甘宁将僮客八百人归刘表，表儒人，不习军事，宁观表事势终必无成，恐一朝众散，并受其祸，欲东入吴。黄祖在夏口，军不得过，乃留，依祖三年，祖以凡人畜之。孙权击祖，祖军败走，权校尉凌操将兵急迫之。宁善射，将兵在后，射杀操，祖由是得免。军罢，还营，待宁如初。祖都督苏飞数荐宁，祖不用；宁欲去，恐不免；飞乃白祖，以宁为邾长。宁遂亡奔孙权，周瑜、吕蒙共荐达之，权礼异，同于旧臣。

卧龙，将军愿意拜见他吗？”刘备说：“你和他一起来。”徐庶说：“这个人只可以去拜访他，而不能召他来，将军应当屈驾去见他。”

刘备于是去拜访诸葛亮，一共去了三次，才见到他。刘备让左右的人回避，然后对诸葛亮说：“汉室江山倒塌，奸臣把持朝政，我不估量自己的道德和力量，想伸张大义，但智谋浅薄，因此遭到失败。直到今天，可我的志向还没有消失，先生说说我该怎么办？”诸葛亮说：“如今曹操已经拥有百万大军，挟天子以令诸侯，你确实不能与他对抗。孙权占据着江东，已经历三代，地势险峻而民众归附，贤才被他任用，只能与他结为盟友不能图谋他。荆州北面依靠汉水、沔水，南面直达南海，东面接连吴郡、会稽，西面通向巴郡、蜀郡，这是一个用武之国，而它的主人不能守住，这大概是上天留给将军的资本。益州险峻，沃野千里，是天府之地。刘璋昏庸无能，张鲁在北面，百姓殷实、国家富裕，却不知道抚恤，有智慧才能的人盼望得到开明的君主。将军既然是皇室的后裔，信义闻名四海，如果拥有荆州、益州，守卫好险峻，安抚和好戎族、越族，与孙权结为盟友，对内修明政治，对外观察时变，那么霸王之业可以告成，汉朝王室可以中兴了。”刘备说：“好极了！”于是与诸葛亮日益亲切。关羽、张飞不高兴，刘备向他们解释说：“我得到了孔明，犹如鱼儿获得水一样。希望你们不要再说了。”关羽、张飞才不说话了。

司马徽高洁文雅，有知人之明。同县人庞德公一向有大名，司马徽把他当兄长对待。诸葛亮每次到庞德公家，都独自在床下拜见庞德公，庞德公一点也不禁止。庞德公的侄子庞统，小时候朴实拙钝，没有人看出庞统有才能，只有庞德公和司马徽器重他。庞德公曾经说诸葛亮是“卧龙”，庞统是“凤雏”，司马徽是“水镜”。因此司马徽与刘备谈话时，称赞诸葛亮和庞统。

汉献帝建安十三年（戊子，208年）

春季，正月，司徒赵温征辟曹操的儿子曹丕。曹操上表说：“赵温征辟臣的子弟，推举竟然不符实际。”下诏罢免了赵温。

曹操回到邺城，建造玄武湖训练水军。

起初，巴郡人甘宁率领家奴八百人归降刘表，刘表是个文人，不熟习军事，甘宁观察刘表终究难以成就大业，恐怕一旦部众散离，自己也牵连受害，想东入吴郡。黄祖驻在夏口，甘宁的军队无法通过，便留了下来，依靠黄祖三年，黄祖把甘宁当作普通人对待。孙权攻击黄祖，黄祖军败逃跑，孙权的校尉凌操率兵紧紧追击。甘宁善于射箭，领兵断后，射死凌操，黄祖才得以幸免。收军回营，黄祖对待甘宁依旧如原样。黄祖的都督苏飞多次推举甘宁，黄祖不重用。甘宁想离去，但无法脱身；于是苏飞向黄祖报告，任命甘宁为邾县县长。甘宁于是逃走投靠孙权，周瑜、吕蒙

宁献策于权曰：“今汉祚日微，曹操终为篡盗。南荆之地，山川形便，诚国之西势也。宁观刘表，虑既不远，儿子又劣，非能承业传基者也。至尊当早图之，不可后操。图之之计，宜先取黄祖。祖今昏耄已甚，财谷并乏，左右贪纵，吏士心怨，舟船战具，顿废不修，怠于耕农，军无法伍，至尊今往，其破可必。一破祖军，鼓行而西，据楚关，大势弥广，即可渐规巴、蜀矣。”权深纳之。张昭时在坐，难曰：“今吴下业业，若军果行，恐必致乱。”宁谓昭曰：“国家以萧何之任付君，君居守而忧乱，奚以希慕古人乎！”权举酒属宁曰：“兴霸，今年行讨，如此酒矣，决以付卿。卿但当勉建方略，令必克祖，则卿之功，何嫌张长史之言乎！”

权遂西击黄祖。祖横两蒙冲挟守沔口，以栟闾大绁系石为可，上有千人，以弩交射，飞矢雨下，军不得前。偏将军董袭与别部司马凌统俱为前部，各将敢死百人，人被两铠，乘大舸，突入蒙冲里。袭身以刀断两绁，蒙冲乃横流，大兵遂进。祖令都督陈就以水军逆战。平北都尉吕蒙勒前锋，亲枭就首。于是将士乘胜，水陆并进，傅其械，尽锐攻之，遂屠其城。祖挺身走，追斩之，虏其男女数万口。

权先作两函，欲以盛祖及苏飞首。权为诸将置酒，甘宁下席叩头，血涕交流，为权言飞畴昔旧恩：“宁不值飞，固已损骸于沟壑，不得致命于麾下。今飞罪当夷戮，特从将军乞其首领。”权感其言，谓曰：“今为君置之。若走去何？”宁曰：“飞免分裂之祸，受更生之恩，逐之尚必不走，岂当图亡哉！若尔，宁头当代入函。”权乃赦之。凌统怨宁杀其父操，常欲杀宁；权命统不得仇之，令宁将兵屯于他所。

（以上为第四段，写孙权抢先发动争夺荆州之战，一举灭掉镇守荆州东大门江夏的黄祖。）

夏，六月，罢三公官，复置丞相、御史大夫。癸巳，以曹操为丞相。操以冀州别驾从事崔琰为丞相西曹掾，司空东曹掾陈留毛玠为丞相东曹掾，元城令河内司马朗为主簿，弟懿为文学掾，冀州主簿卢毓为法曹议令史。毓，植之子也。

共同推荐他，孙权对甘宁特别礼遇，跟旧臣们一样。

甘宁向孙权献策，说："现今汉朝的统治日益衰落，曹操终将成为篡位的强盗。南方荆州地区，山川险峻，确实是国家西边的屏障。我甘宁观察刘表，既没有深谋远虑，他儿子更是顽劣不堪，不能继承基业。您应当及早做好打算，别落在曹操的后面。图谋的计划是应先歼灭黄祖。黄祖已年迈昏庸到了极点，财物粮食都缺乏，左右的人贪婪纵欲，官兵们心中怨恨，舟船兵器，残破不修，荒废农耕，军无法纪，您现今前去，一定可以打败他。一旦打败黄祖的军队，就大张声势地向西进军，占领楚关，势力就更壮大，便可以逐步谋取巴蜀了。"孙权深深赞同。张昭当时在座，责难甘宁说："如今吴郡人心惶惶，如果大军真的西行，恐怕会引致祸乱。"甘宁对张昭说："国家把萧何那样的重任托付给你，你留守而忧虑祸乱，怎能效法古人呢？"孙权举杯向甘宁敬酒说："兴霸，今年西行征讨就如同这杯酒，我决定把它交付给你了。你只需努力筹划方针策略，果真打败了黄祖，那就是你的功劳，何必计较张长史的话呢？"

孙权于是西击黄祖。黄祖横江布阵两艘蒙冲战舰把守沔口，用棕榈搓成绳子绑系在石墩上，船上有一千人，用弩交替射击，箭如雨下，吴军不能前行。偏将军董袭和别部司马凌统一起为前锋，各自率领敢死队一百人，每人穿两副铠甲，乘坐大船，冲入蒙冲战舰之间，董袭亲自用刀砍断系船的两根绳子，蒙冲战舰失控横流，大军终于前进。黄祖命令都督陈就率领水军迎战。平北都尉吕蒙率领前锋，亲自杀死陈就，枭首示众。于是将士们乘胜追击，水陆并进，逼近黄祖的城池，出动全部精锐吴军攻城，终于破城屠杀。黄祖拼命逃跑，被追兵杀死，俘获男女几万人。

孙权先做好两个盒子，想用它装黄祖和苏飞的首级。孙权为各位将领摆酒筵庆功，甘宁下席叩头，鲜血和泪水一同流下。甘宁向孙权诉说往昔苏飞对他的恩情："我甘宁不遇上苏飞，肯定早已抛尸沟壑，也就不能在您手下效力了。如今苏飞罪该万死，我特向将军请求免他一死。"孙权被甘宁的话感动了，便对甘宁说："如今为你放了他，如果他逃走怎么办？"甘宁说："苏飞免除了身首异处的灾祸，蒙受了您再生的恩惠，赶他尚且不肯走，哪会逃跑呢？如果真像将军说的那样，把我甘宁的头装进盒里。"于是孙权赦免了苏飞。凌统怨恨甘宁杀死他的父亲凌操，时常想杀掉甘宁；孙权命令凌统不得怨恨甘宁，派甘宁领兵在其他地方驻守。

夏季，六月，罢免三公官署，恢复设立丞相、御史大夫。六月初九日癸巳，任命曹操为丞相。曹操任命冀州人别驾从事崔琰为丞相西曹掾，司空东曹掾陈留人毛玠为丞相东曹掾，元城县令河内人司马朗为主簿，司马朗的弟弟司马懿为文学掾，冀州主簿卢毓为法曹议令史。卢毓是卢植的儿子。

琰、玠并典选举，其所举用皆清正之士，虽于时有盛名而行不由本者，终莫得进。拔敦实，斥华伪，进冲逊，抑阿党。由是天下之士莫不以廉节自励，虽贵宠之臣，舆服不敢过度，至乃长吏还者，垢面羸衣，独乘柴车，军吏入府，朝服徒行，吏洁于上，俗移于下。操闻之，叹曰："用人如此，使天下人自治，吾复何为哉！"

司马懿，少聪达，多大略。崔琰谓其兄朗曰："君弟聪亮明允，刚断英特，非子所及也！"操闻而辟之，懿辞以风痹。操怒，欲收之，懿惧，就职。

操使张辽屯长社，临发，军中有谋反者，夜，惊乱起火，一军尽扰。辽谓左右曰："勿动！是不一营尽反，必有造变者，欲以惊动人耳。"乃令军中："其不反者安坐。"辽将新兵数十人中陈而立，有顷，皆定，即得首谋者，杀之。

辽在长社，于禁屯颍阴，乐进屯阳翟，三将任气，多共不协。操使司空主簿赵俨并参三军，每事训谕，遂相亲睦。

初，前将军马腾与镇西将军韩遂结为异姓兄弟，后以部曲相侵，更为仇敌。朝廷使司隶校尉钟繇、凉州刺史韦端和解之，征腾入屯槐里。曹操将征荆州，使张既说腾，令释部曲还朝，腾许之。已而更犹豫，既恐其为变，乃移诸县促储偫，二千石郊迎，腾不得已，发东。操表腾为卫尉，以其子超为偏将军，统其众，悉徙其家属诣邺。

秋，七月，曹操南击刘表。

八月，丁未，以光禄勋山阳郗虑为御史大夫。

壬子，太中大夫孔融弃市。融恃其才望，数戏侮曹操，发辞偏宕，多致乖忤。操以融名重天下，外相容忍而内甚嫌之。融又上书，"宜准古王畿之制，千里寰内不以封建诸侯。"操疑融所论建渐广，益惮之。融与郗虑有隙，虑承操风旨，构成其罪，令丞相军谋祭酒路粹奏："融昔在北海，见王室不静，而招合徒众，欲规不轨。及与孙权使语，谤讪朝廷。又，前与白衣祢衡跌荡放言，更相赞扬。衡谓融曰'仲尼不死'，融答'颜回复生'，大逆不道，宜极重诛。"操遂收融，并其妻子皆杀之。

崔琰、毛玠共同掌管选举，他们所选拔任用的都是清廉正直的人，那些当时有很大的名声而行为不符做人的根本，始终得不到任用。他们选拔敦厚朴实的人，排斥浮华虚伪的人，进用谦和恭顺的人，抑制结党营私的人。因此天下之士无不以清廉的节操来勉励自己，即使是显贵尊荣的大臣，车辆服饰也不敢超过制度，以至地方官员回乡，光着脸面，穿一身普通旧衣，独自乘一辆柴车，文武百官进入官府，穿着朝服徒步行走，上面当官的清廉自洁，下边的百姓移风易俗。曹操知道后，感慨地说："使用人才像这样，使得天下人人自理，我还有什么可做的呢？"

司马懿少时聪慧通达，有雄才大略。崔琰对他的哥哥司马朗说："你的弟弟聪明诚实，刚毅果决，不是你能赶得上的！"曹操听说后，征召司马懿，司马懿借口风湿病而拒绝，曹操发怒，要逮捕他，司马懿害怕，接受了职位。

曹操派张辽驻守长社，临出发时，军中有谋反的人，夜里，军营中惊乱起火，全军骚乱。张辽对左右的人说："不要乱动！并不是全营的人都造反，一定有带头闹事的人，想用它来扰乱军心罢了。"就向军中下达命令："不造反坐着别动。"张辽率领亲兵几十人站在军营的中央，一会儿，全军安定，立刻抓到主谋者，杀了他。

张辽守长社，于禁屯颍阴，乐进驻阳翟，三位将领都意气用事，彼此不和。曹操派司空主簿赵俨同时参与三军的事务，每发生一件事，赵俨总是从中解说分明，于是三位将领亲密和睦。

起初，前将军马腾与镇西将军韩遂结拜为异姓兄弟，后来因为部众相互摩擦，成为仇敌。朝廷派司隶校尉钟繇、凉州刺史韦端给他们调解。征调马腾驻屯槐里。曹操将要讨伐荆州，派张既劝说马腾，命令他离开部队返回朝廷，马腾同意了。不久又犹豫，张既怕他改变主意，就下令沿途各县赶紧储藏粮草，二千石的官吏到郊外迎接，马腾不得已，向东出发。曹操上表推荐马腾为卫尉，任命他的儿子马超为偏将军，统领马腾的部众，把马腾的所有家属成员迁到邺城。

秋季，七月，曹操南下攻击刘表。

八月二十四日丁未，任命光禄勋山阳人郗虑为御史大夫。

八月二十九日壬子，太中大夫孔融被处死弃市。孔融依仗他的才华名望，屡次嘲弄侮辱曹操，说话偏激，多次顶撞曹操。曹操因为孔融名重天下，表面上虽然容忍，内心却非常憎恨。孔融又上奏书，说："应按照古代的王畿制度，京城千里以内不可建立封国。"曹操认为孔融议论的影响逐渐扩大，心里更加害怕。孔融和郗虑有矛盾，郗虑秉承曹操旨意，罗列孔融的罪行，命令丞相军谋祭酒路粹上奏说："从前孔融在北海国，看到王室不宁，就召聚部众图谋不轨。孔融又在与孙权的使者谈话时，诽谤嘲讽朝廷。先前和白丁祢衡行为放纵，言语荒唐，互相标榜。祢衡说孔融是'孔子不死'，孔融说祢衡是'颜回复生'。大逆不道，应处以极刑。"曹操于是逮

初，京兆脂习与融善，每戒融刚直太过，必罹世患。及融死，许下莫敢收者。习往抚尸曰：“文举舍我死，吾何用生为！”操收习，欲杀之，既而赦之。

（以上为第五段，写曹操罢三公官，复置丞相，辟举人才，征召关西马腾入京，杀孔融，为大举南下做准备。）

初，刘表二子，琦、琮。表为琮娶其后妻蔡氏之侄，蔡氏遂爱琮而恶琦，表妻弟蔡瑁、外甥张允并得幸于表，日相与毁琦而誉琮。琦不自宁，与诸葛亮谋自安之术，亮不对。后乃共升高楼，因令去梯。谓亮曰：“今日上不至天，下不至地，言出子口，而入吾耳，可以言未？”亮曰：“君不见申生在内而危，重耳居外而安乎？”琦意感悟，阴规出计。会黄祖死，琦求代其任，表乃以琦为江夏太守。表病甚，琦归省疾。瑁、允恐其见表而父子相感，更有托后之意，乃谓琦曰：“将军命君抚临江夏，其任至重；今释众擅来，必见谴怒。伤亲之欢，重增其疾，非孝敬之道也。”遂遏于户外，使不得见，琦流涕而去。表卒，瑁、允等遂以琮为嗣。琮以侯印授琦，琦怒，投之地，将因奔丧作难。会曹操军至，琦奔江南。

章陵太守蒯越及东曹掾傅巽等劝刘琮降操，曰：“逆顺有大体，强弱有定势。以人臣而拒人主，逆道也；以新造之楚而御中国，必危也；以刘备而敌曹公，不当也。三者皆短，将何以待敌？且将军自料何如刘备？若备不足御曹公，则虽全楚不能以自存也；若足御曹公，则备不为将军下也。”琮从之。九月，操至新野，琮遂举州降，以节迎操。诸将皆疑其诈，娄圭曰：“天下扰扰，各贪王命以自重，今以节来，是必至诚。”操遂进兵。

时刘备屯樊，琮不敢告备。备久之乃觉，遣所亲问琮，琮令官属宋忠诣备宣旨。时曹操已在宛，备乃大惊骇，谓忠曰：“卿诸人作事如此，不早相语，今祸至方告我，不亦太剧乎！”引刀向忠曰：“今断卿头，不

捕孔融，把他的妻子儿女一起都杀了。

起初，京兆人脂习与孔融友好，时常告诫孔融过于刚强正直，一定会遭受灾祸。等到孔融死时，许县没有敢收尸的。脂习摸着孔融的尸体说："文举你舍弃我而去，我还要活着干什么？"曹操逮捕脂习，想杀了他，过了一会儿又赦免了他。

当初，刘表有两个儿子刘琦和刘琮。刘表为刘琮娶了后妻蔡氏的侄女，蔡氏因此喜欢刘琮而讨厌刘琦。刘表妻子的弟弟蔡瑁、外甥张允得到刘表的宠爱，他们每天都更相诽谤刘琦而称誉刘琮。刘琦心中不安，找诸葛亮商议保全自己的办法，诸葛亮不回答。后来和诸葛亮一起登上高楼，令人除掉楼梯，对诸葛亮说："今天上不着天，下不着地，话从你口中出来，进入我的耳朵，可以讲了吗？"诸葛亮说："你难道不知道申生在国内遭危难，重耳到国外保平安吗？"刘琦心中领悟，暗中谋求离开的办法。正逢黄祖被杀，刘琦请求代理黄祖的职位，刘表就任命刘琦为江夏太守。刘表病重，刘琦返回去探望病情。蔡瑁、张允害怕刘琦见到刘表会触动父子之情，担心刘表改变托付后事的心意，就对刘琦说："将军命你镇抚江夏，这个责任十分重大；如今你离开部众擅自前来，一定会遭到责备而生气，损害父子的感情，加重他的病情，这不是孝敬之道。"便把刘琦阻挡在门外，使他无法见到刘表，刘琦流泪离开。刘表去世，蔡瑁、张允等拥立刘琮继位。刘琮把侯印交给刘琦，让他继承爵位。刘琦愤怒，把侯印抛到地上，准备趁着奔丧发难。正碰上曹操大军到来，刘琦就逃到江南。

章陵太守蒯越和东曹掾傅巽等劝刘琮归顺曹操，说："叛逆与顺从是一个人的大节，强大与弱小有一定的形势。以臣子的地位对抗君主，这是大逆不道；拿刚刚接管的荆州抵抗朝廷，一定会有危难；依赖刘备去对抗曹操，是抵抗不住的。这三方面都处于劣势，将凭什么来对付敌人？而且将军自己衡量一下，你能与刘备相比吗？如果刘备都不能抵御曹公，那么即使竭尽荆州的全力也不能保存自己；如果刘备可以抵抗曹公，那么刘备就不会甘居将军之下了。"刘琮听从了。九月，曹操进兵到新野，刘琮就以荆州归降，手持州牧符节迎接曹操。各位将领都怀疑刘琮有诈，娄圭说："天下纷乱，各自贪求王命来抬高自己，现今持符节来迎，这一定是真心诚意。"于是曹操进军。

当时刘备驻守樊城，刘琮不敢告诉刘备。刘备过了许久才发觉，就派亲信问刘琮，刘琮命属官宋忠到刘备那里宣明自己的旨意，此时曹操已经到了宛城，刘备于是大为惊惧，对宋忠说："你们这些人做事怎敢这样，为何不早点告知，现在灾难临

足以解忿，亦耻丈夫临别复杀卿辈！”遣忠去。乃呼部曲共议，或劝备攻琮，荆州可得。备曰：“刘荆州临亡托我以孤遗，背信自济，吾所不为，死何面目以见刘荆州乎！”备将其众去，过襄阳，驻马呼琮；琮惧，不能起。琮左右及荆州人多归备。备过辞表墓，涕泣而去。比到当阳，众十余万人，辎重数千两，日行十余里，别遣关羽乘船数百艘，使会江陵。或谓备曰：“宜速行保江陵，今虽拥大众，被甲者少，若曹公兵至，何以拒之！”备曰：“夫济大事必以人为本，今人归吾，吾何忍弃去！”

习凿齿论曰：刘玄德虽颠沛险难而信义愈明，势逼事危而言不失道。追景升之顾，则情感三军；恋赴义之士，则甘与同败。终济大业，不亦宜乎！

刘琮将王威说琮曰：“曹操闻将军既降，刘备已走，必懈弛无备，轻行单进。若给威奇兵数千，徼之于险，操可获也。获操，即威震四海，非徒保守今日而已。”琮不纳。

操以江陵有军实，恐刘备据之，乃释辎重，轻军到襄阳。闻备已过，操将精骑五千急追之，一日一夜行三百余里，及于当阳之长坂。备弃妻子，与诸葛亮、张飞、赵云等数十骑走，操大获其人众辎重。

徐庶母为操所获，庶辞备，指其心曰：“本欲与将军共图王霸之业者，以此方寸之地也。今已失老母，方寸乱矣，无益于事，请从此别。”遂诣操。

张飞将二十骑拒后，飞据水断桥，瞋目横矛曰：“身是张益德也，可来共决死！”操兵无敢近者。

或谓备：“赵云已北走。”备以手戟擿之曰：“子龙不弃我走也。”顷之，云身抱备子禅，与关羽船会，得济沔，遇刘琦众万余人，与俱到夏口。

（以上为第六段，写曹操兵不血刃得荆州，刘备南走江陵，被曹操追及，兵败当阳县长坂。）

头了才告诉我，这不是太过分了吗？”刘备抽出刀来指着宋忠说：“现在即便砍下你的头，也不足以消心头之恨，而且大丈夫也耻于在离别时还杀死你们这种人？”打发宋忠离去。刘备就召集部属共同商量，有人劝刘备攻击刘琮，可以得到荆州。刘备说：“刘表临死时把遗孤托付给我，为了自救而背信弃义，我所不为，真这样我死了有什么脸面去见刘表呢！”刘备率领他的部众离开了樊城，路过襄阳时，停下马来大声喊刘琮，刘琮吓得不能站立。刘琮左右亲信和荆州的人大多随从刘备。刘备路过刘表的墓，向他告别，哭泣而去。等到行进到当阳时，有部众十几万人，辎重几千辆，每天行军十几里，另派关羽乘坐几百艘船，让他到江陵会合。有人对刘备说：“应火速赶去保守江陵，如今虽然拥有大量的部众，但穿铠甲的人少，如果曹公的部队追来，我们拿什么抵抗？”刘备说：“凡是完成大业一定要以人为本，现在众人随从我，我怎能忍心抛开他们离去！”

习凿齿评论说：刘玄德虽然颠沛流离、危险艰难却更讲信义，形势逼迫、事情紧急但言谈不失正道。怀念刘景升的旧恩，用真情感动了三军，眷恋追随大义的民众，那么民众就会甘心情愿和他患难与共。他最终成就了大业，不也是应当的吗？

刘琮部将王威劝刘琮说：“曹操得知将军已经归降，刘备已经逃跑，必然松懈没有防备，可单独轻装挺进。若给我几千奇兵，在地势险峻的地方拦击，曹操就可以抓获。抓获了曹操，就威震四海，不仅仅是保守今天的样子了！”刘琮不采纳。

曹操因为江陵有军用物资，害怕刘备占领它，就留下辎重，军队轻装赶到襄阳。曹操听说刘备已过了襄阳，就亲自率领五千精锐骑兵急速追击，一日一夜行军三百多里，赶到当阳县的长坂追上了刘备。刘备丢下了妻子儿女，和诸葛亮、张飞、赵云等几十人骑马逃走，曹操缴获了大量的人马辎重。

徐庶的母亲被曹操抓获，徐庶告别刘备，指着自己的心说：“本想和将军共谋霸业，全凭这颗心。现在失去母亲，我心乱了套，留下来也无益于完成你的大业，请允许我在此分别。”于是投奔曹操。

张飞率领二十名骑兵断后，张飞据守岸边，拆除桥梁，瞪大眼睛横着长矛大声喊道：“我就是张翼德，谁来跟我决一生死！”曹操士兵没有敢靠近他的。

有人对刘备说：“赵云已经向北逃跑。”刘备用手戟掷向那人，说：“赵子龙不会弃我而逃。”不一会儿，赵云抱着刘备的儿子刘禅来到。刘备等人与关羽的船队相会，得以渡过沔水，碰见刘琦部队一万多人，会合一起，全都到夏口。

曹操进军江陵，以刘琮为青州刺史，封列侯，并蒯越等，侯者凡十五人。释韩嵩之囚，待以交友之礼，使条品州人优劣，皆擢而用之。以嵩为大鸿胪，蒯越为光禄勋，刘先为尚书，邓羲为侍中。

荆州大将南阳文聘别屯在外，琮之降也，呼聘，欲与俱。聘曰："聘不能全州，当待罪而已！"操济汉，聘乃诣操。操曰："来何迟邪？"聘曰："先日不能辅弼刘荆州以奉国家；荆州虽没，常愿据守汉川，保全土境。生不负于孤弱，死无愧于地下，而计不在己，以至于此，实怀悲惭，无颜早见耳！"遂歔欷流涕。操为之怆然，字谓之曰："仲业，卿真忠臣也。"厚礼待之，使统本兵，为江夏太守。

初，袁绍在冀州，遣使迎汝南士大夫。西平和洽，以为冀州土平民强，英杰所利，不如荆州土险民弱，易依倚也，遂从刘表。表以上客待之。洽曰："所以不从本初，辟争地也。昏世之主，不可黩近，久而不去，谗慝将兴。"遂南之武陵。表辟南阳刘望之为从事，而其友二人皆以谗毁为表所诛，望之又以正谏不合，投传告归。望之弟廙谓望之曰："赵杀鸣犊，仲尼回轮。今兄既不能法柳下惠和光同尘于内，则宜模范蠡迁化于外，坐而自绝于时，殆不可也。"望之不从，寻复见害，廙奔扬州。南阳韩暨避袁术之命，徙居山都山。刘表又辟之，遂遁居孱陵。表深恨之，暨惧，应命，除宜城长。河东裴潜亦为表所礼重，潜私谓王畅之子粲及河内司马芝曰："刘牧非霸王之才，乃欲西伯自处，其败无日矣！"遂南适长沙。于是操以暨为丞相士曹属，潜参丞相军事，洽、廙、粲皆为掾属，芝为菅令，从人望也。

（以上为第七段，写曹操安抚荆州，优礼归降将士和官吏，大行封赏，举拔士人。）

冬，十月，癸未朔，日有食之。

初，鲁肃闻刘表卒，言于孙权曰："荆州与国邻接，江山险固，沃野万里，士民殷富，若据而有之，此帝王之资也。今刘表新亡，二子不协，军中诸将，各有彼此。刘备天下枭雄，与操有隙，寄寓于表，表恶其能而不能用也。若备与彼协心，上下齐同，则宜抚安，与结盟好；如有离

曹操向江陵进军，任命刘琮为青州刺史，册封为列侯，连同蒯越等，共十五人被封为侯。韩嵩从监狱被释放，曹操待以朋友之礼，让他品评荆州人士的优劣，都一一加以提升任用。曹操又任命韩嵩为大鸿胪，蒯越为光禄勋，刘先为尚书，邓羲为侍中。

荆州大将军南阳人文聘驻军在外，刘琮投降的时候，召呼文聘，想和他一起归降。文聘说："我文聘不能保全荆州，应当在此等待处罚！"曹操渡过汉水，文聘才来拜见曹操。曹操说："你来得为什么这么晚？"文聘说："从前我不能辅佐刘表侍奉国家；刘表虽然去世，我常常希望驻守汉川，保卫疆土。这样活着才不辜负遗孤，死了也无愧于地下的刘表，但是决策不能由自己决定，以至于此，心里确实悲伤羞愧，没有脸面早来拜见！"于是痛哭流泪。曹操也感到悲怆，称呼他的表字，说："仲业，你是个真正的忠臣。"对他厚礼相待，让他统领原来的部众，任命他为江夏太守。

起初，袁绍在冀州时，派使者迎请汝南郡的士大夫。西平人和洽认为冀州地势平坦，民性强悍，是英雄豪杰争夺的地方，不如荆州地势险要，民风柔弱，容易安身，于是来追随刘表。刘表礼待和洽为上宾。和洽说："我之所以不跟随袁绍，是为了避开兵家必争之地。乱世中的昏庸君主不可靠近，久留不去，谗言恶念将会出现。"于是和洽南到武陵。刘表征召南阳人刘望之为从事，而他的两个朋友都因受到谗言诽谤被刘表杀了，刘望之又因为正直的劝谏与刘表不合，便辞官回乡。刘望之的弟弟刘廙对刘望之说："赵简子杀窦鸣犊，孔子中途调转车轮，不去晋国。如今兄长你既不能效法柳下惠与世浮沉，随遇而安；就应该学习范蠡远远地迁到乱世之外，却只坐在家里就自以为断绝了与外界关系，恐怕不能这样吧。"刘望之不听，不久被杀，刘廙投奔到扬州。南阳人韩暨躲避袁术的征召，迁居到山都山。刘表又征召他，于是逃走隐居在孱陵。刘表十分痛恨他，韩暨惧怕，接受征召，被任命为宜城县长。河东人裴潜也得到刘表礼遇敬重，裴潜私下对王畅的儿子王粲和河内人司马芝说："刘表缺乏霸王的才能，却想以周文王自居，他快要失败了！"于是南走长沙。此时，曹操任命韩暨为丞相士曹属，裴潜参议丞相军事，和洽、刘廙、王粲都当掾属，司马芝为菅县令，来顺应民心。

冬季，十月初一日癸未，发生日食。

起初，鲁肃听说刘表死了，向孙权进言说："荆州和我们的国土相邻接，江山险固，沃野万里，官民富裕，如果我们占有它，这是成就帝王的资本。如今刘表刚死，两个儿子不和睦，军队里的各位将领，也分裂成两派。刘备是天下的英雄，与曹操有旧怨，寄居在刘表那里，刘表忌恨刘备的才干不能为自己所用。如果刘备与刘氏

违，宜别图之，以济大事。肃请得奉命吊表二子，并慰劳其军中用事者，及说备使抚表众，同心一意，共治曹操，备必喜而从命。如其克谐，天下可定也。今不速往，恐为操所先。”权即遣肃行。

到夏口，闻操已向荆州，晨夜兼道，比至南郡，而琮已降，备南走，肃径迎之，与备会于当阳长坂。肃宣权旨，论天下事势，致殷勤之意。且问备曰：“豫州今欲何至？”备曰：“与苍梧太守吴巨有旧，欲往投之。”肃曰：“孙讨虏聪明仁惠，敬贤礼士，江表英豪，咸归附之，已据有六郡，兵精粮多，足以立事。今为君计，莫若遣腹心自结于东，以共济世业。而欲投吴巨，巨是凡人，偏在远郡，行将为人所并，岂足托乎！”备甚悦。肃又谓诸葛亮曰：“我，子瑜友也。”即共定交。子瑜者，亮兄瑾也，避乱江东，为孙权长史。备用肃计，进住鄂县之樊口。

曹操自江陵将顺江东下。诸葛亮谓刘备曰：“事急矣，请奉命求救于孙将军。”遂与鲁肃俱诣孙权。亮见权于柴桑，说权曰：“海内大乱，将军起兵江东，刘豫州收众汉南，与曹操共争天下。今操芟夷大难，略已平矣，遂破荆州，威震四海。英雄无用武之地，故豫州遁逃至此，愿将军量力而处之！若能以吴、越之众与中国抗衡，不如早与之绝；若不能，何不按兵束甲，北面而事之！今将军外托服从之名而内怀犹豫之计，事急而不断，祸至无日矣。”权曰：“苟如君言，刘豫州何不遂事之乎？”亮曰：“田横，齐之壮士耳，犹守义不辱，况刘豫州王室之胄，英才盖世，众士慕仰，若水之归海。若事之不济，此乃天也，安能复为之下乎！”权勃然曰：“吾不能举全吴之地，十万之众，受制于人。吾计决矣！非刘豫州莫可以当曹操者；然豫州新败之后，安能抗此难乎？”亮曰：“豫州军虽败于长坂，今战士还者及关羽水军精甲万人，刘琦合江夏战士亦不下万人。曹操之众，远来疲敝，闻追豫州，轻骑一日一夜行三百余里，此所谓‘强弩之末势不能穿鲁缟者’也。故《兵法》忌之，曰‘必蹶上将军’。且北方之人，不习水战；又，荆州之民附操者，逼兵势耳，非心服也。今将军诚能命猛将统兵数万，与豫州协规同力，破操军必矣。操军破，必北还；如此，则荆、吴之势强，鼎足之形成矣。成败之机，在于今日！”权大悦，与其群下谋之。

兄弟同心协力，上下一致，那么就应当去安抚，与他们结为同盟；如果他们离心离德，应当另想办法来成就大业。我请求能奉命去向刘表的两个儿吊丧，并慰问他们军中的主事将领，说服刘备让他安抚刘表的部队，同心协力，共同对抗曹操，刘备一定会高兴同意。如果事情成功，天下就可以安定了。现在不赶快去，恐怕被曹操抢先。”孙权立刻派鲁肃出行。

鲁肃到了夏口，听说曹操已向荆州进兵，便昼夜兼程，刚到达南郡，刘琮已经投降，刘备向南逃跑，鲁肃直接迎向刘备，与刘备在当阳长坂相见。鲁肃说明孙权的意图，论述天下形势，对刘备表示关心。并且问刘备：“豫州现在准备去哪里？”刘备说：“我和苍梧太守吴巨有老交情，打算去投靠他。”鲁肃说：“孙讨虏聪明仁惠，敬重贤才礼遇士人，江东的英雄豪杰都归附他，现今已据有六郡，兵精粮多，足以创立大业。现在为您着想，不如派亲信去与江东的孙讨虏结盟，一起成就大业。而你想投奔的吴巨，他只是一个凡人，地处偏远的边郡，即将被人吞并，哪能去依靠呢？”刘备很高兴。鲁肃又对诸葛亮说：“我是诸葛子瑜的朋友。”随即两人相交成为朋友。子瑜是诸葛亮的哥哥诸葛瑾，避乱到江东，出任孙权的长史。刘备采用鲁肃的计划，驻军鄂县的樊口。

曹操从江陵即将顺长江东下。诸葛亮对刘备说：“情况危急，我请求奉命向孙将军求救。”诸葛亮于是和鲁肃一起到孙权那里。诸葛亮在柴桑拜见孙权，就对孙权说：“天下大乱，将军在江东起兵，刘豫州在汉南聚众，与曹操争夺天下。如今曹操在北方铲除强敌，差不多已经平定；于是又击破荆州，威震四海。英雄无用武之地，所以刘豫州逃到这里，希望将军估量自己的能力应付目前局势！如果能用吴、越的部众与中原抗衡，那就不如早点与曹操断绝关系；如果不能抗衡，何不解除武装，北面称臣呢？现在将军表面上服从朝廷心中却犹豫不决，情况紧急却不能决断，大祸就要临头了！”孙权说：“如果真像你说的那样，刘豫州为什么不向曹操投降呢？”诸葛亮说：“田横，只是齐国的壮士罢了，尚且坚守节义，不屈辱投降，何况刘豫州是王室的后裔，英才盖世，众多人士敬仰，如同流水归向大海。如果事业不能成功，这是天意，怎么能屈服在曹操之下呢？”孙权勃然大怒说：“我不能拿全吴的土地，十万大军，接受别人的控制。我决心已定！除了刘豫州没有能抵挡曹操的人，可是刘豫州刚刚失败，怎么能抵抗这场灾祸呢？”诸葛亮说：“刘豫州的军队虽然在长坂战败，但如今回归的士兵加上关羽的水军仍有精兵一万人，刘琦集结江夏的士兵也不下一万人。曹操的部众远道而来，已疲乏不堪，听说追击刘豫州，轻装骑兵一日一夜行军三百多里，这正是所谓的‘强弩射出的箭，到了末尾连鲁国的薄绸也穿不透’。所以《兵法》以此为忌讳，说：‘一定会使上将军受挫。’而且北方人不习水战；荆州的民众依附曹操，是被武力所逼迫罢了，不是真心臣服。如今将军

是时，曹操遗权书曰："近者奉辞伐罪，旌麾南指，刘琮束手。今治水军八十万众，方与将军会猎于吴。"权以示臣下，莫不响震失色。长史张昭等曰："曹公，豺虎也，挟天子以征四方，动以朝廷为辞；今日拒之，事更不顺。且将军大势可以拒操者，长江也；今操得荆州，奄有其地，刘表治水军，蒙冲斗舰乃以千数，操悉浮以沿江，兼有步兵，水陆俱下，此为长江之险已与我共之矣，而势力众寡又不可论。愚谓大计不如迎之。"鲁肃独不言。权起更衣，肃追于宇下。权知其意，执肃手曰："卿欲何言？"肃曰："向察众人之议，专欲误将军，不足与图大事。今肃可迎操耳，如将军不可也。何以言之？今肃迎操，操当以肃还付乡党，品其名位，犹不失下曹从事，乘犊车，从吏卒，交游士林，累官故不失州郡也。将军迎操，欲安所归乎？愿早定大计，莫用众人之议也！"权叹息曰："诸人持议，甚失孤望。今卿廓开大计，正与孤同。"

（以上第八段，写鲁肃与诸葛亮定计，以结盟说孙权，曹操东下逼使孙权下决心，推动了孙刘结盟。）

时周瑜受使至番阳，肃劝权召瑜还。瑜至，谓权曰："操虽托名汉相，其实汉贼也。将军以神武雄才，兼仗父兄之烈，割据江东，地方数千里，兵精足用，英雄乐业，当横行天下，为汉家除残去秽；况操自送死，而可迎之邪！请为将军筹之：今北土未平，马超、韩遂尚在关西，为操后患；而操舍鞍马，仗舟楫，与吴、越争衡；今又盛寒，马无藁草；驱中国士众远涉江湖之间，不习水土，必生疾病。此数者用兵之患也，而操皆冒行之，将军禽操，宜在今日。瑜请得精兵数万人，进住夏口，保为将军破之！"权曰："老贼欲废汉自立久矣，徒忌二袁、吕布、刘表与孤耳；今数雄已灭，惟孤尚存。孤与老贼势不两立，君言当击，甚与孤合，此天以君授孤也。"因拔刀斫前奏案曰："诸将吏敢复有言当迎操者，与此案同！"乃罢会。

是夜，瑜复见权曰："诸人徒见操书言水步八十万而各恐慑，不

如能命猛将统兵数万，与刘豫州齐心合力，一定能打败曹操的军队。曹操的军队被打败，一定退还北方；如果这样，那么荆、吴的势力就强大起来，三足鼎立的形势便形成了。成败的关键，就在今天！”孙权非常高兴，就召集部属商议。

这时，曹操派人送信给孙权，说：“近来奉天子之命讨伐叛逆，旌旗向南一指，刘琮束手投降。如今整治水军八十万，将和将军在吴地的打猎场上相见。”孙权把信拿给部属们看，个个惊慌失色。长史张昭等说：“曹公是豺狼虎豹，挟天子征讨四方，动不动就说是朝廷的命令；今天抗他，事情就更加不顺。况且将军可以用来抵抗曹操最大的形势就是长江。现在曹操得到荆州，占领了这块地方，刘表训练的水军，蒙冲战舰就数以千计，曹操调动全部战船顺江东下，加上步兵，水陆并进，这样，所谓长江天险曹操已和我们共有了，而势力的大小又不能相提并论。我们认为最好的办法是归降曹操。”只有鲁肃一言不发。孙权起身上厕所，鲁肃追赶到屋檐下，孙权知道他有话要说，就握着鲁肃的手说：“你想说什么？”鲁肃说：“我刚才观察了一下众人的言论，全都是误导将军，完全不能与他们共谋大事。现今我鲁肃可以迎接曹操，将军就不能。为什么这么说呢？现今我鲁肃迎接曹操，曹操会让我回到乡里，评定我的名声和地位，至少还可以当一个下曹从事，可以乘坐牛车，有吏卒跟随，交结名流贤士，步步升迁，还能做到州郡的长官。将军迎接曹操，打算到哪里安身呢？希望早点确定大计，切莫采用众人的意见！”孙权感叹说：“那些人的议论，让我太失望，现在你阐述的大计，正与我的想法相同。”

这时周瑜奉命来到番阳，鲁肃劝孙权召周瑜回来。周瑜回来后，对孙权说：“曹操虽然名义上是汉朝宰相，实际是一个窃国大盗。将军凭着神武雄才，再依仗父兄的基业，割据江东，纵横几千里，军队精锐足以用力，英雄豪杰乐于效命，应当横扫天下，为汉朝铲除妖孽，现在曹操自来送死，怎么可以迎接他呢？请求让我替将军筹划一下吧。现今北方境内还未平定，马超、韩遂尚在关西，这是曹操的后患；而曹操抛开骑兵，依仗水军，想跟吴、越人争高下；眼下正是寒冬，战马没有草料；驱赶中原的士兵远来南方的江湖，水土不服，一定会生疾病。这几点都是用兵的大忌，而曹操都冒险进行，将军擒获曹操，时机就在今天！我请求统领几万精兵，进驻夏口，保证为将军打败曹军！”孙权说：“曹操这个老贼想废汉自立已经很久了，只是害怕袁氏兄弟、吕布、刘表和我罢了；如今那几位英雄已被他歼灭，只有我还在。我和老贼势不两立，你说应当迎击，同我的意见完全相合，这是上天把你赐给我的啊。”孙权乘势拔出佩刀砍向面前的案几，大声说：“各位将官有胆敢再说应当迎降曹操的，跟这张案几一样！”于是散会。

当天夜晚，周瑜又见孙权说：“众人只是看到曹操信中说有水军步兵八十万，却

复料其虚实，便开此议，甚无谓也。今以实校之，彼所将中国人不过十五六万，且已久疲；所得表众亦极七八万耳，尚怀狐疑。夫以疲病之卒御狐疑之众，众数虽多，甚未足畏。瑜得精兵五万，自足制之，愿将军勿虑！”权抚其背曰：“公瑾，卿言至此，甚合孤心。子布、元表诸人，各顾妻子，挟持私虑，深失所望；独卿与子敬与孤同耳，此天以卿二人赞孤也。五万兵难卒合，已选三万人，船粮战具俱办。卿与子敬、程公便在前发，孤当续发人众，多载资粮，为卿后援。卿能办之者诚决，邂逅不如意，便还就孤，孤当与孟德决之。”遂以周瑜、程普为左右督，将兵与备并力逆操；以鲁肃为赞军校尉，助画方略。

刘备在樊口，日遣逻吏于水次候望权军。吏望见瑜船，驰往白备，备遣人慰劳之。瑜曰：“有军任，不可得委署；傥能屈威，诚副其所望。”备乃乘单舸往见瑜曰：“今拒曹公，深为得计。战卒有几？”瑜曰：“三万人。”备曰：“恨少。”瑜曰：“此自足用，豫州但观瑜破之。”备欲呼鲁肃等共会语，瑜曰：“受命不得妄委署；若欲见子敬，可别过之。”备深愧喜。

进，与操遇于赤壁。

（以上为第九段，写孙权大将周瑜主战，分析曹军虚实，坚定了孙权抗击曹操的决心。双方相遇于赤壁。）

时操军众，已有疾疫。初一交战，操军不利，引次江北。瑜等在南岸，瑜部将黄盖曰：“今寇众我寡，难与持久，操军方连船舰，首尾相接，可烧而走也。”乃取蒙冲斗舰十艘，载燥荻、枯柴，灌油其中，裹以帷幕，上建旌旗，豫备走舸，系于其尾。先以书遗操，诈云欲降。时东南风急，盖以十舰最著前，中江举帆，余船以次俱进。操军吏士皆出营立观，指言盖降。去北军二里余，同时发火。火烈风猛，船往如箭，烧尽北船，延及岸上营落。顷之，烟炎张天，人马烧溺死者甚众。瑜等率轻锐继其后，雷鼓大震，北军大坏。操引军从华容道步走，遇泥泞，道不通，天又大风，悉使羸兵负草填之，骑乃得过。羸兵为人马所蹈藉，陷泥中，死者甚众。刘备、周瑜水陆并进，追操至南郡。时操军兼以饥疫，死者太半。操乃留征南将军曹仁、横野将军徐晃守江陵，折冲将军乐进

不再核计它的虚实，就瞎说迎降曹操，真没意思。现今据实核计，曹操率领的中原士兵不过十五六万，而且已经很疲困；所得到刘表的部众最多七八万，还都心怀疑虑。用疲惫的军队去统率疑虑的部众，人数虽然众多，也不值得害怕。我周瑜只要有精兵五万，就足够制服敌人，请将军不必忧虑！”孙权拍着周瑜的背说：“公瑾，你说的这些，很合我的心意。张昭、秦松众人，各自顾念妻子儿女，怀有私心，让人大失所望。只有你和鲁肃与我同心，这是上天派你们两人来帮助我。五万人难以一时聚结，已经挑选了三万人，船只、粮食、武器装备都备齐了。你和鲁肃、程普在前面出发，我将继续征调人马，多运辎重粮草，作为你的后援。你能对抗曹操就跟他决战，交战不如意，就回到我这里，我将跟曹操决一雌雄。”于是孙权任命周瑜、程普为左、右督，率兵与刘备合力迎击曹操。又委派鲁肃当赞军校尉，帮助制定战略方案。

刘备驻屯樊口，每天派巡逻兵到江边眺望，等候孙权的军队。巡逻兵看到了周瑜的船队，飞驰回营报告刘备，刘备派人慰劳周瑜。周瑜说：“我军务在身，无法离开岗位，倘若刘豫州能屈尊光临，这是我希望的。”刘备只好乘一只小船去见周瑜，说：“如今抵抗曹公，是很正确的决定。你有多少战士？”周瑜说：“三万人。”刘备说：“可惜少了点。”周瑜说：“已足够了，刘豫州就看我打败曹军吧。”刘备想叫来鲁肃等共同会见，周瑜说：“他有军务在身，如果想见他，你可以辞别另去拜访他。”刘备听了这话深感惭愧，但又高兴。

周瑜继续前进，与曹操在赤壁相遇。

当时曹操的军队，已发生了疾疫。刚一开战，曹军失利，退军停驻江北。周瑜驻军江南，周瑜的部将黄盖说：“如今敌众我寡，难以持久。曹操军队正在把船舰连在一起，首尾相接，可以放火攻击赶走它。”于是用蒙冲战舰十艘，载着干荻和枯柴，把油灌在里面，外面裹上帷幕，插上旌旗，准备好快船，系在船尾。黄盖事先写信给曹操，谎称想投降。这时刮起了紧急的东南风，黄盖指挥十艘蒙冲舰行驶在最前面，到江心升起船帆，其余的船依次鱼贯前行。曹操军队的官兵都出营站立观看，用手指着来船说是黄盖来投降。黄盖离江北曹军二里多路时，同时点火，火烈风猛，火船箭一般地飞驰过去，烧光了江北的敌船，大火一直延烧到岸上的军营。顷刻间，烈火浓烟，遮天蔽日，人马被烧死淹死的非常多，周瑜等率领轻装精锐部队跟随其后，战鼓如雷，曹军大败。曹操率军从华容道徒步逃走，道路泥泞，难以通过，这时天气又刮起了大风，曹操让老弱残兵背草垫路，骑兵才得以通过。老弱

守襄阳，引军北还。

周瑜、程普将数万众，与曹仁隔江未战。甘宁请先径进取夷陵，往，即得其城，因入守之。益州将袭肃举军降，周瑜表以肃兵益横野中郎将吕蒙。蒙盛称“肃有胆用，且慕化远来，于义宜益，不宜夺也。”权善其言，还肃兵。曹仁遣兵围甘宁。宁困急，求救于周瑜，诸将以为兵少不足分，吕蒙谓周瑜、程普曰：“留凌公绩于江陵，蒙与君行，解围释急，势亦不久。蒙保公绩能十日守也。”瑜从之，大破仁兵于夷陵，获马三百匹而还。于是将士形势自倍，瑜乃渡江，屯北岸，与仁相拒。十二月，孙权自将围合肥，使张昭攻九江之当涂，不克。

刘备表刘琦为荆州刺史，引兵南徇四郡，武陵太守金旋、长沙太守韩玄、桂阳太守赵范、零陵太守刘度皆降。庐江营帅雷绪率部曲数万口归备。备以诸葛亮为军师中郎将，使督零陵、桂阳、长沙三郡，调其赋税以充军实；以偏将军赵云领桂阳太守。

益州牧刘璋闻曹操克荆州，遣别驾张松致敬于操。松为人短小放荡，然识达精果。操时已定荆州，走刘备，不复存录松。主簿杨修白操辟松，操不纳；松以此怨，归，劝刘璋绝操，与刘备相结，璋从之。

习凿齿论曰：昔齐桓一矜其功而叛者九国；曹操暂自骄伐而天下三分。皆勤之于数十年之内而弃之于俯仰之顷，岂不惜乎！

（以上为第十段，写赤壁之战，曹操战败北还，荆州三分，曹孙刘各占其一，因此三分天下的序幕，由此拉开。）

曹操追念田畴功，恨前听其让，曰：“是成一人之志而亏王法大制也。”乃复以前爵封畴。畴上疏陈诚，以死自誓。操不听，欲引拜之，至于数四，终不受。有司劾畴：“狷介违道，苟立小节，宜免官加刑。”操下世子及大臣博议。世子丕以“畴同于子文辞禄，申胥逃赏，宜勿夺以优其节”。尚书荀彧、司隶校尉钟繇，亦以为可听。操犹欲侯之，畴素与夏侯惇善，操使惇自以其情喻之。惇就畴宿而劝之，畴揣知其指，不复发言。惇临去，固邀畴，畴曰：“畴，负义逃窜之人耳；蒙恩全活，为幸多

残兵被人马踩踏，陷入泥潭中死的很多。刘备、周瑜水陆并进，追击曹操直到南郡。这时曹军又饿又病，死的人过半。曹操就留下征南将军曹仁、横野将军徐晃守卫江陵，折冲将军乐进守襄阳，自己率领军队回到北方。

周瑜、程普率领几万部众，与曹仁隔江对峙，还没有开战。甘宁请求先直接进军夷陵，他于是率军前往，随即攻下夷陵城，便进城防守。益州的将领袭肃率军来降，周瑜上表把袭肃的部众增加给横野中郎将吕蒙。吕蒙称赞说："袭肃有胆识，况且又仰慕归化远道来降，道义上应增加他的部众，不应吞并他的人马。"孙权认为吕蒙的话有道理，归还袭肃的部众。曹仁派出军队包围甘宁，甘宁被围困，形势危急，向周瑜求救，各位将领认为兵太少不够分派增援，吕蒙对周瑜、程普说："留下凌统在江陵，我与你同去，解围救急，要不了多长时间，我保证凌统能坚守十天。"周瑜听从了吕蒙的建议，在夷陵打败了曹仁的军队，缴获战马三百匹后回师。于是将士士气倍增，周瑜渡过长江，驻军北岸，跟曹仁对峙。十二月，孙权亲自率兵包围合肥，又派出张昭进攻九江的当涂，但没能攻下。

刘备上表推举刘琦为荆州刺史，带兵向南攻战四郡，武陵太守金旋、长沙太守韩玄、桂阳太守赵范、零陵太守刘度都投降。庐江营帅雷绪率领部众几万人归顺刘备。刘备任命诸葛亮为军师中郎将，让他监督零陵、桂阳、长沙三郡，征收三郡的赋税用来充实军备。委派偏将军赵云兼任桂阳太守。

益州牧刘璋听说曹操占领荆州，派别驾张松向曹操致敬。张松身材矮小，行为放浪，但见识高远、精明果断。曹操当时已平定荆州，赶跑了刘备，不再关怀礼待张松。主薄杨修劝曹操征辟张松，曹操没有采纳。张松因此怨恨，回到成都，就劝刘璋跟曹操断绝关系，与刘备结成同盟，刘璋听从了。

> 习凿齿评论说：从前齐桓公一旦夸耀功劳，而使九国叛离；曹操片刻的骄傲自大，而使天下三分。这都是花费了几十年辛勤经营的大业毁于旦夕之间，怎不可惜！

曹操追念田畴的功劳，后悔以前听从了田畴的推辞，说："这是成就了一人的志向而使王法制度受损。"于是再次用从前的爵位册封田畴。田畴上奏疏表达自己诚心，发誓宁死不受。曹操不同意，想逼迫他接受，以至于往返多次，田畴始终不受。有关部门弹劾田畴说："田畴自视清高，违逆大道，只图个人小节，应免除官职，加以处罚。"曹操把这事交付长子和大臣们广泛讨论。长子曹丕认为："田畴的行为，跟从前楚国的子文推辞俸禄，申包胥逃避赏赐一样，应该不夺取他的志向，还要表扬他的节操。"尚书荀彧、司隶校尉钟繇，也认为可以听从田畴的选择。曹操还想给

矣，岂可卖卢龙之塞以易赏禄哉！纵国私畴，畴独不愧于心乎！将军雅知畴者，犹复如此，若必不得已，请愿效死，刎首于前。”言未卒，涕泣横流。惇具以答操，操喟然，知不可屈，乃拜为议郎。

操幼子仓舒卒，操伤惜之甚。司空掾邴原女早亡，操欲求与仓舒合葬，原辞曰：“嫁殇，非礼也。原之所以自容于明公，公之所以待原者，以能守训典而不易也。若听明公之命，则是凡庸也，明公焉以为哉！”操乃止。

孙权使威武中郎将贺齐讨丹阳黟、歙贼。黟帅陈仆、祖山等二万户屯林历山，四面壁立，不可得攻，军住经月。齐阴募轻捷士，于隐险处，夜以铁戈拓山潜上，县布以援下人。得上者百余人，令分布四面，鸣鼓角，贼大惊，守路者皆逆走，还依众，大军因是得上，大破之。权乃分其地为新都郡，以齐为太守。

（以上为第十一段，写田畴辞封，邴原守义，孙权镇抚山越。）

田畴封侯。田畴一向跟夏侯惇友善，曹操就派夏侯惇去用友情劝说田畴。夏侯惇到田畴的住处劝说田畴，田畴知道他的意思，不再说话。夏侯惇临走时，坚决邀请田畴受命，田畴说："我田畴只是个负义避难的人罢了；承蒙恩惠保全性命，已经是很幸运了，怎么能靠出卖卢龙塞来换得封赏俸禄呢？纵使朝廷信任我田畴，难道我就不羞愧了吗？将军是一向理解我的，还要这样来逼迫我，如果一定这样，我没别的办法，情愿一死，我就把头割在你的面前。"话没说完，已经泪流满面。夏侯惇把情况如实报告曹操，曹操喟然慨叹，知道田畴不会屈从，于是任命他为议郎。

曹操的小儿子曹仓舒死了，曹操非常痛心。司空掾邴原的女儿早逝，曹操想请求把她与仓舒合葬。邴原拒绝说："给夭亡的人配婚，不合礼制。我邴原之所以能为明公接受，明公之所以能厚待我邴原，是因为我能遵守古训圣典而不改变。如果接受明公的命令，那么我就是平庸之辈，明公认为是这样的吗？"曹操只好作罢。

孙权派武威中郎将贺齐征讨丹阳郡黟县、歙县的贼寇。黟县的首领陈仆、祖山等率领两万户驻屯林历山，四周悬崖峭壁，无法进攻，军队屯驻了一个月。贺齐暗地招募身手灵敏的壮士，隐蔽在险要的地方，夜里用铁戈开凿岩缝秘密上山，然后悬下布条把下面的人拉上去。一共上了一百多人，他们散布在四面，擂响战鼓，吹起号角，贼寇大惊，把守路口的人都往回跑，依附大部队，贺齐的大军于是得以上山，大破贼寇。孙权就把黟、歙两县分为六个县，设立新都郡，任命贺齐做太守。

【点评】

本卷最值得点评的，有两件事情，一是隆中对策，二是赤壁之战。

一、隆中对策。刘备在未得诸葛亮之前，转战了二十多年，先后依附过公孙瓒、陶谦、曹操、袁绍、刘表，两次得徐州，又两次失掉徐州，没有立足之地，势单力薄，寄人篱下，屯驻新野。公元207年，刘备在徐庶与司马徽的推荐下，“三顾茅庐”请出了诸葛亮，事业才有了转机。可以说，没有诸葛亮，就没有蜀汉。如此重要的人物出场，正是小说家的用武之地。《三国演义》重笔描写刘备、关羽、张飞一行，从年底直到来年阳春三月，历时数月，“凡三往”才见到了诸葛亮。第三次，刘备到了茅庐，进了草堂，又值诸葛亮正在睡眠，刘备不忍惊醒，又立等了数个时辰，气得张飞要放火烧房子。诸葛亮其实是故意观察，考验刘备的诚心，就如同战国时魏公子请侯嬴，侯嬴故意如市井中怠慢魏公子一样。诸葛亮摆够了架子，才肯相见，刘备也礼敬之极。当时诸葛亮二十七岁，刘备已四十七岁，两人相差了二十岁，刘备又是一个饱经风霜，身为帝室之胄的大人物。刘备并不因诸葛亮年轻而怠慢，他思贤若渴，推心置腹，诚问当今时势。诸葛亮被感动了，幸遇明主，把满肚子才学和盘托出。这一君臣相知的场面，“三顾茅庐”的故事成为中国历史上明主求贤的经典故事流传下来。小说家的悬拟与遥情想象，人们深信不疑。

诸葛亮的“隆中对策”分析大势说：“曹操已拥兵百万，‘挟天子以令诸侯’，实在不可同他争锋。孙权占据江东，已经历了三代，地险民附，又有贤能之士为他效劳。因此，江东只可联合，而不可去谋取。”那么，刘备的出路在哪里呢？“荆州四通八达，是一个用武的地方。但刘表却没有能力守住它，这大概是上天留给将军的机会吧！还有益州，地势险要，沃野千里，号称天府之国，汉高祖就是凭借这块地方建立了帝业。但益州之主刘璋昏庸无能，加上北面张鲁的威胁，不知道怎样治理。那里的智能之士，都希望得到一个贤明的君主。将军如果你占有了荆益，据险防守，西和诸戎，南抚夷越，外结孙权，内修政理，天下一旦有变，就可两路出击。荆州之师直捣宛洛，益州之众北出关中。到那时，老百姓谁能不带着好饭美酒欢迎你呢？如果真能这样，那么将军的事业可以成功，衰颓的汉朝就可以复兴了。”

一般认为，诸葛亮的“隆中对策”是预见了天下三分，这是不对的。如果是“预见”，那就是说天下三分是“必然”。纵观中国历代兴亡交替，都是旧王朝衰落，天下大乱，群雄割据混斗，能者得鹿，一统天下诞生新王朝。东汉末群雄纷争，经过三国鼎立而后统一，在中国历史上只有一次，说明它是偶然。因此，三国鼎立是人为的规划。诸葛亮的“隆中对策”是人为规划三分。三国鼎立的形成有多种因素。第一是汉末人才三分，曹操没有笼尽天下英雄，例如诸葛亮、庞统就不北上投曹操。人才三分是第一要素。第二曹操、刘备、孙权，都是人杰，正是棋逢对手，谁也吃

不掉谁。第三地理三分，长江天险，划分南北，荆州居长江中游，截分长江上下游，刘表、刘璋的经营给刘备保留了用武之地。诸葛亮正是看到了这样的形势发展，利用古代天时、地利、人和三要素进行形势分析，才得出了天下可以三分的蓝图。此时，江东恰好有个鲁肃，也看到了这张蓝图，向孙权提出，于是有鲁肃与诸葛亮的葛鲁之谋，孙权又是一个识时务的俊杰，他的赞同才有了孙刘联盟。赤壁之战，曹操又犯了错误，不听从程昱、贾诩等谋士的建言，冒进赤壁，推动了孙刘联盟。诸多因素，在赤壁之战中交错，拉开了天下三分的序幕。诸葛亮规划三分的透彻分析，使刘备顿开茅塞，十分高兴。刘备诚恳地请诸葛亮出山辅佐，诸葛亮慨然允诺。二十七岁的诸葛亮走上了政治征途。

诸葛亮一到刘备军中，立即着手扩编军队。他建议刘备用清查游户的办法，迅速把几千人的部队扩大到几万人，成为以后转战各地建立蜀汉的基本力量。

二、赤壁之战。此战孙刘联军以少胜众，以弱胜强，起关键作用的是两个人。一是诸葛亮临危受命，出使江东达成了孙刘联盟，一是周瑜临危受命，统兵出战，打败了曹操。两者缺一不可。曹操奉旨伐罪，以顺讨逆，政治上占了上风。周瑜可以打出“操虽托名汉相，其实汉贼”的旗号，则孙权抗击曹操是清君侧。但打出这个旗号，没有刘备参加是名不正、言不顺的。由于刘备受衣带诏讨贼，有了刘备，曹操就成了汉贼。此外，刘备在荆州驻屯六七年，很有人望，联军有了刘备，曹操所得荆州之兵，就成了狐疑之众，大大丧失战斗力。这正如孙权所说：“非刘豫州莫可以当曹操者。”但孙刘素未有交道，而且孙权志在夺荆州，所以“隆中对策”提出刘备联孙抗曹，只是一厢情愿的事。而历史变化出人意料。曹操兵不血刃下荆州，志得意满，盲目东下发动赤壁之战。曹操给孙权送去了战书。当时曹操声威远播，江东震动。孙权柴桑行营，一片主和声。孙权在和与战之间犹豫不决，眼看江东自身难保。在这危急时刻，诸葛亮受命出使江东，订立同盟，共拒曹操，实际上是引江东之兵击退曹操，为刘备夺荆州，这是多么艰难的使命！如果孙权降曹，诸葛亮将被扣为人质，成为曹操的俘虏。诸葛亮冒难而行，圆满地完成了使命。孙权答应，打败曹操，荆州归刘，这显示了诸葛亮不平凡的外交才干。

诸葛亮在江东是如何说动孙权的呢？他针对孙权观望不决的态度，分析形势，智激孙权。诸葛亮说：“现在曹操已统一了北方，又攻破了荆州，提兵对着江东而来。孙将军考虑一下自己的力量，如果能够对抗曹操，就应马上和他断绝关系；如不能对敌，趁早投降。现在孙将军外托服从之名，内心却犹豫不决，紧急关头做不出决断，大祸就要来临了。”孙权听了很不高兴，一下变了脸色，讥讽说：“照你说来，刘备为何不投降呢？”诸葛亮趁势接着话茬说：“刘将军是大汉王室的后代，英才盖世，天下士人仰慕他就像江河归大海一样。如果事业不成，只是天意，刘将军

哪能跪拜在曹操脚下呢？”诸葛亮这一席话既是激使孙权振奋，同时又是警告孙权不能屈抑刘备。要联合必须是平等的联合，共抗曹操，就要承认刘备是荆州的主人。诸葛亮最后分析敌我友三方实力，指出共拒曹操胜利的前景。曹军虽众，远来疲惫，已成强弩之末。刘备尚有精甲两万，又是荆州人望，是一支不可轻视的力量。诸葛亮说：“孙将军如能派猛将统兵数万，和刘将军同心协力，一定能够打败曹操。曹操兵败必然北逃，到那时，刘孙两家势力增强，鼎足的局面就形成了。成败之机，在于今日。”孙权英睿明智，大敌当前，他认识到“除了刘备，再也没有敢与曹操抗衡的了”，不得不做出让步，同意鼎足三分，发兵拒操。赤壁之战后，孙权履行了诺言，借荆州给刘备。曹操听到这消息，他正在写字，大吃一惊，把笔掉落在地上。

赤壁之战，孙刘联军统帅是周瑜。当时周瑜 34 岁，风华正茂，建立赤壁之战大捷的奇功，春风得意可知。宋代大诗人苏东坡《赤壁怀古》盛赞周瑜赤壁建功，说：“遥想公瑾当年，小乔初嫁了，雄姿英发。羽扇纶巾，谈笑间，樯橹灰飞烟灭。”羽扇纶巾，是何等的风流儒雅。戏剧舞台上，常见摇羽扇的诸葛亮，其实这是苏东坡盛赞周瑜的形象，艺术家换在了诸葛亮身上。

曹操东下，给孙权下战书，号称八十万众。孙权帐下，以张昭为首的文臣认为曹操挟天子以令诸侯，不可抗拒，极力主张投降。结论是只有投降这一条路。张昭既是文臣之首，他的主张代表了多数人的心情。周瑜挺身而出，力排众议，驳斥了这种投降的论调。他首先指出，“操虽托名汉相，其实汉贼也”。既然是汉贼，那么为汉王朝讨贼，自然是正义之师。这在政治上与精神上建立了支柱，在理论上名正言顺，有了根据，以此号召天下，可以取得更广泛的支持。从眼前来说，正是鼓舞士气，同仇敌忾，为孙氏政权效死而战的机会，是一个立场的大问题。接着他说：“将军以神武雄才，兼仗父兄之烈，割据江东，地方数千里，兵精足用，英雄乐业，应当横行天下，为汉家除残去秽；况操自送死，而可迎之邪？”周瑜这番话，正是针对孙权及群臣胆怯心理而发的。但这并未完全解除孙权的担忧。接着他又指出操军不利的四个方面：一、北土未安，操有后患；二、北方步卒，不习水战；三、战线太长，供应不济；四、北兵不习水土，必生疾病。周瑜透过曹军强大的表面现象，洞悉了曹军虚弱的本质，故而得出了正确的结论：“此数者用兵之患也，而操皆冒行之，将军禽操，宜在今日。瑜请得精兵数万人，进住夏口，保为将军破之！”孙权听了周瑜精辟的分析，解除了顾虑，信心倍增，精神大振，说：“孤与老贼势不两立。”猛地拔出佩刀向奏案斫去，大声说：“诸将吏敢复有言当迎操者，与此案同！”孙权表明了自己的决心，并决定联合刘备，共破曹操。

为了坚定孙权的抗曹决心，周瑜单独面见孙权，进一步分析双方的力量对比。周瑜说：“曹操下战书，声称八十万，完全是虚张声势，就把张子布等吓住了。实际

上，曹操只有十五六万人，已经十分疲乏，所得七八万荆州水军，尚未心服。曹操用疲病之卒，驱赶着狐疑之众来和东吴较量，是来送死。主公给我五万精兵，就足以对付曹操了。”周瑜这一席话使孙权彻底安下心来，他说：“五万兵一时难以聚合，你先领三万兵前去对敌，我领大军继后。”孙权于是任命周瑜为左督，程普为右督，领兵三万，与曹军在赤壁山（今湖北赤壁市西北）隔江对峙。

周瑜认为以少胜众只可智取，不可力敌。他趁曹军初到水上，还不习水战，且又在行进中没有准备应战，突然向曹军发起了进攻，打了一个胜仗。初战胜利，大大鼓舞了江东士气。曹操停止了前进，把大军收缩在江北，又下令把战船用铁链连接起来，在上边加紧训练士卒。周瑜又用黄盖诈降计，火攻曹军。曹军此役损失惨重，只得退回北方。孙刘联军经过了一年的征战，刘备得了江南四郡，周瑜占了江北的南郡、江夏郡，曹操保有襄阳郡，曹孙刘三分荆州，三国鼎立的局面初步形成。

汉纪五十八

汉献帝建安十四年至十八年（209—213 年）

【起屠维赤奋若（己丑，209 年），尽昭阳大荒落（癸巳，213 年），凡五年】

【大事提要】

本卷记事起公元 209 年，讫公元 213 年，凡五年，当汉献帝建安十四年至建安十八年。赤壁之战后，曹孙刘三家三分荆州。刘备入吴借得南郡，壮大了势力，孙刘进入联盟的蜜月期，南北势均，三方又忙于内务，故五年间没有大的战役。孙权建立巩固了江北防线，臣服了岭南地区。曹操破关西马超、韩遂，平息河北关中民变，巩固了对北方的统治，加紧了代汉步伐。曹操加九锡，封魏公，增邑冀州，荀彧不满，忧愁而死。刘备入蜀，从葭萌回军攻取益州。

【原文】

孝献皇帝辛

建安十四年（己丑，209 年）

春，三月，曹操军至谯。

孙权围合肥，久不下。权率轻骑欲身往突敌，长史张纮谏曰："夫兵者凶器，战者危事也。今麾下恃盛壮之气，忽强暴之虏，三军之众，莫不寒心。虽斩将搴旗，威震敌场，此乃偏将之任，非主将之宜也。愿抑贲、育之勇，怀霸王之计。"权乃止。

曹操遣将军张喜将兵解围，久而未至。扬州别驾楚国蒋济密白刺史，伪得喜书，云步骑四万已到雩娄，遣主簿迎喜。三部使赍书语城中守将，一部得入城，二部为权兵所得。权信之，遽烧围走。

秋，七月，曹操引水军自涡入淮，出肥水，军合肥，开芍陂屯田。

冬，十月，荆州地震。

十二月，操军还谯。

庐江人陈兰、梅成据灊、六叛，操遣荡寇将军张辽讨斩之，因使辽与乐进、李典等将七千余人屯合肥。

周瑜攻曹仁岁余，所杀伤甚众，仁委城走。权以瑜领南郡太守，屯据江陵；程普领江夏太守，治沙羡；吕范领彭泽太守；吕蒙领寻阳令。刘备表权行车骑将军，领徐州牧。会刘琦卒，权以备领荆州牧，周瑜分南岸地以给备。备立营于油口，改名公安。

权以妹妻备。妹才捷刚猛，有诸兄风，侍婢百余人，皆执刀侍立，备每入，心常凛凛。

曹操密遣九江蒋干往说周瑜。干以才辨独步于江、淮之间，乃布衣葛巾，自托私行诣瑜。瑜出迎之，立谓干曰："子翼良苦，远涉江湖，为曹氏作说客邪！"因延干，与周观营中，行视仓库、军资、器仗讫，还饮宴，示之侍者服饰珍玩之物。因谓干曰："丈夫处世，遇知己之主，外

【语译】

孝献皇帝辛

汉献帝建安十四年（己丑，209年）

春季，三月，曹操还军到达谯县。

孙权攻围合肥，久久不能拿下。孙权想亲自率领轻装骑兵突击敌阵，长史张纮劝谏说："兵器是不吉利的东西，战争是危险的事情，现今将军您凭着一股盛壮的勇气，轻视强暴的敌人，全军将士没有不胆战心惊的。将军即使斩杀了敌将，夺取了军旗，威震敌军，这只不过是偏将的任务，不是主将应该做的。希望将军能节制自己像孟贲、夏育那样的勇气，而要在心里怀抱霸王的大计。"孙权打消了亲自袭击的念头。

曹操派将军张喜领兵去解合肥之围，过了很久仍未到达。扬州别驾楚国人蒋济秘密地向刺史建议，假称得到张喜的书信，说有步兵骑兵四万人已经到达雩娄县，派出主簿去迎接张喜。另外，又派了三批使者带着这假消息的书信去通知城中守将，只有一批人得以进城，另外两批人被孙权的部下俘虏，孙权相信了这个假情报，就烧毁了围城的营寨，撤退了。

秋季，七月，曹操率领水军从涡水进入淮水，在肥水上岸，驻兵合肥，开垦芍陂，实行屯田。

冬季，十月，荆州发生地震。

十二月，曹操率领军队回到谯县。

庐江人陈兰、梅成占据灊县、六安叛乱，曹操派荡寇将军张辽去讨伐，杀了陈兰等人。于是便让张辽和乐进、李典等率领七千多人驻守合肥。

周瑜攻打曹仁一年多，曹仁的军队伤亡严重，于是弃城逃走。孙权派周瑜兼任南郡太守，留守江陵；程普兼任江夏太守，在沙羡设置郡府；吕范兼任彭泽太守；吕蒙兼任寻阳县令。刘备上表推举孙权代行车骑将军事务，兼任徐州牧。这时恰好刘琦去世，孙权推举刘备兼任荆州牧，周瑜把长江南岸的江陵地方给了刘备。刘备在油口建营，改名为公安。

孙权把妹妹嫁给刘备。孙权的妹妹才思灵敏，性情刚烈，有兄长们的风度，侍女奴婢一百多人都带刀侍立左右，刘备每次入室，心中常常惊慌不安。

曹操秘密派出九江人蒋干前往游说周瑜。蒋干才能卓越，擅长辩论，在江淮一带数一数二。蒋干受命，于是身穿布衣，头戴葛巾，自称是以个人交情去探望周瑜。周瑜出门迎接他，站着对蒋干说："子翼你辛苦了，远涉江湖而来，是替曹操做说客吧！"就邀请蒋干进帐，陪着蒋干一起参观军营，巡视仓库、军需物资、武器装备，

托君臣之义，内结骨肉之恩，言行计从，祸福共之，假使苏、张更生，能移其意乎！”干但笑，终无所言。还白操，称瑜雅量高致，非言辞所能间也。

丞相掾和洽言于曹操曰：“天下之人，材德各殊，不可以一节取也。俭素过中，自以处身则可，以此格物，所失或多。今朝廷之议，吏有著新衣、乘好车者，谓之不清；形容不饰、衣裘敝坏者，谓之廉洁。至令士大夫故污辱其衣、藏其舆服；朝府大吏，或自挈壶飧以入官寺。夫立教观俗，贵处中庸，为可继也。今崇一概难堪之行以检殊涂，勉而为之，必有疲瘁。古之大教，务在通人情而已；凡激诡之行，则容隐伪矣。”操善之。

（以上为第一段，写赤壁战后，孙权扩大战果，北进合肥，未能取胜。孙刘联盟进入蜜月期，刘备招亲孙氏。曹操派蒋干游说周瑜，未能得志。）

十五年（庚寅，210 年）

春，下令曰：“孟公绰为赵、魏老则优，不可以为滕、薛大夫。若必廉士而后可用，则齐桓其何以霸世！二三子其佐我明扬仄陋，唯才是举，吾得而用之！”

二月，乙巳朔，日有食之。

冬，曹操作铜爵台于邺。

十二月，己亥，操下令曰：“孤始举孝廉，自以本非岩穴知名之士，恐为世人之所凡愚，欲好作政教以立名誉，故在济南，除残去秽，平心选举。以是为强豪所忿，恐致家祸，故以病还乡里。时年纪尚少，乃于谯东五十里筑精舍，欲秋夏读书，冬春射猎，为二十年规，待天下清乃出仕耳。然不能得如意，征为典军校尉，意遂更欲为国家讨贼立功，使题墓道言‘汉故征西将军曹侯之墓’，此其志也。而遭值董卓之难，兴举义兵。后领兖州，破降黄巾三十万众；又讨击袁术，使穷沮而死；摧破袁绍，枭其二子；复定刘表，遂平天下。身为宰相，人臣之贵已极，意望已过矣。设使国家无有孤，不知当几人称帝，几人称王。或者人见孤强盛，又性不信天命，恐妄相忖度，言有不逊之志，每用耿耿，故为诸君陈道此言，皆肝鬲之要也。然欲孤便尔委捐所典兵众以还执事，归就

走遍吴军阵地，然后回帐设宴招待，向蒋干展览侍女、服饰以及珍奇玩物。周瑜趁机对蒋干说："大丈夫处世，能遇上知己的君主，对公依托的是君臣大义，对私却结下骨肉之情，言听计从，祸福同享，即使苏秦、张仪再生，能转移他的心意吗？"蒋干只是笑，始终没有说话。他返回向曹操报告，赞称周瑜宏阔大度，志向高远，不是能用言语可以离间的人。

丞相掾和洽进言曹操说："全天下的人，才能和品德不同，不可用一个标准来取舍。简朴过度，用来管束自己是可以的，但用此标准去管束一切的人，就会生出许多失误。如今朝廷的舆论是官吏中有穿新衣、乘用好车好马的人就被认为是腐败；外表不修边幅，穿着破旧的人就被认为是廉洁。以致士大夫故意弄坏自己的衣服，藏起车马、衣服；朝廷的高位大官，有的自己带着饮食到办公的官署。说到兴立教化视察民俗，最好使用中庸之道，才可以被仿效继承。现在推崇统一的标准，又实在让人难以施行，用这个标准来评价各种不同的人，勉强地实施，最后一定使人讨厌。古代的最好教化是务求通达人情而已；凡是偏激诡诞的行为，就会包藏虚伪的东西。"曹操非常赞赏和洽的意见。

汉献帝建安十五年（庚寅，210 年）

春季，曹操下令说："孟公绰做晋国赵、魏两家的元老还绰绰有余，但不能担任滕、薛两个小国的大夫。如果一定要廉洁之士才能使用，那么齐桓公将凭什么称霸于世呢？诸位要帮助我公开推荐那些出身寒微的人才，只要有才能就可推举，让我能够任用他们！"

二月初一日乙巳，发生日食。

冬季，曹操在邺城建造铜雀台。

十二月己亥日［十一月二十九日乙亥］，曹操下令说："我当初被推举为孝廉，自认本不是隐居岩穴的知名人士，恐怕世人把我当平庸之辈对待，想好好地管理政务、推行教化来建立自己的名誉，所以在济南，消除残暴，罢免污吏，公平地选举人才。因此被豪强怨恨，怕给家中招来灾难，所以托病返回乡里。当时年纪还轻，就在谯县城东五十里修建书斋，想秋夏时读书，冬春时打猎，制定了二十年的规划，等待天下清平时再出来做官。但不能如愿，被征为典军校尉，于是心中逐渐改变想法，要为国家讨伐叛贼建立功勋，使我的墓碑上能写道：'汉故征西将军曹侯之墓'，这就是我原来的抱负。恰巧碰上董卓的祸难，我就兴举义兵。后来任兖州刺史，打败收降了三十万黄巾军；又讨伐攻击袁术，使他穷困沮丧而死；摧毁打败袁绍，将他的两个儿子枭首示众；又征服了刘表，终于平定天下。我身为宰相，作为人臣的尊贵已达到极点，可以说超过了我的理想。假使国家没有我，不知将有几人称帝，

武平侯国，实不可也。何者？诚恐己离兵为人所祸，既为子孙计，又己败则国家倾危，是以不得慕虚名而处实祸也！然兼封四县，食户三万，何德堪之！江湖未静，不可让位；至于邑土，可得而辞。今上还阳夏、柘、苦三县，户二万，但食武平万户，且以分损谤议，少减孤之责也！”

（以上为第二段，写曹操下举贤令和明志令。）

刘表故吏士多归刘备，备以周瑜所给地少，不足以容其众，乃自诣京见孙权，求都督荆州。瑜上疏于权曰：“刘备以枭雄之姿，而有关羽、张飞熊虎之将，必非久屈为人用者。愚谓大计，宜徙备置吴，盛为筑宫室，多其美女玩好，以娱其耳目；分此二人各置一方，使如瑜者得挟与攻战，大事可定也。今猥割土地以资业之，聚此三人俱在疆埸，恐蛟龙得云雨，终非池中物也！”吕范亦劝留之。权以曹操在北，方当广揽英雄，不从。备还公安，久乃闻之，叹曰：“天下智谋之士，所见略同。时孔明谏孤莫行，其意亦虑此也。孤方危急，不得不往，此诚险涂，殆不免周瑜之手！”

周瑜诣京见权曰：“今曹操新败，忧在腹心，未能与将军连兵相事也。乞与奋威俱进，取蜀而并张鲁，因留奋威固守其地，与马超结援，瑜还与将军据襄阳以蹙操，北方可图也。”权许之。奋威者，孙坚弟子奋威将军、丹阳太守瑜也。

周瑜还江陵为行装，于道病困，与权笺曰：“修短命矣，诚不足惜；但恨微志未展，不复奉教命耳。方今曹操在北，疆埸未静；刘备寄寓，有似养虎；天下之事，未知终始，此朝士旰食之秋，至尊垂虑之日也。鲁肃忠烈，临事不苟，可以代瑜。傥所言可采，瑜死不朽矣！”卒于巴丘。权闻之哀恸，曰：“公瑾有王佐之资，今忽短命，孤何赖哉！”自迎其丧于芜湖。瑜有一女、二男，权为长子登娶其女；以其男循为骑都尉，妻以女；胤为兴业都尉，妻以宗女。

几人称王。有的人看到我强盛，我又生性不信天命，恐怕会胡乱地猜想，说我有不恭顺的野心，我每想到这些就心中不安，所以向诸位述说这些话，都是我的肺腑之言。然而想要我离开所统领的军队，回到我的封地武平侯国，实在是不可以的。为什么？我确实担心离开了军队会被人谋害，既是为子孙作想，又怕我失败了，国家就会灭亡，因此不能慕求虚名，惹来实祸！但册封我的四个县，食邑三万户，我有什么德行能配得上呢？孙、刘还在，不可让位；至于食邑封土，是可以辞让的。现在我交还国家阳夏、柘、苦三个县的两万户，只接受武平的一万户，姑且用来减轻对我的诽谤和指责。”

刘表先前的官吏、士人大多归从刘备，刘备因为周瑜给他的地方太少，容不下自己的部众，于是自己到京口拜见孙权，要求统管荆州。周瑜上奏疏给孙权说：“刘备凭着他枭雄的资本，而且有关羽、张飞等熊虎猛将，一定不会是一个长期屈从被人使用的人。我认为从大局考虑，应当把刘备迁到吴郡，为他修筑豪华住宅，多送他美女、玩物，娱乐他的耳目；把关羽、张飞两人各分一方，派出像我周瑜这样的将领去统率他们，挟持他们一起作战，这样一来，大事就可以办定了。如今把土地多多的让给他们作为资本，让这三人都聚合在国界之内，恐怕蛟龙得到云雨，终究不会是池中之物了。”吕范也劝孙权留下刘备。孙权认为曹操雄居北方，正应当广泛招纳英雄豪杰，没有听从。刘备回到公安，过了很久才听说这些情况，叹息说：“英雄所见略同。当时孔明劝我不要去，他也是想到这些。我正在危急关头，不能不去，这确实是险途，差点落入周瑜的手中！”

周瑜到京口拜见孙权，说：“现在曹操刚刚失败，担心内部有隐患，所以不能和将军交兵打仗。我请求和奋威一同进军，攻占蜀地，吞并张鲁，就留下奋威坚守在那里，与马超结成同盟，我回来和将军据守襄阳，用以紧逼曹操，这样就可以图谋北方了。”孙权接受这个意见。奋威是孙坚的侄儿孙瑜，任奋威将军、丹阳太守。

周瑜返回江陵准备行装，在路上病重，给孙权上呈一封信说：“人寿的长与短是个人的天命，实在不足以可惜。只恨我小小的志向还没有实现，不能再听取您的教诲，尊奉您的命令。当今曹操占领北方，疆界还不平静；刘备寄居国中，如同养虎；天下大事，不知道结局，这正是朝中百官发愤忘食的多事之秋，也是至尊您用尽心思的运筹之时。鲁肃生性忠烈，处理事情一丝不苟，可以代替我周瑜接任。假如我的建议能被采用，我虽死不朽！”周瑜在巴丘去世。孙权听到这一消息，非常悲痛，说：“公瑾有辅佐帝王的才干，如今忽然短命，我将依靠谁？”孙权亲自到芜湖迎接周瑜的灵柩。周瑜有一个女儿，两个儿子，孙权为长子孙登娶了他的女儿，任用周瑜长子周循为骑都尉，把女儿嫁给周循；任用周瑜次子周胤为兴业都尉，把同宗的

初，瑜见友于孙策，太夫人又使权以兄奉之。是时权位为将军，诸将、宾客为礼尚简，而瑜独先尽敬，便执臣节。程普颇以年长，数陵侮瑜，瑜折节下之，终不与校。普后自敬服而亲重之，乃告人曰：“与周公瑾交，若饮醇醪，不觉自醉。”

权以鲁肃为奋武校尉，代瑜领兵，令程普领南郡太守。鲁肃劝权以荆州借刘备，与共拒曹操，权从之。乃分豫章为番阳郡，分长沙为汉昌郡；复以程普领江夏太守，鲁肃为汉昌太守，屯陆口。

初，权谓吕蒙曰：“卿今当涂掌事，不可不学！”蒙辞以军中多务。权曰：“孤岂欲卿治经为博士邪！但当涉猎，见往事耳。卿言多务，孰若孤？孤常读书，自以为大有所益。”蒙乃始就学。及鲁肃过寻阳，与蒙论议，大惊曰：“卿今者才略，非复吴下阿蒙！”蒙曰：“士别三日，即更刮目相待，大兄何见事之晚乎！”肃遂拜蒙母，结友而别。

刘备以从事庞统守耒阳令，在县不治，免官。鲁肃遗备书曰：“庞士元非百里才也，使处治中、别驾之任，始当展其骥足耳！”诸葛亮亦言之。备见统，与善谭，大器之，遂用统为治中，亲待亚于诸葛亮，与亮并为军师中郎将。

（以上为第三段，写刘备入吴借荆州南郡和周瑜之死。）

初，苍梧士燮为交趾太守。交州刺史朱符为夷贼所杀，州郡扰乱，燮表其弟壹领合浦太守，䵋领九真太守，武领南海太守。燮体器宽厚，中国士人多往依之。雄长一州，偏在万里，威尊无上，出入仪卫甚盛，震服百蛮。

朝廷遣南阳张津为交州刺史。津好鬼神事，常著绛帕头，鼓琴、烧香，读道书，云可以助化，为其将区景所杀，刘表遣零陵赖恭代津为刺史。是时苍梧太守史璜死，表又遣吴巨代之。朝廷赐燮玺书，以燮为绥南中郎将，董督七郡，领交趾太守如故。巨与恭相失，巨举兵逐恭，恭走还零陵。

孙权以番阳太守临淮步骘为交州刺史，士燮率兄弟奉承节度。吴巨外附内违，骘诱而斩之，威声大震。权加燮左将军，燮遣子入质。由是

女儿嫁给周胤。

起初，周瑜受到孙策的友爱，太夫人又让孙权把周瑜当作兄长看待。当孙权接替孙策之时，他的职位只是将军，各位将领、宾客对孙权礼节还很简单，而只有周瑜最先对孙权毕恭毕敬，用臣属的礼节相待。程普自以为年长，多次怠慢周瑜，周瑜委屈谦下，始终不和他计较。程普后来打心眼敬佩周瑜，对周瑜很亲近，还告诉他人说："跟周公瑾交往，有如痛饮味美的醇酒一般，不知不觉就醉了。"

孙权任命鲁肃为奋武校尉，接替周瑜统兵，任命程普兼任南郡太守。鲁肃劝孙权把荆州借给刘备，与刘备共同对抗曹操，孙权听从了。于是分豫章郡的部分设立番阳郡；分长沙郡的部分设立汉昌郡；又让程普兼任江夏太守，鲁肃任汉昌太守，驻扎在陆口。

起初，孙权对吕蒙说："你现在当权管事，不能不学习。"吕蒙借口军中事务多而推卸，孙权说："我难道是要你去研读经典做博士吗？只是要你浏览翻一翻书，知道些往事罢了。你说事情多，比我还要多吗？我常常读书，自认为大有补益。"吕蒙这才开始读书。等到鲁肃经过寻阳时，与吕蒙交谈论事，大吃一惊，说："你今天的才智谋略，不再是当年吴郡时的那个吕蒙了！"吕蒙说："士别三日，就当刮目相看，老兄为何发现得这么晚呢？"鲁肃于是拜见吕蒙的母亲，和吕蒙结友告别。

刘备任命庞统去任职耒阳县令，庞统在县中不理政务，被罢免。鲁肃就写信给刘备说："庞士元不是一个治理百里之县的人才，把他放在治中、别驾的位置上，他才可能施展千里马的才华。"诸葛亮也这么说。刘备召见庞统，与他开怀畅谈，十分看重他。刘备于是任用庞统为治中，对他的亲近和待遇仅次于诸葛亮，又让他与诸葛亮一同任军师中郎将。

起初，苍梧人士燮任交趾太守。交州刺史朱符被夷人叛贼杀害，州郡混乱，士燮上表推举他的弟弟士壹兼任合浦太守。士䵋兼任九真太守，士武兼任南海太守。士燮性情仁厚，南来的中原士大夫多投靠他。士燮雄霸一州，偏居在边远万里的地方，威望尊严至高无上，出入时礼仪壮观，侍卫林立，当地各蛮族威慑臣服。

朝廷派出南阳人张津做交州刺史。张津迷信鬼神，常包着大红色的头巾，弹琴、烧香，读道家的典籍，说这样做可以助他登仙羽化，被他的将领区景杀死，刘表另外委派零陵人赖恭接替张津做刺史。这时苍梧太守史璜去世，刘表又派吴巨接替他。朝廷赏赐士燮诏书，任士燮为绥南中郎将，管理七郡事务，依旧兼任交趾太守。吴巨和赖恭失和，吴巨率兵驱赶赖恭，赖恭逃回零陵。

孙权任命番阳太守临淮人步骘为交州刺史，士燮率领兄弟接受步骘的统领。吴巨表面上归附，却内怀二心，步骘诱捕并杀死他，声威大震。孙权提升士燮为左将

岭南始服属于权。

（以上为第四段，写岭南服属孙权。）

十六年（辛卯，211 年）

春，正月，以曹操世子丕为五官中郎将，置官属，为丞相副。

三月，操遣司隶校尉钟繇讨张鲁，使征西护军夏侯渊等将兵出河东，与繇会。仓曹属高柔谏曰：“大兵西出，韩遂、马超疑为袭己，必相扇动。宜先招集三辅，三辅苟平，汉中可传檄而定也。”操不从。

关中诸将果疑之，马超、韩遂、侯选、程银、杨秋、李堪、张横、梁兴、成宜、马玩等十部皆反，其众十万，屯据潼关；操遣安西将军曹仁督诸将拒之，敕令坚壁勿与战。命五官将丕留守邺，以奋武将军程昱参丕军事，门下督广陵徐宣为左护军，留统诸军，乐安国渊为居府长史，统留事。秋，七月，操自将击超等。议者多言：“关西兵习长矛，非精选前锋，不可当也。”操曰：“战在我，非在贼也。贼虽习长矛，将使不得以刺，诸君但观之。”

八月，操至潼关，与超等夹关而军。操急持之，而潜遣徐晃、朱灵以步骑四千人渡蒲阪津，据河西为营，闰月，操自潼关北渡河。兵众先渡，操独与虎士百余人留南岸断后。马超将步骑万余人攻之，矢下如雨，操犹据胡床不动。许褚扶操上船，船工中流矢死，褚左手举马鞍以蔽操，右手刺船。校尉丁斐放牛马以饵贼，贼乱，取牛马，操乃得渡；遂自蒲阪渡西河，循河为甬道而南。超等退拒渭口，操乃多设疑兵，潜以舟载兵入渭，为浮桥，夜，分兵结营于渭南。超等夜攻营，伏兵击破之。超等屯渭南，遣使求割河以西请和，操不许。九月，操进军，悉渡渭。超等数挑战，又不许；固请割地，求送任子，贾诩以为可伪许之。操复问计策，诩曰：“离之而已。”操曰：“解！”

韩遂请与操相见，操与遂有旧，于是交马语移时，不及军事，但说京都旧故，拊手欢笑。时秦、胡观者，前后重沓，操笑谓之曰：“尔欲观曹公邪？亦犹人也，非有四目两口，但多智耳！”既罢，超等问遂：“公

军，士燮送儿子给孙权做人质。从此岭南一带开始归属孙权。

汉献帝建安十六年（辛卯，211年）

春季，正月，任命曹操长子曹丕为五官中郎将，设置官属，为副丞相。

三月，曹操委派司隶校尉钟繇讨伐张鲁，委派征西护军夏侯渊等率领军队从河东出发，与钟繇会合。仓曹属高柔劝谏说："大军向西出兵，韩遂、马超怀疑是来袭击自己，一定会相互鼓动叛乱。应当先安抚三辅地区，如果平定了三辅地区，汉中只要一纸檄文就可平定了。"曹操没有听从。

关中各位将领果然疑惧，马超、韩遂、侯选、程银、杨秋、李堪、张横、梁兴、成宜、马玩等十部全都叛乱，他们的部众合并有十万，驻守潼关；曹操委派安西将军曹仁统领众将抵抗，命令他们坚守壁垒不出营交战。命令五官中郎将曹丕留守邺城，任命奋武将军程昱参与曹丕的军事，任命门下督广陵人徐宣为左护军，统领留守各军，任命乐安人国渊为居府长史，统摄留守事务。秋季，七月，曹操亲自领兵攻击马超等。参与谋议的人大多认为："关西兵擅长长矛，如果没有精选的前锋，不能抵抗。"曹操说："战争的主动权在我这里，不在叛贼那里。叛贼虽然擅长长矛，我将让它无法使用，诸位只管看好戏上演罢了。"

八月，曹操到达潼关，与马超等隔着潼关对峙。曹操摆出要急于攻下潼关的态势，却暗中派徐晃、朱灵率领步兵骑兵四千人从蒲阪津渡过黄河，在河西驻营。闰八月，曹操从潼关北面渡黄河。让部众先渡，曹操只和虎贲武士一百多人留在南岸断后。马超率领步兵骑兵一万多人进攻曹操，箭如雨下，曹操仍静坐在胡床上不动，许褚扶着曹操上船，船工被流箭射中而死，许褚左手举着马鞍来遮挡曹操，右手撑船。校尉丁斐，放出牛马去引诱叛贼，叛贼阵容混乱，争抢牛马，曹操因此得以渡河。就从蒲阪渡过西河，沿河建筑甬道向南进军。马超等退守渭口，于是曹操多设疑兵，暗地里用船运送兵马进入渭水，建立浮桥，夜里，分出一支部队在渭水南岸扎营。马超等乘夜攻营，被埋伏的曹军击退。马超等驻守渭南，派出使者请求割让黄河以西的地区求和，曹操不同意。九月，曹操进军，全部渡过渭水。马超等屡次挑战，曹操不许诸将迎战。马超等坚持要求割让土地，送儿子作为人质，贾诩认为可以假装答应马超等人。曹操又问贾诩下一步的计策，贾诩说："用挑拨的办法离间敌人而已。"曹操说："明白了。"

韩遂请求与曹操相会，曹操跟韩遂有老交情，于是两人马挨着马，长时间交谈，过了一个时辰，不谈军事，只说京都的往事和旧友，拍手欢笑。当时关中的秦人、胡人来围观的，重重叠叠好几层。曹操笑着对他们说："你们想看看曹公吗？他也是

何言？”遂曰：“无所言也。”超等疑之。他日，操又与遂书，多所点窜，如遂改定者；超等愈疑遂。操乃与克日会战，先以轻兵挑之，战良久，乃纵虎骑夹击，大破之，斩成宜、李堪等。遂、超奔凉州，杨秋奔安定。

诸将问操曰：“初，贼守潼关，渭北道缺，不从河东击冯翊而反守潼关，引日而后北渡，何也？”操曰：“贼守潼关，若吾入河东，贼必引守诸津，则西河未可渡，吾故盛兵向潼关；贼悉众南守，西河之备虚，故二将得擅取西河；然后引军北渡，贼不能与吾争西河者，以二将之军也。连车树栅，为甬道而南，既为不可胜，且以示弱。渡渭为坚垒，虏至不出，所以骄之也；故贼不为营垒而求割地。吾顺言许之，所以从其意，使自安而不为备，因畜士卒之力，一旦击之，所谓疾雷不及掩耳。兵之变化，固非一道也。”

始，关中诸将每一部到，操辄有喜色。诸将问其故，操曰：“关中长远，若贼各依险阻，征之，不一二年不可定也。今皆来集，其众虽多，莫相归服，军无适主，一举可灭，为功差易，吾是以喜。”

冬，十月，操自长安北征杨秋，围安定。秋降，复其爵位，使留抚其民。

十二月，操自安定还，留夏侯渊屯长安。以议郎张既为京兆尹。既招怀流民，兴复县邑，百姓怀之。

遂、超之叛也，弘农、冯翊县邑多应之，河东民独无异心；操与超等夹渭为军，军食一仰河东。及超等破，余畜尚二十余万斛，操乃增河东太守杜畿秩中二千石。

（以上为第五段，写曹操西征马超、韩遂，平定关中。）

扶风法正为刘璋军议校尉，璋不能用，又为其州里俱侨客者所鄙，正邑邑不得志。益州别驾张松与正善，自负其才，忖璋不足与有为，常窃叹息。松劝璋结刘备，璋曰：“谁可使者？”松乃举正。璋使正往，正

个人，并没有四只眼睛两张嘴，只是多有点智谋罢了！”会晤结束会，马超等问韩遂：“曹操说了些什么？”韩遂说：“他没有说什么。”马超等人起了疑心。过了几天，曹操又给韩遂写了封信，信中圈点窜改了不少地方，以假乱真，像是韩遂改动的，马超等人更加怀疑韩遂。曹操这才跟马超等约定日期会战，先派轻装部队挑战，战了很久，才派出骁勇的骑兵夹击，大败马超等，杀了成宜、李堪等。韩遂、马超逃回凉州，杨秋逃回安定。

众将领问曹操：“当初，叛贼守卫潼关，渭河以北防备空虚。您不从河东进击冯翊，却反而围困潼关，延迟时日，然后在潼关北面渡过黄河，是为什么？”曹操说：“叛贼守潼关，如果我进入河东，叛贼必然发兵守住各个渡口，那么西河就不能渡过了，我故意派大军压向潼关，叛贼全力在南面防守潼关，西河的防备空虚，所以徐晃、朱灵两位将军得以轻取西河；然后我率军在潼关北面渡黄河，叛贼不能与我争夺西河的原因，就是由于已经有两位将军占据在那里啊。我军联结车辆，树起栅栏，建造甬道向南推进，做出不能取胜的样子，并且显示自己的薄弱。渡过渭水筑起稳固的壁垒，叛贼来后，不出去迎战，用这些办法使敌人骄傲自大，所以叛贼不建营垒而只请求割地。我顺从他们答应下来，满足他们心意，是让他们感到安全而不加防备，我趁机蓄养士兵的精力，一旦向叛贼发动进攻，正好比迅雷不及掩耳一样。战争的变化，本来就不只一种途径。”

开始时，关中众将领每一部到来，曹操总是流露高兴的脸色。部下的将领们询问高兴的缘故，曹操说：“关中地区辽阔深远，如果叛贼各自凭借险峻，征讨他们，没有一两年是不能平定的。如今都来聚合，他们人数虽多，彼此互不服从，全军没有统一的主帅，可一举歼灭，这比一一征讨容易多了，我很高兴。”

冬季，十月，曹操从长安向北征讨杨秋，包围了安定。杨秋归降，恢复他的爵位，让他留下安抚所属的民众。

十二月，曹操从安定回师，留下夏侯渊守卫长安。委任议郎张既为京兆尹。张既招抚流亡难民，重新恢复了过去的县城集镇，百姓都归顺他。

韩遂、马超叛乱时，弘农、冯翊所属各县大多响应，只有河东的民众毫无二心。曹操与马超等隔着渭水对峙时，军粮全部依赖河东。等到马超失败时，储备还有二十多万斛，曹操增加河东太守杜畿的官秩为中二千石。

扶风人法正为刘璋的军议校尉，刘璋不重用他。法正又受到跟他一起侨居益州的同州老乡的鄙视，郁郁不得志。益州别驾张松与法正友善，自负有才，思量自己追随刘璋不可能有什么作为，常常私下叹息。张松劝刘璋结交刘备，刘璋说：“谁可

辞谢，佯为不得已而行。还，为松说备有雄略，密谋奉戴以为州主。

会曹操遣钟繇向汉中，璋闻之，内怀恐惧。松因说璋曰："曹公兵无敌于天下，若因张鲁之资以取蜀土，谁能御之！刘豫州，使君之宗室而曹公之深仇也，善用兵；若使之讨鲁，鲁必破矣。鲁破，则益州强，曹公虽来，无能为也！今州诸将庞羲、李异等，皆恃功骄豪，欲有外意。不得豫州，则敌攻其外，民攻其内，必败之道也！"璋然之，遣法正将四千人迎备。主簿巴西黄权谏曰："刘左将军有骁名，今请到，欲以部曲遇之，则不满其心；欲以宾客礼待，则一国不容二君，若客有泰山之安，则主有累卵之危。不若闭境以待时清。"璋不听，出权为广汉长。从事广汉王累，自倒悬于州门以谏，璋一无所纳。

法正至荆州，阴献策于刘备曰："以明将军之英才，乘刘牧之懦弱；张松，州之股肱，响应于内；以取益州，犹反掌也。"备疑未决。庞统言于备曰："荆州荒残，人物殚尽，东有孙车骑，北有曹操，难以得志。今益州户口百万，土沃财富，诚得以为资，大业可成也！"备曰："今指与吾为水火者，曹操也。躁以急，吾以宽；操以暴，吾以仁；操以谲，吾以忠；每与操反，事乃可成耳。今以小利而失信义于天下，奈何？"统曰："乱离之时，固非一道所能定也。且兼弱攻昧，逆取顺守，古人所贵。若事定之后，封以大国，何负于信！今日不取，终为人利耳。"备以为然。乃留诸葛亮、关羽等守荆州，以赵云领留营司马，备将步卒数万人入益州。

孙权闻备西上，遣舟船迎妹；而夫人欲将备子禅还吴，张飞、赵云勒兵截江，乃得禅还。

刘璋敕在所供奉备，备入境如归，前后赠遗以巨亿计。备至巴郡，巴郡太守严颜拊心叹曰："此所谓'独坐穷山，放虎自卫'者也。"备自江州北由垫江水诣涪。璋率步骑三万余人，车乘帐幔，精光耀日，往会之。张松令法正白备，便于会袭璋。备曰："此事不可仓卒！"庞统曰："今因会执之，则将军无用兵之劳而坐定一州也。"备曰："初入他国，恩信未

以任使者？”张松就推荐法正。刘璋派法正前往，法正推辞谢绝，装出一副是迫不得已才出行的样子。法正出使回来，对张松说刘备有雄才大略，密谋奉迎刘备为益州之主。

恰逢曹操派钟繇向汉中进军，刘璋听到消息，内心感到恐慌。张松乘机游说刘璋，说：“曹公军队天下无敌，如果利用张鲁的资源来攻占蜀地，谁能抵抗得住！刘备是您的同宗却是曹公的死对头，他善于用兵，如果让他讨伐张鲁，张鲁一定被打败。张鲁被击败，那么益州就强盛，曹公即使亲自来，也无能为力了！如今州中众将庞羲、李异等都恃功骄傲，企图依附外面的势力。得不到刘备的援救，那么敌人在外面攻击，老百姓在里面叛乱，是一定要失败的！”刘璋认为有道理，就派法正率领四千人迎接刘备。主簿巴西人黄权劝阻说：“刘备有骁勇善战的名声，如今请来，想要把他当作部属对待，那么他心中不会满意，想要把他当作宾客礼遇，然而一国容不下两位君主；如果客人刘备有泰山般的安稳，那么主人就有累卵般的危险。不如关闭疆界，以此来等待天下太平。”刘璋不听，派出黄权做广汉县长。益州从事广汉人王累把自己倒挂在州中的城门上来劝阻，刘璋一概不予理睬。

法正到了荆州，暗地向刘备献计说：“凭借将军您的英明才能，正好利用刘璋的怯懦。张松是益州得力的重要官员，在内响应，以此攻取益州，易如反掌。”刘备迟疑不决。庞统向刘备进言说：“荆州荒废凋敝，人才和物资损失将尽，东面有孙权，北面有曹操，难以得志。如今益州户口百万，土地肥沃，资财丰裕，如果真能得到益州做资本，大业可以建成！”刘备说：“当今与我如同水火的是曹操。曹操严厉，我则宽厚；曹操凶残，我则仁慈；曹操诡诈，我则忠信，总是与曹操相反，大事才可以成就。现今因贪小利而在全天下失去信用，今后怎么办？”庞统说：“混乱分裂的时代，本来就不是一种方法能平定的。况且吞并弱小，攻打愚昧，用不合理的方法攻占，再用合理的方法保守，这是古人也推崇的。如果大业成功之后，给刘璋封赏一个大国，没有什么违反信义的。今天不去夺取，终将会成为别人的利益。”刘备认为有理。他就留下诸葛亮、关羽等守卫荆州，委任赵云为留营司马。刘备率领几万步兵进入益州。

孙权听说刘备西上，派船来接妹妹；夫人想把刘备的儿子刘禅带回吴郡，张飞、赵云率兵在长江上拦截，才使刘禅得以回来。

刘璋命令只要是刘备经过的地方，都要为他供给军需，刘备进入益州境内，就像回家一样，前后赠送的物资数以亿计。刘备到达巴郡，巴郡太守严颜扪心叹息说：“这就叫作‘独自坐在深山里，放出老虎来自卫’吧。”刘备从江州的北面沿着垫江水到达涪县。刘璋率领步骑兵三万多人，车辆上挂着帐幕，光彩映日，前往会见刘备。张松让法正告诉刘备，就在会见时袭击刘璋，刘备说：“这事不可急促！”庞统

著，此不可也。”璋推备行大司马，领司隶校尉；备亦推璋行镇西大将军，领益州牧。所将吏士，更相之适，欢饮百余日。璋增备兵，厚加资给，使击张鲁，又令督白水军。备并军三万余人，车甲、器械、资货甚盛。璋还成都，备北到葭萌，未即讨鲁，厚树恩德以收众心。

（以上为第六段，写益州牧刘璋请刘备入蜀以拒张鲁。）

十七年（壬辰，212年）

春，正月，曹操还邺。诏操赞拜不名，入朝不趋，剑履上殿，如萧何故事。

操之西征也，河间民田银、苏伯反，扇动幽、冀。五官将丕欲自讨之，功曹常林曰：“北方吏民，乐安厌乱，服化已久，守善者多；银、伯犬羊相聚，不能为害。方今大军在远，外有强敌，将军为天下之镇，轻动远举，虽克不武。”乃遣将军贾信讨之，应时克灭。余贼千余人请降，议者皆曰：“公有旧法，围而后降者不赦。”程昱曰：“此乃扰攘之际，权时之宜。今天下略定，不可诛之；纵诛之，宜先启闻。”议者皆曰：“军事有专无请。”昱曰：“凡专命者，谓有临时之急耳。今此贼制在贾信之手，故老臣不愿将军行之也。”丕曰：“善。”即白操，操果不诛。既而闻昱之谋，甚悦，曰：“君非徒明于军计，又善处人父子之间。”

故事：破贼文书，以一为十；国渊上首级，皆如其实数，操问其故，渊曰：“夫征讨外寇，多其斩获之数者，欲以大武功，耸民听也。河间在封域之内，银等叛逆，虽克捷有功，渊窃耻之。”操大悦。

夏，五月，癸未，诛卫尉马腾，夷三族。

六月，庚寅晦，日有食之。

秋，七月，螟。

马超等余众屯蓝田，夏侯渊击平之。

鄜贼梁兴，寇略冯翊，诸县恐惧，皆寄治郡下，议者以为当移就险

说:“现在趁会见时擒获刘璋，那么将军您就不需动用武力就得一州了。”刘备说:“刚刚进入别人的属地，恩德信义还未表现出来，这样做不行。”刘璋推荐刘备代理大司马，兼任司隶校尉；刘备也推荐刘璋代理镇西大将军，兼任益州牧。所属的官兵，相互往来，一起畅饮了一百多天。刘璋增援刘备的兵力，赠送大量的物资，让他去攻击张鲁，还让刘备统率白水的驻军。刘备合军三万多人，车辆、甲胄、器械、粮草等各种物资很多。刘璋回到成都，刘备向北进军到葭萌县，没有马上去征讨张鲁，而是广施恩德来收聚人心。

汉献帝建安十七年(壬辰，212年)

春季，正月，曹操返回邺城。诏令曹操上朝赞拜皇帝不用唱名，入朝时不用趋行，上殿时可以佩剑穿鞋，依照萧何先例。

曹操西征时，河间人田银、苏伯叛乱，煽动幽、冀两州的民众。五官中郎将曹丕想亲自征讨，功曹常林说:“北方的官民，爱好太平憎恶战乱，归顺朝廷已经很久，安分守法的多，田银、苏伯如同聚在一起的犬羊一样，不能有多大的危害。当今大军在远方，外面有强大的敌人，将军镇守邺城关系天下的安危，如果轻率出兵远征，即使取胜，也算不上什么武功。”于是派出将军贾信去征讨，随即平息了叛乱。残余的一千多名叛贼请求归降，参与谋议的人都说:“曹公以前有过法令，凡是被围困后才投降的人，不予赦免。”程昱说:“这是在动荡不安的时期，做出的权宜之策。如今天下大致稳定，不可以诛杀；即使要诛杀，也应先向上面报告。”参与谋议的人都说:“军事上的事情可以专断，不必请示。”程昱说:“凡是要专断的事情，总是临时有紧急的事情发生。现今叛贼控制在贾信的手中，因此老臣我不愿将军这样做。”曹丕说:“好。”立刻上报曹操，曹操果然回复不许诛杀。不久听说是程昱的建议，很高兴地说:“程昱不只能够明察军事谋略，还善于处理别人父子之间的关系。”

按照惯例，在上报战胜敌人的公文中，以一报十。国渊上报的杀敌人数，都依据实际数目，曹操询问其中的缘故，国渊说:“讨伐境外的敌寇，多报斩杀俘获数目是想用来夸大武功，耸人听闻。河间在封疆之内，田银等叛逆，虽然平定叛逆有功，但我心中为此感到羞辱。”曹操十分高兴。

夏季，五月，癸未日，曹操诛杀卫尉马腾，灭了三族。

六月二十九日庚寅，发生日食。

秋季，七月，螟灾。

马超余部盘踞蓝田县，夏侯渊进讨，平定了他们。

鄜县叛贼梁兴侵占了冯翊，各县恐慌，都把县府迁到郡府所在地，参与谋议的

阻。左冯翊郑浑曰："兴等破散，藏窜山谷，虽有随者，率胁从耳。今当广开降路，宣谕威信，而保险自守，此示弱也。"乃聚吏民，治城郭，为守备，募民逐贼，得其财物妇女，十以七赏。民大悦，皆愿捕贼；贼之失妻子者皆还求降，浑责其得他妇女，然后还之。于是转相寇盗，党与离散。又遣吏民有恩信者分布山谷告谕之，出者相继；乃使诸县长吏各还本治，以安集之。兴等惧，将余众聚鄜城，操使夏侯渊助浑讨之，遂斩兴，余党悉平。浑，泰之弟也。

九月，庚戌，立皇子熙为济阴王，懿为山阳王，邈为济北王，敦为东海王。

（以上为第七段，写曹操安定内部，平定河北关中民变。）

初，张纮以秣陵山川形胜，劝孙权以为治所。及刘备东过秣陵，亦劝权居之。权于是作石头城，徙治秣陵，改秣陵为建业。

吕蒙闻曹操欲东兵，说孙权夹濡须水口立坞。诸将皆曰："上岸击贼，洗足入船，何用坞为！"蒙曰："兵有利钝，战无百胜，如有邂逅，敌步骑蹙人，不暇及水，其得入船乎？"权曰："善！"遂作濡须坞。

冬，十月，曹操东击孙权。董昭言于曹操曰："自古以来，人臣匡世，未有今日之功；有今日之功，未有久处人臣之势者也。今明公耻有惭德，乐保名节；然处大臣之势，使人以大事疑己，诚不可不重虑也。"乃与列侯诸将议，以丞相宜进爵国公，九锡备物，以彰殊勋。荀彧以为："曹公本兴义兵以匡朝宁国，秉忠贞之诚，守退让之实；君子爱人以德，不宜如此。"操由是不悦。及击孙权，表请彧劳军于谯，因辄留彧，以侍中、光禄大夫、持节，参丞相军事。操军向濡须，彧以疾留寿春，饮药而卒。彧行义修整而有智谋，好推贤进士，故时人皆惜之。

臣光曰：孔子之言仁也重矣，自子路、冉求、公西赤门人之高

人认为应迁移到险要的地方。左冯翊郑浑说："梁兴等已经败散，逃窜山谷，虽然有跟随者，大多是被逼迫去的。现在应当大开归降的途径，宣传告谕，显示威严与诚信，如果据险自守，这是示弱。"于是聚集官民，修治城墙，加强守备，招募民众驱赶叛贼，凡是俘获叛贼的财物和妇女，十分之七用来奖励。民众非常高兴，都愿意捕捉叛贼；叛贼中失去妻子儿女的都回来，请求归降，郑浑责令他们去抢劫其他贼人的妇女送来换回他们自己的妻子儿女。于是叛贼们相互攻击盗取，党羽离散。郑浑又派出官民中有恩德威信的人，分别到山谷里去宣传朝廷的旨意，出来投降的络绎不绝；于是让各县的官员各自迁回县府，以便安抚他们。梁兴等感到害怕，把余下的部众集中到鄜城，曹操派夏侯渊帮助郑浑讨伐，杀死梁兴，余党被平定。郑浑是郑泰的弟弟。

九月二十一日庚戌，册立皇子刘熙为济阳王，刘懿为山阳王，刘邈为济北王，刘敦为东海王。

起初，张纮认为秣陵山川的地理形势很好，劝孙权把秣陵作为治所。等到刘备向东经过秣陵时，也劝孙权移治这里。孙权于是建筑石头城，把治所迁到秣陵，改秣陵名叫建业。

吕蒙听说曹操想向东进军，就劝说孙权在濡须水口的两岸建立坞壁。各位将领都说："上岸攻打敌贼，洗了脚就上船，坞壁有什么用处？"吕蒙说："战事有胜利也有挫败，打仗没有常胜的，如有万一，敌人步兵骑兵逼近，连水边都来不及挨着，难道还能上船吗？"孙权说："好。"于是修建濡须坞。

冬季，十月，曹操东征攻打孙权。董昭向曹操进言说："自古以来，人臣挽救世事，没有建立像今天这样的功绩；有了今天这样的功勋，就不会久居在人臣地位的。如今明公您耻于德行上有缺陷，乐意保持自己的名节；然而身居大臣之位却因为这件大事让自己被人怀疑，真的是不可以不认真地考虑。"董昭就与列侯及众将领商议，认为丞相应该进封爵位为国公，赐予九锡的威仪礼物，用以表扬他的特殊功勋。荀彧认为："曹公本来兴举义兵是为了拯救朝廷，安定国家，胸怀坚贞的诚心，严守退让的真情，君子以德爱人，不应这样。"曹操因此不高兴。等到征讨孙权时，上表请求荀彧到谯县慰问军队，荀彧到后，曹操趁机把荀彧留在谯县，以侍中、光禄大夫的身份，持符节、参议丞相军事。曹操向濡须进军，荀彧托病留守寿春，服毒而死。荀彧行为正义，品德端正，富有谋略，喜欢推荐贤人，选拔良士，因此当时的人都为之痛惜。

臣司马光评论说：孔子谈论仁德时，非常重视，即使是子路、冉求、公西

第，令尹子文、陈文子诸侯之贤大夫，皆不足以当之，而独称管仲之仁，岂非以其辅佐齐桓，大济生民乎！齐桓之行若狗彘，管仲不羞而相之，其志盖以非桓公则生民不可得而济也。汉末大乱，群生涂炭，自非高世之才不能济也。然则荀彧舍魏武将谁事哉！

齐桓之时，周室虽衰，未若建安之初也。建安之初，四海荡覆，尺土一民，皆非汉有。荀彧佐魏武而兴之，举贤用能，训卒厉兵，决机发策，征伐四克，遂能以弱为强，化乱为治，十分天下而有其八，其功岂在管仲之后乎！管仲不死子纠而荀彧死汉室，其仁复居管仲之先矣！

而杜牧乃以为“彧之劝魏武取兖州则比之高、光，官渡不令还许则比之楚、汉，及事就功毕，乃欲邀名于汉代，譬之教盗穴墙发匮而不与同挈，得不为盗乎！”臣以为孔子称“文胜质则史”，凡为史者记人之言，必有以文之。然则比魏武于高、光、楚、汉者，史氏之文也，岂皆彧口所言邪！用是贬彧，非其罪矣。且使魏武为帝，则彧为佐命元功，与萧何同赏矣；彧不利此而利于杀身以邀名，岂人情乎！

（以上为第八段，写曹操加九锡，荀彧不赞同而被逼杀。司马光认为，荀彧佐曹操取天下，为了济世安民不得已而为之，功比管仲，而德过之。）

十二月，有星孛于五诸侯。

刘备在葭萌，庞统言于备曰：“今阴选精兵，昼夜兼道，径袭成都，刘璋既不武，又素无豫备，大军卒至，一举便定，此上计也。杨怀、高沛，璋之名将，各杖强兵，据守关头，闻数有笺谏璋，使发遣将军还荆州。将军遣与相闻，说荆州有急，欲还救之，并使装束，外作归形，此二子既服将军英名，又喜将军之去，计必乘轻骑来见将军，因此执之，进取其兵，乃向成都，此中计也。退还白帝，连引荆州，徐还图之，此下计也。若沈吟不去，将致大困，不可久矣。”备然其中计。

及曹操攻孙权，权呼备自救。备贻璋书曰：“孙氏与孤本为唇齿，而

赤这些门徒高足，令尹子文、陈文子这些诸侯的贤能大夫，都不足以具备仁德，却只称赞管仲的仁德，难道不就是因为他辅佐齐桓公，极大地拯救了当时的人吗？齐桓公的品行像猪狗一样，管仲不以为羞耻地辅助齐桓公，大概管仲的心意认为他不去帮助齐桓公，那么人民就无法得到救助。汉末天下大乱，生灵涂炭，如果不是具有超凡出众的才能，是不能拯救生灵的。既然这样，那么荀彧舍弃曹操，将能去侍奉谁呢？

齐桓公的时代，周室虽然衰败，但还不像建安初年。建安初年，四海动乱，一尺疆土，一个百姓，都不为汉朝拥有。荀彧辅佐曹操而使汉朝振兴，推举任用贤能的人才，培训磨砺士兵，参与机要，做出决策，讨伐四方，处处获胜，于是能够变弱为强，化乱为治，十分天下，占有了八分，荀彧的功勋难道还在管仲之下吗？管仲不为子纠而死，但荀彧为汉室而死，荀彧的仁德又在管仲之上了。

可是杜牧居然认为："荀彧劝曹操攻占兖州，把他比作高祖刘邦、光武帝刘秀，官渡之战不让曹操撤回许县，把当时的情形比为楚汉之争，等到事成功就，才想在汉代留下名声，这就好比教唆小偷穿墙开柜而不与小偷一起拿东西一样，能不算作小偷吗？"臣认为孔子说过："文采多于朴实，未免虚浮。"大凡作史的，记录人物的言语，必然会加以文饰。既然这样，那么荀彧把曹操比作高祖、光武，楚汉相争，是史家的文饰，怎么都当成是荀彧亲口说的呢？只是用这些来贬低荀彧，那就不是荀彧的过错。假如曹操成了皇帝，那么荀彧就是辅佐大业的元勋，会得到与萧何相同的赏赐；荀彧不贪求这些而为了获取忠于汉室的名声贡献了生命，难道是人之常情吗？

十二月，有孛星出现在五诸侯星区。

刘备驻军葭萌，庞统向刘备建议说："现在暗中挑选精兵，昼夜兼程，直接偷袭成都，刘璋既不懂军事，又一向没有防备，大军突降，一举便可平定，这是上策。杨怀、高沛是刘璋的名将，各自依仗强兵，据守白水关头，听说他们几次上书劝说刘璋，要打发将军回荆州。将军派人去通知他们，说荆州有紧急情况，想回师救援，并让部队的装束表面看是回师的样子，这两位既敬佩将军的英名，又高兴将军的离去，估计他们一定只带轻骑来见将军，乘机捉拿他们，吞并他们的军队，就向成都进发，这是中策。返回白帝，和荆州连在一起，慢慢再来策划攻取益州，这是下策。如果迟疑不决，又不离去，将陷入严重的困境，不能再延误了。"刘备赞同庞统的中策。

等到曹操攻打孙权，孙权向刘备呼救。刘备在给刘璋的信中说："孙权与我本是

关羽兵弱，今不往救，则曹操必取荆州，转侵州界，其忧甚于张鲁。鲁自守之贼，不足虑也。”因求益万兵及资粮，璋但许兵四千，其余皆给半。备因激怒其众曰：“吾为益州征强敌，师徒勤瘁，而积财吝赏，何以使士大夫死战乎！”张松书与备及法正曰：“今大事垂立，如何释此去乎！”松兄广汉太守肃，恐祸及己，因发其谋。于是璋收斩松，敕关戍诸将文书皆勿复得与备关通。备大怒，召璋白水军督杨怀、高沛，责以无礼，斩之，勒兵径至关头，并其兵，进据涪城。

（以上为第九段，写刘备从葭萌回师攻刘璋。）

十八年（癸巳，213 年）

春，正月，曹操进军濡须口，号步骑四十万，攻破孙权江西营，获其都督公孙阳。权率众七万御之，相守月余。操见其舟船器仗军伍整肃，叹曰：“生子当如孙仲谋；如刘景升儿子，豚犬耳！”权为笺与操，说：“春水方生，公宜速去。”别纸言：“足下不死，孤不得安。”操语诸将曰：“孙权不欺孤。”乃撤军还。

庚寅，诏并十四州，复为九州。

夏，四月，曹操至邺。

初，曹操在谯，恐滨江郡县为孙权所略，欲徙令近内，以问扬州别驾蒋济，曰：“昔孤与袁本初对军官渡，徙燕、白马民，民不得走，贼亦不敢抄。今欲徙淮南民，何如？”对曰：“是时兵弱贼强，不徙必失之。自破袁绍以来，明公威震天下，民无他志，人情怀土，实不乐徙，惧必不安。”操不从。既而民转相惊，自庐江、九江、蕲春、广陵，户十余万皆东渡江，江西遂虚，合淝以南，惟有皖城。济后奉使诣邺，操迎见，大笑曰：“本但欲使避贼，乃更驱尽之！”拜济丹阳太守。

五月，丙申，以冀州十郡封曹操为魏公，以丞相领冀州牧如故。又加九锡：大辂、戎辂各一，玄牡二驷；衮冕之服，赤舄副焉；轩县之乐，六佾之舞；朱户以居；纳陛以登；虎贲之士三百人；𫓧、钺各一；彤弓

唇齿相连，而关羽兵力薄弱，现今不前去营救，那么曹操一定会攻取荆州，转而侵占益州边界，这个忧虑大于张鲁。张鲁是一个只求自保的贼寇，不值得担忧。”刘备趁机要求增补一万兵马以及粮食和财物，刘璋只答应给四千兵马，其余的军需品都只给一半。刘备借机激怒他的部下，说：“我为益州讨伐强敌，士兵辛苦疲困，可是刘璋爱惜财物，赏赐如此小气，怎么能使士大夫为他拼命呢？”张松写信给刘备和法正说：“如今大事就要成功了，怎么能抛弃这里离去呢？”张松的哥哥广汉太守张肃，害怕灾祸殃及自己，就揭发了张松的阴谋。于是刘璋逮捕杀了张松，向镇守各关塞的众将领发送公文，命令他们都不要再与刘备交往。刘备大怒，召见刘璋的白水军督杨怀、高沛，责备他们无礼，杀掉他们。率兵直逼白水关头，吞并了他们的军队，进军占领涪城。

汉献帝建安十八年（癸巳，213年）

春季，正月，曹操进军到濡须口，号称步骑兵四十万，攻破孙权在长江西岸的营垒，俘获吴军都督公孙阳。孙权领兵七万抵御曹操，对峙一个多月。曹操看到孙权的装备、军队阵容整齐严备，感叹说：“生儿子应当如同孙仲谋，像刘景升的儿子，只不过是猪狗罢了。”孙权写信给曹操说：“春水就要发了，您应该赶快离去。”在另一张纸上附言说：“足下不死，孤不得安静。”曹操对众将领说：“孙权没有欺骗我。”于是撤军而回。

正月初三日庚寅，汉献帝下诏，将全国行政区十四个州裁减合并，重新划分为九个州。

夏季，四月，曹操到邺城。

起初，曹操在谯县时，担忧靠近长江的郡县被孙权掠夺，想把百姓迁往内地，以此询问扬州别驾蒋济，说：“先前我与袁本初在官渡两军对峙，迁移燕县、白马的民众，民众不跑，敌贼也不敢来抢夺。如今打算迁移淮南的民众，怎么样？”蒋济回答说：“那时我弱敌强，不迁走民众一定会失去他们。自从战胜袁绍以来，明公您威震天下，人民毫无二心，现在人情怀念故土，实在不愿意迁徙，我担心一定不会安宁。”曹操没有听从。不久民众辗转相告，惊惧不安，庐江、九江、蕲春、广陵，十多万户都向东渡过长江，长江西岸地方于是空无人烟，合肥以南，只剩下皖城。蒋济后来奉旨出使到邺城，曹操接见他，大笑说：“原本是想要民众躲避敌贼，却反而把他们全部驱赶到敌贼那边去了。”任命蒋济为丹阳太守。

五月初十日丙申，册封曹操为魏公，把冀州的十郡作为曹操的封邑。曹操依旧担任丞相兼领冀州牧。又加赐九锡：天子的大车、兵车各一辆，各配黑色的雄马四匹；衮衣和冕冠，配以红色礼鞋；诸侯王使用的悬挂乐器，六佾乐舞；住宅使用红

一，彤矢百，兹弓十，兹矢千；秬鬯一卣，珪瓒副焉。

大雨水。

（以上为第八段，写建安十八年孙曹江西濡须之战，双方不分胜负。江西之民惧徙反投奔江东。曹操进爵魏公。）

益州从事广汉郑度闻刘备举兵，谓刘璋曰："左将军悬军袭我，兵不满万，士众未附，军无辎重，野谷是资，其计莫若尽驱巴西、梓潼民内、涪水以西，其仓廪野谷，一皆烧除，高垒深沟，静以待之。彼至，请战，勿许，久无所资，不过百日，必将自走，走而击之，此必禽耳。"刘备闻而恶之，以问法正。正曰："璋终不能用，无忧也。"璋果谓其群下曰："吾闻拒敌以安民，未闻动民以避敌也。"不用度计。

璋遣其将刘璝、冷苞、张任、邓贤、吴懿等拒备，皆败，退保绵竹；懿诣军降。璋复遣护军南阳李严、江夏费观督绵竹诸军，严、观亦率其众降于备。备军益强，分遣诸将平下属县。刘璝、张任与璋子循退守雒城，备进军围之。任勒兵出战于雁桥，军败，任死。

秋，七月，魏始建社稷、宗庙。

魏公操纳三女为贵人。

初，魏公操追马超至安定，闻田银、苏伯反，引军还。参凉州军事杨阜言于操曰："超有信、布之勇，甚得羌、胡心；若大军还，不设备，陇上诸郡非国家之有也。"操还，超果率羌、胡击陇上诸郡县，郡县皆应之，惟冀城奉州郡以固守。

超尽兼陇右之众，张鲁复遣大将杨昂助之，凡万余人，攻冀城，自正月至八月，救兵不至。刺史韦康遣别驾阎温出，告急于夏侯渊，外围数重，温夜从水中潜出。明日，超兵见其迹，遣追获之。超载温诣城下，使告城中云："东方无救。"温向城大呼曰："大军不过三日至，勉之！"城中皆泣，称万岁。超虽怒，犹以攻城久不下，徐徐更诱温，冀其改意。温曰："事君有死无二，而卿乃欲令长者出不义之言乎！"超遂杀之。

门；登堂的台阶修在殿檐下；虎贲卫士三百人；斧、钺各一柄；朱红色的弓一把，朱红色的箭一百支，黑色的弓十把，黑色的箭一千支；祭神用的美酒一罐，配以玉圭和玉勺。

许县下大雨。

益州从事广汉人郑度听说刘备兴兵就对刘璋说："刘备孤军深入来袭击我们，士兵不到一万，益州部众没有完全归附，军队没有辎重，只能靠抢夺田野的庄稼为食粮。对抗刘备的办法不如把巴西、梓潼的民众全部驱赶到内水、涪水以西，把仓库和田野里的庄稼，全部烧毁，高筑壁垒，深挖壕沟，静静等待刘备来进犯。刘备来了，挑战，不应战，时间长了，他就没有了粮草，不出一百天，必然会自动撤退，待他撤退时就出击，这样一定能擒获刘备。"刘备听到后，十分憎恶郑度，向法正询问对策。法正说："刘璋终究不会使用，您不必担心。"刘璋果然对部下说："我听说抗拒敌人是为了抚慰人民，没有听说过扰动人民去躲避敌人的。"不采用郑度的计谋。

刘璋派部将刘璝、冷苞、张任、邓贤、吴懿等抵抗刘备，都被打败，退保绵竹，吴懿到刘备军前投降。刘璋又派护军南阳人李严、江夏人费观统率绵竹各军，李严、费观也带领他们的部队向刘备投降。刘备的军队更加强盛，分别派遣众将领平定下属各县。刘璝、张任和刘璋的儿子刘循退守雒城，刘备进军包围雒城。张任领兵出城在雁桥与刘备交战，军队失败，张任战死。

秋季，七月，魏公曹操始建立社稷和宗庙。

魏公曹操把三个女儿献入宫中封为贵人。

起初，曹操追击马超到安定，听说田银、苏伯反叛，率军返回。参凉州军事杨阜向曹操进言说："马超有韩信、英布的勇猛，很得羌、胡民众的人心，如果大军撤退，不加防备，陇西各郡县就不是国家所有了。"曹操回去后，马超果然率领羌人、胡人进攻陇西各郡县，各郡县都响应马超，只有凉州府及冀城坚守。

马超兼并了陇西的所有部众，张鲁又派大将军杨昂援救马超，共一万多人，围攻冀城，从正月到八月，没有救兵到来。刺史韦康派别驾阎温出城，向夏侯渊告急，城外包围了好几层，阎温夜里从水中偷偷地跑出去，第二天，马超的士兵发现了阎温的踪迹，派人追赶抓住了他。马超把阎温载到城下，派人告诉城中说："东方没有救兵了。"阎温向城中大声喊道："大军不过三天就到，努力吧！"城中的人都流泪，高呼万岁。马超虽然忿怒，但因为久久不能攻占城池，慢慢地进一步诱惑阎温，希

已而外救不至，韦康及太守欲降。杨阜号哭谏曰："阜等率父兄子弟以义相励，有死无二，以为使君守此城，今奈何弃垂成之功，陷不义之名乎！"刺史、太守不听，开城门迎超。超入，遂杀刺史、太守，自称征西将军、领并州牧、督凉州军事。

魏公操使夏侯渊救冀，未到而冀败。渊去冀二百余里，超来逆战，渊军不利。氐王千万反应超，屯兴国，渊引军还。

会杨阜丧妻，就超求假以葬之。阜外兄天水姜叙为抚夷将军，拥兵屯历城。阜见叙及其母，觑欷悲甚。叙曰："何为乃尔？"阜曰："守城不能完，君亡不能死，亦何面目以视息于天下！马超背父叛君，虐杀州将，岂独阜之忧责，一州士大夫皆蒙其耻。君拥兵专制而无讨贼心，此赵盾所以书弑君也。超强而无义，多衅，易图耳。"叙母慨然曰："咄！伯奕，韦使君遇难，亦汝之负，岂独义山哉！人谁不死，死于忠义，得其所也。但当速发，勿复顾我；我自为汝当之，不以余年累汝也。"叙乃与同郡赵昂、尹奉、武都李俊等合谋讨超，又使人至冀，结安定梁宽、南安赵衢使为内应。超取赵昂子月为质，昂谓妻异曰："吾谋如是，事必万全，当奈月何？"异厉声应曰："雪君父之大耻，丧元不足为重，况一子哉！"

九月，阜与叙进兵，入卤城，昂、奉据祁山，以讨超。超闻之，大怒，赵衢因谲说超，使自出击之。超出，衢与梁宽闭冀城门，尽杀超妻子。超进退失据，乃袭历城，得叙母。叙母骂之曰："汝背父之逆子，杀君之桀贼，天地岂久容汝，而不早死，敢以面目视人乎！"超杀之，又杀赵昂之子月。杨阜与超战，身被五创。超兵败，遂南奔张鲁。鲁以超为都讲祭酒，欲妻之以女。或谓鲁曰："有人若此，不爱其亲，焉能爱人！"鲁乃止。操封讨超之功，侯者十一人，赐杨阜爵关内侯。

（以上为第十一段，写西部战事，刘备攻蜀，马超丢失关中入汉中。）

望他能改变主意。阎温说："侍奉君主只有一死，毫无二心，而你竟然想让长者说出不义的话吗？"于是马超杀死了他。

过些时候，外面的救兵没有来，韦康和太守想投降，杨阜号啕大哭，劝阻说："我们率领父兄子弟用大义相互鼓励，誓死没有二心，来为使君守住这座城，现今为什么要放弃这即将胜利的功业，招致不义的名声呢？"刺史、太守不听从，打开城门迎接马超。马超进城，就杀了刺史、太守，自称征西将军，兼任并州牧，总督凉州的军事。

曹操派夏侯渊救助冀城，没有赶到而冀城失守。夏侯渊离冀城两百多里，马超前来迎击，夏侯渊的军队失利。氐王千万反叛，响应马超，驻守在兴国，夏侯渊率军回去。

适逢杨阜的妻子去世，到马超那里请假去安葬妻子。杨阜的表兄天水人姜叙任抚夷将军，领兵驻守在历城。杨阜拜见姜叙和姜叙的母亲，唏嘘落泪，十分悲痛。姜叙说："为什么这样？"杨阜说："守城没能保住城池，主亡又不能殉死，又有什么脸面活在世上！马超叛离父亲、君主，虐待杀害州中将领，难道只应是我杨阜一个人忧伤自责吗，全州的士大夫都蒙受了这一羞辱。你拥兵统治这地方，却没有征伐叛贼的心，这正是赵盾被史书称为弑君的原因。马超强盛但没有道义，漏洞很多，容易对付。"姜叙的母亲感叹说："韦使君遇难，也有你的责任，哪里只是杨阜一个人的事呢？人谁不死呢，如果为忠义而死，死得其所。你只管马上行动，不要再顾及我；我自会为你担当，不会让我的余年来牵累你。"姜叙于是跟同郡人赵昂、尹奉，武都人李俊等共同谋划讨伐马超，又派人到冀城，联合安定人梁宽、南安人赵衢，让他们作为内应，马超要取赵昂的儿子赵月作为人质，赵昂对妻子士异说："我们密谋如此，事情一定能成功，该把赵月怎么办呢？"士异严肃地回答说："为君父洗雪耻辱，掉脑袋都没有什么了不起，何况一个儿子呢？"

九月，杨阜和姜叙进军，进入卤城，赵昂、尹奉占领祁山，共同来讨伐马超。马超听到消息，大怒，赵衢乘机诳骗马超，要他亲自率兵攻击杨阜等。马超出城，赵衢和梁宽关闭了冀城城门，把马超的妻子儿女全部杀掉。马超进退失去依靠，于是袭击历城，抓获姜叙的母亲。姜母大骂马超："你是一个背叛父亲的逆子，杀死主人的暴贼，天地怎能长久地容得下你，你还不早点死，还敢有脸来见人！"马超杀掉她，又杀了赵昂的儿子赵月。杨阜与马超作战，身受五处创伤。马超军队失败，于是向南投靠张鲁。张鲁任命马超为都讲祭酒，打算把女儿嫁给马超。有人对张鲁说："像他这样的人，连自己的父母都不爱，怎能爱别人！"张鲁才作罢。曹操封赏讨伐马超有功的人员，被封侯的有十一人，赐给杨阜关内侯的爵位。

冬，十一月，魏初置尚书、侍中、六卿；以荀攸为尚书令，凉茂为仆射，毛玠、崔琰、常林、徐奕、何夔为尚书，王粲、杜袭、卫觊、和洽为侍中，钟繇为大理，王修为大司农，袁涣为郎中令，行御史大夫事，陈群为御史中丞。

袁涣得赏赐，皆散之，家无所储，乏则取之于人，不为皦察之行，然时人皆服其清。时有传刘备死者，群臣皆贺，惟涣独否。

魏公操欲复肉刑，令曰："昔陈鸿胪以为死刑有可加于仁恩者，御史中丞能申其父之论乎？"陈群对曰："臣父纪以为汉除肉刑而增加于笞，本兴仁恻而死者更众，所谓名轻而实重者也。名轻则易犯，实重则伤民。且杀人偿死，合于古制；至于伤人，或残毁其体，而裁翦毛发，非其理也。若用古刑，使淫者下蚕室，盗者刖其足，则永无淫放穿逾之奸矣。夫三千之属，虽未可悉复，若斯数者，时之所患，宜先施用。汉律所杀殊死之罪，仁所不及也，其余逮死者，可易以肉刑。如此，则所刑之与所生足以相贸矣。今以笞死之法易不杀之刑，是重人支体而轻人躯命也。"当时议者，唯钟繇与群议同，余皆以为未可行。操以军事未罢，顾众议而止。

（以上为第十二段，写魏置百官为代汉做准备。曹操欲复肉刑，迫于物议而止。）

冬季，十一月，魏国开始设立尚书、侍中、六卿；任命荀攸为尚书令，凉茂为仆射，毛玠、崔琰、常林、徐奕、何夔为尚书，王粲、杜袭、卫觊、和洽为侍中，钟繇为大理，王修为大司农，袁涣为郎中令，代理御史大夫事务，陈群为御史中丞。

袁涣得到赏赐，都散给他人，家中没有积蓄，就向人求取，并不刻意地去追求清白，可是当时的人都敬佩他的清白。这时有流传刘备已死的谣言，大臣们都为此庆贺，只有袁涣一个例外。

魏公曹操想恢复肉刑，下令说："从前鸿胪陈纪认为有的死刑可以超过仁慈、恩德，御史中丞陈群能阐述你父亲的说法吗？"陈群回答说："我父亲陈纪认为汉朝废除肉刑但增加了笞刑，本想倡导仁道却被笞刑打死的人更多，这正是所谓名义上轻而实际上重。名义上轻就容易使人犯罪，实质上重就伤害人民。况且杀人偿命，符合古代法制；至于那些伤害了人，有的使人身体致残，惩罚却只是剪毛发，不合情理。如果用古代刑法，让淫乱的施用宫刑，偷盗的砍去他的脚，那么社会就永远没有淫乱放荡、穿洞越墙的奸人了。古刑三千条，虽然不能完全恢复，像这几条正是现时所忧虑的问题，应该先加以实行。汉朝法律关于斩首的罪行，不能顾及仁道；关于其余叛死刑的可改为肉刑。这样，那些被诛杀的与那些被救活的就可以互相抵消了。如今用笞刑打死的刑法代替不了杀人的刑法，是看重人的肢体而轻视人的生命。"当时参与评议的人，只有钟繇和陈群的意见一致，其余的人都认为不可施行，曹操因为战争没有结束，顾忌到众人的意见而作罢。

【点评】

本卷点评曹操《明志令》和荀彧之死。本卷记事对于曹操来说，已是他的政治晚年。赤壁之战后，曹操北还，从公元210年到220年，这最后十年是曹操的政治生涯晚期，尽管他仍在鞍马征劳，但已失去了吞并天下的锐气。建安十七年（212）征陇右班师，已无后顾之忧，决定用兵淮南。次年，曹操领兵四十万，再次大举南征，发动濡须之战，但未能取胜回军。后来，曹操又兵进汉中而不敢入蜀，秦岭、长江锁住了英雄的脚步，使得曹操无所用武。一方面是孙权、刘备已经壮大，地形地利又起了作用，这是客观条件的限制。另一方面，曹操的主要精力用在逼宫和营建曹氏政权的内政上，他无暇顾及统一天下，只好含恨做周文王，这是主观条件的限制。本卷记载曹操在建安十五年十二月所下《明志令》，以及在建安十八年逼死荀彧这两件事就是鲜明的例证。由此可以看到曹操"名为汉相，实为汉贼"的奸诈嘴脸和权谋艺术，留给人们深深的思考。分述如次。

一、曹操《明志令》。曹操《明志令》载《魏武故事》，见《三国志·武帝纪》裴松之注引，《资治通鉴》摘载据此，是令发布于建安十五年十二月二十五日己亥，史称己亥令，近人按该令内容称为《明志令》。曹操发布此令向天下世人表明他对汉室的忠心，字面确实如此。但实质上却是一纸逼宫的宣言。"设使国家无有孤，不知当几人称帝，几人称王"，非人臣所宜言。曹操言此，已无人臣之心。用通俗话来说，这叫火力侦察。曹操自称《明志令》是效周公《金縢》之作。但周公《金縢》只是誓诸鬼神，而曹操却要宣誓于天下，"此地无银三百两"。曹操让还三县，随后封三子为侯，裁并行政区设置扩大自己所领的冀州地区。曹操不但不"委捐所典兵众"，还要扩大外援为万安计。怎样扩大外援呢？除了封三子为侯，扩大冀州领属地，不久就在建安十六年春正月任命世子曹丕为五官中郎将，设置官属，为副丞相。建安十七年冬，讽喻董昭建言尊立自己为"魏公"，加九锡，步步紧逼帝宫。荀彧表示不满，曹操毫不手软害死荀彧。此后由魏公晋爵魏王，设置百官，车舆服饰用天子排场，对待汉献帝态度粗暴，无所不用其极。这一切都暴露了曹操的"不逊之志"，岂是别人"妄相忖度"！抛开正统观念，如果曹操称帝，如同曹丕代汉，司马懿代魏，尔后宋齐梁陈的禅代，岂曰不仁！但曹操没有这样做，他要躲在汉献帝的背后来完成篡汉的大业，"名为汉相，实为汉贼"。

二、荀彧之死。荀彧替曹操出谋献策，共事二十余年，亲密无间。曹操女安阳公主又是荀彧长子荀恽的妻子。但是荀彧与曹操思想意趣有很大差异。荀彧出身世族，他佐曹操征伐，是希望这位曹丞相兴复汉室。曹操则是蓄谋异志。随着曹操逐渐露出逼宫的面目，两人逐渐产生了裂痕，甚至矛盾公开化。建安十七年（212），曹操讽喻董昭等建言进爵为魏公，加九锡。荀彧表示了不同意见，他认为曹操"本

兴义兵以匡朝宁国，秉忠贞之诚，守退让之实；君子爱人以德，不宜如此”。曹操很不满意。正好曹操出征，打破荀彧留守京师的惯例，这次特地要荀彧出京劳军。荀彧觉得十分意外，感到了曹操对他的不信任。荀彧怀着不安的心情出京，到了寿春，曹操又不让他到前线濡须去劳军。荀彧恐慌，不知所措，忧愁而死，一说荀彧是被逼迫饮药而死。荀彧死后不久，曹操就晋爵为魏王。荀彧之死，没有改变曹操进逼汉室的野心。但是，荀彧不同于孔融。孔融旗帜鲜明地反对曹操；而荀彧却是曹操的首席谋士，因此荀彧之死给曹操代汉带来很大的影响。所以曹操只好做周文王，而让其子曹丕来登基了。

汉纪五十九

汉献帝建安十九年至二十一年（214—216年）

【起阏逢敦牂（甲午，214年），尽柔兆涒滩（丙申，216年），凡三年】

【大事提要】

本卷记事起公元214年，讫公元216年，凡三年，当汉献帝建安十九年至建安二十一年。此三年，曹、孙、刘三方势力继续发展，三国鼎立的局面基本形成。曹操一方，进兵汉中，扫荡了关中割据势力的残余，灭了韩遂，马超退走。曹操的主要精力用在政治上，紧逼皇帝宝座，完成了晋爵魏王，建置魏国百官，禅代的条件业已完成，只是在等待禅代的时机罢了。刘备的势力得到大发展，属地跨有荆益。由于庞统之死，诸葛亮入蜀，削弱了荆州守备力量。孙权进兵合肥受挫，掉头争荆州，孙刘同盟破裂。由于曹操紧逼，过早入汉中，孙刘中分荆州而和解，但嫌隙已构，为孙刘的夷陵之战埋下了祸根。

【原文】

孝献皇帝壬

建安十九年（甲午，214 年）

春，马超从张鲁求兵，北取凉州，鲁遣超还围祁山。姜叙告急于夏侯渊，诸将议欲须魏公操节度。渊曰："公在邺，反复四千里，比报，叙等必败，非救急也。"遂行，使张郃督步骑五千为前军。超败走。

韩遂在显亲，渊欲袭取之，遂走。渊追至略阳城，去遂三十余里，诸将欲攻之，或言当攻兴国氐。渊以为："遂兵精，兴国城固，攻不可卒拔，不如击长离诸羌。长离诸羌多在遂军，必归救其家。若舍羌独守则孤，救长离则官兵得与野战，必可虏也。"渊乃留督将守辎重，自将轻兵到长离，攻烧羌屯，遂果救长离。诸将见遂兵众，欲结营作堑乃与战。渊曰："我转斗千里，今复作营堑，则士众罢敝，不可复用。贼虽众，易与耳。"乃鼓之，大破遂军，进围兴国。氐王千万奔马超，余众悉降。转击高平、屠各，皆破之。

三月，诏魏公操位在诸侯王上，改授金玺、赤绂、远游冠。

夏，四月，旱。五月，雨水。

初，魏公操遣庐江太守朱光屯皖，大开稻田。吕蒙言于孙权曰："皖田肥美，若一收孰，彼众必增；宜早除之。"闰月，权亲攻皖城。诸将欲作土山，添攻具，吕蒙曰："治攻具及土山，必历日乃成；城备既修，外救必至，不可图也。且吾乘雨水以入，若留经日，水必向尽，还道艰难，蒙窃危之。今观此城，不能甚固，以三军锐气，四面并攻，不移时可拔；及水以归，全胜之道也。"权从之。蒙荐甘宁为升城督，宁手持练，身缘城，为士卒先；蒙以精锐继之，手执枹鼓，士卒皆腾踊。侵晨进攻，食时破之，获朱光及男女数万口。既而张辽至夹石，闻城已拔，乃退。权拜吕蒙为庐江太守，还屯寻阳。

（以上为第一段，写夏侯渊在关中败马超、韩遂；孙权在江西攻破皖城。）

【语译】

孝献皇帝壬

汉献帝建安十九安（甲午，214年）

春季，马超向张鲁借兵北上攻取凉州，张鲁派马超回师包围祁山。姜叙向夏侯渊告急求救，各位将领商议想要等待魏公曹操的命令。夏侯渊说："魏公在邺城，往返四千里，等到命令到达，姜叙等人一定失败了，这就不是救急了。"于是发兵，派张郃率领步骑兵五千作为前锋。马超战败逃走。

韩遂驻军显亲，夏侯渊打算进攻显亲，韩遂撤走。夏侯渊追到略阳城，离韩遂三十多里，各位将领想进攻韩遂，有人说应当攻打兴国的氐人。夏侯渊认为："韩遂军队精勇，兴国城池坚固，进攻不可能很快拿下，不如攻击长离的各羌族部落。长离的各部落羌人大多在韩遂的军中，一定会回救他们的家园。韩遂如果离开羌人独自守城那就孤单，如果韩遂救援长离，那么官兵就可与他在野外作战，一定能抓住他。"夏侯渊于是留下督将守护辎重，亲自率领轻装部队到长离。攻打烧毁羌人的村落，韩遂果然去救援长离。各位将领看到韩遂兵多，准备扎营挖壕再与韩遂作战。夏侯渊说："我转战千里，如今又要安营扎寨，挖掘壕沟，那么士兵们就会疲乏，无法再战，叛贼虽多，容易对抗。"于是击鼓出击，大败韩遂军队，进军包围兴国。氐王千万逃离去投奔马超，余部全部投降。转而攻击高平和匈奴的屠各部落，敌人全都被击破。

三月，汉献帝下诏，尊礼魏公曹操位在诸侯王之上，更换给曹操的印章为金印，红色绶带，戴远游冠。

夏季，四月，大旱。五月，下雨不停。

起初，魏公曹操委派庐江太守朱光驻屯皖城，大规模开垦稻田。吕蒙进言孙权说："皖城地方土地肥沃，如果一旦稻谷丰收，他们的部众一定增加，应当趁早除掉。"闰五月，孙权亲自攻打皖城。各位将领准备堆土山，添加攻城器具，吕蒙说："添加攻城器具，堆造土山，一定要历经许多天才能完成，这样敌方的城防已经修固，外援一定来到，我军不可能图谋皖城。况且我军趁着雨多水大进来，如果停留多日，雨水一定枯竭，回去的航道就会艰难，我吕蒙认为那样做有很大的危险。现今来看这座城，不算十分牢固，凭着我军高涨的士气，四面同时攻击，不要多长时间就能攻下，趁着大水回去，这是全胜的策略。"孙权接受了。吕蒙推荐甘宁为升城督，甘宁手持白绢，亲自攀上城墙，冲在士兵前面。吕蒙率领精锐部队跟随其后，并亲自击鼓，士兵都奋勇跳跃。破晓时进攻，早饭时攻下，俘获朱光及其男女几万人。不久张辽来到夹石，听说皖城已被攻占，就撤退了。孙权派吕蒙任庐江太守，

诸葛亮留关羽守荆州，与张飞、赵云将兵溯流克巴东。至江州，破巴郡太守严颜，生获之。飞呵颜曰："大军既至，何以不降，而敢拒战！"颜曰："卿等无状，侵夺我州。我州但有断头将军，无降将军也！"飞怒，令左右牵去斫头。颜容止不变，曰："斫头便斫头，何为怒邪！"飞壮而释之，引为宾客。分遣赵云从外水定江阳、犍为，飞定巴西、德阳。

刘备围雒城且一年，庞统为流矢所中，卒。法正笺与刘璋，为陈形势强弱，且曰："左将军从举兵以来，旧心依依，实无薄意。愚以为可图变化，以保尊门。"璋不答。雒城溃，备进围成都。诸葛亮、张飞、赵云引兵来会。

马超知张鲁不足与计事，又鲁将杨昂等数害其能，超内怀於邑。备使建宁督邮李恢往说之，超遂从武都逃入氐中，密书请降于备。备使人止超，而潜以兵资之。超到，令引军屯城北，城中震怖。

备围城数十日，使从事中郎涿郡简雍入说刘璋。时城中尚有精兵三万人，谷帛支一年，吏民咸欲死战。璋言："父子在州二十余年，无恩德以加百姓。百姓攻战三年，肌膏草野者，以璋故也，何心能安！"遂开城，与简雍同舆出降，群下莫不流涕。备迁璋于公安，尽归其财物，佩振威将军印绶。

备入成都，置酒，大飨士卒。取蜀城中金银，分赐将士，还其谷帛。备领益州牧，以军师中郎将诸葛亮为军师将军，益州太守南郡董和为掌军中郎将，并署左将军府事，偏将军马超为平西将军，军议校尉法正为蜀郡太守、扬武将军，裨将军南阳黄忠为讨虏将军，从事中郎麋竺为安汉将军，简雍为昭德将军，北海孙乾为秉忠将军，广汉长黄权为偏将军，汝南许靖为左将军长史，庞羲为司马，李严为犍为太守，费观为巴郡太守，山阳伊籍为从事中郎，零陵刘巴为西曹掾，广汉彭羕为益州治中从事。

（以上为第二段，写诸葛亮率领荆州之兵入援，刘备夺取了益州。）

初，董和在郡，清俭公直，为民夷所爱信，蜀中推为循吏，故备举而用之。备之自新野奔江南也，荆楚群士从之如云，而刘巴独北诣魏公

回军驻守寻阳。

诸葛亮留下关羽守荆州，就和张飞、赵云领兵逆江而上攻占巴东。张飞到达江州，打败巴郡太守严颜，活捉了他。张飞大声斥责严颜说："大军已经到达，为什么不投降，还敢反抗！"严颜说："你们不讲道理，侵夺我江州。我的州里只有断头将军，没有投降将军！"张飞大怒，命令左右人拉出去砍头。严颜面不改色，从容地说："砍头就砍头，为什么要发怒！"张飞钦佩他的胆量，就释放了他，请他做自己的宾客。诸葛亮分派赵云从外水平定江阳、犍为，张飞平定巴西、德阳。

刘备包围雒城将近一年，庞统被流箭射中，死去。法正写信给刘璋，为他分析形势强弱，并说："左将军自从举兵以来，对你旧情依恋，实无恶意。我认为你可以改换一下方式，来保住你的家门。"刘璋不做回答。雒城瓦解，刘备进军包围成都。诸葛亮、张飞、赵云领兵前来会合。

马超觉得张鲁不足以共谋大事，又张鲁部将杨昂等多次嫉恨他的才能，马超心中忧郁不乐。刘备派建宁督邮李恢前往游说，马超于是从武都逃入氐人部落中，秘密写信请降刘备。刘备派人来劝阻马超，而暗中却派兵帮助他。马超到达，刘备命他领兵驻扎在成都城北，成都城内惊恐。

刘备围攻成都几十天，派从事中郎涿郡人简雍入城劝导刘璋。当时城中还有精兵三万人，谷粮布帛可支持一年，官民们都想拼命死战。刘璋说："我父子在益州二十几年，没有什么恩德施及百姓。百姓奋战了三年，弃尸荒野，都是因我的缘故，我怎么能忍心再战！"于是打开城门，与简雍一起乘车出城投降，部下无不流泪哭泣。刘备把刘璋迁移到公安，全部归还他的财物，让他佩戴振威将军的印绶。

刘备进入成都，设置酒宴，大大地酬劳将士。取出城中库存的金银，分别赏赐给将士们，谷粮布帛归还其主。刘备兼任益州牧，任军师中郎将诸葛亮为军师将军，益州太守南郡人董和为掌军中郎将，共同总理左将军军府事务，偏将军马超为平西将军，军议校尉法正为蜀郡太守、扬武将军，裨将军南阳人黄忠为讨虏将军，从事中郎麋竺为安汉将军，简雍为昭德将军，北海人孙乾为秉忠将军，广汉县长黄权为偏将军，汝南人许靖为左将军长史，庞羲为司马，李严为犍为太守，费观为巴郡太守，山阳人伊籍为从事中郎，零陵人刘巴为西曹掾，广汉人彭羕为益州治中从事。

当初，董和在郡中任职，清廉公正，受到汉人和夷民的爱戴信任，在蜀郡中被推崇为克己奉公的官吏，所以刘备任用他。刘备从新野逃奔江南时，荆楚士人追随

操。操辟为掾，遣招纳长沙、零陵、桂阳。会备略有三郡，巴事不成，欲由交州道还京师。时诸葛亮在临蒸，以书招之，巴不从，备深以为恨。巴遂自交趾入蜀依刘璋。及璋迎备，巴谏曰："备，雄人也，入必为害。"既入，巴复谏曰："若使备讨张鲁，是放虎于山林也。"璋不听，巴闭门称疾。备攻成都，令军中曰："有害巴者，诛及三族。"及得巴，甚喜。是时益州郡县皆望风景附，独黄权闭城坚守，须璋稽服，乃降。于是董和、黄权、李严等，本璋之所授用也；吴懿、费观等，璋之婚亲也；彭羕，璋之所摈弃也；刘巴，宿昔之所忌恨也；备皆处之显任，尽其器能，有志之士，无不竞劝，益州之民，是以大和。初，刘璋以许靖为蜀郡太守。成都将溃，靖谋逾城降备，备以此薄靖，不用也。法正曰："天下有获虚誉而无其实者，许靖是也。然今主公始创大业，天下之人，不可户说，宜加敬重，以慰远近之望。"备乃礼而用之。

成都之围也，备与士众约："若事定，府库百物，孤无预焉。"及拔成都，士众皆舍干戈赴诸藏，竞取宝物。军用不足，备甚忧之，刘巴曰："此易耳。但当铸直百钱，平诸物价，令吏为官市。"备从之。数月之间，府库充实。

时议者欲以成都名田宅分赐诸将。赵云曰："霍去病以匈奴未灭，无用家为。今国贼非但匈奴，未可求安也。须天下都定，各反桑梓，归耕本土，乃其宜耳。益州人民，初罹兵革，田宅皆可归还，令安居复业，然后可役调，得其欢心；不宜夺之，以私所爱也。"备从之。

备之袭刘璋也，留中郎将南郡霍峻守葭萌城。张鲁遣杨昂诱峻求共守城。峻曰："小人头可得，城不可得！"昂乃退。后璋将扶禁、向存等帅万余人由阆水上，攻围峻，且一年。峻城中兵才数百人，伺其怠隙，选精锐出击，大破之，斩存。备既定蜀，乃分广汉为梓潼郡，以峻为梓潼太守。

法正外统都畿，内为谋主，一餐之德、睚眦之怨，无不报复，擅杀毁伤己者数人。或谓诸葛亮曰："法正太纵横，将军宜启主公，抑其威福。"亮曰："主公之在公安也，北畏曹操之强，东惮孙权之逼，近则惧孙

他的多如云彩，而只有刘巴北投魏公曹操。曹操征召刘巴为掾，派他去招抚长沙、零陵和桂阳。适逢刘备占领了这三郡，刘巴的差事无法完成，想从交州转道回京师。此时诸葛亮在临蒸，写信邀请他，刘巴不听从，刘备为此深深遗憾。刘巴就从交趾进入蜀郡依从刘璋。等到刘璋要迎接刘备入蜀，刘巴劝阻说："刘备是一代英雄，进入益州一定会成为祸患。"刘备入蜀后，刘巴又劝谏刘璋说："派刘备讨伐张鲁，好比是把老虎放回山林。"刘璋不听，于是刘巴闭门称病。刘备攻打成都，命令军中将士说："谁伤害刘巴，诛灭他的三族。"等到获得刘巴，刘备十分高兴。这时益州的郡县多是欢迎刘备到来，只有黄权关闭城门，坚守不降，一定要等到刘璋顺服时，才投降。此时，刘璋任用的董和、黄权、李严等，刘璋的姻亲吴懿、费观等，刘璋排斥的彭羕，刘备往日仇恨的刘巴，都受到了刘备的特别重用，充分发挥了他们的才能，有志之士，无不争相鼓励，益州的人民因此非常和睦。起初，刘表派许靖任蜀郡太守。成都即将被攻破时，许靖密谋出城投降刘备，刘备因此看不起许靖，不用他。法正说："享有天下虚名但无其实的人，许靖就是这种人。然而主公您才开始创立大业，天下的人不可能挨家挨户地去向他们解释，许靖这样的人还是应当加以敬重，用来安抚满足远近的民心。"刘备这才对许靖以礼相待，加以任用。

围攻成都时，刘备与部众相约说："如果事业成功，城中官府库藏的各种财物，你们随便拿，我不加干预。"等到攻下成都，部众都抛下武器奔赴各个仓库，争抢财物，导致军中开支不足，刘备为此十分忧虑，刘巴说："这很容易，只要铸造面值一百的大钱，平价收购百物，由政府管理市场。"刘备听从了这个意见。几个月之内，府库就充满了。

当时参加谋议的人想把成都有名的田地和住宅分别赐予众将领。赵云说："霍去病认为匈奴没有歼灭，不要考虑小家，如今国贼不仅仅只是匈奴，不可以贪求安逸。等天下都平定了，各自返回故里，在自己的土地上耕种，才是合适的。益州的人民，刚刚遭受战祸，田地房屋都应当还给他们，让他们安居恢复旧业，然后才可以征兵收税，获得他们的欢心。不应夺去他们的财产来偏爱自己的将士。"刘备听从了。

刘备攻击刘璋时，留下中郎将南郡人霍峻守葭萌城。张鲁派杨昂引诱霍峻，要求一起防守城池。霍峻说："我的头可得，我守城池不可得！"杨昂只好撤退。后来刘璋部将扶禁、向存等统帅一万多人从阆水逆流而上。围攻霍峻，将近一年。霍峻城中的士兵才几百人，抓住敌人怠慢的机会，挑选精锐出城攻击，大败敌军，杀了向存。刘备平定蜀郡后，就分出广汉的一部分为梓潼郡，任命霍峻为梓潼太守。

法正在外统辖都畿成都地区，在内作为主要的谋士，一餐饭的恩德，一瞪眼的仇恨，法正无不给予回报，擅自杀了好几名伤害过自己的人。有人对诸葛亮说："法正太专横，将军应当上告主公，抑制他作威作福。"诸葛亮说："主公在公安的时候，

夫人生变于肘腋。法孝直为之辅翼，令翻然翱翔，不可复制。如何禁止孝直，使不得少行其意邪！”

诸葛亮佐备治蜀，颇尚严峻，人多怨叹者。法正谓亮曰：“昔高祖入关，约法三章，秦民知德。今君假借威力，跨据一州，初有其国，未垂惠抚；且客主之义，宜相降下，愿缓刑弛禁以慰其望。”亮曰：“君知其一，未知其二。秦以无道，政苛民怨，匹夫大呼，天下土崩；高祖因之，可以弘济。刘璋暗弱，自焉以来，有累世之恩，文法羁縻，互相承奉，德政不举，威刑不肃。蜀土人士，专权自恣，君臣之道，渐以陵替。宠之以位，位极则贱；顺之以恩，恩竭则慢。所以致敝，实由于此。吾今威之以法，法行则知恩；限之以爵，爵加则知荣。荣恩并济，上下有节，为治之要，于斯而著矣。”

刘备以零陵蒋琬为广都长。备尝因游观，奄至广都，见琬众事不治，时又沈醉，备大怒，将加罪戮。诸葛亮请曰：“蒋琬社稷之器，非百里之才也。其为政以安民为本，不以修饰为先，愿主公重加察之。”备雅敬亮，乃不加罪，仓卒但免官而已。

（以上为第三段，写刘备入成都，人事安排兼顾新旧人物，团结了各方势力。诸葛亮治蜀，以严法济宽。）

秋，七月，魏公操击孙权，留少子临菑侯植守邺。操为诸子高选官属，以邢颙为植家丞：颙防闲以礼，无所屈挠，由是不合。庶子刘桢美文辞，植亲爱之。桢以书谏植曰：“君侯采庶子之春华，忘家丞之秋实，为上招谤，其罪不小，愚实惧焉。”

魏尚书令荀攸卒。攸深密有智防，自从魏公操攻讨，常谋谟帷幄，时人及子弟莫知其所言。操尝称，“荀文若之进善，不进不休；荀公达之去恶，不去不止。”又称：“二荀令之论人，久而益信，吾没世不忘。”

初，枹罕宋建因凉州乱，自号河首平汉王，改元，置百官，三十余

北面畏惧曹操强大，东面恐惧孙权逼迫，家中唯恐孙夫人在身边发难。法孝直（法正）成为主公辅佐的羽翼，才使得主公凌空自由地翱翔，不再受他人制约。怎么能禁止法孝直，不让他稍微地随心所欲一下呢？”

诸葛亮辅佐刘备治理蜀地，偏重实施严刑峻法，很多人抱怨。法正对诸葛亮说：“从前汉高祖入关时，约法三章，秦地的百姓感恩戴德。如今您借助强权力量，占领一州，刚刚拥有这个国家，还没有施加恩惠，再说按照客主之理，客人对主人应更敬重些，希望能宽松刑律，解除禁令，用来满足当地人的愿望。”诸葛亮说：“您只知其一，不知其二。秦朝无道，政令苛刻，人民怨愤，有人大呼一声，秦朝就土崩瓦解了；汉高祖趁此可以宽松，完成大业。刘璋昏暗柔弱，从刘焉以来，有多世的恩惠，政令法律受到束缚，相互因循，德政不施，刑法不严。蜀地的人士，专权放肆，君臣道义，逐渐衰落。用官位来施行宠爱，官位到了极限，就会轻视官位；用恩惠来进行宠爱，恩惠到了尽头，就会怨恨怠慢。因此导致蜀地衰败，我现在用法令来树立威严，法令实行，他们就知道恩德，不轻易滥施爵位，他们得到爵位，就知道荣宠。荣宠恩惠相辅相成，这样上下才有节制。治政的关键，在这里就会显示出来了。”

刘备命零陵人蒋琬任广都县长。刘备曾经因事巡视，突然到达广都，发现蒋琬百事荒废，当时又酒醉不醒。刘备恼怒，要把蒋琬治罪处死。诸葛亮劝说刘备，说：“蒋琬是治国的栋梁，不是治理百里之县的小才。治理国家以安民为本，不是把修饰放在首位，希望主公再加考察。”刘备向来敬重诸葛亮，便不加罪蒋琬，但匆忙中只免去了他官职。

秋季，七月，魏公曹操进攻孙权，留下小儿子临菑侯曹植守卫邺城。曹操为自己的儿子选择才能很高的官吏做他们的官属，派邢颙任曹植的家丞；邢颙常用礼法管束曹植，从不退让，因此与曹植不和。庶子刘桢文辞华美，曹植亲近宠信他。刘桢写信劝谏曹植说：“君侯取摘庶子我的华美文辞，却忘记邢颙家丞的礼义束缚，以致为您招来毁谤，罪过不小，我实在感到恐惧。”

魏国的尚书令荀攸去世。荀攸深沉严密，有才智谋略，善于保身，自从追随魏公曹操征伐，常常运筹帷幄，当时的人们及其他的子弟，没有谁知晓他说了些什么。曹操曾经称赞说：“荀彧进献好的策略时，不用不罢休；荀攸劝谏错误的行为时，不达目的不罢休。”又称赞道：“两个荀姓尚书令品评人物，时间一长，愈使人觉得信服，我终身不忘。”

当初，枹罕人宋建趁凉州混乱，自称河首平汉王三十多年，改年号，设立百官。

年。冬，十月，魏公操使夏侯渊自兴国讨建，围枹罕，拔之，斩建。渊别遣张郃等渡河，入小湟中，河西诸羌皆降，陇右平。

帝自都许以来，守位而已，左右侍卫莫非曹氏之人者。议郎赵彦常为帝陈言时策，魏公操恶而杀之。操后以事入见殿中，帝不任其惧，因曰："君若能相辅，则厚；不尔，幸垂恩相舍。"操失色，俯仰求出。旧仪：三公领兵，朝见，令虎贲执刃挟之。操出，顾左右，汗流浃背；自后不复朝请。

董承女为贵人，操诛承，求贵人杀之。帝以贵人有妊，累为请，不能得。伏皇后由是怀惧，乃与父完书，言曹操残逼之状，令密图之，完不敢发。至是，事乃泄，操大怒，十一月，使御史大夫郗虑持节策收皇后玺绶，以尚书令华歆为副，勒兵入宫收后。后闭户，藏壁中。歆坏户发壁，就牵后出。时帝在外殿，引虑于坐，后被发、徒跣、行泣，过诀曰："不能复相活邪？"帝曰："我亦不知命在何时！"顾谓虑曰："郗公，天下宁有是邪！"遂将后下暴室，以幽死；所生二皇子，皆鸩杀之，兄弟及宗族死者百余人。

十二月，魏公操至孟津。

操以尚书郎高柔为理曹掾。旧法：军征士亡，考竟其妻子。而亡者犹不息。操欲更重其刑，并及父母、兄弟，柔启曰："士卒亡军，诚在可疾，然窃闻其中时有悔者。愚谓乃宜贷其妻子，一可使诱其还心。正如前科，固已绝其意望：而猥复重之，柔恐自今在军之士，见一人亡逃，诛将及己，亦且相随而走，不可复得杀也。此重刑非所以止亡，乃所以益走耳！"操曰："善！"即止不杀。

（以上为第四段，写曹操诛董承，罪及有孕贵人，残忍之极。高柔主刑狱，依法办案，受到曹操称赞。）

二十年（乙未，215 年）

春，正月，甲子，立贵人曹氏为皇后，魏公操之女也。

三月，魏公操自将击张鲁，将自武都入氐，氐人塞道，遣张郃、朱灵等攻破之。夏，四月，操自陈仓出散关至河池，氐王窦茂众万余人，恃险不服，五月，攻屠之。西平、金城诸将麴演、蒋石等共斩送韩遂首。

冬季，十月，魏公曹操派夏侯渊从兴国讨伐宋建，包围枹罕，攻占城池，杀死宋建。夏侯渊另外派张郃等渡过黄河，进入小湟中，河西的羌族各部全部投降，陇右平定。

献帝自从建都许县以来，仅仅保有皇帝之位罢了，左右的侍卫无不是曹操的人。议郎赵彦常常为献帝陈述对付当时形势的策略，魏公曹操感到厌恶就杀了他。曹操后来因事进殿拜见献帝，献帝控制不住自己的恐惧情绪，因而说："你如果想辅佐我，就仁厚些；不想辅佐我，就发发善心把我扔在一边。"曹操大惊失色，频频鞠躬行礼，请求退出。旧的礼仪规定：领兵的三公朝见时，要由虎贲卫士持刀挟持。曹操出来，顾盼左右，汗流浃背，从此不再朝见。

董承的女儿是贵人，曹操杀死董承，要求把贵人也处死。献帝因贵人有身孕，多次向曹操求情，没有得到同意。伏皇后因此心怀恐惧，就写信给父亲伏完，控诉曹操残害威逼皇上的情况，让他密谋杀掉曹操，伏完不敢发难。至此，事情败露，曹操恼怒，十一月，派御史大夫郗虑持符节书策收缴皇后玺绶，任命尚书令华歆为副手，率兵入宫，逮捕皇后。皇后闭门，藏在夹壁中，华歆捣坏大门，拆除墙壁，把皇后拉了出来。当时献帝在外殿，请郗虑就座，皇后披头散发，光着双脚，边走边哭，路过献帝身边时，诀别说："不能再救活我吗？"献帝说："我也不知自己能活到什么时候！"回头对郗虑说："郗公，天底下难道有这样的事吗？"于是把伏皇后关进暴室，幽禁而死。皇后所生的两个皇子都被毒死，她的兄弟及其宗族被诛杀的有一百多人。

十二月，魏公曹操到达孟津。

曹操任命尚书郎高柔为理曹掾。原来的法令规定：从军的士兵逃走，要拷问追究他们的妻子儿女，但逃走的仍然不断。曹操想再加重这种刑法，株连到父母、兄弟。高柔启奏说："士兵逃离军队，确实是件讨厌的事，可是我私下听到逃跑的人中不时有后悔的。我认为应当饶恕他们的妻子儿女，或许可引诱他们回心转意。按照以前的法令，本来就阻断了他们回来的希望，现在还要加重刑罚，我恐怕现今军中的士兵，见到一人逃跑，害怕株连自己，也将跟着逃走，就不可能有人再被杀了。加重刑法不是用来制止逃跑，而只是用来推动逃跑者罢了！"曹操说："好！"立即停止了株连杀人的法律，不再追究杀人。

汉献帝建安二十年（乙未，215 年）

春季，正月二十八日甲子，册立贵人曹氏为皇后。皇后曹氏是魏公曹操的女儿。

三月，魏公曹操亲自领兵攻打张鲁，打算从武都进入氐人部落，氐人堵住道路，派张郃、朱灵等打败氐人。夏季，四月，曹操从陈仓出散关到达河池，氐王窦茂有部众一万多人，凭仗险要不顺服，五月，打败氐人，进行了屠杀。西平、金城的各

初，刘备在荆州，周瑜、甘宁等数劝孙权取蜀。权遣使谓备曰：“刘璋不武，不能自守，若使曹操得蜀，则荆州危矣。今欲先攻取璋，次取张鲁，一统南方，虽有十操，无所忧也。”备报曰：“益州民富地险，刘璋虽弱，足以自守。今暴师于蜀、汉，转运于万里，欲使战克攻取，举不失利，此孙、吴所难也。议者见曹操失利于赤壁，谓其力屈，无复远念；今操三分天下已有其二，将欲饮马于沧海，观兵于吴、会，何肯守此坐须老乎！而同盟无故自相攻伐，借枢于操，使敌乘其隙，非长计也。且备与璋托为宗室，冀凭威灵以匡汉朝。今璋得罪于左右，备独悚惧，非所敢闻，愿加宽贷。”权不听，遣孙瑜率水军住夏口。备不听军过，谓瑜曰：“汝欲取蜀，吾当被发入山，不失信于天下也。”使关羽屯江陵，张飞屯秭归，诸葛亮据南郡，备自住孱陵，权不得已召瑜还。及备西攻刘璋，权曰：“猾虏，乃敢挟诈如此！”备留关羽守江陵，鲁肃与羽邻界；羽数生疑贰，肃常以欢好抚之。

及备已得益州，权令中司马诸葛瑾从备求荆州诸郡。备不许，曰：“吾方图凉州，凉州定，乃尽以荆州相与耳。”权曰：“此假而不反，乃欲以虚辞引岁也。”遂置长沙、零陵、桂阳三郡长吏。关羽尽逐之。权大怒，遣吕蒙督兵二万以取三郡。

蒙移书长沙、桂阳，皆望风归服，惟零陵太守郝普城守不降。刘备闻之，自蜀亲至公安，遣关羽争三郡。孙权进住陆口，为诸军节度；使鲁肃将万人屯益阳以拒羽；飞书召吕蒙，使舍零陵急还助肃。蒙得书，秘之，夜，召诸将授以方略。晨，当攻零陵，顾谓郝普故人南阳邓玄之曰：“郝子太闻世间有忠义事，亦欲为之，而不知时也。今左将军在汉中为夏侯渊所围，关羽在南郡，至尊身自临之。彼方首尾倒县，救死不给，岂有余力复营此哉！今吾计力度虑而以攻此，曾不移日而城必破，城破之后，身死何益于事，而令百岁老母戴白受诛，岂不痛哉！度此家不得外问，谓援可恃，故至于此耳。君可见之，为陈祸福。”玄之见普，具宣蒙意；普惧而出降。蒙迎，执其手与俱下船，语毕，出书示之，因拊手大笑。普见书，知备在公安而羽在益阳，惭恨入地。蒙留孙河，委以后事，即日引军赴益阳。

位将领麹演、蒋石等合计杀死韩遂，送来了他的首级。

起初，刘备在荆州，周瑜、甘宁等几次劝说孙权攻取蜀地。孙权派使者对刘备说："刘璋不懂军事，不能自守，如果让曹操得到蜀地，那么荆州就危险了。如今要先攻占刘璋，其次拿下张鲁，统一南方，即使有十个曹操也没有什么忧虑。"刘备回答说："益州人民富裕，地势险峻，刘璋虽然软弱，完全可以自守。现今如果出师蜀、汉，转运万里，要想战胜攻取，兴兵不遭到失利，这就是孙武、吴起也难办到的。谋划的人只看到曹操在赤壁失败，认为他的势力已经受挫，不会再有远大抱负了。事实是如今曹操已占有天下的三分之二，还想到沧海去放饮他的战马，到吴郡、会稽的地方去检阅士兵，哪里只肯守着他的地盘坐等老死呢？而我们同盟无故相互残杀，等于把要害交给了曹操，让敌人有隙可乘，这不是长远的计策。况且我刘备与刘璋同出自皇室宗族，希望凭借祖宗的威灵来辅佐汉朝。如今刘璋得罪您的左右，我自个都感到害怕，我冒昧地请求，希望您能给予宽恕。"孙权不听，派孙瑜率水军驻守夏口，刘备不让水军通过，对孙瑜说："你要攻取蜀地，我将披发进山，不会在天下人面前失去信誉。"刘备派出关羽驻守江陵，张飞驻守秭归，诸葛亮驻守南郡，刘备自己前往孱陵，孙权不得已召孙瑜回师。等到刘备向西攻打刘璋，孙权说："狡猾的强盗，竟敢如此心怀诈术！"刘备留下关羽守江陵，鲁肃与关羽邻界，关羽几次疑心鲁肃，鲁肃常常以友好的态度安抚他。

等到刘备已经占领益州，孙权命中司马诸葛瑾向刘备索讨荆州各郡。刘备不接受，说："我正在谋取凉州，等平定了凉州，便把荆州全部归还。"孙权说："这是借而不还，只是想用空话拖延时日罢了。"孙权于是设置委派长沙、零陵、桂阳三郡的地方长官。关羽把他们全部赶跑。孙权大怒，派吕蒙统兵二万来攻取三郡。

吕蒙发布公文，长沙、桂阳二郡都望风顺服，只有零陵太守郝普守城不降。刘备听到消息，从蜀郡亲自赶到公安，派关羽争夺三郡。孙权进驻陆口，亲自统管各军。派鲁肃领兵一万人驻守益阳来抵抗关羽；火速传令召回吕蒙，让他放弃零陵急速赶回帮助鲁肃。吕蒙得到召还命令，把它秘藏起来，连夜召集众将领布置作战方案。清晨，准备攻击零陵，回头对郝普的旧友南阳人邓玄之说："郝子太只知道世上有忠义的事，也想这样做，却不识时务。如今刘备在汉中被夏侯渊围困，关羽在南郡，我们的主君亲自到了那里，关羽已是顾头顾不了尾，他自救都顾不过来，哪里还有余力再营救这里呢？如今我计算了自己的力量，只要发动攻击，要不了多久就一定能攻破城池，城破之后，他枉送性命于事无补，却让满头白发的百岁老母遭到诛杀，怎能不痛惜！我猜想郝子太没得到城外的消息，认为可以依靠外援，所以才至于这样死守。你可去见见他，为他说透祸福得失。"邓玄之拜见郝普，把吕蒙的意思详尽地转达了，郝普恐惧，出城投降。吕蒙迎接，握着郝普的手一起下船。谈话

鲁肃欲与关羽会语，诸将疑恐有变，议不可往。肃曰：“今日之事，宜相开譬。刘备负国，是非未决，羽亦何敢重欲干命！”乃邀羽相见，各驻兵马百步上，但诸将军单刀俱会。肃因责数羽以不返三郡，羽曰：“乌林之役，左将军身在行间，戮力破敌，岂得徒劳，无一块土，而足下来欲收地邪！”肃曰：“不然。始与豫州觐于长阪，豫州之众不当一校，计穷虑极，志势摧弱，图欲远窜，望不及此。主上矜愍豫州之身无有处所，不爱土地士民之力，使有所庇荫以济其患，而豫州私独饰情，愆德堕好。今已藉手于西州矣，又欲翦并荆州之土，斯盖凡夫所不忍行，而况整领人物之主乎！”羽无以答。会闻魏公操将攻汉中，刘备惧失益州，使使求和于权。权令诸葛瑾报命，更寻盟好。遂分荆州，以湘水为界：长沙、江夏、桂阳以东属权，南郡、零陵、武陵以西属备。诸葛瑾每奉使至蜀，与其弟亮但公会相见，退无私面。

（以上为第五段，写孙刘争荆州江南三郡，同盟破裂，虽复修好，而嫌隙已构，遗下后患。）

秋，七月，魏公操至阳平。张鲁欲举汉中降，其弟卫不肯，率众数万人拒关坚守，横山筑城十余里。初，操承凉州从事及武都降人之辞，说“张鲁易攻，阳平城下南北山相远，不可守也”，信以为然。及往临履，不如所闻，乃叹曰：“他人商度，少如人意。”攻阳平山上诸屯，山峻难登，既不时拔，士卒伤夷者多，军食且尽，操意沮，便欲拔军截山而还，遣大将军夏侯惇、将军许褚呼山上兵还。会前军夜迷惑，误入张卫别营，营中大惊退散。侍中辛毗、主簿刘晔等在兵后，语惇、褚，言“官兵已据得贼要屯，贼已散走”，犹不信之。惇前自见，乃还白操，进兵攻卫，卫等夜遁。

张鲁闻阳平已陷，欲降，阎圃曰：“今以迫往，功必轻；不如依杜濩赴朴胡，与相拒，然后委质，功必多。”乃奔南山入巴中。左右欲悉烧宝货仓库，鲁曰：“本欲归命国家，而意未得达。今之走避锐锋，非有恶意。

完毕，吕蒙拿出召回他的命令给郝普看，因而拍手大笑。郝普看到召书，知道刘备在公安并且关羽在益阳，羞愧得恨不得钻进地下。吕蒙留下孙河，交付给他善后的事宜，当天率军奔赴益阳。

鲁肃想与关羽会晤，各位将领疑虑，担心有变故发生，商议不能去。鲁肃说："今日之事，应当彼此开诚布公说清楚。刘备对不起我们国家，是非还没有定夺，关羽怎么敢再来冒犯我们！"于是邀请与关羽相见。各自停住兵马百步外，只有各位将领佩刀相会。鲁肃借机责备数落关羽不归还三郡，关羽说："乌林之役，左将军亲自上阵，全力击败敌人，怎么能白白地辛苦，没有一块土地，而你却来收取土地呢！"鲁肃说："不能这样讲。起初与刘豫州在长阪相会时，刘豫州的部队还够不上一校人马，智竭计穷，志气衰退，势力单薄，试图远远地逃跑，连想也没想到有今天这个样子。我主上怜悯刘豫州没有安身之地，不吝惜土地和民力，使刘豫州有个安身之处，来帮助他渡过难关，而刘豫州极端虚伪狡诈，丧失道德，破坏盟好。如今得到益州，有了依托，又想吞吃荆州的地盘，这大概是凡夫俗子也不忍心去做的，更何况是领导一邦的领袖人物呢？"关羽无言以对。适逢魏公曹操将要攻打汉中，刘备害怕丢失益州，派使者向孙权求和。孙权让诸葛瑾回答，重新订立盟约，于是分割荆州，以湘水为界：长沙、江夏、桂阳三郡在湘水之东归属孙权，南郡、零陵、武陵三郡在湘水之西归属刘备。诸葛瑾每次奉使命到蜀，与他的弟弟诸葛亮只在公共场合见面，退出后不私下见面。

秋季，七月，魏公曹操到达阳平。张鲁想献出汉中投降，他的弟弟张卫不愿意，率领几万部队凭着关隘坚守对抗，在山上横着筑起一道十几里的城墙。起初，曹操得到凉州从事和武都投降过来的人报告说："张鲁容易被攻取，阳平城下的南北山相距遥远，无法防守"，便信以为真。等到他亲临其境，觉得不像所听到的，于是感叹说："别人的推测，很少令人满意。"攻打阳平山上的各个营垒，山势险峻，难以攀登，一时不能攻下，士兵死伤的很多，军粮也快用完，曹操情绪低落，便想收兵依山阻击撤退，派大将军夏侯惇、将军许褚呼唤山上的士兵后撤。适逢前锋部队夜里迷路，误入张卫属下的一个军营，营中的士兵大惊，败退逃散。侍中辛毗、主簿刘晔等跟在士兵后面，告诉夏侯惇、许褚说："官军已占据敌贼的要寨，敌贼已逃散"，夏侯惇、许褚还不相信。夏侯惇亲自上前观察，回来报告曹操，继续进兵攻打张卫，张卫等连夜逃跑。

张鲁听到阳平已经陷落，想投降，阎圃说："如今因被逼投降，身价一定很轻；不如依靠杜濩投奔朴胡，与曹操抗拒，然后再屈服，身价一定重些。"于是逃进南山进入巴中。张鲁身边的人想烧毁全部的宝物和仓库，张鲁说："本想归顺国家，只是

宝货仓库。国家之有。”遂封藏而去。操入南郑，甚嘉之。又以鲁本有善意，遣人慰喻之。

丞相主簿司马懿言于操曰：“刘备以诈力虏刘璋，蜀人未附，而远争江陵，此机不可失也。今克汉中，益州震动，进兵临之，势必瓦解。圣人不能违时，亦不可失时也。”操曰：“人苦无足，既得陇，复望蜀邪！”刘晔曰：“刘备，人杰也，有度而迟；得蜀日浅，蜀人未恃也。今破汉中，蜀人震恐，其势自倾。以公之神明，因其倾而压之，无不克也。若少缓之，诸葛亮明于治国而为相，关羽、张飞勇冠三军而为将，蜀民既定，据险守要，则不可犯矣。今不取，必为后忧。”操不从。居七日，蜀降者说“蜀中一日数十惊，守将虽斩之而不能安也。”操问晔曰：“今尚可击不？”晔曰：“今已小定，未可击也。”乃还。以夏侯渊为都护将军，督张郃、徐晃等守汉中；以丞相长史杜袭为驸马都尉，留督汉中事。袭绥怀开导，百姓自乐出徙洛、邺者八万余口。

（以上为第六段，写曹操平定汉中。）

八月，孙权率众十万围合肥。时张辽、李典、乐进将七千余人屯合肥；魏公操之征张鲁也，为教与合肥护军薛悌，署函边曰：“贼至，乃发。”及权至，发教，教曰：“若孙权至者，张、李将军出战，乐将军守，护军勿得与战。”诸将以众寡不敌，疑之。张辽曰：“公远征在外，比救至，彼破我必矣。是以教指及其未合逆击之，折其盛势，以安众心，然后可守也。”进等莫对。辽怒曰：“成败之机，在此一战。诸君若疑，辽将独决之。”李典素与辽不睦，慨然曰：“此国家大事，顾君计何如耳，吾可以私憾而忘公义乎！请从君而出。”于是辽夜募敢从之士，得八百人，椎牛犒飨。明旦，辽被甲持戟，先登陷陈，杀数十人，斩二大将，大呼自名，冲垒入至权麾下。权大惊，不知所为，走登高冢，以长戟自守。辽叱权下战，权不敢动，望见辽所将众少，乃聚围辽数重。辽急击围开，将麾下数十人得出。余众号呼曰：“将军弃我乎？”辽复前突围，拔出余众。权人马皆披靡，无敢当者。自旦战至日中，吴人夺气。乃还修守备，众心遂安。

意愿没法传达。现今逃离不过是避开锋芒，并无恶意。宝物和仓库，原本就是归国家所有。”于是把府库封存好而离去。曹操进入南郑，对张鲁的行为大加赞赏，又因为张鲁本来有善意，就派人去安慰劝导他。

丞相主簿司马懿向曹操进言说：“刘备凭诈术和暴力降伏了刘璋，蜀人没有归附，却又远去争夺江陵，不能失去这个机会。现今攻克汉中，益州震动，进兵攻打，形势一定使敌人瓦解。圣人不能违反天时，也不要错过机会。”曹操说：“人的苦恼就在于不知足，已经得到陇地，又在渴望蜀地了！”刘晔说：“刘备是人中英杰，虽然有气度但行动迟缓，得到蜀地不久，蜀人尚未依靠他。如今攻破汉中，蜀人震惊恐惧，依这形势一定会自行溃散。凭着主公的神明，趁刘备崩溃的形势压过去，就会攻无不克。如果稍有迟缓，诸葛亮善于治国而为宰相，关羽、张飞勇冠三军而为将军，蜀民安定后，据险守要，那么就不可以去冒犯了。现今不去攻取，一定会成为后患。”曹操不听。停留了七天，从蜀地来投降的人说：“蜀中每天发生数十次的惊恐，守卫的将领虽然诛杀镇压也没法安定。”曹操问刘晔道：“现今还能攻取吗？”刘晔说：“现今蜀地已稍稍安稳，不能攻取了。”曹操于是退军。委任夏侯渊为都护将军，统领张郃、徐晃等留守汉中；委任丞相长史杜袭为驸马都尉，留下掌管汉中事务。杜袭安抚开导，百姓自己乐意迁徙到洛阳、邺城的有八万多人。

八月，孙权率领十万大军围攻合肥。当时张辽、李典、乐进领兵七千余人守卫合肥，魏公曹操征讨张鲁的时候，写好教令给合肥护军薛悌，在装教令的信封边上写了一行字，说：“敌贼来后，才打开。”等到孙权进攻合肥时，打开教令，教令说：“如果孙权亲自来战，张、李将军出城作战，乐将军留守，护军不得与孙权交战。”各位将军认为众寡悬殊，疑虑不能相敌。张辽说：“曹公远征在外，等到救兵到达，孙权打败我军那是一定的。因此教令的指示，是要求我们趁敌人没有集结时迎战他们，挫伤他们锐气，用来安定军心，然后才能防守。”乐进等没有谁回答。张辽愤怒地说：“成败的关键在此一战。诸位如果迟疑，我张辽单独出城决战。”李典一向跟张辽不和，感慨说：“这是国家大事，只需看你的计谋怎么样，我怎么可以因为私怨而忘掉公义呢？请跟您一起出城。”于是张辽夜里招募敢死壮士，得到八百人，宰牛犒劳他们。第二天早晨，张辽穿着铠甲，手持铁戟，身先冲进敌阵，杀死几十人。斩了二员大将，大声喊着自己的名字，冲进敌人的壁垒，直闯到孙权的大旗下，孙权大惊，不知所措，退走登上一个大坟堆，用长戟自卫。张辽呵斥孙权下来决战，孙权不敢动弹，看到张辽率领的士兵少，就收拢人马，重重包围了张辽。张辽急忙冲开包围，带出了几十名部下。余下的部众大声呼叫：“将军要丢弃我们吗？”张辽重新杀回，前来突围，救出余部。孙权的人马都望风披靡，没有人敢拦截阻挡。从

权围合肥十余日，城不可拔，彻军还。兵皆就路，权与诸将在逍遥津北，张辽觇望知之，即将步骑奄至。甘宁与吕蒙等力战捍敌，凌统率亲近扶权出围，复还与辽战，左右尽死，身亦被创，度权已免，乃还。权乘骏马上津桥，桥南已彻，丈余无板；亲近监谷利在马后，使权持鞍缓控，利于后着鞭以助马势，遂得超渡。贺齐率三千人在津南迎权，权由是得免。

权入大船宴饮，贺齐下席涕泣曰："至尊人主，常当持重，今日之事，几致祸败。群下震怖，若无天地，愿以此为终身之诫！"权自前收其泪曰："大惭，谨已刻心，非但书绅也。"

（以上为第七段，写孙权争淮南，攻合肥不克。）

九月，巴、賨夷帅朴胡、杜濩、任约，各举其众来附。于是分巴郡，以胡为巴东太守，濩为巴西太守，约为巴郡太守，皆封列侯。

冬，十月，始置名号侯以赏军功。

十一月，张鲁将家属出降。魏公操逆拜鲁镇南将军，待以客礼，封阆中侯，邑万户。封鲁五子及阎圃等皆为列侯。

习凿齿论曰：阎圃谏鲁勿王，而曹公追封之，将来之人，孰不思顺！塞其本源而末流自止，其此之谓欤！若乃不明于此而重焦烂之功，丰爵厚赏止于死战之士，则民利于有乱，俗竞于杀伐，阻兵杖力，干戈不戢矣。曹公之此封，可谓知赏罚之本矣。

程银、侯选、庞德皆随鲁降。魏公操复银、选官爵，拜德立义将军。

张鲁之走巴中也，黄权言于刘备曰："若失汉中，则三巴不振，此为割蜀之股臂也。"备乃以权为护军，率诸将迎鲁；鲁已降，权遂击朴胡、杜濩、任约，破之。魏公操使张郃督诸军徇三巴，欲徙其民于汉中，进军宕渠。刘备使巴西太守张飞与郃相拒，五十余日，飞袭击郃，大破之。郃走还南郑，备亦还成都。

操徙出故韩遂、马超等兵五千余人，使平难将军殷署等督领，以扶风太守赵俨为关中护军。操使俨发千二百兵助汉中守御，殷署督送

早晨战到中午，东吴的士兵锐气衰减。于是回城加强防守，军心终于安定下来。

孙权包围合肥十多天，攻不下城池，于是撤退。士兵全部上路，孙权和各位将领还在逍遥津北面，张辽从远处看见，立刻率领步骑兵突然赶到。甘宁和吕蒙等拼力作战，抵御敌人，凌统率领亲兵扶着孙权冲出包围，又返回与张辽交战，身边的人都战死，自己也受伤了，估计孙权已脱离危险，才返回。孙权骑一匹骏马奔上逍遥津桥，桥南的木桥已拆除，一丈多没有木板，亲近监谷利在马后，要孙权抓住马鞍，放松缰绳，谷利在后面用鞭抽打，以帮助骏马奔驰，于是骏马一跃而起飞渡到南岸。贺齐率领三千人在逍遥津南岸等候孙权，孙权才得以幸免。

孙权进入大船设宴饮酒，贺齐走下座位哭泣说："君上您是人主，经常应当谨慎稳重，今天的事，差点酿下大祸。部下震惊恐怖，似乎失去了天地一样，希望君上以此作为终生的教训！"孙权上前擦去贺齐的眼泪说："十分惭愧，我已铭记在心，不只是写在衣带上。"

九月，巴、賨夷人的首领朴胡、杜濩、任约，各率部众来归附。于是分割巴郡，任命朴胡为巴东太守，杜濩为巴西太守，任约为巴郡太守；全都封为列侯。

冬季，十月，首次设置名号侯用来赏赐立有军功的人。

十一月，张鲁率领全家及部属出来归降。魏公曹操出迎，任命张鲁为镇南将军，依照客礼接待，封为阆中侯，食邑一万户。封张鲁的五个儿子以及阎圃为列侯。

> 习凿齿评论说：阎圃劝说张鲁不要称王，但曹公追封他为侯，往后的人，谁还不会来归顺呢！堵塞住源头，下游的水自然停止，说的就是这个道理啊！至于不明白这个道理而只看重焦头烂额的战功，加爵厚赏，只给予那些拼死奋战的勇士，那么民众就认为战乱有利可图，世风变得更差，各自拥有军队，凭仗武力，战争就不会停止了。曹公的这种封赏可以说是懂得了赏罚的根本。

程银、侯选、庞德都跟随张鲁投降。魏公曹操恢复程银、侯选的官爵，任用庞德为立义将军。

张鲁逃走巴中的时候，黄权向刘备进言说："如果丢了汉中，那么三巴就不能振兴，这就是砍断了蜀国的四肢。"刘备于是任命黄权为护军，统带众将领去迎接张鲁；张鲁已经归降曹操，黄权就进击朴胡、杜濩、任约，打败了他们。魏公曹操派张郃统帅各军占领三巴，想要迁走当地百姓到汉中，张郃进军到宕渠。刘备派巴西太守张飞与张郃相持，对抗五十多天，张飞袭击张郃，把张郃打得大败。张郃逃回南郑，刘备也返回成都。

曹操抽调出先前韩遂、马超等人的士兵五千多人，使平难将军殷署等统领，任用扶风太守赵俨为关中护军。曹操令赵俨派出一千二百人加强汉中防卫，由殷署监

之，行者不乐。俨护送至斜谷口，还，未至营，署军叛乱。俨自随步骑百五十人，皆叛者亲党也，闻之，各惊，被甲持兵，不复自安。俨徐喻以成败，慰励恳切，皆慷慨曰："死生当随护军，不敢有二！"前到诸营，各召料简诸奸结叛者八百余人，散在原野。俨下令：惟取其造谋魁率治之，余一不问；郡县所收送皆放遣，乃即相率还降。俨密白："宜遣将诣大营，请旧兵镇守关中。"魏公操遣将军刘柱将二千人往，当须到乃发遣。俄而事露，诸营大骇，不可安谕。俨遂宣言："当差留新兵之温厚者千人，镇守关中，其余悉遣东。"便见主者内诸营兵名籍，立差别之。留者意定，与俨同心，其当去者亦不敢动。俨一日尽遣上道，因使所留千人分布罗落之。东兵寻至，乃复胁谕，并徙千人，令相及共东。凡所全致二万余口。

（以上为第八段，写曹操优抚张鲁；收复关中旧将残余武装，赵俨出色地完成使命。）

二十一年（丙申，216年）

春，二月，魏公操还邺。

夏，五月，进魏公操爵为王。

初，中尉崔琰荐巨鹿杨训于操，操礼辟之。及操进爵，训发表称颂功德。或笑训希世浮伪，谓琰为失所举。琰从训取表草视之，与训书曰："省表，事佳耳。时乎，时乎！会当有变。"时琰本意，讥论者好谴呵而不寻情理也。时有与琰宿不平者，白琰"傲世怨谤，意旨不逊"，操怒，收琰付狱，髡为徒隶。前白琰者复白之云："琰为徒，对宾客虬须直视，若有所瞋。"遂赐琰死。

尚书仆射毛玠伤琰无辜，心不悦。人复白玠怨谤，操收玠付狱，侍中桓阶、和洽皆为之陈理，操不听。阶求按实其事。王曰："言事者白，玠不但谤吾也，乃复为崔琰觖望。此捐君臣恩义，妄为死友怨叹，殆不可忍也。"洽曰："如言事者言，玠罪过深重，非天地所覆载。臣非敢曲理玠以枉大伦也，以玠历年荷宠，刚直忠公，为众所惮，不宜有此。然人情难保，要宜考核，两验其实。今圣恩不忍致之于理，更使曲直之分

送至汉中，被征调上路的士兵不高兴。赵俨护送到斜谷口返回，还没有到达营地，殷署的部队就发生叛乱。随从警卫赵俨的步骑兵一百五十人，都是叛乱者的亲党，听到消息，各自惊慌，穿上铠甲，手执兵器，不再安定。赵俨向他们晓以成败利害，安慰鼓励，诚恳亲切，他们都慷慨地说："生死都跟随护军，不敢有二心！"赵俨前往各军营，分别召集审查核实结党叛乱的士兵八百多人，这些人分散在原野上。赵俨下令说："只惩治那些起事的首领，其余的一概不追究；郡县收捕送来的全都释放。"于是叛兵相继回来归降。赵俨秘密上报："应该遣送回大营，请求派自己的旧部镇守关中。"魏公曹操派将军刘柱率领两千人前往，要等两千人到达后才遣送新兵回大营。不久，事情败露，各个军营大为恐慌，不能劝导安定。赵俨于是宣布："将要挑选留下新兵中温顺厚道的一千人，镇守关中，其余的都派往东边大营。"便召见主管军籍的人，送来各营士兵的花名册，立即加以决别。留下的人心情安定，与赵俨同心，那些将被调遣的也不敢轻举妄动。赵俨在一天之内全部把他们遣送上路，乘机让所留下的一千人分布安插在队伍的各处，刘柱率领的东边军队也很快到达，于是又威逼晓谕，同时迁移留下的一千人，命令他们一起东行。总共送到大营的有两万多人。

汉献帝建安二十一年（丙申，216年）

春季，二月，魏公曹操回到邺城。

夏季，五月，魏公曹操进爵为王。

起初，中尉崔琰向曹操推荐巨鹿人杨训，曹操以礼征辟他。等到曹操进爵，杨训上表为曹操歌功颂德。有人嘲笑杨训阿谀世俗，浮夸虚伪，认为崔琰推选人才不当。崔琰向杨训索取奏表底稿来看，给杨训写信说："看了奏表，内容很好。时机啊，时机啊，时机到了应当有改变。"崔琰的本意是讥嘲那些喜欢评头论足却不通达情理的人。当时有跟崔琰结下宿怨的人，上告崔琰："骄傲自大，怨恨诽谤，信中含有悖逆不顺的情绪。"曹操恼怒，逮捕崔琰下狱，剪去头发，惩罚他做苦工的囚徒。先前上告崔琰的人再次上告说："崔琰作为囚徒，对宾客吹胡子瞪眼睛，好像有所愤恨。"曹操于是命令崔琰自杀。

尚书仆射毛玠对崔琰的无辜感到悲痛，心中不高兴，有人又上告毛玠怨恨诽谤，曹操逮捕毛玠下狱，侍中桓阶、和洽都替毛玠陈情说理，曹操不听。桓阶请求核查事实。魏王曹操说："揭发这事的人说，毛玠不只是诽谤我，而且还为崔琰抱不平。这是背弃君臣的恩义，狂妄地为死友抱怨，只怕是不可以忍受的吧。"和洽说："如果真像检举人说的那样，毛玠罪恶深重，天地难容。臣不敢强词夺理为毛玠说情，以此破坏君臣伦理，只是毛玠多年来蒙受您的恩宠，他又刚直忠厚，被众人畏

不明。”操曰：“所以不考，欲两全玠及言事者耳。”洽对曰：“玠信有谤主之言，当肆之市朝；若玠无此言，言事者加诬大臣以误主听，不加检核，臣窃不安。”操卒不穷治，玠遂免黜，终于家。

是时西曹掾沛国丁仪用事，玠之获罪，仪有力焉；群下畏之侧目。尚书仆射何夔及东曹属东莞徐奕独不事仪，仪谮奕，出为魏郡太守，赖桓阶左右之得免。尚书傅选谓何夔曰：“仪已害毛玠，子宜少下之。”夔曰：“为不义，适足害其身，焉能害人！且怀奸佞之心，立于明朝，其得久乎！”

崔琰从弟林，尝与陈群共论冀州人士，称琰为首，群以智不存身贬之。林曰：“大丈夫为有邂逅耳，即如卿诸人，良足贵乎！”

五月，己亥朔，日有食之。

代郡乌桓三大人皆称单于，恃力骄恣，太守不能治。魏王操以丞相仓曹属裴潜为太守，欲授以精兵。潜曰：“单于自知放横日久，今多将兵往，必惧而拒境，少将则不见惮，宜以计谋图之。”遂单车之郡，单于惊喜。潜抚以恩威，单于詟服。

初，南匈奴久居塞内，与编户大同而不输贡赋。议者恐其户口滋蔓，浸难禁制，宜豫为之防。秋，七月，南单于呼厨泉入朝于魏，魏王操因留之于邺，使右贤王去卑监其国。单于岁给绵、绢、钱、谷如列侯，子孙传袭其号。分其众为五部，各立其贵人为帅，选汉人为司马以监督之。

八月，魏以大理钟繇为相国。

冬，十月，魏王操治兵击孙权；十一月，至谯。

（以上为第九段，写曹操晚年骄矜暴虐，听谗言而诛大臣崔琰，废毛玠。）

惧，不应有此事。但是人情变化，难以确信，应该进行核查，使两方都得到验证核实。如今大王施恩，不忍心交付狱官审理，更加使得是非不明。”曹操说：“不查核的原因只想使毛玠和检举人两全罢了。”和洽回答说：“毛玠果真有诽谤主上的言论，应当陈尸街头。如果毛玠没有这些言论，揭发此事的人就是在诬陷大臣，用来混淆主上的视听，不加以查核，我私下深感不安。”曹操终究不加追究，毛玠于是被免去官职，老死在家中。

这时候，西曹掾沛国人丁仪当权，毛玠获罪受罚，丁仪下了很大力气，群臣畏惧他，不敢正视，只有尚书仆射何夔与东曹属东莞人徐奕不依附丁仪，丁仪诽谤徐奕，外放为魏郡太守，靠了桓阶帮助才幸免于难。尚书傅选对何夔说：“丁仪已经祸害了毛玠，你应稍稍委屈些。”何夔说：“行为不义，恰恰是祸害他自己，怎么能害别人！况且心怀奸佞，处在圣明的朝中，能够长久吗？”

崔琰的堂弟崔林曾经与陈群一起评论冀州的人士，推崇崔琰为第一位，陈群认为崔琰的才智不足保全自己而贬低他。崔林说：“大丈夫要遇到恰当的机会罢了，至于你们这些人，真的能算得上高贵的人吗？”

五月初一日己亥，发生日食。

代郡乌桓的三位酋长都称单于，靠着实力骄横放纵，太守无法控制。魏王曹操派丞相仓曹属裴潜任太守，准备拨给他精锐部队。裴潜说：“单于自知放纵骄横的时间很长了，如今多带领部队前往，一定因恐惧而拒绝入境，少带部队他们就不会惧怕，应该用计谋制服他们。”于是单车到郡中，单于们十分惊喜。裴潜安抚他们，恩威并施，单于全部归服。

起初，南匈奴长久居留塞内，与塞内编入户籍的平民大略相同，但不纳贡赋。谋议的人恐惧他们人丁繁衍，渐渐难以控制，应该事先加以防范。秋季，七月，南匈奴单于呼厨泉到魏朝见，曹操乘机把他扣留在邺城，委任右贤王去卑监理他的国家。单于每年享有的绵、绢、钱、谷与列侯一样，子孙继承他的封号。把他的部队分为五部，各部设立贵人为首领，选派汉人为司马来监督他们。

八月，魏王曹操任命大理钟繇为魏国的相国。

冬季，十月，魏王曹操集结军队攻击孙权。十一月，到达谯县。

【点评】

孙刘争荆州。地理均势是三国鼎立形成的最重要原因之一。所谓地理均势是围绕荆州争夺而形成的。南北分治以长江为天堑，史称划江而治。三国鼎立，长江上下游分为两个政权，长江上游政权割据益州，四塞天险，割据者自恃有地理优势。长江下游政权，必须夺取荆州，才有割据的地理优势，如果下游政权没有荆州，则西边大门洞开，荆州居高临下，政权难以巩固。所以孙吴的立国方针是极长江所有，南北分治以抗衡北方。现在多了一个刘备，已是孙权的眼中钉，即使是联盟，下游政权也绝不会让出荆州。当三国鼎立的局势基本形成，刘备有了益州，孙权就要来讨荆州。无论刘备是否向孙权借了荆州，孙权都是要全力来争的。何况荆州是孙权用全力从曹操手中争来，南郡又确确实实是孙权借给刘备的。

先说荆州的形胜，再说孙刘争荆州的是非。

荆州形胜，兵家必争，曹操占领荆州，逼降孙权以统一天下；孙权占领荆州，要全据长江与曹操抗衡；对于刘备来说，荆州是立身之地，借此而居以待天下之变。荆州成了曹、孙、刘三家逐鹿中原的冲要，它的归属将影响历史步伐的节奏。三方军事斗争从公元208年曹操南下起到公元222年夷陵之战画上句号为止，前后十五年，发生过五次大战役，即五次争荆州。

第一回合，曹操南下，兵不血刃下荆州。

第二回合，赤壁之战，曹、孙、刘三分荆州，拉开了鼎立的序幕。

第三回合，孙、刘两家争荆州江南三郡，联盟发生裂痕。

第四回合，孙权袭杀关羽，夺取荆州，联盟破裂。

第五回合，夷陵之战，荆州归吴，三分地理均势形成。

荆州争夺的五个回合，有三个回合发生在联盟内部，而且一次比一次升级，最终以吴胜蜀败而结束。设若夷陵之战胜败易主，局势难以预料，若果还是三足鼎立，则荆州争夺仍不会结束，不达均势则不停止。

本卷所载是荆州争夺的第三回合，建安二十年（215）孙权索讨江南三郡。荆州形胜的要冲是南郡，孙权索讨的是江南三郡。孙权不直接讨回江陵所在的南郡，正是他斗争艺术高明的表现。江陵是北伐的一个前进基地，刘备肯定不会放手。当时曹操势力还很大，孙、刘两家都不愿同盟破裂，南郡在刘备手中与曹操相抗，也减轻了江东所受压力。孙权如能讨回南三郡，江陵孤立，减杀了荆州居高俯视江东的形势，孙权也可以放心。可惜的是，刘备集团过分看重荆州，把荆州的得失看得比同盟的破裂还要重要，不惜兵戎相见争夺三郡。结果同盟破裂，曹操趁机争汉中，刘备差点益州不保。还是孙权顾大局，让了江南的一个零陵郡与刘备和好，让刘备抽身回头去保益州。汉中是益州的北大门，汉中丢失，益州孤危，所以刘备要全力

去争。后来刘备得了汉中，但是只得其地不得其民。刘备争荆州南三郡，丧失了夺取汉中的最好时机，付出了沉重的代价，荆州南三郡也没有得到，大为失计。

假如刘备不争荆州南三郡，甚至不等孙权索讨，主动让出，表达同盟诚意，孙权将全力去争淮南，刘备早日得汉中，曹操将陷入东西两线作战，难以应付。等到刘备夺得雍凉，有了关中，不再依赖荆州为北伐基地，全都给了孙权也无关大局。如果刘备真得了关中，实力大增，孙权或许就不会来讨荆州。历史不能假设，现实利益人皆欲得，孙、刘争荆州，对双方都无可厚非。关键是实力对比，以及策略是否得当，道义是否为正，外交是否尽力。这几个方面，孙权的智慧都高于刘备、诸葛亮，难怪曹操要慨叹："生子当如孙仲谋。"良有以也。

汉纪六十

汉献帝建安二十二年至二十四年（217—219年）

【起强圉作噩（丁酉，217年），尽屠维大渊献（己亥，219年），凡三年】

【大事提要】

本卷记事起公元217年，讫公元219年，凡三年，当汉献帝建安二十二年至建安二十四年。建安二十二年、二十三年无大事，建安二十四年，刘备北进汉中，称汉中王，关羽北伐威震华夏，刘备的事业达于巅峰。螳螂捕蝉，黄雀在后，刘备集团刚刚举起庆贺的酒杯，祝贺的话音未落，一声惊雷，孙权偷袭荆州，关羽走麦城，刘备集团从顶峰跌落下来。北方曹操完成了魏国的百官建制，曹丕争太子位得胜，立为太子。孙权称臣于曹操，上尊号，曹操发誓做周文王，此亦是曹氏代汉的信号。东汉即将寿终正寝，司马光评说东汉一代的兴亡，为本卷，也为东汉画上了句号。

【原文】

孝献皇帝癸

建安二十二年（丁酉，217 年）

春，正月，魏王操军居巢，孙权保濡须，二月，操进攻之。

初，右护军蒋钦屯宣城，芜湖令徐盛收钦屯吏，表斩之。及权在濡须，钦与吕蒙持诸军节度，钦每称徐盛之善。权问之，钦曰："盛忠而勤强，有胆略，器用好，万人督也。今大事未定，臣当助国求才，岂敢挟私恨以蔽贤乎？"权善之。

三月，操引军还，留伏波将军夏侯惇，都督曹仁、张辽等二十六军屯居巢。权令都尉徐详诣操请降，操报使修好，誓重结婚。权留平虏将军周泰督濡须；朱然、徐盛等皆在所部，以泰寒门，不服。权会诸将，大为酣乐，命泰解衣，权手自指其创痕，问以所起，泰辄记昔战斗处以对。毕，使复服；权把其臂流涕曰："幼平，卿为孤兄弟，战如熊虎，不惜躯命，被创数十，肤如刻画，孤亦何心不待卿以骨肉之恩，委卿以兵马之重乎！"坐罢，住驾，使泰以兵马道从，鸣鼓角作鼓吹而出；于是盛等乃服。

（以上为第一段，写江东君臣顾大局，团结一心。孙权用人，动之以情。）

夏，四月，诏魏王操设天子旌旗，出入称警跸。

六月，魏以军师华歆为御史大夫。

冬，十月，命魏王操冕十有二旒，乘金根车，驾六马，设五时副车。

魏以五官中郎将丕为太子。

初，魏王操娶丁夫人，无子；妾刘氏生子昂；卞氏生四子，丕、彰、植、熊。王使丁夫人母养昂。昂死于穰，丁夫人哭泣无节，操怒而出之，以卞氏为继室。植性机警、多艺能，才藻敏赡，操爱之。操欲以女妻丁仪，丕以仪目眇，谏止之。仪由是怨丕，与弟黄门侍郎廙及丞相主簿杨修，数称临菑侯植之才，劝操立以为嗣。修，彪之子也。操以函密访于外，尚书崔琰露版答曰："《春秋》之义，立子以长。加五官将仁孝聪明，宜承正统，琰以死守之。"植，琰之兄女婿也。尚书仆射毛玠曰："近者袁

【语译】

孝献皇帝癸

汉献帝建安二十二年（丁酉，217年）

春季，正月，魏王曹操进军居巢，孙权驻守濡须。二月，曹操进攻濡须。

起初，孙权的右护军蒋钦驻军宣城，芜湖令徐盛逮捕了蒋钦的驻屯官员，上表杀死他。等到孙权驻军濡须时，蒋钦和吕蒙掌管各军，蒋钦常常称赞徐盛的长处。孙权问蒋钦为何如此，蒋钦说："徐盛忠诚、勤恳、刚毅，有胆略、有气度，是个统帅万人的好都督。如今大业未成，臣应当帮助国家寻找人才，怎么敢怀着私怨去掩埋人才呢？"孙权十分赞赏。

三月，曹操率军撤回，留下伏波将军夏侯惇总领曹仁、张辽等二十六支部队驻守居巢。孙权命都尉徐详到曹操那里请求归顺，曹操回复愿结为友好关系，立誓结盟，重缔姻亲。孙权留下平虏将军周泰统帅濡须守军。朱然、徐盛等都在周泰的统领之下，认为周泰出身寒门，不服。孙权召集各位将领，大设酒宴，畅饮欢乐。孙权命令周泰解开衣服，亲自用手指着他身上的伤痕，逐一问起来历，周泰就回忆起往日的战斗场面逐一回答。对答完，让周泰再穿好衣服，孙权拉着他的手臂流着泪说："幼平，你为孙氏兄弟，拼战有如熊虎一般，不吝惜自己身家性命，受伤几十处，皮肤如刀刻斧凿一般，我又怎么忍心不用骨肉亲情来对待你，不把军队的重任委托你呢？"酒宴结束，孙权暂时留步，让周泰率兵马在前开路，鸣起鼓角，奏起鼓吹，走出军营，这时徐盛等才心服。

夏季，四月，诏令魏王曹操设置天子的旌旗，出行返回可以发布戒严令。

六月，魏国任命军师华歆为御史大夫。

冬季，十月，册命魏王曹操所戴礼冠有十二旒，乘坐金根车，驾六马，设置五时副车。

魏国册命五官中郎将曹丕为太子。

起初，魏王曹操娶的丁夫人，没有生下儿子；妾刘氏生儿子曹昂；卞氏生了四个儿子：曹丕、曹彰、曹植、曹熊。魏王曹操命丁夫人以母亲的名义抚养曹昂。曹昂死在穰县，丁夫人哭泣没完没了，曹操生气把她休了，让卞氏继为妻室。曹植天性机警，多才多艺，文辞优美，敏捷多智，曹操很疼爱他。曹操想把女儿嫁给丁仪，曹丕认为丁仪瞎了一只眼睛，就劝阻曹操。因此丁仪怨恨曹丕，和弟弟黄门侍郎丁廙以及丞相主簿杨修一起，屡次称赞临菑侯曹植的才华，劝说曹操立曹植为嗣。杨修是杨彪的儿子。曹操写信向外朝秘密询问，尚书崔琰用公开信回答说："照《春

绍以嫡庶不分，覆宗灭国。废立大事，非所宜闻。”东曹掾邢颙曰：“以庶代宗，先世之戒也，愿殿下深察之。”丕使人问太中大夫贾诩以自固之术。诩曰：“愿将军恢崇德度，躬素士之业，朝夕孜孜，不违子道，如此而已。”丕从之，深自砥砺。他日，操屏人问诩，诩嘿然不对。操曰：“与卿言，而不答。何也？”诩曰：“属有所思，故不即对耳。”操曰：“何思？”诩曰：“思袁本初、刘景升父子也。”操大笑。

操尝出征，丕、植并送路侧，植称述功德，发言有章，左右属目，操亦悦焉。丕怅然自失，济阴吴质耳语曰：“王当行，流涕可也。”及辞，丕涕泣而拜，操及左右咸歔欷，于是皆以植多华辞而诚心不及也。植既任性而行，不自雕饰，五官将御之以术，矫情自饰，宫人左右并为之称说，故遂定为太子。

左右长御贺卞夫人曰：“将军拜太子，天下莫不喜，夫人当倾府藏以赏赐。”夫人曰：“王自以丕年大，故用为嗣。我但当以免无教导之过为幸耳，亦何为当重赐遗乎！”长御还，具以语操，操悦，曰：“怒不变容，喜不失节，故最为难。”

太子抱议郎辛毗颈而言曰：“辛君知我喜不？”毗以告其女宪英，宪英叹曰：“太子，代君主宗庙、社稷者也。代君，不可以不戚；主国，不可以不惧。宜戚而惧，而反以为喜，何以能久！魏其不昌乎！”

久之，临菑侯植乘车行驰道中，开司马门出。操大怒，公车令坐死。由是重诸侯科禁，而植宠日衰。植妻衣绣，操登台见之，以违制命，还家赐死。

（以上为第二段，写曹植与曹丕争太子位，曹丕胜出。）

法正说刘备曰：“曹操一举而降张鲁，定汉中，不因此势以图巴、蜀，而留夏侯渊、张郃屯守，身遽北还，此非其智不逮，而力不足也，必将内有忧逼故耳。今策渊、郃才略，不胜国之将帅，举众往讨，必可克之。

秋》大义，应立长子。而且五官中郎将仁孝聪明，应当继承正位，我崔琰誓死坚持这一原则。”曹植是崔琰哥哥的女婿。尚书仆射毛玠说：“不久前，袁绍因嫡庶不分，宗族覆没，国家消亡。废立太子是大事，我不希望听到此事发生。”东曹掾邢颙说：“用庶子代替宗子是祖宗所深戒的，希望殿下审慎明察。”曹丕派人向太中大夫贾诩询问巩固自己地位的办法。贾诩说：“愿将军弘扬德性，扩大胸襟，亲自去学习寒素之士的学业，朝朝夕夕，孜孜不倦，不违背做儿子的礼仪道德，如此就够了。”曹丕听从了贾诩的忠告，深深地磨砺自己。有一天，曹操让身边的人回避询问贾诩，贾诩沉默不答。曹操说：“跟你谈话，你却不回话，为什么？”贾诩说：“正巧在思考问题，所以没有马上回答。”曹操说：“思考什么？”贾诩说：“我在想袁本初、刘景升他们父子的事。”曹操会心地大笑起来。

曹操有一次出征，曹丕、曹植一起送到路边，曹植称颂功德，出口成章，左右的人惊讶瞩目，曹操也很高兴。曹丕惆怅失意，济阴人吴质向曹丕耳语说：“大王将要上路，流泪就行了。”等到告辞时，曹丕流泪下拜，曹操及其左右的人都感到悲伤不已，这时人们都认为曹植多有华美文辞但亲情不及曹丕。曹植放纵任性，举止不加修饰，而五官中郎将曹丕用尽心机，刻意修饰，宫中的人与曹操身边的人都称颂他，为他说话，所以最终被确立为太子。

左右长御恭贺卞夫人说：“将军被立为太子，天下没有人不高兴，夫人应当拿出所有宝藏的财物来赏赐。”夫人说：“魏王自认为曹丕年长，所以把他立为继嗣。我只是应当庆幸自己避免了没有教育他的过失罢了，又有什么值得去重赏他人呢？”长御回来，把这些都告诉了曹操，曹操高兴地说：“发怒时不变脸色，喜庆时不失节制，这是最难的。”

太子搂着议郎辛毗的脖子说：“您知道我高兴吗？”辛毗把这告诉他女儿宪英，宪英叹息说：“太子是继承君位掌管国家的人。继承君位，不能不忧心；掌管国家，不能不恐惧。应当忧心和恐惧，却反而高兴得意，怎么能够长久！魏国恐怕不会昌盛的！”

过了一段时间，临菑侯曹植乘车行驶在驰道上，打开司马门出去。曹操大怒，公车令因此获罪被处死。从此加重了对诸侯的禁令，而对曹植的宠爱日渐淡薄。曹植的妻子穿戴锦绣的衣服，曹操登楼台时看见了，认为违反了禁令，送回娘家赐令自杀。

法正进言刘备说：“曹操一举降服了张鲁，平定了汉中，不趁势来夺取巴、蜀，只留下夏侯渊、张郃驻守，自己赶紧北还，这不是他的智慧谋略不够，也不是他的军事力量不足，一定是他内部有忧虑遭逼迫的缘故。如今估量一下夏侯渊、张郃的

克之之日，广农积谷，观衅伺隙，上可以倾覆寇敌，尊奖王室，中可以蚕食雍、凉，广拓境土，下可以固守要害，为持久之计。此盖天以与我，时不可失也。”备善其策，乃率诸将进兵汉中，遣张飞、马超、吴兰等屯下辨。魏王操遣都护将军曹洪拒之。

鲁肃卒，孙权以从事中郎彭城严畯代肃，督兵万人镇陆口。众人皆为畯喜，畯固辞以“朴素书生，不闲军事”，发言恳恻，至于流涕。权乃以左护军、虎威将军吕蒙兼汉昌太守以代之。众嘉严畯能以实让。

定威校尉吴郡陆逊言于孙权曰：“方今克敌宁乱，非众不济；而山寇旧恶，依阻深地。夫腹心未平，难以图远，可大部伍，取其精锐。”权从之，以为帐下右部督。会丹阳贼帅费栈作乱，扇动山越。权命逊讨栈，破之。遂部伍东三郡，强者为兵，羸者补户，得精卒数万人；宿恶荡除，所过肃清，还屯芜湖。会稽太守淳于式表“逊枉取民人，愁扰所在。”逊后诣都，言次，称式佳吏。权曰：“式白君，而君荐之，何也？”逊对曰：“式意欲养民，是以白逊；若逊复毁式以乱圣听，不可长也。”权曰：“此诚长者之事，顾人不能为耳。”

魏王操使丞相长史王必典兵督许中事。时关羽强盛，京兆金祎睹汉祚将移，乃与少府耿纪、司直韦晃、太医令吉本、本子邈、邈弟穆等谋杀必，挟天子以攻魏，南引关羽为援。

（以上为第三段，写刘备的两大克星之一陆逊登场。）

二十三年（戊戌，218 年）

春，正月，吉邈等率其党千余人，夜攻王必，烧其门，射必中肩，帐下督扶必奔南城。会天明，邈等众溃，必与颍川典农中郎将严匡共讨斩之。

三月，有星孛于东方。

曹洪将击吴兰，张飞屯固山，声言欲断军后，众议狐疑。骑都尉曹休曰：“贼实断道者，当伏兵潜行；今乃先张声势，此其不能，明矣。宜及其未集，促击兰，兰破，飞自走矣。”洪从之，进，击破兰，斩之。三

才干和武略，不能胜过我们的将帅，举兵前去征讨，一定能够战胜他们。胜利之后，大兴农业，囤积粮食，寻找敌人的弱点，等待可乘的机会。这样上可以扫灭敌寇，尊奉辅佐王室；中可以蚕食雍、凉两州，广拓疆土；下可以坚守险要，长久地维持下去。这大概是天赐给我们的机会，切不可丧失。”刘备赞赏他的计策，于是统率众将领进军汉中，派张飞、马超、吴兰等驻军下辨。魏王曹操派都护将军曹洪来抵抗。

鲁肃去世，孙权任命从事中郎彭城人严畯接替鲁肃，率兵一万人镇守陆口。众人都替严畯高兴，严畯坚决推辞，以“质朴书生，不习军事”作为理由，言辞诚恳感人，以至于流泪哭泣。孙权这才任命左护军虎威将军吕蒙兼任汉昌太守来代替他。众人称许严畯据实谦让。

定威校尉吴郡人陆逊向孙权进言说：“如今战胜敌人，平定祸乱，没有众多的人力是不能成功的。而山越寇贼凭借深山老林，依旧作恶。心腹之地不平定，难以谋取远方，可以扩大我们的部队，选取精锐。”孙权听从了这个建议，任命陆逊为帐下右部督。碰巧丹阳叛贼首领费栈作乱，煽动山越造反。孙权命令陆逊征讨费栈，把他打败。于是在东三郡用军法整编山越，强壮的当兵，老弱的填充编户民籍，获得精兵几万人。陆逊清除了一贯作恶的匪寇，所过之地一一肃清，回军驻屯芜湖。会稽太守淳于式上书说：“陆逊枉法滥征百姓，所到之处百姓受到骚扰忧愁。”陆逊后来到了都城，谈话之间，称赞淳于式是个好官。孙权说：“淳于式上书控告你，你却推荐他，为什么？”陆逊回答说：“淳于式原意是养育人民，所以控告我；如果我又用诋毁淳于式来混淆圣主的视听，不可助长这种风气。”孙权说：“这确实是长者的处世态度，但是一般的人做不到。”

魏王曹操派丞相长史王必领兵管理许县的事务。这时关羽强大，京兆人金祎看到汉朝的江山将要转移，就跟少府耿纪、司直韦晃、太医令吉本、吉本的儿子吉邈、吉邈的弟弟吉穆策划谋杀王必，挟持天子来攻打魏国，联合南边的关羽，作为外援。

汉献帝建安二十三年（戊戌，218年）

春季，正月，吉邈等带领他的党羽一千多人，夜里攻打王必，烧毁他的营门，射中他的肩膀，帐下扶着他逃奔南城。适逢天亮，吉邈等部众崩溃，于是王必和颍川典农中郎将严匡又共同征讨吉邈，并杀了他。

三月，孛星出现在东方。

曹洪计划攻击吴兰，张飞驻扎在固山，声称要断绝曹洪军队的退路，众人商量感到疑虑。骑都尉曹休说：“敌贼要真想截断我军的退路，应当埋伏兵马，隐蔽行军，现今却事先宣扬，说明他们不会这样做，十分明显。应该趁敌人还没有集结，

月，张飞、马超走。休，魏王族子也。

夏，四月，代郡、上谷乌桓无臣氏等反。先是，魏王操召代郡太守裴潜为丞相理曹掾，操美潜治代之功，潜曰："潜于百姓虽宽，于诸胡为峻。今继者必以潜为治过严而事加宽惠。彼素骄恣，过宽必弛；既弛，将摄之以法，此怨叛所由生也。以势料之，代必复叛。"于是操深悔还潜之速。后数十日，三单于反问果至。操以其子鄢陵侯彰行骁骑将军，使讨之。彰少善射御，膂力过人。操戒彰曰："居家为父子，受事为君臣，动以王法从事，尔其戒之！"

刘备屯阳平关，夏侯渊、张郃、徐晃等与之相拒。备遣其将陈式等绝马鸣阁道，徐晃击破之。张郃屯广石，备攻之不能克，急书发益州兵。诸葛亮以问从事犍为杨洪，洪曰："汉中，益州咽喉，存亡之机会，若无汉中，则无蜀矣。此家门之祸也，发兵何疑。"时法正从备北行，亮于是表洪领蜀郡太守；众事皆办，遂使即真。

初，犍为太守李严辟洪为功曹，严未去犍为而洪已为蜀郡；洪举门下书佐何祗有才策，洪尚在蜀郡，而祗已为广汉太守。是以西土咸服诸葛亮能尽时人之器用也。

秋，七月，魏王操自将击刘备，九月，至长安。

曹彰击代郡乌桓，身自搏战，铠中数箭，意气益厉；乘胜逐北，至桑干之北，大破之，斩首、获生以千数。时鲜卑大人轲比能将数万骑观望强弱，见彰力战，所向皆破，乃请服。北方悉平。

南阳吏民苦徭役，冬，十月，宛守将侯音反。南阳太守东里衮与功曹应余迸窜得出；音遣骑追之，飞矢交流，余以身蔽衮，被七创而死，音骑执衮以归。时征南将军曹仁屯樊以镇荆州，魏王操命仁还讨音。功曹宗子卿说音曰："足下顺民心，举大事，远近莫不望风；然执郡将，逆而无益，何不遣之！"音从之。子卿因夜逾城从太守收余民围音，会曹仁军至，共攻之。

（以上为第四段，写北方社会仍有反对曹操的事变，以及曹刘争汉中。大体说，建安二十三年无大事。）

抓紧进攻吴兰，吴兰被打败，张飞自然就会撤走。”曹洪听从了这个建议，进军打败了吴兰，杀了他。三月，张飞、马超撤走。曹休，是魏王的族子。

夏季，四月，代郡、上谷郡的乌桓部落无臣氐等反叛。先前，魏王曹操征召代郡太守裴潜为丞相理曹掾，曹操非常赞赏裴潜治理代郡的功业，裴潜说：“我对待百姓虽然宽厚，对待胡人却十分严厉。如今我的后继者一定会认为我治理过严而施以恩泽，他们一向骄横，过于宽松势必引起放纵，放纵后再绳之以法，怨恨反叛就由此产生了。根据这种情势来判断，代郡一定会再次叛乱。”这时曹操很后悔这么快召回了裴潜。几十天过后，果真传来单于反叛的消息。曹操任命他的儿子鄢陵侯曹彰代理骁骑将军，派他去征讨三单于。曹彰自小善于骑射，臂力过人。曹操告诫曹彰说：“在家里是父子，任职后就是君臣了，要按王法办事，你要记住这些！”

刘备驻军阳平关，夏侯渊、张郃、徐晃等与刘备对抗。刘备派他的部将陈式等切断马鸣阁道，徐晃打败陈式。张郃驻军广石，刘备攻打不能取胜，火速传令征发益州的军队。诸葛亮就此事询问从事犍为人杨洪，杨洪说：“汉中，是益州的咽喉，存亡的关键，如果没有汉中，那么就没有蜀地了。这是家门口的灾祸，发兵有什么可迟疑的。”当时法正跟随刘备北征，诸葛亮于是上书推举杨洪兼任蜀郡太守；杨洪把许多事情办理得十分妥帖，就被正式任命为蜀郡太守。

当初犍为太守李严征召杨洪为功曹，李严没有离开犍为郡，而杨洪已被任为蜀郡太守。杨洪推举的门下书佐何祗有才干和韬略，杨洪还在蜀郡时，何祗已被任为广汉太守。所以益州人都佩服诸葛亮能做到人尽其才。

秋季，七月，魏王曹操亲自领兵攻击刘备，九月，到达长安。

曹彰攻打代郡的乌桓部落，亲自上阵作战，铠甲被射中几箭，斗志更加高昂，乘胜向北追赶，到达桑干以北，大败敌军，斩首活捉的敌人，数以千计。当时鲜卑族首领轲比能率领几万骑兵观望双方的强弱情势，看到曹彰奋力作战，所向披靡，于是请求投降，北方完全平定。

南阳的官民深受劳役之苦，冬季，十月，宛城守将侯音反叛。南阳太守东里衮和功曹应余逃出：侯音派骑兵追击，飞箭交织，应余用身体掩护东里衮，七处受伤而死，侯音的骑兵抓住东里衮带回。这时征南将军曹仁驻军樊城，用来控制荆州，魏王曹操命令曹仁回军讨伐侯音。功曹宗子卿劝侯音说：“您顺应民心，兴起大事，远近莫不望风响应；然而捉拿郡中将领，违背事理，没有好处，为什么不放了他？”侯音听从了。宗子卿趁着黑夜翻越城墙跟随太守集合余众包围侯音，刚巧曹仁的军队也赶到，一同攻打侯音。

二十四年（己亥，219 年）

春，正月，曹仁屠宛，斩侯音，复屯樊。

初，夏侯渊战虽数胜，魏王操常戒之曰："为将当有怯弱时，不可但恃勇也。将当以勇为本，行之以智计；但知任勇，一匹夫敌耳。"及渊与刘备相拒逾年，备自阳平南渡沔水，缘山稍前，营于定军山。渊引兵争之。法正曰："可击矣。"备使讨虏将军黄忠乘高鼓噪攻之，渊军大败，斩渊及益州刺史赵颙。张郃引兵还阳平。是时新失元帅，军中扰扰，不知所为。督军杜袭与渊司马太原郭淮收敛散卒，号令诸军曰："张将军国家名将，刘备所惮；今日事急，非张将军不能安也。"遂权宜推郃为军主。郃出，勒兵按陈，诸将皆受郃节度，众心乃定。明日，备欲渡汉水来攻，诸将以众寡不敌，欲依水为陈以拒之。郭淮曰："此示弱而不足挫敌，非算也。不如远水为陈，引而致之，半济而后击之，备可破也。"既陈，备疑，不渡。淮遂坚守，示无还心。以状闻于魏王操，操善之，遣使假郃节，复以淮为司马。

二月，壬子晦，日有食之。

三月，魏王操自长安出斜谷，军遮要以临汉中。刘备曰："曹公虽来，无能为也，我必有汉川矣。"乃敛众拒险，终不交锋。操运米北山下，黄忠引兵欲取之，过期不还。翊军将军赵云将数十骑出营视之，值操扬兵大出，云猝与相遇，遂前突其陈，且斗且却。魏兵散而复合，追至营下，云入营，更大开门，偃旗息鼓。魏兵疑云有伏，引去；云雷鼓震天，惟以劲弩于后射魏兵。魏兵惊骇，自相蹂践，堕汉水中死者甚多。备明旦自来，至云营，视昨战处，曰："子龙一身都为胆也！"

操与备相守积月，魏军士多亡。夏，五月，操悉引出汉中诸军还长安，刘备遂有汉中。

操恐刘备北取武都氐以逼关中，问雍州刺史张既，既曰："可劝使北出就谷以避贼，前至者厚其宠赏，则先者知利，后必慕之。"操从之，使既之武都，徙氐五万余落出居扶风、天水界。

汉献帝建安二十四年（己亥，219年）

春季，正月，曹仁打破宛城大肆屠杀，斩了侯音，又回到樊城驻守。

起初，夏侯渊打仗虽然屡屡获胜，魏王曹操常常告诫他说："一个将领应当有胆怯和示弱的时候，不能只是一味勇猛。将领当然以勇猛为根本，但行动时要运用智慧和谋略，只懂得任用勇猛，只可抵敌一个人罢了。"等到夏侯渊与刘备对峙了一年多，刘备从阳平关向南渡过沔水，沿着山麓向前稍稍推进，在定军山扎营。夏侯渊就率兵来抢夺。法正说："可以攻击了。"刘备派讨虏将军黄忠登上高地擂响战鼓，呐喊着出击，夏侯渊的军队大败，黄忠杀了夏侯渊和益州刺史赵颙。张郃领兵退守阳平。这时曹军刚失去统帅，军中一片混乱，不知所措。督军杜袭和夏侯渊的司马太原人郭淮集合散兵，号令各军："张将军是国家名将，连刘备都害怕；如今情况危急，没有张将军就不能转危为安。"于是临时推举张郃为全军统帅。张郃出来主持军务，约束兵马，巡视军阵，各位将领都接受张郃统管，军心才安定下来。第二天，刘备想渡过汉水来攻打；各位将领认为寡不敌众，打算依靠汉水布阵抗击刘备。郭淮说："这是示弱并且不能打败敌人，不是好的计策，不如远离汉水布阵，吸引敌人过来。等他们渡到一半时，然后攻击他们，刘备就会被打败了。"郭淮布阵完毕，刘备怀疑，不渡。郭淮就坚守阵地，表示没有回还的意思。把这里的情况报告魏王曹操，曹操称赞这种办法，派使者送给张郃符节，仍任命郭淮为司马。

二月三十日壬子，发生日食。

三月，魏王曹操从长安穿过斜谷，派兵把守沿途险要，兵临汉中。刘备说："曹公虽然亲自前来，也不能有所作为，我一定占有汉川了。"于是聚合部队把守险要，始终不交战。曹操运米到北山下，黄忠想率兵夺取，过了约定的时期没有回来，翊军将军赵云率领几十名骑兵出营巡察，碰巧曹操大军出动，赵云突然遭遇，于是向前突击曹军队伍，且战且退。曹军被冲散后又会合起来，追赶到军营下，赵云进营后，反而大开军门，偃旗息鼓。曹军疑心赵云有埋伏，率兵离去；赵云命令擂响战鼓，鼓声震天，只用强弩在后面射击曹军。曹军大惊，自相践踏，很多人掉进汉水中被淹死。刘备第二天清晨亲自来到赵云的军营，巡视昨日的战场，说："子龙一身都是胆啊！"

曹操与刘备对峙了几个月，曹军士兵逃亡很多。夏季，五月，曹操带领汉中的全部军队，返回长安，刘备终于占有汉中。

曹操怕刘备向北攻取武都氐人，用来威逼关中，询问雍州刺史张既，张既说："可劝导氐人向北迁徙到有粮的地区，躲避敌贼，前来归附的厚加宠爱奖赏，那么先来的知道有利可图，后面的一定会羡慕跟随。"曹操采纳了这个建议，派张既到武都。迁移了五万多户氐人到扶风、天水接界处定居。

武威颜俊、张掖和鸾、酒泉黄华、西平麴演等，各据其郡，自号将军，更相攻击。俊遣使送母及子诣魏王操为质以求助。操问张既，既曰："俊等外假国威，内生傲悖，计定势足，后即反耳。今方事定蜀，且宜两存而斗之，犹卞庄子之刺虎，坐收其敝也。"王曰："善！"岁余，鸾遂杀俊，武威王秘又杀鸾。

刘备遣宜都太守扶风孟达从秭归北攻房陵，杀房陵太守蒯祺。又遣养子副军中郎将刘封自汉中乘沔水下，统达军，与达会攻上庸，上庸太守申耽举郡降。备加耽征北将军，领上庸太守，以耽弟仪为建信将军、西城太守。

秋，七月，刘备自称汉中王，设坛场于沔阳，陈兵列众，群臣陪位，读奏讫，乃拜受玺绶，御王冠。因驿拜章，上还所假左将军、宜城亭侯印绶。立子禅为王太子。拔牙门将军义阳魏延为镇远将军，领汉中太守，以镇汉川。备还治成都，以许靖为太傅，法正为尚书令，关羽为前将军，张飞为右将军，马超为左将军，黄忠为后将军，余皆进位有差。

遣益州前部司马犍为费诗即授关羽印绶，羽闻黄忠位与己并，怒曰："大丈夫终不与老兵同列！"不肯受拜。诗谓羽曰："夫立王业者，所用非一。昔萧、曹与高祖少小亲旧，而陈、韩亡命后至。论其班列，韩最居上，未闻萧、曹以此为怨。今汉中王以一时之功，隆崇汉升；然意之轻重，宁当与君侯齐乎！且王与君侯譬犹一体，同休等戚，祸福共之；愚谓君侯不宜计官号之高下、爵禄之多少为意也。仆一介之使，衔命之人，君侯不受拜，如是便还，但相为惜此举动，恐有后悔耳。"羽大感悟，遽即受拜。

诏以魏王操夫人卞氏为王后。

（以上为第五段，写刘备北取汉中，称汉中王，用以抗衡曹操称魏王。）

孙权攻合肥。时诸州兵戍淮南。扬州刺史温恢谓兖州刺史裴潜曰："此间虽有贼，然不足忧。今水潦方生，而子孝县军，无有远备，关羽骁猾，政恐征南有变耳。"已而关羽果使南郡太守麋芳守江陵，将军傅士仁守公安，羽自率众攻曹仁于樊。仁使左将军于禁、立义将军庞德等屯樊北。八月，大霖雨，汉水溢，平地数丈，于禁等七军皆没。禁与诸将登

武威人颜俊、张掖人和鸾、酒泉人黄华、西平人麹演等，各自占领本郡，自称将军，相互攻打。颜俊派使者送母亲和儿子到魏王曹操那里作为人质，以此请求援助。曹操询问张既，张既说："颜俊等外借国威，在内骄横悖乱，等到计谋得逞，势力扩大，然后就会立刻反叛。如今正安定蜀地，应该暂时让他们两边并存，相互斗杀，就像卞庄子杀虎那样，坐收两败俱伤之利。"魏王说："好！"一年多后，和鸾终于杀掉颜俊，武威人王秘又杀掉和鸾。

刘备派宜都太守扶风人孟达从秭归向北攻取房陵，杀死房陵太守蒯祺。又派养子副军中郎将刘封从汉中顺沔水而下，统领孟达的军队，与孟达合力攻打上庸，上庸太守申耽举郡投降。刘备提升申耽为征北将军，兼任上庸太守，任命申耽的弟弟申仪为建信将军、西城太守。

秋季，七月，刘备自称汉中王，在沔阳设立坛场，军队列阵，君臣陪从，宣读奏章后，就敬礼接受印玺绶带，戴上王冠。由驿使呈献奏章，归还以前授予的左将军、宜城亭侯印绶。册立儿子刘禅为太子。提升牙门将军义阳人魏延为镇远将军，兼领汉中太守，镇守汉川。刘备回到成都治理政事，任命许靖为太傅，法正为尚书令，关羽为前将军，张飞为右将军，马超为左将军，黄忠为后将军，其余都各自按照不同的等级提拔。

刘备派益州前部司马犍为人费诗去授予关羽印绶，关羽听到黄忠的职位与自己并列，愤怒地说："大丈夫始终不会与老兵平起平坐！"不接受任命。费诗对关羽说："建立王业的人，所任用的不能都一样。从前萧何、曹参跟汉高祖从小亲爱是老朋友，而陈平、韩信不过是逃亡过来的人。论他们的地位排列，韩信最高，没有听说萧、曹因此而怨恨。如今汉中王凭着一时的功劳，提拔黄忠，但是在他心中，黄忠怎么能与您相比呢？况且汉中王和您犹如是一个人，同甘共苦，福祸与共；我认为君侯您不应该计较官职名号的高下，爵禄的多少。我仅是一名使者，传达命令的人，君侯您不肯接受任命，我就这样回去，只是为君侯的这种举动感到痛惜，恐怕君侯会后悔。"关羽很受启发，立即接受任命。

诏命立魏王曹操的夫人卞氏为王后。

孙权攻打合肥，当时各州的兵马集结淮南。扬州刺史温恢对兖州刺史裴潜说："这里虽然有匪贼，但不值得忧虑。现今大水就要来了，曹仁孤军深入，没有远征的准备，关羽骁勇刁猾，只担心征南将军那里有麻烦。"不久关羽果然派南郡太守麋芳守江陵，将军士仁守公安，关羽亲自率领军队到樊城攻击曹仁，曹仁派左将军于禁、立义将军庞德等驻守樊城北面。八月，大雨连绵不断，汉水溢出，平地水深数丈，

高避水，羽乘大船就攻之，禁等穷迫，遂降。庞德在堤上，被甲持弓，箭不虚发，自平旦力战，至日过中，羽攻益急；矢尽，短兵接，德战益怒，气愈壮，而水浸盛，吏士尽降。德乘小船欲还仁营，水盛船覆，失弓矢，独抱船覆水中，为羽所得，立而不跪。羽谓曰："卿兄在汉中，我欲以卿为将，不早降何为！"德骂羽曰："竖子，何谓降也！魏王带甲百万，威振天下；汝刘备庸才耳，岂能敌邪！我宁为国家鬼，不为贼将也！"羽杀之。魏王操闻之曰："吾知于禁三十年，何意临危处难，反不及庞德邪！"封德二子为列侯。

羽急攻樊城，城得水，往往崩坏，众皆恟惧。或谓曹仁曰："今日之危，非力所支，可及羽围未合，乘轻船夜走。"汝南太守满宠曰："山水速疾，冀其不久。闻羽遣别将已在郏下，自许以南，百姓扰扰，羽所以不敢遂进者，恐吾军掎其后耳。今若遁去，洪河以南，非复国家有也，君宜待之。"仁曰："善！"乃沈白马与军人盟誓，同心固守。城中人马才数千人，城不没者数板。羽乘船临城，立围数重，外内断绝。羽又遣别将围将军吕常于襄阳。荆州刺史胡修、南乡太守傅方皆降于羽。

（以上为第六段，写关羽北伐，擒于禁，杀庞德，威震华夏。）

初，沛国魏讽有惑众才，倾动邺都，魏相国钟繇辟以为西曹掾。荥阳任览，与讽友善；同郡郑袤，泰之子也，每谓览曰："讽奸雄，终必为乱。"九月，讽潜结徒党，与长乐卫尉陈祎谋袭邺；未及期，祎惧而告之。太子丕诛讽，连坐死者数千人，钟繇坐免官。

初，丞相主簿杨修与丁仪兄弟谋立曹植为魏嗣，五官将丕患之，以车载废簏内朝歌长吴质，与之谋。修以白魏王操，操未及推验。丕惧，告质，质曰："无害也。"明日，复以簏载绢以入，修复白之，推验，无人；操由是疑焉。其后植以骄纵见疏，而植故连缀修不止，修亦不敢自绝。每当就植，虑事有阙，忖度操意，豫作答教十余条，敕门下，"教出，随所问答之"，于是教裁出，答已入；操怪其捷，推问，始泄。操亦以修袁术之甥，恶之，乃发修前后漏泄言教，交关诸侯，收杀之。

于禁等七支部队全部被水淹。于禁与众将领登上高地避水，关羽乘坐大船逼近攻打，于禁等走投无路，于是投降。庞德在堤上，穿着铠甲挽着弓箭，箭无虚发，从清早起就拼死战斗直到午后，关羽攻打得更激烈。庞德的箭射完了，短兵相接。庞德越战越勇，气势愈战愈高昂，而水势逐渐增大，部下的官兵全都投降了。庞德乘坐小船打算退回曹仁的军营，大水把船打翻，弓箭失落，只身在水中抱着翻了的船，被关羽抓获，站立不下跪。关羽对庞德说："你的哥哥在汉中，我想任命你为将军，为什么不早早投降呢？"庞德大骂关羽："臭小子，什么叫投降！魏王手握甲兵百万威震天下，你的那个刘备不过是个庸才罢了，哪能比得上！我宁愿做国家的死鬼，也不做你这个叛贼的将军！"关羽把他杀了。魏王曹操听到消息，说："我结识于禁三十年了，哪里想到在危机面前，反不如庞德呢？"封庞德的两个儿子为列侯。

关羽猛攻樊城，城墙受水浸泡，常常倒塌，众人都惊慌惧怕。有人对曹仁说："今天的危险，不是我们的力量能够支撑的，可以趁关羽的包围圈还没有合拢，坐轻便的船夜里撤离。"汝南太守满宠说："山水迅速，想来不会很久。听说关羽派另外的将领已至郏下，从许县往南，百姓动乱骚动，关羽所以不敢再前进，是害怕我军攻击他的后面。现在如果逃跑，黄河以南便不再为国家所有了。您应该坚守在这里。"曹仁说："好！"于是把白马沉入水中与军人们宣誓，同心坚守。城中的兵马才几千，没有被淹没的城墙只有几尺高。关羽坐船到城下，设立几层包围圈，内外断绝。关羽又派另外的将领到襄阳包围将军吕常。荆州刺史胡修、南乡太守傅方都向关羽投降。

起初，沛国人魏讽有煽动众人的才能，轰动邺都，魏相国钟繇征辟他为西曹掾。荥阳人任览，跟魏讽很友好。同郡人郑袤，即郑泰的儿子，常常对任览说："魏讽是个奸雄，终究会叛乱。"九月，魏讽暗中纠集党羽，与长乐卫尉陈祎谋划袭击邺都，还没有到约定的日期，陈祎因害怕而告发。太子曹丕杀了魏讽，受株连而被处死的有几千人，钟繇也因此获罪被罢免官职。

起初，丞相主簿杨修与丁仪兄弟图谋拥立曹植为魏国的继承人，五官中郎将曹丕忧虑这事，让朝歌长吴质躲藏在竹筐里，用车子载来，跟他谋划。杨修把此事上告曹操，曹操还没有来得及调查。曹丕害怕，告诉吴质，吴质说："没有关系。"第二天，又用筐子装着丝绢进来，杨修又上告曹操，派人调查，筐子没有装人，曹操从此疑心杨修。后来曹植因骄横放纵被疏远，可是依旧跟杨修交往，杨修也不敢断绝关系。每当两人接触，曹植考虑有不妥的事时，杨修就帮他猜测曹操的意图，预先做好答案十几条，告诉手下人："教令来了，依据所提的问题，做出相应的回答。"于是教令才出来，答案已送进去；曹操奇怪回应这么快，经过查问，事情泄露。曹

魏王操以杜袭为留府长史，驻关中。关中营帅许攸拥部曲不归附，而有慢言，操大怒，先欲伐之。群臣多谏“宜招怀攸，共讨强敌”。操横刀于膝，作色不听。袭入欲谏，操逆谓之曰：“吾计已定，卿勿复言！”袭曰：“若殿下计是邪，臣方助殿下成之；若殿下计非邪，虽成，宜改之。殿下逆臣令勿言，何待下之不阐乎！”操曰：“许攸慢吾，如何可置！”袭曰：“殿下谓许攸何如人邪？”操曰：“凡人也。”袭曰：“夫惟贤知贤，惟圣知圣，凡人安能知非凡人邪！方今豺狼当路而狐狸是先，人将谓殿下避强攻弱；进不为勇，退不为仁。臣闻千钧之弩，不为鼷鼠发机；万石之钟，不以莛撞起音。今区区之许攸，何足以劳神武哉！”操曰：“善！”遂厚抚攸，攸即归服。

冬，十月，魏王操至洛阳。

（以上为第七段，写曹丕杀魏讽，曹操诛杨修。）

陆浑民孙狼等作乱，杀县主簿，南附关羽。羽授狼印，给兵，还为寇贼，自许以南，往往遥应羽，羽威震华夏。魏王操议徙许都以避其锐，丞相军司马司马懿、西曹属蒋济言于操曰：“于禁等为水所没，非战攻之失，于国家大计未足有损。刘备、孙权，外亲内疏，关羽得志，权必不愿也。可遣人劝权蹑其后，许割江南以封权，则樊围自解。”操从之。

初，鲁肃尝劝孙权以曹操尚存，宜且抚辑关羽，与之同仇，不可失也。及吕蒙代肃屯陆口，以为羽素骁雄，有兼并之心，且居国上流，其势难久，密言于权曰：“今令征虏守南郡，潘璋住白帝，蒋钦将游兵万人循江上下，应敌所在，蒙为国家前据襄阳，如此，何忧于操，何赖于羽！且羽君臣矜其诈力，所在反覆，不可以腹心待也。今羽所以未便东向者，以至尊圣明，蒙等尚存也。今不于强壮时图之，一旦僵仆，欲复陈力，其可得邪！”权曰：“今欲先取徐州，然后取羽，何如？”对曰：“今操远在河北，抚集幽、冀，未暇东顾，余土守兵，闻不足言，往自可克。然地势陆通，骁骑所骋，至尊今日取徐州，操后旬必来争，虽以

操还因为杨修是袁术的外甥讨厌他，于是揭露杨修前后泄露教令，交结诸侯的罪状，逮捕并杀了他。

魏王曹操任命杜袭为留府长史，驻军关中。关中营帅许攸拥有部队不愿归附，而且言词轻慢，曹操大怒，想先征讨他。群臣大多劝谏说：“应该安抚许攸，共同讨伐强敌。”曹操把刀横放在膝上，怒容满面，不听劝谏。杜袭进来想劝说，曹操反倒先对杜袭说：“我的计谋已定，你不要再说了！”杜袭说：“如果殿下的计谋是正确的，臣就帮助殿下完成它；如果殿下的计谋不对，即使决定了，也应改正。殿下反倒先令臣不要进言，怎么对待下属这样不开明呢？”曹操说：“许攸轻视我，怎么能放过他！”杜袭说：“殿下认为许攸是个什么样的人？”曹操说：“一个平常的人。”杜袭说：“只有贤人才了解贤人，圣人才了解圣人，平常的人怎么能了解不平常的人呢？如今豺狼当道却先去打狐狸，人们会认为殿下避强攻弱，进攻说不上勇敢，退让说不上仁义。我听说千钧重的强弩，不向小老鼠射击；万石重的大钟，不会被草茎撞响。现在一个小小许攸，怎么值得劳您的神明英武？”曹操说：“好！”于是优待安抚许攸，许攸立刻归服曹操。

冬季，十月，魏王曹操到达洛阳。

陆浑人孙狼等叛乱，杀死县主簿，向南依附关羽。关羽授予孙狼官印，拨给部队，让他回去做寇贼，从许县往南，常常跟关羽遥相呼应，关羽的声威震动华夏。魏王曹操商量迁移离开许县都城来避开关羽的锐气，丞相军司马司马懿、西曹属蒋济向曹操进言说：“于禁等被洪水淹没，不是作战的失误，对国家不足以构成损害。刘备、孙权，表面上亲密，内心里却疏远，关羽得势，孙权一定不愿意。可派人劝说孙权跟在关羽的后方，许诺割长江以南册封给孙权，那么樊城之围就会自然解除。”曹操采纳了这个建议。

起初，鲁肃曾经劝说孙权，因为曹操还存在，应该安抚亲近关羽，跟他同心合力对付敌人，不能失去这种关系。吕蒙代替鲁肃驻军陆口，认为关羽一向骁勇威武，有兼并的野心，况且位于国家的上游水域和睦的形势难以长久，于是暗中向孙权进说：“现今命令征虏将军孙皎驻守南郡，潘璋驻守白帝，蒋钦率领机动部队一万人沿长江上下游弋，奔赴敌人出现的地方，我吕蒙为国家前去把守襄阳，这样，何必担忧曹操，又何必依仗关羽？而且关羽他们君臣依仗诈谋和武力，反复无常，不能真心相待。现在关羽之所以不敢东进，是由于您圣明，我等还存在。现今不在强大的时候对付他，一旦我们死了，想再动用武力，还有可能吗？”孙权说：“现今我想先攻打徐州，然后攻打关羽，怎么样？”吕蒙回答说：“现今曹操远在黄河以北，慰抚

七八万人守之，犹当怀忧。不如取羽，全据长江，形势益张，易为守也。”权善之。

权尝为其子求昏于羽，羽骂其使，不许昏；权由是怒。及羽攻樊，吕蒙上疏曰：“羽讨樊而多留备兵，必恐蒙图其后故也。蒙常有病，乞分士众还建业，以治疾为名，羽闻之，必撤备兵，尽赴襄阳。大军浮江昼夜驰上，袭其空虚，则南郡可下而羽可禽也。”遂称病笃。权乃露檄召蒙还，阴与图计。蒙下至芜湖，定威校尉陆逊谓蒙曰：“关羽接境，如何远下，后不当可忧也？”蒙曰：“诚如来言，然我病笃。”逊曰：“羽矜其骁气，陵轹于人，始有大功，意骄志逸，但务北进，未嫌于我，有相闻病，必益无备，今出其不意，自可禽制。下见至尊，宜好为计。”蒙曰：“羽素勇猛，既难为敌，且已据荆州，恩信大行，兼始有功，胆势益盛，未易图也。”蒙至都，权问：“谁可代卿者？”蒙对曰：“陆逊意思深长，才堪负重，观其规虑，终可大任；而未有远名，非羽所忌，无复是过也。若用之，当令外自韬隐，内察形便，然后可克。”权乃召逊，拜偏将军、右部督以代蒙。逊至陆口，为书与羽，称其功美，深自谦抑，为尽忠自托之意。羽意大安，无复所嫌，稍撤兵以赴樊。逊具启形状，陈其可禽之要。

羽得于禁等人马数万，粮食乏绝，擅取权湘关米；权闻之，遂发兵袭羽。权欲令征虏将军孙皎与吕蒙为左右部大督，蒙曰：“若至尊以征虏能，宜用之；以蒙能，宜用蒙。昔周瑜、程普为左右部督，督兵攻江陵，虽事决于瑜，普自恃久将，且俱是督，遂共不睦，几败国事，此目前之戒也。”权寤，谢蒙曰：“以卿为大督，命皎为后继可也。”

（以上为第八段，写吕蒙献计孙权，谋取荆州。）

魏王操之出汉中也，使平寇将军徐晃屯宛以助曹仁；及于禁陷没，

安定幽州、冀州，没有力量顾及东面，徐州的守兵，听说少得微不足道，前往自然可以攻克。然而徐州地势平坦，交通方便，正是勇猛的骑兵驰骋的地方，您今天攻下了徐州，曹操十天后就一定会来抢夺，虽用七八万人防守，仍然让人担忧。不如攻取关羽，占领整个长江，势力壮大，容易防守。”孙权十分称赞这个建议。

孙权曾经为自己的儿子向关羽求婚，关羽辱骂孙权的使者，没有答应。孙权因此气愤。等到关羽进攻樊城，吕蒙上疏说：“关羽征讨樊城，却留下许多防守的部队，一定担心我攻击他的后方。我吕蒙经常生病，请求带领一部分部队回到建业，以治病为名，关羽听到这个消息，一定撤掉防守部队，全部赶赴襄阳。我们的大军乘船沿长江昼夜奔向上游，偷袭关羽空虚的地方，这样就可以攻下南郡擒获关羽了。”于是吕蒙假称病重。孙权就用不检封的檄书召令吕蒙回京，暗中与他谋划。吕蒙顺江而下到了芜湖，定威校尉陆逊对吕蒙说：“关羽与你相邻，为什么远道退下来，难道往后就不忧虑了？”吕蒙说：“真的如你所说，但是我实在病得太重了。”陆逊说：“关羽自以为骁勇气盛，欺压他人，刚刚有了大功，志得意满，只知专心北进，对我们没有猜忌，听说您生病，一定更加不设防备，现今出其不意，自然可以擒获制服他。回去见到主公应该好好地谋划大计。”吕蒙说：“关羽向来勇猛，已难与他为敌，何况又占领了荆州，广播恩德、信义，加上已取得大胜，胆量和势力更加壮大，不容易对付了。”吕蒙到了都城，孙权问：“谁能代替你？”吕蒙回答说：“陆逊考虑深远，才能可以担当重任，观察他的谋略，可以委以大任；而且没有名声，不被关羽猜忌，没有人能超过他了。如果任用他，应当要他外表上隐藏自己的打算，内心里洞察形势，寻找便利的时机，然后就可以取得成功。”孙权于是召回陆逊，任命他为偏将军、右部督，用以代替吕蒙。陆逊到了陆口，写信给关羽，称颂他的功劳美德，言词十分谦卑，表示要竭尽忠心，自求托付的意思。关羽心中大为安定，不再有所疑心，逐渐抽调兵马奔赴樊城。陆逊将这些情报完全上奏孙权，陈述可以擒获关羽的核心所在。

关羽收纳于禁等几万人马，粮食缺乏，擅自取用孙权的湘关米粮，孙权听说后，就派出军队偷袭关羽。孙权打算任命征虏将军孙皎和吕蒙为左、右部大督，吕蒙说：“如果主公认为征虏将军能够胜任，就只任用他；认为我吕蒙能够胜任，就只用我。从前周瑜、程普被任命为左、右部督，带兵攻击江陵，虽然事情由周瑜决定，但程普依仗他长期带兵，况且都是部督，因此彼此不和，差点坏了国家大事，这正是目前要引以为戒的。”孙权领悟，向吕蒙道歉说：“任命卿为大督，命令孙皎做后援行了。”

魏王曹操出兵汉中，派平寇将军徐晃驻守宛城以援助曹仁。等到于禁被灭，徐

晃前至阳陵陂。关羽遣兵屯偃城，晃既到，诡道作都堑，示欲截其后，羽兵烧屯走。晃得偃城，连营稍前。操使赵俨以议郎参曹仁军事，与徐晃俱前，余救兵未到；晃所督不足解围，而诸将呼责晃，促救仁。俨谓诸将曰："今贼围素固，水潦犹盛，我徒卒单少，而仁隔绝，不得同力，此举适所以敝内外耳。当今不若前军逼围，遣谍通仁，使知外救，以励将士。计北军不过十日，尚足坚守，然后表里俱发，破贼必矣。如有缓救之戮，余为诸君当之。"诸将皆喜。晃营距羽围三丈所，作地道及箭飞书与仁，消息数通。

孙权为笺与魏王操，请以讨羽自效，及乞不漏，令羽有备。操问群臣，群臣咸言宜密之。董昭曰："军事尚权，期于合宜。宜应权以密，而内露之。羽闻权上，若还自护，围则速解，便获其利。可使两贼相对衔持，坐待其敝。秘而不露，使权得志，非计之上。又，围中将吏不知有救，计粮怖惧。傥有他意，为难不小。露之为便。且羽为人强梁，自恃二城守固，必不速退。"操曰："善！"即敕徐晃以权书射著围里及羽屯中，围里闻之，志气百倍；羽果犹豫不能去。

魏王操自雒阳南救曹仁，群下皆谓："王不亟行，今败矣。"侍中桓阶独曰："大王以仁等为足以料事势不也？"曰："能。""大王恐二人遗力邪？"曰："不然。""然则何为自往？"曰："吾恐虏众多，而徐晃等势不便耳。"阶曰："今仁等处重围之中而守死无贰者，诚以大王远为之势也。夫居万死之地，必有死争之心。内怀死争，外有强救，大王按六军以示余力，何忧于败而欲自往？"操善其言，乃驻军摩陂，前后遣殷署、朱盖等凡十二营诣晃。

关羽围头有屯，又别屯四冢，晃乃扬声当攻围头屯而密攻四冢。欲坏，自将步骑五千出战；晃击之，退走。羽围堑鹿角十重，晃追羽，与俱入围中，破之，傅方、胡修皆死，羽遂撤围退，然舟船犹据沔水，襄阳隔绝不通。

（以上为第九段，写曹将徐晃救襄阳，初战打败关羽，而关羽仍恋战不撤。）

晃进军阳陵陂，关羽派军队驻扎偃城，徐晃到后，在小路上挖掘壕沟，显示想要截断关羽的后路，关羽的部队烧了军营撤离。徐晃得到偃城，联结军营，稍稍往前推进。曹操派赵俨以议郎的身份参与曹仁的军事，和徐晃一同前进，其余的救兵还没有赶到；徐晃所统领的部队不能解围，众将领责备徐晃，催促他去援救曹仁，赵俨对众将领说："现在敌贼包围本已牢固，洪水还很大，我们势单力薄，而又与曹仁隔绝，无法齐心合力，这样去救援会使内外遭受失败。现今不如进军紧逼敌人的包围圈，派间谍通知曹仁让他得知外有援兵，以此来激励将士。估计他们被围困不超过十天，还可以坚守，然后内外一起发动攻击，一定能打败敌人。如果有救援迟缓的罪责，我为诸位承担。"众将领都很高兴。徐晃在距关羽包围圈三丈远的地方扎营，挖地道和用飞箭传书给曹仁多次互通消息。

孙权写信给魏王曹操，请求征讨关羽替曹操效力，并要求不要走漏风声，使关羽有所防范。曹操询问群臣意见，群臣都说应该保密。董昭说："带兵打仗，贵在权术，以期能收到最大的利益。应当向孙权承诺替他保密但暗中把消息泄露出去。关羽得到孙权逆流而上进兵，如果回兵自卫，那么樊城之围迅速解除，我们就得到了好处。可以让他们相互对峙牵制，坐等两败俱伤。如果保密不泄露，使孙权得以成功，这不是上策。又被围困中的将士不知道有救援，估算着军粮短缺，心中便惊恐不安。如果有什么不好的想法，灾难就不小了。还是泄露的好。况且关羽为人，强悍勇猛。自己仗着两城防守牢固，一定不会迅速撤离。"曹操说："妙。"立刻命令徐晃把孙权的奏书用箭射到被围的城里和关羽的军营中，被围的城里得知，士气高昂，信心百倍；关羽果然犹豫不决，不愿撤离。

魏王曹操亲自从洛阳南下救援曹仁。群臣都认为："大王不快速行动，就要失败了。"只有侍中桓阶说："大王认为曹仁等能否完全判断局势？"曹操说："能。"桓阶说："大王担心曹仁、徐晃两人会放弃努力吗？"曹操说："不会的。"桓阶说："既然如此，为什么亲自前往？"曹操说："我怕敌人兵多，而徐晃等处境不利。"桓阶说："如今曹仁等处在重围之中，却死守没有二心的原因，实在是因为大王在远处作为声势。处于必死之地，一定有拼死抗争的决心。内有拼死战斗的军队，外有强大的救援，大王停止六军不发，以示余力，何必担心失败而亲自前往呢？"曹操赞同桓阶的话，于是驻军摩陂，但仍然前后派出殷署、朱盖等共十二营军队增援徐晃。

关羽在围头有军营，在四冢也有军营，徐晃就扬言要进攻围头军营却偷袭四冢。关羽看到四冢会被攻克，亲自率领步骑兵五千出营作战。徐晃攻打关羽，关羽退走。关羽包围樊城的战壕安置了十层鹿角，徐晃追杀关羽，与关羽一起进入了围城的包围圈中，打败了关羽，傅方、胡修都死了，关羽于是撤围退走，但是船队仍然据守沔水，与襄阳隔绝不通。

吕蒙至寻阳，尽伏其精兵𦪇艫中，使白衣摇橹，作商贾人服，昼夜兼行，羽所置江边屯候，尽收缚之，是故羽不闻知。糜芳、士仁素皆嫌羽轻己，羽之出军，芳、仁供给军资不悉相及，羽言“还，当治之”，芳、仁咸惧。于是蒙令故骑都尉虞翻为书说仁，为陈成败，仁得书即降。翻谓蒙曰：“此谲兵也，当将仁行，留兵备城。”遂将仁至南郡。糜芳城守，蒙以仁示之，芳遂开门出降。蒙入江陵，释于禁之囚，得关羽及将士家属，皆抚慰之，约令军中：“不得干历人家，有所求取。”蒙麾下士，与蒙同郡人，取民家一笠以覆官铠；官铠虽公，蒙犹以为犯军令，不可以乡里故而废法，遂垂涕斩之。于是军中震栗，道不拾遗，蒙旦暮使亲近存恤耆老，问所不足，疾病者给医药，饥寒者赐衣粮。羽府藏财宝，皆封闭以待权至。

关羽闻南郡破，即走南还。曹仁会诸将议，咸曰：“今因羽危惧，可追禽也。”赵俨曰：“权邀羽连兵之难，欲掩制其后，顾羽还救，恐我乘其两疲，故顺辞求效，乘衅因变以观利钝耳。今羽已孤迸，更宜存之以为权害。若深入追北，权则改虞于彼，将生患于我矣，王必以此为深虑。”仁乃解严。魏王操闻羽走，恐诸将追之，果疾敕仁如俨所策。

关羽数使人与吕蒙相闻，蒙辄厚遇其使，周游城中，家家致问，或手书示信。羽人还，私相参讯，咸知家门无恙，见待过于平时，故羽吏士无斗心。

会权至江陵，荆州将吏悉皆归附；独治中从事武陵潘濬称疾不见，权遣人以床就家舆致之，濬伏面着床席不起，涕泣交横，哀哽不能自胜。权呼其字与语，慰谕恳恻，使亲近以手巾拭其面。濬起，下地拜谢，即以为治中，荆州军事，一以咨之。武陵部从事樊伷诱导诸夷，图以武陵附汉中王备。外白差督督万人往讨之，权不听。特召问濬，濬答：“以五千兵往，足以擒伷。”权曰：“卿何以轻之？”濬曰：“伷是南阳旧姓，颇能弄唇吻，而实无才略。臣所以知之者，伷昔尝为州人设馔，比至日中，食不可得，而十余自起，此亦侏儒观一节之验也。”权大笑，即遣濬将

吕蒙到达寻阳，把精兵全部埋伏在舻船中，让穿百姓服装的白衣人摇橹，官兵打扮成商人，昼夜兼程，关羽安置在江边的岗哨，全部被抓获，因此关羽一无所知。麋芳、士仁向来痛恨关羽轻视自己，关羽出兵时，麋芳、士仁没有把全部军用物资运送到，关羽说："回来，要惩罚他们。"麋芳、士仁都很害怕。于是吕蒙命令前骑都尉虞翻写信游说士仁向他陈述成败得失，士仁得到信就投降了。虞翻对吕蒙说："这用的是诡计，应当带士仁同行，留下部队守城。"于是带士仁到南郡。麋芳守城，吕蒙推出士仁给麋芳看，麋芳就打开城门投降。吕蒙进入江陵，把于禁从牢里放出，抓获关羽及其将士的家属，都给予安抚，下令约束全军："不得打扰居民，抢取财物。"吕蒙身边的一个亲兵，跟吕蒙是同郡人，拿了平民家里的一顶斗笠，用它来遮住公家的铠甲，铠甲虽是公物，吕蒙仍认为触犯了军令，不可因乡亲的缘故而违反法令，于是流着眼泪杀了他。从此全军震动，道不拾遗。吕蒙早晚派出亲信去安抚老人，问他们缺什么，为有病的人治疗，给饥寒的人送衣送粮。封存关羽官府中所藏的财宝，等待孙权来处理。

关羽听到南郡被攻下，立即回军向南撤退。曹仁召集众将领商量，都说："现在趁关羽危急惊恐，可追击擒获他。"赵俨说："孙权想侥幸地在关羽与我交战的时候，出其不意地控制他的后方，见关羽回去援救，担心我利用他们两败俱伤，所以言词谦恭，表示愿为我效力，无非是乘机利用事变来获取利益罢了。现在关羽已失去基础，孤军逃奔，更应让他保存下去，作为孙权的敌人，如果穷追败敌，孙权就不再防备关羽，而将成为我们的祸患了，魏王一定对此会有深思熟虑的。"曹仁解除了戒严。魏王曹操听说关羽逃走，恐怕众将领追击，果然急令曹仁不追，一如赵俨的计谋。

关羽多次派人与吕蒙联系，吕蒙总是热情款待关羽的使者，让他走遍全城，到关羽部下的家中，一户一户去慰问，有的家属还亲自写信告诉家人。关羽的使者回去，将士私下互相询问，都得知家中平安，发现家中受到的待遇比以前还好，因此关羽的将士没有了斗志。

正好孙权也到达了江陵，荆州的文武官员全部归附，只有治中从事武陵人潘浚装病不见，孙权派人到潘浚家连人带床把他抬来，潘浚伏在床上不起，涕泪纵横，悲伤哽咽不能自已。孙权用潘浚的字称呼他，与他交谈，安抚劝说，言辞恳切，深情感人，孙权让亲信用手巾替潘浚擦脸，潘浚起身，下地拜谢，孙权立刻任命他为治中，荆州的军事，一一向他询问。武陵部从事樊伷诱惑各部族，企图使武陵归附汉中王刘备。有人报告孙权，要求派将领带兵一万人去征讨樊伷，孙权不听。特招来潘浚询问，潘浚回答说："派五千兵去，完全可以抓获樊伷。"孙权说："你为什么这样轻视他？"潘浚说："樊伷是南阳的世族之后，只会讲大话，实际上没有谋略。

五千人往，果斩平之。权以吕蒙为南郡太守，封孱陵侯，赐钱一亿，黄金五百斤，以陆逊领宜都太守。

十一月，汉中王备所置宜都太守樊友委郡走，诸城长吏及蛮夷君长皆降于逊。逊请金、银、铜印以假授初附，击蜀将詹晏等及秭归大姓拥兵者，皆破降之，前后斩获、招纳凡数万计。权以逊为右护军、镇西将军，进封娄侯，屯夷陵，守峡口。

关羽自知孤穷，乃西保麦城。孙权使诱之，羽伪降，立幡旗为象人于城上，因遁走，兵皆解散，才十余骑。权先使朱然、潘璋断其径路，十二月，璋司马马忠获羽及其子平于章乡，斩之，遂定荆州。

初，偏将军吴郡全琮上疏陈关羽可取之计，权恐事泄，寝而不答。及已禽羽，权置酒公安，顾谓琮曰："君前陈此，孤虽不相答，今日之捷，抑亦君之功也。"于是封琮阳华亭侯。权复以刘璋为益州牧，驻秭归，未几，璋卒。

吕蒙未及受封而疾发，权迎置于所馆之侧，所以治护者万方。时有加针，权为之惨戚。欲数见其颜色，又恐劳动，常穿壁瞻之，见小能下食，则喜顾左右，不然则咄唶，夜不能寐。病中瘳，为下赦令，群臣毕贺，已而，竟卒，年四十二。权哀痛殊甚，为置守冢三百家。

权后与陆逊论周瑜、鲁肃及蒙曰："公瑾雄烈，胆略兼人，遂破孟德，开拓荆州，邈焉寡俦。子敬因公瑾致达于孤，孤与宴语，便及大略帝王之业，此一快也。后孟德因获刘琮之势，张言方率数十万众水步俱下，孤普请诸将，咨问所宜，无适先对；至张子布、秦文表俱言宜遣使修檄迎之，子敬即驳言不可，劝孤急呼公瑾，付任以众，逆而击之，此二快也。后虽劝吾借玄德地，是其一短，不足以损其二长也。周公不求备于一人，故孤忘其短而贵其长，常以比方邓禹也。子明少时，孤谓不辞剧易，果敢有胆而已；及身长大，学问开益，筹略奇至，可以次于公瑾，但言议英发不及之耳。图取关羽，胜于子敬。子敬答孤书云：'帝王之起，皆有驱除，羽不足忌。'此子敬内不能办，外为大言耳，孤亦恕之，不苟责也。然其作军屯营，不失令行禁止，部界无废负，路无拾遗，其法亦美矣。"

臣之所以了解他，是樊伷从前曾为州中人设宴，到中午却没有食物，十多人只得起身离开，这就好比观看侏儒演戏，只看一节便明了他的全部计谋。”孙权大笑，便派潘浚率领五千人前往，果然杀了樊伷，平定了反叛。孙权任命吕蒙为南郡太守，册封为孱陵侯，赏赐钱一亿，黄金五百斤；任命陆逊兼任宜都太守。

十一月，汉中王刘备所置的宜都太守樊友弃郡逃跑，各城的长官以及少数民族的首领都向陆逊投降。陆逊请求用金、银、铜印授予新归附的官员，并进攻蜀将詹晏等和秭归拥有军队的豪族大姓，他们都被打败而投降陆逊，先后被斩杀、抓获、投降的，总计几万人。孙权任命陆逊为左护军、镇西将军，晋封为娄侯，驻军夷陵，守卫峡口。

关羽知道孤立无援，就向西退守麦城。孙权派使者招抚，关羽假装投降，在城墙上树立旗帜、假人，借机逃走，士兵全部解散，身边只有十几名骑兵。孙权事先派朱然、潘璋切断关羽出逃的小路。十二月，潘璋的司马马忠在章乡抓获关羽及其儿子关平，杀了他们，平定了荆州。

起初，偏将军吴郡人全琮，上奏章陈述可以夺取关羽的计策，孙权担心事情泄露，搁置不答。等到已经抓获了关羽，孙权在公安设宴，看着全琮说：“你先前提出这项建议，我虽然没回答，但今天的胜利，也有你的功劳。”于是册封全琮为阳华亭侯。孙权又任命刘璋为益州牧，驻在秭归，不久，刘璋去世。

吕蒙没来得及蒙受封赏就旧病复发，孙权把他接来安置在自己住的官邸旁边，用各种方法给他治疗护理。医生经常给他针灸，孙权为他悲痛忧愁。孙权想常常去看望吕蒙，又担心劳累了他，于是在壁上穿个洞来探视。孙权看到吕蒙能稍稍吃点东西，就高兴得回顾左右，不然就唉声叹气，彻夜难眠。吕蒙病好了一些，孙权就为此下赦免令，群臣都来庆贺。不久，吕蒙去世，年仅四十二岁。

孙权非常悲痛，为吕蒙设置三百户守护墓地。孙权后来与陆逊谈论周瑜、鲁肃和吕蒙时说：“周公瑾雄健刚强，胆识超人，打败曹操，占领荆州，他实在太高远了，很少人能与他相比。鲁子敬是周公瑾推荐给我的，我与他闲谈，便说及建立帝王之业的雄伟韬略，这是一件痛快的事。后来曹操获得刘琮的势力，宣称要率几十万大军水陆并下，我请来所有的将领，询问应对的对策，没有人先回答。至于张昭、秦松，都说应该派使者，写好投降的檄文，去迎接曹操，鲁子敬立刻反驳说不行，劝我征召周公瑾，委以重任，让他领兵迎击曹操，这是第二件痛快的事。后来虽然规劝我借给刘备地盘，这是他的一个失误，但这也不能否认他的两大贡献。周公对一个人不求全责备，所以我不计较他的失误而尊重他的贡献，我常把他比作邓禹。吕蒙小时候，我认为他不畏惧艰难、果断、有胆量，等他长大了，博学多识，筹划谋略不一般，可以说仅次于周公瑾，只是言谈风度比不上罢了。谋划打击关羽，

孙权与于禁乘马并行，虞翻呵禁曰："汝降虏，何敢与吾君齐马首乎！"抗鞭欲击禁，权呵止之。

孙权之称藩也，魏王操召张辽等诸军悉还救樊，未至而围解。徐晃振旅还摩陂，操迎晃七里，置酒大会；王举酒谓晃曰："全樊、襄阳，将军之功也。"亦厚赐桓阶，以为尚书。操嫌荆州残民及其屯田在汉川者，皆欲徙之。司马懿曰："荆楚轻脆易动，关羽新破，诸为恶者，藏窜观望，徙其善者，既伤其意，将令去者不敢复还。"操曰："是也。"是后诸亡者悉还出。

魏王操表孙权为骠骑将军，假节，领荆州牧，封南昌侯。权遣校尉梁寓入贡，又遣朱光等归，上书称臣于操，称说天命。操以权书示外曰："是儿欲踞吾著炉火上邪！"侍中陈群等皆曰："汉祚已终，非适今日。殿下功德巍巍，群生注望，故孙权在远称臣。此天人之应，异气齐声，殿下宜正大位，复何疑哉！"操曰："若天命在吾，吾为周文王矣。"

（以上为第十段，写关羽失荆州，走麦城。孙权得胜害怕刘备报仇而向曹操上尊号，称臣，避免两线作战。）

臣光曰：教化，国家之急务也，而俗吏慢之；风俗，天下之大事也，而庸君忽之。夫惟明智君子，深识长虑，然后知其为益之大而收功之远也。光武遭汉中衰，群雄糜沸，奋起布衣，绍恢前绪，征伐四方，日不暇给，乃能敦尚经术，宾延儒雅，开广学校，修明礼乐，武功既成，文德亦洽。继以孝明、孝章，遹追先志，临雍拜老，横经问道。自公卿、大夫至于郡县之吏，咸选用经明行修之人，虎贲卫士皆习《孝经》，匈奴子弟亦游大学，是以教立于上，俗成于下。其忠厚清修之士，岂惟取重于搢绅，亦见慕于众庶；愚鄙污秽之人，岂惟不容于朝廷，亦见弃于乡里。自三代既亡，风化之美，未有若东汉之盛者也。及孝和以降，贵戚擅权，嬖幸用事，赏罚无章，贿赂公行，贤愚浑殽，是非颠倒，可谓乱矣。然犹绵绵不至于亡者，上则有公卿、大夫袁安、杨震、李固、杜乔、陈蕃、李膺之

胜过鲁肃。鲁肃回答我的信说：‘帝王的兴起，都会有替他消灭敌人的人，关羽不值得顾虑。’这是鲁肃内心知道办不成的事，只不过在口头上讲大话罢了，我也饶恕了他，不轻易责怪。但他治兵扎营，能令行禁止，在他管辖的范围内没有不尽职责而负罪的人，路不拾遗，他的管理方法也是值得称赞的。”

孙权与于禁骑马并行，虞翻大声责备于禁说：“你是个投降的俘虏，怎么敢与我君主并马齐驱？”扬起马鞭要打于禁，孙权喝住了虞翻。

孙权向曹操称臣，魏王曹操召回张辽等各自率领全军救援樊城，还没有到达，樊城之围已解。徐晃胜利班师回到摩陂，曹操到七里之外迎接徐晃，设宴款待群臣；魏王举起酒杯对徐晃说：“保全樊城、襄阳，是将军的功劳。”便重赏桓阶，任命为尚书。曹操嫌弃荆州残留的民众及其在汉水两岸屯田的人，打算把他们全部迁走。司马懿说：“荆楚一带百姓轻佻，容易发生变乱，关羽刚刚被消灭，那些作恶的，都躲藏逃窜，观望时局，迁走的却是善良的人，既伤了他们的心，又使会躲藏离去的不敢再回来。”曹操说：“是的。”这以后那些逃亡的全都回来了。

魏王曹操上书推举孙权为骠骑将军，秉持符节，兼领荆州牧，封为南昌侯。孙权派校尉梁寓进贡，又送回朱光等，上书向曹操称臣，规劝曹操顺应天命称帝。曹操把孙权的奏书给大家看，说：“这小子想把我放在炉火上烤！”侍中陈群等都说：“汉朝江山气数已尽，并不是从今天开始。殿下功德巍峨伟大，众生瞩目仰望，所以孙权远方称臣，这是天意在人间的应验，众口同声，殿下应登上大位，还有什么犹豫的？”曹操说：“如果天命在我这里，我就是周文王吧。”

臣司马光评论说：教化是国家首先要做的事情，但平庸的官吏轻蔑它；风俗是天下的大事，但昏庸的君主轻视它。只有明智的君主能够深思远虑，才知道教化与风俗的好处，功效深远。光武帝遇到汉朝中途衰败，群雄纷起，他以平民的身份兴起，弘扬前人的事业，征伐四方，日夜忙碌，仍能崇尚经术，用宾客的礼节，招纳博学的儒士，大办学校，倡议礼乐，用武力完成统一事业，礼乐教化也深入人心。继位的孝明帝、孝章帝，遵循先祖先帝的遗志，亲临太学拜望三老五更，展开经书，请教大道。从公卿、大夫直到郡县的官吏，都是选用熟悉儒经、行为端庄的人，虎贲卫士都熟读《孝经》，匈奴的子弟也要到太学攻读，因此在上位的人提倡教化，处下位的人就仿效成俗。那些忠诚清明有修养的人，岂只是受到公卿大夫们的尊敬，也为庶民百姓所仰慕；愚顽卑鄙污浊的人。不仅不被朝廷容忍，也被乡里人所唾弃。自从三代灭亡以后，良好的风俗教化，没有像东汉这样盛行的。到孝和帝以来，外戚独揽大权，宦官当

徒面引廷争，用公义以扶其危，下则有布衣之士符融、郭泰、范滂、许邵之流，立私论以救其败，是以政治虽浊而风俗不衰，至有触冒斧钺，僵仆于前，而忠义奋发，继起于后，随踵就戮，视死如归。夫岂特数子之贤哉？亦光武、明、章之遗化也。当是之时，苟有明君作而振之，则汉氏之祚犹未可量也。不幸承陵夷颓敝之余，重以桓、灵之昏虐，保养奸回，过于骨肉；殄灭忠良，甚于寇仇；积多士之愤，蓄四海之怒。于是何进召戎，董卓乘衅，袁绍之徒从而构难，遂使乘舆播越，宗庙丘墟，王室荡覆，烝民涂炭，大命陨绝，不可复救。然州郡拥兵专地者，虽互相吞噬，犹未尝不以尊汉为辞。以魏武之暴戾强伉，加有大功于天下，其蓄无君之心久矣，乃至没身不敢废汉而自立，岂其志之不欲哉？犹畏名义而自抑也。由是观之，教化安可慢，风俗安可忽哉！

（以上为第十一段，写司马光对东汉王朝政治的得失及其灭亡原因的探索与评论。）

政用事，赏罚没有章法，贿赂公开进行，贤良愚劣混淆，是非黑白颠倒，可以说乱到了极点。可是还延续不至于灭亡，上位的人有公卿、大夫袁安、杨震、李固、杜乔、陈蕃、李膺这班人，当面冲撞龙颜，在朝廷上抗争，用公正的大义来扶持国家的危难；在下位的人有平民士人苻融、郭泰、范滂、许劭这些人，在民间议论，形成一种社会舆论来救援汉朝的衰败，因此，政治虽然混乱，但风俗不致衰败，甚至有人甘冒斧钺之诛，前面的人倒下了，而忠义之士更加奋发向上，紧随其后，接着被杀，视死如归。这难道只是几个人的贤德吗？这也是光武帝、明帝、章帝传留下来的教化。那时，如果有贤明的君主出来发奋振作，那么汉氏的统治就不可估量了。不幸的是经过衰落败坏之后，加上桓帝、灵帝的昏庸暴虐，蓄养奸邪，超过自己的骨肉；杀害忠良，胜过仇敌；聚集了文武百官的愤恨，堆积了天下百姓的怨怒。在这时，何进招来军队，董卓趁机兴乱，袁绍之流接着造成了兵连祸结，终于造成天子颠沛流离，宗庙荒芜，王室倾覆，生灵涂炭，天命陨落，再也无法挽救。但是州郡拥兵独占一方的，即使相互吞食，仍然打着尊崇汉室的旗帜为号召。就拿魏武帝来说，他无比的暴戾强横，加上他对天下人有大功，又蓄谋废除君主的野心已经很久，但一直到死仍不敢废掉汉帝而自立，难道他的志向不想做皇帝吗？不过是害怕名义不顺而自我克制。由此看来，怎么可以轻视教化，怎么可以忽略风俗呢？

【点评】

关羽大意失荆州。关羽失荆州，从而夭折了隆中路线。那么如何评价关羽的功过呢？

建安二十四年（219），刘备打败曹军，取了汉中，关羽趁此局势统大军北伐，向曹仁镇守的樊城进攻。当时曹操从汉中败归，还在长安，急令大将于禁和庞德赴襄阳前线增援。于禁是曹操的心腹大将，百战百胜的将军，庞德是北方著名勇将，关羽擒于禁，斩庞德，威名大振，达到他在军事上的巅峰。

关羽得志于荆襄，东吴的孙权却沉不住气。因荆州是蜀国的东方屏障和门户；对吴国则是居高临下，直接威胁着吴国的安全。孙权深知荆州的重要，他决心竭尽全力相争。先前由于疆场未靖，曹操在北，江东无力单独对抗曹操，孙权在赤壁之战后把荆州南郡借与刘备阻滞曹操，当刘备取得益州后，孙权立即索要荆州。孙刘两家差点闹翻，以中分荆州告一段落。这次虽然和解，但是裂痕已经显露。孙权时时提防着关羽，但表面上给关羽频送秋波，孙权还派人说项，要与关羽结为儿女亲家。可是骄狂的关羽不识大体，极为藐视孙权，怒斥东吴使者，拒绝了这门亲事，让孙刘关系的破裂雪上加霜。不久，东吴主张孙刘联盟的鲁肃死了，吕蒙统兵。吕蒙是疏刘派的中坚人物，他一接任就规划着袭取荆州，为了麻痹关羽，装病回东吴，推荐胸有韬略但还未崭露头角的陆逊代替自己。关羽果然上当，大发兵北伐，荆州成了一座空城。关羽俘获于禁官兵三万，粮食一时紧张，他不经外交协商就擅取孙权辖地的粮食。这一举动不仅加剧了孙刘矛盾，而且给孙权出兵制造了口实。赳赳武夫的关羽，就这样破坏了孙刘联盟。孙权派遣吕蒙率领大军杀向荆州，在关羽的背后捅了致命的一刀，夺了南郡。关羽率领疲惫之军退还荆州与吕蒙交战。曹操欲使孙刘相斗，严令曹军不得追击，因此关羽才未受到两面夹击。尽管如此，已丧失斗志的荆州兵也非东吴精兵的对手。加上孙权统率大军为吕蒙后继，更增强了东吴士气。这时关羽向上庸的蜀兵呼救，不料那里的守将刘封、孟达两人正闹矛盾，坐视不救。这一来关羽陷入了四面楚歌的境地，一路上将士逃散，溃不成军。关羽眼见大势已去，就退走麦城，向上庸方向撤退，最后在突围中被吴将潘璋所擒。孙权杀了关羽，把首级送给曹操。关羽败走麦城，是从空前胜利的顶峰一下跌落到失败的深渊，格外令人惋惜。荆州丢失，意味着隆中路线半道夭折，“兴复汉室”成为泡影。可以说关羽个人的悲剧带来了蜀汉的悲剧，使刘备的事业受损。关羽一介赳赳武夫，他的责任是奉命打仗，胜败乃兵家常事，关羽打了败仗，要负直接责任，但荆州丢失的根本责任不在关羽，而在刘备和诸葛亮两人身上，刘备更要负主要责任。第一，刘备与孙权争荆州南三郡，破坏同盟，责任在刘备，而非关羽。第二，刘备得汉中，为了扩大战果，兵进上庸，有一个孟达，或一个刘封就足够了，刘备把两

人都派上，造成两人闹矛盾，不救关羽，亦刘备之过。第三，孟达驻守夷陵，可为关羽后援，调走孟达，关羽孤掌难鸣，亦刘备之过。第四，关羽北伐，不是擅自兴兵，从调孟达北上来看，关羽北伐，亦应是刘备之命，疏于防吴，是胜利冲昏头脑的利令智昏之过。袁绍灭了公孙瓒，急于南进失败于官渡；曹操兵不血刃下荆州，急于发动赤壁之战而败北，均是利令智昏。欲速则不达，英雄难免。人们同情刘备与关羽，于是含混地说，“关羽大意失荆州”，谁都没有过错。诸葛亮隆中路线太看重荆州，不看形势变化，胶柱鼓瑟，亦是智者千虑必有一失。孙权背叛同盟，最易遭到两线夹攻，不能有任何失误，因此战战兢兢，设计周密，不惜屈身辱志，称臣于曹操，刚柔相济，成了赢家。当然最大的得益者是曹操，孙刘相争，为曹丕代汉创造了时机。

魏纪一

魏文帝黄初元年至二年（220—222 年）

【起上章困敦（庚子，220 年），尽玄黓摄提格（壬寅，222 年），凡三年】

【大事提要】

本卷记事起公元 220 年，讫公元 222 年，凡三年，当魏黄初元年至黄初三年。此时期的重大事件有四：其一，曹丕代汉；其二，刘备称帝；其三，孙权接受曹魏加封吴王；其四，吴蜀交兵，发生夷陵之战。夷陵之战，吴胜蜀败，荆州归吴，三国鼎立的局面正式形成，三分的国家建制也已完成。

【原文】

世祖文皇帝上

黄初元年（庚子，220 年）

春，正月，武王至洛阳，庚子，薨。王知人善察，难眩以伪。识拔奇才，不拘微贱，随能任使，皆获其用。与敌对陈，意思安闲，如不欲战然；及至决机乘胜，气势盈溢。勋劳宜赏，不吝千金；无功望施，分豪不与。用法峻急，有犯必戮，或对之流涕，然终无所赦。雅性节俭，不好华丽。故能芟刈群雄，几平海内。

是时太子在邺，军中骚动。群僚欲秘不发丧。谏议大夫贾逵以为事不可秘，乃发丧。或言宜易诸城守，悉用谯、沛人。魏郡太守广陵徐宣厉声曰："今者远近一统，人怀效节，何必专任谯、沛，以沮宿卫者之心！"乃止。青州兵擅击鼓，相引去；众人以为宜禁止之，不从者讨之。贾逵曰："不可。"为作长檄，令所在给其禀食。鄢陵侯彰从长安来赴，问逵先王玺绶所在。逵正色曰："国有储副，先王玺绶，非君侯所宜问也。"凶问至邺，太子号哭不已。中庶子司马孚谏曰："君王晏驾，天下恃殿下为命；当上为宗庙，下为万国，奈何效匹夫孝也！"太子良久乃止，曰："卿言是也。"时群臣初闻王薨，相聚哭，无复行列。孚厉声于朝曰："今君王违世，天下震动，当早拜嗣君，以镇万国，而但哭邪！"乃罢群臣，备禁卫，治丧事。孚，懿之弟也。群臣以为太子即位，当须诏命。尚书陈矫曰："王薨于外，天下惶惧。太子宜割哀即位，以系远近之望。且又爱子在侧，彼此生变，则社稷危矣。"即具官备礼，一日皆辨。明旦，以王后令，策太子即王位，大赦。汉帝寻遣御史大夫华歆奉策诏，授太子丞相印、绶，魏王玺、绶，领冀州牧。于是尊王后曰王太后。

改元延康。

二月，丁未朔，日有食之。

壬戌，以太中大夫贾诩为太尉，御史大夫华歆为相国，大理王朗为御史大夫。

【语译】

世祖文皇帝上

魏文帝黄初元年（庚子，220 年）

春季，正月，魏武王曹操到达洛阳。正月二十三日庚子，曹操去世。魏王知人善察，难以用假象迷惑。能识别提升有特别才干的人，不论地位低微贫贱，也能根据才能任用，让他们都能发挥自己的作用。与敌人对阵打仗，镇定自若，表现不想作战的样子；等到确定策略，乘胜出击时，气势磅礴。对有功应该赏赐的人，不惜千金；对无功想得恩惠的人，分毫不给。执法严厉，有犯罪的一定要诛杀，有时对犯人惋惜流泪，但终不赦免。一向生活简朴，不喜欢华丽。所以能铲除群雄，几乎平定了海内。

这时太子正在邺都，军中发生骚乱。群臣想秘不发丧。谏议大夫贾逵认为此事不可，才公布了曹操死讯。有人说应当更换各城的守将，全部换用谯县和沛国的人。魏郡太守广陵人徐宣厉声说："如今远近一统，人人怀有效忠的心，为什么要专用谯县、沛县的人，这会伤害各城守卫者的心！"此事才作罢。青州兵擅自击鼓，相互牵引离去，众人认为应该禁止他们，不听从的就讨伐。贾逵说："不行。"于是写了一篇很长的文告，命令青州兵经过的地方，官府要给他们供给食物。鄢陵侯曹彰从长安赶来，向贾逵询问先王的印玺在什么地方。贾逵严肃地说："国家已有王储，先王玺绶，不是您应当询问的事。"噩耗传到邺都，太子曹丕大哭不止。中庶子司马孚劝导说："君王逝世，天下依赖殿下做主；应当上为祖宗，下为全国百姓着想，怎么能去效法一般人的孝行呢？"太子过了许久才停住悲哭，说："你说得对。"这时群臣刚刚听到魏王的死讯，相聚大哭，一片混乱。司马孚在朝中高声喊道："如今君王离世，天下震动，应当早拜立新君主来稳定全国，难道我们只知道哭吗？"于是令群臣退朝，设置警卫，治理丧事。司马孚是司马懿的弟弟。群臣认为太子即位，应当等待汉献帝的诏命。尚书陈矫说："大王在外面去世，全国人心惶惶、忧惧不安。太子应节哀即位，来稳住远近的人心。况且魏王的爱子在旁边，彼此如果发生变动，那么国家就危急了。"随即配备应有的官吏、安排礼仪，一天之内都办好了。第二天早上，宣布王后的命令，策命太子登上王位，大赦天下。汉献帝很快派御史大夫华歆带着诏书，授给太子丞相印绶、魏王玺绶，兼任冀州牧。于是尊王后为王太后。

改年号为延康。

二月初一日丁未，发生日食。

二月十六日壬戌，任命太中大夫贾诩为太尉，御史大夫华歆为相国，大理王朗为御史大夫。

丁卯，葬武王于高陵。

王弟鄢陵侯彰等皆就国。临菑监国谒者灌均，希指奏“临菑侯植醉酒悖慢，劫胁使者”。王贬植为安乡侯，诛右刺奸掾沛国丁仪及弟黄门侍郎廙并其男口，皆植之党也。

鱼豢论曰：谚言：“贫不学俭，卑不学恭。”非人性分殊也，势使然耳。假令太祖防遏植等在于畴昔，此贤之心，何缘有窥望乎！彰之挟恨，尚无所至；至于植者，岂能兴难！乃令杨修以倚注遇害，丁仪以希意族灭，哀夫！

（以上为第一段，写曹操之死，曹丕继位为魏王，立即诛杀曹植党羽。）

初置散骑常侍、侍郎各四人，其宦人为官者不得过诸署令；为金策，藏之石室。时当选侍中、常侍，王左右旧人讽主者，便欲就用，不调余人。司马孚曰：“今嗣王新立，当进用海内英贤，如何欲因际会，自相荐举邪！官失其任，得者亦不足贵也。”遂他选。

尚书陈群，以天朝选用不尽人才，乃立九品官人之法；州、郡皆置中正以定其选，择州郡之贤有识鉴者为之，区别人物，第其高下。

夏，五月，戊寅，汉帝追尊王祖太尉曰太王，夫人丁氏曰太王后。

王以安定太守邹岐为凉州刺史。西平麹演结旁郡作乱以拒岐；张掖张进执太守杜通，酒泉黄华不受太守辛机，皆自称太守以应演；武威三种胡复叛。武威太守毌丘兴告急于金城太守、护羌校尉扶风苏则，则将救之，郡人皆以为贼势方盛，宜须大军。时将军郝昭、魏平先屯金城，受诏不得西渡。则乃见郡中大吏及昭等谋曰：“今贼虽盛，然皆新合，或有胁从，未必同心；因衅击之，善恶必离，离而归我，我增而彼损矣。既获益众之实，且有倍气之势，率以进讨，破之必矣。若待大军，旷日弥久，善人无归，必合于恶，善恶既合，势难卒离。虽有诏命，违而合权，专之可也。”昭等从之，乃发兵救武威，降其三种胡，与毌丘兴击张进于张掖。麹演闻之，将步骑三千迎则，辞来助军，实欲为变，则诱而斩之，出以徇军，其党皆散走。则遂与诸军围张掖，破之，斩进；黄华惧，乞降。河西平。

二月二十一日丁卯，魏武王曹操下葬于高陵。

魏王曹丕的弟弟鄢陵侯曹彰等都回到自己的封国。临菑侯监国谒者灌均，迎合曹丕的旨意上奏说："临菑侯曹植酗酒，悖逆无礼，劫持胁迫使者。"魏王曹丕把曹植贬为安乡侯，诛杀右刺奸掾沛国人丁仪和他的弟弟黄门侍郎丁廙，以及两家的男子。他们都是曹植的党羽。

鱼豢评论说：谚语说："贫穷的人，不学也自然俭朴；卑贱的人，不学也自然谦恭。"这不是人性有不同，而是环境造成的。假使太祖曹操在从前就预防束缚曹植等人，有这样贤明的用心，怎么会使他们产生非分欲望呢？曹彰的怨恨就不会出现；至于曹植，又怎么能兴风作浪？竟使杨修因依附曹植而遇害；丁仪也因迎合主人而被灭族，可悲啊！

首次设置散骑常侍、侍郎各四人，宦官任职不准高过各署的署令；把这一规定制作成金策，收藏在石室里。当时正在选拔侍中、常侍，魏王曹丕准备就近任用身边的亲信，暗示主持选举的人，让他不再调用他人。司马孚说："如今大王刚登位，应选用天下的英才贤人，怎么能乘此机遇，选举自己的人呢？任职不凭才干，做了官也不值得敬重。"于是另行选用。

尚书陈群，认为汉朝选用官吏不能网罗尽人才，于是设立九品任官制度，州、郡都设置中正官来评定人选，选拔州郡中的贤人，有鉴别人才能力的人担任，区别人物品行，鉴定出他们的高下。

夏季，五月初三日戊寅，汉献帝诏令追尊魏王曹操的祖父汉太尉曹嵩为太王，曹操夫人丁氏为王太后。

魏王曹丕任命安定太守邹岐为凉州刺史。西平人麴演勾结邻郡作乱来抗拒邹岐；张掖人张进逮捕了太守杜通，酒泉人黄华不接受太守辛机，都自称太守来响应麴演；武威三部种姓胡人又反叛。武威太守毌丘兴向金城太守、护羌校尉扶风人苏则告急，苏则要去相救，郡中人都认为叛贼势力正强盛，应该等候大军。当时将军郝昭、魏平，原来就驻守在金城，接到诏令，不准向西渡过黄河。苏则于是召见郡中的重要官员和郝昭等人商议说："现今叛贼虽然昌盛，但都是刚刚纠合起来的，有的是受胁迫而追随的，不一定齐心；利用他们的矛盾进击，善良的人与邪恶的人必然分离，脱离的人会投归我们，这样我们得到增强而敌贼却受到削弱。我们既获得增加军队的实力，又有了加倍的气势，率兵去征讨，打败他们是肯定的。如果等待大军，旷日持久，善良的人没有归宿，必然跟恶人同流，善良的人跟邪恶的人结合，势必难以一下分离。现今虽然有诏命，但违反只是权宜之计，自行决定是可以的。"郝昭等人接受了这个意见，于是出兵救援武威，三部种姓胡人被降服，和毌丘兴合力在张

初，敦煌太守马艾卒官，郡人推功曹张恭行长史事；恭遣其子就诣朝廷请太守。会黄华、张进叛，欲与敦煌并势，执就，劫以白刃；就终不回，私与恭疏曰："大人率厉敦煌，忠义显然，岂以就在困厄之中而替之哉！今大军垂至，但当促兵以掎之耳。愿不以下流之爱，使就有恨于黄壤也。"恭即引兵攻酒泉，别遣铁骑二百及官属，缘酒泉北塞，东迎太守尹奉。黄华欲救张进，而西顾恭兵，恐击其后，故不得往而降。就卒平安，奉得之郡，诏赐恭爵关内侯。

六月，庚午，王引军南巡。

秋，七月，孙权遣使奉献。

蜀将军孟达屯上庸，与副军中郎将刘封不协；封侵陵之，达率部曲四千余家来降。达有容止才观，王甚器爱之，引与同辇，以达为散骑常侍、建武将军，封平阳亭侯。合房陵、上庸、西城三郡为新城，以达领新城太守，委以西南之任。行军长史刘晔曰："达有苟得之心，而恃才好术，必不能感恩怀义。新城与孙、刘接连，若有变态，为国生患。"王不听。遣征南将军夏侯尚、右将军徐晃与达共袭刘封。上庸太守申耽叛封来降，封破，走还成都。

初，封本罗侯寇氏之子，汉中王初至荆州，以未有继嗣，养之为子。诸葛亮虑封刚猛，易世之后，终难制御，劝汉中王因此际除之；遂赐封死。

武都氐王杨仆率种人内附。

甲午，王次于谯，大飨六军及谯父老于邑东，设伎乐百戏，吏民上寿，日夕而罢。

孙盛曰：三年之丧，自天子达于庶人。故虽三季之末，七雄之敝，犹未有废衰斩于旬朔之间，释麻杖于反哭之日者也。逮于汉文，变易古制，人道之纪，一旦而废，固已道薄于当年，风颓于百代矣。

掖攻击张进。麴演听说后，率步骑兵三千人欢迎苏则，声称来助战，实际上是想反叛，苏则将计就计，诱杀了麴演，将其尸首展示给他的部众看，麴演的党羽便都逃跑了。苏则就和各路人马包围张掖，攻破张掖后，杀死张进；黄华恐惧，请求投降，河西平定了。

起初，敦煌太守马艾死在任上，郡中人推举功曹张恭代替长史的职务；张恭派他的儿子张就到朝廷请求派太守。正逢黄华、张进反叛，想与敦煌郡联合，因此抓住张就，把刀刃架在他的脖子上，张就始终不从，暗地送信给他父亲张恭说："大人治理敦煌为万民的表率，忠义昭示天下，怎么能因为我处于危困之中就消沉意气呢？如今大军立即到来，您应当赶紧率兵从后面牵制叛贼，希望您不因父子私情，而使我饮恨黄泉。"张恭马上率兵进攻酒泉，另外派两百名铁骑及其官属，沿着酒泉北塞，向东迎接太守尹奉。黄华想去救张进，但怕西边的张恭的军队来攻击自己的后方，所以无法前往，只好投降。张就终于平安，尹奉得以到郡上任，诏令赐爵张恭关内侯。

六月二十六日庚午，魏王曹丕率领军队南巡。

秋季，七月，孙权派出使者向朝廷进贡。

蜀将军孟达驻军上庸，与副军中郎将刘封不和；刘封欺凌孟达，孟达率领部属四千多家前来投降。孟达仪表堂堂，举止不凡，魏王曹丕很器重宠信他，让他跟自己同乘一辆车子，任命孟达为散骑常侍、建武将军，封他为平阳亭侯。合并房陵、上庸、西城三郡为新城，委任孟达为新城太守，把西南的事务交给他。行军长史刘晔说："孟达有侥幸取利之心，而且他仗着才能，好弄权术，一定不会感恩戴德，心怀忠心，新城与孙权、刘备的地盘接邻，如有变故，将成为国家的祸害。"魏王曹丕不听。派征南将军夏侯尚、右将军徐晃与孟达一起攻击刘封。上庸太守申耽背叛刘封前来投降，刘封失败，逃回成都。

刘封本是罗侯人寇氏的儿子，汉中王刘备刚到荆州时，因没有儿子，收刘封为养子。诸葛亮考虑到刘封刚强勇猛，将来刘备去世后，终究难以控制刘封，劝汉中王刘备趁此除掉他，于是刘备令刘封自杀。

武都氐王杨仆率领氐人归附朝廷。

七月二十日甲午，魏王曹丕驻军于谯县，在县城东大摆宴席，慰劳全军以及谯县的家乡父老，表演舞乐杂技节目，官民们都来向魏王敬酒祝贺，直到太阳落山宴席才散去。

孙盛评论说：为父母守丧三年，从天子到百姓都要遵守。所以即便是三代的后期，七雄的乱世，也没有人在十天半月之内脱去丧服，在必须回到庙堂哭祭已故父母的日子里丢下丧杖的。到了汉文帝时，变更古代的制度，为人之道

魏王既追汉制，替其大礼，处莫重之哀而设飨宴之乐，居贻厥之始而堕王化之基，及至受禅，显纳二女，是以知王龄之不遐，卜世之期促也。

（以上为第二段，写曹丕平定河西之乱；刘备诛杀养子刘封；孙盛评论魏朝国运不长，因曹丕居丧淫乐，不守礼制，人心不附。）

王以丞相祭酒贾逵为豫州刺史。是时天下初定，刺史多不能摄郡。逵曰："州本以六条诏书察二千石以下，故其状皆言严能鹰扬，有督察之才，不言安静宽仁，有恺悌之德也。今长吏慢法，盗贼公行，州知而不纠，天下复何取正乎！"其二千石以下，阿纵不如法者，皆举奏免之。外修军旅，内治民事，兴陂田，通运渠，吏民称之。王曰："逵真刺史矣。"布告天下，当以豫州为法，赐逵爵关内侯。

左中郎将李伏、太史丞许芝表言："魏当代汉，见于图纬，其事众甚。"群臣因上表劝王顺天人之望，王不许。

冬，十月，乙卯，汉帝告祠高庙，使行御史大夫张音持节奉玺绶诏册，禅位于魏。王三上书辞让，乃为坛于繁阳，辛未，升坛受玺绶，即皇帝位，燎祭天地、岳渎，改元，大赦。

十一月，癸酉，奉汉帝为山阳公，行汉正朔，用天子礼乐；封公四子为列侯。追尊太王曰太皇帝；武王曰武皇帝，庙号太祖；尊王太后曰皇太后。以汉诸侯王为崇德侯，列侯为关中侯。群臣封爵、增位各有差。改相国为司徒，御史大夫为司空。山阳公奉二女以嫔于魏。

帝欲改正朔，侍中辛毗曰："魏氏遵舜、禹之统，应天顺民；至于汤、武，以战伐定天下，乃改正朔。孔子曰：'行夏之时'，《左氏传》曰：'夏数为得天正'，何必期于相反！"帝善而从之，时群臣并颂魏德，多抑损前朝；散骑常侍卫臻独明禅授之义，称扬汉美。帝数目臻曰："天下之珍，当与山阳共之。"帝欲追封太后父、母，尚书陈群奏曰："陛下以圣德应运受命，创业革制，当永为后式。按典籍之文，无妇人分土命爵之制。在礼典，妇因夫爵。秦违古法，汉氏因之，非先王之令典也。"帝曰："此议是也，其勿施行。"仍著定制，藏之台阁。

的纲纪，顷刻废掉，本来道德已经衰微，不如从前；风俗已经颓废，不如古代了。魏王曹丕既然遵循汉家制度，接替汉家的礼仪，处于最沉重的悲哀之时，却设宴欢乐，身为继业的第一代子孙，却损坏王道教化的基础，等到接受汉献帝的禅让时，公然收纳汉献帝的两个女儿为嫔，由此可知魏王朝的年限不久，可料政权的日子很短暂。

魏王曹丕任命丞相祭酒贾逵为豫州刺史。这时天下刚刚安定，刺史大多不能管理所属的各郡。贾逵说："州刺史本是按照六条诏书监察二千石以下的官吏，所以在谈他们的形象时，都说是严厉简练，如同雄鹰扬威，有监督官吏的才能，而不说安详、平静、宽厚、仁慈，有平易近人的美德。如今地方长官无视法纪，盗贼公开行窃，州刺史明知却不予以追究，天下什么时候才能走入正轨？"那些二千石以下的官吏，庇护放纵不按法行事的，都被上奏罢免。对外整理军队，对内治理民事，建筑水塘，开垦田地，疏通运渠，官民称颂。魏王曹丕说："贾逵是真正的刺史。"公告天下，应当以豫州为榜样，赐封贾逵为关内侯。

左中郎将李伏、太史丞许芝上表说："魏应当取代汉，已经在图纬显现，例子很多。"群臣趁势上表劝说魏王曹丕顺应天命人心，魏王曹丕没有批准。

冬季，十月十三日乙卯，汉献帝在高祖庙祭祀，派代理御史大夫的张音持符节奉玺绶诏册，向魏王禅让帝位。魏王三次上书推辞，然后才在繁阳设坛。十月二十九日辛未，曹丕登坛接受玺绶，即皇帝位，燃火祭天地、山川，改年号，大赦天下。

十一月初一日癸酉，尊奉汉献帝为山阳公，奉行汉代历法，使用天子的礼乐；封山阳公四个儿子为列侯。追尊魏太王曹嵩为魏太皇帝，魏武王曹操为魏武皇帝，庙号为太祖；尊王太后为皇太后。改汉朝所封的诸侯王为崇德侯，列侯为关中侯。群臣按不同的等级得到封爵和升迁官位。改相国为司徒，御史大夫为司空。山阳公奉送两个女儿给魏文帝曹丕作嫔妃。

魏文帝想改用新的历法，侍中辛毗说："魏氏遵循舜、禹的正统，应合天命，顺应民心；至于汤、武，依靠武力平定天下，才更改历法。孔子说：'实行夏朝的历法'，《左传》说：'夏朝的历法，最合天地运行的规律。'何必要与它相反呢？"魏文帝认为有理，采取了这一建议。当时群臣都称颂魏王朝的功德，大多贬低前朝；散骑常侍卫臻却独自阐明禅位的意义，称赞汉朝的美德。魏文帝几次递眼色给卫臻说："天下的珍宝，将和山阳公共享。"魏文帝想追封太后的父母，尚书陈群上奏说："陛下以圣德顺应天命，创立大业，改革制度，应当永远为后世的榜样。详察经典文字，没有给妇女分封土地和爵位的制度。在礼仪的典籍里，只有妇女屈从丈夫的爵

十二月，初营洛阳宫。戊午，帝如洛阳。

帝谓侍中苏则曰："前破酒泉、张掖，西域通使敦煌，献径寸大珠，可复求市益得不？"则对曰："若陛下化洽中国，德流沙幕，即不求自至。求而得之，不足贵也。"帝默然。

帝召东中郎将蒋济为散骑常侍。时有诏赐征南将军夏侯尚曰："卿腹心重将，特当任使，作威作福，杀人活人。"尚以示济。济至，帝问以所闻见，对曰："未有他善，但见亡国之语耳。"帝忿然作色而问其故，济具以答，因曰："夫'作威作福'，《书》之明诫。天子无戏言，古人所慎；惟陛下察之！"帝即遣追取前诏。

帝欲徙冀州士卒家十万户实河南。时天旱蝗，民饥，群司以为不可，而帝意甚盛。侍中辛毗与朝臣俱求见，帝知其欲谏，作色以待之，皆莫敢言。毗曰："陛下欲徙士家，其计安出？"帝曰："卿谓我徙之非邪？"毗曰："诚以为非也。"帝曰："吾不与卿议也。"毗曰："陛下不以臣不肖，置之左右，厕之谋议之官，安能不与臣议邪！臣所言非私也，乃社稷之虑也，安得怒臣！"帝不答，起入内；毗随而引其裾，帝遂奋衣不还，良久乃出，曰："佐治，卿持我何太急邪！"毗曰："今徙，既失民心，又无以食也，故臣不敢不力争。"帝乃徙其半。帝尝出射雉，顾群臣曰："射雉乐哉！"毗对曰："于陛下甚乐，于群下甚苦。"帝默然，后遂为之稀出。

（以上为第三段，写曹丕代汉为魏开国之君，尚能听谏诤之言。）

二年（辛丑，221年）

春，正月，以议郎孔羡为宗圣侯，奉孔子祀。

三月，加辽东太守公孙恭车骑将军。

初复五铢钱。

位。秦朝违背古代的法典，汉朝继承秦制，不是先王的美好法典。”魏文帝说：“这个意见是对的，就不要实施它了。”于是沿袭先王规定的制度，并把它写下来保存在尚书管理的台阁中。

十二月，开始营建洛阳宫。十二月十七日戊午，魏文帝到洛阳。

魏文帝对侍中苏则说：“先前攻占酒泉、张掖时，西域曾派使节到敦煌，奉献直径一寸大的珍珠，还能再买到吗？”苏则回答说：“如果陛下教化中原，恩德远及沙漠，即使不去寻找，珍珠也自然会有人送来。通过追求才得到，就不足珍贵了。”魏文帝沉默不语。

魏文帝征召东中郎将蒋济为散骑常侍。当时曾有诏书赐给征南将军夏侯尚说：“你是我信任的心腹将领，赋予你特别权力，可以作威作福，可以让人死，也可以让人活。”夏侯尚把诏书拿给蒋济看。蒋济来到京城，魏文帝问他有什么新闻，蒋济说：“没有其他好事，只听到了亡国的话。”魏文帝勃然变了脸色，问他为何这样说，蒋济把看见诏书的事据实说了出来，还借机说：“‘作威作福’，《尚书》清楚地记载这句话是作为借鉴。天子无戏言，古人对此十分谨慎，希望陛下明察！”魏文帝马上派人追回前诏。

魏文帝想迁徙冀州籍的士兵户籍十万家以充实河南。当时天旱闹蝗灾，百姓饥饿，朝廷各部门认为不可以，但魏文帝态度十分坚定。侍中辛毗和朝中大臣一起来求见，魏文帝知道他们想来谏阻，就板起面孔来接待他们，谁都不敢发言。辛毗说：“陛下想迁徙士兵户籍，这个想法是为了什么？”魏文帝说：“你认为我迁移的做法不对吗？”辛毗说：“确实认为不对。”魏文帝说：“我不跟你商量了。”辛毗说：“陛下不认为臣不称职，才把臣安排在您身边，作为谋议的官员，怎么能不与臣商量呢？臣所讲的不是私事，而是为国家考虑，怎么能对臣生气呢？”魏文帝不做回答，起身进入内室，辛毗跟在后面拉住他的衣襟，魏文帝用力拉回，头也不回地走了进去，过了很久才出来，说：“辛毗，你为什么对我逼得这么急？”辛毗说：“现在迁移他们，既失去民心，又无东西给他们吃，所以我不敢不力争。”魏文帝于是只迁移他们中的一半。魏文帝曾经出外猎取野鸡，回头对群臣说：“打野鸡，真快活！”辛毗回答说：“这对陛下来说十分快活，对群臣来说十分痛苦。”魏文帝沉默无语，后来就很少出猎了。

魏文帝黄初二年（辛丑，221 年）

春季，正月，册封议郎孔羡为宗圣侯，奉承孔子的祭祀。

三月，加官辽东太守公孙恭为车骑将军。

首次恢复使用五铢钱。

蜀中传言汉帝已遇害，于是汉中王发丧制服，谥曰孝愍皇帝。群下竞言符瑞，劝汉中王称尊号。前部司马费诗上疏曰：“殿下以曹操父子逼主篡位，故乃羁旅万里，纠合士众，将以讨贼。今大敌未克而先自立，恐人心疑惑。昔高祖与楚约，先破秦者王之。及屠咸阳，获子婴，犹怀推让；况今殿下未出门庭，便欲自立邪！愚臣诚不为殿下取也。”王不悦，左迁诗为部永昌从事。夏，四月，丙午，汉中王即皇帝位于武担之南，大赦，改元章武。以诸葛亮为丞相，许靖为司徒。

臣光曰：天生烝民，其势不能自治，必相与戴君以治之。苟能禁暴除害以保全其生，赏善罚恶使不至于乱，斯可谓之君矣。是以三代之前，海内诸侯，何啻万国，有民人、社稷者，通谓之君。合万国而君之，立法度，班号令，而天下莫敢违者，乃谓之王。王德既衰，强大之国能帅诸侯以尊天子者，则谓之霸。故自古天下无道，诸侯力争，或旷世无王者，固亦多矣。秦焚书坑儒，汉兴，学者始推五德生、胜，以秦为闰位，在木火之间，霸而不王，于是正闰之论兴矣。及汉室颠覆，三国鼎跱。晋氏失驭，五胡云扰。宋、魏以降，南、北分治，各有国史，互相排黜，南谓北为索虏，北为南为岛夷。朱氏代唐，四方幅裂，朱邪入汴，比之穷、新，运历年纪，皆弃而不数，此皆私己之偏辞，非大公之通论也。臣愚诚不足以识前代之正闰，窃以为苟不能使九州合为一统，皆有天子之名而无其实者也。虽华夏仁暴，大小强弱，或时不同，要皆与古之列国无异，岂得独尊奖一国谓之正统，而其余皆为僭伪哉！若以自上相授受者为正邪，则陈氏何所受？拓跋氏何所受？若以居中夏者为正邪，则刘、石、慕容、苻、姚、赫连所得之土，皆五帝、三王之旧都也。若以有道德者为正邪，则蕞尔之国，必有令主，三代之季，岂无僻王！是以正闰之论，自古及今，未有能通其义，确然使人不可移夺者也。臣今所述，止欲叙国家之兴衰，著生民之休戚，使观者自择其善恶得失，以为劝戒，非若《春秋》立褒贬之法，拨乱世反诸正也。正闰之际，非所敢知，但据其功业之实而言之。周、秦、汉、晋、隋、唐，皆尝混壹九州，传祚于后，子孙虽微弱播迁，犹承祖宗之业，有绍复之望，四方与之争衡者，皆其故臣也，故全用天子之制以临之。其余地丑德齐，莫能相壹，名号不异，本非君臣者，皆以列国之制处之，彼此均敌，无所抑扬，庶几不诬事实，近于至

蜀中传言汉献帝已经遇害，于是汉中王刘备为汉献帝举办丧事，穿戴孝服，尊谥号为孝愍皇帝。群臣竞相进言说有祥瑞出现，劝汉中王刘备称帝。前部司马费诗上奏疏说："殿下因为曹操父子逼主篡位，所以才跋涉万里，聚合士卒，要去讨伐逆贼。如今大敌没有消灭却先自立皇帝，恐怕人心疑惑。从前高祖与楚霸王商定，先打败秦朝就称王。等到高祖攻下咸阳，俘获了子婴，仍是怀有退让之心，况且殿下如今尚未走出蜀地，就想自立皇帝吗？臣实在认为这是不可取的。"汉中王不高兴，将费诗贬为永昌从事。夏季，四月初六日丙午，汉中王刘备在武担山之南即皇帝位，大赦天下，改年号为章武。任命诸葛亮为丞相，许靖为司徒。

臣司马光评论说：天生众民，但民众的力量不能自己管理自己，必须共同拥立君主来治理民众。如果能禁暴除害来保全民众的生存，赏善罚恶来使他们不致作乱，这才可以称之为君主。所以三代之前，海内的诸侯国何止一万个，只要能统治人民，祭祀土神和谷神的人都被称为君主。聚合万国而加以统治，设立法度，颁布号令，而天下没有敢违抗的人就被称为王。王德衰落以后，强大的国君能统帅诸侯尊奉天子的人就被称为霸。因此自古以来，天下无道时，诸侯争雄，长期无主的时代也是很多的。秦朝焚书坑儒，汉朝兴起，学者们开始推行五德相克相胜的理论，认为秦朝处于闰位，木德与火德之间，只是霸而不是王，从此正位和闰位的争论就兴起了。等到汉室颠覆，三国鼎立。晋朝失去统治，五胡大乱中原。刘宋、北魏以来，南北分立自治，各自写自己的国史，相互排斥、贬低，南朝说北朝是索虏，北朝说南朝是岛夷。朱温取代唐朝，四方分裂，沙陀人李存勖进入汴京，把朱温比作篡夏的有穷氏、代汉的王莽新室，朱梁一朝的历法和纪年都不算数，这都是自私的偏颇之言，不是大公的通达理论。臣愚笨，实在没有能力理清前面朝代，哪些是正位，哪些是闰位。我认为如果不能统一九州的人，都只有天子之名而无天子之实。虽然这样的政权因时代不同，有华与夷、仁与暴、大与小、强与弱等区别，但总而言之，它们都与古人的列国毫无差别，怎么能只尊崇一国称之为正统，而把其余的都视为僭伪之国呢？如果认为从上一个皇帝授予而继承的为正统，那么南朝的陈氏是继承谁的？北魏的拓跋氏是继承谁的？如果认为居于中原的为正统，那么匈奴刘氏、羯人石氏、鲜卑慕容氏、氐人苻氏、羌族姚氏、匈奴赫连氏所统治的地方，则都是五帝、三王的旧都旧土。如果认为有道德的为正统，那么弹丸小国也必有好的君主，三代的时候，难道就没有奸邪的国王吗？所以关于正闰的理论，从古到今，没有人能贯通它的意义，并提出无法反驳的、确定不移的论据。臣现今所说的只是想说明国家的兴衰，关注民众的苦乐，让读书的人自己去识别善恶得失，用来作为勉励和借鉴，不是像《春秋》那样，建立褒

公。然天下离析之际，不可无岁、时、月、日以识事之先后。据汉传于魏而晋受之，晋传于宋以至于陈而隋取之，唐传于梁以至于周而大宋承之，故不得不取魏、宋、齐、梁、陈、后梁、后唐、后晋、后汉、后周年号，以纪诸国之事，非尊此而卑彼，有正闰之辨也。昭烈之于汉，虽云中山靖王之后，而族属疏远，不能纪其世数名位，亦犹宋高祖称楚元王后，南唐烈祖称吴王恪后，是非难辨，故不敢以光武及晋元帝为比，使得绍汉氏之遗统也。

（以上为第四段，写刘备称帝，自以为正统。司马光论正统，阐明《资治通鉴》纪年不依世俗之见，而以实际承传与功业大小为系年依据。）

孙权自公安徙都鄂，更名鄂曰武昌。

五月，辛巳，汉主立夫人吴氏为皇后。后，偏将军懿之妹，故刘璋兄瑁之妻也。立子禅为皇太子。娶车骑将军张飞女为皇太子妃。

太祖之入邺也，帝为五官中郎将，见袁熙妻中山甄氏美而悦之，太祖为之聘焉，生子睿。及即皇帝位，安平郭贵嫔有宠，甄夫人留邺不得见，失意，有怨言，郭贵嫔谮之，帝大怒，六月，丁卯，遣使赐夫人死。

帝以宗庙在邺，祀太祖于洛阳建始殿，如家人礼。

戊辰晦，日有食之。有司奏免太尉，诏曰："灾异之作，以谴元首，而归过股肱，岂禹、汤罪己之义乎！其令百官各虔厥职。后有天地之眚，勿复劾三公。"

汉主立其子永为鲁王，理为梁王。

汉主耻关羽之没，将击孙权。翊军将军赵云曰："国贼，曹操，非孙权也。若先灭魏，则权自服。今操身虽毙，子丕篡盗，当因众心，早图关中，居河、渭上流以讨凶逆，关东义士必裹粮策马以迎王师。不应置

贬的标准，拨乱反正。是正还是闰，不敢妄说，只是依据他们建功立业的事实来叙述。周、秦、汉、晋、隋、唐，都曾统一九州，传下帝位给子孙，子孙们虽然衰败，甚至颠沛流离，仍然能继承祖宗的事业，希望恢复以前的盛况，四方与他们抢夺权力的都是他们以前的臣子，所以，本书全部用君臣的关系来对待。对其余土地大小差不多，道德相等，彼此没有统一，名号毫无区别，原本就不是君臣关系的，都用对待列国的笔法来写，不厚此薄彼，不贬抑也不褒扬，这样差不多不会歪曲事实，接近公正。但天下分崩离析的时候，不能没有年、季、月、日来记叙事情的先后。根据汉传位到魏而晋接受过来，晋传位到宋以至于陈而隋取代，唐传位到梁以至于周而大宋继承，因此不得不取魏、宋、齐、梁、陈、后梁、后唐、后晋、后汉、后周的年号，用它们来记叙各国的事情，不是尊崇这个，贬抑那个，有什么正闰的区分。蜀汉昭烈帝刘备对汉朝来说，虽然自称是西汉中山靖王的后代，但族属关系疏远，不能记清他的世系代数、名分和地位，这就同南朝宋高祖刘裕自称是西汉楚元王的后代，南唐烈祖李昪自称是唐朝吴王李恪的后代一样，是非难辨，所以不敢把刘备与东汉光武帝继承西汉政权、东晋元帝继承西晋政权相比，让他继承汉朝的传统。

孙权从公安县迁都到鄂县，改名鄂县为武昌。

五月二十一日辛巳，汉主刘备册立吴氏夫人为皇后。吴皇后是偏将军吴懿的妹妹，已故刘璋哥哥刘瑁的妻子。立儿子刘禅为皇太子，娶车骑将军张飞的女儿为皇太子妃。

魏太祖曹操攻克邺都的时候，魏文帝曹丕时任五官中郎将，看到袁熙的妻子中山人甄氏貌美很喜爱，魏太祖为曹丕娶了甄氏，生下儿子曹叡。等到曹丕即皇帝位，安平人郭贵嫔受宠，甄夫人留在邺都不能见面，只有失落、抱怨，郭贵嫔说甄夫人的坏话，魏文帝生气，六月二十八日丁卯，派使者令甄夫人自杀。

魏文帝因为宗庙建在邺城，于是在洛阳建始殿祭祀太祖神主时用家人的礼仪。

六月二十九日戊辰，发生日食。主管官员上奏罢免太尉。魏文帝下诏说："天灾怪异的事情发生，这是上天在责备君主，而把过错归罪于辅佐的大臣，哪能符合夏禹、商汤归罪自己的意义呢？现在命令百官各自尽职。今后有天灾怪异的现象出现，不要再弹劾三公。"

汉主刘备立自己的儿子刘永为鲁王，刘理为梁王。

汉主刘备对关羽被杀感到耻辱，要攻打孙权。翊军将军赵云说："窃国大贼是曹操，而不是孙权。如果先灭了魏，孙权就会自动归服。现今曹操虽死，他的儿子曹丕篡夺了汉室的皇位，应当利用民心，早点谋取关中，占据黄河、渭水的上游来讨

魏，先与吴战。兵势一交，不得卒解，非策之上也。”群臣谏者甚众，汉主皆不听。广汉处士秦宓陈天时必无利，坐下狱幽闭，然后贷出。

初，车骑将军张飞，雄壮威猛亚于关羽；羽善待卒伍而骄于士大夫，飞爱礼君子而不恤军人。汉主常戒飞曰：“卿刑杀既过差，又日鞭檛健儿而令在左右，此取祸之道也。”飞犹不悛。汉主将伐孙权，飞当率兵万人自阆中会江州。临发，其帐下将张达、范强杀飞，以其首顺流奔孙权。汉主闻飞营都督有表，曰：“噫，飞死矣！”

陈寿评曰：关羽、张飞皆称万人之敌，为世虎臣。羽报效曹公，飞义释严颜，并有国士之风。然羽刚而自矜，飞暴而无恩，以短取败，理数之常也。

（以上为第五段，写张飞之死。）

秋，七月，汉主自率诸军击孙权，权遣使求和于汉。南郡太守诸葛瑾遗汉主笺曰：“陛下以关羽之亲，何如先帝？荆州大小，孰与海内？俱应仇疾，谁当先后？若审此数，易于反掌矣。”汉主不听。时或言瑾别遣亲人与汉主相闻者，权曰：“孤与子瑜，有死生不易之誓，子瑜之不负孤，犹孤之不负子瑜也。”然谤言流闻于外，陆逊表明瑾必无此，宜有以散其意。权报曰：“子瑜与孤从事积年，恩如骨肉，深相明究。其为人，非道不行，非义不言。玄德昔遣孔明至吴，孤尝语子瑜曰：‘卿与孔明同产，且弟随兄，于义为顺，何以不留孔明？孔明若留从卿者，孤当以书解玄德，意自随人耳。’子瑜答孤言：‘弟亮已失身于人。委质定分，义无二心。弟之不留，犹瑾之不往也。’其言足贯神明，今岂当有此乎！前得妄语文疏，即封示子瑜，并手笔与之。孤与子瑜，可谓神交，非外言所间。知卿意至，辄封来表以示子瑜，使知卿意。”

汉主遣将军吴班、冯习攻破权将李异、刘阿等于巫，进兵秭归，兵四万余人。武陵蛮夷皆遣使往请兵。权以镇西将军陆逊为大都督、假节，督将军朱然、潘璋、宋谦、韩当、徐盛、鲜于丹、孙桓等五万人拒之。

伐叛逆，关东的义士必然会带着粮食，赶着战马来迎接我仁义之师。不应丢开魏，而先与吴交战。双方士兵一交战，不能一下子解决，这不是上策。”群臣中劝谏的人很多，汉主都不听从。广汉的隐士秦宓陈述天时，如果伐吴一定不利，因而被治罪下狱，幽禁起来，后来才被赦免释放。

起初，车骑将军张飞，雄壮威武、勇猛善战仅次于关羽；关羽对士兵很好，而对士大夫傲气，张飞对士大夫很有礼貌，而不关心士兵。汉主刘备常常告诫张飞说：“你刑法太苛刻，杀戮过多，又经常鞭抽棍打军士，却把他们留在身边，这是自取祸患的做法。”张飞仍然不改变，汉主要讨伐孙权，张飞当率领一万兵马从阆中到江州与大军会合。临到出发，张飞帐下将领张达、范强杀死张飞，拿了他的首级顺流而下投奔孙权。汉主听到张飞的营部都督有表呈上，说：“唉，张飞死了！”

陈寿评论说：关羽、张飞都被称为能敌万人，是一代虎将。关羽报恩效命曹操，张飞仗义释放严颜，都表现了国士的风范。然而关羽刚愎自大，张飞残暴无情，都由于自己的弱点而遭受失败，这是合乎常理的。

秋季七月，汉主刘备亲自率领各路军队进攻孙权，孙权派使者向蜀汉求和。南郡太守诸葛瑾在送给汉主的信中说：“陛下您与关羽的亲情，与先帝相比哪个亲呢？荆州的大小，与海内相比哪个大呢？曹操、东吴都应是您所仇视的，但谁先谁后？若弄清这些问题，该怎么办易如反掌。”汉主不听从。当时有人对孙权说诸葛瑾另外派亲信与汉主互通消息。孙权说：“我和诸葛瑾有生死不变心的诺言，诸葛瑾不负我，犹如我不负他一样。”但诽谤的话仍在外面流传，陆逊上表说明诸葛瑾一定不会有这种事情，但应有所表白来消解他的疑问。孙权回答说：“诸葛瑾与我共事多年，情同骨肉，彼此之间非常了解。他为人不做不合道义的事，不说不合礼义的话。刘玄德从前派孔明到吴，我曾对子瑜说：‘你和孔明是同胞兄弟，而且弟弟跟随哥哥是符合礼义的，为什么不留下孔明？孔明如果留下跟从你的话，我将写信向刘备解释，料想他会同意的。’诸葛瑾回答我说：‘弟弟诸葛亮已经归附于人，确定了臣子的名分，恪守君臣的礼义，不再有二心。弟弟诸葛亮不留下，正如我诸葛瑾不去投靠刘备一样。’这些话足以通达神明，如今怎么会有这种事情呢？以前收到诽谤他的奏疏，我立刻封起来给子瑜看，并在上面亲笔写下手谕。我和子瑜，不是外面的流言能够挑拨的。我了解卿的意思，就将来表封上，送给他，让他知道你的想法。”

汉主派将军吴班、冯习在巫县打败孙权的部将李异、刘阿等，进军秭归，兵力有四万多人。武陵的蛮夷都派使者来请求派兵支援。孙权任命镇西将军陆逊为大都督、假符节，统领将军朱然、潘璋、宋谦、韩当、徐盛、鲜于丹、孙桓等五万人抵

皇弟鄢陵侯彰、宛侯据、鲁阳侯宇、谯侯林、赞侯衮、襄邑侯峻、弘农侯干、寿春侯彪、历城侯徽、平舆侯茂皆进爵为公；安乡侯植改封甄城侯。

筑陵云台。

初，帝诏群臣令料刘备当为关羽出报孙权否，众议咸云："蜀小国耳，名将唯羽；羽死军破，国内忧惧，无缘复出。"侍中刘晔独曰："蜀虽狭弱，而备之谋欲以威武自强，势必用众以示有余。且关羽与备，义为君臣，恩犹父子；羽死，不能为兴军报敌，于终始之分不足矣。"

八月，孙权遣使称臣，卑辞奉章，并送于禁等还。朝臣皆贺，刘晔独曰："权无故求降，必内有急。权前袭杀关羽，刘备必大兴师伐之。外有强寇，众心不安，又恐中国往乘其衅，故委地求降，一以却中国之兵，二假中国之援，以强其众而疑敌人耳。天下三分，中国十有其八。吴、蜀各保一州，阻山依水，有急相救，此小国之利也；今还自相攻，天亡之也，宜大兴师，径渡江袭之。蜀攻其外，我袭其内，吴之亡不出旬日矣。吴亡则蜀孤，若割吴之半以与蜀，蜀固不能久存，况蜀得其外，我得其内乎！"帝曰："人称臣降而伐之，疑天下欲来者心，不若且受吴降而袭蜀之后也。"对曰："蜀远吴近，又闻中国伐之，便还军，不能止也。今备已怒，兴兵击吴，闻我伐吴，知吴必亡，将喜而进与我争割吴地，必不改计抑怒救吴也。"帝不听，遂受吴降。

于禁须发皓白，形容憔悴，见帝，泣涕顿首。帝慰谕以荀林父、孟明视故事，拜安远将军，令北诣邺谒高陵。帝使豫于陵屋画关羽战克、庞德愤怒、禁降伏之状。禁见，惭恚发病死。

臣光曰：于禁将数万众，败不能死，生降于敌，既而复归；文帝废之可也，杀之可也，乃画陵屋以辱之，期为不君矣！

（以上为第六段，写汉主刘备统兵伐吴，孙权称臣于曹魏求援，释放于禁回国。）

抗刘备。

魏文帝的弟弟鄢陵侯曹彰、宛侯曹据、鲁阳侯曹宇、谯侯曹林、赞侯曹衮、襄邑侯曹峻、弘农侯曹干、寿春侯曹彪、历城侯曹徽、平舆侯曹茂都晋爵为公；改封安乡侯曹植为甄城侯。

修建陵云台。

当初，魏文帝诏令群臣预测刘备是否为关羽报仇，出兵攻打孙权，群臣都议论说："蜀国是一个小国，名将只有关羽，关羽死了，军队被歼灭，国内恐惧，没有理由再出兵。"侍中刘晔独自说："蜀虽狭窄力弱，但刘备试图想以炫耀武力来自强，势必用兵来表明自己的力量有余。况且关羽与刘备之间，既有君臣的名分，又有父子的亲情；关羽被杀，不能为他出兵报仇杀敌，就没法显示君臣、父子之间善始善终的情分。"

八月，孙权派使者称臣，奏章言辞卑下，并将于禁等送回。朝中大臣都来庆祝，只有刘晔说道："孙权无故请求投降，一定内部有危急。孙权从前偷袭杀死关羽，刘备必定大肆兴兵讨伐他。外面有强寇，部众心中不安，又惧怕我国出兵乘机攻打，所以才跪伏请求投降，这样一可以阻止我国出兵，二可以依靠我国的援助，以此加强他的力量而使敌人迟疑顾忌。天下三分，我国占有十分之八。吴、蜀各保一州，凭据着山水险峻，有危急时相互救援，这才对小国有利；如今还在自相攻击，这是上天要灭亡他们了，应该大举出兵，直接渡过长江攻打孙权，蜀国从外面攻击，我从里面袭击，吴的灭亡不会超过十天。吴国灭亡了，蜀国就势孤，即使把吴地的一半割让给蜀国，蜀国本来就不能持久存在，何况蜀国只得到吴地的边缘地区，而我们得到吴地的腹心部分呢！"魏文帝说："人家来称臣投降却去征讨他，将使天下想来归顺的人疑惑，不如暂且接受吴的投降而去袭击蜀国的后方。"刘晔回答说："蜀地远，吴地近，蜀国听说我国去讨伐，就会撤退军队，没有办法阻止它。现今刘备已经发怒，举兵伐吴，听说我们征讨吴国，知道吴国一定灭亡，将高兴进军与我们争着瓜分吴地，一定不会变更计划，压制愤怒去救援吴了。"魏文帝不听从，终于接受吴国的投降。

于禁头发胡须都白了，面容憔悴，见到魏文帝，哭着下跪叩拜。魏文帝用荀林父、孟明视的故事来抚慰他，任用他为安远将军，命令他到北边的邺都拜见曹操的高陵。魏文帝事先派人在陵屋的墙上画着关羽战胜、庞德愤怒、于禁投降伏首的壁画。于禁看见后，惭愧怨悔，生病而死。

臣司马光评论说：于禁率领几万兵马，兵败不能战死沙场，为求生而向敌人投降，不久又归来；魏文帝可以罢免他，也可以处死他，但在陵屋上作画来羞辱他，这就不像个君主了。

丁巳，遣太常邢贞奉策即拜权为吴王，加九锡。刘晔曰："不可。先帝征伐天下，十兼其八，威震海内，陛下受禅即真，德合天地，声暨四远。权虽有雄才，故汉票骑将军、南昌侯耳，官轻势卑，士民有畏中国心，不可强迫与成所谋也。不得已受其降，可进其将军号，封十万户侯，不可即以为王也。夫王位去天子一阶耳，其礼秩服御相乱也。彼直为侯，江南士民未有君臣之分。我信其伪降，就封殖之，崇其位号，定其君臣，是为虎傅翼也。权既受王位，却蜀兵之后，外尽礼以事中国，使其国内皆闻，内为无礼以怒陛下；陛下赫然发怒，兴兵讨之，乃徐告其民曰：'我委身事中国，不爱珍货重宝，随时贡献，不敢失臣礼，而无故伐我，必欲残我国家，俘我人民、以为仆妾。'吴民无缘不信其言也。信其言而感怒，上下同心，战加十倍矣。"又不听。诸将以吴内附，意皆纵缓，独征南大将军夏侯尚益修攻守之备。山阳曹伟，素有才名，闻吴称藩，以白衣与吴王交书求赂，欲以交结京师，帝闻而诛之。

吴又城武昌。

初，帝欲以杨彪为太尉，彪辞曰："尝为汉朝三公，值世衰乱，不能立尺寸之益，若复为魏臣，于国之选，亦不为荣也。"帝乃止。冬，十月，己亥，公卿朝朔旦，并引彪，待以客礼；赐延年杖、冯几，使著布单衣、皮弁以见；拜光禄大夫，秩中二千石；朝见，位次三公；又令门施行马，置吏卒，以优崇之。年八十四而卒。

以谷贵，罢五铢钱。

（以上为第七段，写魏文帝赐封孙权为吴王。）

凉州卢水胡治元多等反，河西大扰。帝召邹岐还，以京兆尹张既为凉州刺史，遣护军夏侯儒、将军费曜等继其后。胡七千余骑逆拒既于鹯阴口，既扬声军从鹯阴，乃潜由且次出武威。胡以为神，引还显美。既已据武威，曜乃至，儒等犹未达。既劳赐将士，欲进军击胡，诸将皆曰："士卒疲倦，虏众气锐，难与争锋。"既曰："今军无见粮，当因敌为资。若虏见兵合，退依深山，追之则道险穷饿，兵还则出候寇抄，如此，兵

八月十九日丁巳，魏文帝派太常邢贞带着策命，前去册封孙权为吴王，加赐九锡。刘晔说："不可以。先帝征伐天下，占领土地十分之八，威震海内；陛下受禅即皇帝位，威德与天地相合，声名远扬四方。孙权虽然有雄才，只是汉朝的骠骑将军、南昌侯而已，官位轻势力薄，所属民众都害怕我国，仍不能逼迫他们按我们的谋划办事。我们不得已接受他的投降，可以提升他的将军称号，封他为十万户侯，不可一下就封他为王。王位距离天子只差一级台阶，其所使用的礼仪等级、服饰车马与天子往往相混。孙权只是一个侯爵，江南的士兵与他就没有君臣的名分。我们相信他的假投降，就分封他疆土，提升他的地位，加封他王号，确定他与士民的君臣名分，这是在为虎添翼啊。孙权接受王位，击败蜀兵之后，如果只在表面上敬礼我魏国，让他的国内士民都知道，实际行动却用无礼来激怒陛下；如果陛下勃然发怒，举兵讨伐孙权，孙权便从容地告诉他的民众说：'我委身侍奉魏国，不吝惜珍宝货物，按时进贡，不敢违反臣子的礼节，魏国却无故讨伐我，一定想摧残我们国家，抢掠我国人民去做奴仆和婢妾。'吴国的百姓没有理由不相信他的话。相信他的话就会感到恼怒，上下同心协力，战斗的力量就增加了十倍。"魏文帝仍然不听。众将领认为吴国已归顺，心里都放松了，只有征南大将军夏侯尚加紧备战。山阳人曹伟，一向背上大才的名声，知道吴国成了封国，便以平民的身份与吴王通信，要求给他一些财物，想用来结交京师的官员，魏文帝知道后将他杀掉。

吴国修建武昌城。

魏文帝想任命杨彪为太尉，杨彪推辞说："我曾任汉朝的三公，正遇世道衰落，社会动乱，不能建立一尺一寸的功劳，如果再做魏国的臣子，对国家的选拔也不光彩。"魏文帝这才作罢。冬十月初二日己亥，大臣上朝，魏文帝请来了杨彪，以宾客的礼节对待他，赐给他延年杖、依靠身体的小几案，允许他穿布制单衣、戴皮帽来朝见；任命他为光禄大夫，品级为中二千石；朝见时，地位仅次于三公；又允许他在门前设立行马，自行设立官员和士卒，用优厚的待遇尊崇杨彪。杨彪八十四岁时才去世。

由于谷价昂贵，停用五铢钱。

凉州的卢水胡治元多等叛乱，河西混乱。魏文帝召回邹岐，任命京兆尹张既为凉州刺史，派护军夏侯儒、将军费曜等相继为后续支援。卢水胡的七千多骑兵在鹯阴口拦截迎击张既，张既宣扬军队要通过鹯阴口，却暗中取道且次到武威。卢水胡认为是神兵，撤回到显美。张既已经占据武威，费曜才赶到，夏侯儒等还没到达。张既犒劳赏赐将士，打算进军攻占卢水胡，各位将领都说："士卒疲倦，敌人众多，士气旺盛，难以抗衡。"张既说："现在军中没有现成的粮食，应当利用敌贼的粮食

不得解，所谓一日纵敌，患在数世也。”遂前军显美。十一月，胡骑数千，因大风欲放火烧营，将士皆恐。既夜藏精卒三千人为伏，使参军成公英督千余骑挑战，敕使阳退；胡果争奔之，因发伏截其后，首尾进击，大破之，斩首获生以万数，河西悉平。

后西平麹光反，杀其郡守。诸将欲击之，既曰：“唯光等造反，郡人未必悉同；若便以军临，吏民、羌、胡必谓国家不别是非，更使皆相持着，此为虎傅翼也。光等欲以羌、胡为援，今先使羌、胡钞击，重其赏募，所虏获者，皆以畀之。外沮其势，内离其交，必不战而定。”乃移檄告谕诸羌，为光等所诖误者原之；能斩贼帅送首者当加封赏。于是光部党斩送光首，其余皆安堵如故。

（以上为第八段，写魏文帝第二次平定河西之乱。）

邢贞至吴，吴人以为宜称上将军，九州伯，不当受魏封。吴王曰：“九州伯，于古未闻也。昔沛公亦受项羽封为汉王，盖时宜耳，复何损邪！”遂受之。吴王出都亭候贞，贞入门，不下车。张昭谓贞曰：“夫礼无不敬，法无不行。而君敢自尊大，岂以江南寡弱，无方寸之刃故乎！”贞即遽下车。中郎将琅邪徐盛忿愤，顾谓同列曰：“盛等不能奋身出命，为国家并许、洛，吞巴、蜀，而令吾君与贞盟，不亦辱乎！”因涕泣横流。贞闻之，谓其徒曰：“江东将相如此，非久下人者也。”

吴王遣中大夫南阳赵咨入谢。帝问曰：“吴王何等主也？”对曰：“聪明、仁智、雄略之主也。”帝问其状，对曰：“纳鲁肃于凡品，是其聪也；拔吕蒙于行陈，是其明也；获于禁而不害，是其仁也；取荆州兵不血刃，是其智也；据三州虎视于天下，是其雄也；屈身于陛下，是其略也。”帝曰：“吴王颇知学乎？”咨曰：“吴王浮江万艘，带甲百万，任贤使能，志存经略，虽有余闲，博览书传，历史籍，采奇异，不效书生寻章摘句而已。”帝曰：“吴可征否？”对曰：“大国有征伐之兵，小国有备御之固。”帝曰：“吴难魏乎？”对曰：“带甲百万，江、汉为池，何难之有！”帝曰：

作为我们的军需。如果敌贼看到我军会合，就会退据深山，我军追击，道路险阻，士兵饥饿；我军撤回，敌贼就出来抢夺。这样，战争就无止无休，就会像习语说的那样：‘一旦放跑了敌人，危害几代人。’”于是前进攻击显美。十一月，卢水胡骑兵几千人，想趁机放火烧毁军营，将士们都很惊恐。张既夜里潜伏精兵三千，派参军成公英统帅一千多骑兵挑战，密令他假装败退；卢水胡果然争先追击，张既乘机出动伏兵截断卢水胡兵的退路，前后夹击，大破卢水胡兵，杀死俘获敌兵数以万计，河西全部平定。

后来西平人麴光反叛，杀死西平郡守。各位将领要求去征讨麴光，张既说：“只是麴光等造反，郡中人未必都反叛；如果派兵前去镇压，西平的官民、羌人、胡人一定认为朝廷不辨是非，更加推动他们都去支持麴光，这是在为虎添翼。麴光等想利用羌人、胡人作为援助，现在我们要先让羌人、胡人去攻击抄掠麴光等，用重金悬赏，把所捕获的人物全都赏给捕获的人。这样，外面削弱麴光的势力，里面分化他与羌人、胡人的关系，一定可以不战而加以平定。”于是发出文告明白昭示羌人，凡被麴光等欺骗的人，可以免罪；能够杀死敌贼头领送来首级的人，封爵受赏。于是麴光的党羽杀死麴光，送来了他的首级，其余的都安居如故，不受干扰。

魏国邢贞出使到了吴国，吴人认为孙权应该称上将军、九州伯，不应接受曹魏的封号。吴王孙权说：“九州伯的称号，从古以来没听说过。从前沛公刘邦也接受过项羽封给他的汉王，这都是权宜之计，又有什么损害呢！”于是孙权接受了吴王的封号。吴王孙权出城至都亭迎候邢贞，邢贞进入都亭门时，没有下车。张昭对邢贞说：“礼节没有不恭敬的，法令没有不被实行的，而你敢妄自尊大，难道认为江南人少兵弱，连一点小小的兵器都没有吗？”邢贞立刻下车，中郎将琅邪人徐盛十分恼怒，回头对同僚们说：“我们不能奋勇拼命，为国家兼并许都、洛阳，吞并巴、蜀，使得我们的君主与邢贞联盟，不是很耻辱吗！”于是涕泪纵横。邢贞听了这些话，对他的随从说：“江东有这样的将相，他是不会久居人下的。”

吴王派中大夫南阳人赵咨入朝致谢。魏文帝问赵咨说：“吴王是什么样的君主？”赵咨回答说：“他是个聪明、仁爱、智慧、有雄才大略的君主。”魏文帝又问赵咨有实际的表现吗？赵咨回答说：“吴王从平民中提拔鲁肃表现了他的聪明；从军士中提拔吕蒙表现了他的英明；俘获于禁不加杀害表现了他的仁爱，攻取荆州、兵不血刃表现了他的智慧；割据三州虎视天下表现了他的雄才；屈尊卑躬向陛下称臣表现了他的谋略。”魏文帝说：“吴王很有学问吗？”赵咨说：“吴王拥有战船万艘，有军队百万，任用贤才，志在治理四方，只要有空暇，就博览群书，涉猎史籍，采摘奇文精华，只是不效法儒生的寻章摘句罢了。”魏文帝说：“吴可以征服吗？”赵

“吴如大夫者几人？”对曰：“聪明特达者，八九十人；如臣之比，车载斗量，不可胜数。”

帝遣使求雀头香、大贝、明珠、象牙、犀角、玳瑁、孔雀、翡翠、斗鸭、长鸣鸡于吴。吴群臣曰：“荆、扬二州，贡有常典。魏所求珍玩之物，非礼也，宜勿与。”吴王曰：“方有事于西北，江表元元，恃主为命。彼所求者，于我瓦石耳，孤何惜焉！且彼在谅暗之中而所求若此，宁可与言礼哉！”皆具以与之。

吴王以其子登为太子，妙选师友：以南郡太守诸葛瑾之子恪、绥远将军张昭之子休、大理吴郡顾雍之子谭、偏将军庐江陈武之子表皆为中庶子，入讲诗书，出从骑射，谓之四友。登接待僚属，略用布衣之礼。

十二月，帝行东巡。

帝欲封吴王子登为万户侯，吴王以登年幼，上书辞不受，复遣西曹掾吴兴沈珩入谢，并献方物。帝问曰：“吴嫌魏东向乎？”珩曰：“不嫌。”曰：“何以？”曰：“信恃旧盟，言归于好，是以不嫌；若魏渝盟，自有豫备。”又问：“闻太子当来，宁然乎？”珩曰：“臣在东朝，朝不坐，宴不与，若此之议，无所闻也。”帝善之。

吴王于武昌临钓台饮酒，大醉，使人以水洒群臣，曰：“今日酣饮，惟醉堕台中，乃当止耳！”张昭正色不言，出外，车中坐。王遣人呼昭还入，谓曰：“为共作乐耳，公何为怒乎？”昭对曰：“昔纣为糟丘酒池，长夜之饮，当时亦以为乐，不以为恶也。”王默然惭，遂罢酒。

吴王与群臣饮，自起行酒，虞翻伏地，阳醉不持；王去，翻起坐。王大怒，手剑欲击之，侍坐者莫不惶遽。惟大司农刘基起抱王，谏曰：“大王以三爵之后，手杀善士，虽翻有罪，天下孰知之！且大王以能容贤蓄众，故海内望风；今一朝弃之，可乎！”王曰：“曹孟德尚杀孔文举，孤于虞翻何有哉！”基曰：“孟德轻害士人，天下非之。大王躬行德义，欲与尧、舜比隆，何得自喻于彼乎？”翻由是得免。王因敕左右：自今酒

咨回答说："大国有征伐的兵力，小国有坚固的防御。"魏文帝说："吴国抵抗魏国困难吗？"赵咨回答说："吴国拥有军队百万，以长江、汉水为护池，哪有什么困难！"魏文帝说："吴国像你这样的人有多少？"赵咨回答说："聪明又特别通达的，有八九十人；像我这样的人，车载斗量，不可胜数。"

魏文帝派使者向吴国索取雀头香、大贝、明珠、象牙、犀角、玳瑁、孔雀、翡翠、斗鸭、长鸣鸡，吴国的大臣们说："荆、扬两州，向朝廷进贡有明确的限额规定。魏国所要求的珍奇玩物是不合礼制的，不应当供给。"吴王说："我国正与西北的蜀国对峙，江南的黎民百姓要依靠魏主的保护，他所要的对我们来说如同瓦砾，我有什么可惜的呢？况且魏主正在服丧期间，他来要这些东西，难道能与他谈礼吗？"于是全部配齐送给魏文帝。

吴王立儿子孙登为太子，精选师友；派南郡太守诸葛瑾的儿子诸葛恪、绥远将军张昭的儿子张休、大理吴郡人顾雍的儿子顾谭、偏将军庐江人陈武的儿子陈表都任中庶子，给孙登在家时讲诗书，外出时教骑射，当时称他们为四友。孙登接待部属时，只简单地使用平民的礼节。

十二月，魏文帝巡视东方。

魏文帝想册封吴王孙权的儿子孙登为万户侯，吴王借口孙登年幼，上书推辞不受。吴王又派西曹掾吴兴人沈珩入朝致谢，并进贡土特产。魏文帝问沈珩说："吴国怀疑魏国向东进攻吗？"沈珩说："不怀疑。"魏文帝说："凭什么？"沈珩说"相信依赖从前的盟约，已言归于好，所以不怀疑；如果魏国不守盟约，我们自然有预防。"魏文帝又问沈珩说："听说吴太子将要入朝，真是这样吗？"沈珩说："臣在东吴，上朝时从不坐下，参加宴会从不交谈，这样的议论，从没听到过。"魏文帝十分赞赏沈珩。

吴王孙权在武昌的钓台饮酒，喝得大醉，叫人拿水洒群臣，说："今天畅饮，只有醉倒在钓台上，才可停止！"张昭严肃不语，走到外面，坐在车中。吴王派人招呼张昭回来，对他说："只是一起娱乐罢了，你为什么要生气？"张昭回答说："从前商纣王建糟丘酒池，整夜欢饮，当时也认为是娱乐，不认为是坏事。"吴王一言不发，感到羞愧，于是解散酒宴。

吴王与群臣饮酒，亲自起身敬酒，虞翻拜伏在地上，假装酒醉无法控制自己；吴王过去后，虞翻就爬起来坐好。吴王大怒，拿起剑来要杀虞翻，在座的无不惊惧。只有大司农刘基起身抱住吴王，劝谏说："大王酒过三杯之后，亲手杀死贤良之士，即便虞翻有罪，天下谁知道呢？况且大王因为能招贤纳众，所以才使海内向往。"吴王说："曹操尚且杀死孔融，我杀个虞翻有什么关系？"刘基说："曹操轻易杀害士人，天下人都责备他。大王亲自推行道德仁义，要的是与尧、舜比高下，怎么能把

后言杀，皆不得杀。”基，繇之子也。

初，太祖既克蹋顿，而乌桓浸衰，鲜卑大人步度根、轲比能、素利、弥加、厥机等因阎柔上贡献，求通市，太祖皆表宠以为王。轲比能本小种鲜卑，以勇健廉平为众所服，由是能威制诸部，最为强盛。自云中、五原以东抵辽水，皆为鲜卑庭，轲比能与素利、弥加割地统御，各有分界。轲比能部落近塞，中国人多亡叛归之；素利等在辽西、右北平、渔阳塞外，道远，故不为边患。帝以平虏校尉牵招为护鲜卑校尉，南阳太守田豫为护乌桓校尉，使镇抚之。

（以上为第九段，写吴魏信使往来，孙权卑辞纳贡，而辞太子之封，不接受曹魏征质，灵活外交，独步当时。）

三年（壬寅，222年）

春，正月，丙寅朔，日有食之。

庚午，帝行如许昌。

诏曰：“今之计、孝，古之贡士也；若限年然后取士，是吕尚、周晋不显于前世也。其令郡国所选，勿拘老幼；儒通经术，吏达文法，到皆试用。有司纠故不以实者。”

二月，鄯善、龟兹、于阗王各遣使奉献。是后西域复通，置戊己校尉。

汉主自秭归将进击吴，治中从事黄权谏曰：“吴人悍战，而水军沿流，进易退难。臣请为先驱以当寇，陛下宜为后镇。”汉主不从，以权为镇北将军，使督江北诸军；自率诸将，自江南缘山截领，军于夷道猇亭。吴将皆欲迎击之。陆逊曰：“备举军东下，锐气始盛，且乘高守险，难可卒攻。攻之纵下，犹难尽克，若有不利，损我大势，非小故也。今但且奖厉将士，广施方略，以观其变。若此间是平原旷野，当恐有颠沛交逐之忧；今缘山行军，势不得展，自当罢于木石之间，徐制其敝耳。”诸将不解，以为逊畏之，各怀愤恨。

汉人自佷山通武陵，使侍中襄阳马良以金锦赐五溪诸蛮夷，授以官爵。

自己与曹操相比呢？”虞翻才得以幸免。吴王由此告诫身边的人说：“从今天起，凡我在酒后说要杀人，都不能杀。”刘基是刘繇的儿子。

当初，魏太祖曹操攻灭蹋顿，乌桓因此逐渐衰落，鲜卑酋长步度根、轲比能、素利、弥加、厥机等通过阎柔向朝廷贡献，请求通商，魏太祖上表对步度根等全都宠爱册封为王。轲比能本属鲜卑的一个旁支部落，因为勇猛、清廉、公平受到大众的信服，因此能凭借威信控制各部落，势力最为强盛。从云中、五原以东到辽水都是鲜卑族的地区，轲比能与素利、弥加分划疆土进行统治，各有分界线。轲比能部落靠近边塞，中原的人有许多叛逃附从他；素利等在辽西、右北平、渔阳的边塞之外，道路偏远，因此不构成边境祸害。魏文帝派平虏校尉牵招任护鲜卑校尉，南阳太守田豫任护乌桓校尉，委派他们镇抚鲜卑和乌桓。

魏文帝黄初三年（壬寅，222年）

春季，正月初一日丙寅，发生日食。

正月初五日庚午，魏文帝巡幸到达许昌。

魏文帝下诏说：“现今推举计吏、孝廉，犹如古代的贡士；如果限制年龄取士，这样吕尚、周晋在古代就不会扬名。现今郡国选举的人才，不要受年龄约束；儒者要通晓儒术经学，官吏要懂得法令条文，荐举上来都要试用。有关部门要揭发弄虚作假的人。”

二月，鄯善、龟兹、于阗王皆派使者入朝进贡。从此以后，中原与西域重新交通，并设立戊己校尉。

汉主刘备从秭归出兵，要攻打吴军，治中从事黄权谏阻说：“吴人强悍能战，而且我们的水军顺流而下，进军容易，退却难。臣请求为前锋来进击敌寇，陛下应作为后镇。”汉主不听从，任命黄权为镇北将军，派他统帅江北的各路军队；自己亲自率领众将，从江南翻山越岭前行，在夷道县的猇亭驻军。吴国的将领都要迎击刘备。陆逊说：“刘备率军东下，士气正旺；而且登高据险，很难一下攻克。即使攻克，也难以全部将他们击败，如果攻战不利，就会破坏大局，这不是小的失误。现在只有奖励将士，采纳正确的谋略，观察战局的变化。如果这里是平原旷野，我们将恐怕有奔波追逐的忧虑。现在他们沿山进兵，势力无法展开，自然被林木山石拖垮，要慢慢寻机来制服疲惫的敌人。”各位部属将领不明白陆逊的意图，认为他惧怕刘备，对他不满。

蜀汉从佷山通向武陵，派侍中襄阳人马良带着黄金锦帛赏赐给五溪的各个蛮夷部落，并授予他们官爵。

三月，乙丑，立皇子齐公叡为平原王、皇弟鄢陵公彰等皆进爵为王。甲戌，立皇子霖为河东王。

甲午，帝行如襄邑。

夏，四月，戊申，立鄄城侯植为鄄城王。是时，诸侯王皆寄地空名而无其实；王国各有老兵百余人以为守卫，隔绝千里之外，不听朝聘，为设防辅监国之官以伺察之；虽有王侯之号而侪于匹夫，皆思为布衣而不能得。法既峻切，诸侯王过恶日闻；独北海王衮谨慎好学，未尝有失。文学、防辅相与言曰："受诏察王举措，有过当奏，有善亦宜以闻。"遂共表称陈衮美。衮闻之，大惊惧，责让文学曰："修身自守，常人之行耳，而诸君乃以上闻，是适所以增其负累也。且如有善，何患不闻，而遽共如是，是非所以为益也。"

癸亥，帝还许昌。

五月，以江南八郡为荆州，江北诸郡为郢州。

汉人自巫峡建平连营至夷陵界，立数十屯，以冯习为大督，张南为前部督，自正月与吴相拒，至六月不决。汉主遣吴班将数千人于平地立营，吴将帅皆欲击之，陆逊曰："此必有谲，且观之。"汉主知其计不行，乃引伏兵八千从谷中出，逊曰："所以不听诸君击班者，揣之必有巧故也。"逊上疏于吴王曰："夷陵要害，国之关限，虽为易得，亦复易失。失之，非徒损一郡之地，荆州可忧，今日争之，当令必谐。备干天常，不守窟穴而敢自送，臣虽不材，凭奉威灵，以顺讨逆，破坏在近，无可忧者。臣初嫌之水陆俱进，今反舍船就步，处处结营，察其布置，必无他变。伏愿至尊高枕，不以为念也。"

闰月，逊将进攻汉军，诸将并曰："攻备当在初，今乃令入五六百里，相守经七八月，其诸要害皆已固守，击之必无利矣。"逊曰："备是猾虏，更尝事多，其军始集，思虑精专，未可干也。今住已久，不得我便，兵疲意沮，计不复生。掎角此寇，正在今日。"乃先攻一营，不利，诸将皆曰："空杀兵耳！"逊曰："吾已晓破之之术。"乃敕各持一把茅，以火攻，拔之；一尔势成，通率诸军，同时俱攻，斩张南、冯习及胡王沙摩柯等首，破其四十余营。汉将杜路、刘宁等穷逼请降。

三月初一日乙丑，魏文帝立皇子齐公曹叡任平原王，皇弟鄢陵公曹彰等都晋升为王。三月初十日甲戌，立皇子曹霖为河东王。

三月三十日甲午，魏文帝巡幸到达襄邑。

夏季，四月十四日戊申，册立鄄城侯曹植为鄄城王。当时，诸侯王都是寄居封地，空有其名而无实地，所封王国各有老兵一百多人作为守卫，与京城隔绝千里之外，不允许诸侯王入朝拜见皇帝，还设立防辅、监国的官职来监察诸侯王的行动。各诸侯王虽有王侯的封号，但与平民差不多，都想当平民却不可得。法令严厉苛刻，诸侯王的过失和恶行天天都能听见，只有北海王曹衮言行谨慎，刻苦好学，从没有过错。北海王国的文学、防辅相互议论说："我们受诏命监察国王的举止言行，有过错应当上奏，有善行也应该上报。"于是共同上表陈述曹衮的美德。曹衮听说，大为惊恐，责备文学说："修身养性，磨砺自己，只是平常人的行为罢了，而诸位就把这些上报，正好给我增添了负担。如果我真有好的修养，还怕皇上听不到吗？而你们匆匆向皇上报告，这不会给我带来好处。"

四月二十九日癸亥，魏文帝回到许昌。

五月，诏命荆州江南八郡为荆州，荆州江北各郡另立一州为郢州。

蜀汉军队从扎营巫峡建平起始，一直连绵到夷陵境界，建造了几十个营寨，任命冯习为大督，张南为前部督，从正月开始与吴对峙，到六月仍未决战。汉主刘备派吴班率几千人在平地上驻扎，吴军将帅都想出击，陆逊说："这一定有诈，暂时观察一下。"汉主知道自己的计策不能实现，于是率领八千伏兵从山谷中出来，陆逊说："不听诸位进攻吴班的原因，是料想到刘备一定有诡计的缘故。"陆逊上疏对吴王说："夷陵是战略要地，国家门户，虽然容易获得，但也容易失去。丧失它，不仅仅是损失一郡的土地，荆州也要令人担心了。今天争夺它，一定要成功。刘备违反天理，不守住巢穴，自己却来送死，臣虽然不才，但凭着您的威灵，用正义讨伐逆贼，将很快打败敌人，没有什么可忧虑的。臣当初担心刘备水陆并进，现今刘备却抛弃船只，从陆上进军，处处扎营，观察他的部署，一定没有其他变化。希望您高枕而卧，不要把这挂记在心。"

闰六月，陆逊即将率领军队进攻汉军，各位将领都说："应当在刚开战时就进攻刘备，如今已经让他深入境内五六百里，相互对峙经历了七八个月，刘备的各个要塞都已经得到加固，攻击他一定不利。"陆逊说："刘备是个狡猾的家伙，加上他经历丰富，汉军开始集结时，他考虑得一定周详，我们不能去攻打他。如今军队停住已久，又没占到我们的便宜，士兵疲惫，意志沮丧，再也无计可施。分兵消灭这帮寇贼，应在今天。"于是先攻打一个军营，战事不利，各位将领都说："白白地牺牲士兵罢了。"陆逊说："我已知道打败敌人的对策。"就令士兵每人拿一束茅草，利用

汉主升马鞍山，陈兵自绕，逊督促诸军，四面蹙之，土崩瓦解，死者万数。汉主夜遁，驿人自担烧铙铠断后，仅得入白帝城，其舟船、器械，水、步军资，一时略尽，尸骸塞江而下。汉主大惭恚曰："吾乃为陆逊所折辱，岂非天耶！"将军义阳傅彤为后殿，兵众尽死，彤气益烈。吴人谕之使降，彤骂曰："吴狗，安有汉将军而降者！"遂死之。从事祭酒程畿溯江而退，众曰："后追将至，宜解舫轻行。"畿曰："吾在军，未习为敌之走也。"亦死之。

初，吴安东中郎将孙桓别击汉前锋于夷道，为汉所围，求救于陆逊，逊曰："未可。"诸将曰："孙安东，公族，见围已困，奈何不救？"逊曰："安东得士众心，城牢粮足，无可忧也。待吾计展，欲不救安东，安东自解。"及方略大施，汉果奔溃。桓后见逊曰："前实怨不见救；定至今日，乃知调度自有方耳！"

初，逊为大都督，诸将或讨逆时旧将，或公室贵戚，各自矜持，不相听从。逊按剑曰："刘备天下知名，曹操所惮，今在疆界，此强对也。诸君并荷国恩，当相辑睦，共翦此虏，上报所受，而不相顺，何也？仆虽书生，受命主上，国家所以屈诸君使相承望者，以仆尺寸可称，能忍辱负重故也。各在其事，岂复得辞！军令有常，不可犯也！"及至破备，计多出逊，诸将乃服。吴王闻之曰："公何以初不启诸将违节度者邪？"对曰："受恩深重，此诸将或任腹心，或堪爪牙，或是功臣，皆国家所当与共克定大事者，臣窃慕相如、寇恂相下之义以济国事。"王大笑称善，加逊辅国将军，领荆州牧，改封江陵侯。

初，诸葛亮与尚书令法正好尚不同，而以公义相取，亮每奇正智术。及汉主伐吴而败，时正已卒，亮叹曰："孝直若在，必能制主上东行；就使东行，必不倾危矣。"汉主在白帝，徐盛、潘璋、宋谦等各竞表言："备必可禽，乞复攻之。"吴王以问陆逊。逊与朱然、骆统上言曰："曹丕大合

火攻，攻下了一座军营；依照这一方法进攻其他军营就有了优势，于是统率各军，同时发起进攻，斩下了张南、冯习以及胡王沙摩柯等人的头颅，攻破刘备的军营四十多座。汉军将领杜路、刘宁等被逼得走投无路，请求投降。

汉主登上马鞍山，把军队部署在自己的周围，陆逊督促各军，从四面逼紧刘备，汉军土崩瓦解，死者数以万计。汉主趁夜潜逃，驿站人员挑着沿途抛弃的兵器和铠甲，在险要路口堆聚燃烧，用来阻挡吴军，刘备才得以进入白帝城，汉军的船只、器械，水军、步军的军用物资，霎时全部抛弃，尸首布满江面，顺流而下。汉主大为惭愧，怨恨地说："我竟然被陆逊欺辱，这是天意吗？"将军义阳人傅肜殿后，部众都死了，傅肜斗志更盛。吴军劝他投降，傅肜骂道："东吴的狗崽子们，哪有汉将军投降的！"最后战死。从事祭酒程畿逆江撤退，众人说："后面的追兵上来了，应当解开舫船，轻舟前进。"程畿说："我从军以来，还没有学过临阵脱逃的事。"他也战死了。

起初，吴安东中郎将孙桓率领另一路军队在夷道攻打蜀军前锋，被蜀军包围，孙桓向陆逊求助，陆逊说："不能分兵。"各位将领说："孙安东是大王的同族，现在遭到围困，为什么不救？"陆逊说："安东深得军心，城池牢固，粮食充裕，没有什么可忧虑的。等到我的计划施展，不用去救孙安东，他的包围也会自行解除。"等到陆逊的谋略大展时，蜀军果然逃奔溃退。孙桓后来见到陆逊，说："先前我确实抱怨你不来救，直到今天，才知道你调度有方！"

起初，陆逊任大都督，将领中有的是讨逆将军孙策的老部下，有的是孙氏的宗族和亲戚，骄傲自大，不听从指挥。陆逊手按剑柄说："刘备是天下的闻名人物，曹操都惧怕他，如今就在我境内，这是强敌。诸位都蒙受国恩，就当和睦团结，共同消灭这个敌人，用来报答所受恩典，而你们为什么不听从指挥呢？我虽是一介书生，但受命于主上，大王之所以委屈各位，让你们来听从我的指挥，是因为认为我还有一点可取的地方，能够忍辱负重的缘故。各任其职，岂能再推卸！军令有法规，不可违反！"等到打败刘备，计谋大多出自陆逊，各位将领才真心佩服。吴王听到此事，说："你怎么当初不向我报告那些不听从指挥的将领呢？"陆逊说："他们都蒙受重恩，这些将领中有的是大王的心腹，有的是得力帮手，有的是功臣，都是国家应依靠，共同完成大业的人，我敬慕蔺相如、寇恂委曲求全完成国家大业的行为。"吴王大笑称好，加封陆逊辅国将军称号，兼任荆州牧，改封为江陵侯。

起初，诸葛亮与尚书令法正两人的兴趣爱好不同，但都以国事为重，诸葛亮经常惊叹法正的谋略。等到汉主讨伐吴国失败，这时法正已经去世，诸葛亮慨叹道："法孝直如果健在，一定能阻止主上东征；即便东征，也一定不会失败。"汉主在白帝城，徐盛、潘璋、宋谦等各自争相上表说："一定可以擒获刘备，请求再次发起进

士众，外托助国讨备，内实有奸心，谨决计辄还。”

初，帝闻汉兵树栅连营七百余里，谓群臣曰：“备不晓兵，岂有七百里营可以拒敌者乎！‘苞原隰险阻而为军者为敌所禽’，此兵忌也。孙权上事今至矣。”后七日，吴破汉书到。

秋，七月，冀州大蝗，饥。

汉主既败走，黄权在江北，道绝，不得还，八月，率其众来降。汉有司请收权妻子，汉主曰：“孤负黄权，权不负孤也。”待之如初。帝谓权曰：“君舍逆效顺，欲追踪陈、韩邪？”对曰：“臣过受刘主殊遇，降吴不可，还蜀无路，是以归命。且败军之将，免死为幸，何古人之可慕也！”帝善之，拜为镇南将军，封育阳侯，加侍中，使陪乘。蜀降人或云汉诛权妻子，帝诏权发丧。权曰：“臣与刘、葛推诚相信，明臣本志。窃疑未实，请须。”后得审问，果如所言。马良亦死于五溪。

（以上为第十段，写夷陵之战，汉军全军覆没。）

九月，甲午，诏曰：“夫妇人与政，乱之本也。自今以后，群臣不得奏事太后，后族之家不得当辅政之任，又不得横受茅土之爵。以此诏传之后世，若有背违，天下共诛之。”卞太后每见外亲，不假以颜色，常言：“居处当节俭，不当望赏，念自佚也。外舍当怪吾遇之太薄，吾自有常度故也。吾事武帝四五十年，行俭日久，不能自变为奢。有犯科禁者，吾且能加罪一等耳，莫望钱米恩贷也。”

帝将立郭贵嫔为后，中郎栈潜上疏曰：“夫后妃之德，盛衰治乱所由生也。是以圣哲慎立元妃，必取先代世族之家，择其令淑，以统六宫，虔奉宗庙。《易》曰：‘家道正而天下定。’由内及外，先王之令典也。《春秋》书宗人衅夏云：‘无以妾为夫人之礼。’齐桓誓命于葵丘，亦曰‘无以妾为妻。’今后宫嬖宠，常亚乘舆。若因爱登后，使贱人暴贵，臣恐后世下陵上替，开张非度，乱自上起也。”帝不从。庚子，立皇后郭氏。

（以上为第十一段，写魏文帝册立郭皇后。）

攻。”吴王就此事征询陆逊。陆逊和朱然、骆统上书说：“曹丕大量集结兵马，表面说帮助我国讨伐刘备，其实内心怀有奸计，请下令撤退军队。”

起初，魏文帝听说汉兵建栅栏扎营连接七百多里，对群臣说：“刘备不懂军事，哪能连营七百里还能对付敌人！‘在杂草丛生、地势平坦、低洼潮湿、关隘险峻等地驻军安营的，一定会被敌人擒拿。’这是兵家大忌。孙权报捷的上书，很快就要送来了。”七天后，吴军打败汉军的奏书就送到了。

秋季，七月，冀州发生大蝗灾，闹饥荒。

汉主败逃，黄权在江北，退路被吴国切断，无法返回。八月，黄权率领部众投降魏国。蜀汉的有关部门请求抓获黄权的妻子儿女。汉主说：“这是我辜负了黄权，黄权没有辜负我。”对黄权家属的待遇依旧。魏文帝对黄权说：“你抛弃叛逆，归顺朝廷，是想追随陈平、韩信的行为吗？”黄权回答说：“我蒙受汉主刘备的特殊恩爱，不可投吴国，回蜀无路，所以来归顺陛下。况且败军之将，能免一死已算幸运，还谈什么去倾慕古人！”魏文帝很赞赏，任命他为镇南将军，封为育阳侯，加侍中官位，留在身边做自己的陪乘。蜀中投降过来的人中有的说，汉主已杀死黄权的妻子儿女，魏文帝诏令黄权发丧。黄权说：“我与刘备、诸葛亮推诚相待，他们知道我不得已投降的本意。我怀疑这不属实，请等等看。”后来得到确切消息，果如黄权所言。马良也死在五溪。

九月初三日甲午，魏文帝下诏说：“妇女参政是祸乱的根源。从今以后，群臣不能向太后奏事，皇太后、皇后的亲属不得任辅佐朝政大臣的职务，也不得分封受土。这个诏令要传给后代，如有违反，天下共同诛伐。”卞太后每次接见外戚，从不表示亲热，经常说：“居家应当节俭，不应当期望赏赐，贪欲安逸。亲戚们会怪我待他们太薄情，这是因为我有自己的生活准则。我侍奉魏武帝四五十年，已习惯节俭，不能再变得奢华。有违犯法令制度的，我却要罪加一等，不要指望用钱来向我求恩饶恕。”

魏文帝将要册立郭贵嫔为皇后，中郎栈潜上书说：“后妃的品德直接关系治乱兴衰。因此圣明的君主非常谨慎地选立皇后，一定要从世代显贵的家族中选择贤德的淑女为皇后，用以统御六宫，虔诚地供奉皇室宗庙。《易经》说：‘家道端正，天下才会安定。’由治家推及治国，这是先王的善美法则。《春秋》中记载宗人衅夏的话：‘没有用妾作为妻的礼节。’齐桓公在葵丘盟誓时也说：‘没有用妾作妻的道理。’从现在起，后宫受宠的嫔妃，经常只次于君主。如果因宠爱而立为皇后，使卑贱的突然显贵，臣担心今后低贱的人上升，高贵的人被废弃，开始非法的行为，祸乱就要从上层发生了。”魏文帝不听从。九月初九日庚子，册立郭贵嫔为皇后。

初，吴王遣于禁护军浩周、军司马东里衮诣帝，自陈诚款，辞甚恭悫。帝问周等："权可信乎？"周以为权必臣服，而衮谓其不可必服。帝悦周言，以为有以知之，故立为吴王，复使周至吴。周谓吴王曰："陛下未信王遣子入侍，周以阖门百口明之。"吴王为之流涕沾襟，指天为誓。周还而侍子不至，但多设虚辞。帝欲遣侍中辛毗、尚书桓阶往与盟誓，并责任子，吴王辞让不受。帝怒，欲伐之，刘晔曰："彼新得志，上下齐心，而阻带江湖，不可仓卒制也。"帝不从。

九月，命征东大将军曹休、前将军张辽、镇东将军臧霸出洞口，大将军曹仁出濡须，上军大将军曹真、征南大将军夏侯尚、左将军张郃、右将军徐晃围南郡。吴建威将军吕范督五军，以舟军拒休等，左将军诸葛瑾、平北将军潘璋、将军杨粲救南郡，裨将军朱桓以濡须督拒曹仁。

冬，十月，甲子，表首阳山东为寿陵，作终制，务从俭薄，不臧金玉，一用瓦器。令以此诏藏之宗庙，副在尚书、秘书、三府。

吴王以扬越蛮夷多未平集，乃卑辞上书，求自改厉；"若罪在难除，必不见置，当奉还土地民人，寄命交州以终余年"。又与浩周书云："欲为子登求昏宗室。"又云："以登年弱，欲遣孙长绪、张子布随登俱来。"帝报曰："朕之与君，大义已定。岂乐劳师远临江、汉。若登身朝到，夕召兵还耳。"于是吴王改元黄武，临江拒守。

帝自许昌南征，复郢州为荆州。十一月，辛丑，帝如宛。曹休在洞口，自陈："愿将锐卒虎步江南，因敌取资，事必克捷，若其无臣，不须为念。"帝恐休便渡江，驿马止之。侍中董昭侍侧，曰："窃见陛下有忧色，独以休济江故乎？今者渡江，人情所难，就休有此志，势不独行，当须诸将。臧霸等既富且贵，无复他望，但欲终其天年，保守禄祚而已，何肯乘危自投死地，以求徼幸！苟霸等不进，休意自沮。臣恐陛下虽有敕渡之诏，犹必沈吟，未便从命也。"顷之，会暴风吹吴吕范等船，绠缆悉断，直诣休等营下，斩首获生以千数，吴兵迸散。帝闻之，敕诸军促渡。军未时进，吴救船遂至，收军还江南。曹休使臧霸追之，不利，将军尹卢战死。

起初，吴王派于禁的护军浩周、军司马东里衮晋见魏文帝，表明自己的忠诚，言辞非常恭敬谨慎。魏文帝问浩周等人：“孙权可以信任吗？”浩周认为孙权一定会归顺，但东里衮认为孙权不一定会臣服。魏文帝欣赏浩周所说的，认为他了解孙权，因而封立孙权为吴王，又派浩周出使东吴。浩周对吴王孙权说：“陛下不相信大王会派儿子入朝侍奉，我浩周拿全家百口的性命来担保，表明大王的心意。”吴王为此流泪打湿了衣襟，指天发誓。浩周回到了魏国，可是孙权没有送质子到魏国，只是用许多假话搪塞。魏文帝想派侍中辛毗、尚书桓阶去和吴王盟誓，并责令吴王送儿子作人质，吴王推辞不肯。魏文帝大怒，打算讨伐孙权，刘晔说：“孙权刚刚得意取胜，上下齐心，况且有江湖阻隔，不可能很快制服他。”魏文帝不接受。

九月，魏文帝命令征东大将军曹休、前将军张辽、镇东将军臧霸攻击洞口，大将军曹仁攻打濡须，上军大将军曹真、征南大将军夏侯尚、左将军张郃、右将军徐晃包围南郡。吴国建威将军吕范统领五路军队，以水军抗击曹休等，左将军诸葛瑾、平北将军潘璋、将军杨粲救援南郡，裨将军朱桓在濡须指挥抗拒曹仁。

冬天，十月初三日甲子，魏文帝宣布自己的陵墓将建在首阳山东侧，颁示有关葬礼制度的诏书，要求丧事从俭，不可陪葬金玉，一律使用陶器。下令把这道诏书保存在皇家宗庙，副本留在尚书、秘书、三府。

吴王因为扬、越的蛮夷众多，没有平定，就言辞谦卑地上奏，请求让自己改过自新，说：“若我的罪过难以消除，一定不被放过，我当奉还土地和人民，寄身在交州，以度余年。”又写信给浩周说：“我想替儿子孙登向皇室求婚”；还说：“因为孙登年幼，想派孙邵、张昭跟随孙登一同来。”魏文帝回报说：“朕和你之间的君臣名分已定。哪里乐意劳师动众远到长江、汉水呢。若孙登早晨到，晚上我便把兵马召回来。”此时吴王改年号为黄武，亲临长江据守。

魏文帝从许昌率兵南征，恢复郢州为荆州。十一月十一日辛丑，魏文帝到宛城。曹休在洞口，上奏请求：“愿率精兵，像猛虎一样进军江南，从敌人那里劫取军需，此事一定胜利，若我战死，请陛下不必挂念。”魏文帝担心曹休立即去渡江，便发令派驿马制止他。侍中董昭在旁侍候，说：“臣私下看陛下面有忧色，难道是为了曹休渡江的缘故吗？如今渡江，人人都感到是难办的事，即使曹休有这个愿望，势必不能单独行动，还要等待众将领一起行动。臧霸等既富有又显贵，不再有其他的愿望，只想如此一直到老死，保住禄位传给子孙罢了，岂肯冒险自投死生之地，以此求取侥幸的胜利呢？若臧霸等不进军，曹休的信心就会自然丧失。臣只怕陛下即使有诏令渡江，他们也一定会犹豫，未必就执行命令。”过了不久，正遇暴风猛吹吴军吕范等船只，所有原缆绳全被暴风刮断，船只一直吹到曹休等的军营下，曹魏军队斩杀与俘获吴军数以千计，吴军四处逃散。魏文帝听到这个消息，下令各军迅速渡江。

庚申晦，日有食之。

吴王使太中大夫郑泉聘于汉，汉太中大夫宗玮报之，吴、汉复通。

汉主闻魏师大出，遗陆逊书曰："贼今已在江、汉，吾将复东，将军谓其能然否？"逊答曰："但恐军新破，创夷未复，始求通亲；且当自补，未暇穷兵耳。若不推算，欲复以倾覆之余远送以来者，无所逃命。"

汉汉嘉太守黄元叛。

吴将孙盛督万人据江陵中洲，以为南郡外援。

（以上为第十二段，写孙权拒绝曹魏征质，临江拒守，遣使通蜀，欲重结盟好。）

曹军还没有来得及渡江，吴军的救援船队已经赶到，召集溃军返回江南。曹休派臧霸追击，战事不利，将军尹卢战死。

十一月三十日庚申，发生日食。

吴王派遣太中大夫郑泉访问蜀汉，蜀汉也派太中大夫宗玮回访，吴、汉又恢复了往来。

汉主刘备听说魏国军队大举进攻吴国，写信给陆逊说："敌贼已在长江、汉水一带，我将再次东下，将军认为怎么样？"陆逊回答说："只担心贵军新败，创伤没有痊愈，刚开始与我们恢复往来，暂且应当好好地自我修补，没有闲情来穷兵黩武。如果不认真考虑，将在大难中幸存下来的残兵败将，远道送来的话，他们将无处逃命。"

蜀汉的汉嘉太守黄元反叛。

吴将孙盛统帅一万人驻守江陵中州，作为南郡的外援。

【点评】

夷陵之战。本卷所载最大的历史事件是吴蜀夷陵之战。从大局说是曹、孙、刘三方争夺荆州最后一个回合。此役吴胜蜀败，形成了三分的地理均势，正式确立了三国鼎立的局面。同时也拉开了北方统一南方的序幕，因为夷陵战后，蜀弱吴孤，两国俱受损伤，曹魏坐大，收渔人之利，北方占据绝对优势。形成地理均势与南弱北强，这两方面是夷陵之战对于历史的重大影响。今天重评夷陵之战，无论是从政治层面还是军事层面，仍然有许多话可说。政治上讲，执意发动夷陵之战的是刘备，他肯定不愿意看到吴胜蜀败的结果，但这样一个结果肯定也是刘备的预料之一，那他为什么还要发动呢？从军事上说，长期以来，学术界研究夷陵之战，牵强附会地论证陆逊以少胜众，以弱胜强，甚不得要领。夷陵之战，双方的军事对比，基本是势均力敌的，孙吴之兵强于蜀军，吴胜蜀败在正常范围，那么在军事上还有什么意义呢？下面分层讨论。

夷陵之战，不可避免。公元221年刘备称帝后倾巢伐吴，既在意料之中，又在意料之外。孙权一方在意料之中，所以孙权卑辞厚礼向曹丕称臣，君臣上下一心备战。曹魏一方在意料之外，没有做好应变准备。蜀国内部，也有激烈争论，诸葛亮、赵云反对东征，刘备、张飞决心复仇。赵云说："国贼是曹操，非孙权。只要先灭了魏国，那么吴国自然归服。曹操虽然死了，他的儿子曹丕篡国，要趁现在人心思汉，及早图取关中，占据黄河、渭水上游形胜以讨伐凶逆，关东义士一定会带着粮食，乘着快马来迎接我们。不应当把魏国放到一边，选择与吴国作战。战端一开，那就不是一时半会儿可以了结的。"孙权背盟，袭夺荆州，已经是敌人，但要分清主次。孙权求和，让诸葛瑾写信给刘备，劝刘备要分清轻重大小。诸葛瑾说："陛下与关羽之亲何如先帝？荆州大小孰与海内？都是仇敌，两相比较，谁先谁后，不是很容易分清吗？"诸葛瑾的话与赵云所谏，大体一致。诸葛亮的劝谏，《三国志》没有记载下来，但是《法正传》记载的诸葛亮议论，说明诸葛亮是反对东征的，由此可见，蜀汉群臣大多是反对东征的，但都未能阻止刘备东征，看来刘备是一意孤行。旧臣中，张飞由于结义恩重，愤恨不平，起了推波助澜的作用。他整日酗酒，拿士兵部下出气，在刘备出兵前夕，被部将张达、范强杀死，张达、范强二人后投奔孙权。张飞之死，使刘备旧仇添新恨，谁也不能阻挡他的东征。

曹魏方面，魏文帝曹丕召集群臣讨论当前形势，分析刘备会不会东征。大家都说："蜀汉国小力弱，名将只有关羽，关羽败亡，全国震恐，没有力量再战。"只有侍中刘晔一人持相反意见，他说："蜀国虽然小弱，但是刘备是在关羽死后称帝，他要显示武力，表示还有力量，一定会东伐。再说关羽与刘备，名义为君臣，而兄弟之情很亲，关羽死亡如不兴兵报仇，那就等于是刘备对结义兄弟有始无终。"刘晔实

际意思是说，刘备称帝，表明正统所在，他必然要讨伐叛逆，以示有统一天下的力量。伐魏力量不足；讨吴自谓可胜，加之为关羽报仇，可以激扬士气。因此，夷陵之战，不可避免。

三国时期的三大战役，即官渡之战、赤壁之战、夷陵之战，都是影响全局的大战役。在三大战役中，赤壁之战规模最大，官渡之战其次，夷陵之战与官渡之战大致相当，但决战时间，夷陵之战最长，官渡之战其次，赤壁之战最短。官渡之战，历时九个月；赤壁之战，历时三个月；夷陵之战，跨了两年，从蜀汉章武元年（221）七月到蜀汉章武二年（222）八月，历时十五个月。由此可见，这一战役的激烈与残酷。刘备是倾国远征，孙权是全力保卫，吴蜀两国拼尽全力展开主力决战。自古以来，自相残杀，超过敌对争逐，夷陵之战是一个典型例证。因为敌对斗争，目的是分一个输赢，即便是灭人之国，失败的一方也可以委曲求全，投降对方，摇尾乞怜。自相残杀，目的是生死抉择，不是你死，便是我亡，所以斗争异常残酷。

军事上，夷陵之战是一场势均力敌的歼灭战。双方兵力，蜀方全国常备军力不过十五六万,四方守境，最大动员十万左右。刘备东征，所统入峡之军八万余人，赵云统兵二万驻江州为后援，合计十万左右，已是倾巢出动。孙吴兵力，陆逊所统五万大军在第一线，诸葛瑾驻公安为第二线，孙权屯武昌为第三线，三线兵力集中了吴国兵力的四分之三，最保守的估计也有二十万。但在三峡第一线的蜀兵八万多于吴兵五万，而吴兵集中于一点，刘备所统，绵延三峡七百里，分江北大营和江南大营，在交战的前沿，却又是吴兵多于蜀兵，至于战将，更不可同日而语。蜀国五虎将，关羽、张飞、马超、黄忠、赵云，没有一个在场，昔日老将大部分凋零。刘备班底，多是蜀中战将，以及荆州的二流人物。冯习为大督，张南为先锋，吴班、陈式统水军，黄权、赵融、廖淳、傅肜等为别督，多未经历大战的锻炼，不能与孙吴的一班虎将相比。吴方多是功臣宿将，有徐盛、韩当、潘璋、朱然、宋谦、鲜于丹等。孙吴崭露头角的青年将领也十分骁勇了得。例如孙桓，二十五岁，能得士众心，他驻防夷道，牵制了蜀军的前锋。反攻后奋勇向前，切断蜀军归路打阻击战，迫使刘备“逾山越险，仅乃得免”。刘备忿恚叹息说：“我当初到京口，桓尚小儿，而今迫孤乃至此也。”归师勿遏，乃兵家之忌，孙桓初生牛犊，敢断刘备归师，足见吴兵作战骁勇。论兵论将，孙吴之师强于蜀汉。

但是，蜀军也有一定优势。其一，复仇之师，哀兵必胜，讨伐孙权背盟，全军同仇敌忾，有一股不可阻挡的锐气。其二，刘备刚登皇帝大位，将士受封受赏，正是立功报效之时，加之刘备东征，将士激动，士气旺盛。其三，人心向背，蜀汉占有优势。刘备在荆州达十七八年，荆州士民，追随刘备，从之如云，蜀汉政权，荆州人士居要冲之位。孙吴政权中的荆州人士，只有黄盖、潘浚二人而已。蜀将大督

冯习、前部张南，都是荆州人，他们为收复故土而战，也必效死力。夷陵之战，他们都以马革裹尸还。其四，三峡地区及武陵，都是少数民族聚居区，孙吴的民族高压政策使他们仇吴亲蜀。其五，蜀军居高临下，又善于山地作战，占有地利。初战时，蜀军集中，数量也占有优势。但蜀军的这些优势，没有充分发挥，被陆逊的战略撤退避开，很快丧失了。蜀军的初战胜利，只是破吴边将，未遇孙权主力。当蜀军推进至夷陵时已成强弩之末，受阻于坚城之下，陷入了进退维谷的境地。这时，初战时的强弱众寡，全部易位，吴军掌握了主动权。

如上分析，夷陵之战双方兵力大体上势均力敌。陆逊在这样的条件下打了一场大规模的歼灭战，入峡蜀军全军覆没。陆逊的指挥艺术，丰富了中国军事史的内容，值得称道。陆逊留给后人两大军事克敌经验，应当总结。其一，避敌锋芒，诱其深入。蜀军入峡，气势汹汹，陆逊大踏步后撤，拉长蜀军战线，疲敌斗志，把四五百里的山区让给蜀军，完成了战略退却，待机全线反击。其二，集中兵力，火烧连营。陆逊大步后退，让出三峡，迎敌于秭归以东，五万兵力握成拳头，孙桓受困宜都，不分兵去救，此乃效法周亚夫以梁委吴之计，消耗蜀军主力。而刘备建行营于猇亭，布前锋于夷道，置黄权于江北防魏，兵力分散，沿途防守，直接所统蜀军不足四万。最后，陆逊又寻机火攻，各个击破分散的蜀兵，打了一个漂亮的歼灭战。陆逊一战成名，是历史上不可多得的儒将之一。战后，孙权加拜陆逊为辅国将军，领荆州牧，改封江陵侯。

资治通鉴（文白对照本） 卷第七十

魏纪二

魏文帝黄初四年至魏明帝太和元年（223—227年）

【起昭阳单阏（癸卯，223年），尽强圉协洽（丁未，227年），凡五年】

【大事提要】

本卷记事起公元223年，讫公元227年，凡五年，当魏文帝黄初四年至魏明帝太和元年。魏文帝在位共七年，尽管是魏国的开国君主，却无多少政绩可述，基业乃其父曹操开创，文帝只是一位平庸守成之君而已。文帝失去与蜀夹击吴国、一举下江南的时机，等到孙权稳定局势后，拒绝征质，文帝始用兵江南，三次临江，只是兴叹而已，恰恰推动了吴蜀重新结盟。蜀国邓芝两次使吴修复旧好，诸葛亮平定南中，稳固后方，吴国也平定了交趾之乱，两国政治稳定，重结盟好，同时举兵北伐。诸葛亮北驻汉中，上出师表，表达北伐的决心。曹魏第二代君主登基，明帝即位。

【原文】

世祖文皇帝下

黄初四年（癸卯，223 年）

春，正月，曹真使张郃击破吴兵，遂夺据江陵中洲。

二月，诸葛亮至永安。

曹仁以步骑数万向濡须，先扬声欲东攻羡溪，朱桓分兵赴之；既行，仁以大军径进，桓闻之，追还羡溪兵，兵未到而仁奄至。时桓手下及所部兵在者才五千人，诸将业业各有惧心，桓喻之曰：“凡两军交对，胜负在将，不在众寡。诸君闻曹仁用兵行师，孰与桓邪？兵法所以称‘客倍而主人半’者，谓俱在平原无城隍之守，又谓士卒勇怯齐等故耳。今仁既非智勇，加其士卒甚怯，又千里步涉，人马罢困。桓与诸君共据高城，南临大江，北背山陵，以逸待劳，为主制客，此百战百胜之势，虽曹丕自来，尚不足忧，况仁等邪！”桓乃偃旗鼓，外示虚弱以诱致仁。仁遣其子泰攻濡须城，分遣将军常雕、王双等乘油船别袭中洲。中洲者，桓部曲妻子所在也。蒋济曰：“贼据西岸，列船上流，而兵入洲中，是为自内地狱，危亡之道也。”仁不从，自将万人留橐皋，为泰等后援。桓遣别将击雕等而身自拒泰，泰烧营退；桓遂斩常雕，生虏王双，临阵杀溺死者千余人。

初，吕蒙病笃，吴王问曰：“卿如不起，谁可代者？”蒙对曰：“朱然胆守有余，愚以为可任。”朱然者，九真太守朱治姊子也；本姓施氏，治养以为子，时为昭武将军。蒙卒，吴王假然节，镇江陵。及曹真等围江陵，破孙盛，吴王遣诸葛瑾等将兵往解围，夏侯尚击却之。江陵中外断绝，城中兵多肿病，堪战者裁五千人。真等起土山，凿地道，立楼橹临城，弓矢雨注，将士皆失色；然晏如无恐意，方厉吏士，伺间隙，攻破魏两屯。魏兵围然凡六月，江陵令姚泰领兵备城北门，见外兵盛，城中人少，谷食且尽，惧不济，谋为内应，然觉而杀之。

时江水浅狭，夏侯尚欲乘船将步骑入渚中安屯，作浮桥，南北往来，

【语译】

世祖文皇帝下

魏文帝黄初四年（癸卯，223年）

春季，正月，曹真派张郃打败吴军，于是夺取了江陵的中洲。

二月，诸葛亮到永安。

曹仁率领步骑兵数万进兵濡须，先扬言要向东攻打羡溪，朱桓分派吴军奔赴羡溪；增援羡溪的军队出发后；曹仁率大军直接进军濡须，朱桓听到这个消息，赶紧追回派往羡溪的军队，军队没有赶回而曹兵突然来到。此时朱桓手下和在濡须坞里的军队仅五千人，各位将领惶恐不安，各有畏惧之心，朱桓激励他们说："大凡两军交锋对阵，胜负在领兵的将领，不在人数的多少。诸位想想曹仁用兵作战，与我朱桓相比，哪一个高明？兵法上说'远来进攻的军队要超过当地防守部队的一倍'才对等，这是针对双方都在平原上没有城池可守，同时，也是针对双方士兵勇怯相当的情况下说的。现在曹仁既没有智勇，加上他的士兵十分胆怯，又是千里跋涉而来的，人马困乏。我朱桓与各位一起据守高大坚固的城池，南临长江，北靠山岭，以逸待劳，作为防守的本地军队制服远来的敌军，这是百战百胜的形势，即使曹丕亲自前来，也不值得忧虑，何况是曹仁这班人呢！"朱桓因此偃旗息鼓，表面显得虚弱来引诱曹仁。曹仁派自己的儿子曹泰进攻濡须城，分兵派出将军常雕、王双等乘牛皮油船去袭击中洲。中洲是朱桓和部属的妻儿们居住的地方。蒋济说："敌贼占据西岸，船只停泊在上游，我军却进入中洲，这是自己走进地狱，自取灭亡的道路。"曹仁不听从，亲自率领一万人留在橐皋，作为曹泰的后援。朱桓派遣另外的将领抵挡常雕等，亲自抵御曹泰，曹泰烧掉军营退走；朱桓因此杀了常雕，生擒王双，在阵前被杀死、淹死的魏军有一千多人。

当初，吕蒙病重时，吴王问他："你若一病不起，谁能代替你？"吕蒙回答说："朱然胆略守土有余，我认为可以任用。"朱然是九真太守朱治姐姐的儿子；原姓施，被朱治收为养子，当时为昭武将军。吕蒙去世，吴王授予朱然符节，镇守江陵。直到曹真等包围江陵，击败孙盛，吴王派诸葛瑾等领兵去解围，被夏侯尚打退。江陵内外断绝，城中守兵又大多患有肿病，能战的才五千人。曹真等筑起土山，挖掘地道，修造瞭望楼居高临下，箭如雨下，将士们都恐惧变了脸色；朱然安然自若，毫无惧色，他鼓励将士防守，寻找敌人破绽，攻破了魏军的两个营垒。魏军围攻朱然六个月，江陵令姚泰率兵防守北门，看到城外兵多，城中兵少，粮食将尽，担心守不住，阴谋做魏军内应，被朱然察觉后杀了。

此时江水浅，江面窄，夏侯尚计划乘船率步骑兵进入江陵的中洲安营，架设浮

议者多以为城必可拔。董昭上疏曰："武皇帝智勇过人，而用兵畏敌，不敢轻之若此也。夫兵好进恶退，常然之数。平地无险，犹尚艰难，就当深入，还道宜利，兵有进退，不可如意。今屯渚中，至深也；浮桥而济，至危也；一道而行，至狭也。三者，兵家所忌，而今行之。贼频攻桥，误有漏失，渚中精锐非魏之有，将转化为吴矣。臣私戚之，忘寝与食，而议者怡然不以为忧，岂不惑哉！加江水向长，一旦暴增，何以防御！就不破贼，尚当自完，奈何乘危，不以为惧！惟陛下察之。"帝即诏尚等促出。吴人两头并前，魏兵一道引去，不时得泄，仅而获济。吴将潘璋已作荻筏，欲以烧浮桥，会尚退而止。后旬日，江水大涨，帝谓董昭曰："君论此事，何其审也！"会天大疫，帝悉召诸军还。

三月，丙申，车驾还洛阳。

初，帝问贾诩曰："吾欲伐不从命以一天下，吴、蜀何先？"对曰："攻取者先兵权，建本者尚德化。陛下应期受禅，抚临率土，若绥之以文德而俟其变，则平之不难矣。吴、蜀虽蕞尔小国，依山阻水。刘备有雄才，诸葛亮善治国；孙权识虚实，陆议见兵势；据险守要，泛舟江湖，皆难卒谋也。用兵之道，先胜后战，量敌论将，故举无遗策。臣窃料群臣无备、权对，虽以天威临之，未见万全之势也。昔舜舞干戚而有苗服，臣以为当今宜先文后武。"帝不纳，军竟无功。

（以上为第一段，写魏文帝南征孙权，无功而返。）

丁未，陈忠侯曹仁卒。

初，黄元为诸葛亮所不善，闻汉主疾病，惧有后患，故举郡反，烧临邛城。时亮东行省疾，成都单虚，元益无所惮。益州治中从事杨洪，启太子遣将军陈曶、郑绰讨元。众议以为元若不能围成都，当由越巂据南中。洪曰："元素性凶暴，无他恩信，何能办此！不过乘水东下，冀主上平安，面缚归死；如其有异，奔吴求活耳。但敕曶、绰于南安峡口邀遮，即便得矣。"元军败，果顺江东下，曶、绰生获，斩之。

桥，可以南北往来，参与谋议的人大多认为一定可以攻克江陵。董昭上奏说：“武皇帝智勇过人，但用兵时常常提防着敌人，不敢像今天这样轻视。作战时，进军容易，退兵难，这是常理。平原上没有险阻，退兵尚且困难，即使深入，退路也应便利，战争中有进有退，不可能尽如人意。眼下驻军中洲，太深入了；靠浮桥交往，太危险了；只有一条通道可走，太狭隘了。这三件事情，是兵家忌讳的，但现今我方军队三条全在实行。敌贼频频攻击浮桥，如果有失误，中洲的精锐部队就不是魏国所有，将转而归吴了。我对此十分焦虑，废寝忘食，但谋议的人安然自若，对此毫不担忧，怎不让人感到困惑？加之江水上涨，一旦水位急剧上升，我们将如何防御？即使打不败敌贼，也应该保全自己，怎能在这样危险的情况下，不感到恐惧呢！希望陛下明察。”魏文帝立即诏令夏侯尚迅速撤出。吴军两路并进，魏军从一条通道上撤退，难以立即离去，后来总算撤回北岸。吴将潘璋已制造了芦苇扎成的筏子，准备用它来烧掉浮桥，正遇夏侯尚退走而作罢。十天后，江水大涨，魏文帝对董昭说：“你论断此事，怎么如此准确！”又加上瘟疫流行，魏文帝命令各路军队全部撤回。

三月初八日丙申，魏文帝回到洛阳。

当初，魏文帝问贾诩：“我准备讨伐不听从命令的人以统一天下，吴国与蜀国，哪个为先？”贾诩回答说：“攻战，首先要在军事上审时度势；立国，要崇尚道德教化。陛下顺应天时，接受禅让，统治全国，若用文化加德化来抚慰人心，等待时局的演变，那么平定天下就不难了。吴、蜀虽然是弹丸小国，但凭据着山水险阻。刘备有雄才大略，诸葛亮善于治国；孙权能明辨虚实，陆逊精通军事；蜀国据守险要，吴国泛舟江湖，都难以一下图谋。用兵的原则是，先要知道能够取胜，然后再战；先估量敌人，然后任用将领，这样攻战才能不会失策。我估计群臣中没有刘备、孙权的对手，即使陛下亲自去攻伐，未必能稳操胜券。从前虞舜在朝廷上舞弄干戚，有苗部落就归服了，臣以为目前应该先用文德安抚，然后再施以武力。”魏文帝不采纳，征伐终究没有建功。

三月十九日丁未，陈忠侯曹仁去世。

当初，黄元被诸葛亮嫌弃，他听说汉主病重，害怕有后患，因而据守汉嘉郡反叛，烧了临邛城。当时诸葛亮东去探视刘备，成都防守单薄空虚，黄元更加没有顾忌。益州治中从事杨洪，启奏太子派将军陈曶、郑绰讨伐黄元。众人认为黄元若不能包围成都，当会从越巂去占据南中。杨洪说：“黄元本性凶恶，对人没有恩德信义，岂能办成这种事？不过是乘船顺流东下，希望主上平安，再负荆请罪；若果情况有变，逃奔吴国求条活命而已。只需命令陈曶、郑绰在南安峡口拦阻，就可以将他擒获了。”黄元战败，果真顺江东下，陈曶、郑绰俘获黄元，把他杀了。

汉主病笃，命丞相亮辅太子，以尚书令李严为副。汉主谓亮曰："君才十倍曹丕，必能安国，终定大事。若嗣子可辅，辅之；如其不才，君可自取。"亮涕泣曰："臣敢不竭股肱之力，效忠贞之节，继之以死！"汉主又为诏敕太子曰："人五十不称夭，吾年已六十有余，何所复恨，但以卿兄弟为念耳。勉之，勉之！勿以恶小而为之，勿以善小而不为！惟贤惟德，可以服人。汝父德薄，不足效也。汝与丞相从事，事之如父。"夏，四月，癸巳，汉主殂于永安，谥曰昭烈。

丞相亮奉丧还成都，以李严为中都护，留镇永安。

五月，太子禅即位，时年十七。尊皇后曰皇太后，大赦，改元建兴。封丞相亮为武乡侯，领益州牧，政事无巨细，咸决于亮。亮乃约官职，修法制，发教与群下曰："夫参署者，集众思，广忠益也。若远小嫌，难相违覆，旷阙损矣。违覆而得中，犹弃敝蹻而获珠玉。然人心苦不能尽，惟徐元直处兹不惑。又，董幼宰参署七年，事有不至，至于十反，来相启告。苟能慕元直之十一，幼宰之勤渠，有忠于国，则亮可以少过矣。"又曰："昔初交州平，屡闻得失；后交元直，勤见启诲；前参事于幼宰，每言则尽；后从事于伟度，数有谏止。虽资性鄙暗，不能悉纳，然与此四子终始好合，亦足以明其不疑于直言也。"伟度者，亮主簿义阳胡济也。

亮尝自校簿书，主簿杨颙直入，谏曰："为治有体，上下不可相侵。请为明公以作家譬之：今有人，使奴执耕稼，婢典炊爨，鸡主司晨，犬主吠盗，牛负重载，马涉远路；私业无旷，所求皆足，雍容高枕，饮食而已。忽一旦尽欲以身亲其役，不复付任，劳其体力，为此碎务，形疲神困，终无一成。岂其智之不如奴婢鸡狗哉？失为家主之法也。是故古人称：'坐而论道，谓之王公；作而行之，谓之士大夫。'故丙吉不问横道死人而忧牛喘，陈平不肯知钱谷之数，云'自有主者'，彼诚达于位分之体也。今明公为治，乃躬自校簿书，流汗终日，不亦劳乎！"亮谢之。及颙卒，亮垂泣三日。

（以上为第二段，写诸葛亮顾命辅政，事无巨细，总揽一切。）

汉主刘备病危，诏命丞相诸葛亮辅佐太子，任命尚书令李严为副手。汉主对诸葛亮说：“你的才能是曹丕的十倍，一定能安定国家，最终完成统一大业。若太子可以辅佐，你就辅佐他；如果他无能，你可以取代他。”诸葛亮流着眼泪说：“我岂敢不竭尽辅佐，必将献出忠贞的节操，至死不渝！”汉主又制诏命令太子刘禅说：“人五十岁死，不算夭折。我已六十有余，没有什么遗憾，只是挂记你们兄弟罢了。努力啊，再努力！切不要因为坏事小就去做，不要因为好事小就不去做！唯有贤明，唯有德行，才能让人臣服。你父亲德薄，不值得你效法。你与丞相共事，要将他当作自己的父亲一样看待。”夏季，四月［二十四日壬午］，汉主在永安病逝，谥号为昭烈。

丞相诸葛亮护送灵柩回成都，任命李严为中都护，留下镇守永安。

五月，太子刘禅即位，年方十七岁。尊称皇后为皇太后，大赦天下，改年号为建兴。封丞相诸葛亮为武乡侯，兼任益州牧，政事无论大小，均由诸葛亮决定。诸葛亮着手精简官僚，修订法制，向群臣发布教令：“说到参政，就是要集中众人的智慧，广泛听取对国家有益的意见，若因小小的隔阂而相互难以存异、审核，就听不到不同的意见，这样事业就会遭受旷缺损失。能够存异、审核，听到不同的意见而得出正确的判断，就如同扔掉破草鞋而获得珠宝。但是人心苦于不能完全做到这一点，唯独徐庶听到不同的意见不受困惑。还有董和参政七年，凡事有不妥当的，反复听取不同意见达十次，然后再报告我。若能学到徐庶的十分之一，董和的勤奋，都对国家忠诚，如此我就可以少犯些过失了。”又说：“从前初次结交崔州平，他多次指出我的优缺点；后来结交徐庶，经常蒙受他的启迪和教诲；先前与董和商议事情，每次言无不尽；往后跟胡伟度共事，他对我多次劝谏。我虽生性愚昧，不能全部采纳他们的意见，但是与这四人始终和睦相处，这也足以表明我对直言是不会猜忌的。”胡伟度是诸葛亮的主簿义阳人胡济。

诸葛亮曾经亲自校对公文，主簿杨颙径直进来，劝谏说：“治理国家是有体制的，上下的职权不能相互侵犯。请让我为您拿治家来做比喻：现今有个主人，命奴仆管耕种，婢女管烧饭，雄鸡司报晓，狗叫管防盗，牛拉车负重，马代步走远路；家中的事务没有空缺，需求的东西都能得到满足，从容不迫，高枕无忧，要做的只是吃饭饮酒而已。忽然有一天，这个主人打算亲自去做每一件事情，不再任用奴婢、鸡狗、牛马，耗费自己的体力，为了这些琐碎的事务，结果是精疲力竭，一事无成。难道是他的智力不如奴婢鸡狗吗？是他丢掉了作为一家之主的职责。因此古人说：‘坐着谈论大道的，称作王公；要实际行动的，称作士大夫。’因而丙吉不过问横在路上的死人是怎么回事，而担忧耕牛受热喘气；陈平不去了解国家的钱粮收入，说‘自有主管的人’，他们都真正懂得各司其职的道理。现在明公您治理全国，却亲自

六月，甲戌，任城威王彰卒。

甲申，魏寿肃侯贾诩卒。

大水。

吴贺齐袭蕲春，虏太守晋宗以归。

初，益州郡耆帅雍闿杀太守正昂，因士燮以求附于吴，又执太守成都张裔以与吴，吴以闿为永昌太守。永昌功曹吕凯、府丞王伉率吏士闭境拒守，闿不能进，使郡人孟获诱扇诸夷，诸夷皆从之；牂柯太守朱褒、越嶲夷王高定皆叛应闿。诸葛亮以新遭大丧，皆抚而不讨，务农殖谷，闭关息民，民安食足而后用之。

秋，八月，丁卯，以廷尉钟繇为太尉，治书执法高柔代为廷尉。是时三公无事，又希与朝政，柔上疏曰："公辅之臣，皆国之栋梁，民所具瞻；而置之三事，不使知政，遂各偃息养高，鲜有进纳，诚非朝廷崇用大臣之义，大臣献可替否之谓也。古者刑政有疑，辄议于槐、棘之下。自今之后，朝有疑议及刑狱大事，宜数以咨访三公。三公朝朔、望之日，又可特延入讲论得失，博尽事情，庶有补起天听，光益大化。"帝嘉纳焉。

辛未，帝校猎于荥阳，遂东巡。九月，甲辰，如许昌。

汉尚书义阳邓芝言于诸葛亮曰："今主上幼弱，初即尊位，宜遣大使重申吴好。"亮曰："吾思之久矣，未得其人耳，今日始得之。"芝问："其人为谁？"亮曰："即使君也。"乃遣芝以中郎将修好于吴。冬，十月，芝至吴，时吴王犹未与魏绝，狐疑，不时见芝。芝乃自表请见曰："臣今来，亦欲为吴，非但为蜀也。"吴王见之，曰："孤诚愿与蜀和亲，然恐蜀主幼弱，国小势逼，为魏所乘，不自保全耳。"芝对曰："吴、蜀二国，四州之地。大王命世之英，诸葛亮亦一时之杰也。蜀有重险之固，吴有三江之阻。合此二长，共为唇齿，进可并兼天下，退可鼎足而立，此理之自然也。大王今若委质于魏，魏必上望大王之入朝，下求太子之内侍，若不从命，则奉辞伐叛，蜀亦顺流见可而进，如此，江南之地非复大王之有

去校对公文，整天汗流浃背，岂不是太辛劳了吗？”诸葛亮向他表示了谢意。杨颙死时，诸葛亮流泪三天。

六月十七日甲戌，任城威王曹彰去世。

六月二十七日甲申，魏寿肃侯贾诩去世。

魏国大水灾。

吴国贺齐袭击魏国蕲春，俘获太守晋宗，把他带回吴国。

当初，益州郡一个地方首领雍闿杀死太守正昂，通过士燮向吴国请求归附，后来又把太守成都人张裔抓起来献给吴国，吴国任命雍闿为永昌太守。永昌功曹吕凯、府丞王伉率领官兵封锁边境，抗拒雍闿，雍闿不能进入，就派同郡人孟获蛊惑煽动各部夷人，各部夷人都跟从他；牂柯太守朱褒、越巂夷王高定都反叛响应雍闿。诸葛亮因为刚刚遭遇国丧，都加以安抚而不讨伐，致力农业，种植粮食，封锁关口，让人民休养生息，等待人民安定、粮食充足后，再使用民力。

秋季，八月十一日丁卯，魏文帝任命廷尉钟繇为太尉，治书执法高柔代理廷尉。这时三公没有什么事情可做，又很少参与朝政，高柔上疏说：“三公与辅佐大臣，都是国家的栋梁，为人民所瞩目；如今设置三公，却不让他们参政，因此他们各自静卧修养，很少提出什么见解，这实在不是国家尊崇和使用大臣的意义，大臣应当献计献策，提出革故鼎新的建议。古时在刑罚和政令上有疑问时，总是在三槐、九棘下商议。今后，朝廷有疑议和刑狱大事，应当多去咨询三公。每月初一、十五，在三公上朝时，还可专门请他们议论政事得失，广泛详细地畅谈对各种事情的主张，希望有补于皇上的视听，可使德政、教化更加发扬光大。”魏文帝称赞并采纳了这个建议。

八月十五日辛未，魏文帝在荥阳围猎，于是东巡。九月十九日甲辰，到达许昌。

汉尚书义阳人邓芝向诸葛亮进言说：“现今主上年幼弱小，初即帝位，应派大使到吴国重修旧好。”诸葛亮说：“我考虑这件事很长时间了，只是没有合适的人选罢了，今日才得到了。”邓芝问：“这人是谁？”诸葛亮说：“就是你啊。”于是派邓芝以中郎将身份出使吴国重建友好关系。冬季，十月，邓芝抵达吴国，这时吴王还没有与魏国断绝关系，迟疑不决，没有及时接见邓芝。邓芝就自己上表请求晋见，说：“臣今天到吴国来，也是为吴国着想，不只是为了蜀国。”吴王召见邓芝，说：“我真心愿与蜀国和好，只恐怕蜀国君主幼弱，国土狭小，势力不强，给魏国以可乘之机，不能保全自己。”邓芝回答说：“吴、蜀两国，拥有四州的土地。大王是闻名当世的英雄，诸葛亮也是一代豪杰。蜀国有重重关塞固守，吴国有三江之险防卫。汇合两国长处，共同结为唇齿相依的同盟，进可以兼并天下，退可以三国鼎立，这是很自

也。”吴王默然良久曰：“君言是也。”遂绝魏，专与汉连和。

是岁，汉主立妃张氏为皇后。

（以上为第三段，蜀汉南中反叛，邓芝使吴，蜀吴重结盟好。）

五年（甲辰，224 年）

春，二月，帝自许昌还洛阳。

初平以来，学道废坠。夏，四月，初立太学；置博士，依汉制设《五经》课试之法。

吴王使辅义中郎将吴郡张温聘于汉，自是吴、蜀信使不绝。时事所宜，吴主常令陆逊语诸葛亮；又刻印置逊所，王每与汉主及诸葛亮书，常过示逊，轻重、可否有所不安，每令改定，以印封之。

汉复遣邓芝聘于吴，吴主谓之曰：“若天下太平，二主分治，不亦乐乎？”芝对曰：“天无二日，土无二王。如并魏之后，大王未深识天命，君各茂其德，臣各尽其忠，将提枹鼓，则战争方始耳。”吴王大笑曰：“君之诚款乃当尔邪！”

秋，七月，帝东巡，如许昌。帝欲大兴军伐吴，侍中辛毗谏曰：“方今天下新定，土广民稀，而欲用之，臣诚未见其利也。先帝屡起锐师，临江而旋。今六军不增于故，而复修之，此未易也。今日之计，莫若养民屯田，十年然后用之，则役不再举矣。”帝曰：“如卿意，更当以虏遗子孙邪？”对曰：“昔周文王以纣遗武王，惟知时也。”帝不从，留尚书仆射司马懿镇许昌。八月，为水军，亲御龙舟，循蔡、颍，浮淮如寿春。九月，至广陵。

吴安东将军徐盛建计，植木衣苇，为疑城假楼，自石头至于江乘，联绵相接数百里，一夕而成；又大浮舟舰于江。

时江水盛长，帝临望，叹曰：“魏虽有武骑千群，无所用之，未可图也。”帝御龙舟，会暴风漂荡，几至覆没。帝问群臣：“权当自来否？”咸曰：“陛下亲征，权恐怖，必举国而应。又不敢以大众委之臣下，必当自来。”刘晔曰：“彼谓陛下欲以万乘之重牵己，而超越江湖者在于别将，必

然的道理。大王现今如果归附魏国，魏国一定会上逼大王入京朝拜，下求太子进宫侍候，如不听命，那么便会借口声称讨伐叛逆，蜀国也会顺流而下见机而进，这样一来，江南的土地就不再属大王所有了。”吴王沉默了许久，说道：“你说得很对。”因此断绝与魏国的关系，一心与蜀汉联合。

这一年，汉主刘禅立妃子张氏为皇后。

魏文帝黄初五年（甲辰，224年）

春季，二月，魏文帝从许昌返回洛阳。

从汉献帝初平以来，儒学废坏。夏季，四月，魏国开始建立太学；设置博士，根据汉代制度，设立五经考试的方法。

吴王派辅义中郎将吴郡人张温访问蜀汉，从此吴、蜀两国使者来往不断。需要互通消息，吴王常常让陆逊告诉诸葛亮；还刻印章放在陆逊那里，吴王每次给汉主刘禅和诸葛亮写信，总是先让陆逊过目，语气轻重，处事可否，有不妥之处，一一让陆逊改定，用印封好。

蜀汉再次派邓芝访问吴国，吴主对邓芝说：“若果天下太平，两主分治，不是很快乐吗？”邓芝回答说：“天上不能有两个太阳，地上也不能并存两个皇帝。若兼并魏国以后，大王不能深知天命，两国君主各自致力德政，臣子各自竭尽忠诚，将领提起鼓槌，那么战争又要开始了。”吴王大笑道：“你这番诚实的话说得很恰当。”

秋季，七月，魏文帝东巡，到达许昌。魏文帝想大举发兵讨伐吴国，侍中辛毗劝谏说：“如今天下刚刚安定，地广人稀，却想动用民力，臣实在看不出有什么好处。先帝多次兴起精锐之师，到了长江边就回来了。如今军队没有比过去强大，却要重开战端，这不是件容易的事。现今的策略莫过于休养民力，进行屯田，过了十年再用兵，这样就可以一举成功。”魏文帝说：“依你的意思应该继续把敌人留给子孙喽？”辛毗回答说：“从前周文王将商纣留给武王，是他能识时务。”魏文帝不听，留下尚书仆射司马懿镇守许昌。八月，集结水军，亲自乘坐龙舟指挥，沿着蔡河、颍水经过淮河进入寿春。九月，到达广陵。

吴国安东将军徐盛提议，树起木桩包裹上芦苇，做成假城楼，从石头城直到江乘，连绵不绝几百里，一夜之间就完成了，又在长江上出动许多战舰游弋。

这时长江水大涨，魏文帝临江眺望，叹息说：“魏国纵然有铁骑千万，也没有用武之地，看来不可谋取东吴了。”魏文帝乘坐的龙舟，正遇上暴风，上下颠簸，几乎倾覆。魏文帝询问群臣：“孙权会亲自来吗？”都说：“陛下亲征，孙权恐惧，必定会倾其国力来应战，但又不敢把大量的军队交给臣下，一定会亲自来。”刘晔说：

勒兵待事，未有进退也。”大驾停住积日，吴王不至，帝乃旋师。是时，曹休表得降贼辞：“孙权已在濡须口。”中领军卫臻曰：“权恃长江，未敢抗衡，此必畏怖伪辞耳！”考核降者，果守将所作也。

吴张温少以俊才有盛名，顾雍以为当今无辈，诸葛亮亦重之。温荐引同郡暨艳为选部尚书。艳好为清议，弹射百僚，核奏三署，率皆贬高就下，降损数等，其守故者，十未能一；其居位贪鄙，志节污卑者，皆以为军吏，置营府以处之；多扬人暗昧之失以显其谪。同郡陆逊、逊弟瑁及侍御史朱据皆谏止之。瑁与艳书曰：“夫圣人嘉善矜愚，忘过记功，以成美化。加今王业始建，将一大统，此乃汉高弃瑕录用之时也。若令善恶异流，贵汝、颍月旦之评，诚可以厉俗明教，然恐未易行也。宜远模仲尼之泛爱，近则郭泰之容济，庶有益于大道也。”据谓艳曰：“天下未定，举清厉浊，足以沮劝；若一时贬黜，惧有后咎。”艳皆不听。于是怨愤盈路，争言艳及选曹郎徐彪专用私情，憎爱不由公理；艳、彪皆坐自杀。温素与艳、彪同意，亦坐斥还本郡以给厮吏，卒于家。始，温方盛用事，余姚虞俊叹曰：“张惠恕才多智少，华而不实，怨之所聚，有覆家之祸；吾见其兆矣。”无几何而败。

冬，十月，帝还许昌。

十一月，戊申晦，日有食之。

鲜卑轲比能诱步度根兄扶罗韩杀之，步度根由是怨轲比能，更相攻击。步度根部众稍弱，将其众万余落保太原、雁门；是岁，诣阙贡献。而轲比能众遂强盛，出击东部大人素利，护乌丸校尉田豫乘虚掎其后；轲比能使别帅琐奴拒豫，豫击破之。轲比能由是携贰，数为边寇，幽、并苦之。

（以上为第四段，写魏文帝耀兵广陵。孙权使张温聘于汉，汉再使邓芝回报，自是吴蜀信使往来不绝。）

“孙权他认为陛下想用御驾亲征引他出来，而另派将领渡江越湖，因此他一定会约束部队等待事态的发展，不会进也不会退。”魏文帝停留许多天，吴王一直没来，魏文帝于是班师。这时曹休上表说，从吴国投降人的口供得知：“孙权已经在濡须口。”中领军卫臻说：“孙权只能凭恃长江，不敢和我抗衡，这一定是因为害怕而虚构假话！”审问查核投降的人，果真是吴军守将制造的谎言。

吴国的张温年轻时因为才智过人而负有盛名，顾雍认为当时无人能跟他相比，诸葛亮也器重他。张温举荐同郡人暨艳为选部尚书。暨艳喜欢议论朝政，指摘百官同僚，弹劾三署郎官，大多贬降官职，一降就是几级，能保住原来官位的，不到十分之一；那些为官贪婪卑劣、志向和节操污浊低下的都充任为低级军吏，安置在各营府；还大肆张扬他人的隐私用来显示惩罚的功效。同郡人陆逊、陆逊的弟弟陆瑁和侍御史朱据都劝说阻止他。陆瑁写信给暨艳说：“圣人褒扬善行，体谅愚昧，忘掉别人的过失，记住别人的功劳，以形成良好的风气。加之如今王业刚刚建立，将要完成统一的大业，这正是汉高祖不求全责备、广揽人才的时候。如果彻底分辨善恶，那就去推崇汝南、颍川的月旦评，这固然可以改变风俗、彰明教化，只是恐怕不容易实行。应当远学孔子的泛爱精神，近效郭泰的宽容品德，希望有益于和谐的大道。”朱据对暨艳说：“天下尚未平定，只举用清白的人，严惩有缺陷的人，将足以破坏有待磨砺上进的人；如果你一旦把他们全都降职或罢免，恐怕会有后患。”暨艳不理会。于是怨声载道，争相上告暨艳和选曹郎徐彪只凭私情用人，爱憎不以公理；暨艳和徐彪都被责令自杀。张温向来跟暨艳、徐彪意见相同，也受到牵连，被逐回本郡的官府当差吏，死于家中。起初，张温正得势掌权，余姚人虞俊感叹说：“张温很有才华但明智不足，华而不实，人们的怨愤将积聚到他身上，会有败家之祸；我已经看出征兆了。”没多久，张温就被逐回。

冬季，十月，魏文帝回到许昌。

十一月二十九日戊申晦，发生日食。

鲜卑酋长轲比能诱杀了步度根的哥哥扶罗韩，步度根因而怨恨轲比能，两人相互攻击。步度根的部众稍微弱小，因而率领部众万余户退保太原、雁门。这一年，步度根入朝进贡。轲比能部众终于强盛，出兵攻击东部大人素利，护乌丸校尉田豫趁虚攻打他的后方；轲比能派另外的将领琐奴抵御田豫，田豫击败了他。轲比能从此怀有二心，多次侵扰边境，幽、并两州深受其害。

六年（乙巳，225 年）

春，二月，诏以陈群为镇军大将军，随车驾董督众军，录行尚书事；司马懿为抚军大将军，留许昌，督后台文书。三月，帝行如召陵，通讨虏渠；乙巳，还许昌。

并州刺史梁习讨轲比能，大破之。

汉诸葛亮率众讨雍闿，参军马谡送之数十里。亮曰："虽共谋之历年，今可更惠良规。"谡曰："南中恃其险远，不服久矣；虽今日破之，明日复反耳。今公方倾国北伐以事强贼，彼知官势内虚，其叛亦速。若殄尽遗类以除后患，既非仁者之情，且又不可仓卒也。夫用兵之道，攻心为上，攻城为下，心战为上，兵战为下，愿公服其心而已。"亮纳其言。谡，良之弟也。

辛未，帝以舟师复征吴，群臣大议。宫正鲍勋谏曰："王师屡征而未有所克者，盖以吴、蜀唇齿相依，凭阻山水，有难拔之势故也。往年龙舟飘荡，隔在南岸，圣躬蹈危，臣下破胆，此时宗庙几至倾覆，为百世之戒。今又劳兵袭远，日费千金，中国虚耗，令黠虏玩威，臣窃以为不可。"帝怒，左迁勋为治书执法。勋，信之子也。夏，五月，戊申，帝如谯。

吴丞相北海孙劭卒。初，吴当置丞相，众议归张昭，吴王曰："方今多事，职大者责重，非所以优之也。"及劭卒，百僚复举昭，吴王曰："孤岂为子布有爱乎！领丞相事烦，而此公性刚，所言不从，怨咎将兴，非所以益之也。"六月，以太常顾雍为丞相、平尚书事。雍为人寡言，举动时当，吴王尝叹曰："顾君不言，言必有中。"至饮宴欢乐之际，左右恐有酒失，而雍必见之，是以不敢肆情。吴王亦曰："顾公在坐，使人不乐。"其见惮如此。初领尚书令，封阳遂乡侯；拜侯还寺，而家人不知，后闻，乃惊。及为相，其所选用文武将吏，各随能所任，心无适莫。时访逮民间及政职所宜，辄密以闻，若见纳用，则归之于上；不用，终不宣泄；吴王以此重之。然于公朝有所陈及，辞色虽顺而所执者正；军国得失，自非面见，口未尝言。王常令中书郎诣雍有所咨访，若合雍意，事可施行，即相与反复究而论之，为设酒食；如不合意，雍即正色改容，默默不言，无所施设。郎退告王，王曰："顾公欢悦，是事合宜也；其不言者，是事未平也。孤当重思之。"江边诸将，各欲立功自效，多陈便宜，有所

魏文帝黄初六年（乙巳，225 年）

春季，二月，魏文帝下诏任命陈群为镇军大将军，随从魏文帝统帅各军，总领随驾尚书台事务；司马懿任抚军大将军，留守许昌，负责处理留在许昌的尚书台公文。三月，魏文帝到达召陵县，打通讨虏渠；三月二十八日乙巳，魏文帝回到许昌。

并州刺史梁习征讨轲比能，获得大胜。

蜀汉诸葛亮率军征讨雍闿，参军马谡送行几十里，诸葛亮说："虽然我们共同谋划此事多年，现在能否惠赠更好的谋略？"马谡说："南中凭仗其地险路远，不归服已很久了；即使今天打败他们，明天又会反叛。如今明公正集中全国的力量举行北伐面对强敌，雍闿等叛军知道国内空虚，反叛的速度会更快。如果杀尽他们以除后患，这既不符合仁者爱民的情怀，也不可能在短期内做到。用兵的原则，攻心为上，攻城为下；心战为上，兵战为下，希望明公能让他们心服。"诸葛亮采纳了他的主张。马谡是马良的弟弟。

闰三月二十四日辛未，魏文帝打算率领水军再次征吴，群臣纷纷议论。宫正鲍勋劝阻说："朝廷的大军多次出征而没有取胜，原因是吴、蜀两国唇齿相依，据山阻水，有难以攻克的优越条件。去年龙舟颠簸，被阻隔在长江南岸，陛下身陷危境，群臣心惊胆战，当时朝廷几乎倾覆，应作为百世的鉴诫。如今又兴兵远征，每日耗费千金，国内钱财掏空，现在狡猾的敌人依旧耀武扬威，我认为不能再去攻打。"魏文帝大怒，将鲍勋降为治书执法。鲍勋是鲍信的儿子。夏季，五月初二日戊申，魏文帝到达谯县。

吴国丞相北海人孙劭去世。当初，吴国设置丞相，众人议论应当归张昭，吴王说："现在是多事之秋，职位高，责任重大，这不是一个优待人的职位。"等到孙劭死了，百官们再次推举张昭，吴王说："我难道对张子布有什么舍不得的吗？担任丞相，事务繁多，但张昭性情刚烈，他的主张我若不同意，就会产生怨恨和责怪，对他不是好事。"六月，任命太常顾雍为丞相、平尚书事。顾雍为人少言，举止适当，吴王曾感叹说："顾君不言，言必中肯。"宴饮作乐时，吴王身边的大臣唯恐饮酒失态，被顾雍看见，因此都不敢放纵尽情。吴王也说："顾公在座，使人不快乐。"可见是多么害怕他。顾雍刚兼尚书令，就被封为阳遂乡侯；被封侯回到官邸，他的家人却不知道，后来听说都很吃惊。等到任命为丞相，顾雍所选用的文臣武将，都根据各自的能力委任，不夹杂自己的好恶。有时到民间访问听到对朝政好的建议，都秘密上报，若被采纳，就归功于主上；不被采纳，就始终不泄露出去，吴王因此器重他。在朝廷上陈述自己的主张，言辞态度虽然温顺，然而能坚持自己正确的见解；军国大事的得失，没有亲眼见到的，决不发表意见。吴王常常派中书郎去顾雍那里咨询，如果所议事与顾雍的心意相合，认为此事可以施行，顾雍就和中书郎反复研

掩袭。王以访雍。雍曰："臣闻兵法戒于小利，此等所陈，欲邀功名而为其身，非为国也。陛下宜禁制，苟不足以曜威损敌，所不宜听也。"王从之。

利成郡兵蔡方等反，杀太守徐质，推郡人唐咨为主，诏屯骑校尉任福等讨平之。咨自海道亡入吴，吴人以为将军。

（以上为第五段，写诸葛亮进兵南中。吴王孙权用顾雍为丞相。）

秋，七月，立皇子鉴为东武阳王。

汉诸葛亮至南中，所在战捷。亮由越嶲入，斩雍闿及高定。使庲降督益州李恢由益州入，门下督巴西马忠由牂柯入，击破诸县，复与亮合。孟获收闿余众以拒亮。获素为夷、汉所服，亮募生致之，既得。使观于营陈之间，问曰："此军何如？"获曰："向者不知虚实，故败。今蒙赐观营陈，若只如此，即定易胜耳。"亮笑，纵使更战。七纵七禽而亮犹遣获，获止不去，曰："公，天威也，南人不复反矣！"亮遂至滇池。

益州、永昌、牂柯、越嶲四郡皆平，亮即其渠率而用之。或以谏亮，亮曰："若留外人，则当留兵，兵留则无所食，一不易也；加夷新伤破，父兄死丧，留外人而无兵者，必成祸患，二不易也；又，夷累有废杀之罪，自嫌衅重，若留外人，终不相信，三不易也。今吾欲使不留兵，不运粮，而纲纪粗定，夷、汉粗安故耳。"亮于是悉收其俊杰孟获等以为官属，出其金、银、丹、漆、耕牛、战马以给军国之用。自是终亮之世，夷不复反。

八月，帝以舟师自谯循涡入淮。尚书蒋济表言水道难通，帝不从。冬，十月，如广陵故城，临江观兵，戎卒十余万，旌旗数百里，有渡江之志。吴人严兵固守。时天寒，冰，舟不得入江。帝见波涛汹涌，叹曰："嗟乎，固天所以限南北也！"遂归。孙韶遣将高寿等率敢死之士五百人，于迳路夜要帝，帝大惊。寿等获副车、羽盖以还。于是战船数千皆

究讨论，并预备酒饭；若不符合顾雍的心意，他就变得严肃，沉默不语，无所表示。中书郎回去禀报吴王，吴王说："顾公欢喜，说明事情合理；他不发表意见，说明事情欠妥，我应当重新考虑。"长江沿岸的各要塞的将领，都想立功报效吴王，大多上书陈述有机可乘，可以突然袭击。吴王因此征询顾雍，顾雍说："我听说贪求小利是兵法所禁戒的，这些计策是想为他们自己邀功请赏，不是为了国家，陛下应当禁止，如果不足以扬我神威，挫敌元气，就不应当听从。"吴王采纳了这个意见。

利成郡的士兵蔡方等反叛，杀死太守徐质，推举郡中人唐咨为军主，魏文帝诏令屯骑校尉任福等征讨，平息了叛乱。唐咨从海路逃入吴国，被吴人任命为将军。

秋季，七月，魏文帝册立皇子曹鉴为东武阳王。

蜀汉诸葛亮进军到达南中，所到之处，战无不胜。诸葛亮从越嶲进入，杀掉雍闿和高定。派庲降督益州人李恢从益州进入，门下督巴西人马忠从牂柯进入，攻克各县，又和诸葛亮会合。孟获召集雍闿的残部抗拒诸葛亮。孟获素来受到当地夷人、汉人的信赖，诸葛亮想活捉他，捉到后，让他参观军营兵阵，问他："这样的军队怎么样？"孟获回答说："先前不了解虚实，所以失败。现在蒙您许可参观了军营兵阵，若只是这样，我就一定能轻易地取胜了。"诸葛亮笑了，放了孟获让他再来交战。如此七次放走孟获，七次捉拿回来，但诸葛亮还要放他走，孟获这次却留下不走了，说："明公是天降的神威，南边的人不再反叛了！"诸葛亮最终到达滇池。

益州、永昌、牂柯、越嶲四郡全部平定，诸葛亮就任命当地原来的头领作地方长官。有人劝阻诸葛亮，诸葛亮说："若留下外地人做官，就应当留守军队，留守军队就难以解决军粮问题，这是第一件难事；加上夷人刚刚受到战争的创伤，父兄战死，留下外地人而不留守军队，势必有祸患，这是第二件难事；夷人曾多次杀掉我地方官员，自知犯下的罪行深重，若留下外地人，始终不被信任，这是第三件难事。如今我不留外地人是不想留守军队，不运送军粮，而让法纪在这里初步实现，使夷人、汉人基本安定的缘故。"诸葛亮就尽情招收孟获等当地所有的豪杰，任命他们为地方官吏，收取当地的金、银、丹、漆、耕牛、战马，用以供给国家使用。自此，在诸葛亮去世之前，夷人没有再反叛。

八月，魏文帝率领水军从谯县沿着涡水进入淮河。尚书蒋济上表说水路难以通行，魏文帝不听。冬季，十月，魏文帝到达广陵旧城，在长江边检阅军队，全副武装的军队十几万，旌旗相望几百里，大有兵渡长江之志。吴国整治军队，加固防守。这时天气寒冷，水面结冰，船只无法进入长江。魏文帝看到长江波涛汹涌，叹息说："啊，这原本是上天要来分割南北啊！"于是班师。孙韶派遣将领高寿等率领敢死队

滞不得行，议者欲就留兵屯田，蒋济以为："东近湖，北临淮，若水盛时，贼易为寇，不可安屯。"帝从之，车驾即发。还，到精湖，水稍尽，尽留船付济。船连延在数百里中，济更凿地作四五道，蹴船令聚；豫作土豚遏断湖水，皆引后船，一时开遏入淮中，乃得还。

十一月，东武阳王鉴薨。

十二月，吴番阳贼彭绮攻没郡县，众数万人。

（以上为第六段，写诸葛亮平定南中。魏文帝三临长江。）

七年（丙午，226年）

春，正月，壬子，帝还洛阳，谓蒋济曰："事不可不晓。吾前决谓分半烧船于山阳湖中，卿于后致之，略与吾俱至谯。又每得所陈，实入吾意。自今讨贼计画，善思论之。"

汉丞相亮欲出军汉中，前将军李严当知后事，移屯江州，留护军陈到驻永安，而统属于严。

吴陆逊以所在少谷，表令诸将增广农亩。吴王报曰："甚善！令孤父子亲受田，车中八牛，以为四耦，虽未及古人，亦欲令与众均等其劳也。"

帝之为太子也，郭夫人弟有罪，魏郡西部都尉鲍勋治之；太子请，不能得，由是恨勋。及即位，勋数直谏，帝益忿之。帝伐吴还，屯陈留界。勋为治书执法，太守孙邕见出，过勋；时营垒未成，但立标埒，邕邪行，不从正道，军营令史刘曜欲推之，勋以堑垒未成，解止不举。帝闻之，诏曰："勋指鹿作马，收付廷尉。"廷尉法议，"正刑五岁"，三官驳，"依律，罚金二斤"，帝大怒曰："勋无活分，而汝等欲纵之！收三官已下付刺奸，当令十鼠同穴！"钟繇、华歆、陈群、辛毗、高柔、卫臻等并表勋父信有功于太祖，求请勋罪，帝不许。高柔固执不从诏命，帝怒甚，召柔诣台，遣使者承指至廷尉诛勋。勋死，乃遣柔还寺。

骠骑将军都阳侯曹洪，家富而性吝啬，帝在东宫，尝从洪贷绢百匹，

五百人，在小路上趁夜里拦截魏文帝，魏文帝大惊。高寿等缴获副车、羽盖而归。此时，几千只战船都因冰冻滞留无法前进，谋划的人主张留驻军队，就地屯田，蒋济认为："此地东面临近高邮湖，北面靠着淮河，如果涨水，敌贼容易来劫掠，不能在这里安营屯田。"魏文帝听从了这个建议，车驾立即启程，回到精湖，水路逐渐断绝，将所有的船只交付给蒋济。船只绵延几百里，蒋济就命令挖掘四五条水道，把船只集中起来；预先修筑土坝，堵住湖水，使水面升高把后面的船托举上来，然后突然挖开土坝，让船流进淮河，这才得以返回。

十一月，东武阳王曹鉴去世。

十二月，吴国番阳叛贼彭绮攻占郡县，部众有几万人。

魏文帝黄初七年（丙午，226年）

春季，正月初十日壬子，魏文帝回到洛阳，对蒋济说："对一个事件不可以不了解深透。我先前决定说要将一半的船在山阳湖中烧掉，幸而你在后面把这些船弄来，又几乎和我同时到达谯县。还有你每次陈说的计划，很符合我的意思。以后讨伐孙权的计划，要好好地思考，认真地讨论。"

汉丞相诸葛亮想进兵汉中，前将军李严主管后勤事务，移兵驻守江州，留下护军陈到驻守永安，归属李严指挥。

吴国陆逊因为所在地方粮少，上表请求命令各位将领屯垦农田。吴王答复说："很好！让孤王父子亲自下田耕作，用拉一个车的八头牛来拉四组犁耕地，尽管赶不上古人，也想让自己和众人分担劳苦。"

魏文帝做太子时，郭夫人的弟弟犯罪，魏郡西部都尉鲍勋将其治罪。太子向鲍勋请求赦免，没有同意，因此怀恨鲍勋。即位后，鲍勋多次直接劝谏，魏文帝更加怨恨他。魏文帝讨伐吴国返回，驻守在陈留境界。鲍勋任治书执法，太守孙邕晋见魏文帝后出来，拜访鲍勋；那时营垒尚未建成，只竖了些标记，圈筑起矮墙，孙邕斜穿过去，没有从正路走，军营令史刘曜要追查他，鲍勋认为营垒没有筑成，劝止刘曜不去追究。魏文帝听说此事，下诏说："鲍勋指鹿为马，收捕交付廷尉。"廷尉依法裁决："应处五年徒刑。"三官反驳："依据法律，应罚金二斤。"魏文帝大怒道："鲍勋犯了死罪没有活路了，而你们却要放掉他！收捕三官以下交付刺奸，要让你们十只老鼠同埋在一个坑里！"钟繇、华歆、陈群、辛毗、高柔、卫臻等共同上表阐明鲍勋的父亲鲍信对太祖有功，请求赦免鲍勋的罪过，魏文帝不同意。高柔坚持己见，不听从诏命，魏文帝暴怒，召高柔到尚书台，派使者带着圣旨到廷尉诛杀鲍勋。鲍勋死了之后，才放高柔回到廷尉官府。

骠骑将军都阳侯曹洪，家中富有，但生性吝啬，魏文帝在东宫还是太子时，曾

不称意，恨之；遂以舍客犯法，下狱当死，群臣并救，莫能得。卞太后责怒帝曰：“梁、沛之间，非子廉无有今日。”又谓郭后曰：“令曹洪今日死，吾明日敕帝废后矣！”于是郭后泣涕屡请，乃得免官，削爵土。

初，郭后无子，帝使母养平原王叡；以叡母甄夫人被诛，故未建为嗣。叡事后甚谨，后亦爱之。帝与叡猎，见子母鹿，帝亲射杀其母，命叡射其子；叡泣曰：“陛下已杀其母，臣不忍复杀其子。”帝即放弓矢，为之恻然。夏，五月，帝疾笃，乃立叡为太子。丙辰，召中军大将军曹真、镇军大将军陈群、抚军大将军司马懿，并受遗诏辅政。丁巳，帝殂。

陈寿评曰：文帝天资文藻，下笔成章，博闻强识，才艺兼该。若加之旷大之度，励以公平之诚，迈志存道，克广德心，则古之贤主，何远之有哉！

（以上为第七段，写魏文帝徇情枉法。）

太子即皇帝位，尊皇太后曰太皇太后，皇后曰皇太后。

初，明帝在东宫，不交朝臣，不问政事，惟潜思书籍；即位之后，群下想闻风采。居数日，独见侍中刘晔，语尽日，众人侧听，晔既出，问：“何如？”曰：“秦始皇、汉孝武之俦。才具微不及耳。”

帝初莅政，陈群上疏曰：“夫臣下雷同，是非相蔽，国之大患也。若不和睦则有仇党，有仇党则毁誉无端，毁誉无端则真伪失实，此皆不可不深察也。”

癸未，追谥甄夫人曰文昭皇后。

壬辰，立皇弟蕤为阳平王。

六月，戊寅，葬文帝于首阳陵。

吴王闻魏有大丧，秋，八月，自将攻江夏郡，太守文聘坚守。朝议欲发兵救之。帝曰：“权习水战，所以敢下船陆攻者，冀掩不备也。今已与聘相拒；夫攻守势倍，终不敢久也。”先是，朝廷遣治书侍御史荀禹慰劳边方，禹到江夏，发所经县兵及所从步骑千人乘山举火，吴王遁走。

经向曹洪借一百匹绢，未能如愿，因此怀恨曹洪；便以曹洪的宾客犯法为由，将曹洪关进监狱，判处死刑，群臣一起求赦，不成。卞太后怒斥魏文帝说：“当年在梁、沛一带，不是曹洪奋战，哪会有今天。”又对郭后说：“假若曹洪今天死，我明天就让皇帝废掉皇后！”因此郭后哭着多次为曹洪请求，曹洪才得以只免去官职，削去爵位和封地。

当初，郭皇后没有儿子，魏文帝让她做母亲抚养平原王曹叡；因为曹叡的母亲甄夫人被杀，故而没有立他为太子。曹叡侍奉皇后非常谨慎，皇后也很喜欢他，魏文帝和曹叡狩猎，看见一只母鹿带着小鹿，魏文帝亲自射死了那只母鹿。命令曹叡射杀那只小鹿；曹叡哭着说：“陛下已经杀死了那只母鹿，臣不忍心再杀死它的小鹿。”魏文帝当即放下弓箭，为此动了恻隐之心。夏季，五月，魏文帝病危，于是立曹叡为太子。五月十六日丙辰，招来中军大将军曹真、镇军大将军陈群、抚军大将军司马懿，共同接受遗诏辅佐朝政。五月十七日丁巳，魏文帝去世。

陈寿评论说：魏文帝有文学天赋，落笔成章，博闻强记，才艺双全。如果多一点宽阔旷达的气度，多一点公平真诚，从容勉励志行，维护大道；能够推行德政，广施恩惠。那么和古代的贤明君主就不会相差太远了！

太子曹叡即位，尊皇太后为太皇太后，皇后为皇太后。

当初，明帝曹叡住在东宫时，不结交朝中大臣，不过问政事，只潜心阅读书籍；即位之后，群臣想见识一下他的风采。几天之后，只接见了侍中刘晔，交谈了一天，众人在外侧耳而听，刘晔出来后，众人问：“怎么样？”刘晔说：“秦始皇、汉武帝一类的人，不过才智稍差一点罢了。”

魏明帝刚临政，陈群上奏说：“臣下随声附和，是非不明，是国家的大患。若不和睦相处，就有对立的党派出现，对立的党派出现，就会有无端的诋毁，有了无端的诋毁，真假就会难辨，这些都不能不明察。”

五月癸未日，追谥甄夫人为文昭皇后。

五月壬辰日，立皇弟曹蕤为阳平王。

六月初九日戊寅，在首阳陵安葬魏文帝。

吴王听说魏文帝去世，秋季，八月，亲自率军进攻江夏郡，太守文聘坚守。朝廷大臣们商量想派兵救援江夏郡。魏明帝说：“孙权熟悉水战，他之所以敢弃船登陆进攻，是希望乘我不备而突然袭击。如今已经和文聘相持，按照进攻一方要比防守一方多一倍的常理，孙权终究不敢久留。”在此之前，朝廷派治书侍御史荀禹慰劳边防将士，荀禹赶到江夏，征调所过之县的兵力和自己随从的一千步骑兵一同登山纵

辛巳，立皇子冏为清河王。

吴左将军诸葛瑾等寇襄阳，司马懿击破之，斩其部将张霸；曹真又破其别将于寻阳。

吴丹阳、吴、会山民复为寇，攻没属县。吴王分三郡险地为东安郡，以绥南将军全琮领太守。琮至，明赏罚，招诱降附，数年，得万余人。吴王召琮还牛渚，罢东安郡。

冬，十月，清河王冏卒。

吴陆逊陈便宜，劝吴王以施德缓刑，宽赋息调。又云："忠谠之言，不能极陈；求容小臣，数以利闻。"王报曰："《书》载'予违汝弼'，而云不敢极陈，何得为忠谠哉！"于是令有司尽写科条，使郎中褚逢赍以就逊及诸葛瑾，意所不安，令损益之。

十二月，以钟繇为太傅，曹休为大司马，都督扬州如故，曹真为大将军，华歆为太尉，王朗为司徒，陈群为司空，司马懿为票骑大将军。歆让位于管宁，帝不许。征宁为光禄大夫，敕青州给安车吏从，以礼发遣，宁复不至。

是岁，吴交趾太守士燮卒，吴王以燮子徽为安远将军，领九真太守，以校尉陈时代燮。交州刺史吕岱以交趾绝远，表分海南三郡为交州，以将军戴良为刺史；海东四郡为广州，岱自为刺史；遣良与时南入。而徽自署交趾太守，发宗兵拒良，良留合浦。交趾桓邻，燮举吏也，叩头谏徽，使迎良。徽怒，笞杀邻，邻兄治合宗兵击，不克。吕岱上疏请讨徽，督兵三千人，晨夜浮海而往。或谓岱曰："徽借累世之恩，为一州所附，未易轻也。"岱曰："今徽虽怀逆计，未知吾之卒至；若我潜军轻举，掩其无备，破之必也，稽留不速，使得生心，婴城固守，七郡百蛮，云合响应，虽有智者，谁能图之！"遂行，过合浦，与良俱进。岱以燮弟子辅为师友从事，遣往说徽。徽率其兄弟六人出降，岱皆斩之。

孙盛论曰：夫柔远能迩，莫善于信。吕岱师友士辅，使通信誓；

火，吴王逃走。

六月十二日辛巳，立皇子曹冏为清河王。

吴国左将军诸葛瑾等攻打襄阳，司马懿打败诸葛瑾等，杀了诸葛瑾的部将张霸；曹真又在寻阳击败了诸葛瑾的另一部将。

吴国的丹阳、吴郡、会稽三郡山民再度造反，攻占了三郡的属县。吴王专门分出三郡的险要地方，设置东安郡，任命绥南将军全琮兼任太守。全琮到任，赏罚分明，招抚、利诱叛民，使他们降附，几年之间，聚众一万多人。吴王召全琮返回牛渚，撤销东安郡。

冬季，十月，清河王曹冏去世。

吴国陆逊陈述当今要办的事情，劝诫吴王施德政，缓刑法，宽赋税，免徭役。又说："忠诚正直的言论，不能透明地向君主陈述，取悦君主的小臣，屡屡以小利启奏。"吴王回答说："《尚书》记载：'我有错误，你来纠正。'你说不能急切地陈述，怎么能称得上是忠诚正直呢？"于是命令有关部门，把所有的法令条规拟好，派郎中褚逢送到陆逊和诸葛瑾那里，他们认为有不妥之地方，加以删改或增添。

十二月，魏明帝任命钟繇为太傅，曹休为大司马，都督扬州的原职不变，曹真任大将军，华歆为太尉，王朗为司徒，陈群为司空，司马懿为骠骑大将军。华歆要将职位让给管宁，魏明帝不同意。魏明帝征召管宁为光禄大夫，命令青州官府给管宁提供安车与随从官吏，用对待朝廷大臣的礼仪欢送，管宁还是不应召。

这一年，吴国交趾太守士燮去世，吴王任命士燮的儿子士徽为安远将军，兼任九真太守，以校尉陈时接替士燮的职务。交州刺史吕岱认为交州太远，上表请求把海南三郡设立为交州，任命将军戴良为刺史；海东四郡设立为广州，由吕岱自任刺史。吕岱派戴良和陈时南下。而士徽则自命为交趾太守，发动自己宗族的军队抗拒戴良入境，戴良停留在合浦。交趾人桓邻是从前士燮举荐的官吏，叩头劝说士徽，让他迎接戴良。士徽发怒，将桓邻活活用棍棒打死，桓邻的哥哥桓治集合宗族兵攻击士徽，没有取胜。吕岱上奏请求讨伐士徽，率兵三千，日夜兼程，渡海前往。有人对吕岱说："士徽凭据他家族几代对交趾人的恩惠，为一州人所归附，不能太轻视了。"吕岱说："现在士徽虽然心怀叛逆的阴谋，但不知道我突然来到：如果我隐蔽进军，轻装前进，攻其不备，必定能打败他。如果迟疑滞留，不迅速进兵，以致他有了疑心，据城固守，七郡的许许多多的蛮族部落，纷纷起来响应，那时即便有高明的人，谁能对付得了呢？"就下令行军，经过合浦时，与戴良一起前进。吕岱任命士燮弟弟的儿子士辅为从事，以师友之礼相待，派他去劝说士徽投降。士徽率领兄弟六人出城投降，吕岱把他们全部杀掉。

孙盛评论说：安抚远人，亲善近民，没有比讲信义更好的。吕岱按照师友

徽兄弟肉袒，推心委命，岱因灭之以要功利，君子是以知吕氏之祚不延者也。

徽大将甘醴及桓治率吏民共攻岱，岱奋击，破之。于是除广州，复为交州如故。岱进讨九真，斩获以万数；又遣从事南宣威命，暨徼外扶南、林邑、堂明诸王，各遣使入贡于吴。

（以上为第八段，写魏明帝曹叡即位。吴平交趾之乱。）

烈祖明皇帝上之上

太和元年（丁未，227 年）

春，吴解烦督胡综、番阳太守周鲂击彭绮，生获之。

初，绮自言举义兵，为魏讨吴，议者以为因此伐吴，必有所克。帝以问中书令太原孙资，资曰："番阳宗人，前后数有举义者，众弱谋浅，旋辄乖散。昔文皇帝尝密论贼形势，言洞浦杀万人，得船千数，数日间，船人复会；江陵被围历月，权裁以千数百兵住东门，而其土地无崩解者；是其法禁上下相维之明验也。以此推绮，惧未能为权腹心大疾也。"至是，绮果败亡。

二月，立文昭皇后寝园于邺。王朗往视园陵，见百姓多贫困，而帝方营修宫室，朗上疏谏曰："昔大禹欲拯天下之大患，故先卑其宫室，俭其衣食；句践欲广其御儿之疆，亦约其身以及家，俭其家以施国；汉之文、景欲恢弘祖业，故割意于百金之台，昭俭于弋绨之服；霍去病中才之将，犹以匈奴未灭，不治第宅。明恤远者略近，事外者简内也。今建始之前，足用列朝会；崇华之后，足用序内官；华林、天渊，足用展游宴。若且先成象魏，修城池，其余一切须丰年，专以勤耕农为务，习戎备为事，则民充兵强而寇戎宾服矣。"

三月，蜀丞相亮率诸军北驻汉中，使长史张裔、参军蒋琬统留府事。临发，上疏曰："先帝创业未半而中道崩殂，今天下三分，益州疲敝，此诚危急存亡之秋也。然侍卫之臣不懈于内，忠志之士忘身于外者，盖追

之礼对待士辅，让他去和士徽结下真诚的誓约，士徽兄弟袒露肢体，真心归降，吕岱却为了邀功取利杀害他们，君子由此可知吕氏的禄位不会延续了。

士徽的大将甘醴与桓治率领官民一起进攻吕岱，吕岱奋起反击，打败了甘醴等。于是撤销广州，又依原样恢复交州。吕岱进军征讨九真，斩杀、俘获的人数以万计；又派从事南下到境外扶南、林邑、堂明的众王那里，宣布吴王的威命，众王各自派遣使者向吴国朝贡。

烈祖明皇帝上之上

魏明帝太和元年（丁未，227年）

春季，吴国的解烦督胡综、番阳太守周鲂攻击彭绮，将他活捉了。

当初，彭绮自称兴举义兵，替魏国讨伐吴国，魏国谋议的人认为趁此机会讨伐吴国，一定获得胜利。魏明帝询问中书令太原人孙资，孙资说："番阳的宗族党人，曾经前后多次举兵起义，但人数少，谋议浅，随即就溃散了。当初魏文帝曾经周密地分析过敌贼的形势，说我们在洞浦杀了敌军一万人，缴获船只数以千计，数天之内，敌贼船只人马又集中起来了；江陵被围困一个月，孙权才率领一千几百名援兵驻守东门，然而吴国的境内并没有出现分崩离析的局面；这是他们法纪严密，上下同心协力的明显证据。以此来推论彭绮的起义，恐怕不能成为孙权的心腹大患。"到此时，彭绮果然失败了。

二月，在邺都建立文昭皇后的陵园。王朗前往视察陵园，发现百姓大多贫困，而魏明帝正在营建宫室，王朗上书劝谏说："从前大禹想要拯救天下百姓的深重灾难，所以先让他的宫室简陋，衣食节俭；勾践为了拓展御儿的疆域，也约束自己和家人，节俭家用来奉献国家；汉代的文帝、景帝，为了发扬光大祖宗的基业，割爱停建只需百金的楼台，十分节俭，以致穿粗厚黑色的衣服；霍去病是个中等才干的将领，尚且下定决心匈奴没有消灭，不置宅第。这些表明有远虑的人，一定忽略眼前的享受；要对付外敌的人一定要使内部节俭。现今的建始殿前面，足可以用来供大臣们列班上朝；崇华殿的后面，足可以用来安置内宫；华林园、天渊池，完全可以用来安排宴会与游乐。如果暂时只先建成宫室外的门阙，修好城池，其余的一切等到丰年再兴建，当前专心劝农勤耕为要务，整训军事为大事，这样人民富足，军队强大，而敌贼便会臣服了。"

三月，蜀国丞相诸葛亮率领各军北上，进驻汉中，委任长史张裔、参军蒋琬统管留守丞相府的事务。诸葛亮出发前上表说："先帝创立大业未及一半就中途去世，现今天下三分，益州最为贫困，这确实是到了存亡危急的紧要关头。但是陛下身旁

先帝之殊遇，欲报之于陛下也。诚宜开张圣听，以光先帝遗德，恢弘志士之气；不宜妄自菲薄，引喻失义，以塞忠谏之路也。

“宫中、府中，俱为一体，陟罚臧否，不宜异同。若有作奸犯科及为忠善者，宜付有司论其刑赏，以昭陛下平明之理，不宜偏私，使内外异法也。

“侍中、侍郎郭攸之、费祎、董允等，此皆良实，志虑忠纯，是以先帝简拔以遗陛下。愚以为宫中之事，事无大小，悉以咨之，然后施行，必能裨补阙漏，有所广益。将军向宠，性行淑均，晓畅军事，试用于昔日，先帝称之曰能，是以众议举宠为督。愚以为营中之事，悉以咨之，必能使行陈和睦，优劣得所。

“亲贤臣，远小人，此先汉所以兴隆也；亲小人，远贤臣，此后汉所以倾颓也。先帝在时，每与臣论此事，未尝不叹息痛恨于桓、灵也。侍中、尚书、长史、参军，此悉端良，死节之臣，愿陛下亲之，信之，则汉室之隆，可计日而待也。

“臣本布衣，躬耕南阳，苟全性命于乱世，不求闻达于诸侯。先帝不以臣卑鄙，猥自枉屈，三顾臣于草庐之中，咨臣以当世之事；由是感激，遂许先帝以驱驰。后值倾覆，受任于败军之际，奉命于危难之间，尔来二十有一年矣。先帝知臣谨慎，故临崩寄臣以大事也。

“受命以来，夙夜忧叹，恐托付不效，以伤先帝之明。故五月渡泸，深入不毛。今南方已定，甲兵已足，当奖率三军，北定中原，庶竭驽钝，攘除奸凶，兴复汉室，还于旧都，此臣所以报先帝，而忠陛下之职分也。至于斟酌损益，进尽忠言，则攸之、祎、允之任也。愿陛下托臣以讨贼兴复之效，不效，则治臣之罪以告先帝之灵，责攸之、祎、允等之慢以章其咎。陛下亦宜自谋，以咨诹善道，察纳雅言，深追先帝遗诏，臣不胜受恩感激。今当远离，临表涕零，不知所言。”遂行，屯于沔北阳平石马。

亮辟广汉太守姚伷为掾，伷并进文武之士，亮称之曰：“忠益者莫大

的侍卫与臣子在宫内兢兢业业，忠诚的志士在宫外为国效劳，他们这样做是因为思念先帝的深厚恩惠，想用来报答陛下。陛下确实应当广泛听取臣下的意见，用以光大先帝留传下来的美德，振奋有志之士的气节；不应该妄自菲薄，谈话不合道理，从而堵塞忠诚劝谏的言路。

“宫禁内的官员和相府里的官员都是一个整体，赏罚褒贬，不应有区别。如果有干坏事触犯法律的，以及尽忠行善的，应当交由有关部门论定赏罚和褒贬，用以表明陛下的公允、明察，不要偏私，使宫廷内外执法不一。

“侍中、侍郎郭攸之、费祎、董允等，他们都是善良诚实、思想忠贞纯正的官员，因而先帝选拔出来辅佐陛下。臣认为宫中的事情，无论大小，都应当向他们咨询，然后再施行，这样必能弥补遗缺，得到更多益处。将军向宠，生性善良公正，精通军事，从前经历过考验，先帝称赞他有才能，因此众人推举他为统领禁军的中郎。臣认为禁卫军营的事务，都可以征询他的意见，这样一定能让将士和睦，能力强的人与能力差的人各得其所。

“亲近贤臣，疏远小人，这是前汉之所以兴盛的原因；亲近小人，疏远贤臣，这是后汉之所以衰败的原因。先帝在世时，每次和我谈论此事，没有一次不叹息痛恨桓、灵二帝的。侍中、尚书、长史、参军，他们都是正直贤良，能以死报国的臣子，希望陛下亲近他们、信任他们，那么汉室的兴盛，就指日可待了。

“臣原是一个平民百姓，亲自在南阳耕作，只求在乱世中能保全性命，不求在群雄里闻名显达。先帝不因为我卑下鄙陋，俯就屈驾，三次到茅庐中来拜访我，向我咨询当今时事；因而感激，终于允诺为先帝奔走效命。后来遇到失败，在兵败的时候承担重任，在危难的时候接受使命，自那时以来，已有二十一年了。先帝知道我谨慎，因而临终时将辅佐大事托付给我。

“自从接受先帝遗命以来，日夜忧虑叹息，唯恐辜负重托，有损先帝的知人之明。因此臣五月渡过泸水，深入不毛之地。现在南方已经平定，部队已经充实，应当激励将士，率领军队，北伐平定中原，希望尽我微薄之力，铲除奸凶，复兴汉室，回到故都，这是臣报答先帝，忠于陛下的职责。至于对政事的斟酌衡量、尽心，进献忠言，那些是郭攸之、费祎、董允的职责。希望陛下委任臣讨伐国贼，光复汉室的使命如果没有成效，北伐无功，就将臣治罪，以告先帝的在天之灵；未进忠言，就责问郭攸之、费祎、董允等疏忽职守，公开他们的过错。陛下也应当自己考量，征询好的治国方案，明察和接受正确的言论，真正遵循先帝的遗诏，臣深受大恩，非常感激。现今就要远离陛下了，面对这份表章，禁不住泪流满面。”于是率军出发，驻扎在沔水以北的阳平石马。

诸葛亮征辟广汉太守姚伷为掾，姚伷同时举荐一些文武官员，诸葛亮称赞他说：

于进人，进人者各务其所尚。今姚掾并存刚柔以广文武之用，可谓博雅矣。愿诸掾各希此事以属其望。”

帝闻诸葛亮在汉中，欲大发兵就攻之，以问散骑常侍孙资，资曰：“昔武皇帝征南郑，取张鲁，阳平之役，危而后济，又自往拔出夏侯渊军，数言‘南郑直为天狱，中斜谷道为五百里石穴耳’，言其深险，喜出渊军之辞也。又，武皇帝圣于用兵，察蜀贼栖于山岩，视吴虏窜于江湖，皆桡而避之，不责将士之力，不争一朝之忿，诚所谓见胜而战，知难而退也。今若进军就南郑讨亮，道既险阻，计用精兵及转运镇守南方四州，遏御水贼，凡用十五六万人，必当复更有所发兴，天下骚动，费力广大，此诚陛下所宜深虑。夫守战之力，力役参倍。但以今日见兵分命大将据诸要险，威足以震摄强寇，镇静疆埸，将士虎睡，百姓无事。数年之间，中国日盛，吴、蜀二虏必自罢敝。”帝乃止。

（以上为第九段，写诸葛亮北伐，临行，上《出师表》于后主，忠义奋发，《资治通鉴》在此全文引载。）

初，文帝罢五铢钱，使以谷帛为用，人间巧伪渐多，竞湿谷以要利，薄绢以为市，虽处以严刑，不能禁也。司马芝等举朝大议，以为：“用钱非徒丰国，亦所以省刑，今不若更铸五铢为便。”夏，四月，乙亥。复行五铢钱。

甲申，初营宗庙于洛阳。

六月，以司马懿都督荆、豫州诸军事，率所领镇宛。

冬，十二月，立贵嫔河内毛氏为皇后。初，帝为平原王，纳河内虞氏为妃；及即位，虞氏不得立为后，太皇卞太后慰勉焉。虞氏曰：“曹氏自好立贱，未有能以义举者也。然后职内事，君听外政，其道相由而成；苟不能以善始，未有能令终者也，殆必由此亡国丧祀矣！”虞氏遂绌还邺宫。

初，太祖、世祖皆议复肉刑，以军事不果。及帝即位，太傅钟繇上言：“宜如孝景之令，其当弃市欲斩右趾者，许之；其黥、劓、左趾、宫刑者，自如孝文易以髡笞，可以岁生三千人。”诏公卿已下议，司徒朗以

“对国家效忠没有比举荐人才更好的了，推荐的人往往只根据自己的爱好，而属官姚伷推荐的人才有文有武，并存刚柔，可以说他是一个博学纯正的人。希望众属官都学习姚伷，以符合我对你们的期望。”

魏明帝听说诸葛亮驻军汉中，想大举发兵去攻打，就以此事征询散骑常侍孙资，孙资说：“当年武皇帝征讨南郑，攻取张鲁，在阳平之战中，身陷危境，后来虽然勉强取胜，最终还是武皇帝亲自前往救出夏侯渊的军队。武皇帝多次说：‘南郑简直就是一座天生的牢狱，中间的斜谷道就是五百里石头做墓穴’，说的就是谷道幽深险要，庆幸自己救出了夏侯渊军队。再说武皇帝用兵如神，深知蜀贼栖息在山岭之中，吴寇鼠窜于江湖之上，都能委屈地避开，不强求将士去拼杀，不硬争一朝之气，这就是所谓知胜而战，知难而退。现今如果进军到南郑征伐诸葛亮，道路既险阻，还要调用精兵以及转运军资，加上镇守南方四州、抵御吴军水贼，预计总共需用士兵十五六万人，如此，就一定要去征调更多的人力物力，骚扰天下，耗费巨大，这确实是陛下应当仔细考虑的。防守与进攻的力量平衡有三倍之差。只以目前现有的兵力，分派大将据守各个险要，威力足可震慑强寇，镇定边界，将士可以像猛虎那样安睡，养精蓄锐，百姓也可以安然无事。数年之后，我国日益强盛，吴、蜀两贼必将自然衰败。”魏明帝便停止了出兵。

当初，魏文帝废除五铢钱，用粮食和丝帛代替钱币，社会上弄虚作假的情况日益增多，竞相把谷物弄湿以获取私利，用薄绢来购物，即使用严刑处罚，还是不能禁止。司马芝等在朝廷上展开议论，认为：“使用钱币不光可以富国，也可以省刑，现今不如重新铸造五铢钱更为有利。”夏季，四月初十日乙亥，魏国恢复使用五铢钱。

四月十九日甲申，魏国开始在洛阳建立宗庙。

六月，任命司马懿总理荆、豫州的军事，率领所属军队镇守宛城。

冬季，十二月，魏明帝册立贵嫔河内人毛氏为皇后。当初，魏明帝为平原王，娶河内人虞氏为妃；等到即皇帝位，虞氏没有被立为皇后，太皇太后卞氏安抚、劝勉她。虞氏说：“曹氏家族原本就好立低贱人，没有能按大义推举的。但皇后职掌宫内事务，君王负责宫外政事，这就是内外相辅相成的道理；若不能有个好开端，就不能有一个好的结果，恐怕必定会因此而亡国绝祀！”于是虞氏被废，回到邺都的宫中。

起初，魏太祖武帝、世祖文帝都议论过恢复肉刑，因为战争而没有实施。等到魏明帝即皇帝位，太傅钟繇进言道：“应仿照汉景帝的诏令，如果应当斩首示众的愿意砍去右脚抵罪，应当允许；那些处以黥、劓、左趾、宫刑的，自然也应当依照汉

为："肉刑不用已来，历年数百；今复行之，恐所减之文未彰于万民之目，而肉刑之问已宣于寇仇之耳，非所以来远人也。今可按繇所欲轻之死罪，使减死髡刑，嫌其轻者，可倍其居作之岁数，内有以生易死不訾之恩，外无以刖易钛骇耳之声。"议者百余人，与朗同者多。帝以吴、蜀未平，且寝。

是岁，吴昭武将军韩当卒，其子综淫乱不轨，惧得罪，闰月，将其家属、部曲来奔。

初，孟达既为文帝所宠，又与桓阶、夏侯尚亲善；及文帝殂，阶、尚皆卒，达心不自安。诸葛亮闻而诱之，达数与通书，阴许归蜀；达与魏兴太守申仪有隙，仪密表告之。达闻之，惶惧，欲举兵叛；司马懿以书慰解之，达犹豫未决，懿乃潜军进讨。诸将言："达与吴、汉交通，宜观望而后动。"懿曰："达无信义，此其相疑之时也。当及其未定促决之。"乃倍道兼行，八日到其城下。吴、汉各遣偏将向西城安桥、木阑塞以救达，懿分诸将以距之。初，达与亮书曰："宛去洛八百里，去吾一千二百里。闻吾举事，当表上天子，比相反覆，一月间也，则吾城已固，诸军足办。吾所在深险，司马公必不自来；诸将来，吾无患矣。"及兵到，达又告亮曰："吾举事八日而兵至城下，何其神速也！"

（以上为第十段，写魏复行五铢钱。孟达反复，叛魏归蜀。）

文帝时，改为削发和鞭打，那么每年可以使三千人新生。”魏明帝诏令公卿大臣商议，司徒王朗认为：“从不用肉刑以来，已经过了几百年了；如今恢复使用它，恐怕减轻刑罚的文字还没让国民看见，而恢复肉刑的消息已经传到了仇敌的耳中，这样做就不是让远方之人来归顺于我们了。如今可以按照钟繇减轻死罪的想法，把死刑减为削发服役，若嫌这罪罚轻了的话，可使他们的服刑年限加倍，那么，内有以生代死不可估量的私德，外没有用砍脚的刖刑来代替脚镣的骇人听闻的恶名。”谋议的有一百多人，和王朗意见一致的占多数，魏明帝认为吴、蜀两国没有平定，就暂时搁置了这事。

这一年，吴国昭武将军韩当去世，他的儿子韩综道德败坏又违法犯罪，害怕被治罪，闰十二月，带领他的家属、部众来投降魏国。

起初，孟达受到魏文帝的宠幸，又和桓阶、夏侯尚亲善；等到魏文帝去世，桓阶、夏侯尚也都相继去世，孟达心中不安，诸葛亮听到这个消息，就引诱他，孟达多次与诸葛亮通信，暗中许诺归蜀；孟达与魏兴太守申仪有仇怨，申仪秘密上表告发孟达。孟达听说后，惶恐不安，想举兵反叛；司马懿写信安慰劝解他，孟达犹豫不决，司马懿就暗中兴兵讨伐。各位将领说：“孟达与吴、汉勾结串通，应当先观察一下再行动。”司马懿说：“孟达不讲信义，如今是他迟疑观望的时候，应该趁他没有做出决定时赶紧去解决他。”于是日夜兼程，用了八天就赶到了孟达的城下。吴、汉各自派偏将攻击西城的安桥、木阑塞用来救援孟达，司马懿也分派将领阻击。起初，孟达写信给诸葛亮说：“宛城离洛阳八百里，离我一千二百里。司马懿听到我起事，应当上表天子，往返来回，也就一个月过去了，如此我的城防已经坚固，各军已做好充分准备。我所处的地方幽深险要，司马懿一定不会亲自前来；其他的将领来，我就没有危害。”等司马懿率兵到达，孟达又写信告诉诸葛亮说：“我起事才八天，司马懿就领兵到了城下，怎么如此神速啊！”

【点评】

三国外交。本卷所载最大历史事件是吴蜀重结盟好。借此点评一个专题，三国形成时期的外交。

所谓三国形成时期的外交，系指从公元207年诸葛亮提出隆中路线，规划孙刘结盟抗曹起，到公元229年吴蜀订立中分天下盟约止，前后23年。其特点是密切配合三方争夺荆州的军事斗争，成功使“人谋”规划的鼎足三分变成现实，它因历史走了曲折的道路而大放异彩，是我国古代列国外交史上的一朵奇葩。

外交是国与国之间的一种政治对话。三国外交特指曹、孙、刘三个独立的政治集团，魏、蜀、吴三国鼎立之间所发生的交往，它为实现各自的政治目的服务，尤其是着重于为现实的形势服务。因此，我们评价三国外交的得失，不能用统一的标准，要依据各自现实的政治目的来衡量他们所采取的策略是否得当。例如赤壁之战前夕，曹操具有统一的形势，正确的外交策略是阻止孙、刘结盟，各个击破，未做到这一点是失策。反过来看孙、刘，他们携手联合抗曹取得一定胜利，其外交策略是正确的。由于三方的最高政治目的皆是统一天下，这一形势决定了三国外交具有浓厚的互相利用的色彩，而没有稳固的联盟。所以刘、孙之间的明争暗斗以及公开交战都是顺乎自然的。所谓“鼎立”就是保持三方之间的力量均衡，这可称之为均衡外交。吴、蜀小国，连体相依，所以金戈铁马之后，仍能握手言和，魏、吴联盟只是短暂的互相利用，因为小国与大国结盟是不平等的依附，随时都有被吞灭的危险。

曹操、刘备是一流的政治家。有魄力、有智慧，在三方斗争中善于化被动为主动。曹操在与刘备争夺汉中之战失败以后，改变策略，挑动吴、蜀火并，由进攻转为防御，让孙权去进攻关羽。曹操的这一手段，收到了预期效果，削弱了吴、蜀，摆脱了困境，保持了曹魏的优势。刘备在困境时也表现了智勇兼备的外交才能。建安十五年十二月，他深入虎穴，求借荆州，诸葛亮曾加以劝阻，预料周瑜等人会设陷阱。果然周瑜和吕范都劝孙权软禁刘备，作为人质。孙权不从，采纳了鲁肃树操之敌的“上计”，刘备才幸免于难。数年后，刘备仍心有余悸，对庞统说，他料孙权“所防在北，当赖孤为援”才计出险途的。刘备此行虽险，但对于局势的分析却准确无误，走棋出奇招，死中求活，得其所愿，表现了他的大智大勇。随后，刘备阻挡孙权伐蜀，权谋也运用得十分高超。先是推说新据诸郡，“未可兴动”，不与孙权合作。孙权说，刘璋不武，恐失益州，危及荆州。刘备回答说，曹操志在吴会，同盟不宜自相攻伐。孙权不听，遣孙瑜率军独进。刘备以自己与刘璋同宗为辞而代璋请罪，同时进行军事部署，“使关羽屯江陵，张飞屯秭归，诸葛亮据南郡，备自住孱陵”，进退有节，有理有据，有实有虚，孙吴君臣无可奈何。但是曹操败于葛鲁之

谋，刘备输于吕蒙之手，都是在自己鼎盛的时候遭到突然的挫折，不能不使人深思。曹操进兵赤壁，未能料到孙、刘结盟，他的强权外交断送了统一的大好形势，是曹操外交的一大失败。刘备命关羽北伐，没有料到吕蒙偷袭，根本原因是因胜利而骄矜。刘备得蜀，寸土不让，以力相争，这是不得人心的。孙权忿然作色骂刘备："猾虏，乃敢挟诈如此！"决定以武力强索荆州，这是刘备黩武招致的外交失败。复仇东伐，不听赵云等人的劝谏，不度德量力，不计后果，抱住正统与道义，是僵化外交断送了隆中路线。孙权奉行灵活外交，第一个果敢决策是借荆州给刘备，树操之敌，屏蔽东吴，联合作战，驱赶曹操还北。孙权第二个果敢决策是称臣于曹魏，袭杀关羽，夺回荆州，并在随后的夷陵之战避免了两线作战。孙权不仅决策果敢，而且手段灵活，笼络禁护军浩周，利用质子之争赢得备战时间。孙权发动的袭夺荆州之战，前后三年，全力对蜀，拖住了刘备，自己未受两线夹击，反而使刘备征吴还要防北，这是孙权在外交上最大的成功。荆州归吴，三国鼎立的均势形成。我们可以毫不夸张地说，诸葛亮隆中路线规划的三分蓝图，只是一个剧目的脚本，导演这出剧目的不是诸葛亮，而是孙权。

外交从属于政治。三国之间的矛盾，蜀、魏两国有正统与僭伪之分，因此是不可调和的。蜀汉国小力弱，需要联合孙权才能对抗曹魏。孙权是异军突起，可秦可楚。地理位置处于全国形胜的下游，联蜀才可能立国，附魏只能称臣。如果蜀亡，或者魏亡，吴国都将失去独立地位，这种政治形势和地理环境决定了吴国外交的摇摆，时而向敌称臣，时而以友为敌，魏强则联蜀，蜀强则附魏，顺应形势求得生存和发展。鼎立均衡是吴国生存的最佳环境，这是孙吴君臣追求的政治格局。孙权的屈身辱志，陆逊的及时退防，都是为此。

蜀汉夷陵败北，刘备去世，诸葛亮结束了死守原则的僵化外交，承认曹魏建立，认可孙权称帝，服从三国鼎立的现实，也采取了灵活策略，重新联吴抗魏。

魏纪三

魏明帝太和二年至四年（228—230年）

【起著雍涒滩（戊申，228年），尽上章阉茂（庚戌，230年），凡三年】

【大事提要】

本卷记事起公元228年，讫公元230年，凡三年，当魏明帝太和二年至太和四年。此时期最大事件是诸葛亮出师北伐，连年动众，收效甚微。首次出兵，误用马谡，蜀兵大败，诸葛亮丧失夺取关中的最好时机。太和四年，曹魏反击，曹真兵出斜谷，亦无功而返，魏、蜀形成对峙局面。孙权称帝，北进争合肥，亦无尺寸之功。曹魏取守势，蓄聚力量，疲敝吴蜀，魏明帝不失为一英主。此外，孙权经营台湾，值得大书。

【原文】

烈祖明皇帝上之下

太和二年（戊申，228 年）

春，正月，司马懿攻新城，旬有六日，拔之，斩孟达。申仪久在魏兴，擅承制刻印，多所假授；懿召而执之，归于洛阳。

初，征西将军夏侯渊之子楙尚太祖女清河公主，文帝少与之亲善，及即位，以为安西将军，都督关中，镇长安，使承渊处。

诸葛亮将入寇，与群下谋之。丞相司马魏延曰："闻夏侯楙，主婿也，怯而无谋。今假延精兵五千，负粮五千，直从褒中出，循秦岭而东，当子午而北，不过十日，可到长安。楙闻延奄至，必弃城逃走。长安中惟御史、京兆太守耳。横门邸阁与散民之谷，足周食也。比东方相合聚，尚二十许日，而公从斜谷来，亦足以达。如此，则一举而咸阳以西可定矣。"亮以为此危计，不如安从坦道，可以平取陇右，十全必克而无虞，故不用延计。

亮扬声由斜谷道取郿，使镇东将军赵云、扬武将军邓芝为疑兵，据箕谷；帝遣曹真都督关右诸军军郿。亮身率大军攻祁山，戎阵整齐，号令明肃。始，魏以汉昭烈既死，数岁寂然无闻，是以略无备豫；而卒闻亮出，朝野恐惧，于是天水、南安、安定皆叛应亮，关中响震，朝臣未知计所出，帝曰："亮阻山为固，今者自来，正合兵书致人之术，破亮必也。"乃勒兵马步骑五万，遣右将军张郃督之，西拒亮。丁未，帝行如长安。

初，越嶲太守马谡，才器过人，好论军计，诸葛亮深加器异；汉昭烈临终，谓亮曰："马谡言过其实，不可大用，君其察之！"亮犹谓不然，以谡为参军，每引见谈论，自昼达夜。及出军祁山，亮不用旧将魏延、吴懿等为先锋，而以谡督诸军在前，与张郃战于街亭。

谡违亮节度，举措烦扰，舍水上山，不下据城。张郃绝其汲道，击，大破之，士卒离散。亮进无所据，乃拔西县千余家还汉中。收谡下狱，

【语译】

烈祖明皇帝上之下

魏明帝太和二年（戊申，228年）

春季，正月，司马懿攻打新城，用十六天时间，攻下城池，杀了孟达。魏兴郡守申仪，长久地驻守魏兴，擅自假传皇帝旨意，刻制印章，多次私授官职；司马懿逮捕了他，送回洛阳。

当初，征西将军夏侯渊的儿子夏侯楙娶了太祖的女儿清河公主，魏文帝年轻时和他很好，等到即位，便任命他为安西将军，负责关中事务，镇守长安，让他接替当年夏侯渊镇守的地区。

诸葛亮将要进攻魏国，与部下商议此事。丞相司马魏延说："听说夏侯楙，是魏武帝的女婿，怯懦而无谋略，如今交给我精兵五千，运粮兵五千，直接从褒中出击，沿秦岭向东，到达子午道后就入谷北进，不过十天，可以到达长安。夏侯楙知道我魏延突然兵临城下，必然弃城逃走。长安城中只留下御史、京兆太守。横门粮仓的储粮和百姓逃散后弃下的粮食，足够供给我军的给养。等到魏国在东方集结起军队，尚需要约二十天，而明公自斜谷来，也完全可以到达。如此，一举便可以平定咸阳以西的地区了。"诸葛亮认为这是冒险的计策，不如安稳地走大路，可以攻取陇右地区，有百分之百的把握取胜而不必担忧，因而不用魏延的计策。

诸葛亮声称要走斜谷道攻取郿县，派镇东将军赵云、扬武将军邓芝作疑兵，据守箕谷，魏明帝派曹真统帅关右各军进驻郿县设防。诸葛亮亲自率领大军攻打祁山，军容整齐，号令严明。当初，魏国认为汉昭烈帝刘备已死，几年默默无闻，因此丝毫没有防备；当突然听到诸葛亮出兵，朝廷和民间感到恐惧，于是天水、南安、安定三郡都反叛魏国响应诸葛亮，关中大为震动，朝廷大臣不知如何应战，魏明帝说："诸葛亮需据守山险才可固守，今天亲自前来投罗网，正符合兵书所说的诱使敌人前来的策略，一定能击败诸葛亮。"便集结步骑兵五万，派右将军张郃统领，向西进军抗击诸葛亮。二月十七日丁未，魏明帝亲自坐镇长安。

当初，越巂太守马谡，才干与见识超过常人，喜欢谈论兵法，诸葛亮十分赏识器重他；汉昭烈帝刘备临终前对诸葛亮说："马谡言过其实，不能重用，你可要多加考察！"诸葛亮不以为然，任命马谡为参军，经常召见马谡议事，从白天直到夜晚。等到出兵祁山，诸葛亮不派沙场旧将魏延、吴懿为先锋，而命马谡统帅各军在前，和张郃在街亭交战。

马谡违反诸葛亮的指示，军令措施琐碎苛刻，放弃有水之地，上山驻扎，而不在山下据守城池。张郃率领魏军切断马谡的取水通道，发动攻击，大败马谡，蜀军

杀之。亮自临祭，为之流涕，抚其遗孤，恩若平生。蒋琬谓亮曰：“昔楚杀得臣，文公喜可知也。天下未定而戮智计之士，岂不惜乎！”亮流涕曰：“孙武所以能制胜于天下者，用法明也；是以扬干乱法，魏绛戮其仆。四海分裂，兵交方始，若复废法，何用讨贼邪！”

谡之未败也，裨将军巴西王平连规谏谡，谡不能用；及败，众尽星散，惟平所领千人鸣鼓自守，张郃疑其有伏兵，不往逼也，于是平徐徐收合诸营遗迸，率将士而还。亮既诛马谡及将军李盛，夺将军黄袭等兵，平特见崇显，加拜参军，统五部兼当营事，进位讨寇将军，封亭侯。亮上疏请自贬三等，汉主以亮为右将军，行丞相事。

是时赵云、邓芝兵亦败于箕谷，云敛众固守，故不大伤，云亦坐贬为镇军将军。亮问邓芝曰：“街亭军退，兵将不复相录，箕谷军退，兵将初不相失，何故？”芝曰：“赵云身自断后，军资什物，略无所弃，兵将无缘相失。”云有军资余绢，亮使分赐将士，云曰：“军事无利，何为有赐，其物请悉入赤岸库，须十月为冬赐。”亮大善之。

或劝亮更发兵者，亮曰：“大军在祁山、箕谷，皆多于贼，而不破贼，乃为贼所破，此病不在兵少也，在一人耳。今欲减兵省将，明罚思过，校变通之道于将来；若不能然者，虽兵多何益！自今已后，诸有忠虑于国者，但勤攻吾之阙，则事可定，贼可死，功可跷足而待矣。”于是考微劳，甄壮烈，引咎责躬，布所失于境内，厉兵讲武，以为后图，戎士简练，民忘其败矣。

亮之出祁山也，天水参军姜维诣亮降。亮美维胆智，辟为仓曹掾，使典军事。

曹真讨安定等三郡，皆平。真以诸葛亮惩于祁山，后必出从陈仓，乃使将军郝昭等守陈仓，治其城。

（以上为第一段，写诸葛亮第一次北伐，误用马谡丢失街亭而败。）

夏，四月，丁酉，帝还洛阳。

溃散。诸葛亮进攻没有据点，就胁迫西县一千多家居民回到汉中。收捕马谡入狱，斩了他。诸葛亮亲自吊丧，为马谡痛哭流涕，抚养马谡的子女，与马谡在世时一样。蒋琬对诸葛亮说："当初楚国杀了得臣，晋文公喜形于色。现在天下没有平定却杀死智谋之士，难道不可惜吗？"诸葛亮伤心流泪说："孙武之所以能横行天下克敌制胜，原因是执法严明；因此扬干犯法，魏绛就杀了他的仆人。如今四海分裂，战争才刚刚开始，如果不严格执法，用什么来讨伐敌贼呢？"

马谡没有战败之前，裨将军巴西人王平多次规劝马谡，马谡没能听从；等到战败，士兵全部溃散，只有王平所帅的一千人还擂着战鼓在防守营寨，张郃怀疑王平有伏兵，不敢进逼，因此王平渐渐聚拢各营残兵，率领将士退回。诸葛亮杀了马谡和将军李盛后，剥夺了将军黄袭等的兵权，唯有王平格外受到重用，擢升他为参军，直接统领五部军队兼管汉中大本营的军务，晋升为讨寇将军，封为亭侯。诸葛亮上奏请求将自己降职三级，汉后主刘禅贬诸葛亮为右将军，代理丞相事务。

此时赵云、邓芝的军队也在箕谷战败，赵云收拢部众坚守，因而损失不大，赵云也因为兵败被贬为镇军将军。诸葛亮问邓芝说："街亭战败撤退，兵将四散没法集结，箕谷战败，兵将仍能保持完整，是什么缘故？"邓芝说："赵云亲自断后，军用物资，丝毫也没有丢弃，兵将没有理由丧失。"赵云有些剩余的军资绢帛，诸葛亮叫他分发赏赐给将士，赵云说："军事上没有胜利，为何要赏赐，请将这些物资全部收入赤岸库，留到十月用作冬季犒赏。"诸葛亮对此大为赞赏。

有人建议诸葛亮应征发更多的军队，诸葛亮说："大军在祁山、箕谷的时候，比敌贼多，但没有打败敌人，反倒被敌人打败，打仗的关键不在兵少，只在统帅一人。如今我想精兵省将，严明惩罚，反思过失，寻找多种应变计划用于将来，如果不能做到的话，即使兵多又有什么用呢？自今往后，凡是尽忠忧国之士，尽管多多批评我的过失，那么大事就可以完成，敌贼就会被消灭，大功告成就可以跷足而待了。"于是详细调查将士，连微小功劳也不放过，对为国捐躯的烈士，一一找出抚慰。诸葛亮引咎自责，在全国境内公开宣布自己的过失，练兵讲武，准备将来进取，将士简明精练，百姓很快忘掉了过去的失败。

诸葛亮出兵祁山时，天水郡参军姜维归降诸葛亮。诸葛亮十分赏识姜维的胆略，征辟为仓曹掾，由他掌管军事。

曹真征讨安定等三郡，将其全部平定。曹真认为诸葛亮会以祁山之败为戒，今后一定从陈仓出兵，因此派将军郝昭等戍卫陈仓，修固城池。

夏季，四月初八日丁酉，魏明帝由长安返回洛阳。

帝以燕国徐邈为凉州刺史。邈务农积谷，立学明训，进善黜恶，与羌、胡从事，不问小过；若犯大罪，先告都帅，使知应死者，乃斩以徇。由是服其威信，州界肃清。

五月，大旱。

吴王使鄱阳太守周鲂密求山中旧族名帅为北方所闻知者，令谲挑扬州牧曹休。鲂曰："民帅小丑，不足杖任，事或漏泄，不能致休。乞遣亲人赍笺以诱休，言被谴惧诛，欲以郡降北，求兵应接。"吴王许之。时频有郎官诣鲂诘问诸事，鲂因诣郡门下，下发谢。休闻之，率步骑十万向皖以应鲂；帝又使司马懿向江陵，贾逵向东关，三道俱进。

秋，八月，吴王至皖，以陆逊为大都督，假黄钺，亲执鞭以见之；以朱桓、全琮为左右督，各督三万人以击休。休知见欺，而恃其众，欲遂与吴战。朱桓言于吴王曰："休本以亲戚见任，非智勇名将也。今战必败，败必走，走当由夹石、挂车。此两道皆险阨，若以万兵柴路，则彼众可尽，休可生虏。臣请将所部以断之，若蒙天威，得以休自效，便可乘胜长驱，进取寿春，割有淮南，以规许、洛，此万世一时，不可失也！"权以问陆逊，逊以为不可，乃止。

尚书蒋济上疏曰："休深入虏地，与权精兵对，而朱然等在上流，乘休后，臣未见其利也。"前将军满宠上疏曰："曹休虽明果而希用兵，今所从道，背湖旁江，易进难退，此兵之絓地也。若入无强口，宜深为之备！"宠表未报，休与陆逊战于石亭。逊自为中部，令朱桓、全琮为左右翼，三道并进，冲休伏兵，因驱走之，追亡逐北，径至夹石，斩获万余，牛马骡驴车乘万两，军资器械略尽。

初，休表求深入以应周鲂，帝命贾逵引兵东与休合。逵曰："贼无东关之备，必并军于皖，休深入与贼战，必败。"乃部署诸将，水陆并进，行二百里，获吴人，言休战败，吴遣兵断夹石，诸将不知所出；或欲待后军，逵曰："休兵败于外，路绝于内，进不能战，退不得还，安危之机，不及终日。贼以军无后继，故至此，今疾进，出其不意，此所谓'先人

魏明帝任命燕国人徐邈为凉州刺史。徐邈重视农业，积蓄粮食；建立学校，彰明教诲；任用贤良之士，罢黜贪官恶吏。与羌人、胡人一起处事，不挑剔他们的小过；如果犯有大罪，先通报羌胡人的首领，让羌胡人首领知道犯罪人该当死罪的原因，然后才斩首示众。因而羌人胡人敬服他的声威和信誉，凉州全境安宁无事。

五月，魏国发生大旱灾。

吴王孙权派遣番阳太守周鲂秘密访求一位在北方已经知名的山越宗族首领，让他去诱骗扬州牧曹休进入伏击圈。周鲂说："山民首领，卑贱低下，不能胜任，事情若泄露，无法使曹休上钩，我请求派亲信拿我的书信去诱骗曹休，就说我受到责备，害怕被杀，想献郡归降，请求派兵接应。"吴王批准了。当时不断有郎官到周鲂那里查究各种事情，周鲂因此到番阳郡门下，削发谢罪。曹休得到情报后，率领步骑兵十万进军皖城以接应周鲂；魏明帝又派司马懿进军江陵，贾逵进军东关，三路人马同时前进。

秋季，八月，吴王到达皖城，任命陆逊为大都督，假黄钺，亲自执鞭召见；任命朱桓、全琮为左、右督，各率三万人马去攻击曹休。曹休发觉被欺骗，但仗着兵多，就想和吴兵交战。朱桓向吴王进言说："曹休不过是皇室宗亲才被重用，并不是智勇名将。如今他来交战必定失败，失败必定逃走，逃走时会经过夹石、挂车。这是两条狭窄险要的路，如果用一万士兵运柴堵塞道路，那么曹休的部队便会全部被消灭，曹休将被活捉。臣请求率领所属部队去断路，若蒙大王的神威，使曹休自动投降，便可乘胜长驱直入，进取寿春，割据淮南，从而谋取许昌、洛阳，这是千载难逢的时机，不可失去啊！"孙权就此询问陆逊，陆逊认为不行，因而作罢。

尚书蒋济上奏说："曹休深入敌境，和孙权的精兵决战，而朱然等据守长江上游，正处在曹休的背后，臣看不到有什么利益可图。"前将军满宠上书说："曹休尽管明智果断然而很少用兵，现在他所走的路，背靠湖泊，靠近长江，容易进军，难以后退，这是用兵最忌讳的悬挂之地，如果军队进入无强口，应当严密戒备！"满宠的上表还没有得到回复，曹休和陆逊已在石亭交战。陆逊亲自正对敌方主力在中路，命令朱桓、全琮为左右两翼，三路人马齐头并进，冲向曹休的埋伏部队，把这些埋伏士兵赶出险要地带，吴军乘胜追击逃走的败军，直至夹石，斩杀俘虏一万多人，缴获牛马驴骡等各式车一万辆，以及几乎全部的军用物资器械。

当初，曹休上表请求率兵深入敌境接应周鲂，魏明帝命贾逵率兵东进与曹休会合。贾逵说："敌贼在东关没有防备，一定会把军队集中到皖城，曹休深入和敌贼作战，必败。"贾逵于是部署各位将领，水陆并进，前进二百里时，俘获到吴人，得知曹休战败，吴国军队已经切断夹石，此时贾逵的各位部属将领不知所措，有的想要等待后援，贾逵说："曹休在外兵败，回归路绝，进不能交战，退无法返回，正是生

以夺其心’也，贼见吾兵必走。若待后军，贼已断险，兵虽多何益！”乃兼道进军，多设旗鼓为疑兵。吴人望见逵军，惊走，休乃得还。逵据夹石，以兵粮给休，休军乃振。初，逵与休不善，及休败，赖逵以免。

九月，乙酉，立皇子穆为繁阳王。

长平壮侯曹休上书谢罪，帝以宗室不问。休惭愤，疽发于背，庚子，卒。帝以满宠都督扬州以代之。

护乌桓校尉田豫击鲜卑郁筑鞬，郁筑鞬妻父轲比能救之，以三万骑围豫于马城。上谷太守阎志，柔之弟也，素为鲜卑所信，往解谕之，乃解围去。

冬，十一月，兰陵成侯王朗卒。

（以上为第二段，写吴、魏夹石之战，陆逊大败曹休。）

汉诸葛亮闻曹休败，魏兵东下，关中虚弱，欲出兵击魏，群臣多以为疑。亮上言于汉主曰：“先帝深虑以汉、贼不两立，王业不偏安，故托臣以讨贼。以先帝之明，量臣之才，固当知臣伐贼，才弱敌强；然不伐贼，王业亦亡，惟坐而待亡，孰与伐之！是故托臣而弗疑也。臣受命之日，寝不安席，食不甘味。思惟北征，宜先入南，故五月渡泸，深入不毛。臣非不自惜也，顾王业不可偏全于蜀都，故冒危难以奉先帝之遗意也，而议者以为非计。今贼适疲于西，又务于东，兵法乘劳，此进趋之时也。谨陈其事如左：高帝明并日月，谋臣渊深，然涉险被创，危然后安。今陛下未及高帝，谋臣不如良、平，而欲以长计取胜，坐定天下，此臣之未解一也。刘繇、王朗各据州郡，论安言计，动引圣人，群疑满腹，众难塞胸，今岁不战，明年不征，使孙策坐大，遂并江东。此臣之未解二也。曹操智计殊绝于人，其用兵也，仿佛孙、吴；然困于南阳，险于乌巢，危于祁连，逼于黎阳，几败伯山，殆死潼关，然后伪定一时耳；况臣才弱，而欲以不危定之，此臣之未解三也。曹操五攻昌霸不下，四越巢湖不成，任用李服而李服图之，委夏侯而夏侯败亡；先帝每称操为能，犹有此失，况臣驽下，何能必胜！此臣之未解四也。自臣到汉中，

死存亡的关键时刻，恐怕他支持不到天黑。敌贼认为我军没有后续部队，因此才这样做，如果我军迅速前进，出其不意，这就是所谓‘抢先一步攻击，就可以挫伤敌人的士气’，敌贼看见我军出现，一定会逃走。如果等待后援，敌贼已经切断险路，我军即使再多又有什么用？”因此贾逵以加倍的速度进军，并且多设置旌旗战鼓作为疑兵。吴军看见贾逵的军队，果然惊慌逃走，曹休才得以返回。贾逵占据夹石，补充曹休士兵和供给粮食，曹休的军队这才振作起来。当初，贾逵和曹休关系不好，等曹休战败，全仗贾逵才幸免于难。

九月二十九日乙酉，魏国封立皇子曹穆为繁阳王。

长平壮侯曹休上书请罪，魏明帝因为他是宗室亲戚的关系，没加追究。曹休悔恨交加，背上生起毒疮，十月十四日庚子，去世。魏明帝任命满宠接替曹休为扬州都督。

护乌桓校尉田豫攻打鲜卑人郁筑鞬，郁筑鞬的岳父轲比能前来救援他，率领三万骑兵在马城包围田豫。上谷太守阎志是阎柔的弟弟，素来被鲜卑人所信赖；前往解释晓谕，轲比能才解围退去。

冬季，十一月，魏国兰陵成侯王朗去世。

汉诸葛亮听说曹休战败，魏军东下，关中空虚，想出兵袭击魏国，群臣大都对是否可以取胜表示怀疑。诸葛亮上书向汉后主刘禅进言说：“先帝深知汉与魏贼势不两立，帝王大业不可偏向边陲，所以委托臣以讨贼的重任。凭先帝的英明，度量臣的才能，当知道臣讨伐魏贼，才能太弱而敌人太强；但是不去讨伐魏贼，帝王之业也会夭亡，与其坐待灭亡，还不如去讨伐魏贼，因此先帝交付臣这一重任毫不犹豫，臣受命之日起，睡眠不安，饮食无味，一心想到要去北伐，应该首先安定南方，所以在盛夏的五月渡过泸水，深入不毛之地。并非不爱惜自己，而是顾虑帝王大业不可偏安在蜀都，所以冒着危难去完成先帝的遗愿，但谋议的人认为这不是好的计策。现今魏贼刚在西面与我交锋奔波疲乏，又全力赶到东边与吴国对抗，兵法上说乘敌疲劳，这正是进攻出击的最好时机。谨向陛下把臣的计划做如下陈述：汉高帝的贤明如同日月，谋臣的智慧渊博深广，但还历经艰险，蒙受创伤，然后才转危为安。现今陛下不如高帝，谋臣不如张良、陈平，却想用持久的办法取胜，坐着等待天下平定，这是臣困惑的原因之一。刘繇、王朗各自占据州郡，议论安危之计，动辄就引喻圣人之言，然而对人满肚子的怀疑，办事困难重重充填胸膛，今年不敢打仗，明年不敢出征，眼睁睁看着孙策安然壮大，最终兼并江东，这是臣困惑的原因之二。曹操智略计谋举世无双，他用兵打仗，如同孙武、吴起，但也曾在南阳被困，

中间期年耳，然丧赵云、阳群、马玉，阎芝、丁立、白寿、刘郃、邓铜等及曲长、屯将七十余人，突将、无前、賨叟、青羌、散骑、武骑一千余人，皆数十年之内，纠合四方之精锐，非一州之所有，若复数年，则损三分之二，当何以图敌！此臣之未解五也。今民穷兵疲，而事不可息，事不可息，则住与行，劳费正等，而不及虚图之，欲以一州之地与贼支久，此臣之未解六也。夫难平者事也，昔先帝败军于楚，当此时，曹操拊手，谓天下已定。然后先帝东连吴、越，西取巴、蜀，举兵北征，夏侯授首，此操之失计而汉事将成也。然后吴更违盟，关羽毁败，秭归蹉跌，曹丕称帝。凡事如是，难可逆见。臣鞠躬尽力，死而后已，至于成败利钝，非臣之明所能逆睹也。”

（以上为第三段，载诸葛亮《后出师表》。诸葛亮明知“民穷兵疲”，但“事不可息”，明知不可为而为之，尽力而已。）

十二月，亮引兵出散关，围陈仓，陈仓已有备，亮不能克。亮使郝昭乡人靳详于城外遥说昭，昭于楼上应之曰：“魏家科法，卿所练也；我之为人，卿所知也。我受国恩多而门户重，卿无可言者，但有必死耳。卿还谢诸葛，便可攻也。”详以昭语告亮，亮又使详重说昭，言“人兵不敌，空自破灭”。昭谓详曰：“前言已定矣。我识卿耳，箭不识也。”详乃去。亮自以有众数万，而昭兵才千余人，又度东救未能便到，乃进兵攻昭，起云梯冲车以临城，昭于是以火箭逆射其梯，梯燃，梯上人皆烧死；昭又以绳连石磨压其冲车，冲车折。亮乃更为井阑百尺以射城中，以土丸填堑，欲直攀城，昭又于内筑重墙。亮又为地突，欲踊出于城里，昭又于城内穿地横截之。昼夜相攻拒二十余日。

曹真遣将军费耀等救之。帝召张郃于方城，使击亮。帝自幸河南城，置酒送郃，问郃曰：“迟将军到，亮得无已得陈仓乎！”郃知亮深入无谷，

在乌巢遇险，在祁连遭危，在黎阳受逼，几乎在伯山失败，差点在潼关丧命，然后才建立了一个伪朝；何况臣才疏智浅，而想不经危难就平定天下，这是臣困惑的原因之三。曹操五次不能攻下昌霸，四次不能跨越巢湖，信用李服而李服谋害他，委任夏侯渊而夏侯渊败亡；先帝时常称赞曹操能干，尚且有这些过失，何况臣平庸无能，岂能出兵必胜？这是臣困惑的原因之四。自从我到汉中，不过一年时间，就失去了赵云、阳群、马玉、阎芝、丁立、白寿、刘郃、邓铜等及其曲长、屯将七十多人，还有突击将领、先锋将领、賨人士兵、羌人士兵、青羌士兵、游击骑兵、武勇骑兵一千多人，这些都是经过数十年之内，汇集起来的四方精英，不是一州之地所拥有的；如果再过几年，要损失三分之二，将拿什么去战胜敌人？这是臣困惑的原因之五。现今民穷兵疲，然而军备大事不可停息，既然军备大事不可停息，那么原地驻守与出兵征讨，所付出的劳苦和费用正好一样，为什么不趁关中空虚图谋它，却想凭借一州之地和敌贼持久抗衡，这是臣困惑的原因之六。说到最难判断的事，正是天下时局的演变。从前先帝在楚地失败，当时曹操拍手称快，说天下已经平定了。然而想不到的是，后来先帝东联孙吴、西取巴蜀，发兵北征，杀了夏侯渊，这是曹操判断失误，而汉之大业将要成功的契机。可是后来吴国又违背盟约，关羽兵败身亡，秭归受挫，曹丕称帝。大凡世事就是如此，难以预料。我将鞠躬尽力，死而后已，至于事情的成败得失，并非我的见识所能预见的。”

十二月，诸葛亮率兵出散关，攻围陈仓，陈仓早有防备，诸葛亮不能攻克。诸葛亮派郝昭的同乡靳详在城外远处喊话，劝郝昭投降，郝昭在城楼上回答说：“魏国的法律，您是熟悉的；我的为人，您是了解的。我受国恩多而且家门人口多，您不必再说了，我只有一死。您回去告诉诸葛亮，可以来攻了。”靳详把郝昭的话报告了诸葛亮，诸葛亮又让靳详再去劝降郝昭，说：“您的人马寡不敌众，何苦白白地自取灭亡。”郝昭对靳详说：“前面我已说过了，我认识您，箭可不认识您。”靳详只好退去。诸葛亮自认为有几万部队，而郝昭才一千多人，又估计东来的救兵不能及时赶到，就引兵攻打郝昭。架起云梯、出动冲车逼近城池，郝昭就用火箭迎射汉军的云梯，云梯着火燃烧，梯上的人都被烧死；郝昭便用绳子系着石磨从上往下打击汉军的冲车，冲车被打毁。诸葛亮便又制作百尺高的井字架栏，向城中射箭，用土块填平护城的壕沟，打算直接攀登城墙，郝昭便在城里筑起一堵墙。诸葛亮又挖掘地道，想钻进城里；郝昭又在城内横着挖掘壕沟拦截。就这样昼夜攻防，双方僵持二十多天。

曹真派将军费耀等救援郝昭。魏明帝召见驻守方城的张郃，派他攻击诸葛亮。魏明帝亲自到河南城，设酒宴为张郃饯行，问张郃：“等将军赶到，诸葛亮该不会已

屈指计曰："比臣到，亮已走矣。"郃晨夜进道，未至，亮粮尽，引去；将军王双追之，亮击斩双。诏赐昭爵关内侯。

初，公孙康卒，子晃、渊等皆幼，官属立其弟恭。恭劣弱，不能治国，渊既长，胁夺恭位，上书言状。侍中刘晔曰："公孙氏汉时所用，遂世官相承，水则由海，陆则阻山，外连胡夷，绝远难制，而世权日久；今若不诛，后必生患。若怀贰阻兵，然后致诛，于事为难；不如因其新立，有党有仇，先其不意，以兵临之，开设赏募，可不劳师而定也。"帝不从，拜渊扬烈将军、辽东太守。

吴王以扬州牧吕范为大司马，印绶未下而卒。初，孙策使范典财计，时吴王年少，私从有求，范必关白，不敢专许，当时以此见望。吴王守阳羡长，有所私用，策或料覆，功曹周谷辄为傅著簿书，使无谴问，王临时悦之。及后统事，以范忠诚，厚见信任，以谷能欺更簿书，不用也。

（以上为第四段，写诸葛亮第二次出师，兵围陈仓，粮尽退军，斩魏追将王双。）

三年（己酉，229年）

春，汉诸葛亮遣其将陈戒攻武都、阴平二郡，雍州刺史郭淮引兵救之。亮自出至建威，淮退，亮遂拔二郡以归，汉主复策拜亮为丞相。

夏，四月，丙申，吴王即皇帝位，大赦，改元黄龙。百官毕会，吴主归功周瑜。绥远将军张昭，举笏欲褒赞功德，未及言，吴主曰："如张公之计，今已乞食矣。"昭大惭，伏地流汗。吴主追尊父坚为武烈皇帝，兄策为长沙桓王，立子登为皇太子，封长沙桓王子绍为吴侯。

以诸葛恪为太子左辅，张休为右弼，顾谭为辅正，陈表为翼正都尉，而谢景、范慎、羊衜等皆为宾客，于是东宫号为多士。太子使侍中胡综作《宾友目》曰："英才卓越，超逾伦匹，则诸葛恪；精识时机，达幽究微，则顾谭；凝辩宏达，言能释结，则谢景；究学甄微，游夏同科，则范慎。"羊衜私驳综曰："元逊才而疏，子默精而狠，叔发辩而浮，孝敬深而狭。"衜卒以此言为恪等所恶，其后四人皆败，如衜所言。

经拿下陈仓吧？”张郃清楚诸葛亮深入缺少军粮，掐指计算说：“等我赶到，诸葛亮已经撤走了。”张郃日夜行军赶路，还没到达，诸葛亮军粮已尽，领兵离去；将军王双追赶，诸葛亮击败并杀了王双。魏明帝下诏赐封郝昭为关内侯。

当初，公孙康去世，儿子公孙晃、公孙渊等都还年幼，所属官吏拥立公孙康的弟弟公孙恭。公孙恭才疏智弱，不能治国，公孙渊长大后，威逼胁迫，夺取了叔父公孙恭职位，上书详述了事情的经过。侍中刘晔说：“公孙氏在汉代被任用，于是子孙世袭官职，水路有海阻隔，陆路有山阻塞，外与胡人勾结，偏远难以控制，而且世袭权位、历来已久。如今若不诛灭，将来必生祸患。如他怀有二心，守险反叛，然后再去诛讨，就很艰难；不如趁他刚刚即位，内有仇党，在他没有预料到之前，以大军压境，公开悬赏捉拿他，便可以不打仗就平定了。”魏明帝不听，任命公孙渊为扬烈将军、辽东太守。

吴王任命扬州牧吕范为大司马，印绶还没有颁发，他就去世了。当初，孙策命吕范掌管财务，当时吴王孙权年轻，私下向吕范索取钱物，吕范定要报告，不敢专断私许，当时因此被孙权怨恨。吴王孙权代理阳羡县长时，有私用公家钱物的行为，孙策有时去核查，功曹周谷就伪造假账，使孙权不被责问，那时孙权很喜欢周谷。等到孙权统管国事，认为吕范忠诚，深为信任；认为周谷善于欺骗伪造文书账簿，不加任用。

魏明帝太和三年（己酉，229年）

春季，汉诸葛亮派部将陈式攻打武都、阴平二郡，雍州刺史郭淮带兵去救援。诸葛亮亲自率兵到建威，郭淮退走，诸葛亮于是攻克二郡后回来；汉后主重新委任诸葛亮为丞相。

夏季，四月十三日丙申，吴王孙权登皇帝位，大赦天下，改年号为黄龙。文武百官都来朝会，吴主归功于周瑜。绥远将军张昭，举起朝笏准备称颂孙氏的功德，没来得及开口，吴主就说：“如果当初依张公的计谋，现在已经在讨饭了。”张昭大为惭愧，伏在地上汗流不止。吴主孙权追尊父亲孙坚为武烈皇帝，哥哥孙策为长沙桓王，册立儿子孙登为皇太子，封长沙桓王的儿子孙绍为吴侯。

吴主任命诸葛恪为太子左辅，张休为右弼，顾谭为辅正，陈表为翼正都尉，而谢景、范慎、羊衜等都为宾客，因而太子的东宫号称多士。太子命侍中胡综作《宾友目》说：“英才卓越，超过同辈，是诸葛恪。见解深刻，洞察隐微，是顾谭。论辩明达，善解疑难，是谢景。学识精细，比拟游夏，是范慎。”羊衜私下驳斥胡琮说：“诸葛恪才高但是粗疏，顾谭精明但心狠，谢景善辩然而虚浮，范慎深邃但偏狭。”羊衜终于因此言论被诸葛恪等人憎恶，后来这四人都遭失败，正如羊衜说的那样。

（以上为第五段，写诸葛亮第三次出师，蚕食曹魏武都、阴平二郡。吴诸葛恪崭露头角。）

吴主使以并尊二帝之议往告于汉。汉人以为交之无益而名体弗顺，宜显明正义，绝其盟好。丞相亮曰："权有僭逆之心久矣，国家所以略其衅情者，求犄角之援也。今若加显绝，仇我必深。当更移兵东戍，与之角力，须并其土，乃议中原。彼贤才尚多，将相辑穆，未可一朝定也。顿兵相守，坐而须老，使北贼得计，非算之上者。昔孝文卑辞匈奴，先帝优与吴盟，皆应权通变，深思远益，非若匹夫之忿者也。今议者咸以权利在鼎足，不能并力，且志望已满，无上岸之情，推此，皆似是而非也。何者？其智力不侔，故限江自保；权之不能越江，犹魏贼之不能渡汉，非力有余，而利不取也。若大军致讨，彼高当分裂其地以为后规，下当略民广境，示武于内，非端坐者也。若就其不动而睦于我，我之北伐，无东顾忧，河南之众不得尽西，此之为利，亦已深矣。权僭逆之罪，未宜明也。"乃遣卫尉陈震使于吴，贺称尊号。吴主与汉人盟，约中分天下，以豫、青、徐、幽属吴，兖、冀、并、凉属汉，其司州之土，以函谷关为界。

张昭以老病上还官位及所统领，更拜辅吴将军，班亚三司，改封娄侯，食邑万户。昭每朝见，辞气壮厉，义形于色，曾以直言逆旨，中不进见。后汉使来，称汉德美，而群臣莫能屈，吴主叹曰："使张公在坐，彼不折则废，安复自夸乎！明日，遣中使劳问，因请见昭，昭避席谢，吴主跪止之。昭坐定，仰曰："昔太后、桓王不以老臣属陛下，而以陛下属老臣，是以思尽臣节以报厚恩，而意虑浅短，违逆盛旨。然臣愚心所以事国，志在忠益毕命而已；若乃变心易虑以偷荣取容，此臣所不能也！"吴主辞谢焉。

（以上为第六段，写孙权称帝，蜀使陈震使吴庆贺，吴、蜀订立中分天下条约。）

元城哀王礼卒。

吴主派使者到蜀国，表达并尊吴蜀两国国主并称皇帝的建议。蜀汉大臣认为与吴结交没有好处，孙权称帝，名义不顺，蜀国应当表明正义，断绝与吴国的友好结盟。丞相诸葛亮说：“孙权有僭反叛逆的野心已经很久了，我国之所以不去追究他的篡位野心，为的是利用吴国来牵制曹魏，援助我们。现今如果公开断绝关系，吴对我怨恨必定加深。我们势必转移兵力防守东方，跟吴国较量，只有等到吞并吴国之后，才可以商讨进取中原。但吴国贤才仍旧很多，将相团结和睦，不可能很快平定吴国。只能屯兵驻守，坐而待老，让北方的魏贼阴谋得逞，这不是上策。从前汉文帝对匈奴卑下谦词，先帝宽容大度与吴结盟，都是一时权宜之计，应付变局，要深思长远的利益，不要像匹夫为一时愤恨用事。现今谋议的人都认为孙权的目的就是谋求鼎足三分，而不愿合力对敌，再说孙权志得意满，没有上岸北伐的志向了。其实这些说法，都是似是而非的。为什么？孙权的智谋和势力不能与魏相当，因此才以长江为限以求自保；孙权不能越过长江北上，就像魏贼不能渡过汉水南下一样，不是力量有余，看到有利也不去夺取。如果我国大军伐魏，孙权的上策应当是分占魏国土地以为将来的规划根基，下策也会去虏掠魏国民众，开拓疆土，向国内显示武力，不会端坐不动。即使他不动而与我国和睦，我军北伐，没有东顾之忧，牵制魏国黄河以南的军队无法全部西进，就此一利也已经够大了。对孙权僭越叛逆的罪过，不应当公开揭露。”于是派卫尉陈震出使吴国，祝贺孙权称帝登基。吴主与蜀汉结盟，约定平分天下，豫、青、徐、幽四州归属吴，兖、冀、并、凉归属汉，司州地区以函谷关为界。

吴国张昭因为年老有病辞去官职，归还所辖军队，改任为辅吴将军，位仅次于三公，改封娄侯，食邑一万户。张昭每次上朝，言辞严厉，义形于色，曾因直言冒犯孙权的旨意，此后不肯上朝面见孙权。后来汉使来吴，称颂汉德之美，但群臣没有谁能辩赢汉使，吴主叹息说：“假若张公在座，那么汉使不折服也会收敛气焰，岂能再让他自夸呢？”第二天，派中使问候张昭，并亲自去会见张昭，张昭离开座位请罪，吴主跪下阻止。张昭坐下，仰起头说：“从前太后、桓王没有把老臣托付给陛下，而是把陛下托付给老臣，因此我想尽到臣节来报答厚恩，只是见识短浅，违背了陛下旨意。然而我是一心为国，志在尽忠效命直至生命停息；至于如果要老臣改变心意，用巴结迎合来换取荣华富贵，这是老臣不会做的！”吴主向张昭表示歉意。

魏国元城哀王曹礼去世。

六月，癸卯，繁阳王穆卒。

戊申，追尊高祖大长秋曰高皇帝，夫人吴氏曰高皇后。

秋，七月，诏曰："礼，王后无嗣，择建支子以继大宗，则当纂正统而奉公义，何得复顾私亲哉！汉宣继昭帝后，加悼考以皇号；哀帝以外藩援立，而董宏等称引亡秦，惑误时朝，既尊恭皇，立庙京都，又宠藩妾，使比长信，叙昭穆于前殿，并四位于东宫，僭差无度，人神弗佑，而非罪师丹忠正之谏，用致丁、傅焚如之祸。自是之后，相踵行之。昔鲁文逆祀，罪由夏父；宋国非度，讥在华元。其令公卿有司，深以前世行事为戒，后嗣万一有由诸侯入奉大统，则当明为人后之义；敢为佞邪导谀时君，妄建非正之号，以干正统，谓考为皇，称妣为后，则股肱大臣，诛之无赦。其书之金策，藏之宗庙，著于令典！"

九月，吴主迁都建业，皆因故府，不复增改，留太子登及尚书九官于武昌，使上大将军陆逊辅太子，并掌荆州及豫章三郡事，董督军国。

南阳刘廙尝著《先刑后礼论》，同郡谢景称之于逊，逊呵之曰："礼之长于刑久矣；廙以细辩而诡先圣之教，君今侍东宫，宜遵仁义以彰德音，若彼之谈，不须讲也！"

太子与西陵都督步骘书，求见启诲，骘于是条于时事业在荆州界者及诸僚吏行能以报之，因上疏奖劝曰："臣闻人君不亲小事，使百官有司各任其职，故舜命九贤，则无所用心，不下庙堂而天下治也。故贤人所在，折冲万里，信国家之利器，崇替之所由也。愿明太子重以经意，则天下幸甚！"

张纮还吴迎家，道病卒。临困，授子留笺曰："自古有国有家者，咸欲修德政以比隆盛世，至于其治，多不馨香，非无忠臣贤佐也，由主不胜其情，弗能用耳。夫人情惮难而趋易，好同而恶异，与治道相反。《传》曰：'从善如登，从恶如崩'，言善之难也。人君承奕世之基，据自然之势，操八柄之威，甘易同之欢，无假取于人，而忠臣挟难进之术，吐逆耳之言，其不合也，不亦宜乎！离则有衅，巧辩缘间，眩于小忠，

六月二十一日癸卯，繁阳王曹穆去世。

六月二十六日戊申，魏明帝追尊高祖大长秋曹腾为高皇帝，夫人吴氏为高皇后。

秋季，七月，魏明帝下诏说："古礼规定，王后没有生儿子，选立旁支庶子以继承大宗，那么就应当承传大宗为正统，奉守公义，岂能再顾及个人原来的亲情呢？汉宣帝继承昭帝后，追加皇考的尊号给自己的亡父，哀帝以封国国君身份入承大统即位，而董宏等引用亡秦为例证，迷惑当时的朝廷，既尊生父刘康为'恭皇'，在京都建立祭庙，又尊崇刘康的藩国妃妾傅昭仪，把她与长信宫里的太后相比，在朝廷前殿排列恭皇和元帝的宗庙次序，在太后东宫并列四位太后，礼教离轨，毫无法度，人神都不会保佑，反而非难归罪忠正规劝的师丹，致使丁太后和傅昭仪死后还被火焚身的祸事。从此之后，继承大统的国君相继效法。从前鲁文公违礼祭祀，罪魁祸首是夏父弗忌，宋文公下葬过度，华元应受责难。现今诏令公卿及有关负责官员，要深深地以前代的这些错误行为作鉴戒，皇室后裔若有由诸侯身份入朝奉继大统的，就应当明白作为继承人后的大义；有敢用奸邪之道诱导谀媚当时君主，妄自建立非正统的名号，冒犯正统，称亡父为皇，亡母为后，则辅佐大臣，要诛杀不赦。将这些写在金策上，收藏宗庙里，载入法典中！"

九月，吴主迁都建业，沿用原来的宫府，不再增修改修，留下太子孙登和尚书九卿在武昌，命令上大将军陆逊辅佐太子，并掌管荆州及豫章三郡事务，总督全国的军政事务。

南阳人刘廙在魏国曾著《先刑后礼论》，与刘廙同郡南阳人谢景在陆逊面前称颂这部书，陆逊大声斥责谢景说："礼教优于刑法，由来已久；刘廙用繁琐的诡辩违背先圣的教谕，你如今侍奉东宫太子，应当遵循仁义去宣传恩德声音，像刘廙那样的言论，不可再讲了！"

太子孙登写信给西陵都督步骘，要求见面请教，步骘因此把荆州地区的事务及其各官吏的品行才能逐条一一报告给孙登，借机上书鼓励规劝孙登说："我听说君主不亲临小事，只要求各级官吏各司其职，所以虞舜任命了九位贤人，自己就不必操心，不出庙堂而天下得到治理。所以贤人所在之地，能拒敌在万里之外，他们实在是国家锋利的器物、兴亡的关键。希望英明的太子留意，那真是天下的幸运。"

张纮回到吴郡迎接家眷，在途中生病去世。临终前，把呈交孙权的遗表交给儿子，遗表上说："自古治理国家的人，都想修明德政与太平盛世比美，至于他们的治理，大多很不完美，并不是没有忠臣贤良辅佐，原因是君主无法克制私情，不能任用他们。人之常情是畏难趋易，喜欢相同的意见，憎恶相反的见解，这样就背违了治国之道。书《传》上说：'从善就像登天一样难，从恶就像山崩一样一下子倒塌'，说的是从善的艰难。君主继承累世的基业，据有至高无上的优势，把持着八种权柄

恋于恩爱，贤愚杂错，黜陟失序，其所由来，情乱之也。故明君寤之，求贤如饥渴，受谏而不厌，抑情损欲，以义割恩，则上无偏谬之授，下无希冀之望矣！”吴主省书，为之流涕。

（以上为第七段，写魏明帝无子，预下支子入承大统不得顾私亲之诏。孙权定都建业。）

冬，十月，改平望观曰听讼观。帝常言：“狱者，天下之性命也。”每断大狱，常诣观临听之。初，魏文侯师李悝著《法经》六篇，商君受之以相秦。萧何定《汉律》，益为九篇，后稍增至六十篇。又有《令》三百余篇，《决事比》九百六卷，世有增损，错糅无常，后人各为章句，马、郑诸儒十有余家，以至于魏，所当用者合二万六千二百七十二条，七百七十三万余言，览者益难。帝乃诏但用郑氏章句。尚书卫觊奏曰：“刑法者，国家之所贵重而私议之所轻贱；狱吏者，百姓之所县命而选用者之所卑下。王政之敝，未必不由此也；请置律博士。”帝从之。又诏司空陈群、散骑常侍刘邵等删约汉法，制《新律》十八篇，《州郡令》四十五篇，《尚书官令》《军中令》合百八十余篇，于《正律》九篇为增，于旁章科令为省矣。

十一月，洛阳庙成，迎高、太、武、文四神主于邺。

十二月，雍丘王植徙封东阿。

汉丞相亮徙府营于南山下原上，筑汉城于沔阳，筑乐城于成固。

（以上为第八段，写魏明帝颁布新律。）

四年（庚戌，230 年）

春，吴主使将军卫温、诸葛直将甲士万人，浮海求夷洲、亶洲，欲俘其民以益众，陆逊、全琮皆谏，以为：“桓王创基，兵不一旅。今江东见众，自足图事，不当远涉不毛，万里袭人，风波难测。又民易水土，必致疾疫，欲益更损，欲利反害。且其民犹禽兽，得之不足济事，无之不足亏众。”吴主不听。

的威严，喜欢随意行动和听取赞扬的话带来的欢乐，凡事无须采纳别人的意见，而忠臣提出较为难办的良策，说出的逆耳忠言，当然不合君主的心意，这不是很正常的事吗？上下情离就会出现裂隙，花言巧语的小人乘机离间，君主被这些小忠晕了头，迷恋于个人的恩爱，贤良和愚恶混杂，罢免与任用失去标准，形成这种情况的根源，就是私情作祟。因此圣明的君主要明察此事，求取贤能如饥似渴，接受规劝而不厌倦，抑制自己的欲望，用大义割断私恩，那么君主不会有错误的任用，臣下就没有非分的奢望了。”吴主读了这份遗表，感动得涕泪横流。

冬季，十月，魏国改平望观为听讼观。魏明帝常说：“刑狱断案，关系到天下人的性命。”因此每次判决重要案件，魏明帝经常到听讼观旁听。当初，魏文侯的老师李悝著《法经》六篇，商鞅沿袭其思想，用它来辅佐秦国。萧何据此制定《汉律》，增加为九篇，后来逐渐增到六十篇。另有《法令》三百多篇，《决事比》九百零六卷，历代有增有减，错杂混乱，找不到断案的常规。后来有人各自引章析句又增添了许多解释，有马融、郑玄等儒学大师十多家，以至到了魏国，常用的条令合计二万六千二百七十二条，七百七十三万多字，阅读起来更加困难。魏明帝于是下诏只采用郑玄一家的章句。尚书卫觊上奏说：“刑法是国家十分重视的，但是人们私下谈论往往轻视它。监狱官吏掌管百姓的性命，但被选拔任用的人却品行卑劣。国家政治的衰败，未必不是由此而引起的，请求设置法律博士。”魏明帝采纳了这个建议。又诏令司空陈群、散骑常侍刘邵等删减汉代的法律，制订《新律》十八篇，《州郡令》四十五篇，《尚书官令》、《军中令》共计一百八十多篇，比萧何的《正律》九篇有所增加，但比起其他附属律令要减省许多。

十一月，洛阳的宗庙建成，从邺都把高帝、太祖、武帝、文帝四位祖先的灵位迎到宗庙供奉。

十二月，魏明帝改封雍丘王曹植为东阿王。

汉丞相诸葛亮将相府军营迁移到南山下的平原上，在沔阳县筑汉城，在成固县筑乐城。

魏明帝太和四年（庚戌，230 年）

春季，吴主派将军卫温，诸葛直率兵一万人，渡海寻找夷洲、亶洲，想俘获当地百姓来增加兵力，陆逊、全琮都来劝阻，认为：“桓王孙策创立基业时，军队不到一旅。目前江东现有兵力自然足够用以谋事，不应当远涉不毛之地，到万里之外去偷袭别人，加之海上风波难以预测，况且士兵换了水土环境，一定会招致疾病，想要增加兵力，反而却损失老本；想要获得利益，反而遭受损失。况且那里的民众犹

尚书琅邪诸葛诞、中书郎南阳邓飏等，相与结为党友，更相题表，以散骑常侍夏侯玄等四人为四聪，诞辈八人为八达。玄，尚之子也。中书监刘放子熙，中书令孙资子密，吏部尚书卫臻子烈三人咸不及比，以其父居势位，容之为三豫。

行司徒事董昭上疏曰："凡有天下者，莫不贵尚敦朴忠信之士，深疾虚伪不真之人者，以其毁教乱治，败俗伤化也。近魏讽伏诛建安之末，曹伟斩戮黄初之始。伏惟前后圣诏，深疾浮伪，欲以破散邪党，常用切齿；而执法之吏，皆畏其权势，莫能纠擿，毁坏风俗，侵欲滋甚。窃见当今年少不复以学问为本，专更以交游为业；国士不以孝悌清修为首，乃以趋势游利为先。合党连群，互相褒叹，以毁訾为罚戮，用党誉为爵赏，附己者则叹之盈言，不附者则为作瑕衅。至乃相谓：'今世何忧不度邪，但求人道不勤，罗之不博耳；人何患其不己知，但当吞之以药而柔调耳。'又闻或有使奴客名作在职家人，冒之出入，往来禁奥，交通书疏，有所探问。凡此诸事，皆法之所不取，刑之所不赦，虽讽、伟之罪，无以加也！"帝善其言。二月，壬午，诏曰："世之质文，随教而变。兵乱以来，经学废绝，后生进趣，不由典谟。岂训导未洽，将进用者不以德显乎？其郎吏学通一经，才任牧民，博士课试，擢其高第者，亟用；其浮华不务道本者，罢退之！"于是免诞、飏等官。

（以上为第九段，写吴主孙权浮海经营台湾。魏司徒董昭上疏禁朋党浮华。）

夏，四月，定陵成侯钟繇卒。

六月，戊子，太皇太后卞氏殂。秋七月，葬武宣皇后。

大司马曹真以"汉人数入寇，请由斜谷伐之；诸将数道并进，可以大克。"帝从之，诏大将军司马懿溯汉水由西城入，与真会汉中，诸将或由子午谷、或由武威入。司空陈群谏曰："太祖昔到阳平攻张鲁，多收豆麦以益军粮，鲁未下而食犹乏。今既无所因，且斜谷阻险，难以进退，转运必见钞截，多留兵守要，则损战士，不可不熟虑也！"帝从群议。真复表从子午道；群又陈其不便，并言军事用度之计。诏以群议下真，真据之遂行。

如禽兽，得到他们不足以成就大事，没有他们也不会因此兵力亏损。”吴主不听从。

尚书琅邪人诸葛诞、中书郎南阳人邓飏等相互结成朋党，互相吹捧褒扬，以散骑常侍夏侯玄等四人为四聪，诸葛诞等八人为八达。夏侯玄是夏侯尚的儿子。而中书监刘放的儿子刘熙、中书令孙资的儿子孙密、吏部尚书卫臻的儿子卫烈都不能和他们相提并论，但因为这三人的父亲高居官位的缘故，容纳他们为三豫。

代理司徒董昭上书说：“凡是拥有天下的帝王，无不尊崇敦厚忠信之士，深恶虚伪不诚实的人，因为虚伪的人败坏教化，扰乱治安，伤害风俗。近有魏讽在建安末年被诛，曹伟在黄初二年被斩。臣俯伏思虑陛下前后的诏令，极其深刻地斥责浮华虚伪，想要打破拆散奸邪的朋党，时常因此切齿愤恨。然而执法的官吏都畏惧朋党的权势，没人敢揭发，以致风俗败坏的局势，日益严重。臣自己观察，现今的年轻人不再把学问当作根本，一心到处交朋结友为业；国士不把孝悌修身放在首位，却把趋炎附势谋取私利看得很重。结成朋党，连成群伙，相互褒扬赞叹，把诋毁当作刑杀，把朋党的称誉作为爵赏，对依从自己的人就大加赞美，对不依附自己的人，就百般挑剔。以致相互这样说：‘当今之世无须忧虑怎么度日，只怕人际关系不够，交结党友不多罢了；也无须担心什么别人不了解自己，只要吞下小圈子的毁誉褒贬这一灵丹妙药，人家就会对你唯命是从。’又听说有人用他的奴仆宾客冒充在职的差役，出入官府，往来宫禁，传递书信，探听机密。所有这一切都是法律不允许的，刑罚不赦免的，即使是魏讽、曹伟的罪过，也不比这更严重！”魏明帝很赞同董昭的说法。二月初四日壬午，魏明帝下诏说：“社会风气是质朴还是浮华，随着教化而变化，战乱以来，经学废置，年轻人进取的途径，不依靠经典。这难道不是训导不当，对选拔任用的人没有重视他们德行的缘故吗？郎吏要通晓一经，才能任官治民，博士考试要选取成绩优异的人，立即录用；浮华不务正道的，罢免不用！”于是罢免了诸葛诞、邓飏等人的官职。

夏季，四月，魏国定陵成侯钟繇去世。

六月十一日戊子，太皇太后卞氏去世。秋七月，安葬武宣皇后卞氏。

大司马曹真认为：“蜀汉多次入侵，请求从斜谷去讨伐；多路将领同时推进，可以大胜。”魏明帝同意了，诏令大将军司马懿逆汉水而上由西城进入，与曹真在汉中会合，各路将领或由子午谷或由武威进入蜀地。司空陈群劝阻说：“先前太祖到阳平进攻张鲁，大量收集豆麦以增加军粮，张鲁未被打败而粮食就已经匮乏，现今既无军粮作保证，况且斜谷地势险阻，难以进退，转运军粮必被抄掠截击，多留兵把守险要，就会减少作战的士兵，对此不可不深思熟虑！”魏明帝采纳陈群的建议。曹真又上表请求从子午道出兵；陈群又陈述不便的理由，并谈及到了庞大的军事费用。

八月，辛巳，帝行东巡；乙未，如许昌。

汉丞相亮闻魏兵至，次于成固赤坂以待之。召李严使将二万人赴汉中，表严子丰为江州都督督军，典严后事。

会天大雨三十余日，栈道断绝，太尉华歆上疏曰："陛下以圣德当成、康之隆，愿先留心于治道，以征伐为后事。为国者以民为基，民以衣食为本。使中国无饥寒之患，百姓无离上之心，则二贼之衅可坐而待也！"帝报曰："贼凭恃山川，二祖劳于前世，犹不克平，朕岂敢自多，谓必灭之哉！诸将以为不一探取，无由自敝，是以观兵以窥其衅。若天时未至，周武还师，乃前事之鉴，朕敬不忘所戒。"

少府杨阜上疏曰："昔武王白鱼入舟，君臣变色，动得吉瑞，犹尚忧惧，况有灾异而不战竦者哉！今吴、蜀未平，而天屡降变，诸军始进，便有天雨之患，稽阂山险，已积日矣。转运之劳，担负之苦，所费已多，若有不继，必违本图。《传》曰：'见可而进，知难而退，军之善政也。'徒使六军困于山谷之间，进无所略，退又不得，非王兵之道也。"

散骑常侍王肃上疏曰："前志有之：'千里馈粮，士有饥色，樵苏后爨，师不宿饱。'此谓平涂之行军者也；又况于深入阻险，凿路而前，则其为劳必相百也。今又加之以霖雨，山坂峻滑，众迫而不展，粮远而难继，实行军者之大忌也。闻曹真发已逾月而行裁半谷，治道功夫，战士悉作。是贼偏得以逸待劳，乃兵家之所惮也。言之前代，则武王伐纣，出关而复还；论之近事，则武、文征权，临江而不济；岂非所谓顺天知时，通于权变者哉！兆民知上圣以水雨艰剧之故，休而息之，后日有衅，乘而用之，则所谓悦以犯难，民忘其死者矣。"肃，朗之子也。

九月，诏曹真等班师。

（以上为第十段，写曹真伐蜀，无功而返。）

冬，十月，乙卯，帝还洛阳。时左仆射徐宣总统留事，帝还，主者

魏明帝下诏把陈群的建议下达给曹真参考，曹真不理会，却依据此诏当即出兵。

八月初五日辛巳，魏明帝要巡视东方，十九日乙未，到达许昌。

汉丞相诸葛亮听说魏兵入侵，就集结重兵在成固、赤坂等待魏兵。又命李严率领二万人增援汉中，上表推举李严的儿子李丰任江州都督，接替李严主管后勤事务。

正逢下大雨接连三十多天，栈道断绝，太尉华歆上书说："陛下的圣德可与最兴盛的周成王、周康王相比，希望陛下首先留心于国家的治理，将征伐作为今后的事情。治理国家的人以民众为基础，民众以衣食为根本。假若我国没有饥寒的忧患，百姓没有离开陛下的心思，那么消灭吴、蜀二贼的机会，可以坐着等待！"魏明帝回复说："敌贼凭据高山大川，太祖和世祖前世奔波劳苦，尚且不能平定，我岂敢自夸，说一定能消灭他们！只是各位将领认为如果不去一一进攻获取，二贼不可能自行灭亡，因此用兵以窥视敌贼的破绽。如果天时尚没有到来，就效法周武王回师，这是前车之鉴，朕不会忘记历史的教训。"

少府杨阜上书说："过去周武王渡黄河伐纣，一条白鱼跃入舟中，君臣大惊失色，那本来是举事得到吉祥的征兆，还尚且忧虑害怕，何况面临灾异岂能不战栗呢？现在吴蜀还没有平定，而上天屡降灾变，各军刚开始进军，就有天降大雨的灾患，山路被阻，已有不少时间了。转运军需的劳累，肩挑背负的辛苦，耗费的已经很多，如果供应不继，便完全违背了当初的计划。《左传》说：'见可而进，知难而退，乃用兵的良策。'白白地让军队困守山谷中，进攻没有什么可获取，后退又无决心，这不符合王者之师的做法。"

散骑常侍王肃上书说："从前的书上有这样的论说：'千里转运粮食，士兵会饿肚皮；等候砍柴取草来做饭，军队临睡时还吃不上饭。'这指的是在平坦道路上行军的情况；又何况是深入天险，一边开凿道路一边行军，如此所耗费的劳力一定是平路行军的一百倍。如今又加上连绵的大雨，山路又陡又滑，军队不得施展，军粮遥远难以接继，这实在是行军的大忌。听说曹真发兵已超过一个月才走完子午谷的一半，修路的工作，士兵们全部参加，这样敌贼能以逸待劳，这更是兵家所忌讳的。拿古代来说，便是武王伐纣，出了关而又退回；拿近代来论，就是武帝、文帝征讨孙权，到了长江边而不渡；这难道不正是所谓的顺应天时，精通权变的做法吗？万民知道圣上因为大雨不停，行军艰巨的缘故，停战而让士兵休息，日后敌贼有破绽，再乘机利用，那么军民才乐于冒险犯难，才会拼死战斗。"王肃是王朗的儿子。

九月，诏令曹真等班师。

冬季，十月十一日乙卯，魏明帝回到洛阳。当时左仆射徐宣留守，总管京师的

奏呈文书。帝曰：“吾省与仆射省何异！”竟不视。

十二月，改葬文昭皇后于朝阳陵。

吴主扬声欲至合肥，征东将军满宠表召兖、豫诸军皆集，吴寻退还，诏罢其兵。宠以为：“今贼大举而还，非本意也；此必欲伪退以罢吾兵，而倒还乘虚，掩不备也。”表不罢兵。后十余日，吴果更到合肥城，不克而还。

汉丞相亮以蒋琬为长史。亮数外出，琬常足食足兵，以相供给。亮每言：“公琰托志忠雅，当与吾共赞王业者也。”

青州人隐蕃逃奔入吴，上书于吴主曰：“臣闻纣为无道，微子先出；高祖宽明，陈平先入。臣年二十二，委弃封域，归命有道，赖蒙天灵，得自全致。臣至止有日，而主者同之降人，未见精别，使臣微言妙旨，不得上达，於邑三叹，曷惟其已！谨诣阙拜章，乞蒙引见。”吴主即召入，蕃进谢，答问及陈时务，甚有辞观。侍中、右领军胡综侍坐，吴主问：“何如？”综对曰：“蕃上书大语有似东方朔，巧捷诡辩有似祢衡，而才皆不及。”吴主又问：“可堪何官？”综对曰：“未可以治民，且试都辇小职。”吴主以蕃盛语刑狱，用为廷尉监。左将军朱据、廷尉郝普数称蕃有王佐之才，普尤与之亲善，常怨叹其屈。于是蕃门车马云集，宾客盈堂，自卫将军全琮等皆倾心接待；惟羊衜及宣诏郎豫章杨迪拒绝不与通。潘浚子翥，亦与蕃周旋，馈饷之。浚闻，大怒，疏责翥曰：“吾受国厚恩，志报以命，尔辈在都，当念恭顺，亲贤慕善。何故与降虏交，以粮饷之！在远闻此，心震面热，惆怅累旬。疏到，急就往使受杖一百，促责所饷！”当时人咸怪之。顷之，蕃谋作乱于吴，事觉，亡走，捕得，伏诛。吴主切责郝普，普惶惧，自杀。朱据禁止，历时乃解。

武陵五溪蛮夷叛吴，吴主以南土清定，召交州刺史吕岱还屯长沙沤口。

（以上为第十一段，写吴主孙权识察奸佞。）

事务。魏明帝回来后，各部门主管官吏奏呈文书。魏明帝说：“我审阅与左仆射审阅有什么不同！”竟然连看都不看。

十二月，将文昭皇后改葬在邺都朝阳陵。

吴主声称要进兵合肥，魏国征东将军满宠上表请征调兖州、豫州各军都到合肥集结，吴军很快退回，魏明帝诏令集结的军队退回原地驻防。满宠认为：“如今敌贼大举退兵，并非他们的本意；这一定是想利用假退却来让我们罢兵，然后返回来乘虚而入，攻我不备。”上表请求不罢兵。十多天后，吴军果然卷土重到合肥城下，不能攻克便退了回去。

汉丞相诸葛亮任命蒋琬为长史。诸葛亮数次外出征战，蒋琬都能调集到足够粮食和兵员保障了后勤供给。诸葛亮时常说：“蒋琬忠诚高尚，他是和我共同辅佐帝王大业之人。”

青州人隐蕃，逃奔到吴国，上表吴主说：“臣听说商纣暴虐无道，微子首先离国出走；汉高祖宽厚英明，陈平先来投靠。臣现年二十二岁，抛弃故土，归附有道的君王，承蒙上天之灵，得以安全抵达。臣来此已有一些日子了，而主客之官将视臣同降服之人，不加考察鉴别，使得臣高妙精辟的进言，不能上达陛下，只好长吁短叹罢了。臣谨到宫门呈上奏章，请求召见。”吴主立即召隐蕃入宫，隐蕃叩谢，回答问题和议论时事，谈吐举止，不同凡响。侍中右领军胡综在座，吴主问胡综如何看隐蕃的才能，胡综回答说：“隐蕃上书的口气之大犹如东方朔，机灵敏捷、善于诡辩有如祢衡，但才能却比不上。”吴主又问：“他可以担任什么官职？”胡综回答说：“不能让他治民，暂时在京都安排低级职务试用。”吴主认为隐蕃谈了许多关于刑狱的事，就任用他为廷尉监。左将军朱据、廷尉郝普屡次称赞隐蕃有辅佐君王的才干，郝普与隐蕃尤其亲近友好，常常抱怨叹息隐蕃屈才。因此隐蕃门前车马云集，宾客满堂，自卫将军全琮以下都倾心交结；唯有羊衜和宣诏郎豫章人杨迪拒绝和隐蕃来往。潘浚的儿子潘翥，也追随隐蕃左右，并赠送粮食给他。潘浚听说后，大怒，写信责备潘翥说：“我蒙受国家的厚恩，志在效命回报，你在京都，应当心怀恭顺，亲近贤良，仰慕善人。为什么和一个投降的人交往，还拿粮食送给他？我在远方听说这些，心头震动，面上发热，惆怅了几十天，书信到后，立即前往信使那里接受一百刑杖，立刻索回所赠的粮食！”当时人都奇怪潘浚的这种做法。不久，隐蕃阴谋在吴作乱，事情被发觉，逃走，终被捕获，处以死刑。吴主严厉地责备郝普，郝普惶恐畏惧，自杀。禁闭了朱据，过了一段时间才解除。

武陵五溪蛮夷反叛吴国。吴主认为南方疆土安定，召回交州刺史吕岱驻守长沙沤口。

【点评】

诸葛亮北伐的动因。诸葛亮北伐是三国鼎立时期的一件大事。本卷魏纪三和下一卷魏纪四，所载史事，诸葛亮北伐是第一大事。因此，本卷着重点评诸葛亮北伐的动因，下一卷点评诸葛亮北伐失败的原因。

先说，诸葛亮北伐过程。

诸葛亮北伐，袁枢的《通鉴纪事本末》标目为“诸葛亮出师”，学术界点评命题为“诸葛亮北伐”。诸葛亮北伐，前后六次，五次进攻，一次防守。公元228年春，诸葛亮从汉中大举出祁山，志欲一举平陇右，由于马谡违亮节度，兵败街亭退回。同年冬出散关，围陈仓，粮尽退兵。公元229年，第三次出兵蚕食魏境武都、阴平二郡。公元230年魏国分兵进攻汉中，诸葛亮防守，魏兵遇雨退回。公元231年，诸葛亮再出祁山，粮尽退军。诸葛亮鉴于后勤不继，在汉中实行大规模军屯，经过两年的充分准备。于公元234年再度大举北伐。诸葛亮出兵斜谷，屯田武功，欲与魏军作持久战，因积劳成疾，病逝五丈原而罢兵。

由于诸葛亮在“隆中对策”中提出了以人谋智计安天下的路线，替刘备规划了三分天下的蓝图，经过十余年的征战，得以实现。诸葛亮被视为智慧的化身，人们认为他的“权智英略，有逾管晏”（晋人郭冲语）。但后来诸葛亮北伐，手握重兵，却未建奇功，从而引发争议。单从客观形势论，魏强蜀弱，魏大蜀小，而守与战，兵力财物有三倍之差，即进攻的一方要三倍于守方，才相均衡。蜀国是攻不足而守有余，而诸葛亮为何要发动进攻呢？这在当世就引起了人们的争论。总体来说，前人有三种意见。与诸葛亮同时代的吴国大鸿胪张俨所作《默记》提出了相反的两种意见。第一种意见肯定诸葛亮北伐，认为诸葛亮志在吞魏，饮马河、洛，只是死得太早，不然一定会成功。第二种意见否定诸葛亮北伐，认为诸葛亮处益州孤绝之地，战士不满五万，应闭关守境，蓄养士民，而连年动众，“使国内受其荒残，西土苦其役调”，空劳师旅，非明哲之士。西晋时论者，多讥诸葛亮“托身非所，劳困蜀民，力小谋大，不能度德量力”。明人王夫之提出了第三种观点，认为诸葛亮北伐是“以攻为守”，经略中原只不过是一个口号、一种理想而已。王夫之的观点为近现代时贤所公认。但是以攻为守，在理论上和实践上都站不住脚，也不符合诸葛亮北伐的实际。在理论上，弱国对抗强国，采取“以攻为守”，等于是弱小的一方主动挑起战争，古今中外无此实例。《孙子兵法》指出：“故善战者，致人而不致于人。”魏明帝曹叡也说：“亮阻山为固，今者自来，既合兵书致人之术，破亮必也。”（《明帝纪》裴注引《魏书》）以诸葛亮之明，不至于不懂得这个起码的军事常识。他在《后出师表》中明确地说：“今民穷兵疲，而事不可息。”可见北伐另有深意。如果诸葛亮北伐是“以攻为守”，那应是虚张声势，而不会亲率三军北驻汉中。从蜀汉立国路线上

说，“以攻为守”的潜台词就是说诸葛亮以守土偏安为国策，这与诸葛亮本志与隆中路线是大相径庭的。后人从历史事势的分析说，刘备发动夷陵之战，已经葬送了隆中路线，但诸葛亮并不这么看，他还要做主观的努力来兴复汉室。北伐的最高目的就是兴复汉室。千古名文《出师表》透出了个中信息。《出师表》恳切地劝说后主刘禅要奋发自励，不要妄自菲薄而满足于偏安王室，要亲贤远佞，兴复汉室。这里诸葛亮表明了统一中原的壮志。他说：“如今南方已定，兵甲充足，应奖率三军，北定中原，攘除奸凶，兴复汉室，还于旧都。”《后出师表》，笔调凄凉，已无《前出师表》的英气奋发，明知蜀国“民穷兵疲”，而仍然是“事不可息”。为什么“事不可息”，即一定要坚持北伐呢？因为诸葛亮所处地位，所肩负责任，以及他的本志。诸葛亮坚持北伐，有以下主要六大原因。

（1）兴复汉室，还于旧都是根本原因。这一动因，诸葛亮在《前出师表》中有明确论述，不赘引。

（2）树立威望，凝聚蜀汉人心。蜀汉统治集团的政治结构，有益州土著、刘璋旧部、刘备荆州集团三大部分。如何凝聚三大部分人士，团结蜀汉士民，诸葛亮必须提出服众、威众的基本国策。“奖率三军，北定中原”，“兴复汉室，还于旧都”，既可作激励人心的口号，又可作压倒一切的最高政治路线。诸葛亮《前出师表》开门见山摆出益州面临的艰难形势：“先帝创业未半而中道崩殂，今天下三分，益州疲弊，此诚危急存亡之秋也。”然笔锋一转，言：“然侍卫之臣不懈于内，忠志之士忘身于外者，盖追先帝之殊遇，欲报之于陛下也。”诸葛亮劝谏后主怎么为宜，怎么为不宜，用的是先帝权威，指出团结士民，就要“光先帝之遗德”，完成先帝“创业未半”的事业。

（3）北伐曹魏，推动联吴外交。诸葛亮在公元 223 年十月主动派邓芝使吴，不失时机抓住曹丕大举伐吴的有利形势联吴。孙权狐疑不见，邓芝上书说：“臣今来，亦欲为吴，非但为蜀也。”孙权这才接见邓芝，说出心里话，“孤诚愿与蜀和亲”。邓芝阐明“蜀有重险之固，吴有三江之阻。合此二长，共为唇齿”，这样“进可并兼天下，退可鼎足而立”的道理，孙权才下定决心，与蜀联盟，与魏断交。公元 229 年，诸葛亮已三次北伐，曹魏兵力西调，对吴压力减轻，孙权这才正式称帝。诸葛亮派陈震使吴庆贺，吴、蜀两国签订中分天下条约，至此吴、蜀联盟才得以巩固。如果诸葛亮不举兵北伐，吴、蜀联盟就是一句空话。在联吴外交上，诸葛亮北伐与联盟是互为因果，相辅相成，形势使然。

（4）王业不偏安，北伐中原，死中求活。《后出师表》集中阐述“汉、贼不两立，王业不偏安”的道理。诸葛亮认为蜀汉不北伐中原，必然坐等待亡，与其“坐而待亡”，不如“伐之”，争一线生存希望。

（5）蚕食魏境，观衅伺隙。这一北伐战略早为法正劝刘备取汉中时所定。法正认为，攻克汉中，“广农积谷，观衅伺隙，上可以倾覆寇敌，尊奖王室，中可以蚕食雍、凉，广拓境土，下可以固守要害，为持久之计”。这就是说，汉中是蜀汉生存和发展的一块基地，固守汉中，可以持久，此为下策。以汉中为基地，兵出秦川，倾覆曹魏，此为上策。兵出陇右，广境拓土，是为中策。诸葛亮兵出祁山，即采法正之中策。出兵蚕食魏境，才能挑起事端，才能瓦解敌人阵线，也才能吸引兴汉的志士仁人，这叫“观衅伺隙”。诸葛亮在《后出师表》中进一步做了发挥。诸葛亮说，“自臣到汉中，中间期年耳，然丧赵云、阳群、马玉、阎芝、丁立、白寿、刘郃、邓铜等及曲长、屯将七十余人”。又说，“此皆数十年之内所纠合四方之精锐，非一州之所有，若复数年，则损三分之二也，当何以图敌？”由此可见，诸葛亮不肯闭关息民与曹魏开展“和平竞赛”，因曹魏是大国，蜀汉仅有一州，双方休养生息，国力差距日益拉大，只有坐等待亡了。诸葛亮认为，趁开疆拓土的老一代还有人在，及早与曹魏较量，或可有为，这就是“今民穷兵疲，而事不可息”的原因之一。

（6）统一大业，非己莫属。对此，陈寿在《上诸葛亮集表》中有精彩评说。陈寿说：“当此之时，亮之素志，进欲龙骧虎视，包括四海，退欲跨陵边疆，震荡宇内。又自以为无身之日，则未有能蹈涉中原，抗衡上国者，是以用兵不戢，屡耀其武。”这就是诸葛亮之为诸葛亮的本志，十分中肯。至于事功成败，另当别论。就其本志来说，它是一种精神。诸葛亮在《后出师表》中已经看到北伐难以取胜，说出“难可逆见”的话，但仍然认为，只要坚持北伐，尚有一线希望，即使一线希望也没有，由于“汉、贼不两立，王业不可偏安”，也要亮剑，“鞠躬尽瘁，死而后已”，这是在追步圣人孔子“知其不可而为之”的执着精神。公元234年，诸葛亮病逝于北伐军中，星落关中五丈原，结束了悲壮的北伐事业，“出师未捷身先死，长使英雄泪满襟”，可歌可泣。也许诸葛亮怀抱遗恨而去，但他留给人们的是无限怀念，无限敬仰。诸葛亮的精神比他的事功，还要传之久远。

魏纪四

魏明帝太和五年至青龙二年（231—234年）

【起重光大渊献（辛亥，231年），尽阏逢摄提格（甲寅，234年），凡四年】

【大事提要】

本卷记事起公元231年，讫公元234年，凡四年，当魏明帝太和五年至青龙二年。本卷史事着重记载魏明帝曹叡、诸葛亮、孙权三人所历军国大事，相互形成对照，北强南弱形势已经鲜明显现。魏明帝不失为一个有为之君。励精图治，识刘晔之谄，纳曹植、杜恕之谏，准满宠之奏，改善内政，是一个明君。但明帝也有昏聩之行，为殇女送葬，不符礼制，然亦是小疵。对抗吴、蜀，西守东攻，打破吴、蜀的东西夹攻，战略取守势，休养人民，疲敝吴、蜀，获得成功。孙权此时刚愎自用，受欺于公孙渊，比于明帝，稍逊一筹。诸葛亮仍全力经营北伐，星落五丈原，“鞠躬尽瘁，死而后已”，得到了古代历史学家的好评，在当世就受到庶民百姓的颂扬缅怀，一代贤臣形象，跃然纸上。

【原文】

烈祖明皇帝中之上

太和五年（辛亥，231 年）

春，二月，吴主假太常潘浚节，使与吕岱督军五万人讨五溪蛮。浚姨兄蒋琬为诸葛亮长史，武陵太守卫旍奏浚遣密使与琬相闻，欲有自托之计。吴主曰："承明不为此也。"即封旍表以示浚，而召旍还，免官。

卫温、诸葛直军行经岁，士卒疾疫死者什八九，亶洲绝远，卒不可得至，得夷洲数千人还。温、直坐无功，诛。

汉丞相亮命李严以中都护署府事。严更名平。亮帅诸军入寇，围祁山，以木牛运。于是大司马曹真有疾，帝命司马懿西屯长安，督将军张郃、费曜、戴陵、郭淮等以御之。

三月，邵陵元侯曹真卒。

自十月不雨，至于是月。

司马懿使费曜、戴陵留精兵四千守上邽，余众悉出，西救祁山。张郃欲分兵驻雍、郿，懿曰："料前军能独当之者，将军言是也。若不能当而分为前后，此楚之三军所以为黥布禽也。"遂进。亮分兵留攻祁山，自逆懿于上邽。郭淮、费曜等徼亮，亮破之，因大芟刈其麦，与懿遇于上邽之东。懿敛军依险，兵不得交，亮引还。

懿等寻亮后至于卤城。张郃曰："彼远来逆我，请战不得，谓我利在不战，欲以长计制之也。且祁山知大军已在近，人情自固，可止屯于此，分为奇兵，示出其后，不宜进前而不敢逼，坐失民望也。今亮孤军食少，亦行去矣。"懿不从，故寻亮。既至，又登山掘营，不肯战。贾栩、魏平数请战，因曰："公畏蜀如虎，奈天下笑何！"懿病之。诸将咸请战。夏，五月，辛巳，懿乃使张郃攻无当监何平于南围，自按中道向亮。亮使魏延、高翔、吴班逆战，魏兵大败，汉人获甲首三千，懿还保营。

【语译】

烈祖明皇帝中之上

魏明帝太和五年（辛亥，231 年）

春季，二月，吴主授予太常潘浚符节，派他和吕岱统帅五万人征讨五溪蛮。潘浚的妻兄蒋琬担任诸葛亮长史，武陵太守卫旍上奏告发潘浚派密使和蒋琬联络，有依托归附的意思。吴主说："潘浚不会做这种事情。"随即把卫旍的奏表封好交给潘浚看，并召回卫旍，罢免了他官职。

卫温、诸葛直率兵出海已有一年，士兵患疾病或染瘟疫而死的占十分之八九。亶洲非常遥远，终于没能到达，掠得夷洲几千人而返。卫温、诸葛直因无功获罪，被杀。

汉丞相诸葛亮命李严以中都护的职衔署理汉中留守府中事务。李严更名李平。诸葛亮率领各路军队侵入魏境，包围祁山，用木牛运输军粮。这时大司马曹真病重，魏明帝命司马懿西进屯驻长安，统帅将军张郃、费曜、戴陵、郭淮等以抗击诸葛亮。

三月，邵陵元侯曹真去世。

从去年十月开始不下雨，一直到当年三月。

司马懿派费曜、戴陵留下四千精兵守卫上邽，其余的部队全部出动，向西救援祁山。张郃想分派军队驻守雍、郿二县。司马懿说："估量前方的军队能独挡敌军的话，将军的主张就是对的。如果前方的军队不能抵挡而分为前后两部分，这就是楚国的三军之所以被黥布攻破的原因。"于是全军继续推进。诸葛亮分出一部分军队留下攻打祁山，亲自统领大军到上邽抵挡司马懿。郭淮、费曜等拦截诸葛亮，诸葛亮击败两将，趁机大量收割上邽的麦子，与司马懿在上邽的东面相遇。司马懿收拢军队扼守险要，不与蜀军交战，诸葛亮向后撤退。

司马懿等尾追诸葛亮到达卤城。张郃说："敌人远道而来迎战我军，要求决战没有达到目的，认为我军的利益就是不交战，试图用持久的战术制服他们。何况祁山方面知道大军已邻近，人心自然稳定，应当让大军驻扎在这里，分出一支奇兵，前出到敌人的后面，不应当像现在这样既不宜向前进攻，又不敢紧逼，让民众失望。现今诸葛亮只是一支孤军，粮食又少，就要退走了。"司马懿不听从，只是有意尾随诸葛亮。赶上了，又上山扎营，不肯交战。贾栩、魏平多次请战，就说："明公畏蜀如虎，如何不被天下人取笑！"司马懿对此很不高兴。众将领都要求出战。夏季，五月初十日辛巳，司马懿派张郃到蜀军包围祁山的南边攻打无当监何平，自己据中路逼向诸葛亮。诸葛亮派魏延、高翔、吴班迎战，魏军大败，蜀军斩获三千首级，司马懿退守军营。

六月，亮以粮尽退军，司马懿遣张郃追之。郃进至木门，与亮战，蜀人乘高布伏，弓弩乱发，飞矢中郃右膝而卒。

（以上为第一段，写诸葛亮公元 231 年第二次兵出祁山，在退兵途中击杀魏名将张郃。）

秋，七月，乙酉，皇子殷生，大赦。

黄初以来，诸侯王法禁严切，至于亲姻皆不敢相通问。东阿王植上疏曰："尧之为教，先亲后疏，自近及远。周文王刑于寡妻，至于兄弟，以御于家邦。伏惟陛下资帝唐钦明之德，体文王翼翼之仁，惠洽椒房，恩昭九族，群后百寮，番休递上，执政不废于公朝，下情得展于私室，亲姻之路通，庆吊之情展，诚可谓恕己治人，推惠施恩者矣。至于臣者，人道绝绪，禁锢明时，臣窃自伤也，不敢乃望交气类，修人事，叙人伦，近且婚媾不通，兄弟乖绝，吉凶之问塞，庆吊之礼废，恩纪之违，甚于路人；隔阂之异，殊于胡、越。今臣以一切之制，永无朝觐之望，至于注心皇极，结情紫闼，神明知之矣。然天实为之，谓之何哉！退惟诸王常有戚戚具尔之心，愿陛下沛然垂诏，使诸国庆问，四节得展，以叙骨肉之欢恩，全怡怡之笃义。妃妾之家，膏沐之遗，岁得再通，齐义于贵宗，等惠于百司，如此，则古人之所叹，风雅之所咏，复存于圣世矣！臣伏自惟省，无锥刀之用；及观陛下之所拔授，若以臣为异姓，窃自料度，不后于朝士矣。若得辞远游，戴武弁，解朱组，佩青绂，驸马、奉车，趣得一号，安宅京室，执鞭珥笔，出从华盖，入侍辇毂，承答圣问，拾遗左右，乃臣丹诚之至愿，不离于梦想者也。远慕《鹿鸣》君臣之宴，中咏《棠棣》匪他之诫，下思《伐木》友生之义，终怀《蓼莪》罔极之哀，每四节之会，块然独处，左右惟仆隶，所对惟妻子，高谈无所与陈，精义无所与展，未尝不闻乐而拊心，临觞而叹息也。臣伏以犬马之诚不能动人，譬人之诚不能动天，崩城、陨霜，臣初信之，以臣心况，徒虚语耳！若葵藿之倾太阳，虽不为回光，然向之者诚也。窃自比葵藿，若降天地之施，垂三光之明者，实在陛下。臣闻《文子》曰：'不为福始，不为祸先。'今之否隔，友于同忧，而臣独倡言者，实不愿于圣世有不蒙施之物，欲陛下崇光被时雍之美，宣缉熙章明之德也！"诏报曰："盖教化所由，各有隆敝，非皆善始而恶终也，事使之然。今令诸国兄弟情礼简怠，妃妾之家膏沐疏略，本无禁锢诸国通问之诏也；矫枉过正，下吏惧谴，以至于此耳。已敕有司，如王所诉。"

六月，诸葛亮因粮尽撤退，司马懿派张郃追击。张郃进军到木门，和诸葛亮交战，蜀军登上高地布下伏兵，弓弩齐发，张郃右膝中箭身亡。

秋季，七月十五日乙酉，皇子曹殷出生，大赦天下。

黄初以来，魏国对诸侯王的法制禁令十分苛酷，甚至亲戚之间都不敢来往。东阿曹植上疏说："唐尧推行教化，先亲后疏，由近及远。周文王以礼法给贤妻做出榜样，再推及兄弟，由此来治理国家。臣想陛下天生具备唐尧圣明之德，怀有文王恭敬的仁爱，德惠滋润后宫，恩情显扬九族，诸侯百官争先效命，更替休息尽职，国家大事不会在朝堂上废弃，个人亲情可以在私室舒展，亲戚往来的道路畅通，喜庆丧吊的情感能够表达，真可谓是推己及人、广施恩德的人了。至于臣的处境，人际往来完全隔绝，被禁锢在开明的时代，臣感到悲伤。不敢奢望去结交志同道合的朋友，叙谈人事心曲，享受天伦骨肉亲情，近来姻亲都不通来往，兄弟之间背离绝交，吉凶之事听不到音讯，喜庆丧吊之礼废弃，亲情如此隔离而疏远，甚至赶不上不相识的路人；不相往来而感情离异，甚于胡人、越人。现今待臣的一切法制，永无入朝晋见的希望，至于臣心念陛下，情绕宫廷，只有神明才知道了。但是天意如此，有什么可说的？只是思念各个亲王兄弟，免不了有'戚戚具尔'的情怀，希望陛下像天降甘露一样，早日下诏，使各诸侯国之间相互祝贺问候，四时之节，能够探视相聚，诉说骨肉的情谊，成全兄弟和睦友爱之天理。妃妾的娘家，馈赠脂粉，一年可以来往两次，使诸侯王在礼义上和其他皇戚相同，在待遇上与文武百官相当。如此，那么古人所赞叹的，《诗经》的风雅所咏唱的，就再现在圣世了！臣私下反省，不如锥刀有用；但当我看到陛下提拔任用的官吏时，臣又私自度量，如果把臣当作异姓，不会比在朝之士差。如果能让臣脱下标志王侯的远游冠，戴上武官帽，解除红绶带，佩上青绶带，得到附马都尉、奉车都尉之类的官职，把宅第安置在京城，手执马鞭，帽边插笔，出行时跟随天子，回来后侍奉左右，承蒙垂问，回答圣上的问题，拾补圣上的遗漏，这就是臣赤诚之心的最大愿望、梦寐以求的理想。臣远慕《鹿鸣》所描述的君臣宴乐，再咏《棠棣》所言'兄弟不是外人'的告诫，自思《伐木》中求友的意义，最终感怀《蓼莪》所述的父母之恩没能报答的悲哀。每逢四时之节，孤独落寞，身边只有奴仆，面前只有妻子儿女，想要高谈阔论没有对象，精辟见解不能向人陈述，以致听到音乐就抚心悲痛，举起酒杯就感伤叹息。臣以犬马的诚心不能感动人，犹如人的诚心不能感动苍天一样，杞梁妻能哭倒城墙，邹衍能使夏日降霜，臣当初曾相信这些，但是从臣现在的心情来看，这些只是虚夸罢了！

植复上疏曰："昔汉文发代，疑朝有变，宋昌曰：'内有朱虚、东牟之亲，外有齐、楚、淮南、琅邪，此则磐石之宗，愿王勿疑。'臣伏惟陛下远览姬文二虢之援，中虑周成召、毕之辅，下存宋昌磐石之固。臣闻羊质虎皮，见草则悦，见豺则战，忘其皮之虎也。今置将不良，有似于此。故语曰：'患为之者不知，知之者不得为也。'昔管、蔡放诛，周、召作弼；叔鱼陷刑，叔向赞国。三监之衅，臣自当之；二南之辅，求必不远。华宗贵族藩王之中，必有应斯举者，夫能使天下倾耳注目者，当权者是也，故谋能移主，威能慑下，豪右执政，不在亲戚，权之所在，虽疏必重，势之所去，虽亲必轻。盖取齐者田族，非吕宗也：分晋者赵、魏，非姬姓也。惟陛下察之。苟吉专其位，凶离其患者，异姓之臣也。欲国之安，祈家之贵，存共其荣，殁同其祸者，公族之臣也。今反公族疏而异姓亲，臣窃惑焉。今臣与陛下践冰履炭，登山浮涧，寒温燥湿，高下共之，岂得离陛下哉！不胜愤懑，拜表陈情，若有不合，乞且藏之书府，不便灭弃，臣死之后，事或可思。若有毫厘少挂圣意者，乞出之朝堂，使夫博古之士，纠臣表之不合义者，如是则臣愿足矣。"帝但以优文答报而已。

八月，诏曰："先帝著令，不欲使诸王在京都者，谓幼主在位，母后摄政，防微以渐，关诸盛衰也。朕惟不见诸王十有二载，悠悠之怀，能

正像葵花向着太阳，尽管太阳不给予照射，但倾向之心是真诚的。臣自比为向日葵，那么能不能得到天地般恩德的降临，洒下日月星三光的照明，全在陛下了。《文子》书上说：‘不要抢先争福，也不要抢先惹祸。’现今隔阂，下情能否上达，兄弟们十分担忧，只有臣独自出头发言，实在是不希望在圣明之世有人不能蒙受陛下恩泽，希望陛下推崇唐尧时代和善的美俗，光大文王之世开明的德政！”魏明帝下诏回复说：“大凡教化的推行，各有盛衰，并不是开头的全都是好，也不是结局的全都是坏，而是形势促使他这样。现今的法令不过只要求各封国的兄弟，尽量减少人情应酬，妃妾娘家尽量减少脂粉馈赠，原本就没有禁锢各国互通问候的诏令；矫枉过正，下面执行的官吏害怕受到指责，以致出现了这类情况。已下诏有关部门，依你所述的意见办理。”

曹植再次上书说：“从前汉文帝从代国出发，怀疑朝廷有变故，宋昌说：‘朝内有朱虚、东牟这些亲戚，朝外有齐王、楚王、淮南王、琅邪王这些坚如磐石的皇族，希望大王不要有疑心。’臣衷心希望陛下远思周文王依靠虢仲、虢叔完成王业，再思周成王时召公、毕公辅佐治平天下，三思汉代宋昌皇族坚如磐石的比喻。臣听说羊披上虎皮，看见草就欢喜，遇到豺狼就战栗，忘记了它身上披着的虎皮。如果任用的将领不良，就如同上面说的这样。所以俗话说：‘最大的忧患是做事的人不了解他所做的事，而了解做事的人又没机会去做。’古代周成王诛杀管叔、放逐蔡叔，以周公、召公作为辅佐；叔鱼被刺杀，叔鱼之兄叔向仍忠心为国；西周三监之乱，臣会引为鉴戒；周召二南之辅，不必远求。皇宗显贵和藩王之中，一定有像这样的人才。能使天下人耳目关注的，一定是当权的人，所以谋略能改变君主的旨意，威望能使下面的人慑服，豪杰执政，不一定是皇亲国戚，大权在握，即使疏远照样举足轻重，大势已去，虽然是皇亲国戚也一定人微言轻。所以取代齐国的是田氏，不是吕氏；瓜分晋国的是赵氏、魏氏，不是姬氏，唯请陛下明察。在太平无事时占据权位，在灾难临头时就赶快逃离的，一定是异姓之臣。希望国家安定，祈求家族显贵，存则共享其荣，亡则同担其祸的，必是皇族之臣。而今恰恰相反，疏远皇族亲近异姓，臣深感困惑。如今臣与陛下一起履薄冰、踏炭火、攀高山、跨深涧、寒热干湿、环境好坏，共同分担，岂能离开陛下呢？臣不尽悲愤苦恼，上书陈情。如果有不合圣意，请暂且收藏在书府，不要毁弃，臣死之后，或许可以引人深思。如果有一点能合于圣意的，请求在朝廷公布，让博古通今之士，纠正臣奏书中不合大义的地方，能够这样，那我的愿望就满足了。”魏明帝只不过是用措辞感人的诏书作为回答罢了。

八月，魏明帝正式下诏说：“先帝曾经颁令，不让诸王留在京都的原因是认为幼主在位，母后摄政，为的是防微杜渐，关系到国家的兴衰。朕不见诸王已有十二年

不兴思！其令诸王及宗室公侯各将适子一人朝明年正月，后有少主、母后在宫者，自如先帝令。”

（以上为第二段，写曹植上奏明帝，陈述曹魏诸侯王，特别是自己，遭遇禁闭的痛苦。）

汉丞相亮之攻祁山也，李平留后，主督运事。会天霖雨，平恐运粮不继，遣参军狐忠、督军成藩喻指，呼亮来还；亮承以退军。平闻军退，乃更阳惊，说“军粮饶足，何以便归！”又欲杀督运岑述以解己不办之责。又表汉主，说“军伪退，欲以诱贼。”亮具出其前后手笔书疏，本末违错。平辞穷情竭，首谢罪负。于是亮表平前后过恶，免官，削爵土，徙梓潼郡。复以平子丰为中郎将、参军事，出教敕之曰：“吾与君父子戮力以奖汉室，表都护典汉中，委君于东关，谓至心感动，终始可保，何图中乖乎！若都护思负一意，君与公琰推心从事，否可复通，逝可复还也。详思斯戒，明吾用心！”

亮又与蒋琬、董允书曰：“孝起前为吾说正方腹中有鳞甲，乡党以为不可近。吾以为鳞甲但不当犯之耳，不图复有苏、张之事出于不意，可使孝起知之。”孝起者，卫尉南阳陈震也。

冬，十月，吴主使中郎将孙布诈降以诱扬州刺史王凌，吴主伏兵于阜陵以俟之。布遣人告凌云：“道远不能自致，乞兵见迎。”凌腾布书，请兵马迎之。征东将军满宠以为必诈，不与兵，而为凌作报书曰：“知识邪正，欲避祸就顺，去暴归道，甚相嘉尚。今欲遣兵相迎，然计兵少则不足相卫，多则事必远闻。且先密计以成本志，临时节度其宜。”会宠被书入朝，敕留府长史：“若凌欲往迎，勿与兵也。”凌于后索兵不得，乃单遣一督将步骑七百人往迎之，布夜掩击，督将迸走，死伤过半。凌，允之兄子也。

先是凌表宠年过耽酒，不可居方任。帝将召宠，给事中郭谋曰：“宠为汝南太守、豫州刺史二十余年，有勋方岳；及镇淮南，吴人惮之。若不如所表，将为所窥，可令还朝，问以东方事以察之。”帝从之。既至，体气康强，帝慰劳遣还。

了，悠悠之情怀，岂能不生发思念？现令各位封王及其皇室的公侯各遣嫡子一人于明年正月入朝，但是今后凡有皇帝年幼、母后在宫中摄政的情况，自然依旧按先帝的诏令办理。”

汉丞相诸葛亮进攻祁山，李平留守后方，主管粮运事务。正值大雨连绵，李平害怕运粮跟不上，派参军狐忠、督军成藩宣旨，召诸葛亮回师；诸葛亮承旨撤军。李平却假装惊讶，说："军粮充足，为什么就撤退回来了！”还想杀害督运官岑述用来解脱自己失职不办的责任。又向汉后主上表，说："军队佯退，想以此引诱敌贼。”诸葛亮拿出李平前后亲笔所书的全部信件、奏疏，彼此矛盾重重。李平理屈词穷，叩头承认所负的罪责。于是诸葛亮上表陈述李平前后的罪过，罢废了他的官职，削夺了他的封爵和食邑，流放到梓潼郡。诸葛亮重新任命李平的儿子李丰为中郎将、参军事，作教令告诫李丰说："我和你们父子共同努力来辅助汉室，上表推荐你老父任都护主管汉中军营事务，委任你镇守东关，自认至诚相待，情感友谊可以始终保持，岂能想到中途背离呢？如果都护能思过而一心为国，你与蒋琬推诚共事，那么阻隔可以开通，离去了还可再回。仔细地考虑这一劝诫，理解我的用心！”

诸葛亮又致信蒋琬、董允说："孝起从前对我说李平腹中怀有巧诈之术，乡里人认为不可接近。我以为只要不刺激，巧诈之术使不出来也就无妨，没想到有苏秦、张仪巧诈之事出人意料，应该让孝起知道这件事。”孝起是卫尉南阳人陈震。

冬季，十月，吴主派中郎将孙布用诈降计引诱扬州刺史王凌，吴主在阜陵埋下伏兵等候王凌中计。孙布派人告诉王凌说："路远不能用自己的力量突围到达，请求派兵迎接。”王凌呈上孙布的书信，请求出兵迎接孙布。征东将军满宠认为其中一定有诈，不给兵马，而代替王凌回信孙布说："阁下知晓邪正之分，想避开灾祸顺附天意，离开暴政回归正道，很值得嘉许。本想派兵相迎，但没想到兵少不足以保护您，兵多事情必然会传得很远。暂且先对您的计划保密，以成全您的本志，等到机会合适再做安排。”正好满宠受诏入朝，嘱咐留府长史："如果王凌想前去迎接孙布，不要给他发兵。”王凌后来求兵不成，就单独派一个督将率领步骑兵七百人前去迎接孙布，孙布趁夜袭击，督将奔逃，士兵死伤大半。王凌是王允哥哥的儿子。

在此以前，王凌上表称满宠年迈嗜酒，不能担负独当一面的大任。魏明帝要召回满宠，给事中郭谋说："满宠历任汝南太守、豫州刺史二十多年，在州郡长官的职务上有功劳；等到他镇守淮南，东吴人很忌怕他。如果不像王凌表上指控的那样，将给敌人可乘之机，可以令满宠回朝，通过询问东方事宜来考察他。”魏明帝听从了这个建议。满宠到达京都洛阳，他身体强壮，精神饱满，魏明帝加以慰劳，命他回

十一月，戊戌晦，日有食之。

十二月，戊午，博平敬侯华歆卒。

丁卯，吴大赦，改明年元曰嘉禾。

（以上为第三段，写蜀大臣李平玩忽职守，吴中郎将孙布尽心国事，两相对照，形成鲜明对比。）

六年（壬子，232 年）

春，正月，吴主少子建昌侯虑卒。太子登自武昌入省吴主，因自陈久离定省，子道有阙；又陈陆逊忠勤，无所顾忧。乃留建业。

二月，诏改封诸侯王，皆以郡为国。

帝爱女淑卒，帝痛之甚，追谥平原懿公主，立庙洛阳，葬于南陵，取甄后从孙黄与之合葬，追封黄为列侯，为之置后，袭爵。帝欲自临送葬，又欲幸许。司空陈群谏曰："八岁下殇，礼所不备，况未期月，而以成人礼送之，加为制服，举朝素衣，朝夕哭临，自古以来，未有此比。而乃复自往视陵，亲临祖载。愿陛下抑割无益有损之事，此万国之至望也。又闻车驾欲幸许昌，二宫上下，皆悉居东，举朝大小，莫不惊怪。或言欲以避衰，或言欲以便移殿舍，或不知何故。臣以为吉凶有命，祸福由人，移走求安，则亦无益。若必当移避，缮治金墉城西宫及孟津别宫，皆可权时分止，何为举宫暴露野次，公私烦费，不可计量。且吉士贤人，犹不妄徙其家，以宁乡邑，使无恐惧之心，况乃帝王万国之主，行止动静，岂可轻脱哉！"少府杨阜曰："文皇帝、武宣皇后崩，陛下皆不送葬，所以重社稷，备不虞也；何至孩抱之赤子而送葬也哉！"帝皆不听。三月，癸酉，行东巡。

吴主遣将军周贺、校尉裴潜乘海之辽东，从公孙渊求马。

初，虞翻性疏直，数有酒失，又好抵忤人，多见谤毁。吴主尝与张昭论及神仙，翻指昭曰："彼皆死人而语神仙，世岂有仙人也！"吴主积怒非一，遂徙翻交州。及周贺等之辽东，翻闻之，以为五溪宜讨，辽东绝远，听使来属，尚不足取，今去人财以求马，既非国利，又恐无获。欲谏不敢，作表以示吕岱，岱不报。为爱憎所白，复徙苍梧猛陵。

到任上。

十一月三十日戊戌晦，发生日食。

十二月二十日戊午，博平敬侯华歆去世。

十二月三十日丁卯，吴国大赦天下，改明年年号为嘉禾。

魏明帝太和六年（壬子，232 年）

春季，正月，吴主的小儿子建昌侯孙虑去世。太子孙登从武昌入朝探视吴主，趁此述说自己久离父母，不能早晚问安，没有尽到做儿子的孝道；又陈述陆逊忠诚尽力，没有什么忧虑。于是留在建业。

二月，魏明帝下诏改封诸侯王，把册封侯王的郡全都改称国。

魏明帝爱女曹淑去世，魏明帝非常悲伤，追谥号为平原懿公主，在洛阳建立祭庙，葬在南陵，娶甄后已故的侄孙甄黄与她合葬，追封甄黄为列侯，给他安置继承人，继承侯爵。魏明帝想亲自送葬，又想去许昌。司空陈群谏阻说："八岁以下的孩子死亡，没有丧葬的礼仪，何况没有满月，就以成人之礼送葬，加穿丧服，满朝官员都要穿丧服，早晚到棺前哭泣，自古以来没有这样做的。而陛下竟然还要去察看陵墓，亲自送葬。希望陛下克制割舍这种有害无益的感情用事，这是全国最大的愿望。还听说陛下想巡幸许昌，太后、皇后两宫上下都要东迁，举朝大小官员，无不震惊。有的猜测是陛下借此避开灾祸，有的说是想以此迁移殿舍，有的不知是什么原因。臣以为吉凶自有天命，祸福则由人把握，用迁移来求平安，肯定于事无补。如果一定要迁移避灾，修缮金墉城西宫和孟津别宫，都可以临时移居，何必把整个皇宫暴露于荒郊、露宿于野外，公私耗费，无法计算。即便是贤人良士，也不轻易搬家，以此安宁乡里，使乡亲们没有恐惧之心，何况竟是一个堂堂大国的君主，一举一动，岂可以轻率？"少府杨阜说："文皇帝、武宣皇后逝世，陛下都不送葬，为的是以国家利益为重，以防不测，何至于要给一个在襁褓中的婴儿送葬呢？"魏明帝一概不理会。三月初七日癸酉，起驾东巡。

吴主派将军周贺、校尉裴潜乘船渡海到辽东，向公孙渊求购马匹。

当初，虞翻性格粗疏率直，屡次酒后犯下过失，又喜欢顶撞他人，多次被人毁谤。吴主曾和张昭讨论神仙，虞翻指着张昭说："他们都是死人而却说是神仙，世上哪有仙人！"吴主对他积怨不止一次了，于是把虞翻贬逐到交州。等到周贺等到辽东，虞翻听说后，认为应当征讨五溪；辽东遥远，即便前来归属，也不值得接受，如今派人携财去买马，既对国家没有好处，又恐怕没有收获。想上书谏劝又不敢，

夏，四月，壬寅，帝如许昌。

五月，皇子殷卒。

秋，七月，以卫尉董昭为司徒。

九月，帝行如摩陂，治许昌宫，起景福、承光殿。

公孙渊阴怀贰心，数与吴通。帝使汝南太守田豫督青州诸军自海道，幽州刺史王雄自陆道讨之。散骑常侍蒋济谏曰："凡非相吞之国，不侵叛之臣，不宜轻伐。伐之而不能制，是驱使为贼也。故曰：'虎狼当路，不治狐狸。'先除大害，小害自已。今海表之地，累世委质，岁选计、孝，不乏职贡，议者先之。正使一举便克，得其民不足益国，得其财不足为富，倘不如意，是为结怨失信也。"帝不听。豫等往皆无功，诏令罢军。

豫以吴使周贺等垂还，岁晚风急，必畏漂浪，东道无岸，当赴成山，成山无藏船之处，遂辄以兵屯据成山。贺等还至成山，遇风，豫勒兵击贺等，斩之。吴主闻之，始思虞翻之言，乃召翻于交州。会翻已卒，以其丧还。

十一月，庚寅，陈思王植卒。

十二月，帝还许昌宫。

（以上为第四段，写魏明帝与孙权刚愎自用，举措失当，均被公孙渊所误。魏明帝悲痛殇女的送葬行动，近乎昏聩。）

侍中刘晔为帝所亲重。帝将伐蜀，朝臣内外皆曰"不可"。晔入与帝议，则曰"可伐"；出与朝臣言，则曰"不可"。晔有胆智，言之皆有形。中领军杨暨，帝之亲臣，又重晔，执不可伐之议最坚，每从内出，辄过晔，晔讲不可之意。后暨与帝论伐蜀事，暨切谏，帝曰："卿书生，焉知兵事！"暨谢曰："臣言诚不足采，侍中刘晔，先帝谋臣，常曰蜀不可伐。"帝曰："晔与吾言蜀可伐。"暨曰："晔可召质也。"诏召晔至，帝问晔，终不言。后独见，晔责帝曰："伐国，大谋也，臣得与闻大谋，常恐眯梦漏泄以益臣罪，焉敢向人言之！夫兵诡道也，军事未发，不厌其密。陛下显然露之，臣恐敌国已闻之矣。"于是帝谢之。晔见出，责暨曰："夫

将写好的奏章送给吕岱看，吕岱不给呈报。虞翻被奸佞的人告发，又一次被贬到苍梧郡的猛陵。

夏季，四月初六日壬寅，魏明帝到达许昌。

五月，皇子曹殷去世。

秋季，七月，魏明帝任命卫尉董昭为司徒。

九月，魏明帝到达摩陂，修治许昌宫室，新建景福殿、承光殿。

辽东太守公孙渊暗中怀有二心，多次与吴交通。魏明帝派汝南太守田豫率领青州各军从海道出击，幽州刺史王雄由陆路进讨公孙渊。散骑常侍蒋济谏阻说：“凡是不需相互吞并的国家，对不侵犯不叛逆的臣子，不应当轻易讨伐。讨伐而又不能制服，这等于是驱使他们成为贼寇。所以说：‘虎狼当道，不捕杀狐狸。’先除掉大害，小害就自然消失。如今海外之地，历代归顺，每年推选计吏、孝廉，尽职纳贡，从不缺乏，议政的人都将辽东排在首位。即使一举就能平定，获得他的民众不足以增强国力，获得他的财物也不能使我们富裕；倘若不如意，还会结下怨仇、失去信誉。”魏明帝不听。田豫等前去讨伐都无战功，诏令罢兵。

田豫认为吴国派出的周贺等即将返回，正值隆冬，海上风急，必定畏惧被海浪颠簸，东面的海路无岸，必须经由成山，成山没有藏船的地方，因此就派兵驻守成山。周贺等返回到达成山；遇到大风，田豫率兵攻击周贺等，斩杀了周贺。吴主听到这一消息，才想到虞翻的建议，便从交州召回虞翻。此时虞翻已经去世，只接回了他的灵柩。

十一月二十八日庚寅，陈思王曹植去世。

十二月，魏明帝回到许昌宫。

侍中刘晔受到魏明帝的亲近器重。魏明帝想讨伐蜀国，朝廷内外的大臣都说：“不行。”刘晔入宫与魏明帝商议，却说“可征伐”；出宫和朝廷大臣议论时，却又说“不行”。刘晔有胆识智慧，他说可伐与不可伐，都言之成理，颇能动人。中领军杨暨，是魏明帝亲近的大臣，他也器重刘晔，对坚持不可伐的主张最坚决，每次从宫内出来，就去拜访刘晔，刘晔讲的是不可伐的道理。后来杨暨和魏明帝又一次讨论关于征伐蜀国的事情，杨暨直言极谏，魏明帝说：“你是一介书生，怎么懂得打仗的事！”杨暨道歉说：“我说的的确不值得采纳，侍中刘晔是先帝的谋臣，常常说不可以讨伐蜀国。”魏明帝说：“刘晔对我说蜀国可以讨伐。”杨暨说：“可以召刘晔来对质。”因此下诏让刘晔入宫，魏明帝问刘晔，刘晔始终不说话。事后魏明帝单独召

钓者中大鱼，则纵而随之，须可制而后牵，则无不得也。人主之威，岂徒大鱼而已！子诚直臣，然计不足采，不可不精思也。”暨亦谢之。

或谓帝曰：“晔不尽忠，善伺上意所趋而合之，陛下试与晔言，皆反意而问之，若皆与所问反者，是晔常与圣意合也。每问皆同者，晔之情必无所逃矣。”帝如言以验之，果得其情，从此疏焉。晔遂发狂，出为大鸿胪，以忧死。

《傅子》曰：“巧诈不如拙诚，信矣。以晔之明智权计，若居之以德义，行之以忠信，古之上贤，何以加诸！独任才智，不敦诚悫，内失君心，外困于俗，卒以自危，岂不惜哉！”

晔尝谮尚书令陈矫专权，矫惧，以告其子骞。骞曰：“主上明圣，大人大臣，今若不合，不过不作公耳。”后数日，帝意果解。

尚书郎乐安廉昭以才能得幸，好抉擿群臣细过以求媚于上。黄门侍郎杜恕上疏曰：“伏见廉昭奏左丞曹璠以罚当关不依诏，坐判问。又云：‘诸当坐者别奏。’尚书令陈矫自奏不敢辞罚，亦不敢陈理，志意恳恻。臣窃愍然为朝廷惜之！古之帝王所以能辅世长民者，莫不远得百姓之欢心，近尽群臣之智力。今陛下忧劳万机，或亲灯火，而庶事不康，刑禁日弛。原其所由，非独臣不尽忠，亦其主不能使也。百里奚愚于虞而智于秦，豫让苟容中行而著节智伯，斯则古人之明验矣。若陛下以为今世无良才，朝廷乏贤佐，岂可追望稷、契之遐踪，坐待来世之俊乂乎！今之所谓贤者，尽有大官而享厚禄矣，然而奉上之节未立，向公之心不一者，委任之责不专，而俗多忌讳故也。臣以为忠臣不必亲，亲臣不必忠。今有疏者毁人而陛下疑其私报所憎，誉人而陛下疑其私爱所亲，左右或因之以进憎爱之说，遂使疏者不敢毁誉，以至政事损益，亦皆有嫌。陛下当思所以阐广朝臣之心，笃厉有道之节，使之自同古人，垂名竹帛，反使如廉昭者扰乱其间，臣惧大臣将遂容身保位，坐观得失，为来世戒

见刘晔，刘晔埋怨魏明帝说："征伐一国，乃国家大计，我得参与这一国家机密，常常害怕说梦话泄露出去而增加我的罪过，岂敢对人说起！用兵打仗，本质就是诡诈，军事行动尚未开始，计划越机密越好，陛下公开泄露，我担心敌国已经听到了。"于是魏明帝表示歉意。刘晔晋见后出来指责杨暨说："钓鱼的人钓上了一条大鱼，就要放长线跟随它，等到可以制服时再将它牵回来，这样就没有什么不能得到了。君主的威严，难道只是一条大鱼而已？你诚然是个正直的臣子，但是计谋不值得采纳，应当仔细地思考。"杨暨也向刘晔表示歉意。

有人对魏明帝说："刘晔不尽忠诚，善于窥探皇上的意向来迎合，陛下可以试探一下，与刘晔交谈时，全部用相反的意思来问他，如果他的回答全部和所问相反的话，就是刘晔的见解常常与陛下的意思相一致了。如果每个问题他都赞同的话，那么刘晔的迎合之情就无所隐藏了。"魏明帝按照这个话来检验刘晔，果然发觉刘晔善喜迎合，从此疏远了他。刘晔因此精神失常，出任大鸿胪，随后忧郁而死。

> 《傅子》上说："巧诈不如拙诚，此话确实是真理。凭借刘晔的聪明才智和权变谋计，如果坚守德义，按忠信行事，即使是古代上等的贤人，又岂能超过他？但刘晔只知任用自己的才智，不崇尚忠悫，这样在内失去了君主的信任，在外又受到世俗的压力，终于自己害了自己，真是可惜啊！"

刘晔曾经诋毁尚书令陈矫专权，陈矫害怕，把这事告诉了儿子陈骞，陈骞说："主上圣明，您是大臣，现今如果相处融洽，只是不任三公罢了。"几天后，魏明帝的不满情绪果然消解。

尚书郎乐安人廉昭因为有才能受到宠幸，廉昭喜欢挑剔揭发群臣的细小过失来向皇上献媚。黄门侍郎杜恕上疏说："臣看到廉昭上奏尚书台左丞曹璠，没有依照诏书治理罪罚，要向上报告，曹璠有罪应当追究责问。又说：'尚书台其他的人也有罪，另外上奏。'尚书令陈矫也自己上奏弹劾自己不敢脱逃罪罚，也不敢陈述道理，心意恳切感人。臣暗自为朝廷惋惜！古代帝王之所以能治理社会，增长人口，无不是远得百姓的欢心，近赖群臣竭尽智力。现今陛下忧虑辛劳，日理万机，有时还挑灯连夜工作，但仍有许多的事务无法安顿，刑法禁令日益松弛。究其根源，不仅仅是群臣没有尽到忠心，也是因为主上不能恰当地使用他们。百里奚在虞国愚钝但在秦国却明智，豫让在中行家苟且偷安但在智伯家却显出志节，这是古人的明证。如果陛下认为当今没有良才，朝廷缺乏贤能的辅佐，难道现今可以去追寻后稷与契的远迹而坐等未来的俊杰吗？如今所称的贤人，都是些做大官而享受厚禄的人，可是侍奉君上的节操没有什么建树，奉公的心思不能专一，这是由于委任的职责没有独断的权力，而世俗有很多禁忌的缘故。臣认为忠臣未必是亲臣，亲臣不一定忠诚。如今被疏远的人如果批评别人，陛下就怀疑他挟私报仇；赞誉别人，陛下就怀疑他

也。昔周公戒鲁侯曰：‘无使大臣怨乎不以。’言不贤则不可为大臣，为大臣则不可不用也。《书》数舜之功，称去四凶，不言有罪无问大小则去也。今者朝臣不自以为不能，以陛下为不任也；不自以为不知，以陛下为不问也。陛下何不遵周公之所以用，大舜之所以去，使侍中、尚书坐则侍帷幄，行则从华辇，亲对诏问，各陈所有，则群臣之行皆可得而知，忠能者进，暗劣者退，谁敢依违而不自尽。以陛下之圣明，亲与群臣论议政事，使群臣人得自尽，贤愚能否，在陛下之所用。以此治事，何事不办；以此建功，何功不成！每有军事，诏书常曰：‘谁当忧此者邪？吾当自忧耳。’近诏又曰：‘忧公忘私者必不然，但先公后私即自办也。’伏读明诏，乃知圣思究尽下情，然亦怪陛下不治其本而忧其末也。人之能否，实有本性，虽臣亦以为朝臣不尽称职也。明主之用人也，使能者不敢遗其力，而不能者不得处非其任。选举非其人，未必为有罪也；举朝共容非其人，乃为怪耳。陛下知其不尽力而代之忧其职，知其不能也而教之治其事，岂徒主劳而臣逸哉，虽圣贤并世，终不能以此为治也。陛下又患台阁禁令之不密，人事请属之不绝，作迎客出入之制，以恶吏守寺门，斯实未得为禁之本也。昔汉安帝时，少府窦嘉辟廷尉郭躬无罪之兄子，犹见举奏，章劾纷纷。近司隶校尉孔羡辟大将军狂悖之弟，而有司嘿尔，望风希指，甚于受属，选举不以实者也。嘉有亲戚之宠，躬非社稷重臣，犹尚如此；以今况古，陛下自不督必行之罚以绝阿党之原耳。出入之制，与恶吏守门，非治世之具也。使臣之言少蒙察纳，何患于奸不削灭，而养若廉昭等乎！夫纠擿奸宄，忠事也；然而世憎小人行之者，以其不顾道理而苟求容进也。若陛下不复考其终始，必以违众迕世为奉公，密行白人为尽节；焉有通人大才而更不能为此邪？诚顾道理而弗为耳。使天下皆背道而趋利，则人主之所最病者也，陛下将何乐焉！”恕，畿之子也。

挟私偏爱，加上陛下身边的人乘机进献奸宄之说，于是被疏远的人不敢提出批评或赞誉，以至于对政事做出的批评或赞誉，也都受到猜疑。陛下应当思考如何才能使朝臣的心胸开广，鼓励有道之士的气节增强，使朝臣们自觉向古人看齐，垂名青史。怎么反倒让像廉昭之类的人在中间扰乱，臣恐怕大臣们将苟且偷安，只图保住自己的官职，坐观国家得失，这将成为后世的借鉴。从前周公告诫鲁侯说：‘不要让大臣抱怨不被任用。’说的是不贤能的人，就不可以任用为大臣，任命了大臣就不能不使用。《尚书》记述虞舜的功绩，称他除去了四凶，不说有罪不问大小就一概除去。现今朝廷大臣并不认为自己没有能力，而是认为陛下不任用他们；不是认为自己没有智慧，而是认为陛下没有去询问他们。陛下何不遵循周公任用贤能，大舜除去奸凶的做法，让侍中、尚书在朝内时侍候在帷幄之中，出行时跟随御驾，让他们亲自回答陛下的咨询，各自陈述自己所有的见解，那么群臣的品行陛下都可以得知，忠臣贤能的人加以提升，愚钝卑劣的人予以黜退，谁还敢推诿而不竭尽才能呢。凭着陛下的圣明，亲自同群臣议论政事，使群臣人人能竭尽自己的才能，那么是贤良还是愚劣，是有能还是无能，全都取决于陛下恰当地使用。用这种方法治理政事，没有什么政事不能办成；用这种方法建立功业，没有什么功业不能完成！每逢有军机大事，陛下的诏书总是说：‘谁该忧虑这事呢？该我自己忧虑罢了。’近日诏书上又说：‘忧公忘私的人一定不会是这样，只要先公后私即刻就能做到。’恭读圣明的诏书，才知陛下对下情了解得很深透，但也怪陛下不抓用人这一根本，而只考虑事情是否办好这一细枝末节。人的贤能与否，实由先天决定，就连臣也认为朝中大臣不能尽职尽责。圣明的君主用人，是让贤能的人不敢保留他的能力，而使无能的人不可处在他不能胜任的位置上。选举了不贤能之人，未必就有罪过；满朝都能容下无能之人，才真是怪事。陛下知道某人不尽力却替他忧劳职责，知道某人无能却还指导他办事，这难道不是使主上辛劳而臣下安逸吗？即便是圣明的人与贤能的人并存世上，也不能凭借主劳臣逸来治理国家。陛下又担心台阁禁令不严密，人情请托不能断绝，制定迎客出入的制度，让凶恶的官吏把守官府大门，这实在是没有抓住禁令的本质。从前汉安帝时，少府窦嘉征召廷尉郭躬无罪的哥哥的儿子，还被人上奏指控，弹劾的奏章纷纷而至。近来司隶校尉孔羡征召大将军司马懿狂妄无理的弟弟，但有关部门的官员却沉默不言，显然望风迎合的做法比接受请托更严重，可见选举有能力的人落了空。窦嘉有皇亲的宠信，郭躬并不是国家的大臣，尚且如此；拿今天的情况和古代相比，是因为陛下没有亲自督促落实必行之罚来杜绝结党营私的源头。出入制度交给恶吏把门，这不是治世的方法。假使臣的话有一点点蒙受陛下的明察，蒙陛下采纳，还忧虑什么奸邪不能铲除，而去豢养廉昭这种人呢？说起纠举揭发奸恶，应是忠诚的本分，然而世人憎恨小人行为的原因，却是由于小人不讲道理而苟且偷

帝尝卒至尚书门，陈矫跪问帝曰："陛下欲何之？"帝曰："欲按行文书耳。"矫曰："此自臣职分，非陛下所宜临也。若臣不称其职，则请就黜退，陛下宜还。"帝惭，回车而反。帝尝问矫："司马公忠贞，可谓社稷之臣乎？"矫曰："朝廷之望也；社稷则未知也。"

吴陆逊引兵向庐江；论者以为宜速救之。满宠曰："庐江虽小，将劲兵精，守则经时。又，贼舍船二百里来，后尾空绝，不来尚欲诱致，今宜听其遂进，但恐走不可及耳。"乃整军趋杨宜口，吴人闻之，夜遁。

是时，吴人岁有来计。满宠上疏曰："合肥城南临江湖，北远寿春，贼攻围之，得据水为势；官兵救之，当先破贼大辈，然后围乃得解。贼往甚易，而兵往救之甚难，宜移城内之兵，其西三十里，有奇险可依，更立城以固守，此为引贼平地而掎其归路，于计为便。"护军将军蒋济议以为："既示天下以弱，且望贼烟火而坏城，此为未攻而自拔；一至于此，劫略无限，必淮北为守。"帝未许。宠重表曰："孙子言'兵者，诡道也，故能而示之不能，骄之以利，示之以慑'，此为形实不必相应也。又曰：'善动敌者形之。'今贼未至而移城却内，所谓形而诱之也。引贼远水，择利而动，举得于外，则福生于内矣！"尚书赵咨以宠策为长，诏遂报听。

（以上为第五段，写魏明帝英明，识刘晔之谄，纳杜恕之谏，准满宠之奏，曹魏达于鼎盛。）

青龙元年（癸丑，233年）

春，正月，甲申，青龙见摩陂井中。二月，帝如摩陂观龙，改元。

公孙渊遣校尉宿舒、郎中令孙综奉表称臣于吴；吴主大悦，为之大赦。三月，吴主遣太常张弥、执金吾许晏、将军贺达将兵万人，金宝珍货，九锡备物，乘海授渊，封渊为燕王。举朝大臣自顾雍以下皆谏，以

安，谄媚取进。如果陛下也不再去考察事情的本来面目，就一定会认为违背众议抵触世道是奉公，窥人过失揭发上告的事是尽节；哪会有通达大才的人做不了这些事的呢？实在是他们顾及正义大道而不去做罢了。如果导致天下的人都背道而逐利，那应是君主最忧虑的事情，陛下还有什么可高兴的呢？”杜恕是杜畿的儿子。

魏明帝突然来到尚书门，陈矫跪着问魏明帝：“陛下想去哪里？”魏明帝说：“我想察看公文罢了。”陈矫说：“这是臣的职责，不是陛下应当亲临的事。如果臣不称职，就请立即罢免，陛下应该回宫。”魏明帝惭愧，乘车而返。魏明帝曾经问陈矫：“司马懿忠诚坚贞，可算是国家重臣吗？”陈矫说：“司马懿是朝廷官员所仰望的，是否是国家依靠的栋梁，还不知道。”

吴国陆逊领兵向庐江进军，谋议的人认为应当火速救援。满宠说：“庐江虽小，将良兵精，可以防守一段时间。况且，敌贼弃船陆行二百里而来，没有后继部队，若不来还打算引诱他们来，现今应当听任他们前进，只怕他们很快逃跑，我军追赶不上。”于是整饬军队奔赴杨宜口，吴军闻风，连夜逃走。

此时，东吴每年都有进攻魏国的打算。满宠上书说：“合肥城南临长江、巢湖，北面远离寿春，敌贼围攻合肥，占据水上的优势；我军救援，要先击破敌贼主力，然后包围才能解除。敌贼前往很容易，但我军前去救援很困难，应当调出城内军队，在城西三十里，有奇险可以凭据，另建新城来固守，这是为了引诱敌贼登陆平地，然后切断他们的归路，这是最好的计谋。”护军将军蒋济认为：“这样做既向天下示弱，而且没见敌贼的烟火就毁掉城池，这等于敌贼还没有来攻就自己先解除防守；一旦到了这个地步，敌贼的抢掠攻占就不受限制，我军必然只能以淮河北岸作为防线了。”魏明帝没有采纳满宠的计划，满宠再次上奏说：“孙子说：‘用兵打仗的原则，要求诡诈，所以有能力却要显示出无能，用小利来引诱敌人骄傲，假装恐惧使敌人上当。’这就是表里不一定相合的谋略。又说：‘要善于用假象对敌显示某种姿态。’如今敌贼没有来，我们就调兵出城，向内退却，这就是用假示形来引诱敌贼，好让敌贼远离水域，选择有利时机而行动，在城外行动获得成功，城内才会得到很好的保护。”尚书赵咨认为满宠的计策很好，终于下诏批准。

魏明帝青龙元年（癸丑，233 年）

春季，正月二十三日甲申，在摩陂井中出现青龙。二月，魏明帝去摩陂观看青龙，改年号。

公孙渊派校尉宿舒、郎中令孙综携带表章向吴国称臣；吴主大喜，大赦天下。三月，吴主派太常张弥、执金吾许晏、将军贺达率领一万人，携带金银财宝、九锡所用之物，乘船渡海授予公孙渊，封公孙渊为燕王。满朝大臣从丞相顾雍以下都极

为“渊未可信而宠待太厚，但可遣吏兵护送舒、综而已”；吴主不听。张昭曰：“渊背魏惧讨，远来求援，非本志也。若渊改图，欲自明于魏，两使不反，不亦取笑于天下乎！”吴主反覆难昭，昭意弥切。吴主不能堪，按刀而怒曰：“吴国士人入宫则拜孤，出宫则拜君，孤之敬君亦为至矣，而数于众中折孤，孤常恐失计。”昭孰视吴主曰：“臣虽知言不用，每竭愚忠者，诚以太后临崩，呼老臣于床下，遗诏顾命之言故在耳。”因涕泣横流；吴主掷刀于地，与之对泣。然卒遣弥、晏往。昭忿言之不用，称疾不朝；吴主恨之，土塞其门，昭又于内以土封之。

夏，五月，戊寅，北海王蕤卒。

闰月，庚寅朔，日有食之。

六月，洛阳宫鞠室灾。

鲜卑轲比能诱保塞鲜卑步度根与深结和亲，自勒万骑迎其累重于陉北。荆州刺史毕轨表辄出军，以外威比能，内镇步度根。帝省表曰：“步度根已为比能所诱，有自疑心。今轨出军，慎勿越塞过句注也。”比诏书到，轨已进军屯阴馆，遣将军苏尚、董弼追鲜卑。轲比能遣子将千余骑迎步度根部落，与尚、弼相遇，战于楼烦，二将没，步度根与泄归泥部落皆叛出塞，与轲比能合寇边。帝遣骁骑将军秦朗将中军讨之，轲比能乃走幕北，泄归泥将其部众来降。步度根寻为轲比能所杀。

公孙渊知吴远难恃，乃斩张弥、许晏等首，传送京师，悉没其兵资珍宝。冬，十二月，诏拜渊大司马，封乐浪公。

吴主闻之，大怒曰：“朕年六十，世事难易，靡所不尝。近为鼠子所前却，令人气踊如山。不自截鼠子头以掷于海，无颜复临万国，就令颠沛，不以为恨！”

陆逊上疏曰：“陛下以神武之资，诞膺期运，破操乌林，败备西陵，禽羽荆州；斯三虏者，当世雄杰，皆摧其锋。圣化所绥，万里草偃，方荡平华夏，总一大猷。今不忍小忿而发雷霆之怒，违垂堂之戒，轻万乘之重，此臣之所惑也。臣闻之，行万里者不中道而辍足，图四海者不怀

力劝阻，认为："公孙渊不可信任，况且恩宠待遇也太优厚，只可派官兵送宿舒、孙综。"吴主不理会。张昭说："公孙渊背叛魏国害怕被征讨，远道来求援，称臣不是他的本意。如果公孙渊改变主意，用我们使者的人头向魏国表明自己的忠心，我们的两位使者就回不来了，岂不是让天下人取笑吗？"吴主反复责难和劝说张昭，张昭主意更加坚定。吴主难以忍受，按着佩刀发怒说："吴国士人进宫则参拜孤，出宫就参拜您，孤敬重您已到了极点，您却多次在大庭广众下折辱顶撞孤，孤真怕做出失体的事来。"张昭久久地盯着吴主说："臣虽然知自己所说的不会被采用，每次还是竭尽自己的愚忠，实在是因为太后临终把老臣叫到她的床前，留下遗诏辅佐陛下的话犹在耳边的缘故。"于是涕泪纵横；吴主掷刀于地，与张昭相对痛泣。但是最终还是派张弥、许晏前往。张昭对不采纳他的意见感到愤怒，称病不入朝；吴主怨恨张昭，下令用土堵住张昭家的大门，张昭也从里面再用土封住。

夏季，五月十八日戊寅，魏国北海王曹蕤去世。

闰五月初一日庚寅朔，发生日食。

六月，洛阳宫鞠室发生火灾。

鲜卑首领轲比能引诱散居边塞护卫魏国的另一支鲜卑部落首领步度根和他深交结亲，轲比能亲自率领一万骑兵在陉北迎接步度根的辎重。荆州刺史毕轨上书请求立即出兵，对外威胁轲比能，对内镇压步度根。魏明帝审阅奏章后说："步度根已经被轲比能诱惑，自然有了戒备之心。现今毕轨出兵，一定要谨慎，不要越过边塞句注山。"可是等到诏书送到时，毕轨已经进军到阴馆，派将军苏尚、董弼追击鲜卑人。轲比能派儿子率领一千多骑兵迎接步度根部落，与苏尚、董弼突然相遇，在楼烦交战。苏、董二将战死，步度根和泄归泥部落全都反叛出塞，与轲比能联合侵犯边境。魏明帝派骁骑将军秦朗统帅禁卫军讨伐，轲比能于是逃到沙漠以北，泄归泥率领部众来归降。步度根后来被轲比能杀死。

公孙渊知道吴国遥远难以依赖，于是斩了张弥、许晏等人的首级，传送到京师，全部侵吞了吴国的士兵及珍宝。冬季，十二月，魏明帝下诏任命公孙渊为大司马，封为乐浪公。

吴主听到消息，大为震怒说："我年已六十，世上的艰难困苦，全都尝过，想不到被鼠辈所戏弄，使人气涌如山。如果不亲自剁下那颗鼠头，把它扔进海里，就没有脸面再统治国家，即使为此国破流亡，也不会感到悔恨！"

陆逊上书说："陛下凭借神明威武的资质，承受天命，在乌林击破曹操，在西陵打败刘备，在荆州擒获关羽，这三个敌贼是当代的盖世英雄，都被摧折锋芒。圣明的教化安抚四方，恰如风行万里连小草都倾伏，现今正是荡平中原，统一天下的时候，却因为忍耐不住细小的气愤而发雷霆之怒，是违背了'坐不垂堂'的古训，轻

细而害大。强寇在境，荒服未庭，陛下乘桴远征，必致窥阉，戚至而忧，悔之无及。若使大事时捷，则渊不讨自服。今乃远惜辽东众之与马，奈何独欲捐江东万安之本业而不惜乎！”

尚书仆射薛综上疏曰：“昔汉元帝欲御楼船，薛广德请刎颈以血染车。何则？水火之险至危，非帝王所宜涉也。今辽东戎貊小国，无城隍之固，备御之术，器械铢钝，犬羊无政，往必禽克，诚如明诏。然其方土寒埆，谷稼不殖，民习鞍马，转徙无常，卒闻大军之至，自度不敌，鸟惊兽骇，长驱奔窜，一人匹马，不可得见，虽获空地，守之无益，此不可一也。加又洪流滉瀁，有成山之难，海行无常，风波难免，倏忽之间，人船异势，虽有尧、舜之德，智无所施，贲、育之勇，力不得设，此不可二也。加以郁雾冥其上，咸水蒸其下，善生流肿，转相洿染，凡行海者，稀无此患，此不可三也。天生神圣，当乘时平乱，康此民物。今逆虏将灭，海内垂定，乃违必然之图，寻至危之阻，忽九州之固，肆一朝之忿，既非社稷之重计，又开辟以来所未尝有，斯诚群僚所以倾身侧息，食不甘味，寝不安席者也。”

选曹尚书陆瑁上疏曰：“北寇与国，壤地连接，苟有间隙，应机而至。夫所以为越海求马，曲意于渊者，为赴目前之急，除腹心之疾也。而更弃本追末，捐近治远，忿以改规，激以动众，斯乃猾虏所愿闻，非大吴之至计也。又兵家之术，以功役相疲，劳逸相待，得失之间，所觉辄多。且沓渚去渊，道里尚远，今到其岸，兵势三分，使强者进取，次当守船，又次运粮，行人虽多，难得悉用。加以单步负粮，经远深入，贼地多马，邀截无常。若渊狙诈，与北未绝，动众之日，唇齿相济；若实孑然无所凭赖，其畏怖远迸，或难卒灭，使天诛稽于朔野，山虏乘间而起，恐非万安之长虑也！”吴主未许。

视作为一国之主的贵重身份，这是臣所困惑的。臣听说，立志走万里路的人绝不中途止步，谋取天下的人绝不因小而害大。强大的敌寇压在边境，只因荒远之民没有入朝称臣，陛下就乘船远征，必定给敌人可乘之机，事到临头再去忧虑，后悔莫及。如果国家大事不断报捷，那么公孙渊不用征讨自己就会来归服。如今只为了贪图辽东的民众和马匹，为什么偏偏要舍弃江东永安的基业而不珍惜呢？”

尚书仆射薛综上书说：“从前汉元帝想乘楼船，薛广德要用自刎的鲜血染车来阻止。为什么呢？因为水火无情，十分危险，不是帝王应当接近的。如今辽东不过是蛮戎小国，没有牢固的城墙，没有防御的设施，只有一点轻型兵器还不锋利，当权者就像犬羊一样没有政治、法度，前往必定获胜，诚如陛下诏书所说。然而辽东国土贫瘠、严寒，庄稼不能生长，民众熟悉骑马，迁徙无常，突然听到大军来到，自量不能抗衡，像鸟兽惊骇，远奔鼠窜，连一个人一匹马都看不到，即使占领，只是获得一块空地，毫无益处，这是不能去征讨的原因之一。大海无边无际，洪涛汹涌，已发生过成山之难，海上航行变化无常，风浪难以避免，转瞬之间，人船沉没，即使有尧、舜的美德和智慧也无处施展，孟贲、夏育的勇敢和力量也难以发挥，这是不能去征讨的原因之二。还有浓郁的云雾笼罩天空，咸涩的海水在下面沸腾翻滚，将士们容易双脚发肿，相互传染。大凡航海的人，很少没有不得这种病的，这是不能去征讨的原因之三。天生神圣贤明的陛下，应当利用时机平定大乱，使民众安定，社会富庶。现今曹魏叛逆将要消灭，天下马上就要平定，却要放弃必得的宏图，自寻很危险的地方，忽视国家的安全，发泄一时的气愤，既不是建国的重大决策，却是开天辟地以来未曾有过的举动，这确实让群臣紧张不安，食不甘味，睡难安眠的原因。”

选曹尚书陆瑁上书说：“北边的魏贼和我国土地连接，我们如果决策有隙，魏贼就会乘机而来。我国之所以渡海买马，违心奉承公孙渊，不就是为了解决眼前缺马的困难，目的是永除魏寇这心腹之患。如今要舍本逐末，舍近求远，因愤恨而改变规划，因激动而兴师动众，这才是狡猾敌贼愿意听到的，不是我大吴国的最好计策。再说兵家的理论和战术，比较双方投入的智谋与用力，谁最疲劳，形势是敌逸我劳，敌得我失，敌察我昏，双方的差别实在太大。况且到达辽东沓渚县，那里离公孙渊的路途还很远，在那里登陆上岸，军队势必会让三分，让强的向前攻取，差一些的守卫船只，再差一些的运送军粮，出征的人数虽多，难以全部用上。加上徒步行军，背负粮食，远道深入，敌贼多有战马，拦阻抄掠神出鬼没。而且公孙渊狡猾奸诈，他与北边的魏贼并未断绝关系，兴兵之日，他们唇齿相依；即使公孙渊陷于孤立，没有依靠，他将畏惧远逃，也难以很快消灭。上天对公孙渊的诛杀还停留在北方的原野上，而这时吴国的山越却乘机而起，这恐怕不是永安之长计。”吴主不同意。

瑁重上疏曰："夫兵革者，固前代所以诛暴乱、威四夷也。然其役皆在奸雄已除，天下无事，从容庙堂之上，以余议议之耳。至于中夏鼎沸，九域盘互之时，率须深根固本，爱力惜费，未有正于此时舍近治远，以疲军旅者也。昔尉佗叛逆，僭号称帝，于时天下乂安，百姓康阜，然汉文犹以远征不易，告喻而已。今凶桀未殄，疆埸犹警，未宜以渊为先。愿陛下抑威任计，暂宁六师，潜神嘿规，以为后图，天下幸甚！"吴主乃止。

吴主数遣人慰谢张昭，昭固不起。吴主因出，过其门呼昭，昭辞疾笃。吴主烧其门，欲以恐之，昭亦不出。吴主使人灭火，住门良久，昭诸子共扶昭起，吴主载以还宫，深自克责，昭不得已，然后朝会。

初，张弥、许晏等至襄平，公孙渊欲图之，乃先分散其吏兵，中使秦旦、张群、杜德、黄强等及吏兵六十人置玄菟。玄菟在辽东北二百里，太守王赞领户二百，旦等皆舍于民家，仰其饮食，积四十许日。旦与群等议曰："吾人远辱国命，自弃于此，与死无异。今观此郡，形势甚弱，若一旦同心，焚烧城郭，杀其长吏，为国报耻，然后伏死，足以无恨。孰与偷生苟活，长为囚虏乎！"群等然之。于是阴相结约，当用八月十九日夜发，其日中时，为郡中张松所告，赞便会士众，闭城门，旦、群、德、强皆逾城得走。时群病疽疮著膝，不及辈旅，德常扶接与俱，崎岖山谷，行六七百里，创益困，不复能前，卧草中，相守悲泣。群曰："吾不幸创甚，死亡无日，卿诸人宜速进道，冀有所达，空相守俱死于穷谷之中，何益也！"德曰："万里流离，死生共之，不忍相委。"于是推旦、强使前，德独留守群，采菜果食之。旦、强别数日，得达句丽，因宣吴主诏于句丽王位宫及其主簿，绐言有赐，为辽东所劫夺。位宫等大喜，即受诏，命使人随旦还迎群，遣皂衣二十五人，送旦等还吴，奉表称臣，贡貂皮千枚，鹖鸡皮十具。旦等见吴主，悲喜不能自胜。吴主壮之，皆拜校尉。

是岁，吴主出兵欲围新城，以其远水，积二十余日，不敢下船。满宠谓诸将曰："孙权得吾移城，必于其众中有自大之言，今大举来，欲要

陆瑁再次上书说："战争固然是古代用以诛灭暴乱，威震四方蛮夷的举动。但征伐都是奸雄已除，天下无事，从容不迫地在朝廷之上，反复地商讨之后才做出决定。至于中原战乱仍然激烈，九州之地各自盘踞互相为敌的时候，大多数的决策都是牢固根本，爱护民力，珍惜财物，没有正在这时舍近求远使军队疲劳的。从前尉佗叛逆，伪号称帝，此时天下太平，百姓安居富足，但是汉文帝仍认为远征不易，只是晓谕而已。现在元凶未灭，边境还有警报，不应该将公孙渊放在首位。希望陛下抑制盛怒，实施计划，暂时不兴大军，专心密谋，然后再去谋取，则天下万幸！"吴主这才作罢。

吴主多次派人慰问张昭，以示歉意，张昭执意不起床。吴主有一次出宫，路过张昭的门口呼唤张昭，张昭假称病重不见吴主。吴主用火烧他的大门，想以此恐吓他，张昭仍旧不出来。吴主派人灭火，站在门口等候许久，张昭的几个儿子一同扶出张昭，吴主用车将他载回宫，狠狠地责备自己，张昭无奈，然后参加朝会。

当初，张弥、许晏等到达襄平县，公孙渊想谋害他们，就先分散他们的官兵，将中使秦旦、张群、杜德、黄强等及其官兵六十人安置在玄菟郡。玄菟在辽东以北二百里，太守王赞管辖二百户人家，秦旦等都住在民宅，由民家供给饮食，历时约四十天。秦旦和张群等商议说："我们远来辜负国家使命，被遗弃在这里，和死差不多。现在观察这个郡，势力很弱，如果我们一旦同心，烧掉城郭，杀死他们的官吏，为国报仇雪耻，然后受法伏诛，就可以没有遗恨了。这不比苟且偷生，长期作为囚犯强得多吗？"张群等认为此话有理。于是暗中相互约定，计算在八月十九日夜晚举事，到了那天中午，被郡民张松告发，郡守王赞就集合部众，关闭城门，秦旦、张群、杜德、黄强都翻越城墙得以逃走。此时张群膝上生疮，跟不上同伴，杜德常常搀扶照应与他一起，山谷小道崎岖，苦撑了六七百里，伤创更加严重，不再能前行，躺在草丛中，相互守着悲痛流泪。张群说："我不幸伤重，随时都会死去，你们几位应当迅速向前赶路，还能指望活着回去，像这样白白地相互守着，一起死在深山穷谷之中，有什么好处呢？"杜德说："万里颠沛流离，生死与共，不忍抛弃你。"于是催促秦旦、黄强，让他们前行，杜德单独留下守着张群，每天采集野菜野果度日。秦旦、黄强走了数日，到达高句丽，就向高句丽王位宫及其主簿宣称吴主有诏书给他们，谎说有赏赐，被辽东劫夺。高句丽王位宫等人大喜，随即接受吴王诏书，派人随同秦旦回去迎接张群、杜德。然后高句丽王又派属官皂衣二十五人，护送秦旦等返回吴国，呈奏称臣，进贡貂皮一千件，鹖鸡皮十件。秦旦等见到吴主，悲喜交集不能自已，吴主称赞他们，都任命为校尉。

这一年，吴主出军想围攻合肥新城，因为新城远离水域，历时二十多天，不敢下船。满宠对众将领说："孙权知道我迁移城址，他在属部中一定有狂妄自大的言

一切之功，虽不敢至，必当上岸耀兵以示有余。”乃潜遣步骑六千，伏肥水隐处以待之。吴主果上岸耀兵，宠伏兵卒起击之，斩首数百，或有赴水死者。吴主又使全琮攻六安，亦不克。

蜀庲降都督张翼用法严峻，南夷豪帅刘胄叛。丞相亮以参军巴西马忠代翼，召翼令还。其人谓翼宜速归即罪。翼曰：“不然，吾以蛮夷蠢动，不称职，故还耳。然代人未至，吾方临战场，当运粮积谷，为灭贼之资，岂可以黜退之故而废公家之务乎！”于是统摄不懈，代到乃发。马忠因其成基，破胄，斩之。

诸葛亮劝农讲武，作木牛、流马，运米集斜谷口，治斜谷邸阁；息民休士，三年而后用之。

（以上为第六段，写孙权不听劝谏，一意孤行，联盟辽东，被公孙渊所欺。）

二年（甲寅，234年）

春，二月，亮悉大众十万由斜谷入寇，遣使约吴同时大举。

三月，庚寅，山阳公卒，帝素服发丧。

己酉，大赦。

夏，四月，大疫。

崇华殿灾。

诸葛亮至郿，军于渭水之南。司马懿引军渡渭，背水为垒拒之，谓诸将曰：“亮若出武功，依山而东，诚为可忧；若西上五丈原，诸将无事矣。”亮果屯五丈原。

雍州刺史郭淮言于懿曰：“亮必争北原，宜先据之。”议者多谓不然，淮曰：“若亮跨渭登原，连兵北山，隔绝陇道，摇荡民夷，此非国之利也。”懿乃使淮屯北原。堑垒未成，汉兵大至，淮逆击却之。

亮以前者数出，皆以运粮不继，使己志不伸，乃分兵屯田为久驻之基，耕者杂于渭滨居民之间，而百姓安堵，军无私焉。

五月，吴主入居巢湖口，向合肥新城，众号十万；又遣陆逊、诸葛瑾将万余人入江夏、沔口，向襄阳；将军孙韶、张承入淮，向广陵、淮

论，现今大举发兵而来，想要建立想得的功劳，即使不敢来攻城，也一定要登岸炫耀武力以显示实力雄厚。”于是暗中派步骑兵六千，埋伏在肥水的隐蔽处以等候吴军，吴主果真登岸炫耀武力，满宠的伏兵突然跃起攻击吴军，杀了几百人，有的败逃吴军落入肥水被淹死。吴主又派全琮攻打六安，也没有攻下。

蜀庲降都督张翼，用法严峻，南方夷人首领刘胄反叛。丞相诸葛亮派参军巴西人马忠接替张翼，召还张翼。使者告诉张翼要火速回去，听候处分。张翼说：“可以。我因为蛮夷反叛，不称职，才被召回。但是接替的人还没来，我正临战场，应当运粮积谷，为消灭敌贼准备物资，岂能因为被革职而停止公务呢？”于是统筹兼理毫不松懈，直至接替的人到了才出发。马忠利用张翼打下的基础，打败乱军，杀了刘胄。

诸葛亮鼓励农业生产练兵习武，制作木牛、流马，运粮储存在斜谷口，修整斜谷栈道和粮仓；使百姓和士兵得以休息，三年之后再使用。

魏明帝青龙二年（甲寅，234 年）

春季，二月，诸葛亮倾巢出动了十万大军从斜谷出兵入犯，派使者与吴国相约同时大举出兵。

三月初六日庚寅，山阳公刘协去世，魏明帝身穿丧服发丧。

三月二十五日己酉，大赦天下。

夏季，四月，瘟疫大流行。

崇华殿发生火灾。

诸葛亮到达郿县，扎营在渭水南岸。司马懿率军渡过渭水，背靠渭水构筑营垒抵御诸葛亮，对各位将领说：“诸葛亮如果攻击武功，依山向东，就的确让人担忧；如果西上五丈原，各位将领就平安无事了。”诸葛亮果然进军五丈原。

雍州刺史郭淮向司马懿进言说：“诸葛亮必定争夺北原，应当抢先占据。”参加谋议的人大多不赞同，郭淮说：“如果诸葛亮跨过渭水登上北原，再推进到北山，隔断陇道，就会引起百姓和夷人动荡，这对国家是不利的。”司马懿于是派郭淮进驻北原。营垒还没有建成，汉兵纷纷来到，郭淮迎击，打退了汉兵。

诸葛亮因为前几次出兵，都是运粮接济不上，使自己的大志不能实现，于是分派军队屯田，作为长期驻军的基础，屯田的士兵和渭水之滨的居民杂居在一起，而百姓安居不受干扰，军队没有损害百姓以肥私。

五月，吴主进军巢湖口，直指合肥新城，号称十万兵马；又派陆逊、诸葛瑾率一万多兵马进入江夏、沔口，直指襄阳；将军孙韶、张承进入淮河，直指广陵、淮

阴。六月，满宠欲率诸军救新城，殄夷将军田豫曰：“贼悉众大举，非图小利，欲质新城以致大军耳。宜听使攻城，挫其锐气，不当与争锋也。城不可拔，众必罢怠；罢怠然后击之，可大克也。若贼见计，必不攻城，势将自走。若便进兵，适入其计矣。”

时东方吏士皆分休，宠表请召中军兵，并召所休将士，须集击之。散骑常侍广平刘劭议以为：“贼众新至，心专气锐，宠以少人自战其地，若便进击，必不能制。宠请待兵，未有所失也，以为可先遣步兵五千，精骑三千，先军前发，扬声进道，震曜形势。骑到合肥，疏其行队，多其旌鼓，曜兵城下，引出贼后，拟其归路，要其粮道。贼闻大军来，骑断其后，必震怖遁走，不战自破矣。”帝从之。

宠欲拔新城守，致贼寿春，帝不听，曰：“昔汉光武遣兵据略阳，终以破隗嚣，先帝东置合肥，南守襄阳，西固祁山，贼来辄破于三城之下者，地有所必争也。纵权攻新城，必不能拔。敕诸将坚守，吾将自往征之，比至，恐权走也。”乃使征蜀护军秦朗督步骑二万助司马懿御诸葛亮，敕懿：“但坚壁拒守以挫其锋，彼进不得志，退无与战，久停则粮尽，虏略无所获，则必走；走而追之，全胜之道也。”秋，七月，帝御龙舟东征。

满宠募壮士焚吴攻具，射杀吴王之弟子泰；又吴吏士多疾病。帝未至数百里，疑兵先至。吴主始谓帝不能出，闻大军至，遂遁，孙韶亦退。

陆逊遣亲人韩扁奉表诣吴主，逻者得之。诸葛瑾闻之甚惧，书与逊云：“大驾已还，贼得韩扁，具知吾阔狭，且水干，宜当急去。”逊未答，方催人种葑、豆，与诸将弈棋、射戏如常。瑾曰：“伯言多智略，其必当有以。”乃自来见逊。逊曰：“贼知大驾已还，无所复忧，得专力于吾。又已守要害之处，兵将意动，且当自定以安之，施设变术，然后出耳。今便示退，贼当谓吾怖，仍来相蹙，必败之势也。”乃密与瑾立计，令瑾督舟船，逊悉上兵马以向襄阳城；魏人素惮逊名，遽还赴城。瑾便引船出，逊徐整部伍，张拓声势，步趣船，魏人不敢逼。行到白围，托言住猎，潜遣将军周峻、张梁等击江夏、新市、安陆、石阳，斩获千余人而还。

阴。六月，满宠想率领各路军队救援新城，殄夷将军田豫说："敌贼倾巢大举出兵，并非贪图小利，而是想把新城作为筹码来引诱我大军前去罢了。应该听任他们攻城，挫伤他们的锐气，不应该与他们硬拼争锋。坚城不能攻克，敌军势必疲惫懈怠；疲惫懈怠之后去攻击，可以大胜。如果敌贼发觉了我们这一计谋，一定不会攻城，势必自行退走。如果我军立即进兵的话，正好中了他们的诡计。"

此时，魏国东部的官兵都在轮流休假，满宠上表请求调动朝廷禁军，并召回休假的将士，等到军队集结后再攻击敌贼。散骑常侍广平人刘劭建议说："贼军刚至，全神贯注，士气旺盛，满宠因兵少而又在自己的防地上作战，如果立即去进攻，一定不能战胜敌贼。满宠请求等待援兵，没有什么失误，但我认为可先派步兵五千，精锐骑兵三千，作为先头部队出发，虚张声势踏上征途，造成震慑敌人的气势。骑兵到达合肥，散开队伍，多设置旌旗战鼓，在城下展示兵力后，就前出到敌贼的背后，切断敌贼的归路，拦截敌贼的粮道。敌贼听说我大军来到，骑兵切断了后路，一定会震惊而逃走，不战自破了。"魏明帝采纳了这个建议。

满宠想放弃新城，引诱敌贼深入到寿春，魏明帝不同意，说："从前汉光武帝派军队占据略阳，终于击败隗嚣。先帝在东方设置合肥，在南方据守襄阳，在西方固守祁山，如果敌贼来犯每次就在这三城之下打败敌贼，因为这是必争的战略要地。即使孙权攻打新城，也一定不能攻下。命令各位将领坚守，我当亲自去征伐孙权，等我到达时，恐怕孙权已经逃走了。"魏明帝于是派征蜀护军秦朗率领步骑兵二万援助司马懿抵御诸葛亮，命令司马懿："只需坚壁拒守以挫伤敌人的锐气，敌人进攻不能得逞，决战又不能得，久留则粮尽，劫掠没有收获，那么就必然会撤退；退走时再追击，这才是全胜的战略。"秋季，七月，魏明帝亲乘龙舟东征。

满宠招募壮士烧毁吴军攻城的器械，射死吴主弟弟的儿子孙泰；加之吴军官兵多染疾病。魏明帝距离合肥还有几百里，疑兵已先到达。吴主开始认为魏明帝不会亲自出征，听说大军来了，于是逃走，孙韶也退兵。

陆逊派亲信韩扁送奏章给孙权，被魏军的巡逻兵截获。诸葛瑾听到消息很害怕，写信给陆逊说："主上大驾已回，敌贼俘获韩扁，知道我们的虚实，况且水路已干涸，应当火速撤离。"陆逊没有回复，仍旧催促部队种菜、种豆，仍旧与各位将领下棋、竞猜游戏如同平常。诸葛瑾说："陆逊足智多谋，必定有他的原因。"于是亲自前来见陆逊。陆逊说："敌贼知道君上已回，没有了后顾之忧，势必集中力量来攻击我。况且他们已经控制了各要害之地，我军将士恐惧不安，应当暂时安然以稳定军心，布置应变计策，然后撤退。今若立即撤退，敌贼一定认为我军恐惧，因而前来紧逼，我军一定战败。"于是秘密地和诸葛瑾订下计策，命诸葛瑾督领船队，陆逊率领全部人马向襄阳城进发；魏军素来敬畏陆逊的名声，急速退回襄阳城。诸葛瑾

群臣以为司马懿方与诸葛亮相守未解，车驾可西幸长安。帝曰：“权走，亮破胆，大军足以制之，吾无忧矣。”遂进军至寿春，录诸将功，封赏各有差。

八月，壬申，葬汉孝献皇帝于禅陵。

辛巳，帝还许昌。

司马懿与诸葛亮相守百余日，亮数挑战，懿不出。亮乃遗懿巾帼妇人之服，懿怒，上表请战，帝使卫尉辛毗杖节为军师以制之。护军姜维谓亮曰：“辛佐治杖节而到，贼不复出矣。”亮曰：“彼本无战情，所以固请战者，以示武于其众耳。将在军，君命有所不受，苟能制吾，岂千里而请战邪！”

亮遣使者至懿军，懿问其寝食及事之烦简，不问戎事。使者对曰：“诸葛公夙兴夜寐，罚二十以上，皆亲览焉；所啖食不至数升。”懿告人曰：“诸葛孔明食少事烦，其能久乎！”

亮病笃，汉主使尚书仆射李福省侍，因咨以国家大计。福至，与亮语已，别去，数日复还。亮曰：“孤知君还意，近日言语虽弥日，有所不尽，更来求决耳。公所问者，公琰其宜也。”福谢：“前实失不咨请，如公百年后，谁可任大事者，故辄还耳。乞复请蒋琬之后，谁可任者？”亮曰：“文伟可以继之。”又问其次，亮不答。

是月，亮卒于军中。长史杨仪整军而出。百姓奔告司马懿，懿追之。姜维令仪反旗鸣鼓，若将向懿者，懿敛军退，不敢逼。于是仪结陈而去，入谷然后发丧。百姓为之谚曰：“死诸葛走生仲达。”懿闻之，笑曰：“吾能料生，不能料死故也。”懿按行亮之营垒处所，叹曰：“天下奇才也！”追至赤岸，不及而还。

（以上为第七段，写诸葛亮第五次北伐，卒于军中而退兵。）

初，汉前军师魏延，勇猛过人，善养士卒。每随亮出，辄欲请兵万人，与亮异道会于潼关，如韩信故事，亮制而不许。延常谓亮为怯，叹

于是率船队驶出，陆逊从容地整饬军队，虚张声势，转向船队，魏军不敢紧逼。走到白围，声称要停留打猎，暗中派将军周峻、张梁等袭击江夏、新市、安陆、石阳，斩杀俘获一千多人而回。

魏国群臣认为司马懿与诸葛亮正相持不下，魏明帝可以向西巡幸长安。魏明帝说："孙权逃走，诸葛亮闻风破胆，大军足以攻克他，我已无忧了。"于是进军到寿春，记录各位将领的功劳，封爵赏赐各有不同。

八月二十日壬申，在禅陵为汉献帝下葬。

八月二十九日辛巳，魏明帝回到许昌。

司马懿与诸葛亮相持一百多天，诸葛亮屡次挑战，司马懿不出战。诸葛亮于是把妇女使用的头巾、首饰、衣服送给司马懿；司马懿大怒，上表请求出战，魏明帝派卫尉辛毗执符节来制止。护军姜维对诸葛亮说："辛毗持符节而至，敌贼不会再出战了。"诸葛亮说："司马懿本来就不想出战，之所以坚决请求出战，是要向他的部队表示敢于用武罢了。将在外，君命有所不受，如果能制服我，哪里有千里迢迢而去请战的呢？"

诸葛亮派使者到司马懿的军中，司马懿询问诸葛亮的睡眠、饮食及其每天处理事务的多少，却不过问军事。使者回答说："诸葛公早起晚睡，二十杖以上的惩罚，都亲自过问；饭量不到几升。"司马懿对人说："诸葛孔明吃得少事情多，他能活得长久吗？"

诸葛亮病危，汉后主派尚书仆射李福探望，并向诸葛亮咨询国家大计。李福来到，与诸葛亮谈完话，辞别后，过了几天又回来了。诸葛亮说："我知道你回来的意思，前几天我们虽交谈了一整天，仍旧没有讲完，你又来听我的决定罢了。你所询问的事，蒋琬适合。"李福道歉说："前日确实忘了咨询请示，如果明公百年之后，谁可担当重任，因此就回来了。请再指示，蒋琬之后谁可继任？"诸葛亮说："费祎可以继任。"李福又问费祎之后谁可继任，诸葛亮没有回答。

当月，诸葛亮在军中去世，长史杨仪整顿军队退出。百姓们跑去报告司马懿，司马懿追击。姜维命令杨仪回军擂响战鼓，像是要进攻司马懿的样子，司马懿收兵撤退，不敢进逼。于是杨仪把军队组成战斗队形离去，进入斜谷后才发丧。百姓为此编了一句谚语："死诸葛亮吓跑活司马懿。"司马懿听说后，笑着说："这是我能预料活人，而不能预料死人的缘故。"司马懿巡视诸葛亮安扎营垒的地方，感叹道："真是天下奇才啊！"追到赤岸，没有追上蜀军，而后回军。

当初，汉前军师魏延，勇猛过人，善待士兵。每次随诸葛亮出兵，总想请求率兵万人，和诸葛亮分道在潼关会师，仿效韩信当年请兵独当一面的故事，诸葛亮不

恨己才用之不尽。杨仪为人干敏，亮每出军，仪常规画分部，筹度粮谷，不稽思虑，斯须便了，军戎节度，取办于仪。延性矜高，当时皆避下之，唯仪不假借延，延以为至忿，有如水火。亮深惜二人之才，不忍有所偏废也。

费祎使吴，吴主醉，问祎曰：“杨仪、魏延，牧竖小人也，虽尝有鸣吠之益于时务，然既已任之，势不得轻。若一朝无诸葛亮，必为祸乱矣，诸君愦愦，不知防虑于此，岂所谓贻厥孙谋乎！”祎对曰：“仪、延之不协，起于私忿耳，而无黥、韩难御之心也。今方扫除强贼，混一函夏，功以才成，业由才广，若舍此不任，防其后患，是犹备有风波而逆废舟楫，非长计也。”

亮病困，与仪及司马费祎等作身殁之后退军节度，令延断后，姜维次之；若延不从命，军便自发。亮卒，仪秘不发丧，令祎往揣延意指。延曰：“丞相虽亡，吾自见在。府亲官属，便可将丧还葬，吾当自率诸军击贼；云何以一人死废天下之事邪！且魏延何人，当为杨仪之所部勒，作断后将乎！”自与祎共作行留部分，令祎手书与己连名，告下诸将。祎绐延曰：“当为君还解杨长史，长史文吏，稀更军事，必不违命也。”祎出，奔马而去。延寻悔之，已不及矣。

延遣人觇仪等，欲按亮成规，诸营相次引军还，延大怒，搀仪未发，率所领径先南归，所过烧绝阁道。延、仪各相表叛逆，一日之中，羽檄交至。汉主以问侍中董允、留府长史蒋琬，琬、允咸保仪而疑延。仪等令槎山通道，昼夜兼行，亦继延后。延先至，据南谷口，遣兵逆击仪等，仪等令将军何平于前御延。平叱先登曰：“公亡，身尚未寒，汝辈何敢乃尔！”延士众知曲在延，莫为用命，皆散。延独与其子数人逃亡，奔汉中，仪遣将马岱追斩之，遂夷延三族。蒋琬率宿卫诸营北行赴难，行数十里，延死问至，乃还。始，延欲杀仪等，冀时论以己代诸葛辅政，故不降魏而南还击仪，实无反意也。

诸军还成都，大赦，谥诸葛亮曰忠武侯。初，亮表于汉主曰：“成都有桑八百株，薄田十五顷，子弟衣食，自有余饶，臣不别治生以长尺寸。

同意。魏延总认为诸葛亮胆怯，叹息抱怨自己的才干没有得到充分发挥。杨仪为人干练机敏，诸葛亮每次出兵，杨仪常常规划布置，筹集调度粮食，不假思索，立刻办完，军事上的节制调度，都由杨仪办理。魏延性情矜持高傲，当时的人都对他避让三分。唯独杨仪不宽容魏延，魏延因而非常愤怒，两人水火不相容。诸葛亮很爱惜两人的才干，不忍心偏向任何一方。

费祎出使吴国，吴主醉酒，问费祎："杨仪、魏延不过是放牧的小子，虽说曾有鸡鸣狗盗的伎俩补益时务，但既已任用他们，势必不能轻视。若一旦没有了诸葛亮，一定会发出祸乱的，诸位糊涂，不知道对此有何防备，难道这就是所谓留给子孙的包袱吗？"费祎回答说："杨仪、魏延之所以不和睦，起因于私怨罢了，却没有黥布、韩信难以驾驭的野心。现今正在扫除强贼，统一华夏，功绩要仰赖人才来完成，事业凭借人才去弘扬，如果舍弃他们不加任用，反而防备他们造成后患，这就如同为了防备风波而废弃舟船一样，不是个好办法。"

诸葛亮病危时，与杨仪及司马费祎等安排死后退军的调度，命令魏延断后，姜维次后；如果魏延不服从命令，军队就自行出发。诸葛亮去世后，杨仪秘不发丧，命费祎前往揣摸魏延的意向。魏延说："丞相虽然去世，我魏延还健在。相府亲信官属，可将灵柩送回安葬，我将亲自率领各军攻击敌贼；岂能因一人死后就废了天下大事呢？况且我魏延是什么人，要接受杨仪的部署约束，给他当后卫呢！"魏延于是自行与费祎共同拟定回去和留下的部队，命费祎亲笔写信和自己联名，传告下面各位将领。费祎欺骗魏延说："我将为您回去向杨仪解释，杨仪是个文官，很少经历军事，一定不会违命的。"费祎出来，策马奔去，魏延当即后悔，但已追不上了。

魏延派人窥探杨仪的行动，发现杨仪要按照诸葛亮既定的计划行动，各军营依次率后回撤，魏延大怒，抢在杨仪的前面，率领所属的部队南撤，并在所过之地烧毁栈道。魏延、杨仪各自上表指责对方叛逆，一天之内，双方羽檄先后传到。汉后主以此询问侍中董允、留府长史蒋琬，蒋琬、董允都担保杨仪而怀疑魏延。杨仪等砍伐山林打通道路，日夜兼程，紧随在魏延的后面。魏延先到，占据了南谷口，派兵迎击杨仪等，杨仪等命将军何平在前抵御魏延。何平斥责已登上南谷口的士兵说："诸葛公身亡，尸骨未寒，你们岂敢这样？"魏延的部队自知魏延理屈，无人为他效命，全都散走。魏延只和他的儿子几个人逃亡，奔向汉中，杨仪派部将马岱追上杀了他，于是诛灭魏延的三族。蒋琬率宿卫各营北上救难，走出几十里，魏延死讯传到，于是返回。开始时，魏延想杀杨仪等人，希望当时舆论公推自己代替诸葛亮辅政，因此不投降魏国而南归攻击杨仪，实在没有反叛的本意。

各路军队回到成都，大赦天下，赐诸葛亮谥号为忠武侯。当初，诸葛亮上表对汉后主说："臣在成都有桑树八百株，薄田十五顷，家中子弟衣食，自有富余，臣没

若臣死之日，不使内有余帛，外有赢财，以负陛下。”卒如其所言。

丞相长史张裔常称亮曰：“公赏不遗远，罚不阿近，爵不可以无功取，刑不可以贵势免，此贤愚之所以佥忘其身者也！”

陈寿评曰：诸葛亮之为相国也，抚百姓，示仪轨，约官职，从权制，开诚心，布公道；尽忠益时者，虽仇必赏，犯法怠慢者，虽亲必罚，服罪输情者，虽重必释，游辞巧饰者，虽轻必戮，善无微而不赏，恶无纤而不贬；庶事精练，物理其本，循名责实，虚伪不齿；终于邦域之内，咸畏而爱之，刑政虽峻而无怨者，以其用心平而劝戒明也，可谓识治之良才，管、萧之亚匹矣。

初，长水校尉廖立，自谓才名宜为诸葛亮之副，常以职位游散，怏怏怨谤无已，亮废立为民，徙之汶山。及亮卒，立垂泣曰：“吾终为左衽矣！”李平闻之，亦发病死。平常冀亮复收己，得自补复，策后人不能故也。

习凿齿论曰：昔管仲夺伯氏骈邑三百，没齿而无怨言，圣人以为难。诸葛亮之使廖立垂泣，李严致死，岂徒无怨言而已哉！夫水至平而邪者取法，鉴至明而丑者忘怒；水鉴之所以能穷物而无怨者，以其无私也。水鉴无私，犹以免谤；况大人君子怀乐生之心，流矜恕之德，法行于不可不用，刑加乎自犯之罪，爵之而非私，诛之而不怒，天下有不服者乎！

蜀人所在求为诸葛亮立庙，汉主不听；百姓遂因时节私祭之于道陌上。步兵校尉习隆等上言：请近其墓，立一庙于沔阳，断其私祀。汉主从之。

汉主以左将军吴懿为车骑将军，假节，督汉中，以丞相长史蒋琬为尚书令，总统国事，寻加琬行都护，假节，领益州刺史。时新丧元帅，远近危悚，琬出类拔萃，处群僚之右，既无戚容，又无喜色，神守举止，有如平日，由是众望渐服。

有别的收入增加家产。若臣死之日，不使家中有多余的绢帛，家外有多余的钱财，以辜负陛下。”死时果真如他所说。

丞相长史张裔常常赞颂诸葛亮说：“诸葛公赏赐不遗漏疏远的人，责罚不偏袒亲近的人，封爵不允许无功者获取，刑罚不因为是权贵得免，这就是贤能者和愚笨者都能忘身报国的原因。”

陈寿评论说：诸葛亮任丞相，安抚百姓，规范礼仪法度，简约官职，制度时宜，敞开诚心，宣扬公道；对尽忠而有益于时务的人，即便是仇者也一定奖赏，对犯法而懈怠工作的人，即使是亲近者也一定惩罚；对服罪而进献诚心的，就算罪重也一定减轻，对花言巧语而伪饰真情的，即使触犯轻罪也一定法办，善行虽小也没有不奖赏的，恶行不大也一定要责罚，大大小小的事务都十分熟练，各式各样的事物一定治其根本，要求名实相符，痛恨虚伪不实，在全国范围之内，人们都敬畏爱戴，刑罚虽然严厉，但没有抱怨的人，因为他用心公正而劝诫坦明。可谓通晓治理之术的良才，仅次于管仲、萧何。

当初，长水校尉廖立，自以为才气名声都合适做诸葛亮的副手，经常对自己没有实权的官位职位感到闲散无聊，不断地抱怨诽谤，诸葛亮把廖立废为平民，放逐到汶山。等到诸葛亮去世，廖立流泪说：“我将永远是个山野之民了！”李平听到噩耗，也发病而死。因为李平常常希望诸葛亮再次起用自己，得以自补过失，料想后继者容不下他。

习凿齿评论说：“当年管仲夺取了伯氏在骈地的食邑三百户，伯氏至死没有怨言，圣人认为这是件难事。诸葛亮去世使廖立流泪，李平发病而死，岂止是无怨言而已！水面最平，连邪恶的人都会把它作为标准，镜子最明，连丑陋的人都不会发怒；水面和镜子能让万物原形毕现而不招致怨恨的原因，是因为它们没有私心。水面和镜子，正因为没有私心，才可以免遭毁谤；何况是大人君子又怀有普爱众生的一颗仁心，广布体恤宽容的仁德，法令在不可不用时才使用，刑罚加之于他们自己所犯之罪，爵赏不偏袒，诛伐不因私忿，天下岂能有不顺服的人呢？”

蜀地民众请求为诸葛亮建立祭庙，汉后主没有答应；百姓于是按着岁时节令在路上自行祭祀。步兵校尉习隆等向后主建议：希望在靠近诸葛亮墓地的沔阳建一座祭庙，断绝私祭。汉后主听从了这个建议。

汉后主任命左将军吴懿为车骑将军、假节，督领汉中，任命丞相长史蒋琬为尚书令，总理国事，不久又给蒋琬加官行都护、假节，兼任益州刺史。此时刚刚失去统帅，远近都惶惶不安，蒋琬出类拔萃，位处百官之上，既没有忧容也没有喜色，神情专一，举止从容，跟往常一样，因此人心渐渐归服。

吴人闻诸葛亮卒，恐魏承衰取蜀，增巴丘守兵万人，一欲以为救援，二欲以事分割。汉人闻之，亦增永安之守以防非常。汉主使右中郎将宗预使吴，吴主问曰：“东之与西，譬犹一家，而闻西更增白帝之守，何也？”对曰：“臣以为东益巴丘之戍，西增白帝之守，皆事势宜然，俱不足以相问也。”吴主大笑，嘉其抗尽。礼之亚于邓芝。

吴诸葛恪以丹阳山险，民多果劲，虽前发兵，徒得外县平民而已，其余深远，莫能禽尽，屡自求为官出之，三年可得甲士四万。众议咸以为：“丹阳地势险阻，与吴郡、会稽、新都、番阳四郡邻接，周旋数千里，山谷万重。其幽邃人民，未尝入城邑，对长吏，皆仗兵野逸，白首于林莽；逋亡宿恶，咸共逃窜。山出铜铁，自铸甲兵。俗好武习战，高尚气力；其升山越险，抵突丛棘，若鱼之走渊，猿狖之腾木也。时观间隙，出为寇盗，每致兵征伐，寻其窟藏。其战则蜂至，败则鸟窜，自前世以来，不能羁也。”皆以为难。恪父瑾闻之，亦以事终不逮，叹曰：“恪不大兴吾家，将赤吾族也！”恪盛陈其必捷，吴主乃拜恪抚越将军，领丹阳太守，使行其策。

冬，十一月，洛阳地震。

吴潘浚讨武陵蛮，数年，斩获数万。自是群蛮衰弱，一方守静。十一月，浚还武昌。

（以上为第八段，写蜀将魏延不识大体被冤杀，以及历史家对诸葛亮的评价和在民间的影响。）

吴国听说诸葛亮去世，害怕魏国乘蜀衰落攻取蜀国，就增加巴丘的守兵一万人，一则作为救援，二则乘机分割蜀地。蜀汉听到消息后，也增加永安的守兵以防不测。汉后主派右中郎将宗预出使吴国，吴主问道："东吴与西蜀，仿佛一家，却听说西蜀又增加白帝城的守兵，什么原因？"宗预回答说："我认为东吴增加巴丘的守军，西蜀增加白帝城的守兵，都是时势的必然行动，完全不值得相互追究。"吴主大笑，称赞他刚直不屈，尽情无隐，对他的礼遇仅次于邓芝。

吴国诸葛恪认为丹阳山势险要，山民十分强悍，尽管以前出兵征讨，只得到一些外县的平民，其余的躲进深山远谷，无法全部俘获，就多次自己请求到当地做官，三年可得士兵四万。众人议论，都认为："丹阳地势险要，和吴郡、会稽、新都、番阳四郡接邻，地势盘曲几千里，山谷万重。那些深居幽谷的人民，从来没有进过城镇，见过官吏，只知道手执兵器奔跑在山野之中，在树林草丛中白头到老；被追捕逃亡的惯犯，也都一起逃入山林。山中产铜铁，自己铸造兵器。民俗喜欢习武，熟悉战事，崇尚勇力；他们登山越险，钻林穿棘，仿佛鱼游深水，猿猴攀树。抓住机会，就出山寇掠，每次出兵征伐，都要寻找他们躲藏的巢穴而没有结果。他们战时就蜂拥而至，败时就鸟飞四散，自前代以来，不能制服。"都认为此事很难。诸葛恪的父亲诸葛瑾听说后，也认为此事终究不成，叹息说："诸葛恪不能兴盛我家，将要灭我家门。"诸葛恪极力陈说一定能取胜报捷，吴主便任命诸葛恪为抚越将军，兼任丹阳太守，让他实施自己的计划。

冬季，十一月，洛阳地震。

吴国潘濬征讨武陵蛮，几年中，斩杀俘获几万人。从此众蛮衰落，一方安宁。十一月，潘濬返回武昌。

【点评】

诸葛亮北伐失败的原因。战争是政治的继续，也是政治斗争的最高形式。两国交兵的战争，取决于综合国力的较量。蜀国弱小，政治、经济、军事各个方面与曹魏相比，均处于劣势。军事上，曹魏据有整个黄河流域，兵强马壮，有带甲四五十万，人才济济，勇略兼备，应付东西两线作战而有余。蜀汉偏据一州，兵弱将寡。诸葛亮惨淡经营，才有一支不到二十万人的军队，又要留守后方，又要东防孙吴，又要维持运输粮饷，所以每次用兵不过十余万人，投入第一线的兵力只有数万，因此只能集中一个方向，不能数道并出。魏延请兵万人异道，诸葛亮都不允许，真是捉襟见肘。孙吴伐魏，魏伐吴、蜀，均是多道并进，尚不能取胜，何况诸葛亮只用于一个方向！不致大败已属万幸，取胜的机会实在渺茫。经济上，蜀汉经济衰弱。诸葛亮出师运粮不继，不单是道路崎岖，而人力单薄，牛马寡少，更是主要原因。在政治上，魏明帝曹叡不失为一个明主。他刚毅果断，察纳雅言，决策正确，反应迅速，这是暗弱的刘禅不能相比的。诸葛亮第一次出师，曹叡亲镇关中，迅猛调兵遣将入援，挽救了关中不备的危局。诸葛亮第五次北伐，这是一次难得的吴蜀步调一致的协同作战。四月蜀军入秦川，五月孙权大举攻魏，亲率十余万大军向合肥，使陆逊、诸葛瑾向襄阳，孙韶、张承向广陵，三路齐出，来势凶猛。甚至智勇足备的魏将满宠也准备退出合肥以避吴锋。明帝果断地采取了西守东攻的正确策略，使辛毗杖节监军，令司马懿坚壁不出，自己亲率大军东征。明帝这一坚强有力的行动，使孙权闻风丧胆，不战而退，打破了吴、蜀的联合进攻。诸葛亮又陷入了孤军作战的困境，一筹莫展，积劳成疾而病逝五丈原。明帝还采纳了臣下休兵息民，以逸待劳，疲敝吴、蜀的建议，养蓄国力，促进了政治、经济、军事实力的增长，为西晋统一中国打下了坚实基础。诸葛亮连年动众，北伐后期已是师劳民竭，而曹魏越战越强，改变了先灭吴、后灭蜀的方针，掉头先灭蜀，后灭吴。诸葛亮及其后继者姜维的连年动众，只是加速了蜀汉的灭亡，根本原因是魏强蜀弱。

但是单从强弱之势论成败也是片面的。曹、孙、刘三方最初都是以弱胜强，力挫群雄争得三分，何以三分归一就不能以弱胜强呢？历史并没有注定非由曹魏来统一天下。天命攸归，在于势力消长和人心所向两个方面。势力消长和人心所向是相辅相成的。天时、地利、人和这是成功者所必争所必守的条件。诸葛亮北伐仍有一线成功的希望。这希望就在他第一次出师，曹魏关中空虚。诸葛亮出兵，已使曹魏“朝野恐惧”，陇右三郡叛魏应亮，设若诸葛亮一举奄有关中，则天下震动，中原人士旋踵西归，吴人拼力北进，曹魏之危真是不待蓍龟了。这是天假蜀汉以难得之机，只可惜诸葛亮过于谨慎，“虑多决少”，不敢用奇，丧失了这一取胜的机会，此后形成了与魏打消耗战的局面，如前所述魏强蜀弱，必败无疑。“出师未捷身先死，长使英雄泪满襟”，可慨也夫！

北伐失败的主观原因，陈寿认为诸葛亮“应变将略，非其所长”（《三国志·诸

葛亮传》)，引起许多后世人的不满。事实上陈寿的评价是中肯的。以弱蜀抗强魏，只能出奇制胜，化弱为强，才有取胜的希望。诸葛亮第一次出师丧失了出奇制胜的天时，度其所失，有以下几个方面。

第一，战略之失。蜀将魏延善养士卒，勇猛过人，是一个难得的将才。《三国志·魏延传》及裴注引《魏略》载，诸葛亮与诸将计议出师，魏延分析关中形势，夏侯楙镇长安，怯而无谋，不知兵机。他建议大军出斜谷直趋秦川，自告奋勇请兵万人，从子午谷下长安，与诸葛亮异道会于潼关，如韩信故事。诸葛亮以为此计悬危，“不如安从坦道，可以平取陇右，十全必克而无虞，故不用延计”。从陇右三郡叛魏应亮来看，魏延之计可行。公元前206年韩信还定三秦，兵分两路：支兵从汉中西出武都北取陇右，主力则出其不意奇袭陈仓，雍王章邯仓促迎战，连连败北而龟缩废丘。韩信留兵一部攻围章邯，再分出两路支兵掩护主力夺关。一路西越陇山与汉中西出武都之兵形成钳形攻势，围困陇西。一路南出武关入河南吸引项羽的注意力。汉兵主力则置关中残敌于不顾，一路夺取函谷关。汉兵半年后平陇右，一年后才破杀章邯，而主力早已进入中原。韩信定关中的兵机谋略精妙奇绝。魏延之策是针对曹魏都洛阳这一形势灵活运用韩信之计，不失为上策。诸葛亮认为此计悬危，可以不出子午谷，但主力实应直取陈仓或雍、郿，屏断陇右，方可十全必克，假若这样也不失为中策。诸葛亮虚张声势取郿，而不派一兵一卒阻断关陇大道，集中兵力用于一个方向，实在是一个最下策。即使街亭不败，诸葛亮“十全必克”的计划也是难以实现的。

第二，战术之失。魏将孟达反于新城，与亮书曰：“宛去洛八百里，去吾一千二百里。闻吾举事，当表上天子，比相反覆，一月间也，则吾城已固，诸军足办。吾所在深险，司马公必不自来；诸将来，吾无患矣。”不料司马懿当机立断，不等奏报，立即提大军兼程赶来，好一个出其不意，而诸葛亮没有派出有力的策应部队支援孟达。孟达被杀，诸葛亮失去了牵制曹魏河南之兵的侧翼，大为失计，此其一。韩信用兵，明修栈道，暗度陈仓。诸葛亮扬声取郿，对于防备空虚的关陇，无异于警告敌人。不使赵云、邓芝出谷，控制关陇大道阻滞敌人西援，反遭箕谷不戒之失，此其二。陇右三郡叛魏应亮，而蜀军行动迟缓，没有在陇右展开部署，没有阻断陇右山口，只派马谡在街亭迎敌，亦为失计，此其三。陇西坚守，蜀军没有乘虚攻克，致使魏军克平三郡后，血腥镇压叛魏者，大加封赏陇西吏民，造成严重的政治后遗症。此后诸葛亮出师，无有应者，此其四。这些失计，客观原因是蜀军少良将，主观原因是诸葛亮过于持重，“应变将略，非其所长”。话又说回来，诸葛亮以弱蜀抗强魏，在秦陇山区自来自去，计杀张郃、王双，仍不失为天下奇才。由于诸葛亮的对手司马懿、张郃、郭淮等人均智勇兼备，难以对付，才使得诸葛亮的计划有些支绌罢了。

第三，用人之失。魏延是当时蜀中仅存的一员超群绝伦的大将，远在张郃、郭

淮之上，刘备拔延为汉中督，“一军尽惊”。魏延对刘备说：“若曹操举天下而来，请为大王拒之，偏将十万之众至，请为大王吞之。”（《三国志·魏延传》）这并非大言。他镇守汉中，“实兵诸围以御外敌”，规划严密。延熙七年（244），汉中守将王平依魏延成规，以三万之兵，抗御了曹魏十万余大军的进攻，使其不得入平地。钟会攻蜀时，姜维改变魏延成规，半月失汉中，可见魏延实在是一位难得的将才。王平也是一位智勇双全的大将。但诸葛亮未尽二人之才，不委以方面之任，使魏延领兵不足万人，致使魏延叹恨不已。不尽人之才，已是一失，又违众用马谡，此为再失。以诸葛亮之智，在用人上有此两失，千古以下仍发人深省。

第四，用刑之失。街亭失守以后，诸葛亮诛马谡，又杀李盛，废黄袭，正如蒋琬所说：“昔楚杀得臣，文公喜可知也。天下未定而戮智计之士，岂不惜乎！”习凿齿评论说：“诸葛亮之不能兼上国也，岂不宜哉！……今蜀僻陋一方，才少上国，而杀其俊杰，退收驽下之用，明法胜才，不师三败之道，将以成业，不亦难乎！”习氏的评论是十分公允的。违众用马谡，主要责任在诸葛亮自己。再说马谡虽然短于临机决斗，却不失为一个参谋良将，原可以宽贷立功。再说马谡失街亭在作战部署上也不能说有什么大误。诸葛亮的节度是让他扼守要塞，坚壁不出。马谡“依阻南山，不下据城”，摆出的是决战态势。无奈他本人只是一个书生儒将，不能上马冲阵，所以冲不开张郃的围攻。若是马谡有关羽、张飞之勇，未必就会丢失街亭。可以说马谡是志大才疏。诸葛亮本身是一个儒将，不能上马冲阵，而又用一个儒将去打先锋，失计之甚。追究责任，杀一马谡已“裁之失中”，况又滥杀李盛，连坐黄袭乎？刘备杀蒋琬，诸葛亮说情宽贷终得用其才，而彭羕、廖立、李严等却借法以废，终身禁锢，何亲之于彼而疏之于此也。

诸葛亮虽有上述四个方面之失，但不能否定他是三国时代杰出的人物之一。正如王夫之在《读通鉴论》中所说，诸葛亮虽将略为短，而治国治军实为少有之奇才。其言曰：“军不治而唯公治之，民不理而唯公理之，政不平而唯公平之，财不足而唯公足之。”对任何一个伟大的历史人物都不能求全责备，但也不应为尊者为贤者讳其所短。“浪淘尽千古风流人物”，今日评说诸葛亮之失，不过是引出历史的教训。诸葛亮最大之失是过于自恃，不能集思广益以补自己之短。《出师表》所荐贤才郭攸之、费祎、董允、向宠、陈震、张裔、蒋琬等七人，除张裔一人为蜀中人士外，余皆为追随诸葛亮的荆州士人。诸葛亮斤斤于亲己之贤才，不能不说气度有些褊狭。像魏延、马超、彭羕、廖立等一流大才人物，诸葛亮未尽其用。“尧虽贤，兴事业不成，得禹而九州宁。且欲兴圣统，唯在择任将相哉！唯在择任将相哉！”（司马迁）诸葛亮以一人之智掩一州之才，以个人之力抗天下之士，焉能不败！大约人之情性，在专制政体下，己有所短则忌人之长，是否如此，值得研究。以诸葛亮之智，加之以鞠躬尽瘁之德，尚不能尽小国人士之才，这确实是发人深省的历史教训。根源何在，非本文点评所能胜任，谨提出这一问题以待贤者。

魏纪五

魏明帝青龙三年至景初元年（235—237年）

【起旃蒙单阏（乙卯，235年），尽强圉大荒落（丁巳，237年），凡三年】

【大事提要】

本卷记事起公元235年，讫公元237年，凡三年，当魏明帝青龙三年至青龙五年。青龙五年又改元景初元年。本卷所载，三国鼎峙，平静无大事，着重记述曹魏政治。魏明帝耽于女色，好内宠，又好土木工程，大建陵寝和宫室。明帝又多疑，用法严急。明帝报复生母甄后之死，逼杀郭太后。这些表现了明帝不明不仁的一面。但明帝刚毅果决，掌控朝政，奸邪不入，理事大臣多忠良之士，政治稳定，无内争内讧，优于吴、蜀。明帝纳谏不足，但能优容大臣。陈群、蒋济、辛毗、杨阜、高堂隆、王肃、卫觊、董寻、张茂、杜恕、傅嘏等群臣进谏，多有补益。本卷大段采摘曹魏大臣谏章，明帝君臣风采，可见一斑。蜀杨仪冤杀魏延而骄，自己亦不得善终。吴国诸葛恪镇抚山越，独出心裁，成绩卓著。

【原文】

烈祖明皇帝中之下

青龙三年（乙卯，235年）

春，正月，戊子，以大将军司马懿为太尉。

丁巳，皇太后郭氏殂。帝数问甄后死状于太后，由是太后以忧殂。

汉杨仪既杀魏延，自以为有大功，宜代诸葛亮秉政；而亮平生密指，以仪狷狭，意在蒋琬。仪至成都，拜中军师，无所统领，从容而已。初，仪事昭烈帝为尚书，琬时为尚书郎。后虽俱为丞相参军、长史，仪每从行，当其劳剧；自谓年宦先琬，才能逾之，于是怨愤形于声色，叹咤之音发于五内，时人畏其言语不节，莫敢从也。惟后军师费祎往慰省之，仪对祎恨望，前后云云。又语祎曰："往者丞相亡没之际，吾若举军以就魏氏，处世宁当落度如此邪！令人追悔，不可复及！"祎密表其言。汉主废仪为民，徙汉嘉郡。仪至徙所，复上书诽谤，辞指激切；遂下郡收仪，仪自杀。

三月，庚寅，葬文德皇后。

夏，四月，汉主以蒋琬为大将军、录尚书事；费祎代琬为尚书令。

（以上为第一段，写蜀汉丞相长史杨仪之死。杨仪与魏延争权，杀魏延，自己亦不得善终。）

帝好土功，既作许昌宫，又治洛阳宫，起昭阳太极殿，筑总章观，高十余丈，力役不已，农桑失业。司空陈群上疏曰："昔禹承唐、虞之盛，犹卑宫室而恶衣服。况今丧乱之后，人民至少，比汉文、景之时，不过汉一大郡。加以边境有事，将士劳苦，若有水旱之患，国家之深忧也。昔刘备自成都至白水，多作传舍，兴费人役，太祖知其疲民也，今中国劳力，亦吴、蜀之所愿；此安危之机也，惟陛下虑之！"帝答曰："王业、宫室，亦宜并立，灭贼之后，但当罢守御耳，岂可复兴役邪！是固君之职，萧何之大略也。"群曰："昔汉祖惟与项羽争天下，羽已灭，宫室烧焚，是以萧何建武库、太仓，皆是要急，然高祖犹非其壮丽。今二虏未平，诚不宜与古同也。夫人之所欲，莫不有辞，况乃天王，莫之敢违。

【语译】

烈祖明皇帝中之下

魏明帝青龙三年（乙卯，235年）

春季，正月初八日戊子，魏国任命大将军司马懿为太尉。

二月初七日丁巳，魏国皇太后郭氏去世。魏明帝曾屡次向郭太后询问甄皇后临终的事，因而郭太后忧惧而死。

蜀汉杨仪杀死魏延后，自恃有大功，应当接替诸葛亮执掌朝政；但诸葛亮生前已有密嘱，认为杨仪度量狭窄，就有意于蒋琬。杨仪回到成都，擢升为中军师，但不统率部队，不过安逸悠闲而已。当初，杨仪侍奉昭烈帝刘备时任尚书，蒋琬那时任尚书郎。后来尽管都担任丞相参军、长史，但杨仪每次都跟随丞相出行，担当辛劳繁忙的工作；自认为资格比蒋琬老，才能比蒋琬高，于是怨恨愤怒表现在脸面上，叹气怨愤的声音发自内心，当时的人担心他说话不检点，没有人敢附和他。只有后军师费祎去看望安慰他，杨仪对费祎发泄不满情绪，前后说了不少怨言。又对费祎说："先前丞相去世的时候，我如果率军投奔魏国，处世哪有像现在这样落魄呢？令人追悔，不能再有那种机会了！"费祎秘密举报杨仪的话。蜀汉后主刘禅罢黜杨仪为庶民，流放到汉嘉郡。杨仪到了流放地，又上书诽谤攻击，言辞和意旨激烈无讳；于是命郡府逮捕杨仪，杨仪自杀。

三月十一日庚寅，魏国埋葬文德皇后郭氏。

夏季，四月，蜀汉后主刘禅任命蒋琬为大将军，录尚书事；任命费祎接替蒋琬为尚书令。

魏明帝喜欢大兴土木，已经修造了许昌宫，又兴建洛阳宫，建起昭阳太极殿，修筑了总章观，高达十多丈，百姓劳役不止，农桑荒废。司空陈群上奏说："从前大禹继承唐尧、虞舜的盛世，还住在低矮的房屋，穿着粗制的衣服。何况现在是天下大乱之后，百姓极为稀少，与汉文帝、景帝时相比，不过是汉代一个大郡的人口。加上边境有战事，将士劳苦，如果发生水灾旱灾，就成了国家深重的忧患。从前刘备从成都到白水，修建许多宾馆驿站，征发浪费人力，太祖（曹操）知道是刘备在疲劳民众。如今中国劳费民力，也正是吴、蜀所盼望的，这是关系国家安危的关键，请陛下考虑！"魏明帝回答说："帝王大业和宫殿建筑，应当同时完成，等到消灭敌贼之后，不只是停止军事活动，那时再也不会大兴土木。兴建土木工程，本来是你司空的职责，如同萧何当年修建宏伟的未央宫一样。"陈群说："当初汉高祖刘邦只

前欲坏武库，谓不可不坏也；后欲置之，谓不可不置也。若必作之，固非臣下辞言所屈，若少留神，卓然回意，亦非臣下之所及也。汉明帝欲起德阳殿，钟离意谏，即用其言，后乃复作之；殿成，谓群臣曰：‘钟离尚书在，不得成此殿也。’夫王者岂惮一人，盖为百姓也。今臣曾不能少凝圣听，不及意远矣。”帝乃为之少有减省。

帝耽于内宠，妇官秩石拟百官之数，自贵人以下至掖庭洒扫，凡数千人，选女子知书可付信者六人，以为女尚书，使典省外奏事，处当画可。廷尉高柔上疏曰：“昔汉文惜十家之资，不营小台之娱；去病虑匈奴之害，不遑治第之事。况今所损者非惟百金之费，所忧者非徒北狄之患乎！可粗成见所营立以充朝宴之仪，讫罢作者，使得就农；二方平定，复可徐兴。《周礼》，天子后妃以下百二十人，嫔嫱之仪，既已盛矣；窃闻后庭之数，或复过之，圣嗣不昌，殆能由此。臣愚以为可妙简淑媛以备内官之数，其余尽遣还家，且以育精养神，专静为宝。如此，则《螽斯》之征可庶而致矣。”帝报曰：“辄克昌言，他复以闻。”

是时猎法严峻，杀禁地鹿者身死，财产没官，有能觉告者，厚加赏赐。柔复上疏曰：“中间以来，百姓供给众役，亲田者既减；加顷复有猎禁，群鹿犯暴，残食生苗，处处为害，所伤不訾，民虽障防，力不能御。至如荥阳左右，周数百里，岁略不收。方今天下生财者甚少，而麋鹿之损者甚多，卒有兵戎之役，凶年之灾，将无以待之。惟陛下宽放民间，使得捕鹿，遂除其禁，则众庶永济，莫不悦豫矣。”

帝又欲平北芒，令于其上作台观，望见孟津。卫尉辛毗谏曰：“天地之性，高高下下。今而反之，既非其理；加以损费人功，民不堪役。且

与项羽争天下，项羽已经消灭，宫室都被烧毁，因而萧何修建武库、太仓，且皆是紧要的工作，但高祖还批评宫殿修得华丽。现今两个大敌尚未讨平，实在不宜与古代同样修建。人想要做的事，没有找不到借口的，何况是天王，没人敢违抗。先前陛下想毁坏武库，就说不能不毁坏它；后来想修建它，又说不能不修建它。如果一定要建造宫殿，本来就不是臣下几句话能说服的；如果陛下稍微留心历史教训，毅然回心转意，也不是臣下能做到的。汉明帝刘庄想兴建德阳殿，钟离意劝阻，汉明帝就采纳他的意见，以后却又上马兴建，等到宫殿修成，汉明帝对群臣说：‘钟离尚书要是还在，就不能建成此殿了。’帝王难道是惧怕一个人吗？实际是为了老百姓。如今我却不能使圣上稍稍听取我的意见，比钟离意差得很远了。”魏明帝才为此稍微有所减省。

魏明帝迷恋后宫嫔妃，嫔妃的官职俸禄数量和朝廷百官差不多，从贵嫔以下到负责后宫洒扫的，共有数千人。选拔女子中识字会写可以胜任文书的六人，任命为女尚书，命她们管理外朝百官上奏的文书，对文书进行批复处理。廷尉高柔上奏说：“从前汉文帝珍惜十户百姓的资财，不修建一座小小的观景台，霍去病忧虑匈奴的危害，顾不上兴建个人的府第。何况如今所损耗的资财不止百金之数，所忧虑的不只是北方狄人的侵扰啊！可以大体完成已经动工修建的宫殿，足可充当朝见和宴会礼仪之用，请放归参加营建的民工，使他们返回家园去从事农业；蜀、吴平定之后，再逐渐兴建。按《周礼》规定后妃以下的嫔妃为一百二十人，嫔妃的备礼人数已经很多了；臣听说现在后宫的人数大大超过了一百二十人，圣王的后嗣不旺，大概就是因为这个原因。臣愚昧地认为，只需选择贤淑的美女以备足后宫女官的数目，其余的人全部遣送出宫回家，并以此来养育圣王的精神，以专一宁静为重。如此，《螽斯》所说子孙兴旺的征兆就差不多能实现了。”魏明帝批复说：“你直陈的意见很有益，其他的事情，你有好的建议也请奏上来。”

这时狩猎的法律十分严厉，杀死皇家禁苑一只鹿的人，本人得处死，财产没收归官府，有能知情举报的人，厚加赏赐。高柔又上疏说：“近年以来，百姓被征调服各种劳役，直接种田的人已经减少；加之最近又有禁猎的法律，群鹿践踏农田，啃食庄稼禾苗，到处为害，损坏的庄稼不可计数，民众虽设置篱障防护，但他们的力量不足抵御。以致荥阳一带，周围数百里，一年到头没有收成。现今天下生产财富的人很少，但麋鹿损坏的庄稼却很多，如果突然要征兵打仗，或有凶年的灾荒，便没有粮钱来应付。请陛下放宽对于民众的禁令，让他们可以捕鹿，废除其禁令，那么民众才能维持生计，没有人不喜悦的。”

魏明帝又想削平北芒山，在那里建造台观，用来眺望孟津。卫尉辛毗谏阻说：“天地的本性也是自然的，地形有高有低，如今反其道而行之，削高补低，违反天

若九河盈溢，洪水为害，而丘陵皆夷，将何以御之！”帝乃止。

少府杨阜上疏曰：“陛下奉武皇帝开拓之大业，守文皇帝克终之元绪，诚宜思齐往古圣贤之善治，总观季世放荡之恶政。曩使桓、灵不废高祖之法度，文、景之恭俭，太祖虽有神武，于何所施，而陛下何由处斯尊哉！今吴、蜀未定，军旅在外，诸所缮治，惟陛下务从约节。”帝优诏答之。

阜复上疏曰：“尧尚茅茨而万国安其居，禹卑宫室而天下乐其业；及至殷、周，或堂崇三尺，度以九筵耳。桀作璇室象廊，纣为倾宫鹿台，以丧其社稷，楚灵以筑章华而身受祸，秦始皇作阿房，二世而灭。夫不度万民之力以从耳目之欲，未有不亡者也。陛下当以尧、舜、禹、汤、文、武为法则，夏桀、殷纣、楚灵、秦皇为深诫，而乃自暇自逸，惟宫台是饰，必有颠覆危亡之祸矣。君作元首，臣为股肱，存亡一体，得失同之。臣虽驽怯，敢忘争臣之义！言不切至，不足以感悟陛下；陛下不察臣言，恐皇祖、烈考之祚坠于地。使臣身死有补万一，则死之日犹生之年也，谨叩棺沐浴，伏俟重诛！”奏御，帝感其忠言，手笔诏答。

帝尝著帽，被缥绫半袖。阜问帝曰：“此于礼何法服也？”帝默不答。自是不法服不以见阜。

阜又上疏欲省宫人诸不见幸者，乃召御府吏问后宫人数。吏守旧令，对曰：“禁密，不得宣露！”阜怒，杖吏一百，数之曰：“国家不与九卿为密，反与小吏为密乎！”帝愈严惮之。

散骑常侍蒋济上疏曰：“昔句践养胎以待用，昭王恤病以雪仇，故能以弱燕服强齐，羸越灭劲吴。今二敌强盛，当身不除，百世之责也。以陛下圣明神武之略，舍其缓者，专心讨贼，臣以为无难矣。”

中书侍郎东莱王基上疏曰：“臣闻古人以水喻民曰：‘水所以载舟，亦所以覆舟。’颜渊曰：‘东野子之御，马力尽矣，而求进不已，殆将败矣。’

理，再加上耗费人力，百姓受不了这种劳役。而且如果众多河流水满溢出，洪水为害，丘陵都被夷平，将靠什么防御洪水？”魏明帝才停止。

少府杨阜上疏说：“陛下承继武皇帝（曹操）开拓的大业，固守文皇帝（曹丕）完成武帝遗志而受禅的帝位，实在应考虑追上往古圣贤帝王的良好政治，统观各朝末代帝王放荡的恶劣暴政。从前假使汉桓帝、汉灵帝不废弃汉高祖的治国法度，不废弃汉文帝、汉景帝的恭敬简仆，太祖（曹操）即便有神武之才，又能在什么地方施展，而陛下又靠什么能居此尊位呢？如今吴、蜀尚未平定，军队仍在外地作战，京城的各处营建，请陛下务必遵从节俭的原则。”魏明帝以好言好语下诏答复杨阜。

杨阜又上疏说：“尧住在茅屋而天下万国安居，禹的宫室低矮而天下乐业；等到了殷周时，堂高三尺，宽度以容纳九桌筵席为标准。夏桀建造的宫殿，用玉石装饰厅堂，用象牙装饰走廊，纣王建造倾宫和鹿台，因此而丧失了国家，楚灵王因筑章华台而招致杀身之祸，秦始皇修建阿房宫，到第二代就灭亡。不考虑万民劳力的极限而放纵自己耳目的欲望，没有不灭亡的。陛下应当以尧、舜、禹、汤、文王、武王为榜样，以夏桀、殷纣、楚灵王、秦始皇为警示，如果自我放纵，只知修饰宫台，必定会有颠覆亡国的大祸。君主是元首，大臣是股肱，存亡一体，得失命运相共。臣虽然无能懦怯，又怎敢忘记诤谏的道义？话说得不痛切，不足以感悟陛下；陛下不考察我的进言，只怕皇祖（曹操）、烈考（曹丕）创下的帝位将要落到地上。假若臣的死有万分之一的补救作用，那么臣死的那天就是臣的再生之年，谨身靠棺木，沐浴更衣，等候被诛杀！”奏章呈上，魏明帝被他的忠言感动，亲笔写诏书回复杨阜。

魏明帝有一次戴着布帽，披着缥绫做的短袖上衣。杨阜问魏明帝：“皇上这件衣服是什么样的礼服？”魏明帝沉默不语。从此不穿皇帝服装就不见杨阜。

杨阜又上疏想裁减后宫中不被魏明帝宠幸的宫女，因而召来管理后宫的官吏查问后宫的人数。官吏遵守旧的法令，回答说：“这是绝对机密，不可泄露！”杨阜大怒，打了官吏一百棍，责骂他说：“国家不让九卿参与保密，反倒让小吏参与保密吗？”魏明帝更加害怕杨阜。

散骑常侍蒋济上疏说：“从前越王勾践鼓励百姓生育，以待胎儿长大为国效力，燕昭王抚恤人民的疾病困苦，用以报仇雪恨，所以能以弱小的燕国制服强大的齐国，能以羸弱的越国消灭强劲的吴国。现今吴蜀两个敌人还强盛，如果陛下不亲自除掉他们，会受到后世的指责。以陛下圣明神武的才略，放弃那些该缓办的事，专心讨伐敌贼，臣认为没有什么困难。”

中书侍郎东莱人王基上疏说：“臣听说古人用水以喻民众，这样说：‘水是用来载舟的，也可以颠覆舟船。’颜渊说：‘东野子驾车，马的力气已用完了，还让马不停

今事役劳苦，男女离旷，愿陛下深察东野之敝，留意舟水之喻，息奔驷于未尽，节力役于未困。昔汉有天下，至孝文时唯有同姓诸侯，而贾谊忧之曰：‘置火积薪之下而寝其上，因谓之安。’今寇贼未殄，猛将拥兵，检之则无以应敌，久之则难以遗后，当盛明之世，不务以除患，若子孙不竞，社稷之忧也。使贾谊复起，必深切于曩时矣。”帝皆不听。

殿中监督役，擅收兰台令史；右仆射卫臻奏按之。诏曰：“殿舍不成，吾所留心，卿推之，何也？”臻曰：“古制侵官之法，非恶其勤事也，诚以所益者小，所堕者大也。臣每察校事，类皆如此，若又纵之，惧群司将遂越职，以至陵夷矣。”

尚书涿郡孙礼固请罢役，帝诏曰：“钦纳谠言。”促遣民作；监作者复奏留一月，有所成讫。礼径至作所，不复重奏，称诏罢民，帝奇其意而不责。帝虽不能尽用群臣直谏之言，然皆优容之。

秋，七月，洛阳崇华殿灾。帝问侍中领太史令泰山高堂隆曰：“此何咎也？于礼宁有祈禳之义乎？”对曰：“《易传》曰：‘上不俭，下不节，孽火烧其室。’又曰：‘君高其台，天火为灾。’此人君务饰宫室，不知百姓空竭，故天应之以旱，火从高殿起也。”诏问隆：“吾闻汉武之时柏梁灾，而大起宫殿以厌之，其义云何？”对曰：“夷越之巫所为，非圣贤之明训也。《五行志》曰：‘柏梁灾，其后有江充巫蛊事。’如《志》之言，越巫建章无所厌也；今宜罢散民役。宫室之制，务从约节，清扫所灾之处，不敢于此有所立作，则蓂莆、嘉禾必生此地，若乃疲民之力，竭民之财，非所以致符瑞而怀远人也。”

八月，庚午，立皇子芳为齐王，询为秦王。帝无子，养二王为子，宫省事秘，莫有知其所由来者。或云：芳，任城王楷之子也。

地前进，恐怕要将马累死。’如今战事和劳役十分辛苦，男女长期分离，希望陛下深深借鉴东野子的过失，留意舟与水的比喻，让奔跑的马在体力没有用完时休息，在人民尚未穷困之时节约人力劳役。从前汉朝统治天下，到孝文时只有同姓的诸侯王，贾谊仍十分担忧说：‘将火放在堆积的柴草下面，而自己睡在柴堆上，还说很安全。’如今敌贼尚未消灭，国内的猛将一个个手握重兵，限制猛将的兵权便无法应付敌贼，但长期使猛将手握重兵，就难以把皇权顺利留给子孙。正当国家鼎盛的时候，不努力除去祸患，如果子孙不强，那就是国家的忧患。假若贾谊又活过来，比起他那个时代，一定更加深深痛切感愤。”魏明帝对这些意见一概不理。

督促劳役苦工的官员殿中监，擅自逮捕兰台令史；右仆射卫臻上奏要查办他。魏明帝下诏说：“宫殿尚未建成，我正关注此事，你要审查他，是何居心？”卫臻说：“古代制度中有禁止逾越职权的法律，不是惩罚越权者的工作积极性，实在是因为越权的工作积极带来的好处少，而越权行为将带来极大的破坏性。我时常督察校事的工作，大体都是如此，假若又放纵他们，害怕各部门将会逐渐超越职权，以致凌辱上司的情况发生。”

尚书涿郡人孙礼坚决请求停止营建工程，魏明帝下诏说：“敬重你的正直之言。”但又敦促民工加紧兴建；监工的官员又上奏请求再等一个月，就建造完工。孙礼径自来到工地，不再上奏皇帝，宣称有诏命罢归民工，魏明帝对他的用意感到惊奇，但并没有责怪。魏明帝尽管不能完全采纳群臣的直谏之言，但都宽容对待。

秋季，七月，洛阳的崇华殿发生火灾。魏明帝问侍中兼太史令泰山人高堂隆说：“这是什么灾祸？在礼法上有没有祈祷消灾的祭祀呢？”高堂隆回答说：“《京房易传》里讲：‘在上位的人不俭约，在下位的人不节省，灾火就烧他们的房子。’又说：‘君主高筑他的楼台，天火就要造成灾害。’这是因为君主力求装饰宫殿，不知百姓财尽力竭，因而上天以旱灾报应他，火从最高的大殿烧起来。”魏明帝又下诏问高堂隆：“我听说汉武帝时候柏梁发生火灾，而以大修宫殿来压住它，那道理又该怎么说呢？”高堂隆回答说：“那是夷越巫师的说法，不是圣贤的明智教训。《汉书·五行志》说：‘柏梁火灾，其后发生了江充巫蛊事件。’如《五行志》所说，夷越巫师建议修筑建章宫也没能压住灾害；现在应当停止劳役释放民工差役。宫殿的制度规模，务必遵循节约的原则，把烧毁的崇华殿清扫干净，不能在此废墟上新建宫殿，那么瑞草、嘉禾就会从这里长出，若还要使民力疲劳，竭尽百姓的资财，这不是招致符瑞和怀柔远方国家的方法。”

八月十一日庚午，魏明帝立皇子曹芳为齐王，曹询为秦王。魏明帝没有儿子，就养了齐王、秦王为儿子，后宫的事情隐秘，没有人知道他二人的亲生父母是谁。有人说，曹芳是任城王曹楷的儿子。

丁巳，帝还洛阳。

诏复立崇华殿，更名曰九龙。通引谷水过九龙殿前，为玉井绮栏，蟾蜍含受，神龙吐出。使博士扶风马钧作司南车，水转百戏。

陵霄阙始构，有鹊巢其上，帝以问高堂隆，对曰："《诗》曰：'惟鹊有巢，惟鸠居之。'今兴宫室，起陵霄阙，而鹊巢之，此宫未成身不得居之象也。天意若曰：'宫室未成，将有他姓制御之"，斯乃上天之戒也。夫天道无亲，惟与善人，太戊、武丁睹灾悚惧，故天降之福。今若罢休百役，增崇德政，则三王可四,五帝可六，岂惟商宗转祸为福而已哉！"帝为之动容。

帝性严急，其督修宫室有稽限者，帝亲召问，言犹在口，身首已分。散骑常侍领秘书监王肃上疏曰："今宫室未就，见作者三四万人。九龙可以安圣体，其内足以列六宫；惟泰极已前，功夫尚大。愿陛下取常食禀之士，非急要者之用，选其丁壮，择留万人，使一期而更之。咸知息代有日，则莫不悦以即事，劳而不怨矣。计一岁有三百六十万夫，亦不为少。当一岁成者，听且三年，分遣其余，使皆即农，无穷之计也。夫信之于民，国家大宝也。前车驾当幸洛阳，发民为营，有司命以营成而罢；既成，又利其功力，不以时遣；有司徒营目前之利，不顾经国之体。臣愚以为自今已后，傥复使民，宜明其令，使必如期；以次有事，宁使更发，无或失信。凡陛下临时之所行刑，皆有罪之吏、宜死之人也；然众庶不知，谓为仓卒。故愿陛下下之于吏，而暴其罪，钧其死也，无使污于宫掖而为远近所疑。且人命至重，难生易杀。气绝而不续者也，是以圣贤重之。昔汉文帝欲杀犯跸者，廷尉张释之曰：'方其时，上使诛之则已，今下廷尉，廷尉，天下之平，不可倾也。'臣以为大失其义，非忠臣所宜陈也。廷尉者，天子之吏也，犹不可以失平，而天子之身反可以惑谬乎！斯重于为己而轻于为君，不忠之甚者也，不可不察。"

中山恭王衮疾病，令官属曰："男子不死于妇人之手，亟以时营东

八月二十四日丁巳，魏明帝回到洛阳。

魏明帝下诏重建崇华殿，更名为九龙殿。挖通谷水，引水通过九龙殿前，又在殿前修了玉井绮栏，由石刻蟾蜍吞进河水，又由石刻神龙吐出。命博士扶风人马钧作指南车和水转百戏车。

陵霄殿阙刚开始构建，有鹊鸟在上边筑巢，魏明帝就此询问高堂隆，高堂隆回答说："《诗经》说：'鹊有窝，鸠居住。'现在兴建宫室，修筑陵霄殿阙，有鹊在筑巢，这是宫殿没有修成而自身不能居住的征兆。天意好像是说：'宫室还没修成，将有他姓人来控制。'这是上天的警告。天道对人不讲亲疏，只将恩德施给善人，殷王太戊、武丁看到灾祸而恐惧，因而上天降福给他们。现今如果停止各种劳役，增加德政，那么圣贤的三王可以有第四个，圣明的五帝可以有第六个，哪能只有殷商的商王可以转祸为福呢？"魏明帝受到震动，脸色沉重。

魏明帝性格严厉急躁，督修宫室延误了期限的，魏明帝就要亲自招来讯问，话未说完，延误期限的人脑袋和身体已经分了家。散骑常侍兼秘书监王肃上疏说："如今宫室尚未建成，现役便有三四万民夫。宽广的九龙殿足可以安居圣体，宫内足以排列六宫后妃；只是太极殿早已修建，工程浩大。希望陛下调派长年食用国家粮饷，目前没有担任紧急任务的士兵，选拔其中的强壮者一万人担任修建工程，并让他们劳作一期就更换下来。如此每期士兵都知道休息替代有一定的时间，就没有人不愿劳作，对劳作就不会怨恨了。计算下来一年有三百六十万个工，也不算少。计划一年可完工的，听凭三年内完成，遣归其余的，使他们都回去务农，这才是长久之计。信用对于百姓，是国家的法宝。先前皇上要巡幸洛阳，就征召民工修建营垒，有关部门命令营垒修成之后解散民工；然而修成之后，又利用他们的劳力，不按时遣返；有关部门贪求眼前的利益，不顾及治国的根本。臣认为自今以后，如果再有事征用民夫，应宣明法令，让民工一定如期返回；民夫遣返后又有了事，宁可再次另外征发，也不能失去信用。凡是陛下要临时行刑，受刑的人都是有罪的人，应该处死；但是民众不知道详情，会认为是随意突然杀人。所以希望陛下把这些罪犯交给有关官吏，宣布他们的罪状，同样是死，不要使罪犯的血污秽宫廷而受到远近人们的怀疑。况且人命关天，使人活难，杀死人易，气一断就接不上了，因而圣贤非常重视人的生命。当年汉文帝想杀冒犯车驾的人，廷尉张释之说：'在现场，皇上若把他杀了也就没事，事后将罪犯交给廷尉，廷尉要主持天下的公平，不可偏颇。'我认为这话太没道理，不应该是忠臣讲的。廷尉是天子的官吏，尚且不能失去公平，而天子自己反而可以妄为吗？这是看重自己，轻视君主，是最不忠的人，不能不认真地考虑。"

中山恭王曹衮病重，命令下属官吏："男子不死在妇人手上，尽快按时营建东

堂。”堂成，舆疾往居之。又令世子曰：“汝幼为人君，知乐不知苦，必将以骄奢为失者也。兄弟有不良之行，当造膝谏之，谏之不从，流涕喻之，喻之不改，乃白其母，犹不改，当以奏闻，并辞国土。与其守宠罹祸，不若贫贱全身也。此亦谓大罪恶耳，其微过细故，当掩覆之。”冬，十月，己酉，衮卒。

十一月，丁酉，帝行如许昌。

是岁，幽州刺史王雄使勇士韩龙刺杀鲜卑轲比能；自是种落离散，互相侵伐，强者远遁，弱者请服，边陲遂安。

张掖柳谷口水溢涌，宝石负图，状象灵龟，立于川西，有石马七及凤凰、麒麟、白虎、犀牛、璜玦、八卦、列宿、孛彗之象，又有文曰“大讨曹”。诏书班天下，以为嘉瑞。任令于绰连赍以问巨鹿张臶，臶密谓绰曰：“夫神以知来，不追既往，祥兆先见而后废兴从之。今汉已久亡，魏已得之，何所追兴祥兆乎！此石，当今之变异而将来之符瑞也。”

帝使人以马易珠玑、翡翠、玳瑁于吴，吴主曰：“此皆孤所不用，而可以得马，孤何爱焉。”尽以与之。

（以上为第二段，写魏明帝耽于内宠，好建宫室，曹魏多位大臣切谏，皆不听，但亦优容处之。）

四年（丙辰，236 年）

春，吴人铸大钱，一当五百。

三月，吴张昭卒，年八十一。昭容貌矜严，有威风，吴主以下，举邦惮之。

夏，四月，汉主至湔，登观阪，观汶水之流，旬日而还。

武都氐苻健请降于汉；其弟不从，将四百户来降。

五月，乙卯，乐平定侯董昭卒。

冬，十月，己卯，帝还洛阳宫。

甲申，有星孛于大辰，又孛于东方。高堂隆上疏曰：“凡帝王徙都立邑，皆先定天地、社稷之位，敬恭以奉之。将营宫室，则宗庙为先，厩库为次，居室为后。今圜丘、方泽、南北郊、明堂、社稷神位未定，宗

堂。”东堂建成，抱病乘车前往东堂居住。又命长子说：“你年幼就成了亲王，只知道快乐不知道痛苦，必定会因骄奢而产生过失。兄弟有不良行为，应当面见促膝劝阻，劝阻了他不听，就流着泪教喻他，教喻他尚且不改正，再告诉母亲，还不改正，应当向皇上禀报，并辞掉封邑。与其守着恩宠而遭受灾祸，不如贫贱而保全自身。这是讲大的罪恶行为，倘若是小的过错，就该遮掩。”冬季，十月初三日己酉，曹衮去世。

十一月二十二日丁酉，魏明帝巡幸许昌。

这一年，幽州刺史王雄派勇士韩龙刺杀了鲜卑首领轲比能；从此，鲜卑部落离散，互相攻伐，强的部落远远逃走，弱的部落请求降服魏国，边境于是安定下来。

张掖郡的柳谷口水满涌出，露出块玉石，带有图案，形状如同一只灵龟，立于河西，有石马七匹和凤凰、麒麟、白虎、犀牛、璜玦、八封、各种星宿、彗星的图像，还有文字为“大讨曹”。魏国诏书颁布天下，认为这是祥瑞。任县县令于绰带着颁布的诏书和图案去问巨鹿人张臶，张臶偷偷对于绰说：“神可以预知未来，不追究已往的事，祥瑞先出现，之后王朝的兴废随之而来。现在汉朝早已灭亡了，魏国已经得了天下，怎能说这些祥瑞是追补魏国的兴起呢？这块石头是当前发生的变异而兆示将来的祥瑞。”

魏明帝派人到吴国用马匹交换珍珠、翡翠、玳瑁，吴王孙权说：“这些东西都是我不需要的，又可以得到马匹，我还爱惜什么呢？”全部按魏国的要求做了交换。

魏明帝青龙四年（丙辰，236年）

春季，吴国铸造大钱，一个大钱值五百个小钱。

三月，吴国张昭去世，年八十一。张昭容貌矜持威严，吴主以下，全国都惧怕他。

夏季，四月，蜀汉后主刘禅到湔氐道，登上观阪，观看汶水的水道，十天后才返回。

武都郡的氐人首领苻健请求投降蜀汉；他弟弟不跟从，率领四百户来投降魏国。

五月十三日乙卯，魏国乐平定侯董昭去世。

冬季，十月初十日己卯，魏明帝返回洛阳宫。

十月十五日甲申，孛星出现在大辰星区，又出现在东方天空。高堂隆上疏说：“凡是帝王迁都建城，都要先确定祭祀天地和社稷的位置，恭敬地尊奉天地社稷之神。要建筑宫殿，先要建造宗庙，马厩仓库其次，居住的宫室要建在最后。如今圜

庙之制又未如礼，而崇饰居室，士民失业。外人咸云‘宫人之用与军国之费略齐’，民不堪命，皆有怨怒。《书》曰：‘天聪明自我民聪明，天明畏自我民明威。’言天之赏罚，随民言，顺民心也。夫采椽、卑宫，唐、虞、大禹之所以垂皇风也：玉台、琼室，夏癸、商辛之所以犯昊天也。今宫室过盛，天彗章灼，斯乃慈父恳切之训。当崇孝子祗耸之礼，不宜有忽，以重天怒。”隆数切谏，帝颇不悦。侍中卢毓进曰：“臣闻君明则臣直，古之圣王惟恐不闻其过，此乃臣等所以不及隆也。”帝乃解。毓，植之子也。

十二月，癸巳，颍阴靖侯陈群卒。群前后数陈得失，每上封事，辄削其草，时人及其子弟莫能知也。论者或讥群居位拱默。正始中，诏撰群臣上书以为《名臣奏议》，朝士乃见群谏事，皆叹息焉。

袁子论曰：或云：“少府杨阜岂非忠臣哉？见人主之非则勃然触之，与人言未尝不道。”答曰：“夫仁者爱人，施之君谓之忠，施于亲谓之孝。今为人臣，见人主失道，力诋其非而播扬其恶，可谓直士，未为忠臣也。故司空陈群则不然，谈论终日，未尝言人主之非，书数十上，外人不知。君子谓群于是乎长者矣。”

乙未，帝行如许昌。

诏公卿举才德兼备者各一人，司马懿以兖州刺史太原王昶应选。昶为人谨厚，名其兄子曰默，曰沈，名其子曰浑，曰深，为书戒之曰：“吾以四者为名，欲使汝曹顾名思义，不敢违越也。夫物速成则疾亡，晚就而善终，朝华之草，夕而零落，松柏之茂，隆寒不衰，是以君子戒于阙党也。夫能屈以为伸，让以为得，弱以为强，鲜不遂矣。夫毁誉者，爱恶之原而祸福之机也。孔子曰：‘吾之于人，谁毁谁誉？’以圣人之德犹尚如此，况庸庸之徒而轻毁誉哉！人或毁己，当退而求之于身。若己有可毁之行，则彼言当矣；若己无可毁之行，则彼言妄矣。当则无怨于彼，妄则无害于身，又何反报焉！谚曰：‘救寒莫如重裘，止谤莫如自修。’斯言信矣。”

（以上为第三段，写曹魏大臣谏君：直谏事君，有如杨阜；忠谏事君，有如陈

丘、方泽、南北郊、明堂、社稷等处的神位都没有确定，宗庙的制度又不合乎礼制，却大修居住的宫室，让士民因此而荒废了本业。宫外的人都说‘宫中的费用与军国的开支大略相当’，民不聊生都有怨恨和愤怒的情绪。《尚书》说：‘天的聪明来自民众的聪明，天明示的赏罚，来自民众明示的好恶。’这是指上天的赏罚，顺着民众的言论，合乎民众的心意。至于不加修饰的椽子、低矮的宫室，是唐尧、虞舜、大禹所以能流传其风范的缘由；玉台、琼室是夏桀、商纣所以触犯上天的原因。如今宫室过多，天上彗星明亮地出现，这就是天父恳切的训诫。应当崇尚孝子恭敬景仰的礼节。不应有所忽略，以致加重上天的愤怒。”高堂隆多次恳切地谏阻，魏明帝很不高兴。侍中卢毓进言说：“我听说君主开明则臣子正直，古代的圣王只怕听不到自己的过错，这就是臣等赶不上高堂隆的地方。”魏明帝这才消除了怒气。卢毓是卢植的儿子。

十二月二十四日癸巳，魏国颍阴靖侯陈群去世。陈群前后多次上奏陈述国政的得失，每次密封上奏，总是销毁草稿，当时的人及其子弟都不知道上奏的内容。谋议朝政的人中有人讥刺陈群占据高位默无一言，正始年间，诏令编撰群臣的奏疏题为《名臣奏议》，朝廷官员才看到陈群进谏的奏章，都为之赞叹。

袁宏评论：有人说：“少府杨阜怎能不是忠臣呢？他看到君主的过错就激动地犯颜直谏，与人谈话也总要提起来谈论。”回答是：“仁者爱人，用到君主身上就叫作忠，用到双亲身上就叫作孝。现今作为人臣，发现君主不合乎道义，就大力批评君主的过失而宣扬君主的不好，这可以叫作正直之士，但并不是忠臣。已故的司空陈群就不这样，他和人谈论一整天，从不说起君主的过失，陈群几十次上奏章，外人却不知道。君子因此说陈群在这一点上真是个长者。”

十二月二十六日乙未，魏明帝到达许昌。

魏明帝下诏要公卿每人举荐一个才德兼备的人，司马懿推荐兖州刺史太原人王昶。王昶为人谨慎厚道，给他哥哥的儿子起名为王默、王沈，给自己的儿子起名叫王浑、王深，并写信告诫他们说：“我用这四个字起名，是想让你们顾名思义，不敢违反越过取名的含义。事物速成的也会迅速消亡，晚成的就会善终。早晨开花的植物，到黄昏就零落了；松柏茂盛，到隆冬严寒也不衰败，所以君子应以阙党童子为戒。那些能以屈为伸，以让为得，以弱为强的人，很少有不成功的。诋毁和赞誉，是喜爱厌恶的根源和祸福的契机。孔子说：‘我对于人，诋毁过谁，赞誉过谁？’以圣人的道德还尚且如此，何况庸庸之辈却要轻率地诋毁或赞誉别人呢？别人或许诋毁自己，应当退而省察自身。自己如果有可以被批评的行为，那么别人的话就是对的；如果自己没有可以被批评的行为，那么别人的话就是胡说的。别人的话说得恰当，就不该怨恨别人；别人胡说，也无损于自己，又何必反过来报复计较呢？谚语

群；淳谨做人，有如王昶。）

景初元年（丁巳，237 年）

春，正月，壬辰，山茌县言黄龙见。高堂隆以为："魏得土德，故其瑞黄龙见，宜改正朔，易服色，以神明其政，变民耳目。"帝从其议。三月，下诏改元，以是月为孟夏四月，服色尚黄，牺牲用白，从地正也。更名《太和历》曰《景初历》。

五月，己巳，帝还洛阳。

己丑，大赦。

六月，戊申，京都地震。

己亥，以尚书令陈矫为司徒，左仆射卫臻为司空。

有司奏以武皇帝为魏太祖，文皇帝为魏高祖，帝为魏烈祖；三祖之庙，万世不毁。

孙盛论曰：夫谥以表行，庙以存容。未有当年而逆制祖宗，未终而豫自尊显。魏之群司于是乎失正矣。

秋，七月，丁卯，东乡贞公陈矫卒。

公孙渊数对国中宾客出恶言，帝欲讨之，以荆州刺史毌丘俭为幽州刺史。俭上疏曰："陛下即位以来，未有可书。吴、蜀恃险，未可卒平，聊可以此方无用之士克定辽东。"光禄大夫卫臻曰："俭所陈皆战国细术，非王者之事也。吴频岁称兵，寇乱边境，而犹按甲养士，未果致讨者，诚以百姓疲劳故也。渊生长海表，相承三世，外抚戎夷，内修战射，而俭欲以偏军长驱，朝至夕卷，知其妄矣。"帝不听，使俭帅诸军及鲜卑、乌桓屯辽东南界，玺书征渊。渊遂发兵反，逆俭于辽隧。会天雨十余日，辽水大涨，俭与战不利，引军还右北平。渊因自立为燕王，改元绍汉，置百官，遣使假鲜卑单于玺，封拜边民，诱呼鲜卑以侵扰北方。

汉张后殂。

说：‘御寒最好是穿厚皮衣，止谤最好是提高自我修养’，这话说得真是好啊。”

魏明帝景初元年（丁巳，237 年）

春季，正月，壬辰日，山茌县奏报说黄龙出现。高堂隆认为：“魏得土德，因而吉祥物黄龙出现，应该改变元旦日的时刻，更换服装的颜色，依靠神使其政治清明，使民众的耳目为之一新。”魏明帝采纳他的建议。三月，下诏改变年号，以三月为孟夏四月，服装的颜色崇尚黄色，祭祀的牲畜用白色，按照地正设置正月。又将《太和历》更名为《景初历》。

五月初二日己巳，魏明帝回到洛阳。

五月二十二日己丑，魏国大赦天下。

六月初三日戊申［当为己亥］，京都洛阳地震。

六月十二日己亥［当为戊申］，魏国任命尚书令陈矫为司徒，左仆射卫臻为司空。

魏国有关官吏奏请尊奉武皇帝（曹操）为魏太祖，尊奉文皇帝（曹丕）为魏高祖，尊奉魏明帝为魏烈祖；这三祖的宗庙永远不许毁坏。

孙盛评论说：谥号用以表示帝王的行为，宗庙用以保存帝王的容貌。从没有一个君王在自己当权时违反祖宗制度，自己还没有死就事先尊显自己。魏国的朝政大臣们在这个问题上丧失了正直之道。

秋季，七月初二日丁卯，魏国东乡贞公陈矫去世。

公孙渊多次在来访的外国来宾面前口出狂言，魏明帝想讨伐他，任命荆州刺史河东人毌丘俭为幽州刺史。毌丘俭上疏说：“陛下即位以来，没有丰功伟绩可以记载，吴、蜀两国仗恃地势险要，难以一下子平定，暂可用幽州当前没有征伐任务的部队平定辽东。”光禄大夫卫臻说：“毌丘俭所陈述的都是战国时的小把戏，并不是帝王的大业。吴国连年举兵，侵犯扰乱我国边境，而我国仍然按兵不动休养将士。没有下决心讨伐，实在是由于百姓疲乏的缘故。公孙渊生长在海外，三代相承，对外安抚戎夷民族，在内整修战备，而毌丘俭想用一支孤军长驱直入，早上到达，晚上就席卷敌国，可见他在说大话。”魏明帝不听，让毌丘俭率领所属各部队以及鲜卑、乌桓之兵进驻到辽东的南方边界。然后魏明帝用加盖皇帝印章的亲笔书信征召公孙渊入朝。公孙渊于是发兵反叛，在辽隧迎战毌丘俭。遇上大雨连下了十几天，辽水暴涨，毌丘俭与公孙渊作战失利，率军退到右北平。公孙渊便自立为燕王，改年号为绍汉，设置文武百官，派使者送给鲜卑首领单于印章，给沿边民众封拜官职，引诱唆使鲜卑侵犯魏国北部地区。

蜀汉的张皇后去世。

九月，冀、兖、徐、豫大水。

西平郭夫人有宠于帝，毛后爱弛。帝游后园，曲宴极乐。郭夫人请延皇后，帝不许，因禁左右使不得宣。后知之，明日，谓帝曰："昨日游宴北园，乐乎？"帝以左右泄之，所杀十余人。庚辰，赐后死，然犹加谥曰悼。癸丑，葬愍陵，迁其弟曾为散骑常侍。

冬，十月，帝用高堂隆之议，营洛阳南委粟山为圜丘，诏曰："昔汉氏之初，承秦灭学之后，采摭残缺，以备郊祀，四百余年，废无禘礼。曹氏世系出自有虞，今祀皇皇帝天于圜丘，以始祖虞舜配；祭皇皇后地于方丘，以舜妃伊氏配；祀皇天之神于南郊，以武帝配；祭皇地之祇于北郊，以武宣皇后配。"

庐江主簿吕习密使人请兵于吴，欲开门为内应；吴主使卫将军全琮督前将军朱桓等赴之，既至，事露，吴军还。

诸葛恪至丹阳，移书四部属城长吏，令各保其疆界，明立部伍；其从化平民，悉令屯居。乃内诸将，罗兵幽阻，但缮藩篱，不与交锋，俟其谷稼将熟，辄纵兵芟刈，使无遗种。旧谷既尽，新谷不收，平民屯居，略无所入。于是山民饥穷，渐出降首，恪乃复敕下曰："山民去恶从化，皆当抚慰，徙出外县，不得嫌疑，有所拘执！"臼阳长胡伉得降民周遗；遗旧恶民，困迫暂出，伉缚送言诸府。恪以伉违教，遂斩以徇。民闻伉坐执人被戮，知官惟欲出之而已，于是老幼相携而出，岁期人数，皆如本规；恪自领万人，余分给诸将。吴主嘉其功，拜恪威北将军，封都乡侯，徙屯庐江皖口。

（以上为第四段，写魏明帝改元颁新历，建圜丘，宠郭后，以及首次发兵征公孙渊受挫。写吴诸葛恪讨山越，卓有成效。）

是岁，徙长安钟簴、橐佗、铜人、承露盘于洛阳。盘折，声闻数十里。铜人重，不可致，留于霸城。大发铜铸铜人二，号曰翁仲，列坐于司马门外。又铸黄龙、凤皇各一，龙高四丈，凤高三丈余，置内殿前。

九月，冀州、兖州、徐州、豫州发生水灾。

西平人郭夫人受到魏明帝宠爱，毛皇后失宠。魏明帝到后花园游玩，设宴尽情欢乐。郭夫人请求邀请毛皇后，魏明帝不允许，还禁止左右侍从不得泄露消息。毛皇后知道了这件事，第二天，对魏明帝说："昨天游宴北园，快活吗？"魏明帝认为是左右侍从泄露消息，就一气之下杀了十多人。九月十六日庚辰，赐毛皇后自杀，还加了一个谥号为"悼"。将毛皇后葬在愍陵。又把毛皇后的弟弟毛曾改任为散骑常侍。

冬季，十月，魏明帝采纳高堂隆的建议，把洛阳南边的委粟山营建为祭天的圜丘，下诏说："从前汉朝初年，正当秦代灭绝学术后，于是搜集残缺的典籍，才完善了在郊外祭祀天地的礼仪，四百多年，废除了祭祀祖先的礼制。曹氏的世系出自有虞氏，现今在圜丘祭祀皇皇帝天，以始祖虞舜陪祭；在方丘祭祀皇皇后地，以舜的妃子伊氏陪祭；在京城南效祭祀皇天之神，以魏武帝陪祭；在北郊祭祀皇地之神，以武宣皇后陪祭。"

庐江郡的主簿吕习秘密派人到吴国请求派兵去庐江，他打算打开城门做内应。吴主孙权派卫将军全琮带领前将军朱桓等人前往，到达庐江之后，事情败露，吴军返回。

吴国诸葛恪到丹阳上任，发公文给予丹阳相邻的四郡各县的长官，命令他们各自封锁自己辖区的疆界，严密部署部队戒备丹阳郡各地，已经归顺的山越平民全部聚居一处。然后诸葛恪派各位将领进入深山险阻地点，布下军队，只修好篱笆栅栏防御工事，不准与山民交战，等到当地庄稼将要成熟，就放散士兵到田野收割，不留下一根禾苗。山越把以前的粮食吃完了，新熟的粮食收不到，百姓都聚居在一起，山民要抢粮也无处下手。因而山民饥饿困穷，逐渐从深山出来投降。诸葛恪于是又命令部下说："山民只要痛改前非，接受教化，都应当安抚，迁到山外的县邑，不可怀疑他们是罪犯，随便拘捕！"臼阳县县长胡伉抓到投降山民周遗；周遗本是个刁民，因困迫暂时从深山出来，胡伉将他捆送官府。诸葛恪因胡伉违犯命令，便斩首示众。山民听说胡伉因抓人而被杀，知道官府不过是想要他们出山而已，因此老幼相扶出山。一年过后，统计人数，与他当初预期的一样。诸葛恪自己整编一万甲士，其余的分给各位将领。吴主孙权嘉奖诸葛恪的功劳，擢升他为威北将军，封为都乡侯，调往庐江皖口驻扎。

这一年，魏国把设置在长安的大钟和钟架、铜骆驼、铜人、接甘露的铜盘运往洛阳。铜盘折断，声音响彻几十里。铜人太重，无法运过去，就留在霸城。魏明帝又大举征收民间的铜器铸成两个铜人，称为"翁仲"，排列在洛阳皇宫司马门外。又

起土山于芳林园西北陬，使公卿群僚皆负土，树松、竹、杂木善草于其上，捕山禽杂兽置其中。司徒军议掾董寻上疏谏曰：“臣闻古之直士，尽言于国，不避死亡。故周昌比高祖于桀、纣，刘辅譬赵后于人婢，天生忠直，虽白刃沸汤，往而不顾者，诚为时主爱惜天下也。建安以来，野战死亡，或门殚户尽，虽有存者，遗孤老弱。若今宫室狭小，当广大之，犹宜随时，不妨农务，况乃作无益之物，黄龙、凤皇、九龙、承露盘，此皆圣明之所不兴也，其功三倍于殿舍。陛下既尊群臣，显以冠冕，被以文绣，载以华舆，所以异于小人；而使穿方举土，面目垢黑，衣冠了鸟，毁国之光以崇无益，甚非谓也。孔子曰：‘君使臣以礼，臣事君以忠。’无忠无礼，国何以立！臣知言出必死，而臣自比于牛之一毛，生既无益，死亦何损！秉笔流涕，心与世辞。臣有八子，臣死之后，累陛下矣！”将奏，沐浴以待命。帝曰：“董寻不畏死邪！”主者奏收寻，有诏勿问。

高堂隆上疏曰：“今世之小人，好说秦、汉之奢靡以荡圣心；求取亡国不度之器，劳役费损以伤德政：非所以兴礼乐之和，保神明之休也。”帝不听。

隆又上疏曰：“昔洪水滔天二十二载，尧、舜君臣南面而已。今无若时之急，而使公卿大夫并与厮徒共供事役，闻之四夷，非嘉声也，垂之竹帛，非令名也。今吴、蜀二贼，非徒白地、小虏、聚邑之寇，乃僭号称帝，欲与中国争衡。今若有人来告：‘权、禅并修德政，轻省租赋，动咨耆贤，事遵礼度’，陛下闻之，岂不惕然恶其如此，以为难卒讨灭而为国忧乎！若使告者曰：‘彼二贼并为无道，崇侈无度，役其士民，重其赋敛，下不堪命，吁嗟日甚’，陛下闻之，岂不幸彼疲敝而取之不难乎！苟如此，则可易心而度，事义之数亦不远矣！亡国之主自谓不亡，然后至于亡；贤圣之君自谓亡，然后至于不亡。今天下凋敝，民无儋石之储，国无终年之蓄，外有强敌，六军暴边，内兴土功，州郡骚动，若有寇警，则臣惧版筑之士不能投命虏庭矣。又，将吏奉禄，稍见折减，方之于昔，五分居一，诸受休者又绝廪赐，不应输者今皆出半，此为官入兼多于旧，

铸造黄龙一条、凤凰一只，龙高四丈，凤高三丈多，安置在宫内大殿之前。在芳林园西北角垒起土山，命令公卿大臣们都背土垒山，在土山上种植松树、竹子、各种树木与好看的花草，又捕捉山禽和各种野兽放在土山树林中。司徒府的军议掾董寻上疏劝谏说："臣听说古代的直谏之士，对国家尽其所言，不畏惧杀头。所以汉代的周昌将汉高祖比作夏桀、殷纣，刘辅把赵飞燕比作婢女，天生的忠诚直率，即使前面有利刀和沸腾的开水，也前往而不回头，这实在是由于当时的君主爱惜他的天下。建安年间以来，遍地战争，人民大量死亡，有的人户全家死光，纵然有生存的，也都是孤寡老弱。假若现在皇宫狭小，应当扩大它，也应当顺应时令利用农闲，不妨害农业生产，何况是制作无用的东西，黄龙、凤凰，九龙、承露盘，这都是圣明的帝王所不会兴建的，建造这些东西是修建宫殿的三倍。陛下既然尊重百官大臣，让他们头戴官帽，身穿绣衣，乘坐华美的车子，用这些与小民百姓区别开来，而现在却又让他们挖土抬泥，脸上又脏又黑，衣服帽子又破又脏，毁坏国家的荣光以增加无益的东西，真是不成体统。孔子说：'君主用礼节来对待大臣，大臣用忠诚来侍奉君主。'没有忠诚，没有礼仪，国家凭什么撑起？臣知道话一说出口必被杀头，但臣自比为牛身上的一根毛，生对国家无益，死对国家无损！握笔边写边流泪，心与人世辞别。臣有八个儿子，臣死之后，要劳累陛下了！"董寻在上奏之前，沐浴干净来等待皇帝的处罚。魏明帝问："董寻不怕死吗！"主事的人奏请逮捕董寻，明帝下诏不予追究。

高堂隆上疏说："如今的小人，喜欢议论秦汉皇帝的奢侈豪华，用来摇动皇上的心；去求取铜人之类亡国奢华的器物，兴师动众耗费钱财来损害仁德的政治，这不是用来兴盛礼乐的和美，保护神明美善的做法。"魏明帝不听。

高堂隆又上疏说："从前洪水滔天历时二十二年，尧、舜君臣依然面南安坐，不到治水现场。如今没有那时的危急，却使公卿大夫和那些苦役一起参加劳动，让四夷听见了，并非佳话，流传在史书上，也不是好名声。现在吴、蜀二贼，不只是沙漠小虏、聚众造反的强盗，而是僭越称帝，想和中国争天下。现今如果有人来报告说，'孙权、刘禅都实行德政，减轻租赋，行动要咨询老人和贤人，事情遵从礼仪法制'，陛下听到这消息，难道不是警觉地厌恶他们这样做，认为难以一下子讨伐消灭他们，而为国家担忧吗？如果报告人说，'那吴蜀两个贼首都在做无道之事，奢侈无度，役使其士民，加重赋敛，百姓忍受不了，嗟叹怨恨日渐加深'，陛下听了，难道不是庆幸他们精疲力尽，认为容易攻取了吗？假使是这样，陛下就可以交换位置来思考，是非善恶，不就十分明显了吗？亡国的君主自以为不会亡，然而终于亡国；贤圣的君主自以为会亡，然而终于没有亡国。现今天下残破疲敝，百姓没有一担粮食的收藏，国家没有一年的储备，外有强敌，大军长期驻守在边境，国内却大兴土

其所出与参少于昔。而度支经用，更每不足，牛肉小赋，前后相继。反而推之，凡此诸费，必有所在。且夫禄赐谷帛，人主所以惠养吏民而为之司命者也，若今有废，是夺其命矣。既得之而又失之，此生怨之府也。”帝览之，谓中书监、令曰：“观隆此奏，使朕惧哉！”

尚书卫觊上疏曰：“今议者多好悦耳：其言政治，则比陛下于尧、舜；其言征伐，则比二虏于狸鼠。臣以为不然。四海之内，分而为三，群士陈力，各为其主，是与六国分治无以为异也。当今千里无烟，遗民困苦；陛下不善留意，将遂凋敝，难可复振。武皇帝之时，后宫食不过一肉，衣不用锦绣，茵蓐不缘饰，器物无丹漆，用能平定天下，遗福子孙，此皆陛下之所览也。当今之务，宜君臣上下，计校府库，量入为出，犹恐不及；而工役不辍，侈靡日崇，帑藏日竭。昔汉武信神仙之道，谓当得云表之露以餐玉屑，故立仙掌以承高露，陛下通明，每所非笑。汉武有求于露而犹尚见非，陛下无求于露而空设之，不益于好而糜费功夫，诚皆圣虑所宜裁制也！”

时有诏录夺士女前已嫁为吏民妻者，还以配士，听以生口自赎，又简选其有姿首者内之掖庭。太子舍人沛国张茂上书谏曰：“陛下，天之子也，百姓吏民，亦陛下子也，今夺彼以与此，亦无以异于夺兄之妻妻弟也，于父母之恩偏矣。又，诏书得以生口年纪、颜色与妻相当者自代，故富者则倾家尽产，贫者举假贷贯，贵买生口以赎其妻；县官以配士为名而实内之掖庭，其丑恶乃出与士。得妇者未必喜而失妻者必有忧，或穷或愁，皆不得志。夫君有天下而不得万姓之欢心者，鲜不危殆。且军师在外数十万人，一日之费非徒千金，举天下之赋以奉此役，犹将不给，况复有掖庭非员无录之女，椒房母后之家，赏赐横与，内外交引，其费半军。昔汉武帝掘地为海，封土为山，赖是时天下为一，莫敢与争者耳。自衰乱以来，四五十载，马不舍鞍，士不释甲，强寇在疆，图危魏室。陛下不战战业业。念崇节约，而乃奢靡是务，中尚方作玩弄之物，后园

木，以致州郡骚动不安，如果有了敌寇侵犯，我担心建筑宫殿的士兵不会到敌国去拼命杀敌了。另外，将吏的俸禄裁减了不少，与从前相比，只有五分之一，那些应享受国家供应而退休的人，停发了生活待遇，不应交纳赋租的人，如今都要交纳一半，国家收入超过了从前，而官府的支出又比从前少了三分之一。可是国家的财政费用，反而常常不足，甚至征收牛肉税，这种事不断发生。反过来想一想，征收了这么多的税，既然国库里没有，一定使用在其他的地方。况且俸禄、赏赐给官员的谷米、绢帛，是帝王酬劳他们的辛劳用以保命的东西，若现在废除了俸禄恩赐，这就是要他们的命。已经得到的却又失去，这也是产生怨恨的根源。”魏明帝看了，对中书监、中书令说：“看了高堂隆的这个奏书，让我感到担忧啊！”

尚书卫觊上疏说：“如今议政的人大多好讲好听的话：他们议论政治，就将陛下比做尧、舜；他们谈论征伐，就将吴、蜀二虏比做狐狸老鼠。臣不这样看。四海之内，分为三方，群士效力，各为其主，这同六国分治没有什么不同。如今千里无人烟，遗存的民众困苦不堪；陛下不好好留心照顾，终将凋零疲敝，很难再振兴。武皇帝（曹操）的时候，后宫每顿饭不过一个肉菜，衣服不用锦绣，垫褥不加修饰，器物不涂朱砂油漆，因而能平定天下，造福给子孙，这都是陛下所看到的。当今的要务，应该是君臣上下同心，检查仓库，量入为出，还怕不够用；然而却工役不停，奢侈享受一天比一天攀升，库藏日益枯竭。当年汉武帝相信神仙之道，认为必须用云表的露水来调和玉石粉末喝下可以长生，因而建立铜铸仙人用手掌承接上天降下的露水。陛下贤明，常对此嘲笑。汉武帝有求于露水尚且受到指责，陛下不祈求露水却白白地设立铜人，没有任何益处却耗费那么多财力，这些实在是圣上要认真考虑，自我克制的！”

当时魏明帝又下诏令强征士女，已经出嫁而丈夫是下级官吏和百姓的，一律要重新改嫁给出征士兵，但夫家可以用奴婢来赎回，却又挑选其中有姿色的送入后宫。太子舍人沛国人张茂上书劝谏说：“陛下是天的儿子，百姓吏民他们是陛下的儿子，如今剥夺他们的妻子给别人，这无异于剥夺兄长的妻子嫁给弟弟，从父母的恩情上讲，爱心就有了偏私。此外，诏书中说可以用年纪、容貌与妻子相当的奴仆代替其妻，因而富家就倾家荡产，贫家就借债典当，用很贵的价钱买奴仆来赎自己的妻子；县官以许配给出征士兵为名而实际上将她们收进后宫，将宫中色衰丑陋的才送出来配给士兵。得到老婆的人未必高兴，而失去妻子的人必定会忧伤，或者变穷，或者忧愁，都不顺心。君主据有天下而得不到万民的满意，很少有不危险的。况且军队在外有几十万人，一天的消费不止千金，把全国的赋税都用来供应此项军役，还不够用，何况后宫又增添那么多编外的美女，再加上对皇后嫔妃，以及皇太后等家族的随意赏赐，内外浪费，开支相当于军费的一半。汉武帝挖地造湖，积土成山，幸

建承露之盘，斯诚快耳目之观，然亦足以骋寇仇之心矣！惜乎，舍尧、舜之节俭而为汉武帝之侈事，臣窃为陛下不取也。”帝不听。

高堂隆疾笃，口占上疏曰：“曾子有言曰：‘人之将死，其言也善。’臣寝疾有增无损，常恐奄忽，忠款不昭，臣之丹诚，愿陛下少垂省览！臣观三代之有天下，圣贤相承，历数百载，尺土莫非其有，一民莫非其臣。然癸、辛之徒，纵心极欲，皇天震怒，宗国为墟，纣枭白旗，桀放鸣条，天子之尊，汤、武有之；岂伊异人？皆明王之胄也。黄初之际，天兆其戒，异类之鸟，育长燕巢，口爪胸赤，此魏室之大异也。宜防鹰扬之臣于萧墙之内；可选诸王，使君国典兵，往往棋跱，镇抚皇畿，翼亮帝室。夫皇天无亲，惟德是辅。民咏德政，则延期过历；下有怨叹，则辍录授能。由此观之，天下乃天下之天下，非独陛下之天下也！”帝手诏深慰劳之。未几而卒。

陈寿评曰：高堂隆学业修明，志存匡君，因变陈戒，发于恳诚，忠矣哉！及至必改正朔，俾魏祖虞，所谓意过其通者欤！

（以上为第五段，写曹魏大臣董寻、高堂隆、张茂直谏魏明帝奢侈淫靡，高堂隆切谏最称意帝心，得到史家好评；对于他坚持不靠谱的臆测意见史家亦给予了批评。）

帝深疾浮华之士，诏吏部尚书卢毓曰：“选举莫取有名，名如画地作饼，不可啖也。”毓对曰：“名不足以致异人而可以得常士；常士畏教慕善，然后有名，非所当疾也。愚臣既不足以识异人，又主者正以循名按常为职，但当有以验其后耳。古者敷奏以言，明试以功；今考绩之法废，而以毁誉相进退，故真伪浑杂，虚实相蒙。”帝纳其言。诏散骑常侍刘邵作考课法。邵作《都官考课法》七十二条，又作《说略》一篇，诏下百官议。

运的是当时天下统一，没有人敢与他争夺天下。从后汉衰败战乱以来，四五十年，马不离鞍，兵不解甲，强敌在边境，图谋危害魏国。陛下不战战兢兢，刻苦节约，却用全副精力追求奢侈靡丽，在中尚方署制造赏玩之物，在后花园里修建承露铜盘，这的确使耳目愉快，但也足以助长敌寇仇我之心！可惜呀，放弃尧、舜的节俭而仿效汉武帝的奢侈，臣特为陛下惋惜。”魏明帝不理会。

高堂隆病重，口述上疏说：“曾子有话说：‘人之将死，其言也善。’臣卧病有增无减，只怕突然死去，忠诚得不到表白，臣的赤诚，希望陛下稍加垂顾理解！臣观察夏商周三代政权建立后，圣君贤臣相继而出，长达几百年，每一尺每一寸土地，都归他们所有，每个百姓都是他们的臣民，但是夏桀、殷纣之流，纵心极欲，皇天震怒，国家成为废墟，纣王的头悬在白旗上示众，夏桀被流放到鸣条，他们原有的天子尊严，被商汤、周武王夺去了；难道夏桀、殷纣是与众不同的愚人吗？他们都是圣明帝王的后裔。黄初年间，上天以征兆昭示警戒，异类的鸟生在燕巢中，嘴爪胸都是红色，这是预示魏国有重大灾祸。应当严防有如雄鹰飞扬的野心大臣，在萧墙之内发难，应选择诸位亲王，让他们在封国内建立军队，像棋子一样分布在全国各地相互呼应，安抚京都地区，辅助保护皇室。上天对人不分亲疏，只辅助有德的人。百姓歌颂德政，就能延长帝国的期限超过一定的历数；天下有怨叹，上天就收回象征天命的图录而另外授给有才能的人。如此看来，天下是天下人的天下，不单单是陛下的天下！”魏明帝亲笔写诏书深加慰问。不久高堂隆就逝世了。

陈寿评论说：“高堂隆学识渊博，思虑敏捷，志在扶助国君，依据上天的灾异陈述警示，发自诚恳的内心，实在是忠诚啊！等到他建议明帝必须改变历法的正月，让魏国以虞舜为始祖，岂不是过于固执自己不了解的事物吗！”

魏明帝非常憎恨华而不实的人，下诏给吏部尚书卢毓说：“选举不要任用有名声的人，名声就像是在地上画饼，是不能吃的。”卢毓回答说：“名声不足以得到奇异的人才但可以得到正常的人才；正常的人才敬畏教化而羡慕善行，然后才会受到称赞而有名声，这样的人不该被憎恶。臣虽然不足以识别奇异的人才，而臣的职责是按照正常程序依名望大小委官任职，只能是在任职之后考察他的功效。古代任职，是先用言谈来陈述见解，而后用功效来检验其才能；如今考核成绩的制度被废除，但凭人们的批评和赞誉来晋升和罢免官员，以致真假混杂，虚实难辨。”魏明帝采纳了卢毓的主张。下诏令散骑常侍刘邵制定考课官吏的制度条令。刘邵制定了《都官考课法》七十二条，又写了《说略》一篇，诏令交付文武百官讨论。

司隶校尉崔林曰："按《周官》考课，其文备矣。自康王以下，遂以陵夷，此即考课之法存乎其人也。及汉之季，其失岂在乎佐吏之职不密哉！方今军旅或猥或卒，增减无常，固难一矣。且万目不张，举其纲，众毛不整，振其领，皋陶仕虞，伊尹臣殷，不仁者远。若大臣能任其职，式是百辟，则孰敢不肃，乌在考课哉！"

黄门侍郎杜恕曰："明试以功，三载考绩，诚帝王之盛制也。然历六代而考绩之法不著，关七圣而课试之文不垂，臣诚以为其法可粗依，其详难备举故也。语曰：'世有乱人而无乱法'，若使法可专任，则唐、虞可不须稷、契之佐，殷、周无贵伊、吕之辅矣。今奏考功者，陈周、汉之云为，缀京房之本旨，可谓明考课之要矣。于以崇揖让之风，兴济济之治，臣以为未尽善也。其欲使州郡考士，必由四科，皆有事效，然后察举，试辟公府，为亲民长吏，转以功次补郡守者，或就增秩赐爵，此最考课之急务也。臣以为便当显其身，用其言，使具为课州郡之法，法具施行，立必信之赏，施必行之罚。至于公卿及内职大臣，亦当俱以其职考课之。古之三公，坐而论道；内职大臣，纳言补阙，无善不纪，无过不举。且天下至大，万机至众，诚非一明所能遍照；故君为元首，臣作股肱，明其一体相须而成也。是以古人称廊庙之材，非一木之支，帝王之业，非一士之略。由是言之，焉有大臣守职办课可以致雍熙者哉！诚使容身保位，无放退之辜，而尽节在公，抱见疑之势，公义不修而私议成俗，虽仲尼为课，犹不能尽一才，又况于世俗之人乎！"

司空掾北地傅嘏曰："夫建官均职，清理民物，所以立本也。循名责实，纠励成规，所以治末也。本纲未举而造制末程，国略不崇而考课是先，惧不足以料贤愚之分，精幽明之理也。"议久之不决，事竟不行。

司隶校尉崔林说："考察《周官》的考绩之法，条文十分详尽。从周康王以后，逐渐荒废，这说明考绩之法是否有效，全看主管的人是怎样在执行。到了汉代末年，考绩之法的衰败难道是考核官佐属吏的条规不严密吗？现今的军队编制，或是过多屯积或是仓促征发，增减无常，原本就很难规范为一个标准。而且，就像渔网，万目不张，要举其纲，又如同皮衣，众毛不整，应举起衣领。皋陶在虞舜时做官，伊尹在殷朝为臣，不仁之人就躲得远远的。如果大臣能胜任他的职务，再将法度实施到百官之中，那么谁敢不肃然认真，哪里在于考绩之法呢？"

黄门侍郎杜恕说："鲜明地用功效来检验官吏，三年考核成绩一次，这的确是帝王的好制度。但是经历了唐、虞、夏、商、周、汉六个朝代之后，考绩之法不能很好地施行，经历了七位圣主之后，考绩之法的条文不再流传，臣真诚认为考绩之法大体可以使用，但它的细则却难以完备。俗话说：'世上只有恶人而没有恶法'，假若法令能单独解决问题，那么唐尧、虞舜便可以不靠稷、契的辅佐，殷、周就不必看重伊尹、吕望的辅佐了。现在奏请施行考核功绩的人，陈述周、汉二代的办法，补充京房的考绩之法的精神，可以说已经抓住了考课法的要点。但在崇尚揖让的风气，推广礼仪兴盛的政治方面，臣认为还未达到尽善的地步。如果要使州郡官员考察地方的人才，必须从儒学、文吏、孝悌、从政四种科目来考察，四科都有实际功效，然后举荐上来，召入公府中加以试用，亲自担任管理民众的官长，继而根据他们的功绩依次补充为郡一级长官，或者给他们增高官级，赐给爵位，这是实行考绩最为紧要的工作。臣认为经过考绩被任用或提升的官员，就应该让他们显贵，采纳他们的意见，让他们具体拟出考绩州郡官员的法规，切实执行。依照法规，该赏的一定要赏，该罚的一定要罚。至于公卿及朝廷中的大臣，也应该都根据他们的职位来考核他们。古代的三公，坐在君王身旁讨论治国之道；朝廷大臣，贡献意见弥补帝王的缺失。君王的善行没有不给予纪录的，君王的过错没有不加以纠举的。况且天下极为广大，事务万机极为众多，实在不是一个人的智慧所能照顾周全的；所以将君主比作脑袋，把臣子比作四肢，表明君臣共为一个身体相互依赖才能生存。所以古人说廊庙的梁材，绝不是一根木头能支撑起来的，帝王的大业，绝不能靠一个人的谋略。如此说来，哪有只靠大臣整天尽职进行考课就可以天下太平呢？如果大臣只用心于安身保位，没有担忧被放逐贬退的罪过，而那些尽心为公的大臣却受到怀疑，这种风气形成，那么公正得不到坚持，邪恶成了风俗，即使让孔子来进行考课，也不能发挥一个人才的作用，又何况是由世俗之人进行考课呢？"

司空掾北地人傅嘏说："设置官吏分担职责，处理民事，这是治国的根本。依照官位职责来考察他的实际工作，按照规章来进行督查，这是治国的末节。根本大纲未曾抓住，却编造细枝末节，治国的大计未被重视，却以考课为先，怕不足以核查

（以上为第六段，写曹魏大臣讨论考绩之法，意见纷纷，终于没有施行。）

臣光曰：为治之要，莫先于用人，而知人之道，圣贤所难也。是故求之于毁誉，则爱憎竞进而善恶浑殽；考之于功状，则巧诈横生而真伪相冒。要之，其本在于至公至明而已矣。为人上者至公至明，则群下之能否焯然形于目中，无所复逃矣。苟为不公不明，则考课之法，适足为曲私欺罔之资也。

何以言之？公明者，心也，功状者，迹也。己之心不能治，而以考人之迹，不亦难乎！为人上者，诚能不以亲疏贵贱异其心，喜怒好恶乱其志，欲知治经之士，则视其记览博洽，讲论精通，斯为善治经矣；欲知治狱之士，则视其曲尽情伪，无所冤抑，斯为善治狱矣；欲知治财之士，则视其仓库盈实，百姓富给，斯为善治财矣；欲知治兵之士，则视其战胜攻取，敌人畏服，斯为善治兵矣。至于百官，莫不皆然。虽询谋于人而决之在己，虽考求于迹而察之在心，研核其实而斟酌其宜，至精至微，不可以口述，不可以书传也，安得豫为之法而悉委有司哉！

或者亲贵虽不能而任职，疏贱虽贤才而见遗；所喜所好者败官而不去，所怒所恶者有功而不录；询谋于人，则毁誉相半而不能决，考求其迹，则文具实亡而不能察。虽复为之善法，繁其条目，谨其簿书，安能得其真哉！

或曰：人君之治，大者天下，小者一国，内外之官以千万数，考察黜陟，安得不委有司而独任其事哉？曰：非谓其然也。凡为人上者，不特人君而已；太守居一郡之上，刺史居一州之上，九卿居属官之上，三公居百执事之上，皆用此道以考察黜陟在下之人，为人君者亦用此道以考察黜陟公卿太守，奚烦劳之有哉！

贤能和愚昧的区别，也不能精通事物的本质和表面上的道理。”意见长久不能统一，考课的事终于未能实行。

臣司马光评论说：治理国家的关键，没有比用人更为重要的了。而考察人才的方法，即使是圣贤也感到困难。所以只依据批评和赞誉来作为标准，就会使得只根据爱憎来做判断，而使善恶混淆；如果只根据考核的业绩来定人才，一定是巧诈横生，而真伪混杂。总之，最根本的是大公无私和明白如镜。居于上位的人能至公至明，那么众多下属有无才能便会清清楚楚看在眼里，没有可以逃过的了。如果在上位的人不公不明，那么考课之法，正适足以成为满足私心欺骗上级的工具。

为什么是这样的呢？公正与光明是内心的涵养，业绩与成效是外在的表现。自己的内心都不正直，而去考核别人的行迹，不是很难吗？位居上位的人，真能做到不因亲疏贵贱而动摇自己的心意，不因喜怒好恶而扰乱自己的思考，就很容易发现人才。想要了解谁是经学人才，只要看他记诵阅览的知识十分广博，讲论经义也很精通，他就是一个善于经学的人才了。想要了解谁是优秀的司法人才，只要看他能辨别真伪，没有造成冤狱，他就是善于司法的人才了；想要了解谁是理财的人才，只要看他能使仓库满盈，百姓富足，他就是一个善于理财的人才了；想要了解谁是带兵打仗的人才，只要看他能战胜攻取，敌人畏服，他就是一个善于用兵的人才了。至于各种文武官职，都是如此。虽然是询问别人的意见，决定却是自己来做；虽然是考察人们的行迹，但认定却是由自己的内心来观察判断。探讨考核实情，斟酌采用合适的措施，这是至精至微的心理认知，不能用口头讲述，不能用书面流传，怎么能预先制定一套法规来全部交给有关部门去办理呢？

有的人因为是皇亲国戚，即使他们不能胜任也委任为高官；对疏远贫贱的人，即使是贤才也要遗弃不用。当权者所喜好的、欣赏的人，虽然败坏了官职也不罢免，而自己愤恨的、厌恶的人，虽然有功也不录用。咨询别人的意见，称赞他和诋毁他的人各占一半而做不出判断，考察别人的行迹，虽然有许多证明文件却无实际成绩，而不能察明。即使制定了完备的法规，项目再细，档案再多，又怎能了解真相呢？

有人说，君王的治理，大者是整个天下，小者是一个封国，朝廷内外的百官成千上万，一一考察，有的升迁，有的罢免，怎么能不委托有关部门去办，而由自己一个人来做呢？臣的回答不是这个意思。凡是居于上位的人，不只是一个君王，太守位居一郡人之上，刺史位居一州人之上，九卿位居众多属官之上，三公位居众多官僚之上，都以这种办法来考察升降公卿刺史太守，哪有什

或曰：考绩之法，唐、虞所为，京房、刘邵述而修之耳，乌可废哉？曰：唐、虞之官，其居位也久，其受任也专，其立法也宽，其责成也远。是故鲧之治水，九载绩用弗成，然后治其罪，禹之治水，九州攸同，四隩既宅，然后赏其功；非若京房、刘邵之法，校其米盐之课，责其旦夕之效也。事固有名同而实异者，不可不察也。考绩非可行于唐、虞而不可行于汉、魏，由京房、刘邵不得其本而奔趋其末故也。

（以上为第七段，为司马光的评议。司马光只主张贤人治国，反对考课条例，是把人治置于法治之上的典型代表。）

初，右仆射卫臻典选举，中护军蒋济遗臻书曰："汉主遇亡虏为上将，周武拔渔父为太师；布衣厮养，可登王公，何必守文，试而后用！"臻曰："不然。子欲同牧野于成、康，喻断蛇于文、景，好不经之举，开拔奇之津，将使天下驰骋而起矣！"

卢毓论人及选举，皆先性行而后言才，黄门郎冯翊李丰尝以问毓，毓曰："才所以为善也，故大才成大善，小才成小善；今称之有才而不能为善，是才不中器也！"丰服其言。

（以上为第八段，写任用人才是破格提拔还是正常提升，是以德为先还是以才为先，仍然纷争不决。）

么烦劳困难呢?

有人说:考绩的方法,是唐尧、虞舜设计出来的,京房,刘邵承继使用而加以补充而已,怎能废除呢?臣的回答是:唐尧、虞舜的官员在位时间长久,接受职务得到的信任也很坚定,当时的立法是宽松的,而责求他们的功效期限也定得很远。鲧去治理洪水,九年之后没有成效,然后才治他的罪;大禹又来治理洪水,等到九州全都治理好,四方边远地区的土地都可以安居了,然后才奖赏他的功劳,不像京房、刘邵的办法,考核人们的琐碎事务,责成人们在早晚之间就显出成效。事情本来就有名称相同而实质不同的,不可不注意这一点。考绩的办法不是只能在唐尧、虞舜时期实行而不能在汉、魏时期实行,这是因为京房、刘邵不能抓住考绩的根本而仅在细枝末节上下功夫的缘故。

当初,右仆射卫臻主管选拔任用官吏的职责,中护军蒋济致书给卫臻说:“汉高祖重用逃亡的敌将为上将,周武王提升渔父为太师;平民奴仆可以登上王公的高位,何必死守条文,要先试用然后才委任呢?”卫臻说:“不对。你想把牧野之战混同于周成王、康王时期,将汉高祖斩蛇起义比喻为汉文帝、汉景帝时期,喜好不正常的提拔,大开提拔奇才的路子,这将使全社会都朝这个方向奔跑起来不就乱套了吗?”

卢毓评议人才以及提拔任用时,都是以品性德行为先而后才谈论他的才能。黄门郎冯翊人李丰曾经为此事问卢毓,卢毓说:“才能是用来做善事的,所以大才能完成大善业,小才能完成小善事;现今说一个人有才能却不能做善事,这样的才能就是不成器,不可做官!”李丰佩服他的话。

【点评】

司马光评论重人治不重法治。景初元年（237），魏明帝欲行考课之法，交付大臣廷议，纷争未果。司马光发表长篇评论，支持反对一方，不赞同考课之法。

在专制政体下的考课之法，奖惩升降条例，也只是统治者的意志表现，但它总是一个标准，使管理部门有法可依。正如魏吏部尚书卢毓所说："依法循名责实，虽然得不到奇异的人才，但可以得到正常的人才。"司隶校尉崔林认为："即使有好的考课之法，如果执行人不称职，也没有好效果。"于是崔林把考课之法比作渔网之目，皮衣之毛，把执行人比作渔网之纲，皮衣之领，纲举才能目张，提领才能衣整毛顺。因此得出结论，人比法更重要。用今天的话说，就是法治与人治的关系，是法比人大，还是人比法大。在这里，执法的个人就是职位和官长，也就是法比官大，还是官比法大。官比法大，宪法也可以践踏，法比官大，个人意志必须受到约束。司马光完全站在崔林的立场，把政治的好坏，把公正廉明完全寄托在上位的个人，说用人的得失和升降完全是在上位的人的个人心智活动，不可以说，不可以记载成为条文准则，彻头彻尾为人治辩护，是完全不可取的。

·文白对照本·

资治通鉴

（全十八册）

第五册

卷第七十四至卷第八十八（魏纪六至晋纪十）

（宋）司马光　编著
张大可　语译

商务印书馆
创于1897 The Commercial Press

第五册目录

卷第七十四　魏纪六

魏明帝景初二年至魏邵陵厉公正始六年（238—245 年）…………… 2567

卷第七十五　魏纪七

魏邵陵厉公正始七年至嘉平四年（246—252 年）……………………… 2607

卷第七十六　魏纪八

魏邵陵厉公嘉平五年至魏高贵乡公正元二年（253—255 年）…… 2649

卷第七十七　魏纪九

魏高贵乡公甘露元年至魏元帝景元二年（256—261 年）…………… 2685

卷第七十八　魏纪十

魏元帝景元三年至咸熙元年（262—264 年）………………………… 2719

卷第七十九　晋纪一

晋武帝泰始元年至八年（265—272 年）……………………………… 2751

卷第八十　晋纪二

晋武帝泰始九年至咸宁五年（273—279 年）………………………… 2795

卷第八十一　晋纪三

晋武帝太康元年至九年（280—288 年）……………………………… 2835

卷第八十二　晋纪四

晋武帝太康十年至晋惠帝元康八年（289—298 年）………………… 2877

卷第八十三　晋纪五
晋惠帝元康九年至永康元年（299—300 年）…… 2913

卷第八十四　晋纪六
晋惠帝永宁元年至太安元年（301—302 年）…… 2943

卷第八十五　晋纪七
晋惠帝太安二年至永兴元年（303—304 年）…… 2973

卷第八十六　晋纪八
晋惠帝永兴二年至晋怀帝永嘉二年（305—308 年）…… 3007

卷第八十七　晋纪九
晋怀帝永嘉三年至五年（309—311 年）…… 3043

卷第八十八　晋纪十
晋怀帝永嘉六年至晋愍帝建兴元年（312—313 年）…… 3085

魏纪六

魏明帝景初二年至魏邵陵厉公正始六年（238—245年）

【起著雍敦牂（戊午，238年），尽旃蒙赤奋若（乙丑，245年），凡八年】

【大事提要】

本卷记事起公元238年，讫公元245年，凡八年，当魏明帝景初二年至魏邵陵厉公正始六年。这一时期，三国鼎立，各自忙于内政，除公元241年孙权趁曹魏齐王曹芳幼主新立，出兵四路北伐之外，没有大的战事。此役也是孙权在位最后一次北伐，很快失败，表明北方优势已大大超过南方。曹魏的方针是休养生息，蓄积国力，待机统一吴、蜀，吴、蜀力弱，志在保守，所以三方总体平静，吴、蜀政治开始走下坡路。孙权设校事官，实行特务恐怖统治，吕壹事件，又加上鲁王孙霸争太子之位所造成的政治动荡，使吴国大伤元气。孙权已进入晚年，昏聩糊涂，但尚能及时醒悟，善待功臣之后，使吴国得以继续绵延。蜀相蒋琬厚道，而防魏战略，从汉中退守涪县，实为错误，蜀国衰败，已不能逆转。曹魏方面，司马懿平定辽东，建立大功，政治上亦得势，与曹爽共受明帝遗诏辅政，进入了中枢。曹爽自身平庸，又信用群小，专权自恣，伐蜀失败，损毁权威，为他的最终失败埋下祸根，司马懿入朝辅政。

【原文】

烈祖明皇帝下

景初二年（戊午，238年）

春，正月，帝召司马懿于长安，使将兵四万讨辽东。议臣或以为四万兵多，役费难供。帝曰："四千里征伐，虽云用奇，亦当任力，不当稍计役费也。"帝谓懿曰："公孙渊将何计以待君？"对曰："渊弃城豫走，上计也；据辽东拒大军，其次也；坐守襄平，此成禽耳。"帝曰："然则三者何出？"对曰："唯明智能审量彼我，乃豫有所割弃。此既非渊所及。"又谓："今往孤远，不能支久；必先拒辽水，后守襄平也。"帝曰："还往几日？"对曰："往百日，攻百日，还百日，以六十日为休息，如此，一年足矣。"

公孙渊闻之，复遣使称臣，求救于吴。吴人欲戮其使，羊衜曰："不可，是肆匹夫之怒而捐霸王之计也，不如因而厚之，遣奇兵潜往以要其成。若魏伐不克，而我军远赴，是恩结遐夷，义形万里，若兵连不解，首尾离隔，则我虏其傍郡，驱略而归，亦足以致天之罚，报雪曩事矣。"吴主曰："善！"乃大勒兵谓渊使曰："请俟后问，当从简书，必与弟同休戚。"又曰："司马懿所向无前，深为弟忧之。"

帝问于护军将军蒋济曰："孙权其救辽东乎？"济曰："彼知官备已固，利不可得，深入则非力所及，浅入则劳而无获；权虽子弟在危，犹将不动，况异域之人，兼以往者之辱乎！今所以外扬此声者，谲其行人，疑之于我，我之不克，冀其折节事已耳。然沓渚之间，去渊尚远，若大军相守，事不速决，则权之浅规，或得轻兵掩袭，未可测也。"

帝问吏部尚书卢毓："谁可为司徒者？"毓荐处士管宁。帝不能用，更问其次，对曰："敦笃至行，则太中大夫韩暨；亮直清方，则司隶校尉崔林；贞固纯粹，则太常常林。"二月，癸卯，以韩暨为司徒。

【语译】

烈祖明皇帝下

魏明帝景初二年（戊午，238 年）

春季，正月，魏明帝把司马懿从长安召回，命令他领兵四万讨伐辽东。议事的大臣有人认为四万兵多了，军需难以供应。魏明帝说：“征伐四千里之外的敌人，尽管是用奇兵，却也应该依靠实力，不应当斤斤计较军费。”魏明帝问司马懿说：“公孙渊会用什么办法对付你？”司马懿回答说：“公孙渊弃城事先逃走，这是上计；凭借辽水抗拒大军，是次一等的办法；坐守襄平，就要被我军擒获。”魏明帝说：“那么三者中公孙渊会采取哪一种呢？”司马懿回答说：“只有明智的人能够审度敌我双方的形势，才可能事先舍弃一些东西。这并不是公孙渊所能做到的，他又认为我军是孤军深入，不能持久，一定先在辽水抵抗，然后退守襄平。”魏明帝说：“来回需要多少时间？”司马懿回答说：“去一百天，攻一百天，回来一百天，以六十天作为休息的时间，如此的话，一年时间足够了。”

公孙渊得到消息，赶紧再次向吴国称臣而求救兵。吴国人想杀掉他的使者，羊衜说：“不可以，这样做只是发泄匹夫的愤怒而舍弃了称霸的大计，不如乘机厚待他，派奇兵秘密前去要求公孙渊归附。如果魏军攻击不胜，而我军远行前去，这就是同远方的夷人结恩，正义显现在万里之外；如果他们双方用兵难分难解，公孙渊就会顾头顾不了尾，而我们就可虏劫辽东的边陲郡县，驱赶百姓抢掠东西而归，这也足以施行上天的惩罚，为先前的事报仇雪恨了。”吴主孙权说：“好！”于是下令大举集中部队，对公孙渊的使者说：“请回去等待消息，一定遵从告急文书的要求出兵，和老弟同甘苦共患难。”又说：“司马懿所向无敌，我为你感到担忧。”

魏明帝问护军将军蒋济说：“孙权会救援辽东吗？”蒋济说：“孙权知道我国防备已经坚固，不可能从中渔利，援军深入我国，孙权没这个力量，侵入不深则劳而无获，即使是孙权的儿子、兄弟处于危险之中，也不会出动，何况是异国的人，还要加上先前曾受过公孙渊的羞辱呢！现今孙权之所以要向外声扬出兵相救的消息，只是为了欺骗公孙渊的使者，使我国产生疑惑，我国若果不能战胜公孙渊，那么孙权就希望公孙渊降低地位来侍奉自己罢了。可是沓渚距离公孙渊还很远，如果大军驻在沓渚，不速战速决，那么孙权临时谋划，或者派轻兵偷袭我国，就不能预测了。”

魏明帝问吏部尚书卢毓：“谁可以任司徒？”卢毓举荐隐士管宁。魏明帝不任用管宁，又问其次有谁可以担任司徒，卢毓回答说：“敦厚诚实而行为极其高尚的人，就数太中大夫韩暨；明亮正直清廉方正的人，要算司隶校尉崔林；耿直忠贞品性纯正不邪的人，则有太常常林。”二月十一日癸卯，任命韩暨为司徒。

汉主立皇后张氏，前后之妹也。立王贵人子璇为皇太子，瑶为安定王。

大司农河南孟光问太子读书及情性好尚于秘书郎郤正，正曰："奉亲虔恭，夙夜匪懈，有古世子之风；接待群僚，举动出于仁恕。"光曰："如君所道，皆家户所有耳；吾今所问，欲知其权略智谋何如也。"正曰："世子之道，在于承志竭欢，既不得妄有施为；智谋藏于胸怀，权略应时而发，此之有无，焉可豫知也！"光知正慎宜，不为放谈，乃曰："吾好直言，无所回避。今天下未定，智意为先，智意自然，不可力强致也。储君读书，宁当效吾等竭力博识以待访问，如博士探策讲试以求爵位邪！当务其急者。"正深谓光言为然。正，俭之孙也。

吴人铸当千大钱。

夏，四月，庚子，南乡恭侯韩暨卒。

庚戌，大赦。

六月，司马懿军至辽东，公孙渊使大将军卑衍、杨祚将步骑数万屯辽隧，围堑二十余里。诸将欲击之，懿曰："贼所以坚壁，欲老吾兵也，今攻之，正堕其计。且贼大众在此，其巢窟空虚；直指襄平，破之必矣。"乃多张旗帜，欲出其南，衍等尽锐趣之。懿潜济水，出其北，直趣襄平；衍等恐，行兵夜走。诸军进至首山，渊复使衍等逆战，懿击，大破之，遂进围襄平。

秋，七月，大霖雨，辽水暴涨，运船自辽口径至城下。雨月余不止，平地水数尺；三军恐，欲移营，懿令军中："敢有言徙者斩！"都督令史张静犯令，斩之，军中乃定。贼恃水，樵牧自若，诸将欲取之，懿皆不听。司马陈珪曰："昔攻上庸，八部俱进，昼夜不息，故能一旬之半，拔坚城，斩孟达。今者远来而更安缓，愚窃惑焉。"懿曰："孟达众少而食支一年，将士四倍于达而粮不淹月；以一月图一年，安可不速！以四击一，正令失半而克，犹当为之，是以不计死伤，与粮竞也。今贼众我寡，贼饥我饱，水雨乃尔，功力不设，虽当促之，亦何所为！自发京师，不忧贼攻，但恐贼走。今贼粮垂尽而围落未合，掠其牛马，抄其樵采，此故驱之走也。夫兵者诡道，善因事变。贼凭众恃雨，故虽饥困，未肯束手，

汉主刘禅册封张氏为皇后，张氏是前任皇后的妹妹，又立王贵人的儿子刘璇为皇太子，刘瑶为安定王。

大司农河南人孟光向秘书郎郤正询问太子刘璇读书的情况和性情爱好，郤正说："太子奉养双亲虔诚恭敬，读书从早到晚不敢懈怠，有古代太子的风范；接待下属百官，举止都出自仁爱和宽厚之心。"孟光说："如您所说的，民间普通人家都有这样的德行，我现在要问的，是想知道太子的权略智谋怎么样。"郤正说："当太子的职责，在于顺承双亲的心意，竭力使双亲高兴，就是不能妄有行动；智谋隐藏在胸中，权略应时而发挥，智谋权略的有无，怎可预先知道！"孟光知道郤正说话谨慎，不能无拘无束地畅谈，因此说："我喜欢说直话，无所回避。如今天下未定，以智略为第一位，智略是人自然而具有的，不能勉强学到。太子读书，怎么能像我们一样竭力博览群书以等待咨询，或者像博士一样回答策问讲述以求得俸禄爵位呢？太子应当努力学习最急迫的。"郤正认为孟光的说法很有道理。郤正是郤俭的孙子。

吴国铸造以一当千的大钱。

夏季，四月初九日庚子，魏国南乡恭侯韩暨逝世。

四月十九日庚戌，魏国大赦天下。

六月，司马懿进军到达辽东，公孙渊派大将军卑衍、杨祚率领步骑兵数万人屯驻在辽隧阻击，构筑围墙及壕沟长达二十多里。魏军各位将领想攻打辽隧，司马懿说："贼军所以坚壁固守，是想使我军疲劳。如今进攻他们，正好中其奸计。况且贼人的大军在这里，他的老巢必然空虚；我们直逼襄平，攻破城池是必然的。"于是多立旗帜，装成准备向辽隧南面迂回进军的样子，卑衍等人率领全部精锐南下阻击，司马懿率军暗中渡过辽水，出军辽隧之北，直逼襄平；卑衍等人恐慌了，连夜率军退回。魏国各部队挺进到首山，公孙渊又派卑衍等人迎战，司马懿指挥大军攻打，大败卑衍部队，于是进军包围襄平城。

秋季，七月，大雨连绵不断，辽河洪水暴涨，运输船从辽河口直接开到襄平城下。大雨下了一个多月不停，平地积水好几尺深，魏国各部队都很恐慌，想转移营地到高地。司马懿下令全军："敢有主张迁移军营者斩！"都督令史张静违犯了这项军令，立即斩首，军中这才安定下来。公孙渊的军队凭借大水，像往常一样出城打柴放牧，魏军各位将领想去俘获打柴放牧的人，司马懿不准。司马陈珪说："从前进攻上庸，军队分为八路，一起进攻，昼夜不停，因此能在十几天内，攻克坚固的城池，斩了孟达。这次远道而来却又行动迟缓，我实在感到迷惑不解。"司马懿说："孟达的军队人数少而储备的粮食可食用一年，我军将士四倍于孟达，但粮食维持不了一个月，凭一个月的粮食去攻击足够一年的粮食，怎能不速战速决！以四倍的兵力去攻击只有一倍的敌人，即便让部队损失一半，只要能攻克敌城，也要去攻，所

当示无能以安之。取小利以惊之，非计也。”朝廷闻师遇雨，咸欲罢兵。帝曰：“司马懿临危制变，禽渊可计日待也。”

雨霁，懿乃合围，作土山地道，楯橹钩冲，昼夜攻之，矢石如雨。渊窘急，粮尽，人相食，死者甚多，其将杨祚等降。八月，渊使相国王建、御史大夫柳甫请解围却兵，当君臣面缚。懿命斩之，檄告渊曰：“楚、郑列国，而郑伯犹肉袒牵羊迎之。孤天子上公，而建等欲孤解围退舍，岂得礼邪！二人老耄，传言失指，已相为斩之。若意有未已，可更遣年少有明决者来！”渊复遣侍中卫演乞克日送任，懿谓演曰：“军事大要有五：能战当战，不能战当守，不能守当走；余二事，但有降与死耳。汝不肯面缚，此为决就死也，不须送任！”壬午，襄平溃，渊与子修将数百骑突围东南走，大兵急击之，斩渊父子于梁水之上。懿既入城，诛其公卿以下及兵民七千余人，筑为京观。辽东、带方、乐浪、玄菟四郡皆平。

渊之将反也，将军纶直、贾范等苦谏，渊皆杀之，懿乃封直等之墓，显其遗嗣，释渊叔父恭之囚。中国人欲还旧乡者，恣听之。遂班师。

初，渊兄晃为恭任子在洛阳，先渊未反时，数陈其变，欲令国家讨渊；及渊谋逆，帝不忍市斩，欲就狱杀之。廷尉高柔上疏曰：“臣窃闻晃先数自归，陈渊祸萌，虽为凶族，原心可恕。夫仲尼亮司马牛之忧，祁奚明叔向之过，在昔之美义也。臣以为晃信有言，宜贷其死；苟自无言，便当市斩。今进不赦其命，退不彰其罪，闭著囹圄，使自引分，四方观

以不顾伤亡去猛攻，那是在与敌人竞争粮食储备。如今贼兵多我军少，贼兵饥饿我军饱，雨水又是这样迅猛，军队的力量无法施展，尽管催促部队进攻，又能有多大效果呢？从京师发兵时，就不担心贼军的攻击，只担心贼军逃走。现在贼军粮食将要吃尽，而包围尚未合围，抢夺他们的牛马，抓捕他们的打柴放牧人员，这不是故意赶他们逃走吗？战争是一种诡诈的行为，要善于按照情况调整变化。敌人凭借兵多又仗恃着大雨，因此虽然饥困，还不肯束手就擒，所以我们要装出无能的样子来使他们安心固守。只贪图取得小利而惊扰了他们，不是好计策。”朝廷听说大军遭逢连续大雨，大臣们一致主张罢兵班师。魏明帝说：“司马懿面临困境有能力控制突然事变，活捉公孙渊指日可待。”

大雨终于停止，司马懿才指挥大军合围襄平，堆起土山，挖掘地道，让士兵利用盾牌、高楼车、带钩子的云梯和冲城的冲车等器具，昼夜攻城，箭矢石块像雨点一般落下。公孙渊困窘急迫，粮也吃完，城内开始人吃人，死亡的人很多，他的大将杨祚等人投降魏军。八月，公孙渊派丞相王建、御史大夫柳甫来见司马懿，恳求解围退兵，愿意全城君臣反绑双手当面投降。司马懿下令杀了王建、柳甫，发布檄书通告公孙渊说：“楚国和郑国都是同等的诸侯国，而郑伯在战败时还脱光上衣牵着羊出来迎接楚王。我是天子的上公，而王建等人竟然想要我解围退军，这难道合乎礼节吗？这两人老糊涂了，传话传错了意思，已经替你杀了他们。如果还有话要说，可另外派年轻而明白事理能做决断的人来！”公孙渊又派侍中卫演前来请求定时间送人质，司马懿对卫演说：“军事对决有五大原则：能战则战，不能战则守，不能守则退；剩下的两条，只有投降与战死。你不肯倒绑双手来降，这就是决心要赴死了。不用送人质！”八月二十三日壬午，襄平的防守全线崩溃，公孙渊和儿子公孙修率领几百骑兵突围向东南方向逃窜，大军急忙追击，在梁水岸边杀死公孙渊父子。司马懿进入襄平城，下令杀掉城内公卿以下大小官员和军人百姓共七千多人，积尸封土，筑成京观。于是辽东、带方、乐浪、玄菟四个郡全部平定。

公孙渊将要反叛时，他的将军纶直、贾范等人苦苦劝阻，公孙渊将他们全都杀死。司马懿把纶直等人的坟墓培土加高，为了彰显他们，任命他们的子孙做官，又将公孙渊的叔父公孙恭从监狱中释放出来。中原人愿意返回故乡的，听凭自主决定。于是班师回朝。

起初，公孙渊的哥哥公孙晃作为公孙恭的人质在洛阳，在公孙渊未反叛之前，公孙晃多次向魏反映公孙渊将要反叛，想让魏国讨伐公孙渊；等到公孙渊反叛时，魏明帝不忍心在闹市上诛杀公孙晃，想派人到监狱杀死他。廷尉高柔上疏说：“臣个人听说公孙晃先前多次主动揭发，禀报公孙渊有反叛的迹象，他虽然是公孙渊这一凶犯的亲属和人质，念及他的本心应当宽恕他。孔子能体谅司马牛的忧惧，祁奚能

国，或疑此举也。”帝不听，竟遣使赍金屑饮晃及其妻子，赐以棺衣，殡敛于宅。

（以上为第一段，写魏明帝遣司马懿平定辽东，灭公孙渊。）

九月，吴改元赤乌。

吴步夫人卒。

初，吴主为讨虏将军，在吴，娶吴郡徐氏；太子登所生庶贱，吴主令徐氏母养之。徐氏妒，故无宠。及吴主西徙，徐氏留处吴；而临淮步夫人宠冠后庭，吴主欲立为皇后，而群臣议在徐氏，吴主依违者十余年。会步氏卒，群臣奏追赠皇后印绶，徐氏竟废，卒于吴。

吴主使中书郎吕壹典校诸官府及州郡文书，壹因此渐作威福，深文巧诋，排陷无辜，毁短大臣，纤介必闻。太子登数谏，吴主不听，群臣莫敢复言，皆畏之侧目。

壹诬白故江夏太守刁嘉谤讪国政，吴主怒，收嘉，系狱验问。时同坐人皆畏怖壹，并言闻之。侍中北海是仪独云无闻，遂见穷诘累日，诏旨转厉，群臣为之屏息。仪曰：“今刀锯已在臣颈，臣何敢为嘉隐讳，自取夷灭，为不忠之鬼！顾以闻知当有本末。”据实答问，辞不倾移，吴主遂舍之；嘉亦得免。

上大将军陆逊、太常潘浚忧壹乱国，每言之，辄流涕。壹白丞相顾雍过失，吴主怒，诘责雍。黄门侍郎谢厷语次问壹：“顾公事何如？”壹曰：“不能佳。”厷又问：“若此公免退，谁当代之？”壹未答。厷曰：“得无潘太常得之乎？”壹曰：“君语近之也。”厷曰：“潘太常常切齿于君，但道无因耳。今日代顾公，恐明日便击君矣！”壹大惧，遂解散雍事。潘浚求朝，诣建业，欲尽辞极谏，至，闻太子登已数言之而不见从；浚乃大请百寮，欲因会手刃杀壹，以身当之，为国除患。壹密闻知，称疾

指明叔向没有罪过，这都是古代的美善义行。臣认为公孙晃若真的事先有所报告，就应饶恕他的死罪；如果他自己没有报告，应在市场上斩首示众。现在宽大却不赦免他的死罪，严惩又不揭露他的罪行，关闭在牢狱中，让他自杀，四方的人观察我国，或许要对这种处置方法有所怀疑了。”魏明帝不听，竟然派使者带去拌有金屑的酒让公孙晃和妻子儿女喝下毒死他们，又赏赐给公孙晃等人棺材寿衣，在宅院内收殓入棺。

九月，吴国改年号嘉禾为赤乌。

吴主孙权的步夫人去世。

先前，吴主孙权担任讨虏将军，驻守在吴郡，娶了吴郡徐氏的女儿为妻；太子孙登的母亲出身微贱，孙权命徐氏做孙登的养母。徐氏妒忌，所以不受宠爱。等到孙权西迁都城到武昌，把徐氏留下住在吴郡；而临淮人步夫人在后宫中最受宠爱，孙权就想立步夫人为皇后，但群臣的意见主张立徐氏为皇后，孙权因而犹豫不决十几年。这时步夫人死了，大臣们奏请对步夫人追加皇后的印绶。徐氏竟然被废黜，死在吴郡。

吴主孙权让中书郎吕壹掌管各官府及各州郡上奏的文书，吕壹因此日渐仗势作威作福，狡诈地运用法律条文罗织罪状，排挤陷害无罪的人，诽谤攻击大臣，琐碎小事也要报告吴主。太子孙登多次劝谏吴主，孙权不听。没人敢再说话，都害怕吕壹，不敢正眼看他。

吕壹诬陷原江夏太守刁嘉诽谤朝政，吴主发怒，逮捕刁嘉，关进监狱进行审问。当时牵连到的人惧怕吕壹，都说听到了刁嘉诽谤的话。侍中北海人是仪独自一个人说没有听到，于是转而审讯是仪，要追查到底，连续几天，孙权不断下诏严厉责问，群臣为是仪提心吊胆，大气也不敢出。是仪说：“如今刀锯已架在臣的脖子上，臣岂敢替刁嘉隐瞒，自取灭族之祸，做不忠之鬼！臣只是把知道的情况原原本本、如实上奏。”是仪据实回答审问，始终不改最初的口供，吴主于是放了他。刁嘉也得以免罪。

吴国的上大将军陆逊、太常潘浚担忧吕壹扰乱国家，每次谈到此事，总是流泪。吕壹向吴主奏报丞相顾雍的过错，吴主生气，责问顾雍。黄门侍郎谢厷在闲谈中问吕壹：“顾公的事怎么样？”吕壹说：“不会有好结果。”谢厷又问：“如果此公罢免退职，谁可代替他？”吕壹没有回答。谢厷说：“潘太常恐怕会得到这个职位吧！”吕壹说：“你的话八九不离十。”谢厷说：“潘太常常对你切齿痛恨，只是找不到打击你的机会。潘太常如果今天取代了顾公，恐怕明天就会打击你了。”吕壹大为惊慌，于是化解了顾雍的事。潘浚要求进京朝见，前往建业，打算极力向孙权进谏，到建业

不行。

西陵督步骘上疏曰："顾雍、陆逊、潘浚，志在竭诚，寝食不宁，念欲安国利民，建久长之计，可谓心膂股肱社稷之臣矣。宜各委任，不使他官监其所司，课其殿最。此三臣思虑不到则已，岂敢欺负所天乎！"

左将军朱据部曲应受三万缗，工王遂诈而受之。壹疑据实取，考问主者，死于杖下；据哀其无辜，厚棺敛之，壹又表据吏为据隐，故厚其殡。吴主数责问据，据无以自明，藉草待罪；数日，典军吏刘助觉，言王遂所取。吴主大感悟，曰："朱据见枉，况吏民乎！"乃穷治壹罪，赏助百万。

丞相雍至廷尉断狱，壹以囚见。雍和颜色问其辞状，临出，又谓壹曰："君意得无欲有所道乎？"壹叩头无言。时尚书郎怀叙面詈辱壹，雍责叙曰："官有正法，何至于此！"有司奏壹大辟，或以为宜加焚裂，用彰元恶。吴主以访中书令会稽阚泽，泽曰："盛明之世，不宜复有此刑。"吴主从之。

壹既伏诛，吴主使中书郎袁礼告谢诸大将，因问时事所当损益。礼还，复有诏责诸葛瑾、步骘、朱然、吕岱等曰："袁礼还云：'与子瑜、子山、义封、定公相见，并咨以时事当有所先后，各自以不掌民事，不肯便有所陈，悉推之伯言、承明。伯言、承明见礼，泣涕恳恻，辞旨辛苦，至乃怀执危怖，有不自安之心。'闻之怅然，深自刻怪！何者？夫惟圣人能无过行，明者能自见耳。人之举厝，何能悉中！独当己有以伤拒众意，忽不自觉，故诸君有嫌难耳。不尔，何缘乃至于此乎？与诸君从事，自少至长，发有二色，以谓表里足以明露，公私分计足用相保，义虽君臣，恩犹骨肉，荣福喜戚，相与共之。忠不匿情，智无遗计，事统是非，诸君岂得从容而已哉！同船济水，将谁与易！齐桓有善，管子未尝不叹，有过未尝不谏，谏而不得，终谏不止。今孤自省无桓公之德，而诸君谏诤未出于口，仍执嫌难；以此言之，孤于齐桓良优，未知诸君于管子何如耳！"

之后，听说太子孙登已经多次进言，但孙权并不听从；潘浚因而大请百官，想趁机在宴会上亲手杀死吕壹，而由自己一个人承担罪名，替国家除去祸害。吕壹暗中得到消息，托病不去参加宴会。

西陵督步骘上疏说：“顾雍、陆逊、潘浚，志在竭尽忠诚，寝食不安，一心想安国利民，谋求国运长治久安的办法，可以说是国家的心腹和栋梁大臣。应当对他们十分信任，各自委以要职，不应派其他官员监视他们所主管的事，督促检查他们的工作谁最优秀。这三位大臣考虑不周是会有的，但岂能欺骗辜负天子呢？”

左将军朱据的部属应领取三万串钱，工匠王遂用心计冒领了这些钱。吕壹怀疑钱到了朱据之手，就审问朱据部下主管此事的官吏，并将他拷打至死。朱据哀怜该官无罪而死，就用厚棺木安葬他，吕壹又诬陷说朱据的属吏是在替朱据隐瞒，因此朱据才为他厚加殡葬。孙权多次责问朱据，朱据无法表白自己，只好睡在草堆上等待定罪。过了几天，典军吏刘助发现了真相，说钱被王遂冒领了。孙权大为醒悟，说：“朱据都被冤枉，何况小官吏和老百姓呢！”就彻底查处吕壹的罪过，赏给刘助一百万钱。

丞相顾雍到廷尉府断案，吕壹以囚犯身份来见。顾雍态度温和地审问吕壹的口供，临走时又对吕壹说：“你心里难道不想申诉吗？”吕壹叩头而不语。这时尚书郎怀叙当面辱骂吕壹，顾雍责备怀叙说：“国家有严正的法律，为什么要这样！”有关部门奏请对吕壹处以死刑，有人认为应对吕壹施加焚烧或者车裂分尸的刑罚，以表明国家对元凶的严惩。吴主为此向中书令会稽人阚泽咨询，阚泽说：“在昌盛开明的时代，不应再有这种刑罚。”吴主采纳了这个意见。

吕壹伏罪被处死之后，吴主派中书郎袁礼向各位高级将领道歉，同时征询对当时的国事应如何改进的意见。袁礼刚返回，孙权又下诏书责备诸葛瑾、步骘、朱然、吕岱等人说：“袁礼回来说：‘和诸葛子瑜、步子山、朱义封、吕定公相见，并咨询国事应以何事为先何事为后，但各位都借口不掌管民事，不肯有所陈述，全都推到陆伯言、潘承明身上。陆伯言、潘承明见到袁礼，哭泣流涕恳切悲恻，说话十分悲痛，甚至充满恐惧，有一种不安全的心理。’我听了报告，内心惆怅，自己深深地感到责怪，为什么呢？只有圣人才能没有错误行为，而明智的人可以及时看到自己的过失。一般人的行为，岂能全部正确！我扪心自问，曾经伤害过各位，拒绝了各位的好意，当时却疏忽而不能自我觉察，所以今天各位才有所顾忌不敢开口。不然，为什么竟到了这个地步呢？我与各位共事，从小到大，现在头发斑白了，自认为外表内心都足以开诚布公，公事私事的商讨计议都足以相互信赖，大义上尽管是君臣关系，感情上都像亲生骨肉兄弟一样，无论荣耀福分、欢乐悲伤，我们共同消受，共同分享。忠臣不应当隐瞒实情，智士不应当保留谋略，无论事情的是与非，君臣总是要一条

（以上为第二段，写孙权设置校事官，实行特务高压统治，导致满朝人人自危，闭口不言。）

冬，十一月，壬午，以司空卫臻为司徒，司隶校尉崔林为司空。

十二月，汉蒋琬出屯汉中。

乙丑，帝不豫。

辛巳，立郭夫人为皇后。

初，太祖为魏公，以赞令刘放、参军事孙资皆为秘书郎。文帝即位，更名秘书曰中书，以放为监，资为令，遂掌机密。帝即位，尤见宠任，皆加侍中、光禄大夫，封本县侯。是时，帝亲览万机，数兴军旅，腹心之任，皆二人管之；每有大事，朝臣会议，常令决其是非，择而行之。中护军蒋济上疏曰："臣闻大臣太重者国危，左右太亲者身蔽，古之至戒也。往者大臣秉事，外内扇动；陛下卓然自览万机，莫不祗肃。夫大臣非不忠也，然威权在下，则众心慢上，势之常也。陛下既已察之于大臣，愿无忘之于左右，左右忠正远虑，未必贤于大臣，至于便辟取合，或能工之。今外所言，辄云'中书'，虽使恭慎，不敢外交，但有此名，犹惑世俗。况实握事要，日在目前；倘因疲倦之间，有所割制，众臣见其能推移于事，即亦因时而向之。一有此端，私招朋援，臧否毁誉，必有所兴，功负赏罚，必有所易，直道而上者或壅，曲附左右者反达，因微而入，缘形而出，意所狎信，不复猜觉。此宜圣智所当早闻，外以经意，则形际自见；或恐朝臣畏言不合而受左右之怨，莫适以闻。臣窃亮陛下潜神默思，公听并观，若事有未尽于理而物有未周于用，将改曲易调，远与黄、唐角功，近昭武、文之绩，岂牵近习而已哉！然人君不可悉任天下之事，必当有所付；若委之一臣，自非周公旦之忠，管夷吾之公，则有弄权败官之敝。当今柱石之士虽少，至于行称一州，智效一官，忠信竭命，各奉其职，可并驱策，不使圣明之朝有专吏之名也！"帝不听。

心，各位岂能悠闲地袖手旁观呢！同坐一条船过河，我不同你们商量，还能同谁去交换意见呢？齐桓公有了善行，管仲未尝不赞叹，齐桓公有了过错，管仲未尝不劝谏，劝谏而不能改正，就劝谏到底而不停止。如今我反省自己没有齐桓公的品德，而各位却不肯开口劝谏，仍然顾忌为难；如此说来，我比齐桓公实际要好，不知道各位比管仲又是怎样？”

冬季，十一月二十四日壬午，魏国任命司空卫臻为司徒，任命司隶校尉崔林为司空。

十二月，蜀汉蒋琬出兵屯驻汉中。

十二月初八日乙丑，魏明帝患病。

十二月二十四日辛巳，魏明帝册封郭夫人为皇后。

当初，魏太祖曹操还是魏公时，任命赞县县令刘放、参军事孙资都担任秘书郎。魏文帝即位后，把秘书省改名为中书省，任命刘放担任秘书监，孙资担任秘书令，于是二人掌管了机密工作。魏明帝即位后，这两人格外受到宠信，都加官侍中、光禄大夫，封为本县的县级侯爵。这时期，魏明帝亲自日理万机，多次出动军队作战，核心的机密工作，都由这二人掌管。每逢有重大事务，朝臣们聚会商议，常常由这两个人做最后裁决，选择方案施行。中护军蒋济上疏说：“臣听说大臣权势太重的话，国家便很危险，皇帝身边的人太亲信的话，皇帝本人就要受到蒙蔽，这是自古以来最重要的鉴戒。从前大臣掌管朝政，朝廷内外骚动不安；陛下断然亲理国政，大臣们无不敬肃。不是大臣们不忠诚，但威权落在臣下手中，那么大众的心里对皇上就会怠慢，这是正常现象。陛下既然已经觉察并纠正了大臣把持大权的弊端，希望也别忘记左右亲信掌管大权的另一种流弊，左右亲信的忠诚与见解，未必超过大臣，至于逢迎谄媚以迎合讨好，他们的手段可比大臣更为巧妙。现在宫外的人一开口说话，总是不离‘中书’，纵然陛下身边的人恭敬谨慎，不敢与宫外的人员交结来往，但是‘中书’有了这样的名气，就能让世俗之人感到如此迷惑，更何况他们实际掌握国事的机要，每天侍奉在陛下眼前，倘若他们趁陛下疲倦的时候，专断朝政，大臣们见他们能左右皇上的决定，也就会趁机去逢迎讨好他们。一旦有了这种情况，那么私人之间互相拉帮结派，按帮派利益褒贬评价大臣，就必然会发生，那么功过赏罚就必然会被颠倒，于是坚持走正直道路以求上进的人也许被堵塞，而巴结逢迎陛下左右亲信的人反而一帆风顺，借助细微的机会巴结讨好陛下，形成显著的权势而对外运用，陛下心里对他们亲近信任已成为习惯，也不再有警觉防备。这种情况，以陛下的英明，想来早已有所了解，再加上用心注意，就会看到他们的原形表现。臣担忧朝臣们害怕说话不合陛下的心意而受到陛下左右亲信的怨恨报复，所以不敢

及寝疾，深念后事，乃以武帝子燕王宇为大将军，与领军将军夏侯献、武卫将军曹爽、屯骑校尉曹肇、骁骑将军秦朗等对辅政。爽，真之子；肇，休之子也。帝少与燕王宇善，故以后事属之。

刘放、孙资久典机任，献、肇心内不平；殿中有鸡栖树，二人相谓曰："此亦久矣，其能复几！"放、资惧有后害，阴图间之。燕王性恭良，陈诚固辞。帝引放、资入卧内，问曰："燕王正尔为？"对曰："燕王实自知不堪大任故耳。"帝曰："谁可任者？"时惟曹爽独在侧，放、资因荐爽，且言："宜召司马懿与相参。"帝曰："爽堪其事不？"爽流汗不能对。放蹑其足，耳之曰："臣以死奉社稷。"帝从放、资言，欲用爽、懿，既而中变，敕停前命；放、资复入见说帝，帝又从之。放曰："宜为手诏。"帝曰："我困笃，不能。"放即上床，执帝手强作之，遂赍出，大言曰："有诏免燕王宇等官，不得停省中。"皆流涕而出。甲申，以曹爽为大将军。帝嫌爽才弱，复拜尚书孙礼为大将军长史以佐之。

是时，司马懿在汲，帝令给使辟邪赍手诏召之。先是，燕王为帝画计，以为关中事重，宜遣懿便道自轵关西还长安，事已施行。懿斯须得二诏，前后相违，疑京师有变，乃疾驱入朝。

（以上为第三段，写魏明帝不听蒋济劝谏，专宠刘放、孙资，终受其挟制，违心诏命曹爽、司马懿辅政。）

对陛下说实话。臣私下十分明白陛下圣心自会沉思考虑，对一切都会听到看到，如果事情有不合理而人物有未能恰当任用的话，陛下将会改弦易辙，远可与黄帝、唐尧比试功绩，近可光大武帝、文帝的勋业，岂能被身边的亲信糊弄呢？但是君主不可能一个人处理天下的全部事务，必须要将事务交付其他人办理，但如果只交付给一个大臣，而这个人又没有周公旦的忠诚，管夷吾的公正，那么，就会玩弄权术破坏国家。如今堪称柱石的人才虽然不多，但有不少人的品行受到一州称誉，智慧能力胜任一个职务，对陛下竭信尽忠，各司其职，对这些人要并列于朝，同时加以任用，不让圣明之朝还有一人专权弄势的丑闻发生。有专横权吏的丑名！”魏明帝不理会。

等到魏明帝病重时，对身后之事深为忧虑，就任命武帝的儿子燕王曹宇担任大将军，让他和领军将军夏侯献、武卫将军曹爽、屯骑校尉曹肇、骁骑将军秦朗等人共同辅佐朝政。曹爽是曹真的儿子；曹肇是曹休的儿子。魏明帝自小与燕王曹宇友善，因此把后事托付给他。

刘放、孙资长期掌管国家机要，夏侯献、曹肇心怀不满；宫中有鸡栖树，夏侯献和曹肇相互借机说事，他们议论说：“公鸡占据这棵树已经很久了，看他还能占多久！”刘放、孙资害怕两人以后祸害自己，就暗中计划离间魏明帝对夏侯献和曹肇二人的信任。燕王曹宇性情谦恭善良，对魏明帝的嘱托，诚心诚意地坚持辞让。魏明帝便召刘放、孙资两人进入卧房内，问道：“燕王为什么这样推辞？”二人回答说：“燕王确实自知不能胜任这一重大任命，因而如此推让。”魏明帝说：“谁可担当这一重任？”当时只有曹爽一人在明帝身边，刘放、孙资便推荐曹爽，并且说：“应召回司马懿和他共同参政。”明帝说：“曹爽能胜任这件事吗？”曹爽紧张得流汗不能回答。刘放踩曹爽的脚，附在耳边说：“快说臣以死保护社稷。”明帝听从刘放、孙资的话，想任用曹爽、司马懿，中间又变了卦，下令停止前面的决定；刘放、孙资又进卧房劝说明帝，明帝又听从了他们。刘放说：“应写份手诏。”明帝说：“我很疲倦，不能亲笔书写。”刘放就上了床，抓住明帝的手强行写下，于是将手诏带到外面，大声说：“有诏免去燕王曹宇等人的官职，不可停留在宫中。”曹宇等人都流着泪出宫。甲申日，任命曹爽为大将军。明帝嫌曹爽才能不够，又任命尚书孙礼担任大将军长史以佐助曹爽。

此时，司马懿在汲县，明帝命令给使辟邪持手诏召回他。在此以前，燕王为明帝谋划计策，认为关中的事情十分重要，应命司马懿走小路从轵关西返长安，事情已经实施。司马懿短时间内收到两个诏书，前后二诏意思相反，他担心京师发生事变，就急忙策马回京。

三年（己未，239年）

春，正月，懿至，入见，帝执其手曰："吾以后事属君，君与曹爽辅少子。死乃可忍，吾忍死待君，得相见，无所复恨矣！"乃召齐、秦二王以示懿，别指齐王芳谓懿曰："此是也，君谛视之，勿误也！"又教齐王令前抱懿颈。懿顿首流涕。是日，立齐王为皇太子。帝寻殂。

帝沈毅明敏，任心而行，料简功能，屏绝浮伪。行师动众，论决大事，谋臣将相，咸服帝之大略。性特强识，虽左右小臣，官簿性行，名迹所履，及其父兄子弟，一经耳目，终不遗忘。

孙盛论曰：闻之长老，魏明帝天姿秀出，立发垂地，口吃少言，而沈毅好断。初，诸公受遗辅导，帝皆以方任处之，政自己出。优礼大臣，开容善直，虽犯颜极谏，无所摧戮，其君人之量如此其伟也。然不思建德垂风，不固维城之基，至使大权偏据，社稷无卫，悲夫！

太子即位，年八岁，大赦。尊皇后曰皇太后，加曹爽、司马懿侍中，假节钺，都督中外诸军，录尚书事。诸所兴作宫室之役，皆以遗诏罢之。

爽、懿各领兵三千人更宿殿内，爽以懿年位素高，常父事之，每事咨访，不敢专行。

初，并州刺史东平毕轨及邓飏、李胜、何晏、丁谧皆有才名，而急于富贵，趋时附势，明帝恶其浮华，皆抑而不用。曹爽素与亲善，及辅政，骤加引擢，以为腹心。晏，进之孙；谧，斐之子也。晏等咸共推戴爽，以为重权不可委之于人。丁谧为爽画策，使爽白天子发诏，转司马懿为太傅，外以名号尊之，内欲令尚书奏事，先来由己，得制其轻重也。爽从之。二月，丁丑，以司马懿为太傅、以爽弟羲为中领军、训为武卫将军、彦为散骑常侍、侍讲，其余诸弟皆以列侯侍从，出入禁闼，贵宠莫盛焉。

魏明帝景初三年（己未，239 年）

春季，正月，司马懿到达京师，入宫朝见魏明帝，明帝拉住他的手说："我将后事托付给你，你与曹爽辅佐幼子，死去才可以忍受，我忍着不死就是等你，能和你相见，再也没有遗恨了！"便招来齐王、秦王指示给司马懿看，另外又指着齐王曹芳对司马懿说："就是他，你仔细看清楚，不要弄错了！"又让齐王曹芳上前搂住司马懿的脖子。司马懿叩首流泪。当天，立齐王为皇太子。明帝不一会儿就逝世了。

魏明帝性格深沉刚毅、聪慧敏捷，能按自己心意办事，识别选拔有功劳有能力的人，不任用浮华虚伪的人。每逢调动军队出兵作战，讨论裁决大事，谋臣和将相们都佩服明帝的宏大胆略。他天生记忆力特别强，即使是身边的小臣，不论是他们的官职、性格、品行，还是名声、行为和所做的事，以及他们的父、兄、子弟，只要眼见或耳闻一次，就不会忘记。

孙盛评论说：从长者那里听说，魏明帝生来一表人才，站立时头发直垂到地面，口吃很少说话，但深沉刚毅，又有很好的判断力。当初，各位公卿接受魏文帝的遗诏来辅佐明帝，明帝把他们都安排到各地独当一面的长官位置上，国家政事由自己裁决。他对大臣优待尊礼，能宽容善良正直的人，尽管大臣对他当面冲撞冒犯，直言劝谏，他也从不加以折辱诛杀，他作为一个君王的度量是这样的伟大。但他不知道树立长远的恩德而留下好的风尚，不重视巩固皇室至亲的基础，以致大权旁落、国家没有人捍卫。

魏国太子曹芳即位称帝，时年八岁，宣布大赦。尊奉皇后为皇太后，给曹爽、司马懿加官侍中，赠给他们象征天子权力的符节和斧钺，总管京都及地方的军事大权，兼管尚书省的事务。各项已经开工的宫殿建筑工程，都以明帝遗诏的名义下令停止。

曹爽、司马懿各领三千名士兵轮流在宫内值夜守卫，曹爽因司马懿的年龄、职位一直比自己高，平常如同对父亲一样对待司马懿，每遇大事都向司马懿请教，不敢专断独行。

起初，并州刺史东平人毕轨和邓飏、李胜、何晏、丁谧都因才干闻名当世，但都急于追求富贵，追逐时尚，依附权势，明帝憎恶他们的浮华习气，都压抑不予任用。曹爽一直和他们关系亲密，等到曹爽一辅政，对他们突然加以提拔，当作自己的心腹。何晏是何进的孙子，丁谧是丁斐的儿子。何晏等人都共同拥戴曹爽，认为大权不能交付别人。丁谧替曹爽出谋献策，让曹爽说服天子发布诏书，将司马懿改封为太傅，表面上以太傅的名号尊崇他，实际想让尚书省奏请国事时先通过曹爽，以此控制实权。曹爽采纳了这个意见。二月二十一日丁丑，任命司马懿为太傅，任命曹爽的弟弟曹羲为中领军，曹训为武卫将军，曹彦为散骑常侍、侍讲，其余诸弟

爽事太傅，礼貌虽存，而诸所兴造，希复由之。爽徙吏部尚书卢毓为仆射，而以何晏代之，以邓飏、丁谧为尚书，毕轨为司隶校尉。晏等依势用事，附会者升进，违忤者罢退，内外望风，莫敢忤旨。黄门侍郎傅嘏谓爽弟羲曰："何平叔外静而内躁，铦巧好利，不念务本，吾恐必先惑子兄弟，仁人将远而朝政废矣！"晏等遂与嘏不平，因微事免嘏官。又出卢毓为廷尉，毕轨又枉奏毓免官，众论多讼之，乃复以为光禄勋。孙礼亮直不挠，爽心不便，出为扬州刺史。

三月，以征东将军满宠为太尉。

（以上为第四段，写魏明帝托孤，曹爽排斥大臣和司马懿，擅权专政。）

夏，四月，吴督军使者羊衜击辽东守将，俘人民而去。

汉蒋琬为大司马，东曹掾犍为杨戏，素性简略，琬与言论，时不应答。或谓琬曰："公与戏言而不应，其慢甚矣！"琬曰："人心不同，各如其面，面从后言，古人所诫。戏欲赞吾是邪，则非其本心；欲反吾言，则显吾之非，是以默然，是戏之快也。"又督农杨敏尝毁琬曰："作事愦愦，诚不及前人。"或以白琬，主者请推治敏，琬曰："吾实不如前人，无可推也。"主者乞问其愦愦之状，琬曰："苟其不如，则事不理，事不理，则愦愦矣。"后敏坐事系狱，众人犹惧其必死，琬心无适莫，敏得免重罪。

秋，七月，帝始亲临朝。

八月，大赦。

冬，十月，吴太常潘浚卒。吴主以镇南将军吕岱代浚，与陆逊共领荆州文书。岱时年已八十，体素精勤，躬亲王事，与逊同心协规，有善相让，南土称之。

十二月，吴将廖式杀临贺太守严纲等，自称平南将军，攻零陵、桂阳，摇动交州诸郡，众数万人。吕岱自表辄行，星夜兼路，吴主遣使追

都以列侯身份侍奉天子，出入宫廷，尊贵恩宠没人比得上他们。

曹爽对待太傅司马懿，礼仪虽然依旧，但各种工程的兴建，很少再请示太傅。曹爽将吏部尚书卢毓调任为仆射，而以何晏代卢毓担任吏部尚书，任命邓飏、丁谧为尚书，毕轨为司隶校尉。何晏等人仗势用人，依附他们的人就提升，违反他们的人就罢免，朝廷内外的官员们都见风使舵，没人敢违抗他们的意旨。黄门侍郎傅嘏对曹爽的弟弟曹羲说："何平叔外表文静、内心浮躁，爱好名利而手段精巧，不思考从仁德根本上努力，我担心他一定先迷惑你们兄弟，将使仁人远避而朝政荒废！"何晏等人因此与傅嘏关系破裂，借一些小事罢免了傅嘏的官职。又把卢毓调出宫廷担任廷尉，毕轨又诬陷卢毓而罢免卢毓的官职，但遭到众人议论的强烈指责，便又召回卢毓让他担任光禄勋。孙礼光明正大绝不屈从，曹爽办事仍感到不称心快意，就将孙礼调出朝廷去担任扬州刺史。

三月，魏任命征东将军满宠为太尉。

夏季，四月，吴国督军使者羊衜攻击魏国的辽东守将，俘虏当地百姓后撤回。

蜀汉蒋琬担任大司马，东曹掾犍为人杨戏，性情一向简略大大咧咧，蒋琬和杨戏谈话，杨戏时常爱理不理。有人对蒋琬说："公与杨戏说话而他不理睬，傲慢得太过分了！"蒋琬说："每个人有每个人的想法，犹如每个人有每个人的面孔一样，不能划一。有人当面顺从转过背就议论乱说，这是古人最忌讳的事。杨戏若是赞同我的意见呢，就违背了他的本意；倘是反驳我的话，则又显示了我的不对，因此他才沉默不语，这正是杨戏的厚道啊。"此外督农杨敏曾经抨击过蒋琬，说蒋琬"做事糊涂，实在赶不上他的前任"。又有人向蒋琬报告此事，主事的官吏请求追查审理杨敏，蒋琬说："我真的不如前任，不要追查审理。"主事官请问蒋琬糊涂的具体情况。蒋琬说："如果不如前任，那么政事就治理不好，政事治理不好，便是糊涂了。"后来杨敏因事被关进监狱，大家都担心蒋琬报复，杨敏这回是死定了，蒋琬对杨敏却没有什么成见，杨敏得以免除重罪。

秋季，七月，魏国小皇帝曹芳开始亲临朝政。

八月，魏国大赦天下。

冬季，十月，吴国太常潘濬去世。吴主用镇南将军吕岱代替潘濬，和陆逊一起掌管荆州的事务。吕岱这年已八十岁，一向体格健康，辛苦勤劳，亲自处理国事，和陆逊同心协力，有成绩却彼此推让，南方的人都称赞他们。

十二月，吴国将领廖式杀死临贺太守严纲等人，自封平南将军，攻略零陵、桂阳等地，以致交州各郡大为震恐动荡，因为廖式有部队数万人。吕岱自己上书请缨，

拜交州牧，及遣诸将唐咨等络绎相继，攻讨一年，破之，斩式及其支党，郡县悉平。岱复还武昌。

吴都乡侯周胤将兵千人屯公安，有罪，徙庐陵；诸葛瑾、步骘为之请。吴主曰："昔胤年少，初无功劳，横受精兵，爵以侯将，盖念公瑾以及于胤也。而胤恃此，酗淫自恣，前后告谕，曾无悛改。孤于公瑾，义犹二君，乐胤成就，岂有已哉！迫胤罪恶，未宜便还，且欲苦之，使自知耳。以公瑾之子，而二君在中间，苟使能改，亦何患乎！"

瑜兄子偏将军峻卒，全琮请使峻子护领其兵。吴主曰："昔走曹操，拓有荆州，皆是公瑾，常不忘之。初闻峻亡，仍欲用护。闻护性行危险，用之适为作祸，故更止之。孤念公瑾，岂有已哉！"

十二月，诏复以建寅之月为正。

（以上为第五段，写蒋琬的厚道，以及孙权善待功臣之后的苦心。）

邵陵厉公上

正始元年（庚申，240年）

春，旱。

越嶲蛮夷数叛汉，杀太守，是后太守不敢之郡，寄治安定县，去郡八百余里。汉主以巴西张嶷为越嶲太守，嶷招慰新附，诛讨强猾，蛮夷畏服，郡界悉平，复还旧治。

冬，吴饥。

（以上为第六段，是年无大事，史仅载魏国春旱，吴饥荒，蜀平定越嶲郡之乱。）

二年（辛酉，241年）

春，吴人将伐魏。零陵太守殷札言于吴主曰："今天弃曹氏，丧诛累见，虎争之际而幼童莅事。陛下身自御戎，取乱侮亡，宜涤荆、扬之地，举强羸之数，使强者执戟，羸者转运。西命益州，军于陇右，授诸葛瑾、朱然大众，直指襄阳，陆逊、朱桓别征寿春，大驾入淮阳，历青、徐。

然后就立即出发了，星夜兼程，吴主派使者在后追赶，任命吕岱为交州牧，又派将领唐咨等人接连不断地增援吕岱，攻击讨伐了一年，打败叛军，杀死廖式及其同党，交州各个郡县全部平定。吕岱仍返回武昌。

吴国都乡侯周胤率兵一千人守在公安县，犯了罪行，被迁徙到庐陵，诸葛瑾、步骘替他求情。吴主说："先前周胤年轻，起初并无功劳，平白无故就让他率领精兵，还给他封侯拜将，这都是怀念周公瑾才对他如此。但周胤依仗这一点，酗酒过度，自我放纵，前前后后多次告谕他，但他不曾改过。孤对于周公瑾，在情义上和对待您二位一样，希望周胤能有所成就，难道这种心意会有完的时候吗？可是周胤的罪行太重，不宜立即让他回来，并且想让他受受苦，让他自己明白道理。周胤做为公瑾的儿子，又有您二位的呵护，若他能改正过错，难道还怕没有官做吗？"

周瑜哥哥的儿子偏将军周峻不幸去世，全琮请求让周峻的儿子周护继续统领周峻的部队。吴主说："当初打败曹操，占领荆州开拓国土，都是公瑾的功劳，一直不能忘记。刚听说周峻去世的时候，便想仍任用周护。但是听说周护的性情品行凶暴不可靠，用了他正好使他闯祸，因此又打消了这个念头。我怀念公瑾，哪有完了的时候！"

十二月，魏国下诏又以建寅之月为正月。

邵陵厉公上

魏邵陵厉公正始元年（庚申，240 年）

春季，魏国发生旱灾。

越巂族多次背叛蜀汉，杀死太守，此后太守不敢到郡治上任，将治所暂设在安定县，距郡治八百多里。汉主刘禅任命巴西人张嶷担任越巂太守，张嶷招降安抚新近归附的少数民族百姓，诛杀讨伐豪强及暴徒，少数族畏惧而降服，全郡境内全部平定，于是又将治所迁回原来的地方。

冬季，吴国发生饥荒。

魏邵陵厉公正始二年（辛酉，241 年）

春季，吴国将要进攻魏国。零陵太守殷札对吴主说："如今上天抛弃曹氏，国君遭受天诛，相继死亡。当此猛虎相争之时魏国却用幼童治理国家。陛下亲自统率军队，攻取混乱的敌国，羞辱即将灭亡的敌人，应当把荆州、扬州地区所有的人力，按身体强弱分开，让强壮者手持武器去攻杀，让体弱者运输粮草。请西方的蜀汉出

襄阳、寿春，困于受敌，长安以西，务御蜀军，许、洛之众，势必分离，掎角并进，民必内应。将帅对向，或失便宜，一军败绩，则三军离心；便当秣马脂车，陵蹈城邑，乘胜逐北，以定华夏。若不悉军动众，循前轻举，则不足大用，易于屡退，民疲威消，时往力竭，非上策也。”吴主不能用。

夏，四月，吴全琮略淮南，决芍陂，诸葛恪攻六安，朱然围樊，诸葛瑾攻柤中。征东将军王凌、扬州刺史孙礼与全琮战于芍陂，琮败走。荆州刺史胡质以轻兵救樊，或曰：“贼盛，不可迫。”质曰：“樊城卑兵少，故当进军为之外援，不然，危矣。”遂勒兵临围，城中乃安。

五月，吴太子登卒。

吴兵犹在荆州，太傅懿曰：“柤中民夷十万，隔在水南，流离无主，樊城被攻，历月不解，此危事也，请自讨之。”六月，太傅懿督诸军救樊；吴军闻之，夜遁，追至三州口，大获而还。

闰月，吴大将军诸葛瑾卒。瑾太子恪先已封侯，吴主以恪弟融袭爵，摄兵业，驻公安。

汉大司马蒋琬以诸葛亮数出秦川，道险、运粮难，卒无成功，乃多作舟船，欲乘汉、沔东下，袭魏兴、上庸。会旧疾连动，未时得行。汉人咸以为事有不捷，还路甚难，非长策也；汉主遣尚书令费祎、中监军姜维等喻指。琬乃上言：“今魏跨带九州，根蒂滋蔓，平除未易。若东西并力，首尾掎角，虽未能速得如志，且当分裂蚕食，先摧其支党。然吴期二三，连不克果。辄与费祎等议，以凉州胡塞之要，进退有资，且羌、胡乃心思汉如渴，宜以姜维为凉州刺史。若维征行，御制河右，臣当帅军为维镇继。今涪水陆四通，惟急是应，若东西有虞，赴之不难，请徙屯涪。”汉主从之。

军陇右，授权诸葛瑾、朱然率领主力大军，直指襄阳，让陆逊、朱桓另外出征寿春，天子大驾进入淮水以北，经略青州、徐州地区。魏国的襄阳、寿春，因为受到我军的包围而困窘，长安以西则要拼命抵抗蜀军，许昌、洛阳的军队，势必分散到东西二方，我军多路互相配合，齐头并进，中原百姓一定在魏国内部响应。双方多路将帅对阵，敌人只要有一处出现失误，一支部队战败，那么全军都会士气大落；我军则趁势喂饱马、备好车，加强攻势，夺取城邑，乘胜追击败退的敌军，借此平定华夏。如果不发动全国兵力，还像从前那样只出动少数兵力，就不能取得大战果，而容易多次败退，这样就会使百姓疲劳而国威消失，随着时间的流逝而耗尽国力，不是好办法。”吴主孙权没有采纳这个建议。

夏季，四月，吴国全琮攻略淮南地区，掘开芍陂的堤坝，诸葛恪进攻六安，朱然包围樊城，诸葛瑾进攻柤中。魏国征东将军王凌、扬州刺史孙礼与全琮在芍陂开战，全琮战败逃走。魏国荆州刺史胡质率领轻装军队迅速救援樊城，有人说：“贼军势盛，不可逼得太近。”胡质说：“樊城城墙低矮，兵力又少，所以要快速进军做他们的外援，不然的活，樊城就危险了。”胡质就率军逼近樊城的包围圈，城内守军见有外援，于是安定下来。

五月，吴国的太子孙登去世。

吴国军队还在荆州，太傅司马懿说：“柤中的汉民和夷人有十万人，如今被隔离在河南，流离失所，没有君主，樊城受围攻，已经一个多月还未解围，这是很紧急的事，我请求亲自出征讨伐。”六月，太傅司马懿督率各军救援樊城；吴军听到这个消息，连夜逃走，魏军追到三州口，获得大量军资，胜利班师。

闰六月，吴国大将军诸葛瑾去世。诸葛瑾的长子诸葛恪在此以前已被封为侯爵，吴主命诸葛恪的弟弟诸葛融继承诸葛瑾的爵位，带领军队，驻守在公安县。

蜀汉大司马蒋琬因诸葛亮多次出兵秦川，道路险峻，运粮困难，终未成功，因此大造舟船，打算沿着汉水、沔水东下，袭击魏国的魏兴、上庸。正巧蒋琬的旧病接连发作，没有能够及时配合东吴的行动，蜀汉的人们都认为按蒋琬的计划行动不会成功，回军的道路很艰难，不是好的谋略。汉主刘禅派尚书令费祎、中监军姜维等人去见蒋琬转达大家的意见。蒋琬因此上疏说：“现在魏国横跨九州，根基滋生蔓延，要想铲除它并不容易。如果蜀吴合力，首尾呼应，虽然不能很快达到目的，总可以分裂魏地逐步蚕食，先摧毁它的边陲，但与吴国三番两次约定行动计划，却始终不能果断出兵。臣常与费祎等人商议，认为凉州胡人地区是重要的边塞，进退都有依靠，而且当地的羌人、胡人，思念汉朝就像久渴的人思念甘泉一样，应当任命姜维为凉州刺史，如果姜维出征，能够控制河西地区，臣就率军做姜维的后继。现今涪县水陆四通八达，可以应付紧急事件，如果蜀与吴发生了危险，从这里出发接

朝廷欲广田畜谷于扬、豫之间，使尚书郎汝南邓艾行陈、项以东至寿春。艾以为："昔太祖破黄巾，因为屯田，积谷许都以制四方。今三隅已宁，事在淮南，每大军出征，运兵过半，功费巨亿。陈、蔡之间，土下田良，可省许昌左右诸稻田，并水东下，令淮北二万人，淮南三万人，什二分休，常有四万人且田且守；益开河渠以增溉灌，通漕运。计除众费，岁完五百万斛以为军资，六、七年间，可积二千万斛于淮上，此则十万之众五年食也。以此乘吴，无不克矣。"太傅懿善之。是岁，始开广漕渠，每东南有事，大兴军众，泛舟而下，达于江、淮，资食有余而无水害。

管宁卒。宁名行高洁，人望之者，邈然若不可及，即之熙熙和易。能因事导人于善，人无不化服。及卒，天下知与不知，无不嗟叹。

（以上为第七段，写吴、蜀劳师动众北伐，毫无建树，魏国却养蓄力量，待机消灭吴、蜀。）

三年（壬戌，242 年）

春，正月，汉姜维率偏军自汉中还住涪。

吴主立其子和为太子，大赦。

三月，昌邑景侯满宠卒。秋，七月，乙酉，以领军将军蒋济为太尉。

吴主遣将军聂友、校尉陆凯将兵三万击儋耳、珠崖。

八月，吴主封子霸为鲁王。霸，和母弟也，宠爱崇特，与和无殊。尚书仆射是仪领鲁王傅，上疏谏曰："窃以为鲁王天挺懿德，兼资文武，当今之宜，宜镇四方，为国藩辅，宣扬德美，广耀威灵，乃国家之良规，海内所瞻望。且二宫宜有降杀，以正上下之序，明教化之本。"书三、四上，吴主不听。

（以上为第八段，写吴主孙权既立孙和为太子，又封爱子孙霸为鲁王，二子并贵，为孙霸争太子位张本。）

应就不困难，请求将大营迁移到涪县屯扎。”汉主刘禅采纳了这个方案。

魏国想在扬州、豫州之间推广屯田积蓄粮食，于是命尚书郎汝南人邓艾巡视陈县、项县以东至寿春一带。邓艾认为：“当初太祖（曹操）打败黄巾军，利用归降的黄巾部众进行屯田，在许昌积蓄粮食以控制四方。如今西、北、东三面都已平定，只有淮河以南还有战事，每次大军出征，运粮的士兵超过一半，耗用军费以亿计。陈县、蔡县之间，土地平坦肥沃，可以节省许昌附近各处稻田的用水，使各条水源顺着汝、颍等河东下灌溉，命令在淮河之北屯驻二万人，在淮河之南屯驻三万人，按十分之一的人分班轮休，这样就经常保持有四万人一边种田一边防守；还要增加河渠的开凿，用来增加灌溉能力，并且利用河渠通航漕运。计算起来除掉驻军的费用，每年可储存五百万斛粮食作为军需，六七年间，可蓄积三千万斛粮食在淮河地区，足够十万军队吃五年。用这个来攻击吴国，没有不胜利的。”太傅司马懿赞成这个意见。这一年，开始广开漕渠，每次东南发生战事，大举出兵，泛舟而下，直达长江、淮河，粮草有余而没有水害。

管宁去世。管宁名望大，行为高洁，人们仰慕他，好像和他相差很远难以接近，但跟他在一起，才感到他和悦平易。他能顺事引导人们向善，人们无不受到感化信服。等到他逝世时，天下无论认识和不认识他的，都悲伤叹息。

魏邵陵厉公正始三年（壬戌，242年）

春季，正月，蜀汉的姜维率领偏军从汉中返回涪县。

吴主封他儿子孙和为太子，大赦天下。

三月，魏国昌邑景侯满宠去世。秋季，七月十九日乙酉，魏国任命领军将军蒋济为太尉。

吴主派将军聂友、校尉陆凯统兵三万攻击儋耳、珠崖。

八月，吴主封儿子孙霸为鲁王。孙霸是孙和的同母弟弟，尤其受到宠爱，与孙和没有差别。尚书仆射是仪兼任鲁王的师傅，上疏劝谏说：“臣个人认为鲁王天生美德，文武兼备，现在所应做的，应该派鲁王镇守四方边境，作为国家的屏藩，传扬美德，向天下炫耀国家的威灵，这才是国家的良策，也是举国人士所盼望的。况且太子与亲王二者在待遇上应该有差别，以此维持上下的等级秩序，显明教化的根本。”书奏上了三四次，吴主不理会。

四年（癸亥，243年）

春，正月，帝加元服。

吴诸葛恪袭六安，掩其人民而去。

夏，四月，立皇后甄氏，大赦。后，文昭皇后兄俨之孙也。

五月，朔，日有食之，既。

冬，十月，汉蒋琬自汉中还住涪，疾益甚，以汉中太守王平为前监军、镇北大将军，督汉中。

十一月，汉主以尚书令费祎为大将军、录尚书事。

吴丞相顾雍卒。

吴诸葛恪远遣谍人观相径要，欲图寿春，太傅懿将兵入舒，欲以攻恪，吴主徙恪屯于柴桑。

步骘、朱然各上疏于吴主曰："自蜀还者，咸言蜀欲背盟，与魏交通，多作舟船，缮治城郭；又，蒋琬守汉中，闻司马懿南向不出兵，乘虚以掎角之，反委汉中，还近成都。事已彰灼，无所复疑，宜为之备。"吴主答曰："吾待蜀不薄，聘享盟誓，无所负之，何以致此！司马懿前来入舒，旬日便退。蜀在万里，何知缓急而便出兵乎！昔魏欲入汉川，此间始严，亦未举动，会闻魏还而止；蜀宁可复以此有疑邪！人言苦不可信，朕为诸君破家保之。"

征东将军、都督扬豫诸军事王昶上言："地有常险，守无常势。今屯宛去襄阳三百余里，有急不足相赴。"遂徙屯新野。

宗室曹冏上书曰："古之王者，必建同姓以明亲亲，必树异姓以明贤贤。亲亲之道专用，则其渐也微弱；贤贤之道偏任，则其敝也劫夺。先圣知其然也，故博求亲疏而并用之，故能保其社稷，历纪长久。今魏尊尊之法虽明，亲亲之道未备，或任而不重，或释而不任。臣窃惟此，寝不安席，谨撰合所闻，论其成败曰：昔夏、商、周历世数十，而秦二世而亡。何则？三代之君与天下共其民，故天下同其忧，秦王独制其民，故倾危而莫救也。秦观周之敝，以为小弱见夺，于是废五等之爵，立郡县之官，内无宗子以自毗辅，外无诸侯以为藩卫；譬犹芟刈股肱，独任胸腹，观者为之寒心，而始皇晏然自以为子孙帝王万世之业也，岂不悖

魏邵陵厉公正始四年（癸亥，243 年）

春季，正月，魏国皇帝曹芳举行加冠礼。

吴国诸葛恪袭击六安，俘获当地百姓而去。

夏季，四月，魏国皇帝曹芳册立甄氏为皇后，宣布大赦。甄皇后是文昭皇后哥哥甄俨的孙女。

五月初一日，发生日食。

冬季，十月，蜀汉蒋琬从汉中返回涪县，疾病更重，任命汉中太守王平为前监军、镇北大将军，总管汉中军务。

十一月，汉后主封尚书令费祎为大将军、录尚书事。

吴国丞相顾雍去世。

吴国诸葛恪派间谍深入魏国侦察路径和险要之处，想进攻寿春。魏国太傅司马懿率兵进驻舒县，想攻击诸葛恪，吴主命诸葛恪移往柴桑。

吴国步骘、朱然各自向吴主上疏说："从蜀国回来的人，都说蜀国想背叛盟约，与魏国结交，制造很多舟船，修缮城墙；此外，蒋琬守在汉中，听说司马懿率兵南下，不出兵乘魏空虚与我国配合，反而抛弃汉中，返回到接近成都的涪县。事情已非常明显，没有值得怀疑，应当对此有所防备。"吴主回答说："我国待蜀国不薄，无论聘访宴享还是盟誓，没有对不起蜀国的地方，哪能会到这种地步！司马懿进军到达舒县，不过十天就退回去了。蜀国在万里之外，怎么知道这里的情况紧急就立即出兵配合呢！先前魏国打算进入汉中，我国也只是戒严，并未出兵，正巧闻讯魏兵撤退，我们也就按兵未动；对蜀国难道还因这种事而怀疑他们吗？人们的传言很不可信，朕用全家人的性命向诸君担保蜀国不会背盟。"

魏国征东将军、都督扬州、豫州各军事务官王昶上奏说："地势固有的险要不会变化，但如何防守却没有固定不变的计划。现今我驻军宛城，距离襄阳三百多里，一旦发生紧急情况，来不及救援。"于是向南移驻新野。

魏国皇室宗族曹冏上奏说："古代的君王，一定要封同姓的诸侯，以此表明对亲族的亲近，一定要封异姓的诸侯，以此表明对贤人的尊重。只采用亲近亲族的办法，政权就会逐渐走向衰弱；只采用尊重贤人的办法，政权有会被篡夺的弊病。先圣知道这个道理，所以广纳人才，无论亲疏都一并加以任用，所以能保住他的国家，经历很长的时期。现今魏国尊重贤人的措施十分明白，但亲近亲族的措施却尚未完备，亲族中的人有的虽被任用但没有实权，有的则丢弃在一旁不加任用。臣私下考虑这个问题，睡觉不能安心，谨把自己所知道的写出来，评说历代王朝的成功与失败有什么借鉴。当年夏、商、周的帝王都传了数十代人，而秦朝仅仅两代人就灭亡了。为什么呢？夏、商、周三代的君主与封国诸侯共同统治民众，所以封国诸侯与君主

哉！故汉祖奋三尺之剑，驱乌合之众，五年之中，遂成帝业。何则？伐深根者难为功，摧枯朽者易为力，理势然也。汉监秦之失，封殖子弟；及诸吕擅权，图危刘氏，而天下所以不倾动者，徒以诸侯强大，盘石胶固故也。然高祖封建，地过古制，故贾谊以为欲天下之治安，莫若众建诸侯而少其力；文帝不从。至于孝景，猥用晁错之计，削黜诸侯，遂有七国之患。盖兆发高帝，衅钟文、景，由宽之过制，急之不渐故也。所谓'末大必折，尾大难掉'，尾同于体，犹或不从，况乎非体之尾，其可掉哉！武帝从主父之策，下推恩之令，自是之后，遂以陵夷，子孙微弱，衣食租税，不预政事。至于哀、平，王氏秉权，假周公之事而为田常之乱，宗室诸侯，或乃为之符命，颂莽恩德，岂不哀哉！由斯言之，非宗子独忠孝于惠、文之间而叛逆于哀、平之际也，徒权轻势弱，不能有定耳。赖光武皇帝挺不世之姿，擒王莽于已成，绍汉嗣于既绝，斯岂非宗子之力也！而曾不监秦之失策，袭周之旧制，至于桓、灵，阉宦用事，君孤立于上，臣弄权于下；由是天下鼎沸，奸宄并争，宗庙焚为灰烬，宫室变为榛薮。

"太祖皇帝龙飞凤翔，扫除凶逆。大魏之兴，于今二十有四年矣；观五代之存亡而不用其长策，睹前车之倾覆而不改于辙迹。子弟王空虚之地，君有不使之民；宗室窜于闾阎，不闻邦国之政，权均匹夫，势齐凡庶。内无深根不拔之固，外无盘石宗盟之助，非所以安社稷，为万世之业也。且今之州牧、郡守，古之方伯、诸侯，皆跨有千里之土，兼军武之任，或比国数人，或兄弟并据；而宗室子弟曾无一人间厕其间，与相维制，非所以强干弱枝，备万一之虞也。今之用贤，或超为名都之主，或为偏师之帅；而宗室有文者必限小县之宰，有武者必置百人之上，非

一起分担忧愁；秦王一个人统治他的百姓，所以倾覆危亡而无人来挽救。秦朝看到了周朝的弊病，认为弱小的封国终会被强大的封国吞并，因此废除了五等爵位制，设立郡县官长，在内部没有皇族的子弟辅助天子，在外部则没有诸侯封国护卫朝廷；这如同砍掉自己的四肢，只用胸腹躯干，旁观的人为之寒心，但秦始皇却洋洋得意自以为可以把宝座传给子孙一万代，实在荒谬！所以汉高祖奋力挥动三尺之剑，驱动乌合之众，只用五年的时间，便完成称帝的大业。这又是为什么呢？砍伐根深的大树难以成功，而摧枯拉朽就容易用力，在道理上和形势上都是这样。汉代以秦代的失误为鉴戒，将子弟分封为诸侯；等到吕氏及其家族专擅大权时，图谋危害刘氏的王朝，但刘氏天下并未因此而倾覆动摇，其原因就是诸侯强大，如同胶粘磐石一样的牢固。但汉高祖分封的诸侯，其领域超过了古代的制度，所以贾谊认为要想使天下安定，最好是多封诸侯而要削弱他们的力量，可是汉文帝不听从。到汉景帝时，误用晁错的办法，削弱罢黜诸侯，结果造成了七国叛乱。这场祸乱的征兆出现在汉高祖时，而祸乱爆发在文景之时，其原因就是制度过宽，却又削弱过急。所谓'树梢大了树干折，尾巴大了难摆动'，尾巴与身体一样粗，就不能随意摆动，何况不属于自身的尾巴，岂能摆动它！汉武帝听从主父偃的计谋，发布推恩令逐步削弱诸侯封地，自此之后，诸侯国终于衰败，他们的子孙越来越微贱，只靠封地的租税生活，不再干预政事。到了汉哀帝、汉平帝时代，王氏把持了大权，假借周公的制度进行改革，而做了如同田常篡齐一样的事，引起祸乱，而皇室诸侯中的人，有人竟然替王莽编造符命，歌颂王莽的恩德，岂不可哀！如此说来，并不是皇室子弟只在惠帝、文帝时代忠孝，而到了哀帝、平帝时代就叛逆，只是因为权力已轻、势力已弱，不能施展罢了。有赖光武皇帝发挥卓越的才能，在王莽已经篡国成功的时候将他擒获，在汉代王朝已经断绝的时候把它继承下来，这难道不是靠皇室宗族后裔的力量吗？但此后却不曾以秦朝的失策为鉴戒，而袭用周代的旧有制度到了汉桓帝、汉灵帝时，宦官把持大权，天子被孤立在帝位上，大臣在下弄权，由此造成了天下大乱，奸邪之人群起并争，皇家宗庙焚烧为灰烬，宫室变成了荒林。

"魏太祖如同龙凤一样飞翔奋起，扫除了凶逆。大魏的兴起到现在已经二十四年了；观察夏、商、周、秦、汉五代的存亡而不采用他们的长处，看到前车的倾覆而不改变车辙方向。皇室子弟被封在空旷地区为王，君王之下却有不能役使的百姓；皇室亲族流落在民间，不能闻知国家的政治；权力与匹夫相同，势力与庶民相当。君王内部没有深根不拔的坚固基础，外部没有如磐石一样的宗族同盟的帮助，这不是安定国家，留传万世大业的好办法。况且如今的州牧和郡守，就像古代的一方之霸主或强大诸侯，都拥有广达千里的地域，兼任文武百官之长，有的一家之中有好几人担任州郡的长官，有的是兄弟共同占据一个地方；但皇室子弟却不曾有一个置

所以劝进贤能、褒异宗室之礼也。语曰：‘百足之虫，至死不僵’，以其扶之者众也，此言虽小，可以譬大。是以圣王安不忘危，存不忘亡，故天下有变而无倾危之患矣。”冏冀以此论感悟曹爽，爽不能用。

（以上为第九段，写魏国宗室曹冏上奏，要求辅政的曹爽封宗室，加重皇族亲戚的权力以辅翼魏朝，曹爽没有听从。）

五年（甲子，244年）

春，正月，吴主以上大将军陆逊为丞相，其州牧、都护、领武昌事如故。

征西将军、都督雍、凉诸军事夏侯玄，大将军爽之姑子也。玄辟李胜为长史，胜及尚书邓飏欲令爽立威名于天下，劝使伐蜀；太傅懿止之，不能得。三月，爽西至长安，发卒十余万人，与玄自骆口入汉中。

汉中守兵不满三万，诸将皆恐，欲守城不出以待涪兵。王平曰：“汉中去涪垂千里，贼若得关，便为深祸，今宜先遣刘护军据兴势，平为后拒；若贼分向黄金，平帅千人下自临之，比尔间涪军亦至，此计之上也。”诸将皆疑，惟护军刘敏与平意同，遂帅所领据兴势，多张旗帜，弥亘百余里。

闰月，汉主遣大将军费祎督诸军救汉中，将行，光禄大夫来敏诣祎别，求共围棋，于时羽檄交至，人马擐甲，严驾已讫，祎与敏对戏，色无厌倦。敏曰：“向聊观试君耳；君信可人，必能辨贼者也。”

夏，四月，丙辰朔，日有食之。

大将军爽兵距兴势不得进，关中及氐、羌转输不能供，牛马骡驴多死，民夷号泣道路，涪军及费祎兵继至。参军杨伟为爽陈形势，宜急还，不然，将败。邓飏、李胜与伟争于爽前。伟曰：“飏、胜将败国家事，可斩也！”爽不悦。

太傅懿与夏侯玄书曰：“《春秋》责大德重。昔武皇帝再入汉中，几至大败，君所知也。今兴势至险，蜀已先据，若进不获战，退见邀绝，覆

身其中，跟他们相互牵制，这不是加固根本，削弱树梢，用以防备万一事变的措施。现今用贤，有的使他越级担任名城的长官，有的让他担任偏师的主帅；而皇家宗族中有文才的人非要限定为小县的县吏，有武略的人偏要限定只当个百夫长，这不是用来奖赏提拔贤才、褒奖宗室的礼制。俗话说：‘百足之虫，至死不僵’，这是因为扶助它的脚有很多的缘故。这句话所说的事虽然很小，但可用来比喻国家大事。因此圣明的帝王安全时不忘记危机，生存时不忘记灭亡，因而天下虽然有变乱但始终无倾覆危亡之患。”曹冏希望用这个观点感悟曹爽，但曹爽没有采纳。

魏邵陵厉公正始五年（甲子，244 年）

春季，正月，吴主任命上大将军陆逊为丞相，他担任的荆州刺史、右都护及兼任武昌长官等职务仍旧留任。

魏国征西将军、都督雍州、凉州各军事务官夏侯玄是大将军曹爽姑姑的儿子。夏侯玄辟举李胜任长史，李胜和尚书邓飏想让曹爽在天下树立威名，于是劝曹爽伐蜀；太傅司马懿阻止他，但没有成功。三月，曹爽西到长安，兴兵十余万人，与夏侯玄一起从骆口进入汉中。

汉中守兵不足三万，各位将领都十分惊恐，只想守住城池不敢出城作战，以此等待涪县派来救兵。王平说：“汉中距涪县将近一千里，贼军如果占领了关城，就会成为大祸，现在应该先派刘护军占据兴势，我为他的后援；如果贼军分兵向黄金谷迎击，我率一千人下山亲自去迎战，等到那时，涪县的援军也就赶到了，这是最好的办法。”各位将领都犹疑不定，只有护军刘敏和王平意见一致，于是率领自己的部队进驻兴势，广树旗帜，绵延一百多里。

闰三月，汉后主派大将军费祎统率各军救援汉中，临出发时，光禄大夫来敏前来和费祎告别，要求一同下盘围棋；此时紧急文书接连送到，军人穿铠甲，战马备雕鞍，整装待发，费祎却与来敏相对下棋，脸色毫无厌倦之意。来敏说：“刚才只是试试你罢了，你的确值得信赖，一定能打败贼军。”

夏季，四月初一日丙辰，发生日食。

大将军曹爽的军队被阻拦在兴势不能前进，关中和氐人、羌人运送的军粮供应不上，牛马驴骡死了许多，百姓和氐人、羌人在路上哭泣，涪县的蜀军和费祎的救兵接连赶到。参军杨伟为曹爽说明形势，应该马上撤军，不这样的话，将要失败。邓飏、李胜与杨伟在曹爽面前争议，杨伟说：“邓飏、李胜将要败坏国家的大事，真该斩首！”曹爽听了不高兴。

太傅司马懿给夏侯玄写信说：“《春秋》严厉责备的人，其实是对他的恩德也重。先前武皇帝两次进入汉中，几乎大败，这是你所知道的。现在兴势至为险要，蜀兵

军必矣，将何以任其责！”玄惧，言于爽；五月，引军还。费祎进据三岭以截爽，爽争险苦战，仅乃得过，失亡甚众，关中为之虚耗。

秋，八月，秦王询卒。

冬，十二月，安阳孝侯崔林卒。

是岁，汉大司马琬以病固让州职于大将军祎，汉主乃以祎为益州刺史，以侍中董允守尚书令，为祎之副。

时战国多事，公务烦猥，祎为尚书令，识悟过人，每省读文书，举目暂视，已究其意旨，其速数倍于人，终亦不忘。常以朝晡听事，其间接纳宾客，饮食嬉戏，加之博弈，每尽人之欢，事亦不废。及董允代祎，欲敩祎之所行，旬日之中，事多愆滞。允乃叹曰：“人才力相远若此，非吾之所及也！”乃听事终日而犹有不暇焉。

（以上为第十段，写曹爽伐蜀遭败绩。）

六年（乙丑，245 年）

春，正月，以票骑将军赵俨为司空。

吴太子和与鲁王同宫，礼秩如一，群臣多以为言，吴主乃命分宫别僚；二子由是有隙。

卫将军全琮遣其子寄事鲁王，以书告丞相陆逊，逊报曰：“子弟苟有才，不忧不用，不宜私出以要荣利；若其不佳，终为取祸。且闻二宫势敌，必有彼此，此古人之厚忌也。”寄果阿附鲁王，轻为交构。逊书与琮曰：“卿不师日磾而宿留阿寄，终为足下家门致祸矣。”琮既不答逊言，更以致隙。

鲁王曲意交结当时名士。偏将军朱绩以胆力称，王自至其廨，就之坐，欲与结好；绩下地住立，辞而不当。绩，然之子也。

于是自侍御、宾客，造为二端，仇党疑贰，滋延大臣，举国中分。吴主闻之，假以精学，禁断宾客往来，督军使者羊衜上疏曰：“闻明诏省夺二宫备卫，抑绝宾客，使四方礼敬不复得通，远近悚然，大小失望。或谓二宫不遵典式；就如所嫌，犹且补察，密加斟酌，不使远近得容异

先入据守，如果我军进攻蜀军肯定不会交战，后退又被拦截，必定要全军覆没，你将如何承担这个责任！”夏侯玄害怕了，告诉了曹爽；五月，曹爽率军退还。费祎前进占领三岭拦截曹爽，曹爽争夺险要苦战一番，仅仅能够通过，但散失死亡的士兵有许多，关中地区自此变得空虚削弱。

秋季，八月，魏国秦王曹询去世。

冬季，十二月，安阳孝侯崔林去世。

这一年，蜀汉大司马蒋琬因病而坚持要求将益州刺史的职务让给大将军费祎，汉后主因此任命费祎为益州刺史，任命侍中董允代理尚书令，作为费祎的副手。

此时国家因战争而事务繁多，公务琐碎凌乱；费祎担任尚书令时，记忆和理解力都超过常人，每次阅读文书，用眼睛浏览一下，就已明白主要的意思，速度比别人快好几倍，始终不会忘记。每天只从早饭到晚饭时办公听取事务汇报，其间还接见宾客，饮食嬉戏，加上下棋，常常与人尽欢而散，但公事也没有荒废。等到董允代替费祎，想效仿费祎的做法，十天之中，有很多公事积压被耽误。董允因而感叹说：“人的才能相差如此远，并非我所能赶得上的！”于是整日处理公务还有来不及的时候。

魏邵陵厉公正始六年（乙丑，245年）

春季，正月，魏国任命骠骑将军赵俨为司空。

吴国太子孙和与鲁王孙霸同住在一个宫殿，礼仪等级相同，群臣对此多有议论。吴主于是命令二人分住二宫，也分别建立各自的僚属，孙和与孙霸由此产生隔阂。

卫将军全琮让他儿子全寄侍奉鲁王孙霸，写信向丞相陆逊通告这件事。陆逊回信说：“子弟如果有才能，不必担心不被重用，不应通过私人关系以求名利；如果子弟才能不大，这样求利终究要招灾惹祸。况且我听说太子与鲁王势力相当，双方必有隔阂，这是古人最为忌讳的。”全寄果然依附鲁王，轻率地挑拨鲁王与太子的关系。陆逊又写信对全琮说：“你不仿效金日磾而庇护放纵阿寄，终究会给你家门招祸的。”全琮不但不回答陆逊的话，反而因此对陆逊怀恨。

鲁王孙霸用尽心机来结交当时的知名人士。偏将军朱绩以胆力著称，鲁王亲自到他的官署，靠近他坐下，想与他结交；朱绩从座位上下来站在一旁，坚决表示不敢承当。朱绩是朱然的儿子。

这样一来，太子与鲁王手下的侍从和来往宾客，分为两大派系，各自结成党羽相互猜疑，影响到大臣中间，全国为此分裂为两大派别。吴主听说此事，借口太子和鲁王要专心学习，禁止宾客来往。督军使者羊衜上疏说：“臣得知英明的诏书，裁省太子和鲁王二宫的警卫士兵，禁绝宾客，使得各地人士对太子和鲁王的礼敬不再

言。臣惧积疑成谤，久将宣流，而西北二隅，去国不远，将谓二宫有不顾之愆，不审陛下何以解之！”

吴主长女鲁班适左护军全琮，少女小虎适骠骑将军朱据。全公主与太子母王夫人有隙，吴主欲立王夫人为后，公主阻之；恐太子立怨己，心不自安，数谮毁太子。吴主寝疾，遣太子祷于长沙桓王庙，太子妃叔父张休居近庙，邀太子过所居。全公主使人觇视，因言“太子不在庙中，专就妃家计议”，又言“王夫人见上寝疾，有喜色”，吴主由是发怒；夫人以忧死，太子宠益衰。

鲁王之党杨竺、全寄、吴安、孙奇等共谮毁太子，吴主惑焉。陆逊上疏谏曰：“太子正统，宜有盘石之固，鲁王藩臣，当使宠秩有差，彼此得所，上下获安。”书三四上，辞情危切；又欲诣都，口陈嫡庶之义。吴主不悦。

太常顾谭，逊之甥也，亦上疏曰：“臣闻有国有家者，必明嫡庶之端，异尊卑之礼，使高下有差，等级逾邈；如此，则骨肉之恩全，觊觎之望绝。昔贾谊陈治安之计，论诸侯之势，以为势重虽亲，必有逆节之累，势轻虽疏，必有保全之祚。故淮南亲弟，不终飨国，失之于势重也；吴芮疏臣，传祚长沙，得之于势轻也。昔汉文帝使慎夫人与皇后同席，袁盎退夫人之位，帝有怒色；及盎辨上下之义，陈人彘之戒，帝既悦怿，夫人亦悟。今臣所陈，非有所偏，诚欲以安太子而便鲁王也。”由是鲁王与谭有隙。

芍陂之役，谭弟承及张休皆有功，全琮子端、绪与之争功，谮承、休于吴主，吴主徙谭、承、休于交州，又追赐休死。

太子太傅吾粲请使鲁王出镇夏口，出杨竺等不得令在京师，又数以

能够通报，使远近的人们都十分震动，大小人物都为之失望。有人说太子和鲁王不遵守礼制；就算是真的，也应加以补救教导，细细地进行斟酌，不应当让远近的人士议论纷纷。臣担心猜疑的话说多了，就会变成诽谤，时间长了也一定会泄露传播，而西边蜀国、北边魏国，两敌距离我国不远，将会认为太子与鲁王有不顺从陛下的过错，不知陛下对此怎样解释。”

吴主的长女孙鲁班嫁给左护军全琮，少女孙小虎嫁给骠骑将军朱据。全公主（孙鲁班）同太子的生母王夫人不和，吴主打算将王夫人立为皇后，全公主竭力阻止这事；又担心太子即位后忌恨自己，心中不能自安，屡次在吴主面前说太子的坏话。吴主因病卧床，派太子到长沙桓王庙祈祷，太子妃的叔父张休家在桓王庙附近，于是邀太子到家做客。全公主派人暗中监视，趁机对吴主说：“太子不在庙里，专门到妃子家议事。”又说：“王夫人看到皇上卧病，面露喜色。”吴主为此发怒，王夫人因忧惧而死亡，太子所受宠爱日益减少。

鲁王的同党杨竺、全寄、吴安、孙奇等人一同向吴主说太子的坏话，吴主也对太子感到怀疑。陆逊上疏劝谏说：“太子是嫡系正统，应当有磐石一样坚固的地位，鲁王是护卫太子的臣子，应当使宠爱和礼遇的等级有所区别，各得其所，上下才能安定。”书奏上了三四次，言辞和感情十分激烈；又打算亲往建业，当面详述关于嫡子与庶子的义理。吴主很不高兴。

太常顾谭是陆逊的外甥，也上疏说：“臣听说有国有家的人，必须要分清楚嫡子与庶子的界限等级，对尊者与卑者的礼制要有不同，让在上位的人和在下位的人有差别，相互的等级要拉开距离；只有这样才能保全骨肉之间的恩情，断绝非分的野心。从前贾谊上奏《治安策》，讨论诸侯国的形势，他认为诸侯的权势如果太重，尽管血缘再亲，也一定发生叛逆的祸害，权势较小，关系虽然疏远，也一定能使封国保全。所以淮南王刘长虽是汉文帝的亲弟弟，也最终不能飨用封国，这就是失之于权势太重。长沙王吴芮是关系疏远的臣子，然而能一代代地承传做长沙王，这就是得益于权势太轻的缘故。从前汉文帝让慎夫人与皇后坐在一张席子上，袁盎则将慎夫人的位置给撤下来，文帝面有怒色；等到袁盎阐明了上下尊卑的义理，陈述了当年戚夫人成为人彘的历史教训，文帝也就高兴了，慎夫人也明白了。如今臣的上奏，不是偏心太子，实在是希望让太子平安而鲁王也得到保全。”从此鲁王与顾谭有了隔阂。

芍陂之役中，顾谭的弟弟顾承和张休都有功劳；全琮的儿子全端、全绪与顾承和张休俩争功，因此全端、全绪向吴主诋毁顾承、张休，吴主就把顾谭、顾承、张休流放到交州，又追赐张休自杀。

太子太傅吾粲请求让鲁王出京镇守夏口，调出杨竺等人不许他们在京师，又多

消息语陆逊；鲁王与杨竺共谮之，吴主怒，收粲下狱，诛。数遣中使责问陆逊，逊愤恚而卒。其子抗为建武校尉，代领逊众，送葬东还，吴主以杨竺所白逊二十事问抗，抗事事条答，吴主意乃稍解。

（以上为第十一段，写吴主孙权不听大臣劝谏，偏爱鲁王，嫡庶平礼，导致举国中分，渐成祸端。）

夏，六月，都乡穆侯赵俨卒。

秋，七月，吴将军马茂谋杀吴主及大臣以应魏，事泄，并党与皆族诛。

八月，以太常高柔为司空。

汉甘太后殂。

吴主遣校尉陈勋将屯田及作士三万人凿句容中道，自小其至云阳西城，通会市，作邸阁。

冬，十一月，汉大司马琬卒。

十二月，汉费祎至汉中，行围守。

汉尚书令董允卒；以尚书吕乂为尚书令。

董允秉心公亮，献可替否，备尽忠益，汉主甚严惮之。宦人黄皓，便僻佞慧，汉主爱之。允上则正色规主，下则数责于皓；皓畏允，不敢为非，终允之世，皓位不过黄门丞。

费祎以选曹郎汝南陈祗代允为侍中，祗矜厉有威容，多技艺，挟智数，故祎以为贤，越次而用之。祗与皓相表里，皓始预政，累迁至中常侍，操弄威柄，终以覆国。自陈祗有宠，而汉主追怨董允日深，谓为自轻，由祗阿意迎合而皓浸润构间故也。

（以上为第十二段，写吴国大规模修建交通。蜀后主昏庸，宦官黄皓专权。）

次将消息报告陆逊；鲁王和杨竺都说吾粲的坏话，吴主发怒；逮捕吾粲投入监狱，并把他处死。多次派宫廷使者责问陆逊，陆逊愤恨而死。他儿子陆抗是建武校尉，代陆逊掌管部队，送陆逊的灵柩东归故乡，吴主用杨竺所说陆逊的二十件事询问陆抗，陆抗事事逐条回答，吴主这才稍稍化解了怒意。

夏季，六月，魏都乡穆侯赵俨去世。

秋季，七月，吴国将军马茂策划杀害吴主孙权和大臣，用以响应魏，事情败露，马茂和他的同党都遭到灭族。

八月，魏国任命太常高柔为司空。

蜀汉甘太后逝世。

吴主孙权派校尉陈勋率领屯田士兵和工程士兵三万人挖掘句容山路，从小其直通到云阳西城，连通集贸市场，修建储粮仓库。

冬季，十一月，蜀汉大司马蒋琬去世。

十二月，蜀汉费祎到汉中，巡视各处防守哨所。

蜀汉尚书令董允去世。任命尚书吕乂为尚书令。

董允用人，公正光明，提出建议和批评，都极尽忠诚，蜀汉后主刘禅十分敬畏他。宦官黄皓，迎合献媚，奸诈机巧，刘禅非常喜欢他。董允上对后主严肃规劝，下对黄皓多次责备。黄皓害怕董允，不敢做坏事，直到董允去世，黄皓的官位没越过黄门丞。

费祎任命选曹郎汝南人陈祗接替董允担任侍中，陈祗为人庄肃有威容，多才多艺，颇有智慧权谋，费祎认为陈祗能干，越级提拔任用他。陈祗与黄皓内外勾结，黄皓开始干预政治，一次又一次提升任中常侍，滥用职权，终于使蜀国灭亡。从陈祗受宠以来，后主刘禅对董允追恨日益加深，认为董允轻视自己，这都是由于陈祗曲意迎合，黄皓慢慢从中挑拨造成的。

【点评】

一、魏明帝曹叡。明帝外御吴蜀，内修政治，发展和巩固了北方的优势。明帝优礼已废君主汉献帝。青龙二年，故汉献帝山阳公去世，明帝素服举哀，遣特使持节典护丧事。又约法省禁，减轻肉刑，下诏主管部门修改法律，减少死罪的条目。

明帝不是完人，他生活奢侈，爱好华丽，大修宫殿，妨碍农时，但明帝能宽待谏臣，不妄诛一人。因此，他的过失也能得到及时的改正。

明帝曹叡即位，时年二十三岁，涉世不深。他的两位对手，一是蜀相诸葛亮；二是吴主孙权。诸葛亮与孙权起于乱世，身经百战，阅历丰富，他们联手攻魏，携手北进，给了魏明帝很大的压力。由于曹叡把握住了魏国的优势，坚持“防御拒敌，西守东攻”的正确战略，加上个人的英明果决，挫败了吴、蜀的进攻。

二、吴主孙权。孙权后期和他的前期相比，判若两人，可以说历史上有两个孙权。孙权于公元200年承父兄之业，至公元252年病逝，在位53年。公元229年孙权称帝，孙权的前期与后期，大体以此年为分界，称帝前积极进取，志在靖难，一统中国，称帝后志气已满，立足于偏安自保，日渐昏聩，吴国逐渐走下坡路。本卷记载的吕壹事件与鲁王争太子事件，以及上卷孙权封王公孙渊事件，是晚年昏聩的标志性大事。

孙权即位，好大喜功，封王公孙渊就是孙权这一心理的反映。吕壹事件是孙权宠信奸佞、猜疑心理的反映。孙权即位后，设立校事、察战两个职位，用来监视文武百官。吕壹为中书校事时，滥相纠举，使“无罪无辜，横受大刑”（《三国志·步骘传》），而孙权却十分宠信他。丞相顾雍无故被举罪，遭到软禁；江夏太守刁嘉被诬陷，几乎受诛。太子孙登屡次劝谏，孙权不听。大将军陆逊见吕壹“窃弄权柄，擅作威福”，无人可禁止，与太常潘濬“同心忧之，言至流涕”（《三国志·陆逊传》）。骠骑将军步骘多次上书，揭露吕壹罪行，希望孙权改变“虽有大臣，复不信任”的状况，信用顾雍、陆逊、潘濬等忠贞股肱之臣（《三国志·步骘传》）。而孙权置若罔闻。潘濬见孙权如此不听忠言，竟想借宴会袭杀吕壹。孙权宠信奸人吕壹的程度，致使东吴群臣无法忍受。后来吕壹虽因陷害左将军朱据，事情败露被杀，但校事之官仍然不废。

吕壹被处死后，孙权也引咎自责，承认过失，还派中书郎袁礼去向大臣们征求对时政的意见，但大臣们不再畅所欲言。诸葛瑾、步骘、朱然、吕岱推说不掌民事，缄口不言。而陆逊、潘濬“怀执危怖，有不自安之心”，也不愿说什么。孙权得知，下诏责备他们，替自己辩护。孙权后期的刚愎自用和猜忌心，使东吴前期那种君臣和睦、上下同心的局面一去不复返。

孙权宠鲁王孙霸，废立太子，造成举国中分。公元221年，孙权为吴王，即立

长子孙登为王太子。称帝后，又以登为皇太子。孙登不幸于赤乌五年（242）夭亡。其时次子孙虑早亡，便立第三子孙和为皇太子，以第四子孙霸为鲁王。孙权偏宠鲁王，使他与太子同居一宫，享受同等礼遇。后因大臣上言，“以为太子、国王上下有序，礼秩宜异”（《三国志·吴主五子传》裴注引殷基《通语》）。于是，孙权使二子分宫，各置僚属。

孙霸觊觎太子之位，便拉帮结党，发展势力。骠骑将军步骘、镇南将军吕岱、大司马全琮、左将军吕据、中书令孙弘等阴附鲁王，谮毁太子。丞相陆逊、大将军诸葛恪、太常顾谭、骠骑将军朱据、会稽太守滕胤、大都督施绩、尚书丁密等奉礼而行，尊事太子。中朝外朝官僚将军大臣举国中分，形成拥嫡和拥庶两派。孙霸谋夺太子位的野心日益暴露，陆逊、顾谭及太子太傅吾粲等拥嫡派数陈嫡庶之义，理不可夺。而孙权听信拥庶派全寄、杨竺的谗言，流放顾谭，诛杀吾粲。

庆父不死，鲁难未已。太子之事伴随孙权整个后期政治。由于太子之事愈演愈烈，孙权看到“子弟不睦，臣下分部，将有袁氏之败”，十分担心。赤乌九年（246），他不分是非曲直，幽闭太子孙和。拥嫡派朱据、屈晃、陈正、陈象等人上书固谏不止，孙权大怒，“族诛正、象，据、晃牵入殿，杖一百”（《三国志·吴主五子传》）。陆逊因数次上书陈述嫡庶之分，孙权也派宦官去指责，致使陆逊忧愤成疾而死。赤乌十三年（250），孙权废除太子孙和，群臣纷纷劝谏。孙权又诛杀或流放进谏的朝臣大将数十人，“众咸冤之”。同时，他又下令孙霸自杀，并且以结党诬陷孙和的罪名，诛杀拥庶的全寄、吴安、孙奇、杨竺等人。这一事件，使得吴国一大批文臣武将先后遭到贬官、流放或诛杀。从此，吴国国势衰微，一蹶不振。

废除孙和后，孙权立少子孙亮为太子。不到两年，孙权就患病死了，孙亮即位，年仅十岁。

回头看，前期孙权毫无疑问是三国时期屈指可数的英杰人物之一。孙权十九岁就继承父兄之业，在艰难环境中成长为一名卓越而老练的政治家，杰出而能干的外交谋略家，在内政、外交、军事、经济各个方面都有卓越的建树，不仅是三国时期第一流的政治家，而且在中国历史发展的长河中，也是屈指可数有作为的帝王之一。推进三国鼎立，孙权是至关重要的人物，起了主要作用。孙权聪明仁智，冠盖当世；举贤任能，胜于曹刘；雄略征伐，稍逊魏武；立国江南，功著千秋。汉末群雄纷争，只有曹操、刘备、孙权三人建成了功业，说明他们三人都是那个时代的一流英雄。如将三人做比较，恰如他们建国的区域大小一样，孙权应是居于第二位的人物，他的功绩逊于曹操，大于刘备。

但是，认为孙权“保江东，观成败”，满足于“限江自保”、偏安一隅，这是不符历史实际的。三国鼎立，南北对峙的主线是魏吴而不是魏蜀。旧时史家和《三国

演义》小说，受正统思想局限，突出魏蜀对峙，把吴国放在配角地位，把孙权放在刘备之后，这个案应按历史本来面目把它翻过来。孙权之所以不能统一天下，并非“保江东，观成败”，而是“保江东，图王业”，但未达目的，诸葛亮就说，孙权不是一个“志望已满”“利在鼎足”的人，而是“智力不侔，故限江自保”。又说：“权之不能越江，犹魏贼之不能渡汉，非力有余而利不取也。”诸葛亮的分析是很有道理的，下面再做具体阐述。孙权不能统一天下，举其大端，有以下六个方面的原因。其一，孙权所处天时、地利、人和均为劣势，不足以灭蜀并魏。其二，东吴名将过早凋零。东吴开国的文臣武将，约四十人全部在孙权生前早早谢世。周瑜、鲁肃、吕蒙三位大将，文武兼备，他们制定了东吴政权的立国方针，偏偏最早辞世。东吴十二员虎将程普、黄盖、韩当、蒋钦、周泰、陈武、董袭、甘宁、凌统、徐盛、潘璋、丁奉，有十人凋落在孙权称帝之前。孙策的突然早夭，几乎使孙氏集团瓦解。孙权的大批谋臣骁将的过早谢世，使得东吴争雄天下的实力大大衰落。其三，争夺荆州，吴虽得实利，但也削弱了同盟，增强了曹魏实力，从逐鹿中原角度看，可以说是战略失策。其四，孙权短于临阵突敌，战功不著，直接影响他争天下的进程。其五，孙权称帝骄逸，晚年昏聩。孙权称帝后，从明智走向昏聩，甚至暴虐。孙权称帝前建都武昌，是一种前进的姿态；称帝后建都建业，实际意味着限江自保。晚年的孙权更是忠奸不分，逼死陆逊，杀害吾粲、朱据等股肱大臣，使吴国政治出现了空前的危机，朝臣人人自危，边将外叛，种下了亡国之祸，何谈统一。其六，曹魏重点防吴，孙权无隙可乘，不能建立奇功。魏文帝曹丕三次大举伐吴，两次临江，虽无功而还，其战略计划先吴后蜀，十分明显。公元234年，吴蜀联合北伐，魏明帝西守东进，他亲自出征孙权，孙权闻风而退。在曹魏严密设防下，无论孙权，还是陆逊，出师皆无功，更不用说其他诸将。

综上所述，孙权不能统一天下，因受历史条件局限，有着多种原因，并非志存偏安。曹操、刘备、孙权都没能完成统一大业，而是各自创立了鼎足三分的国家。三国时代的开国之主，功业如此，评价人物要按实际的功业做比较，不能苛之于彼，宽之于此，按功业的实际比较，三国的一流英雄，一曹操，二孙权，三刘备，三人并列及其顺序，是不可移易的。

魏纪七

魏邵陵厉公正始七年至嘉平四年（246—252年）

【起柔兆摄提格（丙寅，246年），尽玄黓涒滩（壬申，252年），凡七年】

【大事提要】

本卷记事起公元246年，讫公元252年，凡七年，当魏邵陵公曹芳正始七年至嘉平四年。本卷所载大事，主要有五个方面。其一，曹爽专擅朝政。魏国齐王曹芳即位后，大将军曹爽采纳丁谧之策，任用其弟曹羲为中领军、曹训为武卫将军、曹彦为散骑常侍，以其党何晏为吏部尚书，邓飏、丁谧为尚书，毕轨为司隶校尉，多树亲党，飞扬跋扈。辅政大臣司马懿不能禁，称病，不参与政事。其二，诛灭曹爽。魏国大将军曹爽骄奢无度，太傅司马懿诈称生病，装成只比死人多口气的样子。公元249年，魏帝曹芳到高平陵祭扫明帝陵墓，曹爽等同伙皆从行。司马懿遂以皇太后之令，关闭城门，并以阴谋反叛罪，诛灭曹爽等人。自此，魏国政权归司马氏。其三，吴国“两宫之变”。吴大帝孙权立孙和为太子，封孙和之弟孙霸为鲁王，而孙霸觊觎太子之位，结交大臣党羽，诋毁太子。公元250年，孙权幽禁太子，骠骑将军朱据等以太子为国之本而据理力争，孙权大怒，废太子为庶人，赐鲁王死。从此，吴国的根基动摇。其四，姜维北伐。雍州、凉州等地区的羌、胡族人背魏降蜀，蜀国卫将军姜维率兵到陇右接应，将其迁至蜀境。姜维拉拢羌、胡为蜀国所用，以控制陇西，但遭到大将军费祎的控制。七年之中，姜维四次北伐，每次出军的人数都不超过万人，往往无功而返。其五，孙权病逝。公元252年，吴主孙权去世，享年71岁。

【原文】

邵陵厉公中

正始七年（丙寅，246 年）

春，二月，吴车骑将军朱然寇柤中，杀略数千人而去。

幽州刺史毌丘俭以高句丽王位宫数为侵叛，督诸军讨之。位宫败走，俭遂屠丸都，斩获首虏以千数。句骊之臣得来数谏位宫，位宫不从，得来叹曰："立见此地将生蓬蒿。"遂不食而死。俭令诸军不坏其墓，不伐其树，得其妻子，皆放遣之。位宫单将妻子逃窜，俭引军还。未几，复击之，位宫遂奔买沟。俭遣玄菟太守王颀追之，过沃沮千有余里，至肃慎氏南界，刻石纪功而还，所诛、纳八千余口。论功受赏，侯者百余人。

秋，九月，吴主以骠骑将军步骘为丞相，车骑将军朱然为左大司马，卫将军全琮为右大司马。分荆州为二部：以镇南将军吕岱为上大将军，督右部，自武昌以西至蒲圻；以威北将军诸葛恪为大将军，督左部，代陆逊镇武昌。

汉大赦，大司农河南孟光于众中责费祎曰："夫赦者，偏枯之物，非明世所宜有也。衰敝穷极，必不得已，然后乃可权而行之耳。今主上仁贤，百僚称职，何有旦夕之急，而数施非常之恩，以惠奸宄之恶乎！"祎但顾谢，踧踖而已。

初，丞相亮时，有言公惜赦者，亮答曰："治世以大德，不以小惠，故匡衡、吴汉不愿为赦。先帝亦言：'吾周旋陈元方、郑康成间，每见启告治乱之道悉矣，曾不语赦也。若刘景升、季玉父子，岁岁赦宥，何益于治！'"由是蜀人称亮之贤，知祎不及焉。

陈寿评曰：诸葛亮为政，军旅数兴而赦不妄下，不亦卓乎？

吴人不便大钱，乃罢之。

【语译】

邵陵厉公中

魏邵陵厉公正始七年（丙寅，246年）

春季，二月，吴国车骑将军朱然侵犯柤中，杀死、掠夺数千人，然后离去。

魏国幽州刺史毌丘俭，因为高句丽王位宫屡次侵犯边境，举兵叛乱，所以就率军讨伐。位宫失败逃走后，毌丘俭屠杀高句丽都城军民，杀死、俘虏的人数以千计。高句丽的大臣得来，曾经多次劝谏位宫不要叛乱，但位宫不听。得来感叹地说："用不了多久，就将见到此地长满蓬蒿野草了。"说完之后就绝食而死。毌丘俭得知此事后，命令各路军队不得毁坏得来的坟墓，不得砍伐墓地的树木，如俘获了得来的妻子儿女，也全部释放回家。位宫独自带着妻子儿女狼狈逃窜，毌丘俭也率军撤回。但没过多久，毌丘俭又派兵追杀位宫。位宫逃奔到买沟，毌丘俭随即派遣玄菟太守王欣继续追击，一直追过了沃沮城一千多里，到达了肃慎氏的南部边界，就在那里刻石立碑，记述了此次战功，然后率军凯旋。此次进攻诛杀以及纳降的敌军，合计有八千多人。于是论功行赏，受封为侯爵者有一百多人。

秋季，九月，吴主任命骠骑将军步骘为丞相、车骑将军朱然为左大司马、卫将军全琮为右大司马。将荆州分为两个部分，任命镇南将军吕岱为上大将军，督领右部，管辖武昌以西至蒲圻一带地区；任命威北将军诸葛恪为大将军，督领左部，代替陆逊，镇守武昌。

蜀国实行大赦。大司农、河南人孟光当着众人责备费祎说："这实行大赦，就像树木一半茂盛，一半枯萎，有失偏颇，不是圣明之世所应实行的。只有到了社会极端衰败，实在不得已的时候，才能暂且变通，偶尔行之。如今主上仁德贤明，百官们也都尽职尽责，哪有什么迫在眉睫的危急情况需要几次施行这种不平常的恩典，去加惠于那些为非作歹的奸恶之徒呢？"费祎只是一个劲儿地看着他道歉，谦恭地听其责备而已。

当初，诸葛亮担任丞相的时候，有人认为他不肯实行大赦。诸葛亮回答说："治理国家要靠大的德政，而不靠小的恩惠。因此，汉代的贤臣匡衡、吴汉不愿实行大赦。先帝也曾说过：'我与陈元方、郑康成在一起的时候，常常听他们讲述治国之道，他们没有一次讲到赦免政策。像刘表、刘琮父子那样，每年都实行赦免，对于治国又有什么好处？'"因此，蜀人极力称赞诸葛亮贤明，知道费祎是比不上他的。

陈寿评论说：诸葛亮治理国家，曾多次发兵征讨，但赦免令却不轻易下达，这难道不是很有远见卓识吗？

吴国人认为，大面值的钱币不方便使用。于是停止了使用。

汉主以凉州刺史姜维为卫将军，与大将军费祎并录尚书事。汶山平康夷反，维讨平之。

汉主数出游观，增广声乐。太子家令巴西谯周上疏谏曰："昔王莽之败，豪杰并起，以争神器，才智之士思望所归，未必以其势之广狭，惟其德之薄厚也。于时更始公孙述等多已广大，然莫不快情恣欲，怠于为善。世祖初入河北，冯异等劝之曰：'当行人所不能为者。'遂务理冤狱，崇节俭，北州歌叹，声布四远。于是，邓禹自南阳追之，吴汉、寇恂素未之识，举兵助之，其余望风慕德，邳肜、耿纯、刘植之徒，至于舆病赍棺，襁负而至，不可胜数，故能以弱为强，而成帝业。及在洛阳，尝欲小出，铫期进谏，即时还车。及颍川盗起，寇恂请世祖身往临贼，闻言即行。故非急务，欲小出不敢；至于急务，欲自安不为；帝者之欲善也如此！故《传》曰：'百姓不徒附'，诚以德先之也。今汉遭厄运，天下三分，雄哲之士思望之时也。臣愿陛下复行人所不能为者，以副人望。且承事宗庙，所以率民尊上也，今四时之祀或有不临，而池苑之观或有仍出，臣之愚滞，私不自安。夫忧责在身者，不暇尽乐，先帝之志，堂构未成，诚非尽乐之时。愿省减乐官、后宫，凡所增造，但奉修先帝所施，下为子孙节俭之教。"汉主不听。

（以上为第一段，写魏国幽州刺史毌丘俭出兵攻打屡次侵犯边境的高句丽王位宫，获得全胜；蜀任命姜维为卫将军，与大将军费祎共理朝政，太子家令谯周力劝后主勤于政事。）

八年（丁卯，247年）

春，正月，吴全琮卒。

二月，日有食之。

时尚书何晏等朋附曹爽，好变改法度。太尉蒋济上疏曰："昔大舜佐治，戒在比周；周公辅政，慎于其朋。夫为国法度，惟命世大才，乃能张其纲维以垂于后，岂中下之吏所宜改易哉！终无益于治，适足伤民。宜使文武之臣，各守其职，率以清平，则和气祥瑞可感而致也！"

蜀国后主刘禅任命凉州刺史姜维为卫将军，与大将军费祎一起共同总领尚书事。汶山郡平康县的夷人反叛，姜维率军讨伐，平定了叛乱。

蜀国后主经常外出游乐观光，增加乐工歌伎的人数。太子家令、巴西郡人谯周上疏劝说道："从前，王莽失败之时，天下豪杰群起争夺帝位，有才德、有智慧的人士所希望归附的人，并不是考虑他势力的大小，而主要是考虑他仁德的厚薄。当时刘玄、公孙述等人的势力已比较强大，但他们一个个都纵欲无度，尽情享乐，而不愿意多为百姓们行善事。世祖刘秀初入河北的时候，冯异等人劝勉他说：'您应当多做别人所不能做的事情。'于是，他尽心治理冤案，崇尚节俭，北部州县到处为他歌功颂德，他的名声很快传遍了四方。于是，邓禹从南阳赶来追随他，吴汉、寇恂与他素不相识，也发兵来帮助他；其他的人，如邳肜、耿纯、刘植等人，也都望风而仰慕他的仁德；至于抱病登车，带着棺木、背着孩子赶来投奔的人，更是数不胜数。因此，他能由弱到强，最终成就了帝王之业。他住在洛阳时，有一次曾想出宫门到近处去游览一下，铫期劝阻，他就立刻驱车返回。而当颍川盗贼作乱时，寇恂请求他亲自率兵讨伐，他二话没说，立即动身出发。由此观之，没有紧急事务，想随便出去走走，他都不敢；而遇到紧急事务，想自在安闲，他也不肯。帝王想要多做善事，就是这样！所以，《传》书上说：'百姓不会平白无故地拥护你。'你必须把仁德放在首位，才能得到百姓的拥护。当今汉朝正遭受厄运，天下分裂，鼎足而三，那些豪杰、明智之人，此时正盼望着贤明的君主来统一天下，我希望您能像世祖那样，做别人所不能做的事情，以符合人们对您的期望！再说，主持宗庙祭祀，是为了率领人民尊奉长上。但是，如今举行四时祭祀，您有时并不亲临主持，却时常到池塘园林去游览玩耍。我这个愚笨迟钝之人，暗自以此忧虑不安。那些肩负天下之责的人，没有闲暇尽情享乐。如今先帝的志向、遗业还没有实现，实在不是尽情享乐的时候。我希望您能够减省乐官、后宫人数，凡是需要增加建造的东西，只可遵照奉行先帝所设置的规模办理，为后世子孙树立一个节俭的典范。"但是，蜀国后主不听谯周的劝告。

魏邵陵厉公正始八年（丁卯，247年）

春季，正月，吴国名将全琮去世。

二月，发生日食。

此时，魏国尚书何晏等人勾结依附于曹爽，喜好更改国家的法规制度。太尉蒋济上疏说："古时大舜辅佐唐尧治国，以结党营私为戒；周公协助成王理政，对结交什么人也极为慎重。国家的法度只有那些闻名于世的伟大人才，才能统掌其纲领而留传于后世，岂是中下等官吏所能随便改变的？而且，更改国家法规制度，最终不

吴主诏徙武昌宫材瓦缮修建业宫。有司奏言："武昌宫已二十八岁，恐不堪用，宜下所在，通更伐致。"吴主曰："大禹以卑宫为美。今军事未已，所在赋敛，若更通伐，妨损农桑，徙武昌材瓦，自可用也。"乃徙居南宫。三月，改作太初宫，令诸将及州郡皆义作。

大将军爽用何晏、邓飏、丁谧之谋，迁太后于永宁宫；专擅朝政，多树亲党，屡改制度。太傅懿不能禁，与爽有隙。五月，懿始称疾，不与政事。

吴丞相步骘卒。

帝好亵近群小，游宴后园。秋，七月，尚书何晏上言："自今御幸式乾殿及游豫后园，宜皆从大臣，询谋政事，讲论经义，为万世法。"

冬，十二月，散骑常侍、谏议大夫孔乂上言："今天下已平，陛下可绝后园习骑乘马，出必御辇乘车，天下之福，臣子之愿也。"帝皆不听。

吴主大发众集建业，扬声欲入寇。扬州刺史诸葛诞使安丰太守王基策之。基曰："今陆逊等已死，孙权年老，内无贤嗣，中无谋主。权自出，则惧内衅卒起，痈疽发溃；遣将，则旧将已尽，新将未信。此不过欲补绽支党，还自保护耳。"已而吴果不出。

是岁，雍、凉羌胡叛降汉，汉姜维将兵出陇右以应之，与雍州刺史郭淮、讨蜀护军夏侯霸战于洮西。胡王白虎文、治无戴等率部落降维，维徙之入蜀。淮进击羌胡余党，皆平之。

（以上为第二段，写吴主孙权厉行节俭，下令拆运武昌宫砖瓦木材修缮建业宫；魏帝曹芳喜好宠幸亲近一群小人，在后园游乐饮宴，大将军曹爽独揽朝政，太傅司马懿称病不朝。）

九年（戊辰，248 年）

春，二月，中书令孙资，癸巳，中书监刘放，三月甲午，司徒卫臻

仅无益于国家的治理，却反而足以伤害人民。所以，应该让文武大臣们，恪守各自的职责，都能做到清廉公正，那么平和之气、吉祥符瑞就可以受到感应而降临了。”

吴主下令，令拆运武昌宫的砖瓦木材，用来修缮建业宫。有关官吏禀告说：“武昌宫至今已有二十八年，其砖木破旧，恐怕已不适宜再使用；建业宫修缮所需的砖瓦木材，应该由下面的州县负责解决，从全国各地砍伐木材运来。”吴主说：“古时的大禹，以低矮的宫室为美，我也应该如此。如今战事连绵不断，要向下面的州县征收赋税，如果再让各地砍伐木材，就会妨害、损伤农林生产，所以武昌宫的旧砖木，还是可以使用的。”于是，迁居南宫。三月，改建太初宫，命令各个将领及各州郡官长都来义务协助建造。

魏国大将军曹爽采纳何晏、邓飏、丁谧的计谋，把太后迁居到永宁宫，并独揽朝政大权，广泛提拔亲戚党羽，多次更改制度。太傅司马懿没有能力禁止，就与曹爽之间产生矛盾。五月，司马懿开始称病，不上朝参与政事。

吴国丞相步骘去世。

魏帝曹芳喜好宠信亲近一群小人，在后园游乐饮宴。秋季，七月，尚书何晏上疏说：“从今以后，皇上到式乾殿或者到后园游乐时，应该都有大臣跟随，以便询问、商量政事，讲解、讨论经书大义，并为世世代代所效法。”

冬季，十二月，散骑常侍、谏议大夫孔乂又上疏说：“如今天下已经太平，皇上可以不再到后园练习骑术，外出一定要乘坐辇车，这是天下之福，也是臣子的愿望。”魏帝都没有听从他们的意见。

吴主发重兵集中在建业，并扬言要入侵魏国，扬州刺史诸葛诞得到消息后，让安丰太守王基出谋划策。王基说：“如今陆逊等人已死，孙权也已年老，内无贤良的继承人，朝中又无主谋之人。孙权如亲自领兵出征，则害怕内乱像毒疮爆发；如派遣将领出征，则旧将领已经死光，而新将领又未获得信任。所以，这只不过是想整顿内部，加强自我保护而已。”过些时候，吴国果然没有出兵。

这一年，雍州、凉州的羌人、胡人背叛魏国，投降蜀汉，汉将姜维领兵出陇右来接应他们，与雍州刺史郭淮、讨蜀护军夏侯霸在洮西展开战斗。胡人首领白虎文、治无戴等人率领部众投降了姜维，姜维把他们迁移到蜀国境内。郭淮向羌、胡余党进攻，全部平定了叛乱。

魏邵陵厉公正始九年（戊辰，248 年）

春季，二月，魏国中书令孙资；二月三十日癸巳，中书监刘放；三月初一甲午，

各逊位，以侯就第，位特进。

夏，四月，以司空高柔为司徒，光禄大夫徐邈为司空。邈叹曰："三公，论道之官，无其人则缺，岂可以老病忝之哉！"遂固辞不受。

五月，汉费祎出屯汉中。自蒋琬及祎，虽身居于外，庆赏威刑，皆遥先咨断，然后乃行。祎雅性谦素，当国功名，略与琬比。

秋，九月，以车骑将军王凌为司空。

涪陵夷反，汉车骑将军邓芝讨平之。

大将军爽，骄奢无度，饮食衣服，拟于乘舆；尚方珍玩，充牣其家；又私取先帝才人以为伎乐。作窟室，绮疏四周，数与其党何晏等纵酒其中。弟羲深以为忧，数涕泣谏止之，爽不听。爽兄弟数俱出游，司农沛国桓范谓曰："总万机，典禁兵，不宜并出。若有闭城门，谁复内入者？"爽曰："谁敢尔邪！"

初，清河、平原争界，八年不能决。冀州刺史孙礼请天府所藏烈祖封平原时图以决之。爽信清河之诉，云"图不可用"，礼上疏自辨，辞颇刚切。爽大怒，劾礼怨望，结刑五岁。久而复为并州刺史，往见太傅懿，有忿色而无言。懿曰："卿得并州少邪？恚理分界失分乎？"礼曰："何明公言之乖也！礼虽不德，岂以官位、往事为意邪！本谓明公齐踪伊、吕，匡辅魏室，上报明帝之托，下建万世之勋。今社稷将危，天下凶凶，此礼之所以不悦也！"因涕泣横流。懿曰："且止，忍不可忍！"

冬，河南尹李胜出为荆州刺史，过辞太傅懿。懿令两婢侍，持衣，衣落；指口言渴，婢进粥，懿不持杯而饮，粥皆流出沾胸。胜曰："众情谓明公旧风发动，何意尊体乃尔！"懿使声气才属，说："年老枕疾，死在旦夕。君当屈并州，并州近胡，好为之备！恐不复相见，以子师、昭兄弟为托。"胜曰："当还忝本州，非并州。"懿乃错乱其辞曰："君方到并州？"胜复曰："当忝荆州。"懿曰："年老意荒，不解君言。今还为本州，

司徒卫臻，各自退位，都赐以侯爵退居归家，加封为特进。

夏季，四月，魏国任命司空高柔为司徒，光禄大夫徐邈为司空。徐邈感叹地说："三公是讲论治国之道的官职，没有合适的人选就应虚位以待，怎么能让老弱病残之人辱没这个职位呢？"于是，就坚决推辞，不接受司空之职。

五月，蜀汉费祎出都城，屯兵于汉中。从蒋琬到费祎，虽然身居于外，但国家的庆典赏赐以及刑罚等大事，都先要远远地向他们咨询，做出决断，然后才予以实行。费祎平常性情谦逊朴素，治理国政的功绩名望，大致与蒋琬相当。

秋季，九月，魏国任命车骑将军王凌为司空。

涪陵的夷人谋反，蜀国车骑将军邓芝率兵攻打，平定了叛乱。

魏国大将军曹爽骄奢无度，饮食衣服，与皇帝相同，尚方署中的珍宝玩好，也随便拿去充实其家。他还私自留用明帝的宫中女官做歌舞乐妓。掘开地面建造地下宫室，在四周雕饰了华丽的花纹，并经常与他的党羽何晏等人在里面饮酒作乐。他的弟弟曹羲深深地为此忧虑，多次哭泣着劝阻他不要再这样做，但曹爽不听。曹爽兄弟几个经常一起出去游玩，司农、沛国人桓范对他说："您总理万机，掌管城内禁兵，弟兄们不宜同时出城，如果有人关闭城门，又有谁在城内接应呢？"曹爽说："谁有胆子，竟敢这样做！"

当初，魏国清河王、平原王二人的地界有争议，拖了八年也不能解决。冀州刺史孙礼请求观看国家收藏的魏明帝封其为平原王时的地图加以裁决；但曹爽相信清河郡的上诉，认为地图不可用。于是，孙礼上疏自我申辩，言辞颇为强硬严厉。曹爽勃然大怒，弹劾孙礼对朝廷心怀不满，判罪五年。过了很久，又改任孙礼为并州刺史。孙礼去看望太傅司马懿时，面露愤然之色却不说话。司马懿说："你是嫌得到并州地盘小呢？还是怨恨处理地界事务不正确呢？"孙礼说："您为什么说话这样不合道理？我虽然没有什么德才，难道还把区区官位和过去的事情放在心上吗？我本想说的是您应该追寻伊尹、吕尚的足迹，匡正辅佐魏国朝政，上可以报答明帝的嘱托，下可以建立万世的功勋。而如今国家将要遭受危难，天下也动荡不宁，这就是我所以不高兴的原因！"说完，他已经悲痛万分，泪流满面了。司马懿劝慰说："你不要悲痛，要学会忍受那些不能忍受的事情。"

冬季，魏国河南令尹李胜出任荆州刺史，到太傅司马懿家去辞行。司马懿让两个侍女侍奉着出来接见。侍女让司马懿更衣，他却把衣服掉在地上；指着嘴说口渴，侍女端来米粥，他却拿不动碗，就由婢女端着喝，粥从嘴边流出来，沾满了前胸。李胜说："大家都说您的中风病旧病复发，没想到您的身体竟是这样糟糕！"司马懿气喘吁吁地说："我年老体弱，卧病不起，不久就要死了。你屈就并州刺史，并州靠近胡地，要很好地加强戒备。恐怕我们不能再见面了，我把我的儿子司马师和司马

盛德壮烈，好建功勋！”胜退，告爽曰：“司马公尸居余气，形神已离，不足虑矣。”他日，又向爽等垂泣曰：“太傅病不可复济，令人怆然！”故爽等不复设备。

何晏闻平原管辂明于术数，请与相见。十二月丙戌，辂往诣晏，晏与之论《易》。时邓飏在坐，谓辂曰：“君自谓善《易》，而语初不及《易》中辞义，何也？”辂曰：“夫善《易》者不言《易》也。”晏含笑赞之曰：“可谓要言不烦也！”因谓辂曰：“试为作一卦，知位当至三公不？”又问：“连梦见青蝇数十，来集鼻上，驱之不去，何也？”辂曰：“昔元、凯辅舜，周公佐周，皆以和惠谦恭，享有多福，此非卜筮所能明也。今君侯位尊势重，而怀德者鲜，畏威者众，殆非小心求福之道也。又，鼻者，天中之山，‘高而不危，所以长守贵’。今青蝇臭恶而集之，位峻者颠，轻豪者亡，不可不深思也！愿君侯裒多益寡，非礼勿履，然后三公可至，青蝇可驱也。”飏曰：“此老生之常谭。”辂曰：“夫老生者见不生，常谭者见不谭。”辂还邑舍，具以语其舅。舅责辂言太切至，辂曰：“与死人语，何所畏邪！”舅大怒，以辂为狂。

吴交趾、九真夷贼攻没城邑，交部骚动。吴主以衡阳督军都尉陆胤为交州刺史、安南校尉。胤入境，喻以恩信，降者五万余家，州境复清。

太傅懿阴与其子中护军师、散骑常侍昭谋诛曹爽。

（以上为第三段，写魏国大将军曹爽骄奢无度，饮食衣服拟于皇帝，而太傅司马懿继续装病，被认为是“尸居余气，形神已离”，以此麻痹曹爽，而暗中与儿子司马师、司马昭密谋诛之。）

昭兄弟托付给你。”李胜说：“我是回去担任本家乡的州官，不是到并州任官。”司马懿装聋作哑，故意听错他的话，说：“你刚刚到过并州？”李胜又说：“是到荆州任职。”司马懿说：“我年老耳聋，思绪迷乱，没有听明白你的话。如今你回到家乡做州官，正好轰轰烈烈地大展德才，建立功勋。”李胜告退后，禀告曹爽说：“司马懿只是比死人多了一口气，形体与精神已经分离，离死不远，不足为忧。”过了几天，李胜又流着泪向曹爽等人说：“太傅的病体不能再康复了，实在令人悲伤。”因此，曹爽等人不再对司马懿加以戒备。

魏国的吏部尚书何晏听说平原郡的管辂精通占卜之术，就请求与他相见。十二月二十八日丙戌，管辂去拜访何晏，何晏和他讨论《易经》。当时邓飏也在座，就对管辂说：“您自己说善于研究《易经》，但谈话时却从不说到《易经》中的辞义，这是为什么？”管辂说：“精于《易经》的人是不说《易经》的。”何晏含笑称赞他说：“这话可真是要言不烦啊！”于是又对管辂说：“请为我试卜一卦，看我的地位能否达到三公？”又问道：“连日来我总梦见数十只苍蝇聚在鼻子上，赶都赶不走，这是怎么回事呢？”管辂说：“古代八元、八凯辅佐虞舜，周公辅佐成王，都因其温和、仁厚、谦虚、恭敬而多福长寿，这不是卜筮所能决定的。如今您地位尊贵，权势很大，但人们怀念您恩德的少，而畏惧您威势的多，这恐怕不是小心求福之道。另外，鼻子是天中之山，《易经》说：‘居高位而不危倾，就可以长久地守住尊贵之位。’如今梦见苍蝇这种污秽的东西集聚在您的鼻子上，这说明地位高者将要倾覆，骄纵者将要灭亡，您不能不深入地想一想了！希望您削减多余的，补充不足的，不要去干那些不合礼法的事情。这样，三公的地位就可以达到，苍蝇也可以被驱赶走了。”邓飏说：“你这是老生常谈。”管辂说：“但老生者却见其不生，常谈者却见其不谈。”管辂回到家中，把这些都告诉了他的舅舅。他舅舅责怪他说话太直率、露骨。管辂说：“和死人说话，还有什么可畏惧的！”他舅舅勃然大怒，认为管辂太狂傲，是个狂人。

吴国交趾、九真的夷人造反，攻取了城镇，整个交州地区也都骚动不安。吴主任命衡阳督军都尉陆胤为交州刺史、安南校尉。陆胤进入交州境内，广施恩惠和诚信，结果投降者有五万多家，交州境内又恢复了太平。

魏国太傅司马懿暗地里和他的儿子中护军司马师、散骑常侍司马昭密谋诛杀曹爽。

嘉平元年（己巳，249 年）

春，正月甲午，帝谒高平陵，大将军爽与弟中领军羲、武卫将军训、散骑常侍彦皆从。太傅懿以皇太后令，闭诸城门，勒兵据武库，授兵出屯洛水浮桥，召司徒高柔假节行大将军事，据爽营，太仆王观行中领军事，据羲营。因奏爽罪恶于帝曰：

“臣昔从辽东还，先帝诏陛下、秦王及臣升御床，把臣臂，深以后事为念。臣言：‘太祖、高祖亦属臣以后事，此自陛下所见，无所忧苦。万一有不如意，臣当以死奉明诏。’今大将军爽，背弃顾命，败乱国典，内则僭拟，外则专权，破坏诸营，尽据禁兵，群官要职，皆置所亲，殿中宿卫，易以私人，根据盘互，纵恣日甚。又以黄门张当为都监，伺察至尊，离间二宫，伤害骨肉，天下汹汹，人怀危惧。陛下便为寄坐，岂得久安！此非先帝诏陛下及臣升御床之本意也。

“臣虽朽迈，敢忘往言！太尉臣济等皆以爽为有无君之心，兄弟不宜典兵宿卫，奏永宁宫，皇太后令敕臣如奏施行。臣辄敕主者及黄门令：‘罢爽、羲、训吏兵，以侯就第，不得逗留，以稽车驾；敢有稽留，便以军法从事！’臣辄力疾将兵屯洛水浮桥，伺察非常。”

爽得懿奏事，不通；迫窘不知所为，留车驾宿伊水南，伐木为鹿角，发屯田兵数千人以为卫。

懿使侍中高阳许允及尚书陈泰说爽宜早自归罪，又使爽所信殿中校尉尹大目谓爽：“唯免官而已，以洛水为誓。”泰，群之子也。

初，爽以桓范乡里老宿，于九卿中特礼之，然不甚亲也。及懿起兵，以太后令召范，欲使行中领军。范欲应命，其子止之曰：“车驾在外，不如南出。”范乃出。至平昌城门，城门已闭。门候司蕃，故范举吏也，范举手中版示之，矫曰：“有诏召我，卿促开门！”蕃欲求见诏书，范呵之曰：“卿非我故吏邪？何以敢尔！”乃开之。范出城，顾谓蕃曰：“太傅图

魏邵陵厉公嘉平元年（己巳，249 年）

春季，正月初六甲午，魏帝祭扫高平陵，大将军曹爽和他的弟弟中领军曹羲、武卫将军曹训、散骑常侍曹彦等都随侍同行。太傅司马懿以皇太后名义下令，关闭了各个城门，率兵占据了武库，并派兵出城据守洛水浮桥；召令司徒高柔持节代理大将军职事，占据曹爽营地；太仆王观代理中领军职事，占据曹羲营地。然后向魏帝禀奏曹爽的罪恶，说：

> “我过去从辽东回来时，先帝诏令皇上、秦王和我到御床跟前，拉着我的手臂，深为后事忧虑。我说道：‘太祖、高祖也曾把后事嘱托给我，这是皇上您亲眼见到的，没有什么可忧虑烦恼的。万一发生什么不如意的事情，我当誓死执行您的指令。’如今大将军曹爽，背弃先帝的遗命，败坏、扰乱国家的制度；在朝内则超越本分自比君王，在外部则骄横跋扈独揽大权；破坏各个军营的编制，完全把持了禁卫部队；各种重要官职，都安置他的亲信担任；皇宫的值宿卫士，也都换上了他自己的人；这些人相互勾结盘踞在一起，恣意妄为日甚一日。曹爽又派宦官黄门张当担任都监，侦察皇上的情况，挑拨离间皇上和太后二宫的关系，伤害骨肉之情，天下动荡不安，人人心怀畏惧。在这种形势下，皇上也只是暂时寄居天子之位，岂能长治久安？这绝不是先帝诏令皇上和我到御床前谈话的本意。
>
> “我虽老朽不堪，怎敢忘记以前说的话？太尉蒋济等人，也都认为曹爽有篡夺皇位之心，他们兄弟不宜掌管军队担任皇家侍卫，我把这些意见上奏皇太后，皇太后命令我按照奏章所言施行。我已自作主张告诫主管人及黄门令说：‘免去曹爽、曹羲、曹训的官职兵权，以侯爵的身份退职归家，不得逗留而延迟皇上车驾，如敢于延迟皇上车驾，就以军法处置。’我还擅自勉力支撑病体，率兵驻扎在洛水浮桥，侦察非常情况。”

曹爽得到司马懿的奏章，没有通报魏帝，但惶急窘迫不知所措，于是就劫持魏帝车驾，留宿于伊水之南，伐木构筑了防卫工事，并调遣了数千名屯田士兵为护卫。

司马懿派遣侍中、高阳人许允和尚书陈泰去劝说曹爽，告诉他应当尽早归降认罪；又派曹爽所信任的殿中校尉尹大目去告诉曹爽，只是免去他的官职而已，并指着洛水发了誓。陈泰是陈群之子。

当初，曹爽因桓范是他同乡年长的故旧，所以在九卿之中对桓范特别加以礼遇，但关系不太亲近。司马懿起兵时，以太后的名义下令，想要让桓范担任中领军之职。桓范打算接受任命，但他的儿子劝阻他说：“皇上的车驾在外，您不如出南门去投奔。”于是桓范就离城出去。走到平昌城门时，城门已经关闭。守门将领司蕃是桓范过去提拔的官吏，桓范举起手中的版牒示之，谎称说：“有诏书召我前往，请你快点

逆，卿从我去！”蕃徒行不能及，遂避侧。懿谓蒋济曰：“智囊往矣！”济曰：“范则智矣，然驽马恋栈豆，爽必不能用也。”

范至，劝爽兄弟以天子诣许昌，发四方兵以自辅。爽疑未决，范谓羲曰：“此事昭然，卿用读书何为邪！于今日卿等门户，求贫贱复可得乎！且匹夫质一人，尚欲望活；卿与天子相随，令于天下，谁敢不应也！”俱不言。范又谓羲曰：“卿别营近在阙南，洛阳典农治在城外，呼召如意。今诣许昌，不过中宿，许昌别库，足相被假；所忧当在谷食，而大司农印章在我身。”羲兄弟默然不从，自甲夜至五鼓，爽乃投刀于地曰：“我亦不失作富家翁！”范哭曰：“曹子丹佳人，生汝兄弟，犊耳！何图今日坐汝等族灭也！”

爽乃通懿奏事，白帝下诏免己官，奉帝还宫。爽兄弟归家，懿发洛阳吏卒围守之；四角作高楼，令人在楼上察视爽兄弟举动。爽挟弹到后园中，楼上便唱言：“故大将军东南行！”爽愁闷不知为计。

戊戌，有司奏：“黄门张当私以所择才人与爽，疑有奸。”收当付廷尉考实，辞云：“爽与尚书何晏、邓飏、丁谧、司隶校尉毕轨、荆州刺史李胜等阴谋反逆，须三月中发。”于是，收爽、羲、训、晏、飏、谧、轨、胜并桓范，皆下狱，劾以大逆不道，与张当俱夷三族。

初，爽之出也，司马鲁芝留在府，闻有变，将营骑斫津门出赴爽。及爽解印绶，将出，主簿杨综止之曰：“公挟主握权，舍此以至东市乎？”有司奏收芝、综治罪，太傅懿曰：“彼各为其主也，宥之。”顷之，以芝为御史中丞，综为尚书郎。

鲁芝将出，呼参军辛敞欲与俱去。敞，毗之子也，其姊宪英为太常

开门。”司蕃想要亲眼看看诏书，桓范大声呵斥说：“你难道不是我过去手下的官吏吗？怎敢这样对我？”司蕃只好打开城门。桓范出城以后，回过头来对司蕃说：“太傅图谋叛逆，你还是跟我走吧！”司蕃步行追赶不及，只好在道旁躲避。司马懿得知后对蒋济说：“曹爽的智囊去了！”蒋济说：“桓范是很有智谋的，但曹爽就像劣马贪恋马房的草料一样，因顾恋他的家室而不能做长远打算，所以必然不能采纳桓范的计谋。”

桓范来到之后，劝说曹爽兄弟把天子挟持到许昌，然后调集四方兵力辅助自己。曹爽仍犹豫不决，桓范就对曹羲说：“这件事明摆着只能如此办理，真不知道你读书是有什么用！在今天的形势下，像你们这样门第的人想要求得贫贱平安的日子还可能吗？而且普通百姓有一人被劫持作人质，人们尚且希望他能存活，何况你们与天子在一起，挟天子以令天下，谁敢不从？”他们都默然不语。桓范又对曹羲说：“你的中领军别营近在城南，洛阳典农的治所也在城外，你可随意召唤、调遣他们。如今到许昌去，不过两天两夜的路程，许昌的武器库也足以武装军队，我们所忧虑的当是粮食问题，但大司农的印章就在我身上，可以签发征调。”然而，曹羲兄弟却默然不动，从初夜一直坐到五更。曹爽把刀扔在地上，说：“即使投降，我仍然不失为富贵人家！”桓范悲痛地哭说道：“曹真这样有才能的人，却生下你们这群人！没想到今日受你们的连累，要灭族了。”

于是，曹爽向魏帝曹芳通报了司马懿上奏的事情，告诉魏帝曹芳下诏书免除自己的官职，并侍奉魏帝回宫。曹爽兄弟回家以后，司马懿派洛阳的士兵包围了曹府并日夜看守；府宅的四角搭起了高楼，派人在楼上监视曹爽兄弟的举动。曹爽挟着弹弓到后园去，楼上的人就高声叫喊：“故大将军向东南去了。”弄得曹爽愁闷不已，不知如何是好。

正月初十戊戌，有关部门奏告“黄门张当私自把选择的才人送给曹爽，怀疑他们之间有阴谋”。于是逮捕了张当，送交廷尉审讯查实。张当交代说：“曹爽与尚书何晏、邓飏、丁谧，司隶校尉毕轨，荆州刺史李胜等人阴谋反叛，等到三月中旬起事。”于是，把曹爽、曹羲、曹训、何晏、邓飏、丁谧、毕轨、李胜以及桓范等人都逮捕入狱，以大逆不道之罪劾奏朝廷，并与张当一起被诛灭三族。

当初，曹爽出城之时，司马鲁芝留在府中，后来听说发生变乱，就率领军营骑兵砍开津门，出城投奔曹爽。等到曹爽将要出门交出官印之时，主簿杨综劝阻他说：“您挟天子以握重权，交出官印，是想要被诛杀于东市吗？”有关部门上奏，要逮捕鲁芝、杨综，予以治罪，太傅司马懿说：“他们也是各为其主，宽恕他们吧。”不久，任命鲁芝为御史中丞，杨综为尚书郎。

当初，鲁芝将要出城之时，呼唤参军辛敞，想让他与自己同去。辛敞是辛毗之

羊耽妻，敞与之谋曰："天子在外，太傅闭城门，人云'将不利国家'，于事可得尔乎？"宪英曰："以吾度之，太傅此举，不过以诛曹爽耳。"敞曰："然则事就乎？"宪英曰："得无殆就！爽之才，非太傅之偶也。"敞曰："然则，敞可以无出乎？"宪英曰："安可以不出！职守，人之大义也。凡人在难，犹或恤之；为人执鞭而弃其事，不祥莫大焉。且为人任，为人死，亲昵之职也，从众而已。"敞遂出。事定之后，敞叹曰："吾不谋于姊，几不获于义。"

先是，爽辟王沈及太山羊祜，沈劝祜应命。祜曰："委质事人，复何容易！"沈遂行。及爽败，沈以故吏免，乃谓祜曰："吾不忘卿前语。"祜曰："此非始虑所及也！"

爽从弟文叔妻夏侯令女，早寡而无子，其父文宁欲嫁之；令女刀截两耳以自誓，居常依爽。爽诛，其家上书绝昏，强迎以归，复将嫁之；令女窃入寝室，引刀自断其鼻，其家惊惋，谓之曰："人生世间，如轻尘栖弱草耳，何至自苦乃尔！且夫家夷灭已尽，守此欲谁为哉！"令女曰："吾闻仁者不以盛衰改节，义者不以存亡易心。曹氏前盛之时，尚欲保终，况今衰亡，何忍弃之！此禽兽之行，吾岂为乎！"司马懿闻而贤之，听使乞子字养为曹氏后。

何晏等方用事，自以为一时才杰，人莫能及。晏尝为名士品目曰："'唯深也，故能通天下之志'，夏侯泰初是也。'唯几也，故能成天下之务'，司马子元是也。'唯神也，不疾而速，不行而至'，吾闻其语，未见其人。"盖欲以神况诸己也。

选部郎刘陶，晔之子也，少有口辩，邓飏之徒称之，以为伊、吕。陶尝谓傅玄曰："仲尼不圣。何以知之？智者于群愚，如弄一丸于掌中；而不能得天下，何以为圣！"玄不复难，但语之曰："天下之变无常也，今见卿穷。"及曹爽败，陶退居里舍，乃谢其言之过。

子。辛敞的姐姐辛宪英是太常羊耽之妻。辛敞与姐姐商量说："天子在外，太傅关闭了城门，人们都说这将不利于国家，事情能这样吗？"宪英说："以我看来，太傅的这个举动不过是想诛杀曹爽而已。"辛敞说："那么事情能成功吗？"宪英说："恐怕会能成功吧！曹爽的才能是不能与太傅相比的。"辛敞说："那么我可以不要出城了？"宪英说："怎么可以不出城去呢？忠于职守，是人之大义所在。一般人遇到危难，尚且需要救助，何况你的上司呢？这就好比为人执鞭驾车而突然撒手不管一样，没有比这更凶险的事情了。再说，为人承担责任，为人去死，这是亲信宠爱之人的职责，你只要随大流就可以了。"于是，辛敞跟随出城而去。事情平定之后。辛敞感叹地说："如果我不是先同姐姐商量，几乎背离了大义。"

先前，曹爽召王沈和太山人羊祜为官，王沈劝羊祜应召。羊祜说："委身效命追随主人，又岂是一件容易的事情！"结果王沈一人去了。等到曹爽失败，王沈因为是曹爽原来的属官而被免职。于是他对羊祜说："我永远不会忘记你以前说的话。"羊祜说："这件事不是我当初所能考虑到的。"

曹爽的堂弟曹文叔以夏侯令的女儿为妻。夏侯令的女儿早年守寡而没有儿子，其父夏侯文宁打算让她改嫁，她用刀割下两耳，表示誓死不嫁，平时居家度日常常依靠曹爽。曹爽被诛杀后，夏侯家上书断绝婚约，并强行把女儿接回家，再次让她改嫁。其女儿悄悄进入寝室，又用刀割断了鼻子，家人十分惊愕惋惜，对她说："人生在世，就如同轻微的尘土栖息在柔弱的小草之上而已，你何必这样自讨苦吃呢？而且你丈夫的家人已被杀尽，你苦守着这个家到底是为了谁呢？"女儿回答说："我听说过，仁人不会因为盛衰而改变节操，义士也不会因为存亡而改变心志。曹家以前兴盛之时，我尚且想终生守节，何况如今衰亡了，我怎么忍心抛弃它？这是禽兽的行为，我怎能这样做呢？"司马懿听说后，很是称赞她的贤德，于是就听任她收养儿子作为曹家的后代。

何晏等人刚刚当政时，自以为是当世的杰出人才，没有人能比得上。何晏曾经对名士加以品评，说："'唯其深入透彻，所以能通天下之志'，夏侯泰初就是如此。'唯其细致入微，所以能成天下之事'，司马子元就是如此。'唯其神机妙算，所以能不显迅疾而速度极快，不行而已到达'，我只听说过这样的话，但没有见到如此之人。"何晏是想以"神妙"来比拟自己。

选部郎刘陶是刘晔之子，从小就有辩才，邓飏等人称颂他可比伊尹、吕尚。刘陶曾对傅玄说："孔子不是圣人。怎么知道呢？是因为智者对付一群愚人，就如同在掌中玩弄一个弹丸；而孔子竟不能得天下而为天子，怎么能称为圣人？"傅玄不再与他辩论，只对他说："天下形势变化无常，如今可以看到你将穷困不堪。"等到曹爽失败，刘陶罢官而退居家中，才承认自己言语的错误。

管辂之舅谓辂曰："尔前何以知何、邓之败？"辂曰："邓之行步，筋不束骨，脉不制肉，起立倾倚，若无手足，此为'鬼躁'。何之视候，则魂不守宅，血不华色，精爽烟浮，容若槁木，此为'鬼幽'。二者皆非遐福之象也。"

何晏性自喜，粉白不去手，行步顾影。尤好老、庄之书，与夏侯玄、荀粲及山阳王弼之徒，竞为清谈，祖尚虚无，谓"六经"为圣人糟粕。由是天下士大夫争慕效之，遂成风流，不可复制焉。粲，彧之子也。

（以上为第四段，写太傅司马懿利用魏帝曹芳离开洛阳去祭扫明帝坟墓高平陵、大将军曹爽等人均从行的机会，奏请郭太后关闭城门，废掉曹爽兄弟。后以谋反罪杀掉曹爽及其党羽，灭其三族。）

丙午，大赦。

丁未，以太傅懿为丞相，加九锡。懿固辞不受。

初，右将军夏侯霸为曹爽所厚，以其父渊死于蜀，常切齿有报仇之志，为讨蜀护军，屯于陇西，统属征西。征西将军夏侯玄，霸之从子，爽之外弟也。爽既诛，司马懿召玄诣京师，以雍州刺史郭淮代之。霸素与淮不叶，以为祸必相及，大惧，遂奔汉。汉主谓曰："卿父自遇害于行间耳，非我先人之手刃也。"遇之甚厚。姜维问于霸曰："司马懿既得彼政，当复有征伐之志不？"霸曰："彼方营立家门，未遑外事。有钟士季者，其人虽少，若管朝政，吴、蜀之忧也。"士季者，钟繇之子尚书郎会也。

三月，吴左大司马朱然卒。然长不盈七尺，气候分明，内行修洁，终日钦钦，若在战场，临急胆定，过绝于人。虽世无事，每朝夕严鼓，兵在营者，咸行装就队。以此玩敌，使不知所备，故出辄有功。然寝疾增笃，吴主昼为减膳，夜为不寐，中使医药口食之物，相望于道。然每遣使表疾病消息，吴主辄召见，口自问讯，入赐酒食，出赐布帛。及卒，吴主为之哀恸。

夏，四月乙丑，改元。

曹爽之在伊南也，昌陵景侯蒋济与之书，言太傅之旨，不过免官而

管辂的舅舅对管辂说："你以前是如何知道何晏、邓飏必败的？"管辂说："邓飏在走路时，筋脉不能控制骨骼肌肉，站立起来歪歪斜斜，好像没有手脚的样子，这就叫作'鬼躁'；何晏看上去就像是魂不守舍，面无血色，精神像飘浮的轻烟一样绵软不振，面容则像枯朽的木头，这就叫作'鬼幽'。这二者都不是有久远之福的征象。"

何晏生性风流自赏，涂脸的白粉从不离手，连走路也顾影自怜。他尤其喜好老子、庄子之书，与夏侯玄、荀粲以及山阳人王弼等人清谈玄理，崇尚虚无之论，说"六经"是圣人的糟粕。从此以后，天下的士大夫争相羡慕而仿效他们，终于形成一时的社会风气，不可遏止。荀粲是荀彧的儿子。

正月十八日丙午，魏国宣布实行大赦。

正月十九日丁未，魏国任命太傅司马懿为丞相，赐九锡。司马懿坚决推辞不受。

当初，魏国右将军夏侯霸受到曹爽厚遇，因他父亲夏侯渊死于蜀国，所以常常咬牙切齿立志报仇雪恨，担任讨蜀护军，驻扎在陇西，属于征西将军所统率。征西将军夏侯玄是夏侯霸的侄子，曹爽的表弟。曹爽被诛杀以后，司马懿召夏侯玄回京城，让雍州刺史郭淮代替他的职位。夏侯霸平素与郭淮不和，认为此番必然祸害及身，十分害怕，就逃奔到蜀国。蜀国后主对他说："你的父亲是自己在交战之中阵亡的，不是我的先辈杀死的。"然后，给予他十分丰厚的待遇。姜维问夏侯霸："司马懿既已把持魏国朝政，你看他会不会有攻打别国的企图？"夏侯霸说："他正在经营整理内部事务，还顾不上对外征伐。但有一个叫钟士季的人，年纪虽轻，如果管理朝政，将是吴、蜀两国的忧患。"钟士季就是钟繇的儿子尚书郎钟会。

三月，吴国左大司马朱然去世。朱然高不满七尺，但对是非的态度分明，很注重自我身心道德的修养。每天都恭谨尽职，不敢懈怠，好像在战场上一样，遇到紧急情况，意定神闲，胆力过人。虽然没有战事，但每天早晚都要擂鼓。听到鼓声，军营的士兵都立即整好行装列队集合。他用这个办法麻痹敌人，使敌人放松戒备，所以每次出战都会取得胜利。朱然卧病不起日益严重，吴主为此白天吃不下饭，晚上睡不着觉，并经常不断地派宦官为朱然送医送药送食物。朱然每次派人报告疾病消息，吴主就立即召见，亲自问讯，报信的人来时赐以酒食，走时赐以衣帛。朱然去世时，吴主极其悲痛。

夏季，四月初八乙丑，魏国改年号为嘉平。

魏国曹爽在伊水之南时，昌陵景侯蒋济曾给他写信，说太傅的意思只不过是想

已。爽诛，济进封都乡侯，上疏固辞，不许。济病其言之失，遂发病，丙子，卒。

秋，汉卫将军姜维寇雍州，依麹山筑二城，使牙门将句安、李歆等守之，聚羌胡质任，侵逼诸郡。征西将军郭淮与雍州刺史陈泰御之。泰曰："麹城虽固，去蜀险远，当须运粮；羌夷患维劳役，必未肯附。今围而取之，可不血刃而拔其城；虽其有救，山道阻险，非行兵之地也。"淮乃使泰率讨蜀护军徐质、南安太守邓艾进兵围麹城，断其运道及城外流水。安等挑战，不许，将士困窘，分粮聚雪以引日月。维引兵救之，出自牛头山，与泰相对。泰曰："兵法贵在不战而屈人。今绝牛头，维无反道，则我之禽也。"敕诸军各坚垒，勿与战，遣使白淮，使淮趣牛头截其还路。淮从之，进军洮水。维惧，遁走，安等孤绝，遂降。淮因西击诸羌。

邓艾曰："贼去未远，或能复还，宜分诸军以备不虞。"于是，留艾屯白水北。三日，维遣其将廖化自白水南向艾结营。艾谓诸将曰："维今卒还，吾军人少，法当来渡；而不作桥，此维使化持吾，令不得还，维必自东袭取洮城。"洮城在水北，去艾屯六十里，艾即夜潜军径到。维果来渡，而艾先至据城，得以不败，汉军遂还。

兖州刺史令狐愚，司空王凌之甥也，屯于平阿，甥舅并典重兵，专淮南之任。凌与愚阴谋，以帝暗弱，制于强臣，闻楚王彪有智勇，欲共立之，迎都许昌。九月，愚遣其将张式至白马，与彪相闻。凌又遣舍人劳精诣洛阳，语其子广。广曰："凡举大事，应本人情。曹爽以骄奢失民，何平叔虚华不治，丁、毕、桓、邓虽并有宿望，皆专竞于世。加变易朝典，政令数改，所存虽高而事不下接，民习于旧，众莫之从，故虽势倾四海，声震天下，同日斩戮，名士减半，而百姓安之。莫之或哀，失民故也。今司马懿情虽难量，事未有逆，而擢用贤能，广树胜己，修先朝之政令，副众心之所求。爽之所以为恶者，彼莫不必改，夙夜匪懈，以恤民为先，父子兄弟，并握兵要，未易亡也。"凌不从。

免去他的官职而已。曹爽被诛以后，晋封蒋济为都乡侯，他上疏坚决推辞，但未被批准。蒋济恨自己失言于曹爽，忧郁成疾，于十九日去世。

秋季，蜀国卫将军姜维进犯魏国雍州，依傍曲山建筑两座城，派牙门将句安、李歆等人驻守，并聚集羌、胡人为人质，进犯、侵扰各郡。魏国征西将军郭淮和雍州刺史陈泰进行抵御。陈泰说："曲城虽然坚固，但离蜀国路途遥远而且险阻，必然需要运送粮食。羌人害怕姜维的劳役繁重，肯定不会依附他。如今围攻夺城，用不着拼杀流血就可以攻克。他们虽有救兵，但山道险阻，不是行军打仗之地。"于是，郭淮派陈泰率领讨蜀护军徐质、南安太守邓艾进兵包围了曲城，切断了运输道路和城外水流。句安等人出城挑战，陈泰却按兵不动。城内将士困窘不堪，仅靠分配的粮食和聚集起来的雪水度日。姜维率兵前来救援，出了牛头山就与陈泰的军队相遇。陈泰说："用兵之道贵在不战而使人屈服。如今扼守牛头山，姜维没有了退路，就会成为我们的笼中之鸟了。"于是，命令诸军各自坚守营垒，不与姜维交战，并派人向郭淮报告，让郭淮快速向牛头山进军，截断姜维退路。郭淮采纳了这个意见，进军洮水。姜维害怕了，迅速撤兵，句安等人孤立无援，终于投降。郭淮于是向西进击各个羌人部族。

邓艾说："敌人撤离不远，或许还会再来，应该把各部军队分开驻守，以备不测。"于是留下邓艾的部队，驻扎在白水北面。过了三天，姜维派遣将领廖化在白水南岸面向邓艾的部队结营扎寨。邓艾对各个将领说："姜维如今突然返回，而我军人少，按照兵法他应渡河来战；但是他们却不筑桥，这是姜维让廖化牵制住我们，使我们不能返回，而姜维必定从东面袭取洮城。"洮城在白水之北，离邓艾驻地六十里，邓艾当天夜里就秘密出兵直奔洮城；姜维果然渡河而来，但邓艾先期到达，并占据了洮城，因此得以不败。蜀军于是返回。

魏国兖州刺史令狐愚，是司空王凌的外甥，驻扎在平阿，甥舅二人同时掌握重兵，单独承当淮南地区的重任。王凌与令狐愚暗地里策划，认为魏帝昏庸懦弱，受制于强臣，又听说楚王曹彪有智有勇，想要共同立他为帝，奉迎他到许昌建都。九月，令狐愚派他手下将领张式到白马县，与曹彪通了消息。王凌又派舍人劳精到洛阳，告诉他的儿子王广。王广说："凡是要干一番大事业，应当以人情世态为本。曹爽因为骄奢淫逸失去了民众的信任，何晏浮华不实而不能治国，丁谧、毕轨、桓范、邓飏等人虽然都有较高的声望，但都一心追逐名利。再加上变易国家的典章制度，多次更改政策法令，他们心里想的虽然都十分高远，但不切合实际民情，民众习惯于旧制，没有人顺从他们。所以，他们虽然有倾动四海的势力、威震天下的声名，而一旦同日被杀之后，手下名士就散去大半，民众们照旧安定，没有谁为他们而悲哀。这些都是失去民心的缘故。如今司马懿的本心虽然难以测量，事情也不可预料，

冬，十一月，令狐愚复遣张式诣楚王，未还，会愚病卒。

十二月辛卯，即拜王凌为太尉。庚子，以司隶校尉孙礼为司空。

光禄大夫徐邈卒。邈以清节著名，卢钦尝著书称邈曰：“徐公志高行洁，才博气猛，其施之也，高而不狷，洁而不介，博而守约，猛而能宽。圣人以清为难，而徐公之所易也。”或问钦：“徐公当武帝之时，人以为通；自为凉州刺史，及还京师，人以为介，何也？”钦答曰：“往者，毛孝先、崔季珪用事，贵清素之士，于时皆变易车服以求名高，而徐公不改其常，故人以为通。比来天下奢靡，转相仿效，而徐公雅尚自若，不与俗同，故前日之通，乃今日之介也。是世人之无常而徐公之有常也。”钦，毓之子也。

（以上为第五段，写魏国任命司马懿为丞相，从此进入司马懿专权时期；右将军夏侯霸曾受到曹爽厚遇，害怕受到牵连，投奔蜀国；蜀国卫将军姜维进犯魏国雍州，而魏国实施有效防卫，姜维无功而返。）

二年（庚午，250 年）

夏，五月，以征西将军郭淮为车骑将军。

初，会稽潘夫人有宠于吴主，生少子亮，吴主爱之。全公主既与太子和有隙，欲豫自结，数称亮美，以其夫之兄子尚女妻之。吴主以鲁王霸结朋党以害其兄，心亦恶之，谓侍中孙峻曰：“子弟不睦，臣下分部，将有袁氏之败，为天下笑。若使一人立者，安得不乱乎！”遂有废和立亮之意，然犹沈吟者历年。峻，静之曾孙也。

秋，吴主遂幽太子和。骠骑将军朱据谏曰：“太子，国之本根。加以雅性仁孝，天下归心。昔晋献用骊姬而申生不存，汉武信江充而戾太子冤死，臣窃惧太子不堪其忧，虽立思子之宫，无所复及矣！”吴主不听。据与尚书仆射屈晃率诸将吏泥头自缚，连日诣阙请和；吴主登白爵观，见，甚恶之，敕据、晃等“无事匆匆”。无难督陈正、五营督陈象各上书

但是他却能提拔贤能，广泛树立超过自己的人才，遵循先朝的政策法令，符合众人心里的愿望。曹爽为恶的那些事情，他都必定加以改正。终日兢兢业业，以安抚人民为急务，而且他们父子兄弟都掌握着兵权，是不容易被推翻的。”王凌听不进他的话。

冬季，十一月，令狐愚又派张式去见楚王，还没等他回来，就病逝了。

十二月初九辛卯，魏国任命王凌为太尉。十八日庚子，任命司隶校尉孙礼为司空。

魏国光禄大夫徐邈去世。徐邈以清正有气节闻名于世。卢钦曾著书称赞徐邈说：“徐公志向高远，行为清白，才学广博，气势威猛，而其施行起来则是高远而不拘谨，清白而不孤傲，广博而能把握要领，威猛而能宽容。圣人认为清正难以做到，而徐公很容易就做到了。”有人问卢钦：“徐公在武帝时，人们认为他很通达；自从当了凉州刺史，回到京师后，人们则认为他孤傲，这是为什么呢？”卢钦回答说：“以前毛玠、崔琰当政，崇尚清高简朴，当时人们都改变装束，更换车辆，以沽名钓誉，而徐公却保持平常风尚，自得其乐，因此人们认为他通达。近来，天下的人都追求奢侈，人们相互仿效，而徐公崇尚高雅，自在为上，不与世俗相同。所以，从前的通达，就成了今日的孤傲。这是因为世人变化无常而徐公始终如一的缘故。”卢钦是卢毓之子。

魏邵陵厉公嘉平二年（庚午，250 年）

夏季，五月，魏国任命征西将军郭淮为车骑将军。

当初，吴国会稽郡的潘夫人受到吴主的宠幸，生下少子孙亮，吴主十分喜爱。全公主既已与太子孙和有矛盾，就想预先巴结孙亮，于是常常称赞孙亮聪慧，并把她丈夫之侄全尚的女儿嫁给孙亮为妻。吴主因鲁王孙霸结交朋党来陷害兄长孙和，心中十分厌恶他，就对侍中孙峻说：“子弟之间不和睦，臣下就会分党分派，这样就将出现像袁绍兄弟那样的失败，而被天下人耻笑。假如立了其中的一人，怎能不乱呢？”从此就有了废孙和立孙亮的意思，但在数年之间仍然没有拿定主意。孙峻是孙静的曾孙。

秋季，吴主终于幽禁了太子孙和。骠骑将军朱据劝说道：“太子是国家的根基；加之平素性情仁和，孝敬父母，所以天下之人都爱戴他。从前，晋献公宠幸骊姬而太子申生不能存活，汉武帝听信江充之言而戾太子蒙冤死去，我害怕太子不堪忍受其幽怨，到那时您即使像汉武帝那样建立思子之宫，恐怕也无可挽回了！”吴主听不进去。朱据与尚书仆射屈晃，率领文官武将用泥涂头，自行捆绑，连日到宫门跪

切谏，据、晃亦固谏不已，吴主大怒，族诛正、象。牵据、晃入殿，据、晃犹口谏，叩头流血，辞气不挠。吴主杖之各一百，左迁据为新都郡丞，晃斥归田里，群司坐谏诛放者以十数。遂废太子和为庶人，徙故鄣，赐鲁王霸死。杀杨竺，流其尸于江，又诛全寄、吴安、孙奇，皆以其党霸谮和故也。初，杨竺少获声名，而陆逊谓之终败，劝竺兄穆令与之别族。及竺败，穆以数谏戒竺得免死。朱据未至官，中书令孙弘以诏书追赐死。

冬，十月，庐江太守谯郡文钦伪叛，以诱吴偏将军朱异，欲使异自将兵迎己。异知其诈，表吴主，以为钦不可迎。吴主曰："方今北土未一，钦欲归命，宜且迎之。若嫌其有谲者，但当设计网以罗之，盛重兵以防之耳。"乃遣偏将军吕据督二万人，与异并力至北界，钦果不降。异，桓之子；据，范之子也。

十一月，大利景侯孙礼卒。

吴主立子亮为太子。

吴主遣军十万作堂邑、涂塘，以淹北道。

十二月甲辰，东海定王霖卒。

征南将军王昶上言："孙权流放良臣，适庶分争，可乘衅击吴。"朝廷从之，遣新城太守南阳州泰袭巫、秭归，荆州刺史王基向夷陵，昶向江陵。引竹絙为桥，渡水击之，吴大将施绩，夜遁入江陵。昶欲引致平地与战，乃先遣五军案大道发还，使吴望见而喜；又以所获铠马甲首环城以怒之，设伏兵以待之。绩果来追，昶与战，大破之，斩其将钟离茂、许旻。

汉姜维复寇西平，不克。

（以上为第六段，写吴国鲁王孙霸通过结交朋党来陷害兄长、太子孙和，吴主孙权大怒，便废掉太子，赐鲁王死，从重处理参与其中的党羽、干将，而立其幼子孙亮为太子，吴国的根基动摇矣！）

求释放孙和。吴主登上白爵观，见到他们，十分厌恶，就命令朱据、屈晃等人不许太过急促。无难督陈正、五营督陈象各自上书直言劝说，朱据、屈晃也仍然坚持劝说不止；吴主勃然大怒，诛杀了陈正、陈象及其家族。又把朱据、屈晃带入殿中，二人仍然口谏不止，叩头流血，言辞声调毫不软弱，吴主下令各责打他们一百杖，又把朱据降职为新都郡丞，罢了屈晃官职让其退居乡里，各个官吏因进谏获罪而被诛杀流放的数以十计。吴主终究还是把太子孙和废为平民，迁居到故鄣县，又赐鲁王孙霸自杀。杀了杨竺，把尸体扔到江中，又诛杀了全寄、吴安、孙奇，都是因为他们与孙霸勾结并诬陷孙和的缘故。当初，杨竺年轻时很有名气，而陆逊认为他终究会毁了自己，并劝说杨竺之兄杨穆与他分家。杨竺出事，杨穆因多次劝阻、告诫杨竺而得以免死。朱据还没有到达任所，中书令孙弘就奉诏书追上他，将他赐死。

冬季，十月，魏国庐江太守、谯郡人文钦佯装背叛，用以诱惑吴国偏将军朱异，想要让朱异亲自领兵前来迎接他。朱异知道他是诈降，就给吴主上奏章，认为不能迎接文钦。吴主说："如今北方领土尚未统一，文钦想要归降我国，应该去迎接他。如果怀疑他是诈降的话，只要设计网罗他，发重兵加以防备就行了。"于是就派遣偏将军吕据率领二万人与朱异一起到达北部边界，文钦果真不来投降了。朱异是朱桓之子，吕据是吕范之子。

十一月，魏国大利景侯孙礼去世。

吴主孙权立其子孙亮为太子。

吴主派遣十万大军进驻堂邑、涂塘二县，以占领通往北部的道路。

十二月二十七日甲辰，魏国东海定王曹霖去世。

魏国征南将军王昶上书说："孙权流放良臣，嫡子与庶子争权夺利，我们可乘其内部分裂之机进攻吴国。"朝廷采纳了这个意见，派遣新城太守南阳人州泰袭击巫县、秭归，荆州刺史王基发兵夷陵。王昶发兵江陵，以竹索为桥，渡河进攻。吴国大将施绩，夜里逃入江陵城，王昶想把他引入平地再与之战。于是王昶先派遣五路人马从大道返回，使吴军望见而高兴，又把缴获的铠甲马具等物丢弃在城的四周以激怒吴军，然后埋伏兵力以等待敌军出城。施绩果然中计，率军来追击。王昶与他交战，大破敌军，并杀了吴国的将领钟离茂、许旻。

蜀国的姜维再次进犯魏国的西平，未能获胜。

三年（辛未，251 年）

春，正月，王基、州泰击吴兵，皆破之，降者数千口。

二月，以尚书令司马孚为司空。

夏，四月甲申，以王昶为征南大将军。

壬辰，大赦。

太尉王凌闻吴人塞涂水，欲因此发兵，大严诸军，表求讨贼。诏报不听。凌遣将军杨弘以废立事告兖州刺史黄华，华、弘连名以白司马懿，懿将中军乘水道讨凌，先下赦赦凌罪，又为书谕凌，已而大军掩至百尺。凌自知势穷，乃乘船单出迎懿，遣掾王彧谢罪，送印绶、节钺。懿军到丘头，凌面缚水次，懿承诏遣主簿解其缚。

凌既蒙赦，加恃旧好，不复自疑，径乘小船欲趋懿。懿使人逆止之，住船淮中，相去十余丈。凌知见外，乃遥谓懿曰："卿直以折简召我，我当敢不至邪，而乃引军来乎！"懿曰："以卿非肯逐折简者故也。"凌曰："卿负我！"懿曰："我宁负卿，不负国家！"遂遣步骑六百送凌西诣京师，凌试索棺钉以观懿意，懿命给之。五月甲寅，凌行到项，遂饮药死。

懿进至寿春，张式等皆自首。懿穷治其事，诸相连者悉夷三族。发凌、愚冢，剖棺暴尸于所近市三日，烧其印绶、章服，亲土埋之。

初，令狐愚为白衣时，常有高志，众人谓愚必兴令狐氏。族父弘农太守邵独以为："愚性倜傥，不修德而愿大，必灭我宗。"愚闻之，心甚不平。及邵为虎贲中郎将，而愚仕进已多所更历，所在有名称。愚从容谓邵曰："先时闻大人谓愚为不继，今竟云何邪？"邵熟视而不答，私谓妻子曰："公治性度，犹如故也。以吾观之，终当败灭，但不知我久当坐之不邪，将逮汝曹耳。"邵没后十余年而愚族灭。

愚在兖州，辟山阳单固为别驾，与治中杨康并为愚腹心。及愚卒，

魏邵陵厉公嘉平三年（辛未，251年）

春季，正月，魏国王基、州泰进击吴国军队，都获得胜利，投降者有数千人。

三月，魏国任命尚书令司马孚为司空。

夏季，四月初九甲申，任命王昶为征南大将军。

四月十七日壬辰，魏国实行大赦。

魏国太尉王凌听说吴人占据了涂水地区，想要因此发兵进攻，于是加紧整顿各路军队，并上表请求攻打吴军，但朝廷不采纳他的意见。王凌派遣将军杨弘把废立君主的打算告诉兖州刺史黄华，但黄华、杨弘却连名把此事报告了司马懿。于是司马懿率领中军乘船从水路去讨伐王凌，先下达赦令赦免王凌之罪，然后又写信晓谕王凌，不久大军突然到达百尺堰。王凌自知大势已去，于是就乘船独自一人出去迎接司马懿，派佐官王彧前去谢罪，送去官印和符节、斧钺。司马懿的军队到达丘头，王凌把双手绑在背后，面向司马懿，跪在水边，司马懿按诏书旨意让主簿给他松了绑。

王凌既已得到赦免，再加上仗着与司马懿有旧交，也就不再疑惑，径直乘小船想要靠近司马懿。司马懿派人迎上去挡住他，把船停在淮河中间，与司马懿的船相隔十余丈。王凌知道这是因为自己有罪而见外，就远远地对司马懿说：“你就是直接写封书信召我，我又怎敢不来？没想到你竟率军前来！”司马懿说：“那是因为你不肯追随写信人的缘故。”王凌说：“你辜负了我！”司马懿说：“我宁肯辜负你，也不能辜负国家！”于是就派步骑兵六百人送王凌由西路回京师洛阳。王凌试着向司马懿索要棺钉，以观察司马懿的意思，结果司马懿果真命人给了他棺钉。五月初十，王凌走到项县，终于服毒而死。

司马懿到达寿春，张式等人都自首了。司马懿十分严酷地处理此事，把各个有关联的人都诛灭三族。挖开王凌、令狐愚的坟墓，劈开棺材，在附近的城市暴尸三日，烧了他们的官印、章服，把他们裸埋于地下。

当初，令狐愚还是普通百姓时，常常胸怀高远之志，众人都说令狐愚必能兴盛令狐氏家族。只有同族的父辈弘农太守令狐邵却认为：“令狐愚性情豪爽而不受拘束，不修养德行而志愿极大，必定会灭我宗族。”令狐愚听了，心中愤愤不平。等到令狐邵担任虎贲中郎将时，令狐愚官职已经多次提升，到处都很有名望。这时令狐愚从容地对令狐邵说：“以前曾听您说我不能承继光大宗族，今天您还会说什么呢？”令狐邵只是久久地看着他而不回答，然后却私下里对妻子说：“令狐愚的性情器量仍跟以前一样。以我来看，他终究会败灭家族，但不知我能否活到受牵连的那一天，不过你们将会赶上的。”果然令狐邵死后十多年，令狐愚的家族被诛灭。

令狐愚在兖州时，招聘山阳人单固任别驾，单固与治中杨康同为令狐愚的心腹。

康应司徒辟，至洛阳，露愚阴事，愚由是败。懿至寿春，见单固，问曰：“令狐反乎？”曰：“无有。”杨康白事，事与固连，遂收捕固及家属皆系廷尉，考实数十，固固云“无有”。懿录杨康，与固对相诘，固辞穷，乃骂康曰：“老佣！既负使君，又灭我族，顾汝当活邪！”康初自冀封侯，后以辞颇参错，亦并斩之。临刑，俱出狱，固又骂康曰：“老奴！汝死自分耳。若令死者有知，汝何面目以行地下乎！”

诏以扬州刺史诸葛诞为镇东将军，都督扬州诸军事。

吴主立潘夫人为皇后，大赦，改元太元。

六月，赐楚王彪死。尽录诸王公置邺，使有司察之，不得与人交关。

秋，七月壬戌，皇后甄氏殂。辛未，以司马孚为太尉。

八月戊寅，舞阳宣文侯司马懿卒。诏以其子卫将军师为抚军大将军，录尚书事。

初，南匈奴自谓其先本汉室之甥，因冒姓刘氏。太祖留单于呼厨泉于邺，分其众为五部，居并州境内。左贤王豹，单于於扶罗之子也，为左部帅，部族最强。城阳太守邓艾上言：“单于在内，羌夷失统，合散无主。今单于之尊日疏而外土之威日重，则胡虏不可不深备也。闻刘豹部有叛胡，可因叛割为二国，以分其势。去卑功显前朝，而子不继业，宜加其子显号，使居雁门。离国弱寇，追录旧勋，此御边长计也。”又陈：“羌胡与民同处者，宜以渐出之，使居民表，以崇廉耻之教，塞奸宄之路。”司马师皆从之。

（以上为第七段，写魏国太尉王凌与外甥令狐愚密谋废掉魏帝曹芳，另立楚王曹彪。后来，令狐愚死，王凌调动扬州大军发动政变，事情败露，司马懿调集兵马前去攻打，王凌畏罪自杀，赐楚王曹彪死。）

吴立节中郎将陆抗屯柴桑，诣建业治病。病差，当还，吴主涕泣与别，谓曰：“吾前听用谗言，与汝父大义不笃，以此负汝；前后所问，一焚灭之，莫令人见也。”

是时，吴主颇寤太子和之无罪，冬，十一月，吴主祀南郊还，得风疾，欲召和还；全公主及侍中孙峻、中书令孙弘固争之，乃止。

等到令狐愚死后，杨康应司徒的召聘到洛阳，泄露了令狐愚暗地里的行事，令狐愚因此而败露。司马懿到寿春，见到单固，问他说："令狐愚谋反了吗？"回答说："没有。"杨康告发的事情，与单固有牵连，于是收捕了单固及其家属，都绑送廷尉处，拷问数十次，单固都坚持说没有。司马懿收捕了杨康，让他与单固对质，单固辞穷，就大骂杨康："你这个老奴！既背叛使君，又灭我家族，看你还能活多久！"杨康起初还希望自己能够封侯，后因为供词多有错漏矛盾之处，也把他一起斩首。临刑时，他们一起出狱，单固又大骂杨康说："老奴！你死是活该，如果死者有知，看你有什么面目在地下行走。"

魏国下诏任命扬州刺史诸葛诞为镇东将军，总督扬州诸军事。

吴主孙权立潘夫人为皇后，实行大赦，改年号为太元。

六月，魏国赐楚王曹彪死。又全部逮捕了各个王公，并安置在邺城，派有关官吏监察，不许他们与任何人交往。

秋季，七月十九日壬戌，魏国皇后甄氏去世。

七月二十八日辛未，魏国任命司马孚为太尉。

八月初五戊寅，魏国舞阳宣文侯司马懿去世。任命司马懿之子司马师为抚军大将军、录尚书事。

起初，南匈奴人自称其先人本是汉室的外甥，于是就冒充姓刘氏。太祖曹操把单于呼厨泉留在邺城，把他的人分成五部，居住在并州境内。左贤王刘豹，是单于於扶罗之子，任左部统帅，他的部族实力最强。城阳太守邓艾上书说："单于在内地，羌夷人失去统治，合合散散没有主脑。如今单于的尊严日见微弱，而外地的威势日见加重，这样对胡人就不可不深加戒备。听说刘豹的部族中有背叛的胡人，可以利用其背叛的情况将其部族分割为两国，以分散刘豹的势力。去卑的功劳显赫于前朝，而他的儿子却不能继承父业，应该给他的儿子加封显赫的名号，让其居住在雁门。分裂他们的国家，削弱敌人，追记他们旧日的功勋，这是统治边境地区的长久之计。"又进言说："羌胡之人与百姓同居一处的，应逐渐把他们分出，让他们居于百姓编户之外，以便推行礼义廉耻的教育，阻塞奸恶作乱之路。"司马师全部采用了他的主张。

吴国的立节中郎将陆抗驻扎在柴桑，到建业治病。病好将还之时，吴主流着泪与他告别，对他说："我以前听信谗言，对你父亲在君臣大义上没有能真诚纯厚，因此也对不住你。我前后责问你父亲的诏书，一切都焚毁消灭，不要再让人看到了。"

这时，吴主孙权已经明白太子孙和是无罪的。冬季，十一月，吴主祭祀南郊，回来后得了中风，想要召孙和回来，但全公主以及侍中孙峻、中书令孙弘等坚持争

吴主以太子亮幼少，议所付托，孙峻荐大将军诸葛恪可付大事。吴主嫌恪刚很自用，峻曰："当今朝臣之才，无及恪者。"乃召恪于武昌。恪将行，上大将军吕岱戒之曰："世方多难，子每事必十思。"恪曰："昔季文子三思而后行，夫子曰：'再思可矣。'今君令恪十思，明恪之劣也！"岱无以答，时咸谓之"失言"。

虞喜论曰：夫托以天下，至重也；以人臣行主威，至难也。兼二至而管万机，能胜之者鲜矣。吕侯，国之元耆，志度经远，甫以十思戒之，而便以示劣见拒；此元逊之疏，机神不俱者也！若因十思之义，广咨当世之务，闻善速于雷动，从谏急于风移，岂得殒身殿堂，死于凶竖之刃！世人奇其英辩，造次可观，而哂吕侯无对为陋，不思安危终始之虑，是乐春藻之繁华，忘秋实之甘口也。昔魏人伐蜀，蜀人御之，精严垂发，而费祎方与来敏对棋，意无厌倦。敏以为必能办贼，言其明略内定，貌无忧色也。况长宁以为君子临事而惧，好谋而成，蜀为蕞尔之国，而方向大敌，所规所图，唯守与战，何可矜己有余，晏然无戚！斯乃祎性之宽简，不防细微，卒为降人郭脩所害，岂非兆见于彼而祸成于此哉！往闻长宁之甄文伟，今睹元逊之逆吕侯，二事体同，皆足以为世鉴也。

恪至建业，见吴主于卧内，受诏床下，以大将军领太子太傅，孙弘领少傅；诏有司诸事一统于恪，惟杀生大事，然后以闻。为制群官百司拜揖之仪，各有品序。又以会稽太守北海滕胤为太常。胤，吴主婿也。

十二月，以光禄勋荥阳郑冲为司空。

汉费祎还成都，望气者云："都邑无宰相位。"乃复北屯汉寿。

是岁，汉尚书令吕乂卒，以侍中陈祗守尚书令。

（以上为第八段，写吴主孙权病危，因太子孙亮年幼，任命大将军诸葛恪为托孤首辅大臣，令有关部门一切听命于诸葛恪，并制定了拜见诸葛恪的特殊礼仪。孙亮即位后，封其为太傅，掌握军政大权。）

辩说不能让孙和回来，于是就没有召见孙和。

吴主孙权因为太子孙亮年幼，商议找个可以托付国事之人，孙峻推荐大将军诸葛恪，认为他可承担大事。吴主嫌诸葛恪刚愎自用，孙峻说："当今朝廷大臣的才能，没有能赶得上诸葛恪的。"于是就召诸葛恪到武昌来。诸葛恪临行之时，上大将军吕岱告诫他说："现在世上正是多难之时，希望你做每件事，都必先想上十次，然后再做。"诸葛恪说："从前季文子三思而后行，孔子说：'只要想两次就可以了。'而您却让我想十次，这明明是认为我才能低劣！"吕岱无言以对，当时人都认为他失言。

虞喜评论说：接受管理天下大事的托付，是最重的担子；以大臣的身份行使君王的权威是最难的事情；一身同时承担这两件事而日理万机，能够胜任者是很少的。吕侯是国家的元老，经过深思远虑，才以十思告诫他，但被认为是说他低能而遭到拒绝，这就是诸葛恪的疏漏，不具备机敏灵慧之处。如果顺着十思的意思行事，广泛地征询了解当时社会的事务，采纳善言比迅雷还快，听取谏议比刮风还急，怎能丧身殿堂，死于凶恶小人的刀下？世人注重他突出的辩才，欣赏他仓促之间的应对，而耻笑吕侯的无言以对为浅陋，却不考虑安危、不思虑始终。从前魏人攻打蜀国，蜀人去抵御，精兵整肃待命出发，而费祎却正在与来敏下棋，毫无厌倦之意。来敏认为他必能打败敌人，这是说他内心已确定高明的策略，而外表毫无忧色。何况长宁认为君子面临大事就恐惧谨慎，善于谋略才能成功。蜀国是个小国，而且面临大敌，其所谋划的只应是坚守或交战，怎能过多地自负自傲，而安然对敌毫无忧患之意呢？这就是费祎的性情宽厚疏简，不提防细微之处，所以终究被投降之人郭循所害。这难道不是凶兆见于彼而灾祸成于此吗？以前听说长宁鉴别文伟，而今见到诸葛恪拒绝吕侯，二事大体相同，都足以成为后世的借鉴。

诸葛恪到达建业，在卧室内拜见吴主孙权，在床下接受诏命，以大将军的身份兼任太子太傅，孙弘兼任少傅；诏命有关部门各种事务一切听命于诸葛恪，只有生杀大事，事后要报告。并为他制定了群官和各部门拜见的礼仪，各有不同的规格。又任命会稽太守、北海郡人滕胤为太常。滕胤是吴主的女婿。

十二月，魏国任命光禄勋荥阳人郑冲为司空。

蜀国的费祎回到成都，占卜的人说："都城里没有宰相的位置。"于是，他又向北去驻扎在汉寿县。

这一年，蜀国的尚书令吕乂去世，任命侍中陈祗为尚书令。

四年（壬申，252年）

春，正月癸卯，以司马师为大将军。

吴主立故太子和为南阳王，使居长沙；仲姬子奋为齐王，居武昌；王夫人子休为琅邪王，居虎林。

二月，立皇后张氏，大赦。后，故凉州刺史既之孙，东莞太守缉之女也。召缉拜光禄大夫。

吴改元神凤，大赦。

吴潘后性刚戾，吴主疾病，后使人问孙弘以吕后称制故事。左右不胜其虐，伺其昏睡，缢杀之，托言中恶。后事泄，坐死者六七人。

吴主病困，召诸葛恪、孙弘、滕胤及将军吕据、侍中孙峻入卧内，属以后事。夏，四月，吴主殂。孙弘素与诸葛恪不平，惧为恪所治，秘不发丧，欲矫诏诛恪。孙峻以告恪，恪请弘咨事，于坐中杀之。乃发丧。谥吴主曰"大皇帝"。太子亮即位，大赦，改元建兴。闰月，以诸葛恪为太傅，滕胤为卫将军，吕岱为大司马。恪乃命罢视听，息校官，原逋责，除关税，崇恩泽，众莫不悦。恪每出入，百姓延颈思见其状。

恪不欲诸王处滨江兵马之地，乃徙齐王奋于豫章，琅邪王休于丹阳。奋不肯徙，又数越法度，恪为笺以遗奋曰：

"帝王之尊，与天同位，是以家天下，臣父兄；仇雠有善，不得不举，亲戚有恶，不得不诛，所以承天理物，先国后身，盖圣人立制，百代不易之道也。昔汉初兴，多王子弟，至于大强，辄为不轨，上则几危社稷，下则骨肉相残，其后惩戒以为大讳。自光武以来，诸王有制，惟得自娱于宫内，不得临民，干与政事，其与交通，皆有重禁，遂以全安，各保福祚，此则前世得失之验也。大行皇帝览古戒今，防牙遏萌，虑于千载，是以寝疾之日，分遣诸王各早就国，诏策勤渠，科禁严峻，其所戒敕，无所不至。诚欲上安宗庙，下全诸王，各早就国，使百世相承，无凶国害家之悔也。

魏邵陵厉公嘉平四年（壬申，252年）

春季，正月初二癸卯，魏国任命司马师为大将军。

吴主立前太子孙和为南阳王，让他居住在长沙；立仲姬之子孙奋为齐王，居住在武昌；立王夫人之子孙休为琅琊王，居住在虎林。

二月，魏国立张氏为皇后，实行大赦。张皇后是前凉州刺史张既的孙女，是东莞太守张缉的女儿。任命张缉为光禄大夫。

吴国改年号为神凤，宣布实行大赦。

吴国的潘皇后性情刚戾，吴主孙权生病后，潘后派人向孙弘询问西汉吕后行使皇帝权力的事情。左右之人不堪忍受她的虐待，就乘她昏睡的时候，将她勒死，又宣称她是暴病而死。后来事情败露，获罪被杀的有六七人。

吴主孙权病情危重时，召集诸葛恪、孙弘、滕胤以及将军吕据、侍中孙峻等人入卧室内，嘱托后事。夏季，四月，吴主去世。孙弘平素与诸葛恪不和，害怕被诸葛恪整治，于是封锁消息，先不发丧，想要假造诏令杀掉诸葛恪；孙峻把此事报告了诸葛恪。诸葛恪请孙弘前来议事，就在座位上把他杀了。然后举行丧礼，为吴主加谥号为大皇帝，太子孙亮即位，实行大赦，改年号为建兴。闰月，任命诸葛恪为太傅，滕胤为卫将军，吕岱为大司马。诸葛恪下令罢免了充作朝廷耳目的官员，宽大处理拖欠的税赋债务，免除关税，广施恩泽于百姓，众人皆大欢喜。诸葛恪每次出入，百姓们都伸着脖子想看看他的模样。

吴国大将军诸葛恪不想让各位王公居住在江边兵马要塞之地，于是将齐王孙奋迁移到豫章，将琅琊王孙休迁居到丹阳。但孙奋不肯迁居，又多次触犯国家法度，诸葛恪就给孙奋写信说：

> “帝王的尊贵与上天处于同一地位，因此以天下为家，以父兄为臣；仇人有善行，不得不举荐；亲人有恶迹，也不得不诛杀。就是这样顺承天命，治理万物，以国为先，以家为后，这是圣人所立的制度，是百世不变的法则。当初汉代刚刚兴起之时，封了许多子弟为王。待到他们势力强大后，就开始作乱图谋不轨，上则几乎危害国家，下则兄弟之间骨肉相残，其后加以惩罚戒备，认为诸王势力强大是国家之大忌。自汉光武帝以来，分封诸王有一定制度，只允许他们在宫内自娱自乐，不得统治百姓和参与政事，与宾客交往，都有严格的禁令。这样才得以保全安定，各自安享福禄，这就是前代得失的经验教训。先帝以古代的经验教训作为今日之借鉴，为防止作乱的萌芽，考虑到后世的长治久安，所以在卧病之日，就分散诸王，让他们及早到达各自的封国，诏令恳切，禁令严峻，所告诫的各个方面，无所不至。这样做的目的，实际上是要上使国家安定，下则保全诸王，让他们及早回到封国，使百世后的子孙能继承祖

“大王宜上惟太伯顺父之志，中念河间献王东海王强恭顺之节，下存前世骄恣荒乱之王以为警戒。而闻顷至武昌以来，多违诏敕，不拘制度，擅发诸将兵治护宫室。又左右常从有罪过者，当以表闻，公付有司；而擅私杀，事不明白。中书杨融，亲受诏敕，所当恭肃，乃云：‘正自不听禁，当如我何！’闻此之日，小大惊怪，莫不寒心。

“里语曰：‘明鉴所以照形，古事所以知今。’大王宜深以鲁王为戒，改易其行，战战兢兢，尽礼朝廷。如此，则无求不得。若弃忘先帝法教，怀轻慢之心，臣下宁负大王，不敢负先帝遗诏；宁为大王所怨疾，岂敢忘尊主之威而令诏敕不行于藩臣邪！向使鲁王早纳忠直之言，怀惊惧之虑，则享祚无穷，岂有灭亡之祸哉！

“夫良药苦口，唯病者能甘之；忠言逆耳，唯达者能受之。今者，恪等偻偻，欲为大王除危殆于萌牙，广福庆之基原，是以不自知言至，愿蒙三思！”

王得笺，惧，遂移南昌。

初，吴大帝筑东兴堤以遏巢湖，其后入寇淮南，败，以内船，遂废，不复治。冬，十月，太傅恪会众于东兴，更作大堤，左右结山，侠筑两城，各留千人，使将军全端守西城，都尉留略守东城，引军而还。

镇东将军诸葛诞言于大将军师曰：“今因吴内侵，使文舒逼江陵，仲恭向武昌，以羁吴之上流；然后简精卒攻其两城，比救至，可大获也。”是时，征南大将军王昶、征东将军胡遵、镇南将军毌丘俭等各献征吴之计。朝廷以“三征”计异，诏问尚书傅嘏。

嘏对曰：“议者或欲泛舟径济，横行江表；或欲四道并进，攻其城垒；或欲大佃疆埸，观衅而动：诚皆取贼之常计也。然自治兵以来，出入三载，非掩袭之军也。贼之为寇，几六十年矣，君臣相保，吉凶共患，又

宗基业，不会出现危害国家和家族的悔恨之事。

“对待父辈，您应该常常想着周朝太伯顺从其父的志向；对待兄弟，您应该常常念及汉朝河间献王和东海王恭顺兄长的节操；对待自己，您应该把前世那些骄横恣肆、荒乱无耻之王记在心中以为警戒。但是，我听说您自到武昌以来，多次违背朝廷诏令，不受制度约束，擅自调兵遣将来管理保护您的官室。另外，您的左右亲随有犯罪之人，您应当及时上表禀告，并把他们交付给有关官员秉公处理。但是您却擅自私下杀死，而不把事情明确报告。中书杨融亲自接受诏令，您应当恭恭敬敬地听从他的意见，而您却说：“我就是不听禁约，你能把我怎么样！”听到您这样的话，我们上上下下都十分震惊，没一个不感到寒心的。

俗话说：“明镜用来照形，知古为了鉴今。”您应该深刻地记住鲁王的教训，改变目前的言行，战战兢兢，小心谨慎，尽心地恭敬朝廷。这样，您的要求都能得到满足。如果背弃忘却先帝的教导，对朝廷怀有轻视傲慢之心，那么，我宁肯辜负您，也不敢辜负先帝的遗诏；宁肯被您所怨恨仇视，又怎敢忘记尊奉主上的权威而让诏令不能在藩臣中实行？以前如果鲁王能够及早地听纳忠直之言，对朝廷怀着惊惧恭敬之心，就能无穷地享受福禄，怎么会有灭亡的灾祸呢？

良药苦口，只有病痛之人才觉甘甜；忠言逆耳，只有通达之人才能接受。如今，我们这些人恭恭敬敬，想为您解除危险祸患于萌芽之中，打牢您富贵福禄的基础，因此不知不觉地把话说得十分尖锐，希望您三思！

齐王收到信后，非常惧怕，当即就迁到南昌。

当初，吴大帝建筑东兴堤用以遏止巢湖之水外流，后来进攻淮南，战败了，就把巢湖用来停泊船只，于是废弃大堤，不再修筑。冬季，十月，太傅诸葛恪会集众人于东兴，重新建筑大堤，联结左右两座山，山上建筑了两座城，各留千人把守，派将军全端守西城，都尉留略守东城，然后率军返回。

魏国镇东将军诸葛诞对大将军司马师说：“如今趁着吴国深入内地征战，可以派王昶逼取江陵，派毌丘俭攻向武昌，以拖住吴国上游的兵力，然后挑选精锐兵力进攻两城，等到他们救兵赶到，我们已经大获全胜了。”当时征南大将军王昶、征东将军胡遵、征南将军毌丘俭等人各自都献了攻打吴国的计策。朝廷因三位将领计策不同，于是下诏征求尚书傅嘏的意见。

傅嘏回答说：“献计者有人主张乘船直接渡江，横行于江南；有人主张分四路同时进攻，攻占其城垒；也有人主张屯兵边境，平时耕作土地，然后乘其内乱之机发动进攻：这些都是攻取敌国的常用之计。但是自从我们训练集结攻打吴国的部队以

丧其元帅，上下忧危，设令列船津要，坚城据险，横行之计，其殆难捷。今边壤之守，与贼相远，贼设罗落，又特重密，间谍不行，耳目无闻。夫军无耳目，校察未详，而举大众以临巨险，此为希幸徼功，先战而后求胜，非全军之长策也。唯有进军大佃，最差完牢；可诏昶、遵等择地居险，审所错置，及令三方一时前守。夺其肥壤，使还埆土，一也；兵出民表，寇钞不犯，二也；招怀近路，降附日至，三也；罗落远设，间构不来，四也；贼退其守，罗落必浅，佃作易立，五也；坐食积谷，士不运输，六也；衅隙时闻，讨袭速决，七也。凡此七者，军事之急务也。不据则贼擅便资，据之则利归于国，不可不察也。夫屯垒相逼，形势已交，智勇得陈，巧拙得用，策之而知得失之计，角之而知有余不足，虏之情伪，将焉所逃！夫以小敌大，则役烦力竭；以贫敌富，则敛重财匮。故曰：‘敌逸能劳之，饱能饥之’，此之谓也。”司马师不从。

十一月，诏王昶等三道击吴。十二月，王昶攻南郡，毌丘俭向武昌，胡遵、诸葛诞率众七万攻东兴。

甲寅，吴太傅恪将兵四万，晨夜兼行，救东兴。胡遵等敕诸军作浮桥以度，陈于堤上，分兵攻两城。城在高峻，不可卒拔。诸葛恪使冠军将军丁奉与吕据、留赞、唐咨为前部，从山西上。奉谓诸将曰：“今诸军行缓，若贼据便地，则难以争锋，我请趋之。”乃辟诸军，使下道，奉自率麾下三千人径进。时北风，奉举帆二日，即至东关，遂据徐塘。时天雪，寒，胡遵等方置酒高会。奉见其前部兵少，谓其下曰：“取封侯爵赏，正在今日！”乃使兵皆解铠，去矛戟，但兜鍪刀楯，倮身缘堨。魏人望见，大笑之，不即严兵。吴兵得上，便鼓噪，斫破魏前屯，吕据等继至。魏军惊扰散走，争渡浮桥，桥坏绝，自投于水，更相蹈藉。前部督韩综、

来，前后已有三年，敌人早已知晓，已经不是一支可以出其不意进行偷袭的军队了。吴国与我为敌，将近六十年了，这期间他们君臣团结，同甘苦共患难。最近，吴国丧其统帅，君臣上下心存忧惧危难，加强戒备，假使他们下令在重要渡口排列战船，加固城池，占据险要，那么我们横行大江之上的计策，恐怕就难以奏效了。如今边境的守军，与敌军相隔甚远，敌军设置的观察联络哨所，又数量众多，戒守严密，我们的间谍不能进入，得不到任何消息。如果军队没有耳目消息，侦察不够详细周密，却贸然发重兵以面临巨大的危险，这就是怀着侥幸心理以希求成功，企图先开战而后求得胜利，这不是保全军队的良策。只有屯兵边境的计策最为完备牢靠。可以先命令王昶、胡遵等选择地方，驻扎在形势险要之地，审察他们的安排布置，然后命令三方面同时进驻守地。第一，要夺取肥沃的土地，让敌人退回到贫瘠的土地上去。第二，士兵到百姓中间，不许欺压抢掠。第三，在附近区域实行招抚怀柔政策，使投降归附之人每天都有人过来。第四，从远处开始设置侦察联络哨兵，使间谍不能过来。第五，敌兵退守之后，侦察联络哨兵必然不能深入，耕作土地也不容易开展。第六，军队就地食用积储的粮食，不用分出兵力运输。第七，敌军内部矛盾混乱的情况能够及时得到消息，能迅速做出攻打突袭的决断。以上七个方面，是军事行动的当务之急。不掌握这些，敌军就会独占便利的资财；掌握这些，利益就会归于我国，所以不可以不明察。当前两军营垒已相互逼近，两军的阵势也相互明了，智慧、勇敢的才能得以施展，精明、成熟的计策也得以运用。只有施展谋略，才能了解其成败得失；相互较量，才能知道其长短优劣，敌军情况的真伪，能在哪里藏匿？以小敌大，就会劳役频繁而使国力衰竭；以贫敌富，就会加重税赋而财力匮乏。因此，《兵法》说：‘敌人安逸，能使之烦劳；敌人饱足，能使之饥饿。’说的就是这个意思。”但是司马师没有采纳这个意见。

十一月，魏国下令，派遣王昶等三路兵马袭击吴国。十二月，王昶进攻南郡，毌丘俭进攻武昌，胡遵、诸葛诞率七万大军攻打东兴。

十二月十九日甲寅，吴国太傅诸葛恪率兵四万，日夜兼程，救援东兴。胡遵等人命令各军造浮桥渡水，陈兵于大堤之上，分兵攻打两城；城在高峻险要之处，不能很快攻破。诸葛恪派冠军将军丁奉和吕据、留赞、唐咨等人为前锋，从山的西面进攻。丁奉对各将领说：“现在各部队行动迟缓，如果魏兵占据有利地形，就难以与他们争锋交战了，我要求快速进攻。”于是让各路军马从道路上避开，丁奉亲自率领属下三千人快速突进。当时正刮北风，丁奉扬帆行船两天就到达了东关，随即占据了徐塘。当时漫天飘雪，十分寒冷，胡遵等人正在聚会饮酒。丁奉见魏军前部兵力稀少，就对手下人说：“你们要求取封侯赏爵，正在今天！”于是让士兵们都脱下铠甲，丢掉长矛大戟，只戴着头盔拿着短刀和盾牌，光身爬上堤堰。魏兵看见他们，

乐安太守桓嘉等皆没，死者数万。综故吴叛将，数为吴害，吴大帝常切齿恨之，诸葛恪命送其首以白大帝庙。获车乘、牛马、骡驴各以千数，资器山积，振旅而归。

初，汉姜维寇西平，获中郎将郭循，汉人以为左将军。循欲刺汉主，不得亲近，每因上寿，且拜且前，为左右所遏，事辄不果。

（以上为第九段，写吴主孙权去世，太子孙亮继位，大将军诸葛恪辅政，诛杀孙弘；兼任太傅，广施德政，免收租税，在东兴征集人力，重建大堤，深得民望；魏国司马师乘机兴兵攻打吴国，大败而归。）

都大笑不止，而不立即整兵对敌。吴兵爬上之后，立即击鼓呐喊，袭击攻破魏军前部营垒。吕据等人也相继赶到，魏军惊恐万状四散奔逃，争相抢渡浮桥，浮桥毁坏断裂，魏兵自己跳入水中，互相践踏着逃跑。魏军前部督韩综、乐安太守桓嘉等人都沉没在水中，死者数万人。韩综过去是吴国的叛将，多次侵犯吴国，吴大帝常常痛恨得咬牙切齿，诸葛恪命人送回韩综首级以祭告大帝庙。缴获魏军的车辆、牛马、骡驴等都数以千计，资材、器物堆积如山，凯旋而归。

当初，蜀国的姜维进攻魏国西平，俘获了中郎将郭循，蜀国任命他为左将军。郭循想要刺杀蜀国后主，却没接近的机会。他常常借上寿之机，一边跪拜，一边往前靠近，却被左右侍卫所制止，刺杀后主的目的没有能够达到。

【点评】

权谋家司马懿。司马懿在人们心目中的形象多是阴险、隐忍。这大致是受了《三国演义》的影响。实际上，司马懿的谋略完全可以与蜀国诸葛亮相媲美。

首先，司马懿对于巩固魏国政权，出力颇多，得到魏文帝曹丕、魏明帝曹叡两代皇帝的信任。魏文帝曹丕任命司马懿与中军大将军曹真等共为辅政大臣，并嘱托太子曹叡说："慎勿疑之。"在曹叡为魏帝的十三年中，司马懿立功甚伟，得到魏帝的高度信任和依赖。后来曹叡又病重不治，当时司马懿镇守关中，便令他火速回京，三日之间，诏书五至。四百多里的路程，司马懿一夜而至。魏明帝拉着他的手，目视太子曹芳，说："以后事相托，死乃复可忍。吾忍死待君，得相见，无所复恨矣。"命令司马懿与曹爽共同辅政。司马懿在辅佐魏帝时，深得信赖。

其次，司马懿隐忍蛰伏，躲过了曹爽集团的算计。曹芳称帝后，大将军曹爽依仗自己是宗亲，千方百计排挤司马懿，将其改任为太傅，予以架空，并且将郭太后与魏帝分离，直接掌控魏帝。这时，司马懿稍有不慎，就会大祸临头，万劫不复。他隐忍以待，装病装死，成功地消除了曹爽等人对他的戒备，同时暗地里与儿子司马师等谋划，一举扳倒曹爽。其实，这种隐忍是司马懿惯用的谋略。当年，司马懿率军与诸葛亮对阵，也是运用这种"忍"的谋略。蜀国士兵在阵前百般叫骂，甚至把他比成妇人，他也不为所动，使得诸葛亮无可奈何，不得不退兵而去。综观中国历史上的谋略家，很少有人能有司马懿这种非凡的隐忍力，这是司马懿取得成功的关键之举！

再次，司马懿把握时机，一举扳倒曹爽集团，可谓妙举。司马懿忍常人所不能忍，暗中窥伺，等待的就是机会。机会终于来了，毫不设防的大将军曹爽以及同伙随同魏帝曹芳到高平陵祭拜明帝曹叡，洛阳城中兵力空虚，司马懿立即请示郭太后，请废曹爽兄弟。当时，司马师为中护军，率兵屯驻司马门，控制京都。而后，司马懿以谋反的罪名杀掉曹爽兄弟及其党羽何晏、丁谧、邓飏、毕轨、李胜、桓范等，并灭三族，一举肃清曹氏宗亲势力。从此，魏国进入了司马氏专权时代！这一年，是公元 249 年。

最后，司马懿既谋划当前，也谋划长远，为子孙谋魏立晋奠定了坚实基础。司马懿诛灭曹爽集团，导致曾为曹爽笼络、快速升官的司空王凌心生不满，与外甥令狐愚图谋废黜曹芳，立楚王曹彪为皇帝。还未行动，令狐愚去世了，而王凌继续寻找机会，借口攻打吴国，请求出兵。司马懿知其阴谋，不许出兵。然后亲率大军前往攻打，王凌自知无法逃脱，自杀身亡。司马懿推治其事，凡牵连在内的一律诛灭三族，并将王凌、令狐愚暴尸凌辱，彰其罪恶，逼楚王曹彪自尽，趁机把魏国王公全部拘捕，放置邺城看管起来。

清人王鸣盛在谈及司马懿时，说司马懿“少壮则为魏画篡汉策，及老又为子孙定篡魏策，兴亡若置棋，亦可叹矣”，与“卧龙”“凤雏”等飘逸雅致的绰号不同，司马懿的外号是令人望而生畏的“冢虎”。所谓“冢虎”，是指盘伏在朝廷中的猛虎。冢，本指高而大的坟墓，引申为大、高的，代指朝廷。

魏纪八

魏邵陵厉公嘉平五年至魏高贵乡公正元二年（253—255年）

【起昭阳作噩（癸酉，253年），尽旃蒙大渊献（乙亥，255年），凡三年】

【大事提要】

本卷记事起公元253年，讫公元255年，凡三年，当魏邵陵公（曹芳）嘉平五年至魏高贵乡公（曹髦）正元二年。本卷所载大事，主要是五个方面：其一，诸葛恪被杀。公元253年，吴国首辅诸葛恪不顾诸臣劝阻，发兵二十万攻打魏国，围攻新城，遭到顽强抵抗，惨败而归，吴人怨恨。武卫将军孙峻与吴帝孙亮设谋，在皇宫设宴，伏兵帷帐内，孙峻于座中用刀砍杀诸葛恪，将其苇席裹身，投之石子岗，灭三族。其二，姜维连续北伐。这三年，蜀国卫将军姜维连续出兵攻打魏国，分别攻打南安、襄武、狄道等地。一次因军粮耗尽而退军；一次攻破河间、河关、临洮等地，掠其民众而还；一次于洮西大破魏国雍州刺史王经，死伤数万，魏国派征西将军陈泰前来解围才退军。其三，司马师主持废立。公元254年，魏国大将军司马师联合公卿大臣上奏郭太后，历数魏帝曹芳不亲政、不尽礼的多种罪行，请求依霍光故事废掉曹芳帝位，得到许可，将曹芳改封为齐王。并与郭太后商议，选择曹丕之孙高贵乡公曹髦为魏国之主，入朝为帝。其四，司马师平叛。公元255年，魏国镇南将军毌丘俭与扬州刺史文钦合谋，伪奉皇太后之令讨伐大将军司马师，在寿春城歃血为盟，上书述说司马师罪状，并移檄各郡，号召举兵讨伐，率军渡河北进。司马师组织强力反击，将其部队围困于项城东南，反军溃败。其五，司马师去世。公元255年，反将文钦之子文鸯带兵袭击魏军营帐，大将军司马师惊吓过度，再加上眼睛有瘤疾，致使眼睛震出眼眶，痛死许昌。他继承父亲权势，有勇有谋，废掉魏帝曹芳，平定淮南叛乱，击灭东吴诸葛恪大军，控制曹魏政权。

【原文】

邵陵厉公下

嘉平五年（癸酉，253 年）

春，正月，朔，蜀大将军费祎与诸将大会于汉寿，郭循在坐；祎欢饮沈醉，循起刺祎，杀之。祎资性泛爱，不疑于人。越嶲太守张嶷尝以书戒之曰："昔岑彭率师，来歙杖节，咸见害于刺客。今明将军位尊权重，待信新附太过，宜鉴前事，少以为警。"祎不从，故及祸。

诏追封郭循为长乐乡侯，使其子袭爵。

王昶、毌丘俭闻东军败，各烧屯走。朝议欲贬黜诸将，大将军师曰："我不听公休，以至于此。此我过也，诸将何罪！"悉宥之。师弟安东将军昭时为监军，唯削昭爵而已。以诸葛诞为镇南将军，都督豫州；毌丘俭为镇东将军，都督扬州。

是岁，雍州刺史陈泰求敕并州并力讨胡，师从之。未集，而新兴、雁门二郡胡以远役，遂惊反。师又谢朝士曰："此我过也，非陈雍州之责！"是以人皆愧悦。

习凿齿论曰：司马大将军引二败以为己过，过消而业隆，可谓智矣。若乃讳败推过，归咎万物，常执其功而隐其丧，上下离心，贤愚解体，谬之甚矣！君人者，苟统斯理以御国，行失而名扬，兵挫而战胜，虽百败可也，况于再乎！

（以上为第一段，写魏国出兵攻打吴国，由于东线失败，其他部队也烧毁营地撤退。大将军司马师引咎自责，宽恕诸将，只处理其弟、监军司马昭，习凿齿认为是消弭错误，可谓智者之举。）

光禄大夫张缉言于师曰："恪虽克捷，见诛不久。"师曰："何故？"缉曰："威震其主，功盖一国，求不死，得乎！"

二月，吴军还自东兴。进封太傅恪阳都侯，加荆、扬州牧，督中外诸军事。恪遂有轻敌之心，复欲出军，诸大臣以为数出罢劳，同辞谏恪，恪不听。

【语译】

魏邵陵厉公下

魏邵陵厉公嘉平五年（癸酉，253 年）

春季，正月初一朔，蜀国大将军费祎与诸位将领在汉寿大聚会，郭循也在座。费祎欢饮以致沉醉，这时郭循突起，刺杀了费祎。费祎性情宽厚，广施仁爱，从不怀疑别人。越巂太守张嶷曾写信告诫他说："从前岑彭率领军队，来歙手持杖节，都被刺客所害。如今将军您地位尊贵，权力重大，但您对待和信任新近归附的人太过分，应该以前代之事为鉴，稍微加强一些警戒。"但费祎不听，所以祸殃及身。

魏国下诏追封郭循为长乐乡侯，让他的儿子继承爵位。

王昶、毌丘俭听说东部进军吴国的魏军失败，各自烧毁营地后撤走。朝臣议论，要把诸将罢官降职，大将军司马师说："我没有听诸葛诞的话才造成这样的后果。这是我的错误，各位将军有什么罪？"于是，全部宽恕了他们。司马师之弟安东将军司马昭当时为监军，所以只削去司马昭一人的爵位而已。任命诸葛诞为镇南将军，都督豫州；毌丘俭为镇东将军，都督扬州。

这一年，魏国雍州刺史陈泰请求下令让并州与他合力讨伐胡人，司马师同意了。队伍尚未集中起来，而新兴、雁门两个郡的胡人由于路途太远，惊疑不定而反叛。对此事，司马师又向朝廷大臣谢罪说："这是我的错误，不是陈泰的责任！"因此，人们都感到惭愧，而对司马师心悦诚服。

习凿齿评论说：司马大将军以两次失败引咎自责，错误反而消弭，真可谓智者之举。如果讳言失败，推卸责任，归咎于各种原因，经常自夸其功而隐藏失误，使上下离心离德，各种人才分散解体，那谬误就太大了。身为君王之人，如果能掌握这个道理来治理国家，决策失误但却名声远扬，兵力暂时受挫但能最终战胜敌人，那么即使失败一百次也都无妨，何况只有两次呢！

魏国光禄大夫张缉对司马师说："诸葛恪虽然获得了胜利，但离被诛杀却不远了。"司马师问道："这是什么缘故？"张缉说："他的声威震慑其君王，功劳盖过全国，想要求得不死，这还可能吗？"

二月，吴国军队自东兴返回。进封太傅诸葛恪为阳都侯，并兼任荆州、扬州牧，都督中外诸军事。诸葛恪于是产生了轻敌之心，想要再度出兵，各位大臣认为频繁出兵，军队疲惫不堪，就异口同声地劝说诸葛恪，但诸葛恪听不进去。

中散大夫蒋延固争，恪命扶出。因著论以谕众曰："凡敌国欲相吞，即仇雠欲相除也。有仇而长之，祸不在己，则在后人，不可不为远虑也。昔秦但得关西耳，尚以并吞六国。今以魏比古之秦，土地数倍；以吴与蜀，比古六国，不能半也。然今所以能敌之者，但以操时兵众，于今适尽，而后生者未及长大，正是贼衰少未盛之时。加司马懿先诛王凌，续自陨毙，其子幼弱而专彼大任，虽有智计之士，未得施用。当今伐之，是其厄会。

"圣人急于趋时，诚谓今日。若顺众人之情，怀偷安之计，以为长江之险可以传世，不论魏之终始，而以今日遂轻其后，此吾所以长叹息者也！今闻众人或以百姓尚贫，欲务闲息，此不知虑其大危而爱其小勤者也。昔汉祖幸已自有三秦之地，何不闭关守险以自娱乐，空出攻楚，身被创痍，介胄生虮虱，将士厌困苦，岂甘锋刃而忘安宁哉？虑于长久，不得两存者耳。

"每鉴荆邯说公孙述以进取之图，近见家叔父表陈与贼争竞之计，未尝不喟然叹息也！夙夜反侧，所虑如此，故聊疏愚言，以达一二君子之末。若一朝陨没，志画不立，贵令来世知我所忧，可思于后耳。"众人虽皆心以为不可，然莫敢复难。

丹阳太守聂友素与恪善，以书谏恪曰："大行皇帝本有遏东关之计，计未施行；寇远自送，将士凭赖威德，出身用命，一旦有非常之功，岂非宗庙、神灵、社稷之福邪！宜且按兵养锐，观衅而动。今乘此势欲复大出，天时未可，而苟任盛意，私心以为不安。"恪题论后，为书答友曰："足下虽有自然之理，然未见大数，熟省此论，可以开悟矣。"

滕胤谓恪曰："君受伊、霍之托，入安本朝，出摧强敌，名声振于海内，天下莫不震动，万姓之心，冀得蒙君而息。今猥以劳役之后，兴师出征，民疲力屈，远主有备。若攻城不克，野略无获，是丧前劳而招后责也。不如按甲息师，观隙而动。且兵者大事，事以众济，众苟不悦，

中散大夫蒋延仍坚持劝说，诸葛恪命人把他架扶出去。诸葛恪因此事著文晓谕众人说：“凡是敌对国家想要互相吞并，也就是仇敌想要互相铲除。有仇敌而让其发展，祸患如果不在眼前，就是留给了后人，所以不能不深谋远虑。古时秦国只有关西之地，尚且能吞并六国。如今将魏国比之于古代的秦国，土地数倍。然而今天我们之所以能与魏国对敌，只是因为曹操时期的士兵到今天已经老弱不能打仗，而后来出生的人还没有长大，这正是敌人兵力微弱而未及强盛之时，再加上司马懿先诛杀了王凌，接着自己死去，他的儿子年轻却专擅大权，虽然有聪明的谋士，却未能加以任用。如今过去攻打，正是他们的厄运到来之日。

“圣人急于顺随时势，指的实在就是今天的这种情况。如果顺从众人之情，心怀苟且偷安的想法，认为长江天险可以世代保持，不考虑魏国的变化情况而只看现在的形势，而轻视其以后的发展，这就是我一直为之难过叹息的原因。如今我听说有些人认为百姓还很贫困，想要休养生息，这是不知考虑其大的危害，而是只惜其小的勤苦的想法。以前汉高祖幸运地占据了三秦之地，为什么他不闭关守住险要以自享娱乐，却偏要发动全部兵力去攻打西楚项羽，以致身受创伤，甲胄里生满了虱子，将士们饱受艰难困苦，难道他甘心在刀剑里生活而忘记安宁了吗？这是因为考虑到天长日久而他与项羽势不两存的缘故。

“每当我借鉴荆邯劝说公孙述锐意进取的图谋，以及近来见到家叔诸葛亮上表陈述与敌人争竞的计策，我都要慨然叹息！我朝夕辗转反思，所想的就是这些，因此姑且陈述我的浅见，以送达各位志士明鉴。如果我一旦死去，志向计划不能实现，重要的是让来世之人了解我所忧虑的事情，在我死后深入地思考这些事情。”众人虽然心里都认为他说得不对，但没有人再敢提出异议。

吴国丹阳太守聂友平常与诸葛恪很有交情，就写信劝说道：“先帝本来有遏止东关之敌的计策，但没有施行；敌人自远方前来送死，我军将士凭借先帝的威德，舍身拼命，一下子就取得了非常卓著的战功，这难道不是宗庙、神灵、国家的福分吗？现在我们应当暂且按兵不动，养精蓄锐，伺察到敌国的内部裂痕再发兵攻打。如今您乘此胜利之势想要再次大规模出兵，这是未得天时之利而随便按照您个人的意见行事，我内心深感不安。”诸葛恪在他的文章后面附了一封信回答聂友说：“您的话虽然符合自然之理，但却没有看到胜负存亡的大道理，您仔细阅读这篇文章，就可以明白了。”

吴国滕胤对诸葛恪说：“您接受像伊尹、霍光那样的辅佐君王重托，在内则安定我们的朝廷，出外则摧败强大的敌人，名声震慑海内，天下之人无不震动，万众之心，是希望蒙受您的恩德而休养生息。如今在繁重的劳役之后，又兴兵出征，人民疲惫，精力不足，而且远方的敌人也有了防备。如果敌人城池不能攻破，掠夺地盘

君独安之？”恪曰：“诸云不可，皆不见计算，怀居苟安者也；而子复以为然，吾何望乎！夫以曹芳暗劣，而政在私门，彼之民臣，固有离心。今吾因国家之资，藉战胜之威，则何往而不克哉！”三月，恪大发州郡二十万众复入寇，以滕胤为都下督，掌统留事。

夏，四月，大赦。

汉姜维自以练西方风俗，兼负其才武，欲诱诸羌、胡以为羽翼，谓自陇以西，可断而有。每欲兴军大举，费祎常裁制不从，与其兵不过万人，曰：“吾等不如丞相亦已远矣；丞相犹不能定中夏，况吾等乎！不如且保国治民，谨守社稷，如其功业，以俟能者，无为希冀徼幸，决成败于一举；若不如志，悔之无及。”及祎死，维得行其志，乃将数万人出石营，围狄道。

吴诸葛恪入寇淮南，驱略民人。诸将或谓恪曰：“今引军深入，疆埸之民，必相率远遁，恐兵劳而功少，不如止围新城，新城困，救必至，至而图之，乃可大获。”恪从其计，五月，还军围新城。

诏太尉司马孚督军二十万往赴之。大将军师问于虞松曰：“今东西有事，二方皆急，而诸将意沮，若之何？”松曰：“昔周亚夫坚壁昌邑，而吴楚自败，事有似弱而强，不可不察也。今恪悉其锐众，足以肆暴，而坐守新城，欲以致一战耳。若攻城不拔，请战不可，师老众疲，势将自走，诸将之不径进，乃公之利也。姜维有重兵而县军应恪，投食我麦，非深根之寇也。且谓我并力于东，西方必虚，是以径进。今若使关中诸军倍道急赴，出其不意，殆将走矣。”师曰：“善！”乃使郭淮、陈泰悉关中之众，解狄道之围；敕毌丘俭按兵自守，以新城委吴。陈泰进至洛门，姜维粮尽，退还。

也没有收获，就会前功尽弃，招致后来的责备。因此不如先按兵不动，休养军队，然后伺察敌人的漏洞再发兵行动。而且兴兵打仗是件大事，只有依靠众人才能成功，众人如果不愿打仗，您独自一人能安然处之吗？”诸葛恪说：“众人说不可出兵，都未见有什么具体的计划打算，只是心怀苟且偷安的想法；而你又认为他们是对的，我还有什么指望？因曹芳昏庸无能，而使政权落入私家，魏国的臣民本来已经产生了离异之心。如今我凭借国家的资财，依仗上次战争胜利的威势，则将无往而不胜。”三月，诸葛恪发州郡之兵二十万人再次进犯魏国，任命滕胤为都下督，总管留守事宜。

夏季，四月，魏国实行大赦。

蜀将姜维自以为详熟西部风俗，再加上对自己的文才武略颇为自负，所以总想诱使各个羌、胡的部族成为自己的羽翼。他认为从陇地往西，都可以断为己有。每次他想要兴兵大举进攻，费祎就常常加以阻止，不听从他的主张，调给他的兵力也不足一万人。费祎说：“我们这些人比诸葛丞相差得远了。丞相尚且不能平定中原，更何况我们呢？所以我们不如先保国治民，谨守住自己的国土，至于建功立业扩大疆土，那就要等待有才能的人去干了。我们不要寄希望于侥幸，把成败系于一举，如果不能如愿以偿，后悔就来不及了。”等到费祎死后，姜维才得以实行他的计划，率领将兵数万人越过石营，围攻狄道县。

吴国的诸葛恪进犯魏国淮南，驱杀掠夺百姓。将领中有人对诸葛恪说：“如今率兵深入敌境，境内的百姓必然都一起远远地逃离了，恐怕我们的士兵费尽辛劳而功效甚少，不如仅围困新城，新城被困，必然会有救兵来，等救兵一到，再与他们交战，就可以大获全胜。”诸葛恪采纳了这个计策，五月，撤回军队，围困新城。

魏国命令太尉司马孚率军二十万人奔赴战场。大将军司马师询问虞松说：“如今东西都有战事，两个地方都很紧急，但诸位将领却意志沮丧，应当怎么办呢？”虞松说：“从前西汉周亚夫坚守昌邑而吴、楚之军不战自败，有些事情看似弱而实际强，所以不能不详察。如今诸葛恪带来他全部的精锐部队，足以肆意逞强施暴，但他却坐等在新城，想要招来魏军与他一战。如果他不能攻破城池，请战也无人理睬，军队就会士气低落，疲劳不堪，势必将自动撤退，诸位将领不愿径直进击，对您反而是有利的。姜维握有重兵，但却是深入我境的孤军，与诸葛恪遥相呼应，他们没有运粮部队，只以我们境内的麦子为食，不是能坚持长久作战的军队。而且他认为我们全力投入东方的战斗，西方必定空虚，所以径直深入我方境内。现在如果令关中各军日夜兼程快速奔赴前线，出其不意地攻打姜维，他大概就要撤走了。”司马师说：“好！”于是命令郭淮、陈泰率领关中全部军队，去解救狄道的围困；命令毌丘俭按兵不动，坚守营地，而将新城委弃吴国，任由围攻。陈泰行军至洛门，姜维粮

扬州牙门将涿郡张特守新城，吴人攻之连月，城中兵合三千人，疾病、战死者过半，而恪起土山急攻，城将陷，不可护。特乃谓吴人曰："今我无心复战也。然魏法，被攻过百日而救不至者，虽降，家不坐；自受敌以来，已九十余日矣，此城中本有四千余人，战死者已过半，城虽陷，尚有半人不欲降，我当还为相语，条别善恶，明日早送名，且以我印绶去为信。"乃投其印绶与之。吴人听其辞而不取印绶。特乃投夜彻诸屋材栅，补其缺为二重，明日，谓吴人曰："我但有斗死耳！"吴人大怒，进攻之，不能拔。

会大暑，吴士疲劳，饮水，泄下、流肿，病者太半，死伤涂地。诸营吏日白病者多，恪以为诈，欲斩之，自是莫敢言。恪内惟失计，而耻城不下，忿形于色。将军朱异以军事迕恪，恪立夺其兵，斥还建业。都尉蔡林数陈军计，恪不能用，策马来奔。诸将伺知吴兵已疲，乃进救兵。秋，七月，恪引军去，士卒伤病，流曳道路，或顿仆坑壑，或见略获，存亡哀痛，大小嗟呼。而恪晏然自若，出住江渚一月，图起田于浔阳；诏召相衔，徐乃旋师。由是众庶失望，怨讟兴矣。

汝南太守邓艾言于司马师曰："孙权已没，大臣未附，吴名宗大族皆有部曲，阻兵仗势，足以违命。诸葛恪新秉国政，而内无其主，不念抚恤上下以立根基，竞于外事，虐用其民，悉国之众，顿于坚城，死者万数，载祸而归，此恪获罪之日也。昔子胥、吴起、商鞅、乐毅，皆见任时君，主没犹败，况恪才非'四贤'，而不虑大患，其亡可待也。"

八月，吴军还建业，诸葛恪陈兵导从，归入府馆，即召中书令孙嘿，厉声谓曰："卿等何敢数妄作诏！"嘿惶惧辞出，因病还家。

尽，只好撤退。

扬州牙门将、涿郡人张特守卫新城，吴军连月攻打，城中士兵共三千人，疾病、战死者超过了一半，而诸葛恪又堆起了土山猛烈进攻，新城将要被攻破，无法再守护了。于是张特对吴国人说：“现在我已经无心再战了。但魏国法律规定，被围攻超过百日而救兵仍然未至者，虽然投降，其家属也不被治罪；我自受围攻以来，已经九十多天了，这城中本来有四千多人，战死者已超过一半，城池虽然失陷，但还有一半人不愿投降，我要回去劝说他们，逐一辨别，明天一早就送名单过来，请先把我的印绶拿去当作信物。”随即把他的印绶扔给了吴人。吴人听信了他的话而没有要他的印绶。于是张特连夜拆除城内房屋的木材，修补加固城墙缺口，进行双重防护。第二天，张特对吴人说：“我只有战斗而死，决不投降！”吴人愤怒至极，加紧攻城，但却不能攻下。

当时天气十分炎热，吴国士兵疲劳不堪，饮用了不洁净的水，造成腹泻、浮肿病流行，有一大半的人生病，死伤之人满地都是。各兵营的官吏每天都报告生病者太多，无法战斗。诸葛恪认为他们谎报，要杀掉他们，从此没有人再敢说了。诸葛恪心中没有良策，又耻于攻城不下，所以愤恨之情常流露于外。将军朱异在军事上与诸葛恪发生矛盾，诸葛恪就立刻夺去他的兵权，驱逐他回建业。都尉蔡林多次提出军事计策，诸葛恪都不予采纳，结果蔡林骑马逃走，投降魏国。魏国将领侦察了解到吴国士兵已疲惫不堪，于是发出救兵。秋季，七月，诸葛恪率军退却，那些受伤生病的士兵流落在道路上，艰难地互相扶持着行走，有的人困顿地倒毙于沟中，有的人则被俘获，全军上下沉浸在哀痛悲叹之中。但诸葛恪却安然自若，外出在江中小洲上住了一月，还计划在浔阳地区开垦田地。召他回去的文书接连不断，他才慢慢地返回。从此，他在群臣百姓中失去威望，人们对他的怨恨之言也越来越多。

魏国汝南太守邓艾建言司马师说：“孙权已经死了，大臣们尚未顺从新的朝廷，吴国的名宗大族都有自己的部曲，拥兵仗势，足可以违抗朝廷命令。诸葛恪新近才执掌国政，而朝内又没有明君，诸葛恪也不想着抚恤关怀上下臣民以树立治国的根基，却热衷于对外战争，肆虐役使民众，把全国的军队，困顿在坚固的城下，死掉的士兵数以万计，结果遭受重创，大败而归，这就是诸葛恪获罪之日。古时的伍子胥、吴起、商鞅、乐毅都受到了君王的信任，但君王死后，他们仍然失败了，更何况诸葛恪的才能比不上这四个贤人，而且他也不考虑大的忧患，所以诸葛恪的败亡指日可待。”

八月，吴国的军队回到建业，诸葛恪让士兵们排成队列，前呼后拥地步入府邸。刚到家，就立刻招来中书令孙嘿，大声申斥说：“你们怎么敢屡次妄作诏书！”孙嘿十分恐惧地告辞出来，托病返回家中。

恪征行之后，曹所奏署令长职司，一更罢选，愈治威严，多所罪责，当进见者无不竦息。又改易宿卫，用其亲近；复敕兵严，欲向青、徐。

（以上为第二段，写吴国大将军诸葛恪取得东兴大捷，遂有轻敌之心，以为只要出征，就能取得胜利，于是一意孤行，不顾国内民疲财竭的实情，继续出兵攻打魏国，结果兵败新城，威望大失。）

孙峻因民之多怨，众之所嫌，构恪于吴主，云欲为变。冬，十月，孙峻与吴主谋，置酒请恪。恪将入之夜，精爽扰动，通夕不寐；又，家数有妖怪，恪疑之。旦日，驻车宫门，峻已伏兵于帷中，恐恪不时入，事泄，乃自出见恪曰："使君若尊体不安，自可须后，峻当具白主上。"欲以尝知恪意。恪曰："当自力入。"散骑常侍张约、朱恩等密书与恪曰："今日张设非常，疑有他故。"恪以书示滕胤，胤劝恪还。恪曰："儿辈何能为！正恐因酒食中人耳。"恪入，剑履上殿，进谢还坐。设酒，恪疑，未饮。孙峻曰："使君病未善平，有常服药酒，可取之。"恪意乃安。别饮所赍酒，数行，吴主还内，峻起如厕，解长衣，著短服，出曰："有诏收诸葛恪。"恪惊起，拔剑未得，而峻刀交下，张约从旁斫峻，裁伤左手，峻应手斫约，断右臂。武卫之士皆趋上殿，峻曰："所取者恪也，今已死！"悉令复刃，乃除地更饮。

恪二子竦、建闻难，载其母欲来奔，峻使人追杀之。以苇席裹恪尸，篾束腰，投之石子冈。又遣无难督施宽就将军施绩、孙壹军，杀恪弟奋威将军融于公安，及其三子。恪外甥都乡侯张震、常侍朱恩，皆夷三族。

临淮臧均表乞收葬恪，曰："震雷电激，不崇一朝；大风冲发，希有极日；然犹继之以云雨，因以润物。是则天地之威，不可经日浃辰；帝王之怒，不宜讫情尽意。臣以狂愚，不知忌讳，敢冒破灭之罪，以邀风雨之会，伏念故太傅诸葛恪，罪积恶盈，自致夷灭，父子三首，枭市积

诸葛恪出征回来之后，有关部门所奏请的各机构选任的官吏，一概不用，重新选拔。治事愈来愈威严，被治罪和受责备的人很多，被召去进见诸葛恪的人没有不胆战心惊、唉声叹气的。诸葛恪又更换宫中侍卫，全部选用他的亲近之人；又下令让军队加紧备战，想要出兵攻打青州、徐州。

吴国孙峻因为臣民百姓大都怨恨、嫌恶诸葛恪，就在吴主面前诬陷诸葛恪，说他想要发动叛乱。冬季，十月，孙峻与吴主密谋在酒筵上杀死诸葛恪。诸葛恪将要赴宴的前一天晚上，精神躁动不安，整夜都不能入睡；另外，家里又发生了几次怪异之事，诸葛恪起了疑心。第二天，诸葛恪把车停在宫门，当时孙峻已经在帷帐之中设下伏兵，唯恐诸葛恪不按时进来使事情泄露，于是就亲自出来见诸葛恪说："您如果贵体欠安，可以等以后再说，我会把情况禀告主上的。"他说这话实际是想试探诸葛恪的态度。诸葛恪说："我要勉力进去见主上。"当时散骑常侍张约、朱恩等人写密信给诸葛恪，说："今日宫内的陈设不同一般，我们怀疑有其他变故。"诸葛恪把密信给滕胤看，滕胤劝诸葛恪回府。诸葛恪说："这些小辈能干什么？恐怕他们是在酒食中下毒来害人而已。"诸葛恪进入宫内，带着剑不脱鞋上殿，上前谢过主上，回来坐在座位上。摆上酒宴，诸葛恪因有疑心就没有饮酒。孙峻说："您的病没有大好，如果有常服的药酒，就请派人取来。"诸葛恪这才安了心。诸葛恪喝着自己人送来的酒，喝了几杯之后，吴主回到内室。这时孙峻也起来上厕所，在厕所里脱下长衣，换上短服，一出来就喊道："主上有诏命立即拘捕诸葛恪！"诸葛恪慌忙站起，还没拔出剑，而孙峻的利刀已经数次砍了下来，诸葛恪就一命呜呼了。张约从旁边刀劈孙峻，但只伤及左手，孙峻却回手砍断了张约的右臂。这时，宫内的卫兵都跑上殿来，孙峻说："今天要捕杀的只是诸葛恪，现在他已经死了！"然后命令卫兵全都把刀收起来，又把地上清除打扫一番，重新开筵。

诸葛恪的两个儿子诸葛竦和诸葛建听说父亲遭难，就用车拉起母亲想要投奔魏国，孙峻派人追上并杀掉了他们。又命令用芦席裹住诸葛恪的尸体，中间用竹篾一捆，扔到了石子冈。另外派遣无难督施宽到将军施绩、孙壹的军队中，在公安县杀了诸葛恪的弟弟奋威将军诸葛融和他的三个儿子。诸葛恪的外甥都乡侯张震、常侍朱恩也都被诛灭三族。

吴国临淮人臧均上书，请求收拾诸葛恪尸骨并加以安葬。他上书说："电闪雷鸣，不会在整个早晨都连续不断；狂风怒吼，也很少终日不停。雷电狂风过后，仍然还会有和风细雨，滋润万物。因此，天地的威严不会整日整夜连绵不断地施展；帝王的怒气也不应毫无约束地尽情发散。我狂妄愚钝，不避忌讳，胆敢冒着破家灭

日，观者数万，詈声成风；国之大刑，无所不震，长老孩幼，无不毕见。人情之于品物，乐极则哀生，见恪贵盛，世莫与贰，身处台辅，中间历年，今之诛夷，无异禽兽，观讫情反，能不憯然！且已死之人，与土壤同域，凿掘斫刺，无所复加。愿圣朝稽则乾坤，怒不极旬，使其乡邑若故吏民收以士伍之服，惠以三寸之棺。昔项籍受殡葬之施，韩信获收敛之恩，斯则汉高发神明之誉也。惟陛下敦三皇之仁，垂哀矜之心，使国泽加于辜戮之骸，复受不已之恩，于以扬声遐方，沮劝天下，岂不大哉！昔栾布矫命彭越，臣窃恨之，不先请主上而专名以肆情，其得不诛，实为幸耳。今臣不敢章宣愚情以露天恩，谨伏手书，冒昧陈闻，乞圣明哀察。"于是，吴主及孙峻听恪故吏敛葬。

初，恪少有盛名，大帝深器重之，而恪父瑾常以为戚，曰："非保家之主也。"父友奋威将军张承亦以为恪必败诸葛氏。陆逊尝谓恪曰："在我前者，吾必奉之同升，在我下者，则扶接之。今观君气陵其上，意蔑乎下，非安德之基也。"

汉侍中诸葛瞻，亮之子也。恪再攻淮南，越巂太守张嶷与瞻书曰："东主初崩，帝实幼弱，太傅受寄托之重，亦何容易！亲有周公之才，犹有管、蔡流言之变；霍光受任，亦有燕、盖、上官逆乱之谋，赖成、昭之明，以免斯难耳。昔每闻东主杀生赏罚，不任下人，又今以垂没之命，卒召太傅，属以后事，诚实可虑。加吴、楚剽急，乃昔所记，而太傅离少主，履敌庭，恐非良计长算也。虽云东家纲纪肃然，上下辑睦，百有一失，非明者之虑也。取古则今，今则古也，自非郎君进忠言于太傅，谁复有尽言者邪！旋军广农，务行德惠，数年之中，东西并举，实为不晚，愿深采察！"恪果以此败。

身之罪，像祈求上天降下和风细雨一样，求您暂息雷霆之怒。追想已故太傅诸葛恪，罪恶满盈，招致了诛灭三族的灾祸。他们父子三人的首级被砍下来示众也有不少天了，观看者有数万人，咒骂他们的声音也如风四起；国家的大刑震慑了各个地方，就连老人孩童也全都见到了。人情对于万物，往往是乐极生悲，看到诸葛恪在尊贵全盛之时，世上没有人能与他相比，身居三公宰相的高位，经历多年，而如今被诛杀灭族，却无异于禽兽，察尽人情的反复，怎能不令人悲伤！而且他是已经死去之人，应埋葬于地下，没有必要再对他砍凿击刺。希望圣明的朝廷，效法天地，发怒不超过十日，让他的乡里之民和手下故吏用普通士卒的丧服为他收尸，再恩准他殓入三寸薄棺。从前项羽曾受到安葬的礼遇，韩信也曾得到入殓的恩惠，这都是汉高祖被誉为光大圣明的举动。愿君王布施三皇仁慈，垂赐哀怜之心，使国家的恩泽施加于因罪被杀者的尸体，再次让他得到不尽的恩惠，从此仁德的声名扬于远方，使天下劝善惩恶，这难道不是正大之举吗？从前汉代的栾布故意违背成命，向彭越的首级禀奏并祭祀。我对栾布的做法极为不满。他不先请求主上的恩典，而擅自肆意发泄自己的情感，他能够不受诛杀，实在是万幸之事。如今我不敢明白地表达自己的情感来显露圣上的恩赐，只能恭敬地写信上书，冒昧地向您陈述我的意见，请求圣明天子爱怜而体察臣下之心。”于是吴主和孙峻下令听任诸葛恪过去的部下把他收殓安葬。

当初，诸葛恪少年即名声大振，吴大帝非常器重他，而他的父亲诸葛瑾常为此事忧虑，认为诸葛恪不是能够保护家族的主人。诸葛瑾的朋友奋威将军张承也认为诸葛恪必将败坏诸葛氏家族。陆逊曾对诸葛恪说：“在我前面的人，我必然尊奉他，与他共同升迁；在我之下者，我就去扶持接引他。如今我看你气势凌驾于你前面的人之上，心意中又蔑视在你之下的人，这不是安定德业的根基。”

蜀国的侍中诸葛瞻是诸葛亮的儿子。诸葛恪再次攻打淮南时，越嶲太守张嶷给诸葛瞻写信说：“吴主刚刚驾崩，现在的皇帝实在太年幼怯弱，太傅诸葛恪承受辅政托孤的重担，又哪里是件容易的事情！以周公之才，亲自摄理朝政，仍然会有管叔、蔡叔散布流言发动叛乱；霍光受命摄理朝政，也有燕王刘旦、盖长公主和上官桀等人阴谋陷害的举动，只是依赖周成王、汉昭帝的圣明才得以免遭危难。以前常听说先王生杀赏罚的大权，从不交给下人，如今却在垂死之时，终于招来太傅，把后事托付给他，这实在令人忧虑。另外，从以前的记载来看，吴、楚地方的人性格轻悍急躁，但太傅却远离年幼的君王，深入敌国境内，这恐怕不是良好的计策和长远的考虑。虽然说吴国国家纲纪整肃，君臣上下和睦相处，但百事中即使有一次失误，也不是明智者的谋略。用古事来衡量今天的事情，则今天的事情如同古事一样，如果您不向太傅进献忠言，还有谁能直言相告呢？希望您能劝他撤回军队扩展农业，

吴群臣共议上奏，推孙峻为太尉，滕胤为司徒。有媚峻者言曰：“万机宜在公族，若承嗣为亚公，声名素重，众心所附，不可量也。”乃表峻为丞相、大将军，督中外诸军事，又不置御史大夫。由是士人失望。滕胤女为恪子竦妻，胤以此辞位。孙峻曰：“鲧、禹罪不相及，滕侯何为！”峻与胤虽内不沾洽，而外相苞容，进胤爵高密侯，共事如前。

齐王奋闻诸葛恪诛，下住芜湖，欲至建业观变。傅相谢慈等谏，奋杀之。坐废为庶人，徙章安。

南阳王和妃张氏，诸葛恪之甥也。先是恪有迁都之意，使治武昌宫，民间或言恪欲迎和立之。及恪被诛，丞相峻因此夺和玺绶，徙新都，又遣使者追赐死。初，和妾何氏生子皓，诸姬子德、谦、俊。和将死，与张妃别，妃曰：“吉凶当相随，终不独生。”亦自杀。何姬曰：“若皆从死，谁当字孤！”遂抚育皓及其三弟，皆赖以获全。

（以上为第三段，写吴国武卫将军孙峻以吴人多嫌怨首辅大臣诸葛恪，乃诬陷诸葛恪欲谋反，与吴主孙亮设下毒计，在皇宫中置酒宴请诸葛恪，伏兵于帷帐内，孙峻于座中用刀杀死诸葛恪，并夷其三族。）

高贵乡公上

正元元年（甲戌，254 年）

春，二月，杀中书令李丰。初，丰年十七八，已有清名，海内翕然称之。其父太仆恢不愿其然，敕使闭门断客。曹爽专政，司马懿称疾不出，丰为尚书仆射，依违二公间，故不与爽同诛。丰子韬，以选尚齐长公主。司马师秉政，以丰为中书令。是时，太常夏侯玄有天下重名，以曹爽亲，不得在势任，居常怏怏；张缉以后父去郡家居，亦不得意；丰皆与之亲善。师虽擢用丰，丰私心常在玄。

致力于推行仁德恩惠，数年之中，我们东西两国再同时大举进攻魏国，也不算晚，希望您深深地考虑和采纳我的建议！”后来，诸葛恪果然如张嶷所言而失败。

吴国群臣共同讨论上奏，推举孙峻为太尉，滕胤为司徒。有个向孙峻献媚的人说：“国家政务的权柄应由皇族掌握，如果滕胤当了司徒，地位仅次于太尉，而且他声名卓著，众人之心都归附他，那么他日后的势力则将不可估量。”于是又上书请求任命孙峻为丞相、大将军，都督中外诸军事，却不设置协助丞相管理政务的御史大夫，因此士人都大失所望。滕胤的女儿是诸葛恪之子诸葛竦的妻子，滕胤以此为由想要辞职。孙峻对他说：“鲧之罪不会牵连到禹，你何必这样呢？”孙峻和滕胤虽然内心不甚融洽，但处理外部事务却能互相包容。于是进封滕胤的爵位为高密侯，二人像以前一样一起共事。

齐王孙奋听说诸葛恪被诛杀，于是移居芜湖，想到建业去观察事态变化。傅相谢慈等人劝说他不要去，孙奋就把谢慈杀掉了。朝廷得知后，就把孙奋废为平民，迁居章安县。

吴国南阳王孙和的妃子张氏，是诸葛恪的外甥女。早先诸葛恪有迁都的打算，就让孙和去修建武昌宫，民间有谣传说诸葛恪想要迎立孙和为天子。诸葛恪被诛杀之后，丞相孙峻就因此事夺去了孙和的印玺，迁居到新都，又派使者随后追上赐孙和自杀。当初，孙和之妾何氏生了儿子孙皓，其他姬妾生的儿子有孙德、孙谦、孙俊。孙和将死时，与张妃诀别，张妃说：“无论吉凶祸福，我当永远相随，决不独自活着。”然后她也自杀而死。何姬说：“如果都相从而死，谁来抚养孤儿呢？”于是就抚育孙皓和他的三个弟弟，这些孩子都依靠她才得以生存下来。

魏高贵乡公上

魏高贵乡公正元元年（甲戌，254 年）

春季，二月，魏国杀害中书令李丰。当初，李丰十七八岁时，已经颇有清雅之名，海内人士交口称誉。他的父亲太仆李恢不愿让他这样，所以就令他闭门谢客，不与人往来。曹爽独揽朝政时，司马懿称病不出，当时李丰任尚书仆射，就在曹爽、司马懿二人之中周旋，因此没有与曹爽一起被诛杀。李丰的儿子李韬，被选中娶齐长公主为妻。司马师主持朝政时，任命李丰为中书令。当时，太常夏侯玄在天下极有威望，但因为与曹爽是亲戚，不能担任有权势的职位，平时常常闷闷不乐；张缉因为是皇后之父而免去郡守闲居在家，他也很不得意；李丰与夏侯玄和张缉关系十分亲密。司马师虽然提拔了李丰，但李丰心里更为看重夏侯玄。

丰在中书二岁，帝数召丰与语，不知所说。师知其议己，请丰相见，以诘丰，丰不以实告。师怒，以刀镮筑杀之，送尸付廷尉，遂收丰子韬及夏侯玄、张缉等皆下廷尉，钟毓按治，云："丰与黄门监苏铄、永宁署令乐敦，冗从仆射刘贤等谋曰：'拜贵人日，诸营兵皆屯门，陛下临轩，因此同奉陛下，将群僚人兵，就诛大将军；陛下傥不从人，便当劫将去耳。'"又云："谋以玄为大将军，缉为车骑将军；玄、缉皆知其谋。"庚戌，诛韬、玄、缉、铄、敦、贤，皆夷三族。

夏侯霸之入蜀也，邀玄欲与之俱，玄不从。及司马懿薨，中领军高阳许允谓玄曰："无复忧矣！"玄叹曰："士宗，卿何不见事乎！此人犹能以通家年少遇我，子元、子上不吾容也。"及下狱，玄不肯下辞，钟毓自临治之。玄正色责毓曰："吾当何罪！卿为令史责人也，卿便为吾作！"毓以玄名士，节高，不可屈，而狱当竟，夜为作辞，令与事相附，流涕以示玄；玄视，颔之而已。及就东市，颜色不变，举动自若。

李丰弟翼，为兖州刺史，司马师遣使收之。翼妻荀氏谓翼曰："中书事发，可及诏书未至赴吴，何为坐取死亡！左右可同赴水火者为谁？"翼思未答，妻曰："君在大州，不知可与同死生者，虽去亦不免！"翼曰："二儿小，吾不去，今但从坐，身死耳，二儿必免。"乃止，死。

初，李恢与尚书仆射杜畿及东安太守郭智善。智子冲，有内实而无外观，州里弗称也。冲尝与李丰俱见畿，既退，畿叹曰："孝懿无子；非徒无子，殆将无家。君谋为不死也，其子足继其业。"时人皆以畿为误，及丰死，冲为代郡太守，卒继父业。

正始中，夏侯玄、何晏、邓飏俱有盛名，欲交尚书郎傅嘏，嘏不受。嘏友人荀粲怪而问之，嘏曰："太初志大其量，能合虚声而无实才。何平叔言远而情近，好辩而无诚，所谓利口覆邦国之人也。邓玄茂有为而无终，外要名利，内无关钥，贵同恶异，多言而妒前；多言多衅，妒前无

李丰担任中书令的两年中，皇帝多次召见李丰一起交谈，但不知说些什么。司马师知道他们是在议论自己，所以请李丰来相见，向他询问，但李丰却不以实言相告。司马师勃然大怒，就用刀把上的铁环捶死了李丰，把尸体送交廷尉问罪，接着又逮捕了李丰之子李韬和夏侯玄、张缉等人，都送交廷尉收监。钟毓负责审理此案，他说："李丰与黄门监苏铄、永宁宫署令乐敦，冗从仆射刘贤等人阴谋策划说：'等到拜贵人的那天，各营的兵力都把守在宫门口，魏王临近前廊时，借此机会共同侍奉，再率领众官士兵，近前去诛杀大将军；魏王如果不听从，就要挟持着他离开。'"又说："他们阴谋商定以夏侯玄为大将军，张缉为骠骑将军。夏侯玄、张缉都知道这个阴谋。"二月二十二日庚戌，魏国诛杀李韬、夏侯玄、张缉、苏铄、乐敦、李贤等人，并诛灭三族。

夏侯霸投奔蜀国时，曾邀请夏侯玄和他一起去，但夏侯玄没有听从。等到司马懿去世，中领军、高阳人许允对夏侯玄说："以后不用再忧虑了。"夏侯玄叹道："士宗啊，你怎么不明事理呢？司马懿还是能把我作为世代交好的朋友来对待我，而司马师、司马昭就不会容我了。"入狱之后，夏侯玄不肯招供，钟毓亲自审理。夏侯玄表情严肃地斥责钟毓说："我有什么罪！你身为公府令史亲自来责问我，那你就替我写！"钟毓认为夏侯玄是名士，志节清高，不可屈服，但案子要了结，于是连夜为他写了供词，使与所查察之事相符合，然后流着眼泪给夏侯玄看。夏侯玄看后，只是微微点了点头而已。而后被推到东市斩首时，夏侯玄仍然脸不变色，举止自如。

李丰的弟弟李翼是兖州刺史，司马师派人去逮捕他。李翼的妻子荀氏对他说："中书令出了事，你可在诏书未到之前跑到吴国去，为什么要坐着等死！你的左右有谁能与你一起赴汤蹈火？"李翼想了想没有回答，他妻子说："你身在大州，却不知有谁能与你同生共死，你虽然逃走，也不免一死！"李翼说："两个儿子还小，我不能走，如今只是我一人受牵连而死，两个儿子必能获免。"终于没有逃走，被杀而死。

当初，李恢与尚书仆射杜畿和东安太守郭智是好朋友。郭智的儿子郭冲，内里聪慧而外表不漂亮，州里没有人称赞他。郭冲曾与李丰一起去看望杜畿，走了之后，杜畿叹道："李恢没有儿子了；不仅没有儿子，恐怕也将要没有家了。郭智却是死不了的，他的儿子足以继承父业。"当时人都认为杜畿说得不对，等到李丰死时，郭冲则当了代郡太守，终于继承了父业。

正始年间，夏侯玄、何晏、邓飏都很有名气，他们想要结交尚书郎傅嘏，但傅嘏却不接受。傅嘏的朋友荀粲奇怪地问他为什么这样，傅嘏说："夏侯玄的志向超过了其能力，他能博得虚有的声名却没有实际的才干。何晏话说得很高远而情感却很浅近，喜好辩论却没有真诚，这就是所谓口齿伶俐却会颠覆邦国的人。邓飏有所作

亲。以吾观此三人者，皆将败家；远之犹恐祸及，况昵之乎！”嘏又与李丰不善，谓同志曰：“丰饰伪而多疑，矜小智而昧于权利，若任机事，其死必矣！”

辛亥，大赦。

三月，废皇后张氏。

夏，四月，立皇后王氏，奉车都尉夔之之女也。狄道长李简密书请降于汉。

六月，姜维寇陇西。

中领军许允素与李丰、夏侯玄善。秋，允为镇北将军、假节、都督河北诸军事。帝以允当出，诏会群臣，帝特引允以自近；允当与帝别，涕泣歔欷。允未发，有司奏允前放散官物，收付廷尉，徙乐浪，未至，道死。

吴孙峻骄矜淫暴，国人侧目。司马桓虑谋杀峻，立太子登之子吴侯英。不克，皆死。

（以上为第四段，写魏国李丰虽被大将军司马师提拔为中书令，但还是有想法，被魏帝曹芳多次召见，秘密谋划，司马师询问李丰，李丰不以实言相告，司马师勃然大怒，用刀柄捶死李丰，并诛党羽，灭三族。）

帝以李丰之死，意殊不平。安东将军司马昭镇许昌。诏召之，使击姜维。九月，昭领兵入见，帝幸平乐观以临军过。左右劝帝因昭辞，杀之，勒兵以退大将军；已书诏于前，帝惧，不敢发。

昭引兵入城，大将军师乃谋废帝。甲戌，师以皇太后令召群臣会议，以帝荒淫无度，亵近倡优，不可以承天绪；群臣皆莫敢违。乃奏收帝玺绶，归藩于齐。使郭芝入白太后，太后方与帝对坐，芝谓帝曰：“大将军欲废陛下，立彭城王据！”帝乃起，去。太后不悦。芝曰：“太后有子不能教，今大将军意已成，又勒兵于外以备非常，但当顺旨，将复何言！”太后曰：“我欲见大将军，口有所说。”芝曰：“何可见邪！但当速取玺

为但最终没有成就，他在外邀取名利，而内心却毫无节制，喜欢与自己相同而讨厌与自己不同的意见，多嘴多舌而且嫉妒超过他的人；多嘴多舌就会造成很多矛盾，嫉妒超过自己的人就会失去亲近的朋友。以我看这三个人将来都要家败族灭，我远远地避开他们还恐怕会招惹灾祸，又怎么能与他们亲近呢？”傅嘏又与李丰不和，曾对朋友说：“李丰善于掩饰、为人虚伪而且生性多疑，沾沾自喜于小聪明而又热衷于权利，如果让他掌管机密要事，那么他被杀是必定无疑的！”

二月二十三日辛亥，魏国实行大赦。

三月，魏国废掉皇后张氏。

夏季，四月，立皇后王氏。王皇后是奉车都尉王夔之的女儿。魏国狄道长李简写密信给蜀国，请求投降。

六月，姜维率军进犯陇西。

魏国中领军许允平时与李丰、夏侯玄交好。秋季，许允任镇北将军、假节、都督河北诸军事。魏帝曹芳认为许允应当离京外出，于是诏令群臣集会，魏帝曹芳特地把许允拉到自己身旁谈话。许允在与魏帝曹芳告别时，泪流满面，哀叹着不忍离去。许允还没走，有司就奏告说许允以前曾随便散发官用物品，于是，就把他逮捕交付廷尉处理，后又把他押送到乐浪，还没有到达，就死在路上。

吴国的孙峻骄横傲慢，淫乱残暴，国人愤恨，侧目而视。担任司马的桓虑谋划要杀掉孙峻，立太子孙登之子吴侯孙英为君，但没有成功，参与者都被处死。

曹芳对李丰之死，心中颇为愤愤不平。安东将军司马昭镇守武昌，曹芳诏令他入京，让他去攻打姜维。九月，司马昭领兵回去晋见曹芳。曹芳到平乐观检阅他的部队，左右亲信劝其借司马昭进见辞行的机会杀掉司马昭，然后再领兵击退大将军司马师。曹芳在此之前已经写好诏书，但由于害怕，不敢拿出来。

司马昭领兵入城，大将军司马师就阴谋废掉曹芳。六月十九日甲戌，司马师假传皇太后的命令召集群臣开会讨论，以曹芳荒淫无度、宠信亲近歌舞艺人为理由，认为他不能再承担帝王的重任了。群臣都不敢反对。于是，上奏章要没收曹芳的御玺，贬为齐王，又让郭芝入宫告诉太后。太后正与曹芳对坐闲谈，郭芝就对曹芳说：“大将军想要废掉您，立彭城王曹据为帝！”曹芳站起来就走了。太后很不高兴。郭芝说：“太后有儿子却不能教育，现在大将军主意已定，又领兵在外以防备非

绶！”太后意折，乃遣傍侍御取玺绶著坐侧。芝出报师，师甚喜。又遣使者授帝齐王印绶，出就西宫。帝与太后垂涕而别，遂乘王车，从太极殿南出，群臣送者数十人，司马孚悲不自胜，余多流涕。

师又使使者请玺绶于太后。太后曰：“彭城王，我之季叔也，今来立，我当何之！且明皇帝当永绝嗣乎？高贵乡公，文帝之长孙，明皇帝之弟子，于礼，小宗有后大宗之义，其详议之。”丁丑，师更召群臣，以太后令示之，乃定迎高贵乡公髦于元城。髦者，东海定王霖之子也，时年十四，使太常王肃持节迎之。师又使请玺绶，太后曰：“我见高贵乡公，小时识之，我自欲以玺绶手授之。”

冬，十月，癸丑，高贵乡公至玄武馆，群臣奏请舍前殿，公以先帝旧处，避止西厢；群臣又请以法驾迎，公不听。庚寅，公入于洛阳，群臣迎拜西掖门南，公下舆答拜，傧者请曰：“仪不拜。”公曰：“吾人臣也。”遂答拜。至止车门下舆，左右曰：“旧乘舆入。”公曰：“吾被皇太后征，未知所为。”遂步至太极东堂，见太后。其日，即皇帝位于太极前殿，百僚陪位者皆欣欣焉。大赦，改元。为齐王筑宫于河内。

汉姜维自狄道进拔河间、临洮。将军徐质与战，杀其荡寇将军张嶷，汉兵乃还。

初，扬州刺史文钦，骁果绝人，曹爽以其乡里故爱之。钦恃爽势，多所陵傲。及爽诛，钦已内惧，又好增虏级以邀功赏，司马师常抑之，由是怨望。镇东将军毌丘俭素与夏侯玄、李丰善，玄等死，俭亦不自安，乃以计厚待钦。俭子治书侍御史甸谓俭曰：“大人居方岳重任，国家倾覆而晏然自守，将受四海之责矣！”俭然之。

（以上为第五段，写魏国大将军司马师主持废立之事，先废掉魏帝曹芳，改封为齐王；然后立年仅14岁的高贵乡公曹髦。曹髦为魏文帝曹丕之孙、东海定王曹霖之子。司马师继续掌控朝政大权。）

常事变，只能顺着他的旨意，还有什么可说的！”太后说：“我要见大将军，对他有话说。”郭芝说：“有什么可见的！现在只应该快点取来御玺！”太后无奈，就让身边的侍从官取来御玺放在座位旁。郭芝出来报告司马师，司马师很高兴，又派使者把齐王之印绶给曹芳，让他出来住到西宫去。曹芳与太后垂泪而别，然后乘坐亲王规格的车子，从太极殿出来往南而行，群臣出来送别的有数十人，司马孚悲痛欲绝，其他人也都挥泪相送。

司马师又派使者向太后索要御玺，太后说：“彭城王是我的小叔，他立为天子，我该到哪儿去？再说明皇帝难道就永绝后嗣了吗？高贵乡公是文皇帝的长孙，明皇帝之弟的儿子，按照礼制，可以选择小宗的后代来继承大宗的统绪，你们再详细讨论讨论。”六月二十二日丁丑，司马师再次召集群臣，把太后的命令给他们看，然后决定到元城迎接高贵乡公曹髦。曹髦是东海定王曹霖之子，当时年仅十四岁，所以让太常王肃持符节去迎接他。司马师又派人向太后要御玺，太后说：“我要见高贵乡公，他小的时候我就认识他了，我想亲手把御玺授给他。”

冬季，十月初四癸丑，高贵乡公曹髦到达玄武馆，群臣上奏请求让他住在前殿，高贵乡公认为那是先帝的旧居，就避开前殿而住到西厢；群臣又请求让朝内用皇帝的车驾来迎接，高贵乡公曹髦不同意。初五，高贵乡公进入洛阳，群臣在西掖门南边跪拜迎接，高贵乡公也下车答拜，司仪对他说：“按照礼仪不必答拜。”高贵乡公说：“我也是天子之臣，怎能不拜？”于是，就下车答拜。到了止车门，高贵乡公下了车，左右之人说：“按照旧仪，您可以乘车进入。”高贵乡公说：“我受到皇太后的征召，还不知道干什么呢。”然后就步行到太极东堂，拜见太后。当天，高贵乡公在太极前殿即皇帝位，出席的文武百官都十分喜悦。然后实行大赦，改年号为正元。又在河北郡为齐王建造了宫室。

蜀国的姜维从狄道进军，攻克河关和临洮。魏国将军徐质与之交战，杀了蜀汉的荡寇将军张嶷，蜀军随即撤回。

当初，扬州刺史文钦，骁勇果敢超过他人，曹爽因与他同乡，所以非常器重他。文钦依仗曹爽的权势，也常常盛气凌人。曹爽被杀后，文钦内心十分恐惧，又喜好虚报俘虏的人数以邀功求赏，司马师常常约束遏制他。因此，文钦对司马师十分怨恨。镇东将军毌丘俭平素与夏侯玄、李丰交往甚密，夏侯玄等人被杀后，毌丘俭内心也惴惴不安，于是就按照内心的计谋，拉拢文钦，给他丰厚的待遇。毌丘俭的儿子治书侍御史毌丘甸对父亲说：“父亲大人担当国家一个方面的重大责任，如果国家灭亡而您却安然无恙自守一方，那将受到天下人的责难。”毌丘俭认为他说得很对。

二年（乙亥，255年）

春，正月，俭、钦矫太后诏，起兵于寿春，移檄州郡以讨司马师，乃表言："相国懿，忠正，有大勋于社稷，宜宥及后世，请废师，以侯就第，以弟昭代之。太尉孚，忠孝小心，护军望，忠公亲事，皆宜亲宠，授以要任。"望，孚之子也。俭又遣使邀镇南将军诸葛诞，诞斩其使。俭、钦将五六万众渡淮，西至项；俭坚守，使钦在外为游兵。

司马师问计于河南尹王肃，肃曰："昔关羽虏于禁于汉滨，有北向争天下之志，后孙权袭取其将士家属，羽士众一旦瓦解。今淮南将士父母、妻子皆在内州，但急往御卫，使不得前，必有关羽土崩之势矣。"时师新割目瘤，创甚，或以为大将军不宜自行，不如遣太尉孚拒之。唯王肃与尚书傅嘏、中书侍郎钟会劝师自行，师疑，未决。嘏曰："淮楚兵劲，而俭等负力远斗，其锋未易当也。若诸将战有利钝，大势一失，则公事败矣。"师蹶然起曰："我请舆疾而东。"戊午，师率中外诸军以讨俭、钦，以弟昭兼中领军，留镇洛阳，召三方兵会于陈、许。

师问计于光禄勋郑袤，袤曰："毌丘俭好谋而不达事情，文钦勇而无算。今大军出其不意，江、淮之卒，锐而不能固，宜深沟高垒以挫其气，此亚夫之长策也。"师称善。

师以荆州刺史王基为行监军，假节，统许昌军。基言于师曰："淮南之逆，非吏民思乱也，俭等诳诱迫胁，畏目下之戮，是以尚屯聚耳。若大兵一临，必土崩瓦解，俭、钦之首不终朝而致于军门矣。"师从之。

以基为前军，既而复敕基停驻。基以为："俭等举军足以深入，而久不进者，是其诈伪已露，众心疑沮也。今不张示威形以副民望，而停军高垒，有似畏懦，非用兵之势也。若俭、钦虏略民人以自益，又州郡兵家为贼所得者，更怀离心，俭等所迫胁者，自顾罪重，不敢复还，此为错兵无用之地，而成奸宄之源，吴寇因之，则淮南非国家之有，谯、沛、汝、豫危而不安，此计之大失也。军宜速进据南顿，南顿有大邸阁，计足军人四十日粮。保坚城，因积谷，先人有夺人之心，此平贼之要也。"

魏高贵乡公正元二年（乙亥，255年）

春季，正月，毌丘俭、文钦假称受太后诏书，在寿春起兵，并向各州郡发檄文以共同讨伐司马师，又上书说："相国司马懿，为人忠正，为国家立了伟大功勋，应该宽容他的后世，请求只废掉司马师的官职，让他以侯爵的身份退居家中，让其弟司马昭代替他。太尉司马孚尽忠尽孝小心奉职，护军司马望也能忠心耿耿尽职尽责，他们都应得到亲近和信任，授予他们重要职务。"司马望是司马孚之子。毌丘俭又派使者邀请镇南将军诸葛诞共讨司马师，但诸葛诞杀掉了使者。毌丘俭、文钦率五六万大军渡过淮河，向西到达项县。毌丘俭坚守城池，让文钦在外率领游动兵力。

司马师向河南尹王肃询问计策，王肃说："从前关羽在汉水之滨俘虏了于禁，有向北争夺天下的志向，后来孙权袭击攻取了其将士的家属，结果关羽的军队一下子就瓦解了。现在淮南众将士的父母妻子都留在内地州县，只要迅速派兵去保护其家属抵御毌丘俭、文钦的军队，不让他们进来，那么如果平叛的大军一到，他们必然会像关羽那样土崩瓦解。"当时司马师刚刚割掉眼部肿瘤，创口很大，很多人都认为此时大将军不应自己率兵前往，不如派太尉司马孚去抵抗叛军。只有王肃与尚书傅嘏、中书侍郎钟会等人劝司马师亲自去，但司马师犹豫不决。傅嘏说："淮、楚地区的兵力强劲，而且毌丘俭等自负力量强大要远征拼斗，其锋锐之势不易抵挡。如果诸将的战斗出现不利，大势一去，那么您的事情就要失败。"司马师猛然站起来说："我要抱病登车前去东边平叛！"初五，司马师率领中外各军去讨伐毌丘俭和文钦，让其弟司马昭兼任中领军，留守洛阳，并召集三个方面的军队在陈县、许县会合。

司马师向光禄勋郑袤询问御敌之策，郑袤说："毌丘俭善于谋划但不能通达事情，文钦有勇而无谋。如今大军出其不意地进攻，而江、淮地区的士兵，锐气是不能持久的，您应该深挖沟、高立垒以挫其锐气，这是汉代周亚夫用过的极其有效的妙计。"司马师称赞这个计策好。

司马师任命荆州刺史王基为行监军，借用符节，统率许昌军队。王基对司马师说："淮南的叛逆，并不是官兵和百姓想要作乱，而是毌丘俭等人诳骗引诱再加以胁迫，他们害怕眼前的被杀之祸，所以暂时还聚集在一起。如果大军一到，他们必然会土崩瓦解，毌丘俭和文钦的首级用不了一个早上就会送到军营的门前。"司马师采纳了他的计策。让王基为前军，但不久又下令让王基停止前进。王基认为："毌丘俭等人发兵足以长驱直入，而现在所以久久不进，是因为其诈伪之心已经败露，众人心怀疑虑而停止不前。如今不大张旗鼓地显示军队的威风阵势以求符合百姓的意愿，而是停止不前高筑营垒以自守，就好像十分畏惧懦弱，这不是用兵的气势。如果毌丘俭、文钦掠夺百姓以补充自己，另外州郡士兵中有些人的家属被叛贼所获，他们顾虑重重，会进一步产生叛离之心；那些被毌丘俭等所胁迫的人，因顾虑自己的罪

基屡请，乃听，进据㶏水。

闰月，甲申，师次于㶏桥，俭将史招、李续相次来降。王基复言于师曰：“兵闻拙速，未睹为巧之久也。方今外有强寇，内有叛臣，若不时决，则事之深浅未可测也。议者多言将军持重。将军持重，是也；停军不进，非也。持重，非不行之谓也，进而不可犯耳。今保壁垒，以积实资虏而远运军粮，甚非计也。”师犹未许。基曰：“将在军，君令有所不受。彼得亦利，我得亦利，是谓争地，南顿是也。”遂辄进据南顿，俭等从项亦欲往争，发十余里，闻基先到，乃复还保项。

癸未，征西将军郭淮卒，以雍州刺史陈泰代之。

吴丞相峻率骠骑将军吕据、左将军会稽留赞袭寿春，司马师命诸军皆深壁高垒，以待东军之集。诸将请进军攻项，师曰：“诸军知其一，未知其二。淮南将士本无反志，俭、钦说诱与之举事，谓远近必应，而事起之日，淮北不从，史招、李续前后瓦解，内乖外叛，自知必败。困兽思斗，速战更合其志，虽云必克，伤人亦多。且俭等欺诳将士，诡变万端，小与持久，诈情自露，此不战而克之术也。”乃遣诸葛诞督豫州诸军自安风向寿春；征东将军胡遵督青、徐诸军出谯、宋之间，绝其归路；师屯汝阳。毌丘俭、文钦进不得斗，退恐寿春见袭，计穷不知所为；淮南将士家皆在北，众心沮散，降者相属，惟淮南新附农民为之用。

俭之初起，遣健步赍书至兖州，兖州刺史邓艾斩之，将兵万余人，兼道前进，先趋乐嘉城，作浮桥以待师。俭使文钦将兵袭之。师自汝阳潜兵就艾于乐嘉，钦猝见大军，惊愕未知所为。

行严重，也不敢再回来；这就是置兵于无用之地，又促成了叛乱犯罪之徒的出现。假如吴国乘机进犯，那么淮南地区就不属于我国所有了，谯、沛、汝、豫等地也会危险而不安定，这是战略的极大失误。我军应迅速推进占据南顿县，南顿县有大邸阁，估计有足够军队食用四十日的粮食，保卫坚固的城池，凭借积蓄的粮食，行动在敌人之先而有夺取敌人的决心，这是平定叛贼的关键。”王基多次请求，司马师终于采纳了他的意见，于是进军占据㶏水地区。

闰正月初一，司马师驻军于㶏桥，毌丘俭的将领史招、李续相继来投降。王基又对司马师说：“用兵只听说宁拙而能速胜，还未见过求巧而能持久。如今外部有强大的敌人，内部有叛乱的臣子，如果不及时做出决断，那么事态发展的深浅、祸福，是难以预测的。议论的人都说将军持重稳健。您持重稳健是对的，但按兵不动则不对。持重不是不往前行的意思，而是指前进而不可抵挡。如今我们坚守营垒，使其他各地积存的粮食资助了叛军而我们却从远方运输军粮，这实在不是好的计谋。”但司马师仍然不准进军。王基说：“将领在行军作战时，君王的命令也可以不接受。如果敌人得到对敌人有利，我方得到对我方有利的地方，这就是所谓争地，这个地方就是南顿。”随即就进军占据了南顿。毌丘俭等人从项县出发，也想去争夺南顿，发兵前进了十多里，听说王基已经抢先到达，于是又撤兵坚守项县。

闰正月，癸未（疑误），征西将军郭淮去世，任命雍州刺史陈泰接替其职。

吴国丞相孙峻率领骠骑将军吕据、左将军会稽人留赞袭击寿春，司马师命令各部队都加固加高营垒坚守不出，以等待东部军队的到来。各位将领请求进军攻打项县，司马师说：“诸位只知其一，不知其二。淮南的将士们本来没有反叛之心，毌丘俭、文钦说服劝诱他们共同反叛，说是无论远近必然群起响应，而他们起事之后，不仅淮北地区不响应，而且史招、李续也都前后投降。内部离心，外部背叛，他们自知必败无疑。被困的野兽想着拼斗，如果速战就更符合他们的心意，虽然我们一定能胜，但伤亡也必然惨重。况且毌丘俭等人诓骗自己的将士，诡计多端，变化无常，我们只要稍微多与他们持久对峙一些时日，其诈伪之情自然会显露出来，这是不战而胜的战术。”于是派遣诸葛诞督领豫州各军从安风向寿春推进；派遣征东将军胡遵督领青州、徐州各军进驻谯郡、睢阳之间，以绝断叛军退路；司马师自己率军驻扎在汝阳。毌丘俭、文钦进不能战，退又恐怕寿春受到袭击，无计可施，不知应该怎么办；淮南将士们的家都在北方，此时众心沮丧涣散，投降者接连不断，只有淮南地区新依附的农民能受他们驱使。

毌丘俭在起兵之初，曾派遣善于走路的人到兖州送信，兖州刺史邓艾把他杀了。然后领兵一万多人，兼程前进，抢先赶到乐嘉城，制作了浮桥以等待司马师的大军。毌丘俭让文钦领兵去袭击乐嘉城。但司马师从汝阳秘密进兵到了乐嘉城与邓艾会合，

钦子鸯，年十八，勇力绝人，谓钦曰："及其未定，击之可破也。"于是，分为二队，夜夹攻军，鸯帅壮士先至鼓噪，军中震扰。师惊骇，所病目突出，恐众知之，啮被皆破。钦失期不应，会明，鸯见兵盛，乃引还。师与诸将曰："贼走矣，可追之！"诸将曰："钦父子骁猛，未有所屈，何苦而走？"师曰："夫一鼓作气，再而衰。鸯鼓噪失应，其势已屈，不走何待！"钦将引而东，鸯曰："不先折其势，不得去也。"乃与骁骑十余摧锋陷陈，所向皆披靡，遂引去。师使左长史司马班率骁骑八千翼而追之，鸯以匹马入数千骑中，辄杀伤百余人，乃出，如此者六七，追骑莫敢逼。

殿中人尹大目小为曹氏家奴，常在天子左右，师将与俱行，大目知师一目已出，启云："文钦本是明公腹心，但为人所误耳；又天子乡里，素与大目相信，乞为公追解语之，令还，与公复好。"师许之。大目单身乘大马，被铠胄，追钦，遥相与语，大目心实欲为曹氏，谬言："君侯何苦不可复忍数日中也！"欲使钦解其旨。钦殊不悟，乃更厉声骂大目曰："汝，先帝家人，不念报恩，反与司马师作逆，不顾上天，天不佑汝！"张弓傅矢欲射大目，大目涕泣曰："世事败矣，善自努力！"

是日，毌丘俭闻钦退，恐惧夜走，众遂大溃。钦还至项，以孤军无继，不能自立，欲还寿春，寿春已溃，遂奔吴。吴孙峻至东兴，闻俭等败，壬寅，进至橐皋，文钦父子诣军降。毌丘俭走，北至慎县，左右人兵稍弃俭去，俭藏水边草中。甲辰，安风津民张属就杀俭，传首京师，封属为侯。诸葛诞至寿春，寿春城中十余万口，惧诛，或流迸山泽，或散走入吴。诏以诞为镇东大将军、仪同三司，都督扬州诸军事。

夷毌丘俭三族。俭党七百余人系狱，侍御史杜友治之，惟诛首事者

文钦突然看到大军，大吃一惊，不知如何是好。

文钦之子文鸯，十八岁，勇猛强健，体力超人，此时就对文钦说："我们趁其尚未安定，猛然出击，可以攻破他们。"于是兵分两路，当夜就开始夹攻进击，文鸯率领强壮的士兵首先赶到，大声鼓噪进攻，城内军队惊扰不安。司马师也十分惊恐，急得他那只病眼也向外突了出来。他恐怕众人知道，就咬住被子强忍疼痛，结果把被子都咬破了。但文钦误了约定的时间未来接应，等到天明，文鸯见到对方兵力强盛，就撤兵而回。司马师对诸将说："叛贼跑了，现在可以去追击他们！"诸将说："文钦父子骁勇异常，没有受到挫折，为什么要逃跑呢？"司马师说："打仗时第一次击鼓进攻士气大振，再次击鼓士气就衰弱了。文鸯鼓噪一夜又失去策应，其士气已然受挫，不逃走还等什么？"文钦将要领兵向东而退，文鸯说："如果不先挫其威势，我们是走不了的。"于是就同十几个骁勇骑兵杀入敌军冲锋陷阵，所向无敌，然后才领兵而去，司马师派左长史司马班率领骁勇骑兵八千人从两翼追击，文鸯单枪匹马闯入数千骑兵之中，一次就杀伤百余人，然后突出重围而走，像这样来回六七次，追赶的骑兵也不敢向前紧逼。

殿中官员尹大目从小就是曹氏家奴，经常在天子左右侍奉，司马师带着他一起出来。尹大目知道司马师的一只眼睛已经突了出来，病情严重，就启禀说："文钦本是您的心腹之人，只是被人所蒙蔽而已；他又是天子的同乡，平时与我互相信任，我请求为您去追赶并劝解他，让他与您恢复旧交。"司马师同意了。尹大目单身骑一匹大马，披上铠甲，追赶文钦，远远地与他说话，尹大目内心实际上是为曹氏着想，但不便直言，只好旁敲侧击地说："您苦于什么而不能再多忍受几天呢？"他想让文钦理解他的意思，但文钦却一点儿也不明白，就更加严厉地大骂尹大目说："你是先帝的家人，却不想着报恩，反而与司马师一起作逆，你不顾忌上天，上天也不会保佑你！"说完就张弓搭箭想射尹大目，尹大目流着眼泪说："你们谋反之事已不可收拾，您好自为之吧！"

这天，毌丘俭听说文钦败退，十分恐惧，就连夜逃走，将士也随之四散溃逃。文钦退回到项县，因孤军无援，自己难以立足，想要回到寿春，而寿春已经溃败，于是就投奔了吴国。吴国孙峻到达东兴，听说毌丘俭等人失败，闰月十九日壬寅，进军到橐皋，文钦父子到军前来投降。毌丘俭逃走，向北到了慎县，左右士兵逐渐都弃他而去，毌丘俭就藏身于水边的草丛中。闰正月二十一日甲辰，安风津的百姓张属走过去杀掉了毌丘俭，毌丘俭的首级送到京师，于是加封张属为侯爵。诸葛诞到达寿春，寿春城中十多万人害怕被杀，有的流窜到山林川泽，有的则分散地逃入吴国。诏令任命诸葛诞为镇东大将军、仪同三司，都督扬州诸军事。

魏国诛灭毌丘俭三族。毌丘俭的同党七百多人皆被逮捕入狱，由侍御史杜友处

十余人，余皆奏免之。俭孙女适刘氏，当死，以孕系廷尉。司隶主簿程咸议曰："女适人者，若已产育，则成他家之母，于防不足以惩奸乱之源，于情则伤孝子之恩。男不遇罪于他族，而女独婴戮于二门，非所以哀矜女弱，均法制之大分也，臣以为在室之女，可从父母之刑，既醮之妇，使从夫家之戮。"朝廷从之，仍著于律令。

舞阳忠武侯司马师疾笃，还许昌，留中郎将参军事贾充监诸军事。充，逵之子也。卫将军昭自洛阳往省师，师令昭总统诸军。辛亥，师卒于许昌。中书侍郎钟会从师典知密事，中诏敕尚书傅嘏，以东南新定，权留卫将军昭屯许昌为内外之援，令嘏率诸军还。会与嘏谋，使嘏表上，辄与昭俱发，还到洛水南屯住。

二月，丁巳，诏以司马昭为大将军、录尚书事。会由是常有自矜之色，嘏戒之曰："子志大其量，而勋业难为也，可不慎哉！"

（以上为第六段，写魏国镇东将军毌丘俭及扬州刺史文钦起兵反叛大将军司马师，司马师组织反击，亲率主力，屯聚汝阳。结果毌丘俭被杀，文钦逃走。而司马师原有眼疾，加之惊吓过度，病死于许昌。）

吴孙峻闻诸葛诞已据寿春，乃引兵还。以文钦为都护、镇北大将军、幽州牧。

三月，立皇后卞氏，大赦。后，武宣皇后弟秉之曾孙女也。

秋，七月，吴将军孙仪、张怡、林恂谋杀孙峻，不克，死者数十人。全公主谮朱公主于峻，曰"与仪同谋"。峻遂杀朱公主。

峻使卫尉冯朝城广陵，功费甚众，举朝莫敢言，唯滕胤谏止之，峻不从，功卒不成。

汉姜维复议出军，征西大将军张翼廷争，以为："国小民劳，不宜黩武。"维不听，率车骑将军夏侯霸及翼同进。八月，维将数万人至枹罕，趋狄道。

征西将军陈泰敕雍州刺史王经进屯狄道，须泰军到，东西合势乃进。泰军陈仓，经所统诸军于故关与汉人战，不利，经辄渡洮水。泰以经不

理，只诛杀首犯十余人，其余皆奏明朝廷而赦免其罪。毋丘俭的孙女嫁给了刘氏，应当处死，但因有身孕便关在廷尉狱中。司隶主簿程咸建言说："已经出嫁的女子，如果已经生育了孩子，那就成了别人家的母亲，将她定罪，对于防止犯罪来说，不足惩戒奸乱之源，对于情理来说，则伤害了孝子之情。男子不受其他家族罪行的牵连，而女子却偏偏要受到父母家和丈夫家两个家族罪行的牵连，这不是同情、怜悯弱女子的政策。这些问题都是法制的重要内容，我认为未出嫁的女子可以随同父母的罪行而治罪，而已经出嫁的妇女就要随同丈夫家的罪行而治罪。"朝廷采纳了这个建议，并写入法律条款。

舞阳忠武侯司马师病情严重，回到许昌，留下中郎将参军事贾充监管诸军之事。贾充是贾逵之子。卫将军司马昭从洛阳去许昌看望司马师，司马师让司马昭总管诸军。闰正月二十八日辛亥，司马师在许昌去世。中书侍郎钟会跟随司马师掌管机密要事，天子下达诏令给尚书傅嘏，说东南刚刚安定下来，应暂且让卫将军司马昭留守许昌作为内外的援军，命令傅嘏率领各军返回。钟会与傅嘏商量，让傅嘏上书说明情况，然后就同司马昭一同出发，回到洛水以南驻扎。

二月初五丁巳，下诏任命司马昭为大将军、录尚书事。钟会因此事而常常流露出骄傲自得的神情，傅嘏告诫他说："你的志向大于你的能力，而功勋事业是难于建立的，能不谨慎吗？"

吴国的辅臣孙峻听到诸葛诞已经占据了寿春的消息，就领兵返回。任命文钦为都护、镇北大将军和幽州牧。

三月，魏国立皇后卞氏，实行大赦。卞皇后是武宣皇后的弟弟卞秉的曾孙女。

秋季，七月，吴国将军孙仪、张怡、林恂等人要谋杀孙峻，未能成功，被杀者有数十人。全公主在孙峻面前诽谤朱公主，说她与孙仪是同谋，于是，孙峻又杀了朱公主。

孙峻派卫尉冯朝修筑广陵城，耗资巨大，整个朝廷无人敢劝说，只有滕胤进谏劝止，但孙峻不听，工程终究未能完成。

蜀国的姜维又讨论出兵之事，征西大将军张翼在朝廷上劝说他，认为："国家弱小，人民劳苦，不宜滥用兵力。"但姜维不同意，还是率领车骑将军夏侯霸以及张翼共同进军。八月，姜维率领数万人到达枹罕县，并向狄道进军。

魏国征西将军陈泰命令雍州刺史王经进驻狄道，等待陈泰军队到达，再把东西兵力合在一起进军。陈泰军队驻扎在陈仓，而王经所统领的各军在旧边关地区与蜀

坚据狄道，必有他变，率诸军以继之。经已与维战于洮西，大败，以万余人还保狄道城，余皆奔散，死者万计。张翼请维曰："可以止矣，不宜复进，或毁此大功，为蛇画足。"维大怒，遂进围狄道。

辛未，诏长水校尉邓艾行安西将军，与陈泰并力拒维。戊辰，复以太尉孚为后继。泰进军陇西，诸将皆曰："王经新败，贼众大盛，将军以乌合之众，继败军之后，当乘胜之锋，殆必不可。古人有言：'蝮蛇螫手，壮士解腕。'孙子曰：'兵有所不击，地有所不守。'盖小有所失而大有所全故也。不如据险自保，观衅待敝，然后进救，此计之得者也。"

泰曰："姜维提轻兵深入，正欲与我争锋原野，求一战之利。王经当高壁深垒，挫其锐气，今乃与战，使贼得计。经既破走，维若以战克之威，进兵东向，据栎阳积谷之实，放兵收降，招纳羌、胡，东争关、陇，传檄四郡，此我之所恶也。而乃以乘胜之兵，挫峻城之下，锐气之卒，屈力致命，攻守势殊，客主不同。兵书曰：'修橹轒辒，三月乃成，拒堙三月而后已。'诚非轻军远入之利也。今维孤军远侨，粮谷不继，是我速进破贼之时，所谓疾雷不及掩耳，自然之势也。洮水带其表，维等在其内，今乘高据势，临其项领，不战必走。寇不可纵，围不可久，君等何言如是！"遂进军，度高城岭，潜行，夜至狄道东南高山上，多举烽火，鸣鼓角。狄道城中将士见救至，皆愤踊。

维不意救兵卒至，缘山急来攻之，泰与交战，维退。泰引兵扬言欲向其还路，维惧，九月，甲辰，维遁走，城中将士乃得出。王经叹曰："粮不至旬，向非救兵速至，举城屠裂，覆丧一州矣！"泰慰劳将士，前后遣还，更差军守，并治城垒，还屯上邽。

汉交战不利，于是王经渡过洮水。陈泰认为王经不坚守狄道，必然是有其他变故，就率领各军前去接应他。此时王经已经与姜维在洮西交战，结果大败，又率领万余人返回保卫狄道城，其余的士兵全都四散奔逃，被杀者以万计。张翼请求姜维说："我们可以停止了，不应再向前进。如果再向前进，也许就要毁掉这次大的胜利，而变成画蛇添足了。"姜维勃然大怒，不听张翼的意见，于是进军包围了狄道。

七月二十二日辛未，魏帝曹髦下令，命长水校尉邓艾出任安西将军，与陈泰协力抵抗姜维。戊辰（疑误），又让太尉司马孚为后续部队。陈泰进军至陇西，诸将都对陈泰说："王经新近才失败，敌兵气势正盛，而将军您率领临时杂凑起来的军队，又是继败军之后，去抵挡正乘胜前进的锋锐部队，恐怕不能取胜。古人有言：'被蝮蛇螫了手，壮士就砍掉了手腕。'《孙子》说：'兵有时不必出击，地有时不必坚守。'这是因为小的方面有所失而大的方面就能保全的缘故。您不如先占据险要之地以求自保，观察敌人失误，等待敌人疲敝，然后再进军救援。这个计策是比较好的。"

陈泰说："姜维带领轻装部队深入我境，正是想与我们在原野上较量，希求一战而胜。王经应当高筑营垒，坚守不出，挫败敌人的锐气，但现在竟与敌人交战，使敌人的计策得以实现。王经既已失败逃去，姜维如果凭借战胜的威势，向东进兵，占据略阳这座有粮食储备的城池，然后放出兵力四处收罗降兵降将，招纳羌、胡部族，向东争夺关、陇地区，再向陇西、南安、天水、略阳四郡发布檄文，这是我们所担忧的事情。但姜维却用士气强盛的兵力围攻狄道，使兵力受挫于坚固的城池之下，锐气耗尽仍竭力拼命攻城，攻与守的形势差别很大，主与客也有不同。兵书上说：'制作大盾牌和攻城的战车，三个月才能完成；堆积土山攻城也要三个月时间才能完成。'因此围攻城池对于轻装远来的军队来说是十分不利的。如今姜维孤军深入，远离本土，客居我方境内，粮草接济不上，这正是我军迅速前进消灭敌人的有利时机，所谓迅雷不及掩耳，这是自然形成的威势。洮水像带子一样围在敌军外面，姜维的兵力在洮水以内，如今我们登高占据险要地势，突然出现在敌人头上的高处，不用交战，他们就必定要逃走。敌人不可纵容，围城不可持久。你们怎能说这样的话！"

于是进军爬过高城岭，秘密行军，夜里到达狄道东南的高山之上，突然举起众多火把，同时击鼓吹响号角。狄道城中的将士们见到救兵来到，都奋发振作欢呼跳跃起来。姜维没有想到救兵突然到达，借着山势紧急向他进攻。陈泰与姜维交战，姜维退却。陈泰又领兵扬言要截断姜维退路，姜维十分惊恐。九月二十五日甲辰，姜维率兵逃走，狄道城中的将士才得以出来。王经感叹地说："我们的粮食已不能支撑十天，如果不是救兵迅速赶到，全城之人就要遭到屠杀，我们也要丧失一州之地了！"陈泰慰劳守城将士，先后让他们返回，另外选择军队驻守狄道城，并修筑了

泰每以一方有事，辄以虚声扰动天下，故希简上事，驿书不过六百里。大将军昭曰：“陈征西沈勇能断，荷方伯之重。救将陷之城，而不求益兵，又希简上事，必能办贼者也。都督大将不当尔邪！”

姜维退驻钟提。

初，吴大帝不立太庙，以武烈尝为长沙太守，立庙于临湘，使太守奉祠而已。冬，十月，始作太庙于建业，尊大帝为太祖。

（以上为第七段，写蜀国卫将军姜维率领车骑将军夏侯霸攻打魏国，出兵狄道，于洮西大破雍州刺史王经，王经退保狄道城，姜维围城猛攻，魏国派征西将军陈泰前来解围，姜维退军，无功而还。）

城垒，然后率兵撤回，驻扎在上邽之地。

陈泰常常认为，凡是在一些地方发生一些非常情况，有关人员总要虚张声势，扰动全国。因此他自己奏事既稀少又简略，传递书信不用每日超过六百里的加急文书。大将军司马昭说："征西将军陈泰沉着勇敢，能果断行事，能够承担一个方面的重任。救援将要失陷的城池而不要求增加兵力，上书言事又稀少而简略，是个必能打败敌军的人。都督大将难道不应该像他这样吗？"

姜维退兵，驻守在钟提。

当初，吴大帝不立太庙，因为武烈皇帝孙坚曾任长沙太守，所以在临湘县立了庙，让太守供奉祭祀而已。冬季，十月，开始在建业建筑太庙，尊吴大帝为太祖。

【点评】

司马师操控魏帝废立。司马懿去世后，司马氏能否继续掌控魏国政权？司马懿的长子司马师成功地解决了这道难题，为后来晋朝的创立打下了坚实的基础。

司马懿去世于公元 251 年，司马师也于公元 255 年英年早逝。也就是说，这四年，是司马师时代。在此之前，他协助其父诛除曹爽集团，继而掌控朝局，杀掉李丰、夏侯玄等反叛之人，处死皇帝丈人张缉、皇后张氏，给魏帝曹芳以极大的震慑。

曹芳忍无可忍。公元 254 年，他打算趁司马师之弟司马昭西出攻打入侵的蜀军经过洛阳时，杀掉司马昭，夺其兵权，再杀掉司马师。其计划虽好，也起草了诏书，万事俱备，但他没有胆量实施，只好放弃。司马昭大军进入京城时，司马师趁着兵威，以太后名义召集群臣，说曹芳行为不端，将危及社稷，不可担当天子大业，宣布予以废黜。曹芳当时年仅 20 岁。

这时的司马师还未想自己称帝，或者从司马氏家族中选人当皇帝。或许是他当时没有这个意识，或许他认为时机还不成熟，就仍然从曹氏的子孙中挑选。他打算立曹操的儿子彭城王曹据，但遭到太后的强烈反对，结果立了文帝曹丕的孙子、东海定王曹霖的儿子高贵乡公曹髦为帝。至此，魏国皇帝已经形同傀儡，司马氏集团成为魏国的实际统治者。

要知道，主持帝王的废立之事，古往今来，能有几人？商朝时阿衡伊尹做过，他废掉太甲，自己执政，三年后又将太甲接了回来继续担任商王；汉朝时的大将军霍光做过，他先是迎立汉武帝之孙昌邑王刘贺即位，但在 27 天后又废掉昌邑王，从民间迎来武帝曾孙刘病已继承帝位，即汉宣帝，把帝王玩弄于股掌之上。

司马师成功地主持了魏国帝王的废立之事，这说明了什么呢？其一，司马师所废之帝，确实品行有亏，能力也差，不能够担任治理国家的重任，得不到朝野上下的拥护和爱戴。既然此人不适合担任帝王，何不让路，让更为合适的人来挑起这副担子？若是谋略、胆识超群、深孚众望的帝王，谁能搬得动他的位子？其二，说明主持之人的权力到达巅峰，能够言出令行，无可非议，没有谁能够撼动其地位。其三，也说明当时朝中大臣没有原则和主见。

后来，镇东将军毌丘俭，平时和夏侯玄、李丰关系友好，夏侯玄等人谋反被杀后，他内心常自感不安；扬州刺史文钦英勇善战，武艺绝伦，因和曹爽是同乡，以前得到大将军曹爽厚爱，曹爽被杀，他又想以多杀敌人邀功请赏，经常受到司马师的压抑，因此而生怨恨之心。二人一拍即合，合力反对司马师。司马师成功进行反击，巩固了他在朝廷中的地位。

而这时，司马师的眼瘤疾病已经到了后期，病情严重。他不得不带病上阵，指挥平叛，取得胜利后，才把一颗心放下，似乎自己的使命也完成了。他勉强率军回

到许昌，把兵权交给弟弟司马昭后，便昏迷，溘然长逝，时年48岁。魏帝曹髦下令封司马昭为大将军、录尚书事，代替司马师掌管朝政。

如果把司马懿、司马师、司马昭、司马炎祖孙四人看成是在魏国朝廷中的接力赛跑，可以说他们成功地到达终点，登上了冠军的宝座。而其中司马师成功接过了司马懿的这一棒，又成功地交给了弟弟司马昭，而且承接得非常出色。

魏纪九

魏高贵乡公甘露元年至魏元帝景元二年（256—261 年）

【起柔兆困敦（丙子，256 年），尽重光大荒落（辛巳，261 年），凡六年】

【大事提要】

本卷记事起公元 256 年，讫公元 261 年，凡六年，当魏高贵乡公甘露元年至魏元帝景元二年。本卷所载大事，主要是五个方面：其一，孙亮亲政。公元 257 年，15 岁的吴国少主孙亮亲临正殿，亲自执政。他对权臣孙綝的独断专行甚为不满，矛盾愈深，暗中与全公主、太常全尚等人谋划诛杀孙綝，而全尚泄密，孙綝斩杀谋划之人，废掉孙亮，贬为会稽王，后再贬为候官侯，丧命于押送途中。其二，诸葛诞叛魏。魏国征东大将军诸葛诞曾与司马师一同平定毌丘俭、文钦叛乱，但因与被诛的夏侯玄、邓飏等人交情深厚，心不自安，公元 257 年在寿春起兵反叛，并得到吴国支援，固守寿春。魏帝曹髦亲征，司马昭亲率大军平乱。次年，诸葛诞被杀，灭三族。其三，孙休诛杀孙綝。公元 258 年，吴国孙权第六个儿子孙休，时为琅邪王，被孙綝迎回，登上帝位，改年号为永元。在位期间，颁布良制，嘉惠百姓，促进东吴繁荣。而权臣孙綝权倾朝野，他先予以笼络，而后与张布、丁奉密谋，在腊祭日设局谋杀孙綝，并灭其三族。其四，曹髦被杀。曹髦被立为魏帝后，对司马氏兄弟的专横跋扈十分不满，于公元 260 年召见尚书王经等人，对他们说“司马昭之心，路人所知也”，并率领宫人攻打司马昭，而此次行动被司马昭知晓，在其心腹贾充指使下，曹髦被杀，年仅 20 岁。其五，曹奂为帝。公元 260 年，魏帝高贵乡公曹髦被杀后，大将军司马昭与众臣商议，立常道乡公曹奂为帝，奉魏明帝曹叡之祀。曹奂为势所迫，虽名为皇帝，但实为司马氏的傀儡，赏赐司马昭无以复加，任为相国，封为晋公，食邑达 10 个郡，并赐九锡之礼。

【原文】

高贵乡公下

甘露元年（丙子，256年）

春，正月，汉姜维进位大将军。

二月，丙辰，帝宴群臣于太极东堂，与诸儒论夏少康、汉高祖优劣，以少康为优。

夏，四月，赐大将军昭衮冕之服，赤舄副焉。

丙辰，帝幸太学，与诸儒论《书》《易》及《礼》，诸儒莫能及。帝尝与中护军司马望、侍中王沈、散骑常侍裴秀、黄门侍郎钟会等讲宴于东堂，并属文论，特加礼异，谓秀为儒林丈人，沈为文籍先生。帝性急，请召欲速，以望职在外，特给追锋车、虎贲五人，每有集会，辄奔驰而至。秀，潜之子也。

六月，丙午，改元。

姜维在钟提，议者多以为维力已竭，未能更出。安西将军邓艾曰："洮西之败，非小失也，士卒凋残，仓廪空虚，百姓流离。今以策言之，彼有乘胜之势，我有虚弱之实，一也。彼上下相习，五兵犀利，我将易兵新，器仗未复，二也。彼以船行，吾以陆军，劳逸不同，三也。狄道、陇西、南安、祁山各当有守，彼专为一，我分为四,四也。从南安、陇西因食羌谷，若趣祁山，熟麦千顷，为之外仓，五也。贼有黠计，其来必矣。"

秋，七月，姜维复率众出祁山，闻邓艾已有备，乃回，从董亭趣南安；艾据武城山以拒之。维与艾争险不克，其夜，渡渭东行，缘山趣上邽，艾与战于段谷，大破之。以艾为镇西将军、都督陇右诸军事。维与其镇西大将军胡济期会上邽，济失期不至，故败，士卒星散，死者甚众，蜀人由是怨维。维上书谢，求自贬黜，乃以卫将军行大将军事。

【语译】

魏高贵乡公下

魏高贵乡公甘露元年（丙子，256年）

春季，正月，蜀国姜维升任为大将军。

二月初九丙辰，魏帝曹髦在太极东堂宴请群臣，与各位儒生讨论夏少康和汉高祖的优劣，魏帝曹髦认为夏少康优于汉高祖。

夏季，四月，赐给大将军司马昭绣龙的礼服和冠冕，另加一双帝王穿用的赤色木底靴。

四月初十丙辰，魏帝到太学，与各位儒生讨论《尚书》《易经》和《礼记》，各位儒生都自愧不如。魏帝曾与中护军司马望、侍中王沈、散骑常侍裴秀、黄门侍郎钟会等人在东堂饮宴讲论学术，并作文论，对他们特别加以礼遇，并称裴秀是儒林丈人，王沈是文籍先生。魏帝是个急性子，请人前来，就希望快点到达，因为司马望在宫外任职，就特地赐给他一辆追锋车和五个勇士，每当有集会，就奔驰而至。裴秀是裴潜之子。

六月初一丙午，改年号为甘露。

蜀国姜维在钟提，魏国人多议论他，认为他兵力已经衰竭，不能再次出征。但安西将军邓艾说："我们在洮西的失败，并不是小的损失，士兵伤亡严重，十分衰弱，粮食仓库也已经空虚，百姓们流离失所。如今从谋略方面说，他们有乘胜进军的实力，而我们的现状却虚弱不堪，这是其一。他们官兵上下相互熟习，兵器齐备而犀利，而我们更换了将领，更新了士兵，兵器也不完备，这是其二。他们是坐船行进，而我们是陆地行军，劳逸不同，这是其三。狄道、陇西、南安、祁山各地都应当有人守卫，他们是专门进攻一处，而我们却要分守四方，这是其四。他们从南安、陇西进军，就可以就地食用羌人的粮食，如果向祁山进军，那里成熟的麦子有千顷之多，足以成为他们的外部粮仓，这是其五。敌人素来狡诈，善于算计，他们前来进攻是必然的。"

秋季，七月，姜维再次率兵出祁山，听说邓艾已有防备，就撤兵返回，从董亭奔向南安；邓艾据守武城山来抵抗姜维。姜维与邓艾争夺险要之地未能成功。当天夜里，姜维渡过渭水向东而行，沿山边奔向上邽，邓艾又与姜维在段谷交战，把姜维打得大败。魏国任命邓艾为镇西将军，都督陇右诸军事。姜维与蜀国的镇西大将军胡济约定在上邽会合，胡济误期，未能到达，因此姜维失败了，士兵们四散奔逃，伤亡惨重，蜀人因此而埋怨姜维。姜维上书谢罪，自求贬职，蜀国就将姜维贬为卫将军，让他代行大将军的职权。

八月，庚午，诏司马昭加号大都督，奏事不名，假黄钺。癸酉，以太尉司马孚为太傅。九月，以司徒高柔为太尉。

文钦说吴人以伐魏之利，孙峻使钦与骠骑将军吕据及车骑将军刘纂、镇南将军朱异、前将军唐咨，自江都入淮、泗，以图青、徐。峻饯之于石头，遇暴疾，以后事付从父弟偏将军綝。丁亥，峻卒。吴人以綝为侍中、武卫将军、都督中外诸军事，召吕据等还。

己丑，吴大司马吕岱卒，年九十六。始，岱亲近吴郡徐原，慷慨有才志，岱知其可成，赐巾褠，与共言论，后遂荐拔，官至侍御史。原性忠壮，好直言，岱时有得失，原辄谏争，又公论之。人或以告岱，岱叹曰："是我所以贵德渊者也！"及原死，岱哭之甚哀，曰："徐德渊，吕岱之益友，今不幸，岱复于何闻过！"谈者美之。

吕据闻孙綝代孙峻辅政，大怒，与诸督将连名，共表荐滕胤为丞相；綝更以胤为大司马，代吕岱驻武昌。据引兵还，使人报胤，欲共废綝。

冬，十月，丁未，綝遣从兄宪将兵逆据于江都，使中使敕文钦、刘纂、唐咨等共击取据，又遣侍中左将军华融、中书丞丁晏告喻胤宜速去意。胤自以祸及，因留融、晏，勒兵自卫，召典军杨崇、将军孙咨告以綝为乱，迫融等使有书难綝，綝不听，表言胤反，许将军刘丞以封爵，使率兵骑攻围胤。胤又劫融等使诈为诏发兵，融等不从，皆杀之。或劝胤引兵至苍龙门，将士见公出，必委綝就公。时夜已半，胤恃与据期，又难举兵向宫，乃约令部曲，说吕侯兵已在近道，故皆为胤尽死，无离散者。胤颜色不变，谈笑如常。时大风，比晓，据不至，綝兵大会，遂杀胤及将士数十人，夷胤三族。己酉，大赦，改元太平。或劝吕据奔魏者，据曰："吾耻为叛臣。"遂自杀。

以司空郑冲为司徒，左仆射卢毓为司空。毓固让骠骑将军王昶、光禄大夫王观、司隶校尉琅邪王祥，诏不许。

八月二十六日庚午，魏帝诏令司马昭加大都督封号，奏事可以不称名，出师持黄钺。二十九日癸酉，任命太尉司马孚为太傅。

九月，任命司徒高柔为太尉。

文钦向吴国游说讨伐魏国之利，孙峻派文钦与骠骑将军吕据以及车骑将军刘纂、镇南将军朱异、前将军唐咨等人从江都进入淮水、泗水，以图攻取青州、徐州。孙峻在石头城为他们饯别，突然得了暴病，就把后事托付给叔父偏将军孙綝。十四日丁亥，孙峻去世。吴国任命孙綝为侍中、武卫将军、都督中外诸军事，又召吕据等人返回。

九月十六日己丑，吴国大司马吕岱去世，终年九十六岁。起初，吕岱亲近吴郡人徐原，徐原慷慨大方而有才志，吕岱知道他能够取得成就，就赐予他巾帻、单衣等庶人穿戴的礼服，并与他一起交谈，后来就推荐提拔他，官至侍御史。徐原性情忠厚豪放，喜好直言，吕岱有时出现失误，徐原就直言劝说争辩，又公然在众人之中议论得失；有人告诉了吕岱，吕岱感叹地说："这正是我所以看重徐原的原因啊！"徐原死时，吕岱哭得十分哀痛，说："徐原啊，我的好友，如今你不幸而去，我又从何处听人指出我的错误？"谈论的人十分赞美这件事。

吴国吕据听说孙綝代替孙峻辅佐朝政，勃然大怒，就与诸位都督、将领连名共同上书，推荐滕胤为丞相；孙綝改任滕胤为大司马，代替吕岱驻守武昌。吕据领兵返回，使人报告滕胤，想共同废掉孙綝。

冬季，十月初四，孙綝派遣堂兄孙宪率兵在江都迎住吕据，让中使下令文钦、刘纂、唐咨等人共同击杀吕据，又派遣侍中左将军华融、中书丞丁晏去告诉滕胤，让他迅速离开都城，前往武昌。滕胤自认为灾祸已经来临，就拘留了华融、丁晏，整兵自卫，招来典军杨崇、将军孙咨，告诉他们孙綝要作乱，并迫使华融等人写书信责难孙綝。孙綝不听，上书说滕胤要造反，又许愿给将军刘丞封爵，让他率领兵马前去围攻滕胤。滕胤又劫持华融等人假作诏书发兵起事，华融等人不从，滕胤把他们都杀了。有人劝滕胤领兵到苍龙门，认为将士们见他出来，必定放弃孙綝而跟从他。当时已经过了半夜，滕胤仗着与吕据有约，又难以向宫中发兵，就勒令部曲不得散乱，并说吕据的军队已经在附近的路上，因此手下的士兵都为滕胤尽死守护，没有一个离散的。滕胤脸不变色，谈笑如常。当时刮起了大风，到了拂晓，吕据仍没到来，而孙綝的士兵大举进攻，结果杀了滕胤及他手下将士数十人，并诛灭滕胤三族。初六，实行大赦，改年号为太平。有人劝吕据投奔魏国，吕据说："我耻于当叛臣。"于是就自杀而死。

魏国任命司空郑冲为司徒，左仆射卢毓为司空。卢毓坚决辞让，并推荐骠骑将军王昶、光禄大夫王观、司隶校尉琅邪人王祥，但下诏不予准许。

祥性至孝，继母朱氏遇之无道，祥愈恭谨。朱氏子览，年数岁，每见祥被楚挞，辄涕泣抱持母；母以非理使祥，览辄与祥俱往。及长，娶妻，母虐使祥妻，览妻亦趋而共之，母患之，为之少止。祥渐有时誉，母深疾之，密使鸩祥。览知之，径起取酒，祥争而不与，母遽夺反之。自后，母赐祥馔，览辄先尝，母惧览致毙，遂止。

汉末遭乱，祥隐居三十余年，不应州郡之命，母终，毁瘁，杖而后起。徐州刺史吕虔檄为别驾，委以州事，州界清静，政化大行，时人歌之曰："海沂之康，实赖王祥；邦国不空，别驾之功！"

十一月，吴孙綝迁大将军。綝负贵倨傲，多行无礼。峻从弟宪尝与诛诸葛恪，峻厚遇之，官至右将军、无难督，平九官事。綝遇宪薄于峻时，宪怒，与将军王惇谋杀綝，事泄，綝杀惇，宪服药死。

（以上为第一段，写魏帝曹髦好学，精通经学；司马昭加官进爵，享有至高无上的权力；蜀国姜维不顾民生多艰，继续出兵攻打魏国，无功而还；吴国孙綝当政，多行无礼，朝臣多怨。）

二年（丁丑，257年）

春，三月，大梁成侯卢毓卒。

夏，四月，吴主临正殿，大赦，始亲政事。孙綝表奏，多见难问，又科兵子弟十八已下、十五以上三千余人，选大将子弟年少有勇力者，使将之，日于苑中教习，曰："吾立此军，欲与之俱长。"又数出中书，视大帝时旧事，问左右侍臣曰："先帝数有特制，今大将军问事，但令我书可邪？"尝食生梅，使黄门至中藏取蜜，蜜中有鼠矢，召问藏吏，藏吏叩头。吴主曰："黄门从尔求蜜邪？"吏曰："向求，实不敢与。"黄门不服。吴主令破鼠矢，矢中燥，因大笑，谓左右曰："若矢先在蜜中，中外当俱湿；今外湿里燥，此必黄门所为也。"诘之，果服，左右莫不惊悚。

征东大将军诸葛诞素与夏侯玄、邓飏等友善，玄等死，王凌、毌丘俭相继诛灭，诞内不自安，乃倾帑藏振施，曲赦有罪以收众心，畜养扬

王祥生性大孝，继母朱氏对他很不好，但王祥对她更加恭敬。朱氏的亲儿子王览，那年才几岁，经常看到王祥被鞭打，就哭泣着抱住母亲让她不要打；母亲让王祥干力不能及的苦差事，王览就与王祥一同去承担。长大后，都娶了妻子，母亲又暴虐地役使王祥的妻子，王览的妻子也赶快跑去一起干，母亲心有顾忌，惩罚就少了一些。王祥逐渐有了一些声誉，母亲深深地忌恨他，就暗地里在酒里下毒想要毒死王祥。王览知道了此事，就跑过去抢酒，王祥争执着不给他，母亲却突然夺过去倒掉了。从此以后，母亲每次给王祥什么吃的东西，王览总要先尝一尝，母亲害怕王览死掉，于是就不再下毒了。

东汉末年天下大乱，王祥就隐居了三十多年，不应州郡的征召，母亲去世，他哀痛得身心交瘁，拄着拐杖才能站起来。徐州刺史吕虔写信来召他担任别驾，委任他管理州中事务，结果州界境内平静安定，政事教化顺利推行，当时的人歌唱道："海沂之康，实赖王祥；邦国不空，别驾之功。"

十一月，吴国孙綝升任大将军。孙綝自负高贵，高傲不群，干了很多无礼之事。孙峻的堂弟孙宪曾参与诛杀诸葛恪之事，所以孙峻给他非常厚重的待遇，官至右将军、无难督，平九官事。孙綝对待孙宪，不如孙峻对待孙宪那么优厚，孙宪十分恼怒，就与将军王惇密谋杀掉孙綝，事情败露，孙綝杀掉王惇，孙宪则服毒自杀。

魏高贵乡公甘露二年（丁丑，257年）

春季，三月，魏国大梁成侯卢毓去世。

夏季，四月，吴主孙亮亲临正殿，实行大赦，开始亲自执政。孙綝上书言事，多次受到他的质问，又选士兵子弟十八岁以下、十五岁以上的三千多人，选大将子弟中勇武有力的，让他们领兵，每天都在苑囿中练兵习武，他说："我建立这支军队是想和他们一起成长。"他还多次拿出府藏书册阅览先帝时的旧事，问左右侍臣说："先帝常常亲自书写诏书，而如今大将军奏事，为什么只让我签字认可呢？"他要生吃酸梅，让黄门到库里去取蜂蜜，蜜中有鼠屎，就招来守库官询问，守库官叩头谢罪。吴主说："黄门从你那儿要过蜂蜜吗？"守库官说："以前曾要过，我没敢给他。"黄门不服。吴主让人破开鼠屎，屎中是干燥的，于是他大笑着对左右说："如果鼠屎事先就在蜜中，那么里外都应是湿的，现在外面湿而里面干燥，这必定是黄门放进去的。"责问黄门，他果然服了罪。左右都很震惊恐惧。

魏国征东大将军诸葛诞平时与夏侯玄、邓飏等人关系亲密，夏侯玄等人死了，王凌、毌丘俭等人也相继被诛杀，诸葛诞内心很不安，于是就尽量拿出官府库中的

州轻侠数千人以为死士。因吴人欲向徐堨，请十万众以守寿春，又求临淮筑城以备吴寇。司马昭初秉政，长史贾充请遣参佐慰劳四征，且观其志。

昭遣充至淮南，充见诞，论说时事，因曰："洛中诸贤，皆愿禅代，君以为如何？"诞厉声曰："卿非贾豫州子乎？世受魏恩，岂可欲以社稷输人乎！若洛中有难，吾当死之。"充默然，还，言于昭曰："诸葛诞再在扬州，得士众心。今召之，必不来，然反疾而祸小；不召，则反迟而祸大，不如召之。"昭从之。

甲子，诏以诞为司空，召赴京师。诞得诏书，愈恐，疑扬州刺史乐綝间己，遂杀綝，敛淮南及淮北郡县屯田口十余万官兵，扬州新附胜兵者四五万人，聚谷足一年食，为闭门自守之计。遣长史吴纲将少子靓至吴，称臣请救，并请以牙门子弟为质。

吴滕胤、吕据之妻，皆夏口督孙壹之妹也。六月，孙綝使镇南将军朱异自虎林将兵袭壹。异至武昌，壹将部曲来奔。乙巳，诏拜壹车骑将军、交州牧，封吴侯，开府辟召，仪同三司，衮冕赤舄，事从丰厚。

司马昭奉帝及太后讨诸葛诞。

吴纲至吴，吴人大喜，使将军全怿、全端、唐咨、王祚将三万众，与文钦同救诞，以诞为左都护，假节、大司徒、骠骑将军、青州牧，封寿春侯。怿，琮之子；端，其从子也。

六月，甲子，车驾次项，司马昭督诸军二十六万进屯丘头，以镇南将军王基行镇东将军，都督扬、豫诸军事，与安东将军陈骞等围寿春。基始至，围城未合，文钦、全怿等从城东北，因山乘险，得将其众突入城。

昭敕基敛军坚壁。基累求进讨，会吴朱异率三万人进屯安丰，为文钦外势，诏基引诸军转据北山。基谓诸将曰："今围垒转固，兵马向集，但当精修守备，以待越逸，而更移兵守险，使得放纵，虽有智者，不能

财物广泛地赈济施舍，又枉法赦免那些有罪之人以收买众人之心，还蓄养了扬州的轻捷侠客数千人当作护卫自己的敢死队。因为吴国人想要攻打徐塘，诸葛诞就请求率领十万兵众去守卫寿春，又要求临近淮水建一座城以防备吴军进犯。

司马昭刚刚执掌朝政，长史贾充建议派遣部下去慰劳征东、征南、征西、征北四将军，并观察他们的志趣、动向。司马昭派贾充到了淮南，贾充见到诸葛诞，一起谈论时事，贾充说道："洛中的诸位贤达之人，都希望实行禅让，您认为如何？"诸葛诞严厉地说："你不是贾逵的儿子吗？你家世代受到魏国的恩惠，怎么能想把国家转送他人？如果洛中发生危难，我愿为国家而死。"贾充默然无语。回来之后，贾充对司马昭说："诸葛诞再次到扬州后，深得士众之心。如今召他来，他必然不来，还会反叛，但早反叛祸害不大；如果不召他来，那么稍后的反叛祸害就大了，因此不如早点召他来。"司马昭采纳了这个意见。

四月二十四日甲子，下诏任命诸葛诞为司空，并召他往赴京师。诸葛诞得到诏书，更加恐惧，怀疑是扬州刺史离间自己，于是就杀掉乐綝，聚集淮南及淮北郡县屯田的十多万官兵和扬州地区新招募的身强力壮的士兵四五万人，又聚集了足够食用一年的粮食，做了闭门自守的长期准备。又派遣长史吴纲带着他的小儿子诸葛靓到吴国，向吴主称臣请求救援，并请求再让部下将士的子弟当作人质。

吴国滕胤和吕据之妻，都是夏口督孙壹的妹妹。六月，孙綝派镇南将军朱异从虎林领兵去袭击孙壹。朱异到武昌时，孙壹率领部曲前来投奔。初六朝廷下诏任命孙壹为车骑将军、交州牧，封为吴侯，开建府署征召僚属，仪同三司，又赐给帝王服用的全套服饰，各种事情都给予丰厚待遇。

司马昭侍奉魏帝和太后共同去讨伐诸葛诞。

吴纲到了吴国，吴人大喜，派将军全怿、全端、唐咨、王祚等人率领三万人，与文钦一起去救援诸葛诞；任命诸葛诞为左都护，持符节、大司徒、骠骑将军、青州牧，并封为寿春侯。全怿是全琮之子，全端是全琮之侄。

六月二十五日甲子，魏帝车驾到达项县，司马昭率诸军二十六万人进驻丘头。让镇南将军王基代理镇东将军，都督扬州、豫州诸军事，并与安东将军陈骞等人围攻寿春。王基刚到寿春，包围圈还未形成时，文钦、全怿等人从城东北凭借险要的山势，才得以率领军队突入城中。司马昭命令王基聚拢军队坚守壁垒不与敌人交战。王基屡次要求进攻，恰好吴国的朱异率领三万人进驻安丰，成为文钦的外部接应势力，诏令王基率领诸军转移占据北山。

王基对诸将说："如今包围的营垒已经坚固了，兵马也近于集中，此时只应精心整治守备力量以等待敌人突围逃跑，但是却命令我们转移兵力把守险要之地，使城内敌人得以放纵，如果这样做，即使有聪明之人，也不能很好地处理以后的战事！"

善其后矣！”遂守便宜，上疏曰：“今与贼家对敌，当不动如山，若迁移依险，人心摇荡，于势大损。诸军并据深沟高垒，众心皆定，不可倾动，此御兵之要也。”书奏，报听。

于是，基等四面合围，表里再重，堑垒甚峻。文钦等数出犯围，逆击，走之。司马昭又使奋武将军监青州诸军事石苞，督兖州刺史州泰、徐州刺史胡质，简锐卒为游军，以备外寇。泰击破朱异于阳渊，异走，泰追之，杀伤二千人。

秋，七月，吴大将军綝大发兵出屯镬里，复遣朱异帅将军丁奉、黎斐等五人前解寿春之围。异留辎重于都陆，进屯黎浆，石苞、州泰又击破之。太山太守胡烈以奇兵五千袭都陆，尽焚异资粮，异将余兵食葛叶，走归孙綝；綝使异更死战，异以士卒乏食，不从綝命。綝怒，九月，己巳，綝斩异于镬里。辛未，引兵还建业。綝既不能拔出诸葛诞，而丧败士众，自戮名将，由是吴人莫不怨之。

司马昭曰：“异不得至寿春，而吴人杀之，非其罪也，欲以谢寿春而坚诞意，使其犹望救耳。今当坚围，备其越逸，而多方以误之。”乃纵反间，扬言：“吴救方至，大军乏食，分遣羸疾就谷淮北，势不能久。”

诞等益宽，恣食，俄而城中乏粮，外救不至。将军蒋班、焦彝，皆诞腹心谋主也，言于诞曰：“朱异等以大众来而不能进，孙綝杀异而归江东，外以发兵为名，内实坐须成败。今宜及众心尚固，士卒思用，并力决死，攻其一面，虽不能尽克，犹有可全者，空坐守死，无为也。”

文钦曰：“公今举十余万之众归命于吴，而钦与全端等皆同居死地，父兄子弟尽在江表，就孙綝不欲来，主上及其亲戚岂肯听乎！且中国无岁无事，军民并疲，今守我一年，内变将起，奈何舍此，欲乘危徼幸乎！”班、彝固劝之，钦怒。诞欲杀班、彝，二人惧，十一月，弃诞，逾城来降。

全怿兄子辉、仪在建业，与其家内争讼，携其母将部曲数十家来奔。

于是就坚持有利的做法继续包围寿春，同时又上书说：“如今与敌人对峙，我们就像大山那样岿然不动，如果转移部队依据险要，人心就会动荡不安，对于合围形势有很大的损害。各军都已据守深沟高垒的营盘，众心都已稳定，不可再加以动摇，这是治军的要领。”上书之后，魏帝回复说，同意王基的意见。

于是，王基等人四面合围，形成里外两层包围圈，深沟高垒的防御工事非常坚固。文钦等人多次出城企图突破包围，都受到迎面还击而逃回。司马昭又派奋武将军监青州诸军事石苞，统领兖州刺史州泰、徐州刺史胡质的轻装精锐士兵作为游动军队，以防备外面的敌兵。州泰在阳渊击败了朱异，朱异逃走，州泰在后面追赶，杀伤了敌兵二千人。

秋季，七月，吴国大将军孙綝出动众多兵力驻扎在镬里，又派朱异率领将军丁奉、黎斐等五人前去解寿春之围。朱异把粮草物资留在都陆，进驻黎浆，石苞、州泰又击败了他。太山太守胡烈率领奇兵五千人偷袭了都陆，全部焚毁了朱异的粮草物资，朱异率领剩余兵力吃着葛叶，逃归孙綝处；孙綝让朱异再次拼死出战，朱异以士兵缺乏粮食为由，不服从孙綝的命令。孙綝大怒，九月初一，孙綝在镬里烹杀了朱异。初三，领兵回到建业。孙綝既不能救出诸葛诞，而且又伤亡了大量士兵，还杀掉了自己的名将，因此吴人没有不怨恨他的。

司马昭说：“朱异不能到达寿春，不是他的罪过，但吴人却杀了他，这是想以此来安抚寿春的将士而坚定诸葛诞守城的意志，让他仍然盼望着救兵。如今应当加强包围，防备他们突围逃跑，而且要想方设法使他们判断失误。”于是到处放风行反间之计，扬言说：“吴国救兵就要到了，魏国的大军缺乏粮食，要分散派遣病弱的士兵到淮北去吃那里的粮食，眼看围攻的形势不会太久了。”诸葛诞等人更加放宽心任意吃粮，没过多久，城中粮食告乏，而外边的救兵仍然未到。

将军蒋班、焦彝都是诸葛诞的心腹主谋之人，此时对诸葛诞说：“朱异等人率领众多兵力前来而不能进城，孙綝杀掉朱异而回到江东，表面上是以发救兵为名，实际上是要坐等成败。如今应趁众人之心还能稳定，士兵愿意效力，集中力量拼死命，尽管不能大获全胜，仍有可能保全部队实力，如果空坐在这城里死守，是没有出路的。”

文钦说：“您如今率领十多万士兵来归附吴国，而我与全端等人都与您共同居于死地，我们的父兄子弟都在江南，即使孙綝不想来，而主上及其亲戚又怎么能肯听他的呢？而且魏国没有一年是没有事情发生的，军民都很疲惫，如今他们围守我们一年，内变就将兴起，为什么我们要舍弃这里而要冒着危险侥幸一战呢？”蒋班、焦彝仍然坚持劝说诸葛诞，文钦十分恼怒。

诸葛诞要杀掉蒋班、焦彝，这二人非常害怕，十一月，他们背弃诸葛诞越过城

于是，怿与兄子靖及全端弟翩、缉皆将兵在寿春城中，司马昭用黄门侍郎钟会策，密为辉、仪作书，使辉、仪所亲信赍入城告怿等，说：“吴中怒怿等不能拔寿春，欲尽诛诸将家，故逃来归命。”十二月，怿等帅其众数千人开门出降，城中震惧，不知所为。诏拜怿平东将军，封临湘侯，端等封拜各有差。

（以上为第二段，写魏国镇东大将军诸葛诞反叛，征集淮南将士并囤积粮食据守寿春，又杀掉扬州刺史乐綝，到东吴请求援兵。魏帝曹髦亲征，司马昭率军攻打寿春，派兵围困，寿春守军非常震惊和恐惧。）

汉姜维闻魏分关中兵以赴淮南，欲乘虚向秦川，率数万人出骆谷，至沈岭。时长城积谷甚多，而守兵少，征西将军都督雍、凉诸军事司马望及安西将军邓艾进兵据之，以拒维。维壁于芒水，数挑战，望、艾不应。

是时，维数出兵，蜀人愁苦，中散大夫谯周作《仇国论》以讽之，曰：“或问，往古能以弱胜强者，其术如何？曰：吾闻之，处大无患者常多慢，处小有忧者常思善；多慢则生乱，思善则生治，理之常也。故周文养民，以少取多，句践恤众，以弱毙强，此其术也。

“或曰：曩者，项强汉弱，相与战争，项羽与汉约分鸿沟，各归息民，张良以为民志已定，则难动也，率兵追羽，终毙项氏。岂必由文王之事乎？曰：当商、周之际，王侯世尊，君臣久固，民习所专；深根者难拔，据固者难迁。当此之时，虽汉祖安能杖剑鞭马而取天下乎！

“及秦罢侯置守之后，民疲秦役，天下土崩，或岁易主，或月易公，鸟惊兽骇，莫知所从，于是豪强并争，虎裂狼分，疾搏者获多，迟后者见吞。今我与彼，皆传国易世矣，既非秦末鼎沸之时，实有六国并据之势，故可为文王，难为汉祖。夫民之疲劳，则骚扰之兆生，上慢下暴，则瓦解之形起。

“谚曰：‘射幸数跌，不如审发。’是故智者不为小利移目，不为意似改步，时可而后动，数合而后举，故汤、武之师不再战而克，诚重民劳

墙前来投降。全怿哥哥的儿子全辉、全仪在建业，与家内之人发生争执，就带着母亲率领部曲数十家前来投奔魏国。此时，全怿与其兄之子全靖以及全端之弟全翩、全缉都领兵在寿春城中，司马昭采用黄门侍郎钟会的计策，秘密地替全辉、全仪写了书信，并让全辉、全仪的亲信之人送入城中告诉全怿等人，说："吴国朝廷恼怒全怿等人不能击败包围寿春的敌兵，而想要杀尽诸将的家属，因此跑出来归顺魏国。"十二月，全怿等人率领手下兵将数千人开城门出来投降，城中的人十分震恐，不知怎么办好。魏国下诏任命全怿为平东将军，封临湘侯，全端等人的拜官封职各有差等。

蜀国姜维听说魏国分出关中的兵力去支援淮南，想乘虚攻向秦川，于是就率领数万人出骆谷，到达沈岭。当时长城一带积存的粮食很多，而守兵很少，征西将军都督雍州、凉州诸军事司马望和安西将军邓艾就进兵占据了那里，以抵挡姜维。姜维筑营垒于芒水一带，多次出来挑战，而司马望、邓艾不予应战。

当时，姜维屡次出兵征战，蜀人愁苦不堪，中散大夫谯周作《仇国论》以讽劝说："有人问古代能以弱胜强者，他们的方法如何？回答说：我听说处于大国地位而无祸患者常常多有轻慢，处于小国地位而有忧虑者常常想着向善；轻慢之事多就会出现内乱，想着向善就能使国家安定，这是普遍的道理。因此周文王善于养民，就能以少取多；句践能够抚恤众人，就能以弱胜强，这是他们的方法。

"有人说：以前项羽强而汉高祖弱，互相交战，后来项羽与汉高祖约定中分天下，以鸿沟为界，各归本土生息养民，张良认为民心一旦安定，就难以再发动，于是率兵追击项羽，终于消灭了他。难道一定要像文王那样行事吗？回答说：在商周之际，王侯世代尊贵，君臣之分久已稳固，人民已习惯于专心侍奉君上；深深扎根的东西难以拔除，依托稳固的东西难以迁移。在那个时代，即使是汉高祖又怎能靠持剑策马而夺取天下呢？

"到了秦朝，废弃分封侯国设置郡守之后，百姓被秦朝的苦役搞得疲惫不堪，天下已经土崩瓦解，或者每年换个君王，或者每月换个主公，如同鸟兽般惊恐不安，不知所从，于是豪强并力争夺天下，如狼似虎地撕裂分割，迅速搏杀者所获就多，行动迟缓者就被吞并。如今，我们与古代都是经历改朝换代而流传的国家，既不是秦朝末年天下鼎沸纷争的时代，实际上却有六国并立称雄的形势，因此可以行文王之事，难以有汉高祖的作为。百姓的疲劳就是产生骚动不安的前兆；在上位的骄慢而在下位的残暴，就会出现土崩瓦解的形势。

"谚语说：'射箭如果屡次不中，不如慎重瞄准之后再发射。'因此，有智谋的人不为蝇头小利而动心，不为似是而非的情况而改变常态，时机成熟以后再行动，形

而度时审也。如遂极武黩征，土崩势生，不幸遇难，虽有智者，将不能谋之矣。”

（以上为第三段，写蜀国大将军姜维听说魏国分出关中的兵力去支援淮南平叛，就趁关中空虚，率兵出秦川，攻打魏国。姜维屡次出兵征战，蜀人愁苦不堪，中散大夫谯周作《仇国论》，予以讽劝。）

三年（戊寅，258 年）

春，正月，文钦谓诸葛诞曰：“蒋班、焦彝谓我不能出而走，全端、全怿又率众逆降，此敌无备之时也，可以战矣。”诞及唐咨等皆以为然，遂大为攻具，昼夜五六日攻南围，欲决围而出。围上诸军临高发石车火箭，逆烧破其攻具，矢石雨下，死伤蔽地，血流盈堑，复还城。城内食转竭，出降者数万口。钦欲尽出北方人省食，与吴人坚守，诞不听，由是争恨。钦素与诞有隙，徒以计合，事急愈相疑。钦见诞计事，诞遂杀钦。

钦子鸯、虎，将兵在小城中，闻钦死，勒兵赴之，众不为用，遂单走逾城出，自归于司马昭。军吏请诛之，昭曰：“钦之罪不容诛，其子固应就戮，然鸯、虎以穷归命，且城未拔，杀之是坚其心也。”乃赦鸯、虎，使将数百骑巡城呼，曰：“文钦之子犹不见杀，其余何惧！”又表鸯、虎皆为将军，赐爵关内侯。城内皆喜，且日益饥困。司马昭身自临围，见城上持弓者不发，曰：“可攻矣！”乃四面进军，同时鼓噪登城。

二月，乙酉，克之。诞窘急，单马将其麾下，突小城欲出，司马胡奋部兵击斩之，夷其三族。诞麾下数百人，皆拱手为列，不降。每斩一人，辄降之，卒不变，以至于尽。吴将于诠曰：“大丈夫受命其主，以兵救人，既不能克，又束手于敌，吾弗取也。”乃免胄冒陈而死。唐咨、王祚等皆降。吴兵万众，器仗山积。

司马昭初围寿春，王基、石苞等皆欲急攻之，昭以为“寿春城固而众多，攻之必力屈；若有外寇，表里受敌，此危道也。今三叛相聚于孤

势适宜以后再举兵，所以商汤、周武王的军队不用再次战斗就能取胜，实在是因为重视人民的劳苦状况而能审时度势。如果竭尽武力滥用征伐，出现了土崩瓦解的形势，又不幸遭遇危难，那么即使有智谋的人也将不能挽回颓败的局势。”

魏高贵乡公甘露三年（戊寅，258年）

春季，正月，文钦对诸葛诞说：“蒋班、焦彝认为我们不能出城而走，全端、全怿又已率众投降，这正是敌人没有防备的时机，可以出城一战了。”诸葛诞和唐咨等人都认为很对，于是就大力准备进攻的器具，连续五六个昼夜进攻南面的包围，想要突破重围而出。包围圈上的魏国诸军站在高处发射石车火箭，迎面烧破敌方的进攻器具，箭石像雨一样泻下，死伤者遍地，流血充满堑沟，诸葛诞等又被迫返回城中。城内的粮食越来越少，出城投降者有数万人之多。文钦想让北方人都出城投降以节省粮食，留下他与吴国人一起坚守，但诸葛诞不同意。从此，两人之间互相怨恨。文钦平时就与诸葛诞有矛盾，只是因为反对司马昭的想法相同而结盟，事态紧急了就愈加互相猜疑。文钦进见诸葛诞商量事情，诸葛诞就杀掉了文钦。

文钦之子文鸯、文虎领兵在小城中，听到文钦的死讯，就想带兵去为父报仇，但众人不为他们效命，二人随即独自越过城墙逃出来，投降了司马昭。军吏请求杀了他们，司马昭说：“文钦罪不容诛，他的儿子本来也应该杀掉；但文鸯、文虎因为走投无路而归顺，而且城还没攻破，杀了他们就更坚定了城内敌兵的死守之心。”于是，赦免了文鸯、文虎，让他们率领数百骑兵巡城高呼：“文钦之子尚且不被杀，其余之人有什么可害怕！”又让文鸯、文虎都担任将军，并赐爵关内侯。城内之人闻讯都很高兴，而且人们也日益饥饿困乏。司马昭亲自来到包围圈，见城上持弓者不发箭，就说：“可以进攻了。”于是下令四面进军，同时鼓噪呐喊登上城墙。

二月二十日乙酉，攻下寿春城。诸葛诞情急窘迫，单枪匹马率领麾下突击小城想要闯出城，司马胡奋手下的士兵把他杀死，又诛杀其三族。诸葛诞手下数百人，都拱手排成队列，却不投降，每杀一人，就问其余的人降不降，而他们的态度终究不变，以至于最后全部杀尽。吴将于诠说：“大丈夫受命于君王，带兵前来救人，既不能取胜，又要被敌人俘虏，我决不如此。”于是就脱掉盔甲，突入敌人兵阵而战死，唐咨、王祚等人都投降了。俘虏的吴国士兵有一万多人，缴获的兵器堆得像山一样。

司马昭当初包围寿春之时，王基、石苞等人都想加紧攻城，司马昭认为：“寿春城墙坚固而且兵力众多，攻城必然损失兵力，如果再有外部敌人来犯，就要里外受

城之中，天其或者使同就戮，吾当以全策縻之。但坚守三面，若吴贼陆道而来，军粮必少，吾以游兵轻骑绝其转输，可不战而破也。吴贼破，钦等必成禽矣！”乃命诸军按甲而守之，卒不烦攻而破。

议者又以为：“淮南仍为叛逆，吴兵室家在江南，不可纵，宜悉坑之。”昭曰：“古之用兵，全国为上，戮其元恶而已。吴兵就得亡还，适可以示中国之大度耳。”一无所杀，分布三河近郡以安处之。拜唐咨安远将军，其余裨将，咸假位号，众皆悦服。其淮南将士吏民为诞所胁略者，皆赦之。听文鸯兄弟收敛父丧，给其车牛，致葬旧墓。

昭遗王基书曰：“初议者云云，求移者甚众，时未临履，亦谓宜然。将军深算利害，独秉固志，上违诏命，下拒众议，终至制敌禽贼，虽古人所述，不是过也。”昭欲遣诸军轻兵深入，招迎唐咨等子弟，因衅有灭吴之势。王基谏曰：“昔诸葛恪乘东关之胜，竭江表之兵以围新城，城既不拔，而众死者大半。姜维因洮西之利，轻兵深入，粮饷不继，军覆上邽。夫大捷之后，上下轻敌，轻敌则虑难不深。今贼新败于外，又内患未弭，是其修备设虑之时也。且兵出逾年，人有归志，今俘馘十万，罪人斯得，自历代征伐，未有全兵独克如今之盛者也。武皇帝克袁绍于官渡，自以所获已多，不复追奔，惧挫威也。”昭乃止。以基为征东将军、都督扬州诸军事，进封东武侯。

习凿齿曰：君子谓司马大将军于是役也，可谓能以德攻矣。夫建业者异道，各有所尚而不能兼并也。故穷武之雄，毙于不仁；存义之国，丧于懦退。今一征而禽三叛，大虏吴众，席卷淮浦，俘馘十万，可谓壮矣。而未及安坐，赏王基之功；种惠吴人，结异类之情；宠鸯葬钦，忘畴昔之隙；不咎诞众，使扬土怀愧。功高而人乐其成，业广而敌怀其德。武昭既敷，文算又洽，推是道也，天下其孰能当之哉！

敌，这是危险的做法。现在三个叛将相聚在孤城之中，天意或许会让他们同时被杀，我当以完备的计策把他们围困在城中。我们只坚守三面，如果吴军从陆地而来，军粮必少，我们就用游动的轻骑兵断绝他们的运粮道路，这样可以不战而打败敌人。吴军失败，文钦等人必成笼中之鸟了。”于是命令诸军停止进攻，坚守不动，终于不用频频进攻而破城取胜。

有人还认为：“淮南地区仍为叛逆之徒所占据，这些吴兵的家室都在江南，不可放他们回去，应该把他们全部活埋。”司马昭说：“古人用兵，以保全对方的国家为上策，只杀其首恶而已。吴兵得以逃回去，正好可以显示我们的宽宏大度。”结果一个不杀，把俘虏分布在三河地区接近京师的地方加以安置。又授予唐咨安远将军之职，其余的副将也都给了他们相应的地位和封号，众人都心悦诚服。那些淮南将士吏民被诸葛诞所胁迫掠虏而来的，也都赦免放回。听任文鸯兄弟收敛其父之尸，并给他们车与牛，拉到旧墓安葬。

司马昭给王基写信说：“当初议论众说纷纭，要求转移到北山的人很多，当时我没有亲临营垒实地勘察，也认为应该转移。将军深入地考虑利害得失，独自坚持固定的意志，上边违背朝廷诏命，下面拒绝众人之议，终于制服敌人擒获贼兵，即使是古人所说那些忠臣良将，也不能超过你。”司马昭想派遣诸军轻兵深入，招抚、迎接唐咨等人的子弟，利用敌人的内部裂痕造成消灭吴国的形势。王基劝说道：“以前诸葛恪乘着东关获胜之机，竭尽江南的兵力以围攻新城，城既没有攻克，而士兵也死了大半。姜维凭借洮西的便利条件，轻兵深入，结果粮饷不继，军队在上邽吃了败仗。在取得大胜之后，上下之人就会轻敌，轻敌则考虑困难的一面就不深。如今敌人在外部刚刚失败，内部忧患又没有弥合，这正是他们加紧防备设计御敌的时候。而且我们的士兵外出已经一年多了，人人都有归家之心，如今我们歼灭敌兵十万，擒获罪人，自历代征伐以来，还没有既保全兵力又获得全面胜利的战役能像这次这样盛大的。武皇帝在官渡战胜袁绍，自认为所获已很多，就不再追杀，这是惧怕挫伤自己的威势。”于是司马昭就停止了这次行动。任命王基为征东将军，都督扬州诸军事，并晋封他为东武侯。

习凿齿评论说：君子认为，司马大将军在这次战役中，可说是能以仁德进攻了。建功立业者采用的方法不同，各有所崇尚却不能同时兼顾。因此穷兵黩武的雄杰，就会死于不仁；心存礼义之国，就会丧于懦弱退让。如今一次征战而擒获三个叛逆，俘虏众多吴国士兵，全部占据淮浦地区，歼敌十万，可以说是宏伟了。但还没有坐得安稳，就奖赏王基的功劳；在吴人中播种恩惠，笼络异国之人的感情；恩宠文鸯，安葬文钦，不记往日的怨恨；不责怪诸葛诞手下的兵将，使扬州的人们心怀惭愧。功高盖世而人们乐于看到他的成功，业绩

司马昭之克寿春，钟会谋画居多。昭亲待日隆，委以腹心之任，时人比之子房。

（以上为第四段，写司马昭攻下寿春，诸葛诞被杀，灭三族。至此，淮南三叛全被铲除，支持曹魏皇室的武装力量基本被消灭，士大夫纷纷拥护司马氏。司马氏完全掌控魏国大权，为晋代魏铺平道路。）

汉姜维闻诸葛诞死，复还成都，复拜大将军。

夏，五月，诏以司马昭为相国，封晋公，食邑八郡，加九锡。昭前后九让，乃止。

秋，七月，吴主封故齐王奋为章安侯。

八月，以骠骑将军王昶为司空。

诏以关内侯王祥为三老，郑小同为五更，帝率群臣诣太学，行养老乞言之礼。小同，玄之孙也。

吴孙綝以吴主亲览政事，多所难问，甚惧，返自镬里，遂称疾不朝，使弟威远将军据入仓龙门宿卫，武卫将军恩、偏将军干、长水校尉闿分屯诸营，欲以自固。吴主恶之，乃推朱公主死意，全公主惧，曰："我实不知，皆朱据二子熊、损所白。"是时，熊为虎林督，损为外部督，吴主皆杀之。损妻，即孙峻妹也。綝谏，不从，由是益惧。

吴主阴与全公主及将军刘丞谋诛綝。全后父尚为太常、卫将军，吴主谓尚子黄门侍郎纪曰："孙綝专势，轻小于孤。孤前敕之使速上岸，为唐咨等作援，而留湖中不上岸一步；又委罪于朱异，擅杀功臣，不先表闻；筑第桥南，不复朝见。此为自在，无所复畏，不可久忍，今规取之。卿父作中军都督，使密严整士马，孤当自出临桥，率宿卫虎骑、左右无难一时围之，作版诏敕綝所领皆解散，不得举手。正尔，自当得之；卿去，但当使密耳！卿宣诏卿父，勿令卿母知之；女人既不晓大事，且綝同堂姊，邂逅漏泄，误孤非小也！"纪承诏以告尚。尚无远虑，以语纪母，母使人密语綝。

广大而敌人也怀念他的恩德。武功的光芒既已流布天下，文德的计划又非常广博，把这种道义推而广之，天下还有谁能够抵挡呢？

司马昭攻克寿春，钟会出谋划策很多。因此司马昭对他日益亲近重视，委任他办理机密要事，当时人们把他比作汉代的张良。

蜀国的姜维听到诸葛诞已死，又返回成都，重新担任大将军之职。

夏季，五月，魏帝曹髦下诏任命司马昭为相国，封为晋公，食邑八个郡，加赐九锡。司马昭先后推辞了九次，才收回成命。

秋季，七月，吴主孙亮封以前的齐王孙奋为章安侯。

八月，魏国任命骠骑将军王昶为司空。

魏帝下诏，以关内侯王祥为三老，郑小同为五更。魏帝率领群臣到太学，行养老乞求善言的礼仪。郑小同是郑玄之孙。

吴国孙綝因吴主亲自管理政事，对他又多次质问，就非常害怕，从镬里返回之后，就称病不上朝，又让他的弟弟威远将军孙据进入苍龙门担任宿卫，武卫将军孙恩、偏将军孙干、长水校尉孙闿，分别驻守各军营，想用以自保。吴主非常厌恶他，于是就追问朱公主被杀的情况，全公主害怕地说："我实在不知情，都是朱据的两个儿子朱熊、朱损所说的。"当时朱熊担任虎林督，朱损担任外部督，吴主把他们都杀了。朱损之妻就是孙峻的妹妹。孙綝劝谏，吴主不从，从此孙綝更加恐惧。

吴主暗地里与全公主和将军刘丞谋划杀掉孙綝。全后的父亲全尚任太常、卫将军，吴主对全尚之子黄门侍郎全纪说："孙綝专擅权势，轻视小看我。我以前命令他迅速上岸，为唐咨等人做后援，但他却留在湖中不上岸一步；他又把罪责推卸给朱异，擅自杀掉有功之臣，也不事先上书奏明；他还在朱雀桥南建筑府第，不再上朝进见。在家自由自在，无所忌惮，不知还有君上。这种情况不能长久忍耐，我如今要图谋取缔他。你的父亲担任中军都督，让他秘密地整顿兵马，我当亲自出宫登临桥上，率领宿卫虎骑、左右无难突然包围孙綝府第，再下诏命令孙綝统领的士兵都解散，不得反抗。如果一切事情都按我所说的去做，必然能够成功。你出去，必须秘密行事！向你的父亲宣明诏令，千万不要让你的母亲知道。女人既不明晓大事，而且她又是孙綝的姐姐，如果见到孙綝泄露出去，就会误我大事！"全纪接受诏令告诉了全尚。但全尚没有认真考虑，就把此事告诉了全纪的母亲。全纪的母亲又派人秘密地告诉了孙綝。

九月，戊午，綝夜以兵袭尚，执之，遣弟恩杀刘承于苍龙门外，比明，遂围宫。吴主大怒，上马带鞬执弓欲出，曰："孤，大皇帝适子，在位已五年，谁敢不从者！"侍中、近臣及乳母共牵攀止之，不得出，叹咤不食，骂全后曰："尔父愦愦，败我大事！"又遣呼纪，纪曰："臣父奉诏不谨，负上，无面目复见。"因自杀。

綝使光禄勋孟宗告太庙，废吴主为会稽王。召群臣议曰："少帝荒病昏乱，不可以处大位，承宗庙，已告先帝废之。诸君若有不同者，下异议。"皆震怖，曰："唯将军令！"綝遣中书郎李崇夺吴主玺绶，以吴主罪班告远近。尚书桓彝不肯署名，綝怒，杀之。典军施正劝綝迎立琅邪王休，綝从之。

己未，綝使宗正楷与中书郎董朝，迎琅邪王于会稽。遣将军孙耽送会稽王亮之国，亮时年十六。徙全尚于零陵，寻追杀之；迁全公主于豫章。

冬，十月，戊午，琅邪王行至曲阿，有老公遮王，叩头曰："事久变生，天下喁喁。"是日，进及布塞亭。孙綝以琅邪王未至，欲入居宫中，召百官会议，皆惶怖失色，徒唯唯而已。选曹郎虞汜曰："明公为国伊、周，处将相之任，擅废立之威，将上安宗庙，下惠百姓，大小踊跃，自以伊、霍复见。今迎王未至而欲入宫，如是，群下摇荡，众听疑惑，非所以永终忠孝，扬名后世也。"綝不怿而止。汜，翻之子也。

綝命弟恩行丞相事，率百僚以乘舆法驾迎琅邪王于永昌亭。筑宫，以武帐为便殿，设御坐。己卯，王至便殿，止东厢。孙恩奉上玺符，王三让，乃受。群臣以次奉引，王就乘舆，百官陪位。綝以兵千人迎于半野，拜于道侧；王下车答拜。即日，御正殿，大赦，改元永安。孙綝称"草莽臣"，诣阙上书，上印绶、节钺，求避贤路。吴主引见慰谕，下诏以綝为丞相、荆州牧，增邑五县；以恩为御史大夫、卫将军、中军督，封县侯。孙据、干、闿皆拜将军，封侯。又以长水校尉张布为辅义将军，封永康侯。

（以上为第五段，写吴主孙亮不满权臣孙綝的霸道行为，密谋除掉孙綝，事情败露。孙綝恼羞成怒，便废掉时年 16 岁的孙亮，贬为会稽王；立琅邪王孙休，改年号

九月二十六日戊午，孙綝深夜派兵袭击全尚，把他扣押起来，又派其弟孙恩在苍龙门外杀掉刘承，等到天将亮时，就包围了王宫。吴主勃然大怒，骑上马带了弓箭就要出宫，说道：“我是大帝的嫡子，在位已经五年，谁敢不服从我！”侍中近臣以及乳母等人一起连牵带扯地制止他，未能出宫。吴主叹气发怒不吃饭，又大骂全后说：“你的父亲昏庸无能，坏了我的大事！”又派人去叫全纪，全纪说：“我的父亲奉行诏命不谨慎，辜负了皇上，我没有脸面再见皇上了。”然后就自杀而死。

孙綝让光禄勋孟宗祭告太庙，把吴主孙亮废为会稽王。又召来群臣讨论，说：“少帝热衷享乐，多病昏乱，不可以处于天子之位，继承宗庙统绪，已经祭告先帝把他废了，诸君若有不同意者，请提出异议。”众人都很震惊恐怖，说道：“愿服从将军的命令！”孙綝派中书郎李崇夺来吴主孙亮的玺绶，把孙亮的罪状布告远近各地。尚书桓彝不肯签署名字，孙綝大怒，杀掉了他。典军施正劝孙綝把琅邪王孙休迎来立为天子，孙綝同意了。

九月二十七日己未，孙綝派宗正孙楷与中书郎董朝到会稽迎接琅邪王。派遣将军孙耽送会稽王孙亮到他的封国，孙亮这年十六岁。把全尚迁徙到零陵，随即又去追杀了他，把全公主迁到豫章。

冬季，十月，戊午（疑误），琅邪王走到曲阿，有位老人拦住他叩头说：“事久生变，天下人都在仰望于陛下。”这一天，行进到布塞亭。孙綝因琅邪王没有到来，想要进入宫中居住，召集百官商议，众人都惊惶失色，只唯唯诺诺地应着。选曹郎虞汜说：“您是国家的伊尹、周公，担当将相的重任，执掌废立的大权，必将上安宗庙社稷，下施恩惠于百姓，上下大小之人一片欢呼跳跃，认为您是伊尹、霍光再现于世。现在琅邪王还未迎来，而您却想入宫居住，如果这样，那么群臣百姓就会动荡不安，众人的心里就会产生疑惑，这不是永远发扬忠孝、扬名于后世的做法。”孙綝很不高兴地放弃入宫居住的做法。虞汜是虞翻之子。

孙綝让其弟孙恩执行丞相的职事，率领百官用皇帝乘坐的车子到永昌亭去迎接琅邪王，修筑行宫，用军队的帐篷临时搭起便殿，设置了御座。琅邪王到达便殿，止于东厢。孙恩奉上御玺，琅邪王辞让三次才接受。群臣按照次序在前导引车驾，琅邪王上了乘舆，百官在旁陪伴。孙綝率兵千人到郊外迎接，拜于道旁；琅邪王下车答拜。当天，驾临正殿，实行大赦，改年号为永安。孙綝自称“草莽臣”，在殿前上书，交上印绶、节钺，请求避让进贤之路。吴主引见他并以好言慰解，又下诏任命孙綝为丞相、荆州牧，增加封邑五个县；任命孙恩为御史大夫、卫将军、中军督，封为县侯。孙据、孙干、孙闿也都授予将军之职，进封侯爵。又任命长水校尉张布为辅义将军，封为永康侯。

为永安。）

先是，丹阳太守李衡数以事侵琅邪王，其妻习氏谏之，衡不听。琅邪王上书乞徙他郡，诏徙会稽。及琅邪王即位，李衡忧惧，谓妻曰："不用卿言，以至于此。吾欲奔魏，何如？"妻曰："不可。君本庶民耳，先帝相拔过重，既数作无礼，而复逆自猜嫌，逃叛求活，以此北归，何面目见中国人乎！"衡曰："计所何出？"妻曰："琅邪王素好善慕名，方欲自显于天下，终不以私嫌杀君明矣。可自囚诣狱，表列前失，显求受罪。如此，乃当逆见优饶，非但直活而已。"衡从之。吴主诏曰："丹阳太守李衡，以往事之嫌，自拘司败。夫射钩、斩祛，在君为君，其遣衡还郡，勿令自疑。"又加威远将军，授以棨戟。

己丑，吴主封故南阳王和子皓为乌程侯。

群臣奏立皇后、太子，吴主曰："朕以寡德，奉承洪业，莅事日浅，恩泽未敷，后妃之号，嗣子之位，非所急也。"有司固请，吴主不许。

孙綝奉牛酒诣吴主，吴主不受，赍诣左将军张布。酒酣，出怨言曰："初废少主时，多劝吾自为之者，吾以陛下贤明，故迎之。帝非我不立，今上礼见拒，是与凡臣无异，当复改图耳。"布以告吴主，吴主衔之，恐其有变，数加赏赐。

戊戌，吴主诏曰："大将军掌中外诸军事，事统烦多，其加卫将军、御史大夫恩侍中，与大将军分省诸事。"或有告綝怀怨侮上，欲图反者，吴主执以付綝，綝杀之，由是益惧，因孟宗求出屯武昌，吴主许之。綝尽敕所督中营精兵万余人，皆令装载；又取武库兵器，吴主咸令给与。綝求中书两郎典知荆州诸军事，主者奏中书不应外出，吴主特听之。其所请求，一无违者。

将军魏邈说吴主曰："綝居外，必有变。"武卫士施朔又告綝谋反。吴主将讨綝，密问辅义将军张布，布曰："左将军丁奉，虽不能吏书，而计略过人，能断大事。"吴主召奉告之，且问以计画，奉曰："丞相兄弟支党

早先，丹阳太守李衡多次因事侵扰琅邪王，他的妻子习氏劝止他，他也不听。后来琅邪王上书请求迁居其他郡，吴主下诏让他迁到会稽。等到琅邪王即位为天子，李衡十分恐惧，就对他妻子说："没听你的话，结果弄到这个地步。我想去投奔魏国，怎么样？"其妻说："不行。你本是一个庶民百姓，先帝破格提拔你，现在你既已多次对琅邪王无礼，又在心里胡乱猜疑，还想逃亡，背主乞求活命，以你这样的情况跑到北方，又有什么脸面去见中原之人呢？"李衡说："那我应该怎么办？"其妻说："琅邪王平时就好善且追求声名，现在他正想使自己显扬于天下，终究不会因为私人怨恨而杀你，这是很明显的。你可以到牢狱把自己囚禁起来，上书陈述以前的过失，公开地要求接受处罚。这样就会受到更优厚的待遇，岂只是仅仅保住性命而已。"李衡照妻子的话做了。吴主下诏说："丹阳太守李衡，因往事的一些嫌隙，自我拘禁到刑狱之中。春秋时管仲箭射齐桓公带钩，寺人披砍断晋文公衣袖，但齐桓、晋文当了君主就行君主之事，而不计前嫌，我也会如此。送李衡回郡，让他不要自我生疑。"同时，授李衡威远将军之职，又赠以显示官阶品级的戟。

十月二十八日己丑，吴主孙休封已故南阳王孙和的儿子孙皓为乌程侯。

吴国群臣奏请立皇太后、太子，吴主说："我以微薄之德继承了祖宗的大业，即位时间很短，也没有广施恩泽，所以后妃名号、太子地位的确立，不是当务之急。"有关部门仍坚持请求，但吴主不准。

孙綝带着牛肉和酒去拜见吴主，但吴主不收，只好送到左将军张布家里；酒意正浓的时候，孙綝口出怨言，说："当初废掉少主之时，很多人劝我自立为君；我认为君王贤明，因此把他迎来。没有我，他当不了皇帝，但我今天给他送礼却遭到拒绝，这是对我与一般大臣没有区别，我当再另立别人为君。"张布把这些话告诉了吴主，吴主怀恨在心，恐怕他发动变乱，所以多次加以赏赐。

十月，戊戌（疑误），吴主下诏说："大将军掌管中外诸军事，事务繁多，今加卫将军、御史大夫孙恩侍中之职，与大将军一起分担各种事务。"有人报告孙綝心怀怨恨侮辱主上，想图谋造反，吴主就把那人抓起来交给孙綝，孙綝把那人杀了，但从此心里更加害怕，通过孟宗向吴主要求外出驻扎在武昌，吴主答应了。孙綝命令他所统领的中军精兵万余人，都让他们上船，又取走了武库中的兵器，吴主都下令给他。孙綝又要求让中书二郎一同去管理荆州诸军事，主管者奏明中书不应外出，但吴主也特许孙綝带走中书。孙綝所要求的事没有一件不同意的。

吴国将军魏邈对吴主说："孙綝居住在外，必然会有变乱。"武卫士施朔也报告说孙綝要谋反。吴主将要讨伐孙綝，就秘密地向辅义将军张布询问计策，张布说："左将军丁奉，虽不能撰写文书，但他计谋过人，能决断大事。"吴主召来了丁奉，

甚盛，恐人心不同，不可卒制；可因腊会有陛兵以诛之。”吴主从之。

十二月，丁卯，建业中谣言明会有变，綝闻之，不悦。夜，大风，发屋扬沙，綝益惧。戊辰，腊会，綝称疾不至。吴主强起之，使者十余辈，綝不得已，将入，众止焉。綝曰：“国家屡有命，不可辞。可豫整兵，令府内起火，因是可得速还。”遂入，寻而火起，綝求出，吴主曰：“外兵自多，不足烦丞相也。”綝起，离席，奉、布目左右缚之。綝叩头曰：“愿徙交州。”吴主曰：“卿何不徙滕胤、吕据于交州乎！”綝复曰：“愿没为官奴。”吴主曰：“卿何不以胤、据为奴乎！”遂斩之。以綝首令其众曰：“诸与綝同谋者，皆赦之。”放仗者五千人。孙闿乘船欲降北，追杀之。夷綝三族，发孙峻棺，取其印绶，斫其木而埋之。

己巳，吴主以张布为中军督。改葬诸葛恪、滕胤、吕据等，其罹恪等事远徙者，一切召还。朝臣有乞为诸葛恪立碑者，吴主诏曰：“盛夏出军，士卒伤损，无尺寸之功，不可谓能；受托孤之任，死于竖子之手，不可谓智。”遂寝。

初，汉昭烈留魏延镇汉中，皆实兵诸围，以御外敌，敌若来攻，使不得入。及兴势之役，王平捍拒曹爽，皆承此制。及姜维用事，建议以为“错守诸围，适可御敌，不获大利。不若使敌至，诸围皆敛兵聚谷，退就汉、乐二城，听敌入平，重关头镇守以捍之，令游军旁出以伺其虚。敌攻关不克，野无散谷，千里运粮，自然疲乏；引退之日，然后诸城并出，与游军并力搏之，此殄敌之术也”。于是，汉主令督汉中胡济却住汉寿，监军王含守乐城，护军蒋斌守汉城。

（以上为第六段，写吴国孙休为帝后，欲有所作为，不愿被权臣孙綝牵着鼻子走，利用腊祭之机，捉拿孙綝，诛杀三族；掘开孙峻之墓，取出印绶；改葬被诬陷的诸葛恪、滕胤等人。）

四年（己卯，259 年）

春，正月，黄龙二见宁陵井中。先是，顿丘、冠军、阳夏井中屡有龙见，群臣以为吉祥，帝曰：“龙者，君德也。上不在天，下不在田，而

讲了自己的想法，并向他询问计策，丁奉说："丞相的兄弟党羽很多，恐怕人心不同，不能突然制服他，可以乘腊祭集会之机，用宿卫之兵杀掉他。"吴主同意了。

十二月初七丁卯，建业城中有谣言流传，说明日腊祭要有事变，孙綝听到后，很不高兴。夜里刮起了大风，吹掀了屋顶，扬起漫天风沙，孙綝更加害怕。初八，腊祭集会，孙綝称疾不去。吴主强令他来，派出使者催促十多次，孙綝不得已，将要入宫，众人劝他别去。孙綝说："国家多次下令，我不可推辞。你们可以预先整顿好兵力，在府内放一把火，以这个为借口，我可以很快回来。"随即入宫，不久府内起了火，孙綝要求出去看看，吴主说："外面兵力自然很多，不用麻烦丞相亲自去。"孙綝起身离席，丁奉、张布目示左右把他捆绑起来。孙綝叩头说："我愿意迁移到交州。"吴主说："你为什么不把滕胤、吕据迁移到交州？"孙綝又说："我愿当个官家奴隶。"吴主说："你为什么不让滕胤、吕据为奴呢？"随即就把他杀了。又拿着孙綝的首级对他手下的兵将说："凡与孙綝同谋的人，一律赦免。"放下兵器投降的有五千人。孙闿乘船逃走，想要投降魏国，吴主派人追杀了他。诛杀了孙綝的三族，又掘开孙峻的坟墓，取出他的印绶，削薄了他的棺木，然后再埋上。

十二月初九己巳，吴主任命张布为中军督，又改葬了诸葛恪、滕胤、吕据等人，凡受诸葛恪等人之事连累而迁到远方的人全部召回。朝廷大臣中有人请求为诸葛恪立碑，吴主下诏说："他盛夏出军，士兵损伤严重，又没有取得任何成功，不能说是有才能；他接受托孤的重任，却死在一个小子手里，不能说是有智。"于是为他立碑的建议就作罢了。

当初，蜀国昭烈帝刘备留魏延镇守汉中，他在各个外围城中布满兵力以抵御入侵之敌，敌人如果前来进攻，不让他们攻入。在兴势的战役中，王平勇猛地抗拒曹爽，也都承用了这种用兵之法。到姜维统兵时，提出建议，认为"置兵驻守各个据点，只能抵御入侵之敌，不能获得大胜。不如让敌兵进入，各据点都收敛兵力积聚粮食，退守汉、乐二城，任凭敌人进入平原之地，我们镇守重要的关口以抵御敌人，再派游动军队在附近埋伏，以伺察敌人的虚弱之处加以攻击。敌人攻关不能取胜，野外又没有分散的粮食，他们从千里之外运送粮食，自然会非常疲乏劳顿。然后乘敌人撤兵的时候，各城守军一起出击，与游动军队共同与敌人拼杀，这是消灭敌人的战术"。于是汉后主下令让督领汉中的胡济撤兵进驻汉寿，让监军王含镇守乐城，让护军蒋斌镇守汉城。

魏高贵乡公甘露四年（己卯，259年）

春季，正月，黄龙两次出现于魏国宁陵的井中。在此之前，顿丘、冠军、阳夏地方的井中多次有龙出现，群臣认为这是吉祥的象征，魏帝曹髦说："龙代表了君王

数屈于井，非嘉兆也。”作《潜龙诗》以自讽，司马昭见而恶之。

夏，六月，京陵穆侯王昶卒。

汉主封其子谌为北地王，恂为新兴王，虔为上党王。尚书令陈祗以巧佞有宠于汉主，姜维虽位在祗上，而多率众在外，希亲朝政，权任不及祗。

秋，八月，丙子，祗卒；汉主以仆射义阳董厥为尚书令，尚书诸葛瞻为仆射。

冬，十一月，车骑将军孙壹为婢所杀。

是岁，以王基为征南将军，都督荆州诸军事。

（以上为第七段，写黄龙两次出现于魏国宁陵井中，魏帝曹髦对司马氏兄弟的专横跋扈十分不满，作《潜龙诗》以自我讽喻，表达不满。）

元皇帝上

景元元年（庚辰，260年）

春，正月，朔，日有食之。

夏，四月，诏有司率遵前命，复进大将军昭位相国，封晋公，加九锡。

帝见威权日去，不胜其忿。五月，己丑，召侍中王沈、尚书王经、散骑常侍王业，谓曰：“司马昭之心，路人所知也。吾不能坐受废辱，今日当与卿自出讨之。”王经曰：“昔鲁昭公不忍季氏，败走失国，为天下笑。今权在其门，为日久矣，朝廷四方皆为之致死，不顾逆顺之理，非一日也。且宿卫空阙，兵甲寡弱，陛下何所资用？而一旦如此，无乃欲除疾，而更深之邪！祸殆不测，宜见重详。”帝乃出怀中黄素诏投地，曰：“行之决矣！正使死何惧，况不必死邪！”于是，入白太后。

沈、业奔走告昭，呼经欲与俱，经不从。帝遂拔剑升辇，率殿中宿卫、苍头、官僮鼓噪而出。昭弟屯骑校尉伷，遇帝于东止车门，左右呵之，伷众奔走。中护军贾充自外入，逆与帝战于南阙下，帝自用剑。众欲退，骑督成倅弟太子舍人济问充曰：“事急矣，当云何？”充曰：“司马公畜养汝等，正为今日。今日之事，无所问也！”济即抽戈前刺帝，殒于车下。昭闻之，大惊，自投于地。太傅孚奔往，枕帝股而哭甚哀，曰：

之德。它上不在天，下不在田，而多次屈居于井中，这不是好的兆头。”于是作《潜龙诗》以自我讽喻，司马昭看后十分不满。

夏季，六月，魏国京陵穆侯王昶去世。

蜀国后主封其子刘谌为北地王、刘恂为新兴王、刘虔为上党王。尚书令陈祗因善于花言巧语，逢迎讨好，深得蜀王宠幸，姜维的地位虽在陈祗之上，但大部分时间率兵在外，很少参与朝政，所以权力不如陈祗大。

秋季，八月二十日丙子，陈祗去世，蜀国后主任命仆射、义阳人董厥为尚书令、尚书诸葛瞻为仆射。

冬季，十一月，吴国车骑将军孙壹被奴婢所杀。

这一年，魏国任命王基为征南将军，都督荆州诸军事。

元皇帝上

魏元帝景元元年（庚辰，260 年）

春季，正月初一，发生日食。

夏季，四月，魏帝曹髦诏令有关官员一切遵照以前的命令，再次晋升大将军司马昭为相国，封为晋公，加赐九锡。

魏帝见自己的权力威势日渐削弱，感到不胜愤恨。五月初七己丑，召见侍中王沈、尚书王经、散骑常侍王业，对他们说：“司马昭的野心连路上的行人都知道，我不能坐等被废除的耻辱，今日我将亲自与你们一起出去讨伐他。”王经说：“古时鲁昭公因不能忍受季氏的专权，讨伐失败而出走，丢掉了国家，被天下人所耻笑。如今权柄掌握在司马昭之手已经很久了，朝廷内以及四方之臣都为他效命而不顾逆顺之理也不是一天了。而且宫中宿卫空缺，兵力十分弱小，您凭借什么？而您一旦这样做了，不是想要除去疾病却反而使病情更加厉害了吗？祸患恐怕难以预测，应该重新加以详细研究。”魏帝这时就从怀中拿出黄绢诏书扔在地上说：“这样做已经决定了！纵使死了又有什么可怕的？何况不一定会死呢！”说完，就进内宫禀告太后。

王沈、王业跑出去告诉司马昭，想叫王经与他们一起去，但王经不去。魏帝随即拔出剑登上车子，率领殿中宿卫和奴仆们呼喊着出了宫门。司马昭的弟弟屯骑校尉司马伷在东止车门遇到魏帝，魏帝左右之人怒声呵斥他们，司马伷的士兵被吓得逃走了。中护军贾充从外而入，迎面与魏帝战于南面宫阙之下，魏帝亲自用剑拼杀。众人想要退却，骑督成倅之弟的太子舍人成济问贾充说：“事情如此紧急，你说怎么办？”贾充说：“司马公养你们这些人，正是为了今日。今日之事，没有什么可

“杀陛下者，臣之罪也！”

昭入殿中，召群臣会议。尚书左仆射陈泰不至，昭使其舅尚书荀顗召之，泰曰：“世之论者以泰方于舅，今舅不如泰也。”子弟内外咸共逼之，乃入，见昭，悲恸，昭亦对之泣曰：“玄伯，卿何以处我？”泰曰：“独有斩贾充，少可以谢天下耳。”昭久之曰：“卿更思其次。”泰曰：“泰言惟有进于此，不知其次。”昭乃不复更言。顗，彧之子也。

太后下令，罪状高贵乡公，废为庶人，葬以民礼。收王经及其家属付廷尉。经谢其母，母颜色不变，笑而应曰：“人谁不死，正恐不得其所；以此并命，何恨之有！”及就诛，故吏向雄哭之，哀动一市。王沈以功封安平侯。庚寅，太傅孚等上言，请以王礼葬高贵乡公，太后许之。

使中护军司马炎迎燕王宇之子常道乡公璜于邺，以为明帝嗣。炎，昭之子也。辛卯，群公奏太后，自今令书皆称诏制。癸卯，司马昭固让相国、晋公、九锡之命，太后诏许之。戊申，昭上言：“成济兄弟大逆不道，夷其族。”

六月，癸丑，太后诏常道乡公更名“奂”。甲寅，常道乡公入洛阳，是日，即皇帝位，年十五，大赦，改元。丙辰，诏进司马昭爵位、九锡如前，昭固让，乃止。癸亥，以尚书右仆射王观为司空。

（以上为第八段，写魏帝曹髦不能忍受司马昭专权的现实，认为“司马昭之心，路人所知”，冒死反抗，做无谓之举，被杀，魏国重立曹操孙子、燕王曹宇的儿子常道乡公曹奂，作为魏明帝继承人。）

吴都尉严密建议作浦里塘，群臣皆以为难；唯卫将军陈留濮阳兴以为可成，遂会诸军民就作，功费不可胜数。士卒多死亡，民大愁怨。

会稽郡谣言王亮当还为天子，而亮宫人告亮使巫祷祠，有恶言，有司以闻。吴主黜亮为候官侯，遣之国。亮自杀，卫送者皆伏罪。

问的！”于是成济立即抽出长戈上前刺杀魏帝，把他杀死于车下。司马昭闻讯大惊，自己跪倒在地上。太傅司马孚奔跑过去，把魏帝的头枕在自己的腿上，哭得十分悲哀，哭喊着说：“皇上被杀，是我的罪过啊！”

司马昭进入殿中，召集群臣讨论。尚书左仆射陈泰不来，司马昭让陈泰之舅尚书荀顗去叫他，陈泰说：“人们议论说我陈泰可以和您相比，今天看来，您不如我陈泰。”但子弟们里里外外都逼着陈泰去，这才不得已而入宫，见到司马昭，悲痛欲绝，司马昭也对着他流泪，说：“玄伯你看，将如何处理这事呢？”陈泰说：“只有杀掉贾充，才能稍稍谢罪于天下。”司马昭考虑了很久才说：“你再想想，还有没有其他办法？”陈泰说：“我说的只能是这些，不知其他。”司马昭就不再说话了。荀顗是荀彧的儿子。

魏国太后下令，列举高贵乡公的罪状，把他废为庶人，以百姓的丧礼安葬。拘捕了王经及其家属交付廷尉处置。王经向他母亲谢罪，他母亲脸色不变，笑着回答说：“人谁能不死？只恐怕死的不得其所。为此事大家同死，还有什么遗恨！”到被诛杀的那天，故吏向雄为之痛哭，悲哀之情感动了整个街市之人。王沈因有功被封为安平侯。初八，太傅司马孚等人向朝廷进言，请求以藩王的丧礼安葬高贵乡公，太后同意了。

魏国派中护军司马炎到邺城去迎接燕王曹宇之子常道乡公曹璜，作为魏明帝的继承人。司马炎是司马昭的儿子。四月初九辛卯，各位公侯向太后奏明，从今日起，太后下达的命令文书，都称为“诏”。四月二十一日癸卯，司马昭坚决推辞封相国、晋公、赐九锡的命令，太后下诏同意。四月二十六日戊申，司马昭进言说：“成济兄弟大逆不道，诛灭其族。”

六月初一癸丑，太后下诏，让常道乡公改名为奂。初二，常道乡公进入洛阳，当天即皇帝位，时年十五岁。实行大赦，改年号为景元。六月初四丙辰，魏帝曹奂下诏晋升司马昭的爵位，九锡如前所命，司马昭坚决推辞，于是作罢。六月十一日癸亥，任命尚书右仆射王观为司空。

吴国都尉严密建议建造浦里塘，群臣都认为很困难，只有卫将军、陈留人濮阳兴认为可以建成，于是集中各地军民去建造，工程耗资巨大，士兵也有很多人死亡，百姓十分愁苦怨恨。

吴国会稽郡有谣言，说会稽王孙亮会重返天子之位，而孙亮的宫人告发说，孙亮让巫者祈祷，说了些不好的话，有关官吏把这些情况奏告朝廷。吴主孙休贬孙亮

冬，十月，阳乡肃侯王观卒。

十一月，诏尊燕王，待以殊礼。

十二月，甲午，以司隶校尉王祥为司空。

尚书王沈为豫州刺史。初到，下教敕属城及士民曰：“若有能陈长吏可否，说百姓所患者，给谷五百斛。若说刺史得失，朝政宽猛者，给谷千斛。”主簿陈廞、褚䂮入白曰：“教旨思闻苦言，示以劝赏。窃恐拘介之士或惮赏而不言，贪昧之人将慕利而妄举。苟不合宜，赏不虚行，则远听者未知当否之所在，徒见言之不用，因谓设而不行。愚以为告下之事，可少须后。”

沈又教曰：“夫兴益于上，受分于下，斯乃君子之操，何不言之有！”褚䂮复白曰：“尧、舜、周公所以能致忠谏者，以其款诚之心著也。冰炭不言而冷热之质自明者，以其有实也。若好忠直，如冰炭之自然，则谔谔之言将不求而自至。若德不足以配唐、虞，明不足以并周公，实不可以同冰炭，虽悬重赏，忠谏之言未可致也。”沈乃止。

（以上为第九段，写吴国建造浦里塘，工程巨大，百姓多怨；吴主孙休贬孙亮为候官侯，孙亮愤而自杀；魏国尚书王沈担任豫州刺史，打算通过赏赐进言而求得真言，被劝止。）

二年（辛巳，261 年）

春，三月，襄阳太守胡烈表言：“吴将邓由、李光等十八屯同谋归化，遣使送质任，欲令郡兵临江迎拔。”诏王基部分诸军径造沮水以迎之。“若由等如期到者，便当因此震荡江表。”基驰驿遗司马昭书，说由等可疑之状：“且当清澄，未宜便举重兵深入应之。”

又曰：“夷陵东西皆险狭，竹木丛蔚，卒有要害，弩马不陈。今者筋角濡弱，水潦方降，废盛农之务，要难必之利，此事之危者也。姜维之趣上邽，文钦之据寿春，皆深入求利，以取覆没，此近事之鉴戒也。嘉平已来，累有内难，当今之宜，当务镇安社稷，抚宁上下，力农务本，怀柔百姓，未宜动众以求外利也。”昭累得基书，意狐疑，敕诸军已上道者，且权停住所在，须候节度。

为候官侯，并遣送他去封国。孙亮自杀，护送之人也都被治罪。

冬季，十月，魏国阳乡肃侯王观去世。

十一月，魏帝曹奂下诏，尊崇燕王曹宇，并待以特殊的礼遇。

十二月十六日甲午，魏国任命司隶校尉王祥为司空。

魏国尚书王沈担任豫州刺史。上任之初，下命令给所辖各城邑及士民百姓说："如有能陈述官吏的好坏，诉说百姓忧虑的人，赐给粮食五百斛。如有能说出刺史得失、朝政宽严的人，赐给粮食一千斛。"主簿陈廞、褚䂮入府禀告说："教令的宗旨是想听一听百姓的苦衷之言，加以劝勉和赏赐。我们恐怕那些清正廉洁之士害怕受赏而不说，而那些贪婪昏昧之人将要求利而胡言乱语。如果说得不合适，赏赐不会白白地给他，但那些不了解内情的人不知正确、错误之所在，只看到说的话不被采用，于是认为您设置赏格而不真正实行。我们认为告示百姓之事，可以稍等一等再说。"

王沈又下令说："进言有益于上，赏赐给予百姓，这是君子的德操，有什么理由不说？"褚䂮又禀告说："尧、舜、周公之所以能使人忠心进谏，是因为他们诚恳真挚的心十分显著。冰炭不会说话，而其冷热的本质自然很明确，这是因为它们是真实的。如果喜好忠直之言，能像冰炭那样自然，那么忠直之言将不用求就会自然而至。如果德操不足以同唐尧、虞舜相配，贤明不足以同周公相比，真实不能像冰炭一样，那么尽管出具重赏，忠心直谏之言也不会听到。"于是王沈就停止了赏赐进言的做法。

魏元帝景元二年（辛巳，261年）

春季，三月，魏国襄阳太守胡烈上表说："吴国将领邓由、李光等十八个营垒共同商定归顺我国，并派遣使者送来人质，想让我们的军队开到长江边上去接应。"魏帝下诏，让王基布置军队直接到沮水去迎接。诏书说："如果邓由等人能如期到达，就会因此而震荡江东。"王基派驿使快速送信给司马昭陈述邓由等人的可疑情况，说："此事还应当进一步查证弄清，不应立即发重兵深入敌境去接应。"

又说："夷陵东西两边都是险要狭隘之地，竹木丛密茂盛，如果敌人突然在要害之地出击，那么我们的兵马就不能施展力量。如今正值春夏之交，弓弩受潮而柔软无力，而且正当降雨之后，此时废弃繁忙的农事，邀取难以必得的利益，这是危险的事情。姜维趋进上邽，文钦占据寿春，都是因深入敌境求取利益而遭到全军覆没的结局，这是近来之事的借鉴。嘉平年间以来，多次发生内部危难，当今我们应做的事宜，最重要的是力求安定国家社稷，抚慰上下臣民，努力从事农业生产。安抚

基复遗昭书曰："昔汉祖纳郦生之说，欲封六国，寤张良之谋而趣销印。基谋虑浅短，诚不及留侯，亦惧襄阳有食其之谬。"昭于是罢兵，报基书曰："凡处事者多曲相从顺，鲜能确然共尽理实，诚感忠爱，每见规示，辄依来旨，已罢军严。"既而由等果不降。烈，奋之弟也。

秋，八月，甲寅，复命司马昭进爵位如前，不受。

冬，十月，汉主以董厥为辅国大将军，诸葛瞻为都护、卫将军，共平尚书事，以侍中樊建为尚书令。时中常侍黄皓用事，厥、瞻皆不能矫正，士大夫多附之，唯建不与皓往来。秘书令郤正久在内职，与皓比屋，周旋三十余年，澹然自守，以书自娱，既不为皓所爱，亦不为皓所憎，故官不过六百石，而亦不罹其祸。汉主弟甘陵王永憎皓，皓谮之，使十年不得朝见。

吴主使五官中郎将薛珝聘于汉，及还，吴主问汉政得失，对曰："主暗而不知其过，臣下容身以求免罪，入其朝不闻直言，经其野民皆菜色。臣闻燕雀处堂，子母相乐，以为至安也，突决栋焚，而燕雀怡然不知祸之将及，其是之谓乎！"珝，综之子也。

是岁，鲜卑索头部大人拓跋力微始遣其子沙漠汗入贡，因留为质。力微之先，世居北荒，不交南夏。至可汗毛，始强大，统国三十六，大姓九十九；后五世至可汗推寅，南迁大泽；又七世至可汗邻，使其兄弟七人及族人乙旃氏、车惃氏分统部众为十族。邻老，以位授其子诘汾，使南迁，遂居匈奴故地。诘汾卒，力微立，复徙居定襄之盛乐，部众浸盛，诸部皆畏服之。

（以上为第十段，写蜀国后主刘禅庸碌无能，朝臣不思进取，宦官中常侍黄皓当政弄权，董厥、诸葛瞻等大臣不能纠正黄皓的错误行事，士大夫们都依附黄皓，蜀国离亡国不远矣！）

百姓不应兴师动众以求外部利益。”司马昭多次得到王基的书信，犹豫不定，命令已经上路的诸军暂时停止前进，就地驻扎，等候新的部署。

王基又给司马昭写信说：“以前汉高祖采纳郦食其的意见，想要分封六国，明白张良的谋略后就迅速追回销毁了已刻之印。我的谋虑短浅实在不如留侯张良，但也害怕襄阳之事会出现听信郦食其之言的错误。”于是司马昭下令停止进兵，又给王基写回信说：“一般人处事大多曲己而顺从，很少能明确而详尽地向我陈述实在的道理。真诚地感谢你的忠爱，多次得到你的规劝晓喻。现在就依照你来信的意思，已经停止了发兵。”到了约定日期，邓由等人果然不来投降。胡烈是胡奋之弟。

秋季，八月，甲寅（疑误），魏帝曹奂再次命令司马昭晋升爵位像以前那样，但司马昭仍然没有接受。

冬季，十月，蜀国后主任命董厥为辅国大将军，诸葛瞻为都护、卫将军，共同管理尚书事，又任命侍中樊建为尚书令。当时，宦官中常侍黄皓当政，董厥、诸葛瞻都不能纠正他的错误行事，士大夫们也都依附于他，只有樊建不与黄皓往来。秘书令郤正多年在宫内任职，与黄皓的房屋相邻，周旋共处三十多年，淡然自守，每日以读书为乐，既不被黄皓所喜爱，也不被黄皓所憎恶，因此官职不过六百石，但也没有遭受祸患。后主的弟弟甘陵王刘永憎恶黄皓，黄皓就在后主面前诋毁他，使他十年都不得朝见。

吴主孙休派五官中郎将薛珝到蜀国去访问，回来后，吴主向他询问蜀国朝政的得失，他回答说：“主上昏乱暗弱而不知自己的错误，臣下安身其间只求免罪不思进取，进入朝廷听不到忠直之言，途经田野看到百姓们都面有饥色。我听说燕雀处于堂屋之上，子母之间相互嬉乐，认为这是最安全的地方，突然间烟囱破裂，屋栋被焚，而燕雀仍怡然自得而不知祸之将至，这指的就是蜀国目前的状况。”薛珝是薛综的儿子。

这一年，鲜卑人索头部首领拓跋力微第一次派他的儿子沙漠汗入朝进贡，于是就留下他作为人质。拓跋力微的祖先世代居住在北部荒远之地，不与南方的华夏交往。到了可汗拓跋毛时，开始强大起来，统治的小国有三十六个，大姓之族有九十九个，经历五代到可汗拓跋推寅，向南迁到大泽；又经历了七代到可汗拓跋邻，让他的兄弟七人以及同族人乙旃氏、车焜氏，分开统领部族百姓，成为十个部族。拓跋邻老了之后，传位给他的儿子拓跋诘汾，让他再往南迁，就定居在匈奴人的故地。拓跋诘汾死后，拓跋力微即位，又迁居到定襄郡的盛乐县，部族的兵民日益强盛，其他各个部族都畏惧、服从他。

【点评】

曹髦怒亡曹魏国。公元255年，司马昭继其兄司马师为大将军，专揽国政，成功平定了魏国征东大将军诸葛诞的反叛，威望迅速飙升。魏帝曹髦却成了名副其实的傀儡。

权臣专政的情况在中国历史上很多。那么，这些光有虚名、毫无实权的帝王，如何自处与作为呢？大致有三种情况：一种是棱角磨平，锐气全无，百依百顺，毫不作为，以求苟且偷安，度过余生，汉献帝大致就是这样的人；一种是极力抗争，暗中网罗人才，秘密谋划，以图扳倒权臣，吴国少主孙亮大致如此，只是机密被泄露，未能成功，而清朝的康熙皇帝扳倒鳌拜，大有作为，则是成功的典型；还有一种，就是孤注一掷，即使是拼掉自己的身家性命，宁愿在权臣的刀下亡，也不愿在权臣的淫威下苟且生，魏帝曹髦就是这样的典型。

曹髦不能忍受司马昭的专权跋扈，给予司马昭至高无上的权力和威严，授予其统领全国兵马及京师内外诸军的权力，并特许其朝拜时不必小步快走，奏事时只称官职而不直呼姓名，还可以穿鞋佩剑上殿。但是，曹髦的内心却备受煎熬。曹髦听说郫城某水井中出现黄龙，便引以自喻，作《潜龙诗》以发泄对司马昭的不满。《三国演义》中的《潜龙诗》说："伤哉龙受困，不能越深渊。上不飞天汉，下不见于田。蟠居于井底，鳅鳝舞其前。藏牙伏爪甲，嗟我亦同然！"大意是：我是一条黄龙，本应身在大海，如今却身困井中，受到泥鳅、黄鳝欺负。其含义非常直白，其不满、愤懑之意溢于言外，司马昭此时便有了废帝之念。

更为可笑的是，曹髦长期被困抑，一时心血来潮，拔出剑，登上车，就率领殿中宿卫和奴仆们呼喊着出了殿门，要与司马昭决一死战。结果丝毫没有悬念，他连宫门都没有出得去，被刺死于南关，结束了他的帝王生涯与年轻生命。

有的评论者对这种行为大为赞赏，认为曹髦虽然没有能够成功，但他以百分之百的努力力争百分之几的机会。在政治凌辱和死亡威胁下，他没有软弱和退让，而是奋起抗争。曹髦"宁作高贵乡公死，不作汉献帝生"。也有人评论比较客观，说"魏主髦卤莽从事，仿佛孙亮，亮且不能诛綝，髦亦安能诛昭？南关遇弑，莫非其自取耳"。

魏纪十

魏元帝景元三年至咸熙元年（262—264年）

【起玄默敦牂（壬午，262年），尽阏逢涒滩（甲申，264年），凡三年】

【大事提要】

本卷记事起公元262年，讫公元264年，凡三年，当魏元帝景元三年至咸熙元年。本卷所载大事，主要是五个方面：其一，玄学渐成风气。玄学即浮虚、玄虚、玄远之学，主张立言玄妙，行事雅远。以嵇康、阮籍等名士为代表的“竹林七贤”常聚在一起，谈玄论道，伸张个性，成为魏晋时期取代两汉经学思潮的主流学说，有其积极的一面，但也带来崇尚玄虚、不务实干的弊端。其二，魏国灭蜀。公元263年，大将军司马昭力排众议，派遣将军钟会、邓艾等攻打蜀国。钟会与姜维在剑阁对峙，邓艾采用迂回策略，率领精锐部队绕道阴平，凿山开路，秘密南进，从背后袭击蜀军，蜀国后主刘禅失去剑阁屏障，回天乏力，只好投降，蜀国灭亡。其三，钟会、邓艾二士争功。邓艾灭蜀后，自作主张，对投降的君臣大加封赏，不向朝廷请示。朝廷下令逮捕，后被监军卫瓘派人杀之。钟会阴谋叛变，占据成都。司马昭早有察觉，派遣先头部队进军汉中，亲率大军进据长安。后来发生兵变，钟会被乱军杀死。其四，吴主孙休去世。公元264年，吴主孙休暴病而亡。吴人以国家多事、主少国危为由，没有立孙休的儿子为帝，而是立侄子孙皓为帝。孙皓初立，曾下令抚恤百姓，受到朝野称誉，后粗暴骄盈、暴虐治国，又好酒色，大兴土木，民心丧尽，成为亡国之君。其五，司马昭封王。魏国灭亡蜀国，成功解决了钟会的反叛问题，充分展示了司马昭的预见能力和驾驭能力，其威望和权势无以复加，魏元帝曹奂再次下令，任命司马昭为相国，封为晋王，加九锡。同时，任命其长子司马炎为相国辅佐，司马氏距离皇位只有一步之遥。

【原文】

元皇帝下

景元三年（壬午，262 年）

秋，八月，乙酉，吴主立皇后朱氏，朱公主之女也。戊子，立子𩅦为太子。

汉大将军姜维将出军，右车骑将军廖化曰："兵不戢，必自焚，伯约之谓也。智不出敌而力小于寇，用之无厌，将何以存！"冬，十月，维入寇洮阳，邓艾与战于侯和，破之，维退住沓中。

初，维以羁旅依汉，身受重任，兴兵累年，功绩不立。黄皓用事于中，与右大将军阎宇亲善，阴欲废维树宇。维知之，言于汉主曰："皓，奸巧专恣，将败国家，请杀之！"汉主曰："皓，趋走小臣耳，往董允每切齿，吾常恨之，君何足介意！"维见皓枝附叶连，惧于失言，逊辞而出。汉主敕皓诣维陈谢。维由是自疑惧，返自洮阳，因求种麦沓中，不敢归成都。

吴主以濮阳兴为丞相，廷尉丁密、光禄勋孟宗为左右御史大夫。初，兴为会稽太守，吴主在会稽，兴遇之厚；左将军张布，尝为会稽王左右督将，故吴主即位，二人皆贵宠用事。布典宫省，兴关军国，以佞巧更相表里，吴人失望。

吴主喜读书，欲与博士祭酒韦昭、博士盛冲讲论，张布以昭、冲切直，恐其入侍，言己阴过，固谏止之。吴主曰："孤之涉学，群书略遍，但欲与昭等讲习旧闻，亦何所损！君特当恐昭等道臣下奸慝，故不欲令入耳。如此之事，孤已自备之，不须昭等然后乃解也。"布皇恐陈谢，且言惧妨政事，吴主曰："王务、学业，其流各异，不相妨也，此无所为非，而君以为不宜，是以孤有所及耳，不图君今日在事，更行此于孤也，良甚不取！"布拜表叩头。吴主曰："聊相开悟耳，何至叩头乎！如君之忠诚，远近所知，吾今日之巍巍，皆君之功也。《诗》曰：'靡不有初，鲜克有终。'终之实难，君其终之。"然吴主恐布疑惧，卒如布意，废其讲业，不复使昭等入。

【语译】

元皇帝下

魏元帝景元三年（壬午，262年）

秋季，八月十六日乙酉，吴主孙休立皇后朱氏，皇后是朱公主的女儿。十九日戊子，立儿子孙𩅦为太子。

蜀国大将军姜维将要出兵征战，右车骑将军廖化说：“兵不止，必自焚，说的就是姜维啊。智谋超不出敌人，力量也小于敌人，而用兵没有满足的时候，将何以自存？”冬季，十月，姜维入侵洮阳，邓艾与他在侯和交战，打败了他。姜维撤兵驻扎在沓中。

当初，姜维因寄居在外而投奔蜀国，身受重任，连年兴兵，但没有建立什么功绩。黄皓在朝内当政，与右大将军阎宇关系交好，暗地里想废掉姜维而立阎宇。姜维知道后，就对后主说：“黄皓奸诈巧伪，专权任意，将会败坏国家，请杀了他！”后主说：“黄皓不过是在前面往来奔走的小臣，以前董允也常对他切齿痛恨，我常常为此遗憾，你何必介意他！”姜维见黄皓的党羽像树木的枝叶那样相互依连庇护，害怕自己失言，说了几句谦恭的话就出来了。后主让黄皓到姜维那里解释、谢罪。姜维从此就更加疑虑恐惧，从洮阳返回后，就要求到沓中去种麦子，不敢返回成都。

吴主孙休任命濮阳兴为丞相，廷尉丁密、光禄勋孟宗为左右御史大夫。当初，濮阳兴任会稽太守，吴主居住在会稽，濮阳兴对他很好，左将军张布曾任会稽王的左右督将，因此吴主即位之后，濮阳兴和张布二人受到尊崇而执掌朝政。张布主管朝内官署，濮阳兴主管军国之事，二人在里里外外阿谀欺蒙，吴国人很失望。

吴主喜爱读书，想要与博士祭酒韦昭、博士盛冲一起讲论学术，张布因为韦昭、盛冲二人性情耿直，恐怕他们入侍之后，对吴主说自己暗地里做的错事，因此坚持劝谏，不让他们入宫。吴主说：“我涉猎学术，群书大致都读完了，现在只想与韦昭等人讲论学习以前所学的内容，这又有什么损害？你不过害怕韦昭等人谈论你们的奸诈邪恶之举，所以不想让他们入宫。像这类事情，我已经有所了解，无须韦昭等人说了以后才知道。”张布十分惶恐地谢罪，又说这样做恐怕妨碍政事。吴主说：“政事和学术，其源流各不相同，不会相互妨碍，让他们入宫没有什么不对的，而你却认为不宜让他们来，因此我才说起这些事。没想到你今日在官任事又对我做这种不让我接近儒生的事，这实在是不可取！”张布跪下叩头。吴主说：“我不过是开导开导你，何必叩头谢罪呢！像你这样的忠诚，远近之人都很了解，我能有今日南面为君的尊严，全都是你的功劳。《诗》说：‘没有不能善始的，可惜很少有人能够善终的。’坚持到最后是很难的，希望你能坚持到最后。”但吴主恐怕张布会怀疑害怕，

谯郡嵇康，文辞壮丽，好言《老》《庄》而尚奇任侠，与陈留阮籍、籍兄子咸、河内山涛、河南向秀、琅邪王戎、沛国刘伶特相友善，号“竹林七贤”。皆崇尚虚无，轻蔑礼法，纵酒昏酣，遗落世事。

阮籍为步兵校尉，其母卒，籍方与人围棋，对者求止，籍留与决赌。既而饮酒二斗，举声一号，吐血数升，毁瘠骨立。居丧，饮酒无异平日。司隶校尉何曾恶之，面质籍于司马昭座，曰：“卿，纵情、背礼、败俗之人，今忠贤执政，综核名实，若卿之曹，不可长也！”因谓昭曰：“公方以孝治天下，而听阮籍以重哀饮酒、食肉于公座，何以训人！宜摈之四裔，无令污染华夏。”昭爱籍才，常拥护之。曾，夔之子也。

阮咸素幸姑婢。姑将婢去，咸方对客，遽借客马追之，累骑而还。

刘伶嗜酒，常乘鹿车，携一壶酒，使人荷锸随之，曰：“死，便埋我。”当时士大夫皆以为贤，争慕效之，谓之“放达”。

钟会方有宠于司马昭，闻嵇康名而造之，康箕踞而锻，不为之礼。会将去，康曰：“何所闻而来，何所见而去？”会曰：“闻所闻而来，见所见而去！”遂深衔之。

山涛为吏部郎，举康自代。康与涛书，自说不堪流俗，而非薄汤、武。昭闻而怒之。康与东平吕安亲善，安兄巽诬安不孝，康为证其不然。会因谮“康尝欲助毌丘俭，且安、康有盛名于世，而言论放荡，害时乱教，宜因此除之”。昭遂杀安及康。康尝诣隐者汲郡孙登，登曰：“子才多识寡，难乎免于今之世矣！”

（以上为第一段，写魏末晋初的七位名士阮籍、嵇康、山涛、刘伶、阮咸、向秀、王戎的独特个性。他们集于竹林之下，肆意酣畅，人称“竹林七贤”。他们是玄学的代表人物，思想倾向则有所不同。）

司马昭患姜维数为寇，官骑路遗求为刺客入蜀，从事中郎荀勖曰：

终究还是顺了张布之意，废止讲论学术，不再让韦昭等人入宫。

谯郡人嵇康，文章写得雄壮清丽，喜好谈论《老子》《庄子》，高节奇行，行侠仗义。他与陈留人阮籍、阮籍的侄子阮咸、河内人山涛、河南人向秀、琅邪人王戎、沛国人刘伶是至交好友，号称“竹林七贤”。他们都崇尚虚无之论，轻蔑礼仪法度，每日以纵情饮酒为乐，不问世事。

阮籍任步兵校尉时，他的母亲去世，他正在与别人下围棋，对方要求停止，但他却要与对方把这盘围棋下到底，一决胜负。下完棋，喝了两斗酒，高声一喊，吐血数升，极度哀痛，消瘦得只剩皮包骨头了。居丧期间，和平日一样饮酒无度。司隶校尉何曾很讨厌他，就在司马昭面前当面指责阮籍说：“你是个纵情无度、违背礼仪、败坏风俗的人，如今忠贤之人执掌朝政，要综合考察人事的名与实，像你这样的人，不可助长你的恶习！”于是就对司马昭说：“您正在以孝道治理天下，却听任阮籍居丧期间在您的座前饮酒吃肉，以后还怎么教训别人？应该把他流放到四方荒远之地，不让他污染我们华夏的风气。”司马昭喜爱阮籍之才，常常扶助保护他。何曾是何夔之子。

阮咸喜欢姑姑的侍女，姑姑把侍女领走时，阮咸正在陪客，连忙借了客人的马去追，然后两人骑着一匹马回来了。

刘伶喜好饮酒，常常乘一辆小车，带着一壶酒出游，又让人扛着铁锹跟着，说：“死了就把我就地埋掉。”当时士大夫都认为他贤明，争相仿效他的做法，称作豪放通达。

魏国钟会正得到司马昭的宠爱，听说嵇康有名声，就去拜访他，嵇康伸腿坐在那里毫不在乎地打铁，很不礼貌地对待钟会。钟会将要离去，嵇康问他说：“你听到了什么而来，见到了什么而去？”钟会说：“听我所听到的而来，见我所见到的而去！”从此他对嵇康怀恨在心。

山涛任吏部郎，推荐嵇康代替自己。嵇康给山涛写信，说自己不堪忍受流俗，又菲薄商汤、周武王。司马昭听到后十分生气。嵇康与东平的吕安是好朋友，吕安之兄吕巽诬陷吕安不孝，嵇康为他作证说并非不孝。钟会借此事诬告说：“嵇康曾经想帮助毌丘俭，而且吕安、嵇康在世上享有盛名，但他们的言论放荡不羁，为害时俗，扰乱政教，应该乘此机会把他们除掉。”于是司马昭就杀了吕安和嵇康。嵇康曾去拜访隐士汲郡人孙登，孙登说：“你才气多见识少，在当今之世难免被杀！”

司马昭忧虑姜维屡次进犯，官骑路遗要求当刺客入蜀去杀掉姜维，从事中郎荀

“明公为天下宰，宜杖正义以伐违贰，而以刺客除贼，非所以刑于四海也。”昭善之。勖，爽之曾孙也。

昭欲大举伐汉，朝臣多以为不可，独司隶校尉钟会劝之。昭谕众曰：“自定寿春以来，息役六年，治兵缮甲以拟二虏。今吴地广大而下湿，攻之，用功差难，不如先定巴蜀，三年之后，因顺流之势，水陆并进，此灭虢取虞之势也。计蜀战士九万，居守成都及备他境不下四万，然则余众不过五万。今绊姜维于沓中，使不得东顾，直指骆谷，出其空虚之地以袭汉中，以刘禅之暗，而边城外破，士女内震，其亡可知也。”乃以钟会为镇西将军，都督关中。征西将军邓艾以为蜀未有衅，屡陈异议；昭使主簿师纂为艾司马以谕之，艾乃奉命。

姜维表汉主：“闻钟会治兵关中，欲规进取，宜并遣左右车骑张翼、廖化，督诸军分护阳安关口及阴平之桥头，以防未然。”黄皓信巫鬼，谓敌终不自致，启汉主寝其事，群臣莫知。

（以上为第二段，写蜀国政治昏暗，国力减弱，魏国大将军司马昭积极谋划攻打蜀国，朝臣中只有钟会赞成。）

四年（癸未，263 年）

春，正月，复命司马昭进爵位如前，又辞，不受。

吴交趾太守孙谞贪暴，为百姓所患；会吴主遣察战邓荀至交趾，荀擅调孔爵三十头送建业，民惮远役，因谋作乱。夏，五月，郡吏吕兴等杀谞及荀，遣使来请太守及兵，九真、日南皆应之。

诏诸军大举伐汉，遣征西将军邓艾督三万余人自狄道趣甘松、沓中，以连缀姜维；雍州刺史诸葛绪督三万余人自祁山趣武街、桥头，绝维归路。钟会统十余万众分从斜谷、骆谷、子午谷趣汉中。以廷尉卫瓘持节监艾、会军事，行镇西军司。瓘，觊之子也。

会过幽州刺史王雄之孙戎，问：“计将安出？”戎曰：“道家有言：‘为而不恃。’非成功难，保之难也。”或以问参相国军事平原刘寔曰：“钟、邓其平蜀乎？”寔曰：“破蜀必矣，而皆不还。”客问其故，寔笑而不答。

勖对司马昭说："明公是天下的主宰，应该依仗正义去讨伐不归服者，而用刺客去除掉敌人，这不是被四海之人作为表率的做法。"司马昭很赞成他的话。荀勖是荀爽的曾孙。

司马昭想要大举讨伐蜀国，朝臣们大都认为不可，只有司隶校尉钟会赞成。司马昭告谕众人说："自从平定寿春以来，已经六年没有战事了，我们要整治军队去攻打两个敌国。如今吴国土地广大而地势低湿，攻打他施展兵力较为困难，不如先平定巴蜀，三年之后，就顺流而下，水陆并进。这就是春秋时晋献公先灭虢国再乘势攻取虞国的那种形势。蜀国的士兵共计有九万，居守成都以及防卫其他边境的不下四万人，这样剩余的士兵不过五万人。如今把姜维牵制在沓中，让他不能向东出兵。我们发兵直向骆谷，通过他们的空虚地带去袭击汉中，以刘禅的暗弱无能，再加上边境城市在外面被攻破，蜀国的男女老少就会在内地震恐不安，这样敌人的灭亡就是意料之中的事情。"于是任命钟会为镇西将军，都督关中。征西将军邓艾认为蜀国没有可乘之机，屡次陈述不同意见；司马昭让主簿师纂担任邓艾的司马，去给他讲明道理，于是邓艾也就奉命行事。

蜀国姜维向后主上书说："听说钟会在关中整治军队，想图谋进攻，应该派遣左右车骑将军张翼、廖化率领诸军分别守护阳安的关口和阴平的桥头，以防患于未然。"黄皓迷信鬼神巫术，认为敌人终究不会自己找上门来，于是就奏明后主让他不提这件事，因而群臣没有人知道。

魏元帝景元四年（癸未，263年）

春季，二月，魏帝再次晋升司马昭的爵位如前所命，但司马昭又推辞不受。

吴国交趾太守孙谞贪婪残暴，被百姓所厌恨，恰好此时吴主又派遣察战邓荀到交趾去，而邓荀又擅自调送三十只孔雀到建业，百姓害怕遥远的劳役，于是就图谋作乱。夏季，五月，郡吏吕兴等人杀掉孙谞和邓荀，派出使者来请求给他们任命太守和给予兵力，九真、日南二郡也都响应他。

魏帝下诏，令诸军大举进攻蜀国，派征西将军邓艾率领三万人从狄道奔赴甘松、沓中，以牵制姜维；派雍州刺史诸葛绪率领三万多人从祁山奔赴武街、桥头，断绝姜维的退路。钟会统兵十万多人分别从斜谷、骆谷、子午谷奔赴汉中。让廷尉卫瓘持符节监督邓艾、钟会的军事，兼任镇西军司。卫瓘是卫觊的儿子。

魏国钟会去拜访幽州刺史王雄之孙王戎，问他说："将用什么样的计策去攻打蜀国？"王戎说："道家有句话说'为而不恃'，也就是说成功并不难，而保持它则很难。"有人问参相国军事、平原人刘寔说："钟会、邓艾能平定蜀国吗？"刘寔说：

秋，八月，军发洛阳，大赉将士，陈师誓众。将军邓敦谓“蜀未可讨”，司马昭斩以徇。

汉人闻魏兵且至，乃遣廖化将兵诣沓中为姜维继援，张翼、董厥等诣阳安关口为诸围外助。大赦，改元炎兴。敕诸围皆不得战，退保汉、乐二城，城中各有兵五千人。翼、厥北至阴平，闻诸葛绪将向建威，留住月余待之。钟会率诸军平行至汉中。九月，钟会使前将军李辅统万人围王含于乐城，护军荀恺围蒋斌于汉城。会径过西趣阳安口，遣人祭诸葛亮墓。

初，汉武兴督蒋舒在事无称，汉朝令人代之，使助将军傅佥守关口，舒由是恨。钟会使护军胡烈为前锋，攻关口。舒诡谓佥曰：“今贼至不击而闭城自守，非良图也。”佥曰：“受命保城，惟全为功，今违命出战，若丧师负国，死无益矣。”舒曰：“子以保城获全为功，我以出战克敌为功，请各行其志。”遂率其众出；佥谓其战也，不设备。舒率其众迎降胡烈，烈乘虚袭城，佥格斗而死。佥，肜之子也。钟会闻关口已下，长驱而前，大得库藏积谷。

邓艾遣天水太守王颀直攻姜维营，陇西太守牵弘邀其前，金城太守杨欣趣甘松。维闻钟会诸军已入汉中，引兵还，欣等追蹑于强川口，大战，维败走。闻诸葛绪已塞道，屯桥头，乃从孔函谷入北道，欲出绪后。绪闻之，却还三十里。维入北道三十余里，闻绪军却，寻还，从桥头过，绪趣截维，较一日不及。维遂还至阴平，合集士众，欲赴关城，未到，闻其已破，退趣白水，遇廖化、张翼、董厥等，合兵守剑阁以拒会。

安国元侯高柔卒。

冬，十月，汉人告急于吴。甲申，吴主使大将军丁奉督诸军向寿春；将军留平就施绩于南郡，议兵所向；将军丁封、孙异如沔中以救汉。

诏以征蜀诸将献捷交至，复命大将军昭进位，爵赐一如前诏，昭乃受命。

昭辟任城魏舒为相国参军。初，舒少时迟钝，不为乡亲所重，从叔

"破蜀是必然的，但他们都回不来。"对方问是什么原因，刘寔笑而不答。

秋季，八月，从洛阳发兵，大赏全军将士，列队誓师。将军邓敦说不能去讨伐蜀国，司马昭就把他杀了示众。

蜀国听到魏兵将至，就派遣廖化率兵到沓中做姜维的后援，派张翼、董厥等人到阳安关口帮助各个外围据点。实行大赦，改年号为炎兴。命令各外围据点不得与敌人交战，退守汉乐二城，城中各有兵力五千人。张翼、董厥向北到达阴平，听到诸葛绪将向建威发兵，就留住一个多月，等待敌兵。钟会率诸军齐头并进，到达汉中。九月，钟会让前将军李辅统兵万人把王含包围在乐城，让护军荀恺把蒋斌包围在汉城。钟会直接从西路奔向阳安口，派人祭奠了诸葛亮墓。

当初，蜀国的武兴督蒋舒在位庸碌无为，蜀国朝廷让人代替了他，派助将军傅佥把守关口，蒋舒因此怀恨在心。钟会派护军胡烈为前锋，进攻关口。蒋舒诡诈地向傅佥说："如今敌兵到了，不去进击而闭城自守，不是好的计策。"傅佥说："我接受命令保护此城，以保全此城为功劳，现在违犯军令而出城作战，如果出师不利，丧失军队，则有负国家，即使是战死，也无益于国。"蒋舒说："你以保全此城为功劳，我以出战打败敌人为功劳，希望我们各行其志。"于是蒋舒率领他的士兵出城而去。傅佥认为他出城是去交战，因此没有防备。蒋舒率领他的士兵迎接投降了胡烈，胡烈乘虚袭击城池，傅佥格斗拼杀而死。傅佥是傅肜的儿子。钟会听说关口已被攻克，就长驱直入，获得大量库藏的粮食。

魏国邓艾派遣天水太守王颀直攻姜维营垒，陇西太守牵弘在前面阻截，金城太守杨欣奔赴甘松。姜维听说钟会诸军已经进入汉中，就领兵返回，杨欣等人在后面紧紧追赶到强川口，双方激烈交战，姜维败走。姜维又听到诸葛绪已经阻塞道路占据了桥头，于是就从孔函谷进入北部道路，想绕到诸葛绪的身后。诸葛绪知道后往回退却三十里。姜维进入北道三十多里后，听到诸葛绪退兵，赶紧往回走，从桥头过去，诸葛绪赶上去阻截姜维，但晚了一天没有赶上。姜维于是退至阴平，聚集军队，想要奔赴关城，还没有到达，听说关城已破，于是退兵奔向白水，遇到了廖化、张翼、董厥等人，合兵一处，据守剑阁以抵御钟会的部队。

魏国安国元侯高柔去世。

冬季，十月，蜀汉人向吴国告急求援。甲申（疑误），吴主派大将军丁奉率领诸军进兵寿春；让将军留平到南郡的施绩那里，商议向何处进兵之事；让将军丁封、孙异到沔中去救援蜀国。

魏帝下诏，因征蜀的各位将领捷报频传，再次命大将军司马昭晋位，所赐爵位一切都与前面的诏令相同，司马昭终于接受了任命。

魏国司马昭提升任城人魏舒为相国参军。最初，魏舒少年时迟钝，较为质朴，

父吏部郎衡，有名当世，亦不知之，使守水碓，每叹曰：“舒堪数百户长，我愿毕矣！”舒亦不以介意，不为皎厉之事。唯太原王乂谓舒曰：“卿终当为台辅。”常振其匮乏，舒受而不辞。年四十余，郡举上计掾，察孝廉，宗党以舒无学业，劝令不就，可以为高。舒曰：“若试而不中，其负在我，安可虚窃不就之高以为己荣乎！”于是自课，百日习一经，因而对策升第，累迁后将军钟毓长史。毓每与参佐射，舒常为画筹而已；后遇朋人不足，以舒满数，舒容范闲雅，发无不中；举坐愕然，莫有敌者。毓叹而谢曰：“吾之不足以尽卿才，有如此射矣，岂一事哉！”及为相国参军，府朝碎务，未尝见是非；至于废兴大事，众人莫能断者，舒徐为筹之，多出众议之表。昭深器重之。

癸卯，立皇后卞氏，昭烈将军秉之孙也。

邓艾进至阴平，简选精锐，欲与诸葛绪自江油趣成都，绪以本受节度邀姜维，西行非本诏，遂引军向白水，与钟会合。会欲专军势，密白绪畏懦不进，槛车征还，军悉属会。

姜维列营守险，会攻之不能克，粮道险远，军食乏，欲引还。邓艾上言：“贼已摧折，宜遂乘之，若从阴平由邪径经汉德阳亭趣涪，出剑阁西百里，去成都三百余里，奇兵冲其腹心，出其不意，剑阁之守必还赴涪，则会方轨而进，剑阁之军不还，则应涪之兵寡矣。”遂自阴平行无人之地七百余里，凿山通道，造作桥阁。山谷高深，至为艰险，又粮运将匮，濒于危殆，艾以毡自裹，推转而下。将士皆攀木缘崖，鱼贯而进。先登至江油，蜀守将马邈降。诸葛瞻督诸军拒艾，至涪，停住不进。尚书郎黄崇，权之子也，屡劝瞻宜速行据险，无令敌得入平地，瞻犹豫未纳；崇再三言之，至于流涕，瞻不能从。艾遂长驱而前，击破瞻前锋，瞻退住绵竹。艾以书诱瞻曰：“若降者，必表为琅邪王。”瞻怒，斩艾使，列陈以待艾。艾遣子惠唐亭侯忠出其右，司马师纂等出其左。忠、纂战不利，并引还，曰：“贼未可击！”艾怒曰：“存亡之分，在此一举，何不可之有！”叱忠、纂等，将斩之。忠、纂驰还更战，大破，斩瞻及黄崇。瞻子尚叹曰：“父子荷国重恩，不早斩黄皓，使败国殄民，用生何为！”

不受乡里亲戚的重视，他的堂叔吏部郎魏衡，在当时很有名望，也不了解魏舒，就让他去看守水碓，而且常常叹气说："魏舒如果能担当数百户的官长，我也就心满意足了。"魏舒毫不介意，也不干那些能显示抬高自己的事情。只有太原的王乂对魏舒说："你终究会达到三公宰相的地位。"又常常拿出钱财周济魏舒，魏舒也毫不推辞地接受。四十多岁时郡里举拔上计掾、掌簿记孝廉。亲戚朋友都认为魏舒没有什么学业，劝他不要去应考，还可以显示清高。魏舒说："如果考试不中，是我本事不够，怎能虚假地盗窃清高的名声以为自己的荣耀呢？"于是魏舒刻苦自学，每百日学一部经书，因而对策得到提升，累次提升到担任后将军钟毓的长史。钟毓每次与参军、佐吏一起举行射箭比赛，魏舒只是常常为他们计算成绩而已，后来遇到比赛人数不足，就让魏舒上来凑凑数，魏舒仪范娴雅，发无不中，所有的人都十分愕然，没有人能敌得过他。钟毓感叹地道歉说："我不能够充分发挥你的才能，就像这次射箭一样，其实何止这一件事呢！"魏舒担任相国参军之后，处理相国府中琐碎的事务，未曾出现什么纠纷。至于该废该兴的大事，众人不能决断的，魏舒都能从容地为之筹划，而且大多比众人的议论高明。因此司马昭非常器重魏舒。

十月十一日癸卯，魏国立皇后卞氏。卞氏是昭烈将军卞秉的孙女。

魏国邓艾进兵到达阴平，挑选了精锐部队，想要与诸葛绪一起经江油直奔成都，诸葛绪因为本来接受的命令是阻截姜维，而向西行进不是给他的诏令，所以率军奔向白水，与钟会会合。钟会想要专擅军权，就秘密报告说诸葛绪畏惧敌兵不敢前进。于是，用囚车把诸葛绪押送回京，而军权全部归钟会掌握了。

蜀国姜维排列营垒，据守险要之地，钟会进攻不能取胜，而且运粮道路既危险又遥远，想要领兵撤回。邓艾上书说："敌兵已经受到摧折，应乘胜进军，如果从阴平出发由小路经过汉朝的德阳亭奔赴涪县，从剑阁之西一百里处进军，离成都三百多里，在这里出奇兵冲击其腹心之地，那么剑阁的守军必然往回奔赴涪县，而钟会就可以两车并行着向前推进。如果剑阁的守军不往回撤，那么接应涪县的兵力就会很少了。"于是邓艾率军从阴平出发，走了七百多里的无人之地，凿山开路，架设桥梁，建造阁道，山高谷深，非常艰险，运来的粮食也将吃尽，濒临危险的绝境，邓艾用毡毯裹住自己，翻转着滚下山去，将士们也都攀缘着树木崖壁，鱼贯而进。邓艾首先到达江油，蜀国守将马邈投降。诸葛瞻率诸军抵御邓艾，到达涪县后，停住不进。尚书郎黄崇是黄权之子，他屡次劝说诸葛瞻应迅速前进占据险要，不让敌人进入平地，诸葛瞻犹豫不决，没有采纳。黄崇再三劝说，甚至流着眼泪说，但诸葛瞻仍然不听。于是邓艾长驱直入，击败诸葛瞻的前锋部队，诸葛瞻退兵驻扎在绵竹。邓艾写信劝诱诸葛瞻说："如果投降，必定上奏你为琅邪王。"诸葛瞻大怒，杀掉邓艾的使者，排列阵势以等待邓艾进攻。邓艾派他儿子惠唐亭侯邓忠攻其右翼，派司

策马冒陈而死。

汉人不意魏兵卒至，不为城守调度，闻艾已入平土，百姓扰扰，皆迸山泽，不可禁制。汉主使群臣会议，或以蜀之与吴，本为与国，宜可奔吴；或以为南中七郡，阻险斗绝，易以自守，宜可奔南。光禄大夫谯周以为："自古以来，无寄他国为天子者，若入吴国，亦当臣服。且治政不殊，则大能吞小，此数之自然也。由此言之，则魏能并吴，吴不能并魏，明矣。等为称臣，为小孰与为大？再辱之耻，何与一辱！且若欲奔南，则当早为之计，然后可果；今大敌已近，祸败将及，群小之心，无一可保，恐发足之日，其变不测，何至南之有乎！"或曰："今艾已不远，恐不受降，如之何？"周曰："方今东吴未宾，事势不得不受，受之不得不礼。若陛下降魏，魏不裂土以封陛下者，周请身诣京都，以古义争之。"众人皆从周议。汉主犹欲入南，狐疑未决。周上疏曰："南方远夷之地，平常无所供为，犹数反叛，自丞相亮以兵威逼之，穷乃率从。今若至南，外当拒敌，内供服御，费用张广，他无所取，耗损诸夷，其叛必矣！"汉主乃遣侍中张绍等奉玺绶以降于艾。北地王谌怒曰："若理穷力屈，祸败将及，便当父子君臣背城一战，同死社稷，以见先帝可也，奈何降乎！"汉主不听。是日，谌哭于昭烈之庙，先杀妻子，而后自杀。

张绍等见邓艾于雒，艾大喜，报书褒纳。汉主遣太仆蒋显别敕姜维使降钟会，又遣尚书郎李虎送士民簿于艾，户二十八万，口九十四万，甲士十万二千，吏四万人。艾至成都城北，汉主率太子诸王及群臣六十余人，面缚舆榇诣军门。艾持节解缚焚榇，延请相见；检御将士，无得虏略，绥纳降附，使复旧业；辄依邓禹故事，承制拜汉王禅行骠骑将军。太子奉车、诸王驸马都尉，汉群司各随高下拜为王官，或领艾官属；以师纂领益州刺史，陇西太守牵弘等领蜀中诸郡。艾闻黄皓奸险，收闭，

马师纂等人攻其左翼。邓忠与师纂战斗不利，撤兵而还，说：“敌兵还不能攻破！”邓艾大怒，说：“存亡之际，就在此一举，还有什么不能的？”怒叱邓忠、师纂等人，说再攻不破就要杀掉他们。邓忠、师纂奔跑过来再战，大败敌兵，杀了诸葛瞻和黄崇。诸葛瞻之子诸葛尚叹息说：“我们父子蒙受国家重恩，没有早点杀了黄皓，致使国败民亡，活着还有什么用！”于是骑马冲入敌阵而死。

蜀国人没有想到魏兵突然而至，没有做守城的准备；听说邓艾已经进入平原地带，百姓们惊恐万状，都逃往山林大泽，不可禁止。后主召集群臣讨论，有人认为蜀国与吴国本来是友好邻邦，应该投奔到吴国；有人认为南中七郡，山势陡峭险峻，容易防守，应该奔向南面。光禄大夫谯周却认为：“自古以来，没有寄居别国仍为天子的，如果到吴国去，也当臣服于吴。而且治国之道从来就没有什么不同，大国吞并小国，这是形势发展的自然趋势。从这点上说，魏国能吞并吴国，而吴国不能吞并魏国，这是很明显的事情。同样是称臣，对小国称臣就不如对大国称臣，与其忍受两次受辱之耻不如一次受辱！而且如果想要奔赴南方，就应当及早计划好，才能成功，如今大敌已经临近，灾祸、失败也将要降临，而且众人之心，没有一个可保其不变，恐怕我们在出发的时候，其变化就不可预料，怎么能够到达南中呢？”有人说：“如今邓艾已经不远，恐怕他不接受我们的投降，怎么办呢？”谯周说：“现在吴国还没有臣服于魏国，事情的形势使他们不得不接受，接受了也不得不待之以礼。如果君王投降魏国，而魏国不划分土地封给君王的话，我请求只身到洛阳，用古代的大义与他们争辩。”众人都听从了谯周的建议。后主仍然想入南中，犹豫不决。谯周上书说：“南方偏远蛮夷之地，平常就不交纳供奉租税，还多次反叛，自丞相诸葛亮用武力威逼他们，走投无路了才顺服。如今如果去南中，外要抗拒敌兵，内要供奉日常粮食物品，费用浩大，没有其他地方可以收取，只能耗损各个夷人部族，那他们必然会反叛。”于是后主就派侍中张绍等人奉着御玺向邓艾投降。北地王刘谌愤怒地说：“如果我们理穷力屈，灾祸败亡将至，就应当父子君臣一起背城一战，共同为社稷而死，这样才能见先帝于地下，为什么要投降？”后主不听。这一天，刘谌哭诉于昭烈帝之庙，先杀了妻子儿女，然后自杀而死。

蜀国张绍等人在洛县见到邓艾，邓艾大喜，写信褒扬，接受投降。后主刘禅又派遣太仆蒋显去命令姜维向钟会投降，又派尚书郎李虎把士民户口簿交给邓艾，共计有二十八万户，九十四万人，士兵十万二千人，官吏四万人。邓艾到达成都城北，后主率太子、诸王以及群臣六十多人，缚手于后，拉着棺木走到军营门前。邓艾持节解开缚绳，焚烧了棺木，请进军营相见，约束控制将士，不许掠夺百姓，安抚接纳投降依附之人，让他们恢复旧业。然后邓艾就依照东汉初年邓禹的旧事，秉承皇帝旨意授予蜀国后主刘禅代行骠骑将军事、太子为奉车都尉、诸王为驸马都尉之职，

将杀之，皓赂艾左右，卒以得免。

姜维等闻诸葛瞻败，未知汉主所向，乃引军东入于巴。钟会进军至涪，遣胡烈等追维。维至郪，得汉主敕命，乃令兵悉放仗，送节传于胡烈，自从东道与廖化、张翼、董厥等同诣会降。将士咸怒，拔刀斫石。于是，诸郡县围守皆被汉主敕罢兵降。钟会厚待姜维等，皆权还其印绶节盖。

（以上为第三段，写魏国大将军司马昭派遣钟会、邓艾、诸葛绪三路攻打蜀国。邓艾率领精锐部队绕道阴平，越过荒无人烟的小道，凿山开路，进逼成都。后主刘禅因兵临城下，投降，蜀国灭亡。）

吴人闻蜀已亡，乃罢丁奉等兵。吴中书丞吴郡华核诣宫门上表曰："伏闻成都不守，臣主播越，社稷倾覆，失委附之土，弃贡献之国。臣以草芥，窃怀不宁，陛下圣仁，恩泽远抚，卒闻如此，必垂哀悼。臣不胜忡怅之情，谨拜表以闻！"

魏之伐蜀也，吴人或谓襄阳张悌曰："司马氏得政以来，大难屡作，百姓未服，今又劳力远征，败于不暇，何以能克？"悌曰："不然。曹操虽功盖中夏，民畏其威而不怀其德也。丕、叡承之，刑繁役重，东西驱驰，无有宁岁。司马懿父子累有大功，除其烦苛而布其平惠，为之谋主而救其疾苦，民心归之亦已久矣。故淮南三叛，而腹心不扰；曹髦之死，四方不动。任贤使能，各尽其心，其本根固矣，奸计立矣。今蜀阉宦专朝，国无政令，而玩戎黩武，民劳卒敝，竞于外利，不修守备。彼强弱不同，智算亦胜，因危而伐，殆无不克。噫！彼之得志，我之忧也。"吴人笑其言，至是乃服。

吴人以武陵五溪夷与蜀接界，蜀亡，惧其叛乱，乃以越骑校尉钟离牧领武陵太守。魏已遣汉葭县长郭纯试守武陵太守，率涪陵民入迁陵界，屯于赤沙，诱动诸夷进攻酉阳，郡中震惧。

牧问朝吏曰："西蜀倾覆，边境见侵，何以御之？"皆对曰："今二县

蜀国的群官各随其职位的高低授予王官，或担任邓艾属下官吏。邓艾让师纂担任益州刺史，陇西太守牵弘等人担任蜀中各郡的官职。邓艾听说黄皓为人奸诈阴险，把他收押起来，准备杀掉，后来黄皓贿赂邓艾的左右亲近之人，终于免于一死。

蜀国姜维等人听说诸葛瞻失败，但不知后主的意向，于是率军向东进入巴中。钟会进军到涪县，派遣胡烈等人追击姜维。姜维到达郪县，得到后主的命令，于是命令士兵都放下武器，把符节传送交给胡烈，自己从东道与廖化、张翼、董厥等一起到钟会那里投降。将士们都十分震怒，气得挥刀砍石。至此，各郡县和驻点的部队都接到后主的命令而罢兵投降。钟会给了姜维等人优厚的待遇，把印绶、符节、车盖等都暂时还给了他们。

吴国人听说蜀国已经灭亡，于是就停止了丁奉等人救援蜀国的军事行动。吴国中书丞吴郡的华核走到宫门上书说："我听说成都已经失守，君臣都已散亡，国家遭到灭亡，失去了委身依附的土地，抛弃了进献纳贡的小国。我这个草芥之人，心里暗自感到很不安宁，君王圣明仁厚，恩泽抚慰远方，突然听到此事，必然会产生哀悼之情。我克制不住自己的忧虑惆怅之情，恭敬地上书，讲给您听。"

魏国攻打蜀国时，吴国有人对襄阳人张悌说："司马氏掌握朝政大权以来，国内的大乱屡次出现，百姓还没有归服，如今又费尽辛劳去远征，他会败于没有时间休整，怎么能取胜？"张悌说："不是这样。曹操虽然功盖中原，百姓们畏惧他的威严却不感念他的恩德。曹丕、曹叡继承他，刑罚苛繁，劳役沉重，驱使人民东西往来奔走，没有一年安宁过。司马懿父子累世立有大功，废除对百姓烦琐苛刻捐税，而实行对百姓较为平和有利的政策，为百姓谋划着想，而解救他们的疾苦，民心归顺他已经很久了。因此，淮南出现三个叛逆，而腹心之地不受惊扰；曹髦被杀而死，四方也没有引起叛乱。而且能够任用贤能，使他们各尽其心，所以他的根基是很牢固的，奸计也得以实现了。而如今蜀国却是宦官专擅朝政，国家没有政策法令，而且穷兵黩武，人民劳顿，士兵疲惫，竞争于外利，不加强国内防务。他们强弱不同，魏国人的智谋又胜过蜀国人，魏国乘其危难而攻打，大概战无不胜。唉！魏国得志，是我们的忧患。"起初吴国人都取笑他的话，到魏国取胜后才予以信服。

吴国因武陵五溪夷人与蜀国接壤，蜀国灭亡后，害怕五溪夷人叛乱，于是就让越骑校尉钟离牧兼任武陵太守。魏国已经派遣汉葭县长郭纯暂代武陵太守，率领涪陵百姓进入迁陵界内，驻扎在赤沙，引诱各夷族部落进攻酉阳，郡中一片震恐。

钟离牧问郡吏说："西蜀灭亡，边境受到侵犯，我们如何抵御？"众人回答说：

山险，诸夷阻兵，不可以军惊扰，惊扰则诸夷盘结；宜以渐安，可遣恩信吏宣教慰劳。”牧曰：“不然。外境内侵，诳诱人民，当及其根柢未深而扑取之，此救火贵速之势也。”敕外趣严。抚夷将军高尚谓牧曰：“昔潘太常督兵五万，然后讨五溪夷。是时刘氏连和，诸夷率化。今既无往日之援，而郭纯已据迁陵，而明府欲以三千兵深入，尚未见其利也。”牧曰：“非常之事，何得循旧！”即帅所领，晨夜进道，缘山险行垂二千里，斩恶民怀异心者魁帅百余人，及其支党凡千余级。纯等散走，五溪皆平。

（以上为第四段，写魏国攻打蜀国时吴国的应对之举。初期，派丁奉等人救援蜀国；魏国攻下蜀国后，武陵五溪与蜀国接壤，吴国害怕夷人反叛，便派越骑校尉钟离牧兼任武陵太守，平定五溪等地。）

十二月，庚戌，以司徒郑冲为太保。

壬子，分益州为梁州。

癸丑，特赦益州士民，复除租税之半五年。

乙卯，以邓艾为太尉，增邑二万户；钟会为司徒，增邑万户。

皇太后郭氏殂。

邓艾在成都，颇自矜伐，谓蜀士大夫：“诸君赖遭艾，故得有今日耳，如遇吴汉之徒，已殄灭矣。”艾以书言于晋公昭曰：“兵有先声而后实者，今因平蜀之势以乘吴，吴人震恐，席卷之时也。然大举之后，将士疲劳，不可便用，且徐缓之。留陇右兵二万人、蜀兵二万人，煮盐兴冶，为军农要用。并作舟船，豫为顺流之事。然后发使告以利害，吴必归化，可不征而定也。今宜厚刘禅以致孙休，封禅为扶风王，锡其资财，供其左右。郡有董卓坞，为之宫舍，爵其子为公侯，食郡内县，以显归命之宠；开广陵、城阳以待吴人，则畏威怀德，望风而从矣！”

昭使监军卫瓘喻艾：“事当须报，不宜辄行。”艾重言曰：“衔命征行，奉指授之策，元恶既服，至于承制拜假，以安初附，谓合权宜。今蜀举众归命，地尽南海，东接吴、会，宜早镇定。若待国命，往复道途，延引日月。《春秋》之义：‘大夫出疆，有可以安社稷、利国家，专之可也。’

“这两个县山势险要，各夷族部落都拥兵自守，我们不能用军队去惊扰他们，一旦被惊扰，他们就会联合起来抵抗，应该慢慢地安抚他们，可以派恩信吏去宣教慰劳他们。”钟离牧说：“不能这样。境外之敌入侵，诳骗引诱人民闹事，我们应乘其根底未深之时就迅速地扑灭他们，这是救火贵在快速的形势。”于是命令外边的部队加紧整装待发。抚夷将军高尚对钟离牧说：“以前潘太常领兵五万人，然后才去讨伐五溪夷。当时还与刘氏联合，所以诸夷族部落都顺服。如今既没有往日的援助，而且郭纯已经占据了迁陵，而您却想用三千兵力深入作战，我看很难取得胜利。”钟离牧说：“非常之事，怎能依循旧例！”随即率领他的士兵夜间就上了路，沿着危险的山路行走了近两千里，杀了作恶之民中怀有异心的首领一百多人以及同党一千多人。郭纯等人四散逃走，终于平定了五溪等地。

十二月十九日庚戌，魏国任命司徒郑冲为太保。

十二月二十一日壬子，魏国从益州中分出部分土地设置梁州。

十二月二十二日癸丑，魏国特赦益州士人百姓，又下令在五年之内免除一半租税。

十二月二十四日乙卯，魏国任命邓艾为太尉，增加食邑两万户；任命钟会为司徒，增加食邑一万户。

魏国皇太后郭氏去世。

魏国邓艾在成都颇为居功自傲，他对蜀国士大夫们说：“诸君多亏是遇到了我，所以才能有今日，如果遇到东汉初年吴汉那样的人，恐怕已经被灭杀了。”邓艾写信对晋公司马昭说：“用兵有先造声势然后发兵的情形，如今乘平定蜀国的威势去攻打吴国，吴人必将受到震恐，这是一举攻灭吴国的大好时机。但是我们在大规模用兵之后，将士们都十分疲劳，不能立即用兵，应暂缓一些时日。我想留下陇右兵二万人、蜀兵二万人，在这里煮盐炼铁，以备军事农事之用。同时制作舟船，预先为顺流攻吴做准备。然后派出使者告以利害，吴国必定归顺，可以不用征战就平定吴国。如今应厚待刘禅以招致孙休，封刘禅为扶风王，赐给他资财，供给他左右侍奉之人。扶风郡有董卓坞，可当作他的宫舍，赐给他儿子以公侯的爵位，以郡内的县为食邑，以此来显示归顺所受到的恩宠。再开放广陵、城阳二郡作为封国以等待吴人归顺，这样他们畏惧我们的威严，感念我们的恩德，就会望风而顺从了。”

司马昭让监军卫瓘去晓谕邓艾说：“做事当须上报，不宜立即按己意实行。”邓艾严厉地说：“我受命出征，奉行旨意，现在首恶已经归服，至于秉承意旨授予他们官爵，以安抚刚刚依附之人，我认为也是合乎权宜的计策。如今蜀国举国上下都已归顺，国土南至南海，东接吴国，应该尽早使其镇定下来。如果等待朝廷命令，来

今吴未宾，势与蜀连，不可拘常，以失事机。《兵法》：‘进不求名，退不避罪。’艾虽无古人之节，终不自嫌以损国家计也！”

钟会内有异志，姜维知之，欲构成扰乱，乃说会曰：“闻君自淮南已来，算无遗策，晋道克昌，皆君之力。今复定蜀，威德振世，民高其功，主畏其谋，欲以此安归乎！何不法陶朱公泛舟绝迹，全功保身邪！”会曰：“君言远矣，我不能行。且为今之道，或未尽于此也。”维曰：“其他，则君智力之所能，无烦于老夫矣。”由是情好欢甚，出则同舆，坐则同席。会因邓艾承制专事，乃与卫瓘密白艾有反状。会善效人书，于剑阁要艾章表、白事，皆易其言，令辞指悖傲，多自矜伐；又毁晋公昭报书，手作以疑之。

（以上为第五段，写魏国平定蜀国后，钟会、邓艾私欲膨胀。邓艾擅自授予蜀国君臣官爵，又上书伐吴，引起大将军司马昭猜忌；钟会怀有叛离之志，与降将姜维密谋，上书说邓艾谋反，欲扫清障碍。）

咸熙元年（甲申，264年）

春，正月，壬辰，诏以槛车征邓艾。晋公昭恐艾不从命，敕钟会进军成都，又遣贾充将兵入斜谷。昭自将大军从帝幸长安，以诸王公皆在邺，乃以山涛为行军司马，镇邺。

初，钟会以才能见任，昭夫人王氏言于昭曰：“会见利忘义，好为事端，宠过必乱，不可大任。”及会将伐汉，西曹属邵悌言于晋公曰：“今遣钟会率十余万众伐蜀，愚谓会单身无任，不若使余人行也。”晋公笑曰：“我宁不知此邪！蜀数为边寇，师老民疲，我今伐之，如指掌耳，而众言蜀不可伐。夫人心豫怯，则智勇并竭，智勇并竭而强使之，适所以为敌禽耳。惟钟会与人意同，今遣会伐蜀，蜀必可灭。灭蜀之后，就如卿虑，何忧其不能办邪！夫蜀已破亡，遗民震恐，不足与共图事，中国将士各自思归，不肯与同也。会若作恶，只自灭族耳。卿不须忧此，慎勿使人闻也！”

及晋公将之长安，悌复曰：“钟会所统兵，五六倍于邓艾，但可敕会取艾，不须自行。”晋公曰：“卿忘前言邪，而云不须行乎？虽然，所言不可宣也。我要自当以信意待人，但人不当负我耳，我岂可先人生心哉！

往于道路，就会拖延时日。《春秋》之义说：‘大夫出国在外，如果有可以安社稷、利国家之事，自行决断是可以的。’如今吴国尚未归服，势必与蜀国联合，所以不可拘于常理，而失去处理事情的最佳时机。《兵法》上说：‘进不求名，退不避罪。’我虽然没有古人的节操，但终究不会有自我疑惑而损害国家利益的举动！”

魏国钟会内心怀有叛离之志，姜维已有所察觉，就想促成他的作乱，于是就劝说钟会：“听说您自淮南之战以来，计策从未有过失误，司马氏能够昌盛，全依赖您的力量。如今又平定了蜀国，威德振世，百姓颂扬您的功劳，主上畏惧您的谋略，您还想因此安然而归吗？何不效法陶朱公范蠡泛舟湖上远避是非，以保全自己的功名性命呢！”钟会说：“您说得太远了，我不能离开。而且从现在的形势看，也还没有到达那种地步。”姜维说：“其他的事情凭您的智慧、力量就能做到，用不着我多说了。”从此，他们两人的感情融洽，关系密切，出则同车，坐则同席。钟会因邓艾承旨专权行事，就与卫瓘一起密报邓艾有谋反的表现。钟会善于模仿别人的字体，就在剑阁拦截了邓艾的奏章和上报事情的书信，改写了其中的话，使得言辞狂悖傲慢，有很多居功自夸之处，同时又毁掉晋公司马昭的回信，亲手重新再写，以使邓艾生疑。

魏元帝咸熙元年（甲申，264年）

春季，正月，壬辰（疑误），魏帝曹奂下令，用囚车押回邓艾。晋公司马昭怕邓艾不从命，就命令钟会进军成都，又派遣贾充率兵入斜谷。司马昭则亲自率领大军跟着魏帝到达长安，因诸王公都在邺城，就任命山涛为行军司马镇守邺城。

当初，钟会因为有才能而受到重用，司马昭的夫人王氏对司马昭说：“钟会见利忘义，好生事端，恩宠太过必然作乱，不可让他担当大任。”钟会将要攻打蜀国时，西曹属邵悌对司马昭说：“如今派钟会率领十几万人去攻打蜀国，我认为钟会单身一人没有家人做人质，不如派别人去。”司马昭笑着说：“我怎能不知道此事呢？蜀国多次进犯，军队倦怠，百姓疲劳，我们去讨伐，易如反掌，但众人都说蜀不可伐。如果人先心存畏惧，那么智勇都会衰竭，智勇衰竭而强使他们出兵，就会被敌人所擒获。只有钟会与我意见相同，如今派钟会去攻打蜀国，蜀国必定灭亡。蜀国灭亡之后，即使如你所顾虑的那样，何愁不能处理他？蜀国已经灭亡，遗留的人受到震恐，不足与钟会共同谋乱，而中原的将士都想急于回家，也不肯与他在一起。钟会如果作乱，只会自我招致灭族之祸。你不必担忧此事，但要谨慎，不要让人知道。”

等司马昭将去长安时，邵悌又说：“钟会所统领的兵力是邓艾的五六倍，只让钟会去捉拿邓艾就行了，无须亲自过去。”司马昭说：“你忘记以前说的话了，怎能说不用去呢？尽管如此，我们所说的也不可宣扬出去。我自当会以信义待人，但别

近日贾护军问我：‘颇疑钟会不？’我答言：‘如今遣卿行，宁可复疑卿邪？’贾亦无以易我语也。我到长安，则自了矣。”

钟会遣卫瓘先至成都收邓艾，会以瓘兵少，欲令艾杀瓘，因以为艾罪。瓘知其意，然不可得距，乃夜至成都，檄艾所统诸将，称：“奉诏收艾，其余一无所问；若来赴官军，爵赏如先；敢有不出，诛及三族！”比至鸡鸣，悉来赴瓘，唯艾帐内在焉。平旦，开门，瓘乘使者车，径入至艾所，艾尚卧未起，遂执艾父子，置艾于槛车。诸将图欲劫艾，整仗趣瓘营；瓘轻出迎之，伪作表草，将申明艾事，诸将信之而止。

丙子，会至成都，送艾赴京师。会所惮惟艾，艾父子既禽，会独统大众，威震西土，遂决意谋反。会欲使姜维将五万人出斜谷为前驱，会自将大众随其后。既至长安，令骑士从陆道，步兵从水道，顺流浮渭入河，以为五日可到孟津，与骑兵会洛阳，一旦天下可定也。会得晋公书，云：“恐邓艾或不就征，今遣中护军贾充将步骑万人径入斜谷，屯乐城，吾自将十万屯长安，相见在近。”会得书惊，呼所亲语之曰：“但取邓艾，相国知我独办之，今来大重，必觉我异矣，便当速发。事成，可得天下；不成，退保蜀汉，不失作刘备也！”

丁丑，会悉请护军、郡守、牙门骑督以上及蜀之故官，为太后发哀于蜀朝堂，矫太后遗诏，使会起兵废司马昭，皆班示坐上人，使下议讫，书版署置，更使所亲信代领诸军。所请群官，悉闭著益州诸曹屋中，城门、宫门皆闭，严兵围守。卫瓘诈称疾笃，出就外廨。会信之，无所复惮。

姜维欲使会尽杀北来诸将，己因杀会，尽坑魏兵，复立汉主，密书与刘禅曰：“愿陛下忍数日之辱，臣欲使社稷危而复安，日月幽而复明。”会欲从维言诛诸将，犹豫未决。

会帐下督丘建本属胡烈，会爱信之。建愍烈独坐，启会，使听内一亲兵出取饮食，诸牙门随例各内一人。烈绐语亲兵及疏与子渊，曰：“丘建密说消息，会已作大坑、白棓数千，欲悉呼外兵入，人赐白帢，拜

人不当辜负我，我岂可先于别人而生疑心呢？最近护军贾充问我：‘是否很怀疑钟会？’我回答说：‘现在派你过去，难道可以再怀疑你吗？’贾充也不得不同意我的话。我到了长安，就自会了断此事。”

魏国钟会派卫瓘先到成都拘捕邓艾，钟会因卫瓘兵力少，想让邓艾杀掉卫瓘，再借此事定邓艾的罪。卫瓘知道他的意图，但又不能抗拒命令，于是在深夜到达成都，传檄文给邓艾所统领的将领，声称：“我奉诏前来拘捕邓艾，其余的人一概不予追究。你们投向官军这一边，则如先前平蜀时一样再加爵赏，如胆敢不出来，则要诛及三族！”等到鸡鸣时分，诸将都跑到卫瓘这里，只有邓艾帐内之人未来。到了早晨，打开营门，卫瓘乘坐使者之车，直接进入邓艾帐内。邓艾还躺着未起，于是把邓艾父子抓起来，把邓艾置于囚车中。诸将想要劫持邓艾，就整兵奔向卫瓘的营帐。卫瓘不带卫兵只身出来迎接，又假装书写奏书，说将要申明邓艾没有反心。诸将相信了他而未劫持。

正月十五日丙子，钟会到了成都，派人把邓艾押送京师。钟会所忌惮的人只有邓艾，邓艾父子既已被擒，钟会则独自统领大军，威震西部地区，于是下定决心阴谋反叛。钟会想让姜维率领五万人出斜谷为前锋，自己率领大军跟随其后。到达长安之后，命令骑兵从陆路走，步兵从水路走，顺流从渭水进入黄河，认为五日即可到达孟津，再与骑兵会合于洛阳，一时之间就能平定天下。恰在此时，钟会收到了司马昭的信，信中说：“恐怕邓艾不甘心接受惩处，现已派遣中护军贾充率领步骑兵一万人直接进入斜谷，驻扎在乐城，我亲自率领十万人驻扎在长安，近日即可相见。”钟会接到书信大惊失色，叫来亲信对他们说：“如果只取邓艾，相国知道我能独自办理；如今带来重兵，必定觉察到我要生变，我们应当迅速发难。事情成功了，就可以得到天下；不成功，就可以退保蜀地，仍可当个像刘备那样的人。”

正月十六日丁丑，钟会把护军、郡守、牙门骑督以上以及过去的蜀国官吏都请了过来，在成都的朝堂为郭太后致哀，并假造了太后的遗诏，说让钟会起兵废掉司马昭，把遗诏向座上众人宣布，让大家议论之后，开始授官任职，又让所亲信之人代领诸军；把所请来的群官，都关在益州各官署的屋中，关闭了城门宫门，派重兵把守。卫瓘诈称病重，出来住在外面的官舍。钟会相信他，对他也无所忌惮。

姜维想让钟会杀尽从北方来的诸将，自己再借机杀掉钟会，全部坑杀魏国士兵，重立汉王。他给刘禅写密信说：“希望君王再忍受数日之辱，我要让国家危而复安，日月幽而复明。”钟会想听从姜维的意见诛杀诸将，但仍然犹豫不决。

钟会的帐下督丘建，本属于胡烈手下，钟会喜爱并信任他。丘建怜悯胡烈一人独自被囚，就请求钟会，让他允许一名亲兵进出取饮食，各牙门将也都随此例让一人进来侍奉。胡烈欺骗亲兵并让他传递消息给儿子胡渊说：“丘建秘密地透露消息，

散将，以次棓杀，内坑中。”诸牙门亲兵亦咸说此语，一夜，转相告，皆遍。

己卯，日中，胡渊率其父兵，雷鼓出门，诸军不期皆鼓噪而出，曾无督促之者，而争先赴城。时会方给姜维铠杖，白外有匈匈声，似失火者，有顷，白兵走向城。会惊，谓维曰：“兵来，似欲作恶，当云何？”维曰：“但当击之耳！”会遣兵悉杀所闭诸牙门、郡守，内人共举机以柱门，兵斫门，不能破。斯须，城外倚梯登城，或烧城屋，蚁附乱进，矢下如雨，牙门、郡守各缘屋出，与其军士相得。姜维率会左右战，手杀五六人，众格斩维，争前杀会。会将士死者数百人，杀汉太子璇及姜维妻子，军众钞略，死丧狼藉。卫瓘部分诸将，数日乃定。

邓艾本营将士追出艾于槛车，迎还。卫瓘自以与会共陷艾，恐其为变，乃遣护军田续等将兵袭艾，遇于绵竹西，斩艾父子。艾之入江油也，田续不进，艾欲斩续，既而舍之，及瓘遣续，谓曰：“可以报江油之辱矣。”

镇西长史杜预言于众曰：“伯玉，其不免乎！身为名士，位望已高，既无德音，又不御下以正，将何以堪其责乎！”瓘闻之，不候驾而谢预。预，恕之子也。邓艾余子在洛阳者悉伏诛，徙其妻及孙于西城。钟会兄毓尝密言于晋公曰：“会挟术难保，不可专任。”及会反，毓已卒，晋公思钟繇之勋与毓之贤，特原毓子峻、辿，官爵如故。会功曹向雄收葬会尸，晋公召而责之曰：“往者，王经之死，卿哭于东市而我不问，钟会躬为叛逆，又辄收葬，若复相容，当如王法何！”雄曰：“昔先王掩骼埋胔，仁流朽骨，当时岂先卜其功罪而后收葬哉！今王诛既加，于法已备，雄感义收葬，教亦无阙。法立于上，教弘于下，以此训物，不亦可乎？何必使雄背死违生，以立于世！明公仇对枯骨，捐之中野，岂仁贤之度哉！”晋公悦，与宴谈而遣之。

说钟会已经挖了大坑，做了数千根白色大棒，想叫外面的士兵全部进来，每人赐一白帽，授散将之职，依次击杀诸将，埋入坑中。”诸牙门将的亲兵也都说同样的话，一夜之间，辗转相告，大家都知道了。

正月十八日己卯，中午时分，胡渊率领父亲的士兵擂鼓而出，各军也都不约而同地呐喊着跑出来，竟然连督促之人都没有，就争先恐后地跑向城里。当时，钟会正在给姜维铠甲兵器，报告说外面有汹汹嘈杂之声，好像是失火似的，一会儿又报告说有士兵跑往城里。钟会大惊，问姜维说：“士兵前来似乎是想作乱，应当怎么办？”姜维说：“只能攻击他们！”钟会派兵去杀那些被关起来的牙门将、郡守，而里面的人都拿起几案顶住门，士兵砍门却砍不破。过了一会儿，城外的人爬着梯子登上城墙，有的人焚烧城内的屋子，士兵们像蚂蚁那样乱哄哄地涌进来，箭如雨下，那些牙门将、郡守都从屋子上爬出来，与他们手下的士兵汇合在一处。姜维带着钟会左右拼杀，亲手杀死五六人，众人格杀了姜维，又争相向前杀死了钟会。钟会的将士死了数百人，士兵们又杀掉了蜀国太子刘璿和姜维的妻子儿女，并到处抢掠，死伤满地，一片狼藉。卫瓘部署诸将前去平息叛乱，过了几天才平定下来。

魏国邓艾本营的将士追上囚车，把邓艾救出并迎接回来。卫瓘认为自己与钟会共同陷害邓艾，恐怕他回来后会有变乱，就派遣护军田续等人领兵去袭击邓艾，在绵竹西边遇上，于是杀了邓艾父子。当初邓艾进入江油时，田续不往前进，邓艾想杀了他，后来又放了他。卫瓘派遣田续时，对他说：“你可以为江油受的耻辱报仇了。”镇西长史杜预对众人说：“卫瓘是免不了一死了！他身为名士，地位声望很高，但是既没有足以表示美德的言语，又不能用正道驾御下属，他怎能承担自己的责任呢？”卫瓘听到后，不等驾车就跑去感谢杜预。杜预是杜恕之子。邓艾其余的儿子在洛阳的都被诛杀，又把他的妻子及孙子迁到西城县。

魏国钟会的哥哥钟毓曾秘密地对司马昭说：“钟会爱玩弄权术，不可过于信任。”及钟会反叛，钟毓已经去世，司马昭思念钟毓的功勋与钟毓的仁贤，特别宽容了钟毓之子钟峻、钟辿，官爵如故。钟会的功曹向雄收葬钟会之尸，司马昭召他来责备说：“从前王经死时，你哭于东市，而我没有责问。钟会身为叛逆，你又特地去收葬，如果再容忍你，还有没有王法？”向雄说：“以前先王掩埋枯骨腐尸，仁德施于朽骨，当时难道是先计算其功罪而后再收葬吗？现在王者的诛罚已经加于其身，从法度上说已经很完备，我有感于大义而收葬他，教化也就没有了缺憾。法度制立于上，教化弘扬于下，以此来作为万物的法则，不是很好吗？何必要让我背弃死者违背生者而立于当世？您以仇怨对待枯骨，把他弃之野外，这难道是仁贤之人的气度吗？”司马昭很高兴，与他一起宴饮交谈之后才送他离开。

（以上为第六段，写魏国大将钟会打算兵出斜谷，占领长安，再派骑兵攻打孟津、洛阳，夺取天下。但大将军司马昭早有防备，出兵占据斜谷，屯于长安；卫将军胡烈起兵反抗，钟会被乱军杀死。）

二月，丙辰，车驾还洛阳。

庚申，葬明元皇后。

初，刘禅使巴东太守襄阳罗宪将兵二千人守永安，闻成都败，吏民惊忧，宪斩称成都乱者一人，百姓乃定。及得禅手敕，乃帅所统临于都亭三日。吴闻蜀败，起兵西上，外托救援，内欲袭宪。宪曰："本朝倾覆，吴为唇齿，不恤我难而背盟徼利，不义甚矣。且汉已亡，吴何得久，我宁能为吴降虏乎！"保城缮甲，告誓将士，厉以节义，莫不愤激。吴人闻钟、邓败，百城无主，有兼蜀之志，而巴东固守，兵不得过，乃使抚军步协率众而西。宪力弱，不能御，遣参军杨宗突围北出，告急于安东将军陈骞，又送文武印绶、任子诣晋公。协攻永安，宪与战，大破之。吴主怒，复遣镇军陆抗等帅众三万人增宪之围。

三月，丁丑，以司空王祥为太尉，征北将军何曾为司徒，左仆射荀𫖮为司空。

己卯，进晋公爵为王，增封十郡。王祥、何曾、荀𫖮共诣晋王，𫖮谓祥曰："相王尊重，何侯与一朝之臣皆已尽敬，今日便当相率而拜，无所疑也。"祥曰："相国虽尊，要是魏之宰相，吾等魏之三公；王、公相去一阶而已，安有天子三公可辄拜人者！损魏朝之望，亏晋王之德，君子爱人以礼，我不为也。"及入，𫖮遂拜，而祥独长揖。王谓祥曰："今日然后知君见顾之重也！"

刘禅举家东迁洛阳，时扰攘仓猝，禅之大臣无从行者，惟秘书令郤正及殿中督汝南张通舍妻子，单身随禅，禅赖正相导宜适，举动无阙，乃慨然叹息，恨知正之晚。

初，汉建宁太守霍弋都督南中，闻魏兵至，欲赴成都，刘禅以备敌既定，不听。成都不守，弋素服大临三日。诸将咸劝弋宜速降，弋曰：

二月二十六日丙辰，魏帝车驾返回洛阳。

三十日，魏国安葬明元皇后。

当初，刘禅让巴东太守、襄阳人罗宪领兵二千人驻守永安，罗宪听到成都兵败，吏民一片惊恐，便杀了一个述说成都变乱的人，百姓们才安定下来。等到得到刘禅的手令，罗宪就率领他手下的士兵到永安的都亭哭吊了三天。吴国听说蜀国失败，就起兵西上，表面上扬言来救援，实际上是想袭击罗宪。罗宪说："我国已经灭亡，吴国是我们的唇齿邻邦，却不怜悯我们的危难而背弃盟约谋取利益，实在是太不讲信义。而且蜀国已灭亡，吴国怎能长久，我岂能成为吴国的降将俘虏！"于是罗宪坚守城池，整治装备，告诫全军将士，用节义激励他们，全军上下莫不激愤。吴人听说钟会、邓艾失败，百城无主，就有兼并蜀国之心。但巴东防守坚固，士兵不能通过，就让抚军步协率兵向西挺进。罗宪实力薄弱不能抵抗，就派参军杨宗突围奔向北方，向安东将军陈骞告急，又给司马昭送去文武官员的印绶和人质。步协攻打永安，罗宪与他交战，大败步协。吴主孙休大怒，又派遣镇军陆抗等人率领三万士兵增援，对罗宪进行包围。

三月十七日丁丑，魏国任命司空王祥为太尉，征北将军何曾为司徒，左仆射荀𫖮为司空。

三月十九日己卯，进封晋公司马昭的爵位为王，增加十个郡的封邑。王祥、何曾、荀𫖮共同去见司马昭，荀𫖮对王祥说："相王地位尊贵，何曾及满朝的文武大臣都对他极为恭敬，今日我们就应当相继跪拜，不要迟疑。"王祥说："相国虽然地位尊重，但他还是魏国的宰相，而我们是魏国的三公，王公相差只一级而已，哪有天子的三公可以随便拜人的？这不仅有损魏朝的威望，也有亏晋王之德，君子要以礼仪敬爱别人，我不能跪拜。"进去后，荀𫖮就跪拜于地，只有王祥长揖不拜。司马昭对王祥说："今日之后，才知你对我的关心之情是多么深厚。"

原蜀国后主刘禅的全家迁居洛阳，临行时十分纷乱仓促，刘禅的大臣没有随行的人，只有秘书令郤正和殿中督汝南人张通舍弃妻儿老小，单身随刘禅而行，刘禅仰仗郤正的引导帮助，才使自己的言谈举止合乎礼仪而无所缺失。于是刘禅慨然长叹，恨自己了解郤正之晚。

当初，蜀国建宁太守霍弋都督南中，听说魏兵来攻，就想赴成都协助防御，刘禅认为抵抗敌人的准备已经完成，就没有让他过来。成都失守后，霍弋穿着白色衣

“今道路隔塞，未详主之安危，去就大故，不可苟也。若魏以礼遇主上，则保境而降，不晚也。若万一危辱，吾将以死拒之，何论迟速邪！”得禅东迁之问，始率六郡将守上表曰：“臣闻人生在三，事之如一，惟难所在，则致其命。今臣国败主附，守死无所，是以委质，不敢有贰。”晋王善之，拜南中都尉，委以本任。

丁亥，封刘禅为安乐公，子孙及群臣封侯者五十余人。晋王与禅宴，为之作故蜀技，旁人皆为之感怆，而禅喜笑自若。王谓贾充曰：“人之无情，乃至于此，虽使诸葛亮在，不能辅之久全，况姜维邪！”他日，王问禅曰：“颇思蜀否？”禅曰：“此间乐，不思蜀也。”郤正闻之，谓禅曰：“若王后问，宜泣而答曰：‘先人坟墓，远在岷、蜀，乃心西悲，无日不思。’因闭其目。”会王复问，禅对如前，王曰：“何乃似郤正语邪！”禅惊视曰：“诚如尊命。”左右皆笑。

夏，四月，新附督王稚浮海入吴句章，略其长吏及男女二百余口而还。

五月，庚申，晋王奏复五等爵，封骑督以上六百余人。

甲戌，改元。

癸未，追命舞阳文宣侯懿为晋宣王，忠武侯师为景王。

罗宪被攻凡六月，救援不到，城中疾病太半。或说宪弃城走，宪曰：“吾为城主，百姓所仰，危不能安，急而弃之，君子不为也，毕命于此矣！”陈骞言于晋王，遣荆州刺史胡烈将步骑二万攻西陵以救宪。秋，七月，吴师退。晋王使宪因仍旧任，加陵江将军，封万年亭侯。

晋王奏使司空荀𫖮定礼仪，中护军贾充正法律，尚书仆射裴秀议官制，太保郑冲总而裁焉。

（以上为第七段，写蜀国灭亡以后的史事，巴东太守罗宪领兵驻守永安城，绝不向前来侵扰的吴国屈服，而归降魏国；后主刘禅无亡国之悲，被魏国封为安乐公，喜笑自若，说：“此间乐，不思蜀也。”）

吴分交州置广州。

服哭吊三日。诸将都劝霍弋应快点投降，霍弋说：“如今道路隔绝阻塞，不知道主上的安危，降魏是件大事，不可随随便便。如果魏国以礼对待主上，那我们再全境而降也不晚。如果万一主上遭受危难侮辱，我将要以死抵抗，还论什么快慢！”得到刘禅东迁洛阳的消息后，才开始率领六郡的将军、郡守上书说：“我听说人生在世所赖者有三，即父、母、君上，要用同样的心意来事奉，发生危难，都要舍命相随。如今我们国家败亡，主上降附，想要坚持至死而不变也没有了处所，因此决定归顺，不敢有二心。”司马昭很称赞他，授予他南中都督之职，仍在原来的地方任职。

三月二十七日丁亥，封刘禅为安乐公，刘禅的子孙及群臣封侯者五十多人。司马昭与刘禅一起宴饮，为他表演蜀国的歌舞，旁人都为之伤感不已，而刘禅却高高兴兴地同平时一样。司马昭对贾充说：“人之无情，竟然到了这种程度。即使诸葛亮还在，也不能辅佐他长久平安，更何况姜维呢！”过了几天，司马昭问刘禅说：“你还思念蜀国吗？”刘禅说：“在这里很快乐，不思念蜀国。”郤正听到后，就对刘禅说：“如果晋王以后再问，你应当哭着回答说：‘祖先的坟墓，都远在岷、蜀，我心常常西望而悲，没有一天不思念。’然后闭上眼睛。”后来司马昭又问刘禅，刘禅就像郤正说的那样回答。司马昭说：“你说的怎么像郤正说的话？”刘禅惊讶地睁开眼睛说：“确实像您所说的那样。”左右之人都哈哈大笑。

夏季，四月，魏国新附督王稚从海路进入吴国的句章，抢掠了那里的官吏及男女百姓二百多人而还。

五月初一庚申，司马昭上奏恢复五等爵位，封了骑督以上六百多人的爵位。

五月十五日甲戌，魏国改年号为咸熙。

五月二十四日癸未，追封舞阳文宣侯司马懿为晋宣王，忠武侯司马师为景王。

原蜀国永安守将罗宪被攻近六个月，救援仍然未到，城中之人病了大半。有人劝罗宪弃城而走，罗宪说：“我是此城之主，为百姓们所仰仗，他们有了危难而不能让他们安定，情况紧急了就丢下他们逃跑，这不是君子所为，我要战死在这里！”陈骞把这些情况告诉了司马昭，于是派遣荆州刺史胡烈率步骑兵二万人攻打西陵以救援罗宪，秋季，七月，吴国军队撤退。司马昭让罗宪仍旧在原地任职，又加陵江将军之职，封为万年亭侯。

魏国晋王司马昭上奏，让司空荀𫖮制定礼仪，中护军贾充订正法律，尚书仆射裴秀研究官制，太保郑冲总揽其事加以裁定。

吴国从交州中分出一部分设置广州。

吴主寝疾，口不能言，乃手书，呼丞相濮阳兴入，令子䨻出，拜之。休把兴臂，指䨻以托之。癸未，吴主殂，谥曰“景帝”。群臣尊朱皇后为皇太后。

吴人以蜀初亡，交趾携叛，国内恐惧，欲得长君。左典军万彧尝为乌程令，与乌程侯皓相善，称：“皓之才识明断，长沙桓王之俦也，又加之好学，奉遵法度。”屡言之于丞相兴、左将军布，兴、布说朱太后，欲以皓为嗣。朱后曰：“我寡妇人，安知社稷之虑？苟吴国无陨，宗庙有赖，可矣。”于是，遂迎立皓，改元元兴，大赦。

八月，庚寅，命中抚军司马炎副贰相国事。

初，钟会之伐汉也，辛宪英谓其夫之从子羊祜曰：“会在事纵恣，非持久处下之道，吾畏其有他志也。”会请其子郎中琇为参军，宪英忧曰：“他日吾为国忧，今日难至吾家矣。”琇固请于晋王，王不听。宪英谓琇曰：“行矣，戒之，军旅之间，可以济者，其惟仁恕乎！”琇竟以全归。诏以琇尝谏会反，赐爵关内侯。

九月，戊午，以司马炎为抚军大将军。

辛未，诏以吕兴为安南将军，都督交州诸军事，以南中监军霍弋遥领交州刺史，得以便宜选用长吏。弋表遣建宁爨谷为交趾太守，率牙门董元、毛炅、孟干、孟通、爨能、李松、王素等将兵助兴，未至，兴为其功曹王统所杀。

吴主贬朱太后为景皇后，追谥父和曰“文皇帝”，尊母何氏为太后。

冬，十月，丁亥，诏以寿春所获吴相国参军事徐绍为散骑常侍，水曹掾孙彧为给事黄门侍郎，以使于吴，其家人在此者悉听自随，不必使还，以开广大信。晋王因致书吴主，谕以祸福。

初，晋王娶王肃之女，生炎及攸，以攸继景王后。攸性孝友，多才艺，清和平允，名闻过于炎，晋王爱之，常曰：“天下者，景王之天下也，吾摄居相位，百年之后，大业宜归攸。”炎立发委地，手垂过膝，尝从容问裴秀曰：“人有相否？”因以异相示之。秀由是归心。羊琇与炎善，为炎画策，察时政所宜损益，皆令炎豫记之，以备晋王访问。晋王欲以攸为世子，山涛曰：“废长立少，违礼不祥。”贾充曰：“中抚军有君人之德，不可易也。”何曾、裴秀曰：“中抚军聪明神武，有超世之才，人望既茂，

吴主孙休卧病不起，口不能言，就用手书叫丞相濮阳兴入内，又让其子孙𩅦出来拜见濮阳兴。孙休拉着濮阳兴的手臂，手指着孙𩅦托付给他。五月二十五日癸未，吴主孙休去世，谥为景帝。群臣尊朱皇后为皇太后。

吴人因蜀国刚刚灭亡，交趾的吕兴又反叛，国内十分恐惧，想要立一位年长的君王统治。左典军万彧曾担任乌程令，与乌程侯孙皓相友善，就声称："孙皓的才识和明断能力，可以和长沙桓王孙策相比拟，同时他又十分好学，遵奉法度。"他屡次对丞相濮阳兴和左将军张布说这些话，濮阳兴和张布又劝说朱太后，想要立孙皓为帝。朱太后说："我是个寡妇，怎能考虑国家的大事，只要吴国不遭灭亡，宗庙有所依赖就可以了。"于是就迎立孙皓，改年号为元兴，实行大赦。

八月初三庚寅，魏国任命中抚军司马炎为副相国，辅佐相国处理相关事宜。

当初，魏国钟会攻打蜀国之时，辛宪英对他丈夫的侄子羊祜说："钟会做事恣意放纵，这不是长久地处于臣下地位的做法，我恐怕他有其他的想法。"钟会请求让她儿子郎中羊琇为参军，辛宪英忧虑地说："以前我为国家担忧，今日大难降临我家了。"羊琇坚决向司马昭请求不担任参军，但司马昭不答应。辛宪英对羊琇说："你去吧，但要警惕小心，在军队之中可以行得通的，只有'仁恕'二字。"结果羊琇竟然安全地返回。九月初六，魏帝下诏，因羊琇曾劝谏钟会不要反叛，赐爵关内侯。

九月初一戊午，任命司马炎为抚军大将军。

九月十四日辛未，魏帝下诏，任命吕兴为安南将军，都督交州诸军事，任命南中监军霍弋兼任交州刺史，可以按照便利条件选用官吏。霍弋上书推荐建宁人爨谷为交趾太守，派他率领牙门将董元、毛炅、孟干、孟通、爨能、李松、王素等人领兵去帮助吕兴，还未到达，吕兴就被他的功曹王统所杀。

吴主孙皓贬朱太后为景皇后，追谥父亲孙和为文皇帝，又尊母亲何氏为皇太后。

冬季，十月初一丁亥，魏帝下诏，任命寿春之战所俘获的吴国相国参军事徐绍为散骑常侍，水曹掾孙彧为给事黄门侍郎，让他们出使吴国，他们的家人在魏国的完全可以听任他们相随而去，也不必让他们回来，以此来扩大魏国讲求信义的影响。司马昭还因此给吴主孙皓写信，晓谕祸福的道理。

当初，晋王司马昭娶王肃的女儿为妻，生了司马炎和司马攸，把司马攸过继给景王司马师为后。司马攸对父母孝顺，对兄弟友爱，多才多艺，清静平和，为人公正，名望超过司马炎，晋王司马昭很喜爱他，常常说："天下本是景王的天下，我不过是代理宰相之位，我死之后，大业应该归于司马攸。"司马炎长发垂直可以拖到地面，双手下垂超过膝盖，他曾经从容地问裴秀说："人能不能看相？"于是就把自己奇异的相貌展示给裴秀，裴秀从此就归顺了他。羊琇与司马炎相友善，就为司马炎出谋划策，观察时政所应减损和补益之处，让司马炎都预先记住，以备晋王司马

天表如此，固非人臣之相也。”晋王由是意定，丙午，立炎为世子。

吴主封太子霔及其三弟皆为王，立妃滕氏为皇后。

初，吴主之立，发优诏，恤士民，开仓廪，振贫乏，科出宫女以配无妻者，禽兽养于苑中者皆放之。当时翕然称为“明主”。及既得志，粗暴骄盈，多忌讳，好酒色，大小失望，濮阳兴、张布窃悔之。或谮诸吴主。十一月，朔，兴、布入朝，吴主执之，徙于广州，道杀之，夷三族。以后父滕牧为卫将军，录尚书事。牧，胤之族人也。

是岁，罢屯田官。

（以上为第八段，写吴主孙休得了重病，口不能言，去世后，吴人以国内多事，不立其子，而立其侄乌程侯孙皓为帝；魏国封司马昭为晋王，又封其长子司马炎为抚军大将军，协助相国理事。）

昭询问时回答。晋王司马昭想立司马攸为世子，山涛说："废弃长子而立幼子，违背礼义，不吉祥。"贾充说："中抚军有君王的德行，不可让别人代替。"何曾、裴秀也说："中抚军聪慧过人，神明而威武，有超越世人的奇才，已经享有极高的声望，帝王的仪容就是如此，这本不是人臣的相貌。"晋王司马昭因此拿定了主意，二十日，立司马炎为世子。

吴主孙皓封原太子孙𩅦和他的三个弟弟为王，立妃子滕氏为皇后。

当初，吴主孙皓即位时，发优抚诏书，体恤士民百姓，打开仓库，赈济贫困之人，按条例放出宫女做那些无妻者的配偶，养在御苑中的禽兽也都放归山林。当时人们交口赞誉，称之为明主。而他得志之后，开始变得粗暴骄横，既有很多忌讳，又沉湎于酒色，全国上下大失所望，濮阳兴、张布也暗自后悔不迭。有人向吴主孙皓诬陷濮阳兴和张布，十一月初一朔，濮阳兴和张布入朝，吴主孙皓把他们抓起来，迁送到广州，结果在半路上就把他们杀了，又诛灭了他们的三族。任命皇后的父亲滕牧为卫将军、录尚书事。滕牧是滕胤家族的人。

这一年，魏国废置了屯田官。

【点评】

司马昭平蜀。公元263年，魏国一举平定蜀国，在统一天下的征途上大大地向前迈进了一步，这是一件非常了不起的大事，首功当归大将军司马昭。

首先，司马昭力排众议，毅然决策出兵攻打蜀国。其兄司马师已于公元255年去世，魏国从此进入了司马昭时代。司马昭经历了8年独立掌控朝政的成功实践，其中成功地平定了征东大将军诸葛诞的反叛，国内人心思齐，实力增强，加之蜀国后主刘禅庸碌无为，重用宦官黄皓，姜维率兵年年出征，国内空虚，民穷财竭。魏国西征，路途艰险，曹操取汉中而又失汉中，故曹魏统一的决策是先吴后蜀。这时的司马昭认为消灭蜀国的时机已经成熟，而提出先蜀后吴的主张，朝廷中绝大多数人都投了反对票，只有钟会极力赞成，邓艾开始也是反对，后来才同意。

其次，派出精练强干、谋勇双全的干将平定蜀国。在平蜀中，司马昭派遣钟会、邓艾、诸葛绪三路攻蜀，西路邓艾军主攻沓中屯田的姜维，中路诸葛绪军断姜维后路，东路钟会军主攻汉中。应当说，这一战略决策是十分正确的。尤其是邓艾，在灭蜀中发挥了重大作用，他采用迂回策略，在蜀军主力相持于剑阁之时，自率精锐部队绕道阴平，越过700多里荒无人烟的小道，凿山开路，奇袭江油，又在蜀国腹地绵竹大破诸葛瞻，攻占涪城，进逼成都，蜀后主刘禅见大势已去，便开门投降。钟会作为主力部队，攻克汉中，有效牵制了蜀国的主力部队。应当说，钟会、邓艾是魏国的两大杰出干将。钟会善于谋划，曾有小张良之称；邓艾忠勇奋发，能够险中求胜。开始派兵遣将时，有人提出异议，认为钟会等人不太可靠，而司马昭早有考虑，先用其长，然后才制其短。这充分显示了司马昭的识人用人能力。

再次，司马昭成功平定了钟会等人的阴谋叛乱。蜀国平定了，在巨大的胜利面前，邓艾自作主张，大封蜀国投降君臣的官爵，而不事先向朝廷请示，授人以柄，被朝廷下令拘捕，押送进京，后来被杀死，功成而名不就；钟会的野心一下子膨胀起来，便听从蜀国降将姜维的怂恿，用计离间邓艾与朝廷的关系，打算拥兵自重、割据一方，然后兵出斜谷，占领长安，再派骑兵攻打孟津、洛阳，夺取天下。而司马昭对此早有防备，出兵占据斜谷，自率十万大军屯于长安，对钟会造成威慑之势，打乱了钟会的反叛部署，钟会手忙脚乱，结果只维持三天，就在兵变中被杀死，成为历史上最为短命、最为可笑的反叛将领。这充分体现了司马昭的预见及运筹能力。

最后，司马昭还正确处理了对蜀国投降君臣的安置工作，封后主刘禅为安乐公，予以善待。这对于动摇吴国军心，为将来攻打吴国，起到了一定的作用。

由此可见，司马昭在魏国平定蜀国，并及时粉碎钟会的反叛阴谋，为魏国的统一，运筹帷幄，总揽全局，起到了决定性的作用，其功大矣。诚如后人所评说："司马昭摧坚敌如折枯，荡异如同反掌，任贤使能，各尽其心，非智勇兼人，孰能如之？"

晋纪一

晋武帝泰始元年至八年（265—272 年）

【起旃蒙作噩（乙酉，265 年），尽玄黓执徐（壬辰，272 年），凡八年】

【大事提要】

本卷记事起公元 265 年，讫公元 272 年，凡八年，当晋武帝泰始元年至泰始八年。本卷所载大事，主要有五个方面：其一，曹奂禅位。公元 265 年，魏元帝曹奂禅位于司马炎，魏国灭亡。魏国自公元 220 年曹丕接受汉献帝禅让而称帝开始，45 年后，曹氏又以同样的方法禅让。魏国历经曹丕、曹叡、曹芳、曹髦、曹奂五帝，实际上自公元 249 年的最后三帝均是傀儡，权归司马氏。其二，司马炎建立晋朝。晋武帝司马炎为司马昭长子，曾出任中抚军，于 265 年被封为晋王太子；司马昭去世后，继承晋王爵位；而后接受魏元帝曹奂禅让，即位为帝，国号为“晋”。他接受魏国孤弱教训，大肆分封宗室为王，使其掌握兵权，最终导致八王之乱。其三，立庸儿为太子。公元 267 年，晋武帝司马炎立 9 岁的司马衷为太子。司马家族人才济济，却立了一个不堪造就的庸才，又以贾充之女贾南风为太子妃。正是这些决定，后来引发了贾后乱政、八王之乱、五胡乱晋，使晋朝山穷水尽，最后到了不可收拾的地步。其四，收复交趾。吴国交州刺史刘俊等前后三次攻打交趾，都因交趾太守杨稷的抵抗而失败，郁林、九真两地都归附于杨稷。后来，吴国大都督薛翊与陶璜等人，率领十万大军攻打交趾，城中粮尽援绝，被吴兵攻破，杨稷等人被俘。九真、日南等地也都投降吴国。其五，鲜卑反晋。鲜卑首领秃发树机能在凉州率领部众反抗晋朝，先后大破晋朝的封疆大吏胡烈、苏愉、牵弘、杨欣等，攻陷凉州，一时威震天下。晋武帝司马炎惊呼：“虽复吴、蜀之寇，未尝至此。”公元 277 年，秃发树机能为晋将马隆打败，旋即被叛徒所杀。

【原文】

世祖武皇帝上之上

泰始元年（乙酉，265年）

春，三月，吴主使光禄大夫纪陟、五官中郎将洪璆与徐绍、孙彧偕来报聘。绍行至濡须，有言绍誉中国之美者，吴主怒，追还，杀之。

夏，四月，吴改元甘露。

五月，魏帝加文王殊礼，进王妃曰“后”；世子曰“太子”。

癸未，大赦。

秋，七月，吴主逼杀景皇后，迁景帝四子于吴；寻又杀其长者二人。

八月，辛卯，文王卒，太子嗣为相国、晋王。

九月，乙未，大赦。

戊子，以魏司徒何曾为晋丞相；癸亥，以票骑将军司马望为司徒。

乙亥，葬文王于崇阳陵。

冬，吴西陵督步阐表请吴主徙都武昌。吴主从之，使御史大夫丁固、右将军诸葛靓守建业。阐，骘之子也。

十二月，壬戌，魏帝禅位于晋。甲子，出舍于金墉城。太傅司马孚拜辞，执帝手，流涕歔欷不自胜，曰：“臣死之日，固大魏之纯臣也。”丙寅，王即皇帝位，大赦，改元。丁卯，奉魏帝为陈留王，即宫于邺。优崇之礼，皆仿魏初故事。魏氏诸王皆降为侯。

追尊宣王为宣皇帝，景王为景皇帝，文王为文皇帝；尊王太后曰“皇太后”。封皇叔祖孚为安平王，叔父干为平原王、亮为扶风王、伷为东莞王、骏为汝阴王、肜为梁王、伦为琅邪王，弟攸为齐王、鉴为乐安王、机为燕王；又封群从司徒望等十七人皆为王。以石苞为大司马，郑冲为太傅，王祥为太保，何曾为太尉，贾充为车骑将军，王沈为骠骑将军，其余文武增位进爵有差。

乙亥，以安平王孚为太宰，都督中外诸军事。未几，又以车骑将军

【语译】

世祖武皇帝上之上

晋武帝泰始元年（乙酉，265年）

春季，三月，吴主孙皓派遣光禄大夫纪陟、五官中郎将洪璆，与徐绍、孙彧一起去魏国回访。徐绍走到濡须的时候，有人说徐绍曾称赞中原之国的美好，吴主动怒，追回徐绍，把他杀死。

夏季，四月，吴国改年号为甘露。

五月，魏帝曹奂给予晋王司马昭特殊的礼遇，晋升其妃为王后，将世子改称为太子。

五月三十日癸未，魏国实行大赦。

秋季，七月，吴主孙皓逼杀景帝孙休的皇后，把景帝的四个儿子迁到吴地，不久，又把其中两个年龄大的杀了。

八月初九辛卯，晋王司马昭去世，太子司马炎继位，担任相国、晋王。

九月，乙未日，魏国实行大赦。

九月初七戊子，魏国任命司马何曾为晋丞相。十二日癸亥，任命骠骑将军司马望为司徒。

九月二十四日乙亥，在崇阳陵埋葬晋王司马昭。

冬季，吴国西陵督步阐上书，请求吴主孙皓把国都迁到武昌，吴主听从了他的建议，委派御史大夫丁固、右将军诸葛靓镇守建业。步阐是步骘的儿子。

十二月壬戌，魏元帝曹奂把皇位禅让给晋王司马炎。十四日甲子，魏元帝搬到金墉城居住。太傅司马孚与魏元帝辞别，拉着魏元帝的手，流泪叹息不止，说："我到死的那一天，仍然是大魏真正的臣子。"十二月十六日丙寅，晋王司马炎登上皇帝位，大赦天下，改年号为泰始。十二月十七日丁卯，尊奉魏元帝为陈留王，宫室安排在邺城，优厚高贵的礼制待遇，都仿效魏国初期的制度，魏宗室诸王都降为侯。

晋武帝司马炎追尊晋宣王司马懿为宣皇帝，晋景王司马师为景皇帝，晋文王司马昭为文皇帝；尊王太后为皇太后；封叔祖司马孚为安平王，叔父司马干为平原王，司马亮为扶风王，司马伷为东莞王，司马骏为汝阴王，司马肜为梁王，司马伦为琅邪王；封弟弟司马攸为齐王、司马鉴为乐安王、司马机为燕王，又把司徒司马望等诸子侄共十七人都封为王。任命石苞为大司马，郑冲为太傅，王祥为太保，何曾为太尉，贾充为车骑将军，王沈为骠骑将军。其余的文武官员，加官进爵各有差别。

十二月二十五日乙亥，任命安平王司马孚为太宰，统领朝廷内外的军事事务。

陈骞为大将军，与司徒义阳王望、司空荀𫖮，凡八公，同时并置。帝惩魏氏孤立之敝，故大封宗室，授以职任。又诏诸王皆得自选国中长吏；卫将军齐王攸独不敢，皆令上请。

诏除魏宗室禁锢，罢部曲将及长吏纳质任。

帝承魏氏刻薄奢侈之后，矫以仁俭。太常丞许奇，允之子也。帝将有事于太庙，朝议以奇父受诛，不宜接近左右，请出为外官。帝乃追述允之宿望，称奇之才，擢为祠部郎。有司言御牛青丝纼断，诏以青麻代之。

初置谏官，以散骑常侍傅玄、皇甫陶为之。玄，干之子也。玄以魏末士风颓敝，上疏曰："臣闻先王之御天下，教化隆于上，清议行于下。近者，魏武好法术而天下贵刑名，魏文慕通达而天下贱守节，其后纲维不摄，放诞盈朝，遂使天下无复清议。陛下龙兴受禅，弘尧、舜之化，惟未举清远有礼之臣以敦风节，未退虚鄙之士以惩不恪，臣是以犹敢有言。"上嘉纳其言，使玄草诏进之，然亦不能革也。

初，汉征西将军司马钧生豫章太守量，量生颍川太守儁，儁生京兆尹防，防生宣帝。

（以上为第一段，写魏元帝曹奂禅位于晋王司马炎，被改封为陈留王，居于邺城；司马炎成为晋朝皇帝，注重仁爱、俭约，将魏氏诸王降为侯；大封同姓，一时之间，封赐 27 王，给予特权；又设置八公。）

二年（丙戌，266 年）

春，正月，丁亥，即用魏庙祭征西府君以下，并景帝，凡七室。

尊景帝夫人羊氏，曰"景皇后"，居弘训宫。

丙午，立皇后弘农杨氏。后，魏通事郎文宗之女也。

群臣奏："五帝，即天帝也，王气时异，故名号有五。自今明堂、南

过了不久，又任命车骑将军陈骞为大将军，与司徒义阳王司马望、司空荀顗等总共是八公，同时并列设置。晋武帝以魏氏孤立无援的弊端作为警戒，因而大封宗室，授予他们职权。晋武帝又诏告诸王，可以自己选择封国中的官吏，只有卫将军齐王司马攸不敢自选，全部官吏都请求晋武帝指派。

晋武帝下诏，免除魏宗室的禁锢令，废除部曲将领及州郡长吏纳人质于京师的制度。

晋武帝是继魏氏苛酷奢侈的政治之后登基的，他以仁厚节俭的作风纠正魏氏的弊端。太常丞许奇是许允的儿子。晋武帝将要在太庙行事，朝廷中议事的时候，大臣们认为，许奇的父亲因过被诛，许奇不宜在武帝身边供职，应当委派他担任朝廷外的官职。晋武帝于是追述许允的名望，称赞许奇的才能，提拔他担任祠部郎。有关部门称，宫中所用的青丝牵牛绳断缺了，晋武帝下诏，用青麻代替青丝。

晋朝当初设置谏官的时候，任命散骑常侍傅玄、皇甫陶担任。傅玄是傅干的儿子。傅玄看到魏末士风衰败，于是上疏说："我听说先王治理天下，教化隆盛于上层，公正评论通行于下层。近世以来，魏武帝喜好法术而天下重视刑名；魏文帝思慕通达而天下轻贱操守名分，从这以后纲纪不整，浮夸虚无的风气充满朝廷，于是天下不再有公正的评论。皇上接受禅让登基，弘扬尧、舜之风，唯独没有选拔清明高远而有礼法之臣，以促进风化与节操；没有斥退虚浮浅薄之人，以惩戒不恭敬不谨慎的人。因此，我才敢冒昧地说这番话。"晋武帝赞许并采纳了他的意见，让傅玄起草诏书以便实行，但是也未能改变当时的风气。

当初，东汉征西将军司马钧生下豫章太守司马量，司马量生下颍川太守司马儁，司马儁生下京兆尹司马防，司马防生下晋宣帝司马懿。

晋武帝泰始二年（丙戌，266年）

春季，正月初八丁亥，晋武帝司马炎就便利用魏庙，祭祀征西府君司马钧以下，连同景帝司马师，共七个堂屋。

正月二十二日辛丑，晋武帝司马炎尊奉景帝司马师夫人羊氏为景皇后，居住在弘训宫。

正月二十七日丙午，晋武帝立弘农人杨氏为皇后。皇后是魏通事郎杨文宗的女儿。

晋朝群臣上书说："五帝就是天帝，王气时时不同，所以名号有五个。从现在

郊宜除五帝座。”从之。帝，王肃外孙也，故郊祀之礼，有司多从肃议。

二月，除汉宗室禁锢。

三月戊戌，吴遣大鸿胪张俨、五官中郎将丁忠来吊祭。

吴散骑常侍王蕃，体气高亮，不能承颜顺指，吴主不悦。散骑常侍万彧、中书丞陈声从而谮之。丁忠使还，吴主大会群臣，蕃沈醉顿伏。吴主疑其诈，轝蕃出外。顷之，召还。蕃好治威仪，行止自若。吴主大怒，呵左右于殿下斩之，出，登来山，使亲近掷蕃首，作虎跳狼争咋啮之，首皆碎坏。

丁忠说吴主曰：“北方无守战之备，弋阳可袭而取。”吴主以问群臣，镇西大将军陆凯曰：“北方新并巴、蜀，遣使求和，非求援于我也，欲蓄力以俟时耳。敌势方强，而欲徼幸求胜，未见其利也。”吴主虽不出兵，然遂与晋绝。凯，逊之族子也。

（以上为第二段，写吴主孙皓喜怒无常，常常利用喝酒的机会考察群臣，不愿依附的散骑常侍、庐江人王蕃被杀，让亲近抛首相戏。吴主孙皓断绝了与晋朝的关系。）

夏，五月，壬子，博陵元公王沈卒。

六月，丙午晦，日有食之。

文帝之丧，臣民皆从权制，三日除服。既葬，帝亦除之，然犹素冠疏食，哀毁如居丧者。秋，八月，帝将谒崇阳陵，群臣奏言，秋暑未平，恐帝悲感摧伤。帝曰：“朕得奉瞻山陵，体气自佳耳。”又诏曰：“汉文不使天下尽哀，亦帝王至谦之志。当见山陵，何心无服！其议以衰绖从行。群臣自依旧制。”尚书令裴秀奏曰：“陛下既除而复服，义无所依；若君服而臣不服，亦未之敢安也。”诏曰：“患情不能跂及耳，衣服何在！诸君勤勤之至，岂苟相违？”遂止。

中军将军羊祜谓傅玄曰：“三年之丧，虽贵遂服，礼也，而汉文除之，毁伤礼义，常以叹息。今主上至孝，虽夺其服，实行丧礼。若因此复先王之法，不亦善乎！”玄曰：“以日易月，已数百年，一旦复古，难行

起，明堂、南郊都应当除去五帝的位置。”晋武帝司马炎听从了这一建议。晋武帝是王肃的外孙，所以祭祀天地的礼仪、有关官吏大都遵从王肃的意见。

二月，晋武帝解除魏国对汉宗室的禁锢。

三月二十日戊戌，吴国派遣大鸿胪张俨、五官中郎将丁忠到晋朝吊祭晋文帝司马昭。

吴国散骑常侍、庐江人王蕃气质、风度高雅，不愿看人脸色、顺从其意行事，吴主孙皓对此不高兴。散骑常侍万彧、中书丞陈声便乘机诬陷他。丁忠出使回来。吴主大会群臣，王蕃喝醉了酒，趴伏在那里起不来。吴主疑心他是故意装出来的，就用车子把他送出去，过了一会儿，又召他回来。王蕃容貌举止庄严，行止自如，吴主勃然大怒，喝令左右在殿堂之下把他杀了，然后出去登来山，让左右亲随抛掷王蕃的首级，像虎狼那样争抢啃咬，使其首级碎裂。

五官中郎将丁忠对吴主孙皓说：“北方的晋朝没有做好战备，我们可以袭击并夺取弋阳。”吴主询问群臣，镇西大将军陆凯说：“北方新近吞并了巴、蜀，派使者来求和，这并不是向我们求援，只不过是想积蓄力量以等待时机。敌人的势力正当强大的时候，想要侥幸取胜，我看不出这样做有什么好处。”吴主虽然不出兵了，但是却与晋朝断绝了关系。陆凯是陆逊同族兄弟的儿子。

夏季，五月，壬子（疑误），晋朝博陵元公王沈去世。

六月三十日丙午晦，出现日食。

晋文帝的丧事，臣民都遵守临时制定的法令，服丧三日。葬礼结束，晋武帝也除去丧服，但仍然戴白冠，吃素食，哀伤如同丧期。秋季，八月，晋武帝将要拜谒崇阳陵，群臣上奏说，秋暑还没有平息，担心皇帝悲哀伤感会损害健康。晋武帝说：“我能够瞻仰先人陵墓，身体、精神自然就会好。”又说：“汉文帝不使天下的臣民都为他而悲哀，这也是达到帝王谦逊的最高点了。我要拜见先人陵墓，怎么忍心不穿丧服！我决定穿丧服，群臣自然可依照旧制行事。”尚书令裴秀上书说：“皇上已经除去了丧服而现在又穿上，这样做于礼仪没有依据，如果君王穿丧服而臣下却不穿丧服，做臣子的心里也不安。”晋武帝说：“我担忧的是悲哀伤感之情不能充分地表达出来，不在乎丧服。诸位一片殷勤好意，我不忍再违背了。”于是同意不穿丧服。

中军将军羊祜对傅玄说：“三年之丧，即使是尊贵为天子，也要身穿孝服，这是礼制。但是汉文帝却把它废除了，毁坏、损伤礼义，我常常因此而叹息。如今皇帝至孝，虽然除去了丧服，仍实行丧礼。如果能借此机会恢复先王的礼制，难道不是

也。”祜曰：“不能使天下如礼，且使主上遂服，不犹愈乎！”玄曰：“主上不除而天下除之，此为但有父子，无复君臣也。”乃止。

戊辰，群臣奏请易服复膳，诏曰：“每感念幽冥，而不得终苴绖之礼，以为沈痛。况当食稻衣锦乎！适足激切其心，非所以相解也。朕本诸生家，传礼来久，何至一旦便易此情于所天！相从已多，可试省孔子答宰我之言，无事纷纭也！”遂以疏素终三年。

臣光曰：三年之丧，自天子达于庶人，此先王礼经，百世不易者也。汉文师心不学，变古坏礼，绝父子之恩，亏君臣之义；后世帝王不能笃于哀戚之情，而群臣谄谀，莫肯厘正。至于晋武独以天性矫而行之，可谓不世之贤君；而裴、傅之徒，固陋庸臣，习常玩故，而不能将顺其美，惜哉！

（以上为第三段，写晋武帝司马炎重视孝道，为其父司马昭服丧，按照惯例，戴孝三天后除去丧服；后来拜谒司马昭崇阳陵，仍要再穿孝服，被群臣劝止，但长存哀悼之心，以素食素服度过三年。）

吴改元宝鼎。

吴主以陆凯为左丞相，万彧为右丞相。吴主恶人视己，群臣侍见，莫敢举目。陆凯曰：“君臣无不相识之道，若猝有不虞，不知所赴。”吴主乃听凯自视，而他人如故。

吴主居武昌，扬州之民溯流供给，甚苦之，又奢侈无度，公私穷匮。凯上疏曰：“今四边无事，当务养民丰财，而更穷奢极欲。无灾而民命尽，无为而国财空，臣窃忧之。昔汉室既衰，三家鼎立，今曹、刘失道，皆为晋有，此目前之明验也。臣愚，但为陛下惜国家耳。武昌土地危险塉确，非王者之都。且童谣云：‘宁饮建业水，不食武昌鱼；宁还建业死，不止武昌居。’以此观之，足明人心与天意矣。今国无一年之蓄，民有离散之怨，国有露根之渐，而官吏务为苛急，莫之或恤。大帝时，后宫列女及诸织络数不满百，景帝以来，乃有千数，此耗财之甚也。又左右之臣，率非其人，群党相扶，害忠隐贤，此皆蠹政病民者也。臣愿陛下省

很好吗？”傅玄说：“把穿丧服的时间从以月计改为以日计，已经有几百年了，一旦要恢复古制，是很难行得通的。”羊祜说：“不能使天下人都遵从礼法，暂且使皇帝再穿孝服，不是还好些吗？”傅玄说：“皇帝不除丧服而天下除丧服，这就是只有父子，不再有君臣的行为。”羊祜于是不再提议恢复古制的事情。

六月二十二日戊辰，晋朝群臣上奏请求晋武帝更换正常的服饰和膳食，晋武帝说：“我每当感念先灵，而不能完成穿丧服之礼，就为此沉痛，更不要说吃稻米、穿锦绣了。这样做只会激起朕的痛切之心，不能够缓解朕的痛苦。我本生于儒者之家，礼法传习已久，何至于一时之间便对自己的父亲改了这种感情！听从你们的已经够多了，你们可以对照孔子回答宰我的话反省自己，不要再多说了。”于是晋武帝以素食素服度过三年。

臣司马光评论说：上自天子，下至平民百姓，都要服丧三年，这是先王礼经所规定的，百世不可改变。汉文帝以己意为师，不守成规，改变古制，败坏礼法，断绝父子之间的恩德，毁坏君臣之间的情义，使后世的帝王不能真诚专一于哀悼先人的感情，而群臣谄媚、阿谀，没有人肯加以改正。到了晋武帝，唯独以自己的天性加以纠正并实行，可称得上是非凡的贤君。而裴秀、傅玄之徒，是见识浅陋的平庸之臣，习惯于常规，拘守于行之已久的习俗，不能够承顺晋武帝的美意。

吴国改年号为宝鼎。

吴主孙皓任命陆凯为左丞相，万彧为右丞相。吴主憎恶别人注视他，群臣朝见或在一旁侍候，没有人敢抬眼看他。陆凯说：“君臣之间没有不相识的道理，如果突然发生了意料不到的事情，就不知道该怎么办了。”吴主于是听凭陆凯注视他，而对别人却依然如故。

吴主孙皓居住在武昌，扬州的百姓逆流而上提供物资，异常劳苦。再加上吴主奢侈无度，使得国家和民众都穷困匮乏。陆凯上书说：“如今四周边境都没有战事，应当致力于休养民力，积蓄财富，然而却愈发穷奢极欲，还没有发生灾难而百姓的性命已休，还没有什么作为而国库的资财已空，我私下为此感到忧虑。从前汉室衰微，三家鼎立，如今曹刘失道，都被晋所占有，这是近在眼前的且十分明显的证据。我愚笨无知，但只是为主上珍惜国家而已。武昌地势高险，土质薄，多山石，并非帝王建都的地方，况且童谣说：‘宁饮建业水，不食武昌鱼；宁还建业死，不在武昌居。’由此看来，是可以证明人心与天意了。现在国家仅有不足一年的积蓄，百姓有离散的怨言，国家这棵大树已经渐渐露出了根基，而官吏却致力于苛刻催逼百姓，

息百役，罢去苛扰，料出宫女，清选百官，则天悦民附，国家永安矣。”吴主虽不悦，以其宿望，特优容之。

九月，诏：“自今虽诏有所欲，及已奏得可，而于事不便者，皆不可隐情。”

戊戌，有司奏：“大晋受禅于魏，宜一用前代正朔、服色，如虞遵唐故事。”从之。

冬，十月，丙午朔，日有食之。

永安山贼施但，因民劳怨，聚众数千人，劫吴主庶弟永安侯谦作乱，北至建业，众万余人，未至三十里住，择吉日入城。遣使以谦命召丁固、诸葛靓，固、靓斩其使，发兵逆战于牛屯。但兵皆无甲胄，即时败散。谦独坐车中，生获之。固不敢杀，以状白吴主，吴主并其母及弟俊皆杀之。初，望气者云：荆州有王气，当破扬州。故吴主徙都武昌。及但反，自以为得计，遣数百人鼓噪入建业，杀但妻子，云：“天子使荆州兵来破扬州贼。”

十一月，初并圜丘、方丘之祀于南北郊。

罢山阳国督军，除其禁制。

十二月，吴主还都建业，使后父卫将军、录尚书事滕牧留镇武昌。朝士以牧尊戚，颇推令谏争，滕后之宠由是渐衰，更遣牧居苍梧，虽爵位不夺，其实迁也，在道以忧死。何太后常保佑滕后，太史又言中宫不可易，吴主信巫觋，故得不废，常供养升平宫，不复进见；诸姬佩皇后玺绂者甚众，滕后受朝贺表疏而已。吴主使黄门遍行州郡，料取将吏家女，其二千石大臣子女，岁岁言名，年十五六一简阅，简阅不中，乃得出嫁。后宫以千数，而采择无已。

（以上为第四段，写吴主孙皓因听信宫中术士的预言，即荆州有天子气，就迁都武昌，劳民伤财。后来，永安地区发生农民起义，攻打建业，被平定后，孙皓又把

没有人体谅他们。大帝的时候，后宫的女子以及各种织工人数不足百人，景帝以来，人数已经上千，这就使资财的耗费非常严重了。另外，您身边的臣子大多没有什么才能，他们结成帮派相互扶持，陷害忠良，埋没贤达，这都是些损政害民的人。我希望主上减省、停止各种劳役，免去苛刻的骚扰，清理、减少宫女，严格选拔官吏，那么就会使上天喜悦而民归附，国家长久安定了。”吴主虽然不高兴，但由于陆凯的名望大，就对他特别宽容。

九月，晋武帝下诏说：“从现在开始，即使诏令有要求，以及已上奏并获得批准，但是在实际执行中有不便之处的，都不得隐瞒实情。”

九月二十三日戊戌，有关部门上奏说：“大晋受到魏帝的禅让，应当一概沿用前代历法与车马祭牲的颜色，如同虞舜遵循唐尧旧制一样。”晋武帝司马炎听从了这一意见。

冬季，十月初一丙午朔，出现日食。

吴国永安山民施但，乘百姓劳苦有怨言，聚集了民众数千人，劫持了吴主孙皓的庶弟、永安侯孙谦作乱。他们向北打到建业，徒众有一万多人，离建业不到三十里时驻扎下来，选择吉日进城。施但派使者以孙谦的名义召丁固、诸葛靓，丁固、诸葛靓杀了使者，发兵在牛屯迎战施但。施但的士兵都没有盔甲，立时就被打败而逃散了。孙谦独自坐在车子里被活捉了。丁固不敢杀他，把情况禀告吴主，吴主把孙谦连同孙谦的母亲及弟弟孙俊都杀了。当初，望云气的人说：荆州有帝王之气，应当能攻破扬州，因此吴主迁都到武昌。等到施但造反，吴主自以为预言应验了，就派遣数百人击鼓鸣叫进入建业，杀了施但的妻子儿女，说：“天子派荆州兵来打败扬州贼。”

十一月，晋朝开始把冬至以圜丘祭天、夏至在方泽祭地的仪式合并于南郊和北郊。

晋朝罢免了汉朝后裔居住的山阳国的监督卫队，解除了对山阳国的禁制。

十二月，吴主孙皓又把国都迁回建业，派皇后的父亲、卫将军、录尚书事滕牧留下来镇守武昌。朝廷中的官吏因滕牧是显贵的皇亲，都推举他，让他向吴主谏争，滕皇后因此逐渐失去了恩宠。吴主又让滕牧去苍梧居住，虽然没有削夺他的爵位，实际上是把他放逐了，他在半路上由于忧郁而死去。何太后时常护佑着滕后，又加上太史说皇后不可更换，吴主相信巫术，所以滕后没有被废，日常供养在升平宫，不再进见吴主。宫中的姬妾很多人都佩戴着皇后印玺绶带，滕后却只是个摆饰，接受大臣们的朝贺和上奏的文书而已。吴主派遣宦官走遍了州郡，挑选将吏家中的女子入宫。只要是二千石大臣家里的女儿，每年都要申报姓名年龄，到了十五六岁就要进行考察、检选，没有被选中的才可以出嫁。后宫女子已有上千人，吴主仍然不

都城迁回建业。）

三年（丁亥，267年）

春，正月，丁卯，立子衷为皇太子。诏以“近世每立太子必有赦。今世运将平，当示之以好恶，使百姓绝多幸之望。曲惠小人，朕无取焉！”遂不赦。

司隶校尉上党李憙劾故立进令刘友、前尚书山涛、中山王睦、尚书仆射武陔各占官稻田，请免涛、睦等官，陔已亡，请贬其谥。诏曰：“友侵剥百姓以缪惑朝士，其考竟，以惩邪佞。涛等不贰其过，皆勿有所问。憙亢志在公，当官而行，可谓邦之司直矣。光武有云：‘贵戚且敛手，以避二鲍。’其申敕群僚各慎所司，宽宥之恩，不可数遇也。”睦，宣帝之弟子也。

臣光曰：政之大本，在于刑赏，刑赏不明，政何以成！晋武帝赦山涛而褒李憙，其于刑赏两失之。使憙所言为是，则涛不可赦；所言为非，则憙不足褒。褒之使言，言而不用，怨结于下，威玩于上，将安用之！且四臣同罪，刘友伏诛而涛等不问，避贵施贱，可谓政乎！创业之初而政本不立，将以垂统后世，不亦难乎！

帝以李憙为太子太傅，征犍为李密为太子洗马。密以祖母老，固辞，许之。密与人交，每公议其得失而切责之，常言：“吾独立于世，顾影无俦，然而不惧者，以无彼此于人故也。”

（以上为第五段，写晋武帝司马炎立司马衷为太子，力图改变旧俗，没有实行大赦；任意刑赏，有几人犯同样的错误，但所受的处罚却不一样，司马光予以讥评，认为不能树立治理国家的根本。）

吴大赦，以右丞相万彧镇巴丘。

夏，六月，吴主作昭明宫，二千石以下，皆自入山督伐木。大开苑囿，起土山、楼观，穷极伎巧，功役之费以亿万计。陆凯谏，不听。中书丞华核上疏曰：“汉文之世，九州晏然，贾谊独以为如抱火厝于积薪之

断地挑选新人入宫。

晋武帝泰始三年（丁亥，267年）

春季，正月，丁卯（疑误），晋武帝立其子司马衷为皇太子。下诏说："近代每当立太子，必定大赦天下。如今世事的盛衰变化将要走向清平，应当表示出喜好与憎恶，使百姓断绝绕幸的希望。曲意地赐以微小的仁爱，为我所不取。"于是不实行大赦。

晋朝司隶校尉、上党人李憙，揭发以前的立进县令刘友、前尚书山涛、中山王司马睦、尚书仆射武陔等都有霸占官府稻田的行为，请求免去山涛、司马睦等人的官职，武陔已经死亡，请求将他的谥号降级。晋武帝下诏说："刘友欺凌掠夺百姓，迷惑朝廷官吏，应对其拷问处死以惩罚邪佞之人。如果山涛等人不再重犯已往的过错，对他们就免于追究。李憙一心为公，敢于揭发官员的过错，可称得上是国家中的司直了。汉光武帝有言：'贵戚尚且缩起手以躲避二鲍。'即指整肃百官群僚，使他们各自谨慎于自己的职责。而宽容的恩典是不应该经常使用的！"司马睦是晋宣帝司马懿弟弟的儿子。

臣司马光评论：政治的根本在于刑与赏，刑赏不分明，政治如何能成就！晋武帝赦免山涛而褒奖李憙，在刑与赏两方面都丧失了。如果李憙所言是正确的，那么山涛就不可以赦免；所言为非，李憙就不值得褒奖。褒奖李憙，让他说话，他说了却又不采用，结果在下属中结下怨恨，在上则使权威被轻慢，这样又将如何使用李憙？况且四位大臣罪行相同，而刘友被处死，山涛等人却不问罪，避开权贵而施法于轻贱，这能说是治政之道吗？正处于创业之初，却不能树立治理国家的根本，要想把基业传给后世，不是很难的事吗？

晋武帝司马炎任命李憙为太子太傅，征召犍为人李密为太子洗马。李密因为祖母上了年纪，坚决辞让不受，晋武帝允许了。李密与人交往，往往公然议论其得失优劣而严厉地责备其人，他常常说："我独自立于人世，自顾其影而没有伴侣，但我却心无恐惧，就是因为我对别人没有厚此薄彼的缘故。"

吴国实行大赦，任命右丞相万彧镇守巴丘。

夏季，六月，吴主孙皓兴建昭明宫，俸禄二千石以下的官吏，都亲自进山督促伐木。大规模地开辟苑囿，兴建土山、楼台，极尽才艺工巧，工程、劳役的花费以亿万计算。陆凯进谏劝阻，也没有用。中书丞华核上疏说："汉文帝时，九州安逸，

下而寝其上。今大敌据九州之地，有太半之众，欲与国家为相吞之计，非徒汉之淮南、济北而已也，比于贾谊之世，孰为缓急！今仓库空匮，编户失业，而北方积谷养民，专心东向。又，交趾沦没，岭表动摇，胸背有嫌，首尾多难，乃国朝之厄会也。若舍此急务，尽力功作，卒有风尘不虞之变，当委版筑而应烽燧，驱怨民而赴白刃，此乃大敌所因以为资者也。”

时吴俗奢侈，核又上疏曰：“今事多而役繁，民贫而俗奢，百工作无用之器，妇人为绮靡之饰，转相仿效，耻独无有。兵民之家，犹复逐俗，内无甔石之储，而出有绫绮之服，上无尊卑等级之差，下有耗财费力之损，求其富给，庸可得乎！”吴主皆不听。

秋，七月，王祥以睢陵公罢。

九月，甲申，诏增吏俸。

以何曾为太保，义阳王望为太尉，荀顗为司徒。

禁星气、谶纬之学。

吴主以孟仁守丞相，奉法驾东迎其父文帝神于明陵，中使相继，奉问起居。巫觋言见文帝被服颜色如平生。吴主悲喜，迎拜于东门之外。既入庙，比七日三祭，设诸倡伎，昼夜娱乐。

是岁，遣鲜卑拓跋沙漠汗归其国。

（以上为第六段，写吴主孙皓不爱惜民力、财力，兴建昭明宫，大规模开辟苑囿，兴建土山、楼台，极尽奢华，工程、劳役的花费以亿万计算；又奢侈成风，大臣极力劝谏，但孙皓根本听不进去。）

四年（戊子，268 年）

春，正月，丙戌，贾充等上所刊修律令。帝亲自临讲，使尚书郎裴楷执读。楷，秀之从弟也。侍中卢珽、中书侍郎范阳张华请抄新律死罪条目，悬之亭传以示民，从之。

又诏河南尹杜预为黜陟之课，预奏：“古者黜陟，拟议于心，不泥于法；末世不能纪远而专求密微，疑心而信耳目，疑耳目而信简书，简书愈繁，官方愈伪。魏氏考课，即京房之遗意，其文可谓至密，然失于苛

唯独贾谊认为，当时的局势就如同在燃烧着的柴堆上睡觉。现在强大的敌人占有九州之地，拥有一大半民众，计划着想要吞并我国，不仅仅是汉代时的淮南王、济北王而已。和贾谊的时代相比，哪一个局势更加紧迫？现在国库空虚匮乏，编入户籍的平民，失去谋生的常业，而北方的晋朝积蓄粮食，休养民力，一心一意地谋取东南。另外，交趾陷落，岭外一带极不稳固，我们前后都有仇敌，首尾布满威胁，这正是本朝危难的时刻。如果舍弃当前紧迫的事务，而尽力营造宫室，一旦有意料不到的战乱发生，就要丢下营造之事而响应烽火告急，驱使积怨之民奔赴利刃相接的战场，这便是强大的敌人乘机加以利用的机会。”

当时吴国民风奢侈，华核又上疏说：“现在事情很多而劳役繁杂，百姓贫苦而民俗奢侈，各种工匠制作无用的器物，妇女的打扮华丽浮艳，互相仿效，以唯独自己没有为耻。士兵、平民之家，也在追逐流俗，家里没有一锅米、一石粮的储蓄，出门却穿着丝织的鲜丽服装；上没有尊卑等级的差别，下却有耗财费力的损失，要想得到富裕丰足，怎么能够实现？”这些话吴主一概听不进去。

秋季，七月，原魏国王祥睢陵公的爵位被免去。

九月十四日甲申，晋武帝下诏，增加官吏的薪俸。

晋武帝任命何曾为太保，义阳王司马望为太尉，荀颉为司徒。

晋朝禁止占星、望气以及谶纬之学。

吴主孙皓任命孟仁署理丞相事，侍奉吴主车驾向东迎其父文帝孙和的神灵到明陵。路上使者来往不绝，敬问神灵的日常起居。巫者声称见到了文帝，其服装、面色和活着的时候一样。吴主又悲又喜，在东门外迎拜。等到把文帝的神灵迎进祖庙，接连在七日之内拜祭了三次，安排了各类歌舞艺人，不分白天黑夜地娱乐。

这一年，晋朝遣返鲜卑的拓跋沙漠汗回国。

晋武帝泰始四年（戊子，268 年）

春季，正月十八日，贾充等人奉上他们所修改的律令，晋武帝来到讲解之处，让尚书郎裴楷在一旁诵读。裴楷是裴秀的堂弟。侍中卢珽、中书侍郎范阳人张华请求抄写新律令有关死罪的条目，在驿站张贴，以告示民众，晋武帝听从了这一建议。

晋武帝又命令河南尹杜预对官吏的进退升降进行考核。杜预上奏说：“古时候进退人才，筹划于心，不拘泥于法规；到了衰亡之世，不能考虑长久的通行而专求细密、周到，心存疑忌就相信所见所闻，对所见所闻产生怀疑又相信文书、信札，文

细以违本体，故历代不能通也。岂若申唐尧之旧制，取大舍小，去密就简，俾之易从也！夫曲尽物理，神而明之，存乎其人。去人而任法，则以文伤理。莫若委任达官，各考所统，岁第其人，言其优劣。如此六载，主者总集，采按其言，六优者超擢，六劣者废免，优多劣少者平叙，劣多优少者左迁。其间所对不钧，品有难易，主者固当准量轻重，微加降杀，不足曲以法尽也。其有优劣徇情，不叶公论者，当委监司随而弹之。若令上下公相容过，此为清议大颓，虽有考课之法，亦无益也。”事竟不行。

丁亥，帝耕籍田于洛水之北。戊子，大赦。

二月，吴主以左御史大夫丁固为司徒，右御史大夫孟仁为司空。

三月，戊子，皇太后王氏殂。帝居丧之制，一遵古礼。

夏，四月，戊戌，睢陵元公王祥卒，门无杂吊之宾。其族孙戎叹曰：“太保当正始之世，不在能言之流；及间与之言，理致清远，岂非以德掩其言乎！”

己亥，葬文明皇后。有司又奏：“既虞，除衰服。”诏曰：“受终身之爱而无数年之报，情所不忍也。”有司固请，诏曰：“患在不能笃孝，勿以毁伤为忧。前代礼典，质文不同，何必限以近制，使达丧阙然乎！”群臣请不已，乃许之，然犹素冠疏食以终三年，如文帝之丧。

秋，七月，众星西流，如雨而陨。己卯，帝谒崇阳陵。

九月，青、徐、兖、豫四州大水。

大司马石苞久在淮南，威惠甚著。淮北监军王琛恶之，密表苞与吴人交通。会吴人将入寇，苞筑垒遏水以自固，帝疑之。羊祜深为帝言：

书、信札越来越烦琐，为官之道越来越虚伪。魏氏考核官吏的方法正是汉代京房遗留的法则，其文辞条令可称为极其细密，然而不足的是苛求细枝末节而违背了主体，所以历代都不能通行无阻。还不如申明唐尧时期的旧制度，取其大而舍其小，去其细密而从其简明，使之易于遵循。要想说透事物的常理，彰明精神实质，全在于人本身；抛开人而依赖法令，就会以文辞、条令损害事理。不如委任显贵的官员，各自考核其所统领范畴内的官吏，每年都进行考查，议论其优劣，这样连续六年，主管人综合六年的情况，审查对其六年的评议，六年成绩都是优良的人可以超格选拔；六年成绩都是低劣的人，就要废黜免职。优多劣少的人平级调任，劣多优少的人就要降职。在这当中，考核不平衡，品评有难易，主管人自然应当准确地衡量轻重，稍加损益，不必曲折以求尽合于法。有对优劣的品评徇私情，不符合公正的议论的应当交付监察部门进行核查。假如上下公然地容忍过错，那么这就使公正的评论彻底地衰败，即使有对官吏考核的法令，也不会有益处。”这件事最终也没有实行。

正月十九日丁亥，晋武帝在洛水之北耕种奉祀宗庙的籍田。正月二十日戊子，晋朝实行大赦。

二月，吴主孙皓任命左御史大夫丁固为司徒，右御史大夫孟仁为司空。

三月二十一日戊子，晋朝皇太后王氏去世。晋武帝居丧期间的制度，一概遵循古时候的礼节。

夏季，四月初二戊戌，睢陵元公王祥去世，去他家中吊丧的宾客中没有缺乏德行的人。他的同族兄弟的孙子王戎感叹道：“太保王祥在正始时期，没有被列于能言善谈的那一流里，有时候与他交谈，思想情趣清明高远，莫不是他的德行掩盖了他言谈方面才能？”

四月初三己亥，晋朝安葬文明皇后。主管部门上奏说：“安魂的祭礼已经完毕，可以除去丧服。”晋武帝说：“受到母亲一生的爱抚，却没有用几年的时间回报，从感情上不忍心。”主管部门坚持请晋武帝除去丧服，晋武帝说：“我所担忧的是不能够一心一意地尽孝，你们不要为我过度悲伤和忧虑。前代的礼仪典制形式内容也有所不同，何必要用近代的制度加以限制，使通用的丧礼废缺呢？”群臣仍然请求不已，晋武帝便听从了，但是仍然戴白冠，吃素食，坚持了三年，如同为晋文帝守丧一样。

秋季，七月，众多流星落向西方，如雨水倾泻而下。七月十四日己卯，晋武帝拜谒崇阳陵。

九月，晋朝青、徐、兖、豫四州洪水泛滥。

晋朝大司马石苞长期住在淮南，威望与恩惠在当地很有名。淮北监军王琛憎恨他，秘密上报，说石苞与吴国相勾结。正巧吴国将要入侵晋朝，石苞构筑工事，阻

“苞必不然。”帝不信，乃下诏，以苞不料贼势，筑垒遏水，劳扰百姓，策免其官，遣义阳王望帅大军以征之。苞辟河内孙铄为掾，铄先与汝阴王骏善，骏时镇许昌，铄过见之。骏知台已遣军袭苞，私告之曰：“无与于祸！”铄既出，驰诣寿春，劝苞放兵，步出都亭待罪。苞从之。帝闻之，意解，苞诣阙，以乐陵公还第。

吴主出东关。冬，十月，使其将施绩入江夏，万彧寇襄阳。诏义阳王望统中军步骑二万屯龙陂，为二方声援。会荆州刺史胡烈拒绩，破之，望引兵还。

吴交州刺史刘俊、大都督修则、将军顾容前后三攻交趾，交趾太守杨稷皆拒破之；郁林、九真皆附于稷。稷遣将军毛炅、董元攻合浦，战于古城，大破吴兵，杀刘俊、修则，余兵散还合浦。稷表炅为郁林太守，元为九真太守。

十一月，吴丁奉、诸葛靓出芍陂，攻合肥。安东将军汝阴王骏拒却之。

以义阳王望为大司马，荀觊为太尉，石苞为司徒。

（以上为第七段，写晋朝建立法律制度、官吏考核制度；晋武帝司马炎为母亲守孝至诚，戴白冠，吃素食，坚持三年，如同为父亲守丧一样；吴国几次出兵攻打晋朝，均被打败。）

五年（己丑，269年）

春，正月，吴主立子瑾为皇太子。

二月，分雍、凉、梁州置秦州。以胡烈为刺史。先是，邓艾纳鲜卑降者数万，置于雍、凉之间，与民杂居，朝廷恐其久而为患，以烈素著名于西方，故使镇抚之。

青、徐、兖三州大水。

帝有灭吴之志。壬寅，以尚书左仆射羊祜都督荆州诸军事，镇襄阳；征东大将军卫瓘都督青州诸军事，镇临菑；镇东大将军东莞王伷都督徐州诸军事，镇下邳。

祜绥怀远近，甚得江、汉之心，与吴人开布大信，降者欲去，皆听

断水流以使防卫更加坚固，晋武帝便对石苞产生了怀疑。羊祜真诚地对晋武帝说："石苞肯定不会如此。"晋武帝不相信，下令以石苞没有料到敌方形势，构筑工事，阻断水流，惊扰百姓为由，免去他的官职，派遣义阳王司马望率领大军征召石苞。当时，石苞征召河内孙铄为副官，孙铄从前就与汝阴王司马骏相友善。司马骏当时镇守许昌，孙铄路过那里看他，司马骏知道朝廷已经派出军队袭击石苞，就私下对孙铄说："你不要卷入祸事里去。"孙铄从司马骏那里出来，急驰到寿春，劝说石苞放下兵器、军队，步行走出驿站待罪，石苞听从了他的话。晋武帝听到这个消息，放下了心，石苞来到皇帝殿庭，以乐陵公的身份被遣回了他的住所。

吴主孙皓出东关。冬季，十月，派遣将领施绩进入晋朝江夏，派万彧入侵晋朝襄阳。晋武帝司马炎命义阳王司马望统领中军步兵、骑兵两万人驻扎在龙陂，声援江夏与襄阳两方面。这时，荆州刺史胡烈抵御施绩的入侵并打败了施绩，司马望便领兵返回。

吴国的交州刺史刘俊、大都督修则、将军顾容前后三次攻打晋朝管辖的交趾，都因交趾太守杨稷的抵抗而失败了，郁林、九真两地都归附于杨稷。杨稷派将军毛炅、董元攻打合浦，在古城交战，大破吴兵，杀死刘俊、修则，剩下的散兵逃回了合浦。杨稷上奏毛炅为郁林太守，董元为九真太守。

十一月，吴国丁奉、诸葛靓从芍陂出兵，攻打合肥，遭到晋朝安东将军、汝阴王司马骏的抵抗，吴兵退却。

晋朝任命义阳王司马望为大司马，荀顗为太尉，石苞为司徒。

晋武帝泰始五年（己丑，269 年）

春季，正月，吴主孙皓立儿子孙谨为皇太子。

二月，晋朝分出雍州、凉州、梁州的一部分设置秦州，任命胡烈为秦州刺史。从前邓艾曾经招纳投降的鲜卑人数成万，安置在雍州、凉州之间，与汉人杂居，朝廷担心日久会生出祸患，因为胡烈在西部素有声望，所以派他去镇守安抚。

晋朝青、徐、兖三州洪水泛滥。

晋武帝有灭吴的志向。十一日壬寅，任命尚书左仆射羊祜统领荆州诸项军事，镇守襄阳；任命征东大将军卫瓘统领青州诸项军事，镇守临淄；任命镇东大将军、东莞王司马伷统领徐州各项军事，镇守下邳。

晋朝羊祜对远近百姓都安抚关切，在江汉地区深得人心。他与吴人开诚布公讲

之，减戍逻之卒，以垦田八百余顷。其始至也，军无百日之粮，及其季年，乃有十年之积。祜在军，常轻裘缓带，身不被甲，铃阁之下，侍卫不过十数人。

济阴太守巴西文立上言："故蜀之名臣子孙流徙中国者，宜量才叙用，以慰巴、蜀之心，以倾吴人之望。"帝从之。己未，诏曰："诸葛亮在蜀，尽其心力，其子瞻临难而死义，其孙京宜随才署吏。"又诏曰："蜀将傅佥父子，死于其主。天下之善一也，岂由彼此以为异哉！佥息著、募没入奚官，宜免为庶人。"

帝以文立为散骑常侍。汉故尚书犍为程琼，雅有德业，与立深交，帝闻其名，以问立，对曰："臣至知其人，但年垂八十，禀性谦退，无复当时之望，故不以上闻耳。"琼闻之，曰："广休，可谓不党矣，此吾所以善夫人也。"

秋，九月，有星孛于紫宫。

冬，十月，吴大赦，改元建衡。

封皇子景度为城阳王。

初，汝南何定尝为吴大帝给使，及吴主即位，自表先帝旧人，求还内侍。吴主以为楼下都尉，典知酤籴事，遂专为威福。吴主信任之，委以众事。左丞相陆凯面责定曰："卿见前后事主不忠，倾乱国政，宁有得以寿终者邪！何以专为奸邪，尘秽天听，宜自改厉。不然，方见卿有不测之祸。"定大恨之。凯竭心公家，忠恳内发，表疏皆指事不饰。及疾病，吴主遣中书令董朝问所欲言，凯陈："何定不可信用，宜授以外任。奚熙小吏，建起浦里田，亦不可听。姚信、楼玄、贺邵、张悌、郭逴、薛莹、滕修，及族弟喜、抗，或清白忠勤，或资才卓茂，皆社稷之良辅，愿陛下重留神思，访以时务，使各尽其忠，拾遗万一。"邵，齐之孙；莹，综之子；玄，沛人；修，南阳人也。凯寻卒，吴主素衔其切直，且日闻何定之谮，久之，竟徙凯家于建安。

信用，投降的吴人想离开，都听从他们的心愿。羊祜裁减守边、巡逻的士兵，让他们开垦了八百多顷农田。他刚到那里的时候，军队的粮食不足以维持百日，等到了后期，已经有了够吃十年的积粮。羊祜在军中，时常穿着轻暖的裘皮衣服，衣带宽松，不披挂铠甲。他居住的地方侍卫也不过十几人。

济阴太守、巴西人文立上书说："过去流离转迁到中原地区的蜀地名臣的子孙，应当依据他们的才能分级进用，以慰藉巴蜀之地的民心，以使吴人对我们倾心。"晋武帝听从了他的话。二十八日，晋武帝下诏说："诸葛亮在蜀地竭尽心力，他的儿子诸葛瞻，面临危难守节而死，他的孙子诸葛京，应根据其才能安排官职。"又下诏说："蜀将傅佥父子，为他们的主人而死。天下美好的道德是统一的，怎么能够因为彼此对立就不同样看待呢？傅佥的儿子傅著、傅募，因为是罪犯的家属被没入官署做杂役，应赦免他们成为平民。"

晋武帝任命文立为散骑常侍。前蜀国尚书、犍为人程琼，德行政绩都很有名，与文立有很深的交情。晋武帝听到他的名望，就问文立，文立回答说："我极其了解这个人，只是他年龄将近八十，禀性谦恭退让，再没有他当年的心愿，所以我没把他的情况告诉您。"程琼听说了文立的话以后，说："文立可以称之为不结党，这正是我之所以称赞他的原因。"

秋季，九月，有异星出现于紫宫星座。

冬季，十月，吴国实行大赦，改年号为建衡。

晋朝晋封皇子司马景度为城阳王。

当初，汝南何定曾经担任吴大帝孙权的内侍，等到吴主孙皓即位，何定就自己表白是先帝的旧人，请求还去做内侍。吴主让他当了楼下都尉，掌管买酒买粮等事，他便独断专行，作威作福，吴主信任他，很多事情都交给他去办。左丞相陆凯当面指责何定说："你看看前后侍奉主人不忠诚、祸害扰乱国家政权的人，难道有得以寿终正寝的吗？你为什么专做邪恶之事，扰乱圣上的视听，你应当改掉恶习，不然的话，你将有意想不到的祸事。"何定对陆凯恨之入骨。陆凯一心一意为国家，忠诚恳切发自内心，所上奏全都摆出事实，不为文饰。等到陆凯病倒了，吴主便派中书令董朝去问陆凯有什么话要说，陆凯陈述道："何定不可信用，应当授予他朝廷以外的官职。奚熙这个小官，建起浦里塘，也不要听他的话。姚信、楼玄、贺邵、张悌、郭逴、薛莹、滕修以及我的同族弟弟陆喜、陆抗，这些人有的清白、忠诚、勤恳；有的资质才能卓越、优秀，他们都是国家贤能的辅佐，希望君主多留神费心，国家的事情与他们商议，使他们各尽忠诚，能够纠正、补漏于万一。"贺邵是贺齐的孙子；薛莹是薛综的儿子；楼玄是沛人；滕修是南阳人。陆凯不久就去世了，吴主平时就对陆凯的严厉耿直怀恨于心，况且耳朵里天天听到何定的谗言，日久天长，终

吴主遣监军虞汜、威南将军薛珝、苍梧太守丹阳陶璜从荆州道，监军李勖、督军徐存从建安海道，皆会于合浦，以击交趾。

十二月，有司奏东宫施敬二傅，其仪不同。帝曰：“夫崇敬师傅，所以尊道重教也，何言臣不臣乎！其令太子申拜礼。”

（以上为第八段，写晋武帝司马炎有灭吴的志向，围绕灭吴进行军事部署，重用深得人心的羊祜等名将；而吴主孙皓听不进忠臣劝告，重用那些独断专行、作威作福的奸佞小人。）

六年（庚寅，270 年）

春，正月，吴丁奉入涡口，扬州刺史牵弘击走之。吴万彧自巴丘还建业。

夏，四月，吴左大司马施绩卒。以镇军大将军陆抗都督信陵、西陵、夷道、乐乡、公安诸军事，治乐乡。

抗以吴主政事多阙，上疏曰：“臣闻德均则众者胜寡，力侔则安者制危，此六国所以并于秦，西楚所以屈于汉也。今敌之所据，非特关右之地、鸿沟以西，而国家外无连衡之援，内非西楚之强，庶政陵迟，黎民未乂。议者所恃，徒以长江、峻山限带封域，此乃守国之末事，非智者之所先也。臣每念及此，中夜抚枕，临餐忘食。夫事君之义，犯而勿欺，谨陈时宜十七条以闻。”吴主不纳。

李勖以建安道不利，杀导将冯斐，引军还。初，何定尝为子求婚于勖，勖不许，乃白勖枉杀冯斐，擅彻军还，诛勖及徐存并其家属，仍焚勖尸。定又使诸将各上御犬，一犬至直缣数十匹，缨绁直钱一万，以捕兔供厨。吴人皆归罪于定，而吴主以为忠勤，赐爵列侯。陆抗上疏曰：“小人不明理道，所见既浅，虽使竭情尽节，犹不足任，况其奸心素笃而憎爱移易哉！”吴主不从。

六月，戊午，胡烈讨鲜卑秃发树机能于万斛堆，兵败，被杀。都督雍、凉州诸军事扶风王亮遣将军刘旂救之，旂观望不进。亮坐贬为平西

于把陆凯的家属放逐到建安去了。

吴主孙皓派遣监军虞汜、威南将军薛珝、苍梧太守丹阳人陶璜，沿着荆州道行动；命令监军李勖、督军徐存从建安海路行动，在合浦会合，然后去攻打交趾。

十二月，晋朝主管部门上奏晋武帝，太子向两位老师施行恭敬之礼，礼仪应与凡人有所不同。晋武帝说："崇敬师傅的目的是为了尊道重教，臣下怎么能不像臣下呢？应当让太子再行拜礼。"

晋武帝泰始六年（庚寅，270 年）

春季，正月，吴国丁奉进入涡口，晋朝扬州刺史牵弘将其击退。吴国万彧从巴丘返回建业。

夏季，四月，吴国左大司马施绩去世。吴主孙皓任命镇军大将军陆抗统领信陵、西陵、夷道、乐乡、公安各地的军事，治所设在乐乡。

镇军大将军陆抗因吴主孙皓处理政事多有过失，上书说："我听说在恩德均等的情况下，人多的一方可以战胜人少的一方；在力量相同的情况下，安定的一方可以制服危难的一方，这正是六国之所以被秦吞并、西楚之所以屈服于汉的原因。现在敌人所凭据的，不只是关西地区，不只是鸿沟以西，而我国外无六国时连衡的援助，内无西楚时的强大，各种政务衰落，百姓没有得到治理。议论的人们所倚仗的只不过是以长江、高山这些天险为疆界，这是守卫国土中不足为凭的小事，并不是有才智的人首先要考虑的。我每当想到此，半夜里抚摸着枕头睡不着，面对饭菜忘记了进食。侍奉君王的道理在于可以冒犯他却不可以欺骗他，我恭敬地陈述于时势合宜的十七条，使您能够听到。"吴主没有采纳他的意见。

吴国将领李勖因为走建安那条路不顺利，就杀了带路的将官冯斐，带领军队返回。当初，何定曾经为他的儿子向李勖求婚，李勖没有答应，于是何定就说李勖杀掉冯斐是冤枉了冯斐，李勖是擅自后撤返回的，便杀了李勖、徐存连同他们的家属，还把李勖的尸首焚烧了。何定又让各位将官进献御犬，一条狗价值高达几十匹细绢，拴狗的缰绳价值一万钱，用这些狗捕捉兔子供应厨房。吴人都归罪于何定，而吴主孙皓却认为他忠诚殷勤，赐予他列侯的爵位。陆抗上疏说："小人不明事理，见识浅薄，即使让他竭心尽力，也还是不能够胜任其职，更何况他一向专心于邪恶，爱与憎在他的心中都是颠倒的呢！"吴主不听从陆抗的话。

六月初四戊午，魏国将领胡烈在万斛堆讨伐鲜卑人秃发树机能，兵败被杀。都督雍州、凉州诸军事的扶风王司马亮，派遣将军刘旂去救援胡烈，刘旂观望不前，

将军，旂当斩。亮上言：“节度之咎，由亮而出，乞丐其死。”诏曰：“若罪不在旂，当有所在。”乃免亮官。

遣尚书乐陵石鉴行安西将军，都督秦州诸军事，讨树机能。树机能兵盛，鉴使秦州刺史杜预出兵击之。预以虏乘胜马肥，而官军县乏，宜并力大运刍粮，须春进讨。鉴奏预稽乏军兴，槛车征诣廷尉，以赎论。既而鉴讨树机能，卒不能克。

秋，七月，乙巳，城阳王景度卒。丁未，以汝阴王骏为镇西大将军，都督雍、凉等州诸军事，镇关中。

冬，十一月，立皇子东为汝南王。

吴主从弟、前将军秀为夏口督，吴主恶之，民间皆言秀当见图。会吴主遣何定将兵五千人猎夏口，秀惊，夜将妻子亲兵数百人来奔。十二月，拜秀票骑将军、开府仪同三司，封会稽公。

是岁，吴大赦。

初，魏人居南匈奴五部于并州诸郡，与中国民杂居，自谓其先汉氏外孙，因改姓刘氏。

（以上为第九段，写吴主孙皓处理政事多有过失，不听将军陆抗劝说；晋朝派遣将领胡烈攻打鲜卑首领，兵败被杀；扶风王司马亮再派遣将军刘旂前去救援，因观望不前而获罪。）

七年（辛卯，271年）

春，正月，匈奴右贤王刘猛叛，出塞。

豫州刺史石鉴坐击吴军虚张首级，诏曰：“鉴备大臣，吾所取信；而乃下同为诈，义得尔乎！今遣归田里，终身不得复用。”

吴人刁玄诈增谶文曰：“黄旗紫盖，见于东南，终有天下者，荆、扬之君。”吴主信之。是月晦，大举兵出华里，载太后、皇后及后宫数千人，从牛渚西上。东观令华核等固谏，不听。行遇大雪，道涂陷坏，兵士被甲持仗，百人共引一车，寒冻殆死，皆曰：“若遇敌，便当倒戈。”吴主闻之，乃还。帝遣义阳王望统中军二万、骑三千屯寿春以备之。闻吴师退，乃罢。

司马亮获罪，被贬为平西将军。刘旂应当被斩首，司马亮上书说："部署调度的罪过是由我而出的，请求宽免刘旂死罪。"晋武帝下诏说："假如罪过不在刘旂，那就应当有承罪之人。"于是免去司马亮的官职。

晋朝派尚书、乐陵人石鉴代理安西将军，统领秦州各项军事，攻打秃发树机能。秃发树机能兵力强盛，石鉴派秦州刺史杜预出兵攻打他。杜预认为，敌人乘胜士气正盛，马又肥壮，而官军匮乏，应当集中力量运输草料和粮食，等到春天再出兵进攻。石鉴上奏杜预延误了军用物资的征集调拨，用囚车把他押送到廷尉，以免去侯爵赎罪。后来，石鉴征讨秃发树机能，最终也未能取胜。

秋季，七月二十二日乙巳，城阳王司马景度去世。七月二十四日丁未，晋朝任命汝阴王司马骏为镇西大将军，统领雍州、凉州等州郡的各项军事行动，镇守关中。

冬季，十一月，晋朝立皇子司马东为汝南王。

吴主孙皓的堂弟、前将军孙秀担任夏口督将，吴主憎恨他。民间流传着孙秀早晚会被人算计的说法。正巧这时吴主让何定带着五千名士兵在夏口打猎，孙秀惊慌失措，夜里带着妻子儿女及亲兵几百人来投奔晋朝。十二月，晋朝授予孙秀骠骑将军、开府仪同三司官职，封为会稽公。

这一年，吴国实行大赦。

当初，魏人把南匈奴的五部安置在并州诸郡中居住，与中原地区汉人杂居。南匈奴人自称他们的祖先是汉朝的外孙，所以改姓为刘氏。

晋武帝泰始七年（辛卯，271年）

春季，正月，匈奴右贤王刘猛叛变，逃出边塞。

晋朝豫州刺史石鉴在攻打吴军时，虚报斩杀敌人首级的数量，因而获罪，晋武帝下诏说："石鉴身为大臣，我很信任他，而他却恶劣到弄虚作假，从道理上来看，怎么能如此行事呢？现在遣返他回故乡，终身不得再起用。"

吴国人刁玄伪造谶文说："黄色的旗帜、紫色的车盖，出现于东南方，最终得天下者是荆、扬之地的君主。"吴主孙皓信以为真，这月的最后一天，从华里大规模地出兵，车上载着太后、皇后以及后宫几千人，从牛渚向西进发。东观令华核等人坚持劝阻，吴主不听。行进途中遇到大雪，道路塌陷损毁，士兵身披铠甲，手持兵器，一百个人拉着一辆车子。天气寒冷，几乎要把人冻死，士兵们都说："如果遇到敌兵，我们就倒戈。"吴主听到这些话就返回了。晋武帝派遣义阳王司马望统率中军

三月，丙戌，巨鹿元公裴秀卒。

夏，四月，吴交州刺史陶璜袭九真太守董元，杀之；杨稷以其将王素代之。

北地胡寇金城，凉州刺史牵弘讨之。众胡皆内叛，与树机能共围弘于青山，弘军败而死。

初，大司马陈骞言于帝曰："胡烈、牵弘皆勇而无谋，强于自用，非绥边之材也，将为国耻。"时弘为扬州刺史，多不承顺骞命，帝以为骞与弘不协而毁之。于是征弘，既至，寻复以为凉州刺史。骞窃叹息，以为必败。二人果失羌戎之和，兵败身没，征讨连年，仅而能定，帝乃悔之。

五月，立皇子宪为城阳王。辛丑，义阳成王望卒。

侍中、尚书令、车骑将军贾充，自文帝时宠任用事，帝之为太子，充颇有力，故益有宠于帝。充为人巧谄，与太尉行太子太傅荀𫖮、侍中中书监荀勖、越骑校尉安平冯紞相为党友，朝野恶之。帝问侍中裴楷以方今得失，对曰："陛下受命，四海承风，所以未比德于尧、舜者，但以贾充之徒尚在朝耳。宜引天下贤人，与弘政道，不宜示人以私。"侍中乐安任恺、河南尹颍川庾纯，皆与充不协，充欲解其近职，乃荐恺忠贞，宜在东宫，帝以恺为太子少傅，而侍中如故。会树机能寇乱秦、雍，帝以为忧，恺曰："宜得威望重臣有智略者以镇抚之。"帝曰："谁可者？"恺因荐充，纯亦称之。秋，七月，癸酉，以充为都督秦、凉二州诸军事，侍中、车骑将军如故。充患之。

吴大都督薛珝与陶璜等兵十万，共攻交趾，城中粮尽援绝，为吴所陷，虏杨稷、毛炅等。璜爱炅勇健，欲活之；炅谋杀璜，璜乃杀之。修则之子允，生剖其腹，割其肝，曰："复能作贼不？"炅犹骂曰："恨不杀汝孙皓，汝父何死狗也！"王素欲逃归南中，吴人获之，九真、日南皆

二万人、骑兵三千人驻扎在寿春以防备敌军，听到吴军退却的消息，就停止了军事行动。

三月初七丙戌，晋朝巨鹿元公裴秀去世。

夏季，四月，吴国交州刺史陶璜袭击九真太守董元，将他杀死；杨稷用他的部将王素代替董元。

北地胡人进犯晋朝金城，凉州刺史牵弘率军前去征讨。内地各族胡人相继叛乱，众多的胡人和秃发树机能一同在青山包围了牵弘，牵弘兵败而死。

当初，大司马陈骞对晋武帝说："胡烈、牵弘都勇而无谋，固执，自以为是，并不是安抚边地的人才，他们终将造成国家耻辱。"当时牵弘任扬州刺史，时常不顺从陈骞的命令，晋武帝认为陈骞是与牵弘不和才对他进行诽谤。于是征召牵弘，牵弘来到，不久又任命为凉州刺史。陈骞暗自叹息，认为必然失败。胡牵两人果然丧失了与羌戎和睦的关系，兵败身死。连年出兵征讨，仅能维持表面安定，晋武帝于是后悔没听陈骞的话。

五月，晋武帝立皇子司马宪为城阳王。五月二十三日辛丑，晋朝义阳成王司马望去世。

晋朝侍中、尚书令、车骑将军贾充，自晋文帝司马昭时就受到宠信而当权，晋武帝司马炎能成为太子，贾充起了很大作用，所以他更加受到晋武帝宠爱。贾充为人虚伪谄媚，他与太尉、代理太子太傅荀𫖮，侍中、中书监荀勖，越骑校尉、安平人冯紞相互结为党羽，朝野上下都憎恨他们。晋武帝询问侍中裴楷当今朝政的得失，裴楷回答说："皇上受命于天，四海承受教化，之所以德惠还未能与尧舜相比，只因为朝廷中还有贾充之徒而已。应当招引任用天下德才兼备的人一同弘扬为政之道，不应当让天下人看到您以个人偏爱用人。"侍中、乐安人任恺，河南尹、颍川人庾纯都与贾充不和，贾充想免除任恺担任的亲近君王的职务，就向晋武帝推荐任恺，说任恺忠诚可靠，应当在东宫任职，晋武帝便让任恺担任太子少傅，而他所担任的侍中职务不变。当时，秃发树机能侵犯、骚扰秦州、雍州之地，晋武帝为此事而忧虑。任恺说："应当派一名有威望、有智谋才略、身居要职的大臣去安抚。"晋武帝问："谁可以担当此任？"任恺乘机推荐贾充，庾纯也推举他。秋季，七月二十日癸酉，晋武帝命贾充统领秦、凉州各军事，他的侍中、车骑将军职务依旧。贾充对此很忧虑。

吴国大都督薛珝与陶璜等人，率领十万大军，一同攻打交趾，交趾城中粮尽援绝，被吴军攻破，杨稷、毛炅等人被俘。陶璜爱惜毛炅的勇敢，想留他一条性命。毛炅却图谋杀掉陶璜，陶璜于是杀死毛炅。修则的儿子修允剖开毛炅的肚子，割下他的肝脏，说："看你还能不能再做贼？"毛炅嘴里还在骂，说："我恨不能杀了你们

降于吴。吴大赦，以陶璜为交州牧。璜讨降夷獠，州境皆平。

八月，丙申，城阳王宪卒。分益州、南中四郡置宁州。

九月，吴司空孟仁卒。

冬，十月，丁丑朔，日有食之。

十一月，刘猛寇并州，并州刺史刘钦击破之。

贾充将之镇，公卿饯于夕阳亭。充私问计于荀勖，勖曰："公为宰相，乃为一夫所制，不亦鄙乎！然是行也，辞之实难，独有结婚太子，可不辞而自留矣。"充曰："然则孰可寄怀？"勖曰："勖请言之。"因谓冯紞曰："贾公远出，吾等失势，太子婚尚未定，何不劝帝纳贾公之女乎！"紞亦然之。初，帝将纳卫瓘女为太子妃，充妻郭槐赂杨后左右，使后说帝求纳其女。帝曰："卫公女有五可，贾公女有五不可：卫氏种贤而多子，美而长、白；贾氏种妒而少子，丑而短、黑。"后固以为请，荀颉、荀勖、冯紞皆称充女绝美，且有才德，帝遂从之。留充复居旧任。

十二月，以光禄大夫郑袤为司空，袤固辞不受。

是岁，安乐思公刘禅卒。吴以武昌都督广陵范慎为太尉。右将军司马丁奉卒。吴改明年元，曰"凤凰"。

（以上为第十段，写吴国派遣大都督薛珝率领大军平定交趾；北地胡人进犯晋朝金城，凉州刺史牵弘率军征讨，兵败而死；晋武帝司马炎听从皇后之言，以贾充之女为太子妃。）

八年（壬辰，272 年）

春，正月，监军何桢讨刘猛，屡破之，潜以利诱其左部帅李恪，恪杀猛以降。

二月，辛卯，皇太子纳贾妃。妃年十五，长于太子二岁，妒忌，多权诈，太子嬖而畏之。

壬辰，安平献王孚卒，年九十三。孚性忠慎，宣帝执政，孚常自退

孙皓，你爹是一条死狗！”王素想逃回到南中，吴人捉住了他，九真、日南都投降了吴国。吴国大赦罪人，任命陶璜为交州牧。陶璜攻打并且征服了夷蛮，交州疆界都予以平定。

八月十九日丙申，晋朝城阳王司马宪去世。晋朝分出益州南部、中部的四个郡，设置宁州。

九月，吴国司空孟仁去世。

冬季，十月初一丁丑朔，出现日食。

十一月，匈奴右贤王刘猛侵犯并州，被并州刺史刘钦击败。

晋朝贾充将要赴镇守之任，公卿大臣们在夕阳亭为他饯行。贾充悄悄问荀勖有没有什么计谋，荀勖说：“您身为宰相，却被一人所控制，难道不让人小看吗？但是此次之行，推辞掉实在很困难，只有和太子结亲，才可以不用推辞外出之任而自然地留下来。”贾充说：“那么谁可以去表达我的意愿呢？”荀勖说：“请让我去说吧。”因而就对冯紞说：“贾公要是出远门的话，我们都会失去权势，太子的婚事还没有定下来，何不劝说武帝纳娶贾公的女儿？”冯紞也赞同这个主意。当初，晋武帝司马炎将要纳卫瓘的女儿做太子之妃，贾充的妻子郭槐贿赂了杨皇后身边的人，让杨皇后劝说武帝请求纳娶贾充的女儿。晋武帝说：“卫公的女儿有五可，贾公的女儿有五不可：卫氏种族优秀而且儿子多，容貌美好而且身材修长，皮肤白洁。贾氏爱妒忌而且子女很少，容貌丑陋，身材矮小，皮肤透黑。”但杨皇后坚持为贾氏请求武帝，荀颉、荀勖、冯紞都称赞贾充的女儿极其美丽，而且德才兼备，晋武帝于是听从了他们的意见，留下贾充仍然担任旧职。

十二月，晋朝任命光禄大夫郑袤为司空，郑袤坚决辞让，不予接受。

这一年，原蜀国后主、安乐思公刘禅去世。吴国任命武昌都督、广陵人范慎为太尉。右将军司马丁奉去世。吴国改次年年号为凤凰。

晋武帝泰始八年（壬辰，272 年）

春季，正月，晋朝监军何桢攻打匈奴右贤王刘猛。何桢多次打败刘猛。他暗中以利益引诱刘猛的左部帅李恪，李恪杀了刘猛，投降了晋朝。

二月十七日辛卯，晋朝皇太子纳贾妃。贾妃年龄十五，比太子大两岁。她生性妒忌，机巧狡诈，太子宠爱她，但又怕她。

二月十八日壬辰，晋朝安平献王司马孚去世，享年九十三岁。司马孚禀性忠诚

损。后逢废立之际，未尝预谋；景、文二帝以孚属尊，亦不敢逼。及帝即位，恩礼尤重。元会，诏孚乘舆上殿，帝于阼阶迎拜。既坐，亲奉觞上寿，如家人礼。帝每拜，孚跪而止之。孚虽见尊宠，不以为荣，常有忧色。临终，遗令曰："有魏贞士河内司马孚，字叔达，不伊不周，不夷不惠，立身行道，终始若一。当衣以时服，敛以素棺。"诏赐东园温明秘器，诸所施行，皆依汉东平献王故事。其家遵孚遗旨，所给器物，一不施用。

帝与右将军皇甫陶论事，陶与帝争言，散骑常侍郑徽表请罪之。帝曰："忠谠之言，唯患不闻，徽越职妄奏，岂朕之意？"遂免徽官。

夏，汶山白马胡侵掠诸种，益州刺史皇甫晏欲讨之。典学从事蜀郡何旅等谏曰："胡夷相残，固其常性，未为大患。今盛夏出军，水潦将降，必有疾疫，宜须秋、冬图之。"晏不听。胡康木子烧香言军出必败，晏以为沮众，斩之。军至观阪，牙门张弘等以汶山道险，且畏胡众，因夜作乱，杀晏，军中惊扰，兵曹从事犍为杨仓勒兵力战而死。弘遂诬晏，云"率已共反"，故杀之，传首京师。晏主簿蜀郡何攀，方居母丧，闻之，诣洛证晏不反。弘等纵兵抄掠。广汉主簿李毅言于太守弘农王浚曰："皇甫侯起自诸生，何求而反！且广汉与成都密迩，而统于梁州者，朝廷欲以制益州之衿领，正防今日之变也。今益州有乱，乃此郡之忧也。张弘小竖，众所不与，宜即时赴讨，不可失也。"浚欲先上请，毅曰："杀主之贼，为恶尤大，当不拘常制，何请之有！"浚乃发兵讨弘。诏以浚为益州刺史。浚击弘，斩之，夷三族。封浚关内侯。

初，浚为羊祜参军，祜深知之。祜兄子暨白："浚为人志大奢侈，不可专任，宜有以裁之。"祜曰："浚有大才，将以济其所欲，必可用也。"

谨慎，晋宣帝司马懿执政时，司马孚时常自我谦让。以后每逢帝王废立之际，司马孚都不曾参与谋划。晋景帝司马昭、晋文帝司马师执政，因司马孚属于长辈，也不敢强迫他。到晋武帝司马炎即位，对司马孚礼遇格外厚重、尊贵。元旦朝见群臣，晋武帝让司马孚乘轿子上殿，晋武帝在阶迎接拜见。司马孚坐下后，晋武帝亲捧上酒杯，为司马孚祝寿，就像普通家中的礼节。晋武帝每次向司马孚行拜礼，司马孚就跪下制止他。司马孚虽然被尊重恩宠，却并不以此为荣耀，常常面有忧虑之色。临终留下遗言说："魏国忠贞不移的人士、河内人司马孚，字叔达，不像伊尹，不像周公，不像伯夷，不像柳下惠，但是立身行道，始终如一。应当穿上平时的衣服，用朴素的棺材装殓。"晋武帝下令，赐予司马孚专供王公贵族所用的棺木东园温明秘器。各项事宜的施行，全都按照汉代东平献王的先例。司马孚的家属仍遵照司马孚的遗意，凡是朝廷所供给的器具物品，一概不予使用。

晋武帝与右将军皇甫陶在一起讨论政事，皇甫陶与晋武帝争论起来。散骑常侍郑徽上书，请求给皇甫陶判罪。晋武帝说："忠诚正直的言论，唯恐听不到，郑徽逾越职位，胡乱禀奏，这岂是朕的意思？"于是免去郑徽的官职。

夏季，晋朝汶山的白马胡人欺凌、掠夺各民族，益州刺史皇甫晏要去征讨。典学从事、蜀郡人何旅等人劝阻说："胡夷互相残杀，本来是他们平时的本性，并没有造成大的祸患。现在是盛夏时节，如果出兵，将遇到雨季，必然要发生疾病、瘟疫，应当等到秋、冬季节再谋划这件事。"皇甫晏不听。一个名叫康木子烧香的胡人说，军队出去必打败仗。皇甫晏认为他给众人泄气，扰乱军心，就杀了他。军队行进到观阪时，牙门将张弘等人因为汶山道路险要难行，又害怕胡人，就趁夜色叛乱，杀死皇甫晏。军中惊慌混乱，兵曹从事、犍为人杨仓统率军队拼力战斗而死。张弘于是诬陷皇甫晏，说："皇甫晏领着我们共同谋反。"因而杀掉皇甫晏，将首级传送到京城。皇甫晏的主簿、蜀郡人何攀，因母亲去世正在守丧，听到这个消息，便到洛阳去证明皇甫晏没有造反。张弘等人放纵士兵抢夺财物。广汉主簿李毅对太守、弘农人王濬说："皇甫侯是读书人出身，他有什么可图的还要造反？况且广汉与成都贴近，但都统属于梁州，这其中缘由就是朝廷要以梁州来制约益州的咽喉要害，正是为了防范今日的突发事故。如今益州发生动乱，便是本郡的忧患。张弘小子，众人都不屑与其为伍，应当立刻去攻打，不要失去机会。"王濬还要先向上请示，李毅说："杀了主人的贼子，罪恶尤其大，应当不受常规限制，还有什么可请示的？"于是，王濬便发兵讨伐张弘。晋武帝下诏，任命王濬为益州刺史。王濬攻打张弘，将其杀死，并灭三族。晋朝封王濬为关内侯。

当年，王濬曾是羊祜的参军，羊祜深知王濬为人。羊祜的侄子羊暨对羊祜说："王濬为人志向大，好奢侈，不可让他专权，应当有控制他的办法。"羊祜说："王濬

更转为车骑从事中郎。浚在益州，明立威信，蛮夷多归附之，俄迁大司农。时帝与羊祜阴谋伐吴，祜以为伐吴宜借上流之势，密表留浚复为益州刺史，使治水军。寻加龙骧将军，监益、梁诸军事。

诏浚罢屯田军，大作舟舰。别驾何攀以为："屯田兵不过五六百人，作船不能猝办，后者未成，前者已腐。宜召诸郡兵合万余人造之，岁终可成。"浚欲先上须报，攀曰："朝廷猝闻召万兵，必不听；不如辄召，设当见却，功夫已成，势不得止。"浚从之，令攀典造舟舰器仗。于是，作大舰，长百二十步，受二千余人，以木为城，起楼橹，开四出门，其上皆得驰马往来。

时作船木柹，蔽江而下，吴建平太守吴郡吾彦取流柹以白吴主曰："晋必有攻吴之计，宜增建平兵，以塞其冲要。"吴主不从。彦乃为铁锁横断江路。

王浚虽受中制募兵，而无虎符。广汉太守敦煌张敩收浚从事列上。帝召敩还，责曰："何不密启而便收从事？"敩曰："蜀、汉绝远，刘备尝用之矣。辄收，臣犹以为轻。"帝善之。

壬辰，大赦。

秋，七月，以贾充为司空，侍中、尚书令、领兵如故。充与侍中任恺皆为帝所宠任，充欲专名势而忌恺，于是朝士各有所附，朋党纷然。帝知之，召充、恺宴于式乾殿，而谓之曰："朝廷宜壹，大臣当和。"充、恺等各拜谢。既而充、恺以帝已知而不责，愈无所惮，外相崇重，内怨益深。充乃荐恺为吏部尚书，恺侍觐转希；充因与荀勖、冯紞承间共谮之，恺由是得罪，废于家。

（以上为第十一段，写益州刺史王浚平定牙门将张弘叛乱，升为大司农；晋武帝司马炎与将领羊祜密谋攻打吴国，羊祜认为应凭借上游地势取胜。于是，重新任命王浚为益州刺史，使治水军，大量建造战船。）

八月，吴主征昭武将军、西陵督步阐。阐世在西陵，猝被征，自以失职，且惧有谗，九月，据城来降，遣兄子玑、璿诣洛阳为任。诏以阐

很有才能，足以达到目的，完全可以重用他。”王浚又升迁为车骑从事中郎。王浚在益州，明显地树立自己的威望和信用，蛮夷大都投奔依附他。不久，王浚又升迁为大司农。当时，晋武帝司马炎与羊祜秘密谋划攻打吴国，羊祜认为攻打吴国，应当凭借上游地势，就秘密上书晋武帝，请求留下王浚，还让他担任益州刺史，派他去治理水军。不久，又授予王浚龙骧将军之职，掌管益州、梁州各项军事。

晋武帝命令王浚解散屯田军，大量建造战船。别驾何攀认为，屯田只不过有五六百人，不能很快地把船造出来，后面的船还没有造成，前面造好的船也已经朽烂了。应当召集各郡士兵，凑足一万多人造船，年终就能完成任务。王浚想先向上报告请示，何攀说："朝廷突然听到要召集一万名士兵的消息，肯定不会同意。不如先自作主张，先干起来再说，假如被拒绝，工程、人力已定局，其趋势已不能阻止了。"王浚听从了何攀的话，命令何攀掌管制造战船及所需用具、兵器。于是制造大战船，船身长度为一百二十步，能容纳两千多人，用木头造成船楼，筑起瞭望敌军的高台，四面开出可以进出的门，船上可以骑着马往来奔跑。

当时造船砍削下的木片，遮盖了江面，顺江水而下，吴国建平太守、吴郡人吾彦，拿着顺江流而下的木片禀报吴主孙皓说："晋朝必然有攻吴的计划，应当增加建平的兵力，以堵住要害地区。"吴主不听，吾彦就用铁锁横拦江面，阻断江上通路。

王浚虽然接受了朝廷的命令招募兵员，但是他却没有虎符。广汉太守、敦煌人张斅就拘捕了王浚的从事上报朝廷。晋武帝召回张斅，责备他说："你为什么不秘密禀告却直接就收捕了他的从事？"张斅回答说："蜀汉之地极其僻远，当年刘备就曾割据此地。立时收捕了他的从事，我还觉得这是轻的呢！"晋武帝称赞了他。

六月十八日壬辰，晋朝实行大赦。

秋季，七月，晋朝任命贾充为司空，其侍中、尚书令、领兵等职务依旧。贾充与侍中任恺都被晋武帝司马炎所宠爱、信任，贾充想独占名位、权势，所以嫉妒任恺。于是朝中官吏各自都有依附的靠山，各种宗派集团繁杂而庞大。晋武帝知道了这些情况，招来贾充、任恺，在式乾殿宴请他们，说："朝廷应当是一个统一的整体，大臣之间要和睦相处。"贾充、任恺各自拜谢了晋武帝。以后贾充、任恺认为晋武帝已经知道了他们之间不和却又没有责备他们，更加无所顾忌，表面上他们互相推崇、尊重，内心里的怨恨却越来越深。贾充于是荐举任恺任吏部尚书，任恺侍从会见皇帝的机会变少了，贾充便与荀勖、冯𬘘一起乘机诬陷任恺，任恺因此获罪，被罢免待在家里。

八月，吴主孙皓征召昭武将军、西陵督步阐。步阐世代居住在西陵，突然被召，自以为是因公事失职，而且害怕有人进了谗言，九月，占据西陵城投降晋朝，派侄

为都督西陵诸军事、卫将军、开府仪同三司、侍中，领交州牧，封宜都公。

冬，十月，辛未朔，日有食之。

敦煌太守尹璩卒。凉州刺史杨欣表敦煌令梁澄领太守。功曹宋质辄废澄，表议郎令狐丰为太守。杨欣遣兵击之，为质所败。

吴陆抗闻步阐叛，亟遣将军左奕、吾彦等讨之。帝遣荆州刺史杨肇迎阐于西陵，车骑将军羊祜帅步军出江陵，巴东监军徐胤帅水军击建平以救阐。陆抗敕西陵诸军筑严围，自赤溪至于故市，内以围阐，外以御晋兵，昼夜催切，如敌已至，众甚苦之。诸将谏曰："今宜及三军之锐，急攻阐，比晋救至，必可拔也，何事于围，以敝士民之力！"抗曰："此城处势既固，粮谷又足，且凡备御之具，皆抗所宿规，今反攻之，不可猝拔。北兵至而无备，表里受难，何以御之！"诸将皆欲攻阐，抗欲服众心，听令一攻，果无利。围备始合，而羊祜兵五万至江陵。诸将咸以抗不宜上，抗曰："江陵城固兵足，无可忧者。假令敌得江陵，必不能守，所损者小。若晋据西陵，则南山群夷皆当扰动，其患不可量也！"乃自帅众赴西陵。

初，抗以江陵之北，道路平易，敕江陵督张咸作大堰遏水，渐渍平土以绝寇叛。羊祜欲因所遏水以船运粮，扬声将破堰以通步军。抗闻之，使咸亟破之。诸将皆惑，屡谏不听。祜至当阳，闻堰败，乃改船以车运粮，大费功力。

十一月，杨肇至西陵。陆抗令公安督孙遵循南岸拒羊祜，水军督留虑拒徐胤，抗自将大军凭围对肇。将军朱乔营都督俞赞亡诣肇。抗曰："赞，军中旧吏，知吾虚实。吾常虑夷兵素不简练，若敌攻围，必先此处。"即夜易夷兵，皆以精兵守之。明日，肇果攻故夷兵处，抗命击之，矢石雨下，肇众死者相属。

十二月，肇计屈，夜遁。抗欲追之，而虑步阐畜力伺间，兵不足分，

子步玑、步璿到洛阳去当人质。晋朝下诏，任命步阐为都督西陵诸事、卫将军、开府仪同三司、侍中，兼任交州牧，封步阐为宜都公。

冬季，十月初一辛未朔，出现日食。

晋朝敦煌太守尹璩去世。凉州刺史杨欣上书，请示让敦煌令梁澄兼任太守。功曹宋质擅自废掉了梁澄，上书请让议郎令狐丰任敦煌太守。杨欣派兵攻打宋质，结果被宋质打败。

吴国陆抗听到步阐背叛的消息，马上派将军左奕、吾彦等率军前去攻打。晋武帝派荆州刺史杨肇到西陵去迎接步阐，派车骑将军羊祜统率步兵去进攻江陵，派巴东监军徐胤率领水军去攻打建平，以救援步阐。陆抗命令西陵各军筑造高峻的围墙，从赤溪一直到故市，内可用来围困步阐，外可以此抵御晋军。陆抗不分白天黑夜地催逼筑围，就好像敌人已经来到眼前，众人为此异常劳苦。诸位将官劝说道："当前应乘三军的锐气，急速攻打步阐，等到晋朝的救兵到来，必定已克西陵，何必去做筑围之事，弄得士兵、百姓都很疲惫？"陆抗说："西陵城非常坚固，所处的地势也非常有利，粮食又充足，况且还具备所有守备防御的设施、器具，这都是我早先在西陵任职时所设置准备的，现在反过来要攻打它，不可能很快就取胜。晋兵到来后我们没有防备，内外受敌，靠什么来抵御？"诸将都想攻打步阐，陆抗想使众人心服，就听任他们去试一试，果然没有得到好处。于是开始齐心协力筑围防守。这时，羊祜的五万士兵到达江陵。诸位将官都认为陆抗不适宜去西陵，陆抗说："江陵城非常坚固，兵员非常充足，没有什么可担忧的。假如敌人得到了江陵，必然守不住，我们的损失小。如果晋军占据了西陵，那么南山的众多夷人就会骚乱动摇，这样的话，祸患就不可估量了！"于是亲自率领部众奔赴西陵。

当初，陆抗因江陵以北道路平坦开阔，命令江陵督张咸兴建造大坝阻断水流，浸润平地，以断绝敌人侵犯和内部叛乱。羊祜想借大坝阻住的水用船运送粮草，就故意扬言要破坝以通过步兵。陆抗听到这个消息，就让张咸急速毁坏大坝，诸将都迷惑不解，多次谏阻陆抗也不听。结果羊祜到了当阳，听说大坝已毁，只好改用车运粮，耗费了许多人力和时间。

十一月，晋朝杨肇到达西陵。吴国陆抗命令公安督孙遵沿着南岸抵御羊祜，水军督留虑抵御徐胤，陆抗亲自率领大军凭借长围与杨肇对峙。将军、朱乔营中的都督俞赞逃到了杨肇那里。陆抗说："俞赞是军队中的旧官吏，了解我军虚实。我常常担心夷兵平时的训练不够，敌人如果围攻，必定先打夷兵防守的地方。"于是当夜更换夷兵，全都用精兵把守。第二天，杨肇果然攻打原来夷兵防守的地方，陆抗下令反击，箭与石块像下雨一样袭来，杨肇的部众死伤不断。

十二月，杨肇无计可施，夜里偷偷逃走了。陆抗想追击杨肇，又担心步阐一直

于是但鸣鼓戒众，若将追者。肇众凶惧，悉解甲挺走，抗使轻兵蹑之，肇兵大败，祜等皆引军还。抗遂拔西陵，诛阐及同谋将吏数十人，皆夷三族，自余所请赦者数万口。东还乐乡，貌无矜色，谦冲如常。吴主加抗都护。羊祜坐贬平南将军，杨肇免为庶人。

吴主既克西陵，自谓得天助，志益张大，使术士尚广筮取天下，对曰："吉。庚子岁，青盖当入洛阳。"吴主喜，不修德政，专为兼并之计。

贾充与朝士宴饮，河南尹庾纯醉，与充争言。充曰："父老，不归供养，卿为无天地！"纯曰："高贵乡公何在？"充惭怒，上表解职；纯亦上表自劾。诏免纯官，仍下五府正其臧否。石苞以为纯荣官忘亲，当除名；齐王攸等以为纯于礼律未有违。诏从攸议，复以纯为国子祭酒。

吴主之游华里也，右丞相万彧与右大司马丁奉、左将军留平密谋曰："若至华里不归，社稷事重，不得不自还。"吴主颇闻之，以彧等旧臣，隐忍不发。是岁，吴主因会，以毒酒饮彧，传酒人私减之。又饮留平，平觉之，服他药以解，得不死。彧自杀；平忧懑，月余亦死。徙彧子弟于庐陵。

初，彧请选忠清之士以补近职，吴主以大司农楼玄为宫下镇，主殿中事。玄正身帅众，奉法而行，应对切直，吴主浸不悦。

中书令领太子太傅贺邵上疏谏曰："自顷年以来，朝列纷错，真伪相贸，忠良排坠，信臣被害。是以正士摧方，而庸臣苟媚，先意承指，各希时趣。人执反理之评，士吐诡道之论，遂使清流变浊，忠臣结舌。陛下处九天之上，隐百里之室，言出风靡，令行景从；亲洽宠媚之臣，日闻顺意之辞，将谓此辈实贤而天下已平也。臣闻兴国之君乐闻其过，荒乱之主乐闻其誉。闻其过者，过日消而福臻，闻其誉者，誉日损而祸至。陛下严刑法以禁直辞，黜善士以逆谏口，杯酒造次，死生不保，仕者以退为幸，居者以出为福，诚非所以保光洪绪，熙隆道化也。

积蓄力量，窥伺时机，自己的兵力还不足以分开对付两头，就只擂鼓警戒部众，做出要追赶的样子来。杨肇的部众恐惧骚动，全都丢弃铠甲脱身而逃。陆抗派轻兵紧随在后，杨肇大败，羊祜等人都领兵而还。陆抗于是攻克西陵，杀死步阐以及与他同谋的将吏共几十人，全都夷灭三族，请求对余下几万人予以赦免。陆抗返回东边的乐乡，脸上没有骄傲、自负之色，还像以往一样谦虚。吴主孙皓加封陆抗为都护。晋朝羊祜获罪，被贬为平南将军；杨肇被免去官职，成为平民。

吴国陆抗攻克西陵后，吴主孙皓自认为是得到了上天的佑助，志向益发显扬。他让术士尚广为他占卜是否能够得到天下，尚广回答说："吉。庚子年，青色的车盖会进入洛阳。"吴主大喜，不整治政令，一心一意地谋划兼并天下的事情。

晋朝贾充与朝廷官员在一起宴饮，河南尹庾纯喝醉了酒，与贾充争论起来。贾充说："你的父亲年老，不回家去奉养，你是个无天无地的人！"庾纯反问："你的先主高贵乡公在何处？"贾充又羞又怒，上书请求辞官；庾纯也上书弹劾自己。晋武帝下诏，免去庾纯官职，按制度，让五公府评定他的善恶、得失。石苞认为，庾纯以做官为荣耀忘记了父母，应当除去其名籍；齐王司马攸等人认为，庾纯并没有违反礼仪、律令。晋武帝听从了司马攸的建议，又任命庾纯为国子祭酒。

去年，吴主孙皓去华里游玩时，右丞相万彧与右大司马丁奉、左将军留平密谋说："如果皇上到华里不回来，国家的事情重大，我们就不得不自己返回了。"吴主听到了他们的话，因为万彧等人是旧臣，就克制忍耐着没有发作。这一年，吴主借着会见的机会，拿毒酒给万彧喝，递送酒杯的人暗中把毒酒减少了。吴主又拿着毒酒给留平喝，留平察觉，服别的药解了毒，得以不死。万彧自杀而死，留平忧愤郁闷，一个多月以后也死了。吴主把万彧的子侄都放逐到庐陵。

当初，万彧请求挑选忠诚、清白的人来补充君主左右的职位，吴主孙皓任命大司农楼玄为宫下镇，主管宫中事务。楼玄修身率众，遵奉法度行事，对答恳切耿直，吴主渐渐地心中不快。

吴国中书令兼太子太傅贺邵上书劝说道："自近年以来，百官杂乱，真伪相混，忠良之人被排挤、贬斥，诚实的大臣遭受陷害。因此，正直之士被磨去棱角，而平庸之臣苟且逢迎，揣摩旨意，奉承恭顺，各自都迎合时尚的趋向。人们坚持的是不合道理的评论，说出的是违背道义的言谈，于是使得清高之士变得混浊，忠诚之臣不敢说话。皇上处于九天之上，深居于百里之远的屋室，圣言一出，百姓顺风倾倒；命令传布，天下紧相追随，如影随形。皇上与受宠、巴结的臣子亲近和谐，每天听到的是顺承心意的言辞，将会以为这些人确有德才而且天下也已经平定。我听说振兴国家的君王乐于听到自己的过失，荒废紊乱的君王愿意听到别人的赞扬。愿意听自己过失的人，他的过失一天比一天减少，而福佑也就快到了；喜欢听别人对自己

“何定本仆隶小人，身无行能，而陛下爱其佞媚，假以威福。夫小人求入，必进奸利。定间者妄兴事役，发江边戍兵以驱麋鹿，老弱饥冻，大小怨叹。《传》曰：‘国之兴也，视民如赤子；其亡也，以民为草芥。’今法禁转苛，赋调益繁，中官、近臣所在兴事，而长吏畏罪，苦民求办。是以人力不堪，家户离散，呼嗟之声，感伤和气。今国无一年之储，家无经月之蓄，而后宫之中坐食者万有余人。

“又，北敌注目，伺国盛衰，长江之限，不可久恃，苟我不能守，一苇可杭也。愿陛下丰基强本，割情从道，则成、康之治兴，圣祖之祚隆矣！”吴主深恨之。

于是，左右共诬楼玄、贺邵相逢，驻共耳语大笑，谤讪政事，俱被诘责。送玄付广州，邵原复职。既而复徙玄于交趾，竟杀之。久之，何定奸秽发闻，亦伏诛。

羊祜归自江陵，务修德信以怀吴人。每交兵，刻日方战，不为掩袭之计。将帅有欲进谲计者，辄饮以醇酒，使不得言。祜出军行吴境，刈谷为粮，皆计所侵，送绢偿之。每会众江、沔游猎，常止晋地，若禽兽先为吴人所伤而为晋兵所得者，皆送还之。于是，吴边人皆悦服。祜与陆抗对境，使命常通：抗遗祜酒，祜饮之不疑；抗疾，求药于祜，祜以成药与之，抗即服之。人多谏抗，抗曰：“岂有鸩人羊叔子哉！”抗告其边戍曰：“彼专为德，我专为暴，是不战而自服也。各保分界而已，无求细利。”吴主闻二境交和，以诘抗，抗曰：“一邑一乡，不可以无信义，况大国乎！臣不如此，正是彰其德，于祜无伤也。”

赞誉的人，他的好名声一天一天地丧失，而灾祸也就快要来临了。皇上用严厉的刑罚以制止正直的言辞，摈弃品行高尚的人以拒绝直言规劝，哪怕是一杯酒的过失，死生就得不到保障，做官的人以退职为幸运，居住都城的人以离国为福气，这实在不是保持荣耀、崇尚道德的做法。

“何定本来是个地位卑贱的小人，身无品行及才能，而皇上却喜爱他的奸巧逢迎，给予他足够的权势。小人谋求进入，必然会包藏奸心。何定近来妄兴劳役，发动江边防守的士兵去驱赶麋鹿，老人与体弱的人饥寒交迫；成人与孩童怨恨叹息。《左传》说：‘国家兴盛，视百姓如同幼儿；国家衰亡，把百姓当作一棵小草。’现在法律、禁令变得非常苛刻，赋税、征调日益繁杂，宦官、近臣到处兴起事端，而地方官长害怕获罪，让劳苦百姓去满足他们的要求。因此，人力担负不起，家家户户离别四散，叹息连声，使和顺的风气受到伤害。现在国家没有一年的储备，百姓没有一月的积蓄，而后宫中不劳而食的人有一万多人。

“另外，北方的敌人虎视眈眈，窥伺我国的盛衰。长江之险阻，不能长久地依赖，假如我们没有守备的能力，一束苇草当作船桅就能渡过来。希望皇上充实基础，强化根本，割断私人的情欲，遵循正道。那么，周代成王、康王时代的治平之世就会兴起，圣祖孙权开创的基业就会昌盛。”结果，吴主孙皓对贺邵恨之入骨。

从这时起，吴主左右的人就一起诬陷楼玄与贺邵，说他们二人相逢，停下车子交头接耳，然后一起大笑，毁谤、讽刺政事。于是，两人都遭到审讯、谴责，楼玄被送到广州，贺邵受到宽赦，恢复了官职。不久，又把楼玄迁送到交趾，最终杀了他。天长日久，何定邪恶丑陋的行为显露传播开来，也被处以死刑。

晋朝羊祜从江陵回来以后，致力整治道德信义，以使吴人归顺。每次与吴国交战，都要约定日期才开战，不做乘其不备、突然袭击的打算。将帅当中有要献诡诈计谋的人，羊祜总是给他们喝醇厚的美酒，使他们酒醉不能说话。羊祜的军队外出在吴国境内行走，割下谷子做口粮，全都记下所取的数量，然后送去绢布偿还。每次与部众在长江、沔水一带打猎，经常只限于晋朝的领地，如果禽兽先被吴人所杀伤而后被晋兵所得，都要送还吴人。于是，吴国边境的百姓对羊祜心悦诚服。羊祜与陆抗在边境相对，双方的使者常奉命相互来往，陆抗送给羊祜的酒，羊祜喝起来从不生疑。陆抗病了，向羊祜求药，羊祜把成药送给他，他也马上就服下。许多人劝阻陆抗，陆抗说：“怎么会有用毒酒杀人的羊祜！”陆抗对守边的士兵说：“别人专门行恩惠，我们专门做恶事，这就等于不战而自己就屈服了。现在双方各自保住疆界就可以了，我们不要再想占便宜。”吴主孙皓听说双方边境交往和谐，就以此事责难陆抗。陆抗说：“一镇一乡都不可以不讲信义，更何况大国呢？我如果不这样做，正是显扬了羊祜的恩惠，对羊祜毫无损伤。”

吴主用诸将之谋，数侵盗晋边。陆抗上疏曰："昔有夏多罪而殷汤用师，纣作淫虐而周武授钺，苟无其时，虽复大圣，亦宜养威自保，不可轻动也。今不务力农富国，审官任能，明黜陟，任刑赏，训诸司以德，抚百姓以仁，而听诸将徇名，穷兵黩武，动费万计，士卒凋瘁，寇不为衰而我已大病矣。今争帝王之资，而昧十百之利，此人臣之奸便，非国家之良策也！昔齐、鲁三战，鲁人再克，而亡不旋踵。何则？大小之势异也。况今师所克获，不补所丧乎！"吴主不从。

羊祜不附结中朝权贵，荀勖、冯𬘘之徒皆恶之。从甥王衍尝诣祜陈事，辞甚清辩，祜不然之，衍拂衣去。祜顾谓宾客曰："王夷甫方当以盛名处大位，然败俗伤化，必此人也。"及攻江陵，祜以军法将斩王戎。衍，戎之从弟也，故二人皆憾之，言论多毁祜。时人为之语曰："二王当国，羊公无德。"

（以上为第十二段，写吴国西陵督步阐叛变，投降晋朝，晋武帝司马炎派荆州刺史杨肇率军前往西陵迎接；而吴国镇军大将军陆抗派遣将军左奕等围攻西陵，指挥若定，终于击败晋军，攻克西陵。）

吴主孙皓采用诸将的策略，多次侵犯掠夺晋朝边境。陆抗上书说：“从前，夏朝多行罪恶而商汤用兵攻打，商纣王邪恶残暴而周武王举起讨伐大斧。假如不到时机，即使至圣之人，也应当积蓄威势而自保，不可以轻举妄动。现在不致力于兴农事以富国，不审查官吏任用贤能，不明确进退、升降的标准，不谨慎地使用刑罚奖赏，不以道德教诲各部门，不以仁爱安抚百姓，而却听任诸将追求功名，穷兵好武，动不动就耗费数以万计的钱财，士兵损伤憔悴，敌军还没有削弱，而我们却已经劳累得趴下了。现在以争夺天下帝王霸业的资本，去贪图几十几百的小便宜，这是臣下邪恶的便利，并不是国家的良策。从前，齐、鲁打了三次仗，鲁人两次克敌制胜，但是，不及转足之间鲁国就灭亡了，这是为什么？是因为势力的大小有差别，何况如今军队战胜所得到的，还不能弥补所丧失的呢！”吴主不听。

晋朝羊祜不攀附结交朝廷中的权贵，荀勖、冯紞之徒都憎恨他。羊祜堂外甥王衍曾经去羊祜那里陈述事情，言辞非常清晰明辨，羊祜对他并不赞赏，王衍拂衣而去。羊祜回过头对宾客们说：“王衍应当能以极大的名声达到高位，然而败坏风俗、损伤教化的也必定是他。”等到攻打江陵时，羊祜曾依军法要斩王戎。王衍是王戎的堂弟，所以两人都怨恨羊祜，言谈之间经常诽谤羊祜。当时的人为此曾有句话说：“二王执掌朝政，羊公一无是处。”

【点评】

论司马炎。晋朝建立，成也司马炎，败也司马炎。公元265年，晋王司马炎接受魏元帝曹奂的禅让，称帝，建立晋朝，开启了中国历史上的一个新的纪元。令人唏嘘的是，晋朝虽然建立了统一的王朝，但和魏国相似，权臣专政，又加之少数民族上层侵扰不已，也是短命而亡。我们追溯司马炎初始的建国之举与立国之策，从中可以看出一些晋朝败亡的征兆。

首先，晋朝开国皇帝司马炎的品行，是前修后纵，前明后暗，不能一贯始终。开国帝王的品德、形象，对后世有着极大的影响。司马炎29岁创立晋朝，正是血气方刚的时候，他非常注意自己的品行修养，能够信守孝道，厉行节俭，虚心纳谏，用人唯贤，励精图治，并进行了一系列的改革。但遗憾的是，他不能始终如一。司马炎在位20多年，在位后期则与前期判若两人，生活奢侈腐化，荒淫无度，公开卖官，宫中姬妾有近万人，所谓"羊车望幸"，说的就是他的丑事。上行下效，各级官吏也不理政事，斗富成风，奢侈之风盛行，这对后世君臣造成了极恶劣的影响，是导致晋朝短命而亡的重要因素。

其次，司马炎大肆封王，得失参半，弊大于利。司马炎继位后，鉴于魏国宗室衰微、帝室孤弱、终致灭亡的教训，乃大封皇族为藩王，以对抗士族。他一下子封了27个王，其封王之多，大概是中国历史上绝无仅有的。始则封王不就国，官于京师以辅皇室，继则分遣诸王就国，都督诸军事，后又让诸王出使镇守要害之地。此举的目的是对抗士族中的野心家。但后来的"八王之乱"证明，这种政策反而使一些手握重兵的王成为野心家，把晋朝弄得乌烟瘴气。明人方孝孺曾作《深虑论》，一针见血地指出："魏之惩汉，晋之惩魏，各惩其所由亡而为之备。而其亡也，盖出于所备之外。"大意为：曹魏借鉴了东汉的教训，西晋借鉴了曹魏的教训，各自借鉴其前代的教训而进行防备，可他们灭亡的根由，都在防备的范围之外。而晋朝的灭亡实质上是亡于宗族之祸，而不是亡于宗族之外。至于外族崛起，五胡乱晋，则是八王之乱、国家孱弱带来的直接后果！

最后，在确定皇位继承人上出现重大失误。司马炎真是聪明一世，糊涂一时！他有26个儿子，居然将司马衷这样半痴半傻的人立为太子。关于司马衷，有一则故事，他在吃饭时对粮食很不爱惜，有人劝说道，城外的灾民没有饭吃，到处都有饿死的人。而司马衷却说："灾民没有饭吃，为什么不吃肉粥呢？"这样的人怎能挑起治理国家的这副重担呢？由此可见，司马炎立白痴司马衷为太子，是如何愚蠢糊涂，是如何对国家不负责任！太子是皇储，为国之根本。国家这棵大树的根基不行，这棵大树还能健壮地生长下去吗？当然，司马炎当初立司马衷，一是囿于传统的立嗣制度，即立长不立幼，司马衷为长子，具备了立储的基本条件。二是优柔寡断。对

于太子司马衷的低能，他是十分清楚的，他也知道这个儿子难以担负国家重任。但是，杨皇后反对更易太子，他也就听之任之，采取了不负责任的态度。三是司马炎知道太子的才智平庸，出了几道考题来测试太子。可想而知，太子怎么答得出来呢？可是，司马衷妻子贾南风请了几位老先生帮忙。司马炎只看到了比较不错的答案，却没有深究所作答案的是何人，于是司马衷蒙混过关，而司马炎则对太子采取了基本相信的态度。从这点来看，司马炎也不是十分精明的人。正是以上这些因素，使得司马炎铸成大错，也等于是他亲手葬送了晋室江山。

司马炎，是晋朝的开创者，也是晋朝的葬送者！

晋纪二

晋武帝泰始九年至咸宁五年（273—279年）

【起昭阳大荒落（癸巳，273年），尽屠维大渊献（己亥，279年），凡七年】

【大事提要】

本卷记事起公元273年，讫公元279年，凡七年，当晋武帝泰始九年至咸宁五年。本卷所载大事，主要是五个方面：其一，吴主孙皓暴虐无道，上下离心。吴主孙皓想给自己的父亲作纪，左国史韦昭认为其父没有登天子之位，只宜作传，孙皓就借机杀掉韦昭；孙皓宠妾派人到集市抢夺百姓财物，司市中郎将陈声依法处理，孙皓烧红刀锯截断其头颅；中书令张尚能言善辩，也被借故杀害。其二，晋武帝改封宗室诸王。公元277年，晋武帝司马炎接受卫将军杨珧建议，下令诸王各以户邑多少为三等，大国置三军5000人，次国置二军3000人，小国置一军1100人；诸王为都督者，回到封国去，与督事相近。无官者，皆遣就国。诸王留恋京师洛阳，涕泣而去。其三，鲜卑攻占凉州。公元279年，河西鲜卑族首领秃发树机能率众反晋，攻占凉州，晋廷大震。马隆自告奋勇，自请招募勇士3000人前往收复。武帝司马炎准其所请，授为讨虏护军，允其任选兵器，领三年军资。他且战且进，不断获胜，斩杀敌首，平定凉州。其四，羊祜贤能。晋武帝司马炎有灭吴之心，命征南大将军羊祜坐镇襄阳，都督荆州诸军事。羊祜屯田兴学，以德怀柔，深得军民之心；缮甲练兵，广为戒备，做好攻吴准备；多次上书，奏请攻吴，举荐良将杜预代之。公元278年，羊祜去世，百姓望碑流泪，称为“堕泪碑”。其五，出兵攻吴。公元279年，晋武帝司马炎在羊祜、王濬、杜预等诸多大臣奏请下，认为攻打吴国的时机成熟，下令派遣六路大军，出动20多万人，集中水陆主力夺取夏口以西地区，然后顺江而下，合击吴都建业。老将贾充驻扎襄阳，负责部署、调度与节制。

【原文】

世祖武皇帝上之下

泰始九年（癸巳，273 年）

春，正月，辛酉，密陵元侯郑袤卒。

二月，癸巳，乐陵武公石苞卒。

三月，立皇子祗为东海王。

吴以陆抗为大司马、荆州牧。

夏，四月，戊辰朔，日有食之。

初，邓艾之死，人皆冤之，而朝廷无为之辨者。及帝即位，议郎敦煌段灼上疏曰："邓艾心怀至忠而荷反逆之名，平定巴蜀而受三族之诛；艾性刚急，矜功伐善，不能协同朋类，故莫肯理之。臣窃以为，艾本屯田掌犊人，宠位已极，功名已成，七十老公，复何所求？正以刘禅初降，远郡未附，矫令承制，权安社稷。钟会有悖逆之心，畏艾威名，因其疑似，构成其事。艾被诏书，即遣强兵，束身就缚，不敢顾望，诚知奉见先帝，必无当死之理也。会受诛之后，艾官属将吏，愚戆相聚，自共追艾，破坏槛车，解其囚执；艾在困地，狼狈失据，未尝与腹心之人有平素之谋，独受腹背之诛，岂不哀哉！陛下龙兴，阐弘大度，谓可听艾归葬旧墓，还其田宅，以平蜀之功继封其后，使艾阖棺定谥，死无所恨，则天下徇名之士，思立功之臣，必投汤火，乐为陛下死矣！"帝善其言而未能从。会帝问给事中樊建以诸葛亮之治蜀，曰："吾独不得如亮者而臣之乎？"建稽首曰："陛下知邓艾之冤而不能直，虽得亮，得无如冯唐之言乎！"帝笑曰："卿言起我意。"乃以艾孙朗为郎中。

吴人多言祥瑞者，吴主以问侍中韦昭，昭曰："此家人筐箧中物耳！"昭领左国史，吴主欲为其父作纪，昭曰："文皇不登极位，当为传，不当为纪。"吴主不悦，渐见责怒。昭忧惧，自陈衰老，求去侍、史二官，不

【语译】

世祖武皇帝上之下

晋武帝泰始九年（癸巳，273 年）

春季，正月二十二日辛酉，晋朝密陵元侯郑袤去世。

二月二十五日癸巳，晋朝乐陵武公石苞去世。

三月，晋朝立皇子司马祗为东海王。

吴国任命陆抗为大司马、荆州牧。

夏季，四月初一戊辰朔，出现日食。

当初，对于邓艾的死，人们都觉得他冤屈，但是朝廷之中却没有为他辩解的人。等到晋武帝即位，议郎、敦煌人段灼上书说："邓艾心中怀着极大的忠诚却背着反叛的罪名；平定了巴蜀之地，却受到夷灭三族的惩罚。邓艾性格刚强急躁，夸耀自己的功劳和长处，不能和朋友、同事和谐相处，所以没有人肯为他申辩。我私下认为，邓艾本为屯田养牛人，对他来说，光宠荣耀的地位已经达到了极点，功名已经成就，一个七十岁的老人，还有什么可乞求的！当时正因为刘禅刚投降，远处的郡县还没有归附，邓艾假托秉承皇帝旨意，是为了暂且先使国家安定下来。钟会有悖乱忤逆之心，他害怕邓艾的威名，乘着是非难辨之际，构成了这件事。邓艾接受诏书时，立即遣散了手下强兵，投案受拘囚，不敢再有别的想法，因为他心里明白，如果见到先帝必然不会把他处死。钟会被杀之后，邓艾属下的将吏，愚昧不明事理，聚在一起，自发地去追赶邓艾，毁坏了囚车，为邓艾松了绑。当时，邓艾处境困难，狼狈而又孤立无援，他与手下的心腹之人平时就没有预谋，因此独自绝无幸免地被杀了，难道不是很悲哀吗？皇上即天子之位，应显扬您的宽宏大度，如果您下令允许邓艾的尸骨归葬于旧墓，归还他的田地房宅，并以邓艾平定蜀国的功绩加封他的后代，使邓艾能够在盖棺之后确定封谥，死而无憾，那么天下那些舍身为名之士以及想要建立功勋的大臣，必然会赴汤蹈火，乐意为皇上献身效命了。"晋武帝很赞许他的话，但却没有照办。后来晋武帝向给事中樊建询问诸葛亮治理蜀国的事情，说："难道我偏偏不能得到一个像诸葛亮那样的人做我的臣下吗？"樊建跪拜于地，说："皇上了解邓艾的冤情，却不能为他平反，即使得到诸葛亮，会不会像汉文帝时冯唐所说的那样，得到了也不能任用呢？"晋武帝笑了，说："你的话提醒了我。"于是任命邓艾的孙子邓朗为郎中。

吴国有许多谈论吉祥符瑞的人，吴主孙皓向侍中韦昭询问这件事，韦昭说："这不过是人家箱笼里的寻常之物罢了！"韦昭担任左国史之职，吴主想给自己的父亲作纪，韦昭说："文皇帝没有登天子之位，应当作传，不应当作纪。"吴主心中不快，

听。时有疾病，医药监护，持之益急。吴主饮群臣酒，不问能否，率以七升为限。至昭，独以茶代之，后更见逼强。又酒后常使侍臣嘲弄公卿，发摘私短以为欢；时有愆失，辄见收缚，至于诛戮。昭以为外相毁伤，内长尤恨，使群臣不睦，不为佳事，故但难问经义而已。吴主以为不奉诏命，意不忠尽，积前后嫌忿，遂收昭付狱。昭因狱上辞，献所著书，冀以此求免。而吴主怪其书垢故，更被诘责，遂诛昭，徙其家于零陵。

五月，以何曾领司徒。

六月，乙未，东海王祗卒。

秋，七月，丁酉朔，日有食之。

诏选公卿以下女备六宫，有蔽匿者以不敬论；采择未毕，权禁天下嫁娶。帝使杨后择之，后惟取洁白长大而舍其美者。帝爱卞氏女，欲留之。后曰："卞氏三世后族，不可屈以卑位。"帝怒，乃自择之，中选者以绛纱系臂，公卿之女为三夫人、九嫔，二千石、将、校女补良人以下。

九月，吴主悉封其子弟为十一王，王给三千兵，大赦。

是岁，郑冲以寿光公罢。

吴主爱姬遣人至市夺民物。司市中郎将陈声素有宠于吴主，绳之以法。姬诉于吴主，吴主怒，假他事烧锯断声头，投其身于四望之下。

（以上为第一段，写晋武帝司马炎为平蜀大将邓艾平反；下令挑选公卿以下百官之家女子充入后宫，弄得鸡犬不宁；吴主孙皓杀死正直官吏左国史韦昭、司市中郎将陈声，吴人怨恨无比。）

十年（甲午，274 年）

春，正月，乙未，日有食之。

闰月，癸酉，寿光成公郑冲卒。

丁亥，诏曰："近世以来，多由内宠以登后妃，乱尊卑之序；自今不

逐渐显露出对韦昭的谴责与怒气。韦昭忧郁恐惧，于是上书陈述自己年事已高，请求免去他侍中及左国史二项官职，但是吴主不允许。有时韦昭得了病，吴主派医生、送医药监视护理，催促他快些上朝。吴主召集群臣饮酒，不管能不能喝，一律限定必须喝七升。至于韦昭，唯独用茶代替酒，但以后就越来越强逼他。此外，饮酒之后，吴主孙皓经常指使近臣嘲弄公卿大臣，揭露他们的隐私和短处拿来取乐。大臣们这时若有过失，就被拘禁起来，甚至于杀头。韦昭认为，不顾脸面地诽谤、中伤，会使人的内心增长怨恨情绪，使群臣之间不能和睦，这并不是好事，所以他只是在经义方面发难质问而已。吴主认为韦昭没有奉行他的命令，不忠心尽职，把前前后后对韦昭的愤恨、仇怨都积累起来。于是拘捕了韦昭，把他投进了监狱。韦昭通过狱吏上书陈词，献上了他写的书，希望以此求得赦免。但吴主却责备他的书又脏又破旧，愈加责怪他。于是杀死韦昭，把他的家族放逐到零陵。

五月，晋朝任命何曾兼任司徒。

六月二十九日乙未，晋朝东海王司马祗去世。

秋季，七月初一丁酉朔，出现日食。

晋武帝下令，挑选公卿以下人家的女子补充六宫，有隐蔽藏匿的以不敬论处；挑选没有结束，暂时禁止天下嫁娶。晋武帝让杨皇后去挑选美女，杨皇后只挑选肌肤洁白、身材修长的，而舍弃了容貌美丽的女子。晋武帝喜爱卞氏之女，想把她留下。杨皇后说："卞氏是三代为皇后的家族，不能屈尊以就后宫的卑微地位。"晋武帝动了怒，就亲自挑选，凡是中选的女子，就用深红色的纱巾系在臂上。公卿之家的女子封为三夫人、九嫔；俸禄二千石官员以及将校之女，补充良人以下的位置。

九月，吴主孙皓把他的十一个子侄都封了王，每个王都配备了三千多士兵。实行大赦。

这一年，晋朝郑冲以寿光公的身份免职。

吴主孙皓的宠妾派人到集市上抢夺百姓的财物，司市中郎将陈声一向受到吴主的宠信，他依法处理了这件事情。吴主的宠妾向吴主诉说，吴主勃然大怒，借其他事情为由，用烧红的刀锯切断陈声的头颅，把他的身躯扔到四望山下。

晋武帝泰始十年（甲午，274年）

春季，正月初二乙未，出现日食。

闰月十一日癸酉，晋朝寿光成公郑冲去世。

闰月二十五日丁亥，晋武帝下诏说："近代以来，时常由姬妾登上后妃的位子，

得以妾媵为正嫡。”

分幽州置平州。

三月，癸亥，日有食之。

诏又取良家及小将吏女五千人入宫选之，母子号哭于宫中，声闻于外。

夏，四月，己未，临淮康公荀颉卒。

吴左夫人王氏卒。吴主哀念，数月不出，葬送甚盛。时何氏以太后故，宗族骄横。吴主舅子何都貌类吴主，民间讹言：“吴主已死，立者何都也。”会稽又讹言：“章安侯奋当为天子。”奋母仲姬墓在豫章，豫章太守张俊为之扫除。临海太守奚熙与会稽太守郭诞书，非议国政；诞但白熙书，不白妖言。吴主怒，收诞系狱，诞惧，功曹邵畴曰：“畴在，明府何忧！”遂诣吏自列曰：“畴厕身本郡，位极朝右，以噂喈之语，本非事实，疾其丑声，不忍闻见，欲含垢藏疾，不彰之翰墨，镇躁归静，使之自息。故诞屈其所是，默以见从。此之为愆，实由于畴，不敢逃死，归罪有司。”因自杀。吴主乃免诞死，送付建安作船。遣其舅三郡督何植收奚熙。熙发兵自守，其部曲杀熙，送首建业。又车裂张俊，皆夷三族，并诛章安侯奋及其五子。

秋，七月，丙寅，皇后杨氏殂。初，帝以太子不慧，恐不堪为嗣，常密以访后；后曰：“立子以长不以贤，岂可动也！”镇军大将军胡奋女为贵嫔，有宠于帝，后疾笃，恐帝立贵嫔为后，致太子不安，枕帝膝泣曰：“叔父骏女芷有德色，愿陛下以备六宫。”帝流涕许之。

以前太常山涛为吏部尚书。涛典选十余年，每一官缺，辄择才资可为者启拟数人，得诏旨有所向，然后显奏之。帝之所用，或非举首，众情不察，以涛轻重任意，言之于帝。帝益亲爱之。涛甄拔人物，各为题目而奏之，时称“山公启事”。

乱了尊卑的次序，从现在起，不得以侍妾的身份，任正宗的后妃。”

晋朝分出幽州的一部分，设置了平州。

三月初二癸亥，出现日食。

晋武帝又下诏，选取清白人家以及小将吏家的女子共五千人，入宫进行挑选。母女的号哭声响彻宫中，声音传到了宫外。

夏季，四月二十八日己未，晋朝临淮康公荀颉去世。

吴国左夫人王氏去世。吴主孙皓悲哀思念，几个月都不出门，葬礼非常隆重。当时，由于何太后的缘故，何氏宗族骄傲专横。吴主舅舅的儿子何都，相貌与吴主相似，民间流传的谣言说：“吴主已经死了，现在在位的是何都。”会稽又流传谣言说：“章安侯孙奋，将要成为天子。”孙奋母亲仲姬的坟墓在豫章，豫章太守张俊就为孙奋的母亲打扫坟墓。临海太守奚熙写信给会稽太守郭诞，非议国政，郭诞只是禀告了奚熙的书信，却没有提及民间流传的谣言。吴主大怒，把郭诞抓进监狱，郭诞非常害怕，功曹邵畴说：“有我邵畴在，太守您不用发愁。”于是他到官吏那里陈述说：“我置身于本郡，为州郡长官的辅佐。我认为人们聚在一起议论纷纭，所说的本来并不是事实，我憎恨这种毁谤诬蔑的声音，不能容忍这样的议论让天子听到，所以我想藏污纳垢，不写成文字使这种议论显露，以使议论平静下来，事情自然平息。所以郭诞放弃了他自己正确的主张，而默默地听从了我的意见。这次罪过，实在是因我而起，我不敢逃脱死罪，向主管部门认罪自首。”于是邵畴自杀了。吴主便赦免了郭诞的死罪，把他送到建安去造船。吴主派他的舅舅三郡督何植去拘捕奚熙。奚熙发兵防守，部下将他杀了，把首级送到建业。吴主又车裂了张俊。奚熙与张俊都被灭了三族，同时被杀的还有章安侯孙奋和他的五个儿子。

秋季，七月初六丙寅，晋朝皇后杨氏去世。当初，晋武帝觉得太子不聪明，担心他不能挑起继承王位的重任，曾经秘密地和杨皇后商议。杨皇后说：“立太子是以长子而不以才德，怎么能改变？”镇军大将军胡奋的女儿是贵嫔，受到晋武帝的宠爱。杨皇后病重时，担忧晋武帝以后会立胡贵嫔为皇后，将会威胁太子的地位。她头枕着晋武帝的膝，流着眼泪说：“叔父杨骏的女儿杨芷，既有德，又有容貌，希望皇上选她入宫。”晋武帝流着眼泪答应了。

晋朝任命前太常山涛为吏部尚书。山涛掌管选拔官吏的职务十几年，每当有一个官职空缺，他总是选择几名才能与资历都合适的人，告诉晋武帝，得到晋武帝的诏令，对任用某人有倾向性的意见时，他才明确地为这名人选上奏。因此，晋武帝所任用的人，有的并不是选拔人中最好的。大家对这些情况并不了解，有人就说山涛凭自己好恶举荐官吏，并禀告晋武帝，晋武帝对山涛却更加亲近宠信。山涛甄别选拔人才，对每一个人都进行评量品题然后上奏，当时的人把这称为“山公启事”。

涛荐嵇绍于帝，请以为秘书郎，帝发诏征之。绍以父康得罪，屏居私门，欲辞不就。涛谓之曰："为君思之久矣，天地四时，犹有消息，况于人乎！"绍乃应命，帝以为秘书丞。

初，东关之败，文帝问僚属曰："近日之事，谁任其咎？"安东司马王仪，修之子也，对曰："责在元帅。"文帝怒曰："司马欲委罪孤邪！"引出斩之。仪子裒痛父非命，隐居教授，三征七辟，皆不就。未尝西向而坐，庐于墓侧，旦夕攀柏悲号，涕泪著树，树为之枯。读《诗》至"哀哀父母，生我劬劳"，未尝不三复流涕，门人为之废《蓼莪》。家贫，计口而田，度身而蚕；人或馈之，不受；助之，不听。诸生密为刈麦，裒辄弃之，遂不仕而终。

臣光曰：昔舜诛鲧而禹事舜，不敢废至公也。嵇康、王仪，死皆不以其罪，二子不仕晋室可也；嵇绍苟无荡阴之忠，殆不免于君子之讥乎！

（以上为第二段，写吴国外戚何都骄傲专横，无法无天；晋朝官员山涛善于甄选人才；当年嵇康、王仪被司马昭借故杀害，其子嵇绍勉强应诏，王裒终身不仕。）

吴大司马陆抗疾病，上疏曰："西陵、建平，国之蕃表，既处上流，受敌二境。若敌泛舟顺流，星奔电迈，非可恃援他部以救倒县也。此乃社稷安危之机，非徒封疆侵陵小害也。臣父逊，昔在西垂上言：'西陵，国之西门，虽云易守，亦复易失。若有不守，非但失一郡，荆州非吴有也。如其有虞，当倾国争之。'臣前乞屯精兵三万，而主者循常，未肯差赴。自步阐以后，益更损耗。今臣所统千里，外御强对，内怀百蛮，而上下见兵，财有数万，羸敝日久，难以待变。臣愚以为诸王幼冲，无用兵马以妨要务。又，黄门宦官开立占募，兵民避役，逋逃入占，乞特诏简阅，一切料出，以补疆埸受敌常处，使臣所部足满八万，省息众务，并力备御，庶几无虞。若其不然，深可忧也！臣死之后，乞以西方为属。"及卒，吴主使其子晏、景、玄、机、云分将其兵。机、云皆善属文，名重于世。

山涛向晋武帝荐举嵇绍，请求晋武帝任用嵇绍为秘书郎。晋武帝下诏征召嵇绍。嵇绍由于父亲嵇康获罪，所以隐居在家，他想拒绝征召，不去赴任。山涛对他说："我为你想了很久了，天地、四季尚且有消有长，互为更替，更何况对于人呢！"于是，嵇绍答应了任命，晋武帝让他做了秘书丞。

当初，晋朝在东关一战失败，晋文帝司马昭问他的僚属说："最近这件事，应由谁来承担罪责？"安东司马王仪是王修的儿子，他回答说："责任在元帅。"司马昭勃然大怒，说："司马是想把罪过推给我吗？"拉出去把他杀了。王仪的儿子王裒，为他的父亲死于非命而悲痛，他隐居起来传授学业，任凭朝廷三次征召，以及公府、州郡七次授职，他一概不去。晋朝都城洛阳，位于王裒居住地的西方，王裒从来不面向西就座。他在父亲坟墓的旁边修建茅庐居住，早晚攀着柏树悲哀号哭，眼泪落于树上，天长日久，其树因此而干枯。他读《诗经》，每当读到"可怜父母心，生我多辛劳"时，总要再三流泪，他的弟子们因此就不敢讲习《诗经·蓼莪》篇了。王裒家境贫苦，他计算着人口而耕种食用，度量着身材而养蚕制衣。有人馈赠物品，他不接受；予以帮助，他不允许。学生们偷偷地帮他割麦，他就把麦子扔了。他一直到死都没有去做官。

臣司马光评论说：从前，舜诛杀了禹的父亲鲧，而禹却为舜而效力，这是因为禹不敢废弃国家大事。嵇康、王仪的死，都不是因为他们犯了罪，所以他们二人的儿子不做晋朝的官是可以的。嵇绍假如没有以后在荡阴表现出忠诚，大概就不免遭到君子的讥笑和非议了吧？

吴国大司马陆抗病情加重。他上书说："西陵、建平二郡是国家的屏障，地势既处于上流，边境的西面、北面又与敌人的边境接壤。如果敌人泛舟顺流而下，那么就如同星奔电驰一样迅速，到那时，就不能依赖别的地区援助来解救危难了。这可是关系到国家安危的关键，不只是国家疆界受到侵犯的小祸患。我的父亲陆逊，从前在西部边境时曾上书说：'西陵是国家的西门，虽然说容易防守，但同时容易丧失。假如守不住的话，那就不只是失掉一个郡，就连荆州都会不属于吴国所有了。如果西陵有忧患，就要竭尽国家的力量去争夺它。'我过去曾经请求在西陵驻守三万精兵，但是主管的官员遵循常规，不肯派兵奔赴西陵。自从步阐事件以后，我方兵力愈加损耗。现在我统率着千里方圆的地方，对外抵御着强大的敌人，对内安抚着各蛮族，上上下下的现有军队才有几万，久已疲惫、衰败，是很难应付突发事变的。我认为，诸王年幼，不要给他们配备兵马，使要紧的事务受到损害。另外，对黄门宦官进行招募，使士兵百姓得以躲避兵役，而逃亡的罪人也都进入黄门。我请求特

初，周鲂之子处，膂力绝人，不修细行，乡里患之。处尝问父老曰："今时和岁丰而人不乐，何邪？"父老叹曰："三害不除，何乐之有！"处曰："何谓也？"父老曰："南山白额虎，长桥蛟，并子为三矣。"处曰："若所患止此，吾能除之。"乃入山求虎，射杀之，因投水，捕杀蛟；遂从机、云受学，笃志读书，砥节砺行，比及期年，州府交辟。

八月，戊申，葬元皇后于峻阳陵。帝及群臣除丧即吉，博士陈逵议，以为："今时所行，汉帝权制；太子无有国事，自宜终服。"尚书杜预以为："古者天子、诸侯三年之丧，始同齐、斩，既葬除服，谅暗以居，心丧终制。故周公不言高宗服丧三年而云'谅暗'，此服心丧之文也；叔向不讥景王除丧而讥其宴乐已早，明既葬应除，而违谅暗之节也。君子之于礼，存诸内而已；礼非玉帛之谓，丧岂衰麻之谓乎！太子出则抚军，守则监国，不为无事，宜卒哭除衰麻，而以谅暗终三年。"帝从之。

臣光曰：规矩主于方圆，然庸工无规矩则方圆不可得而制也；衰麻主于哀戚，然庸人无衰麻则哀戚不可得而勉也。《素冠》之诗，正为是矣。杜预巧饰经、传以附人情，辩则辩矣，臣谓不若陈逵之言质略而敦实也。

九月，癸亥，以大将军陈骞为太尉。

杜预以孟津渡险，请建河桥于富平津。议者以为："殷、周所都，历圣贤而不作者，必不可立故也。"预固请为之。及桥成，帝从百寮临

别下诏书对黄门宦官进行检查，凡是清理出来的，都把他们补充到边境地区经常与敌人冲突的地方去，以使我所统领的部队，兵员满额为八万，节省、停止众多的事务，集中力量准备防御，也许可以避免忧患。如果不这样做，那就非常令人担忧了。我死了以后，请特别注意西方边境。”陆抗死后，吴主孙皓让陆抗的儿子陆晏、陆景、陆玄、陆机、陆云分别统领陆抗的士兵。陆机、陆云都善于写文章，名声为当世所推重。

当初，吴国周鲂的儿子周处，臂力超过常人，不拘小节，乡里的百姓都认为他是个祸患。周处曾经询问乡里的老人说：“如今四时调顺，又是丰收之年，而人们却不欢喜，这是为什么？”老人叹气说：“三害没有除掉，哪里会有快乐！”周处说：“三害是什么？”老人说：“南山的白额虎，长桥的蛟龙，再加上你，就是三害了。”周处说：“如果所忧的只限于这三害，那我就能把它们除了。”于是，周处进山搜寻老虎，将老虎射死；他跳到河里，与蛟龙搏斗，杀死蛟龙；然后他跟随陆机、陆云，向他们求学，专心致志地读书，磨炼操守与德行。过了一年，州郡的官府争相征召他去做官。

八月十九日戊申，晋朝在峻阳陵埋葬了元皇后。晋武帝以及群臣除去丧服，博士陈逵提议，认为“现在所实行的，是汉代帝王暂时制定的丧礼规定，太子没有担负国家大事，自然应当穿丧服一直到守丧期满”。尚书杜预认为：“古时候天子、诸侯守丧三年，开始同样穿丧服齐衰和斩衰，等到葬礼结束，就除下丧服，守丧而居，在心中悼念，度过三年。所以周公不说高宗服丧三年而只说天子居丧，这就是在心里哀悼、服心丧的制度。叔向不讥讽景王除去丧服却讥讽他饮宴娱乐过早，很明显是说葬礼结束就应当除去丧服，但是景王过早地宴乐，就是违背了还应服心丧的仪节。君子对于礼，保存在自己的心里而已，礼并非就是瑞玉缣帛，丧礼难道就是衰麻之类的丧服吗？太子外出则从君出征，守在国都之内则是在君王外出时代行处理国政，不能说没有事情可作，所以太子应当哭别之后，除去丧服，居丧三年。”晋武帝同意了。

臣司马光评论说：圆规和曲尺的作用，是画出圆形和方形，然而平庸的工匠没有圆规和曲尺就不知如何做出方形和圆形来；丧服的作用是为了表达悲哀、伤悼的心情，然而平庸的人没有丧服，就不能尽力表达悲哀、伤悼的心情。《诗经·素冠》正是为此而作。杜预巧妙假托经、传以附会人情，倒是很有说服力，但是我却认为，不如陈逵的话质朴简要且厚重诚实。

九月初四癸亥，晋朝任命大将军陈骞为太尉。

晋朝杜预认为孟津渡口十分险要，请求在富平津渡口建造一座黄河大桥。有人议论说：“殷、周时期的都城，都建在黄河边上，但是经历了圣人贤人的时代而没有

会，举觞属预曰：“非君，此桥不立。”对曰：“非陛下之明，臣亦无所施其巧。”

是岁，邵陵厉公曹芳卒。初，芳之废，迁金墉也，太宰中郎陈留范粲素服拜送，哀动左右；遂称疾不出，阳狂不言，寝所乘车，足不履地。子孙有婚宦大事，辄密咨焉，合者则色无变，不合则眠寝不安，妻子以此知其旨。子乔等三人，并弃学业，绝人事，侍疾家庭，足不出邑里。及帝即位，诏以二千石禄养病，加赐帛百匹，乔以父疾笃，辞不敢受。粲不言凡三十六年，年八十四，终于所寝之车。

吴比三年大疫。

（以上为第三段，主要写晋武帝泰始十年［274］的三大史事。其一，写吴国外戚何都骄横，民间传言吴主孙皓已死，何都当政。其二，写周处不拘小节，为害一方，后折节读书，重获好评。其三，写晋朝讨论丧礼制度，杜预认为太子应心丧三年；范粲拜送魏帝曹芳，三十六年不说话。）

咸宁元年（乙未，275年）

春，正月，戊午朔，大赦，改元。

吴掘地得银尺，上有刻文；吴主大赦，改元天册。

吴中书令贺邵中风不能言，去职数月。吴主疑其诈，收付酒藏，掠考千数，卒无一言，乃烧锯断其头，徙其家属于临海。又诛楼玄子孙。

夏，六月，鲜卑拓跋力微复遣其子沙漠汗入贡，将还，幽州刺史卫瓘表请留之，又密以金赂其诸部大人离间之。

秋，七月，甲申晦，日有食之。

冬，十二月，丁亥，追尊宣帝庙曰“高祖”，景帝曰“世宗”，文帝曰“太祖”。

大疫，洛阳死者以万数。

（以上为第四段，写吴主孙皓暴虐无道，中书令贺邵中风不能说话，便怀疑他装

造桥，必定是不宜于建桥的缘故。”但是杜预仍然坚持要造桥。等到桥建起来了，晋武帝和百官一起集会，举起酒杯敬杜预说：“如果不是你，这桥就建不起来。”杜预回答说：“如果不是皇上圣明，我也没有机会施展我的技巧。”

这一年，邵陵厉公曹芳去世。当初，曹芳被废，迁到了金墉城，太宰中郎、陈留人范粲，穿白色的衣服为他送行，哀伤之情使身边的人都被感动了。从这以后，范粲就称病不出门，装疯不说话。他睡在自己的乘车上，脚不踩地。子孙当中如果有婚姻、做官的大事，家人总是悄悄与他商议，他如果表示同意，脸色就没有变化，如果不同意，睡卧就不安稳，他的妻子和儿子因此知道他的想法。他的儿子范乔等三人，一起抛弃了学业，断绝人世间一切事情，在家里侍奉他的疾病，从来不走出他们居住的地区。到晋武帝司马炎即位，下诏给范粲二千石俸禄，让他养病，又赐给他一百匹帛布。范乔以父亲病重的缘故，推辞不敢接受。范粲总共三十六年没有说话，在他八十四岁的时候，死在他睡卧的车子上。

吴国连续三年发生大瘟疫。

晋武帝咸宁元年（乙未，275年）

春季，正月初一戊午朔，晋朝实行大赦，改年号为咸宁。

吴国挖地时得到了银尺，上面刻着文字，吴主孙皓便下令大赦，改年号为天册。

吴国中书令贺邵得了中风不能说话，便离职几个月。吴主怀疑他装病，把他拘捕起来，押送到储藏酒的仓库里拷打，打了上千次，他最后也没有说一句话，吴主叫人烧红刀锯，割断了他的头颅，还把他的家属放逐到临海地区。吴主又诛杀了楼玄的儿子和孙子。

夏季，六月，鲜卑人拓跋力微又派他的儿子拓跋沙漠汗到晋朝进献贡品。沙漠汗将要返回的时候，幽州刺史卫瓘上书请求把他留下来，卫瓘又暗地里用金子贿赂鲜卑各部落的首领，挑拨他们与沙漠汗之间的关系。

秋季，七月三十日甲申晦，出现日食。

冬季，十二月初五丁亥，晋朝追尊晋宣帝司马懿庙号为高祖，晋景帝司马师庙号为世宗，晋文帝司马昭庙号为太祖。

晋朝流行大瘟疫，洛阳因瘟疫而死的人，数以万计。

病，严刑拷打，割断头颅，惨无人道；鲜卑拓跋沙漠汗赴晋进献贡品，被扣留，并对其施以离间计。）

二年（丙申，276年）

春，令狐丰卒，弟宏继立，杨欣讨斩之。

帝得疾甚剧，及愈，群臣上寿。诏曰：“每念疫气死亡者，为之怆然。岂以一身之休息，忘百姓之艰难邪！”诸上礼者，皆绝之。

初，齐王攸有宠于文帝，每见攸，辄抚床呼其小字曰：“此桃符座也！”几为太子者数矣。临终，为帝叙汉淮南王、魏陈思王事而泣，执攸手以授帝。太后临终，亦流涕谓帝曰：“桃符性急，而汝为兄不慈，我若不起，必恐汝不能相容，以是属汝，忽忘我言！”及帝疾甚，朝野皆属意于攸。攸妃，贾充之长女也。河南尹夏侯和谓充曰：“卿二婿，亲疏等耳。立人当立德。”充不答。攸素恶荀勖及左卫将军冯紞倾谄，勖乃使紞说帝曰：“陛下前日疾若不愈，齐王为公卿百姓所归，太子虽欲高让，其得免乎！宜遣还藩，以安社稷。”帝阴纳之，乃徙和为光禄勋，夺充兵权，而位遇无替。

吴施但之乱，或谮京下督孙楷于吴主曰：“楷不时赴讨，怀两端。”吴主数诘让之，征为宫下镇、骠骑将军。楷自疑惧，夏，六月，将妻子来奔，拜车骑将军，封丹阳侯。

秋，七月，吴人或言于吴主曰：“临平湖自汉末薉塞，长老言：‘此湖塞，天下乱；此湖开，天下平。’近无故忽更开通，此天下当太平，青盖入洛之祥也。”吴主以问奉禁都尉历阳陈训，对曰：“臣止能望气，不能达湖之开塞。”退而告其友曰：“青盖入洛者，将有衔璧之事，非吉祥也。”或献小石刻“皇帝”字，云“得于湖边”。吴主大赦，改元“天玺”。

晋武帝咸宁二年（丙申，276 年）

春季，晋朝令狐丰去世，他的弟弟令狐宏继他之后担任敦煌太守。杨欣前去征讨令狐宏，把他杀死。

晋武帝生病，十分严重，等他痊愈了，大臣们都去为他祝寿。晋武帝下诏说："每当我想到因瘟疫死去的人，就为他们而悲伤。我怎么能因为我一个人平安了，就忘记百姓的艰难呢？"于是拒绝了祝贺送礼的人。

当初，齐王司马攸受到晋文帝司马昭的宠爱，晋文帝每当见到司马攸，总是抚摸着床，叫着司马攸的小名说："这是桃符座位！"司马攸几次都差一点被立为太子。晋文帝临死的时候，给晋武帝司马炎讲述汉代淮南王以及魏国陈思王的遭遇。他流着眼泪，拉着司马攸的手，然后把司马攸的手放在晋武帝的手上。太后临死时，也流着眼泪对晋武帝说："桃符性子急躁，而你这做哥哥的又不慈爱。我的病如果好不了，我很担心你容不下他，我因此嘱咐你，你不要忘记我的话。"后来晋武帝病得很重的时候，朝野上下都归心于司马攸。司马攸的妻子是贾充的长女。河南尹夏侯和对贾充说："你的二位女婿与皇帝的亲疏是相等的。树人应当树立有德之人。"贾充不回答，司马攸平素就憎恨荀勖以及左卫将军冯𬘡专事谄媚、逢迎，荀勖于是让冯𬘡对晋武帝说："皇上前些天的病如果不能痊愈，公卿大臣及百姓们，都对齐王司马攸归心，太子虽然打算谦让，最后也免不了灾祸。应当打发齐王返回他的封国，以使国家安宁。"晋武帝司马炎不动声色地采纳了冯𬘡的意见，于是把河南尹夏侯和的官职迁为光禄勋，削夺贾充的权力，但是地位和待遇不变。

吴国发生了施但造反作乱的事情，有人在吴主孙皓面前诬陷京下督孙楷说："孙楷不准时去征讨施但，他是两头观望，脚踏两只船。"吴主多次指责孙楷，召他任宫下镇、骠骑将军。孙楷从此心中又疑忌又害怕，夏季的六月，他带着妻子儿女投奔了晋朝，晋朝任命他为车骑将军，封为丹阳侯。

秋季，七月，吴国有人对吴主孙皓说："临平湖自从汉末就荒废阻塞了，老人们说：'此湖塞，天下乱；此湖开，天下平。'近来无缘无故，临平湖忽然又开通了，这是天下将要太平，青色车盖将要进入洛阳的吉祥征兆。"吴主以此事去询问奉禁都尉、历阳人陈训，陈训对他说："我只会望云气，不能通达湖水开通阻塞的奥秘。"陈训退下来就对他的朋友说："青色车盖入洛阳，这是说将要有战败而君主投降之事，这并不是吉祥的兆头。"有人献上小石头，上面刻着"皇帝"的字样，献者说，他是在湖边上得到的。吴主孙皓因此大赦罪人，改年号为天玺。

湘东太守张咏不出算缗，吴主就在所斩之，徇首诸郡。会稽太守车浚公清有政绩，值郡旱饥，表求振贷，吴主以为收私恩，遣使枭首。尚书熊睦微有所谏，吴主以刀镮撞杀之，身无完肌。

八月，己亥，以何曾为太傅，陈骞为大司马，贾充为太尉，齐王攸为司空。

吴历阳山有七穿骈罗，穿中黄赤，俗谓之石印，云："石印封发，天下当太平。"历阳长上言石印发，吴主遣使者以太牢祠之。使者作高梯登其上，以朱书石，曰："楚九州渚，吴九州都。扬州士，作天子，四世治，太平始。"还以闻，吴主大喜，封其山神为王，大赦，改明年元曰"天纪"。

冬，十月，以汝阴王骏为征西大将军，羊祜为征南大将军，皆开府辟召，仪同三司。

祜上疏请伐吴，曰："先帝西平巴、蜀，南和吴、会，庶几海内得以休息；而吴复背信，使边事更兴。夫期运虽天所授，而功业必因人而成，不一大举扫灭，则兵役无时得息也。蜀平之时，天下皆谓吴当并亡。自是以来，十有三年矣。夫谋之虽多，决之欲独。凡以险阻得全者，谓其势均力敌耳。若轻重不齐，强弱异势，虽有险阻，不可保也。蜀之为国，非不险也，皆云一夫荷戟，千人莫当。及进兵之日，曾无藩篱之限，乘胜席卷，径至成都，汉中诸城，皆鸟栖而不敢出，非无战心，诚力不足以相抗也。及刘禅请降，诸营堡索然俱散。今江、淮之险不如剑阁，孙皓之暴过于刘禅，吴人之困甚于巴、蜀，而大晋兵力盛于往时，不于此际平壹四海，而更阻兵相守，使天下困于征戍，经历盛衰，不可长久也。今若引梁、益之兵水陆俱下，荆、楚之众进临江陵，平南、豫州直指夏口，徐、扬、青、兖并会秣陵；以一隅之吴当天下之众，势分形散，所备皆急。巴、汉奇兵出其空虚，一处倾坏，则上下震荡，虽有智者，不能为吴谋矣。吴缘江为国，东西数千里，所敌者大，无有宁息。孙皓恣情任意，与下多忌，将疑于朝，士困于野，无有保世之计，一定之心；平常之日，犹怀去就，兵临之际，必有应者，终不能齐力致死，已可知也。其俗急速，不能持久，弓弩戟楯不如中国；唯有水战是其所便，一入其境，则长江非复所保，还趣城池，去长入短，非吾敌也。官军县进，

吴国湘东太守张咏不上交赋税，吴主孙皓就地杀了他，把他的首级在各郡示众。会稽太守车浚公正清廉有政绩。当时，会稽郡大旱，老百姓没有粮食吃，车浚上书，请求借贷救济，吴主认为他是想以私人的恩惠收买民心，就派人杀了他，把头悬挂在柱子上示众。尚书熊睦稍微说了几句劝说的话，吴主就用刀头上的环柄把他砸死，熊睦身上的皮肉没有一处是完好的。

八月二十一日己亥，晋朝任命何曾为太傅，陈骞为大司马，贾充为太尉，齐王司马攸为司空。

吴国因历阳山上有七个洞孔并排罗列，洞孔里面呈黄赤色，当时的习俗把这称之为石印，也就是指石头上的有色彩的纹理。民间流传说："石印显露，天下太平。"历阳官上报石印显现，吴主孙皓派遣使者用牛羊猪祭祀。使者造了很高的梯子登上历阳山，用大红色在石头上书写道："楚地是九州中的岛，吴国是九州之都。扬州之士作天子，四世得治，太平开始。"使者返回，禀告吴主，吴主大喜，封历阳山神为王。实行大赦，把次年的年号改为天纪。

冬季，十月，晋朝任命汝阴王司马骏为征西大将军，羊祜为征南大将军，二人都设立府署，征召属员，仪节与三司相同。

晋朝羊祜上疏请求讨伐吴国，说："先帝在西面平定了巴蜀地区，在南面与东吴、会稽地区和平相处，海内几乎可以休息了。但是，吴国却再次背信弃义，使边境又生事端。虽然说运数是由上天所授予，而功业却必须由人来成就。如果不用一次大规模的行动把敌人彻底消灭，那么兵役就没有停息的时候。平定蜀国的时候，天下人都认为吴国也应当一同消灭，从那时到现在，已经十三年了。有道是谋略虽然很多，但却需要决断。凡是凭借险阻得到保全的，是因为势均力敌，谁也消灭不了谁。假如形势发生变化，形成强弱之势，即使有险阻，也保不住。蜀国作为一个国家，其地势并非不险，人们都说，一夫当关，万夫莫开。但是到了我军进兵之日，却不曾有藩篱的阻碍，我军乘胜席卷而下，直接到达成都、汉中各城，都如栖息之鸟，不敢出动。并不是因为他们没有抵抗之心，实在是其力量不足以与我军相抗衡。等到刘禅请求投降，各个营堡索然离散。现在长江、淮水的险峻不如蜀之剑阁，孙皓的残暴超过了刘禅，吴人的困苦胜于巴蜀，而大晋的兵力比以往任何时候都强盛，不在此时平定统一四海，却还坚守要塞防守，使天下为远行守边而窘迫，将士们长年出征，经历盛年而至于衰老，这样下去是不会长久的。现在如果率领梁州和益州之兵沿水路、陆路齐下，荆州、楚地之兵进逼江陵，平南、豫州的军队直趋夏口，徐州、扬州、青州、兖州的各路兵马在秣陵会合，这样的话，吴国依凭其一隅之地，抵挡天下之众，必然会分兵把守，所守之处，处处危急。然后，乘其空虚，从巴州、汉口出奇兵袭击，只要有一处被摧毁，就会引起上下震动，即使再有谋略之士，也

人有致死之志，吴人内顾，各有离散之心。如此，军不逾时，克可必矣。”帝深纳之。而朝议方以秦、凉为忧，祜复表曰：“吴平则胡自定，但当速济大功耳。”议者多有不同，贾充、荀勖、冯𬘘尤以伐吴为不可。祜叹曰：“天下不如意事，十常居七、八。天与不取，岂非更事者恨于后时哉！”唯度支尚书杜预、中书令张华与帝意合，赞成其计。丁卯，立皇后杨氏，大赦。后，元皇后之从妹也，美而有妇德。帝初聘后，后叔父珧上表曰：“自古一门二后，未有能全其宗者，乞藏此表于宗庙，异日如臣之言，得以免祸。”帝许之。

十二月，以后父镇军将军骏为车骑将军，封临晋侯。尚书褚䂮、郭奕皆表骏小器，不可任社稷之重。帝不从。骏骄傲自得，胡奋谓骏曰：“卿恃女更益豪邪！历观前世，与天家婚，未有不灭门者，但早晚事耳。”骏曰：“卿女不在天家乎？”奋曰：“我女与卿女作婢耳，何能为损益乎！”

（以上为第五段，写晋武帝咸宁二年［276］三大史事。其一，吴主孙皓胡乱猜疑，杀害直臣，致使属下投奔晋朝；其二，晋大将羊祜上书请求攻打吴国，分析透彻，言辞恳切，晋武帝司马炎深为采纳；其三，晋武帝司马炎立杨骏女杨芷为皇后，重用杨骏，杨骏专横跋扈，国无宁日。）

三年（丁酉，277年）

春，正月，丙子朔，日有食之。

立皇子裕为始平王；庚寅，裕卒。

不能为吴国谋划了。吴国沿着长江建立了国家，其地从东到西有几千里，敌对的战线过于广大，所以没有安宁的地方。孙皓放纵任性，为所欲为，常常猜忌臣下，结果使将官在朝中感到疑虑不安，士兵于原野困顿疲惫，没有保卫国家的计谋和长久的打算；平常的日子里，尚且考虑是否离去，到了战事临头的时候，必然会有反应，终不能齐心协力以效死命。对于这一点，现在就已经很清楚了。吴人的习性是急而快，但不能持久，他们运用弓弩戟盾等兵器不如中原地区的士兵熟练，只有水战是他们所适宜的，但是我军一入吴境，那么长江就不再是他们所要保住的。等到他们回过头来奔救城池，正是丢弃了长处而拾起短处，就不是我们的对手了。我军深入敌境，人人有献身效命的决心；吴人牵挂后方，各自怀有离散之心。这样，我军过不了多久，克敌制胜，消灭吴国，就是必然的了。”晋武帝深为赞同，采纳了羊祜的意见。当时朝廷议事，正为秦州、凉州的胡人而忧虑，羊祜又上书说：“平定了吴国，胡人自然就安定了，现在只应当迅速去成就伟大的功业。”朝中不少人不同意羊祜的意见，贾充、荀勖、冯紞尤其认为不能伐吴。羊祜叹息道：“天下不如意的事情，常占十之七八。上天赐予时机，人却不去获取，这岂不是使经历其事的人以后扼腕长叹吗！”当时只有度支尚书杜预、中书令张华与晋武帝意见相合，赞成羊祜的计划。十月二十一日丁卯，晋朝立杨氏为皇后，大赦天下。杨皇后是元皇后的堂妹，容貌美丽且具有妇女德行。晋武帝当初和皇后订婚的时候，皇后的叔父杨珧上书说：“自古以来，一个门里有两位皇后，还没有能够保全其宗族的。我请求把我所上之书收藏在宗庙里，哪一天如果我的话应验了，我也可因此而免于灾祸。”晋武帝答应了他。

十二月，晋朝任命杨皇后的父亲、镇军将军杨骏为车骑将军，封为临晋侯。尚书褚䂮、郭奕都上书，说杨骏度量狭隘，不可委以国家重任，晋武帝不听。杨骏骄傲，自以为得意，胡奋对杨骏说：“你仗着女儿越来越强横了。历观前代历史，凡是和天子结亲的，没有不遭灭门之祸的，只不过早晚而已。”杨骏说：“您的女儿不是也在天子家里吗？”胡奋说：“我的女儿只是给你的女儿当女仆而已，不可能有什么好处或坏事！”

晋武帝咸宁三年（丁酉，277年）

春季，正月初一丙子朔，出现日食。

晋朝立皇子司马裕为始平王。十五日庚寅，晋武帝第七子司马裕去世。

三月，平虏护军文鸯督凉、秦、雍州诸军讨树机能，破之，诸胡二十万口来降。

夏，五月，吴将邵顗、夏祥帅众七千余人来降。

秋，七月，中山王睦坐招诱逋亡，贬为丹水县侯。

有星孛于紫宫。

卫将军杨珧等建议，以为“古者封建诸侯，所以藩卫王室；今诸王公皆在京师，非扞城之义。又，异姓诸将居边，宜参以亲戚”。帝乃诏诸王各以户邑多少为三等，大国置三军五千人，次国二军三千人，小国一军一千一百人；诸王为都督者，各徙其国使相近。

八月，癸亥，徙扶风王亮为汝南王，出为镇南大将军，都督豫州诸军事；琅邪王伦为赵王，督邺城守事；勃海王辅为太原王，监并州诸军事；以东莞王伷在徐州，徙封琅邪王；汝阴王骏在关中，徙封扶风王；又徙太原王颙为河间王；汝南王柬为南阳王。辅，孚之子；颙，孚之孙也。其无官者，皆遣就国。诸王公恋京师，皆涕泣而去。又封皇子玮为始平王，允为濮阳王，该为新都王，遐为清河王。其异姓之臣有大功者，皆封郡公、郡侯。封贾充为鲁郡公。追封王沈为博陵郡公。

徙封钜平侯羊祜为南城郡侯，祜固辞不受。祜每拜官爵，常多避让，至心素著，故特见申于分列之外。祜历事二世，职典枢要，凡谋议损益，皆焚其草，世莫得闻；所进达之人皆不知所由。常曰：“拜官公朝，谢恩私门，吾所不敢也。”

兖、豫、徐、青、荆、益、梁七州大水。

冬，十二月，吴夏口督孙慎入江夏、汝南，略千余家而去。诏遣侍臣诘羊祜不追讨之意，并欲移荆州。祜曰：“江夏去襄阳八百里，比知贼问，贼已去经日，步军安能追之！劳师以免责，非臣志也。昔魏武帝置都督，类皆与州相近，以兵势好合恶离故也。疆埸之间，一彼一此，慎守而已。若辄徙州，贼出无常，亦未知州之所宜据也。”

是岁，大司马陈骞自扬州入朝，以高平公罢。

三月，晋朝平虏护军文鸯，统领凉州、秦州、雍州各军攻打秃发树机能，将其打败，胡人各部落共二十万人归降晋朝。

夏季，五月，吴将邵颉、夏祥率领部众七千多人投降了晋朝。

秋季，七月，晋朝中山王司马睦因为招募逃亡的罪犯而获罪，被贬为丹水县侯。

异星出现于紫宫星座。

晋朝卫将军杨珧等人建议，认为："古时候分封诸侯是为了藩屏护卫王室；现在诸位王公都在京都，这就失去了保卫的意义。另外，异姓诸将领居住在国家边境地区时，应当让皇室的亲戚参与其中。"晋武帝于是下诏，将诸王根据所食户邑的多少分为三等，大国设置三军共五千人，次国设置二军共三千人，小国设置一军一千一百人。诸王中任都督的，各迁移其封国，使之靠近任所。

八月二十一日癸亥，迁扶风王司马亮为汝南王，出任镇南大将军，总领豫州军事；迁琅邪王司马伦为赵王，督率邺城的防守事务；迁渤海王司马辅为太原王，监理并州诸军事事务；迁东莞王司马伷到徐州，封为琅邪王；迁汝阴王司马骏到关中，封为扶风王；又迁太原王司马颙为河间王；汝南王司马柬为南阳王。司马辅是司马孚的儿子；司马颙是司马孚的孙子。诸王中不担任官职的，都把他们遣返回各自的封国。各位王公留恋京都，一个个都流着眼泪离开了。晋朝又封皇子司马玮为始平王，司马允为濮阳王，司马该为新都王，司马遐为清河王。

异姓大臣中有立过大功的，都被封为郡公或郡侯。封贾充为鲁郡公；追封王沈为博陵郡公。巨平侯羊祜被迁封为南城郡侯。羊祜坚持推辞不接受。羊祜每当被授予官职和爵位时，经常避让，他的至诚之心一贯有名，所以他被特别许可不接受分封他的官爵。羊祜经历了两代帝王，他一直掌管关键重要的部门。凡是他参与谋划商议的事情，不管是设置或简省，他都把草稿烧掉，使世人不能知晓。由羊祜荐举而做了官的人，自己都不知道是谁推荐的。羊祜常常说："在公众的朝廷里授予官职，但是却让别人向你个人谢恩，这样的事情，我是不敢做的。"

晋朝兖、豫、徐、青、荆、益、梁七州洪水泛滥。

冬季，十二月，吴国夏口督孙慎进犯江夏、汝南，抢劫了一千多家然后离去。晋武帝下诏，派遣身边的大臣责问羊祜，不追击讨伐孙慎是什么意思？晋武帝还打算迁移荆州。羊祜说："江夏距离襄阳有八百里，等我知道了贼人的消息，贼人已经离开几天了，步兵如何能追上他们？为了使自己免遭责备，就让部队受苦受累，这不是我的愿望。从前，魏武帝设置都督，大抵都与州相接近，就是因为喜欢兵力集中而厌恶兵力分散的缘故。战场上的事情，一彼一此，只是要谨慎防守而已。如果总是迁州，贼人出没无常，也不知把州设在哪里才便于据守。"

这一年，晋朝大司马陈骞从扬州入朝廷，以高平公的身份免职。

吴主以会稽张俶多所谮白，甚见宠任，累迁司直中郎将，封侯。其父为山阴县卒，知俶不良，上表曰："若用俶为司直，有罪乞不从坐。"吴主许之。俶表置弹曲二十人，专纠司不法。于是，吏民各以爱憎互相告讦，狱犴盈溢，上下嚣然。俶大为奸利，骄奢暴横，事发，父子皆车裂。

卫瓘遣拓跋沙漠汗归国。自沙漠汗入质，力微可汗诸子在侧者多有宠。及沙漠汗归，诸部大人共谮而杀之。既而力微疾笃，乌桓王库贤亲近用事，受卫瓘赂，欲扰动诸部，乃砺斧于庭，谓诸大人曰："可汗恨汝曹谗杀太子，欲尽收汝曹长子杀之。"诸大人惧，皆散走。力微以忧卒，时年一百四。子悉禄立，其国遂衰。

初，幽、并二州皆与鲜卑接，东有务桓，西有力微，多为边患。卫瓘密以计间之，务桓降而力微死。朝廷嘉瓘功，封其弟为亭侯。

（以上为第六段，写西晋建立王侯制度，诸王不任朝官的，返回封国；异姓大臣立过大功的，封为公侯。羊祜为公不为私，封侯而力辞；卫瓘离间鲜卑族，获得成功。）

四年（戊戌，278年）

春，正月，庚午朔，日有食之。

司马督东平马隆上言："凉州刺史杨欣失羌戎之和，必败。"夏，六月，欣与树机能之党若罗拔能等战于武威，败死。

弘训皇后羊氏殂。

羊祜以病求入朝，既至，帝命乘辇入殿，不拜而坐。祜面陈伐吴之计，帝善之。以祜病，不宜数入，更遣张华就问筹策，祜曰："孙皓暴虐已甚，于今可不战而克。若皓不幸而没，吴人更立令主，虽有百万之众，长江未可窥也，将为后患矣！"华深然之。祜曰："成吾志者，子也。"帝欲使祜卧护诸将，祜曰："取吴不必臣行，但既平之后，当劳圣虑耳。功名之际，臣不敢居；若事了，当有所付授，愿审择其人也。"

吴国会稽人张俶经常在吴主孙皓面前搬弄口舌，诬陷别人，因而深受吴主宠信，被多次升迁，任司直中郎将，还被封为侯。张俶的父亲在山阴县当差，知道张俶不是善良之辈，就上书说："如果任用张俶为司直，我请求他犯了罪不要牵连到我。"吴主答应了他。张俶上书，请设置弹曲二十人，专门负责举报检查种种不法行为。于是官吏、百姓各自凭自己的好恶互相告发检举，一时间监狱里人满为患，上上下下，人人惶恐不安。而张俶却借机为自己谋取私利，骄奢专横。后来张俶的罪恶暴露出来，父子都遭受车裂的酷刑。

晋朝卫瓘送拓跋沙漠汗回国。自从沙漠汗入中原作人质，拓跋力微可汗身边的儿子们大多受到力微可汗的宠爱。沙漠汗回国以后，各部落的首领一起诬陷并且杀了他。不久，拓跋力微可汗病倒了，病势沉重。乌桓王库贤由于与力微可汗亲近而当权，他受了卫瓘的贿赂，想把各部落搅乱。于是他在朝堂上磨斧子，对各部落首领说："可汗恨你们进谗言杀了太子，要把你们的长子都抓起来杀了。"部落首领们害怕，都四散逃跑。力微可汗由于忧虑而去世，死时一百零四岁。他的儿子拓跋悉禄继位。鲜卑从此就衰落了。

当初，幽州、并州都和鲜卑接壤，东边有务桓，西边有力微，经常成为边境地区的祸患。后来，卫瓘秘密地用计谋离间鲜卑各部，结果务桓投降晋而力微死去。朝廷表彰卫瓘的功劳，封卫瓘的弟弟为亭侯。

晋武帝咸宁四年（戊戌，278年）

春季，正月初一庚午朔，出现日食。

晋朝司马督、东平人马隆上书说："凉州刺史杨欣丧失了与羌戎之间的和睦关系，他必然要失败。"夏季，六月，杨欣与秃发树机能的党羽若罗拔能等人在武威作战，兵败身死。

晋朝弘训皇后羊氏去世。

晋朝羊祜因病请求入朝见晋武帝。到了朝廷，晋武帝让他乘着车子上殿，不行拜礼坐下。羊祜向晋武帝当面陈述伐吴的计划，晋武帝非常赞赏。因为羊祜有病，不便一次一次地面见晋武帝，晋武帝便派张华去羊祜那里询问伐吴的谋划。羊祜说："孙皓凶暴残酷已经到了极点，如果现在行动，可以不战而取胜。假如孙皓不幸死去，吴人再立一个贤明的君主，那么，我们虽然有百万之众，长江也不是我们可以窥伺的了，这样就将成为后患！"张华非常赞同他的话。羊祜说："成就我志向的人就是你。"晋武帝想让羊祜卧病在车上总领各位将领，羊祜说："夺取吴国我不一定

秋，七月，己丑，葬景献皇后于峻平陵。

司、冀、兖、豫、荆、扬州大水，螟伤稼。诏问主者："何以佐百姓？"度支尚书杜预上疏，以为："今者，水灾东南尤剧，宜敕兖、豫等诸州留汉氏旧陂，缮以蓄水，余皆决沥，令饥者尽得鱼、菜、螺、蜯之饶，此目下日给之益也。水去之后，滇淤之田，亩收数钟，此又明年之益也。典牧种牛有四万五千余头，不供耕驾，至有老不穿鼻者，可分以给民，使及春耕种，谷登之后，责其租税，此又数年以后之益也。"帝从之，民赖其利。预在尚书七年，损益庶政，不可胜数，时人谓之"杜武库"，言其无所不有也。

九月，以何曾为太宰；辛巳，以侍中、尚书令李胤为司徒。

吴主忌胜己者，侍中、中书令张尚，纮之孙也，为人辩捷，谈论每出其表，吴主积以致恨。后问："孤饮酒，可以方谁？"尚曰："陛下有百觚之量。"吴主曰："尚知孔丘不王，而以孤方之。"因发怒，收尚。公卿已下百余人，诣宫叩头。请尚罪，得减死，送建安作船，寻就杀之。

冬，十月，征征北大将军卫瓘为尚书令。是时，朝野咸知太子昏愚，不堪为嗣，瓘每欲陈启而未敢发。会侍宴陵云台，瓘阳醉，跪帝床前曰："臣欲有所启。"帝曰："公所言何邪？"瓘欲言而止者三，因以手抚床曰："此座可惜！"帝意悟，因谬曰："公真大醉邪？"瓘于此不复有言。帝悉召东宫官属，为设宴会，而密封尚书疑事，令太子决之。贾妃大惧，倩外人代对，多引古义。给使张泓曰："太子不学，陛下所知，而答诏多引古义，必责作草主，更益谴负，不如直以意对。"妃大喜，谓泓曰："便为我好答，富贵与汝共之。"泓即具草，令太子自写，帝省之甚悦。先以示瓘，瓘大踧踖，众人乃知瓘尝有言也。贾充密遣人语妃云："卫瓘老奴，几破汝家！"

要去，但是等到平吴之后，就要烦劳您深入思考了。我不敢居于功绩与名声之间，但是如果平吴事情结束，应当委派官员去东南地区镇抚时，希望您慎重地选择合适的人选。”

秋季，七月二十二日己丑，晋朝在峻平陵埋葬了景献皇后。

晋朝司、冀、兖、豫、扬各州洪水泛滥，螟虫毁坏了庄稼。晋武帝下诏书询问主管人说：“用什么来帮助老百姓呢？”度支尚书杜预上书认为：“当前的水灾，以东南地区尤其严重。应当告诫兖、豫等各州，修理汉代遗留下来的池塘用来蓄水，把多余的水引走。这样，饥饿的百姓就可以得到丰足的螺蚌鱼菜充饥，这样可以解决百姓眼前的温饱问题。等到大水退了以后，有淤泥的田地，每亩能收获几钟粮食，这是明年百姓就能得到的好处。另外，朝廷的典牧官有四万五千多头种牛，这些牛不耕田、不驾车，甚至有的牛到老鼻也不穿绳。可以把这些牛分给百姓使用，让这些牛赶上春天耕种，等到粮食丰收以后，再向百姓索取租税，这又是几年以后百姓可以得到的好处。”晋武帝采纳了杜预的意见，百姓由此得到了利益。杜预任尚书七年，经他斟酌修正的各种政务数不胜数，当时的人称他为“杜武库”，意思是说他富有才干，像一个储藏武器的仓库，无所不有。

九月，晋朝任命何曾为太宰。十五日辛巳，任命侍中、尚书令李胤为司徒。

吴主孙皓嫉妒比他强的人。侍中、中书令张尚是张纮的孙子。张尚能言善辩，有口才，谈论起来往往出人意外，吴主天长日久积下了对他的憎恨。后来，有一次吴主问张尚：“我喝酒可以和谁相比？”张尚回答说：“您有能饮百觚的酒量。”吴主说：“张尚明明知道孔丘没有做君主，还要拿我和孔丘相比。”因为古谚有“尧饮千钟，孔子百觚”之说，于是勃然大怒，把张尚抓了起来。公卿以下的官吏一百多人，到宫里去叩头，替张尚请罪，张尚这才得以减罪免死，被送到建安去造船。但不久吴主就把他杀了。

冬季十月，晋朝征召征北大将军卫瓘任尚书令。当时，朝廷上下都知道太子糊涂愚蠢，不能负起王位继承人的重任。卫瓘每次想向晋武帝陈说这件事，都没敢开口。后来，有一次陪晋武帝在陵云台宴饮，卫瓘假装喝醉了酒，跪在晋武帝的床前说：“我有事情要向您启奏。”晋武帝说：“你要说什么？”卫瓘欲言又止一共三次，趁势用手抚摸着床说：“这个座位可惜了。”晋武帝明白了他的意思，也顺着他说道：“你真是大醉了。”从这以后，卫瓘对这件事不再提起。晋武帝把东宫的官吏都召集到一起，为他们设宴，而把尚书决定不下来的事情密封起来，让太子决断应当如何处理。贾妃听到这个消息非常恐惧，就借助外人代替太子回答问题，引用了很多古义。给使张泓说：“太子不学，这是皇上所了解的，如果答题引用许多古义，这必然会引起皇上对起草人的责问，反而更增加了太子的过错与不足，倒不如直以意思来

吴人大佃皖城，欲谋入寇。都督扬州诸军事王浑遣扬州刺史应绰攻破之，斩首五千级，焚其积谷百八十余万斛，践稻田四千余顷，毁船六百余艘。

（以上为第七段，写晋朝能臣羊祜力陈伐吴；吴主孙皓妒忌贤能，杀害能言善辩的中书令张尚；晋臣卫瓘进言痴儿不足以继承大位，司马炎以疑事考之，被舞弊骗过。）

十一月，辛巳，太医司马程据献雉头裘，帝焚之于殿前。甲申，敕内外敢有献奇技异服者，罪之。

羊祜疾笃，举杜预自代。辛卯，以预为镇南大将军，都督荆州诸军事。祜卒，帝哭之甚哀。是日，大寒，涕泪沾须鬓，皆为冰。祜遗令不得以南城侯印入柩。帝曰："祜固让历年，身没让存，今听复本封，以彰高美。"南州民闻祜卒，为之罢市，巷哭声相接。吴守边将士亦为之泣。祜好游岘山，襄阳人建碑立庙于其地，岁时祭祀，望其碑者无不流涕，因谓之"堕泪碑"。

杜预至镇，简精锐，袭吴西陵督张政，大破之。政，吴之名将也，耻以无备取败，不以实告吴主。预欲间之，乃表还其所获。吴主果召政还，遣武昌监留宪代之。

十二月，丁未，朗陵公何曾卒。曾厚自奉养，过于人主。司隶校尉东莱刘毅数劾奏曾侈汰无度，帝以其重臣，不问。及卒，博士新兴秦秀议曰："曾骄奢过度，名被九域。宰相大臣，人之表仪，若生极其情，死又无贬，王公贵人复何畏哉！谨按《谥法》'名与实爽曰缪，怙乱肆行曰丑'，宜谥'丑缪公'。"帝策谥曰"孝"。

回答问题。”贾妃听了非常高兴，对张泓说：“你这就给我好好地答题，我和你共享富贵。”张泓立即动手准备草稿，让太子亲笔抄录下来，晋武帝看了之后非常高兴。先拿给卫瓘看，卫瓘局促不安，众人于是知道了卫瓘曾经说过太子的话。贾充秘密派人对贾妃说：“卫瓘这个老奴才，差点破了你的家。”

吴人在皖城大规模地屯田，想图谋进犯。晋朝都督扬州诸军事王浑，派遣扬州刺史应绰去攻打皖城，打败了吴军，斩首五千级，焚烧储备的粮食一百八十多万斛，践踏了稻田四千多顷，毁坏了船只六百多艘。

十一月十六日辛巳，太医司马程据，献上用雉鸡头上的羽毛制成的裘衣，晋武帝在殿前把这件羽毛衣焚烧了。十九日，晋武帝告诫朝廷内外，如果有谁敢于献上奇特的技艺或者怪异服装的，就判他的罪。

晋朝羊祜病重，举荐杜预代替他。二十六日辛卯，任命杜预为镇南大将军、都督荆州诸军事。羊祜去世，晋武帝司马炎哭得特别哀伤。那天天气很冷，晋武帝流下的眼泪沾在胡须和鬓发上，立刻成了冰。羊祜留下遗言，不要把南城侯印放入棺材里。晋武帝说：“羊祜坚持谦让已经有很多年了，现在人死了而谦让的美德还在。如今就按照他的意思去办，恢复他原来的封号，以彰显他高尚的美德。”荆州的百姓听到羊祜去世的消息，为他罢市，在里巷里聚在一起哭泣，哭声接连不绝。就连吴国守卫边境的将士们也为羊祜的死而流泪。羊祜喜欢游岘山，襄阳的百姓在岘山上建庙立碑，一年四季祭祀。望着这座碑的人没有不落泪的，所以人们称这座碑为堕泪碑。

杜预到任后，他挑选精兵，袭击吴国西陵督张政，使吴兵大败。张政是吴国的名将，他因为没有防备而打了败仗，感到很羞耻，所以没有把实情告诉吴主孙皓。杜预想使离间计，于是公开地把战斗中的缴获都还给了吴国。吴主果然召回了张政，派武昌监留宪代替张政。

十二月十三日丁未，晋朝朗陵公何曾去世。何曾生活豪华奢侈，超过了君王。司隶校尉、东莱人刘毅，多次揭发检举何曾奢侈无度，晋武帝因为何曾是身居要职的大臣，所以不去过问。何曾死后，博士、新兴人秦秀议论说：“何曾骄奢过度，名声传遍了九州。宰相大臣是做人的表率，如果活着的时候随心所欲，死了以后又不受贬抑，那么王公贵人还怕什么呢？我恭敬地根据《谥法》所说‘名与实差别很大叫作缪；乘乱取利、肆意妄为叫作丑’，觉得应当为何曾定谥号为‘丑缪公’。”晋武

前司隶校尉傅玄卒。玄性峻急，每有奏劾，或值日暮，捧白简，整簪带，竦踊不寐，坐而待旦。由是贵游震慑，台阁生风。玄与尚书左丞博陵崔洪善，洪亦清厉骨鲠，好面折人过，而退无后言，人以是重之。

鲜卑树机能久为边患，仆射李憙请发兵讨之，朝议皆以为出兵重事，虏不足忧。

（以上为第八段，写晋朝重臣羊祜病重，举杜预代之，去世后，百姓建碑立庙，望碑而泣，称为"堕泪碑"；直臣秦秀建议将生活豪奢的何曾谥为丑缪公，晋武帝司马炎予以回护。）

五年（己亥，279 年）

春，正月，树机能攻陷凉州。帝甚悔之，临朝而叹曰："谁能为我讨此虏者？"司马督马隆进曰："陛下能任臣，臣能平之。"帝曰："必能平贼，何为不任？顾方略何如耳！"隆曰："臣愿募勇士三千人，无问所从来，帅之以西，虏不足平也。"帝许之。乙丑，以隆为讨虏护军、武威太守。公卿皆曰："见兵已多，不宜横设赏募，隆小将妄言，不足信也。"帝不听。隆募能引弓四钧、挽弩九石者取之，立标简试，自旦至日中，得三千五百人。隆曰："足矣。"又请自至武库选仗，武库令与隆忿争，御史中丞劾奏隆。隆曰："臣当毕命战场，武库令乃给以魏时朽仗，非陛下所以使臣之意也。"帝命惟隆所取，仍给三年军资而遣之。

初，南单于呼厨泉以兄於扶罗子豹为左贤王，及魏武帝分匈奴为五部，以豹为左部帅。豹子渊，幼而隽异，师事上党崔游，博习经史。尝谓同门生上党朱纪、雁门范隆曰："吾常耻随、陆无武，绛、灌无文；随、陆遇高帝而不能建封侯之业，绛、灌遇文帝而不能兴庠序之教，岂不惜哉！"于是，兼学武事。及长，猿臂善射，膂力过人，姿貌魁伟。为任子在洛阳，王浑及子济皆重之，屡荐于帝，帝召与语，悦之。济曰："渊有文武长才，陛下任以东南之事，吴不足平也。"孔恂、杨珧曰："非我族

帝没有采纳秦秀的建议，下令赐何曾谥号为“孝”。

晋朝前任司隶校尉傅玄去世。傅玄性格严厉急躁，常常向皇帝上奏揭发罪行的文状，有时正当黄昏时分，傅玄也手捧状子，整理好上朝用的簪笔和身上的衣带。由于心绪不宁而无法入睡，他就坐在那里等待天亮。因此王公贵族震动恐惧，而政府官署却增添了气势。傅玄与尚书左丞、博陵人崔洪友好。崔洪也是清廉严厉正直的人，喜好当面斥责别人的过失，却不在背后议论别人，人们因此而尊重他。

鲜卑人秃发树机能，长久以来一直是边境地区的祸患。仆射李憙请求发兵征讨树机能，朝廷议事时，大臣们都认为出兵是重大的事情，而树机能还不值得朝廷忧虑。

晋武帝咸宁五年（己亥，279 年）

春季，正月，秃发树机能攻陷了凉州。晋武帝异常悔恨，在朝廷上感叹道：“有谁能为我征讨此虏？”司马督马隆上前说道：“皇上如能任用我，我能平定树机能。”晋武帝说：“你如果一定能平定敌人，我为什么不用你？只是不知你的计谋策略怎么样？”马隆说：“我打算招募三千名勇士，不管他们是从哪儿来、从前是干什么的，率领他们向西而去，区区树机能是不够我打的。”晋武帝同意了。初一，任命马隆为讨虏护军、武威太守。官员们都说：“我们目前的兵员就已经很多了，不应当再任意地设立赏格与招募，马隆这个小家伙不过是胡说而已，不值得相信他。”晋武帝不听。马隆招募的标准是只要能拉开一百二十斤力的弓，能拉开相当于九石力的弩，就录取。他立下标准考试挑选，从早晨到中午，招募了三千五百人。马隆说：“足够了。”又请求亲自到武器库里去挑选兵器，武库令愤怒地和他吵了起来。御史中丞向皇上告发马隆，马隆说：“我将要在战场上尽力效命，武库令却给我魏国时的朽烂兵器，这可不是皇上委派我的用心。”晋武帝下令，武器库中的兵器任由马隆挑选，供给他三年的军用物资，然后派他出发。

当初，南单于呼厨泉任命他哥哥於扶罗的儿子刘豹为左贤王。后来魏武帝曹操把匈奴分为五部，任命刘豹为左部帅。刘豹的儿子刘渊，年幼却俊秀出众。他拜上党人崔游为师，广博地学习经与史。他曾经对与他同门的学生、上党人朱纪和雁门人范隆说：“我常常为随何、陆贾没有武功，绛侯、灌婴没有文才而感到羞愧。随何、陆贾遇到了汉高帝却不能建立封侯的业绩；绛侯、灌婴遇到了汉文帝动不能振兴文化教育，这难道不可惜吗？”于是他在习文的同时也兼学武功。等他长大了，长臂善于射箭，体力超过常人，身材高大魁梧。他因为是人质，所以留在洛阳。王

类，其心必异。渊才器诚少比，然不可重任也。”及凉州覆没，帝问将于李憙，对曰：“陛下诚能发匈奴五部之众，假刘渊一将军之号，使将之而西，树机能之首可指日而枭也。”孔恂曰：“渊果枭树机能，则凉州之患方更深耳。”帝乃止。

东莱王弥家世二千石，弥有学术勇略，善骑射，青州人谓之“飞豹”，然喜任侠。处士陈留董养见而谓之曰：“君好乱乐祸，若天下有事，不作士大夫矣。”渊与弥友善，谓弥曰：“王、李以乡曲见知，每相称荐，适足为吾患耳。”因歔欷流涕。齐王攸闻之，言于帝曰：“陛下不除刘渊，臣恐并州不得久安。”王浑曰：“大晋方以信怀殊俗，奈何以无形之疑杀人侍子乎？何德度之不弘也！”帝曰：“浑言是也。”会豹卒，以渊代为左部帅。

（以上为第九段，写鲜卑拓跋部首领树机能攻陷凉州，司马督马隆自告奋勇平叛；南匈奴左部帅刘豹之子刘渊才能出众，文武双全，齐王司马攸建议除之，以绝后患，晋武帝司马炎不予采纳。）

夏，四月，大赦。

除部曲督以下质任。

吴桂林太守修允卒，其部曲应分给诸将。督将郭马、何典、王族等累世旧军，不乐离别，会吴主料实广州户口，马等因民心不安，聚众攻杀广州督虞授，马自号都督交、广二州诸军事，使典攻苍梧，族攻始兴。

秋，八月，吴以军师张悌为丞相，牛渚都督何植为司徒，执金吾滕修为司空。未拜，更以修为广州牧，帅万人从东道讨郭马。马杀南海太守刘略，逐广州刺史徐旗。吴主又遣徐陵督陶浚将七千人，从西道与交州牧陶璜共击马。

吴有鬼目菜，生工人黄耇家；有买菜，生工人吴平家。东观案图书，名鬼目曰“芝草”，买菜曰“平虑草”。吴主以耇为侍芝郎，平为平虑郎，皆银印青绶。

吴主每宴群臣，咸令沈醉。又置黄门郎十人为司过，宴罢之后，各

浑与儿子王济都很器重刘渊，多次向晋武帝举荐。晋武帝就招来刘渊与他交谈，果然非常喜欢他。王济说："刘渊有文武之才，皇上把东南的事情委任于他，平定吴国都不够他施展的。"孔恂、杨珧说："刘渊非我族类，必然与我们不是一条心。刘渊的才能器量确实很少有人能和他相比，但是却不能重用他。"后来，凉州陷落，晋武帝问李憙，可以用谁为将去救凉州？李回答说："皇上如果真能把匈奴五部的人都发动起来，给刘渊一个将军的名号，让他率领匈奴人向西进发，那么树机能的头颅示众就指日可待了。"孔恂说："刘渊要是真的杀了树机能的头颅示众，那么凉州的祸患就会更深了。"晋武帝于是没有任用刘渊。

晋朝东莱人王弥的家世袭二千石俸禄。王弥有学问，勇猛而有谋略。他善于骑射，青州人称他为"飞豹"，他喜欢打抱不平，隐士、陈留人董养看到他就对他说："你是一个喜好动乱和灾祸的人，如果天下有乱事，你就连士大夫都不想做了。"刘渊和王弥很友好，刘渊对王弥说："王浑和李憙因为与我是同乡，所以了解我，他们时常向皇上荐举我，这却正是我的忧虑。"说着就抽泣流泪了。齐王司马攸知道了这件事，就对晋武帝说："皇上如不除掉刘渊，我恐怕并州不能够长久安宁。"王浑说："大晋正要以信义来安抚异族，为什么要为了无形的怀疑，就要杀了人家入侍皇帝的儿子呢？为什么恩惠的气度就不能再宽宏大量些呢？"晋武帝说："王浑说得对。"这时刘豹去世了，刘渊继位做了左部帅。

夏季，四月，晋朝实行大赦。

晋朝废除部曲督以下官员纳人质的规定。

吴国桂林太守修允去世。修允的部曲应当分别归属于各个将领。督将郭马、何典、王族等人几代都在这支军队中，不愿意分离。这时，吴主孙皓正在调查、核实广州的户口，郭马等人就乘民心不安的时机，聚众起事，杀了广州督虞授，郭马自己封为都督交、广二州诸军事，派何典去攻打苍梧，派王族去进攻始兴。

秋季，八月，吴国任命军师张悌为丞相，牛渚都督何植为司徒，执金吾滕修为司空。还没有来得及授官，又任命滕修为广州牧，率领一万人从东路去讨伐郭马。郭马杀了南海太守刘略，赶走了广州刺史徐旗。吴主又派遣徐陵督陶浚率领七千人，从西路与交州牧陶璜一起攻打郭马。

吴国发现了鬼目菜，生长在工匠黄耇家里；又发现了买菜，生长在工匠吴平家里。负责管理国家图书的官吏，查考书籍，给鬼目菜起名叫芝草；给买菜起名叫平虑草。吴主孙皓任命黄耇为侍芝郎，吴平为平虑郎，授予他们银印和青色的绶带。

吴主孙皓每次宴会群臣都要把大臣们灌醉。他设置了黄门郎十人，专门负责搜

奏其阙失，迕视谬言，罔有不举，大者即加刑戮，小者记录为罪，或剥人面，或凿人眼，由是上下离心，莫为尽力。

益州刺史王浚上疏曰："孙皓荒淫凶逆，宜速征伐。若一旦皓死，更立贤主，则强敌也。臣作船七年，日有朽败；臣年七十，死亡无日。三者一乖，则难图也。诚愿陛下无失事机。"帝于是决意伐吴。会安东将军王浑表孙皓欲北上，边戍皆戒严，朝廷乃更议明年出师。王浚参军何攀奉使在洛，上疏称："皓必不敢出，宜因戒严，掩取甚易。"

杜预上表曰："自闰月以来，贼但敕严，下无兵上。以理势推之，贼之穷计，力不两完，必保夏口以东以延视息，无缘多兵西上，空其国都。而陛下过听，便用委弃大计，纵敌患生，诚可惜也。向使举而有败，勿举可也。今事为之制，务从完牢，若或有成，则开太平之基，不成不过费损日月之间，何惜而不一试之！若当须后年，天时人事，不得如常，臣恐其更难也。今有万安之举，无倾败之虑，臣心实了，不敢以暧昧之见自取后累，惟陛下察之。"

旬月未报，预复上表曰："羊祜不先博谋于朝臣，而密与陛下共施此计，故益令朝臣多异同之议。凡事当以利害相校，今此举之利十有八九，而其害一二，止于无功耳。必使朝臣言破败之形，亦不可得，直是计不出己，功不在身，各耻其前言之失而固守之也。自顷朝廷事无大小，异意锋起，虽人心不同，亦由恃恩不虑后患，故轻相同异也。自秋已来，讨贼之形颇露，今若中止，孙皓或怖而生计，徙都武昌，更完修江南诸城，远其居民，城不可攻，野无所掠，则明年之计或无所及矣！"帝方与张华围棋，预表适至，华推枰敛手，曰："陛下圣武，国富兵强，吴主淫虐，诛杀贤能，当今讨之，可不劳而定，愿勿以为疑！"帝乃许之。以华为度支尚书，量计运漕。贾充、荀勖、冯紞固争之，帝大怒，充免冠谢罪。仆射山涛退而告人曰："自非圣人，外宁，必有内忧，今释吴为

集大臣们的过失。每次宴会结束以后，这十个人就向吴主汇报大臣们的过失，凡是大臣中有抵触的、说了错话的，都向吴主举报，严重的被判刑、处死，轻的也要当作罪状记录下来。有的被扒下脸上的皮，有的被挖去眼睛，因此朝廷上下人心相离，没有人肯为吴主尽力。

晋朝益州刺史王浚上疏说："孙皓荒淫，凶暴反常，应当迅速地予以征讨。如果孙皓一旦死了，吴国又立了一个贤明的君王，那么就成为我们的强敌了。我造船已经七年，每天都有船因腐烂而毁坏；我已年过七十，离死亡没有几天了。这三点只要一有失误，那么攻吴的大事就难以实现。我真诚地希望皇上不要失去机会。"晋武帝于是下定决心伐吴。这时，安东将军王浑上书说，孙皓要北上，吴国边境地区已经戒备森严。朝廷于是又商议明年再出兵攻打吴国。王浚的参军何攀奉命出使，正在洛阳，他上书说："孙皓必然不敢出兵，应当乘着吴国防备严密而突然袭击，这样更容易取胜。"

晋朝杜预上书说："自从闰月以来，吴国只是防备得严，下游地区并不见吴兵沿江而上。依据道理及形势推测，吴国已无计可施，其兵力不足以保全两边，必然要保住夏口以东地区以便苟延残喘，没有理由派很多士兵向西，而使国都空虚。但是皇上却由于误听，而丢开大计，放纵敌人而留下后患，实在是可惜。过去假如举兵有可能失败，那么也可以不举兵。现在攻打吴国之事已经做出了决定，务必要做得完美牢靠，假如能够成功，那么就开创了太平的基础；如果不能成功，损失耗费也不过在数日几月之间，何必吝惜而不去试一试呢！如果还要等到以后，那么天时人事就不能和往常一样了，我担心到时候会更难。当前的举动万分妥帖，绝对没有失败的忧虑，我已下定了决心，绝不敢以暧昧不明的态度以自取日后的麻烦，请皇上明察。"

一个月过去了，杜预还没有得到晋武帝的答复，杜预于是又上书说："羊祜事先没有广泛地和大臣们商议、谋划，却秘密地与皇上一起推行这个计划，所以就更使得朝廷大臣有很多不同的议论。任何事情都应当把利益与损失相互比较，现在这一行动的利益占十之八九，而弊害只占十之一二，最多只是没有功劳而已。如果一定要让大臣们说出计划的弊端，也是不可能的，他们之所以对计划有不同的看法，只是因为计划不是他们制定的，自己没有功劳，即使对自己以前说的话有过失感到羞愧，但还要坚持自己的意见，以保住面子而已。近来，朝廷中的事情无论大小，总是各种意见蜂起，虽说人心各有不同，但是也是由于倚仗着恩宠而不考虑后患，所以很轻易地表示自己相同或者不同的意见。自从入秋以来，攻打吴国的举动越来越显露出来，现在假如中止行动，孙皓或许会因恐怖而产生出新的计划，迁都武昌，更完备地修整长江以南各城，把居民迁到很远的地方去，使城市不可以攻，原野之

外惧，岂非算乎！”

冬，十一月，大举伐吴，遣镇军将军琅邪王伷出涂中，安东将军王浑出江西，建威将军王戎出武昌，平南将军胡奋出夏口，镇南大将军杜预出江陵，龙骧将军王浚、巴东监军鲁国唐彬下巴、蜀，东西凡二十余万。命贾充为使持节、假黄钺、大都督，以冠军将军杨济副之。充固陈伐吴不利，且自言衰老，不堪元帅之任。诏曰：“君若不行，吾便自出。”充不得已，乃受节钺，将中军南屯襄阳，为诸军节度。

马隆西渡温水，树机能等以众数万据险拒之。隆以山路狭隘，乃作扁箱车，为木屋施于车上，转战而前，行千余里，杀伤甚众。自隆之西，音问断绝，朝廷忧之，或谓已没。后隆使夜到，帝抚掌欢笑，诘朝，召群臣谓曰：“若从诸卿言，无凉州矣。”乃诏假隆节，拜宣威将军。隆至武威，鲜卑大人猝跋韩且万能帅万余落来降。十二月，隆与树机能大战，斩之，凉州遂平。

诏问朝臣以政之损益，司徒左长史傅咸上书，以为：“公私不足，由设官太多。旧都督有四，今并监军，乃盈于十；禹分九州，今之刺史几向一倍；户口比汉十分之一，而置郡县更多；虚立军府，动有百数，而无益宿卫；五等诸侯，坐置官属；诸所廪给，皆出百姓，此其所以困乏者也。当今之急，在于并官息役，上下务农而已。”咸，玄之子也。

时又议省州、郡、县半吏以赴农功。中书监荀勖以为：“省吏不如省官，省官不如省事，省事不如清心。昔萧、曹相汉，载其清静，民以宁

中找不到东西，那么明年的计划或许就用不上了。”当时，晋武帝正在和张华下围棋，杜预所上书正好送到了，张华推开棋盘，拱手而说：“皇上圣明英武，国富兵强；吴主邪恶凶残，诛杀贤良和有才能的人。现在就去讨伐他，可以不受劳累而平定，希望您不要再犹豫了！”晋武帝接受了杜预的意见，任命张华为度支尚书，按计划从水路运粮。贾充、荀勖、冯𬘘等人不同意伐吴，固执己见，晋武帝大怒，贾充立即脱帽认罪。仆射山涛退朝回来和别人说：“如果不是圣人，外部安宁了就必然有内部的忧患。以晋朝目前的情况来看，放着吴国做外部威胁，难道不是良计吗？”

冬季，十一月，晋朝大举出兵攻打吴国，派遣镇军将军、琅邪王司马伷从涂中出兵，安东将军王浑从江西出兵，建威将军王戎从武昌出兵，平南将军胡奋从夏口出兵，镇南大将军杜预从江陵出兵，龙骧将军王浚和巴东监军鲁国人唐彬从巴、蜀进军，东西合计共有二十多万人。任命贾充为使持节、假黄钺、大都督，任命冠军将军杨济协助贾充，作为贾充的副手。贾充坚持陈述伐吴不利，而且自称已经衰老，不能担当元帅的重任。晋武帝司马炎下诏说：“你如果不去，那么我就亲自出征。”贾充不得已，于是接受了符节与斧钺，率领中军向南，驻扎在襄阳，负责各部队的部署、调度与节制。

马隆向西渡过温水，秃发树机能等人带领几万名部众凭借险阻抵抗。因为山路狭隘，马隆就造了扁箱车，还造了木屋，置于车上，边作战边前进，走了一千多里，打得敌人死的死，伤的伤，损失惨重。自从马隆西去，音讯断绝，朝廷为他担忧，有的人说他们已经都死了。后来马隆的使者夜里到了，晋武帝司马炎拍着手高兴地笑了。清晨，召集群臣对他们说：“假如听从了诸位的意见，就没有凉州了。”于是下令，赐给马隆符节，授官宣威将军。马隆到了武威，鲜卑部落首领猝跋韩、且万能率领一万多部落前来归降。十二月，马隆与秃发树机能大战，杀了秃发树机能，凉州于是平定。

晋武帝司马炎下诏，询问朝廷如何改进政务。司徒左长史傅咸上书认为：“当前，公与私都不充实的原因，是由于设置的官吏太多了。从前都督是四个，现在连同监军却多至十人。禹分华夏为九州，现在的刺史几乎是从前的一倍。现在的户口相当于汉代的十分之一，而所设置的郡县却比汉代多。虚设的将帅幕府，动不动就有上百个，但是却无益于值宿、警卫。五个等级的诸侯，坐在那里也要设置官属。所有这些官吏的粮食供应，全都从百姓身上支出，这就是之所以穷困匮乏的原因。当前，最紧迫的事情在于合并官署，停止劳役，从上到下都致力于农事。”傅咸是傅玄的儿子。

当时，朝廷中又商议，兼减州、郡、县一半的官吏，让他们去从事农业。中书监荀勖认为：“减吏不如减官，减官不如减事，减事不如清心。从前萧何、曹参辅佐

一，所谓清心也。抑浮说，简文案，略细苛，宥小失，有好变常以徼利者，必行其诛，所谓省事也。以九寺并尚书，兰台付三府，所谓省官也。若直作大例，凡天下之吏皆减其半，恐文武众官，郡国职业，剧易不同，不可以一概施之。若有旷阙，皆须更复，或激而滋繁，亦不可不重也。”

（以上为第十段，写晋朝益州刺史王浚、镇南大将军杜预均上书进兵灭吴，晋武帝司马炎调集二十万大军，兵分六路，水陆并进，大举攻吴；宣威将军马隆大战鲜卑首领树机能，平定凉州；晋朝思治，精简机构，改进政务。）

汉帝，实行清静无为，百姓因此而安宁统一，这就是所说的‘清心’。抑制空言胡说，精简公文案卷，省略烦琐事务，原谅些小过失，如果有喜好改变常规而从中求利的人，一定要严加惩治，这就是所说的‘省事’。把九卿寺并入尚书，把御史台交付三公府，这就是所说的‘省官’。如果只做大的规定，那么普天下的官吏都要裁减一半，恐怕众多的文武官员，郡国的各种职责，难易程度各有不同，不可以一概推行。假如出现公务废弛，全都需要再恢复，或者因此激发而更加繁多，这也不能不加以重视。”

【点评】

堕泪碑。堕泪碑为晋朝征南大将军羊祜之碑，又称“羊公碑”，位于湖北襄阳市岘山上。羊祜死后，每逢时节，周围的百姓都会去祭拜，睹碑生情，莫不流泪。羊祜的继任者、西晋名臣杜预因此把它称作“堕泪碑”。望碑而堕泪，以堕泪而称碑者，这在中国历史上是独一无二的。羊祜何以得到民众的如此爱戴呢？

其一，羊祜心中装着百姓，以德怀人。公元269年，羊祜为荆州诸军都督。当时，西晋和东吴各有一个荆州，形成了南北对峙的局面。西晋的荆州包括今陕西、河南的一小部分和湖北北部地区。吴国的荆州则有今湖北和湖南的大部分地区。晋吴之间的边界线以荆州为最长，这里是灭吴战争的关键地区。羊祜到任后，从长计议，为民着想，兴办教育，安抚百姓，并与吴人开诚相待，凡投降之人，去留可由自己决定。羊祜到任时，军队连一百天的存粮都没有，他把军队一分为二,一半执行巡逻戍守的军事任务，一半垦田。几年后，百姓丰衣足食，军队的粮食积蓄可用十年。民心安，则天下安；民心稳，则斗志狠。羊祜在当地兵民中的威望迅速飙升。

其二，羊祜为公不为私，不争权夺利。羊祜曾因功被封为南城郡侯，他坚决推辞，不予接受。朝廷授予羊祜的官职和爵位，他经常避让，他的至诚之心一贯如此，所以他也就被特别许可不接受分封的官爵。羊祜经历了两代帝王，一直掌管着一些重要部门和关键岗位，凡是他参与谋划商议的事情，他都把草稿烧掉，使世人不能知晓。由羊祜荐举而做官的人，自己都不知道是谁推荐的。他常常说:“在公众的朝廷里授予官职，却让别人向你个人谢恩，这样的事情我是不做的。”即使是临终的时候，还坚持不要把南城郡侯的官印放到棺材里。可见，羊祜一生都很谦逊，始终如一。

其三，羊祜慧眼识才，荐举能够担当重任的人才。当时羊祜深入研究攻打吴国之事，认为要想消灭吴国，必须凭借长江上游的有利地势。而益州刺史王浚是个有争议的人物，当时被征召为大司农，羊祜认为其军事才能可当重任，就极力主张用其所长，推荐其继续担任益州刺史，操练水军，打造战船，为攻打吴国作战略准备，晋武帝采纳了他的主张。后来“王浚楼船下益州，金陵王气黯然收”，在攻打吴国中发挥了中坚作用。公元278年，羊祜作为晋军主帅，突然病重，晋武帝司马炎想让他带病出征，攻打吴国，但他很快就去世了。羊祜在临终前，举荐杜预接替自己，认为杜预完全可以担此重任。这一方面是因为杜预的观点与羊祜是相通的，不同于那些保守派、顽固派，积极支持灭吴战争；另一方面，则是因为杜预具有卓越的军事才能。事实上，杜预是个文武奇才，他曾三陈平吴之策，打消了晋武帝的一些顾虑，是明朝之前唯一一个同时进入文庙和武庙的人。可见，羊祜独具慧眼，为国荐才。

其四，羊祜具有远见卓识，以国家统一为己任。灭掉吴国，实现国家统一，是当时晋朝君臣的使命所在，也是大势所趋。经过数年各项准备，荆州边界的晋军实力远远超过了吴军，而被称为“吴之中流砥柱”的前吴军主帅陆抗病死，吴主孙皓的暴虐统治使各种矛盾激化，失去民心。晋朝灭吴的条件和时机已经成熟。羊祜不失时机地上书，请求攻打吴国，但遭到朝廷一些大臣的反对，而他没有退缩，一再陈说自己的攻吴观点和战略主张，得到晋武帝司马炎的充分肯定。羊祜虽然与世长辞，没有亲自参加这次战争，但他为准备、谋划这场战争做出了不可磨灭的贡献。当满朝文武欢聚庆贺一举灭吴，实现国家统一大业的时候，晋武帝手举酒杯，流着眼泪说：“这是羊太傅的功劳啊！”

当然，要论奇功殊勋，羊祜也许比不上其他人，但要论朝廷官员在百姓心中的位置，要论为人道德与品行，那是谁也不能代替羊祜的。“最是感人仁德厚，当时堕泪有遗碑！”后世称誉羊祜说：“西晋帝业，实羊之功。”

晋纪三

晋武帝太康元年至九年（280—288年）

【起上章困敦（庚子，280年），尽著雍涒滩（戊申，288年），凡九年】

【大事提要】

本卷记事起公元280年，讫公元288年，凡九年，当晋武帝太康元年至九年。本卷所载大事，主要是五个方面。其一，晋朝攻灭吴国。晋武帝司马炎发动二十万大军，分六路进攻吴国，各路军队都取得了辉煌的胜利。益州刺史王濬率领强大的水军，从巴蜀起航，沿江东下，熔断铁锁，夺取关隘，所向披靡，只用40天时间，就直捣建业，迫使吴主孙皓投降，完成统一大业。其二，二王互攻。平吴胜利，新的问题出现。益州刺史王濬沿江扬帆东下，未听从安东将军王浑的招呼，直捣建业，“一片降幡出石头”，功名卓著。王浑认为王濬违命出击，胜利了也不值得赞赏，甚至还要追究罪责。晋武帝司马炎宽容双方，一概升官。其三，整顿国家制度。晋朝统一后，着手削减地方刺史权力，依照汉制，撤掉州郡的士兵；下令让宗王都到封国去，不得留在京都。齐王司马攸颇具治国之才，大臣纷纷上书，请将其留下，晋武帝司马炎为了巩固司马衷地位，仍遣其就国，司马攸忧愤而死。其四，司马炎放纵声色。国家统一，晋武帝司马炎忘乎所以，放纵于游玩、宴饮、房事，不断选秀，后宫佳丽有近万人，甚至“羊车望幸”。大臣争相奢侈，炫富比阔，孙秀、王恺、石崇三大富豪以奢侈相高。朝臣们拉帮结派，官场风气、社会风气黯然变色。其五，外戚专政。晋武帝司马炎的皇后杨氏去世，临终请求武帝娶杨骏之女杨芷，封为皇后，杨骏被超常提拔，揽尽天下大权，专政用事，封为临晋侯。《晋书》中说：“后父始封而以临晋为侯，兆于乱矣。”果不其然，终于致使晋朝大乱。

【原文】

世祖武皇帝中

太康元年（庚子，280 年）

春，正月，吴大赦。

杜预向江陵，王浑出横江，攻吴镇、戍，所向皆克。

二月，戊午，王濬、唐彬击破丹阳监盛纪。吴人于江碛要害之处，并以铁锁横截之；又作铁锥，长丈余，暗置江中，以逆拒舟舰。濬作大筏数十，方百余步，缚草为人，被甲持仗，令善水者以筏先行，遇铁锥，锥辄著筏而去。又作大炬，长十余丈，大数十围，灌以麻油，在船前，遇锁，然炬烧之，须臾，融液断绝，于是，船无所碍。

庚申，濬克西陵，杀吴都督留宪等。壬戌，克荆门、夷道二城，杀夷道监陆晏。杜预遣牙门周旨等，帅奇兵八百泛舟夜渡江，袭乐乡，多张旗帜，起火巴山。吴都督孙歆惧，与江陵督伍延书曰："北来诸军，乃飞渡江也。"旨等伏兵乐乡城外，歆遣军出拒王濬，大败而还。旨等发伏兵随歆军而入，歆不觉，直至帐下，虏歆而还。

乙丑，王濬击杀吴水军都督陆景。杜预进攻江陵，甲戌，克之，斩伍延。于是，沅、湘以南，接于交、广，州郡皆望风送印绶。预杖节称诏而绥抚之。凡所斩获吴都督、监军十四，牙门、郡守百二十余人。胡奋克江安。

乙亥，诏："王濬、唐彬既定巴丘，与胡奋、王戎共平夏口、武昌，顺流长骛，直造秣陵。杜预当镇静零、桂，怀辑衡阳。大兵既过，荆州南境，固当传檄而定。预等各分兵以益濬、彬。太尉充移屯项。"

王戎遣参军襄阳罗尚、南阳刘乔将兵与王濬合攻武昌，吴江夏太守刘朗、督武昌诸军虞昺皆降。昺，翻之子也。

杜预与众军会议，或曰："百年之寇，未可尽克，方春水生，难于久

【语译】

世祖武皇帝中

晋武帝太康元年（庚子，280年）

春季，正月，吴国实行大赦。

晋朝杜预向江陵进发，王浑从横江出兵，攻打吴国的兵镇及边防营垒，兵锋所指，攻无不克。

二月初一戊午，王濬、唐彬打败了丹阳监盛纪。吴人把江边浅滩上的要害区域，用铁锁拦住，还打造一丈多长的大铁锥，暗中放进江里，用以阻挡战船。王濬造了几十个大木筏，每一个木筏长、宽都有一百多步。王濬让人扎了许多草人，草人披铠甲，拿兵器，放在大木筏上，让水性好的人与木筏走在前面，遇到铁锥，铁锥就扎到木筏上，被木筏带走了。王濬又造了许多大火把，火把长十几丈，有几十围粗，用麻油浇在火把上，把火把放在船的前面，遇到铁锁就点燃火把，一会儿工夫，铁锁就被火把烧得熔化而断开，于是战船就无所阻挡。

二月初三庚申，王濬攻克了西陵，杀了吴国都督留宪等人。初五壬戌，又攻下了荆门、夷道两座城，杀了夷道监陆晏。杜预派遣牙门将周旨等人率领八百名奇兵，在夜里泛舟渡过长江，袭击乐乡。周旨树起许多旗帜，又在巴山点起火。吴国都督孙歆非常恐惧，写信给江陵督伍延说："从北边过来的军队，是飞渡过江的。"周旨等人把军队埋伏在乐乡城外。孙歆派兵出城去打王濬，结果大败而回。周旨等人让伏兵尾随孙歆的军队进了城，孙歆没有觉察，周旨的兵一直到了孙歆的帐幕之下，活捉孙歆而回。

二月初八乙丑，王濬打败了吴国水军都督陆景，并把他杀了。杜预进攻江陵，十七日甲戌，攻克了江陵，杀了伍延。这时候，沅、湘以南地区以及地界相接的交、广等州郡，都闻声把印绶送来。杜预手持符节按照皇帝的诏命安抚了这些州郡。到此时为止，总共俘获、斩杀吴国都督、监军十四人，牙门将、郡守一百二十多人。胡奋又攻克了江安。

二月十八日乙亥，晋武帝下诏，说："王濬、唐彬已经平定了巴丘，再与胡奋、王戎一同平定夏口、武昌，顺长江长驱直入，直到秣陵。杜预则应当安定零陵、桂阳，安抚衡阳。大军过后，荆州以南的区域，传布檄文自然会平定。杜预等人各自分兵以增援王濬、唐彬，太尉贾充转移到项地驻扎。"

晋朝王戎派遣参军襄阳人罗尚、南阳人刘乔，领兵与王濬一起攻打武昌。吴国江夏太守刘朗、督武昌诸军虞昺投降了。虞昺是虞翻的儿子。

晋朝杜预与众将领议事，有人说："百年的寇贼不可能一下子彻底消灭，现在正

驻，宜俟来冬，更为大举。”预曰：“昔乐毅借济西一战以并强齐，今兵威已振，譬如破竹，数节之后，皆迎刃而解，无复着手处也。”遂指授群帅方略，径造建业。

吴主闻王浑南下，使丞相张悌督丹阳太守沈莹、护军孙震、副军师诸葛靓帅众三万渡江逆战。至牛渚，沈莹曰：“晋治水军于蜀久矣，上流诸军，素无戒备，名将皆死，幼少当任，恐不能御也。晋之水军必至于此，宜畜众力以待其来，与之一战，若幸而胜之，江西自清。今渡江与晋大军战，不幸而败，则大事去矣！”悌曰：“吴之将亡，贤愚所知，非今日也。吾恐蜀兵至此，众心骇惧，不可复整。及今渡江，犹可决战。若其败丧，同死社稷，无所复恨。若其克捷，北敌奔走，兵势万倍，便当乘胜南上，逆之中道，不忧不破也。若如子计，恐士众散尽，坐待敌到，君臣俱降，无一人死难者，不亦辱乎！”

三月，悌等济江，围浑部将城阳都尉张乔于杨荷；乔众才七千，闭栅请降。诸葛靓欲屠之，悌曰：“强敌在前，不宜先事其小，且杀降不祥。”靓曰：“此属以救兵未至，力少不敌，故且伪降以缓我，非真伏也。若舍之而前，必为后患。”悌不从，抚之而进。悌与扬州刺史汝南周浚，结阵相对，沈莹帅丹阳锐卒、刀楯五千，三冲晋兵，不动。莹引退，其众乱，将军薛胜、蒋班因其乱而乘之，吴兵以次奔溃，将帅不能止，张乔自后击之，大败吴兵于版桥。诸葛靓帅数百人遁去，使过迎张悌，悌不肯去，靓自往牵之，曰：“存亡自有大数，非卿一人所支，奈何故自取死！”悌垂涕曰：“仲思，今日是我死日也！且我为儿童时，便为卿家丞相所识拔，常恐不得其死，负名贤知顾。今以身徇社稷，复何道邪！”靓再三牵之，不动，乃流泪放去，行百余步，顾之，已为晋兵所杀，并斩孙震、沈莹等七千八百级，吴人大震。

（以上为第一段，写晋武帝太康元年［280］发动六路大军攻打吴国，兵锋所指，战无不克，王濬水军一路东下，势如破竹，直捣建业；吴主孙皓派张悌率主力部队渡江迎战，结果大败。）

是春季，有雨水，军队难以长时间驻扎，最好等到冬季来临，再大举发兵。”杜预说：“从前乐毅凭借济西一战而一举吞并了强大的齐国。目前，我军兵威已振，这就好比破竹，破开数节之后，就都迎刃而解了，不会再有吃力的地方了。”于是指点传授众将领计策谋略，晋军一直打到了建业。

吴主孙皓听说王浑率军南下，就派丞相张悌，督率丹阳太守沈莹、护军孙震、副军师诸葛靓率领部众三万人渡过长江迎战。走到牛渚时，沈莹说：“晋朝在蜀地整治水军已经有很长时间了。我上流各部队，素来没有戒备，名将又都死了，只是些年少之人担当重任，恐怕抵挡不住。晋朝的水军必然要到达这些地方，我们应当集中力量等到他们到来，与他们打一仗，假如有幸能够取胜，那么长江以北的地区自然就太平了。如果现在渡江与晋朝大军交战，不幸而打败了，那么大事就完了。”张悌说：“吴国将要亡国，这是无论聪明还是愚笨的人都知道的事实，不是今日才有的事情。我担心蜀地之兵到了这里，我军恐惧惊慌，就不可能再整顿起来了。趁着现在渡江，尚且还能与晋军决一死战。如果败亡，就一同为国而死，再也没有什么可遗憾的了；假如能够取胜，那么敌军奔逃，我军声势就将倍增，然后就乘胜向南进军，在半路上迎击敌人，那就不愁不能破敌。要是依了你的计谋，恐怕士兵都四散奔逃。坐等到敌军到来，君臣就一起投降，没有一个人死于国难，这难道不是耻辱吗？”

三月，吴国张悌等人渡过长江，在杨荷包围了王浑的部将、城阳都尉张乔。张乔手下只有七千人，他关闭了栅栏，请求投降。诸葛靓想把他们都杀了，张悌说：“强敌还在前面，不宜先去做无关紧要的事情，况且杀了投降的人不吉利。”诸葛靓说：“这些人是因为救兵还没有到、力量弱小抵挡不住，所以才暂且假装投降以拖延时间，并不是真正的屈服了。如果放了他们，和我们一起往前走，将来必定成为后患。”张悌没有听从，予以安抚他们，继续前进。张悌与扬州刺史、汝南人周浚，组成陈列相对。沈莹率领丹阳的尖锐部队五千人，三次冲击进军，进军岿然不动。沈莹领兵退却，部众开始乱了起来。这时晋朝将军薛胜、蒋班乘吴兵混乱之机打过来，吴兵接二连三地奔逃溃散，将帅们也制止不住，张乔又从背后杀过来，结果在版桥，晋军大破吴军。诸葛靓带着几百人逃走，派人过去接应张悌，张悌不肯离开，诸葛靓又亲自拉他走，说：“存亡自有气数，并不是你一个人所能支撑的，为什么一定要自己求死呢？”张悌流着眼泪说：“诸葛靓，今天是我死的日子。况且我还是幼儿的时候，就被你家丞相诸葛恪所赏识提拔。我常常怕我死得没有意义，辜负了名贤对我的了解与关照。我今天以身殉国，还有什么可说的呢！”诸葛靓再三拉他走，还是拉不动他，于是就流着眼泪放开手，独自走了。走了一百多步远，回过头去看张悌，他已经被晋兵杀了。同时被斩首的还有孙震、沈莹等七千八百人。吴人受到了

初，诏书使王濬下建平，受杜预节度，至建业，受王浑节度。预至江陵，谓诸将曰："若濬得建平，则顺流长驱，威名已著，不宜令受制于我；若不能克，则无缘得施节度。"濬至西陵，预与之书曰："足下既摧其西藩，便当径取建业，讨累世之逋寇，释吴人于涂炭，振旅还都，亦旷世一事也！"濬大悦，表陈预书。及张悌败死，扬州别驾何恽谓周浚曰："张悌举全吴精兵殄灭于此，吴之朝野莫不震慑。今王龙骧既破武昌，乘胜东下，所向辄克，土崩之势见矣。谓宜速引兵渡江，直指建业，大军猝至，夺其胆气，可不战禽也！"浚善其谋，使白王浑。恽曰："浑暗于事机，而欲慎己免咎，必不我从。"浚固使白之，浑果曰："受诏但令屯江北以抗吴军，不使轻进，贵州虽武，岂能独平江东乎！今者违命，胜不足多，若其不胜，为罪已重。且诏令龙骧受我节度，但当具君舟楫，一时俱济耳。"恽曰："龙骧克万里之寇，以既成之功来受节度，未之闻也。且明公为上将，见可而进，岂得一一须诏令乎！今乘此渡江，十全必克，何疑何虑而淹留不进！此鄙州上下所以恨恨也。"浑不听。

王濬自武昌顺流径趣建业；吴主遣游击将军张象帅舟师万人御之，象众望旗而降。濬兵甲满江，旌旗烛天，威势甚盛，吴人大惧。

吴主之嬖臣岑昏，以倾险谀佞，致位九列，好兴功役，为众患苦。及晋兵将至，殿中亲近数百人叩头请于吴主曰："北军日近而兵不举刃，陛下将如之何？"吴主曰："何故？"对曰："正坐岑昏耳。"吴主独言："若尔，当以奴谢百姓！"众因曰："唯！"遂并起收昏。吴主骆驿追止，已屠之矣。

极大震动。

当初，晋武帝下诏，命令王濬攻下建平，接受杜预的节制、调度；到了建业，接受王浑的部署、调度。杜预到了江陵，对各位将领说："如果王濬攻克了建平，就会顺着长江长驱直进，他的威名已经显著，就不适合再让他受我的节制。如果他不能取胜，那么我就没有缘份对他施行节制、调度了。"王濬到了西陵，杜预写信对他说："您已经摧毁了敌人的西部屏障，应立即直取建业，讨伐数世的贼寇，从水深火热之中解救吴人，整顿部队，返回都城，这也是前所未有的一件大好事。"王濬非常高兴，上书陈述杜预的信件。张悌战败身死时，晋朝扬州别驾何恽对周浚说："张悌率领全吴的精兵就在这里灭亡了，这使吴国朝野上下没有人不震惊恐惧的。现在，王濬已经攻下了武昌，正乘胜东下，所向无敌，敌人土崩瓦解之势已经显露出来了。我认为，应当立即领兵渡江，直指建业。大军突然到来，敌人必然胆战心惊，失去勇气，我们就能不战而擒获了。"周浚赞赏何恽的计谋，让他去报告王浑。何恽说："王浑不懂得把握有利时机，而是行事谨慎，不使自己有过失，所以他肯定不会听从我的意见。"周浚坚持让他去向王浑禀告，王浑果然说："我接受皇上的命令，只让我驻扎在长江以北，以便抗击吴军，并没有让我轻易进兵。你们州的军队虽然勇武，又岂能独立地平定江东之地呢！现在如果违反诏命而出兵，打了胜仗固然值得称赞；如果没有取胜，那么犯下的罪过就很严重了。而且皇上命令王濬接受我的部署调度，你们所应该做的只是准备好船和桨，将来一齐渡江破敌。"何恽说："王濬攻克了万里之敌，他会以成就功勋的身份来接受您的部署、调度，这样的事情我可没有听说过。况且明公您为上将，抓住适当的机会就可以行动，怎么可以事事都等待命令呢？现在如果乘机渡江，完全有把握取胜，您还犹豫、顾虑什么而停留不进，这正是使我州所有人士抱恨不已的原因。"王浑不听。

晋朝王濬从武昌顺着长江直接向建业进逼。吴主孙皓派遣游击将军张象率领舟师一万人抵抗。张象的部下望见王濬的旌旗就投降了。这时候，王濬的士兵身披铠甲，满江都是，旌旗映照着天空，威猛的气势极其盛大，吴人异常恐惧。

吴主孙皓的宠臣岑昏，由于阴险狡诈、谄媚逢迎而爬上了九卿的地位。他喜好大兴工程劳役，使众人深受困苦与祸患。等到晋兵就要到达的时候，宫中亲近的几百名随从官吏向吴主叩头请求说："北方的敌军一天一天地逼近了，而我们的士兵却不拿起武器抵抗，您打算怎么办呢？"吴主问道："这是什么原因？"众人回答说："正是由于岑昏的缘故。"吴主只说了一句："要是这样，就拿这个奴才去向百姓谢罪吧！"众人答应说："是！"于是，从地上爬起来就去抓捕岑昏，等到吴主后悔，接连派人去追赶制止，但是岑昏已经被杀了。

陶濬将讨郭马，至武昌，闻晋兵大入，引兵东还。至建业，吴主引见，问水军消息，对曰："蜀船皆小，今得二万兵，乘大船以战，自足破之。"于是合众，授濬节钺。明日当发，其夜，众悉逃溃。

时王浑、王濬及琅邪王伷皆临近境，吴司徒何植、建威将军孙晏悉送印节诣浑降。吴主用光禄勋薛莹、中书令胡冲等计，分遣使者奉书于浑、濬、伷以请降。又遗其群臣书，深自咎责，且曰："今大晋平治四海，是英俊展节之秋，勿以移朝改朔，用损厥志。"使者先送玺绶于琅邪王伷。

壬寅，王濬舟师过三山，王浑遣信要濬暂过论事，濬举帆直指建业，报曰："风利，不得泊也。"是日，濬戎卒八万，方舟百里，鼓噪入于石头，吴主皓面缚舆榇，诣军门降。濬解缚焚榇，延请相见。收其图籍。克州四，郡四十三，户五十二万三千，兵二十三万。

朝廷闻吴已平，群臣皆贺上寿，帝执爵流涕曰："此羊太傅之功也。"票骑将军孙秀不贺，南向流涕曰："昔讨逆弱冠以一校尉创业，今后主举江南而弃之，宗庙山陵，于此为墟，悠悠苍天，此何人哉！"

吴之未下也，大臣皆以为未可轻进，独张华坚执，以为必克。贾充上表称："吴地未可悉定，方夏，江、淮下湿，疾疫必起，宜召诸军还，以为后图。虽腰斩张华不足以谢天下。"帝曰："此是吾意，华但与吾同耳。"荀勖复奏，宜如充表。帝不从。杜预闻充奏乞罢兵，驰表固争，使至镮辕而吴已降。充惭惧，诣阙请罪，帝抚而不问。

（以上为第二段，写吴主孙皓在晋军强大的攻势面前，自觉大势已去，无力回天，选择投降；晋臣王濬奋勇当先，不听王浑招呼，接受孙皓投降，埋下了争功祸端。）

夏，四月，甲申，诏赐孙皓爵归命侯。

乙酉，大赦，改元。大酺五日。遣使者分诣荆、扬抚慰，吴牧、守已下皆不更易；除其苛政，悉从简易，吴人大悦。

陶濬要去征讨郭马，到了武昌，听说晋兵已大举进逼，就领兵返回东边。到了建业，吴主派人领他来见面，向他询问水军的情况。陶濬回答说："蜀地的船都很小，现在给我两万名士兵，乘大船作战，我有把握打败敌人。"于是吴国召集士兵，授予陶濬符节斧钺。原定第二天出发，但在当天夜里，陶浚召集的士兵全都跑光了。

这时，王浑、王濬以及琅邪王司马伷都已逼近建业附近。吴国司徒何植、建威将军孙晏都把印玺、符节送到王浑那里投降了。吴主孙皓采用光禄勋薛莹、中书令胡冲等人的计谋，分别派遣使者向王浑、王濬、司马伷奉上书信请求投降。吴主又给大臣们写了一封信，在信中深深谴责了自己的罪过，还说："当前，大晋平治四海，正是杰出优秀的人材发挥、施展其气节操守的时期，不要因为改朝换代就因此丧失了志向。"吴主的使者先把印玺送到琅邪王司马伷那里。

三月十五日壬寅，王濬的舟师经过三山，王浑派信使邀请王濬暂时过来商议事情，王濬正扬帆直逼建业，回复王浑说："船行正顺风，不便停下来。"这一天，王濬的八万士兵，乘着相连百里的战船，擂鼓呐喊进入石头城。吴主反绑着双手，用车子装着棺材，来到王濬的军营，王濬松了绑，焚烧了棺材，请他相见。晋军接收了吴国的地图、户籍，攻克了吴国的四个州、四十三个郡、五十二万三千户、二十三万名士兵。

晋朝朝廷听到吴国已平定的消息，大臣们都去庆祝，为晋武帝祝贺。晋武帝手持酒杯流泪说："这是太傅羊祜的功劳。"骠骑将军孙秀没有和大家一起庆贺，他面朝南方流泪说："从前，先主孙策刚满二十岁，以一个校尉的身份创下了基业，如今后主把整个江南之地都抛弃了，宗庙陵墓从此将成为废墟，悠悠青天啊，这究竟是谁造成的啊！"

当初，还没有攻下吴国的时候，大臣们都认为不可以轻易进军，只有张华非常坚定地坚持进军，认为一定能够成功。贾充当时上表说："吴地不能全都平定。现在正是夏季，长江、淮水下游地区潮湿，必然会发生疾病瘟疫，应当把各部队都召回来，以后再做打算。即使腰斩张华，也不足以向天下人谢罪。"晋武帝司马炎说："这是我的意思，张华只不过是与我的意见相同而已。"荀勖又上奏，大致上与贾充的看法相同。晋武帝没有听他们的话。杜预听说贾充上奏请求停止进兵，急忙上书晋武帝，坚决地争论，派使者拿了给晋武帝的奏文，飞驰而去。使者走到轘辕时吴主已经投降了。贾充又惭愧又害怕，到宫里去请罪，晋武帝抚慰了他而没有追究。

夏季，四月二十八日甲申，晋武帝下诏，赐予孙皓的爵位为归命侯。

四月二十九日，施行大赦，改年号为太康。晋朝聚餐饮酒五天。派遣使者分别到荆州、扬州去抚慰，吴国原来的牧、守以下的官吏全都不更换；废除了吴国烦琐

滕脩讨郭马未克，闻晋伐吴，帅众赴难，至巴丘，闻吴亡，缟素流涕，还，与广州刺史闾丰、苍梧太守王毅各送印绶请降。孙皓遣陶璜之子融持手书谕璜，璜流涕数日，亦送印绶降。帝皆复其本职。

王濬之东下也，吴城戍皆望风款附，独建平太守吾彦婴城不下，闻吴亡，乃降。帝以彦为金城太守。

初，朝廷尊宠孙秀、孙楷，欲以招来吴人。及吴亡，降秀为伏波将军，楷为度辽将军。

琅邪王伷遣使送孙皓及其宗族诣洛阳。五月，丁亥朔，皓至，与其太子瑾等泥头面缚，诣东阳门。诏遣谒者解其缚，赐衣服、车乘、田三十顷，岁给钱谷、绵绢甚厚。拜瑾为中郎，诸子为王者皆为郎中。吴之旧望，随才擢叙。孙氏将吏渡江者复十年，百姓复二十年。

庚寅，帝临轩，大会文武有位及四方使者，国子学生皆预焉。引见归命侯皓及吴降人。皓登殿稽颡。帝谓皓曰：“朕设此座以待卿久矣。”皓曰：“臣于南方，亦设此座以待陛下。”贾充谓皓曰：“闻君在南方凿人目，剥人面皮，此何等刑也？”皓曰：“人臣有弑其君及奸回不忠者，则加此刑耳。”充默然甚愧，而皓颜色无怍。

帝从容问散骑常侍薛莹：“孙皓所以亡？”对曰：“皓昵近小人，刑罚放滥，大臣诸将，人不自保，此其所以亡也。”他日，又问吾彦，对曰：“吴主英俊，宰辅贤明。”帝笑曰：“若是，何故亡？”彦曰：“天禄永终，历数有属，故为陛下禽耳。”帝善之。

（以上为第三段，写晋对吴国官员、民众安排抚慰；原吴主孙皓来到晋都洛阳，予以安置，并与群臣相见；晋武帝司马炎与人谈论吴国灭亡的因由，有天意，有人祸。）

的规章制度，一切都遵循简便易行的原则，吴人非常高兴。

滕脩攻打郭马没有成功，听说晋朝征讨吴国，就率领部下奔来救难。到了巴丘，听到吴已亡国的消息，于是身穿白色的丧服流泪，然后就返回了。他与广州刺史闾丰、苍梧太守王毅，各自向晋朝送去印玺绶带，请求投降。孙皓派陶璜的儿子陶融，拿着他亲笔写的信指示陶璜投降晋朝，陶璜哭了好几天，最后也送去了印玺绶带投降了。晋武帝全都恢复了他们原来的官职。

王濬向东挺进时，吴国各城的守备都望风而降，只有建平太守吾彦固守城池，没有攻得下来。后来，听到吴国灭亡的消息，就投降了。晋武帝司马炎任命吾彦为金城太守。

当初，朝廷对孙秀、孙楷尊重恩宠，是想利用他们招来吴人。等到吴国灭亡了，孙秀就被降职为伏波将军，孙楷降职为度辽将军。

琅邪王司马伷派使者送孙皓及他的宗族去洛阳。五月，初一丁亥朔，孙皓到了洛阳。他和太子孙瑾等人用泥涂在头上，反绑了双手，来到洛阳的东阳门。晋武帝司马炎下诏，派谒者解开他们的绳索，赐以衣服、车子、三十顷田地，每年都供应他们非常充足的钱币、粮食和布匹。晋朝授予孙瑾中郎的官职，孙皓其他的儿子凡是原先为王的，都被任命为郎中。吴国从前的有名望的人士，都根据他们的才能提拔进用。孙皓的将领、官吏渡过长江的，免除十年的赋税、劳役；百姓免除二十年的赋税、劳役。

五月初四庚寅，晋武帝来到堂前的长廊，会见文武官员中有爵位的以及四方前来拜见的使者，国子学生也都参加会见。晋武帝派人把归命侯孙皓以及投降的吴人带来相见。孙皓登上大殿，向晋武帝叩头。晋武帝对孙皓说："我设了这个座位，等待你已经有很久了。"孙皓说："我在南方，也设了这个座位以等待您。"贾充对孙皓说："听说你在南方，凿人的眼睛，剥人的脸皮，这是哪一等级的刑罚？"孙皓说："为人臣子的，杀了他的君王以及邪恶不忠的，就处以这种刑法。"贾充沉默无语，非常羞愧，而孙皓却面无愧色。

晋武帝从容地询问散骑常侍薛莹："孙皓为什么会亡国？"薛莹回答说："孙皓亲近小人，任意地施行刑罚，大臣和各位将领，人人都不能自保，这就是孙皓灭亡的原因。"又一天，晋武帝用同样的问题问吾彦，吾彦回答说："吴国君王才智出众，辅佐的大臣贤能聪明。"晋武帝笑着说："要是这样，为什么会亡国？"吾彦说："天赐的福禄永久断绝，天道却有归属，所以才被皇上所擒。"晋武帝非常赞赏他的话。

王濬之入建业也，其明日，王浑乃济江，以濬不待己至，先受孙皓降，意甚愧忿，将攻濬。何攀劝濬送皓与浑，由是事得解。何恽以浑与濬争功，与周浚笺曰："《书》贵克让，《易》大谦光。前破张悌，吴人失气，龙骧因之，陷其区宇。论其前后，我实缓师，既失机会，不及于事，而今方竞其功；彼既不吞声，将亏雍穆之弘，兴矜争之鄙，斯实愚情之所不取也。"浚得笺，即谏止浑。浑不纳，表濬违诏不受节度，诬以罪状。浑子济，尚常山公主，宗党强盛。有司奏请槛车征濬，帝弗许，但以诏书责让濬以不从浑命，违制昧利。

濬上书自理，曰："前被诏书，令臣直造秣陵，又令受太尉充节度。臣以十五日至三山，见浑军在北岸，遣节邀臣；臣水军风发，径造贼城，无缘回船过浑。臣以日中至秣陵，暮乃被浑所下当受节度之符，欲令臣明十六日悉将所领还围石头，又索蜀兵及镇南诸军人名定见。臣以为皓已来降，无缘空围石头。又，兵人定见，不可仓猝得就，皆非当今之急，不可承用，非敢忽弃明制也。皓众叛亲离，匹夫独坐，雀鼠贪生，苟乞一活耳。而江北诸军不知虚实，不早缚取，自为小误。臣至便得，更见怨恚，并云守贼百日，而令他人得之。臣愚以为事君之道，苟利社稷，死生以之。若其顾嫌疑以避咎责，此是人臣不忠之利，实非明主社稷之福也！"

浑又腾周浚书云："濬军得吴宝物。"又云："濬牙门将李高放火烧皓伪宫。"濬复表曰："臣孤根独立，结恨强宗。夫犯上干主，其罪可救；乖忤贵臣，祸在不测。伪中郎将孔摅说：去二月武昌失守，水军行至，皓按行石头还，左右人皆跳刀大呼，云：'要当为陛下一死战决之。'皓意大喜，意必能然，便尽出金宝以赐与之。小人无状，得便驰走。皓惧，乃图降首。降使适去，左右劫夺财物，略取妻妾，放火烧宫。皓逃身窜首，恐不脱死。臣至，遣参军主者救断其火耳。周浚先入皓宫，浑又先登皓舟，臣之入观，皆在其后。皓宫之中，乃无席可坐，若有遗宝，则浚与

王濬进入建业的第二天，王浑就渡过长江。王浑因为王濬不等他到，就提前接受孙皓投降，心中又羞愧又怨恨，就想攻打王濬。何攀劝王濬把孙皓送给王浑，事情才得到缓解。何恽因为王浑与王濬争功，就写信给周浚说："《尚书》重视能退让，《易经》赞赏谦逊的光荣。前些时候王浑打败了张悌，使吴人丧失了胆量和勇气，王濬乘着这个机会，攻下了吴国的疆土。如果要论谁先谁后，我们确实是慢了，已经失去了机会，没有及时赶上，而目前又在争功。王濬既然咽不下这口怨气，就会使和谐的风气受到损坏，而使自矜争功的鄙陋之习兴起，这实在是我从心里所不敢同意的。"周浚收到信，立即劝止王浑。王浑不听，上书说王濬违反诏命，不服从调度，还捏造事实诬告王濬有罪。

王浑的儿子王济和晋武帝的女儿常山公主结了亲，在朝廷宗族帮派中很有势力。于是，有关部门就上奏晋武帝，请求用囚车把王濬召回来，但是晋武帝没有同意，只是下诏书责备王濬不服从王浑的命令，违抗诏命，追求功利。王濬上书为自己申辩说："我先接到命令，让我直接打到秣陵，又命令我接受太尉贾充调度。我于十五日到三山，看见王浑的军队在北岸，王浑写信邀请我去他那里，当时我的水军正顺风乘势直到吴城，没有理由再调转船头返回去见王浑。我在中午的时候到达秣陵，黄昏的时候才受到接受王浑调度的命令，命令我于第二天十六日，率领全部属下，回过头去包围石头城。还索取我率领的蜀地士兵以及随我东下的镇南各军的确切人数。我认为，孙皓已经前来投降，没有理由徒劳地包围石头城。另外，士兵的确切人数，不可能在匆促之间就能很快得知，而且都不是眼前急迫的事情，不能顺从施行，并不是我胆敢忽略、弃置圣明的诏令。孙皓众叛亲离，匹夫独坐，像麻雀、老鼠那样贪生，苟且乞求一条活命而已。但是，江北的各部队不了解虚实，不早些来捉拿孙皓，自己造成了失误。我一到便得手，就更遭到他们的怨恨与不满，还说什么守贼守了一百天，却让别人得到了。我认为，侍奉君王的原则是：假如有利于国家，无论生与死都要追求。如果顾虑别人猜忌怀疑因而逃避过错责任，这是做臣子的以不忠诚得到的私利，实在不是圣明的君王与国家的福气。"

王浑又递上周浚的书信，信上说："王濬的军队得到了吴国的珍贵物品。"还说："王濬的牙门将李高，放火烧了孙皓的宫殿。"王濬又上表说："我孤行独立，与强大的宗派结下了仇怨。如果是冒犯了君王，犯下了过错，还可能得救，但要是得罪了权贵之臣，灾祸就难以预料了。吴中郎将孔摅说：二月武昌失守，晋朝水军马上就要到了。孙皓巡行石头城回来，他手下的人都挥舞着大刀大呼，说：'正要为了皇上去决一死战。'孙皓非常高兴，觉得必然能如此，就把他的金器宝物全都拿出来赐给这些人。然而小人无礼，这些人得了值钱的东西就飞快地逃走了。孙皓非常恐惧，于是打算投降伏罪。孙皓派出的使者刚离开，他手下的人就开始抢夺财物，掠夺孙

浑先得之矣。浚等云臣屯聚蜀人，不时送皓，欲有反状。又恐动吴人，言臣皆当诛杀，取其妻子，冀其作乱，得骋私忿。谋反大逆，尚以见加，其余谤嗜，故其宜耳。今年平吴，诚为大庆；于臣之身，更受咎累。”

濬至京师，有司奏濬违诏，大不敬，请付廷尉科罪。诏不许。又奏濬赦后烧贼船百三十五艘，辄敕付廷尉禁推。诏勿推。

浑、濬争功不已，帝命守廷尉广陵刘颂校其事，以浑为上功，濬为中功。帝以颂折法失理，左迁京兆太守。

（以上为第四段，写晋军灭吴后，王浑与王濬争功，王浑气量狭小，在朝势力颇大；王濬处于劣势，攻下建业却差点变成囚犯；晋武帝司马炎肯定王濬之功，并予以回护，而一并升迁，化解了这场闹剧。）

庚辰，增贾充邑八千户；以王濬为辅国大将军，封襄阳县侯；杜预为当阳县侯；王戎为安丰县侯；封琅邪王伷二子为亭侯；增京陵侯王浑邑八千户，进爵为公；尚书关内侯张华进封广武县侯，增邑万户；荀勖以专典诏命功，封一子为亭侯；其余诸将及公卿以下，赏赐各有差。帝以平吴功，策告羊祜庙，乃封其夫人夏侯氏为万岁乡君，食邑五千户。

王濬自以功大，而为浑父子及党与所挫抑，每进见，陈其攻伐之劳及见枉之状，或不胜忿愤，径出不辞；帝每容恕之。益州护军范通谓濬曰：“卿功则美矣，然恨所以居美者未尽善也。卿旋旆之日，角巾私第，口不言平吴之事；若有问者，则曰：‘圣人之德，群帅之力，老夫何力之有！’此蔺生所以屈廉颇也，王浑能无愧乎！”濬曰：“吾始惩邓艾之事，惧祸及身，不得无言；其终不能遣诸胸中，是吾褊也。”时人咸以濬功重报轻，为之愤邑；博士秦秀等并上表讼濬之屈，帝乃迁濬镇军大将军。王浑尝诣濬，濬严设备卫，然后见之。

皓的妻妾，放火烧了宫殿。孙皓抱头鼠窜，唯恐不能活命。我到那里时，派参军主者才把大火扑灭。周浚先进入孙皓的宫殿，王浑又先登上孙皓的船，我进去和我所见到的，全都在他们之后。孙皓的宫里，连可以坐的席子都没有，假如有遗留下来的珍贵之物，也是周浚与王浑先得到了。周浚等人说我聚集蜀人，不准时把孙皓送去，是想谋反。他们还吓唬吴人，说我要把他们都杀了，把他们的妻子儿女都抓走，希望吴人作乱，以发泄他们的私恨。像谋反这种大逆不道的罪名，他们尚且用来加到我的头上，其他的诽谤与诬陷也就是必然的了。今年平定了吴国，的确是大庆，但是对于我个人来说，却遭到了灾祸与忧患。”

王濬到了京都，有关部门上奏晋武帝，说王濬违抗诏命，极不恭敬，请求把他交付廷尉依法判罪。晋武帝下诏书，不予同意。于是他们又上奏，说王濬在赦免了吴人之后，还放火烧了吴人的一百三十五艘船，应立即下令把他交付廷尉，关进监狱里追究审问。晋武帝又下诏书，不同意追究他。

王浑与王濬为了功劳而争执不休，晋武帝命令守廷尉广陵人刘颂来审定、处理这件事。刘颂认为王浑立了上功，王濬是中功。晋武帝司马炎认为刘颂的评断不合理，就把他降职为京兆太守。

五月，庚辰（疑误），晋朝增加贾充的封邑八千户；任命王濬为辅国大将军，封为襄阳县侯；封杜预为当阳县侯；封王戎为安丰县侯；封琅邪王司马伷的两个儿子为亭侯；增加京陵侯王浑的食邑八千户，将爵位提升为公爵；封尚书、关内侯张华为广武县侯，增加食邑至万户；荀勖因为专门掌管诏命，积有功劳，一个儿子被封为亭侯。其余各位将领以及公卿大臣以下的官吏，受到的赏赐各不相同。晋武帝还以平吴的功绩，派人到羊祜庙里用策书祷告，封羊祜的夫人夏侯氏为万岁乡君，食邑五千户。

王濬自以为功劳大，却遭到了王浑父子及其党羽的打击和冤枉，所以每次进见晋武帝，总要陈述他讨伐攻战的辛劳以及被冤屈的情况，有时候忍不住愤恨与不满，竟不辞而别，晋武帝总是宽容、原谅他。益州护军范通对王濬说：“你的功劳确实值得赞美，但遗憾的是，你以别人的赞美自居，这就不完全值得赞赏了。你应当于凯旋之后就隐居在自己家里，嘴里不谈平吴的事情，如果有人问到平吴的事情，你就说：‘这是圣明皇上的德行，是各位将帅的力量，我这个老头子又有什么功劳！’蔺相如就是用这个办法把廉颇降服了，王浑他能不惭愧吗？”王濬说：“我开始那样做，是吸取了邓艾的教训，害怕把灾祸惹上身，我不能不说。但是我最终也还是放

杜预还襄阳，以为天下虽安，忘战必危，乃勤于讲武，申严戍守。又引滍、淯水以浸田万余顷，开扬口通零、桂之漕，公私赖之。预身不跨马，射不穿札，而用兵制胜，诸将莫及。预在镇，数饷遗洛中贵要，或问其故，预曰："吾但恐为害，不求益也。"

王浑迁征东大将军，复镇寿阳。

诸葛靓逃窜不出。帝与靓有旧，靓姊为琅邪王妃，帝知靓在姊间，因就见焉。靓逃于厕，帝又逼见之，谓曰："不谓今日复得相见！"靓流涕曰："臣不能漆身皮面，复睹圣颜，诚为惭恨！"诏以为侍中，固辞不拜，归于乡里，终身不向朝廷而坐。六月，复封丹水侯睦为高阳王。

（以上为第五段，写晋武帝司马炎论功行赏，力求皆大欢喜；益州刺史王濬虽然加封，但整日惶惶不安；杜预勤于政事，处事周全；诸葛靓父仇难忘，坐不朝晋。）

秋，八月，己未，封皇弟延祚为乐平王，寻薨。

九月，庚寅，贾充等以天下一统，屡请封禅，帝不许。

冬，十月，前将军青州刺史淮南胡威卒。威为尚书，尝谏时政之宽。帝曰："尚书郎以下，吾无所假借。"威曰："臣之所陈，岂在丞、郎、令、史，正谓如臣等辈，始可以肃化明法耳！"

是岁，以司隶所统郡置司州，凡州十九，郡国一百七十三，户二百四十五万九千八百四十。

诏曰："昔自汉末，四海分崩，刺史内亲民事，外领兵马。今天下为一，当韬戢干戈，刺史分职，皆如汉氏故事；悉去州郡兵，大郡置武吏百人，小郡五十人。"交州牧陶璜上言："交、广东西数千里，不宾属者六万余户，至于服从官役，才五千余家。二州唇齿，唯兵是镇。又，宁

不下这件事，这是因为我的心地狭窄。”当时，人们都觉得王濬的功劳很大，但是对他的报偿却轻了，都对此愤恨不平。博士秦秀等人一起上书，替王濬叫屈，晋武帝于是授予王濬镇军大将军的官职。王浑曾经到王濬那里去，王濬设置了森严的戒备、护卫，然后会见王浑。

杜预回到襄阳以后，觉得天下虽然安定了，但是如果忘记了战事就必然会导致危难，于是他勤于讲习武事，命令部下要严于防守。他还引来滍水和淯水浇灌田地一万多顷，开凿扬口，与零、桂之水相通，以利水上运输，公与私都赖此而得到方便。杜预身不跨战马，射箭不能透甲，但是他以善于用兵战胜对方，各位将领都比不上他。杜预人在镇守，却多次向京都的权贵要人馈赠，有人问他为什么要这样做，他回答说：“我只怕他们会加害于我，并不指望他们能给我什么好处。”

王浑升迁为征东大将军，又去镇守寿阳。

诸葛靓逃走以后，就隐藏起来不露面。晋武帝与诸葛靓有旧交，诸葛靓的姐姐是琅邪王司马伷的妻子。晋武帝知道诸葛靓躲在他姐姐那里，因此就去那里见他。诸葛靓逃进厕所躲着不见，晋武帝又强行见他，对他说：“没想到今天又见面了！”诸葛靓流着泪说：“我没能做到往身上涂漆，把脸上的皮刮下来，又见到了圣上您的面容，我实在是又愧又恨。”晋武帝下诏书任命诸葛靓为侍中，诸葛靓坚决推辞不接受。后来，诸葛靓回到了家乡，一生也没有面朝着晋朝廷的方向就座。六月，晋武帝又封丹水侯司马睦为交阳王。

秋季，八月初五己未，晋武帝封弟弟司马延祚为乐平王，不久，司马延祚就去世了。

九月初六庚寅，贾充等人认为天下已经统一了，多次请求晋武帝到泰山上举行祭祀天地的典礼，晋武帝没有同意。

冬季，十月，前将军、青州刺史、淮南人胡威去世。胡威任尚书，曾经进谏，认为当时的政治措施宽松。晋武帝说：“尚书郎以下的官吏，我没有对他们宽容。”胡威说：“我所陈述的，难道是丞、郎、令史这一类官吏吗？我正是说像我同辈的官员，犯了过错严肃处理，才能严肃教化，彰明法度。”

这一年，以司隶所统领的郡设置司州。一共有十九个州，一百七十三个郡国，二百四十五万九千八百四十户。

晋武帝下诏说：“从前，自汉末开始，四海之内分崩离析，刺史对内亲自处理民事，对外统领兵马。如今天下一统，应当收藏起兵器，把刺史的职权区分开，全都依照汉时的制度行事。把州郡的士兵都去掉，大郡设置武官一百人，小郡设置五十人。”交州牧陶璜上书说：“交州、广州，从东到西有几千里，没有归顺的有六万多

州诸夷，接据上流，水陆并通，州兵未宜约损，以示单虚。”仆射山涛亦言“不宜去州郡武备”，帝不听。及永宁以后，盗贼群起，州郡无备，不能禽制，天下遂大乱，如涛所言。然其后刺史复兼兵民之政，州镇愈重矣。

汉、魏以来，羌、胡、鲜卑降者，多处之塞内诸郡。其后数因忿恨，杀害长、吏，渐为民患。侍御史西河郭钦上疏曰：“戎狄强犷，历古为患。魏初民少，西北诸郡，皆为戎居，内及京兆、魏郡、弘农，往往有之。今虽服从，若百年之后有风尘之警，胡骑自平阳、上党不三日而至孟津，北地、西河、太原、冯翊、安定、上郡尽为狄庭矣。宜及平吴之威，谋臣猛将之略，渐徙内郡杂胡于边地，峻四夷出入之防，明先王荒服之制，此万世之长策也。”帝不听。

（以上为第六段，写平吴后的管理事宜，晋武帝司马炎下令刺史分权，取消州郡士兵，而带来后患；侍御史郭钦建议将北方沿边六郡，即北地、西河、太原、冯翊、安定、上郡胡人迁徙边境，没有被采纳，留下隐患。）

二年（辛丑，281 年）

春，三月，诏选孙皓宫人五千人入宫。帝既平吴，颇事游宴，怠于政事，掖庭殆将万人。常乘羊车，恣其所之，至便宴寝；宫人竞以竹叶插户，盐汁洒地，以引帝车。而后父杨骏及弟珧、济始用事，交通请谒，势倾内外，时人谓之“三杨”，旧臣多被疏退。山涛数有规讽，帝虽知而不能改。

初，鲜卑莫护跋始自塞外入居辽西棘城之北，号曰“慕容部”。莫护跋生木延，木延生涉归，迁于辽东之北，世附中国，数从征讨有功，拜大单于。冬十月，涉归始寇昌黎。

十一月，壬寅，高平武公陈骞薨。

是岁，扬州刺史周浚移镇秣陵。吴民之未服者，屡为寇乱，浚皆讨平之；宾礼故老，搜求俊乂，威惠并行，吴人悦服。

户，至于服从官府劳役的，只有五千多家。两个州唇齿相依，只有靠军队才能镇守住。另外，宁州各蛮夷，与上流地区接壤，他们据守在那里，水路陆路都通。所以，不应该减损州兵，以显出官府的力量单薄虚弱。”仆射山涛也说：“不应当去掉州郡的军事守备。”晋武帝却不听。到了永宁以后，盗贼群起，州郡由于没有军队和武器，没有办法捉拿制止，于是天下大乱，正像山涛所说的那样。然而从这以后，刺史又兼管兵民的政务，地方的军事力量更加强大了。

汉、魏以来，羌、胡、鲜卑等投降的部落大多居住在关塞之内的各个郡里。以后多次因为不满和怨恨，杀害了郡县的长官，逐渐成为百姓的祸患。侍御史西河人郭钦上书说：“戎狄强暴蛮横，自古以来就是祸患。魏国初期，百姓人数少，西北各郡，都被戎人居住，内地一直到京兆、魏郡、弘农，也往往有戎人居住。现在他们虽然服从我们，但如果百年之后发生了战乱，胡人的骑兵从平阳、上党地区过来，用不了三天就能到达孟津，那么北地、西河、太原、冯翊、安定、上郡这些地区就都成为狄人的地盘了。应当趁平吴的威势、谋臣猛将的文韬武略，逐渐迁徙内地各郡居住的胡人到边境地区去，加强夷狄经常出入地区的防卫，以彰明先王所制定的使戎狄远离都城的制度，这是千秋万代的长远之策。”晋武帝没有采纳。

晋武帝太康二年（辛丑，281 年）

春季，三月，晋武帝下诏，挑选孙皓的宫女五千人进宫。晋武帝已经平定了吴国，他开始把很多时间花费在游乐、宴饮上，对政事的处理渐渐懈怠了，宫中妃嫔的人数几乎接近一万人。晋武帝经常乘坐着羊拉的车子，听凭羊儿走到哪里，就在哪里宴饮、入寝，宫女们都争先恐后地用竹叶插在门上，用盐水洒地，诱使羊把车子拉到自己门前。而后，皇后的父亲杨骏以及其弟弟杨珧、杨济开始当权，他们互相勾结，互相利用，权势倾动朝廷内外，当时的人称他们为“三杨”，朝廷里的旧臣，许多都被疏远、贬退了。山涛多次对晋武帝规劝、谏阻，晋武帝心里也明白，但就是改不了。

当初，鲜卑人莫护跋开始从塞外入关，居住在辽西棘城的北边，其称号是慕容部。莫护跋生下了木延，木延生下了涉归，迁移到辽东以北地区，世代归附中原，曾经多次随从官府的军队去征讨，立了功，被封为大单于。冬季十月，涉归开始入侵昌黎。

十一月二十五日，高平武公陈骞去世。

这一年，扬州刺史周浚把治所迁移到秣陵。吴国百姓中还没有归顺的，经常骚扰抢掠，都被周浚攻打平定了。周浚以宾客之礼对待元老旧臣，访求有才德的人，

（以上为第七段，写晋武帝司马炎取得平吴胜利，忘乎所以，政事懈怠，纵情游乐，发生“羊车望幸”的怪事；“三杨”专权，相互勾结，权倾朝野，晋朝潜伏重重危机。）

三年（壬寅，282年）

春，正月，丁丑朔，帝亲祀南郊。礼毕，喟然问司隶校尉刘毅曰：“朕可方汉之何帝？”对曰：“桓、灵。”帝曰：“何至于此？”对曰：“桓、灵卖官钱入官库，陛下卖官钱入私门。以此言之，殆不如也！”帝大笑曰：“桓、灵之世，不闻此言，今朕有直臣，固为胜之。”

毅为司隶，纠绳豪贵，无所顾忌。皇太子鼓吹入东掖门，毅劾奏之。中护军、散骑常侍羊琇，与帝有旧恩，典禁兵、豫机密十余年，恃宠骄侈，数犯法。毅劾奏琇罪当死。帝遣齐王攸私请琇于毅，毅许之。都官从事广平程卫径驰入护军营，收琇属吏，考问阴私，先奏琇所犯狼藉，然后言于毅。帝不得已，免琇官。未几，复使以白衣领职。

琇，景献皇后之从父弟也；后将军王恺，文明皇后之弟也；散骑常侍、侍中石崇，苞之子也。三人皆富于财，竞以奢侈相高。恺以粭澳釜，崇以蜡代薪；恺作紫丝步障四十里，崇作锦步障五十里；崇涂屋以椒，恺用赤石脂。帝每助恺，尝以珊瑚树赐之，高二尺许；恺以示石崇，崇便以铁如意碎之；恺怒，以为疾己之宝。崇曰：“不足多恨，今还卿！”乃命左右悉取其家珊瑚树，高三四尺者六七株，如恺比者甚众；恺恍然自失。

车骑司马傅咸上书曰：“先王之治天下，食肉衣帛，皆有其制。窃谓奢侈之费，甚于天灾。古者人稠地狭，而有储蓄，由于节也。今者土广人稀，而患不足，由于奢也。欲人崇俭，当诘其奢。奢不见诘，转相高尚，无有穷极矣！”

威势与恩惠并用，吴人心悦诚服。

晋武帝太康三年（壬寅，282年）

春季，正月初一丁丑朔，晋武帝亲自到南郊祭祀。典礼结束后，晋武帝感叹地询问司隶校尉刘毅说："我可以和汉代的哪一个帝王相比？"刘毅回答说："可以与桓帝、灵帝相比。"晋武帝说："何至于到这个地步？"刘毅说："桓帝、灵帝出卖官职的钱都进了官府的仓库，皇上出卖官职的钱都进了个人的家门，就凭这一点来说，大概还不如桓帝、灵帝了。"晋武帝大笑，说道："桓帝、灵帝的时代，听不到这样的话，现在我有正直的臣下，已经胜过桓帝、灵帝了。"

刘毅任司隶，举发惩处豪门权贵，无所顾忌。皇太子吹打着乐器进入宫中的东掖门，违反了宫中的规定，刘毅就上奏皇上检举他。中护军、散骑常侍羊琇，过去曾有恩于晋武帝司马炎。他掌管皇帝的亲兵，十几年来一直参与朝廷机密要事，倚仗着皇帝的恩宠，骄横奢侈，多次犯法。刘毅上奏皇上，检举羊琇的罪行，认为按照他所犯下的罪行，应当处以死刑。晋武帝派齐王司马攸私下去找刘毅，为羊琇求情，刘毅同意了。这时，都官从事、广平人程卫，直接进入护军营，拘捕了羊琇的手下官吏，拷打审问羊琇暗中所做的隐秘之事。他先把羊琇所犯下的不检点的事情上奏皇上，然后告诉了刘毅。晋武帝不得已，免了羊琇的官，但是没过多久，又让羊琇以平民的身份担任官职。

羊琇是景献皇后的叔伯堂弟；后将军王恺是文明皇后的弟弟；散骑常侍、侍中石崇是石苞的儿子。这三个人都有丰富的家财，他们互相攀比，谁最奢侈谁就最受尊重。王恺用糖膏刷锅，石崇就用蜜蜡当柴烧。王恺用紫色的蚕丝作路两旁的屏幕，长达四十里，石崇就用锦缎作屏幕，长五十里。石崇用花椒粉和泥涂房屋，王恺就用赤石脂涂墙。晋武帝时常帮助王恺，曾经赐给珊瑚树，有二尺多高。王恺把珊瑚树拿给石崇看，石崇就用铁如意把王恺的珊瑚树击碎了。王恺动了怒，认为石崇是嫉妒他的珍贵之物。石崇说："你不值得生那么大的气，我现在就还给你。"于是，命令手下人把家中的珊瑚树全都拿了出来，其中高三四尺的有六七棵，和王恺的珊瑚树相同的有很多，王恺茫然失意，不知所措。

车骑司马傅咸上书说："先王治理天下，对吃肉、穿丝织的衣服，都有规定。我私下认为，由于奢侈而造成的浪费，比天灾还要严重。古时候人多地少，然而有积蓄，这就是因为节俭的缘故。现在土地辽阔，人丁稀少，但是却为物品不充足而忧虑，这是由于奢侈的缘故。要想让人们都崇尚节俭，那就应当整治奢侈的习气，奢

尚书张华，以文学才识，名重一时，论者皆谓华宜为三公。中书监荀勖、侍中冯纨以伐吴之谋深疾之。会帝问华："谁可托后事者？"华对以"明德至亲，莫如齐王"。由是忤旨，勖因而谮之。甲午，以华都督幽州诸军事。华至镇，抚循夷夏，誉望益振，帝复欲征之。

冯纨侍帝，从容语及锺会，纨曰："会之反，颇由太祖。"帝变色曰："卿是何言邪！"纨免冠谢曰："臣闻善御者必知六辔缓急之宜，故孔子以仲由兼人而退之，冉求退弱而进之。汉高祖尊宠五王而夷灭，光武抑损诸将而克终。非上有仁暴之殊，下有愚智之异也，盖抑扬与夺，使之然耳。锺会才智有限，而太祖夸奖无极，居以重势，委以大兵，使会自谓算无遗策，功在不赏，遂构凶逆耳。向令太祖录其小能，节以大礼，抑之以威权，纳之以轨则，则乱心无由生矣。"帝曰："然。"纨稽首曰："陛下既然臣之言，宜思坚冰之渐，勿使如会之徒复致倾覆。"帝曰："当今岂复有如会者邪？"纨因屏左右而言曰："陛下谋画之臣，著大功于天下，据方镇，总戎马者，皆在陛下圣虑矣。"帝默然，由是止，不征华。

（以上为第八段，写晋朝统一后，上下弥漫着一股不正之风，攀比斗富，奢侈成风；小人得势，奸佞当朝；任人以私，张华等有才能、有威望的人被馋毁，得不到重用。）

三月，安北将军严询败慕容涉归于昌黎，斩获万计。

鲁公贾充老病，上遣皇太子省视起居。充自忧谥传，从子模曰："是非久自见，不可掩也！"夏，四月，庚午，充薨，世子黎民早卒，无嗣，妻郭槐欲以充外孙韩谧为世孙，郎中令韩咸、中尉曹轸谏曰："礼无异姓为后之文，今而行之，是使先公受讥于后世而怀愧于地下也。"槐不听。咸等上书，求改立嗣，事寝不报。槐遂表陈之，云充遗意。帝许之，仍诏："自非功如太宰，始封无后者，皆不得以为比。"及太常议谥，博士秦秀曰："充悖礼溺情，以乱大伦。昔鄫养外孙莒公子为后，《春秋》书'莒人灭鄫'。绝父祖之血食，开朝廷之乱原。按《谥法》'昏乱纪度曰荒'，

侈而不被整治，反而互相攀比，那就没有止境了！”

尚书张华由于他的文章、博学、才能与见识，在当时很有名气，被人尊重。人们议论说，张华应为三公。中书监荀勖、侍中冯紞，由于攻打吴国时表示反对，与张华的谋略不同，深深地嫉恨张华。这时晋武帝司马炎问张华：“谁是我可以向他托付后事的人呢？”张华回答说：“聪明有德行，又是您的至亲之人，没有人比齐王司马攸更合适了。”这一句话就触犯了晋武帝的心思，荀勖就乘机诽谤张华。正月十八日甲午，任命张华统领幽州诸军事。张华到了镇守，安抚汉族及夷族的平民百姓，声望更高了。这时，晋武帝又想把他召回来。

冯紞正在晋武帝身旁侍候，他不慌不忙地和晋武帝谈到了锺会。冯紞说：“钟会之所以谋反，很大部分原因在于太祖司马昭。”晋武帝变了脸色，说：“你这是什么话！”冯紞脱帽谢罪说：“我听说善于驾驭车马的人必然懂得六根缰绳的掌握要缓急适度，所以孔子因为仲由胜过别人而贬退他，因为冉求退缩、软弱而推动他。汉高祖尊重、宠爱的五位王最终都被除掉；光武帝抑制、贬损各位将领，他们因而能善终。这并不是因为圣贤、帝王有仁爱、残暴的区别，臣下有愚昧、聪明的不同，这是由于褒贬和与夺才使得他们这样。锺会的才能、谋略有限，但是太祖对他的赞赏没有止境，让他担任重要的职权，把大军托付给他，使锺会自认为谋划周密，没有遗漏，有功劳却得不到赏赐，于是就构成了谋反。假使太祖任用他的小才能，用大的礼法节制他，用威势和权力抑制他，使他纳入法制轨道，那么他的作乱之心就没有产生的机会了。”晋武帝说：“是这样。”冯紞跪拜，说：“皇上既然同意了我的话，就应当想一想坚冰之所以形成，非一日之寒，不要让像锺会那样的人再导致颠覆。”晋武帝说：“当今难道还有像锺会那样的人吗？”冯紞于是屏退身边的人，然后说：“为皇上谋划的大臣，在天下有显著的大功，据守一方，统领兵马的人，都在皇上您圣明的思虑之中了。”晋武帝沉默不语，从此就不再征召张华了。

三月，安北将军严询在昌黎打败了慕容涉归，斩首、俘获敌人以万计。

鲁公贾充上了年纪，又有病，晋武帝派皇太子去问候探望他的日常生活。贾充很忧虑他死后的谥号以及修史者对他的记载。他的侄子贾模说：“是与非天长日久自然就显现出来，不是能掩盖得住的。”夏季，四月二十五日庚午，贾充去世，他的长子贾黎民死得早，没有后代，贾充的妻子郭槐，想以贾充的外孙韩谧作为嫡长孙。郎中令韩咸、中尉曹轸劝阻说：“礼法中没有让异姓作后代的条文，现在如果这样做了，这是让先公在后世受到讥笑而在地下心怀羞愧。”郭槐不听。韩咸等人又上书，请求更改立嗣，但是事情就搁置下来，没有答复。郭槐又上书陈述，说这是贾充的遗愿，晋武帝同意了，还下诏说：“如果功劳不如太宰的，以及初次封号的、没有后

请谥‘荒公’。”帝不从，更谥曰“武”。

闰月，丙子，广陆成侯李胤薨。

齐王攸德望日隆，荀勖、冯紞、杨珧皆恶之。紞言于帝曰：“陛下诏诸侯之国，宜从亲者始。亲者莫如齐王，今独留京师，可乎？”勖曰：“百僚内外皆归心齐王，陛下万岁后，太子不得立矣。陛下试诏齐王之国，必举朝以为不可，则臣言验矣。”帝以为然。

冬，十二月，甲申，诏曰：“古者九命作伯，或入毗朝政，或出御方岳，其揆一也。侍中、司空、齐王攸，佐命立勋，劬劳王室，其以为大司马、都督青州诸军事，侍中如故，仍加崇典礼，主者详按旧制施行。”以汝南王亮为太尉、录尚书事、领太子太傅，光禄大夫山涛为司徒，尚书令卫瓘为司空。

征东大将军王浑上书，以为：“攸至亲盛德，侔于周公，宜赞皇朝，与闻政事。今出攸之国，假以都督虚号，而无典戎干方之实，亏友于款笃之义，惧非陛下追述先帝、文明太后待攸之宿意也。若以同姓，宠之太厚，则有吴、楚逆乱之谋，汉之吕、霍、王氏，皆何人也！历观古今，苟事之轻重所在，无不为害，唯当任正道而求忠良耳。若以智计猜物，虽亲见疑，至于疏者，庸可保乎！愚以为太子太保缺，宜留攸居之，与汝南王亮、杨珧共干朝事。三人齐位，足相持正，既无偏重相倾之势，又不失亲亲仁覆之恩，计之尽善者也。”于是，扶风王骏，光禄大夫李憙，中护军羊琇，侍中王济、甄德皆切谏，帝并不从。济使其妻常山公主及德妻长广公主俱入，稽颡涕泣，请帝留攸。帝怒，谓侍中王戎曰：“兄弟至亲，今出齐王，自是朕家事，而甄德、王济连遣妇来生哭人邪！”乃出济为国子祭酒，德为大鸿胪。羊琇与北军中候成粲谋见杨珧，手刃杀之。珧知之，辞疾不出，讽有司奏琇，左迁太仆，琇愤怨，发病卒。李憙亦以年老逊位，卒于家。憙在朝，姻亲故人，与之分衣共食，而未尝私以王官，人以此称之。

代的，都不可以和贾充相比。”等到太常开始议论给贾充定谥号的事情，博士秦秀说：“贾充违反礼法，沉迷于私情，因而败坏了伦常大道。从前，鄫国养育外孙、莒公的儿子为后代，《春秋》中写道‘莒人灭鄫’。断绝了父系祖先的祭祀，开启了朝廷败坏变乱的根源。按照《谥法》，‘混淆毁坏纲纪法度叫作荒’，请求给贾充封谥号为荒公。”晋武帝没有听从秦秀的话，更改贾充的谥号为“武”。

闰月初一丙子，广陆成侯李胤去世。

齐王司马攸的德行与名望一天比一天受人尊崇，荀勖、冯紞、杨珧都憎恨他。冯紞对晋武帝司马炎说：“皇上命令诸侯回到自己的封国去，应当从亲属开始执行。与您最亲的没有人能比得上齐王了，如今却只有他还留在京城，这样可以吗？”荀勖说：“朝廷内外的百官，都从心里归附齐王，皇上万年之后，太子就不可能即天子之位了。皇上可以试着命令齐王回到封国，必定是朝廷上下都认为不可以，那么我说的话就应验了。”晋武帝同意了。

冬季，十二月十三日甲申，晋武帝下诏书说：“古时候九级官爵可以作方伯，或者是在朝廷里辅佐帝王处理朝政，或者外出统治一方，无论在内在外，都遵循着一个准则。侍中、司空、齐王司马攸，辅佐天子，建立了功勋，为了国家而辛勤劳苦，任命他为大司马、统领青州诸军事，侍中之职依旧，仍然增加、提高典制礼仪，令主管人详细地按照旧制施行。”同时，还任命汝南王司马亮为太尉、录尚书事、兼领太子太傅，光禄大夫山涛任司徒，尚书令卫瓘任司空。

征东大将军王浑上书，说：“司马攸是皇上至亲又很有德行，可以与周公相比，应当让他辅佐朝政，参与和过问政事。如今让司马攸离开朝廷去封国，给他一个都督的虚号，却没有领兵治理一方的实权，毁坏忠诚恳挚的兄弟友爱之情。我感到恐惧的是，这并不是皇上追随、遵循先帝与文明太后，以对待司马攸的平素心意。如果是害怕对同姓王的恩宠太过深重，会发生吴、楚叛变作乱的阴谋，那么就不看一看汉代的诸吕、霍氏、王氏都是些什么人吗？历观古今，假如事情的轻重所在没有不为害的，那么就只有任用正直而寻求忠诚善良的人。如果凭着智巧计谋胡乱猜疑，即使是亲属也被怀疑，那么对于关系疏远的人，难道就能保证吗？我认为太子太保是个空缺，应当留下司马攸来担任，与汝南王司马亮、杨珧一起办理朝廷的事务。三个人地位相等，足可以互相保持中正，既没有偏倚、互相排挤的情势，又不失去与亲近者相亲、仁义覆盖天下的恩德，这是尽善尽美的计谋。”这时，扶风王司马骏，光禄大夫李憙，中护军羊琇、侍中王济、甄德都直言劝说，晋武帝一概不听。王济让他的妻子常山公主以及甄德的妻子长广公主一起去见晋武帝，她们跪下磕头，哭着请求晋武帝留下司马攸。晋武帝动了怒，对侍中王戎说：“兄弟是至亲，如今派齐王离开京城，自然是我的家事，但是甄德、王济却接连打发妇人到这里来哭死哭

是岁，散骑常侍薛莹卒。或谓吴郡陆喜曰：“莹于吴士当为第一乎？”喜曰：“莹在四五之间，安得为第一！夫以孙皓无道，吴国之士，沈默其体，潜而勿用者，第一也；避尊居卑，禄以代耕者，第二也；侃然体国，执正不惧者，第三也；斟酌时宜，时献微益者，第四也；温恭修慎，不为谄首者，第五也。过此以往，不足复数。故彼上士多沦没而远悔吝，中士有声位而近祸殃。观莹之处身本末，又安得为第一乎！”

（以上为第九段，写晋武帝司马炎对奸猾狡诈的贾充百般袒护，违背礼制，同意外孙韩谧继承爵位，美谥其“武”；听信奸言，将治国之才齐王司马攸逐出朝廷。）

四年（癸卯，283 年）

春，正月，甲申，以尚书右仆射魏舒为左仆射，下邳王晃为右仆射。晃，孚之子也。

戊午，新沓康伯山涛薨。

帝命太常议崇锡齐王之物。博士庾旉、太叔广、刘暾、缪蔚、郭颐、秦秀、傅珍上表曰：“昔周选建明德以左右王室，周公、康叔、聃季，皆入为三公，明股肱之任重，守地之位轻也。汉诸侯王，位在丞相、三公上，其入赞朝政者，乃有兼官，其出之国，亦不复假台司虚名为隆宠也。今使齐王贤邪，则不宜以母弟之亲尊居鲁、卫之常职；不贤邪，不宜大启土宇，表建东海也。古礼，三公无职，坐而论道，不闻以方任婴之。惟宣王救急朝夕，然后命召穆公征淮夷，故其《诗》曰：‘徐方不回，王曰旋归。’宰相不得久在外也。今天下已定，六合为家，将数延三事，与论太平之基，而更出之，去王城二千里，违旧章矣。”旉，纯之子；暾，毅之子也。旉既具草，先以呈纯，纯不禁。

活的！”于是，派王济出去担任国子祭酒，派甄德担任大鸿胪。羊琇和北军中侯成粲密谋去见杨珧，然后持刀杀之。杨珧知道他们的意图，推辞有病不出来相见。杨珧让有关部门上奏羊琇，把他降职为太仆。羊琇又怒又恨，结果生病死了。李憙也因上了年纪而退了职，后来死在家中。李憙在朝廷任职时，他的亲戚、旧友分穿他的衣服，和他一起吃饭，但是他却不曾以私人关系为他们谋个一官半职，人们因此而赞赏他。

这一年，散骑常侍薛莹去世。有人对吴郡人陆喜说："薛莹在吴士人中应当排在第一吗？”陆喜说："薛莹排在第四和第五之间，怎么能排在第一呢？由于孙皓无道，吴国的士人，自己采取沉默态度、隐藏起来不显露才能的，这是第一等；避开尊贵的地位而居于卑下的官职，以俸禄代替耕种的，这是第二等；直抒己见、体恤国情，坚持正道而不畏惧的，这是第三等；斟酌时势所宜，时常做一些微小的补益工作的，这是第四等；温和谦恭，遵循谨慎的原则，不带头奉承献媚的，这是第五等。过了这五等再往下，就不值得数了。所以那些属于上等的士人大多都湮没无闻而远离悔恨，中等士人有名声地位的却靠近灾祸。观察薛莹处世为人的前前后后，他又怎能算是第一呢？”

晋武帝太康四年（癸卯，283 年）

春季，正月，甲申（疑误），任命尚书右仆射魏舒为左仆射，下邳王司马晃为右仆射。司马晃是司马孚的儿子。

正月十八日戊午，新沓康伯山涛去世。

晋武帝命令太常商议敬赐齐王之物。博士庾旉、太叔广、刘暾、缪蔚、郭颐、秦秀、傅珍上书说："从前，周朝选择树立有完美德行的人辅佐协助朝廷，周公、康叔、聃季都被选入朝廷担任三公之职，这就显示出辅佐君王的责任重大，掌管地方的地位轻微一些。汉代的诸侯王，地位在丞相、三公之上，但如果进入朝廷佐助朝政，就要有兼职，如果离开朝廷去封国，也不再给予高级职务的虚名作为尊贵的恩宠。现在假如齐王贤德的话，就不应当以同母之弟的尊贵与亲近而去担任鲁、卫之地的寻常职务；如果不够贤德，就不应当开拓疆域，在东海之边建国。古时候的礼法是，三公没有职守，陪侍帝王议论政事，没有听说过以一方的重任去烦扰他。只有周宣王为了解救危急于一时，命令召穆公攻打淮夷，所以《诗经》说：'徐地不叛逆，宣王令班师。'宰相不应当长久在外。现在天下已经平定，天地四方都成了自己的家，应马上遵循古时的礼法，让齐王参与研讨太平的基业。现在反而把他派出去，离开都城两千里，这样做就违反了过去的规章了。”庾旉是庾纯的儿子。刘暾是刘毅的儿子。庾旉已经拟好了草稿，他先呈送给庾纯过目，庾纯没有禁止他。

事过太常郑默、博士祭酒曹志，志怆然叹曰：“安有如此之才，如此之亲，不得树本助化，而远出海隅！晋室之隆，其殆矣乎！”乃奏议曰：“古之夹辅王室，同姓则周公，异姓则太公，皆身居朝廷，五世反葬。及其衰也，虽有五霸代兴，岂与周、召之治同日而论哉！自羲皇以来，岂一姓所能独有！当推至公之心，与天下共其利害，乃能享国久长。是以秦、魏欲独擅其权而才得没身，周、汉能分其利而亲疏为用，此前事之明验也。志以为当如博士等议。”帝览之，大怒曰：“曹志尚不明吾心，况四海乎！”且谓：“博士不答所问而答所不问，横造异论。”下有司，策免郑默。于是，尚书朱整、褚䂮奏：“志等侵官离局，迷罔朝廷，崇饰恶言，假托无讳，请收志等付廷尉科罪。”诏免志官，以公还第，其余皆付廷尉科罪。

庾纯诣廷尉自首：“旉以议草见示，愚浅听之。”诏免纯罪。廷尉刘颂奏旉等大不敬，当弃市。尚书奏请报听廷尉行刑。尚书夏侯骏曰：“官立八座，正为此时。”乃独为驳议。左仆射下邳王晃亦从骏议。奏留中七日，乃诏曰：“旉是议主，应为戮首；但旉家人自首，宜并广等七人皆丐其死命，并除名。”

（以上为第十段，写晋武帝司马炎铁了心要齐王司马攸回到封地，博士庾旉等毅然上书谏说，触怒了皇上，惹下塌天大祸，有关人员被免官、去职，还差点丢了性命。）

二月，诏以济南郡益齐国。己丑，立齐王攸子长乐亭侯寔为北海王。命攸备物典策，设轩县之乐，六佾之舞，黄钺朝车，乘舆之副从焉。

三月，辛丑朔，日有食之。

齐献王攸愤怨发病，乞守先后陵。帝不许，遣御医诊视，诸医希旨，皆言无疾。河南尹向雄谏曰：“陛下子弟虽多，然有德望者少；齐王卧居京邑，所益实深，不可不思也。”帝不纳，雄愤恚而卒。攸疾转笃，帝犹催上道。攸自强入辞，素持容仪，疾虽困，尚自整厉，举止如常，帝益

这件事经过太常郑默、博士祭酒曹志时，曹志悲伤地叹道："哪里有如此的才能、如此的亲近之人，不但不用他建立基业、辅佐教化，反而打发他去天涯海角，晋朝宗室的兴旺大概危险了吧？"于是他上奏晋武帝说："古时候在左右辅佐王室的人，同姓的是周公，异姓的是太公，他们都身居朝廷，到了第五代，都归葬于周地。后来世道衰微，即使有五霸代之而兴起，又怎能与周公、召公辅佐王室的政治清明同日而语呢？自从伏羲以来，天下岂是一姓所能独自占有的？应当以至公之心待人，与天下共有利与害，这样才能长久地拥有天下。因此秦、魏想独揽国政所以才灭亡，周、汉能够把利益分给别人所以无论关系是亲是疏都被其所用。这是前代所发生的事情，是明显的证明。我认为应当按照博士们的意见去做。"晋武帝看了曹志的上奏，非常生气，说："曹志尚且不明白我的心意，更何况四海之内的人！"于是就说："博士们不回答我所问的，却回答我所不问的，肆意制造不同的议论。"晋武帝命令有关部门免去郑默的职务。这时尚书朱整、褚䂮上奏说："曹志等人越犯职权，脱离职责，蒙蔽朝廷，尊崇、粉饰邪恶的言论，却假托直言无忌，请拘捕曹志等人，把他们交付廷尉，依法判罪。"晋武帝就下诏书免除了曹志的官职，让他以鄄城县公的身份回到家里。其他的人都被交付廷尉依法判罪。

庾纯到廷尉去自首，说："庾旉上书的草稿我看到了，但是我却肤浅无知没有阻止他。"晋武帝下诏免去庾纯的罪过。廷尉刘颂上奏，认为庾旉等人极其不恭敬，应当处以死刑，陈尸街头示众。尚书上奏，请求报与廷尉，让廷尉决定执行刑罚。尚书夏侯骏说："朝廷设立了八座官员，正是为了在这种时候能够派上用场。"于是，他独自上书，提出了不同的意见。左仆射、下邳王司马晃也同意夏侯骏的意见。大臣们的表奏在皇帝那里搁置了七天，晋武帝才下诏说："庾旉是提出议论的主要人物，按理应当杀头，但是他的家人已经自首了，所以庾旉应当与太叔广等共七人一起都免去他们的死罪，但要把他们都除去名位。"

二月，晋武帝下诏，把济南郡归并到齐国。十九日己丑，立齐王司马攸的儿子长乐亭侯司马寔为北海王。下令规定了司马攸所用物品及行使权力的规格等级。司马攸陈列乐器，三面悬挂；所用乐舞，舞者分成六列；使用以黄金为饰的斧头，参加君臣行朝夕之礼以及宴饮时出入用车，乘车时用两辆副车跟随。

三月初二，出现日食。

齐献王司马攸由于愤怒、怨恨而生了病，他请求去守文明皇后的陵墓，晋武帝不答应，派了御医给他看病。各位御医为了迎合晋武帝，都说司马攸没有病。河南尹向雄劝说道："皇上子侄弟兄虽然众多，但是有德行名望的人却很少。让齐王卧病居住在京都，所带来的好处实际上是很深远的，不可以不考虑。"晋武帝不采纳他的

疑其无疾。辞出数日，欧血而薨。帝往临丧，攸子冏号踊，诉父病为医所诬。诏即诛医，以冏为嗣。

初，帝爱攸甚笃，为荀勖、冯纨等所构，欲为身后之虑，故出之。及薨，帝哀恸不已。冯纨侍侧，曰："齐王名过其实，天下归之，今自薨殒，社稷之福也，陛下何哀之过！"帝收泪而止。诏攸丧礼依安平献王故事。

攸举动以礼，鲜有过事，虽帝亦敬惮之。每引之同处，必择言而后发。

夏，五月，己亥，琅邪武王伷薨。

冬，十一月，以尚书左仆射魏舒为司徒。

河南及荆、扬等六州大水。

归命侯孙皓卒。

是岁，鲜卑慕容涉归卒。弟删篡立，将杀涉归子廆，廆亡匿于辽东徐郁家。

（以上为第十一段，写齐王司马攸被逐出晋都，怨恨而死，晋朝失去一位栋梁之臣；武帝司马炎表面上非常伤心，但仍听信奸佞之言；御医揣摩圣意，称其无病，成了间接刽子手，也当了替死鬼。）

五年（甲辰，284年）

春，正月，己亥，有青龙二，见武库井中。帝观之，有喜色。百官将贺，尚书左仆射刘毅表曰："昔龙降夏庭，卒为周祸，《易》称'潜龙勿用，阳在下也'。寻案旧典，无贺龙之礼。"帝从之。

初，陈群以吏部不能审核天下之士，故令郡国各置中正，州置大中正，皆取本土之人任朝廷官，德充才盛者为之，使铨次等级以为九品，有言行修著则升之，道义亏缺则降之，吏部凭之以补授百官。行之浸久，

意见，向雄由于愤怒、怨恨而死去了。这时司马攸的病情开始加重，晋武帝仍然催促他上路。司马攸勉力支撑着去向晋武帝辞行，他平日里一贯保持容貌与仪表，虽然病得很厉害，还是整齐振作，举止和往常一样，晋武帝越发怀疑他没有病。司马攸辞别上路，没过几天，他就吐血而死。晋武帝去司马攸家里亲临吊唁，司马攸的儿子司马冏顿足号哭，诉说他父亲的病是被医生给耽误了，受了医生的欺骗。晋武帝立即下令杀了医生，让司马冏继承司马攸的爵位。

当初，晋武帝司马炎对司马攸的疼爱之情是很深厚的。但是由于荀勖、冯𬘘等人的挑拨，晋武帝要为自己死后的事做打算，所以就让司马攸离开京都。等司马攸死了，晋武帝悲哀伤痛不止。这时，冯勖正在身旁侍候，就说："齐王的名声超过了他的实际，天下的人都归附他。现在他自己死了，这是国家的福气，皇上为什么要过分悲哀呢！"晋武帝于是止住了眼泪，命令司马攸的丧礼要依照安平献王司马孚的规格去办理。

司马攸的行为举止都合于礼法，很少有过错，即使是晋武帝也对他又敬又畏，每次拉着他在一起相处时，总是斟酌词语，然后才说话。

夏季，五月初一己亥，琅邪武王司马伷去世。

冬季，十一月，任命尚书左仆射魏舒为司徒。

河南以及荆、扬等六州洪水泛滥。

原吴主、归命侯孙皓去世。

这一年，鲜卑慕容涉归去世。他的弟弟慕容删篡位代立，想杀掉慕容涉归的儿子慕容廆，慕容廆逃跑了，隐藏在辽东人徐郁的家里。

晋武帝太康五年（甲辰，284年）

春季，正月初四己亥，武器库的井里出现了两条青龙。晋武帝前去观看，脸上现出欢喜的神色来。百官们要去道贺，尚书左仆射刘毅上书说："从前，龙降临在夏代的厅堂里，最后酿成了周代的祸殃。《易经》里说，'龙潜伏于下，无法施展才能，是因为阳气低沉'。我寻查了旧典籍，前人没有恭贺龙的礼节。"晋武帝听从了刘毅的话。

当初，陈群由于吏部不能够审查核实天下的士人，所以就命令郡国各自设置中正，州设置大中正，都是选取本地区富于德才的人才担任，按照士人的才能、政绩、资历分为不同的九品等级。如果言行卓越的就被提升，道义缺损的就被降级，吏部

中正或非其人，奸敝日滋。

刘毅上疏曰：“今立中正，定九品，高下任意，荣辱在手，操人主之威福，夺天朝之权势，公无考校之负，私无告讦之忌，用心百态，营求万端，廉让之风灭，争讼之俗成，臣窃为圣朝耻之！盖中正之设，于损政之道有八：高下逐强弱，是非随兴衰，一人之身，旬日异状，上品无寒门，下品无势族，一也。置州都者，本取州里清议咸所归服，将以镇异同，一言议也。今重其任而轻其人，使驳违之论横于州里，嫌仇之隙结于大臣，二也。本立格之体，为九品者，谓才德有优劣，伦辈有首尾也。今乃使优劣易地，首尾倒错，三也。陛下赏善罚恶，无不裁之以法，独置中正，委以一国之重，曾无赏罚之防，又禁人不得诉讼，使之纵横任意，无所顾惮，诸受枉者，抱怨积直，不获上闻，四也。一国之士，多者千数，或流徙异邦，或取给殊方，面犹不识，况尽其才！而中正知与不知，皆当品状，采誉于台府，纳毁于流言，任己则有不识之蔽，听受则有彼此之偏，五也。凡求人才，欲以治民也，今当官著效者或附卑品，在官无绩者更获高叙，是为抑功实而隆空名，长浮华而废考绩，六也。凡官不同人，事不同能。今不状其才之所宜，而但第为九品，以品取人，或非才能之所长，以状取人，则为本品之所限，徒结白论，而品状相妨，七也。九品所下不彰其罪，所上不列其善，各任爱憎，以植其私，天下之人焉得不懈德行而锐人事，八也。由此论之，职名中正，实为奸府；事名九品，而有八损；古今之失，莫大于此！愚臣以为宜罢中正，除九品，弃魏氏之敝法，更立一代之美制。”

就凭借这个来补充朝廷的百官。这个制度实行的时间越来越长久，有的中正并不是合格的人选，于是邪恶败坏的风气一天天滋长。

刘毅针对这种状况，上书说："如今设立了中正来决定官职的九品等级，品级的高与低，中正可以随自己的心愿来决定，别人的荣与辱都攥在他们的手里。他们掌握着人君才能有的威福，夺取了朝廷的权势。他们对公，不因为自己的考查失实而觉得有所亏欠；对私，也不为揭人隐私而有所避忌。这种制度使人们以各种各样的用心从各个方面去钻营，廉洁谦让的风气消失了，投机争斗的习俗形成了，我私下为圣朝感到羞耻。中正制度的设立对于政治的损害有八点：品级的高下，随着势力的强弱为转移；是与非的标准，以人的兴盛衰败来决定。同一个人，十天之内，品级就能发生变化。上品的官员，没有出身于贫贱之家的；下品的官员，没有出身于有权势的大族的，这是第一。设置中正的目的，是要使州里公正的评论都能够归服顺从，将以此来安定异同，使言论归于统一。现在却重视中正的职权而轻视担任中正的人选，使得违背的言论在州中放任，在大臣之间结下了憎恶的仇怨，这是第二。本着设置这项制度的规则，之所以要把士人分为九个等级，就是因为人的才能与德行有优劣的不同，资历、辈分也有前有后。现在的做法却使得优等与劣等换了位置，前面与后面颠倒，这是第三。皇上奖赏善良，惩罚邪恶，从来都是依法裁决，唯独设置中正，把一国的重任托付于他人，却没有能控制他人奖赏与惩罚的办法。还禁止人们控告中正，这就使中正为所欲为，肆无忌惮，那些受了冤枉的人，有一肚子的怨言和真话，却不能使皇上听到，这是第四。一个国家里的士人，多得可以以千计数，他们或者漂流于异国，或者是到别的地方谋求衣食。对这些人的相貌都不曾见过，更何况要发挥他们的才能！作为中正，对这些人无论是了解还是不了解，都应当评论、衡量他们的表现，不管是官府对他们赞誉之词，还是败坏他们名声的流言蜚语，都应当全面地听取。但是中正对这些意见，如果只相信自己的判断，就会被不了解所蒙蔽；如果只听别人的意见，就会因为彼此的局限而陷于片面与狭隘，这是第五。凡是寻求人才的目的，就是为了用他们来治理民众。现在担任官职有显著成绩的人，有的却处于很低的等级；担任官职没有政绩的人，反而获得很高的级别，这就是压抑了确实有功劳的人而崇尚空虚的名声，助长了浮华的风气，使得对官员政绩的考核被废除，这是第六。所有的官职都是由不同的人担任的，各种各样的事情也需要不同才能的人来处理。现在是不问其才能是否合适，只管让他登上九品。以品级来选取人才，有的人才能与品级并不相符；如果要根据具体人的情况来选取人才，又被品级所局限，不过是句空话，官职的品级与人的才德不相吻合，这是第七。对于九品中恶劣的人，也不彰明其罪过；对于所推举的人才，也不陈述其好处，各自放任自己的爱憎，培植自己的亲信，那么天下的人又如何不懈怠于德行

太尉汝南王亮、司空卫瓘亦上疏曰："魏氏承丧乱之后，人士流移，考详无地，故立九品之制，粗且为一时选用之本耳。今九域同规，大化方始，臣等以为宜皆荡除末法，咸用土断，自公卿以下，以所居为正，无复县客，远属异土，尽除中正九品之制，使举善进才，各由乡论，则华竞自息，各求于己矣。"

始平王文学江夏李重上疏，以为："九品既除，宜先开移徙，听相并就，则土断之实行矣。"帝虽善其言，而终不能改也。

冬，十二月，庚午，大赦。

闰月，当阳成侯杜预卒。

是岁，塞外匈奴胡太阿厚帅部落二万九千三百人来降，帝处之塞内西河。

罢宁州入益州，置南夷校尉以护之。

（以上是第十二段，写群臣研究魏国以来实行九品中正制的选人用人制度，随着时代的发展，渐渐产生了一些弊端，建议废除；晋武帝司马炎对这些建议非常赞赏，但没有推行。）

六年（乙巳，285年）

春，正月，尚书左仆射刘毅致仕，寻卒。

戊辰，以王浑为尚书左仆射，浑子济为侍中。浑主者处事不当，济明法绳之。济从兄佑，素与济不协，因毁济不能容其父，帝由是疏济，后坐事免官。济性豪侈，帝谓侍中和峤曰："我将骂济而后官之，如何？"峤曰："济俊爽，恐不可屈。"帝召济，切让之，既而曰："颇知愧不？"济曰："《尺布》《斗粟》之谣，常为陛下愧之。他人能令亲者疏，臣不能令亲者亲，以此愧陛下耳。"帝默然。峤，洽之孙也。

而却专心于人情世故呢？这是第八。由此看来，职务名为中正，实际上是邪恶的处所；事务名为九品，却有八种弊端。古今的过失，没有比这更大的了。我愚昧地认为，应当罢免中正，废除九品，抛弃魏氏的这种丑陋的做法，重新建立起一种完善的制度。”

太尉、汝南王司马亮、司空卫瓘也上书说：“魏氏在丧乱之后当权，人士四处流徙迁移，要想详细地加以考察是做不到的，所以建立了九品官职的制度，以作为一时选拔人才的大致上的标准和依据。如今九州有了统一的制度，重大的教化正要开始推行，我们认为，应当扫除浅陋的措施，改用以所在地区为主的土断之法，从公卿以下，以自己的居住地为准，不要再像客居当地似的，隶属于远处的其他地区。全部废除九品中正制度，使得荐举选拔优秀的人才，各自由乡里讨论决定。那么，争相追求浮华的习气自然就会止息，人们也就会尽心于自己的努力和追求了。”

在始平王那里担任文学之职的江夏人李重上书，也提出：“九品制度废除后，应当首先开始流动迁移，听任人们相互合并附就，那么真正的土断之法就开始实行了。”晋武帝虽然对这些建议很赞赏，但是最终也没能实行改革。

冬季，十二月初十庚午，实行大赦。

闰月，当阳成侯杜预去世。

这一年，塞外的匈奴人太阿厚，率领他的部落二万九千三百人归降晋朝，晋武帝让他们在塞内的西河地区居住。

废除了宁州，归并到益州，设置南夷校尉监理益州。

晋武帝太康六年（乙巳，285年）

春季，正月，尚书左仆射刘毅辞官回家，不久就去世了。

正月初九戊辰，任命王浑为尚书左仆射，任命王浑的儿子王济为侍中。王浑手下的主管人处理事务不当，王济严明法纪予以处置。王济的堂兄王佑平素就与王济不和，这时就抓住这件事情诽谤王济，说他容不下他的父亲，晋武帝司马炎从此就疏远了王济。后来王济获罪，被免去了官职。王济性情豪放豁达，晋武帝对侍中和峤说：“我要先骂王济，然后给他封官，你觉得他会怎么样？”和峤说：“王济性格豪爽，怕是不能屈服。”晋武帝招来王济，严厉地责备他，然后问他：“你是不是心里有点儿知道惭愧了？”王济回答说：“像《尺布》《斗粟》这些歌谣所说的，我常常因此而为您感到羞愧。别人能够使亲近的人疏远，我却不能让亲近的人更亲，因为

青、梁、幽、冀州旱。

秋，八月，丙戌朔，日有食之。

冬，十二月，庚子，襄阳武侯王濬卒。

是岁，慕容删为其下所杀，部众复迎涉归子廆而立之。涉归与宇文部素有隙，廆请讨之，朝廷弗许。廆怒，入寇辽西，杀略甚众。帝遣幽州军讨廆，战于肥如，廆众大败。自是每岁犯边，又东击扶余，扶余王依虑自杀，子弟走保沃沮。廆夷其国城，驱万余人而归。

（以上为第十三段，写王浑之子王济非常耿直，宁折不弯，晋武帝司马炎予以批评，他反而抨击司马炎疏远、逼杀亲弟司马攸。司马炎默然，虽然心胸不宽而尚能容人。）

七年（丙午，286年）

春，正月，甲寅朔，日有食之。魏舒称疾，固请逊位，以剧阳子罢。舒所为，必先行而后言，逊位之际，莫有知者。卫瓘与舒书曰："每与足下共论此事，日日未果，可谓'瞻之在前，忽焉在后'矣。"

夏，慕容廆寇辽东，故扶余王依虑子依罗求帅见人还复旧国，请援于东夷校尉何龛，龛遣督护贾沈将兵送之。廆遣其将孙丁帅骑邀之于路，沈力战，斩丁，遂复扶余。

秋，匈奴胡都大博及萎莎胡各帅种落十万余口诣雍州降。

九月，戊寅，扶风武王骏薨。

冬，十一月，壬子，以陇西王泰都督关中诸军事。泰，宣帝弟馗之子也。

是岁，鲜卑拓跋悉鹿卒，弟绰立。

八年（丁未，287年）

春，正月，戊申朔，日有食之。

太庙殿陷，秋，九月，改营太庙，作者六万人。

是岁，匈奴都督大豆得一育鞠等复帅种落万一千五百口来降。

九年（戊申，288年）

春，正月，壬申朔，日有食之。

这一点，我有愧于陛下。”晋武帝听了王济的话沉默不语。和峤是和洽的孙子。

青、梁、幽、冀四州闹旱灾。

秋季，八月初一丙戌朔，出现日食。

冬季，十二月十七日庚子，襄阳武侯王濬去世。

这一年，慕容删被他的手下人杀了，他的部众又去迎接慕容涉归的儿子慕容廆继位。慕容涉归和鲜卑的宇文部素来有仇怨，慕容廆请求去讨伐宇文部，而朝廷不允许。慕容廆于是发怒，入侵辽西，杀人抢掠，造成了很大的损害。晋武帝就派遣幽州的军队去讨伐慕容廆，双方在肥如打了起来，慕容廆的部众被打得大败。从这时候开始，慕容廆每年都要侵犯边境地区。他还向东去攻打扶余，扶余王依虑自杀了，依虑的儿子弟兄们都逃到沃沮防守。慕容廆就把扶余的城墙削平，驱赶着一万多人返回部落。

晋武帝太康七年（丙午，286年）

春季，正月初一甲寅朔，出现日食。魏舒声称有病，坚决请求退位，他以剧阳子的身份免职。魏舒做事，总是先有了行动然后才说出来，所以他退位的时候没有人知道。卫瓘写信给魏舒说：“常常和您在一起议论退位的事情，可是一天天过去了，却没有能够实现，真是可以说是‘瞻望于前，忽然就落在后头’了。”

夏季，慕容廆侵犯辽东。从前的扶余王依虑的儿子依罗，请求率领他还留存的部下，返回他的国家去予以恢复。他向东夷校尉何龛请求援助。何龛派遣督护贾沈带领士兵送依罗去扶余。慕容廆派遣他的部将孙丁，率领骑兵在半路上拦截依罗。贾沈奋力作战，杀了孙丁，于是恢复了扶余。

秋季，匈奴人都大博以及萎莎，各自率领部落十万多人到雍州投降。

九月二十九日，扶风武王司马骏去世。

冬季，十一月初四壬子，任命陇西王司马泰统领关中诸军事。司马泰是晋宣帝司马懿弟弟司马馗的儿子。

这一年，鲜卑人拓跋悉鹿去世，他的弟弟拓跋绰继位。

晋武帝太康八年（丁未，287年）

春季，正月初一戊申朔，出现日食。

太庙的殿堂陷落了。秋季，九月，改建太庙，有六万人参加营建。

这一年，匈奴都督大豆得一育鞠等人又率领其部落一万一千五百人前来投降晋朝。

晋武帝太康九年（甲申，288年）

春季，正月初一壬申朔，出现日食。

夏，六月，庚子朔，日有食之。

郡国三十三大旱。

秋，八月，壬子，星陨如雨。

地震。

（以上为第十四段，写晋武帝太康七年［286］至太康九年［288］，共三年的史事。这三年比较安宁太平，主要写少数民族争斗之事及自然灾异现象；扶余王依罗复国，匈奴首领率部投降晋朝。）

夏季，六月初一庚子朔，出现日食。

有三十三个郡国大旱。

秋季，八月十四日壬子，天空下起流星雨，流星像下雨似地坠落下来。

发生地震。

【点评】

西晋灭吴。公元 279 年，晋朝打响了灭吴之战，派出六路大军，势如破竹，只用了不到四个月的时间，就让吴国全线崩溃，吴主孙皓在石头城上举起了白旗。晋朝能够一举成功，是因为晋朝的长期准备，实质上是顺水推舟、水到渠成之举。

首先，提出倡议，精心谋划。灭吴之论，始于邓艾。早在魏国灭蜀之时，邓艾就提出要趁势灭吴。他在给大将军司马昭两次上书中均提到这一问题，说“今因平蜀之势以乘吴，吴人震恐，席卷之时也”。“今吴未宾，势与蜀连，不可拘常以失事机。”当时司马昭正在气头上，没有理会。晋朝建立后，灭吴之事就成为朝廷有识之士的共识，并为之做积极的部署和准备。首先是征南大将军羊祜，他几次上书，不仅呼吁灭吴，而且提出了灭吴的作战方案，认为要重视长江上游益州的备战，建议重用勇将王濬，操练水军，建造战船。不仅如此，他驻守在灭吴前线的荆州，兴办教育，发展农业，兴军屯垦，提供了充裕的物质条件，可以说是灭吴的第一功臣。

其次，是晋武帝司马炎具有灭吴之志。当时，朝廷主张灭吴的有识之士，除了羊祜，还有张华、杜预等，他们积极呼吁，但是朝廷的一帮老臣如贾充等坚决反对，矛盾非常激烈。当张华继羊祜提出攻打吴国的主张时，贾充等人认为张华是扰乱视听，应当予以正法。还是晋武帝司马炎打了马虎眼，说张华就是根据我的主张提出来的。贾充等人才无话可说，此事不了了之。实际上，晋武帝早有此志，曾与羊祜一起商量灭吴方案。后来，继羊祜任职的杜预曾三次提出灭吴建议，并回答保守派、顽固派提出的重重责难与非议，才使得晋武帝下了最后的决心，发出攻打吴国的号令。应当说，攻吴灭吴，其功绩并不仅仅体现在攻打的本身，还要重视前期所做的准备工作和有识之士的积极谋划。

最后，在攻吴过程中，各路军队都取得了程度不同的胜利，但也有不尽如人意的地方。将军王浑，率领攻吴的主力部队，消灭了吴国的主力部队。这时，吴主孙皓也送来了投降书，本应趁势而为，渡江而去，直捣建业，可是他采取了等待的态度，消极地执行晋武帝司马炎的命令，等待王濬从益州解决西部敌人顺江而来，共同作战。应当说，这种想法错不到哪里去，但是战场情况瞬息万变，很容易贻误战机。而王濬率领八万大军，乘着战船，顺流而下，哪里还领会王浑的招呼？王浑咽不下这口气，认为王濬违反军令，加之他在朝廷的根底深厚，要置王濬于死地，二王争功，闹得不可开交。

应当说，王浑等待王濬共同出战，这本身没有错，而错失良机，功归他人，这也是不可回避的事实；而他后来诋毁王濬，甚至欲杀之而后快，则是大错特错，说明他气量短小，心胸狭隘。而王濬顺流而下，没有听从王浑的招呼，可以看成是一种权宜之举，一举攻下石头城，是功大于过。既然目的达到了，其过程中的一些小

问题，不值得小题大做，而可以忽略不计，只是记功时略有损益而已。而晋武帝是怎样处理的呢？他首先是保护了王濬，当有人提出要用囚车押送王濬到京师，他没有同意；当有人提出要处置王濬，他还是没有点头，这样避免了魏国灭蜀时功臣邓艾的悲剧重演。

对于晋武帝司马炎在灭吴后的封赏，则是匪夷所思，令人啼笑皆非。首先是一直反对攻打吴国，而在灭吴战争中没有任何出色表现的贾充，被认为是立了首功，增封八千户。其实，贾充是朝廷元老，又是太子妃的父亲，在朝廷根深蒂固，势力非常大，但他们对于灭吴都投了反对票。晋武帝这样做，使得这一部分人心安理得，不再无事起哄。殊不知，这样做是伤了忠臣之心。其次，将王浑的功劳置于王濬之上，也是增封八千户。既然论功行赏，就要按照功劳行事，让人口服心服，才是正道。汉初时刘邦大封功臣，列萧何第一，就说出了令人信服的理由。相比之下，司马炎就要逊色不少。司马炎这样做，是他一贯的行事作风，即善恶不分，奖惩不明。这样做，虽然在当时没有造成什么后果，但是，对于后世的影响却很大，使得朝廷的正气不能弘扬，缺少正能量，而使邪气上升，甚至占据、充斥朝廷，成为主流。也就是所谓好人不好，好人受压；坏人不坏，坏人当政。成为导致西晋短命亡国的重要因素之一。

祸兮福所倚，福兮祸所伏。平吴之战取得全胜，而由于处理不当，所带来的消极后果也不可低估，可不慎哉！

晋纪四

晋武帝太康十年至晋惠帝元康八年（289—298年）

【起屠维作噩（己酉，289年），尽著雍敦牂（戊午，298年），凡十年】

【大事提要】

本卷记事起公元289年，讫公元298年，凡十年，当晋武帝太康十年至晋惠帝元康八年。本卷所载大事，主要有五个方面。其一，司马炎去世。晋武帝司马炎当了25年的皇帝，于公元290年去世。临终前，安排后事，虽然对太子司马衷有所不满，但优柔寡断，还是让他继承皇位；让诸王持节回到封国；立皇子、皇孙为王；汝南王司马亮和太傅杨骏共同辅政，但外戚杨骏独专辅政大权。其二，司马衷即位。白痴司马衷即位为皇帝，是为晋惠帝，尊杨骏之女杨芷为皇太后，立贾充之女贾南风为皇后，任命杨骏为太宰。杨骏独掌辅政大权，而皇后贾南风胁逼司马衷秘密下令，除掉杨骏，废掉杨太后。其三，贾南风政变。公元291年，皇后贾南风利用汝南王司马亮除掉杨骏，司马亮成为辅政大臣；但她还是不满足，三个月后，又用同样的手法，让楚王司马玮除掉司马亮，后又诬陷司马玮矫诏，杀掉司马玮，然后，她重用亲信，扶植私党，晋朝成了贾南风的天下。其四，贾南风专权。皇后贾南风先是唆使大臣状告皇太后杨芷谋反，让惠帝贬其为庶人，押到金墉城居住，而后撤掉侍御，让其绝食，冻饿而死。贾南风任用张华为侍中，弥合裂痕，使得数年之间，虽暗主在上，狮吼凶险，而朝野安静，尚不至迅速分崩离析。其五，异族兴起。西晋无所作为，而少数民族政权逐步兴盛。刘汉国的建国者刘渊，为南匈奴单于后裔，其父为匈奴左部帅，在五部中势力最强。他暗中扩展势力。杨骏辅政时，拉拢刘渊，命其为建威将军、五部大都督，给予统率匈奴五部军事大权。最终养虎为患，灭了西晋。

【原文】

世祖武皇帝下

太康十年（己酉，289年）

夏，四月，太庙成；乙巳，袷祭；大赦。

慕容廆遣使请降；五月，诏拜廆鲜卑都督。廆谒见何龛，以士大夫礼，巾衣到门；龛严兵以见之，廆乃改服戎衣而入。人问其故，廆曰："主人不以礼待客，客何为哉！"龛闻之，甚惭，深敬异之。时鲜卑宇文氏、段氏方强，数侵掠廆，廆卑辞厚币以事之。段国单于阶以女妻廆，生皝、仁、昭。廆以辽东僻远，徙居徒河之青山。

冬，十月，复明堂及南郊五帝位。

十一月，丙辰，尚书令济北成侯荀勖卒。勖有才思，善伺人主意，以是能固其宠。久在中书，专管机事。及迁尚书，甚罔怅。人有贺之者，勖曰："夺我凤皇池，诸君何贺邪！"

帝极意声色，遂至成疾。杨骏忌汝南王亮，排出之。甲申，以亮为侍中、大司马、假黄钺、大都督、督豫州诸军事，治许昌；徙南阳王柬为秦王，都督关中诸军事；始平王玮为楚王，都督荆州诸军事；濮阳王允为淮南王，都督扬、江二州诸军事，并假节之国。立皇子乂为长沙王，颖为成都王，晏为吴王，炽为豫章王，演为代王；皇孙遹为广陵王。又封淮南王子迪为汉王，楚王子仪为毗陵王，徙扶风王畅为顺阳王，畅弟歆为新野公。畅，骏之子也。琅邪王觐弟澹为东武公，繇为东安公。觐，伷之子也。

初，帝以才人谢玖赐太子，生皇孙遹。宫中尝夜失火，帝登楼望之，遹年五岁，牵帝裾入暗中，曰："暮夜仓猝，宜备非常，不可令照见人主。"帝由是奇之。尝对群臣称遹似宣帝，故天下咸归仰之。帝知太子不才，然恃遹明慧，故无废立之心。复用王佑之谋，以太子母弟柬、玮、允分镇要害。又恐杨氏之逼，复以佑为北军中候，典禁兵。帝为皇孙遹

【语译】

世祖武皇帝下

晋武帝太康十年（己酉，289年）

夏季，四月，太庙建成。十一日乙巳，集中远近祖先进行合祭。实行大赦。

慕容廆派使者来晋朝请求投降。五月，晋武帝下诏，慕容廆担任鲜卑都督。慕容廆拜见何龛，持士大夫的礼节，以幅巾裹发，身着单衣。他到了门口，何龛却整肃部队会见他，慕容廆于是又改换军服进门。有人问他为什么要这样做，慕容廆说："主人不以礼节来接待宾客，客人又能怎么样呢？"何龛听到了他的话，心中非常惭愧，同时又深深地敬重他，认为他不同寻常。这时，鲜卑的宇文氏、段氏正处于强盛时期，多次侵犯掠夺慕容廆，慕容廆只好以恭敬谦卑的言辞和丰厚的钱财侍奉他们。段国单于段阶，把女儿嫁给慕容廆，生下了慕容皝、慕容仁、慕容昭。慕容廆因辽东位于偏僻遥远之地，于是，迁移到徒河的青山居住。

冬季，十月，恢复了明堂以及南郊五帝的牌位。

十一月，丙辰（疑误），尚书令、济北成侯荀勖去世。荀勖才思敏捷，善于观察人君的心思，因此能巩固皇帝对他的宠爱。他长期在中书省任职，专门掌管机密要事。后来，他升迁为尚书令，心中非常惆怅。有人向他贺喜，他说："夺去我的凤凰池，诸君有什么可以祝贺的呢！"（中书省设在禁苑，禁苑中有凤凰池，因此中书省又称凤凰池。）

晋武帝沉湎于音乐和女色，以至于得了病。杨骏嫉妒汝南王司马亮，把他排挤出朝廷。十一月二十三日甲申，任命司马亮为侍中、大司马、假黄钺、大都督、督豫州诸军事，镇守许昌。任命南阳王司马柬为秦王，都督关中诸军事。任命始平王司马玮为楚王，都督荆州诸军事。任命濮阳王司马允为淮南王，都督扬、江二州诸军事。以上诸王，都持节去他们各自的封国。立皇子司马乂为长沙王，司马颖为成都王，司马晏为吴王，司马炽为豫章王，司马演为代王；皇孙司马遹为广陵王。又封淮南王的儿子司马迪为汉王，楚王的儿子司马仪为毗陵王。迁扶风王司马畅为顺阳王，司马畅的弟弟司马歆为新野公。司马畅是司马骏的儿子。封琅邪王司马觐的弟弟司马澹为东武公，司马繇为东安公。司马觐是司马伷的儿子。

当初，晋武帝把才人谢玖赐给太子，生下了皇孙司马遹。有一天夜里，皇宫中失火了，晋武帝登上楼顶观望。司马遹当时只有五岁，他牵着晋武帝的衣襟走进昏暗的地方，说："夜里突然出事，应当防备突如其来的变故，不可以站在亮处，让别人看到人君。"晋武帝从此认为司马遹很不一般。晋武帝曾经当着群臣称赞司马遹像晋宣帝司马懿，所以天下的人都归心敬慕司马遹。晋武帝知道太子没有什么才能，

高选僚佐，以散骑常侍刘寔志行清素，命为广陵王傅。

（以上为第一段，写晋武帝司马炎沉溺于声色，弄垮了身体，考虑后事，看重皇孙司马遹的聪明伶俐，故没有废掉太子司马衷；命令诸王持节去封国，立诸皇子为王。）

寔以时俗喜进趣，少廉让，尝著《崇让论》，欲令初除官通谢章者，必推贤让能，乃得通之。一官缺，则择为人所让最多者用之。以为："人情争则欲毁己所不如，让则竞推于胜己。故世争则优劣难分，时让则贤智显出。当此时也，能退身修己，则让之者多矣；虽欲守贫贱，不可得也。驰骛进趋而欲人见让，犹却行而求前也。"

淮南相刘颂上疏曰："陛下以法禁宽纵，积之有素，未可一旦以直绳御下，此诚时宜也。然至于矫世救弊，自宜渐就清肃，譬犹行舟，虽不横截迅流，然当渐靡而往，稍向所趋，然后得济也。

"自泰始以来，将三十年，凡诸事业，不茂既往。以陛下明圣，犹未反叔世之敝，以成始初之隆，传之后世，不无虑乎！使夫异时大业，或有不安，其忧责犹在陛下也。

"臣闻为社稷计，莫若封建亲贤。然宜审量事势，使诸侯率义而动者，其力足以维带京邑；若包藏祸心，其势不足独以有为。其齐此甚难，陛下宜与达古今之士，深共筹之。周之诸侯，有罪诛放其身，而国祚不泯；汉之诸侯，有罪或无子者，国随以亡。今宜反汉之敝，循周之旧，则下固而上安矣。

"天下至大，万事至众，人君至少，同于天日，是以圣王之化，执要于己，委务于下，非恶劳而好逸，诚以政体宜然也。夫居事始，以别能否，甚难察也；因成败以分功罪，甚易识也。今陛下每精于造始而略于考终，此政功所以未善也。人主诚能居易执要，考功罪于成败之后，则

但是凭借司马遹的聪明才智，晋武帝才没有废黜太子的想法。晋武帝又用王佑的计谋，把太子的同母弟弟司马柬、司马玮、司马允都派出去镇守要害地区。晋武帝担心会受到杨氏的逼迫，又任王佑为北军中候，掌管皇帝的亲兵。晋武帝为了皇孙司马遹，以很高的标准挑选他身边的僚属与辅佐。散骑常侍刘寔志向与操守高洁清廉，因此被任命为广陵王司马遹的老师。

刘寔看到当时的风气是喜好趋附，缺少廉洁与谦让，曾经写了《崇让论》，建议初次被授予官职、递交谢书的人，必须是能够推举、谦让贤能的人，才能够让他通过。如果有了空缺的官位，就要挑选平时为人谦让最多的人来担任。他认为："人的本性是如果争斗起来，就要毁谤自己所比不上的人；如果谦让，就会争着推举胜过自己的人。所以，如果争斗，世上就难以区分优劣；如果有了谦让的风气，贤能才智之人就会显现出来。在现在这种时候，能够退身自我修养，谦让的人就会多起来，谦让的人多了，即使想守着贫贱不做官，也不可能了。奔走趋附想让别人对自己谦让，这就如同想向前走，但却向后倒退一样。"

淮南相刘颂上书说："皇上的刑法禁令宽松放任，是平时日积月累而形成的，不可能一下子就能用公正的标准治理下民，这确实是要等到时势所宜的机会。然而，至于矫正世风，救治时弊，自然应当逐渐走向清廉整肃。这就好比行船，虽然不能径直渡过急流，但应当渐渐随着水势往前走，一点一点地朝着自己要去的方向，然后就能渡过河去。

"自从泰始以来，已将近三十年了，各项事业并没有比以往更加兴旺。凭着皇上的明圣，还没有纠正衰乱时代的弊病，以成就最初的隆盛，传之于后世，这难道不值得忧虑吗？假使以后大业或许不安稳，那么忧虑与责任也还是在皇上啊！

"我听说为国家打算，不如分封于亲属与贤能之人。然而应当审度、衡量事情发展的趋势。假使诸侯服从正义而行动，其力量足以护卫京城；如果他们包藏祸心，那么他们的势力也不足以独立地有所作为。这件事情要整治好是很困难的，皇上应当与通达古今的人士在一起，共同深入地筹划这件事情。周代的诸侯，如果犯了罪就要遭到惩罚放逐，但其爵位不断绝。汉代的诸侯如果犯了罪或者没有儿子，那么他的封国也就随之失去了。如今应当改变汉代的弊端，遵循周代的制度，那么下面巩固，上面也就安定了。

"天下极其广大，各种事情极其繁多，而君王却极少，就像天上的太阳。因此，圣明的君王实行教化，要自己掌握住根本，把事务委托给手下的人去办理，这并不是好逸恶劳，实在是由于国家的体制适宜于如此。处理事情在一开始的时候就去区分事情办得好还是不好，是很难观察出来的，等到事情的发展显示出了成功与失败，

群下无所逃其诛赏矣。

“古者六卿分职，冢宰为师；秦、汉已来，九列执事，丞相都总。今尚书制断，诸卿奉成，于古制为太重。可出众事付外寺，使得专之；尚书统领大纲，若丞相之为，岁终课功，校簿赏罚而已，斯亦可矣。今动皆受成于上，上之所失，不得复以罪下，岁终事功不建，不知所责也。

“夫细过谬妄，人情之所必有，而悉纠以法，则朝野无立人矣。近世以来为监司者，类大纲不振而微过必举，盖由畏避豪强而又惧职事之旷，则谨密网以罗微罪，使奏劾相接，状似尽公，而挠法在其中矣。是以圣王不善碎密之案，必责凶猾之奏，则害政之奸，自然禽矣。夫创业之勋，在于立教定制，使遗风系人心，余烈匡幼弱，后世凭之，虽昏犹明，虽愚若智，乃足尚也。

“至夫修饰官署，凡诸作役，恒伤太过，不患不举，此将来所不须于陛下而自能者也。今勤所不须以伤所凭，窃以为过矣。”帝皆不能用。

诏以刘渊为匈奴北部都尉。渊轻财好施，倾心接物，五部豪桀，幽冀名儒，多往归之。

奚轲男女十万口来降。

（以上为第二段，写晋朝谋臣建言，散骑常侍刘寔有感于好趋赴、少廉让，著《崇让论》；淮南相刘颂认为应当崇尚清廉，建规立制，而晋武帝司马炎没有采纳。）

这时候再去区分功劳与罪过就很容易识别了。如今皇上常常是精心于初始的构建，却忽略对结局的考察，这正是治理的功效所以不完美的原因。人君如果确实能够处于平易而抓住根本，于成功失败的结局之后考察功劳与罪过，那么手下的官员们就没有地方逃避奖赏与惩治的处理了。

“古时候六卿分工，各司其职，冢宰是统领。秦汉以来，九卿的职掌由丞相总管。现在事情都由尚书裁断，各官署奉行成规，与古时候的制度相比，尚书的事务太重。可以把众多的事务交付给各官署办理，使各官署有负责专门事项的权力。尚书统领根本大纲，如同丞相所做的事情一样，年终考查功效，校阅簿籍，实行赏罚而已，这也就可以了。现在动不动就接受上面的现成的决定，上面如果有失误、过错，就不能怪罪于下属，等到年终，没有功绩上的建树；有了过错，也不知该由谁来承担责任。

“细微的过失，荒谬的言行，这是人的本性所难免的，但是全都要用刑法来矫正，那么朝野上下就没有人能够安身立命了。近世以来，担任监察的官员，大都不抓根本大事，却对微小的过失抓住不放，这大概是因为畏惧、躲避豪强却又担心荒废了职责，因此就谨慎地使法律周密，以搜罗微小的过错，使得上奏的揭发罪行的文状接连不断，表面看来是在为公事尽职，实际上是扰乱了法规。因此，圣明的君王对那些琐碎细密的公事不感兴趣，而对于那些揭发凶恶、奸诈的大事的奏章则一定要过问，那么，损害国家政事的邪恶的人或事，自然就被抓住了。创立基业的功勋，在于设立政令，制定规章，使得遗留下来的风尚能够使后人有所继承；遗留下来的功业能够辅助、纠正年小而又软弱的后人。后代能够凭借前代制定的法规，即使是昏庸的人，仍然能够做出明智的决定，即使是蠢笨无知的人，也如同有才智的人，使得后人足以得到帮助。

“至于那些修饰官署的事情，各种劳作，通常是过分得成了一种妨害，这种事情不用担心发动不起来，这是即使到了将来，没有皇上的命令也自然能办成的事情。现在的问题在于，对于不急的事情抓得很紧，办得勤恳，但却损伤了所赖以依仗的根本，我私下认为有些过分了。”对于刘颂的意见，晋武帝都没有采纳。

晋武帝下诏，任命刘渊为匈奴北部都尉。刘渊轻视钱财，喜好施舍，倾心与人交际，匈奴五部的豪杰之士以及幽州、冀州的名儒，都去投奔、归附他。

奚轲人男女共十万人投降了晋朝。

孝惠皇帝上之上

永熙元年（庚戌，290 年）

春，正月，辛酉朔，改元太熙。

己巳，以王浑为司徒。

司空、侍中、尚书令卫瓘子宣，尚繁昌公主。宣嗜酒，多过失，杨骏恶瓘，欲逐之，乃与黄门谋共毁宣，劝武帝夺公主。瓘惭惧，告老逊位。诏进瓘位太保，以公就第。

剧阳康子魏舒薨。

三月，甲子，以右光禄大夫石鉴为司空。

帝疾笃，未有顾命。勋旧之臣多已物故，侍中、车骑将军杨骏独侍疾禁中。大臣皆不得在左右，骏因辄以私意改易要近，树其心腹。会帝小间，见其新所用者，正色谓骏曰："何得便尔！"时汝南王亮尚未发，乃令中书作诏，以亮与骏同辅政，又欲择朝士有闻望者数人佐之。骏从中书借诏观之，得便藏去，中书监华廙恐惧，自往索之，终不与。会帝复迷乱，皇后奏以骏辅政，帝颔之。

夏，四月，辛丑，皇后召华廙及中书令何劭，口宣帝旨作诏，以骏为太尉、太子太傅、都督中外诸军事、侍中、录尚书事。诏成，后对廙、劭以呈帝，帝视而无言。廙，歆之孙；劭，曾之子也。遂趣汝南王亮赴镇。帝寻小间，问："汝南王来未？"左右言未至，帝遂困笃。己酉，崩于含章殿。帝宇量弘厚，明达好谋，容纳直言，未尝失色于人。

太子即皇帝位，大赦，改元，尊皇后曰"皇太后"，立妃贾氏为皇后。

杨骏入居太极殿，梓宫将殡，六宫出辞，而骏不下殿，以虎贲百人自卫。

孝惠皇帝上之上

晋惠帝永熙元年（庚戌，290年）

春季，正月初一辛酉朔，改年号为太熙。

正月初九己巳，任命王浑为司徒。

司空、侍中、尚书令卫瓘的儿子卫宣，娶繁昌公主。卫宣嗜酒贪杯，时常因喝酒而误事。杨骏憎恨卫瓘，就想把他驱逐出去。于是他就和宦官黄门密谋一起诽谤卫宣，劝晋武帝不要把公主嫁给卫宣。卫瓘知道了这件事以后，又惭愧又恐惧，就以上了年纪为由，请求退职。晋武帝下诏，晋升卫瓘为太保，以菑阳公的身份回到家里。

剧阳康子魏舒去世。

三月初五甲子，任命右光禄大夫石鉴为司空。

晋武帝病势沉重，没有遗诏。有功绩的旧臣们大多已经死亡，侍中、车骑将军杨骏独自在宫中侍候晋武帝。杨骏不让大臣们守候在晋武帝身边。他趁着这个机会，自作主张，把晋武帝身边重要亲近的职位都换了人，培植自己的心腹。这时，晋武帝的病情稍微有了好转，看到身边的人都被更换了，就严肃地对杨骏说："你怎么能这么做呢？"这时汝南王司马亮还没有离开京都，晋武帝就命令中书做诏书，命令司马亮与杨骏一同辅佐政事，还打算选择中央的官吏中有名望的几个人协助司马亮和杨骏。杨骏从中书借来诏书观看，拿到手里就藏起来走了。中书监华廙非常害怕，就到杨骏那里去索要诏书，杨骏最终也没有把诏书还给他。这时晋武帝又进入昏迷状态，杨皇后上奏请求任命杨骏辅政，晋武帝点头答应了她。

夏季，四月十二日辛丑，杨皇后召来华廙以及中书令何劭，口头宣布晋武帝的旨意作为诏书，任命杨骏为太尉、太子太傅、都督中外诸军事、侍中、录尚书事。诏书写成之后，杨皇后当着华廙、何劭的面呈送给晋武帝，晋武帝看了诏书后什么也没有说，华廙是华歆的孙子，何劭是何曾的儿子。随后，催促汝南王司马亮奔赴镇所。过了不久，晋武帝的病情又有了好转，就问道："汝南王来了没有？"身边的人说还没有到。这时，晋武帝病重垂危。二十日己酉，晋武帝在含章殿去世。晋武帝器宇度量开阔宽厚，聪明通达，喜好谋划，能够容纳直率的言辞，从来没有在别人面前有不庄重的仪表。

太子司马衷登基，做了皇帝。实行大赦，改年号为永熙。尊杨皇后为皇太后，立太子妃贾氏为皇后。

杨骏进入太极殿居住。这时，晋武帝的棺材将要移到太极殿停柩，六宫妃嫔都出来与晋武帝的灵柩辞别，杨骏却不下殿，用一百名勇士保卫自己。

诏石鉴与中护军张劭监作山陵。

汝南王亮畏骏，不敢临丧，哭于大司马门外。出营城外，表求过葬而行。或告亮欲举兵讨骏者，骏大惧，白太后，令帝为手诏与石鉴、张劭，使帅陵兵讨亮。劭，骏甥也，即帅所领趣鉴速发。鉴以为不然，保持之。亮问计于廷尉何勖，勖曰："今朝野皆归心于公，公不讨人而畏人讨邪！"亮不敢发，夜，驰赴许昌，乃得免。骏弟济及甥河南尹李斌皆劝骏留亮，骏不从。济谓尚书左丞傅咸曰："家兄若征大司马，退身避之，门户庶几可全。"咸曰："宗室、外戚，相恃为安。但召大司马还，共崇至公以辅政，无为避也。"济又使侍中石崇见骏言之，骏不从。

五月，辛未，葬武帝于峻阳陵。

（以上为第三段，写晋武帝司马炎去世，立太子司马衷为帝，太子妃贾南风为皇后，外戚杨骏把持朝政，排挤、征讨重臣汝南王司马亮，埋下了重重祸根，为害久远。）

杨骏自知素无美望，欲依魏明帝即位故事，普进封爵以求媚于众。左军将军傅祗与骏书曰："未有帝王始崩，臣下论功者也。"骏不从。祗，嘏之子也。

丙子，诏中外群臣皆增位一等，预丧事者增二等，二千石已上皆封关中侯，复租调一年。散骑常侍石崇、散骑侍郎何攀共上奏，以为："帝正位东宫二十余年，今承大业，而班赏行爵，优于泰始革命之初及诸将平吴之功，轻重不称。且大晋卜世无穷，今之开制，当垂于后，若有爵必进，则数世之后，莫非公侯矣。"不从。

诏以太尉骏为太傅、大都督、假黄钺，录朝政，百官总己以听。傅咸谓骏曰："谅暗不行久矣。今圣上谦冲，委政于公，而天下不以为善，惧明公未易当也。周公大圣，犹致流言，况圣上春秋非成王之年乎！窃谓山陵既毕，明公当审思进退之宜，苟有以察其忠款，言岂在多！"骏不从。咸数谏，骏渐不平，欲出咸为郡守。李斌曰："斥逐正人，将失人

晋惠帝命令石鉴与中护军张劭监督建造陵墓。

汝南王司马亮害怕杨骏，不敢去赴晋武帝的丧事，在大司马府门外哭悼晋武帝。司马亮到城外居住，上书请求过了晋武帝的葬礼再出发前往镇守之地。有人告发说，司马亮要兴兵讨伐杨骏，杨骏异常恐惧，告诉了杨太后，杨太后让晋惠帝手写诏书给石鉴和张劭，让他们二人率修建陵墓的士兵去征讨司马亮。张劭是杨骏的外甥，立即率领部下催促石鉴马上出发。石鉴却认为事情并不是这样，他保证司马亮不会举兵，掌握住手下的士兵不予行动。司马亮向廷尉何勖询问计策，何勖说："现在朝野上下都从心里归附于您，您不去讨伐别人，却害怕别人来讨伐您吗？"司马亮不敢发兵，夜里快马加鞭地奔赴许昌，才免去了一场灾难。杨骏的弟弟杨济以及外甥、河南尹李斌都劝杨骏留下司马亮，杨骏不听。杨济对尚书左丞傅咸说："家兄如果征召大司马司马亮，你退身躲避他，那么门户也许可以保全。"傅咸说："皇族与外戚，相互依赖才能安定。只有把大司马召回来，共同本着公正无私的原则辅佐朝政，用不着躲避司马亮。"杨济又让侍中石崇去见杨骏，对他说了这些话，杨骏不听。

五月十三日辛未，在峻阳陵安葬了晋武帝。

杨骏心里明白，自己平时就没有好名声，他想效法魏明帝即位的先例，普遍给大臣们进封爵位，以便讨好众人，收买人心。左军将军傅祗写信对杨骏说："还没有听说帝王刚死，就给臣下论功行赏的事情。"杨骏不听。傅祗是傅嘏的儿子。

五月十八日丙子，晋惠帝司马衷下诏，朝廷内外群臣一律晋升一级，参与晋武帝丧事的晋升二级，二千石以上的官员一律封为关中侯，免除一年的赋税。散骑常侍石崇、散骑侍郎何攀一起上奏，认为："皇上被正式立为太子有二十多年，现在继承了大业，但是遍施奖赏，赐予爵位，比泰始革命之初以及各位将领平吴的功绩得到的奖励还要丰厚，这就使轻重不相称了。况且占卜得知，大晋传国世代无穷，现在开创的制度是要传之于后世的，如果有爵位就必得进升，那么几代以后，就没有人不是公侯了。"他们的意见没有被采纳。

晋惠帝下诏，任命太尉杨骏为太傅、大都督、假黄钺，总领朝政，百官各自掌管自己的职责，听命于杨骏。傅咸对杨骏说："居丧三年的制度，已经很久没有实行了。如今皇上谦虚，把政事委托给您，但是天下的人们并不认为这样为妥，恐怕您还不容易承当。周公是大圣之人，尚且招来了流言蜚语，更何况皇上的年龄并不是当年成王的年龄呢！我私下认为，武帝丧事既已办完，您应当慎重考虑逊退的事情

望。”乃止。杨济遗咸书曰：“谚云：‘生子痴，了官事。’官事未易了也。想虑破头，故具有白。”咸复书曰：“卫公有言：‘酒色杀人，甚于作直。’坐酒色死，人不为悔，而逆畏以直致祸，此由心不能正，欲以苟且为明哲耳。自古以直致祸者，当由矫枉过正，或不忠笃，欲以亢厉为声，故致忿耳，安有悾悾忠益而返见怨疾乎！”

杨骏以贾后险悍，多权略，忌之，故以其甥段广为散骑常侍，管机密；张劭为中护军，典禁兵。凡有诏命，帝省讫，入呈太后，然后行之。

骏为政，严碎专愎，中外多恶之。冯翊太守孙楚谓骏曰：“公以外戚居伊、霍之任，当以至公、诚信、谦顺处之。今宗室强盛，而公不与共参万机，内怀猜忌，外树私昵，祸至无日矣！”骏不从。楚，资之孙也。

弘训少府蒯钦，骏之姑子也，数以直言犯骏，他人皆为之惧，钦曰：“杨文长虽暗，犹知人之无罪不可妄杀，不过疏我。我得疏，乃可以免；不然，与之俱族矣。”

骏辟匈奴东部人王彰为司马，彰逃避不受。其友新兴张宣子怪而问之，彰曰：“自古一姓二后，未有不败。况杨太傅昵近小人，疏远君子，专权自恣，败无日矣。吾逾海出塞以避之，犹惧及祸，奈何应其辟乎！且武帝不惟社稷大计，嗣子既不克负荷，受遗者复非其人，天下之乱，可立待也。”

秋，八月，壬午，立广陵王遹为皇太子。以中书监何劭为太子太师，卫尉裴楷为少师，吏部尚书王戎为太傅，前太常张华为少傅，卫将军杨济为太保，尚书和峤为少保。拜太子母谢氏为淑媛。贾后常置谢氏于别室，不听与太子相见。

初，和峤尝从容言于武帝曰：“皇太子有淳古之风，而末世多伪，恐不了陛下家事。”武帝默然。后与荀勖等同侍武帝，武帝曰：“太子近入朝

了，如果可以证明您的真诚，岂在于言辞的多少呢？”杨骏不听傅咸的话，傅咸又多次劝谏，杨骏逐渐坐不住了，想把傅咸赶出朝廷，让他去做郡守。李斌劝杨骏说：“斥逐了正直的人，就要失去人们对您的敬仰。”杨骏才没有赶走傅咸。杨济给傅咸的信上说：“俗语说：‘生傻儿子，了却官场上的破事。’对官场上的事情，是不宜搞得太清楚的。我为你思考、忧虑，所以写信提醒你。”傅咸回信说：“卫公有言：‘酒色杀人，比直言杀人还要厉害。’因酒色获罪而死，人们不觉得后悔，但是却害怕由于正直而招来的祸殃，这是由于心术不能正，想把苟且偷生当作明智的处世方法以保全自己。自古以来，由于正直而招来灾祸的人，是由于矫正邪恶过了头，或者是因为不是真心实意，想以严酷来博取名声，所以会招来怨恨。哪里会有忠诚恳切做好事，却反而被人憎恨的道理呢？”

杨骏因为贾后阴险蛮横又富于权术谋略而忌恨她。所以，他任命自己的外甥段广为散骑常侍，掌管机密要事；任命张劭为中护军，统领皇帝的亲兵。凡是有诏命，皇帝看过之后，呈送给杨太后，然后实行。

杨骏当政，严厉琐碎而又专断固执，朝廷内外的人都很恨他。冯翊太守孙楚对杨骏说：“您以外戚身份担当着伊尹、霍光的重任，应当以公正无私、诚实不欺、谦虚和顺为人处事。当前皇族强盛，而您却不与他们一起参与日常政务，心里怀着猜疑妒忌，在外培植亲近宠爱的人，这样下去，灾祸临头的日子就没有几天了！”杨骏也不听。孙楚是孙资的孙子。

弘训少府蒯钦是杨骏姑姑的儿子，多次以直言冒犯杨骏，别人都为他担惊受怕，蒯钦说：“杨骏虽然昏庸，仍然知道对没有罪过的人不可以乱杀，他只不过会疏远我，我被他疏远，就可以免去灾祸，要是不这么做，我就会和他一起被灭族了。”

杨骏征召匈奴东部人王彰为司马，王彰逃避不接受。王彰的朋友新兴人张宣感到奇怪，问他为什么这样做，王彰说：“自古以来，一姓却有两位皇后，就没有不败亡的。何况太傅杨骏亲近小人，疏远君子，专权放纵，败亡就没有几天了。我跨海出关地躲避他，尚且害怕祸事祸及到我的身上，为什么还要响应他的征召呢？而且武帝不考虑国家大计，继位的儿子已经不能挑起重担，接受遗诏辅佐的人又不是合适的人选，天下的动乱很快就会到来。”

秋季，八月二十六日壬午，立广陵王司马遹为皇太子。任命中书监何劭为太子太师，卫尉裴楷为少师，吏部尚书王戎为太傅，前太常张华为少傅，卫将军杨济为太保，尚书和峤为少保。拜太子的母亲谢氏为淑媛。贾后常常把谢氏安排在另外的房间居住，不让她和太子相见。

当初，和峤曾经从容地对晋武帝说：“皇太子具有朴质的古风，但是将要衰乱的时代多伪多诈，恐怕他不能办好皇上的家事。”晋武帝沉默不语。后来，和峤与荀勖

差长进，卿可俱诣之，粗及世事。”既还，勖等并称太子明识雅度，诚如明诏。峤曰：“圣质如初。”武帝不悦而起。及帝即位，峤从太子遹入朝，贾后使帝问曰：“卿昔谓我不了家事，今日定如何？”峤曰：“臣昔事先帝，曾有斯言；言之不效，国之福也。”

冬，十月，辛酉，以石鉴为太尉，陇西王泰为司空。

以刘渊为建威将军、匈奴五部大都督。

（以上为第四段，写西晋外戚太傅杨骏总领朝政，安排亲信掌管机要和皇宫侍卫，滥赏官爵收买人心，打击异己排斥直臣，严厉琐碎又专横武断，朝廷内外非常忌恨。）

元康元年（辛亥，291年）

春，正月，乙酉朔，改元永平。

初，贾后之为太子妃也，尝以妒，手杀数人，又以戟掷孕妾，子随刃坠；武帝大怒，修金墉城，将废之。荀勖、冯统、杨珧及充华赵粲共营救之，曰：“贾妃年少，妒者，妇人常情，长自当差。”杨后曰：“贾公闾有大勋于社稷，妃亲其女，正复妒忌，岂可遽忘其先德邪！”妃由是得不废。

后数诫厉妃，妃不知后之助己，返以后为构己于武帝，更恨之。及帝即位，贾后不肯以妇道事太后，又欲干预政事，而为太傅骏所抑。殿中中郎渤海孟观、李肇，皆骏所不礼也，阴构骏，云将危社稷。黄门董猛，素给事东宫，为寺人监，贾后密使猛与观、肇谋诛骏，废太后。又使肇报汝南王亮，使举兵讨骏，亮不可。肇报都督荆州诸军事楚王玮，玮欣然许之，乃求入朝。骏素惮玮勇锐，欲召之而未敢，因其求朝，遂听之。二月，癸酉，玮及都督扬州诸军事、淮南王允来朝。

三月，辛卯，孟观、李肇启帝，夜作诏，诬骏谋反，中外戒严，遣使奉诏废骏，以侯就第。命东安公繇帅殿中四百人讨骏，楚王玮屯司马门，以淮南相刘颂为三公尚书，屯卫殿中。段广跪言于帝曰：“杨骏孤公

等人一起在晋武帝身边伺候，晋武帝说：“太子近来进入朝廷稍微有了长进，你们可以一起去他那里，粗略地问他一些当世的事情。”于是，他们就去了太子那里，回来以后，荀勖等人都称赞太子聪明，有见识，气度不凡，确实如武帝所说的那样。和峤却说：“太子的资质和原来一样。”晋武帝不高兴地站起身来。等到太子继位做了皇帝。和峤跟随太子司马遹入朝，贾后让晋惠帝问和峤：“你以前说我不能处理好家事，今天究竟怎么样呢？”和峤说：“我从前侍奉先帝，曾经说过这话，我说的话没有得到证实，这是国家的幸运。”

冬季，十月初六辛酉，任命石鉴为太尉，陇西王司马泰为司空。

任命刘渊为建威将军、匈奴五部大都督。

晋惠帝元康元年（辛亥，291 年）

春季，正月初一乙酉朔，改年号为永平。

当初，贾皇后还是太子妃时，曾经由于嫉妒，亲手杀了几个人，她还用戟投掷怀有身孕的姬妾，使孕妇肚子里的胎儿随着刀锋而落地。晋武帝动了怒，修了金墉城要把她废黜。荀勖、冯紞、杨珧以及妃嫔赵粲都想办法援救她，对晋武帝说：“贾妃年轻，嫉妒本是妇人的本性，长大了自然就会变好的。”杨皇后说：“贾充对国家有大功，贾妃是他的女儿，即使嫉妒，怎么可以这么快就忘记她先人的功德呢？”贾妃因而没有被废。

杨皇后多次训斥贾妃，贾妃不知杨皇后这样做是为了帮助她，反而认为杨皇后是在武帝面前陷害她，因而仇恨杨皇后。后来，晋惠帝即位，贾后不肯以儿媳的身份侍奉皇太后，还想要干预政事，但却被太傅杨骏所遏制。殿中中郎渤海人孟观、李肇都是杨骏不以礼相待的人，暗地里图谋杨骏，说他将危害国家。宦官黄门董猛平时在东宫供职，主管宦官。贾后秘密指使董猛与孟观、李肇谋划除掉杨骏，废黜太后。又派李肇告知汝南王司马亮，让他发兵讨伐杨骏，司马亮没有答应。李肇告诉了都督荆州诸军事楚王司马玮，司马玮欣然同意，就请求入朝。杨骏平时就畏惧司马玮的勇猛强悍，想召他来又不敢，这次司马玮请求入朝，杨骏就同意了。二月二十日癸酉，司马玮和都督扬州诸军事、淮南王司马允入朝求见。

三月初八辛卯，孟观、李肇禀告晋惠帝，夜里撰写诏书，诬陷杨骏谋反，朝廷内外戒严，派遣使者遵照诏命废除杨骏，以侯爵的身份回家。命令东安公司马繇率领殿中四百人讨伐杨骏，楚王司马玮驻守在司马门，任命淮南相刘颂为三公尚书，

无子，岂有反理，愿陛下审之！”帝不答。

时骏居曹爽故府，在武库南，闻内有变，召众官议之。太傅主簿朱振说骏曰：“今内有变，其趣可知，必是阉竖为贾后设谋，不利于公，宜烧云龙门以胁之，索造事者首，开万春门，引东宫及外营兵拥皇太子入宫，取奸人，殿内震惧，必斩送之。不然，无以免难。”骏素怯懦，不决，乃曰：“云龙门，魏明帝所造，功费甚大，奈何烧之！”侍中傅祗白骏，请与尚书武茂入宫观察事势，因谓群僚曰：“宫中不宜空。”遂揖而下阶。众皆走，茂犹坐。祗顾曰：“君非天子臣邪？今内外隔绝，不知国家所在，何得安坐！”茂乃惊起。

骏党左军将军刘豫陈兵在门，遇右军将军裴頠，问太傅所在，頠绐之曰：“向于西掖门遇公乘素车，从二人西出矣。”豫曰：“吾何之？”頠曰：“宜至廷尉。”豫从頠言，遂委而去。寻诏頠代豫领左军将军，屯万春门。頠，秀之子也。皇太后题帛为书，射之城外，曰：“救太傅者有赏。”贾后因宣言太后同反。寻而殿中兵出，烧骏府，又令弩手于阁上临骏府而射之，骏兵皆不得出。骏逃于马厩，就杀之。孟观等遂收骏弟珧、济，张劭、李斌、段广、刘豫、武茂及散骑常侍杨邈、中书令蒋俊、东夷校尉文鸯，皆夷三族，死者数千人。

珧临刑，告东安公繇曰：“表在石函，可问张华。”众谓宜依锺毓例为之申理。繇不听，而贾氏族党趣使行刑。珧号叫不已，刑者以刀破其头。繇，诸葛诞之外孙也，故忌文鸯，以为骏党而诛之。是夜，诛赏皆自繇出，威振内外。王戎谓繇曰：“大事之后，宜深远权势。”繇不从。

（以上为第五段，写西晋宫廷政变，外戚太尉杨骏只当了一年的辅政大臣，就被皇后贾南风算计而诛杀，灭三族；其弟杨珧有言在先，也没有逃过厄运，被破头而亡。）

壬辰，赦天下，改元。

贾后矫诏，使后军将军荀悝送太后于永宁宫，特全太后母高都君庞

驻兵守卫殿中。段广跪着对晋惠帝说："杨骏孤单，没有儿子，岂有谋反的道理，希望皇上慎重考虑。"晋惠帝没有回答。

当时，杨骏住在之前曹爽住过的宅第，位置在武库南边，他听到皇宫内有变动，就召集各位官员商议。太傅主簿朱振劝说杨骏道："现在宫中发生了事变，它的趋向可以知道，一定是那些宦官给贾皇后出的主意，对您很不利。应当烧了云龙门逼迫他们，索要起事者的人头，打开万春门，带领东宫以及外营士兵拥护着皇太子进宫，捉拿奸佞，宫殿之内震动恐惧，必定会斩肇事者之首送来，不这样的话，没有办法免于灾难。"杨骏素来怯懦，下不了决心，说道："云龙门是魏明帝所建，劳力、耗费非常大，为什么要把它烧了？"侍中傅祗禀告杨骏，请求和尚书武茂进宫观察事态的发展，他对官员们说："宫中不宜空虚。"然后拱手行礼下了台阶。官员们都跑了，武茂还坐在那里。傅祗回过头对他说："你难道不是天子的臣下吗？如今内外隔绝，不知道天子在哪里，你怎么还能坐得住呢？"武茂于是惊慌而起。

杨骏的党羽、左军将军刘豫，领兵列阵守候在门外，遇到右军将军裴頠。刘豫问裴頠，杨骏在哪里，裴頠欺骗他说："我刚才在西掖门遇到杨骏，他乘着白色的车子，有两个人跟着他向西去了。"刘豫说："我应该去哪里？"裴頠说："应该去廷尉。"刘豫听从裴頠的话，把士兵托付给裴頠就走了。不久，诏命裴頠代替刘豫兼任左军将军，驻守万春门。裴頠是裴秀的儿子。杨太后把信写在绢帛上，用箭射出城外，上面写着"救太傅者有赏"。贾后就利用这件事，宣称杨太后与杨骏一起谋反。不久，宫中的士兵们出去了，放火焚烧杨骏的府第，弓弩手在楼阁上对着杨骏的府第放箭，杨骏的士兵们没有办法出来。杨骏逃到马房里，被人杀死在那里。孟观等人于是拘捕了杨骏的弟弟杨珧、杨济，张劭、李斌、段广、刘豫、武茂，以及散骑常侍杨邈、中书令蒋俊、东夷校尉文鸯，这些人都被夷灭三族，被处死的有好几千人。

杨珧临刑的时候，请求东安公司马繇说："我以前给晋武帝的表奏就放在石头匣子里，你可以问张华。"众人认为应当按照锺毓的先例为杨珧申述昭雪，司马繇没有答应，而贾氏家族的同党又催促赶快执行死刑。杨珧不停地呼号叫喊，执行死刑的人用刀劈开了他的头。司马繇是诸葛诞的外孙，以前就忌恨文鸯，这次就把文鸯当作杨骏的党羽一起杀了。这一夜，要杀谁，要赏谁，都由司马繇说了算，他的威势震动了朝廷内外。王戎对司马繇说："大事处理完之后，应当深藏远离权势。"司马繇不听。

三月初九壬辰，赦天下，改年号为元康。

贾后诈称皇帝诏书，派后军将军荀悝送杨太后去永宁宫居住，特别保全了杨太

氏之命，听就太后居。寻复讽群公有司奏曰："皇太后阴渐奸谋，图危社稷，飞箭系书，要募将士，同恶相济，自绝于天。鲁侯绝文姜，《春秋》所许。盖奉祖宗，任至公于天下，陛下虽怀无已之情，臣下不敢奉诏。"诏曰："此大事，更详之。"

有司又奏："宜废太后曰'峻阳庶人'。"中书监张华议："太后非得罪于先帝，今党其所亲，为不母于圣世，宜依汉废赵太后为孝成后故事，贬皇太后之号，还称'武皇后'，居异宫，以全始终之恩。"左仆射荀恺与太子少师下邳王晃等议曰："皇太后谋危社稷，不可复配先帝，宜贬尊号，废诣金墉城。"于是，有司奏从晃等议，废太后为庶人，诏可。

又奏："杨骏造乱，家属应诛，诏原其妻庞命，以尉太后之心。今太后废为庶人，请以庞付廷尉行刑。"诏不许，有司复固请，乃从之。庞临刑，太后抱持号叫，截发稽颡，上表诣贾后称妾，请全母命，不见省。董养游太学，升堂叹曰："朝廷建斯堂，将以何为乎！每览国家赦书，谋反大逆皆赦，至于杀祖父母、父母不赦者，以为王法所不容故也。奈何公卿处议，文饰礼典，乃至此乎！天人之理既灭，大乱将作矣。"

有司收骏官属，欲诛之。侍中傅祗启曰："昔鲁芝为曹爽司马，斩关赴爽，宣帝用为青州刺史。骏之僚佐，不可悉加罪。"诏赦之。

（以上为第六段，写贾南风发动政变后，为报私仇，对皇太后杨芷赶尽杀绝，废为庶人，打入冷宫，杀掉其母庞氏，晋惠帝司马衷没有任何主见，只是一个傀儡。）

壬寅，征汝南王亮为太宰，与太保卫瓘皆录尚书事，辅政。以秦王柬为大将军，东平王楙为抚军大将军，楚王玮为卫将军、领北军中候，下邳王晃为尚书令，东安公繇为尚书左仆射，进爵为王。楙，望之子也。封董猛为武安侯，三兄皆为亭侯。

亮欲取悦众心，论诛杨骏之功，督将侯者千八十一人。御史中丞傅

后母亲高都君庞氏的性命，同意她去太后那里居住。不久，贾后又劝说各位大臣通过有关部门上奏说："皇太后早就在暗中进行邪恶的谋划，企图危害国家，用飞箭捎带书信，招募将士，与邪恶之人狼狈为奸，自动与天相绝。鲁侯与文姜断绝关系，这是《春秋》所赞许的。至于侍奉祖宗，在天下担当起公正无私的责任，皇上虽然是怀着不得已的感情，臣下也不敢奉命而行。"晋惠帝下诏说："这是大事，要再慎重一些。"

有关部门又上奏说："应当废太后为峻阳庶人。"中书监张华提议："太后并没有获罪于先帝，如今偏私她所亲近的人，为人之母，在圣世没有做出榜样，应当按照汉代废赵太后为孝成后的旧例，贬皇太后的尊号，还称她为武皇后，让她在别的宫里居住，以保全从始到终的德惠。"左仆射荀恺与太子少师、下邳王司马晃等人提议说："皇太后图谋危害国家，不能再与先帝相配，应当贬去她的尊号，废了她，让她去金墉城。"这时，有关部门上奏，遵从司马晃等人的提议，把杨太后废为平民。晋惠帝下诏，同意这一决定。

又有有关部门上奏说："杨骏造反作乱，他的家属应当被处死，诏命赦免了他的妻子庞氏的死罪，以安慰太后之心。现在太后被废为平民，请求把庞氏交付廷尉执行死刑。"惠帝下诏，不予赞同，有关部门又坚持请求，惠帝就听从了这个意见。庞氏临刑的时候，杨太后抱住她号哭叫喊，割断头发，跪下来以额触地。杨太后上书，要去贾后那里当奴仆，请求保全母亲性命，却不被理睬。董养出游到了太学，登上殿堂感叹地说："朝廷建立了此堂，将要用它来做什么呢？每当观看国家大赦的文书，像谋反这样极大的罪恶，都能赦免，但是对于杀了祖父、祖母，杀了父亲、母亲之罪的，却不予赦免，原因就在于这样的罪恶是帝王制定的法律所不能宽容的。但是为什么公卿处理意见，修饰礼仪制度，竟然到了如此的地步呢？天道人事的法则已经灭绝，大的动乱就要兴起了。"

有关机构拘捕了杨骏的下属官吏，想杀了他们。侍中傅祗陈述说："从前鲁芝任曹爽的司马，冲破关隘去奔赴曹爽，晋宣帝还任用他为青州刺史。杨骏的僚属，不能都给他们加上罪名。"于是，晋惠帝下诏书赦免了他们。

三月十九日壬寅，征召汝南王司马亮任太宰，与太保卫瓘都任录尚书事，辅佐朝政。任命秦王司马柬为大将军，东平王司马楙为抚军大将军，楚王司马玮为卫将军兼北军中侯，下邳王司马晃为尚书令，东安公司马繇为尚书左仆射，晋升爵位为王。司马楙是司马望的儿子。封董猛为武安侯，他的三个哥哥都被封为亭侯。

司马亮想取悦于众人，让众人爱戴他，依次评定铲除杨骏的功劳，督将中有

咸遗亮书曰："今封赏熏赫，震动天地，自古以来，未之有也。无功而获赏，则人莫不乐国之有祸，是祸原无穷也。凡作此者，由东安公。人谓殿下既至，当有以正之，正之以道，众亦何怒！众之所怒者，在于不平耳；而今皆更倍论，莫不失望。"

亮颇专权势，咸复谏曰："杨骏有震主之威，委任亲戚，此天下所以喧哗。今之处重，宜反此失，静默颐神，有大得失，乃维持之，自非大事，一皆抑遣。比过尊门，冠盖车马，填塞街衢，此之翕习，既宜弭息。又夏侯长容无功而暴擢为少府，论者谓长容，公之姻家，故至于此，流闻四方，非所以为益也。"亮皆不从。

贾后族兄车骑司马模、从舅右卫将军郭彰、女弟之子贾谧与楚王玮、东安王繇，并预国政。贾后暴戾日甚，繇密谋废后，贾氏惮之。繇兄东武公澹，素恶繇，屡谮之于太宰亮曰："繇专行诛赏，欲擅朝政。"庚戌，诏免繇官；又坐有悖言，废徙带方。

于是，贾谧、郭彰权势愈盛，宾客盈门。谧虽骄奢而好学，喜延士大夫，郭彰、石崇、陆机、机弟云、和郁及荥阳潘岳、清河崔基、勃海欧阳建、兰陵缪徵、京兆杜斌、挚虞、琅邪诸葛诠、弘农王粹、襄城杜育、南阳邹捷、齐国左思、沛国刘瓌、周恢、安平牵秀、颍川陈眕、高阳许猛、彭城刘讷、中山刘舆、舆弟琨，皆附于谧，号曰"二十四友"。郁，峤之弟也。崇与岳尤谄事谧，每候谧及广城君郭槐出，皆降车路左，望尘而拜。

太宰亮、太保瓘以楚王玮刚愎好杀，恶之，欲夺其兵权，以临海侯裴楷代玮为北军中候，玮怒；楷闻之，不敢拜。亮复与瓘谋，遣玮与诸王之国，玮益忿怨。玮长史公孙宏、舍人岐盛，皆有宠于玮，劝玮自昵于贾后；后留玮领太子少傅。盛素善于杨骏，卫瓘恶其反复，将收之。盛乃与宏谋，因积弩将军李肇矫称玮命，谮亮、瓘于贾后，云"将谋废立"。后素怨瓘，且患二公执政，己不得专恣。

一千零八十一人分别被封了侯爵。御史中丞傅咸写信给司马亮说：“如今赏赐显赫盛大，震动了天地，是自古以来所不曾有过的。没有功劳却可以得到奖赏，那么，人人都希望国家有祸事，这就使灾祸的根源没有穷尽了。开了这个头的人是东安公司马繇，人们以为殿下您来到后，应当有所匡正、整饬，以法规来匡正政务，众人又有什么可发怒的理由呢？众人之所以动怒，原因在于不公正，而现在加倍论功行赏更甚于东安公，大家都很失望。”

司马亮颇有权势，独断专行，傅咸又进谏说：“杨骏有震动君王的权势，任用他的亲戚，这正是天下喧闹的原因。您现在处于重要的地位，应当纠正杨骏的错误，安静沉默，保养精神，有了大的事情就去维系、保持，如果不是什么大事，就不要去多管。我多次经过府上，看到官吏的车马把道路都堵塞了，这种众人争相趋附的状况应当停止。另外，夏侯骏没有功劳却突然被越级提拔为少府，人们议论说，夏侯骏就因为是和您有婚姻关系的亲戚，所以才能有今天的地位，传闻远播四方，这并不是有益的事情。”司马亮一概听不进去。

贾后的同族哥哥车骑司马贾模，贾后母亲的堂兄弟右卫将军郭彰，贾后妹妹的儿子贾谧，与楚王司马玮、东安王司马繇一起参与国政。贾后的凶恶乖张一天比一天厉害。司马繇秘密谋划要废掉贾后，贾氏家族很害怕。司马繇的哥哥东武公司马澹平时就憎恨司马繇，多次在太宰司马亮面前诬陷司马繇说：“司马繇擅自决定惩罚与赏赐，他这是要独揽朝政。”二十七日，晋惠帝下诏，免去司马繇的官职，又因为有忤逆言论而获罪，被废黜迁徙到带方县。

从这时候开始，贾谧、郭彰的权势日益兴盛起来，宾客挤破了门。贾谧虽然骄横奢侈，但却爱好学问，喜欢接纳士大夫。郭彰、石崇、陆机、陆机的弟弟陆云、和郁以及荥阳人潘岳、清河人崔基、勃海人欧阳建、兰陵人缪徵、京兆人杜斌与挚虞、琅邪人诸葛诠、弘农人王粹、襄城人杜育、南阳人邹捷、齐国人左思、沛国人刘瓌与周恢、安平人牵秀、颍川人陈眕、高阳人许猛、彭城人刘讷、中山人刘舆、刘舆的弟弟刘琨，都归附于贾谧的门下，称为“二十四友”。和郁是和峤的弟弟。石崇和潘岳格外谄媚地侍奉贾谧，每当等候到贾谧以及广城君郭槐出来了，就赶紧从车子上下来，站在道路的左边，望着贾谧、郭槐车后扬起的尘土行跪拜礼。

太宰司马亮、太保卫瓘，因为楚王司马玮傲慢固执又喜好杀人而憎恨他，想夺了他的兵权，让临海侯裴楷代替司马玮担任北军中候的职务。司马玮大怒，裴楷听说后，不敢接受北军中候的官职。司马亮又和卫瓘在一起密谋，派司马玮和各诸侯王去自己的封国，司马玮越发愤恨不满。司马玮的长史公孙宏、舍人岐盛，都受到司马玮的宠爱，他们劝说司马玮主动去亲近贾皇后。贾后就留下司马玮，让司马玮兼任太子少傅。岐盛从前与杨骏友好，卫瓘厌恶他反复无常，将要拘捕他。岐盛就

（以上为第七段，写皇后贾南风扳倒太尉杨骏，重用汝南王司马亮、太保卫瓘，滥封侯爵，专权自恣，任意妄为；晋朝上下暗流涌动，新一轮宫廷政变呼之欲出。）

夏，六月，后使帝作手诏赐玮曰："太宰、太保欲为伊、霍之事，王宜宣诏，令淮南、长沙、成都王屯诸宫门，免亮及瓘官。"夜，使黄门赍以授玮。玮欲复奏，黄门曰："事恐漏泄，非密诏本意也。"玮亦欲因此复私怨，遂勒本军，复矫诏召三十六军，告以："二公潜图不轨，吾今受诏都督中外诸军，诸在直卫者，皆严加警备；其在外营，便相帅径诣行府，助顺讨逆。"又矫诏："亮、瓘官属，一无所问，皆罢遣之；若不奉诏，便军法从事。"遣公孙宏、李肇以兵围亮府，侍中清河王遐收瓘。

亮帐下督李龙，白"外有变，请拒之"，亮不听。俄而兵登墙大呼，亮惊曰："吾无贰心，何故至此！诏书其可见乎！"宏等不许，趣兵攻之。长史刘准谓亮曰："观此必是奸谋。府中俊乂如林，犹可力战。"又不听，遂为肇所执，叹曰："我之赤心，可破示天下也！"与世子矩俱死。

卫瓘左右亦疑遐矫诏，请拒之，须自表得报，就戮未晚，瓘不听。初，瓘为司空，帐下督荣晦有罪，斥遣之。至是，晦从遐收瓘，辄杀瓘及子孙共九人，遐不能禁。

岐盛说玮："宜因兵势，遂诛贾、郭以正王室，安天下。"玮犹豫未决。会天明，太子少傅张华使董猛说贾后曰："楚王既诛二公，则天下威权尽归之矣，人主何以自安！宜以玮专杀之罪诛之。"贾后亦欲因此除玮，深然之。

是时内外扰乱，朝廷恟惧，不知所出。张华白帝，遣殿中将军王宫赍驺虞幡出，麾众曰："楚王矫诏，勿听也！"众皆释仗而走。玮左右无复一人，窘迫不知所为，遂执之，下廷尉。乙丑，斩之。玮出怀中青纸

和公孙宏谋划，依靠积弩将军李肇，诈称是司马玮的命令，在贾后面前诬陷司马亮和卫瓘，说他们将要谋划废立君王的事情。贾后平时就怨恨卫瓘，而且担心司马亮与卫瓘执掌朝政，她就不能专断放纵了。

夏季，六月，贾后指使晋惠帝亲笔撰写诏书赐给司马玮，说："太宰、太保想做伊尹、霍光做过的事情，你应当宣布诏命，命令淮南王、长沙王、成都王驻守各宫门，免去司马亮及卫瓘的官职。"夜里，派宦官黄门送诏书给司马玮。司马玮想重新上奏，黄门说："事情害怕泄露出去，这可不是密诏的本意。"司马玮也想借这个机会报复私怨，于是统率自己的部队，又诈称皇帝的诏命召集三十六军，向他们宣告说："司马亮与卫瓘，暗中图谋不轨之事，我今天接受了皇帝的命令，统领朝廷内外各军，各位正在值勤、担任卫护、防守之职的人，都要严加警戒。在外的部队就互相跟从直接去朝廷委派的机构，协助天道，讨伐叛逆。"还伪称皇帝命令说："司马亮、卫瓘的下属官吏，一概不问，全部罢免遣散。如有不服从命令的，按照军法处置。"司马玮派遣公孙宏、李肇领兵包围了司马亮的住宅，让侍中、清河王司马遐去逮捕卫瓘。

司马亮的帐下督李龙，禀告司马亮说："外面发生了变乱，请求抵抗。"司马亮没有同意。过了一会儿，士兵爬上墙头大声喊叫，司马亮吃惊地说："我没有二心，为什么到了如此地步！我可以看一看诏书吗？"公孙宏等人不答应，催促士兵加紧进攻。长史刘准告诉司马亮说："我观察这肯定是邪恶的阴谋。府里有才能的人很多，还可以尽力作战。"司马亮还是不同意，于是被李肇抓住，他感叹说："我真诚的心可以剖开让天下人看一看。"司马亮和他的长子司马矩一起被处死。

卫瓘的手下人也怀疑司马遐是假冒皇帝诏命，请求卫瓘抵抗，等候上书有了答复，再听任惩罚也不迟，但是卫瓘不听从劝告。当初，卫瓘任司空的时候，帐下督荣晦犯了罪，卫瓘斥责并赶走了他。到了此时，荣晦也跟随司马遐拘捕了卫瓘，自作主张地杀了卫瓘及其子孙一共九人，司马遐都制止不住。

岐盛劝说司马玮道："应当借着军队的气势，顺便除掉贾、郭，以扶正王室，安定天下。"司马玮犹豫不决。这时天亮了，太子少傅张华派董猛劝说贾后道："楚王已经杀了司马亮和卫瓘，天子的威势权力全都归属于他了，君王还能依赖什么得到安稳呢？应当凭着司马玮专擅杀人的罪行惩处他。"贾后也想乘此机会除掉司马玮，所以深深地赞同这一主张。

这时内外混乱，朝廷纷乱恐惧，不知如何是好。张华禀告晋惠帝，派遣殿中将军王宫拿着驺虞旗帜指挥众人说："楚王诈称皇上命令，不要听他的话。"众人都放下兵器逃走了，司马玮的身边一个人也没有了，他窘迫地不知所措，于是就逮捕了

诏，流涕以示监刑尚书刘颂曰："幸托体先帝，而受枉乃如此乎！"公孙宏、岐盛并夷三族。

玮之起兵也，陇西王泰严兵将助玮，祭酒丁绥谏曰："公为宰相，不可轻动，且夜中仓猝，宜遣人参审定问。"泰乃止。

卫瓘女与国臣书曰："先公名谥未显，每怪一国蔑然无言，《春秋》之失，其咎安在？"于是，太保主簿刘繇等执黄幡，挝登闻鼓，上言曰："初，矫诏者至，公即奉送章绶，单车从命。如矫诏之文唯免公官，而故给使荣晦，辄收公父子及孙，一时斩戮。乞验尽情伪，加以明刑。"乃诏族诛荣晦，追复亮爵位，谥曰"文成"；封瓘为兰陵郡公，谥曰"成"。

（以上为第八段，写皇后贾南风蓄意发动宫廷政变，赐诏楚王司马玮，以谋逆罪杀汝南王司马亮、太保卫瓘，又以矫诏罪杀掉司马玮，西晋进入贾后专政弄权时代。）

于是，贾后专朝，委任亲党，以贾模为散骑常侍，加侍中。贾谧与后谋，以张华庶姓，无逼上之嫌，而儒雅有筹略，为众望所依，欲委以朝政。疑未决，以问裴頠，頠赞成之。乃以华为侍中、中书监，頠为侍中，又以安南将军裴楷为中书令，加侍中，与右仆射王戎并管机要。

华尽忠帝室，弥缝遗阙，贾后虽凶险，犹知敬重华，贾模与华、頠同心辅政，故数年之间，虽暗主在上，而朝野安静，华等之功也。

秋，七月，分荆、扬十郡为江州。

八月，辛未，立陇西王泰世子越为东海王。

九月，甲午，秦献王柬薨。

辛丑，征征西大将军梁王肜为卫将军、录尚书事。

（以上为第九段，写皇后贾南风阴谋得逞，独揽朝政，虽凶暴阴险，但以儒雅有谋、众望所归的张华辅政，惠帝司马衷虽昏庸而居帝位，但朝野还算安稳、平静。）

二年（壬子，292 年）

春，二月，己酉，故杨太后卒于金墉城。是时，太后尚有侍御十余

他，押到廷尉府，乙丑（疑误），杀了他。司马玮临死前掏出藏在怀中的青纸诏书，流着泪拿给监刑尚书刘颂看，说："我幸运地托先帝之体而出生，但是却蒙受了如此的冤屈啊！"公孙宏、岐盛都被夷灭三族。

司马玮起兵的时候，陇西王司马泰整肃部队准备协助司马玮。祭酒丁绥进谏说："您身为宰相，不可以轻举妄动。而且夜里很仓促，应当派人去验证核实确切的消息。"司马泰于是没有行动。

卫瓘的女儿写信给国中的大臣说："我死去的父亲没有显扬的谥号，我常常奇怪，一国之内都轻视这件事情而没有人说话，这种做法不合于《春秋》，其罪过在何处呢？"于是太保主簿刘繇等人手执黄旗，敲响了登闻鼓，向惠帝陈诉说："当初，诈称皇帝命令的人到了，卫瓘立即奉送了印章绶带、单人独车地听命于人。依照假造诏书的条文，只是免去卫瓘的官职，但是从前的随从荣晦，擅自拘捕了卫瓘父子及孙子，一起都给杀了。请求考察全部事情的真伪，给荣晦施以公开示众的刑罚。"于是惠帝下诏书，诛灭荣晦的家族，恢复、追认司马亮的爵位，谥号为文成。封卫瓘为兰陵郡公，定谥号为成。

从此以后，贾后独揽朝政，信任亲族，任命贾模为散骑常侍，兼领侍中。贾谧和贾后谋划，认为张华不是同姓，没有胁迫皇帝的嫌疑，而且张华儒雅有谋略，又是众望所归之人，就想把朝政托付给张华，但是还犹豫不定，就去询问裴𬱟的意见，裴𬱟赞成这个决定。于是就任命张华为侍中、中书监，裴𬱟任侍中。又任命安南将军裴楷为中书令，兼领侍中，和右仆射王戎一起掌管机密要事。

张华对皇族竭尽忠诚，弥补缝合朝政中的过失、遗漏，贾皇后虽然凶暴阴险，却还知道敬重张华。贾模与张华、裴𬱟同心合力辅佐国政，所以几年之内，虽然是昏庸的君主居于皇帝之位，但是朝野上下安稳平静，这全都是张华等人的功劳。

秋季，七月，分出荆州、扬州的十个郡设置江州。

八月二十日辛未，立陇西王司马泰的长子司马越为东海王。

九月十四日甲午，秦献王司马柬去世。

九月二十一日辛丑，征召征西大将军、梁王司马肜为卫将军、录尚书事。

晋惠帝元康二年（壬子，292年）

春季，二月初一己酉，从前的杨太后在金墉城去世。当时，杨太后还有十几名

人，贾后悉夺之，绝膳八日而卒。贾后恐太后有灵，或诉冤于先帝，乃覆而殡之，仍施诸厌劾符书、药物等。

秋，八月，壬子，赦天下。

三年（癸丑，293 年）

夏，六月，弘农雨雹，深三尺。

鲜卑宇文莫槐为其下所杀，弟普拨立。

拓拔绰卒，弟子弗立。

四年（甲寅，294 年）

春，正月，丁酉，安昌元公石鉴薨。

夏，五月。匈奴郝散反，攻上党，杀长吏。秋，八月，郝散帅众降，冯翊都尉杀之。

是岁，大饥。

司隶校尉傅咸卒。咸性刚简，风格峻整，初为司隶校尉，上言："货赂流行，所宜深绝。"时朝政宽弛，权豪放恣，咸奏免河南尹澹等官，京师肃然。

慕容廆徙居大棘城。

拓跋弗卒，叔父禄官立。

五年（乙卯，295 年）

夏，六月，东海雨雹，深五寸。

荆、扬、兖、豫、青、徐六州大水。

冬，十月，武库火，焚累代之宝及二百万人器械。

十二月，丙戌，新作武库，大调兵器。

拓跋禄官分其国为三部：一居上谷之北，濡源之西，自统之；一居代郡参合陂之北，使兄沙漠汗之子猗㐌统之；一居定襄之盛乐故城，使猗㐌弟猗卢统之。猗卢善用兵，西击匈奴、乌桓诸部，皆破之。代人卫操与从子雄及同郡箕澹，往依拓跋氏，说猗㐌、猗卢招纳晋人。猗㐌悦之，任以国事，晋人附者稍众。

（以上为第十段，写晋惠帝元康二年［292］至元康五年［295］共四年的史事，主要写鲜卑族首领的更替，以及鲜卑人招纳晋人，重用晋臣，逐渐强大，为魏国的建立打下了坚实基础。）

侍从，贾后把他们全都弄走，杨太后八天不进饮食而死。贾皇后恐怕杨太后有灵魂，或许会向晋武帝诉说冤情，就把杨太后翻过身来埋葬，还在上面压上了镇邪驱鬼的文书、药物等。

秋季，八月初七壬子，实行大赦。

晋惠帝元康三年（癸丑，293 年）

夏季，六月，弘农下冰雹，三尺深。

鲜卑人宇文莫槐被他的部下所杀，他的弟弟宇文普拨即位。

鲜卑族首领拓跋绰去世，他的弟弟的儿子拓跋弗即位。

晋惠帝元康四年（甲寅，294 年）

春季，正月初一丁酉，安昌元公石鉴去世。

夏季，五月，匈奴郝散叛乱，攻打上党，杀了长官。秋季，八月，郝散率领部众投降，冯翊都尉把他杀了。

这一年，发生严重饥荒。

司隶校尉傅咸去世。傅咸性情坚强朴直，风格严正庄重。他刚担任司隶校尉时，上言说："现在盛行用财货来贿赂人，这是应当严厉断绝的。"当时朝政松弛，豪门权贵恣意放任，没有约束，傅咸上奏罢免了河南尹司马澹等人的官职，京都的人都对他十分恭敬。

鲜卑人慕容廆迁移到大棘城居住。

鲜卑人首领拓跋弗去世，他的叔父拓跋禄官即位。

晋惠帝元康五年（乙卯，295 年）

夏季，六月，东海下冰雹，深五寸。

荆、扬、兖、豫、青、徐六州洪水泛滥。

冬季，十月，武库发生了火灾。焚毁了历代的珍贵物品以及供二百万人使用的器具、兵器等。

十二月初一丙戌，建造新的武库，大量地调运兵器。

鲜卑人首领拓跋禄官把他的国家分成三个部分：一部分在上谷以北、濡源以西，他亲自统领。一部分位于代郡参合陂的北面，派他的哥哥沙漠汗的儿子拓跋猗㐌统领。还有一部分在定襄的盛乐故城，派拓跋猗㐌的弟弟拓跋猗卢统领。拓跋猗卢善于用兵，向西攻打匈奴、乌桓各部落，都打败了对方。代人卫操和他的侄子卫雄以及同郡人箕澹，都去投奔拓跋氏，劝说拓跋猗㐌、拓跋猗卢招纳晋人。拓跋猗㐌很喜欢他们，把国家大事托付给他们，晋人前来归附的逐渐多了起来。

六年（丙辰，296 年）

春，正月，赦天下。

下邳献王晃薨。以中书监张华为司空。太尉陇西王泰行尚书令，徙封高密王。

夏，郝散弟度元与冯翊、北地马兰羌、卢水胡俱反，杀北地太守张损，败冯翊太守欧阳建。

征西大将军赵王伦信用嬖人琅邪孙秀，与雍州刺史济南解系争军事，更相表奏，欧阳建亦表伦罪恶。朝廷以伦挠乱关右，征伦为车骑将军，以梁王肜为征西大将军、都督雍、凉二州诸军事。系与其弟御史中丞结，皆表请诛秀以谢氐、羌；张华以告梁王肜，使诛之，肜许诺。秀友人辛冉为之说肜曰："氐、羌自反，非秀之罪。"秀由是得免。伦至洛阳，用秀计，深交贾、郭，贾后大爱信之，伦因求录尚书事，又求尚书令；张华、裴頠固执以为不可，伦、秀由是怨之。

秋，八月，解系为郝度元所败，秦、雍氐、羌悉反，立氐帅齐万年为帝，围泾阳。御史中丞周处，弹劾不避权戚，梁王肜尝违法，处按劾之。

冬，十一月，诏以处为建威将军，与振威将军卢播俱隶安西将军夏侯骏，以讨齐万年。中书令陈准言于朝曰："骏及梁王皆贵戚，非将帅之才，进不求名，退不畏罪。周处吴人，忠直勇果，有仇无援。宜诏积弩将军孟观，以精兵万人为处前锋，必能殄寇；不然，梁王当使处先驱，以不救而陷之，其败必也。"朝廷不从。齐万年闻处来，曰："周府君尝为新平太守，有文武才，若专断而来，不可当也；或受制于人，此成禽耳！"

关中饥、疫。

初，略阳清水氐杨驹始居仇池。仇池方百顷，其旁平地二十余里，四面斗绝而高，为羊肠蟠道三十六回而上。至其孙千万附魏，封为百顷王。千万孙飞龙浸强盛，徙居略阳。飞龙以其甥令狐茂搜为子，茂搜避齐万年之乱，十二月，自略阳帅部落四千家还保仇池，自号辅国将军、右贤王。关中人士避乱者多依之，茂搜迎接抚纳；欲去者，卫护资送之。

晋惠帝元康六年（丙辰，296年）

春季，正月，实行大赦。

下邳献王司马晃去世。任命中书监张华为司空。太尉、陇西王司马泰代行尚书令职务，被迁封为高密王。

夏季，匈奴人首领郝散的弟弟郝度元与冯翊、北地的马兰羌人、卢水胡人一起造反，杀了北地太守张损，打败了冯翊太守欧阳建。

征西大将军、赵王司马伦信任使用他所宠信的琅邪人孙秀。司马伦和雍州刺史、济南人解系为军事方面的事情争斗起来，他们争相上书禀告，欧阳建也上书陈述司马伦的罪恶。朝廷因为司马伦扰乱了关右地区，征召司马伦任车骑将军，任命梁王司马肜为征西大将军，都督雍、凉二州诸军事。解系和弟弟御史中丞解结，都上书请求杀掉孙秀以向氐、羌人谢罪，张华把这件事告诉了梁王司马肜，让司马肜杀孙秀，司马肜应允了。孙秀的朋友辛冉替孙秀向司马肜说情道："氐、羌自己起来造反，并不是孙秀的罪过。"孙秀因此免于一死。司马伦到了洛阳，采用孙秀的计谋，下功夫去结交贾谧和郭彰，贾后对他十分宠爱信任，司马伦趁机索求录尚书事的职务，还请求担任尚书令，张华、裴頠坚决不同意，司马伦、孙秀从此憎恨张华和裴頠。

秋季，八月，解系被匈奴的郝度元打败了，秦、雍地区的氐、羌人全都叛变了，立氐族统帅齐万年为帝，包围了泾阳。御史中丞周处，检举官吏的过失、罪状，不回避有权势的皇亲国戚。梁王司马肜曾经违犯法律，周处审查弹劾了他。

冬季，十一月，晋惠帝下诏任命周处为建威将军，与振威将军卢播都隶属于安西将军夏侯骏，让他们去讨伐齐万年。中书令陈准向朝廷进言说："夏侯骏和梁王都是皇帝的亲族，并不是将帅之才，他们进也不求名誉，退又不怕犯罪。周处是吴人，忠诚正直，勇敢果断，有仇人却没有援助他的人。应当命令积弩将军孟观，率领一万精兵担任周处的前锋，一定能够消灭敌人。不然的话，梁王就会让周处担任前锋，不去救援他而陷害他，那么失败就是必然的了。"朝廷不按他的意见办。齐万年听说周处来了，说："周府君曾经任职新平太守，能文能武。他如果是独自决断而来，就会不可抵挡，如果他被别人所控制，那么我这次就能捉住他。"

关中发生饥荒和瘟疫。

当初，略阳清水氐人杨驹最早在仇池居住。仇池方圆有上百顷土地，它的旁边有二十多里平地，四面是陡峭险峻的高山，有羊肠小道盘曲环绕三十六次而上。后来，杨驹的孙子杨千万归附了魏国，被封为百顷王。杨千万的孙子杨飞龙逐渐强盛起来，迁居到略阳。杨飞龙把他的外甥令狐茂搜当作儿子，令狐茂搜躲避齐万年的扰乱，十二月，从略阳率领部落四千家回去保卫仇池，自封为辅国将军、右贤王。

是岁，以扬烈将军巴西赵廞为益州刺史，发梁、益兵粮助雍州讨氐、羌。

（以上为第十一段，写秦、雍地区的氐、羌人看到晋朝钩心斗角，渐起叛心，立氐人首领齐万年为帝，御史中丞周处出兵攻打；关中地区的氐人首领令狐茂搜也逐渐强大。）

七年（丁巳，297 年）

春，正月，齐万年屯梁山，有众七万；梁王肜、夏侯骏使周处以五千兵击之。处曰："军无后继，必败，不徒亡身，为国取耻。"肜、骏不听，逼遣之。癸丑，处与卢播、解系攻万年于六陌。处军士未食，肜促令速进，自旦战至暮，斩获甚众，弦绝矢尽，救兵不至。左右劝处退，处按剑曰："是吾效节致命之日也！"遂力战而死。朝廷虽以尤肜，而亦不能罪也。

秋，七月，雍、秦二州大旱，疾疫，米斛万钱。

丁丑，京陵元公王浑薨。九月，以尚书右仆射王戎为司徒，太子太师何劭为尚书左仆射。

戎为三公，与时浮沈，无所匡救，委事僚寀，轻出游放。性复贪吝，园田遍天下，每自执牙筹，昼夜会计，常若不足。家有好李，卖之恐人得种，常钻其核。凡所赏拔，专事虚名。阮咸之子瞻尝见戎，戎问曰："圣人贵名教，老、庄明自然，其旨同异？"瞻曰："将无同！"戎咨嗟良久，遂辟之。时人谓之"三语掾"。

是时，王衍为尚书令，南阳乐广为河南尹，皆善清谈，宅心事外，名重当世，朝野之人，争慕效之。衍与弟澄，好题品人物，举世以为仪准。衍神情明秀，少时，山涛见之，嗟叹良久，曰："何物老妪，生宁馨儿！然误天下苍生者，未必非此人也！"乐广性冲约清远，与物无竞。每谈论，以约言析理，厌人之心，而其所不知，默如也。凡论人，必先称其所长，则所短不言自见。王澄及阮咸、咸从子脩、泰山胡毋辅之、

关中地区躲避战乱的人，很多都去依附令狐茂搜。令狐茂搜接纳安抚他们；他们想要离去，也派人保护他们，送给他们财物。

这一年，任命扬烈将军、巴西人赵廞为益州刺史，征调梁州、益州的军队和粮食援助雍州讨伐氐、羌人。

晋惠帝元康七年（丁巳，297年）

春季，正月，齐万年驻守梁山，有部众七万人。梁王司马肜、夏侯骏派周处率领五千士兵攻打齐万年。周处说："军队没有后面的接续，必然要失败，这不只是个人丧命，还会给国家带来耻辱。"司马肜、夏侯骏不听他的劝告，逼着他出发。正月初四癸丑，周处与卢播、解系在六陌攻打齐万年。周处军队的士兵们还没有吃饭，司马肜就催促命令他们马上进攻，从早上一直战斗到晚上，斩杀俘获了大批敌军。周处的军队弓弦断了，箭矢用尽了，救兵就是不来。周处身边的人劝他撤退，他抚摸长剑说道："这正是我效忠舍命的时候。"于是拼力作战，直到战死。朝廷虽然因此而责怪司马肜，但是也无法治他的罪。

秋季，七月，雍州、秦州大旱，瘟疫流行，一斛米价值一万钱。

七月，丁丑（疑误），京陵元公王浑去世。九月，任命尚书右仆射王戎为司徒，太子太师何劭为尚书左仆射。

王戎担任三公，随着当时的趋向升降、沉浮，对于国家的政事没有匡正与救助。他把事情委托给下属，轻身外出游玩。他生性贪婪、吝啬，园林、田地遍于天下，时常独自手持筹码，昼夜计算，常常好像不富有的样子。他自己家里种的李子非常好，卖出去恐怕别人得到种子，就在李子核上钻了洞。他所赏识提拔的人也都是徒有虚名。阮咸的儿子阮瞻曾经与王戎会面。王戎问他说："圣人看重名分，老、庄明了自然，他们的宗旨是相同还是不同？"阮瞻说："没有什么不同！"王戎赞叹不已，于是征召阮瞻，当时的人们称之为"三语掾"。

当时，王衍担任尚书令，南阳人乐广担任河南尹，他们都喜好清谈，专心于事务之外，在当时很有名望，朝野上下倾慕他们并争相仿效。王衍和他的弟弟王澄，喜好评论人物并定其高下，当世之人都把他们的评价作为标准。王衍精神意态聪明秀美。他小的时候，山涛见到了他，赞叹了很久，说："什么样的妇人，生下了这样的孩子！但是妨害天下百姓的人，未必就不是这个人。"乐广性情淡泊简约，清明高远，与世无争。他谈论起来，总是以简略的语言辨析事理，使人感到心服、满

陈国谢鲲、城阳王尼、新蔡毕卓，皆以任放为达，至于醉狂裸体，不以为非。胡毋辅之尝酣饮，其子谦之窥而厉声呼其父字曰：“彦国！年老，不得为尔！”辅之欢笑，呼入共饮。毕卓尝为吏部郎，比舍郎酿熟，卓因醉，夜至瓮间盗饮之，为掌酒者所缚，明旦视之，乃毕吏部也。乐广闻而笑之曰：“名教内自有乐地，何必乃尔！”

（以上为第十二段，写梁王司马肜与建威将军周处有过节，把出兵杀敌当儿戏，周处陷敌而死，而他像没事人一般；朝廷充满玄学风气，好为清谈，与时沉浮，无所作为。）

初，何晏等祖述老、庄，立论以为：“天地万物，皆以无为本。无也者，开物成务，无往而不存者也。阴阳恃以化生，贤者恃以成德。故无之为用，无爵而贵矣！”王衍之徒皆爱重之。由是，朝廷士大夫皆以浮诞为美，弛废职业。

裴𬱟著《崇有论》以释其蔽曰：“夫利欲可损而未可绝有也，事务可节而未可全无也。盖有饰为高谈之具者，深列有形之累，盛陈空无之美。形器之累有征，空无之义难检；辩巧之文可悦，似象之言足惑；众听眩焉，溺其成说。虽颇有异此心者，辞不获济，屈于所习，因谓虚无之理诚不可盖。一唱百和，往而不反，遂薄综世之务，贱功利之用，高浮游之业，卑经实之贤。人情所徇，名利从之，于是文者衍其辞，讷者赞其旨。立言藉于虚无，谓之玄妙；处官不亲所职，谓之雅远；奉身散其廉操，谓之旷达。故砥砺之风，弥以陵迟。放者因斯，或悖吉凶之礼，忽容止之表，渎长幼之序，混贵贱之级，甚者至于裸裎亵慢，无所不至，士行又亏矣。

“夫万物之有形者，虽生于无，然生以有为已分，则无是有之所遗者也。故养既化之有，非无用之所能全也；治既有之众，非无为之所能修也。心非事也，而制事必由于心，然不可谓心为无也；匠非器也，而制器必须于匠，然不可谓匠非有也，是以欲收重渊之鳞，非偃息之所能获

足，对于他所不知道的事情，他就保持沉默。他谈论人，必定先称赞这个人的长处，那么，这个人的短处不用他说自然也就显现出来了。王澄以及阮咸、阮咸的侄子阮脩、泰山人胡毋辅之、陈国人谢鲲、城阳人王尼、新蔡人毕卓，都以放纵任性为通达，甚至喝醉了酒发狂，裸体，也不觉得有什么不好。胡毋辅之曾经畅饮，他的儿子胡毋谦之见到了，厉声叫着他的字说："彦国，你是上了年纪的人了，不应当这样做！"胡毋辅之欢喜地笑了起来，叫他过来一起喝酒。毕卓曾经任职吏部郎，邻室的主人酿造的酒好了，毕卓喝醉了酒，夜里溜到放置酒瓮的房间里去偷酒喝，被看管酒的人捆绑起来，第二天早晨一看，原来是毕吏部。乐广听说以后，笑他说："名分礼教之内自有欢乐之处，何必这样呢！"

当初，何晏等人师法老子、庄子，他们所树立的观点认为："天地万物，都以无作为根本。所谓无，就是明了事物的真相，以成就天下的事务，这是无论走到哪里都存在的道理。阴阳赖此而发育滋长，贤能的人赖此而成就德行。所以无的功用，虽然没有爵位，但却很重要。"王衍之流都很喜爱和尊重何晏。从此，朝廷的士大夫都把虚浮放诞当作美好的行为，对自己的职务松懈荒废。

裴頠撰写《崇有论》解说这种风气的弊端，说："利益和欲望可以减损，却不可以断绝它的存在；事物可以节制，却不可以完全没有。有装成具有发表议论才能的人，深刻地列举了有形的过失，盛赞空无的美好。有形的器物虽然有妨碍但却可以证验，空无的义理却难以考察。美妙善辩的文字能使人欢喜，似是而非的言谈足以使人迷惑。众人听了这些言论为之迷乱，沉迷于已有说法，虽然有一些不赞同这些说法的人，但由于言辞不能通，就屈从于所形成的习俗，因此认为虚无的道理的确不可以掩盖。一人唱而百人应和，去而不返，于是看轻治理天下的事务，轻贱功劳业绩的作用，崇尚游手好闲的事务，蔑视有经世之才的贤能之人。人情这样趋向，名与利随之而来，于是能文之士扩大其辞，言语迟钝的人赞美其宗旨。创立学说凭借于虚无的意旨，就被称为玄妙；居于官位而不亲临自己的职务，就被称为风雅深远。侍奉自身、疏略廉洁操守，被称之为心胸开阔，没有拘束。所以磨炼节操与德行的风气，更加衰落。放纵的人借着这种风习，有的违背祭祀、丧葬的礼仪，忽视形貌举止的仪表，轻慢长幼的次序，混淆贵贱的等级，更有甚者，到了赤身露体不庄重的地步，真是无所不至，士大夫的操行一再被毁坏。

"有形的万物，虽然是由无滋生出来的，然而既已生出来，有与无就已经有了区别，那么无就被有所遗弃了。所以繁殖已经在生长的有，并不是无的作用所能够达到的；治理已经存在的百姓，并不是无为就能掌管的。心并不是事务，而控制事务必须要通过心，便不能说心是无。工匠并不是器具，而制作器具必须要由工匠才

也；陨高墉之禽，非静拱之所能捷也。由此而观，济有者皆有也，虚无奚益于已有之群生哉！”然习俗已成，颜论亦不能救也。

拓跋猗㐌度漠北巡，因西略诸国，积五岁，降附者三十余国。

（以上为第十三段，写晋朝弥漫着喜好清谈的风气，提倡虚无，放荡轻狂，荒废政事，裴𬱟写《崇有论》，深刻剖析这种妖氛邪气，但积弊过深，不能有所救助。）

八年（戊午，298 年）

春，三月，壬戌，赦天下。

秋，九月，荆、豫、徐、扬、冀五州大水。

初，张鲁在汉中，賨人李氏自巴西宕渠往依之。魏武帝克汉中，李氏将五百余家归之，拜为将军，迁于略阳北土，号曰“巴氐”。其孙特、庠、流，皆有材武，善骑射，性任侠，州党多附之。

及齐万年反，关中荐饥，略阳、天水六郡民流移就谷，入汉川者数万家，道路有疾病穷乏者，特兄弟常营护振救之，由是得众心。流民至汉中，上书求寄食巴、蜀，朝议不许，遣侍御史李苾持节慰劳，且监察之，不令入剑阁。苾至汉中，受流民赂，表言：“流民十万余口，非汉中一郡所能振赡；蜀有仓储，人复丰稔，宜令就食。”朝廷从之。由是，散在梁、益，不可禁止。李特至剑阁，太息曰：“刘禅有如此地，面缚于人，岂非庸才邪！”闻者异之。

张华、陈准以赵王、梁王相继在关中，皆雍容骄贵，师老无功，乃荐孟观沈毅有文武才用，使讨齐万年。观身当矢石，大战十数，皆破之。

（以上为十四段，写赵王司马伦、梁王司马肜相继在关中，雍容骄贵，师老无功，养虎为患；积弩将军孟观深沉刚毅、文武双全，攻打叛军，大战数十次，获得胜利。）

行，便不能说工匠是不存在的。因此，要想捕捞深水中的鱼虾，并不是安卧就能得到的；要想让高墙上的鸟儿落下来，并不是安静地拱手就可以成功的。由此看来，增益有形的事物是有用的。虚无对于已有的百姓又有什么好处呢？”然而习俗已经形成，裴頠的议论也不能有所救助。

拓跋猗㐌越过沙漠以北去巡视，借此向西攻打各国。经过了五年，投降归附他的有三十多个国家。

晋惠帝元康八年（戊午，298 年）

春季，三月十九日壬戌，实行大赦。

秋季，九月，荆、豫、徐、扬、冀五州闹大水灾。

当初，张鲁在汉中，賨人李氏从巴西宕渠去依附张鲁。魏武帝曹操攻克了汉中，李氏带领五百多家归附魏武帝，被授予将军的职务，迁移到略阳以北地区，称号为巴氐。李氏的孙子李特、李庠、李流，都有才力而又勇武，善于骑马射箭，性格仗义，好打抱不平，州中与他们志同道合的人，去归附他们。

到了齐万年造反的时候，关中连年庄稼不熟，略阳、天水六个郡的老百姓流亡、迁移，寻找粮食进入汉川的有几万家。路上处处见到生病和穷苦的人，李特兄弟经常救助赈济、保护这些人，从此得到了众人之心。流亡的百姓到了汉中，上书请求在巴、蜀寄食，朝廷议政时不允许，派遣侍御史李苾持符节慰劳，同时监督他们，不让他们进入剑阁。李苾到了汉中，接受了流民的贿赂，上书说：“流民有十万多人，不是汉中一个郡所能够救济的，蜀地有粮食储备，人又丰足富裕，可以让流民去那里解决吃饭问题。”朝廷听从了李苾的意见。从此，流民散布于梁州、益州，不能禁止。李特到了剑阁，不由得长叹说：“刘禅拥有这样的地方，竟然投降了别人，难道不是才能平庸、低下的人吗？”听到他的话的人，都觉得他是不一般的人。

张华、陈准认为赵王司马伦和梁王司马肜相继在关中，他们都悠闲自得，傲慢尊贵，不理军事，部队长久无事，没有能耐建立功劳。于是推荐孟观，说他深沉刚毅，文武双全，派他去讨伐齐万年。孟观亲临战阵，亲身迎击敌人，大战十几次，每一次都打败了敌人。

【点评】

晋武帝杨皇后误国。晋武帝司马炎的第一位皇后杨艳，聪明贤惠，天生丽质，深得宠幸，是太子司马衷的亲生母亲。杨艳对晋朝的“贡献”，一是保住了半痴半傻的太子司马衷；二是劝说晋武帝娶贾充之女贾南风为太子妃；三是临终前推荐堂妹杨芷入宫为后，杨芷之父杨骏独霸朝廷。

太子司马衷逐渐长大后，晋武帝觉得他不够聪明，没有能力继承皇位，就打算另立太子，便私下告诉杨皇后。杨皇后说：“设立太子依年长而不依才能，古来如此，怎么可以改换呢？”司马炎也就依从了杨皇后。司马衷能登上西晋皇帝宝座，则是多亏了他的母亲。对于杨皇后来说是福；对于晋朝来说，则是祸。

贾充是老奸巨猾的权臣，把大女儿嫁给了当时非常贤能的司马炎之弟司马攸；又想方设法要把二女儿贾南风嫁给太子司马衷。可是，司马炎不同意，认为贾氏比不上卫瓘的女儿。而贾充不死心，便让妻子郭氏出面贿赂杨皇后，杨皇后盛赞贾南风有美德，又悄悄叫太子太傅荀顗进言相劝，晋武帝便又同意了。当时人就嘲讽贾充，说他一个女儿嫁给皇弟，一个女儿嫁给太子，将来不管谁当皇帝，他都是皇帝的丈人。或许，贾充就有这样的心机。贾南风比司马衷大两岁，心机重、凶悍、泼辣，后来朝政被她弄得乌七八糟，这也是拜杨皇后所赐。

贾南风后来当了太子妃，凶神恶煞，看到其他妃嫔有孕，竟然以戟打她们的腹部，令她们流产。晋武帝司马炎知道后勃然大怒，恰好金墉城落成，于是就打算废掉贾南风，将她囚禁在金墉城。这时候的杨芷皇后，因堂姐临终前将太子和太子妃托付于她，于是，就力劝晋武帝，说：“贾公有功于国家，应当数世优待，贾妃是其女，正处于妒忌之时，这嫉妒也是爱啊！不要以一时的过错而掩盖其大德。”晋武帝见皇后有求于自己，就答应了下来。

更令人气愤的是杨芷有一个凶暴的父亲杨骏，晋武帝司马炎临终前，本来是嘱托杨骏与汝南王司马亮共同辅政，诏书写好了，杨骏叫中书把诏书拿给他看看，中书拿来了，他却扣下了，真是胆大妄为！而后由他独自一人辅政，妄想一手遮天。杨骏毕竟是一个外戚，那么多的司马氏亲王能放过他吗？凶悍的贾南风能放过他吗？不到一年，贾南风让司马氏亲王以谋反的名义诛杀杨骏，灭其三族。而西晋，也从此进入了腥风血雨的八王之乱，处于风雨飘摇之中。

晋纪五

晋惠帝元康九年至永康元年（299—300年）

【起屠维协洽（己未，299年），尽上章涒滩（庚申，300年），凡二年】

【大事提要】

本卷记事起公元299年，讫公元300年，凡二年，当晋惠帝元康九年至永康元年。本卷所载大事，主要是五个方面：其一，惠帝昏庸，贾后专权。晋惠帝司马衷空坐皇位，不问政事；贾后秽乱后宫，专权弄政；贾后死党贾谧和郭彰肆意妄为，无恶不作；权贵之间互相推举，拿权力做交易；官场贿赂公行，刑罚失当；民间灾荒不断，百姓饿死。晋朝危在旦夕。其二，司马遹被废。太子司马遹自幼聪慧，得到祖父司马炎的夸赞。长大后，不满皇后贾南风的专权弄政，又无能为力，心中充满惆怅，索性不修德业，作践自己。贾后便与贾谧等人设计，诬陷其谋反，废掉其太子之位。其三，贾南风倒台殒命。公元300年，皇后贾南风迫害太子司马遹致死，激起公愤。赵王司马伦伪造诏书，以谋害太子的罪名废掉贾后，得到很多人支持，入宫后，即杀掉贾氏死党贾谧，又派齐王司马冏收捕贾后，将其废为庶人，囚于金墉城，不久，贾后被毒杀而死。其四，司马伦弄权。公元300年，赵王司马伦与部将孙秀在废掉皇后贾南风后，又打上淮南王司马允的主意，司马允愤而起兵攻打司马伦，被刺杀而死。司马伦自封相国，狂妄不可一世；而孙秀被封为中书令，狡黠圆滑，权倾朝野，他们在灭亡的道路上越走越远。其五，赵廞反晋。公元300年，益州刺史赵廞据守成都反晋。赵廞为贾后姻亲，贾后被废，又因晋室衰乱，暗怀据蜀之志。朝廷征其回京，他非常害怕，便赈贷流民，广收民心，杀掉新任的益州刺史耿滕等晋官，自称大都督、大将军，改号太平，断绝关中入蜀通道。

【原文】

孝惠皇帝上之下

元康九年（己未，299 年）

春，正月，孟观大破氐众于中亭，获齐万年。

太子洗马陈留江统，以为戎、狄乱华，宜早绝其原，乃作《徙戎论》以警朝廷，曰："夫夷、蛮、戎、狄，地在要荒，禹平九土而西戎即叙。其性气贪婪，凶悍不仁。四夷之中，戎、狄为甚，弱则畏服，强则侵叛。当其强也，以汉高祖困于白登、孝文军于霸上。及其弱也，以元、成之微而单于入朝。此其已然之效也。是以有道之君牧夷、狄也，惟以待之有备，御之有常，虽稽颡执贽，而边城不弛固守，强暴为寇而兵甲不加远征，期令境内获安，疆埸不侵而已。

"及至周室失统，诸侯专征，封疆不固，利害异心，戎、狄乘间，得入中国，或招诱安抚以为己用，自是四夷交侵，与中国错居。及秦始皇并天下，兵威旁达，攘胡，走越，当是时，中国无复四夷也。

"汉建武中，马援领陇西太守，讨叛羌，徙其余种于关中，居冯翊、河东空地。数岁之后，族类蕃息，既恃其肥强，且苦汉人侵之；永初之元，群羌叛乱，覆没将守，屠破城邑，邓骘败北，侵及河内，十年之中，夷、夏俱敝，任尚、马贤，仅乃克之。自此之后，余烬不尽，小有际会，辄复侵叛，中世之寇，惟此为大。魏兴之初，与蜀分隔，疆埸之戎，一彼一此。武帝徙武都氐于秦川，欲以弱寇强国，扞御蜀虏，此盖权宜之计，非万世之利也。今者当之，已受其敝矣。

"夫关中土沃物丰，帝王所居，未闻戎、狄宜在此土也。非我族类，其心必异。而因其衰敝，迁之畿服，士庶玩习，侮其轻弱，使其怨恨之气毒于骨髓；至于蕃育众盛，则坐生其心。以贪悍之性，挟愤怒之情，候隙乘便，辄为横逆；而居封域之内，无障塞之隔，掩不备之人，收散野之积，故能为祸滋蔓，暴害不测，此必然之势，已验之事也。当今之宜，宜及兵威方盛，众事未罢，徙冯翊、北地、新平、安定界内诸羌

【语译】

孝惠皇帝上之下

晋惠帝元康九年（己未，299 年）

春季，正月，孟观在中亭击溃氐人，抓获氐人首领齐万年。

太子洗马陈留人江统，认为戎人、狄人祸患中原，应当尽早断绝为祸的根源，于是作《徙戎论》以提醒朝廷，说："东夷、南蛮、西戎、北狄，处于极为边远的地区。大禹平定九州而西戎服从了安排。西戎秉性贪婪、凶暴强悍，毫无仁爱之心。四夷之中，戎、狄最为突出，势力衰弱则敬畏服从，势力强大就侵扰叛乱。当他们强盛时，汉高祖也被困于白登，孝文帝也曾驻军霸上。等到他们衰弱时，像汉元帝、成帝时那样的微弱国力，单于还过来朝见。这些都是已经发生过的事情。因此，有道的君王处理夷、狄事务，就是防御夷狄常备不懈，虽然他们叩头进贡珍奇宝物，边城并不放松守备；当他们起来作乱时，军队也不加以远征，就是希望境内安宁，疆域不受侵扰而已。

"等到周王朝失去纲纪，诸侯恣意征伐，彼此的疆域极不稳定，因为利害关系而各存异心，西戎、北狄得以乘隙进入中原，有的诸侯招抚利诱他们为自己所用，从此四方各族交相杂入，与中原人错综而居。到秦始皇统一天下，兵威大振，打击胡人，驱逐越人，到这时中原地区不再有各种夷族了。

"东汉建武年间，马援担任陇西太守，征讨叛乱的羌人，迁徙羌人残余到关中，让他们居住在冯翊、河东的空荒之地。数年后，他们的人口繁衍生息，既倚仗自己的富强，又苦于汉人的骚扰，于东汉永初元年，羌人叛乱，消灭了当地守军，屠城破邑，连邓骘也被打败。羌人侵入河内郡。十年之中，羌、汉都衰败了，任尚、马贤仅仅是压制他们而已。从此以后，羌人残余不灭，稍有机会，就不断骚扰叛乱。中世时的寇患，以这支羌人最为严重。魏国兴盛之初，与蜀国分隔，疆场上的戎人，也分属两国，魏武帝曹操迁移武都的氐人到秦川，想以此削弱他们，增强国力，抵御蜀国。这实际上是权宜之计，而不是从长远的利益上来考虑。今天我们所承受的这个现实，就已经遭受到那种权宜之计的弊端的影响。

"关中土地肥沃，物产丰富，是帝王居住的地方，没有听说西戎、北狄应当在这块土地上居住。不属于我们的族类，想法也必定不同。但因他们衰弱，把他们迁到离京城不远的地方，士人百姓习以为常，玩忽对待，欺侮他们的软弱，使他们的怨恨刻骨铭心，一旦人口繁育强盛，便产生反叛之心。以他们贪婪强悍的本性，带着愤怒的心情，等候机会合适，就会发动叛乱。他们居住在封疆之内，没有障碍工事阻隔，抢掠没有防备的人，掠夺散野的财物，所以能够成为祸患而迅速蔓延，危

著先零、罕幵、析支之地，徙扶风、始平、京兆之氐，出还陇右，著阴平、武都之界，廪其道路之粮，令足自致，各附本种，反其旧土，使属国、抚夷就安集之。戎、晋不杂，并得其所，纵有猾夏之心，风尘之警，则绝远中国，隔阂山河，虽有寇暴，所害不广矣。

“难者曰：氐寇新平，关中饥疫，百姓愁苦，咸望宁息，而欲使疲悴之众，徙自猜之寇，恐势尽力屈，绪业不卒，前害未及弭而后变复横出矣。答曰：子以今者群氐为尚挟余资，悔恶反善，怀我德惠而来柔附乎？将势穷道尽，智力俱困，惧我兵诛以至于此乎？曰：无有余力，势穷道尽故也。然则，我能制其短长之命而令其进退由己矣。夫乐其业者不易事，安其居者无迁志。方其自疑危惧，畏怖促遽，故可制以兵威，使之左右无违也。迨其死亡流散，离逷未鸠，与关中之人，户皆为仇，故可遐迁远处，令其心不怀土也。

“夫圣贤之谋事也，为之于未有，治之于未乱，道不著而平，德不显而成。其次则能转祸为福，因败为功，值困必济，遇否能通。今子遭敝事之终而不图更制之始，爱易辙之勤而遵覆车之轨，何哉！且关中之人百余万口，率其少多，戎、狄居半，处之与迁，必须口实。若有穷乏，糁粒不继者，故当倾关中之谷，以全其生生之计，必无挤于沟壑，而不为侵掠之害也。今我迁之，传食而至，附其种族，自使相赡，而秦地之人得其半谷，此为济行者以廪粮，遗居者以积仓，宽关中之逼，去盗贼之原，除旦夕之损，建终年之益。若惮暂举之小劳，而忘永逸之弘策，惜日月之烦苦，而遗累世之寇敌，非所谓能创业垂统，谋及子孙者也。

“并州之胡，本实匈奴桀恶之寇也。建安中，使右贤王去卑诱质呼

害不可测度。这种必然的趋势是已经验证的事实。当今最好的办法就是趁着军队的威势正当旺盛，战时的一切设施都未取消，迁移冯翊、北地、新平、安定界内的各部落羌人，安置在先零、罕幵、析支等地；迁移扶风、始平、京兆的氐人，让他们出去，还归陇右，安置在阴平、武都地区，发给他们路上所需的口粮，足以使他们能够自己到达。各自归附本族，返回故乡，让属国都尉、抚夷护军等官员依照所辖地区集中安置他们。这样，西戎人与晋人不相杂居，各得其所。即使他们有为乱中原之心，兴起战乱的预兆，也与中原相隔极远，隔山阻河，作乱所危害的地区也不会太广泛。

"驳难的人说：氐人叛乱刚刚平定，关中饥馑，流行时疫，百姓愁苦，都盼望着安定休息；而要让疲惫病弱的人去迁移心存疑忌的人，恐怕会士气耗尽而力量不足，完成不了这一事业，这样先前的灾害还没有来得及消除，新的变故又会突然发生。回答说：您认为现在的氐人，是依靠剩余的资财、悔恨自己的过错而归于正道，感念我们的好意和恩惠而顺从归附呢；还是走投无路，心智与兵力都已困乏，害怕我们武力剿除才走到这一步呢？我说：这是他们没有余力、走投无路的缘故。这样，我们就能掌握他们的命运而使他们的进退都听从我们的调遣了。喜欢自己职业的人不会调换工作，满意自己住所的人没有迁居的想法。这时，他们正怀疑有危险而惧怕恐怖，紧张窘迫，所以能够用武力的威慑来制服他们，使他们一点都不敢违抗。趁着他们死亡逃离，流散各处，远离而没有聚集，加之他们与关中之人，户户都是仇敌，所以能够把他们迁到僻远之处，让他们不再怀念这个地方。

"圣贤之人谋事，在事情未发生时就进行处置，在尚未动乱时就去治理，至道未显现天下就已平定，恩德未施及事情就已成功。其次则能够转祸为福，转败为胜，陷于困境而能够渡过，遭遇阻碍而得疏通。现在您承受着旧的措施所带来的后果而不谋求开始改变这一困境，偏爱不断变换路线而又沿着翻车的轨道前进，这是为什么呢？再说，关中的人口有一百多万，约略计算人口比例，戎人、狄人占了一半，让他们继续居住或是迁移，都必须有口粮，如果出现欠缺，粮食供应不能接继，就得拿出关中的全部粮食来保全他们的生计，绝对没有把他们弃置沟壑，而他们不予侵扰掠夺的道理。现在我们将他们迁走，沿途供给粮食而使他们到达，让他们归到自己族类所在地，使他们自己养活自己，而秦地的人口就能得到另一半粮食。这就是供给迁移者以途中口粮，留给居住者装满的粮仓，以缓解关中的紧张，消除作乱的根源，花费一朝一夕的开销，成就长年获益的基础。如果害怕短暂行动的小工程，而忘却一劳永逸的大方略，不愿一时半刻的麻烦和劳苦，而给后世留下动乱之患，这不是所说的能够创业并流传后世，而为子孙后代着想啊！

"并州的胡人，原本就是凶恶的匈奴强盗，东汉建安年间，派右贤王去卑诱骗

厨泉，听其部落散居六郡。咸熙之际，以一部太强，分为三率；泰始之初，又增为四。于是，刘猛内叛，连结外虏，近者郝散之变，发于谷远。今五部之众，户至数万，人口之盛，过于西戎，其天性骁勇，弓马便利，倍于氐、羌。若有不虞风尘之虑，则并州之域可为寒心。

“正始中，毌丘俭讨句骊，徙其余种于荥阳。始徙之时，户落百数；子孙孳息，今以千计；数世之后，必至殷炽。今百姓失职，犹或亡叛，犬马肥充，则有噬啮，况于夷、狄，能不为变！但顾其微弱，势力不逮耳。

“夫为邦者，忧不在寡而在不安，以四海之广，士民之富，岂须夷虏在内然后取足哉！此等皆可申谕发遣，还其本域，慰彼羁旅怀土之思，释我华夏纤介之忧，‘惠此中国，以绥四方’，德施永世，于计为长也！”朝廷不能用。

（以上为第一段，写晋惠帝元康九年太子洗马江充作《徙戎论》，认为戎、狄之人不断发生叛乱，祸患中原地区，应当尽早将他们从关中迁徙出去，回归原地，彻底断绝为祸的根源。如不及时迁移，将会生出祸乱，危害中原政权的巩固。）

散骑常侍贾谧侍讲东宫，对太子倨傲，成都王颖见而叱之；谧怒，言于贾后，出颖为平北将军，镇邺。征梁王肜为大将军、录尚书事；以河间王颙为镇西将军，镇关中。初，武帝作石函之制，非至亲不得镇关中，颙轻财爱士，朝廷以为贤，故用之。

夏，六月戊戌，高密文献王泰薨。

贾后淫虐日甚，私于太医令程据等；又以簏箱载道上年少入宫，复恐其漏泄，往往杀之。贾模恐祸及己，甚忧之。裴頠与模及张华议废后，更立谢淑妃。模、华皆曰：“主上自无废黜之意，而吾等专行之，傥上心不以为然，将若之何！且诸王方强，朋党各异，恐一旦祸起，身死国危，无益社稷。”頠曰：“诚如公言。然宫中逞其昏虐，乱可立待也。”华曰：“卿二人于中宫皆亲戚，言或见信，宜数为陈祸福之戒，庶无大悖，则天下尚未至于乱，吾曹得以优游卒岁而已。”頠旦夕说其从母广城君，令戒谕贾后以亲厚太子，贾模亦数为后言祸福。后不能用，反以模为毁己而疏之；模不得志，忧愤而卒。

呼厨泉作为人质，听任他们的部落散居在并州六个郡。魏咸熙年间，因为一支部落太强，分为三个部落。晋泰始初年，又增为四部落，这时的刘猛从内部叛乱，勾结外族敌人；近年郝散之变，也发端于谷远这个地方。现在匈奴有五个部落，几万户之多，人口的兴盛超过西戎。他们天性骁勇，擅长射箭骑马，超过氐、羌一倍，如果发生没有想到的战事，那么并州一带就非常值得忧惧，恐怕非为我有。

"魏正始年间，毋丘俭征讨句骊，将他们的残余迁到荥阳。刚迁移时，只有百户；子孙繁衍，现在人数已达几千，几代之后，一定会繁盛起来。现在百姓失业，还有人流亡叛乱；犬马肥壮而众多，就会互相啃咬，何况像夷、狄那样，哪能不发生变故！他们只是感到自己微弱，势力还没有达到罢了。

"善于治理国家的人，其忧虑不在于人少而在于国家的不安，以四海的辽阔，百姓的富裕，哪里一定要异族人在其中，然后才能得到满足呢？对于这些异族人，可以发布告示遣送，使他们还归本来的地方，慰藉他们客居怀乡的思绪，解除中原汉人心中的不满。《诗经》说：'施给中原德惠，安定四方部族。'恩德施于永世，这是一个兼及长远的计策啊！"结果，朝廷没有能够采用这个计策。

散骑常侍贾谧在东宫为太子讲学，对太子态度傲慢，成都王司马颖发现后予以斥责。贾谧大怒，告到贾后那里，随即发落司马颖为平北将军，镇守邺城。惠帝征召梁王司马肜担任大将军、录尚书事，任命河间王司马颙为镇西将军，镇守关中。起初，晋武帝曾经规定了一个制度，封于宗庙的石匣之中，规定不是直系亲属不能镇守关中。司马颙看轻财物而爱惜士人，朝廷认为他德才兼备，可以重用。

夏季，六月，高密文献王司马泰去世。

皇后贾氏淫乱暴虐日甚一日，与太医令程据等人私通，还让人把路上的少年装进竹箱偷带入宫，但又怕这些少年把事情泄露出去，往往杀掉他们。贾模害怕这些事情牵连到自己，非常忧虑。裴颜与贾模以及张华商议废黜贾后，改立谢淑妃为皇后。贾模、张华都说："皇上自己没有废黜皇后的想法，我们擅自进行这事，假如皇上并不同意，那该怎么办？再说各诸侯王正当强盛之时，都有各自的势力和亲近的人。恐怕一旦事情不成，招来祸患，不仅丢掉性命，而且使国家动乱，不利于国家啊！"裴颜说："确实如你们所说。但是皇后在宫中昏乱暴虐而肆意放任，她的麻烦很快就会来临。"张华说："你二人都是皇后的亲戚，你们的意见她可能相信，应该多向她陈述戒惧祸福的道理，希望她不要过分，那样天下还不至于出现祸乱，我们也就能够悠闲自在地度日了。"裴颜从早到晚劝说他的姨母广城君，让她告诫贾后要

秋，八月，以裴頠为尚书仆射。頠虽贾后亲属，然雅望素隆，四海惟恐其不居权位。寻诏頠专任门下事，頠上表固辞，以“贾模适亡，复以臣代之，崇外戚之望，彰偏私之举，为圣朝累”。不听。或谓頠曰：“君可以言，当尽言于中宫；言而不从，当远引而去。傥二者不立，虽有十表，难以免矣。”頠慨然久之，竟不能从。

帝为人戆騃，尝在华林园闻虾蟆，谓左右曰：“此鸣者，为官乎，为私乎？”时天下荒馑，百姓饿死，帝闻之曰：“何不食肉糜？”由是权在群下，政出多门，势位之家，更相荐托，有如互市。贾、郭恣横，货赂公行。南阳鲁褒作《钱神论》以讥之曰：“钱之为礼，有乾、坤之象，亲之如兄，字曰‘孔方’。无德而尊，无势而热，排金门，入紫闼，危可使安，死可使活，贵可使贱，生可使杀。是故忿争非钱不胜，幽滞非钱不拔，怨仇非钱不解，令闻非钱不发。洛中朱衣、当涂之士，爱我家兄，皆无已已，执我之手，抱我终始。凡今之人，惟钱而已！”

（以上为第二段，写皇后贾南风淫乱暴虐，掌控朝政；张华、裴頠各怀心思，顾恋禄位；贾谧、郭彰肆意妄为，贿赂公行；而司马衷则愚鲁痴呆，晋朝岌岌可危。）

又，朝臣务以苛察相高，每有疑议，群下各立私意，刑法不一，狱讼繁滋。

裴頠上表曰：“先王刑赏相称，轻重无二，故下听有常，群吏安业。去元康四年大风，庙阙屋瓦有数枚倾落，免太常荀寓，事轻责重，有违常典。五年二月有大风，兰台主者惩惧前事，求索阿栋之间，得瓦小邪十五处，遂禁止太常，复兴刑狱。今年八月，陵上荆一枝围七寸二分者被斫，司徒、太常奔走道路，虽知事小，而按劾难测，搔扰驱驰，各竞免负，于今太常禁止未解。夫刑书之文有限而舛违之故无方，故有临时议处之制，诚不能皆得循常也。至于此等，皆为过当，恐奸吏因缘，得为浅深也。”既而曲议犹不止。

亲近厚待太子。贾模也多次对皇后讲述祸福的道理，贾后听不进去，反而认为贾模这样是诋毁自己，因而疏远他。贾模愿望没有达到，忧郁激愤而死。

秋季，八月，任命裴颁为尚书仆射。裴颁虽然是皇后贾氏的亲属，但是美好的声名一直广为人知，各地都唯恐他不能担当重要的职务。不久，惠帝司马衷下诏，让裴颁独掌门下事要职。裴颁上书惠帝，坚持推辞，说："贾模刚刚去世，就让我来取代他的职位。这样安排提高外戚的声望，而显露出偏向和私情，会给朝廷带来麻烦。"惠帝不同意。有人对裴颁说："您有说话的机会，还应当对皇后详细地说明。如果说了仍然不同意，那就应当远远地离去。假如这两条路都不走，即使是上书十次，也难以逃脱灾祸。"裴颁感慨了好久，但终究也没有听从。

惠帝为人愚鲁痴呆，一次在华林园听到蛤蟆的叫声。就问左右随从说："这鸣叫的动物，是为公事在叫呢？还是为私事在叫呢？"当时天下灾荒饥馑，有的百姓都饿死了，惠帝听到后说："他们为什么不吃肉粥呢？"因此，权力都由手下的小人掌握，政令出自许多部门而不能统一发布，有权势有地位的人家互相推举，如同市场交易。贾氏、郭氏肆意妄为，官场上贿赂公然进行。南阳人鲁褒作了一篇《钱神论》讥讽这种现象，说："钱的形象，像天地一样有圆有方，人们亲它爱它如同兄弟，尊称它，叫作'孔方'。它没有美德而倍受尊崇，没有权势而炙手可热，出入宫廷高门，可以转危为安，起死复生；它能变尊贵为卑贱，置活人于死地。所以愤怒争执时没有它就不能取胜，冤屈困厄时没有它就不能得救；冤家的仇怨没有它就不能解怨释仇，美好的声誉没有它就不能传扬播布。当今都城的王公贵族，权势要人，个个爱我们的'孔方兄'而没有休止，拿钱的手，紧抱着钱始终不放松。当今的人们，心中只有钱罢了。"

此外，朝廷官员都追求苛峻明察来比较高下，每当遇到有疑义的问题，群臣都做出自己的解释。这样，惩罚罪犯的法律不相统一，以致案件与官司层出不穷。

裴颁上奏书说："先王刑罚奖赏都恰当合适，轻重的尺度统一，所以下面遵从执行起来就有一定的法度，官吏们也安心自己的职业。过去元康四年刮大风，祖庙宫殿的屋瓦被风刮落了几片，就罢免了太常荀寓，事情轻而处罚重，违背了正常的规定。元康五年二月又刮大风，兰台主事的官员以前面的事件为教训，非常害怕，在房梁的屋角之间仔细寻找，找到瓦片略有歪斜的地方有十五处，于是将太常囚禁，又兴起了案件。今年八月，陵园里有一枝粗七寸二分的荆条被砍断，司徒、太常等官员急得往来奔走，虽说事情不大，但如何处罚却难以预料，四处疏通，各自竞相洗刷自己，到现在对太常的囚禁还没有解除。刑法的条文有限而违反法律的缘故却多得漫无边际，所以虽有处罚时依事讨论议定处置的制度，确实不能都得以按照惯

三公尚书刘颂复上疏曰："自近世以来，法渐多门，令甚不一，吏不知所守，下不知所避，奸伪者因以售其情，居上者难以检其下，事同议异，狱犴不平。夫君臣之分，各有所司。法欲必奉，故令主者守文；理有穷塞，故使大臣释滞；事有时宜，故人主权断。主者守文，若释之执犯跸之平也；大臣释滞，若公孙弘断郭解之狱也；人主权断，若汉祖戮丁公之为也。天下万事，自非此类，不得出意妄议，皆以律令从事。然后法信于下，人听不惑，吏不容奸，可以言政矣。"乃下诏："郎、令史复出法驳案者，随事以闻。"然亦不能革也。

颂迁吏部尚书，建九班之制，欲令百官居职希迁，考课能否，明其赏罚。贾、郭用权，仕者欲速，事竟不行。

裴頠荐平阳韦忠于张华，华辟之，忠辞疾不起。人问其故，忠曰："张茂先华而不实，裴逸民欲而无厌，弃典礼而附贼后，此岂大丈夫之所为哉！逸民每有心托我，我常恐其溺于深渊而余波及我，况可褰裳而就之哉！"

关内侯敦煌索靖，知天下将乱，指洛阳宫门铜驼叹曰："会见汝在荆棘中耳！"

（以上为第三段，写晋朝在皇后贾南风操持下，政出多门，混乱不堪，视法律为儿戏，裴頠、刘颂纷纷上书，各抒己见，可朝廷一概不理，索靖看到的则是"铜驼荆棘"。）

冬，十一月，甲子朔，日有食之。

初，广城君郭槐，以贾后无子，常劝后使慈爱太子。贾谧骄纵，数无礼于太子，广城君恒切责之。广城君欲以韩寿女为太子妃，太子亦欲婚韩氏以自固；寿妻贾午及后皆不听，而为太子聘王衍少女。太子闻衍长女美，而后为贾谧聘之，心不能平，颇以为言。及广城君病，临终，

例处置。至于上述这类例证，都属于超过限度。这样恐怕奸邪的官吏就会因袭而随意判定罪刑的轻重。”过后，曲解法律条文随意惩处的事情仍然没有停止。

三公尚书刘颂继裴颜再次上书朝廷，说：“近年来，法律逐渐出自许多部门，法令很不统一，官吏不知道应该遵守什么，下面也不知道哪些是违法而应该避免的，奸诈的人因此而得售其奸，身居高位的人难以核查下属，事体相同而评论不同，结果判决不能公平。国君与臣下，各有所执掌的职司。要使法令人人必须遵奉，所以要求有关负责官员遵守条文；法理有不通之处，所以让大臣来解释疑难问题；情况特殊，由国君根据情况随机相应断处。有关负责官员遵守条文，如西汉张释之公允地依法处理违反皇帝出行时清道法律的人；大臣解释疑难问题，如西汉公孙弘判处郭解的案件；国君根据情况随机相应断处，如汉高祖杀死丁公的行为。天下的很多事情，凡不属于这一类的，不能随意妄加议处，应该依照法规、律令来处理。这样才能使法律取信于百姓，人们所听到的没有疑惑，官吏没有做坏事的机会，这样才能谈论治理国家的事情。”于是，朝廷下诏说：“郎、令史等官员再遇到法律规定之外而需要讨论议处的事情，要随案件本身上报处理意见。”但是还是不能革除随意论处的弊端。

刘颂升任吏部尚书，建立了将官员分九个等级考核的制度，计划使朝廷大小官员在职位上都企求升迁，考核官员胜任与否，明确对官员的奖惩制度。但是贾氏、郭氏专擅朝廷大权，想当官的人都想迅速升迁，最终刘颂的计划没有能够实行。

裴颜向张华推荐平阳人韦忠。张华起用韦忠，韦忠称病推辞。有人问他原因，韦忠说：“张华华而不实，裴颜贪得无厌，他们抛弃朝廷的制度礼仪而依附于作乱的皇后，这难道是大丈夫所做的事情吗？裴颜几次都有心推举我，但我常常担心他沉溺于深渊，余波会牵连我，难道能撩起衣服而跟随他吗？”

关内侯敦煌人索靖，预知天下将要大乱，指着洛阳皇宫门前的铜塑骆驼，感叹地说：“大概以后会在荆棘中看到你吧！”

冬季，十一月初一甲子朔，发生日食。

当初，广城君郭槐因为贾后没有孩子，经常劝贾后，让她慈爱太子。贾谧骄横放肆，多次对太子无礼，广城君经常严厉地叱责他。广城君打算让韩寿的女儿去做太子妃，太子也想与韩氏联姻以稳固自己的地位。韩寿的妻子贾午及皇后都不同意，却为太子聘定王衍的小女儿。太子听说王衍的大女儿长得漂亮，而贾后却为贾谧聘

执后手，令尽心于太子，言甚切至。又曰：“赵粲、贾午，必乱汝家事。我死后，勿复听入。深记吾言！”后不从，更与粲、午谋害太子。

太子幼有令名，及长，不好学，惟与左右嬉戏，贾后复使黄门辈诱之为奢靡威虐。由是名誉浸减，骄慢益彰，或废朝侍而纵游逸，于宫中为市，使人屠酤，手揣斤两，轻重不差。其母，本屠家女也，故太子好之。东宫月俸钱五十万，太子常探取二月，用之犹不足。又令西园卖葵菜、蓝子、鸡、面等物而收其利。又好阴阳小数，多所拘忌。洗马江统上书陈五事：“一曰虽有微苦，宜力疾朝侍。二曰宜勤见保傅，咨询善道。三曰画室之功，可宜减省，后园刻镂杂作，一皆罢遣。四曰西园卖葵、蓝之属，亏败国体，贬损令闻。五曰缮墙正瓦，不必拘挛小忌。”太子皆不从。中舍人杜锡，恐太子不得安其位，每尽忠谏，劝太子修德业，保令名，言辞恳切。太子患之，置针著锡常所坐毡中，刺之流血。锡，预之子也。

太子性刚，知贾谧恃中宫骄贵，不能假借之。谧时为侍中，至东宫，或舍之，于后庭游戏。詹事裴权谏曰：“谧，后所亲昵，一旦交构，则事危矣。”不从。谧谮太子于后曰：“太子多畜私财以结小人者，为贾氏故也。若宫车晏驾，彼居大位，依杨氏故事，诛臣等，废后于金墉，如反手耳。不如早图之，更立慈顺者，可以自安。”后纳其言，乃宣扬太子之短，布于远近。又诈为有娠，内藁物、产具，取妹夫韩寿子慰祖养之，欲以代太子。

于时，朝野咸知贾后有害太子之意，中护军赵俊请太子废后，太子不听。左卫率东平刘卞，以贾后之谋问张华，华曰：“不闻。”卞曰：“卞自须昌小吏，受公成拔以至今日。士感知己，是以尽言；而公更有疑于

定了她，太子心里愤愤不平，发了一些不满的牢骚。等到广城君病危，临终时拉住贾后的手，叫她对太子尽心，言辞非常恳切。又说："赵粲、贾午一定会把你家的事情搅乱，我死后，你不要再听任他们随便进宫，请用心记住我的话！"贾后没有听从广城君的告诫，又与赵粲、贾午一起，图谋陷害太子司马遹。

太子司马遹年幼时有好的名声，长大后却不喜欢学习，只知道与周围的人嬉笑玩耍，贾后又让宦官之类的人引诱他，使他变得奢侈挥霍又骄横暴虐。因此，太子的声誉日益低下，而骄横傲慢却日益突出，有时沉溺于游乐之中，竟不顾每日清晨问候侍奉皇上的规定。还在宫中做买卖，让手下人买卖酒肉，太子亲手掂量分量，斤两竟分毫不差。太子的母亲，原本就是屠夫家的女儿，所以太子也爱好卖肉。太子每月有五十万钱的俸禄，却经常预支两个月，还不够花销。又让西园出售葵菜、蓝草籽、鸡、面粉等物品，以此赚钱。太子还爱好阴阳家的小把戏，平常有很多禁戒忌讳。任太子洗马职务的江统给他上书，陈述五件事，说："一是即使稍微有些小病痛，也应勉力支撑，遵守每日清晨问候、侍奉皇帝的规定；二是应当经常面见师傅，向他们请教做人为善的道理；三是雕画宫室这类的事情，应当减少或免去，在后园雕刻之类的劳作，也同时都要取消；四是西园卖菜之类的行为，损害国家的形象，也贬低自己的声誉，应予停止；五是对于修缮墙壁、房屋之类的事情，没有必要拘泥于琐细的忌讳。"太子都没有接受。中舍人杜锡担心太子的地位不稳固，经常尽心尽意地劝说，规劝太子修习有关德行品性的功业，维护好的名声，言辞恳切。太子反倒怨恨杜锡，把针放在杜锡经常坐的毡子中，杜锡被针扎得流血。杜锡是杜预的儿子。

太子司马遹性格刚愎，知道贾谧倚仗贾后的势力傲慢、骄纵，不能容忍和敷衍贾谧。贾谧当时担任侍中，到太子住处时，太子有时就把他撇在一边，自己到后边庭园游玩。太子的官员詹事裴权劝说太子道："贾谧是皇后所亲近宠信的人，一旦他进谗言，那情势就危险了。"太子没有接受。果然，贾谧向贾后进谗言陷害太子，说："太子储备很多私财，用来结交小人，就是因为图谋您的位置。如果皇上驾崩，他登上皇位，一定会按照您过去对杨骏、太后的做法来对待您，对他来说，诛杀我们，把您废黜并囚禁在金墉城，易如反掌。还不如早做打算，重新立一个心慈而顺从的人为太子，这样您就能够安全了。"贾后采纳了贾谧的计策，就宣扬太子的短处，并广为传播。还假称自己已经怀孕，在宫内准备了禾草之类的物品等接生的工具，接来妹夫韩寿的儿子韩慰祖来抚养，计划让韩慰祖来取代太子。

这时，朝廷内外都知道贾后有谋害太子司马遹的想法，中护军赵俊请太子司马遹废掉皇后，太子没有听从。左卫率东平人刘卞，向张华询问贾后的图谋，张华说："不知道。"刘卞说："我本来是须昌的小官吏，受到您的成全和提拔才有今天。为士

卞邪！”华曰：“假令有此，君欲如何？”卞曰：“东宫俊乂如林，四率精兵万人；公居阿衡之任，若得公命，皇太子因朝入录尚书事，废贾后于金墉城，两黄门力耳。”华曰：“今天子当阳，太子，人子也，吾又不受阿衡之命，忽相与行，此是无君父而以不孝示天下也，虽能有成，犹不免罪。况权戚满朝，威柄不一，成可必乎？”贾后常使亲党微服听察于外，颇闻卞言，乃迁卞为雍州刺史。卞知言泄，饮药而死。

（以上为第四段，写贾南风图谋陷害太子司马遹，司马遹无可奈何，破罐子破摔，奢侈挥霍，骄横暴虐；朝廷重臣张华等置若罔闻，明哲保身，矛盾一触即发，晋王朝将祸起萧墙。）

十二月，太子长子彪病，太子为彪求王爵，不许。彪疾笃，太子为之祷祀求福。贾后闻之，乃诈称帝不豫，召太子入朝。既至，后不见，置于别室，遣婢陈舞以帝命赐太子酒三升，使尽饮之。太子辞以不能饮三升，舞逼之曰：“不孝邪！天赐汝酒而不饮，酒中有恶物邪！”太子不得已，强饮至尽，遂大醉。后使黄门侍郎潘岳作书草，令小婢承福，以纸笔及草，因太子醉，称诏使书之，文曰：“陛下宜自了，不自了，吾当入了之。中宫又宜速自了，不自了，吾当手了之。并与谢妃共要，刻期两发，勿疑犹豫，以致后患。茹毛饮血于三辰之下，皇天许当扫除患害，立道文为王，蒋氏为内主。愿成，当以三牲祠北君。”太子醉迷不觉，遂依而写之。其字半不成，后补成之，以呈帝。

壬戌，帝幸式乾殿，召公卿入，使黄门令董猛以太子书及青纸诏示之曰：“遹书如此，今赐死。”遍示诸公王，莫有言者。张华曰：“此国之大祸，自古以来，常因废黜正嫡以致丧乱。且国家有天下日浅，愿陛下详之！”裴頠以为宜先检校传书者，又请比校太子手书，不然，恐有诈妄。贾后乃出太子启事十余纸，众人比视，亦无敢言非者。贾后使董猛矫以长广公主辞白帝曰：“事宜速决，而群臣各不同，其不从诏者，宜以军法从事。”议至日西，不决。后见华等意坚，惧事变，乃表免太子为庶人，诏许之。于是，使尚书和郁等持节诣东宫，废太子为庶人。太子改服出，拜受诏，步出承华门，乘粗犊车，东武公澹以兵仗送太子及妃王

的感念知遇之恩，所以言无不尽；可您却对我有重重疑虑！”张华说：“如果皇后有这种图谋，您打算怎么办？”刘卞说：“太子身边聚集着很多有才能的俊杰，护卫太子的左卫率、右卫率、前卫率、后卫率统辖着一万精兵。您身居辅导国君、主持国政的要职。如果能够得到您的命令，皇太子便入朝总领录尚书事，这样把皇后废黜在金墉城，只需两个小宦官的力量而已。”张华说：“现在天子治理国家，太子是他的儿子，我又没有接受主持国政的使命，匆匆与太子干这样的事，这是无视君上、无视父亲，而把自己的不孝行为向天下展示的举动，即使成功了，仍然不免于死罪。何况有权势的外戚充满朝廷，威权不出于一处，能有一定成功的把握吗？”当时贾后常常派亲近党羽隐蔽身份，在朝廷外探听察看，听到了一些有关刘卞要协助太子废黜皇后的言论，于是就将刘卞调任为雍州刺史。刘卞知道自己的话已经泄露出去了，就服毒自杀。

十二月，太子司马遹的大儿子司马虨生病，太子为他谋求亲王爵位，没有批准。司马虨病重，太子为他祈祷祭神求平安。贾后听说后，就假称惠帝身体不适，宣召太子入朝。太子进宫后，贾后不见他，却把他安置在另外的房间，派婢女陈舞假称惠帝的命令，赐给太子三升酒，让他全部喝掉。太子推辞说喝不了三升，陈舞胁迫说：“不孝呀！天子赐酒而你不喝，难道酒中有脏物吗？”太子迫不得已，勉强喝完，于是大醉。贾后让黄门侍郎潘岳书写了一封信的草稿，又让小婢女承福拿着纸、笔和草稿，趁太子喝醉，诈称惠帝下诏，命令他抄写，文中说：“皇上应当自己了断，不自己了断，我就要进宫替您了断。皇后也应该尽快自己了断，如不自己了断，我当亲手来了断，同时与谢妃约定，到时皇宫内外一起举事，请不要迟疑犹豫，以遭致后患。我在日、月、星之下设盟饮血，皇天允许我担当扫除祸患，立道文为王，立蒋氏为王后。愿望实现，我将用牛、羊、猪三牲供奉北君星斗。”太子醉得昏昏沉沉，于是就照着写了。有一半字看不清，贾后描补成字，便以此呈交惠帝。

十二月三十日壬戌，惠帝到式乾殿，召公卿入宫，让黄门令董猛出示太子的信以及青纸写的诏书。惠帝说：“司马遹的信，这样大逆不道，现在将他赐死。”把太子的信及青纸诏书给王公大臣们传看，大家都不作声。张华说：“废黜太子这是国家的大祸。自古以来，常常因为废黜原定的太子而导致丧亡祸乱。再说我朝拥有天下的时间尚短，希望皇上仔细考虑！”裴頠认为应当先检验检查传递这信的人，再比较核对一下太子平日的手书笔迹，不然，恐怕其中有虚假失实的地方。贾后就拿出太子写的十几张启事，众官员对照着看，也没有敢说不一样的。贾皇后又让董猛假托长广公主的言辞对惠帝说：“这件事应当尽快决断，而大臣们意见还不相同，对那些不同意这个诏令的，应当按照军法处理。”大臣们商议到太阳偏西，还没有议定。

氏、三子虨、臧、尚同幽于金墉城。王衍自表离婚，许之，妃恸哭而归。杀太子母谢淑媛及虨母保林蒋俊。

（以上为第五段，写皇后贾南风狠毒无比，设计圈套，太子司马遹中招，被酒灌醉，书写谋反之书，晋惠帝司马衷昏庸，不问情由，下诏废之；朝臣面面相觑，无所作为，晋朝从此不太平！）

永康元年（庚申，300年）

春，正月，癸亥朔，赦天下，改元。

西戎校尉司马阎缵舆棺诣阙上书，以为："汉戾太子称兵拒命，言者犹曰'罪当笞'耳。今遹受罪之日，不敢失道，犹为轻于戾太子。宜重选师傅，先加严诲，若不悛改，弃之未晚也。"书奏，不省。缵，圃之孙也。

贾后使黄门自首，欲与太子为逆。诏以黄门首辞班示公卿，遣东武公澹以千兵防卫太子，幽于许昌宫，令持书御史刘振持节守之，诏宫臣不得辞送。洗马江统、潘滔、舍人王敦、杜蕤、鲁瑶等冒禁至伊水，拜辞涕泣。司隶校尉满奋收缚统等送狱。其系河南狱者，乐广悉解遣之；系洛阳县狱者，犹未释。都官从事孙琰说贾谧曰："所以废徙太子，以其为恶故耳。今宫臣冒罪拜辞，而加以重辟；流闻四方，乃更彰太子之德也，不如释之。"谧乃语洛阳令曹摅使释之；广亦不坐。敦，览之孙；摅，肇之孙也。太子至许，遗王妃书，自陈诬枉，妃父衍不敢以闻。

丙子，皇孙虨卒。

三月，尉氏雨血，妖星见南方，太白昼见，中台星拆。张华少子韪劝华逊位，华不从，曰："天道幽远，不如静以待之。"

太子既废，众情愤怒。右卫督司马雅、常从督许超，皆尝给事东宫，与殿中中郎士猗等谋废贾后，复太子。以张华、裴頠安常保位，难与行权，右军将军赵王伦执兵柄，性贪冒，可假以济事。乃说孙秀曰："中宫

贾后见张华等大臣态度坚决，害怕事情发生变化，就建议把太子贬为平民，惠帝批准了这个建议。于是，派遣尚书和郁等拿着符节到东宫，废黜太子为平民。太子更换了衣服出去，拜接了诏书，走出承华门，乘坐粗陋的牛车，东武公司马澹带领一队士兵，押送太子及妃子王氏，还有司马虨、司马臧、司马尚三个儿子到金墉城关押起来。王衍上书，请求让女儿与太子离婚，得到同意，妃子王氏恸哭着回到娘家。惠帝处死了太子的母亲谢淑媛以及司马虨之母保林蒋俊。

晋惠帝永康元年（庚申，300 年）

春季，正月初一癸亥朔，实行大赦，改年号为永康。

西戎校尉司马阎缵带着棺材到皇宫前上书，认为："汉朝戾太子拥兵抗拒武帝的命令，大家都不过说太子的罪过应当受笞刑而已。现在司马遹接受惩罚时，仍不敢违背道统，他的罪过比起戾太子还要轻得多，应该重新为太子选择老师，先加以严厉的教诲，如果还不悔改，再抛弃他也不晚。"书奏呈递上去后，惠帝看都没有看。阎缵，是阎圃的孙子。

贾后又安排了一个宦官自首，谎说是打算参与太子的叛乱。惠帝下诏，让把这份宦官自首的文字在公卿大臣间公布，并派遣东武公司马澹率领一千名士兵看押太子，将他幽禁于许昌宫，命令持书御史刘振携带符节看守。还下诏说，太子周围的臣僚不能与太子辞别送行。洗马江统、潘滔，舍人王敦、杜蕤、鲁瑶等人冒犯禁令到伊水，流着眼泪向太子辞别。司隶校尉满奋将江统等人逮捕，送到牢狱。其中被押送到河南牢狱的人，河南尹乐广把他们全部释放送走；被押送到洛阳县牢狱的人，都还没有释放。都官从事孙琰对贾谧说："所以把太子废除遣送，是因为他作恶多端。现在太子东宫的臣僚冒着犯罪的危险与太子告别，而对他们严厉处罚，这事广为流传，反而宣扬了太子的美德，不如释放他们。"于是，贾谧就告诉洛阳县令曹摅把他们释放。乐广也没有因擅自放人而受到处罚。王敦是王览的孙子。曹摅是曹肇的孙子。太子到了许昌，给妃子王氏去信，陈述自己被诬陷冤枉的经过，而王氏的父亲王衍不敢把信上报惠帝。

正月十四日丙子，皇孙司马虨死去。

三月，尉氏县降下血雨，不知名的妖星出现在南方，太白星在白天出现，中台的两颗星分开。张华的小儿子张韪劝张华辞去职位避祸，张华不接受，说："上天之道幽深远长而不可测度，不如静观其变。"

太子司马遹被废掉后，群情激愤。右卫督司马雅、常从督许超，都曾经在太子东宫任过职，与殿中中郎士猗等图谋废掉贾皇后，恢复太子的地位。因为张华、裴頠只图安稳保住自己的地位，难以与他们合作，而右军将军赵王司马伦掌握兵权，

凶妒无道，与贾谧等共诬废太子。今国无嫡嗣，社稷将危，大臣将起大事，而公名奉事中宫，与贾、郭亲善，太子之废，皆云豫知，一朝事起，祸必相及，何不先谋之乎！”秀许诺，言于伦，伦纳焉，遂告通事令史张林及省事张衡等，使为内应。

事将起，孙秀言于伦曰：“太子聪明刚猛，若还东宫，必不受制于人。明公素党于贾后，道路皆知之，今虽建大功于太子，太子谓公特逼于百姓之望，翻覆以免罪耳，虽含忍宿忿，必不能深德明公，若有瑕衅，犹不免诛。不若迁延缓期，贾后必害太子，然后废贾后，为太子报仇，非徒免祸而已，乃更可以得志。”伦然之。

秀因使人行反间，言殿中人欲废皇后，立太子，贾后数遣宫婢微服于民间听察，闻之甚惧，伦、秀因劝谧等早除太子以绝众望。癸未，贾后使太医令程据和毒药，矫诏使黄门孙虑至许昌毒太子。太子自废黜，恐被毒，常自煮食于前；虑以告刘振，振乃徙太子于小坊中，绝其食，宫人犹窃于墙上过食与之。虑逼太子以药，太子不肯服，虑以药杵椎杀之。有司请以庶人礼葬，贾后表请以广陵王礼葬之。

（以上为第六段，写太子司马遹被废，引起各方面的强烈反应，有人动议废掉贾后，孙秀撺掇司马伦火中取栗，先害太子，再杀贾后，从中渔利，可怜太子成了牺牲品。）

夏，四月，辛卯朔，日有食之。

赵王伦、孙秀将讨贾后，告右卫佽飞督闾和，和从之，期以癸巳丙夜一筹，以鼓声为应。癸巳，秀使司马雅告张华曰：“赵王欲与公共匡社稷，为天下除害，使雅以告。”华拒之。雅怒曰：“刃将在颈，犹为是言邪！”不顾而出。

及期，伦矫诏敕三部司马曰：“中宫与贾谧等杀吾太子，今使车骑入废中宫，汝等皆当从命，事毕，赐爵关中侯，不从者诛三族。”众皆从之。又矫诏开门，夜入，陈兵道南，遣翊军校尉齐王冏将百人排闼而入，华林令骆休为内应，迎帝幸东堂，以诏召贾谧于殿前，将诛之。谧走入西钟下，呼曰：“阿后救我！”就斩之。贾后见齐王冏，惊曰：“卿何

性情贪婪冒失，能够借用他的力量完成此事。于是劝孙秀说："皇后凶暴嫉妒，为非作歹，与贾谧等人勾结诬陷并废掉太子。现在国家没有正宗的继承人，社稷面临着危险，大臣将要发起大的行动，而您名分上是在皇后的中宫任职，与贾氏、郭氏亲密要好，太子的废黜，都说您事先就知道了，一旦行动开始，祸患一定会牵连到您的身上，为什么不先考虑废掉皇后呢？"孙秀表示答应这样做，又告诉了司马伦，司马伦也接受了这个建议，于是告诉了通事令史张林和省事张衡等人，让他们在宫内接应。

将要行事时，孙秀对司马伦说："太子聪明而刚愎凶猛，如果让他回到东宫，一定不肯受到别人的约束。您一直是皇后的人，今天即使为太子立下大功，太子也会说您只是迫于百姓的愿望，才反过来协助太子以求免受惩罚罢了，您即使忍气吞声不念旧怨，太子也一定不能真正感激您，如果出现一点小事，您还是不免于被杀，不如拖延时间，这期间皇后一定会加害太子，那时您再出来废黜皇后，为太子报仇，不只是免除了祸患，而且还可以进一步满足您的愿望。"司马伦认为很对。

孙秀就派人挑拨离间，散布说殿中的人图谋废掉贾后，重立太子。贾后多次派宫女换上平民的衣服到民间探听察看。听到这些流言后非常害怕。司马伦、孙秀就劝说贾谧等人尽快除掉太子，断绝人们的希望。三月二十二日癸未，贾后让太医令程据配制毒药，假称惠帝的诏令，让黄门孙虑到许昌毒杀太子。太子被废掉后，就担心被毒死，经常让下人当着自己的面煮饭。孙虑把事情告诉看守太子的刘振，于是刘振把太子搬迁到别的小房中，断绝了他的食品，宫人还偷偷从墙上传递食物给太子。孙虑拿药逼迫太子服食，太子不肯吃，孙虑就用捣药的木杵把太子打死。有关部门请示以平民的礼仪埋葬太子，贾皇后奏请用广陵王的礼仪埋葬太子。

夏季，四月初一辛卯朔，发生日食。

赵王司马伦和孙秀打算攻打贾后，告诉了右卫佽飞督闾和，闾和同意，约定初三三更一筹的时候，以鼓声为号。四月初三癸巳，孙秀派司马雅告诉张华说："赵王司马伦打算与您一起共同扶助朝廷。为天下除害，派我来通知您。"张华拒绝。司马雅生气地说："刀都要架在脖子上了，还说这样的话吗！"头也不回就走了。

到了约定的时候，司马伦假称惠帝的诏令，命令皇宫禁卫军三部司马说："皇后与贾谧等人杀害我的太子。现在派车骑将军进宫废掉皇后，你们都应当服从，事情结束，赐予关中侯的爵位。不服从的人，诛杀三族。"大家都听从了司马伦。又假称惠帝诏令骗开宫门，趁夜晚进去，把士兵安排在路的南侧。派翊军校尉齐王司马冏带领一百名士兵推开小门进去，华林园令骆休为内应，接惠帝到东堂，用诏令宣

为来？”冏曰：“有诏收后。”后曰：“诏当从我出，何诏也！”后至上阁，遥呼帝曰：“陛下有妇，使人废之，亦行自废矣。”

是时，梁王肜亦预其谋，后问冏曰：“起事者谁？”冏曰：“梁、赵。”后曰：“系狗当系颈，反系其尾，何得不然！”遂废后为庶人，幽之于建始殿。收赵粲、贾午等付暴室考竟。诏尚书收捕贾氏亲党，召中书监、侍中、黄门侍郎、八座皆夜入殿。尚书始疑诏有诈，郎师景露版奏请手诏，伦等斩之以徇。

伦阴与秀谋篡位，欲先除朝望，且报宿怨，乃执张华、裴頠、解系、解结等于殿前。华谓张林曰：“卿欲害忠臣邪？”林称诏诘之曰：“卿为宰相，太子之废，不能死节，何也？”华曰：“式乾之议，臣谏事具存，可覆按也。”林曰：“谏而不从，何不去位？”华无以对。遂皆斩之，仍夷三族。解结女适裴氏，明日当嫁而祸起，裴氏欲认活之，女曰：“家既如此，我何以活为！”亦坐死。朝廷由是议革旧制，女不从死。

甲午，伦坐端门，遣尚书和郁持节送贾庶人于金墉；诛刘振、董猛、孙虑、程据等；司徒王戎及内外官坐张、裴亲党，黜免者甚众。阎缵抚张华尸恸哭曰：“早语君逊位而不肯，今果不免，命也！”

（以上为第七段，写赵王司马伦矫诏收捕、废黜皇后贾南风，杀掉其死党贾谧等，并借机报复，杀死大臣张华、裴頠等，灭三族。贾后专政历时十年，至此画上了句号。）

于是，赵王伦称诏赦天下，自为使持节、都督中外诸军事、相国、侍中，一依宣、文辅魏故事，置府兵万人，以其世子散骑常侍荂领冗从仆射，子馥为前将军，封济阳王；虔为黄门郎，封汝阴王；诩为散骑侍郎，封霸城侯。孙秀等皆封大郡，并据兵权，文武官封侯者数千人，百官总己以听于伦，伦素庸愚，复受制于孙秀。秀为中书令，威权振朝廷，天下皆事秀而无求于伦。

召贾谧到殿前，将要诛杀他。贾谧跑到西钟下面，大呼："皇后救救我！"随即被斩首。贾后看到齐王司马冏，吃惊地问道："你为什么来这儿？"司马冏说："有诏令要逮捕你。"贾后说："胡说，诏书应该从我这儿发出，你哪来的什么诏书！"贾后到了门口，远远地向惠帝呼喊："皇上的妻子，却让人废掉，也就等于自己将要被废掉。"

这时，梁王司马肜也事先知道这个计划，贾后问司马冏说："图谋起事的是谁？"司马冏说："是梁王和赵王。"贾后说："扣狗应当扣住狗的脖子，却反倒扣在狗的尾巴上，怎么能不有这样的结果呢？"于是，贾后被废为平民，囚禁在建始殿。又逮捕赵粲、贾午等人，送往暴室，拷问罪行，下诏命令尚书逮捕贾氏亲信党羽，宣召中书监、侍中、黄门侍郎等八部门的高级官员连夜入殿。尚书起初怀疑诏令是假的，尚书郎师景用公文奏请出示惠帝的亲笔诏书，司马伦等人就将他杀了以昭示大臣。

司马伦暗地与孙秀图谋篡夺皇位，打算先除掉朝廷中有名望的大臣，并且借机报复过去曾结怨的人，就把张华、裴頠、解系、解结等人押到宫殿前。张华对张林说："你想谋害忠臣吗？"张林声称惠帝在诏书中质问张华说："你身为宰相，太子被废黜，却不能为气节而死，这是为什么呢？"张华说："式乾殿前的争议，我劝说皇帝的过程全部都记录留存下来，可以复查。"张林说："劝说而不被采纳，为什么不辞职？"张华无言以对。于是把他们全部杀了，并诛杀三族。解结的女儿已许配裴氏，第二天就要出嫁，但祸事来临，裴家打算认亲使她活下来，解结女儿说："我家既然已经这样，我还活着干什么！"于是也被牵连处死。朝廷因此商议革除旧的制度，女儿不跟随父母家处死。

四月初四甲午，司马伦坐于端门旁，派遣尚书和郁持符节把贬为平民的贾后押送到金墉城，诛杀了刘振、董猛、孙虑、程据等人。司徒王戎及在皇宫内外供职的官员，因是张华、裴頠等人的亲戚、党羽，而被牵连罢官、免职的有很多人。阎缵抚摸着张华的尸体痛哭流涕地说："早就劝您辞职，而你不肯，今天果然不免一死，这是命啊！"

于是，赵王司马伦假称圣旨，赦免天下罪犯，自己担任持节都督、都督中外诸军事、相国、侍中等显要官职，完全模仿当年宣帝、文帝辅佐曹魏王朝时所为。设置一万府兵，让他的长子散骑常侍司马荂任冗从仆射；儿子司马馥为前将军，封为济阳王；司马虔为黄门郎，封为汝阴王；司马诩为散骑侍郎，封为霸城侯。对孙秀等人都封给大郡，并让他们掌握兵权，文武官员有几千人封侯，百官都维持自己的职务以听命于司马伦。司马伦品性平庸而愚蠢，不久又受制于孙秀。孙秀任中书令，

诏追复故太子遹位号，使尚书和郁帅东宫官属迎太子丧于许昌，追封遹子虨为南阳王，封虨弟臧为临淮王，尚为襄阳王。

有司奏："尚书令王衍备位大臣，太子被诬，志在苟免，请禁锢终身。"从之。

相国伦欲收人望，选用海内名德之士，以前平阳太守李重、荥阳太守荀组为左、右长史，东平王堪、沛国刘谟为左、右司马，尚书郎阳平束皙为记室，淮南王文学荀崧、殿中郎陆机为参军。组，勖之子；崧，彧之玄孙也。李重知伦有异志，辞疾不就，伦逼之不已，忧愤成疾，扶曳受拜，数日而卒。

丁酉，以梁王肜为太宰，左光禄大夫何劭为司徒，右光禄大夫刘寔为司空。

太子遹之废也，将立淮南王允为太弟，议者不合。会赵王伦废贾后，乃以允为骠骑将军、开府仪同三司，领中护军。

己亥，相国伦矫诏遣尚书刘弘赍金屑酒赐贾后死于金墉城。

五月，己巳，诏立临海王臧为皇太孙，还妃王氏以母之；太子官属即转为太孙官属，相国伦行太孙太傅。

己卯，谥故太子曰"愍怀"；六月，壬寅，葬于显平陵。

（以上为第八段，写赵王司马伦除掉贾后及其死党后，自封相国，为所欲为，怀有篡位之心；部将孙秀满肚子坏水，任中书令，权倾朝廷；废太子司马遹被平反，谥号愍怀。）

清河康王遐薨。

中护军淮南王允，性沈毅，宿卫将士皆畏服之。允知相国伦及孙秀有异志，阴养死士，谋讨之。伦、秀深惮之。

秋，八月，转允为太尉，外示优崇，实夺其兵权。允称疾不拜，秀遣御史刘机逼允，收其官属以下，劾以拒诏，大逆不敬。允视诏，乃秀手书也。大怒，收御史，将斩之，御史走免，斩其令史二人。厉色谓左右曰："赵王欲破我家！"遂帅国兵及帐下七百人直出，大呼曰："赵王

权力威势震慑朝廷，举国上下都听从孙秀而用不着请示司马伦。

诏令恢复已故太子司马遹的爵位封号，派尚书和郁带领东宫的官员僚属到许昌迎接太子的遗体。追封司马遹的儿子司马虨为南阳王，封司马虨的弟弟司马臧为临淮王、司马尚为襄阳王。

有关部门奏报："尚书令王衍空占着大臣的位置，太子被陷害后，想苟全自己，逃避责任，请求对他实行终身监禁。"奏请得到批准。

相国司马伦想要笼络人心，选择任用海内德高望重的人。让前平阳太守李重、荥阳太守荀组担任左、右长史，东平人王堪、沛国人刘谟担任左、右司马，尚书郎、阳平人束晳担任记室，曾任淮南王文学职的荀崧、殿中郎陆机担任参军。荀组，是荀勖的儿子；荀崧，是荀彧的五世孙。李重知道司马伦怀有篡国的异心，托病不去就职，司马伦不断逼迫，李重不得已勉强任职，几天后就死了。

四月初七丁酉，任命梁王司马肜为太宰，左光禄大夫何劭为司徒，右光禄大夫刘寔为司空。

废掉太子司马遹时，曾打算立淮南王司马允为皇太弟，但意见不统一。遇到赵王司马伦废掉贾后，就让司马允担任骠骑将军、开府仪同三司，统领中护军。

四月初九，相国司马伦假借诏令，派遣尚书刘弘送金屑酒赐给贾后，贾后饮后死于金墉城。

五月初九己巳，惠帝司马衷下诏，令临海王司马臧为皇太孙，让太子妃王氏回宫作皇太孙的母亲。太子所属的官员臣僚转为皇太孙的官属，相国司马伦兼任太孙太傅的职责。

五月十九日己卯，给已故太子定谥号，称愍怀。六月十三日，将太子在显平陵安葬。

清河康王司马遐去世。

中护军淮南王司马允，性格沉着坚毅，皇宫禁卫官兵都敬畏服从他。司马允知道相国司马伦和孙秀有篡国的意图，就暗中培养敢死之士，图谋征讨他们。司马伦、孙秀非常害怕他。

秋季，八月，转调司马允为太尉，表面上显示出优待推重司马允，而实际上是剥夺他的兵权。司马允托病不接受任命。孙秀派御史刘机逼迫司马允，拘捕司马允的部下，弹劾司马允抗拒诏令，大逆不道。司马允审视诏书，发现是孙秀的笔迹，勃然大怒，拘捕御史准备杀掉，结果御史逃脱，就杀了御史刘机的两个令史。司马

反，我将讨之，从我者左袒。”于是，归之者甚众。允将赴宫，尚书左丞王舆闭掖门，允不得入，遂围相府。允所将兵皆精锐，伦与战屡败，死者千余人。

太子左率陈徽勒东宫兵鼓噪于内以应允。允结陈于承华门前，弓弩齐发，射伦，飞矢雨下。主书司马眭秘以身蔽伦，箭中其背而死。伦官属皆隐树而立，每树辄中数百箭，自辰至未。中书令陈准，徽之兄也，欲应允，言于帝曰：“宜遣白虎幡以解斗。”乃使司马督护伏胤将骑四百持幡从宫中出，侍中汝阴王虔在门下省，阴与胤誓，曰：“富贵当与卿共之。”胤乃怀空版出，诈言有诏助淮南王。允不之觉，开阵内之，下车受诏，胤因杀之，并杀允子秦王郁、汉王迪，坐允夷灭者数千人。曲赦洛阳。

初，孙秀尝为小吏，事黄门郎潘岳，岳屡挞之。卫尉石崇之甥欧阳建素与相国伦有隙，崇有爱妾曰“绿珠”，孙秀使求之，崇不与。及淮南王允败，秀因称石崇、潘岳、欧阳建奉允为乱，收之。崇叹曰：“奴辈利吾财尔！”收者曰：“知财为祸，何不早散之！”崇不能答。初，潘岳母常诮责岳曰：“汝当知足，而干没不已乎！”及败，岳谢母曰：“负阿母。”遂与崇、建皆族诛，籍没崇家。相国伦收淮南王母弟吴王晏，欲杀之。光禄大夫傅祗争之于朝堂，众皆谏止，伦乃贬晏为宾徒县王。

齐王冏以功迁游击将军，冏意不满，有恨色，孙秀觉之，且惮其在内，乃出为平东将军，镇许昌。

以光禄大夫陈准为太尉，录尚书事。未几，薨。

孙秀议加相国伦九锡，百官莫敢异议。吏部尚书刘颂曰：“昔汉之锡魏，魏之锡晋，皆一时之用，非可通行。周勃、霍光，其功至大，皆不闻有九锡之命也。”张林积忿不已，以颂为张华之党，将杀之。孙秀曰：“杀张、裴已伤时望，不可复杀颂。”林乃止。以颂为光禄大夫。遂下诏加伦九锡，复加其子荂抚军将军，虔中军将军，诩为侍中。又加孙秀

允面色严峻地对部下们说："赵王司马伦想毁了我们的家！"于是，率领亲兵和军帐下的士兵七百人冲出去，大声呼喊："赵王司马伦造反，我将攻打他！跟随我的人请袒露左臂。"于是，跟从他的人很多。司马允快到皇宫时，尚书左丞王舆紧闭宫门，司马允无法进去，就包围了司马伦的相府。司马伦所带领的都是强悍而武器精良的士兵，司马伦与他交战屡战屡败，死了一千多人。

太子左率陈徽带领太子东宫的士兵在东宫里击鼓叫嚷，响应司马允。司马允在承华门前摆开兵阵。弓弩齐发，射向司马伦，箭如雨下。主书司马眭秘用身体掩护司马伦，脊背中箭而死。司马伦的部下都在树后躲避，结果每棵树都被射了几百箭，从辰时直到未时。中书令陈准是陈徽的哥哥，想接应司马允，告诉惠帝说："应该派人举起白虎幡以解除争斗。"于是，惠帝让司马督护伏胤带领四百骑士持白虎幡从宫中出去，但是侍中汝阴王司马虔在门下省，暗地与伏胤发誓说："将来成功了，将与你共享富贵。"伏胤就怀揣空白诏令出去，假称惠帝有诏，令帮助淮南王司马允。司马允没有察觉，打开兵阵，就把伏胤放了进去，自己下战车接受诏令，伏胤趁机杀了司马允。事后又杀了司马允的儿子秦王司马郁、汉王司马迪，受司马允牵连被灭族而死的有几千人。又宣布赦免洛阳城中的罪犯。

当初，孙秀当小官吏时，服侍黄门郎潘岳，潘岳曾几次抽打侮辱他。卫尉石崇的外甥欧阳建一直与相国司马伦有怨恨。此外，石崇有一个宠妾叫绿珠，孙秀曾派人求石崇转让她，石崇不给。到淮南王司马允失败，孙秀就趁机声称石崇、潘岳、欧阳建都追随司马允叛乱，而拘捕了他们。石崇感叹说："奴才之辈贪图我的财富呀！"前来拘捕他的人说："知道财能带来灾祸，为什么不早散发？"石崇无言以对。当初，潘岳的母亲曾经责备潘岳说："你应该知道满足，怎么能沉溺于计较利益得失则没有止境呢？"这次失败后，潘岳惭愧地对母亲说："辜负了母亲。"这样，潘岳与石崇、欧阳建都被灭族杀头，石崇的家产也被没收。相国司马伦还逮住了淮南王司马允的胞弟吴主司马晏，也想杀掉他，光禄大夫傅祗在朝廷上为他争辩，大家也都劝说不要杀他，司马伦才把司马晏贬为宾徒县王。

齐王司马冏因功升任游击将军，司马冏内心不满，有怨恨的表情，孙秀察觉到这种情况，又对司马冏在都城内感到惧怕，就让他出任平东将军，镇守许昌。

任命光禄大夫陈淮为太尉，总领尚书事务。没过多久，陈淮就死了。

孙秀在朝廷中商议为相国司马伦加赐九锡，文武百官没有谁敢提出不同意见。只有吏部尚书刘颂说："过去东汉封曹魏九锡，曹魏封晋九锡，都是当时的一时权宜，不能认为是通例。周勃、霍光，他们功勋卓著，都没有听说给他们加赐九锡。"张林听后特别愤怒，把刘颂当作张华的党羽，要杀掉刘颂。孙秀说："杀掉张华、裴頠，已经造成了不良影响，不能再杀刘颂了。"张林才没有动手。司马伦等让刘颂担

侍中、辅国将军、相国司马，右率如故。张林等并居显要。增相府兵为二万人，与宿卫同，并所隐匿之兵，数逾三万。

九月，改司徒为丞相，以梁王肜为之，肜固辞不受。

伦及诸子皆顽鄙无识，秀狡黠贪淫，所与共事者，皆邪佞之士，惟竞荣利，无远谋深略，志趣乖异，互相憎嫉。秀子会为射声校尉，形貌短陋，如奴仆之下者，秀使尚帝女河东公主。

冬，十一月，甲子，立皇后羊氏，赦天下。后，尚书郎泰山羊玄之之女也。外祖平南将军乐安孙旂，与孙秀善，故秀立之。拜玄之光禄大夫、特进、散骑常侍，封兴晋侯。

（以上为第九段，写淮南王司马允被明升暗降，拒不服从，率兵攻打赵王司马伦，后被刺杀，几千人受到牵连；司马伦排除异己，任用奸佞，朝廷笼罩着腥风血雨。）

诏征益州刺史赵廞为大长秋，以成都内史中山耿滕为益州刺史。廞，贾后之姻亲也，闻征，甚惧，且以晋室衰乱，阴有据蜀之志，乃倾仓廪，赈流民，以收众心。以李特兄弟材武，其党类皆巴西人，与廞同郡，厚遇之，以为爪牙。特等凭恃廞势，专聚众为盗，蜀人患之。滕数密表："流民刚剽，蜀人懦弱，主不能制客，必为乱阶，宜使还本居。若留之险地，恐秦、雍之祸更移于梁、益矣。"廞闻而恶之。

州被诏书，遣文武千余人迎滕。是时，成都治少城，益州治太城，廞犹在太城，未去。滕欲入州，功曹陈恂谏曰："今州、郡构怨日深，入城必有大祸，不如留少城以观其变，檄诸县合村保以备秦氏，陈西夷行至，且当待之。不然，退保犍为，西渡江源，以防非常。"滕不从。是日，帅众入州，廞遣兵逆之，战于西门，滕败死，郡吏皆窜走，惟陈恂面缚诣廞，请滕死。廞义而许之。

任光禄大夫。于是，下诏加赐司马伦九锡，又升任司马伦的儿子司马荂为抚军将军，司马虔为中军将军，司马诩为侍中。又升孙秀为侍中、辅国将军，相国司马、右卫率等职仍由他兼任。张林等人都高居显要官职。把相府兵增加为两万人，与皇宫禁卫的人数相同，加上司马伦所隐藏未让朝廷知道的士兵，总数超过三万人。

九月，改司徒之职为丞相，让梁王司马肜担任，司马肜坚决推辞而不予接受。

司马伦和他的几个儿子都顽劣粗鄙，没有见识，孙秀则狡黠贪婪过人，与他在一起共事的，都是一些奸邪投机的人，只知道竞相追名逐利，没有深谋远虑，志向趣味也各不相同，并且互相厌恶嫉妒。孙秀的儿子孙会担任射声校尉，形体短小，相貌丑陋，就像下层作奴仆杂役的人。孙秀却让他娶了惠帝的女儿河东公主。

冬季，十一月初七甲子，将羊氏册立为皇后，实行大赦。皇后，是尚书郎泰山人羊玄之的女儿。她的外祖父平南将军乐安人孙旂，与孙秀要好，所以孙秀拥立她。任命羊玄之为光禄大夫、特进、散骑常侍，并封为兴晋侯。

惠帝下诏，征召益州刺史赵廞为大长秋，让成都内史中山人耿滕任益州刺史。赵廞，是贾皇后的姻亲，听到这个征召任命，非常害怕，加上他因为晋朝的衰微败乱，心里已存有占据蜀地的愿望，就拿出仓库中的粮食，赈济流民，来收买民心。因为李特兄弟才力勇武，其手下都是巴西郡人，与赵廞同郡，赵廞对待他们非常优厚，以作为自己的爪牙。李特等人凭仗着赵廞的权势，专门聚众作强盗，蜀人十分忌恨他们，耿滕曾多次秘密奏报："流民剽悍骁勇，而蜀人怯懦软弱，主人对付不了客人，一定会造成祸乱，应该让流民还归本土。如果让他们留在地势险要的蜀地，恐怕秦州、雍州地区的灾祸就要转移到梁州、益州地区了。"赵廞听说后，非常憎恨耿滕。

益州接到诏书，派出文武官员一千多人迎接耿滕。这时，成都郡治所在少城，益州治所在太城，赵廞仍留在太城，没有离开。耿滕打算进太城，功曹陈恂劝谏说："现在益州与成都郡结怨一天比一天深，你进城一定有大灾祸，不如留在少城观察太城的变化，向各县发布檄令让各村保联合做好抵御秦氐人的准备，西夷校尉陈总就要到成都来，暂且先等他过来。不这样的话，就退到犍为防守，西渡到江源，以防不测。"耿滕没有接受这个劝说。这天，耿滕率众进入州城，赵廞派兵阻挡他，在西门发生战斗，耿滕失败而死，他手下的僚属都逃窜了，只有陈恂两手反绑去面见赵廞，请求索要耿滕的遗体。赵廞赞赏他的义气而同意了他。

廞又遣兵逆西夷校尉陈总。总至江阳，闻廞有异志，主簿蜀郡赵模曰：“今州郡不协，必生大变，当速行赴之。府是兵要，助顺讨逆，谁敢动者！”总更缘道停留，比至南安鱼涪津，已遇廞军，模白总：“散财募士以拒战，若克州军，则州可得；不克，顺流而退，必无害也。”总曰：“赵益州忿耿侯，故杀之；与吾无嫌，何为如此！”模曰：“今州起事，必当杀君以立威，虽不战，无益也。”言至垂涕，总不听，众遂自溃。总逃草中，模著总服格战，廞兵杀模，见其非是，更搜求得总，杀之。

廞自称大都督、大将军、益州牧，署置僚属，改易守令，王官被召，无敢不往。李庠帅妹婿李含，天水任回、上官晶，扶风李攀，始平费他，氐苻成、隗伯等四千骑归廞。廞以庠为威寇将军，封阳泉亭侯，委以心膂，使招合六郡壮勇至万余人，以断北道。

（以上为第十段，写益州刺史赵廞惧怕以贾后姻亲连坐，派人杀掉耿滕、陈总等朝廷命官，重用氐族首领李庠，占据成都，反叛朝廷，自封大都督、大将军，建元太平，第二年即被部下所杀，太平政权灭亡。）

赵廞又派兵阻拦西夷校尉陈总。陈总到江阳，听到赵廞怀有谋反的心思，主簿蜀郡人赵模说："现在州、郡关系恶劣，一定会出现大的变乱，应当迅速赶到那里。西夷校尉府的职责是掌握蜀地兵权，帮助顺从朝廷的人征讨谋反者，有谁敢乱动！"陈总却沿途走走停停，等到了南安县鱼涪津渡口，已经碰到了赵廞的兵马，赵模向陈总建议说："分发财物招募士兵来作战，如果打败赵廞的州军，就可以得到益州，如果不能战胜，还可顺流而退，一定没有坏处。"陈总说："益州刺史赵廞痛恨耿滕，所以才杀他，赵廞与我又没有仇怨，为什么要这样呢？"赵模说："现在益州挑起事端，一定会杀掉您来树立军威，您即使不与他发生战斗，也没有好处。"说得声泪俱下，但陈总还是没有听取，果然，一交手兵众都溃散了。陈总躲到草中，赵模穿上陈总的衣服与赵廞的州兵格杀交战，赵廞的士兵杀死赵模，发现不是陈总，于是，四下搜求，找到陈总，也将他杀死。

赵廞自封为大都督、大将军、益州牧，安排设置僚属，改换所属的郡守县令，晋朝廷所任命的官员，没有敢不听从赵廞的。李庠带领妹夫李含和天水人任回、上官晶，扶风人李攀，始平人费他，氐人符成、隗伯等人以及所属四千骑士归服赵廞。赵廞任命李庠为威寇将军，封为阳泉亭侯，把他看作亲信心腹，让他募集六郡的强壮勇武之人，发展到一万多人，以截断北来的道路。

【点评】

贾南风祸国。贾南风是中国历史上臭名昭著的女人之一，相对于历史上的大秦宣太后、大汉吕太后、大唐武则天，不可同日而语。她们有着惊人的相似之处。她们都曾经掌握着国家政权，真正成为国家的主宰，只是贾南风的手段更差，结局更惨，带来的后果更加严重。

首先，滥杀无辜，恶毒至极。贾南风在当太子妃的时候，就使怀孕的妃嫔流产。其次，心胸狭隘，逼杀太子。晋武帝司马炎最终没有废掉司马衷，就是看在孙子司马遹从小聪明的情面上。而贾南风釜底抽薪，亲手毁了太子。再次，贾南风秽乱后宫，而司马衷也只能听之任之。贾南风越权干政的，时间近十年。她掌控了朝政，但她也并不亲自理政，而是把朝政交给张华等一帮大臣，张华等人尽忠辅佐，虽然在十年中没有什么大的作为，但仍然使国家保持相对安定，也可以说是太平无事。如果说贾南风还有一丝好处的话，也仅此而已。

晋纪六

晋惠帝永宁元年至太安元年（301—302年）

【起重光作噩（辛酉，301年），尽玄默阉茂（壬戌，302年），凡二年】

【大事提要】

本卷记事起公元301年，讫公元302年，凡二年，当晋惠帝永宁元年至太安元年。本卷所载关于国家兴亡的大事，主要是五个方面：其一，李特率领流民起义。赵廞割据蜀地，蜀地流民首领李特、李庠率兵归之。李庠骁勇，赵廞恶而杀之，李特率军攻打，杀掉赵廞，进入成都。公元301年，晋朝下令流民返乡，李特请求暂缓，不予同意，而流民归心，李特索性率众造反，数败官军，声威大震。其二，司马伦自封大都督、相国。不久，干脆逼惠帝司马衷退位，尊为太上皇，自立为帝，改元建始。他任用狡黠圆滑的孙秀等人掌控朝政，并大肆封官，收取人心。其三，司马伦被杀。齐王司马冏、河间王司马颙、成都王司马颖都拥有强大的军队，各占一方，怎么能让赵王司马伦称帝呢？他们相约起兵攻打。“义兵”兴起，百官将士都想诛杀司马伦以向天下谢罪。结果，司马伦兵败被擒，惠帝司马衷复位，而后，司马伦被赐死。其四，司马冏被杀。惠帝司马衷复位，河间王司马冏成为辅政大臣。他大筑宅第馆舍，沉湎于酒色，不入朝朝见，在府中任命百官，狂妄无比。公元302年，河间王司马颙与长史李含上书，列其罪状；长沙王司马乂率军围攻洛阳，两军激战，司马冏兵败，被捕杀。其五，鲜卑慕容氏兴起。公元302年，鲜卑宇文部首领莫圭开始强盛，派遣其弟屈云向慕容部进攻。慕容部首领慕容廆击败屈云的别帅素怒延，素怒延又发兵十万围攻慕容廆，遭到强烈反击，大败。辽东孟晖率领数千军投降慕容廆。慕容氏兴起，奠立了国基。

【原文】

孝惠皇帝中之上

永宁元年（辛酉，301年）

春，正月，以散骑常侍安定张轨为凉州刺史。轨以时方多难，阴有保据河西之志，故求为凉州。时州境盗贼纵横，鲜卑为寇；轨至，以宋配、汜瑗为谋主，悉讨破之，威著西土。

相国伦与孙秀使牙门赵奉诈传宣帝神语云："伦宜早入西宫。"散骑常侍义阳王威，望之孙也，素谄事伦，伦以威兼侍中，使威逼夺帝玺绶，作禅诏，又使尚书令满奋持节、奉玺绶禅位于伦。左卫将军王舆、前军将军司马雅等帅甲士入殿，晓谕三部司马，示以威赏，无敢违者。张林等屯守诸门。

乙丑，伦备法驾入宫，即帝位。赦天下，改元建始。帝自华林西门出居金墉城，伦使张衡将兵守之。

丙寅，尊帝为太上皇，改金墉曰"永昌宫"，废皇太孙为濮阳王。立世子荂为皇太子，封子馥为京兆王，虔为广平王，诩为霸城王，皆侍中将兵。以梁王肜为宰衡，何劭为太宰，孙秀为侍中、中书监、票骑将军、仪同三司，义阳王威为中书令，张林为卫将军，其余党与，皆为卿、将，超阶越次，不可胜纪；下至奴卒，亦加爵位。每朝会，貂蝉盈座，时人为之谚曰："貂不足，狗尾续。"

是岁，天下所举贤良、秀才、孝廉，皆不试；郡国计吏及太学生年十六以上皆署吏；守、令赦日在职者皆封侯；郡纲纪并为孝廉，县纲纪并为廉吏。府库之储，不足以供赐与。应侯者多，铸印不给，或以白板封之。

初，平南将军孙旂之子弼，弟子髦、辅、琰皆附会孙秀，与之合族，旬月间致位通显。及伦称帝，四子皆为将军，封郡侯，以旂为车骑将军、开府。旂以弼等受伦官爵过差，必为家祸，遣幼子回责之，弼等不从，旂不能制，恸哭而已。

【语译】

孝惠皇帝中之上

晋惠帝永宁元年（辛酉，301年）

春季，正月，任命散骑常侍安定人张轨为凉州刺史。张轨因为时势多灾多难，心里有保守占据河西地区的想法，所以要求任职凉州。当时凉州境内盗贼横行，又有鲜卑人劫掠。张轨到了凉州后，以宋配、氾瑗为主要谋士，把这些盗贼全部讨平，在河西地区威名昭著。

相国司马伦和孙秀让牙门将赵奉假称宣帝司马懿有神语，散布说："司马伦应当尽快入西宫即帝位。"散骑常侍义阳王司马威是司马望的孙子，一直对司马伦谄谀奉承，司马伦就让司马威兼任侍中，派他逼迫惠帝交出皇帝玺印与绶带，作禅让帝位的诏书；又派尚书令满奋持符节取来玺印与绶带，奉交给司马伦，表示惠帝已禅位给司马伦。左卫将军王舆、前军将军司马雅带领全副武装的士兵进入宫殿，通告三部司马，向他们宣示威势与封赏，没有谁胆敢违抗。张林等人在各宫门前驻扎防守。

正月初九乙丑，司马伦乘皇帝的专车进入皇宫，即帝位。实行大赦，改年号为建始，惠帝从华林园西门出宫，到金墉城居住，司马伦派张衡带兵看守。

正月初十丙寅，司马伦将惠帝尊为太上皇，把金墉城改名为永昌宫，把皇太孙废为濮阳王。立长子司马荂为皇太子，封儿子司马馥为京兆王，司马虔为广平王，司马翊为霸城王，都为侍中并带兵。任命梁王司马肜为宰衡，何劭为太宰，孙秀为侍中、中书监、骠骑将军、仪同三司。任命义阳王司马威为中书令，张林为卫将军，其余党羽都任用为列卿以及各种名目的将军，任意越级提拔的人，多得不可胜数。下到奴仆士兵，也都封官加爵。每当朝会时，戴插貂尾附蝉的人充斥席位。时人对这种滥封官爵的情况编成谣谚说："貂不足，狗尾续。"

这一年，全国所荐举的贤良、秀才、孝廉等各种名目的候选官员，都没有经过考试而任用；各郡和封国掌管簿计的官员与十六岁以上的太学生，都成为朝廷正式署官；全国大赦这一天在职的郡守县令都封了侯，郡属小官吏全都举荐为孝廉，县属小官吏全都举荐为廉吏。国家府库的储备，都不够用来分发赏赐。封侯的人众多，来不及铸印，有的就用无字光板来代替。

当初，平南将军孙旂的儿子孙弼，弟弟的儿子孙髦、孙辅、孙琰等人都依附奉承孙秀，与孙秀合为一族，一个月的工夫，就都升任显要的高位。等到司马伦称帝，这四人都升任将军，封为郡侯。任用孙旂为车骑将军，并开设府署。孙旂认为儿子孙弼等人接受司马伦的官职爵位超过等级，一定会带来家祸，便派小儿子孙回去责备他们，孙弼等人不听从，孙旂没有办法，只能痛哭而已。

癸酉，杀濮阳哀王臧。

孙秀专执朝政，伦所出诏令，秀辄改更与夺，自书青纸为诏，或朝行夕改，百官转易如流。张林素与秀不相能，且怨不得开府，潜与太子荂笺，言："秀专权不合众心，而功臣皆小人，挠乱朝廷，可悉诛之。"荂以书白伦，伦以示秀。秀劝伦收林，杀之，夷其三族。

秀以齐王冏、成都王颖、河间王颙，各拥强兵，据方面，恶之，乃尽用其亲党为三王参佐，加冏镇东大将军、颖征北大将军，皆开府仪同三司，以宠安之。

（以上为第一段，写赵王司马伦废掉惠帝司马衷，自立为帝，改元为建始，滥封官职，收买人心；侍中孙秀专权妄为，把持朝政，任用亲信死党，优宠、拉拢司马亲王。）

李庠骁勇得众心，赵廞浸忌之而未言。长史蜀郡杜淑、张粲说廞曰："将军起兵始尔，而遽遣李庠握强兵于外。非我族类，其心必异，此倒戈授人也，宜早图之。"会庠劝廞称尊号，淑、粲因白廞以庠大逆不道，引斩之，并其子侄十余人。时李特、李流皆将兵在外，廞遣人慰抚之曰："庠非所宜言，罪应死。兄弟罪不相及。"复以特、流为督将。特、流怨廞，引兵归绵竹。

廞牙门将涪陵许弇求为巴东监军，杜淑、张粲固执不许，弇怒，手杀淑、粲于廞阁下，淑、粲左右复杀弇。三人，皆廞之腹心也，廞由是遂衰。

廞遣长史犍为费远、蜀郡太守李苾、督护常俊督万余人断北道，屯绵竹之石亭。李特密收兵得七千余人，夜袭远等军，烧之，死者十八九，遂进攻成都。费远、李苾及军谘祭酒张微，夜斩关走，文武尽散。廞独与妻子乘小船走，至广都，为从者所杀。特入成都，纵兵大掠，遣使诣洛阳，陈廞罪状。

初，梁州刺史罗尚，闻赵廞反，表："廞非雄才，蜀人不附，败亡可计日而待。"诏拜尚平西将军、益州刺史，督牙门将王敦、蜀郡太守徐俭、广汉太守辛冉等七千余人入蜀。特等闻尚来，甚惧，使其弟骧于道

正月十七日癸酉，杀掉濮阳哀王司马臧。

孙秀专擅把持朝政，司马伦所下的诏令，孙秀随意改动增删，甚至自己在青纸上写诏书。有时朝令夕改，百官像流水一样换来换去。张林一直与孙秀不和，加之怨恨没有得到开建府署的资格。暗地里给太子司马荂一封密信，说："孙秀专权不能服众，而功臣都是小人，扰乱了朝廷，应当把他们全部诛杀。"司马荂将这封信告诉了司马伦，司马伦又把这封信交给孙秀看。孙秀就劝说司马伦拘捕张林，把他杀了，并夷灭三族。

孙秀因为齐王司马冏、成都王司马颖、河间王司马颙，各自拥有强大的军队，独据一方，所以认为他们很危险，便把这三个亲王的僚属全部任用自己的亲信党羽充当，又加封司马冏为镇东大将军，司马颖为征北大将军，皆开府仪同三司，以优宠、安抚他们。

流民首领李庠骁勇又很得人心，赵廞逐渐忌恨他，但又没有说。长史蜀郡人杜淑、张粲劝说赵廞道："将军刚刚起兵、就仓促派李庠在外掌握重兵。他不是我们的族类，一定不会和我们一条心，这是倒转长矛交给别人让他向我们攻击，应当尽快设法对付他。"正碰上李庠劝说赵廞称帝，杜淑、张粲告诉赵廞，这是李庠大逆不道，便把李庠与他的儿子、侄子十多人一齐杀了。当时李特、李流都在外带兵，赵廞派人去安抚告慰他们说："李庠说了不应该说的话，应判死罪。与你们兄弟不相干。"又任命李特、李流为督将。李特、李流怨恨赵廞，便带领兵马回归绵竹。

赵廞的牙门将涪陵人许弇，请求担任巴东监军，杜淑、张粲坚持不答应，许弇大怒，亲手在赵廞门前杀了杜淑、张粲，杜淑、张粲的左右随从又杀了许弇。这三人都是赵廞的心腹亲信，赵廞因此而衰败。

赵廞派遣长史犍为人费远、蜀郡太守李苾、督护常俊率领一万多人截断北来的道路，驻扎在绵竹的石亭。李特秘密聚集了七千多名士兵，夜袭费远等人所率领的军队，用火烧他们，被烧死的十有八九，于是进攻成都。费远、李苾以及军谘祭酒张微，趁夜夺路而逃，文武官员全部跑散。赵廞一个人与妻子乘小船逃走，到广都时，被随从杀死。李特进入成都，纵兵大肆抢掠，派遣使者到洛阳，陈述赵廞的罪状。

当初，梁州刺史罗尚，听说赵廞谋反，曾上书说："赵廞不是雄才大略的人，蜀地的人们不会归附他，他的失败灭亡指日可待。"朝廷任命罗尚为平西将军、益州刺史，督牙门将王敦、蜀郡太守徐俭、广汉太守辛冉等率七千多人进入蜀地。李特

奉迎，并献珍玩。尚悦，以骧为骑督。特、流复以牛酒劳尚于绵竹，王敦、辛冉说尚曰："特等专为盗贼，宜因会斩之。不然，必为后患。"尚不从。冉与特有旧，谓特曰："故人相逢，不吉当凶矣。"特深自猜惧。

三月，尚至成都。汶山羌反，尚遣王敦讨之，为羌所杀。

（以上为第二段，写蜀地赵廞的叛军发生内讧，李特因其兄李庠被杀而起兵攻打，赵廞被打败，被部下所杀；李特进入成都，纵兵大肆抢掠，成了新的反叛首领。）

齐王冏谋讨赵王伦，未发，会离狐王盛、颍川王处穆聚众于浊泽，百姓从之，日以万数。伦以其将管袭为齐王军司，讨盛、穆，斩之。冏因收袭，杀之，与豫州刺史何勖、龙骧将军董艾等起兵，遣使告成都王颖、河间王颙、常山王乂及南中郎将新野公歆，移檄征、镇、州、郡、县、国，称："逆臣孙秀，迷误赵王，当共诛讨。有不从命者，诛及三族。"

使者至邺，成都王颖召邺令卢志谋之。志曰："赵王篡逆，人神共愤，殿下收英俊以从人望，杖大顺以讨之，百姓必不召自至，攘臂争进，蔑不克矣。"颖从之，以志为谘议参军，仍补左长史。志，毓之孙也。颖以兖州刺史王彦、冀州刺史李毅、督护赵骧、石超等为前锋，远近响应；至朝歌，众二十余万。超，苞之孙也。

常山王乂在其国，与太原内史刘暾各帅众为颖后继。

新野公歆得冏檄，未知所从。嬖人王绥曰："赵亲而强，齐疏而弱，公宜从赵。"参军孙询大言于众曰："赵王凶逆，天下当共诛之，何亲疏强弱之有！"歆乃从冏。

前安西参军夏侯奭在始平，合众数千人以应冏，遣使邀河间王颙。颙用长史李含谋，遣振武将军河间张方讨擒奭及其党，腰斩之。冏檄至，颙执冏使送于伦，遣张方将兵助伦。方至华阴，颙闻二王兵盛，复召方还，更附二王。

等人听说罗尚到来，非常惧怕，派弟弟李骧在路上迎接，并献上珍宝古玩。罗尚非常高兴，任用李骧为骑督。李特、李流又在绵竹用牛、酒犒劳罗尚。王敦、辛冉劝罗尚说：“李特等人专会作盗贼，应当趁机杀了，否则一定是后患。”罗尚没有听从。辛冉与李特以前虽有过交往，辛冉对李特说：“故人相逢，不是吉祥，便是凶险。”李特深深猜疑害怕。

三月，罗尚到达成都。汶山羌人造反，罗尚派王敦攻打，被羌人杀死。

齐王司马冏商议攻打赵王司马伦，还没有动兵，碰上离狐人王盛、颍川人处穆在浊泽聚众，百姓响应跟随他们，一天就有万人。司马伦派他的属将管袭任齐王的军司，攻打王盛、处穆，杀死他们。司马冏则趁机拘捕并杀死了管袭，与豫州刺史何勖、龙骧将军董艾等人起兵，派遣使者通告成都王司马颖、河间王司马颙、常山王司马乂以及南中郎将新野公司马歆，向征、镇、州、郡、县、国等各地行政部门传布檄文，说：“叛逆之臣孙秀，迷惑、妨害赵王，应该共同讨伐。有不听从命令的，诛灭三族。”

使者到了邺县，成都王司马颖召集邺县令卢志商议计划，卢志说：“赵王篡权叛逆，神怒人怨，殿下召集英雄俊杰以顺从民意、扶持正义攻打他，百姓一定会不召而自至，举起臂膀争相前来，没有不成功的道理。”司马颖采纳了卢志的话，以卢志为谘议参军，仍补任左长史卢志，是卢毓的孙子。司马颖以兖州刺史王彦、冀州刺史李毅，督护赵骧、石超等人为前锋，远方近处纷纷响应。到达朝歌，人数已达二十多万人。石超是石苞的孙子。

常山王司马乂在他的封国，与太原内史刘暾，各率领人马作为司马颖的后续军队。

新野公司马歆接到司马冏的檄文，不知道怎么办。他的宠信王绥说：“赵王亲近而又强大，齐王疏远而又微弱，您应该跟随赵王。”参军孙询高声对众人说：“赵王凶暴叛逆，天下应当共同讨伐他，还讲什么亲疏强弱？”于是司马歆就跟随了司马冏。

前安西参军夏侯奭在始平，聚集了几千人响应司马冏，派使者邀请河间王司马颙。司马颙采用长史李含的计谋，派遣振武将军河间人张方攻打擒获并腰斩夏侯奭及其党羽。司马冏的檄文传到，司马颙抓住司马冏的使者送给司马伦，派遣张方率兵帮助司马伦。张方到达华阴，司马颙又听说司马冏、司马颖二王的兵势强大，又

冏檄至扬州，州人皆欲应冏。刺史郗隆，虑之玄孙也，以兄子鉴及诸子悉在洛阳，疑未决，悉召僚吏谋之。主簿淮南赵诱、前秀才虞潭皆曰："赵王篡逆，海内所疾；今义兵四起，其败必矣。为明使君计，莫若自将精兵，径赴许昌，上策也；遣将将兵会之，中策也；量遣小军，随形助胜，下策也。"隆退，密与别驾顾彦谋之，彦曰："诱等下策，乃上计也。"治中留宝、主簿张褒、西曹留承闻之，请见，曰："不审明使君今当何施？"隆曰："我俱受二帝恩，无所偏助，欲守州而已。"承曰："天下，世祖之天下也；太上承代已久，今上取之，不平，齐王顺时举事，成败可见。使君不早发兵应之，狐疑迁延，变难将生，此州岂可保也！"隆不应。潭，翻之孙也。隆停檄六日不下，将士愤怨。参军王邃镇石头，将士争往归之，隆遣从事于牛渚禁之，不能止。将士遂奉邃攻隆，隆父子及顾彦皆死，传首于冏。

安南将军、监沔北诸军事孟观，以为紫宫帝座无他变，伦必不败，乃为之固守。

伦、秀闻三王兵起，大惧，诈为冏表，曰："不知何贼猝见攻围，臣懦弱，不能自固，乞中军见救，庶得归死。"以其表宣示内外；遣上军将军孙辅、折冲将军李严帅兵七千自延寿关出，征虏将军张泓、左军将军蔡璜、前军将军闾和帅兵九千自崿阪关出，镇军将军司马雅、扬威将军莫原帅兵八千自成皋关出，以拒冏。遣孙秀子会督将军士猗、许超帅宿卫兵三万以拒颖。召东平王楙为卫将军，都督诸军；又遣京兆王馥、广平王虔帅兵八千为三军继援。伦、秀日夜祷祈、厌胜以求福；使巫觋选战日；又使人于嵩山著羽衣，诈称仙人王乔，作书述伦祚长久，欲以惑众。

（以上为第三段，写齐王司马冏谋诛称帝的赵王司马伦，通告成都王司马颖、河间王司马颙、常山王司马乂等，群起相应，而司马伦派兵抵抗，既失民心，失败指日可待。）

闰月，丙戌朔，日有食之。自正月至于是月，五星互经天，纵横无常。

张泓等进据阳翟，与齐王冏战，屡破之。冏军颍阴，夏，四月，泓

召张方回来，改为附随司马冏、司马颖二王。

司马冏的檄文到了扬州，扬州人都打算响应他。刺史郗隆是郗虑的五世孙，因为哥哥的儿子郗鉴和几个儿子都在洛阳而迟疑不定，就召集全体僚属谋划此事。主簿淮南人赵诱、前秀才虞潭都说："赵王篡权叛逆，海内都憎恨他，现在四处都兴起举义兵马，赵王必败无疑。为您考虑，不如亲率精兵直赴许昌，这是上策；派遣将领率兵响应是中策；酌量派遣小支兵马看形势而动是下策。"郗隆退下，又与别驾顾彦密谋此事，顾彦说："赵诱等人所说的下策，是上策。"治中留宝、主簿张褒、西曹留承听说后，请求进见，说："不明白您现在打算怎么办？"郗隆说："我受宣帝、武帝之恩，没有倾向偏助哪一方，只打算守住我所管辖的扬州而已。"留承说："天下是文帝打下的天下，太上皇继承帝位已经很长时间，赵王取代他，不公平，齐王顺应时势举事，成败能够想见。您不早些发兵响应他，而狐疑拖延，变故灾难就要发生，扬州怎么能保住呢？"郗隆没有回答。虞潭是虞翻的孙子。郗隆压住檄文六天没有下达，将士官兵激愤怨恨，参军王邃镇守石头城，将士们争相前去归附，郗隆派遣从事到牛渚制止他们，没有效果。将士们就都跟随王邃攻打郗隆，郗隆父子和顾彦都被杀死，首级传献给司马冏。

安南将军、监沔北诸军事孟观，夜观星象，认为紫宫帝座没有其他变化，那么司马伦一定不会失败，于是就为司马伦顽强防守。

司马伦、孙秀听说司马冏等三个亲王兴兵，非常恐惧，伪造司马冏给朝廷的奏书，说："不知是什么强盗突然包围了我，我懦弱无能无法自保，乞求朝廷派禁军救援，使我能够回到朝廷领罪。"司马伦等把这份伪造的奏书在朝廷内外传扬展示，派遣上军将军孙辅、折冲将军李严带领七千士兵出延寿关，派征虏将军张泓、左军将军蔡璜、前军将军闾和带领九千士兵出阪关，派镇军将军司马雅、扬威将军莫原带领八千士兵出成皋关，用以抵御司马冏。派遣孙秀的儿子孙会督率将军士猗、许超带领三万宿卫兵来抵御司马颖。宣召东平王司马楙为卫将军，监督各路兵马，又派遣京兆王司马馥、广平王司马虔带领八千士兵作为三支兵马的预备后援。司马伦、孙秀日夜祈祷，用诅咒、厌胜的法术祈求鬼神降福保佑。让男巫选择确定作战的日期，又派人穿上羽衣到嵩山，乔装打扮，自称仙人王乔，写信说司马伦的帝位定会长久，想以此迷惑众人。

闰月初一丙戌朔，出现日食。从正月到这个月，五个星在白昼出现，位置错乱，失去规律。

张泓等人攻占阳翟，与齐王司马冏交战，多次打败司马冏。司马冏驻扎在颍阴。

乘胜逼之，冏遣兵逆战。诸军不动，而孙辅、徐建军夜乱，径归洛自首曰："齐王兵盛，不可当，泓等已没矣！"赵王伦大恐，秘之，而召其子虔及许超还。会泓破冏露布至，伦乃复遣之。泓等悉帅诸军济颍攻冏营，冏出兵击其别将孙髦、司马谭等，破之，泓等乃退。孙秀诈称已破冏营，擒得冏，令百官皆贺。

成都王颖前锋至黄桥，为孙会、士猗、许超所败，杀伤万余人，士众震骇。颖欲退保朝歌，卢志、王彦曰："今我军失利，敌新得志，有轻我之心。我若退缩，士气沮衄，不可复用。且战，何能无胜负！不若更选精兵，星行倍道，出敌不意，此用兵之奇也。"颖从之。伦赏黄桥之功，士猗、许超与孙会皆持节。由是各不相从，军政不一，且恃胜轻颖而不设备。颖帅诸军击之，大战于溴水，会等大败，弃军南走。颖乘胜长驱济河。

自冏等起兵，百官将士皆欲诛伦、秀，秀惧，不敢出中书省；及闻河北军败，忧懑不知所为。孙会、许超、士猗等至，与秀谋，或欲收余卒出战；或欲焚宫室，诛不附己者，挟伦南就孙旂、孟观；或欲乘船东走入海；计未决。

辛酉，左卫将军王舆与尚书广陵公漼帅营兵七百余人自南掖门入宫，三部司马为应于内，攻孙秀、许超、士猗于中书省，皆斩之，遂杀孙奇、孙弼及前将军谢惔等。漼，伷之子也。

王舆屯云龙门，召八坐皆入殿中，使伦为诏曰："吾为孙秀所误，以怒三王；今已诛秀。其迎太上皇复位，吾归老于农亩。"传诏以驺虞幡敕将士解兵。黄门将伦自华林东门出，及太子荂皆还汶阳里第，遣甲士数千迎帝于金墉城。百姓咸称"万岁"。帝自端门入，升殿，群臣顿首谢罪。诏送伦、荂等赴金墉城。广平王虔自河北还，至九曲，闻变，弃军，将数十人归里第。

癸亥，赦天下，改元，大酺五日。分遣使者慰劳三王。梁王肜等表：

夏季，四月，张泓乘胜进逼司马冏，司马冏派兵迎战。司马伦的各路军马都没有变化，而孙辅、徐建所率领的军队夜间出现变乱，就直接逃回洛阳请罪说："齐王兵势强大，势不可当，张泓等人已全军覆没了！"赵王司马伦大为恐慌，秘而不宣，急忙召他的儿子司马虔及许超回来。这时张泓打败司马冏的战报到了，赵王司马伦才又派遣司马虔与许超带兵回去。张泓等人率领各支兵马渡颍水攻打司马冏的兵营，司马冏出兵打败了配合张泓主力行动的孙髦、司马谭等人的军队，张泓等人也就退却了。孙秀等人却造谣宣称已经击破司马冏的兵营，活捉了司马冏，还让文武百官都来祝贺。

成都王司马颖所部前锋到达黄桥，被孙会、士猗、许超的军队打败，死伤一万多人，士兵们都感到震惊恐惧。司马颖打算撤退到朝歌防守，卢志、王彦说："现在我军失利，敌人刚刚得志，心里轻视我们。我们如果退缩，士气势必沮丧受挫，而不能再用。再说打仗怎么能没有胜负？还不如另选精兵，星夜赶路，出其不意，这就是用兵要出人意外。"司马颖采纳了这个建议。司马伦奖赏黄桥之战的有功之人，士猗、许超与孙会都具有了掌握符节发号施令的权力。因此他们互相都不听从对方，军队政令不统一，又倚仗着初战告捷而轻视司马颖，没有设防备战。司马颖带领所属各支兵马袭击他们，与他们在溴水展开激烈战斗。孙会等人惨败，临阵丢下军队向南仓皇逃窜。司马颖乘胜长驱直入渡过黄河。

自从司马冏等人起兵，朝廷文武百官以及禁军将士都想诛杀司马伦和孙秀，孙秀非常胆怯，不敢离开中书省。等到听说河北的军队战败，忧郁烦躁，不知所措。孙会、许超、士猗等人逃回来后，与孙秀商议，有的提出聚集剩余的兵力去交战，有的提出焚毁皇宫殿堂，诛杀不听从自己的人，挟制司马伦南逃，投奔孙旂、孟观。有的还提出乘船东行入海。但没有商议出结果。

四月初七辛酉，左卫将军王舆和尚书广陵公司马漼，带领七百多名士兵从南掖门进入皇宫，三部司马在里面为内应，在中书省向孙秀、许超、士猗发起攻击，把他们全杀了。于是又杀了孙奇、孙弼及前将军谢惔等人。司马漼是司马伷的儿子。

王舆在云龙门驻守，召集朝廷八个部门的高级官吏都进入宫殿，让司马伦下诏，说："我被孙秀等人所害，因此激怒三亲王。现在已诛杀孙秀。要迎接太上皇恢复皇位，我则归田养老。"传诏官用驺虞幡命令将士解除武装。宦官把司马伦从华林园东门带出，与太子司马荂一起都送回到汶阳里府第，派遣几个武装士兵到金墉城迎接惠帝司马衷。百姓都呼喊万岁。惠帝从端门进宫，登上宫殿，大臣们都跪拜叩头请罪。诏令把司马伦、司马荂等人送到金墉城。广平王司马虔从河北回来，到达九曲，听说朝廷的变故，就离弃军队，带领几十个人回到自己的府第。

四月初九癸亥，惠帝宣布实行大赦，改年号为永宁。诏赐臣民聚饮五天，分别

“赵王伦父子凶逆，宜伏诛。”丁卯，遣尚书袁敞持节赐伦死，收其子荂、馥、虔、诩，皆诛之。凡百官为伦所用者皆斥免，台、省、府、卫，仅有存者。是日，成都王颖至。

己巳，河间王颙至。颖使赵骧、石超助齐王冏讨张泓等于阳翟，泓等皆降。自兵兴六十余日，战斗死者近十万人。斩张衡、闾和、孙髦于东市，蔡璜自杀。五月，诛义阳王威。襄阳太守宗岱承冏檄斩孙旂，永饶冶令空桐机斩孟观，皆传首洛阳，夷三族。

立襄阳王尚为皇太孙。

（以上为第四段，写齐王司马冏等军队攻打赵王司马伦出现了重大转机，佞臣孙秀被斩首，司马伦发出退位诏书，司马衷又被扶持上位，接着进行新的一轮清算，赵王伦父子以及同党均被处死。）

六月，乙卯，齐王冏帅众入洛阳，顿军通章署，甲士数十万，威震京都。

戊辰，赦天下。

复封宾徒王晏为吴王。

甲戌，诏以齐王冏为大司马，加九锡，备物典策，如宣、景、文、武辅魏故事；成都王颖为大将军，都督中外诸军事，假黄钺，录尚书事，加九锡，入朝不趋，剑履上殿；河间王颙为侍中、太尉，加三赐之礼；常山王乂为抚军大将军，领左军；进广陵公漼爵为王，领尚书，加侍中；进新野公歆爵为王，都督荆州诸军事，加镇南大将军。齐、成都、河间三府，各置掾属四十人，武号森列，文官备员而已，识者知兵之未戢也。

己卯，以梁王肜为太宰，领司徒。

光禄大夫刘蕃女为赵世子荂妻，故蕃及二子散骑侍郎舆、冠军将军琨皆为赵王伦所委任。大司马冏以琨父子有才望，特宥之，以舆为中书郎，琨为尚书左丞。又以前司徒王戎为尚书令，刘暾为御史中丞，王衍为河南尹。

新野王歆将之镇，与冏同乘谒陵，因说冏曰：“成都王至亲，同建大

派遣使者慰劳司马冏等三个亲王。梁王司马肜上奏说："赵王司马伦父子凶暴叛逆，应当处死。"四月十三日丁卯，派遣尚书袁敞持符节赐司马伦死，拘捕他的儿子司马荂、司马馥、司马虔、司马诩，并将他们全部处死。文武百官中凡为司马伦任用过的全部贬斥罢免，台、省、府、卫各部门留任的官员所剩无几。当天，成都王司马颖到达。

四月十五日己巳，河间王司马颙到达。司马颖派赵骧、石超到阳翟去帮助齐王司马冏讨伐张泓等人，张泓等人全部投降。战事持续了六十多天。有近十万人在战争中丧命。接着在东市诛杀张衡、闾和、孙髦，蔡璜自杀。五月，诛杀义阳王司马威。襄阳太守宗岱遵照司马冏的檄文诛杀孙旂，永饶冶令空桐机杀死孟观，都将首级送到洛阳，并诛杀孙旂、孟观三族。

立襄阳王司马尚为皇太孙。

六月初二乙卯，齐王司马冏带领部众进入洛阳。军队在通章署停留，全副武装的士兵有几十万人，威震京都洛阳。

六月十五日戊辰，实行大赦。

重新封宾徒王司马晏为吴王。

六月二十日甲戌，惠帝下诏，任命齐王司马冏为大司马，赐加九锡，为他准备的物品典制策书，像过去宣帝、景帝、文帝、武帝辅佐曹魏时那样。成都王司马颖担任大将军、都督中外诸军事、录尚书事，并给予天子使用的黄金钺，赐加九锡，特许入朝时可穿鞋并携带佩剑，不必趋行。河间王司马颙担任侍中、太尉，加赐弓矢、钺、圭瓒三锡。常山王司马乂担任抚军大将军、统领左军，封广陵公司马漼为王，并兼任尚书、加授侍中。封新野公司马歆为王，都督荆州诸军事，加授镇南大将军。齐王、成都王、河间王三个王府，分别设置僚属四十人，有武号的属官森然排列，文官仅配充数而已。因此头脑清醒的人都认识到兵祸并没有止息。

六月二十六日己卯，任梁王司马肜为太宰，兼任司徒。

光禄大夫刘蕃的女儿是赵王司马伦长子司马荂的妻子，所以刘蕃和两个儿子散骑侍郎刘舆、冠军将军刘琨都是赵王司马伦委任的。大司马司马冏因为刘琨父子有才能及声望，特地宽恕了他们，任刘舆为中书郎，任刘琨为尚书左丞，又让前司徒王戎担任尚书令，任刘暾为御史中丞，任王衍为河南尹。

新野王司马歆将要赴镇南大将军之任时，与司马冏同车去拜谒陵墓，借机对司

勋，今宜留之与辅政；若不能尔，当夺其兵权。”

常山王乂与成都王颖俱拜陵，乂谓颖曰：“天下者，先帝之业，王宜维正之。”闻其言者，莫不忧惧。卢志谓颖曰：“齐王众号百万，与张泓等相持不能决；大王径前济河，功无与贰。今齐王欲与大王共辅朝政。志闻两雄不俱立，宜因太妃微疾，求还定省，委重齐王，以收四海之心，此计之上也。”颖从之。

帝见颖于东堂，慰劳之。颖拜谢曰：“此大司马冏之勋，臣无豫焉。”因表称冏功德，宜委以万机，自陈母疾，请归藩。即辞出，不复还营，便谒太庙，出自东阳城门，遂归邺。遣信与冏别，冏大惊，驰出送颖，至七里涧，及之。颖住车言别，流涕滂沱，惟以太妃疾苦为忧，不及时事。由是士民之誉皆归颖。

（以上为第五段，写晋惠帝下令褒奖攻灭赵王司马伦的有功人员，齐王司马冏、成都王司马颖获得重赏，而新的矛盾也在两位重臣间展开，刀光剑影，蓄势待发。）

冏辟新兴刘殷为军谘祭酒，洛阳令曹摅为记室督，尚书郎江统、阳平太守河内苟晞参军事，吴国张翰为东曹掾，孙惠为户曹掾，前廷尉正顾荣及顺阳王豹为主簿。惠，贲之曾孙；荣，雍之孙也。

殷幼孤贫，养曾祖母以孝闻，人以谷帛遗之，殷受而不谢，直云：“待后贵，当相酬耳。”及长，博通经史，性倜傥有大志，俭而不陋，清而不介，望之颓然而不可侵也。冏以何勖为中领军，董艾典枢机，又封其将佐有功者葛旟、路秀、卫毅、刘真、韩泰皆为县公，委以心膂，号曰“五公”。

成都王颖至邺，诏遣使者就申前命；颖受大将军，让九锡殊礼。表论兴义功臣，皆封公侯。又表称：“大司马前在阳翟，与贼相持既久，百姓困敝，乞运河北邸阁米十五万斛，以赈阳翟饥民。”造棺八千余枚，以成都国秩为衣服，敛祭黄桥战士，旌显其家，加常战亡二等。又命温县瘗赵王伦战士万四千余人。皆卢志之谋也。颖貌美而神昏，不知书，然气性敦厚，委事于志，故得成其美焉。诏复遣使谕颖入辅，并使受九锡。颖嬖人孟玖不欲还洛，又，程太妃爱恋邺都，故颖终辞不拜。

马冏说："成都王与惠帝关系最为亲近，又同您一起建立大功勋，现在应当把他留下来与您一起辅佐朝政。如果不能这样，应该剥夺他的兵权。"

常山王司马乂和成都王司马颖也一起去拜谒陵墓，司马乂对司马颖说："今天的天下，是先帝的功业，你应当考虑主持朝政。"听到这话的人无不感到忧虑、恐惧。卢志对司马颖说："齐王的军队虽然号称百万，但和张泓等人作战时却相持而不能决胜，您则一直前进渡过黄河，功劳无人能够与您相提并论。现在齐王却要同您共同辅佐朝政。我听说两雄不能并存，应当趁太妃有小病，请求回封国侍奉太妃，把大权让给齐王，这样来使天下人心都归附于您，这是上策。"司马颖采纳了这个意见。

惠帝在东堂会见司马颖，慰问犒劳他。司马颖拜谢说："这是大司马的功劳，我并没有参与什么。"于是，就上书称赞司马冏的功劳与美德，应当委以处理天下大事的重任，又陈说母亲有病，请求回归封地。随即告辞出宫，不再回住地，立刻拜谒太庙，从东阳城门出去，就回封地邺城了。派信使去同司马冏辞别，司马冏非常惊讶，急驰出城，去送司马颖，到了七里涧，追上了他。司马颖停下车话别，泪如雨下，只是忧虑太妃的病，而没有说到时政。因此士人与百姓的赞誉都归向司马颖。

司马冏征召新兴人刘殷担任军谘祭酒，洛阳令曹摅任记室督，尚书郎江统、阳平太守河内人苟晞任参军，吴国人张翰任东曹掾，孙惠为户曹掾，前廷尉正顾荣和顺阳人王豹任主簿。孙惠是孙贲的曾孙，顾荣是顾雍的孙子。

刘殷年幼时失去父母，家境贫寒，赡养曾祖母而以孝著称，有人送给他粮食布帛，刘殷接受而不道谢，直说："等我富贵了一定酬谢。"长大后，学识渊博，精通经史典籍，性情卓越，胸怀大志，节俭而不粗陋，清高而不孤僻，使人看到他不由得感到恭顺而不能侵犯。司马冏任用何勖为中领军。让董艾掌握枢密机要，又把有功的军事长官葛旟、路秀、卫毅、刘真、韩泰都封为县公，作为心腹依靠，号称"五公"。

成都王司马颖到达邺城，朝廷诏令使者到邺城重申以前的任命，司马颖接受了大将军的职位，而辞让九锡这种特殊的礼仪。司马颖上书评价讨伐赵王司马伦过程中的功臣，都被封为公、侯。又上书称："大司马在阳翟时，曾与贼兵相持了很久，百姓因此困顿疲惫，请求准许运送所辖的黄河以北地区的仓库米十五万斛，去赈济阳翟的灾民。"又打造了八千多副棺木，用自己的俸禄缝制衣服，装敛祭祀黄桥之战的死亡士兵，表彰他们的家属，使他们感到荣耀，抚恤也比平常战亡提高二级，又命令温县地区掩埋赵王司马伦的死亡士兵一万四千多人。这些都是卢志的计谋。司马颖相貌漂亮而神智糊涂，不通文书，但是性格敦厚，将事务都委托给卢志，所以

初，大司马冏疑中书郎陆机为赵王伦撰禅诏，收，欲杀之；大将军颖为之辩理，得免死，因表为平原内史，以其弟云为清河内史。机友人顾荣及广陵戴渊，以中国多难，劝机还吴；机以受颖全济之恩，且谓颖有时望，可与立功，遂留不去。

秋，七月，复封常山王乂为长沙王，迁开府、骠骑将军。

东莱王蕤，凶暴使酒，数陵侮大司马冏，又从冏求开府不得而怨之，密表冏专权，与左卫将军王舆谋废冏。事觉，八月，诏废蕤为庶人，诛舆三族，徙蕤于上庸，上庸内史陈钟承冏旨潜杀之。

赦天下。

东武公澹坐不孝，徙辽东。九月，征其弟东安王繇复旧爵，拜尚书左仆射。繇举东平王楙为平东将军、都督徐州诸军事，镇下邳。

（以上为第六段，写晋惠帝司马衷重新登位，依然是傀儡；齐王司马冏为大司马，执掌朝政；成都王司马颖驻镇邺城，窥视朝堂；诸王矛盾重重，新的动乱正在形成。）

初，朝廷符下秦、雍州，使召还流民入蜀者，又遣御史冯该、张昌督之。李特兄辅自略阳至蜀，言中国方乱，不足复还。特然之，累遣天水阎式诣罗尚求权停至秋，又纳赂于尚及冯该，尚、该许之。朝廷论讨赵廞功，拜特宣威将军，弟流奋武将军，皆封侯。玺书下益州，条列六郡流民与特同讨廞者，将加封赏。广汉太守辛冉欲以灭廞为己功，寝朝命，不以实上，众咸怨之。

罗尚遣从事督遣流民，限七月上道。时流民布在梁、益，为人佣力，闻州郡逼遣，人人愁怨，不知所为；且水潦方盛，年谷未登，无以为行资。特复遣阎式诣尚，求停至冬，辛冉及犍为太守李苾以为不可。尚举别驾杜弢秀才，式为弢说逼移利害，弢亦欲宽流民一年。尚用冉、苾之谋，不从；弢乃致秀才板，出还家。冉性贪暴，欲杀流民首领，取其资

能够成就美名。朝廷又下诏派使者通告司马颖入朝辅政，并让他接受九锡礼仪。司马颖的宠信孟玖不想回洛阳，又加上程太妃眷恋邺都，所以司马颖始终推辞而不去接受任命。

当初，大司马司马冏怀疑中书郎陆机为赵王司马伦撰写惠帝禅让帝位的诏书而拘捕了他，打算处死。大将军司马颖为陆机辩护说理，陆机得以免除死罪，司马颖又上奏陆机为平原内史，陆机的弟弟陆云为清河内史。陆机的朋友顾荣和广陵人戴渊，因为中原多灾多难，就劝陆机回到吴地。陆机因为受了司马颖保全济助的恩德，再说，司马颖当时深孚众望，以为可以为他做事立功，于是就留下，没有离去。

秋季，七月，朝廷又封常山王司马乂为长沙王，升为有开置府署资格的骠骑将军。

东莱王司马蕤，凶暴酗酒，多次欺侮大司马司马冏。又因向司马冏请求开府没有如愿而怨恨他，秘密上奏司马冏专擅权力，与左卫将军王舆密谋废掉司马冏。事情被发觉。八月，惠帝下诏，把司马蕤废黜为平民，诛杀王舆三族；发配司马蕤到上庸，上庸内史陈钟秉承司马冏的旨意，把司马蕤秘密处死。

实行大赦。

东武公司马澹因为不孝之罪被发配到辽东。九月，征召他的弟弟东安王司马繇，恢复旧的爵位，任命为尚书左仆射。司马繇举荐东平王司马楙为平东将军、都督徐州诸军事，镇守下邳。

当初，朝廷下令秦州、雍州，召回流入蜀地的流民，又派遣御史冯该、张昌监督执行。李特的哥哥李辅从略阳到蜀地，说中原刚发生过变乱，不必回去。李特同意这个主张，多次让天水人阎式拜访益州刺史罗尚，请求通融暂且停留到秋天；又贿赂罗尚和冯该，罗尚、冯该同意了李特的请求。朝廷讨论攻打赵廞的功劳，任命李特为宣威将军、弟弟李流为奋武将军，都封为侯。朝廷文书下达益州，让开列同李特一起讨伐赵廞的六郡流民名单，准备予以封赏。广汉太守辛冉想把消灭赵廞贪为己功，不执行朝廷旨意，不如实上报，大家都怨恨他。

罗尚派从事去监督遣送流民，限令七月上路，当时流民分布在梁州、益州地区，为人当佣工，听说州郡逼迫遣返，人人忧愁怨恨，不知所措，加上雨水很多，当年的粮谷还没有收打，没有路费。李特又派阎式拜访罗尚，请求暂缓到冬天。辛冉和犍为太守李苾认为不能延缓。罗尚荐举别驾杜弢为秀才，阎式为杜弢陈说逼迫迁移的利害关系，杜弢也想对流民宽限一年。而罗尚却采用了辛冉、李苾的建议，没有

货，乃与苾白尚，言："流民前因赵廞之乱，多所剽掠，宜因移设关以夺取之。"尚移书梓潼太守张演，于诸要施关，搜索宝货。

特数为流民请留，流民皆感而恃之，多相帅归特。特乃结大营于绵竹以处流民，移辛冉求自宽。冉大怒，遣人分榜通衢，购募特兄弟，许以重赏。特见之，悉取以归，与弟骧改其购云："能送六郡酋豪李、任、阎、赵、上官及氐、叟侯王一首，赏百匹。"于是，流民大惧，归特者愈众，旬月间过二万人。流亦聚众数千人。

特又遣阎式诣罗尚求申期，式见营栅冲要，谋掩流民，叹曰："民心方危，今而速之，乱将作矣。"又知辛冉、李苾意不可回，乃辞尚还绵竹。尚谓式曰："子且以吾意告诸流民，今听宽矣。"式曰："明公惑于奸说，恐无宽理。弱而不可轻者，民也，今趣之不以理，众怒难犯，恐为祸不浅。"尚曰："然。吾不欺子，子其行矣！"式至绵竹，言于特曰："尚虽云尔，然未可信也。何者？尚威刑不立，冉等各拥强兵，一旦为变，亦非尚所能制，深宜为备。"特从之。冬，十月，特分为二营，特居北营，流居东营，缮甲厉兵，戒严以待之。

冉、苾相与谋曰："罗侯贪而无断，日复一日，令流民得展奸计。李特兄弟并有雄才，吾属将为所虏矣！宜为决计，罗侯不足复问也。"乃遣广汉都尉曾元，牙门张显、刘并等潜帅步骑三万袭特营；罗尚闻之，亦遣督护田佐助元。元等至，特安卧不动，待其众半入，发伏击之，死者甚众。杀田佐、曾元、张显，传首以示尚、冉。尚谓将佐曰："此虏成去矣，而广汉不用吾言以张贼势，今若之何！"

于是，六郡流民共推特行镇北大将军，承制封拜，以其弟流行镇东大将军，号东督护，以相镇统；又以兄辅为骠骑将军，弟骧为骁骑将军，进兵攻冉于广汉。尚遣李苾、费远帅众救冉，畏特，不敢进。冉出战屡败，溃围奔德阳。特入据广汉，以李超为太守，进兵攻尚于成都。尚以书谕阎式，式复书曰："辛冉倾巧，曾元小竖，李叔平非将帅之才。式前

听从。杜弢就送还秀才板笏，回家了。辛冉性情贪婪凶暴，打算杀掉流民的首领，掠取流民的财产，就和李苾告诉罗尚说："流民以前趁赵廞叛乱，掠夺了很多财物，应当下发公文设置关卡收取这些财物。"罗尚下文给梓潼太守张演，在各路口要地设置关卡，拦截、搜索财宝。

李特多次请求留下流民，流民们都感激而倚仗他，许多人互相携带归附李特。李特就在绵竹设棚帐来安置流民，给辛冉去文，请求他予以宽限。辛冉勃然大怒，派人在各条大路上张贴告示，悬赏捉拿李特兄弟，许下很重的赏格。李特看见后，全部取下带回，与弟弟李骧更改悬赏的内容为："能送六郡首领李、任、阎、赵、上官以及氐、叟的侯王之中的任何一个人首级的，赏布百匹。"这样流民大为恐惧，归附李特的人越来越多，一个月之间就超过了两万人，李流也聚集了几千人。

李特又派阎式去见罗尚，请求重新确定期限。阎式看到各处要冲在营建栅栏，图谋捕取流民，感叹说："民心正不安定，现在却又急于遣送，变乱就要发生了。"又得知辛冉、李苾态度不会改变，就告辞罗尚返回绵竹。罗尚对阎式说："你就权且告诉流民说，我的意见是听任放宽期限了。"阎式说："您受奸说蒙蔽，恐怕没有宽期的打算。百姓是卑弱，但是不能轻视的。您现在不讲道理，一味地催促他们，众怒难犯，恐怕为祸不浅。"罗尚说："是的，我不骗你，你走吧！"阎式到了绵竹，对李特说："罗尚虽然这样说了，但是也不可相信。为什么呢？是因为罗尚的威势和刑法都没有确立，辛冉等人都各自把持着强大的兵力，一旦他们变乱，也不是罗尚所能制服的，应当做好充分的准备。"李特采纳了这个意见。冬季，十月，李特把部下分作两个军营驻扎，李特在北营，李流在东营，整修铠甲，磨砺兵器，严阵以待。

辛冉、李苾互相商议说："罗尚贪婪而没有决断能力，日复一日，使流民奸诈的计谋能够得以施展。李特兄弟都具有雄武的才能，我们势必会被他们俘虏，应当尽快做出决策，罗尚不值得再去请示了。"就派广汉都尉曾元，牙门将张显、刘并等暗里带领三万步兵、骑兵袭击李特的营帐。罗尚听说后，也派督护田佐援助曾元。曾元等人到了，李特按兵不动，等到曾元的兵马进来了一半，埋伏的士兵突然向他们猛击，打死了很多人，杀了田佐、曾元、张显。李特将三人的首级都送到罗尚、辛冉那里，给他们看。罗尚对属下军官说："李特这个贼虏终于成了气候，难以消除了，而广汉太守辛冉不听我的话，使李特的气势更加嚣张，现在还能怎么办呢？"

这时候，六郡的流民一致推举李特为镇北大将军，按照正式程序拜官受爵，封任他的弟弟李流为镇东大将军，号称东督护，镇守统领一方。又任命他的哥哥李辅为骠骑将军，弟弟李骧为骁骑将军，进军广汉，攻打辛冉。罗尚派李苾、费远率兵救助辛冉，但这些人都害怕李特，不敢向前。辛冉出兵迎战，吃了几次败仗，最后突围，逃奔德阳。李特进入并占据广汉，让李超担任太守；又进军成都，攻打罗尚，

为节下及杜景文论留、徙之宜。人怀桑梓，孰不愿之！但往日初至，随谷庸赁，一室五分，复值秋潦，乞须冬熟，而终不见听。绳之太过，穷鹿抵虎，流民不肯延颈受刀，以致为变。即听式言，宽使治严，不过去九月尽集，十月进道，令达乡里，何有如此也！”

特以兄辅、弟骧，子始、荡、雄及李含、含子国、离、任回、李攀、攀弟恭、上官晶、任臧、杨褒、上官惇等为将帅，阎式、李远等为僚佐，罗尚素贪残，为百姓患。特与蜀民约法三章，施舍赈贷，礼贤拔滞，军政肃然，蜀民大悦。尚频为特所败，乃阻长围，缘郫水作营，连延七百里，与特相拒，求救于梁州及南夷校尉。

十二月，颍昌康公何劭薨。

封大司马冏子冰为乐安王，英为济阳王，超为淮南王。

（以上为第七段，写西晋朝廷下令秦、雍六郡流民返归乡里，并派遣御史监督；流民首领李特请求暂缓，不被同意，矛盾激化，李特率领流民与官府对抗，攻占成都。）

太安元年（壬戌，302 年）

春，三月，冲太孙尚薨。

夏，五月，乙酉，梁孝王肜薨。

以右光禄大夫刘寔为太傅，寻以老病罢。

河间王颙遣督护衙博讨李特，军于梓潼；朝廷复以张微为广汉太守，军于德阳；罗尚遣督护张龟军于繁城。特使其子镇军将军荡等袭博；而自将击龟，破之。荡败博兵于阳沔，梓潼太守张演委城走，巴西丞毛植以郡降。荡进攻博于葭萌，博走，其众尽降。河间王颙更以许雄为梁州刺史。特自称大将军、益州牧、都督梁益二州诸军事。

大司马冏欲久专大政，以帝子孙俱尽，大将军颖有次立之势；清河王覃，遐之子也，方八岁，乃上表请立之。癸卯，立覃为皇太子，以冏

罗尚给阎式去信通告，阎式回信说：“辛冉狡诈刁猾，曾元是小人，李苾不是带兵的将帅之才，我以前给您和杜弢论说有关对于流民留下还是迁徙的事宜。从人情的角度来说，人人都怀念故乡，谁不愿意返回故乡呢？但是流民以前初来乍到，为了吃饭问题而给人雇佣卖力，一家四处分离，却又碰上秋雨绵绵，只能乞求冬作成熟。可是我的话始终没有被你接受。对流民的措施过于严厉，无路可走的鹿也会拼死与虎相斗，流民不会答应伸着脖颈等着任人宰割，所以导致变乱。假如接受我的意见，放宽期限，使流民能够从容整理行装，也不过九月过完后就能全部聚集，十月就可以上路，使他们回到故乡。那样，怎么能弄到如今这个地步！”

李特让兄李辅、弟李骧，儿子李始、李荡、李雄以及李含、李含的儿子李国、李离、李任回、李攀，李攀弟李恭、上官晶、任臧、杨褒、上官惇等人担任将帅，让阎式、李远等人为僚属。罗尚平素贪婪、残忍，是百姓的祸害。李特与蜀地百姓约法三章，遍施恩惠，取消劳役，赈济帮助百姓，以礼尊待贤人，提拔怀才不遇之士，军队政务严肃井然。蜀地百姓非常高兴。罗尚多次被李特击败，就设置大量工事，沿着郫水安营扎寨，战线长达七百里，与李特对峙，并向梁州和南夷校尉请求救援。

十二月，颍昌康公何劭去世。

封大司马司马冏的儿子司马冰为安乐王，封司马英为济阳王，封司马超为淮南王。

晋惠帝太安元年（壬戌，302 年）

春季，三月，皇太孙司马尚去世。

夏季，五月初七乙酉，梁孝王司马肜去世。

任命右光禄大夫刘寔为太傅，不久又因为他年迈生病而罢免。

河间王司马颙派督护衙博攻打李特，在梓潼驻军。朝廷又让张微担任广汉太守在德阳驻军。罗尚派督护张龟在繁城驻军。李特派他的儿子镇军将军李荡等袭击衙博，自己带兵攻击张龟，击溃了张龟。李荡在阳沔击败衙博的军队，梓潼太守张演弃城而逃，巴西丞毛植献郡投降。李荡在葭萌进攻衙博，衙博逃跑，他的士兵全部投降。河间王司马颙更换许雄担任梁州刺史。李特自封为大将军、益州牧，都督梁、益二州诸军事。

大司马司马冏想长久地独自控制朝政，但因为惠帝的子孙都死了，而大将军司马颖有按皇位继承次序递补的可能。清河王司马覃是司马遐的儿子，刚八岁，司马

为太子太师，东海王越为司空，领中书监。

秋，八月，李特攻张微，微击破之，遂进攻特营。李荡引兵救之，山道险狭，荡力战而前，遂破微兵。特欲还涪，荡及司马王幸谏曰："微军已败，智勇俱竭，宜乘锐气遂禽之。"特复进攻微，杀之，生禽微子存，以微丧还之。

特以其将骞硕守德阳。李骧军毗桥，罗尚遣军击之，屡为骧所败。骧遂进攻成都，烧其门。李流军成都之北。尚遣精勇万人攻骧，骧与流合击，大破之，还者什一二。许雄数遣军攻特，不胜，特势益盛。

建宁大姓李睿、毛诜逐太守许俊，朱提大姓李猛逐太守雍约以应特，众各数万。南夷校尉李毅讨破之，斩诜；李猛奉笺降，而辞意不逊，毅诱而杀之。冬，十一月，丙戌，复置宁州，以毅为刺史。

（以上为第八段，写大司马司马冏欲长久专控朝政，奏请立娃娃司马覃为皇太子；继续写晋朝与流民首领李特的争斗，晋军打了几次败仗，李特的势力逐渐强大起来。）

齐武闵王冏既得志，颇骄奢擅权，大起府第，坏公私庐舍以百数，制与西宫等，中外失望。侍中嵇绍上疏曰："存不忘亡，《易》之善戒也。臣愿陛下无忘金墉，大司马无忘颍上，大将军无忘黄桥，则祸乱之萌无由而兆矣。"又与冏书，以为："唐、虞茅茨，夏禹卑宫。今大兴第舍及为三王立宅，岂今日之急邪！"冏逊辞谢之，然不能从。

冏耽于宴乐，不入朝见；坐拜百官，符敕三台；选用不均，嬖宠用事。殿中御史桓豹奏事，不先经冏府，即加考竟。南阳处士郑方上书谏冏曰："今大王安不虑危，宴乐过度，一失也。宗室骨肉，当无纤介，今则不然，二失也。蛮夷不静，大王谓功业已隆，不以为念，三失也。兵革之后，百姓穷困，不闻赈救，四失也。大王与义兵盟约，事定之后，赏不逾时，而今犹有有功未论者，五失也。"冏谢曰："非子，孤不闻过。"

冏就上书奏请册立司马覃。二十五日癸卯，立司马覃为皇太子，让司马冏担任太子太师，让东海王司马越担任司空，兼任中书监。

秋季，八月，李特攻打张微，张微打败了李特，于是乘胜进攻李特的军营。李荡率军救援李特，山路险峻狭窄，李荡奋力战斗向前推进，击溃张微的兵马。李特想返回涪陵，李荡和司马王幸劝说道："张微的军队已经失败，智谋与勇气都枯竭了，应当乘着胜利的锐气趁机擒获他。"李特就又进攻张微，杀死张微，俘获张微的儿子张存，把张微的尸体还给张存。

李特派遣其将领骞硕驻守德阳，李骧驻军毗桥。罗尚派兵攻打，多次被李骧打败。李骧趁势进攻成都，火烧了成都城门。这时，李流驻军于成都城北，罗尚派一万精兵进攻李骧，李骧与李流联合夹击，重创罗尚的军队，生还者只有十分之一二。许雄多次派兵攻打李特，都没有取胜，李特的威势更加强大。

建宁的世家大族李睿、毛诜驱逐了建宁太守许俊，朱提的世家大族李猛驱逐了朱提太守雍约，都前来响应李特，各自拥有几万人。南夷校尉李毅讨伐并打败他们，杀死毛诜。李猛送上书信表示投降，但措辞和文意不够恭顺，李毅就把他引诱来杀掉。冬季，十一月十一日丙戌，朝廷重新设置宁州，让李毅担任刺史。

齐王司马冏如愿以偿，颇有些骄纵奢侈而独揽大权，大规模地建造府第，拆毁公私房屋上百处，格局规模与西宫相当，在朝廷内外失去声望。侍中嵇绍给惠帝上书，说："存在而不忘失去，是《易经》很好的警戒。我希望皇上不要忘了在金墉城的困苦，大司马不要忘了颍上之败，大将军不要忘了黄桥之败。那么祸乱的发端就无从开始了。"嵇绍又给司马冏写信，认为："尧、舜茅屋不修剪，夏禹住着低矮的宫室。现在大兴土木建造房舍和给三个亲王建造宅第，难道是今天所急于要做的事情吗？"司马冏用谦逊客气的话来认错，但并没有采纳。

司马冏沉湎于宴饮嬉乐之中，不上朝拜见惠帝，而在自己的府第里坐受百官的叩拜，用符节向各官署发号施令。他任用官吏不讲原则，使亲近小人掌握权力。殿中御史桓豹奏报情况，没有先经过司马冏的府署，司马冏就加以考问追究。南阳隐士郑方，上书劝说司马冏说："现在您居安不思危，宴饮玩乐超过限度，是失误之一；皇族骨肉之间本不应当存有细小的矛盾，现在则不是这样，是失误之二；四方蛮族、夷族并不宁静，您却说功业已经十分盛大，不把蛮夷事务放在心上，是失误之三；战乱之后，百姓贫穷疲困，却没有听说曾经赈济救援，是失败之四；您曾经与攻打司马伦的各路举义之师在神前盟誓约定：战争成功后，及时奖赏，但现在

孙惠上书曰：“天下有五难、四不可，而明公皆居之：冒犯锋刃，一难也；聚致英豪，二难也；与将士均劳苦，三难也；以弱胜强，四难也；兴复皇业，五难也。大名不可久荷，大功不可久任，大权不可久执，大威不可久居。大王行其难而不以为难，处其不可而谓之可，惠窃所不安也。明公宜思功成身退之道，崇亲推近，委重长沙、成都二王，长揖归藩，则太伯、子臧不专美于前矣。今乃忘高亢之可危，贪权势以受疑，虽遨游高台之上，逍遥重墉之内，愚窃谓危亡之忧，过于在颍、翟之时也。”冏不能用，惠辞疾去。

冏谓曹摅曰：“或劝吾委权还国，何如？”摅曰：“物禁太盛，大王诚能居高虑危，褰裳去之，斯善之善者也。”冏不听。

张翰、顾荣皆虑及祸，翰因秋风起，思菰菜、莼羹、鲈鱼脍，叹曰：“人生贵适志耳，富贵何为！”即引去。荣故酣饮，不省府事，长史葛旟以其废职，白冏徙荣为中书侍郎。颍川处士庾衮闻冏期年不朝，叹曰：“晋室卑矣，祸乱将兴！”帅妻子逃于林虑山中。

王豹致笺于冏曰：“伏思元康以来，宰相在位，未有一人获终者，乃事势使然，非皆为不善也。今公克平祸乱，安国定家，乃复寻覆车之轨，欲冀长存，不亦难乎！今河间树根于关右，成都盘桓于旧魏，新野大封于江汉，三王方以方刚强盛之年，并典戎马，处要害之地，而明公以难赏之功，挟震主之威，独据京都，专执大权，进则亢龙有悔，退则据于蒺藜，冀此求安，未见其福也。”因请悉遣王侯之国，依周、召之法，以成都王为北州伯，治邺；冏自为南州伯，治宛；分河为界，各统王侯，以夹辅天子。冏优令答之。长沙王乂见豹笺，谓冏曰：“小子离间骨肉，何不铜驼下打杀！”冏乃奏豹谗内间外，坐生猜嫌，不忠不义，鞭杀之。豹将死，曰：“县吾头大司马门，见兵之攻齐也！”

（以上为第九段，写齐王、大司马司马冏专擅朝政，沉湎于宴乐享受，为所欲为，视晋惠帝司马衷为无物，有识之士纷纷劝谏，而他却充耳不闻，冏之灭亡指日

还有功未曾论功受赏的人，是失误之五。”司马冏感谢说：“不是您，我就无法听到过失。”

孙惠上书说：“天下有五难、四不可，而您却全部具备：不避艰险锋芒迎头而上，是一难；聚集英雄豪杰，是二难；与将士官兵分担劳苦，是三难；以弱胜强，是四难；振兴恢复帝业，是五难。四不可：不可长久地享受大名，不可长久地夸耀大功，不可长久地把持大权，不可长久地保持大威。您做那些难事而不以为是难，处在不可的境况中，却还以为这样可以，这是我内心感到不安的地方。您应该考虑功成身退之道，尊崇推举亲近的人，把重任交给长沙王与成都王，谦逊有礼地返回封地，那么辞让天下的吴太伯、辞让国家的曹子臧，就不会在历史上独占美名了。现在您忘却了高高至极的危险，贪婪权势则受疑忌，即使在官位的高台上面遨游，在宫城重地自由来往，我认为这危险覆亡的忧虑，超过了兵败颍川、阳翟的时候。”司马冏没有听取，孙惠称病辞离而去。

司马冏对曹摅说：“有人劝说我放下权力返回封国，怎么样？”曹摅说：“事物都禁忌太盛，您如果确实能身居高位而考虑到危亡，撩起衣服离开这里，这是善策之中的善策。”司马冏也没有听从。

张翰、顾荣都忧虑灾祸即将来临，张翰因为秋风吹来，就怀念起故乡的菰菜、莼羹、鲈鱼片，感叹地说道：“人生在世，最难得的是舒服自在，富有和显贵有什么用？”随即引退离去。顾荣则故意开怀畅饮，不去过问府中事务，长史葛旟因为他荒废职守，向司马冏汇报，司马冏把顾荣贬为中书侍郎。颍川隐士庾衮，听说司马冏整年没有上朝，慨叹道：“晋朝衰微了，祸乱即将兴起！”带领妻儿逃到林虑山中避难。

王豹给司马冏去信说：“我考虑从元康年间以来，在位的宰相没有一个人在职任上获得善终，这是事态情势所造成的，不是他们都做了不好的事情。现在您平息了祸乱，使国家安宁平定，却又沿着翻车的轨道行走，想希望长期在位，不也是很难的吗？现在河间王在关右培植自己的根系，成都王固守在当年曹魏属地而不肯离开，新野王在江、汉地区得到大片封地，这三个亲王正当年富力强的时候，都掌管着军队，把持在要害的地方，而您靠难以再赏赐的大功，凭震慑君主的威势，独自控制京都，总揽朝政大权，再进一步则物极必反，而退下来就将处于荆棘之中。在这种情况下期望求得安稳，我看不出有什么好的结果。”因此，请求将王侯的封国进行调换，按照周朝时周公、召公分治的办法，让成都王为北州伯，统治邺都地区；司马冏自为南州伯，统治宛都地区。以黄河为界，各自分别管理北方南方的王侯，共同辅佐天子。对王豹的来信，司马冏态度温和地做了回复。而长沙王司马乂看了王豹的信，对司马冏说：“这小子挑拨离间我们骨肉之间的关系，为什么不把他在铜驼

可待。）

冏以河间王颙本附赵王伦，心常恨之。梁州刺史安定皇甫商，与颙长史李含不平。含被征为翊军校尉，时商参冏军事，夏侯奭兄亦在冏府。含心不自安，又与冏右司马赵骧有隙，遂单马奔颙，诈称受密诏，使颙诛冏，因说颙曰：“成都王至亲，有大功，推让还藩，甚得众心。齐王越亲而专政，朝廷侧目。今檄长沙王使讨齐，齐王必诛长沙，吾因以为齐罪而讨之，必可禽也。去齐立成都，除逼建亲，以安社稷，大勋也。”颙从之。

是时，武帝族弟范阳王虓都督豫州诸军事。颙上表陈冏罪状，且言：“勒兵十万，欲与成都王颖、新野王歆、范阳王虓共会洛阳，请长沙王乂废冏还第，以颖代冏辅政。”颙遂举兵，以李含为都督，帅张方等趋洛阳，复遣使邀颖，颖将应之，卢志谏，不听。

十二月，丁卯，颙表至，冏大惧，会百官议之，曰：“孤首唱义兵，臣子之节，信著神明。今二王信谗作难，将若之何？”尚书令王戎曰：“公勋业诚大；然赏不及劳，故人怀贰心。今二王兵盛，不可当也。若以王就第，委权崇让，庶可求安。”冏从事中郎葛旟怒曰：“三台纳言，不恤王事。赏报稽缓，责不在府。谗言逆乱，当共诛讨，奈何虚承伪书，遽令公就第乎！汉、魏以来，王侯就第，宁有得保妻子者邪！议者可斩！”百官震悚失色，戎伪药发堕厕，得免。

李含屯阴盘，张方帅兵二万军新安，檄长沙王乂使讨冏。冏遣董艾袭乂，乂将左右百余人驰入宫，闭诸门，奉天子攻大司马府，董艾陈兵宫西，纵火烧千秋神武门。冏使人执驺虞幡唱云：“长沙王乂矫诏。”乂又称“大司马谋反”。是夕，城内大战，飞矢雨集，火光属天。帝幸上东

下打死！”司马冏就启奏王豹离间朝停内外官员，凭空制造猜疑、怨恨，不忠不义，应该用鞭子抽死。王豹临死前说：“把我的头悬挂在大司马府的门前，我要亲眼看着士兵攻打齐王！”

司马冏因为河间王司马颙原来依附赵王司马伦，心里常常忌恨他。梁州刺史安定人皇甫商，对司马颙的长史李含不满。李含被征召担任翊军校尉，这时皇甫商任司马颙的参军事，夏侯奭的哥哥也在司马府做事。李含心里很不安，又和司马冏的右司马赵骧不和，于是一个人骑马逃奔到司马颙那里，假称接受了秘密诏令，让司马颙讨伐司马冏，于是劝说司马颙道：“成都王是皇上的近亲，又有大功，但推辞谦让返回封地，很得人心。而齐王司马冏越过比他更近的皇亲而独揽朝政，朝廷对他都带着嫉恨的目光。现在给长沙王发出檄文，让他攻打齐王，齐王一定会诛杀长沙王，我们就把这当作齐王的罪行而征讨他，一定能够把他擒获。去掉齐王而拥立成都王，除去逼宫的人而立近亲，使国家社稷安定，是一项大功勋。”司马颙采纳了这个意见。

这时，晋武帝司马昭的族弟范阳王司马虓任都督豫州诸军事。司马颙上书，陈说司马冏的罪状，并且说：“带领十万军队，要同成都王司马颖、新野王司马歆、范阳王司马虓共同在洛阳会师，请长沙王司马乂废掉司马冏，让他回到封地府第去，让司马颖取代司马冏辅佐朝政。”司马颙就发兵点将，让李含任都督，带领张方等急赴洛阳。又派使者邀集司马颖，司马颖打算答应邀请。卢志劝谏，司马颖不听。

十二月二十二日丁卯，司马颙的奏书到了洛阳。司马冏非常害怕，召集文武百官商议对策，说：“我首先发起义兵，尽臣子的气节，信义显现于神明。现在两亲王听信谗言而发难，怎么对待呢？”尚书令王戎说：“您的功勋业绩的确很大，但是，赏赐没有都到达有功劳的人员那里，所以使人怀有二心。现在两亲王兵力强盛，势不可当。如果让您隐退回家，而谦虚地把权力交出，大概可以求得平安。”司马冏的从事中郎葛旟生气地说：“尚书所说，根本不顾惜齐王的事业。报功赏赐的停顿迟缓，责任不在齐王府。听信谗言发起叛乱，应当共同征讨，更何况凭空无据，伪造书信，就让齐王您回家呢？汉魏以来，王侯隐退回家的，难道有能够保全妻子儿女的？提这个建议的人可以杀掉！”文武百官震骇惶恐，脸色大变，王戎假装药力发作，掉到厕坑，才得以逃脱。

李含在阴盘屯兵，张方率二万军队在新安驻扎，给长沙王司马乂发檄文让他征讨司马冏。司马冏派董艾袭击司马乂，司马乂带领身边一百多人急驰进入皇宫，关闭所有宫门，尊奉天子号令攻打大司马府，董艾在皇宫西侧摆开兵阵，纵火烧掉千秋神武门。司马冏派人举着驺虞幡呼喊说：“长沙王司马乂假称诏令。”司马乂又宣

门，矢集御前，群臣死者相枕。连战三日，冏众大败，大司马长史赵渊杀何勖，因执冏以降。冏至殿前，帝恻然，欲活之。乂叱左右趣牵出，斩于阊阖门外，徇首六军，同党皆夷三族，死者二千余人。囚冏子超、冰、英于金墉城，废冏弟北海王寔。赦天下，改元。李含等闻冏死，引兵还长安。

长沙王乂虽在朝廷，事无巨细，皆就邺咨大将军颖。颖以孙惠为参军，陆云为右司马。

是岁，陈留王薨，谥曰“魏元皇帝”。

（以上为第十段，写河间王司马颙、成都王司马颖、长沙王司马乂合谋，攻打齐王司马冏。先由司颙上书奏请废司马冏，随即司马乂带领一百多人急驰进宫，关闭宫门，以尊奉天子号令攻打大司马府，司马冏被杀，改年号为太安。）

鲜卑宇文单于莫圭部众强盛，遣其弟屈云攻慕容廆，廆击其别帅素怒延，破之。素怒延耻之，复发兵十万，围廆于棘城。廆众皆惧，廆曰：“素怒延兵虽多而无法制，已在吾算中矣，诸君但为力战，无所忧也！”遂出击，大破之，追奔百里，俘斩万计。

辽东孟晖，先没于宇文部，帅其众数千家降于廆，廆以为建威将军。廆以其臣慕舆句勤恪廉靖，使掌府库；句心计默识，不按簿书，始终无漏。以慕舆河明敏精审，使典狱讼，覆讯清允。

（以上为第十一段，写鲜卑首领宇文莫圭派兵攻打慕容廆，慕容廆打败偏师素怒延，消灭敌兵数以万计；慕容廆的势力逐渐强大起来，孟晖前来投奔，得到重用。）

称："大司马谋反。"这一夜，洛阳城内展开激战，箭飞如雨，火光映天。惠帝来到上东门，飞箭射到惠帝面前，群臣尸横遍野。一连打了三天，司马冏的士兵惨败，大司马长史赵渊杀了何勖，就抓住司马冏投降。司马冏被押到宫殿前，惠帝面容忧伤，想让司马冏活下来。司马乂喝令左右随从把司马冏赶快牵出去，在阊阖门外杀掉，拿他的头到各军展示。司马冏的同党都被夷灭三族，死了两千多人。把司马冏的儿子司马超、司马冰、司马英囚禁在金墉城，废掉司马冏的弟弟北海王司马寔。实行大赦，改年号为太安。李含等人听说司马冏死了，就带兵回到长安。

长沙王司马乂虽然在朝廷，但事无巨细，都到邺都去请示大将军司马颖。司马颖让孙惠担任参军，陆云担任右司马。

这一年，陈留王曹奂去世，定谥号为魏元皇帝。

鲜卑人宇文单于莫圭部众人马强盛，派弟弟屈云攻打慕容廆，而慕容廆则去攻打莫圭的偏师素怒延，并打败了素怒延。素怒延以此为羞耻，又派出十万大军，在棘城包围了慕容廆。慕容廆的部众都恐惧不安，慕容廆说："素怒延的士兵虽然多，但没有法制纪律，他已经落在我的谋算之中了，你们只要奋力战斗，没有什么可忧虑的！"于是出击，击败了素怒延，追击了一百里，俘虏和杀掉的敌兵数量以万计。

辽东孟晖，先前陷身于鲜卑宇文氏，他带领几千户投靠了慕容廆，慕容廆让他担任建威将军。慕容廆因为他的大臣慕舆句勤俭、恭敬、清廉，让他掌管仓库，慕舆句心算默记，不用账簿，始终没有出现差错纰漏。慕容廆因为慕舆句头脑清楚敏捷，精明缜密，就让他掌管判案，他复察、审讯，处理得清廉、公正。

【点评】

癫狂权谋家司马伦。司马伦是司马懿的第九个儿子，是惠帝司马衷的叔祖父，晋朝建立，他被封为琅邪王，后改封为赵王。他是八王之乱中比较特别的一个，成功地铲除了皇后贾南风的势力集团。

司马伦用阴谋的手段，怂恿贾南风害死太子司马遹。当时，司马伦是太子太傅，经常讨好贾南风，为贾南风所信任，掌握了守卫皇宫的禁军。贾南风废掉太子后，他就想要推翻贾南风，剪除她的党羽。司马伦听从孙秀的诡计，怂恿、听任贾南风杀掉太子，然后再向贾南风发难。可以说司马伦是晋朝走向毁灭的罪魁祸首。

司马伦灭掉贾南风后，自封为大都督、相国。惠帝司马衷根本没有能力治理国家，司马伦大权在握后，为所欲为，大兴馆舍，任意封官，在府中接受百官朝拜。司马伦的所作所为，都是他的部下孙秀的主意。后来实权落在孙秀手上。史书上记载司马伦平素才能平庸，没有智慧计策，开始被孙秀哄骗，后来又为孙秀所制，以至于孙秀的威权显扬于朝廷，天下都侍奉孙秀而无求于司马伦。

晋纪七

晋惠帝太安二年至永兴元年（303—304年）

【起昭阳大渊献（癸亥，303年），尽阏逢困敦（甲子，304年），凡二年】

【大事提要】

本卷记事起公元303年，讫公元304年，凡二年，当晋惠帝太安二年至永兴元年。本卷所载大事，主要是五个方面：其一，李雄为成都王。公元303年，李特在蜀地起兵后，军势甚盛，自立建初年号；又准备渡江袭击益州刺史罗尚。罗尚聚保太城，遣使求和。蜀地百姓相聚为坞，纷纷投靠李特。李特后被偷袭，被杀。其儿子李雄成为新的流民首领，占据成都，称为成都王，改元建兴。其二，五苓夷反晋。建宁世家大族李睿、毛诜驱逐了建宁太守许俊，起兵响应流民首领李特。南夷校尉李毅攻打他们，杀死毛诜，升为宁州刺史；李睿投奔五苓夷人的统帅于陵丞。于陵丞于公元303年率领诸夷进攻李毅，直逼宁州城，予以围困，斩杀李毅。其三，司马乂被杀。公元303年，齐王司马冏谢幕后，才力绝人的司马乂入掌朝柄。河间王司马颙、成都王司马颖联手率领20多万大军攻打司马乂，围困洛阳城。司马乂奉惠帝之命兴兵迎击，双方连战了几个月，洛阳城被攻下，司马乂被烧死。时年28岁。其四，司马颙独揽朝政。公元304年，长沙王司马乂被消灭，司马颖被立为皇太弟。东海王司马越兴兵，挟持惠帝进攻邺城，被打败，与其弟司马腾勾结异族势力，打败司马颖，挟持司马衷逃到洛阳。洛阳由司马颙部将张方控制，司马颙又当起“二皇帝”。其五，刘渊称王。公元304年，匈奴首领冒顿单于之后、南匈奴单于於扶罗之孙、左贤王刘豹之子刘渊，趁八王之乱时诸王互相攻打，而晋朝内乱，无暇国事，便在并州自立，称为汉王，建立汉国，建年号为元熙，是趁势率先建立的影响力较大的少数民族政权。

【原文】

孝惠皇帝中之下

太安二年（癸亥，303 年）

春，正月，李特潜渡江击罗尚，水上军皆散走。蜀郡太守徐俭以少城降，特入据之，惟取马以供军，余无侵掠；赦其境内，改元建初。罗尚保太城，遣使求和于特。蜀民相聚为坞者，皆送款于特，特遣使就抚之。以军中粮少，乃分六郡流民于诸坞就食。李流言于特曰："诸坞新附，人心未固，宜质其大姓子弟，聚兵自守，以备不虞。"又与特司马上官惇书曰："纳降如受敌，不可易也。"前将军雄亦以为言。特怒曰："大事已定，但当安民，何为更逆加疑忌，使之离叛乎！"

朝廷遣荆州刺史宗岱、建平太守孙阜帅水军三万以救罗尚。岱以阜为前锋，进逼德阳，特遣李荡及蜀郡太守李璜就德阳太守任臧共拒之。岱、阜军势甚盛，诸坞皆有贰志。益州兵曹从事蜀郡任睿言于尚曰："李特散众就食，骄怠无备，此天亡之时也。宜密约诸坞，刻期同发，内外击之，破之必矣！"尚使睿夜缒出城，宣旨于诸坞，期以二月十日同击特。睿因诣特诈降，特问城中虚实，睿曰："粮储将尽，但余货帛耳。"睿求出省家，特许之，遂还报尚。

二月，尚遣兵掩袭特营，诸坞皆应之，特兵大败，斩特及李辅、李远，皆焚尸，传首洛阳，流民大惧。李流、李荡、李雄收余众还保赤祖。流自称大将军、大都督、益州牧，保东营，荡、雄保北营，孙阜破德阳，获骞硕，任臧退屯涪陵。

三月，罗尚遣督护何冲、常深攻李流，涪陵民药绅亦起兵攻流。流与李骧拒深，使李荡、李雄拒绅，何冲乘虚攻北营，氐苻成、隗伯在营中，叛应之。荡母罗氏擐甲拒战，伯手刃伤其目，罗氏气益壮；会流等破深、绅，引兵还，与冲战，大破之。成、伯率其党突出诣尚。流等乘胜进抵成都，尚复闭城自守。荡驰马逐北，中矛而死。

【语译】

孝惠皇帝中之下

晋惠帝太安二年（癸亥，303年）

春季，正月，李特偷渡过江攻打罗尚，水上驻防的军队都溃散而逃。蜀郡太守徐俭献出少城投降，李特进城据守，只索取马匹，以供军需，并不掠取其他财物；在境内赦免罪犯，改年号为建初。罗尚在太城据守，派使者向李特求和。修筑土堡以自保的各蜀民聚居点，都向李特表示归顺，李特派使者抚慰他们，又因为军队中粮食不足，就把六郡流民分到各个土堡吃饭。李流对李特说："各个土堡都是刚刚归附，人心还不稳，应当把其中的大户子弟作为人质，集中一些兵力自卫防守，以准备应付意料不到的事变。"李流又给李特的司马上官惇去信说："接受前来投降的人就像面对敌人一样，戒备不能放松。"前将军李雄也持有同样的说法。李特生气地说："大事已经成功，只应当使百姓安定，为什么反而这样对他们怀疑猜忌，是让他们再离开我们去叛乱吗？"

朝廷派遣荆州刺史宗岱、建平太守孙阜，带领三万水军去救援罗尚。宗岱让孙阜为前锋，迫近德阳。李特派李荡和蜀郡太守李璜一起与德阳太守任臧共同抗拒宗岱、孙阜。宗岱、孙阜军队的势力强大，各个土堡都有了二心。益州兵曹从事蜀郡人任睿对罗尚说："李特让部众分散去吃饭，骄傲懈怠没有防备，这是上天让他灭亡的时候。应当与各土堡秘密约定，到时候同时发动，内外夹攻，一定能够击溃他们。"罗尚让任睿在夜里用绳子从城上溜下来，到各个土堡去宣布旨意，约定在二月十日共同攻击李特。任睿就到李特那里假装投降。李特向他询问城里的情况，任睿说："粮食储备快要用完了，只剩下一些钱和布匹而已。"任睿请求出营看望家人，李特允许了。于是任睿回城向罗尚报告。

二月，罗尚派兵袭击李特的兵营，各土堡全都响应，李特的军队惨败，罗尚斩杀了李特和李辅、李远，焚烧了他们的尸体，将首级传报洛阳，流民非常恐惧。李流、李荡、李雄收容残余部众退保赤祖。李流自称大将军、大都督、益州牧，守护东营；李荡、李雄守护北营。孙阜攻破德阳，抓获蹇硕，任臧撤退到涪陵驻扎。

三月，罗尚派遣督护何冲、常深进攻李流，涪陵人药绅也组织士兵攻打李流。李流与李骧抵御常深，使李荡、李雄抵御药绅，何冲乘虚攻打北营，氐人符成、隗伯在北营里叛变而响应何冲。李荡的母亲罗氏穿上甲袍参与战斗，隗伯的兵刃刺伤了罗氏的眼睛，而罗氏斗志更加旺盛。这时，李流等人打败了常深、药绅，率兵回来，也加入到与何冲的战斗中，何冲惨败。符成、隗伯带领自己的人马突围，投奔罗尚。李流等人乘胜进攻抵达成都，罗尚又关闭城门防守，李荡跃马扬鞭追击败逃

朝廷遣侍中刘沈假节统罗尚、许雄等军，讨李流。行至长安，河间王颙留沈为军师，遣席薳代之。

李流以李特、李荡继死，宗岱、孙阜将至，甚惧。李含劝流降，流从之；李骧、李雄迭谏，不纳。夏，五月，流遣其子世及含子胡为质于阜军；胡兄离为梓潼太守，闻之，自郡驰还，欲谏不及。退，与雄谋袭阜军，雄曰："为今计，当如是，而二翁不从，奈何？"离曰："当劫之耳！"雄大喜，乃共说流民曰："吾属前已残暴蜀民，今一旦束手，便为鱼肉，惟有同心袭阜以取富贵耳！"众皆从之。雄遂与离袭击阜军，大破之。会宗岱卒于垫江，荆州军遂退。流甚惭，由是奇雄才，军事悉以任之。

（以上为第一段，写晋朝平西将军罗尚率军出其不意地攻打并杀死四川流民首领李特，取得了阶段性胜利，而李特之子李雄又将晋军打败，成为新一任的流民首领。）

新野庄王歆，为政严急，失蛮夷心，义阳蛮张昌聚党数千人，欲为乱。荆州以壬午诏书发武勇赴益州讨李流，号"壬午兵"。民惮远征，皆不欲行。诏书督遣严急，所经之界停留五日者，二千石免官。由是郡县官长皆亲出驱逐。展转不远，辄复屯聚为群盗。时江夏大稔，民就食者数千口。张昌因之诳惑百姓，更姓名曰"李辰"，募众于安陆石岩山，诸流民及避戍役者多从之。太守弓钦遣兵讨之，不胜。昌遂攻郡，钦兵败，与部将朱伺奔武昌。歆遣骑督靳满讨之，满复败走。

昌遂据江夏，造妖言云："当有圣人出为民主。"得山都县吏丘沈，更其姓名曰"刘尼"，诈云汉后，奉以为天子，曰："此圣人也。"昌自为相国，诈作凤皇、玉玺之瑞，建元神凤；郊祀、服色，悉依汉故事。有不应募者，族诛之，士民莫敢不从。又流言："江、淮已南皆反，官军大起，当悉诛之。"互相扇动，人情惶惧，江、沔间所在起兵以应昌，旬月间众至三万，皆著绛帽，以马尾作髯。诏遣监军华宏讨之，败于障山。

之敌，中矛而死。

朝廷派遣侍中刘沈用符节统一指挥罗尚、许雄等人的军队，攻打李流。刘沈走到长安，河间王司马颙把刘沈留下来做军师，派遣席薳代替他。

李流因为李特、李荡相继死去，而宗岱、孙阜即将攻来，非常恐惧。李含劝李流投降，李流采纳了这个建议。李骧、李雄接连劝谏，李流没有听取。夏季，五月，李流派他的儿子李世和李含的儿子李胡到孙阜的军中做人质。李胡的哥哥李离为梓潼太守，听到这个消息，急忙骑马从郡中赶回来，想劝阻却没有赶上。退回来，与李雄商议袭击孙阜的军队，李雄说："为眼前考虑，应当这样，但李流、李含二人不听从，怎么办？"李离说："应当用武力强制他们！"李雄非常高兴，于是一起到流民中说："我们过去残暴地对待过蜀民，现在一旦束手投降，就成为任其宰割的鱼、肉，只有同心协力袭击孙阜，才能夺取富贵！"大家都听从了他们。李雄于是与李离袭击孙阜的军队，把孙阜打得惨败。这时宗岱在垫江死去，荆州的军队于是退走了。李流非常羞惭，从此认为李雄的才能奇异，军中事务全部都交给李雄处理。

新野庄王司马歆，处理政事严厉、急躁，失去蛮、夷的信任，义阳蛮人张昌聚集了几千人，想叛乱。荆州根据壬午诏书，征调武士乡勇到益州攻打李流，号称"壬午兵"。这些百姓害怕远征，都不想出行。但诏书的督促严厉、急迫，在经过的一个地方耽搁五天，该地的二千石官员就要罢免官职，因此郡县负责官员都亲自出去催促，予以驱逐出境。这些被征发的士兵辗转行军没有多远，便又聚合成为新的强盗群体。当时江夏粮食大丰收，百姓到此求生的有几千人。张昌因此欺骗迷惑百姓，自己改换姓名叫李辰，在安陆石岩山招募百姓，各方流民和逃避戍守劳役的人大多都投靠了他。太守弓钦派兵讨伐张昌，没有成功。张昌于是攻打郡城，弓钦的军队失败，弓钦就与部下将领朱伺逃奔武昌，司马歆派骑督靳满征讨张昌，结果靳满又失败逃走。

张昌于是占据江夏，制造煽动人心的妖言，说："该有圣人出现为百姓做主。"招得山都县小官吏丘沈，并把他的姓名改为刘尼，假托说是汉朝皇室的后代，尊奉为天子，说："这就是圣人。"张昌自封为相国，伪造凤凰、玉玺等祥瑞吉兆，立年号为神凤。郊祀礼仪、服装颜色装饰，全都按照汉朝过去的程式。有不接受招募的人，就对他处以灭族的惩罚，士绅百姓没有谁敢不服从。又散布流言说："江、淮以南地区都造反了，官军都出动了，将要把他们全部诛杀。"百姓们互相煽动，人们的心情都很惶惑惊恐。长江、沔水地区的百姓都起兵响应张昌，一月之间聚积了三万人，士兵都戴着深红色的帽子，用马尾当作须髯。朝廷下诏，派遣监军华宏讨伐张

歆上言："妖贼犬羊万计，绛头毛面，挑刀走戟，其锋不可当。请台敕诸军三道救助。"朝廷以屯骑校尉刘乔为豫州刺史，宁朔将军沛国刘弘为荆州刺史。又诏河间王颙遣雍州刺史刘沈，将州兵万人并征西府五千人出蓝田关以讨昌。颙不奉诏，沈自领州兵至蓝田，颙又逼夺其众。于是，刘乔屯汝南，刘弘及前将军赵骧、平南将军羊伊屯宛。昌遣其将黄林帅二万人向豫州，刘乔击却之。

初，歆与齐王冏善，冏败，歆惧，自结于大将军颖。及张昌作乱，歆表请讨之。时长沙王乂已与颖有隙，疑歆与颖连谋，不听歆出兵，昌众日盛。从事中郎孙洵谓歆曰："公为岳牧，受阃外之托，拜表辄行，有何不可！而使奸凶滋蔓，祸衅不测，岂藩翰王室、镇静方夏之义乎！"歆将出兵，王绥曰："昌等小贼，偏裨自足制之，何必违诏命，亲矢石也！"昌至樊城，歆乃出拒之，众溃，为昌所杀。诏以刘弘代歆为镇南将军，都督荆州诸军事。

六月，弘以南蛮长史陶侃为大都护，参军蒯恒为义军督护，牙门将皮初为都战帅，进据襄阳。张昌并军围宛，败赵骧军，杀羊伊。刘弘退屯梁，昌进攻襄阳，不克。

（以上为第二段，写新野王司马歆处理政事严厉、急躁，失去蛮夷信任，义阳夷张昌率众起义，朝廷调兵攻打，而司马氏诸王钩心斗角，人心不齐，张昌的势力发展壮大。）

李雄攻杀汶山太守陈图，遂取郫城。

秋，七月，李流徙屯郫。蜀民皆保险结坞，或南入宁州，或东下荆州，城邑皆空，野无烟火，流虏掠无所得，士众饥乏。唯涪陵千余家，依青城山处士范长生；平西参军涪陵徐轝说罗尚，求为汶山太守，邀结长生，与共讨流。尚不许，轝怒，出降于流，流以轝为安西将军。轝说长生，使资给流军粮，长生从之，流军由是复振。

昌，结果在障山被打败。

司马歆给朝廷上书说："妖孽盗贼聚众数以万计，深红色的头，长毛脸，挥刀舞戟，锐不可当，请求朝廷命令各军分三路救援。"朝廷让屯骑校尉刘乔任豫州刺史，宁朔将军沛国人刘弘任荆州刺史。又诏令河间王司马颙派雍州刺史刘沈带领一万州兵，加上在西府征发的五千名士兵从蓝田关出兵讨伐张昌。司马颙不听从诏令，刘沈带领州兵到蓝田，司马颙又强行剥夺了他的部众。这样，刘乔在汝南屯兵，刘弘和前将军赵骧、平南将军羊伊在宛地屯兵。张昌派他的部将黄林率领两万人进发豫州，被刘乔派兵打败了。

当初，司马歆与齐王司马冏要好，司马冏失败了，司马歆害怕，便主动与大将军司马颖结交。等到张昌作乱，司马歆上书请求讨伐。这时，长沙王司马乂已经和司马颖产生了隔阂，怀疑司马歆与司马颖共同密谋，因此不接受司马歆出兵的要求。这样，张昌的部众势力日益扩大。从事中郎孙洵对司马歆说："您是一方之主，接受统兵在外的使命，您上书以后就行动，有什么不可以的？而现在使得奸凶强盗滋长蔓延，灾祸不可测度，这难道是保卫王室，使国家安定的做法吗？"司马歆将要出兵，王绥说："张昌等小小贼寇，属将自然足以制服他们，为什么一定要违抗诏命，亲自去经受箭矢与飞石呢？"张昌到达樊城，司马歆就率领士兵出去阻击，而部众溃散，司马歆也被张昌杀死。朝廷诏令刘弘代替司马歆为镇南将军、都督荆州诸军事。

六月，刘弘让南蛮长史陶侃任大都护，参军蒯恒任义军督护，牙门将皮初任都战帅，进军据守襄阳。张昌用全部兵力包围宛城，打败赵骧的军队，杀死羊伊。刘弘撤退，屯兵梁县。张昌进攻襄阳，也没有成功。

李雄进攻并杀死汶山太守陈图，于是占取郫城。

秋季，七月，李流迁移到郫城驻扎，蜀地百姓都修筑土堡据险自守，有的向南进入宁州，有的向东进入荆州。城镇乡邑都走空了，没有人烟。李流的军队没有掳掠到一点儿东西，士兵部众饥饿疲惫。只有涪陵的一千多户人家，依附于青城山隐士范长生。平西参军涪陵人徐轝对罗尚说，请求担任汶山太守，邀请联合范长生，相与共同攻打李流。罗尚不允许，徐轝一生气，出去投降了李流，李流让徐轝担任安西将军。徐轝劝说范长生，让他给李流资助粮食，范长生接受了他的劝说，李流的军队因此而重新振作起来。

初，李含以长沙王乂微弱，必为齐王冏所杀，因欲以为冏罪而讨之，遂废帝，立大将军颖，以河间王颙为宰相，己得用事。既而冏为乂所杀，颖、颙犹守藩，不如所谋。颖恃功骄奢，百度弛废，甚于冏时；犹嫌乂在内，不得逞其欲，欲去之。时皇甫商复为乂参军，商兄重为秦州刺史。含说颙曰："商为乂所任，重终不为人用，宜早除之。可表迁重为内职，因其过长安执之。"重知之，露檄上尚书，发陇上兵以讨含。乂以兵方少息，遣使诏重罢兵，征含为河南尹。含就征而重不奉诏，颙遣金城太守游楷、陇西太守韩稚等合四郡兵攻之。颙密使含与侍中冯荪、中书令卞粹谋杀乂。皇甫商以告乂，收含、荪、粹，杀之。骠骑从事琅邪诸葛玫、前司徒长史武邑牵秀皆出奔邺。

（以上为第三段，写蜀地流民首领李流进入益州郫城，得到隐士范长生的资助，重新振作起来；司马诸王又起内讧，成都王司马颖、河间王司马颙欲除去长沙王司马乂，双方大打出手。）

张昌党石冰寇扬州，败刺史陈徽，诸郡尽没，又攻破江州；别将陈贞攻武陵、零陵、豫章、武昌、长沙，皆陷之，临淮人封云起兵寇徐州以应冰。于是，荆、江、徐、扬、豫五州之境，多为昌所据。昌更置牧守，皆桀盗小人，专以劫掠为务。

刘弘遣陶侃等攻昌于竟陵，刘乔遣其将李杨等向江夏。侃等屡与昌战，大破之，前后斩首数万级，昌逃于下俊山，其众悉降。

初，陶侃少孤贫，为郡督邮，长沙太守万嗣过庐江，见而异之，命其子结友而去。后察孝廉，至洛阳，豫章国郎中令杨晫荐之于顾荣，侃由是知名。既克张昌，刘弘谓侃曰："吾昔为羊公参军，谓吾后当居身处。今观卿，必继老夫矣。"

弘之退屯于梁也，征南将军范阳王虓遣前长水校尉张奕领荆州。弘至，奕不受代，举兵拒弘；弘讨奕，斩之。时荆部守宰多缺，弘请补选，诏许之。弘叙功铨德，随才授任，人皆服其公当。弘表皮初补襄阳太守，朝廷以初虽有功而望浅，更以弘婿前东平太守夏侯陟为襄阳太守。

当初，李含以为长沙王司马乂力量微弱，一定会被齐王司马冏杀掉，所以想借讨司马冏之罪为名，废掉惠帝司马衷，拥立大将军司马颖，让河间王司马颙任宰相，这样自己便得以执掌大权。但不久，司马冏却被司马乂杀掉，司马颖、司马颙仍然镇守藩地，不像自己所谋划的那样。此后，司马颖居功自傲，朝政各方面荒废松弛，比司马冏在位时还要严重，司马颖尤其不能忍受的是司马乂在禁城之内，自己不能随心所欲，打算除掉司马乂。当时，皇甫商又重新担任司马乂的参军，皇甫商的哥哥皇甫重担任秦州刺史。李含对司马颙说："皇甫商被司马乂任用，皇甫重终究不会被别人所用，应该尽快除掉。可以上书建议把皇甫重提升到朝廷中任职，趁他经过长安时把他抓住。"皇甫重知道了李含的阴谋，公开向尚书上檄文，纠集陇上军队讨伐李含。司马乂因军队刚刚稍事休息，就派使者带诏书，命令皇甫重取消这次军事行动，并征调李含去担任河南尹。李含接受征调而皇甫重却不服从诏令，司马颙派遣金城太守游楷、陇西太守韩稚等人联合四个郡的军队去攻打皇甫重。司马颙又秘密派遣李含与侍中冯荪、中书令卞粹谋杀司马乂。皇甫商得知后，告诉了司马乂，拘捕并杀掉了李含、冯荪、卞粹。骠骑从事琅邪人诸葛玫、前司徒长史武邑人牵秀，都出城投奔邺城。

张昌党羽石冰进犯扬州，打败刺史陈徽，扬州各属郡全部陷落。石冰又攻陷江州，属将陈贞攻打武陵、零陵、豫章、武昌、长沙，全部攻陷，临淮人封云也起兵进犯徐州来响应石冰。这样，荆、江、徐、扬、豫等五个州的辖境，大多被张昌占据。张昌重新派设州牧郡守等地方长官，这些人都是行凶盗窃之类的小人，专门以抢劫掠夺为业。

刘弘派遣陶侃等人在竟陵攻打张昌，刘乔派遣部将李扬等向江夏进发。陶侃等人屡次与张昌发生战斗，大败张昌，前后斩杀几万人，张昌逃窜到下儁山，部众全部投降。

当初，陶侃年轻时丧父，家境贫寒，担任郡督邮。长沙太守万嗣经过庐江，见到陶侃后，对他的德行和才能感到惊异，就让自己的儿子与陶侃结为朋友才离开。后来，察举孝廉，陶侃到洛阳，豫章国郎中令杨晫把陶侃推荐给顾荣，陶侃因此而有了名望。等到打败了张昌，刘弘对陶侃说："我过去担任羊公的参军，说我日后一定能到达他的地位，今天看到你，一定能够继承老夫我啊！"

刘弘当时退兵驻扎到梁县，征南将军范阳王司马虓派遣前长水校尉张奕统领荆州。刘弘到了以后，张奕不同意接替，率领军队抗拒刘弘，刘弘讨伐并杀掉了张奕。当时荆州所辖各地长官的位置大多空缺，刘弘请求补选。朝廷下诏批准。刘弘论评功劳，衡量德行进行选拔，按照才能安排职务，大家都佩服他处事公正得当。刘弘

弘下教曰："夫治一国者，宜以一国为心，必若亲姻然后可用，则荆州十郡，安得十女婿然后为政哉！"乃表："陟姻亲，旧制不得相监；皮初之勋，宜见酬报。"诏听之。弘于是劝课农桑，宽刑省赋，公私给足，百姓爱悦。

（以上为第四段，写晋朝名将善于为政的事迹，晋州刺史刘弘率领陶侃等人打败叛军，平定荆州；刘弘选用德才兼备的人才充实空缺，陶侃少有德行，又建立功勋，前途无量。）

河间王颙闻李含等死，即起兵讨长沙王乂。大将军颖上表请讨张昌，许之；闻昌已平，因欲与颙共攻乂。卢志谏曰："公前有大功而委权辞宠，时望美矣。今若顿军关外，文服入朝，此霸主之事也。"参军魏郡邵续曰："人之有兄弟，如左右手。明公欲当天下之敌而先去其一手，可乎！"颖皆不从。

八月，颙、颖共表："乂论功不平，与右仆射羊玄之、左将军皇甫商专擅朝政，杀害忠良，请诛玄之、商，遣乂还国。"诏曰："颙敢举大兵，内向京辇，吾当亲率六军以诛奸逆。其以乂为太尉，都督中外诸军事以御之。"

颙以张方为都督，将精兵七万，自函谷东趋洛阳。颖引兵屯朝歌，以平原内史陆机为前将军、前锋都督，督北中郎将王粹、冠军将军牵秀、中护军石超等军二十余万，南向洛阳。机以羁旅事颖，一旦顿居诸将之右，王粹等心皆不服。白沙督孙惠，与机亲厚，劝机让都督于粹。机曰："彼将谓吾首鼠两端，适所以速祸也。"遂行，颖列军自朝歌至河桥，鼓声闻数百里。

乙丑，帝如十三里桥。太尉乂使皇甫商将万余人拒张方于宜阳。己巳，帝还军宣武场。庚午，舍于石楼。九月，丁丑，屯于河桥。壬午，张方袭皇甫商，败之。甲申，帝军于芒山。丁亥，帝幸偃师；辛卯，舍于豆田。

大将军颖进屯河南，阻清水为垒。癸巳，羊玄之忧惧而卒，帝旋军城东；丙申，幸缑氏，击牵秀，走之。大赦。张方入京城，大掠，死者万计。

上奏请皮初补任襄阳太守，朝廷因为皮初虽然有功但是名望太浅，换成刘弘的女婿前东平太守夏侯陟为襄阳太守。刘弘向下发布告示说：“治理一个国家的人，应当从整个国家来考虑，如果一定要亲戚或姻亲然后才能使用，那么荆州十郡，哪里来十个女婿，然后才能处理州的政务呢？”就再次上书说：“夏侯陟是姻亲，按过去的制度是不能互相监领的。皮初的功勋应当给以酬劳和待遇。”朝廷下诏，同意了他的上书。刘弘于是在任上勉力督促农桑之业，放宽刑罚，减免赋税。官府与百姓都经济充裕，他赢得百姓的爱戴和喜悦。

河间王司马颙听说李含等人已被杀死，当即起兵征讨长沙王司马乂。大将军司马颖上奏，请求讨伐张昌，得到允许。司马颖又听说张昌的叛乱已经平定，因而想与司马颙共同攻打司马乂。卢志劝说道：“您以前立了大功却交出权力，辞谢天子的恩宠，当时声望很好。现在如果把军队安顿在城关之外，身着文官服饰进京朝见，这是成为霸业的基础。”参军魏郡人邵续说：“人有兄弟，如同有左右手，您想抵挡天下的敌人而先砍掉一只手，能这样吗？”司马颖全然不听。

八月，司马颙、司马颖共同上奏，说：“司马乂论评功劳不公平，与右仆射羊玄之、左将军皇甫商独揽朝政大权，杀害忠良之人。请允许诛杀羊玄之、皇甫商，遣送司马乂回他的封国。”惠帝下诏说：“司马颙如果敢于兴兵，矛头指向京都帝辇，我将亲自率领六军诛讨为奸叛乱的人。任命司马乂为太尉、都督中外诸军事以抵御他们。”

司马颙让张方担任都督，带领七万精锐军队，从函谷关向东，直指洛阳。司马颖带领军队在朝歌驻扎，让平原内史陆机为前将军、前锋都督，统领中郎将王粹、冠军将军牵秀、中护军石超等军队二十多万人，向南逼临洛阳。陆机在司马颖门下寄居充任幕僚，位置一下突然居于各将领之首，王粹等人心里都不服气。白沙督孙惠与陆机一向亲近，交情深厚，劝说陆机将都督的职位让给王粹。陆机说：“这样，他们将说我迟疑不决，正好加速招致灾祸。”于是出行。司马颖排列的军队从朝歌直到河桥，战鼓声几百里外都能听见。

八月，乙丑（疑误），惠帝到十三里桥。太尉司马乂派皇甫商带领一万多人在宜阳阻击张方。二十八日己巳，惠帝把军队撤到宣武场。二十九日庚午，在石楼住宿。九月初六丁丑，惠帝率领军队驻扎在河桥。壬子（疑误），张方袭击皇甫商，将皇甫商打败。

九月十三日甲申，惠帝在芒山驻军。十六日丁亥，惠帝到偃师。二十日辛卯，惠帝在豆田住宿。大将军司马颖进军于黄河以南驻扎，阻隔清水作为壁垒。二十二日癸巳，羊玄之忧郁恐惧而死，惠帝回师城东。二十五日丙申，惠帝到缑氏，攻击

（以上为第五段，写河间王司马颙、大将军司马颖与长沙王司马乂开战，二十多万人逼临洛阳，晋惠帝司马衷退而避之，司马颙的部将张方攻入洛阳，大肆抢掠，死者数万，惨不忍睹。）

李流疾笃，谓诸将曰：“骁骑仁明，固足以济大事；然前军英武，殆天所相，可共受事于前军。”流卒，众推李雄为大都督、大将军、益州牧，治郫城。雄使武都朴泰绐罗尚，使袭郫城，云己为内应。尚使隗伯将兵攻郫，泰约举火为应，李骧伏兵于道，泰出长梯于外。隗伯兵见火起，争缘梯上，骧纵兵击，大破之。追奔，夜至城下，诈称“万岁”，曰：“已得郫城矣！”入少城，尚乃觉之，退保太城。隗伯创甚，雄生获之，赦不杀。李骧攻犍为，断尚运道。获太守龚恢，杀之。

石超进逼缑氏。冬，十月，壬寅，帝还宫。丁未，败牵秀于东阳门外。大将军颖遣将军马咸助陆机。戊申，太尉乂奉帝与机战于建春门。乂司马王瑚使数千骑系戟于马，以突咸阵，咸军乱，执而斩之。机军大败，赴七里涧，死者如积，水为之不流。斩其大将贾崇等十六人，石超遁去。

初，宦人孟玖有宠于大将军颖，玖欲用其父为邯郸令，左长史卢志等皆不敢违，右司马陆云固执不许，曰：“此县，公府掾资，岂有黄门父居之邪！”玖深怨之。玖弟超，领万人为小督，未战，纵兵大掠，陆机录其主者；超将铁骑百余人直入机麾下，夺之，顾谓机曰：“貉奴，能作督不！”机司马吴郡孙拯劝机杀之，机不能用。超宣言于众曰：“陆机将反。”又还书与玖，言机持两端，故军不速决。及战，超不受机节度，轻兵独进，败没。玖疑机杀之，谮之于颖曰：“机有二心于长沙。”牵秀素谄事玖，将军王阐、郝昌，帐下督阳平公师藩皆玖所引用，相与共证之。颖大怒，使秀将兵收机。参军事王彰谏曰：“今日之举，强弱异势，庸人犹知必克，况机之明达乎！但机吴人，殿下用之太过，北土旧将皆疾之耳。”颖不从。机闻秀至，释戎服，著白帢，与秀相见。为笺辞颖，既而叹曰：“华亭鹤唳，可复闻乎！”秀遂杀之。颖又收机弟清河内史云、平东祭酒耽及孙拯，皆下狱。

牵秀，并把他打跑，宣布实行大赦。张方进入京城，大肆抢掠，死者数以万计。

氐人李流病危，对众部将说："骁骑将军李骧仁德精明，本来足以成就大事。但是前将军李雄英俊勇武，大概是上天的选择，可以一起接受前将军的命令。"李流去世，大家推举李雄为大都督、大将军、益州牧，治所设在郫城。李雄派武都人朴泰欺骗罗尚，让他袭击郫城，声称自己可当内应。罗尚派隗伯带兵攻打郫城，朴泰约定以举火为信号，李骧在路旁埋伏了军队，朴泰把长梯送出城外。隗伯的军队看到火起，争相攀缘长梯登城。李骧指挥军队出击，大败隗伯，并连夜追击奔驰，到达成都城下，假装呼喊万岁，说："已经取得郫城！"于是进入少城，罗尚发觉中计，连忙退到太城守卫。隗伯身负重伤，被李雄活捉，赦免而没有杀掉。李骧攻打犍为，截断罗尚运送物资的道路，抓住并杀死太守龚恢。

成都王司马颖的心腹战将石超进军逼临缑氏。冬季，十月初三壬寅，惠帝回到皇宫。初八丁未，在东阳门外击败牵秀。大将军司马颖派将军马咸协助陆机。初九戊申，太尉司马乂尊奉帝命与陆机在建春门战斗。司马乂的司马王瑚派几千骑兵把戟系在马上，冲击马咸的兵阵，马咸军队混乱，捉住并杀掉马咸。陆机军队惨败，退到七里涧，死尸堆积，把水流都堵塞住了。王瑚杀死陆机的大将贾崇等十六人，石超逃遁离去。

当初，宦官孟玖受到大将军司马颖的宠信，孟玖想让他的父亲担任邯郸县令，左长史卢志等人都不敢违背，只有右司马陆云坚持不同意，说："这个县历来是有公府掾资格的人担任，岂有让宦官父亲担任的道理？"孟玖深深地怨恨陆云。孟玖的弟弟孟超是率领万人的小督，还没有战斗，就纵兵抢掠。陆机将主犯拘捕，孟超带着全副武装的一百多骑兵冲到陆机的指挥将旗之下，夺走犯人，在马上回头对陆机说："蛮奴，会当都督吗？"陆机的司马吴郡人孙拯劝说陆机把他杀掉，陆机没有采纳。孟超向大家宣告说："陆机打算叛变。"又给孟玖去信，说陆机怀有二心，所以军队不能快些取胜。等到战斗开始，孟超不听陆机的指挥调动，轻率地带兵孤军深入，以致全军覆没。孟玖怀疑是陆机把孟超杀了，对司马颖进谗言说："陆机怀有二心，勾结长沙王。"牵秀对孟玖一直阿谀谄媚，将军王阐、郝昌，帐下督阳平人公师藩等人又都是由孟玖引荐而得到任用的，这些人在一起共同证实孟玖的谗言。司马颖勃然大怒，派牵秀带兵拘捕陆机。参军事王彰劝说道："今天的举动，强弱力量对比悬殊，最平庸的人都知道谁一定能取胜。何况陆机那样明白通达的人呢？只因陆机是吴地人，殿下对他过于重用，才引起北方地区的旧将对他的嫉妒怨恨罢了。"司

记室江统、陈留蔡克、颍川枣嵩等上疏，以为："陆机浅谋致败，杀之可也。至于反逆，则众共知其不然。宜先检校机反状，若有征验，诛云等未晚也。"统等恳请不已，颖迟回者三日。蔡克入，至颖前，叩头流血曰："云为孟玖所怨，远近莫不闻；今果见杀，窃为明公惜之！"僚属随克入者数十人，流涕固请，颖恻然，有宥云色。孟玖扶颖入，催令杀云、耽，夷机三族。

狱吏考掠孙拯数百，两踝骨见，终言机冤。吏知拯义烈，谓拯曰："二陆之枉，谁不知之！君可不爱身乎？"拯仰天叹曰："陆君兄弟，世之奇士，吾蒙知爱。今既不能救其死，忍复从而诬之乎！"玖等知拯不可屈，乃令狱吏诈为拯辞。颖既杀机，意常悔之，及见拯辞，大喜，谓玖等曰："非卿之忠，不能穷此奸。"遂夷拯三族。拯门人费慈、宰意二人诣狱明拯冤，拯譬遣之曰："吾义不负二陆，死自吾分；卿何为尔邪！"曰："君既不负二陆，仆又安可负君！"固言拯冤，玖又杀之。

（以上为第六段，写四川流民氐族首领李雄采用计谋，打败官军；成都王司马颖宠信宦官孟玖，前将军陆机被诬谋反，制造了惨绝人寰的冤案，二弟陆云、陆耽同时被害。）

太尉乂奉帝攻张方，方兵望见乘舆，皆退走，方遂大败，死者五千余人。方退屯十三里桥，众惧，欲夜遁，方曰："胜负兵家之常，善用兵者能因败为成。今我更前作垒，出其不意，此奇策也。"乃夜潜逼洛城七里，筑垒数重，外引廪谷以足军食。乂既战胜，以为方不足忧。闻方垒成，十一月，引兵攻之，不利。朝议以为乂、颖兄弟，可辞说而释，乃使中书令王衍等往说颖，令与乂分陕而居，颖不从。乂因致书于颖，为陈利害，欲与之和解。颖复书："请斩皇甫商等首，则引兵还邺。"乂不可。

马颖没有接受。陆机听说牵秀来了，于是脱下军服，戴着低贱的便帽，与牵秀相见，又写信辞别司马颖，一会儿慨叹说："故乡华亭的鹤声，还能再听到吗？"牵秀随即将他杀了。司马颖又拘捕了陆机的弟弟清河内史陆云、平东祭酒陆耽以及孙拯，都投入牢狱。

记室江统、陈留人蔡克、颍川人枣嵩等上奏，认为："陆机考虑不周而导致失败，处死是可以的。至于说他反叛，则大家都知道这不是事实。应当首先检查审核陆机谋反的情况，如果能够证实，那么再杀陆云等人也不迟。"江统等人不断地恳切请求，司马颖拖延了三天也不予以答复。蔡克进入王府，来到司马颖面前，叩头叩得流血，说："陆云被孟玖怨恨，远近没有不知道的，现在如果陆云果然被杀，我为您惋惜！"随蔡克进去的僚属有几十人，都流泪苦苦请求，司马颖听后也感到忧伤，面露宽容打算原谅陆云。孟玖扶着司马颖进屋，催促司马颖下令杀掉陆云、陆耽，夷灭陆机三族。

狱吏拷打孙拯几百下，把他打得露出了踝骨，但孙拯始终说陆机冤枉，狱吏知道孙拯正义而刚烈，对孙拯说："二陆的冤枉，谁不知道！您难道不珍惜自己的身体吗？"孙拯仰天长叹，说："陆机兄弟是天下不同寻常的人士，我承蒙他们的知遇和厚爱，现在既然不能把他从死亡中解救出来，怎么能忍心再诋毁他呢？"孟玖等人知道不能使孙拯屈服，就命令狱吏伪造孙拯的供词。司马颖杀了陆机后，心里常常感到后悔，等看到孙拯的供词后，非常高兴，对孟玖等人说："要不是你的忠诚，就不能够查清楚这反叛的情况。"于是夷灭孙拯三族。孙拯的学生费慈、宰意两人到狱中申明孙拯冤枉，孙拯开导并让他们离开，说："我从道义上不能辜负二陆，死是我现在所应该做的，你们为什么呢？"他们回答说："您既然不辜负二陆，我等又怎能辜负您呢？"坚持说孙拯冤枉，孟玖又把他们杀了。

太尉司马乂侍奉惠帝攻打张方，张方的兵远远地看到惠帝的御车，都败退而逃，张方于是惨败，死了五千多人。张方撤退到十三里桥驻扎，大家都惶恐不安，想趁夜逃走，张方说："胜负是兵家常事，善于用兵的人能够转败为胜，现在我反而再到前面修筑堡垒，出其不意，这是奇妙的计策。"于是张方趁夜色悄悄逼近距洛阳城七里处，修筑了几层堡垒，从外面运进仓库中的粮谷作为军粮。司马乂取胜后，认为张方不足以忧虑。听说张方建成了堡垒，十一月，再率领军队去进攻，一无所获。朝廷讨论认为，司马乂、司马颖是兄弟，可以用言辞来排解这一纠纷。于是派中书令王衍等人到司马颖那里劝说，让司马颖与司马乂平分秋色，共同辅助皇室。司马颖不答应。司马乂又给司马颖去信，为他陈说利害关系，想与司马颖和解。司马颖回信说："请斩掉皇甫商等人的首级，那么我就率兵回归邺城。"司马乂不同意。

颖进兵逼京师，张方决千金堨，水碓皆涸。乃发王公奴婢手舂给兵，一品已下不从征者，男子十三以上皆从役，又发奴助兵；公私穷踧，米石万钱。诏命所行，一城而已。骠骑主簿范阳祖逖言于乂曰："刘沈忠义果毅，雍州兵力足制河间，宜启上为诏与沈，使发兵袭颙。颙窘急，必召张方以自救，此良策也。"乂从之。沈奉诏驰檄四境，诸郡多起兵应之。沈合七郡之众凡万余人，趣长安。

乂又使皇甫商间行，赍帝手诏，命游楷等罢兵，敕皇甫重进军讨颙。商间行至新平，遇其从甥；从甥素憎商，以告颙，颙捕商，杀之。

（以上为第七段，写成都王司马颙的部将张方率兵攻打长沙王司马乂，决堤放水，洛阳城一片狼藉。）

十二月，议郎周玘、前南平内史长沙王矩起兵江东以讨石冰，推前吴兴太守吴郡顾秘都督扬州九郡诸军事，传檄州郡，杀冰所署将吏。于是，前侍御史贺循起兵于会稽，庐江内史广陵华谭及丹阳葛洪、甘卓皆起兵以应秘。玘，处之子；循，邵之子；卓，宁之曾孙也。

冰遣其将羌毒帅兵数万拒玘，玘击斩之。冰自临淮趋寿春。征东将军刘准闻冰至，惶惧不知所为。广陵度支庐江陈敏统众在寿春，谓准曰："此等本不乐远戍，逼迫成贼，乌合之众，其势易离，敏请督运兵为公破之。"准乃益敏兵，使击之。

闰月，李雄急攻罗尚。尚军无食，留牙门张罗守城，夜，由牛鞞水东走，罗开门降。雄入成都，军士饥甚，乃帅众就谷于郪，掘野芋而食之。许雄坐讨贼不进，征即罪。

安北将军、都督幽州诸军事王浚，以天下方乱，欲结援夷狄，乃以一女妻鲜卑段务勿尘，一女妻素怒延，又表以辽西郡封务勿尘为辽西公。浚，沈之子也。

毛诜之死也，李睿奔五苓夷帅于陵丞，于陵丞诣李毅为睿请命，毅许之。睿至，毅杀之。于陵丞怒，帅诸夷反攻毅。

司马颖率兵进逼京城，张方把千金水坝中的水全部放掉，京城中舂米的水碓都无水可用。朝廷于是征发王公大臣的奴婢用手舂米来供给军粮。一品以下不去应征的官员，家中十三岁以上的男子全部服劳役，又征发奴隶帮助军队。公室、私家都穷困窘迫，一石米价值万钱。皇帝的诏令所能指挥的，仅仅是京都一城罢了。骠骑主簿范阳人祖逖，对司马乂说："刘沈忠诚正义，果断坚毅，雍州的兵力足以对付河间王司马颙，应当启奏皇上给刘沈下诏，派他出兵袭击司马颙。司马颙一旦窘迫紧急，一定要召回张方去救援自己，这是很好的计策。"司马乂采纳了。刘沈接到诏书，用快马向辖境内各郡发布檄文，各郡大多起兵响应。刘沈组织七郡共一万多人，进发长安。

司马乂又派皇甫商秘密出行，拿着惠帝的亲笔诏书，命令游楷等人放弃军事行动，命令皇甫重出兵讨伐司马颙。皇甫商秘密走到新平，遇到他的堂外甥，堂外甥一直憎恶皇甫商，就向司马颙告发，司马颙逮捕了皇甫商，并把他杀了。

十二月，议郎周玘、前南平内史长沙人王矩，在江东起兵攻打蛮人义军将领石冰，推举前吴兴太守吴郡人顾秘担任都督扬州九郡诸军事，向各州郡传布檄文，杀掉石冰所署的部将官吏。于是前侍御史贺循在会稽起兵，庐江内史广陵人华谭和丹阳人葛洪、甘卓都起兵响应顾秘。周玘是周处的儿子。贺循是贺邵的儿子。甘卓是甘宁的曾孙。

蛮族义军将领石冰派遣部将羌毒，率领几万军队抵抗周玘，周玘猛攻并杀了羌毒，石冰从临淮赶到寿春。征东将军刘准听说石冰到了，惶恐惧怕不知所措。广陵度支、庐江人陈敏在寿春统率了一些人马，对刘准说："石冰这些人本来是因为不愿远离故土去当兵，受到逼迫才成为盗贼的，这种乌合之众是很容易瓦解的，请让我督率运粮兵为您打败他们。"刘准于是给陈敏增派军队，让陈敏去攻击石冰。

闰月，氐族首领李雄对罗尚发起猛攻。罗尚的军队没有粮食，就留下牙门将张罗守城，自己夜里从牛鞞水向东逃跑，张罗打开城门投降。李雄进入成都，士兵非常饥饿，就率部众到郪县寻求给养，挖掘野山芋充饥。凉州刺史许雄被判犯了讨伐盗贼时裹足不前的罪，朝廷召他去接受处罚。

安北将军、都督幽州诸军事王浚，因为天下将要发生变乱，打算结交攀援夷狄，就把一个女儿嫁给鲜卑人段务勿尘，一个女儿嫁给素怒延。又上奏，把辽西郡划给段务勿尘，并封其为辽西公。王浚是王沈的儿子。

毛诜死后，李睿投奔了五苓夷的统帅于陵丞，于陵丞到李毅那里为李睿说情请命，李毅同意了。李睿到后，李毅把他杀了。于陵丞大怒，带领各夷人部落造反，

尚书令乐广女为成都王妃，或谮诸太尉乂。乂问广，广神色不动，徐曰：“广岂以五男易一女哉！”乂犹疑之。

（以上为第八段，写各地义军反叛的情况，吴地蛮人石冰发难，有兵数万；蜀地流民首领李雄声威大震，占领成都；五苓夷人于陵丞率众反，攻打南夷校尉李毅。从此，晋朝边境不安宁。）

永兴元年（甲子，304 年）

春，正月，丙午，乐广以忧卒。

长沙厉王乂屡与大将军颖战，破之，前后斩获六七万人，而乂未尝亏奉上之礼。城中粮食日窘，而士卒无离心。张方以为洛阳未可克，欲还长安。而东海王越虑事不济，癸亥，潜与殿中诸将夜收乂送别省。

甲子，越启帝，下诏免乂官，置金墉城。大赦，改元。城既开，殿中将士见外兵不盛，悔之，更谋劫出乂以拒颖。越惧，欲杀乂以绝众心。黄门侍郎潘滔曰：“不可，将自有静之者。”乃遣人密告张方。

丙寅，方取乂于金墉城，至营，炙而杀之，方军士亦为之流涕。

公卿皆诣邺谢罪。大将军颖入京师，复还镇于邺。诏以颖为丞相；加东海王越守尚书令。颖遣奋武将军石超等率兵五万屯十二城门，殿中宿所忌者，颖皆杀之；悉代去宿卫兵。表卢志为中书监，留邺，参署丞相府事。

河间王颙顿军于郑，为东军声援，闻刘沈兵起，还镇渭城，遣督护虞夔逆战于好畤。夔兵败，颙惧，退入长安，急召张方。方掠洛中官私奴婢万余人而西。军中乏食，杀人杂牛马肉食之。

刘沈渡渭而军，与颙战，颙屡败。沈使安定太守卫博、功曹皇甫澹以精甲五千袭长安，入其门，力战至颙帐下。沈兵来迟，冯翊太守张辅见其无继，引兵横击之，杀博及澹，沈兵遂败，收余卒而退。张方遣其

攻打李毅。

尚书令乐广的女儿是成都王司马颖的王妃，有人把这事密报给太尉司马乂。司马乂问乐广，乐广神色不动，慢条斯理地说："乐广我难道会用五个儿子的命去换一个女儿吗？"司马乂对他仍然心存疑忌。

晋惠帝永兴元年（甲子，304年）

春季，正月初八丙午，尚书令乐广忧郁而死。

长沙厉王司马乂多次与大将军司马颖开战，打败了司马颖，前后杀死或俘虏六七万人。战事紧张，而司马乂对侍奉惠帝的礼节却从不曾耽搁减少。城中粮食日益困窘，但士兵们都没有背离的想法。张方认为洛阳不能攻克，想返回长安。这时，在朝中任职的东海王司马越害怕事情不能成功，正月二十五日癸亥，暗地与殿中各位将领趁夜把司马乂拘捕起来，送到另外的官署。

正月二十六日甲子，司马越启奏惠帝，下诏罢免司马乂的官职，把他关到金墉城。实行大赦，改年号为永安。城门打开后，殿中的官兵看到城外的军队并不强大，因而感到后悔，又谋划劫出司马乂来抗拒司马颖。司马越惶惶不安，想杀掉司马乂使大家断绝这个想法。黄门侍郎潘滔说："不要这样，将自然有使大家静心的人出现。"就派人秘密告诉张方。

正月二十八日丙寅，张方在金墉城带走司马乂，到军营后，把司马乂用火烧烤后杀了，连张方军中的士兵也为司马乂流泪。

朝廷公卿大臣都到邺城向司马颖认错道歉。大将军司马颖进入京城，后又回到邺城镇守。惠帝司马衷下诏，任命司马颖为丞相，给东海王司马越加尚书令职。司马颖派奋武将军石超等人率军队五万人驻扎在洛阳的十二个城门，朝廷中有宿怨的官员，司马颖把他们全部杀掉了。皇宫禁卫军也全部用自己的军队代替。司马颖上奏卢志任中书监，留驻邺城，管理丞相府事务。

河间王司马颙在郑县停兵驻扎，作为东军的声援，听说刘沈的军队进攻，就回到渭城镇守，派督护虞夔在好畤县迎战刘沈。虞夔的军队失败，司马颙恐惧不安，退入长安，急忙召张方回来，张方在洛阳抢掠了官府私家的奴婢一万多人后，匆忙西归，军中缺乏粮食，就把人杀了混在牛马肉中吃。

刘沈渡过渭水驻军，与司马颙交战，司马颙连连失败。刘沈派安定太守卫博、功曹皇甫澹带领五千精兵袭击长安，攻入长安城门，奋力战斗，直至司马颙的军帐前。刘沈自己带的兵来晚了，冯翊太守张辅发现卫博的士兵后继无援，带兵对这支

将敦伟夜击之，沈军惊溃，沈与麾下南走，追获之。沈谓颙曰："知己之惠轻，君臣之义重，沈不可以违天子之诏，量强弱以苟全。投袂之日，期之必死，菹醢之戮，其甘如荠。"颙怒，鞭之而后腰斩。

新平太守江夏张光数为沈画计，颙执而诘之，光曰："刘雍州不用鄙计，故令大王得有今日！"颙壮之，引与欢宴，表为右卫司马。

（以上为第九段，写成都王司马颖反败为胜，任丞相，主持朝政，派军队控制京城洛阳；雍州刺史刘沈奉诏进攻河间王司马颙，因谋划不周而失败。）

罗尚逃至江阳，遣使表状。诏尚权统巴东、巴郡、涪陵以供军赋。尚遣别驾李兴诣镇南将军刘弘求粮，弘纲纪以运道阻远，且荆州自空乏，欲以零陵米五千斛与尚。弘曰："天下一家，彼此无异，吾今给之，则无西顾之忧矣。"遂以三万斛给之，尚赖以自存。李兴愿留为弘参军，弘夺其手版而遣之。又遣治中何松领兵屯巴东为尚后继。于时流民在荆州者十余万户，羁旅贫乏，多为盗贼，弘大给其田及种粮，擢其贤才，随资叙用，流民遂安。

二月，乙酉，丞相颖表废皇后羊氏，幽于金墉城；废皇太子覃为清河王。

陈敏与石冰战数十合，冰众十倍于敏，敏击之，所向皆捷，遂与周玘合攻冰于建康。三月，冰北走，投封云，云司马张统斩冰及云以降，扬、徐二州平。周玘、贺循皆散众还家，不言功赏。朝廷以陈敏为广陵相。

河间王颙表请立丞相颖为太弟。戊申，诏以颖为皇太弟，都督中外诸军事，丞相如故。大赦。乘舆服御皆迁于邺，制度一如魏武帝故事。以颙为太宰、大都督、雍州牧；前太傅刘寔为太尉。寔以老，固让不拜。

太弟颖僭侈日甚，嬖幸用事，大失众望。司空东海王越，与右卫将军陈眕及长沙故将上官巳等谋讨之。

精兵拦腰截击，杀了卫博和皇甫澹，这支精兵也就失败了，收拢残余而退去。张方派他的部将敦伟趁夜攻打刘沈，刘沈的军队惊慌而溃散，刘沈与部下向南逃跑，被敦伟的士兵追上而抓获。刘沈对司马颙说："朋友知己之间的恩惠微小，君臣之间的恩义重大，我不能违反天子的诏令，衡量势力的强弱来苟全性命。我在挥袖行动的时候，就预料到性命一定保不住，因此剁成肉酱的酷刑，对我来说如同品尝荠菜一样甘甜。"司马颙听后大怒，鞭笞刘沈后，又将他腰斩。

新平太守江夏人张光多次为刘沈出谋划策，司马颙抓住他而责问，张光说："雍州太守刘沈没有采纳我的计策，所以使得大王您得以有今天！"司马颙认为他壮烈，就带他一起参加盛宴，表奏他为右司马。

益州刺史罗尚逃到江阳，派使者向朝廷奏报情况，朝廷诏令罗尚暂且统领巴东、巴郡、涪陵，来供应军事给养。罗尚派遣别驾李兴向镇南将军刘弘求助粮食，刘弘的参佐考虑到运粮道路遥远，加之荆州本地粮食也很紧张，就想从零陵拨出五千斛米给罗尚。刘弘说："天下是一家，互相不分彼此，我现在供给罗尚，就无须担忧西边了。"于是，给罗尚三万斛米，罗尚靠这些米得以生存。李兴想留下来作为刘弘的参军，刘弘将他来参见用的板笏夺走而赶他回去。刘弘还派遣治中何松带兵驻扎在巴东作为罗尚的后援。当时在荆州的流民有十多万户，寄居他乡十分贫困，大多成为盗贼，刘弘分给他们大批田地和种子，提拔其中有贤德的人才，按照资质任用，流民于是才安定下来。

二月十七日，乙酉，丞相司马颖上奏，废掉皇后羊氏，幽禁在金墉城，废掉皇太子司马覃，任命为清河王。

陈敏与石冰交战几十次，石冰的人数是陈敏的十倍，但陈敏攻打石冰，每次都能获得胜利，于是与周玘在建康联合进攻石冰。三月，石冰失败逃窜，投奔封云，封云的司马张统杀掉石冰和封云后投降，扬、徐二州于是平定。周玘、贺循都遣散部众回家，不提功劳封赏。朝廷让陈敏担任广陵相。

河间王司马颙上奏，请朝廷立丞相司马颖为皇太弟。三月十一日戊申，惠帝下诏立司马颖为皇太弟，兼任都督中外诸军事，并保留丞相的职权，宣布实行大赦。皇太弟的车马及服饰用品都迁到邺城，制度就像魏武帝曹操时一样。让司马颙担任太宰、大都督、雍州牧；任命前太傅刘寔为太尉，刘寔声称自己年老，坚决辞让，不去就职。

皇太弟司马颖超越本分，奢侈一天比一天严重，所宠信溺爱的小人执掌权力，令大家十分失望。司空东海王司马越与右卫将军陈眕以及长沙王司马乂过去的部将

秋，七月，丙申朔，陈昣勒兵入云龙门，以诏召三公百僚及殿中，戒严讨颖。石超奔邺。戊戌，大赦，复皇后羊氏及太子覃。己亥，越奉帝北征。以越为大都督。征前侍中嵇绍诣行在。侍中秦准谓绍曰："今往，安危难测，卿有佳马乎？"绍正色曰："臣子扈卫乘舆，死生以之，佳马何为！"

越檄召四方兵，赴者云集，比至安阳，众十余万，邺中震恐。颖会群僚问计，东安王繇曰："天子亲征，宜释甲缟素出迎请罪。"颖不从，遣石超帅众五万拒战。折冲将军乔智明劝颖奉迎乘舆，颖怒曰："卿名晓事，投身事孤；今主上为群小所逼，卿奈何欲使孤束手就刑邪！"

（以上为第十段，写成都王司马颖执掌朝政，专政僭越，令人失望，东海王司马越谋讨，号令四方，动员十多万士兵，挟持晋惠帝司马衷，进攻司马颖驻镇邺城。）

陈昣二弟匡、规自邺赴行在，云邺中皆已离散，由是不甚设备。己未，石超军奄至，乘舆败绩于荡阴，帝伤颊，中三矢，百官侍御皆散。嵇绍朝服，下马登辇，以身卫帝，兵人引绍于辕中斫之。帝曰："忠臣也，勿杀！"对曰："奉太弟令，惟不犯陛下一人耳。"遂杀绍，血溅帝衣。帝堕于草中，亡六玺。石超奉帝幸其营，帝馁甚，超进水，左右奉秋桃。颖遣卢志迎帝；庚申，入邺。大赦，改元曰建武。左右欲浣帝衣，帝曰："嵇侍中血，勿浣也！"

陈昣、上官巳等奉太子覃守洛阳。司空越奔下邳，徐州都督东平王楙不纳，越径还东海。太弟颖以越兄弟宗室之望，下令招之，越不应命。前奋威将军孙惠上书，劝越要结藩方，同奖王室，越以惠为记室参军，与参谋议。北军中候苟晞奔范阳王虓，虓承制以晞行兖州刺史。

初，三王之起兵讨赵王伦也，王浚拥众挟两端，禁所部士民不得赴三王召募。太弟颖欲讨之而未能，浚心亦欲图颖。颖以右司马和演为幽州刺史，密使杀浚。演与乌桓单于审登谋与浚游蓟城南清泉，因而图之。会天暴雨，兵器沾湿，不果而还。审登以为浚得天助，乃以演谋告浚。

上官巳等谋划讨伐司马颖。

秋季，七月初一丙申朔，陈眕率兵攻入云龙门，用皇帝诏书召集三公及群臣与三部众将领，戒严征讨司马颖。石超奔向邺城。初三戊戌，宣布大赦，恢复皇后羊氏和皇太子司马覃的地位。初四己亥，司马越侍奉惠帝向北攻打，司马越担任大都督。征调前侍中嵇绍到惠帝身边任职。侍中秦准对嵇绍说："现在随行，安危难以预料，你有好马吗？"嵇绍神色严肃地说："臣子护卫皇帝御车，死与生都要忠于职守，要好马干什么？"

司马越发布檄文召集各地军队，奉诏赶来的队伍云集，行军到安阳，人数有十多万，邺城震惊惶恐。司马颖召集幕僚参佐询问计策，东安王司马繇说："天子亲自征伐，应当放下武器身穿白色衣服出去迎接，并向天子请罪。"司马颖不同意，派石超率领五万人抵御作战。折冲将军乔智明劝说司马颖尊奉迎接惠帝御驾，司马颖发怒说："你空有知晓事理的名声，投身到我身边做事。现在皇上被小人们逼迫，你为什么想让我捆绑住自己的手脚去接受刑罚呢？"

陈眕的两个弟弟陈匡、陈规从邺城赶到惠帝身边，说邺城里已经分崩离析，因此大家都不怎么安排防备。二十四日己未，石超的军队忽然杀到，惠帝的兵马在荡阴失败，惠帝面颊负伤，中了三箭，百官和侍卫全部溃逃。嵇绍身穿上朝的礼服，下马登上御车，用身体护卫着惠帝，士兵把嵇绍拉到车辕上就准备杀掉，惠帝说："这是忠臣，不要杀！"士兵回答说："奉皇太弟的命令，只是不侵犯陛下一人而已。"于是杀了嵇绍，鲜血溅到惠帝的衣服上。惠帝从车上掉到草丛中，丢失了六枚御玺。石超侍奉惠帝到自己的兵营中，惠帝非常饥饿，石超送上水，左右随从奉上秋桃。司马颖派卢志迎接惠帝。二十五日庚申，惠帝进入邺城，宣布大赦，改年号为建武。随从想为惠帝洗衣服，惠帝说："上面有侍中嵇绍的血，不要洗了！"

陈眕、上官巳等人侍奉太子司马覃留守洛阳。司空司马越逃奔下邳，徐州都督东平王司马楙不接纳，司马越就直接回到东海。皇太弟司马颖因为司马越兄弟在宗室中享有声望，下令招他过来，司马越没有接受命令应召。前奋威将军孙惠给司马越去信，劝说司马越团结藩王，共同辅助王室，司马越让孙惠担任记室参军，让他参与计策的谋划商讨。北军中候苟晞投奔范阳王司马虓，司马虓按照朝廷旨意让苟晞担任兖州刺史。

当初，三个亲王发兵攻打赵王司马伦，王浚辖所部脚踩两只船，禁止所属的官员、百姓去应三亲王的招募。皇太弟司马颖想去讨伐王浚而没有能成行，王浚内心也想搞掉司马颖。司马颖让右司马和演任幽州刺史，派他秘密杀掉王浚。和演与乌桓单于审登谋划，在与王浚一起到蓟城南部清泉游玩时，伺机杀他。那天赶上天降

浚与审登密严兵，约并州刺史东嬴公腾共围演，杀之，自领幽州营兵。腾，越之弟也，太弟颖称诏征浚，浚与鲜卑段务勿尘、乌桓羯朱及东嬴公腾同起兵讨颖，颖遣北中郎将王斌及石超击之。

太弟颖怨东安王繇前议，八月，戊辰，收繇，杀之。初，繇兄琅邪恭王觐薨，子睿嗣。睿沈敏有度量，为左将军，与东海参军王导善。导，敦之从父弟也，识量清远，以朝廷多故，每劝睿之国。及繇死，睿从帝在邺，恐及祸，将逃归。颖先敕关津，无得出贵人，睿至河阳，为津吏所止。从者宋典自后来，以鞭拂睿而笑曰："舍长，官禁贵人，汝亦被拘邪？"吏乃听过。至洛阳，迎太妃夏侯氏俱归国。

丞相从事中郎王澄发孟玖奸利事，劝太弟颖诛之，颖从之。

上官巳在洛阳，残暴纵横。守河南尹周馥，浚之从父弟也，与司隶满奋等谋诛之，事泄，奋等死，馥走，得免。司空越之讨太弟颖也，太宰颙遣右将军、冯翊太守张方将兵二万救之，闻帝已入邺，因命方镇洛阳。巳与别将苗愿拒之，大败而还。太子覃夜袭巳、愿，巳、愿出走；方入洛阳。覃于广阳门迎方而拜，方下车扶止之，复废覃及羊后。

（以上为第十一段，写东海王司马越纠集十万士兵，挟持晋惠帝司马衷讨伐成都王司马颖，司马颖反败为胜；河间王司马颙部将张方控制洛阳，双方势均力敌，战火将继续燃烧。）

初，太弟颖表匈奴左贤王刘渊为冠军将军，监五部军事，使将兵在邺。渊子聪，骁勇绝人，博涉经史，善属文，弯弓三百斤；弱冠游京师，名士莫不与交。颖以聪为积弩将军。

渊从祖右贤王宣谓其族人曰："自汉亡以来，我单于徒有虚号，无复尺土；自余王侯，降同编户。今吾众虽衰，犹不减二万，奈何敛首就役，奄过百年！左贤王英武超世，天苟不欲兴匈奴，必不虚生此人也。今司马氏骨肉相残，四海鼎沸，复呼韩邪之业，此其时矣！"乃相与谋，推

暴雨，兵器被雨水打湿，徒劳而返。审登认为这是王浚得到上天佑助，就把和演的阴谋告诉了王浚。王浚与审登秘密训练军队，约并州刺史东嬴公司马腾一起围攻和演，把他杀掉了。王浚自己接管了幽州所辖的军队。司马腾是司马越的弟弟。皇太弟假称诏令征召王浚，王浚与鲜卑人段务勿尘、乌桓人羯朱以及东嬴公司马腾共同起兵讨伐司马颖，司马颖派北中郎将王斌以及石超迎击他们。

皇太弟司马颖对东安王司马繇前次让他向惠帝投降的议论十分怨恨。八月初三戊辰，拘捕司马繇，把他杀了。当初，司马繇的哥哥琅邪恭王司马觐去世，儿子司马睿继承爵位。司马睿沉毅机敏而又胸怀宽广，任左将军，与东海参军王导要好。王导是王敦的叔伯弟弟，见识胸怀清明广远，因为朝廷多变故，经常劝说司马睿返回封国。等到司马繇被杀，司马睿在邺城侍从惠帝，恐怕遭到灾祸，打算逃回去。司马颖事先命令各关卡渡口，不得放贵族出去。司马睿到河阳，被渡口的官吏拦住。司马睿的随从宋典从后面赶来，用鞭子扫拂司马睿，笑着说："舍长，朝廷禁止贵族出去，怎么你也被拘在这儿呀？"官吏就让他们过去了。司马睿到了洛阳，接上太妃夏侯氏一起返回封国。

丞相从事中郎王澄揭发孟玖用邪恶的手段谋取私利，劝说皇太弟司马颖把他杀掉，司马颖同意了。

上官巳在洛阳，残暴横行。任河南尹的周馥是周浚的堂弟，与司隶满奋等人谋划杀掉上官巳，走漏了风声，满奋等人被杀，周馥逃走，得以免死。司空司马越征讨皇太弟司马颖，太宰司马颙派右将军、冯翊太守张方率领两万人的军队前去救援，听说惠帝已进入邺城，就命令张方去镇守洛阳。上官巳与另一支军队的将军苗愿抗拒张方，惨败，回到城里。太子司马覃夜袭上官巳、苗愿，上官巳、苗愿出城逃走，张方进入洛阳。司马覃在广阳门迎着张方叩拜，张方下车把他扶住，不让他叩拜，再一次废黜了司马覃和羊皇后。

当初，皇太弟司马颖表奏匈奴左贤王刘渊任冠军将军，监理五部匈奴的军政事务，让他在邺城统领军队。刘渊的儿子刘聪，骁勇超人，博览经史典籍，善于写文章，能用三百斤张力的大弓，年轻时到京都游玩，京都名士没有不与他结交的。司马颖让他担任积弩将军。

刘渊的堂祖父右贤王刘宣对他的族人说："自从汉朝灭亡以来，我们的单于都是徒有虚名，不再有一寸土地。其余的王侯，地位降到和百姓一样。现在我们大家虽然衰落，但也在两万人以上，怎么能俯首贴耳地充当役夫，这样匆匆地过了一百年！左贤王英俊威武超凡绝伦，上天如果不想使匈奴兴盛，也就一定不会白白生出

渊为大单于，使其党呼延攸诣邺告之。

渊白颖，请归会葬，颖弗许。渊令攸先归，告宣等使招集五部及杂胡，声言助颖，实欲叛之。及王浚、东嬴公腾起兵，渊说颖曰："今二镇跋扈，众十余万，恐非宿卫及近郡士众所能御也，请为殿下还说五部以赴国难。"颖曰："五部之众，果可发否？就能发之，鲜卑、乌桓，未易当也。吾欲奉乘舆还洛阳以避其锋，徐传檄天下，以逆顺制之，君意何如？"渊曰："殿下武皇帝之子，有大勋于王室，威恩远著，四海之内，孰不愿为殿下尽死力者！何难发之有！王浚竖子，东嬴疏属，岂能与殿下争衡邪！殿下一发邺宫，示弱于人，洛阳不可得而至；虽至洛阳，威权不复在殿下也。愿殿下抚勉士众，靖以镇之，渊请为殿下以二部摧东嬴，三部枭王浚，二竖之首，可指日而悬也。"颖悦，拜渊为北单于、参丞相军事。

渊至左国城，刘宣等上大单于之号，二旬之间，有众五万，都于离石，以聪为鹿蠡王。遣左於陆王宏帅精骑五千，会颖将王粹拒东嬴公腾。粹已为腾所败，宏无及而归。

（以上为第十二段，写刘渊的崛起。刘渊才能出众，被匈奴人崇拜，他说动成都王司马颖，得到充分信任，放其回去，犹如虎出牢笼，回到左国城后，被刘宣等人尊为大单于。）

王浚、东嬴公腾合兵击王斌，大破之。浚以主簿祁弘为前锋，败石超于平棘，乘胜进军。候骑至邺，邺中大震，百僚奔走，士卒分散。卢志劝颖奉帝还洛阳。时甲士尚有万五千人，志夜部分，至晓将发，而程太妃恋邺不欲去，颖狐疑未决。俄而众溃，颖遂将帐下数十骑与志奉帝御犊车南奔洛阳。仓猝上下无赍，中黄门被囊中赍私钱三千，诏贷之，于道中买饭，夜则御中黄门布被，食以瓦盆。至温，将谒陵，帝丧履，纳从者之履，下拜流涕。及济河，张方自洛阳遣其子罴帅骑三千，以所乘车奉迎帝。至芒山下，方自帅万余骑迎帝。方将拜谒，帝下车自止之。帝还宫，奔散者稍还，百官粗备。辛巳，大赦。

这个人。现在司马氏骨肉亲人互相残杀，四海动乱如同鼎中沸腾的开水，光复呼韩邪的事业，这正是时候！”于是互相谋划，推举刘渊为大单于，并派他的党羽呼延攸到邺城去告知刘渊。

刘渊告诉司马颖，请求回乡参与葬礼，司马颖没有允许。刘渊让呼延攸先回去，通知刘宣等人让他们召集五部匈奴以及各小部族，声称援助司马颖，实际打算背叛他。等到王浚、东嬴公司马腾起兵，刘渊对司马颖说：“现在幽、并二州的镇将猖獗，率众十多万人，恐怕不是禁卫军和附近郡县的军队所能抵御的，我请求为殿下回去召集五部匈奴人马赴救国难。”司马颖说：“五部匈奴的人马，真的能够发动吗？即使能够发动他们，鲜卑、乌桓，也不是轻易能阻挡的。我想侍奉皇帝还归洛阳，避开他们的锋芒，再慢慢向天下发布檄文，用正义制服邪恶的道理说服他们。您认为怎么样？”刘渊说：“殿下是武帝的儿子，又对王室建立了大功勋，威严恩德远近闻名，四海之内，有谁不愿意为殿下拼死尽力呢？有什么难以发动的！王浚是小人，东嬴公是关系疏远的皇亲，怎能与殿下争比高低呢！殿下如果离开邺城宫殿，那就是向人示弱，洛阳也不能进去了，即使到了洛阳，殿下也不会再有威势权力了。希望殿下抚慰勉励部众，使他们安定镇静，我请求为殿下用两部匈奴摧毁东嬴公，三部匈奴去攻杀王浚，高悬二个小人的头颅，指日可待。”司马颖非常高兴，任命刘渊担任北单于、参丞相军事等职。

刘渊到了左国城，刘宣等人给他封上大单于的称号，二十天之间，就有了五万人，建都离石县，封刘聪为鹿蠡王。派遣左於陆王刘宏，率领五千精锐骑兵，会同司马颖的部将王粹阻击东嬴公司马腾。王粹已被司马腾打败，刘宏无功而返。

王浚、东嬴公司马腾联合起来去攻打王斌，把王斌打得惨败。王浚让主簿祁弘担任前锋，在平棘县打败石超，祁弘乘胜进军。侦察骑兵到了邺城，邺城城内非常震惊，文武百官四处奔逃，士兵离散。卢志规劝司马颖侍奉惠帝司马昭返回洛阳。当时还有一万五千武装士兵。卢志连夜部署分派，到早晨将要出发时，但程太妃留恋邺城不愿离开，司马颖也犹豫不决。一会儿大家溃散，司马颖于是连忙带领军帐下的几十个骑兵与卢志侍奉着惠帝登上犊车，向南逃往洛阳。逃跑时非常仓促，君臣上下都没有带钱，中黄门行李中藏着三千私人的钱，诏令借用他的这些钱，在路上买饭，夜里惠帝就用中黄门的布被，吃饭时使用瓦盆。到了温县，将要拜谒祖宗陵墓，惠帝把鞋子走丢了，就把侍从的鞋要来穿上，到陵墓前流着泪下拜。过黄河

王浚入邺，士众暴掠，死者甚众。使乌桓羯朱追太弟颖，至朝歌，不及。浚还蓟，以鲜卑多掠人妇女，命：“敢有挟藏者斩！”于是，沈于易水者八千人。

东嬴公腾乞师于拓跋猗㐌以击刘渊，猗㐌与弟猗卢合兵击渊于西河，破之，与腾盟于汾东而还。

刘渊闻太弟颖去邺，叹曰：“不用吾言，逆自奔溃，真奴才也！然吾与之有言矣，不可以不救。”将发兵击鲜卑、乌桓，刘宣等谏曰：“晋人奴隶御我，今其骨肉相残，是天弃彼而使我复呼韩邪之业也。鲜卑、乌桓，我之气类，可以为援，奈何击之！”渊曰：“善！大丈夫当为汉高、魏武，呼韩邪何足效哉！”宣等稽首曰：“非所及也！”

荆州兵擒斩张昌，同党皆夷三族。

李雄以范长生有名德，为蜀人所重，欲迎以为君而臣之，长生不可。诸将固请雄即尊位。

冬，十月，雄即成都王位，大赦，改元建兴。除晋法，约法七章。以其叔父骧为太傅，兄始为太保，李离为太尉，李云为司徒，李璜为司空，李国为太宰，阎式为尚书令，杨褒为仆射。尊母罗氏为王太后，追尊父特为成都景王。雄以李国、李离有智谋，凡事必咨而后行，然国、离事雄弥谨。

刘渊迁都左国城。胡、晋归之者愈众。渊谓群臣曰：“昔汉有天下久长，恩结于民。吾，汉氏之甥，约为兄弟；兄亡弟绍，不亦可乎！”乃建国号曰“汉”。刘宣等请上尊号，渊曰：“今四方未定，且可依高祖称汉王。”于是，即汉王位，大赦，改元曰“元熙”。追尊安乐公禅为孝怀皇帝，作汉三祖、五宗神主而祭之。立其妻呼延氏为王后。以右贤王宣为丞相，崔游为御史大夫，左於陆王宏为太尉，范隆为大鸿胪，朱纪为太常，上党崔懿之、后部人陈元达皆为黄门郎，族子曜为建武将军，游固辞不就。

时，张方派他的儿子张罴带领三千骑兵，用自己的车乘侍奉迎接惠帝。行到芒山下，张方自己率领一万多骑兵迎接惠帝。张方将要叩拜谒见，惠帝下车止住了他。惠帝回到皇宫，也有少数逃散的官员回来，文武百官大致齐备。八月十六日辛巳，宣布实行大赦。

王浚进入邺城，士兵们狂暴抢掠，邺城中死了很多人；派乌桓人羯朱追击皇太弟司马颖，追至朝歌，没有追上。王浚回到蓟城，因为鲜卑人大多抢掠人家妇女，就下令："胆敢有挟藏妇女的人，斩！"结果因此被沉入易水的妇女有八千人。

东嬴公司马腾向拓跋猗㐌求兵攻打刘渊，拓跋猗㐌与弟弟拓跋猗卢联合在西河进攻刘渊，把刘渊打败，与司马腾在汾东结盟后回师。

刘渊听说皇太弟司马颖离开邺城，感叹地说："不采纳我的话，反倒自行奔逃溃散，真是个奴才！但我与他有言在先，不能不救他。"打算发兵攻打鲜卑、乌桓，刘宣等人劝说道："晋人像奴隶一样使用我们，现在他们骨肉亲人之间互相残杀，是上天抛弃他们而让我们光复呼韩邪的事业。鲜卑、乌桓，是我们的同类，可以作为后援，怎么能攻打他们呢？"刘渊说："好！大丈夫应当作汉高祖、魏武帝，呼韩邪哪里值得效仿呢？"刘宣等人叩头行礼说："这是我们所想不到的啊！"

荆州的军队擒获并杀掉张昌，他的同党都被诛灭三族。

李雄认为范长生有名气威德，被蜀地百姓所看重，想自己作为臣下迎奉他为国君，范长生不同意。各位部将坚持请求李雄登上王位。

冬季，十月，李雄即位为成都王，宣布实行大赦，改年号为建兴。废除晋朝法律，自建法律七章。让他叔叔李骧担任太傅，哥哥李始担任太保，李离担任太尉，李云担任司徒，李璜担任司空，李国担任太宰，阎式担任尚书令，杨褒担任仆射。尊奉母亲罗氏为王太后，追尊父亲李特为成都景王。李雄因为李国、李离有智慧谋略，任何事情都必定找他们咨询，而后才行动，然而李国、李离也愈发谨慎。

刘渊将都城迁到左国城。胡人、晋人归附他的更加多了。刘渊对臣下说："过去汉朝能够长久地拥有天下，是因为用恩德维系百姓。我作为汉朝刘氏的外甥，相约为兄弟，哥哥亡故而弟弟继承，不也可以吗？"于是建立国号称"汉"。刘宣等人请求给刘渊上一个尊号，刘渊说："现在四方各地都没有平定，暂且按照汉高祖那样称汉王。"于是，登上汉王王位，宣布实行大赦，改年号为元熙，追尊安乐公刘禅为孝怀皇帝，制作汉高祖、世祖、昭烈皇帝三祖和汉太宗、世宗、中宗、显宗、肃宗五宗的神主来祭祀他们，立他的妻子呼延氏为王后。让右贤王刘宣担任丞相，崔游担任御史大夫，左於陆王刘宏担任太尉，范隆担任大鸿胪，朱纪担任太常，上党人崔懿之、匈奴后部人陈元达担任黄门郎，同族侄子刘曜担任建武将军。崔游坚决辞让，不去就任。

元达少有志操，渊尝招之，元达不答。及渊为汉王，或谓元达曰："君其惧乎？"元达笑曰："吾知其人久矣，彼亦亮吾之心；但恐不过三、二日，驿书必至。"其暮，渊果征元达。元达事渊，屡进忠言，退而削草，虽子弟莫得知也。

曜生而眉白，目有赤光，幼聪慧，有胆量，早孤，养于渊。及长，仪观魁伟，性拓落高亮，与众不群，好读书，善属文，铁厚一寸，射而洞之。常自比乐毅及萧、曹，时人莫之许也，惟刘聪重之，曰："永明，汉世祖、魏武之流，数公何足道哉！"

（以上为第十三段，写氐人李雄在成都建立成汉，改元建兴；匈奴人刘渊建立汉国，自称汉之外甥，建元元熙。）

帝既还洛阳，张方拥兵专制朝政，太弟颖不得复豫事。豫州都督范阳王虓、徐州都督东平王楙等上言："颖弗克负荷，宜降封一邑，特全其命。太宰宜委以关右之任，自州郡以下，选举授任，一皆仰成；朝之大事，废兴损益，每辄畴咨。张方为国效节，而不达变通，未即西还，宜遣还郡，所加方官，请悉如旧。司徒戎、司空越，并忠国小心，宜干机事，委以朝政。王浚有定社稷之勋，宜特崇重，遂抚幽朔，长为北藩。臣等竭力捍城，藩屏皇家，则陛下垂拱，四海自正矣。"

张方在洛既久，兵士剽掠殆竭，众情喧喧，无复留意，议欲奉帝迁都长安，恐帝及公卿不从，欲须帝出而劫之。乃请帝谒庙，帝不许。

十一月，乙未，方引兵入殿，以所乘车迎帝，帝驰避后园竹中。军人引帝出，逼使上车，帝垂泣从之。方于马上稽首曰："今寇贼纵横，宿卫单少，愿陛下幸臣垒，臣尽死力以备不虞。"时群臣皆逃匿，唯中书监卢志侍侧，曰："陛下今日之事，当一从右将军。"帝遂幸方垒，令方具车载宫人、宝物。军人因妻略后宫，分争府藏，割流苏、武帐为马帴，魏、晋以来蓄积，扫地无遗。方将焚宗庙、宫室，以绝人返顾之心。卢志曰："董卓无道，焚烧洛阳，怨毒之声，百年犹存，何为袭之！"乃止。

匈奴后部人陈元达年轻时就有志气节操，刘渊曾经招用他，陈元达没有答复。等到刘渊成为汉王，有人对陈元达说："您害怕吗？"陈元达笑着说："我了解这个人已经很久了，他也明白我的心思，只恐怕过不了三两天，驿站必定送信来了。"到傍晚，刘渊果然征用陈元达。陈元达为刘渊做事，多次进谏忠言，退朝后就删削奏稿，即使是家人、子弟也没有谁能够知道内容。

刘曜长着白眉毛，眼睛中有赤光，年幼时很聪明，有胆量，很早就失去父母，被刘渊抚养。等到长大后，仪表魁梧伟岸，性格磊落高尚，孤傲不与大家往来，喜爱读书，善于写文章，一寸厚的铁板，他能用箭射穿。常常把自己比作乐毅和萧何、曹参，当时的人没有赞许他的，只有刘聪看重他，说："刘曜属于汉世祖、魏武帝一类，乐毅等人有什么可称道的！"

惠帝回到洛阳后，张方倚仗着兵权而独揽控制朝政，皇太弟司马颖不再能参与政事。豫州都督范阳王司马虓、徐州都督东平王司马楙等人给惠帝上书，说："司马颖不能担负重任，应当把他的封地降为一个城邑，特许保全他的性命。应当交给太宰司马颙统领关右的职任，从州郡以下，选举人才授官任职，都让他去办理，朝廷的大事，废除兴办减损增益等事宜，都要和他商量咨询。张方为国家报效气节，但不晓事理变通，没有及时回到西边，应当发遣他回到郡中，给张方的官职，请全部按照过去的任命。司徒王戎、司空司马越都忠于国家，小心谨慎，应当参与机要事务，把朝廷政事交给他们。王浚有稳定社稷的功勋，应当特别加以恩崇重用，让他管理幽州、朔方地区，成为北方藩篱屏障的首领，我们尽心竭力捍卫都城，保护皇室，那么皇上就可以垂衣拱手、高枕无忧，四海自然匡正。"

张方在洛阳的时间已长，洛阳城几乎被士兵剽窃抢掠一空，士兵们喧闹吵嚷，没有再留下来的心思，商议着想侍奉着惠帝把都城迁往长安，恐怕惠帝和公卿大臣不同意，想等待惠帝出行时将他劫持。就请惠帝去拜谒宗庙，惠帝不答应。

十一月初一乙未，张方带兵进入宫殿，用自己的车乘去接惠帝，惠帝连忙到后园竹林中躲避。士兵将惠帝带出，逼迫着让他上车，惠帝流着泪勉强答应了。张方在马上行礼说："现在强盗窃贼横行无忌，守护皇宫的禁卫势单力薄，希望皇上到我的营垒中去，我将拼死尽力来防备意外事件发生。"当时大臣们都四处逃避躲藏，只有中书监卢志在惠帝身边侍奉，说："皇上，今天的事情应该全听右将军张方安排。"惠帝于是来到张方营垒，并让张方准备车去装载宫女、宝物。士兵们趁机到后宫抢劫污辱宫女，争夺瓜分宫中所藏的物品，割下丝织垂穗、皇宫兵器帷帐当作马鞍垫，宫中魏晋以来蓄积的宝藏，一扫而空。张方将要焚烧宗庙、宫室，想断绝人们回返

帝停方垒三日，方拥帝及太弟颖、豫章王炽等趋长安，王戎出奔郏。太宰颙帅官属步骑三万迎于霸上，颙前拜谒，帝下车止之。帝入长安，以征西府为宫。唯尚书仆射荀藩、司隶刘暾、河南尹周馥在洛阳为留台，承制行事，号东、西台。藩，勖之子也。丙午，留台大赦，改元，复为永安。辛丑，复皇后羊氏。

罗尚移屯巴郡，遣兵掠蜀中，获李骧妻昝氏及子寿。

十二月，丁亥，诏太弟颖以成都王还第；更立豫章王炽为皇太弟。帝兄弟二十五人，时存者惟颖、炽及吴王晏。晏材资庸下，炽冲素好学，故太宰颙立之。诏以司空越为太傅，与颙夹辅帝室，王戎参录朝政。又以光禄大夫王衍为尚书左仆射。高密王略为镇南将军，领司隶校尉，权镇洛阳。东中郎将模为宁北将军，都督冀州诸军事，镇邺。百官各还本职。令州郡蠲除苛政，爱民务本，清通之后，当还东京。大赦，改元。

略、模，皆越之弟也。王浚既去邺，越使模镇之。颙以四方乖离，祸难不已，故下此诏和解之，冀获少安。越辞太傅不受。又诏以太宰颙都督中外诸军事，张方为中领军、录尚书事，领京兆太守。

东嬴公腾遣将军聂玄击汉王渊。战于大陵，玄兵大败。

渊遣刘曜寇太原，取泫氏、屯留、长子、中都。又遣冠军将军乔晞寇西河，取介休。介休令贾浑不降，晞杀之；将纳其妻宗氏，宗氏骂晞而哭，晞又杀之。渊闻之，大怒曰："使天道有知，乔晞望有种乎！"追还，降秩四等，收浑尸，葬之。

（以上为第十四段，继续写晋惠帝永兴元年［304］的史事，主要写晋朝内部继续争斗不休，河间王司马颙的部将张方挟持晋惠帝司马衷到长安，朝廷由司马颙掌控，废黜成都王司马颖皇太弟之位，东海王司马越兴起。）

的心思，卢志说："董卓暴虐不讲道义，在洛阳放火，怨怒愤恨的声音，一百年后还能听得见，为什么要去学他呢？"张方这才罢手。

惠帝司马衷在张方营垒中停留了三天，张方带着惠帝和皇太弟司马颖、豫章王司马炽等向长安进发，王戎逃奔郏县。太宰司马颙率领官员僚属和步兵、骑兵共三万人在霸上迎接，司马颙上前叩拜谒见，惠帝下车止住他。惠帝进入长安，以司马颙的征西将军府作为皇宫，只有尚书仆射荀藩、司隶刘暾、河南尹周馥在洛阳留守朝廷台署，根据皇帝的旨意处理事务，与长安新建台署分别号称东台、西台。荀藩是荀勖的儿子。十一月，丙午（疑误），洛阳留守台署宣布实行大赦，把年号又重新改为永安。初七辛丑，恢复皇后羊氏的地位。

罗尚迁移到巴郡驻扎，派兵抢掠蜀中，抓获李骧的妻子昝氏和儿子李寿。

十二月二十四日丁亥，惠帝司马衷下诏，令皇太弟司马颖以成都王的身份返回府第，改立豫章王司马炽为皇太弟。惠帝兄弟共二十五人，当时在世的只有司马颖、司马炽和吴王司马晏。司马晏才能平庸，资质低下，司马炽自幼平和，质朴好学，所以太宰司马颙拥立他。诏令司空司马越任太傅，与司马颙共同辅佐皇室，王戎参与管理朝政。又让光禄大夫王衍任尚书左仆射，让高密王司马略任镇南将军，兼任司隶校尉，暂且镇守洛阳。东中郎将司马模担任宁北将军，都督冀州诸军事，镇守邺城。让各部门大臣官员各自回到本来的职任上。命令州、郡取消苛刻的政令，爱护百姓，让他们从事本业，等到形势清平通畅后，就返回东京洛阳。宣布大赦，改年号为永兴。

司马略和司马模，都是司马越的弟弟。王浚离开邺城后，司马越派司马模在邺城镇守。司马颙因为各地抵触背离，祸患灾难不断出现，所以下这个诏令使各地方和解，企望能够获得稍微安定的局面。司马越推辞不接受太傅的职务。又下诏让太宰司马颙任都督中外诸军事，让张方担任中领军、录尚书事，兼任京兆太守。

东嬴公司马腾派将军聂玄攻打汉王刘渊，在大陵县交战，聂玄的军队惨败。

刘渊派刘曜进犯太原，攻下泫氏、屯留、长子、中都等地，又派遣冠军将军乔晞进犯西河，攻下介休。介休县令贾浑不投降，乔晞就把他杀了，打算娶贾浑的妻子宗氏，宗氏痛哭怒骂乔晞，乔晞又把她杀了。刘渊听说这事，非常生气，说："假如上天知道了，乔晞还能希望有后代吗？"将乔晞追回，降了四级官秩，收敛贾浑的尸体安葬。

【点评】

西晋八王之乱背景。“八王之乱”导致西晋灭亡。本书在卷八十七中点评。

所谓八王之乱，是司马氏亲王为争夺朝局掌控权而引发的一场旷日持久的动乱，历时16年，其严重后果是西晋灭亡，以及近300年的中国大分裂乱局。参加动乱的司马氏亲王不只八人，所谓“八王”实际上是指卷入这场动乱的八个核心人物。他们分别是：汝南王司马亮、楚王司马玮、赵王司马伦、齐王司马冏、长沙王司马乂、成都王司马颖、河间王司马颙、东海王司马越。

西晋八王之乱有着深刻的主客观历史原因。

其一，封王制度，政体失衡。秦并六国，废分封，立郡县，已做了历史总结，春秋战国的长期纷争，就是“以有诸侯也”。西汉分封，景帝时有七国之乱。西晋分封，产生“八王之乱”是必然的。西晋分封是导致乱局的客观原因。晋武帝司马炎在建国之初，总结魏国灭亡的原因，是宗族实力太弱，特别是曹爽集团覆灭后，朝政大权完全被司马家控制。

其二，八王得势骄狂，福禄不保。得胜上位，就得意忘形，拉帮结派，排斥异己，腐化堕落，糜烂不堪。八王利用自己所掌握的主持朝政的大权，追求个人的无限利益和享受；沉迷女色，荒废政事，结果又让其他野心家有了攻打的借口。

晋纪八

晋惠帝永兴二年至晋怀帝永嘉二年（305—308年）

【起旃蒙赤奋若（乙丑，305年），尽著雍执徐（戊辰，308年），凡四年】

【大事提要】

本卷记事起公元305年，讫公元308年，凡四年，当晋惠帝永兴二年至晋怀帝永嘉二年。本卷所载大事，主要是五个方面：其一，八王之乱终结。东海王司马越起兵，成为天下盟主，率领各路诸侯，并动用外族力量，打败了权倾朝野的成都王司马颙，护送惠帝司马衷从长安回到旧都洛阳。而后，又一个实力强大的成都王司马颖被俘获，而后被赐死，终结八王之乱，由司马越掌控朝局。其二，李雄称帝。成都天师道首领范长生劝巴氐族人首领李雄称帝。李雄于公元306年即皇帝位，赦免境内罪犯，定都成都，建国号大成，改元晏平，史称“成汉”。当时李雄意图招引远方之人，而国家用度不足，不少将领们往往进献金银珍宝而得到官职。其三，司马衷去世。惠帝司马衷于公元307年在洛阳皇宫中中毒身亡，享年48岁，解脱了他的苦难岁月，结束了他的历史使命。相传司马衷被东海王司马越毒杀，死后葬于太阳陵，谥号孝惠皇帝，其弟司马炽即位，改元永嘉，后世称为晋怀帝，司马越掌控朝局。其四，司马睿出镇建业。琅邪王司马睿为司马懿的曾孙，五子司马伷的孙子，封为琅邪王，后迁为安东将军、都督扬州诸军事，公元307年出镇建业。由于他是皇室疏属，素无名望，又无业绩，不被江东豪族士人看好。他以安东司马王导为心腹谋臣，逐步赢得江东人归心。其五，刘渊称帝。匈奴贵族刘渊趁着天下大乱，自立为帝，建立国号为“汉”的割据政权。他把都城设在平阳，而他心中的都城，却是洛阳。他有远大志向，善于收买人心，带领儿子刘聪，数次向晋都洛阳发起进攻，遭到司马越率军抵抗，每次都止步于洛阳城外。

【原文】

孝惠皇帝下

永兴二年（乙丑，305 年）

夏，四月，张方废羊后。

游楷等攻皇甫重，累年不能克，重遣其养子昌求救于外。昌诣司空越，越以太宰颙新与山东连和，不肯出兵。昌乃与故殿中人杨篇诈称越命，迎羊后于金墉城。入宫，以后令发兵讨张方，奉迎大驾。事起仓猝，百官初皆从之；俄知其诈，相与诛昌。颙请遣御史宣诏喻重令降。重不奉诏，先是城中不知长沙厉王及皇甫商已死，重获御史驺人，问曰："我弟将兵来，欲至未？"驺人曰："已为河间王所害。"重失色，立杀驺人。于是，城中知无外救，共杀重以降。颙以冯翊太守张辅为秦州刺史。

六月，甲子，安丰元侯王戎薨于郏。

张辅至秦州，杀天水太守封尚，欲以立威；又召陇西太守韩稚，稚子朴勒兵击辅，辅军败，死。凉州司马杨胤言于张轨曰："韩稚擅杀刺史，明公杖钺一方，不可不讨。"轨从之，遣中督护氾瑗帅众二万讨稚，稚诣轨降。未几，鲜卑若罗拔能寇凉州，轨遣司马宋配击之，斩拔能，俘十余万口，威名大振。

汉王渊攻东嬴公腾，腾复乞师于拓跋猗㐌，卫操劝猗㐌助之。猗㐌帅轻骑数千救腾，斩汉将綦毋豚。诏假猗㐌大单于，加操右将军。甲申，猗㐌卒，子普根代立。

（以上为第一段，写晋朝边境之事，皇甫重据城防守，河间王司马颙派遣金城太守游楷率兵攻打，皇甫重被杀；凉州刺史张轨派遣司马宋配攻打鲜卑首领若罗拔能，被斩杀。）

东海中尉刘洽以张方劫迁车驾，劝司空越起兵讨之。秋，七月，越传檄山东征、镇、州、郡，云："欲纠帅义旅，奉迎天子，还复旧都。"东平王楙闻之，惧；长史王修说楙曰："东海，宗室重望，今兴义兵，公宜举徐州以授之，则免于难，且有克让之美矣。"楙从之。越乃以司空领徐

【语译】

孝惠皇帝下

晋惠帝永兴二年（乙丑，305年）

夏季，四月，张方废掉羊皇后。

游楷等人攻打皇甫重，几年都没有攻下，皇甫重派他的养子皇甫昌到外边去求救。皇甫昌拜见司空司马越，司马越因为太宰司马颙新近与崤山以东地区联系和解，不肯出兵。皇甫昌就与以前为殿中人的杨篇一起，伪称奉司马越的旨意，从金墉城迎出羊皇后。进入皇宫后，用皇后的命令发兵攻打张方，尊奉迎接皇帝大驾。事情来得非常仓促，朝廷各部门的官员开始都跟随皇甫昌，不久知道是伪令，就一起杀了皇甫昌。司马颙请求派御史向皇甫重宣布诏令，命令他投降。皇甫重不遵行诏令。开始时城里不知道长沙厉王司马乂和皇甫商已被杀死。皇甫重抓住来宣布诏令的御史的车夫，询问说："我弟弟带兵过来，快到了吗？"车夫说："他已被河间王司马颙害死了。"皇甫重大惊失色，当即杀掉车夫。这时候，城里知道没有外援，就一起杀了皇甫重投降。司马颙命冯翊太守张辅担任秦州刺史。

六月初四甲子，安丰元侯王戎在郏县去世。

张辅到秦州，杀了天水太守封尚，想以此树立权威。又要召陇西太守韩稚，韩稚的儿子韩朴带兵攻打张辅，张辅的军队被打败，张辅被杀死。凉州司马杨胤对张轨说："韩稚擅自杀死刺史，您掌握一个地区的军事，不能不去攻打。"张轨听从了他的意见，派中军督护氾瑗率领两万人征讨韩稚，韩稚到张轨那里投降。没有多久，鲜卑人若罗拔能进犯凉州，张轨派司马宋配阻击鲜卑人，杀了若罗拔能，俘虏了十多万人，声威大振。

汉王刘渊攻打东嬴公司马腾，司马腾向拓跋猗㐌请求援助，卫操劝说拓跋猗㐌帮助司马腾。拓跋猗㐌率领几千轻装的骑兵去救援司马腾，杀了汉将綦毋豚。诏令把拓跋猗㐌封为大单于，加封卫操右将军。二十四日甲申，拓跋猗㐌去世，儿子拓跋普根代他立为大单于。

东海中尉刘洽因为张方劫持并强行迁移皇帝车驾，劝司空司马越发兵征讨张方。秋季，七月，司马越在崤山以东的各征、镇、州、郡传布檄文说："将集结带领正义之师，奉迎天子返回原来的都城。"东平王司马楙听到后，惶恐不安。长史王修对司马楙说："东海王是宗室中声望最高的，现在兴起正义的军队，您应当把徐州交给

州都督，楙自为兖州刺史；诏即遣使者刘虔授之。是时，越兄弟并据方任，于是，范阳王虓及王浚等共推越为盟主，越辄选置刺史以下，朝士多赴之。

成都王颖既废，河北人多怜之。颖故将公师藩等自称将军，起兵于赵、魏，众至数万。初，上党武乡羯人石勒，有胆力，善骑射。并州大饥，建威将军阎粹说东嬴公腾，执诸胡于山东，卖充军实。勒亦被掠，卖为茌平人师懽奴，懽奇其状貌而免之。懽家邻于马牧，勒乃与牧帅汲桑结壮士为群盗。及公师藩起，桑与勒帅数百骑赴之。桑始命勒以石为姓，勒为名。藩攻陷郡县，杀二千石、长吏，转前，攻邺。平昌公模甚惧。范阳王虓遣其将苟晞救邺，与广平太守谯国丁绍共击藩，走之。

八月，辛丑，大赦。

司空越以琅邪王睿为平东将军，监徐州诸军事，留守下邳。睿请王导为司马，委以军事。越帅甲士三万，西屯萧县；范阳王虓自许屯于荥阳。越承制以豫州刺史刘乔为冀州刺史，以范阳王虓领豫州刺史；乔以虓非天子命，发兵拒之。虓以刘琨为司马，越以刘蕃为淮北护军，刘舆为颍川太守。乔上尚书，列舆兄弟罪恶，因引兵攻许，遣长子祐将兵拒越于萧县之灵壁，越兵不能进。东平王楙在兖州，征求不已，郡县不堪命。范阳王虓遣苟晞还兖州，徙楙都督青州。楙不受命，背山东诸侯，与刘乔合。

太宰颙闻山东兵起，甚惧。以公师藩为成都王颖起兵，壬午，表颖为镇军大将军、都督河北诸军事，给兵千人；以卢志为魏郡太守，随颖镇邺，欲以抚安之。又遣建武将军吕朗屯洛阳。

颙发诏，令东海王越等各就国，越等不从。会得刘乔上事，冬，十月，丙子，下诏称："刘舆迫胁范阳王虓，造构凶逆。其令镇南大将军刘弘、平南将军彭城王释、征东大将军刘准，各勒所统，与刘乔并力；以张方为大都督，统精卒十万，与吕朗共会许昌，诛舆兄弟。"释，宣帝弟子穆王权之孙也。

他，那就可以避免灾难，还享有克己谦让的美德。”司马楙同意了。司马越就以司空兼任徐州都督，司马楙自任兖州刺史，朝廷诏令立即派使者刘虔正式任命。这时，司马越兄弟都各占据一方重任，于是范阳王司马虓和王浚等人共同推举司马越为盟主，司马越则选择人才安排刺史以下的职务，朝廷的士人大多都投奔到司马越那里。

成都王司马颖被废黜后，河北人大多很怜悯他。司马颖过去的部将公师藩等人自称将军，在赵、魏地区起兵，人数达到几万。当初，上党武乡县羯人石勒，有胆识，有力气，善于骑马射箭。并州严重饥荒，建威将军阎粹向东嬴公司马腾献计，把各族胡人抓到崤山以东地区，卖了以后补充军粮。石勒也被抓住，卖给茌平人师懽做奴隶。师懽认为他的相貌奇特，就放了他。师懽与放马场为邻，石勒就与放牧的首领汲桑聚集壮士成为强盗团伙。等到公师藩起兵后，汲桑和石勒率领几百骑士投奔到公师藩那里，汲桑让石勒以石作为姓，用勒作为名。公师藩攻克了一些郡县，杀了二千石俸禄的郡守、长吏，转而向前，攻打邺城，平昌公司马模非常恐惧。范阳王司马虓派他的部将苟晞去救邺城，与广平太守谯国人丁绍共同攻打并赶跑了公师藩。

八月，辛丑（疑误），实行大赦。

司空司马越以琅邪王司马睿担任平东将军，监管徐州诸军事，在下邳留守。司马睿请王导担任司马，将军队事务交给他处理。司马越率领三万士兵，驻扎在西边的萧县。范阳王司马虓从许昌到荥阳驻扎。司马越奉制书让豫州刺史刘乔担任冀州刺史，让范阳王司马虓兼任豫州刺史。刘乔认为司马虓来担任刺史不是天子的旨意，就发兵阻止司马虓。司马虓以刘琨为司马，司马越以刘藩担任淮北护军。刘舆担任颍川太守。刘乔给朝廷上书，罗列刘舆兄弟的罪恶，就带兵攻打许昌，并派长子刘祐带兵在萧县的灵壁阻击司马越，司马越的军队不能前进。东平王司马楙在兖州，不停地征收赋税，征发劳役，所属郡县不能忍受。范阳王司马虓派苟晞返回兖州，调司马楙都督青州，司马楙不接受任命，背叛崤山以东的诸侯，与刘乔会合。

太宰司马颙听说崤山以东的战事又起，非常恐惧。因为公师藩是为成都王司马颖而起兵，二十三日壬午，司马颙上书，奏请任命司马颖为镇东大将军，都督河北诸军事，配给一千士兵；任命卢志为魏郡太守，随从司马颖镇守邺城，想以此抚慰并安定公师藩。又派建武将军吕朗率领军队到洛阳驻扎。

司马颙发布诏令，命令东海王司马越等人各自回到自己的封国，司马越等人没有听从。碰巧接到刘乔的上书。冬季，十月十八日丙子，司马颙颁布诏书，声称：“刘舆逼迫威胁范阳王司马虓，制造事端。命令镇南大将军刘弘、平南将军彭城王司马释、征东大将军刘准，各自带领所辖军队，与刘乔并肩出力，任命张方为大都督，率领十万精兵，与吕朗在许昌会合，诛讨刘舆兄弟。”司马释是宣帝司马懿侄子穆王

（以上为第二段，写晋惠帝司马衷被挟持长安后，司马氏诸王的纷争仍在继续，东海王司马越为盟主，发布檄文，要把晋惠帝司马衷迎回洛阳，而河间王司马颙发令阻止。）

丁丑，颙使成都王颖领将军刘褒等，前车骑将军石超领北中郎将王阐等据河桥，为刘乔继援；进乔镇东将军，假节。

刘弘遗乔及司空越书，欲使之解怨释兵，同奖王室，皆不听。弘又上表曰："自顷兵戈纷乱，猜祸锋生，疑隙构于群王，灾难延于宗子。今日为忠，明日为逆，翩其反，而互为戎首。载籍以来，骨肉之祸未有如今者也，臣窃悲之！今边陲无备豫之储，中华有杼轴之困，而股肱之臣，不惟国体，职竞寻常，自相楚剥。万一四夷乘虚为变，此亦猛虎交斗，自效于卞庄者矣。臣以为宜速发明诏诏越等，令两释猜嫌，各保分局。自今以后，其有不被诏书，擅兴兵马者，天下共伐之。"时太宰颙方拒关东，倚乔为助，不纳其言。

乔乘虚袭许，破之。刘琨将兵救许，不及，遂与兄舆及范阳王虓俱奔河北；琨父母为乔所执。刘弘以张方残暴，知颙必败，乃遣参军刘盘为都护，帅诸军受司空越节度。

时天下大乱，弘专督江、汉，威行南服。谋事有成者，则曰"某人之功"；如有负败，则曰"老子之罪"。每有兴发，手书守相，丁宁款密。所以人皆感悦，争赴之，咸曰："得刘公一纸书，贤于十部从事。"前广汉太守辛冉说弘以从横之事，弘怒，斩之。

有星孛于北斗。

平昌公模遣将军宋胄趣河桥。

十一月，立节将军周权，诈被檄，自称平西将军，复立羊后。洛阳令何乔攻权，杀之，复废羊后。太宰颙矫诏，以羊后屡为奸人所立，遣尚书田淑敕留台赐后死。诏书屡至，司隶校尉刘暾等上奏，固执以为："羊庶人门户残破，废放空宫，门禁峻密，无缘得与奸人构乱；众无愚智，皆谓其冤。今杀一枯穷之人，而令天下伤惨，何益于治！"颙怒，

司马权的孙子。

十月十九日丁丑，司马颙让成都王司马颖带领将军楼褒等人，前车骑将军石超带领北中郎将王阐等人据守河桥，作为刘乔的后续援军。提升刘乔为镇东将军，发给符节。

刘弘给刘乔及司空司马越去信，想使他们之间消解怨恨，停止军事行动，共同辅佐王室，但双方都不理会。刘弘又上书说："自从近年战乱迭起，猜疑、灾祸一起出现，疑忌、仇隙在亲王们之间传递，灾难、祸患延续于宗室后代身上，今天是忠于王室的，明天就成了反叛王室，是非反复变化无常，轮流成为兴起战事的首领。有历史记载以来，骨肉相残的灾祸还没有像现在这样的，我对此感到十分悲伤！现在边疆没有预防发生叛乱的储备，中原却有相当的困厄，辅助王室的重要大臣，不考虑国家的命运，却以竞争长短为能事，自相残杀。万一四边夷人乘虚而制造变乱，这也正是两个猛虎相争斗而自然成为卞庄的猎物。我认为应该赶快发布公开诏书，命令司马越等人，解除猜忌、仇怨，各自保持自己所分管的职位和封地。从今以后，如果有不接受诏令，擅自动用军队挑起事端的人，全国共同来讨伐他。"当时太宰司马颙刚开始进抵关东地区，要倚靠刘乔作为帮助，因而不采纳刘弘的进言。

刘乔乘虚袭击许昌，一举攻克。刘琨带兵救援许昌已经来不及，于是和兄刘舆以及范阳王司马虓一起逃奔河北，刘琨的父母被刘乔抓住。刘弘根据张方的残暴，知道司马颙一定要失败，便派参军刘盘为都护，带领所辖各军队接受司马越的指挥。

这时天下大乱，刘弘专门督管江汉地区，威势及于南方边远地区。谋划事情成功了，就说是某人的功劳。如果遇到失败，则称是自己的责任。每当兴师动众，亲笔写信给负责官员，详细叮咛嘱咐。所以大家都很感动和舒畅，争相到他那儿。大家都说："能够得到刘公一纸亲笔信，胜过做十个部从事。"前广汉太守辛冉向刘弘游说割据称霸的事情，刘弘大怒，就把他杀了。

有异星出现在北斗星旁。

平昌公司马模派将军宋胄向河桥进军。

十一月，立节将军周权，假称收到檄文，自称为平西将军，又重新立羊皇后。洛阳令何乔攻打周权，把他杀了，又废黜羊皇后。太宰司马颙假称诏令，根据羊皇后多次被坏人拥立，派尚书田淑命令留守台署赐羊皇后死。诏书几次传到，司隶校尉刘暾等人上奏，坚持认为："羊庶人门庭早已破败，废掉放逐在空宫，宫门禁卫戒备森严，没有条件能够与坏人勾结而制造变乱，大家无论是愚蠢还是聪明的人，都

遣吕朗收暾。暾奔青州，依高密王略。然羊后亦以是得免。

十二月，吕朗等东屯荥阳，成都王颖进据洛阳。

刘琨说冀州刺史太原温羡，使让位于范阳王虓。虓领冀州，遣琨诣幽州乞师于王浚；浚以突骑资之，击王阐于河上，杀之。琨遂与虓引兵济河，斩石超于荥阳。刘乔自考城引退。虓遣琨及督护田徽东击东平王楙于廪丘，楙走还国。琨、徽引兵东迎越，击刘祐于谯。祐败死，乔众遂溃，乔奔平氏。司空越进屯阳武，王浚遣其将祁弘帅突骑、鲜卑、乌桓为越先驱。

（以上为第三段，写晋朝督管江汉的有识之士刘弘力求调解太宰司马颙与东海王司马越的争端，并上书晋惠帝，不被采纳，他认为司马颙必败，加入司马越阵营。）

初，陈敏既克石冰，自谓勇略无敌，有割据江东之志。其父怒曰："灭我门者，必此儿也！"遂以忧卒。敏以丧去职。司空越起敏为右将军、前锋都督。越为刘祐所败，敏请东归收兵，遂据历阳叛。吴王常侍甘卓，弃官东归，至历阳，敏为子景娶卓女，使卓假称皇太弟令，拜敏扬州刺史。敏使弟恢及别将钱端等南略江州，弟斌东略诸郡，江州刺史应邈、扬州刺史刘机、丹杨太守王旷皆弃城走。

敏遂据有江东，以顾荣为右将军，贺循为丹杨内史，周玘为安丰太守，凡江东豪杰、名士，咸加收礼，为将军、郡守者四十余人；或有老疾，就加秩命。循诈为狂疾，得免，乃以荣领丹杨内史。玘亦称疾，不之郡。敏疑诸名士终不为己用，欲尽诛之。荣说敏曰："中国丧乱，胡夷内侮，观今日之势，不能复振，百姓将无遗种。江南虽经石冰之乱，人物尚全，荣常忧无孙、刘之主有以存之。今将军神武不世，勋效已著，带甲数万，舳舻山积，若能委信君子，使各尽怀，散蒂芥之嫌，塞谗谄之口，则上方数州，可传檄而定；不然，终不济也。"敏乃止。敏命僚佐推己为都督江东诸军事、大司马、楚公，加九锡，列上尚书，称被中诏，自江入沔、汉，奉迎銮驾。

说她很冤枉。现在杀这样一个潦倒穷愁的人，而使天下人悲伤，对社会安定有什么好处？”司马颙发怒，派吕朗拘捕刘暾，刘暾投奔青州，依靠高密王司马略。但羊皇后也因此而得以免于一死。

十二月，吕朗等向东在荥阳驻扎，成都王司马颖进兵据守洛阳。

刘琨向冀州刺史太原人温羡游说，让他把职位让给范阳王司马虓。司马虓兼领冀州后，派刘琨到幽州向王浚求兵。王浚派精锐骑兵帮助司马虓，在黄河上袭击王阐，把王阐杀了。刘琨于是和司马虓率兵渡过黄河，在荥阳杀了石超。刘乔从考城率兵撤退。司马虓派遣刘琨和都护田徽向东在廪丘攻打东平王司马楙，司马楙逃归封国。刘琨、田徽带兵向东迎接司马越，在谯地攻打刘祐，刘祐兵败阵亡，刘乔的军队于是溃散，刘乔逃奔平氏县。司空司马越进军到阳武驻扎，王浚派他的部将祁弘带领鲜卑、乌桓精锐骑兵作为司马越的前锋。

当初，陈敏战胜石冰后，自以为勇猛谋略没有对手，就产生了在江东割据称王的想法。他父亲生气地说："使我们家族灭绝的，一定是这个儿子！”于是忧郁而死。陈敏因为丧事而离职。司空司马越起用陈敏为右将军、前锋都督。司马越被刘祐打败，陈敏请求收兵东归，于是占据历阳反叛。吴主常侍甘卓，抛弃官职东归到历阳，陈敏为自己的儿子陈景娶甘卓的女儿，并让甘卓诈称皇太弟的命令，任命陈敏为扬州刺史。陈敏派弟弟陈恢以及部将钱端等人向南攻打江州，弟弟陈斌向东攻打各郡，江州刺史应邈扬州刺史刘机、丹阳太守王旷都弃城逃跑。

陈敏于是占据了江东地区，任命顾荣为右将军、贺循为丹阳内史、周玘为安丰太守，凡是江东地区的豪族英杰、名士，都加以收揽，并以礼相待，其中担任将军、郡守的有四十多人。如果有年老、生病的也封给一定的级别。贺循假装疯病，得以逃脱，就让顾荣兼任丹阳内史。周玘也称病不到郡。陈敏怀疑各位名士最终不能为自己服务，想把他们全部杀掉。顾荣对陈敏说："中原丧乱动荡，胡人、夷人欺辱内地，看今天的趋势，国家不会再重新振兴，百姓将难以生存下去。江南地区虽然经过石冰的叛乱，但百姓与财物都还在，我常常对没有孙权、刘备那样的领袖来使江南保存感到忧虑。现在您超凡威武、举世无双，功绩已经显赫，有数万武士，战舰排列如群山。如果能在君子中获得信任，让他们心情舒畅，解开他们心中小小的疑忌，堵塞住谗言陷害或阿谀奉承之人的嘴，那么长江上游的几个州，都能用传布檄文的方式稳定，不然终究不能成功。”陈敏这才停止了诛杀江左名士。陈敏让下属推举自己为都督江东诸军事、大司马，封为楚公，加九锡重礼，列上尚书，声称直接接到皇帝的诏令，从长江进入沔水、汉水流域，迎接皇帝大驾。

太宰颙以张光为顺阳太守，帅步骑五千诣荆州讨敏。刘弘遣江夏太守陶侃、武陵太守苗光屯夏口，又遣南平太守汝南应詹督水军以继之。

侃与敏同郡，又同岁举吏。随郡内史扈怀言于弘曰："侃居大郡，统强兵，脱有异志，则荆州无东门矣！"弘曰："侃之忠能，吾得之已久，必无是也。"侃闻之，遣子洪及兄子臻诣弘以自固，弘引为参军，资而遣之。曰："贤叔征行，君祖母年高，便可归也。匹夫之交，尚不负心，况大丈夫乎！"

敏以陈恢为荆州刺史，寇武昌，弘加侃前锋督护以御之。侃以运船为战舰，或以为不可。侃曰："用官船击官贼，何为不可！"侃与恢战，屡破之；又与皮初、张光、苗光共破钱端于长岐。

南阳太守卫展说弘曰："张光，太宰腹心，公既与东海，宜斩光以明向背。"弘曰："宰辅得失，岂张光之罪！危人自安，君子弗为也。"乃表光殊勋，乞加迁擢。

是岁，离石大饥，汉王渊徙屯黎亭，就邸阁谷；留太尉宏守离石，使大司农卜豫运粮食以给之。

（以上是第四段，写晋朝右将军陈敏在江东平定变民首领石冰后，便割据江东，自封大司马、楚公，尽占吴越之地，进犯武昌；晋朝前锋都尉陶侃率军将其打败。）

光熙元年（丙寅，306年）

春，正月，戊子朔，日有食之。

初，太弟中庶子兰陵缪播有宠于司空越，播从弟右卫率胤，太宰颙前妃之弟也。越之起兵，遣播、胤诣长安说颙，令奉帝还洛，约与颙分陕为伯。颙素信重播兄弟，即欲从之。张方自以罪重，恐为诛首，谓颙曰："今据形胜之地，国富兵强，奉天子以号令，谁敢不从，奈何拱手受制于人！"颙乃止。及刘乔败，颙惧，欲罢兵，与山东和解，恐张方不从，犹豫未决。

方素与长安富人郅辅亲善，以为帐下督。颙参军河间毕垣，尝为方所侮，因说颙曰："张方久屯霸上，闻山东兵盛，盘桓不进，宜防其未萌。

太宰司马颙以张光担任顺阳太守，率领步兵骑兵五千人到荆州讨伐陈敏。刘弘派江夏太守陶侃、武陵太守苗光在夏口驻扎，又派南平太守汝南人应詹督领水军来支援陶侃等人。

陶侃与陈敏是同郡人，又同年被荐举为官吏。随郡内史扈怀对刘弘说：“陶侃在大郡任太守，统领强兵，倘若有异心，荆州就失去东大门了！”刘弘说：“陶侃的忠心和才能，我了解他已很久了，一定不会这样。”陶侃听说后，派儿子陶洪和侄子陶臻到刘弘那儿，以使自己的地位稳固，刘弘任用陶洪等二人为参军，发给钱物让他们回去，说：“你们贤德的叔叔要征战出行，而祖母年事已高，你们应该回去。村野匹夫互相交往，尚且不负心，何况大丈夫呢！”

陈敏让陈恢任荆州刺史，进犯武昌，刘弘让陶侃兼任前锋都护去抵御。陶侃以一般运输船作为战舰，有人认为不行。陶侃说：“用官船来打官贼，有什么不行？”陶侃与陈恢交战，多次把陈恢打败，又和皮初、张光、苗光在长岐共同打败钱端。

南阳太守卫展对刘弘说：“张光是太宰司马颙的心腹，您既然倾向于东海王司马越，应该杀掉张光来表明您的立场。”刘弘说：“太宰的得失，怎么是张光的罪过？危害别人使自己安全，君子是不做这种事的。”于是表奏张光的功勋，请求朝廷提拔。

这一年，离石地区灾荒严重。汉王刘渊迁到黎亭驻扎，使用邸阁粮谷，让太尉刘宏留守离石，派大司农卜豫运粮供给他。

晋惠帝光熙元年（丙寅，306 年）

春季，正月初一戊子朔，出现日食。

当初，皇太弟司马炽的中庶子兰陵人缪播受到司马越的宠信。缪播堂弟右卫率缪胤，是太宰司马颙前妃的弟弟。司马越起兵，派缪播、缪胤到长安劝说司马颙，让他侍奉惠帝司马衷返归洛阳。并相约与司马颙分地而治，共同辅佐王室。司马颙一直信任并看重缪播兄弟，当时就想听从他们的劝说。张方认为自己罪行很重，担心成为被诛杀的首犯，就对司马颙说：“现在我们占据形势险要的地方，国富兵强，挟持天子发布号令，谁敢不服从，怎么能拱手让被别人控制？”司马颙听后打消了与司马越联合的念头。等到刘乔兵败，司马颙畏惧，想停止军事行动，与崤山以东地区和解，但又担心张方不听从而犹豫不决。

张方平常和长安的豪富郅辅亲近要好，让他担任帐下督。司马颙的参军河间人毕垣，曾经受到张方的侮辱，于是劝司马颙说：“张方在霸上驻兵很久了，听说崤山

其亲信郅辅具知其谋。”缪播、缪胤复说颙：“宜急斩方以谢，山东可不劳而定。”颙使人召辅，垣迎说辅曰：“张方欲反，人谓卿知之。王若问卿，何辞以对？”辅惊曰：“实不闻方反，为之奈何？”垣曰：“王若问卿，但言尔尔，不然，必不免祸。”辅入，颙问之曰：“张方反，卿知之乎？”辅曰：“尔。”颙曰：“遣卿取之，可乎？”又曰：“尔。”颙于是使辅送书于方，因杀之。辅既昵于方，持刀而入，守阁者不疑。方火下发函，辅斩其头。还报，颙以辅为安定太守。送方头于司空越以请和，越不许。

宋胄袭河桥，楼褒西走。平昌公模遣前锋督护冯嵩会宋胄逼洛阳。成都王颖西奔长安，至华阴，闻颙已与山东和亲，留不敢进。吕朗屯荥阳，刘琨以张方首示之，遂降。司空越遣祁弘、宋胄、司马纂帅鲜卑西迎车驾，以周馥为司隶校尉、假节，都督诸军，屯渑池。

（以上为第五段，写东海王司马越与河间王司马颙的争斗，司马颙听信谗言，杀掉干将张方，与司马越和解；而司马越不接受，继续进军，驻扎渑池，派人西迎晋惠帝。）

三月，惤令刘柏根反，众以万数，自称惤公。王弥帅家僮从之。柏根以弥为长史，弥从父弟桑为东中郎将。柏根寇临淄，青州都督高密王略使刘暾将兵拒之。暾兵败，奔洛阳，略走保聊城。王浚遣将讨柏根，斩之。王弥亡入长广山为群盗。

宁州频岁饥疫，死者以十万计。五苓夷强盛，州兵屡败。吏民流入交州者甚众，夷遂围州城。李毅疾病，救援路绝，乃上疏言：“不能式遏寇虐，坐待殄毙。若不垂矜恤，乞降大使，及臣尚存，加臣重辟，若臣已死，陈尸为戮。”朝廷不报。积数年，子钊自洛往省之，未至，毅卒。毅女秀，明达有父风，众推秀领宁州事。秀奖厉战士，婴城固守。城中粮尽，炙鼠拔草而食之。伺夷稍怠，辄出兵掩击，破之。

范长生诣成都。成都王雄门迎，执版，拜为丞相，尊之曰“范贤”。

（以上为第六段，继续写晋惠帝光熙元年［306］的史事，主要写晋朝的叛乱以

以东地区的军队强盛，所以徘徊不前，应该在他萌生反心之前做好防备。张方的亲信郅辅对他的谋划全部了解。”缪播、缪胤又对司马颙进行劝说：“应当迅速杀了张方向天下谢罪，崤山以东地区不用兴兵就可以平定。”司马颙派人召郅辅，毕垣迎上前对郅辅说：“张方想谋反，大家都说你知道这事，亲王如果问你，你将如何回答？”郅辅吃惊地说：“的确没有听说张方谋反，这怎么办？”毕垣说：“亲王如果问你，你只能这样说，不然的话一定免不了灾祸。”郅辅入府，司马颙问他说：“张方谋反，你知道吗？”郅辅说：“是的。”司马颙说：“派你去抓他，行吗？”郅辅又说：“行。”司马颙于是派郅辅给张方送信，然后趁机杀掉张方。郅辅与张方关系亲密，拿刀进去，守门的士兵也没有怀疑，张方在灯旁揭启信封，郅辅抽刀砍掉了他的头。回去报告，司马颙让郅辅任安定太守。把张方的头送给司空司马越请求和解。但司马越不答应。

宋胄袭击河桥，楼褒向西逃窜。平昌公司马模派前锋督护冯嵩会同宋胄进逼洛阳。成都王司马颖向西逃奔长安，到达华阴，听说司马颙已经和崤山以东和解，便停下来不敢前进。吕朗在荥阳驻扎，刘琨拿张方的头给他看，于是吕朗就投降了。司空司马越派祁弘、宋胄、司马纂带领鲜卑人向西迎接皇帝大驾，任周馥为司隶校尉，掌持符节，都督诸军，在渑池驻扎。

三月，东莱郡惤县令刘伯根反叛，有一万多人，自称为“公”。王弥带领家奴僮仆跟随他，刘伯根任命王弥为长史，王弥的堂弟王桑担任东中郎将。刘伯根进犯临淄，青州都督高密王司马略派刘暾带兵阻击他。刘暾兵败，逃奔洛阳，司马略退保聊城。王浚派部将攻打刘伯根，把他杀了。王弥逃进长广山做了强盗。

宁州几年连续灾荒，流行传染病。死的人以十万来计算。五苓夷人强盛，宁州军队屡次失败。官吏百姓很多都流亡到交州，夷人趁机包围了州城。李毅身患疾病，救援的道路已断绝，于是给朝廷上奏疏，说：“不能制止强盗作恶，只好坐等一死。如果朝廷不体谅救济，那么请求派来大使，我还活着，就对我施以重刑，如果我已死，就对我戮尸惩罚。”朝廷没有答复。过了几年，李毅的儿子李钊从洛阳去探视他，还没有到，李毅就去世了。李毅的女儿李秀精明通达，具有父亲的风范，于是大家推举李秀来管理宁州事务。李秀奖励战士，环城固守。城里粮食吃完了，就烧鼠、拔草作为食物。等夷人稍微有些懈怠时，就发兵突然袭击，攻破了夷人的包围。

范长生到了成都，成都王李雄到城门口迎接，拿着表示礼节的手板，任命范长生为丞相，尊称他为范贤。

及平定情况，东莱郡惤县令刘伯根反叛，被王浚派部将攻灭；宁州五苓夷逐渐强大，围困宁州城，宁州军队屡次失败，宁州刺史李毅之女李秀待敌松懈，发兵突围。）

夏，四月，己巳，司空越引兵屯温。初，太宰颙以为张方死，东方兵必可解。既而东方兵闻方死，争入关，颙悔之，乃斩郅辅，遣弘农太守彭随、北地太守刁默将兵拒祁弘等于湖。

五月，壬辰，弘等击随、默，大破之，遂西入关，又败颙将马瞻、郭伟于霸水，颙单马逃入太白山。弘等入长安，所部鲜卑大掠，杀二万余人，百官奔散，入山中，拾橡实食之。己亥，弘等奉帝乘牛车东还。以太弟太保梁柳为镇西将军，守关中。

六月，丙辰朔，帝至洛阳，复羊后。辛未，大赦，改元。

马瞻等入长安，杀梁柳，与始平太守梁迈共迎太宰颙于南山。弘农太守裴廙、秦国内史贾龛、安定太守贾疋等起兵击颙，斩马瞻、梁迈。疋，诩之曾孙也。司空越遣督护麋晃将兵击颙，至郑，颙使平北将军牵秀屯冯翊。颙长史杨腾，诈称颙命，使秀罢兵，腾遂杀秀，关中皆服于越，颙保城而已。

成都王雄即皇帝位，大赦，改元曰“晏平”，国号大成。追尊父特曰“景皇帝”，庙号始祖；尊王太后曰“皇太后”。以范长生为天地太师，复其部曲，皆不豫征税。诸将恃恩，互争班位，尚书令阎式上疏，请考汉、晋故事，立百官制度，从之。

秋，七月，乙酉朔，日有食之。

八月，以司空越为太傅，录尚书事；范阳王虓为司空，镇邺；平昌公模为镇东大将军，镇许昌；王浚为骠骑大将军、都督东夷、河北诸军事，领幽州刺史。越以吏部郎庾敳为军谘祭酒，前太弟中庶子胡母辅之为从事中郎，黄门侍郎郭象为主簿，鸿胪丞阮修为行参军，谢琨为掾。辅之荐乐安光逸于越，越亦辟之。敳等皆尚虚玄，不以世务婴心，纵酒放诞；敳殖货无厌，象薄行，好招权，越皆以其名重于世，故辟之。

祁弘之入关也，成都王颖自武关奔新野。会新城元公刘弘卒，司马

夏季，四月十三日乙巳，司空司马越率兵到温县驻扎。起初，太宰司马颙以为张方一死，东方的战事就一定能够停止。不久，东方的军队听说张方死了，争相进入关中，司马颙感到后悔，就杀了郅辅，派弘农太守彭随、北地太守刁默带兵在关东湖县阻击祁弘等人。

五月初七壬辰，祁弘等人把彭随、刁默打得惨败，于是西进入关，又在霸水打败了司马颙的部将马瞻、郭伟，司马颙单枪匹马逃入太白山。祁弘等人进入长安城，所部鲜卑人大肆抢掠，杀了两万多人，大臣官员们都跑散，逃入山中，捡拾橡树籽当饭吃。五月十四日己亥，祁弘等人侍奉惠帝司马衷乘坐牛车东返。任命太弟太保梁柳为镇西将军，据守关中。

六月初一丙辰朔，惠帝司马衷到洛阳，恢复了羊皇后的地位。十六日辛未，宣布实行大赦，改年号为光熙。

马瞻等人又回到长安，杀了梁柳，与始平太守梁迈共同在南山迎接太宰司马颙。弘农太守裴廙、秦国内史贾龛、安定太守贾疋等人起兵攻打司马颙，杀了马瞻、梁迈。贾疋是贾诩的曾孙。司空司马越派督护麋晃率领士兵攻打司马颙，到了郑县，司马颙派平北将军牵秀在冯翊驻扎。司马颙的长史杨腾，假称司马颙的命令，让牵秀停止军事行动，杨腾于是杀了牵秀，关中地区都归服司马越，司马颙仅仅保住长安城而已。

成都王李雄即皇帝位，宣布大赦，改年号为晏平，国号称为大成。追尊父亲李特为景皇帝，定庙号为始祖，把王太后尊奉为皇太后。以范长生为天地太师，让他部下的人免交赋税。各位将领都倚仗李雄的恩德，互相争抢职位。尚书令阎式上奏疏，请求按照汉晋的旧制，建立百官制度。李雄采纳了。

秋季，七月初一乙酉朔，出现日食。

八月，朝廷任命司空司马越为太傅，录尚书事；任命范阳王司马虓为司空，镇守邺城；任命平昌公司马模为镇东大将军，镇守许昌；任命王浚为骠骑大将军，都督东夷、河北诸军事，兼任幽州刺史。司马越任命吏部郎庾敳为军谘祭酒，任命前太弟中庶子胡母辅之为从事中郎，任命黄门侍郎郭象为主簿，任命鸿胪丞阮修为行参军，任命谢鲲为掾。胡母辅之向司马越推荐乐安人光逸，司马越也加以任用。庾敳等人都崇尚虚玄空谈，不把政务放在心上，纵酒放诞；庾敳聚敛财物贪得无厌，郭象品行轻薄，喜好贪图权位，司马越都因为他们名重于世，所以任用他们。

祁弘进入关中，成都王司马颖从武关逃奔新野。正遇到新城元公刘弘去世，司

郭劢作乱，欲迎颖为主；郭舒奉弘子璠以讨劢，斩之。诏南中郎将刘陶收颖。颖北渡河，奔朝歌，收故将士，得数百人，欲赴公师藩。

九月，顿丘太守冯嵩执之，送邺，范阳王虓不忍杀，而幽之。公师藩自白马南渡河，兖州刺史苟晞讨斩之。进东嬴公腾爵为东燕王，平昌公模为南阳王。

冬，十月，范阳王虓薨。长史刘舆以成都王颖素为邺人所附，秘不发丧，伪令人为台使称诏，夜，赐颖死，并杀其二子。颖官属先皆逃散，惟卢志随从，至死不怠，收而殡之。太傅越召志为军谘祭酒。

越将召刘舆，或曰："舆，犹腻也，近则污人。"及至，越疏之。舆密视天下兵簿及仓库、牛马、器械、水陆之形，皆默识之。时军国多事，每会议，自长史潘滔以下，莫知所对，舆应机辨画，越倾膝酬接，即以为左长史，军国之务，悉以委之。舆说越遣其弟琨镇并州，以为北面之重。越表琨为并州刺史，以东燕王腾为车骑将军、都督邺城诸军事，镇邺。

（以上为第七段，写成都王李雄即皇帝位，改年号为晏平，国号为大成。继续写西晋"八王之乱"，东海王司马越打败河间王司马颙，奉迎惠帝司马衷回到洛阳，司马越掌控朝局；后又下令捉拿成都王司马颖，假传诏令将其杀死。）

十一月，己巳，夜，帝食饼中毒，庚午，崩于显阳殿。

羊后自以于太弟炽为嫂，恐不得为太后，将立清河王覃。侍中华混谏曰："太弟在东宫已久，民望素定，今日宁可易乎！"即露版驰召太傅越，召太弟入宫。后已召覃至尚书阁，疑变，托疾而返。癸酉，太弟即皇帝位，大赦，尊皇后曰"惠皇后"，居弘训宫；追尊母王才人曰"皇太后"，立妃梁氏为皇后。怀帝始遵旧制，于东堂听政。每至宴会，辄与群官论众务，考经籍。黄门侍郎傅宣叹曰："今日复见武帝之世矣！"

十二月，壬午朔，日有食之。

太傅越以诏书征河间王颙为司徒，颙乃就征。南阳王模遣其将梁臣邀之于新安，车上扼杀之，并杀其三子。

马郭劢叛乱，想把司马颖迎来作为首领。郭舒拥戴刘弘的儿子刘璠讨伐郭劢，把他杀了。朝廷诏令南中郎将刘陶拘捕司马颖。司马颖北渡黄河，逃奔朝歌，收拢旧部将士，聚集了几百人，想去找公师藩。

九月，顿丘太守冯嵩抓获司马颖，押送到邺城，范阳王司马虓不忍心杀掉司马颖，就把他幽禁起来。公师藩从白马南渡黄河，兖州刺史苟晞攻打并杀掉了公师藩。把东嬴公司马腾的爵位提升为东燕王，平昌公司马模的爵位提升为南阳王。

冬季，十月，范阳王司马虓去世。长史刘舆因为过去邺城人一直归附司马颖，所以秘不发丧，派人假装成朝廷使者宣假诏书，夜里赐司马颖死，并且杀了他的两个儿子。司马颖的部属起先已全部逃散，只有卢志一直跟随，直到他死了也不懈怠，为司马颖收尸并安葬了他，太傅司马越宣召卢志为军谘祭酒。

司马越打算召用刘舆，有人说："刘舆这个人好比污垢，谁接近他就会沾上这污垢。"等到刘舆来了，司马越就疏远了他。刘舆暗地查阅国家的军事簿籍资料以及仓库、牛马、器械、地理的情况，都默默地记下来。当时军务国政事情繁多，每次讨论，从长史潘滔以下，谁也不知道该怎么办，而刘舆便按照情况分析策划，司马越虚心接受采纳，就让刘舆担任左长史，军务国政的事务，全部都交给刘舆。刘舆劝说司马越派他的弟弟刘琨镇守并州，以增强北方的防务。司马越就表奏刘琨为并州刺史，以东燕王司马腾任车骑将军，都督邺城诸军事，镇守邺城。

十一月十七日己巳，夜间，惠帝司马衷吃麦饼中毒，十八日庚午，在显阳殿驾崩。

羊皇后认为自己是太弟司马炽的嫂子，担心当不成太后，打算拥立清河王司马覃。侍中华混劝说道："皇太弟在东宫已经很久了，在百姓中的声望一直很好，是肯定能当皇帝的，今天难道还能改变吗？"随即用不封口的公文迅速宣召太傅司马越，宣召皇太弟入宫。皇后也已宣召司马覃到尚书阁，司马覃怀疑会有变故，就称病回去了。十一月二十一日癸酉，太弟司马炽即皇帝位，宣布实行大赦，尊奉皇后为惠皇后，安置在弘训宫。追尊母亲王才人为皇太后。册立妃梁氏为皇后。怀帝司马炽开始遵奉旧制，在东堂听政。每到朝廷会集群臣宴会时，就与大臣官员们商讨各种政务，探讨经典的内容。黄门侍郎傅宣感叹道："今天又看到了武帝的时代了。"

十二月初一壬午朔，出现日食。

太傅司马越用诏书征召河间王司马颙为司徒，司马颙就前去接受征召。南阳王司马模派部将梁臣，在新安拦住司马颙，在车上把他掐死，并杀了他的三个儿子。

辛丑，以中书监温羡为左光禄大夫，领司徒；尚书左仆射王衍为司空。

己酉，葬惠帝于太阳陵。

刘琨至上党，东燕王腾即自井陉东下。时并州饥馑，数为胡寇所掠，郡县莫能自保。州将田甄、甄弟兰、任祉、祁济、李恽、薄盛等，及吏民万余人，悉随腾就谷冀州，号为“乞活”，所余之户不满二万；寇贼纵横，道路断塞。琨募兵上党，得五百人，转斗而前。至晋阳，府寺焚毁，邑野萧条，琨抚循劳徕，流民稍集。

（以上为第八段，写晋惠帝司马衷被毒害致死，东海王司马越拥戴皇太弟司马炽即位，为怀帝；河间王司马颙接受征召为司徒，途中被杀；并州刺史刘琨抚慰北境流民。）

孝怀皇帝上

永嘉元年（丁卯，307 年）

春，正月，癸丑，大赦，改元。

吏部郎周穆，太傅越之姑子也，与其妹夫御史中丞诸葛玫说越曰：“主上之为太弟，张方意也。清河王本太子，公宜立之。”越不许。重言之，越怒，斩之。

二月，东莱王弥寇青、徐二州，自称征东大将军，攻杀二千石。太傅越以公车令东莱鞠羡为本郡太守，以讨弥，弥击杀之。

陈敏刑政无章，不为英俊所附，子弟凶暴，所在为患，顾荣、周玘等忧之。庐江内史华谭遗荣等书曰：“陈敏盗据吴、会，命危朝露。诸君或剖符名郡，或列为近臣，而更辱身奸人之朝，降节叛逆之党，不亦羞乎！吴武烈父子皆以英杰之才，继承大业。今以陈敏凶狡，七弟顽冗，欲蹑桓王之高踪，蹈大皇之绝轨，远度诸贤，犹当未许也。皇舆东返，俊彦盈朝，将举六师以清建业，诸贤何颜复见中州之士邪！”荣等素有图敏之心，及得书，甚惭，密遣使报征东大将军刘准，使发兵临江，己为内应，剪发为信。准遣扬州刺史刘机等出历阳讨敏。

十二月二十日辛丑，任命中书监温羡为左光禄大夫，兼任司徒，任命尚书左仆射王衍为司空。

十二月二十八日己酉，把惠帝安葬在太阳陵。

刘琨到达上党，东燕王司马腾就从井陉东下。当时并州饥荒，多次遭到外族强盗的抢掠，各郡县没有能力进行自保。州属部将田甄、田甄弟弟田兰、任祉、祁济、李恽、薄盛等人以及官吏百姓一万多人，都随司马腾到冀州找饭吃，称为“乞活”，剩下的不足两万户。强盗窃贼到处横行，道路交通阻断。刘琨在上党招募兵卒，聚集了五百人，一边打仗，一边前进，到达晋阳。官府房舍焚毁，城乡一片萧条，刘琨安抚慰劳，渐渐聚集了一些流民。

孝怀皇帝上

晋怀帝永嘉元年（丁卯，307年）

春季，正月初二癸丑，宣布实行大赦，改年号为永嘉。

吏部郎周穆是太傅司马越姑母的儿子，他与妹夫御史中丞诸葛玫劝司马越说：“皇上当时成为太弟是张方的意图。清河王本来是太子，您应当拥立他。”司马越不同意。他们再次劝说司马越，司马越不耐烦，就把他们杀了。

二月，王弥在青徐二州作乱，自称征东大将军，攻杀郡守。太傅司马越让公车令东莱人鞠羡担任本郡太守，以讨伐王弥，王弥把他打败杀死。

割据江东的陈敏处理刑罚政事没有章法，有才能的人都不附从他。他的子弟凶恶残暴，当地人把他们看作祸患。顾荣、周玘等人对此感到忧虑，庐江内史华谭给顾荣等人去信说：“陈敏割据吴郡、会稽地区，性命像早晨的露水一样危险。你们或者拿着朝廷的符节在外统领名郡，或者曾为朝廷的近侍之臣，却玷污自己转而投身于奸邪的伪朝，变节投降于叛逆的败类，难道不耻辱吗？吴武烈皇帝孙坚父子都是以英俊杰出的才能，继承大业。现在以陈敏的凶恶狡猾，七个弟弟的刁顽庸劣，想追随桓王孙策高绝的足迹，踩着大皇帝孙权非凡的轨道。认真思量一下吧，各位贤才，恐怕都不会赞同吧？现在皇帝车驾已东返洛阳，俊杰英才充满朝廷，将要动用六师来清理建业，你们还有什么脸面重见中州的人士呢？”顾荣等人一直有除掉陈敏的想法，等见到这封信后，非常羞惭，秘密派使者向征东大将军刘准报告，让他发兵到江边，自己作为内应，剪掉头发作为记号。刘准派遣扬州刺史刘机等人从历阳出发攻打陈敏。

敏使其弟广武将军昶将兵数万屯乌江，历阳太守宏屯牛渚。敏弟处知顾荣等有贰心，劝敏杀之，敏不从。

昶司马钱广，周玘同郡人也，玘密使广杀昶，宣言州下已杀敏，敢动者诛三族。广勒兵朱雀桥南；敏遣甘卓讨广，坚甲精兵悉委之。顾荣虑敏之疑，故往就敏。敏曰："卿当四出镇卫，岂得就我邪！"荣乃出，与周玘共说甘卓曰："若江东之事可济，当共成之。然卿观兹事势，当有济理不？敏既常才，政令反覆，计无所定，其子弟各已骄矜，其败必矣。而吾等安然坐受其官禄，事败之日，使江西诸军函首送洛，题曰'逆贼顾荣、甘卓之首'，此万世之辱也！"卓遂诈称疾，迎女，断桥，收船南岸，与玘、荣及前松滋侯相丹杨纪瞻共攻敏。

敏自帅万余人讨卓，军人隔水语敏众曰："本所以戮力陈公者，正以顾丹杨、周安丰耳；今皆异矣，汝等何为！"敏众狐疑未决，荣以白羽扇挥之，众皆溃去。敏单骑北走，追获之于江乘，叹曰："诸人误我，以至今日！"谓弟处曰："我负卿，卿不负我！"遂斩敏于建业，夷三族。于是，会稽等郡尽杀敏诸弟。

时平东将军周馥代刘准镇寿春。三月，己未朔，馥传敏首至京师。诏征顾荣为侍中，纪瞻为尚书郎。太傅越辟周玘为参军，陆玩为掾。玩，机之从弟也。荣等至徐州，闻北方愈乱，疑不进，越与徐州刺史裴盾书曰："若荣等顾望，以军礼发遣！"荣等惧，逃归。盾，楷之兄子，越妃兄也。

（以上为第九段，写割据江东的陈敏刑政无序，子弟凶暴，原来投降陈敏的顾荣、周玘等，反戈一击，作为内应，将其征服。陈敏单骑逃到江乘被擒获，灭其三族，江东地区的叛乱遂被平定。）

西阳夷寇江夏，太守杨珉请督将议之。诸将争献方略，骑督朱伺独不言。珉曰："朱将军何以不言？"伺曰："诸人以舌击贼，伺惟以力耳。"珉又问："将军前后击贼，何以常胜？"伺曰："两敌共对，惟当忍之；彼不能忍，我能忍，是以胜耳。"珉善之。

陈敏派他的弟弟广武将军陈昶带领数万兵马在乌江驻扎，历阳太守陈宏在牛渚驻扎。陈敏的弟弟陈处得知顾荣等人有二心，劝陈敏杀掉他们，陈敏没有同意。

陈昶的司马钱广是周玘的同郡人，周玘秘密地让钱广杀了陈昶，并宣称州城已杀掉陈敏，有敢乱动者诛杀三族。钱广带兵停在朱雀桥南，陈敏派甘卓攻打钱广，把坚固的铠甲和精兵全都给了甘卓。顾荣担心被陈敏怀疑，就来到陈敏那里。陈敏说："你应该四处走走，以安定人心来保卫我。怎么能到我这儿来呢？"顾荣于是就出去，与周玘一起劝说甘卓道："如果江东地区的事情能够成功，我们就应该共同努力将事情办成。但是你分析一下事情的趋势，能够成功吗？陈敏才能平平，政令反复无常，计略不确定，他的儿子兄弟个个骄纵自负，他一定要失败。而我们却安心地接受担任他的官职俸禄，等到事情失败的时候，假如让长江以西地区各支军队把我们的首级装在盒子里送到洛阳，上边写着'叛逆贼寇顾荣、甘卓的首级'，这真是万世的耻辱啊！"甘卓于是假装称病，接回女儿，截断河桥的交通，把船只收回到南岸，与周玘、顾荣以及前松滋侯相丹扬人纪瞻一起攻打陈敏。

陈敏亲自带领一万多人征讨甘卓，甘卓手下的壮士隔水对陈敏的士兵说："原来所以为陈公效力，正是因为丹阳太守顾荣、安丰太守周玘而已，现在他们都改变了立场，你们怎么办？"陈敏的部众犹豫、怀疑不定。顾荣挥动白羽扇，陈敏的部众都溃散离去。陈敏一个人骑马向北逃跑，在江乘被追上抓住，感叹道："这些人耽误了我，才到了今天这个地步！"又对弟弟陈处说："我辜负了你，你却没有辜负我！"陈敏在建业被杀，诛灭三族。这时候，会稽等郡把陈敏的几个弟弟也都杀了。

当时，平东将军周馥代刘准镇守寿春。三月，己未朔（疑误），周馥把陈敏的首级送往京城。朝廷诏令征召顾荣为侍中，纪瞻为尚书郎。太傅司马越任命周玘为参军，陆玩为掾。陆玩是陆机的堂弟。顾荣等人到徐州，听说北方更加乱了，迟疑不前，司马越给徐州刺史裴盾去信说："如果顾荣等人左顾右盼，就按军法遣送他们！"顾荣等人听说后非常恐惧，就逃回去了。裴盾是裴楷哥哥的儿子，司马越妃子的哥哥。

西阳夷人进犯江夏，太守杨珉请军事官员商讨对策，官员们争相提出方略，只有骑督朱伺一个人默不作声。杨珉说："朱将军为什么不说话？"朱伺说："大家都是用口舌攻打贼寇，我只靠力量罢了。"杨珉说："将军前后几次攻打贼寇，为什么能够常胜不败？"朱伺说："两军对垒，只应当忍耐，对方不能够忍耐，而我能忍耐，所以能够战胜他们。"杨珉认为很对。

诏追复杨太后尊号，丁卯，改葬之，谥曰“武悼”。

庚午，立清河王覃弟豫章王诠为皇太子。辛未，大赦。

帝亲览大政，留心庶事；太傅越不悦，固求出藩。庚辰，越出镇许昌。

以高密王略为征南大将军，都督荆州诸军事，镇襄阳；南阳王模为征西大将军，都督秦、雍、梁、益四州诸军事，镇长安；东燕王腾为新蔡王，都督司、冀二州诸军事，仍镇邺。

公师藩既死，汲桑逃还苑中，更聚众劫掠郡县，自称大将军，声言为成都王报仇，以石勒为前驱，所向辄克，署勒讨虏将军，遂进攻邺。时邺中府库空竭，而新蔡武哀王腾资用甚饶。腾性吝啬，无所振惠，临急，乃赐将士米各数升，帛各丈尺，以是人不为用。

夏，五月，桑大破魏郡太守冯嵩，长驱入邺，腾轻骑出奔，为桑将李丰所杀。桑出成都王颖棺，载之车中，每事启而后行。遂烧邺宫，火旬日不灭；杀士民万余人，大掠而去。济自延津，南击兖州。太傅越大惧，使苟晞及将军王赞讨之。

秦州流民邓定、訇氐等据成固，寇掠汉中，梁州刺史张殷遣巴西太守张燕讨之。邓定等饥窘，诈降于燕，且赂之，燕为之缓师。定密遣訇氐求救于成，成主雄遣太尉离、司徒云、司空璜将兵二万救定，与燕战，大破之，张殷及汉中太守杜孟治弃城走。积十余日，离等引还，尽徙汉中民于蜀。汉中人句方、白落帅吏民还守南郑。

石勒与苟晞等相持于平原、阳平间数月，大小三十余战，互有胜负。

秋，七月，己酉朔，太傅越屯官渡，为晞声援。

己未，以琅邪王睿为安东将军、都督扬州江南诸军事、假节，镇建业。

八月，己卯朔，苟晞击汲桑于东武阳，大破之。桑退保清渊。

分荆州、江州八郡为湘州。

（以上为第十段，写怀帝司马炽亲自处理朝政大事，东海王司马越大为不满，遂出镇许昌；牧民首领汲桑发动起义，攻占并烧毁邺城；成汉李雄派军打败晋将张燕，

诏令追复杨太后的尊号，二月十七日丁卯，将太后改葬，定谥号为武悼。

二月二十日庚午，立清河王司马覃的弟弟豫章王司马诠为皇太子。二十一日辛未，实行大赦。

怀帝亲自审察大政方针，对朝廷事务也很留心。太傅司马越对此不高兴，坚决要求出去外任藩镇。三十日庚辰，司马越到许昌镇守。

朝廷任命高密王司马略为征南大将军，都督荆州诸军事，镇守襄阳；任命南阳王司马模为征西大将军，都督秦、雍、梁、益四州诸军事，镇守长安；封东燕王司马腾为新蔡王，都督司、冀二州诸军事，仍然镇守邺城。

公师藩死后，汲桑逃回到苑中，转而聚众到各郡县去抢劫掠夺，自称大将军，声称要为成都王司马颖报仇，以石勒为先锋，所向披靡，又任石勒为代讨虏将军，接着进攻邺城。当时邺城里仓库已空，而新蔡武哀王司马腾用度却很奢侈。司马腾品性吝啬，部下得不到什么好处，临到军情紧急时，就赐给将士每人几升米，一丈左右的布帛，所以部下都不为他所用。

夏季，五月，汲桑重创魏郡太守冯嵩，长驱直入，攻进邺城，司马腾轻装骑马出逃。被汲桑部将李丰杀死。汲桑起出成都王司马颖的棺材，装到车上，每件事都要向司马颖棺材祷告后才去办。接着焚烧了邺城王宫，大火十天都不灭。又杀掉一万多名士人百姓，大肆抢掠后才离去。在延津渡过黄河，向南攻打兖州。太傅司马越非常害怕，派苟晞和将军王赞去讨伐汲桑。

秦州流民邓定、訇氐等人占据成固，进犯抢掠汉中，梁州刺史张殷派遣巴西太守张燕攻打他们。邓定等人饥饿困窘，假装向张燕投降，又贿赂张燕，张燕就为他们缓兵。邓定秘密派遣訇氐求救于成汉，成汉君主李雄派太尉李离、司徒李云、司空李璜率领两万军队去救援邓定，与张燕交战，把张燕打得惨败，张殷和汉中太守杜孟治弃城而逃。十几天后，李离等人带兵回师，把汉中百姓全部迁徙到蜀地。汉中人句方、白落带领部分官吏百姓回到南郑据守。

石勒与苟晞在平原、阳平之间相持对垒几个月，打了大小三十次仗，双方互有胜负。

秋季，七月初一己酉朔，太傅司马越在官渡屯兵驻扎，声援苟晞。

七月十一日己未，朝廷任命琅邪王司马睿为安东将军，都督扬州、江南诸军事，持符节，镇守建业。

八月初一己卯朔，苟晞在东武阳攻打汲桑，大败汲桑。汲桑撤退到清渊防守。

从荆州、江州分出八个郡，建立湘州。

把汉中百姓迁到蜀地。）

九月，戊申，琅邪王睿至建业。睿以安东司马王导为谋主，推心亲信，每事咨焉。睿名论素轻，吴人不附，居久之，士大夫莫有至者，导患之。

会睿出观禊，导使睿乘肩舆，具威仪，导与诸名胜皆骑从，纪瞻、顾荣等见之惊异，相帅拜于道左。导因说睿曰："顾荣、贺循，此土之望，宜引之以结人心。二子既至，则无不来矣。"睿乃使导躬造循、荣，二人皆应命而至。以循为吴国内史；荣为军司，加散骑常侍，凡军府政事，皆与之谋议。又以纪瞻为军谘祭酒，卞壸为从事中郎，周玘为仓曹属，琅邪刘超为舍人，张闿及鲁国孔衍为参军。壸，粹之子；闿，昭之曾孙也。

王导说睿："谦以接士，俭以足用，以清静为政，抚绥新旧。"故江东归心焉。睿初至，颇以酒废事，导以为言。睿命酌，引觞覆之，于此遂绝。

（以上为第十一段，写琅邪王司马睿受封为安东将军，来到江东，镇守建业，任命王导为安东司马，倚为谋主，信之任之；王导出谋划策，劝其结交贤士，司马睿在江东逐步得到士人的依附，站稳脚跟。）

苟晞追击汲桑，破其八垒，死者万余人。桑与石勒收余众，将奔汉，冀州刺史谯国丁绍邀之于赤桥，又破之。桑奔马牧，勒奔乐平。太傅越还许昌，加苟晞抚军将军、都督青兖诸军事，丁绍宁北将军、监冀州诸军事，皆假节。

晞屡破强寇，威名甚盛，善治繁剧，用法严峻。其从母依之，晞奉养甚厚。从母子求为将，晞不许，曰："吾不以王法贷人，将无后悔邪！"固求之，晞乃以为督护；后犯法，晞杖节斩之，从母叩头救之，不听。既而素服哭之曰："杀卿者，兖州刺史；哭弟者，苟道将也。"

胡部大张訇督、冯莫突等，拥众数千，壁于上党，石勒往从之，因说訇督等曰："刘单于举兵击晋，部大拒而不从，自度终能独立乎？"曰："不能。"勒曰："然则安可不早有所属！今部落皆已受单于赏募，往往聚

九月初一戊申，琅邪王司马睿到达建业。司马睿以安东司马王导为主要谋士，对他推心置腹，非常信任，每件事都找王导咨询。司马睿的名望和声誉一直很轻，吴地人们都不附从，在建业居住了很久，士大夫没有来拜访的，王导感到忧虑。

正赶上司马睿出去观看禊祭，王导让司马睿坐上抬轿，安排了威严的仪仗。王导和名士们都骑马侍从，纪瞻、顾荣等人见到后都感到惊异，一个跟着一个地在道路左边行拜礼。王导就劝说司马睿道："顾荣、贺循都是这个地区最具名望的人了，应当结交他们来收服人心，他们两人来了，就没有不来的人了。"司马睿就派王导亲自拜访贺循、顾荣，两个人都接受邀请而来到司马睿处。司马睿让贺循担任吴国内史，让顾荣担任军司马，加授散骑常侍。军政事务，都与他们商议。又让纪瞻为军谘祭酒，卞壸为从事中郎，周玘为仓曹属，琅邪人刘超为舍人，张闿和鲁国的孔衍为参军。卞壸是卞粹的儿子；张闿是张昭的曾孙。

王导对司马睿说："以谦逊的态度对待士人，通过节俭的办法保证用度的充足，以清静无为的原则处理政务，安抚以前的故旧部下与结交新的士人。"司马睿逐步得到了江东地区人们的信任。司马睿刚来时，常常因为喝酒耽误事情，王导对此进行劝说，司马睿就令人斟上酒，他接过酒杯后把酒倒掉，从此便戒了酒。

苟晞追击汲桑，攻破汲桑的八个营垒，打死一万多人。汲桑与石勒收拾残余部众，打算投奔刘汉，冀州刺史谯国人丁绍又在赤桥拦截，结果打败了他们。汲桑逃奔马牧，石勒逃奔乐平。太傅司马越返回许昌，给苟晞加官为抚军将军，都督青、兖诸军事，给丁绍加官为宁北将军、监管冀州诸军事，都授给符节。

苟晞多次打败强大的敌人，威名远扬，并且善于治理繁重复杂的事务，运用严刑峻法。苟晞的姨母投靠他，他非常周到地侍奉赡养。姨母为她的儿子求职想做部将，苟晞不同意，说："我不拿王法去宽贷别人，你可不要后悔呀！"姨母坚持为儿子求官，苟晞不得已让他担任督护。后来姨母的儿子犯了法，苟晞手持符节把他杀了，姨母叩头求救，苟晞不听。后来，苟晞又换上素净的衣服去哭吊姨母的儿子，说："杀你的是兖州刺史，哭你的是苟晞。"

胡人首领张㔨督、冯莫突等人有部众几千人，在上党设置营垒，石勒去投奔他们。石勒对张㔨督等人说："单于刘渊举兵攻打晋朝，您抗拒而不随从，请自己考虑一下能够最终独立吗？"张㔨督等人回答说："不能。"石勒说："那怎么还不早点找

议，欲叛部大而归单于矣。”訇督等以为然。

冬，十月，訇督等随勒单骑归汉，汉王渊署訇督为亲汉王，莫突为都督部大，以勒为辅汉将军、平晋王，以统之。

乌桓张伏利度有众二千，壁于乐平，渊屡招，不能致。勒伪获罪于渊，往奔伏利度，伏利度喜，结为兄弟，使勒帅诸胡寇掠，所向无前，诸胡畏服。勒知众心之附己，乃因会执伏利度，谓诸胡曰："今起大事，我与伏利度谁堪为主？"诸胡咸推勒。勒于是释伏利度，帅其众归汉。渊加勒督山东征讨诸军事，以伏利度之众配之。

（以上为第十二段，写晋朝兖州刺史苟晞打败了牧民首领汲桑与羯人石勒的侵扰，石勒降服乌桓首领张伏利度，率众投奔匈奴人汉王刘渊，成为得力干将，封为平晋王。）

十一月，戊申朔，日有食之。

甲寅，以尚书右仆射和郁为征北将军，镇邺。

乙亥，以王衍为司徒。衍说太傅越曰："朝廷危乱，当赖方伯，宜得文武兼资以任之。"乃以弟澄为荆州都督，族弟敦为青州刺史，语之曰："荆州有江、汉之固，青州有负海之险，卿二人在外而吾居中，足以为三窟矣。"澄至镇，以郭舒为别驾，委以府事。澄日夜纵酒，不亲庶务，虽寇戎交急，不以为怀。舒常切谏，以为宜爱民养兵，保全州境，澄不从。

十二月，戊寅，乞活田甄、田兰、薄盛等起兵，为新蔡王腾报仇，斩汲桑于乐陵。弃成都王颖棺于故井中，颖故臣收葬之。

甲午，以前太傅刘寔为太尉，寔以老固辞，不许。庚子，以光禄大夫高光为尚书令。

前北军中候吕雍、度支校尉陈颜等谋立清河王覃为太子；事觉，太傅越矫诏囚覃于金墉城。

初，太傅越与苟晞亲善，引升堂，结为兄弟。司马潘滔说越曰："兖州冲要，魏武以之创业。苟晞有大志，非纯臣也，久令处之，则患生心腹矣。若迁于青州，厚其名号，晞必悦。公自牧兖州，经纬诸夏，藩卫本朝，此所谓为之于未乱者也。"越以为然。

一靠山！现在部落都已经接受了单于的赏赐招募，常常在一起商议，想背叛部下而投归单于了。”张匐督等人认为说得对。

冬季，十月，张匐督等人随石勒骑马投归汉，汉王刘渊封张匐督为亲汉王，冯莫突为都督部大，任石勒为辅汉将军并封平晋王，以统率他们。

乌桓人张伏利度有两千部众，在乐平设置营垒，刘渊每次去招募，都没有成功。石勒假装在刘渊那里犯了罪，去投奔张伏利度，张伏利度很高兴，与石勒结拜成兄弟，派石勒带领各部胡人去抢劫，所向无敌，各部胡人都敬畏佩服。石勒知道大家的心都已归向自己，于是趁聚会时抓住张伏利度，对各部胡人说：“今天要干大事，我与张伏利度谁能够成为首领？”各部胡人都推举石勒。石勒于是放了张伏利度，率部众投归汉。刘渊给石勒加职为督山东征讨诸军事，把张伏利度的部众交给石勒指挥。

十一月，戊申朔（疑误），出现日食。

十一月初八甲寅，朝廷任命尚书右仆射和郁为征北将军，镇守邺城。

十一月二十九日乙亥，朝廷任命王衍为司徒。王衍对太傅司马越说：“朝廷出现危险变乱，应当依靠地方最高长官，寻求文武兼备的人才加以任用。”于是任命王衍的弟弟王澄为荆州都督，族弟王敦为青州刺史。王衍告诉他们说：“荆州有江汉的坚固，青州有靠海的险要，你们二人在外面而我在朝中，足以成为狡兔的三窟了。”王澄到任所，让郭舒担任别驾，将都督府的事务都交给了他。王澄则日夜纵情喝酒，不亲理事务，虽然盗贼军情紧急，也不放在心上。郭舒常常苦苦劝谏，认为应当爱护民众，保养军队，这样才能使州境保全，王澄不予采纳。

十二月初二戊寅，随司马腾“乞活”的州将田甄、田兰、薄盛等人起兵，为新蔡王司马腾报仇，在乐陵杀了汲桑。把成都王司马颖的棺材丢弃到故井里，司马颖的故臣又收拾好棺材安葬。

十二月十八日甲午，朝廷任命前太傅刘寔为太尉，刘寔以年事已高坚决推辞，但不予批准。十二月二十四日庚子，任命光禄大夫高光为尚书令。

前北军中侯吕雍、度支校尉陈颜等人密谋立清河王司马覃为太子，事情暴露，太傅司马越假称诏令把司马覃囚禁在金墉城。

当初，太傅司马越与苟晞关系很亲近，带他进入后堂，结拜为兄弟。司马潘滔对司马越说：“兖州地处险要，魏武帝从这里创业。苟晞有大志向，不是纯粹的臣下，让他在这里待久了，就会成为心腹祸患。如果把他调迁到青州，提高他的名号，苟晞一定高兴。您亲自管理兖州，规划治理全国，藩卫朝廷，这就是所谓防患于未

癸卯，越自为丞相，领兖州牧，都督兖、豫、司、冀、幽、并诸军事。以晞为征东大将军、开府仪同三司，加侍中、假节、都督青州诸军事，领青州刺史，封东平郡公。越、晞由是有隙。

晞至青州，以严刻立威，日行斩戮，州人谓之“屠伯”。顿丘太守魏植为流民所逼，众五六万，大掠兖州，晞出屯无盐以讨之，以弟纯领青州，刑杀更甚于晞。晞讨植，破之。

初，阳平刘灵，少贫贱，力制奔牛，走及奔马，时人虽异之，莫能举也。灵抚膺叹曰：“天乎，何当乱也！”及公师藩起，灵自称将军，寇掠赵、魏。会王弥为苟纯所败，灵亦为王赞所败，遂俱遣使降汉。汉拜弥镇东大将军、青徐二州牧，都督缘海诸军事，封东莱公；以灵为平北将军。

李钊至宁州，州人奉钊领州事。治中毛孟诣京师，求刺史，屡上奏，不见省。孟曰：“君亡亲丧，幽闭穷城。万里诉哀，精诚无感，生不如死！”欲自刎，朝廷怜之，以魏兴太守王逊为宁州刺史，仍诏交州出兵救李钊。交州刺史吾彦遣其子咨将兵救之。

慕容廆自称鲜卑大单于。

拓跋禄官卒，弟猗卢总摄三部，与廆通好。

（以上为第十三段，写西晋的人事变更，朝廷任命王衍为司徒，王衍的两个弟弟为封疆大吏，形成“狡兔三窟”之势；太傅司马越威权更加显赫，假传诏令囚禁清河王司马覃，又与兖州刺史苟晞有隙。）

二年（戊辰，308年）

春，正月，丙午朔，日有食之。

丁未，大赦。

汉王渊遣抚军将军聪等十将南据太行，辅汉将军石勒等十将东下赵、魏。

二月，辛卯，太傅越杀清河王覃。

庚子，石勒寇常山，王浚击破之。

凉州刺史张轨病风，口不能言，使其子茂摄州事。陇西内史晋昌张

然。”司马越认为潘滔说得正确。

十二月二十七日癸卯，司马越自任丞相，兼任兖州牧，都督兖、豫、司、冀、幽、并诸军事。让苟晞担任征东大将军、开府仪同三司、加任侍中，授予符节，都督青州诸军事，兼青州刺史，封东平郡公。司马越、苟晞之间因此产生怨恨。

苟晞到了青州，以严刑酷法建立威严，每天都有杀戮，青州人称他为“屠伯”。顿丘太守魏植为流民所逼迫，聚众五六万人，到兖州大肆抢掠，苟晞出兵在无盐驻扎，讨伐魏植。让弟弟苟纯兼任青州刺史，苟纯刑罚杀戮比苟晞还要厉害。苟晞攻打魏植，打败了他。

当初，阳平人刘灵，年轻时贫穷低贱，力气大得能制服奔跑的牛，跑起来能与奔马相比，当时的人们虽然认为他不同寻常，但却无人推举他。刘灵抚胸感叹说：“天啊，为什么赶上乱世呢？”等到公师藩起兵，刘灵自称将军，进犯抢掠赵魏地区。这时候王弥被苟纯打败，刘灵也被王赞打败。于是，他们都派使者向汉投降。汉王刘渊任命王弥为镇东大将军、青徐二州牧，都督缘海诸军事，封东莱公；任命刘灵为平北将军。

李钊到宁州，州里的人们尊奉李钊兼理州刺史事务。治中毛孟到京城，请求朝廷委派刺史，多次上奏，没有被审理。毛孟说：“州君已死，州城被围困，我不远万里来到朝廷倾诉悲哀，心意精诚而朝廷无动于衷，生不如死！”毛孟就想自刎，朝廷怜惜他，让魏兴太守王逊担任宁州刺史，同时诏令交州出兵救援李钊。交州刺史吾彦派他的儿子吾咨带兵去救援李钊。

慕容廆自称鲜卑大单于。

鲜卑人首领拓跋禄官去世，弟弟拓跋猗卢总管三部，与慕容廆结交友好。

晋惠帝永嘉二年（戊辰，308年）

春季，正月初一丙午朔，出现日食。

正月初二丁未，宣布实行大赦。

汉王刘渊派遣抚军将军刘聪等十位将军向南占据太行，派辅汉将军石勒等十位将军向东攻打赵魏地区。

二月十六日辛卯，太傅司马越杀死清河王司马覃。

二月二十五日庚子，石勒进犯常山，王浚击败了石勒。

凉州刺史张轨中风，不能说话，让他儿子张茂代理州政。陇西内史，晋昌人张

越，凉州大族，欲逐轨而代之，与其兄酒泉太守镇及西平太守曹祛，谋遣使诣长安告南阳王模，称轨废疾，请以秦州刺史贾龛代之。龛将受之，其兄让龛曰："张凉州一时名士，威著西州，汝何德以代之！"龛乃止。镇、祛上疏，更请刺史，未报；遂移檄废轨，以军司杜耽摄州事，使耽表越为刺史。

轨下教，欲避位，归老宜阳。长史王融、参军孟畅蹋折镇檄，排閤入言曰："晋室多故，明公抚宁西夏，张镇兄弟敢肆凶逆，当鸣鼓诛之。"遂出，戒严。会轨长子寔自京师还，乃以寔为中督护，将兵讨镇。遣镇甥太府主簿令狐亚先往说镇，为陈利害，镇流涕曰："人误我！"乃诣寔归罪。寔南击曹祛，走之。

朝廷得镇、祛疏，以侍中袁瑜为凉州刺史。治中杨澹驰诣长安，割耳盘上，诉轨之被诬。南阳王模表请停瑜，武威太守张琠亦上表留轨。诏依模所表，且命诛曹祛。轨于是命寔帅步骑三万讨祛，斩之。张越奔邺，凉州乃定。

三月，太傅越自许昌徙镇鄄城。

王弥收集亡散，兵复大振，分遣诸将攻掠青、徐、兖、豫四州，所过攻陷郡县，多杀守令，有众数万。苟晞与之连战，不能克。夏，四月，丁亥，弥入许昌。

太傅越遣司马王斌帅甲士五千人入卫京师，张轨亦遣督护北宫纯将兵卫京师。

五月，弥入自轘辕，败官军于伊北，京师大震，宫城门昼闭。壬戌，弥至洛阳，屯于津阳门。诏以王衍都督征讨诸军事。甲子，衍与王斌等出战，北宫纯募勇士百余人突陈，弥兵大败。乙丑，弥烧建春门而东，衍遣左卫将军王秉追之，战于七里涧，又败之。

弥走渡河，与王桑自轵关如平阳。汉王渊遣侍中兼御史大夫郊迎，令曰："孤亲行将军之馆，拂席洗爵，敬待将军。"及至，拜司隶校尉，加侍中、特进；以桑为散骑侍郎。

越是凉州的名门望族，想驱逐张轨，而后自己取代他的职位，与他的哥哥酒泉太守张镇和西平太守曹祛商量，派使者到长安向南阳王司马模报告，说张轨因病残废，请求让秦州刺史贾龛取代他。贾龛将要接受新职，他哥哥责备贾龛说："凉州张轨是当代名士，威名传播于西州地区，你有什么德望来代替张轨呢？"贾龛于是没有去接受这个职务。张镇、曹祛向朝廷上奏章，请求另行任命刺史，没有回音。于是，发布檄文废除张轨的职务，让军司杜耽代理州政，又让杜耽上奏，任命张越为刺史。

张轨下发告谕，想辞去职位，告老回故乡宜阳。长史王融、参军孟畅用脚踏碎张镇的檄文，推开门进去说："晋朝多变故，您安抚平定西夏地区，张镇兄弟胆敢肆意逞凶叛逆，应当鸣鼓诛讨他们。"说完出去，在城中戒严。正赶上张轨的大儿子张寔从京城回来，于是就让张寔任中都护，带兵讨伐张镇，并派张镇的外甥都督府主簿令狐亚先去说服张镇，向他陈说利害关系，张镇流着眼泪说："有人坑害我！"于是到张寔那里认罪受罚。张寔向南攻打曹祛，曹祛败走。

朝廷接到张镇、曹祛的那份奏章，就任命侍中袁瑜为凉州刺史。州治中杨澹跃马奔向长安，割下耳朵放在盘上，诉说张轨被诬陷的情况。南阳王司马模上奏停止任命袁瑜，武威太守张琠亦上奏挽留张轨，朝廷诏令按照司马模所上奏的办理，并且诏令诛杀曹祛。张轨于是命令张寔率领三万步兵和骑兵讨伐曹祛，把曹祛斩首。张越逃奔到邺城，凉州于是安定。

三月，太傅司马越从许昌迁到鄄城镇守。

王弥收拢聚集流亡逃散的残兵，军队重新振作。王弥又派遣部将们分别攻打抢掠青州、徐州、兖州、豫州等地，攻陷郡和县，把郡守、县令大多杀掉，聚集了几万部众。苟晞与王弥的军队接连交战，没有能够取胜。夏季四月十三日丁亥，王弥攻入许昌。

太傅司马越派遣担任司马的王斌率领五千士兵进入京城防卫，张轨也派遣督护北宫纯带兵保卫京城。

五月，王弥从轘辕出发，在伊水以北打败官军，京城大为震动，宫城门白天也关闭。五月十九日壬戌，王弥到达洛阳，在津阳门驻扎。怀帝下诏，以王衍指挥征讨王弥的各项军事行动。五月二十一日甲子，王衍与王斌等众将出战王弥，北宫纯招募一百多勇士突袭王弥兵阵，王弥的军队大败。五月二十二日乙丑，王弥放火烧掉建春门后向东逃窜，王衍派左卫将军王秉追击他，在七里涧交战，又打败了王弥。

王弥逃跑，渡过黄河，与王桑从轵关来到平阳。汉王刘渊派侍中兼御史大夫到郊外迎接，下令说："我将亲自去将军的府第，擦拭座席，清洗酒爵，诚心诚意对待将军。"王弥到后，刘渊任命他为司隶校尉兼侍中，并授以特进职位。任命王桑为散骑侍郎。

北宫纯等与汉刘聪战于河东，败之。

诏封张轨西平郡公，轨辞不受。时州郡之使，莫有至者，轨独遣使贡献，岁时不绝。

（以上为第十四段，写西晋重新任命张轨为凉州刺史，攻杀动乱分子，安定凉州；叛军首领王弥又重新振作，率兵攻至洛阳，王衍率军反击，王弥兵败，逃依匈奴人建立的刘汉。）

秋，七月，甲辰，汉王渊寇平阳，太守宋抽弃郡走，河东太守路述战死。渊徙都蒲子。上郡鲜卑陆逐延、氐酋单徵并降于汉。

八月，丁亥，太傅越自鄄城徙屯濮阳；未几，又徙屯荥阳。

九月，汉王弥、石勒寇邺，和郁弃城走。诏豫州刺史裴宪屯白马以拒弥，车骑将军王堪屯东燕以拒勒，平北将军曹武屯大阳以备蒲子。宪，楷之子也。

冬，十月，甲戌，汉王渊即皇帝位，大赦，改元永凤。十一月，以其子和为大将军，聪为车骑大将军，族子曜为龙骧大将军。

壬寅，并州刺史刘琨使上党太守刘惇帅鲜卑攻壶关，汉镇东将军綦毋达战败，亡归。

丙午，汉都督中外诸军事、大司马、领丞相、右贤王宣卒。

石勒、刘灵帅众三万寇魏郡、汲郡、顿丘，百姓望风降附者五十余垒，皆假垒主将军、都尉印绶，简其强壮五万为军士，老弱安堵如故。己酉，勒执魏郡太守王粹于三台，杀之。

十二月，辛未朔，大赦。

乙亥，汉主渊以大将军和为大司马，封梁王，尚书令欢乐为大司徒，封陈留王；后父御史大夫呼延翼为大司空，封雁门郡公；宗室以亲疏悉封郡县王，异姓以功伐悉封郡县公侯。

成尚书令杨褒卒。褒好直言，成主雄初得蜀，用度不足，诸将有以献金银得官者，褒谏曰："陛下设官爵，当网罗天下英豪，何有以官买金邪！"雄谢之。雄尝醉，推中书令杖太官令，褒进曰："天子穆穆，诸侯皇皇。安有天子而为酗也！"雄惭而止。

北宫纯与汉刘聪的军队在河东交战，打败了刘聪。

朝廷诏令封张轨为西平郡公，张轨推辞而不接受。当时各州郡都没有到京城的使者，只有张轨独自派遣使者进贡，每年都不中断。

秋季，七月初二甲辰，汉王刘渊进犯平阳，太守宋抽丢下郡城逃跑，河东太守路述战死。刘渊迁都到蒲子县。上郡鲜卑人陆逐延、氐人酋长单徵都向汉王刘渊投降。

八月十五日丁亥，太傅司马越从鄄城迁徙到濮阳驻扎，没有多久，又迁徙到荥阳驻扎。

九月，汉国王弥、石勒进犯邺城，守将和郁弃城而逃。朝廷诏令豫州刺史裴宪在白马驻扎以抵御王弥；车骑将军王堪在东燕驻扎以抵御石勒；平北将军曹武驻扎在大阳以护备蒲子。裴宪是裴楷的儿子。

冬季，十月初三甲戌，汉王刘渊即皇帝位，宣布大赦，改年号为永凤。十一月，任命他的儿子刘和为大将军，刘聪为车骑大将军，同族侄子刘曜为龙骧大将军。

十一月初一壬寅，并州刺史刘琨让上党太守刘惇带领鲜卑人攻打壶关，汉国的镇东将军綦毋达战败而后逃回。

十一月初五丙午，汉国都督中外诸军事、大司马兼丞相、右贤王刘宣去世。

石勒、刘灵率领三万人进犯魏郡、汲郡、顿丘等地，五十多个村庄的百姓望风投降，石勒对全部村庄头目都授给将军、都尉的印章和绶带，并从百姓中挑选了五万强壮者作为士兵，对老弱病残的百姓仍让他们在原地安居。十一月初八己酉，石勒在三台抓住并杀了魏郡太守王粹。

十二月初一辛未朔，朝廷宣布实行大赦。

十二月初五乙亥，汉主刘渊任命大将军刘和为大司马，封为梁王；任命尚书令欢乐为大司徒，封为陈留王；任命皇后的父亲御史大夫呼延翼为大司空，封为雁门郡公。宗室当中根据亲疏都封给郡县王，异姓长官根据战功都封予郡县公侯。

成汉尚书令杨褒去世。杨褒喜欢直言，成汉主李雄刚刚占据蜀地时，费用不够，部将当中有因为捐献金银财物而得到职任的人，杨褒劝说道："主公设置官职爵位，应该网罗天下的英雄豪杰，哪里有用官职换取金钱的道理？"李雄向他谢罪。李雄曾经喝醉了酒，让中书令杖打太官令，杨褒进言说："天子威仪庄严，诸侯仪态端正。哪里有天子酗酒的道理！"李雄感到惭愧停止了酗酒。

成平寇将军李凤屯晋寿，屡寇汉中，汉中民东走荆沔。诏以张光为梁州刺史。荆州寇盗不禁，诏起刘璠为顺阳内史，江、汉间翕然归之。

（以上为第十五段，写汉王刘渊盘踞山西，势力越来越大，派遣石勒等众位将军向南、向东侵占晋朝州郡，攻破邺城，而后称帝，改元永凤，成为晋朝的劲敌。）

成汉的平寇将军李凤在晋寿驻扎，多次进犯汉中，汉中百姓向东逃难到荆州、沔阳一带，朝廷下诏任命张光为梁州刺史。荆州的强盗窃贼不能禁绝，朝廷下诏起用刘璠为顺阳内史，于是江、汉地区的百姓纷纷聚集，归附刘璠。

【点评】

晋武帝误传国柄。公元 307 年，晋惠帝司马衷被权臣司马越毒杀。司马衷庸碌的一生，令人感慨唏嘘。首先，司马衷的能力不足以担当皇帝。其次，皇太后的兄弟杨骏专政，一手遮天，视他为无物，后又有贾南风涉权干政。掩卷而思，晋朝建国，自晋武帝司马炎消灭吴国后，长期处在动荡之中。后继统治者又多无能之辈，国无宁日。更多深层次问题，有待深究。晋武帝传国司马衷是一个最大的错误，作为开国皇帝，不可思议。

晋纪九

晋怀帝永嘉三年至五年（309—311年）

【起屠维大荒落（己巳，309年），尽重光协洽（辛未，311年），凡三年】

【大事提要】

本卷记事起公元309年，讫公元311年，凡三年，当晋怀帝永嘉三年至永嘉五年。本卷所载大事，主要是五个方面：其一，刘聪即位。汉主刘渊迁都平阳，改年号为河瑞；后来患病去世，由长子刘和继承帝位，任命四子刘聪为大司马、大单于。刘和听信谗言，欲谋杀掌握重兵的刘聪，反而被有备而战的刘聪打败。刘聪清除异己，将刘锐、呼延攸等大臣杀害，登上帝位，改元光兴。其二，司马越被焚尸。东海王司马越“一股独大”，专权干政，杀掉忠于怀帝司马炽的王延等朝臣，并且罢免宿卫，全部换上亲信士兵。后来，汉国部将攻打洛阳，他出兵回击，内部争斗不休，眼看大势已去，忧惧成疾而死，被汉将领石勒追击，焚尸贬爵，满门遭殃。其三，洛阳被攻陷。汉主刘聪即位后，即命前军大将军呼延晏率兵二万进攻晋都洛阳。两军大战于河南，晋军前后十二败。刘聪大军攻陷洛阳，大肆烧杀抢掠，使这座原本繁荣、美丽的城市化为废墟。怀帝司马炽欲逃亡长安，结果，被汉兵活捉。史称“永嘉之祸”。其四，晋朝设立行台。洛阳被攻陷后，晋臣避乱，纷纷逃离。司徒傅祗在河阴建立行台；司空荀藩等传檄四方，推举琅邪王司马睿为盟主，任命官属；太子司马诠之弟司马端东奔仓垣，荀晞率领群官奉其为皇太子，设立行台。各地反抗的行为一直没有停止过。其五，江东独安。中原无主，天下大乱，唯独江东偏安，中原人士纷纷南渡江东。王导力劝琅邪王司马睿收其贤俊，网罗人才，其时佐官有一百多人。刁协、王承、诸葛恢、陈頵、庾亮等，都授官有差。司空王浚在幽州拥立皇太子，备置百官，任命司马睿为大将军。

【原文】

孝怀皇帝中

永嘉三年（己巳，309 年）

春，正月，辛丑朔，荧惑犯紫微。汉太史令宣于修之，言于汉主渊曰："不出三年，必克洛阳。蒲子崎岖，难以久安；平阳气象方昌，请徙都之。"渊从之。大赦，改元河瑞。

三月，戊申，高密孝王略薨。以尚书左仆射山简为征南将军，都督荆、湘、交、广四州诸军事，镇襄阳。简，涛之子也，嗜酒，不恤政事。表顺阳内史刘璠得众心，恐百姓劫璠为主，诏征璠为越骑校尉。南州由是遂乱，父老莫不追思刘弘。

丁巳，太傅越自荥阳入京师。中书监王敦谓所亲曰："太傅专执威权，而选用表请，尚书犹以旧制裁之，今日之来，必有所诛。"

帝之为太弟也，与中庶子缪播亲善，及即位，以播为中书监，缪胤为太仆卿，委以心膂，帝舅散骑常侍王延、尚书何绥、太史令高堂冲，并参机密。越疑朝臣贰于己，刘舆、潘滔劝越悉诛播等。越乃诬播等欲为乱。乙丑，遣平东将军王秉，帅甲士三千入宫，执播等十余人于帝侧，付廷尉，杀之。帝叹息流涕而已。

绥，曾之孙也。初，何曾侍武帝宴，退，谓诸子曰："主上开创大业，吾每宴见，未尝闻经国远图，惟说平生常事，非贻厥孙谋之道也，及身而已，后嗣其殆乎！汝辈犹可以免。"指诸孙曰："此属必及于难。"及绥死，兄嵩哭之曰："我祖其殆圣乎！"

曾日食万钱，犹云无下箸处。子劭，日食二万。绥及弟机、羡，汰侈尤甚，与人书疏，词礼简傲。河内王尼见绥书，谓人曰："伯蔚居乱世而矜豪乃尔，其能免乎！"人曰："伯蔚闻卿言，必相危害。"尼曰："伯蔚比闻我言，自已死矣！"及永嘉之末，何氏无遗种。

【语译】

孝怀皇帝中

晋怀帝永嘉三年（己巳，309年）

春季，正月初一辛丑朔，火星犯紫微星座。汉国太史令于修之对汉主刘渊说：“不出三年，一定能攻下洛阳，蒲子地形崎岖，难以在这儿长久安居；平阳的天象正好昌盛，请把都城迁到那里。”刘渊采纳了这个建议。宣布实行大赦，改年号为河瑞。

三月初九戊申，高密孝王司马略去世。朝廷任命尚书左仆射山简为征南将军，都督荆州、湘州、交州、广州诸军事，镇守襄阳。山简是山涛的儿子，嗜好喝酒，不把军政事务放地心上。他上书说：“顺阳内史刘璠很得人心，恐怕百姓要劫持刘璠作首领。”于是朝廷下诏，任命刘璠为越骑校尉。南州地区因此而大乱，当地父老乡亲没有不追念刘璠的父亲刘弘的。

三月十八日丁巳，太傅司马越从荥阳进入京城。中书监王敦对他亲近的人说：“太傅独揽威势权力，但选拔任用官员仍上书请示，而尚书仍然按照过去的制度来裁定，因此太傅现在到京城，一定会杀掉一些官员。”

怀帝担任皇太弟时，与中庶子缪播关系亲密要好，即皇帝位后，任命缪播为中书监，任命缪胤为太仆卿，把他们当作心腹。怀帝舅父散骑常侍王延和尚书何绥、太史令高堂冲一起参与朝廷的机密事务。司马越怀疑朝廷大臣对自己有异心，刘舆、潘滔也劝说司马越把缪播等人全杀了。司马越于是诬陷缪播等人图谋叛乱。三月二十六日乙丑，司马越派平东将军王秉，率领三千士兵进入皇宫，在怀帝身边逮捕缪播等十多人交付廷尉，把他们杀了。怀帝只能叹息流泪。

何绥是何曾的孙子。当初，何曾曾在武帝司马炎的宴会上侍奉，离开宴会后，对儿子们说：“皇上开创伟大的基业，我每次在宴会上见到他，从来没有听到他的关于治理国家的长远打算，只是听他说平生的一些日常事情，这不是替子孙后代考虑的做法。他只考虑自己，他的后代继承人危险呀！你们还能够免祸。”指着孙子们又说：“他们一定会遭到国难。”何绥死后，哥哥何嵩哭着说：“我们的祖父几乎是圣人啊！”

何曾生活奢侈，吃饭一天要耗费万钱，还说没有下筷子的地方。儿子何劭一天吃掉二万钱。何绥和弟弟何机、何羡更加奢侈，给人写信用词非常傲慢。河内人王尼看到何绥写的信，对人说：“何绥身居乱世还这样自负傲慢，难道能免祸吗？”听的人说：“何绥听到你的话，一定会害你。”王尼说：“等何绥听到我的这些话时，他自己已经死了。”等到永嘉末年，何氏一家已经没有子孙留存于世了。

臣光曰：何曾议武帝偷惰，取过目前，不为远虑，知天下将乱，子孙必与其忧，何其明也！然身为僭侈，使子孙承流，卒以骄奢亡族，其明安在哉！且身为宰相，知其君之过，不以告而私语于家，非忠臣也。

太傅越以王敦为扬州刺史。

刘寔连年请老，朝廷不许。尚书左丞刘坦上言："古之养老，以不事为优，不以吏之为重，谓宜听寔所守。"丁卯，诏寔以侯就第。以王衍为太尉。

太傅越解兖州牧，领司徒。越以顷来兴事，多由殿省，乃奏宿卫有侯爵者皆罢之。时殿中武官并封侯，由是出者略尽，皆泣涕而去。更使右卫将军何伦、左卫将军王秉领东海国兵数百人宿卫。

（以上为第一段，写晋怀帝司马炽重用亲善之人，与太傅司马越的专权发生冲突，司马越以谋反为名，杀戮怀帝亲信，撤换皇宫禁卫，彻底控制怀帝，使怀帝成为傀儡。）

左积弩将军朱诞奔汉，具陈洛阳孤弱，劝汉主渊攻之。渊以诞为前锋都督，以灭晋大将军刘景为大都督，将兵攻黎阳，克之；又败王堪于延津，沈男女三万余人于河。渊闻之，怒曰："景何面复见朕！且天道岂能容之！吾所欲除者，司马氏耳，细民何罪！"黜景为平虏将军。

夏，大旱，江、汉、河、洛皆竭，可涉。

汉安东大将军石勒寇钜鹿、常山，众至十余万，集衣冠人物，别为君子营。以赵郡张宾为谋主，刁膺为股肱，夔安、孔苌、支雄、桃豹、逯明为爪牙。并州诸胡羯多从之。

初，张宾好读书，阔达有大志，常自比张子房。及石勒徇山东，宾谓所亲曰："吾历观诸将，无如此胡将军者，可与共成大业！"乃提剑诣军门，大呼请见，勒亦未之奇也。宾数以策干勒，已而皆如所言；勒由是奇之，署为军功曹，动静咨之。

汉主渊以王弥为侍中、都督青徐兖豫荆扬六州诸军事、征东大将军、

臣司马光评论说：何曾议论晋武帝苟且懒惰，只顾眼前利益，不为长远考虑，而预知天下将要发生变乱，子孙一定会卷入这忧虑当中，多么英明！但是自己超越本分奢侈无度，使子孙效仿继承这种坏毛病，最后因为骄傲奢侈而亡族，这英明又在哪里呢？再说身为丞相，知道自己君主的过错，不忠告君主却在家私下议论，不是忠臣啊！

太傅司马越任命王敦为扬州刺史。

刘寔连年请求告老还乡，朝廷不同意。尚书左丞相刘坦给朝廷上言："古代养老，以不使任职为好，并不把任职视为看重他，所以说应当尊重刘寔自己的安排。"三月二十八日丁卯，朝廷诏令刘寔以侯爵的身份回归府第。任命王衍为太尉。

太傅司马越辞去兖州牧的职务而兼任司徒。司马越根据近年来朝廷发生变故，根由大多出在宫殿官署这一情况，于是上书，奏请将有侯爵身份的宫廷侍卫全都罢免。当时宫殿中的武官都封了侯，因此宫殿武官差不多都被解职。他们都流着眼泪离开了宫殿。然后改为让右卫将军何伦、左卫将军王秉带领几百名属于司马越的东海国士兵担任皇宫禁卫。

左积弩将军朱诞投奔汉国，具体陈说洛阳城中势单力薄的情况，劝说汉主刘渊趁机攻打洛阳。刘渊让朱诞担任前锋都督，让灭晋大将军刘景担任大都督，带兵攻克了黎阳。又在延津打败王堪，把三万多个男女百姓沉入黄河。刘渊听说后，生气地说："刘景有什么脸面再来见我！再说上天之道难道能容忍这种残忍的行动？我所想要消灭的只是司马氏家族罢了，普通百姓有什么罪？"于是把刘景降职为平虏将军。

夏季大旱，长江、汉水、黄河、洛河都枯竭了，可以徒步跋涉过去。

汉国安东大将军石勒进犯钜鹿、常山，有十多万人。聚集了一些有身份的人士，另外编成君子营。以赵郡人张宾为主要谋士，刁膺为心腹辅佐，以夔安、孔苌、支雄、桃豹、逯明为助手。并州的胡人、羯人大多都跟随石勒。

当初，张宾喜欢读书，豁达而胸怀大志，常常把自己比作西汉张良。等到石勒攻取崤山以东地区，张宾对亲近的人说："我一一观察那些战将，没有比得上这位胡人将军的，可以和他一起成就大业！"于是提起剑到军营门前，大声呼喊请求接见，但石勒并没有认为他有超群之处。张宾多次向石勒献上计策，事情结束后全都与张宾预料的一样。石勒因此才感到他不同寻常，安排他为军功曹，一举一动都要去问他。

汉主刘渊任命王弥为侍中、都督青、徐、兖、豫、荆、扬六州诸军事，征东大

青州牧，与楚王聪共攻壶关，以石勒为前锋都督。刘琨遣护军黄肃、韩述救之，聪败述于西涧，勒败肃于封田，皆杀之。

太傅越遣淮南内史王旷，将军施融、曹超将兵拒聪等。旷济河，欲长驱而前，融曰："彼乘险间出，我虽有数万之众，犹是一军独受敌也。且当阻水为固以量形势，然后图之。"旷怒曰："君欲沮众邪！"融退曰："彼善用兵，旷暗于事势，吾属今必死矣！"旷等逾太行，与聪遇，战于长平之间，旷兵大败，融、超皆死。

聪遂破屯留、长子，凡斩获万九千级，上党太守庞淳以壶关降汉。刘琨以都尉张倚领上党太守，据襄垣。

初，匈奴刘猛死，右贤王去卑之子诰升爰代领其众。诰升爰卒，子虎立，居新兴，号"铁弗氏"，与白部鲜卑皆附于汉。刘琨自将击虎，刘聪遣兵袭晋阳，不克。

五月，汉主渊封子裕为齐王，隆为鲁王。

秋，八月，汉主渊命楚王聪等进攻洛阳；诏平北将军曹武等拒之，皆为聪所败。聪长驱至宜阳，自恃骤胜，怠不设备。九月，弘农太守垣延诈降，夜袭聪军，聪大败而还。

王浚遣祁弘与鲜卑段务勿尘击石勒于飞龙山，大破之，勒退屯黎阳。

冬，十月，汉主渊复遣楚王聪、王弥、始安王曜、汝阴王景帅精骑五万寇洛阳，大司空雁门刚穆公呼延翼帅步卒继之。

丙辰，聪等至宜阳。朝廷以汉兵新败，不意其复至，大惧。辛酉，聪屯西明门。北宫纯等夜帅勇士千余人出攻汉壁，斩其征虏将军呼延颢。壬戌，聪南屯洛水。乙丑，呼延翼为其下所杀。其众自大阳溃归。

渊敕聪等还师；聪表称晋兵微弱，不可以翼、颢死故还师，固请留攻洛阳，渊许之。太傅越婴城自守。戊寅，聪亲祈嵩山，留平晋将军安阳哀王厉、冠军将军呼延朗督摄留军；太傅参军孙询说越乘虚出击朗，斩之，厉赴水死。王弥谓聪曰："今军既失利，洛阳守备犹固，运车在陕，粮食不支数日。殿下不如与龙骧还平阳，裹粮发卒，更为后举；下官亦收兵谷，待命于兖、豫，不亦可乎！"聪自以请留，未敢还。宣于修之

将军，青州牧，与楚王刘聪一起进攻壶关，以石勒为前锋都督。刘琨派遣护军黄肃、韩述救援壶关，刘聪在西涧打败韩述，石勒在封田打败黄肃，把他们都杀了。

太傅司马越派遣淮南内史王旷，将军施融、曹超带兵抵御刘聪等人。王旷渡过黄河，打算长驱直入，施融说："他们凭借天险抄小路出击，我们即使有几万人马，仍然还是孤军受敌。应该暂且借河水当作屏障来观察形势变化，然后再图谋他们。"王旷发怒说："您要败坏士气啊！"施融退出去说："人家善于用兵，而王旷却不明白战事情势，我们这些人今天一定要当替死鬼了！"王旷等人在太行与刘聪遭遇，在长平地区交战，王旷的军队惨败，施融、曹超都战死。

刘聪于是攻陷屯留、长子，一共斩获一万九千首级。上党太守庞淳交出壶关向汉国投降。刘琨派都尉张倚兼任上党太守，占据襄垣。

当初，匈奴人刘猛死去，右贤王去卑的儿子诰升爰代替他率领部众。诰升爰去世，他的儿子刘虎立为首领，居住新兴，号称铁弗氏，与白部鲜卑都归附于汉国。刘琨自己带兵攻打刘虎，刘聪派兵袭击晋阳，没有攻下。

五月，汉主刘渊把儿子刘裕封为齐王，刘隆封为鲁王。

秋季，八月，汉主刘渊命令楚王刘聪等人进兵攻打洛阳。朝廷诏令平北将军曹武等人抵御刘聪，被刘聪打败。刘聪长驱直入，到达宜阳，自己倚仗着已经多次取胜懈怠而不进行防备。九月，弘农太守垣延假装投降，夜间突袭刘聪的军队，刘聪大败而归。

王浚派遣祁弘与鲜卑人段务勿尘在飞龙山攻打石勒，石勒大败，撤退到黎阳驻扎。

冬季，十月，汉主刘渊再次派遣楚王刘聪、王弥、始安王刘曜、汝阴王刘景率领五万精锐骑兵进犯洛阳，大司空雁门刚穆公呼延翼带领步兵作为后续军队。

十月二十一日丙辰，刘聪等人到达宜阳。朝廷因为汉军刚刚失败，没有料到他们这么快又来了，大为恐慌。十月二十六日辛酉，刘聪屯兵西明门。北宫纯等人带领一千多名勇士趁黑夜突袭汉军营垒，杀了他们的征虏将军呼延颢。十月二十七日壬戌，刘聪向南进发，到洛水驻扎。乙丑（疑误），呼延翼被自己的部下杀死，部众从大阳溃散逃回。

刘渊下令让刘聪等人撤兵回来。刘聪上书说，晋朝军队微弱，不能因为呼延翼、呼延颢死了而撤兵，坚持要留下来进攻洛阳，刘渊同意了。太傅司马越加强环城防守。戊寅（疑误），刘聪自己到嵩山祈祷，留下平晋将军安阳哀王刘厉、冠军将军呼延朗代理指挥留守的军队。太傅参军孙询劝说司马越乘虚出兵袭击呼延朗，杀死了呼延朗。刘厉跳入洛水而死。王弥对刘聪说："现在军队既然失利，洛阳的防守还很坚固，而我们的运粮车还在陕地，粮食支持不了几天，您不如与龙骧大将军刘曜退

言于渊曰："岁在辛未，乃得洛阳。今晋气犹盛，大军不归，必败。"渊乃召聪等还。

（以上为第二段，写西晋处于风雨飘摇之中，匈奴汉赵正处于强势崛起之时，多次出兵攻打西晋，围攻洛阳，遭到晋兵顽强抵抗，损失惨重，无奈退兵，洛阳也岌岌可危。汉赵太史预言第三年破洛阳。）

天水人訇琦等杀成太尉李离、尚书令阎式，以梓潼降罗尚；成主雄遣太傅骧、司徒云、司空璜攻之，不克，云、璜战死。

初，谯周有子居巴西，成巴西太守马脱杀之，其子登诣刘弘请兵以复仇。弘表登为梓潼内史，使自募巴、蜀流民，得二千人，西上，至巴郡，从罗尚求益兵，不得。登进攻宕渠，斩马脱，食其肝。会梓潼降，登进据涪城，雄自攻之，为登所败。

十一月，甲申，汉楚王聪、始安王曜归于平阳。王弥南出镮辕，流民之在颍川、襄城、汝南、南阳、河南者数万家，素为居民所苦，皆烧城邑，杀二千石、长吏以应弥。

石勒寇信都，杀冀州刺史王斌。王浚自领冀州。诏车骑将军王堪、北中郎将裴宪将兵讨勒，勒引兵还，拒之；魏郡太守刘矩以郡降勒。勒至黎阳，裴宪弃军奔淮南，王堪退保仓垣。

十二月，汉主渊以陈留王欢乐为太傅，楚王聪为大司徒，江都王延年为大司空，遣都护大将军曲阳王贤与征北大将军刘灵、安北将军赵固、平北将军王桑，东屯内黄。王弥表左长史曹嶷行安东将军，东徇青州，且迎其家，渊许之。

初，东夷校尉勃海李臻，与王浚约共辅晋室，浚内有异志，臻恨之。和演之死也，别驾昌黎王诞亡归李臻，说臻举兵讨浚。臻遣其子成将兵击浚。辽东太守庞本，素与臻有隙，乘虚袭杀臻，遣人杀成于无虑。诞亡归慕容廆。诏以勃海封释代臻为东夷校尉，庞本复谋杀之。释子悛劝释伏兵请本，收斩之，悉诛其家。

（以上为第三段，写成汉主李雄与西晋官兵争斗，互有胜负；汉赵主刘渊派遣部将攻城略地，逐步蚕食西晋国土；而西晋官员之间互相倾轧，大敌当前，全然不以国家利益为重。）

还平阳，筹备粮食发给士兵，再进行下一步行动。我也收兵筹谷，在兖、豫地区待命，不也是可以的吗？”刘聪因为是自己曾经请求留下，这时候没有敢擅自撤兵。宣于修之对刘渊说：“到了辛未年，才能得到洛阳，现在晋朝气运还很旺盛，大军不撤回来，一定失败。”刘渊于是召刘聪等人撤兵回来。

天水人訇琦等人杀了成汉的太尉李离和尚书令阎式，献出梓潼向罗尚投降，成汉主李雄派太傅李骧、司徒李云、司空李璜攻打梓潼，没有成功，李云、李璜战死。

当初，谯周有个儿子在巴西地区居住，成汉的巴西太守马脱把他杀了。谯周的儿子谯登到刘弘那儿请求军队予以报仇。刘弘上奏谯登为梓潼内史，让他自己招募巴蜀的流民，招到两千人。向西到巴郡，向罗尚请求增加些兵力，但没有得到。谯登进攻宕渠，杀了马脱，吃掉马脱的肝脏。正遇到梓潼投降，谯登占据涪城，李雄亲自攻打谯登，结果被谯登打败。

十一月二十日甲申，汉楚王刘聪、始安王刘曜回到平阳。王弥向南出兵轘辕，在颍川、襄城、汝南、南阳、河南的流民有几万家，一直被当地居民欺负，所以放火烧城焚邑，杀掉郡守、长史等官员，响应王弥。

石勒进犯信都，杀了冀州刺史王斌。王浚自己兼任冀州刺史。朝廷诏令车骑将军王堪、北中郎将裴宪率兵攻打石勒，石勒带兵回来，抵御王堪等人。魏郡太守刘矩献出本郡投降石勒。石勒到达黎阳，裴宪丢下军队自己逃奔淮南，王堪退守仓垣。

十二月，汉主刘渊以陈留王刘欢乐担任太傅，楚王刘聪担任大司徒，江都王刘延年担任大司空。派遣都护大将军曲阳王刘贤与征北大将军刘灵、安北将军赵固、平北将军王桑，在东边的内黄县驻扎。王弥上奏左长史曹嶷担任安东将军，向东攻打青州，顺便接出他的家眷，刘渊同意了这个安排。

当初，东夷校尉勃海人李臻，与王浚相约共同辅佐晋皇室，王浚有另外的想法，李臻于是怨恨王浚。和演死后，别驾昌黎人王诞逃亡归附李臻，劝说李臻出兵攻打王浚。李臻就派他儿子李成带兵攻打王浚。辽东太守庞本，一直与李臻有怨恨，乘虚袭击杀了李臻，又派人在无虑杀了李成，王诞又逃去投奔慕容廆。朝廷诏令以勃海人封释代替李臻任东夷校尉，庞本又图谋杀他，封释的儿子封悛劝封释设伏兵邀请庞本，把庞本抓住并杀了，之后又杀了他的全家。

四年（庚午，310 年）

春，正月，乙丑朔，大赦。

汉主渊立单徵女为皇后，梁王和为皇太子，大赦；封子义为北海王，以长乐王洋为大司马。

汉镇东大将军石勒济河，拔白马，王弥以三万众会之，共寇徐、豫、兖州。二月，勒袭鄄城，杀兖州刺史袁孚，遂拔仓垣，杀王堪。复北济河，攻冀州诸郡，民从之者九万余口。

成太尉李国镇巴西，帐下文石杀国，以巴西降罗尚。

太傅越征建威将军吴兴钱璯及扬州刺史王敦。璯谋杀敦以反，敦奔建业，告琅邪王睿。璯遂反，进寇阳羡，睿遣将军郭逸等讨之；周玘纠合乡里，与逸等共讨璯，斩之。玘三定江南，睿以玘为吴兴太守，于其乡里置义兴郡以旌之。

曹嶷自大梁引兵而东，所至皆下，遂克东平，进攻琅邪。

夏，四月，王浚将祁弘败汉冀州刺史刘灵于广宗，杀之。

成主雄谓其将张宝曰："汝能得梓潼，吾以李离之官赏汝。"宝乃先杀人而亡奔梓潼，訇琦等信之，委以心腹。会罗尚遣使至梓潼，琦等出迎之；宝从后闭门，琦等奔巴西，雄以宝为太尉。

幽、并、司、冀、秦、雍六州大蝗，食草木、牛马毛皆尽。

秋，七月，汉楚王聪、始安王曜、石勒及安北大将军赵固围河内太守裴整于怀，诏征虏将军宋抽救怀。勒与平北大将军王桑逆击抽，杀之；河内人执整以降，汉主渊以整为尚书左丞。河内督将郭默收整余众，自为坞主，刘琨以默为河内太守。

罗尚卒于巴郡，诏以长沙太守下邳皮素代之。

庚午，汉主渊寝疾，辛未，以陈留王欢乐为太宰，长乐王洋为太傅，江都王延年为太保，楚王聪为大司马、大单于，并录尚书事。置单于台于平阳西，以齐王裕为大司徒，鲁王隆为尚书令，北海王义为抚军大将军、领司隶校尉，始安王曜为征讨大都督、领单于左辅，廷尉乔智明为冠军大将军、领单于右辅，光禄大夫刘殷为左仆射，王育为右仆射，任颢为吏部尚书，朱纪为中书监，护军马景领左卫将军，永安王安国领右卫将军，安昌王盛、安邑王钦、西阳王璿皆领武卫将军，分典禁兵。

晋怀帝永嘉四年（庚午，310 年）

春季，正月初一乙丑朔，宣布实行大赦。

汉主刘渊立单徵的女儿为皇后，梁王刘和为太子，宣布实行大赦。封儿子刘乂为北海王，以长乐王刘洋担任大司马。

汉国镇东大将军石勒渡过黄河，攻克白马，王弥带领三万人与石勒会师，一同进犯徐州、豫州、兖州。二月，石勒袭击鄄城，杀掉兖州刺史袁孚；又攻克仓垣，杀掉王堪；又北渡黄河，攻打冀州各郡，九万多百姓附从石勒。

成汉太尉李国镇守巴西，部下文石杀死李国，献出巴西，投降罗尚。

太傅司马越征召建威将军吴兴人钱璯和扬州刺史王敦。钱璯图谋杀死王敦后叛乱，王敦逃往建业，报告琅邪王司马睿。钱璯叛乱，进犯阳羡，司马睿派遣将军郭逸等人攻打他。周玘组织联合乡里百姓，与郭逸等人一起攻打钱璯，把他杀了。周玘三次平定江南，司马睿任命周玘为吴兴太守，并在他的家乡设置义兴郡以表彰周玘。

汉国部将曹嶷从大梁带兵向东进攻，所向披靡，于是攻克东平，进兵攻打琅邪。

夏季，四月，王浚部将祁弘在广宗打败并杀死汉国冀州刺史刘灵。

成汉主李雄告诉他的部将张宝说："你能攻下梓潼，我把李离的官职赏给你。"张宝于是杀人后逃亡投奔梓潼，訇琦等人都信任他，把他当作心腹。正遇到罗尚派使者到梓潼，訇琦等人出城迎接使者，张宝则在后边关闭了城门，訇琦等人只好投奔巴西。李雄让张宝担任太尉。

幽、并、司、冀、秦、雍等六州遭到严重蝗灾，蝗虫把草木、牛马的毛都啃食光了。

秋季，七月，汉国楚王刘聪、始安王刘曜、石勒和安北大将军赵固，在怀县围攻河内太守裴整，朝廷诏令征虏将军宋抽救援怀县。石勒与平北大将军王桑阻击并杀死宋抽。河内人抓住裴整投降，汉主刘渊让裴整担任尚书左丞。河内郡督将郭默收拾裴整的残余部众，自己担任坞主，刘琨任命郭默为河内太守。

罗尚在巴郡去世，朝廷诏令以长沙太守下邳人皮素代替他的职务。

七月初九庚午，汉主刘渊卧病不起，初十辛未，以陈留王刘欢乐担任太宰，长乐王刘洋担任太傅，江都王刘延年担任太保，楚王刘聪担任大司马、大单于，都兼任录尚书事。在平阳西侧设置单于台。以齐王刘裕担任大司徒，鲁王刘隆担任尚书令，北海王刘乂担任抚军大将军兼司隶校尉，始安王刘曜担任征讨大都督兼单于左辅，廷尉乔智明担任冠军大将军兼单于右辅，光禄大夫刘殷担任左仆射，王育担任右仆射，任顗担任吏部尚书，朱纪担任中书监，护军马景兼任左卫将军。永安王刘安国兼任右卫将军，安昌王刘盛、安邑王刘钦、西阳王刘璿都兼任武卫将军，分别

初，盛少时，不好读书，唯读《孝经》《论语》，曰："诵此能行，足矣，安用多诵而不行乎！"李熹见之，叹曰："望之如可易，及至，肃如严君，可谓君子矣！"渊以其忠笃，故临终委以要任。丁丑，渊召太宰欢乐等入禁中，受遗诏辅政。己卯，渊卒，太子和即位。

（以上为第四段，写汉赵主刘渊派遣将领攻打西晋，渡过黄河，进犯徐州、豫州、兖州、冀州，攻下许多郡县；刘渊临终，安排后事，大封诸王、群臣，太子刘和继位。）

和性猜忌无恩。宗正呼延攸，翼之子也，渊以其无才行，终身不迁官；侍中刘乘，素恶楚王聪；卫尉西昌王锐，耻不预顾命，乃相与谋，说和曰："先帝不惟轻重之势，使三王总强兵于内，大司马拥十万众屯于近郊，陛下便为寄坐耳。宜早为之计。"和，攸之甥也，深信之。

辛巳夜，召安昌王盛、安邑王钦等告之。盛曰："先帝梓宫在殡，四王未有逆节，一旦自相鱼肉，天下谓陛下何！且大业甫尔，陛下勿信谗夫之言以疑兄弟；兄弟尚不可信，他人谁足信哉！"攸、锐怒之曰："今日之议，理无有二，领军是何言乎！"命左右刃之。盛既死，钦惧曰："惟陛下命。"

壬午，锐帅马景攻楚王聪于单于台，攸帅永安王安国攻齐王裕于司徒府，乘帅安邑王钦攻鲁王隆，使尚书田密、武卫将军刘璿攻北海王义。密、璿挟义斩关归于聪，聪命贯甲以待之。锐知聪有备，驰还，与攸、乘共攻隆、裕。攸、乘疑安国、钦有异志，杀之。是日，斩裕；癸未，斩隆。

甲申，聪攻西明门，克之；锐等走入南宫，前锋随之。乙酉，杀和于光极西室，收锐、攸、乘，枭首通衢。

群臣请聪即帝位，聪以北海王义，单后之子也，以位让之。义涕泣固请，聪久而许之，曰："义及群公正以祸难尚殷，贪孤年长故耳。此家国之事，孤何敢辞！俟义年长，当以大业归之。"遂即位。大赦，改元光

统领禁兵。

当初，刘盛年幼时不喜欢读书，只读《孝经》《论语》，说："读这两本书能够照着去做，就足够了，哪里还用多读而不去行动呢？"李熹见到他，感叹说："远远望他好像可以轻慢他，等到了跟前，严肃如同威严的君王，可以称得上是君子了。"刘渊因为他忠诚执着，所以临终时交给他重要的职务。七月十六日丁丑，刘渊宣召太宰刘欢乐等人到皇宫里，接受遗诏，辅佐朝政。十八日己卯，刘渊去世。太子刘和继承皇位。

刘和性格多疑，没有恩德。宗正呼延攸是呼延翼的儿子，刘渊因为他没有才能和德行，终身没有给他升官。侍中刘乘，一直怨恨楚王刘聪。卫尉西昌王刘锐，对没有受到刘渊临终任命也感到羞耻。这几个人于是一起密谋，对刘和说："先帝不考虑轻重的情势，使三王在皇城里统领强兵，大司马刘聪拥兵十万在近郊驻扎，这样的皇上不过是在他人那里寄寓的皇帝罢了。应当尽早考虑对付这种情势。"刘和是呼延攸的外甥，所以对他深信不疑。

七月二十日辛巳夜，刘和宣招安昌王刘盛、安邑王刘钦通告他们。刘盛说："先帝的棺椁还没有安葬，四王也没有变节，一旦自相残杀，天下会怎么说皇上？再说，大业还没有成功，皇上不要听信挑拨离间的小人来疑忌兄弟，兄弟尚且都不能相信，那别人还有谁值得相信呢？"呼延攸、刘锐对他发怒说："今天商议，没有别的道理可讲，领军你这是什么话！"便命令左右随从把刘盛杀了。刘盛死后，刘钦害怕地说："只听从皇上的旨意。"

七月二十一日壬午，刘锐带领马景在单于台攻打楚王刘聪，呼延攸带领永安王刘安国到司徒府攻打齐王刘裕，刘乘带领安邑王刘钦攻打鲁王刘隆，派尚书田密、武卫将军刘璿攻打北海王刘乂。田密、刘璿带着刘乂冲过关卡归附刘聪，刘聪命令穿上铠甲等待刘锐。刘锐得知刘聪已有防备，迅速回师，与呼延攸、刘乘一起攻打刘隆、刘裕，呼延攸、刘乘怀疑刘安国、刘钦有异心，就杀了他们。当天杀了刘裕，二十二日癸未，杀了刘隆。

二十三日甲申，刘聪攻克西明门。刘锐等逃进南宫，前锋跟随着他。二十四日乙酉，刘聪在光极殿西室杀了刘和，抓住刘锐、呼延攸、刘乘，在交通要道上斩首并将首级悬挂起来。

大臣们请刘聪登上皇位，刘聪因为北海王刘乂是单太后的儿子，就把皇位让给刘乂。刘乂流着眼泪坚持请刘聪即位，刘聪好久后才同意了，说："刘乂和诸公正是因为祸乱困扰还多，看重我年纪大几岁罢了。这是国家的事业，我怎么敢推辞！等

兴。尊单氏曰“皇太后”，其母张氏曰“帝太后”。以义为皇太弟，领大单于、大司徒。立其妻呼延氏为皇后。呼延氏，渊后之从父妹也。封其子粲为河内王，易为河间王，翼为彭城王，悝为高平王；仍以粲为抚军大将军、都督中外诸军事。以石勒为并州刺史，封汲郡公。

略阳临渭氐酋蒲洪，骁勇多权略，群氐畏服之。汉主聪遣使拜洪平远将军，洪不受，自称护氐校尉、秦州刺史、略阳公。

九月，辛未，葬汉主渊于永光陵，谥曰“光文皇帝”，庙号高祖。

（以上为第五段，写汉赵主刘渊去世，太子刘和继位，忌惮四弟刘聪的实力强大，予以偷袭，发生火并事件，而刘聪早有防备，获得胜利，继位为帝，改元光兴。）

雍州流民多在南阳，诏书遣还乡里。流民以关中荒残，皆不愿归。征南将军山简、南中郎将杜蕤各遣兵送之，促期令发。京兆王如遂潜结壮士，夜袭二军，破之。于是，冯翊严嶷、京兆侯脱各聚众攻城镇，杀令长以应之，未几，众至四五万，自号大将军，领司、雍二州牧，称藩于汉。

冬，十月，汉河内王粲、始安王曜及王弥帅众四万寇洛阳，石勒帅骑二万会粲于大阳，败监军裴邈于渑池，遂长驱入洛川。粲出轘辕，掠梁、陈、汝、颍间。勒出成皋关，壬寅，围陈留太守王赞于仓垣，为赞所败。退屯文石津。

刘琨自将讨刘虎及白部，遣使卑辞厚礼说鲜卑拓拔猗卢以请兵。猗卢使其弟弗之子郁律帅骑二万助之，遂破刘虎、白部，屠其营。琨与猗卢结为兄弟，表猗卢为大单于，以代郡封之为代公。时代郡属幽州，王浚不许，遣兵击猗卢，猗卢拒破之。浚由是与琨有隙。

猗卢以封邑去国悬远，民不相接，乃帅部落万余家自云中入雁门，从琨求陉北之地。琨不能制，且欲倚之为援，乃徙楼烦、马邑、阴馆、繁畤、崞五县民于陉南，以其地与猗卢，由是猗卢益盛。

刘义长大，我将把大业交还于他。”于是即位。宣布实行大赦，改年号为光兴。尊奉单氏为皇太后，尊奉刘聪的母亲张氏为帝太后。以刘义为皇太弟，兼大单于、大司徒，立妻子呼延氏为皇后。呼延氏是刘渊皇后的堂妹。封儿子刘粲为河内王，刘易为河间王，刘翼为彭城王，刘悝为高平王。仍以刘粲为抚军大将军、都督中外诸军事。以石勒为并州刺史，封汲郡公。

略阳郡临渭县氐人酋长蒲洪，骁勇而又善于权变谋略，氐人都敬畏而服从他。汉主刘聪派使者任命蒲洪为平远将军，蒲洪不予接受，而自称护氐校尉、秦州刺史、略阳公。

九月十一日辛未，在永光陵安葬汉主刘渊，谥号为光文皇帝，庙号为高祖。

雍州流民大多在南阳谋生，朝廷下诏，要把流民遣返回故乡。流民们因为关中地区荒芜残败，都不愿意回乡。征南将军山简、南中郎将杜蕤分别派兵遣送，催促他们限期出发。京兆人王如于是暗地联系精壮勇士，趁夜袭击山简、杜蕤二军，打败了他们。于是冯翊人严嶷、京兆人侯脱分别聚众攻打城镇，杀死县令等官员来响应王如，没过多久，聚众达四五万人，王如自己号称大将军，兼司雍二州牧，自称藩属于汉国。

冬季，十月，汉国河内王刘粲、始安王刘曜以及王弥率领四万人进犯洛阳，石勒率领二万骑兵在大阳与刘粲会合，在渑池打败监军裴邈，于是，长驱直入进入洛川。刘粲从轘辕出兵，在梁、陈、汝、颍等地攻略。石勒从成皋关出兵，十三日壬寅，在仓垣包围陈留太守王赞，被王赞打败，退到文石津驻扎。

并州刺史刘琨亲自率兵攻打匈奴铁弗部首领刘虎及白部鲜卑，派使者携带丰厚的礼物、用谦卑的言辞劝说鲜卑拓跋猗卢派兵。拓跋猗卢派他弟弟拓跋弗的儿子拓跋郁律率领两万骑兵援助刘琨，于是攻破刘虎、白部鲜卑的营垒，在营垒中大肆屠杀。刘琨与拓跋猗卢结拜为兄弟，上奏拓跋猗卢为大单于，把代郡封给他并封为代公。当时代郡属于幽州，王浚不同意，派兵攻打拓跋猗卢，拓跋猗卢抵御并打败王浚的军队，王浚因此对刘琨产生怨恨。

拓跋猗卢因为封邑代郡距离自己的国家遥远，无法将百姓连接在一起，于是率领部落一万多家从云中进入雁门，向刘琨索求陉岭以北地区。刘琨不能控制他，况且也想依靠他作为自己的后援，就把楼烦、马邑、阴馆、繁畤、崞县等五个县的百姓迁移到陉岭以南，把这些地方给予拓跋猗卢，拓跋猗卢从此更加强盛。

琨遣使言于太傅越，请出兵共讨刘聪、石勒。越忌苟晞及豫州刺史冯嵩，恐为后患，不许。琨乃谢猗卢之兵，遣归国。

刘虎收余众，西渡河，居朔方肆卢川，汉主聪以虎宗室，封楼烦公。

壬子，以刘琨为平北大将军，王浚为司空，进鲜卑段务勿尘为大单于。

（以上为第六段，写汉赵攻打西晋，河内王刘粲等进攻洛阳，长驱直入洛川；并州刺史刘琨劝说鲜卑拓跋猗卢出兵共同攻打匈奴寇兵，获胜，被任为平北大将军。）

京师饥困日甚，太傅越遣使以羽檄征天下兵，使人援京师。帝谓使者曰：“为我语诸征、镇，今日尚可救，后则无及矣！”既而卒无至者。征南将军山简遣督护王万将兵入援，军于涅阳，为王如所败。如遂大掠沔、汉，进逼襄阳，简婴城自守。

荆州刺史王澄自将，欲援京师，至沶口，闻简败，众散而还。朝议多欲迁都以避难，王衍以为不可，卖车牛以安众心。山简为严嶷所逼，自襄阳徙屯夏口。

石勒引兵济河，将趣南阳，王如、侯脱、严嶷等闻之，遣众一万屯襄城以拒勒。勒击之，尽俘其众，进屯宛北。是时，侯脱据宛，王如据穰。如素与脱不协，遣使重赂勒，结为兄弟，说勒使攻脱。勒攻宛，克之；严嶷引兵救宛，不及而降。勒斩脱；囚嶷，送于平阳，尽并其众。遂南寇襄阳，攻拔江西垒壁三十余所。还，趣襄城，王如遣弟璃袭勒；勒迎击，灭之，复屯江西。

太傅越既杀王延等，大失众望；又以胡寇益盛，内不自安，乃戎服入见，请讨石勒，且镇集兖、豫。帝曰：“今胡虏侵逼郊畿，人无固志，朝廷社稷，倚赖于公，岂可远出以孤根本！”对曰：“臣出，幸而破贼，则国威可振，犹愈于坐待困穷也。”

十一月，甲戌，越帅甲士四万向许昌，留妃裴氏、世子毗及龙骧将军李恽、右卫将军何伦守卫京师，防察宫省；以潘滔为河南尹，总留事。越表以行台自随，用太尉衍为军司，朝贤素望，悉为佐吏，名将劲卒，

刘琨派遣使者去告诉太傅司马越，请求出兵一起讨伐刘聪、石勒。司马越因为疑忌苟晞以及豫州刺史冯嵩，担心他们会成为后患，没有同意。刘琨就辞谢拓跋猗卢的军队，让他们回国。

刘虎收拾起残余部众，西渡黄河，居住在朔方的肆卢川，汉主刘聪把刘虎当作宗室，封他为楼烦公。十月二十三日壬子，朝廷任命刘琨为平北大将军、王浚为司空，把鲜卑段务勿尘封为大单于。

京城洛阳饥饿困顿日益严重，太傅司马越派遣使者带着插羽毛的檄文征召全国军队，让他们来救援京城。怀帝对使者说："替我告诉各征、镇，今天还可以援救，迟了就来不及了！"但后来终究没有军队到达。征南将军山简派遣督护王万带兵前去救援，在涅阳驻军，结果被王如打败。王如于是在沔水、汉水地区大肆抢掠，进逼襄阳，山简只能围绕城墙进行防守。

荆州刺史王澄亲自带兵，想去救援京城，到达沶口，听到山简的军队失败的消息，部众溃散，也只好回师。朝廷商议，多数人想迁都逃难，王衍认为不行，卖掉自己的车、牛来安定人心。山简被严嶷逼迫，从襄阳迁移到夏口驻扎。

石勒举兵渡过黄河，将要去南阳，王如、侯脱、严嶷等听说后，调遣一万人驻扎襄城来抵御石勒。石勒攻击并全部俘虏了他们，进入宛城之北驻扎。这时脱据守宛城，王如据守穰城，王如与侯脱一直关系不和，派使者用重金贿赂石勒，结为兄弟，让他攻打侯脱。石勒攻克了宛城。严嶷率兵救援宛城，来不及救援便投降了。石勒杀了侯脱，囚禁了严嶷，送到平阳，把他们的部众全部兼并到自己的军队里。于是向南进犯襄阳，攻克拔除长江以西的营垒三十多处。石勒回师，开赴襄城，王如派弟弟王璃袭击石勒。石勒迎头攻击，消灭了王璃的军队，又到长江以西的地区驻扎。

太傅司马越杀了王延等人后，大大地失去了大家的信任。又因为胡人敌寇日益强盛，内心也不安定，于是穿上戎装进宫拜见，请求讨伐石勒，并且屯兵镇守在兖州、豫州。怀帝说："现在胡人强盗侵入，逼临京城郊外，人都没有了坚守的心思，朝廷社稷依赖于你，怎么能远征而使根本孤立呢？"司马越回答说："我出战，如果能侥幸打败贼寇，就可以振奋国威，这比坐以待毙要强。"

十一月十五日甲戌，司马越率领四万士兵向许昌进发，留下妃子裴氏、长子司马毗以及龙骧将军李恽、右卫将军何伦守卫京城，防卫察看宫廷，以潘滔任河南尹，总管留守事务。司马越上奏，让朝廷以行尚书台跟随自己，任用太尉王衍为军司，

咸入其府。于是，宫省无复守卫，荒馑日甚，殿内死人交横，盗贼公行，府寺营署，并掘堑自守。越东屯项，以冯嵩为左司马，自领豫州牧。

竟陵王楙白帝遣兵袭何伦，不克；帝委罪于楙，楙逃窜，得免。

扬州都督周馥以洛阳孤危，上书请迁都寿春。太傅越以馥不先白己而直上书，大怒，召馥及淮南太守裴硕。馥不肯行，令硕帅兵先进。硕诈称受越密旨，袭馥，为馥所败，退保东城。

诏加张轨镇西将军、都督陇右诸军事。光禄大夫傅祗、太常挚虞遗轨书，告以京师饥匮。轨遣参军杜勋献马五百匹，毯布三万匹。

成太傅骧攻谯登于涪城。罗尚子宇及参佐素恶登，不给其粮。益州刺史皮素怒，欲治其罪。

十二月，素至巴郡，罗宇使人夜杀素，建平都尉暴重杀宇，巴郡乱。骧知登食尽援绝，攻涪愈急。士民皆熏鼠食之，饿死甚众，无一人离叛者。骧子寿先在登所，登乃归之。三府官属表巴东监军南阳韩松为益州刺史，治巴东。

（以上为第七段，写汉赵将领石勒渡过黄河，深入到南阳等西晋腹地，都城洛阳岌岌可危，混乱不堪，而太傅司马越却要抛弃洛阳，逃之夭夭，带着行台东驻项县城，敌大军压境，洛阳成了一座空城。）

初，帝以王弥、石勒侵逼京畿，诏苟晞督帅州郡讨之。会曹嶷破琅邪，北收齐地，兵势甚盛，苟纯闭城自守。晞还救青州，与嶷连战，破之。

是岁，宁州刺史王逊到官，表李钊为朱提太守。时宁州外逼于成，内有夷寇，城邑丘墟。逊恶衣菜食，招集离散，劳来不倦，数年之间，州境复安。诛豪右不奉法者十余家；以五苓夷昔为乱首，击灭之，内外震服。

汉主聪自以越次而立，忌其嫡兄恭，因恭寝，穴其壁间，刺而杀之。

朝廷中享有声望的贤臣，都用作佐吏，名将勇士，全部纳入自己官署。这样，宫廷中实际上再没有什么守卫，饥饿日益严重，宫中死人交相杂横，盗贼公然抢劫，各府、寺、营、署，都挖掘壕堑自卫。司马越向东驻扎在项县，以冯嵩为左司马，自己兼任豫州牧。

竟陵王司马楙通告怀帝司马炽后派兵袭击何伦，没有成功。怀帝归罪于司马楙，司马楙逃窜，得以逃避惩罚。

扬州都督周馥因为洛阳孤单危险，上书请求迁都寿春。太傅司马越因为周馥不先通过自己而直接上书皇帝，勃然大怒，宣召周馥与淮南太守裴硕。周馥不肯去，让裴硕率兵先去。裴硕假称得到司马越的密令，袭击周馥。结果被周馥打败，裴硕退到东城县防守。

朝廷下诏，让张轨担任镇西将军、都督陇右诸军事。光禄大夫傅祗、太常挚虞给张轨去信，告诉他京城饥饿，食品匮乏。张轨派遣参军杜勋去献了五百匹马、三万匹毯布。

成汉太傅李骧到涪城攻打谯登。罗尚的儿子罗宇及其幕僚一直讨厌谯登，就不给谯登提供军粮。益州刺史皮素发怒，想拿罗宇问罪。

十二月，皮素到巴郡，罗宇派人在夜里杀死皮素，建平都尉暴重杀了罗宇，巴郡大乱。李骧得知谯登粮尽而后援断绝，就更加猛烈地攻击涪城。城中士人百姓都挖老鼠当作食物，饿死了很多人，但没有一人叛变离去。李骧的儿子李寿先前被关在谯登处，谯登把他释放回去。平西将军府、益州刺史府、西戎校尉府的官员上奏，让巴东监军南阳人韩松担任益州刺史，治所设在巴东。

当初，怀帝司马炽因为王弥、石勒进犯逼临京城地区，就下诏让苟晞统领州郡的军队去讨伐他们。正遇上汉国将领曹嶷攻陷琅邪，向北攻占齐郡地区，兵势非常强盛，苟纯只能关闭城门防守。苟晞也只好回师救援青州，与曹嶷接连交战，打败曹嶷。

这一年，宁州刺史王逊就任官职，上奏李钊担任朱提太守。当时宁州外受成汉逼迫，内有夷人强盗，城邑都成了荒丘废墟。王逊节衣缩食，召集逃离流散的百姓，安抚而不知疲倦，几年之间，宁州辖境重新安定。又诛杀不遵守法律的十多家豪族大户。因为五苓夷人过去曾是作乱的祸首，就攻打消灭了他们，这样宁州内外都受到震慑而归服。

汉主刘聪因为自己是僭越次序而当的皇帝，便猜忌他的嫡兄刘恭。趁着刘恭睡

汉太后单氏卒，汉主聪尊母张氏为皇太后。单氏年少美色，聪烝焉。太弟义屡以为言，单氏惭恚而死。义宠由是渐衰，然以单氏故，尚未之废也。呼延后言于聪曰："父死子继，古今常道。陛下承高祖之业，太弟何为者哉！陛下百年后，粲兄弟必无种矣。"聪曰："然，吾当徐思之。"呼延氏曰："事留变生。太弟见粲兄弟浸长，必有不安之志；万一有小人交构其间，未必不祸发于今日也。"聪心然之。

义舅光禄大夫单冲泣谓义曰："疏不间亲。主上有意于河内王矣，殿下何不避之！"义曰："河瑞之末，主上自惟嫡庶之分，以大位让义。义以主上齿长，故相推奉。天下者，高祖之天下，兄终弟及，何为不可！粲兄弟既壮，犹今日也。且子弟之间，亲疏讵几？主上宁可有此意乎！"

（以上为第八段，写宁州刺史王逊励精图治，恶衣菜食，使宁州辖境重新安定；汉主刘聪算计皇太弟刘义，而天真的刘义祸在眉睫却不自省。）

五年（辛未，311 年）

春，正月，壬申，苟晞为曹嶷所败，弃城奔高平。

石勒谋保据江、汉，参军都尉张宾以为不可。会军中饥疫，死者太半，乃渡沔，寇江夏，癸酉，拔之。

乙亥，成太傅骧拔涪城，获谯登；太保始拔巴西，杀文石。于是，成主雄大赦，改元玉衡。谯登至成都，雄欲宥之，登词气不屈，雄杀之。

巴蜀流民布在荆、湘间，数为土民所侵苦，蜀人李骧聚众据乐乡反，南平太守应詹与醴陵令杜弢共击破之。王澄使成都内史王机讨骧，骧请降，澄伪许而袭杀之，以其妻子为赏，沈八千余人于江，流民益怨忿。

蜀人杜畴等复反，湘州参军冯素与蜀人汝班有隙，言于刺史荀眺曰："巴、蜀流民皆欲反。"眺信之，欲尽诛流民。流民大惧，四五万家一时俱反，以杜弢州里重望，共推为主。弢自称梁益二州牧、领湘州刺史。

（以上为第九段，写成汉主李雄的部将攻打涪城、巴西等地，声威渐壮；晋朝强行实施流民迁移政策，激化了矛盾，巴蜀地区四五万家流民群起反抗，形成一团乱局。）

觉，挖穿房间墙壁，把刘恭刺杀了。

汉国太后单氏去世，汉主刘聪尊奉母亲张氏为皇太后。单氏年轻貌美，刘聪与她私通。单氏的儿子太弟刘乂多次对此进行劝说，单氏惭愧、忧愤而死。刘聪对刘乂的宠信因此逐渐减弱，但因为单氏的缘故，也没有废黜他。皇后呼延氏对刘聪说："父亲死后由儿子继承，这是古今通常的道理。皇上继承高祖刘渊的事业，太弟算干什么的？皇上百年之后，刘粲兄弟一定不会有后代存世了。"刘聪说："是这样，我将要慢慢考虑这个问题。"呼延氏说："事情放着不处理，就会发生变故。太弟看到刘粲兄弟逐步长大，内心一定会感到不安，万一有小人在其中挑拨离间，祸患说不定就会在今天发生。"刘聪心里认为说得对。

刘乂的舅父光禄大夫单冲哭着对刘乂说："关系疏远的人不替代关系亲近的人。皇上有让河内王刘粲当太子的心思，殿下为什么不躲避呢？"刘乂说："河瑞末年，主上自己考虑到嫡庶的区别，以大位辞让给我，我因为皇上年长，所以推奉他即位。天下是高祖的天下，哥哥死了弟弟来继承，有什么不可以的？等到刘粲兄弟长大，还应该像今天这样，再说父子和兄弟之间，难道还有什么亲疏？皇上难道有这个意思吗？"

晋怀帝永嘉五年（辛未，311 年）

春季，正月十四日壬申，荀晞被曹嶷打败，丢弃守城逃奔高平。

石勒图谋占据江、汉地区，参军都尉张宾认为不行。正遇上军中饥乏又流行疾疫，有一大半都死掉了，于是渡过沔水，进犯江夏，十五日癸酉，攻克江夏。

正月十七日乙亥，成汉太傅李骧攻克涪城，抓获了谯登。成汉太保李始攻下巴西，杀死文石。于是成汉君主李雄宣布实行大赦，改年号为玉衡。谯登被押送到成都，李雄想要宽恕他，但谯登言辞志气都不屈服，李雄就杀了他。

巴蜀地区的流民在荆州、湘州地区，多次被土著百姓侵扰，蜀人李骧聚众占据乐乡反叛，南平太守应詹与醴陵县令杜弢一起打败了李骧。王澄派成都内史王机讨伐李骧，李骧请求投降，王澄假装同意而突袭李骧，把他杀了，用李骧的妻儿作为奖赏，把八千多人都沉入江中。流民更加怨恨、愤怒。

蜀人杜畴等人再次叛乱，湘州参军冯素与蜀人汝班之间有怨恨，就对刺史荀眺说："巴蜀地区的流民都想叛乱。"荀眺信以为真，想把流民全部杀了。流民非常恐惧，四五万家同时反叛，因为杜弢在当地很有名望，就一致推举杜弢作为首领。杜弢自称梁、益二州牧兼湘州刺史。

裴硕求救于琅邪王睿，睿使扬威将军甘卓等攻周馥于寿春。馥众溃，奔项，豫州都督、新蔡王确执之，馥忧愤而卒。确，腾之子也。

扬州刺史刘陶卒。琅邪王睿复以安东军谘祭酒王敦为扬州刺史，寻加都督征讨诸军事。

庚辰，平原王幹薨。

二月，石勒攻新蔡，杀新蔡庄王确于南顿；进拔许昌，杀平东将军王康。

氐苻成、隗文复叛，自宜都趣巴东，建平都尉暴重讨之。重因杀韩松，自领三府事。

东海孝献王越既与苟晞有隙，河南尹潘滔、尚书刘望等复从而谮之。晞怒，表求滔等首，扬言："司马元超为宰相不平，使天下淆乱。苟道将岂可以不义使之！"乃移檄诸州，自称功伐，陈越罪状。帝亦恶越专权，多违诏命；所留将士何伦等，抄掠公卿，逼辱公主，密赐晞手诏，使讨之。

晞数与帝文书往来，越疑之，使游骑于成皋间伺之，果获晞使及诏书。乃下檄罪状晞，以从事中郎杨瑁为兖州刺史，使与徐州刺史裴盾共讨晞。晞遣骑收潘滔，滔夜遁，得免；执尚书刘曾、侍中程延，斩之。越忧愤成疾，以后事付王衍。三月，丙子，薨于项，秘不发丧。众共推衍为元帅，衍不敢当，以让襄阳王范，范亦不受。范，玮之子也。

于是，衍等相与奉越丧还葬东海。何伦、李恽等闻越薨，奉裴妃及世子毗自洛阳东走，城中士民争随之。帝追贬越为县王，以苟晞为大将军、大都督，督青、徐、兖、豫、荆、扬六州诸军事。

（以上为第十段，写西晋王室，大敌当前，内部矛盾重重，钩心斗角，人称"屠伯"的苟晞，得到晋怀帝司马炽的怂恿和支持，与司马越公然叫板，司马越忧愤而死。至此，"八王之乱"完全谢幕，西晋离灭亡也就不远了。）

益州将吏共杀暴重，表巴郡太守张罗行三府事。罗与隗文等战，死，文等驱掠吏民，西降于成。三府文武共表平西司马蜀郡王异行三府事，领巴郡太守。

裴硕向琅邪王司马睿求救，司马睿派扬威将军甘卓到寿春攻打周馥。周馥的军队溃败，逃奔项县，豫州都督、新蔡王司马确抓住周馥，周馥忧愤而死。司马确是司马腾的儿子。

扬州刺史刘陶去世。琅邪王司马睿又以安东军谘祭酒王敦任扬州刺史，不久又加职都督征讨诸军事。

正月二十二日庚辰，平原王司马幹去世。

二月，石勒攻打新蔡，在南顿杀掉新蔡王司马确，又进兵攻克许昌，杀了平东将军王康。

氐人苻成、隗文又叛乱，从宜都赶赴巴东。建平都尉暴重攻打他们，顺势杀死韩松，自己兼任三府的职务。

东海王司马越与苟晞产生怨恨，河南尹潘滔、尚书刘望等人又附和他并挑拨他与苟晞的关系。苟晞大怒，上奏索求潘滔等人的头颅，扬言道："司马越身为宰相而不公正，造成天下混乱，我难道能够不坚持正义而听任他？"于是苟晞向各州传布檄文，称颂自己的功绩，列举司马越的罪状。怀帝司马炽对司马越专权，多次违抗诏书旨意，也感到厌恶，司马越留下来的部将士兵何伦等人，抢掠公卿大臣，逼迫污辱公主。怀帝秘密赐给苟晞亲笔诏书，让苟晞征讨司马越。

苟晞多次与怀帝有文书往来，司马越对此也起疑心，派游骑兵在成皋地区监视，果然查获苟晞的使者以及诏书。于是司马越也下达檄文公布苟晞的罪状，以从事中郎杨瑁担任兖州刺史，让他与徐州刺史裴盾一同征讨苟晞。苟晞派骑兵拘捕潘滔，潘滔连夜逃跑，得以逃脱。苟晞抓住尚书刘曾、侍中程延，把他们都杀了。司马越忧愤成疾，把后事托付给王衍。三月十九日丙子，司马越在项县去世，但秘不发丧。大家共同推举王衍为元帅，王衍不敢接受，辞让给襄阳王司马范，司马范也不接受。司马范是司马玮的儿子。

于是王衍等人一起侍奉司马越的灵柩送往东海郡安葬。何伦、李恽等人听说司马越去世，就侍奉着司马越的裴妃以及长子司马毗从洛阳向东行进。城中士人百姓争相跟随他们。怀帝司马炽追贬司马越为县王，以苟晞担任大将军、大都督及督青、徐、兖、豫、荆、扬六州诸军事。

益州的武将和官吏一起杀了暴重，上奏巴郡太守张罗担任三府的职务。张罗与隗文等人交战而死，隗文等人驱赶抢掠官吏和百姓，向西边的成汉投降。三府的文武官员共同上奏平西司马蜀郡人王异担任三府的职务，兼任巴郡太守。

初，梁州刺史张光会诸郡守于魏兴，共谋进取。张燕唱言："汉中荒败，迫近大贼，克复之事，当俟英雄。"光以燕受邓定赂，致失汉中，今复沮众，呵出，斩之。治兵进战，累年乃得至汉中，绥抚荒残，百姓悦服。

夏，四月，石勒率轻骑追太傅越之丧，及于苦县宁平城，大败晋兵，纵骑围而射之，将士十余万人相践如山，无一人得免者。执太尉衍、襄阳王范、任城王济、武陵庄王澹、西河王喜、梁怀王禧、齐王超、吏部尚书刘望、廷尉诸葛铨、豫州刺史刘乔、太傅长史庾敳等，坐之幕下，问以晋故。衍具陈祸败之由，云计不在己，且自言少无宦情，不豫世事，因劝勒称尊号，冀以自免。勒曰："君少壮登朝，名盖四海，身居重任，何得言无宦情邪！破坏天下，非君而谁！"命左右扶出。众人畏死，多自陈述。独襄阳王范神色俨然，顾呵之曰："今日之事，何复纷纭！"勒谓孔苌曰："吾行天下多矣，未尝见此辈人，当可存乎？"苌曰："彼皆晋之王公，终不为吾用。"勒曰："虽然，要不可加以锋刃。"夜，使人排墙杀之。济，宣帝弟子景王陵之子；禧，澹之子也。剖越柩，焚其尸，曰："乱天下者，此人也，吾为天下报之，故焚其骨以告天地。"

何伦等至洧仓，遇勒，战败，东海世子及宗室四十八王皆没于勒，何伦奔下邳，李恽奔广宗。裴妃为人所掠卖，久之，渡江。初，琅邪王睿之镇建业，裴妃意也，故睿德之，厚加存抚，以其子冲继越后。

汉赵固、王桑攻裴盾，杀之。

杜弢攻长沙。五月，荀眺弃城奔广州，弢追擒之。于是，弢南破零、桂，东掠武昌，杀二千石、长吏甚众。

（以上为第十一段，写汉赵干将石勒在中原地区横行无忌，追击太傅司马越的灵车，把晋军打得落花流水，开棺焚尸，杀害朝廷大臣和司马氏亲王子孙，恶贯满盈。）

以太子太傅傅祗为司徒，尚书令荀藩为司空，加王浚大司马、侍中、

当初，梁州刺史张光在魏兴与所辖各郡的郡守会集，共同谋划进取之道。张燕首先说：“汉中地区已荒芜颓败，又靠近大盗贼，收复失地的事，还得等待英雄出现。”张光因为张燕接受了邓定的贿赂，导致失去汉中，现在又败坏大家的士气，就喝令把张燕拉出去杀了。张光整顿军队进取战斗，几年后终于取得汉中。他又安抚百姓开荒，百姓都高兴地服从他。

夏季，四月，石勒率领轻装骑兵追击太傅司马越的灵车，在苦县宁平城追上，把晋军打得大败，又放开骑兵包围并用弓箭射击，十多万晋军官兵互相践踏堆积如山，无一人幸免。抓住太尉王衍、襄阳王司马范、任城王司马济、武陵庄王司马澹、西河王司马喜、梁怀王司马禧、齐王司马超、吏部尚书刘望、廷尉诸葛铨、豫州刺史刘乔、太傅长史庾敳等人，让他们在帐幕中坐下，询问晋朝乱亡的原因。王衍具体陈说了祸患衰败的原因，声称计策不是自己所定，并且自称从小就没有当官从政的愿望，不参与朝廷事务，并由此劝石勒称帝，希望能够解脱自己。石勒说：“您年轻力壮时就登上朝廷高职，名扬四海，身居重任，怎么说没有当官从政的欲望呢？把天下的事情搞坏搞糟，不是您那又是谁呢？”命令随从将王衍架扶出去。大家都怕死，大多都陈述自己情况。只有襄阳王司马范表情严峻，环顾大家喝道：“今天的事情，为什么还要再说个不停？”石勒对孔苌说：“我在天下行走的地方多了，从未见过这类人，应当让他们留在世上吗？”孔苌说：“他们都是晋朝的王公大臣，终究不能为我们所用。”石勒说：“虽然这样，但也不要用刀杀了他们。”当夜派人推倒墙把这些人压死了。司马济是宣帝司马懿弟弟的儿子景王司马陵的儿子。司马禧，是司马澹的儿子。石勒又剖开司马越的灵柩，焚烧了司马越的尸体，说：“搞乱天下的就是这个人，我为天下报仇，所以焚烧他的遗骨来通告天地。”

何伦等人到达洧仓，与石勒遭遇，交战失败。这样东海王司马越的长子以及宗室四十八个亲王又被石勒所俘。何伦逃奔下邳，李恽逃奔广宗。裴妃被人抢走卖掉，过了很久以后，才渡过长江。当初，琅邪王司马睿镇守建业就是裴妃的主意，所以司马睿感念她，优厚地加以关照，并把自己的儿子司马冲过继为司马越的后代。

汉国赵固、王桑攻打裴盾，把他杀了。

杜弢攻打长沙。五月，荀眺放弃守城，逃奔广州，杜弢追赶上把他抓获。于是杜弢向南攻下零陵、桂阳地区，向东攻掠武昌，杀死了很多郡守以及官吏。

朝廷任命太子太傅傅祇为司徒，尚书令荀藩为司空，任用王浚为大司马、侍中、

大都督，督幽、冀诸军事，南阳王模为太尉、大都督，张轨为车骑大将军，琅邪王睿为镇东大将军，兼督扬、江、湘、交、广五州诸军事。

初，太傅越以南阳王模不能绥抚关中，表征为司空。将军淳于定说模使不就征，模从之，表遣世子保为平西中郎将，镇上邽，秦州刺史裴苞拒之。模使帐下都尉陈安攻苞，苞奔安定，太守贾疋纳之。

荀晞表请迁都仓垣，使从事中郎刘会将船数十艘、宿卫五百人、谷千斛迎帝。帝将从之，公卿犹豫，左右恋资财，遂不果行。既而洛阳饥困，人相食，百官流亡者什八九。帝召公卿议，将行而卫从不备。帝抚手叹曰："如何曾无车舆！"乃使傅祗出诣河阴，治舟楫，朝士数十人导从。帝步出西掖门，至铜驼街，为盗所掠，不得进而还。度支校尉东郡魏浚率流民数百家保河阴之峡石，时劫掠得谷麦，献之，帝以为扬威将军、平阳太守，度支如故。

汉主聪使前军大将军呼延晏将兵二万七千寇洛阳，比及河南，晋兵前后十二败，死者三万余人。始安王曜、王弥、石勒皆引兵会之，未至，晏留辎重于张方故垒，癸未，先至洛阳，甲申，攻平昌门，丙戌，克之，遂焚东阳门及诸府寺。

六月，丁亥朔，晏以外继不至，俘掠而去。帝具舟于洛水，将东走，晏尽焚之。庚寅，荀藩及弟光禄大夫组奔轘辕。辛卯，王弥至宣阳门。壬辰，始安王曜至西明门。丁酉，王弥、呼延晏克宣阳门，入南宫，升太极前殿，纵兵大掠，悉收宫人、珍宝。帝出华林园门，欲奔长安，汉兵追执之，幽于端门。曜自西明门入屯武库。戊戌，曜杀太子诠、吴孝王晏、竟陵王楙、右仆射曹馥、尚书闾丘冲、河南尹刘默等，士民死者三万余人。遂发掘诸陵，焚宫庙，官府皆尽。曜纳惠帝羊皇后，迁帝及六玺于平阳。石勒引兵出轘辕，屯许昌。光禄大夫刘蕃、尚书卢志奔并州。

（以上为第十二段，写汉主刘聪派出数路军队围攻洛阳，洛阳沦陷，怀帝司马炽被俘，众大臣被杀，遭受极大的劫难和耻辱，魏晋基业毁于一旦，境况惨不忍睹。）

丁未，汉主聪大赦，改元嘉平。以帝为特进左光禄大夫，封平阿公，

大都督及督幽州、冀州诸军事，南阳王司马模担任太尉、大都督，张轨担任车骑大将军，琅邪王司马睿担任镇东大将军，兼督扬、江、湘、交、广五州诸军事。

当初，太傅司马越因为南阳王司马模不能平定安抚关中地区，就上奏征召他为司空。将军淳于定劝说司马模不要去接受征召，司马模采纳了，就上奏派长子司马保担任平西中郎将，镇守上邽，秦州刺史裴苞抗拒司马保的到来。司马模就派帐下都尉陈安攻打裴苞，裴苞投奔安定郡，郡太守贾疋接纳了他。

荀晞上奏，请求迁都仓垣，派从事中郎刘会带领几十艘船、五百禁卫兵、一千斛谷子去迎接怀帝。怀帝打算听从这个安排，而公卿大臣们犹豫不决，左右随从贪恋家资财产，于是没有成行。不久，洛阳城中饥饿困乏，甚至出现人吃人的现象，文武百官十有八九都流亡了。怀帝召集公卿大臣商议，打算出行，但禁卫随从却不完备。怀帝抚手慨叹说:“为什么竟没有车子乘舆呢？”于是派傅祗出城到河阴县，整理置办船只，朝廷官员几十人充当前导和随从。怀帝步行出西掖门，到铜驼街，遭到强盗掠扰，不能前进，只好回宫。度支校尉东郡人魏浚率领几百家流民在河阴的峡石防卫，当时曾抢夺了一些谷麦，就献给怀帝，怀帝任用魏浚为扬威将军、平阳太守，仍兼度支校尉。

汉主刘聪派前军大将军呼延晏率领二万七千士兵进攻洛阳，到达河南时，晋军先后十二次失败，死了三万多人。始安王刘曜、王弥、石勒都带兵与呼延晏会合，还没有到，呼延晏就把辎重留在张方遗留下来的旧营垒中。五月二十七日癸未，呼延晏先行到达洛阳。二十八日甲申，攻打平昌门，三十日丙戌，攻克平昌门，于是焚烧东阳门以及各府寺等房屋建筑。

六月初一丁亥朔，呼延晏因为外面援兵还没有到，俘掠了一些人和财物而离去。怀帝在洛水安排准备了一些船只，准备向东逃难，呼延晏把船只都给焚烧了。初四庚寅，荀藩以及弟弟光禄大夫荀组逃奔轘辕。初五辛卯，王弥到达宣阳门。初六壬辰，始安王刘曜到达西明门。六月十一日丁酉，王弥、呼延晏攻克宣阳门，进入南宫，登上太极前殿，放纵士兵大肆抢掠，把宫人、珍宝搜罗干净。怀帝出华林园门，想逃奔长安，汉兵追上把他抓住，囚禁在端门。刘曜从西明门进城到武库驻扎。六月十二日戊戌，刘曜杀死晋太子司马诠、吴孝王司马晏、竟陵王司马楙、右仆射曹馥、尚书闾丘冲、河南尹刘默等人，士人百姓死了三万多人。于是又挖掘各个陵墓，把宫庙、官府都焚烧光了。刘曜纳娶惠帝羊皇后，把怀帝以及皇帝专用的六方玉玺都送往平阳。石勒带兵从轘辕出击，到许昌驻扎。晋光禄大夫刘蕃、尚书卢志逃奔并州。

六月二十一日丁未，汉主刘聪宣布大赦，改年号为嘉平。安排晋怀帝为特进左

以侍中庾珉、王儁为光禄大夫。珉，敳之兄也。

初，始安王曜以王弥不待己至，先入洛阳，怨之。弥说曜曰："洛阳，天下之中，山河四塞，城池、宫室不假修营，宜白主上自平阳徙都之。"曜以天下未定，洛阳四面受敌，不可守，不用弥策而焚之。弥骂曰："屠各子，岂有帝王之意邪！"遂与曜有隙，引兵东屯项关。前司隶校尉刘暾说弥曰："今九州糜沸，群雄竞逐，将军于汉，建不世之功，又与始安王相失，将何以自容！不如东据本州，徐观天下之势，上可以混一四海，下不失鼎峙之业，策之上者也。"弥心然之。

司徒傅祗建行台于河阴，司空荀藩在阳城，河南尹华荟在成皋，汝阴太守平阳李矩为之立屋，输谷以给之。荟，歆之曾孙也。

藩与弟组、族子中护军崧，荟与弟中领军恒建行台于密，传檄四方，推琅邪王睿为盟主。藩承制以崧为襄城太守，矩为荥阳太守，前冠军将军河南褚翜为梁国内史。扬威将军魏浚屯洛北石梁坞，刘琨承制假浚河南尹。浚诣荀藩咨谋军事，藩邀李矩同会，矩夜赴之。矩官属皆曰："浚不可信，不宜夜往。"矩曰："忠臣同心，何所疑乎！"遂往，相与结欢而去。浚族子该，聚众据一泉坞，藩以为武威将军。

豫章王端，太子诠之弟也，东奔仓垣，苟晞率群官奉以为皇太子，置行台。端承制以晞领太子太傅、都督中外诸军、录尚书事，自仓垣徙屯蒙城。

抚军将军秦王业，吴孝王之子，荀藩之甥也，年十二，南奔密，藩等奉之，南趣许昌。前豫州刺史天水阎鼎，聚西州流民数千人于密，欲还乡里。荀藩以鼎有才而拥众，用鼎为豫州刺史，以中书令李絙、司徒左长史彭城刘畴、镇军长史周顗、司马李述等为之参佐。顗，浚之子也。

时海内大乱，独江东差安，中国士民避乱者多南渡江。镇东司马王导说琅邪王睿，收其贤俊，与之共事。睿从之，辟掾属百余人，时人谓之百六掾。以前颍川太守勃海刁协为军谘祭酒，前东海太守王承、广陵相卞壶为从事中郎，江宁令诸葛恢、历阳参军陈国陈頵为行参军，前太

光禄大夫，封为平阿公。以晋朝侍中庾珉、王儁为光禄大夫。庾珉是庾敳的哥哥。

当初，始安王刘曜因为王弥不等到自己到达就抢先进入洛阳，对王弥产生了怨恨。王弥对刘曜说："洛阳处于全国中心，山河四面的要塞、城池，宫室都用不着修葺营建，应当上告君主从平阳迁都到这里。"刘曜因为天下还未平定，洛阳四面受敌，不能守御，因此不听王弥的计策而放火焚烧了洛阳。王弥骂道："这个屠夫！哪里有点做帝王的胸怀啊？"于是与刘曜产生怨恨，就带兵向东到项关驻扎。前司隶校尉刘暾对王弥说："现在九州像沸腾的粥锅一样动乱纷扰，各路英豪逐鹿中原，将军您为汉国建立了无与伦比的功劳，却又和始安王刘曜失和，那将把自己放到什么地方？不如在东边占据青州，慢慢观察天下的趋势，上计能够以此统一全国，下计也不失去占据一方与人鼎立抗衡的资本，这是上策。"王弥心里认为这一计策很对。

司徒傅祗在河阴建立代表朝廷的行政机构行台，司空荀藩在阳城，河南尹华荟在成皋，汝阴太守平阳人李矩为傅祗建立房屋，并运送谷物来供给他。华荟是华歆的曾孙。

荀藩与弟弟荀组，同族侄子中护军荀崧，华荟与弟弟中领军华恒在密县又建立了一个行台，向各地传布檄文，推举琅邪王司马睿为盟主。荀藩按照朝廷旨意以荀崧任襄城太守，以李矩任荥阳太守，以前冠军将军河南人褚翜任梁国内史。扬威将军魏浚驻扎在洛水以北的石梁坞，刘琨按照朝廷旨意让魏浚任河南尹。魏浚到荀藩那里去咨询商议军队事务，荀藩邀请李矩参与这次聚会，李矩连夜赶去，李矩的属下官员都说："不可相信魏浚，不应当连夜去。"李矩说："忠臣都有相同的想法，有什么值得怀疑呢？"于是前往，他们在一起畅谈，高兴地离去，魏浚的同族侄子魏该，聚集了一些人占据一泉坞，荀藩让他担任武威将军。

豫章王司马端是太子司马诠的弟弟，向东投奔仓垣，苟晞带领官员们尊奉他为皇太子，也设置了一个行台。司马端按照朝廷旨意让苟晞担任太子太傅、都督中外诸军事、录尚书事。从仓垣迁徙到蒙城驻扎。

抚军将军秦王司马邺是吴孝王的儿子，荀藩的外甥，十二岁，南奔密县，荀藩等人侍奉他，向南奔赴许昌。前豫州刺史天水人阎鼎，在密县聚集了几千西州流民，打算返归故乡。荀藩因为阎鼎有才能，又聚集了一些人，就任用阎鼎为豫州刺史，让中书令李绠、司徒左长史彭城人刘畴、镇军长史周顗、司马李述等人作为阎鼎的参谋。周顗是周浚的儿子。

当时全国一片混乱，只有江东稍微安定，中原的士人百姓大多南渡长江去避乱。镇东司马王导劝说琅邪王司马睿，招收贤能英俊的人才，与他们一同成就事业。司马睿采纳了王导的意见，任用了一百多人作为掾属，当时的人称之为"百六掾"。让前颍川太守勃海人刁协担任军谘祭酒，以前东海太守王承、广陵相卞壸担任从事中

傅掾庾亮为西曹掾。承，浑之弟子；恢，靓之子；亮，兖之弟子也。

江州刺史华轶，歆之曾孙也，自以受朝廷之命而为琅邪王睿所督，多不受其教令。郡县多谏之，轶曰："吾欲见诏书耳。"及睿承荀藩檄，承制署置官司，改易长吏，轶与豫州刺史裴宪皆不从命。睿遣扬州刺史王敦、历阳内史甘卓与扬烈将军庐江周访合兵击轶。轶兵败，奔安成，访追斩之，及其五子。裴宪奔幽州。睿以甘卓为湘州刺史，周访为寻阳太守，又以扬武将军陶侃为武昌太守。

（以上为第十三段，继续写晋怀帝永嘉五年［311］的史事，主要写西晋都城洛阳沦陷后的一片乱象，大臣外逃，设置行台，各自为政；琅邪王司马睿在江东，稍微安定，广泛招收贤能英俊人才，积蓄力量。）

秋，七月，王浚设坛告类，立皇太子，布告天下，称受中诏承制封拜，备置百官，列署征、镇，以荀藩为太尉，琅邪王睿为大将军。浚自领尚书令，以裴宪及其婿枣嵩为尚书，以田徽为兖州刺史，李恽为青州刺史。

南阳王模使牙门赵染戍蒲坂，染求冯翊太守不得而怒，帅众降汉，汉主聪以染为平西将军。

八月，聪遣染与安西将军刘雅帅骑二万攻模于长安，河内王粲、始安王曜帅大众继之。染败模兵于潼关，长驱至下邽。凉州将北宫纯自长安帅其众降汉。汉兵围长安，模遣淳于定出战而败。模仓库虚竭，士卒离散，遂降于汉。赵染送模于河内王粲。

九月，粲杀模。关西饥馑，白骨蔽野，士民存者百无一二。聪以始安王曜为车骑大将军、雍州牧，更封中山王，镇长安。以王弥为大将军，封齐公。

苟晞骄奢苛暴，前辽西太守阎亨，缵之子也，数谏晞，晞杀之。从事中郎明预有疾，自轝入谏。晞怒曰："我杀阎亨，何关人事，而舆病骂我？"预曰："明公以礼待预，故预以礼自尽。今明公怒预，其如远近怒明公何！桀为天子，犹以骄暴而亡，况人臣乎！愿明公且置是怒，思预之言。"晞不从。由是众心离怨，加以疾疫、饥馑。石勒攻王赞于阳夏，擒之；遂袭蒙城，执晞及豫章王端，锁晞颈，以为左司马。汉主聪拜勒幽州牧。

郎，以江宁令诸葛恢、历阳参军陈国人陈頵担任行参军，以前太傅掾庾亮担任西曹掾。王承是王浑弟弟的儿子。诸葛恢是诸葛靓的儿子。庾亮是庾衮弟弟的儿子。

江州刺史华轶是华歆的曾孙，认为自己是接受皇帝的旨意，却被琅邪王司马睿所领导，所以经常不接受司马睿的命令。所属郡县长官大多都劝谏他，华轶说："我只是想看到朝廷的诏书罢了。"司马睿接到荀藩的檄文后，按照朝廷旨意设置官职机构，更改调换长吏等官员，华轶与豫州刺史裴宪都不服从。司马睿就派扬州刺史王敦、历阳内史甘卓与扬烈将军庐江人周访联合兵力攻打华轶。华轶的军队失败，自己逃奔安成，周访追上并杀了他，还杀了他的五个儿子。裴宪逃奔幽州。司马睿任用甘卓为湘州刺史，任用周访为寻阳太守，又任用扬武将军陶侃为武昌太守。

秋季，七月，王浚设置祭坛祭天，立皇太子，向天下通告，声称受朝廷诏令，按照皇帝旨意举行封拜，设置文武百官，安排征、镇官员，任荀藩为太尉，琅邪王司马睿为大将军。王浚自己担任尚书令。任裴宪及其女婿枣嵩为尚书，任田徽为兖州刺史，李恽为青州刺史。

南阳王司马模派牙门赵染戍守蒲坂，赵染求任冯翊太守之职没有得到后大怒，率领部众向汉国投降，汉主刘聪任用赵染为平西将军。

八月，刘聪派遣赵染与安西将军刘雅带领两万骑兵到长安攻打司马模，河内王刘粲、始安王刘曜率领大队人马作为后续援兵。赵染在潼关打败司马模的军队，长驱直入到达下邽。凉州武将北宫纯在长安带领自己的部众向汉军投降。汉国的军队围攻长安，司马模派淳于定出战也被打败。司马模的仓库已消耗一空，士兵们都逃散了，于是向汉军投降。赵染把司马模送到河内王刘粲处。

九月，刘粲把司马模杀了。关西地区饥饿灾荒，白骨遍野，士人百姓存活在世的不到百分之一二。刘聪任始安王刘曜为车骑大将军、雍州牧，改封中山王，镇守长安，任王弥为大将军，封为齐公。

苟晞骄纵奢侈，苛刻暴虐，前辽西太守阎亨是阎缵的儿子，多次劝谏苟晞，结果苟晞把他杀了。从事中郎明预有病，自己乘车进去劝谏。苟晞生气地说："我杀阎亨，关别人什么事，你病着还乘车来骂我！"明预说："您以礼对待我，所以我也以礼尽言。现在您对我生气，那么周围远近的人生您的气您又怎么样呢？桀尊贵为天子，尚且因为骄纵暴躁而亡国，何况作臣下的呢？希望您暂且放下这个怒气，考虑考虑我的话！"苟晞听不进去。因此部众人心离散怨恨，又有瘟疫和饥荒。石勒在阳夏攻打并抓获了王赞。于是又袭击蒙城，抓住苟晞和豫章王司马端，锁住苟晞的

（以上为第十四段，写汉将刘曜率军攻打长安，长安府库空虚，人心惶惶，将领叛变，很快就被攻下；大将军苟晞立皇太子，设行台，而骄奢苛暴，人心离散，也兵败当了俘虏。）

王弥与勒，外相亲而内相忌，刘暾说弥使召曹嶷之兵以图勒。弥为书，使暾召嶷，且邀勒共向青州。暾至东阿，勒游骑获之，勒潜杀暾而弥不知。会弥将徐邈、高梁辄引所部兵去，弥兵渐衰。弥闻勒擒苟晞，心恶之，以书贺勒曰："公获苟晞而用之，何其神也！使晞为公左，弥为公右，天下不足定也。"勒谓张宾曰："王公位重而言卑，其图我必矣。"宾因劝勒乘弥小衰，诱而取之。时勒方与乞活陈午相攻于蓬关，弥亦与刘瑞相持甚急。弥请救于勒，勒未之许。张宾曰："公常恐不得王公之便，今天以王公授我矣。陈午小竖，不足忧；王公人杰，当早除之。"勒乃引兵击瑞，斩之。弥大喜，谓勒实亲己，不复疑也。

冬，十月，勒请弥燕于己吾。弥将往，长史张嵩谏，不听。酒酣，勒手斩弥而并其众，表汉主聪，称弥叛逆。聪大怒，遣使让勒专害公辅，有无君之心，然犹加勒镇东大将军、督并幽二州诸军事、领并州刺史，以慰其心。苟晞、王赞潜谋叛勒，勒杀之，并晞弟纯。

勒引兵掠豫州诸郡，临江而还，屯于葛陂。

初，勒之为人所掠卖也，与其母王氏相失。刘琨得之，遣使并其从子虎送于勒，因遗勒书曰："将军用兵如神，所向无敌，所以周流天下而无容足之地，百战百胜而无尺寸之功者，盖得主则为义兵，附逆则为贼众故也。成败之数，有似呼吸，吹之则寒，嘘之则温。今相授侍中、车骑大将军、领护匈奴中郎将、襄城郡公，将军其受之！"勒报书曰："事功殊途，非腐儒所知。君当逞节本朝，吾自夷，难为效。"遗琨名马、珍宝，厚礼其使，谢而绝之。

时虎年十七，残忍无度，为军中患。勒白母曰："此儿凶暴无赖，使

脖颈，让他做左司马。汉主刘聪任命石勒为幽州牧。

王弥与石勒表面上亲近而内心里互相猜忌，刘暾劝王弥征召曹嶷的军队来谋取石勒。王弥就写信让刘暾去召集曹嶷，并且邀请石勒一起到青州。刘暾到东阿时，被石勒流动巡视的骑兵抓获，石勒秘密杀掉了刘暾，王弥还蒙在鼓里，又正遇到王弥部将徐邈、高梁都带领所属军队离去，王弥的军队逐渐衰弱。王弥听说石勒擒获了苟晞，心里很厌恶，但又写信祝贺石勒，说："您擒获苟晞并任用了他，多么神奇呀！让苟晞在您左边辅佐，我在您右边辅佐，天下就不难平定了。"石勒对张宾说："王公位高职重却语言谦卑，一定要图谋我了。"张宾因而劝石勒乘王弥出现暂时衰弱，引诱他来把他抓住。当时石勒正与"乞活"陈午在蓬关交战，王弥也与刘瑞紧张对峙。王弥向石勒请求救援，石勒没有答应。张宾说："您平常恐怕得不到引诱王公的便利条件，现在上天把王公交给我们了。陈午这小子不值得忧虑；王公却是人中豪杰，应当尽早除掉。"石勒就带兵袭击刘瑞，把他杀了。王弥非常高兴，认为石勒确实和自己亲近，不再怀疑了。

冬季，十月，石勒在已吾县宴请王弥。王弥正打算前往，长史张嵩劝谏，王弥不听而赴宴。喝酒喝得正高兴时，石勒亲手杀了王弥，兼并了他的军队，又上奏汉主刘聪，称说王弥反叛。刘聪勃然大怒，派使者责备石勒"擅自害死朝廷重要辅佐官员，心中没有君主"，但还是给石勒加上了镇东大将军，督并、幽二州诸军事，兼并州刺史等职来安慰石勒。苟晞、王赞密谋叛离石勒，石勒把他们杀了，还杀了苟晞的弟弟苟纯。

石勒带兵攻掠豫州各郡，到江边后回师，驻扎在葛陂。

当初，石勒被人抢走卖掉的时候，和他母亲王氏失去联系。刘琨找到了他的母亲，就派遣使者把他的母亲和侄子石虎送到石勒那里，趁机给石勒一封信，说："将军用兵如神，所向无敌，之所以在天下周游不定而没有立足之地，百战百胜却没有一点儿功劳，完全是因为报效于正统的主人就是正义之师，而依附于叛逆者就成为贼寇之众的缘故。一个人成败的道理如同呼吸，急促吹的气就寒冷，徐缓嘘气则温暖。现在授予你侍中、车骑大将军，兼护匈奴中郎将等职务，封为襄城郡公，希望将军接受！"石勒回信说："从事建功立业的大事，道路不同，不是迂腐的儒生所能了解的。您应当为自己的朝廷保持发扬气节，我是夷人难以为你效劳。"并送给刘琨名马、珍宝等物，用厚礼招待刘琨的使者，谢绝了刘琨。

当时，石虎十七岁，残忍得没有限度，军中都以他为祸患，石勒告诉母亲说：

军人杀之，声名可惜，不若自除之。”母曰：“快牛为犊，多能破车，汝小忍之！”及长，便弓马，勇冠当时。勒以为征虏将军，每屠城邑，鲜有遗类。然御众严而不烦，莫敢犯者，指授攻讨，所向无前，勒遂宠任之。勒攻荥阳太守李矩，矩击却之。

（以上为第十五段，写汉国猛将石勒火并老将王弥，兼并其队伍，势力壮大，西晋叛将苟晞密谋叛离石勒，也被杀；石勒又有侄子石虎相助，更是如虎添翼，不可一世。）

初，南阳王模以从事中郎索綝为冯翊太守。綝，靖之子也。模死，綝与安夷护军金城麹允、频阳令梁肃，俱奔安定。时安定太守贾疋与诸氐、羌皆送任子于汉，綝等遇之于阴密，拥还临泾，与疋谋兴复晋室，疋从之。乃共推疋为平西将军，率众五万向长安。雍州刺史麹特、新平太守竺恢皆不降于汉，闻疋起兵，与扶风太守梁综帅众十万会之。综，肃之兄也。

汉河内王粲在新丰，使其将刘雅、赵染攻新平，不克。索綝救新平，大小百战，雅等败退。中山王曜与疋等战于黄丘，曜众大败。疋遂袭汉梁州刺史彭荡仲，杀之。麹特等击破粲于新丰，粲还平阳。于是，疋等兵势大振，关西胡、晋翕然响应。

阎鼎欲奉秦王业入关，据长安以号令四方。河阴令傅畅，祗之子也，亦以书劝之，鼎遂行。荀藩、刘畴、周顗、李述等，皆山东人，不欲西行，中途逃散；鼎遣兵追之，不及，杀李絙等。鼎与业自宛趣武关，遇盗于上洛，士卒败散，收其余众，进至蓝田，使人告贾疋，疋遣兵迎之。十二月，入于雍城，使梁综将兵卫之。

周顗奔琅邪王睿，睿以顗为军谘祭酒。前骑都尉谯国桓彝亦避乱过江，见睿微弱，谓顗曰：“我以中州多故，来此求全，而单弱如此，将何以济！”既而见王导，共论世事，退，谓顗曰：“向见管夷吾，无复忧矣！”

诸名士相与登新亭游宴，周顗中坐叹曰：“风景不殊，举目有江河之异！”因相视流涕。王导愀然变色曰：“当共戮力王室，克复神州，何至作楚囚对泣邪！”众皆收泪谢之。

“这个小子凶暴无赖，假如军队的人把他杀了，有损声名，还不如自己来除掉他。”母亲说：“快捷的牛在牛犊时，大多都会把车弄坏。你稍微忍耐一下！”石虎长大后，擅长射弓骑马，骁勇为当时第一。石勒任他为征虏将军，石虎经常屠杀城邑，很少有遗留下来的人。但是驾驭部下却严厉而不烦琐，没有谁敢违反，指派他去攻战征讨，所向无敌，石勒于是宠信任用他。石勒攻打荥阳太守李矩，李矩出击，打退了石勒。

当初，南阳王司马模任命从事中郎索綝为冯翊太守。索綝，是索靖的儿子。司马模死后，索綝与安夷护军金城人麹允、频阳县令梁肃，一起逃奔到安定。当时安定太守贾疋与氐人、羌人都给汉国送去了人质，索綝等人在阴密县遇到贾疋，簇拥着还归临泾，与贾疋商谋复兴晋朝，贾疋同意了。于是大家一起推举贾疋为平西将军，率领五万军队向长安进发。雍州刺史麹特、新平太守竺恢都不向汉国投降，听说贾疋起兵，就与扶风太守梁综一起率领十万军队与贾疋会合。梁综，是梁肃的哥哥。

汉国河内王刘粲在新丰，派他的部将刘雅、赵染进攻新平，没有成功。索綝去救援新平，与汉军大小百余战，刘雅等人败退。中山王刘曜与贾疋在黄丘交战，刘曜的军队惨败。贾疋于是袭击汉国梁州刺史彭荡仲，把他杀了。麹特等人在新丰打败刘粲，刘粲还归平阳。这样，贾疋等人军威气势大振，关西地区的胡人以及晋人都纷纷响应。

阎鼎打算侍奉秦王司马邺到关中，占据长安来向四方发号施令。河阴县令傅畅，是傅祗的儿子，也写信劝勉，阎鼎于是就出发了。荀藩、刘畴、周顗、李述等人都是崤山以东地区的人，不想西行，中途都逃散了，阎鼎派兵追赶他们，没有追上，就杀了李絙等人。阎鼎与司马邺从宛城开赴武关，在上洛县遇到强盗，士兵被打败后逃散了，只好收拾起剩下的人马，前进到蓝田，派人通知贾疋，贾疋派人迎接他们。十二月，进入雍城，派梁综带兵保卫他们。

周顗投奔琅邪王司马睿，司马睿任用周顗为军谘祭酒。前骑都尉谯国人桓彝也避乱渡过长江，见司马睿势力微弱，对周顗说：“我因为中州地区多变故，才来到这儿求安，结果这儿如此势单力薄，将靠什么来成就大业？”不久，又见到王导，与王导一起议论天下大事，退出去后，又对周顗说：“刚才如同见到了管仲，不再有忧虑了。”

名士们一起登上新亭游玩宴乐，周顗坐在中间感叹地说：“风景没有多大差别，只是举目望去，有长江、黄河的区别。”大家听了相对流泪。王导脸色立刻变了，说：“应当齐心协力报效朝廷，收复神州沦陷的土地，怎么能像只知悲痛而不思进取

陈頵遗王导书曰："中华所以倾弊者，正以取才失所，先白望而后实事，浮竞驱驰，互相贡荐，言重者先显，言轻者后叙，遂相波扇，乃至陵迟。加有庄、老之俗，倾惑朝廷，养望者为弘雅，政事者为俗人，王职不恤，法物坠丧。夫欲制远，先由近始。今宜改张，明赏信罚，拔卓茂于密县，显朱邑于桐乡，然后大业可举，中兴可冀耳。"导不能从。

刘琨长于招怀而短于抚御，一日之中，虽归者数千，而去者亦相继。琨遣子遵请兵于代公猗卢，又遣族人高阳内史希合众于中山，幽州所统代郡、上谷、广宁之民多归之，众至三万。王浚怒，遣燕相胡矩督诸军，与辽西公段疾陆眷共攻希，杀之，驱略三郡士女而去。疾陆眷，务勿尘之子也。猗卢遣其子六修将兵助琨戍新兴。

琨牙门将邢延以碧石献琨，琨以与六修，六修复就延求之，不得，执延妻子。延怒，以所部兵袭六修，六修走，延遂以新兴附汉，请兵以攻并州。

（以上为第十六段，写晋都洛阳沦陷后各个方面的举动，晋将贾疋在关西军威大振；阎鼎侍奉秦王司马邺到长安，借以向四方发号施令；琅邪王司马睿网罗中原人才，占领江东。）

初，东夷校尉李臻之死也，辽东附塞鲜卑素喜连、木丸津托为臻报仇，攻陷诸县，杀掠士民，屡败郡兵，连年为寇。东夷校尉封释不能讨，请与连和，连、津不从。民失业，归慕容廆者甚众，廆禀给遣还，愿留者即抚存之。

廆少子鹰扬将军翰，言于廆曰："自古有为之君，莫不尊天子以从民望，成大业。今连、津外以庞本为名，内实幸灾为乱。封使君已诛本请和，而寇暴不已。中原离乱，州师不振，辽东荒散，莫之救恤，单于不若数其罪而讨之。上则兴复辽东，下则并吞二部，忠义彰于本朝，私利归于我国，此霸王之基也。"廆笑曰："孺子乃能及此乎！"遂帅众东击连、津，以翰为前锋，破斩之，尽并二部之众，得所掠民三千余家，及

的楚囚那样相对流泪呢？”于是，大家都擦泪向王导道歉。

陈頵给王导去信说：“中原之所以被颠覆破坏，正是因为选择人才失当，徒有虚名的优先而干实事的却靠后，竞相追逐浮华，互相荐举，言过其实者先显达，说得少一点儿的后录用，于是互相推波助澜，导致国家衰落。加上崇尚庄子、老子学说的风气，扰乱、蛊惑朝廷，无所事事地修养名望的人被看作大雅士，勤勉于政事的人被认为是平庸俗气的人，不顾惜朝廷职务，朝廷的制度被丢弃。因而想要考虑远大的事业，得先从近处开始，现在就应该改弦更张，明确赏罚的标准，切实实行，像光武帝在密县提拔卓茂，像汉宣帝在桐乡使朱邑显达，这样，以后就能够完成大业，中兴也可以期待了。”王导没有同意。

晋将刘琨善于招揽安抚远方的人，却不善于抚慰驾驭近处的人，一天之中，虽然归附的人有几千，但离开的人数也差不多。刘琨一面派儿子刘遵去向代公拓跋猗卢请求军队援助，一面又派同族的高阳内史刘希在中山聚合部众，幽州所统辖的代郡、上谷、广宁等地的百姓大多归附刘希，部众达到三万人。王浚发怒，派遣燕相胡矩带领各军，与辽西公段疾陆眷一同攻打并杀掉刘希，并且驱赶掠夺三个郡的男女后离去。段疾陆眷，是段务勿尘的儿子。拓跋猗卢派他的儿子拓跋六修带兵驻扎到新兴援助刘琨。

刘琨牙门将邢延把一块碧石献给刘琨，刘琨又送给拓跋六修，拓跋六修又去邢延那里索求碧石，没有得到，就抓走邢延的妻子儿女。邢延发怒，带领所辖的军队袭击拓跋六修，拓跋六修撤走，邢延于是献出新兴向汉国投降，并请求军队来攻打并州。

当初，东夷校尉李臻死后，辽东靠近边境的鲜卑人素喜连、木丸津假称为李臻报仇，攻陷了辽东所属各县，杀死掠夺士人百姓，多次打败郡属军队，连年进犯抢劫。东夷校尉封释无力征讨，向素喜连求和。素喜连、木丸津不接受。百姓失去家业，投奔慕容廆的非常多，慕容廆发给他们食物遣返，愿意留下的就安抚他们。

慕容廆的小儿子鹰扬将军慕容翰，对慕容廆说：“自古以来，有作为的鲜卑君主，没有谁不尊奉天子顺应百姓的希望，来成就大业。现在素喜连、木丸津表面上是以杀庞本为李臻报仇为名，内心实际上是幸灾乐祸，趁机叛乱。封释长官已经杀掉庞本请求讲和，但他们仍然劫掠作恶不停。现在中原分离变乱，平州的军队没有力量，辽东地区田原荒芜人口离散，没有谁予以救济抚恤，您不如列举素喜连、木丸津的罪状而征讨他们。上则可以复兴辽东，下则可以吞并素喜连、木丸津二人的

前归廆者悉以付郡，辽东赖以复存。

封释疾病，属其孙奕于廆。释卒，廆召奕与语，说之，曰："奇士也！"补小都督。释子冀州主簿悛、幽州参军抽来奔丧。廆见之曰："此家抎抎千斤犍也。"以道不通，丧不得还，皆留仕廆，廆以抽为长史，悛为参军。

王浚以妻舅崔毖为东夷校尉。毖，琰之曾孙也。

（以上为第十七段，写鲜卑首领慕容廆听从儿子慕容翰建议，攻打素喜连、木丸津两支队伍，归并其部众，势力迅速壮大；东夷校尉封释将孙子封奕托付给慕容廆，后成为显官。）

部众，这样忠义的形象就可以在晋朝彰明，我国也可以得到私利。这是作霸主的基础。”慕容廆笑着说：“小孩子竟然能想到这些！”于是，率领军队向东攻打素喜连、木丸津，任命慕容翰为前锋，打败并杀掉了素喜连、木丸津，把二人所属的部众全部并归于自己。得到被素喜连等二人抢掠的百姓三千多家，慕容廆把他们和以前归附来的百姓全部交给原所在郡，这样，辽东依靠慕容廆又得以保存。

封释得了重病，把孙子封奕托付给慕容廆，封释去世后，慕容廆招来封奕交谈，很喜欢他，说：“真是非凡的人物。”委任封奕为小都督。封释的儿子冀州主簿封悛、幽州参军封抽前来给父亲奔丧。慕容廆见到他们后，说：“这一家都是上天降下来的有千斤力的神牛啊！”因为道路不通，封悛、封抽无法回去，都留下来在慕容廆处任职，慕容廆任命封抽为长史，任命封悛为参军。

王浚任用妻舅崔毖为东夷校尉。崔毖，是崔琰的曾孙。

【点评】

论西晋八王之乱。八王之乱，几乎贯穿着晋惠帝司马衷、晋怀帝司马炽称帝的始终，长达十六年之久，使得各少数民族在乱中发展壮大，而使晋朝短命而亡。这其中的惨痛教训令人唏嘘，令人深思。

首先，八王之乱的祸根，在晋朝兴起的时候，甚至在司马懿、司马师、司马昭掌控曹魏政权的时候就埋下了。以上三司马，在曹魏时期，可谓是一人之下，万人之上，甚至是无上之上，在当时即使有些不同声音，也是敢怒而不敢言；即使有人扯旗造反，也被作为谋反而无情地镇压下去，可谓是风光无限，荣耀无极，为司马家族的兴起奠定了雄厚的基础。他们正是八王的榜样啊！我们再看一看作乱的八王，似乎每个都得了权力疯狂症，除了司马伦登上禅让的皇位，其他数王，哪个不是要当帝王第二，掌控朝局，翻云覆雨，唯我独尊？可是，他们有的是欲望，有的是野心，但没有以上所说的“三司马”的威望和才能，也没有掌控全局的智慧和韬略。所以，也就没有一个人能够巩固自己的地位，像走马灯一样转来转去，以致数王轮流执政，你方唱罢我登台，我方开腔又下来。

其次，晋武帝司马炎对晋朝的长远谋划不周。他像当年曹丕接受汉献帝禅让一样，心安理得地接受曹奂的禅让，当上了皇帝，改魏为晋。他当了25年的皇帝，也算是功德圆满，但是，他对自己当皇帝考虑得很多，而对子孙后代如何当好皇帝，巩固政权，却考虑不周，也没有多少建树。他让一个才能平庸、近乎呆傻的司马衷当接班人，挑起治理天下的重担，那些略有能耐的司马家族诸人，怎么能服气？如果是一个有品行、有能力的人来接班，其他人还有什么话可说？再说，司马炎有感于曹魏政权抑制宗室而被取代的遭遇，在晋朝建立之初就大封宗室子弟，一下子封了那么多的王，并且允许王国设置自己的军队，取消州郡的常备武装。他还陆续用诸王统帅中央兵马，镇守荆、扬、关中等要害地区，逐渐替换异姓方镇。他以为，这样就可保晋朝江山永固，可哪里想到，在他死后，由于继任的皇帝缺乏统治国家的能力，而这些亲王，他们有王的名头，有财的实惠，有兵的实权，一旦碰上司马衷这个庸帝，不造反才怪呢！政权落入权臣之手，也是理所当然的事情啊！

再次，惠帝司马衷虽然是个高高在上的皇帝，但一点儿能耐也没有，先是杨骏弄权，他没有半点反应，只能听之任之；再是悍妇当家，他一点儿也不吭声，老婆说什么就是什么；然后是司马伦造反，把他的皇位拿去了，他还是无话可说，叫他休息他就休息，还是其他亲王看不下去，帮他把皇位再抢回来，他成了聋子的耳朵——摆设；其他亲王看到这种情况，谁不愿意去当个“二皇帝”呢？齐王司马冏、长沙王司马乂、成都王司马颖、河间王司马颙、东海王司马越，都是如此，这实在是因为惠帝司马衷软弱无能啊！

再说，“八王”诸王，都想学着他们的祖辈司马懿、司马师、司马昭，可是，他们哪一个具备这三人的德行和才能？皇帝人人都想做，但不是所有的人都能做，即使是帮助皇帝打理朝政的，也是如此。孟子曾说：“春秋无义战。”而观八王之乱，也都是无义之举啊！他们的目的很明确，就是要当个权臣，随心所欲，一旦取得成功，就把其他亲王打压下去，挥霍奢侈，甚至无恶不作。在开始的时候，人们还是信任的，还有所期待，但渐渐发展下去，人们大失所望，希望他们早点儿下台，甚至想方设法赶他们下台。所以，他们上来后屁股还没有坐热，就又被赶下去了，因为他们得不到朝野上下的拥护啊！

最后再看看“八王”的结局，一个个都很悲惨，不是被杀死，就是被气死，没有一个是善终的。所谓机关算尽太聪明，反误了卿卿性命。最可怜的要算是东海王司马越。晋怀帝司马炽任用几个可靠的臣子，他却以谋反的罪名把他们杀了。这些人忠于皇上，谋的是哪门子反？真是可笑至极！要说谋反，就是他自己啊！后来，他看着大势已去，忧虑、恐惧而死，躺到棺材里去了。却被从棺材里拖出来焚尸，并且灭其宗族。真是可恨之人，必有可悲之处！

八王之乱，把晋朝葬送了，带来的直接后果就是造成永嘉之乱，用当时人的话来说，是“风景不殊，举目有江河之异”；从长远的角度来说，造成国家灭亡，诸多势力崛起，百姓处于长久的动乱之中，中国由此进入长达近三百年的、最黑暗的大分裂时代，满目疮痍，山河失色，而西晋八王为祸首。

晋纪十

晋怀帝永嘉六年至晋愍帝建兴元年（312—313 年）

【起玄黓涒滩（壬申，312 年），尽昭阳作噩（癸酉，313 年），凡二年】

【大事提要】

本卷记事起公元 312 年，讫公元 313 年，凡二年，当晋怀帝永嘉六年至晋愍帝建兴元年。本卷所载大事，主要是五个方面：其一，司马炽遇害。晋怀帝司马炽被俘后，于公元 312 年封为会稽郡公，加仪同三司，并以小刘贵人妻之。汉主刘聪于光极殿宴请群臣，使怀帝着青衣行酒，予以羞辱、折磨，晋臣庾珉、王儁当场悲愤号呼，刘聪大怒，杀掉十多个晋臣，并杀掉怀帝。怀帝时年 30 岁。其二，司马邺称帝。公元 313 年，晋朝皇太子司马邺于长安称帝，是为愍帝，改元建兴，下令迎回怀帝灵柩，部署抗击入侵之敌。司马邺以琅邪王司马睿为左丞相、大都督，命其出兵洛阳，司马睿辞以兵力不足，不执行命令，而奋威将军祖逖自告奋勇，渡江而去。其三，石勒坐大。汉国镇东将军石勒，消灭王衍所率的晋军主力，又杀死劲敌王弥，吞并其部众，形成一支十分强大的军事力量。他原打算乘胜打到建业，不料大雨连绵，渡江不成，张宾出谋，撤军北上，攻陷邺城，进驻襄国，广积军粮，作为定都之基，称霸天下。其四，刘聪暴虐。汉主刘聪喜怒无常，曾因鱼蟹供应不足而斩杀左都水使者襄陵王刘摅，以殿宇未成而杀将作大匠靳陵；立贵嫔刘娥为皇后，为其建殿。廷尉陈元达劝说，刘聪大怒，欲执元达及妻子一同枭首，诸大臣磕头流血，皇后以死相劝，刘聪才有所醒悟，嘉奖元达。其五，汉国派兵袭击长安，无功而还。晋愍帝司马邺下令全国调兵，尚书左仆射麹允率军防敌在外，长安城空虚，汉国将军赵染率领五千精骑袭城，进入长安外城，晋将麹鉴率兵救援，被汉国中山王刘曜打败。后来，麹允引兵再击刘曜，汉兵被打败，退还平阳。

【原文】

孝怀皇帝下

永嘉六年（壬申，312 年）

春，正月，汉呼延后卒，谥曰“武元”。

汉镇北将军靳冲、平北将军卜珝寇并州；辛未，围晋阳。

甲戌，汉主聪以司空王育、尚书令任颢女为左、右昭仪，中军大将军王彰、中书监范隆、左仆射马景女皆为夫人，右仆射朱纪女为贵妃，皆金印紫绶。聪将纳太保刘殷女，太弟义固谏。聪以问太宰延年、太傅景，皆曰：“太保自云刘康公之后，与陛下殊源，纳之何害！”聪悦，拜殷二女英、娥为左右贵嫔，位在昭仪上；又纳殷女孙四人皆为贵人，位次贵妃。于是，六刘之宠倾后宫，聪希复出外，事皆中黄门奏决。

故新野王歆牙门将胡亢聚众于竟陵，自号楚公，寇掠荆土，以歆南蛮司马新野杜曾为竟陵太守。曾勇冠三军，能被甲游于水中。

二月，壬子朔，日有食之。

石勒筑垒于葛陂，课农造舟，将攻建业。琅邪王睿大集江南之众于寿春，以镇东长史纪瞻为扬威将军，都督诸军以讨之。

会大雨，三月不止，勒军中饥疫，死者太半，闻晋军将至，集将佐议之。右长史刁膺请先送款于睿，求扫平河朔以自赎，俟其军退，徐更图之。勒愀然长啸。中坚将军夔安请就高避水。勒曰：“将军何怯邪！”孔苌等三十余将请各将兵分道夜攻寿春，斩吴将头，据其城，食其粟，要以今年破丹阳，定江南。勒笑曰：“是勇将之计也！”各赐铠马一匹。

顾谓张宾曰：“于君意何如？”宾曰：“将军攻陷京师，囚执天子，杀害王公，妻略妃主，擢将军之发，不足以数将军之罪，奈何复相臣奉乎！去年既杀王弥，不当来此；今天降霖雨于数百里中，示将军不应留此也。邺有三台之固，西接平阳，山河四塞，宜北徙据之，以经营河北，河北既定，天下无处将军之右者矣。晋之保寿春，畏将军往攻之耳；彼闻吾去，喜于自全，何暇追袭吾后，为吾不利邪！将军宜使辎重从北道

【语译】

孝怀皇帝下

晋怀帝永嘉六年（壬申，312年）

春季，正月，汉国呼延皇后去世，谥号为武元。

汉国镇北将军靳冲、平北将军卜翊进犯并州。正月十九日辛未，包围晋阳。

正月二十二日甲戌，汉主刘聪封司空王育和尚书令任颢的女儿为左、右昭仪，中军大将军王彰、中书监范隆、左仆射马景三人的女儿都为夫人，右仆射朱纪的女儿为贵妃，都授予金印章和紫色绶带。刘聪打算纳娶太保刘殷的女儿，太弟刘乂苦苦劝谏。刘聪就此事询问太宰刘延年、太傅刘景，他们都说："太保刘殷自称是周朝刘康公的后代，与皇上不是一个族源，娶她有什么妨害？"刘聪很高兴，分别封刘殷的两个女儿刘英、刘娥为左、右贵嫔，地位在昭仪之上。又纳娶刘殷的四个孙女都当作贵人，地位低于贵妃。这样，六刘所受的宠爱占满后宫。刘聪很少再出门到外面去，政事都由宦官中黄门传达。

已故新野王司马歆的牙门将胡亢在竟陵聚众，自称楚公，在荆州的土地上抢掠，任司马歆的南蛮司马新野人杜曾为竟陵太守。杜曾骁勇为三军第一，能身穿铠甲在水中游泳。

二月初一壬子朔，出现日食。

石勒在葛陂修筑营垒，向农民征税修造舟船，打算进攻建业。琅邪王司马睿大规模调集江南的部队到寿春，任镇东长史纪瞻为扬威将军，统领各部队来征讨石勒。

恰巧遇到大雨，三个月不停，石勒的军队饥乏并流行疾病，死的人超过大半，又听说晋朝军队将要开来，就召集武将及参佐商议。右长史刁膺请石勒先向司马睿求和，请求扫平河朔来赎自己的罪，等到司马睿的军队退还江南，再慢慢谋取他。石勒听后忧伤地大声发出长叹。中坚将军夔安请石勒到地势高的地方避水，石勒说："将军你为什么胆怯呢？"孔苌等三十多个武将请求各自带兵分路夜袭寿春，斩掉吴地武将的头颅，占据他们的城邑，吃他们的粮食，想就在今年攻下丹阳，平定江南。石勒笑着说："这真是勇将的计策啊！"于是各赐他们铠甲一副、马一匹。

石勒对张宾说："依您看怎么办呢？"张宾说："将军您攻陷京城，囚禁了晋朝天子，杀害了亲王公卿大臣，侵占凌辱了晋朝的嫔妃公主，拔下您的头发，也不够数将军您的罪过。怎么能再以臣下的身份尊奉晋朝呢？去年杀了王弥，您就不应该到这里来。现在，几百里内上天不断地降雨，这是告诉将军您不应该在这里逗留了。邺城有三个高台防守坚固，西临汉国都城平阳，隔山阻河四面都有要塞，应当向北迁徙占据那里，经营黄河以北地区。河北地区稳定后，全国就没有处在将军您上面

先发，将军引大兵向寿春，辎重既远，大兵徐还，何忧进退无地乎！”

勒攘袂鼓髯曰：“张君计是也！”责刁膺曰：“君既相辅佐，当共成大功，奈何可遽劝孤降！此策应斩！然素知君怯，特相宥耳。”于是，黜膺为将军，擢宾为右长史，号曰“右侯”。

勒引兵发葛陂，遣石虎帅骑二千向寿春，遇晋运船，虎将士争取之，为纪瞻所败。瞻追奔百里，前及勒军，勒结陈待之。瞻不敢击，退还寿春。

（以上为第一段，写汉主刘聪荒淫无道，将大臣之女尽数纳入后宫；汉国干将石勒率军攻打江南，大雨困扰，听从谋主张宾建议，放弃攻打，向北进军占领邺城。）

汉主聪封帝为会稽郡公，加仪同三司。聪从容谓帝曰：“卿昔为豫章王，朕与王武子造卿，武子称朕于卿，卿言‘闻其名久矣’，赠朕柘弓银研，卿颇记否？”帝曰：“臣安敢忘之！但恨尔日不早识龙颜！”聪曰：“卿家骨肉何相残如此？”帝曰：“大汉将应天受命，故为陛下自相驱除，此殆天意，非人事也！且臣家若能奉武皇帝之业，九族敦睦，陛下何由得之！”聪喜，以小刘贵人妻帝，曰：“此名公之孙也，卿善遇之。”

代公猗卢遣兵救晋阳，三月，乙未，汉兵败走。卜珝之卒先奔，靳冲擅收珝，斩之。聪大怒，遣使持节斩冲。

聪纳其舅子辅汉将军张寔二女徽光、丽光为贵人，太后张氏之意也。

凉州主簿马鲂说张轨：“宜命将出师，翼戴帝室。”轨从之，驰檄关中，共尊辅秦王，且言：“今遣前锋督护宋配帅步骑二万，径趋长安；西中郎将寔帅中军三万，武威太守张琠帅胡骑二万，络绎继发。”

夏，四月，丙寅，征南将军山简卒。

汉主聪封其子敷为渤海王，骥为济南王，鸾为燕王，鸿为楚王，劢

的人。晋朝保卫寿春，只是害怕您去攻打寿春罢了。他们听说我们离去了，对能够保全自己而感到高兴、满足，哪里还有什么功夫追击我军的后部，施行不利于我军的行动呢？您应当派辎重队伍从北面的道路先行出发，您带领大部军队开往寿春。辎重队伍走远后，大部军队再缓慢回撤，还忧虑什么进退无路的呢？"

石勒捋起衣袖，抚动鬓须，说："张君的计策好啊！"又责备刁膺说："您既然做我的辅佐，就应当共同成就大功业，怎么能催促劝说我投降呢？出这个计策的应当杀头！但我平素了解您胆怯怕事，特地原谅您罢了。"于是把刁膺贬黜为将军，提拔张宾为右长史，号称"右侯"。

石勒带兵从葛陂出发，派石虎带领两千骑兵开往寿春，遇到晋朝的运输船，石虎的部将士兵争先攻取，结果被纪瞻打败。纪瞻追击了一百多里，追上石勒的军队，石勒排好兵阵等待，而纪瞻不敢攻打，退还到寿春。

汉主刘聪封晋怀帝为会稽郡公，开府仪同三司。刘聪和颜悦色地对怀帝说："你过去当豫章王，我与王武子拜访你，王武子向你称赞我，你说久闻大名，送给我柘木良弓和银砚台，你还记得吗？"怀帝说："臣下我怎么敢忘掉呢？只遗憾当时没有及早地认识龙颜！"刘聪说："你家的亲骨肉为什么这样互相残杀？"怀帝说："大汉将要承接天意，所以自相驱赶杀戮，替您扫清道路，这是天意，不是人所能决定的！再说我家如果能尊奉武皇帝的大业，九族和睦相处，您从哪里得到天下呢？"刘聪听得高兴，把小刘贵人给了怀帝做妻子，说："这是名公爵的孙女，你好好对待她。"

代公拓跋猗卢派兵救援晋阳，三月十四日乙未，汉国军队败退而逃。卜珝带领部众抢先逃跑，勒冲擅自拘捕了卜珝，把他杀了。汉主刘聪勃然大怒，派使者拿着符节杀了勒冲。

刘聪纳娶他舅舅的儿子辅汉将军张寔的两个女儿张徽光、张丽光为贵人，这是太后张氏的主意。

凉州主簿马鲂对张轨说："应当让武将出征，以辅助拥戴朝廷。"张轨接受了这个建议，急速将檄文传布到关中地区，号召共同尊奉辅佐秦王司马邺。并且说："现在派遣前锋督护宋配率领二万步兵和骑兵，直接奔赴长安，西中郎将张寔带领中军三万军队，武威太守张琠率领二万胡人骑兵，陆续出发。"

夏季，四月十六日丙寅，征南将军山简去世。

汉主刘聪封他的儿子刘敷为渤海王，刘骥为济南王，刘鸾为燕王，刘鸿为楚王，

为齐王，权为秦王，操为魏王，持为赵王。

聪以鱼蟹不供，斩左都水使者襄陵王攄；作温明、徽光二殿未成，斩将作大匠望都公靳陵。观渔于汾水，昏夜不归。中军大将军王彰谏曰："比观陛下所为，臣实痛心疾首。今愚民归汉之志未专，思晋之心犹盛，刘琨咫尺，刺客纵横；帝王轻出，一夫敌耳。愿陛下改往修来，则亿兆幸甚！"聪大怒，命斩之。王夫人叩头乞哀，乃囚之。太后张氏以聪刑罚过差，三日不食；太弟义、单于粲舆榇切谏。聪怒曰："吾岂桀、纣，而汝辈生来哭人！"太宰延年、太保殷等公卿、列侯百余人，皆免冠涕泣曰："陛下功高德厚，旷世少比，往也唐、虞，今则陛下。而顷来以小小不供，亟斩王公；直言忤旨，遽囚大将。此臣等窃所未解，故相与忧之，忘寝与食。"聪慨然曰："朕昨大醉，非其本心，微公等言之，朕不闻过。"各赐帛百匹，使侍中持节赦彰曰："先帝赖君如左右手，君著勋再世，朕敢忘之！此段之过，希君荡然。君能尽怀忧国，朕所望也。今进君骠骑将军、定襄郡公，后有不逮，幸数匡之！"

（以上为第二段，写晋怀帝司马炽被俘，封为会稽公，略加安慰；汉主刘聪暴虐无道，杀死左都水使、将作大将，中军大将军王彰直谏被囚，在诸位大臣劝说下免于刑戮。）

王弥既死，汉安北将军赵固、平北将军王桑恐为石勒所并，欲引兵归平阳，军中乏粮，士卒相食，乃自硖硗津西渡，攻掠河北郡县。刘琨以兄子演为魏郡太守，镇邺，固、桑恐演邀之，遣长史临深为质于琨。琨以固为雍州刺史，桑为豫州刺史。

贾疋等围长安数月，汉中山王曜连战皆败，驱掠士女八万余口，奔于平阳。秦王业自雍入于长安。五月，汉主聪贬曜为龙骧大将军，行大司马。聪使河内王粲攻傅祗于三渚，右将军刘参攻郭默于怀。会祗病薨，城陷，粲迁祗子孙并其士民二万余户于平阳。

六月，汉主聪欲立贵嫔刘英为皇后；张太后欲立贵人张徽光，聪不得已，许之。英寻卒。

汉大昌文献公刘殷卒。殷为相，不犯颜忤旨，然因事进规，补益甚多。汉主聪每与群臣议政事，殷无所是非，群臣出，殷独留，为聪敷畅

刘劢为齐王，刘权为秦王，刘操为魏王，刘持为赵王。

刘聪因为鱼蟹供应不上，就杀死左都水使者襄陵王刘摅。温明、徽光二座宫殿没有建成，杀死将作大匠望都公靳陵。他到汾水观看捕鱼，整夜都不返回。中军大将军王彰劝说道："近来看到皇上的行动，我实在是痛心疾首。现在愚民归附汉国的心意并不确定，而思念晋朝的心情还非常浓厚，刘琨虎视眈眈近在咫尺，刺客到处都有。帝王轻率地出行，一个人就能把您刺杀。希望皇上改变过去的做法，养成新的习惯，那么百姓感到非常幸运！"刘聪勃然大怒，命令杀掉他，王彰的女儿王夫人在一旁叩头乞求宽恕，于是把王彰囚禁起来。太后张氏因为刘聪的刑罚过于严苛，三天不吃饭。太弟刘乂、单于刘粲带着棺材冒死恳切地劝谏。刘聪怒冲冲地说："我难道是暴君桀纣吗？你们却来哭活人！"太宰刘延年、太保刘殷等公卿大臣列侯一百多人，都摘去头冠哭着说："皇上功高德厚，从古到今很少有人能与您相比，古代有唐尧、虞舜，今天则是皇上。但近来因为物资稍微供应不上，就杀王公；直言冒犯您的旨意，就马上囚禁大将，这是我们心里所不能理解的，所以大家都对此感到忧虑，乃至废寝忘食。"刘聪慨叹说："我昨天大醉，这些事不是我的本意，不是你们说起，我就听不到自己的过失了。"每人赐百匹布帛，派侍中拿着符节赦免王彰，说："先帝刘渊依靠您如同左右手一样，您立下的再世之功，我怎敢忘记？这次的过失，希望您不要放在心上。您能够尽心忧国，正是我所希望的。现在提升您为骠骑将军，封定襄郡公。我将来再有做得不尽如人意的地方，还希望您多多指正。"

王弥死后，汉国安北将军赵固、平北将军王桑担心自己的军队被石勒吞并，想带兵返回平阳。军中缺少粮食，士兵竟互相宰食。于是从硖硗津西渡黄河，进攻抢掠黄河以北的郡县。刘琨任命哥哥的儿子刘演为魏郡太守，镇守邺城，赵固、王桑害怕刘演阻击，就派长史临深到刘琨处作为人质。刘琨就任命赵固为雍州刺史，王桑为豫州刺史。

贾疋等人包围长安几个月，汉国中山王刘曜接连出战都失败了，强行驱赶八万多成年男女逃奔平阳。秦王司马邺从雍州进入长安。

五月，汉主刘聪把刘曜贬为龙骧大将军，行大司马。刘聪派河内王刘粲在三渚攻打傅祗，派右将军刘参到怀县攻打郭默。正遇上傅祗因病去世，三渚城陷落，刘粲把傅祗的子孙以及士人百姓两万多户都迁往平阳。

六月，汉主刘聪打算立贵嫔刘英为皇后，而张太后要立贵人张徽光，刘聪没有办法，只好同意。刘英不久就去世了。

汉国大昌文献公刘殷去世。刘殷担任丞相，从不冒犯皇帝，违反圣旨，但经常就具体的事情进宫规劝，对刘聪补益很多。汉主刘聪每次与大臣们商议政事，刘殷

条理，商榷事宜，聪未尝不从之。殷常戒子孙曰："事君当务几谏。凡人尚不可面斥其过，况万乘乎！夫几谏之功，无异犯颜，但不彰君之过，所以为优耳。"官至侍中、太保、录尚书，赐剑履上殿、入朝不趋、乘舆入殿。然殷在公卿间，常恂恂有卑让之色，故能处骄暴之国，保其富贵，不失令名，以寿考自终。

汉主聪以河间王易为车骑将军，彭城王翼为卫将军，并典兵宿卫。高平王悝为征南将军，镇离石；济南王骥为征西将军，筑西平城以居之；魏王操为征东将军，镇蒲子。

赵固、王桑自怀求迎于汉，汉主聪遣镇远将军梁伏疵将兵迎之。未至，长史临深、将军牟穆帅众一万叛归刘演。固随疵而西，桑引其众东奔青州，固遣兵追杀之于曲梁，桑将张凤帅其余众归演。聪以固为荆州刺史、领河南太守，镇洛阳。

（以上为第三段，写汉国干将刘曜攻打长安失败，掳掠八万士民逃归平阳；太保刘殷善于明哲保身，不当面强谏君王，而是私下提出建议，得到重用和善终。）

石勒自葛陂北行，所过皆坚壁清野，虏掠无所获，军中饥甚，士卒相食。至东燕，闻汲郡向冰聚众数千壁枋头，勒将济河，恐冰邀之。张宾曰："闻冰船尽在渎中未上，宜遣轻兵间道袭取，以济大军。大军既济，冰必可擒也。"

秋，七月，勒使支雄、孔苌自文石津缚筏潜渡，取其船。勒引兵自棘津济河，击冰，大破之，尽得其资储，军势复振，遂长驱至邺。刘演保三台以自固，临深、牟穆等复帅其众降于勒。

诸将欲攻三台，张宾曰："演虽弱，众犹数千，三台险固，攻之未易猝拔，舍而去之，彼将自溃。方今王彭祖、刘越石，公之大敌也，宜先取之，演不足顾也。且天下饥乱，明公虽拥大兵，游行羁旅，人无定志，非所以保万全、制四方也。不若择便地而据之，广聚粮储，西禀平阳，以图幽、并，此霸王之业也。邯郸、襄国，形胜之地，请择一而都之。"勒曰："右侯之计是也！"遂进据襄国。

都不表示什么态度，等大臣们离开，刘殷单独留下，为刘聪对所议铺陈发挥再理出头绪，商讨事宜，刘聪从来没有不采纳他的建议的。刘殷常常告诫子孙说："为君主做事应当务求对君主委婉的劝谏。凡人尚且不能当面斥责他的过错，更何况皇帝呢？委婉劝谏的功效，其实与冒犯君主没有什么区别，只是不明说君主的过失，所以是比较好的方法。"刘殷历任侍中、太保、录尚书等职，并被赐予可以佩剑穿鞋上宫殿、朝见天子不用快步行走、乘车进入宫殿等特权。但是刘殷在公卿大臣中，常常恭顺地带有卑谦礼让的神色，所以处在骄纵横暴的国家，能够保全自己的富贵，不损伤自己的美好声名，以长寿善终。

汉主刘聪任命河间王刘易为车骑将军，任命彭城王刘翼为卫将军，共同统领皇宫禁卫军。任命高平王刘悝为征南将军，镇守离石；任命济南王刘骥为征西将军，建筑西平城居住；任命魏王刘操为征东将军，镇守蒲子。

赵固、王桑从怀县向汉国请求接应，汉主刘聪派镇远将军梁伏疵带兵迎接他们。迎接的军队还没有到达，长史临深、将军牟穆带领一万军队反叛，投归刘演。赵固随梁伏疵向西边进发，王桑却又带领所属军队向东奔赴青州，赵固就派兵追击，在曲梁杀了王桑。王桑的部将张凤带领残余部众投归刘演。刘聪让赵固担任荆州刺史，兼河南太守，镇守洛阳。

石勒从葛陂向北行进。所经过的地方百姓都坚壁清野，因而没有抢掠到什么东西，军中非常饥饿，出现人吃人充饥的现象。到达东燕，听说汲郡人向冰聚集了几千人在枋头修筑了营垒，石勒将要渡过黄河，又担心遭到向冰的阻击。张宾说："听说向冰的船只全都放在水中没有抬上岸，应当派遣轻装士兵抄小道去偷袭夺取这些船只，用来渡大部军队过黄河，大部军队渡河后，一定能擒获向冰。"

秋季，七月，石勒派遣支雄、孔苌从文石津绑扎木筏偷渡黄河，并夺取了向冰的船只。石勒率兵从棘津渡黄河，攻打向冰，把向冰打得惨败，得到了向冰的全部物资储备，军队士气重新振作起来，于是长驱直入到达邺城。晋将刘演防守三台以求自己稳固，临深、牟穆等人又率领自己的部众向石勒投降。

石勒的部将们想攻打三台，张宾对石勒说："刘演虽然兵力微弱，但还有几千军队，三台险峻坚固，出兵攻打，不容易很快把它拿下来，放弃它而离开，那里将会自己崩溃。现在王浚、刘琨是您的主要敌人，应当先攻打他们，刘演不值得注意。再说，天下饥饿动乱，您虽然拥有强大的军队，但来回行军长期在旅途中，人心不定，这不是控制四方的万全之计。不如选择一个便利的地方占据它，多多聚集储备粮食，尊奉汉主刘聪以谋取幽州、并州，这是霸王的功业。邯郸、襄国都是好地方，

宾复言于勒曰："今吾居此，彭祖、越石所深忌也，恐城堑未固，资储未广，二寇交至。宜亟收野谷，且遣使至平阳，具陈镇此之意。"勒从之，分命诸将攻冀州，郡县壁垒多降，运其谷以输襄国，且表于汉主聪，聪以勒为都督冀、幽、并、营四州诸军事，冀州牧，进封上党公。

刘琨移檄州郡，期以十月会平阳，击汉。琨素奢豪，喜声色。河南徐润以音律得幸于琨，琨以为晋阳令。润骄恣，干预政事，护军令狐盛数以为言，且劝琨杀之，琨不从。润谮盛于琨，琨收盛，杀之。琨母曰："汝不能驾御豪杰以恢远略，而专除胜己，祸必及我。"

盛子泥奔汉，具言虚实。汉主聪大喜，遣河内王粲、中山王曜将兵寇并州，以令狐泥为乡导。琨闻之，东出，收兵于常山及中山，使其将郝诜、张乔将兵拒粲，且遣使求救于代公猗卢。诜、乔俱败死。粲、曜乘虚袭晋阳，太原太守高乔、并州别驾郝聿以晋阳降汉。

八月，庚戌，琨还救晋阳，不及，帅左右数十骑奔常山。辛亥，粲、曜入晋阳。壬子，令狐泥杀琨父母。

粲、曜送尚书卢志、侍中许遐、太子右卫率崔玮于平阳。聪复以曜为车骑大将军，以前将军刘丰为并州刺史，镇晋阳。九月，聪以卢志为太弟太师，崔玮为太傅，许遐为太保，高乔、令狐泥皆为武卫将军。

己卯，汉卫尉梁芬奔长安。

（以上为第四段，写谋主张宾劝说石勒占领襄国，建立根据地，石勒采纳，并积极实施，势力不断壮大；刘琨因宠幸徐润，听信谗言杀掉护军令狐盛，铸成大错，祸及父母，差点万劫不复。）

辛巳，贾疋等奉秦王业为皇太子，建行台于长安，登坛告类，建宗庙、社稷，大赦。以阎鼎为太子詹事，总摄百揆；加贾疋征西大将军，以秦州刺史、南阳王保为大司马。命司空荀藩督摄远近，光禄大夫荀组领司隶校尉、行豫州刺史，与藩共保开封。

请选一个作为都城。”石勒说：“您的计策是对的！”于是，进发占据了襄国。

张宾又对石勒说：“现在我们驻扎在这里，是王浚、刘琨深深忌惮的。我担心城墙堑壕还不坚固，物资储备还不充分时，他们二人就交相率兵来了。应当迅速收取野外的粮食，并且派使者到平阳，一一说明我们镇守此地的意图。”石勒听取了这个建议，分别命令诸将攻打冀州，那里的郡、县、营垒大多投降，就把这些地方的粮食运往襄国。并且上奏汉主刘聪，刘聪让石勒担任都督冀、幽、并、营四州诸军事，冀州牧，进封为上党公。

刘琨向各州郡发布檄文，约定十月在平阳会合，攻打汉国。刘琨平素奢侈豪华，喜欢音乐女色。河南人徐润因为擅长音律而受到刘琨的宠信，刘琨让他担任晋阳令。徐润骄纵放肆，经常干预政事。护军令狐盛多次对此向刘琨发表看法，并且劝刘琨把他杀了。刘琨不听。结果徐润向刘琨说令狐盛的坏话，刘琨就拘捕了令狐盛，把他杀了。刘琨的母亲说：“你不能组织驾驭英雄豪杰来完成宏大的谋略，而只知一心清除超过自己的人，这带来的灾祸一定会殃及我。”

令狐盛的儿子令狐泥投奔到汉国，全部陈说刘琨的虚实情况。汉主刘聪大喜过望，派遣河内王刘粲、中山王刘曜率兵进犯并州，让令狐泥担任向导。刘琨听说后，向东在常山及中山聚集军队，派部将郝诜、张乔带兵阻击刘粲，并且派使者向代公拓跋猗卢请求救援。郝诜、张乔都兵败而死。刘粲、刘曜乘虚袭击晋阳，太原太守高乔、并州别驾郝聿献出晋阳向汉国投降。

八月初一庚戌，刘琨返回来救晋阳，没有来得及，只好带领左右随从几十人骑马逃奔常山。初二辛亥，刘粲、刘曜进入晋阳。初三壬子，令狐泥把刘琨的父母都杀了。

刘粲、刘曜把晋朝尚书卢志、侍中许遐、太子右卫率崔玮送到平阳。刘聪又以刘曜担任车骑大将军，以前将军刘丰任并州刺史，镇守晋阳。九月，刘聪任卢志为太弟太师，任崔玮为太傅，许遐为太保，高乔、令狐泥都担任武卫将军。

己卯（疑误），汉国的卫尉梁芬逃奔长安。

九月初三辛巳，贾疋等尊奉秦王司马邺为皇太子，在长安建立行台，登祭坛祭天。设置宗庙、社稷，实行大赦。任命阎鼎为太子詹事，代理统领文武百官；任命贾疋为征西大将军；任命秦州刺史、南阳王司马保为大司马；让司空荀藩督领远近事务，光禄大夫荀组兼任司隶校尉、豫州刺史，与荀藩共同守卫开封。

秦州刺史裴苞据险以拒凉州兵，张寔、宋配等击破之，苞奔柔凶坞。

冬，十月，汉主聪封其子恒为代王，逞为吴王，朗为颍川王，皋为零陵王，旭为丹阳王，京为蜀王，坦为九江王，晃为临川王；以王育为太保，王彰为太尉，任顗为司徒，马景为司空，朱纪为尚书令，范隆为左仆射，呼延晏为右仆射。

代公猗卢遣其子六修及兄子普根、将军卫雄、范班、箕澹帅众数万为前锋以攻晋阳，猗卢自帅众二十万继之，刘琨收散卒数千为之乡导。六修与汉中山王曜战于汾东，曜兵败，坠马，中七创。讨虏将军傅虎以马授曜，曜不受，曰："卿当乘以自免，吾创已重，自分死此。"虎泣曰："虎蒙大王识拔至此，常思效命，今其时矣。且汉室初基，天下可无虎，不可无大王也！"乃扶曜上马，驱令渡汾，自还，战死。曜入晋阳，夜，与大将军粲、镇北大将军丰掠晋阳之民，逾蒙山而归。十一月，猗卢追之，战于蓝谷，汉兵大败，擒刘丰，斩邢延等三千余级，伏尸数百里。猗卢因大猎寿阳山，陈阅皮肉，山为之赤。刘琨自营门步入拜谢，固请进军。猗卢曰："吾不早来，致卿父母见害，诚以相愧。今卿已复州境，吾远来，士马疲弊，且待后举，刘聪未可灭也。"遗琨马、牛、羊各千余匹，车百乘而还，留其将箕澹、段繁等戍晋阳。

琨徙居阳曲，招集亡散。卢谌为刘粲参军，亡归琨，汉人杀其父志及弟谧、诜；赠傅虎幽州刺史。

十二月，汉主聪立皇后张氏，以其父寔为左光禄大夫。

彭仲荡之子天护帅群胡攻贾疋，天护阳不胜而走，疋追之，夜坠涧中，天护执而杀之。汉以天护为凉州刺史。众推始平太守麹允领雍州刺史。阎鼎与京兆太守梁综争权，鼎遂杀综。麹允与抚夷护军索綝、冯翊太守梁肃合兵攻鼎，鼎出奔雍，为氐窦首所杀。

广平游纶、张豺拥众数万，据苑乡，受王浚假署。石勒遣夔安、支雄等七将攻之，破其外垒。浚遣督护王昌帅诸军及辽西公段疾陆眷、疾陆眷弟匹磾、文鸯，从弟末杯部众五万攻勒于襄国。

秦州刺史裴苞占据险要之地来抵御凉州的军队。张寔、宋配等人打败了他，裴苞逃奔柔凶坞。

冬季，十月，汉主刘聪封自己的儿子刘恒为代王，刘逞为吴主，刘朗为颍川王，刘皋为零陵王，刘旭为丹阳王，刘京为蜀王，刘坦为九江王，刘晃为临川王。任命王育为太保、王彰为太尉，任颢为司徒，马景为司空，朱纪为尚书令，范隆为左仆射，呼延晏为右仆射。

代公拓跋猗卢派他的儿子拓跋六修以及哥哥的儿子拓跋普根、将军卫雄、范班、箕澹带领几万军队作为前锋攻打晋阳，拓跋猗卢自己带领二十万军队跟在后面，刘琨召集了几千逃散的士兵作为拓跋六修的向导。拓跋六修与汉中山王刘曜在汾东交战，打败了刘曜的军队，刘曜负伤七处，掉下马来。讨虏将军傅虎把自己的马交给刘曜，刘曜不接受，说："你应该骑上它突围，我伤得已很重，命该丧此。"傅虎哭着说："我蒙受您的赏识而被提拔到现在的地位，常常想着以自己的生命报效您，现在正是这样的时候了。再说汉国朝廷刚刚建立，天下可以没有傅虎，而不能没有您啊！"于是，把刘曜扶上马，赶着马渡过汾水，自己又回去冲杀，最后战死。刘曜进入晋阳，夜里与大将军刘粲、镇北大将军刘丰抢劫晋阳的百姓，然后翻过蒙山而撤回。十一月，拓跋猗卢追击他们的军队，在蓝谷交战，又大败汉军，擒获刘丰，杀了邢延等三千多人，横尸几百里。拓跋猗卢因胜利而到寿阳山大规模打猎，将猎物的皮、肉摆放在山上观看，山因此而变为红色。刘琨从军营门走进去拜谢拓跋猗卢，坚持请求拓跋猗卢继续进军。拓跋猗卢说："我没能早来，致使你父母被杀害，心里确实感到惭愧，现在你已收复了并州的辖境。而我远道来此，士兵马匹都已疲惫，暂且等待以后再举事，刘聪不是一下子就能消灭的。"送给刘琨一千多匹马，牛羊各一千多头和一百辆车，然后回师，把部将箕澹、段繁等留下来戍守晋阳。

刘琨迁徙到阳曲居住，召集流散的人员。卢谌是刘粲的参军，逃跑投奔了刘琨。汉国杀了他的父亲卢志以及弟弟卢谧、卢诜。追赠傅虎为幽州刺史。

十二月，汉主刘聪把张氏立为皇后，任命她父亲张寔为左光禄大夫。

彭仲荡的儿子彭天护带领胡人们攻打贾疋，彭天护表面上假装失败退走，贾疋追击，夜里掉到山涧中，彭天护把他抓住杀了。汉国让彭天护担任凉州刺史。晋朝推举始平太守麹允兼任雍州刺史。阎鼎与京兆太守梁综争夺权力，阎鼎于是杀了梁综。麹允与抚夷护军索綝、冯太守梁肃联合兵力攻打阎鼎，阎鼎出奔雍州，被氐人窦首杀死。

广平人游纶、张豺拥有几万人，占据苑乡，王浚让他们在那儿暂时代理原官行使职权。石勒派遣夔安、支雄等七个将领攻打他们，攻破了外围的营垒。王浚派遣都护王昌率领各军以及辽西公段疾陆眷，段疾陆眷的弟弟段匹、段文鸯，堂弟段末

疾陆眷屯于渚阳，勒遣诸将出战，皆为疾陆眷所败。疾陆眷大造攻具，将攻城，勒众甚惧。勒召将佐谋之曰："今城堑未固，粮储不多，彼众我寡，外无救援，吾欲悉众与之决战，何如？"诸将皆曰："不如坚守以疲敌，待其退而击之。"张宾、孔苌曰："鲜卑之种，段氏最为勇悍，而末柸尤甚，其锐卒皆在末柸所。今闻疾陆眷刻日攻北城，其大众远来，战斗连日，谓我孤弱，不敢出战，意必懈惰，宜且勿出，示之以怯，凿北城为突门二十余道，俟其来至，列守未定，出其不意，直冲末柸帐，彼必震骇，不暇为计，破之必矣。末柸败，则其余不攻而溃矣。"勒从之，密为突门。既而疾陆眷攻北城，勒登城望之，见其将士或释仗而寝，乃命孔苌督锐卒自突门出击之，城上鼓噪以助其势。苌攻末柸帐，不能克而退。末柸逐之，入其垒门，为勒众所获，疾陆眷等军皆退走。苌乘胜追击，枕尸三十余里，获铠马五千匹。疾陆眷收其余众，还屯渚阳。

勒质末柸，遣使求和于疾陆眷，疾陆眷许之。文鸯谏曰："今以末柸一人之故而纵垂亡之虏，得无为王彭祖所怨，招后患乎！"疾陆眷不从，复以铠马金银赂勒，且以末柸三弟为质而请末柸。诸将皆劝勒杀末柸，勒曰："辽西鲜卑，健国也，与我素无仇雠，为王浚所使耳。今杀一人而结一国之怨，非计也。归之，必深德我，不复为浚用矣。"乃厚以金帛报之，遣石虎与疾陆眷盟于渚阳，结为兄弟。疾陆眷引归，王昌不能独留，亦引兵还蓟。勒召末柸，与之燕饮，誓为父子，遣还辽西。末柸在涂，日南向而拜者三。由是段氏专心附勒，王浚之势遂衰。

游纶、张豺请降于勒。勒攻信都，杀冀州刺史王象。浚复以邵举行冀州刺史，保信都。

（以上为第五段，写晋朝臣民尊奉秦王司马邺为皇太子，在长安建立行台；晋将刘琨、王浚等组织兵力抗击入侵的汉兵，收效甚微；段氏投靠石勒，势力更盛。）

是岁大疫。

柸等人的部众五万人到襄国攻打石勒。

段疾陆眷在渚阳驻扎，石勒派多名将领去攻打，都被段疾陆眷打败。段疾陆眷大量制造攻城的器具，打算攻城，石勒的部众都非常惧怕。石勒召集部将参佐等官员商议说："现在城墙壍壕还不坚固，粮食储备也不多，敌众我寡，外面没有救援，因此我想用全力与他决战，怎么样？"武将们都说："还不如坚守使敌人疲惫，等待他们退还时再打击他们。"张宾、孔苌说："鲜卑部落当中，段氏最为骁勇剽悍，而段末柸更加突出，他们的精锐部队都在段末柸那里。今天听说段疾陆眷几天之内就要攻打北城，他的军队从远方来，又连日战斗，认为我们孤独无援兵力微弱，不敢出去交战，斗志一定松懈懒惰。我们最好暂且不出去，让他们觉得我们胆怯，在北城墙凿出二十几条暗道，等待他们来到时，兵阵还没有排列稳定，出其不意，直冲段末柸的军帐，他们一定震惊惧怕而来不及安排对策，打败他们是必定无疑的。段末柸失败了，其他军队就不攻自溃了。"石勒听从了这个计策，秘密设置暗道暗门。不久，段疾陆眷攻打北城，石勒登上城墙观望他们的情况，发现他们的武将士卒有的甚至放下兵器躺着，就命令孔苌带领精锐士兵从暗门中突袭，城上擂鼓呐喊助威，孔苌进攻段末柸的军帐，不能攻破便撤退，段末柸追击，进入孔苌的军垒门，被石勒的军队所擒获。段疾陆眷等人的军队都退走。这时孔苌乘胜追击，杀得尸横三十多里，缴获铠甲马匹五千多。段疾陆眷召集剩余部众，退到渚阳驻扎。

石勒以段末柸为人质，派使者去向段疾陆眷求和，段疾陆眷同意了。段文鸯劝说道："现在因为段末柸一人的缘故，而把面临灭亡的敌人放跑，该不会被王浚所怨恨，而招来后患吧？"段疾陆眷不听，又用铠甲马匹金银去贿赂石勒，并且用段末柸的三弟作人质而请求换回段末柸。各将领都劝石勒杀了段末柸，石勒说："辽西鲜卑是强国，与我们向来没有仇，这次是受王浚的指使罢了。现在杀一个人而去与一个国家结怨仇，不是办法。放他回去，他们一定会深深地感念我，不再被王浚所用。"于是，用丰厚的金子、布帛回报他，派石虎去与段疾陆眷在渚阳结盟，拜为兄弟。段疾陆眷带兵回归辽西，王昌没有力量单独留下，也率兵还归蓟州。石勒招来段末柸，与他宴饮，并宣誓结为父子，便让他回辽西。段末柸在路上，每天都朝南三拜。从此，段氏一心附从石勒，王浚的势力于是衰败。

游纶、张豺向石勒请求投降。石勒攻打信都，杀掉冀州刺史王象。王浚又让邵举担任冀州刺史，防守信都。

这一年，全国大肆流行传染病。

王澄少与兄衍名冠海内，刘琨谓澄曰：“卿形虽散朗，而内实动侠，以此处世，难得其死。”及在荆州，悦成都内史王机，谓为己亚，使之内综心膂，外为爪牙。澄屡为杜弢所败，望实俱损，犹傲然自得，无忧惧之意，但与机日夜纵酒博弈，由是上下离心；南平太守应詹屡谏，不听。

澄自出军击杜弢，军于作塘。故山简参军王冲拥众迎应詹为刺史，詹以冲无赖，弃之，还南平，冲乃自称刺史。澄惧，使其将杜蕤守江陵，徙治孱陵，寻又奔沓中。别驾郭舒谏曰：“使君临州虽无异政，然一州人心所系，今西收华容之兵，足以擒此小丑，奈何自弃，遽为奔亡乎！”澄不从，欲将舒东下。舒曰：“舒为万里纪纲不能匡正，令使君奔亡，诚不忍渡江。”乃留屯沌口。琅邪王睿闻之，召澄为军谘祭酒，以军谘祭酒周𫖮代之，澄乃赴召。

𫖮始至州，建平流民傅密等叛迎杜弢，弢别将王真袭沔阳，𫖮狼狈失据。征讨都督王敦遣武昌太守陶侃、寻阳太守周访、历阳内史甘卓共击弢，敦进屯豫章，为诸军继援。

王澄过诣敦，自以名声素出敦右，犹以旧意侮敦。敦怒，诬其与杜弢通信，遣壮士扼杀之。王机闻澄死，惧祸，以其父毅、兄矩皆尝为广州刺史，就敦求广州，敦不许。会广州将温卲等叛刺史郭讷，迎机为刺史，机遂将奴客门生千余人入广州。讷遣兵拒之，将士皆机父兄时部曲，不战迎降；讷乃避位，以州授之。

王如军中饥乏，官军讨之，其党多降；如计穷，遂降于王敦。

镇东军司顾荣、前太子洗马卫玠皆卒。玠，瓘之孙也，美风神，善清谈，常以为人有不及，可以情恕，非意相干，可以理遣，故终身不见喜愠之色。

江阳太守张启杀行益州刺史王异而代之。启，翼之孙也，寻病卒。三府文武共表涪陵太守向沈行西夷校尉，南保涪陵。

王澄年轻时，名声就与哥哥王衍一起名扬海内，刘琨对王澄说："你外表虽然洒脱清朗，而内心实际易动而侠义，这样来处世，难得好死。"等王澄到了荆州，喜欢成都内史王机，认为他仅次于自己，让他对内成为总理事务的心腹臂膀，对外成为得力帮手。王澄多次被杜弢打败，声望有所减损，但仍然是傲然自得，心里没有一点忧虑惧怯，只是与王机日夜纵情喝酒对弈，因此，上下与他都不是一条心，南平太守应詹多次劝谏，而王澄不听。

王澄自己出兵攻打杜弢，在作塘驻扎。以前在山简处任参军的王冲聚集部众迎接应詹担任刺史，应詹因为王冲不可靠，离开他返回南平，王冲于是自称刺史。王澄惧怯，派自己的部将杜蕤防守江陵，自己把治所迁徙到孱陵，不久又逃奔沓中。别驾郭舒劝谏王澄说："您到荆州虽然没有特殊的政绩，但仍是一州的人心所寄托的，现在您把华容县的军队从西边调回，完全能够擒获这个小丑，怎么能够自己放弃，仓皇地逃走呢？"王澄不接受，想带着郭舒往东走。郭舒说："我担任着处理一州纪纲法度的职务，不能够扶正州务，现在您外出逃亡，实在不忍心渡江。"于是就留守在沌口。琅邪王司马睿听说后，就征召王澄担任军谘祭酒，以军谘祭酒周颉代替他原来的职务，王澄于是应召而来。

周颉刚到荆州时，建平的流民傅密等人叛离，去迎接杜弢，杜弢的别将王真袭击沔阳，周颉于是狼狈地失去所守。征讨都督王敦派武昌太守陶侃、寻阳太守周访、历阳内史甘卓一起攻打杜弢，王敦进军到豫章驻扎，作为各支军队的后援。

王澄前去拜访王敦，自认为名声一直在王敦之上，还想按照以往的想法戏弄王敦。这次王敦大怒，诬陷他与杜弢有信使来往，派壮士把王澄掐死。王机听说王澄死了，害怕受到牵连，因为自己的父亲王毅、哥哥王矩都曾经当过广州刺史，就到王敦那里请求到广州任职，王敦不允许。正遇到广州的武将温卲等人叛离刺史郭讷，迎接王机去当刺史，王机于是就带着家奴、门客一千多人到了广州。郭讷派兵阻击王机，但部将士兵都是王机父亲、哥哥任职时的人马，因而不战却迎上去投降，郭讷于是辞职，把职务交给王机。

王如的军中饥饿困乏，官军征讨他们，王如的属下大多投降。王如没有办法，于是向王敦投降。

镇东军司顾荣、前太子洗马卫玠都去世了。卫玠是卫瓘的孙子，风韵神气很优美，善于清谈。常常认为别人没有做到的，能够在情理上宽恕，即使遭到意外的冒犯，也能够用道理来排遣，所以终身都没有表露出高兴或生气的神色。

江阳太守张启，杀了代理益州刺史王异，取代了王异的职务。张启是张翼的孙子，但不久就病死了。益州三个官府的官员一起表奏涪陵太守向沈担任西夷校尉，到南面守卫涪陵。

南安赤亭羌姚弋仲东徙榆眉，戎、夏襁负随之者数万，自称护羌校尉、雍州刺史、扶风公。

（以上为第六段，写晋朝名士王澄行为放荡，担任荆州刺史而不理政事，导致流民反叛，弄得荆州大乱，上下离心，琅邪王司马睿召回，途中被大将军王敦所杀。）

孝愍皇帝上

建兴元年（癸酉，313 年）

春，正月，丁丑朔，汉主聪宴群臣于光极殿，使怀帝著青衣行酒。庾珉、王儁等不胜悲愤，因号哭，聪恶之。有告珉等谋以平阳应刘琨者，二月，丁未，聪杀珉、儁等故晋臣十余人，怀帝亦遇害。大赦，复以会稽刘夫人为贵人。

荀崧曰：怀帝天姿清劭，少著英猷，若遇承平，足为守文佳主。而继惠帝扰乱之后，东海专政，故无幽、厉之衅而有流亡之祸矣！

乙亥，汉太后张氏卒，谥曰“光献”。张后不胜哀，丁丑，亦卒，谥曰“武孝”。

己卯，汉定襄忠穆公王彰卒。

三月，汉主聪立贵嫔刘娥为皇后，为之起凰仪殿。廷尉陈元达切谏，以为：“天生民而树之君，使司牧之，非以兆民之命穷一人之欲也。晋氏失德，大汉受之，苍生引领，庶几息肩。是以光文皇帝身衣大布，居无重茵，后妃不衣锦绮，乘舆马不食粟，爱民故也。陛下践阼以来，已作殿观四十余所，加之军旅数兴，馈运不息，饥馑、疾疫，死亡相继，而益思营缮，岂为民父母之意乎！今有晋遗类，西据关中，南擅江表；李雄奄有巴、蜀；王浚、刘琨窥窬肘腋；石勒、曹嶷贡禀渐疏。陛下释此不忧，乃更为中宫作殿，岂目前之所急乎！昔太宗居治安之世，粟帛流衍，犹爱百金之费，息露台之役。陛下承荒乱之余，所有之地，不过太宗之二郡，战守之备，非特匈奴、南越而已。而宫室之侈乃至于此，臣所以不敢不冒死而言也。”

南安赤亭的羌人姚弋仲向东迁移到榆眉，戎人、汉人携带妻儿老小跟随他的人有几万，姚弋仲自称护羌护尉、雍州刺史、扶风公。

孝愍皇帝上

晋愍帝建兴元年（癸酉，313 年）

春季，正月初一丁丑朔，汉主刘聪在光极殿宴请群臣，派晋怀帝司马炽身穿青衣巡行酌酒劝饮。庾珉、王儁等人不胜悲愤，因此而放声大哭。刘聪讨厌他们。正好有人告发庾珉等人商谋在平阳接应刘琨。二月初一丁未，刘聪杀掉庾珉、王儁等原晋朝的大臣十多人，晋怀帝也遇害。刘聪宣布实行大赦，重新让会稽刘夫人当贵人。

荀崧评论说：怀帝天资清高，年轻时就以英俊志向远大而著名，如果遇到天下太平，完全能够成为保持礼乐制度的很好的君主。但是，继惠帝司马衷时局势纷乱之后，东海王司马越独揽朝政，所以没有周幽王、周厉王的罪孽而却有流亡的灾祸。

正月二十九日乙亥，汉国太后张氏去世，谥号为光献。张皇后非常悲哀，丁丑（疑误）也去世了，谥号为武孝。

己卯（疑误），汉国定襄忠穆公王彰去世。

三月，汉主刘聪把贵嫔刘娥立为皇后，为她建造凰仪殿。廷尉陈元达恳切地劝说，认为："天生百姓而为他们树立君王，是让君王管理他们，并不是用千万百姓的生命满足一个人的穷奢极欲。晋朝廷无道，大汉受命于天，百姓翘首以待，差不多可以稍加养息。所以光文皇帝刘渊身穿粗布，居住的地方也没有双层的坐垫，皇后妃嫔也不穿绫罗绸缎，拉车的马匹不喂粟谷，这是爱惜百姓的缘故。皇上即位以来，已经建造了四十多处宫殿，加上一再兴兵作战，军粮运输不停，饥馑、疾病流行，造成人们死的死、逃的逃，但您还想大兴土木，这难道是做百姓父母的想法吗？现在晋朝的残余还在西边占据着关中地区，南边把持着江东地区；李雄占据着巴蜀地区；王浚、刘琨窥伺着我们的肘腋之处；石勒、曹嶷贡奉与禀告越来越少，皇上不为这一切担忧，却又在宫廷中建造殿堂，这难道是目前所急需的吗？过去汉文帝处于安定的社会，稻谷布帛十分丰盛，仍然珍惜百金的费用，停止修建露台的劳役。皇上接受的是兵荒马乱的时代，所占有的地方不过是汉文帝时的两个郡，需要征战和防御的，也并不仅仅是匈奴、南越，而皇宫的奢侈却到了这个地步，所以我不敢不冒死前来说上这几句话。"

聪大怒曰：“朕为天子，营一殿，何问汝鼠子乎，乃敢妄言沮众！不杀此鼠子，朕殿不成！”命左右：“曳出斩之！并其妻子同枭首东市，使群鼠共穴！”时聪在逍遥园李中堂，元达先锁腰而入，即以锁锁堂下树，呼曰：“臣所言者，社稷之计，而陛下杀臣。朱云有言：‘臣得与龙逄、比干游，足矣！’”左右曳之不能动。

大司徒任颛，光禄大夫朱纪、范隆，骠骑大将军河间王易等叩头出血，曰：“元达为先帝所知，受命之初，即引置门下，尽忠竭虑，知无不言。臣等窃禄偷安，每见之未尝不发愧。今所言虽狂直，愿陛下容之。因谏诤而斩列卿，其如后世何！”聪默然。

刘后闻之，密敕左右停刑，手疏上言：“今宫室已备，无烦更营，四海未一，宜爱民力。廷尉之言，社稷之福也，陛下宜加封赏，而更诛之，四海谓陛下何如哉！夫忠臣进谏者固不顾其身也，而人主拒谏者亦不顾其身也。陛下为妾营殿而杀谏臣，使忠良结舌者由妾，远近怨怒者由妾，公私困弊者由妾，社稷阽危者由妾，天下之罪皆萃于妾，妾何以当之！妾观自古败国丧家，未始不由妇人，心常疾之，不意今日身自为之，使后世视妾由妾之视昔人也！妾诚无面目复奉巾栉，愿赐死此堂，以塞陛下之过！”聪览之变色。

任颛等叩头流涕不已。聪徐曰：“朕比年已来，微得风疾，喜怒过差，不复自制。元达，忠臣也，朕未之察。诸公乃能破首明之，诚得辅弼之义也。朕愧戢于心，何敢忘之！”命颛等冠履就坐，引元达上，以刘氏表示之，曰：“外辅如公，内辅如后，朕复何忧！”赐颛等谷帛各有差，更命逍遥园曰“纳贤园”，李中堂曰“愧贤堂”。聪谓元达曰：“卿当畏朕，而反使朕畏卿邪！”

（以上为第七段，写汉主刘聪杀害晋怀帝司马炽，立刘娥为皇后，兴建皇后宫，廷尉陈元达强谏，刘聪怒而欲杀之，大臣磕头流血，皇后以死相逼，刘聪又嘉奖陈元达，喜怒无常。）

刘聪勃然大怒，说：“我身为天子，建造一个殿堂，为什么还要问你这样的鼠辈呢？你竟敢胡说八道扰乱大家的情绪，不杀掉你这个鼠辈，我的殿堂就建不成！”向左右随从发出命令：“把陈元达拖出去杀了！连他的妻子和孩子一起在东市悬首示众，让这群老鼠都进到一个墓穴里去！”当时，刘聪在逍遥园的李中堂里，陈元达事先拿锁链锁住腰进去，进去后便用锁链把自己锁在堂下的树下，大声呼喊：“我所说的是为社稷大业考虑，而皇上却要杀掉我。汉朝朱云说：‘我能够与龙逄、比干同游，这就满足了！’”随从们拉不动他。

汉国大司徒任颉，光禄大夫朱纪、范隆，骠骑大将军河间王刘易等人一起叩头叩得出血，说：“陈元达为先帝刘渊所赏识器重，受命立汉之初，就把他安排在门下，他也一直尽忠竭虑，知无不言。我们这些人都是在职位上苟且偷安，每次见到他时没有不感到惭愧的。今天他所说的话虽然有些狂妄直率，但希望皇上能够宽容他。因为直言劝谏而杀掉列卿，这让后世人如何看待您？”刘聪沉默不语。

刘皇后听说后，暗中命令随从们停止对陈元达的刑罚，亲笔写了奏疏给刘聪，说：“现在宫室已经齐备，用不着再营建新的宫室，四海还没有统一，应当珍惜百姓的财力。廷尉陈元达的直言是社稷的福气，皇上应该加以赏赐。现在反而要杀他，天下要怎么来评说皇上呢？直言进谏的忠臣固然不顾自己的性命，而拒绝进谏的君王也是不考虑自身的性命。皇上为了给我营建宫殿而杀掉劝谏的大臣，这样使忠良之臣缄口不言是因为我，远近都产生怨恨愤怒是因为我，公私两方面的困窘弊害也是因为我，使国家社稷面临危险还是因为我，天下的大罪都集中到我的身上，我怎么能承担得起呢？我观察发现，自古以来造成国破家亡的，没有不从妇人开始。我心里常常为之痛心，想不到今天自己也会这样，使得后世的人看我，就像我看古人一样！我实在没有脸面再伺候您，希望您允许我就死在这个殿堂里，来弥补皇上的过错！”刘聪看完后脸色都变了。

任颉等人仍然流着泪不停地叩头。刘聪才慢慢地说道：“我近年以来，因为中风，喜怒超过限度，不能自己控制自己。陈元达是忠臣，我却没有看得出来。各位能够磕破头皮让我了解他，确实是深明辅佐之臣的职责。我的惭愧藏在心中，怎么敢忘掉呢？”说着，让任颉等人整理好冠带鞋履坐下，又叫陈元达上来，把刘皇后的奏疏给他看，说：“在外有像您这样的人辅佐，在内有像皇后这样人辅佐，我还有什么可忧虑的呢？”赏赐给任颉等人不同数量的稻谷与布帛，把逍遥园改称为纳贤园，李中堂改称为愧贤堂。刘聪对陈元达说：“你本该怕我，现在反倒使我怕你了！”

西夷校尉向沈卒，众推汶山太守兰维为西夷校尉。维率吏民北出，欲向巴东，成将李恭、费黑邀击，获之。

夏，四月，丙午，怀帝凶问至长安，皇太子举哀，因加元服，壬申，即皇帝位，大赦，改元。以卫将军梁芬为司徒，雍州刺史麹允为尚书左仆射、录尚书事，京兆太守索綝为尚书右仆射、领吏部、京兆尹。是时，长安城中，户不盈百，蒿棘成林；公私有车四乘，百官无章服、印绶，唯桑版署号而已。寻以索綝为卫将军、领太尉，军国之事，悉以委之。

汉中山王曜、司隶校尉乔智明寇长安，平西将军赵染帅众赴之，诏麹允屯黄白城以拒之。

石勒使石虎攻邺，邺溃，刘演奔廪丘，三台流民皆降于勒。勒以桃豹为魏郡太守以抚之。久之，以石虎代豹镇邺。

初，刘琨用陈留太守焦求为兖州刺史，荀藩又用李述为兖州刺史。述欲攻求，琨召求还。及邺城失守，琨复以刘演为兖州刺史，镇廪丘。前中书侍郎郗鉴，少以清节著名，帅高平千余家避乱保峄山，琅邪王睿就用鉴为兖州刺史，镇邹山。三人各屯一郡，兖州吏民莫知所从。

琅邪王睿以前庐江内史华谭为军谘祭酒。谭尝在寿春依周馥。睿谓谭曰："周祖宣何故反？"谭曰："周馥虽死，天下尚有直言之士。馥见寇贼滋蔓，欲移都以纾国难，执政不悦，兴兵讨之，馥死未逾时而洛都沦没。若谓之反，不亦诬乎！"睿曰："馥位为征镇，握强兵，召之不入，危而不持，亦天下之罪人也。"谭曰："然，危而不持，当与天下共受其责，非但馥也。"

睿参佐多避事自逸，录事参军陈頵言于睿曰："洛中承平之时，朝士以小心恭恪为凡俗，以偃蹇倨肆为优雅，流风相染，以至败国。今僚属皆承西台余弊，养望自高，是前车已覆，而后车又将寻之也。请自今，临使称疾者，皆免官。"睿不从。

三王之诛赵王伦也，制《己亥格》以赏功，自是循而用之。頵上言："昔赵王篡逆，惠皇失位，三王起兵讨之，故厚赏以怀向义之心。今功

西夷校尉向沈去世。大家推举汶山太守兰维为西夷校尉。兰维带领官吏百姓向北进发，想到巴东去。成汉部将李恭、费黑共同攻打，擒获兰维。

夏季，四月初一丙午，晋怀帝被害的凶信传到长安，皇太子举行哀悼，加戴冠冕。二十七日壬申，即皇帝位，宣布实行大赦，改年号为建兴。任卫将军梁芬为司徒，雍州刺史麹允为尚书左仆射、录尚书事，京兆太守索綝为尚书右仆射，兼领吏部、京兆尹。当时长安城中，户不满百家，蒿草荆棘丛生，公室私家的车乘只有四辆，文武百官没有官服、印章绶带，只有用桑木板标上官署名号而已。不久，任命索綝为卫将军兼太尉，军政大事，全部委交给索綝。

汉国中山王刘曜、司隶校尉乔智明进犯长安，平西将军赵染带领军队也赶去参战，晋朝诏令麹允到黄白城去抵御。

石勒派石虎攻打邺城，邺城溃败，刘演逃奔廪丘，三台的流民全部向石勒投降。石勒让桃豹担任魏郡太守进行管理。过了一段时间，又让石虎代替桃豹镇守邺城。

当初，刘琨任用陈留太守焦求为兖州刺史，荀藩又任用李述为兖州刺史。李述想攻打焦求，刘琨就把焦求召了回来。邺城失守后，刘琨又让刘演担任兖州刺史，镇守廪丘。前中书侍郎郗鉴，年轻时就以清高的节操著名，带领高平的一千多户人家到峄山避乱防卫。琅邪王司马睿任用郗鉴为兖州刺史，镇守邹山。这样，李述、刘演、郗鉴三人在一州之内各据一郡，兖州的官吏百姓不知听从谁好。

琅邪王司马睿任用前庐江内史华谭为军谘祭酒。华谭曾经在寿春依附于周馥。司马睿对华谭说："周馥为什么反叛？"华谭说："周馥虽然死了，天下仍还有直言之士。周馥看到强盗窃贼越来越多，想迁都来解除困难，朝廷不高兴，派兵征讨他，结果周馥死了还没有一个时辰，都城洛阳就沦陷了。如果说周馥反叛，难道不是冤枉吗？"司马睿说："周馥身居征镇戍守地方的军事要职，掌握强大的兵力，朝廷召他而他不入朝，朝廷危险的时候而不能扶助，也算是天下的罪人。"华谭说："是这样，朝廷危险而不能扶助，他应该与全国的将领一起受到责难，不仅仅是周馥一个人。"

司马睿的参佐幕僚大多逃避事务求得自己安逸，录事参军陈頵对司马睿说："洛阳太平安定的时候，朝臣们认为小心谨慎属守职责的是平庸，认为傲慢放纵是优雅，这种风气流行感染，以致国家败亡。现在您的幕僚属下也都效法继承了洛阳时的弊病，修养名望自以为高，这是前面的车子已经翻了而后面的车子又将重蹈覆辙。请求从今以后，接受职任却又称病不行使职责的，全部免去他们的官职。"司马睿不听。

齐王司马冏、成都王司马颖、河间王司马颙三王诛杀赵王司马伦时，制定《己亥格》来奖赏功勋，从此沿袭使用。陈頵上书说："过去，赵王司马伦篡权叛逆、惠

无大小，皆以格断，及至金紫佩士卒之身，符策委仆隶之门，非所以重名器，正纪纲也，请一切停之！”额出于寒微，数为正论，府中多恶之，出额为谯郡太守。

吴兴太守周玘，宗族强盛，琅邪王睿颇疑惮之。睿左右用事者，多中州亡官失守之士，驾御吴人，吴人颇怨。玘自以失职，又为刁协所轻，耻恚愈甚，乃阴与其党谋诛执政，以诸南士代之。事泄，玘忧愤而卒，将死，谓其子勰曰：“杀我者，诸伧子也；能复之，乃吾子也。”

（以上为第八段，写晋怀帝司马炽被汉主刘聪杀害后，司马邺在长安称帝，只是续上晋祚而已；中原衣冠南渡，大都成了琅邪王司马睿的高级僚属，江东士人非常不满，充满怨恨。）

石勒攻李恽于上白，斩之。王浚复以薄盛为青州刺史。

王浚使枣嵩督诸军屯易水，召段疾陆眷，欲与之共击石勒，疾陆眷不至。浚怒，以重币赂拓跋猗卢，并檄慕容廆等共讨疾陆眷。猗卢遣右贤王六修将兵会之，为疾陆眷所败。廆遣慕容翰攻段氏，取徒河、新城，至阳乐，闻六修败而还，翰因留镇徒河，壁青山。

初，中国士民避乱者，多北依王浚，浚不能存抚，又政法不立，士民往往复去之。段氏兄弟专尚武勇，不礼士大夫。唯慕容廆政事修明，爱重人物，故士民多归之。

廆举其英俊，随才授任，以河东裴嶷、北平阳耽、庐江黄泓、代郡鲁昌为谋主，广平游邃、北海逄羡、北平西方虔、西河宋奭及封抽、裴开为股肱，平原宋该、安定皇甫岌、岌弟真、兰陵缪恺、昌黎刘斌及封奕、封裕典机要。裕，抽之子也。

裴嶷清方有干略，为昌黎太守，兄武为玄菟太守。武卒，嶷与武子开以其丧归，过廆，廆敬礼之，及去，厚加资送。行及辽西，道不通，嶷欲还就廆。开曰：“乡里在南，奈何北行！且等为流寓，段氏强，慕容氏弱，何必去此而就彼也！”嶷曰：“中国丧乱，今往就之，是相帅而入

皇帝失去地位，三王举兵征讨他，因此用丰厚的奖赏来感念响应举义的人心。现在功劳不论大小，都按照《己亥格》来确定奖赏，结果造成本来是丞相等高级官员佩戴的金印紫绶挂到了一般士卒的身上；用来调兵遣将的凭信符节，命官授爵的策书送给了仆从隶卒的家门之中，这不是重视国家礼仪制度、匡正法律纲纪的做法，请求把这一切都停下来！”陈頵出身贫寒低贱，多次进行这样义正词严的议论，王府中大多都厌恶他，于是派陈頵去担任谯郡太守。

吴兴太守周玘，宗族很强盛，琅邪王司马睿对他很猜疑忌惮。而司马睿身边任职的，大多是中州地区丢弃官职逃离职守的士人，他们来管理吴地的人，吴人都很怨愤。周玘因为失去职位，又被刁协所轻蔑，羞耻愤怒更加强烈。于是，周玘就和他的属下密谋杀掉执政大臣，而以南方人士取代他们。事情泄露，周玘忧愤交加而死。临死时，对他儿子周勰说：“杀死我的是那些中州伧子，能够实现我的设想的，就是我的儿子。”

石勒在上白攻打李恽，把他杀了。王浚又任命薄盛为青州刺史。

王浚派枣嵩督领各军在易水驻扎，召段疾陆眷，想与他一起攻打石勒，段疾陆眷不来。王浚发怒，用重金贿赂拓跋猗卢，并向慕容廆等人传发檄文，要共同讨伐段疾陆眷。拓跋猗卢派右贤王拓跋六修带领军队去与王浚会合，结果被段疾陆眷打败。慕容廆派慕容翰去攻打段氏，攻取了徒河、新城，到达阳乐，听说拓跋六修失败，慕容翰因此留在徒河镇守，在青山建立营垒。

当初，躲避战乱的中原士人百姓，大多向北依附王浚，王浚却不能体恤安抚，又加上行政法律都没有建立，所以士人、百姓又都离开了他。而段氏兄弟只知武夫之勇，不能用礼仪对待士大夫。只有慕容廆政事整饬清明，爱惜重视人物，所以士人、百姓都大多投奔他。

慕容廆选拔其中的英俊人才，按照他们的才能安排职任，让河东人裴嶷、北平人阳耽、庐江人黄泓、代郡人鲁昌担任主要谋臣，让广平人游邃、北海人逄羡、北平人西方虔、西河人宋奭以及封抽、裴开作为重要臣僚，让平原人宋该、安定人皇甫岌、皇甫岌的弟弟皇甫真、兰陵人缪恺、昌黎人刘斌以及封奕、封裕等人掌管机要枢密事务。封裕是封抽的儿子。

裴嶷清廉公正，有办事的才能和谋略，曾任晋朝昌黎太守，其兄裴武任玄菟太守。裴武去世，裴嶷与裴武的儿子裴开送丧回故乡，在经过慕容廆那里时，慕容廆恭敬而待之以礼；离开时，送给他们丰厚的资财。走到辽西，道路不通，裴嶷想回去投奔慕容廆。裴开说：“故乡在南方，怎么能向北走呢？再说，同样是流离失所寄

虎口也。且道远，何由可达！若俟其清通，又非岁月可冀。今欲求托足之地，岂可不慎择其人。汝观诸段，岂有远略，且能待国士乎！慕容公修行仁义，有霸王之志，加以国丰民安，今往从之，高可以立功名，下可以庇宗族，汝何疑焉！”开乃从之。既至，廆大喜。

阳耽清直沈敏，为辽西太守，慕容翰破段氏于阳乐，获之，廆礼而用之。

游邃、逄羡、宋奭，皆尝为昌黎太守，与黄泓俱避地于蓟，后归廆。王浚屡以手书召邃兄畅，畅欲赴之，邃曰：“彭祖刑政不修，华、戎离叛，以邃度之，必不能久，兄且盘桓以俟之。”畅曰：“彭祖忍而多疑，顷者流民北来，命所在追杀之。今手书殷勤，我稽留不往，将累及卿。且乱世宗族宜分，以冀遗种。”遂从之，卒与浚俱没。

宋该与平原杜群、刘翔先依王浚，又依段氏，皆以为不足托，帅诸流寓同归于廆。东夷校尉崔毖请皇甫岌为长史，卑辞说谕，终莫能致，廆招之，岌与弟真即时俱至。

辽东张统据乐浪、带方二郡，与高句丽王乙弗利相攻，连年不解。乐浪王遵说统帅其民千余家归廆，廆为之置乐浪郡，以统为太守，遵参军事。

王如余党涪陵李运、巴西王建等自襄阳将三千余家入汉中，梁州刺史张光遣参军晋邈将兵拒之。邈受运、建赂，劝光纳其降，光从之，使居成固。既而邈见运、建及其徒多珍宝，欲尽取之，复说光曰：“运、建之徒，不修农事，专治器仗，其意难测，不如悉掩杀之，不然，必为乱。”光又从之。五月，邈将兵攻运、建，杀之。建婿杨虎收余众击光，屯于厄水，光遣其子孟苌讨之，不能克。

（以上为第九段，写鲜卑首领慕容廆政事修明，致力招揽人才，晋朝士民纷纷投奔、归附，占据乐浪、玄菟二郡的张统，也率众投奔，鲜卑部不断壮大，声威渐壮。）

人篱下，段氏强大，慕容氏微弱，何必离开这里而到慕容廆那里去呢？”裴嶷说：“中原处于死丧战乱之中，现在去中原，是一起投入虎口。再说，道路遥远，怎么才能到达呢？如果等待中原清明畅通，又不是可以按年月期待的。现在想找一个寄托立足的地方，怎么能不谨慎地选择这样的人？你看看段氏的几个兄弟，难道有远大的谋略吗，能够很好地对待士人吗？慕容公修养德行，有仁义，有实现霸王之业的志向，加上他国富民安，现在去跟随他，向高处可以建立功名，对下可以庇护宗族，你还有什么可怀疑的吗？”裴开于是听从了叔父裴嶷的安排。到了以后，慕容廆非常高兴。

阳耽清廉耿直，沉毅机敏，担任辽西太守，慕容翰在阳乐打败段氏时，抓获阳耽，慕容廆待之以礼而任用他。

游邃、逢羡、宋奭，都曾经担任昌黎太守，与黄泓一起都在蓟地避乱，后来才投奔慕容廆。王浚多次用亲笔信征召游邃的哥哥游畅，游畅想应召前往，游邃说：“王浚不整饬刑法政务，华人、戎人都叛离了他，依我推测，他一定不能长久，哥哥你暂且逗留一段时间等等看。”裴畅说：“王浚残忍而多疑，近来流民往北而来，他命令部下追杀他们。现在亲笔写信态度殷勤，我停留在这儿不去，将要牵累你。再说，乱世当中，宗族应当分开，以期望留下宗族的后代。”裴邃这才同意了，后来裴畅与王浚一起都死了。

宋该与平原人杜群、刘翔，都是先依靠王浚，转而又投靠段氏，认为他们都不值得寄托，而带领各流亡的家族一起归附了慕容廆。

东夷校尉崔毖请皇甫岌担任长史，用谦恭的态度劝说，终究没有能把皇甫岌招来。而慕容廆招呼他们，皇甫岌与弟弟皇甫真当即就一起到了。

辽东张统占据乐浪、带方二郡，与高句丽王乙弗利交战，连年不断。乐浪人王遵劝说张统带领所辖百姓一千多家投奔慕容廆，慕容廆为他设置乐浪郡，让张统担任太守，王遵担任参军。

王如的残余部众涪陵人李运、巴西人王建等人从襄阳带领三千多户人家进入汉中地区，梁州刺史张光派参军晋邈带兵阻止。晋邈接受了李运、王建的贿赂，劝张光接纳他们的投降。张光同意了，让他们居住在成固。不久，晋邈发现李运、王建及其部众有很多珍宝，想全部拿过来，就又对张光说：“李运、王建的部众们，不进行农业生产，而专门制造兵器，他们的意图很难预料，不如乘其不备把他们全部杀了，不然他们一定会作乱。”张光又听从了他。五月，晋邈带兵攻打李运、王建，把他们杀了。王建的女婿杨虎收拾起剩余的部众攻打张光，驻扎在厄水，张光派他儿子张孟苌讨伐他们，但是不能取胜。

壬辰，以琅邪王睿为左丞相、大都督，督陕东诸军事，南阳王保为右丞相、大都督，督陕西诸军事。诏曰："今当扫除鲸鲵，奉迎梓宫。令幽、并两州勒卒三十万直造平阳，右丞相宜帅秦、凉、梁、雍之师三十万径诣长安，左丞相帅所领精兵二十万径造洛阳，同赴大期，克成元勋。"

汉中山王曜屯蒲坂。

石勒使孔苌击定陵，杀田徽。薄盛率所部降勒，山东郡县，相继为勒所取。汉主聪以勒为侍中、征东大将军。乌桓亦叛王浚，潜附于勒。

六月，刘琨与代公猗卢会于陉北，谋击汉。秋，七月，琨进据蓝谷，猗卢遣拓跋普根屯于北屈。琨遣监军韩据自西河而南，将攻西平。汉主聪遣大将军粲等拒琨，骠骑将军易等拒普根，荡晋将军兰阳等助守西平。琨等闻之，引兵还。聪使诸军仍屯所在，为进取之计。

帝遣殿中都尉刘蜀诏左丞相睿以时进军，与乘舆会于中原。

八月，癸亥，蜀至建康，睿辞以方平定江东，未暇北伐。以镇东长史刁协为丞相左长史，从事中郎彭城刘隗为司直，邵陵内史广陵戴邈为军谘祭酒，参军丹阳张闿为从事中郎，尚书郎颍川锺雅为记室参军，谯国桓宣为舍人，豫章熊远为主簿，会稽孔愉为掾。刘隗雅习文史，善伺候睿意，故睿特亲爱之。

熊远上书，以为："军兴以来，处事不用律令，竞作新意，临事立制，朝作夕改，至于主者不敢任法，每辄关咨，非为政之体也。愚谓凡为驳议者，皆当引律令、经传，不得直以情言，无所依准，以亏旧典。若开塞随宜，权道制物，此是人君之所得行，非臣子所宜专用也。"睿以时方多事，不能从。

初，范阳祖逖，少有大志，与刘琨俱为司州主簿，同寝，中夜闻鸡鸣，蹴琨觉曰："此非恶声也！"因起舞。及渡江，左丞相睿以为军谘祭酒。逖居京口，纠合骁健，言于睿曰："晋室之乱，非上无道而下怨叛也，由宗室争权，自相鱼肉，遂使戎狄乘隙，毒流中土。今遗民既遭残贼，人思自奋，大王诚能命将出师，使如逖者统之以复中原，郡国豪杰，必

五月十八日壬辰，朝廷以琅邪王司马睿担任左丞相、大都督，都督陕东诸军事；以南阳王司马保担任右丞相、大都督，都督陕西诸军事。诏书说："现在应当扫除像刘聪那样的大鱼，奉迎怀帝的灵柩。命令幽、并两州带领三十万士兵直接进军平阳，右丞相应当率领秦州、凉州、梁州、雍州的军队三十万人直接到达长安，左丞相率领所属的二十万精锐士兵直接到达洛阳，共同奔赴约定的地方，完成伟大的功业。"

汉国中山王刘曜在蒲坂屯兵。

石勒派孔苌攻打定陵，杀了田徽。薄盛带领所属军队向石勒投降，崤山以东的各个郡县，相继被石勒占取。汉主刘聪任石勒为侍中、征东大将军。乌桓人也叛离了王浚，暗中归附于石勒。

六月，刘琨与代公拓跋猗卢在泾北会合，商议攻打汉国。秋季，七月，刘琨进发占据蓝谷，拓跋猗卢派遣拓跋普根驻扎在北屈。刘琨派遣监军韩据从西河往南，打算攻打西平。汉主刘聪派遣大将军刘粲等人阻击刘琨，骠骑将军刘易等人阻击拓跋普根，荡晋将军兰阳等人协助守卫西平。刘琨等人听说后，带兵回师。刘聪让各支军队仍然驻扎在原地，作为进取的安排。

愍帝司马邺派遣殿中都尉刘蜀诏令左丞相司马睿按时进军，与皇帝的乘舆在中原相会。

八月二十日癸亥，刘蜀到达建康，司马睿推辞说，刚刚平定江东地区，没有余暇北伐。司马睿让镇东长史刁协担任丞相左长史，从事中郎彭城人刘隗担任司直，邵陵内史广陵人戴邈担任军谘祭酒，参军丹阳人张闿担任从事中郎，尚书郎颍川人锺雅担任记室参军，谯国人桓宣担任舍人，豫章人熊远担任主簿，会稽人孔愉担任掾。刘隗平素熟习文史，善于体察司马睿的心意，所以司马睿特别亲近宠爱他。

熊远上书司马睿，认为："兴兵以来，处理事务不依照法令，各官署都竞相自作主张，遇事临时建立制度，但朝令夕改，又导致主事的人不敢承担责任，每当决断时都要报告请示，这不是执政的法度。我认为凡是对决策提出异议的，都应该引用法令和经传典籍，不得简单地用情理来论说，没有一定的标准作依据，从而损害原有的典制。如果放任让大家都按照自认为合适的措施行事，都用权宜变通的方法处理事务，这是君主所能够作的，而不是臣下所应当独自使用的。"司马睿因为当时事情很多，没有能够同意。

当初，范阳人祖逖，年轻时就有大志向，曾与刘琨一起担任司州的主簿，与刘琨同寝，夜半时听到鸡鸣，他踢醒刘琨，说："这不是令人厌恶的声音。"就起床舞剑。渡江以后，左丞相司马睿让他担任军谘祭酒。祖逖住在京口，聚集起骁勇强健的壮士，对司马睿说："晋朝的变乱，不是因为君主无道而使臣下怨恨叛乱，而是皇亲宗室之间争夺权力，自相残杀，这样就使戎狄之人钻了空子，祸害遍及中原。现

有望风响应者矣！”睿素无北伐之志，以逖为奋威将军、豫州刺史，给千人廪，布三千匹，不给铠仗，使自召募。逖将其部曲百余家渡江，中流，击楫而誓曰：“祖逖不能清中原而复济者，有如大江！”遂屯淮阴，起冶铸兵，募得二千余人而后进。

（以上为第十段，写晋愍帝司马邺部署反击入侵敌人，调动全国力量攻打汉赵。琅邪王司马睿偏安江东，不服调遣，而奋威将军祖逖自告奋勇，中流立誓，精神可嘉！）

胡亢性猜忌，杀其骁将数人。杜曾惧，潜引王冲之兵使攻亢。亢悉精兵出拒之，城中空虚，曾因杀亢而并其众。

周顗屯浔水城，为杜弢所困；陶侃使明威将军朱伺救之，弢退保泠口。侃曰：“弢必步向武昌。”乃自径道还郡以待之，弢果来攻。侃使朱伺逆击，大破之，弢遁归长沙。周顗出浔水投王敦于豫章，敦留之。陶侃使参军王贡告捷于敦，敦曰：“若无陶侯，便失荆州矣！”乃表侃为荆州刺史，屯沔江。左丞相睿召周顗，复以为军谘祭酒。

初，氐王杨茂搜之子难敌，遣养子贩易于梁州，私卖良人子一人，张光鞭杀之。难敌怨曰：“使君初来，大荒之后，兵民之命仰我氐活，氐有小罪，不能贳也？”及光与杨虎相攻，各求救于茂搜，茂搜遣难敌救光。难敌求货于光，光不与。杨虎厚赂难敌，且曰：“流民珍货，悉在光所，今伐我，不如伐光。”难敌大喜。光与虎战，使张孟苌居前，难敌继后。难敌与虎夹击孟苌，大破之，孟苌及其弟援皆死。光婴城自守。

九月，光愤激成疾，僚属劝光退据魏兴。光按剑曰：“吾受国重任，不能讨贼，今得死如登仙，何谓退也！”声绝而卒。州人推其少子迈领州事，又与氐战没，众推始平太守胡子序领梁州。

荀藩薨于开封。

汉中山王曜、赵染攻麹允于黄白城，允累战皆败。诏以索綝为征东大将军，将兵助允。

王贡自王敦所还，至竟陵，矫陶侃之命，以杜曾为前锋大都督，击

在，晋朝的遗民遭到摧残伤害后，大家都想着自强奋发，大王您确实能够派遣将领率兵出师，使像我一样的人统领军队来光复中原，各地的英雄豪杰，一定会有闻风响应的人！”司马睿一直没有北伐的志向，他听了祖逖的话以后，就任命祖逖为奋威将军、豫州刺史，仅仅拨给他千人的口粮，三千匹布，不供给兵器，让祖逖自己想办法募集。祖逖带领自己私家的军队共一百多户人家渡过长江，在江中敲打着船桨，说：“祖逖如果不能使中原清明而光复成功，就像大江一样有去无回！”于是，到淮阴驻扎，建造熔炉，冶炼浇铸兵器，又招募了两千多人，然后继续前进。

胡亢性格猜忌多疑，因此杀了自己的骁勇部将多人。杜曾感到恐惧，暗中勾结王冲的军队让他们攻打胡亢。胡亢出动全部精锐部队阻击王冲，而城中空虚，杜曾趁机杀了胡亢，接管了他的部众。

周颉屯兵浔水城，被杜弢围困，陶侃派明威将军朱伺前去救援，杜弢就退到泠口防卫。陶侃说：“杜弢一定会移兵武昌。”就从近路回到郡中等待杜弢，杜弢果然来进攻了。陶侃派朱伺迎头痛击，大败杜弢，杜弢自己逃回长沙。周颉离开浔水到豫章投奔王敦，王敦留下了他。陶侃派参军王贡向王敦报捷，王敦说：“如果没有陶侯，就要失去荆州了！”于是，上奏陶侃担任荆州刺史，驻扎在沔江。左丞相司马睿征召周颉，又让他担任军谘祭酒。

当初，氐人的首领杨茂搜的儿子杨难敌，派养子到梁州贩卖交易，私自买了良人的一个孩子，张光用鞭刑把这个养子杀了。杨难敌怨恨地说：“您刚刚来此，经过大荒年以后，军队百姓的性命都需要仰仗氐人才能生存，氐人有小罪过，难道不能宽恕吗？”等到张光与杨虎交战时，双方都向杨茂搜求救，杨茂搜派杨难敌去救张光，杨难敌向张光索求货物，但张光不给。而杨虎却丰厚地贿赂杨难敌，并且说：“流民的珍贵货物，都在张光处，现在攻打我，不如攻打张光。”杨难敌非常高兴。张光与杨虎交战，派张孟苌打前阵，杨难敌作后援。结果杨难敌与杨虎夹攻张孟苌，大败张孟苌，张孟苌与弟弟张援都死了。张光只好环城防守。

九月，张光因愤怒激动而得病，僚属劝张光退到魏兴据守，张光按着剑说：“我接受了国家的重任，不能讨伐贼寇，今天死了如同登仙，为什么说撤退呢？”说完就死了。州里的人们推举他的小儿子张迈代行州刺史的职务，结果又与氐人交战而死。大家又推举始平太守胡子序兼行梁州刺史的职务。

荀藩在开封去世。

汉国中山王刘曜、赵染在黄白城攻打麴允，麴允多次出战都失败了。朝廷诏令任索綝为征东大将军，带兵去援助麴允。

王贡从王敦处回来，到竟陵，假称陶侃的命令，任杜曾为前锋大都督，攻打王

王冲，斩之，悉降其众。侃召曾，曾不至。贡恐以矫命获罪，遂与曾反击侃。冬，十月，侃兵大败，仅以身免。敦表侃以白衣领职。侃复帅周访等进击杜弢，大破之，敦乃奏复侃官。

汉赵染谓中山王曜曰："麴允率大众在外，长安空虚，可袭也。"曜使染帅精骑五千袭长安，庚寅夜，入外城。帝奔射雁楼。染焚龙尾及诸营，杀掠千余人，辛卯旦，退屯逍遥园。壬辰，将军麴鉴自阿城帅众五千救长安。癸巳，染引还，鉴追之，与曜遇于零武，鉴兵大败。

杨虎、杨难敌急攻梁州，胡子序弃城走，难敌自称刺史。

汉中山王曜恃胜而不设备，十一月，麴允引兵袭之，汉兵大败，杀其冠军将军乔智明。曜引归平阳。

（以上为第十一段，写晋朝对变民首领的攻斗，凉州刺史张光攻打叛军首领杨虎，被氐族首领杨难敌与杨虎夹攻，大败，梁州也被攻夺，杨难敌自任为刺史。）

王浚以其父字处道，自谓应"当涂高"之谶，谋称尊号。前勃海太守刘亮、北海太守王抟、司空掾高柔切谏，浚皆杀之。燕国霍原，志节清高，屡辞征辟。浚以尊号事问之，原不答。浚诬原与群盗通，杀而枭其首。于是，士民骇怨，而浚矜豪日甚，不亲政事，所任皆苛刻小人，枣嵩、朱硕，贪横尤甚。北州谣曰："府中赫赫，朱丘伯；十囊、五囊，入枣郎。"调发殷烦，下不堪命，多叛入鲜卑。从事韩咸监护柳城，盛称慕容廆能接纳士民，欲以讽浚，浚怒，杀之。

浚始者唯恃鲜卑、乌桓以为强，既而皆叛之。加以蝗旱连年，兵势益弱。石勒欲袭之，未知虚实，将遣使觇之，参佐请用羊祜、陆抗故事，致书于浚。勒以问张宾，宾曰："浚名为晋臣，实欲废晋自立，但患四海英雄莫之从耳，其欲得将军，犹项羽之欲得韩信也。将军威振天下，今卑辞厚礼，折节事之，犹惧不信，况为羊、陆之亢敌乎！夫谋人而使人觉其情，难以得志矣。"勒曰："善！"

十二月，勒遣舍人王子春、董肇多赍珍宝，奉表于浚曰："勒本小胡，

冲，把王冲杀了。使王冲的部众全部归降。陶侃征召杜曾，杜曾不来。王贡害怕因为假称陶侃的命令而获罪，就与杜曾反叛攻打陶侃。冬季，十月，陶侃的军队大败，陶侃仅仅逃脱了性命。王敦上奏陶侃以布衣百姓的身份兼任现在职务，将功赎罪。陶侃又带领周访等人进攻杜弢，杜弢大败。王敦于是上奏恢复陶侃的职务。

汉国赵染对中山王刘曜说："麹允率领大军在外面，长安空虚，可以袭击。"刘曜让赵染率领五千精锐骑兵袭击长安，庚寅（疑误）夜，攻入外城。愍帝奔往射雁楼，赵染焚烧了龙尾以及各营帐，杀死抢掠一千多人。十月二十日辛卯，早晨，赵染退到逍遥园驻扎。二十一日壬辰，将军麹鉴从阿城率领五千人救长安，二十二日癸巳，赵染带兵回师，麹鉴追击赵染，与刘曜在零武相遇，麹鉴的军队大败。

杨虎、杨难敌紧急攻打梁州，胡子序弃城逃走，杨难敌自称刺史。

汉国中山王刘曜倚仗胜利而不设防备，十一月，麹允带兵袭击刘曜，汉兵大败，麹允杀了汉国冠军将军乔智明。刘曜带兵返回平阳。

晋朝司空王浚根据他父亲的字处道，自认为应验了"当涂高"的谶言，图谋称帝。前勃海太守赵亮、北海太守王抟、司空掾高柔恳切劝谏，王浚把他们都杀了。燕国人霍原，志气节操清明高洁，多次辞去王浚的任命。王浚又以称帝的事问他，霍原不回答。王浚就诬陷霍原与强盗勾结，杀了霍原并悬首示众。这样，士人、百姓都很震骇怨恨，而王浚骄纵狂妄越来越厉害，不问政事，所任用的人都是苛刻的小人，枣嵩、朱硕贪婪骄横更为突出。北州有民谣说："府中赫赫是朱丘伯；十囊五囊，尽入枣郎。"调遣征发非常频繁，下面不堪忍受，大多叛离，投奔鲜卑。从事韩咸守护柳城，盛赞慕容廆能够接纳士人、百姓，想以此来讽喻王浚，王浚发怒，把他杀了。

王浚开始只是因为倚仗着鲜卑人、乌桓人而强大，但不久鲜卑、乌桓都叛离了他。加上连年蝗灾、旱灾，军队势力更加衰弱。石勒想袭击王浚，但不知他的虚实，打算派使者去侦察，参佐请石勒效法羊祜、陆抗以交邻之礼对待敌方的前例给王浚去信。石勒因此问张宾，张宾说："王浚名义上是晋朝的大臣，实际上是想废掉晋朝自立为帝，只是怕四海的英雄无人相从罢了，他想得到将军您，就像项羽想得到韩信一样。将军您威震天下，现在用谦恭的言辞、丰厚的礼物，降低身份去对待他，还怕他不信？更何况羊祜、陆抗那时是势均力敌呢？图谋其人而使其察觉真情，就难以达到目的。"石勒说："好！"

十二月，石勒派遣舍人王子春、董肇带上很多珍宝，给王浚呈书，说："我本来

遭世饥乱，流离屯厄，窜命冀州，窃相保聚以救性命。今晋祚沦夷，中原无主；殿下州乡贵望，四海所宗，为帝王者，非公复谁！勒所以捐躯起兵，诛讨暴乱者，正为殿下驱除尔。伏愿殿下应天顺人，早登皇祚。勒奉戴殿下如天地父母，殿下察勒微心，亦当视之如子也。”又遗枣嵩书，厚赂之。

浚以段疾陆眷新叛，士民多弃已去，闻勒欲附之，甚喜，谓子春曰：“石公一时豪杰，据有赵、魏，乃欲称藩于孤，其可信乎？”子春曰：“石将军才力强盛，诚如圣旨。但以殿下中州贵望，威行夷、夏，自古胡人为辅佐名臣则有矣，未有为帝王者也。石将军非恶帝王不为而让于殿下，顾以帝王自有历数，非智力之所取。虽强取之，必不为天人之所与故也。项羽虽强，终为汉有。石将军之比殿下，犹阴精之与太阳，是以远鉴前事，归身殿下，此乃石将军之明识所以远过于人也，殿下又何怪乎！”浚大悦，封子春、肇皆为列侯，遣使报聘，以厚币酬之。

游纶兄统，为浚司马，镇范阳，遣使私附于勒。勒斩其使以送浚。浚虽不罪统，益信勒为忠诚，无复疑矣。

是岁，左丞相睿遣世子绍镇广陵，以丞相掾蔡谟为参军。谟，克之子也。

汉中山王曜围河南尹魏浚于石梁，兖州刺史刘演、河内太守郭默遣兵救之，曜分兵逆战于河北，败之，浚夜走，获而杀之。

代公猗卢城盛乐以为北都，治故平城为南都，又作新平城于灅水之阳，使右贤王六修镇之，统领南部。

（以上为第十二段，写晋朝重臣王浚镇守北方，因晋怀帝司马炽被杀，生出不臣之心，不听忠良劝告，治下苛刻残暴，而石勒也假意诈降献媚，弄得王浚飘飘然，不设防备，其为祸不远矣。）

是小小的胡人，遭到饥饿变乱的时局，四处流浪屯守在困厄之地，流窜到冀州，想互相聚集保卫来挽救自己的性命。现在晋朝皇室沦灭，中原无主，您是州乡尊贵的名门望族，四海都尊崇，做帝王的人，不是您还有谁？石勒所以冒死起兵，诛讨凶暴作乱的人，正是为您驱除这些强寇妄贼罢了。希望您能够应天顺从民意，尽快登上皇位。石勒我尊奉拥戴殿下就像尊奉天地父母一样，殿下体察我的心意，也应该把我当作儿子一样看待呀！”又给枣嵩去信，并用厚重的礼物贿赂他。

王浚因为段疾陆眷刚刚叛离，士人百姓又大多离开了自己，听到石勒想来归附自己，大喜过望，对王子春说：“石公是当世豪杰，占据有赵、魏地区，却想做我的藩属，这能是真的吗？”王子春说：“石将军才能力量都很强盛，确实如您所说。只是因为殿下是中州尊贵的名门望族，威势达于夷人、华人地区，自古以来有胡人作为辅佐君王名臣的情况，而没有做帝王的人。石将军不是厌恶帝王的地位而辞让给殿下，只是顾虑因为帝王自有天道气数，不是仅靠才智力量所能取得的，即使强行取得帝位，也一定不被上天与人们所承认的缘故。项羽虽然强大，但天下终究为汉朝所有。石将军与殿下相比，就像月亮之于太阳，所以鉴于历史情况，才投身于您，这是石将军远见卓识所以远远超过他人的地方，殿下有什么可奇怪的呢？”王浚听后非常高兴，把王子春、董肇都封为侯，派使者报告这个聘任，并且重金酬谢他们。

游纶的哥哥游统担任王浚的司马，镇守范阳，派使者暗自依附于石勒，石勒杀了他的使者并送给王浚。王浚虽然没有以罪惩罚游统，但却更加相信石勒的忠诚，于是不再怀疑石勒有诈。

这一年，左丞相司马睿派长子司马绍镇守广陵，让丞相掾蔡谟担任参军。蔡谟，是蔡克的儿子。

汉国中山王刘曜在石梁包围了河南尹魏浚，兖州刺史刘演、河内太守郭默派兵救援魏浚，刘曜分兵在河北迎战，打败了他们。魏浚连夜逃走，刘曜抓获后把他杀了。

代公拓跋猗卢在盛乐县筑城作为北都，把旧平城作为南都，又在灅水的北面建造新平城，派右贤王拓跋六修镇守，总管南部地区事务。

【点评】

论晋怀帝司马炽。晋怀帝司马炽，是晋武帝司马炎的第25个儿子，是晋惠帝司马衷的异母弟，当了四年的末代皇帝，最后成了汉主刘渊的阶下囚。

首先，司马炽是司马诸王争权夺利的得利者，也是牺牲品。在诸王争斗得不可开交的时候，司马炽并未加入乱事，他行事低调，也不热衷于交结宾客，不问人间世事，也没有什么野心，只是爱好钻研史籍。司马炽初被封豫章王，后来被立为皇太弟，也就是将来的皇位继承人。这其实是成都王司马颖和河间王司马颙对立斗争之下形成的结果。而后被立为皇帝，也是如此。晋惠帝司马衷被东海王司马越毒死后，羊皇后怀有私心，不同意立司马炽，而打算立清河王司马覃。而司马越力主立司马炽，司马炽最后胜出。

其次，司马炽不甘心任人摆布，而又力不从心。司马炽为权臣司马越所立，希望他像晋惠帝司马衷那样，做个傀儡皇帝。但他上任后，重用了忠于自己的缪播等一些人，惹恼了司马越，司马越到皇宫里将缪播等人以谋反的罪名杀掉。司马炽处于权臣高压之下，能有什么办法呢？只有流泪而已。但从这里看出，司马炽是不甘心任人摆布的。

再次，司马炽缺乏临事的果断决策能力，以至于被敌人活捉。敌人攻进都城，帝都洛阳摇摇欲坠，而朝堂上却乱成一锅粥，对究竟是坚守还是逃亡，双方争论不休，无法统一，到最后洛阳沦陷，也没有做出决定。司马炽表现得非常不称职，最后被敌人活捉，也是情理之中。

最后，司马炽被汉主刘聪封为会稽郡公，当刘聪问他为什么如此骨肉相残。他用天意来搪塞，显然不想把家丑外扬，在敌人面前诉说自己的伤心往事。后来，刘聪大宴群臣，叫司马炽为群臣斟酒，借此予以羞辱，此时的司马炽一定是无限悲愤，可他却表现得非常平静，没有任何怨言。

·文白对照本·

资治通鉴

（全十八册）

第六册

卷第八十九至卷第一百五（晋纪十一至晋纪二十七）

（宋）司马光　编著
张大可　语译

创于1897 商務印書館 The Commercial Press

第六册目录

卷第八十九　晋纪十一
晋愍帝建兴二年至四年（314—316 年）…… 3121

卷第九十　晋纪十二
晋元帝建武元年至太兴元年（317—318 年）…… 3161

卷第九十一　晋纪十三
晋元帝太兴二年至四年（319—321 年）…… 3193

卷第九十二　晋纪十四
晋元帝永昌元年至晋明帝太宁元年（322—323 年）…… 3227

卷第九十三　晋纪十五
晋明帝太宁二年至晋成帝咸和二年（324—327 年）…… 3261

卷第九十四　晋纪十六
晋成帝咸和三年至六年（328—331 年）…… 3295

卷第九十五　晋纪十七
晋成帝咸和七年至咸康三年（332—337 年）…… 3333

卷第九十六　晋纪十八
晋成帝咸康四年至七年（338—341 年）…… 3369

卷第九十七　晋纪十九
晋成帝咸康八年至晋穆帝永和三年（342—347 年）…… 3409

卷第九十八　晋纪二十
晋穆帝永和四年至六年（348—350年） …… 3447

卷第九十九　晋纪二十一
晋穆帝永和七年至十年（351—354年） …… 3483

卷第一百　晋纪二十二
晋穆帝永和十一年至升平三年（355—359年） …… 3525

卷第一百一　晋纪二十三
晋穆帝升平四年至晋海西公太和三年（360—368年） …… 3567

卷第一百二　晋纪二十四
晋海西公太和四年至五年（369—370年） …… 3607

卷第一百三　晋纪二十五
晋简文帝咸安元年至晋孝武帝宁康三年（371—375年） …… 3643

卷第一百四　晋纪二十六
晋孝武帝太元元年至七年（376—382年） …… 3677

卷第一百五　晋纪二十七
晋孝武帝太元八年至九年（383—384年） …… 3717

晋纪十一

晋愍帝建兴二年至四年（314—316年）

【起阏逢阉茂（甲戌，314年），尽柔兆困敦（丙子，316年），凡三年】

【大事提要】

本卷记事起公元314年，讫公元316年，凡三年，当晋愍帝（司马邺）建兴二年至建兴四年。本卷所载大事，主要是五个方面：其一，石勒除掉王浚。公元314年，汉国猛将石勒袭击晋朝大司马王浚，张宾建议他先和刘琨搞好关系，换取他的支持。石勒率军到达蓟城，王浚拒绝了左右的忠言，执意要放石勒进城。石勒进城活捉了王浚，马上送到襄国杀掉，然后又杀掉王浚的精兵一万多人。其二，刘聪立三皇后。汉主刘聪滥设官职，设置丞相等七公；又置辅汉等十六大将军，以诸子充任；又置左右司隶，各领户二十万；又设单于左右辅，各主六夷十万帐落；以长子刘粲为丞相，协理朝政；刘粲设计陷害皇太弟刘乂，争夺皇位；同时立三皇后，旷古未闻。其三，吴人作乱。琅邪王司马睿建国江东，中原南渡之士多居显位，吴人心生怨愤。吴兴功曹徐馥收合徒众，以声讨王导、刁协为名起事，南方豪杰欣然响应，旧吴主孙皓族人孙弼亦起兵于广德，徐馥杀掉吴兴太守袁琇。后来周莚运用智谋平乱，徐馥被杀，乱事渐平。其四，成汉规模初具。巴氐人杨虎掳掠汉中的官吏、百姓投奔成汉；梁州人张咸等亦起兵推翻杨难敌而归成汉，于是汉嘉、涪陵、汉中之地均为成汉所有。成汉主李雄虚己好贤，随才授任。当时中原大乱，独蜀地相安富庶，以至于“闾门不闭，路不拾遗”。其五，刘曜攻下长安，灭亡西晋。刘汉将领刘曜率领大军攻打长安，开始屡遭失败，后来趁着晋朝关中军队内乱，终于在公元316年打下长安，西晋末帝司马邺乘着羊车、光着膀子、衔着玉璧投降，西晋宣告灭亡。此后，刘曜拜封相国，都督中外诸军事，镇守长安。

【原文】

孝愍皇帝下

建兴二年（甲戌，314 年）

春，正月，辛未，有如日陨于地；又有三日相承，出西方而东行。

丁丑，大赦。

有流星出牵牛，入紫微，光烛地，坠于平阳北，化为肉，长三十步，广二十七步。汉主聪恶之，以问公卿。陈元达以为："女宠太盛，亡国之征。"聪曰："此阴阳之理，何关人事！"

聪后刘氏贤明，聪所为不道，刘氏每规正之。己丑，刘氏卒，谥曰"武宣"。自是嬖宠竞进，后宫无序矣。

聪置丞相等七公，又置辅汉等十六大将军，各配兵二千，以诸子为之；又置左右司隶，各领户二十余万，万户置一内史；单于左右辅，各主六夷十万落，万落置一都尉；左、右选曹尚书，并典选举。自司隶以下六官，皆位亚仆射。以其子粲为丞相、领大将军、录尚书事，进封晋王。江都王延年录尚书六条事，汝阴王景为太师，王育为太傅，任颉为太保，马景为大司徒，朱纪为大司空，中山王曜为大司马。

壬辰，王子春等及王浚使者至襄国，石勒匿其劲卒、精甲，羸师虚府以示之，北面拜使者而受书。浚遗勒麈尾，勒阳不敢执，悬之于壁，朝夕拜之，曰："我不得见王公，见其所赐，如见公也。"复遣董肇奉表于浚，期以三月中旬亲诣幽州奉上尊号；亦修笺于枣嵩，求并州牧、广平公。

勒问浚之政事于王子春，子春曰："幽州去岁大水，人不粒食，浚积粟百万，不能赈赡，刑政苛酷，赋役殷烦，忠贤内离，夷狄外叛，人皆知其将亡，而浚意气自若，曾无惧心，方更置立台阁，布列百官，自谓汉高、魏武不足比也。"勒抚几笑曰："王彭祖真可擒也。"浚使者还蓟，具言"石勒形势寡弱，款诚无二"，浚大悦，益骄怠，不复设备。

【语译】

孝愍皇帝下

晋愍帝建兴二年（甲戌，314年）

春季，正月初一辛未，有个像太阳似的东西殒落到地上，又接连出现三个太阳，从西方朝东行。

正月初七丁丑，晋朝实行大赦。

有流星从牵牛星处出来，进入紫微星座，星光照亮了地面，后坠落在平阳以北，变成肉，长三十步，宽二十七步。汉主刘聪对此感到厌恶，就询问公卿大臣。陈元达认为是"后宫女宠太多，亡国的征兆"。刘聪说："这天象日月运转的道理，与人事有什么相关？"

刘聪的皇后刘氏很聪慧明达，刘聪做得不符合道理，刘氏每次都规劝让他改正。正月十九日己丑，刘氏去世，谥号为武宣。从此刘聪的宠女爱姬竞相争宠，后宫中失去了秩序。

汉主刘聪设置了丞相等七公；又设置了辅汉等十六大将军，各配备两千士兵，让他们的儿子来担任；又设置了左、右司隶，各辖领二十多万户，每万户设一个内史；又设置了单于左右辅，各统领胡、羯、鲜卑、氐、羌、乌丸等六类共十万帐落，每一万帐落设一个都尉；设置左、右选曹尚书，共同负责选举事务。从司隶以下的六个官职，地位都仅次于仆射。让自己的儿子刘粲担任丞相，兼任大将军、录尚书事，进封为晋王。以江都王刘延年担任录尚书六条事，让汝阴王刘景担任太师，王育担任太傅，任颉担任太保，马景担任大司徒，朱纪担任大司空，中山王刘曜担任大司马。

正月二十二日壬辰，王子春等以及王浚的使者到达襄国，石勒把他强壮的士兵、精锐的兵器都藏起来，用老弱残兵、空虚的府帐给使者看，郑重地向北拜会使者接受王浚的信。王浚送给石勒标志风雅的麈尾，石勒假装不敢拿在手上，而把它悬挂在墙壁上，早晨晚上都恭敬地向它叩拜，说："我不能见到王公，见到他所赐的物品，就像见到他一样。"又派遣董肇向王浚奉交奏表，约定三月中旬亲自到幽州尊奉王浚为帝。又给枣嵩去信，请求担任并州牧、广平公。

石勒向王子春询问王浚的政事情况，王子春说："幽州去年发大水，百姓无粮可吃，而王浚囤积了一百多万石粟谷，却不赈济灾民，刑罚政令苛刻残酷，赋税劳役征发频繁，忠臣贤士从他身边离开，夷人、狄人也在外面叛离。人人都知道他将要灭亡，而王浚毫无察觉，若无其事，一点没有惧祸之意，刚刚又重新设置官署，安排文武百官，自以为汉高祖、魏武帝都无法与他相比。"石勒按着几案笑着说："王

（以上为第一段，写汉主刘聪的治国，滥设官职，大封群臣；石勒假意结交晋朝重臣王浚，隐藏精锐，故作谦恭，打探王浚虚实，为最终消灭王浚，做好前期工作。）

杨虎掠汉中吏民以奔成，梁州人张咸等起兵逐杨难敌。难敌去，咸以其地归成。于是，汉嘉、涪陵、汉中之地皆为成有。成主雄以李凤为梁州刺史，任回为宁州刺史，李恭为荆州刺史。

雄虚己好贤，随才授任，命太傅骧养民于内，李凤等招怀于外，刑政宽简，狱无滞囚。兴学校，置史官。其赋，民男丁岁谷三斛，女丁半之，疾病又半之；户调绢不过数丈，绵数两。事少役希，民多富实，新附者皆给复除。是时，天下大乱，而蜀独无事，年谷屡熟，乃至闾门不闭，路不拾遗。汉嘉夷王冲归、朱提审炤、建宁爨畺皆归之。巴郡尝告急，云有晋兵。雄曰：“吾常忧琅邪微弱，遂为石勒所灭，以为耿耿，不图乃能举兵，使人欣然。”然雄朝无仪品，爵位滥溢，吏无禄秩，取给于民；军无部伍，号令不肃。此其所短也。

二月，壬寅，以张轨为太尉、凉州牧，封西平郡公；王浚为大司马，都督幽、冀诸军事；荀组为司空，领尚书左仆射兼司隶校尉，行留台事；刘琨为大将军、都督并州诸军事。朝廷以张轨老病，拜其子寔为副刺史。

石勒纂严，将袭王浚，而犹豫未发。张宾曰：“夫袭人者，当出其不意。今军严经日而不行，岂非畏刘琨及鲜卑、乌桓为吾后患乎？”勒曰：“然。为之奈何？”宾曰：“彼三方智勇无及将军者。将军虽远出，彼必不敢动，且彼未谓将军便能悬军千里取幽州也。轻军往返，不出二旬，藉使彼虽有心，比其谋议出师，吾已还矣。且刘琨、王浚，虽同名晋臣，实为仇敌。若修笺于琨，送质请和，琨必喜我之服而快浚之亡，终不救浚而袭我也。用兵贵神速，勿后时也。”勒曰：“吾所未了，右侯已了之，吾复何疑！”

遂以火宵行，至柏人，杀主簿游纶，以其兄统在范阳，恐泄军谋故

浚真正是可以手到擒来了。”王浚派去的使者返回蓟地，都说：“石勒目前兵力阵势孤独衰弱，忠诚而无二心。”王浚非常高兴，更加骄纵懈怠，不再安排防务。

杨虎掳掠汉中的官吏、百姓投奔成汉，梁州人张咸等起兵赶走了杨难敌。杨难敌离开，张咸把这块地盘送给成汉，这样汉嘉、涪陵、汉中等地都被成汉所占有。成汉主李雄任命李凤为梁州刺史，任命任回为宁州刺史，任命李恭为荆州刺史。

李雄谦虚而喜欢贤能，按照各人的才能安排他们的职任，让太傅李骧在内管理教化百姓，李凤在外招抚怀柔，刑法政令宽大简明，监狱中没有长期不定罪的囚犯。兴办学校，设置史官。成汉的赋税，百姓中成年男子每年每人交纳三斛谷，成年女子减半，病人再减半。每户的赋仅仅几丈绢，几两绵。事情少，劳役很少征发，百姓大多很富裕，新归附的人都免除徭役。当时天下大乱，而只有蜀地无事，一年谷物几熟，以至于门户不闭、路不拾遗。汉嘉的夷人首领冲归，朱提的审炤、建宁的爨畺都去投靠成汉。巴郡曾经告急，说出现晋朝军队。李雄说：“我常常忧虑晋朝的琅邪王势力微弱，很快会被石勒消灭，对此深感忧虑，没有想到他们还能进行军事行动，这使人感到高兴。”但是，李雄朝廷中没有礼仪和品秩，爵位过于冗滥，官吏也没有俸禄的等级，向百姓索取给养。军队也没有队伍建制，号令不够严肃，这些是成汉所欠缺的。

二月初二壬寅，晋朝任命张轨为太尉、凉州牧，封为平西郡公；任命王浚为大司马，都督幽、冀二州诸军事；任命荀组为司空，领尚书左仆射兼司隶校尉、行留台事；任命刘琨为大将军、都督并州诸军事。朝廷因为张轨年老有病，任命他儿子张寔担任副刺史。

石勒戒严，将要袭击王浚，但犹豫不决，没有发兵。张宾说：“袭击敌人，应该出其不意，现在军队戒严一整天了还不出发，莫非是害怕刘琨以及鲜卑人、乌桓人成为我们的后患吗？”石勒说：“是的，怎么办呢？”张宾说：“他们三方的才智和胆略都没有比得上将军您的，将军即使远征，他们也一定不敢妄动，再说他们未必知道将军能够孤军深入一千里而去夺取幽州。轻装的军队往返，不会超过二十天，假如他们真的有这个想法，等他们商议后出师，我们已经回来了。再说刘琨、王浚，虽然他们名义上同属晋朝的大臣，实际上却是仇敌。如果我们给刘琨去信，送去人质请求停战，刘琨一定为我们的顺服而高兴，对王浚的灭亡而称快，最终不会为救王浚而袭击我们。用兵贵在神速，不要再拖延时间了。”石勒说：“我所没有想好的问题，右侯已有决断，我还有什么可迟疑的呢？”

于是，石勒军队举起火把连夜行军，到达柏人县，杀掉主簿游纶，这是因为他

也。遣使奉笺送质于刘琨，自陈罪恶，请讨浚以自效。琨大喜，移檄州郡，称："已与猗卢方议讨勒，勒走伏无地，求拔幽都以赎罪。今便当遣六修南袭平阳，除僭伪之逆类，降知死之逋羯，顺天副民，翼奉皇家，斯乃曩年积诚灵佑之所致也！"

（以上为第二段，写成汉主李雄招用贤能，轻徭薄赋；张宾出谋划策，汉赵干将石勒谋袭王浚，收买刘琨，送去人质，孤立王浚，并火速出兵，王浚面临灭顶之灾。）

三月，勒军达易水，王浚督护孙纬驰遣白浚，将勒兵拒之，游统禁之。浚将佐皆曰："胡贪而无信，必有诡计，请击之。"浚怒曰："石公来，正欲奉戴我耳，敢言击者斩！"众不敢复言。浚设飨以待之。

壬申，勒晨至蓟，叱门者开门，犹疑有伏兵，先驱牛羊数千头，声言上礼，实欲塞诸街巷。浚始惧，或坐或起。勒既入城，纵兵大掠，浚左右请御之，浚犹不许。勒升其听事，浚乃走出堂皇，勒众执之。勒召浚妻，与之并坐，执浚立于前。浚骂曰："胡奴调乃公，何凶逆如此！"勒曰："公位冠元台，手握强兵，坐观本朝倾覆，曾不救援，乃欲自尊为天子，非凶逆乎！又委任奸贪，残虐百姓，贼害忠良，毒遍燕土，此谁之罪也！"使其将王洛生以五百骑送浚于襄国。浚自投于水，束而出之，斩于襄国市。

勒杀浚麾下精兵万人。浚将佐争诣军门谢罪，馈赂交错。前尚书裴宪、从事中郎荀绰独不至，勒召而让之曰："王浚暴虐，孤讨而诛之，诸人皆来庆谢，二君独与之同恶，将何以逃其戮乎！"对曰："宪等世仕晋朝，荷其荣禄，浚虽凶粗，犹是晋之藩臣，故宪等从之，不敢有贰。明公苟不修德义，专事威刑，则宪等死自其分，又何逃乎！请就死。"不拜而出。勒召而谢之，待以客礼。绰，勖之孙也。

勒数朱硕、枣嵩等以纳贿乱政，为幽州患，责游统以不忠所事，皆斩之。籍浚将佐、亲戚家赀皆至巨万，惟裴宪、荀绰止有书百余帙，盐米各十余斛而已。勒曰："吾不喜得幽州，喜得二子。"以宪为从事中郎，

的哥哥游统在范阳，害怕他泄露军情的缘故。又派遣使者拿着信笺给刘琨送去人质，自己述列罪恶，请求以讨伐王浚来报效刘琨。刘琨大喜过望，向州郡传布檄文，声称：“我与拓跋猗卢正商议讨伐石勒，石勒走投无路，请求用攻克幽都来赎罪。现在应乘便派拓跋六修向南袭击平阳，清除伪逆皇帝刘聪，降服知死的逃亡羯人石勒，顺应天意使百姓安定，辅助尊奉皇室，这是多年一直积累的诚心请神灵庇佑的结果。”

三月，石勒的军队到达易水，王浚的督护孙纬急速派人告诉王浚，将要指挥军队阻击石勒，游统制止这个行动。王浚的将领参佐都说：“胡人贪婪不讲信用，一定有诡计，请攻打石勒。”王浚发怒说：“石公来，正是要尊奉拥戴我，有敢说攻打的人，杀！”大家都不敢再说。王浚安排宴会准备接待石勒。

三月初三壬申，石勒早晨到达蓟城，呵叱守门卫士开门。开门后石勒怀疑有埋伏的军队，就先驱赶几千头牛羊进城，声称是给王浚奉上礼物，实际上想用牛羊堵塞住街巷。王浚这才有些恐惧，坐立不安。石勒进入城里后，纵兵抢掠，王浚身边的官员请示防御石勒，王浚还不允许。石勒登上中庭，王浚于是走出殿堂，石勒的部众抓住了他。石勒招来王浚的妻子，与她并排坐着，押着王浚站在前面。王浚骂道：“胡奴调戏你老子，为什么这样凶恶叛逆！”石勒说：“您地位高于所有大臣，掌握着强大的军队，却坐视朝廷倾覆，竟不去救援，还想尊自己为天子，难道不是凶恶叛逆吗？又任用奸诈贪婪的小人，残酷虐待百姓，杀死迫害忠良，祸害遍及整个燕土，这是谁的罪过呀！”石勒派他的将领王洛生用五百骑兵把王浚押送到襄国，王浚自己投水，士兵们把他捆绑住拉出来，在襄国的街市上把他杀了。

石勒杀了王浚指挥下的一万精锐士兵。王浚的部将参佐争相到军门请罪，馈赠贿赂交相送来。只有前尚书裴宪、从事中郎荀绰没有到。石勒把他们招来斥责说：“王浚残暴凶虐，我讨伐而诛杀他，大家都来庆贺谢罪，你们二君偏偏要与他一同作恶，将怎么逃脱杀戮呢？”他们回答说：“我们几代为晋朝做官，承受着晋朝给予的光荣与俸禄，王浚虽然凶暴粗俗，但仍然是晋朝的藩镇大臣，所以我们跟随他，不敢有二心。您如果不讲究德义，专靠威势刑罚，那么我们死也是自己的本分，又为什么要逃脱呢？请让我们赴死。”说完不拜辞昂然出去。石勒又召他们进来表示道歉，用待客之礼对待他们。荀绰是荀勖的孙子。

石勒历数朱硕、枣嵩等人收受贿赂，搞乱政事，是幽州的祸患；斥责游统任职不忠，把他们都杀了。查抄没收王浚的部将参佐、亲戚的巨额家产，唯独裴宪、荀绰仅有百余套书，盐、米各有十几斛而已。石勒说：“我并不因为取得幽州而高兴，

绰为参军。分遣流民，各还乡里。勒停蓟二日，焚浚宫殿，以故尚书燕国刘翰行幽州刺史，戍蓟，置守宰而还。孙纬遮击之，勒仅而得免。

勒至襄国，遣使奉王浚首献捷于汉，汉以勒为大都督、督陕东诸军事、骠骑大将军、东单于，增封十二郡。勒固辞，受二郡而已。

刘琨请兵于拓跋猗卢以击汉，会猗卢所部杂胡万余家谋应石勒，猗卢悉诛之，不果赴琨约。琨知石勒无降意，乃大惧，上表曰："东北八州，勒灭其七；先朝所授，存者惟臣。勒据襄国，与臣隔山，朝发夕至，城坞骇惧，虽怀忠愤，力不从愿耳！"

刘翰不欲从石勒，乃归段匹䃅，匹䃅遂据蓟城。王浚从事中郎阳裕，耽之兄子也，逃奔令支，依段疾陆眷。会稽朱左车、鲁国孔纂、泰山胡毋翼自蓟逃奔昌黎，依慕容廆。是时，中国流民归廆者数万家，廆以冀州人为冀阳郡，豫州人为成周郡，青州人为营丘郡，并州人为唐国郡。

初，王浚以邵续为乐陵太守，屯厌次。浚败，续附于石勒，勒以续子乂为督护。浚所署勃海太守东莱刘胤弃郡依续，谓续曰："凡立大功，必杖大义。君，晋之忠臣，奈何从贼以自污乎！"会段匹䃅以书邀续同归左丞相睿，续从之。其人皆曰："今弃勒归匹䃅，其如乂何？"续泣曰："我岂得顾子而为叛臣哉！"杀异议者数人。勒闻之，杀乂。续遣刘胤使江东，睿以胤为参军，以续为平原太守。石勒遣兵围续，匹䃅使其弟文鸯救之，勒引去。

襄国大饥，谷二升直银一斤，肉一斤直银一两。

（以上为第三段，写汉国干将石勒消灭王浚之事，王浚怀有不臣之心，企图收服石勒，反被石勒利用，石勒千里跋涉，将其一举歼灭；刘琨被石勒巧言迷惑，隔岸观火。）

杜弢将王真袭陶侃于林障，侃奔滠中。周访救侃，击弢兵，破之。

而是因为得到你们二人而感到高兴。”任裴宪为从事中郎、荀绰为参军。分别遣送流民，让他们各自回到故乡。石勒在蓟城停留了二天，焚烧了王浚的宫殿，以前尚书燕国人刘翰担任幽州刺史，戍守蓟城，安排了郡县长官后回师。孙纬出兵阻击，石勒仅仅得以逃脱。

石勒回到襄国，派遣使者带着王浚的首级向汉国报捷。汉国任命石勒为大都督，都督陕东诸军事、骠骑大将军、东单于，增封十二个郡，石勒坚持推辞，仅仅接受了两个郡。

刘琨向拓跋猗卢请求军队来攻打汉国，正遇到拓跋猗卢所辖的一万多家成分复杂的胡人密谋接应石勒，拓跋猗卢把他们全部杀了，没有赶赴与刘琨所约的行动。刘琨得知石勒没有投降的意思，非常害怕，上奏说：“东北地区八个州，石勒消灭了其中七个，以前晋朝所安排的州牧，只有我留存下来。石勒占据襄国，与我仅隔一座山，早晨出兵晚上就能到达，各个城堡都震骇惊恐，虽然心怀忠诚与仇恨，但是也力不从心呀！”

刘翰不想附从石勒，于是投靠段匹磾，段匹磾于是便占据了蓟城。王浚的从事中郎阳裕是阳耽哥哥的儿子，逃奔到令支县，依附于段疾陆眷。会稽人朱左车、鲁国人孔纂、泰山人胡毋翼等从蓟城逃奔昌黎，依附于慕容廆。当时中原投奔慕容廆的流民有几万家，慕容廆为冀州人设置冀阳郡，为豫州人设置成周郡，为青州人设置营丘郡，为并州人设置唐国郡。

当初，王浚以邵续担任乐陵太守，驻扎在厌次县。王浚失败，邵续依附于石勒，石勒以邵续的儿子邵乂担任督护。王浚所管辖的渤海太守、东莱人刘胤弃职投奔邵续，对邵续说：“凡是建立大功，一定要依仗大义。您是晋朝的忠臣，为什么顺从贼寇玷污自己呢？”正好段匹磾来信邀请邵续一同投靠左丞相司马睿，邵续同意了这个邀请。他手下的人都说：“现在离弃石勒而投靠段匹磾，那邵乂怎么办？”邵续哭着说：“我难道能为顾惜儿子而做叛臣吗？”杀了几个持异议的人。石勒听说后，杀了邵乂。邵续派遣刘胤作为使者到江东，司马睿让刘胤担任参军，任命邵续为平原太守。石勒派兵包围邵续，段匹磾派他弟弟段文鸯救援邵续，石勒带兵离去。

襄国饥荒严重，二升谷子价值一斤银子，一斤肉价值一两银子。

流民首领杜弢带领王真到林障袭击陶侃，陶侃逃奔滠中。周访救援陶侃，打败了杜弢的军队。

夏，五月，西平武穆公张轨寝疾，遗令：“文武将佐，务安百姓，上思报国，下以宁家。”己丑，轨薨。长史张玺等表世子寔摄父位。

汉中山王曜、赵染寇长安。六月，曜屯渭汭，染屯新丰，索綝将兵出拒之。染有轻綝之色，长史鲁徽曰：“晋之君臣，自知强弱不敌，将致死于我，不可轻也。”染曰：“以司马模之强，吾取之如拉朽；索綝小竖，岂能污吾马蹄、刀刃邪！”晨，帅轻骑数百逆之，曰：“要当获綝而后食。”綝与战于城西，染兵败而归，悔曰：“吾不用鲁徽之言以至此，何面目见之！”先命斩徽，徽曰：“将军愚愎以取败，乃复忌前害胜，诛忠良以逞忿，犹有天地，将军其得死于枕席乎！”诏加索綝骠骑大将军、尚书左仆射、录尚书，承制行事。

曜、染复与将军殷凯帅众数万向长安，麴允逆战于冯翊，允败，收兵。夜，袭凯营，凯败死。曜乃还攻河内太守郭默于怀，列三屯围之。默食尽，送妻子为质，请籴于曜；籴毕，复婴城固守。曜怒，沈默妻子于河而攻之。默欲投李矩于新郑，矩使其甥郭诵迎之，兵少，不敢进。会刘琨遣参军张肇帅鲜卑五百余骑诣长安，道阻不通，还，过矩营，矩说肇，使击汉兵。汉兵望见鲜卑，不战而走，默遂率众归矩。汉主聪召曜，还屯蒲坂。

秋，赵染攻北地，麴允拒之，染中弩而死。

石勒始命州郡阅实户口，户出帛二匹，谷二斛。

冬，十月，以张寔为都督凉州诸军事、凉州刺史、西平公。

十一月，汉主聪以晋王粲为相国、大单于，总百揆。粲少有俊才，自为宰相，骄奢专恣，远贤亲佞，严刻愎谏，国人始恶之。

周勰以其父遗言，因吴人之怨，谋作乱，使吴兴功曹徐馥矫称叔父丞相从事中郎札之命，收合徒众，以讨王导、刁协，豪杰翕然附之，孙皓族人弼亦起兵于广德以应之。

（以上为第四段，写西晋大臣与汉国入侵者的斗争，索綝、麴允、郭默等将领，表现出令人敬佩的忠勇之气，不畏强暴，舍家报国，其事迹可圈可点，其精神可歌可泣。）

夏季，五月，西平武穆公张轨病危，下达遗令：“文武官员，一定要使百姓安定，一方面报国，一方面宁家。”二十日己丑，张轨去世。长史张玺等人上奏张轨的长子张寔代理他父亲的职务。

汉国中山王刘曜、赵染进犯长安。六月，刘曜在渭汭驻扎，赵染在新丰驻扎。索綝带兵出去阻击。赵染有轻视索綝的表现，长史鲁徽说：“晋朝的君主大臣，自己知道力量悬殊不是对手，将与我们拼命，不能够轻视。”赵染说：“司马模那么强大，我打败他如同摧枯拉朽。索綝这小子，难道还能弄脏我的马蹄、刀刃吗？”早晨，率领几百轻骑兵迎着索綝的军队而去，说：“抓到索綝以后再吃饭。”索綝与赵染在新丰城西交战，赵染兵败而归，懊悔说：“我不听鲁徽的话以致失败，有什么脸面见他！”先令人杀掉鲁徽，鲁徽说：“将军您愚鲁刚愎所以失败，却又忌恨残害在你前面胜过你的人，诛杀忠良以发泄愤恨，天地报应尚在，您难道能有善终吗？”朝廷诏令任命索綝为骠骑大将军、尚书左仆射、录尚书事，奉制书行事。

刘曜、赵染又与将军殷凯率领几万军队进发长安，麴允在冯翊迎战，结果麴允失败，收兵。夜里，袭击殷凯军营，殷凯失败而死。刘曜于是回师到怀县攻打河内太守郭默，屯列三处包围他。郭默粮食吃完了，就把妻儿送到刘曜那里当人质，请求在刘曜处买粮，买完粮食，郭默又关闭四周城门固守。刘曜发怒，把郭默的妻儿沉到河中而攻打郭默。郭默想到新郑投奔李矩，李矩派自己的外甥郭诵去迎接郭默，结果兵少而不敢向前。这时刘琨派遣参军张肇带领五百多鲜卑骑兵到长安，因道路不通，正往回走，路过李矩的军营，李矩劝说张肇，让他攻打汉军。结果，汉军远远看到鲜卑骑兵，不战而走，这样郭默便率众归了李矩。汉主刘聪召刘曜回到蒲坂驻扎。

秋季，赵染攻打北地，遭到麴允阻击，赵染身中弩箭而死。

石勒开始命令所据各州郡核实户口，每户征收二匹帛、二斛谷。

冬季，十月，朝廷任命张寔为都督凉州诸军事、凉州刺史、西平公。

十一月，汉主刘聪任命晋王刘粲为相国、大单于，总领文武百官。刘粲年轻时有杰出的才能，但自从当了宰相后，骄纵奢侈独断专行，疏远贤能，亲近奸诈机巧之人，严厉苛刻，一意孤行，不听规劝，开始遭到国人的憎恨。

周勰根据他父亲的遗言，利用吴地士人的怨恨，密谋叛乱。他派吴兴功曹徐馥假称叔父丞相从事中郎周札的命令，收揽聚合部众，来讨伐王导、刁协，江南豪杰纷纷前来归附他，孙皓的族人孙弼也在广德起兵响应他。

三年（乙亥，315 年）

春，正月，徐馥杀吴兴太守袁琇，有众数千，欲奉周札为主。札闻之，大惊，以告义兴太守孔侃。勰知札意不同，不敢发。馥党惧，攻馥，杀之，孙弼亦死。札子续亦聚众应馥，左丞相睿议发兵讨之。王导曰："今少发兵则不足以平寇，多发兵则根本空虚。续族弟黄门侍郎莛，忠果有谋，请独使莛往，足以诛续。"睿从之。

莛昼夜兼行，至郡，将入，遇续于门，谓续曰："当与君共诣孔府君，有所论。"续不肯入，莛牵逼与俱。坐定，莛谓孔侃曰："府君何以置贼在坐？"续衣中常置刀，即操刀逼莛，莛叱郡传教吴曾格杀之。莛因欲诛勰，札不听，委罪于从兄邵而诛之，莛不归家省母，遂长驱而去，母狼狈追之。睿以札为吴兴太守，莛为太子右卫率。以周氏吴之豪望，故不穷治，抚勰如旧。

诏平东将军宋哲屯华阴。

成主雄立后任氏。

二月，丙子，以琅邪王睿为丞相、大都督、督中外诸军事，南阳王保为相国，荀组为太尉、领豫州牧，刘琨为司空、都督并冀幽三州诸军事。琨辞司空，不受。

南阳王模之败也，都尉陈安往归世子保于秦州，保命安将千余人讨叛羌，宠待甚厚。保将张春疾之，谮安，云"有异志"，请除之，保不许。春辄伏刺客以刺安。安被创，驰还陇城，遣使诣保，贡献不绝。

诏进拓跋猗卢爵为代王，置官属，食代、常山二郡。猗卢请并州从事雁门莫含于刘琨，琨遣之。含不欲行，琨曰："以并州单弱，吾之不材，而能自存于胡、羯之间者，代王之力也。吾倾身竭赀，以长子为质而奉之者，庶几为朝廷雪大耻也。卿欲为忠臣，奈何惜共事之小诚，而忘徇国之大节乎！往事代王，为之腹心，乃一州之所赖也。"含遂行。猗卢甚重之，常与参大计。

猗卢用法严，国人犯法者，或举部就诛，老幼相携而行。人问："何

晋愍帝建兴三年（乙亥，315年）

春季，正月，徐馥杀掉吴兴太守袁琇，拥有几千人，想尊奉周札为首领。周札听说后，非常惊恐，把这事告诉了义兴太守孔侃。周勰知道周札的想法不同，不敢贸然举事。徐馥的部众害怕，就攻打徐馥，把他杀了，孙弼也被杀死。周札的儿子周续也聚集部众响应徐馥，左丞相司马睿商议发兵讨伐他。王导说："现在派兵少了不足以平定敌寇，派兵多了会使得我们根基空虚。周续的族弟黄门侍郎周莛，忠诚果敢而有谋略，请派周莛独自带兵前往，完全能够诛杀周续。"司马睿采纳了这个建议。

周莛日夜兼程，到了郡城，正要进去，在城门口遇到周续，就对周续说："正要与您一起去拜会府君孔侃，有话要说。"周续不肯进去，周莛拉着逼迫他一起过去。进去坐定后，周莛对孔侃说："您为什么安排乱贼坐下？"周续的衣服里常常藏着刀，随即拿出刀逼临周莛，周莛喝令郡传教吴曾杀了周续。周莛便想去诛杀周勰，周札不同意，就将罪名加到堂兄周邵身上，把他杀了。周莛不回家看望母亲，就直接离开了，他的母亲跌跌撞撞地追他。司马睿让周札担任吴兴太守，周莛担任太子右卫率。因为周氏是吴地的豪门望族，所以并不深究，并像以前一样抚慰周勰。

朝廷诏令平东将军宋哲驻扎在华阴。

成汉主李雄立任氏为皇后。

二月十二日丙子，朝廷任命琅邪王司马睿为丞相、大都督、都督中外诸军事，任命南阳王司马保为相国，荀组为太尉兼豫州牧，任命刘琨为司空，都督并、幽、冀三州诸军事。刘琨推辞司空的职务，不予接受。

南阳王司马模失败后，都尉陈安前往秦州把司马模的长子司马保送回，司马保命令陈安率领一千多士兵讨伐叛乱的羌人，对陈安的宠信待遇很深重。司马保的部将张春嫉妒陈安，就诬陷陈安，说陈安有异心，请司马保除掉他，司马保不同意，张春就埋伏了刺客刺杀陈安。陈安被刺伤，纵马驰骋回陇城，派使者到司马保那里，并不断地给司马保进贡献礼。

朝廷诏令进封拓跋猗卢的爵位为代王，设置安排属官，以代郡、常山郡作为封邑。拓跋猗卢向刘琨要并州从事雁门人莫含，刘琨派遣莫含前往。莫含不想走，刘琨说："以并州的势单力薄，我无能而仍能够在胡人、羯人之间生存，完全是靠代王的力量。我之所以一心竭尽财产，并拿长子作为人质对待代王，就是希望也许能够为朝廷洗雪大耻。你想当忠臣，为什么顾惜能够在一起共事的小小忠诚而忘记为国献身的大节呢？去为代王做事，成为他的心腹，这是全州所依赖的呀。"莫含于是走了。拓跋猗卢非常重用莫含，常常让他参与制定大计。

拓跋猗卢用法严峻，国人中有犯法的，有时整个部落都被处死，这个部落就老

之？”曰：“往就死。”无一人敢逃匿者。

王敦遣陶侃、甘卓等讨杜弢，前后数十战，弢将士多死，乃请降于丞相睿，睿不许。弢遗南平太守应詹书，自陈昔与詹：“共讨乐乡，本同休戚。后在湘中，惧死求生，遂相结聚。傥以旧交之情，为明枉直，使得输诚盟府，厕列义徒，或北清中原，或西取李雄，以赎前愆，虽死之日，犹生之年也！”詹为启呈其书，且言：“弢，益州秀才，素有清望，为乡人所逼。今悔恶归善，宜命使抚纳，以息江、湘之民！”睿乃使前南海太守王运受弢降，赦其反逆之罪，以弢为巴东监军。弢既受命，诸将犹攻之不已。弢不胜愤怒，遂杀运复反，遣其将杜弘、张彦杀临川内史谢摛，遂陷豫章。三月，周访击彦，斩之，弘奔临贺。

（以上为第五段，写琅邪王司马睿派周莚智取吴地叛乱分子，朝廷任命司马睿为丞相、大都督，任命拓跋猗卢为代王，王敦派遣陶侃等攻打叛乱分子杜弢，给予重创。）

汉大赦，改元建元。

雨血于汉东宫延明殿，太弟义恶之，以问太傅崔玮、太保许遐。玮、遐说义曰：“主上往日以殿下为太弟者，欲以安众心耳；其志在晋王久矣，王公已下莫不希旨附之。今复以晋王为相国，羽仪威重，逾于东宫，万机之事，无不由之，诸王皆置营兵以为羽翼，事势已去，殿下非徒不得立也，朝夕且有不测之危，不如早为之计。今四卫精兵不减五千，相国轻佻，正烦一刺客耳。大将军无日不出，其营可袭而取；余王并幼，固易夺也。苟殿下有意，二万精兵指顾可得，鼓行入云龙门，宿卫之士，孰不倒戈以迎殿下者！大司马不虑其为异也。”义弗从。

东宫舍人荀裕告玮、遐劝义谋反，汉主聪收玮、遐于诏狱，假以他事杀之。使冠威将军卜抽将兵监守东宫，禁义不听朝会。义忧惧不知所为，上表乞为庶人，并除诸子之封，褒美晋王，请以为嗣。抽抑而弗通。

汉青州刺史曹嶷尽得齐、鲁间郡县，自镇临菑，有众十余万，临河置戍。石勒表称：“嶷有专据东方之志，请讨之。”汉主聪恐勒灭嶷，不可复制，弗许。

幼互相搀扶着前往。有人问："去哪儿？"回答说："去接受死刑。"没有一个人敢逃跑躲藏。

王敦派遣陶侃、甘卓等人讨伐杜弢，前后几十次战斗，杜弢的官兵大多战死，就向丞相司马睿请求投降。司马睿不同意。杜弢给南平太守应詹去信，自述过去与应詹："共同讨伐乐乡，本来同喜同愁。后来在湘中，畏死求生，这才聚众。假如能够以过去交往的情分，为我说明真情，使我能尽效忠诚，参加列入举义的人们当中，或者北伐清理中原，或者西征攻取李雄，来赎我以前犯的罪过，即使是死的日子也像是再生之年！"应詹替他呈交了这封信，并且说："杜弢是益州的秀才，一直享有很好的名望，被乡里人所逼迫才聚众叛乱。现在悔恶从善，应当派使者前去安抚接受他投降，以使江湘地区的百姓安定。"司马睿就派前南海太守王运去接受杜弢投降，赦免了杜弢的叛逆罪行，并任杜弢为巴东监军。杜弢接受任命后，各将领却仍然不停地攻打他。杜弢非常愤怒，于是杀了王运重新反叛，派他的部将杜弘、张彦杀了临川内史谢摛，攻陷了豫章。三月，周访攻打张彦，把他杀了，杜弘逃往临贺。

汉国实行大赦，改年号为建元。

汉国的东宫延明殿降了血雨，太弟刘义对此很厌恶，询问太傅崔玮、太保许遐。崔玮、许遐对刘义说："皇上过去让您担任太弟是想安定人心罢了。他要让晋王刘粲当皇位继承人的想法已经产生很久了。王公以下的官员没有谁不迎合他的旨意附和他。现在又让晋王担任相国，仪仗威严庄重，超过了您的东宫。国务军政大事，没有不由他决定的，另外，亲王们也都安置营兵作为羽翼，您继承皇位的趋势已经没有了。您非但不能够继承皇位，而且早晚还有不测的危险，不如尽快安排对策。现在皇宫的禁卫有五千人以上的精锐士兵，相国刘粲轻佻，正可以烦劳一个刺客解决。大将军刘敷没有一天不出去，他的军营可以袭击夺取。剩下的亲王都年纪幼小容易解决。如果您有心，那么两万精锐士兵举手之劳便可完成，擂鼓走入云龙门，禁卫的士兵，谁能不倒戈来欢迎您！不必忧虑大司马刘曜会有异常举动。"刘义不同意。

东宫舍人荀裕告发崔玮、许遐劝说刘义谋反，汉主刘聪把崔玮、许遐拘捕关入专设的监狱，并安上其他罪名杀了。派冠威将军卜抽带兵监视守卫东宫，软禁刘义，不许他参加朝会。刘义忧愤恐惧，不知所措，上书请求贬为庶人，并把儿子的封爵也全部免去，褒扬赞美晋王刘粲，请求以刘粲为继承人。但卜抽压住没有上报。

汉国青州刺史曹嶷夺取了齐鲁地区的全部郡县，自己镇守临菑，有十多万军队，沿黄河安排戍守。石勒上奏说："曹嶷有独据东方的想法，请让我去征讨他。"汉主刘聪担心石勒消灭了曹嶷，不能再控制石勒，因此没有同意。

聪纳中护军靳准二女月光、月华，立月光为上皇后，刘贵妃为左皇后，月华为右皇后。左司隶陈元达极谏，以为："并立三后，非礼也。"聪不悦，以元达为右光禄大夫，外示优崇，实夺其权。于是，太尉范隆等皆请以位让元达，聪乃复以元达为御史大夫，仪同三司。月光有秽行，元达奏之，聪不得已废之，月光惭恚自杀，聪恨元达。

夏，四月，大赦。

六月，盗发汉霸、杜二陵及薄太后陵，得金帛甚多。朝廷以用度不足，诏收其余以实内府。

辛巳，大赦。

汉大司马曜攻上党，八月，癸亥，败刘琨之众于襄垣。曜欲进攻阳曲，汉主聪遣使谓之曰："长安未平，宜以为先。"曜乃还屯蒲坂。

（以上为第六段，写汉主刘聪胡作非为，立三个皇后，谋划废除皇太弟刘乂，欲改立其子刘粲；汉朝霸陵、杜陵被盗，残余物品充实内府，西晋小朝廷捉襟见肘。）

陶侃与杜弢相攻，弢使王贡出挑战，侃遥谓之曰："杜弢为益州小吏，盗用库钱，父死不奔丧。卿本佳人，何为随之！天下宁有白头贼邪？"贡初横脚马上，闻侃言，敛容下脚。侃知可动，复遣使谕之，截发为信，贡遂降于侃。弢众溃，遁走，道死。侃与南平太守应詹进克长沙，湘州悉平。

丞相睿承制赦其所部，进王敦镇东大将军，加都督江扬荆湘交广六州诸军事、江州刺史。敦始自选置刺史以下，浸益骄横。

初，王如之降也，敦从弟稜爱如骁勇，请敦配己麾下。敦曰："此辈险悍难畜，汝性狷急，不能容养，更成祸端。"稜固请，乃与之。稜置左右，甚加宠遇。如数与敦诸将角射争斗，稜杖之，如深以为耻。及敦潜畜异志，稜每谏之。敦怒其异己，密使人激如令杀稜。如因闲宴，请剑舞为欢，稜许之。如舞剑渐前，稜恶而呵之，如直前杀稜。敦闻之，阳惊，亦捕如诛之。

刘聪娶中护军靳准的两个女儿靳月光、靳月华，把靳月光立为上皇后，把刘贵妃立为左皇后，把靳月华立为右皇后。左司隶陈元达极力劝谏，认为“并立三个皇后，不符合礼制”。刘聪很不高兴，让陈元达担任右光禄大夫，表面上表示优待提高陈元达的地位，实际上是剥夺他的权力。这样，太尉范隆等人都请求以自己的职位让给陈元达，刘聪才又以陈元达担任御史大夫，仪同三司。靳月光行为不端，陈元达奏报了这个情况，刘聪不得已废黜了她，靳月光羞惭愤恨而自杀，刘聪对陈元达也怀恨在心。

夏季，四月，晋朝宣布实行大赦。

六月，有盗贼掘开汉霸陵、杜陵以及薄太后陵，得到很多金帛。朝廷正忧用度不足，诏令把剩下的金帛拿回来充实皇宫仓库。

六月十九日辛巳，宣布实行大赦。

汉国大司马刘曜攻打上党，八月初二癸亥，在襄垣打败刘琨的军队。刘曜想进攻阳曲，汉主刘聪派使者对他说：“长安还没有平定，应当把攻打长安放在前面。”刘曜就回到蒲坂驻扎。

陶侃与杜弢互相攻打，杜弢派王贡出去挑战，陶侃远远地对王贡说：“杜弢是益州的小官吏，盗用州库中的钱，父亲死了也不回去奔丧。你本来是个好人，为什么要跟随他？天下难道有能够老到白头的贼寇吗？”王贡当初把脚横在马上，听了陶侃的话，面容变得严肃，把脚放了下来。陶侃知道可以使他动心，就又派遣使者告谕他，并割下头发作为信物，王贡于是向陶侃投降。杜弢的军队溃散逃走，他自己也死在路上。陶侃与南平太守应詹进军攻克长沙，湘州全部平定。

丞相司马睿按照晋愍帝的旨意宽赦他的部下，提升王敦为镇东大将军，加授都督江、扬、荆、湘、交、广六州诸军事，江州刺史。王敦开始自己选择安排刺史以下的官职，逐渐地更加骄纵蛮横。

当初，王如投降后，王敦的堂弟王稜珍惜王如的骁勇，请王敦把他安排在自己的指挥下，王敦说：“这类人奸险蛮悍，难以教养，你的性情急躁，不能宽容地对待他，反而成了祸患的根子。”王稜坚持请求，也就安排给了他。王稜把王如安排在自己身边，特别加以宠信。王如多次与王敦的部将们比试射箭及臂力，而王稜就用棍杖打他，王如深以为耻。等到王敦暗自产生对晋朝的异心，王稜经常劝谏他。王敦对王稜与自己有不一致的想法感到愤怒，就秘密派人去激王如，让他杀掉王稜。王如趁着宴会空闲，请求舞剑助兴，王稜同意了。王如舞剑逐渐靠到王稜面前，王稜发怒而呵斥他，王如径直向前刺杀了王稜。王敦听说后，表面震惊，还是逮捕王如

初，朝廷闻张光死，以侍中第五猗为安南将军，监荆梁益宁四州诸军事、荆州刺史，自武关出。杜曾迎猗于襄阳，为兄子娶猗女，遂聚兵万人，与猗分据汉、沔。

陶侃既破杜弢，乘胜进击曾，有轻曾之志。司马鲁恬谏曰："凡战，当先料其将。今使君诸将，无及曾者，未易可逼也。"侃不从，进围曾于石城。曾军多骑兵，密开门突侃陈，出其后，反击之，侃兵死者数百人。曾将趋顺阳，下马拜侃，告辞而去。

时荀崧都督荆州江北诸军事，屯宛，曾引兵围之。崧兵少食尽，欲求救于故吏襄城太守石览。崧小女灌，年十三，帅勇士数十人，逾城突围夜出，且战且前，遂达览所；又为崧书，求救于南中郎将周访。访遣子抚帅兵三千，与览共救崧，曾乃遁去。

曾复致笺于崧，求讨丹水贼以自效，崧许之。陶侃遗崧书曰："杜曾凶狡，所谓'鸱枭食母之物'。此人不死，州土未宁，足下当识吾言！"崧以宛中兵少，借曾为外援，不从。曾复帅流亡二千余人围襄阳，数日，不克而还。

王敦嬖人吴兴钱凤，疾陶侃之功，屡毁之。侃将还江陵，欲诣敦自陈。朱伺及安定皇甫方回谏曰："公入必不出。"侃不从。既至，敦留侃不遣，左转广州刺史，以其从弟丞相军谘祭酒廙为荆州刺史。荆州将吏郑攀、马隽等诣敦，上书留侃，敦怒，不许。攀等以侃始灭大贼，而更被黜，众情愤惋，又以廙忌戾难事，遂帅其徒三千人屯涢口，西迎杜曾。廙为攀等所袭，奔于江安。杜曾与攀等北迎第五猗以拒廙。廙督诸军讨曾，复为曾所败，敦意攀承侃风旨，被甲持矛将杀侃，出而复还者数四。侃正色曰："使君雄断，当裁天下，何此不决乎！"因起如厕。谘议参军梅陶、长史陈颁言于敦曰："周访与侃亲姻，如左右手，安有断人左手而右手不应者乎！"敦意解，乃设盛馔以饯之，侃便夜发，敦引其子瞻为参军。

并把他杀了。

当初，朝廷听说张光死了，就命侍中第五猗担任安南将军，监荆、梁、益、宁四州诸军事，并担任荆州刺史，从武关出行。杜曾到襄阳迎接第五猗，并为哥哥的儿子娶了第五猗的女儿，于是聚集了一万人的军队，与第五猗分别占据汉水、沔水地区。

陶侃打败杜弢后，乘胜进军攻打杜曾，有轻视杜曾的想法。司马鲁恬劝说道："凡是战斗，应当先了解双方的将领。现在您的部将，没有比得上杜曾的，不能轻视他，认为可以逼迫他。"陶侃不接受劝谏，进兵把杜曾包围在石城中。杜曾的军队骑兵多，偷偷打开城门用骑兵突破陶侃的兵阵，又从陶侃军队的背后，反攻陶侃，陶侃的军队死了几百人。杜曾将要到顺阳去，于是下马拜陶侃，告辞而离去。

当时，荀崧担任都督荆州江北诸军事，驻守宛城，杜曾带领军队包围了他，荀崧兵少粮尽，想向以前的部下襄城太守石览求救。荀崧的小女儿荀灌，十三岁，带领几十个勇士，夜里越过城墙突围出去，边战边向前，终于到达石览处。又替荀崧写信，向南中郎将周访求救。周访派儿子周抚带领三千士兵，与石览一起救援荀崧，杜曾这才逃走。

杜曾又给荀崧去信，请求讨伐丹水县的贼寇来报效，荀崧同意了他。陶侃给荀崧去信说："杜曾凶恶狡猾，人们说'鸱枭是吃自己母亲的动物'，这个人就是这样，他不死，荆州的土地就不会安宁，您应该记住我的话！"荀崧因为宛城军中兵少，想借杜曾的力量作为外援，没有采纳。杜曾又带领流亡的两千多人包围襄阳，连续几天，没有攻下来就回师了。

王敦所宠信的吴兴人钱凤，嫉妒陶侃的功劳，多次诋毁陶侃。陶侃将要回江陵，想到王敦那儿去陈说解释。朱伺和安定人皇甫方回劝谏说："您进去以后就会出不来了。"陶侃不听。到了以后，王敦果然扣留住陶侃不放，后来王敦让他降职担任广州刺史，而派自己的堂弟丞相军谘祭酒王廙担任荆州刺史。荆州的武将官吏郑攀、马儁等拜访王敦，给王敦上书，挽留陶侃，王敦发怒，不同意。郑攀等人因为陶侃刚刚消灭了大贼寇，却反而被贬黜，大家群情激愤；又因为王廙猜忌暴戾，难以共事，郑攀于是率领部众三千人到涢口驻扎，向西迎接杜曾。王廙遭到郑攀等人的袭击，投奔到江安县。杜曾与郑攀等人又向北迎接第五猗来抵御王廙。王廙督率各支军队攻打杜曾，又被杜曾打败。王敦猜测郑攀是接受了陶侃暗中劝告的旨意，就身披铠甲，手持长矛，将要杀掉陶侃，把陶侃押出来又带进去，来回四次。陶侃表情严肃地说："您雄才大略，善于决断，应该能够决断天下的大事，为什么这样犹豫不决呢？"说完就站起来向厕所走去。谘议参军梅陶、长史陈颁对王敦说："周访与陶侃是姻亲，就像左右手，哪里有截断人的左手而他的右手没有反应的呢？"王敦于

初，交州刺史顾秘卒，州人以秘子寿领州事。帐下督梁硕起兵攻寿，杀之，硕遂专制交州。王机自以盗据广州，恐王敦讨之，更求交州。会杜弘诣机降，敦欲因机以讨硕，乃以降杜弘为机功，转交州刺史。机至郁林，硕迎前刺史修则子湛行州事以拒之。机不得进，乃更与杜弘及广州将温卲、交州秀才刘沈谋复还据广州。

陶侃至始兴，州人皆言宜观察形势，不可轻进，侃不听，直至广州，诸郡县皆已迎机矣。杜弘遣使伪降，侃知其谋，进击弘，破之，遂执刘沈于小桂。遣督护许高讨王机，走之。机病死于道，高掘其尸，斩之。诸将皆请乘胜击温卲，侃笑曰："吾威名已著，何事遣兵！但一函纸自定耳。"乃下书谕之。卲惧而走，追获于始兴。杜弘诣王敦降，广州遂平。

侃在广州无事，辄朝运百甓于斋外，暮运于斋内。人问其故，答曰："吾方致力中原，过尔优逸，恐不堪事，故自劳耳。"

王敦以杜弘为将，宠任之。

（以上为第七段，写晋朝名将陶侃，平定湘州流民起义首领杜弢，王敦非常嫉妒，予以扣留，几欲杀之，其部将为其鸣不平，遂降侃为广州刺史。侃到任，又打败了企图利用诈降偷袭的杜弘等人，平定了广州。）

九月，汉主聪使大鸿胪赐石勒弓矢，策命勒为陕东伯，得专征伐，拜刺史、将军、守宰，封列侯，岁尽集上。

汉大司马曜寇北地，诏以麴允为大都督、骠骑将军以御之。冬，十月，以索綝为尚书仆射、都督宫城诸军事。曜进拔冯翊，太守梁肃奔万年。曜转寇上郡，麴允去黄白城，军于灵武，以兵弱，不敢进。

帝屡征兵于丞相保，保左右皆曰："蝮蛇螫手，壮士断腕。今胡寇方盛，且宜断陇道以观其变。"从事中郎裴诜曰："今蛇已螫头，头可断乎！"保乃以镇军将军胡崧行前锋都督，须诸军集乃发。麴允欲奉帝往

是放弃了猜测，就安排丰盛的宴席为陶侃饯行，陶侃便连夜出发，王敦提拔他的儿子陶瞻担任参军。

当初，交州刺史顾秘去世，州里的人们让顾秘的儿子顾寿代理州政事务。帐下督梁硕起兵攻打顾寿，把他杀了，梁硕于是独自控制了交州。王机认为自己是窃据广州，担心王敦讨伐，就向王敦请求改到交州任职。正遇到杜弘到王机这里投降。王敦想用王机的力量来攻打梁硕，就把收降杜弘当作王机的功劳，让他转任交州刺史。王机到了郁林，梁硕迎来前刺史修则的儿子修湛担任交州刺史，以抗拒王机。王机不能进去，就又与杜弘以及广州武将温卲、交州秀才刘沈谋划再回去占据广州。

陶侃到达始兴，州里的人都说应当观察形势，不能轻率前进。陶侃不听，直接到达广州，但广州所辖的各郡县都已经迎奉了王机。杜弘派使者假装投降，陶侃知道了他的阴谋，上前攻打杜弘，把他打败了，在小桂抓获了刘沈，又派遣督护许高讨伐王机，赶跑了王机。王机在路上病死，许高挖出他的尸体砍下首级。部将们都请求乘胜攻打温卲，陶侃笑着说："我已经显示了威名，还用得着派兵吗？只需一纸信函自然就平定了。"就给温卲去信告谕。温卲因恐惧而逃跑，陶侃的军队在始兴追上并抓获了温卲。杜弘也向王敦投降，广州于是平定。

陶侃在广州没有什么事情可做，就每天早晨把一百块砖头搬到屋外，黄昏时又搬回到屋里。有人问他其中的缘故，陶侃回答说："我正致力于收复中原，现在的生活过于悠闲安逸，我担心那时不能够承担工作，所以自己活动活动罢了。"

王敦让杜弘作为部将，十分信任地任用他。

九月，汉主刘聪派遣大鸿胪给石勒赏赐弓箭，用策书封石勒为陕东伯，可以独立自行征战讨伐，自行任命刺史、将军、郡守县令，分封列侯，到年底时再集中上报。

汉国大司马刘曜进犯北地郡，晋朝诏令麹允担任大都督、骠骑将军，抵御刘曜。冬季，十月，晋朝以索綝担任尚书左仆射、都督宫城诸军事。刘曜进军攻取了冯翊，太守梁肃逃奔到万年县。刘曜转而进犯上郡。麹允离开黄白城，到灵武驻军，因为兵力微弱，不敢贸然前进。

愍帝多次向丞相司马保征召军队，司马保身边的官员都说："被蝮蛇咬了手，壮士便截断手腕防止蛇毒蔓延。现在胡人贼寇士气正盛，应当暂时截断陇地的道路来观察事态的变化。"从事中郎裴诜说："现在蛇已经咬头，头难道也能截断吗？"司

就保，索綝曰：“保得天子，必逞其私志。”乃止。于是，自长安以西，不复贡奉朝廷，百官饥乏，采稆以自存。

凉州军士张冰得玺，文曰“皇帝行玺”，献于张寔，僚属皆贺。寔曰：“是非人臣所得留。”遣使归于长安。

（以上为第八段，写汉主刘聪晋封石勒，石勒权势极度膨胀；汉国干将刘曜出兵攻打晋朝，晋朝无力抵抗，挣扎在死亡线上。）

四年（丙子，316 年）

春，正月，司徒梁芬议追尊吴王晏，右仆射索綝等引魏明帝诏，以为不可，乃赠太保，谥曰“孝”。

汉中常侍王沈、宣怀，中宫仆射郭猗等，皆宠幸用事。汉主聪游宴后宫，或三日不醒，或百日不出；自去冬不视朝，政事一委相国粲，唯杀生、除拜乃使沈等入白之。沈等多不白，而自以其私意决之，故勋旧或不叙，而奸佞小人有数日至二千石者。军旅岁起，将士无钱帛之赏，而后宫之家，赐及僮仆，动至数千万。沈等车服、第舍逾于诸王，子弟中表为守令者三十余人，皆贪残为民害。靳准阖宗谄事之。

郭猗与准皆有怨于太弟义，猗谓相国粲曰：“殿下光文帝之世孙，主上之嫡子，四海莫不属心，奈何欲以天下与太弟乎！且臣闻太弟与大将军谋因三月上巳大宴作乱，事成，许以主上为太上皇，大将军为皇太子，又许卫军为大单于。三王处不疑之地，并握重兵，以此举事，无不成者。然二王贪一时之利，不顾父兄，事成之后，主上岂有全理！殿下兄弟，固不待言，东宫、相国、单于，当在武陵兄弟，何肯与人也！今祸期甚迫，宜早图之。臣屡言于主上，主上笃于友爱，以臣刀锯之余，终不之信，愿殿下勿泄，密表其状。殿下傥不信臣，可召大将军从事中郎王皮、卫军司马刘惇，假之恩意，许其归首以问之，必可知也。”粲许之。猗密谓皮、惇曰：“二王逆状，主上及相国具知之矣，卿同之乎？”二人惊曰：“无之。”猗曰：“兹事已决，吾怜卿亲旧，并见族耳！”因歔欷流涕。二人大惧，叩头求哀。猗曰：“吾为卿计，卿能用之乎？相国问卿，卿但云

马保这才以镇军将军胡崧为前锋都督，等各军集中后始进发。麹允想护送愍帝到司马保那里，索綝说："司马保得到了天子，一定会放纵他自己的私心。"于是，就没有动。这时，长安以西的地区不再进贡尊奉朝廷，朝廷中的文武百官都饥饿困乏，靠采集野生的谷子来生存。

凉州军士张冰拾得一方印玺，印文是"皇帝行玺"，献给了张寔，僚属们都来祝贺。张寔说："这不是作为臣下所能留存的。"于是派使者送到长安。

晋愍帝建兴四年（丙子，316年）

春季，正月，司徒梁芬提议追封吴主司马晏尊号，右仆射索綝等人引用魏明帝的诏书为例，认为不能这样，于是追赠为太保，谥号为孝。

汉国宫中宦官中常侍王沈、宣怀，中宫仆射郭猗等人，都受到汉主刘聪的恩宠信任而掌权。刘聪到后宫游玩宴乐，有时三天不醒，有时一百天都不出后宫。从去年冬天开始不审理朝政，政事全部委交给相国刘粲，只有需要判定大臣的生死或升降时才让王沈等人进宫报告。而王沈等人多数情况都不报告，而是以自己的想法去决断，所以使得有些建立过功勋的旧臣不被任用，而有些奸诈、谄谀的小人却几天之内就提升到两千石俸禄的高官。连年兴兵征战，武将士兵没有一点钱、帛之类的奖赏；而后宫国戚，给仆人侍僮的赏赐，一赏便是几千几万。王沈等人的车乘服饰、府第的规格都超过了亲王，王沈等人的子弟以及表亲担任郡守县令的有三十多人，而且都贪婪残忍，祸害百姓。靳准则以全宗族来阿谀奉承王沈等人。

郭猗与靳准都和皇太弟刘乂有仇怨，郭猗对相国刘粲说："您是光文帝刘渊的长孙，皇上的嫡子，四海没有谁不把心寄托在您身上，为什么却想把天下传给皇太弟呢？况且我听说太弟刘乂与大将军刘骥密谋趁三月上旬的巳日宴会之机发动叛乱，事情成功，应允以皇上为太上皇，大将军刘骥为皇太子，又应允卫将军刘劢为大单于。二王都处于不被猜疑的地位，并且掌握着重兵，靠这个条件来成就大事，没有不成功的。但是，二王贪图一时的小利，不顾忌父亲、哥哥，他们一旦得逞，皇上怎么有能够保全的道理？您自然更不用说了。这样，东宫、相国、单于这些地位将属于刘武陵兄弟，怎么肯让给别人呢？现在离出现灾祸的时间已经非常紧迫，应当尽快谋划这件事情。我多次对皇上说起这件事，可皇上真诚地爱重亲情，因为我是刑余的宦官，终究不能让他相信，希望您不要泄露今天的谈话，秘密地上奏刘乂谋反的情况。您如果不相信我，可以招来大将军从事中郎王皮、卫军司马刘惇，给他们以恩德，允许他们自首，再向他们询问，就一定会了解了。"刘粲同意了。郭猗

‘有之’；若责卿不先启，卿即云：‘臣诚负死罪。然仰惟主上宽仁，殿下敦睦，苟言不见信，则陷于诬谮不测之诛，故不敢言也。’”皮、惇许诺。粲召问之，二人至不同时，而其辞若一，粲以为信然。

靳准复说粲曰：“殿下宜自居东宫以领相国，使天下早有所系。今道路之言，皆云大将军、卫将军欲奉太弟为变，期以季春；若使太弟得天下，殿下无容足之地矣。”粲曰：“为之奈何？”准曰：“人告太弟为变，主上必不信。宜缓东宫之禁，使宾客得往来；太弟雅好待士，必不以此为嫌，轻薄小人不能无迎合太弟之意为之谋者。然后下官为殿下露表其罪，殿下收其宾客与太弟交通者考问之。狱辞既具，则主上无不信之理也。”粲乃令卜抽引兵去东宫。

（以上为第九段，写汉主刘聪荒淫废政，助长了宦官王沈等人的邪恶行为；郭猗等人怂恿相国刘粲陷害太弟刘乂，以入主东宫，凭空捏造谋反罪状，无所不用其极。）

少府陈休、左卫将军卜崇，为人清直，素恶沈等，虽在公座，未尝与语，沈等深疾之。侍中卜幹谓休、崇曰：“王沈等势力足以回天地，卿辈自料亲贤孰与窦武、陈蕃？”休、崇曰：“吾辈年逾五十，职位已崇，唯欠一死耳！死于忠义，乃为得所，安能俯首低眉以事阉竖乎！去矣卜公，勿复有言！”

二月，汉主聪出临上秋阁，命收陈休、卜崇及特进綦毋达，太中大夫公师彧，尚书王琰、田歆，大司农朱诞，并诛之，皆宦官所恶也。卜幹泣谏曰：“陛下方侧席求贤，而一旦戮卿大夫七人，皆国之忠良，无乃不可乎！借使休等有罪，陛下不下之有司，暴明其状，天下何从知之！诏尚在臣所，未敢宣露，愿陛下熟思之！”因叩头流血。王沈叱幹曰：“卜侍中欲拒诏乎！”聪拂衣而入，免幹为庶人。

暗自对王皮、刘惇说："二王谋反的情况，皇上与相国刘粲都知道了，你们参与了吗？"二人惊骇地说："没有。"郭猗说："这件事已决定了处理办法，我只是怜悯你们的亲戚朋友都要被灭族罢了！"说完抽泣着流泪。二人大为恐惧，连忙磕头哀求。郭猗说："我替你们考虑，你们能采用吗？相国如果问你们，你们只说'有此事'，如果相国斥责你们不事先启奏，你们就说：'我们的确身负死罪，但是我们只考虑皇上宽厚仁爱、您也敦厚温和，如果我们说了而不被相信，就会遭到诬陷挑拨的罪名而被处死，所以不敢说了。'"王皮、刘惇答应了。刘粲召他们询问，两人来的时间不同，但所说的话相同，刘粲就认为刘乂谋反是真的了。

靳准又对刘粲说："您应当自己到东宫做皇位继承人，兼任相国，使天下早一点有所寄托。现在街谈巷议，都说大将军、卫将军想尊奉皇太弟进行变乱，时间约定为春季三月。如果让皇太弟得到了天下，那么您将没有立足之地了。"刘粲说："怎么办呢？"靳准说："有人报告皇太弟要变乱，皇上一定不会相信。应当放开对东宫的监视禁戒，使宾客能够往来出入，皇太弟高雅喜欢接待士人，一定不怀疑解禁有什么问题。轻薄的小人中不可能没有迎合皇太弟的心意而为他谋划的人。这样，以后我替您上奏皇太弟的罪行，您把太弟的宾客和与皇太弟有来往的人拘捕审问，有了案犯的供词以后，那皇上就没有不相信的道理。"刘粲于是命令负责监视禁戒东宫的卜抽带兵离开东宫。

少府陈休、左卫将军卜崇，为人清高正直，平素就憎恶王沈等人，即使在公事场合，也未曾说过话。王沈等人深深地忌恨他们。侍中卜幹对陈休、卜崇说："王沈等人的势力完全可以翻天覆地，你们自己料想一下谁有东汉窦武那样与皇帝亲近的关系，谁有东汉陈蕃那样的贤能？"陈休、卜崇说："我们已年过五十，职任地位已经很高了，只缺一死罢了！为忠义而死，死得其所。怎么能俯首低眉为阉宦做事呢？走吧卜公，不要再说了。"

二月，汉主刘聪从后宫来到上秋阁，命令拘捕陈休、卜崇和特进綦毋达，太中大夫公师彧，尚书王琰、田歆，大司农朱诞，将他们一起杀了，这些人都是宦官所忌恨的。卜幹哭着劝说刘聪道："皇上正恭敬地召求贤能之士，却一个早晨杀了七个卿大夫，他们都是国家的忠良，怎么可以这样呢？即使陈休等人有罪，皇上不把他们下送到有关部门，让他们的罪状暴露清楚，天下从哪儿了解呢？诏令还在我那里，没有敢宣布让大家知道，希望皇上能够仔细想一想。"说完磕头磕得流了血。王沈呵叱卜幹说："卜侍中想抗拒诏令吗？"刘聪甩着衣袖走进去，罢免卜幹的官职，贬为庶人。

太宰河间王易、大将军勃海王敷、御史大夫陈元达、金紫光禄大夫西河王延等，皆诣阙表谏曰："王沈等矫弄诏旨，欺诬日月，内谄陛下，外佞相国，威权之重，侔于人主，多树奸党，毒流海内。知休等忠臣，为国尽节，恐发其奸状，故巧为诬陷。陛下不察，遽加极刑，痛彻天地，贤愚伤惧。今遗晋未殄，巴、蜀不宾，石勒谋据赵、魏，曹嶷欲王全齐，陛下心腹四支，何处无患！乃复以沈等助乱，诛巫咸，戮扁鹊，臣恐遂成膏肓之疾，后虽救之，不可及已。请免沈等官，付有司治罪。"

聪以表示沈等，笑曰："群儿为元达所引，遂成痴也。"沈等顿首泣曰："臣等小人，过蒙陛下识拔，得洒扫闺阁，而王公、朝士疾臣等如雠，又深恨陛下。愿以臣等膏鼎镬，则朝廷自然雍穆矣。"聪曰："此等狂言常然，卿何足恨乎！"聪问沈等于相国粲，粲盛称沈等忠清。聪悦，封沈等为列侯。

太宰易又诣阙上疏极谏，聪大怒，手坏其疏。三月，易忿恚而卒。易素忠直，陈元达倚之为援，得尽谏诤。及卒，元达哭之恸，曰："'人之云亡，邦国殄悴。'吾既不复能言，安用默默苟生乎！"归而自杀。

（以上为第十段，写汉赵奸佞当政，宦官专权，沆瀣一气，汉主刘聪昏聩，听信谗言，残忍杀害陈休等七位忠良，忠臣刘易气死，陈元达自杀，国将不国矣！）

初，代王猗卢爱其少子比延，欲以为嗣，使长子六修出居新平城，而黜其母。六修有骏马，日行五百里，猗卢夺之，以与比延。六修来朝，猗卢使拜比延，六修不从。猗卢乃坐比延于其步辇，使人导从出游。六修望见，以为猗卢，伏谒路左。至，乃比延，六修惭怒而去。猗卢召之不至，大怒，帅众讨之，为六修所败。猗卢微服逃民间，有贱妇人识之，遂为六修所弑。拓跋普根先守外境，闻难来赴，攻六修，灭之。

普根代立，国中大乱，新旧猜嫌，迭相诛灭。左将军卫雄、信义将

太宰河间王刘易、大将军渤海王刘敷、御史大夫陈元达、金紫光禄大夫西河人王延等人，都到皇宫上奏，劝说道："王沈等人假传圣旨，欺天瞒日，在宫内谄媚皇上，在宫外讨好相国，威势之盛、权力之大，可以与君主相比。还培养了很多奸佞党羽，危害遍及海内。他们知道陈休等人是忠臣，始终不渝地为国家尽心尽力，因此害怕陈休等忠臣们揭露他们的奸恶罪行，所以才巧妙地对陈休等人进行诬蔑、陷害。而皇上不仅没有察觉，还仓促地对忠臣处以极刑，天地也要为之痛心，天下人都为之悲痛心惊。现在残留的晋朝还没有消灭，巴蜀也不来朝见，石勒图谋占据赵、魏地区，曹嶷想在齐地称王，皇上的心腹四肢，哪一处没有危险呢？却还宠信王沈等人再来增加麻烦，诛杀神巫巫咸、杀戮神医扁鹊，我们担心这样会病入膏肓，成为不治之症，以后即使想抢救，也来不及了。请求免除王沈等人的官职，交付有关部门治罪。"

汉主刘聪把这份奏表给王沈等人看，并笑道："这群人被陈元达带着，也都成了痴呆的人了。"王沈等人叩头哭着说："我们都是小人，承蒙皇上错爱提拔，能够为皇上扫洒闺阁，而王公、朝臣嫉恨我们如同仇敌，又对皇上深感遗憾。愿皇上把我们放到鼎沸的油锅中，那么朝廷自然平和静穆了。"刘聪说："这样的狂言乱语是很平常的，你们哪里值得痛恨呢？"刘聪向相国刘粲寻问王沈等人怎么样，刘粲盛赞王沈等人忠心清廉。刘聪大喜，把王沈等人封为列侯。

太宰刘易又到皇宫上奏，极力劝谏，刘聪大为愤怒，撕碎了奏书。三月，刘易愤怒而死。刘易一向忠心率直，陈元达依靠他为后援，才得以尽心劝谏。刘易去世后，陈元达哭得非常悲痛，说："《诗经》云：'贤人死亡，国家必将窘困。'我既然不能再尽言了，还用得着沉默不语苟且偷生吗？"回去后便自杀了。

当初，代王拓跋猗卢偏爱小儿子拓跋比延，想让他作为继承人，便让长子拓跋六修出去居住在新平城，并废黜了他的母亲。拓跋六修有骏马，能日行五百里，拓跋猗卢便把马要过来送给拓跋比延。拓跋六修来朝见，拓跋猗卢让他给拓跋比延行礼，拓跋六修不答应。拓跋猗卢于是让拓跋比延乘坐自己辇乘，派人当先导和随从，出去巡游。拓跋六修远远看见，还以为是拓跋猗卢，便在路左边伏首拜谒，来了一看，原来是拓跋比延，拓跋六修羞惭愤怒地扬长而去。拓跋猗卢宣召他却不来，便勃然大怒，率领军队讨伐拓跋六修，结果被拓跋六修打败。拓跋猗卢穿上百姓的衣服逃到百姓中，有一个贫贱的妇人认出了他，于是被拓跋六修杀了。拓跋普根原先在外面镇守，听说后便来赴难，攻打拓跋六修，把他消灭了。

拓跋普根代立为首领，国中大乱，部落中新人与旧人互相猜忌，不断互相残杀。

军箕澹，久佐猗卢，为众所附，谋归刘琨，乃言于众曰："闻旧人忌新人悍战，欲尽杀之，将奈何？"晋人及乌桓皆惊惧，曰："死生随二将军！"乃与琨质子遵帅晋人及乌桓三万家、马牛羊十万头归于琨。琨大喜，亲诣平城抚纳之，琨兵由是复振。

夏，四月，普根卒。其子始生，普根母惟氏立之。

张寔下令：所部吏民有能举其过者，赏以布帛羊米。贼曹佐高昌隗瑾曰："今明公为政，事无巨细，皆自决之，或兴师发令，府朝不知，万一违失，谤无所分。群下畏威，受成而已。如此，虽赏之千金，终不敢言也。谓宜少损聪明，凡百政事，皆延访群下，使各尽所怀，然后采而行之，则嘉言自至，何必赏也！"寔悦，从之，增瑾位三等。

寔遣将军王该帅步骑五千入援长安，且送诸郡贡计。诏拜寔都督陕西诸军事，以寔弟茂为秦州刺史。

石勒使石虎攻刘演于廪丘，幽州刺史段匹磾使其弟文鸯救之；虎拔廪丘，演奔文鸯军，虎获演弟启以归。

宁州刺史王逊，严猛喜诛杀。五月，平夷太守雷炤、平乐太守董霸帅三千余家叛降于成。

（以上为第十一段，主要写鲜卑族首领、代王拓跋猗卢的内讧事件，猗卢偏爱少子比延，欲废长子六修，以比延为继承人，由此闹翻，结果两败俱伤，拓跋普根得利，继位为王。）

六月，丁巳朔，日有食之。

秋，七月，汉大司马曜围北地太守麹昌，大都督麹允将步骑三万救之。曜绕城纵火，烟起蔽天，使反间绐允曰："郡城已陷，往无及也！"众惧而溃。曜追败允于磻石谷，允奔还灵武，曜遂取北地。

允性仁厚，无威断，喜以爵位悦人。新平太守竺恢、始平太守杨像、扶风太守竺爽、安定太守焦嵩，皆领征、镇，杖节，加侍中、常侍；村坞主帅，小者犹假银青将军之号；然恩不及下，故诸将骄恣而士卒离怨。关中危乱，允告急于焦嵩，嵩素侮允，曰："须允困，当救之。"

左将军卫雄、信义将军箕澹，很久以来一直辅佐拓跋猗卢，因此被大家依附，就谋划投奔刘琨，对大家说："听说旧人忌恨新人强悍善战，想把新人全部杀掉，怎么办好呢？"晋人与乌桓人都震惊惧怕，说："生死都跟随着二位将军！"于是，就与刘琨派在这儿当作人质的儿子刘遵率领晋人以及乌桓人三万家、十万头马牛羊去归附刘琨。刘琨非常高兴，亲自到平城抚慰、接纳他们，刘琨的军队从此又振作起来。

夏季，四月，拓跋普根去世，他的儿子刚刚出世。拓跋普根的母亲惟氏把拓跋普根的儿子立为首领。

凉州刺史张寔下达命令：所属的官吏、百姓有能指出自己过错的，奖赏给布帛羊米。贼曹佐高昌人隗瑾说："现在您处理政事，事无巨细，都是自己来决断，有时兴师发布命令，州府的其他官员都不知道，万一有什么失误，无人代其受责。下级官吏们畏惧您的权威，都服从您的成命罢了。像这样即使赏赐千金，终究也还是不敢说。我认为应当稍微减少一点儿您的聪明，凡是各种政事，都拿到下级官员们中去访求意见，使他们把心里所想的都说出来，然后选择采用，有益的建议自然会来，何必赏赐呢？"张寔非常高兴，采纳了这个建议，并给隗瑾提升了三级。

张寔派遣将军王该率领五千步兵、骑兵支援长安，并且送去郡县贡品清单。朝廷下诏任命张寔为都督陕西诸军事，任命张寔的弟弟张茂为秦州刺史。

石勒派石虎到廪丘攻打刘演，幽州刺史段匹磾派他弟弟段文鸯救援刘演。石虎攻克了廪丘，刘演逃奔到段文鸯的军中，石虎抓获了刘演的弟弟刘启后就回去了。

晋朝宁州刺史王逊，严厉凶猛，喜好杀人。五月，平夷太守雷炤、平乐太守董霸，带领三千多家人叛离，向成汉投降。

六月初一丁巳朔，出现日食。

秋季，七月，汉大司马刘曜围攻北地太守麹昌，大都督麹允率领三万步兵骑兵去救援。刘曜环绕着城墙纵火，浓烟滚滚遮蔽天日，派奸细造谣欺骗麹允说："郡城已经陷落，赶去也来不及了。"部众们听了后惊惧不已，四处溃散。刘曜追击，在石谷打败麹允，麹允逃回灵武，刘曜于是占取了北地。

麹允性情仁慈宽厚，没有威严也不果断，喜欢拿爵位去取悦于人。新平太守竺恢、始平太守杨像、扶风太守竺爽、安定太守焦嵩，都兼任征、镇将军，具有掌握符节的资格，并担任侍中常侍。村堡的首领，小的也都让他们借用银印、青绶，加将军的名号。但是恩惠却不施及下层士兵，所以造成将领们骄横放纵而士兵们离心

曜进至泾阳，渭北诸城悉溃。曜获建威将军鲁充、散骑常侍梁纬、少府皇甫阳。曜素闻充贤，募生致之，既见，赐之酒曰：“吾得子，天下不足定也！”充曰：“身为晋将，国家丧败，不敢求生。若蒙公恩，速死为幸。”曜曰：“义士也。”赐之剑，令自杀。梁纬妻辛氏，美色，曜召见，将妻之，辛氏大哭曰：“妾夫已死，义不独生，且一妇人而事二夫，明公又安用之！”曜曰：“贞女也。”亦听自杀，皆以礼葬之。

汉主聪立故张后侍婢樊氏为上皇后，三后之外，佩皇后玺绶者复有七人。嬖宠用事，刑赏紊乱。大将军敷数涕泣切谏，聪怒曰：“汝欲乃公速死邪，何以朝夕生来哭人！”敷忧愤，发病卒。

河东、平阳大蝗，民流殍者什五六。石勒遣其将石越帅骑二万屯并州，招纳流民，民归之者二十万户。聪遣使让勒，勒不受命，潜与曹嶷相结。

八月，汉大司马曜逼长安。

九月，汉主宴群臣于光极殿，引见太弟义。义容貌憔悴，鬓发苍然，涕泣陈谢，聪亦为之恸哭，乃纵酒极欢，待之如初。

焦嵩、竺恢、宋哲皆引兵救长安，散骑常侍华辑监京兆、冯翊、弘农、上洛四郡兵，屯霸上，皆畏汉兵强，不敢进。相国保遣胡崧将兵入援，击汉大司马曜于灵台，破之。崧恐国威复振，则麹、索势盛，乃帅城西诸郡兵屯渭北不进，遂还槐里。

曜攻陷长安外城，麹允、索綝退保小城以自固。内外断绝，城中饥甚，米斗直金二两，人相食，死者太半，亡逃不可制，唯凉州义众千人，守死不移。太仓有麹数十饼，麹允屑之为粥以供帝，既而亦尽。

冬，十一月，帝泣谓允曰：“今穷厄如此，外无救援，当忍耻出降，以活士民。”因叹曰：“误我事者，麹、索二公也！”使侍中宗敞送降笺于曜。索綝潜留敞，使其子说曜曰：“今城中食犹足支一年，未易克也，若

怨恨。关中危险变乱，麴允向焦嵩告急，焦嵩平常对麴允很轻慢，说："必须麴允困窘，才去救他。"

刘曜进发泾水以北地区，渭水以北各城全部溃败。刘曜抓获建威将军鲁充、散骑常侍梁纬、少府皇甫阳。刘曜平常听说鲁充贤能，就让他活着，把他带来，见面时，赐给他酒说："我得到了您，安定天下就不成问题了！"鲁充说："我身为晋朝将军，国家沦丧失败不敢求生。如果能蒙受您的恩德，就请让我快点死去。"刘曜说："真是义士。"赐给他剑，让他自杀。梁纬的妻子辛氏，容貌美丽，刘曜召见她，打算娶她为妻，辛氏大哭说："我的丈夫已死，从道义讲我不能自己活下去，再说一个妇人侍奉两个丈夫，您难道需要这样做吗？"刘曜说："真是贞女。"也听任她自杀，把鲁充与辛氏都按照礼制安葬了。

汉主刘聪把已故张皇后的侍从婢女樊氏立为上皇后，三个皇后之外，佩戴皇后玺印绶带的还有七个人。朝廷中宠信的小人掌权，刑罚奖赏混乱不堪。大将军刘敷多次哭着恳切劝谏，刘聪说："你想让父亲我尽快死呀？为什么早晚都哭！"刘敷忧虑激愤，得病去世。

河东平阳遭受严重蝗灾，百姓流亡或饿死的有十之五六。石勒派他的部将石越率领两万骑兵到并州驻扎，招纳流民，投奔他的百姓有二十万户。刘聪派遣使者责备石勒，而石勒不服从，暗自与曹嶷相勾结。

八月，汉国大司马刘曜进逼长安。

九月，汉主刘聪在光极殿宴请群臣，召太弟刘义来相见。刘义容貌憔悴，鬓须头发都白了，哭着道谢，刘聪也因此痛哭。于是开怀饮酒极尽欢畅，对待刘义就像最初时一样。

焦嵩、竺恢、宋哲都带兵救援长安，散骑常侍华辑监督京兆、冯翊、弘农、上洛四个郡的军队，驻扎在霸上，但都畏惧汉兵的强大不敢前进。相国司马保派遣胡崧带兵去援救，在灵台攻打汉国大司马刘曜，打败了他。胡崧担心国威重新振作，使得麴允、索綝的势力变强，就带领城西各郡军队驻扎在渭水以北地区不再前进，随后回师槐里。

刘曜攻陷长安的外城，麴允、索綝退到小城自守。内外断绝了联系，城中非常饥饿，一斗米值二两金子，人吃人，城里人死了一大半，士兵逃亡不能控制禁止，只有凉州义兵几千人，誓死不动。京城粮食仓库有几十个麦饼，麴允把饼弄碎做成粥来供愍帝食用，不久也吃光了。

冬季，十一月，愍帝司马邺哭着对麴允说："现在这样穷困，外无救援，应该忍受耻辱出去投降，使士人、百姓能够生存下来。"说完又感叹说："耽误我事业是麴允、索綝二公！"派侍中宗敞给刘曜送交投降书。索綝暗自留住宗敞，又派他的儿

许綝以车骑、仪同、万户郡公者，请以城降。”曜斩而送之，曰：“帝王之师，以义行也。孤将兵十五年，未尝以诡计败人，必穷兵极势，然后取之。今索綝所言如此，天下之恶一也，辄相为戮之。若兵食审未尽者，便可勉强固守；如其粮竭兵微，亦宜早寤天命。”

甲午，宗敞至曜营；乙未，帝乘羊车，肉袒、衔璧、舆榇，出东门降。群臣号泣，攀车执帝手，帝亦悲不自胜。御史中丞冯翊吉朗叹曰：“吾智不能谋，勇不能死，何忍君臣相随，北面事贼虏乎！”乃自杀。曜焚榇、受璧，使宗敞奉帝还宫。丁酉，迁帝及公卿以下于其营。辛丑，送至平阳。

壬寅，汉主聪临光极殿，帝稽首于前。麹允伏地恸哭，扶不能起，聪怒，囚之，允自杀。聪以帝为光禄大夫，封怀安侯。以大司马曜为假黄钺、大都督、督陕西诸军事、太宰，封秦王。大赦，改元麟嘉。以麹允忠烈，赠车骑将军，谥节愍侯。以索綝不忠，斩于都市。尚书梁允、侍中梁濬等及诸郡守皆为曜所杀，华辑奔南山。

（以上为第十二段，主要写西晋灭亡，晋愍帝司马邺山穷水尽，为免长安百姓遭难，投降汉国，大臣麹允悲愤不已，愤而自杀，索綝为臣不忠，被汉赵所杀，西晋落下帷幕。）

干宝论曰：昔高祖宣皇帝，以雄才硕量，应时而起，性深阻有若城府，而能宽绰以容纳；行数术以御物，而知人善采拔。于是，百姓与能，大象始构。世宗承基，太祖继业，咸黜异图，用融前烈。至于世祖，遂享皇极，仁以厚下，俭以足用，和而不弛，宽而能断，掩唐、虞之旧域，班正朔于八荒，于时有“天下无穷人”之谚，虽太平未洽，亦足以明民乐其生矣。

武皇既崩，山陵未干而变难继起。宗子无维城之助，师尹无具瞻之贵，朝为伊、周，夕成桀、跖；国政迭移于乱人，禁兵外散于四方，方岳无钩石之镇，关门无结草之固。戎、羯称制，二帝失尊，

子去对刘曜说："现在城中的粮食还足够维持一年，是不容易攻克的，如果应允封索綝为车骑将军、仪同、万户郡公，那就请求献城投降。"刘曜把索綝的儿子杀了，送回尸首，说："帝王之师，按照道义行事。我带兵十五年，从来没有靠诡计去打败敌人，一定是竭尽全部兵力打到底，然后占取该地。现在按照索綝所说的这样，天下的恶人都一样，总是互相攻杀。如果军队、粮食确实没有用完，就可以尽力坚守；但如果军粮用尽，兵势微弱，你们也就应该早点明白上天的旨意。"

十一月初十甲午，宗敞来到刘曜的兵营。十一日乙未，愍帝谦恭地乘着羊车，袒露着臂膀，口含玉璧，用车拉着棺材从东门出去投降，群臣放声大哭，登车去拉愍帝的手，愍帝也悲痛万分不能自已。御史中丞、冯翊人吉朗感叹地说："我的才智不能为国家出谋划策，勇力也不能为国战死，怎么能忍心君臣相随，向贼寇低头称臣呢？"说完就自杀了。刘曜焚烧了愍帝所带的棺材，接受了他口含的玉璧，派宗敞侍奉着愍帝回宫。

十一月十三日丁酉，刘曜把愍帝以及公卿大臣们迁到自己的兵营中。十七日辛丑，刘曜把他们送到平阳，十八日壬寅，汉主刘聪来到光极殿，愍帝向前行稽首礼。麹允趴伏在地上痛哭，扶不起来，刘聪发怒，把他囚禁起来，麹允自杀。刘聪让愍帝担任光禄大夫，封为怀安侯。以大司马刘曜担任假黄钺、大都督、都督陕西诸军事、太宰，封为秦王。宣布大赦，改年号为麟嘉。根据麹允的忠心刚烈，追赠为车骑将军，谥号为节愍侯。又根据索綝的不忠，在都市把他杀了。尚书梁允、侍中梁濬等人以及各郡太守都被刘曜所杀，华辑逃奔南山。

干宝评论说：过去高祖宣皇帝司马懿，靠着他的雄才大略，顺应时势而崛起，性格深沉内向如同城府一样，但能用博大的胸怀宽容他人，使用谋计权术驾驭人才，知人善任。于是，百姓一致相信他的才能，晋朝的法度规模开始构建。世宗司马师承续了司马懿开创的基础，太祖司马昭继承了先辈事业，他们都粉碎了来自内部的阴谋，使前人建立的事业更加辉煌灿烂。到了世祖司马炎，便登上了皇帝的宝座，他仁爱宽厚地对待百姓，节俭而保证用度，雍和而不放任，宽容而能够决断，统治遍及唐尧虞舜当年的疆域，所颁布的新历法延及遥远的边陲地区。当时出现了"天下无穷人"的民谣，即使还没有完全太平，也完全能够表明百姓安居乐业了。

武皇司马炎去世后，陵墓的泥土还没有干，而变乱、灾难连续发生。宗室的子弟没有谁帮助辅佐皇城，职位最高的大臣没有让百姓瞻仰的高贵形象，早晨是商朝的伊尹、周朝的周公，晚上就成了凶暴的桀和盗跖。国家政务屡次落

何哉？树立失权，托付非才，四维不张，而苟且之政多也。

夫基广则难倾，根深则难拔，理节则不乱，胶结则不迁。昔之有天下者所以能长久，用此道也。周自后稷爱民，十六王而武始君之，其积基树本，如此其固。今晋之兴也，其创基立本，固异于先代矣。加以朝寡纯德之人，乡乏不贰之老，风俗淫僻，耻尚失所。学者以庄、老为宗而黜“六经”，谈者以虚荡为辨而贱名检，行身者以放浊为通而狭节信，进仕者以苟得为贵而鄙居正，当官者以望空为高而笑勤恪。

是以刘颂屡言治道，傅咸每纠邪正，皆谓之俗吏。其倚杖虚旷，依阿无心者，皆名重海内。若夫文王日昃不暇食，仲山甫夙夜匪懈者，盖共嗤黜以为灰尘矣！由是毁誉乱于善恶之实，情慝奔于货欲之涂，选者为人择官，官者为身择利，世族贵戚之子弟，陵迈超越，不拘资次。悠悠风尘，皆奔竞之士；列官千百，无让贤之举。子真著《崇让》而莫之省，子雅制九班而不得用。其妇女不知女工，任情而动，有逆于舅姑，有杀戮妾媵，父兄弗之罪也，天下莫之非也。礼法刑政，于此大坏，“国之将亡，本必先颠。”其此之谓乎！

故观阮籍之行，而觉礼教崩弛之所由；察庾纯、贾充之争，而见师尹之多僻，考平吴之功，而知将帅之不让；思郭钦之谋，而寤戎狄之有衅；览傅玄、刘毅之言，而得百官之邪；核傅咸之奏、钱神之论，而睹宠赂之彰。民风国势，既已如此，虽以中庸之才、守文之主治之，犹惧致乱，况我惠帝以放荡之德临之哉！怀帝承乱即位，羁以强臣；愍帝奔播之后，徒守虚名。天下之势既去，非命世

入为乱之人的手中，禁卫军队分散在四面八方，地方上没有坚如磐石的镇守一方的人才，关隘城门还没有茅屋坚固。戎人、羯人称帝，怀帝、愍帝失去尊严，大权旁落，国政交给了没有才能的庸人，礼义廉耻没有确立而苟且维持的政务太多。

基础广大就难以倾倒，根基深厚就难以拔出，政务有条不紊就不会混乱，人心牢固地结连在一起就不可动摇。过去拥有天下的人所以能够长治久安，就是这个道理。周朝从后稷开始爱护百姓，经过十六代后的周武王才成为君主，他们积累的基础、树立的根本是这样的坚固。今天晋朝兴起，开创基业树立根本，已经与古代不同。加上朝廷中缺少纯正有德的人才，乡野也缺乏不重犯同样错误的乡老，风俗靡淫怪僻，什么是羞耻，什么应当崇尚，都失去了标准。学习的人以庄子、老子的学说为宗旨而废除《诗》《书》《礼》《乐》《易》《春秋》六经，谈论的人以虚无放纵为明理而轻蔑礼教和谦逊，修身的人以放纵随意为通达而瞧不起节操信用，求官的人以能够用不正当的手段得到官职为高贵而鄙视遵循正道，当官的以不分是非不问政务为崇高而耻笑勤于政事恪守职责。

所以，刘颂屡次论说治世的道理，傅咸常常上书矫正错误，都被称为庸俗的官吏。但那些倚仗虚无旷废职守，依靠迎合放达恣意妄为的人，却都声名显赫于海内。像那周文王理政从早晨忙到下午都顾不上吃饭，周朝仲山甫做事昼夜不懈怠，都被嘲笑成是灰尘一样！从此在毁誉方面混淆了善恶的事实，感情和邪恶都投入到追逐财物私欲的路上。选官的人不只依靠才能来选择官员，当官的人为自己谋取利益，世家豪族皇亲贵戚的子弟破格超越，不管资历和次序。悠悠人世，全都是追逐名利的士人，朝廷百官，没有举贤让能的行为。刘寔著《崇让论》提倡举贤让能却无人省悟，刘颂制定考核官员的九班之制却不能得到采用。妇女不懂得纺织、刺绣等女工，随心所欲，有的忤逆公婆，有的杀戮姬妾婢女，而其父兄却不以为罪，天下也无人非议。礼制法度刑罚政令，因此受到严重破坏，“国家将要灭亡，根本一定会先颠倒”，说的大概就是这种情况吧？

所以，观察阮籍的行为而能发现礼制名教崩溃松弛的原因，察视庾纯和贾充之间的纷争而能发现担任百官之长的大臣大多行为不端。考察平定东吴时互相争功而知道将帅的不谦让，思考郭钦的计谋而能感到戎人狄人要挑起事端，观览傅玄、刘毅的言论而能了解到百官中的奸邪之事，核查傅咸的奏议以及《钱神论》而能看到宠幸贿赂公然进行的情形。百姓的风气、国家的趋势，既然已是这样，即使是中等平常的才能、只知守成的君王来治理，也还怕导致祸

之雄材，不能复取之矣！

（以上为第十三段，写干宝作“晋纪总论”，论述西晋的盛衰兴亡，探讨得失由来。作者认为，西晋之亡，在晋武帝司马炎时期就埋下祸根，根基不牢，纲纪不张，任用庸人，强臣当政，世风衰微，官场腐败。）

石勒围乐平太守韩据于坫城，据请救于刘琨。琨新得拓跋猗卢之众，欲因其锐气以讨勒。箕澹、卫雄谏曰：“此虽晋民，久沦异域，未习明公之恩信，恐其难用。不若且内收鲜卑之余谷，外抄胡贼之牛羊，闭关守险，务农息兵，待其服化感义，然后用之，则功无不济矣。”琨不从，悉发其众，命澹帅步骑二万为前驱，琨屯广牧，为之声援。

石勒闻澹至，将逆击之。或曰：“澹士马精强，其锋不可当，不若且引兵避之，深沟高垒以挫其锐，必获万全。”勒曰：“澹兵虽众，远来疲弊，号令不齐，何精强之有！今寇敌垂至，何可舍去！大军一动，岂易中还！若澹乘我之退而逼之，顾逃溃不暇，焉得深沟高垒乎！此自亡之道也。”立斩言者。以孔苌为前锋都督，令三军：“后出者斩！”勒据险要，设疑兵于山上，前设二伏，出轻骑与澹战，阳为不胜而走。澹纵兵追之，入伏中。勒前后夹击澹军，大破之，获铠马万计。澹、雄帅骑千余奔代郡，韩据弃城走，并土震骇。

十二月，乙卯朔，日有食之。

司空长史李弘以并州降石勒。刘琨进退失据，不知所为，段匹磾遣信邀之。己未，琨帅众从飞狐奔蓟。匹磾见琨，甚相亲重，与之结婚，约为兄弟。勒分徙阳曲、乐平民于襄国，置守宰而还。

孔苌攻箕澹于代郡，杀之。

苌等攻贼帅马严、冯䐗，久而不克。司、冀、并、兖流民数万户在辽西，迭相招引，民不安业。勒问计于濮阳侯张宾，宾曰：“严、䐗本非公之深仇，流民皆有恋本之志，今班师振旅，选良牧守使招怀之，则幽、冀之寇可不日而清，辽西流民将相帅而至矣。”勒乃召苌等归，以武遂令

乱，更何况我朝惠帝用放任纵情的行为方式来君临天下呢？怀帝在变乱的时局下登上帝位，受到势力强大的权臣控制。愍帝即位于朝廷奔波流亡之后，徒具虚名。晋朝的天下大势已去，如果没有一代称雄的治世雄才，就不能再取得天下了！

石勒在坫城围攻乐平太守韩据，韩据向刘琨请求救援。刘琨刚刚得到拓跋猗卢的军队，想靠着这支军队的锐气来讨伐石勒。箕澹、卫雄劝谏说："这些人虽然是晋朝的百姓，但长时间沦落在异族地区，不了解您的恩德信义，恐怕他们难以使用。不如暂且在内收取鲜卑人的剩余谷物，在外抢夺胡人贼寇的牛羊，关闭关卡守住险要之地，开展农业生产，停止军事行动，等待拓跋猗卢的军队受到信义的教化感召，然后使用他们，那么功业没有不完成的。"刘琨不接受，把这些人全部调遣出去，命令箕澹率领二万步兵、骑兵作为前锋，刘琨驻扎在广牧，为他们声援。

石勒听说箕澹到了，将要阻击箕澹。有人说："箕澹士兵战马精悍强壮，势不可当，不如暂且带兵避其锋芒，修筑深沟高墙来使他们的锐气受挫，这样一定能够获得全面胜利。"石勒说："箕澹的军队人数虽然很多，但从远方开来，士兵疲惫，号令还不能统一，有什么精悍强壮？现在敌人来临，怎么能舍弃离开？大军一动，难道容易中途回师？如果箕澹乘我撤退之机而攻逼，溃逃都顾不上，哪儿还能挖深沟垒高墙呢？这是自己消灭自己的方法。"当即斩杀了说话的人。以孔苌任前锋都督，命令三军："滞后出击者，斩！"石勒占据险要之地，在山上设置诱敌的兵马，前面安排两支军队埋伏，派出轻骑兵与箕谵交战，假装不能取胜而退逃。箕澹放开军队追击，进入埋伏圈之中。石勒前后夹击箕澹的军队，大败箕澹，缴获铠甲、战马数以万计。箕澹、卫雄率领一千多骑兵逃奔代郡，韩据弃城逃跑，并州土地为之震惊恐惧。

十二月初一乙卯朔，发生日食。

司空长史李弘率领并州向石勒投降。这样，刘琨失去据点，进退两难，不知所措，段匹磾派使者邀请他。十二月初五己未，刘琨率领部众从飞狐奔往蓟城。段匹磾见了刘琨，非常亲近敬重，与他联姻，并结拜为兄弟。石勒分别迁徙阳曲、乐平的百姓到襄国，安排了郡守县令等地方长官而回师。

石勒的勇将孔苌到代郡攻打箕澹，杀了他。

孔苌等人又攻打强盗首领马严、冯睹，很久都没有攻下来。司、冀、并、兖四州的数万户流民在辽西，多次互相招引，百姓不能安居乐业。石勒向濮阳侯张宾询问计策，张宾说："马严、冯睹本来与您没有深仇，流民们都有思恋故乡的想法。现在调动军队回师，选择安排优秀的地方长官让他们招抚安慰他们，那么幽州、冀州

李回为易北督护，兼高阳太守。马严士卒素服回威德，多叛严归之，严惧而出走，赴水死。冯睹帅其众降。回徙居易京，流民归之者相继于道。勒喜，封回为弋阳子，增张宾邑千户，进位前将军，宾固辞不受。

丞相睿闻长安不守，出师露次，躬擐甲胄，移檄四方，刻日北征。以漕运稽期，丙寅，斩督运令史淳于伯。刑者以刀拭柱，血逆流上，至柱末二丈余而下，观者咸以为冤。丞相司直刘隗上言："伯罪不至死，请免从事中郎周莚等官。"于是，右将军王导等上疏引咎，请解职。睿曰："政刑失中，皆吾昏塞所致。"一无所问。

隗性刚讦，当时名士多被弹劾，睿率皆容贷，由是众怨皆归之。南中郎将王含，敦之兄也，以族强位显，骄傲自恣，一请参佐及守长至二十许人，多非其才；隗劾奏含，文致甚苦，事虽被寝，而王氏深忌疾之。

丞相睿以邵续为冀州刺史。续女婿广平刘遐聚众河、济之间，睿以遐为平原内史。

拓跋普根之子又卒，国人立其从父郁律。

（以上为第十四段，主要写西晋灭亡以后的余波。西晋重臣刘琨出重兵讨石勒遭惨败，西晋北方势力殆尽；江南丞相司马睿听说长安失守，外表上义愤填膺，发布檄文，欲出兵征讨，并杀人立威，而醉翁之意不在酒，在于帝位也！）

的强盗用不了几天就能够肃清，辽西流民将会互相携带着而来了。”石勒于是宣召孔苌等人回来，以武遂县令李回担任易北督护，兼高阳太守。马严的士兵一直佩服李回的威严恩德，大多叛离马严而投奔李回，马严恐惧而出逃，投水而死。冯睹率领他的部众投降。李回迁徙到易京居住，跟随他的流民不绝于道。石勒高兴，封李回为弋阳子，给张宾增加一千户的封邑，并升为前将军。张宾坚持推辞而没有接受。

丞相司马睿听说长安失守，带领军队出去露宿野外，亲自穿上铠甲，向各地发布檄文，限定日期北伐。因为水道运粮耽误了日期，十二月十二日丙寅，杀掉督运令史淳于伯。行刑的人将淳于伯站坑深埋作“人桩”，绑于柱上，用刀砍之，血逆流而上，一喷到二丈多高的柱子末端才流下。观看的人都认为淳于伯冤枉。丞相司直刘隗上言道：“淳于伯罪不至死，请免除从事中郎周莚等人的官职。”于是，右将军王导等人上奏，承认错误，请求免除职务。司马睿说：“政令刑罚失当，都是我糊涂昏昧造成的。”他没有把一个人问罪。

刘隗性格刚烈不徇私情，当时的名士多被他弹劾，但司马睿总是加以宽容，因此大家都把怨恨集中到刘隗身上。南中郎将王含是王敦的哥哥，因为家族势强而地位显赫，骄傲放纵，一次请求安排参佐以及郡守县令等官职就达二十人左右，而且大多不称职。刘隗弹劾王含，罗织罪名，事情虽然被压了下来，而王氏家族对他深怀忌恨。

丞相司马睿以邵续担任冀州刺史。邵续的女婿广平人刘遐在河、济地区聚集了一些人马，司马睿就让刘遐担任平原内史。

拓跋普根的儿子又去世了，国人又把他的叔父拓跋郁律立为首领。

【点评】

西晋之亡。西晋从晋武帝司马炎建国到晋愍帝司马邺投降，前后经历四任皇帝，中间还有晋惠帝司马衷、晋怀帝司马炽，立国 51 年。从统一的角度来说，建国 14 年后灭亡吴国，而在灭亡 12 年前李特建立成汉国，故西晋真正统一的时间只有 25 年，是中国历史上较为短命的大一统王朝。

西晋灭亡，令人唏嘘，感慨不已。晋武帝司马炎时期，还力图进取，消灭吴国，希望实现统一，发展经济，百业兴旺，而进入惠帝司马衷时代，惠帝无能；八王之乱，权臣都卷入争斗当中，内部乌烟瘴气。结果，外族势力逐渐强大，李雄在巴蜀立国，刘渊在山西称帝，还有不少异族势力也非常强大，所谓“五胡乱华”，先后建立十六国，历时近三百年，整个天下四分五裂，满目疮痍。

掩卷沉思，其中似乎有着一种宿命。曹丕从汉献帝那儿受禅让，传承了五个皇帝，历时 46 年；而西晋司马炎从魏元帝手中得到皇位，即所谓禅让，与魏初如出一辙。西晋开国之初，晋武帝司马炎吸取了魏国灭亡的教训，大封亲王，权力都集中到司马氏手上，引起内乱。可以说一部西晋的历史，就是司马家族的相互争斗史，结果使西晋的元气耗尽，一步步滑向灭亡的深渊。

其实，西晋的灭亡，还有一些更为深层的原因，就是治国之纲没有树立，制度缺失，道德沦丧，使西晋立国的根本缺失，纲纪不张，邪恶嚣张。

而汉朝初起的兴盛，除了汉高祖刘邦的建国，还得益于文帝、景帝的励精图治和汉武帝的雄才大略。西晋从帝王到权臣，却没有真正能够撑起一个国家的杰出人才来统治和驾驭，任凭权臣作为，败乱朝政。

晋纪十二

晋元帝建武元年至太兴元年（317—318年）

【起强圉赤奋若（丁丑，317年），尽著雍摄提格（戊寅，318年），凡二年】

【大事提要】

本卷记事起公元317年，讫公元318年，凡二年，当晋元帝（司马睿）建武元年至太兴元年。本卷所载大事，主要是五个方面：其一，张寔发兵勤王。晋愍帝司马邺降汉被掳的凶信传到凉州，凉州刺史张寔的叔父张肃悲愤而死。晋朝黄门郎史淑等自长安逃奔至凉州，传令张寔协助琅邪王司马睿。张寔派遣太府司空韩璞等统军向长安进发，途中为羌人所阻而返。时关中大乱，唯有凉州安然无恙。其二，慕容廆归顺江东。公元317年，晋王司马睿拜鲜卑大都督慕容廆为都督辽左杂夷流民诸军事等，慕容廆拒绝接受。征虏将军鲁昌等人，认为司马睿在江东承皇帝旨意号令全国，为四海所系属，慕容廆应劝其承继帝位。慕容廆于是奉司马睿为正朔，派使者浮海至建康劝进。其三，司马睿称帝。公元318年，晋愍帝司马邺遇害的消息传到建康，晋王司马睿在诸臣的再三劝说下即位为帝，是为晋元帝，改元太兴。百官皆有奖赏，增位二等，赐诸官投书劝进者加位一等，百姓投书者皆任为吏，共有二十多万人。立王太子司马绍为皇太子。其四，慕容廆创定府朝仪法。公元318年，晋元帝司马睿再次遣使授予鲜卑慕容廆为龙骧将军、大单于、昌黎公，慕容廆辞昌黎公不受。慕容廆以游邃为龙骧长史，命其创定府朝仪法。后裴嶷献议，劝其趁晋室衰微，渐行兼并，慕容廆当即任命其为长史，委以军国之谋。其五，刘粲、刘曜相继即位。公元318年，汉主刘聪去世，太子刘粲继位，被辅政大臣、大司马靳准谋杀。镇守长安的刘聪族弟刘曜闻变，自立为皇帝，发兵攻打靳准。靳准为部下靳明所杀，共推靳明为主，投降刘曜，送传国玺至平阳，刘曜杀靳明及靳氏男女。

【原文】

中宗元皇帝上

建武元年（丁丑，317年）

春，正月，汉兵东略弘农，太守宋哲奔江东。

黄门郎史淑、侍御史王冲自长安奔凉州，称愍帝出降前一日，使淑等赍诏赐张寔，拜寔大都督、凉州牧、侍中、司空，承制行事，且曰："朕已诏琅邪王时摄大位；君其协赞琅邪，共济多难。"淑等至姑臧，寔大临三日，辞官不受。

初，寔叔父肃为西海太守，闻长安危逼，请为先锋入援；寔以其老，弗许。及闻长安不守，肃悲愤而卒。

寔遣太府司马韩璞、抚戎将军张阆等帅步骑一万东击汉；命讨虏将军陈安、安故太守贾骞、陇西太守吴绍各统郡兵为前驱。又遗相国保书曰："王室有事，不忘投躯。前遣贾骞瞻公举动，中被符命，敕骞还军，俄闻寇逼长安，胡崧不进，麹允持金五百，请救于崧，遂决遣骞等进军度岭。会闻朝廷倾覆，为忠不遂，愤痛之深，死有余责。今更遣璞等，唯公命是从。"璞等卒不能进而还。

至南安，诸羌断路，相持百余日，粮竭矢尽。璞杀车中牛以飨士，泣谓之曰："汝曹念父母乎？"曰："念。""念妻子乎？"曰："念。""欲生还乎？"曰："欲。""从我令乎？"曰："诺。"乃鼓噪进战，会张阆帅金城兵继至，夹击，大破之，斩首数千级。

先是，长安谣曰："秦川中，血没腕，唯有凉州倚柱观。"及汉兵覆关中，氐、羌掠陇右，雍、秦之民，死者什八九，独凉州安全。

二月，汉主聪使从弟畅帅步骑三万攻荥阳，太守李矩屯韩王故垒，相去七里，遣使招矩。时畅兵猝至，矩未及为备，乃遣使诈降于畅。畅不复设备，大飨，渠帅皆醉。矩欲夜袭之，士卒皆恇惧，矩乃遣其将郭诵祷于子产祠，使巫扬言曰："子产有教，当遣神兵相助。"众皆踊跃争进。矩选勇敢千人，使诵将之，掩击畅营，斩首数千级，畅仅以身免。

【语译】

中宗元皇帝上

晋元帝建武元年（丁丑，317年）

春季，正月，汉军向东进攻弘农郡，太守宋哲逃奔江东。

黄门郎史淑、侍御史王冲从长安逃奔凉州，称说晋愍帝出降前一天，派他们携带诏书赐封张寔，拜张寔为大都督、凉州牧、侍中、司空，禀承制书处理事宜。诏书还说："我已下令琅邪王暂时代摄帝位，希望你们协助琅邪王，共渡多难之秋。"史淑等到达姑臧，张寔隆重哭奠愍帝三天，辞谢不接受封职。

当初，张寔的叔父张肃为西海太守，听说晋都长安危亡在即，自请担任先锋赴援。张寔以他年老为由，没有同意。等到听说长安失守，张肃悲愤而死。

张寔派遣太府司马韩璞、抚戎将军张阆等率领步兵和骑兵共一万人向东攻打刘聪的汉国，命令讨虏将军陈安、安故太守贾骞、陇西太守吴绍各自统领本郡兵马为前锋部队。又送信给相国司马保，说："晋朝皇室遇有灾祸，我没敢忘记投身报效。以前曾派遣贾骞视察相国举动行事，后来途中接到命令，让贾骞回军。不久便听说敌人进攻长安，胡崧屯兵不前，麴允带着五百金向他求救。于是，我决定派遣贾骞等翻山越岭进军赴援，恰巧听说朝廷已经倾覆，未能实现尽忠的愿望，我悲痛心情之沉重，即使死了，也有罪责。现在，我重新派遣韩璞等率军前往，一切听从您的命令。"韩璞等人的军队始终不能东进，只好退军。

韩璞等人行军至南安，被多支羌人部族截断道路，双方相持一百多天，韩璞等人的军队箭尽粮绝。韩璞把拉车的牛杀掉，用来犒劳士兵，流着眼泪对他们说："你们思念父母吗？"士兵回答说："思念。""思念妻子儿女吗？"回答说："思念。""想活着回家吗？"回答说："想。""愿意听从我的号令吗？"回答说："愿意。"于是，擂鼓呐喊，进击搏战。正逢张阆率金城士兵随后赶到，夹击羌人，大破敌军，斩首数千级。

长安失陷以前，曾有民谣说："秦川之中，血流没腕，唯有凉州倚柱旁观。"等到汉军攻陷关中，氐人、羌人攻略陇右，雍州、秦州的百姓十有八九死亡，唯独凉州安然无恙。

二月，汉主刘聪派堂弟刘畅率领步兵、骑兵三万进攻荥阳，荥阳太守李矩屯兵于韩王故旧壁垒，双方相距七里，刘畅派遣使者招降李矩。当时，刘畅的军队突然到达，李矩来不及设备防御，于是，派遣使者见刘畅，诈称愿降。刘畅不再防备，大肆犒劳士兵，主要将领都喝醉了。李矩打算乘夜偷袭，但手下士兵都心存畏惧，李矩便派部将郭诵到子产祠祝祷，让巫祝扬言说："子产神灵告知，到时会派遣神兵

（以上为第一段，写西晋灭亡后，凉州刺史张寔派遣将领韩璞攻打汉国，身处绝境，仍打败截断道路的羌人部族；汉军进攻荥阳，荥阳太守李矩用计袭击，斩首数千。）

辛巳，宋哲至建康，称受愍帝诏，令丞相琅邪王睿统摄万机。

三月，琅邪王素服出次，举哀三日。于是，西阳王羕及官属等共上尊号，王不许。羕等固请不已，王慨然流涕曰："孤，罪人也。诸贤见逼不已，当归琅邪耳！"呼私奴，命驾，将归国。羕等乃请依魏、晋故事，称晋王，许之。辛卯，即晋王位，大赦，改元，始备百官，立宗庙，建社稷。

有司请立太子，王爱次子宣城公裒，欲立之，谓王导曰："立子当以德。"导曰："世子、宣城，俱有朗隽之美，而世子年长。"王从之。丙辰，立世子绍为王太子；封裒为琅邪王，奉恭王后，仍以裒都督青、徐、兖三州诸军事，镇广陵。以西阳王羕为太保，封谯刚王逊之子承为谯王。逊，宣帝之弟子也。

又以征南大将军王敦为大将军、江州牧，扬州刺史王导为骠骑将军、都督中外诸军事、领中书监、录尚书事，丞相左长史刁协为尚书左仆射，右长史周顗为吏部尚书，军谘祭酒贺循为中书令，右司马戴渊、王邃为尚书，司直刘隗为御史中丞，行参军刘超为中书舍人，参军事孔愉长兼中书郎，自余参军悉拜奉车都尉，掾属拜驸马都尉，行参军、舍人拜骑都尉。

王敦辞州牧，王导以敦统六州，辞中外都督，贺循以老病辞中书令，王皆许之，以循为太常。是时，承丧乱之后，江东草创，刁协久宦中朝，谙练旧事，贺循为世儒宗，明习礼学，凡有疑议，皆取决焉。

（以上为第二段，写西晋灭亡，丞相司马睿总摄国家所有事宜，在西阳王等人劝说下，即晋王位，改元建武，设立百官，建立宗庙社稷，以世子司马绍为王太子。）

刘琨、段匹䃅相与歃血同盟，期以翼戴晋室。辛丑，琨檄告华、夷，遣兼左长史、右司马温峤，匹䃅遣左长史荣卲，奉表及盟文诣建康劝进。峤，羡之弟子也，峤之从母为琨妻。琨谓峤曰："晋祚虽衰，天命未改，

相助。”于是，众人都踊跃争先进击。李矩挑选勇士千人，令郭诵率领他们，突然袭击刘畅军营，斩首数千。刘畅只身逃出，才免于一死。

二月二十八日辛巳，弘农太守宋哲到达建康，称说奉晋愍帝之命，令丞相、琅邪王司马睿总摄国家所有事宜。

三月，琅邪王司马睿换上白色衣服，避居于别室，举哀三天。此时，西阳王司马羕和官员、部属等共同进上皇帝尊号，琅邪王不肯即位。司马羕等坚持请求，不肯罢休。琅邪王感慨地流着眼泪说：“我是有罪之人。诸位贤良如果逼我不止，我将返归琅邪封国。”并传叫私人奴仆，让他们驾车准备返回封国。司马羕等一再请求琅邪王依照魏、晋旧有的成例，称为晋王。琅邪王同意了。三月初九辛卯，琅邪王司马睿即晋王位，实行大赦，改年号为建武，开始设置百官，建立宗庙和社稷。

主管官员请求立太子，晋王喜爱次子宣城公司马裒，想立他为太子，对王导说：“立太子应当视其德行。”王导说：“世子与宣城公，都有清朗隽秀的美德，但世子年长。”晋王听从了王导的意见。三月丙辰日，晋王立世子司马绍为王太子，封司马裒为琅邪王，继承恭王的祭祀；仍然让司马裒为都督青、徐、兖三州诸军事，镇守广陵。任命西阳王司马羕为太保，封谯刚王司马逊的儿子司马承为谯王。司马逊是晋宣帝弟弟的儿子。

又任命征南大将军王敦为大将军、江州牧；扬州刺史王导为骠骑将军、都督内外诸军事、领中书监、录尚书事。丞相左长史刁协被任命为尚书左仆射，右长史周𫖮被任命为吏部尚书，军谘祭酒贺循被任命为中书令，右司马戴渊、王邃被任命为尚书，司直刘隗被任命为御史中丞，行参军刘超被任命为中书舍人，参军事孔愉兼任中书郎，其余参军全部封官为奉车都尉，部属任命为驸马都尉，行参军、舍人任命为骑都尉。

王敦辞谢江州牧的官职，王导因为王敦已统领六州，辞谢都督内外诸军事的职务，贺循因年老多病辞去中书令，都得到晋王的同意。任命贺循为太常。此时，承续西晋的丧乱之后不久，江南东晋政权刚刚草创，因刁协久在西晋时为官，熟悉旧制，贺循为当世儒学泰斗，精通礼学，所以凡是遇到难以解决的问题，都由他们定夺。

刘琨和段匹磾歃血盟誓，相约共同拥戴和辅佐晋皇室。三月十九日辛丑，刘琨发布檄文遍告汉族和其他民族，自己派遣兼任左长史、右司马温峤，段匹磾派遣左长史荣邵，共同奉呈上表和盟约誓文前往建康进劝晋王司马睿即帝位。温峤是温羡

吾当立功河朔，使卿延誉江南。行矣，勉之！”

王以鲜卑大都督慕容廆为都督辽左杂夷流民诸军事、龙骧将军、大单于、昌黎公。廆不受。征虏将军鲁昌说廆曰：“今两京覆没，天子蒙尘，琅邪王承制江东，为四海所系属。明公虽雄据一方，而诸部犹阻兵未服者，盖以官非王命故也。谓宜通使琅邪，劝承大统，然后奉诏令以伐有罪，谁敢不从！”处士辽东高诩曰：“霸王之资，非义不济。今晋室虽微，人心犹附之，宜遣使江东，示有所尊，然后仗大义以征诸部，不患无辞矣。”廆从之，遣长史王济浮海诣建康劝进。

汉相国粲使其党王平谓太弟义曰：“适奉中诏，云‘京师将有变’，宜衷甲以备非常。”义信之，命宫臣皆衷甲以居。粲驰遣告靳准、王沈。准以白汉主聪曰：“太弟将为乱，已衷甲矣！”聪大惊曰：“宁有是邪！”王沈等皆曰：“臣等闻之久矣，屡言之，而陛下不之信也。”聪使粲以兵围东宫。粲使准、沈收氐、羌酋长十余人，穷问之，皆悬首高格，烧铁灼目，酋长自诬与义谋反。聪谓沈等曰：“吾今而后知卿等之忠也！当念知无不言，勿恨往日言而不用也！”于是，诛东宫官属及义素所亲厚，准、沈等素所憎怨者大臣数十人，坑士卒万五千余人。

夏，四月，废义为北部王，粲寻使准贼杀之。义形神秀爽，宽仁有器度，故士心多附之。聪闻其死，哭之恸，曰：“吾兄弟止余二人而不相容，安得使天下知吾心邪！”氐、羌叛者甚众，以靳准行车骑大将军，讨平之。

五月，壬午，日有食之。

六月，丙寅，温峤等至建康，王导、周顗、庾亮等，皆爱峤才，争与之交。是时，太尉豫州牧荀组、冀州刺史邵续、青州刺史曹嶷、宁州刺史王逊、东夷校尉崔毖等皆上表劝进，王不许。

（以上为第三段，写汉国内讧，相国刘粲设计谋害皇太弟刘义，诛杀东宫属官及士卒，惨无人道；刘琨、段匹磾、慕容廆、荀组等，各怀心思，都遣使到建康上表劝进。）

兄弟的儿子，其姨母是刘琨的妻子，刘琨对温峤说："晋朝国运虽然中衰，但天命尚未变易，我将建立功名于河朔，让你的声誉流播江南。去吧，努力为之！"

晋王司马睿任命鲜卑大都督慕容廆为都督辽左杂夷流民诸军事、龙骧将军、大单于、昌黎公，慕容廆辞谢不受。征虏将军鲁昌劝说慕容廆道："现在洛阳、长安两座京城沦陷，天子流亡失位，琅邪王接受皇命于江东，四海归心。贤君虽然雄踞一方，但仍有许多部族拥兵自重，不听从号令，这是因为您的官职不是朝廷正式任命的缘故。我认为，您应当派遣使者见琅邪王，劝他承续晋国帝位，然后遵奉皇上号令，攻伐有罪之人，谁敢不听从号令！"处士辽东人高诩说："霸王之业，不义不能成功。现在晋皇室虽然衰微，仍然是民心所向，应当派遣使者至江东，以示尊崇，然后倚仗君臣大义攻打各部族，不愁没有正当的理由。"慕容廆听从他们的意见，派遣长史王济由海路前往建康，劝说晋王即帝位。

汉国丞相刘粲让党羽王平对太弟刘义说："刚刚奉受国主密诏，说京师将有变乱发生，应当内穿甲衣以备不测。"太弟刘义就信从了，令东宫臣属都在外衣内穿上甲衣。刘粲派人驰告靳准、王沈，靳准禀报汉主刘聪说："太弟刘义准备作乱，手下已内着甲衣了。"刘聪大惊，说："怎么会有这种事情！"王沈等人都说："我们早就听说太弟刘义有犯上作乱之心，多次上言，但您就是不信我们的话。"刘聪令刘粲率军包围东宫。刘粲让靳准、王沈拘捕了听命于东宫的氐、羌酋长十多人，严刑拷问，把他们的头颅都用枷锢于高木格之上，烧红铁器炙灼双目，酋长们便诬陷自己和刘义共同谋反。刘聪对王沈等人说："我现在才知道你们的忠心！你们应当追念知无不言的训诫，不要怨恨过去上言而不被信用！"于是，诛杀东宫属官，又诛杀平素与刘义亲近、交厚而被靳准、王沈等人憎恶、怨恨的大臣数十人，坑杀士兵一万五千多人。

夏季，四月，废黜刘义的太弟身份，改封为北部王，不久，刘粲让靳准谋杀了他。刘义形神秀爽，为人宽仁而有雅量，所以士人大多心存景仰。刘聪听到刘义死讯，悲痛欲绝，哭说道："我们兄弟仅剩二人，却不能相容，怎么才能使天下人知晓我内心的情感呢！"氐人、羌人反叛的很多，刘聪让靳准代行车骑大将军职务，征讨平定了叛乱。

五月初一壬午，发生日食。

六月十五日丙寅，温峤等人到达建康。王导、周顗、庾亮等都喜爱温峤有才华，争相和他交结。此时，太尉、豫州刺史荀组，冀州刺史邵续、青州刺史曹嶷、宁州刺史王逊、东夷校尉崔毖等人都上表劝晋王司马睿即帝位，晋王不同意。

初，流民张平、樊雅各聚众数千人在谯，为坞主。王之为丞相也，遣行参军谯国桓宣往说平、雅，平、雅皆请降。及豫州刺史祖逖出屯芦洲，遣参军殷乂诣平、雅。乂意轻平，视其屋，曰："可作马厩。"见大镬，曰："可铸铁器。"平曰："此乃帝王镬，天下清平方用之，奈何毁之！"乂曰："卿未能保其头，而爱镬邪！"平大怒，于坐斩乂，勒兵固守。逖攻之，岁余不下，乃诱其部将谢浮，使杀之。逖进据太丘。樊雅犹据谯城，与逖相拒。逖攻之不克，请兵于南中郎将王含。桓宣时为含参军，含遣宣将兵五百助逖。逖谓宣曰："卿信义已著于彼，今复为我说雅。"宣乃单马从两人诣雅曰："祖豫州方欲平荡刘、石，倚卿为援；前殷乂轻薄，非豫州意也。"雅即诣逖降。逖既入谯城，石勒遣石虎围谯，王含复遣桓宣救之，虎解去。逖表宣为谯国内史。

己巳，晋王传檄天下，称："石虎敢帅犬羊，渡河纵毒，今遣琅邪王裒等九军，锐卒三万，水陆四道，径造贼场，受祖逖节度。"寻复召裒还建康。

秋，七月，大旱；司、冀、并、青、雍州大蝗；河、汾溢，漂千余家。

汉主聪立晋王粲为皇太子，领相国、大单于，总摄朝政如故。大赦。

段匹磾推刘琨为大都督，檄其兄辽西公疾陆眷及叔父涉复辰、弟末柸等会于固安，共讨石勒。末柸说疾陆眷、涉复辰曰："以父兄而从子弟，耻也；且幸而有功，匹磾独收之，吾属何有哉！"各引兵还。琨、匹磾不能独留，亦还蓟。

以荀组为司徒。

八月，汉赵固袭卫将军华荟于临颍，杀之。

初，赵固与长史周振有隙，振密谮固于汉主聪。李矩之破刘畅也，于帐中得聪诏，令畅既克矩，还过洛阳，收固斩之，以振代固。矩送以示固，固斩振父子，帅骑一千来降。矩复令固守洛阳。

（以上为第四段，写晋王司马睿发布檄文，出动精兵攻打汉国干将石勒，收降汉国将军赵固，令其镇守洛阳。）

当初，流民张平和樊雅在谯地各自聚集数千人，自任坞主。晋王司马睿担任愍帝司马邺丞相时，曾派遣行参军、谯国人桓宣前往劝说张平、樊雅，二人自请归降。豫州刺史祖逖出兵屯居芦洲，派遣参军殷乂拜会张平和樊雅。殷乂瞧不起张平，观视张平的屋舍，说："可以当马圈。"看见大铁锅，又说："可以熔铸铁器。"张平说："这是帝王的大铁锅，天下清平时才能使用，怎么能轻易毁坏！"殷乂则说："你连自己的头颅都不能保住，还吝惜什么铁锅呀！"张平大怒，就在座位上斩杀了殷乂，率军固守。祖逖领兵攻击他们，一年多未能攻下。祖逖便诱使张平部将谢浮，让他杀掉张平，而后进军占据太丘。当时，樊雅还占据着谯城，与祖逖对抗。祖逖久攻不下，向南中郎将王含请求援兵。桓宣时任王含的参军，王含派遣桓宣率兵五百人援助祖逖。祖逖对桓宣说："你的信义已为对方所了解，这次再为我劝说樊雅。"桓宣于是一人独骑，只带二人随从于后，进见樊雅说："祖逖正准备荡平刘聪、石勒，仰仗你为后援。前次殷乂轻薄无礼，并非祖逖本意。"樊雅立即拜会祖逖，请求归降。祖逖进入谯城以后，石勒派遣石虎围困谯城，王含又派桓宣率军救援，石虎解围而去。祖逖上书，请求任命桓宣为谯国内史。

六月十八日己巳，晋王司马睿传布檄文于天下，说："石虎胆敢率领犬羊乌合之众，渡过黄河劫掠民众，现派遣琅邪王司马裒等九军、精锐士兵三万，由水、陆四路直扑敌人所在地，由祖逖指挥和调度。"不久，又召司马裒返回建康。

秋季，七月，旱情严重。司州、冀州、并州、青州、雍州发生严重蝗灾。黄河、汾水发生洪灾，淹没了一千多户。

汉主刘聪立晋王刘粲为皇太子，领相国职务、大单于称号，总摄朝政一如往昔。实行大赦。

段匹磾推举刘琨为大都督，用檄书邀请其兄长辽西公疾陆眷、叔父涉复辰、弟段末柸等在固安聚会，商量共同征讨石勒。段末柸游说疾陆眷、涉复辰说："以父辈、兄长的身份而听从子侄、兄弟是一种耻辱；况且侥幸立功，段匹磾独收其利，我们能得到什么！"于是，疾陆眷、涉复辰、段末柸各自领军退还。刘琨、段匹磾不能单独留守固安，也退回蓟州。

晋王司马睿任命荀组为司徒。

八月，汉将赵固在临颍击杀晋朝卫将军华荟。

当初，汉将赵固与长史周振不和，周振私下在汉主刘聪面前诋毁赵固。在李矩攻破刘畅的战役中，李矩曾于军帐中发现刘聪的诏令，诏令让刘畅攻克李矩之后，回军经过洛阳，收捕赵固并杀掉，以周振取代赵固。李矩将此诏送给赵固看，赵固斩杀了周振父子，率领一千骑兵投降东晋。李矩仍然命令赵固戍守洛阳。

郑攀等相与拒王廙，众心不一，散还横桑口，欲入杜曾。王敦遣武昌太守赵诱、襄阳太守朱轨击之，攀等惧，请降。杜曾亦请击第五猗于襄阳以自赎。

廙将赴荆州，留长史刘浚镇扬口垒。竟陵内史朱伺谓廙曰："曾，猾贼也，外示屈服，欲诱官军使西，然后兼道袭扬口耳。宜大部分，未可便西。"廙性矜厉自用，以伺为老怯，遂西行。曾等果还趋扬口，廙乃遣伺归，裁至垒，即为曾所围。刘浚自守北门，使伺守南门。马隽从曾来攻垒，隽妻子先在垒中，或欲皮其面以示之。伺曰："杀其妻子，未能解围，但益其怒耳。"乃止。曾攻陷北门，伺被伤，退入船，开船底以出，沈行五十步，乃得免。曾遣人说伺曰："马隽德卿全其妻子，今尽以卿家内外百口付隽，隽已尽心收视，卿可来也。"伺报曰："吾年六十余，不能复与卿作贼，吾死亦当南归，妻子付汝裁之。"乃就王廙于甑山，病创而卒。

戊寅，赵诱、朱轨及陵江将军黄峻与曾战于女观湖，诱等皆败死。曾乘胜径造沔口，威震江沔。

王使豫章太守周访击之。访有众八千，进至沌阳。曾锐气甚盛，访使将军李恒督左甄，许朝督右甄，访自领中军。曾先攻左、右甄，访于阵后射雉以安众心。令其众曰："一甄败，鸣三鼓；两甄败，鸣六鼓。"赵诱子胤，将父余兵属左甄，力战，败而复合，驰马告访。访怒，叱令更进。胤号哭还战。自旦至申，两甄皆败。访选精锐八百人，自行酒饮之，敕不得妄动，闻鼓音乃进。曾兵未至三十步，访亲鸣鼓，将士皆腾跃奔赴，曾遂大溃，杀千余人。访夜追之，诸将请待明日，访曰："曾骁勇能战，向者彼劳我逸，故克之，宜及其衰乘之，可灭也。"乃鼓行而进，遂定汉沔。曾走保武当。王廙始得至荆州。访以功迁梁州刺史，屯襄阳。

冬，十月，丁未，琅邪王裒薨。

十一月，己酉朔，日有食之。

丁卯，以刘琨为侍中、太尉。

征南军司戴邈上疏，以为："丧乱以来，庠序隳废。议者或谓平世尚

郑攀等人共同抗拒晋将王廙，因众心不齐，退散至横桑，打算投靠晋朝叛将杜曾。王敦派遣武昌太守赵诱、襄阳太守朱轨率军攻击，郑攀等人畏惧，请求归降。杜曾也自请袭击襄阳第五猗的军队，以赎其罪。

晋将王廙将前往荆州，留下长史刘浚镇守扬口壁垒。竟陵内史朱伺对王廙说："叛将杜曾是狡猾之徒，公开表示屈服，是想诱使官军往西，然后迅速突袭扬口。应当增强军力部署，不能立即西进。"王廙性格矜持严厉、自以为是，认为朱伺是年老怯懦，于是率军西进。杜曾等果然回军直奔扬口。王廙这才派遣朱伺回军，刚至壁垒之中，很快被杜曾军队包围。刘浚守御北门，让朱伺守御南门。马隽跟随杜曾前来攻垒，而他的妻子儿女原先留在垒中，有人想剥其妻子儿女的脸皮向马隽示戒，朱伺说："杀了他们并不能解围，只能加剧马隽的怨恨罢了。"这才罢休。杜曾攻陷北门，朱伺受伤，退走上船，打开船底入水，在水底潜行了五十步，才得以幸免。杜曾派人游说朱伺说："马隽感激您保全了他妻子儿女的性命，我现在已把您全家老小百十口人交托给马隽，马隽尽心照看，您可回来。"朱伺回答说："我年龄已超过六十岁，不能再与你同作叛贼，即便死了也要回到南方，妻子儿女等就交由你处置。"于是前往甑山投奔王廙，伤重而死。

九月二十九日戊寅，赵诱、朱轨及陵江将军黄峻与晋朝叛将杜曾交战于女观湖，赵诱等人都兵败战死。杜曾乘胜直抵沔口，威震长江、沔水一带。

晋王司马睿派遣豫章太守周访进攻叛将杜曾的军队，周访拥有八千兵众，进至沌阳。杜曾的军队锐气很盛，周访让将军李恒督守军阵左翼，许朝督守右翼，自己坐镇中军。杜曾先攻左、右两翼，周访在阵后发箭以安军心，命令士兵说："一翼兵败，鸣鼓三声；两翼都败，鸣鼓六声。"赵诱的儿子赵胤统领父亲部下剩余士兵从属左翼，奋勇作战，失败后又聚集起来，骑马禀告周访。周访发怒呵斥他，让他继续进击，赵胤大哭，返身作战，从早上激战到下午申时，周访军阵两翼都战败，周访挑选精锐士兵八百人，亲自斟酒劝饮，令他们不得妄动，听到鼓声再进攻。杜曾军队前行不到三十步，周访亲自击鼓，将士们都腾跃赴敌，杜曾军队因此大败，被杀一千多人。周访连夜追击，众将请求等待明日，周访说："杜曾骁勇善战，以往我们以逸待劳，所以胜敌。现在应当乘其衰败之时追袭，才能歼灭他。"于是，鸣鼓进军，平定了汉水、沔水流域。杜曾逃跑，保守武当。王廙这才得以到达荆州。周访因军功升迁为梁州刺史，屯军襄阳。

冬季，十月二十九日丁未，琅邪王司马裒去世。

十一月初一己酉朔，出现日食。

十一月十九日丁卯，晋王司马睿任命刘琨为侍中、太尉。

征南军司戴邈上疏，认为："自皇室丧乱以来，学校废毁。议政者有的以为清平

文，遭乱尚武，此言似之，而实不然。夫儒道深奥，不可仓猝而成；比天下平泰，然后修之，则废坠已久矣。又，贵游之子，未必有斩将搴旗之才，从军征戍之役，不及盛年使之讲肄道义，良可惜也。世道久丧，礼俗日弊，犹火之消膏，莫之觉也。今王业肇建，万物权舆，谓宜笃道崇儒，以励风化。”王从之，始立太学。

（以上为第五段，写晋王司马睿派遣豫章太守周访攻打变民首领杜曾，周访挑选精锐，出其不意，连夜追击，将其打败。司马睿听从征南军司戴邈建议，设立太学。）

汉主聪出畋，以愍帝行车骑将军，戎服执戟前导。见者指之曰：“此故长安天子也。”聚而观之，故老有泣者。太子粲言于聪曰：“昔周武王岂乐杀纣乎？正恐同恶相求，为患故也。今兴兵聚众者，皆以子业为名，不如早除之！”聪曰：“吾前杀庾珉辈，而民心犹如是，吾未忍复杀也，且小观之。”

十二月，聪飨群臣于光极殿，使愍帝行酒洗爵。已而更衣，又使之执盖。晋臣多涕泣，有失声者。尚书郎陇西辛宾起，抱帝大哭，聪命引出，斩之。

赵固与河内太守郭默侵汉河东，至绛，右司隶部民奔之者三万余人。骑兵将军刘勋追击之，杀万余人，固、默引归。太子粲帅将军刘雅生等步骑十万屯小平津。固扬言曰：“要当生缚刘粲以赎天子。”粲表于聪曰：“子业若死，民无所望，则不为李矩、赵固之用，不攻而自灭矣。”戊戌，愍帝遇害于平阳。粲遣雅生攻洛阳，固奔阳城山。

是岁，王命课督农功，二千石、长吏以入谷多少为殿最，诸军各自佃作，即以为禀。

氐王杨茂搜卒，长子难敌立，与少子坚头分领部曲，难敌号左贤王，屯下辨，坚头号右贤王，屯河池。

河南王吐谷浑卒。吐谷浑者，慕容廆之庶兄也，父涉归，分户一千七百以隶之。及廆嗣位，二部马斗，廆遣使让吐谷浑曰：“先公分建有别，奈何不相远异，而令马有斗伤！”吐谷浑怒曰：“马是六畜，斗乃其常，何至怒及于人！欲远别甚易，恐后会为难耳！今当去汝万里之外。”遂帅其众西徙。廆悔之，遣其长史乙那娄冯追谢之。吐谷浑曰：“先

之世尚文，遭逢世乱尚武，此言似是而非。儒家道义渊深玄奥，不可能仓促学成，等到天下安宁然后再修习，那就废毁已久了。再者，富贵人家的游闲子弟，未必有斩将拔旗的才能，却从军攻打戍守，不让他们乘壮年修习道义，实在可惜。世道衰微日久，礼俗日渐凋敝，如同燃火消熔油脂一样，不知不觉。现在王业初建，万事方兴，我认为应当笃守道义、尊崇儒家，以促进世风好转。”晋王司马睿听从了他的意见，开始设立太学。

汉主刘聪出猎，让已经投降的晋愍帝司马邺权充车骑将军，穿上军服手持画戟作为先导。看见的人指着他说：“这就是过去在长安的皇帝。”众人聚集观望，晋朝遗老有的潸然泪下。太子刘粲对刘聪说：“古时，周武王怎会以杀商纣为乐事呢？只是唯恐恶人聚集其身边，酿成祸患。现在聚众起兵之人，莫不以降帝司马邺之名相号召，不如早些除掉他。”刘聪说：“当年我虽杀了晋臣庾珉等人，但民心仍然如此，我不忍再杀司马邺，暂且观察一段时间。”

十二月，汉主刘聪在光极殿大宴群臣，让愍帝司马邺斟酒洗杯，一会儿刘聪又让司马邺拿盖篷。晋朝旧臣见了，不少人潸然泪下，有的甚至哭出了声。尚书郎陇西人辛宾起身，抱着愍帝大哭，刘聪令人将他带出去斩首。

晋将赵固和河内太守郭默攻打汉国河东，到达绛县，右司隶部的民众投奔而去的有三万多人。汉骑兵将军刘勋追袭他们，杀死一万多人，赵固、郭默领军退回。汉太子刘粲率将军刘雅生等步骑兵十万屯居小平津，赵固扬言说：“誓当活捉刘粲赎回愍帝。”刘粲上书给刘聪说：“如果司马邺死了，民众无所期望，就不会再被李矩、赵固驱用，将不攻自灭。”十二月二十日戊戌，愍帝司马邺在平阳遇害。刘粲派遣刘雅生进攻洛阳，赵固逃奔阳城山。

这年，晋王下令考核、督促农业生产，俸禄二千石的官员、长官依据交纳谷物的数量多少考评政绩高下，各地驻军各自耕作，所获充当军队给养。

氐人酋长杨茂搜去世，长子杨难敌继位，与小儿子杨坚头分别统领部曲。杨难敌号称左贤王，屯驻下辨，杨坚头号称右贤王，屯驻河池。

河南王吐谷浑死。吐谷浑是慕容廆的同父异母兄长，父亲慕容涉归曾划给他一千七百户为部曲。等到慕容廆继承鲜卑酋长位，吐谷浑和慕容廆双方的马群争斗起来。慕容廆派使者斥责吐谷浑说：“先父划分的部族本来不同，你为什么不离得远点儿，而让马群争斗致伤！”吐谷浑生气地说：“马是六畜之一，争斗本是常事，哪至于迁怒于人！要想远远分开很容易，只怕将来相会就难了！我现在要离开你到万

公尝称卜筮之言云：‘吾二子皆当强盛，祚流后世。’我，孽子也，理无并大。今因马而别，殆天意乎！”遂不复还，西傅阴山而居。属永嘉之乱，因度陇而西，据洮水之西，极于白兰，地方数千里。鲜卑谓兄为阿干，廆追思之，为之作《阿干之歌》。吐谷浑有子六十人，长子吐延嗣。吐延长大有勇力，羌、胡皆畏之。

（以上为第六段，写汉主刘聪百般羞辱晋愍帝司马邺，而后杀之；鲜卑首领慕容廆因马匹争斗，与庶兄吐谷浑闹僵，吐谷浑一路西行，占据洮水以西方圆数千里地，建立政权。）

太兴元年（戊寅，318 年）

春，正月，辽西公疾陆眷卒，其子幼，叔父涉复辰自立。段匹磾自蓟往奔丧，段末柸宣言：“匹磾之来，欲为篡也。”匹磾至右北平，涉复辰发兵拒之。末柸乘虚袭涉复辰，杀之，并其子弟党与，自称单于。迎击匹磾，败之。匹磾走还蓟。

三月，癸丑，愍帝凶问至建康，王斩缞居庐。百官请上尊号，王不许。纪瞻曰：“晋氏统绝，于今二年，陛下当承大业；顾望宗室，谁复与让！若光践大位，则神、民有所凭依；苟为逆天时，违人事，大势一去，不可复还。今两都燔荡，宗庙无主，刘聪窃号于西北，而陛下方高让于东南，此所谓揖让而救火也。”王犹不许，使殿中将军韩绩彻去御坐。瞻叱绩曰：“帝坐上应列星，敢动者斩！”王为之改容。

奉朝请周嵩上疏曰：“古之王者，义全而后取，让成而后得，是以享世长久，重光万载也。今梓宫未返，旧京未清，义夫泣血，士女遑遑。宜开延嘉谋，训卒厉兵，先雪社稷大耻，副四海之心，则神器将安适哉！”由是忤旨，出为新安太守，又坐怨望，抵罪。嵩，𫖮之弟也。

丙辰，王即皇帝位，百官皆陪列。帝命王导升御床共坐，导固辞曰：“若太阳下同万物，苍生何由仰照！”帝乃止。大赦，改元，文武增位二等。帝欲赐诸吏投刺劝进者加位一等，民投刺者皆除吏，凡二十余万人。散骑常侍熊远曰：“陛下应天继统，率土归戴，岂独近者情重，远者情轻！不若依汉法，遍赐天下爵，于恩为普，且可以息检核之烦，塞巧伪

里之外。”于是，吐谷浑带领部众向西迁徙。慕容廆后悔此事，派长史乙鄃冯追上道歉，吐谷浑说：“先公曾经传述卜筮之语说：‘我的两个儿子都会强盛的，统治权力将延续到后世。’我非正妻之子，按理不能与嫡子并重。现在因为马群之事分开，大概是天意吧！”于是不再回去，向西傍依阴山居住。当永嘉之乱时，吐谷浑借机越过陇右向西发展，占据洮水以西地区，一直到白兰，方圆数千里。鲜卑语把哥哥叫作“阿干”，慕容廆遥思兄长，因此作《阿干之歌》。吐谷浑有六十多个儿子，长子吐延继承王位。吐延高大勇武，羌人、胡人都害怕他。

晋元帝太兴元年（戊寅，318年）

春季，正月，辽西公疾陆眷死，儿子幼小，叔父涉复辰自立为王。段匹磾从蓟州出发去奔丧，段末柸扬言说：“段匹磾此来，是想篡位。”段匹磾到达右北平，涉复辰发兵阻拦，段末柸乘虚击杀涉复辰，兼并其子弟、党羽，自称单于。段末柸迎战段匹磾并战胜了他，段匹磾逃回蓟州。

三月初七癸丑，愍帝司马邺的死讯传到建康，晋王司马睿服斩衰丧服，别居倚庐。百官奏请晋王使用皇帝尊号，晋王不同意。纪瞻说：“晋朝政权灭亡，至今已经两年，皇上应当继承大业。遍观皇室子弟，又有谁值得推让！皇上如果荣登皇位，那么，祖先神灵和国民都能有所依凭；如果拂逆天命，违背人心，大势一旦失去，就无法挽回了。现在洛阳、长安两座京城被毁，国家无主，刘聪在西北自立国号，而皇上却在东南清高地推谢帝位，这就如同急于救火却恭礼谦让。”晋王还是不同意，让殿中将军韩绩撤去摆好的皇帝宝座。纪瞻呵斥韩绩说：“皇帝之座与天上列星相应，谁敢搬动就斩首！”晋王脸色为之一变。

奉朝请周嵩上疏说：“古代帝王，道义周全而后获取，谦逊礼让而后据有，所以能长久地统治国家，恩泽相承万世。现在愍帝的梓宫尚未返国，故都耻辱尚未涤清，胸怀节义者痛心泣血，士民子女惶惶失措。应当广开言路征求良策，训练士兵、整备兵器，先洗雪国家灭亡的大耻，实现天下人民的共同愿望，那么君临天下的大权还能推让给谁呢！”周嵩的上疏违背了晋王司马睿的旨意，被贬黜出京，任新安太守。后又因心怀怨谤而被夺职。周嵩是周顗的兄弟。

三月初十丙辰，晋王司马睿即帝位，文武百官陪列于两侧。晋元帝司马睿令王导登御床同坐，王导坚决拒绝，说：“如果太阳与天下万物等同，怎么能俯照苍生！”晋元帝便不再坚持。实行大赦，改年号为太兴，文武官员都晋升两级爵位。晋元帝司马睿打算对所有曾经投帖建议自己接受皇位的人格外优宠，凡官吏都增加爵位一等，平民都提升为官吏，总计有二十多万人。散骑常侍熊远说：“皇上顺应天

之端也。”帝不从。

庚午，立王太子绍为皇太子。太子仁孝，喜文辞，善武艺，好贤礼士，容受规谏，与庾亮、温峤等为布衣之交。亮风格峻整，善谈老、庄，帝器重之，聘亮妹为太子妃。帝以贺循行太子太傅，周顗为少傅，庾亮以中书郎侍讲东宫。帝好刑名家，以《韩非》书赐太子。庾亮谏曰：“申、韩刻薄伤化，不足留圣心。”太子纳之。

（以上为第七段，写晋愍帝司马邺被汉国杀害的凶信传到江东，众大臣劝说晋王司马睿称帝，司马睿谦让一番，即位，改元太兴，文武官员晋升二级爵位，皆大欢喜；立好贤礼士的王太子司马绍为皇太子。）

帝复遣使授慕容廆龙骧将军、大单于、昌黎公，廆辞公爵不受。廆以游邃为龙骧长史，刘翔为主簿，命邃创定府朝仪法。裴嶷言于廆曰：“晋室衰微，介居江表，威德不能及远，中原之乱，非明公不能拯也。今诸部虽各拥兵，然皆顽愚相聚，宜以渐并取，以为西讨之资。”廆曰：“君言大，非孤所及也。然君中朝名德，不以孤僻陋而教诲之，是天以君赐孤而佑其国也。”乃以嶷为长史，委以军国之谋，诸部弱小者，稍稍击取之。

李矩使郭默、郭诵救赵固，屯于洛汭。诵潜遣其将耿稚等夜济河袭汉营，汉具丘王翼光觇知之，以告太子粲，请为之备。粲曰：“彼闻赵固之败，自保不暇，安敢来此邪！毋为惊动将士！”俄而稚等奄至，十道进攻，粲众惊溃，死伤太半，粲走保阳乡。稚等据其营，获器械、军资，不可胜数。及旦，粲见稚等兵少，更与刘雅生收余众攻之，汉主聪使太尉范隆帅骑助之，与稚等相持，苦战二十余日，不能下。李矩进兵救之，汉兵临河拒守，矩兵不得济。稚等杀其所获牛马，焚其军资，突围奔虎牢。诏以矩都督河南三郡诸军事。

汉螽斯则百堂灾，烧杀汉主聪之子会稽王康等二十一人。

聪以其子济南王骥为大将军、都督中外诸军事、录尚书，齐王劢为大司徒。

焦嵩、陈安举兵逼上邽，相国保遣使告急于张寔，寔遣金城太守窦

命，继承皇位，普天之下莫不拥戴，岂能只与亲近之人情深，偏远之人情浅！不如依照汉朝做法，普遍赐封臣民官爵，这样皇恩浩荡，而且可以省去考察核实的烦劳，堵塞弄虚作假的渠道。”晋元帝不听。

三月二十四日庚午，立王太子司马绍为皇太子。太子仁义而有孝道，喜欢文学，爱好武艺，礼贤下士，从谏如流，与庾亮、温峤等结为平民之交。庾亮为人端庄肃正，擅长谈论老子、庄子之学，晋元帝很器重他，礼聘其妹为皇太子妃。晋元帝任命贺循行使太子太傅职权，周𫖮为少傅，庾亮以中书郎身份侍讲东宫。晋元帝司马睿喜好刑名之学，曾把《韩非子》一书赠送给太子。庾亮规谏太子说：“申不害、韩非行事刻薄有伤圣教，不值得圣上留心。”太子听从了。

晋元帝司马睿再次派遣使者任命慕容廆为龙骧将军、大单于、昌黎公，慕容廆推辞昌黎公的爵位不肯接受。慕容廆任命游邃为龙骧长史，刘翔为主簿，让游邃创制朝见礼仪。裴嶷对慕容廆说：“晋皇室衰微，孤独地处于江南，国威和恩德都不能覆及远方，中原的战乱局面，除了贤君您无人能够拯救。现在各部族虽然各自拥有军队，但都是由顽钝愚昧的族人聚合而成，应当逐个兼并，充实征讨中原的实力。”慕容廆说：“您所说的宏图远大，不是我现在所能做的。不过您是朝中名贤，不因为我的孤陋而加以教诲，这是上天把您赐给我而护佑国家。”于是，任命裴嶷为长史，委托他策划军国之事，对势力弱小的部族，逐步以武力兼并。

李矩派郭默、郭诵救援赵固，屯兵于洛水入黄河之处。郭诵悄悄地派遣部将耿稚等人于夜间渡过黄河偷袭汉军军营，汉国具丘王翼光得到消息，传告太子刘粲，请求做好防备。刘粲说：“他们听说赵固兵败，自顾不暇，哪儿还敢到这儿来，不要因此惊动将士！”不久，耿稚等人率军扑来，分十路围攻，刘粲所部惊慌溃逃，死伤过半。刘粲奔逃保守阳乡。耿稚等占据其军营，缴获的兵器和军事物资不计其数。到了天亮，刘粲看见耿稚等人兵力不多，又和刘雅生收拾残余部队进行反攻，汉主刘聪派太尉范隆率领骑兵助战，与耿稚等相持，苦战二十多天，不能攻下。李矩进军救援耿稚，汉军凭借黄河拒守，李矩的军队无法渡河。耿稚等人杀掉缴获的牛马，烧掉军事物资，突围奔向虎牢。晋元帝司马睿下诏让李矩总领河南三郡军务。

汉国螽斯则百堂发生火灾，烧死汉主刘聪的儿子会稽王刘康等二十一人。

刘聪任命他的儿子济南王刘骥为大将军、都督中外诸军事、录尚书事，任命齐王刘劢为大司徒。

焦嵩、陈安起兵进逼上邽，相国司马保派人向张寔告急，张寔派金城太守窦涛

涛督步骑二万赴之。军至新阳，闻愍帝崩，保谋称尊号。破羌都尉张诜言于寔曰："南阳王，国之疏属，忘其大耻，而亟欲自尊，必不能成功。晋王近亲，且有名德，当帅天下以奉之。"寔从之，遣牙门蔡忠奉表诣建康，比至，帝已即位。寔不用江东年号，犹称建兴。

夏，四月，丁丑朔，日有食之。

加王敦江州牧，王导骠骑大将军、开府仪同三司。

导遣八部从事行扬州郡国，还，同时俱见。诸从事各言二千石官长得失，独顾和无言。导问之，和曰："明公作辅，宁使网漏吞舟，何缘采听风闻，以察察为政邪！"导咨嗟称善。和，荣之族子也。

成丞相范长生卒，成主雄以长生子侍中贲为丞相。长生博学，多艺能，年近百岁，蜀人奉之如神。

（以上为第八段，写鲜卑首领慕容廆渐生野心，欲拥兵自重；南阳王司马保欲自立为帝，不被诸大臣看好；司马睿即帝位，凉州刺史张寔不奉正朔，有反叛之意。）

汉中常侍王沈养女有美色，汉主聪立以为左皇后。尚书令王鉴、中书监崔懿之、中书令曹恂谏曰："臣闻王者立后，比德乾坤，生承宗庙，没配后土，必择世德名宗，幽闲令淑，乃副四海之望，称神祇之心。孝成帝以赵飞燕为后，使继嗣绝灭，社稷为墟，此前鉴也。自麟嘉以来，中宫之位，不以德举。借使沈之弟女，刑余小丑，犹不可以尘污椒房，况其家婢邪！六宫妃嫔，皆公子公孙，奈何一旦以婢主之！臣恐非国家之福也。"聪大怒，使中常侍宣怀谓太子粲曰："鉴等小子，狂言侮慢，无复君臣上下之礼，其速考实！"于是，收鉴等送市，皆斩之。金紫光禄大夫王延驰，将入谏，门者弗通。

鉴等临刑，王沈以杖叩之曰："庸奴，复能为恶乎？乃公何与汝事！"鉴瞋目叱之曰："竖子！灭大汉者，正坐汝鼠辈与靳准耳！要当诉汝于先帝，取汝于地下治之。"准谓鉴曰："吾受诏收君，有何不善？君言汉灭由吾也？"鉴曰："汝杀皇太弟，使主上获不友之名。国家畜养汝辈，何得不灭！"懿之谓准曰："汝心如枭镜，必为国患，汝既食人，人亦当

督率步兵、骑兵两万人前去救援。军队行至新阳，听说愍帝司马邺已死，司马保策划自立为帝。破羌都尉张诜对张寔说："南阳王司马保是晋朝皇室中血统疏远的宗族，把巨大的耻辱忘于脑后，急于想自己称帝，一定不会成功。晋王司马睿是皇室近亲，而且有贤名，应当率天下之人共同奉他为主。"张寔听从，派遣牙门蔡忠奉呈劝进书去建康。等到了建康，晋王司马睿已即帝位。张寔不用江南新改的年号，仍用愍帝建兴的年号。

夏季，四月初一丁丑朔，出现日食。

晋元帝司马睿加任王敦为江州牧，王导为骠骑大将军、开府仪同三司。

王导分遣八部从事八人行察扬州所属八郡，回来后同时召见。各位从事纷纷禀告二千石官长的为政得失，唯独顾和默默无言。王导询问他，顾和说："明公您辅佐国政，宁可使法网宽松以致可以漏过大鱼，为什么又要搜集、听信道听途说，以斤斤计较来治理政事呢！"王导感叹称赞。顾和是顾荣的同族子侄。

成汉丞相范长生死去，成汉主李雄任命其子侍中范贲为丞相。范长生博学多能，享年近百岁，蜀地人民尊奉他有如神灵。

汉国中常侍王沈的养女容颜美丽，汉主刘聪立她为左皇后。尚书令王鉴、中书监崔懿之、中书令曹恂进谏说："我听说帝王册立王后，效法乾坤相配之理，在世时承嗣宗庙祭祀，去世后配祀土神，必须选择道德传家、名门显族的女子，本人也应悠闲贤淑，才能与四海之民的期望相称，使神灵满意。汉成帝立赵飞燕为皇后，结果使子嗣灭绝，社稷毁为废墟，这是前代的教训。从麟嘉年间开始，选立皇后不以道德为准绳。即便是王沈的妹妹或亲女儿，也不过如同阉宦丑类，尚且不能让她们玷污后妃之位，更何况王沈的婢女呢！君王六宫的嫔妃，都是王公贵胄的子孙，怎么能轻率地让婢女做她们的主人！我恐怕这不是国家的福兆。"刘聪大为生气，让中常侍宣怀对太子刘粲说："王鉴这帮小子，口出狂言，侮慢尊上，不再有君臣上下的礼节，望从速定罪！"于是收捕王鉴等人送往刑场斩首。金紫光禄大夫王延骑马赶来，要进宫规谏，守门者不给通报。

王鉴等人临刑前，王沈用手杖叩击他们说："无用奴才，还能再作恶吗？你的老子（王沈自称）关你们什么事！"王鉴瞪大眼睛，骂道："小子！覆灭大汉的人，正是你这样的鼠辈和靳准之流！我一定要向先帝控告你，把你拘到地下治罪。"靳准对王鉴说："我接受诏命拘捕你，有什么不对，你却说汉国覆灭是因为我？"王鉴说："你杀死皇太弟，使主上蒙受不友爱的恶名。国家养你这样的人，怎能不灭亡！"崔

食汝。”

聪又立宣怀养女为中皇后。

司徒荀组在许昌，逼于石勒，帅其属数百人渡江。诏组与太保西阳王羕并录尚书事。

段匹磾之奔疾陆眷丧也，刘琨使其世子群送之。匹磾败，群为段末柸所得。末柸厚礼之，许以琨为幽州刺史，欲与之袭匹磾，密遣使赍群书，请琨为内应，为匹磾逻骑所得。时琨别屯征北小城，不知也，来见匹磾。匹磾以群书示琨曰："意亦不疑公，是以白公耳。”琨曰："与公同盟，庶雪国家之耻，若儿书密达，亦终不以一子之故负公而忘义也。”匹磾雅重琨，初无害琨意，将听还屯。其弟叔军谓匹磾曰："我，胡夷耳，所以能服晋人者，畏吾众也。今我骨肉乖离，是其良图之日；若有奉琨以起，吾族尽矣。”匹磾遂留琨。琨之庶长子遵惧诛，与琨左长史杨桥等闭门自守，匹磾攻拔之。代郡太守辟闾嵩、后将军韩据复潜谋袭匹磾，事泄，匹磾执嵩、据及其徒党，悉诛之。

五月，癸丑，匹磾称诏收琨，缢杀之，并杀其子侄四人。琨从事中郎卢谌、崔悦等帅琨余众奔辽西，依段末柸，奉刘群为主；将佐多奔石勒。悦，林之曾孙也。

朝廷以匹磾尚强，冀其能平河朔，乃不为琨举哀。温峤表："琨尽忠帝室，家破身亡，宜在褒恤。”卢谌、崔悦因末柸使者，亦上表为琨讼冤。后数岁，乃赠琨太尉、侍中，谥曰“愍”。于是，夷、晋以琨死，皆不附匹磾。

末柸遣其弟攻匹磾，匹磾帅其众数千将奔邵续，勒将石越邀之于盐山，大败之，匹磾复还保蓟。末柸自称幽州刺史。

初，温峤为刘琨奉表诣建康，其母崔氏固止之，峤绝裾而去。既至，屡求返命，朝廷不许。会琨死，除散骑侍郎。峤闻母亡，阻乱不得奔丧、临葬，固让不拜，苦请北归。诏曰："凡行礼者，当使理可经通。今桀逆未枭，诸军奉迎梓宫犹未得进，峤以一身，于何济其私难，而不从王命邪！”峤不得已受拜。

懿之对靳准说："你的心像枭鸟和破镜这种禽兽一样残忍，必定是国家的祸害。你既然要吃人，别人也会吃掉你。"

刘聪又立宣怀的养女为中皇后。

司徒荀组在许昌，被石勒所逼，率领部属数百人渡过长江。晋元帝司马睿下诏让荀组和太保、西阳王司马羕同录尚书事。

段匹磾为疾陆眷奔丧时，刘琨让自己的嫡长子刘群陪送。段匹磾兵败，刘群被段末柸俘获。段末柸对他非常有礼，并答应让刘琨当幽州刺史，想和刘琨共同攻击段匹磾。段末柸秘密派遣使者携带刘群写的信，请刘琨当内应，结果被段匹磾的巡逻骑兵抓获。当时，刘琨单独屯兵于征北小城，不知内情，来见段匹磾。段匹磾把刘群的信给他看，并说："我心中也没有怀疑您，所以告诉您。"刘琨说："我和您共同结盟，但愿能洗雪国家的耻辱，即便儿子的信秘密地送到我手中，我最终也不会因为一个儿子的缘故辜负您而忘掉大义。"段匹磾素来看重刘琨，本来也没有加害刘琨的意思，准备听任他返回驻屯之地。但段匹磾的弟弟段叔军对他说："我们是胡夷族，之所以能够让晋国人服从我们，是因为畏惧我们人数众多。现在我们骨肉不和，正是晋人图谋我们的良机，如果有人推奉刘琨为首而起兵，我们这一族就完了。"段匹磾于是扣留了刘琨，不让他返回。刘琨的庶长子刘遵惧怕因此被杀，和刘琨的左长史杨桥等人闭门自守，被段匹磾攻破。代郡太守辟闾嵩、后将军韩据又密谋偷袭段匹磾，事情泄露，段匹磾抓获辟闾嵩、韩据及其党徒，一并处决。

五月初八癸丑，段匹磾假称奉诏拘捕刘琨，把他勒死，并杀掉他的子、侄四人。刘琨的从事中郎卢谌、崔悦等率领刘琨余部逃奔辽西，依附段末柸，尊奉刘群为主，将佐们大多投奔石勒。崔悦是崔林的曾孙。

朝廷因为段匹磾势力尚强，希望他能平定河朔，于是不为刘琨发丧。温峤上书称："刘琨尽忠于晋室，家破身亡，应当褒扬优恤。"卢谌、崔悦通过段末柸的使节，也上书为刘琨诉冤。过了几年，才追赠刘琨为太尉、侍中，谥号为"愍"。此时夷人、晋人因为刘琨之死，都不再附从段匹磾。

段末柸派他的兄弟进攻段匹磾，段匹磾率其部众数千人准备投奔邵续，石勒部将石越在盐山截击段匹磾，重创其军。段匹磾又回头保守蓟州。段末柸自称幽州刺史。

当初，温峤受刘琨之命奉呈上书到建康，母亲崔氏坚持阻拦，温峤断袖而去。到达建康后，温峤多次请求返回复命，朝廷不同意。适逢刘琨死，晋元帝司马睿提升温峤任散骑侍郎。温峤听说母亲亡故，因战乱阻隔不能前去奔丧并安葬，所以坚持辞谢封职，苦苦请求北归家乡。晋元帝下诏说："凡是遵循礼节的人，行为应当符合大道理。现在逆贼未能剪除，奉迎愍帝梓宫的军队尚且无法北进，温峤怎能让自

（以上为第九段，写汉主刘聪立宦官王沈养女为皇后，朝野反对，杀掉尚书令王鉴等劝谏者；朝廷重臣刘琨被幽州刺史段匹磾残忍杀害，其子刘群等依附段末柸。）

初，曹嶷既据青州，乃叛汉来降。又以建康悬远，势援不接，复与石勒相结，勒授嶷东州大将军、青州牧，封琅邪公。

六月，甲申，以刁协为尚书令，荀崧为左仆射。协性刚悍，与物多忤，与侍中刘隗俱为帝所宠任。欲矫时弊，每崇上抑下，排沮豪强，故为王氏所疾，诸刻碎之政，皆云隗、协所建。协又使酒放肆，侵毁公卿，见者皆侧目惮之。

戊戌，封皇子晞为武陵王。

刘虎自朔方侵拓跋郁律西部，秋，七月，郁律击虎，大破之。虎走出塞，从弟路孤帅其部落降于郁律。于是，郁律西取乌孙故地，东兼勿吉以西，士马精强，雄于北方。

汉主聪寝疾，征大司马曜为丞相，石勒为大将军，皆录尚书事，受遗诏辅政。曜、勒固辞。乃以曜为丞相、领雍州牧，勒为大将军，领幽、冀二州牧，勒辞不受。以上洛王景为太宰，济南王骥为大司马，昌国公颉为太师，朱纪为太傅，呼延晏为太保，并录尚书事；范隆守尚书令、仪同三司，靳准为大司空，领司隶校尉，皆迭决尚书奏事。

癸亥，聪卒。甲子，太子粲即位。尊皇后靳氏为皇太后，樊氏号弘道皇后，武氏号弘德皇后，王氏号弘孝皇后；立其妻靳氏为皇后，子元公为太子。大赦，改元汉昌。葬聪于宣光陵，谥曰“昭武皇帝”，庙号烈宗。靳太后等皆年未盈二十，粲多行无礼，无复哀戚。

（以上为第十段，写汉主刘聪病重去世，临死前进行重大人事安排，任命养子刘曜、大将石勒为辅佐大臣；皇太子刘粲即帝位，以刘元公为太子，改年号为汉昌。）

靳准阴有异志，私谓粲曰：“如闻诸公欲行伊、霍之事，先诛太保及臣，以大司马统万机，陛下宜早图之！”粲不从。准惧，复使二靳氏言之，粲乃从之。收其太宰景、大司马骥、骥母弟车骑大将军吴王逞、太师颉、大司徒齐王劢，皆杀之。朱纪、范隆奔长安。

八月，粲治兵于上林，谋讨石勒。以丞相曜为相国、都督中外诸军

己只顾个人私难，不听从王命呢！”温峤不得已，只好接受封职。

当初，曹嶷已经占据青州，于是背叛汉国来投降东晋。又因为建康遥远，威势、军援均不能及远，又与石勒勾结。石勒委授曹嶷为东州大将军、青州牧，封为琅邪公。

六月初九甲申，晋元帝司马睿任命刁协为尚书令，荀崧为左仆射。刁协性情刚烈，对一些事情常有不同意见，和侍中刘隗都是晋元帝所宠爱、信任的人。他们想纠正时弊，总是抑制臣下的势力以崇奉皇上的权威，排挤豪强，所以被王氏所恨，许多严酷、劳民的政策，都说是刘隗、刁协的主意。刁协本人又酗酒任性，放浪无羁，攻击公卿大臣，见到他的人都畏惧而不敢正视。

六月二十三日戊戌，晋元帝司马睿封皇子司马晞为武陵王。

刘虎从朔方侵犯拓跋郁律的西部。秋季，七月，拓跋郁律攻打刘虎，获得大胜。刘虎逃到塞外，堂弟刘路孤率部落民众投降拓跋郁律。于是，拓跋郁律向西攻取乌孙故地，向东兼并了勿吉以西地区，兵强马壮，称雄于北方。

汉主刘聪病重，征召大司马刘曜任命为丞相，石勒任大将军，都领尚书事，禀受遗诏辅佐国政。刘曜、石勒坚决地推辞。于是，任命刘曜为丞相，兼雍州牧，石勒为大将军，兼领幽州、冀州牧，石勒推辞不接受。任命上洛王刘景为太宰，济南王刘骥为大司马，昌国公刘颉为太师，朱纪为太傅，呼延晏为太保，同领尚书事；范隆仍为尚书令、仪同三司，靳准为大司空、领司隶校尉，轮流决断尚书所奏事宜。

七月十九日癸亥，刘聪死了。二十日甲子，太子刘粲即位，尊皇后靳氏为皇太后，樊氏号称弘道皇后，武氏号称弘德皇后，王氏号称弘孝皇后；立妻子靳氏为皇后，儿子刘元公为太子。实行大赦，改年号为汉昌。刘聪葬于宣光陵，谥号是昭武皇帝，庙号烈宗。靳太后等人年龄都不到二十岁，刘粲多行非礼之举，并无悲哀神色。

靳准私下怀有异志，悄悄地对刘粲说：“好像听说诸位公卿准备像商代伊尹、汉代霍光那样代摄朝政，杀掉太保呼延晏和我，让大司马刘骥统领万机，皇上应当早做准备。”刘粲不听。靳准恐惧，又让皇太后靳氏和皇后靳氏二人劝说，刘粲于是听从。收捕太宰刘景、大司马刘骥、刘骥的同母弟车骑大将军吴王刘逞、太师刘颉、大司徒齐王刘劢，全部处死。朱纪和范隆逃奔长安。

八月，刘粲在上林练兵，准备征讨石勒。任丞相刘曜为相国，总督内外军事事

事，仍镇长安。靳准为大将军、录尚书事。粲常游宴后宫，军国之事，一决于准。准矫诏以从弟明为车骑将军，康为卫将军。

准将作乱，谋于王延。延弗从，驰，将告之，遇靳康，劫延以归。准遂勒兵升光极殿，使甲士执粲，数而杀之，谥曰“隐帝”。刘氏男女，无少长皆斩东市。发永光、宣光二陵，斩聪尸，焚其宗庙。准自号大将军、汉天王，称制，置百官。谓安定胡嵩曰：“自古无胡人为天子者，今以传国玺付汝，还如晋家。”嵩不敢受，准怒，杀之。遣使告司州刺史李矩曰：“刘渊，屠各小丑，因晋之乱，矫称天命，使二帝幽没。辄率众扶侍梓宫，请以上闻。”

矩驰表于帝，帝遣太常韩胤等奉迎梓宫。汉尚书北宫纯等招集晋人，堡于东宫，靳康攻灭之。准欲以王延为左光禄大夫，延骂曰：“屠各逆奴，何不速杀我，以吾左目置西阳门，观相国之入也；右目置建春门，观大将军之入也！”准杀之。

相国曜闻乱，自长安赴之。石勒帅精锐五万以讨准，据襄陵北原。准数挑战，勒坚壁以挫之。

冬，十月，曜至赤壁。太保呼延晏等自平阳归之，与太傅朱纪等共上尊号。曜即皇帝位，大赦，惟靳准一门不在赦例。改元光初。以朱纪领司徒，呼延晏领司空，太尉范隆以下悉复本位。以石勒为大司马、大将军，加九锡，增封十郡，进爵为赵公。

勒进攻准于平阳，巴及羌、羯降者十余万落，勒皆徙之于所部郡县。

汉主曜使征北将军刘雅、镇北将军刘策屯汾阴，与勒共讨准。

（以上为第十一段，写汉国刘粲即位后，外戚靳准阴谋叛乱，设计让刘粲消灭刘氏重臣，然后杀掉刘粲，行使皇权；相国刘曜、大将军石勒起兵平叛；刘曜即帝位，改元光初。）

十一月，乙卯，日夜出，高三丈。

诏以王敦为荆州牧，加陶侃都督交州诸军事；敦固辞州牧，乃听为刺史。

庚申，诏群公卿士各陈得失。御史中丞熊远上疏，以为：“胡贼猾夏，梓宫未返，而不能遣军进讨，一失也。群官不以雠贼未报为耻，务在调戏、酒食而已，二失也。选官用人，不料实德，惟在白望，不求才干，

宜，仍然镇守长安。任靳准为大将军，领尚书事。刘粲经常在后宫游乐，军国大事，全由靳准决断。靳准假称诏令，让堂弟靳明任车骑将军，靳康为卫将军。

靳准将要作乱，与王延商议。王延不肯依从，驰马准备告发，路上遇见靳康，被劫持回来。靳准便领兵登上光极殿，派甲士抓住刘粲，数落他的罪名并杀了他，谥号隐帝。刘氏的男男女女，不分老幼都斩杀于东市。又挖掘永光、宣光两座陵墓，斩断刘聪尸身，焚毁刘氏宗庙。靳准自称大将军、汉天王，行使皇帝权力，设置百官。靳准对安定人胡嵩说："自古以来没有胡人当天子的，现在把传国玉玺交给你，还给晋王室。"胡嵩不敢接受，靳准发怒，杀掉胡嵩。靳准派使者告诉司州刺史李矩说："刘渊是匈奴屠各部的小丑，趁着晋朝内乱，矫称天命为天子，使得晋怀帝、晋愍帝被俘身死。我立即率众扶侍二帝梓宫送往南方，请报知皇帝。"

李矩急速上书晋元帝司马睿，晋元帝派太常韩胤等人奉迎梓宫。汉国尚书北宫纯等召集晋国民众，在东宫建堡固守，被靳康攻灭。靳准想让王延任左光禄大夫，王延骂道："屠各族的逆奴，为什么不快把我杀了，把我的左眼放在西阳门，好看相国刘曜攻进来；把右眼放在建春门，好看大将军石勒攻进来！"靳准杀了王延。

相国刘曜听说国中有乱，由长安前来救难。石勒率领五万精兵攻打靳准，占据襄陵以北平原。靳准多次挑战，石勒坚壁不出，耗去敌人锐气。

冬季，十月，刘曜到达赤壁。太保呼延晏等从平阳前来归附，与太傅朱纪等共同拟上皇帝尊号。刘曜便即帝位，实行大赦，只有靳准一族不在赦免之列。改年号为光初。以朱纪领司徒，呼延晏领司空，太尉范隆以下诸人都官复原职。任命石勒为大司马、大将军，加九锡，增封十郡为私邑，进爵为赵公。

石勒在平阳进攻靳准，巴人、羌人和羯人投降的有十多万人，石勒把他们全部迁徙到自己统治的郡县内。

汉主刘曜派征北将军刘雅、镇北将军刘策屯兵汾阴，与石勒共同讨伐靳准。

十一月十三日乙卯，夜间出现太阳，有三丈高。

晋元帝下诏任命王敦为荆州牧，授予陶侃都督交州军事。王敦坚持辞谢，于是听任他为刺史。

十一月十八日庚申，晋元帝下令，让群臣公卿各陈国政得失。御史中丞熊远上疏，认为："胡族敌人作乱中原，二帝梓宫未还，却不能派军征讨，这是第一个过失；官员们不以仇敌未报为耻，只顾饮宴调侃，这是第二个过失；选官用人，不考

惟事请托；当官者以治事为俗吏，奉法为苛刻，尽礼为谄谀，从容为高妙，放荡为达士，骄蹇为简雅，三失也。世之所恶者，陆沈泥滓；时之所善者，翱翔云霄；是以万机未整，风俗伪薄。朝廷群司，以从顺为善，相违见贬，安得朝有辨争之臣，士无禄仕之志乎！古之取士，敷奏以言；今光禄不试，甚违古义。又举贤不出世族，用法不及权贵，是以才不济务，奸无所惩。若此道不改，求以救乱，难矣！”

先是，帝以离乱之际，欲慰悦人心，州郡秀、孝，至者不试，普皆署吏。尚书陈頵亦上言：“宜渐循旧制，试以经策。”帝从之，仍诏：“不中科者，刺史、太守免官。”于是，秀、孝皆不敢行，其有到者，亦皆托疾，比三年无就试者。帝欲特除孝廉已到者官，尚书郎孔坦奏议，以为：“近郡惧累君父，皆不敢行；远郡冀于不试，冒昧来赴。今若偏加除署，是为谨身奉法者失分，侥幸投射者得官，颓风伤教，恐从此始。不若一切罢归，而为之延期，使得就学，则法均而令信矣。”帝从之，听孝廉申至七年乃试。坦，愉之从子也。

（以上为十二段，写晋元帝司马睿下令群臣指陈治政得失，御史中丞熊远痛陈为政之失，积重难返；陈頵、孔坦认为应改革州郡举荐秀才、孝廉的用人制度，宜恢复考试择优录用，元帝从之。）

靳准使侍中卜泰送乘舆、服御请和于石勒，勒囚泰，送于汉主曜。曜谓泰曰：“先帝末年，实乱大伦。司空行伊、霍之权，使朕及此，其功大矣。若早迎大驾者，当悉以政事相委，况免死乎！卿为朕入城，具宣此意。”泰还平阳，准自以杀曜母、兄，沈吟未从。

十二月，左、右车骑将军乔泰、王腾，卫将军靳康等，相与杀准，推尚书令靳明为主，遣卜泰奉传国六玺降汉。石勒大怒，进军攻明，明出战，大败，乃婴城固守。

丁丑，封皇子焕为琅邪王。焕，郑夫人之子，生二年矣，帝爱之，以其疾笃，故王之。己卯，薨。帝以成人之礼葬之。备吉凶仪服，营起园陵，功费甚广。琅邪国右常侍会稽孙霄上疏谏曰：“古者凶荒杀礼，况

察实际德行，只看虚名，不求有才干，只重关系，当官的人把治理政事看作是俗吏所为，把遵奉法律看作是苛刻，把尽守礼仪看作是谄谀，把无所事事看作是高妙，把放荡不羁看作是通达之士，把骄傲怠慢看作是简雅，这是第三个过失。时俗所憎恶的人，沉沦于尘埃；时俗所褒扬的人，得以翱翔云霄，所以万事未备，而风俗却虚伪、刻薄。朝廷众官，以顺从为善，意见不合便遭贬责，这怎么能使朝廷有抗辩正直的大臣，怎么能使士人没有为俸禄做官之心呢！古代选拔人才，根据他们陈述的言论，现在光禄大夫不举行考试，大大违背古制。再加上推举贤良不超出豪强世族，刑律实施不到权贵们头上，所以，有才能的人不能成功立业，奸佞之人无从惩治。如果这种做法不改变，希望拯救乱政，实在是太困难了！”

以前，晋元帝司马睿因为正当战乱离散之世，想抚慰、取悦人心，州郡荐举的秀才、孝廉进京不必考试，普遍署任为官吏。尚书陈頵也上书，说：“应当逐渐恢复过去的制度，考试经策。”晋元帝听从，于是下令说：“凡是荐举的秀才、孝廉考试不合格的，所在地的刺史、太守免职。”这样，被荐举出来的秀才、孝廉都不敢来参加考试，即使有来的，也都以生病为由推托，连续三年没有应试者。晋元帝司马睿想将已到京的孝廉按特例处理授予他们官职，尚书孔坦上奏发表意见，认为：“附近州郡的孝廉怕牵累长官、家人，都不敢来，而远处州郡的孝廉寄希望于免于考试，冒昧前来。现在如果一律只授予他们官职，那么持身严谨、奉尊法令的人便失去了机会，而心存侥幸、冒险一试的人却得到了官职，风气败坏、教化不行，恐怕从此开始。不如所有的人都不授官职，推延策试日期，让他们再去学习，这样法令便公正而诚信。”晋元帝听从，将策试孝廉向后推迟七年才举行。孔坦是孔愉的侄子。

叛臣靳准派侍中卜泰赠送车驾、服御给石勒，向他请和。石勒囚禁卜泰，押送到汉主刘曜那里。刘曜对卜泰说：“先帝刘粲末年，行为实在是违背人伦。大司空靳准行使伊尹、霍光那样的权利，使得我能登上君位，功劳很大。如果能早日迎奉大驾，我会把政事全部委托他管辖，何况免除一死呢！你为我进城去向靳准原原本本地传达我的意思。”卜泰回到平阳转告靳准，靳准自己觉得杀害了刘曜的母亲、兄弟，犹豫不决。

十二月，左、右车骑将军乔泰、王腾以及卫将军靳康等，合谋杀了靳准，推举尚书令靳明为主，派遣卜泰奉送传国的六颗印信投降汉主刘曜。石勒大为恼怒，进军攻击靳明，靳明出兵迎战，大败，于是环城固守。

十二月初五丁丑，晋元帝司马睿封皇子司马焕为琅邪王。司马焕是郑夫人所生，已经两岁了，晋元帝宠爱他。因为他生病很重，所以封他为王。初七己卯，司马焕死。晋元帝依照成人的礼仪安葬他，准备吉凶仪服，营造园陵，花费的人力、财力

今海内丧乱，宪章旧制，犹宜节省，而礼典所无，顾崇饰如是乎！竭已罢之民，营无益之事，殚已困之财，修无用之费，此臣之所不安也。”帝不从。

彭城内史周抚杀沛国内史周默，以其众降石勒。诏下邳内史刘遐领彭城内史，与徐州刺史蔡豹、泰山太守徐龛共讨之。豹，质之玄孙也。

石虎帅幽、冀之兵会石勒攻平阳，靳明屡败，遣使求救于汉。汉主曜使刘雅、刘策迎之，明帅平阳士女万五千人奔汉。曜西屯粟邑，收靳氏男女，无少长皆斩之。曜迎其母胡氏之丧于平阳，葬于粟邑，号曰“阳陵”，谥曰“宣明皇太后”。石勒焚平阳宫室，使裴宪、石会修永光、宣光二陵，收汉主粲已下百余口葬之，置戍而归。

成梁州刺史李凤数有功，成主雄兄子稚在晋寿，疾之。凤以巴西叛。雄自至涪，使太傅骧讨凤，斩之；以李寿为前将军，督巴西军事。

（以上为第十三段，写晋元帝司马睿为二岁的亡儿大办丧事，遭到大臣指责；汉国靳准反叛后，受到刘曜和石勒的两面夹攻，被杀，余党投降刘曜，皆被杀灭全族。）

很多。琅邪国右常侍、会稽人孙霄上书劝说道:“古时候凶年、荒年都要简化繁文缛节，何况当今国内正处于丧乱之中，即便是宪章旧制，尚且应当简化，而礼典本无之事，难道应当这样大肆铺张吗？穷尽已经疲惫的民众，去干无益的事情，耗干已经困乏的财力，用以修建无用的东西，这使我深感不安。”晋元帝不听。

彭城内史周抚杀掉沛国内史周默，率其部众投降石勒。晋元帝司马睿下令，让下邳内史刘遐兼任彭城内史一职，和徐州刺史蔡豹、泰山太守徐龛共同讨伐周抚。蔡豹是蔡质的玄孙。

石虎率领幽州、冀州的军队与石勒会合，进攻平阳。靳明多次战败，派遣使者向汉主刘曜求救。汉主刘曜派刘雅、刘策相迎，靳明率平阳士民一万五千人逃奔汉国。刘曜驻屯西部的粟邑，拘捕靳氏家人，不分老幼全都杀掉。刘曜从平阳迎回母亲胡氏的灵柩，安葬于粟邑，号称阳陵，上谥号为宣明皇太后。石勒焚毁平阳的宫室，让裴宪、石会修复永光、宣光二座陵墓，收敛汉主刘粲以下一百多人尸体入土埋葬，安排好戍守的军队，然后返回。

成汉国的梁州刺史李凤多次立功，成汉国主李雄兄长的儿子李稚在晋寿县，嫉恨李凤。李凤占据巴西背叛成汉。李雄亲自到涪县，派太傅李骧攻打李凤，将李凤斩杀。任命李寿为前将军，督察巴西军事事宜。

【点评】

司马睿立国。公元318年，随着晋愍帝司马邺被汉主刘聪杀害，西晋王朝完完全全地画上了句号，结束了八王之乱、永嘉之乱。在司马邺被俘后，司马氏族的旁支，先后被封为琅邪王、安东将军、丞相的司马睿，在晋朝贵族与江东大族的支持下，在江东称晋王，建元建武；司马邺被杀后，司马睿在江东即帝位，为晋元帝，史称“东晋”。对司马睿的立国，如何评价呢？

其一，司马睿并非实力派，因占据了江东的有利地形渐成气候。在西晋八王之乱接近尾声的时候，时为琅邪王的司马睿作为配角，配合东海王司马越参与了一些活动，但从来没有以主角的身份出现，后来司马越失败，司马睿还差点遭遇不幸。司马睿到洛阳后，马上把家眷接出来，逃到自己的封地琅邪。永嘉之乱发生后，司马睿被封为安东将军，渡江来到建业。由于是司马氏旁支，他在皇族中声望不高，势力单薄，而得不到士族的支持。所以，无论是当了晋王，还是称帝以后，都是小心翼翼，战战兢兢。而他能够登上帝位，完全是因占据着有利地形，有长江天险庇护。中原地区一团乱麻，当时的豪强割据者还无暇顾及江东这块地方，当年石勒打算渡江而来，也由于天公不作美等种种原因而作罢。

其二，司马睿偏安江东，缺少收复中原、统一天下的雄心大志。当洛阳沦陷，司马邺在长安时，几次下令叫司马睿出兵北伐，而司马睿一百个不情愿，阳奉阴违，迟迟没有出兵，祖逖等强烈要求出兵，司马睿就封他为奋威将军，让他率领可怜的几千人北伐。后来，司马邺被俘，乃至被杀，消息传到江东，江东上下群情激愤，都要求打过长江去，收复中原失地，而司马睿为了满足群臣的情绪需要，虽然说得慷慨激昂，并号令以抚军大将军司马羕为首的九军出兵北伐，可滑稽的是，他又将司马羕召回，北伐之事不了了之。可见，司马睿根本无心收复中原，虽然有些行动，也是做做样子而已。诚如后人所评论说：“若（晋）元帝，仅能保区区之江左，略无规取中原之心。”

其三，司马睿始终受制于王导等士族，算是一个傀儡皇帝。有句成语叫“成也萧何，败也萧何”，司马睿即是如此。一开始，司马睿到江东去，就把出身魏晋名门琅邪王氏的王导带在身边，对王导的谋略言听计从。他称王导为“仲父”，并对王导说：“你就是我的萧何啊！”司马睿在即位为皇帝接受百官朝贺时，觉得王导功不可没，再三请王导同坐御床受贺，这一方面使王导受宠若惊，一方面也刻画出司马睿的小心翼翼。而王导再三辞让，说：“如果太阳也和地上的万物一样，那么老百姓该到哪里去沐浴光辉呢？”司马睿这才作罢。这似乎是一则政治笑话，但历史的事实确实如此。原来，王导当时在朝廷担任丞相，掌控朝政；其堂兄王敦手握强兵，控制着长江中游地区，更有专擅朝政的意图；朝野中有四分之三的官员都是王家人或

者与王家相关的人。时人谓之“王与马，共天下”。

司马睿在江东立国，应当说是有着积极意义的，对当时的时局也产生了积极的影响，但因势单力薄，缺乏统一中原的雄心壮志，又处处受制于王氏士族，故没有什么大的作为，仅是苟全偏安而已。后人评论司马睿为“实一庸主，毫无远略”，虽然略有贬低之嫌，但也道出了实情，有可信之处。

晋纪十三

晋元帝太兴二年至四年（319—321 年）

【起屠维单阏（己卯，319 年），尽重光大荒落（辛巳，321 年），凡三年】

【大事提要】

本卷记事起公元 319 年，讫公元 321 年，凡三年，当晋元帝（司马睿）太兴二年至太兴四年。本卷所载大事，主要是五个方面。其一，刘曜迁都，改变国号。刘聪之父刘元海收养族子刘曜为养子，故刘曜为刘聪之养弟。刘曜勇武过人，尤好兵书，后任为相国，镇守长安。公元 319 年迁都长安，立晋惠帝司马衷羊皇后为后，又设立宗庙社稷，行南北郊礼，不再称“汉”，改国号为“赵”，史称“前赵”。以冒顿配天、刘渊配上帝祭祀。其二，司马保自称晋王。南阳王司马模之子司马保，初为南阳国世子，司马模降汉被杀后，司马保据上邽，自号大司马，后进位相国。西晋亡，司马睿在江左称帝，建立东晋政权。司马保不服，于公元 319 年自称晋王，改元为建康，署置百官，因部下不和而被掳杀。其三，石勒称王，后赵建国。前赵猛将石勒势力强盛，后与前赵主刘曜决裂，其将佐劝其自称尊号。公元 319 年，石勒于襄国即赵王位，依刘备在蜀、曹操在邺故事，创建赵国，史称“后赵”。建社稷宗庙，营造东西宫，设立百官，并作律令、礼仪，减赋、尊老。其四，慕容廆占据辽东。公元 319 年，东晋平州刺史崔毖见士民多归鲜卑族首领慕容廆，暗中联络高句丽、段氏、宇文氏合击，并分其地。慕容廆利用离间计，高句丽、段氏引兵归，又打败宇文氏，三部均请和，慕容廆尽占辽东，被东晋任为安北将军、平州刺史。其五，晋元帝疏忌王导兄弟。司马氏与琅邪王氏“共天下”，晋元帝司马睿对王导兄弟十分忌惮，引刘隗、刁协等人为心腹，以与其相抗，疏远王导兄弟。王导表现淡泊，王敦则心怀怨恨。大臣力陈王导有佐命之功，宜继续使用，晋元帝感悟，对待王导如初，王导由此获全。

【原文】

中宗元皇帝中

太兴二年（己卯，319 年）

春，二月，刘遐、徐龛击周抚于寒山，破斩之。初，掖人苏峻帅乡里数千家结垒以自保，远近多附之。曹嶷恶其强，将攻之，峻率众浮海来奔。帝以峻为鹰扬将军，助刘遐讨周抚有功，诏以遐为临淮太守，峻为淮陵内史。

石勒遣左长史王修献捷于汉，汉主曜遣兼司徒郭汜授勒太宰、领大将军，进爵赵王，加殊礼，出警入跸，如曹公辅汉故事，拜王修及其副刘茂皆为将军，封列侯。修舍人曹平乐从修至粟邑，因留仕汉，言于曜曰："大司马遣修等来，外表至诚，内觇大驾强弱，俟其复命，将袭乘舆。"时汉兵实疲弊，曜信之。乃追汜还，斩修于市。

三月，勒还至襄国。刘茂逃归，言修死状。勒大怒曰："孤事刘氏，于人臣之职有加矣。彼之基业，皆孤所为，今既得志，还欲相图。赵王、赵帝，孤自为之，何待于彼邪！"乃诛曹平乐三族。

帝令群臣议郊祀，尚书令刁协等以为宜须还洛乃修之。司徒荀组等曰："汉献帝都许，即行郊祀，何必洛邑！"帝从之，立郊丘于建康城之巳地。辛卯，帝亲祀南郊。以未有北郊，并地祇合祭之。诏："琅邪恭王宜称皇考。"贺循曰："《礼》，子不敢以己爵加于父。"乃止。

初，蓬陂坞主陈川自称陈留太守。祖逖之攻樊雅也，川遣其将李头助之。头力战有功，逖厚遇之。头每叹曰："得此人为主，吾死无恨。"川闻而杀之。头党冯宠帅其众降逖，川益怒，大掠豫州诸郡，逖遣兵击破之。夏，四月，川以浚仪叛，降石勒。

周抚之败走也，徐龛部将于药追斩之。及朝廷论功，而刘遐先之。龛怒，以泰山叛，降石勒，自称兖州刺史。

汉主曜还，都长安，立妃羊氏为皇后，子熙为皇太子，封子袭为长乐王，阐为太原王，冲为淮南王，敞为齐王，高为鲁王，徽为楚王，诸

【语译】

中宗元皇帝中

晋元帝太兴二年（己卯，319 年）

春季，二月，晋将刘遐、徐龛在寒山攻击周抚，攻破并杀死周抚。当初，掖县人苏峻率领乡里数千家民众营造壁垒自保，远近民众大多附从。汉将曹嶷痛恨苏峻势力强大，准备攻打他，苏峻率领部众渡海投奔东晋。晋元帝司马睿任命苏峻为鹰扬将军，因为帮助刘遐讨伐周抚有功；下令任命刘遐为临淮太守，苏峻为淮陵内史。

石勒派遣左长史王修向汉主献俘告捷，汉主刘曜派遣兼司徒郭汜授予石勒太宰、领大将军，晋升爵位为赵王，给予特殊礼遇，出入宫禁，如同曹操辅佐汉室的旧制。拜王修和他的副将刘茂为将军，封为列侯。王修的舍人曹平乐随从王修到粟邑，顺势留在汉国做官，他对刘曜说："大司马石勒派王修等人前来，外表至为忠诚，实则是窥察您的强弱，等他回去报告后，将要袭击您。"当时汉军的确疲惫，刘曜相信了曹平乐所言，于是命人追回郭汜，在街市上杀了王修。

三月，石勒回到襄国。刘茂逃回，告知王修死的情况，石勒大怒，说："我侍奉刘氏，已经超过了臣下该尽的本职。刘氏的基业都是我所创下的。现在他志得意满，却反过来想算计我。赵王、赵帝，我自己就能做，哪里还要等他呢！"于是，诛杀曹平乐三族。

晋元帝司马睿令群臣商议郊祀之事，尚书令刁协等人认为应该等还都洛阳之后再举行。司徒荀组等人说："汉献帝迁都许昌，马上便举行郊祀，又何必等到回到洛邑之时！"晋元帝听从了荀组等人意见，在建康城的巳地建立郊祀圜丘。三月辛卯日，晋元帝司马睿亲自到南郊祭天，因为还没有北郊，所以连同地祇合并祭祀。晋元帝下令说："琅邪恭王应当称作皇考。"贺循说："根据《礼》，儿子不敢把自己的爵位加在父亲身上。"于是，停止执行。

当初，蓬陂坞主陈川自称陈留太守，祖逖攻打樊雅之时，陈川派部将李头助战。李头力战建功，祖逖对他另眼相看。李头常常感叹地说："能得到祖逖做自己的主公，我死无遗憾。"陈川听说了就杀了李头。李头的党徒冯宠率领部众投降祖逖，陈川更加恼怒，大肆攻掠豫州诸郡，祖逖派兵打败了他。夏季四月，陈川占据浚仪背叛，投降石勒。

周抚败逃时，是徐龛的部将于药追上并杀了他，等到朝廷论功时，却是刘遐占先。徐龛生气，占据泰山背叛，投降石勒，自称兖州刺史。

汉主刘曜回到长安，定都于此，立后妃羊氏为皇后，儿子刘熙为太子。封儿子刘袭为长乐王，刘阐为太原王，刘冲为淮南王，刘敞为齐王，刘高为鲁王，刘徽为

宗室皆进封郡王。羊氏，即故惠帝后也。曜尝问之曰："吾何如司马家儿？"羊氏曰："陛下，开基之圣主；彼，亡国之暗夫，何可并言！彼贵为帝王，有一妇、一子及身三耳，曾不能庇。妾于尔时，实不欲生，意谓世间男子皆然。自奉巾栉已来，始知天下自有丈夫耳。"曜甚宠之，颇干预国事。

（以上为第一段，写汉国大司马石勒派人向汉主刘曜献俘告捷，刘曜封之为赵王，随后又杀其使者，石勒勃然大怒；晋元帝司马睿在南郊祭祀天地；惠帝司马衷皇后羊氏被刘曜立为皇后，得到宠幸。）

南阳王保自称晋王，改元建康，置百官，以张寔为征西大将军、开府仪同三司。陈安自称秦州刺史，降于汉，又降于成。上邽大饥，士众困迫，张春奉保之南安祁山。寔遣韩璞帅步骑五千救之。陈安退保绵诸，保归上邽。未几，保复为安所逼，寔遣其将宋毅救之，安乃退。

江东大饥，诏百官各上封事。益州刺史应詹上疏曰："元康以来，贱经尚道，以玄虚弘放为夷达，以儒术清俭为鄙俗，宜崇奖儒官，以新俗化。"

祖逖攻陈川于蓬关，石勒遣石虎将兵五万救之，战于浚仪，逖兵败，退屯梁国。勒又遣桃豹将兵至蓬关，逖退屯淮南。虎徙川部众五千户于襄国，留豹守川故城。

石勒遣石虎击鲜卑日六延于朔方，大破之，斩首二万级，俘虏三万余人。孔苌攻幽州诸郡，悉取之。段匹磾士众饥散，欲移保上谷，代王郁律勒兵将击之，匹磾弃妻子奔乐陵，依邵续。

曹嶷遣使赂石勒，请以河为境，勒许之。

梁州刺史周访击杜曾，大破之。马隽等执曾以降，访斩之，并获荆州刺史第五猗，送于武昌。访以猗本中朝所署，加有时望，白王敦不宜杀，敦不听而斩之。

初，敦患杜曾难制，谓访曰："若擒曾，当相论为荆州。"及曾死而敦不用。王廙在荆州，多杀陶侃将佐，以皇甫方回为侃所敬，责其不诣己，收斩之。士民怨怒，上下不安。帝闻之，征廙为散骑常侍，以周访代廙为荆州刺史。王敦忌访威名，意难之。从事中郎郭舒说敦曰："鄙州虽荒弊，乃用武之国，不可以假人，宜自领之，访为梁州足矣。"敦从之。

楚王，各宗室子弟都进封郡王。羊氏就是过去惠帝司马衷的皇后。刘曜曾经问她说：“我比起司马家的孩子怎么样？”羊氏说：“皇上是开基的圣主，他是亡国的昏君，怎么能相提并论！他贵为帝王时，只有一个夫人、一个孩子和他自己三个人，竟然都不能庇护。我在那时实在是不想活了，以为世上的男人都是这样。自从做了您的妻子，才知道天下自有大丈夫。”刘曜非常宠爱她，她常常干预国事。

南阳王司马保自称晋王，改年号为建康，设置百官，任命张寔为征西大将军，开府仪同三司。陈安自称秦州刺史，投降汉国，后又投降成汉国。上邽发生严重饥荒，士民困迫，张春侍奉司马保去南安的祁山。张寔派遣韩璞率领步、骑兵五千救援司马保，陈安退守绵诸，司马保回到上邽。不久，司马保又被陈安进逼，张寔派遣部将宋毅救援，陈安才退军。

江南发生严重饥荒，晋元帝下令让百官各自上书奏事。益州刺史应詹上书说：“自元康年间以来，轻视经典，崇尚道学，把玄虚、弘放视作旷达，把儒学、廉俭看作鄙俗，应当尊崇和奖掖儒官，以革新风俗教化。”

祖逖在蓬关进攻陈川，石勒派石虎率兵五万救援，两军在浚仪交战，祖逖兵败，退军驻屯梁国。石勒又派桃豹率兵到达蓬关，祖逖退守淮南。石虎将陈川部众五千户迁徙到襄国，留下石豹守卫陈川故城。

石勒派遣石虎在朔方重创鲜卑日六延，斩首二万，俘虏三万多人。孔苌攻取了幽州诸郡。段匹磾因士众饥饿离散，想移军保守上谷，代王郁律领兵准备攻击他，段匹磾丢弃妻子儿女逃奔乐陵，依附邵续。

曹嶷派使者给石勒送去财物，请求以黄河作为分界线，石勒答应了。

梁州刺史周访进攻杜曾，获得大胜。马隽等人抓住杜曾投降，周访斩杀杜曾，并抓获荆州刺史第五猗，送往武昌。周访因为第五猗本是朝廷任命，而且有一定声望，告诉王敦最好不要杀他，王敦不听，杀了第五猗。

当初，王敦忧虑杜曾难以控制，对周访说：“如果能擒获杜曾，我将论功让你治理荆州。”等到杜曾死后，王敦不用周访。王廙在荆州，杀了许多陶侃的将佐，因为皇甫方回是陶侃所敬重的人，王廙责怪他不拜奉自己，把他拘捕杀害。士人民众因此怨怒，上下关系紧张。晋元帝听说这件事，征召王廙担任散骑常侍，让周访代替王廙担任荆州刺史。王敦嫉妒周访有威名，有意为难。从事中郎郭舒劝说王敦道：“本州虽然荒凉凋敝，却是用武之地，不可以让人占有，应当自己管辖。周访治理梁

六月，丙子，诏加访安南将军，余如故。访大怒，敦手书譬解，并遗玉环、玉椀以申厚意。访抵之于地，曰："吾岂贾竖，可以宝悦邪！"访在襄阳，务农训兵，阴有图敦之志，守宰有缺辄补，然后言上，敦患之而不能制。

魏该为胡寇所逼，自宜阳率众南迁新野，助周访讨杜曾有功，拜顺阳太守。

赵固死，郭诵留屯阳翟，石生屡攻之，不能克。

（以上为第二段，写司马保不臣服司马睿，自称晋王；祖逖北伐，被石勒派大军打败，退守淮南；周访进攻叛将杜曾，获得大胜，担任荆州刺史，与王敦渐生嫌隙。）

汉主曜立宗庙、社稷、南北郊于长安，诏曰："吾之先，兴于北方。光文立汉宗庙以从民望。今宜改国号，以单于为祖。亟议以闻！"群臣奏："光文始封卢奴伯，陛下又王中山；中山，赵分也，请改国号为赵。"从之。以冒顿配天，光文配上帝。

徐龛寇掠济、岱，破东莞。帝问将帅可以讨龛者于王导，导以为太子左卫率泰山羊鉴，龛之州里冠族，必能制之。鉴深辞，才非将帅；郗鉴亦表鉴非才，不可使，导不从。

秋，八月，以羊鉴为征虏将军、征讨都督，督徐州刺史蔡豹、临淮太守刘遐、鲜卑段文鸯等讨之。

冬，石勒左、右长史张敬、张宾，左、右司马张屈六、程遐等劝勒称尊号，勒不许。十一月，将佐等复请勒称大将军、大单于、领冀州牧、赵王，依汉昭烈在蜀、魏武在邺故事，以河内等二十四郡为赵国，太守皆为内史，准《禹贡》，复冀州之境，以大单于镇抚百蛮，罢并、朔、司三州，通置部司以监之。勒许之。戊寅，即赵王位，大赦，依春秋时列国称元年。

初，勒以世乱，律令烦多，命法曹令史贯志，采集其要，作《辛亥制》五千文，施行十余年，乃用律令。以理曹参军上党续咸为律学祭酒，咸用法详平，国人称之。以中垒将军支雄、游击将军王阳领门臣祭酒，专主胡人辞讼，重禁胡人，不得陵侮衣冠华族，号胡为国人。遣使循行

州就够了。”王敦听从了他的话。

六月初七丙子，晋元帝下令，授予周访安南将军，其余职务不变。周访大为恼怒。王敦亲自写信劝解，并赠玉环、玉碗，表示看重之意。周访扔在地上，说：“我难道是商人和小孩吗？怎么可以用宝物来让我高兴呢！”周访在襄阳发展农业、训练士卒，暗藏谋算王敦的心志。官吏有缺员就自行补录，然后才上报。王敦对他深以为患，但又不能控制他。

魏该被胡族敌人所逼迫，从宜阳率领部众向南迁移到新野，因帮助周访讨伐杜曾有功，被任为顺阳太守。

赵固死，郭诵屯军阳翟，石生多次进攻，不能取胜。

汉主刘曜在长安建立宗庙、社稷和南郊、北郊，下令说：“我的祖先从北方开始兴盛，光文建立汉国宗庙是为了顺从民众愿望。现在应当改国号，奉单于为祖。尽快论议上报！”群臣上奏说：“光文最早受封卢奴伯，皇上又曾在中山称王。中山本是赵国领土，请求改国号为赵。”刘曜听从，将冒顿配祀上天，光文配祀上帝。

徐龛骚扰济水、泰山之间，攻破东莞。晋元帝司马睿向王导询问将帅中有谁能够征讨徐龛，王导认为太子左卫率泰山人羊鉴，是徐龛州里的显贵豪族，必能制服徐龛。羊鉴恳切地推辞，认为自己不是将帅之才；郗鉴也上书认为羊鉴不是合适的人选，不能委派，王导不听。

秋季，八月，朝廷任命羊鉴为征虏将军、征讨都督，总领徐州刺史蔡豹、临淮太守刘遐、鲜卑部段文鸯等攻打徐龛。

冬季，石勒的左、右长史张敬、张宾，左、右司马张屈六、程遐等劝石勒称皇帝尊号，石勒不同意。十一月，将佐们又请求石勒称大将军、大单于、领冀州牧、赵王，依照蜀汉昭烈帝刘备在蜀、魏武帝曹操在邺的旧例，以河内等二十四郡为赵国，太守都改为内史，根据《尚书·禹贡》，恢复冀州的行政区划，以大单于的身份镇抚众蛮族；撤销并州、朔州、司州的建置，合置部司监管，石勒同意了。十一月戊寅日，石勒即赵王位，实行大赦，依照春秋时列国旧例称为元年。

当初，石勒因为世事紊乱，律令繁多，命法曹令史贯志采集纲要，作《辛亥制》五千字，施行十多年，才用律令。任用理曹参军、上党人续咸为律学祭酒，续咸运用法律细致、公平，受到国人的称赞。任用中垒将军支雄、游击将军王阳兼门臣祭酒，专管胡人的诉讼，严厉禁止胡人，不许他们欺陵污辱具有较高文化的汉人，把

州郡，劝课农桑。朝会，始用天子礼乐，衣冠、仪物，从容可观矣。加张宾大执法，专总朝政；以石虎为单于元辅，都督禁卫诸军事，寻加骠骑将军、侍中、开府，赐爵中山公。自余群臣，授位、进爵各有差。

张宾任遇优显，群臣莫及，而谦虚敬慎，开怀下士，屏绝阿私，以身帅物，入则尽规，出则归美。勒甚重之，每朝，常为之正容貌，简辞令，呼曰“右侯”而不敢名。

（以上为第三段，写汉主刘曜奉单于为祖，改国号为赵，将冒顿配飨上天，刘渊配飨上帝；大将军石勒建立后赵国，自封赵王，用天子礼乐，制定历法，任用百官。）

十二月，乙亥，大赦。

平州刺史崔毖，自以中州人望，镇辽东，而士民多归慕容廆，心不平。数遣使招之，皆不至，意廆拘留之，乃阴说高句丽、段氏、宇文氏，使共攻之，约灭廆，分其地。毖所亲勃海高瞻力谏，毖不从。

三国合兵伐廆，诸将请击之，廆曰：“彼为崔瑟所诱，欲邀一切之利。军势初合，其锋甚锐，不可与战，当固守以挫之。彼乌合而来，既无统壹，莫相归服，久必携贰，一则疑吾与毖诈而覆之，二则三国自相猜忌。待其人情离贰，然后击之，破之必矣。”

三国进攻棘城，廆闭门自守，遣使独以牛酒犒宇文氏。二国疑宇文氏与廆有谋，各引兵归。宇文大人悉独官曰：“二国虽归，吾当独取之。”

宇文氏士卒数十万，连营四十里。廆使召其子翰于徒河。翰遣使白廆曰：“悉独官举国为寇，彼众我寡，易以计破，难以力胜。今城中之众，足以御寇，翰请为奇兵于外，伺其间而击之，内外俱奋，使彼震骇不知所备，破之必矣。今并兵为一，彼得专意攻城，无复他虞，非策之得者也。且示众以怯，恐士气不战先沮矣。”廆犹疑之。辽东韩寿言于廆曰：“悉独官有凭陵之志，将骄卒惰，军不坚密，若奇兵卒起，掎其无备，必破之策也。”廆乃听翰留徒河。

胡人称作国人。派遣使者巡行州郡，鼓励、督促农业生产。朝会时开始用天子的礼乐，衣冠、仪物都充足可观。升任张宾为大执法，专门总理朝政，任命石虎为单于元辅、都督禁卫各种军务，不久又担任骠骑将军、侍中、开府，赐爵为中山公。其余群臣，授官进爵各有等次。

张宾得到的职位高、待遇优厚，群臣没有可比拟的，但他本人却很谦虚、恭敬、小心，真诚地折节下士，杜绝私情，以身作则，入朝时直言规劝，出外却将美誉归功于主上，石勒非常看重他。每次上朝，经常因为张宾的缘故端正容貌，修饰辞令，以右侯称呼张宾，不叫他的名字。

十二月初九乙亥，晋朝大赦天下。

平州刺史崔毖自以为在中州享有声望，现在镇守辽东，而士民却大多归附慕容廆，心中不服。多次派遣使者招纳士民，但他们全都不来。崔毖怀疑是慕容廆截留他们，于是暗地游说高句丽、段氏和宇文氏，让他们共同攻打慕容廆，约定剪灭慕容廆后，共同瓜分他的辖地。崔毖的亲信、渤海人高瞻极力劝谏，崔毖不听。

高句丽、段氏、宇文氏三国合兵攻打慕容廆，慕容廆部下众将请战，慕容廆说："他们被崔毖诱惑，想乘机谋利。军势刚刚会合，锋头正锐，现在不能和他们交战，应当固守以挫其锐气。他们乌合前来，既没有统一的号令，互相之间又不服气，时间久了必然产生二心，一来怀疑我和崔毖共使欺诈，想消灭他们；二来三国之间也互相猜忌。等到他们人心离散，然后进攻，一定能打败他们。"

三国军队进攻棘城，慕容廆闭门固守，派遣使者单独用牛和酒犒劳宇文氏。高句丽和段氏怀疑宇文氏与慕容廆勾结，各自领军退还。宇文氏首领悉独官说："高句丽和段氏虽然回去，我要独自攻取慕容廆。"

宇文氏士兵有数十万，营寨相连有四十里。慕容廆派人从徒河征召儿子慕容翰。慕容翰派遣使者告诉慕容廆说："悉独官倾国来犯，敌众我寡，易于智取，难以力敌。现在城中的军队，已足以防御，我请求作为外面的奇兵，伺机攻击，内外同时发兵，使他们惊骇而不知道如何防备，这样一定能打败他们。如果现在把兵力集中在一处，他们便能专心攻城，没有其他顾虑，这不是妥当的对策。而且这是向民众表示内心的怯惧，恐怕还没有作战，士气就要先丧失了。"慕容廆犹疑不决。辽东人韩寿对慕容廆说："悉独官有侵凌进逼的志向，将领骄纵，士兵疲惰，军队组织松散，如果使用奇兵突然发难，在他们没有防备时实施攻击，这是必定取胜的策略。"慕容廆这才同意慕容翰留在徒河。

悉独官闻之曰：“翰素名骁果，今不入城，或能为患，当先取之，城不足忧。”乃分遣数千骑袭翰。翰知之，诈为段氏使者，逆于道曰：“慕容翰久为吾患，闻当击之，吾已严兵相待，宜速进也。”使者既去，翰即出城，设伏以待之。宇文氏之骑见使者，大喜驰行，不复设备，进入伏中。翰奋击，尽获之，乘胜径进，遣间使语廆出兵大战。廆使其子皝与长史裴嶷将精锐为前锋，自将大兵继之。悉独官初不设备，闻廆至，惊，悉众出战。前锋始交，翰将千骑从旁直入其营，纵火焚之，众皆惶扰，不知所为，遂大败，悉独官仅以身免。廆尽俘其众，获皇帝玉玺三纽。

崔毖闻之，惧，使其兄子焘诣棘城伪贺。会三国使者亦至，请和，曰：“非我本意，崔平州教我耳。”廆以示焘，临之以兵，焘惧，首服。廆乃遣焘归谓毖曰：“降者上策，走者下策也。”引兵随之。毖与数十骑弃家奔高句丽，其众悉降于廆。廆以其子仁为征虏将军，镇辽东，官府、市里，按堵如故。

高句丽将如奴子据于河城，廆遣将军张统掩击，擒之，俘其众千余家，以崔焘、高瞻、韩恒、石琮归于棘城，待以客礼。恒，安平人；琮，鉴之孙也。

廆以高瞻为将军，瞻称疾不就，廆数临候之，抚其心曰：“君之疾在此，不在他也。今晋室丧乱，孤欲与诸君共清世难，翼戴帝室。君中州望族，宜同斯愿，奈何以华、夷之异，介然疏之哉！夫立功立事，唯问志略何如耳，华、夷何足问乎！”瞻犹不起，廆颇不平。龙骧主簿宋该，与瞻有隙，劝廆除之，廆不从。瞻以忧卒。

（以上为第四段，写高句丽、宇文氏、段氏受平州刺史崔毖挑唆，联兵攻打鲜卑首领慕容廆，慕容廆用离间计使高句丽、段氏撤兵，然后打败宇文氏，三国归服。）

初，鞠羡既死，苟晞复以羡子彭为东莱太守。会曹嶷徇青州，与彭相攻，嶷兵虽强，郡人皆为彭死战，嶷不能克。久之，彭叹曰：“今天下大乱，强者为雄。曹亦乡里，为天所相，苟可依凭，即为民主，何必与之力争，使百姓肝脑涂地！吾去此，则祸自息矣。”郡人以为不可，争献

悉独官听说慕容翰留在徒河，说："慕容翰素来以骁勇果敢闻名，现在不进城，或许会成为祸患，应当先攻取他，城里不足为患。"于是，分出数千骑兵攻击慕容翰。慕容翰得知此事，派人假扮成段氏的使者，在路上迎住悉独官的骑兵，对他们说："慕容翰长久以来就是我心头之患，听说你们将要进攻他，我们已严阵以待，你们可以快速前进。"使者离开以后，慕容翰立即出城，设下埋伏等待宇文氏的军队。宇文氏的骑兵见到使者，大为高兴，骑马驰行，不再防备，进入伏击圈中。慕容翰突然攻击，全部俘获了他们。慕容翰又乘胜进军，同时派遣密使告诉慕容廆，让他出兵大战。慕容廆令其子慕容皝和长史裴嶷率领精锐士兵为前锋，自己统领大军随后。悉独官原先没有设防，听说慕容廆来了，大惊，倾巢出战。两军前锋刚刚交战，慕容翰率领一千多骑兵从旁侧直冲入悉独官军营，纵火焚烧。悉独官的士兵都惶恐不安，不知所措，结果大败，悉独官只身逃脱。慕容廆尽数俘获他的士兵，缴获到皇帝玉玺。

崔毖听说此事，心中恐惧，让他兄长之子崔焘到棘城假装祝贺。正巧高句丽、宇文氏、段氏三国使者也来请和，都说："我们本来并不想与你为敌，是崔毖让我们这么做的。"慕容廆让崔焘见三国使者，执刀相对，崔焘害怕，低头臣服。慕容廆便让崔焘回去对崔毖说："投降是上策，逃跑是下策。"并带兵随后而行。崔毖带着数十骑，弃家逃奔高句丽，部众全部投降慕容廆。慕容廆任命儿子慕容仁为征虏将军，镇守辽东，官府、市里，一仍其旧。

高句丽将领如奴子占据于河城，慕容廆派将军张统突然袭击，擒获如奴子，俘虏部众一千多家。因为崔焘、高瞻、韩恒、石琮归附棘城，慕容廆以客人的礼节对待他们。韩恒是安平人；石琮是石鉴的孙子。

慕容廆任命高瞻为将军，高瞻以有病为由不去就职。慕容廆多次亲临问候，抚摸他的心口说："您的病在这儿，不在别处。现在晋皇室衰乱，我想和诸君共同廓清世上的灾难，辅佐、拥戴帝室。您是中州的名门望族，应当与我同有此愿，为何因为华夷之别，便耿耿于怀，故意疏远呢！至于立功成事，只问志向、才略怎样便可以了，何须再问是华夏还是夷族呢！"高瞻还是不肯出来做官，慕容廆心中颇为愤愤不平。龙骧主簿宋该与高瞻有矛盾，劝说慕容廆除去高瞻，慕容廆没有听从。高瞻因是忧虑而死。

当初，鞠羡已死，苟晞又让鞠羡的儿子鞠彭担任东莱太守。适逢曹嶷到青州巡行，和鞠彭相互攻击。曹嶷的军队虽然强大，但郡民都为鞠彭拼命死战，曹嶷不能取胜。相持日久，鞠彭叹息说："现在天下大乱，强大者是英雄。曹嶷也是同乡之人，有天相助。只要可以依靠，便可为民众主宰，何必和他力争，使百姓肝脑涂地

拒嶷之策，彭一无所用，与乡里千余家浮海归崔毖。北海郑林客于东莱，彭、嶷之相攻，林情无彼此。嶷贤之，不敢侵掠，彭与之俱去。比至辽东，毖已败，乃归慕容廆。廆以彭参龙骧军事，遗郑林车牛粟帛，皆不受，躬耕于野。

宋该劝廆献捷江东，廆使该为表，裴嶷奉之，并所得三玺诣建康献之。

高句丽数寇辽东，廆遣慕容翰、慕容仁伐之。高句丽王乙弗利逆来求盟，翰、仁乃还。

是岁，蒲洪降赵，赵主曜以洪为率义侯。

屠各路松多起兵于新平、扶风，以附晋王保，保使其将杨曼、王连据陈仓，张颉、周庸据阴密，松多据草壁，秦、陇氐、羌多应之。赵主曜遣诸将攻之，不克，曜自将击之。

（以上为第五段，写鞠彭为东莱太守，青州刺史曹嶷前来争夺地盘，鞠彭退让离开东莱，渡海而去，避免争端；慕容廆向司马睿献俘告捷。）

三年（庚辰，320年）

春，正月，曜攻陈仓，王连战死，杨曼奔南氐。曜进拔草壁，路松多奔陇城，又拔阴密。晋王保惧，迁于桑城。曜还长安，以刘雅为大司徒。

张春谋奉晋王保奔凉州，张寔遣其将阴监将兵迎之，声言翼卫，其实拒之。

段末柸攻段匹磾，破之。匹磾谓邵续曰："吾本夷狄，以慕义破家。君不忘久要，请相与共击末柸。"续许之，遂相与追击末柸，大破之。匹磾与弟文鸯攻蓟。后赵王勒知续势孤，遣中山公虎将兵围厌次，孔苌攻续别营十一，皆下之。

二月，续自出击虎，虎伏骑断其后，遂执续，使降其城。续呼兄子竺等谓曰："吾志欲报国，不幸至此。汝等努力奉匹磾为主，勿有贰心。"匹磾自蓟还，未至厌次，闻续已没，众惧而散，复为虎所遮。文鸯以亲兵数百力战，始得入城，与续子缉、兄子存、竺等婴城固守。虎送续于襄国，勒以为忠，释而礼之，以为从事中郎。因下令："自今克敌，获士

呢！我离开这里，战祸就会自然停止。”郡里民众都认为这样不行，争相进献抵抗曹嶷的计谋，鞠彭一个都不用，随同乡里数千家民众渡海归附崔毖。北海人郑林客居东莱，对于鞠彭、曹嶷之间的争斗，无所偏向。曹嶷认为他有贤德、不敢侵犯、劫掠。鞠彭和他一同离开。到了辽东，崔毖已经失败，鞠彭等人于是归附慕容廆。慕容廆让鞠彭参与龙骧军事。赠送郑林车乘、服牛、粟谷、布帛，郑林都不接受，亲自在田野里耕种。

宋该劝说慕容廆向江南晋皇室献俘告捷。慕容廆命宋该撰写奏文，让裴嶷奉持，连同得到的三个玉玺，一起送到建康进献。

高句丽多次侵扰辽东，慕容廆派遣慕容翰、慕容仁领军讨伐。高句丽王乙弗利迎接二将，请求缔结盟约，慕容翰、慕容仁于是回师。

这年，蒲洪投降前赵，前赵主刘曜封蒲洪为率义侯。

屠各部落的路松多起兵于新平、扶风，归附晋王司马保。司马保派部将杨曼、王连占据陈仓，张颋、周庸占据阴密，路松多占据草壁，秦州、陇州的氐人和羌人大多响应他们。前赵主刘曜派遣多员将领攻打，不能取胜，刘曜准备自己亲征。

晋元帝太兴三年（庚辰，320 年）

春季，正月，刘曜进攻陈仓，王连战死，杨曼逃奔南氐。刘曜进而攻取草壁，路松多逃往陇城。刘曜又攻取阴密，晋王司马保恐惧，迁都于桑城。刘曜回到长安，任刘雅为大司徒。

张春筹划侍奉晋王司马保逃奔凉州，张寔派遣部将阴监带兵来迎，说是护卫，其实是阻拦。

段末柸进攻段匹磾，打败了段匹磾的军队。段匹磾对邵续说：“我本来是夷族，因为仰慕君臣大义，招致兵败家破。您如果不忘我们的旧约，便请和我共同抗击段末柸。”邵续答应了，于是和段匹磾共同追击段末柸，使段末柸的军队受到重创。段匹磾和兄弟段文鸯进攻蓟州，后赵王石勒知道邵续势单力薄，派遣中山公石虎率军围攻厌次，又让孔苌进攻邵续，攻下十一座别营。

二月，邵续亲自率军出击石虎，石虎埋伏骑兵截断其退路，结果抓住了邵续，并让他向城中军民劝降。邵续呼唤兄长的儿子邵竺等人，对他们说：“我的志向是想报效国家，不幸落到了这步田地，你们努力尊奉段匹磾为主帅，不要有异心。”段匹磾从蓟州归来，还没有到厌次城，就听说邵续已被俘，部众惊恐逃散，又被石虎乘势攻击，段文鸯依仗数百亲兵的奋力死战，才得以进入厌次城中，和邵续的儿子邵

人，毋得擅杀，必生致之。”

吏部郎刘胤闻续被攻，言于帝曰：“北方藩镇尽矣，唯余邵续而已。如使复为石虎所灭，孤义士之心，阻归本之路，愚谓宜发兵救之。”帝不能从。闻续已没，乃下诏以续位任授其子缉。

赵将尹安、宋始、宋恕、赵慎四军屯洛阳，叛，降后赵。后赵将石生引兵赴之，安等复叛，降司州刺史李矩。矩使颍川太守郭默将兵入洛。石生虏宋始一军，北渡河。于是，河南之民皆相帅归矩，洛阳遂空。

三月，裴嶷至建康，盛称慕容廆之威德，贤隽皆为之用，朝廷始重之。帝谓嶷曰：“卿中朝名臣，当留江东，朕别诏龙骧送卿家属。”嶷曰：“臣少蒙国恩，出入省闼，若得复奉辇毂，臣之至荣。但以旧京沦没，山陵穿毁，虽名臣宿将，莫能雪耻，独慕容龙骧竭忠王室，志除凶逆，故使臣万里归诚。今臣来而不返，必谓朝廷以其僻陋而弃之，孤其向义之心，使懈体于讨贼，此臣之所甚惜，是以不敢徇私而忘公也。”帝曰：“卿言是也。”乃遣使随嶷拜廆安北将军、平州刺史。

（以上为第六段，写鲜卑首领段末柸打败段匹磾，晋将邵续出兵支援，打败段末柸；赵国石虎打败并活捉邵续，邵续忠晋之心不改；慕容廆报捷东晋，被封为安北将军。）

闰月，以周顗为尚书左仆射。

晋王保将张春、杨次与别将杨韬不协，劝保诛之，且请击陈安，保皆不从。

夏，五月，春、次幽保，杀之，保体肥大，重八百斤，喜睡，好读书，而暗弱无断，故及于难。保无子，张春立宗室子瞻为世子，称大将军。保众散，奔凉州者万余人。陈安表于赵主曜，请讨瞻等。曜以安为大将军，击瞻，杀之。张春奔枹罕。安执杨次，于保柩前斩之，因以祭保。安以天子礼葬保于上邽，谥曰“元王”。

羊鉴讨徐龛，顿兵下邳，不敢前。蔡豹败龛于檀丘，龛求救于后赵。后赵王勒遣其将王伏都救之，又使张敬将兵为之后继。勒多所邀求，而

缉、邵续兄长之子邵存、邵竺等人环城固守。石虎把邵续解送到襄国，石勒认为邵续是忠贞之士，释放了他，以礼相待，任为从事中郎。继而下令说："从今以后克敌制胜，俘获士人不许擅自杀害，一定要活着送来。"

吏部郎刘胤听说邵续受到攻击，向晋元帝司马睿上言说："北方的藩镇已经尽失，只剩下邵续一处了。如果让他再被石虎攻灭，会使忠义之士感到孤寂，并阻塞回归国家的道路。我认为应当发兵救助。"晋元帝没有听从。后来听说邵续已被擒，于是，下诏把邵续的职位授予其子邵缉。

前赵将军尹安、宋始、宋恕、赵慎的四支军队驻屯洛阳，叛国投降后赵。后赵将领石生率军前往洛阳，尹安等人又背叛后赵，向晋朝的司州刺史李矩投降。李矩让颍川太守郭默带兵进入洛阳。石生俘获宋始这支军队向北渡过黄河，于是，黄河以南的民众都相互牵引归附李矩，洛阳城为之一空。

三月，裴嶷到达建康，盛赞慕容廆有威德，贤俊之士都乐意为他效力，朝廷这才开始重视慕容廆。晋元帝司马睿对裴嶷说："您本是朝中名臣，应当留在江东，我另外下令，让龙骧将军慕容廆把您的家属送来。"裴嶷说："我自小蒙受晋室的恩宠，出入宫禁，如果能重新侍奉皇上，是我无上的荣耀。只是因为之前京都沦陷，山陵毁败，即使是名臣宿将，也没有能够报仇雪耻。只有龙骧将军慕容廆尽忠于晋王室，立志驱除凶逆，所以派我不远万里前来表示忠诚。现在如果我来而不返，他一定认为朝廷因为他偏远落后而抛弃他，辜负他崇尚大义之心，使他懈怠攻打逆贼之事，而这正是我所珍视的，所以我不敢因为个人私利而忘却公义。"晋元帝说："您说得对。"于是，派遣使者随同裴嶷前往，赐封慕容廆为安北将军、平州刺史。

闰月，晋朝任命周顗为尚书左仆射。

晋王司马保部将张春、杨次和别将杨韬不和，劝司马保杀掉杨韬，并且请求攻打陈安，司马保都没听从。

夏季，五月，张春、杨次软禁晋王司马保，并杀了他。司马保身高体胖，重百斤；嗜睡，喜欢读书，但糊涂懦弱、缺少决断，所以遇难。司马保没有儿子，张春立宗室子弟司马瞻为晋王世子，自称大将军。司马保的部众离散，逃奔到凉州的有一万多人。陈安上书给前赵主刘曜，请求征讨司马瞻等人。刘曜任陈安为大将军，进攻司马瞻并杀了他。张春逃奔到枹罕。陈安抓住杨次，在司马保灵柩前将他斩首，用来祭奠司马保。陈安用对待天子的礼节把司马保葬于上邽，谥号元王。

晋将羊鉴攻打徐龛，在下邳驻扎，不敢前进。蔡豹在檀丘击败徐龛，徐龛向后赵求救。后赵主石勒派部将王伏都救援，又让张敬率军作为后援。石勒向徐龛多有

伏都淫暴，龛患之。张敬至东平，龛疑其袭己，乃斩伏都等三百余人，复来请降。勒大怒，命张敬据险以守之。帝亦恶龛反覆，不受其降，敕鉴、豹以时进讨。鉴犹疑惮不进，尚书令刁协劾奏鉴，免死除名，以蔡豹代领其兵。王导以所举失人，乞自贬，帝不许。

六月，后赵孔苌攻段匹磾，恃胜而不设备，段文鸯袭击，大破之。

京兆人刘弘客居凉州天梯山，以妖术惑众，从受道者千余人，西平元公张寔左右皆事之。帐下阎涉、牙门赵印，皆弘乡人，弘谓之曰："天与我神玺，应王凉州。"涉、印信之，密与寔左右十余人谋杀寔，奉弘为主。寔弟茂知其谋，请诛弘。寔令牙门将史初收之，未至，涉等怀刃而入，杀寔于外寝。弘见史初至，谓曰："使君已死，杀我何为！"初怒，截其舌而囚之，轘于姑臧市，诛其党与数百人。左司马阴元等以寔子骏尚幼，推张茂为凉州刺史、西平公，赦其境内，以骏为抚军将军。

（以上为第七段，写晋王司马保暗弱无断，被部将杀害，部众星散；晋将羊鉴畏敌不前，被免职；凉州刺史张寔被部将杀害，弟张茂继任官职。）

丙辰，赵将解虎及长水校尉尹车谋反，与巴酋句徐、厍彭等相结。事觉，虎、车皆伏诛。赵主曜囚徐、彭等五十余人于阿房，将杀之，光禄大夫游子远谏曰："圣王用刑，惟诛元恶而已，不宜多杀。"争之，叩头流血。曜怒，以为助逆而囚之，尽杀徐、彭等，尸诸市十日，乃投于水。于是，巴众尽反，推巴酋句渠知为主，自称大秦，改元曰"平赵"。四山氐、羌、巴、羯应之者三十余万，关中大乱，城门昼闭。子远又从狱中上表谏争，曜手毁其表曰："大荔奴，不忧命在须臾，犹敢如此，嫌死晚邪！"叱左右速杀之。中山王雅、郭汜、朱纪、呼延晏等谏曰："子远幽囚，祸在不测，犹不忘谏争，忠之至也。陛下纵不能用，奈何杀之！若子远朝诛，臣等亦当夕死，以彰陛下之过。天下将皆舍陛下而去，陛下谁与居乎！"曜意解，乃赦之。

曜敕内外戒严，将自讨渠知。子远又谏曰："陛下诚能用臣策，一月

索求，而王伏都又淫荡残暴，徐龛深感忧患。张敬部到达东平，徐龛怀疑他是来袭击自己，于是将王伏都等三百多人斩首，又向东晋请降。石勒勃然大怒，命令张敬占据险要地形固守。晋元帝司马睿也憎恶徐龛反复无常，不接受他的请降，敕令羊鉴、蔡豹按原计划进行攻打。羊鉴仍然疑虑、忌惮，停止不前，尚书令刁协上书弹劾羊鉴，朝廷下令免除他的职务，饶其不死，让蔡豹代为指挥军队。王导因为自己荐人不当，自请贬职，晋元帝不同意。

六月，后赵孔苌进攻段匹磾，仗着取得胜利便不再防备，段文鸯趁势攻击，孔苌大败。

京兆人刘弘客居凉州的天梯山，用妖术迷惑民众，随他受道的有一千多人，西平元公张寔身边的人也都崇奉他。张寔的帐下阎涉、牙门赵印都是刘弘的同乡。刘弘对他们说："上天送给我神玺，应当统治凉州。"阎涉、赵印深信不疑，私下与张寔身边的十多人密谋杀害张寔，侍奉刘弘为主君。张寔的弟弟张茂得知他们的计划，请求诛杀刘弘。张寔命令牙门将史初拘捕刘弘，史初还未到刘弘处，阎涉等人怀藏凶器入内，把张寔杀死在正殿。刘弘见史初到来，对他说："张寔已经死了，为什么还要杀我！"史初发怒，把他割掉舌头后关了起来，在姑臧城的街市上处以车裂的酷刑，并诛杀刘弘党徒数百人。左司马阴元等人认为张寔的儿子张骏年龄幼小，推举张茂为凉州刺史、西平公，在境内赦免罪犯，任张骏为抚军将军。

六月二十三日丙辰，前赵将领解虎和长水校尉尹车谋反，与巴族酋长句徐、厍彭等人相勾结，事发后，解虎、尹车都被处决。前赵主刘曜将句徐、厍彭等五十多人囚禁在阿房，准备统统杀掉。光禄大夫游子远劝说道："圣贤的君主施用刑罚，只不过诛杀首恶而已，不宜滥杀。"为此直言诤谏，以致磕头流血。刘曜发怒，认为这是帮助叛逆者，因而把游子远囚禁起来，尽杀句徐、厍彭等五十多人，暴尸于街市达十天，然后将尸首投弃水中。于是巴郡民众都起来造反，推举巴郡酋长句渠知为首，自称大秦，改年号为平赵。四山的氐族、羌族、巴族、羯族有三十多万人群起响应，关中因此大乱，城门白天也关闭。游子远又从狱中上书进谏，刘曜撕毁奏文，说："这个大荔的奴仆，不担忧自己命在须臾，还敢如此，是嫌死得晚吗？"喝令手下人立即杀掉他。中山王刘雅、郭汜、朱纪、呼延晏等人劝说道："游子远遭幽禁，朝不保夕，依然不忘劝谏，这是最大的忠贞。皇上即使不能听用其言，又怎么能杀他呢！如果游子远早上被杀死，我们也当在晚上死去，以此显示皇上的过错，这样天下人都将舍弃皇上而离去，谁与皇上为伍呢？"刘曜怒意缓和，于是赦免了游子远。

前赵主刘曜下令都城内外严加戒备，自己将亲征句渠知。游子远又进谏："皇上

可定，大驾不必亲征也。”曜曰：“卿试言之。”子远曰：“彼非有大志，欲图非望也，直畏陛下威刑，欲逃死耳。陛下莫若廓然大赦，与之更始，应前日坐虎、车等事，其家老弱没入奚官者，皆纵遣之，使之自相招引，听其复业。彼既得生路，何为不降！若其中自知罪重，屯结不散者，愿假臣弱兵五千，必为陛下枭之。不然，今反者弥山被谷，虽以天威临之，恐非岁月可除也。”曜大悦，即日大赦，以子远为车骑大将军、开府仪同三司、都督雍秦征讨诸军事。

子远屯于雍城，降者十余万。移军安定，反者皆降。惟句氏宗党五千余家保于阴密，进攻，灭之，遂引兵巡陇右。先是氐、羌十余万落，据险不服，其酋虚除权渠自号秦王。子远进造其壁，权渠出兵拒之，五战皆败。权渠欲降，其子伊馀大言于众曰：“往者刘曜自来，犹无若我何，况此偏师，何谓降也！”帅劲卒五万，晨压子远垒门。诸将欲击之，子远曰：“伊馀勇悍，当今无敌，所将之兵，复精于我，又其父新败，怒气方盛，其锋不可当也，不如缓之，使气竭而后击之。”乃坚壁不战。伊馀有骄色，子远伺其无备，夜，勒兵蓐食，旦，值大风尘昏，子远悉众出掩之，生擒伊馀，尽俘其众。权渠大惧，被发、剺面请降。子远启曜，以权渠为征西将军、西戎公，分徙伊馀兄弟及其部落二十余万口于长安。曜以子远为大司徒、录尚书事。

曜立太学，选民之神志可教者千五百人，择儒臣以教之。作酆明观及西宫，起陵霄台于滈池，又于霸陵西南营寿陵。侍中乔豫、和苞上疏谏，以为：“卫文公承乱亡之后，节用爱民，营建宫室，得其时制，故能兴康叔之业，延九百之祚。前奉诏书营酆明观，市道细民咸讥其奢，曰：‘以一观之功，足以平凉州矣！’今又欲拟阿房而建西宫，法琼台而起陵霄，其为劳费，亿万酆明。若以资军旅，乃可兼吴、蜀而一齐、魏矣！又闻营建寿陵，周围四里，深三十五丈，以铜为椁，饰以黄金，功费若此，殆非国内所能办也。秦始皇下锢三泉，土未干而发毁。自古无不亡之国，不掘之墓，故圣王之俭葬，乃深远之虑也。陛下奈何于中兴之日，而踵亡国之事乎！”曜下诏曰：“二侍中恳恳有古人之风，可谓社稷之臣

如果确实能用我的计谋，一个月可以平定叛乱，自己也不必亲征。”刘曜说：“你说说看。”游子远说：“他们造反，并非因为有什么远大的志向，不是想要图谋帝王之业，只不过是畏惧皇上威严的刑罚，想逃免一死罢了。皇上不如不计前嫌，实行大赦，让他们重新做人。前些时日受解虎、尹车之事牵连坐罪，其家人中被籍没为奴的老弱者，全都释放遣返，让他们自己互相招引，允许他们重操旧业。他们既然得到生路，怎么会不降服呢！假如其中有人自知罪过深重，因而聚集不散，希望皇上调给我弱兵五千，我一定替皇上消灭他们。如果不这样做的话，现在造反的人漫山遍野，即使皇上亲征，恐怕也不是短期内可以消灭的。”刘曜非常高兴，即日实行大赦，任命游子远为车骑大将军、开府仪同三司，总领雍州、秦州征讨等军务。

游子远屯军雍城，投降的人有十多万；移军至安定，反叛者都归降。只有句氏宗党五千多家在阴密固守，游子远率军进攻，将其歼灭，于是率军巡行陇右。此前氐人、羌人的十多万村落凭仗险要地势不肯降服，其酋长虚除权渠自号秦王。游子远率军进逼其壁垒，虚除权渠率兵出战，五战都失败了。虚除权渠想投降，他的儿子伊馀向部众高声煽动说：“以前刘曜自己来，尚且没把我们怎么样，何况这仅是偏师，为什么要投降？”伊馀率领五万精锐士兵，于清晨进逼至游子远军营门前。游子远手下诸将想反击，游子远说：“伊馀十分悍勇，当今天下无敌，他统领的军队也比我方精锐。况且又正当他父亲刚刚战败之时，他怒气正盛，锐不可当。不如暂缓出战，等他们士气衰竭了，然后攻击他们。”于是坚守营寨不出战。伊馀有骄傲的神色，游子远侦察到他不加防备，夜间率领军队在草席上进食，第二天凌晨，正逢大风刮起尘土弥漫，游子远率全军突袭，活捉伊馀，俘虏了他的全部部众。虚除权渠大为恐慌，披散着头发、用刀割破脸皮，请求归降。游子远禀报刘曜，任命虚除权渠为征西将军、西戎公，分别把伊馀兄弟及其部落二十多万人迁徙到长安。刘曜任命游子远为大司徒、录尚书事。

刘曜建立太学，选拔资质聪颖而有培养前途的一千五百人，遴选儒臣来教授他们。建造丰明观和西宫，在滈池边上建起陵霄台，又在霸陵西南修筑寿陵。侍中乔豫、和苞上书劝谏，认为：“卫文公在乱亡之后，节俭费用、爱恤百姓，营造的宫室，符合当时建制，所以能振兴卫康叔的基业，延续九百年的国运。先前奉命营建酆明观，市井小民都讥讽其奢侈，说：‘用修建一座观的人力费用，足以平定凉州了！’现在又要仿阿房宫而建造西宫，效法琼台而建造陵霄台，这需要的人力、费用，是营建酆明观的亿万倍，如果用以资助军旅，便可以兼并晋、蜀，统一齐、魏了！又听说营建寿陵，周长有四里，深三十五丈，用铜做棺椁，以黄金为饰，耗费如此的人力、费用，恐怕不是国力所能承担的。秦始皇陵深穿墓穴抵达三重泉水，冶铜浇铸，但墓土未干便被发掘毁坏。自古以来没有不灭亡的国家，也没有不被盗

矣。其悉罢宫室诸役，寿陵制度，一遵霸陵之法。封豫安昌子、苞平舆子，并领谏议大夫，仍布告天下，使知区区之朝，欲闻其过也。”又省酆水囿以与贫民。

（以上为第八段，写汉赵主刘曜要滥杀反叛分子，光禄大夫游子远直言谏争，后出谋献计，平定叛乱；刘曜欲大兴劳作，建台观，起寿陵，被侍中乔豫、和苞谏止。）

祖逖将韩潜与后赵将桃豹分据陈川故城，豹居西台，潜居东台，豹由南门，潜由东门，出入相守四旬。逖以布囊盛土如米状，使千余人运上台，又使数人担米，息于道。豹兵逐之，弃担而走。豹兵久饥，得米，以为逖士众丰饱，益惧。后赵将刘夜堂以驴千头运粮馈豹，逖使韩潜及别将冯铁邀击于汴水，尽获之。豹宵遁，屯东燕城，逖使潜进屯封丘以逼之。冯铁据二台，逖镇雍丘，数遣兵邀击后赵兵，后赵镇戍归逖者甚多，境土渐蹙。

先是，赵固、上官巳、李矩、郭默，互相攻击，逖驰使和解之，示以祸福，遂皆受逖节度。

秋，七月，诏加逖镇西将军。逖在军，与将士同甘苦，约己务施，劝课农桑，抚纳新附，虽疏贱者皆结以恩礼。河上诸坞，先有任子在后赵者，皆听两属，时遣游军伪抄之，明其未附。坞主皆感恩，后赵有异谋，辄密以告，由是多所克获，自河以南，多叛后赵归于晋。

逖练兵积谷，为取河北之计。后赵王勒患之，乃下幽州为逖修祖、父墓，置守冢二家，因与逖书，求通使及互市。逖不报书，而听其互市，收利十倍。逖牙门童建杀新蔡内史周密，降于后赵，勒斩之，送首于逖曰：“叛臣逃吏，吾之深仇，将军之恶，犹吾恶也。”逖深德之，自是后赵人叛归逖者，逖皆不纳，禁诸将不使侵暴后赵之民，边境之间，稍得休息。

八月，辛未，梁州刺史周访卒。访善于抚纳，士众皆为致死。知王

掘的陵墓，所以圣贤的君王葬事从俭，这是有深远考虑的。皇上怎么能在国家中兴之时，去重蹈亡国的覆辙呢！”刘曜下诏说：“二位侍中之忠诚，有古人的风范，可以说是国家的股肱之臣；还是停止所有宫室的建造；寿陵的建制，完全依照霸陵的成例。赐封乔豫为安昌子，和苞为平舆子，同时兼谏议大夫职；就此布告天下，使大家知道朝廷希望能听到对过失的指责。”此外，还减省酆水苑，交给贫民使用。

祖逖的部将韩潜和后赵的将军桃豹分别据守陈川老城，桃豹占据西台，出入经由南门，韩潜占据东台，出入经由东门，双方对峙达四十天。祖逖用许多布袋盛土，好像盛满粮米的样子，派一千多人运送到台上。又让一些人挑着真米，在路边休息。桃豹的士兵追来，他们丢下担子逃走。桃豹的士兵挨饿已有很长时间，得到粮米，便以为祖逖的部众生活丰饱，心中更为恐惧。后赵将领刘夜堂用一千头驴为桃豹运来军粮，祖逖派遣韩潜和别将冯铁在汴水截击，全数劫获。桃豹因此连夜遁逃，驻守于东燕城。祖逖让韩潜进军驻扎在封丘，威逼桃豹。冯铁占据了陈川老城的东、西二台，祖逖则镇守雍丘，经常派遣士兵截击后赵军队，后赵镇戍的士兵归降祖逖的有很多，国土也日渐缩小。

先前，赵固、上官巳、李矩、郭默等人互相攻战，祖逖派遣使者前往调解，剖析利害，这些人便都接受祖逖的调度。

秋季，七月，晋元帝司马睿下令授予祖逖镇西将军。祖逖在军中，与将士们同甘共苦，严于律己，施恩于人，鼓励、督促农业生产，抚慰安置新近归附的后赵军民，即使是关系疏远、地位低贱的人也都施以恩义，以礼相待，着意结交他们。黄河流域的许多坞堡，只要是此前有人质被扣留在后赵的，祖逖都放任他们同时听命后赵和晋朝，并且不时派遣流动作战的军队佯装抄掠，以表明他们并未归附自己。坞主们都感恩戴德，只要后赵有什么特殊举动，便秘密传告祖逖。因此，祖逖战事常胜，俘获良多。黄河以南士民大多背叛后赵而归附东晋。

祖逖训练士兵，积蓄粮食，为收复黄河以北的失地做准备。后赵王石勒为此忧虑，于是，下令让幽州守吏为祖逖修葺祖父和父亲的陵墓，并安置两户人家看守，然后写信给祖逖，要求互通使节和开放贸易。祖逖不回复他的信，但是听任双方来往贸易，因而获取了十倍的利润。祖逖的牙门童建杀死新蔡内史周密，投降后赵。石勒将他斩首，把首级送给祖逖，说：“叛臣逃吏是我深以为恨的。将军憎恶的人也是我所憎恶的。”祖逖深为感动。从此，凡是后赵叛降归附的人，祖逖都不接纳，禁止众将侵犯、攻掠后赵民众，两国边境之间，逐渐得以休养生息。

八月辛未日，梁州刺史周访去世。周访善于抚慰军士，大家都愿意为他效命。

敦有不臣之心，私常切齿，敦由是终访之世，未敢为逆。敦遣从事中郎郭舒监襄阳军，帝以湘州刺史甘卓为梁州刺史，督沔北诸军事，镇襄阳。舒既还，帝征为右丞，敦留不遣。

（以上为第九段，写东晋北伐将领祖逖善于分化瓦解敌人，深得人心，使得黄河沿线的士民多背后赵而归附东晋，后赵主石勒深以为忧。王敦有不臣之心，逐渐显露。）

后赵王勒遣中山公虎帅步骑四万击徐龛，龛送妻子为质，乞降，勒许之。蔡豹屯卞城，石虎将击之，豹退守下邳，为徐龛所败。虎引兵城封丘而旋，徙士族三百家置襄国崇仁里，置公族大夫以领之。

后赵王勒用法甚严，讳“胡”尤峻，宫殿既成，初有门户之禁。有醉胡乘马，突入止车门。勒大怒，责宫门小执法冯翥。翥惶惧忘讳，对曰：“向有醉胡，乘马驰入，甚呵御之，而不可与语。”勒笑曰：“胡人正自难与言。”恕而不罪。

勒使张宾领选，初定五品，后更定九品。命公卿及州郡岁举秀才、至孝、廉清、贤良、直言、武勇之士各一人。

西平公张茂立兄子骏为世子。

蔡豹既败，将诣建康归罪，北中郎将王舒止之。帝闻豹退，遣使收之。舒夜以兵围豹，豹以为他寇，帅麾下击之，闻有诏，乃止。舒执豹送建康，冬，十月，丙辰，斩之。

王敦杀武陵内史向硕。

帝之始镇江东也，敦与从弟导同心翼戴，帝亦推心任之，敦总征讨，导专机政，群从子弟布列显要，时人为之语曰：“王与马，共天下。”后敦自恃有功，且宗族强盛，稍益骄恣，帝畏而恶之，乃引刘隗、刁协等以为腹心，稍抑损王氏之权，导亦渐见疏外。中书郎孔愉陈导忠贤，有佐命之勋，宜加委任，帝出愉为司徒左长史。导能任真推分，澹如也，有识皆称其善处兴废。而敦益怀不平，遂构嫌隙。

周访知道王敦有图谋篡逆的野心，私下经常切齿为恨，因此王敦在周访活着的时候，一直不敢反叛。王敦派遣从事中郎郭舒到襄阳监察军队，晋元帝司马睿让湘州刺史甘卓为梁州刺史，总领沔水以北地区所有军务，镇守襄阳。郭舒回去后，晋元帝征召他为尚书右丞，王敦却留住不放。

后赵主石勒派遣中山公石虎率领步兵、骑兵四万攻打徐龛，徐龛把妻子、儿子送到后赵为人质，乞求投降，石勒答应了。蔡豹驻军于卞城，石虎准备攻击他，蔡豹退守到下邳，被徐龛打败。石虎率领军队在封丘修建城堡，然后回军，迁徙三百家士族安置在襄国的崇仁里，设置了公族大夫来统领他们。

后赵主石勒施用刑法非常严刻，特别忌讳“胡”这个字眼。当时后赵的宫殿已经建成，开始有出入门户的限制。有一个胡人喝醉了酒，骑马闯入止车门。石勒大发雷霆，喝责宫门小执法冯翥。冯翥惊惶恐惧而忘了忌讳，对石勒说：“刚才有个醉酒胡人骑马冲了进来，我虽极力呵斥禁止他，但简直没法和他交谈。”石勒笑着说：“胡人本来就难以和他们言谈。”饶恕了冯翥，不再追究。

石勒让张宾总领选拔官员事宜，起初将官制定为五品，后来改为九品。令公卿和州郡长官按年度推举秀才、至孝、廉清、贤良、直言、武勇者各一人。

西平公张茂立兄长张寔的儿子张骏为世子。

晋将蔡豹战败后，准备到建康领受罪责，被北中郎将王舒制止。晋元帝司马睿听说蔡豹退还不来，派使者前去拘捕他。王舒夜间派兵包围蔡豹，蔡豹以为是其他的敌寇，率领麾下士兵攻击，听说有晋元帝诏书，这才停止。王舒抓住蔡豹送到建康。冬季，十月二十五日丙辰，蔡豹被斩首。

王敦杀死武陵内史向硕。

晋元帝司马睿开始统治江东的时候，王敦和堂弟王导同心同德，共同拥戴和辅佐，晋元帝也推心置腹，重用他们。王敦总领征讨军事，王导把持机要政务，门生子弟各自占据显要职位，当时人因此有这样的说法：“王与马，共天下。”后来，王敦自恃有功，而且宗族势力强盛，越来越骄恣跋扈，晋元帝感到畏惧而憎恶他，于是提拔刘隗、刁协等人作为自己的心腹，逐渐抑制和削弱王氏的职权，王导也逐渐被疏远。中书郎孔愉向晋元帝陈述王导的忠贤，认为他有辅佐王室的功勋，应当加以任用，也被晋元帝贬为司徒左长史。王导能够听任自然，安守本分，性情淡薄，了解其为人的都称赞他能妥善对待职位的升降。但王敦却更加心怀不满，于是与晋元帝之间产生了裂痕和矛盾。

初，敦辟吴兴沈充为参军，充荐同郡钱凤于敦，敦以为铠曹参军。二人皆巧谄凶狡，知敦有异志，阴赞成之，为之画策。敦宠信之，势倾内外。敦上疏为导讼屈，辞语怨望。导封以还敦，敦复遣奏之。左将军谯王承，忠厚有志行，帝亲信之。夜，召承，以敦疏示之，曰："王敦以顷年之功，位任足矣，而所求不已，言至于此，将若之何？"承曰："陛下不早裁之，以至今日，敦必为患。"

刘隗为帝谋，出心腹以镇方面。会敦表以宣城内史沈充代甘卓为湘州刺史，帝谓承曰："王敦奸逆已著，朕为惠皇，其势不远。湘州据上流之势，控三州之会，欲以叔父居之，何如？"承曰："臣奉承诏命，惟力是视，何敢有辞！然湘州经蜀寇之余，民物凋弊，若得之部，比及三年，乃可即戎。苟未及此，虽复灰身，亦无益也。"

十二月，诏曰："晋室开基，方镇之任，亲贤并用，其以谯王承为湘州刺史。"长沙邓骞闻之，叹曰："湘州之祸，其在斯乎！"承行至武昌，敦与之宴，谓承曰："大王雅素佳士，恐非将帅才也。"承曰："公未见知耳，铅刀岂无一割之用！"敦谓钱凤曰："彼不知惧而学壮语，足知其不武，无能为也。"乃听之镇。时湘土荒残，公私困弊，承躬自俭约，倾心绥抚，甚有能名。

高句丽寇辽东，慕容仁与战，大破之，自是不敢犯仁境。

（以上为第十段，写晋元帝司马睿与权臣王导、王敦渐生裂痕，王导能忍，而王敦颇多怨，司马睿深感忧虑，积极防范，派遣谯王司马承出镇湘州，以抑制王敦。）

四年（辛巳，321年）

春，二月，徐龛复请降。

张茂筑灵钧台，基高九仞。武陵阎曾夜叩府门，呼曰："武公遣我来，言：'何故劳民筑台！'"有司以为妖，请杀之。茂曰："吾信劳民。曾称先君之命以规我，何谓妖乎！"乃为之罢役。

当初，王敦征召吴兴人沈充为参军，沈充把同郡人钱凤推荐给王敦，王敦任用他为铠曹参军。这二人都是奸巧谄谀、凶恶狡诈之徒，知道王敦心怀异志，暗地赞成，为王敦出谋划策。王敦宠信他们，二人权势倾重内外。王敦给晋元帝司马睿上疏，为王导鸣冤叫屈，言辞之间颇多怨恨。王导把疏文加封，退还给王敦，王敦又遣使奏上。左将军、谯王司马承，为人忠厚而有节操，晋元帝亲近并信任他。晋元帝夜间召见司马承，把王敦的奏疏拿给他看，说："以王敦近年来的功劳，现在的职位已够大了；但他的索求却没有止境，以致说出这样的话，现在该怎么办呢？"司马承说："皇上不早点处置他，以致到了今天的地步，王敦必定会成为国家的祸患。"

刘隗为晋元帝司马睿出主意，派自己的心腹去镇守各地。适逢王敦上书，要让宣城内史沈充代替甘卓任湘州刺史。晋元帝对司马承说："王敦叛逆的行为已经昭著，照这样的情势下去不会很久，我就要遭受惠帝那样的命运了。湘州占据长江上游的地势，控制着荆州、交州、广州的交汇处，我想让叔父您镇守那里，不知如何？"司马承说："我既奉承命令，必定尽力而为，哪敢再说什么！不过，湘州经历蜀人杜弢的寇乱之后，人民稀少，物产凋敝，如果我去治理，得等到三年之后才有能力参加战事；如果不到三年，即使粉身碎骨，也不能有太大的帮助。"

十二月，晋元帝下令说："自从晋王室建立基业以来，任命方镇大员，都是宗亲和贤良并用，现任命谯王司马承为湘州刺史。"长沙人邓骞听说此事，叹息说："湘州的祸乱，恐怕由此而生了！"司马承行至武昌，王敦设宴招待他，对司马承说："大王平素是德才兼备的读书人，恐怕不是将帅之才。"司马承说："您不知道就是了，即使是铅刀又怎能连一割之用都没有呢！"王敦对钱凤说："他不知畏惧却要学豪言壮语，足以知晓他不通军事，不会有什么作为。"于是听任司马承到任。当时湘州土地荒芜，官府和私人均财用短缺，司马承带头节俭，尽心安置和抚恤民众，很有能干的名声。

高句丽进犯辽东，慕容仁与他们作战，大败来犯之敌，高句丽从此不敢侵犯慕容仁的边境。

晋元帝太兴四年（辛巳，321年）

春季，二月，徐龛再次向东晋请降。

张茂修筑灵均台，台基高九仞。武陵人阎曾夜间敲击张茂府门，大声呼叫说："武公张轨派我来说：'为什么使百姓劳苦修筑此台！'"主管官员认为这是妖人，请求把阎曾处死。张茂说："我的确使百姓辛劳，阎曾声称先君的意思来规劝我，怎能说是妖孽呢！"于是为此停止工役。

三月，癸亥，日中有黑子。著作佐郎河东郭璞以帝用刑过差，上疏，以为："阴阳错缪，皆繁刑所致。赦不欲数，然子产知铸刑书非政之善，不得不作者，须以救弊故也。今之宜赦，理亦如之。"

后赵中山公虎攻幽州刺史段匹磾于厌次，孔苌攻其统内诸城，悉拔之。段文鸯言于匹磾曰："我以勇闻，故为民所倚望。今视民被掠而不救，是怯也。民失所望，谁复为我致死！"遂帅壮士数十骑出战，杀后赵兵甚众。马乏，伏不能起。虎呼之曰："兄与我俱夷狄，久欲与兄同为一家。今天不违愿，于此得相见，何为复战！请释仗。"文鸯骂曰："汝为寇贼，当死日久，吾兄不用吾策，故令汝得至此。我宁斗死，不为汝屈！"遂下马苦战，槊折，执刀，战不已，自辰至申。后赵兵四面解马罗披自鄣，前执文鸯。文鸯力竭被执，城内夺气。

匹磾欲单骑归朝，邵续之弟乐安内史洎勒兵不听。洎复欲执台使王英送于虎。匹磾正色责之曰："卿不能遵兄之志，逼吾不得归朝，亦已甚矣，复欲执天子使者，我虽夷狄，所未闻也！"洎与兄子缉、竺等舆榇出降。匹磾见虎曰："我受晋恩，志在灭汝，不幸至此，不能为汝敬也。"后赵王勒及虎素与匹磾结为兄弟，虎即起拜之。勒以匹磾为冠军将军，文鸯为左中郎将，散诸流民三万余户，复其本业，置守宰以抚之。于是，幽、冀、并三州皆入于后赵。匹磾不为勒礼，常著朝服，持晋节。久之，与文鸯、邵续皆为后赵所杀。

（以上为第十一段，写鲜卑首领段匹磾与段文鸯被后赵猛将石虎围困，段文鸯率领数十骑勇猛出战，力竭被俘；段匹磾被裹挟而投后赵，仍然心向晋朝，着朝服，持晋节。）

五月，庚申，诏免中州良民遭难为扬州诸郡僮客者，以备征役。尚书令刁协之谋也，由是众益怨之。

终南山崩。

秋，七月，甲戌，以尚书仆射戴渊为征西将军，都督司、兖、豫、并、雍、冀六州诸军事，司州刺史，镇合肥；丹杨尹刘隗为镇北将军，

三月初四癸亥，太阳中出现黑子。著作佐郎、河东人郭璞认为是晋元帝司马睿滥用刑罚所致，上书说：“阴阳发生错乱，都是因为刑罚苛繁所致。赦免罪人不应当频繁，然而春秋郑国的子产也知道铸刑书并非治国的好办法，不得不这样做的原因，是想以此挽救时弊。现在应当赦免罪人，道理也是一样的。”

后赵中山公石虎进攻驻守厌次城的东晋幽州刺史段匹磾，孔苌攻克了幽州辖属的多座城池。段文鸯对段匹磾说：“我以勇悍闻名，所以受民众倚重，寄予期望。现在眼看百姓被劫掠而不去救助，这是怯弱的表现。民众失去期望，谁还能再为我效命呢？”于是，率领壮士数十人驰马出战，杀掉了很多的后赵士兵。段文鸯的坐骑疲乏过度，伏地无法站起，石虎对段文鸯大声呼叫说：“兄长和我同是夷狄，我很久以来就想和兄长像一家人一样相处。如今上天成全了我的愿望，和兄长在这里相见，为什么还要打呢！请放下武器。”段文鸯骂道：“你是寇贼，早就该死了，只因我的兄长不用我的计谋，才让你活到今天。我宁愿战死，决不向你屈服！”于是，下马苦战。长矛折断后，又持刀苦斗不止，从辰时一直打到申时。后赵士兵四面包围，解下战马的罗披护住身体，向前抓住段文鸯。段文鸯力竭被俘，城内兵民因此斗志消沉。

段匹磾打算单骑逃归东晋朝廷，邵续的弟弟、乐安内史邵洎带领军队不听段匹磾的号令。邵洎又想抓住朝廷使者王英送给石虎，段匹磾正色斥责他说：“你不能遵从你兄长遗志，逼得我不能回归朝廷，这已经很过分了，又想抓获天子的使者！虽然我是夷狄，这种事也是前所未闻！”邵洎和邵续之子邵缉、邵竺等人抬着棺材出城投降。段匹磾见到石虎说：“我承受晋朝恩泽，立志灭除你们，现在不幸弄到这种地步，我不能对你表示敬意。”后赵王石勒以及石虎，旧时曾与段匹磾结为兄弟，石虎马上站起，向段匹磾行拜礼。石勒任命段匹磾为冠军将军、段文鸯为左中郎将，分散流亡民众三万多户，让他们重操旧业，设置地方官员抚慰他们。于是，幽州、冀州、并州都被并入后赵版图。段匹磾不行后赵的礼节，经常穿着东晋的朝服，手持晋朝的符节。久而久之，段匹磾和段文鸯、邵续等同被后赵所杀。

五月初二庚申，中原的民众因为战乱，有不少沦为扬州诸郡豪强士族的家僮、佃客，晋元帝司马睿下令免除他们的奴仆身份，准备战争时征召服役。这是尚书令刁协的主意，因此豪门士族都更加怨恨他。

终南山崩塌。

秋季，七月十七日甲戌，东晋任命尚书仆射戴渊为征西将军，都督司、兖、豫、并、雍、冀六州诸军事，司州刺史，镇守合肥；任命丹杨尹刘隗为镇北将军，都督

都督青、徐、幽、平四州诸军事，青州刺史，镇淮阴，皆假节领兵，名为讨胡，实备王敦也。

隗虽在外，而朝廷机事，进退士大夫，帝皆与之密谋。敦遗隗书曰："顷承圣上顾眄足下，今大贼未灭，中原鼎沸，欲与足下及周生之徒，戮力王室，共静海内。若其泰也，则帝祚于是乎隆；若其否也，则天下永无望矣。"隗答曰："'鱼相忘于江湖，人相忘于道术。'竭股肱之力，效之以忠贞，吾之志也。"敦得书，甚怒。

壬午，以骠骑将军王导为侍中、司空、假节、录尚书、领中书监。帝以敦故，并疏忌导。御史中丞周嵩上疏，以为："导忠素竭诚，辅成大业，不宜听孤臣之言，惑疑似之说，放逐旧德，以佞伍贤，亏既往之恩，招将来之患。"帝颇感寤，导由是得全。

八月，常山崩。

豫州刺史祖逖，以戴渊吴士，虽有才望，无弘致远识，且已翦荆棘、收河南地，而渊雍容，一旦来统之，意甚怏怏，又闻王敦与刘、刁构隙，将有内难，知大功不遂，感激发病。九月，壬寅，卒于雍丘。豫州士女若丧父母，谯、梁间皆为立祠。王敦久怀异志，闻逖卒，益无所惮。

冬，十月，壬午，以逖弟约为平西将军、豫州刺史，领逖之众。约无绥御之才，不为士卒所附。

初，范阳李产避乱依逖，见约志趣异常，谓所亲曰："吾以北方鼎沸，故远来就此，冀全宗族。今观约所为，有不可测之志。吾托名姻亲，当早自为计，无事复陷身于不义也，尔曹不可以目前之利而忘长久之策。"乃帅子弟十余人间行归乡里。

（以上为第十二段，写晋元帝司马睿进行重大人事调整，安排亲党进入重镇，防范大将军王敦；豫州刺史祖逖抑郁去世，统一北方大业搁浅，王敦更加肆无忌惮。）

十一月，皇孙衍生。

后赵王勒悉召武乡耆旧诣襄国，与之共坐欢饮。初，勒微时，与李阳邻居，数争沤麻池相殴，阳由是独不敢来。勒曰："阳，壮士也；沤麻，

青、徐、幽、平四州军务及青州刺史，镇守淮阴。此二人均持朝廷符节统领军队，名义上是征讨胡人，其实是防备王敦。

刘隗虽在外地，但朝廷的机密事宜、任免士大夫等，晋元帝司马睿都和他秘密商议。王敦送信给刘隗说："近来承蒙圣上重用您，现在国家的大敌未能消灭，中原纷乱，我想和您以及周顗等人同心合力辅佐王室，共同平定海内。此事如能行得通，那么国运由此昌隆。否则国家便永远没有希望了。"刘隗回答说："'鱼儿处于江湖就会彼此相忘，人们为了追求道义也会彼此相忘'，'竭尽自身的力量，以效忠心'，这是我的志向。"王敦得到这封信，勃然大怒。

七月二十五日壬午，东晋任命骠骑将军王导为侍中、司空、持节、录尚书事、领中书监。晋元帝司马睿本因王敦的缘故，连同王导也疏远、猜忌。御史中丞周嵩上疏，认为："王导忠诚无私、尽心竭力，帮助皇上建立大业，皇上不应当听信个别臣僚之言，被似是而非的说法迷惑，放逐旧日的功臣，使其与奸佞为伍。这样会使往日的恩德荡然无存，为今后招来祸患。"晋元帝颇有感悟，王导的职位因此得以保全。

八月，常山崩塌。

豫州刺史祖逖认为戴渊是吴地人，虽具有才能和名望，但没有远大抱负和远见卓识，而且自己披荆斩棘，收复河南失地，而戴渊却从从容容，突然前来坐享其成，心中怏怏不乐。又听说王敦与刘隗、刁协之间相互结怨，国家将有内乱，知道统一北方的大业难以成功，受到很大刺激，引发了重病。九月，壬寅（疑误），祖逖死于雍丘。豫州的男女百姓都像失去了自己的亲生父母，谯国、梁国地区都为祖逖建立祠堂。王敦长久以来就心怀不轨，听说祖逖去世，更加肆无忌惮。

冬季，十月，壬午（疑误），东晋让祖逖的兄弟祖约担任平西将军和豫州刺史，统领祖逖的部众。祖约缺乏抚慰和驾驭士众的才能，所以不受士兵们的拥戴。

当初，范阳人李产为躲避战乱依附祖逖，见祖约志趣不同寻常，便对自己亲近的人说："我因为北方局势动荡，所以远远地来到这里，希望能保全宗族家人。现在我看祖约的所作所为，心怀叵测。我要以联结姻亲的名义，及早为自己安排脱身之计，不再侍奉再次使我陷身于不义境地的人了。你们这些人不可因为眼前的利益而忘却长久之计。"于是，李产率领子弟十多人抄小路回归乡里。

十一月，皇孙司马衍出生。

后赵王石勒把武乡全部的耆旧故老们召到襄国，和他们坐在一起欢乐宴饮。当初，石勒身份卑微低贱时，和李阳是邻居，多次因争夺沤麻的池子相互殴斗，所以

布衣之恨；孤方兼容天下，岂雠匹夫乎！”遽召与饮，引阳臂曰：“孤往日厌卿老拳，卿亦饱孤毒手。”因拜参军、都尉。以武乡比丰、沛，复之三世。

勒以民始复业，资储未丰，于是重制禁酿，郊祀宗庙，皆用醴酒，行之数年，无复酿者。

十二月，以慕容廆为都督幽、平二州、东夷诸军事、车骑将军、平州牧，封辽东公，单于如故，遣谒者即授印绶，听承制置官司守宰。廆于是备置僚属，以裴嶷、游邃为长史，裴开为司马，韩寿为别驾，阳耽为军谘祭酒，崔焘为主簿，黄泓、郑林参军事。廆立子皝为世子。作东横，以平原刘赞为祭酒，使皝与诸生同受业，廆得暇，亦亲临听之。皝雄毅多权略，喜经术，国人称之。廆徙慕容翰镇辽东，慕容仁镇平郭。翰抚安民夷，甚有威惠；仁亦次之。

拓跋猗㐌妻惟氏，忌代王郁律之强，恐不利于其子，乃杀郁律而立其子贺傉，大人死者数十人。郁律之子什翼犍，幼在襁褓，其母王氏匿于裤中，祝之曰：“天苟存汝，则勿啼。”久之，不啼，乃得免。惟氏专制国政，遣使聘后赵，后赵人谓之“女国使”。

（以上为第十三段，写后赵主石勒仿效汉高祖刘邦，召集家乡父老宴饮，免其租税，收买人心；鲜卑首领慕容廆被东晋王朝授予平州牧，允许自行配置僚属。）

只有李阳因此不敢来。石勒说:“李阳是勇士。当初因沤麻结恨，是平民时的恩怨，我正准备兼并天下，怎么会怀恨一介平民呢？”于是，急速征召李阳前来参加宴饮。石勒挽着李阳的胳臂说:“我过去饱受你的老拳，你也饱尝我的毒手。”于是，封李阳为参军都尉。石勒把自己的故里武乡比作汉皇室的故里丰县和沛县，免除武乡三代人的赋税和徭役。

石勒因为百姓刚刚恢复旧业，财物储备不丰饶，因此严厉禁止酿酒。郊祀宗庙，都用一夜而成的醴酒。如此推行数年，不再有酿酒的人。

十二月，晋元帝司马睿任命慕容廆为都督幽州、平州、东夷诸军事及车骑将军、平州牧，封为辽东公，仍旧保留单于的称号，派遣谒者当即授予印绶，允许他秉承皇帝旨意设置官府机构、委任官员。慕容廆于是配置了完备的僚属，任用裴嶷、游邃为长史，裴开为司马，韩寿为别驾，阳耽为军谘祭酒，崔焘为主簿，黄泓、郑林参与军事。慕容廆又立儿子慕容皝为世子，并建造学舍，让平原人刘瓒出任祭酒，让慕容皝和学子们一块从师学习。慕容廆闲暇时，自己也前来听讲。慕容皝性格勇敢坚定，处事颇多权略，爱好研习经义，受到国人称赞。慕容廆调慕容翰镇守辽东，让慕容仁镇守平郭。慕容翰安抚百姓和胡夷，恩威并重；慕容仁也追随效仿他。

拓跋猗㐌的妻子惟氏疑忌代王拓跋郁律势力强盛，怕对自己所生的儿子不利，于是杀害了拓跋郁律，立自己所生的拓跋贺傉为世子，部落首领被杀的有数十人。拓跋郁律的儿子拓跋什翼犍此时年龄幼小，尚在襁褓之中，母亲王氏把他藏匿在自己的裤中，对天祷祝说:“天命如果想让你活下去，你就别啼哭。”结果，拓跋什翼犍很久不哭，因此幸免。惟氏把持了国政，派遣使者与后赵修好，后赵人称使者为“女国使”。

【点评】

前赵建国。前赵，原称汉，后改为赵，相对于石勒所建立的赵国而言称前赵。公元 304 年，匈奴人刘渊回到家乡并州发展，乘机宣布独立，打着汉朝的旗号，自称汉王，继承汉朝正统，后来又称帝，建立了政权，开启了“五胡十六国”时期。14 年以后，刘曜当了皇帝。当时的形势发生了极大变化，西晋灭亡，汉国地盘日益扩大，刘曜要名正言顺地建立属于自己民族的国家，就将国号改为“赵”，以冒顿配天，以刘渊配帝祭祀，并将国都迁到长安。

首先，民族大融合，匈奴内迁，为汉国的建立提供了基础条件。汉国的开国者刘渊以及其父刘豹是南匈奴单于的后裔。早在汉献帝时期，南匈奴单于呼厨泉来朝庆贺，被扣留在邺城，魏王曹操借机分匈奴为五部，选汉人为司马加以监督，刘豹为左部帅，居于新兴，即今山西忻州市北。后来刘渊建国，就是以此地为基地。从总体上来看，北方各民族内迁，打破了中原各地原有的平衡，各民族在互相抗衡中也展开合作与融合。后来，各少数民族在中原的势力逐渐强大，大有威胁到西晋安全和稳定的势头，晋朝又采取了将各少数民族予以回迁的政策。很多少数民族已习惯了内地的生活，逐渐强大，希望有话语权，与其任人宰割，不如起而反之，用建立国家的形式捍卫自己的权利。

其次，汉国开国者刘渊具有一定的雄才和较高的人望。刘渊年幼时，可谓文武双全，爱好学习，精通兵法，又善于射箭，其智力、体力均超过常人。魏元帝时期，刘渊在洛阳做人质，受到权臣司马昭的厚待。到了西晋时期，并州人王浑多次向武帝司马炎推荐刘渊，武帝准备让他参与平吴事宜，但遭到大臣的劝谏而作罢。他们总认为刘渊是异族，不可重用，要予以提防。后来，刘渊的父亲去世，刘渊代父为左部帅，晋武帝则以刘渊为匈奴北部都尉。刘渊身在晋营心在汉，又得到晋朝重用；再后来，刘渊借口到家乡去召集兵马助晋，扯旗造反，称王称帝，在很短的时间里就聚集了数万兵马。

最后，汉国后继之人并无宏大抱负，而是靠武力说话，及时行乐，注定了其国家不得长久。刘渊当了六年的汉国帝王，一命呜呼，而后内部互相倾轧，纷争不断。其长子刘和即位，就与庶弟刘聪发生火并。刘聪杀掉刘和，自立为帝，当了八年皇帝，灭掉西晋，屡攻长安，还算有一点作为。但他骄奢淫逸，贪图享乐，同时设立三个皇后，旷古未闻。而后，太子刘粲即位，沉湎酒色，与其父的四位皇后淫乱，将国政交给外戚靳准。靳准自立为帝，杀掉刘粲；旋即刘曜登位，继掌皇权，改国号为赵，迁国都至长安，与大将军石勒分道扬镳，东土丧失，仅存西境。后人评说是“淫酷屠戮，无复人理，祸亦不旋踵”，“徒知屠掠，毫无英雄气象，不过因晋室无人，遂至横行海内，否则跳梁小丑，亦何能为？”其说当是。

由上可见，汉赵的建立，是时势使然，虽然开国之主略有雄心，但后继者腐化堕落，完全不以国为念，而是为己淫乐，虽有才能却昏庸，虽强悍却失众，国家败亡，是不可避免的事情。果不其然，刘曜政权维持了十年，到公元 329 年，前赵弃都而灭亡。

晋纪十四

晋元帝永昌元年至晋明帝太宁元年（322—323 年）

【起玄黓敦牂（壬午，322 年），尽昭阳协洽（癸未，323 年），凡二年】

【大事提要】

本卷记事起公元 322 年，讫公元 323 年，凡二年，当晋元帝（司马睿）永昌元年至晋明帝（司马绍）太宁元年。本卷所载大事，主要是五个方面：其一，王敦举兵反晋。公元 322 年，王敦以清君侧、除刘隗为名，在武昌举兵造反，江南大族沈充在吴兴起兵响应。王敦进至芜湖，晋元帝司马睿大怒，亲率六军征讨。王敦欲联合梁州刺史甘卓东下，共打晋朝，未成，又劝说湘州刺史司马丞共反，遭到严词拒绝。其二，王敦攻占石头城。王敦反叛，晋元帝司马睿亲自被甲，督促诸军攻打王敦。王敦亦率军东进，采纳杜弘建议，攻入石头城。晋元帝兵败，封王敦为丞相。王敦成为晋朝实际主宰者，呼风唤雨，为所欲为，杀掉忠臣周顗、戴渊以及湘州刺史司马丞，重用亲信死党。其三，司马绍继承皇位。王敦反叛成功，晋元帝司马睿名为天子，号令却不出宫门，渐渐忧愤成病，卧床不起，于公元 323 年去世，终年 47 岁。太子司马绍即位，改元太宁，是为明帝。王敦图谋篡位，暗示要朝廷征召自己入朝，司马绍顺之，亲写诏令，征召王敦入朝。其四，刘曜消灭陈安。陈安自称凉王。公元 323 年，前赵主刘曜亲率大军围攻陈安所占据的陇城。陈安率领精兵突围，出奔陕中，刘曜派将领追击，陈安弃马逃匿山中，被赵兵俘杀。随后陇城、上邽等地均投降。刘曜将秦州大姓迁到长安，氐人、羌人皆送质归降。其五，杨难敌投降成汉而又反悔。氐族首领杨难敌于公元 322 年向前赵主刘曜称藩，后刘曜攻灭陈安，杨难敌十分惊惧，南奔汉中，向成汉请降。成汉安北将军李遂将其派往武都。前赵军撤退，杨难敌于武都据险自守，不再听命成汉。成汉发兵进攻，却被打败。

【原文】

中宗元皇帝下

永昌元年（壬午，322 年）

春，正月，郭璞复上疏，请因皇孙生，下赦令，帝从之。乙卯，大赦，改元。

王敦以璞为记室参军。璞善卜筮，知敦必为乱，己预其祸，甚忧之。大将军掾颍川陈述卒，璞哭之极哀，曰："嗣祖，焉知非福也！"

敦既与朝廷乖离，乃羁录朝士有时望者置己幕府。以羊曼及陈国谢鲲为长史。曼，祜之兄孙也。曼、鲲终日酣醉，故敦不委以事。敦将作乱，谓鲲曰："刘隗奸邪，将危社稷，吾欲除君侧之恶，何如？"鲲曰："隗诚始祸，然城狐社鼠。"敦怒曰："君庸才，岂达大体！"出为豫章太守，又留不遣。

戊辰，敦举兵于武昌，上疏罪状刘隗，称："隗佞邪谗贼，威福自由，妄兴事役，劳扰士民，赋役烦重，怨声盈路。臣备位宰辅，不可坐视成败，辄进军致讨，隗首朝悬，诸军夕退。昔太甲颠覆厥度，幸纳伊尹之忠，殷道复昌。愿陛下深垂三思，则四海乂安，社稷永固矣。"沈充亦起兵于吴兴以应敦，敦以充为大都督、督护东吴诸军事。敦至芜湖，又上表罪状刁协。帝大怒，乙亥，诏曰："王敦凭恃宠灵，敢肆狂逆，方朕太甲，欲见幽囚。是可忍也，孰不可忍！今亲帅六军以诛大逆，有杀敦者，封五千户侯。"敦兄光禄勋含乘轻舟逃归于敦。

太子中庶子温峤谓仆射周顗曰："大将军此举似有所在，当无滥邪？"顗曰："不然，人主自非尧、舜，何能无失？人臣安可举兵以胁之！举动如此，岂得云非乱乎！处仲狼抗无上，其意宁有限邪！"

（以上为第一段，写大将军王敦以诛除奸佞为名，上书陈述刘隗、刁协罪状，起兵反叛东晋王朝，江东大族沈充也起兵响应，晋元帝司马睿勃然大怒，下令发兵征讨。）

【语译】

中宗元皇帝下

晋元帝永昌元年（壬午，322 年）

春季，正月，郭璞再次上疏，请求以皇孙司马衍出世为契机，颁布赦免令，晋元帝司马睿同意。初一乙卯，实行大赦，改年号为永昌。

王敦任用郭璞为记室参军，郭璞擅长卜筮之术，知道王敦必定会作乱，自己将被牵连到灾祸中，为此深深忧虑。王敦大将军府的掾吏、颍川人陈述去世，郭璞痛哭欲绝，说："陈述，你的去世，焉知非福呢！"

王敦已经与朝廷离心离德，于是羁留、录用当朝有名望的士人，安置在自己的幕府。任用羊曼以及陈国人谢鲲为长史。羊曼是羊祜兄长的孙子。羊曼、谢鲲终日饮酒酣醉，所以王敦并不委派他们从事具体事务。王敦准备作乱，对谢鲲说："刘隗奸佞邪恶，将会危害国家，我打算除去君王身边的这个恶人，怎么样？"谢鲲说："刘隗的确是祸乱之源，但他是藏于城中之狐、隐于社庙之鼠，有皇帝的庇护。"王敦发怒说："你是庸碌之才，哪里懂得事关大局的道理！"便派谢鲲出任豫章太守，后又留住他，不让他到任。

正月十四日戊辰，王敦在武昌举兵，给晋元帝司马睿上书，陈述刘隗的罪状，其中说："刘隗奸佞邪恶，谗言惑众，残害忠良，作威作福，随意发起赋税、劳役，使士民疲惫扰苦，赋税和劳役负担繁重，怨声载道。我担任宰辅的职位，不能对此无动于衷，于是进军声讨。假如刘隗早上授首，众军傍晚即退。以前，商朝天子太甲败坏国家制度，幸好接纳了伊尹忠诚无私的处置，才使商朝国运重新昌盛。我希望皇上再三深思，那么将会四海安宁，国家长存。"沈充也在吴兴起兵与王敦相呼应，王敦任命沈充为大都督、督护东吴地区诸军事。王敦到达芜湖，又上表罗列刁协的罪状。晋元帝司马睿勃然大怒，正月二十一日乙亥，下诏说："王敦凭仗朝廷对他的恩宠，竟敢肆行狂妄叛逆之事，把我比作太甲，想把我幽禁起来。是可忍，孰不可忍！我现在亲自统帅六军前去诛杀这个大叛贼，有谁能杀掉王敦，封为五千户侯。"王敦的兄长、光禄勋王含乘坐轻便小舟，逃回到王敦身边。

太子中庶子温峤对仆射周顗说："大将军王敦这么做似乎有一定原因，应当不算过分吧？"周顗说："不对。人主本来就不是尧、舜那样的圣人，怎么能没有过失呢？作为人臣，怎么可以举兵来胁迫君王！如此举动，哪能说不是叛乱呢！王敦傲慢暴虐，目无主上，他的欲望难道会有止境吗？"

敦初起兵，遣使告梁州刺史甘卓，约与之俱下，卓许之。及敦升舟，而卓不赴，使参军孙双诣武昌谏止敦。敦惊曰：“甘侯前与吾语云何？而更有异，正当虑吾危朝廷耳！吾今但除奸凶，若事济，当以甘侯作公。”双还报，卓意狐疑。或说卓：“且伪许敦，待敦至都而讨之。”卓曰：“昔陈敏之乱，吾先从而后图之，论者谓吾惧逼而思变，心常愧之；今若复尔，何以自明！”

卓使人以敦旨告顺阳太守魏该，该曰：“我所以起兵拒胡贼者，正欲忠于王室耳。今王公举兵向天子，非吾所宜与也。”遂绝之。

敦遣参军桓罴说谯王丞，请丞为军司。丞叹曰：“吾其死矣！地荒民寡，势孤援绝，将何以济！然得死忠义，夫复何求！”丞檄长沙虞悝为长史，会悝遭母丧，丞往吊之，曰：“吾欲讨王敦，而兵少粮乏；且新到，恩信未洽。卿兄弟，湘中之豪俊，王室方危，金革之事，古人所不辞，将何以教之？”悝曰：“大王不以悝兄弟猥劣，亲屈临之，敢不致死！然鄙州荒弊，难以进讨；宜且收众固守，传檄四方，敦势必分，分而图之，庶几可捷也。”

丞乃囚桓罴，以悝为长史，以其弟望为司马，督护诸军，与零陵太守尹奉、建昌太守长沙王循、衡阳太守淮陵刘翼、舂陵令长沙易雄，同举兵讨敦。雄移檄远近，列敦罪恶，于是，一州之内皆应丞。唯湘东太守郑澹不从，丞使虞望讨斩之，以徇四境。澹，敦姊夫也。

丞遣主簿邓骞至襄阳，说甘卓曰：“刘大连虽骄蹇失众心，非有害于天下。大将军以其私憾，称兵向阙，此忠臣义士竭节之时也。公受任方伯，奉辞伐罪，乃桓、文之功也。”卓曰：“桓、文则非吾所能，然志在徇国，当共详思之。”

参军李梁说卓曰：“昔隗嚣跋扈，窦融保河西以奉光武，卒受其福。今将军有重望于天下，但当按兵坐以待之，使大将军事捷，当委将军以方面，不捷，朝廷必以将军代之，何忧不富贵？而释此庙胜，决存亡于

王敦开始起兵时，派使者告诉梁州刺史甘卓，与他相约共同顺长江向下游进发，甘卓同意了。等到王敦登船，甘卓却不来，派参军孙双到武昌劝阻王敦。王敦惊诧地说："甘卓过去是和我怎么说的，怎么又改变主意了？他是顾忌我危害朝廷吧！我现在只想除去奸凶，如果事成，我将让甘卓位列公爵。"孙双回去报知甘卓，甘卓心里犹豫不决。有人劝甘卓说："暂且假装答应王敦，等王敦到了京都再攻打他。"甘卓说："过去陈敏作乱，我先是随从，后来图谋反击，论说此事的人都说我是害怕逼迫，因而改变立场，我心中常感愧疚。这回如果再这样做，怎样才能自我表白呢？"

甘卓派人把王敦的意图告诉顺阳太守魏该，魏该说："我之所以起兵抗击胡人寇贼，正因想效忠王室而已。现在王敦发兵针对天子，不是我所应当参与的。"于是，加以拒绝。

王敦派遣参军桓罴向谯王司马承游说，请司马承出任军师。司马承叹息说："我怕是要死了。此地土地荒芜，人民稀少，势力孤单，后援断绝，怎能捱得过去呢！不过能为忠义而死，还能再有什么希求呢！"司马承征召长沙人虞悝为长史，适逢虞悝母亲去世，司马承前往吊唁，说："我想讨伐王敦，但军力不够，粮食匮乏，而且我是新近到任的，恩德和信用还未能滋润民心。您家兄弟是湘州地区的豪俊之士，现在王室正遭受危难，古人在服丧期间，投身战事也在所不辞，您对我有什么教诲？"虞悝说："大王您不因为我们兄弟身份卑贱而见弃，亲自降节光临，我们岂敢不效命！不过鄙州荒凉凋敝，难于出兵讨伐。应当暂时聚众固守，把讨伐王敦的檄书传布四方，这样王敦必得分兵应付。待其兵力分散后再图谋攻击，大概可以取胜。"

司马承于是囚禁桓罴，任虞悝为长史，任命他的兄弟虞望为司马，统率诸军，和零陵太守尹奉、建昌太守长沙人王循、衡阳太守淮陵人刘翼、舂陵令长沙人易雄，共同举兵征讨王敦。易雄四处传布檄文，罗列王敦罪状，于是一州之内的郡县，全都响应司马承。只有湘东太守郑澹不从命，司马承让虞望讨伐并把他处斩，用以晓示各地。郑澹是王敦的姐夫。

司马承派遣主簿邓骞到襄阳游说甘卓，说："刘隗虽然傲慢不驯，有失众望，但并非危害国家。大将军王敦因个人私仇便对朝廷用兵，这正是忠臣义士尽忠的时候。您受命为一方的统帅，如果秉承君命讨伐他的罪行，这就如同齐桓公和晋文公的功绩。"甘卓说："齐桓公和晋文公不是我所能仿效的，不过为国尽职，这是我的心愿，我们应当共同仔细斟酌这件事。"

参军李梁劝说甘卓道："当年隗嚣飞扬跋扈，窦融自保河西之地而拥戴汉光武帝，终于得到福禄。现在天下人对您有期待，只应按兵不动，坐待事态发展。假如大将军王敦的事情成功，当会委任您统领一方；不成功，朝廷必定会让您取代王敦，

一战邪？”

骞谓梁曰：“光武当创业之初，故隗、窦可以文服从容顾望。今将军之于本朝，非窦融之比也；襄阳之于太府，非河西之固也。使大将军克刘隗，还武昌，增石城之戍，绝荆、湘之粟，将军将安归乎！势在人手，而曰‘我处庙胜’，未之闻也。且为人臣，国家有难，坐视不救，于义安乎！”卓尚疑之。

骞曰：“今既不为义举，又不承大将军檄，此必至之祸，愚智所见也。且议者之所难，以彼强而我弱也。今大将军兵不过万余，其留者不能五千；而将军见众既倍之矣。以将军之威名，帅此府之精锐，杖节鸣鼓，以顺讨逆，岂王含所能御哉！溯流之众，势不自救，将军之举武昌，若摧枯拉朽，尚何顾虑邪！武昌既定，据其军实，镇抚二州，以恩意招怀士卒，使还者如归，此吕蒙所以克关羽也。今释必胜之策，安坐以待危亡，不可以言智矣。”

（以上为第二段，写湘州刺史司马承派使者劝说凉州刺史甘卓出兵攻打王敦，而王敦也派人劝说甘卓，甘卓患得患失，犹豫不决，贻误大好战机，始终陷于被动状态。）

敦恐卓于后为变，又遣参军丹杨乐道融往邀之，必欲与之俱东。道融虽事敦，而忿其悖逆，乃说卓曰：“主上亲临万机，自用谯王为湘州，非专任刘隗也。而王氏擅权日久，卒见分政，便谓失职，背恩肆逆，举兵向阙。国家遇君至厚，今与之同，岂不违负大义，生为逆臣，死为愚鬼，永为宗党之耻，不亦惜乎！为君之计，莫若伪许应命，而驰袭武昌，大将军士众闻之，必不战自溃，大勋可就矣。”

卓雅不欲从敦，闻道融之言，遂决曰：“吾本意也。”乃与巴东监军柳纯、南平太守夏侯承、宜都太守谭该等，露檄数敦逆状，帅所统致讨。遣参军司马赞、孙双奉表诣台；罗英至广州，约陶侃同进。戴渊在江西，先得卓书，表上之，台内皆称万岁。陶侃得卓信，即遣参军高宝帅兵北下。武昌城中传卓军至，人皆奔散。

敦遣从母弟南蛮校尉魏乂、将军李恒，帅甲卒二万攻长沙。长沙城

何愁不会富贵？何必放弃这不战而胜的谋略，依靠一场战斗来决定生死存亡呢？”

邓骞对李梁说：“汉光武帝当时正处于创业初期，所以隗嚣、窦融可以表面臣服，从容观望。现在将军您对于朝廷来说，不是窦融可以类比的；襄阳对于王敦的太府来说也没有河西那样地险固。如果王敦攻克刘隗，回师武昌，增强石城戍守的兵力，切断荆州、湘州的粮道，将军您将何去何从呢！大势掌握在别人手中，却说自己处于不战而胜的地位，这是从未听说过的事情。况且作为人臣，国家遇到危难却坐视不救，这在道义上说得过去吗？”

甘卓还是犹豫不决。邓骞说：“现在您既不能为道义而动，又不奉承大将军王敦的檄令，人所共见，一定会招致灾祸。况且议论此事的人之所以诘难，是因为彼强我弱。现在大将军王敦的兵力不过一万有余，留驻的不到五千，而将军您现有的部众已经超过其一倍，凭仗您的威名，统帅府下的精锐士兵，举着朝廷符节，鸣起军鼓，以正义之名征讨叛逆，岂是王含所能抵御的！王敦军队如要救援，必须逆江而上，势必救助不及。将军攻下武昌，如同摧枯拉朽，还有什么可顾虑的呢？武昌一旦平定，拥有其军事物资，镇抚荆州和江州，以恩德招纳安抚士兵，使得回来的人如同回到了家，这正是吕蒙战胜关羽的方法。现在放弃必胜的策略，安然坐待危亡的降临，这不能说是明智的。”

王敦害怕甘卓在后方有变，又派参军、丹杨人乐道融去邀请他，一定要和他一起东进。乐道融虽然侍奉王敦，但恨王敦悖逆作乱，于是，劝甘卓说：“皇上亲自处理国家所有事务，任用谯王司马承治理湘州，并非由刘隗专权。而王氏专权已经很久，一旦权势被分夺，便说是失去职位，于是背叛皇恩，肆行叛逆，对朝廷用兵。国家对您的待遇非常优厚，您如果与王敦同行，岂不是违背和辜负了君臣大义，生为叛逆之臣，死为愚昧之鬼，永远是宗族、乡党亲朋的耻辱，不是很可惜吗！为您打算，不如佯装听从其令，却急速突袭武昌，大将军王敦的士众听说此事，必定不战自溃，大功便可告成了。”甘卓原本就不想追从王敦，听了乐道融所言，于是决断说：“这正是我的本意。”

于是，甘卓与巴东监军柳纯、南平太守夏侯承、宜都太守谭该等人，发布檄文数落王敦叛逆的行状，率领麾下军队开始征讨。派遣参军司马赞、孙双持奉上表送到朝廷；派罗英到广州，约陶侃共同进讨。戴渊镇守在长江西部，先得到甘卓的书信，用奏文的形式上书，朝廷内都欢呼万岁。陶侃见到甘卓的来信，随即派参军高宝领兵北上。武昌城内传言甘卓大军来了，众人都逃奔离散。

王敦派遣姨母的兄弟、南蛮校尉魏乂和将军李恒，率领甲士二万人进攻长沙。

池不完，资储又阙，人情震恐。或说谯王承，南投陶侃或退据零、桂。承曰：“吾之起兵，志欲死于忠义，岂可贪生苟免，为奔败之将乎！事之不济，令百姓知吾心耳。”乃婴城固守。

未几，虞望战死，甘卓欲留邓骞为参军，骞不可，乃遣参军虞冲与骞偕至长沙，遗谯王承书，劝之固守，当以兵出沔口，断敦归路，则湘围自解。承复书称：“江左中兴，草创始尔，岂图恶逆萌自宠臣。吾以宗室受任，志在陨命；而至止尚浅，凡百茫然。足下能卷甲电赴，犹有所及；若其狐疑，则求我于枯鱼之肆矣。”卓不能从。

（以上为第三段，写王敦派参军乐道融劝说甘卓一起反叛，而乐道融反而劝说甘卓突袭王敦老巢武昌，甘卓决定反击王敦；王敦出兵攻打长沙，司马承危在旦夕。）

二月，甲午，封皇子昱为琅邪王。

后赵王勒立子弘为世子。遣中山公虎将精卒四万击徐龛。龛坚守不战，虎筑长围守之。

赵主曜自将击杨难敌，难敌逆战不胜，退保仇池。仇池诸氐、羌及故晋王保将杨韬、陇西太守梁勋皆降于曜。曜迁陇西万余户于长安，进攻仇池。会军中大疫，曜亦得疾，将引兵还，恐难敌蹑其后，乃遣光国中郎将王犷说难敌，谕以祸福，难敌遣使称藩。曜以难敌为假黄钺，都督益宁南秦凉梁巴六州、陇上、西域诸军事，上大将军，益、宁、南秦三州牧，武都王。

秦州刺史陈安求朝于曜，曜辞以疾。安怒，以为曜已卒，大掠而归。曜疾甚，乘马舆而还。使其将呼延寔监辎重于后，安邀击，获之，谓寔曰：“刘曜已死，子尚谁佐！吾当与子共定大业。”寔叱之曰：“汝受人宠禄而叛之，自视智能何如主上？吾见汝不日枭首于上邽市，何谓大业！宜速杀我！”安怒，杀之，以寔长史鲁凭为参军。

安遣其弟集帅骑三万追曜，卫将军呼延瑜逆击，斩之。安乃还上邽，遣将袭汧城，拔之。陇上氐、羌皆附于安，有众十余万，自称大都督、假黄钺、大将军，雍、凉、秦、梁四州牧，凉王，以赵募为相国。鲁凭对安大哭，曰：“吾不忍见陈安之死也！”安怒，命斩之。凭曰：“死自吾

长沙的城墙、护城河都不完善，物资储备也不充足，人心惊恐。有人劝说谯王司马承向南投靠陶侃，或者退守零陵、桂林。司马承说："我之所以起兵，是心存为忠义献身的志向，怎能贪生怕死、苟且活命，当一个败逃的将领呢！即使守卫长沙失败，也让百姓们知道我的心意。"于是，环城固守。

不久，虞望战死，甘卓想让邓骞留下任参军，邓骞不同意，甘卓便派参军虞冲和邓骞同赴长沙，并致信谯王司马承，劝他固守长沙，自己将遣军自沔口出击，截断王敦的退路，这样湘州之围便会不救自解。司马承去信说："江东国朝中兴，一切刚刚草创，谁想到由得宠的大臣萌生叛乱。我以王朝宗室的身份禀受重任，志在以身殉职。不过到任时日尚短，一切尚未理出头绪，足下如果能轻装急速来救，或许还来得及；如果犹豫迟滞，那么就只有求我于枯鱼之肆了。"甘卓没有听从。

二月初十甲午，晋元帝司马睿封皇子司马昱为琅邪王。

后赵王石勒立儿子石弘为世子。派遣中山公石虎统率精兵四万攻击徐龛。徐龛坚守不出战，石虎筑起长长的围墙，与之相持。

前赵国主刘曜自为统帅，发兵攻打杨难敌。杨难敌迎战，不能取胜，退走保守仇池。仇池氐族、羌族的许多部族，以及原来晋王司马保的部将杨韬、陇西太守梁勋都投降刘曜。刘曜从陇西迁移一万多户到长安，然后进攻仇池。适逢军中疫病流行，连刘曜也染上疾病，刘曜准备领兵退还，又怕杨难敌追袭于后，便派光国中郎将王犷游说杨难敌，向他剖明利害，杨难敌于是派使者前来，表示愿为藩属。刘曜授予杨难敌假黄钺，都督益、宁、南秦、凉、梁、巴六州及陇上、西域诸军事，上大将军，益、宁、南秦三州州牧，武都王。

秦州刺史陈安请求朝见刘曜，刘曜因病推辞不见。陈安发怒，以为刘曜已死，纵兵大肆劫掠后返回。刘曜病情加重，只能乘坐马车返回，派部将呼延寔随后监护辎重。陈安在半路上截击，抓获了呼延寔，对他说："刘曜已经死了，你还辅佐谁呢！我将和你共创大业。"呼延寔叱骂说："你接受别人的宠信、俸禄却又背叛，你自己瞧瞧，你的智能有哪点比得上主上？我看你的首级不久将会悬挂在上邽街市示众，还谈什么大业！你就快快杀了我吧！"陈安发怒，杀死呼延寔，让呼延寔的长史鲁凭当参军。

陈安派兄弟陈集率领三万骑兵追袭刘曜，遭到卫将军呼延瑜的反击，陈集被杀。陈安于是回到上邽，派部将攻克了汧城。陇上的氐族、羌族部落都归附陈安，陈安拥有兵众十多万，自称大都督、假黄钺、大将军，雍、凉、秦、梁四州州牧和凉王，任命赵募为相国。鲁凭对着陈安大哭说："我不忍心看到陈安的死啊！"陈安发怒，

分，悬吾头于上邽市，观赵之斩陈安也！”遂杀之。曜闻之，恸哭曰：“贤人，民之望也。陈安于求贤之秋而多杀贤者，吾知其无所为也。”

休屠王石武以桑城降赵，赵以武为秦州刺史，封酒泉王。

（以上为第四段，写汉赵主刘曜自为统帅，发兵攻打仇池国，适逢军中疫病流行，说服仇池国主杨难敌归顺，而后退兵；秦州刺史秦安以为刘曜已死，拥兵反叛，自称大都督、大将军。）

帝征戴渊、刘隗入卫建康。隗至，百官迎于道，隗岸帻大言，意气自若。及入见，与刁协劝帝尽诛王氏，帝不许，隗始有惧色。

司空导帅其从弟中领军邃、左卫将军廙、侍中侃、彬及诸宗族二十余人，每旦诣台待罪。周顗将入，导呼之曰：“伯仁，以百口累卿！”顗直入不顾。既见帝，言导忠诚，申救甚至，帝纳其言。顗喜饮酒，至醉而出，导犹在门，又呼之。顗不与言，顾左右曰：“今年杀诸贼奴，取金印如斗大，系肘后。”既出，又上表明导无罪，言甚切至。导不之知，甚恨之。

帝命还导朝服，召见之。导稽首曰：“逆臣贼子，何代无之，不意今者近出臣族！”帝跣而执其手，曰：“茂弘，方寄卿以百里之命，是何言邪！”

三月，以导为前锋大都督，加戴渊骠骑将军。诏曰：“导以大义灭亲，可以吾为安东时节假之。”以周顗为尚书左仆射，王邃为右仆射。帝遣王廙往谕止敦，敦不从而留之，廙更为敦用。征虏将军周札，素矜险好利，帝以为右将军、都督石头诸军事。敦将至，帝使刘隗军金城，札守石头，帝亲被甲徇师于郊外。以甘卓为镇南大将军、侍中、都督荆梁二州诸军事，陶侃领江州刺史，使各帅所统以蹑敦后。

敦至石头，欲攻刘隗。杜弘言于敦曰：“刘隗死士众多，未易可克，不如攻石头，周札少恩，兵不为用，攻之必败，札败则隗自走矣。”敦从

命令将他斩首。鲁凭说："死亡本是我分内之事。把我的头悬挂在上邽街市，我要观看赵国斩杀陈安！"于是鲁凭被杀。刘曜听说此事，悲恸地大哭，说："贤人是民众的希望所在。陈安在应当求贤而用的时候却多杀贤人，我由此得知他不会有什么作为。"

休屠王石武献桑城投降前赵，前赵让石武出任秦州刺史，赐封酒泉王。

晋元帝司马睿征召戴渊、刘隗来建康参与防卫。刘隗到达之时，百官们在道路上迎接，刘隗把头帻掀起露出前额，高谈阔论，意气昂扬。等到入见晋元帝，和刁协一起劝晋元帝将王氏宗族尽数诛杀，晋元帝不同意，刘隗才显露出畏惧的神色。

司空王导率领堂弟中领军王邃、左卫将军王廙、侍中王侃、王彬以及各宗族子弟二十多人，每天清晨到朝廷等候定罪。周顗将要入朝，王导呼唤他说："伯仁，我把王氏宗族一百多人的性命托付给您！"周顗连头也不回，直入朝廷。等到见了晋元帝，周顗阐说王导忠贞不贰，极力为他辩白，晋元帝听从了他的意见。周顗心中欢喜，以致喝醉了酒。周顗走出宫门，王导还在门外等候，又呼唤周顗，周顗不与他交谈，环顾左右说："今年杀掉一干乱臣贼子后，能得到斗大的金印，系挂在臂肘之后。"出来以后，又上奏书，辨明王导无罪，言辞非常恳切。王导不知道这些事，对周顗深为怨恨。

晋元帝司马睿令人把朝服送还王导，召王导进见。王导跪拜磕头至地，说："叛臣贼子，哪一个朝代没有，想不到现在竟出在我的宗族之中！"晋元帝来不及穿鞋，赤着脚，拉着他的手说："茂弘，我正要把朝廷政务交给你，你这是说的什么话！"

三月，任命王导为前锋大都督，授予戴渊骠骑将军。晋元帝司马睿下令说："王导为大义灭亲，可以把我任安东将军时的符节交给他。"又任命周顗为尚书左仆射，王邃为尚书右仆射。晋元帝派王廙去告诉王敦，让他停止叛乱。王敦拒不从命，扣留了王廙，王廙又为王敦效力。征虏将军周札，素来为人阴险，贪图私利。晋元帝任他为右将军、都督石头城军务。王敦军队日益临近，晋元帝让刘隗驻军金城，令周札驻守石头城，自己亲自披上甲衣，巡视郊外的军队。又任命甘卓为镇南大将军、侍中，都督荆州、梁州军务，任命陶侃兼领江州刺史职，让他们各自率领所部跟随在王敦军队之后。

王敦到达石头城，想攻击刘隗。杜弘向王敦建议说："刘隗手下不怕死的士兵众多，不容易战胜，不如进攻石头城。周札对人缺少恩泽，士兵都不愿意为他效

之，以弘为前锋，攻石头，札果开门纳弘。敦据石头，叹曰：“吾不复得为盛德事矣！”谢鲲曰：“何为其然也！但使自今以往，日忘日去耳。”

帝命刁协、刘隗、戴渊帅众攻石头，王导、周𫖮、郭逸、虞潭等三道出战，协等兵皆大败。太子绍闻之，欲自帅将士决战，升车将出，中庶子温峤执鞚谏曰：“殿下，国之储副，奈何以身轻天下！”抽剑斩鞅，乃止。

敦拥兵不朝，放士卒劫掠，宫省奔散，唯安东将军刘超按兵直卫，及侍中二人侍帝侧。帝脱戎衣，著朝服，顾而言曰：“欲得我处，当早言！何至害民如此！”又遣使谓敦曰：“公若不忘本朝，于此息兵，则天下尚可共安；如其不然，朕当归琅邪以避贤路。”

刁协、刘隗既败，俱入宫，见帝于太极东除。帝执协、隗手，流涕呜咽，劝令避祸。协曰：“臣当守死，不敢有贰。”帝曰：“今事逼矣，安可不行！”乃令给协、隗人马，使自为计。协老，不堪骑乘，素无恩纪，募从者，皆委之，行至江乘，为人所杀，送首于敦。隗奔后赵，官至太子太傅而卒。

（以上为第五段，写晋元帝重用刘隗、刁协，与王敦抗衡失败，司马睿让刘隗、刁协逃跑，刁协尚言忠贞不贰，刘隗一言不发，投降后赵，令人不齿。）

帝令公卿百官诣石头见敦，敦谓戴渊曰：“前日之战，有余力乎？”渊曰：“岂敢有余，但力不足耳！”敦曰：“吾今此举，天下以为何如？”渊曰：“见形者谓之逆，体诚者谓之忠。”敦笑曰：“卿可谓能言。”又谓周𫖮曰：“伯仁，卿负我！”𫖮曰：“公戎车犯顺，下官亲帅六军，不能其事，使王旅奔败，以此负公！”

辛未，大赦，以敦为丞相、都督中外诸军、录尚书事、江州牧，封武昌郡公，并让不受。

初，西都覆没，四方皆劝进于帝。敦欲专国政，忌帝年长难制，欲

力，一旦遭到攻击必然败走，周札兵败，则刘隗自己就会逃走。”王敦采纳了杜弘的意见，任命他为前锋，进攻石头城。周札果然打开城门让杜弘入城。王敦占据石头城后，感叹地说：“我既为叛臣，再也不会做功德盛大的事情了。”谢鲲说：“为什么这样呢！只要从今以后，这些事一天天淡忘，君臣的嫌隙，也就会一天天从心中消失了。”

晋元帝司马睿令刁协、刘隗、戴渊率领兵众进攻石头城，王导和周顗、郭逸、虞潭等分三路出击，刁协等人的军队都大败。太子司马绍听说以后，打算自己率领将士与敌人决战，坐上军车正要出发，中庶子温峤抓住马勒头劝谏说：“您是国家君位的继承人，怎么能逞一己之快，轻弃天下而不顾！”抽出剑斩断马的鞅带，司马绍这才罢休。

王敦聚集军队，不朝见晋元帝司马睿，放纵士兵劫掠财物，皇宫官署里的人奔逃离散，只有安东将军刘超屯兵不动，当值护卫，以及侍中二人在晋元帝身边侍奉。晋元帝脱下军衣，穿上朝服，环顾四周说：“王敦想得到我这个地方，应当早说！何至于如此残害百姓！”又派遣使者告诉王敦说：“你如果还没有将朝廷置于脑后，那么就此罢兵，天下还可以安然相处。如果不是这样，那么我将回到琅邪，为贤人让路。”

刁协、刘隗战败以后，都进入宫中，在太极殿东侧阶与晋元帝司马睿相见。晋元帝拉着刁协、刘隗的手，流泪哭泣，呜咽有声，劝说并命令二人出逃以避灾祸。刁协说：“我将守卫到死，不敢有二心。”晋元帝说：“现在事情紧迫了，怎么能不走呢！”于是下令为刁协、刘隗准备随行的人马，让他们自谋生路。刁协年老，难耐骑乘之苦，平素又缺少恩惠，招募随从人员时，大家都推诿不去。刁协出行至江乘，被人所杀，把首级送给王敦。刘隗投奔后赵，官至太子太傅时死去。

晋元帝司马睿命令百官公卿到石头城拜见王敦。王敦对戴渊说：“前日的交战，还有剩余的力量吗？”戴渊说：“岂敢留有余力，只是力量不足罢了！”王敦说：“我现在这样的举动，天下人会怎么看？”戴渊说：“只看到表象的人说是叛逆，体会诚心的人说是忠贞。”王敦笑着说：“您可以称得上会说话了。”王敦又对周顗说：“周伯仁，您辜负了我！”周顗说：“您依仗武力违背听命君上的道德，我亲自统率六军，不能胜任，致使皇上的军队战败奔逃，这就是我辜负您的地方。”

三月十八日辛未，晋元帝司马睿实行大赦，任命王敦为丞相、都督中外诸军、录尚书事、江州牧，赐封武昌郡公，王敦都推辞不受。

当初，西晋都城覆没，四方人士都劝琅琊王司马睿即帝位。王敦想把持国政，

更议所立，王导不从。及敦克建康，谓导曰：“不用吾言，几至覆族。”

敦以太子有勇略，为朝野所向，欲诬以不孝而废之，大会百官，问温峤曰：“皇太子以何德称？”声色俱厉。峤曰：“钩深致远，盖非浅局所量；以礼观之，可谓孝矣。”众皆以为信然，敦谋遂沮。

帝召周顗于广室，谓之曰：“近日大事，二宫无恙，诸人平安，大将军固副所望邪？”顗曰：“二宫自如明诏，臣等尚未可知。”护军长史郝嘏等劝顗避敦，顗曰：“吾备位大臣，朝廷丧败，宁可复草间求活，外投胡、越邪！”敦参军吕猗，尝为台郎，性奸谄，戴渊为尚书，恶之。猗说敦曰：“周顗、戴渊，皆有高名，足以惑众，近者之言，曾无怍色，公不除之，恐必有再举之忧。”敦素忌二人之才，心颇然之，从容问王导曰：“周、戴，南北之望，当登三司无疑也。”导不答。又曰：“若不三司，止应令仆邪？”又不答。敦曰：“若不尔，正当诛尔！”又不答。

丙子，敦遣部将陈郡邓岳收顗及渊。先是，敦谓谢鲲曰：“吾当以周伯仁为尚书令，戴若思为仆射。”是日，又问鲲：“近来人情何如？”鲲曰：“明公之举，虽欲大存社稷，然悠悠之言实未达高义。若果能举用周、戴，则群情帖然矣！”敦怒曰：“君粗疏邪！二子不相当，吾已收之矣！”鲲愕然自失。参军王峤曰：“‘济济多士，文王以宁。’奈何戮诸名士！”敦大怒，欲斩峤，众莫敢言。鲲曰：“明公举大事，不戮一人。峤以献替忤旨，便以衅鼓，不亦过乎！”敦乃释之，黜为领军长史。峤，浑之族孙也。

顗被收，路经太庙，大言曰：“贼臣王敦，倾覆社稷，枉杀忠臣，神祇有灵，当速杀之！”收人以戟伤其口，血流至踵，容止自若，观者皆为流涕。并戴渊杀之于石头南门之外。

帝使侍中王彬劳敦。彬素与顗善，先往哭顗，然后见敦。敦怪其容惨，问之。彬曰：“向哭伯仁，情不能已。”敦怒曰：“伯仁自致刑戮，且

怕司马睿年龄较大，难以控制，想另行商议立君的人选，王导不同意。等到王敦攻克建康，对王导说："你不听从我的意见，几乎全族覆灭。"

王敦因为太子司马绍有勇有谋，被朝野人士所拥戴，想以不孝的罪名诬陷太子，废除他的太子之位，因此大会百官，问温峤说："皇太子以什么样的德行著称？"问话时声色俱厉。温峤说："谋略深远，似乎不是我浅显的度量所能知晓的，依照礼义看来，可以说是做到了孝。"众人都认为的确如此，王敦的阴谋遭到挫败。

晋元帝司马睿在广室殿召见周顗，对他说："近来发生大事，二宫未受伤害，大家平安，这是否表明大将军王敦本来就符合众望呢？"周顗说："二宫的情况，固然与皇上所说的相符，至于我们这些人的遭遇怎样，现在还未可知。"护军长史郝嘏等人劝说周顗避让王敦，周顗说："我既然备充大臣的职位，眼见朝廷衰败，难道还能再蛰伏草野中以求活命，出外投奔胡、越吗？"王敦的参军吕猗，曾经做过尚书郎，为人奸猾谄谀，戴渊当时任尚书，憎恶他的为人。吕猗劝说王敦道："周顗、戴渊，都有很高的名望，足以蛊惑士众，近来的言谈又毫无惭愧的意思，您不除去他们，恐怕将来必定会有重新举兵攻打的忧患。"王敦素来忌妒他们二人的才能，心中颇以为然，不动声色地询问王导说："周顗、戴渊分别著称于北方和南方，应当升任三公之位是无疑的了。"王导不置可否。王敦又说："如果不用为三公，只让他们担任尚书令或仆射的职位如何？"王导又不回答。王敦说："如果不是这样，应该诛杀他们！"王导还是不回答。

三月二十三日丙子，王敦派遣部将陈郡人邓岳拘捕周顗和戴渊。此前，王敦对谢鲲说："我将任用周顗为尚书令，任用戴渊为仆射。"这天，王敦又问谢鲲说："近来民情如何？"谢鲲说："明公的举动，虽然是想保全国家社稷，但民间的议论却认为不合大义。如果真能举用周顗和戴渊，那么民众的心情就安定平静了。"王敦发怒，说："你这是粗疏不察，这二人名实不相称，已被我收捕了。"谢鲲惊讶自己失言。参军王峤说："'济济一堂人才多，文王安宁国富强'，怎么能诛杀诸位名士呢！"王敦勃然大怒，要将王峤斩首，众人中没有谁敢出言相救。谢鲲说："明公图谋大业，不屠杀一个人。现在王峤因陈说可否违背您的旨意，便要诛杀，不也太过分了吗？"王敦这才放了王峤，贬职为领军长史。王峤是王浑的族孙。

周顗被捕，路经太庙，高声说："贼臣王敦，颠覆国家社稷，胡乱杀害忠臣，神祇如果显灵，应当快快杀掉他！"捕兵用戟刺伤周顗的嘴，鲜血下流直至脚后跟，但他容颜举止泰然自若，观望的人都因此而落泪。周顗和戴渊都在石头城南门外被杀。

晋元帝司马睿派侍中王彬犒劳王敦，王彬素来与周顗交好，先去哭吊周顗，然后去见王敦。王敦见他容颜凄惨，心中奇怪，便加询问。王彬说："我刚才去哭吊周

凡人遇汝，汝何哀而哭之？”彬曰：“伯仁长者，兄之亲友，在朝虽无謇愕，亦非阿党，而赦后加之极刑，所以伤惋也。”因勃然数敦曰：“兄抗旌犯顺，杀戮忠良，图为不轨，祸及门户矣！”辞气慷慨，声泪俱下。敦大怒，厉声曰：“尔狂悖乃至此，以吾为不能杀汝邪！”时王导在坐，为之惧，劝彬起谢。彬曰：“脚痛不能拜，且此复何谢！”敦曰：“脚痛孰若颈痛？”彬殊无惧容，竟不肯拜。

王导后料检中书故事，乃见顗救己之表，执之流涕曰：“吾虽不杀伯仁，伯仁由我而死，幽冥之中，负此良友！”

沈充拔吴国，杀内史张茂。

（以上为第六段，写王敦打败晋军，攻占石头城后耀武扬威，司马睿无可奈何，听任其胡作非为，竟派人慰劳叛军；王导是非不分，听从王敦杀害忠良，周顗、戴渊成了替罪羔羊。）

初，王敦闻甘卓起兵，大惧。卓兄子卬为敦参军，敦使卬归说卓曰：“君此自是臣节，不相责也。吾家计急，不得不尔。想便旋军襄阳，当更结好。”卓虽慕忠义，性多疑少决，军于猪口，欲待诸方同出军，稽留累旬不前。敦既得建康，乃遣台使以驺虞幡驻卓军。卓闻周顗、戴渊死，流涕谓卬曰：“吾之所忧，正为今日。且使圣上元吉，太子无恙，吾临敦上流，亦未敢遽危社稷。适吾径据武昌，敦势逼，必劫天子以绝四海之望，不如还襄阳，更思后图。”即命旋军。都尉秦康与乐道融说卓曰：“今分兵断彭泽，使敦上下不得相赴，其众自然离散，可一战擒也。将军起义兵而中止，窃为将军不取。且将军之下，士卒各求其利，欲求西还，亦恐不可得也。”卓不从。道融昼夜泣谏，卓不听。道融忧愤而卒。卓性本宽和，忽更强塞，径还襄阳，意气骚扰，举动失常，识者知其将死矣。

王敦以西阳王羕为太宰，加王导尚书令，王廙为荆州刺史，改易百官及诸军镇，转徙黜免者以百数；或朝行暮改，惟意所欲。敦将还武昌，

伯仁，情不自禁。”王敦发怒说：“周伯仁自己找死，再说他把你当作一般人看待，你为什么悲哀并去哭吊他？”王彬说：“周伯仁是长者，也是兄长你的亲友。他在朝时虽算不上正直，但也并不结党营私，却在实行大赦后遭受极刑，我因此伤痛惋惜。”尔后勃然发怒，数落王敦说：“兄长违抗君命，有违道德，杀害忠良，图谋不轨，灾祸将要降临到家族了！”言辞情感激扬慷慨，声泪俱下。王敦大怒，厉声说：“你狂妄悖乱以致于此！以为我不能杀你吗！”当时王导在座，为王彬担心，劝王彬起来谢罪。王彬说：“我脚痛不能跪拜，再说这又有什么可谢罪的！”王敦说：“脚痛与颈痛比起来怎么样？”王彬毫无惧色，最终不肯下拜。

王导后来清理中书省的旧有档案，才见到周𫖮救护自己的奏章，拿着奏章流下了眼泪，说：“我虽然没有杀周伯仁，伯仁是因我而死，我有负于这样的好友！”

沈充攻取了吴国，杀了内史张茂。

当初，王敦听说甘卓起兵，大为恐惧。甘卓兄长之子甘卬是王敦的参军，王敦派甘卬回去游说甘卓说：“你这自然是臣子的节义，我不责怪你。但我们王家没有更好的办法，不得不这样做。希望你这就回军至襄阳，我将与你重新交好。”甘卓虽然仰慕忠义之事，但性格多疑，缺少决断。驻军于猪口，想等待各方共同出兵，停留数十天，裹足不前。王敦得占建康以后，便派遣朝廷使者传送饰有驺虞这种传说中的仁兽图案的旗帜给甘卓，让他的军队不要前进。甘卓听说周𫖮、戴渊的死讯，流着眼泪对甘卬说：“我所忧虑的，正是今天这样的情况。假如皇上大吉无凶，太子不受伤害，我虽然占据着王敦的上游地区，也不敢仓促发兵而使社稷遭到危难。我去直接进攻武昌，王敦为情势所逼，必定会劫持天子，用以断绝天下人的期望，不如回到襄阳，再图谋后策。”甘卓立即下令回军。都尉秦康和乐道融劝阻甘卓说：“如果现在分出一部分兵力截断彭泽县的通路，使王敦的军队上下不能救援，他的部众自然会离散，那么便可以一战而将他擒获。将军您发动正义的军队却半途而止，我私下认为将军不该如此。再说将军手下的士兵，各自谋求自己的利益，即便想向西退还，恐怕也不一定能够做到。”甘卓不听。乐道融日日夜夜哭泣苦劝，甘卓仍不听从，乐道融忧愤而死。甘卓性格本来宽和，现在忽然变得强硬而不可通融，直接退还到襄阳，神情惶惑不宁，举动失常，有见识的人都知道他离死期不远了。

王敦任命西阳王司马羕为太宰，加授王导尚书令，王廙为荆州刺史，改换朝廷官员和各军镇守将，被降职、免官和迁徙的人数以百计。有时朝令夕改，随心所欲。

谢鲲言于敦曰：“公至都以来，称疾不朝，是以虽建勋而人心实有未达。今若朝天子，使君臣释然，则物情皆悦服矣。”敦曰：“君能保无变乎？”对曰：“鲲近日入觐，主上侧席，迟得见公，宫省穆然，必无虞也。公若入朝，鲲请侍从。”敦勃然曰：“正复杀君等数百人，亦复何损于时！”竟不朝而去。

夏，四月，敦还武昌。

初，宜都内史天门周级闻谯王承起兵，使其兄子该潜诣长沙，申款于承。魏乂等攻湘州急，承遣该及从事邵陵周崎间出求救，皆为逻者所得。乂使崎语城中，称大将军已克建康，甘卓还襄阳，外援理绝。崎伪许之，既至城下，大呼曰：“援兵寻至，努力坚守！”乂杀之。乂考该至死，竟不言其故，周级由是获免。

乂等攻战日逼，敦又送所得台中人书疏，令乂射以示承。城中知朝廷不守，莫不怅惋。相持且百日，刘翼战死，士卒死伤相枕。癸巳，乂拔长沙，承等皆被执。乂将杀虞悝，子弟对之号泣。悝曰：“人生会当有死，今阖门为忠义之鬼，亦复何恨！”

乂以槛车载承及易雄送武昌，佐吏皆奔散，惟主簿桓雄、西曹书佐韩阶、从事武延，毁服为僮从承，不离左右。乂见桓雄姿貌举止非凡人，惮而杀之。韩阶、武延执志愈固。荆州刺史王廙承敦旨，杀承于道中，阶、延送承丧至都，葬之而去。易雄至武昌，意气慷慨，曾无惧容。敦遣人以檄示雄而数之，雄曰：“此实有之，惜雄位微力弱，不能救国难耳。今日之死，固所愿也。”敦惮其辞正，释之，遣就舍。众人皆贺之，雄笑曰：“吾安得生！”既而敦遣人潜杀之。

魏乂求邓骞甚急，乡人皆为之惧，骞笑曰：“此欲用我耳，彼新得州，多杀忠良，故求我以厌人望也。”乃往诣乂，乂喜曰：“君，古之解扬也。”以为别驾。

诏以陶侃领湘州刺史，王敦上侃复还广州，加散骑常侍。

王敦将要返回武昌，谢鲲对他说："明公自到京都以来，一直以有病为由而不朝见皇上，所以虽然建有功勋，民心其实并未平服。现在如果朝见天子，使得皇上和臣民都放心，那么民众都会心悦诚服的。"王敦说："你能保证不发生变故吗？"谢鲲回答说："我这些天入宫觐见皇上，皇上侧席而坐，等待得见主公，宫禁之内穆然整肃，必定不会有什么可担忧的。主公如果入朝，我请求充当您的侍从。"王敦发怒变色，说："我正要再杀掉你这样的数百人，对时局也不会有什么损害！"最终也没有去朝见天子便离去。

夏季，四月，王敦回到武昌。

当初，宜都内史天门郡人周级听说谯王司马承起兵，让自己兄长的儿子周该潜入长沙，向司马承效忠。魏乂等人急攻湘州，司马承派周该和从事邵陵人周崎悄悄地外出寻求救兵，都被魏乂的巡逻部队抓获。魏乂让周崎向城中喊话，说大将军王敦已经攻克建康，甘卓已经回军襄阳，外援已经断绝。周崎假装同意，等到了城下，大声呼喊说："援兵不久就到，努力坚守！"魏乂杀了他。魏乂拷问周该，周该至死不说事情的原委，周级因此免遭祸殃。

魏乂等人攻战日紧，王敦又送来他所得到的朝廷中人的上书和奏疏，令魏乂用箭射入城中晓示司马承。城中军民知道朝廷失守，无不惆怅惋惜。相持将近百日，刘翼战死，士兵死伤众多，纵横相枕。四月初十癸巳，魏乂拔取长沙城，司马承等人都被俘获。魏乂将要杀死虞悝，虞悝的子弟面对他号啕大哭，虞悝说："人生该当有一死，现在我满门都是忠义之鬼，又有什么遗憾！"

魏乂用槛车押载着司马承和易雄去武昌，司马承手下的官员大多逃奔离散，只有主簿桓雄、西曹书佐韩阶、从事武延三人，毁去官服，充当僮仆追随司马承，不离左右。魏乂见桓雄姿态容貌、言行举止都与众不同，心里忌惮，因而将他杀害。韩阶、武延持守心志更加坚定。荆州刺史王廙接到王敦的旨意，在半道杀掉了司马承，韩阶、武延为司马承送丧至京都，安葬了他以后才离去。易雄到达武昌，意气慷慨，毫无惧色。王敦派人拿着易雄当初起草的讨罪檄文给他看，数落易雄的罪状，易雄说："确有此事，可惜我职位低微，力量不足，不能挽救国难。今天赴死，本来就是我的心愿。"王敦忌惮他义正词严，将他释放回家。众人都来称贺，易雄笑着说："王敦怎能容我活下去！"不久，王敦派人将易雄暗杀。

魏乂寻找邓骞十分急迫，乡人们都为邓骞担心，邓骞笑着说："这是想任用我而已。魏乂刚刚统治本州，杀害了不少忠良之士，所以要找我来安定民心。"于是，他前往拜见魏乂。魏乂欢喜地说："您是古代的解扬。"任命他为别驾。

晋元帝司马睿下令，让陶侃兼领湘州刺史职，王敦上书，又让陶侃返回广州，授予散骑常侍。

甲午，前赵羊后卒，谥曰“献文”。

甘卓家人皆劝卓备王敦，卓不从，悉散兵佃作，闻谏，辄怒。襄阳太守周虑密承敦意，诈言湖中多鱼，劝卓遣左右悉出捕鱼。五月，乙亥，虑引兵袭卓于寝室，杀之，传首于敦，并杀其诸子。敦以从事中郎周抚督沔北诸军事，代卓镇沔中。抚，访之子也。

敦既得志，暴慢滋甚，四方贡献多入其府，将相岳牧皆出其门。以沈充、钱凤为谋主，唯二人之言是从，所谮无不死者。以诸葛瑶、邓岳、周抚、李恒、谢雍为爪牙。充等并凶险骄恣，大起营府，侵人田宅，剽掠市道，识者咸知其将败焉。

（以上为第七段，写王敦反叛，梁州刺史甘卓优柔寡断，观望犹豫，失去战机，而后又贸然撤回，被王敦暗杀；湘州刺史司马丞抗争到底，城破被执，为国捐躯。）

秋，七月，后赵中山公虎拔泰山，执徐龛送襄国。后赵王勒盛之以囊，于百尺楼上扑杀之，命王伏都等妻子刳而食之，坑其降卒三千人。

兖州刺史郗鉴在邹山三年，有众数万。战争不息，百姓饥馑，掘野鼠、蛰燕而食之，为后赵所逼，退屯合肥。尚书右仆射纪瞻，以鉴雅望清德，宜从容台阁，上疏请征之，乃征拜尚书。徐、兖间诸坞多降于后赵，后赵置守宰以抚之。

王敦自领宁、益二州都督。

冬，十月，己丑，荆州刺史武陵康侯王廙卒。

王敦以下邳内史王邃都督青、徐、幽、平四州诸军事，镇淮阴；卫将军王含都督沔南诸军事，领荆州刺史；武昌太守丹杨王谅为交州刺史，使谅收交州刺史修湛、新昌太守梁硕杀之。谅诱湛，斩之。硕举兵围谅于龙编。

祖逖既卒，后赵屡寇河南，拔襄城、城父，围谯。豫州刺史祖约不能御，退屯寿春。后赵遂取陈留，梁、郑之间复骚然矣。

十一月，以临颍元公荀组为太尉；辛酉，薨。

罢司徒，并丞相府。王敦以司徒官属为留府。

四月十一日甲午，前赵的羊后去世，谥号献文。

甘卓的家人都劝甘卓防备王敦，甘卓不听，把兵众悉数遣散从事佃作，一听到有人劝说就发怒。襄阳太守周虑秘密接受王敦的旨意，诈称湖中有许多鱼，劝甘卓派身边的侍从都下湖捕鱼。五月二十三日乙亥，周虑带兵偷袭，把甘卓杀死于卧室，将首级传送给王敦，同时杀掉甘卓的诸多儿子。王敦让从事中郎周抚督察沔北地区军务，代替甘卓镇守沔中。周抚是周访之子。

王敦得志以后，越发暴虐傲慢，四方贡献的物品大多送入他的府第，将相及地方的文武大员，全都出自他的门下。王敦任用沈充、钱凤为谋主，只对他们二人言听计从，凡被他们谗言诋毁之人无不遇害。又任用诸葛瑶、邓岳、周抚、李恒、谢雍等人为武臣。沈充等人都是凶恶、阴险、骄恣之徒，大肆建造军营府第，侵占他人田宅，公然拦路抢劫。有识之士都知道他们行将败亡。

秋季，七月，后赵中山公石虎攻取泰山，擒获徐龛送往襄国。后赵王石勒把徐龛塞进口袋中，从百尺高楼上扔下摔死，又命令王伏都等人的妻子儿女割下徐龛身体上的肉吃掉，坑杀降兵三千人。

兖州刺史郗鉴留住邹山三年，拥有士众数万。因为当时争战不息，百姓饥馑难忍，以致挖掘田鼠和寻找藏伏避寒的燕子作为食物，后赵乘机进逼，郗鉴退守合肥，尚书右仆射纪瞻认为郗鉴名望不错，道德高尚，应当在朝中施展才能，于是上疏请求征用他。晋元帝司马睿便征召郗鉴担任尚书。徐州、兖州地区的坞堡大多投降后赵，后赵在当地设置官员加以抚慰。

王敦自任宁州、益州都督。

冬季，十月初九己丑，荆州刺史、武陵康侯王廙去世。

王敦让下邳内史王邃都督青、徐、幽、平四州军务，镇守淮阴；让卫将军王含都督沔南军务，兼任荆州刺史；让武昌太守丹杨人王谅出任交州刺史。又让王谅拘捕并处死原交州刺史修湛、新昌太守梁硕。王谅诱捕修湛，将他斩首。梁硕发兵在龙编包围了王谅。

祖逖死后，后赵屡屡侵犯黄河以南地区，拔取襄城、城父，又围攻谯县。豫州刺史祖约抵挡不住，退守寿春。后赵于是攻取了陈留，梁州、郑州地区的形势又变得动荡不安。

十一月，东晋任命临颍元公荀组为太尉。十二日辛酉，荀组去世。

东晋取消司徒这种官衔，将其执掌的事务并入丞相府管辖。王敦把原司徒官属成员组成留守府。

帝忧愤成疾，闰月，己丑，崩。司空王导受遗诏辅政。帝恭俭有余而明断不足，故大业未复而祸乱内兴。庚寅，太子即皇帝位，大赦，尊所生母荀氏为建安君。

十二月，赵主曜葬其父母于粟邑，大赦。陵下周二里，上高百尺，计用六万夫，作之百日乃成。役者夜作，继以脂烛，民甚苦之。游子远谏，不听。

后赵濮阳景侯张宾卒，后赵王勒哭之恸，曰："天不欲成吾事邪，何夺吾右侯之早也！"程遐代为右长史。遐，世子弘之舅也，勒每与遐议，有所不合，辄叹曰："右侯舍我去，乃令我与此辈共事，岂非酷乎！"因流涕弥日。

张茂使将军韩璞帅众取陇西、南安之地，置秦州。

慕容廆遣其世子皝袭段末柸，入令支。掠其居民千余家而还。

（以上为第八段，写司马睿忧愤去世，太子司马绍即帝位，王导辅政，王敦左右朝政；石虎攻取泰山，残忍杀害徐龛；右侯张宾死，石勒十分伤心。）

肃宗明皇帝上

太宁元年（癸未，323 年）

春，正月，成李骧、任回寇台登，将军司马玖战死，越嶲太守李钊、汉嘉太守王载皆以郡降于成。

二月，庚戌，葬元帝于建平陵。

三月，戊寅朔，改元。

饶安、东光、安陵三县灾，烧七千余家，死者万五千人。

后赵寇彭城、下邳，徐州刺史卞敦与征北将军王邃退保盱眙。敦，壸之从父兄也。

王敦谋篡位，讽朝廷征己。帝手诏征之。夏，四月，加敦黄钺、班剑，奏事不名，入朝不趋，剑履上殿。敦移镇姑孰，屯于湖。以司空导为司徒，敦自领扬州牧。敦欲为逆，王彬谏之甚苦。敦变色，目左右，将收之。彬正色曰："君昔岁杀兄，今又杀弟邪！"敦乃止，以彬为豫章太守。

后赵王勒遣使结好于慕容廆，廆执送建康。

成李骧等进攻宁州，刺史褒中壮公王逊使将军姚岳等拒之，战于螗

晋元帝司马睿因忧愤染病，闰月（闰十一月）初十己丑，晋元帝去世。司空王导接受晋元帝遗诏辅佐朝政。晋元帝恭俭有余而明断不足，所以未能恢复大业却导致内部发生祸乱。闰十一月十一日庚寅，太子司马绍继承帝位，实行大赦，尊奉生母荀氏为建安君。

十二月，前赵主刘曜将其父母安葬在粟邑，实行大赦。陵墓基长周圆二里，上高百尺，共计动用六万民夫，建造了一百天才完成。从事劳役的人挑灯夜作，不分昼夜，百姓深感劳苦。游子远劝说，刘曜不听。

后赵濮阳景侯张宾死去，后赵王石勒哭吊时十分悲痛，说："是上天不愿让我成就事业吗？为何这么早便夺去了我的右侯！"程遐代替张宾为右长史。程遐是世子石弘的娘舅，石勒每逢与程遐议事，意见有所不合，总要叹息说："右侯舍我而去，却让我和这种人共事，难道不是太残酷了吗！"为此终日流泪。

张茂让将军韩璞率领部众攻取了陇西、南安地区，设置秦州。

慕容廆派世子慕容皝袭击段末柸，攻入令支，劫掠一千多家居民后返回。

肃宗明皇帝上

晋明帝太宁元年（癸未，323 年）

春季，正月，成汉李骧、任回侵犯台登，将军司马玖战死，越巂太守李钊、汉嘉太守王载都献纳本郡投降成汉。

二月初二庚戌，晋元帝司马睿入葬建平陵。

三月初一戊寅朔，（晋明帝司马绍）改年号为太宁。

饶安、东光、安陵三县发生火灾，烧毁七千多家住房，死者达一万五千人。

后赵国侵犯彭城、下邳，徐州刺史卞敦和征北将军王邃退守盱眙。卞敦是卞壸的堂兄。

王敦阴谋篡夺皇位，暗示朝廷征召自己，晋明帝司马绍亲手书写诏书征召他。夏季，四月，授予王敦黄钺和班剑，允许他奏事不必通名，入朝不必趋行，佩剑着履上殿。王敦迁移驻镇姑孰，屯兵于湖，以司空王导为司徒，王敦自任扬州牧。王敦想叛逆篡位，王彬极力苦劝。王敦发怒变脸，用目光示意右右侍从，将要逮捕王彬。王彬容颜凛然地说："您过去杀害兄长，现在又要杀害兄弟吗！"王敦这才罢手，让王彬出任豫章太守。

后赵王石勒派遣使者与慕容廆通好，慕容廆将来使拘捕，送至建康。

成汉的李骧等人进攻宁州，宁州刺史、褒中壮公王逊派遣将军姚岳等人拒敌，

蜋，成兵大败。岳追至泸水，成兵争济，溺死者千余人。岳以道远，不敢济而还。逊以岳不穷追，大怒，鞭之，怒甚，冠裂而卒。逊在州十四年，威行殊俗。州人立其子坚行州府事，诏除坚宁州刺史。

广州刺史陶侃遣兵救交州，未至，梁硕拔龙编，夺刺史王谅节，谅不与，硕断其右臂。谅曰："死且不避，断臂何为！"逾旬而卒。

六月，壬子，立妃庾氏为皇后，以后兄中领军亮为中书监。

梁硕据交州，凶暴失众心。陶侃遣参军高宝攻硕，斩之。诏以侃领交州刺史，进号征南大将军、开府仪同三司。未几，吏部郎阮放求为交州刺史，许之。放行至宁浦，遇高宝，为宝设馔，伏兵杀之。宝兵击放，放走，得免，至州少时，病卒。放，咸之族子也。

（以上为第九段，写太子司马绍即位，改元太宁，面临叛臣王敦淫威，选择忍让，手写诏书，征召入朝，尊崇无以复加；王敦阴谋夺位，王彬劝谏义正词严，被外放。）

陈安围赵征西将军刘贡于南安，休屠王石武自桑城引兵趣上邽以救之，与贡合击安，大破之。安收余骑八千，走保陇城。

秋，七月，赵主曜自将围陇城，别遣兵围上邽。安频出战，辄败。右军将军刘干攻平襄，克之，陇上诸县悉降。安留其将杨伯支、姜冲儿守陇城，自帅精骑突围，出奔陕中。曜遣将军平先等追之。安左挥七尺大刀，右运丈八蛇矛，近则刀、矛俱发，辄殪五六人，远则左右驰射而走。先亦勇捷如飞，与安搏战，三交，遂夺其蛇矛。会日暮雨甚，安弃马与左右匿于山中；赵兵索之，不知所在。明日，安遣其将石容觇赵兵，赵辅威将军呼延青人获之，拷问安所在，容卒不肯言，青人杀之。雨霁，青人寻其迹，获安于涧曲，斩之。安善抚将士，与同甘苦，及死，陇上人思之。为作《壮士之歌》。

杨伯支斩姜冲儿，以陇城降；别将宋亭斩赵募，以上邽降。曜徙秦州大姓杨、姜诸族二千余户于长安。氐、羌皆送任请降；以赤亭羌酋姚

双方在螗蜋交战，成汉的军队大败。姚岳追击到泸水，成汉士兵争相渡河，溺水而死的有一千多人。姚岳因为路远，不敢再渡河追击，于是退军。王逊认为姚岳没有穷追敌军，勃然大怒，鞭打姚岳；因为暴怒过度，以致冠帽爆裂而死。王逊治理宁州十四年，威慑远方。宁州人推举其子王坚代掌州府事务，明帝司马绍下诏授予王坚为宁州刺史。

广州刺史陶侃派兵救援交州，还未到达目的地，梁硕已经攻取了龙编。梁硕抢夺刺史王谅的符节，王谅不给，梁硕砍断他的右臂。王谅说："我连死都不怕，砍断手臂又有什么用？"过了十来天后去世。

六月初六壬子，明帝司马绍立妃子庾氏为皇后，让皇后的兄长中领军庾亮担任中书监。

梁硕占据交州后，因为凶残暴虐失去民心。陶侃派遣参军高宝领军进攻梁硕，将他斩首。明帝司马绍下令让陶侃兼任交州刺史，进封号为征南大将军，开府仪同三司。不久，吏部郎阮放请求出任交州刺史，获得同意。阮放行至宁浦，路遇高宝，为高宝设宴，暗伏甲士把高宝杀害。高宝手下士兵攻击阮放，阮放逃走，幸免于难，到达任所不久，因病而死。阮放是阮咸的同族子孙。

陈安在南安围困前赵的征西将军刘贡，休屠王石武从桑城率兵由上邽赶来救援，和刘贡合击陈安，给予重创。陈安收拢残余骑兵八千人，败逃退守陇城。

秋季，七月，前赵主刘曜亲自率军围攻陇城，另外派兵围困上邽。陈安频频出战，屡遭败绩。前赵右军将军刘干攻克了平襄，陇上许多县都投降前赵。陈安留下部将杨伯支、姜冲儿坚守陇城，自己率领精锐骑兵突围，逃奔陕中。刘曜派将军平先等人追击。陈安左手挥舞七尺大刀，右手运起丈八蛇矛，一旦敌人接近，就同时挥动刀矛，每次都能杀死五六人。追敌稍远，便左右驰骋，一边发箭，一边退走。平先也是勇武、敏捷如飞，和陈安搏战，三次交手才夺下陈安的蛇矛。适逢天色近暮，大雨滂沱，陈安便丢弃马匹，和左右侍从藏匿于山中。前赵士兵四处搜索，不知其所在。第二天，陈安派部将石容窥察前赵兵动向，被前赵辅威将军呼延青人抓获。呼延青人拷打石容，询问陈安的藏身之处，石容始终不肯说，被呼延青人杀死。雨停以后，呼延青人发现踪迹，在山涧的弯曲处抓住陈安，当即斩首。陈安善于抚慰军中将士，和他们同甘共苦。他死后，陇上人想念他，为他作《壮士之歌》。

杨伯支斩杀姜冲儿，献纳陇城投降；陈安的别将宋亭杀死赵募，献纳上邽出降。刘曜把秦州的豪门大姓杨氏、姜氏各部族两千多户迁移到长安。氐族、羌族也都送

弋仲为平西将军，封平襄公。

帝畏王敦之逼，欲以郗鉴为外援，拜鉴兖州刺史，都督扬州、江西诸军事，镇合肥。王敦忌之，表鉴为尚书令。

八月，诏征鉴还，道经姑孰，敦与之论西朝人士，曰："乐彦辅，短才耳，考其实，岂胜满武秋邪！"鉴曰："彦辅道韵平淡，愍怀之废，柔而能正；武秋失节之士，安得拟之！"敦曰："当是时，危机交急。"鉴曰："丈夫当死生以之。"敦恶其言，不复相见，久留不遣。敦党皆劝敦杀之，敦不从。鉴还台，遂与帝谋讨敦。

后赵中山公虎帅步骑四万击安东将军曹嶷，青州郡县多降之，遂围广固。嶷出降，送襄国杀之，坑其众三万。虎欲尽杀嶷众，青州刺史刘徵曰："今留徵，使牧民也；无民焉牧，徵将归耳！"虎乃留男女七百口配徵，使镇广固。

（以上为第十段，写汉赵主刘曜亲自出征，攻打割据陇上的陈安，将其消灭，陇上人作《壮士之歌》；王敦统揽朝政大权，郗鉴外放被召回，与明帝共商讨伐王敦。）

赵主曜自陇上西击凉州，遣其将刘咸攻韩璞于冀城，呼延晏攻宁羌护军阴鉴于桑壁，曜自将戎卒二十八万军于河上，列营百余里，金鼓之声动地，河水为沸，张茂临河诸戍，皆望风奔溃。曜扬声欲百道俱济，直抵姑臧，凉州大震。

参军马岌劝茂亲出拒战，长史氾祎怒，请斩之。岌曰："氾公糟粕书生，刺举小才，不思家国大计。明公父子欲为朝廷诛刘曜有年矣，今曜自至，远近之情，共观明公此举，当立信勇之验以副秦、陇之望，力虽不敌，势不可以不出。"茂曰："善！"乃出屯石头。茂谓参军陈珍曰："刘曜举三秦之众，乘胜席卷而来，将若之何？"珍曰："曜兵虽多，精卒至少，大抵皆氐、羌乌合之众，恩信未洽，且有山东之虞，安能舍其腹心之疾，旷日持久，与我争河西之地邪！若二旬不退，珍请得弊卒数千，为明公擒之。"茂喜，使珍将兵救韩璞。

来人质请求投降，刘曜任命赤亭羌酋长姚弋仲为平西将军，封为平襄公。

明帝司马绍畏惧王敦的逼迫，想引郗鉴为外援，授予郗鉴兖州刺史，都督扬州及长江以西的军务，镇守合肥。王敦忌惮郗鉴，上书要求让郗鉴任尚书令。

八月，晋明帝司马绍下令征召郗鉴回京，中途经过姑孰，王敦与郗鉴议论西晋人物，王敦说："乐广才能有限，考虑他的实际作为，哪能胜过满奋呢！"郗鉴说："乐广为人行事的风格是平淡，故太子司马遹被废为庶人，乐广释放与他有牵连的官员，也没有被治罪。满奋则是节操有损的人，怎能与乐广相比！"王敦说："在满奋那个时候，潜伏的祸端十分急迫。"郗鉴说："大丈夫应当将生死置之度外。"王敦厌恶郗鉴的言论，不再与他相见，并把他长期扣留，不让离开。王敦的党羽都劝王敦杀死郗鉴，王敦没有采纳。郗鉴回到朝廷后，便和晋明帝共同商议讨伐王敦的办法。

后赵国中山公石虎率领步兵、骑兵共四万人攻击安东将军曹嶷，青州的郡县有不少投降了他，石虎于是进围广固城。曹嶷出城投降，被送到襄国处死。石虎坑杀投降的士众三万人。石虎原想把曹嶷的部众尽数杀死，青州刺史刘徵说："现今让我留下，为的是统治百姓。没有人怎么统治？我准备回去了！"石虎于是留下男女七百多口，配属给刘徵，让他镇守广固城。

前赵主刘曜由陇上出发，向西进攻凉州，派遣部将刘咸进攻驻守冀城的韩璞，又派呼延晏进攻驻守桑壁的宁羌护军阴鉴，自己率兵二十八万人屯军于黄河边，营寨连绵一百多里，金鼓之声震天动地，连黄河的流水都为之激荡。张茂部沿黄河戍守的士兵，都望风溃逃。刘曜扬言将多路渡河，直捣姑臧城，凉州军民为此大为惊恐。

参军马岌劝张茂亲自出城拒敌，长史汜祎发怒，请求将马岌斩首。马岌说："汜祎只是个无用的书生，有点耿直不讳的小才，却全然不考虑国家大计。明公父子两代人多年来就想为朝廷消灭刘曜，如今刘曜自己送上门，远近之人都存心想观察明公的举动。当此之时，应当建立诚信、勇敢的实绩以满足秦州、陇上人民的心愿，力量虽然不足，但在情理上不能不出城迎敌。"张茂说："好！"于是，出城屯军于石头。张茂对参军陈珍说："刘曜调集三秦的兵众，乘着攻破陈安的胜势席卷而来，我们将怎么对付？"陈珍说："刘曜士兵虽多，但精兵极少，大多都是来自氐族和羌族的乌合之众，恩德和威信未曾广布，况且又对东方的石勒心存顾忌，他怎么能不顾心腹之患，与我方旷日持久地争夺河西之地呢！如果刘曜二十天以后还不退兵，我请求分派给我数千战斗力不强的士兵，为您把他给抓来。"张茂心中欢喜，便派陈

赵诸将争欲济河，赵主曜曰："吾军势虽盛，然畏威而来者三分有二，中军疲困，其实难用。今但按甲勿动，以吾威声震之，若出中旬，张茂之表不至者，吾为负卿矣。"茂寻遣使称藩，献马、牛、羊、珍宝不可胜纪。曜拜茂侍中，都督凉、南北秦、梁、益、巴、汉、陇右、西域杂夷、匈奴诸军事，太师、凉州牧，封凉王，加九锡。

杨难敌闻陈安死，大惧，与弟坚头南奔汉中，赵镇西将军刘厚追击之，大获而还。赵主曜以大鸿胪田崧为镇南大将军、益州刺史，镇仇池。难敌送任请降于成，成安北将军李稚受难敌赂，不送难敌于成都。赵兵退，即遣归武都，难敌遂据险不服。

稚自悔失计，亟请讨之。雄遣稚兄侍中、中领军琀与稚出白水，征东将军李寿及琀弟玝出阴平，以击难敌。群臣谏，不听。难敌遣兵拒之，寿、玝不得进，而琀、稚长驱至下辨。难敌遣兵断其归路，四面攻之。琀、稚深入无继，皆为难敌所杀，死者数千人。琀，荡之长子。有才望，雄欲以为嗣，闻其死，不食者数日。

（以上为第十一段，写汉赵主刘曜率领大军攻打凉州张茂，张茂投降，遣使称藩；另一割据势力杨难敌畏惧而投奔成汉，而后反悔，据险自守，打败围剿的成汉将领。）

初，赵主曜长子俭，次子胤。胤年十岁，长七尺五寸，汉主聪奇之，谓曜曰："此儿神气，非义真之比也，当以为嗣。"曜曰："藩国之嗣，能守祭祀足矣，不敢乱长幼之序。"聪曰："卿之勋德，当世受专征之任，非他臣之比也，吾当更以一国封义真。"乃封俭为临海王，立胤为世子。既长，多力善射，骁捷如风。靳准之乱，没于黑匿郁鞠部。

陈安既败，胤自言于郁鞠，郁鞠大惊，礼而归之。曜悲喜，谓群臣曰："义光虽已为太子，然冲幼儒谨，恐不堪今之多难。义孙，故世子也，材器过人，且涉历艰难。吾欲法周文王、汉光武，以固社稷而安义光，何如？"太傅呼延晏等皆曰："陛下为国家无穷之计，岂唯臣等赖

珍领兵救援韩璞。

前赵的众将领都争先恐后地想渡过黄河，前赵主刘曜说：“我方军队的声势虽然盛大，但其中迫于威势，不得不来的占有三分之二，中军又疲惫困顿，实际上很难用于作战。如今只能按兵不动，用我方的声势威慑对方，如果超出十天张茂的降书还不送到的话，就算我辜负了你们。”不久，张茂果然派遣使者投降称臣，献上的马、牛、羊和珍宝不计其数。刘曜授予张茂侍中并都督凉州、南秦州、北秦州、梁州、益州、巴州、汉中、陇右、西域杂夷及匈奴各地的军务，任命他为太师、凉州牧，封为凉王，赐给九锡。

杨难敌听说陈安被杀，十分恐惧，和兄弟杨坚头向南逃往汉中，前赵镇西将军刘厚在后追击，多有缴获，随后退军。前赵主刘曜任命大鸿胪田崧为镇南大将军、益州刺史，镇守仇池。杨难敌呈送人质向成汉请求投降，成汉安北将军李稚因为接受了杨难敌的贿赂，于是没有把杨难敌遣送到成都。前赵的军队退走后，李稚立即让杨难敌回到武都，杨难敌于是凭仗地势险固，不再服从成汉。

李稚对自己的失策深为追悔，多次请求出兵征讨杨难敌。李雄便派遣李稚的兄长侍中、中领军李琀和李稚由白水出兵，征东将军李寿以及李琀的兄弟李玝由阴平出兵，攻打杨难敌。成汉的许多大臣进谏，李雄不听。杨难敌发兵拒敌，李寿、李玝所部无法前进，而李琀、李稚率领的军队则长驱直入，进抵下辨。杨难敌派军队截断其退路，然后四面包围进攻。李琀、李稚因深入敌境，后援断绝，都被杨难敌所杀，死者数千。李琀为李荡的长子，颇有才学和名望，李雄本想让他作为自己的继承人，听说他死了，好几天吃不下饭。

当初，前赵主刘曜有长子刘俭，次子刘胤。刘胤年方十岁，身高七尺五寸，汉主刘聪因此惊奇，对刘曜说：“你这个儿子的神气，不是刘俭所能比拟的，应当让他当继承人。”刘曜说：“藩国臣民的继承人，能守住祖先的祭祀就够了，我不敢破坏长幼的秩序。”刘聪说：“以你的功勋和德行，当会世世代代担任征伐的重任，不是别的臣子可比拟的，我当会另外赐给刘俭一个诸侯国封号。”于是，封刘俭为临海王，立刘胤为世子。刘胤长大以后，力气很大，精于箭术，勇猛、迅捷如风。靳准作乱的时候，刘胤隐匿身世，藏身在匈奴的黑匿郁鞠部。

陈安败亡后，刘胤把自己的身世告诉郁鞠，郁鞠大吃一惊，按照相应的礼仪对待，并送他归国。刘曜悲喜交加，对群臣说：“刘熙虽然成为太子，但年龄幼小，拘谨柔顺，恐怕难以承受现今诸多的艰难。刘胤本来是我的世子，才能气度出众，而且经历过许多艰难。我想效法周文王立武王和汉光武帝立明帝的做法，以巩固国家

之，实宗庙四海之庆。”左光禄大夫卜泰、太子太保韩广进曰：“陛下以废立为是，不应更问群臣；若以为疑，固乐闻异同之言。臣窃以为废太子，非也。昔文王定嗣于未立之前，则可也；光武以母失恩而废其子，岂足为圣朝之法！向以东海为嗣，未必不如明帝也。胤文武才略，诚高绝于世；然太子孝友仁慈，亦足为承平贤主。况东宫者，民、神所系，岂可轻动！陛下诚欲如是，臣等有死而已，不敢奉诏。”曜默然。

胤进曰：“父之于子，当爱之如一，今黜熙而立臣，臣何敢自安！陛下苟以臣为颇堪驱策，岂不能辅熙以承圣业乎！必若以臣代熙，臣请效死于此，不敢闻命。”因歔欷流涕。曜亦以熙羊后所生，不忍废也，乃追谥前妃卜氏为元悼皇后。泰，即胤之舅也，曜嘉其公忠，以为上光禄大夫、仪同三司、领太子太傅；封胤为永安王，拜侍中、卫大将军、都督二宫禁卫诸军事、开府仪同三司、录尚书事。命熙于胤尽家人之礼。

（以上为第十二段，写汉赵主刘曜因儿子刘胤回来，有更易太子的打算，刘胤之舅卜泰等人则以为不可，认为不是明智之举，刘胤也极力反对，刘曜也只好作罢。）

张茂大城姑臧，修灵钧台。别驾吴绍谏曰：“明公所以修城筑台者，盖惩既往之患耳。愚以为苟恩未洽于人心，虽处层台，亦无所益，适足以疑群下忠信之志，失士民系托之望，示怯弱之形，启邻敌之谋，将何以佐天子，霸诸侯乎！愿亟罢兹役，以息劳费。”茂曰：“亡兄一旦失身于物，岂无忠臣义士欲尽节者哉！顾祸生不意，虽有智勇无所施耳。王公设险，勇夫重闭，古之道也。今国家未靖，不可以太平之理责人于屯邅之世也。”卒为之。

王敦从子允之，方总角，敦爱其聪警，常以自随。敦尝夜饮，允之

政权，另外安排刘熙的地位，怎么样？”太傅呼延晏等人都说：“皇上为国家的长远命运考虑，岂只我们这些臣子有所依仗，实际也是祖先和国民的幸运。”左光禄大夫卜泰、太子太保韩广则进谏：“皇上如果认为自己在太子废立问题上的看法正确，就不应当再向臣下询问；如果觉得没有把握，当然乐于听到不同的意见。我们私下认为废除当今太子是不对的。往昔周文王选定继承人，是在未立太子之前，所以是可以的；汉光武帝因为太子的生母失去恩宠而废除太子，哪里值得本朝效法！以往皇上立东海王刘熙为太子，这未必就不如汉光武帝立明帝为太子的做法。刘胤的文才武略的确为当世高绝，但太子的孝友仁慈，也足以成为承袭国家太平的贤惠君主。何况太子与百姓和神灵相关联，怎可轻易变动！皇上如果真的想改立太子，我们宁死也不敢遵奉诏令。”刘曜默默无语。刘胤进言，说：“父亲对儿子的爱，应当无所偏颇，现在如果废黜刘熙而改立我，我怎能心安！皇上只要认为我还可以为国效力，难道我还不能帮助刘熙继承圣业吗？如果一定要让我替代刘熙，我请求立即死在这里，不敢听命。”随之哀叹抽泣。

刘曜也因为刘熙是羊皇后所生，不忍心废黜，于是追谥刘胤的生母、前妃卜氏为元悼皇后。卜泰即刘胤的娘舅，刘曜为嘉奖他的公正和忠贞，授予他为上光禄大夫、仪同三司、领太子太傅。又封刘胤为永安王，授职侍中、卫大将军、都督二宫禁卫诸军事、开府仪同三司、录尚书事。命令刘熙用对自家人的礼仪对待刘胤。

张茂在姑臧大兴土木，维修城墙，修筑灵钧台。别驾吴绍劝阻说：“明公之所以修城墙、筑高台，大概因为有鉴于以往遭到攻击的忧患。我以为只要臣民未曾普遍感受到君上的恩泽，即使身处多层高台上也没有什么好处。只能够使臣下对自己的忠信志向产生疑虑，失去士民们寄托的期望，显示出怯弱的情形，挑起相邻的敌方来犯的欲念，这怎么能辅佐天子，称霸诸侯呢！希望能急速废止这项工程，停止人力和钱财的巨大耗费。”张茂说：“亡兄张寔忽然死于非命，难道没有忠臣义士想为他效死尽忠吗！只不过祸乱在意想不到的情况下突发，虽然他智勇兼具也无所施展罢了。王公设置险阻保守国家，勇夫多设关隘保守其地，这是古人之道。现今国家不太平，不能在这举步维艰的时代用太平盛世的道理去要求人。”最终没有停止修建工程。

王敦的侄子王允之，正当童年，王敦因他聪明机警，异常宠爱，经常让他跟随

辞醉先卧。敦与钱凤谋为逆，允之悉闻其言，即于卧处大吐，衣面并污。凤出，敦果照视，见允之卧于吐中，不复疑之。会其父舒拜廷尉，允之求归省父，悉以敦、凤之谋白舒。舒与王导俱启帝，阴为之备。

敦欲强其宗族，陵弱帝室，冬，十一月，徙王含为征东将军、都督扬州江西诸军事，王舒为荆州刺史、监荆州沔南诸军事，王彬为江州刺史。

后赵王勒以参军樊坦为章武内史，勒见其衣冠弊坏，问之，坦率然对曰："顷为羯贼所掠，资财荡尽。"勒笑曰："羯贼乃尔无道邪！今当相偿。"坦大惧，叩头泣谢。勒赐车马、衣服、装钱三百万而遣之。

是岁，越嶲斯叟攻成将任回，成主雄遣征南将军费黑讨之。

会稽内史周札，一门五侯，宗族强盛，吴士莫与为比，王敦忌之。敦有疾，钱凤劝敦早除周氏，敦然之。周嵩以兄𫖮之死，心常愤愤。敦无子，养王含子应为嗣，嵩尝于众中言应不宜统兵，敦恶之。嵩与札兄子莛，皆为敦从事中郎。会道士李脱以妖术惑众，士民颇信事之。

（以上为第十三段，写凉王张茂大兴土木，修筑城墙，筑造灵钧台；东晋权臣王敦密谋叛乱之事，极力扩大王氏宗族势力，削弱、欺凌东晋皇室力量，但消息走漏。）

自己。王敦有次在夜晚饮酒，王允之以醉酒为由离席先睡。王敦便和钱凤一起商讨叛乱之事，被王允之全部听到。王允之随即在睡卧的地方大吐，衣物、脸面都沾上了污秽。钱凤走后，王敦果然持灯前来察看，见王允之睡卧在呕吐的污物中，便不再有疑心。适逢王允之的父亲王舒升任廷尉，王允之请求回家探看父亲，便将王敦、钱凤密谋的内容全部告诉了王舒。王舒与王导一块儿禀报晋明帝司马绍，私下为应付突变做好准备。

王敦想增加自己的宗族势力，削弱欺凌皇室力量，冬季，十一月，调任王含为征东将军，都督扬州、长江西部军务，让王舒担任荆州刺史，监督荆州、沔水以南军务，王彬担任江州刺史。

后赵王石勒让参军樊坦担任章武内史，石勒见他衣帽破旧，询问原因。樊坦未加思索，回答说："不久前遭到羯人贼寇的抢劫，财物荡然无存。"石勒笑着说："羯人贼寇竟然这样蛮横无道吗！现在我会偿还给你。"樊坦大为恐惧，流着眼泪叩头赔罪。石勒赐给他车马、衣服及办装费三百万，派遣他上任。

这年，越巂人斯叟进攻成汉的将领任回，成汉主李雄派遣征南将军费黑征讨斯叟。

会稽内史周札，一族之中有五人封侯，宗族势力强盛，吴地士大夫中无人可以比拟，王敦为此忌惮。王敦生病，钱凤劝王敦早日除灭周氏，得到王敦赞同。周嵩因为兄长周颉被王敦所杀，心中经常愤愤不平。王敦没有儿子，收养王含之子王应为子嗣，周嵩曾当众说王应不适合统领军队，王敦为此憎恶周嵩。周嵩和周札兄长的儿子周莚都担任王敦的从事中郎。适逢道士李脱利用妖术蛊惑民众，不少士民都相信并追随他。

【点评】

王敦乱国。王敦与王导曾是稳定江东、建立东晋举足轻重的人物。王导在朝廷出谋划策，左右朝局；王敦驻守荆州，平定乱局，控制着都城建康的上游地区。后来，王敦举兵反叛，占据石头城，接受百官朝拜；尽管如此，他还是不满足，又密谋叛乱，遂被晋明帝司马绍率兵平定。那么王敦之乱，是由哪些原因促成的呢？这值得我们深思。

首先，晋元帝司马睿毫无远略、缺谋少断。王敦谋反，是以诛杀晋权臣刘隗为名。王敦反势的养成，恰是贵为皇帝的司马睿造成的，所谓养虎为患，反遭虎噬。当初王敦确实为江东的稳定立下了汗马功劳，但是随着功劳越来越大，其胃口和野心也越来越大；而晋元帝司马睿开始时和王敦互相倚重，司马睿几乎满足了王敦在权力方面的所有要求，对其毫无节制；当发现情势不太好时，又赶忙采取措施，限制王导的权力，布局对付王敦的人事安排，结果惹恼了王敦。但可惜的是，司马睿重用的人才，没有哪一个能够具有与王敦抗衡的分量，即使是那些所谓的忠良联合起来，也不足以与王敦的势力相对抗。当王敦进攻石头城，就明显暴露出这些所谓忠良的致命弱点，经不起打击，遇到危难就投降。这说明司马睿缺乏识人、用人的眼光和能力，或者是由于长期的疏忽，导致事到临头却没有可堪重用之才。王敦之乱起，司马睿虽然亲率六军予以反击，但缺少具体的谋划，所谓的将才，在王敦面前，几乎不堪一击！

其次，晋朝大军师王导负有不可推卸的责任。王导襄助司马睿稳定江东，提高威望，建立东晋，确实是功不可没；但王敦造反，在某种程度上是以王导在朝廷的人望以及他所布局的笼盖朝野的王氏亲信为依托的。当王导在朝廷遇到信任危机时，王敦毫不犹豫地站起来指责朝廷，出言不逊；当王敦谋反时，王导却没什么有价值的谋略。比惠帝司马衷聪明许多的司马睿还想依靠王导，任用他为前锋大都督。可见，司马睿平叛失败，王导负有不可推卸的责任。王敦反叛成功后，王导也没有对王敦进行任何谴责，在一些重大事件上，王敦征求他的意见，他一言不发，不置可否，而没有坚持正道，据理力争。这种态度暧昧、置身事外的做法，难道是朝廷重臣应该持有的态度吗？后来，王敦掌控朝局，还加封王导的官职；晋明帝司马绍平叛成功后，又加封王导！

最后，王敦势力一股独大，没有谁能够与之抗衡。因此，他无所顾忌，再加之朝廷有大军师王导明里暗里帮助他，他更加肆无忌惮。但是，他的结局并不好，因为东晋继位的晋明帝司马绍，远不是西晋昏庸的惠帝司马衷可比，后来终于平叛成功，王敦落得身败名裂的下场！

晋纪十五

晋明帝太宁二年至晋成帝咸和二年（324—327年）

【起阏逢涒滩（甲申，324年），尽强圉大渊献（丁亥，327年），凡四年】

【大事提要】

本卷记事起公元324年，讫公元327年，凡四年，当晋明帝（司马绍）太宁二年至晋成帝（司马衍）咸和二年。本卷所载大事，主要有五个方面：其一，明帝讨平王敦。晋明帝司马绍即位后，继其父司马睿遗志，欲击灭王敦，而王敦亦欲篡位自立。公元324年，王敦病重，其党羽钱凤与沈充谋议举兵叛乱，率军直攻京师。司马绍以王导为大都督，连续出击，大败叛军。王敦去世，被剖棺掘尸，与沈充悬首示众。其二，明帝死，司马衍立。公元325年，晋明帝司马绍病重，令司马羕、王导、卞壸、郗鉴、庾亮、陆晔、温峤等辅佐太子，随即去世，年仅27岁。长子司马衍即位，是为成帝，改元咸和，尊庾皇后为皇太后，临朝称制，以王导、庾亮、卞壸参辅朝政，庾亮专权。其三，段辽杀段牙，自立。鲜卑人首领慕容廆与段氏和睦，劝段牙迁都。公元325年，段牙迁都令支，引起国人不满，段辽欲夺其位，乘机以迁都为罪，率领国人攻打段牙，杀之，而后自立。段氏自务勿尘以来，日益兴盛强大，统辖胡、晋三万多户，骑兵有数万人。其四，庾亮专权，杀司马宗。庾亮为晋明帝庾皇后的哥哥。晋成帝司马衍年幼，大权握在庾亮之手。他改变王导的宽和之政，引起豫州刺史祖约和历阳内史苏峻等人极端不满；宗室近亲司马宗被解除军职，深怀怨恨；又贬退太宰司马羕，召苏峻回京，引起其反叛。其五，石虎打败代王纥那，立翳槐为代王。后赵中山公石虎袭击鲜卑代王纥那，双方激战于句注陉北，纥那兵败，迁都于大宁躲避。纥那又与宇文部共击贺兰部，未能取胜。公元329年，贺兰部及诸大人共立拓跋翳槐为代王，翳槐派遣其弟什翼犍为质，与后赵修好。

【原文】

肃宗明皇帝下

太宁二年（甲申，324 年）

春，正月，王敦诬周嵩、周莚与李脱谋为不轨，收嵩、莚，于军中杀之；遣参军贺鸾就沈充于吴，尽杀周札诸兄子；进兵袭会稽，札拒战而死。

后赵将兵都尉石瞻寇下邳、彭城，取东莞、东海，刘遐退保泗口。

司州刺史石生击赵河南太守尹平于新安，斩之，掠五千余户而归。自是二赵构隙，日相攻掠，河东、弘农之间，民不聊生矣。

石生寇许、颍，俘获万计。攻郭诵于阳翟，诵与战，大破之，生退守康城。后赵汲郡内史石聪闻生败，驰救之，进攻司州刺史李矩、颍川太守郭默，皆破之。

成主雄，后任氏无子，有妾子十余人，雄立其兄荡之子班为太子，使任后母之。群臣请立诸子，雄曰："吾兄，先帝之嫡统，有奇材大功，事垂克而早世，朕常悼之。且班仁孝好学，必能负荷先烈。"太傅骧、司徒王达谏曰："先王立嗣必子者，所以明定分而防篡夺也。宋宣公、吴馀祭，足以观矣！"雄不听。骧退而流涕曰："乱自此始矣！"班为人谦恭下士，动遵礼法，雄每有大议，辄令豫之。

夏，五月，甲申，张茂疾病，执世子骏手泣曰："吾家世以孝友忠顺著称，今虽天下大乱，汝奉承之，不可失也。"且下令曰："吾官非王命，苟以集事，岂敢荣之！死之日，当以白帢入棺，勿以朝服敛。"是日，薨。愍帝使者史淑在姑臧，左长史氾祎、右长史马谟等，使淑拜骏大将军、凉州牧、西平公，赦其境内。前赵主曜遣使赠茂太宰，谥曰"成烈王"；拜骏上大将军、凉州牧、凉王。

（以上为第一段，写异族之事，后赵石瞻侵犯晋地下邳、彭城；汉赵与后赵结怨成仇，互相攻打劫掠；成汉主李雄立兄子李班为太子；凉州牧张茂去世，兄子张骏继任。）

王敦疾甚，矫诏拜王应为武卫将军以自副，以王含为骠骑大将军、

【语译】

肃宗明皇帝下

晋明帝太宁二年（甲申，324 年）

春季，正月，王敦诬陷周嵩、周莚与李脱勾结，密谋不轨，因而收捕二人，杀害于军中。又派参军贺鸾到吴地找沈充，把周札所有兄长的儿子尽数杀死，随即进兵攻袭会稽，周札抵抗而战死。

后赵的将兵都尉石瞻侵犯下邳、彭城，攻取东莞、东海，刘遐退保泗口。

后赵司州刺史石生攻击在新安的前赵河南太守尹平，将他斩首，劫掠民众五千多户。自此以后，前赵与后赵结怨成仇，经常互相攻伐劫掠，河东、弘农之间，民不聊生。

石生侵犯许昌、颍川，俘获上万人。又进攻在阳翟的郭诵。郭诵与石生交战，重创石生所部，石生退守康城。后赵汲郡内史石聪听说石生战败，奔驰救援，进攻司州刺史李矩和颍川太守郭默，均获胜。

成汉主李雄的皇后任氏无子，妾妃所生的儿子有十多人。李雄册立兄长李荡的儿子李班为太子，让任后做他的母亲。群臣请求在妾妃所生的子嗣中选立太子，李雄说："我的兄长是先帝的嫡子，具有奇才和大功，当帝业即将成功时却英年早逝，我时常悼念他。况且李班仁孝好学，一定会继承祖先的功业。"太傅李骧、司徒王达劝说："先王们之所以一定从自己的儿子中选立继承人，为的是明确各自的身份，使各有所安，防止篡权夺位。宋宣公和吴国馀祭的先例，就足以令人知晓。"李雄不听。李骧退下后流着眼泪说："祸乱由此发端了。"李班为人谦恭下士，行动遵循礼法，李雄只要有重大决策，总是让他参与。

夏季，五月十四日甲申，张茂病重，拉着世子张骏的手哭泣说："我家世代以孝友忠顺著称于世，如今虽然天下大乱，但你必须继承家族遗风，不可丢弃。"并且下令说："我的官职本非朝廷任命，只能勉强支撑局面，怎敢大办丧事！我死的时候，应当戴着白色便帽入棺，不要用朝服殡殓。"这天，张茂去世。愍帝司马邺时的使者史淑留居在姑臧，左长史氾祎、右长史马谟等让史淑授予张骏大将军、凉州牧、西平公，赦免境内罪犯。前赵主刘曜派遣使者赠给张茂太宰的名号，谥号为成烈王；授予张骏上大将军、凉州牧、凉王。

王敦病情加剧，矫称皇帝命令，任命王应为武卫将军，做自己的副手，任命王

开府仪同三司。钱凤谓敦曰："脱有不讳，便当以后事付应邪？"敦曰："非常之事，非常人所能为。且应年少，岂堪大事！我死之后，莫若释兵散众，归身朝廷，保全门户，上计也；退还武昌，收兵自守，贡献不废，中计也；及吾尚存，悉众而下，万一侥幸，下计也。"凤谓其党曰："公之下计，乃上策也。"遂与沈充定谋，俟敦死，即作乱。又以宿卫尚多，奏令三番休二。

初，帝亲任中书令温峤，敦恶之，请峤为左司马。峤乃缪为勤敬，综其府事，时进密谋以附其欲。深结钱凤，为之声誉，每曰："钱世仪精神满腹。"峤素有藻鉴之名，凤甚悦，深与峤结好。会丹杨尹缺，峤言于敦曰："京尹，咽喉之地，公宜自选其才，恐朝廷用人，或不尽理。"敦然之，问峤："谁可者？"峤曰："愚谓无如钱凤。"凤亦推峤，峤伪辞之，敦不听。

六月，表峤为丹杨尹，且使觇伺朝廷。峤恐既去而钱凤于后间止之，因敦饯别，峤起行酒，至凤，凤未及饮；峤伪醉，以手版击凤帻坠，作色曰："钱凤何人，温太真行酒而敢不饮！"敦以为醉，两释之。峤临去，与敦别，涕泗横流，出阁复入者再三。行后，凤谓敦曰："峤于朝廷甚密，而与庾亮深交，未可信也。"敦曰："太真昨醉，小加声色，何得便尔相谗！"峤至建康，尽以敦逆谋告帝，请先为之备，又与庾亮共画讨敦之谋。敦闻之，大怒曰："吾乃为小物所欺！"与司徒导书曰："太真别来几日，作如此事！当募人生致之，自拔其舌。"

（以上为第二段，写王敦病重，死党钱凤与沈充谋划叛乱，温峤被调任左司马，故作逢迎，取得信任，任为丹杨尹，将王敦逆谋报告明帝，使朝廷有了充分准备。）

帝将讨敦，以问光禄勋应詹，詹劝成之，帝意遂决。丁卯，加司徒导大都督、领扬州刺史，以温峤都督东安北部诸军事，与右将军卞敦守石头，应詹为护军将军、都督前锋及朱雀桥南诸军事，郗鉴行卫将军、都督从驾诸军事，庾亮领左卫将军，以吏部尚书卞壶行中军将军。郗鉴以为军号无益事实，固辞不受；请召临淮太守苏峻、兖州刺史刘遐同讨敦。诏征峻、遐及徐州刺史王邃、豫州刺史祖约、广陵太守陶瞻等入卫京师。帝屯于中堂。

含为骠骑大将军、开府仪同三司。钱凤对王敦说："假如您有不幸，是否将把身后之事托付王应？"王敦说："非常之事，不是平常人所能够胜任的。何况王应年轻，哪能承担大事！我死以后，不如放下武器，遣散兵众，归顺朝廷，以保全宗族家人，这是上策；退回到武昌，集中军队谨慎自守，给朝廷贡献的物品无所缺废，这是中策；乘我还活着的时候，发遣所有的兵力攻打京城，寄希望于侥幸取胜，这是下策。"钱凤对其党羽说："王公所谓下策，其实正是上策。"于是与沈充谋议商定，等王敦一死便发动叛乱。他又认为宿卫士兵太多，奏令按照三分之二的比例轮休。

当初，明帝司马绍亲近信任中书令温峤，王敦不满，请准温峤出任左司马。温峤便假装勤勉恭敬，治理王敦府事务，时常私下出些主意来附和王敦的欲望。又与钱凤结为深交，为钱凤扬名，常常说："钱凤满身活力。"温峤素来有善于品评鉴别人的美名，钱凤甚为喜悦，尽力与温峤结好。恰逢丹杨尹的职位空缺，温峤对王敦说："丹杨尹守备京城，这种咽喉要职您应当自己遴选人才充任。恐怕朝廷任用的人有的不会尽心治理。"王敦颇以为然，问温峤说："谁能够胜任？"温峤说："我认为没有谁能比得上钱凤。"钱凤也推举温峤，温峤佯装推辞。王敦不听。

六月，王敦上表奏请温峤担任丹杨尹，并且让他观察朝廷动向。温峤唯恐自己走后，钱凤再离间挑拨加以制止，便借王敦设宴饯别之机，起身敬酒，来到钱凤面前，钱凤还没来得及饮酒，温峤佯装喝醉了，用手版击落钱凤的头巾，脸色一变说："钱凤你是什么样的人，我温太真敬酒你胆敢不喝？"王敦以为温峤喝醉了，把双方劝解开。温峤临行时，向王敦道别，眼泪鼻涕横流，做出难舍的样子。温峤走后，钱凤对王敦说："温峤与朝廷关系极为密切，并且与庾亮有深交，此人不能信任。"王敦说："温峤昨天喝醉了，对你稍有失敬，你怎么能马上就这样诋毁他呢！"温峤到达建康后，把王敦作乱的图谋原原本本地告诉了明帝司马绍，请求明帝事先有所防备。又和庾亮共同筹划攻打王敦的谋略。王敦听说后，勃然大怒，说："我竟然被这个小东西欺骗！"便写信给司徒王导说："温峤离开几天，竟然做出这种事！我要找人把他活捉过来，亲自拔掉他的舌头。"

晋明帝司马绍将要征讨王敦，就此事征询光禄勋应詹的意见，应詹表示赞同，晋明帝于是坚定了决心。六月二十七日丁卯，晋明帝司马绍加授司徒王导大都督、兼任扬州刺史，任命温峤都督东安北部诸军事，和右将军卞敦同守石头城；任命应詹为护军将军、都督前锋及朱雀桥南诸军事；任命郗鉴兼摄卫将军、都督扈从御驾诸军事。又让庾亮兼任左卫将军，让吏部尚书卞壸兼摄中军将军。郗鉴认为有军制上的名号于实际情况无益，坚持辞谢不受，请求征召临淮太守苏峻、兖州刺史刘遐共同讨伐王敦。明帝于是下令征召苏峻、刘遐以及徐州刺史王邃、豫州刺史祖约、

司徒导闻敦疾笃，帅子弟为敦发哀，众以为敦信死，咸有奋志。于是，尚书腾诏下敦府，列敦罪恶曰："敦辄立兄息以自承代，未有宰相继体而不由王命者也。顽凶相奖，无所顾忌；志骋凶丑，以窥神器。天不长奸，敦以陨毙；凤承凶宄，弥复煽逆。今遣司徒导等虎旅三万，十道并进；平西将军邃等精锐三万，水陆齐势；朕亲统诸军，讨凤之罪。有能杀凤送首，封五千户侯。诸文武为敦所授用者，一无所问，无或猜嫌，以取诛灭。敦之将士，从敦弥年，违离家室，朕甚愍之。其单丁在军，皆遣归家，终身不调；其余皆与假三年，休讫还台，当与宿卫同例三番。"

敦见诏，甚怒，而病转笃，不能自将。将举兵伐京师，使记室郭璞筮之，璞曰："无成。"敦素疑璞助温峤、庾亮，及闻卦凶，乃问璞曰："卿更筮吾寿几何？"璞曰："思向卦，明公起事，必祸不久；若住武昌，寿不可测。"敦大怒曰："卿寿几何？"曰："命尽今日日中。"敦乃收璞，斩之。

敦使钱凤及冠军将军邓岳、前将军周抚等帅众向京师。王含谓敦曰："此乃家事，吾当自行。"于是，以含为元帅。凤等问曰："事克之日，天子云何？"敦曰："尚未南郊，何得称天子！便尽卿兵势，保护东海王及裴妃而已。"乃上疏以诛奸臣温峤等为名。

（以上为第三段，写晋明帝司马绍调兵遣将，做好平叛的准备，以王导为大都督；郗鉴建议调动各路大军入京护卫；王导为王敦发丧，激发士气。）

秋，七月，壬申朔，王含等水陆五万奄至江宁南岸，人情恟惧。温峤移屯水北，烧朱雀桁以挫其锋，含等不得渡。帝欲亲将兵击之，闻桥已绝，大怒。峤曰："今宿卫寡弱，征兵未至，若贼豕突，危及社稷，宗庙且恐不保，何爱一桥乎！"

司徒导遗含书曰："近承大将军困笃，或云已有不讳。寻知钱凤大严，欲肆奸逆，谓兄当抑制不逞，还藩武昌，今乃与犬羊俱下。兄之此举，谓可得如大将军昔年之事乎？昔者，佞臣乱朝，人怀不宁，如导之徒，

广陵太守陶瞻等入京师护卫。明帝屯军于中堂之地。

司徒王导听说王敦病势沉重，便带领王氏子弟为王敦发丧，大家以为王敦确实死了，都有奋战的士气。于是，尚书传送皇命到王敦的幕府，罗列王敦的罪恶，说："王敦专断地扶立兄长的儿子继承自己的职位，从来没有宰相的继承人是不由君王任命的。这真是凶顽之徒相互奖掖，无所顾忌；志向凶残丑恶，窥视国家政权。幸好上天不让奸恶之人长寿，王敦因而毙命；钱凤既已奉承奸凶之人，又再煽动作乱，现在派遣司徒王导等率领猛虎般的军队三万人，十路并进；平西将军王邃等率领精兵三万，水陆齐发；我亲自统领各路大军，讨伐钱凤的罪恶。有谁能够杀死钱凤将首级送来，封为五千户侯。各文武官员即使是由王敦任用的，我也一概不加过问。你们不要心存猜忌和隔阂，以至于自取灭亡。王敦的将士们跟随他多年，远离家室，我非常怜悯。凡是独生子从军的，都遣返回家，终身不再征用。其余的人都给假三年；休假期满回到朝廷后，都将与宿卫的士兵一样，按三分之二的比例轮休。"

王敦见到诏书，十分震怒，但因病情愈加沉重，不能亲自率兵出战。将要发兵攻打京师以前，让记室郭璞占卦，郭璞说："事情不会成功。"王敦历来怀疑郭璞在帮助温峤、庾亮，等到听说卦呈凶兆，便问郭璞说："你再算算我的寿命还有多长？"郭璞说："由刚才的卦象推算，明公如果起兵，灾祸必定不久将至；如果仍旧住在武昌，享年长不可测。"王敦大怒，说："你的命有多长？"郭璞回答说："今天正午毙命。"王敦于是拘捕郭璞，将他斩首。

王敦让钱凤和冠军将军邓岳、前将军周抚等人率领士众向京师进发。王含对王敦说："这本是我们王家的事，我应当亲自去。"王敦便任命王含为全军的主帅。钱凤等人问道："事成之日，把天子怎么办？"王敦说："还没南郊祭天，哪能够称天子！只管出动你们所有的兵力，保护东海王和裴妃而已。"于是以诛杀奸臣温峤等人为由，给晋明帝司马绍上书。

秋季，七月初一壬申朔（按壬申，应为七月初二），王含等率水军、步兵共五万人忽然到达江宁秦淮河南岸，京城人心惶惶。温峤移兵驻屯河北岸，烧毁了朱雀浮桥，以暂挫敌方兵锋。王含等人无法渡河。晋明帝司马绍想亲自领兵攻击，听说浮桥已断，勃然大怒。温峤说："现在宿卫的士兵人数少、体力弱，征召的援军没到，如果让敌军窜入，将会危及朝廷，那时连祖先的宗庙恐怕都难保，何必吝惜一座桥呢！"

司徒王导送信给王含说："近来听说大将军王敦病重垂危，有人说已遇不幸。不久知道钱凤大加戒严，想肆行奸逆不道之事。我认为兄长应当抑制他们，不要使其得逞，应当回军戍卫武昌，现在却与愚昧无知之人一同前来。兄长这种举动，是以

心思外济，今则不然。大将军来屯于湖，渐失人心，君子危怖，百姓劳弊。临终之日，委重安期，安期断乳几日？又于时望，便可袭宰相之迹邪？自开辟以来，颇有宰相以孺子为之者乎？诸有耳者，皆知将为禅代，非人臣之事也。先帝中兴，遗爱在民；圣主聪明，德洽朝野。兄乃欲妄萌逆节，凡在人臣，谁不愤叹！导门小大受国厚恩，今日之事，明目张胆，为六军之首，宁为忠臣而死，不为无赖而生矣！”含不答。

或以为:“王含、钱凤众力百倍，苑城小而不固，宜及军势未成，大驾自出拒战。”郗鉴曰:“群逆纵逸，势不可当；可以谋屈，难以力竞。且含等号令不一，抄盗相寻，吏民惩往年暴掠，皆人自为守。乘逆顺之势，何忧不克！且贼无经略远图，唯恃豕突一战，旷日持久，必启义士之心，令智力得展。今以此弱力敌彼强寇，决胜负于一朝，定成败于呼吸，万一蹉跌，虽有申胥之徒，义存投袂，何补于既往哉！”帝乃止。

帝帅诸军出屯南皇堂。癸酉夜，募壮士，遣将军段秀、中军司马曹浑等帅甲卒千人渡水，掩其未备。平旦，战于越城，大破之，斩其前锋将何康。秀，匹磾之弟也。

敦闻含败，大怒曰:“我兄，老婢耳；门户衰，世事去矣！”顾谓参军吕宝曰:“我当力行。”因作势而起，困乏，复卧。乃谓其舅少府羊鉴及王应曰:“我死，应便即位，先立朝廷百官，然后营葬事。”敦寻卒，应秘不发丧，裹尸以席，蜡涂其外，埋于厅事中，与诸葛瑶等日夜纵酒淫乐。

（以上为第四段，写王含等率领叛军奔赴建康，王导写信劝导；郗鉴建议以谋屈而不以力竞；晋明帝司马绍选派勇士渡河突袭，打败叛军；王敦去世，秘不发丧。）

帝使吴兴沈桢说沈充，许以为司空。充曰:“三司，具瞻之重，岂吾所任！币厚言甘，古人所畏也。且丈夫共事，终始当同，岂可中道改易，人谁容我乎！”遂举兵趣建康。宗正卿虞潭以疾归会稽，闻之，起兵余姚以讨充。帝以潭领会稽内史。前安东将军刘超、宣城内史锺雅皆起兵以讨充。义兴人周蹇杀王敦所署太守刘芳，平西将军祖约逐敦所署淮南太守任台。

为能做成如同大将军当年所做的事吗？当初佞臣败坏朝政，人心不平，像我这样的人，也心存外念，现在则不同。大将军自从前来屯军于湖，便逐渐失去民心，正直的君子感到危险和恐惧，百姓劳累疲惫。临终之时，将重任委托给王应，王应断奶才有几天？再说，凭他时下的名望，就能承袭宰相的职位吗？自从天地开辟以来，可有宰相的职位让孺子小儿担任的？凡是听说此事的人，都知道将要进行怎样的事，篡位不是为人臣子者所应当做的。先帝中兴国家，遗留仁爱于民间；当今皇上耳聪目明，恩德遍于朝野。兄长却想轻妄地挑起祸乱，凡据有人臣之位的，谁不为此愤慨！王导一门老小蒙受国家的厚恩大德，今天此事，我放开胆量，敢行敢为，出任六军统帅，宁肯身为忠臣战死，也不愿当一个无赖苟活！”王含没有答复。

有人认为：“王含、钱凤的军队人数和战斗力都要强出百倍。苑城既小又不坚固，应当乘敌军强势未成之时，皇帝亲自率兵出城抗敌。”郗鉴说：“乱党来势汹汹，势不可当，只能靠计谋取胜，难以力战。况且王含等人军令不齐，劫掠不断，官吏民众有鉴于往年被凶暴地掠夺资财，人人都自行守备。只要利用顺逆的情势，何愁不能克敌！再说，敌寇毫无谋略和长远设想，只靠盲目奔突一战，旷日持久，必定会开启义士的心神，使他们的智慧和力量得以施展。现在如果以这样弱小的力量与强敌抗衡，期望一朝决定胜负，瞬间判别成败，万一有所闪失，即使有申包胥这样的人愿意赴难救援，于既成事实又有什么补益呢！”晋明帝司马绍这才罢休。

晋明帝司马绍统领各军出城屯驻南皇堂。九月初四癸酉夜间，（皇帝）招募勇士，派遣将军段秀、中军司马曹浑等率领甲士千人渡过秦淮河，攻其不备。清晨，在越城与敌人交战，大胜，斩杀其前锋将领何康。段秀，即段匹磾的弟弟。

王敦听说王含战败，勃然大怒，说：“我这个兄长只是个老废物，门户衰落，大事完了！”回头对参军吕宝说：“我要尽力起行。”随即用力起来，因气力困乏，只好又躺下。于是，对自己的舅父少府羊鉴和王应说：“我死后，王应立即即丞相位，先设立朝廷、任命百官，然后再安排丧事。”王敦不久即死，王应隐瞒死讯，用席子包裹尸身，外面涂蜡，埋在议事厅中，和诸葛瑶等人日夜纵酒淫乐。

晋明帝司马绍让吴兴人沈桢劝说沈充倒戈，许诺让他出任司空。沈充说：“三司是众人共同敬仰的要职，岂是我所能胜任的！封赏丰厚、言辞动听，正是古人所畏惧的。况且大丈夫与人共事，便应始终同心，怎能中途改弦易辙，这样做他人谁还能容我！”随即发兵奔赴建康。宗正卿虞潭因病回家乡会稽，听说此事，从余姚起兵攻打沈充。晋明帝任命虞潭兼任会稽内史。前安东将军刘超、容城内史锺雅也都起兵攻打沈充。义兴人周蹇杀死王敦任命的太守刘芳，平西将军祖约赶走了王敦任

沈充帅众万余人与王含军合，司马顾飏说充曰："今举大事，而天子已扼其咽喉，锋摧气沮，相持日久，必致祸败。今若决破栅塘，因湖水以灌京邑，乘水势，纵舟师以攻之，此上策也；藉初至之锐，并东、西军之力，十道俱进，众寡过倍，理必摧陷，中策也；转祸为福，召钱凤计事，因斩之以降，下策也。"充皆不能用，飏逃归于吴。

丁亥，刘遐、苏峻等帅精卒万人至，帝夜见，劳之，赐将士各有差。沈充、钱凤欲因北军初到疲困击之，乙未夜，充、凤从竹格渚渡淮。护军将军应詹、建威将军赵胤等拒战，不利，充、凤至宣阳门，拔栅，将战，刘遐、苏峻自南塘横击，大破之。赴水死者三千人。遐又破沈充于青溪。

寻阳太守周光闻敦举兵，帅千余人来赴。既至，求见敦。王应辞以疾。光退曰："今我远来而不得见，公其死乎！"遽见其兄抚曰："王公已死，兄何为与钱凤作贼！"众皆愕然。

丙申，王含等烧营夜遁。丁酉，帝还宫，大赦，唯敦党不原。命庾亮督苏峻等追沈充于吴兴，温峤督刘遐等追王含、钱凤于江宁，分命诸将追其党与。刘遐军人颇纵虏掠，峤责之曰："天道助顺，故王含剿绝，岂可因乱为乱也！"遐惶恐拜谢。

王含欲奔荆州，王应曰："不如江州。"含曰："大将军平素与江州云何，而欲归之？"应曰："此乃所以宜归也。江州当人强盛时，能立同异，此非常人所及；今睹困厄，必有愍恻之心。荆州守文，岂能意外行事邪！"含不从，遂奔荆州。王舒遣军迎之，沈含父子于江。王彬闻应当来，密具舟以待之。不至，深以为恨。

钱凤走至阖庐洲，周光斩之，诣阙自赎。沈充走失道，误入故将吴儒家。儒诱充内重壁中，因笑谓充曰："三千户侯矣！"充曰："尔以义存我，我家必厚报汝；若以利杀我，我死，汝族灭矣。"儒遂杀之，传首建康。敦党悉平。充子劲当坐诛，乡人钱举匿之，得免。其后，劲竟灭

命的淮南太守任台。

沈充率领士兵一万多人与王含的军队会合，司马顾飏向沈充献策说：“现在起事，但天子已扼守住咽喉要地，锐气受挫，士气低落，相持日久，必然招致失败。如果现在拔除栅栏，决开玄武湖，借湖水淹灌京城，乘着水势动用水军进攻，这是上策；假如凭借大军刚刚到达的锐气，集中东、西两路军队的力量，诸路同时并进，我众敌寡，悬殊一倍以上，按情理必会摧毁敌军，这是中策；以召请钱凤议事为名，乘机将他斩首，归降朝廷，可以转祸为福，这是下策。”但沈充均不采用，顾飏便逃回吴郡。

九月十七日丁亥，刘遐、苏峻等人率领精兵万人到达建康，明帝司马绍夜间召见并犒劳他们，将士们各按等秩均获得赏赐。沈充、钱凤想乘着北方军队刚到，恰处于疲困之机发起攻击，九月二十五日乙未夜，沈充、钱凤从竹格渚渡过秦淮河，护军将军应詹、建威将军赵胤等人抵抗失利，沈充和钱凤攻至宣阳门，拔除防御栅栏，正要攻战，刘遐、苏峻从南塘侧面攻击，重创沈充、钱凤军队，渡河溺死的达三千多人。刘遐后来又在青溪打败沈充。

寻阳太守周光听说王敦起兵，率领一千多人赶来，到达后求见王敦，被王应以病重为名拒绝。周光退下后说：“现在我远道而来却见不到王敦，他大概已经死了吧！”急忙会见其兄长周抚，说：“王公已经死了，你何必和钱凤同作叛贼！”众人都很惊愕。

九月二十六日丙申，王含等人烧毁营帐，连夜逃跑。二十七日丁酉，明帝司马绍回到皇宫，实行大赦，唯有王敦的党羽不在赦免之列。命令庾亮督察苏峻等人追袭逃到吴兴的沈充，温峤督察刘遐等人追击逃往江宁的王含、钱凤，又分别命令各位将领追捕王敦死党。刘遐部下军人不少大肆抢掠，温峤斥责他说：“天理是赞助顺应天道的人，所以王含被剿灭，怎么能乘机作乱呢！”刘遐惊惶恐惧，叩头谢罪。

王含想逃奔荆州，王应说：“不如去江州。”王含说：“大将军王敦以往与江州王彬的关系怎样，你想到那儿去？”王应说：“这是因为到那里合适。江州的王彬在他人强盛的时候，敢于坚持不同立场，这不是一般人能比得上的；现在看到他人遭受困厄，也必定会有恻隐之心。荆州的王舒循规蹈矩，哪能超出常规行事呢！”王含不听，于是逃奔荆州。王舒派军队相迎，将王含、王应父子沉入江中溺死。王彬听说王应要来，秘密准备小船等候；王应没来，王彬为此深感遗憾。

钱凤逃到阖庐洲，周光将他斩首，自己赴朝廷请求赎罪。沈充逃跑时迷路，误入自己旧部吴儒家，吴儒诱使沈充进入墙中夹层，于是笑着对沈充说：“我可以被封为三千户侯了！”沈充说：“你如果顾及往日情义保全我，我家必定会从厚报答你。你如果为了私利杀我，我死以后，你的家族也将被灭绝。”吴儒最终杀死沈充，把首

吴氏。

（以上为第五段，写晋明帝司马绍统率大军，上下齐心合力，平定王敦叛乱。王敦干将王含父子投奔荆州，被沉江，钱凤被周光斩首，沈充被吴儒杀死。）

有司发王敦瘗，出尸，焚其衣冠，跽而斩之，与沈充首同悬于南桁。郗鉴言于帝曰："前朝诛杨骏等，皆先极官刑，后听私殡。臣以为王诛加于上，私义行于下，宜听敦家收葬，于义为弘。"帝许之。司徒导等皆以讨敦功受封赏。

周抚与邓岳俱亡，周光欲资给其兄而取岳。抚怒曰："我与伯山同亡，何不先斩我！"会岳至，抚出门遥谓之曰："何不速去！今骨肉尚欲相危，况他人乎！"岳回舟而走，与抚共入西阳蛮中。明年，诏原敦党，抚、岳出首，得免死禁锢。

故吴内史张茂妻陆氏，倾家产，帅茂部曲为先登以讨沈充，报其夫仇。充败，陆氏诣阙上书，为茂谢不克之责。诏赠茂太仆。

有司奏："王彬等敦之亲族，皆当除名。"诏曰："司徒导以大义灭亲，犹将百世宥之，况彬等皆公之近亲乎！"悉无所问。

有诏："王敦纲纪除名，参佐禁锢。"温峤上疏曰："王敦刚愎不仁，忍行杀戮，朝廷所不能制，骨肉所不能谏；处其朝者，恒惧危亡，故人士结舌，道路以目，诚贤人君子道穷数尽，遵养时晦之辰也；原其私心，岂遑晏处！如陆玩、刘胤、郭璞之徒常与臣言，备知之矣。必其赞导凶悖，自当正以典刑。如其枉陷奸党，谓宜施之宽贷。臣以玩等之诚，闻于圣听，当受同贼之责；苟默而不言，实负其心。惟陛下仁圣裁之！"郗鉴以为先王立君臣之教，贵于伏节死义。王敦佐吏，虽多逼迫，然进不能止其逆谋，退不能脱身远遁，准之前训，宜加义责。帝卒从峤议。

冬，十月，以司徒导为太保，领司徒，加殊礼，西阳王羕领太尉，

级传送到建康。王敦的党徒至此全部平定。沈充的儿子沈劲应当连坐受诛，同乡钱举把他藏匿起来，因此得以幸免。后来，沈劲灭了吴氏全族。

朝廷官吏挖开王敦的墓葬，拉出尸体，焚毁身上所穿衣服，摆成跪姿，斩首，和沈充的首级一同悬挂在南边朱雀楼门头。郗鉴对明帝司马绍说："以往朝廷诛杀杨骏等人，都是先施加官方的刑罚，然后听任私人殡葬。我认为王法诛杀表现公理，私人情义则体现私交，应该听任王敦的家属收葬，在道义上更为宏大。"明帝同意。司徒王导等人都因征讨王敦有功，各自受到封赏。

周抚和邓岳一同逃亡，周光想资助自己的兄长逃亡而只逮捕邓岳。周抚发怒说："我和邓伯山一同逃亡，你为什么不先杀我！"恰巧邓岳到来，周抚出门远远地对他说："你还不赶快离开！现在连亲骨肉都将加害，何况他人呢！"邓岳掉转船头而逃，与周抚共同隐匿于西阳蛮中。第二年，晋明帝下诏赦免王敦的同党，周抚、邓岳出来自首，得以免去一死，但勒令不准做官。

原吴国内史张茂的妻子陆氏，倾其家财，率领张茂的部曲充当先锋，攻打沈充，以报夫仇。沈充失败后，陆氏到朝廷上书，为张茂剖辩临敌不胜的罪责，明帝下令赠给张茂太仆的官衔。

有关部门奏报说："王敦的亲族王彬等人，都应当去职除名。"晋明帝下令说："司徒王导大义灭亲，尚且将世代宽容他与王敦的兄弟身份，何况王彬等都是王导的近亲呢！"于是，全部不加查问。

晋明帝司马绍下令说："王敦的重要党羽革职除名，其余僚属禁锢不用。"温峤上书说："王敦刚愎自用，不讲仁义，残暴杀戮，朝廷无法制约，亲朋不能阻止。在他幕府中的人，长期畏惧危亡，所以人人闭口不言，行路侧目，实在是贤人君子道义终结、时运乖背，只能静待其恶贯满盈的时候，推究他们的内心，怎么可能安然处之！诸如陆玩、刘胤、郭璞等人经常和我交谈，所以我所知甚详。确实是助纣为虐或诱导作乱的人，自然应当绳之以法；如果是迫不得已，沦为奸党的人，我认为应该加以宽恕。我将陆玩等人的真实情况，禀报皇上听闻，或许应当承受与贼党同流合污的罪责，但如果默默不言，实在有负于他们的用心。希望皇上依据仁义之道予以裁决！"郗鉴认为先王设置有关君臣关系的教义，可贵的是严守节操，为义献身。王敦的佐吏虽然许多是受到逼迫，然而他们既不能制止王敦叛逆的阴谋，又不能脱身远远离开，依照以往的典则，应该按君臣大义加以责罚。明帝最终听从了温峤的意见。

冬季，十月，明帝司马绍任命司徒王导为太保，兼任司徒，以特殊礼仪相待。

应詹为江州刺史，刘遐为徐州刺史，代王邃镇淮阴，苏峻为历阳内史，加庾亮护军将军，温峤前将军。导固辞不受。应詹至江州，吏民未安，詹抚而怀之，莫不悦服。

（以上为第六段，写东晋平定王敦之乱的善后事宜，叛首王敦开棺斩首，官刑私殓；叛臣周抚、邓岳逃之夭夭，躲过一劫；王导等有功之臣加官晋级。）

十二月，凉州将辛晏据枹罕，不服，张骏将讨之。从事刘庆谏曰："霸王之师，必须天时、人事相得，然后乃起。辛晏凶狂安忍，其亡可必，奈何以饥年大举，盛寒攻城乎！"骏乃止。

骏遣参军王骘聘于赵，赵主曜谓之曰："贵州款诚和好，卿能保之乎！"骘曰："不能。"侍中徐邈曰："君来结好，而云'不能保'，何也？"骘曰："齐桓贯泽之盟，忧心兢兢，诸侯不召自至；葵丘之会，振而矜之，叛者九国。赵国之化，常如今日，可也；若政教陵迟，尚未能察迩者之变，况鄙州乎！"曜曰："此凉州之君子也，择使可谓得人矣！"厚礼而遣之。

是岁，代王贺傉始亲国政，以诸部多未服，乃筑城于东木根山，徙居之。

（以上为第七段，写凉王张骏派遣参军王骘访问汉赵，不卑不亢，被汉赵主刘曜认为是凉州的贤人君子；代王贺傉亲政，诸部不服，无力统治，迁都于东木根山。）

三年（乙酉，325年）

春，二月，张骏承元帝凶问，大临三日。会黄龙见嘉泉，氾祎等请改年以章休祥，骏不许。辛晏以枹罕降，骏复收河南之地。

赠故谯王丞、甘卓、戴渊、周𫖮、虞望、郭璞、王澄等官。周札故吏为札讼冤，尚书卞壶议以为："札守石头，开门延寇，不当赠谥。"司徒导以为："往年之事，敦奸逆未彰，自臣等有识以上，皆所未悟，与札无异；既悟其奸，札便以身许国，寻取枭夷。臣谓宜与周、戴同例。"郗鉴以为："周、戴死节，周札延寇，事异赏均，何以劝沮！如司徒议，谓往年有识以上皆与札无异，则谯王、周、戴皆应受责，何赠谥之有！今三臣既褒，则札宜受贬明矣。"导曰："札与谯王、周、戴，虽所见有异同，皆人臣之节也。"鉴曰："敦之逆谋，履霜日久，缘札开门，令王师不振。

命令西阳王司马羕兼任太尉，任命应詹为江州刺史；任命刘遐为徐州刺史，代替王邃镇守淮阴；任命苏峻为历阳内史，授予庾亮护军将军，温峤为前将军。王导坚辞不受封职。应詹到江州后，官吏百姓不安定，应詹抚慰怀柔，众人莫不心悦诚服。

十二月，凉州将领辛晏占据枹罕，不听从张骏号令，张骏准备攻打他。从事刘庆劝说道："霸王的军队，必须占有天时、人事，然后才能出动。辛晏凶狂残忍，必定败亡，何必在饥荒的年份大举兴兵，在严寒的时节攻城呢！"张骏这才作罢。

张骏派遣参军王骘出使前赵，前赵主刘曜对王骘说："贵州竭诚与我和好，你能保证这一点吗？"王骘说："不能。"侍中徐邈说："你来与我国结好，却又说不能保证，为什么？"王骘说："齐桓公在贯泽与别国盟会，忧心忡忡，诸侯不等召请就自己前来。等到葵丘盟会时，自恃功高，盛气凌人，结果有九国叛盟。赵国的教化，如果长久与今日相似，我可以担保；如果政教衰微，连身边的变化都不能觉察，又何况鄙州呢！"刘曜说："这是凉州的贤人君子，凉州选择使者可以说适得其人。"于是厚礼相待，送王骘返回。

这年，代王贺傉开始亲政，因为下属各部大多不服号令，便在东木根山修筑城堡，移居到那里。

晋明帝太宁三年（乙酉，325 年）

春季，二月，凉王张骏得知晋元帝司马睿死讯，隆重哀悼三天。正逢嘉泉出现黄龙，氾祎等人请求更改年号以彰显吉祥，张骏不同意。辛晏献枹罕城请降，张骏又收复了黄河以南失地。

晋明帝司马绍追赠已故的谯王司马丞、甘卓、戴渊、周𫖮、虞望、郭璞、王澄等人官衔。周札的旧僚属为周札申辩冤屈，尚书卞壸评议认为："周札守备石头城，开门接纳敌寇，不应当追赠谥号。"司徒王导认为："往年之事，王敦的奸逆行为尚不显明，从我们这些有识之士开始，都未能察觉，与周札没有什么不同。觉察王敦的奸逆之后，周札便为国献身，不久导致被杀。我认为应当与周𫖮、戴渊同样对待。"郗鉴则认为："周𫖮、戴渊因守节而死，周札延引敌寇，如果行事不同而赏赐均等，怎么能劝善惩恶！按照司徒的评论，说往年从有识之士开始都与周札没有区别，那么谯王、周𫖮、戴渊都应当承受罪责，有什么理由追赠谥号！现在既然褒扬他们

若敦前者之举，义同桓、文，则先帝可为幽、厉邪！”然卒用导议，赠札卫尉。

后赵王勒加宇文乞得归官爵，使之击慕容廆。廆遣世子皝、索头、段国共击之，以辽东相裴嶷为右翼，慕容仁为左翼。乞得归据浇水以拒皝，遣兄子悉拔雄拒仁。仁击悉拔雄，斩之，乘胜与皝攻乞得归，大破之。乞得归弃军走，皝、仁进入其国城，使轻兵追乞得归，过其国三百余里而还，尽获其国重器，畜产以百万计，民之降附者数万。

（以上为第八段，写晋明帝司马绍追赠已故司马承、周𫖮等人的官衔与谥号，可是，却听从了司徒王导的意见，也追赠了开门放敌的周札官衔，真乃匪夷所思！）

三月，段末柸卒，弟牙立。

戊辰，立皇子衍为太子，大赦。

赵主曜立皇后刘氏。

北羌王盆句除附于赵，后赵将石佗自雁门出上郡袭之，俘三千余落，获牛、马、羊百余万而归。赵主曜遣中山王岳追之，曜屯于富平，为岳声援，岳与石佗战于河滨，斩之，后赵兵死者六千余人，岳悉收所虏而归。

杨难敌袭仇池，克之，执田崧，立之于前，左右令崧拜，崧瞋目叱之曰：“氐狗！安有天子牧伯而向贼拜乎！”难敌字谓之曰：“子岱，吾当与子共定大业，子忠于刘氏，岂不能忠于我乎！”崧厉色大言曰：“贼氐，汝本奴才，何谓大业！我宁为赵鬼，不为汝臣！”顾排一人，夺其剑，前刺难敌，不中。难敌杀之。

都尉鲁潜以许昌叛，降于后赵。

夏，四月，后赵将石瞻攻兖州刺史檀斌于邹山，杀之。

后赵西夷中郎将王腾杀并州刺史崔琨、上党内史王昚，据并州降赵。

五月，以陶侃为征西大将军，都督荆、湘、雍、梁四州诸军事，荆州刺史，荆州士女相庆。侃性聪敏恭勤，终日敛膝危坐，军府众事，检摄无遗，未尝少闲。常语人曰：“大禹圣人，乃惜寸阴，至于众人，当惜

三位，那么周札应当受贬责就很明显了。”王导说：“周札和谯王、周颛、戴渊，虽然所作所为不尽相同，但都是尽人臣的节操。”郗鉴说：“王敦的叛逆阴谋，历时长久，由于周札的开门延引，致使朝廷军队一蹶不振。如果王敦过去的作为，道义上与齐桓公、晋文公相似，那么先帝不就成了周幽王、周厉王了吗！”虽然如此，明帝司马绍最终还是采用了王导的意见，追赠周札卫尉官衔。

后赵王石勒授予宇文乞得归官爵，让他攻击慕容廆。慕容廆派遣世子慕容皝和索头、段国共同抗击，以辽东相裴嶷为右翼，慕容仁为左翼。宇文乞得归占据浇水抵抗慕容皝，派兄长之子宇文悉拔雄抵御慕容仁。慕容仁攻击宇文悉拔雄，将他斩杀，乘胜和慕容皝合力攻击宇文乞得归，大败敌军。宇文乞得归丢下军队逃跑，慕容皝、慕容仁进入他的都城，派轻兵追袭宇文乞得归，越过国界三百多里才返回，获得其国家的全部重宝，数以百万的畜产，归降的人民有数万。

三月，段末柸死去，其弟段牙继立。

三月初二戊辰，明帝司马绍立皇子司马衍为皇太子，实行大赦。

前赵主刘曜册立皇后刘氏。

北羌王盆句除归附前赵，后赵将领石佗从雁门经上郡攻击他，俘虏三千多部落，劫获牛、马、羊一百多万头返回。前赵主刘曜派中山王刘岳追击，刘曜屯军富平作为声援，刘岳与石佗在黄河沿岸交战，石佗被杀，后赵士兵死亡六千多人，刘岳全数夺回被石佗俘获的人员和畜产后返回。

氐人首领杨难敌率兵偷袭并攻取仇池，部下抓获了田崧，带到杨难敌面前。左右侍从命令田崧跪拜，田崧瞪着眼睛斥骂说：“你们这些氐狗！哪有身为天子大员却向叛贼跪拜的！”杨难敌对他说：“田子岱，我将和你共同建立国家大业，你能忠于刘氏，为什么不能忠于我呢！”田崧面色严厉高声说：“氐人贼子，你本为奴才，谈什么大业！我宁愿做赵国的死鬼，也不做你的臣下。”回身推开一人，夺下他的剑，向前刺击杨难敌，没有刺中，被杨难敌所杀。

晋朝都尉鲁潜占据许昌反叛，投降后赵。

夏季，四月，后赵将领石瞻攻袭在邹山的兖州刺史檀斌，檀斌被杀。

后赵的西夷中郎将王腾杀死并州刺史崔琨、上党内史王眘，占据并州，投降前赵。

五月，朝廷任命陶侃为征西大将军，都督荆、湘、雍、梁四州军事及荆州刺史，荆州的男女百姓交相庆贺。陶侃性情聪明敏锐、恭敬勤奋，整日盘膝正襟危坐，对军府中众多事务检视督察，无所遗漏，没有一刻闲暇。他常常对人说：“大禹这样的

分阴。岂可但逸游荒醉，生无益于时，死无闻于后，是自弃也！”

诸参佐或以谈戏废事者，命取其酒器、蒱博之具，悉投之于江，将吏则加鞭扑，曰：“樗蒱者，牧猪奴戏耳！老、庄浮华，非先王之法言，不益实用。君子当正其威仪，何有蓬头、跣足，自谓宏达邪！”有奉馈者，必问其所由，若力作所致，虽微必喜，慰赐参倍；若非理得之，则切厉诃辱，还其所馈。

尝出游，见人持一把未熟稻，侃问：“用此何为？”人云：“行道所见，聊取之耳。”侃大怒曰：“汝既不佃，而戏贼人稻！”执而鞭之。是以百姓勤于农作，家给人足。尝造船，其木屑竹头，侃皆令籍而掌之，人咸不解所以。后正会，积雪始晴，听事前余雪犹湿，乃以木屑布地。及桓温伐蜀，又以侃所贮竹头作丁装船。其综理微密，皆此类也。

（以上为第九段，写东晋朝廷任命聪明敏锐、务实勤奋、珍惜光阴、厌恶空谈及游乐的陶侃为征西大将军，都督荆、湘、雍、梁四州军事及荆州刺史，士民欢悦。）

后赵将石生屯洛阳，寇掠河南，司州刺史李矩、颍川太守郭默军数败，又乏食，乃遣使附于赵。赵主曜使中山王岳将兵万五千人趣孟津，镇东将军呼延谟帅荆、司之众自崤、渑而东，欲会矩、默，共攻石生。岳克孟津、石梁二戍，斩获五千余级，进围石生于金墉。

后赵中山公虎帅步骑四万，入自成皋关，与岳战于洛西。岳兵败，中流矢，退保石梁。虎作堑栅环之，遏绝内外。岳众饥甚，杀马食之。虎又击呼延谟，斩之，曜自将兵救岳，虎帅骑三万逆战。赵前军将军刘黑击虎将石聪于八特阪，大破之。曜屯于金谷，夜，军中无故大惊，士卒奔溃，乃退屯渑池；夜，又惊溃，遂归长安。

六月，虎拔石梁，禽岳及其将佐八十余人，氐、羌三千余人，皆送襄国，坑其士卒九千人。遂攻王腾于并州，执腾，杀之，坑其士卒七千余人。曜还长安，素服、郊次，哭，七日乃入城，因愤恚成疾。

郭默复为石聪所败，弃妻、子，南奔建康。李矩将士阴谋叛降后赵，矩不能讨，亦帅众南归，众皆道亡，惟郭诵等百余人随之，卒于鲁阳。

圣人，尚且珍惜每寸光阴，至于一般人，应当珍惜每分光阴。怎能只求放纵游玩、迷乱沉醉，活着对时世毫无贡献，死后默默无闻，这是自暴自弃！”

众多参佐幕僚中有的因谈笑博戏而荒废正务，陶侃命人收取他们饮酒和赌博的器具，全都投弃江中，对将吏们则加以鞭责，说：“赌博这种游戏不过是放猪的奴仆们玩的！老子、庄子崇尚浮华，并非先王可以用作典则的言论，不利于实用。君子应当威仪整肃，怎能蓬头光足，却自以为潇洒放达呢！”有人进献礼物，陶侃一定要询问来路，如果是靠自己的劳作所得，即使价值微薄也一定喜欢，回赠的物品超出三倍；如果不是正道所得，则严厉呵斥，拒绝不受。

有一次陶侃出游，看见有人手持一把未成熟的稻子，陶侃问：“你拿来干什么？”那人说：“走路时看到的，随便摘下来而已。”陶侃大怒，说：“你已然不亲自劳作，更随便毁坏他人的稻子拿来玩！”随即抓住此人鞭打。因此百姓辛勤耕作，家资不缺，人人丰足。陶侃曾经造船，剩下的木屑和竹头，都令人造册记录并管理，大家都不明白有何用。后来，元旦时陶侃接见僚佐，正逢积雪后开始放晴，厅堂前面残留的积雪仍然潮湿，于是用木屑铺洒在地上。等到桓温攻打蜀地时，又用陶侃所贮存的竹头作榫钉装配船只。陶侃治理事务的仔细和缜密，一向如此。

后赵将领石生屯兵洛阳，侵犯并劫掠黄河以南地区，司州刺史李矩、颍川太守郭默的军队多次战败，又缺乏军粮，于是派使者请求依附前赵。前赵主刘曜派中山王刘岳率领士兵一万五千人赶赴孟津，派镇东将军呼延谟率领从荆州、同时流落到关中的民众从崤山、渑水向东进发，想会合李矩、郭默共同进攻石生。刘岳攻克孟津戍、石梁戍，斩获首级五千多，又进军把石生围困在金墉。

后赵中山公石虎率领步兵、骑兵四万人从成皋关入内，与刘岳在洛水以西交战，刘岳战败，被流箭射中，于是后退，保守石梁。石虎设置沟壕和栅栏把石梁四面围住，使内外隔绝。刘岳的士众饿极了就杀掉战马充食。石虎又进攻呼延谟并杀了他。刘曜亲自领军救援刘岳，石虎率领骑兵三万迎击。前赵的前军将军刘黑攻击驻守八特阪的石虎部将石聪，大败石聪的军队。刘曜屯兵于金谷，夜间军中突然无故惊乱，士兵奔逃溃散，于是退军驻屯渑池；到了夜间军中再次惊乱溃散，刘曜便返回长安。

六月，石虎攻取石梁，擒获刘岳和其将佐八十多人及氐人、羌人士众三千多人，都押送到襄国，并坑杀刘岳士兵九千人。石虎随即又进攻驻守并州的王腾，擒获并杀了他，坑杀其士兵七千多人。刘曜回到长安，穿上素服停驻郊外，哭悼阵亡的士兵，七天后才进城，由于愤怒染病。

郭默又被石聪战败，丢下妻子儿女向南逃回建康。李矩的将士私下密谋背叛刘曜投降后赵，李矩无力镇压，也率众人南归。手下士众在途中纷纷逃亡，只有郭诵

矩长史崔宣帅其余众二千降于后赵。于是，司、豫、徐、兖之地，率皆入于后赵，以淮为境矣。

赵主曜以永安王胤为大司马、大单于，徙封南阳王，置单于台于渭城，其左、右贤王以下，皆以胡、羯、鲜卑、氐、羌豪桀为之。

（以上为第十段，写后赵石勒与汉赵刘曜互相攻打，汉赵先胜后败，刘曜愤怒而病；后赵先败后胜，司州、豫州、徐州、兖州全部归入后赵。）

秋，七月，辛未，以尚书令郗鉴为车骑将军，都督徐、兖、青三州诸军事，兖州刺史，镇广陵。

闰月，以尚书左仆射荀崧为光禄大夫、录尚书事，尚书邓攸为左仆射。

右卫将军虞胤，元敬皇后之弟也，与左卫将军南顿王宗俱为帝所亲任，典禁兵，直殿内，多聚勇士以为羽翼；王导、庾亮皆忌之，颇以为言，帝待之愈厚，宫门管钥，皆以委之。帝寝疾，亮夜有所表，从宗求钥，宗不与，叱亮使曰："此汝家门户邪！"亮益忿之。及帝疾笃，不欲见人，群臣无得进者。亮疑宗、胤及宗兄西阳王羕有异谋，排闼入升御床，见帝流涕，言羕与宗等谋废大臣，自求辅政，请黜之。帝不纳。

壬午，帝引太宰羕、司徒导、尚书令卞壸、车骑将军郗鉴、护军将军庾亮、领军将军陆晔、丹杨尹温峤，并受遗诏辅太子，更入殿将兵直宿；复拜壸右将军，亮中书令，晔录尚书事。丁亥，降遗诏；戊子，帝崩。帝明敏有机断，故能以弱制强，诛翦逆臣，克复大业。

己丑，太子即皇帝位，生五年矣。群臣进玺，司徒导以疾不至。卞壸正色于朝曰："王公岂社稷之臣邪！大行在殡，嗣皇未立，宁是人臣辞疾之时也？"导闻之，舆疾而至。大赦，增文武位二等，尊庾后为皇太后。

群臣以帝幼冲，奏请太后依汉和熹皇后故事。太后辞让数四，乃从之。

秋，九月，癸卯，太后临朝称制。以司徒导录尚书事，与中书令庾亮、尚书令卞壸参辅朝政，然事之大要，皆决于亮。加郗鉴车骑大将军，

等一百多人跟随他，结果死在鲁阳。李矩的长史崔宣率领其余士兵二千人投降后赵。这样司州、豫州、徐州、兖州地区全部归入后赵，与东晋以淮水为界。

前赵主刘曜任命永安王刘胤为大司马、大单于，改封他为南阳王，在渭城设置单于台，左、右贤王以下，都由匈奴人、羯人、鲜卑人、氐人和羌人的豪杰之士充任。

秋季，七月初七辛未，朝廷任命尚书令郗鉴为车骑将军，都督徐、兖、青三州军事，兖州刺史，镇守广陵。

闰八月，朝廷任命尚书左仆射荀崧为光禄大夫、录尚书事，尚书邓攸为左仆射。

右卫将军虞胤，是晋元帝司马睿元敬皇后的兄弟，与左卫将军、南顿王司马宗都是明帝司马绍宠信的人，执掌禁兵，在宫殿内当值，招纳许多勇士为自己的羽翼。王导、庾亮都忌惮他们，经常为此向明帝进言，明帝对他们却更加厚待，宫门的锁钥，都交给他们掌管。明帝病重卧床，庾亮夜间有上书呈送，到司马宗那里要钥匙，司马宗不给，斥骂庾亮派来的人说："这里是你家的门户吗？"庾亮更加怨怒。等到明帝病重，不想见人，大臣们无人能进见。庾亮怀疑司马宗、虞胤以及司马宗兄长西阳王司马羕另有图谋，推门进宫，登上御床，见到明帝时流着眼泪，述说司马羕和司马宗等人谋议废除大臣，自己请求辅佐朝廷，要求废掉他们，明帝没有采纳。

闰八月十九日壬午，明帝司马绍延请太宰司马羕、司徒王导、尚书令卞壶、车骑将军郗鉴、护军将军庾亮、领军将军陆晔、丹杨尹温峤，共同奉受遗诏辅佐太子，轮番入殿领兵当值宿卫；又授予卞壶为右将军，庾亮为中书令，陆晔录尚书事。闰八月二十四日丁亥，颁布遗诏；二十五日戊子，明帝司马绍去世。明帝明智敏捷，遇事有决断，所以能以弱制强，诛灭逆臣，光复国家大业。

闰八月二十六日己丑，皇太子司马衍即帝位，时年五岁。群臣进献国玺，司徒王导因病未到。卞壶在朝上表情端庄严肃地说："王公难道不是关系国家安危的大臣吗！先帝停柩未葬，继位的皇帝未立，这难道是臣子以有病为由辞谢不到的时候吗！"王导听说后，抱病登车赶到。实行大赦，提升文武官员二级职位，尊庾皇后为皇太后。

大臣们因晋成帝年幼，奏请庾太后按照汉代和熹皇后旧例临朝听政，庾太后再三辞让，随后同意了。

秋季，九月十一日癸卯，庾太后临朝听政。任命司徒王导录尚书事，和中书令庾亮、尚书令卞壶共同辅佐朝政，然而政事的要旨都由庾亮裁决。又授予郗鉴车骑

陆晔左光禄大夫，皆开府仪同三司。以南顿王宗为骠骑将军，虞胤为大宗正。

尚书召乐广之子谟为郡中正、庾珉族人怡为廷尉评，谟、怡各称父命不就。卞壸奏曰："人非无父而生，职非无事而立，有父必有命，居职必有悔。有家各私其子，则为王者无民，君臣之道废矣。乐广、庾珉受宠圣世，身非己有，况及后嗣而可专哉！所居之职，若顺夫群心，则战戍者之父母，皆当命子以不处也。"谟、怡不得已，各就职。

辛丑，葬明帝于武平陵。

冬，十一月，癸巳朔，日有食之。

慕容廆与段氏方睦，为段牙谋，使之徙都。牙从之，即去令支，国人不乐。段疾陆眷之孙辽欲夺其位，以徙都为牙罪，十二月，帅国人攻牙，杀之，自立。段氏自务勿尘以来，日益强盛，其地西接渔阳，东界辽水，所统胡、晋三万余户，控弦四五万骑。

荆州刺史陶侃以宁州刺史王坚不能御寇，是岁，表零陵太守南阳尹奉为宁州刺史以代之。先是，王逊在宁州，蛮酋梁水太守爨量、益州太守李逖，皆叛附于成，逊讨之不能克。奉至州，重募徼外夷刺爨量，杀之，谕降李逖，州境遂安。

代王贺傉卒，弟纥那立。

（以上为第十一段，写晋明帝司马绍去世，五岁的皇太子司马衍即位，庾太后临朝听政，司徒王导与中书令庾亮、尚书令卞壸等共同辅政，重大事项均由庾亮裁决。）

显宗成皇帝上之上

咸和元年（丙戌，326 年）

春，二月，大赦，改元。

赵以汝南王咸为太尉、录尚书事，光禄大夫刘绥为大司徒，卜泰为大司空。刘后疾病，赵主曜问所欲言，刘氏泣曰："妾幼鞠于叔父昶，愿陛下贵之；叔父皑之女芳有德色，愿以备后宫。"言终而卒。曜以昶为侍中、大司徒、录尚书事，立芳为皇后；寻又以昶为太保。

大将军、陆晔左光禄大夫，都开府仪同三司。任命南顿王司马宗为骠骑将军，虞胤为大宗正。

尚书召乐广之子乐谟为郡中正，召庾珉的同族人庾怡为廷尉评，乐谟和庾怡各以父命为由不接受。卞壶奏上说："人没有无父而出生的，职位也没有无事而设立的；有父亲就必然会有父亲的指令，任职就必然要忧愁操心。如果每一个家庭都把孩子视作私产，那么做君王的就没有了臣民，君臣之间的道义也就没有了。乐广、庾珉在圣世受到宠信，身体已经不是个人私有的了，何况到了他们的后嗣身上，怎么可以私人专有呢！所任命的职务，如果顺从每个人的私心，那么参与战争、戍守的人的父母，都会命令自己的孩子不赴职的。"乐谟和庾怡不得已，各自赴职。

十月初九辛丑，明帝入葬武平陵。

冬季，十一月初一癸巳朔，出现日食。

慕容廆与段氏和睦，为段牙谋划，让他迁都。段牙听从了，便离开令支，国内人都不乐意。段疾陆眷的孙子段辽想篡夺段牙之位，便以迁都作为段牙的罪名，十二月，率领国人攻击段牙。段牙被杀，段辽自立为王。段氏自从务勿尘以来，日益强盛，占地西接渔阳，东面以辽水为界，所统领的胡人、晋人有三万多户，能拉弓射箭的骑兵有四五万人。

荆州刺史陶侃因为宁州刺史王坚不能抵御敌寇，这年，上书荐举零陵太守南阳人尹奉为宁州刺史，以取代王坚。先前，王逊任职宁州时，蛮夷首领梁水太守爨量、益州太守李逿都背叛朝廷，归附成汉，王逊进讨，不能取胜。尹奉到宁州后，重金聘募境外夷人刺杀爨量成功，又劝谕李逿归降，于是州内安定。

代王拓跋贺死，弟拓跋纥那继立。

显宗成皇帝上之上

晋成帝咸和元年（丙戌，326年）

春季，二月，实行大赦，改年号为咸和。

前赵任命汝南王刘咸为太尉、录尚书事，任命光禄大夫刘绥为大司徒，卜泰为大司空。刘皇后病重，前赵主刘曜问她还有什么话想说，刘皇后哭泣着说："我自幼由叔父刘昶养大，希望皇上能重用他。叔父刘皑的女儿刘芳品德和容颜都很出色，希望让她充实后宫。"言终即死。刘曜任命刘昶为侍中、大司徒、录尚书事，册立刘芳为皇后。不久，又任刘昶为太保。

三月，后赵主勒夜微行，检察诸营卫，赍金帛以赂门者，求出。永昌门候王假欲收捕之，从者至，乃止。旦，召假，以为振忠都尉，爵关内侯。勒召记室参军徐光，光醉不至，黜为牙门。光侍直，有愠色，勒怒，并其妻子囚之。

夏，四月，后赵将石生寇汝南，执内史祖济。

六月，癸亥，泉陵公刘遐卒。癸酉，以车骑大将军郗鉴领徐州刺史，征虏将军郭默为北中郎将、监淮北诸军事，领遐部曲。遐子肇尚幼，遐妹夫田防及故将史迭等不乐他属，共以肇袭遐故位而叛。临淮太守刘矫掩袭遐营，斩防等。遐妻，邵续女也，骁果有父风。遐尝为后赵所围，妻单将数骑，拔遐出于万众之中。及田防等欲作乱，遐妻止之，不从，乃密起火，烧甲仗都尽，故防等卒败。诏以肇袭遐爵。

司徒导称疾不朝，而私送郗鉴。卞壸奏："导亏法从私，无大臣之节，请免官。"虽事寝不行，举朝惮之。壸俭素廉洁，裁断切直，当官干实，性不弘裕，不肯苟同时好，故为诸名士所少。阮孚谓之曰："卿常无闲泰，如含瓦石，不亦劳乎！"壸曰："诸君子以道德恢弘，风流相尚，执鄙吝者，非壸而谁！"时贵游子弟多慕王澄、谢鲲为放达，壸厉色于朝曰："悖礼伤教，罪莫大焉，中朝倾覆，实由于此。"欲奏推之，王导、庾亮不听，乃止。

成人讨越嶲斯叟，破之。

（以上为第十二段，写汉赵主刘曜遵刘后嘱托，重用叔父刘昶，立其堂妹为后；后赵主石勒微服私访，重用不徇私情的王假，贬退失职的徐光。）

秋，七月，癸丑，观阳烈侯应詹卒。

初，王导辅政，以宽和得众。及庾亮用事，任法裁物，颇失人心。豫州刺史祖约，自以名辈不后郗、卞，而不豫顾命，又望开府复不得，及诸表请多不见许，遂怀怨望。及遗诏褒进大臣，又不及约与陶侃，二人皆疑庾亮删之。

三月，后赵王石勒夜间微服出行，检视察看各营帐守卫，他拿着金帛去送给守门人，请求出门。永昌门守令王假要拘捕他，因随从人员到来才停手。清晨，石勒召见王假，任命他为振忠都尉，赐给关内侯的爵位。石勒召见记室参军徐光，徐光因酒醉未到，被贬职为牙门。徐光当值侍卫时，面带怨怒的容色，石勒发怒，将他连同妻子儿女一起囚禁起来。

夏季，四月，后赵将领石生侵犯汝南，擒获汝南内史祖济。

六月初五癸亥，东晋泉陵公刘遐去世。六月十五日癸酉，东晋任命车骑大将军郗鉴兼任徐州刺史，任命征虏将军郭默为北中郎将、监察淮北军务，统领刘遐的部曲。刘遐之子刘肇年龄还小，刘遐的妹夫田防及刘遐的旧将史迭等人不愿归属他人，共推刘肇承袭刘遐的官位并发动反叛。临淮太守刘矫偷袭刘遐的军营，杀死田防等人。刘遐的妻子是邵续的女儿，骁勇果敢，颇有其父亲遗风。刘遐曾经被后赵围困，刘遐妻子一人带领数骑，从万众之中把刘遐救出。等到田防等人打算作乱，刘遐的妻子制止他们，他们不听，于是刘遐的妻子暗地里点火，把铠甲兵仗全都烧光，所以田防等人很快失败。成帝司马衍下诏让刘肇承袭刘遐的爵位。

司徒王导称病不上朝，却私下送别郗鉴。卞壶上奏说："王导破坏朝廷法度以遂私欲，丧失了大臣的操守，请免除他的官职。"虽然此事中止未实行，但满朝大臣都为此畏惧卞壶。卞壶俭朴廉洁，对事物的裁断贴切、直率，任官实干，性格不宽容，不肯随随便便地趋同时俗，所以受到各位名士的贬责。阮孚对他说："您常常没有闲暇安适的时候，好像嘴含瓦石，不是也很劳累吗？"卞壶说："各位君子以道德博大、风流倜傥互相崇尚，那么表现庸俗贪鄙的人，不是我还能是谁！"当时游闲贵族子弟大多仰慕王澄、谢鲲的行为放纵旷达，不拘礼法，卞壶在朝中义正词严地说："违背礼义，有伤教化，没有比这更大的罪过了，本朝中途倾覆，实在是由此而起。"他想奏请据情治他们的罪，王导、庾亮不听，于是作罢。

成汉人征讨越巂人斯叟，打败了他。

秋季，七月二十五日癸丑，晋朝观阳烈侯应詹故去。

当初，王导辅佐朝政，因宽和赢得人心。等到庾亮主持政事，依法断事，颇失人心。豫州刺史祖约，自认为名望和年辈都不比郗鉴、卞壶差，却未能参与明帝司马绍遗命，又希望能够开府，也未能实现，再加上许多上书请求大多不获允准，于是心怀怨恨。等到明帝遗诏褒扬和提拔大臣，又没有祖约和陶侃，二人都怀疑是庾亮删除己名。

历阳内史苏峻，有功于国，威望渐著，有锐卒万人，器械甚精，朝廷以江外寄之，而峻颇怀骄溢，有轻朝廷之志，招纳亡命，众力日多，皆仰食县官，运漕相属，稍不如意，辄肆忿言。亮既疑峻、约，又畏侃之得众，八月，以丹杨尹温峤为都督江州诸军事、江州刺史，镇武昌；尚书仆射王舒为会稽内史，以广声援；又修石头以备之。

丹杨尹阮孚以太后临朝，政出舅族，谓所亲曰："今江东创业尚浅，主幼，时艰，庾亮年少，德信未孚，以吾观之，乱将作矣。"遂求出为广州刺史。孚，咸之子也。

冬，十月，立帝母弟岳为吴王。

南顿王宗自以失职怨望，又素与苏峻善，庾亮欲诛之，宗亦欲废执政。御史中丞锺雅劾宗谋反，亮使右卫将军赵胤收之。宗以兵拒战，为胤所杀，贬其族为马氏，三子绰、超、演皆废为庶人，免太宰西阳王羕，降封弋阳县王，大宗正虞胤左迁桂阳太守。宗，宗室近属；羕，先帝保傅，亮一旦翦黜，由是愈失远近之心。宗党卞阐亡奔苏峻，亮符峻送阐，峻保匿不与。宗之死也，帝不之知，久之，帝问亮曰："常日白头公何在？"亮对以谋反伏诛。帝泣曰："舅言人作贼，便杀之；人言舅作贼，当如何？"亮惧，变色。

（以上为第十三段，写晋成帝司马衍年幼，大权旁落帝舅庾亮之手。庾亮专政弄权，肆意妄为，杀南顿王司马宗，贬西阳王司马羕，晋室从此不太平，祸乱方兴。）

赵将黄秀等寇酂，顺阳太守魏该帅众奔襄阳。

后赵王勒用程遐之谋，营邺宫，使世子弘镇邺，配禁兵万人，车骑所统五十四营悉配之，以骁骑将军领门臣祭酒王阳专统六夷以辅之。中山公虎自以功多，无去邺之意，及修三台，迁其家室，虎由是怨程遐。

十一月，后赵石聪攻寿春，祖约屡表请救，朝廷不为出兵。聪遂寇逡遒、阜陵，杀掠五千余人。建康大震，诏加司徒导大司马、假黄钺、都督中外诸军事以御之，军于江宁。苏峻遣其将韩晃击石聪，走之；导解大司马。朝议又欲作涂塘以遏胡寇，祖约曰："是弃我也！"益怀愤恚。

十二月，济岷太守刘闿等杀下邳内史夏侯嘉，以下邳叛，降于后赵。

历阳内史苏峻，对国家有功，威望日渐显赫，拥有精兵万人，装备非常精良，朝廷把长江下游以北地区交付给他治理。但苏峻颇有骄纵之心，轻视朝廷，招纳亡命之徒，人数日渐增多，都靠国家供给生活物资，陆运、水运络绎不绝，稍不如意，就肆无忌惮地斥骂。庾亮既怀疑苏峻、祖约的忠诚，又惧怕陶侃深得人心，八月，任命丹杨尹温峤为都督江州诸军事、江州刺史，镇守武昌；任命尚书仆射王舒为会稽内史，用以扩大声援；又修整石头城防备他们。

丹杨尹阮孚因为太后临朝听政，政事由皇帝的母舅一族把持，对自己亲信的人说："如今江东朝廷创业的时间不长，皇上年幼，时世艰难，庾亮年轻，德行和信誉都未能使人信服，在我看来，祸乱将要发生了。"于是，自请出任广州刺史。阮孚即阮咸的儿子。

冬季，十月，立成帝司马衍同母后的弟弟司马岳为吴王。

南顿王司马宗自认为不该丢失官职，心怀怨恨，平素又与苏峻交好；庾亮想杀他，司马宗也想废掉庾亮。御史中丞锺雅弹劾司马宗谋反，庾亮派右卫将军赵胤拘捕司马宗。司马宗领兵抵抗，被赵胤所杀，家族姓氏被贬废改姓马氏，三个儿子司马绰、司马超和司马演，都被贬为庶人。又免除西阳王司马羕太宰职务，降其爵位为弋阳县王，大宗正虞胤被降职为桂阳太守。司马宗是皇室近亲，司马羕则是先帝的太保、太傅，庾亮轻易地诛杀和废掉他们，由此更加失去远近人心。司马宗党羽卞阐逃奔苏峻，庾亮发下朝廷符令让苏峻把卞阐送来，苏峻藏匿保护，不交给朝廷。司马宗之死，成帝司马衍不知道，过了许久，成帝问庾亮说："往常的那个白头公在什么地方？"庾亮回答说因谋反已经被杀。成帝哭泣着说："舅父说他人是叛贼，就轻易地杀了他。如果别人说舅父是叛贼，该怎么办？"庾亮恐惧变色。

前赵将领黄秀等侵犯酂县，顺阳太守魏该率领士众逃奔襄阳。

后赵王石勒用程遐的计谋，营建邺宫，让王世子石弘镇守邺城，配备禁兵万人，车骑将军所统领的五十四营全部配署在那里，并让骁骑将军兼门臣祭酒王阳专门统领六夷之兵以辅佐石弘。中山公石虎自认为功劳多，没有离开邺地的意思，等到修筑三台，迁走石虎的家眷，石虎因此怨恨程遐。

十一月，后赵将领石聪进攻寿春，祖约屡次上书请求救援，朝廷不出兵。石聪便侵犯逡遒、阜陵，杀死、掠夺五千多人。朝廷为此大为震惊，下令授予司徒王导大司马、假黄钺、都督中外诸军事来抵御石聪，驻军在江宁。苏峻派部将韩晃进击石聪，将他赶走；王导辞掉大司马职务。朝廷议论又想兴修涂塘，用以阻遏胡夷侵掠，祖约说："这是弃我不顾！"更加心怀愤恨。

十二月，济岷太守刘闿等人杀死下邳内史夏侯嘉，占据下邳反叛，投降后赵。

石瞻攻河南太守王瞻于邾，拔之。彭城内史刘续复据兰陵石城，石瞻攻拔之。

后赵王勒以牙门将王波为记室参军，典定九流，始立秀、孝试经之制。

张骏畏赵人之逼，是岁，徙陇西、南安民二千余家于姑臧，又遣使修好于成，以书劝成主雄去尊号，称藩于晋。雄复书曰："吾过为士大夫所推，然本无心于帝王，思为晋室元功之臣，扫除氛埃，而晋室陵迟，德声不振，引领东望，有年月矣。会获来贶，情在暗至，有何已已。"自是聘使相继。

（以上为第十四段，写后赵主石勒营建邺城，让世子石弘镇守，而惹恼中山公石虎，种下祸患；凉州王张骏畏惧汉赵之逼，派使者修好于成汉，劝其归顺东晋。）

二年（丁亥，327 年）

春，正月，朱提太守杨术与成将罗恒战于台登，兵败，术死。

夏，五月，甲申朔，日有食之。

赵武卫将军刘朗帅骑三万袭杨难敌于仇池，弗克，掠三千余户而归。

张骏闻赵兵为后赵所败，乃去赵官爵，复称晋大将军、凉州牧，遣武威太守窦涛、金城太守张阆、武兴太守辛岩、扬烈将军宋辑等帅众数万，会韩璞攻掠赵秦州诸郡。赵南阳王胤将兵击之，屯狄道。枹罕护军辛晏告急。

秋，骏使韩璞、辛岩救之。璞进度沃干岭。岩欲速战，璞曰："夏末以来，日星数有变，不可轻动。且曜与石勒相攻，胤必不能久与我相守也。"与胤夹洮相持七十余日。

冬，十月，璞遣辛岩督运于金城，胤闻之，曰："韩璞之众，十倍于吾。吾粮不多，难以持久。今虏分兵运粮，天授我也。若败辛岩，璞等自溃。"乃帅骑三千袭岩于沃干岭，败之，遂前逼璞营，璞众大溃。胤乘胜追奔，济河，攻拔令居，斩首二万级，进据振武。河西大骇。张阆、辛晏帅其众数万降赵，骏遂失河南之地。

（以上为第十五段，写凉州牧张骏自废汉赵官爵，重又改称晋朝大将军、凉州牧，派遣将领攻打汉赵秦州诸郡，汉赵南阳王刘胤率军阻击，凉军被打败，尽失河南之地。）

石瞻进攻在郏城的河南太守王瞻，攻了下来。彭城内史刘续再次占据兰陵的石城，石瞻又攻取了石城。

后赵王石勒任命牙门将王波为记室参军，掌管制定九品官制，开始设立选拔秀才、孝廉考试儒家经义以取士的制度。

张骏畏惧前赵的逼迫，这年，由陇西、南安迁徙民众两千多家到姑臧，又派使者和成汉修好，写信劝成汉主李雄除去皇帝尊号，成为东晋的藩臣。李雄复信说："我过分地被士大夫们推举，但我自己本来无心当帝王，想成为晋皇帝的首功大臣，扫除异族割据政权；但晋皇室国运衰微，恩泽和声望不振，我翘首东望晋皇室，已经有些年月了。正巧接获您的赐札，情理与我心中所想暗合，还有什么可疑虑的呢？"从此，相互遣使访问。

晋成帝咸和二年（丁亥，327年）

春季，正月，朱提太守杨术和成汉将领罗恒在台登交战，杨术兵败身死。

夏季，五月初一甲申朔，出现日食。

前赵武卫将军刘朗率领骑兵三万人攻袭在仇池的杨难敌，不能取胜，劫掠民众三千多户返回。

张骏听说前赵的军队被后赵击败，于是自废前赵官爵，恢复改称晋朝大将军、凉州牧的名号，派武威太守窦涛、金城太守张阆、武兴太守辛岩、扬烈将军宋辑等人率兵数万人，会同韩璞攻掠前赵的秦州诸郡。前赵南阳王刘胤率兵迎击，屯军狄道，枹罕护军辛晏告急。

秋季，张骏派韩璞、辛岩救援辛晏。韩璞越过沃干岭，辛岩想速战速决，韩璞说："夏末以来，太阳、星辰之象多次变化，不能轻举妄动。况且刘曜正在和石勒互相攻击，刘胤必定不能长久地和我们在此相持。"与刘胤隔着洮河相持七十多天。

冬季，十月，韩璞派辛岩从金城督运军粮，刘胤听说此事，说："韩璞的兵众超过我方十倍，我们军粮不多，难以持久。现在敌人分兵运粮，这是天赐良机。如果击败辛岩，韩璞等人不战自溃。"于是，率领三千骑兵突袭到达沃干岭的辛岩，辛岩战败；刘胤随即前逼韩璞军营，韩璞兵众大多溃逃，刘胤乘胜追袭败逃的兵众，渡过黄河，攻取了令居，斩首二万级，进而占据振武。河西为之大为惊骇。张阆、辛晏率领士众数万人投降前赵，张骏于是失去黄河以南的地域。

庾亮以苏峻在历阳，终为祸乱，欲下诏征之，访于司徒导，导曰："峻猜险，必不奉诏，不若且苞容之。"亮言于朝曰："峻狼子野心，终必为乱。今日征之，纵不顺命，为祸犹浅；若复经年，不可复制，犹七国之于汉也。"朝臣无敢难者，独光禄大夫卞壶争之曰："峻拥强兵，逼近京邑，路不终朝，一旦有变，易为蹉跌，宜深思之！"亮不从。

壶知必败，与温峤书曰："元规召峻意定，此国之大事。峻已出狂意，而召之，是更速其祸也，必纵毒蠚以向朝廷。朝廷威力虽盛，不知果可擒不；王公亦同此情。吾与之争，甚恳切，不能如之何。本出足下以为外援，而今更恨足下在外，不得相与共谏止之，或当相从耳。"峤亦累书止亮。举朝以为不可，亮皆不听。

峻闻之，遣司马何仍诣亮曰："讨贼外任，远近惟命，至于内辅，实非所堪。"亮不许，召北中郎将郭默为后将军、领屯骑校尉，司徒右长史庾冰为吴国内史，皆将兵以备峻。冰，亮之弟也。

于是，下优诏，征峻为大司农，加散骑常侍，位特进，以弟逸代领部曲。峻上表曰："昔明皇帝亲执臣手，使臣北讨胡寇。今中原未靖，臣何敢即安！乞补青州界一荒郡，以展鹰犬之用。"复不许。峻严装将赴召，犹豫未决。参军任让谓峻曰："将军求处荒郡而不见许，事势如此，恐无生路，不如勒兵自守。"阜陵令匡术亦劝峻反，峻遂不应命。

温峤闻之，即欲帅众下卫建康，三吴亦欲起义兵，亮并不听，而报峤书曰："吾忧西陲，过于历阳，足下无过雷池一步也。"朝廷遣使谕峻，峻曰："台下云我欲反，岂得活邪！我宁山头望廷尉，不能廷尉望山头。往者国家危如累卵，非我不济，狡兔既死，猎犬宜烹。但当死报造谋者耳！"

（以上为第十六段，写东晋王朝幼儿司马衍为帝，外戚庾亮专政，不听王导、卞壶、温峤等劝阻，一意孤行，激化矛盾，历阳内史苏峻拒绝诏命入朝，密谋反叛。）

峻知祖约怨朝廷，乃遣参军徐会推崇约，请共讨庾亮。约大喜，其从子智、衍并劝成之。谯国内史桓宣谓智曰："本以强胡未灭，将戮力讨之。使君若欲为雄霸，何不助国讨峻，则威名自举。今乃与峻俱反，此

庾亮认为苏峻在历阳，终将造成祸乱，想下令征召他进京，为此征询王导的意见。王导说："苏峻猜疑阴险，必定不会奉令前来，不如暂且容忍他。"庾亮在朝中说："苏峻狼子野心，最终必会作乱。今天征召他，纵然他不听从上命，造成的祸乱也还不大。如果再过些年，就无法再制服他，这就如同汉时的七国对朝廷的局势一样。"朝臣无人敢责难，只有光禄大夫卞壸争辩说："苏峻拥有强大的军力，又靠近京城，路途用不了一个早上便可到达，一旦发生变乱，容易出差错，应当深思熟虑。"庾亮不听。

卞壸知道庾亮必会失败，写信给温峤说："庾亮征召苏峻的主意已定，这是国家的大事。苏峻已表现出骄狂的样子，如果征召他，这是加速祸乱的到来，他必定会危害朝廷。朝廷的威力虽然强盛，但不知道果真能否擒获他，王导也同有此意。我与庾亮争辩十分恳切，但不能拿他怎么样。我本来想让您在外任官作为外援，现在反而恨您在外，不能与您一同阻止他，如果有您一起劝谏，他或许听从。"温峤也多次写信劝阻庾亮。满朝大臣都认为此事不可，庾亮全然不听。

苏峻听说此事，派司马何仍见庾亮，说："征讨贼寇，在外任职，无论远近我都唯命是从。至于在朝内辅政，实在不是我能胜任的。"庾亮不允许，征召北中郎将郭默为后将军兼任屯骑校尉，任命司徒右长史庾冰为吴国内史，都统领军队防备苏峻。庾冰即庾亮的兄弟。

于是，颁下礼遇优厚的诏书，征召苏峻为大司农，授予散骑常侍，赐位特进。让苏峻兄弟苏逸代替他统率其军队。苏峻上书说："过去明皇帝拉着下臣之手，让我北伐胡寇。如今中原尚未平定，我怎敢贪图安逸！乞求给我青州界内的一个荒远州郡，让我得以报效朝廷之志。"又不被同意。苏峻整装准备赴召，但又犹豫不决。参军任让对苏峻说："将军您请求处居荒郡都不获允许，事情已发展到这样，恐怕已无生路，不如领兵自守。"阜陵令匡术也劝苏峻造反，苏峻便不应从召回之令。

温峤听说此事，想立即率兵前去防卫建康，三吴之地也想出动义兵，庾亮都不同意，却写信告诉温峤说："我对陶侃的忧虑，要超过对历阳苏峻的忧虑，您不要越过雷池一步。"朝廷派使者面告苏峻，苏峻说："朝廷大臣说我要造反，我哪有活命呢！我宁肯先发制人，而不能为人所制。以往国家危如累卵，无我不行。现在共同的敌人消灭了，功臣就会受到诛戮。我就是死也要向出谋者报仇！"

苏峻知道祖约怨恨朝廷，于是派参军徐会拥戴祖约，请求共同讨伐庾亮。祖约大为高兴，侄子祖智、祖衍也一同劝说促成此事。谯国内史桓宣对祖智说："本来因为强大的胡寇未灭，准备同心合力征讨。您如果想成就雄霸的功业，为何不帮助国

安得久乎！”智不从。宣诣约请见，约知其欲谏，拒而不内。宣遂绝约，不与之同。

十一月，约遣兄子沛内史涣、女婿淮南太守许柳以兵会峻。逖妻，柳之姊也，固谏不从。诏复以卞壸为尚书令，领右卫将军，以郐稽内史王舒行扬州刺史事，吴兴太守虞潭督三吴等诸郡军事。

尚书左丞孔坦、司徒司马丹杨陶回言于王导，请“及峻未至，急断阜陵，守江西当利诸口，彼少我众，一战决矣。若峻未来，可往逼其城。今不先往，峻必先至；峻至，则人心危骇，难与战矣。此时不可失也”。导然之，庾亮不从。

十二月，辛亥，苏峻使其将韩晃、张健等袭陷姑孰，取盐米，亮方悔之。

壬子，彭城王雄、章武王休叛奔峻。雄，释之子也。

庚申，京师戒严，假庾亮节，都督征讨诸军事，以左卫将军赵胤为历阳太守，使左将军司马流将兵据慈湖以拒峻，以前射声校尉刘超为左卫将军，侍中褚翜典征讨军事。亮使弟翼以白衣领数百人备石头。

丙寅，徙琅邪王昱为会稽王，吴王岳为琅邪王。

宣城内史桓彝欲起兵以赴朝廷，其长史裨惠以郡兵寡弱，山民易扰，谓宜且按甲以待之。彝厉色曰：“‘见无礼于其君者，若鹰鹯之逐鸟雀。’今社稷危逼，义无宴安。”辛未，彝进屯芜湖。韩晃击破之，因进攻宣城，彝退保广德，晃大掠诸县而还。徐州刺史郗鉴欲帅所领赴难，诏以北寇，不许。

是岁，后赵中山公虎击代王纥那，战于句注陉北，纥那兵败，徙都大宁以避之。

代王郁律之子翳槐居于其舅贺兰部，纥那遣使求之，贺兰大人蔼头拥护不遣。纥那与宇文部共击蔼头，不克。

（以上为第十七段，写镇西将军祖约不听劝阻，加入反叛行列；朝廷以庾亮为都督征讨诸军事，庾亮刚愎自用，不听孔坦等人建言，失去先机，使叛军通行无阻。）

家讨伐苏峻，这样威名自然确立。现在却和苏峻一同谋反，这哪能长久呢！”祖智不听。桓宣到祖约处求见，祖约知道他想劝说，拒而不见。桓宣于是与祖约断绝关系，不和他同流合污。

十一月，祖约派兄长之子沛内史祖涣，女婿淮南太守许柳带兵与苏峻会合。祖逖的妻子是许柳的姐姐，一再劝说，祖约不听。朝廷下令重新任命卞壸为尚书令兼任右卫将军，又任命会稽内史王舒兼摄扬州刺史职务，吴兴太守虞潭督察三吴等郡的军事。

尚书左丞孔坦、司徒司马丹杨人陶回向王导进言，请求："乘苏峻未到之时，急速截断阜陵的通路，把守长江以西当利等路口，敌寡我众，一战即可决胜。如果苏峻还未到，可以进军威逼其城。如果现在不先行前往，苏峻必会先行到达，苏峻一旦到达，那么人心恐惧，就难以与他交战了。这种时机不能失去。"王导认为很对，庾亮却不听从。

十二月初一辛亥，苏峻派部将韩晃、张健等人攻陷姑孰，夺取食盐粮米，庾亮这才后悔。

十二月初二壬子，彭城王司马雄、章武王司马休背叛朝廷，投奔苏峻。司马雄是司马释的儿子。

十二月初十庚申，京城戒严，授庾亮符节，都督征讨军事事务，任左卫将军赵胤为历阳太守，让左将军司马流领兵据守慈湖抵御苏峻；又任命前射声校尉刘超为左卫将军，侍中褚翜执掌征讨军事。庾亮让兄弟庾翼以平民身份统领数百人守备石头城。

十二月十六日丙寅，成帝司马衍改封琅邪王司马昱为会稽王，改封吴王司马岳为琅邪王。

宣城内史桓彝想起兵赴朝廷之难，他的长史裨惠认为郡内兵员既少且弱，山越之民经常骚扰，应当暂且按兵不动等待时机。桓彝脸色严厉地说："'见到对君王无礼的人，就要像苍鹰追逐鸟雀一样对待。'现在国家危急紧迫，按道义不能安处。"十二月二十一日辛未，桓彝进兵屯驻芜湖。韩晃击败桓彝，乘势进攻宣城。桓彝退走保守广德，韩晃大肆劫掠各县，然后退兵。徐州刺史郗鉴想率领所部赴国难，朝廷下诏以北边寇贼不宁为由，没有同意。

这年，后赵中山公石虎攻击代王拓跋纥那，双方战于句注山陉北，拓跋纥那战败，迁都至大宁以避敌祸。

代王拓跋郁律之子拓跋翳槐居住在舅父的贺兰部，拓跋纥那派使者索要翳槐，贺兰大人蔼头保护着不让走。拓跋纥那和宇文部共同攻击蔼头，不能取胜。

【点评】

晋明帝司马绍平叛。晋朝权臣王敦曾经谋反作乱，攻占石头城自封为丞相，凌驾于皇帝之上，司马睿气愤填膺，很快一命呜呼，把偌大一个国家丢给了儿子司马绍。司马绍临危受命，担起晋朝这座江山，就要铲除王敦这株毒草。

首先，司马绍善于忍耐，积蓄力量，等待时机。他即位时，王敦的势力非常强大，笼罩着整个东晋朝野。而这时候的王敦，看到晋元帝司马睿已死，行为更加狂妄，便谋求篡位，暗示朝廷征召自己。面对王敦的猖狂挑衅，司马绍表现得出奇地冷静：利用有利时机，培植亲信，积蓄力量，以选择合适的机会，给予致命一击。

其次，司马绍善于把握时机，时机成熟时，果断决策。王敦耀武扬威，不可一世，但他得了重病。在他即将走到生命的尽头时，司马绍立即发起对王敦的反击。他在调兵遣将、进行兵力部署的同时，抓住王敦让养子继承丞相之位的过错，下令历数其罪恶，表明他所率领的平叛之军是正义之师，同时宣布政策，首恶必办，胁从不问，以分化瓦解敌军。为了打好这一仗，他在王敦将要举兵向京师进发时，骑着骏马微服出行，单骑闯进敌营阵地，到王敦驻扎在于湖的营区环绕一圈，然后运用智谋安全脱身。

最后，司马绍善于用人，利用一切可以利用的人才，最大限度地孤立敌人。王导足智多谋，文韬武略，朝野威望极高，是举足轻重的人物。司马绍没有意气用事，并不因为他是王敦的兄弟就疏远他，否则，就会增加平叛阻力。司马绍为了取得平叛的胜利，团结一切可以团结的力量，利用一切可以利用的人，他仍然重用王导，让他打着皇帝的旗号，都督诸军。在这次平叛中，王导判若两人，真正发挥了中坚的作用。首先，他在王敦患病时，率领族中子弟为王敦发丧，使大家都以为王敦已死，激起众将士的士气，个个都勇往直前。这时候的王敦，成了一个“活死人”，即使活着，人们也认为他死了，他更加气愤，急火攻心，也就真的死了。王导还亲自给王敦写信，认为他已渐失人心，要抑制部下作乱，并表明自己的态度，旗帜鲜明，率领六军平乱，宁为忠臣而死。应当说，王导在这次平叛中起了重要的作用。

晋纪十六

晋成帝咸和三年至六年（328—331年）

【起著雍困敦（戊子，328年），尽重光单阏（辛卯，331年），凡四年】

【大事提要】

本卷记事起公元328年，讫公元331年，凡四年，当晋成帝（司马衍）咸和三年至咸和六年。本卷所载大事，主要是五个方面：其一，平定苏峻之乱。东晋流民之帅苏峻在江北拥有强大的军事力量且骄纵，东晋辅政大臣庾亮认为他是将来的祸患，强行征召入朝，苏峻与祖约合谋起兵反叛，攻下建康城，将皇宫化为灰烬，而后温峤设立行台，推举荆州刺史陶侃为盟主，四方响应，平定了叛乱。其二，前赵灭亡。其三，石勒称帝。其四，张骏称藩于后赵。其五，慕容廆献言北伐以求封。公元331年，鲜卑人首领慕容廆派使者至晋，与太尉陶侃商议兴兵北伐，共清中原。慕容廆僚属以此为其求官爵，以增声威，上书陶侃，求封燕王，行大将军事。陶侃复书说：慕容廆“忠义竭诚。今腾笺上听，可不、迟速，当在天台也”。

【原文】

显宗成皇帝上之下

咸和三年（戊子，328年）

春，正月，温峤入救建康，军于寻阳。

韩晃袭司马流于慈湖，流素懦怯，将战，食炙不知口处，兵败而死。

丁未，苏峻帅祖涣、许柳等众二万人，济自横江，登牛渚，军于陵口。台兵御之，屡败。

二月，庚戌，峻至蒋陵覆舟山。陶回谓庾亮曰：“峻知石头有重戍，不敢直下，必向小丹杨南道步来，宜伏兵邀之，可一战擒也。”亮不从。峻果自小丹杨来，迷失道，夜行，无复部分。亮闻，乃悔之。

朝士以京邑危逼，多遣家人入东避难，左卫将军刘超独迁妻孥入居宫内。

诏以卞壸都督大桁东诸军事，与侍中锺雅帅郭默、赵胤等军及峻战于西陵。壸等大败，死伤以千数。

丙辰，峻攻青溪栅，卞壸率诸军拒击，不能禁。峻因风纵火，烧台省及诸营、寺署，一时荡尽。壸背痈新愈，创犹未合，力疾帅左右苦战而死；二子眕、盱随父后，亦赴敌而死。其母抚尸哭曰：“父为忠臣，子为孝子，夫何恨乎！”

丹杨尹羊曼勒兵守云龙门，与黄门侍郎周导、庐江太守陶瞻皆战死。庾亮帅众将陈于宣阳门内，未及成列，士众皆弃甲走，亮与弟怿、条、翼及郭默、赵胤俱奔寻阳。将行，顾谓锺雅曰：“后事深以相委。”雅曰：“栋折榱崩，谁之咎也！”亮曰：“今日之事，不容复言。”亮乘小船，乱兵相剥掠，亮左右射贼，误中柁工，应弦而倒。船上咸失色欲散，亮不动，徐曰：“此手何可使着贼！”众乃安。

（以上为第一段，写历阳内史苏峻反叛之初，气势汹汹，直逼东晋都城，卞壶率军拒敌，无法阻挡，与其二子为国捐躯；叛军进入建康城，庾亮措手不及，仓皇出逃。）

峻兵入台城，司徒导谓侍中褚翜曰：“至尊当御正殿，君可启令速

【语译】

显宗成皇帝上之下

晋成帝咸和三年（戊子，328 年）

春季，正月，温峤前来救援建康，屯军寻阳。

苏峻部将韩晃偷袭在慈湖的司马流，司马流素来怯懦，临战时吓得吃烤肉不知道往嘴里放，结果兵败身死。

正月二十八日丁未，苏峻带领祖涣、许柳等士兵二万人，渡过横江浦，登上牛渚山，屯军于陵口。朝廷军队抵抗屡败。

二月初一庚戌，苏峻到达蒋陵的覆舟山。陶回对庾亮说："苏峻知道石头城有重兵戍守，不敢直接前来，必定从小丹杨南道徒步前来，应当埋伏兵众截击，可以一战擒获。"庾亮不听。苏峻果然从小丹杨前来，因迷路，夜间赶行，军队各部混乱。庾亮听说后才感到后悔。

朝廷士人因京城危急紧迫，大多遣走家人到吴郡、会稽等处避难，只有左卫将军刘超把妻子儿女迁居宫内。

朝廷下令让卞壸都督大桁以东军事事务，与侍中锺雅率领郭默、赵胤等人的军队与苏峻在西陵交战。卞壸等人大败，死伤数以千计。

二月初七丙辰，苏峻进攻青溪栅，卞壸率领各路部队拒敌，无法阻止其攻势。苏峻乘风势纵火，烧毁朝廷的各行政官署及军营，一时间荡然无存。卞壸背部的痈肿刚好，伤口尚未愈合，支撑着身体率领左右侍卫苦战至死，两个儿子卞眕和卞盱跟随在父亲身后，也赴敌战死。他们的母亲抚摸着尸体痛哭说："父亲是忠臣，儿子是孝子，我还有什么遗憾呢！"

丹杨尹羊曼领兵戍守云龙门，和黄门侍郎周导、庐江太守陶瞻都战死。庾亮率领士众准备在宣阳门内结阵，还没有来得及排成队列，士众都弃甲逃跑，庾亮和兄弟庾怿、庾条、庾翼及郭默、赵胤都逃奔寻阳。临走时回头对锺雅说："以后的事情，就拜托您了。"锺雅说："朝廷军队土崩瓦解，这是谁的过失呢！"庾亮说："今天此事，不容再说。"庾亮乘坐小船，乱兵竞相抢夺劫掠，庾亮的左右侍从用箭射敌，结果误中船上的舵手，应声而倒。船上的人都大惊失色，准备逃散。庾亮安坐不动，缓缓地说："这种手法怎么能射中寇贼呢！"大家这才安定。

苏峻的军队进入内城，司徒王导对侍中褚翜说："皇上应当在正殿，你可奏明请

出。”翜即入上阁，躬自抱帝登太极前殿；导及光禄大夫陆晔、荀崧、尚书张闿共登御床，拥卫帝。以刘超为右卫将军，使与锺雅、褚翜侍立左右，太常孔愉朝服守宗庙。

时百官奔散，殿省萧然。峻兵既入，叱褚翜令下，翜正立不动，呵之曰：“苏冠军来觐至尊，军人岂得侵逼！”由是峻兵不敢上殿，突入后宫，宫人及太后左右侍人皆见掠夺。峻兵驱役百官，光禄勋王彬等皆被捶挞，令负担登蒋山。裸剥士女，皆以坏席苫草自鄣，无草者坐地以土自覆，哀号之声，震动内外。

初，姑孰既陷，尚书左丞孔坦谓人曰：“观峻之势，必破台城，自非战士，不须戎服。”及台城陷，戎服者多死，白衣者无他。

时官有布二十万匹，金银五千斤，钱亿万，绢数万匹，他物称是，峻尽费之；太官惟有烧余米数石以供御膳。

或谓锺雅曰：“君性亮直，必不容于寇雠，盍早为之计！”雅曰：“国乱不能匡，君危不能济，各遁逃以求免，何以为臣！”

丁巳，峻称诏大赦，惟庾亮兄弟不在原例。以王导有德望，犹使以本官居己之右；祖约为侍中、太尉、尚书令；峻自为骠骑将军、录尚书事；许柳为丹杨尹；马雄为左卫将军；祖涣为骁骑将军。弋阳王羕诣峻，称述峻功，峻以羕为西阳王、太宰、录尚书事。

峻遣兵攻吴国内史庾冰，冰不能御，弃郡奔会稽，至浙江，峻购之甚急。吴铃下卒引冰入船，以蘧蒢覆之，吟啸鼓枻，溯流而去。每逢逻所，辄以杖叩船曰：“何处觅庾冰，庾冰正在此。”人以为醉，不疑之，冰仅免。峻以侍中蔡谟为吴国内史。

温峤闻建康不守，号恸，人有候之者，悲哭相对。庾亮至寻阳宣太后诏，以峤为骠骑将军、开府仪同三司，又加徐州刺史郗鉴司空。峤曰：“今日当以灭贼为急，未有功而先拜官，将何以示天下！”遂不受。峤素重亮，亮虽奔败，峤愈推奉之，分兵给亮。

他急速出来。”褚翜立即进入内室，亲自抱着成帝司马衍登上太极前殿。王导及光禄大夫陆晔、荀崧、尚书张闿一同登上御床，护卫成帝。成帝任刘超为右卫将军，让他和锺雅、褚翜侍立在左右，太常孔愉则穿着朝服守护宗庙。

当时百官逃奔离散，皇宫内的官署悄然无声。苏峻的兵众进来后，喝令褚翜退开。褚翜正立不动，呵斥他们说：“苏峻来觐见皇上，军人岂能侵犯威逼！”因此，苏峻的士兵不敢上殿，他们冲进后宫，宫女及太后的左右侍人都被掠夺。苏峻的士兵驱赶百官服劳役，光禄勋王彬等都被棍棒鞭挞，命令他们挑着担子登蒋山。又剥光成年男女的衣物，这些人都用破席或苫草自相遮掩，没有草席的人就坐在地上用土把自己身体盖住，哀哭号叫的声音，震荡于京城内外。

当初，姑孰被攻陷之后，尚书左丞孔坦对人说：“看苏峻的势头，必定会攻破台城，我从来不是士兵，不需要军服。”等到台城被攻陷，穿军服的人大多死亡，不穿军服的人倒没什么大碍。

当时，官府拥有布匹二十万匹，金银五千斤，钱亿万，绢数万匹，其他物品价值与此相当，苏峻尽数耗费光。掌管皇帝饮食的太官只有用剩下的数石粮米做饭，以供成帝御膳。

有人对锺雅说：“你禀性诚信坦直，必定不被寇仇所容，何不早做打算。”锺雅说：“国家的祸乱不能匡正，君王的危殆不能挽救，各自遁逃以求免祸，这还怎么当人臣呢！”

二月初八丁巳，苏峻矫诏下令，实行大赦，唯有庾亮兄弟不在赦免之列。苏峻认为王导素有德行和名望，还让他保持原职，位居自己之上。祖约任侍中、太尉、尚书令，苏峻自任骠骑将军、录尚书事，许柳任丹杨尹，马雄任左卫将军，祖涣任骁骑将军。弋阳王司马羕拜见苏峻，称述苏峻的功德，苏峻又让司马羕当西阳王、太宰、录尚书事。

苏峻派兵进攻吴国内史庾冰，庾冰抵挡不住，放弃郡国逃奔会稽。到浙江时，苏峻重赏搜捕他，情势十分急迫。吴国的侍从、门卫带领庾冰进船，把他用芦席覆盖起来，呼叫着摇动船桨，逆流而上。每逢遇到巡查哨所，就用杖叩击船身说：“何处寻觅庾冰？庾冰就在这里。”众人认为他喝醉了，毫不怀疑，庾冰因此幸免。苏峻让侍中蔡谟出任吴国内史。

温峤听说建康失守，号啕痛哭。有人前往探问，也是相对悲泣。庾亮到了寻阳后，宣布太后之令，任命温峤为骠骑将军、开府仪同三司，又授予徐州刺史郗鉴司空。温峤说：“今天应当首先消灭叛贼，尚未建功却先授官，还怎么示范天下！”于是推辞不接受，温峤素来看重庾亮，庾亮虽然战败奔逃，温峤却更加拥戴他，分出部分兵力交给他。

后赵大赦，改元太和。

三月，丙子，庾太后以忧崩。

苏峻南屯于湖。

（以上为第二段，写苏峻起兵反叛，攻下台城，东晋遭受灭顶之灾，朝廷储存的钱财尽数耗光，内外一片狼藉；庾亮惹出祸端，逃之夭夭；庾太后因忧愤而去世。）

夏，四月，后赵将石堪攻宛，南阳太守王国降之，遂进攻祖约军于淮上。约将陈光起兵攻约，约左右阎秃，貌类约，光谓为约而擒之，约逾垣获免。光奔后赵。

壬申，葬明穆皇后于武平陵。

庾亮、温峤将起兵讨苏峻，而道路断绝，不知建康声闻。会南阳范汪至寻阳，言："峻政令不一，贪暴纵横，灭亡已兆，虽强易弱，朝廷有倒悬之急，宜时进讨。"峤深纳之。亮辟汪参护军事。

亮、峤互相推为盟主，峤从弟充曰："陶征西位重兵强，宜共推之。"峤乃遣督护王愆期诣荆州，邀陶侃与之同赴国难。侃犹以不豫顾命为恨，答曰："吾，疆埸外将，不敢越局。"峤屡说，不能回，乃顺侃意，遣使谓之曰："仁公且守，仆当先下。"

使者去已二日，平南参军荥阳毛宝别使还，闻之，说峤曰："凡举大事，当与天下共之。师克在和，不宜异同。假令可疑，犹当外示不觉，况自为携贰邪！宜急追信改书，言必应俱进；若不及前信，当更遣使。"峤意悟，即追使者改书。侃果许之，遣督护龚登帅兵诣峤。峤有众七千，于是列上尚书，陈祖约、苏峻罪状，移告征镇，洒泣登舟。

陶侃复追龚登还。峤遗侃书曰："夫军有进而无退，可增而不可减。近已移檄远近，言于盟府，刻后月半大举，诸郡军并在路次，惟须仁公军至，便齐进耳。仁公今召军还，疑惑远近，成败之由，将在于此。仆才轻任重，实凭仁公笃爱，远禀成规。至于首启戎行，不敢有辞，仆与仁公，如首尾相卫，唇齿相依也。恐或者不达高旨，将谓仁公缓于讨贼，此声难追。仆与仁公并受方岳之任，安危休戚，理既同之。且自顷之顾，绸缪往来，情深义重，一旦有急，亦望仁公悉众见救，况社稷之难乎！

后赵国实行大赦，改年号为太和。

三月，丙子（疑误，丙子，二月二十七日），庾太后因忧愁而去世。

苏峻向南屯兵于湖。

夏季，四月，后赵将领石堪攻下宛城，南阳太守王国投降；石堪随即进攻驻于淮水岸边的祖约。祖约部将陈光发兵攻击祖约，祖约的侍从阎秃，相貌与祖约相像，陈光以为是祖约，把他擒获，祖约越墙逃脱。陈光逃奔后赵。

四月二十四日壬申，明穆皇后入葬武平陵。

庾亮、温峤准备起兵攻打苏峻，但道路阻断，不知道建康的消息。适逢南阳人范汪到寻阳，说："苏峻政令混乱不一，贪婪强暴，肆无忌惮，已显现出灭亡的征兆，虽然暂时强大，但很容易转化为弱小，朝廷到了千钧一发的危急时刻，应当及时进攻讨伐。"温峤深以为然。庾亮征召范汪为参护军事。

庾亮、温峤相互推举对方为盟主，温峤的堂弟温充说："陶侃职位重要，兵力强盛，应当共同推举他为盟主。"温峤便派遣督护王愆期到荆州，邀请陶侃和自己同赴国难。陶侃仍然因未能参与接受遗命而怀恨在心，回答说："我是守戍边疆的将领，不敢逾越职分。"温峤多次劝说，不能使他回心转意。温峤于是顺应陶侃的心意，派使者对他说："仁公暂且按兵不动，我当先行进讨。"

使者出发已有两天，平南参军荥阳人毛宝出使别处归来，听说此事，劝说温峤："凡是干大事，应当和天下人共同参与。军队取胜在于团结，不应当有分歧。即使合作者心怀异志，尚且应当对外表现出无所察觉，何况是自己显露离心呢！应当急速追回信使，改写书信，说明一定共同进军。如果赶不上先前的信使，应当重新派遣使者。"温峤心中醒悟，当即追回使者改写书信，陶侃果然应许，派督护龚登率军见温峤。温峤有士众七千人，于是以陶侃为盟主与庾亮一起列名上报朝廷，陈述祖约、苏峻的罪状，传告各个地方长官，洒泪登上战船。

陶侃又召龚登回来。温峤给陶侃写信说："军队能进不能退，能增多而不能减少。近来已经将檄文通告全国，呈告您的盟府，约定下月十五日大举兴兵，各郡军队都已上路，只等您的军队到达，便一同进发了。您现在把军队召回，使远近之人感到疑惑，成败的根由便将决定于此。我才能浅薄却责任重大，实在需要凭仗您的厚爱，遥遵既定的行动计划。至于说到率先出兵，我不敢有二话，我与您如同首尾相卫、唇齿相依。唯恐有人不理解您高深的意旨，将会认为您不急于讨伐叛贼，这种舆论一旦形成则难以弥补。我和您都担负着地方统帅的职责，安危休戚，按理应

今日之忧，岂惟仆一州？文武莫不翘企。假令此州不守，约、峻树置官长于此，荆楚西逼强胡，东接逆贼，因之以饥馑，将来之危，乃当甚于此州之今日也。仁公进当为大晋之忠臣，参桓、文之功；退当以慈父之情，雪爱子之痛。今约、峻凶逆无道，痛感天地，人心齐一，咸皆切齿。今之进讨，若以石投卵耳！苟复召兵还，是为败于几成也。愿深察所陈！”王愆期谓侃曰：“苏峻，豺狼也，如得遂志，四海虽广，公宁有容足之地乎！”侃深感悟，即戎服登舟。瞻丧至不临，昼夜兼道而进。

（以上为第三段，写苏峻攻下东晋都城，庾亮出逃投奔温峤，两人共商平叛大计，温峤数请荆州刺史陶侃担任盟主，陶侃反复权衡利弊，决定率领大军日夜兼程讨伐叛逆。）

郗鉴在广陵，城孤粮少，逼近胡寇，人无固志。得诏书，即流涕誓众，入赴国难，将士争奋。遣将军夏侯长等间行谓温峤曰：“或闻贼欲挟天子东入会稽，当先立营垒，屯据要害，既防其越逸，又断贼粮运，然后清野坚壁以待贼。贼攻城不拔，野无所掠，东道既断，粮运自绝，必自溃矣。”峤深以为然。

五月，陶侃率众至寻阳。议者咸谓侃欲诛庾亮以谢天下。亮甚惧，用温峤计，诣侃拜谢。侃惊，止之曰：“庾元规乃拜陶士行邪！”亮引咎自责，风止可观，侃不觉释然，曰：“君侯修石头以拟老子，今日反见求邪！”即与之谈宴终日，遂与亮、峤同趣建康。戎卒四万，旌旗七百余里，钲鼓之声，震于远近。

苏峻闻西方兵起，用参军贾宁计，自姑孰还据石头，分兵以拒侃等。

乙未，峻逼迁帝于石头，司徒导固争，不从。帝哀泣升车，宫中恸哭。时天大雨，道路泥泞，刘超、锺雅步侍左右，峻给马，不肯乘，而悲哀慷慨。峻闻而恶之，然未敢杀也。以其亲信许方等补司马督、殿中监，外托宿卫，内实防御超等。峻以仓屋为帝宫，日来帝前肆丑言。刘超、锺雅与右光禄大夫荀崧、金紫光禄大夫华恒、尚书荀邃、侍中丁潭侍从，不离帝侧。时饥馑米贵，峻问遗，超一无所受。缱绻朝夕，臣节愈恭；虽居幽厄之中，超犹启帝，授《孝经》《论语》。

当共同承受。况且自从最近交往以来，来往频繁，情深义重，一旦有急难，也希望您率兵相救，何况是国家的危难呢！今天的忧患，岂只是我这一州，文武百官谁不对您翘首期待？假如此州保不住，祖约、苏峻在此设置官长，荆州西部临近强大的胡寇，东部与叛贼相临，再加上连年饥馑，将来的危险就会远远超过此州的今天。进一步讲，您应该成为大晋的忠臣，与齐桓公、晋文公的功绩相匹；退一步说，您应当以慈父之情，去洗刷爱子被杀的痛楚。如今祖约、苏峻凶逆无道，造成的罪孽震动天地，人们在内心都一致极端痛恨他们。现在的进攻讨伐，犹如以石投卵，胜券在握，假如再召回军队，这是在几乎成功之时自己制造失败。期望您能深切体察我所说的这一切。”王愆期对陶侃说：“苏峻是豺狼，如果让他得志，天下虽大，您难道还能有立足之地吗！”陶侃深深感悟，当即穿上军装登船。儿子陶瞻的丧礼也不参加，日夜兼行赶来。

郗鉴在广陵，孤城缺粮，挨近胡寇，人心不稳。得到诏书后，当即流着眼泪誓师，来赴国难，将士们人人奋勇争先。郗鉴派将军夏侯长等微行前来对温峤说：“有人听说叛贼准备胁迫天子向东到会稽，应当事先设立营帐壁垒，占据要害之地，既可防止他逃逸，又能切断叛贼的粮食运输，然后再坚壁清野，坐待叛贼。叛贼攻城不能取胜，旷野又无所劫掠，东边的道路既然阻断，粮米输运自然断绝，必定不战自溃。”温峤认为很对。

五月，陶侃率领士众到达寻阳。论者都说陶侃准备诛杀庾亮向天下人谢罪，庾亮甚为恐惧，便采用温峤的计谋，去见陶侃谢罪。陶侃大吃一惊，制止他说：“庾元规竟然来叩拜我呀！”庾亮承认过错，自我责备，风度举止很不错，陶侃不知不觉放心开怀，说：“您当年修缮石头城来对付老夫，今天倒反来见我，有所求吗？”随即和他谈笑宴饮一整天，便与庾亮、温峤一同赶赴建康。共有士兵四万人，旌旗延绵七百多里，钲鼓之声，震天动地。

苏峻听说西方起兵，采纳参军贾宁的计谋，从姑孰返回，占据石头城，分兵抗拒陶侃等人。

五月十八日乙未，苏峻逼迫成帝司马衍迁居石头城，司徒王导极力争辩，苏峻不听。成帝哀哭着登上车舆，宫中一片痛哭之声。当时天下大雨，道路泥泞，刘超、锺雅徒步侍从于左右，苏峻给他们马匹也不肯乘坐，悲哀慷慨。苏峻听说后憎恶于心，但没敢杀害。苏峻让亲信许方等人补任司马督、殿中监等职，对外说是宿卫，对内其实是防备刘超等人。苏峻用库房作为成帝宫室，每天在成帝面前大放厥词。刘超、锺雅和右光禄大夫荀崧、金紫光禄大夫华恒、尚书荀邃、侍中丁潭侍卫随从，不离成帝左右。当时因为饥馑，米价昂贵，苏峻问候赠送物品，刘超纤毫不受。他

峻使左光禄大夫陆晔守留台，逼迫居民，尽聚之后苑；使匡术守苑城。

尚书左丞孔坦奔陶侃，侃以为长史。

初，苏峻遣尚书张闿权督东军，司徒导密令以太后诏谕三吴吏士，使起义兵救天子。会稽内史王舒以庾冰行奋武将军，使将兵一万，西渡浙江，于是，吴兴太守虞潭、吴国内史蔡谟、前义兴太守顾众等皆举兵应之。潭母孙氏谓潭曰："汝当舍生取义，勿以吾老为累！"尽遣其家僮从军，鬻其环佩以为军资。谟以庾冰当还旧任，即去郡以让冰。

苏峻闻东方兵起，遣其将管商、张健、弘徽等拒之。虞潭等与战，互有胜负，未能得前。

陶侃、温峤军于茄子浦。峤以南兵习水，苏峻兵便步，令："将士有上岸者死！"会峻送米万斛馈祖约，约遣司马桓抚等迎之。毛宝帅千人为峤前锋，告其众曰："兵法'军令有所不从'，岂可视贼可击，不上岸击之邪！"乃擅往袭抚，悉获其米，斩获万计，约由是饥乏。峤表宝为庐江太守。

陶侃表王舒监浙东军事，虞潭监浙西军事，郗鉴都督扬州八郡诸军事；令舒、潭皆受鉴节度。鉴帅众渡江，与侃等会于茄子浦，雍州刺史魏该亦以兵会之。

（以上为第四段，写荆州刺史陶侃被温峤说动，率领四万将士奔赴建康；庾亮采用温峤计谋，向陶侃谢罪，化解了危机；苏峻逼迫小皇帝迁居石头城，哭声一片。）

丙辰，侃等舟师直指石头，至于蔡洲。侃屯查浦，峤屯沙门浦。峻登烽火楼，望见士众之盛，有惧色，谓左右曰："吾本知温峤能得众也。"

庾亮遣督护王彰击峻党张曜，反为所败。亮送节传以谢侃。侃答曰："古人三败，君侯始二；当今事急，不宜数尔。"亮司马陈郡殷融诣侃谢曰："将军为此，非融等所裁。"王彰至曰："彰自为之，将军不知也。"侃曰："昔殷融为君子，王彰为小人；今王彰为君子，殷融为小人。"

朝夕不离成帝身边，行臣子礼节愈加恭谨。虽然处于困厄之中，刘超仍然为成帝启蒙，讲授《孝经》和《论语》。

苏峻让左光禄大夫陆晔守卫禁城，逼迫居民全部聚居在后苑，让匡术据守苑城。

尚书左丞孔坦投奔陶侃，陶侃任命他为长史。

当初，苏峻派遣尚书张闿暂时督察东部军事，司徒王导密令他用太后之命告示三吴的官吏、士民，让他们发动义兵救护天子。会稽内史王舒让庾冰兼任奋武将军，领兵一万人，向西渡过浙江，于是吴兴太守虞潭、吴国内史蔡谟、原义兴太守顾众等人都发兵响应。虞潭母亲孙氏对虞潭说："你应当舍生取义，不要因我年老而受拖累。"尽数遣送自己的家僮从军，典卖自己的耳环佩玉作为军资。蔡谟认为庾冰应当恢复吴国内史的旧职，便离开吴国，把职位让给庾冰。

苏峻听说东方起兵，派部将管商、张健、弘徽等拒敌。虞潭等人和他们交战，互有胜负，不能前进。

陶侃、温峤屯军于茄子浦。温峤因南方士兵熟悉水战，而苏峻的士兵则以步战见长，便下令："将士有上岸的处死！"适逢苏峻赠送粮米一万斛给祖约，祖约派司马桓抚等人相迎。毛宝率领一千人担当温峤的先锋，告诉士兵说："兵法说'军令有所不从'，怎能眼见可以攻击叛贼，却不上岸攻击呢！"于是，擅自前往偷袭桓抚，尽数劫获粮米，斩首万人左右，祖约军队因此饥饿缺粮。温峤上书，推荐毛宝任庐江太守。

陶侃上书推荐王舒监察浙东军事，虞潭监察浙西军事，郗鉴都督扬州八郡诸军事，令王舒、虞潭都听从郗鉴的节制调度。郗鉴率领士兵渡过长江，与陶侃等在茄子浦会合。雍州刺史魏该也领兵相会。

闰五月初九丙辰，陶侃等人的水军直指石头，到达蔡洲。陶侃屯军查浦，温峤屯军沙门浦。苏峻登上烽火楼，望见朝廷士众之多，面有惧色，对左右侍从说："我本来就知道温峤能够得到众心。"

庾亮派遣督护王彰突袭苏峻的党羽张曜，反而被张曜击败。庾亮送去符节向陶侃谢罪，陶侃回答说："古人曾三次遭败，您才有二次。不过当今形势急迫，不能次次都这样。"庾亮的司马、陈郡人殷融去见陶侃，谢罪说："这是庾将军造成的，不是我们出的主意。"王彰来后则说："这是我自己造成的，庾将军不知道。"陶侃说："过去殷融是君子，王彰是小人；现在王彰是君子，殷融则是小人了。"

宣城内史桓彝，闻京城不守，慷慨流涕，进屯泾县。时州郡多遣使降苏峻，裨惠复劝彝宜且与通使，以纾交至之祸。彝曰：“吾受国厚恩，义在致死，焉能忍耻与逆臣通问！如其不济，此则命也。”彝遣将军俞纵守兰石，峻遣其将韩晃攻之。纵将败，左右劝纵退军。纵曰：“吾受桓侯厚恩，当以死报。吾之不可负桓侯，犹桓侯之不负国也。”遂力战而死。晃进军攻彝，六月，城陷，执彝，杀之。

诸军初至石头，即欲决战，陶侃曰：“贼众方盛，难与争锋，当以岁月，智计破之。”既而屡战无功，监军部将李根请筑白石垒，侃从之。夜筑垒，至晓而成。闻峻军严声，诸将咸惧其来攻。孔坦曰：“不然。若峻攻垒，必须东北风急，令我水军不得往救；今天清静，贼必不来。所以严者，必遣军出江乘，掠京口以东矣。”已而果然。侃使庾亮以二千人守白石，峻帅步骑万余四面攻之，不克。

王舒、虞潭等数与峻兵战，不利。孔坦曰：“本不须召郗公，遂使东门无限，今宜遣还，虽晚，犹胜不也。”侃乃令鉴与后将军郭默还据京口，立大业、曲阿、庱亭三垒以分峻之兵势。使郭默守大业。

壬辰，魏该卒。

祖约遣祖涣、桓抚袭湓口，陶侃闻之，将自击之。毛宝曰：“义军恃公，公不可动，宝请讨之。”侃从之。涣、抚过皖，因攻谯国内史桓宣。宝往救之，为涣、抚所败。箭贯宝髀，彻鞍，宝使人蹋鞍拔箭，血流满靴。还击涣、抚，破走之，宣乃得出，归于温峤。宝进攻祖约军于东关，拔合肥戍。会峤召之，复归石头。

（以上为第五段，写陶侃率领大军到达前线阵地，庾亮率军与叛军战斗而败，陶侃予以宽容；宣城内史桓彝拒不投敌，被杀害；毛宝自告奋勇，救桓宣，破祖约。）

祖约诸将阴与后赵通谋，许为内应。后赵将石聪、石堪引兵济淮，攻寿春。

秋，七月，约众溃，奔历阳，聪等虏寿春二万余户而归。

后赵中山公虎帅众四万自轵关西入，击赵河东，应之者五十余县，遂进攻蒲阪。赵主曜遣河间王述发氐、羌之众屯秦州，以备张骏、杨难敌，自将中外精锐水陆诸军以救蒲阪，自卫关北济，虎惧，引退。曜追

宣城内史桓彝听说京城失守，慷慨流泪，进军屯驻泾县。当时州郡大多派使者向苏峻投降，裨惠多次劝桓彝，应当暂且与苏峻通使，以舒缓即将而来的灾祸。桓彝说："我蒙受国家的重恩，按道义应当效死。怎能忍受耻辱和逆臣通使慰问！如果事情不能成功，这就是命了。"桓彝派遣将军俞纵驻守兰石，苏峻派遣部将韩晃攻击，俞纵将要战败，左右侍从劝说俞纵退军。俞纵说："我蒙受桓公厚恩，应当以死报答。我不能辜负桓公，犹如桓公不能辜负国家。"于是力战而死。韩晃进军攻打桓彝，六月，城被攻破，桓彝被擒获，遇害。

各路军队刚到石头城，就想和苏峻决战。陶侃说："叛贼气势正盛，难以与之争锋。应当待以时日，用智谋打败他。"此后，多次交战均无所建树，希鉴军部将李根请求修筑白石垒，获得陶侃同意后，连夜筑垒，至天明即成。传来苏峻军队击鼓整队的声音，众将都惧怕他们前来攻击。孔坦说："不会。如果苏峻进攻白石垒，必须等待东北风大，使我方水军无法来救。今天天晴无风，贼寇必定不来。他们之所以整队，一定是派出军队由江乘出击，攻掠京口以东地区。"结果果真如此。陶侃派遣庾亮率领二千人据守白石垒，苏峻率领步兵、骑兵一万多人四面围攻，未能攻下。

王舒、虞潭等多次与苏峻军队交战失利，孔坦说："本来不必要招来郗鉴，结果使东门失去防卫。现在应当派遣他回军，虽然晚点，还是胜过不回去。"陶侃便令郗鉴和后将军郭默回军占据京口，建立大业、曲阿、庱亭三座壁垒，使苏峻兵力分散，让郭默据守大业。

六月十五日壬辰，魏该去世。

祖约派遣祖涣、桓抚偷袭湓口，陶侃听说后，准备亲自领军回击。毛宝说："义军仗恃您领导，您不能出动，我请求去征讨。"陶侃同意了。祖涣、桓抚经过皖地，顺势攻击谯国内史桓宣。毛宝前往救援，被祖涣、桓抚打败。敌箭射穿毛宝髀骨，插在马鞍上，毛宝让人用脚踏住马鞍拔箭，血流满靴。毛宝回头攻击祖涣、桓抚，把他们打跑，桓宣这才得以脱困，归依温峤。毛宝攻击在东关的祖约军队，攻取合肥戍。适逢温峤召请他，又回归石头城。

祖约手下诸位将领私下与后赵勾结，许诺充当内应。后赵将领石聪、石堪领兵渡过淮水，进攻寿春。

秋季，七月，祖约的士众溃逃，投奔历阳。石聪等掳掠寿春民众两万多户返回。

后赵中山公石虎率领士众四万人从轵关西进，攻击前赵的河东，有五十多个县应从，石虎于是进攻蒲阪。前赵主刘曜派河间王刘述调遣氐族、羌族士众屯驻在秦州，防备张骏和杨难敌，自己率领国内精锐的水、陆各军救援蒲阪，从卫关北渡黄

之，八月，及于高候，与虎战，大破之，斩石瞻，枕尸二百余里，收其资仗亿计。虎奔朝歌。曜济自大阳，攻石生于金墉，决千金堨以灌之。分遣诸将攻汲郡、河内，后赵荥阳太守尹矩、野王太守张进等皆降之。襄国大震。

张骏治兵，欲乘虚袭长安。理曹郎中索询谏曰："刘曜虽东征，其子胤守长安，未易轻也。借使小有所获，彼若释东方之图，还与我校；祸难之期，未可量也。"骏乃止。

（以上为第六段，写汉赵主刘曜出动大军，与后赵大战，把后赵中山公石虎打得大败，尸体相枕二百余里；并乘胜追击，后赵大为震惊；张骏试图进攻汉赵，被劝止。）

苏峻腹心路永、匡术、贾宁闻祖约败，恐事不济，劝峻尽诛司徒导等诸大臣，更树腹心。峻雅敬导，不许。永等更贰于峻，导使参军袁耽潜诱永使归顺，九月，戊申，导携二子与永皆奔白石。耽，涣之曾孙也。

陶侃、温峤等与苏峻久相持不决，峻分遣诸将东西攻掠，所向多捷，人情恟惧。朝士之奔西军者皆曰："峻狡黠有胆决，其徒骁勇，所向无敌。若天讨有罪，则峻终灭亡；止以人事言之，未易除也。"温峤怒曰："诸君怯懦，乃更誉贼！"及累战不胜，峤亦惮之。

峤军食尽，贷于陶侃。侃怒曰："使君前云不忧无良将及兵食，惟欲得老仆为主耳。今数战皆北，良将安在！荆州接胡、蜀二虏，当备不虞；若复无食，仆便欲西归，更思良算，徐来殄贼，不为晚也。"峤曰："凡师克在和，古之善教也。光武之济昆阳，曹公之拔官渡，以寡敌众，杖义故也。峻、约小竖，凶逆滔天，何忧不灭！峻骤胜而骄，自谓无前，今挑之战，可一鼓而擒也。奈何舍垂立之功，设进退之计乎！且天子幽逼，社稷危殆，乃四海臣子肝脑涂地之日。峤等与公并受国恩，事若克济，则臣主同祚；如其不捷，当灰身以谢先帝耳。今之事势，义无旋踵，譬如骑虎，安可中下哉！公若违众独返，人心必沮；沮众败事，义旗将回指于公矣。"

河。石虎畏惧，率军退走，刘曜追击。八月，在高候追上石虎，与石虎交战，石虎大败，石瞻被杀，尸体纵横相枕达二百多里，刘曜缴获的军资不计其数。石虎逃奔朝歌。刘曜从大阳渡过黄河，攻击驻守金墉的石生，开决千金堰的蓄水淹灌他们，又分别派遣诸将进攻汲郡、河内，后赵的荥阳太守尹矩、野王太守张进等都归降刘曜。襄国大为震惊。

张骏整备军队，想乘虚偷袭长安。理曹郎中索询劝说道："刘曜虽然东征，他儿子刘胤防守长安，不能轻视。即使小有所获，但如果刘曜放弃向后赵进攻的打算，回军与我方较量，祸难临头的时候就难以预测了。"张骏这才罢休。

苏峻的心腹路永、匡术、贾宁听说祖约败绩，唯恐事情不能成功，劝说苏峻尽数杀死司徒王导等各位大臣，另外安置自己的心腹。但苏峻素来敬重王导，不同意杀害他，路永等人便对苏峻怀有二心。王导让参军袁耽私下引诱路永，让他归顺朝廷。九月初三戊申，王导携同两个儿子和路永一同逃奔白石垒。袁耽即袁涣的曾孙。

陶侃、温峤等人与苏峻长久相持不下，苏峻分别派遣多员将领向东、向西攻伐劫掠，多有获胜，一时人心恐惧不宁。逃到西军的朝廷官员都说："苏峻狡黠而有胆识，士兵骁勇，所向无敌。倘若上天能攻打有罪之人，那么他终将灭亡。如果只从人事方面来说，则不易消灭。"温峤发怒说："这是你们自己怯懦，竟然称颂叛贼！"等到多次交战不胜，温峤也心有忌惮。

温峤的军队粮尽，向陶侃借粮。陶侃发怒说："你过去说不愁没有良将和军粮，只是想让我出任盟主罢了。如今数战皆败，良将在哪里！荆州与胡夷、成汉二敌接壤，应当对突发之事有所防备；如果再无军粮，我就想重回江陵，重新考虑更好的办法，慢慢再来除灭叛贼，也不算晚。"温峤说："凡是军队取胜，贵在协同，这是古人的成功经验。汉光武帝横渡昆阳，曹操官渡取胜，以寡敌众，是因为凭仗道义的力量。苏峻、祖约这种小子，凶逆的罪行滔天，何愁不灭！苏峻因屡次取胜而骄傲，自认为所向无敌，现今向他挑战，便可一鼓作气将他擒获，怎么能放弃马上便可获得的成功，做退却的打算呢！况且，天子遭到幽禁、逼迫，国家危亡，这正是天下的臣子们肝脑涂地以图报效的时候。我们和您都蒙受国家的恩惠，事情如果能成功，便可君臣同享国家的福运；如果不能获胜，则应当粉身碎骨以报答先帝。当今之事，已经义无反顾，犹如骑虎难下！您如果违背众人的心愿独自返回，人心必定沮丧，而人心沮丧必败，那时义军的大旗将回过头来指向您了。"

毛宝言于峤曰："下官能留陶公。"乃往说侃曰："公本应镇芜湖，为南北势援，前既已下，势不可还。且军政有进无退，非直整齐三军，示众必死而已。亦谓退无所据，终至灭亡。往者杜弢非不强盛，公竟灭之，何至于峻，独不可破邪！贼亦畏死，非皆勇健，公可试与宝兵，使上岸断贼资粮。若宝不立效，然后公去，人心不恨矣。"侃然之，加宝督护而遣之。竟陵太守李阳说侃曰："今大事若不济，公虽有粟，安得而食诸！"侃乃分米五万石以饷峤军。毛宝烧峻句容、湖孰积聚，峻军乏食，侃遂留不去。

（以上为第七段，写温峤、陶侃在敌强我弱的情况下坚持与叛军作战；义军数战不利，温峤部队缺粮，陶侃欲回军西去，被温峤等人直言相劝留下，并借粮给温峤军。）

张健、韩晃等急攻大业，垒中乏水，人饮粪汁。郭默惧，潜突围出外，留兵守之。郗鉴在京口，军士闻之皆失色。参军曹纳曰："大业，京口之扞蔽也，一旦不守，则贼兵径至，不可当也。请还广陵，以俟后举。"鉴大会僚佐，责纳曰："吾受先帝顾托之重，正复捐躯九泉，不足报塞。今强寇在近，众心危逼，君腹心之佐，而生长异端，当何以帅先义众，镇一三军邪！"将斩之，久乃得释。

陶侃将救大业，长史殷羡曰："吾兵不习步战，救大业而不捷，则大事去矣。不如急攻石头，则大业自解。"侃从之。羡，融之兄也。

庚午，侃督水军向石头。庾亮、温峤、赵胤帅步兵万人从白石南上，欲挑战。峻将八千人逆战，遣其子硕及其将匡孝分兵先薄赵胤军，败之。峻方劳其将士，乘醉望见胤走，曰："孝能破贼，我更不如邪！"因舍其众，与数骑北下突陈，不得入，将回趋白木陂；马踬，侃部将彭世、李千等投之以矛，峻坠马；斩首，脔割之，焚其骨，三军皆称万岁。余众大溃。峻司马任让等共立峻弟逸为主，闭城自守。

温峤乃立行台，布告远近，凡故吏二千石以下，皆令赴台。于是，至者云集。韩晃闻峻死，引兵趣石头。管商、弘徽攻庱亭垒，督护李闳、轻车长史滕含击破之。含，修之孙也。商走诣庾亮降，余众皆归张健。

毛宝对温峤说："我能让陶公留下。"于是，毛宝去劝陶侃说："您本应镇守芜湖，作为南北军队的后援，先前既然已经来此，按情势就不能回头。何况军中大事有进无退，不只是说整肃三军，向士众显示必死的信念而已。也可说是后退无所仰仗，终将至于灭亡。过去杜弢并非不强盛，您最终将他消灭，怎么到了苏峻头上，偏偏不能战胜他呢？叛贼也是怕死的，并非个个勇健，您可以试着交给我一些士兵，让我上岸去断绝叛贼的军资粮草，如果我不能建立战功，然后您再离开，众人心中便不会遗憾了。"陶侃答应了他，授予毛宝督护，派他前去。竟陵太守李阳劝说陶侃道："现在如果大事不成功，您虽有粮米，怎能吃得上呢！"陶侃便发出五万石粮米赠送给温峤的军队。毛宝烧毁苏峻在句容、湖孰的军备积蓄，于是苏峻军队缺粮，陶侃便留下，没有离开。

叛将张健、韩晃等猛攻大业，壁垒中缺水，众人饮用粪水。郭默恐惧，悄悄突围而出，留下士兵据守；郗鉴在京口，军士们听说后都大惊失色。参军曹纳说："大业是京口的屏障，一旦失守，那么贼兵便可直接到此，无法阻挡。请求退回广陵，以待后举。"郗鉴大会僚属佐吏，斥责曹纳说："我禀受先帝顾命托孤的重任，正思即使捐躯于九泉之下，也不足为报。如今强寇在旁，众心危惧紧张，你是我的心腹佐吏，却滋生异端，我还怎么统帅各路义军，号令三军呢！"郗鉴准备将曹纳斩首，过了许久才释免他。

陶侃准备救援大业，长史殷羡说："我方士兵不熟悉陆战，如果救援大业不能取胜，那么大事便完了。不如猛攻石头城，那么大业之围自然会解除。"陶侃听从了他的建议。殷羡即殷融的兄长。

九月二十四日庚午，陶侃督领水军开赴石头城。庾亮、温峤、赵胤率领步兵万人从白石垒向南，准备挑战叛军。苏峻统率八千人迎战，派儿子苏硕和部将匡孝分军先行逼近赵胤军队，将其打败。苏峻当时正在犒劳将士，乘着醉意远远望见赵胤败逃，说："匡孝能败敌，我反倒不如他吗！"于是撇下士众，和数名骑兵向南突击敌阵，但无法突破，准备回身奔向白木陂时，坐骑失足跌倒，陶侃的部将彭世、李千等用矛投射，苏峻坠落马下，被斩首，分割其肢体，骨骸被焚烧，三军将士都高呼万岁。苏峻余部大败。苏峻的司马任让等人共同推立苏峻兄弟苏逸为主公，关闭城门自守。

温峤便设立行台，宣告全国，凡是朝廷原任官吏爵禄在二千石以下的，都传令他们赶赴行台报到，于是到达的人有如云集。韩晃听说苏峻已死，领兵奔赴石头城。叛将管商、弘徽攻打庱亭壁垒，被督护李闳、轻车长史滕含击败。滕含即滕修的孙

（以上为第八段，写温峤、陶侃的义军与叛军交战，一直处于劣势，但时来运转，苏峻酒后逞能，单骑出动，突阵未成，坐骑失足，被投矛杀死，叛军大势已去。）

冬，十一月，后赵王勒欲自将救洛阳，僚佐程遐等固谏曰："刘曜悬军千里，势不支久。大王不宜亲动，动无万全。"勒大怒，按剑叱遐等出。乃赦徐光，召而谓之曰："刘曜乘一战之胜，围守洛阳，庸人之情皆谓其锋不可当。曜带甲十万，攻一城而百日不克，师老卒怠，以我初锐击之，可一战而擒也。若洛阳不守，曜必送死冀州，自河已北，席卷而来，吾事去矣。程遐等不欲吾行，卿以为何如？"对曰："刘曜乘高候之势，不能进临襄国，更守金墉，此其无能为可知也。以大王威略临之，彼必望旗奔败。平定天下，在今一举，不可失也。"勒笑曰："光言是也。"乃使内外戒严，有谏者斩。命石堪、石聪及豫州刺史桃豹等各统见众会荥阳，中山公虎进据石门，勒自统步骑四万趣金墉，济自大堨。

勒谓徐光曰："曜盛兵成皋关，上策也；阻洛水，其次也；坐守洛阳，此成擒耳。"

十二月，乙亥，后赵诸军集于成皋，步卒六万，骑二万七千。勒见赵无守兵，大喜，举手指天复加额曰："天也！"卷甲衔枚，诡道兼行，出于巩、訾之间。

赵主曜专与嬖臣饮博，不抚士卒，左右或谏，曜怒，以为妖言，斩之。闻勒已济河，始议增荥阳戍，杜黄马关。俄而洛水候者与后赵前锋交战，擒羯送之。曜问："大胡自来邪？其众几何？"羯曰："王自来，军势甚盛。"曜色变，使摄金墉之围，陈于洛西，众十余万，南北十余里。勒望见，益喜。谓左右曰："可以贺我矣！"勒帅步骑四万入洛阳城。

己卯，中山公虎引步卒三万自城北而西，攻赵中军，石堪、石聪等各以精骑八千自城西而北，击赵前锋，大战于西阳门，勒躬贯甲胄，出自阊阖门，夹击之。曜少而嗜酒，末年尤甚。将战，饮酒数斗。常乘赤马无故局顿，乃乘小马。比出，复饮酒斗余。至西阳门，挥陈就平。石

子。管商逃奔到庾亮处投降，其余士众都归从张健。

冬季，十一月，后赵王石勒想自己率兵救援洛阳，僚佐程遐等极力劝阻，说："刘曜孤军深入千里之外，势必不能持久。大王不应当亲自出动，一旦出动，难保万全。"石勒大怒，手按佩剑呵斥程遐等人出去。于是赦免徐光的罪过，把他召来，对他说："刘曜凭借一仗的胜利，围攻并占据洛阳，庸人的想法都说他的锋芒不可抵挡。刘曜带领十万甲士，攻打一座城池却一百天不能取胜，军队疲惫、士卒懈怠，用我方精锐的生力军攻击，一战便可擒获他。如果洛阳失守，刘曜必定会进攻冀州，由黄河北边席卷而来，我们就完了。程遐等人不想让我去，你以为怎么样？"徐光回答说："刘曜乘着在高候战胜石虎的势头，不能进军攻到襄国，反而据守金墉，由此可知他不会有什么作为。凭着大王您的威风胆略进逼他，他必定是望风败逃。平定天下，就在今天这一战，不能错过时机。"石勒笑着说："你说得对。"于是让宫室内外戒严，有敢于劝说的斩首。命令石堪、石聪和豫州刺史桃豹等各自统领现有士众会聚荥阳，又令中山公石虎进军占据石门，石勒自己率步兵、骑兵四万人赶赴金墉，从大堨渡过黄河。

石勒对徐光说："刘曜如果屯军于成皋关，这是上策；其次当在洛水设阻；坐守洛阳，等于束手就擒。"

十二月初一乙亥，后赵各军会集成皋，有步兵六万人，骑兵二万七千人。石勒见前赵无兵把守，大为喜悦，用手指天随后又拍着额头说："这是天意！"便命令士兵脱下重甲，衔枚噤声，从隐秘的小道日夜兼行，由巩县和訾县之间穿出。

前赵主刘曜只顾与宠幸之臣饮酒博戏，不体恤士兵。身边有人劝说，刘曜发怒，认为是妖言，将劝说者斩首。直到听说石勒已经渡河，这才商议增强荥阳戍守的力量，关闭黄马关。不久，在洛水巡逻的士兵与后赵的前锋交战，捉住羯人俘虏送来，刘曜问他："石勒自己来了吗？有多少士众？"回答说："大王亲自前来，军势极盛。"刘曜色变，让军队解除对金墉的围守，在洛水西面布阵，有士众十多万，南北绵延十多里。石勒远远望见，更加高兴，对身边的人说："可以祝贺我了。"石勒率领步兵、骑兵四万人进入洛阳城。

十二月初五己卯，中山公石虎带领步兵三万人从城北向西进攻前赵中军，石堪、石聪等各带精锐骑兵八千人从城西向北进攻前赵的前锋，在西阳门展开激烈的战斗。石勒身穿甲胄，从阊阖门出城，夹击敌军。刘曜自少年便爱喝酒，年老后尤为嗜酒，临战前饮酒数斗。平常乘坐的红马无缘无故地低首蜷足，于是改乘小马。等到出发

堪因而乘之，赵兵大溃。曜昏醉退走，马陷石渠，坠于冰上，被疮十余，通中者三，为堪所执。勒遂大破赵兵，斩首五万余级。下令曰："所欲擒者一人耳，今已获之。其敕将士抑锋止锐，纵其归命之路。"

曜见勒曰："石王，颇忆重门之盟否？"勒使徐光谓之曰："今日之事，天使其然，复云何邪！"乙酉，勒班师，使征东将军石邃将兵卫送曜。邃，虎之子也。曜疮甚，载以马舆，使医李永与同载。己亥，至襄国，舍曜于永丰小城，给其妓妾，严兵围守。遣刘岳、刘震等从男女盛服以见之，曜曰："吾谓卿等久为灰土，石王仁厚，乃全宥至今邪！我杀石佗，愧之多矣。今日之祸，自其分耳。"留宴终日而去。勒使曜与其太子熙书，谕令速降。曜但敕熙与诸大臣"匡维社稷，勿以吾易意也。"勒见而恶之，久之，乃杀曜。

是岁，成汉献王骧卒，其子征东将军寿以丧还成都。成主雄以李玝为征北将军、梁州刺史，代寿屯晋寿。

（以上为第九段，写后赵主石勒亲率大军突袭汉赵，大败之，活捉汉赵主刘曜；石勒令刘曜写信给太子刘熙，令其急速归降，而刘曜嘱其以国家为重，遂被杀。）

四年（己丑，329年）

春，正月，光禄大夫陆晔及弟尚书左仆射玩说匡术，以苑城附于西军。百官皆赴之，推晔督宫城军事。陶侃命毛宝守南城，邓岳守西城。

右卫将军刘超、侍中锺雅与建康令管旆等谋奉帝出赴西军，事泄，苏逸使其将平原任让将兵入宫收超、雅。帝抱持悲泣曰："还我侍中、右卫！"让夺而杀之。初，让少无行，太常华恒为本州大中正，黜其品。及让为苏峻将，乘势多所诛杀，见恒辄恭敬，不敢纵暴。及锺、刘之死，苏逸欲并杀恒，让尽心救卫，恒乃得免。

冠军将军赵胤遣部将甘苗击祖约于历阳，戊辰，约夜帅左右数百人奔后赵，其将牵腾率众出降。

时，又饮酒一斗多。到了西阳门，指挥军队就平川布阵，石堪乘势攻击，前赵士兵大部溃逃。刘曜酒醉昏昏，往后退逃，战马在石渠失足，把刘曜摔在冰上，受伤十多处，有三处伤及内腑，被石堪执获。石勒于是大败前赵军队，斩首五万多级。下令说："我想抓获的只有刘曜一个人，此人现已被擒，特敕令将士停止攻击，给他们留下往回逃命的路。"

刘曜见到石勒，说："石王，还能想起我们在重门的结盟吗？"石勒让徐光对刘曜说："今天的事情出于天意，还有什么可说的！"十二月十一日乙酉，石勒班师回京。让征东将军石邃带兵护送刘曜。石邃即石虎的儿子。刘曜伤势严重，于是让他坐着马车，让医师李永和他同车。十二月二十五日己亥，石勒回到襄国，让刘曜居住在永丰小城，供给他妓妾，派兵严密围守。又派刘岳、刘震等族内男女等穿上盛服见刘曜。刘曜说："我以为你们早就化为灰土了，石王仁厚，竟然一直保全维护你们到今天！我杀死石佗，长期以来心中有愧，今日的灾祸是我应得的报应啊。"留他们宴饮一整天，才让他们离开。石勒让刘曜给太子刘熙写信，下令让他赶快归降。刘曜却要求刘熙和各位大臣"匡扶维护国家，不要因我而改变心意"。石勒见信后憎恶刘曜，过了许久，便杀死刘曜。

这年，成汉献王李骧死，他的儿子征东将军李寿因父丧返回成都。成汉主李雄任李玝为征北将军、梁州刺史，代替李寿驻屯晋寿。

晋成帝咸和四年（己丑，329年）

春季，正月，东晋光禄大夫陆晔和兄弟尚书左仆射陆玩劝说叛将匡术献出苑城归附陶侃、温峤的西路军，百官都赶来推举陆晔督察宫城军事。陶侃令毛宝戍守苑城的南城，邓岳戍守苑城的西城。

右卫将军刘超、侍中锺雅和建康令管旆等筹划侍奉成帝司马衍逃出石头城去投奔陶侃、温峤的西军，事情泄露后，苏逸让部将平原人任让带兵入宫拘捕刘超、锺雅。成帝抱着他们悲泣说："还我侍中和右卫！"任让夺过他们并将他们杀害。当初，任让年少时没有德行，太常华恒担任州中的大中正，因他的品行不好而将其贬退。等到任让担任苏峻部将，乘机诛杀了很多人，但见到华恒就很恭敬，不敢放任暴行。等到锺雅、刘超死时，苏逸想连同华恒一同处死，任让尽心救护，华恒才得以幸免。

冠军将军赵胤派部将甘苗在历阳攻击祖约，正月二十五日戊辰，祖约乘夜率领左右侍从几百人投奔后赵，部将牵腾率众出城投降甘苗。

苏逸、苏硕、韩晃并力攻台城，焚太极东堂及秘阁，毛宝登城，射杀数十人。晃谓宝曰："君名勇果，何不出斗？"宝曰："君名健将，何不入斗？"晃笑而退。

赵太子熙闻赵主曜被擒，大惧，与南阳王胤谋西保秦州。尚书胡勋曰："今虽丧君，境土尚完，将士不叛，且当并力拒之；力不能拒，走未晚也。"胤怒，以为沮众，斩之，遂帅百官奔上邽，诸征镇亦皆弃所守从之，关中大乱。将军蒋英、辛恕拥众数十万据长安，遣使降于后赵，后赵遣石生帅洛阳之众赴之。

二月，丙戌，诸军攻石头。建威长史滕含击苏逸，大破之。苏硕帅骁勇数百，渡淮而战，温峤击斩之。韩晃等惧，以其众就张健于曲阿，门隘不得出，更相蹈藉，死者万数。西军获苏逸，斩之。滕含部将曹据抱帝奔温峤船，群臣见帝，顿首号泣请罪。杀西阳王羕，并其二子播、充，孙崧及彭城王雄。陶侃与任让有旧，为请其死。帝曰："是杀吾侍中、右卫者，不可赦也。"乃杀之。

司徒导入石头，令取故节，陶侃笑曰："苏武节似不如是。"导有惭色。

丁亥，大赦。

张健疑弘徽等贰于己，皆杀之，帅舟师自延陵将入吴兴，乙未，扬烈将军王允之与战，大破之，获男女万余口。健复与韩晃、马雄等西趋故鄣，郗鉴遣参军李闳追之，及于平陵山，皆斩之。

是时宫阙灰烬，以建平园为宫。温峤欲迁都豫章，三吴之豪请都会稽，二论纷纭未决。司徒导曰："孙仲谋、刘玄德俱言'建康，王者之宅'。古之帝王，不必以丰俭移都，苟务本节用，何忧凋弊！若农事不修，则乐土为墟矣。且北寇游魂，伺我之隙，一旦示弱，窜于蛮越，求之望实，惧非良计。今特宜镇之以静，群情自安。"由是不复徙都。以褚翜为丹杨尹。时兵火之后，民物凋残，翜收集散亡，京邑遂安。

壬寅，以湘州并荆州。

（以上为第十段，写东晋众臣齐心，平定苏峻叛乱，诛杀变节的大臣司马羕，而

苏逸、苏硕、韩晃合力进攻台城，焚毁了太极东堂和秘阁，毛宝登上城墙，射死几十人。韩晃对毛宝说：“你以勇猛果敢闻名，为何不出来比斗？”毛宝说：“你号称是英勇善战的将领，为何不进来比斗？”韩晃含笑退还。

前赵太子刘熙听说前赵主刘曜被擒，大为恐惧，和南阳王刘胤商议，准备向西退守秦州。尚书胡勋说：“如今虽然丧失君王，但国土仍然完整，将士也未叛离，暂且应当集中力量抵御敌军。力有不支时再逃也不晚。”刘胤发怒，认为这是扰乱人心，将他斩首，随后率领文武百官逃奔上邽。各地方官员也都放弃自己镇守的地方跟着逃跑，关中大乱。将军蒋英、辛恕拥有士众数十万人据守长安，派使者向后赵请降，后赵派石生率领洛阳的士众前往长安。

二月十三日丙戌，各路军队进攻石头城。建威长史滕含重创苏逸，叛将苏硕率领骁勇士兵数百人渡过秦淮河作战，被温峤击败斩杀。韩晃等人恐惧，带着部众前往曲阿依附张健，城门狭窄不便出逃，士兵互相踩踏，死者上万。西军擒获苏逸，将他斩首。滕含部将曹据抱着成帝司马衍逃到温峤船上，群臣见到皇上，磕头、号哭请罪。随即杀死西阳王司马羕，其子司马播、司马充，其孙司马崧以及彭城王司马雄也一并被处死。陶侃和任让有旧交，为他求情免死。成帝说：“此人杀害了我的侍中锺雅和右卫将军刘超，罪不可赦。”于是，杀死任让。

司徒王导进入石头城，让人取出他以前讨伐王敦时的符节，侃笑着说：“苏武的符节好像不像你这个。”王导面有愧色。

二月十四日丁亥，朝廷实行大赦。

叛将张健怀疑弘徽等人背叛自己，将他们全部杀死，率领水军从延陵准备进入吴兴。二月二十二日乙未，扬烈将军王允之与张健交战，重创张健的军队，俘虏男女一万多人。张健又和韩晃、马雄等人西奔故鄣，郗鉴派参军李闳追击，在平陵山追上他们，张健等人全部被杀。

这时候建康的宫阙化为灰烬，用建平园权充宫室。温峤想迁都到豫章，三吴的豪杰们请求迁都会稽，众说纷纭，未有决断。司徒王导说：“孙权、刘备都说‘建康是帝王的宅府’，古代的帝王不一定因为物品的丰俭而迁都。只要致力农业，缩减开支，还愁什么暂时的凋敝！如果不认真整治农作生产，那么乐土也会变成荒墟。况且北方的寇贼游魂，在窥测我们的可乘之机，一旦表现出衰弱，奔窜到蛮越之地，无论从声名和实际考虑，都不是好办法。现在只需以静制动，人心自然安定。”因此不再迁都。朝廷让褚翜出任丹杨尹，当时正是遭到兵火之后，人口物品凋残，褚翜收拢召集散失的人口，京城这才安定。

二月二十九日壬寅，东晋将湘州并入荆州。

建康宫阙也化为灰烬，一片残破景象；刘曜被杀，汉赵六神无主，太子刘熙退守秦州。）

三月，壬子，论平苏峻功，以陶侃为侍中、太尉，封长沙郡公，加都督交、广、宁州诸军事；郗鉴为侍中、司空、南昌县公；温峤为骠骑将军、开府仪同三司，加散骑常侍、始安郡公；陆晔进爵江陵公；自余赐爵侯、伯、子、男者甚众。卞壸及二子眕、盱，桓彝、刘超、锺雅、羊曼、陶瞻，皆加赠谥。路永、匡术、贾宁，皆苏峻之党也，峻未败，永等去峻归朝廷，王导欲赏以官爵。温峤曰："永等皆峻之腹心，首为乱阶，罪莫大焉。晚虽改悟，未足以赎前罪，得全首领，为幸多矣，岂可复褒宠之哉！"导乃止。

陶侃以江陵偏远，移镇巴陵。

朝议欲留温峤辅政，峤以王导先帝所任，固辞还藩；又以京邑荒残，资用不给，乃留资蓄，具器用，而后旋于武昌。

帝之出石头也，庾亮见帝，稽颡哽咽，诏亮与大臣俱升御座。明日，亮复泥首谢罪，乞骸骨，欲阖门投窜山海。帝遣尚书、侍中手诏慰喻曰："此社稷之难，非舅之责也。"亮上疏自陈："祖约、苏峻纵肆凶逆，罪由臣发，寸斩屠戮，不足以谢七庙之灵，塞四海之责。朝廷复何理齿臣于人次，臣亦何颜自次于人理！愿陛下虽垂宽宥，全其首领；犹宜弃之，任其自存自没，则天下粗知劝戒之纲矣。"优诏不许。亮又欲遁逃山海，自暨阳东出，诏有司录夺舟船。亮乃求外镇自效，出为都督豫州、扬州之江西、宣城诸军事、豫州刺史，领宣城内史，镇芜湖。

陶侃、温峤之讨苏峻也，移檄征、镇，使各引兵入援。湘州刺史益阳侯卞敦拥兵不赴，又不给军粮，遣督护将数百人随大军而已，朝野莫不怪叹。及峻平，陶侃奏敦沮军，顾望，不赴国难，请槛车收付廷尉。王导以丧乱之后，宜加宽宥，转敦安南将军、广州刺史。病不赴，征为光禄大夫、领少府。敦忧愧而卒，追赠本官，加散骑常侍，谥曰"敬"。

三月初十壬子，朝廷评议平定苏峻的功绩，任命陶侃为侍中、太尉，封长沙郡公，加授都督交州、广州、宁州诸军事；郗鉴为侍中、司空、南昌县公；温峤为骠骑将军、开府仪同三司，加授散骑常侍、始安郡公；陆晔进爵为江陵公；其余赐封爵位为侯、伯、子、男的人很多。卞壶及二子卞眕、卞盱，以及桓彝、刘超、锺雅、羊曼、陶瞻，都追赐谥号。路永、匡术、贾宁都是苏峻旧党，苏峻没有败亡时，路永等人叛离苏峻归附朝廷。王导想赏给他们官爵，温峤说："路永等人都是苏峻的心腹，首先参与并导致祸乱的，没有比这更大的罪过了。后来虽然觉悟改正，但不足以全赎以往的罪孽，能够保全首级，已经是很大的侥幸了，怎能再褒扬宠爱他们呢！"王导这才停止。

陶侃因为江陵偏远，移居镇守巴陵。

朝廷商议想留温峤辅佐国政，温峤认为王导是先帝任命的人选，坚决辞绝，归还武昌。他又因京城荒凉残破，缺乏资用，于是留下物资储蓄，备办器物用品，然后回到武昌。

晋成帝司马衍由石头城脱困时，庾亮见到成帝，磕头哽咽。成帝下诏让庾亮和大臣们都登上御座。第二天，庾亮再次叩头请罪，乞求免去自己的职位，想全家投身于山海之中隐居。成帝派尚书、侍中拿手写诏书安慰他，说："这是国家的灾难，不是舅舅的责任。"庾亮上书自己陈述说："祖约、苏峻肆行凶逆之事，罪过由我引发，即便一寸一寸地斩杀，也不足以向七帝的神灵谢罪，不足以平息天下人的责难。朝廷又有什么理由再将我与他人相提并论，我又有什么脸面跻身于人伦呢！希望皇上即便是赐降宽容，保全我的头颅也就行了，对我还是应当抛弃不顾，让我自生自灭，那么，天下人便能略知劝善罚恶的纲要了。"成帝下令劝慰，庾亮不同意。庾亮又想遁逃于山水之间，从暨阳出发向东，成帝下令让负责官员扣夺舟船。庾亮便请求外出镇守效力，于是命其出任都督豫州、扬州地段长江以西、宣城诸军事，豫州刺史，兼任宣城内史，镇守芜湖。

陶侃、温峤征讨苏峻时，传布檄文给各地方官员，让他们各自领兵前来援助。湘州刺史、益阳侯卞敦拥兵不前，又不供给军粮，只是派督护带领几百人跟随大军而已，朝野人士莫不奇怪惊叹。等到苏峻被平定，陶侃奏议卞敦阻碍军务，持观望态度不赴国难，请求将他拘捕送交廷尉治罪。王导认为在丧乱之后，朝廷应该表现宽容，调任卞敦为安南将军、广州刺史；卞敦因病不能赴任，朝廷征召他为光禄大夫兼任少府。卞敦忧愁愧疚而死，朝廷追赠其原先官职，授予散骑常侍，谥号为"敬"。

臣光曰：庾亮以外戚辅政，首发祸机，国破君危，窜身苟免；卞敦位列方镇，兵粮俱足，朝廷颠覆，坐观胜负：人臣之罪，孰大于此！既不能明正典刑，又以宠禄报之，晋室无政，亦可知矣。任是责者，岂非王导乎！

（以上为第十一段，写平定苏峻之乱后，朝廷论功行赏，加封和褒奖陶侃、郗鉴、温峤、陆晔等有功之臣；对为国捐躯的卞壸、桓彝、刘超、锺雅等人予以追谥，对引发祸端的庾亮不予追究，反而封官，司马光提出了严厉批评。）

徙高密王纮为彭城王。纮，雄之弟也。

夏，四月，乙未，始安忠武公温峤卒，葬于豫章。朝廷欲为之造大墓于元、明二帝陵之北，太尉侃上表曰："峤忠诚著于圣世，勋义感于人神，使亡而有知，岂乐今日劳费之事！愿陛下慈恩，停其移葬。"诏从之。

以平南军司刘胤为江州刺史。陶侃、郗鉴皆言胤非方伯才，司徒导不从。或谓导子悦曰："今大难之后，纪纲弛顿，自江陵至于建康三千余里，流民万计，布在江州。江州，国之南藩，要害之地，而胤以忲侈之性，卧而对之，不有外变，必有内患矣。"悦曰："此温平南之意也。"

秋，八月，赵南阳王胤帅众数万自上邽趣长安，陇东、武都、安定、新平、北地、扶风、始平诸郡戎、夏皆起兵应之。胤军于仲桥；石生婴城自守，后赵中山公虎帅骑二万救之。

九月，虎大破赵兵于义渠，胤奔还上邽。虎乘胜追击，枕尸千里。上邽溃，虎执赵太子熙、南阳王胤及其将王公卿校以下三千余人，皆杀之，徙其台省文武、关东流民、秦雍大族九千余人于襄国；又坑五郡屠各五千余人于洛阳。进攻集木且羌于河西，克之，俘获数万，秦、陇悉平。氐王蒲洪、羌酋姚弋仲俱降于虎，虎表洪监六夷军事，弋仲为六夷左都督。徙氐、羌十五万落于司、冀州。

初，陇西鲜卑乞伏述延居于苑川，侵并邻部，士马强盛。及赵亡，述延惧，迁于麦田。述延卒，子傉大寒立；傉大寒卒，子司繁立。

（以上为第十二段，写汉赵南阳王刘胤率军收复长安，声势浩大，后赵中山公石虎率军救援，大败汉赵，乘胜追击，攻破大本营上邽，擒获太子刘熙，汉赵灭亡。）

臣司马光评论说：庾亮以外戚的身份辅佐朝政，首先引发祸端，致使国家毁坏、君主危殆，自己却外逃免于祸乱；卞敦位列方镇大员，兵员和粮食都很充足，朝廷倾覆之时，却坐观胜负；人臣的罪过，哪有比这更大的！但朝廷对他们既不能运用典刑彰明罪过，还用宠信爵禄回报，晋朝无公正严格的政治制度可言，由此也可知晓了。应当承担这种责任的人，难道不是王导吗？

朝廷改封高密王司马纮为彭城王。司马纮是司马雄的弟弟。

夏季，四月二十三日乙未，始安忠武公温峤去世，葬在豫章。朝廷想在晋元帝、明帝的陵墓北边为他建造大墓，太尉陶侃上书说："温峤的忠诚著称于圣世，功勋节义让人神感动，假如他死而有知，难道会为今天这种劳民伤财的事情高兴吗！希望皇上慈爱有恩，停止移葬之事。"成帝司马衍听从了他的意见。

朝廷任命平南军司刘胤为江州刺史。陶侃、郗鉴都说刘胤不具有镇守一方的才能，司徒王导不听。有人对王导的儿子王悦说："如今是大难之后，国家的纲纪弛懈不振，从江陵到建康的三千多里间，流民数以万计，散布在江州。江州是国家的南部屏障、要害之地，而刘胤以自己喜好奢侈的性格，懒散地对待政事，即使没有外部的事变，也必有内患。"王悦说："这是温峤的意思。"

秋季，八月，前赵南阳王刘胤率领数万士众由上邽奔赴长安，陇东、武都、安定、新平、北地、扶风、始平各郡的戎狄及汉人起兵应从。刘胤屯军于仲桥，石生环城自守，后赵令中山公石虎率领骑兵二万人救援。

九月，石虎在义渠大败前赵军队，刘胤逃归上邽。石虎乘胜追击，尸体枕藉千里。上邽被攻破，石虎擒获前赵太子刘熙、南阳王刘胤及其将军、郡王、公卿、校尉以下三千多人，全数杀害。把前赵朝廷的文武官员、关东流民、秦州和雍州的大族九千多人迁移到襄国，又在洛阳坑杀五郡的屠各部人五千多。石虎进攻河西羌人的集木且部，获胜后俘虏数万人，秦州、陇西全部平定。氐人王蒲洪、羌人首领姚弋仲都归降石虎。石虎上书荐举蒲洪监察六夷军事，姚弋仲任六夷左都督。把氐人和羌人的十五万村落居民迁移到司州和冀州。

当初，陇西的鲜卑人乞伏述延部居住在苑川，侵犯吞并邻近部落，士马强盛。等到前赵灭亡，乞伏述延畏惧，迁至麦田。乞伏述延死后，儿子乞伏傉大寒继立；乞伏傉大寒死后，儿子乞伏司繁继立。

江州刺史刘胤矜豪日甚，专务商贩，殖财百万，纵酒耽乐，不恤政事。

冬，十二月，诏征后将军郭默为右军将军。默乐为边将，不愿宿卫，以情诉于胤。胤曰："此非小人之所及也。"默将赴召，求资于胤，胤不与，默由是怨胤。胤长史张满等素轻默，或倮露见之，默常切齿。腊日，胤饷默豚酒，默对信投之水中。

会有司奏："今朝廷空竭，百官无禄，惟资江州运漕；而胤商旅继路，以私废公，请免胤官。"书下，胤不即归罪，方自申理。侨人盖肫掠人女为妻，张满使还其家，肫不从，而谓郭默曰："刘江州不受免，密有异图，与张满等日夜计议，惟忌郭侯一人，欲先除之。"默以为然，帅其徒候旦门开袭胤。胤将吏欲拒默，默呵之曰："我被诏有所讨，动者诛三族！"遂入至内寝，牵胤下，斩之。出，取胤僚佐张满等，诬以大逆，悉斩之。传胤首于京师，诈作诏书，宣示内外。掠胤女及诸妾并金宝还船，初云下都，既而停胤故府。招引谯国内史桓宣，宣固守不从。

是岁，贺兰部及诸大人共立拓跋翳槐为代王，代王纥那奔宇文部。翳槐遣其弟什翼犍质于赵以请和。

河南王吐延，雄勇多猜忌，羌酋姜聪刺之；吐延不抽剑，召其将纥扢埿，使辅其子叶延，保于白兰，抽剑而死。叶延孝而好学，以为礼公孙之子得以王父字为氏，乃自号其国曰"吐谷浑"。

（以上为第十三段，写江州刺史刘胤豪奢贪财，与后将军郭默结下仇怨，被杀；贺兰部推举拓跋翳槐为代王；河南王吐延被刺杀，儿子叶延继位，改国号为吐谷浑。）

五年（庚寅，330 年）

春，正月，刘胤首至建康。司徒导以郭默骁勇难制，己亥，大赦，枭胤首于大航，以默为江州刺史。太尉侃闻之，投袂起曰："此必诈也。"即将兵讨之。默遣使送妓妾及绢，并写中诏呈侃。参佐多谏曰："默不被诏，岂敢为此！若欲进军，宜待诏报。"侃厉色曰："国家年幼，诏令不出胸怀。刘胤为朝廷所礼，虽方任非才，何缘猥加极刑！郭默恃勇，所在

江州刺史刘胤崇尚豪奢的作风日益严重，专门从事商业贩运，聚敛家财百万，纵情于饮酒作乐，不问政事。

冬季，十二月，成帝司马衍下令征召后将军郭默为右军将军。郭默乐于出任戍边将领，不愿意在京宿卫，把自己的心意告诉了刘胤。刘胤说："这不是我所能干预的。"郭默将要赴召进京，向刘胤请求资助，刘胤不给，郭默由此怨恨刘胤。刘胤的长史张满等人素来轻视郭默，有时赤裸着身体见郭默，郭默经常恨之切齿。十二月初八腊日，刘胤赠送郭默猪肉和酒水，郭默当着使者的面把物品扔到水中。

适逢主管官员奏称："如今朝廷府库空竭，百官没有俸禄，只有依赖江州的漕运。而刘胤的商旅不绝于路，因私利废弃公事，请求免除刘胤官职。"奏事下发朝廷评议，刘胤没有回京师受审，并且正要申辩罪责。寄寓此地的北方人盖肫强抢民女为妻，张满让盖肫送女回家，盖肫不听，却对郭默说："刘胤不接受免官的命令，秘密地有所图谋，和张满等人日夜策划，只是忌惮您一人，准备先除掉您。"郭默信以为然，率领士兵等到早上开门时袭击刘胤。刘胤手下的将吏准备抵抗，郭默呵斥他们说："我禀受皇命攻打有罪之人，谁敢妄动者，诛灭三族！"随即进入到刘胤的卧室，把他拉下床后斩首。出屋后又抓获刘胤的僚佐张满等人，诬陷他们谋反，全部斩首。郭默将刘胤的首级传送到京师，伪造诏书宣示内外。又掠取刘胤的女儿和各位侍妾，连同金银珠宝一起带回船上。起初说要回返京城，不久停留在刘胤旧府。郭默招降谯国内史桓宣，桓宣坚守驻地，不从其命。

这年，贺兰部及诸位大人共同推立拓拔翳槐为代王，代王拓拔纥那逃奔宇文部。拓拔翳槐派兄弟拓拔什翼犍到后赵作为人质，请求和好。

河南王吐延，雄壮勇敢但多猜疑忌妒，羌人首领姜聪刺杀他，剑入体内。吐延不拔剑，召部将纥拕埿，让他辅佐自己的儿子叶延，保守白兰，然后拔剑而死。叶延孝顺好学，认为按照礼义"公孙的儿子可以用王父的字为姓氏"，于是自取国号叫吐谷浑。

晋成帝咸和五年（庚寅，330年）

春季，正月，刘胤的首级送到建康。司徒王导因为郭默骁勇难以控制，初一己亥，实行大赦，把刘胤的首级悬挂在大航示众，任命郭默为江州刺史。太尉陶侃听说此事，挥袖站了起来说："这必定有诈。"随即要率兵征讨郭默。郭默派使者送交妓妾和绢物，并写密信呈送给陶侃。陶侃的僚佐大多劝说道："郭默不接受皇命，怎敢干这样的事情！如想进军，应该等待皇命。"陶侃神色严厉地说："国家的君主年

贪暴，以大难新除，禁网宽简，欲因际会骋其从横耳！”发使上表言状，且与导书曰：“郭默杀方州即用为方州，害宰相便为宰相乎？”导乃收胤首，答侃书曰：“默据上流之势，加有船舰成资，故苞含隐忍，使有其地，朝廷得以潜严；俟足下军到，风发相赴，岂非遵养时晦以定大事者邪！”侃笑曰：“是乃遵养时贼也！”

豫州刺史庾亮亦请讨默。诏加亮征讨都督，帅步骑二万往与侃会。

西阳太守邓岳、武昌太守刘诩皆疑桓宣与默同。豫州西曹王随曰：“宣尚不附祖约，岂肯同郭默邪！”岳、诩遣随诣宣观之，随说宣曰：“明府心虽不尔，无以自明，惟有以贤子付随耳！”宣乃遣其子戎与随俱迎陶侃。侃辟戎为掾，上宣为武昌太守。

二月，后赵群臣请后赵王勒即皇帝位。勒乃称大赵天王，行皇帝事。立妃刘氏为王后，世子弘为太子。以其子宏为骠骑大将军、都督中外诸军事、大单于，封秦王；斌为左卫将军，封太原王；恢为辅国将军，封南阳王。以中山公虎为太尉、尚书令，进爵为王；虎子邃为冀州刺史，封齐王；宣为左将军；挺为侍中，封梁王。又封石生为河东王，石堪为彭城王。以左长史郭敖为尚书左仆射，右长史程遐为右仆射、领吏部尚书，左司马夔安、右司马郭殷、从事中郎李凤、前郎中令裴宪，皆为尚书，参军事徐光为中书令、领秘书监。自余文武，封拜各有差。

中山王虎怒，私谓齐王邃曰：“主上自都襄国以来，端拱仰成，以吾身当矢石，二十余年，南擒刘岳，北走索头，东平齐、鲁，西定秦、雍，克十有三州。成大赵之业者，我也；大单于当以授我，今乃以与黄吻婢儿，念之令人气塞，不能寝食！待主上晏驾之后，不足复留种也。”

程遐言于勒曰：“天下粗定，当显明逆顺，故汉高祖赦季布，斩丁公。大王自起兵以来，见忠于其君者辄褒之，背叛不臣者辄诛之，此天下所以归盛德也。今祖约犹存，臣窃惑之。”安西将军姚弋仲亦以为言。勒乃收约，并其亲属中外百余人悉诛之，妻妾、儿女分赐诸胡。

幼，诏令并非出于己意。刘胤被朝廷所重用，虽然所任非才，但为何胡乱遭到极刑处罚！郭默恃仗骁勇，任职行事贪婪横暴，认为国家大难刚刚平定，朝廷法令纲纪宽松简略，想乘机肆行无忌罢了！”便派使者上书陈述郭默罪状，并且给王导写信说：“郭默杀死地方长官就任用他为地方长官，如果害死宰相是不是就要任用他为宰相呢？”王导这才收起刘胤的首级，给陶侃回信说：“郭默占据长江上游的有利地势，再加上有舰船为其所用，所以包涵忍耐，让他占据那块地方，朝廷因此得以秘密戒备。等您的大军到达，风驰赴敌，这难道不是暂且对郭默顺从，等待时机再定大事的策略吗？”陶侃笑着说：“这是对此贼屈从的策略。”

豫州刺史庾亮也请求征讨郭默。朝廷下令授予庾亮征讨都督，率领步兵、骑兵二万人去与陶侃会合。

西阳太守邓岳、武昌太守刘诩都怀疑桓宣与郭默同谋。豫州西曹王随说：“桓宣连祖约尚且不肯附从，怎肯与郭默同谋呢！”邓岳、刘诩派王随到桓宣处观察他的动向，王随劝说桓宣道：“您心中虽然不是这样想，但却无从证明自己，只有把您的儿子交给我。”桓宣便派儿子桓戎和王随一起去迎接陶侃。陶侃征召桓戎为掾，上书举荐桓宣任武昌太守。

二月，后赵的群臣请求后赵王石勒即帝位，石勒便号称大赵天王，行皇帝权力。又立妃子刘氏为王后，世子石弘为太子。任命儿子石宏为骠骑大将军、都督中外诸军事、大单于，封为秦王；石斌为左卫将军，封为太原王；石恢为辅国将军，封为南阳王。任命中山公石虎为太尉、尚书令，进升爵位为王；任命石虎的儿子石邃为冀州刺史，封为齐王；石宣为左将军；石挺为侍中，封为梁王。又封石生为河东王，石堪为彭城王。让左长史郭敖担任尚书左仆射，右长史程遐担任右仆射、兼任吏部尚书。左司马夔安、右司马郭殷、从事中郎李凤、前郎中令裴宪，都为尚书；参军事徐光为中书令、兼任秘书监。其余的文武官员，拜官封爵各有官职。

中山公石虎发怒，私下对齐王石邃说：“主上自从建都襄国以来，端身拱手，坐享其成，靠着我打击敌人，冲锋陷阵，二十多年来，在南方擒获刘岳，在北方赶跑索头，向东平定齐、鲁之地，向西平定秦州、雍州，攻克十三座州郡。成就大赵功业的是我，大单于的称号应当授予我，现在却给了奴婢所生的黄吻小儿，想起来令人气愤，寝食难安！等到主上去世之后，我不会再让他留下后嗣。”

程遐对石勒说：“天下大体平定，应当彰明善恶顺逆，所以汉高祖赦免季布，斩杀丁公。大王自从起兵以来，见到忠于自己君主的人就褒扬他，见到背叛主上、不尽臣节的人就诛杀他，这正是天下人之所以归从您的原因。现在祖约还活着，我私下为此迷惑不解。”安西将军姚弋仲也这样说。石勒便拘捕祖约，连同他的亲属门人等一百多人全部诛杀，妻妾和儿女则分赐给诸胡人。

初，祖逖有胡奴曰王安，逖甚爱之。在雍丘，谓安曰：“石勒是汝种类，吾亦无在尔一人。”厚资送而遣之。安以勇干，仕赵为左卫将军。及约之诛，安叹曰：“岂可使祖士稚无后乎？”乃往就市观刑。逖庶子道重，始十岁，安窃取以归，匿之，变服为沙门。及石氏亡，道重复归江南。

郭默欲南据豫章，会太尉侃兵至，默出战不利，入城固守，聚米为垒，以示有余。侃筑土山临之。三月，庾亮兵至湓口，诸军大集。夏，五月，乙卯，默将宋侯缚默父子出降。侃斩默于军门，传首建康，同党死者四十人。诏以侃都督江州，领刺史；以邓岳督交、广诸军事，领广州刺史。侃还巴陵，因移镇武昌。庾亮还芜湖，辞爵赏不受。

（以上为第十四段，写东晋太尉陶侃出兵攻打杀害江州刺史刘胤的后将军郭默，将其斩首；后赵石勒称大赵天王，大封皇亲国戚，未封其侄中山王石虎为大单于，石虎怨恨不服。）

赵将刘征帅众数千，浮海抄东南诸县，杀南沙都尉许儒。

张骏因前赵之亡，复收河南地，至于狄道，置五屯护军，与赵分境。六月，赵遣鸿胪孟毅拜骏征西大将军、凉州牧，加九锡。骏耻为之臣，不受，留毅不遣。

初，丁零翟斌，世居康居，后徙中国，至是入朝于赵，赵以斌为句町王。

赵群臣固请正尊号，秋，九月，赵王勒即皇帝位。大赦，改元建平。文武封进各有差。立其妻刘氏为皇后，太子弘为皇太子。

弘好属文，亲敬儒素。勒谓徐光曰：“大雅愔愔，殊不似将家子。”光曰：“汉祖以马上取天下，孝文以玄默守之。圣人之后，必有胜残去杀者，天之道也。”勒甚悦。光因说曰：“皇太子仁孝温恭，中山王雄暴多诈，陛下一旦不讳，臣恐社稷非太子所有也。宜渐夺中山王权，使太子早参朝政。”勒心然之，而未能从。

赵荆州监军郭敬寇襄阳。南中郎将周抚监沔北军事，屯襄阳。赵主勒以驿书敕敬退屯樊城，使之偃藏旗帜，寂若无人。曰：“彼若使人观察，则告之曰：‘汝宜自爱坚守，后七八日，大骑将至，相策，不复得走矣。’”

当初，祖逖有胡人奴仆，叫作王安，祖逖十分宠信他。在雍丘时对王安说：“石勒与你是同一种族，我也不在乎你一个人。”送给他丰厚的资财遣送他回去。王安因为勇敢能干，在后赵做官，担任左卫将军。等到祖约伏诛时，王安叹息说：“我怎能让祖逖绝后呢！”于是，前往街市观看行刑。祖逖姬妾所生的儿子祖道重，年方十岁，王安悄悄救出他带回家，把他藏匿起来，为他改换服装装作出家人。到石氏灭亡后，祖道重重新回归江南。

郭默想向南占据豫章，适逢太尉陶侃的军队到达，郭默出战不利，进城固守，用米堆成防御工事，显示自己粮食有余。陶侃修筑土山居高临下。

三月，庾亮的军队到达湓口，各路军队会齐。夏季，五月十九日乙卯，郭默部将宋侯捆绑着郭默父子出城投降。陶侃在军门将郭默斩首，把首级传送到建康，其同党被处死的有四十人。朝廷下诏让陶侃都督江州，兼任刺史，让邓岳督察交州、广州诸军事，兼领广州刺史。陶侃回到巴陵，乘机将治所迁移到武昌。庾亮回到芜湖，拒绝接受爵禄赏赐。

后赵将领刘征率领数千士众，渡海抢掠东南各县，杀死南沙都尉许儒。

凉王张骏乘着前赵灭亡，又收复黄河以南的失地，直至狄道，设置五屯护军，与后赵接壤。六月，后赵派鸿胪孟毅授予张骏征西大将军、凉州牧，赐九锡。张骏耻为赵臣，不接受封职，扣留孟毅而不遣返。

当初，丁零人翟斌世代居住在康居，后来迁入中原，至此时前来后赵朝见，后赵封翟斌为句町王。

后赵群臣坚持请求石勒名正言顺地用皇帝称号，秋季，九月，后赵王石勒即帝位，实行大赦，改年号为建平。文武官员封职擢升，各有等秩。册立妻子刘氏为皇后，太子石弘为皇太子。

石弘喜好写文章，为人亲近敬重儒雅之士。石勒对徐光说：“石弘和悦安闲，全然不像将门之子。”徐光说：“汉高祖靠征战夺取天下，汉文帝凭仗沉静无为巩固天下，圣人的后代，必定有使凶暴之徒不再为恶且可以废除刑戮的人，这是上天的规律。”石勒十分高兴。徐光趁势劝说他：“皇太子仁孝温恭，而中山公却雄暴多诈，皇上一旦辞世，我怕国家就不是太子所能据有的了。应该逐渐削减中山公的权势，让太子早些参与国政。”石勒心中同意，但未能照办。

后赵荆州监军郭敬侵犯襄阳。东晋的南中郎将周抚监察沔北军事，屯军襄阳。后赵主石勒以邮驿传书命令郭敬后退屯军樊城，让他将旗帜收卷藏起，寂静如同无人。石勒说：“他们如果派人观察，便告诉他说：‘你应当自我珍爱坚固防守，再过

敬使人浴马于津，周而复始，昼夜不绝。侦者还以告周抚，抚以为赵兵大至，惧，奔武昌。敬入襄阳，中州流民悉降于赵；魏该弟遐帅其部众自石城降敬。敬毁襄阳城，迁其民于沔北，城樊城以戍之。赵以敬为荆州刺史。周抚坐免官。

休屠王羌叛赵，赵河东王生击破之，羌奔凉州。西平公骏惧，遣孟毅还，使其长史马诜称臣入贡于赵。

更造新宫。

甲辰，徙乐成王钦为河间王，封彭城王纮子俊为高密王。

冬，十月，成大将军寿督征南将军费黑等攻巴东、建平，拔之。巴东太守杨谦、监军毌丘奥退保宜都。

（以上为第十五段，写前凉王张骏乘汉赵灭亡，收复河南失地，后依附后赵，遣使上供；后赵石勒称帝，改元建平，太子石弘为皇太子；后赵郭敬用浴马计占领襄阳。）

六年（辛卯，331 年）

春，正月，赵刘征复寇娄县，掠武进，郗鉴击却之。

三月，壬戌朔，日有食之。

夏，赵主勒如邺，将营新宫，廷尉上党续咸苦谏，勒怒，欲斩之。中书令徐光曰："咸言不可用，亦当容之，奈何一旦以直言斩列卿乎！"勒叹曰："为人君，不得自专如是乎！匹夫家赀满百匹，犹欲市宅，况富有四海乎！此宫终当营之，且敕停作，以成吾直臣之气。"因赐咸绢百匹，稻百斛。又诏公卿以下岁举贤良、方正，仍令举人得更相荐引，以广求贤之路。起明堂、辟雍、灵台于襄国城西。

秋，七月，成大将军寿攻阴平、武都，杨难敌降之。九月，赵主勒复营邺宫，以洛阳为南都，置行台。

冬，蒸祭太庙，诏归胙于司徒导，且命无下拜，导辞疾不敢当。初，帝即位冲幼，每见导必拜；与导手诏则云"惶恐言"，中书作诏则曰"敬问"。有司议："元会日，帝应敬导不？"博士郭熙、杜援议，以为："礼无拜臣之文，谓宜除敬。"侍中冯怀议，以为："天子临辟雍，拜三老，况先帝师傅，谓宜尽敬。"侍中荀奕议，以为："三朝之首，宜明君臣之体，

七八天，骑兵大军就将到达，和我们相互策应，你们再也逃不掉了。'”郭敬让人到渡口洗马，周而复始，昼夜不断。密探回去告诉周抚，周抚以为后赵大军到达，心中恐惧，逃奔武昌。郭敬进入襄阳，黄河中游以南地区的流民全部归降后赵。魏该的兄弟魏遐率领部众在石城投降郭敬。郭敬毁坏襄阳城，把居民迁到沔水以北，在樊城修筑城堡戍守。后赵让郭敬担任荆州刺史。周抚因犯罪被免官。

休屠王石羌背叛后赵，河东王石生攻破他，石羌逃奔凉州。西平公张骏恐惧，遣返孟毅，让自己的长史马诜向后赵称臣进贡。

东晋又建造新的皇宫。

九月初十甲辰，东晋改封乐成王司马钦为河间王，封彭城王司马纮的儿子司马俊为高密王。

冬季，十月，成汉的大将军李寿督促征南将军费黑等人攻取巴东的建平。巴东太守杨谦、监军毌丘奥退走保守宜都。

晋成帝咸和六年（辛卯，331年）

春季，正月，后赵刘征又侵犯娄县，劫掠武进县，郗鉴将其击退。

三月初一壬戌朔，出现日食。

夏季，后赵主石勒到邺城，准备营建新的宫室。廷尉上党人续咸苦苦劝说，石勒发怒，要将他斩首。中书令徐光说：“即便续咸的话不能听从，也应当宽容他，怎么能因为一时直言便斩杀大臣呢？”石勒叹息说：“作为君主，像这样不能自己决断吗？寻常百姓家资达到一百匹，还想买住宅，何况我富有四海呢？这宫殿终究是要营建的，我暂且下令停止建造，以成全我耿直大臣的气节。”于是赐给续咸绢一百匹，稻米一百斛。又下诏让公卿以下官吏荐举贤良方正之士，并且命令被荐举的人互相推荐援引，用以开拓求贤的途径。在襄国城西建起明堂、辟雍、灵台。

秋季，七月，成汉的大将军李寿进攻阴平、武都，杨难敌投降。

九月，后赵主石勒又营建邺城宫室，把洛阳作为南都，设置行台。

冬季，祭祀太庙，皇帝下令把祭祀剩下的胙肉送给王导，并且令他不要下拜谢恩，王导以有病为由推辞不敢承受。当初，成帝即位时年纪幼小，每次见到王导必下拜，给王导的手诏则说“惶恐而言”，中书写的诏书则说“敬问”。负责官员议论说：“元旦大会群臣时，皇上应当礼敬王导吗？”博士郭熙、杜援评议认为：“礼仪上没有君王拜大臣的记载，我们认为应当免除礼敬。”侍中冯怀评议认为：“天子驾临

则不应敬。若他日小会，自可尽礼。”诏从之。奕，组之子也。

慕容廆遣使与太尉陶侃笺，劝以兴兵北伐，共清中原。僚属宋该等共议，以“廆立功一隅，位卑任重，等差无别，不足以镇华、夷，宜表请进廆官爵”。参军韩恒驳曰：“夫立功者患信义不著，不患名位不高。桓、文有匡复之功，不先求礼命以令诸侯。宜缮甲兵，除群凶，功成之后，九锡自至。比于邀君以求宠，不亦荣乎！”廆不悦，出恒为新昌令。于是，东夷校尉封抽等疏上侃府，请封廆为燕王，行大将军事。侃复书曰：“夫功成进爵，古之成制也。车骑虽未能为官摧勒，然忠义竭诚。今腾笺上听，可不、迟速，当在天台也。”

（以上为第十六段，写后赵主石勒营建邺城宫室，招纳贤才，设置行台；东晋祭祀太庙，命送胙肉于司徒王导，以示敬重；鲜卑慕容廆请求东晋加封燕王，行大将军事。）

辟雍，拜见三老，何况是先帝的太师、太傅？我以为应当备加礼敬。”侍中荀奕评议认为：“元旦是一年中朝会的第一次，应当明确君臣各自的身份，因此不应当礼敬；如果是另外日子的小朝会，自然可以备加礼敬。”皇帝下令接受他的意见。荀奕即荀组的儿子。

慕容廆派遣使者送信给太尉陶侃，劝他起兵北伐，共同廓清中原。慕容廆的僚属宋该等人共同评议认为：“慕容廆在边陲一隅建立功业，职位卑微，责任重大，与中原诸华夷的身份地区没有差别，不足以震慑汉人和胡夷，应当上书请求提升慕容廆的官爵。”参军韩恒批驳说：“建立功绩的人忧虑的是诚信、道义不彰明，不忧虑名位不高。齐桓公、晋文公有匡扶天下的功绩，也没有事先要求天子按礼制加以任命来号令诸侯。应当修缮甲胄、兵器，除灭群凶，功成之后，九锡的礼遇自会得到。这比起要求君上宠爱，不也光荣些吗！”慕容廆不高兴，让韩恒出任新昌令。于是东夷校尉封抽等人写疏文上奏陶侃幕府，请求封慕容廆为燕王，摄行大将军事。陶侃回信说：“功业成就，加官进爵，这是古人的固有制度。车骑将军慕容廆虽未能为朝廷摧毁石勒，但忠诚仁义，尽心尽力。现在我把疏文禀报给皇上，成与不成，快还是慢，应当由朝廷决定。”

【点评】

苏峻之乱。苏峻之乱，是东晋成帝司马衍年间发生的一次大规模叛乱，由历阳内史苏峻发起，联结镇西将军祖约，以讨伐庾亮为名，起兵进攻东晋都城建康。公元327年起兵，次年攻破建康，皇宫化为灰烬，民物凋残，晋朝几亡。苏峻之乱相对于王敦之乱而言，破坏性、危害性更大。那么对于此次内乱的发生，有哪些需要反思呢？

首先，小皇帝司马衍之舅庾亮是这次内乱的直接导火线。晋明帝司马绍得重病去世后，由他的儿子司马衍即位为帝。司马衍当时只是个5岁的小孩子，便由庾太后临朝称制，庾亮与王导等共同辅政，但政事实际上都由庾亮决断。他一反王导的宽和做法，一意孤行。他杀掉了南顿王司马宗，当小皇帝问他那个白头翁（指司马宗）怎么看不到了，庾亮说白头翁因谋反而被杀，小皇帝突然说：如果有人认为舅舅你谋反，也要被杀吗？庾亮被问得哑口无言。苏峻在当时虽然有些怨言，但也相安无事，可庾亮固执地认为苏峻将来一定会叛乱，所有人的话一概不听，强行征召苏峻入朝，以便加以控制。结果苏峻反叛。苏峻之反，庾亮负有不可推卸的直接责任。

其次，王导负有不可推卸的间接责任。王导在东晋王朝德高望重，后来苏峻攻下台城，因为敬重王导的原因，仍让他官居原职，处于自己的位置之上。当庾亮提出召回苏峻，王导认为苏峻在外，还不至于马上发难，应当暂时包容，不要节外生枝。但是，他作为首辅大臣，没有真正发挥首辅的作用，既然想到却没有强力制止，致使乱事发生。苏峻攻占台城，控制小皇帝，王导谋划救出小皇帝，但谋划暴露，他则一走了之。后来，平叛胜利，论功行赏，王导又采用了惯用办法。路永等人原是苏峻死党，在平乱前归顺朝廷，也未见有多少将功补过的行为，王导却要为其封官，在温峤等人的劝说下才作罢；对于在平乱中拥兵不从、迟疑观望的大臣，理应受到处分，甚至问罪，可王导却将他们一律升官；更有甚者，西中郎将郭默矫诏杀掉江州刺史，王导代表朝廷处理此事，认为江州刺史是郭默杀掉的，那就让郭默担任江州刺史。诚如太尉陶侃责问的，如果有人杀掉宰相，就让其当宰相吗？

再次，庾太后临朝称制，纵容庾亮等人胡作非为，对这次内乱也负有责任。小皇帝不能理政，需要有人为他打理朝政，决策国事，庾太后的兄弟庾亮有了靠山，有恃无恐，成为朝廷的实际决策者，此即太后怂恿而为。后来苏峻叛乱，庾太后气愤身亡。呜呼哀哉。

最后，小皇帝司马衍糊涂。因庾亮是他的舅舅，挑起祸乱，抵抗失败后一逃了事，平叛胜利后，庾亮自我认罪，愿意避世于草野，保住性命，这应当是他最好的结局了。可是，小皇帝再三袒护，几次发出诏令，甚至还要他入朝辅政，最后外放。从这一事情看出，司马衍将来必定不是明君，要指望晋朝中兴，可能是天方夜谭了！

晋纪十七

晋成帝咸和七年至咸康三年（332—337年）

【起玄黓执徐（壬辰，332年），尽强圉作噩（丁酉，337年），凡六年】

【大事提要】

本卷记事起公元332年，讫公元337年，凡六年，当晋成帝（司马衍）咸和七年至咸康三年。本卷所载大事，主要有五个方面：其一，收复襄阳。东晋的襄阳城被后赵郭敬夺去，并将该城废弃，另建樊城戍守。公元332年，太尉陶侃派陶斌及桓宣攻下樊城，大破郭敬之军，收复襄阳。其二，成汉大业渐衰。成汉主李雄去世，立其兄李荡之子李班为帝，李雄亲子李期杀班自立，满朝不服。公元335年，李班舅父罗演与上官澹联合谋杀李期，立李班之子。事情败露，反被杀。李期自以为得志，朝中大政决于尚书令景骞等人，由此纲纪紊乱，大业衰落。其三，前凉收服西域。公元335年，前凉主张骏攻打龟兹、鄯善，西域诸国皆降，尽有陇西地，兵马强盛，焉耆、于阗等西域诸城竞派使者携贡物结好。凉州原来军无宁岁，张骏时期境内渐安，刑清国富。其四，慕容皝平定辽东。鲜卑族慕容仁占据辽东后，与慕容皝抗争多年。公元336年，慕容皝采纳高诩建议，亲率将士踏冰三百多里，直逼平郭城攻打慕容仁，收复辽东全境，而后听从封奕劝告，建立燕国，自称燕王，史称“前燕”。其五，石虎自称天王。后赵主石勒去世，中山王石虎劫持太子石弘，立为傀儡，凌驾于其上，而后废掉并杀死石弘，迁都邺城，自称大赵天王，立太子石邃为皇太子。石邃非常骁勇，得到石虎宠爱，亦因受宠而骄淫残忍，欲杀父夺权。败露后被杀，改立石宣为皇太子。

【原文】

显宗成皇帝中之上

咸和七年（壬辰，332年）

春，正月，辛未，大赦。

赵主勒大飨群臣，谓徐光曰：“朕可方自古何等主？”对曰：“陛下神武谋略过于汉高，后世无可比者。”勒笑曰：“人岂不自知！卿言太过。朕若遇汉高祖，当北面事之，与韩、彭比肩；若遇光武，当并驱中原，未知鹿死谁手。大丈夫行事，宜礌礌落落，如日月皎然，终不效曹孟德、司马仲达欺人孤儿、寡妇，狐媚以取天下也。”群臣皆顿首称“万岁”。

勒虽不学，好使诸生读书而听之，时以其意论古今得失，闻者莫不悦服。尝使人读《汉书》，闻郦食其劝立六国后，惊曰：“此法当失，何以遂得天下？”及闻留侯谏，乃曰：“赖有此耳。”

郭敬之退戍樊城也，晋人复取襄阳。夏，四月，敬复攻拔之，留戍而归。

赵右仆射程遐言于赵主勒曰：“中山王勇悍权略，群臣莫及；观其志，自陛下之外，视之蔑如；加以残贼安忍，久为将帅，威振内外，其诸子年长，皆典兵权；陛下在，自当无他，恐非少主之臣也。宜早除之，以便大计。”勒曰：“今天下未安，大雅冲幼，宜得强辅。中山王骨肉至亲，有佐命之功，方当委以伊、霍之任，何至如卿所言！卿正恐不得擅帝舅之权耳；吾亦当参卿顾命，勿过忧也。”遐泣曰：“臣所虑者公家，陛下乃以私计拒之，忠言何自而入乎！中山王虽为皇太后所养，非陛下天属，虽有微功，陛下酬其父子恩荣亦足矣，而其志愿无极，岂将来有益者乎！若不除之，臣见宗庙不血食矣。”勒不听。

遐退，告徐光，光曰：“中山王常切齿于吾二人，恐非但危国，亦将为家祸也。”他日，光承间言于勒曰：“今国家无事，而陛下神色若有不怡，何也？”勒曰：“吴、蜀未平，吾恐后世不以吾为受命之王也。”光曰：“魏承汉运，刘备虽兴于蜀，汉岂得为不亡乎！孙权在吴，犹今之李

【语译】

显宗成皇帝中之上

晋成帝咸和七年（壬辰，332 年）

春季，正月十五日辛未，东晋实行大赦。

后赵主石勒犒赏群臣，对徐光说：“我可以和古代哪一等君主相比？”徐光回答说：“皇上的神武谋略超过汉高祖，后代人没有可以相比的。”石勒笑着说：“人哪有不知道自己的！您的话太过了。我如果遇到汉高祖，应当向他北面称臣，与韩信、彭越同列比肩；如果遇到汉光武帝，将会与他共同逐鹿中原，不知鹿死谁手。大丈夫行事，应当光明磊落，如同日月之光明皎洁，终究不该仿效曹操和司马懿，欺凌他人的孤儿寡妇，靠不正当的手段夺取天下。”群臣都磕头称呼万岁。

石勒虽然没有读书，但却喜欢让众儒生读书给自己听，经常凭自己的心意议论古今得失，听到的人没有不心悦诚服的。他曾经让人读《汉书》，听到郦食其劝汉高祖册立战国时六国诸侯的后裔，吃惊地说：“这种做法应当失策，为什么能最终夺得天下？”等到听说留侯张良劝说，这才说：“幸亏有这么回事。”

郭敬后退戍守樊城后，晋人又收复了襄阳。夏季，四月，郭敬又攻取襄阳，留下守兵后返回。

后赵右仆射程遐向国主石勒进言说：“中山王石虎勇悍而又有权谋武略，群臣中无人能够比得上，观察他的志向，除皇上以外，对其他人都视而不见。再加上性格凶暴残忍，长期出任将帅，威震内外，他的各位儿子年龄都不小，都握有兵权；皇上在世，自然应当没有什么事情，但恐怕他不甘心作少主的臣子。应当尽早除掉他，以利国家长久安定。”石勒说：“如今天下没有安定，石弘年少，应当得到强大的辅佐。中山王是我的骨肉至亲，有辅佐我建立朝廷的功绩，正应委付他伊尹、霍光那样的重任，何至于像你说的那样！你只是唯恐不能专帝舅的权力罢了。我也会让你参与辅政，不必过分忧虑。”程遐哭泣着说：“我所顾虑的是国家，皇上却认为我是为自己打算而加以拒绝，忠言从何处能入耳呢！中山王虽然是皇太后抚养长大的，但并非皇上的亲骨肉，虽然有些小功劳，皇上酬答他们父子的恩惠、荣耀也足够多了，但他有觊觎君位的志向，难道将来会是有益于国家的人吗！如果不除去他，我看宗庙将要绝祀了。”石勒不听。

程遐退下后，将此事告诉徐光，徐光说：“中山王经常切齿痛恨我们二人，恐怕不仅会危害国家，也将是你我家庭的祸殃。”后来，徐光寻机对石勒说：“如今国家平定无事，皇上神色却好像有所不乐，为什么？”石勒说：“东晋、成汉没有平定，我恐怕后人不把我当作承受天命的君王看待。”徐光说：“魏国继承汉朝国运，刘备

氏也。陛下苞括二都，平荡八州，帝王之统不在陛下，当复在谁！且陛下不忧腹心之疾，而更忧四支乎！中山王借陛下威略，所向辄克，而天下皆言其英武亚于陛下。且其资性不仁，见利忘义，父子并据权位，势倾王室，而耿耿常有不满之心。近于东宫侍宴，有轻皇太子之色。臣恐陛下万年之后，不可复制也。”勒默然，始命太子省可尚书奏事，且以中常侍严震参综可否，惟征伐断斩大事乃呈之。于是，严震之权过于主相，中山王虎之门可设雀罗矣。虎愈快快不悦。

（以上为第一段，写后赵主石勒略有自知之明，认为自己比不上汉高祖刘邦，虽没有读书，但善于学习，见解深刻；谋臣建议制约中山王石虎。）

秋，赵郭敬南掠江西，太尉侃遣其子平西参军斌及南中郎将桓宣乘虚攻樊城，悉俘其众。敬旋救樊，宣与战于涅水，破之，皆得其所掠。侃兄子臻及竟陵太守李阳攻新野，拔之。敬惧，遁去。宣遂拔襄阳。

侃使宣镇襄阳。宣招怀初附，简刑罚，略威仪，劝课农桑，或载锄、耒于轺轩，亲帅民芸获。在襄阳十余年，赵人再攻之，宣以寡弱拒守，赵人不能胜，时人以为亚于祖逖、周访。

成大将军寿寇宁州，以其征东将军费黑为前锋，出广汉，镇南将军任回出越巂，以分宁州之兵。

冬，十月，寿、黑至朱提，朱提太守董炳城守，宁州刺史尹奉遣建宁太守霍彪引兵助之。寿欲逆拒彪，黑曰：“城中食少，宜纵彪入城，共消其谷，何为拒之！”寿从之。城久不下，寿欲急攻之。黑曰：“南中险阻难服，当以日月制之，待其智勇俱困，然后取之，溷牢之物，何足汲汲也。”寿不从，攻果不利，乃悉以军事任黑。

十一月，壬子朔，进太尉侃为大将军，剑履上殿，入朝不趋，赞拜不名，侃固辞不受。

十二月，庚戌，帝迁于新宫。

是岁，凉州僚属劝张骏称凉王，领秦、凉二州牧，置公卿百官如魏武、晋文故事。骏曰：“此非人臣所宜言也。敢言此者，罪不赦！”然境内皆称之为王。骏立次子重华为世子。

（以上为第二段，写成汉大将军李寿侵犯宁州，重用征东将军费黑，攻下重镇朱

虽然在蜀地兴起，又怎能汉朝没有亡国呢！孙权在东吴，犹如现在的李雄，皇上囊括长安、洛阳二都，平荡八州，帝王的正统不在皇上，又会在谁呢！况且皇上不忧虑心腹之患，却反倒忧虑四肢之患吗？中山王凭仗皇上的威望，所向无敌，但天下人都说他的英明威武仅次于皇上。而且他禀性不仁，见利忘义，父子都占据权位，势力可压倒王室；又烦躁不安，常有不满之心。近来在东宫侍奉宴饮，有轻视皇太子的神色。我恐怕皇上辞世之后，朝廷就不能再控制他了。”石勒默默不语，开始命令太子审阅和批示尚书的奏事，又让中常侍严震参与总揽判治可否，只有征伐、生杀方面的大事才呈报石勒。此时严震的权力超过辅佐大臣，中山王石虎的门庭冷清，无人拜访。石虎更加怏怏不乐。

秋季，后赵将领郭敬向南攻掠长江以西地区，太尉陶侃派儿子平西参军陶斌以及南中郎将桓宣乘虚进攻樊城，全数俘虏留守士众。郭敬回军救援樊城，桓宣和他在涅水交战，郭敬战败，桓宣夺回被郭敬劫掠的全部人员物品。陶侃兄长之子陶臻和竟陵太守李阳攻克新野。郭敬恐惧遁逃，桓宣随即夺取了襄阳。

陶侃让桓宣镇守襄阳。桓宣招抚刚刚归降的民众，刑罚从简，威仪从略，鼓励、督促从事农桑生产，有时用轻便马车装载锄耒等农具，亲自率领民众耕耘收获。桓宣在襄阳十多年，后赵多次进攻，桓宣依靠既少且弱的士众抵抗防守，后赵不能取胜。当时人认为他仅次于祖逖和周访。

成汉大将军李寿侵犯宁州，让其征东将军费黑为前锋，由广汉出击；又让镇南将军任回由越嶲出击，以使宁州兵力分散。

冬季，十月，李寿、费黑到达朱提，朱提太守董炳据城固守，宁州刺史尹奉派建宁太守霍彪领兵相助。李寿准备迎击霍彪，费黑说：“城中粮食短缺，应该放任霍彪入城，让他们共同消耗粮食，为什么要阻挡他！”李寿听从他的意见。朱提城久攻不下，李寿想大举猛攻。费黑说：“南中地势险阻，难以制服，应当待以时日，等他们智慧和勇气都消磨殆尽后再攻取。他们如同圈栏中的牲畜，何必那么着急呢？”李寿不听，进攻果然失利，于是把军务全部委托给费黑。

十一月初一壬子朔，朝廷提升太尉陶侃为大将军，允许他佩剑穿鞋上殿，朝见天子不必趋行小跑，唱礼通名时不直接称呼名字。陶侃坚持辞谢，没有接受。

十二月二十九日庚戌，成帝司马衍搬进新建的宫室。

这年凉州的僚属们劝张骏自称凉王，兼任秦州、凉州二州牧，仿效魏武帝、晋文帝的旧例设置公卿百官。张骏说：“这不是为人臣子所该说的话。敢说这事的，罪在不赦！”然而，凉州境内都称呼他为王。张骏立次子张重华为世子。

提；东晋任命陶侃为大将军，给予特殊礼遇，被谢绝；晋成帝司马衍搬进新皇宫。）

八年（癸巳，333 年）

春，正月，成大将军李寿拔朱提，董炳、霍彪皆降，寿威震南中。

丙子，赵主勒遣使来修好，诏焚其币。

三月，宁州刺史尹奉降于成，成尽有南中之地，大赦，以大将军寿领宁州。

夏，五月，甲寅，辽东武宣公慕容廆卒。六月，世子皝以平北将军行平州刺史，督摄部内，赦系囚。以长史裴开为军谘祭酒，郎中令高诩为玄菟太守。皝以带方太守王诞为左长史，诞以辽东太守阳骛为才而让之。皝从之，以诞为右长史。

赵主勒寝疾，中山王虎入侍禁中，矫诏，群臣亲戚皆不得入。疾之增损，外无知者。又矫诏召秦王宏、彭城王堪还襄国。勒疾小瘳，见宏，惊曰："吾使王处藩镇，正备今日，有召王者邪，将自来邪？有召者，当按诛之！"虎惧曰："秦王思慕，暂还耳，今遣之。"仍留不遣。数日，复问之，虎曰："受诏即遣，今已半道矣。"广阿有蝗，虎密使其子冀州刺史邃帅骑三千游于蝗所。

秋，七月，勒疾笃，遗命曰："大雅兄弟，宜善相保，司马氏，汝曹之前车也。中山王宜深思周、霍，勿为将来口实。"

戊辰，勒卒。中山王虎劫太子弘使临轩，收右光禄大夫程遐、中书令徐光，下廷尉，召邃使将兵入宿卫，文武皆奔散。弘大惧，自陈劣弱，让位于虎。虎曰："君终，太子立，礼之常也。"弘涕泣固让，虎怒曰："若不堪重任，天下自有大义，何足豫论！"弘乃即位，大赦。杀程遐、徐光。夜，以勒丧潜瘗山谷，莫知其处。己卯，备仪卫，虚葬于高平陵，谥曰"明帝"，庙号高祖。

赵将石聪及谯郡太守彭彪，各遣使来降。聪本晋人，冒姓石氏。朝廷遣督护乔球将兵救之，未至，聪等为虎所诛。

晋成帝咸和八年（癸巳，333 年）

春季，正月，成汉的大将军李寿攻下朱提，董炳、霍彪都投降，李寿威震南中。

正月二十六日丙子，后赵主石勒派使者来与东晋重新修好，朝廷下令焚烧他带来的礼物。

三月，宁州刺史尹奉归降成汉，成汉全部占有南中地区；实行大赦，让大将军李寿兼管宁州。

夏季，五月初六甲寅，辽东武宣公慕容廆死。六月，世子慕容皝以平北将军的身份代摄平州刺史，督察统领境内士众，赦免囚犯。任命长史裴开为军谘祭酒，郎中令高诩为玄菟太守。任命带方太守王诞为左长史，王诞认为辽东太守阳骛有才能因而推让给他，慕容皝同意了，任命王诞为右长史。

后赵主石勒病重卧床，中山王石虎进入禁中侍卫，假传皇命，群臣亲戚都不得入内，石勒病情的好坏，宫外无人得知。石虎又假传皇命，征召秦王石宏、彭城王石堪回襄国。石勒病情稍好，见到石宏，吃惊地说："我让你统领一方军务，正是为了防备今日。你回来有人征召你呢，还是自己前来的？如果有征召你的人，应当依法处决！"石虎恐惧，说："秦王因思慕您，暂时回来罢了，现在遣返他回去。"但仍然留住他，没有遣返。几天后，石勒又问到石宏，石虎说："接受皇命后当即就已遣返，现在已在半路上了。"广阿发生蝗灾，石虎秘密地派儿子冀州刺史石邃率领三千骑兵在蝗灾区游弋。

秋季，七月，石勒病重，颁布遗命说："石弘兄弟，应当好好相互扶持，司马氏互相残杀就是你们的前车之鉴。中山王石虎应当深深追思周公、霍光，好好辅佐幼主，不要为后世留下口实。"

七月二十一日戊辰，石勒死。中山王石虎将太子石弘劫持到殿前，收捕右光禄大夫程遐、中书令徐光，交付廷尉治罪，又征召石邃，让他带兵入宫宿卫，文武官员纷纷逃散。石弘大为恐惧，自言软弱，要让位给石虎。石虎说："君王去世，太子即位，这是礼仪常规。"石弘流着眼泪，坚决辞让，石虎发怒说："如果你不能承担重任，天下人自有大义，哪能事先就谈论！"石弘于是即位，实行大赦。（石虎）杀死程遐、徐光。夜间，把石勒尸体秘密埋到山谷，没有人知道地点。己卯（疑误），仪仗护卫齐备，假装将石勒葬在高平陵，谥号明帝，庙号高祖。

后赵将领石聪和谯郡太守彭彪，各自派遣使者前来东晋请降。石聪本来是汉人，因被收养而改姓石。朝廷派遣督护乔球带兵救援他们，还未到达，石聪等人已被石虎诛灭。

慕容皝遣长史勃海王济等来告丧。

（以上为第三段，写辽东武宣公慕容廆去世，世子慕容皝继位；后赵石勒去世，中山王石虎控制朝廷，挟持太子石弘，排除异己，杀害右光禄大夫程遐、中书令徐光，后赵处于腥风血雨之中。）

八月，赵主弘以中山王虎为丞相、魏王、大单于，加九锡，以魏郡等十三郡为国，总摄百揆。虎赦其境内，立妻郑氏为魏王后；子邃为魏太子，加使持节、侍中、都督中外诸军事、大将军、录尚书事；次子宣为使持节、车骑大将军、冀州刺史，封河间王；韬为前锋将军、司隶校尉，封乐安王；遵封齐王，鉴封代王，苞封乐平王；徙太原王斌为章武王。勒文武旧臣，皆补散任；虎之府寮亲属，悉署台省要职。以镇军将军夔安领左仆射，尚书郭殷为右仆射，更命太子宫曰“崇训宫”，太后刘氏以下皆徙居之。选勒宫人及车马、服玩之美者，皆入丞相府。

宇文乞得归为其东部大人逸豆归所逐，走死于外。慕容皝引兵讨之，军于广安。逸豆归惧而请和，遂筑榆阴、安晋二城而还。

成建宁、牂柯二郡来降，李寿复击取之。

赵刘太后谓彭城王堪曰：“先帝甫晏驾，丞相遽相陵藉如此。帝祚之亡，殆不复久，王将若之何？”堪曰：“先帝旧臣，皆被疏斥，军旅不复由人，宫省之内，无可为者，臣请奔兖州，挟南阳王恢为盟主，据廪丘，宣太后诏于牧、守、征、镇，使各举兵以诛暴逆，庶几犹有济也。”刘氏曰：“事急矣！当速为之。”九月，堪微服、轻骑袭兖州，不克，南奔谯城。丞相虎遣其将郭太追之，获堪于城父，送襄国，炙而杀之。征南阳王恢还襄国。刘氏谋泄，虎废而杀之，尊弘母程氏为皇太后。堪本田氏子，数有功，赵主勒养以为子。刘氏有胆略，勒每与之参决军事，佐勒建功业，有吕后之风，而不妒忌更过之。

赵河东王生镇关中，石朗镇洛阳。冬，十月，生、朗皆举兵以讨丞相虎。生自称秦州刺史，遣使来降。氐帅蒲洪自称雍州刺史，西附张骏。

虎留太子邃守襄国，将步骑七万攻朗于金墉。金墉溃，获朗，刖而

慕容皝派遣长史渤海人王济等前来东晋报丧。

八月，后赵主石弘任中山王石虎为丞相、魏王、大单于，赐九锡，划分魏郡等十三郡作为石虎的封国，让他总揽军政政事。石虎赦免封国境内的囚犯，立妻子郑氏为魏王后；儿子石邃为魏太子，授予他使持节、侍中、都督中外诸军事、大将军、录尚书事；次子石宣为使持节、车骑大将军、冀州刺史，封河间王；石韬为前锋将军、司隶校尉，封乐安王；石遵封齐王，石鉴封代王，石苞封乐平王。改封平原王石斌为章武王。石勒原先的文武官员都委派闲散的官职，而石虎的僚佐亲属，全部充任朝廷要职。石虎任命镇军将军夔安兼领左仆射，任命尚书郭殷为右仆射。把太子的宫室改名为崇训宫，太后刘氏以下的人员，全部移居此处。又挑选石勒原有的宫女、车马和服玩中精美的，全部送入丞相府。

宇文乞得归被手下的东部大人逸豆归驱逐，逃跑而死在外边。慕容皝领兵讨伐逸豆归，屯军广安。逸豆归畏惧，请求和好。慕容皝便修建榆阴、安晋两座城堡，然后回军。

成汉的建宁、牂柯二郡向东晋投降，又被李寿攻占。

后赵刘太后对彭城王石堪说："先帝刚刚去世，丞相便如此欺压践踏我们，帝统的绝灭，大概不会多久，您认为将怎么办？"石堪说："先帝原先的大臣，都遭疏远和排斥，军事大权不再由我们掌握，朝廷中也没有有所作为的人，我请求出奔兖州，挟持南阳王石恢当盟主，占据廪丘，向各地的地方长官颁布太后诏书，让他们各自起兵诛灭石虎，或许还可挽救。"刘氏说："事情很急迫了，你应当迅速行动。"九月，石堪换上平民服装，轻骑奔袭兖州，不能获胜，向南逃奔谯城。丞相石虎派部将郭太追击他，在城父捉到石堪，送回襄国，用火烧死。又征召南阳王石恢回襄国。刘氏的图谋泄露，石虎将她废黜并杀死，尊奉石弘的生母程氏为皇太后。石堪本来是田氏子孙，多次建立功绩，后赵主石勒收养他作为自己的儿子。刘氏有胆略，石勒经常和她共同决断军事，辅佐石勒建立功业，有西汉吕后的遗风，在不妒忌这方面要胜过吕后。

后赵河东王石生镇守关中，石朗镇守洛阳。冬季，十月，石生、石朗都起兵讨伐丞相石虎。石生自称秦州刺史，派使者向东晋请降。氐族统帅蒲洪自称雍州刺史，向西依附张骏。

石虎让太子石邃留守襄国，自己带领步兵、骑兵七万人进攻在金墉的石朗。金

斩之。进向长安，以梁王挺为前锋大都督。生遣将军郭权帅鲜卑涉璝众二万为前锋以拒之，生将大军继发，军于蒲阪。权与挺战于潼关，大破之，挺及丞相左长史刘隗皆死，虎还奔渑池，枕尸三百余里。鲜卑潜与虎通谋，反击生。生不知挺已死，惧，单骑奔长安。权收余众，退屯渭汭。生遂弃长安，匿于鸡头山。将军蒋英据长安拒守，虎进兵击英，斩之。生麾下斩生以降，权奔陇右。

虎分命诸将屯汧、陇，遣将军麻秋讨蒲洪。洪帅户二万降于虎，虎迎拜洪光烈将军、护氐校尉。洪至长安，说虎徙关中豪杰及氐、羌以实东方，曰："诸氐皆洪家部曲，洪帅以从，谁敢违者！"虎从之，徙秦、雍民及氐、羌十余万户于关东。以洪为龙骧将军、流民都督，使居枋头。以羌帅姚弋仲为奋武将军、西羌大都督，使帅其众数万徙居清河之滠头。

虎还襄国，大赦。赵主弘命虎建魏台，一如魏武王辅汉故事。

（以上为第四段，写后赵中山王石虎控制朝政，刘太后与彭城王石堪密谋反抗，事泄被杀；后赵河东王石生镇守关中，石朗镇守洛阳，均起兵反叛石虎，被石虎打败，丧命。）

慕容皝初嗣位，用法严峻，国人多不自安，主簿皇甫真切谏，不听。

皝庶兄建威将军翰、母弟征虏将军仁，有勇略，屡立战功，得士心；季弟昭，有才艺，皆有宠于廆。皝忌之，翰叹曰："吾受事于先公，不敢不尽力，幸赖先公之灵，所向有功，此乃天赞吾国，非人力也。而人谓吾之所办，以为雄才难制，吾岂可坐而待祸邪！"乃与其子出奔段氏。段辽素闻其才，冀收其用，甚爱重之。

仁自平郭来奔丧，谓昭曰："吾等素骄，多无礼于嗣君，嗣君刚严，无罪犹可畏，况有罪乎！"昭曰："吾辈皆体正嫡，于国有分。兄素得士心，我在内未为所疑，伺其间隙，除之不难。兄趣举兵以来，我为内应，事成之日，与我辽东。男子举事，不克则死，不能效建威偷生异域也。"仁曰："善！"遂还平郭。闰月，仁举兵而西。

墉被攻破，捉住石朗，将他砍掉双脚后斩首。随后向长安进发，让梁王石挺为前锋大都督。石生派将军郭权率领鲜卑涉璝部士众二万人为前锋拒敌，石生统领大军随后出发，屯军于蒲阪。郭权和石挺在潼关接战，石挺大败，石挺和丞相左长史刘隗都阵亡，石虎回军逃往渑池，尸体相枕达三百多里。鲜卑人私下与石虎勾结，反戈攻击石生。石生不知道石挺已死，心中畏惧，单骑逃奔长安。郭权收聚剩余士众，退却屯军于渭水拐弯处。石生于是放弃长安，躲藏于鸡头山。将军蒋英占据长安抵抗、防守，石虎进兵攻击蒋英，蒋英被杀。石生的部下杀死石生投降，郭权逃奔陇右。

石虎分别命令众将屯军于汧水、陇上，派将军麻秋攻打蒲洪。蒲洪率领二万户投降石虎，石虎任命他为光烈将军、护氐校尉。蒲洪到达长安，劝说石虎迁移关中的豪强和氐、羌等部落充实东方，他说："众氐人部落都是我家的部曲，我率领他们归顺，谁敢违抗！"石虎听从他的建议，迁移秦州、雍州的士民以及氐人、羌人十多万户到关东。任命蒲洪为龙骧将军、流民都督，让他居住在枋头；任命羌人首领姚弋仲为奋武将军、西羌大都督，让他率领部众数万人迁居到清河的滠头。

石虎返回襄国，实行大赦。后赵主石弘令石虎建造魏台，完全仿效魏武帝辅佐汉朝的旧例。

慕容皝刚刚继位，使用刑法过于严厉，国内人大多不知所措，主簿皇甫真恳切劝谏，慕容皝不听。

慕容皝的庶母兄长建威将军慕容翰和同母兄弟征虏将军慕容仁，都勇悍而有谋略，多次建立战功，深得人心；小弟弟慕容昭，多才多艺；他们都受到慕容廆的宠爱。慕容皝妒忌他们，慕容翰叹息说："我从先父那里接受任职，不敢不尽力，幸好仰仗先父的在天之灵，所向披靡，这是上天助我国，并非人力所为。但别人却说这是我的力量，以为我具有杰出的才能，难以制服，我怎能坐以待祸呢！"于是和儿子出奔段氏。段辽平素就听说他的才能，希望收为己用，所以非常宠信、看重他。

慕容仁从平郭前来奔丧，对慕容昭说："我们平素骄纵，经常对现在继位的君主无礼，他为人刚毅严厉，自身无罪的人尚且对他感到畏惧，何况有罪呢！"慕容昭说："我们都身为嫡子，国家应当有我们一份。兄长您素来得人心，我在宫内也没什么令人怀疑的地方，寻找机会除灭他并不难。兄长赶紧兴兵前来，我当内应，事成以后，把辽东分给我。男子汉行事，不成功则死，不能仿效慕容翰到其他地方偷生苟活。"慕容仁说："好！"于是返回平郭。闰十月，慕容仁兴兵向西进发。

或以仁、昭之谋告皝，皝未之信，遣使按验。仁兵已至黄水，知事露，杀使者，还据平郭。皝赐昭死。遣军祭酒封奕慰抚辽东。以高诩为广武将军，将兵五千与庶弟建武将军幼、稚，广威将军军、宁远将军汗、司马辽东佟寿共讨仁。与仁战于汶城北，皝兵大败，幼、稚、军皆为仁所获；寿尝为仁司马，遂降于仁。前大农孙机等举辽东城以应仁。封奕不得入，与汗俱还。东夷校尉封抽、护军平原乙逸、辽东相太原韩矫皆弃城走。于是，仁尽有辽东之地。段辽及鲜卑诸部皆与仁遥相应援。皝追思皇甫真之言，以真为平州别驾。

（以上为第五段，写鲜卑慕容皝即位后，用法过严，不得人心，庶兄慕容翰逃归段氏，同母弟慕容仁、慕容昭密谋起兵反叛，慕容仁打败慕容皝，据有辽东地区。）

十二月，郭权据上邽，遣使来降。京兆、新平、扶风、冯翊、北地皆应之。

初，张骏欲假道于成以通表建康，成主雄不许。骏乃遣治中从事张淳称藩于成以假道。雄伪许之，将使盗覆诸东峡。蜀人桥赞密以告淳。淳谓雄曰："寡君使小臣行无迹之地，万里通诚于建康者，以陛下嘉尚忠义，能成人之美故也。若欲杀臣者，当斩之都市，宣示众目曰：'凉州不忘旧德，通使琅邪，主圣臣明，发觉杀之。'如此，则义声远播，天下畏威。今使盗杀之江中，威刑不显，何足以示天下乎！"雄大惊曰："安有此邪！"

司隶校尉景骞言于雄曰："张淳壮士，请留之。"雄曰："壮士安肯留！且试以卿意观之。"骞谓淳曰："卿体丰大，天热，可且遣下吏，小住须凉。"淳曰："寡君以皇舆播越，梓宫未返，生民涂炭，莫之振救，故遣淳通诚上都。所论事重，非下吏所能传。使下吏可了，则淳亦不来矣。虽火山汤海，犹将赴之，岂寒暑之足惮哉！"雄谓淳曰："贵主英名盖世，土险兵强，何不亦称帝自娱一方？"淳曰："寡君祖考以来，世笃忠贞，以仇耻未雪，枕戈待旦，何自娱之有！"雄甚惭，曰："我之祖考本亦晋臣，遭天下大乱，与六郡之民避难此州，为众所推，遂有今日。琅邪若能中兴大晋于中国者，亦当帅众辅之。"厚为淳礼而遣之。淳卒致命于建康。

有人把慕容仁、慕容昭的密谋告诉慕容皝，慕容皝不相信，派使者查验。慕容仁的军队已到黄水，知道事情败露，杀死使者，回军占据平郭。慕容皝赐慕容昭自尽，派军祭酒封奕慰抚辽东。任命高诩为广武将军，领兵五千与庶弟、建武将军慕容幼、慕容稚，广威将军慕容军、宁远将军慕容汗、司马辽东人佟寿，共同讨伐慕容仁，和慕容仁在汶城以北交战，慕容皝的军队大败，慕容幼、慕容稚、慕容军都被掳获。佟寿曾是慕容仁的司马，于是归降慕容仁。前任大农孙机等占据辽东城响应慕容仁。封奕不能入城，和慕容汗一块儿返回。东夷校尉封抽、护军平原人乙逸、辽东相太原人韩矫都弃城逃跑，于是，慕容仁尽数占有辽东地区。段辽和鲜卑各部都与慕容仁遥相呼应和声援。慕容皝追忆起皇甫真原先说过的话，任命他为平州别驾。

十二月，郭权占据上邽，派遣使者向东晋请降，京兆、新平、扶风、冯翊、北地都响应他。

当初，张骏想向成汉借路去建康呈送上书，成汉主李雄不同意。张骏便派遣治中从事张淳向成汉称臣以便借道。李雄佯装同意，却准备派盗贼将他消灭于东峡。蜀人桥赞将此事秘密告诉张淳，张淳对李雄说："我的君主让我来到这荒无行人的地方，不远万里向建康表达诚意，是因为您嘉许和崇尚忠义，能够成人之美的缘故。如果想杀我，应当在都市处斩，向众人宣谕晓示，说：'凉州不忘国家旧恩，与晋朝互通使节，因为君主圣贤、臣下明察，发觉此事因而杀了他。'这样，您的好名声就会远远传播，天下人都畏惧您的威风。现在如果让盗贼把我杀害在江中，声威和刑罚都得不到彰显，怎么能示范天下呢！"李雄大吃一惊，说："哪有这种事呢？"

司隶校尉景骞对李雄说："张淳是勇士，请把他留下。"李雄说："既然是勇士，怎么能肯留下呢！你暂且试着用你的意愿试探他。"景骞对张淳说："你身体高大、丰满，现在天气炎热，何不暂时派遣手下小吏去行事？您在此小住，等待天气转凉？"张淳说："我的君主因为皇室远迁江南，先帝的梓宫未能送返，生灵涂炭，无人拯救，所以派我向朝廷表达诚意。所商议的事情重大，不是小吏可以传达的；如果小吏可以胜任，那么我也就不要来了。即使有火山汤海，我也将前往，天气的寒热又怎能让人畏惧呢！"李雄对张淳说："贵君主英名盖世，境内地势险峻，军力强大，为什么不自己称帝，占据一方享乐呢！"张淳说："我的君主从祖父、父亲开始，世代坚守忠贞，因国耻未能昭雪，枕戈待旦，哪能自己享乐呢！"李雄十分惭愧，说："我的祖先本来也是晋国大臣，因遇到天下大乱，和六个州郡的民众到此州避难，被民众拥戴，才有今天。琅邪王如果真能在中原中兴大晋的基业，我也会率领士众相助。"于是，为张淳准备厚礼，送他上路。张淳终于到达建康，转达了张骏

长安之失守也，敦煌计吏耿访自汉中入江东，屡上书请遣大使慰抚凉州。朝廷以访守治书御史，拜张骏镇西大将军，选陇西贾陵等十二人配之。访至梁州，道不通，以诏书付贾陵，诈为贾客以达之。是岁，陵始至凉州，骏遣部曲督王丰等报谢。

（以上为第六段，写凉州与东晋道路不通，音信隔绝，张骏派张淳向成汉称臣以便借道，到建康呈送奏书，成汉主李雄打算暗中杀害张淳，张淳与李雄斗智斗勇，终于不辱使命，到达建康。）

九年（甲午，334年）

春，正月，赵改元延熙。

诏以郭权为镇西将军、雍州刺史。

仇池王杨难敌卒，子毅立，自称龙骧将军、左贤王、下辨公；以叔父坚头之子盘为冠军将军、右贤王、河池公，遣使来称藩。

二月，丁卯，诏遣耿访、王丰赍印绶授张骏大将军，都督陕西、雍、秦、凉州诸军事。自是每岁使者不绝。

慕容仁以司马翟楷领东夷校尉，前平州别驾庞鉴领辽东相。

段辽遣兵袭徒河，不克；复遣其弟兰与慕容翰共攻柳城，柳城都尉石琮、城大慕舆埿并力拒守，兰等不克而退。辽怒，切责兰等，必令拔之。休息二旬，复益兵来攻，士皆重袍蒙楯，作飞梯，四面俱进，昼夜不息。琮、埿拒守弥固，杀伤千余人，卒不能拔。慕容皝遣慕容汗及司马封奕等共救之。皝戒汗曰："贼气锐，勿与争锋。"汗性骁果，以千余骑为前锋，直进。封奕止之，汗不从。与兰遇于牛尾谷。汗兵大败，死者太半。奕整陈力战，故得不没。

兰欲乘胜穷追，慕容翰恐遂灭其国，止之曰："夫为将当务慎重，审己量敌，非万全不可动。今虽挫其偏师，未能屈其大势。皝多权诈，好为潜伏，若悉国中之众自将以拒我，我县军深入，众寡不敌，此危道也。且受命之日，正求此捷；若违命贪进，万一取败，功名俱丧，何以返面！"兰曰："此已成擒，无有余理，卿正虑遂灭卿国耳！今千年在东，若进而得志，吾将迎之以为国嗣，终不负卿，使宗庙不祀也。"千年者，慕容仁小字也。翰曰："吾投身相依，无复还理；国之存亡，于我何

的心意。

长安失守时，敦煌郡掌管计簿的官吏耿访从汉中进入江东，多次上书请求派遣职高位重的使节慰抚凉州臣民。朝廷让耿访暂任侍书御史，拜除张骏为镇西大将军，挑选陇西人贾陵等十二人配备给他。耿访到达梁州后，道路不通，便把诏书交给贾陵，假扮为商贩通过。这年，贾陵刚到凉州，张骏派部曲督王丰等人前来答谢。

晋成帝咸和九年（甲午，334 年）

春季，正月，后赵改年号为延熙。

东晋朝廷下令任命郭权为镇西将军、雍州刺史。

仇池王杨难敌去世，儿子杨毅继立，自称龙骧将军、左贤王、下辨公；任命叔父杨坚头之子杨盘为冠军将军、右贤王、河池公，派使者来东晋称臣。

二月二十三日丁卯，朝廷下令派耿访、王丰携带印绶拜除张骏为大将军，都督陕西、雍州、秦州、凉州诸军事。从此以后，每年来往使者不断。

慕容仁让司马翟楷兼任东夷校尉，让原先任平州别驾的庞鉴兼任辽东相。

鲜卑族段辽派军队袭击徒河，不能获胜，又派兄弟段兰和慕容翰共同进攻柳城。柳城都尉石琮、城主慕舆埿合力拒敌守城，段兰等不能取胜，只好退军。段辽发怒，痛切地斥责段兰等人，严令他们攻取柳城。段兰等人休息二十天后，又增添兵力前来进攻。士兵都穿上重重战袍，用盾牌保护，架上云梯，四面同时进攻，昼夜不停。石琮、慕舆埿的防守也更加坚固，杀掉段兰的士兵一千多人，段兰等人始终无法取胜。慕容皝派慕容汗和司马封奕等人共同援救，慕容皝告诫慕容汗说：“敌人士气正盛，不要和他们争斗以决胜负。”慕容汗性格骁勇果敢，让一千多骑兵为前锋，直赴柳城。封奕劝阻他，慕容汗不听。结果和段兰在牛尾谷遭遇，慕容汗的军队大败，死亡过半。封奕整顿阵列尽力苦战，所以才免遭全军覆没。

段兰想乘胜穷追，慕容翰害怕就此灭亡自己的国家，劝阻他说：“作为将领，应当慎重，知己知彼，不到万全的时候不能妄动。现在敌方的偏师虽然被挫败，但主力还未败。慕容皝狡诈多谋，喜欢深藏不露，如果他亲自统帅全国士众抵御我们，而我们孤军深入，寡不敌众，这是危险的做法。况且接受君命的时候，正是想得到今天的胜利，如果违背君命冒进，万一失败，功劳和名望全部丧失，有什么脸面回去面对君主！”段兰说：“这些人被擒已成定局，没有别的道理，你只是忧虑趁势灭亡你的国家罢了！现在慕容千年在东边，如果进军真能实现愿望，我将迎接他充当

有！但欲为大国之计，且相为惜功名耳。”乃命所部欲独还，兰不得已而从之。

三月，成主雄分宁州置交州，以霍彪为宁州刺史，爨深为交州刺史。

赵丞相虎遣其将郭敖及章武王斌帅步骑四万西击郭权，军于华阴。

夏，四月，上邽豪族杀权以降。虎徙秦州三万余户于青、并二州。长安人陈良夫奔黑羌，与北羌王薄句大等侵扰北地、冯翊。章武王斌、乐安王韬合击，破之，句大奔马兰山。郭敖乘胜逐北，为羌所败，死者什七八。斌等收军还三城。虎遣使诛郭敖。秦王宏有怨言，虎幽之。

慕容仁自称平州刺史、辽东公。

（以上为第七段，写鲜卑人慕容仁占有辽东地区，自称平州刺史、辽东公；段兰与慕容翰进攻柳城，打败慕容皝军队；后赵将领郭敖乘胜追击北羌，却大败，被石虎诛杀。）

长沙桓公陶侃，晚年深以满盈自惧，不预朝权，屡欲告老归国，佐吏等苦留之。六月，侃疾笃，上表逊位。遣左长史殷羡奉送所假节、麾、幢、曲盖，侍中貂蝉、大尉章、荆江雍梁交广益宁八州刺史印传、棨戟；军资、器仗、牛马、舟船，皆有定簿，封印仓库，侃自加管钥。以后事付右司马王愆期，加督护统领文武。

甲寅，舆车出，临津就船，将归长沙，顾谓愆期曰：“老子婆娑，正坐诸君！”乙卯，薨于樊溪。侃在军四十一年，明毅善断，识察纤密，人不能欺；自南陵迄于白帝，数千里中，路不拾遗。及薨，尚书梅陶与亲人曹识书曰：“陶公机神明鉴似魏武，忠顺勤劳似孔明，陆抗诸人不能及也。”谢安每言：“陶公虽用法而恒得法外意。”安，鲲之从子也。

（以上为第八段，写长沙桓公陶侃一生为国操劳，建有大功，年老，明哲谦退，不参与朝政，请求退位，派左长史殷羡奉还朝廷赐予的所有符节、官印、仪仗等。）

成主雄生疡于头，身素多金创。及病，旧痕皆脓溃，诸子皆恶而远

国家的继承人，终究不会有负于你，让宗庙绝祀的。”所谓千年，即慕容仁的小名。慕容翰说：“我既然投身依附，就没有再返回的道理。故国的存亡，和我有什么相干！只是想为贵国出谋划策，并且珍惜你我的功名罢了。”于是命令自己所部，准备独自返回，段兰不得已，随从他共同返回。

三月，成汉主李雄由宁州分置出交州，让霍彪担任宁州刺史，爨深担任交州刺史。

后赵丞相石虎派部将郭敖和章武王石斌率步、骑兵四万人向西进攻郭权，屯军华阴。

夏季，四月，上邽豪族杀死郭权投降。石虎将秦州三万多户民众迁移到青州和并州。长安人陈良夫逃奔黑羌，与北羌王薄句大等人侵扰北地、冯翊。章武王石斌、乐安王石韬合力攻击，打败他们，薄句大逃奔马兰山。郭敖乘胜追击败兵，反被羌人战败，死亡人数占十之七八。石斌等人收兵回到三城。石虎派使者处死郭敖。秦王石宏有怨言，石虎将他幽禁。

鲜卑族慕容仁自称平州刺史、辽东公。

长沙桓公陶侃，到晚年非常担心物极必反祸及自身，因此不参与朝政，多次想告老还乡，佐吏们苦苦相留。六月，陶侃病重，上书请求退位，派左长史殷羡归还持有的朝廷符节、麾、幢、曲盖、侍中貂蝉、太尉印章，以及荆、江、雍、梁、交、广、益、宁八州的刺史官印和木戟。至于军资、器仗、牛马、舟船等，都有簿录统计，封存仓库，由陶侃亲自上锁。陶侃将后事托付给右司马王愆期，授予督护官职，统领文武官吏。

六月十二日甲寅，陶侃乘车离开武昌，到渡口乘船，准备回到长沙，回头对王愆期说：“我现在蹒跚难行，正因你们阻拦的缘故。”六月十三日乙卯，陶侃在樊溪去世。陶侃领军四十一年，明智、坚毅，善于决断；见识纤密，别人难以欺蒙。自南陵到白帝，几千里的辖域内路不拾遗。陶侃去世后，尚书梅陶给亲友曹识的信中说：“陶公的神机明鉴如同魏武帝，忠顺勤劳好比孔明，陆抗等人比不上他。”谢安经常说：“陶公虽然运用刑法，但常常能领会刑法之外的含意。”谢安即谢鲲的侄子。

成汉主李雄头部生疮，身体原有很多创伤，等到病发时，旧伤痕全部化脓溃烂，

之，独太子班昼夜侍侧，不脱衣冠，亲为吮脓。雄召大将军建宁王寿受遗诏辅政。丁卯，雄卒，太子班即位。以建宁王寿录尚书事，政事皆委于寿及司徒何点、尚书令王瓌，班居中行丧礼，一无所预。

辛未，加平西将军庾亮征西将军、假节，都督江、荆、豫、益、梁、雍六州诸军事，领江、豫、荆三州刺史，镇武昌。亮辟殷浩为记室参军。浩，羡之子也，与豫章太守褚裒、丹阳丞杜乂，皆以识度清远，善谈《老》《易》，擅名江东，而浩尤为风流所宗。裒，䂮之孙；乂，锡之子也。桓彝尝谓裒曰："季野有皮里《春秋》。"言其外无臧否，而内有褒贬也。谢安曰："裒虽不言，而四时之气亦备矣。"

秋，八月，王济还辽东，诏遣侍御史王齐祭辽东公廆，又遣谒者徐孟策拜慕容皝镇军大将军、平州刺史、大单于、辽东公，持节都督，承制封拜，一如廆故事。船下马石津，皆为慕容仁所留。

九月，戊寅，卫将军江陵穆公陆晔卒。

成主雄之子车骑将军越屯江阳，奔丧至成都。以太子班非雄所生，意不服，与其弟安东将军期谋作乱。班弟玝劝班遣越还江阳，以期为梁州刺史，镇葭萌。班以未葬，不忍遣，推心待之，无所疑间，遣玝出屯于涪。

冬，十月，癸亥朔，越因班夜哭，弑之于殡宫，并杀班兄领军将军都；矫太后任氏令，罪状班而废之。

初，期母冉氏贱，任氏母养之。期多才艺，有令名；及班死，众欲立越，越奉期而立之。甲子，期即皇帝位。谥班曰"戾太子"。以越为相国，封建宁王；加大将军寿大都督，徙封汉王；皆录尚书事。以兄霸为中领军、镇南大将军；弟保为镇西大将军、汶山太守；从兄始为征东大将军，代越镇江阳。丙寅，葬雄于安都陵，谥曰"武皇帝"，庙号太宗。

始欲与寿共攻期，寿不敢发。始怒，反谮寿于期，请杀之。期欲借寿以讨李玝，故不许，遣寿将兵向涪。寿先遣使告玝以去就利害，开其去路，玝遂来奔。诏以玝为巴郡太守。期以寿为梁州刺史，屯涪。

儿子们都因厌恶而远远躲开，只有太子李班昼夜在身边侍候，不脱衣帽，亲自为他吮吸脓肿。李雄征召大将军、建宁王李寿接受遗诏辅佐朝政。六月二十五日丁卯，李雄去世，太子李班即位。任命建宁王李寿录尚书事，政事都委决于李寿和司徒何点、尚书王瓌。李班居住在宫中服丧，毫不干预。

六月二十九日辛未，朝廷授予平西将军庾亮征西将军、假节，都督江、荆、豫、益、梁、雍六州诸军事，兼任江、豫、荆三州刺史，镇守武昌。庾亮召用殷浩为记室参军。殷浩即殷羡的儿子，和豫章太守褚裒、丹阳丞杜乂，都因见识清晰、气度弘远，善于谈《老子》《周易》，在江东负有盛名，而殷浩尤其被风流雅士所推重。褚裒即褚䂮的孙子，杜乂即杜锡的儿子。桓彝曾经评论褚裒说："褚季野有皮里《春秋》。"是说他表面不做评论，但内心却有所褒贬。谢安说："褚裒虽然不说话，但气度弘远。"

秋季，八月，王济返回辽东，成帝司马衍下令派侍御史王齐祭奠辽东公慕容廆，又派谒者徐孟册封慕容皝为镇军大将军、平州刺史、大单于、辽东公，持朝廷符节，秉承皇帝旨意封官拜爵，与慕容廆旧例完全相同。舟船行至马石津，都被慕容仁扣留。

九月初八戊寅，卫将军、江陵穆公陆晔去世。

成汉主李雄的儿子车骑将军李越驻屯江阳，回到成都为父亲奔丧。他认为太子李班不是李雄亲生，心中不服，和兄弟安东将军李期阴谋作乱。李班的兄弟李玝劝李班遣送李越回江阳，让李期出任梁州刺史，镇守葭萌。但李班因为父亲未安葬，不忍心遣返，推心置腹地对待他们，没有任何猜忌和疏远，让李玝离开成都，驻屯于涪州。

冬季，十月，癸亥朔（疑误），李越乘李班夜间哭吊李雄，将他杀死在停柩之所，同时杀死李班的兄长领军将军李都。假传太后任氏的命令，罗列李班的罪状并废黜其位。

当初，李期的生母冉氏身份低贱，认任氏为养母，由任氏抚养。李期多才多艺，有好名声。李班死后，众人打算立李越为国主，李越拥戴李期，立他为国主。十月二十四日甲子，李期即帝位。为李班赐谥号为戾太子。李期任命李越为相国，封建宁王，授予大将军李寿大都督，改封汉王，都录尚书事。又任兄长李霸为中领军、镇南大将军；兄弟李保任镇西大将军、汶山太守；堂兄李始任征东大将军，代替李越镇守江阳。十月二十六日丙寅，将李雄安葬在安都陵，谥号武皇帝，庙号太宗。

李始想和李寿共同攻击李期，李寿不敢发难，李始发怒，反而向李期诋毁李寿，请求杀掉他。李期想依靠李寿征讨李玝，所以不同意，派李寿率军向涪州进发。李寿事先派遣使者向李玝剖析逃亡与归降之间的利害关系，并让开他离去的道路，李

（以上为第九段，写成汉宫廷政变。成汉主李雄去世，让其兄李特之子李班继位，自己亲生的两子李越、李期不服气，便杀掉李班，由李期即位，李班弟弟李玝投奔东晋。）

赵主弘自赍玺绶诣魏宫，请禅位于丞相虎。虎曰："帝王大业，天下自当有议，何为自论此邪！"弘流涕还宫，谓太后程氏曰："先帝种真无复遗矣！"于是，尚书奏："魏台，请依唐、虞禅让故事。"虎曰："弘愚暗，居丧无礼，不可以君万国，便当废之，何禅让也！"

十一月，虎遣郭殷持节入宫，废弘为海阳王。弘安步就车，容色自若，谓群臣曰："庸昧不堪纂承大统，夫复何言！"群臣莫不流涕，宫人恸哭。群臣诣魏台劝进，虎曰："皇帝者，盛德之号，非所敢当，且可称居摄赵天王。"幽弘及太后程氏、秦王宏、南阳王恢于崇训宫，寻皆杀之。

西羌大都督姚弋仲称疾不贺，虎累召之回，乃至。正色谓虎曰："弋仲常谓大王命世英雄，奈何把臂受托而返夺之邪？"虎曰："吾岂乐此哉！顾海阳年少，恐不能了家事，故代之耳。"心虽不平，然察其诚实，亦不之罪。

虎以夔安为侍中、太尉、守尚书令，郭殷为司空，韩晞为尚书左仆射，魏郡申钟为侍中，郎闿为光禄大夫，王波为中书令。文武封拜各有差。虎行如信都，复还襄国。

慕容皝讨辽东，甲申，至襄平。辽东人王岌密信请降。师进，入城，翟楷、庞鉴单骑走，居就、新昌等县皆降。皝欲悉坑辽东民，高诩谏曰："辽东之叛，实非本图，直畏仁凶威，不得不从。今元恶犹存，始克此城，遽加夷灭，则未下之城，无归善之路矣。"皝乃止。分徙辽东大姓于棘城。以杜群为辽东相，安辑遗民。

十二月，赵徐州从事兰陵朱纵斩刺史郭祥，以彭城来降，赵将王朗攻之，纵奔淮南。

慕容仁遣兵袭新昌，督护新兴王寓击走之，遂徙新昌入襄平。

（以上为第十段，写后赵宫廷政变，魏王石虎权势熏天，后赵主石弘软弱，主动禅位，而石虎将其废为海阳王，而后杀之，群臣劝进，石虎即位，自称居摄天王。

玝便投奔东晋，朝廷下令，任命他为巴郡太守。李期任命李寿为梁州刺史，屯驻在涪州。

后赵主石弘自己携带印玺到魏宫，请求将君位禅让给丞相石虎。石虎说："帝王的大业，天下人自会有公议，为什么自己选择这样做呢！"石弘流着眼泪回宫，对太后程氏说："先帝的骨肉真的不会再遗存了！"此时，尚书奏议说："魏王，请您依照唐尧、虞舜的禅让旧例行事。"石虎说："石弘愚昧昏暗，服丧无礼，不可君临天下，应当将他废除，谈什么禅让！"

十一月，石虎派郭殷持节进宫，废除石弘为海阳王。石弘缓步就车，神色从容，对群臣们说："我庸碌愚昧，不堪继承皇帝大统，还有什么可说的。"群臣人人流泪，宫女痛哭。群臣到魏宫劝进石虎即位。石虎说："皇帝是美盛品德的称号，不是我敢承受的，暂且可以称作居摄赵天王。"石虎将石弘和太后程氏、秦王石宏、南阳王石恢幽禁在崇训宫，不久将他们全数杀害。

西羌大都督姚弋仲称病不来朝贺，石虎屡次相召，这才前来。姚弋仲表情端庄严肃地对石虎说："我经常说大王是闻名于世的英雄，怎么握着手臂受托辅佐遗孤，反而夺人君位呢？"石虎说："我哪里喜欢这样做！不过海阳王年少，恐怕不能治理家事，所以代替他罢了。"石虎心中虽然怨怒不平，但看姚弋仲为人诚恳实在，也不加罪于他。

石虎任命夔安为侍中、太尉，执掌尚书令，任命郭殷为司空，韩晞为尚书左仆射，魏郡人申钟为侍中，郎闿为光禄大夫，王波为中书令。其余文武官员封爵拜官各有差别。石虎出行到信都，又返回襄国。

慕容皝攻打辽东，十一月十五日甲申，到达襄平。辽东人王岌秘密派使者请降。军队进发，进入辽东城，翟楷、庞鉴单骑逃跑，居就、新昌等县全都归降。慕容皝想尽数坑杀辽东居民，高诩劝说道："辽东的背叛，其实不是他们的本意，只不过畏惧慕容仁的凶狠横威，不得不听从。如今首恶还活着，刚刚攻下此城，便急于诛灭民众，那么未被攻下的城池，就没有归顺向善的道路了。"慕容皝这才罢休。于是分批迁移辽东的豪门大姓到棘城。任命杜群为辽东相，安抚余留的民众。

十二月，后赵徐州从事兰陵人朱纵杀掉刺史郭祥，献出彭城投降东晋。后赵将领王朗进攻朱纵，朱纵逃奔淮南。

慕容仁派兵攻击新昌，督护新兴人王寓将他击退，于是将新昌的士民迁移徙到襄平。

鲜卑族首领慕容皝攻打辽东慕容仁，居就、新昌等县归降。）

咸康元年（乙未，335 年）

春，正月，庚午朔，帝加元服。大赦，改元。

成、赵皆大赦，成改元玉恒，赵改元建武。

成主期立皇后阎氏，以卫将军尹奉为右丞相，骠骑将军、尚书令王瓌为司徒。

赵王虎命太子邃省可尚书奏事，惟祀郊庙、选牧守、征伐、刑杀乃亲之。虎好治宫室，鹳雀台崩，杀典匠少府任汪；复使修之，倍于其旧。邃保母刘芝封宜城君，关预朝权，受纳贿赂，求仕进者多出其门。

慕容皝置左、右司马，以司马韩矫、军祭酒封奕为之。

司徒导以羸疾，不堪朝会，三月，乙酉，帝幸其府，与群臣宴于内室，拜导，并拜其妻曹氏。侍中孔坦密表切谏，以为帝初加元服，动宜顾礼，帝从之。坦又以帝委政于导，从容言曰："陛下春秋已长，圣敬日跻，宜博纳朝臣，谘诹善道。"导闻而恶之，出坦为廷尉。坦不得意，以疾去职。

丹阳尹桓景，为人谄巧，导亲爱之。会荧惑守南斗经旬，导谓领军将军陶回曰："斗，扬州之分，吾当逊位以厌天谴。"回曰："公以明德作辅，而与桓景造膝，使荧惑何以退舍！"导深愧之。

导辟太原王濛为掾，王述为中兵属。述，昶之曾孙也。濛不修小廉，而以清约见称。与沛国刘惔齐名，友善。惔常称濛性至通而自然有节。濛曰："刘君知我，胜我自知。"当时称风流者，以惔、濛为首。述性沈静，每坐客辩论蜂起，而述处之恬如也。年三十，尚未知名，人谓之"痴"。导以门地辟之。既见，唯问在东米价，述张目不答。导曰："王掾不痴，人何言'痴'也！"尝见导每发言，一坐莫不赞美，述正色曰："人非尧、舜，何得每事尽善！"导改容谢之。

（以上为第十一段，写后赵主石虎喜欢营建宫室，令太子石邃省可奏事；东晋重臣王导病重，成帝司马衍亲自探视；王导亲近谄谀之人桓景，重用清谈之人王述。）

赵王虎南游，临江而还。有游骑十余至历阳，历阳太守袁耽表上之，

晋成帝咸康元年（乙未，335 年）

春季，正月初一庚午朔，成帝加冠，大赦天下，改年号咸康。

成汉、后赵都实行大赦，成汉改年号为玉恒，后赵改年号为建武。

成汉主李期册立皇后阎氏，任命卫将军尹奉为右丞相，任命骠骑将军、尚书令王瓌为司徒。

后赵王石虎令太子石邃审阅、批示尚书奏事，只有祭祀郊庙、选任地方官员、征伐、刑杀方面的奏事才亲自审议。石虎喜欢营建宫室，鹳雀台崩塌，便杀死典匠少府任汪，又让人重修，规模比原先扩大一倍。封石邃的保姆刘芝为宜城君。刘芝干预朝政，接受贿赂，谋求升官的人大多出入其门。

慕容皝设置左、右司马，分别让司马韩矫、军祭酒封奕出任。

司徒王导因为身患手足麻木之病，不能参与朝会。三月十七日乙酉，成帝司马衍驾临他的宅府，和群臣在内府宴饮，向王导及其妻子曹氏行拜礼。侍中孔坦私下写奏书，恳切劝说，认为成帝刚刚加冠，举动应当遵从礼仪，成帝应从。孔坦又因为成帝将朝政委付王导，缓缓进言说："皇上年龄渐大，皇帝的尊严威势要越来越强，应当广泛听取群臣的意见，征询正确美好的办法。"王导听说后憎恶孔坦，调孔坦出任廷尉。孔坦不得志，称病辞职。

东晋丹阳尹桓景，为人谄谀巧佞，王导亲近宠爱他。适逢火星在南斗六星位滞留十多天，王导对领军将军陶回说："南斗是扬州的分野，我将退位来安定上天的谴责。"陶回说："您凭仗显明的道德出任辅佐，却与桓景抵膝亲近，怎么能使火星退归正位！"王导对此深感惭愧。

王导征召太原人王濛为僚属，王述为中兵属。王述即王昶的曾孙。王濛不修小节，而以清静简约著称。与沛国刘惔齐名，两人关系非常友善。刘惔经常说王濛性情至为通达，自然而有节操。王濛说："刘君对我的了解，胜过我对自己的认识。"当时被称为风流雅士的，以刘惔、王濛为首。王述性格沉稳安静，每当坐客们争相辩驳论理，王述却安然处之。王述三十岁，尚未出名，大家说他痴呆。王导因为他是名门之后而征召他。见面以后，王导只问他在东吴时的米价，王述睁大眼睛没有回答。王导说："王述并不痴呆，人们为何说他痴呆？"王述曾经见到只要王导一说话，满座人无不赞美，于是表情严肃地说："人不是尧舜，哪能每件事都是对的！"王导改以严肃的脸色向他道谢。

后赵主石虎去南方游巡，到达长江才返回。手下的游动骑兵十多人到达历阳，

不言骑多少。朝廷震惧，司徒导请出讨之。夏四月，加导大司马、假黄钺、都督征讨诸军事。癸丑，帝观兵广莫门，分命诸将救历阳及戍慈湖、牛渚、芜湖；司空郗鉴使广陵相陈光将兵入卫京师。俄闻赵骑至少，又已去，戊午，解严，王导解大司马。袁耽坐轻妄免官。

赵征虏将军石遇攻桓宣于襄阳，不克。

大旱，会稽余姚米斗五百。

秋，七月，慕容皝立子儁为世子。

九月，赵王虎迁都于邺，大赦。

初，赵主勒以天竺僧佛图澄豫言成败，数有验，敬事之。及虎即位，奉之尤谨，衣以绫锦，乘以雕辇。朝会之日，太子、诸公扶翼上殿，主者唱“大和尚”，众坐皆起。使司空李农旦夕问起居，太子、诸公五日一朝。国人化之，率多事佛，澄之所在，无敢向其方面涕唾者。争造寺庙，削发出家。

虎以其真伪杂糅，或避赋役为奸宄，乃下诏问中书曰：“佛，国家所奉，里闾小人无爵秩者，应事佛不？”著作郎王度等议曰：“王者祭祀，典礼具存。佛，外国之神，非天子诸华所应祠奉。汉氏初传其道，唯听西域人立寺都邑以奉之，汉人皆不得出家；魏世亦然。今宜禁公卿以下毋得诣寺烧香、礼拜；其赵人为沙门者，皆返初服。”虎诏曰：“朕生自边鄙，忝君诸夏，至于飨祀，应从本俗。其夷、赵百姓乐事佛者，特听之。”

赵章武王斌帅精骑二万，并秦、雍二州兵以讨薄句大，平之。

成太子班之舅罗演，与汉王相天水上官澹谋杀成主期，立班子。事觉，期杀演、澹及班母罗氏。

期自以得志，轻诸旧臣，信任尚书令景骞，尚书姚华、田褒，中常侍许涪等，刑赏大政，皆决于数人，希复关公卿。褒无他才，尝劝成主雄立期为太子，故有宠。由是纪纲隳紊，雄业始衰。

冬，十月，乙未朔，日有食之。

历阳太守袁耽上书朝廷，没有说骑兵的数量。朝廷震动恐惧，司徒王导请求出兵攻打。夏季，四月，成帝司马衍授予王导大司马、假黄钺、都督征讨诸军事。十六日癸丑，成帝到广莫门检阅军队，分别命令众将领救援历阳，以及戍守慈湖、牛渚、芜湖。司空郗鉴让广陵相陈光领兵进入京城护卫。不久，听说后赵骑兵数量极少，又已经离去，四月二十一日戊午，解除军队的戒备状态，王导解除大司马职，袁耽坐罪轻妄不察被免官。

后赵征虏将军石遇进攻驻守襄阳的桓宣，不能取胜。

东晋发生严重旱灾，会稽郡的余姚每斗米价格五百钱。

秋季，七月，鲜卑人慕容皝立儿子慕容儁为世子。

九月，后赵王石虎迁都于邺，实行大赦。

当初，后赵主石勒因为天竺僧人佛图澄预先陈言事情的成败，多次得到验证，恭敬地侍奉他。石虎即位后，侍奉他更为恭谨，让他穿绫锦，乘雕辇。到朝会的日子，太子扶他上殿，掌管朝仪的人唱名说“大和尚”，满座都起身。石虎让司空李农早晚问候佛图澄的起居，太子和他的兄弟们每五天朝见他一次。国内人受此影响，大多崇尚佛教，佛图澄所在之处，无人敢朝着那个方向吐口水。大家争着建造寺庙，削发出家。

石虎因为拜佛出家的人真伪杂混，有的借此躲避赋税和徭役，干不法的勾当，于是下令问中书：“佛教是国家所尊奉的，里闾平民百姓没有官爵的人，是否应当事佛？”著作郎王度等人评议说：“君王的祭祀，有典制礼仪可供遵循。佛是外国的神灵，不是天子和各华夏民族所应祠奉的。汉朝佛教开始传入，当时只是允许西域人在都邑建立寺庙来祠奉，汉人都不让出家，魏朝也是这样。现在应当禁止公卿以下的人等，不让他们到寺庙烧香、拜佛；凡赵人当和尚的都恢复原先的服饰。”石虎下令说：“我出生在边鄙之地，愧为华夏民族的君上，至于祭祀，应当遵从本来的习俗。凡夷族、赵国百姓乐意尊崇佛教的，特别听任其便。”

后赵章武王石斌率领精锐骑兵二万人，连同秦州、雍州的士兵讨伐薄句大，平定了他们。

成汉太子李班的舅父罗演和汉王相天水人上官澹图谋杀死成汉主李期，立李班的儿子为王。事情败露，李期杀死罗演、上官澹及李班生母罗氏。

李期自以为志得意满，轻视各位旧臣，听信重用尚书令景骞，尚书姚华、田褒，中常侍许涪等人，刑罚赏赐之类的重大政事都由这几个人决断，很少再向其他大臣咨询。田褒没有别的才能，曾经劝说成汉主李雄册立李期为太子，所以得宠。由此，朝廷的法度毁坏紊乱，李雄创下的基业开始衰败。

冬季，十月初一乙未朔，出现日食。

慕容仁遣王齐等南还。齐等自海道趣棘城，齐遇风不至。十二月，徐孟等至棘城，慕容皝始受朝命。

段氏、宇文氏各遣使诣慕容仁，馆于平郭城外。皝帐下督张英将百余骑间道潜行掩击之，斩宇文氏使十余人，生擒段氏使以归。

是岁，明帝母建安君荀氏卒。荀氏在禁中，尊重同于太后，诏赠豫章郡君。

代王翳槐以贺兰蔼头不恭，将召而戮之，诸部皆叛。代王纥那自宇文部入，诸部复奉之。翳槐奔邺，赵人厚遇之。

初，张轨及二子寔、茂，虽保据河右，而军旅之事无岁无之。及张骏嗣位，境内渐平。骏勤修庶政，总御文武，咸得其用，民富兵强，远近称之，以为贤君。

骏遣将杨宣伐龟兹、鄯善，于是，西域诸国焉耆、于寘之属，皆诣姑臧朝贡。骏于姑臧南作五殿，官属皆称臣。

骏有兼秦、雍之志，遣参军麹护上疏，以为："勒、雄既死，虎、期继逆，兆庶离主，渐冉经世，先老消落，后生不识，慕恋之心，日远日忘。乞敕司空鉴、征西亮等泛舟江、沔，首尾齐举。"

（以上为第十二段，写后赵主石虎痴迷佛教，给予佛图澄至高无上的礼遇；成汉主李期志得意满，法度毁坏，基业衰败；凉州主张骏勤于政事，有兼并秦雍之志。）

二年（丙申，336年）

春，正月，辛巳，彗星见于奎、娄。

慕容皝将讨慕容仁，司马高诩曰："仁叛弃君亲，民神共怒，前此海未尝冻，自仁反以来，连年冻者三矣。且仁专备陆道，天其或者欲使吾乘海冰以袭之也。"皝从之。群僚皆言涉冰危事，不若从陆道。皝曰："吾计已决，敢沮者斩！"

壬午，皝帅其弟军师将军评等自昌黎东，践冰而进，凡三百余里。至历林口，舍辎重，轻兵趣平郭。去城七里，候骑以告仁，仁狼狈出战。张英之俘二使也，仁恨不穷追；及皝至，仁以为皝复遣偏师轻出寇抄，不知皝自来，谓左右曰："今兹当不使其匹马得返矣！"

慕容仁遣送王齐等人归返南方。王齐等人从海路开赴棘城，乘坐的船遇上海风，未能到达。十二月，徐孟等人到达棘城，慕容皝开始接受朝廷的任命。

段氏、宇文氏各自派遣使者拜见慕容仁，下榻于平郭城外。慕容皝的帐下督张英领着一百多骑兵由小道偷偷前往突然袭击他们，斩杀宇文氏的使节十多人，活捉段氏使者返回。

这年，明帝司马绍母亲建安君荀氏死。荀氏在宫禁中，受到的尊重如同太后；成帝司马衍下诏赐赠名号为豫章郡君。

代王拓跋翳槐因为贺兰蔼头对己不恭，准备召他前来，将其杀害，各部落全都反叛。代王拓跋纥那由宇文部入境，各部落又重新尊奉他为王。拓跋翳槐逃奔到邺城，后赵人以隆重的礼节相待。

当初，张轨及两个儿子张寔、张茂虽然据守河右，但每年都有战事。至张骏继位，境内渐渐平定。张骏辛勤治理各种政事，总领文武官员，让他们各得其用，民富兵强，远近之人都称他为贤君。

张骏派部将杨宣攻打龟兹、鄯善，于是西域各国如焉耆、于寘之类，都赴姑臧朝贡。张骏在姑臧城南建造五座宫殿，官属都自称为臣。

张骏有兼并秦州、雍州的志向，派参军麴护向东晋上书，认为："石勒、李雄死后，石虎、李期继承叛逆，万民离开了君主，逐渐经过了一代人。先生老辈衰老死亡，后生小辈不知旧事，仰慕思恋之心，一天天疏远、一天天淡忘。乞请敕令司空郗鉴、征西将军庾亮等泛舟于长江、沔水，与我互相呼应，同时发兵攻打。"

晋成帝咸康二年（丙申，336年）

春季，正月十八日辛巳，奎宿、娄宿一带出现彗星。

慕容皝准备攻打慕容仁，司马高诩说："慕容仁背叛和抛弃君主亲人，神灵和士民共同怨怒，此前海水从未结冰，自从慕容仁反叛以来，已经连续三年结冰。况且，慕容仁专门防备陆路，上天大概是想让我们乘海结冰时去袭击他吧。"慕容皝听从了他的意见。众僚佐都说由冰上过海是危险的事情，不如改走陆路。慕容皝说："我计议已定，有敢阻拦者斩首！"

正月十九日壬午，慕容皝率领其弟军师将军慕容评等从昌黎东行，踏冰前进，共三百多里。到历林口，舍弃辎重，轻兵赶赴平郭。离城七里，侦察骑兵告知慕容仁，慕容仁勉强迎战。张英掳获段氏、宇文氏使者的时候，慕容仁怨恨自己没有穷追不舍；等到慕容皝前来时，慕容仁以为他又派遣一小部分军队轻装出发侵扰劫掠，不知道慕容皝亲自前来，对左右侍从说："这回应当让他们连一匹马都回不去！"

乙未，仁悉众陈于城之西北。慕容军帅所部降于皝，仁众沮动，皝从而纵击，大破之。仁走，其帐下皆叛，遂擒之。皝先为斩其帐下之叛者，然后赐仁死。丁衡、游毅、孙机等，皆仁所信用也，皝执而斩之。王冰自杀。慕容幼、慕容稚、佟寿、郭充、翟楷、庞鉴，皆东走，幼中道而还，皝兵追及楷、鉴，斩之。寿、充奔高丽。自余吏民为仁所诖误者，皝皆赦之。封高诩为汝阳侯。

二月，尚书仆射王彬卒。

辛亥，帝临轩，遣使备六礼逆故当阳侯杜乂女陵阳为皇后，大赦，群臣毕贺。

夏，六月，段辽遣中军将军李咏袭慕容皝。咏趣武兴，都尉张萌击擒之。辽别遣段兰将步骑数万屯柳城西回水，宇文逸豆归攻安晋以为兰声援。皝帅步骑五万向柳城，兰不战而遁。皝引兵北趣安晋，逸豆归弃辎重走。皝遣司马封奕帅轻骑追击，大破之。皝谓诸将曰："二虏耻无功，必将复至，宜于柳城左右设伏以待之。"乃遣封奕帅骑数千伏于马兜山。七月，段辽果将数千骑来寇抄。奕纵击，大破之，斩其将荣伯保。

前廷尉孔坦卒。坦疾笃，庾冰省之，流涕。坦慨然曰："大丈夫将终，不问以济国安民之术，乃为儿女子相泣邪！"冰深谢之。

九月，慕容皝遣长史刘斌、兼郎中令辽东阳景送徐孟等还建康。

（以上为第十三段，写辽东公慕容皝利用海水结冰的机会，出动大军从海路攻打慕容仁，慕容仁只防备陆路，措手不及，被攻灭。）

冬，十月，广州刺史邓岳遣督护王随等击夜郎、兴古，皆克之。加岳督宁州。

成主期以从子尚书仆射武陵公载有隽才，忌之，诬以谋反，杀之。

十一月，诏建威将军司马勋将兵安集汉中，成汉王寿击败之。寿遂置汉中守宰，戍南郑而还。

索头郁鞠帅众三万降于赵，赵拜郁鞠等十三人为亲赵王，散其部众于冀、青等六州。

正月乙未（疑误），慕容仁倾其士众在城西北结阵，慕容军率领其所部归降慕容皝，慕容仁的兵众气馁骚动，慕容皝乘机纵兵攻袭，重创敌军。慕容仁逃跑，其军中吏众全部反叛，于是被擒获。慕容皝先为他斩杀了军中反叛的人，然后赐死慕容仁。丁衡、游毅、孙机等人都是慕容仁所信任重用的，被慕容皝捉住斩首，王冰自杀。慕容幼、慕容稚、佟寿、郭充、翟楷、庞鉴等人都向东逃亡，慕容幼中途返回。慕容皝的军队追上翟楷、庞鉴，将其斩首。佟寿、郭充逃奔高丽。其余被慕容仁贻误连累的吏民，慕容皝都予以赦免。封高诩为汝阳侯。

二月，东晋尚书仆射王彬去世。

二月十九日辛亥，成帝司马衍驾临殿前，派使者按六礼的仪式迎接原当阳侯杜乂之女杜陵阳为皇后，实行大赦，群臣都来致贺。

夏季，六月，段辽派将军李咏攻袭慕容皝。李咏到武兴，被都尉张萌击败并擒获。段辽另外派遣段兰率步兵、骑兵数万人驻屯在柳城以西的回水，宇文逸豆归进攻安晋，以此与段兰互为援助。慕容皝率领步兵、骑兵五万人向柳城进发，段兰不战而逃。慕容皝领兵向北赶赴安晋，宇文逸豆归丢弃辎重逃跑。慕容皝派司马封奕率领轻骑追击，重创宇文逸豆归所部。慕容皝对众将领说："这两个敌虏耻于战而无功，必定还会再来，应当在柳城附近设下埋伏等待他们。"于是，派封奕率领骑兵千人埋伏在马兜山。七月，段辽果然带领几千骑兵前来侵扰、劫掠，封奕出动骑兵攻击，大败敌军，段辽部将荣伯保被杀。

东晋前廷尉孔坦死。孔坦病重时，庾冰前往探视，为之流泪。孔坦慷慨地说："大丈夫将死，不向他询问治国安民的办法，却像小儿女一样哭泣吗？"庾冰向他深深致歉。

九月，慕容皝派遣长史刘斌、兼郎中令辽东人阳景护送徐孟等人返回建康。

冬季，十月，广州刺史邓岳派督护王随等人进攻夜郎、兴古，都获胜。又授予邓岳督察宁州。

成汉主李期因侄子尚书仆射、武陵公李载才能出众，心中妒忌，便诬陷他谋反，将他杀害。

十一月，朝廷下令建威将军司马勋领兵安抚汉中，被成汉的汉王李寿击败。李寿随即设置汉中的守吏，在南郡安排好戍守力量，然后返回。

鲜卑部族索头部郁鞠率领士众三万人归降后赵，后赵封郁鞠等十三人为亲赵王，遣散其部众到冀州、青州等六州之中。

赵王虎作太武殿于襄国，作东、西宫于邺，十二月，皆成。太武殿基高二丈八尺，纵六十五步，广七十五步，甃以文石。下穿伏室，置卫士五百人。以漆灌瓦，金珰，银楹，珠帘，玉壁，穷极工巧。殿上施白玉床、流苏帐，为金莲华以冠帐顶。又作九殿于显阳殿后，选士民之女以实之，服珠玉、被绮縠者万余人。教宫人占星气、马步射。置女太史，杂伎工巧，皆与外同。以女骑千人为卤簿，皆著紫纶巾，熟锦裤，金银镂带，五文织成靴，执羽仪，鸣鼓吹，游宴以自随。

于是，赵大旱，金一斤直粟二斗，百姓嗷然，而虎用兵不息，百役并兴。使牙门张弥徙洛阳钟虡、九龙、翁仲、铜驼、飞廉于邺，载以四轮缠辋车，辙广四尺，深二尺。一钟没于河，募浮没三百人入河，系以竹絙，用牛百头，鹿栌引之，乃出，造万斛之舟以济之。既至邺，虎大悦，为之赦二岁刑。赉百官谷帛，赐民爵一级。又用尚方令解飞之言，于邺南投石于河，以作飞桥，功费数千万亿，桥竟不成，役人饥甚，乃止。使令长帅民入山泽采橡及鱼以佐食，复为权豪所夺，民无所得。

初，日南夷帅范稚，有奴曰范文，常随商贾往来中国，后至林邑，教林邑王范逸作城郭、宫室、器械，逸爱信之，使为将。文遂谮逸诸子，或徙或逃。是岁，逸卒，文诈迎逸子于他国，置毒于椰酒而杀之，文自立为王。于是，出兵攻大岐界、小岐界、式仆、徐狼、屈都、乾鲁、扶单等国，皆灭之，有众四五万，遣使奉表入贡。

赵左校令成公段作庭燎于杠末，高十余丈，上盘置燎，下盘置人，赵王虎试而悦之。

（以上为第十四段，写后赵主石虎大兴宫室，在襄国建造太武殿，在邺城建造东西二宫，装填美物到邺城，极尽奢华，又搬运洛阳的宝物，而民众徭役繁重，苦不堪言。）

三年（丁酉，337年）

春，正月，庚辰，赵太保夔安等文武五百余人入上尊号，庭燎油灌

后赵主石虎在襄国建造太武殿，又在邺城营建东、西二宫，十二月，全部竣工。太武殿台基高二丈八尺，长六十五步，宽七十五步，用有纹理的石块砌成。殿基下挖掘地下宫室，安置卫士五百人。用漆涂饰屋瓦，用金子装饰瓦当，用银装饰楹柱，珠帘玉壁，巧夺天工。宫殿内安放白玉床，挂着流苏帐，造金莲花覆盖在帐顶。又在显阳殿后面建造九座宫殿，挑选士民的女儿安置在殿内，佩戴珠玉、身穿绫罗绸缎的有一万多人，教她们占星气、马上及马下的射术。又设置女太史，各种杂术技巧都与外边男子相同。石虎又让一千女骑兵充当车驾的侍从，都戴着紫纶头巾，穿着熟锦制作的裤子，用金银镂带，用五彩织成靴子，手执羽仪，鸣奏军乐，跟随自己游巡宴饮。

此时，后赵发生严重旱灾，金子一斤只能买粟二斗，百姓嗷嗷待哺，但石虎却用兵不止，各种徭役繁重。石虎让牙门张弥把洛阳的钟虡、九龙、翁仲、铜驼、飞廉搬运到邺城，用四轮履带车运载，车辙间距四尺，深二尺。运输过程中有一口钟沉于黄河，为此招募三百名谙熟水性的人潜入黄河，用竹质的大绳捆扎，然后用一百头牛牵引起重滑车，这才把钟拉出水面，又建造可以载重万斛的大船运送。宝物运到邺城后，石虎大为喜悦，为此赦免两年的刑罚，赐给百官谷物丝帛，民众赐爵位一级。石虎又采用尚方令解飞的意见，在邺城的南面将石块抛入黄河，用以建造凌空高桥，工程耗费几千万亿，而高桥最终没有建成，从事劳役的人饥饿难忍，这才停工。又让官吏带领民众上山采橡实、入水捕鱼作为补充食物，但又被权豪抢夺，民众毫无所得。

当初，日南夷首领范稚，有个奴仆叫范文，经常跟随商贾来往中原，后来到了林邑，教林邑王范逸建造城郭、宫室、器械，范逸宠爱并信任他，任用他为将领。范文于是谗毁范逸的几个儿子，逼得他们有的迁移，有的逃亡。这年，范逸死，范文诈称从别的国家迎接范逸的儿子们回来，在椰酒中下毒，把他们全都害死，范文自立为王。于是，出兵进攻大岐界、小岐界、式仆、徐狼、屈都、乾鲁、扶单等国，将他们全数消灭。范文拥有士众四五万，派遣使者奉上书信，到建康朝贡。

后赵左校令成公段在杠末的宫廷中安装照明的火炬，高十多丈，上盘放置烛炬，下盘安置众人，后赵王石虎试用后很喜欢。

晋成帝咸康三年（丁酉，337年）

春季，正月庚辰［二月二十四］，后赵太保夔安等文武官员五百多人进皇帝尊

下盘，死者二十余人。赵王虎恶之，腰斩成公段。辛巳，虎依殷、周之制，称大赵天王，即位于南郊，大赦。立其后郑氏为天王皇后，太子邃为天王皇太子，诸子为王者皆降为郡公，宗室为王者降为县侯。百官封署各有差。

国子祭酒袁瓌、太常冯怀，以江左浸安，请兴学校，帝从之。辛卯，立太学，征集生徒。而士大夫习尚老、庄，儒术终不振。瓌，涣之曾孙也。

三月，慕容皝于乙连城东筑好城以逼乙连，留折冲将军兰勃守之。夏，四月，段辽以车数千两输乙连粟，兰勃击而取之。六月，辽又遣其从弟扬威将军屈云将精骑夜袭皝子遵于兴国城，遵击破之。

初，北平阳裕事段疾陆眷及辽五世，皆见尊礼。辽数与皝相攻，裕谏曰："'亲仁善邻，国之宝也。'况慕容氏与我世婚，迭为甥舅，皝有才德，而我与之构怨，战无虚月，百姓凋弊，利不补害，臣恐社稷之忧将由此始。愿两追前失，通好如初，以安国息民。"辽不从，出裕为北平相。

赵太子邃素骁勇，赵王虎爱之。常谓群臣曰："司马氏父子兄弟自相残灭，故使朕得至此，如朕，有杀阿铁理否？"既而邃骄淫残忍，好妆饰美姬，斩其首，洗血置盘上，与宾客传观之，又烹其肉共食之。河间公宣、乐安公韬皆有宠于虎，邃疾之如仇。虎荒耽酒色，喜怒无常。使邃省可尚书事，每有所关白，虎恚曰："此小事，何足白也！"时或不闻，又恚曰："何以不白！"诮责笞棰，月至再三。邃私谓中庶子李颜等曰："官家难称，吾欲行冒顿之事，卿从我乎？"颜等伏不敢对。

秋，七月，邃称疾不视事，潜帅宫臣文武五百余骑饮于李颜别舍，因谓颜等曰："我欲至冀州杀河间公，有不从者斩！"行数里，骑皆逃散。颜叩头固谏，邃亦昏醉而归。其母郑氏闻之，私遣中人诮让邃。邃怒，杀之。

佛图澄谓虎曰："陛下不宜数往东宫。"虎将视邃疾，思澄言而还，既而瞋目大言曰："我为天下主，父子不相信乎！"乃命所亲信女尚书往察

号，庭中照明火炬上盘烛炬的油浇到下盘，死亡二十多人。后赵主石虎为此厌恶，腰斩成公段。正月辛巳［二月二十五］，石虎依照商、周时天子称王的制度，称大赵天王。在南郊即位，实行大赦。册立王后郑氏为天王皇后，立太子石邃为天王皇太子，儿子中本来称王的都降为郡公，宗室子弟中称王的都降为县侯。百官封爵各有差等。

东晋国子祭酒袁瓌、太常冯怀因为江东逐渐安宁，请求兴建学校，成帝司马衍听从。初五辛卯，建立太学，征招学生门徒。但士大夫习惯于崇尚老子、庄子，儒学始终不景气。袁瓌即袁涣曾孙。

三月，慕容皝在乙连城以东修筑好城，威逼乙连城，留下折冲将军兰勃驻守。夏季，四月，段辽使用数千辆车向乙连城运粮，遭到兰勃袭击，粮食被夺。六月，段辽又派遣堂弟扬威将军段屈云率领精锐骑兵乘夜间偷袭在兴国城的慕容皝之子慕容遵，被慕容遵击败。

当初，北平人阳裕侍奉段疾陆眷至段辽共五代君主，都受到尊重和礼遇。段辽多次与慕容皝互相攻击，阳裕规劝说："'亲近仁厚，与邻友善，是国家之宝'，何况慕容氏与我们世代通婚，互相具有甥舅关系。慕容皝有才又有德，我们却与他结怨，战事连连，百姓疲惫，所得到的利益弥补不了遭到的伤害，我怕国家的忧患将由此开始了。希望双方能追悔以往的过失，和好如初，以便使国家安定，百姓休养生息。"段辽不听，贬退阳裕，出任北平相。

后赵太子石邃素来骁勇，后赵主石虎宠爱他。石虎经常对大臣们说："司马氏父子兄弟自相残杀，所以我得以有今天。而我岂有杀石邃的道理呢！"后来，石邃骄淫残忍，喜欢将美丽的姬妾装饰打扮起来，然后斩下首级，洗去血污，盛放在盘子里，与宾客们互相传览，再烹煮姬妾身体上的肉共同品尝。河间公石宣、乐安公石韬都得到石虎的宠信，石邃恨之如仇敌。石虎沉湎于酒色，喜怒无常。他让石邃省视决断尚书奏事，常常当石邃有事禀报时，石虎便不满地说："这种小事，怎么值得禀报！"有时听不到石邃的禀报，又不满地说："为什么不禀报！"于是对石邃谴责斥骂、鞭打杖击，一月之中多次发生。石邃私下对中庶子李颜等人说："天子的心志难以满足，我想做匈奴冒顿那样的事情，你们跟我干吗？"李颜等人伏地不敢回答。

秋季，七月，石邃称病不理政事，秘密带领宫内大臣、文武官员五百多人骑马到李颜的别宅饮酒，乘机对李颜等人说："我想到冀州杀死河间公石宣，有胆敢不跟从的斩首！"出行数里后，众人都逃散。李颜跪地叩头，极力谏止，石邃也就昏昏欲醉地返回。石邃的母亲郑氏听说此事，私下派遣身边的人责问石邃。石邃发怒，杀死来人。

佛图澄对石虎说："皇上不宜经常去东宫。"石虎本来准备探视石邃的病情，想到佛图澄的话，便返回宫中。接着瞪大眼睛高声说："我是天下人的君主，父子都不

之。邃呼前与语，因抽剑击之。虎怒，收李颜等诘问，颜具言其状，杀颜等三十余人。幽邃于东宫，既而赦之，引见太武东堂，邃朝而不谢，俄顷即出。虎使谓之曰："太子应朝中宫，岂可遽去！"邃径出不顾。虎大怒，废邃为庶人。其夜，杀邃及其妃张氏，并男女二十六人同埋于一棺，诛其宫臣支党二百余人；废郑后为东海太妃。立其子宣为天王皇太子，宣母杜昭仪为天王皇后。

安定侯子光，自称佛太子，云"从大秦国来，当王小秦国"，聚众数千人于杜南山，自称"大黄帝"，改元龙兴。石广讨斩之。

（以上为第十五段，写后赵主石虎、太子石邃荒淫酒色，残忍无道，父子二人渐生嫌隙而反目为仇，石邃欲杀父反叛，阴谋泄露，石虎拘禁太子并废杀，立石宣为太子。）

九月，镇军左长史封奕等劝慕容皝称燕王，皝从之。于是，备置群司，以封奕为国相，韩寿为司马，裴开为奉常，阳骛为司隶，王寓为太仆，李洪为大理，杜群为纳言令，宋该、刘睦、石琮为常伯，皇甫真、阳协为冗骑常侍，宋晃、平熙、张泓为将军，封裕为记室监。洪，臻之孙；晃，奭之子也。

冬，十月，丁卯，皝即燕王位，大赦。十一月，甲寅，追尊武宣公为武宣王，夫人段氏曰"武宣后"；立夫人段氏为王后，世子儁为王太子，如魏武、晋文辅政故事。

段辽数侵赵边，燕王皝遣扬烈将军宋回称藩于赵，乞师以讨辽，自请尽帅国中之众以会之，并以其弟宁远将军汗为质。赵王虎大悦，厚加慰答，辞其质，遣还，密期以明年。

是岁，赵将李穆纳拓跋翳槐于大宁，其故部落多归之。代王纥那奔燕，国人复奉翳槐为代王，翳槐城盛乐而居之。

仇池氏王杨毅族兄初，袭杀毅，并有其众，自立为仇池公，称臣于赵。

（以上为第十六段，写辽东慕容皝听从镇军左长史封奕劝说，即燕王位，向后赵称臣，乞求派军攻打段氏；拓跋翳槐回到大宁，又为代王；杨初谋杀仇池王杨毅，自立为王。）

能互相信任吗？”于是让自己所亲近信任的女尚书前往察看。石邃喊她近前谈话，乘势拔剑刺去。石虎发怒，拘捕李颜等人责问，李颜原原本本地述说了原委，石虎便杀死李颜等三十多人，把石邃幽禁在东宫。不久又赦免其罪，在太武东堂召见他。石邃朝见时不谢罪，顷刻便离去。石虎让人对他说：“太子应当朝见天子，怎么可以急速离开！”石邃头也不回，径自出宫。石虎勃然大怒，将石邃废为庶人。当夜，石虎杀死石邃和妃子张氏，以及男女共二十六人装在一口棺材内埋葬，并诛杀石邃宫臣中的门党二百多人，废掉郑皇后为东海太妃。石虎立儿子石宣为天王皇太子，石宣的母亲杜昭仪被封为天王皇后。

后赵安定人侯子光自称佛太子，说是从大秦国过来，应当在小秦国称王，在杜南山中聚集了数千名士众，自称大黄帝，改年号为龙兴。镇西将军石广征讨并斩杀了他。

九月，镇军左长史封奕等劝慕容皝称燕王，慕容皝听从了。于是设置各个官署，让封奕出任国相，任命韩寿为司马，裴开为奉常，阳骛为司隶，王寓为太仆，李洪为大理，杜群为纳言令，宋该、刘睦、石琮为常伯，皇甫真、阳协为冗骑常侍，宋晃、平熙、张泓为将军，封裕为记室监。李洪即李臻的孙子；宋晃即宋奭的儿子。

冬季，十月十四日丁卯，慕容皝即燕王位，实行大赦。十一月甲寅［十二月初二］，追尊武宣公慕容廆为武宣王，夫人段氏为武宣后。又立自己的夫人段氏为王后，册立世子慕容儁为王太子，效仿魏武帝、晋文帝称王辅佐朝政之例。

段辽多次侵扰后赵边境，前燕王慕容皝派遣扬烈将军宋回向后赵称臣，乞请派兵来攻打段辽，自言将率领国内所有士众会同攻打，并让自己的兄弟宁远将军慕容汗到后赵当人质。后赵主石虎大为喜悦，盛情抚慰、酬答，谢绝慕容汗为人质，遣送他返回，与燕王慕容皝秘密约定明年出兵会合攻打段辽。

这年，后赵将领李穆安置拓跋翳槐回到大宁，拓跋翳槐原先领有的部落大多归从了他。代王拓跋纥那逃奔到燕国，国内人又尊奉拓跋翳槐为代王，拓跋翳槐在盛乐筑城居住。

仇池氐王杨毅的同族之兄杨初，击杀杨毅，兼并杨毅的部众，自立为仇池公，向后赵称臣。

【点评】

石勒其人。石勒是羯人首领，后赵政权开创者，公元 333 年去世。他在战国时赵国的故地上建立的后赵政权，共维持了 32 年。

从奴隶到将军，石勒都具有传奇色彩，传说他出生时红光满屋，这固然有传说的成分，而他由奴隶到将军，则是他英勇善战的最好证明。石勒 20 岁时，曾被劫掠为奴隶，过着非人的生活。就是这样的生活经历，使他养成了坚韧不屈的顽强意志。后来，石勒逐渐成为强者，并发展壮大。

石勒投奔汉主刘渊后，立下了赫赫战功。刘渊称帝时，授予石勒持节、平东大将军，成为刘汉的高级将领；到了刘聪称帝时，加封石勒为征东大将军、并州刺史；到了刘曜称帝，石勒的势力则可以与之抗衡，受封为太宰、领大将军，进爵赵王，他俨然是当年的曹操了。

石勒的野心也非常大，早有谋据江汉的想法，攻下邺城后，经营襄国，作为立基的根本；在背叛前赵，与之对抗的过程中，逐渐占了上风，先打败并擒杀了刘曜，后又擒获并杀掉太子刘熙，绝其根本，前赵在他的手上灭亡了。而后他称霸北方，自称为大赵天王，行皇帝事，并设立百官。

石勒的侄子石虎，在他的培养和携带下，逐步成为一员猛将，在战场上所向无敌，为后赵打下了大片的土地，成为后赵无与伦比的猛将，石勒也给予石虎极大的荣誉和奖赏。可是，石虎并不满足。而石勒所立的太子石弘又比较文弱，在石虎面前，连眼睛都不敢睁。石勒去世后，石弘被石虎挟制，最终，石勒子孙被石虎尽灭。

晋纪十八

晋成帝咸康四年至七年（338—341年）

【起著雍阉茂（戊戌，338年），尽重光赤奋若（辛丑，341年），凡四年】

【大事提要】

本卷记事起公元338年，讫公元341年，凡四年，当晋成帝（司马衍）咸康四年至咸康七年。本卷所载大事，主要有五个方面：其一，段辽灭亡。辽西鲜卑人段部首领段辽常与辽东鲜卑慕容部首领慕容皝相攻，慕容皝称王后，便向后赵称藩，于公元318年灭段辽。其二，李寿称帝，改国号为“汉”。其三，拓跋什翼犍继位代王。公元338年，代王拓跋翳槐病重，命立其弟拓跋什翼犍为代王。拓跋什翼犍继立后，始置百官，分掌众务，制定反逆、杀人、奸盗之法，号令严明，政事清简，百姓安居，国势强盛，四境扩大，南临阴山，北尽沙漠，有部众数十万人。其四，东晋王导去世。王导历任东晋元、明、成三帝，官至大司马、丞相。曾受命参加平定华轶、徐龛、王敦、苏峻、祖约之乱；曾两次接受遗命，担任辅国重臣，深得信任，尤为成帝司马衍敬重。主政期间，率领南迁士族，联合江南豪门望族，共同维持东晋稳定。其五，东晋册封前燕主慕容皝大将军、燕王，以其世子慕容儁为东夷校尉、左贤王。

【原文】

显宗成皇帝中之下

咸康四年（戊戌，338年）

春，正月，燕王皝遣都尉赵槃如赵，听师期。赵王虎将击段辽，募骁勇者三万人，悉拜龙腾中郎。会辽遣段屈云袭赵幽州，幽州刺史李孟退保易京。虎乃以桃豹为横海将军，王华为渡辽将军，帅舟师十万出漂渝津；支雄为龙骧大将军，姚弋仲为冠军将军，帅步骑七万为前锋以伐辽。

三月，赵槃还至棘城。燕王皝引兵攻掠令支以北诸城。段辽将追之，慕容翰曰："今赵兵在南，当并力御之；而更与燕斗，燕王自将而来，其士卒精锐，若万一失利，将何以御南敌乎！"段兰怒曰："吾前为卿所误，以成今日之患；吾不复堕卿计中矣！"乃悉将见众追之。皝设伏以待之，大破兰兵，斩首数千级，掠五千户及畜产万计以归。

赵王虎进屯金台。支雄长驱入蓟，段辽所署渔阳、上谷、代郡守相皆降，取四十余城。北平相阳裕帅其民数千家登燕山以自固。诸将恐其为后患，欲攻之。虎曰："裕儒生，矜惜名节，耻于迎降耳，无能为也。"遂过之，至徐无。段辽以其弟兰既败，不敢复战，帅妻子、宗族、豪大千余家，弃令支，奔密云山。将行，执慕容翰手泣曰："不用卿言，自取败亡；我固甘心，令卿失所，深以为愧。"翰北奔宇文氏。

辽左右长史刘群、卢谌、崔悦等封府库请降。虎遣将军郭太、麻秋帅轻骑二万追辽，至密云山，获其母、妻，斩首三千级。辽单骑走险，遣其子乞特真奉表及献名马于赵，虎受之。

虎入令支宫，论功封赏各有差。徙段国民二万余户于司、雍、兖、豫四州；士大夫之有才行，皆擢叙之。阳裕诣军门降。虎让之曰："卿昔为奴虏走，今为士人来，岂识知天命，将逃匿无地邪？"对曰："臣昔事王公，不能匡济；逃于段氏，复不能全。今陛下天网高张，笼络四海，幽、冀豪杰莫不风从，如臣比肩，无所独愧。生死之命，唯陛下制之！"虎悦，即拜北平太守。

【语译】

显宗成皇帝中之下

晋成帝咸康四年（戊戌，338年）

春季，正月，前燕主慕容皝派遣都尉赵槃前往后赵，打听军队出征的日期。后赵王石虎准备攻击段辽，招募骁勇善战的士兵三万人，全部拜为龙腾中郎。适逢段辽派段屈云进攻后赵的幽州，幽州刺史李孟后退保守易京。石虎便任命桃豹为横海将军，王华为渡辽将军，率领十万水军由漂渝津出发；又任支雄为龙骧大将军，姚弋仲为冠军将军，率领步兵、骑兵七万人为前锋，前往攻打段辽。

三月，赵槃回到棘城。前燕主慕容皝领兵攻掠令支以北的许多城镇。段辽准备追袭他，慕容翰说："如今后赵的军队在南边，应当集中力量抵御，却又要和燕王相斗！燕王亲自为帅前来，士兵精锐，假如万一失利，又怎么能抵御南边的强敌呢？"段兰发怒说："我前次被你所误，以至于成为今日的祸患，我不再上你的当了！"于是率领手下现有的全部士众追击。慕容皝设下埋伏等候他，大败段兰的军队，斩首数千级，掳掠民众五千户及畜产数以万计返回。

后赵主石虎进军驻屯于金台，将领支雄率军长驱直入，到达蓟州，段辽所任命的渔阳、上谷、代郡地方长官全都归降，攻取四十多个城镇。北平相阳裕率领民众数千家登上燕山自相拒守，众将领唯恐他成为后患，想要攻击他。石虎说："阳裕是个儒生，珍惜自己的名声气节，这样做不过是耻于投降，不会有什么作为。"于是，经过燕山，到达徐无。段辽因为兄弟段兰已经战败，不敢再迎战，带领妻子、宗族和当地豪强一千多户，放弃令支，逃奔密云山。临行时拉着慕容翰的手哭泣着说："没有采纳您的建议，自取败亡。我固然是咎由自取，让您丧失安身之处，我为此深感惭愧。"慕容翰向北投奔宇文氏。

段辽的左右长史刘群、卢谌、崔悦等人封存府库向石虎请降。石虎派将军郭太、麻秋率领二万轻骑兵追袭段辽，在密云山抓获段辽的母亲、妻子，斩首三千级。段辽单骑逃往险要之地，派儿子段乞特真向后赵奉呈上书，并献上名马，石虎接受了。

石虎进入令支宫室，对将士们论功封赏各有差等。把段国的两万多户民众迁移到司州、雍州、兖州、豫州。士大夫中有才能德行的都予以提拔。阳裕到军门前请求归降，石虎责问他说："你过去身为奴虏逃走，今天身为士人前来，难道是知晓了天命，想逃躲而无地藏身吗？"阳裕回答说："我当初侍奉王浚，不能有所匡助，投奔段氏，又不能保全。如今皇上天网高张，控制四海，幽州、冀州的豪杰无不望风归从，像我这样的人比肩接踵，因此我并不特别惭愧。我的生死唯听皇上裁决！"石虎喜悦，当即拜阳裕为北平太守。

夏，四月，癸丑，以慕容皝为征北大将军、幽州牧，领平州刺史。

（以上为第一段，写后赵主石虎率领水陆大军攻打鲜卑段部首领段辽，段辽大败，带领妻子、宗族和当地豪强一千多家弃城逃跑，递上降书，献上名马，向后赵投降。）

成主期骄虐日甚，多所诛杀，而籍没其资财、妇女，由是大臣多不自安。汉王寿素贵重，有威名，期及建宁王越等皆忌之。寿惧不免，每当入朝，常诈为边书，辞以警急。

初，巴西处士龚壮，父、叔皆为李特所杀。壮欲报仇，积年不除丧。寿数以礼辟之，壮不应；而往见寿，寿密问壮以自安之策。壮曰："巴、蜀之民本皆晋臣，节下若能发兵西取成都，称藩于晋，谁不争为节下奋臂前驱者！如此则福流子孙，名垂不朽，岂徒脱今日之祸而已！"寿然之。阴与长史略阳罗恒、巴西解思明谋攻成都。

期颇闻之，数遣许涪至寿所，伺其动静；又鸩杀寿养弟安北将军攸。寿乃诈为妹夫任调书，云期当取寿；其众信之，遂帅步骑万余人自涪袭成都，许赏以城中财物，以其将李奕为前锋。期不意其至，初不设备。寿世子势为翊军校尉，开门纳之，遂克成都，屯兵宫门。期遣侍中劳寿。寿奏建宁王越、景骞、田褒、姚华、许涪及征西将军李遐、将军李西等怀奸乱政，皆收杀之。纵兵大掠，数日乃定。寿矫以太后任氏令，废期为邛都县公，幽之别宫。追谥戾太子曰"哀皇帝"。

罗恒、解思明、李奕等劝寿称镇西将军、益州牧、成都王，称藩于晋，送邛都公于建康；任调及司马蔡兴、侍中李艳等劝寿自称帝。寿命筮之，占者曰："可数年天子。"调喜曰："一日尚足，况数年乎！"思明曰："数年天子，孰与百世诸侯？"寿曰："朝闻道，夕死可矣。"遂即皇帝位。改国号曰"汉"，大赦，改元汉兴。以安车束帛征龚壮为太师。壮誓不仕，寿所赠遗，一无所受。

寿改立宗庙，追尊父骧曰"献皇帝"。母昝氏曰"皇太后"，立妃阎氏为皇后，世子势为皇太子，更以旧庙为大成庙，凡诸制度，多所更易。

夏季，四月初三癸丑，东晋朝廷任命慕容皝为征北大将军、幽州牧，兼任平州刺史。

成汉主李期日益骄纵暴虐，多所诛杀，没收被杀者的资财和妻女入宫，因此大臣们大多惶恐不安。汉王李寿素来职高位重，享有盛名，李期和建宁王李越等都忌惮他。李寿害怕自己不能免祸，每逢入宫朝见，常伪作边境告急文书，以警讯紧急为由推辞不来。

当初，巴西处士龚壮的父亲、叔父都被李特所杀，龚壮意欲报仇，多年不除丧服。李寿多次按照礼仪征召他为官，他不应召。此时龚壮前往拜见李寿，李寿悄悄地向龚壮询问自我保全的方法。龚壮说："巴蜀的民众本来都是晋王室的臣民，您如果能够发兵西取成都，向晋朝称臣，谁不争着做您奋臂而起的前驱呢！这样福泽便可延续到子孙，名垂不朽，哪里只是摆脱今日的祸患而已呢？"李寿颇以为然，与长史略阳人罗恒、巴西人解思明秘密商议进攻成都。

李期对此颇有耳闻，多次派许涪到李寿住地观察动静，又毒死李寿的养弟安北将军李攸。李寿于是伪造妹夫任调来信，说李期将要攻取李寿，李寿的部众信以为真。李寿于是率领步兵、骑兵一万多人由涪县出发，偷袭成都，并许愿用城中财物作为对部众的奖赏；让部将李奕充任前锋。李期没料想李寿突然到达，完全没有防备。李寿的世子李势担任翊军校尉，打开城门迎接李寿，于是攻下成都，屯兵于宫室门前。李期派侍中犒劳李寿。李寿奏称建宁王李越、景骞、田褒、姚华、许涪以及征西将军李遐、将军李西等人心怀不轨，扰乱朝政，将他们全部拘捕处决。然后放纵士兵大肆劫掠，数日后才平定。李寿又矫称奉太后任氏令，废掉李期为邛都县公，幽禁在别宫中，追谥戾太子李班为哀皇帝。

罗恒、解思明、李奕等劝说李寿自称镇西将军、益州牧、成都王，向晋王室称藩，把邛都公李期送到建康，而任调和司马蔡兴、侍中李艳等劝说李寿自己称帝。李寿令人为此占卜，占者说："可以当几年天子。"任调高兴地说："能当一天便可满足，何况几年呢！"解思明说："几年天子，怎么比得上百世诸侯？"李寿说："早上听到道义，晚上死了也行。"于是即帝位，改国号为汉，实行大赦，改年号为汉兴。李寿用安车、束帛征召龚壮任太师，龚壮誓死不肯出仕，对李寿所馈赠的礼物，一概不接受。

李寿改立宗庙，追尊父亲李骧为献皇帝，母亲昝氏为皇太后。立妃子阎氏为皇后，世子李势为皇太子。又改旧宗庙为大成庙，各种制度，多有更改。任命董皎为

以董皎为相国，罗恒为尚书令，解思明为广汉太守，任调为镇北将军、梁州刺史，李奕为西夷校尉，从子权为宁州刺史。公、卿、州、郡，悉用其僚佐代之，成氏旧臣、近亲及六郡士人，皆见疏斥。

邛都公期叹曰："天下主乃为小县公，不如死！"五月，缢而卒。寿谥曰"幽公"，葬以王礼。

（以上为第二段，写成主李期日益骄横暴虐，多所诛杀；汉王李寿位高权重，采纳处士龚壮建议，攻下成都，废掉李期，贬杀旧臣，即帝位，改国号为汉，年号汉兴。）

赵王虎以燕王皝不会赵兵攻段辽而自专其利，欲伐之。太史令赵揽谏曰："岁星守燕分，师必无功。"虎怒，鞭之。

皝闻之，严兵设备。罢六卿、纳言、常伯、冗骑常侍官。赵戎卒数十万，燕人震恐。皝谓内史高诩曰："将若之何？"对曰："赵兵虽强，然不足忧，但坚守以拒之，无能为也。"

虎遣使四出，招诱民夷，燕成周内史崔焘、居就令游泓、武原令常霸、东夷校尉封抽、护军宋晃等皆应之，凡得三十六城。泓，邃之兄子也。冀阳流寓之士共杀太守宋烛以降于赵。烛，晃之从兄也。营丘内史鲜于屈亦遣使降赵；武宁令广平孙兴晓谕吏民共收屈，数其罪而杀之，闭城拒守。朝鲜令昌黎孙泳帅众拒赵。大姓王清等密谋应赵，泳收斩之；同谋数百人惶怖请罪，泳皆释之，与同拒守。乐浪太守鞠彭以境内皆叛，选乡里壮士二百余人共还棘城。

戊子，赵兵进逼棘城。燕王皝欲出亡，帐下将慕舆根谏曰："赵强我弱，大王一举足则赵之气势遂成，使赵人收略国民，兵强谷足，不可复敌。窃意赵人正欲大王如此耳，奈何入其计中乎！今固守坚城，其势百倍，纵其急攻，犹足枝持，观形察变，间出求利；如事之不济，不失于走，奈何望风委去，为必亡之理乎！"皝乃止，然犹惧形于色。

玄菟太守河间刘佩曰："今强寇在外，众心恟惧，事之安危，系于一人。大王此际无所推委，当自强以厉将士，不宜示弱。事急矣，臣请出

相国，罗恒为尚书令，解思明为广汉太守，任调为镇北将军、梁州刺史，李奕为西夷校尉，侄子李权为宁州刺史。凡是公卿大臣、州郡长官，都由自己的僚佐接替，成汉的旧臣、近亲以及六郡士人，都遭到疏远和贬退。

邛都公李期叹息说：“天下的人主却成为小小的县公，不如死去！”五月，自缢而死。李寿追赠他谥号为幽公，按诸侯王的礼节入葬。

后赵主石虎因为前燕主慕容皝没有会合后赵的军队攻击段辽，却独自占有掳获的民众和畜产，因而打算讨伐他。太史令赵揽劝说道：“岁星正当燕国的分野，出师必然无功。”石虎发怒，鞭打他。

慕容皝听说此事，调集军队严加设防。废除了六卿、纳言、常伯、冗骑常侍官职。后赵军队有数十万人，前燕民众大为恐慌。慕容皝对内史高诩说：“我们将怎么办？”高诩回答说：“赵军虽然强大，但不值得忧虑，只要坚固防守来抵御，他们便无所作为。”

石虎派遣使者四处出动，招纳、诱降各族民众，前燕的成周内史崔焘、居就县令游泓、武原县令常霸、东夷校尉封抽、护军宋晃等都投降他，共获得三十六城。游泓即游邃兄长之子。冀阳的侨居士人共同杀死太守宋烛，投降后赵。宋烛即宋晃的堂兄。营丘内史鲜于屈也派遣使者投降后赵，武宁县令广平人孙兴晓谕官吏和民众，共同捉住鲜于屈，历数他的罪状后处死，然后关上城门防守御敌。朝鲜令昌黎人孙泳率士众抵抗后赵军，豪强王清等人密谋投降后赵，被孙泳拘捕斩首。同谋的几百人惊惶恐惧，向孙泳请罪，孙泳都不予追究，和他们一块儿防守御敌。乐浪太守鞠彭因境内士民大多背叛投降，选择同乡勇士二百多人共同回返棘城。

五月初九戊子，后赵军进逼棘城。前燕主慕容皝打算离城逃亡，手下将领慕舆根劝说道：“现在正当敌强我弱，大王一抬脚，那么赵军的气势便养成了。如果让赵人拥有并安定了国民，兵强粮足，就无法再与之抗衡了。我私下认为赵人正希望大王这么做，为何中他们的计呢！如今牢牢守住坚固的城堡，气势便增强百倍，纵然赵军猛烈进攻，也还足以支持。再观察形势的变化，伺机出击求取利益。如果事情难以成功，也还可以逃走，为何要望风而逃，自己造就必定亡国的局势呢！”慕容皝这才中止逃亡的计划，但忧虑、恐惧仍然形于颜色。

玄菟太守河间人刘佩说：“现在强寇在外，人心恐惧难安，事情的安危都系于您一人之身。大王在此时无可推诿，应当自我勉励以鼓舞将士，不应当显示出怯弱。

击之，纵无大捷，足以安众。”乃将敢死数百骑出冲赵兵，所向披靡，斩获而还，于是士气自倍。

皝问计于封奕，对曰：“石虎凶虐已甚，民神共疾，祸败之至，其何日之有！今空国远来，攻守势异，戎马虽强，无能为患，顿兵积日，衅隙自生，但坚守以俟之耳。”皝意乃安。或说皝降，皝曰：“孤方取天下，何谓降也！”

（以上为第三段，写后赵主石虎攻打前燕，大兵压境，前燕不少郡县投降后赵，慕容皝心生恐惧，打算逃跑，在大臣劝说下，予以坚守，等待时机，绝地反击。）

赵兵四面蚁附缘城，慕舆根等昼夜力战。凡十余日，赵兵不能克，壬辰，引退。皝遣其子恪帅二千骑追击之，赵兵大败，斩获三万余级。赵诸军皆弃甲逃溃，惟游击将军石闵一军独全。闵父瞻，内黄人，本姓冉，赵主勒破陈午，获之，命虎养以为子。闵骁勇善战，多策略，虎爱之，比于诸孙。

虎还邺，以刘群为中书令，卢谌为中书侍郎。蒲洪以功拜使持节、都督六夷诸军事、冠军大将军，封西平郡公。石闵言于虎曰：“蒲洪雄俊，得将士死力，诸子皆有非常之才。且握强兵五万，屯据近畿，宜密除之，以安社稷。”虎曰：“吾方倚其父子以取吴、蜀，奈何杀之！”待之愈厚。

燕王皝分兵讨诸叛城，皆下之。拓境至凡城，崔焘、常霸奔邺，封抽、宋晃、游泓奔高句丽。皝赏鞠彭、慕舆根等而治诸叛者，诛灭甚众；功曹刘翔为之申理，多所全活。

赵之攻棘城也，燕右司马李洪之弟普以为棘城必败，劝洪出避祸。洪曰：“天道幽远，人事难知，且当委任，勿轻动取悔！”普固请不已。洪曰：“卿意见明审者，当自行之。吾受慕容氏大恩，义无去就，当效死于此耳。”与普流涕而诀。普遂降赵，从赵军南归，死于丧乱。洪由是以忠笃著名。

赵王虎遣渡辽将军曹伏将青州之众戍海岛，运谷三百万斛以给之；又以船三百艘运谷三十万斛诣高句丽，使典农中郎将王典帅众万余屯田

现在事情很危急了，我请求出击敌军，即使不能大胜，也足以安定人心。”于是带领几百名不怕死的骑兵出城冲击后赵军，所向披靡，各有斩获，然后返回，前燕军士气因此大盛。

慕容皝向封奕询问对策，封奕回答说：“石虎的凶残暴虐早已过头，人神共愤，灾祸、败亡的降临，指日可待！现在倾国远来，但进攻和防守的情势并不一样，攻难守易，敌军兵马虽强，但并不能成为祸患。他们在此滞留多日后，矛盾和隔阂就自然产生，我们只需坚守等待而已。”慕容皝这才心安。有人劝说慕容皝投降，慕容皝说：“我正要夺取天下，说什么投降！”

后赵军从四面如同蚂蚁一样攀登城墙，慕舆根等昼夜力战十几天，后赵军不能取胜。五月十三日壬辰，后赵军退却。慕容皝派儿子慕容恪率领二千骑兵追袭，后赵军大败，斩获首级三万多。后赵各路军队都弃甲溃逃，只有游击将军石闵带领的一支军队未遭创伤。石闵的父亲名瞻，是内黄人，本来姓冉。当年后赵主石勒攻破陈午，掳获石闵，令石虎把他当作自己的儿子收养。石闵骁勇善战，多计谋，石虎宠爱他，如同对自己的孙子们一样。

石虎回到邺城，任命刘群为中书令、卢谌为中书侍郎。蒲洪因功拜被予使持节、都督六夷诸军事、冠军大将军，封为西平郡公。石闵对石虎说：“蒲洪雄武俊迈，得到将士的拼死效力，儿子们又都有非凡的才能，而且拥有强兵五万人，驻屯在都城附近放，应当秘密地除掉他们，以安定国家。”石虎说：“我正倚仗他们父子攻取东晋和成汉，为何要杀死他们？”给他的待遇愈加优厚。

前燕主慕容皝分别派军攻打各个背叛的城镇，都获得了胜利，把疆域拓展至凡城。崔焘、常霸逃奔邺城，封抽、宋晃、游泓逃奔高句丽。慕容皝奖赏鞠彭、慕舆根等人，惩处背叛者，诛灭了许多人；由于功曹刘翔从中为他们申辩求情，许多人得以保全性命。

后赵进攻棘城时，前燕右司马李洪的兄弟李普认为棘城必定失败，劝李洪出逃避祸。李洪说：“天道幽冥遥远，人事难以预知。况且身负职责，不要轻举妄动，自找悔恨！”但李普却坚持请求，不肯罢休。李洪说：“你认为自己的看法正确、高明，就应当自己去做。我蒙受慕容氏的大恩，按道义无从取舍，应当在这里以死效忠。”便与李普洒泪诀别。李普随即投降后赵，随从后赵军队南归，后死于丧乱之中。李洪因此以忠诚笃信闻名于世。

后赵主石虎派渡辽将军曹伏带领青州的士众戍守海岛，运送谷物三百万斛供给他们食用，又用三百艘船运送三十万斛谷物到高句丽，让典农中郎将王典率领一万

海滨，又令青州造船千艘，以谋击燕。

赵太子宣帅步骑二万击朔方鲜卑斛摩头，破之，斩首四万余级。

冀州八郡大蝗，赵司隶请坐守宰。赵王虎曰："此朕失政所致，而欲委咎守宰，岂罪己之意邪！司隶不进谠言，佐朕不逮，而欲妄陷无辜，可白衣领职！"

虎使襄城公涉归、上庸公日归帅众戍长安。二归告镇西将军石广私树恩泽，潜谋不轨，虎追广至邺，杀之。

（以上为第四段，写后赵大军攻打前燕都城，连续十几天，不能取胜，败下阵来，前燕予以反攻，并收复投降后赵的郡县；石虎并不死心，继续做好攻打前燕准备。）

乙未，以司徒导为太傅，都督中外诸军事，郗鉴为太尉，庾亮为司空。六月，以导为丞相，罢司徒官以并丞相府。

导性宽厚，委任诸将赵胤、贾宁等，多不奉法，大臣患之。庾亮与郗鉴笺曰："主上自八九岁以及成人，入则在宫人之手，出则唯武官、小人，读书无从受音句，顾问未尝遇君子。秦政欲愚其黔首，天下犹知不可，况欲愚其主哉！人主春秋既盛，宜复子明辟。不稽首归政，甫居师傅之尊，多养无赖之士；公与下官并荷托付之重，大奸不扫，何以见先帝于地下乎！"欲共起兵废导，鉴不听。

南蛮校尉陶称，侃之子也，以亮谋语导。或劝导密为之备，导曰："吾与元规休戚是同，悠悠之谈，宜绝智者之口。则如君言，元规若来，吾便角巾还第，复何惧哉！"又与称书，以为："庾公，帝之元舅，宜善事之！"征西参军孙盛密谏亮曰："王公常有世外之怀，岂肯为凡人事邪！此必佞邪之徒欲间内外耳。"亮乃止。盛，楚之孙也。是时，亮虽居外镇，而遥执朝廷之权，既据上流，拥强兵，趣势者多归之。导内不能平，常遇西风尘起，举扇自蔽，徐曰："元规尘污人！"

导以江夏李充为丞相掾。充以时俗崇尚浮虚，乃著《学箴》，以为：

多部众在海滨垦荒屯田，又下令让青州建造战船一千艘，以备进攻前燕。

后赵太子石宣率领步兵、骑兵二万人攻击朔方的鲜卑部斛摩头，打败了他，斩首四万多级。

冀州八郡发生严重蝗灾，后赵司隶请求将州郡长官治罪。后赵主石虎说："这是我朝政有过失所致，归罪于地方长官，哪里符合我归罪于己的本意呢！司隶不进陈正直的言论，以便辅助我纠正过失，却想随意陷害无辜之人，应当革除爵位品秩，而以庶民的身份执行司隶的职务。"

石虎让襄城公石涉归、上庸公石日归率领士众戍守长安。二人告发镇西将军石广私植党羽，密谋不轨；石虎把石广追捕回邺城杀死。

五月十六日乙未，东晋朝廷任命司徒王导为太傅、都督中外诸军事，任命郗鉴为太尉，庾亮为司空。六月，任命王导为丞相，取消司徒之职，并入丞相府。

王导性情宽容仁厚，所委任的许多将领，如赵胤、贾宁等，大多不守法令，大臣们为此忧虑。庾亮给郗鉴写信说："皇上从八九岁以至长大成人，入内则由宫女太监等守护，外出则只有赵胤、贾宁等侍从，读书无从学习文章的音训、章句，顾视询问则未曾遇见君子。秦始皇想使百姓愚昧，天下人尚且知道不对，更何况有人想使皇上愚昧呢！皇上既然长大成人，应当还政于皇上。王导把持政权，不归还给皇上，却开始位居太师太傅的尊位，豢养许多没有才能的士人。您和我都身负先帝托付佐政的重任，这样的大奸之人不清除，又有什么脸面到地下去见先帝呢！"因而想一起发兵废掉王导，但郗鉴不同意。

南蛮校尉陶称是陶侃的儿子，把庾亮的谋议告诉王导，有人劝王导秘密地加以防备，王导说："我和庾亮休戚与共，像这种庸俗的传言，不应当由智慧之人的口中传播。即使如同你所说，庾亮假使到这儿来，我就头戴方巾，归隐还乡，又有什么可惧怕的！"王导又给陶称写信，认为："庾公是皇上的大舅，你应当好好侍奉他。"征西将军参军孙盛悄悄地劝说庾亮道："王公经常有辞官隐居、优游于尘世之外的愿望，怎么会干俗人所干的事情呢！这一定是奸佞邪恶之徒想离间你们的关系罢了。"庾亮这才作罢。孙盛，即孙楚的孙子。此时庾亮虽然驻守于外镇，却遥控朝廷大权，权势显赫，又拥有强大的军队，趋炎附势的人大多归附于门下。王导心中不平，每当遇到西风扬起尘埃，便举起扇子遮蔽自己，缓缓地说："庾亮的尘土沾污人！"

王导让江夏人李充担任丞相掾。李充因为当时风俗崇尚浮华空虚，于是撰著

“老子云‘绝仁弃义，民复孝慈’，岂仁义之道绝，然后孝慈乃生哉？盖患乎情仁义者寡，而利仁义者众，将寄责于圣人，而遣累乎陈迹也。凡人，见形者众，及道者鲜，逐迹逾笃，离本逾远。”故作《学箴》以祛其蔽，曰：“名之攸彰，道之攸废；及损所隆，乃崇所替。非仁无以长物，非义无以齐耻，仁义固不可远，去其害仁义者而已。”

（以上为第五段，写东晋朝廷内部的党派斗争，庾亮曾经导致苏峻之乱，现在又神气起来，认为王导是大奸之人，应予清除，驻守外镇，却权势显赫，遥控朝政。）

汉李奕从兄广汉太守乾告大臣谋废立。秋，七月，汉主寿使其子广与大臣盟于前殿，徙乾为汉嘉太守；以李闳为荆州刺史，镇巴郡。闳，恭之子也。

八月，蜀中久雨，百姓饥疫。寿命群臣极言得失。龚壮上封事称：“陛下起兵之初，上指星辰，昭告天地，歃血盟众，举国称藩，天应人悦，大功克集；而论者未谕，权宜称制。今淫雨百日，饥疫并臻，天其或者将以监示陛下故也。愚谓宜遵前盟，推奉建康，彼必不爱高爵重位以报大功，虽降阶一等，而子孙无穷，永保福祚，不亦休哉！论者或言二州附晋则荣，六郡人事之不便，昔公孙述在蜀，羁客用事，刘备在蜀，楚士多贵。及吴、邓西伐，举国屠灭，宁分客主！论者不达安固之基，苟惜名位，以为刘氏守令方仕州郡；曾不知彼乃国亡主易，岂同今日义举，主荣臣显哉！论者又谓臣当为法正。臣蒙陛下大恩，恣臣所安；至于荣禄，无问汉、晋，臣皆不处，复何为效法正乎！”寿省书内惭，秘而不宣。

九月，汉仆射任颜谋反，诛。颜，任太后之弟也。汉主寿因尽诛成主雄诸子。

冬，十月，光禄勋颜含以老逊位。论者以王导帝之师傅，名位隆重，百僚宜为降礼，太常冯怀以问含。含曰：“王公虽贵重，理无偏敬。降礼之言，或是诸君事宜。鄙人老矣，不识时务。”既而告人曰：“吾闻伐国不问仁人，向冯祖思问佞于我，我岂有邪德乎！”郭璞尝遇含，欲为之筮。

《学箴》。他认为："老子所说的'弃绝仁义，百姓返归孝敬慈爱'，哪里是指崇尚仁义的道路被断绝，然后才能产生孝敬慈爱呢？大概是忧虑真心崇尚仁义的人少，假借仁义谋私利的人多，因而想将责任归罪于圣人，把弊病归因于'六经'。凡是平庸之人只看到外表的多，真正理解仁义的少，追求表面现象越坚定，离开仁义学说的精神实质也就越远。"所以他作《学箴》，用以去除流弊。文中说："爱好仁义的虚名显著，仁义之道就会被废弃。只有减损显赫的虚名，才能提高被弃废的道德。没有仁无法使万物生长，没有义无法使人们具有相同的道德标准。仁义原本不可以丢弃，只是要除去违害仁义的东西而已。"

成汉李奕的堂兄广汉太守李乾告发大臣图谋废掉旧君，更立新主。秋季，七月，成汉主李寿让儿子李广和大臣们在前殿盟誓，改任李乾为汉嘉太守，让李闳出任荆州刺史，镇守巴郡。李闳即李恭的儿子。

八月，蜀地阴雨连绵，百姓饥荒，疫病流行。李寿下令让群臣尽情陈述朝政的得失。龚壮呈上的密封章奏说："皇上当初起兵时，上指星辰，明白地求告天地，歃血与士众盟誓，将举国向晋室称臣，上天感应，人民喜悦，这才大功告成。但支持您称帝的人不明其理，以至皇上随从事势即位称制。现在淫雨连绵百日，饥荒和疫病同时降临，这大概是上天想以此向皇上示戒的缘故。我认为应当遵守原先的盟誓，拥戴在建康的晋皇室，他们必定不会吝惜高厚的爵位、重要的职务来报答您的大功。虽然地位降低一等，但子子孙孙可以永久地保住富贵，不也很好吗？论议者中有人说梁州、益州的本地人归附晋皇室可以得到荣宠，其余客居在六郡的异乡人不便附晋。当初公孙述在蜀地，以羁留客居的身份任职；刘备在蜀地，荆楚的士人大多显贵。等到吴汉、邓艾向西征伐，所有人都被屠灭，又怎能分别出客居人与本地人？论议者不明白安定稳固的根本，吝惜已有的名位，认为刘备的守令均任职于州郡，竟然不知道他们这样做会使国家灭亡，君主改易，哪里比得上今天的义举，能使君主荣耀，臣下显赫呢？支持您称帝的人又认为我应当效法法正。我蒙受皇上的大恩，听任放纵我安居世外，至于荣耀俸禄，无论是在汉还是在晋，我都不想得到，又为什么要效法法正呢？"李寿看完奏章后内心惭愧，秘密扣下，不予宣示。

九月，成汉仆射任颜谋反，被杀。任颜即任太后的兄弟。成汉主李寿因此全数诛杀成汉旧主李雄的所有子嗣。

冬季，十月，东晋光禄勋颜含因年老退位。朝廷论议者认为，"王导是皇帝的师傅，名位尊崇，百官应当对他行拜礼"。太常冯怀就此询问颜含。颜含说："王公的名位虽然贵重，但按理不应当特别示敬。行拜礼的说法或许是你们的事。我已老了，不识时务。"不久，颜含告诉别人说："我听说攻打他国不要询问仁人，方才冯

含曰："年在天，位在人。修己而天不与者，命也；守道而人不知者，性也；自有性命，无劳蓍龟。"致仕二十余年，年九十三而卒。

（以上为第六段，写龚壮向成汉主李寿上书，反复陈述向东晋称臣，才是大功告成，而李寿不听；东晋光禄勋颜含对朝廷欲让群臣向重臣王导行拜礼，颇有微词。）

代王翳槐之弟什翼犍质于赵，翳槐疾病，命诸大人立之。翳槐卒，诸大人梁盖等以新有大故，什翼犍在远，来未可必；比其至，恐有变乱，谋更立君。而翳槐次弟屈，刚猛多诈，不如屈弟孤仁厚，乃相与杀屈而立孤。孤不可，自诣邺迎什翼犍，请身留为质。赵王虎义而俱遣之。十一月，什翼犍即代王位于繁畤北，改元曰"建国"，分国之半以与孤。

初，代王猗卢既卒，国多内难，部落离散，拓跋氏浸衰。及什翼犍立，雄勇有智略，能修祖业，国人附之。始置百官，分掌众务。以代人燕凤为长史，许谦为郎中令。始制反逆、杀人、奸盗之法，号令明白，政事清简，无系讯连逮之烦，百姓安之。于是，东自濊貊，西及破落那，南距阴山，北尽沙漠，率皆归服，有众数十万人。

十二月，段辽自密云山遣使求迎于赵，既而中悔，复遣使求迎于燕。

赵王虎遣征东将军麻秋帅众三万迎之，敕秋曰："受降如受敌，不可轻也！"以尚书左丞阳裕，辽之故臣，使为秋司马。

燕王皝自帅诸将迎辽，辽密与燕谋覆赵军。皝遣慕容恪伏精骑七千于密云山，大败麻秋于三藏口，死者什六七。秋步走，得免，阳裕为燕所执。

赵将军范阳鲜于亮失马，步缘山不能进，因止，端坐，燕兵环之，叱令起。亮曰："身是贵人，义不为小人所屈；汝曹能杀亟杀，不能则去！"亮仪观丰伟，声气雄厉，燕兵惮之，不敢杀，以白皝。皝以马迎之，与语，大悦，用为左常侍，以崔毖之女妻之。

皝尽得段辽之众。待辽以上宾之礼，以阳裕为郎中令。

怀拿谄佞之事来问我，我怎能有奸邪的德行呢！”郭璞曾经遇见颜含，想为他占卜。颜含说：“寿命在天，职位在人。自我修炼而上天不助，这是命；谨守道德而他人不知，这是性。人自有性命，不需有劳占筮卜龟。”颜含辞职二十多年，至九十三岁时去世。

代王拓跋翳槐的兄弟拓跋什翼犍到后赵做人质，拓跋翳槐病重，命令各部落首领立拓跋什翼犍为王。拓跋翳槐死后，各部落首领梁盖等人认为国家刚有重大丧事，拓跋什翼犍离得远，来不来不可确定，等到他归来，恐怕会有变乱，因此谋议重新立君。而拓跋翳槐的二弟拓跋屈，刚猛多诈，不如拓跋屈的弟弟拓跋孤仁厚，于是共同杀死拓跋屈，立拓跋孤为君。拓跋孤不同意，自己到邺城去迎接拓跋什翼犍，请求自己留在后赵为人质。后赵王石虎认为他有道义，把他和拓跋什翼犍一同放回。十一月，拓跋什翼犍在繁畤北即代王位，改年号为建国。又分出国土的一半给拓跋孤。

当初，代王拓跋猗卢死后，国家内乱频仍，部落离散，拓跋氏逐渐衰微。等到拓跋什翼犍即位，雄健勇悍而有智谋，能够发展祖先遗业，国人都归附他。此时开始设置百官，分别掌管政务，任命代人燕凤为长史，许谦为郎中令。开始制定惩治反逆、杀人、奸盗的法律，法令明了，政事清简，没有囚禁株连的烦扰，百姓安居乐业。于是东边起自濊貊，西边远及破落那，南方到达阴山，北方直至沙漠，全都归服，拥有士众数十万人。

十二月，段辽从密云山派使者向后赵请求允许自己归降；不久又后悔，重新派使者到前燕请求允许自己投降。

后赵主石虎派征东将军麻秋率领三万士众迎接段辽投降，敕令麻秋说：“受降如同迎敌，不能轻视！”因为尚书左丞阳裕是段辽的旧臣，便让他担任麻秋的司马。

前燕主慕容皝亲自率领各将领迎接段辽，段辽秘密和前燕谋议消灭后赵军。慕容皝派遣慕容恪在密云山埋伏七千精锐骑兵，在三藏口大败麻秋的军队，死亡人数达十分之六七。麻秋徒步逃脱，阳裕被前燕人擒获。

后赵将军范阳人鲜于亮的坐骑丢失，步行登山，难以攀援，随即止步，端正而坐。前燕兵四面包围，喝令他起身。鲜于亮说：“我是贵人之身，按道义决不被小人所屈服。你们能杀就赶紧杀我，不能杀我就离开这里！”鲜于亮仪表堂堂，身材高大魁伟，声气雄壮凌厉，前燕兵畏惧，不敢进前搏杀，便禀报慕容皝。慕容皝带上马匹相迎，与鲜于亮交谈之后，大为喜悦，任用他为左常侍，并把崔毖的女儿许配给他为妻。

慕容皝尽数获得段辽的士众，用上宾的礼节对待段辽，任用阳裕为郎中令。

赵王虎闻麻秋败，怒，削其官爵。

（以上为第七段，写代王拓跋翳槐去世，众大臣欲立其弟拓跋孤，拓跋孤亲自到邺城去把在后赵做人质的兄长什翼犍换回为君，己身为质；什翼犍雄健有谋略，代国迅速强大起来。）

五年（己亥，339 年）

春，正月，辛丑，大赦。

三月，乙丑，广州刺史邓岳将兵击汉宁州，汉建宁太守孟彦执其刺史霍彪以降。

征西将军庾亮欲开复中原，表桓宣为都督沔北前锋诸军事、司州刺史，镇襄阳；又表其弟临川太守怿为监梁、雍二州诸军事，梁州刺史，镇魏兴；西阳太守翼为南蛮校尉，领南郡太守，镇江陵；皆假节。又请解豫州，以授征虏将军毛宝。诏以宝监扬州之江西诸军事、豫州刺史，与西阳太守樊峻帅精兵万人戍邾城。以建威将军陶称为南中郎将、江夏相，入沔中。称将二百人下见亮，亮素恶称轻狡，数称前后罪恶，收而斩之。后以魏兴险远，命庾怿徙屯半洲；更以武昌太守陈嚣为梁州刺史，趣汉中。遣参军李松攻汉巴郡、江阳。夏，四月，执汉荆州刺史李闳、巴郡太守黄植送建康。汉主寿以李奕为镇东将军，代闳守巴郡。

庾亮上疏，言："蜀甚弱而胡尚强，欲帅大众十万移镇石城，遣诸军罗布江、沔为伐赵之规。"帝下其议。丞相导请许之。太尉鉴议，以为："资用未备，不可大举。"

太常蔡谟议，以为："时有否泰，道有屈伸，苟不计强弱而轻动，则亡不终日，何功之有！为今之计，莫若养威以俟时。时之可否系胡之强弱，胡之强弱系石虎之能否。自石勒举事，虎常为爪牙，百战百胜，遂定中原，所据之地，同于魏世。勒死之后，虎挟嗣君，诛将相；内难既平，翦削外寇，一举而拔金墉，再战而禽石生，诛石聪如拾遗，取郭权如振槁，四境之内，不失尺土。以是观之，虎为能乎，将不能也？论者以胡前攻襄阳不能拔，谓之无能为。夫百战百胜之强，而以不拔一城为劣，譬如射者百发百中而一失，可以谓之拙乎？

后赵主石虎听说麻秋战败，大怒，革除了麻秋的官职和爵位。

晋成帝咸康五年（己亥，339年）

春季，正月二十五日辛丑，东晋实行大赦。

三月乙丑日［二月二十］，东晋广州刺史邓岳率军进攻成汉宁州，成汉建宁太守孟彦擒获同州刺史霍彪投降。

征西将军庾亮想收复中原失地，上书奏请任命桓宣为都督沔北前锋诸军事、司州刺史，镇守襄阳。又上书奏请任命其弟临川太守庾怿为监察梁州、雍州诸军事，梁州刺史，镇守魏兴；任命西阳太守庾翼为南蛮校尉，兼任南郡太守，镇守江陵，以上诸人都持节。又请求分出豫州，用来授予征虏将军毛宝。朝廷下令，任命毛宝为监察扬州地段长江以西诸军事、豫州刺史，与西阳太守樊峻率领精兵万人戍守邾城。又任用建威将军陶称为南中郎将、江夏相，进入沔中。陶称率二百人沿江而下，拜见庾亮，庾亮素来厌恶陶称轻浮狡猾，数落陶称前前后后的罪恶，将他拘捕斩首。后来因为魏兴地处边远，地势险恶，命令庾怿移屯于半洲，改任武昌太守陈嚣为梁州刺史，赶赴汉中。派参军李松攻打成汉的巴郡、江阳。夏季，四月，擒获成汉的荆州刺史李闳、巴郡太守黄植，押送至建康。成汉主李寿让李奕担任镇东将军，替代李闳镇守巴郡。

庾亮上书说："成汉很弱，而北方胡虏仍然强大，我想率领十万大军移徙镇守石头城，派遣各军罗列分布在长江、沔水一带，作为北伐后赵的准备。"成帝司马衍把奏章下交朝廷评论，丞相王导请求允准，太尉郗鉴评议认为："物资财用不足，不能大举行动。"

太常蔡谟议论，认为："时机有利与不利，道义有伸有屈，如果不考虑强弱的形势轻举妄动，那么就会迅速败亡，还有什么功业！当今之计，不如自蓄威势，等待时机。时机的可否在于胡虏的强弱，而胡虏的强弱又在于石虎的能力。自从石勒起兵，石虎便经常充当武将，百战百胜，于是平定中原，所占据的地域与当年的曹魏相当。石勒死后，石虎挟持继位的君主，诛杀将相。平定内乱之后，又消灭和削弱外寇，一举攻取金墉，再战便擒获石生，诛杀石聪如同路拾遗物一样容易，战胜郭权如同振毁槁木，四境之内，不失尺土。由此看来，石虎是有才能呢还是没有才能呢？论议者因为过去胡虏进攻襄阳不能取胜，便认为他无能为力。然而百战百胜的强敌却因为没有攻取一城就以为其低劣，好比射箭的人百发百中，只有一次失误，

“且石遇，偏师也；桓平北，边将也；所争者，疆埸之土，利则进，否则退，非所急也。今征西以重镇名贤，自将大军欲席卷河南，虎必自帅一国之众来决胜负，岂得以襄阳为比哉！今征西欲与之战，何如石生？若欲城守，何如金墉？欲阻沔水，何如大江？欲拒石虎，何如苏峻？凡此数者，宜详校之。

“石生猛将，关中精兵，征西之战殆不能胜也。又当是时，洛阳、关中皆举兵击虎，今此三镇反为其用；方之于前，倍半之势也；石生不能敌其半，而征西欲当其倍，愚所疑也。苏峻之强不及石虎、沔水之险不及大江，大江不能御苏峻而欲以沔水御石虎，又所疑也。昔祖士稚在谯，佃于城北界，虑胡来攻，豫置军屯以御其外。谷将熟，胡果至，丁夫战于外，老弱获于内，多持炬火，急则烧谷而走。如此数年，竟不得其利。当是时，胡唯据河北。方之于今，四分之一耳，士稚不能捍其一，而征西欲以御其四，又所疑也。

“然此但论征西既至之后耳，尚未论道路之虑也。自沔以西，水急岸高，鱼贯溯流，首尾百里。若胡无宋襄之义，及我未阵而击之，将若之何？今王土与胡，水陆异势，便习不同，胡若送死，则敌之有余，若弃江远进，以我所短击彼所长，惧非庙胜之算。”

朝议多与谟同。乃诏亮不听移镇。

（以上为第八段，写征西将军庾亮打着收复中原的幌子，安排亲信在各州郡任职，挟嫌报复，杀掉陶侃之子陶称，提出移镇石头城，出兵攻打后赵，遭到群臣反对，被晋成帝否定。）

燕前军师慕容评、广威将军慕容军、折冲将军慕舆根、荡寇将军慕舆埿袭赵辽西，俘获千余家而去。赵镇远将军石成、积弩将军呼延晃、建威将军张支等追之，评等与战，斩晃、支首。

段辽谋反于燕，燕人杀辽及其党与数十人，送辽首于赵。

五月，代王什翼犍会诸大人于参合陂，议都灅源川。其母王氏曰：

能够说他低劣吗?

“况且，石遇的军队只是赵国的偏师，桓宣是位戍边的普通将领，他们争夺的是疆土的伸缩，有利就进，不利则退，不是紧迫的问题。现在征西将军庾亮以重镇名贤的地位和身份亲自率领大军试图席卷黄河以南，石虎必定亲自率领全国之众前来一决胜负，哪能与襄阳之战相比呢！现在征西将军想与石虎交战，比起石生如何？如果想据城固守，比起金墉城如何？如果想依仗沔水的天险，比起大江又如何？如果想抗拒石虎，比起抗拒苏峻又如何？凡此种种，应当仔细考校。

“石生是猛将，拥有关中的精锐士兵，庾亮若要攻击恐怕难以取胜。再说那时洛阳、关中都起兵攻击石虎，现在这三镇反而被石虎所用。比起从前，石虎现在实力有超出一倍的势头。石生不能抵挡相当现在一半的实力，而征西将军却想抵挡超出当年一倍的力量，这是我所疑惑的。苏峻的强大比不上石虎，沔水的天险比不上大江，大江都不能阻挡苏峻，却想依靠沔水抵挡石虎，这又是令人怀疑的。当初祖逖驻守谯地，在城北边垦荒种田，担心胡虏来攻，预先设置军屯在外围阻挡。谷物快要成熟时，胡虏果真前来，壮丁在外围争战，老弱在内收获，许多人手持火炬，战况紧急时来不及收获，就焚毁庄稼逃走。如此多年，最终也没有得到屯田的利益。在那个时候，胡虏只占据了河北，比起现在，只是四分之一而已。祖逖不能抵御当初石勒的势力，而征西将军却想抵御现在比石勒还要强大的势力，又是令人疑惑的。

“然而，这还只是讨论征西将军到达中原以后的情况，还没有讨论路途方面的忧虑。沔水以西，水急岸高，舟船往往首尾相衔百里而上。如果胡虏没有宋襄公不攻击半渡之人的仁义之举，乘我方军队尚未列阵时攻击，后果将会怎样？现在我们与胡虏相比，水陆地势不同，熟悉的技能也不同，胡虏如果前来送死，那么我们战胜他们有余力；如果要放弃长江向远方进发，用我们的短处去攻击敌人的长处，恐怕这不是在朝堂就能制定的克敌制胜的谋算。”

朝廷大臣的观点大多与蔡谟相同，于是成帝司马衍下令，不让庾亮转移镇守之地。

前燕前军师慕容评、广威将军慕容军、折冲将军慕舆根、荡寇将军慕舆埿攻袭后赵的辽西地区，俘获民众一千多家后离去。后赵镇远将军石成、积弩将军呼延晃、建威将军张支等人追击，慕容评等同他们交战，斩杀呼延晃和张支。

段辽图谋反叛前燕，燕人杀死段辽及其同伙几十人，把段辽的首级送给后赵。

五月，代王拓跋什翼犍在参合陂会见各部首领，商议定都于灅源川。母亲王氏

“吾自先世以来，以迁徙为业；今国家多难，若城郭而居，一旦寇来，无所避之。”乃止。

代人谓他国之民来附者皆为乌桓，什翼犍分之为二部，各置大人以监之。弟孤监其北，子寔君监其南。

什翼犍求昏于燕，燕王皝以其妹妻之。

秋，七月，赵王虎以太子宣为大单于，建天子旌旗。

庚申，始兴文献公王导薨，丧葬之礼视汉博陆侯及安平献王故事，参用天子之礼。导简素寡欲，善因事就功，虽无日用之益而岁计有余。辅相三世，仓无储谷，衣不重帛。

初，导与庾亮共荐丹杨尹何充于帝，请以为己副，且曰：“臣死之日，愿引充内侍，则社稷无虞矣。”由是加吏部尚书。及导薨，征庾亮为丞相、扬州刺史、录尚书事，亮固辞。辛酉，以充为护军将军，亮弟会稽内史冰为中书监、扬州刺史，参录尚书事。

冰既当重任，经纶时务，不舍昼夜，宾礼朝贤，升擢后进，由是朝野翕然称之，以为贤相。初，王导辅政，每从宽恕，冰颇任威刑，丹杨尹殷融谏之。冰曰：“前相之贤，犹不堪其弘，况如吾者哉！”范汪谓冰曰：“顷天文错度，足下宜尽消御之道。”冰曰：“玄象，岂吾所测，正当勤尽人事耳。”又隐实户口，料出无名万余人，以充军实。冰好为纠察，近于繁细，后益矫违，复存宽纵，疏密自由，律令无用矣。

八月，壬午，复改丞相为司徒。

南昌文成公郗鉴疾笃，以府事付长史刘遐，上疏乞骸骨，且曰：“臣所统错杂，率多北人，或逼迁徙，或是新附，百姓怀土，皆有归本之心。臣宣国恩，示以好恶，处与田宅，渐得少安。闻臣疾笃，众情骇动，若当北渡，必启寇心。太常臣谟，平简贞正，素望所归，谓可以为都督、徐州刺史。”诏以蔡谟为太尉军司，加侍中。

辛酉，鉴薨，即以谟为征北将军，都督徐、兖、青三州诸军事，领徐州刺史，假节。

说:“我们从祖先开始，就以迁徙为业，现今国家多难，如果修筑城郭定居，一旦敌寇进犯，就没有躲避之处了。”定都之事便告中止。

代人把从别国前来归附的民众都称为乌桓，拓跋什翼犍把他们分成两个部落，各自设置首领监察。兄弟拓跋孤监察北部，儿子拓跋寔君监察南部。

拓跋什翼犍向前燕求婚，前燕主慕容皝把自己的妹妹嫁给他。

秋季，七月，后赵主石虎任命太子石宣为大单于，树立天子旌旗。

七月十八日庚申，始兴文献公王导去世，丧葬的礼仪比照汉代博陆侯霍光和西晋安平献王司马孚的旧例，参用天子的礼节。王导清简寡欲，善于顺因事势获取成功，治理国家虽然每日用度没什么宽裕，但每年的费用却有节余。他辅佐晋元帝、明帝、成帝三代君王，担任相职，但自己却仓库无储粮，穿衣不加帛。

当初，王导和庾亮共同向成帝司马衍举荐丹杨尹何充，请求作为自己的副职，并且说:“我死的时候，希望提拔何充到内廷供职，那么国家就无忧了。”因此，授予何充吏部尚书。王导去世后，成帝司马衍征召庾亮担任丞相、扬州刺史、录尚书事，庾亮固辞不受。七月十九日辛酉，任用何充为护军将军，庾亮的兄弟会稽内史庾冰为中书监、扬州刺史，参录尚书事。

庾冰担当重任后，治理政务不分昼夜，对朝廷贤臣彬彬有礼，提拔后进，因此朝野人士都同声称赞，认为他是贤相。当初，王导辅佐朝政，每每采取宽恕态度。庾冰则时常依靠威严刑令，丹杨尹殷融劝说他，庾冰说:“王导那样的贤良丞相，尚且不能承当过度宽宏，何况像我这样的人呢？”范汪对庾冰说:“不久前天象错乱失度，您应当采取消除、防御的对策。”庾冰说:“玄奥的天象岂是我所能测知的，这正应当勤奋地兢尽人事。”庾冰又审度核实户口，清理出没有姓名的人一万多名，用以充实军队。庾冰喜好举发检察，近于繁细，后来矫枉过正，又宽松纵容，更加远离正道。宽松或是严密，均出自己意，因此律令便没有用了。

八月初十壬午，东晋又改丞相官职为司徒。

南昌文成公郗鉴病重，将幕府事务交给长史刘遐，自己上书，乞求卸职，而且说:“我所统领的人员错综杂乱，一般来说北方人居多，有的是受威逼迁来的，有的是新近归附的，百姓心恋故土，都有归还故土的心愿。我宣扬朝廷的恩德，晓谕好恶之别，分给他们田地住宅，这才逐渐换得稍稍的平定。听说我病重，众人心情惊骇骚动，如果真的向北渡江，必然引动敌人侵犯的心思。太常蔡谟平简贞正，为时望所归，我认为可以出任都督及徐州刺史。”成帝司马衍下令任命蔡谟为太尉军司，授予侍中。

九月初二辛酉，郗鉴去世，朝廷当即任命蔡谟为征北将军，都督徐州、兖州、青州诸军事，徐州刺史，持节。

（以上为第九段，写前燕逐渐强盛，袭击后赵，打败后赵的追击，杀掉欲投降后赵的段辽；东晋丞相王导为三朝元老，寿终正寝，庾冰接任，勤于政事，颇得好评。）

时左卫将军陈光请伐赵，诏遣光攻寿阳，谟上疏曰："寿阳城小而固。自寿阳至琅邪，城壁相望，一城见攻，众城必救。又，王师在路五十余日，前驱未至，声息久闻，贼之邮驿，一日千里，河北之骑，足以来赴。夫以白起、韩信、项籍之勇，犹发梁焚舟，背水而阵。今欲停船水渚，引兵造城，前对坚敌，顾临归路，此兵法之所诫。若进攻未拔，胡骑卒至，惧桓子不知所为而舟中之指可掬也。今光所将皆殿中精兵，宜令所向有征无战。而顿之坚城之下，以国之爪士击寇之下邑，得之则利薄而不足损敌，失之则害重而足以益寇，惧非策之长者也。"乃止。

初，陶侃在武昌，议者以江北有邾城，宜分兵戍之。侃每不答，而言者不已。侃乃渡水猎，引将佐语之曰："我所以设险而御寇者，正以长江耳。邾城隔在江北，内无所倚，外接群夷。夷中利深，晋人贪利，夷不堪命，必引虏入寇。此乃致祸之由，非以御寇也。且吴时戍此城用三万兵，今纵有兵守，亦无益于江南；若羯虏有可乘之会，此又非所资也。"

及庾亮镇武昌，卒使毛宝、樊峻戍邾城。赵王虎恶之，以夔安为大都督，帅石鉴、石闵、李农、张貉、李菟等五将军、兵五万人寇荆、扬北鄙，二万骑攻邾城。毛宝求救于庾亮，亮以城固，不时遣兵。

九月，石闵败晋兵于沔阴，杀将军蔡怀；夔安、李农陷沔南；朱保败晋兵于白石，杀郑豹等五将军；张貉陷邾城，死者六千人，毛宝、樊峻突围出走，赴江溺死。夔安进据胡亭，寇江夏；义阳将军黄冲、义阳太守郑进皆降于赵。

安进围石城，竟陵太守李阳拒战，破之，斩首五千余级，安乃退。

当时，东晋左卫将军陈光请求攻打后赵，成帝司马衍下诏派陈光进攻寿阳，蔡谟上书说：“寿阳城小但坚固，从寿阳至琅邪，城墙互相可以望见，一城受攻，各城必然前来救援。再者，朝廷的军队在路途上需要五十多天，先驱者还没有到达，消息已经传播很久了，敌贼的邮驿以一日千里的速度传递消息，那么黄河以北的骑兵就完全可以赶来救援。以白起、韩信、项籍那样的勇将，还要挖断桥梁，焚毁舟船，背水而战。现在想把舟船停泊在水渚中备用，领兵前往敌城，前方面对强敌，回头顾望归路，这正是兵法所诫的大忌。如果进攻不能取胜，胡虏的骑兵突然到达，恐怕中行桓子不知所措，士兵争船渡河，以致被砍断的手指双手可捧的局面又将重演。现在陈光统领的都是宫中精兵，应该让他们到那里都是只出征而不交战。现在却屯兵于坚城之下，用国家的宫中精锐攻击敌人的下等城邑，取胜则得利微小不足以给敌人造成多大伤害，失败则损失惨重，足以有利于敌寇，这恐怕不是周全的计策。”攻打后赵之事这才中止。

当初，陶侃镇守武昌，有人论议，认为长江北岸有邾城，应当分兵戍守。陶侃常常不做答复，但总有人提及此事。陶侃于是渡江围猎，招来将佐们告诉他们说：“我之所以设置险阻防御敌寇，正因为有长江而已。邾城隔在长江北岸，自身没有可以依仗的天险，外部与各部夷人接壤，对夷人来说利害关系更大。如果我们贪图小利，夷人不能忍受，必定领兵前来侵犯，这正是导致祸乱的根由，不是用以抵御敌寇的好方法。况且吴国当初戍守此城，动用了三万兵众，现在纵然派兵戍守，对江南来说也没什么太大的好处；如果羯人敌虏有可乘之机，占据邾城又没有什么太大的帮助。”

等到庾亮镇守武昌，最终还是派毛宝、樊峻戍守邾城。后赵王石虎憎恶，任用夔安为大都督，率同石鉴、石闵、李农、张貉、李菟五位将军，兵众共五万人侵犯荆州和扬州的北部边境，另派二万骑兵进攻邾城。毛宝向庾亮求救，庾亮认为邾城城池坚固，没有及时派兵。

九月，石闵在沔南打败东晋士兵，杀死将军蔡怀。夔安、李农攻陷沔南，朱保在白石打败东晋士兵，杀死郑豹等五位将军。张貉攻下邾城，邾城战死者有六千人。毛宝、樊峻突围出逃，渡江时溺水而死。夔安进据胡亭，侵犯江夏，义阳将军黄冲、义阳太守郑进都投降后赵军队。

夔安前进包围石城，竟陵太守李阳发兵抵抗，战败夔安，斩首五千多级，夔安

遂掠汉东，拥七千余户迁于幽、冀。

是时，庾亮犹上疏欲迁镇石城，闻邾城陷，乃止。上表陈谢，自贬三等，行安西将军，有诏复位。以辅国将军庾怿为豫州刺史，监宣城、庐江、历阳、安丰四郡诸军事，假节，镇芜湖。

（以上为第十段，写征西将军庾亮志大才疏，镇守武昌，派人镇守江北邾城，后赵派五将军前来攻打，晋军无力抵抗，大败，邾城沦陷，庾亮自贬谢罪。）

赵王虎患贵戚豪恣，乃擢殿中御史李巨为御史中丞，特加亲任，中外肃然。虎曰："朕闻良臣如猛虎，高步旷野而豺狼避路，信哉！"

虎以抚军将军李农为使持节，监辽西、北平诸军事，征东将军、营州牧，镇令支。农帅众三万与征北大将军张举攻燕凡城。燕王皝以榼卢城大悦绾为御难将军，授兵一千，使守凡城。及赵兵至，将吏皆恐，欲弃城走。绾曰："受命御寇，死生以之。且凭城坚守，一可敌百，敢有妄言惑众者斩！"众然后定。绾身先士卒，亲冒矢石，举等攻之经旬，不能克，乃退。虎以辽西迫近燕境，数遭攻袭，乃悉徙其民于冀州之南。

汉主寿疾病，罗恒、解思明复议奉晋，寿不从。李演复上书言之，寿怒，杀演。

寿常慕汉武、魏明之为人，耻闻父兄时事，上书者不得言先世政教，自以为胜之也。舍人杜袭作诗十篇，托言应璩以讽谏。寿报曰："省诗知意。若今人所作，乃贤哲之话言；若古人所作，则死鬼之常辞耳。"

燕王皝自以称王未受晋命，冬，遣长史刘翔、参军鞠运来献捷论功，且言权假之意，并请刻期大举，共平中原。

皝击高句丽，兵及新城，高句丽王钊乞盟，乃还。又使其子恪、霸击宇文别部。霸年十三，勇冠三军。

张骏立辟雍、明堂以行礼。十一月，以世子重华行凉州事。

十二月，丁丑，赵太保桃豹卒。

这才退走，他乘势劫掠汉水以东，挟持民众七千多户迁移到幽州、冀州。

此时，庾亮还在上书，想将镇守地移至石头城，听说邾城失陷，这才作罢。他给成帝司马衍上书谢罪，自行乞求贬职三等，代摄安西将军职位。成帝下令让他恢复原位，任命辅国将军庾怿为豫州刺史，监督宣城、庐江、历阳、安丰四郡诸军事，持节，镇守芜湖。

后赵主石虎忧虑贵戚们狂放恣肆，于是提升殿中御史李巨为御史中丞，特别加以宠爱和信任，朝廷内外为此肃然。石虎说："我听说良臣如同猛虎，信步行走于旷野，豺狼因此避开行路，的确如此！"

石虎任命抚军将军李农为使持节，监辽西、北平诸军事，征东将军、营州牧，镇守令支。李农率领士众三万人，会同征北大将军张举进攻前燕的凡城。前燕主慕容皝任用榼卢城主悦绾为御难将军，调拨士兵一千人，让他守卫凡城。等到后赵军队到达凡城，将吏们都十分恐慌，想弃城而逃。悦绾说："我们受命抵御敌寇，应将生死置之度外，况且据城坚守，一人可以抵挡百人，胆敢妄言惑众的人斩首！"大家这才安定，悦绾身先士卒，亲身承受流矢飞石。张举等人进攻十多天，不能取胜，于是退军。石虎因为辽西迫近前燕边境，多次遭到攻袭，于是把民众全部迁徙到冀州以南。

成汉主李寿病重，罗恒、解思明又论议推奉李晋为储君，李寿不同意。李演又上书谈及这件事，李寿发怒，杀死李演。

李寿时常仰慕汉武帝、魏明帝的为人，以听到父兄当时的事迹为耻辱，令上书的人都不得提及先世的政教业绩，自认为胜过他们。舍人杜袭写诗十篇，假托是应璩所作，用婉言隐语来劝说李寿。李寿回复说："我审读诗篇，已知其意。如果是今人所作，确实是贤哲的善言；如果是古人所作，那么不过是死鬼常说的话。"

前燕主慕容皝自认为称王没有受到晋皇室的任命，冬季，派长史刘翔、参军鞠运前来进献俘虏和战利品、报告功绩，并且说明暂时代理称王的意愿。又请求约定日期，大举起兵，共同平定中原。

慕容皝攻击高句丽，军队到达新城，高句丽王钊乞求结盟和好，于是前燕军退还。慕容皝又派儿子慕容恪、慕容霸攻击宇文氏的支属部落。慕容霸年方十三，勇冠三军。

凉王张骏设立辟雍、明堂以进行宣教礼仪活动。十一月，让世子张重华兼管凉州事务。

十二月初七丁丑，后赵太保桃豹去世。

丙戌，以骠骑将军琅邪王岳为侍中、司徒。

汉李奕寇巴东，守将劳杨败死。

（以上为第十一段，写前燕、后赵、前凉、成汉四方史事。写后汉出兵攻打前燕的凡城，城主悦绾挺身而出，前燕打败后赵进攻，前燕主慕容皝向东晋献捷报功，并请约期出兵平定中原；成汉主李寿病重骄狂，滥杀大臣；前凉主张骏设立辟雍、明堂，宣教礼仪。）

六年（庚子，340 年）

春，正月，庚子朔，都亭文康侯庾亮薨。以护军将军、录尚书何充为中书令。庚戌，以南郡太守庾翼为都督江、荆、司、雍、梁、益六州诸军事，安西将军、荆州刺史，假节，代亮镇武昌。时人疑翼年少，不能继其兄。翼悉心为治，戎政严明，数年之间，公私充实，人皆称其才。

辛亥，以左光禄大夫陆玩为侍中、司空。

宇文逸豆归忌慕容翰才名，翰乃阳狂酣饮，或卧自便利，或被发歌呼，拜跪乞食。宇文举国贱之，不复省录，以故得行来自遂，山川形便，皆默记之。燕王皝以翰初非叛乱，以猜嫌出奔，虽在他国，常潜为燕计，乃遣商人王车通市于宇文部以窥翰。翰见车，无言，抚膺颔之而已。皝曰："翰欲来也。"复使车迎之。翰弯弓三石余，矢尤长大，皝为之造可手弓矢，使车埋于道旁而密告之。

二月，翰窃逸豆归名马，携其二子过取弓矢，逃归。逸豆归使骁骑百余追之。翰曰："吾久客思归，既得上马，无复还理。吾向日阳愚以诳汝，吾之故艺犹在，无为相逼，自取死也！"追骑轻之，直突而前。翰曰："吾居汝国久恨恨，不欲杀汝；汝去我百步立汝刀，吾射之，一发中者汝可还，不中者可来前。"追骑解刀立之，一发，正中其环。追骑散走。皝闻翰至，大喜，恩遇甚厚。

（以上为第十二段，写鲜卑慕容翰当年因忧虑出走段部，后至宇文部，宇文氏猜忌其才能，慕容翰装疯卖傻，骗过宇文氏，在前燕主慕容皝支持下，打败追兵，回归前燕。）

庚辰，有星孛于太微。

十二月十六日丙戌，东晋朝廷任命骠骑将军、琅邪王司马岳为侍中、司徒。

成汉李奕侵犯巴东，守将劳杨战败身死。

晋成帝咸康六年（庚子，340年）

春季，正月初一庚子朔，都亭文康侯庾亮去世。东晋朝廷任用护军将军、录尚书何充为中书令。十一日庚戌，任命南郡太守庾翼为都督江州、荆州、司州、雍州、梁州、益州诸军事及安西将军、荆州刺史、持节，代替庾亮镇守武昌。当时人怀疑庾翼年轻，不能继承他兄长庾亮的事业。庾翼尽心治理，军务和政务都很严明，数年之间，官府和私人物资充实，众人都称赞他的才能。

正月十二日辛亥，东晋朝廷任用左光禄大夫陆玩为侍中、司空。

鲜卑人首领宇文逸豆归妒忌慕容翰的才能、名望，慕容翰便佯装癫狂，终日酣饮，有时躺着就大小便，有时又披散头发，大声歌呼，跪拜乞食。宇文部全都看不起他，对他不再监视。慕容翰因此可以来往自由，把宇文部的山川形势都默记在心。前燕主慕容皝因为慕容翰当初并非叛乱，是因为心有猜忌才出逃，虽然居住别国，但经常悄悄地为前燕打算，于是派商人王车到宇文部经商，借此观测慕容翰的心意。慕容翰见到王车，不说话，只是捶胸颔首而已。慕容皝说："慕容翰想回来了。"又让王车去迎接他归来。慕容翰拉弓的力量达三石多，箭身尤为长大，慕容皝为他制造了可手的弓箭，让王车埋在道路旁边，悄悄告诉慕容翰。

二月，慕容翰偷出宇文逸豆归的名马，携同两个儿子到路边取出弓箭，上马逃归。宇文逸豆归派骁勇骑兵一百多人追赶，慕容翰说："我长久客居他国，现在想回乡，既然已经上马，就没有再回去的道理。我过去每天佯装痴呆欺蒙你们，其实我以往的技艺并未丢失，你们不要逼迫我，那是自寻死路。"追来的骑兵小看慕容翰，径直奔驰而来。慕容翰说："我长久居住在你们国家，心存依恋之情，不想杀死你们，你们离开我一百步把刀树立起来，让我用箭射击，如果一发便射中，你们便可以返回；如果射不中，你们便可以前来抓我。"追来的骑兵解下佩刀插在地上，慕容翰射出一支箭，正中刀环，追来的骑兵四散逃走。慕容皝听说慕容翰到来，大为喜悦，对他的礼遇很优厚。

二月十一日庚辰，有异星出现在太微星旁。

三月，丁卯，大赦。

汉人攻拔丹川，守将孟彦、刘齐、李秋皆死。

代王什翼犍始都云中之盛乐宫。

赵王虎遗汉主寿书，欲与之连兵入寇，约中分江南。寿大喜，遣散骑常侍王嘏、中常侍王广使于赵。龚壮谏，不听。寿大修舟舰，缮兵聚粮。

秋，九月，以尚书令马当为六军都督，征集士卒七万余人为舟师，大阅于成都，鼓噪盈江。寿登城观之，有吞噬江南之志。解思明谏曰："我国小兵弱，吴、会险远，图之未易。"寿乃命群臣大议利害。龚壮曰："陛下与胡通，孰若与晋通？胡，豺狼也，既灭晋，不得不北面事之；若与之争天下，则强弱不敌，危亡之势也，虞、虢之事，已然之戒，愿陛下熟虑之！"群臣皆以壮言为然，叩头泣谏，寿乃止。士卒咸称万岁。

龚壮以为人之行莫大于忠孝，既报父、叔之仇，又欲使寿事晋，寿不从。乃诈称耳聋，手不制物，辞归，以文籍自娱，终身不复至成都。

赵尚书令夔安卒。

赵王虎命司、冀、青、徐、幽、并、雍七州之民五丁取三，四丁取二，合邺城旧兵，满五十万，具船万艘，自河通海，运谷千一百万斛于乐安城。徙辽西、北平、渔阳万余户于兖、豫、雍、洛四州之地。自幽州以东至白狼，大兴屯田。悉括取民马，有敢私匿者腰斩，凡得四万余匹。大阅于宛阳，欲以击燕。

燕王皝谓诸将曰："石虎自以乐安城防守重复，蓟城南北必不设备，今若诡路出其不意，可尽破也。"冬，十月，皝帅诸军入自蠮螉塞，袭赵，戍将当道者皆禽之，直抵蓟城。赵幽州刺史石光拥兵数万，闭城不敢出。燕兵进破武遂津，入高阳，所至焚烧积聚，略三万余家而去。石光坐懦弱征还。

（以上为第十三段，写后赵主石虎相约成汉主李寿联手攻打东晋，李寿在大臣劝说下停止行动；前燕主慕容皝攻打后赵，一直打到蓟城，将其军需物资焚毁一空。）

赵王虎以秦公韬为太尉，与太子宣迭日省可尚书奏事，专决赏刑，

三月二十九日丁卯，东晋大赦天下。

成汉攻占丹川，丹川守将孟彦、刘齐、李秋全都战死。

代王拓跋什翼犍开始建都于云中的盛乐宫。

后赵主石虎写信给成汉主李寿，想和他联军南犯，约定平分江南之地。李寿大为高兴，派散骑常侍王嘏、中常侍王广出使后赵。龚壮劝说，李寿不听。李寿多造舰船，整修兵器，积蓄军粮。

秋季，九月，成汉主李寿任命尚书令马当为六军都督，征集士兵七万多人为水军，在成都举行盛大的阅兵式，鼓噪之声充溢江面。李寿登上城楼检阅，大有吞噬江南的志向。解思明劝说道："我们国家小，军力弱，吴郡、会稽相距遥远，地势险恶，想图谋并不容易。"李寿于是命令群臣们广泛评议其中的利害。龚壮说："皇上与胡虏结盟，又怎么比得上与晋皇室结盟？胡虏是豺狼之辈，灭晋之后，我们非得北面称臣侍奉他；如果和他们争夺天下，那么强弱不相称，处于危亡的境地。春秋时虞国、虢国的往事，就是以往的教训，希望皇上仔细考虑这件事。"群臣们都认为龚壮的话有理，李寿于是停止攻打江南的举动，士兵们都高呼万岁。

龚壮认为人的品行最重要的是忠孝，已经为父亲、叔父报了仇，又想让李寿侍奉晋室，李寿不听。龚壮便诈称耳聋，手不能拿东西，辞职归乡，以读书写作自娱，终身不再去成都。

后赵尚书令夔安去世。

后赵主石虎下令让司、冀、青、徐、幽、并、雍七州的民众每五个男丁中选取三个，四个中选取两个，连同邺城旧有的军队，足足五十万人，准备舟船一万艘，由黄河通往大海，运送谷物一千一百万斛到乐安城。把辽西、北平、渔阳的一万多户民众分别迁徙到兖州、豫州、雍州、洛州。从幽州以东到白狼的地区，大举屯田。把百姓的马匹全部收缴上来，敢于私自藏匿马匹不交出的人处以腰斩之刑，共得马四万多匹。在宛阳举行盛大阅兵式，准备用来进攻前燕。

前燕主慕容皝对众将领说："石虎自以为乐安城的防守力量强大，在蓟城南北必然不加防备，如果现在抄小路出其不意，就可以彻底击败他们。"冬季，十月，慕容皝率领各路军队从蠮螉塞攻入，袭击后赵军。后赵军戍守的将领有敢于当道阻挡的全部被擒获，前燕军一直进抵蓟城之下。后赵幽州刺史石光虽然拥有数万兵众，却关闭城门不敢出战，前燕军进而攻破武遂津，进入高阳，所到之处把后赵军积蓄的军资焚毁一空，劫掠民众三万多家离去。石光因临敌懦弱被征召返回。

后赵主石虎任用秦公石韬为太尉，石韬和太子石宣两人按日轮换审阅、裁决尚

不复启白。司徒申钟谏曰："赏刑者，人君之大柄，不可以假人，所以防微杜渐，消逆乱于未然也。太子职在视膳，不当豫政；庶人邃以豫政致败，覆车未远也。且二政分权，鲜不阶祸。爱之不以道，适所以害之也。"虎不听。

中谒者令申扁以慧悟辩给有宠于虎，宣亦昵之，使典机密。虎既不省事，而宣、韬皆好酣饮、畋猎，由是除拜、生杀皆决于扁，自九卿已下率皆望尘而拜。

太子詹事孙珍病目，求方于侍中崔约，约戏之曰："溺中则愈。"珍曰："目何可溺？"约曰："卿目睕睕，正耐溺中。"珍恨之，以白宣。宣于兄弟中最胡状目深，闻之怒，诛约父子。于是公卿以下畏珍侧目。

燕公斌督边州，亦好畋猎，常悬管而入。征北将军张贺度每裁谏之，斌怒，辱贺度。虎闻之，使主书礼仪持节监之。斌杀仪，又欲杀贺度，贺度严卫驰白之。虎遣尚书张离帅骑追斌，鞭之三百，免官归第，诛其亲信十余人。

张骏遣别驾马诜入贡于赵，表辞蹇傲。赵王虎怒，欲斩诜。侍中石璞谏曰："今国家所当先除者，遗晋也；河西僻陋，不足为意。今斩马诜，必征张骏，则兵力分而为二，建康复延数年之命矣。"乃止。璞，苞之曾孙也。

初，汉将李闳为晋所获，逃奔于赵，汉主寿致书于赵王虎以请之，署曰"赵王石君"，虎不悦，付外议之。中书监王波曰："令李闳以死自誓曰：'苟得归骨于蜀，当纠帅宗族，混同王化。'若其信也，则不烦一旅，坐定梁、益；若有前却，不过失一亡命之人，于赵何损！李寿既僭大号，今以制诏与之，彼必酬返，不若复为书与之。"会挹娄国献楛矢石砮于赵，波因请以遗汉，曰："使其知我能服远方也。"虎从之，遣李闳归，厚为之礼。闳至成都，寿下诏曰："羯使来庭，贡其楛矢。"虎闻之，怒，黜王波，以白衣领职。

（以上为第十四段，写后赵主石虎让太子石宣和太尉石韬轮流执政，为所欲为；前凉王张骏向后赵呈献贡物，言辞傲慢，石虎大怒；成汉与后赵互相算计，交恶。）

书的奏事，可以独自决定赏赐或刑罚，不再向石虎禀报。司徒申钟劝说石虎道："赏赐或刑罚，是人君掌握的大权，不能交给别人，这是用以防微杜渐，将逆乱消灭于未然的办法。太子的职责在于侍养父母，不应当参与朝政。庶人石邃因为参与朝政而招致失败，前车之鉴距今不远。而且由二人掌握朝政，权力分散，很少有不发生祸患的。爱他们却不知怎么爱，这正是害了他们的根由。"石虎不听。

后赵中谒者令申扁因为聪明慧悟，能言善辩而被石虎宠爱，石宣也与他关系亲昵，让他典掌机密。石虎既然不过问政事，而石宣、石韬又都喜好酣饮和打猎，因此官员的升免和生死都由申扁决断，从九卿以下对他都望风而拜。

太子詹事孙珍患眼病，向侍中崔约讨求治病的药方。崔约开玩笑说："向眼中溺尿便可痊愈。"孙珍说："眼中怎能溺尿？"崔约说："你眼窝深陷，正适合溺尿。"孙珍为此怀恨崔约，将此事告知石宣。石宣的面貌在兄弟中最具有胡人的特征，即眼窝深陷，听说此事勃然大怒，诛杀崔约父子。于是公卿以下都畏惧孙珍，不敢正视他。

后赵燕公石斌督察北边州郡，也喜欢打猎，经常佩挂城门的钥匙出入。征北将军张贺度经常劝阻他，石斌发怒，羞辱张贺度。石虎听说后，让主书礼仪持符节监察石斌。石斌杀死礼仪，又想杀掉张贺度，张贺度调集护卫人员驰马禀报石虎。石虎派尚书张离率骑兵追赶石斌，打了他三百鞭，解除官职归家，并诛杀他的亲信十多人。

凉王张骏派别驾马诜到后赵呈献贡物，上书中言辞冷漠孤傲，石虎发怒，要把马诜斩首。侍中石璞劝说道："如今应当最先除灭的国家是东晋。河西地处僻陋，不足介意。现在斩杀马诜，就必定要征伐张骏，那么兵力一分为二，东晋就又能延长若干年的寿命了。"石虎于是不杀马诜。石璞即石苞的曾孙。

当初成汉将领李闳被晋军擒获，又出逃到后赵，成汉主李寿写信给后赵王石虎，请求放他归来，信中称呼"赵王石君"，石虎不高兴，交付朝廷评议。中书监王波说："让李闳用性命发誓说：'如果能返回蜀地，将统率宗族，成为大王的内应。'将来如果他果真这样做，那么我们无须烦劳一支军队，便可平定梁州和益州；如果他心存犹豫，不实践诺言，我们也不过失去一个亡命之人而已，对后赵有什么损伤！李寿既然僭称皇帝之号，如果我们现在用皇帝诏书的形式给他回复，他必定以同样的形式回报我们，不如再以信件的方式答复他。"适逢挹娄国向后赵进献楛矢石弩，王波乘势请求转送给成汉，说："让他们知道我们能够使远方的国家降服。"石虎听从他的建议，遣送李闳归国，并且用隆重的礼仪对待他。李闳到达成都，李寿发布命令说："羯虏的使者来朝拜，进贡楛矢。"石虎听说后，大怒，废掉王波的爵位，让他以平民身份任职。

七年（辛丑，341 年）

春，正月，燕王皝使唐国内史阳裕等筑城于柳城之北、龙山之西，立宗庙、宫阙，命曰龙城。

二月，甲子朔，日有食之。

刘翔至建康，帝引见，问慕容镇军平安。对曰："臣受遣之日，朝服拜章。"

翔为燕王皝求大将军、燕王章玺。朝议以为："故事：大将军不处边。自汉、魏以来，不封异姓为王，所求不可许。"翔曰："自刘、石构乱，长江以北，翦为戎薮，未闻中华公卿之胄有一人能攘臂挥戈，摧破凶逆者也。独慕容镇军父子竭力，心存本朝，以寡击众，屡殄强敌，使石虎畏惧，悉徙边陲之民散居三魏，蹙国千里，以蓟城为北境。功烈如此，而惜海北之地不以为封邑，何哉？昔汉高祖不爱王爵于韩、彭，故能成其帝业；项羽刓印不忍授，卒用危亡。吾之至心，非苟欲尊其所事，窃惜圣朝疏忠义之国，使四海无所劝慕耳。"

尚书诸葛恢，翔之姊夫也，独主异议，以为："夷狄相攻，中国之利；唯器与名，不可轻许。"乃谓翔曰："借使慕容镇军能除石虎，乃是复得一石虎也，朝廷何赖焉！"翔曰："嫠妇犹知恤宗周之陨。今晋室阽危，君位侔元、凯，曾无忧国之心邪？向使靡、鬲之功不立，则少康何以祀夏！桓、文之战不捷，则周人皆为左衽矣。慕容镇军枕戈待旦，志殄凶逆，而君更唱邪惑之言，忌间忠臣。四海所以未一，良由君辈耳！"翔留建康岁余，众议终不决。

翔乃说中常侍彧弘曰："石虎苞八州之地，带甲百万，志吞江、汉，自索头、宇文暨诸小国，无不臣服；唯慕容镇军翼戴天子，精贯白日，而更不获殊礼之命，窃恐天下移心解体，无复南向者矣。公孙渊无尺寸之益于吴，吴主封为燕王，加以九锡。今慕容镇军屡摧贼锋，威震秦、陇，虎比遣重使，甘言厚币，欲授以曜威大将军、辽西王，慕容镇军恶其非正，却而不受。今朝廷乃矜惜虚名，沮抑忠顺，岂社稷之长计乎！后虽悔之，恐无及已。"

晋成帝咸康七年（辛丑，341 年）

春季，正月，前燕主慕容皝让唐国内史阳裕等人在柳城以北、龙山的西面修建城郭，设立宗庙和宫阙，命名为龙城。

二月初一甲子朔，发生日食。

前燕使臣刘翔到达建康，成帝司马衍召见，询问慕容皝平安与否。刘翔回答说："我接受派遣时，他身穿朝服，向南方拜授书信。"

前燕使臣刘翔为前燕王慕容皝请求大将军及燕王的章印。朝廷论议认为："按旧例，大将军不委派到边关；从汉、魏以来，不封异姓为王，所请求的事情不能许可。"刘翔说："自从刘氏、石氏作乱，长江以北之地，完全成为五胡的势力范围，从未听说华夏公卿的后裔中有一人能够捋袖伸臂，挥动兵戈，消灭凶逆之徒。只有慕容氏父子竭尽心力，心怀本朝，以少击多，多次消灭强敌，使得石虎畏惧，把边地的民众全部迁移，让他们散居在魏郡、阳平、广平一带，国土因而缩小千里，以至蓟城成为他们北方的边境。慕容皝功绩如此显赫，朝廷却吝惜渤海以北的土地，不让给他作封邑，这是为什么？当初汉高祖不吝啬王位，授予韩信、彭越，所以能够成就帝业；项羽把官印藏到棱角都磨损了也不舍得授人，终于导致危亡。我的忠诚之心不只是希望能尊奉所侍奉的人，私下还为朝廷疏远忠义的边地，使得四海之人没有勉励和仰慕的榜样而深感惋惜。"

尚书诸葛恢，即刘翔的姐夫，独自持有不同看法，认为："夷、狄互相攻击，这对中原之国有利；只有礼器和名号，不能轻易相许。"于是对刘翔说："假如慕容皝能够铲除石虎，这是又出现一个石虎，朝廷又能够仰仗谁呢？"刘翔说："寡妇尚且知道怜悯西周的陨灭。现在晋室危殆，你职位与皇帝的辅佐大臣相当，难道就没有忧虑国事之心吗？往昔如果伯靡和有鬲氏的功业不能建立，那么，少康怎能中兴夏朝！齐桓公、晋文公指挥的战争不能取胜的话，那么周朝人都将披发左衽，沦为异族的奴隶了。慕容皝枕戈待旦，立志消灭凶逆，你却又宣扬偏颇和令人迷惑的言论，妒忌、离间忠臣。天下之所以未能统一，实在是因为有你这样的人！"刘翔留住建康一年多，众人论议始终没有结果。

刘翔便游说中常侍彧弘，说："石虎兼有八州的地方，有甲兵百万，立志吞噬长江、汉水，从拓跋氏、宇文氏以至各个小国，无不臣服。只有慕容氏拥戴晋室天子，精神上通日月，却不能获得异于常礼的任命，我私下担心天下人因此改变心意、分崩离析，不再向朝廷称臣了。公孙渊对东吴没有一点点功绩，吴主封他为燕王，加以九锡的礼遇。现在慕容皝多次挫败敌军精锐，威震秦州、陇上，石虎连续派遣职高位重的使者，美言厚礼，想拜慕容皝为曜威大将军、辽西王。慕容皝厌恶他不是皇室正统，拒绝不受。现在朝廷却吝惜虚名，排斥和压抑忠顺的臣民，这哪里是国

弘为之入言于帝，帝意亦欲许之。会皝上表，称："庾氏兄弟擅权召乱，宜加斥退，以安社稷。"又与庾冰书，责其当国秉权，不能为国雪耻。冰甚惧，以其绝远，非所能制，乃与何充奏从其请。

乙卯，以慕容皝为使持节、大将军、都督河北诸军事、幽州牧、大单于、燕王，备物、典策，皆从殊礼。又以其世子儁为假节、安北将军、东夷校尉、左贤王；赐军资器械以千万计。又封诸功臣百余人，以刘翔为代郡太守，封临泉乡侯，加员外散骑常侍。翔固辞不受。

（以上为第十五段，写前燕主慕容皝派遣使臣刘翔到东晋，请求加封为燕王，东晋朝廷内部意见不统一，刘翔一边游说，据理力争，一边指陈朝廷的腐败风气，而后朝廷同意加封。）

翔疾江南士大夫以骄奢酣纵相尚，尝因朝贵宴集，谓何充等曰："四海板荡，奄逾三纪，宗社为墟，黎民涂炭，斯乃庙堂焦虑之时，忠臣毕命之秋也。而诸君宴安江沱，肆情纵欲，以奢靡为荣，以傲诞为贤；謇谔之言不闻，征伐之功不立，将何以尊主济民乎！"充等甚惭。

诏遣兼大鸿胪郭悕持节诣棘城册命燕王，与翔等偕北。公卿饯于江上，翔谓诸公曰："昔少康资一旅以灭有穷，句践凭会稽以报强吴；蔓草犹宜早除，况寇雠乎！今石虎、李寿，志相吞噬，王师纵未能澄清北方，且当从事巴蜀。一旦石虎先人举事，并寿而有之，据形便之地以临东南，虽有智者，不能善其后矣。"中护军谢广曰："是吾心也！"

三月，戊戌，皇后杜氏崩。

夏，四月，丁卯，葬恭皇后于兴平陵。

诏实王公以下至庶人皆正土断、白籍。

秋，七月，郭悕、刘翔等至燕，燕王皝以翔为东夷护军、领大将军长史，以唐国内史阳裕为左司马，典书令李洪为右司马，中尉郑林为军谘祭酒。

八月，辛酉，东海哀王冲薨。

九月，代王什翼犍筑盛乐城于故城南八里。代王妃慕容氏卒。

家的长远之计呢！将来即使后悔，恐怕也来不及了。”

彧弘为他入宫向成帝司马衍陈述，成帝心中已准备同意。适逢慕容皝上书，内称：“庾氏兄弟专权，导致祸乱，应当斥退，用以安定国家。”又写信给庾冰，斥责他占据国家要职，专断权柄，不能够为国家雪耻。庾冰十分恐惧，因为慕容皝在边远之地，无力钳制，于是，和何充上书同意刘翔的请求。

二月乙卯日［应为三月二十二］，朝廷任命慕容皝为使持节、大将军、都督黄河以北诸军事、幽州牧、大单于、燕王，所赐的器物、典策，都以特殊礼节对待；又任命慕容皝的世子慕容儁为持节、安北将军、东夷校尉、左贤王；赐给军资器械数千万。又封赏有功之臣一百多人，任命刘翔为代郡太守，封为临泉乡侯，授予员外散骑常侍。刘翔坚持推辞不受。

刘翔痛恨江南士大夫以骄横奢侈、纵饮无度互相推崇，曾经趁着朝廷显贵们宴饮集会之机，对何充等人说：“天下反叛、动荡，已超过三十六年，宗庙社稷化为废墟，万民生灵涂炭，这正是朝廷焦虑的时候，忠臣效命的年代。各位却在江边安乐游玩，尽情纵欲，以奢侈靡乱为荣，以桀骜怪诞为贤，忠正耿直的言论不闻于耳，征伐的功绩无从建立，准备靠什么来尊奉主上、救助百姓呢？”何充等人十分惭愧。

晋成帝司马衍下令，派兼大鸿胪郭悕持符节到棘城去册封燕王，和刘翔等人偕同北上。公卿大夫们在江边为他们饯别，刘翔对他们说：“往昔，少康凭借一支军队除灭有穷氏，勾践靠会稽向强大的吴国报仇。滋蔓的野草尚且应当尽早除去，何况对敌仇呢！现在石虎、李寿都想互相吞并对方，皇室的军队纵然不能平定北方，暂且应当消灭汉，收复巴蜀失地。一旦石虎抢先起事，兼并李寿并占据其地，依仗地形的便利兵临东南，即使有智慧的人出现，也不能妥善处理了。”中护军谢广说：“这正是我的想法。”

三月初五戊戌，皇后杜氏驾崩。

夏季，四月初五丁卯，恭皇后入葬兴平陵。

成帝司马衍下诏，王公以下至于平民，都重新确定户籍，并记录造册。

秋季，七月，郭悕、刘翔等人到达前燕，前燕王慕容皝任命刘翔为东夷护军、兼任大将军长史，任命唐国内史阳裕为左司马，典书令李洪为右司马，中尉郑林为军谘祭酒。

八月初一辛酉，东海哀王司马冲去世。

九月，代王拓跋什翼犍在旧城南面八里外修筑盛乐城。代王妃慕容氏去世。

冬，十月，匈奴刘虎寇代西部，代王什翼犍遣军逆击，大破之。虎卒，子务桓立，遣使求和于代，什翼犍以女妻之。务桓又朝贡于赵，赵以务桓为平北将军、左贤王。

赵横海将军王华帅舟师自海道袭燕安平，破之。

燕王皝以慕容恪为渡辽将军，镇平郭。自慕容翰、慕容仁之后，诸将无能继者。及恪至平郭，抚旧怀新，屡破高句丽兵，高句丽畏之，不敢入境。

十二月，兴平康伯陆玩薨。

汉主寿以其太子势领大将军、录尚书事。初，成主雄以俭约宽惠得蜀人心。及李闳、王嘏还自邺，盛称邺中繁庶，宫殿壮丽，且言赵王虎以刑杀御下，故能控制境内。寿慕之，徙旁郡民三丁以上者以实成都，大修宫室，治器玩；人有小过，辄杀以立威。左仆射蔡兴、右仆射李嶷，皆坐直谏死。民疲于赋役，吁嗟满道，思乱者众矣。

（以上为第十六段，写匈奴铁弗部首领刘虎侵犯代国西部，被打败后求和，又向后赵称臣；成汉主李寿大修宫室，暴酷刑罚，赋役繁重，百姓疲敝不堪，纷纷欲图谋作乱。）

冬季，十月，匈奴铁弗部首领刘虎侵犯代国西部，代王拓跋什翼犍派军迎击，大破敌军，刘虎去世，儿子刘务桓继立，派使者向代王求和，拓跋什翼犍把女儿许配给他为妻。刘务桓又向后赵朝贡，后赵任命他为平北将军、左贤王。

后赵横海将军王华率领水军由海路进攻前燕安平，获胜。

前燕主慕容皝任用慕容恪为渡辽将军，镇守平郭。自从慕容翰、慕容仁之后，众将领中没有人能够接替他们，等到慕容恪到达平郭，抚慰旧属，怀柔新附民众，多次击败高句丽的军队。高句丽畏惧慕容恪，不敢再来犯境。

十二月，东晋兴平康伯陆玩去世。

成汉主李寿让太子李势兼任大将军、录尚书事。当初，成汉主李雄因俭约宽厚仁惠得蜀民之心，等到李闳、王嘏从邺城归来，盛赞邺中富庶，宫殿壮观华丽，并且说后赵王石虎靠刑罚杀戮驾驭臣下，所以能控制境内。李寿为此倾慕，便将邻近州郡的百姓中，凡每家超出三个以上的壮年男丁，都迁移来充实成都，大修宫室，制造器玩。人有小过失，就处决以建立威仪。左仆射蔡兴、右仆射李嶷都因直言劝说被杀。百姓因赋税和劳役疲惫不堪，忧伤叹息声充溢于道路，许多人图谋作乱。

【点评】

王导功过。公元339年，王导寿终正寝，应当说，王导是谋臣、权臣，而非直臣、奸臣，他善于权衡，善于自保，因而能始终立于不败之地。

首先，王导多智善谋，对东晋政权的建立与巩固有大贡献。王导有先见之明，当琅邪王司马睿还在洛阳时，王导劝说他尽快回到藩国，远离是非之地。司马睿担任安东将军，又是王导建议其出镇建业，并相随南渡，为司马睿尽心谋划，谋人望，谋稳定，使得司马睿能够在江东地区站稳脚跟，最终建立东晋王朝。

其次，王导善于谋划，但其致命弱点在于隐忍、屈从，以致东晋几次蒙受灾难。在东晋元帝、明帝、成帝三代，无论是名义上还是实际上，王导始终居于首辅地位。王导的处世哲学是言而不争，对于一些事情可能产生的后果，他是可以预测到的，也提出建议，但往往点到而止，如苏峻之乱，对于庾亮的过激行为，他作为首辅大臣劝阻过，但庾亮不予采纳，他也就作罢，没有采取果断的措施。从这个角度来说，苏峻之乱的产生王导也负有不可推卸的责任。庾亮是皇帝的亲舅舅，曾经势焰熏天，王导则采取忍让、屈从的态度。唐代诗人曾说，“王导难遮庾亮尘”，指的就是此事。苏峻之乱后，庾亮咸鱼翻身，掌握着建康上游的军政大权，又遥控朝廷，气焰甚嚣尘上，甚至还要扳倒王导，王导心中自是不平，尝遇西风尘起，王导用扇子遮蔽自己，说“庾亮的尘土真是污人”，流露出一种无可奈何之状，而没有任何的抗争之举。更有甚者，他不说也不争，任其所为。周𫖮的被杀，就是典型的一例。王敦反叛后，周𫖮担任平叛主帅，而王导近似阶下囚，要周𫖮相救，周𫖮口里未应却热心救护，也没有表露出来，王导并不知情，因此内心含恨。后来平叛失败，王敦捉住周𫖮，曾经就如何处置周𫖮三问王导，王导一句话都没有说。

再次，王导缺乏树立朝廷正气的举措，缺乏统一中原的雄心。纵观史书，王导辅政，缺乏严正的纲纪，信奉的是一种“糊涂”哲学。据《世说新语》记载：王导晚年完全不理政务，只是签字画押而已。他自己感叹道：“人们说我糊涂，但后人会怀念我这种糊涂的。”这实际上是一种安抚士族、缓和与长江上下游势力矛盾的消极举措，虽然有一些积极效果，但带来的副作用也很大。在当时的情境下，缓和矛盾，维护稳定，是东晋王朝的重中之重。但是在这种居安甚至苟安思想的指导下，整个朝廷缺少进取精神。司马光曾批评说：“既不能明正典刑，又以宠禄报之，晋室无政，亦可知矣。任是责者，岂非王导乎！”苏辙评论说：“能弥缝一时之阙，而无百年长久之计也。”后来前燕之臣刘翔来到建康，指陈东晋朝廷上下骄奢、酣饮、放纵、苟安江东的种种弊端，与王导的这种举措是有很大关系的。如此说，王导前期有功，而后期则有过矣。

最后，王导善明哲保身。王敦之乱起因于王导，是他为王导打抱不平无果而生

怨，当然，也有他的个人野心。而对于王敦的反叛，王导则采取了不置可否的态度。后来王敦病重，军中也有人反叛。王导见王敦大势已去，彻底和王敦划清界限。王导的如此行为，在于保全自己与家族，以个人利益为重。这样的情事在苏峻之乱中也发生过。

如此说，王导善于谋划，可谓智人矣；善于保身，可谓哲人矣；疏于护国，可谓罪人矣！

晋纪十九

晋成帝咸康八年至晋穆帝永和三年（342—347 年）

【起玄黓摄提格（壬寅，342 年），尽强圉协洽（丁未，347 年），凡六年】

【大事提要】

本卷记事起公元 342 年，讫公元 347 年，凡六年，当晋成帝（司马衍）咸康八年至晋穆帝（司马聃）永和三年。本卷所载大事，主要有五个方面：其一，晋成帝死，康帝、穆帝相继立。公元 342 年，东晋成帝司马衍病重，两个儿子尚在襁褓，在庾冰等人的蛊惑下，去世后让同母弟司马岳即位，是为康帝，委政于庾冰、何充。两年后司马岳又去世，其 5 岁的儿子司马聃即位，是为穆帝，改年号为永和，由褚太后临朝称制。其二，前燕迁都龙城，袭击高句丽，获得全胜。其三，前燕慕容皝消灭宇文部，开地千余里。其四，张骏称凉王。其五，桓温攻灭成汉。公元 347 年，东晋征西将军桓温采纳袁乔建议，上书朝廷，不等回复就率兵攻打成汉，三战三胜，一直打到成汉都城成都，成汉主李势投降，被送往建康，成汉被消灭。成汉故尚书王誓等举兵反叛，旋即被平定。

【原文】

显宗成皇帝下

咸康八年（壬寅，342年）

春，正月，己未朔，日有食之。

乙丑，大赦。

豫州刺史庾怿以酒饷江州刺史王允之，允之觉其毒，饮犬，犬毙，密奏之。帝曰："大舅已乱天下，小舅复欲尔邪！"二月，怿饮鸩而卒。

三月，初以武悼后配食武帝庙。

庾翼在武昌，数有妖怪，欲移镇乐乡。征虏长史王述与庾冰笺曰："乐乡去武昌千有余里，数万之众，一旦移徙，兴立城壁，公私劳扰。又江州当溯流数千里供给军府，力役增倍。且武昌实江东镇戍之中，非但扞御上流而已，缓急赴告，骏奔不难。若移乐乡，远在西陲，一朝江渚有虞，不相接救。方岳重将，固当居要害之地，为内外形势，使闚闟之心不知所向。昔秦忌亡胡之谶，卒为刘、项之资；周恶檿弧之谣，而成褒姒之乱。是以达人君子，直道而行，禳避之道，皆所不取，正当择人事之胜理，思社稷之长计耳。"朝议亦以为然。翼乃止。

夏，五月，乙卯，帝不豫。六月，庚寅，疾笃。或诈为尚书符，敕宫门无得内宰相，众皆失色。庾冰曰："此必诈也。"推问，果然。帝二子丕、奕，皆在襁褓。庾冰自以兄弟秉权日久，恐易世之后，亲属愈疏，为他人所间，每说帝以国有强敌，宜立长君，请以母弟琅邪王岳为嗣，帝许之。中书令何充曰："父子相传，先王旧典易之者鲜不致乱。故武王不授圣弟，非不爱也。今琅邪践阼，将如孺子何！"冰不听。下诏，以岳为嗣，并以奕继琅邪哀王。

壬辰，冰、充及武陵王晞、会稽王昱、尚书令诸葛恢并受顾命。癸

【语译】

显宗成皇帝下

晋成帝咸康八年（壬寅，342 年）

春季，正月初一己未朔，出现日食。

正月初七乙丑，东晋实行大赦。

东晋豫州刺史庾怿送酒犒饷江州刺史王允之。王允之觉得有毒，用酒喂狗，狗饮酒后死亡，王允之将此事秘密奏报成帝司马衍。成帝司马衍说："我大舅庾亮曾经导致国内大乱，小舅庾怿又想这样吗！"二月，庾怿饮毒药自杀。

三月，东晋开始把武悼后的牌位供奉在武帝庙。

东晋庾翼在武昌，常有妖异的事情发生，便想将镇守地点转移到乐乡。征虏长史王述给庾冰写信说："乐乡距离武昌有千里之遥，数万士众，一旦真的移动，又要修筑城郭，对公家、对私人都是烦劳困扰。再说江州需要溯水而上，行进几千里供给军府物资，所费的劳力徭役加倍。此外，武昌处在江东镇戍地至西陲的中点，其作用不仅是防御抵抗由上流而下的敌寇，而且一旦发生紧急情况或者有需要快速禀报的事情，快马奔驰都能及时赶到。如果移镇乐乡，处西陲的边远之地一旦长江沿岸有忧患发生都来不及相救。驻守地方的重要将领，本来就应当居住在要害的地方，成为对内对外的屏障要冲，使寇贼虽有窥伺之心却无机可乘。以往秦王嬴政忌惮胡人将灭亡秦国的谶言，最终被刘邦、项羽所利用；周宣王厌恶檿弧的童谣，却造成周幽王时的褒姒之乱。所以通达之人、有道君子，直道而行，都不采取躲避妖异的做法，此时正应当选择人事的大道理，考虑国家的长远之计。"朝廷论议都认为很对，庾翼这才打消迁移的念头。

夏季，五月初六乙卯，成帝司马衍身体不适。六月初五庚寅，病情加重。有人伪造尚书符令，敕令皇宫门人不许让宰相入内，众人都大惊失色。庾冰说："这一定有诈。"推究查问，果然如此。成帝的两个儿子司马丕和司马奕年幼，都在襁褓之中。庾冰因为自己兄弟执掌朝政已久，怕皇帝换代之后，自己与皇帝亲属之间的关系愈加疏远，因而被他人所乘，常常劝说成帝国家外有强敌，应当册立年纪大的君王，并请求让成帝的同母兄弟琅邪王司马岳为皇位继承人，成帝同意了。中书令何充说："皇位父子相传，这是先王确立的旧制，改变旧制很少有不导致祸乱的。所以周武王不把天子之位传授圣贤的兄弟周公，并不是因为不爱他。现在如果琅邪王即位，拿两孺子怎么办！"庾冰不听。成帝下诏，让司马岳为皇位继承人，并让自己的儿子司马奕承继琅邪王司马安国的封号。

六月初七壬辰，庾冰、何充以及武陵王司马晞、会稽王司马昱、尚书令诸葛恢

巳，帝崩。帝幼冲嗣位，不亲庶政，及长，颇有勤俭之德。

甲午，琅邪王即皇帝位，大赦。

己亥，封成帝子丕为琅邪王，奕为东海王。

康帝亮阴不言，委政于庾冰、何充。

秋，七月，丙辰，葬成帝于兴平陵。帝徒行送丧，至阊阖门，乃升素舆至陵所。既葬，帝临轩，庾冰、何充侍坐。帝曰："朕嗣鸿业，二君之力也。"充曰："陛下龙飞，臣冰之力也；若如臣议，不睹升平之世。"帝有惭色。己未，以充为骠骑将军，都督徐州、扬州之晋陵诸军事，领徐州刺史，镇京口，避诸庾也。

（以上为第一段，写豫州刺史庾怿送毒酒给江州刺史王允之，事觉，自杀；荆州刺史庾翼镇守武昌，因发生妖异，欲移镇乐乡，被劝止；成帝司马衍病重，庾冰力荐司马岳继位。）

冬，十月，燕王皝迁都龙城，赦其境内。

建威将军翰言于皝曰："宇文强盛日久，屡为国患。今逸豆归篡窃得国，群情不附；加之性识庸暗，将帅非才，国无防卫，军无部伍。臣久在其国，悉其地形；虽远附强羯，声势不接，无益救援；今若击之，百举百克。然高句丽去国密迩，常有阚阓之志。彼知宇文既亡，祸将及己，必乘虚深入，掩吾不备。若少留兵则不足以守，多留兵则不足以行。此心腹之患也，宜先除之。观其势力，一举可克。宇文自守之虏，必不能远来争利。既取高句丽，还取宇文，如返手耳。二国既平，利尽东海，国富兵强，无返顾之忧，然后中原可图也。"皝曰："善！"

将击高句丽。高句丽有二道，其北道平阔，南道险狭，众欲从北道。翰曰："虏以常情料之，必谓大军从北道，当重北而轻南。王宜帅锐兵从南道击之，出其不意，丸都不足取也。别遣偏帅从北道，纵有蹉跌，其腹心已溃，四支无能为也。"皝从之。

十一月，皝自将劲兵四万出南道，以慕容翰、慕容霸为前锋；别遣长史王寓等将兵万五千出北道以伐高句丽。高句丽王钊果遣弟武帅精兵

同时受任辅佐国政。六月初八癸巳，成帝司马衍驾崩。成帝年幼时继位，不亲自处理政务。等到年岁渐大，颇有勤俭的德行。

六月初九甲午，琅邪王司马岳即帝位，实行大赦。

六月十四日己亥，封成帝司马衍儿子司马丕为琅邪王，司马奕为东海王。

康帝司马岳居丧不问政事，把朝政交给庾冰和何充。

秋季，七月初七丙辰，成帝入葬兴平陵。康帝徒步行走送葬，直至阊阖门，然后登上素白的车舆到达陵墓所在地。丧事结束后，康帝驾临殿前，庾冰、何充侍坐于旁。康帝说："我继承国家大业，靠的是你们二人之力。"何充说："皇上龙飞登宝座，是庾冰出的力。如果像我所说的那样，那么皇上就不能目睹这升平之世了。"康帝面有惭色。七月初八己未，任命何充为骠骑将军，都督徐州、扬州的晋陵诸军事，兼任徐州刺史，镇守京口，以避让庾氏家族。

冬季，十月，前燕主慕容皝迁都至龙城，赦其境内罪囚。

前燕建威将军慕容翰对慕容皝说："宇文部强盛日久，屡次成为国家的忧患，现在宇文逸豆归篡权夺国，群情不肯依附。加上他性情、见识都平庸昏昧，所用将帅没有才能，国家没有防卫措施，军队没有严密组织。我长久地居住在他们国家，熟知地形。他们虽然依附远方强大的羯人，但声威、力量都远不可及，对救援没什么帮助。现在如果攻击宇文部，定是百战百胜。不过高句丽与我国近在咫尺，对我们常有窥探之心。他们如果知道宇文氏灭亡后，祸患将降临到自己的头上，必定会乘虚而入，袭我不备。如果留下少量兵力，不足以守御；多留军队则又不能攻克宇文部，这是我们的心腹之患，应当先行除去。我观察高句丽的力量，我们可以一战而胜。宇文氏是只图自保的人，一定不会到远方去与我国争夺利益。攻取高句丽后，回过头来攻取宇文部，就易如反掌了。这两个国家被平定后，我们便可以尽得东海之利，国富兵强，没有后顾之忧，然后就有可能图谋中原了。"慕容皝说："好！"

前燕军准备进攻高句丽。通往高句丽的道路有两条，一条是北道，地形平阔，一条是南道，地势险要狭窄，大家都想走北道。慕容翰说："敌虏据常情忖度，必定认为大军会走北道，肯定是重北而轻南。大王应当率领精兵由南道攻击，出其不意，其都城丸都唾手可得。另遣偏师由北道进发，即使遭受挫折，但他们的腹心已经溃败，四肢便无能为力了。"慕容皝听从了他的献策。

十一月，慕容皝亲自带领精锐士兵四万人循南道进发，让慕容翰、慕容霸为先锋，另派长史王寓等率领兵众一万五千人由北道进发，攻打高句丽。高句丽王钊果

五万拒北道，自帅羸兵以备南道。慕容翰等先至，与钊合战，皝以大众继之。左常侍鲜于亮曰："臣以俘虏蒙王国士之恩，不可以不报；今日，臣死日也。"独与数骑先犯高句丽陈，所向摧陷。高句丽陈动，大众因而乘之，高句丽兵大败。左长史韩寿斩高句丽将阿佛和度加，诸军乘胜追之，遂入丸都。钊单骑走，轻车将军慕舆埿追获其母周氏及妻而还。会王寓等战于北道，皆败没。由是皝不复穷追。遣使招钊，钊不出。

皝将还，韩寿曰："高句丽之地，不可戍守。今其主亡民散，潜伏山谷；大军既去，必复鸠聚，收其余烬，犹足为患。请载其父尸、囚其生母而归，俟其束身自归，然后返之，抚以恩信，策之上也。"皝从之。发钊父乙弗利墓，载其尸，收其府库累世之宝，虏男女五万余口，烧其宫室，毁丸都城而还。

十二月，壬子，立妃褚氏为皇后。征豫章太守褚裒为侍中、尚书。裒自以后父，不愿居中任事，苦求外出，乃除建威将军、江州刺史，镇半洲。

（以上为第二段，写前燕王慕容皝采纳建威将军慕容翰提出的消灭宇文部，首先要消灭高句丽的谋划，又听其言，率领精兵由南北两道进攻，出其不意，打败高句丽。）

赵王虎作台观四十余所于邺，又营洛阳、长安二宫，作者四十余万人；又欲自邺起阁道至襄国，敕河南四州治南伐之备，并、朔、秦、雍严西讨之资，青、冀、幽州为东征之计，皆三五发卒。诸州军造甲者五十余万人，船夫十七万人，为水所没、虎狼所食者三分居一。加之公侯、牧宰竞营私利，百姓失业愁困。贝丘人李弘因众心之怨，自言姓名应谶，连结党与，署置百寮；事发，诛之，连坐者数千家。

虎畋猎无度，晨出夜归，又多微行，躬察作役。侍中京兆韦谀谏曰："陛下忽天下之重，轻行斤斧之间，猝有狂夫之变，虽有智勇，将安所施！又兴役无时，废民耘获，吁嗟盈路，殆非仁圣之所忍为也。"虎赐谀谷帛，而兴缮滋繁，游察自若。

然派遣兄弟武率领精兵五万人在北道迎敌，自己带领羸弱的士兵防备南道。慕容翰等人最先到达，与钊交战，慕容皝率领大军陆续赶来。左常侍鲜于亮说："我以俘虏的身份蒙受燕王以国士之礼相待，不能不报答。今天就是我以死报效的日子。"独自同数名骑兵先行冲击高句丽的战阵，所到之处敌军均遭挫败。高句丽的军阵骚动，燕国大军乘势攻击，高句丽军队大败。左长史韩寿斩杀高句丽将领阿佛和度加，各路军队乘胜追袭，于是进入丸都。高句丽王钊独自骑马逃跑，轻车将军慕舆埿追击，抓获高句丽王的母亲周氏和他的妻子后返回。适逢王寓等人在北道与高句丽的军队作战，均遭败绩，因此慕容皝不再穷追高句丽王，派使者招安他，他躲藏不肯出来。

慕容皝准备返回，韩寿说："高句丽这地方，不能留兵戍守。现在他们君主逃亡，民众流散，潜伏在山谷之中。我方大军离开后，他们必定又会聚集在一起收拾残余势力，仍然可以造成祸患。我请求用车载上钊父的尸体，用囚车载上钊母带回国去，等钊自缚来归降，然后再交还给他，以恩信抚慰他，这是上策。"慕容皝听从，发掘高句丽王父亲乙弗利的陵墓，用车运载尸体，收缴府库中历代积累的财宝，掳获男女民众五万多人，焚毁高句丽王的宫室，又毁坏丸都城郭，然后返回。

十二月二十九日壬子，康帝司马岳立妃子褚氏为皇后。征召豫章太守褚裒为侍中、尚书。褚裒因为自己是褚皇后的父亲，不愿意在内廷任职，苦苦乞求外出，于是被任命为建威将军、江州刺史，镇守半洲。

后赵主石虎在邺城营建四十多所台观，又营建洛阳、长安二处宫室，参与劳作的达四十多万人。石虎又想从邺城修建阁道到襄国，敕令黄河以南的四个州郡整治南攻的军备，并州、朔州、秦州、雍州准备西讨的军资，青州、冀州、幽州为东征做准备，都是三个男丁中调遣二人，五人中征发三人。各州郡的军队共有甲士五十多万人，船夫十七万人，溺水而死、被虎狼吞噬的占三分之一。再加上公侯、牧宰竞相谋取私利，百姓们失去所从事的家业，愁困不堪。贝丘人李弘顺应民心的怨恚，自称姓名与谶言相符，聚集党羽，设置百官，事发后被杀，连坐获罪的有几千家。

石虎打猎没有节制，清晨外出，夜间返回，又经常微服出行，亲自检视工地的劳役情况。侍中京兆人韦谀劝说道："皇上轻视天下的重位，轻易地来往于危险之地，假如突然发生狂人的变乱，即使有智有勇，又将何处施展！况且征发徭役不分时节，荒废民众的农业生产，忧伤叹息之声充溢于行路。恐怕不是仁圣之人所能忍心干的事情。"石虎赏赐韦谀谷物钱帛，但修建工程更加繁多，自己游巡察看泰然

秦公韬有宠于虎，太子宣恶之。右仆射张离领五兵尚书，欲求媚于宣，说之曰："今诸侯吏兵过限，宜渐裁省，以壮本根。"宣使离为奏："秦、燕、义阳、乐平四公，听置吏一百九十七人，帐下兵二百人；自是以下，三分置一，余兵五万，悉配东宫。"于是，诸公咸怨，嫌衅益深矣。

青州上言："济南平陵城北石虎一夕移于城东南，有狼狐千余迹随之，迹皆成蹊。"虎喜曰："石虎者，朕也；自西北徙而东南者，天意欲使朕平荡江南也。其敕诸州兵明年悉集，朕当亲董六师，以奉天命。"群臣皆贺，上《皇德颂》者一百七人。制："征士五人出车一乘，牛二头，米十五斛，绢十匹，调不办者斩。"民至鬻子以供军须，犹不能给，自经于道树者相望。

（以上为第三段，写后赵主石虎大兴宫室，在邺城营建台观四十多所，又营建洛阳、长安二宫，并沉迷于打猎，还准备发动大军攻打东晋，赋税繁重，民众苦不堪言，以至于自杀者众。）

康皇帝

建元元年（癸卯，343 年）

春，二月，高句丽王钊遣其弟称臣入朝于燕，贡珍异以千数。燕王皝乃还其父尸，犹留其母为质。

宇文逸豆归遣其相莫浅浑将兵击燕，诸将争欲击之，燕王皝不许。莫浅浑以为皝畏之，酣饮纵猎，不复设备。皝使慕容翰出击之，莫浅浑大败，仅以身免，尽俘其众。

庾翼为人慷慨，喜功名，不尚浮华。琅邪内史桓温，彝之子也，尚南康公主，豪爽有风概，翼与之友善，相期以宁济海内。翼尝荐温于成帝曰："桓温有英雄之才，愿陛下勿以常人遇之，常婿畜之，宜委以方、邵之任，必有弘济艰难之勋。"

时杜乂、殷浩并才名冠世，翼独弗之重也，曰："此辈宜束之高阁，俟天下太平，然后徐议其任耳。"浩累辞征辟，屏居墓所，几将十年，时人拟之管、葛。江夏相谢尚、长山令王濛常伺其出处，以卜江左兴亡。尝相与省之，知浩有确然之志，既返，相谓曰："深源不起，当如苍生

自若。

后赵秦公石韬得到石虎的宠爱，太子石宣憎恶他。右仆射张离兼任五兵尚书，想讨好石宣，劝说石宣道："现在诸侯的属吏、兵众都超出了限度，应当逐渐裁省，以增强朝廷的势力。"石宣让张离写上奏章说："秦公、燕公、义阳公、乐平公四人，允许设置吏属一百九十七人，帐下士兵二百人。由此而下，依照等位高低，按三分之一的比例设置官吏，配备士兵。所余下的五万士兵，全部配备给东宫。"于是各位王公莫不怨恨，矛盾、隔阂越来越深了。

青州上报说："济南平陵城北的石雕老虎，一夜间被移到城东南，沿途有一千多只狼狐的足迹，已经踩出了小路。"石虎高兴地说："所谓石虎就是我。自西北迁移到东南，表明天意想让我荡平江南。现在下令各州军队明年全部会齐，我将亲自统领六师，以遵循天命。"群臣都称贺，一百零七人呈上《皇德颂》。石虎颁发命令："被征调的士兵每五人出车一辆，牛二头，米十五斛，绢十匹，不备者斩首。"民众即使典卖子女供给军需，仍然不能凑齐，在路边树上上吊自尽的远近相望。

康皇帝

晋康帝建元元年（癸卯，343年）

春季，二月，高句丽王钊派兄弟去前燕入朝称臣，进贡珍宝异物数以千计。前燕主慕容皝这才交还其父的尸体，但仍然扣留他们的母亲作人质。

宇文逸豆归派丞相莫浅浑率兵进攻前燕，前燕众将争着迎击，前燕主慕容皝不允许。莫浅浑以为慕容皝畏惧自己，酣饮纵猎，不再设防。慕容皝让慕容翰出击，莫浅浑大败，仅独自幸免，士众全部被俘获。

东晋征西将军庾翼为人慷慨，喜好功名，不崇尚浮华。琅邪内史桓温即桓彝的儿子，娶南康公主为妻，为人豪爽而有风范和气概，庾翼和他关系友善，二人相约共同平定天下。庾翼曾经向成帝司马衍举荐桓温，说："桓温具备英雄的才能，希望皇上不要用常人的礼节对待他，不要按照寻常的女婿对待。应当委派给他周宣王时方叔、邵虎那样的重任，他必定能建立匡救世事艰难的功勋。"

当时杜乂、殷浩的才气、声名冠绝当代，唯独庾翼轻视他们，说："这种人应当束之高阁，等天下太平后，再慢慢商议他们的职务。"殷浩多次拒绝官府的征召，弃绝世事，隐居于墓地。如此将近十年，当时人把他和管仲、诸葛亮相比。江夏相谢尚、长山县令王濛经常观察他的出仕与隐居来推测江南的兴亡。他们曾经共同前往

何！”尚，鲲之子也。翼请浩为司马，诏除侍中、安西军司，浩不应。翼遗浩书曰：“王夷甫立名非真，虽云谈道，实长华竞。明德君子，遇会处际，宁可然乎！”浩犹不起。

殷羡为长沙相，在郡贪残，庾冰与翼书属之。翼报曰：“殷君骄豪，亦似由有佳儿，弟故小令物情容之。大较江东之政，以妪煦豪强，常为民蠹，时有行法，辄施之寒劣。如往年偷石头仓米一百万斛，皆是豪将辈，而直杀仓督监以塞责。山遐为余姚长，为官出豪强所藏二千户，而众共驱之，令遐不得安席。虽皆前宰之惛谬，江东事去，实此之由。兄弟不幸，横陷此中，自不能拔足于风尘之外，当共明目而治之。荆州所统二十余郡，唯长沙最恶。恶而不黜，与杀督监复何异邪！”遐，简之子也。

翼以灭胡取蜀为己任，遣使东约燕王皝，西约张骏，刻期大举。朝议多以为难，唯庾冰意与之同，而桓温、谯王无忌皆赞成之。无忌，承之子也。

秋，七月，赵汝南太守戴开帅数千人诣翼降。丁巳，下诏议经略中原。翼欲悉所部之众北伐，表桓宣为都督司雍梁三州荆州之四郡诸军事，梁州刺史，前趣丹水；桓温为前锋都督、假节，帅众入临淮；并发所统六州奴及车牛驴马，百姓嗟怨。

（以上为第四段，写东晋征西将军庾翼为人慷慨，喜好功名，琅邪内史桓温为人豪爽，而有风范、气概，皆以北定中原为己任；晋康帝司马岳下令讨论经略中原之事。）

代王什翼犍复求婚于燕，燕王皝使纳马千匹为礼。什翼犍不与，又倨慢无子婿礼。八月，皝遣世子儁帅前军师评等击代。什翼犍帅众避去，燕人无所见而还。

汉主寿卒，谥曰“昭文”，庙号中宗。太子势即位，大赦。

赵太子宣击鲜卑斛谷提，大破之，斩首三万级。

宇文逸豆归执段辽弟兰，送于赵，并献骏马万匹。赵王虎命兰帅所

探视，知道殷浩有坚定的志向，回来后相顾而言说："殷浩不出来为官，百姓们该怎么办！"谢尚即谢鲲的儿子。庾翼请殷浩出任司马，康帝司马岳下令任他为侍中、安西军司，殷浩不从命。庾翼送信给殷浩说："王衍树立的声名并不真切，虽说是在谈论玄道，其实助长了浮华豪奢之风。具有完美德行的君子，遇到机会时难道能这样吗！"殷浩仍然不出仕。

殷浩之父殷羡担任长沙相，在郡中贪婪残暴，庾冰写信给庾翼，托他庇护。庾翼答复说："殷羡骄纵豪强，恐怕就是因为有个好儿子，所以我也从事理人情出发对他稍加宽容。总体考较一下江南的朝政，因为纵容豪强，经常成为危害百姓的蠹虫。当时实行的法令，就在寒门百姓身上施行。比如往年有人偷石头城仓库藏米一百万斛，都是豪强之辈，却只杀死仓库的督监搪塞责任，山遐任余姚的长官，为官府清理出豪强藏匿不报的百姓二千户，于是众豪强共同驱逐他，使他不得安宁。这虽然都是前任宰相王导为官昏昧荒谬所致，但江东的大业日渐衰微，实在由此而生。你我兄弟身遭不幸，枉自陷身政务之中，自己无法拔足于风尘之外，就应当共同睁亮眼睛加以治理。荆州所统辖的二十多个郡，唯有长沙恶迹最为昭著，恶而不遭贬黜，这与只杀督监有什么不同呢！"山遐即山简的儿子。

庾翼以攻灭胡虏、收取蜀地为己任，派使者向东与前燕主慕容皝相约，向西与张骏相约，商定日期大举行动。朝廷论议大多认为困难，唯有庾冰的意见与庾翼相同，而桓温、谯王司马无忌都赞成。司马无忌即司马承的儿子。

秋季，七月，后赵汝南太守戴开率领数千人向庾翼投降。初八丁巳，康帝司马岳下令，让朝廷讨论经略中原的事宜。庾翼想全数出动所统领的士众北伐，上书推荐桓宣为都督司州雍州梁州三州、荆州四郡诸军事及梁州刺史，前赴丹水；任命桓温为前锋都督、持节，率领士众进入临淮。同时出动自己统领的六州奴仆及车牛驴马，百姓叹息怨恨。

代王拓跋什翼犍又向前燕求婚，前燕主慕容皝让他献出一千匹马作为聘礼，拓跋什翼犍不肯给，又骄傲自大，毫无女婿应有的礼节。八月，慕容皝派世子慕容儁率领前军师慕容评等人进攻代国。拓跋什翼犍率领士众避开，前燕军没有遇见敌人，于是返回。

成汉主李寿死，谥号为昭文，庙号为中宗。太子李势即位，实行大赦。

后赵太子石宣进攻鲜卑部斛提，重创其军，斩首三万级。

宇文逸豆归擒获段辽的兄弟段兰，送到后赵，并且献上骏马一万匹。后赵王石

从鲜卑五千人屯令支。

庾翼欲移镇襄阳，恐朝廷不许，乃奏云移镇安陆。帝及朝士皆遣使譬止翼，翼遂违诏北行，至夏口，复上表请镇襄阳。翼时有众四万，诏加翼都督征讨诸军事。先是车骑将军、扬州刺史庾冰屡求出外，辛巳，以冰都督荆江宁益梁交广七州豫州之四郡诸军事、领江州刺史、假节，镇武昌，以为翼继援。征徐州刺史何充为都督扬豫徐州之琅邪诸军事、领扬州刺史、录尚书事，辅政。以琅邪内史桓温为都督青徐兖三州诸军事、徐州刺史。征江州刺史褚裒为卫将军，领中书令。

冬十一月，己巳，大赦。

（以上为第五段，写东晋征西将军庾翼不听招呼，移镇襄阳；晋康帝司马岳下令加授为都督征讨诸军事；任命庾冰、何充、桓温等为地方镇守大员，做好征讨准备。）

二年（甲辰，344 年）

春，正月，赵王虎享群臣于太武殿，有白雁百余集马道之南，虎命射之，皆不获。时诸州兵集者百余万，太史令赵揽密言于虎曰："白雁集庭，宫室将空之象，不宜南行。"虎信之，乃临宣武观大阅而罢。

汉主势改元太和，尊母阎氏为皇太后，立妻李氏为皇后。

燕王皝与左司马高诩谋伐宇文逸豆归，诩曰："宇文强盛，今不取，必为国患，伐之必克，然不利于将。"出而告人曰："吾往必不返，然忠臣不避也。"于是，皝自将伐逸豆归。以慕容翰为前锋将军，刘佩副之；分命慕容军、慕容恪、慕容霸及折冲将军慕舆根将兵，三道并进，高诩将发，不见其妻，使人语以家事而行。

逸豆归遣南罗大涉夜干将精兵逆战，皝遣人驰谓慕容翰曰："涉夜干勇冠三军，宜小避之。"翰曰："逸豆归扫其国内精兵以属涉夜干，涉夜干素有勇名，一国所赖也；今我克之，其国不攻自溃矣。且吾孰知涉夜干之为人，虽有虚名，实易与耳，不宜避之以挫吾兵气。"遂进战。翰自出冲陈，涉夜干出应之；慕容霸从傍邀击，遂斩涉夜干。宇文士卒见涉夜干死，不战而溃，燕军乘胜逐之，遂克其都城。逸豆归走死漠北，宇文氏由是散亡。皝悉收其畜产、资货，徙其部众五千余落于昌黎，辟地千余里。更命涉夜干所居城曰"威德城"，使弟彪戍之而还。高诩、刘佩皆

虎命令段兰率领追从他的鲜卑部五千人屯军令支。

东晋征西将军庾翼想转移镇守地到襄阳，怕朝廷不同意，于是上书说移镇安陆。康帝司马岳和朝廷大臣都派使者晓谕制止，庾翼便违背命令向北行进，到达夏口后，又上书请求镇守襄阳。庾翼当时拥有兵众四万人，康帝下令加授他为都督征讨诸军事。此前，车骑将军、扬州刺史庾冰多次请求外出任职，八月初二辛巳，任命庾冰都督荆州、江州、宁州、益州、梁州、交州、广州以及豫州等四郡诸军事，兼任江州刺史、持节，镇守武昌，作为庾翼的后援。征召徐州刺史何充为都督扬州、豫州、徐州之琅邪诸军事，兼任扬州刺史、录尚书事，辅佐朝政。任命琅邪内史桓温为都督青州、徐州、兖州诸军事及徐州刺史，征调江州刺史褚裒任卫将军，兼任中书令。

冬季，十一月二十二日己巳，东晋实行大赦。

晋康帝建元二年（甲辰，344 年）

春季，正月，后赵主石虎在太武殿宴飨群臣，有一百多只白雁停栖在马道的南面，石虎让人射雁，都没有射中。当时各州军队会集起来已有一百多万人，太史令赵揽秘密地对石虎说："白雁停栖庭院，是宫室将要空寂无人的征兆，不适宜向南进发。"石虎相信他，于是驾临宣武观，举行盛大的阅兵式，然后作罢。

成汉主李势改年号为太和，尊奉母亲阎氏为皇太后，册立妻子李氏为皇后。

前燕主慕容皝和左司马高诩谋议，准备讨伐宇文逸豆归。高诩说："宇文氏强盛，现在不攻灭，必然成为国家的祸患。如果攻打必能取胜，只是对将帅有所不利。"高诩出来后告诉别人说："我这一去必定是回不来了，但是忠臣不避祸。"于是慕容皝自为统帅，攻打宇文逸豆归。任命慕容翰为前锋将军，刘佩为他的副手；分别命令慕容军、慕容恪、慕容霸及折冲将军慕舆根率领军队，分三路同时进发。高诩临行前，不见他的妻子，让人转告家中事务，然后出发。

宇文逸豆归派南罗城主涉夜干统率精兵迎战，慕容皝派人急速告诉慕容翰，说："涉夜干勇冠三军，应当稍稍避让。"慕容翰说："宇文逸豆归尽数出动国内精兵交付给涉夜干，涉夜干素来有勇悍的名声，被他们全国所仰仗。现在我战败他，他们的国家便会不战自溃。况且我熟知涉夜干的为人，虽有虚名，其实容易对付。不应当避让他，这会挫伤我军的士气。"于是前进接战。慕容翰亲自出马冲击敌阵，涉夜干出阵应战，慕容霸从侧面截击，于是斩杀了涉夜干。宇文氏的士兵见涉夜干死亡，不战自溃。燕军乘胜追击，于是攻克宇文氏的都城。宇文逸豆归逃跑，死于大漠以北，宇文氏由此离散灭亡。慕容皝尽数收缴他们的畜产、物资、钱财，把宇文

中流矢卒。

诩善天文，皝尝谓曰："卿有佳书而不见与，何以为忠尽！"诩曰："臣闻人君执要，人臣执职。执要者逸，执职者劳。是以后稷播种，尧不预焉。占候、天文，晨夜甚苦，非至尊之所宜亲，殿下将焉用之！"皝默然。

初，逸豆归事赵甚谨，贡献属路。及燕人伐逸豆归，赵王虎使右将军白胜、并州刺史王霸自甘松出救之，比至，宇文氏已亡，因攻威德城，不克而还。慕容彪追击，破之。

慕容翰之与宇文氏战也，为流矢所中，卧病积时不出。后渐差，于其家试骋马。或告翰称病而私习骑乘，疑欲为变。燕王皝虽藉翰勇略，然中心终忌之，乃赐翰死。翰曰："吾负罪出奔，既而复还，今日死已晚矣。然羯贼跨据中原，吾不自量，欲为国家荡一区夏。此志不遂，没有遗恨，命矣夫！"饮药而卒。

代王什翼犍遣其大人长孙秩迎妇于燕。

夏，四月，凉州将张瓘败赵将王擢于三交城。

初，赵领军王朗言于赵王虎曰："盛冬雪寒，而皇太子使人伐宫材，引于漳水，役者数万，吁嗟满道，陛下宜因出游罢之。"虎从之。太子宣怒。会荧惑守房，宣使太史令赵揽言于虎曰："房为天王，今荧惑守之，其殃不细。宜以贵臣王姓者当之。"虎曰："谁可者？"揽曰："无贵于王领军。"虎意惜朗，使揽更言其次。揽无以对，因曰："其次唯中书监王波耳。"虎乃下诏，追罪波前议楛矢事，腰斩之，及其四子，投尸漳水。既而愍其无罪，追赠司空，封其孙为侯。

赵平北将军尹农攻燕凡城，不克而还。

汉太史令韩皓上言："荧惑守心，乃宗庙不修之谴。"汉主势命群臣议之。相国董皎、侍中王嘏以为："景、武创业，献、文承基，至亲不远，无宜疏绝。"乃更命祀成始祖、太宗，皆谓之汉。

（以上为第六段，写前燕主慕容皝自为统帅，以慕容翰为前锋将军，攻打鲜卑宇文部，慕容翰打败了勇冠三军的涉夜干，消灭宇文部，因练习骑乘而被诬告，含冤

氏五千多个村落迁徙到昌黎，开辟国土一千多里。把涉夜干原先居住的城镇改名为威德城，让兄弟慕容彪戍守，然后班师回国。高诩、刘佩都被流矢射中身亡。

高诩擅长天文，慕容皝曾对他说：“你有好书却不见你给我看，怎么能说尽忠！”高诩说：“我听说人君执掌大要，人臣执掌具体事务。执掌大要的人安逸，执掌具体事务的人辛苦。所以后稷播种庄稼，唐尧不参与其事。从事占候、天文，清晨、夜晚十分辛苦，不是至尊之人应当亲自参与的，您准备学来干什么？”慕容皝默然不语。

当初，宇文逸豆归侍奉后赵甚恭敬，贡献物品的人不绝于路。等到前燕人攻打宇文逸豆归，后赵王石虎派右将军白胜、并州刺史王霸从甘松出发救援，等到达时，宇文氏已经灭亡，顺势进攻威德城，不胜而退。慕容彪追袭，击败后赵军。

慕容翰与宇文氏交战时，被流箭射中，长期卧床养伤，不出门。后来逐渐痊愈，在家中试着骑马。有人告发慕容翰假称有病却私下练习骑乘，怀疑他想作乱。前燕王慕容皝虽然仰仗慕容翰的勇悍和谋略，但心中终究有所忌惮，于是赐令慕容翰自裁。慕容翰说：“我当初负罪出逃，后来又返回，今天死已算晚了。不过羯族寇贼占据中原，我不自量力，原想为国家荡平、统一海内。这一志向不能实现，我死了也会遗憾，这就是命运吧！”随即饮毒药身死。

代王拓跋什翼犍派其大人长孙秩到前燕迎娶妻子。

夏季，四月，凉州将领张瓘在三交城打败后赵将领王擢。

当初，后赵领军王朗对后赵主石虎陈言说：“隆冬雪寒的季节，太子却让人砍伐修建宫室的木材，沿漳水运送而来，参与劳役的人有数万，忧伤叹息之声充溢道路，皇上应当乘出游时加以制止。”石虎听从。太子石宣发怒。适逢火星在房宿，石宣让太史令赵揽对石虎说：“房宿是天王，现在火星停留于此，祸殃不小。应当用显贵大臣中姓王的人承当罚责。”石虎说：“谁能承当？”赵揽说：“没有比领军王朗更显贵的了。”石虎心中怜惜王朗，让赵揽再说其次的人选。赵揽无法回答，于是说：“其次只有中书监王波了。”石虎于是下诏，穷追王波从前评议送矢给成汉，自取其辱一事的罪责，连同他的四个儿子，处以腰斩之刑，将尸体丢入漳水。不久，又怜悯王波没有罪过而遭极刑，追赠为司空，封王波孙子为侯。

后赵北平将军尹农进攻前燕凡城，不胜而退。

成汉太史令韩皓上书说：“火星在心宿，是对不修缮宗庙的谴责。”成汉主李势令群臣论议此事。相国董皎、侍中王嘏认为：“景皇帝李特、武皇帝李雄创定国家大业，献皇帝李骧、文皇帝李寿秉承国家政权，至亲的关系并不疏远，不应当疏远绝祀。”于是，重新下令祭祀成始祖李特和太宗李雄，都用汉的称谓。

而死。成汉国，合成与汉为汉国。）

征西将军庾翼使梁州刺史桓宣击赵将李罴于丹水，为罴所败，翼贬宣为建威将军。宣惭愤成疾，秋，八月，庚辰，卒。翼以长子方之为义城太守，代领宣众；又以司马应诞为襄阳太守，参军司马勋为梁州刺史，戍西城。

中书令褚裒固辞枢要，闰月，丁巳，以裒为左将军、都督兖州徐州之琅邪诸军事、兖州刺史，镇金城。

帝疾笃，庾冰、庾翼欲立会稽王昱为嗣，中书监何充建议立皇子聃，帝从之。九月，丙申，立聃为皇太子。戊戌，帝崩于式乾殿。己亥，何充以遗旨奉太子即位，大赦。由是冰、翼深恨充。尊皇后褚氏为皇太后。时穆帝方二岁，太后临朝称制。何充加中书监、录尚书事。充自陈既录尚书，不宜复监中书。许之，复加侍中。

充以左将军褚裒，太后之父，宜综朝政，上疏荐裒参录尚书。乃以裒为侍中、卫将军、录尚书事，持节、督、刺史如故。裒以近戚，惧获讥嫌，上疏固请居藩。改授都督徐兖青三州、扬州之二郡诸军事，卫将军，徐、兖二州刺史，镇京口。尚书奏："裒见太后，在公庭则如臣礼，私觌则严父。"从之。

冬，十月，乙丑，葬康帝于崇平陵。

江州刺史庾冰有疾，太后征冰辅政，冰辞，十一月，庚辰，卒。庾翼以家国情事，留子方之为建武将军，戍襄阳。方之年少，以参军毛穆之为建武司马以辅之。穆之，宝之子也。翼还镇夏口。诏翼复督江州，又领豫州刺史。翼辞豫州，复欲移镇乐乡，诏不许。翼仍缮修军器，大佃积谷，以图后举。

赵王虎作河桥于灵昌津，采石为中济，石下，辄随流，用功五百余万而桥不成，虎怒，斩匠而罢。

（以上为第七段，写东晋朝廷的变故，晋康帝司马岳病重，按照何充建议，立两岁的儿子司马聃为皇帝，由褚太后临朝称制，庾氏控制朝政的局面一去不复返。而征西将军庾翼仍然修治兵器，大举屯田，积谷蓄物，以图后举。）

东晋征西将军庾翼让梁州刺史桓宣进攻在丹水的后赵将领李罴，被李罴战败，庾翼贬黜桓宣为建威将军。桓宣为此惭愧、气愤，因而染病。秋季，八月初七庚辰，桓宣去世。庾翼让长子庾方之出任义城太守，代为统领桓宣的部众。又让司马应诞出任襄阳太守，参军司马勋出任梁州刺史，戍守西城。

东晋中书令褚裒坚持辞绝枢要的重任，闰月十四日丁巳，任命褚裒为左将军、都督兖州和徐州的琅邪诸军事、兖州刺史，镇守金城。

康帝司马岳病重，庾冰、庾翼想扶立会稽王司马昱为嗣君，中书监何充建议册立皇子司马聃，康帝听从何充的建议。九月二十四日丙申，立司马聃为皇太子。二十六日戊戌，康帝在式乾殿去世。九月二十七日己亥，何充按照康帝遗诏，推奉太子即皇帝位，实行大赦。由此庾冰、庾翼深深痛恨何充。尊奉康帝皇后褚氏为皇太后。当时司马聃刚两岁，太后临朝听政。何充被加授中书监、录尚书事。何充自己陈述，既任录尚书事，不应再领中书，获得允许，又加授他为侍中。

何充认为左将军褚裒是褚太后的父亲，应当总揽朝政，便上疏举荐褚裒参录尚书，于是朝廷任命褚裒为侍中、卫将军、录尚书事，持节和原先的都督、刺史职位不变。褚裒因为是亲近的外戚身份，惧怕由此遭人讥讽猜忌，便上疏坚持请求出任藩镇长官。于是，改授他都督徐州、兖州、青州三州及扬州的二郡诸军事，卫将军，徐州和兖州刺史，镇守京口。尚书奏议说："褚裒与太后相见，在朝廷则褚裒执臣子礼节，私下见面则太后尊礼父亲。"褚太后听从。

冬季，十月二十三日乙丑，康帝司马岳入葬崇平陵。

江州刺史庾冰有病，太后征召庾冰入朝辅佐国政，庾冰辞谢不受。十一月初九庚辰，庾冰去世。庾翼因为家事国事难以兼顾，留下儿子庾方之任建武将军，戍守襄阳。因庾方之年轻，让参军毛穆之任建武将军司马，辅佐庾方之。毛穆之即毛宝的儿子。庾翼返回，镇守夏口。朝廷下令让庾翼再督察江州，又兼任豫州刺史。庾翼辞谢豫州刺史职务，仍然想移镇乐乡，朝廷下令不同意。庾翼仍然修缮兵器，大举屯田，积蓄谷物，以图后举。

后赵王石虎在灵昌津建造黄河渡桥，开采石料作为桥墩，但石块投下后，便被水冲走，耗用五百多万，渡桥却未建成。石虎发怒，斩杀工匠，停止建造。

孝宗穆皇帝上之上

永和元年（乙巳，345 年）

春，正月，甲戌朔，皇太后设白纱帷于太极殿，抱帝临轩。

赵义阳公鉴镇关中，役烦赋重；文武有长发者，辄拔为冠缨，余以给宫人。长史取发白赵王虎，虎征鉴还邺，以乐平公苞代镇长安。发雍、洛、秦、并州十六万人治长安未央宫。

虎好猎，晚岁，体重不能跨马，乃造猎车千乘，刻期校猎。自灵昌津南至荥阳东极阳都为猎场，使御史监察。其中禽兽，有犯者罪至大辟。民有美女、佳牛马，御史求之不得，皆诬以犯兽，论死者百余人。发诸州二十六万人修洛阳宫。发百姓牛二万头配朔州牧官。增置女官二十四等，东宫十二等，公侯七十余国皆九等，大发民女三万余人，料为三等以配之。太子、诸公私令采发者又将万人。郡县务求美色，多强夺人妻，杀其夫及夫自杀者三千余人。至邺，虎临轩简第，以使者为能，封侯者十二人。荆楚、扬、徐之民流叛略尽，守令坐不能绥怀，下狱诛者五十余人。金紫光禄大夫逯明因侍切谏，虎大怒，使龙腾拉杀之。

燕王皝以牛假贫民，使佃苑中，税其什之八，自有牛者税其七。记室参军封裕上书谏，以为："古者什一而税，天下之中正也。降及魏、晋，仁政衰薄，假官田、官牛者不过税其什六，自有牛者中分之，犹不取其七八也。自永嘉以来，海内荡析，武宣王绥之以德，华夷之民，万里辐凑，襁负而归之者，若赤子之归父母，是以户口十倍于旧，无田者什有三四。及殿下继统，南摧强赵，东兼高句丽，北取宇文，拓地三千里，增民十万户，是宜悉罢苑囿以赋新民，无牛者官赐之牛，不当更收重税也。且以殿下之民用殿下之牛，牛非殿下之有，将何在哉！如此，则戎旗南指之日，民谁不箪食壶浆以迎王师，石虎谁与处矣！川渎沟渠有废塞者，皆应通利，旱则灌溉，潦则疏泄。一夫不耕，或受之饥，况游食数万，何以得家给人足乎！今官司猥多，虚费廪禄，苟才不周用，皆宜澄汰。工商末利，宜立常员。学生三年无成，徒塞英俊之路，皆当归之

孝宗穆皇帝上之上

晋穆帝永和元年（乙巳，345年）

春季，正月，甲戌朔（疑为辛未朔之误），皇太后在太极殿设置白纱帷帐，抱着穆帝驾临殿前。

后赵义阳公石鉴镇守关中，徭役繁多，赋税沉重。文武官员头发长的，就拔下来当冠帽的缨绳，剩下的送给宫女。长史拿着头发禀报后赵王石虎，石虎征召石鉴回邺城，让乐平公石苞代为镇守长安，又征发雍州、洛州、秦州、并州的十六万人营建长安未央宫。

石虎喜欢打猎，晚年身体沉重不能骑马，就建造打猎用的车子一千辆，定期比赛打猎。从灵昌津向南到荥阳东境的阳都，都划为猎场，让御史监护，其中的禽兽有人敢伤害，便获罪，被处以大辟的极刑。百姓有美丽女子或上好的牛马，御史如果弄不到手，就诬陷他们伤害禽兽，论罪处死的有一百多人。又征发各州二十六万人修建洛阳宫，征发百姓牛畜二万头调配给朔州的地方官员。又增设宫中女官，分置二十四等，东宫十二等，七十多个公侯封国都分九等，大举征选民女三万多人，分成三等配置各处。太子、各王公私下发令征选的美女又将近万人。各个郡县极力选取美女，经常强行夺占百姓的妻子，杀害她们的丈夫，加上丈夫自杀的，人数达三千多。美女送到邺城后，石虎在殿前挑选分等，因为使者能干，被封侯的有十二人。荆楚、扬州、徐州的民众流失、背叛几乎无存。当地的守令因不能安抚关切他们坐罪，被下狱诛杀的有五十多人。金紫光禄大夫逯明乘侍奉石虎时直言力谏，石虎大怒，让骁勇的龙腾中郎将他勒死。

前燕主慕容皝把牛借给贫民，让他们在苑囿中佃耕，赋税收取十分之八，自己有牛的收税十分之七。记室参军封裕上书劝说，认为："古时按十分之一的比例收税，这是天下最公正的税法。延及魏、晋，仁政衰微，借官田、官牛的也不过纳税五分之三，自己有牛的只纳税一半，尚且不采用十分之七八的税制。从永嘉以来，国内动荡离析，武宣王用仁德安抚民众，汉夷民众，不远万里前来汇集，背负财货来归附的情景，如同幼儿归附父母。所以人口户数比起以往增长十倍，没有田地的人达十分之三四。等到您继位，在南方挫败强大的后赵，在东方兼并了高句丽，在北方攻取了宇文部，拓展国土三千里，增加民众十万户。此时应当全部放弃苑囿分给新附民众耕种，没牛的官府赐给牛，不应再收取重税。况且以您百姓的身份使用您的牛，牛不为您私有，又为何人所有呢！这样，则战旗南指的那一天，百姓们谁不送饭送水，踊跃犒劳、迎接大王的军队呢？石虎又能与谁共处呢！川渎沟渠有毁废堵塞的，都应开通、疏浚，天旱可以灌溉，天涝可以泄洪。一人不耕种，就会有

于农。殿下圣德宽明，博察刍荛，参军王宪、大夫刘明并以言事忤旨，主者处以大辟，殿下虽恕其死，犹免官禁锢。夫求谏诤而罪直言，是犹适越而北行，必不获其所志矣。右长史宋该等阿媚苟容，轻劾谏士，己无骨鲠，嫉人有之，掩蔽耳目，不忠之甚者也。”

皝乃下令，称：“览封记室之谏，孤实惧焉。国以民为本，民以谷为命，可悉罢苑囿以给民之无田者。实贫者，官与之牛；力有余愿得官牛者，并依魏、晋旧法。沟渎果有益者，令以时修治。今戎事方兴，勋伐既多，官未可减，俟中原平一，徐更议之。工商、学生皆当裁择。夫人臣关言于人主，至难也，虽有狂妄，当择其善者而从之。王宪、刘明，虽罪应废黜，亦由孤之无大量也，可悉复本官，仍居谏司。封生蹇蹇，深得王臣之礼，其赐钱五万。宣示内外，有欲陈孤过者，不拘贵贱，勿有所讳！”

皝雅好文学，常亲临庠序讲授，考校学徒至千余人，颇有妄滥者，故封裕及之。

（以上为第八段，写后赵主石勒喜好打猎，大肆兴建，广征宫女，民怨沸腾；前燕主慕容皝则相反，从善如流，借牛助耕，减轻民赋，还雅好文学，亲临讲授。）

诏征卫将军褚裒，欲以为扬州刺史、录尚书事。吏部尚书刘遐、长史王胡之说裒曰：“会稽王令德雅望，国之周公也，足下宜以大政授之。”裒乃固辞，归藩。壬戌，以会稽王昱为抚军大将军，录尚书六条事。

昱清虚寡欲，尤善玄言，常以刘惔、王濛及颍川韩伯为谈客，又辟郗超为抚军掾，谢万为从事中郎。超，鉴之孙也，少卓荦不羁。父愔，简默冲退而啬于财，积钱至数千万，尝开库任超所取。超散施亲故，一日都尽。万，安之弟也，清旷秀迈，亦有时名。

燕有黑龙、白龙见于龙山，交首游戏，解角而去。燕王皝亲祀以太牢，赦其境内，命所居新宫曰“和龙”。

人挨饿，更何况游动民众有数万人，怎能做到家有裕财，人人丰足呢！现在各种官吏众多，白白耗费俸禄，只要才能不堪任用的都应淘汰。从事工商业获利，应当设置固定人数。学员三年无所成就，白白堵塞人才的晋升之路，都应当遣返他们重新务农。您圣德宽明，广泛地考察征求樵人、渔夫的意见。参军王宪、大夫刘明都因论事违背圣旨，主持的官员判处大辟酷刑，您虽然饶恕他们死罪，但仍然免去官职，禁锢不用。寻求真话却惩罚直言的人，这如同要去越国却向北行走，必定不能实现志向。右长史宋该等人阿媚奉承，苟且安身，轻率地弹劾直谏之士，自己没有脊骨，却嫉妒别人具有，遮掩您耳目，这是最严重的不忠。”

慕容皝于是下令，内称：“省览记室封裕的劝说，我实在为此恐惧。国以民为根本，民以粮食为命根，可以全部废除苑囿，交给百姓中没有田地的人耕种。实在贫穷的，官府借给耕牛；财力有余却想得到官府耕牛的，都依照魏、晋旧法收税。沟渎对生产有益的，命令按时修治。现在战事刚刚兴起，建立功勋的机会很多，百官不便裁减，等平定、统一中原后，再慢慢论议此事。工商之人、学员之数，都应当裁减选择。人臣向人主陈言，这是很难的事，虽然有狂妄之处，应当择善而从。王宪、刘明，虽然按罪应废免，也是因为我没有雅量，可以恢复原来官职，仍然当谏议官。封裕忠正耿直，深知王臣的礼节，特赐钱五万。现在向内外宣示告之，如有想指出我的过失的，不论贵贱，不必有所忌讳！”

慕容皝雅好文学，经常亲临学校讲授，考查、录用生徒达一千多人，其中颇有姑妄滥收之人，所以封裕谈到此事。

东晋朝廷下令征召卫将军褚裒，想让他担任扬州刺史、录尚书事。吏部尚书刘遐、长史王胡之劝说褚裒道：“会稽王司马昱德行昭著、素负雅望，是国家的周公，您应把国家大政交给他。”褚裒于是坚决辞谢不受封职，回归藩镇。壬戌（疑误），朝廷任命会稽王司马昱为抚军大将军、录尚书六条事。

抚军大将军司马昱清虚寡欲，特别擅长谈论玄言，经常让刘惔、王濛及颍川人韩伯作谈客，又征用郗超为抚军椽吏，谢万为从事中郎。郗超即郗鉴的孙子，少年时便卓绝出众，不受羁绊。父亲郗愔，简微寡言，性情淡泊却吝惜钱财，积蓄钱财无数，曾经打开库房任由郗超取用，郗超发放、施舍给亲朋故旧，一日之内都散发殆尽。谢万即谢安的兄弟，清静旷远，卓尔不群，当时也很有名望。

前燕在龙山出现黑龙和白龙，交首戏游，丢下龙角离开。前燕王慕容皝亲自用太牢的礼节祭祀，赦免境内罪犯，把自己居住的新宫殿命名为和龙。

都亭肃侯庾翼疽发于背，表子爰之行辅国将军、荆州刺史，委以后任；司马义阳朱焘为南蛮校尉，以千人守巴陵。秋，七月，庚午，卒。

翼部将干瓒等作乱，杀冠军将军曹据。朱焘与安西长史江虨、建武司马毛穆之、将军袁真共诛之。虨，统之子也。

八月，豫州刺史路永叛奔赵，赵王虎使永屯寿春。

庾翼既卒，朝议皆以诸庾世在西藩，人情所安，宜依翼所请，以庾爰之代其任。何充曰："荆楚，国之西门，户口百万，北带强胡，西邻劲蜀，地势险阻，周旋万里，得人则中原可定，失人则社稷可忧，陆抗所谓'存则吴存，亡则吴亡'者也，岂可以白面少年当之哉！桓温英略过人，有文武器干，西夏之任，无出温者。"议者又曰："庾爰之肯避温乎？如令阻兵，耻惧不浅。"充曰："温足以制之，诸君勿忧。"

丹杨尹刘惔每奇温才，然知其有不臣之志，谓会稽王昱曰："温不可使居形胜之地，其位号常宜抑之。"劝昱自镇上流，以己为军司，昱不听；又请自行，亦不听。

庚辰，以徐州刺史桓温为安西将军、持节，都督荆、司、雍、益、梁、宁六州诸军事，领护南蛮校尉、荆州刺史，爰之果不敢争。又以刘惔监沔中诸军事，领义成太守，代庾方之。徙方之、爰之于豫章。

桓温尝乘雪欲猎，先过刘惔，惔见其装束甚严，谓之曰："老贼欲持此何为？"温笑曰："我不为此，卿安得坐谈乎！"

（以上为第九段，写东晋朝廷的人事变更，荆州刺史庾翼去世，遗令儿子庾爰之接替他的职务；朝廷评议，何充力主以徐州刺史桓温接替庾翼的职务，镇守荆州。）

汉主势之弟大将军广，以势无子，求为太弟，势不许。马当、解思明谏曰："陛下兄弟不多，若复有所废，将益孤危。"固请许之。势疑其与广有谋，收当、思明斩之，夷其三族。遣太保李奕袭广于涪城，贬广为临邛侯，广自杀。思明被收，叹曰："国之不亡，以我数人在也，今其殆矣！"言笑自若而死。思明有智略，敢谏诤；马当素得人心。及其死，士民无不哀之。

东晋都亭肃侯庾翼的背疽发作，上书乞请儿子庾爰之代摄辅国将军、荆州刺史，把后事委托给他。又任司马义阳人朱焘为南蛮校尉，率领一千人驻守巴陵。秋季，七月初三庚午，庾翼去世。

庾翼的部将干瓒等人作乱，杀害冠军将军曹据。朱焘和安西将军长史江虨、建武将军司马毛穆之、将军袁真共同攻杀他。江虨即江统的儿子。

八月，东晋豫州刺史路永背叛晋朝投奔后赵，后赵王石虎让他屯军寿春。

庾翼死后，朝廷论议都认为庾氏家族世世代代驻守西部藩镇，为人心所向，应当同意庾翼的请求，让庾爰之接替职位。何充说："荆楚是国家的西方门户，有民众百万，北边联结强大的胡虏，西边邻近强大的成汉，地势险阻，周边有万里之遥。得到合适的人选，中原就可以平定；所用非人，那么国家命运可堪忧虑，这就是陆抗所说的'存则吴存，亡则吴亡'。怎能让白脸少年人担当这样的职位呢！桓温英气、谋略过人，有文武两方面的才干，西边这个职位，没有比桓温更合适的人了。"论议者又说："庾爰之肯让给桓温吗？如果他率军抗命，国家所受的耻辱和惊惧都不会小。"何充说："桓温足以制服他，你们不必担忧。"

丹杨尹刘惔经常为桓温的才干惊奇，但知道他有不甘为臣的志向，刘惔对会稽王司马昱说："桓温不能让他占据地形便利的地方，对他的地位、封号也应当经常贬抑。"劝司马昱自己镇守长江上游，让自己任军司，司马昱不听。刘惔又请求自己前往，也不获准许。

八月，庚辰（疑误），东晋任命徐州刺史桓温为安西将军、持节，都督荆州、司州、雍州、益州、梁州、宁州诸军事，兼任护南蛮校尉、荆州刺史，庾爰之果然不敢与他争位。又任命刘惔监察沔中诸军事，兼任义成太守，替代庾方之。把庾方之、庾爰之迁移到豫章。

桓温曾经想乘下雪外出打猎，先过访刘惔，刘惔见他装束十分齐整，对他说："老贼想这样去干什么？"桓温笑着回答："我不去打猎，你还能在家中坐谈吗！"

成汉主李势的兄弟大将军李广，因为李势没有儿子，请求让自己当皇太弟，李势不同意。马当、解思明劝说道："皇上兄弟不多，如果再有所废免，将会更加孤弱危险。"坚决请求答应李广的请求。李势怀疑他们和李广有预谋，拘捕马当、解思明斩首，夷灭三族。又派太保李奕进攻在涪城的李广，贬废李广为临邛侯，李广自杀。解思明被捕时，叹息说："国家之所以不灭亡，是因为有我们这几个人在，现在危险了！"谈笑自若赴死。解思明有智慧、谋略，敢于直言劝说；马当素来得人心。他

冬，十月，燕王皝使慕容恪攻高句丽，拔南苏，置戍而还。

十二月，张骏伐焉耆，降之。是岁，骏分武威等十一郡为凉州，以世子重华为刺史；分兴晋等八郡为河州，以宁戎校尉张瓘为刺史；分敦煌等三郡及西域都护三营为沙州，以西胡校尉杨宣为刺史。骏自称大都督、大将军、假凉王，督摄三州。始置祭酒、郎中、大夫、舍人、谒者等官，官号皆仿天朝，而微变其名；车服旌旗拟于王者。

赵王虎以冠军将军姚弋仲为持节、十郡六夷大都督、冠军大将军。弋仲清俭鲠直，不治威仪，言无畏避，虎甚重之。朝之大议，每与参决，公卿皆惮而下之。武城左尉，虎宠姬之弟也，尝入弋仲营，侵扰其部众。弋仲执而数之曰："尔为禁尉，迫胁小民；我为大臣，目所亲见，不可纵也。"命左右斩之。尉叩头流血，左右固谏，乃止。

燕王皝以为古者诸侯即位，各称元年，于是始不用晋年号，自称十二年。

赵王虎使征东将军邓恒将兵数万屯乐安，治攻具，为取燕之计。燕王皝以慕容霸为平狄将军，戍徒河；恒畏之，不敢犯。

（以上为第十段，写成汉主李势残酷杀害请求担任皇太弟的弟弟李广；前凉主张骏称假凉王，统领凉州、河州、沙州三州，仿效皇帝排场；前燕主慕容皝废去东晋年号。）

二年（丙午，346年）

春，正月，丙寅，大赦。

己卯，都乡文穆公何充卒。充有器局，临朝正色，以社稷为己任，所选用皆以功效，不私亲旧。

初，夫余居于鹿山，为百济所侵，部落衰散，西徙近燕，而不设备。燕王皝遣世子儁帅慕容军、慕容恪、慕舆根三将军、万七千骑袭夫余。儁居中指授，军事皆以任恪，遂拔夫余，虏其王玄及部落五万余口而还。皝以玄为镇军将军，妻以女。

二月，癸丑，以左光禄大夫蔡谟领司徒，与会稽王昱同辅政。

们死后，士民无不哀悼。

冬季，十月，前燕主慕容皝派慕容恪进攻高句丽，攻克南苏，设置戍守后返回。

十二月，张骏攻打焉耆，使之投降。这年，张骏分出武威等十一郡，设置凉州，让世子张重华担任刺史；分出兴晋等八郡为河州，让宁戎校尉张瓘担任刺史；又分出敦煌等三郡及西域都护的三营为沙州，让西胡校尉杨宣担任刺史。张骏自称大都督、大将军、假凉王，督摄三州，开始设置祭酒、郎中、大夫、舍人、谒者等官员，官号都仿效东晋朝廷，只是稍稍改变名称。车服旌旗都仿效帝王。

后赵主石虎任冠军将军姚弋仲为持节、十郡六夷大都督、冠军大将军。姚弋仲清静俭朴耿直，不修威仪，说话无所畏惧，石虎非常器重他。朝廷的重大决议，姚弋仲时常参与决断，公卿大臣都对他心存忌惮，执礼恭敬。武城左尉是石虎宠姬的兄弟，曾闯入姚弋仲的营地，侵扰部众。姚弋仲将他擒获，数落他说："你身为制止邪妄行为的校尉，却胁迫小小百姓，我身为大臣，亲眼所见，就不能宽纵你。"令左右侍从推出斩首。左尉谢罪求饶，叩头直至流血，左右侍从极力劝阻，姚弋仲这才饶他性命。

前燕主慕容皝认为古代诸侯即位，都各自称为元年，便开始不用东晋年号，自称十二年。

后赵主石虎让征东将军邓恒率领数万军队屯兵乐安，修制进攻器械，为攻打前燕做准备。前燕王慕容皝任命慕容霸为平狄将军，戍守徒河。邓恒畏惧，不敢侵犯。

晋穆帝永和二年（丙午，346年）

春季，正月初一丙寅，东晋实行大赦。

正月十四日己卯，都乡文穆公何充死。何充兼具才识和度量，上朝时面容端肃，以治国为己任，所选用的人都有所成就，不为亲朋故友徇私情。

当初，夫余部居住在鹿山，遭到百济的侵扰，部落衰败离散，便向西迁移，靠近前燕，但不设防备。前燕主慕容皝派世子慕容儁率领慕容军、慕容恪、慕舆根三位将军，统率骑兵共一万七千人进攻夫余部。慕容儁居中指挥，具体军务都委派给慕容恪，于是攻下夫余，掳获扶余王玄和其部众五万多人返回。慕容皝任命玄为镇军将军，把女儿许配给他为妻。

二月十九日癸丑，东晋任命左光禄大夫蔡谟兼任司徒，与会稽王司马昱共同辅佐朝政。

褚裒荐前光禄大夫顾和、前司徒左长史殷浩。三月，丙子，以和为尚书令，浩为建武将军、扬州刺史。和有母丧，固辞不起，谓所亲曰："古人有释衰绖从王事者，以其才足干时故也；如和者，正足以亏孝道，伤风俗耳。"识者美之。浩亦固辞。会稽王昱与浩书曰："属当厄运，危弊理极，足下沈识淹长，足以经济。若复深存挹退，苟遂本怀，吾恐天下之事于此去矣。足下去就，即时之废兴，则家国不异，足下宜深思之！"浩乃就职。

夏，四月，己酉朔，日有食之。

五月，丙戌，西平忠成公张骏薨。官属上世子重华为使持节、大都督、太尉、护羌校尉、凉州牧、西平公、假凉王，赦其境内，尊嫡母严氏为大王太后，母马氏为王太后。

赵中黄门严生恶尚书朱轨，会久雨，生谮轨不修道路，又谤讪朝政，赵王虎囚之。蒲洪谏曰："陛下既有襄国、邺宫，又修长安、洛阳宫殿，将以何用！作猎车千乘，环数千里以养禽兽，夺人妻女十余万口以实后宫，圣帝明王之所为，固若是乎！今又以道路不修，欲杀尚书。陛下德政不修，天降淫雨，七旬乃霁。霁方二日，虽有鬼兵百万，亦未能去道路之涂潦，而况人乎！政刑如此，其如四海何，其如后代何！愿止作徒，罢苑囿，出宫女，赦朱轨，以副众望。"虎虽不悦，亦不之罪，为之罢长安、洛阳作役，而竟诛朱轨。又立私论朝政之法，听吏告其君，奴告其主。公卿以下，朝觐以目相顾，不敢复相过从谈语。

赵将军王擢击张重华，袭武街，执护军曹权、胡宣，徙七千余户于雍州。凉州刺史麻秋、将军孙伏都攻金城，太守张冲请降，凉州震恐。

重华悉发境内兵，使征南将军裴恒将之以御赵。恒壁于广武，久而不战。凉州司马张耽言于重华曰："国之存亡在兵，兵之胜败在将。今议者举将，多推宿旧。夫韩信之举，非旧德也。盖明主之举，举无常人，才之所堪，则授以大事。今强寇在境，诸将不进，人情危惧。主簿谢艾，兼资文武，可用以御赵。"重华召艾，问以方略。艾愿请兵七千人，必破

褚裒向朝廷荐举前光禄大夫顾和、前司徒左长史殷浩。三月十二日丙子，朝廷任命顾和为尚书令，殷浩为建武将军、扬州刺史。顾和为亡母服丧，坚持辞绝不肯出仕，对自己亲近的人说："古人中有脱下丧服从事君王事务的，是因为他们的才能足以济世治事。像我这样的人如果这么做，就只有使孝道有损，伤风败俗而已。"有见地的人都称赞他。殷浩也坚持辞谢不受职。会稽王司马昱给殷浩写信说："国家正当处于困厄的命运，危殆的弊病理当终尽，您的见识深远、广博、出众，足以经世救国。如果再深存谦抑之心，随随便便满足个人的心愿，我怕天下之事就此无可挽回了。您的去就关系着时世的废兴，家庭与国家命运紧密相连不可分割，您还是好好想一想！"殷浩这才就职。

夏季，四月，己酉朔（疑误），出现日食。

五月二十三日丙戌，凉王、西平忠成公张骏去世。前凉的官员属吏上书，请世子张重华为使持节、大都督、太尉、护羌校尉、凉州牧、西平公、假凉王，赦其境内罪囚。张重华尊奉父亲的正妻严氏为大王太后，生母马氏为王太后。

后赵中黄门严生与尚书朱轨交恶，适逢淫雨连绵，严生诬毁朱轨不修整道路，又诽谤、讥讽朝政，后赵王石虎将朱轨囚禁。蒲洪劝说道："皇上已经拥有襄国、邺宫，又营建长安、洛阳的宫殿，准备用来干什么！又制造猎车一千辆，围地几千里用来豢养禽兽，强夺百姓妻子、女儿十多万人充实后宫，贤圣的帝王、明智的君主的所作所为，难道原本就是这样吗？现在又因道路没有修整，就想杀害尚书。皇上的德政不修，上天才降淫雨，历经七十天刚放晴，天晴才两天，即使有鬼神之兵一百万人，也不能去除道路上的泥泞和积水，何况人呢！政治和刑法变成这样，对天下人如何交代，对后人如何交代！希望能停止劳作的徒役，废除苑囿，释放宫女，赦免朱轨，以满足众人的期望。"石虎虽然不高兴，但也没有降罪蒲洪，为此停止了长安、洛阳两地的劳作徒役，但终究诛杀了朱轨。又制定惩治私下议论朝政的刑法，允许属吏告发君长，奴仆告发主人。自此公卿大臣以下，朝会觐见时以目光互相示意，不再敢互相来往交谈。

后赵将军王擢攻打凉王张重华，袭击武街，抓获了护军曹权、胡宣，将七千多户百姓迁徙到雍州；后赵凉州刺史麻秋、将军孙伏都攻打金城，太守张冲请求投降，凉州人十分震惊恐惧。

张重华出动了境内的全部军队，让征南将军裴恒统率着他们去抵御后赵。裴恒在广武坚壁固守，久不交战。凉州司马张耽向张重华进言说："国家的存亡取决于军队，军队的胜败取决于将领。如今评议者荐举将领，大多推举故旧。韩信被荐举，并非由于他是过去的功臣，所以贤明君主的荐举，并没有固定不变的人选，只要才能胜任，就授以重任。如今强敌就在境内，众将领都不前进，人心恐惧。主簿谢艾，

赵以报。重华拜艾中坚将军，给步骑五千，使击秋。艾引兵出振武，夜有二枭鸣于牙中，艾曰："六博得枭者胜。今枭鸣牙中，克敌之兆也。"进与赵战，大破之，斩首五千级。重华封艾为福禄伯。

麻秋之克金城也，县令敦煌车济不降，伏剑而死。秋又攻大夏，护军梁式执太守宋晏，以城应秋，秋遣晏以书诱致宛戍都尉敦煌宋矩，矩曰："为人臣，功既不成，唯有死节耳。"先杀妻子，而后自刎。秋曰："皆义士也。"收而葬之。

（以上为第十一段，写前燕出兵攻打并消灭夫余，掳获夫余王玄；前凉王张骏去世，后赵乘机出兵攻打，袭击武街，攻打金城，前凉出动大军，由谢艾率领，大败后赵。）

冬，汉太保李奕自晋寿举兵反，蜀人多从之，众至数万。汉主势登城拒战，奕单骑突门，门者射而杀之，其众皆溃。势大赦境内，改元嘉宁。

势骄淫，不恤国事，多居禁中，罕接公卿，疏忌旧臣，信任左右，谗谄并进，刑罚苛滥，由是中外离心。蜀土先无獠，至是始从山出，自巴西至犍为、梓潼，布满山谷十余万落，不可禁制，大为民患，加以饥馑，四境之内，遂至萧条。

安西将军桓温将伐汉，将佐皆以为不可。江夏相袁乔劝之曰："夫经略大事，固非常情所及，智者了于胸中，不必待众言皆合也。今为天下之患者，胡、蜀二寇而已，蜀虽险固，比胡为弱，将欲除之，宜先其易者。李势无道，臣民不附，且恃其险远，不修战备。宜以精卒万人轻赍疾趋，比其觉之，我已出其险要，可一战擒也。蜀地富饶，户口繁庶，诸葛武侯用之抗衡中夏，若得而有之，国家之大利也。论者恐大军既西，胡必窥觎，此似是而非。胡闻我万里远征，以为内有重备，必不敢动；纵有侵轶，缘江诸军足以拒守，必无忧也。"温从之。乔，瓌之子也。

才兼文武，可以起用他来抵御赵军。”张重华召见谢艾，问他用什么办法抵御后赵，谢艾请求给他七千兵众，一定攻破赵军以作报答。张重华授予谢艾中坚将军，配给他步兵、骑兵五千人，让他去攻打麻秋。谢艾带领军队出了振武，夜里有两只猫头鹰在军营中鸣叫，谢艾说：“玩六博棋时，得到饰有猫头鹰图案棋子的人获胜。如今猫头鹰在军营中鸣叫，这是战胜敌人的征兆。”于是就进军与后赵交战，大败后赵军队，斩首五千多人。张重华封谢艾为福禄伯。

后赵将领麻秋攻克金城的时候，县令敦煌人车济不投降，用剑自杀而死。麻秋又攻打大夏，护军梁式拘捕了太守宋晏，举城投降以响应麻秋。麻秋派遣宋晏带着书信去劝诱宛戍都尉敦煌人宋矩前来投降，宋矩说：“作为人主的臣下，既然不能成就功业，只有为气节而死了。”于是，他就先把妻儿杀掉，然后自刎而死。麻秋说：“这些人全都是义士。”为他们收尸安葬。

冬季，成汉太保李奕在晋寿起兵反叛，蜀人大多都跟从他，兵众多达数万。成汉主李势登上城墙抵御，李奕单身匹马冲击城门，守卫城门的人向他射击，射死了他，其兵众全都溃逃。李势在境内实行大赦，改年号为嘉宁。

李势骄奢淫逸，不操心国家大事，常常身居宫中，很少与公卿大臣接触，疏远忌惮昔日的臣下，信任跟随在身边的人，谗言媚语并进，刑罚苛刻泛滥，因此宫廷内外的人们全都与他离心。蜀地以前没有獠族人，到这时他们开始从山中出来，从巴西到犍为、梓潼，十多万个部落布满了山谷，无法禁止控制，给百姓带来了深重的祸患。再加上逢遇荒年，成汉境内，终于变得一片萧条。

东晋安西将军桓温准备讨伐成汉，将领辅佐全都认为不可行。江夏相袁乔劝说桓温道：“攻取天下这样的大事，本来就不是按常理所能预测的，智慧高超的人自己在心中决定就可以了，不必非要等众人的意见全都统一。如今作为天下祸患的，只有胡、成汉二敌而已，成汉虽然地势险固，但力量比胡人软弱，如果准备除掉他们，应该先攻打容易攻取的一方。李势毫无道义，臣僚百姓与他离心，而且他凭借着自己的天险与偏远，没有做交战的准备。应该派一万精锐士兵轻装迅速开进，等到他察觉以后，我们已经穿越过了他的险要之地，一次交战就可以擒获他。蜀地物产富饶，人口众多，诸葛亮用此地与中原抗衡，如果我们得到而占有了此地，这对国家大有好处。谈论此事的人唯恐大军西进以后，胡人一定会乘虚图谋，这是似是而非的说法。胡人听说我们万里远征，会认为国内设有严密的防备，一定不敢轻举妄动。纵然有所侵扰，沿长江布防的各路军队也足以抵御防守，肯定没有什么忧患。”桓温

十一月，辛未，温帅益州刺史周抚、南郡太守谯王无忌伐汉，拜表即行，委安西长史范汪以留事，加抚都督梁州之四郡诸军事，使袁乔帅二千人为前锋。

朝廷以蜀道险远，温众少而深入，皆以为忧，唯刘惔以为必克。或问其故，惔曰：“以博知之。温，善博者也，不必得则不为。但恐克蜀之后，温终专制朝廷耳。”

（以上为第十二段，写成汉太保李奕在晋寿起兵反叛，成汉主李势骄纵淫逸，境内离心离德，风雨飘摇，东晋安西将军桓温上书讨伐成汉，随即行动。）

三年（丁未，347 年）

春，二月，桓温军至青衣。汉主势大发兵，遣叔父右卫将军福、从兄镇南将军权、前将军昝坚等将之，自山阳趣合水。诸将欲设伏于江南以待晋兵，昝坚不从，引兵自江北鸳鸯碕渡向犍为。

三月，温至彭模，议者欲分为两军，异道俱进，以分汉兵之势。袁乔曰：“今悬军深入万里之外，胜则大功可立，不胜则噍类无遗，当合势齐力，以取一战之捷。若分两军，则众心不一，万一偏败，大事去矣。不如全军而进，弃去釜甑，赍三日粮，以示无还心，胜可必也。”温从之。留参军孙盛、周楚将羸兵守辎重，温自将步卒直指成都。楚，抚之子也。

李福进攻彭模，孙盛等奋击，走之。温进，遇李权，三战三捷，汉兵散走归成都，镇东将军李位都迎诣温降。昝坚至犍为，乃知与温异道，还，自沙头津济，比至，温已军于成都之十里陌，坚众自溃。

势悉众出战于成都之笮桥，温前锋不利，参军龚护战死，矢及温马首。众惧，欲退，而鼓吏误鸣进鼓，袁乔拔剑督士卒力战，遂大破之。温乘胜长驱至成都，纵火烧其城门。汉人惶惧，无复斗志。势夜开东门走，至葭萌，使散骑常侍王幼送降文于温，自称“略阳李势叩头死罪”，寻舆榇面缚诣军门。温解缚焚榇，送势及宗室十余人于建康，引汉司空谯献之等以为参佐，举贤旌善，蜀人悦之。

听从袁乔的意见。袁乔是袁瓌的儿子。

十一月初五日辛未，桓温率领益州刺史周抚、南郡太守谯王司马无忌攻打成汉，上奏朝廷后立即行动。将留守事务委托给安西长史范汪，让周抚都督梁州四郡诸军事。让袁乔率领两千人作为前锋。

朝廷因为蜀道艰险遥远，桓温的兵力不足而又深入敌后，都为此担忧，只有刘惔认为一定能取胜。有人问他为什么，刘惔说："通过博戏知道的。桓温是善于博戏的人，不能肯定取胜的他就不干。只是恐怕攻克蜀地之后，桓温最终要在朝廷专权罢了。"

晋穆帝永和三年（丁未，347年）

春季，二月，桓温的部队抵达青衣。成汉主李势大举出兵，派叔父右卫将军李福、堂兄镇南将军李权、前将军昝坚等人率领兵众，从山阳开赴合水。众将领想要在长江以南设下埋伏以等待东晋的军队，昝坚没有听从，带领军队从长江以北的鸳鸯碕渡过长江，奔赴犍为。

三月，桓温抵达彭模。有人提议应该兵分两路，齐头并进，用以削弱成汉军的威势。袁乔说："如今孤军深入万里之外，胜利则可以建立大功，败则尽死无遗，应当聚合威势，齐心协力，以争取一战成功。如果兵分两路，则众心不一,万一一方失败，攻打成汉的大事就完了。不如以完整的军队前进，扔掉釜甑一类的炊具，只带三天的军粮，以显示义无反顾的决心，肯定可以取胜。"桓温听从了他的意见。留下参军孙盛、周楚带领瘦弱的士兵守卫轻重装备，桓温亲自统率步兵直接开赴成都。周楚是周抚的儿子。

李福进军攻打彭模，孙盛等人奋力反击，赶跑了他。桓温进军，遇上了李权，三战三胜，成汉的军队溃散逃回了成都，镇东将军李位都到桓温那里投降。昝坚到了犍为以后，才知道和桓温走的不是一条路，掉头返回，从沙头津渡过长江，等到抵达成都，桓温已经驻扎在成都的十里陌，昝坚的兵众自己就溃散了。

李势把全部兵众都调往成都的笮桥迎战，桓温的前锋部队出师不利，参军龚护战死，流箭射中了桓温的马头。兵众见状十分害怕，想要撤退，而负责击鼓的士兵却误击了前进的鼓声。袁乔拔出战剑督促士兵奋力攻战，终于大败李势的军队。桓温乘胜长驱直入抵达成都，放火焚烧了城门。蜀人惊慌恐惧，再没有继续抵抗的斗志了。李势趁夜打开东门逃跑，到了葭萌，让散骑常侍王幼给桓温送去了请求投降的文书，自称"略阳人李势叩头请求死罪"。不久便拉着棺材，双手反绑于身后来到了桓温的军营门前投降。桓温为他松开了双手，焚烧了棺材，把李势及宗室亲属十

日南太守夏侯览贪纵，侵刻胡商，又科调船材，云欲有所讨，由是诸国恚愤。林邑王文攻陷日南，将士死者五六千，杀览，以尸祭天，檄交州刺史朱蕃，请以郡北横山为界。文既去，蕃使督护刘雄戍日南。

汉故尚书仆射王誓、镇东将军邓定、平南将军王润、将军隗文等皆举兵反，众各万余。桓温自击定，使袁乔击文，皆破之。温命益州刺史周抚镇彭模，斩王誓、王润。温留成都三十日，振旅还江陵。李势至建康，封归义侯。夏，四月，丁巳，邓定、隗文等入据成都，征虏将军杨谦弃涪城，退保德阳。

（以上为第十三段，写东晋安西将军桓温听从袁乔建议，集中兵力攻打成汉，长驱直入，攻入都城，成汉主李势投降；后来成汉将军邓定、隗文反叛，又攻占了成都。）

赵凉州刺史麻秋攻枹罕。晋昌太守郎坦以城大难守，欲弃外城。武成太守张悛曰："弃外城则动众心，大事去矣。"宁戎校尉张璩从悛言，固守大城。秋帅众八万围堑数重，云梯地突，百道皆进，城中御之，秋众死伤数万。赵王虎复遣其将刘浑等帅步骑二万会之。郎坦恨言不用，教军士李嘉潜引赵兵千余人登城，璩督诸将力战，杀二百余人，赵兵乃退。璩烧其攻具，秋退保大夏。

虎以中书监石宁为征西将军，帅并、司州兵二万余人为秋等后继。张重华将宋秦等帅户二万降于赵。重华以谢艾为使持节、军师将军，帅步骑三万进军临河。艾乘轺车，戴白帢，鸣鼓而行。秋望见，怒曰："艾年少书生，冠服如此，轻我也。"命黑矟龙骧三千人驰击之。艾左右大扰。或劝艾宜乘马，艾不从，下车，踞胡床，指麾处分，赵人以为有伏兵，惧不敢进。别将张瑁自间道引兵截赵军后，赵军退，艾乘势进击，大破之，斩其将杜勋、汲鱼，获首虏万三千级，秋单马奔大夏。

五月，秋与石宁复帅众十二万进屯河南，刘宁、王擢略地晋兴、广

多人送到了建康。桓温任用成汉司空谯献之等作为参佐，举拔贤能，奖掖善事，蜀人十分高兴。

日南太守夏侯览贪婪放纵，侵掠胡族商人，又下令征调造船用的木材，说准备攻打征战使用，因此各国对他十分愤恨。林邑王范文攻陷了日南，日南的将士有五六千人死亡。范文杀掉了夏侯览，用他的尸体祭祀上天，给交州刺史朱蕃送去檄文，请求以郡北的横山作为与东晋的分界。范文离开以后，朱蕃让督护刘雄戍守日南。

成汉的尚书仆射王誓、镇东将军邓定、平南将军王润、将军隗文等人全都起兵反叛，各自拥有兵众数万。桓温亲自攻打邓定，让袁乔攻打隗文，全都打败了他们。桓温命令益州刺史周抚镇守彭模，斩杀了王誓、王润。桓温在成都逗留了三十天，整顿部队后返回了江陵。李势抵达建康，被封为归义侯。夏季，四月二十九日丁巳，邓定、隗文等人进占成都，征虏将军杨谦放弃了涪城，退守德阳。

后赵凉州刺史麻秋攻打枹罕。晋昌太守郎坦因为枹罕城大，难以防守，想放弃外城。武成太守张悛说："放弃了外城就会动摇众心，大事也就完了。"宁戎校尉张璩听从了张悛的话，固守城池。麻秋率领八万兵众将护城河团团包围，使用云梯和地道同时进攻，城中的士兵顽强抵抗，麻秋的兵众死伤数万。后赵主石虎又派他的将领刘浑等人率领步兵、骑兵二万人与麻秋会合。郎坦痛恨张悛不采纳自己的意见，叫军士李嘉悄悄地带领一千多赵兵登上城墙。张璩督促众将领奋力战斗，杀死了二百多人，后赵军队这才后退。张璩焚烧了后赵军队进攻的器械，麻秋退守大夏。

石虎任命中书监石宁为征西将军，率领并州、司州的军队二万多人作为麻秋的后继部队。张重华的部将宋秦等人率领二万多户百姓向后赵投降。张重华任命谢艾为使持节、军师将军，率领步兵、骑兵三万人进军临河。谢艾乘着轻车，戴着白色便帽，击鼓前进。麻秋远远望见，愤怒地说："谢艾是年轻书生，如此穿着，这是轻视我。"于是就命令装备黑色矛的三千龙骧兵驰马攻打他，跟随在谢艾周围的人大为惊扰。有人劝谢艾应该骑马，谢艾不听，下车以后，坐在交椅上指挥部署，后赵军以为有伏兵，因害怕不敢再前进了。别将张瑁率兵从小路截断了后赵军队的后路，后赵军队兵退，谢艾乘势进攻，大破后赵军，斩杀了后赵将领杜勋、汲鱼，斩杀其兵众一万三千多人，麻秋单身匹马逃奔大夏。

五月，麻秋和石宁又率领十二万兵众进军驻扎在黄河以南，刘宁、王擢攻略晋

武、武街，至于曲柳。张重华使将军牛旋拒之，退守枹罕，姑臧大震。重华欲亲出拒之，谢艾固谏。别驾从事索遐曰：“君者，一国之镇，不可轻动。”乃以艾为使持节、都督征讨诸军事、行卫将军，遐为军正将军，帅步骑二万拒之。别将杨康败刘宁于沙阜，宁退屯金城。

六月，辛酉，大赦。

秋，七月，林邑复陷日南，杀督护刘雄。

隗文、邓定等立故国师范长生之子贲为帝而奉之，以妖异惑众，蜀人多归之。

赵王虎复遣征西将军孙伏都、将军刘浑帅步骑二万会麻秋军，长驱济河，击张重华，遂城长最。谢艾建牙誓众，有风吹旌旗东南指，索遐曰：“风为号令，今旌旗指敌，天所赞也。”艾军于神鸟，王擢与艾前锋战，败，走还河南。

八月，戊午，艾进击秋，大破之，秋遁归金城。虎闻之，叹曰：“吾以偏师定九州，今以九州之力困于枹罕，彼有人焉，未可图也！”艾还，讨叛虏斯骨真等万余落，皆破平之。

赵王虎据十州之地，聚敛金帛，及外国所献珍异，府库财物，不可胜纪，犹自以为不足，悉发前代陵墓，取其金宝。

沙门吴进言于虎曰：“胡运将衰，晋当复兴，宜苦役晋人以厌其气。”虎使尚书张群发近郡男女十六万人，车十万乘，运土筑华林苑及长墙于邺北，广袤数十里。申钟、石璞、赵揽等上疏陈天文错乱，百姓凋弊。虎大怒曰：“使苑墙朝成，吾夕没，无恨矣。”促张群使然烛夜作，暴风大雨，死者数万人。郡国前后送苍麟十六，白鹿七，虎命司虞张曷柱调之以驾芝盖，大朝会列于殿庭。

九月，命太子宣出祈福于山川，因行游猎。宣乘大辂，羽葆华盖，建天子旌旗，十有六军戎卒十八万出自金明门，虎从其后宫升陵霄观望之，笑曰：“我家父子如此，自非天崩地陷，当复何愁！但抱子弄孙，日为乐耳。”

宣所舍，辄列人为长围，四面各百里，驱禽兽，至暮皆集其所，使

兴、广武、武街，直至曲柳。张重华让将军牛旋抵抗他们，后退固守枹罕，姑臧城内大为震恐。张重华想亲自出征抵抗，谢艾恳切劝说。别驾从事索遐说："君王镇慑一国，不可轻率行动。"张重华于是任命谢艾为使持节、都督征讨诸军事、代摄卫将军，任命索遐为军正将军，率领二万步兵、骑兵抵抗赵军。别将杨康在沙阜打败刘宁，刘宁后退，驻扎在金城。

六月初五辛酉，东晋实行大赦。

秋季，七月，林邑军队又攻陷日南，杀掉了督护刘雄。

隗文、邓定等人立前国师范长生的儿子范贲为帝，并尊奉他，他们靠妖异之辞迷惑民众，蜀人大多归附。

后赵主石虎又派征西将军孙伏都、将军刘浑率领步兵、骑兵两万人与麻秋的军队会合，长驱直入，渡过黄河攻打张重华，屯军长最。谢艾在军前竖起大旗与兵众誓师，恰好风吹旌旗指向东南，索遐说："风向就是号令，现在旌旗指向敌人，这是上天的佑助。"谢艾屯军于神鸟，王擢与谢艾的前锋部队交战被打败，逃回黄河以南。

八月初三戊午，谢艾进军攻打麻秋，大败麻秋，麻秋逃回金城。石虎听说以后，叹息道："我靠部分军队平定了九州，如今拥有九州的兵力却受困于枹罕，他们有人才在这里，不可图谋！"谢艾班师返回，攻打反叛的敌虏斯骨真等一万多个部落，全都打败并平定了他们。

后赵王石虎占据了十州的地盘，聚集收敛金帛，以及外国所进献的珍异宝物，府库里的财物不可胜数，但他还是觉得不够，把前代的陵墓全都挖掘开，夺走了其中的金宝。

僧人吴进向石虎进言说："胡人的命运将要衰落，晋王朝当要复兴，应当让晋人服艰苦的劳役，以抑制他们的气势。"石虎让尚书张群征发附近各郡的男女十六万人，车十万辆，运土到邺城以北，修筑华林苑及漫长的围墙，占地数十里。申钟、石璞、赵揽等人上疏，陈述目前天文星象错乱，百姓凋敝。石虎勃然大怒，说："即使宫苑和围墙早晨建成，而我晚上就死去，也死无遗憾。"石虎督促张群让人们点燃烛火，夜不停工。天降暴风大雨，死亡的人达数万。各郡国先后送上苍麟十六只，白鹿七头，石虎命令司虞张曷柱调驯它们，用来驾芝盖车，举行盛大朝会时陈列在殿堂庭院。

九月，石虎命令太子石宣到各地的山川祈求福祉，顺便周游打猎。石宣乘坐大车，车子饰以鸟羽华盖，树立天子旌旗，十六路军队的十八万士兵从金明门出发，石虎从后宫登上陵霄观眺望，笑着说："我家父子如此，除非天崩地陷，还有什么可愁的呢！我只管去抱儿子、逗孙子，终日享受天伦之乐吧。"

石宣每到一地停留，就让人们结成漫长的围圈，四边各有一百多里，然后驱赶

文武皆跪立，重行围守，炬火如昼，命劲骑百余驰射其中，宣与姬妾乘辇临观，兽尽而止。或兽有迸逸，当围守者，有爵则夺马，步驱一日，无爵则鞭之一百。士卒饥冻死者万有余人，所过三州十五郡，资储皆无孑遗。

虎复命韬继出，自并州至于秦、雍，亦如之。宣怒其与己钧敌，愈嫉之。宦者赵生得幸于宣，无宠于韬，微劝宣除之，于是，始有杀韬之谋矣。

赵麻秋又袭张重华将张瑁，败之，斩首三千余级。枹罕护军李逵帅众七千降于赵，自河以南，氐、羌皆附于赵。

（以上为第十四段，写后赵与前凉的攻斗，前凉将领谢艾用智谋退敌，后赵主石勒大为惊叹；后赵拥有十州之地，石虎及其太子、秦公等尽情享受，物资储备全都挥霍无遗。）

冬，十月，乙丑，遣侍御史俞归至凉州，授张重华侍中、大都督、陇右关中诸军事、大将军、凉州刺史、西平公。归至姑臧，重华欲称凉王，未肯受诏，使所亲沈猛私谓归曰："主公奕世为晋忠臣，今曾不如鲜卑，何也？朝廷封慕容皝为燕王，而主公才为大将军，何以褒劝忠贤乎！明台宜移河右，共劝州主为凉王。人臣出使，苟利社稷，专之可也。"归曰："吾子失言！昔三代之王也，爵之贵者莫若上公，及周之衰，吴、楚始僭号称王，而诸侯不之非，盖以蛮夷畜之也。借使齐、鲁称王，诸侯岂不四面攻之乎！汉高祖封韩、彭为王，寻皆诛灭，盖权时之宜，非厚之也。圣上以贵公忠贤，故爵以上公，任以方伯，宠荣极矣，岂鲜卑夷狄所可比哉！且吾闻之，功有大小，赏有重轻。今贵公始继世而为王，若帅河右之众，东平胡羯，修复陵庙，迎天子返洛阳，将何以加之乎？"重华乃止。

武都氐王杨初遣使来称藩，诏以初为使持节、征南将军、雍州刺史、仇池公。

十二月，振威护军萧敬文杀征虏将军杨谦，攻涪城，陷之，自称益州牧；遂取巴西，通于汉中。

（以上为第十五段，写东晋派侍御史俞归授予前凉主张重华大都督、凉州刺史、西平公等官职，张重华自比燕王慕容皝，在俞归劝说下，放弃了称王的打算。）

禽兽，到傍晚让禽兽全都汇集在他的住所附近，让文武官员全都跪立，再把禽兽围拢起来，火炬把四周照得如同白昼，石宣命令强劲骑兵一百多人驰马向围圈中射击，石宣和姬妾们乘车观看，直到禽兽全被射死才停止。有时个别禽兽逃出围圈，负责围守该地段的人，有爵位的就剥夺他的马让他步行一天，没爵位的就责罚一百鞭。士兵饥寒交迫，死亡的人有一万多，所经过的三州十五郡，物资储备全都挥霍无遗。

石虎又命令石韬继石宣之后出行，从并州到秦州、雍州，情况和石宣一样。石宣对石韬和自己势均力敌很恼怒，对他越发嫉恨。宦官赵生得宠于石宣，在石韬面前不受宠爱，于是就暗地里劝说石宣除掉石韬，从此开始有了杀掉石韬的图谋。

后赵的麻秋又攻袭张重华的部将张瑁，打败了他，斩首三千多级。枹罕护军李逵率领七千兵众投降了后赵，自黄河以南，氐族、羌族全都归附了后赵。

冬季，十月十一日乙丑，东晋派侍御史俞归到凉州，授予张重华侍中、大都督、督陇右关中诸军事、大将军、凉州刺史、西平公。俞归抵达姑臧，张重华想称凉王，不肯接受诏命，让亲信沈猛私下里对俞归说："主公世代都是晋王室的忠臣，如今却竟然不如鲜卑，为什么？朝廷封慕容皝为燕王，而主公才仅仅是大将军，靠什么褒奖勉励忠臣贤良呢！您应该向黄河以西的民众发布文告，共同劝州主称凉王。臣下出使于外，如果是对国家有利的事情，擅自决定也是可以的。"俞归说："您说错了！过去三代称王的时候，尊贵的爵位没有什么能比得上上公；等到周室衰微，吴国、楚国开始僭越封号称为王，而其他诸侯国不加责难，是因为把他们作为蛮夷来对待，假使齐国、鲁国称王，其他诸侯国岂不四面攻击他们吗？汉高祖封韩信、彭越为王，不久把他们全都诛灭，这是一时的权宜之计，不是厚待他们。皇上因为你家主公忠诚贤明，所以赐爵上公，授以一方重任，恩宠荣耀登峰造极，难道是鲜卑夷狄所能比拟的吗？况且我听说，功有大小、赏有重轻。如今你家主公刚刚继位就称王，如果率领黄河以西的民众，东进平定胡人、羯人，修复陵庙，迎接天子返回洛阳，将会被加授什么职位呢？"张重华于是放弃了称凉王的打算。

武都氐王杨初派使者前来向晋朝称臣，朝廷下诏，任命杨初为使持节、征南将军、雍州刺史、仇池公。

十二月，振威护军萧敬文杀掉了征虏将军杨谦，攻下涪城，自称益州牧。占据了巴西，直达汉中。

【点评】

东晋皇帝多短命。在公元342年至公元347年的六年中，东晋的两位皇帝先后去世。东晋皇室多艰，皇帝早逝，国家焉能振兴？明帝司马绍，平定了王敦之乱，稳定了东晋皇朝的局势，时年二十七岁，正当年轻有为时，生病去世，五岁的儿子司马衍继位。司马衍当了十几年的傀儡皇帝，其间经历了苏峻之乱，到了该亲政有所作为的时候，又去世，由他的弟弟司马岳继位。司马岳当了两年的皇帝，二十三岁时去世，由他两岁的儿子司马聃做小皇帝。司马聃尽管做了十几年的小皇帝，到了十九岁时，又生病去世。

东晋皇帝早逝，这是东晋皇室的悲哀，也是历史的悲哀。这些皇帝的早逝，据历史的记载，就是得了重病而去世，只有后面的司马丕是因服药过量而死。

关于东晋几位皇帝的死因，也许不是如史书所说的生病，即使是生病而死，其中也许另有隐情。那么究竟是什么隐情？则有待于发掘新的历史资料。如此，几位皇帝连自己的性命都不能掌控，遑论其作为和功绩？

晋纪二十

晋穆帝永和四年至六年（348—350年）

【起著雍涒滩（戊申，348年），尽上章阉茂（庚戌，350年），凡三年】

【大事提要】

本卷记事起公元348年，讫公元350年，凡三年，当晋穆帝（司马聃）永和四年至永和六年。本卷所载大事，主要有五个方面：其一，前燕慕容儁即王位。公元348年，前燕主慕容皝“雄毅多权略”，崇尚汉族文化，平定内部叛乱，击败宇文部和段部，击退后赵进攻，破高句丽，威震北方。去世时，年五十二岁。慕容儁即位，遣使向东晋朝廷告丧。东晋派遣谒者陈沈至前燕，封慕容儁为燕王。其二，石虎杀子，后赵国大乱。其三，石闵屠胡，建国称帝。其四，蒲洪自称三秦王，改姓苻氏。其五，苻健建立前秦。氐族首领蒲洪于公元350年称王后，被后赵将领麻秋毒死。世子苻健杀掉麻秋自立，遣使向东晋告丧请命。苻健自称晋征西大将军，率军向长安进攻，大军长驱直入，攻下长安，即天王位，称大单于，建国号大秦，建元皇始，史称前秦。

【原文】

孝宗穆皇帝上之下

永和四年（戊申，348年）

夏，四月，林邑寇九真，杀士民什八九。

赵秦公韬有宠于赵王虎，欲立之，以太子宣长，犹豫未决。宣尝忤旨，虎怒曰："悔不立韬也！"韬由是益骄，造堂于太尉府，号曰"宣光殿"，梁长九丈。宣见之，大怒，斩匠，截梁而去。韬怒，增之至十丈。宣闻之，谓所幸杨杯、牟成、赵生曰："凶竖傲愎乃敢尔！汝能杀之，吾入西宫，当尽以韬之国邑分封汝等。韬死，主上必临丧，吾因行大事，蔑不济矣。"杯等许诺。

秋，八月，韬夜与僚属宴于东明观，因宿于佛精舍。宣使杨杯等缘猕猴梯而入，杀韬，置其刀箭而去。旦日，宣奏之，虎哀惊气绝，久之方苏。将出临其丧，司空李农谏曰："害秦公者未知何人，贼在京师，銮舆不宜轻出。"虎乃止，严兵发哀于太武殿。宣往临韬丧，不哭，直言"呵呵"，使举衾观尸，大笑而去。收大将军记室参军郑靖、尹武等，将委之以罪。

虎疑宣杀韬，欲召之，恐其不入，乃诈言其母杜后哀过危惙。宣不谓见疑，入朝中宫，因留之。建兴人史科知其谋，告之。虎使收杨杯、牟成，皆亡去，获赵生，诘之，具服。虎悲怒弥甚，囚宣于席库，以铁环穿其颔而锁之，取杀韬刀箭舐其血，哀号震动宫殿。佛图澄曰："宣、韬，皆陛下之子，今为韬杀宣，是重祸也。陛下若加慈恕，福祚犹长；若必诛之，宣当为彗星下扫邺宫。"虎不从。积柴于邺北，树标其上，标末置鹿卢，穿之以绳，倚梯柴积，送宣其下，使韬所幸宦者郝稚、刘霸拔其发，抽其舌，牵之登梯；郝稚以绳贯其颔，鹿卢绞上。刘霸断其手足，斫眼溃肠，如韬之伤。四面纵火，烟炎际天。虎从昭仪已下数千人登中台以观之。火灭，取灰分置诸门交道中。杀其妻子九人。宣少子才数岁，虎素爱之，抱之而泣，欲赦之，其大臣不听，就抱中取而杀之。

【语译】

孝宗穆皇帝上之下

晋穆帝永和四年（戊申，348 年）

夏季，四月，林邑军队进犯东晋九真郡，当地的士兵和百姓十之八九被杀。

后赵的秦公石韬受到后赵王石虎宠爱，石虎想立他为太子，可是因为已立的太子石宣为长，犹豫不决。石宣曾违背石虎的指令，石虎气愤地说："真后悔当初没立石韬为太子！"石韬因此而更加傲慢无忌。他在太尉府建造了一座殿堂，命名为宣光殿，横梁长达九丈。石宣看到后认为冒犯了他的姓名，勃然大怒，便杀掉了工匠，截断了横梁，拂袖而去。石韬对此也怒不可遏，又把横梁加长到十丈。石宣听说后，对他的亲信杨杯、牟成、赵生说："这小子竟敢如此傲慢刚愎！你们如果能把他杀掉，我即位入主西宫后，一定把他现在占据的封国郡邑全都分封给你们。石韬死后，主上一定会亲临哀悼，到时我趁机把他也杀掉，没有不能成功的事情。"杨杯等人同意了。

秋季，八月，石韬因为和他手下的同僚在东明观夜宴，就宿于佛精舍。石宣乘机派杨杯等人爬着梯子溜进佛精舍，杀死了石韬，扔下杀人刀箭潜逃而去。第二天，石宣禀报了石韬被杀的消息，石虎闻讯后悲惊交加，顿时昏厥过去，许久才苏醒过来。当他正要前往参加丧事活动时，司空李农劝他说："杀害秦公石韬的人现在还不知道是谁，凶手尚在京师，国王的车乘不宜轻率出动。"石虎于是取消了亲临丧事的计划，命令士兵严加戒备，只在太武殿进行哀悼。石宣前往参加石韬的丧事活动，不仅不哭，还"呵呵"窃笑，又让人揭开覆盖尸体的被子观看尸体，然后大笑离去。他又把大将军记室参军郑靖、尹武等人抓了起来，准备诿罪于他们。

石虎怀疑石宣杀害了石韬，想召见他，又怕他不来，于是便谎称他母亲杜后因悲哀过度而病危。石宣没有察觉已怀疑到了自己头上，入朝来到中宫，便被扣留起来。建兴人史科知道石宣策划杀害石韬的计谋，告发了他们，石虎便派人去抓杨杯、牟成，但他们都逃跑了，只抓到了赵生。经过追问，他全部招供。石虎听完后更加悲痛愤怒，于是便把石宣囚禁在贮藏坐具的仓库中，用铁环穿透他的下巴颏并上了锁，拿来杀害石韬的刀箭，让他舔掉上面的血，石宣的哀鸣嚎叫声震动宫殿。佛图澄对石虎说："石宣、石韬都是皇上的儿子，今天如果为了石韬被杀而再杀了石宣，这便是祸上加祸了。皇上如果能对他施以仁慈宽恕，福祚的气运尚可延长；如果一定要杀了他，石宣当化为彗星而横扫邺宫。"石虎没有听从劝说。他命令在邺城之北堆上柴草，上面架设横杆，横杆的末端安置辘轳，绕上绳子，把梯子倚靠在柴堆上，将石宣押解到下边，又让石韬所宠爱的宦官郝稚、刘霸揪着石宣的头发，拽着石宣

儿挽虎衣大叫，至于绝带，虎因此发病。又废其后杜氏为庶人，诛其四率已下三百人，宦者五十人，皆车裂节解，弃之漳水。洿其东宫，以养猪牛。东宫卫士十余万人皆谪戍凉州。先是，赵揽言于虎曰：“宫中将有变，宜备之。”及宣杀韬，虎疑其知而不告，亦诛之。

（以上为第一段，写后赵太子石宣密谋杀掉其弟太尉石韬，被后赵主石虎查出实情，对石宣进行惨无人道的惩处，诛杀全家，石虎也因此得病，命不久，后赵衰微矣！）

朝廷论平蜀之功，欲以豫章郡封桓温。尚书左丞荀蕤曰：“温若复平河洛，将何以赏之？”乃加温征西大将军、开府仪同三司，封临贺郡公；加谯王无忌前将军；袁乔龙骧将军，封湘西伯。蕤，崧之子也。

温既灭蜀，威名大振，朝廷惮之。会稽王昱以扬州刺史殷浩有盛名，朝野推服，引为心膂，与参综朝权，欲以抗温。由是与温浸相疑贰。

浩以征北长史荀羡、前江州刺史王羲之，夙有令名，擢羡为吴国内史，羲之为护军将军，以为羽翼。羡，蕤之弟；羲之，导之从子也。羲之以为内外协和，然后国家可安，劝浩不宜与温构隙，浩不从。

燕王皝有疾，召世子儁属之曰：“今中原未平，方资贤杰以经世务。恪智勇兼济，才堪任重，汝其委之，以成吾志！”又曰：“阳士秋士行高洁，忠干贞固，可托大事，汝善待之！”九月，丙申，薨。

赵王虎议立太子，太尉张举曰：“燕公斌有武略，彭城公遵有文德，惟陛下所择。”虎曰：“卿言正起吾意。”戎昭将军张豺曰：“燕公母贱，又尝有过，彭城公母前以太子事废，今立之，臣恐不能无微恨，陛下宜审

的舌头，拉着他登上梯子；郝稚把绳索套在石宣的脖子上，用辘轳绞上去；刘霸砍断石宣的手脚，挖出眼睛，刺穿肠子，使他被伤害的程度和石韬一样。然后又在柴堆四周点火，浓烟烈焰冲天而起。石虎则跟随昭仪官以下数千人登上中台观看。火灭以后，又取来灰烬分别放在通向各个城门的十字大路当中。还杀掉了石宣的妻儿九人。石宣的小儿子刚刚几岁，石虎平素非常喜爱他，因此临杀前抱着他哭泣，意欲赦免，但手下的大臣们却不同意，从怀抱中要过来就给杀掉了。当时小孩子拽着石虎的衣服大叫大闹，以至于连腰带都被拽断了，石虎也因此得了大病。石虎还废掉了石宣的母后杜氏，贬为庶人。又杀掉了石宣周围的三百人、宦官五十人，全都是车裂肢解以后，抛尸于漳水河中。石宣居住的太子东宫被改作饲养猪牛的地方。东宫卫士十多万人全都被贬去戍卫凉州。谋杀石韬事发之前，散骑常侍赵揽曾对石虎说："宫中将有变故，宜加防备。"等到石宣谋杀石韬以后，石虎怀疑他早已知道此事而没有禀告，把他也杀了。

东晋朝廷讨论平定成汉的功劳，想把豫章郡赐封给桓温。尚书左丞荀蕤说："桓温如果再平定了黄河、洛水一带，那将用什么赏赐他呢？"于是朝廷让桓温担任征西大将军、开府仪同三司，封为临贺郡公，让谯王司马无忌担任前将军，让袁乔出任龙骧将军，并封为湘西伯。荀蕤是荀崧的儿子。

桓温平定了蜀地以后，权威日盛，名声大振，连朝廷对他也惧怕三分。会稽王司马昱认为扬州刺史殷浩素有盛名，朝野对他都很推崇佩服，便以他作为心腹骨干，让他参与总揽朝廷权力，想以此来和桓温抗衡。从此殷浩和桓温便逐渐开始互相猜忌，进而彼此产生了异心。

殷浩认为征北长史荀羡和前任江州刺史王羲之历来名声不错，便提升荀羡为吴国内史，提升王羲之为护军将军，作为自己的辅佐。荀羡是荀蕤的弟弟。王羲之是王导的侄子。王羲之认为只有朝廷内外融洽团结、和谐相处，然后国家才能安定，于是就劝说殷浩不要和桓温制造隔阂，但殷浩没有听从。

前燕王慕容皝身患疾病，他招来太子慕容儁嘱咐说："如今中原尚未平定，正是需要依靠贤良杰出人士掌管朝政的时候。慕容恪智勇双全、才能出众，你应当委他以重任，以实现我入主中原的远大志向！"又说："阳骛具有高尚的士大夫品行，忠诚不贰，坚贞不屈，可以委托他掌管大事，一定要很好地对待他！"九月十七日丙申，前燕主慕容皝去世。

后赵主石虎与群臣商议册立太子。太尉张举说："燕公石斌长于军事统治，彭城公石遵长于礼乐教化，只看皇上的选择。"石虎说："你的意见正合我意。"戎昭将军张豺则说："燕公石斌，其母亲出身低贱，本人又曾经有过过错；彭城公石遵，其母

思之！”

初，虎之拔上邽也，张豺获前赵主曜幼女安定公主，有殊色，纳于虎，虎嬖之，生齐公世。豺以虎老病，欲立世为嗣，冀刘氏为太后，己得辅政，乃说虎曰：“陛下再立太子，其母皆出于倡贱，故祸乱相寻。今宜择母贵子孝者立之。”虎曰：“卿勿言，吾知太子处矣。”虎再与群臣议于东堂，虎曰：“吾欲以纯灰三斛自涤其肠，何为专生恶子，年逾二十辄欲杀父！今世方十岁，比其二十，吾已老矣。”乃与张举、李农定议，令公卿上书请立世为太子。大司农曹莫不肯署名，虎使张豺问其故，莫顿首曰：“天下重器，不宜立少，故不敢署。”虎曰：“莫，忠臣也，然未达朕意。张举、李农知朕意矣，可令谕之。”遂立世为太子，以刘昭仪为后。

冬，十一月，甲辰，葬燕文明王。世子儁即位，赦境内，遣使诣建康告丧。以弟交为左贤王，左长史阳骛为郎中令。

十二月，以左光禄大夫、领司徒、录尚书事蔡谟为侍中、司徒。谟上疏固让，谓所亲曰：“我若为司徒，将为后代所哂，义不敢拜也。”

（以上为第二段，写东晋朝廷讨论平定成汉的功劳，桓温受封，显现骄色；前燕主慕容皝去世，太子慕容儁即位；后赵主石勒听从张豺建议，立幼子石世为太子。）

五年（己酉，349年）

春，正月，辛未朔，大赦。

赵王虎即皇帝位，大赦，改元太宁；诸子皆进爵为王。

故东宫高力等万余人谪戍凉州，行达雍城，既不在赦例，又敕雍州刺史张茂送之，茂皆夺其马，使之步推鹿车，致粮戍所。高力督定阳梁犊因众心之怨，谋作乱东归，众闻之，皆踊抃大呼。犊乃自称晋征东大将军，帅众攻拔下辨。安西将军刘宁自安定击之，为犊所败。高力皆多力善射，一当十余人，虽无兵甲，掠民斧，施一丈柯，攻战若神，所向崩溃。戍卒皆随之，攻陷郡县，杀长吏、二千石，长驱而东，比至长安，

亲以前因为太子石邃的事情被废退，如今再立石遵为太子，我担心他对您不可能没有丝毫的忌恨，愿皇上慎重考虑！”

当初石虎攻克上邽的时候，张豺掳获了前赵主刘曜的小女儿安定公主，因姿色出众，被石虎纳为妾，并深得宠爱，生下了齐公石世。眼下张豺考虑到石虎年老有病，想立石世为继承人，希望刘氏为太后，这样自己便能得以辅佐朝政。基于这种考虑，张豺劝石虎说：“皇上以前两次立太子，他们的母亲全都出身低贱，所以才导致了朝廷祸乱不断。如今应该选择母贵子孝者立为太子。”石虎回答：“你不必说了，我知道太子该是谁了。”此后，石虎又一次和群臣在东堂商议。石虎说：“我要用三斛纯净的灰洗涮我内脏的秽恶，否则为什么我专生凶恶无赖的儿子，年龄一过二十就要杀害他的父亲！如今石世年方十岁，等到他二十岁时，我已经老了！”于是便与张举、李农做出决定，命令公卿大臣们上书，请求立石世为太子。大司农曹莫不肯在上书上签名，石虎派张豺去询问原因，曹莫磕头拜首，回答道：“治理天下这样的重任，不应该选择年少者，所以我不敢签名。”石虎说：“曹莫确实是忠臣，然而却没有领会我的用意；张举、李农深知我的意思，可以让他们去说明一下。”于是便立石世为太子，以刘昭仪为皇后。

冬季，十一月二十六日甲辰，前燕安葬前燕主慕容皝。太子慕容儁即位，境内实行大赦。慕容儁派遣使臣到建康向东晋朝廷报告丧事。他还任命弟弟慕容交为左贤王，任命左长史阳骛为郎中令。

十二月，东晋朝廷任命左光禄大夫、领司徒、录尚书事蔡谟为侍中、司徒。蔡谟上疏，执意推辞。他对周围比较亲近的人说：“如果我当了司徒，必将为后人所耻笑，所以按照道义我不敢接受任命。”

晋穆帝永和五年（己酉，349年）

春季，正月，辛未朔（疑误），东晋实行大赦。

后赵王石虎即皇帝位，实行大赦，改年号为太宁，并将儿子们的爵位全都晋升为王。

原来守卫石宣东宫号称“高力”的一万多人被贬戍凉州，此时已行至雍城，因为他们不在赦免的范围内，石虎又命令雍州刺史张茂继续遣送他们。张茂却乘机扣留了他们所有的马匹，让他们推着运粮的小车徒步前往凉州。高力督定阳人梁犊利用众人内心的怨恨，策划造反作乱，返回家园。众人听说后，全都跳跃欢呼。于是，梁犊便自称晋朝征东大将军，率领众卫士攻克了下辨。安西将军刘宁率兵从安定出发攻打梁犊，却被梁犊打败。这些号称“高力”的卫士们全都身强力壮，善于射

众已十万。乐平王苞尽锐拒之，一战而败。犊遂东出潼关，进趣洛阳。赵主虎以李农为大都督、行大将军事，统卫军将军张贺度等步骑十万讨之，战于新安，农等大败；战于洛阳，又败，退壁成皋。

犊遂东掠荥阳、陈留诸郡，虎大惧，以燕王斌为大都督，督中外诸军事，统冠军大将军姚弋仲、车骑将军蒲洪等讨之。弋仲将其众八千余人至邺，求见虎。虎病，未之见，引入领军省，赐以己所御食。弋仲怒，不食，曰："主上召我来击贼，当面见授方略，我岂为食来邪！且主上不见我，我何以知其存亡邪？"虎力疾见之，弋仲让虎曰："儿死，愁邪，何为而病？儿幼时不择善人教之，使至于为逆；既为逆而诛之，又何愁焉！且汝久病，所立儿幼，汝若不愈，天下必乱，当先忧此，勿忧贼也！犊等穷困思归，相聚为盗，所过残暴，何所能至！老羌为汝一举了之！"弋仲性狷直，人无贵贱皆汝之，虎亦不之责。于坐授使持节、征西大将军，赐以铠马。弋仲曰："汝看老羌堪破贼否？"乃被铠跨马于庭中，因策马南驰，不辞而出。

遂与斌等击犊于荥阳，大破之，斩犊首而还，讨其余党，尽灭之。虎命弋仲剑履上殿，入朝不趋，进封西平郡公；蒲洪为车骑大将军，开府仪同三司，都督雍、秦州诸军事，雍州刺史，进封略阳郡公。

始平人马勖聚兵，自称将军，赵乐平王苞讨灭之，诛三千余家。

（以上为第三段，写后赵主石虎即帝位，改元太宁，原太子石宣的一万多被流放的士兵没有得到宽赦，便举而反叛，攻陷郡县，发展到十万人，后被冠军大将军姚弋仲率兵平定。）

箭，一人足以抵挡十余人。他们虽然没有武器盔甲，但抢来老百姓的斧头，再安上一丈来长的斧柄，交战时用起来出神入化，所向披靡。卫士们跟随着梁犊，攻克郡县，杀掉郡守、县令等官吏，长驱直入，向东而来。等到抵达长安时，参加的人已达十万。乐平王石苞率领全部精锐士兵阻挡他们，但一交战就被打败。梁犊于是东出潼关，向洛阳进发。后赵主石虎任命李农为大都督，行大将军事，统领卫军将军张贺度等人的步兵、骑兵十万人前来攻打，在新安交战，李农等大败；在洛阳交战，又被打败，只好退至成皋，坚壁防守。

梁犊于是继续东进，攻取荥阳、陈留等郡。石虎十分害怕，任命燕王石斌为大都督，掌管内外各种军事事务，统领冠军大将军姚弋仲、车骑将军蒲洪等人的部队前来讨伐。姚弋仲率领他的士兵八千多人来到邺城，求见石虎。石虎正在患病，没有见他，而是派人把他带到领军省，用专供自己所吃的御食赏赐他。姚弋仲勃然大怒，不仅不吃，还说："主上召唤我前来攻打乱贼，理当向我面授计谋，难道我是为了吃一顿饭才来的吗！再说如果主上不见我，我怎么知道他现在是死是活呢？"石虎勉强支撑着病体会见了他。姚弋仲责怪石虎说："儿子死了，很忧愁吧，要不然为什么病了呢？儿子小的时候你不选择好人教育他，这才使他长大后干出了叛逆之事；既然是因为干了叛逆之事才杀了他，又有什么可忧愁的呢？再说你已经病了很久，立为太子的儿子年龄幼小，如果你病情不见好转，天下必将大乱，这才是首先应该忧虑的，不必忧虑那些乱贼！梁犊等人因为穷困无路，思家心切才相聚成为强盗，他们在所经过的地方烧杀抢掠，能成什么事！老夫为你一举消灭他们！"姚弋仲性情耿直暴躁，对人不论贵贱高下都直呼为"你"，因此石虎也不责怪他，当即坐在座位上任命他为使持节、征西大将军，并赏赐给他铠甲、战马。姚弋仲说："你看老夫能打败乱贼吗？"说着在庭院里就披挂盔甲，跨上战马，然后扬鞭策马，连告辞的话也没说便南驰而去。

于是，姚弋仲和石斌等率部在荥阳攻打梁犊，大获全胜，斩掉梁犊的头颅返回。接着又讨伐其残余士兵，把他们也干净彻底地消灭了。石虎因此给予姚弋仲可以佩剑穿鞋上殿、允许他大步入朝晋见国君的特殊礼遇，并晋封他为西平郡公。任命蒲洪为车骑大将军，开府仪同三司，都督雍、秦州诸军事，雍州刺史，并晋封为略阳郡公。

始平人马勖纠集士兵，自称将军。后赵国乐平王石苞率兵攻打，消灭了他们，杀掉三千多家。

夏，四月，益州刺史周抚、龙骧将军朱焘击范贲，斩之，益州平。

诏遣谒者陈沈如燕，拜慕容儁为使持节、侍中、大都督、督河北诸军事、幽平二州牧、大将军、大单于、燕王。

桓温遣督护滕畯帅交、广之兵击林邑王文于卢容，为文所败，退屯九真。

乙卯，赵王虎病甚，以彭城王遵为大将军，镇关右；燕王斌为丞相，录尚书事；张豺为镇卫大将军、领军将军、吏部尚书。并受遗诏辅政。

刘后恶斌辅政，恐不利于太子，与张豺谋去之。斌时在襄国，遣使诈谓斌曰："主上疾已渐愈，王须猎者，可少停也。"斌素好猎、嗜酒，遂留猎，且纵酒。刘氏与豺因矫诏称斌无忠孝之心，免官归第，使豺弟雄帅龙腾五百人守之。

乙丑，遵自幽州至邺，敕朝堂受拜，配禁兵三万遣之，遵涕泣而去。是日，虎疾小瘳，问："遵至未？"左右对曰："去已久矣。"虎曰："恨不见之！"

虎临西阁，龙腾中郎二百余人列拜于前，虎问："何求？"皆曰："圣体不安，宜令燕王入宿卫，典兵马。"或言："乞以为皇太子。"虎曰："燕王不在内邪？召以来！"左右言："王酒病，不能入。"虎曰："促持辇迎之，当付玺绶。"亦竟无行者。寻惛眩而入。张豺使张雄矫诏杀斌。

戊辰，刘氏复矫诏以豺为太保、都督中外诸军、录尚书事，如霍光故事。侍中徐统叹曰："乱将作矣，吾无为预之。"仰药而死。

己巳，虎卒，太子世即位，尊刘氏为皇太后。刘氏临朝称制，以张豺为丞相，豺辞不受，请以彭城王遵、义阳王鉴为左右丞相，以慰其心，刘氏从之。

豺与太尉张举谋诛司空李农，举素与农善，密告之。农奔广宗，帅乞活数万家保上白，刘氏使张举统宿卫诸军围之。豺以张离为镇军大将军，监中外诸军事，以为己副。

夏季，四月，东晋益州刺史周抚、龙骧将军朱焘率兵攻打范贲，将其斩杀，益州得以平定。

东晋朝廷下令派遣使者陈沈前往前燕，授予慕容儁使持节、侍中、大都督、督河北诸军事以及幽、平二州牧，大将军、大单于、燕王等官职。

东晋征西大将军桓温派督护滕畯率领交、广二州的士兵在卢容攻打林邑王范文，反被范文打败，只好撤退驻扎在九真郡。

四月初九乙卯，后赵主石虎病情恶化，任命彭城王石遵为大将军，镇守关右；任命燕王石斌为丞相，总领尚书职事；任命张豺为镇卫大将军、领军将军、吏部尚书。他们还接受遗诏，辅佐朝政。

刘皇后讨厌石斌辅佐朝政，怕这样对太子不利，因此和张豺一起谋划想除掉他。当时石斌在襄国，她派遣使者前往欺骗石斌说："主上的病情已逐渐好转，您可以稍迟些再前来。"石斌历来喜好打猎喝酒，听到这消息后，便又开始打猎纵酒。刘氏和张豺于是就假传诏令，称石斌毫无忠孝之心，将他免官归家，派张豺的弟弟张雄率领宫中的龙腾卫士五百人看守他。

四月十九日乙丑，石遵从幽州来到邺城，刘氏传令让他在朝堂接受任命，给他配备了三万宫中的亲兵，便让他回去，石遵流着眼泪走了。这天，石虎的病情稍有好转，问道："石遵来了没有？"左右的人回答说："已经离开很久了。"石虎说："真痛心没有见到他！"

石虎来到太武殿的西阁门，担任宫中护卫任务的龙腾中郎二百多人上前列队拜见。石虎问："你们有什么请求？"众卫士回答说："主上圣体欠安，应当让燕王石斌入宫主管警卫，典掌兵马。"有的人还说："请求以他为皇太子。"石虎说："燕王不在宫内吗？把他招来！"左右的人回答说："燕王因纵酒而病，不能入宫了。"石虎说："赶快用我乘坐的车子把他接来，应当把玺印交给他。"但左右竟然始终无人行动。不一会儿，石虎因头昏目眩，只好回去了。张豺派张雄假传诏令杀了石斌。

四月二十二日戊辰，刘氏再次假传诏令，任命张豺为太保、都督中外诸军、总管尚书职事，就像西汉霍光辅政专权一样。侍中徐统叹息道："祸乱将要来临了。"随即服毒自杀身亡。

四月二十三日己巳，石虎去世，太子石世即位，尊奉刘氏为皇太后。刘氏临朝掌控朝政，任命张豺为丞相。张豺辞让不肯接受，请求任命彭城王石遵、义阳王石鉴为左右丞相，以此来安抚他们，刘氏听从了。

张豺找太尉张举谋划诛杀司空李农，然而张举和李农历来关系密切，就把此事悄悄地告诉了李农。李农闻讯后逃到广宗，率领乞活等残余部众数万家固守上白之地，刘氏派张举统领多路朝廷禁卫军队包围了他们。张豺任命张离为镇军大将军，

彭城王遵至河内，闻丧。姚弋仲、蒲洪、刘宁及征虏将军石闵、武卫将军王鸾等讨梁犊还，遇遵于李城，共说遵曰："殿下长且贤，先帝亦有意以殿下为嗣，正以末年惛惑，为张豺所误。今女主临朝，奸臣用事，上白相持未下，京师宿卫空虚，殿下若声张豺之罪，鼓行而讨之，其谁不开门倒戈而迎殿下者！"遵从之。

五月，遵自李城举兵，还趣邺，洛州刺史刘国帅洛阳之众往会之。檄至邺，张豺大惧，驰召上白之军。

丙戌，遵军于荡阴，戎卒九万，石闵为前锋。豺将出拒之，耆旧、羯士皆曰："彭城王来奔丧，吾当出迎之，不能为张豺守城也！"逾城而出，豺斩之，不能止。张离亦帅龙腾二千，斩关迎遵。刘氏惧，召张豺入，对之悲哭曰："先帝梓宫未殡，而祸难至此！今嗣子冲幼，托之将军，将军将若之何？欲加遵重位，能弭之乎？"豺惶怖不知所出，但云"唯唯"。乃下诏，以遵为丞相，领大司马、大都督、督中外诸军，录尚书事，加黄钺、九锡。

己丑，遵至安阳亭，张豺惧而出迎，遵命执之。庚寅，遵擐甲曜兵，入自凤阳门，升太武前殿，擗踊尽哀，退如东阁。斩张豺于平乐市，夷其三族。假刘氏令曰："嗣子幼冲，先帝私恩所授，皇业至重，非所克堪，其以遵嗣位。"于是，遵即位，大赦，罢上白之围。辛卯，封世为谯王，废刘氏为太妃，寻皆杀之。

李农来归罪，使复其位。尊母郑氏为皇太后，立妃张氏为皇后，故燕王斌子衍为皇太子。以义阳王鉴为侍中、太傅，沛王冲为太保，乐平王苞为大司马，汝阴王琨为大将军，武兴公闵为都督中外诸军事、辅国大将军。

（以上为第四段，写后赵主石虎去世，皇太后刘氏与张豺谋杀燕王石斌；彭城王石遵起兵造反，自立为帝，废杀继位的皇帝石世，后赵国内一片大乱。）

监督朝廷内外的各项军务，以作为自己的副手。

彭城王石遵行至河内时，听到了父亲病故的丧讯。姚弋仲、蒲洪、刘宁以及征虏将军石闵、武卫将军王鸾等人在攻打梁犊后的归途中，和石遵在李城相遇。他们一起劝石遵说：“您年长而且德才兼备，先帝也曾有意让您当继承人。正是因为他晚年昏然迷惑，才被张豺所欺误。如今女主当朝，奸臣独揽朝政，上白之地双方相持不下，京师的守卫力量空虚，您如果声讨张豺的罪行，击鼓进军对他进行攻打，有谁不打开城门、掉转武器而迎接您呢！”石遵听从了。

五月，石遵从李城发兵，掉头直奔邺城。洛州刺史刘国率领洛阳的部众前来与他会合。讨伐檄文到了邺城后，张豺十分害怕，急忙命令包围上白的军队返回。

五月十一日丙戌，石遵的部队驻扎在荡阴，士兵达九万人，石闵为前锋。张豺打算出去拦截，但邺城德高望重的老人和羯族士兵都说：“彭城王前来奔丧，我们应当出城迎接他，再也不能为张豺守城了！”于是，纷纷翻越城墙跑了出来，张豺虽然以杀头来制止，但也不能奏效。就连张离也率领龙腾卫士二千人，冲破关卡，准备迎接石遵。刘氏十分恐惧，召张豺来到宫中，悲痛地对他边哭边说：“先帝的棺材还没有入土，而祸乱就到了这种地步！如今太子年幼，只能依靠将军您了。将军您打算怎么办呢？我想给石遵加封显赫的官位，这样能安抚住他吗？”张豺这时也十分惊慌害怕，不知道该怎样回答，只是说：“是的，是的。”于是，刘氏便发下号令，任命石遵为丞相，兼领大司马、大都督、督中外诸军，总管尚书职事，并给予他持黄钺、加九锡等特殊权力和礼遇。

五月十四日己丑，石遵抵达安阳亭，张豺十分害怕，出来迎接，石遵命令拘捕了他。五月十五日庚寅，石遵身穿铠甲，炫耀武力，从凤阳门进入邺城，登上太武前殿，捶胸顿足，宣泄悲哀，然后退至东阁门。在平乐市杀了张豺，还灭了他的三族。石遵借刘氏之令说：“太子年幼，之所以立他为太子，那是先帝个人的情义所致。然而国家大业至关重要，不是他所能承担的。应当以石遵为继位人。”于是石遵便即皇帝位，实行大赦，并解除了对上白的包围。五月十六日辛卯，封石世为谯王，废掉刘氏为太妃。过了不久，便把他们全都杀了。

李农前来归附谢罪，石遵让他官复原位。尊奉石遵的母亲郑氏为皇太后，立妃子张氏为皇后，原燕王石斌的儿子石衍被立为皇太子。任命义阳王石鉴为侍中、太傅，沛王石冲为太保，乐平王石苞为大司马，汝阴王石琨为大将军，武兴公石闵为都督中外诸军事、辅国大将军。

甲午，邺中暴风拔树，震电，雨雹大如盂升。太武晖华殿灾，及诸门观阁荡然无余，乘舆服御，烧者太半，金石皆尽，火月余乃灭。

时沛王冲镇蓟，闻遵杀世自立，谓其僚佐曰：“世受先帝之命，遵辄废而杀之，罪莫大焉！其敕内外戒严，孤将亲讨之。”于是，留宁北将军沭坚戍幽州，帅众五万自蓟南下，传檄燕、赵，所在云集，比至常山，众十余万，军于苑乡，遇遵赦书，冲曰：“皆吾弟也，死者不可复追，何为复相残乎！吾将归矣。”其将陈暹曰：“彭城篡弑自尊，为罪大矣！王虽北旆，臣将南辕，俟平京师，擒彭城，然后奉迎大驾。”冲乃复进。遵驰遣王擢以书喻冲，冲弗听。遵使武兴公闵及李农帅精卒十万讨之。战于平棘，冲兵大败，获冲于元氏，赐死，坑其士卒三万余人。

武兴公闵言于遵曰：“蒲洪，人杰也，今以洪镇关中，臣恐秦、雍之地非国家之有。此虽先帝临终之命，然陛下践阼，自宜改图。”遵从之，罢洪都督，余如前制。洪怒，归枋头，遣使来降。

燕平狄将军慕容霸上书于燕王儁曰：“石虎穷凶极暴，天之所弃，余烬仅存，自相鱼肉。今中国倒悬，企望仁恤，若大军一振，势必投戈。”北平太守孙兴亦表言：“石氏大乱，宜以时进取中原。”儁以新遭大丧，弗许。

霸驰诣龙城，言于儁曰：“难得而易失者，时也。万一石氏衰而复兴，或有英雄据其成资，岂惟失此大利，亦恐更为后患。”儁曰：“邺中虽乱，邓恒据安乐，兵强粮足，今若伐赵，东道不可由也，当由卢龙；卢龙山径险狭，虏乘高断要，首尾为患，将若之何？”霸曰：“恒虽欲为石氏拒守，其将士顾家，人怀归志，若大军临之，自然瓦解。臣请为殿下前驱，东出徒河，潜趣令支，出其不意，彼闻之，势必震骇，上不过闭门自守，下不免弃城逃溃，何暇御我哉！然则殿下可以安步而前，无复留难矣。”

五月十九日甲午，邺城内狂风拔树，雷电交加，下的冰雹像盂钵和粮升一样大。太武殿、晖华殿发生火灾，许多门观亭阁被烧得荡然无存，皇宫的车乘服饰也被烧了大半，金银玉石之类全都损失殆尽。大火一直烧了一个多月才熄灭。

当时沛王石冲正在镇守蓟城，听说石遵杀掉了石世自立以后，就对辅佐他的同僚们说："石世是秉承先帝的旨意继位的，石遵专横地把他废除并杀掉，再也没有比这更大的罪过了！命令内外严加戒备，我要亲自出征去攻打他！"于是石冲留下宁北将军沭坚守卫幽州，自己率领五万士兵自蓟城南下，并将讨伐的檄文传递到燕赵之地。他每到一地，人们都云集而来，等到抵达常山，士兵已有十多万。驻扎在苑乡时，石冲见到了石遵实行大赦的诏书，他说："石世、石遵都是我的弟弟，死去的人已经无法复生，为什么还要再互相残杀呢！我要返回去了。"石冲手下的将领陈暹却说："彭城王石遵杀君夺位，自立为帝，罪大恶极！虽然您要挥旗北返，但我还将继续南进，等到平定了京师，擒获了彭城王，然后再来恭迎您的大驾。"听到这话，石冲又改变了主意，于是继续前进。石遵急派王擢送信劝说石冲，但石冲没有听从。石遵便派武兴公石闵及李农率领精锐士卒十万人攻打石冲。双方在平棘交战，石冲的军队大败。他本人在元氏县被擒。石遵赐他自杀，并活埋了石冲手下的士兵三万多人。

武兴公石闵对石遵进言说："蒲洪是杰出的人才，如今让他镇守关中，我恐怕秦州、雍州之地就不再会归赵国所有了。让蒲洪镇守关中虽然是先帝临终前的指令，然而如今皇上登位，自然应当改变谋略。"石遵听从了进言，罢免了蒲洪的都督官职，其他的官职待遇则一如从前。蒲洪对此感到愤怒，回到枋头后，便派使者前来向东晋投降。

前燕平狄将军慕容霸给前燕王慕容儁上书说："石虎穷凶极恶，残暴无比，已被上天所抛弃。其仅存的一点残余，还自相鱼肉蚕食。如今中原危难至极，人们急切盼望以仁爱安恤，如果您统率大军奋起，石氏的士兵势必会放下武器。"北平太守孙兴也上书说："眼下石氏内部大乱，应当不失时机地进取中原。"慕容儁考虑到先帝大丧刚刚过去，没有答应。

慕容霸急忙来到龙城，对慕容儁进言说："时机是难以得到而容易失去的东西。万一石氏由衰败转而复兴，抑或出现英雄之辈占据了他们已有的积聚，这岂止是痛失大利，更是给我们留下了后患。"慕容儁说："邺城虽已大乱，但邓桓占据着安乐，兵力强大，粮草充足，如今若要讨伐后赵，东面的道路无法通过，只能经由卢龙。然而卢龙的山路险峻狭隘，敌人如果居高山之势把我们的部队拦腰截断，则首尾受敌，那将怎么办呢？"慕容霸说："邓桓虽然想为石氏抵抗坚守，但其将士念家，人怀归心，如果我们的大军一到，他们自然就会土崩瓦解。我请求率部作为您的前锋，

儁犹豫未决，以问五材将军封奕，对曰："用兵之道，敌强则用智，敌弱则用势。是故以大吞小，犹狼之食豚也；以治易乱，犹日之消雪也。大王自上世以来，积德累仁，兵强士练。石虎极其残暴，死未瞑目，子孙争国，上下乖乱。中国之民，坠于涂炭，延颈企踵以待振拔。大王若扬兵南迈，先取蓟城，次指邺都，宣耀威德，怀抚遗民，彼孰不扶老提幼以迎大王？凶党将望旗冰碎，安能为害乎！"从事中郎黄泓曰："今太白经天，岁集毕北，阴国受命，此必然之验也，宜速出师，以承天意。"折冲将军慕舆根曰："中国之民困于石氏之乱，咸思易主以救汤火之急，此千载一时，不可失也。自武宣王以来，招贤养民，务农训兵，正俟今日。今时至不取，更复顾虑，岂天意未欲使海内平定邪，将大王不欲取天下也？"

儁笑而从之。以慕容恪为辅国将军，慕容评为辅弼将军，左长史阳骛为辅义将军，谓之"三辅"。慕容霸为前锋都督、建锋将军，选精兵二十余万，讲武戒严，为进取之计。

六月，葬赵王虎于显原陵，谥曰"武帝"，庙号太祖。

（以上为第五段，写后赵诸子争国，乱成一团，前燕动了觊觎之心，慕容霸、封奕、黄泓、慕舆根等认为是千载难逢的机会，前燕主慕容儁最终拍板，做好攻战后赵的准备。）

桓温闻赵乱，出屯安陆，遣诸将经营北方。赵扬州刺史王浃举寿春降；西中郎将陈逵进据寿春。征北大将军褚裒上表请伐赵，即日戒严，直指泗口。朝议以裒事任贵重，不宜深入，宜先遣偏师。裒奏言："前已遣前锋督护王颐之等径造彭城，后遣督护麋嶷进据下邳，今宜速发，以成声势。"

秋，七月，加裒征讨大都督，督徐、兖、青、扬、豫五州诸军事。

东出徒河，暗赴令支，出其不意。等到他们闻讯后，势必感到震惊，这时其上策不过是闭门固守而已，下策就不免要弃城溃逃了，哪有工夫抵抗我们呢！然而您却可以慢慢前进，这样就不会出现被截留围困的灾难了。”

慕容儁仍然犹豫不决，以此去询问五材将军封奕，封奕对他说：“用兵之道，在于碰到强大的敌人就用智取，碰到软弱的敌人就用势夺。所以以大吞小，就像狼吃小猪一样；拨乱反正，就像太阳融化积雪一样。大王自先帝在世以来，积累道德仁义，士兵强悍，武器精良。石虎则因残暴至极，死未瞑目，其子孙便争夺天下，上下一片混乱。中原地区的百姓，落入水深火热的深渊，翘首盼望起兵拯救。大王如果率兵南进，先攻取蓟城，再直指邺城，炫耀威力，弘扬道德，关怀安抚亡国之民，有谁能不扶老携幼迎接大王呢？石氏那些凶残的党羽必将是一望见大王的旗帜就像冰块破碎一样顷刻崩溃，怎么还能继续为害呢？”从事中郎黄泓说：“如今太白星中天可见，木星停留在毕宿之北，这正是北方之国必然接受天命的应验。大王应尽快出师，以禀承天意。”折冲将军慕舆根说：“中原地区的百姓久困于石氏的祸乱，全都想改换君主以摆脱水深火热的危急苦难，这是一个千载难逢的时机，不能丧失。自武宣王慕容廆以来，广招贤士，养育百姓，致力农耕，训练士兵，等待的正是今天。如今时机已到，如果弃而不用，顾虑再三，难道是天意不想使海内安定，还是大王不想夺取天下呢？”

慕容儁笑着听从了他们的劝告，任命慕容恪为辅国将军，慕容评为辅弼将军，左长史阳骛为辅义将军，称之为“三辅”。任命慕容霸为前锋都督、建锋将军，选择精兵二十多万，讲习武艺，进入临战状态，为进攻石氏做好准备。

六月，后赵主石虎被安葬在显原陵，上谥号为武帝，庙号为太祖。

东晋征西大将军桓温听说后赵国大乱，便出兵驻扎安陆，派遣手下几员大将去开辟北方。后赵的扬州刺史王浃拱手让出寿春投降。桓温手下的西中郎将陈逵占据了寿春。征北大将军褚裒向朝廷上书，请求攻打后赵，并从当天开始进入临战的戒备状态，目标直指泗口。朝廷商议考虑到褚裒身份尊贵，肩负着镇守京口的重大责任，不应深入敌境，而应当先派遣其他部分的军队出征。褚裒上书，说：“先前已派前锋督护王颐之等人直接前往彭城，后又派督护麋嶷进据下邳，如今应该迅速发兵，以造成强大的声势。”

秋季，七月，朝廷授予褚裒征讨大都督，监督徐、兖、青、扬、豫五州的所有

裒帅众三万，径赴彭城，北方士民降附者日以千计。

朝野皆以为中原指期可复，光禄大夫蔡谟独谓所亲曰：“胡灭，诚为大庆，然恐更贻朝廷之忧。”其人曰：“何谓也？”谟曰：“夫能顺天乘时济群生于艰难者，非上圣与英雄不能为也，自余则莫若度德量力。观今日之事，殆非时贤所及，必将经营分表，疲民以逞，既而才略疏短，不能副心，财殚力竭，智勇俱困，安得不忧及朝廷乎！”

鲁郡民五百余家相与起兵附晋，求援于褚裒，裒遣部将王龛、李迈将锐卒三千迎之。赵南讨大都督李农帅骑二万与龛等战于代陂，龛等大败，皆没于赵。

八月，裒退屯广陵。陈逵闻之，焚寿春积聚，毁城遁还。裒上疏乞自贬，诏不许，命裒还镇京口，解征讨都督。时河北大乱，遗民二十余万口渡河欲来归附，会裒已还，威势不接，皆不能自拔，死亡略尽。

（以上为第六段，写东晋在后赵大乱后的举动，征西大将军桓温出兵驻扎安陆，派遣大将开辟北方；褚裒率军出击，朝廷授予征讨大都督，大败亏输，无功而还。）

赵乐平王苞谋帅关右之众攻邺，左长史石光、司马曹曜等固谏，苞怒，杀光等百余人。苞性贪而无谋，雍州豪杰知其无成，并遣使告晋，梁州刺史司马勋帅众赴之。

杨初袭赵西城，破之。

九月，凉州官属共上张重华为丞相、凉王、雍秦凉三州牧。重华屡以钱帛赐左右宠臣，又喜博弈，颇废政事。征事索振谏曰：“先王夙夜勤俭以实府库，正以雠耻未雪，志平海内故也。殿下嗣位之初，强寇侵逼，赖重饵之故，得战士死力，仅保社稷。今蓄积已虚而寇雠尚在，岂可轻有耗散，以与无功之人乎！昔汉光武躬亲万机，章奏诣阙，报不终日，故能隆中兴之业。今章奏停滞，动经时月，下情不得上通，沈冤困于囹圄，殆非明主之事也。”重华谢之。

司马勋出骆谷，破赵长城戍，壁于悬钩，去长安二百里，使治中刘

军务。褚裒率领三万士兵直接开赴彭城，北方地区投降归附的士人百姓日以千计。

东晋朝野上下都认为光复中原指日可待，只有光禄大夫蔡谟对和他亲近的人说："胡人被消灭确实是非常值得庆贺的事情，然而恐怕这更给朝廷带来了忧患。"听的人问："您说的是什么意思呢？"蔡谟答道："能够顺应天意、掌握时机把百姓从艰难困苦中拯救出来的事业，如果不是最杰出的圣人和英雄是不能承担的，其余的人不如老老实实地衡量一下自己的德行与力量。反观如今攻打后赵之事，恐怕不是褚裒等人就能办成的。结果只能步步为营，分兵攻守，这是以劳民伤财为代价，来炫耀个人的志向。最后会因为才能和见识浅薄平庸，难以遂心，财力耗尽，智慧和勇气全都变得窘困，怎么能不给朝廷带来忧患呢！"

鲁郡的五百多户百姓相聚起兵，归附东晋，他们向褚裒求援，褚裒派部将王龛、李迈率领精锐士兵三千人去迎接他们。后赵的南讨大都督李农率领二万骑兵和王龛等在代陂交战，王龛等大败，都被后赵消灭。

八月，褚裒退驻在广陵。陈逵听说后，把寿春城里贮存的粮草武器付之一炬，破坏了城池，然后逃了回去。褚裒主动上疏请求贬职处分，穆帝下令不同意，命令褚裒回去继续镇守京口，解除了他征讨都督的职务。这时，黄河以北大乱，二十多万晋朝遗民渡过黄河，要来归附东晋。但褚裒正好在这时已回到了京口，声威气势已去，不能接应，结果遗民们陷于孤立无援的境地而不能自救，几乎全部死亡。

后赵乐平王石苞谋划率领关右的士兵攻打邺城，左长史石光、司马曹曜等人竭力劝说，石苞大怒，杀掉了石光等一百多人。石苞生性贪婪但无谋略，雍州的豪杰之士都知道他一事无成，于是就一起派人把他想攻打邺城的事情报告了东晋朝廷，梁州刺史司马勋便率领士兵开赴雍州。

前仇池主杨初袭击并攻破了后赵的西城。

九月，凉州的官吏们共同拥戴张重华为丞相、凉王及雍、秦、凉三州的州牧。张重华经常用钱帛赏赐周围所宠信的大臣们，又喜欢玩六博和围棋，很耽误政事。征事索振劝他说："先王昼夜勤于政务，生活简朴，使国家府库充实，正是由于仇恨未报，耻辱未雪，立志要平定海内的缘故。您刚刚即位的时候，强敌前来进犯，依赖重赏，才得到战士们的拼死效力，勉强保住江山。如今积蓄已经空虚，而敌人与仇恨依然存在，怎么能轻易地耗费，把它送给无功之辈呢？过去汉光武帝日理万机，奏章文书送到朝廷后，批复在当天就发下，所以他才能使中兴大业兴隆昌盛。如今奏章文书滞留积压，往返传递动辄数月，下情不能上达，含冤之人困在牢狱，这大概不是英明的君主所干的事情。"张重华对索振表示谢罪。

东晋凉州刺史司马勋率兵出骆谷，攻克了后赵的长城戍，在悬钩设置营垒，离

焕攻长安，斩京兆太守刘秀离，又拔贺城；三辅豪杰多杀守令以应勋，凡三十余壁，众五万人。赵乐平王苞乃辍攻邺之谋，使其将麻秋、姚国等将兵拒勋。赵主遵遣车骑将军王朗帅精骑二万以讨勋为名，因劫苞送邺。勋兵少，畏朗，不敢进。冬，十月，释悬钩，拔宛城，杀赵南阳太守袁景，复还梁州。

初，赵主遵之发李城也，谓武兴公闵曰："努力！事成，以尔为太子。"既而立太子衍。闵恃功，欲专朝政，遵不听。闵素骁勇，屡立战功，夷、夏宿将皆惮之。既为都督，总内外兵权，乃抚循殿中将士，皆奏为殿中员外将军，爵关外侯。遵弗之疑，而更题名善恶以挫抑之，众咸怨怒。中书令孟准、左卫将军王鸾劝遵稍夺闵兵权，闵益恨望，准等咸劝诛之。

十一月，遵召义阳王鉴、乐平王苞、汝阴王琨、淮南王昭等入议于郑太后前，曰："闵不臣之迹渐著，今欲诛之，如何？"鉴等皆曰："宜然！"郑氏曰："李城还兵，无棘奴，岂有今日！小骄纵之，何可遽杀！"鉴出，遣宦者杨环驰以告闵。闵遂劫李农及右卫将军王基密谋废遵，使将军苏彦、周成帅甲士三千人执遵于南台。遵方与妇人弹棋，问成曰："反者谁也？"成曰："义阳王鉴当立。"遵曰："我尚如是，鉴能几时！"遂杀之于琨华殿，并杀郑太后、张后、太子衍、孟准、王鸾及上光禄张斐。

鉴即位，大赦。以武兴公闵为大将军，封武德王，司空李农为大司马，并录尚书事，郎闿为司空，秦州刺史刘群为尚书左仆射，侍中卢谌为中书监。

（以上为第七段，写东晋凉州刺史司马勋攻打后赵，功绩式微；后赵王室内讧不已，你方唱罢我登台，石遵即位不久，义阳王石鉴借石闵之手杀石遵而自立为帝。）

秦、雍流民相帅西归，路由枋头，共推蒲洪为主，众至十余万。洪子健在邺，斩关出奔枋头。鉴惧洪之逼，欲以计遣之，乃以洪为都督关

长安二百里。他派治中刘焕攻打长安，杀掉了京兆太守刘秀离，又攻克了贺城。三辅地区的豪杰之士大多都杀掉郡守县令等官吏，以响应司马勋。此时，司马勋共有三十多座营垒，五万士兵。后赵乐平王石苞于是也放弃了攻打邺城的图谋，派他的部将麻秋、姚国等统领士兵抵抗司马勋。后赵主石遵派车骑将军王朗率领二万精锐骑兵，以讨伐司马勋为名，顺势劫持石苞送到邺城。司马勋这时手下兵力不足，由于害怕王朗的精锐骑兵，不敢继续前进。冬季，十月，司马勋放弃了悬钩，攻克宛城，杀掉了后赵南阳太守袁景，又回到了梁州。

当初，后赵主石遵在李城起兵时，曾经对武兴公石闵说："努力干吧！事成以后，让你当太子。"但后来却立石衍为太子。石闵自恃有功，想要专擅朝政，但石遵不听他的。石闵历来英勇善战，屡立战功，四夷和中原久经沙场的老将都害怕他。眼下他既然做了都督，总揽内外兵权，便安抚手下的将士，奏请让他们全都出任殿中员外将军，封爵关外侯。石遵对于石闵的所作所为不加怀疑，反而对这些人题写善与恶的品评，加以压制，于是众将士都怨恨愤怒。中书令孟准、左卫将军王鸾劝石遵应该逐渐剥夺石闵的兵权，石闵越发心怀不满。孟准等人全都劝说石遵要把石闵杀掉。

十一月，石遵召集义阳王石鉴、乐平王石苞、汝阴王石琨、淮南王石昭等人入宫，来到郑太后面前进行商议。石遵说："石闵不忠于君主的迹象已逐渐明显，如今我想把他杀掉，怎么样？"石鉴等人都说："应当如此！"郑氏说："当初在李城起兵时，如果没有石闵，岂能有今天？石闵有点居功自傲，应当对他有所宽纵，怎么能急急忙忙把他杀掉呢？"这时石鉴借故外出，派宦官杨环迅速去把这一消息告诉石闵。石闵闻讯后就胁迫李农及右卫将军王基密谋废掉石遵，派将军苏彦、周成率领披甲士兵三千人前往南台捉拿石遵。士兵们来到石遵的住处时，他正和妇人玩弹棋。他问周成说："造反的是谁？"周成说："义阳王石鉴应当立为继承人。"石遵说："我尚且如此，石鉴又能支撑多长时间！"于是在琨华殿把石遵杀掉了，同时杀了郑太后、张后、太子石衍、孟准、王鸾以及上光禄大夫张斐。

石鉴即位，实行大赦。任命武兴公石闵为大将军，封为武德王；任命司空李农为大司马，并录尚书事；任命郎闿为司空，秦州刺史刘群为尚书左仆射，侍中卢谌为中书监。

秦州、雍州的流民结伴西归，路经枋头时，共同推举蒲洪为首领，部众多达十多万。蒲洪的儿子蒲健在邺城，这时也冲破关卡投奔枋头。石鉴害怕蒲洪过于靠近

中诸军事、征西大将军、雍州牧、领秦州刺史。洪会官属，议应受与不？主簿程朴请且与赵连和，如列国分境而治。洪怒曰："吾不堪为天子邪，而云列国乎！"引朴斩之。

都乡元穆侯褚裒还至京口，闻哭声甚多，以问左右，对曰："皆代陂死者之家也。"裒惭愤发疾，十二月，己酉，卒。以吴国内史荀羡为使持节，监徐兖二州、扬州之晋陵诸军事，徐州刺史，时年二十八，中兴方伯未有如羡之少者。

赵主鉴使乐平王苞、中书令李松、殿中将军张才夜攻石闵、李农于琨华殿，不克，禁中扰乱。鉴惧，伪若不知者，夜斩松、才于西中华门，并杀苞。

新兴王祗，虎之子也，时镇襄国，与姚弋仲、蒲洪等连兵，移檄中外，欲共诛闵、农。闵、农以汝阴王琨为大都督，与张举及侍中呼延盛帅步骑七万分讨祗等。

中领军石成、侍中石启、前河东太守石晖谋诛闵、农，闵、农皆杀之。龙骧将军孙伏都、刘铢等帅羯士三千伏于胡天，亦欲诛闵、农。鉴在中台，伏都帅三十余人将升台挟鉴以攻之。鉴见伏都毁阁道，临问其故。伏都曰："李农等反，已在东掖门，臣欲帅卫士讨之，谨先启知。"鉴曰："卿是功臣，好为官陈力，朕从台上观，卿勿虑无报也。"于是，伏都、铢帅众攻闵、农，不克，屯于凤阳门。闵、农帅众数千毁金明门而入。鉴惧闵之杀己，驰招闵、农，开门内之，谓曰："孙伏都反，卿宜速讨之。"闵、农攻斩伏都等，自凤阳至琨华，横尸相枕，流血成渠。宣令内外六夷，敢称兵仗者斩。胡人或斩关、或逾城而出者，不可胜数。

闵使尚书王简，少府王郁帅众数千守鉴于御龙观，悬食以给之。下令城中曰："近日孙、刘构逆，支党伏诛，良善一无预也。今日已后，与官同心者留，不同者各任所之。敕城门不复相禁。"于是，赵人百里内悉入城，胡、羯去者填门。闵知胡之不为己用，班令内外："赵人斩一胡首送凤阳门者，文官进位三等，武官悉拜牙门。"一日之中，斩首数万。闵

自己，想用计谋把他调开，于是就任命蒲洪为都督关中诸军事、征西大将军、雍州牧兼任秦州刺史。蒲洪召集手下的官吏，商量是否接受任命。主簿程朴请求暂且和后赵讲和，就像诸侯列国一样分地而治。蒲洪大怒，说道："我不配做天子吗？为什么说列国分地而治的话呢！"因此，就把程朴拉出去杀了。

东晋都乡元穆侯褚裒回到京口，听见到处都是哭声，他问周围的人，人们对他说："全是代陂之战中阵亡者的家属。"褚裒既惭愧又愤恨，因此就病倒了，十二月初七己酉去世。朝廷任命吴国内史荀羡为使持节，监徐、兖二州及扬州之晋陵诸军事，徐州刺史。荀羡时年二十八岁，晋朝中兴以来的地方长官中，没有一个像他这样年轻的。

后赵主石鉴派乐平王石苞、中书令李松、殿中将军张才夜里去琨华殿攻打石闵、李农，没有成功，引起了宫中的混乱。石鉴很害怕，装作不知其事的样子，当夜就在西中华门杀掉了李松、张才，并杀了石苞。

新兴王石祗是石虎的儿子，这时镇守襄国。他与姚弋仲、蒲洪等人联合兵力，四处传递檄文，想一起杀掉石闵、李农。石闵、李农闻讯后，任命汝阴王石琨为大都督，与张举以及侍中呼延盛率领七万步兵、骑兵，分路出发攻打石祗等人。

中领军石成、侍中石启及前河东太守石晖谋划诛杀石闵、李农。石闵、李农把他们都杀掉。龙骧将军孙伏都、刘铢等率领羯族士兵三千人埋伏在宫中胡天宫，也想诛杀石闵、李农。当时石鉴正在中台，孙伏都率领三十多人想进入铜雀台挟持石鉴一起攻打石闵、李农。石鉴看见孙伏都捣毁了楼阁通道，便上前询问原因。孙伏都说："李农等人造反，眼下已经在东掖门，我想率领卫士讨伐他，特地先来禀告您。"石鉴说："你是朝廷的功臣，好好为我出力攻打。我在铜雀台上观看，你不必顾虑事成之后没有丰厚的赏赐。"于是，孙伏都、刘铢率领士兵攻打石闵、李农，但没有成功，只好屯兵于凤阳门。石闵、李农率领数千士兵捣毁金明门，进入铜雀台。石鉴害怕石闵杀掉自己，急忙招来石闵、李农，开门接纳，对他们说："孙伏都造反，你们应该迅速去攻打他。"于是石闵、李农前去攻打，斩杀了孙伏都等一大批人，以至于从凤阳门至琨华殿，横尸遍地，血流成渠。石闵还向内外宣布命令：六夷如果有胆敢拿起武器的，一律斩首！胡人中有的冲破关卡，有的翻越城墙，逃出来的不计其数。

石闵派尚书王简、少府王郁率领数千士兵把石鉴看押在御龙观，用绳子把食品悬吊进去让石鉴食用。石闵还在邺城中颁布命令说："近日孙伏都、刘铢发动叛乱，他们的亲信党羽已经全都被杀掉，好人没有一个参与其事。从今天以后，凡是和我同心的人留下，不同心的人想去哪里就去哪里，我命令城门不再关闭。"于是，方圆百里之内的汉族人全都蜂拥进城，而胡人则争相离去，以致挤满了城门。石闵知道

亲帅赵人以诛胡、羯，无贵贱、男女、少长皆斩之，死者二十余万，尸诸城外，悉为野犬豺狼所食，其屯戍四方者，闵皆以书命赵人为将帅者诛之，或高鼻多须滥死者半。

燕王儁遣使至凉州，约张重华共击赵。

高句丽王钊送前东夷护军宋晃于燕，燕王儁赦之，更名曰“活”，拜为中尉。

（以上为第八段，写氐族首领蒲洪欲与后赵分道扬镳；后赵宫廷政变继续发酵，后赵主石鉴派将领攻打石闵、李农，失败；石闵得势，控制石鉴，尽杀胡人羯人。）

六年（庚戌，350年）

春，正月，赵大将军闵欲灭去石氏之迹，托以谶文有“继赵李”，更国号曰“卫”，易姓李氏，大赦，改元青龙。太宰赵庶、太尉张举，中军将军张春、光禄大夫石岳、抚军石宁、武卫将军张季及公侯、卿、校、龙腾等万余人，出奔襄国，汝阴王琨奔冀州。抚军将军张沈据滏口，张贺度据石渎，建义将军段勤据黎阳，宁南将军杨群据桑壁，刘国据阳城，段龛据陈留，姚弋仲据滠头，蒲洪据枋头，众各数万，皆不附于闵。勤，末柸之子；龛，兰之子也。

王朗、麻秋自长安赴洛阳。秋承闵书，诛朗部胡千余人。朗奔襄国。秋帅众归邺，蒲洪使其子龙骧将军雄迎击，获之，以为军师将军。

汝阴王琨及张举、王朗帅众七万伐邺，大将军闵帅骑千余与战于城北。闵操两刃矛，驰骑击之，所向摧陷，斩首三千级，琨等大败而去。闵与李农帅骑三万讨张贺度于石渎。

闰月，卫主鉴密遣宦者赍书召张沈等，使乘虚袭邺。宦者以告闵、农，闵、农驰还，废鉴，杀之，并杀赵主虎二十八孙，尽灭石氏。姚弋仲子曜武将军益、武卫将军若帅禁兵数千斩关奔滠头。弋仲帅众讨闵，军于混桥。

司徒申钟等上尊号于闵，闵以让李农，农固辞。闵曰：“吾属故晋人也，今晋室犹存，请与诸君分割州郡，各称牧、守、公、侯，奉表迎晋

胡人不会为自己所用，便又在宫廷内外颁布命令："凡是斩掉一个胡人的脑袋并送到凤阳门的汉人，文官晋升官位三等，武官全都升为牙门将。"命令发布后，一天之中，被斩首的胡人多达数万。石闵亲自率领汉人诛杀胡人，不论贵贱、男女、老幼，全都斩首，被杀掉的人有二十多万，尸体堆在城外，全让野狗豺狼吃掉了。对于屯戍边疆的胡人，石闵颁布诏书，下令让军队中汉人当将帅的把属下胡人统统杀掉。以至于长得鼻子高一点、胡须多一点的人，大半都被滥杀而死。

前燕主慕容儁派遣使者到凉州，与张重华相约共同攻打后赵。

高句丽王钊遣送以前的东夷护军宋晃到达前燕，前燕主慕容儁赦免了他，将其名改为宋活，授官中尉。

晋穆帝永和六年（庚戌，350 年）

春季，正月，后赵大将军石闵想消除石氏的残余影响，以谶文中有"继赵李"的字样为托词，便更改国号为卫，改姓李氏，实行大赦，改年号为青龙。太宰赵庶、太尉张举、中军将军张春、光禄大夫石岳、抚军石宁、武卫将军张季，以及公侯、卿、校、龙腾卫士等一万多人，全都投奔石祗。汝阴王石琨投奔冀州。抚军将军张沈占据着滏口，张贺度占据着石渎，建义将军段勤占据着黎阳，宁南将军杨群占据着桑壁，刘国占据着阳城，段龛占据着陈留，姚弋仲占据着滠头，蒲洪占据着枋头，各有士兵数万，全都不归附石闵。段勤是段末柸的儿子；段龛是段兰的儿子。

王朗、麻秋从长安奔赴洛阳。麻秋按照石闵书信中的命令，杀掉了王朗部队中的数千名胡人。王朗投奔襄国。麻秋率领士兵要返回邺城，蒲洪派他的儿子龙骧将军蒲雄迎头攻击，俘获了麻秋，任命他为军师将军。

汝阴王石琨以及张举、王朗率领七万士兵攻打邺城，大将军石闵率领千余骑兵和他们在城北交战。石闵手持双刃矛，策马攻击，所向披靡，斩首三千级，石琨等大败而逃。石闵与李农率领三万骑兵在石渎讨伐张贺度。

闰一月，原后赵主石鉴秘密派遣宦官给张沈等人送去书信，让他们乘石闵率兵外出，后方空虚前来袭击邺城。送信的宦官却把消息告诉了石闵、李农。石闵、李农急忙返回，废掉石鉴，并把他杀掉，一起被杀的还有后赵主石虎的二十八个孙子，石氏家族的人全被消灭。姚弋仲的儿子曜武将军姚益、武卫将军姚若率领宫廷卫兵数千人冲破关卡，投奔滠头。姚弋仲率领士兵讨伐石闵，驻扎在混桥。

司徒申钟等人向石闵进献尊号，石闵要谦让给李农，李农执意推辞，不肯接受。石闵说："我们原是晋朝的人士，如今晋皇室尚在，我希望和诸君一起分割州郡而

天子还都洛阳何如？”尚书胡睦进曰：“陛下圣德应天，宜登大位。晋氏衰微，远窜江表，岂能总驭英雄，混一四海乎！”闵曰：“胡尚书之言，可谓识机知命矣。”乃即皇帝位，大赦，改元永兴，国号大魏。

（以上为第九段，写后赵大将军石闵专政，更国号为卫；后赵主石鉴欲除石闵，结果惹火烧身，被废杀；石闵又尽杀石氏子孙，自立为帝，更改年号为永兴，立国号为大魏。）

朝廷闻中原大乱，复谋进取。己丑，以扬州刺史殷浩为中军将军、假节，都督扬、豫、徐、兖、青五州诸军事；以蒲洪为氐王、使持节、征北大将军、都督河北诸军事、冀州刺史、广川郡公；蒲健为假节、右将军、监河北征讨前锋诸军事、襄国公。

姚弋仲、蒲洪各有据关右之志。弋仲遣其子襄帅众五万击洪，洪迎击，破之，斩获三万余级。洪自称大都督、大将军、大单于、三秦王，改姓苻氏。以南安雷弱儿为辅国将军；安定梁楞为前将军，领左长史；冯翊鱼遵为后将军，领右长史；京兆段陵为左将军，领左司马；王堕为右将军，领右司马；天水赵俱、陇西牛夷、北地辛牢皆为从事中郎，氐酋毛贵为单于辅相。

二月，燕王儁使慕容霸将兵二万自东道出徒河，慕舆于自西道出蠮螉塞，儁自中道出卢龙塞以伐赵。以慕容恪、鲜于亮为前驱，命慕舆埿槎山通道。留世子晔守龙城，以内史刘斌为大司农，与典书令皇甫真留统后事。

霸军至三陉，赵征东将军邓恒惶怖，焚仓库，弃安乐，遁去，与幽州刺史王午共保蓟。徒河南部都尉孙泳急入安乐，扑灭余火，籍其谷帛。霸收安乐、北平兵粮，与儁会临渠。

三月，燕兵至无终，王午留其将王佗以数千人守蓟，与邓恒走保鲁口。乙巳，儁拔蓟，执王佗，斩之。儁欲悉坑其士卒千余人，慕容霸谏曰：“赵为暴虐，王兴师伐之，将以拯民于涂炭而抚有中州也，今始得蓟而坑其士卒，恐不可以为王师之先声也。”乃释之。儁入都于蓟，中州士女降者相继。

燕兵至范阳，范阳太守李产欲为石氏拒燕，众莫为用，乃帅八城令

治，各自称为牧、守、公、侯，然后上书迎接晋朝天子返回故都洛阳怎么样？”尚书胡睦进言说：“皇上的圣德顺应天意，理应登上天子之位。如今晋氏衰败，远逃江南，怎么能驾驭各路英雄，统一四海江山呢？”石闵说：“胡尚书之言，真可谓识时务知天命啊。”于是石闵便即皇帝位，实行大赦，改年号为永兴，立国号为大魏。

东晋朝廷听到中原大乱的消息，再次谋划进取收复。闰二月十八日己丑，任命扬州刺史殷浩为中军将军、假节，都督扬、豫、徐、兖、青五州诸军事；任命蒲洪为氐王、使持节、征北大将军、都督黄河以北诸军事、冀州刺史、广川郡公；任命蒲健为假节、右将军、监黄河以北征讨前锋诸军事、襄国公。

姚弋仲、蒲洪都怀有占据关右的志向。姚弋仲派他的儿子姚襄率领五万士兵攻击蒲洪，蒲洪迎头反击，打败了姚襄，斩杀三万多人。蒲洪自称为大都督、大将军、大单于、三秦王，改姓为苻，任命南安人雷弱儿为辅国将军，安定人梁楞为前将军，兼任左长史；任命冯翊人鱼遵为后将军兼右长史；任命京兆人段陵为左将军，并任左司马；任命王堕为右将军兼右司马。天水人赵俱、陇西人牛夷、北地人辛牢全都被任命为从事中郎，氐人酋长毛贵则被任命为单于辅相。

二月，前燕主慕容儁派遣慕容霸统率士兵二万人由东路出徒河，慕舆于由西路出蠮螉塞，慕容儁自己则由中路出卢龙塞，前去攻打后赵。他以慕容恪、鲜于亮为前锋，命令慕舆埿开通山路。留下世子慕容晔镇守龙城，任命内史刘斌为大司农，和典书令皇甫真一起留下统管后方事务。

慕容霸的军队抵达三陉，后赵征东将军邓恒惊慌恐惧，焚烧了储备粮饷武器的仓库后，弃安乐城逃走，和幽州刺史王午一起保卫蓟城。徒河南部都尉孙泳迅速开进安乐城，扑灭余火，没收了粮食、布匹。慕容霸收取了安乐、北平的武器粮饷后，与慕容儁会师于临渠。

三月，前燕军队抵达无终，王午留下部将王佗带领数千人守卫蓟城，自己与邓恒一起前去保卫鲁口。三月初五乙巳，慕容儁攻下了蓟城，抓到王佗，把他杀掉。慕容儁还想把王佗手下的一千多士兵全部活埋，慕容霸劝道：“后赵施行暴虐，大王您才兴师讨伐，目的是想把百姓从水深火热之中拯救出来，进而安抚占据整个中原地区。如今刚刚攻下蓟城，就要坑杀后赵的士兵，恐怕不能以此作为正义之师的开端。”慕容儁于是释放了这些士兵，把都城定在蓟城，中原地区的士人百姓相继来归降。

前燕军队抵达范阳，范阳太守李产想替石氏抵抗后燕军，但手下的士兵却拒不

长出降。儁复以产为太守。

产子绩为幽州别驾，弃其家从王午在鲁口。邓恒谓午曰：“绩乡里在北，父已降燕，今虽在此，恐终难相保，徒为人累，不如去之。”午曰：“此何言也！夫以当今丧乱，而绩乃能立义捐家，情节之重，虽古烈士无以过，乃欲以猜嫌害之，燕、赵之士闻之，谓我直相聚为贼，了无意识。众情一散，不可复集，此为坐自屠溃也。”恒乃止。午犹虑诸将不与己同心，或致非意，乃遣绩归。绩始辞午往见燕王儁，儁让之曰：“卿不识天命，弃父邀名，今日乃始来邪！”对曰：“臣眷恋旧主，志存微节，官身所在，何事非君。殿下方以义取天下，臣未谓得见之晚也。”儁悦，善待之。

儁以弟宜为代郡城郎，孙泳为广宁太守，悉置幽州郡县守宰。

甲子，儁使中部俟厘慕舆句督蓟中留事，自将击邓恒于鲁口。军至清梁，恒将鹿勃早将数千人夜袭燕营，半已得入，先犯前锋都督慕容霸，突入幕下，霸起奋击，手杀十余人，早不能进，由是燕军得严。儁谓慕舆根曰：“贼锋甚锐，宜且避之。”根正色曰：“我众彼寡，力不相敌，故乘夜来战，冀万一获利。今求贼得贼，正当击之，复何所疑！王但安卧，臣等自为王破之！”儁不能自安，内史李洪从儁出营外，屯高冢上。根帅左右精勇数百人从中牙直前击早，李洪徐整骑队还助之，早乃退走。众军追击四十余里，早仅以身免，所从士卒死亡略尽。儁引兵还蓟。

（以上为第十段，写北方战乱，东晋再次谋划进取中原；姚弋仲、蒲洪都怀有占据关中的志向，相互火并；前燕出动三路大军攻打石闵，占据了蓟城。）

魏主闵复姓冉氏，尊母王氏为皇太后，立妻董氏为皇后，子智为皇太子，胤、明、裕皆为王。以李农为太宰、领太尉、录尚书事，封齐王，其子皆封县公。遣使者持节赦诸军屯，皆不从。

听命上阵，李产只好率领所辖八县的县令出来投降。慕容儁又任命李产为太守。

李产的儿子李绩任幽州别驾，他远离家乡跟随王午守卫鲁口。邓恒对王午说：“李绩的家乡在鲁口之北，他的父亲已经投降了前燕，眼下他虽然身在此地，但恐怕最终也难与我们相互保全，徒然成为我们的忧患。不如趁早把他灭掉。”王午说：“这叫什么话呢？面对当今这样的丧乱局势，李绩仍然能够坚持大义，置家园于不顾，这种高尚的情操，即使是古代的刚烈之士也难以超越，而你却想以毫无根据的猜忌谋害他。如果让燕、赵的将士们知道后，只能说我们不过是一帮乌合之众，毫无见识。大家的心情一离散，就再也难以凝聚了，这是坐以自毙。”邓恒放弃了杀害李绩的念头。王午仍然担心手下的将领们持有异见，或许会违背自己的意愿而擅自杀害李绩，于是就打发李绩返回家乡。李绩辞别了王午就去拜见前燕王慕容儁，慕容儁责备他说：“你不识天命，背弃了父亲而去沽名钓誉，直到今天才迷途知返呀！”李绩回答说：“我一直眷恋旧主，心存小小的气节，但我的身子是官家的，什么事不由君主做主呢？如今正是您以道义夺取天下的时候，我不认为投奔您为时已晚。”慕容儁听后很高兴，便很好地对待他。

慕容儁任命弟弟慕容宜为代郡城主，孙泳为广宁太守，并且全部安置了幽州郡县的地方官。

三月二十四日甲子，慕容儁派遣中部部族首领慕舆句监督蓟城留守事务，自己将率兵前往鲁口攻打邓恒。部队行进到清梁时，邓恒的将领鹿勃早统领数千人乘夜偷袭前燕军的营地，当半数士兵潜入营地后，先去捉拿前锋都督慕容霸。士兵们突然冲进慕容霸的军帐中，慕容霸起而反击，亲手杀死了十多人。鹿勃早无法继续进击，前燕军因此得以严加戒备。慕容儁对慕舆根说：“敌人的先锋部队很精锐，应该暂且躲避一下。”慕舆根严肃地说：“我众敌寡，力量悬殊，所以他们才乘夜偷袭，寄希望于万一取胜。如今正想消灭他们，他们却送上门来，理当给以打击，还有什么可迟疑的！大王您只管安睡，我等自己去为您消灭他们！”慕容儁当然无法自己安睡，内史李洪跟随他走出营外，在一个高土堆上停了下来。慕舆根率领左右精悍勇敢的士兵数百人从中牙军帐出发，一往直前攻打鹿勃早，稍后，李洪也返回去整理好骑兵队伍前往助战，鹿勃早败退逃走。众士兵穷追猛打四十多里，鹿勃早只身得以逃生，其他随从士卒死亡殆尽。慕容儁带领士兵返回蓟城。

魏主石闵恢复冉姓，尊奉母亲王氏为皇太后，立妻子董氏为皇后，立儿子冉智为皇太子，冉胤、冉明、冉裕三个儿子全都被封为王。任命李农为太宰兼太尉、录尚书事，并封他为齐王，李农的儿子们全都被封为县公。冉闵派遣使者带着符节，赦免驻扎在各地的将领之前的叛乱行为，他们都不服从。

麻秋说苻洪曰："冉闵、石祗方相持，中原之乱未可平也。不如先取关中，基业已固，然后东争天下，谁敢敌之？"洪深然之。既而秋因宴鸩洪，欲并其众，世子健收秋斩之。洪谓健曰："吾所以未入关者，以为中州可定，今不幸为竖子所困。中州非汝兄弟所能办，我死，汝急入关！"言终而卒。健代统其众，乃去大都督、大将军、三秦王之号，称晋官爵，遣其叔父安来告丧，且请朝命。

赵新兴王祗即皇帝位于襄国，改元永宁。以汝阴王琨为相国，六夷据州郡者皆应之。祗以姚弋仲为右丞相、亲赵王，待以殊礼。弋仲子襄，雄勇多才略，士民多爱之，请弋仲以为嗣，弋仲以襄非长子，不许；请者日以千数，弋仲乃使之将兵。祗以襄为骠骑将军、豫州刺史、新昌公。又以苻健为都督河南诸军事、镇南大将军、开府仪同三司、兖州牧、略阳郡公。

夏，四月，赵主祗遣汝阴王琨将兵十万伐魏。

魏主闵杀李农及其三子，并尚书令王谟，侍中王衍，中常侍严震、赵昇。闵遣使临江告晋曰："逆胡乱中原，今已诛之；能共讨者，可遣军来也。"朝廷不应。

五月，庐江太守袁真攻魏合肥，克之，虏其居民而还。

六月，赵汝阴王琨进据邯郸，镇南将军刘国自繁阳会之。魏卫将军王泰击琨，大破之，死者万余人。刘国还繁阳。

初，段兰卒于令支，段龛代领其众，因石氏之乱，拥部落南徙。秋，七月，龛引兵东据广固，自称齐王。

（以上为第十一段，写冉魏主石闵恢复冉姓，大封诸子；后赵新兴王石祗即位，汝阴王石琨攻打冉魏，被冉魏卫将军王泰打败；鲜卑段部首领段龛占据广固，自称齐王。）

八月，代郡人赵榼帅三百余家叛燕归赵并州刺史张平。燕王儁徙广宁、上谷二郡民于徐无，代郡民于凡城。

王朗之去长安也，朗司马杜洪据长安，自称晋征北将军、雍州刺史，

麻秋劝苻洪说："冉闵、石祗正在相持对峙，中原之乱难以平定。您不如先攻取关中，等到大业的根基稳固以后，再东进争夺天下，到那时谁敢与您为敌？"苻洪深以为然。此后不久，麻秋利用宴请的机会，让苻洪喝下了毒酒，想要吞并苻洪的士兵。太子苻健捉拿了麻秋，并把他杀掉。苻洪对苻健说："我以前之所以没有入关的原因是以为中州可以安定。如今我不幸被麻秋这小子困在这里。平定中州不是你们兄弟所能办到的事情，我死了，你要迅速入关！"说完这话，苻洪便死了。苻健代替父亲统领士兵，因此也就除去了大都督、大将军、三秦王的称号，改称晋朝的官职爵位。派遣他的叔父苻安前往东晋朝廷报告丧讯，并且请求朝廷的旨意。

后赵新兴王石祗在襄国即皇帝位，改年号为永宁。任命汝阴王石琨为相国，占据州郡的六夷将领们全都响应他。石祗任命姚弋仲为右丞相、亲赵王，以特殊的礼遇对待他。姚弋仲的儿子姚襄，英勇过人，多才多谋，士人百姓大都喜爱他，就请求姚戈仲以他作为继承人。姚弋仲以姚襄不是长子为由，没有同意，但继续前来请求的人日以千计，姚弋仲于是就让他统领军队。石祗任命姚襄为骠骑将军、豫州刺史、新昌公。又任命苻健为都督黄河以南诸军事、镇南大将军、开府仪同三司、兖州牧、略阳郡公。

夏季，四月，后赵主石祗派汝阴王石琨统领十万士兵攻打大魏。

大魏主冉闵杀掉了李农以及他的三个儿子，一起被杀的还有尚书令王谟，侍中王衍，中常侍严震、赵昇。冉闵派遣使者前往长江畔向东晋朝廷报告说："叛逆胡人使中原大乱，如今已经诛杀了他们。如果能共同讨伐乱军的话，可以派遣部队前来。"东晋朝廷不作回应。

五月，庐江太守袁真攻下大魏的合肥，掳劫那里的民众返回。

六月，后赵汝阴王石琨进攻并占据邯郸，镇南将军刘国从繁阳来与他会师。大魏卫将军王泰攻击石琨，把石琨打得大败，死亡的将士达一万多人。刘国只好返回到繁阳。

当初，段兰死于令支，段龛代替他率领士兵，乘着石氏大乱的机会，率领着部落南迁。秋季，七月，段龛带领士兵东进，占据了广固，自称齐王。

八月，代郡人赵榼率领三百多家背叛前燕而归附后赵并州刺史张平。前燕王慕容儁将广宁、上谷二郡的百姓迁移到徐无，将代郡的百姓迁移到凡城。

王朗离开长安的时候，他的司马杜洪占据了这里，自称为晋朝的征北将军、雍

以冯翊张琚为司马；关西夷、夏皆应之。苻健欲取之，恐洪知之，乃受赵官爵。以赵俱为河内太守，戍温；牛夷为安集将军，戍怀；治宫室于枋头，课民种麦，示无西意，有知而不种者，健杀之以徇。既而自称晋征西大将军、都督关中诸军事、雍州刺史；以武威贾玄硕为左长史，略阳梁安为右长史，段纯为左司马，辛牢为右司马，京兆王鱼、安定程肱、胡文等为军谘祭酒，悉众而西。以鱼遵为前锋，行至盟津，为浮梁以济。遣弟辅国将军雄帅众五千自潼关入，兄子扬武将军菁帅众七千自轵关入。临别，执菁手曰："若事不捷，汝死河北，我死河南，不复相见。"既济，焚桥，自帅大众随雄而进。

杜洪闻之，与健书，侮嫚之。以张琚弟先为征虏将军，帅众万三千逆战于潼关之北。先兵大败，走还长安。洪悉召关中之众以拒健。洪弟郁劝洪迎健，洪不从；郁帅所部降于健。

健遣苻雄徇渭北。氐酋毛受屯高陵，徐磋屯好畤，羌酋白犊屯黄白，众各数万，皆斩洪使，遣子降于健。苻菁、鱼遵所过城邑，无不降附。洪惧，固守长安。

（以上为第十二段，写苻健在中州，欲夺取长安，先做伪装，瞒过镇守长安的杜洪，然后自称晋朝征西大将军，兵分两路向长安进发，渡过黄河，沿途望风归附。）

张贺度、段勤、刘国、靳豚会于昌城，将攻邺。魏主闵自将击之，战于苍亭，贺度等大败，死者二万八千人，追斩靳豚于阴安，尽俘其众而归。闵戎卒三十余万，旌旗、钲鼓绵亘百余里，虽石氏之盛，无以过也。

故晋散骑常侍陇西辛谧，有高名，历刘、石之世，征辟皆不就，闵备礼征为太常。谧遗闵书，以为："物极则反，致至则危。君王功已成矣，宜因兹大捷，归身晋朝，必有由、夷之廉，享松、乔之寿矣。"因不食而卒。

九月，燕王儁南徇冀州，取章武、河间。初，勃海贾坚，少尚气节，仕赵为殿中督。赵亡，坚弃魏主闵还乡里，拥部曲数千家。燕慕容评徇勃海，遣使招之，坚终不降，评与战，擒之。儁以评为章武太守，封裕为河间太守。儁与慕容恪皆爱贾坚之材，坚时年六十余，恪闻其善射，

州刺史，任命冯翊人张琚为司马，关西的夷人、汉人全都响应他。苻健想要夺取长安，又怕杜洪知道，就接受了后赵授予的官职爵位。他任命赵俱为河内太守，戍卫温县；任命牛夷为安集将军，戍卫怀县；在枋头修建了宫室，督促百姓种上麦子，以表示没有西进的意图。如果有知道底细而不愿种麦的人，苻健便将其斩杀示众。此后苻健自称晋朝的征西大将军、都督关中诸军事、雍州刺史，任命武威人贾玄硕为左长史，略阳人梁安为右长史，段纯为左司马，辛牢为右司马，京兆人王鱼、安定人程肱、胡文等为军谘祭酒，命令他们向西进发。他以鱼遵为前锋，当行进到盟津时，架设浮桥渡过了黄河。派遣弟弟辅国将军苻雄率领五千士兵从潼关进入，派遣哥哥的儿子扬武将军苻菁率领七千士兵从轵关进入。临别的时候，苻健拉着苻菁的手说："如果事情不能成功，你死在黄河之北，我死在黄河以南，就不再见面了。"渡过黄河以后，烧毁了浮桥，苻健亲自率领大批士兵跟随着苻雄前进。

杜洪听到消息以后，给苻健写了一封信，对他表示轻蔑。杜洪任命张琚的弟弟张先为征虏将军，率领士兵一万三千人在潼关以北迎战苻健。结果张先的士兵大败，逃回到长安。杜洪征召了关中的全部士兵以抵抗苻健。他的弟弟杜郁劝说他去迎接苻健，他没有听从。杜郁便率领他的部队投降苻健。

苻健派苻雄带兵巡行渭水以北地区。当时，氐人首领毛受驻扎在高陵，徐磋驻扎在好畤，羌人首领白犊驻扎在黄白，各有士兵数万。他们全都杀死杜洪的使者，派儿子为代表去向苻健投降。苻菁、鱼遵所经过的城乡，也无不投降归附。杜洪十分害怕，固守长安。

张驾度、段勤、刘国、靳豚会师于昌城，准备进攻邺城。大魏主冉闵亲自统领军队反击，在苍亭交战，张贺度等大败，死亡二万八千人。冉闵追到阴安，杀了靳豚，将其士兵全部俘虏后返回。冉闵的士兵达三十多万，旌旗、战鼓绵延一百多里，就是石氏最兴盛的时候，也无法与之相比。

过去晋朝的散骑常侍陇西人辛谧，名声高尚，虽然经历了刘氏、石氏时代，但对他们的征召授官全都不接受。冉闵以完备的礼遇征召他出任太常。辛谧致信冉闵，认为："物极必反，到了极点就危险了。如今君王大功已成，应该就此辉煌战果，归身于晋朝，必定会有许由、伯夷那样的正直名声，享受赤松子、王子乔那样的天年高寿。"接着他便绝食而死。

九月，前燕主慕容儁带兵南巡冀州，攻取了章武、河间。当初，渤海人贾坚从小崇尚气节，效力于后赵，任殿中督。后赵灭亡后，贾坚抛弃了大魏主冉闵回到家乡，拥有家兵数千。前燕慕容评带兵巡行渤海，派遣使者去招纳他，但他始终不投降。慕容评与他交战，擒获了他。慕容儁任命慕容评为章武太守，任命封裕为河间

置牛百步上以试之。坚曰：“少之时能令不中，今老矣，往往中之。”乃射再发，一矢拂脊，一矢磨腹，皆附肤落毛，上下如一，观者咸服其妙。儁以坚为乐陵太守，治高城。

苻菁与张先战于渭北，擒之，三辅郡县堡壁皆降。冬，十月，苻健长驱至长安，杜洪、张琚奔司竹。

燕王儁还蓟，留诸将守之。儁还至龙城，谒陵庙。

十一月，魏主闵帅步骑十万攻襄国。署其子太原王胤为大单于、骠骑大将军，以降胡一千配之为麾下。光禄大夫韦謏谏曰：“胡、羯，皆我之仇敌，今来归附，苟存性命耳；万一为变，悔之何及。请诛屏降胡，去单于之号，以防微杜渐。”闵方欲抚纳群胡，大怒，诛謏及其子伯阳。

甲午，苻健入长安，以民心思晋，乃遣参军杜山伯诣建康献捷，并修好于桓温。于是，秦、雍夷夏皆附之，赵凉州刺史石宁独据上邽不下，十二月，苻雄击斩之。

蔡谟除司徒，三年不就职。诏书屡下，太后遣使谕意，谟终不受。于是帝临轩，遣侍中纪据、黄门郎丁纂征谟。谟陈疾笃，使主簿谢攸陈让。自旦至申，使者十余返，而谟不至。时帝方八岁，甚倦，问左右曰：“所召人何以至今不来？临轩何时当竟？”太后以君臣俱疲，乃诏：“必不来者，宜罢朝。”中军将军殷浩奏免吏部尚书江彪官。会稽王昱令曹曰：“蔡公傲违上命，无人臣之礼。若人主卑屈于上，大义不行于下，亦不知所以为政矣。”公卿乃奏：“谟悖慢傲上，罪同不臣，请送廷尉以正刑书。”谟惧，帅子弟素服诣阙稽颡，自到廷尉待罪。殷浩欲加谟大辟，会徐州刺史荀羡入朝，浩以问羡，羡曰：“蔡公今日事危，明日必有桓、文之举。”浩乃止。下诏免谟为庶人。

（以上为第十二段，写冉魏主冉闵有士兵三十多万，兴盛一时；苻健进入长安，献捷建康，秦雍地区民心归附；东晋蔡谟不接受朝廷任命，惹怒君臣，差点被杀头。）

太守。慕容儁和慕容恪全都欣赏贾坚的才能。贾坚时年六十多岁，慕容恪听说他善于射箭，便把一头牛放在百步以外的地方以试验他的箭法。贾坚说："年轻时能让箭不射中牛，如今老了，往往能射中牛了。"于是就射了两箭，一箭擦着牛的脊梁而过，一箭擦着牛的肚皮而过，上下两箭都是紧擦牛皮，射落牛毛，上下全一样，围观的人无不佩服他的箭法神妙。慕容儁任命贾坚为乐陵太守，治所在高城。

苻菁与张先在渭水以北交战，擒获了张先，周围的三个郡县以及小城寨全都投降。冬季，十月，苻健长驱直入到达长安，杜洪、张琚逃奔到司竹。

前燕主慕容儁回到蓟城，留下了一些将领镇守该地。他自己又回到龙城，到祖陵和宗庙去祭祖先。

十一月，大魏主冉闵率领步兵、骑兵十万人攻打襄国。委任他的儿子太原王冉胤为大单于、骠骑大将军，并给他手下配备了一千名投降的胡族士兵。光禄大夫韦谀劝说冉闵道："胡人都是我们的仇敌，如今他们归附投降，只是为了苟全性命罢了，万一他们哗变，后悔怎么来得及？请求您斩尽杀绝那些投降的胡兵！去掉单于的称号，以防微杜渐。"冉闵正想要安抚招纳群胡，听了此话，勃然大怒，杀掉了韦谀以及他的儿子韦伯阳。

十一月，甲午（疑为十一月二十七日甲子之误），苻健进入长安，考虑到民心都思念晋朝，就派参军杜山伯到建康去进献俘虏和战利品，并要与桓温重归于好。因此秦州、雍州的夷人、汉人全都归附了他。后赵凉州刺史石宁独自占据着上邽，暂时没有被攻下。十二月，苻雄率兵攻击并斩杀了石宁。

蔡谟被东晋朝廷任命为司徒后，三年没有去就职。命令多次下达，太后也派人去说明意图，蔡谟最终还是没有接受任命。于是，穆帝亲自临朝，派侍中纪据、黄门郎丁纂去征召蔡谟。蔡谟向他们陈说自己身患重病，并派主簿谢攸陈述自己辞让的意见。从早到晚，朝廷派来征召蔡谟的使者往返十多次，然而蔡谟就是不去任职。当时穆帝年仅八岁，在殿前坐了一天，非常疲倦。他问周围的人说："所征召的人为什么到现在还不来？朝会什么时候才能结束？"太后考虑到穆帝和臣下们都很疲劳，就下令说："一定不来的话，就退朝吧。"中军将军殷浩奏请免除吏部尚书江虨的官职。会稽王司马昱给尚书曹下令说："蔡谟傲慢地违抗皇上的命令，这是没有臣下之礼的行为。如果皇上在上谦卑顺从，臣子在下又不履行君臣大义，那么也就不知道靠什么来处理朝政了。"于是公卿们便进上奏书说："蔡谟狂妄傲慢地对待皇上的命令，罪同叛逆，请求将他送交廷尉依法论处。"蔡谟十分害怕，率领他的子弟们穿一身素衣到朝廷去叩头请罪，并自己到廷尉处等待治罪。殷浩想处蔡谟死刑，恰巧这时徐州刺史荀羡来到朝廷，殷浩就此询问荀羡，荀羡回答说："如果蔡公今天被处死，明天就一定会出现齐桓公、晋文公那样举兵问罪的行动。"于是殷浩放弃了处死蔡谟的打算，下令将其免官贬为庶人。

【点评】

后赵之乱。后赵是由羯人首领石勒建立的政权，共历七主，历时32年，实际上，只是石勒、石虎两代的政权，石勒当政十五年，石虎当政十六年。石虎去世，国家大乱，继任者互相争斗，两败俱伤，不到一年的时间，政权就被石闵篡去，改国号为大魏，后赵不复存在。回顾后赵之乱这一段惨痛的历史，其祸根是怎么种下的呢？

首先，后赵是建立在血腥屠杀的基础之上，强者为王，刀箭上出政权，无复仁德和信义。后赵的开国者石勒是一个乱世中的枭雄。他在前赵时代，在汉人张宾辅佐下，立下赫赫战功，以襄国为根据地，先后消灭了王浚、邵续与段匹磾等晋朝在北方的势力，而后与前赵主刘曜决裂，自称赵王；再就是消灭了前赵，自建赵国，史称后赵，成为当时北方最为强盛的国家。石勒自己也觉得仅靠强力建立起来的国家是不能长久的，因此，他将比较儒雅的石弘立为皇太子，还是有一点深意的，但是他的设想被残酷的现实击得粉碎，残忍无赖的石虎篡夺了政权，后赵进入了更加黑暗的时代。

其次，石虎残酷地压榨民众，过着极度奢侈荒淫的生活。石虎在位十多年，志得意满，充分表现了其奢侈、残暴的一面。他大造宫殿，挥霍无度，在襄国建造太武殿，又在邺城营建东西二宫、四十多所台观，又营建洛阳、长安二处宫室，参与劳作人数达到四十多万。他整天沉迷于荒淫的极乐世界，广选宫女，充实各宫，大肆征选民女三万多人，太子、各王公又私下发令征选美女将近万人。他还喜欢狩猎，流连忘返，将大片民田划为猎场，晚年身体沉重不能骑马，就建造打猎用的车子一千辆，定期进行打猎比赛。

最后，石虎视立太子为儿戏，国家焉得不乱？石虎首先立的太子是石邃，开始对太子非常宠爱，不注重教育，任其胡作非为。石邃沉溺于酒色，骄纵无道，荒淫残忍，曾想杀父篡位，被石虎废为庶人并杀死。其后，立石宣为太子，也是如此，而石虎又宠爱石宣的弟弟石韬，以致石宣和石韬闹得不可开交，石宣密谋杀了石韬，石虎得知内情，怒不可遏，残忍地杀害石宣，惨不忍睹。石宣杀害石韬，固然罪不可赦，但石虎如此摧残石宣，真是丧心病狂！接着再立石世为太子，更是有些滑稽可笑。石世的哥哥们手握重兵，而石虎这样做，只是因宠妃刘氏而爱屋及乌。石虎曾经说："为什么我专生凶恶无赖的儿子，年龄一过二十就要杀害父亲！如今石世年方十岁，等到他二十岁时，我已经老了！"他自认为娃娃还小，对自己构不成威胁。这哪里是为国家着想？石虎去世，石世才十一岁，只当了二十一天的皇帝，也算是做了一场皇帝梦。石虎这样做，结果是害了娃娃，葬送了国家。

以上三点，可以说是后赵之乱的根源：道德不立，没有治国纲领；奢侈残暴，失去民心支持；太子非人，导致祸乱发生。

晋纪二十一

晋穆帝永和七年至十年（351—354年）

【起重光大渊献（辛亥，351年），尽阏逢摄提格（甲寅，354年），凡四年】

【大事提要】

本卷记事起公元351年，讫公元354年，凡四年，当晋穆帝（司马聃）永和七年至永和十年。本卷所载大事，主要有五个方面：其一，殷浩北伐失败。其二，石氏灭绝。其三，冉魏亡国。其四，慕容儁称帝。前燕主慕容儁趁中原战乱之机，屡派大军南下，先打败后赵，再消灭冉魏，讨平河北各个小股势力。公元352年，群臣上尊号，慕容儁即帝位，自谓获得传国玺，改元元玺。龙都建留台，迁都于蓟，置百官，封诸王，立世子慕容暐为皇太子。其五，桓温北伐。公元354年，东晋将领桓温统率四万大军，从江陵出发，分兵三路，孤军深入，进攻长安，企图速战速决。前秦主苻健派兵五万在峣关抵抗，被打得落花流水。苻健逃回长安，挖了深沟坚守。桓温胜利进军，到了灞上。长安附近的官员纷纷投降。

【原文】

孝宗穆皇帝中之上

永和七年（辛亥，351 年）

春，正月，丁酉，日有食之。

苻健左长史贾玄硕等请依刘备称汉中王故事，表健为都督关中诸军事、大将军、大单于、秦王。健怒曰："吾岂堪为秦王邪！且晋使未返，我之官爵，非汝曹所知也。"既而密使梁安讽玄硕等上尊号，健辞让再三，然后许之。

丙辰，健即天王、大单于位，国号大秦，大赦，改元皇始。追尊父洪为武惠皇帝，庙号太祖；立妻强氏为天王后，子苌为太子，靓为平原公，生为淮南公，觌为长乐公，方为高阳公，硕为北平公，腾为淮阳公，柳为晋公，桐为汝南公，廋为魏公，武为燕公，幼为赵公。以苻雄为都督中外诸军事、丞相、领车骑大将军、雍州牧、东海公；苻菁为卫大将军、平昌公，宿卫二宫；雷弱儿为太尉，毛贵为司空，略阳姜伯周为尚书令，梁楞为左仆射，王堕为右仆射，鱼遵为太子太师，强平为太傅，段纯为太保，吕婆楼为散骑常侍。伯周，健之舅；平，王后之弟；婆楼，本略阳氐酋也。

段龛请以青州内附。二月，戊寅，以龛为镇北将军，封齐公。

魏主闵攻围襄国百余日。赵主祗危急，乃去皇帝之号，称赵王，遣太尉张举乞师于燕，许送传国玺；中军将军张春乞师于姚弋仲。弋仲遣其子襄帅骑二万八千救赵，诫之曰："冉闵弃仁背义，屠灭石氏。我受人厚遇，当为复雠，老病不能自行；汝才十倍于闵，若不枭擒以来，不必复见我也！"弋仲亦遣使告于燕。燕主儁遣御难将军悦绾将兵三万往会之。

（以上为第一段，写苻健占据关中后，即位，国号大秦，改元皇始；冉魏主冉闵围攻襄国，后赵主石祗告急，姚弋仲受其厚恩，出兵救援；前燕主慕容儁亦发兵相助。）

冉闵闻儁欲救赵，遣大司马从事中郎广宁常炜使于燕。儁使封裕诘之曰："冉闵，石氏养息，负恩作逆，何敢辄称大号？"炜曰："汤放桀，

【语译】

孝宗穆皇帝中之上

晋穆帝永和七年（辛亥，351年）

春季，正月初一丁酉，出现日食。

苻健的左长史贾玄硕等人想要向东晋朝廷上书，请求依据刘备号称汉中王的做法，任命苻健为都督关中诸军事、大将军、大单于、秦王。苻健愤怒地说："我怎么能胜任秦王呢！况且晋朝的使臣尚未返回，我的官职爵位，不是你们所知道的。"然而紧接着他却悄悄地让梁安暗示贾玄硕等人向他进献尊号，经过表面上的再三推辞然后就接受了。

正月二十日丙辰，苻健即天王位、大单于位，立国号为大秦，实行大赦，改年号为皇始；追尊父亲苻洪为武惠皇帝，庙号为太祖。立妻子强氏为天王后，儿子苻苌为太子；封儿子苻靓为平原公，苻生为淮南公，苻觌为长乐公，苻方为高阳公，苻硕为北平公，苻腾为淮阳公，苻柳为晋公，苻桐为汝南公，苻庾为魏公，苻武为燕公，苻幼为赵公；任命苻雄为都督中外诸军事、丞相、兼任车骑大将军、雍州牧、东海公；任命苻菁为卫大将军、平昌公，负责警卫苻健及苻苌所居住的两座宫殿；任命雷弱儿为太尉，毛贵为司空，略阳人姜伯周为尚书令，梁楞为左仆射，王堕为右仆射，鱼遵为太子太师，强平为太傅，段纯为太保，吕婆楼为散骑常侍。姜伯周是苻健的舅舅，强平是王后的弟弟，吕婆楼本来是略阳氐人的首领。

段部鲜卑首领段龛请求以所据的青州归附东晋。二月十三日戊寅，东晋朝廷任命段龛为镇北将军，封为齐公。

大魏国主冉闵攻打包围襄国一百多天。后赵主石祗境况危急，便去掉了皇帝的称号，改称为赵王，派遣太尉张举到前燕请求援军，并承诺送去传国印玺；派遣中军将军张春向姚弋仲请求援军。姚弋仲派他的儿子姚襄率领骑兵二万八千人援救后赵。他告诫姚襄说："冉闵抛弃仁爱，背离道义，屠杀消灭了石氏。我受到过石虎宽厚的待遇，应当为他复仇，但因为既老且病，不能亲自出征。你的才能高出冉闵十倍，如果不能把他的头颅带回来，就不必再来见我了！"姚弋仲也派使者到前燕报告。前燕王慕容儁派御难将军悦绾统领三万士兵前去与姚襄会师。

冉闵听说慕容儁想要救援后赵，便派大司马从事中郎广宁人常炜出使前燕国。慕容儁派封裕责问常炜说："冉闵是石氏的养子，他背弃养育之恩而为叛逆之举，怎

武王伐纣，以兴商、周之业；曹孟德养于宦官，莫知所出，卒立魏氏之基：苟非天命，安能成功！推此而言，何必致问！”裕曰：“人言冉闵初立，铸金为己像以卜成败，而像不成，信乎？”炜曰：“不闻。”裕曰：“南来者皆云如是，何故隐之？”炜曰：“奸伪之人欲矫天命以惑人者，乃假符瑞、托蓍龟以自重。魏主握符玺，据中州，受命何疑？而更反真为伪，取决于金像乎！”裕曰：“传国玺果安在？”炜曰：“在邺。”裕曰：“张举言在襄国。”炜曰：“杀胡之日，在邺者殆无孑遗；时有迸漏者，皆潜伏沟渎中耳，彼安知玺之所在乎！彼求救者，为妄诞之辞，无所不可，况一玺乎！”

儁犹以张举之言为信，乃积柴其旁，使裕以其私诱之，曰：“君更熟思，无为徒取灰灭！”炜正色曰：“石氏贪暴，亲帅大兵攻燕国都，虽不克而返，然志在必取。故运资粮、聚器械于东北者，非以相资，乃欲相灭也。魏主诛翦石氏，虽不为燕，臣子之心，闻仇雠之灭，义当如何？而更为彼责我，不亦异乎！吾闻死者骨肉下于土，精魂升于天。蒙君之惠，速益薪纵火，使仆得上诉于帝足矣！”左右请杀之。儁曰：“彼不惮杀身以徇其主，忠臣也。且冉闵有罪，使臣何预焉！”使出就馆。夜，使其乡人赵瞻往劳之，且曰：“君何不以实言？王怒，欲处君于辽、碣之表，奈何？”炜曰：“吾结发以来，尚不欺布衣，况人主乎！曲意苟合，性所不能；直情尽言，虽沈东海，不敢避也！”遂卧向壁，不复与瞻言。瞻具以白儁，儁乃囚炜于龙城。

赵并州刺史张平遣使降秦，秦王以平为大将军、冀州牧。

燕王儁还蓟。

三月，姚襄及赵汝阴王琨各引兵救襄国。冉闵遣车骑将军胡睦拒襄于长芦，将军孙威拒琨于黄丘，皆败还，士卒略尽。

么胆敢狂妄地自称国王大号呢？”常炜说：“商汤放逐夏桀，周武王讨伐商纣，以此而振兴了商周的大业；曹操被宦官养育，没有谁知道他的出身，最终奠定了魏氏的基础。如果不是顺应上天之命，他们怎么能够成功！由此推理，何必还要来责问我呢！”封裕说：“听人说冉闵初立的时候，曾经用金子铸造自己的形象来占卜成败，然而像却没有铸成，这是真事吗？”常炜说：“没有听说过。”封裕说：“从南方来的人都说确实是这样，你为什么要隐瞒呢？”常炜说：“奸伪之人凡是想假传天命以迷惑人心的，就要假借祥瑞的征兆，伪托占卜的结果，用来显示自己所说的分量。魏国主握有传国印玺，占据中州，受之于天命，这还有什么疑问？难道还要改变事实，变真为伪，取决于金像吗？”封裕说：“传国印玺在哪里呢？”常炜说：“在邺城。”封裕说：“张举说在襄国。”常炜说：“诛杀胡人的时候，在邺城的人几乎一网打尽，当时有逃脱漏网的，也全都是潜伏在水渠水沟中的，他们怎么知道传国印玺在什么地方！他们那些求救的人，说起荒诞的谎言来，没有什么不可以编织进去的，何况一个传国印玺呢！”

慕容儁依然认为张举所说的是真话，于是就在常炜身边堆上木柴，派封裕用关系他个人生命的话劝诱道：“请您再仔细考虑一下，没有必要白白地化为灰烬！”常炜厉言正色地说：“石氏贪婪残暴，曾经亲自率领大军进攻燕国的国都，虽然没有攻下而返回，但其志在必得。所以他们此后往东北地区运送钱财粮饷，聚集武器装备的目的并不是要拿这些东西帮助你们，而是想消灭你们。魏国主攻打镇压石氏，虽然不是为了燕国，但作为臣子之心，听到仇敌被消灭的消息，从道义上说又该如何呢？如今你反而替石氏来责问我，岂不是怪事！我听说死去的人虽然骨肉埋在土下，而灵魂却升到天上。蒙您惠赐，请赶快加柴点火，使我能到上帝那里去诉说冤屈就满足了！”周围的人都请求焚杀常炜。慕容儁说：“他不怕牺牲生命来为他的君主殉葬，确实是忠臣。况且冉闵有罪，与他的使臣有什么关系呢！”于是就让常炜离开此地，住进了馆舍。入夜，慕容儁派常炜的同乡赵瞻去慰劳常炜，并且对他说：“您为什么不以真话相告呢？如果大王发怒，要把您流放到辽海、碣石山以外，您有什么办法呢？”常炜说：“我自从结发成年以来，连布衣百姓都不曾欺骗，何况是君主呢！违心地苟且迎合，这是我本性所不能做的事；尽情直言，就是被沉于东海，也不敢逃避！”说完就面朝墙一躺，不再和赵瞻搭话了。赵瞻把这些情况全都告诉了慕容儁，慕容儁便把常炜囚禁在龙城。

后赵并州刺史张平派使者去向前秦投降，前秦主任命张平为大将军、冀州牧。

前燕主慕容儁从龙城回到蓟城。

三月，姚襄及后赵汝阴王石琨分别率兵救援襄国。冉闵派车骑将军胡睦在长芦阻击姚襄，派将军孙威在黄丘阻击石琨，但全都失败而返，士兵死亡殆尽。

闵欲自出击之，卫将军王泰谏曰："今襄国未下，外救云集，若我出战，必腹背受敌，此危道也。不若固垒以挫其锐，徐观其衅而击之。且陛下亲临行陈，如失万全，则大事去矣。"闵将止，道士法饶进曰："陛下围襄国经年，无尺寸之功；今贼至，又避不击，将何以使将士乎！且太白入昴，当杀胡王，百战百克，不可失也！"闵攘袂大言曰："吾战决矣，敢沮众者斩！"乃悉众出，与襄、琨战。悦绾适以燕兵至，去魏兵数里，疏布骑卒，曳柴扬尘，魏人望之恟惧，襄、琨、绾三面击之，赵王祗自后冲之，魏兵大败，闵与十余骑走还邺。

降胡栗特康等执大单于胤及左仆射刘琦以降赵，赵王祗杀之。胡睦及司空石璞、尚书令徐机、中书监卢谌等并将士死者凡十余万人。闵潜还，人无知者。邺中震恐，讹言闵已没。射声校尉张艾请闵亲郊以安众心，闵从之，讹言乃息。闵支解法饶父子，赠韦謏大司徒。姚襄还滠头，姚弋仲怒其不擒闵，杖之一百。

（以上为第二段，写后赵襄国被冉魏围困，形势危急，姚弋仲派遣姚襄、慕容儁派遣悦绾，与后赵石琨合力攻打，三面围攻，冉魏大败，损兵折将，冉闵逃还邺城。）

初，闵之为赵相也，悉散仓库以树私恩，与羌、胡相攻，无月不战。赵所徙青、雍、幽、荆四州之民及氐、羌、胡、蛮数百万口，以赵法禁不行，各还本土，道路交错，互相杀掠，其能达者什有二三。中原大乱，因以饥疫，人相食，无复耕者。

赵王祗使其将刘显帅众七万攻邺，军于明光宫，去邺二十三里。魏主闵恐，召王泰，欲与之谋，泰恚前言之不从，辞以疮甚。闵亲临问之，泰固称疾笃。闵怒，还宫，谓左右曰："巴奴，乃公岂假汝为命邪！要将先灭群胡，却斩王泰。"乃悉众出战，大破显军，追奔至阳平，斩首三万余级。显惧，密使请降，求杀祗以自效，闵乃引归。有告王泰欲叛入秦者，闵杀之，夷其三族。

冉闵想要亲自出马攻打姚襄及石琨，卫将军王泰劝谏说："如今襄国城尚未攻下，外边援救的部队云集而至，如果我们再外出征战，一定会腹背受敌，这是极其危险的做法。不如坚固堡垒以挫伤他们的锐气，慢慢地看着他们之间出现裂痕后再去攻击。况且，皇上亲自上阵，如果一旦出现危险，宏图大业就全完了。"冉闵听了劝说后正想不再出征，而道士法饶却进言说："皇上包围襄国已有一年之久，然而没有取得丝毫的胜利。如今敌人来了，却避而不攻，今后将怎样调动将士呢？况且启明星进入昂宿，正是诛杀胡王的征兆，一定会百战百胜，绝不可错失良机！"听了这话，冉闵挽起袖子大声说："我决定要出发征战了。胆敢出言使士兵士气沮丧者杀头！"于是就率领全部士兵出发，与姚襄、石琨决战。这时，悦绾恰好率领前燕兵来到，离魏兵约有几里地的距离，他将骑兵稀疏地布开，拖着树枝扬起漫天尘土，魏兵一看见这阵势便骚动不安、惊恐万状。姚襄、石琨、悦绾三面夹击，后赵主石祇则从后面发起冲锋，魏兵大败，冉闵和十多个骑兵逃回邺城。

以前投降冉闵的胡人栗特康等人挟持着大单于冉胤及左仆射刘琦投降了后赵，后赵主石祇把冉胤、刘琦杀掉了。冉闵的众将士再加上胡睦及司空石璞、尚书令徐机、中书监卢谌等，死亡的人总共达十多万。冉闵偷偷地回到邺城，无人知晓。邺城里的人都感到震惊害怕，讹传冉闵已死。射声校尉张艾请求冉闵露面去参加一次郊祀祭天活动，以安定民心，冉闵听从了，讹传才平息下来。冉闵肢解了法饶父子，追封韦谀为大司徒。姚襄回到滠头，姚弋仲对他没能擒获冉闵十分气愤，打了他一百杖。

当初，冉闵担任后赵丞相的时候，把国家仓库里的粮食财物全都散发给人们，以此树立个人的恩誉，和羌人、胡人没有一个月不进行战争。后来，后赵所迁移来的青、雍、幽、荆四州的百姓，以及氐、羌、胡、蛮的数百万人，都因为后赵不能执行法令，分别返归本土。但这些人归途交错，又互相掠夺残杀，最终能回到目的地的仅十之二三。中原地区大乱，因此导致了饥荒遍野，瘟疫流行，人相蚕食，再也没有人耕田种地了。

后赵主石祇派他的将领刘显率领七万士兵攻打邺城，驻扎在明光宫，距离邺城二十三里远。魏国主冉闵十分恐惧，征召王泰来和他商量对策。王泰对冉闵以前不听从他的劝告十分气愤，便以伤势严重为由加以拒绝。冉闵亲自前往询问，王泰仍然坚持说伤势严重。冉闵十分愤怒，返回王宫，对周围的人说："巴蛮奴才，我难道还要靠你活命吗？我要先灭掉群胡，然后杀掉王泰。"于是就率领全部士兵出战，重创刘显的军队，一直追击到阳平，斩杀三万多人。刘显十分害怕，秘密地派人去向

秦王健分遣使者问民疾苦，搜罗隽异，宽重敛之税，弛离宫之禁，罢无用之器，去侈靡之服，凡赵之苛政不便于民者，皆除之。

杜洪、张琚遣使召梁州刺史司马勋。夏，四月，勋帅步骑三万赴之，秦王健御之于五丈原。勋屡战皆败，退归南郑。健以中书令贾玄硕始者不上尊号，衔之，使人告玄硕与司马勋通，并其诸子皆杀之。

渤海人逄约因赵乱，拥众数千家，附于魏，魏以约为渤海太守。故太守刘准，隗之兄子也；土豪封放，奕之从弟也，别聚众自守。闵以准为幽州刺史，与约中分渤海。燕王儁使封奕讨约，使昌黎太守高开讨准、放。开，瞻之子也。

奕引兵直抵约垒，遣人谓约曰："相与乡里，隔绝日久，会遇甚难。时事利害，人皆有心，非所论也。愿单出一相见，以写伫结之情。"约素信重奕，即出，见奕于门外，各屏骑卒，单马交语。奕与论叙平生毕，因说之曰："与君累世同乡，情相爱重，诚欲君享祚无穷；今既获展奉，不可不尽所怀。冉闵乘石氏之乱，奄有成资，是宜天下服其强矣，而祸乱方始，固知天命不可力争也。燕王奕世载德，奉义讨乱，所征无敌。今已都蓟，南临赵、魏，远近之民，襁负归之。民厌荼毒，咸思有道。冉闵之亡，匪朝伊夕，成败之形，昭然易见。且燕王肇开王业，虚心贤隽，君能翻然改图，则功参绛、灌，庆流苗裔，孰与为亡国将，守孤城以待必至之祸哉！"约闻之，怅然不言。奕给使张安，有勇力；奕豫戒之，俟约气下，安突前持其马鞚，因挟之而驰。至营，奕与坐，谓曰："君计不能自决，故相为决之，非欲取君以邀功，乃欲全君以安民也。"

高开至渤海，准、放迎降。儁以放为渤海太守，准为左司马，约参军事。以约诱于人而遇获，更其名曰"钓"。

冉闵请求投降，并请求杀掉石祗以表示自己的效忠，冉闵这才带领士兵撤回。有人报告说王泰想背叛归附前秦，冉闵便杀掉王泰，还灭掉了他的三族。

前秦主苻健分别派遣使者访问百姓的疾苦，搜罗杰出人才，减轻了横征暴敛的赋税，开放了为修建离宫划定的禁区，撤掉了没有用处的器具，换掉了华丽奢侈的服装，凡是后赵制定的不利于百姓的烦琐苛刻的政令，全都予以废除。

杜洪、张琚派遣使者征召梁州刺史司马勋。夏季，四月，司马勋率领步骑兵二万人前往，在五丈原遇上了前秦主苻健的阻击。司马勋多次战斗都失败了，只好退回南郑。苻健因为中书令贾玄硕在当初没有主动进上尊号，对他耿耿于怀，便指使人诬告他与司马勋相勾结，借此把他和他的几个儿子一起杀掉了。

渤海人逄约乘后赵大乱之机，带领数千家民众，归附魏国。魏国任命逄约为渤海太守。原来的太守刘准是刘隗哥哥的儿子；地方豪强封放是封奕的族弟。他们则另外聚集部众自守。冉闵任命刘准为幽州刺史，把渤海一分为二，让逄约和刘准分地而治。前燕主慕容儁派封奕讨伐逄约，派昌黎太守高开讨伐刘准、封放。高开是高瞻的儿子。

封奕率兵直接抵达逄约的营垒，派人告诉逄约说："你我本是乡里乡亲，离别日久，很难见面。眼下事情的利害得失，人人心里都有数，不必多说。希望你自己单独出来见见面，以倾诉聚集于心头的思念之情。"逄约历来信任敬重封奕，随即出来，在营垒门外与封奕见面。他们各自都没带骑兵卫士，只是单独骑着马交谈。封奕和他叙说完各自经历后，接着劝他说："我和你几代同乡，情深意重，确实希望你永远享受大魏国的国土。如今既然得以见面承教，我就不能不尽吐肺腑之言了。冉闵乘石氏大乱之机，囊括了其已有的成果，是应该让天下人佩服其强大的力量，然而战祸动乱也从此开始，这就知道天命本来不是靠力量强大争夺来的。燕王几代人都具有德行，崇奉道义，讨伐祸乱，所向无敌。如今已经定都蓟城，南视赵、魏，远近的百姓纷纷拖儿带女，前来归附。百姓厌恶荼毒之苦，都思念有道德的人。冉闵的灭亡非早即晚，成败的形势显而易见。况且燕主刚刚开创帝王大业，虚心对待俊贤之士，如果您能幡然悔悟，改变图谋，则功劳可与周勃、灌婴相比，福泽可以流传子孙后代，何必做亡国之将，困守孤城，等待必然要到来的灾祸呢！"逄约听了这番话，心情悲怆，默不作声。封奕左右的使者张安，勇气与力量俱佳，封奕事先对他做了布置，等到逄约气势低落时，张安突然冲上前去，抓住他的马缰，顺势挟持着他急驰而返。回到营地，封奕与他坐在一起，对他说："您不能自己决定大计，所以我帮您一起决定，不是想要拿您去邀功请赏，而是想保全您以安抚百姓。"

高开抵达渤海，刘准、封放出来迎接并投降。慕容儁任命封放为渤海太守，刘准为左司马，逄约为参军事，因为逄约是受人劝诱才归附投降的，所以慕容儁把他

刘显弑赵王祗及其丞相乐安王炳、太宰赵庶等十余人，传首于邺。骠骑将军石宁奔柏人。魏主闵焚祗首于通衢，拜显上大将军、大单于、冀州牧。

五月，赵兖州刺史刘启自鄄城来奔。

秋，七月，刘显复引兵攻邺，魏主闵击败之。显还，称帝于襄国。

（以上为第三段，写后赵主石祗派大将刘显率军攻打邺城，被冉魏主冉闵打败，刘显杀石祗投降，后又反叛，在襄国称帝；前秦主苻健改革弊政，逐渐强大起来。）

八月，魏徐州刺史周成、兖州刺史魏统、荆州刺史乐弘、豫州牧张遇以廪丘、许昌等诸城来降；平南将军高崇、征虏将军吕护执洛州刺史郑系，以其地来降。

燕王儁遣慕容恪攻中山，慕容评攻王午于鲁口，魏中山太守上谷侯龛闭城拒守。恪南徇常山，军于九门，魏赵郡太守辽西李邽举郡降，恪厚抚之，将邽还围中山，侯龛乃降。恪入中山，迁其将帅、土豪数十家诣蓟，余皆安堵，军令严明，秋豪不犯。慕容评至南安，王午遣其将郑生拒战，评击斩之。

悦绾还自襄国，儁乃知张举之妄而杀之。常炜有四男二女在中山，儁释炜之囚，使诸子就见之。炜上疏谢恩。儁手令答曰："卿本不为生计，孤以州里相存耳。今大乱之中，诸子尽至，岂非天所念邪！天且念卿，况于孤乎！"赐妾一人，谷三百斛，使居凡城。以北平太守孙兴为中山太守，兴善于绥抚，中山遂安。

库傉官伟帅部众自上党降燕。

姚弋仲遣使来请降。冬，十一月，以弋仲为使持节、六夷大都督、督淮北诸军事、车骑大将军、开府仪同三司、大单于、高陵郡公；又以其子襄为持节、平北将军、都督并州诸军事、并州刺史、平乡县公。

逄钓亡归渤海，招集旧众以叛燕。乐陵太守贾坚使人告谕乡人，示以成败，钓部众稍散，遂来奔。

吐谷浑叶延卒，子碎奚立。

的名字改为逄钓。

刘显杀掉了后赵主石祗及其丞相乐安王石炳、太宰赵庶等十多人，并将首级传送到邺城。骠骑将军石宁逃奔到柏人县。魏国主冉闵在邺城的通衢大道上焚烧了石祗的首级，授予刘显上大将军、大单于、冀州牧的官职。

五月，后赵兖州刺史刘启从鄄城来投奔东晋。

秋季，七月，刘显再次率兵攻打邺城，被魏国主冉闵击败。刘显返回，在襄国称帝。

八月，魏国徐州刺史周成、兖州刺史魏统、荆州刺史乐弘、豫州刺史张遇前来向东晋投降，献出了他们所占据的廪丘、许昌等城邑。平南将军高崇、征虏将军吕护挟持着洛州刺史郑系也前来向东晋投降，献出了他们所占据的地方。

前燕王慕容儁派慕容恪攻打中山，派慕容评在鲁口攻打王午，魏国中山太守上谷人侯龛紧闭城门，抵抗固守。慕容恪率兵南巡常山，驻扎在九门，魏国赵郡太守辽西人李邽带领全郡投降，慕容恪给他以丰厚的待遇，统领李邽的军队返回去包围中山，于是侯龛投降。慕容恪进入中山，将侯龛手下的数十家将帅、地方豪强迁徙到蓟城，其余的则让他们全都就地安居。部队纪律严明，秋毫无犯。慕容评抵达南安，王午派他的部将郑生抵抗，慕容评发起攻击，斩杀了郑生。

悦绾从襄国返回，慕容儁才知道张举所说的送传国印玺是荒诞之辞，于是就杀了他。常炜有四男二女在中山，慕容儁解除了对他的囚禁，让他的儿子们前来见他。常炜上疏谢恩，慕容儁亲手复信回答说："你的行动本来不是为了活命谋生考虑，但我与你是同乡，所以加以保全。在当今大乱的形势下，你的儿子们全都来到了这里，这难道不是上天对你的关怀吗？上天都关怀你，何况我呢！"慕容儁赐给常炜妾一人，粮食三百斛，让他居住在凡城。任命北平太守孙兴为中山太守。孙兴长于安抚之道，于是中山就安定下来了。

库傉官伟率领他的部众从上党来投降前燕。

姚弋仲派遣使者前来向东晋请求投降。冬季，十一月，东晋朝廷任命姚弋仲为使持节、六夷大都督、督淮北诸军事、车骑大将军、开府仪同三司、大单于、高陵郡公。又任命他的儿子姚襄为持节、平北将军、都督并州诸军事、并州刺史、平乡县公。

逄钓逃亡回渤海，召集起过去的旧部士兵背叛了前燕。乐陵太守贾坚派人劝谕百姓，给他们分析成败大势，逄钓的旧部逐渐离散，于是逄钓前来投奔东晋。

吐谷浑的首领叶延去世，儿子碎奚继位。

（以上为第四段，写冉魏徐州刺史周成、羌族酋长姚弋仲等，纷纷向东晋投降；前燕主慕容儁派将领慕容恪攻打中山，扩大领地，杀掉了后赵谎送传国玉玺的张举。）

初，桓温闻石氏乱，上疏请出师经略中原，事久不报。温知朝廷杖殷浩以抗己，甚忿之；然素知浩之为人，亦不之惮也。以国无他衅，遂得相持弥年，虽有君臣之迹，羁縻而已，八州士众资调殆不为国家用。屡求北伐，诏书不听。十二月，辛未，温拜表辄行，帅众四五万顺流而下，军于武昌。朝廷大惧。

殷浩欲去位以避温，又欲以驺虞幡驻温军。吏部尚书王彪之言于会稽王昱曰："此属皆自为计，非能保社稷，为殿下计也。若殷浩去职，人情离骇，天子独坐。当此之际，必有任其责者，非殿下而谁乎！"又谓浩曰："彼若抗表问罪，卿为之首。事任如此，猜衅已成，欲作匹夫，岂有全地邪！且当静以待之。令相王与手书，示以款诚。为陈成败，彼必旋师；若不从，则遣中诏；又不从，乃当以正义相裁。奈何无故匆匆，先自猖獗乎！"浩曰："决大事正自难，顷日来欲使人闷。闻卿此谋，意始得了。"彪之，彬之子也。

抚军司马高崧言于昱曰："王宜致书，谕以祸福，自当返旆。如其不尔，便六军整驾，逆顺于兹判矣！"乃于坐为昱草书曰："寇难宜平，时会宜接。此实为国远图，经略大算，能弘斯会，非足下而谁！但以比兴师动众，要当以资实为本。运转之艰，古人所难，不可易之于始而不熟虑。顷所以深用为疑，惟在此耳。然异常之举，众之所骇，游声噂喈，想足下亦少闻之。苟患失之，无所不至，或能望风振扰，一时崩散。如此则望实并丧，社稷之事去矣。皆由吾暗弱，德信不著，不能镇静群庶，保固维城，所以内愧于心，外惭良友。吾与足下，虽职有内外，安社稷，保国家，其致一也。天下安危，系之明德，当先思宁国而后图其外，使王基克隆，大义弘著，所望于足下。区区诚怀，岂可复顾嫌而不尽哉！"温即上疏惶恐致谢，回军还镇。

当初，桓温听说石氏大乱，便向朝廷上疏，请求出兵整治中原地区，但过了许久也没有回音。桓温知道朝廷倚仗殷浩来对抗自己，对此十分愤怒。然而，他也一向知道殷浩的为人，所以对他也不惧怕。因为国家没有什么其他灾祸变故，也就得过且过一年多，表面上维系着君臣的名分罢了。桓温管辖的八州之内民众的资财赋税，几乎不给朝廷使用。桓温多次请求北伐，朝廷下达命令，不予同意。十二月十一日辛未，桓温上奏后就立即行动，率领四五万人顺江而下，驻扎在武昌。朝廷十分恐惧。

殷浩想用辞职来躲避桓温，又想用驺虞旗帜号令桓温的部队不再继续前进。吏部尚书王彪之对会稽王司马昱进言说："殷浩的这些举动全都是为自己考虑，并不能保全江山，不是为您考虑。如果殷浩辞职，必将导致人心分离混乱，天子独坐天下，在这种时候，一定要有人出来承担责任，这人不是您还能是谁呢！"王彪之又对殷浩说："如果桓温上书直言，兴师问罪，首当其冲的是您。您在朝廷任此职务，猜忌隔阂已经形成，这时想成为一般百姓，难道还能保全自己吗？应该暂且静观不动地等待桓温。可以先让宰相给他写一封亲笔信，向他表示恳切的诚意，为他分析成败趋势，他就一定会率兵返回了；如果不听，那就由皇上亲自下达命令；再不听就应当用正义之师去制裁他。为什么您要平白无故地匆匆行事，先自我倾覆呢！"殷浩说："面临大事的我正难以决策，近日一直使我感到烦闷，听到你这个计谋，主意才得以决定了。"王彪之是王彬的儿子。

抚军司马高崧对司马昱说："您应该致信桓温，向他说明利害得失，他自己就应当率兵返回了。如果他不这样做，就整理六军人马出征，正义、叛逆从此判明！"于是他就坐下来替司马昱起草书信，说："寇贼发难应该平定，时运到来，应该承接。这确实是为国家着想的长谋远虑、夺取天下的宏图大略，能够弘扬光大这种时运的人，除了您还能有谁？但兴师动众，重要的是应该以雄厚的财力物力为基础，辗转运输的艰难，正是古人最为头疼的事情，不能从一开始就认为它容易而不加以认真地考虑。近来，我之所以对您的举动深以为疑，原因就在这里。对于出乎寻常的举动，人们都感到惊骇，所以近来各种议论说法，纷至沓来，想您也稍有耳闻。假如生怕得到的东西再失去，就会无所不用其极，也许有些人就会震恐惊扰，甚至会顷刻崩溃逃散。如此则宏大的愿望和已有的成果全都会丧失，国家的大业也就完了。全都是由于我昏庸懦弱，没有表现出崇高的道德和信誉，才没能使大众百姓沉

朝廷将行郊祀。会稽王昱问于王彪之曰："郊祀应有赦否？"彪之曰："自中兴以来，郊祀往往有赦，愚意常谓非宜。凶愚之人，以为郊必有赦，将生心于侥幸矣！"昱从之。

燕王儁如龙城。

丁零翟鼠帅所部降燕，封为归义王。

（以上为第五段，写东晋方镇大将桓温乘后赵大乱，数次请求出兵收复中原，不等朝廷同意就擅自出兵，朝廷恐慌，殷浩打算辞职，丞相会稽王司马昱听从抚军司马高崧的建议，致信桓温，桓温返军。）

八年（壬子，352年）

春，正月，辛卯，日有食之。

秦丞相雄等请秦王健正尊号，依汉、晋之旧，不必效石氏之初。健从之，即皇帝位，大赦。诸公皆进爵为王。且言单于所以统一百蛮，非天子所宜领，以授太子苌。

司马勋既还汉中，杜洪、张琚屯宜秋。洪自以右族轻琚，琚遂杀洪，自立为秦王，改元建昌。

刘显攻常山，魏主闵留大将军蒋幹使辅太子智守邺，自将八千骑救之。显大司马清河王宁以枣强降魏。闵击显，败之，追奔至襄国。显大将军曹伏驹开门纳闵，闵杀显及其公卿已下百余人，焚襄国宫室，迁其民于邺。赵汝阴王琨以其妻妾来奔，斩于建康市，石氏遂绝。

（以上为第六段，写前秦苻健接受丞相苻雄请求，即位为帝；后赵雍州刺史杜洪被司马张琚杀害，张琚自立为秦王，改元建昌；后赵石虎之子石琨投奔东晋被杀，石氏根绝。）

尚书左丞孔严言于殷浩曰："比来众情，良可寒心，不知使君当何以

着安定，凭借险势连城固守以保卫国家。这就是我于内问心有愧，于外对不起好友的原因。我与您虽然任职有内外之分，但安定国家、保卫皇上，这个目标是一致的。天下的安危与完美的德行相联系，应当先考虑使国家安宁，然后再图谋向外扩展，以使帝王的基业兴隆昌盛，道义弘扬彰著，这就是我对您的期望。区区一点心意，难道还能再顾虑疑忌而不坦诚尽言吗？”桓温见信后立即上书，诚惶诚恐地表示谢罪，率军返回了原来镇守的地方。

东晋朝廷将要在郊外举行祭祀天地的仪式。会稽王司马昱问王彪之说：“举行郊祀是否应该有大赦？”王彪之回答说：“自从朝廷中兴以来，举行郊祀时往往实行大赦。我的意见是如果经常这样做是不合适的。凶残愚顽之人，以为一举行郊祀必定会实行大赦，那他们必将产生侥幸心理！”司马昱听从了他的意见。

前燕王慕容儁到了龙城。

丁零人翟鼠率领士兵投降了前燕国，被封为归义王。

晋穆帝永和八年（壬子，352 年）

春季，正月初一辛卯，出现日食。

前秦丞相苻雄等人请求前秦主苻健正式称皇帝的尊号，依从汉朝、晋朝的旧制，而不必效法石氏最初先称天王的做法。苻健听从了这一请求，即皇帝位，实行大赦。诸公全都晋升爵位为王。苻雄等人还说，单于用来统治百蛮的种种措施、办法，不宜由天子亲自掌管。所以苻健把这方面的权力授予太子苻苌。

司马勋已经回到汉中，杜洪、张琚驻扎在宜秋。杜洪自以为出身名门望族而轻视张琚，张琚于是就杀掉了杜洪，自立为秦王，改年号为建昌。

后赵主刘显进攻常山，魏国主冉闵留下大将军蒋幹辅佐太子冉智守卫邺城，自己统率八千骑兵前去救援。刘显的大司马清河人王宁投降了魏国，将枣强县拱手交出。冉闵攻击刘显打败了他，追击到襄国。刘显的大将军曹伏驹打开城门让石闵进入，石闵杀掉了刘显及其公卿以下的官吏一百多人，焚烧了襄国的宫室，将襄国的百姓迁移到邺城。后赵汝阴王石琨带着他的妻妾前来东晋投降，被斩杀在建康街头，于是石氏被彻底根绝了。

尚书左丞孔严向殷浩进言说：“近来人们的情绪，真令人心寒，不知您将用什么

镇之。愚谓宜明受任之方，韩、彭专征伐，萧、曹守管籥，内外之任，各有攸司；深思廉、蔺屈身之义，平、勃交欢之谋，令穆然无间，然后可以保大定功也。观近日降附之徒，皆人面兽心，贪而无亲，恐难以义感也。”浩不从。严，愉之从子也。

浩上疏请北出许、洛，诏许之，以安西将军谢尚、北中郎将荀羡为督统，进屯寿春。谢尚不能抚尉张遇，遇怒，据许昌叛，使其将上官恩据洛阳，乐弘攻督护戴施于仓垣，浩军不能进。三月，命荀羡镇淮阴，寻加监青州诸军事，又领兖州刺史，镇下邳。

乙巳，燕王儁还蓟，稍徙军中文武兵民家属于蓟。

姚弋仲有子四十二人，及病，谓诸子曰：“石氏待吾厚，吾本欲为之尽力。今石氏已灭，中原无主。我死，汝亟自归于晋，当固执臣节，无为不义也！”弋仲卒，子襄秘不发丧，帅户六万南攻阳平、元城、发干，破之，屯于碻磝津；以太原王亮为长史，天水尹赤为司马，太原薛瓒、略阳权翼为参军。

襄与秦兵战，败，亡三万余户，南至荥阳，始发丧。又与秦将高昌、李历战于麻田，马中流矢而毙。弟苌以马授襄，襄曰：“汝何以自免？”苌曰：“但令兄济，竖子必不敢害苌！”会救至，俱免。尹赤奔秦，秦以赤为并州刺史，镇蒲阪。

襄遂帅众归晋，送其五弟为质。诏襄屯谯城。襄单骑渡淮，见谢尚于寿春。尚闻其名。命去仗卫，幅巾待之，欢若平生。襄博学，善谈论，江东人士皆重之。

（以上为第七段，写东晋朝廷同意殷浩请求，出兵北上许昌、洛阳，驻扎寿春；姚弋仲去世，其子姚襄与前秦军队交战，被打败，率军归附东晋，受到江东人士推重。）

魏主闵既克襄国，因游食常山、中山诸郡。赵立义将军段勤聚胡、羯万余人保据绎幕，自称赵帝。夏，四月，甲子，燕王儁遣慕容恪等击

办法使其安定。我认为应该明确官吏的职责，韩信、彭越专事征伐，萧何、曹参留守理财，对内对外的职责，各有所司；还应该深思廉颇、蔺相如为国家利益而不计前嫌的道理，陈平、周勃为制止吕氏专权而结为至交的谋略，让人们和睦无间，然后就可以保有天下，成就功业了。看看近来投降归附的那些人，全都是人面兽心，贪婪至极而且六亲不认，恐怕难以用道义感化他们。”殷浩没有听从孔严的意见。孔严是孔愉的侄子。

殷浩上疏请求北上许昌、洛阳，穆帝司马聃复诏同意，于是任命安西将军谢尚、北中郎将荀羡为督统，进军驻扎于寿春。谢尚没能抚慰张遇，张遇非常愤怒，便占据许昌反叛，并派他的将领上官恩占据洛阳，乐弘在仓垣攻打督护戴施，殷浩的军队无法前进。三月，东晋朝廷命令荀羡镇守淮阴，不久加任监青州诸军事，又兼任兖州刺史，镇守下邳。

三月十六日乙巳，前燕主慕容儁回到蓟城，并将少量的军队文武官员、士兵的家属迁移到蓟城。

姚弋仲有四十二个儿子，等到他病重时，对儿子们说：“石氏对待我很优厚，我本想为他们尽力。如今石氏已被消灭，中原混战无主，我死了以后，你们赶快自己归附晋朝，应当固守作为臣下的气节，不要干不义的事情！”姚弋仲去世，其子姚襄隐瞒消息，不告诉别人，率领六万家的士兵南进，攻打阳平、元城、发干，全部攻下，士兵驻扎在碻磝津，任命太原人王亮为长史，天水人尹赤为司马，太原人薛瓒、略阳人权翼为参军。

姚襄与前秦军队交战，被打败，死亡、溃散了三万多家的士兵。南进抵达荥阳，才公开了父亲死亡的消息。又与前秦将领高昌、李历在麻田交战，他的战马因中了流箭而死。姚襄的弟弟姚苌给了他一匹马，姚襄说：“你自己如何脱身？”姚苌说：“只要哥哥平安，那帮小子就不敢伤害我！”恰好这时援兵到达，他们全都幸免于难。尹赤投奔前秦，前秦任命尹赤为并州刺史，镇守蒲阪。

姚襄于是率领士兵归附东晋，并把他的五个弟弟送去作为人质。东晋朝廷下令姚襄屯戍谯城。姚襄单人匹马渡过淮河，在寿春见到了谢尚。谢尚久闻其名，命令撤掉仪仗侍卫，自己摘掉帽子，只以绢丝束发，热情地招待他，就像见到故友一样。姚襄很博学，善于言谈，江东的人士都很推崇他。

魏国主冉闵既已攻克襄国，因此就在常山、中山等地周游吃喝。后赵立义将军段勤聚集了胡人、羯人一万多人保卫据守绎幕，自称为赵帝。夏季，四月初五甲子，

魏，慕容霸等击勤。

魏主闵将与燕战，大将军董闰、车骑将军张温谏曰：“鲜卑乘胜锋锐，且彼众我寡，宜且避之，俟其骄惰，然后益兵以击之。”闵怒曰：“吾欲以此众平幽州，斩慕容儁；今遇恪而避之，人谓我何！”司徒刘茂、特进郎闿相谓曰：“吾君此行，必不还矣，吾等何为坐待戮辱！”皆自杀。

闵军于安喜，慕容恪引兵从之。闵趣常山，恪追之，丙子，及于魏昌之廉台。闵与燕兵十战，燕兵皆不胜。闵素有勇名，所将兵精锐，燕人惮之。慕容恪巡陈，谓将士曰：“冉闵勇而无谋，一夫敌耳！其士卒饥疲，甲兵虽精，其实难用，不足破也！”闵以所将多步卒，而燕皆骑兵，引兵将趣林中。恪参军高开曰：“吾骑兵利平地，若闵得入林，不可复制。宜亟遣轻骑邀之，既合而阳走，诱致平地，然后可击也。”恪从之。魏兵还就平地，恪分军为三部，谓诸将曰：“闵性轻锐，又自以众少，必致死于我。我厚集中军之陈以待之，俟其合战，卿等从旁击之，无不克矣。”乃择鲜卑善射者五千人，以铁锁连其马，为方陈而前。闵所乘骏马曰“朱龙”，日行千里。闵左操两刃矛，右执钩戟，以击燕兵，斩首三百余级。望见大幢，知其为中军，直冲之。燕两军从旁夹击，大破之。围闵数重，闵溃围东走二十余里，朱龙忽毙，为燕兵所执。燕人杀魏仆射刘群，执董闰、张温及闵，皆送于蓟。闵子操奔鲁口。高开被创而卒。慕容恪进屯常山，儁命恪镇中山。

己卯，冉闵至蓟。儁大赦。立闵而责之曰：“汝奴仆下才，何得妄称帝？”闵曰：“天下大乱，尔曹夷狄禽兽之类犹称帝，况我中土英雄，何为不得称帝邪！”儁怒，鞭之三百，送于龙城。

慕容霸军至绎幕，段勤与弟思聪举城降。

甲申，儁遣慕容评及中尉侯龛帅精骑万人攻邺。癸巳，至邺，魏蒋

前燕主慕容儁派慕容恪等人率兵攻击魏国，派慕容霸等人率兵攻击段勤。

魏国主冉闵准备与前燕交战，大将军董闰、车骑将军张温劝说道：“鲜卑人乘胜利之势，锋芒锐利，而且敌众我寡，应该暂且躲避。等他们骄傲懈怠以后，再增加兵力，加以攻击。”冉闵愤怒地说：“我要用这些士兵平定幽州，斩杀慕容儁。如今遇上了慕容恪而躲避他，人们该说我什么呢！”司徒刘茂、特进郎闿互相说：“我们的国君此次出征，一定是有去无回，我们为什么要坐等被杀戮的耻辱！”于是，他们俩都自杀了。

冉闵驻军于安喜，慕容恪率兵跟随。冉闵向常山开进，慕容恪紧追不舍，四月十七日丙子，一直追到魏昌县的廉台相遇。冉闵与前燕兵交战十次，前燕兵全都没有获胜。冉闵历来有勇猛的名声，所统领的士兵精良，前燕人很惧怕他。慕容恪巡视兵阵，对他的将士们说：“冉闵有勇无谋，只能以一当一而已！他的士兵饥饿疲惫，武器装备虽然精良，但实际上难以为用，不难打败他们！”冉闵认为自己所统领的多是步兵，而前燕全是骑兵，于是就率领士兵向丛林开进。慕容恪的参军高开说：“我们骑兵在平坦地域作战有利，如果冉闵得以进入丛林，就无法再控制他了。应该火速派轻装的骑兵去拦截他，等到交战以后再假装逃跑，诱使他来到平坦地域，然后便能进行攻击了。”慕容恪听从了这一意见。魏兵回师追到平坦的地域，慕容恪把军队分为三部分，对将领们说：“冉闵生性轻敌，锐气十足，又自认为士兵较少，一定会拼死与我们作战。我要在中军的阵地上集中优势兵力等着他，等到交战以后，你们从两翼发起攻击，攻无不克。”于是，他就选择五千名善于射箭的鲜卑人，用铁链把他们的马匹联结起来，形成方阵，布置在前面。冉闵所骑的骏马名叫朱龙，日行千里。只见他左手持有两刃矛，右手拿着钩戟，用来攻击前燕兵，杀掉了三百多人。当他望见宽大的仪仗旗帜后，知道这便是中军，就径直发起冲击。这时，前燕军的其他两部分从两翼夹击，彻底攻破了冉闵的部队。他们把冉闵团团围住，冉闵突破重围向东逃窜了二十多里，不巧骏马朱龙突然死亡，冉闵被前燕兵俘获。前燕兵杀掉了魏国仆射刘群，抓到了董闰、张温及冉闵，把他们全都送往蓟城。冉闵的儿子冉操逃到鲁口；高开负伤而死。慕容恪进军驻扎于常山，慕容儁命令他镇守中山。

四月二十日己卯，冉闵被押送到蓟城。慕容儁实行大赦。慕容儁让冉闵站在那里，斥责他说：“你不过是才能低下的奴仆，怎么能妄自称帝？”冉闵说：“天下大乱，你们夷狄禽兽之类尚可称帝，何况我是中原英雄，为什么不能称帝呢！”慕容儁大怒，打了他三百鞭，把他送到龙城。

慕容霸的军队抵达绎幕，段勤和他的弟弟段思聪举城投降。

四月二十五日甲申，慕容儁派慕容评及中尉侯龛率领精锐骑兵一万人进攻邺城。

幹及太子智闭城拒守，城外皆降于燕，刘宁及弟崇帅胡骑三千奔晋阳。

秦以张遇为征东大将军、豫州牧。

五月，秦主健攻张琚于宜秋，斩之。

邺中大饥，人相食，故赵时宫人被食略尽。蒋幹使侍中缪嵩、詹事刘猗奉表请降，且求救于谢尚。庚寅，燕王儁遣广威将军慕容军、殿中将军慕舆根、右司马皇甫真等帅步骑二万助慕容评攻邺。

辛卯，燕人斩冉闵于龙城。会大旱、蝗，燕王儁谓闵为祟，遣使祀之，谥曰“悼武天王”。

初，谢尚使戴施据枋头，施闻蒋幹求救，乃自仓垣徙屯棘津，止幹使者求传国玺。刘猗使缪嵩还邺白幹，幹疑尚不能救，沈吟未决。六月，施帅壮士百余人入邺，助守三台，绐之曰：“今燕寇在外，道路不通，玺未敢送也。卿且出以付我，我当驰白天子。天子闻玺在吾所，信卿至诚，必多发兵粮以相救饷。”幹以为然，出玺付之。施宣言使督护何融迎粮，阴令怀玺送于枋头。甲子，蒋幹帅锐卒五千及晋兵出战，慕容评大破之，斩首四千级，幹脱走入城。

（以上为第八段，写前燕将领慕容恪率军攻打冉魏，前燕多骑兵，冉魏多步卒，慕容恪用计诱使魏军至平原，大败魏军，活捉冉闵，斩杀于龙城，东晋镇西将军谢尚得到冉魏的传国玉玺。）

甲申，秦主健还长安。

谢尚、姚襄共攻张遇于许昌。秦主健遣丞相东海王雄、卫大将军平昌王菁略地关东，帅步骑二万救之。丁亥，战于颍水之诫桥，尚等大败，死者万五千人。尚奔还淮南，襄弃辎重，送尚于芍陂，尚悉以后事付襄。殷浩闻尚败，退屯寿春。秋，七月，秦丞相雄徙张遇及陈、颍、许、洛之民五万余户于关中，以右卫将军杨群为豫州刺史，镇许昌。谢尚降号建威将军。

赵故西中郎将王擢遣使请降，拜擢秦州刺史。

丁酉，以武陵王晞为太宰。

丙辰，燕王儁如中山。

王午闻魏败，时邓恒已死，午自称安国王。八月，戊辰，燕王儁遣

癸巳（疑误），抵达邺城，魏国的蒋幹及太子冉智紧闭城门抵抗固守，城外的士兵全都投降了前燕军。刘宁及他的弟弟刘崇率领三千胡人骑兵逃奔晋阳。

前秦任命张遇为征东大将军、豫州牧。

五月，前秦主苻健在宜秋攻打张琚，将其斩杀。

邺中地区发生严重饥荒，人们互相蚕食，过去后赵的宫人被烹食殆尽。蒋干派侍中缪嵩、詹事刘猗向东晋朝廷进奉降书，请求投降，并且向谢尚求救。五月初二庚寅，前燕王慕容儁派广威将军慕容军、殿中将军慕舆根、右司马皇甫真等人率领步、骑兵二万人协助慕容评攻打邺城。

五月初三辛卯，前燕人在龙城斩杀了冉闵。恰好这时发生了严重的旱灾、蝗灾，前燕王慕容儁说这是冉闵在作祟，便派使臣去祭祀他，给他追封谥号为悼武天王。

当初，东晋镇西将军谢尚派戴施据守枋头，戴施听说蒋幹派人前来求救，就从仓垣移师到棘津驻扎，阻拦了蒋幹派出的使者，索要传国印玺。刘猗让缪嵩返回邺城禀报蒋幹。蒋幹怀疑谢尚不能前来援救，犹豫不决。六月，戴施率领一百多名勇士进入邺城，帮助守卫三台，并哄骗蒋幹说："如今燕寇陈兵城外，道路不通，传国印玺还不敢送走。你姑且把它拿出来交给我，我将策马迅速禀报天子。天子听到传国印玺在我们这里，会真诚地相信你，一定会多多地下发兵粮以救助你的困难。"蒋幹认为他说得有道理，就拿出传国印玺交给了他。戴施公开宣称派督护何融去迎接兵粮，暗地里却怀揣传国印玺送到了枋头。六月初六甲子，蒋幹率领精锐士兵五千人及东晋的士兵出城战斗，被慕容评彻底打败，四千多人被斩首，蒋幹逃回邺城。

六月二十六日甲申，前秦主苻健返回长安。

谢尚、姚襄一起在许昌攻打前秦征东大将军张遇。前秦主苻健派丞相东海王苻雄、卫大将军平昌王苻菁攻占关东地区，率领二万步、骑兵去援救张遇。六月二十九日丁亥，双方在颍水的诫桥交战，谢尚等大败，死亡一万五千人。谢尚逃回淮南，姚襄扔掉了军用物资，护送谢尚到了芍陂。谢尚把自己的后事全托付给了姚襄。殷浩听到谢尚失败的消息，退到寿春驻扎。秋季，七月，前秦丞相苻雄把张遇及陈郡、颍川、许昌、洛阳的百姓五万多户迁移到关中，任命右卫将军杨群为豫州刺史，镇守许昌。东晋将谢尚贬降名号为建威将军。

原后赵国西中郎将王擢派遣使者向东晋请求投降，朝廷授予王擢秦州刺史职务。

七月初十丁酉，东晋朝廷任命武陵王司马晞为太宰。

七月二十九日丙辰，前燕主慕容儁到中山。

原后赵幽州刺史王午听说魏国失败的消息，当时邓恒已经死去，就自称安国王。

慕容恪、封奕、阳骛攻之，午闭城自守，送冉操诣燕军，燕人掠其禾稼而还。

庚午，魏长水校尉马愿等开邺城纳燕兵，戴施、蒋幹悬缒而下，奔于仓垣。慕容评送魏后董氏、太子智、太尉申钟、司空条攸等及乘舆服御于蓟。尚书令王简、左仆射张乾、右仆射郎肃皆自杀。燕王儁诈云董氏得传国玺献之，赐号奉玺君，赐冉智爵海宾侯。以申钟为大将军右长史，命慕容评镇邺。

桓温使司马勋助周抚讨萧敬文于涪城，斩之。

谢尚自枋头迎传国玺至建康，百僚毕贺。

秦以雷弱儿为大司马，毛贵为太尉，张遇为司空。

（以上为第九段，写东晋谢尚、姚襄出兵攻打前秦将领张遇，被打败；前燕将领慕容恪攻打冉魏邺城，魏将王午闭城自守；冉魏将官马愿等打开城门，投降前燕，冉魏灭亡。）

殷浩之北伐也，中军将军王羲之以书止之，不听。既而无功，复谋再举。羲之遗浩书曰：“今以区区江左，天下寒心，固已久矣，力争武功，非所当作。自顷处内外之任者，未有深谋远虑，而疲竭根本，各从所志，竟无一功可论，遂令天下将有土崩之势；任其事者，岂得辞四海之责哉！今军破于外，资竭于内，保淮之志，非所复及，莫若还保长江，督将各复旧镇；自长江以外，羁縻而已。引咎责躬，更为善治，省其赋役，与民更始，庶可以救倒悬之急也！使君起于布衣，任天下之重，当董统之任，而败丧至此，恐阖朝群贤未有与人分其谤者。若犹以前事为未工，故复求之分外，宇宙虽广，自容何所！此愚智所不解也。”

又与会稽王昱笺曰：“为人臣谁不愿尊其主，比隆前世，况遇难得之运哉！顾力有所不及，岂可不权轻重而处之也！今虽有可喜之会，内求诸己，而所忧乃重于所喜。功未可期，遗黎歼尽，劳役无时，征求日重，以区区吴、越经纬天下十分之九，不亡何待！而不度德量力，不弊不已，此封内所痛心叹悼而莫敢吐诚者也。‘往者不可谏，来者犹可追。’愿殿

八月十一日戊辰，前燕主慕容儁派慕容恪、封奕、阳骛攻打他，王午紧闭城门自守，把冉操送给前燕军，前燕百姓把他们的庄稼砍掠一空后返回。

八月十三日庚午，魏国长水校尉马愿等人打开邺城城门，让前燕军队进入，戴施、蒋幹系着绳子从城墙上滑下来，逃奔到仓垣。慕容评把大魏后董氏、太子冉智、太尉申钟、司空条攸以及王宫车乘服饰送至蓟城。尚书令王简、左仆射张乾、右仆射郎肃全都自杀。前燕主慕容儁谎称董氏得到了传国印玺，并献给了他，因此赐董后号为奉玺君，赐封冉智以海宾侯爵位。任命申钟为大将军右长史。命令慕容评镇守邺城。

东晋大将桓温派司马勋帮助周抚在涪城攻打萧敬文，杀掉了他。

谢尚从枋头迎接传国印玺抵达建康，朝廷百官一同庆贺。

前秦任命雷弱儿为大司马，毛贵为太尉，张遇为司空。

殷浩北伐的时候，中军将军王羲之写信劝他不要去，他没有听从。此次无功而返，他便图谋再一次出征。王羲之给殷浩写信说："如今我们占据着区区江左之地，天下人为之心寒，本来已经很久了。力争战功不是现在该干的事情。近来在朝廷内外任职的官员们，没有深谋远虑，却任意挥霍摧残国家的根基，每个人都追求实现自己的志向，最终却没有一项战功可言，于是使天下大有土崩瓦解的趋势。干这种事情的人，岂能让他推卸掉天下人的责怪！如今在外边军队被攻破，在国内资财被耗尽，保全淮南的志向，已经不再是力所能及的事情了，不如回来确保长江，督将们再各自镇守旧地，长江以外的地区保持着联系就可以了。官员们引咎自责，重新实施良好的治理方法，减免赋税徭役，与百姓一起从头奋斗，或许还可以解救千钧一发的危急局势。您出身于布衣百姓，承担着天下的重任，掌管着督察统管之责，然而却失败落魄到如此地步，恐怕满朝廷的那些贤士没有一个会愿意为别人分担责任。如果您还觉得以前的事情考虑得不周到、不细致，所以应该再去追求分外之功，那么虽说宇宙广大，恐怕也容不下您！这就是我愚钝的头脑所不能理解的。"

王羲之又给会稽王司马昱去信说："作为臣下，谁不愿意尊奉自己的君主，希望他的事业和前代一样兴隆昌盛呢？况且是在遇到了难得的时运的时候。只不过在力量有所不及的情况下，难道能不权衡轻重而随意行事吗！如今虽然有令人可喜的机会，但看看自身的情况，令人担忧的事情仍然多于令人可喜的事情。成功未可预期，遗民损失殆尽，劳役毫无时限，征敛日益繁重，以区区吴越之地去征服统治天下十

下更垂三思，先为不可胜之基，须根立势举，谋之未晚。若不行，恐麋鹿之游，将不止林薮而已！愿殿下暂废虚远之怀，以救倒悬之急，可谓以亡为存，转祸为福也。”不从。

九月，浩屯泗口，遣河南太守戴施据石门，荥阳太守刘遯据仓垣。浩以军兴，罢遣太学生徒，学校由此遂废。

冬，十月，谢尚遣冠军将军王侠攻许昌，克之。秦豫州刺史杨群退屯弘农。征尚为给事中，戍石头。

（以上为第十段，写东晋权臣殷浩北伐，遭到失败，还想再次出征，以挽回颜面和损失，中军将军王羲之写信严厉劝阻，希望其度德量力，改弦更张，但殷浩听不进去。）

丁卯，燕王儁还蓟。

故赵将拥兵据州郡者，各遣使降燕。燕王儁以王擢为益州刺史，夔逸为秦州刺史，张平为并州刺史，李历为兖州刺史，高昌为安西将军，刘宁为车骑将军。

慕容恪屯安平，积粮，治攻具，将讨王午。丙戌，中山苏林起兵于无极，自称天子，恪自鲁口还讨林。闰月，戊子，燕王儁遣广威将军慕舆根助恪攻林，斩之。王午为其将秦兴所杀。吕护杀兴，复自称安国王。

燕群僚共上尊号于燕王儁，儁许之。十一月，丁卯，始置百官，以国相封奕为太尉，左长史阳骛为尚书令，右司马皇甫真为尚书左仆射，典书令张悕为右仆射；其余文武，拜授有差。

戊辰，儁即皇帝位，大赦，自谓获传国玺，改元元玺。追尊武宣王为高祖武宣皇帝，文明王为太祖文明皇帝。时晋使适至燕，儁谓曰：“汝还白汝天子，我承人乏，为中国所推，已为帝矣！”改司州为中州；建留台于龙都。以玄菟太守乙逸为尚书，专委留务。

秦丞相雄攻王擢于陇西，擢奔凉州，雄还屯陇东。张重华以擢为征虏将军、秦州刺史，特宠待之。

分之九的广阔地区，不灭亡又会怎样呢！不权衡自己的德行与力量，不彻底失败就不善罢甘休，这就是国内人士所痛心疾首而又不敢直说的话。‘过去的已经无法挽回，但未来的还可以补救。’希望您再度三思，先奠定不可战胜的根基，等到根基牢固、势力强大时再做图谋，那也为时不晚。如果不这样做，恐怕危险就会降临到我们江南！希望您能暂时放弃虚华高远的想法，以挽救眼前千钧一发的危急局势，这才可以说是以亡图存，转祸为福。”司马昱没有听从王羲之的劝告。

九月，殷浩驻扎在泗口，派河南太守戴施占据石门，荥阳太守刘遯占据仓垣。殷浩以征集财物供应军用为由，停止了太学学生的学习，并将他们遣散回去，学校从此也就关闭了。

冬季，十月，谢尚派冠军将军王侠攻克了许昌。前秦的豫州刺史杨群撤退驻扎在弘农。东晋朝廷征召谢尚为给事中，戍卫石头城。

十月十一日丁卯，前燕主慕容儁回到蓟城。

过去后赵国的将领中带领士兵占据州郡的人，各自都派使者向前燕投降，前燕主慕容儁任命王擢为益州刺史，夔逸为秦州刺史，张平为并州刺史，李历为兖州刺史，高昌为安西将军，刘宁为车骑将军。

慕容恪驻扎在安平，储备粮食，准备进攻的武器装备，将要攻打王午。丙戌（疑误），中山人苏林在无极起兵，自称天子。慕容恪从鲁口返回讨伐苏林。

闰十月初三戊子，前燕主慕容儁派广威将军慕舆根帮助慕容恪攻打苏林，把他杀掉了。王午被他的将领秦兴杀掉，吕护杀了秦兴，又自称安国王。

前燕官员们共同给前燕王慕容儁进上皇帝尊号，慕容儁同意了。十一月十二日丁卯，开始设置百官，任命国相封奕为太尉，左长史阳骛为尚书令，右司马皇甫真为尚书左仆射，典书令张悕为右仆射。其余的文武官员，授予的官职各有等差。

十一月十三日戊辰，慕容儁即皇帝位，实行大赦。自称获得了传国印玺，改年号为元玺。追尊武宣王慕容廆为高祖武宣皇帝，文明王慕容皝为太祖文明皇帝。这时，东晋的使者恰好抵达前燕，慕容儁对他说：“你回去禀报你的天子，我趁着天下无人才的时机，被中原地区推举，已经成为皇帝了！”慕容儁将司州改为中州，在当初的国都龙城建立了留台。任命玄菟太守乙逸为尚书，专门委任他掌管留台事务。

前秦丞相苻雄在陇西攻打王擢，王擢逃奔到凉州，苻雄返回，驻扎在陇东。张重华任命王擢为征虏将军、秦州刺史，特别宠待他。

（以上为第十一段，写原后赵占据州郡的将领，各派使者向前燕投降，接受前燕的重新任命；前燕主慕容儁被拥立为帝，设置百官，改元元玺，在原国都龙城建立留台。）

九年（癸丑，353年）

春，正月，乙卯朔，大赦。

二月，庚子，燕主儁立其妃可足浑氏为皇后，世子晔为皇太子，皆自龙城迁于蓟宫。

张重华遣将军张弘、宋修会王擢帅步骑万五千伐秦，秦丞相雄、卫将军菁拒之，大败凉兵于龙黎，斩首万二千级，虏张弘、宋修；王擢弃秦州，奔姑臧。秦主健以领军将军苻愿为秦州刺史，镇上邽。

三月，交州刺史阮敷讨林邑，破五十余垒。

赵故卫尉常山李犊聚众数千人叛燕。

西域胡刘康诈称刘曜子，聚众于平阳，自称晋王。夏，四月，秦左卫将军苻飞讨擒之。

以安西将军谢尚为尚书仆射。

五月，张重华复使王擢帅众二万伐上邽，秦州郡县多应之。苻愿战败，奔长安。重华因上疏请伐秦，诏进重华凉州牧。

燕主儁遣卫将军恪讨李犊，犊降，遂东击吕护于鲁口。

六月，秦苻飞攻氐王杨初于仇池，为初所败。丞相雄、平昌王菁帅步骑四万屯于陇东。

秦主健纳张遇继母韩氏为昭仪，数于众中谓遇曰："卿，吾假子也。"遇耻之，因雄等精兵在外，阴结关中豪杰，欲灭苻氏，以其地来降。秋，七月，遇与黄门刘晃谋夜袭健，晃约开门以待之。会健使晃出外，晃固辞，不得已而行。遇不知，引兵至门，门不开，事觉，伏诛。于是，孔持起池阳，刘珍、夏侯显起鄠，乔秉起雍，胡阳赤起司竹，呼延毒起灞城，众数万人，各遣使来请兵。

秦以左仆射鱼遵为司空。

晋穆帝永和九年（癸丑，353年）

春季，正月初一乙卯朔，东晋实行大赦。

二月十七日庚子，前燕主慕容儁立后妃可足浑氏为皇后，立长子慕容晔为皇太子，他们全都从龙城迁至蓟城王宫。

前凉主张重华派将军张弘、宋修会合王擢率领步、骑兵一万五千人攻打前秦，前秦丞相苻雄、卫将军苻菁率兵抵抗，前凉兵在龙黎被彻底打败，一万二千人被斩首，张弘、宋修被俘。王擢放弃了秦州，逃到姑臧。前秦主苻健任命领军将军苻愿为秦州刺史，镇守上邽。

三月，东晋交州刺史阮敷攻打林邑，攻破了五十多座营垒。

原后赵卫尉常山人李犊聚集士兵数千人背叛了前燕。

西域胡人刘康谎称自己是刘曜的儿子，在平阳聚集士兵，自称晋王。夏季，四月，前秦左卫将军苻飞讨伐并擒获了他。

东晋朝廷任命安西将军谢尚为尚书仆射。

五月，前凉主张重华再次派王擢率领士兵二万人攻打上邽，秦州的郡县大多都响应他。苻愿被打败，逃至长安。张重华于是就向东晋朝廷上书，请求攻打前秦。朝廷下诏，晋升张重华为凉州牧。

前燕主慕容儁派卫将军慕容恪攻打李犊，李犊投降。于是慕容恪东进，到鲁口攻打吕护。

六月，前秦左卫将军苻飞在仇池攻打氐王杨初，但被杨初打败。丞相苻雄、平昌王苻菁率领四万步、骑兵驻扎在陇东。

前秦主苻健纳娶张遇的继母韩氏为昭仪，他多次在人们当中对张遇说："你是我的养子！"张遇对此感到耻辱，便趁着苻雄等精兵在外征战的机会，暗中联络关中的豪杰，想灭掉苻氏，把他所占据的地方降附东晋。秋季，七月，张遇和黄门刘晃密谋夜袭苻健，刘晃约定到时开门等待。恰巧苻健派刘晃外出，他再三推辞，不得已只好去了。而张遇不知道此事，当他带领士兵来到门前时，门没有打开。事情败露，张遇被杀。这时，孔持在池阳起事，刘珍、夏侯显在鄠县起事，乔秉在雍县起事，胡阳赤在司竹起事，呼延毒在灞城起事，参加者达数万人，他们各自都派遣使者来向东晋请求援兵。

前秦任命左仆射鱼遵为司空。

九月，秦丞相雄帅众二万还长安，遣平昌王菁略定上洛，置荆州于丰阳川，以步兵校尉金城郭敬为刺史。雄与清河王法、苻飞分讨孔持等。

姚襄屯历阳，以燕、秦方强，未有北伐之志，乃夹淮广兴屯田，训厉将士。殷浩在寿春，恶其强盛，囚襄诸弟，屡遣刺客刺之，刺客皆以情告襄。

安北将军魏统卒，弟憬代领部曲。浩潜遣憬帅众五千袭之，襄斩憬，并其众。浩愈恶之，使龙骧将军刘启守谯，迁襄于梁国蠡台，表授梁国内史。

魏憬子弟数往来寿春，襄益疑惧，遣参军权翼使于浩，浩曰："身与姚平北共为王臣，休戚同之；平北每举动自专，甚失辅车之理，岂所望也！"翼曰："平北英姿绝世，拥兵数万远归晋室者，以朝廷有道，宰辅明哲故也。今将军轻信谗慝之言，与平北有隙，愚谓猜嫌之端，在此不在彼也。"浩曰："平北姿性豪迈，生杀自由，又纵小人掠夺吾马，王臣之体，固若是乎？"翼曰："平北归命圣朝，岂肯妄杀无辜！奸宄之人，亦王法所不容也，杀之何害！"浩曰："然则掠马何也？"翼曰："将军谓平北雄武难制，终将讨之，故取马欲以自卫耳。"浩笑曰："何至是也！"

初，浩阴遣人诱梁安、雷弱儿，使杀秦主健，许以关右之任。弱儿伪许之，且请兵应接。浩闻张遇作乱，健兄子辅国将军黄眉自洛阳西奔，以为安等事已成。冬，十月，浩自寿春帅众七万北伐，欲进据洛阳，修复园陵。吏部尚书王彪之上会稽王昱笺，以为："弱儿等容有诈伪，浩未应轻进。"不从。

浩以姚襄为前驱。襄引兵北行，度浩将至，诈令部众夜遁，阴伏甲以邀之。浩闻而追襄至山桑。襄纵兵击之，浩大败，弃辎重，走保谯城。襄俘斩万余，悉收其资仗，使兄益守山桑，襄复如淮南。会稽王昱谓王彪之曰："君言无不中，张、陈无以过也！"

（以上为第十二段，写前秦主苻健娶司空张遇继母韩氏为昭仪，张遇以为耻，密谋夜袭苻健，失败被杀；东晋殷浩受命攻打许昌、洛阳，被六夷大都督姚襄算计，

九月，前秦丞相苻雄率领士兵二万人回到长安，派平昌王苻菁平定治理上洛，在丰阳川设置荆州，任命步兵校尉金城人郭敬为刺史。苻雄与清河王苻法、苻飞分别攻打孔持等人。

姚襄驻扎在历阳，考虑到前燕、前秦势力正强，所以没有北伐的念头，就沿淮河两岸广泛开垦屯田，训练勉励将士。殷浩在寿春，讨厌姚襄的日益强盛，于是就囚禁了他的弟弟们，并多次派遣刺客刺杀他。然而刺客们却全都把实情告诉了姚襄。

安北将军魏统去世，弟弟魏憬代替他统领部曲家兵。殷浩偷偷地派魏憬率领五千士兵袭击姚襄，但姚襄杀掉了魏憬，其士兵也被兼并。殷浩因此越发讨厌姚襄，派龙骧将军刘启守卫谯郡，把姚襄调到梁国的蠡台，上书请求授予姚襄梁国内史职务。

魏憬的子弟们多次往来寿春，姚襄越发怀疑、担心，就派参军权翼出使殷浩处。殷浩对他说："我本人与姚襄同是君主的臣下，休戚与共。然而姚襄经常独断专行，有失辅车相依的道理，这难道是我所希望的事情吗？"权翼说："姚襄英俊的风姿堪称绝世，他之所以带领数万士兵不辞遥远归附晋朝王室，是因为朝廷具有道义，大臣们贤明智慧的缘故。如今将军轻信谗言妄语，与姚襄有了隔阂，我认为产生猜忌的根源在您这里而不在姚襄那里。"殷浩说："姚襄生性豪放不羁，随意生杀，又纵容小人抢夺我的马匹，君王臣下的行为原本是这样的吗？"权翼说："姚襄归附听命于圣哲王朝，怎么肯滥杀无辜！邪恶作乱之徒，就是帝王的法律也不能容忍，杀了他们有什么害处？"殷浩说："那么为什么抢夺我的马匹呢？"权翼说："将军您认为姚襄雄勇刚健，难以控制，最终也要讨伐他，所以他才夺取您的马匹，想用来自卫啊！"殷浩笑着说："哪里到这种地步呢？"

当初，殷浩暗地里派人劝诱梁安、雷弱儿，让他们去刺杀前秦主苻健，许诺把关右地区的官职封给他们。雷弱儿表面上答应了，而且请求派兵接应。殷浩听说张遇夜袭苻健，苻健哥哥的儿子辅国将军苻黄眉从洛阳向西逃奔，以为梁安等人的事情已经大功告成。冬季，十月，殷浩从寿春出发，率领士兵七万人北伐，想进攻占据洛阳，以修复帝王的陵墓。吏部尚书王彪之给会稽王司马昱上书认为："雷弱儿等人会有诈伪，殷浩不应该轻举妄动。"司马昱对此未加理会。

殷浩以姚襄作为北伐的前驱。姚襄率兵北进，当预计殷浩将要抵达时，假装让士兵趁夜逃散，实际上却悄悄地埋伏起来等候阻击殷浩。殷浩听说姚襄的士兵逃散，追赶姚襄来到山桑。这时，姚襄突然发兵攻击，殷浩大败，丢弃了轻重装备，逃回去固守谯城。姚襄俘虏斩杀了一万多人，全部收缴了他们的资财武器，派他的哥哥姚益镇守山桑，姚襄又回到了淮南。会稽王司马昱对王彪之说："你言无不中，张良、陈平也无法超过你啊！"

大败而归。）

西平敬烈公张重华有疾，子曜灵才十岁，立为世子，赦其境内。重华庶兄长宁侯祚，有勇力、吏干，而倾巧善事内外，与重华嬖臣赵长、尉缉等结异姓兄弟。都尉常据请出之，重华曰："吾方以祚为周公，使辅幼子，君是何言也！"

谢艾以枹罕之功，有宠于重华，左右疾之，谮艾，出为酒泉太守。艾上疏言："权幸用事，公室将危，乞听臣入侍。"且言："长宁侯祚及赵长等将为乱，宜尽逐之。"十一月，己未，重华疾甚，手令征艾为卫将军，监中外诸军事，辅政，祚、长等匿而不宣。

丁卯，重华卒，世子曜灵立，称大司马、凉州刺史、西平公。赵长等矫重华遗令，以长宁侯祚为都督中外诸军事、抚军大将军，辅政。

殷浩使部将刘启、王彬之攻姚益于山桑，姚襄自淮南击之，启、彬之皆败死。襄进据芍陂。

赵末，乐陵朱秃、平原杜能、清河丁娆、阳平孙元各拥兵分据城邑，至是皆请降于燕。燕主儁以秃为青州刺史，能为平原太守，娆为立节将军，元为兖州刺史，各留抚其营。

秦丞相雄克池阳，斩孔持。十二月，清河王法、苻飞克鄠，斩刘珍、夏侯显。

姚襄济淮，屯盱眙，招掠流民，众至七万，分置守宰，劝课农桑，遣使诣建康罪状殷浩，并自陈谢。诏以谢尚都督江西、淮南诸军事，豫州刺史，镇历阳。

凉右长史赵长等建议，以为："时难未夷，宜立长君，曜灵冲幼，请立长宁侯祚。"张祚先得幸于重华之母马氏，马氏许之，乃废张曜灵为凉宁侯，立祚为大都督、大将军、凉州牧、凉公。祚既得志，恣为淫虐，杀重华妃裴氏及谢艾。

西平敬烈公张重华患病，儿子张曜灵才十岁，被立为太子，在前凉境内实行大赦。张重华的庶兄长宁侯张祚，力气很大，具有果敢勇猛的禀性和当官的才干，然而为人狡诈，善于看风行事，左右逢源，和张重华的宠臣赵长、尉缉等人结拜为异姓兄弟。都尉常据请求把他调离，张重华说："我正要把张祚当作周公，让他辅佐幼子，你这是说的什么话呢！"

谢艾因为枹罕之战的功劳，在张重华面前很受宠，周围的人对此很是妒忌，就说坏话诬陷他。张重华因此把他调离出去，担任酒泉太守。谢艾上书说："有权势而得宠的人当政，君王的政权将有危险，请求您接受我入宫侍奉。"而且还说："长宁侯张祚及赵长等人将要作乱，应该把他们全都赶走。"十一月初十己未，张重华病重，亲手写下命令征召谢艾任卫将军，监察中外诸军事，辅佐朝政。张祚、赵长等人将手令隐藏起来而不加以公布。

十一月十八日丁卯，张重华去世，太子张曜灵即位，称为大司马、凉州刺史、西平公。赵长等人假传张重华遗令，让长宁侯张祚出任都督中外诸军事、抚军大将军，辅佐朝政。

殷浩派部将刘启、王彬之在山桑攻打姚益，姚襄从淮南出兵反击，刘启、王彬之全都战败死亡。姚襄继续前进，占据了芍陂。

后赵末年，乐陵人朱秃、平原人杜能、清河人丁娆、阳平人孙元各自拥兵，分别占据了所在的城邑，到这时，他们全都向前燕请求投降。前燕国主慕容儁任命朱秃为青州刺史，杜能为平原太守，丁娆为立节将军，孙元为兖州刺史，各自都留下来镇抚他们的营地。

前秦丞相苻雄攻下池阳，斩杀了孔持。十二月，清河王苻法、苻飞攻下鄠县，斩杀了刘珍、夏侯显。

姚襄渡过淮河，驻扎在盱眙，招募掳掠流民，人数多达七万，分别设置地方长官，勉励督促他们从事农耕蚕桑。姚襄还派遣使者到建康报告殷浩的罪行，并且陈述自己的歉意。东晋朝廷下令，任命谢尚为都督江西、淮南诸军事，豫州刺史镇守历阳。

前凉右长史赵长等人提出建议，认为："目前的灾难尚未平定，应该立年长者为君王。张曜灵年龄幼小，请求立长宁侯张祚。"张祚原先很得张重华母亲马氏的宠幸，马氏同意了，于是就将张曜灵废为凉宁侯，立张祚为大都督、大将军、凉州牧、凉公。张祚达到目的后，肆无忌惮地施展淫威暴虐，杀掉了张重华的妃子裴氏及谢艾。

燕卫将军恪、抚军将军军、左将军彭等屡荐给事黄门侍郎霸有命世之才，宜总大任。是岁，燕主儁以霸为使持节、安东将军、北冀州刺史，镇常山。

（以上为第十三段，写前凉主张重华去世，十岁的太子张曜灵即位，长宁侯张祚为人狡诈，夺其位，废其为凉宁侯；东晋殷浩派部将刘启、王彬之攻打姚益，姚襄从淮南出兵反击，东晋军全军覆没。）

十年（甲寅，354 年）

春，正月，张祚自称凉王，改建兴四十二年为和平元年，立妻辛氏为王后，子太和为太子，封弟天锡为长宁侯，子庭坚为建康侯，曜灵弟玄靓为凉武侯，置百官，郊祀天地，用天子礼乐。尚书马岌切谏，坐免官。郎中丁琪复谏曰："我自武公以来，世守臣节，抱忠履谦五十余年，故能以一州之众，抗举世之虏，师徒岁起，民不告疲，殿下勋德未高于先公，而亟谋革命，臣未见其可也。彼士民所以用命，四远所以归向者，以吾能奉晋室故也。今而自尊，则中外离心，安能以一隅之地拒天下之强敌乎！"祚大怒，斩之于阙下。

故魏降将周成反，自宛袭洛阳。辛酉，河南太守戴施奔鲔渚。

秦丞相雄克司竹，胡阳赤奔霸城，依呼延毒。

中军将军、扬州刺史殷浩连年北伐，师徒屡败，粮械都尽，征西将军桓温因朝野之怨，上疏数浩之罪，请废之。朝廷不得已，免浩为庶人，徙东阳之信安。自此内外大权一归于温矣。

浩少与温齐名，而心竞不相下，温常轻之。浩既废黜，虽愁怨不形辞色，常书空作"咄咄怪事"字。久之，温谓掾郗超曰："浩有德有言，向为令仆，足以仪刑百揆，朝廷用违其才耳。"将以浩为尚书令，以书告之。浩欣然许焉，将答书，虑有谬误，开闭者十数，竟达空函。温大怒，由是遂绝，卒于徙所。以前会稽内史王述为扬州刺史。

前燕国卫将军慕容恪、抚军将军慕容军、左将军慕容彪等人曾经屡次荐举给事黄门侍郎慕容霸，说他有显赫于世的才能，应该总揽重任。这一年，前燕主慕容儁任命慕容霸为使持节、安东将军、北冀州刺史，镇守常山。

晋穆帝永和十年（甲寅，354年）

春季，正月，张祚自称凉王，改建兴四十二年为和平元年。立妻子辛氏为王后，儿子张太和为太子。封弟弟张天锡为长宁侯，儿子张庭坚为建康侯，张曜灵的弟弟张玄靓为凉武侯。设置了百官，在郊外祭祀天地，使用天子的礼节器乐。尚书马岌恳切地加以劝谏，被加罪免官。郎中丁琪又劝谏说："我们自从武公张轨以来，历代谨守臣下的节义，胸怀忠诚，行事谦恭五十多年，所以才能用区区一州的士兵抵抗整个天下的敌人，虽然士兵连年征战，但百姓并不诉说困倦。您的功勋与德行并没有高出先公，然而却迫不及待地谋求改变命运，我没见过这样做能行得通的。那些士兵百姓之所以能够听命，远方的部族之所以能够归附向往，就是因为我们能尊奉晋皇室的缘故。如今您自尊为帝，则会内外离心，还怎么能够靠一隅之地抗拒天下的强敌呢！"张祚勃然大怒，在宫殿前就把丁琪杀掉了。

过去魏国投降过来的将领周成造反，从宛县出发袭击洛阳。正月十三日辛酉，河南太守戴施逃奔到鲔渚。

前秦丞相苻雄攻克司竹。胡阳赤逃奔到灞城，依附呼延毒。

东晋中军将军、扬州刺史殷浩连年北伐，士兵屡屡被打败，粮饷武器全都消耗殆尽。征西将军桓温借朝野上下对殷浩的怨愤，上书列举殷浩的罪行，请求将他罢免。朝廷不得已，将殷浩免官，贬为庶人，流放到东阳郡的信安县。从此，朝廷内外的大权统统集中在桓温手里了。

殷浩年轻时就和桓温齐名，双方暗自争胜，不相上下，但桓温经常轻视他。殷浩被罢免后，虽然忧愁怨愤之情不形于色，但常常用手在空中书写"咄咄怪事"四个字。过了很久，桓温对手下的属官郗超说："殷浩有德行，善言辞，假如以前让他出任尚书令或仆射，足以成为百官的楷模，朝廷对他的任用配不上他本身的才能。"桓温准备任命殷浩为尚书令，写信告诉了他。殷浩对此欣然应允，在准备送出复信时，担心信中还有不妥之处，便拆开封检查了十多次，最后忙中出错，送达桓温手里的竟然只是一个空信封。桓温勃然大怒，从此断绝了起用殷浩的想法，殷浩死于流放之地。桓温任命以前的会稽内史王述为扬州刺史。

二月，乙丑，桓温统步骑四万发江陵；水军自襄阳入均口，至南乡；步兵自淅川趣武关；命司马勋出子午道以伐秦。

燕卫将军恪围鲁口，三月，拔之。吕护奔野王，遣弟奉表谢罪于燕，燕以护为河内太守。

姚襄遣使降燕。

燕王儁以慕容评为镇南将军，都督秦、雍、益、梁、江、扬、荆、徐、兖、豫十州诸军事，权镇洛水；以慕容强为前锋都督，督荆徐二州、缘淮诸军事，进据河南。

桓温别将攻上洛，获秦荆州刺史郭敬；进击青泥，破之。司马勋掠秦西鄙，凉秦州刺史王擢攻陈仓以应温。秦主健遣太子苌、丞相雄、淮南王生、平昌王菁、北平王硕帅众五万军于峣柳以拒温。

夏，四月，己亥，温与秦兵战于蓝田。秦淮南王生单骑突陈，出入以十数，杀伤晋将士甚众。温督众力战，秦兵大败；将军桓冲又败秦丞相雄于白鹿原。冲，温之弟也。

温转战而前，壬寅，进至灞上。秦太子苌等退屯城南，秦主健与老弱六千固守长安小城，悉发精兵三万，遣大司马雷弱儿等与苌合兵以拒温。三辅郡县皆来降。温抚谕居民，使安堵复业。民争持牛酒迎劳，男女夹路观之，耆老有垂泣者，曰："不图今日复睹官军！"

秦丞相雄帅骑七千袭司马勋于子午谷，破之，勋退屯女娲堡。

（以上为第十四段，写东晋殷浩连年率军北伐，都以失败告终，桓温上书弹劾，殷浩被罢官流放；桓温统领大军北伐，转战前进，打败前秦主力部队，到达灞上，三辅归服。）

戊申，燕主儁封抚军将军军为襄阳王，左将军彭为武昌王；以卫将军恪为大司马、侍中、大都督、录尚书事，封太原王；镇南将军评为司徒、骠骑将军，封上庸王；封安东将军霸为吴王；左贤王友为范阳王，散骑常侍厉为下邳王，散骑常侍宜为庐江王，宁北将军度为乐浪王；又封弟桓为宜都王，逮为临贺王，徽为河间王，龙为历阳王，纳为北海王，秀为兰陵王，岳为安丰王，德为梁公，默为始安公，偻为南康公；子臧

二月，乙丑（疑误），桓温统领步兵和骑兵四万人从江陵出发。水军从襄阳进入均口，抵达南乡；步兵从淅川直奔武关；命令司马勋出子午道去攻打前秦。

前燕国卫将军慕容恪包围了鲁口。三月，攻下了该地。吕护逃奔到野王，派弟弟上书向前燕谢罪，前燕任命吕护为河内太守。

反叛东晋的姚襄派遣使者向前燕投降。

前燕主慕容儁任命慕容评为镇南将军，都督秦、雍、益、梁、江、扬、荆、徐、兖、豫十州诸军事，权且镇守洛水。任命慕容强为前锋都督，督察荆、徐二州及缘淮诸军事，他率兵前进，占据了黄河以南。

桓温的另一位将领攻打上洛，俘获了前秦荆州刺史郭敬，继续前进，又攻破了青泥。司马勋夺取了前秦的西部边陲地带，前凉秦州刺史王擢攻打陈仓以接应桓温。前秦国主苻健派太子苻苌、丞相苻雄、淮南王苻生、平昌王苻菁、北平王苻硕率领五万士兵驻扎在峣柳，以阻击桓温。

夏季，四月二十二日己亥，桓温与前秦军队在蓝田交战。前秦淮南王苻生单枪匹马冲入敌阵，往返十多次，杀死杀伤了众多的东晋将士。桓温督促士兵奋力拼搏，前秦军队终于被打得大败。将军桓冲又在白鹿原打败了前秦丞相苻雄。桓冲是桓温的弟弟。

桓温转战前进，四月二十五日壬寅，到达灞上。前秦太子苻苌等退守驻扎在城南，前秦主苻健与六千老弱民众固守长安小城，把三万精锐士兵全部派出，让大司马雷弱儿等人与苻苌会合兵力以抵抗桓温。三辅地区的郡县全都投降。桓温安抚告谕当地居民，让他们安居复业，当地的百姓争先恐后地带着酒肉迎接慰劳桓温的部队，男男女女夹道围观，有些老年人还激动地流下了眼泪，说："没想到今天又见到了朝廷的军队！"

前秦丞相苻雄率领骑兵七千人在子午谷袭击司马勋，司马勋的部队被攻破，退守女娲堡。

五月初二戊申，前燕主慕容儁封抚军将军慕容军为襄阳王，左将军慕容彭为武昌王；任命卫将军慕容恪为大司马、侍中、大都督、录尚书事，并封为太原王；任命镇南将军慕容评为司徒、骠骑将军，并封为上庸王；封安东将军慕容霸为吴王，左贤王慕容友为范阳王，散骑常侍慕容厉为下邳王，散骑常侍慕容宜为庐江王，宁北将军慕容度为乐浪王。还对他的弟弟们进行了赐封：慕容桓为宜都王，慕容逮为临贺王，慕容徽为河间王，慕容龙为历阳王，慕容纳为北海王，慕容秀为兰陵王，

为乐安王，亮为勃海王，温为带方王，涉为渔阳王，晫为中山王；以尚书令阳骛为司空，仍守尚书令。

命冀州刺史吴王霸徙治信都。初，燕王皝奇霸之才，故名之曰“霸”，将以为世子，群臣谏而止，然宠遇犹逾于世子。由是儁恶之，以其尝坠马折齿，更名曰“䳢”；寻以其应谶文，更名曰“垂”；迁侍中，录留台事，徙镇龙城。垂大得东北之和，儁愈恶之，复召还。

五月，江西流民郭敞等千余人，执陈留内史刘仕，降于姚襄。建康震骇，以吏部尚书周闵为中军将军，屯中堂，豫州刺史谢尚自历阳还卫京师，固江备守。

王擢拔陈仓，杀秦扶风内史毛难。

北海王猛，少好学，倜傥有大志，不屑细务，人皆轻之。猛悠然自得，隐居华阴。闻桓温入关，披褐诣之，扪虱而谈当世之务，旁若无人。温异之，问曰：“吾奉天子之命，将锐兵十万为百姓除残贼，而三秦豪杰未有至者，何也？”猛曰：“公不远数千里，深入敌境，今长安咫尺而不渡灞水，百姓未知公心，所以不至。”温嘿然无以应，徐曰：“江东无卿比也！”乃署猛军谋祭酒。

温与秦丞相雄等战于白鹿原，温兵不利，死者万余人。初，温指秦麦以为粮，既而秦人悉芟麦，清野以待之，温军乏食。六月，丁丑，徙关中三千余户而归。以王猛为高官督护，欲与俱还，猛辞不就。

呼延毒帅众一万从温还。秦太子苌等随温击之，比至潼关，温军屡败，失亡以万数。

温之屯灞上也，顺阳太守薛珍劝温径进逼长安，温弗从。珍以偏师独济，颇有所获。及温退，乃还，显言于众，自矜其勇而咎温之持重，温杀之。

秦丞相雄击司马勋、王擢于陈仓，勋奔汉中，擢奔略阳。

（以上为第十五段，写前燕主慕容儁大封诸王，而对被父亲宠爱的弟弟慕容霸

慕容岳为安丰王，慕容德为梁公，慕容默为始安公，慕容偻为南康公。封儿子慕容臧为乐安王，慕容亮为渤海王，慕容温为带方王，慕容涉为渔阳王，慕容暐为中山王。任命尚书令阳骛为司空，仍旧职守尚书令。

慕容儁命令冀州刺史、吴王慕容霸把治所迁到信都。当初，前燕王慕容皝认为慕容霸才能卓越，所以给他起名叫“霸”，准备以他作为太子。因为群臣的劝谏，最终没有这样做，然而对他的宠爱程度仍然超过太子。因此慕容儁很嫉妒，便以慕容霸曾经从马背上摔下来摔坏了牙齿为由，把他的名字改为“缺”。不久又以他应验了谶文中的谶语为由，改其名为“垂”。慕容垂升迁为侍中，总领留台事务，被调动去镇守龙城。慕容垂深得东北民众的拥戴，慕容儁对他越发嫉妒，又召他返回。

五月，江西的流民郭敞等一千多人挟持着陈留内史刘仕投降了姚襄。东晋朝廷十分震惊，任命吏部尚书周闵为中军将军，驻扎宫中，豫州刺史谢尚从历阳返回，戍卫京师，加固长江防线，严密守备。

投降前凉的王擢攻克陈仓，杀掉了前秦的扶风内史毛难。

北海人王猛，从小好学，才能卓越，胸怀大志，不屑于琐碎事务，人们都轻视他。王猛却悠然自得，隐居于华阴。当他听说桓温入关后，便披着粗布衣服去拜访他，边摸着虱子边谈论当时的大事，旁若无人。桓温觉得他与众不同，便问道：“我奉天子之命，统帅十万精兵为百姓消灭残存的寇贼，然而三秦的豪杰之士至今没有人前来归附，这是为什么呢？”王猛说：“您不远数千里，深入敌土，如今长安近在咫尺而您却不横渡灞水，百姓们不知道您的意图，所以不来。”桓温沉默不语，无以应答，过了一会儿说：“长江以南没有人能和你相比！”于是就安排王猛暂任军谋祭酒。

桓温与前秦丞相苻雄等在白鹿原交战，桓温的军队失利，死亡一万多人。当初，桓温指望以前秦地区的麦子来做军粮，后来前秦人把麦子全都收割了，等待桓温的只有经过清理的空旷农田，所以桓温的军队军粮匮乏，六月初一丁丑，桓温裹挟关中的三千多户人家开始撤返。任命王猛为高官督护，想让他和自己一同返回，王猛坚决推辞，不予接受。

反叛前秦的呼延毒率领士兵一万人跟随桓温撤返。前秦太子苻苌等人则紧紧追击桓温，一路上桓温的军队屡战屡败，等到抵达潼关时，士兵损失死亡已数以万计。

桓温驻扎在灞上的时候，顺阳太守薛珍劝说桓温直接进逼长安，桓温没有听从。薛珍就带领一部分军队独自渡过灞水，很有收获。等到桓温撤退时，他返了回来，向士兵大肆炫耀，自夸他的勇敢果断而责怪桓温的谨小慎微。桓温把他杀掉了。

前秦丞相苻雄在陈仓攻击司马勋、王擢，司马勋逃奔汉中，王擢逃奔略阳。

非常嫉恨，调其出京城；东晋权臣桓温北伐，开始略有胜利，因军粮缺乏而最终失败。）

秦以光禄大夫赵俱为洛州刺史，镇宜阳。

秦东海敬武王雄攻乔秉于雍，丙申，卒。秦主健哭之呕血，曰：“天不欲吾平四海邪！何夺吾元才之速也？”赠魏王，葬礼依晋安平献王故事。雄以佐命元勋，位兼将相，权侔人主，而谦恭泛爱，遵奉法度，故健重之，常曰：“元才，吾之周公也。”子坚袭爵。坚性至孝，幼有志度，博学多能，交结英豪，吕婆楼、强汪及略阳梁平老皆与之善。

燕乐陵太守慕容钩，翰之子也，与青州刺史朱秃共治厌次。钩自恃宗室，每陵侮秃。秃不胜忿，秋，七月，袭钩，杀之，南奔段龛。

秦太子苌攻乔秉于雍，八月，斩之，关中悉平。秦主健赏拒桓温之功，以雷弱儿为丞相，毛贵为太傅，鱼遵为太尉，淮南王生为中军大将军，平昌王菁为司空。健勤于政事，数延公卿咨讲治道；承赵人苛虐奢侈之后，易以宽简、节俭，崇礼儒士，由是秦人悦之。

燕大调兵众，因发诏之日，号曰“丙戌举”。

九月，桓温还自伐秦，帝遣侍中、黄门劳温于襄阳。

或告燕黄门侍郎宋斌等谋奉冉智为主而反，皆伏诛。斌，烛之子也。

秦太子苌之拒桓温也，为流矢所中，冬，十月，卒，谥曰“献哀”。

燕王儁如龙城。

桓温之入关也，王擢遣使告凉王祚，言温善用兵，其志难测。祚惧，且畏擢之叛己，遣人刺之。事泄，祚益惧，大发兵，声言东伐，实欲西保敦煌，会温还而止。既而遣秦州刺史牛霸等帅兵三千击擢，破之。十一月，擢帅众降秦，秦以擢为尚书，以上将军啖铁为秦州刺史。

秦王健叔父武都王安自晋还，为姚襄所虏，以为洛州刺史。十二月，

前秦任命光禄大夫赵俱为洛州刺史，镇守宜阳。

前秦东海敬武王苻雄在雍县攻打乔秉。六月二十日丙申，苻雄去世。前秦主苻健哭得吐了血，说："上天不想让我平定四海呀！要不为什么这么快就夺去了我的苻雄呢？"追封苻雄为魏王，葬礼依据过去晋朝安平献王的遗规。苻雄虽然具有辅国元勋的身份，出将入相，权力近于君主，然而却态度谦恭，泛爱民众，遵奉法度，所以苻健非常看重他，经常说："苻雄是我的周公。"苻雄的儿子苻坚继承了爵位。苻坚生性极其孝顺，从小就有远大的志向和不凡的气度，博学多能，结交英豪，吕婆楼、强汪及略阳人梁平老全都和他关系很好。

前燕乐陵太守慕容钩，是慕容翰的儿子，和青州刺史朱秃共同治理厌次。慕容钩自恃是宗室嫡传，经常欺负侮辱朱秃。朱秃按捺不住愤怒，秋季，七月，袭击慕容钩，并杀掉了他，然后南逃，投奔段龛。

前秦太子苻苌在雍县攻打反叛前秦的雍城大族乔秉，八月，将他斩杀，关中全部平定。前秦国主苻健封赏抵御桓温的功臣，任命雷弱儿为丞相，毛贵为太傅，鱼遵为太尉，淮南王苻生为中军大将军，平昌王苻菁为司空。苻健勤于政事，经常邀请手下大臣询问讨论治国之道。继后赵人的苛刻残暴、奢侈浪费之后，他改行宽容简略、节约勤俭、尊重儒士的政策，因此前秦人非常喜欢他。

前燕大规模地征调士兵，根据发布命令的日期，这次的征调称为"丙戌举"。

九月，桓温从攻打前秦的前线返回，穆帝司马聃派侍中、黄门侍郎在襄阳慰劳桓温。

有人报告说前燕的黄门侍郎宋斌等人谋划尊奉冉智为主要造反。他们全都被杀。宋斌是宋烛的儿子。

前秦太子苻苌抵御桓温进攻的时候，被流箭射中，冬季十月去世，谥号为献哀。

前燕主慕容儁到龙城。

桓温入关的时候，投降前凉的王擢派遣使者向前凉主张祚报告，说桓温善于用兵，他的志向难以猜测。张祚十分害怕，而且担心王擢背叛自己，就派人去刺杀王擢。事情败露，张祚更加害怕，于是就大举出兵，声称要去东伐，实则想西退保全敦煌，恰好这时桓温撤兵返回，他才停止了行动。接着，又派秦州刺史牛霸等人率领三千士兵攻打王擢，王擢被打败。十一月，王擢率领士兵投降了前秦，前秦任命他为尚书，任命上将军啖铁为秦州刺史。

前秦主苻健的叔父武都王苻安从东晋返回时，被姚襄俘虏，任命他为洛州刺史。

安亡归秦，健以安为大司马、骠骑大将军、并州刺史，镇蒲阪。

是岁，秦大饥，米一升直布一匹。

（以上为第十六段，写前秦名将苻雄去世，前秦主苻健非常伤心，其子苻坚继承爵位；太子苻苌打败反叛的雍州大族乔秉，后抵御东晋桓温的进攻，被流箭射杀。）

十二月，苻安逃回到了前秦，苻健任命他为大司马、骠骑大将军、并州刺史，镇守蒲阪。

这一年，前秦发生严重饥荒，一升米价值一匹布。

【点评】

殷浩误国。东晋皇朝自明帝司马绍去世后，国运衰落，其原因一是皇室继嗣无能，皇位形同虚设；二是所用非人，朝廷起用的那些将相臣子，很少是以国家利益为重，而完全是从自身利益的角度来考虑如何固位显荣；三是世风日下，朝野上下崇尚空谈，奢侈挥霍，目光短浅，苟且偷安。从本卷的内容来看，朝廷重用殷浩，是一种误国之举。

第一，空谈误国。殷浩年轻时名气很大，似有才干，其实不然。他只擅长清谈，讲论玄理。有人曾经问殷浩："将要做官而梦见棺材，将要发财而梦见大粪，这是为何？"殷浩回答说："官本是臭腐之物，所以将要做官而梦见死尸；钱本是粪土，所以将要发财而梦见粪便。"实是故弄玄虚。殷浩的空洞理论，很有诱惑力，时人非常崇拜。例如，镇西将军谢尚年轻时就特意去拜访殷浩。殷浩给他提示一些道理，不但谈吐举止风雅，而且辞藻也丰富多彩，很能动人心弦，谢尚全神贯注，倾心向往。殊不知，这种清谈之风弥漫朝野，形成了一种只重清谈，不重实干，甚至以实干为耻的社会风气。在这样的风气下，能把国家治理好吗？

第二，归隐误国。殷浩的清谈水平很高，在注重清谈的东晋，可以说是官运亨通，很快就做到司徒长史。可是，殷浩执意要归隐。这又是一种具有很坏的导向性的社会风气，好像做实际工作的都是一些凡夫俗子，而飘然世外的人才具有真才实学。

第三，出仕误国。时人把殷浩比作管仲、诸葛亮，认为只有他才能扭转乾坤，挽救国家，纷纷要求他出来做官，甚至认为殷浩不出，则晋室危矣，苍生有难，果真如此吗？其实不是。盛名之下，其实难副。这时候，东晋非常能干的地方大员桓温灭掉了成汉，当时的朝廷坚决反对灭成汉之役，而桓温力排众议，当年发兵，次年即告成功，朝野震惊，桓温也声名大振。司马昱力请殷浩出山，其目的是共同对付桓温，哪里是真正为了国家？

第四，北伐误国。殷浩出仕，诸子争夺皇位，势成水火，最后是数败俱伤。大书法家王羲之曾经批评殷浩"没有深谋远虑，却任意挥霍摧残国家的根基"。

殷浩对于治国，并没有什么才能，而人们却寄希望于他，这样的国家怎么能兴旺？而朝廷用他做官的根本目的，就是为了压制桓温，互相掣肘。

晋纪二十二

晋穆帝永和十一年至升平三年（355—359 年）

【起旃蒙单阏（乙卯，355 年），尽屠维协洽（己未，359 年），凡五年】

【大事提要】

本卷记事起公元 355 年，讫公元 359 年，凡五年，当晋穆帝（司马聃）永和十一年至升平三年。本卷所载大事，主要有四个方面：其一，张祚被杀，张玄靓继位。前凉主张祚废掉张曜灵为凉宁侯后，淫虐无道，引起上下怨愤。他嫉恨河州刺史张瓘强盛，派兵袭击，张瓘起兵废掉张祚，复迎立张曜灵。张祚杀掉张曜灵，后张祚亦被杀。张瓘拥立年仅七岁的张玄靓为凉州牧，后为凉王，掌控朝政。公元 356 年臣服前秦。其二，前燕征服段龛。鲜卑人段氏首领段龛自称齐王，欲与前燕分庭抗礼。段龛致书前燕主慕容儁，表示非议。慕容儁大怒，派慕容恪发兵向段氏进攻。慕容恪率军渡过黄河，大破段兵，段龛逃到广固城据守。后被围困，投降前燕，被杀，段龛的势力至此被消灭。其三，桓温攻打姚襄，收复洛阳。公元 356 年，东晋以桓温为征讨大都督，出兵征讨叛将姚襄。晋军逼近洛阳，姚襄撤围抵抗，结果被桓温杀败，退至襄陵。固守在洛阳城的周成亦率众出降；桓温即以将领谢尚镇守洛阳，拜谒西晋诸陵，并派人修缮，配置守陵令。其四，前秦主苻生被杀，苻坚继位。苻生残虐滥杀，引起朝廷上下怨愤。公元 357 年，苻坚与其兄苻法等人率军发动政变，攻入长安宫寝，杀死苻生，群臣共推苻坚即位。苻坚自称大秦天王，改元永兴。太后苟氏见苻法门前车马辐辏，恐对苻坚将来不利，下令赐死。

【原文】

孝宗穆皇帝中之下

永和十一年（乙卯，355年）

春，正月，故仇池公杨毅弟宋奴使其姑子梁式王刺杀杨初；初子国诛式王及宋奴，自立为仇池公。桓温表国为镇北将军、秦州刺史。

二月，秦大蝗，百草无遗，牛马相啖毛。

夏，四月，燕主儁自和龙还蓟。先是，幽、冀之人以儁为东迁，互相惊扰，所在屯结。群臣请讨之，儁曰："群小以朕东巡，故相惑为乱耳；今朕既至，寻当自定，不足讨也。"

兰陵太守孙黑、济北太守高柱、建兴太守高瓮及秦河内太守王会、黎阳太守韩高皆以郡降燕。

秦淮南王生幼无一目，性粗暴，其祖父洪尝戏之曰："吾闻瞎儿一泪，信乎？"生怒，引佩刀自刺出血，曰："此亦一泪也。"洪大惊，鞭之。生曰："性耐刀槊，不堪鞭棰！"洪谓其父健曰："此儿狂悖，宜早除之；不然，必破人家。"健将杀之，健弟雄止之曰："儿长自应改，何可遽尔！"及长，力举千钧，手格猛兽，走及奔马，击刺骑射，冠绝一时。献哀太子卒，强后欲立少子晋王柳，秦主健以谶文有"三羊五眼"，乃立生为太子。以司空、平昌王菁为太尉，尚书令王堕为司空，司隶校尉梁楞为尚书令。

姚襄所部多劝襄北还，襄从之。五月，襄攻冠军将军高季于外黄，会季卒，襄进据许昌。

六月，丙子，秦主健寝疾。庚辰，平昌王菁勒兵入东宫，将杀太子生而自立。时生侍疾西宫，菁以为健已卒，攻东掖门，健闻变，登端门，陈兵自卫。众见健惶惧，皆舍仗逃散。健执菁，数而杀之，余无所问。

壬午，以大司马、武都王安都督中外诸军事。甲申，健引太师鱼遵、丞相雷弱儿、太傅毛贵、司空王堕、尚书令梁楞、左仆射梁安、右仆射

【语译】

孝宗穆皇帝中之下

晋穆帝永和十一年（乙卯，355年）

春季，正月，前仇池公杨毅的弟弟杨宋奴派遣他姑姑的儿子梁式王刺杀杨初。杨初的儿子杨国杀掉了梁式王以及杨宋奴，自立为仇池公。桓温上书请求任命杨国为镇北将军、秦州刺史。

二月，前秦国发生严重蝗灾，百草无遗，牛马互相啃食身上的毛。

夏季，四月，前燕主慕容儁从和龙返回蓟城。在此之前，幽州、冀州的百姓以为慕容儁已经东迁和龙，因此互相侵扰，据地结集。慕容儁返回后，群臣请求攻打他们，慕容儁说："这帮小人因为我去东部地区巡视，所以才互相猜忌作乱。如今我已返回，用不了多久他们自己就会安定，不值得去攻打。"

兰陵太守孙黑、济北太守高柱、建兴太守高瓮，以及前秦河内太守王会、黎阳太守韩高全都投降了前燕国，将所据之郡拱手相让。

前秦淮南王苻生小时失了一只眼睛，性情暴烈。他的祖父苻洪曾经和他开玩笑说："我听说瞎儿只有一只眼流泪，真的吗？"苻生听后发怒了，拔出佩刀就刺向自己的瞎眼，鲜血直流，说："这也是一只眼睛的眼泪！"苻洪见状十分震惊，用鞭子打他。苻生说："我生性能够忍耐刀矛，但不堪忍受鞭打！"苻洪对苻生父亲苻健说："这个儿子狂暴悖逆，应该尽早除掉他，不然一定会导致家破人亡。"苻健正准备杀掉苻生，苻健的弟弟苻雄劝阻说："儿子长大以后自然就会改变，怎么能这样急不可耐呢！"等到苻生长大以后，能够力举千钧，徒手与猛兽搏斗，跑起来赶得上奔驰的骏马，击刺骑射各种武艺，全都冠绝一时。太子苻苌死后，强太后想立小儿子晋王苻柳，前秦主苻健认为谶文中有"三羊五眼"的字样，于是就立苻生为太子。任命司空、平昌王苻菁为太尉，尚书令王堕为司空，司隶校尉梁楞为尚书令。

姚襄的部下大多都劝他北返，姚襄听从了。五月，姚襄在外黄攻打晋朝冠军将军高季，恰好这时高季去世了，姚襄便进军占据许昌。

六月，初六丙子，前秦主苻健患病，卧床不起。初十庚辰，平昌王苻菁率兵进入东宫，准备杀掉太子苻生自立。这时，苻生正在西宫服侍患病的苻健，苻菁以为苻健已经死了，便攻打东掖门。苻健听到变故的消息后，登上端门，部署兵力自卫。苻菁的士兵看见苻健后十分惶恐害怕，全都丢下武器四处逃散。苻健抓到了苻菁，数说了他的罪行后把他杀死，其余的人不加以追究。

六月十二日壬午，前秦国任命大司马、武都王苻安为都督中外诸军事。十四日甲申，苻健召唤太师鱼遵、丞相雷弱儿、太傅毛贵、司空王堕、尚书令梁楞、左仆

段纯、吏部尚书辛牢等受遗诏辅政。健谓太子生曰："六夷酋帅及大臣执权者，若不从汝命，宜渐除之。"

臣光曰："顾命大臣，所以辅导嗣子，为之羽翼也。为之羽翼而教使翦之，能无毙乎！知其不忠，则勿任而已矣；任以大柄，又从而猜之，鲜有不召乱者也。

乙酉，健卒，谥曰"景明皇帝"，庙号高祖。丙戌，太子生即位，大赦，改元寿光。群臣奏曰："未逾年而改元，非礼也。"生怒，穷推议主，得右仆射段纯，杀之。

（以上为第一段，写前秦主苻健不顾公卿反对，听信谶言，立独眼的苻生为太子，临终时，嘱咐苻生杀掉那些不听从命令的大臣；苻生即位，暴虐成性，首先杀掉顾命大臣段纯。）

秋，七月，以吏部尚书周闵为左仆射。

或告会稽王昱曰："武陵王第中大修器仗，将谋非常。"昱以告太常王彪之，彪之曰："武陵王之志，尽于驰骋畋猎而已耳，深愿静之，以安异同之论，勿复以为言！"昱善之。

秦主生尊母强氏曰"皇太后"，立妃梁氏为皇后。梁氏，安之女也。以其嬖臣太子门大夫南安赵韶为右仆射，太子舍人赵诲为中护军，著作郎董荣为尚书。

凉王祚淫虐无道，上下怨愤。祚恶河州刺史张瓘之强，遣张掖太守索孚代瓘守枹罕，使瓘讨叛胡，又遣其将易揣、张玲帅步骑万三千以袭瓘。张掖人王鸾知术数，言于祚曰："此军出，必不还，凉国将危。"并陈祚三不道。祚大怒，以鸾为妖言，斩以徇。鸾临刑曰："我死，军败于外，王死于内，必矣！"祚族灭之。瓘闻之，斩孚，起兵击祚，传檄州郡，废祚，以侯还第，复立凉宁侯曜灵。易揣、张玲军始济河，瓘击破之。揣等单骑奔还，瓘军蹑之，姑臧振恐。骁骑将军敦煌宋混兄修，与祚有隙，惧祸。八月，混与弟澄西走，合众万余人以应瓘，还向姑臧。祚遣杨秋胡将曜灵于东苑，拉其腰而杀之，埋于沙坑，谥曰"哀公"。

射梁安、右仆射段纯、吏部尚书辛牢等人前来接受遗诏辅佐朝政。苻健对太子苻生说："六夷酋长将帅以及大臣中握有权力的人，如果不听从你的命令，就应该逐渐把他除掉。"

臣司马光评论说：天子临终前之所以要嘱托大臣辅政，是要靠他们来辅佐教导太子，以作为太子的羽翼。既然是羽翼却又告诉太子消灭他们，能不自取灭亡吗？如果知道他不忠诚，不加以任用就可以了；既然委之以重任，而又横加猜忌，没有不招来祸乱的。

六月十五日乙酉，苻健去世。谥号为景明皇帝，庙号为高祖。十六日丙戌，太子苻生即位，实行大赦，改年号为寿光。群臣上奏说："即位不满一年就改年号，不合乎古礼。"苻生很愤怒，于是就深入追查提议的主谋，查到了右仆射段纯，杀掉了他。

秋季，七月，东晋朝廷任命吏部尚书周闵为左仆射。

有人向会稽王司马昱报告说："武陵王司马晞的府中大量准备武器，看来将要图谋政变。"司马昱把这一消息告诉了太常王彪之，王彪之说："武陵王的志向，全都在驰骋狩猎方面而已，愿您安静下来，以平息各种议论，不要再提这事了！"司马昱觉得此话有理。

前秦主苻生尊奉母亲强氏为皇太后，立妃子梁氏为皇后。梁氏是梁安的女儿。任命他的宠臣太子门大夫南安人赵韶为右仆射，太子舍人赵诲为中护军，著作郎董荣为尚书。

前凉主张祚淫虐无道，上上下下对他都非常怨恨愤怒。张祚憎恨河州刺史张瓘的强大，便派张掖太守索孚代替张瓘镇守枹罕，派张瓘去攻打反叛的胡人，又派遣手下的将领易揣、张玲率领步兵、骑兵一万三千人去袭击张瓘。张掖人王鸾懂得阴阳占卜之术，对张祚说："这支部队一定是有出无还，凉国要危险了。"同时还历数了张祚三方面的不义之举。张祚听后勃然大怒，便以王鸾宣扬妖言为罪名，将他斩首示众。王鸾临刑前说："我死了以后，军队败于外，国王死于内，必定如此！"张祚把他整个家族的人全都杀死。张瓘听说这一消息后，杀掉了索孚，起兵攻打张祚。他将攻打檄文传递到各个州郡，宣称废掉张祚，让他以侯爵的身份回家，重新立凉宁侯张曜灵为王。易揣、张玲的军队刚刚渡过黄河，张瓘就击败了他们。易揣等人单身匹马往回逃奔，张瓘的军队紧追不舍，姑臧城里的人都感到震惊害怕。骁骑将军、敦煌人宋混的哥哥宋修与张祚有矛盾，宋混害怕张祚嫁祸于己。八月，宋混和

秦主生封卫大将军黄眉为广平王，前将军飞为新兴王，皆素所善也。征大司马武都王安领太尉。以晋王柳为征东大将军、并州牧，镇蒲阪；魏王廋为镇东大将军、豫州牧，镇陕城。

中书监胡文、中书令王鱼言于生曰："比有星孛于大角，荧惑入东井。大角，帝坐，东井，秦分，于占不出三年，国有大丧，大臣戮死，愿陛下修德以禳之！"生曰："皇后与朕对临天下，可以应大丧矣。毛太傅、梁车骑、梁仆射受遗辅政，可以应大臣矣。"九月，生杀梁后及毛贵、梁楞、梁安。贵，后之舅也。

右仆射赵韶、中护军赵诲，皆洛州刺史俱之从弟也，有宠于生，乃以俱为尚书令。俱固辞以疾，谓韶、诲曰："汝等不复顾祖宗，欲为灭门之事！毛、梁何罪，而诛之？吾何功，而代之？汝等可自为，吾其死矣！"遂以忧卒。

凉宋混军于武始大泽，为曜灵发哀。闰月，混军至姑臧，凉王祚收张瓘弟琚及子嵩，将杀之。琚、嵩闻之，募市人数百，扬言："张祚无道，我兄大军已至城东，敢举手者诛三族！"遂开西门纳混兵。领军将军赵长等惧罪，入阁呼张重华母马氏出殿，立凉武侯玄靓为主。易揣等引兵入殿，收长等，杀之。祚按剑殿上，大呼，叱左右力战。祚素失众心，莫肯为之斗者，遂为兵人所杀。混等枭其首，宣示中外，暴尸道左，城内咸称万岁。以庶人礼葬之，并杀其二子。混、琚上玄靓为大将军、凉州牧、西平公，赦境内，复称建兴四十三年。时玄靓始七岁。

张瓘至姑臧，推玄靓为凉王，自为使持节、都督中外诸军事、尚书令、凉州牧、张掖郡公，以宋混为尚书仆射。陇西人李俨据郡，不受瓘命，用江东年号，众多归之。瓘遣其将牛霸讨之，未至，西平人卫綝亦据郡叛，霸兵溃，奔还。瓘遣弟琚击綝，败之。酒泉太守马基起兵以应綝，瓘遣司马张姚、王国击斩之。

（以上为第二段，写前凉宫廷政变，前凉主张祚淫虐无道，憎恨和州刺史张瓘，

他的弟弟宋澄向西逃走，聚集了万余人以后又掉头开向姑臧，以策应张瓘。张祚派杨秋胡把张曜灵带到东苑，扳断他的腰肢后把他斩杀了，尸体埋在沙坑里，定谥号为哀公。

前秦主苻生封卫大将军苻黄眉为广平王，封前将军苻飞为新兴王，这两人都是他平常所喜欢的。征召大司马武都王苻安兼太尉。任命晋王苻柳为征东大将军、并州牧，镇守蒲阪，任命魏王苻廋为镇东大将军、豫州牧，镇守陕城。

前秦中书监胡文、中书令王鱼对苻生进言说："近来异星划过大角星座，火星进入井宿。大角是帝王的星座；井宿则是秦国分野。经过占卜，不出三年，国家就会出现帝王皇后死亡，大臣被杀的事情。希望皇上修行德行以避免丧乱的出现！"苻生说："皇后和我一起统治天下，可以应验大丧的出现。太傅毛贵、车骑将军梁楞、左仆射梁安接受遗诏辅佐朝政，可以应验大臣的结局。"九月，苻生便杀掉了皇后梁氏以及毛贵、梁楞、梁安。毛贵是皇后的舅舅。

前秦右仆射赵韶、中护军赵诲都是洛州刺史赵俱的堂弟，得宠于苻生，于是苻生便任命赵俱为尚书令。赵俱以患病为由坚决推辞，并对赵韶、赵诲说："你们不顾及祖宗了，想要干灭门之事啊！毛、梁等人何罪之有，而杀了他们？我何功之有，而取代他们？你们可以自以为是，我大概快要死了！"于是赵俱忧郁而死。

前凉宋混的部队驻扎在武始的大湖边，哀悼张曜灵。闰六月，宋混的部队抵达姑臧，前凉王张祚拘捕了张瓘的弟弟张琚及儿子张嵩，准备要杀掉他们。张琚、张嵩听说后，招募了城里的数百人，公开宣称："张祚无道，我哥哥的大军已抵达城东，敢动手杀我们的人诛灭三族！"于是打开西城门让宋混的军队进城。领军将军赵长等人因有请立张祚的罪行，十分害怕，他们入宫请求张重华的母亲马氏登堂升殿，立凉武侯张玄靓为国主。易揣等人率兵进入殿堂，拘捕了赵长等人，杀掉了他们。张祚在殿堂上拔剑大喊，命令左右的人奋力战斗。张祚平时失掉了民心，这时没有人肯为他去战斗，于是被士兵杀掉。宋混等人砍下了他的首级示众，公告宫廷内外，张祚暴尸于路旁，城里的人们都高呼万岁。宋混等人把张祚以普通百姓的规格埋葬，并且杀了他的两个儿子。宋混、张琚上书东晋朝廷，请立张玄靓为大将军、凉州牧、西平公，在境内实行大赦，纪年恢复为建兴四十三年。这时张玄靓刚七岁。

张瓘抵达姑臧，推戴张玄靓为前凉王，自己则为使持节、都督中外诸军事、尚书令、凉州牧、张掖郡公，任命宋混为尚书仆射。陇西人李俨据守自己所在的郡，不接受张瓘的命令，仍然用东晋的年号，归附他的民众很多。张瓘派他的将领牛霸讨伐李俨，还没有到达，西平人卫綝也占据自己的郡反叛，牛霸的士兵溃散，掉头逃奔。张瓘派弟弟张琚攻打卫綝，打败了他。酒泉太守马基起兵响应卫綝，张瓘派司马张姚、王国前去攻打，杀掉了马基。

使用连环计陷害，被识破，遭到反噬，被枭首示众；张瓘拥戴张玄靓为凉王，自封为凉州牧。）

冬，十月，以豫州刺史谢尚督并、冀、幽三州，镇寿春。

镇北将军段龛与燕主儁书，抗中表之仪，非其称帝。儁怒，十一月，以太原王恪为大都督、抚军将军，阳骛副之，以击龛。

秦以辛牢守尚书令，赵韶为左仆射，尚书董荣为右仆射，中护军赵诲为司隶校尉。

十二月，高句丽王钊遣使诣燕纳质修贡，以请其母。燕主儁许之，遣殿中将军刁龛送钊母周氏归其国，以钊为征东大将军、营州刺史，封乐浪公，王如故。

上党人冯鸯逐燕太守段刚，据安民城，自称太守，遣使来降。

秦丞相雷弱儿性刚直，以赵韶、董荣乱政，每公言于朝，见之常切齿。韶、荣谮之于秦主生，生杀弱儿及其九子、二十七孙。于是诸羌皆有离心。

生虽谅阴，游饮自若，弯弓露刃，以见朝臣，锤钳锯凿，可以害人之具，备置左右。即位未几，后妃、公卿已下至于仆隶，凡杀五百余人，截胫、拉胁、锯项、刳胎者，比比有之。

燕主儁以段龛方强，谓太原王恪曰："若龛遣军拒河，不得渡者，可直取吕护而还。"恪分遣轻军先至河上，具舟楫以观龛志趣。龛弟罴，骁勇有智谋，言于龛曰："慕容恪善用兵，加之众盛，若听其济河，进至城下，恐虽乞降，不可得也。请兄固守，罴帅精锐拒之于河，幸而战捷，兄帅大众继之，必有大功。若其不捷，不若早降，犹不失为千户侯也。"龛不从。罴固请不已，龛怒，杀之。

（以上为第三段，写鲜卑段部首领段龛非议前燕主慕容儁称帝，慕容儁发兵攻打；前秦丞相雷弱儿性格刚直，公开指责奸臣赵韶、董荣，遭构陷，被杀灭族。）

十二年（丙辰，356年）

春，正月，燕太原王恪引兵济河，未至广固百余里，段龛帅众三万

冬季，十月，东晋朝廷任命豫州刺史谢尚总督并、冀、幽三州，镇守寿春。

鲜卑人段部首领镇北将军段龛给前燕主慕容儁写信，使用中表亲戚的礼仪，对他称帝加以非难。慕容儁见信后大怒。十一月，任命太原王慕容恪为大都督、抚军将军，以阳骛作为他的副手，去攻打段龛。

前秦任命辛牢代理尚书令，任命赵韶为左仆射，尚书董荣为右仆射，中护军赵诲为司隶校尉。

十二月，高句丽王钊派遣使者来到前燕进献贡奉，以此请求准许他的母亲返回。前燕主慕容儁同意了，派殿中将军刁龛送钊的母亲周氏回国。任命钊为征东大将军、营州刺史，并封为乐浪公，高句丽王的称号则仍旧保留。

上党人冯鸯赶走了前燕太守段刚，占据了安民城，自称太守，派遣使者来向东晋投降。

前秦丞相雷弱儿性格刚烈耿直，因为赵韶、董荣败坏朝政，他经常在朝廷公开议论，看见这两人就咬牙切齿。赵韶、董荣便向前秦主苻生进谗言诬陷雷弱儿。苻生于是杀掉了雷弱儿及其九个儿子、二十七个孙子。羌人各部落因此对前秦产生了离心。

苻生虽然在为苻健守丧，但游玩酣饮如常，在朝接见大臣们时，总是佩刀带弓，锤、钳、锯、凿等可以残害人的刑具，全都放在周围。即位没多久，后妃、公卿以下至于奴仆，被杀掉的总共有五百多人；被截下小腿、折断胸肋、锯断脖子、剖开孕腹的人，比比皆是。

前燕主慕容儁考虑到段龛势力正强，对太原王慕容恪说："如果段龛派军队在黄河抵御，你们无法渡河的话，可以直接去捉拿吕护后返回。"慕容恪分别派遣轻装部队先到达黄河岸边，准备渡河舟船，用以观察段龛的动向，段龛的弟弟段罴，勇猛善战而且多智多谋，他对段龛进言说："慕容恪善于用兵，再加上他兵力众多，如果听任他渡过黄河，进军城下，恐怕我们想请求投降，也不能被允许了。请哥哥你固守城池，让段罴我率领精锐部队在黄河抵御，如果战斗有幸获胜，哥哥再率领大部队跟进，一定会大举成功。如果战斗没有获胜，不如及早投降，大约还可以保住千户侯的地位。"段龛没有听从。段罴依然坚持请求，激怒了段龛，把段罴杀掉了。

晋穆帝永和十二年（丙辰，356 年）

春季，正月，前燕国太原王慕容恪率兵渡过了黄河，离广固只有一百多里，段

逆战。丙申，恪大破龛于淄水，执其弟钦，斩右长史袁范等。齐王友辟闾蔚被创，恪闻其贤，遣人求之，蔚已死，士卒降者数千人。龛脱走，还城固守，恪进军围之。

秦司空王堕性刚峻，右仆射董荣、侍中强国皆以佞幸进，堕疾之如雠，每朝，见荣未尝与之言。或谓堕曰："董君贵幸无比，公宜小降意接之。"堕曰："董龙是何鸡狗，而令国士与之言乎！"会有天变，荣与强国言于秦主生曰："今天谴甚重，宜以贵臣应之。"生曰："贵臣惟有大司马及司空耳。"荣、国曰："大司马，国之懿亲，不可杀也。"乃杀王堕。将刑，荣谓之曰："今日复敢比董龙于鸡狗乎？"堕瞋目叱之。洛州刺史杜郁，堕之甥也，左仆射赵韶恶之，谮于生，以为贰于晋而杀之。

壬戌，生宴群臣于太极殿，以尚书令辛牢为酒监，酒酣，生怒曰："何不强人酒而犹有坐者！"引弓射牢，杀之。群臣惧，莫敢不醉，偃仆失冠，生乃悦。

匈奴大人刘务桓卒，弟阏头立，将贰于代。二月，代王什翼犍引兵西巡临河，阏头惧，请降。

燕太原王恪招抚段龛诸城。己丑，龛所署徐州刺史阳都公王腾举众降，恪命腾以故职还屯阳都。

秦征东大将军晋王柳遣参军阎负、梁殊使于凉，以书说凉王玄靓。负、殊至姑臧，张瓘见之，曰："我，晋臣也，臣无境外之交，二君何以来辱？"负、殊曰："晋王与君邻藩，虽山河阻绝，风通道会。故来修好，君何怪焉！"

瓘曰："吾尽忠事晋，于今六世矣。若与苻征东通使，是上违先君之志，下隳士民之节，其可乎！"负、殊曰："晋室衰微，坠失天命，固已久矣，是以凉之二王北面二赵，唯知机也。今大秦威德方盛，凉王若欲自帝河右，则非秦之敌；欲以小事大，则曷若舍晋事秦，长保福禄乎！"

龛率领士兵三万人迎战。正月三十日丙申，慕容恪在淄水大破段龛的部队，抓获段龛的弟弟段钦，杀死右长史袁范等人。任职王友的辟闾蔚负伤，慕容恪听说他非常贤明，便派人去寻找他，但辟闾蔚已经死了，段龛士兵中投降的有数千人。段龛逃脱，返回广固城中固守，慕容恪进军将他包围。

前秦司空王堕性格刚峻，右仆射董荣、侍中强国都是靠着谄媚得宠而得到提升重用，王堕恨之如仇，每次上朝，见到董荣都不和他搭话。有人对王堕说："董君显贵宠幸，无与伦比，您应该稍微抑制一点心意，和他接触。"王堕说："董荣是什么样的鸡狗之徒，而让国中的贤杰人士和他搭话呢？"恰巧这时天象有变故，董荣与强国便向前秦主苻生进言说："如今上天的谴责非常严重，应该以显贵的大臣去接受谴责。"苻生说："显贵的大臣只有大司马和司空而已。"董荣说："大司马苻安是王室的至亲，不能杀。"于是就杀了王堕。在将要行刑的时候，董荣对王堕说："今天你还敢把董荣我比作鸡狗吗？"王堕怒目痛斥董荣。洛州刺史杜郁是王堕的外甥，左仆射赵韶厌恶他，就向苻生进谗言，说他和东晋来往，有二心，就把他杀死。

二月，壬戌（疑误），前秦主苻生在太极殿宴请群臣，让尚书令辛牢做掌酒官，正喝到尽兴时，苻生愤怒地说："为什么不让人们尽力去喝而还有人坐着的！"说着，就拉开弓箭射死了辛牢。群臣十分害怕，再也没有人敢不喝醉，全都横躺竖卧，衣冠不整，苻生这才高兴了。

匈奴首领刘务桓去世，他的弟弟刘阏头即位，准备要背叛代国。二月，代王拓跋什翼犍率兵西巡到达黄河岸边，刘阏头害怕，便请求投降。

前燕太原王慕容恪招纳安抚段龛辖境内的各座城邑。二月，己丑（疑误），段龛所设置的徐州刺史、阳都公王腾率领民众投降，慕容恪让王腾以旧有官职的身份回去屯守阳都。

前秦征东大将军、晋王苻柳派参军阎负、梁殊出使前凉，带去书信，游说前凉主张玄靓。阎负、梁殊抵达姑臧，张瓘见到他们说："我是晋皇朝的臣下。臣下不能有国外的交情，二位何以前来辱见？"阎负、梁殊说："晋王苻柳和您是邻国，虽然山河阻隔，但风俗相通，道路交接，所以前来和您修好，对此您有什么可奇怪的呢？"

张瓘说："我竭尽忠诚事奉晋皇朝，至今已有六代人了。如果与苻柳互通使节，这就是上违先辈的志向，下毁士人百姓的气节，怎么可以呢？"阎负、梁殊说："晋皇室衰微，丧失天命，已经很久了。所以凉国的两位先王向赵国称臣，这是识时务的表现。如今大秦正值威力德行强盛之时，凉王如果想在黄河以西自称为帝，那不是秦国的对手；如果想以小事大，那何不抛弃晋皇室而事奉秦国，以求福禄长存呢？"

瓘曰："中州好食言，向者石氏使车适返，而戎骑已至，吾不敢信也。"负、殊曰："自古帝王居中州者，政化各殊，赵为奸诈，秦敦信义，岂得一概待之乎！张先、杨初皆阻兵不服，先帝讨而擒之，赦其罪戾，宠以爵秩，固非石氏之比也。"

瓘曰："必如君言，秦之威德无敌，何不先取江南，则天下尽为秦有，征东何辱命焉！"负、殊曰："江南文身之俗，道污先叛，化隆后服。主上以为江南必须兵服，河右可以义怀，故遣行人先申大好。若君不达天命，则江南得延数年之命，而河右恐非君之土也。"

瓘曰："我跨据三州，带甲十万，西苞葱岭，东距大河，伐人有余，况于自守，何畏于秦！"负、殊曰："贵州山河之固，孰若崤、函？民物之饶，孰若秦、雍？杜洪、张琚，因赵氏成资，兵强财富，有囊括关中、席卷四海之志，先帝戎旗西指，冰消云散，旬月之间，不觉易主。主上若以贵州不服，赫然奋怒，控弦百万，鼓行而西，未知贵州将何以待之？"

瓘笑曰："兹事当决之于王，非身所了。"负、殊曰："凉王虽英睿夙成，然年在幼冲；君居伊、霍之任，国家安危，系君一举耳。"

瓘惧，乃以玄靓之命遣使称藩于秦，秦因玄靓所称官爵而授之。

（以上为第四段，写前秦主苻生暴虐成性，稍不如意，就随便杀害大臣；前秦晋王苻柳派参军阎负、梁殊出使前凉，游说权臣张瓘，使前凉称藩，前凉听命，举国投降前秦，接受前秦的封爵。）

将军刘度攻秦青州刺史王朗于卢氏，燕将军慕舆长卿入轵关，攻秦幽州刺史强哲于裴氏堡。秦主生遣前将军新兴王飞拒度，建节将军邓羌拒长卿。飞未至而度退。羌与长卿战，大破之，获长卿及甲首二千余级。

桓温请移都洛阳，修复园陵，章十余上，不许。拜温征讨大都督，督司、冀二州诸军事，以讨姚襄。

张瓘说："中原人爱自食其言。过去赵国石氏使臣的车辆刚刚返回，而进攻的骑兵已经到达，我不敢相信你们。"阎负、梁殊说："自古以来身居中原的帝王，政事与教化各不相同，赵国施行奸诈，秦国则奉行信义，怎么能一概而论呢？张先、杨初全都是因为顽抗抵御，拒不降服，所以秦国的先帝才攻打并擒获了他们，然而又赦免了他们的罪行，用官爵俸禄宠待他们，这本来就不是石氏可比的。"

张瓘说："如果一定像你们所说的那样，秦国的威力德行所向无敌，那么为什么不先去夺取长江以南，那样天下就全归秦国所有了，征东将军为什么要辱赐恩命于我们呢？"阎负、梁殊说："长江以南现在还是断发文身之俗盛行，朝廷道义衰落，就首先叛乱，教化隆盛，也最后才归服。主上认为长江以南必须靠武力征服，而黄河以西可以靠道义安抚，所以派我们先来申明大义。如果您不洞察天命，那么长江以南尚有残喘数年的命运，而黄河以西恐怕就不是您的领土了。"

张瓘说："我有跨越三州的领土，全副武装的十万军队，西有葱岭作依托，东有黄河作屏障，攻击别人尚且有余，何况是自我守卫，为什么要惧怕秦国呢？"阎负、梁殊说："您的领土内山河的险固程度，哪一个能比得上崤山和函谷关？百姓赖以生存的物产的富饶程度，哪一样能比得上秦州和雍州？杜洪、张琚虽然占据了赵国的基业，兵强财丰，大有囊括关中、席卷四海的志向，然而先帝战旗西指，顷刻间便冰消云散，一月之内，不知不觉就改换了君主。主上如果认为您不顺服，赫然发怒，出兵百万，击鼓西行，不知道您怎样对付？"

张瓘笑着说："此事应当由凉王决定，不是我所能做主的。"阎负、梁殊说："凉王虽然从小就有英明智慧的风采，然而年龄幼小。您身负伊尹、霍光那样的重任，国家的安危全都维系在您的决断上了。"

张瓘害怕了，于是就以张玄靓的名义派遣使者去向前秦称臣，前秦也就将张玄靓自称的官爵正式授予了他。

东晋将军刘度在卢氏攻打前秦国青州刺史王朗。前燕将军慕舆长卿进入轵关，在裴氏堡攻打前秦幽州刺史强哲。前秦主苻生派前将军新兴王苻飞抵抗刘度，派建节将军邓羌抵抗慕舆长卿。苻飞还未到达，刘度就已撤退。邓羌与慕舆长卿交战，打败了他，擒获慕舆长卿，并将二千多披甲士兵斩首。

东晋征西将军桓温请求东晋朝廷将国都迁移到洛阳，修复帝王的陵墓，奏章递上去十多次，都未获许可。只授予桓温征讨大都督的官职，督察司、冀二州各种军务，用以讨伐姚襄。

三月，秦主生发三辅民治渭桥，金紫光禄大夫程肱谏，以为妨农，生杀之。

夏，四月，长安大风，发屋拔木。秦宫中惊扰，或称贼至，宫门昼闭，五日乃止。秦主生推告贼者，刳出其心。左光禄大夫强平谏曰：“天降灾异，陛下当爱民事神，缓刑崇德以应之，乃可弭也。”生怒，凿其顶而杀之。卫将军广平王黄眉、前将军新兴王飞、建节将军邓羌，以平，太后之弟，叩头固谏，生弗听，出黄眉为左冯翊、飞为右扶风、羌行咸阳太守，犹惜其骁勇，故皆弗杀。五月，太后强氏以忧恨卒，谥曰“明德”。

姚襄自许昌攻周成于洛阳。

六月，秦主生下诏曰：“朕受皇天之命，君临万邦；嗣统以来，有何不善，而谤讟之音，扇满天下！杀不过千，而谓之残虐！行者比肩，未足为希。方当峻刑极罚，复如朕何！”

自去春以来，潼关之西，至于长安，虎狼为暴，昼则继道，夜则发屋，不食六畜，专务食人，凡杀七百余人。民废耕桑，相聚邑居，而为害不息。秋，七月，秦群臣奏请禳灾，生曰：“野兽饥则食人，饱当自止，何禳之有！且天岂不爱民哉，正以犯罪者多，故助朕杀之耳！”

丙子，燕献怀太子晔卒。

姚襄攻洛阳，逾月不克。长史王亮谏曰：“明公英名盖世，兵强民附。今顿兵坚城之下，力屈威挫，或为他寇所乘，此危亡之道也！”襄不从。

（以上为第五段，写东晋权臣桓温多次上书，请求将朝廷搬到洛阳，但未被采纳；前秦主苻生不顾民生疾苦，天怨人怒；大将军姚襄率军攻打洛阳，受阻坚城。）

桓温自江陵北伐，遣督护高武据鲁阳，辅国将军戴施屯河上，自帅大兵继进。与寮属登平乘楼，望中原，叹曰：“遂使神州陆沈，百年丘墟，王夷甫诸人不得不任其责！”记室陈郡袁宏曰：“运有兴废，岂必诸人之过？”温作色曰：“昔刘景升有千斤大牛，啖刍豆十倍于常牛，负重致远，曾不若一羸牸，魏武入荆州，杀以享军。”

三月，前秦主苻生调集三辅的百姓去修建渭水桥，金紫光禄大夫程肱对此加以劝说，认为这样做妨碍农耕，苻生把他杀死。

夏季，四月，长安刮起一场大风，掀掉屋瓦，拔起树木。前秦王宫中一片惊恐混乱，有人说寇贼来了，因此宫门在大白天也紧紧关闭，一直持续了五天。前秦主苻生追查谎称寇贼来了的人，要挖出他的心。左光禄大夫强平劝说道："天降灾祸，皇上应该关怀民众，侍奉神灵，缓施刑罚，崇尚德行，以此来应接天意，才能消除灾祸。"苻生听后大怒，凿开他的头顶后把他杀死。卫将军广平王苻黄眉、前将军新兴王苻飞、建节将军邓羌，都因为强平是强太后弟弟，叩头恳切地劝谏。但苻生没有听从，并且将苻黄眉贬任到左冯翊，将苻飞贬任到右扶风，贬邓羌代理咸阳太守。只是念及他们作战勇猛，所以没有把他们全杀掉。五月，太后强氏终因忧愤而死，谥号为明德。

姚襄自许昌进发到洛阳，攻打周成。

六月，前秦主苻生下达命令，说："我禀受上天之命，统治万邦，继承先统以来，有什么不好的地方，诽谤之言竟横行天下！杀人还没过千，就说这是残酷暴虐！现在行人还比肩摩踵，不能说稀少，正应当严明重刑，施以极罚，谁又能把我如何！"

自从春天过去以后，从潼关以西一直到长安一带，虎狼肆行无忌。大白天相继出现在道路上，到了夜晚则毁屋入室，不食六畜，专门吃人，被吃掉的人总共已达七百多。百姓们荒废了农耕桑蚕，只能聚集到一块居住，但虎狼仍然不停地为害。秋季，七月，前秦群臣上奏，请求设祭禳除虎狼之害，苻生说："野兽饿了就要吃人，吃饱了自己就会停止，有什么值得设祭禳除的呢？况且上天难道能不爱护民众吗？正是因为犯罪的人太多，所以上天才帮助我消灭他们！"

七月十二日丙子，前燕献怀太子慕容晔去世。

姚襄攻打洛阳，一个多月也没有攻下。长史王亮劝说姚襄道："您英名盖世，兵力强盛，民众都来归附。如今屯兵于坚固的城池之下，力量受阻，威势受挫，其他敌人或许会利用这个机会，这是走向危险灭亡的道路！"姚襄没有听从。

东晋征西将军桓温自江陵出发北伐，派督护高武占据鲁阳，派辅国将军戴施驻扎在大河岸边，自己则率领大军随后进发。他与同僚们登上大船的高楼，遥望中原，深有感慨地说："使神州大地沉沦，百年基业变为废墟，王衍等人不能不承担责任！"记室、陈郡人袁宏说："时运有兴有废，难道一定是这几个人的过错？"桓温脸色一变，说："过去刘表有一头千斤重的大牛，吃进去的草料豆饼比一般的牛多十

八月，己亥，温至伊水，姚襄撤围拒之，匿精锐于水北林中，遣使谓温曰："承亲帅王师以来，襄今奉身归命，愿敕三军小却，当拜伏道左。"温曰："我自开复中原，展敬山陵，无豫君事。欲来者便前，相见在近，无烦使人。"

襄拒水而战，温结陈而前，亲被甲督战，襄众大败，死者数千人，襄帅麾下数千骑奔于洛阳北山。其夜，民弃妻子随襄者五千余人。襄勇而爱人，虽战屡败，民知襄所在，辄扶老携幼，奔驰而赴之。温军中传言襄病创已死，许、洛士女为温所得者，无不北望而泣。襄西走，温追之不及。弘农杨亮自襄所来奔，温问襄之为人，亮曰："襄神明器宇，孙策之俦，而雄武过之。"

周成帅众出降，温屯故太极殿前，既而徙屯金墉城。

己丑，谒诸陵，有毁坏者修复之，各置陵令。表镇西将军谢尚都督司州诸军事，镇洛阳。以尚未至，留颍川太守毛穆之、督护陈午、河南太守戴施以二千人戍洛阳，卫山陵，徙降民三千余家于江、汉之间，执周成以归。

姚襄奔平阳，秦并州刺史尹赤复以众降襄，襄遂据襄陵。秦大将军张平击之，襄为平所败，乃与平约为兄弟，各罢兵。

（以上为第六段，写东晋征西将军桓温率军北伐，攻打洛阳，打败反叛的姚襄，拜谒西晋皇帝诸陵墓，设置陵园令；姚襄率军逃到平阳，又被前秦将领打败。）

段龛遣其属段蕴来求救，诏徐州刺史荀羡将兵随蕴救之。羡至琅邪，惮燕兵之强，不敢进。王腾寇鄄城，羡进攻阳都，会霖雨，城坏，获腾，斩之。

冬，十月，癸巳朔，日有食之。

秦主生夜食枣多，旦而有疾，召太医令程延，使诊之，延曰："陛下无他疾，食枣多耳。"生怒曰："汝非圣人，安知吾食枣？"遂斩之。

倍，然而拉车赶路时，竟不如一头瘦弱有病的母牛。魏武帝曹操进入荆州后，就把它杀掉让士兵吃了。”

八月初六己亥，桓温抵达伊水，姚襄把包围洛阳的部队撤下来抵抗桓温。他将精锐部队隐藏在伊水以北的树林中，派使者去对桓温说：“承蒙您亲自率领帝王的军队前来，姚襄如今以身归附天命，愿您敕令三军稍微退后，我们当夹道拜迎。”桓温说：“我来开辟光复中原，察看拜谒皇陵，与你们无关。想来见面的随便前来，近在咫尺，无须麻烦使者。”

姚襄凭借伊水和桓温交战，桓温将部队列阵前进，亲自披甲督战，姚襄的士兵被打败，死亡数千人。姚襄率领手下数千骑兵逃奔到洛阳北山。当晚，百姓抛弃妻子儿女追随姚襄的有五千多人。姚襄勇猛而又爱护百姓，虽然他屡战屡败，但百姓一得知姚襄在哪里，就扶老携幼，急忙追赶投奔他。桓温的军队中传说姚襄因受伤已死，被桓温抓获的许昌、洛阳的男女民众，无不面向北方哭泣。姚襄向西逃走，桓温没有追上。弘农人杨亮从姚襄那里来投奔桓温，桓温问他姚襄的为人，杨亮说：“姚襄英明如神，胸怀宽广，如同孙策一样，而雄才武略却超过了孙策。”

周成率领士兵出来投降，桓温把部队屯驻在过去的太极殿前，紧接着又转移到金墉城。

八月，己丑（疑误），桓温拜谒各个陵墓，有被毁坏的就加以修复，并分别设置了看守陵园的陵令。上书请求任命镇西将军谢尚为都督司州诸军事，镇守洛阳。因为谢尚还未到达，就留下颍川太守毛穆之、督护陈午、河南太守戴施以二千人的兵力戍守洛阳，保卫皇陵。桓温把三千多家投降的百姓迁移到长江、汉水之间，押解着周成返回。

姚襄逃奔到平阳，前秦并州刺史尹赤又率众投降了姚襄，姚襄于是占据襄陵。前秦大将军张平攻击姚襄。姚襄被张平打败，于是与他结为兄弟，各自罢兵休战。

段龛派他的属下段蕴来东晋求救，朝廷下令徐州刺史荀羡统领军队跟随段蕴前去救援。荀羡到达琅邪后，由于害怕前燕兵力的强大而不敢继续前进。王腾进犯鄄城，荀羡便进攻阳都，这时恰巧碰上连绵大雨，城墙被淋坏，荀羡擒获了王腾，把他杀掉了。

冬季，十月初一癸巳朔，出现日食。

前秦主苻生晚上吃枣过多，第二天早晨不舒服，就招来太医令程延，让他号脉诊断。程延说：“皇上没有别的病，就是枣儿吃多了。”苻生大怒，说：“你不是圣人，

燕大司马恪围段龛于广固，诸将请急攻之，恪曰：“用兵之势，有宜缓者，有宜急者，不可不察。若彼我势敌，外有强援，恐有腹背之患，则攻之不可不急。若我强彼弱，无援于外，力足制之者，当羁縻守之，以待其毙；兵法十围五攻，正谓此也。龛兵尚众，未有离心；济南之战，非不锐也，但龛用之无术，以取败耳。今凭阻坚城，上下戮力，我尽锐攻之，计数日可拔，然杀吾士卒必多矣。自有事中原，兵不暂息。吾每念之，夜而忘寐，奈何轻用其死乎！要在取之，不必求功之速也！”诸将皆曰：“非所及也。”军中闻之，人人感悦。于是，为高墙深堑以守之。齐人争运粮以馈燕军。

龛婴城自守，樵采路绝，城中人相食。龛悉众出战，恪破之于围里，先分骑屯诸门，龛身自冲荡，仅而得入，余兵皆没。于是，城中气沮，莫有固志。十一月，丙子，龛面缚出降，并执朱秃送蓟。恪抚安新民，悉定齐地，徙鲜卑、胡、羯三千余户于蓟。燕王儁具朱秃五刑，以段龛为伏顺将军。恪留慕容尘镇广固，以尚书左丞鞠殷为东莱太守，章武太守鲜于亮为齐郡太守，乃还。

殷，彭之子也。彭时为燕大长秋，以书戒殷曰：“王弥、曹嶷，必有子孙，汝善招抚，勿寻旧怨，以长乱源！”殷推求，得弥从子立、嶷孙岩于山中，请与相见，深结意分，彭复遣使遗以车马衣服，郡民由是大和。

荀羡闻龛已败，退还下邳，留将军诸葛攸、高平太守刘庄将三千人守琅邪，参军谯国戴逯将二千人守泰山。燕将慕容兰屯汴城，羡击斩之。

诏遣兼司空、散骑常侍车灌等持节如洛阳，修五陵。十二月，庚戌，帝及群臣皆服缌，临于太极殿三日。

怎么知道我吃枣了！”随后就把程延杀了。

前燕大司马慕容恪在广固包围了段龛，众将领请求马上攻打，慕容恪说：“用兵的方法，有应该缓慢的时候，也有应该急速的时候，不能不仔细审度。如果敌我力量相当，而敌人又在外边有强大的援军，这时恐怕有腹背受敌的危险，则攻打不能不急。如果我强敌弱，敌人在外边又无援军，我们的力量足以制服他的时候，就应该包围并守住他，等待敌人坐以自毙。兵法中的十围五攻，说的正是这个道理。眼下段龛的兵力尚多，还没有出现离心倾向。济南之战时，段龛的军队不是不精锐，只是因为他用兵无术，所以才自取失败。如今他凭借险阻坚守城池，上上下下，齐心合力，我动用全部精锐部队去攻打他，大约有几天时间也可以攻下来，然而我们士兵的伤亡也一定很多。自从中原发生战争以来，士兵们连短暂的休整也没有，每念及此，我便夜不能寐，怎么能轻易地使用让士兵们献身的战术呢！重要的在于把城池攻下来，不必要求迅速成功！”众将领都说：“这些不是我们所能想到的。”军中士兵听说后，人人感动喜悦，于是，他们就筑高墙，挖深壕，用来坚守包围圈。齐地的人争先恐后地运来粮食送给前燕军队。

段龛环城自守，连砍柴的小路也被切断，城里人自相残食。段龛调动全部兵力出城战斗，被慕容恪在包围圈里打败。慕容恪事先就分派骑兵控制了各个城门，段龛经过只身拼搏，仅得以逃回城内，其余的士兵全部覆没。从此，城里的士兵情绪沮丧，没有人再有固守的斗志了。十一月丙子十四日，段龛将两手反绑于身后出城投降，他和朱秃一起被押解送往蓟城。慕容恪抚慰安定新近归附的民众，全部平定齐地，将三千多户鲜卑人、胡人、羯人迁移到蓟城。前燕主慕容儁用墨、劓、刖、宫、大辟五刑处死朱秃，任命段龛为伏顺将军。慕容恪留下慕容尘镇守广固，任命尚书左丞鞠殷为东莱太守，任命章武太守鲜于亮为齐郡太守，然后返回。

鞠殷是鞠彭的儿子。鞠彭当时任前燕的大长秋官职，他写信告诫鞠殷说：“王弥、曹嶷肯定有子孙后代，你一定要很好地招纳抚慰他们，不要计较过去的怨恨，以防扩大祸乱的根源。”鞠殷经过推问访察，在山中找到了王弥的侄子王立、曹嶷的孙子曹岩，便邀请他们前来相见，结下了深厚的情谊。鞠彭又派使者给他们送去车马衣服，东莱郡的百姓从此太平了。

荀羡听说段龛已经失败，便退回到下邳，留下将军诸葛攸、高平太守刘庄统率三千士兵守卫琅邪，参军谯国人戴逯等统率二千士兵守卫泰山。前燕将领慕容兰驻扎在汴城，荀羡攻打并杀掉他。

东晋穆帝司马聃下令，派兼司空、散骑常侍车灌等人带着符节前往洛阳，修整先帝的五座陵墓。十二月十九日庚戌，穆帝和群臣全都身穿细麻布衣服，到太极殿哭泣谒拜三天。

司州都督谢尚以疾不行，以丹阳尹王胡之代之，胡之，廙之子也。

是岁，仇池公杨国从父俊杀国自立，以俊为仇池公。国子安奔秦。

（以上为第七段，写前燕大司马慕容恪在广固包围段龛，采用筑高墙、挖深壕的办法来围困，城内人相食，段龛率领精兵出城作战，被打败，只好出城投降。）

升平元年（丁巳，357 年）

春，正月，壬戌朔，帝加元服，太后诏归政，大赦，改元，太后徙居崇德宫。

燕主儁征幽州刺史乙逸为左光禄大夫。逸夫妇共载鹿车，子璋从数十骑，服饰甚丽，奉迎于道。逸大怒，闭车不与言，到城，深责之，璋犹不悛。逸常忧其败，而璋更被擢任，历中书令、御史中丞。逸乃叹曰："吾少自修立，克己守道，仅能免罪。璋不治节检，专为奢纵，而更居清显，此岂惟璋之忝幸，实时世之陵夷也。"

二月，癸丑，燕主儁立其子中山王暐为太子，大赦，改元光寿。

太白入东井。秦有司奏："太白，罚星，东井，秦分，必有暴兵起京师。"秦主生曰："太白入井，自为渴耳，何所怪乎！"

姚襄将图关中，夏，四月，自北屈进屯杏城，遣辅国将军姚兰略地敷城，曜武将军姚益生、左将军王钦卢各将兵招纳诸羌、胡。兰，襄之从兄；益生，襄之兄也。羌、胡及秦民归之者五万余户。秦将苻飞龙击兰，擒之。襄引兵进据黄落，秦主生遣卫大将军广平王黄眉、平北将军苻道、龙骧将军东海王坚、建节将军邓羌将步骑万五千以御之。襄坚壁不战。羌谓黄眉曰："襄为桓温、张平所败，锐气丧矣。然其为人强狠，若鼓噪扬旗，直压其垒，彼必忿恚而出，可一战擒也。"

五月，羌帅骑三千压其垒门而陈，襄怒，悉众出战。羌阳不胜而走，襄追之至于三原，羌回骑击之，黄眉等以大众继至，襄兵大败。襄所乘骏马曰"黧眉騧"，马倒，秦兵擒而斩之，弟苌帅其众降。襄载其父弋仲之柩在军中，秦主生以王礼葬弋仲于孤磐，亦以公礼葬襄。广平王黄眉

司州都督谢尚因为有病无法料理政事，东晋朝廷以丹阳尹王胡之代替他。王胡之是王廙的儿子。

这一年，仇池公杨国的叔父杨俊杀掉杨国而自立。东晋朝廷任命杨俊为仇池公。杨国的儿子杨安投奔前秦。

晋穆帝升平元年（丁巳，357年）

春季，正月初一壬戌朔，东晋穆帝司马聃行加冠礼，太后下诏，让他开始主持朝政，实行大赦，改年号，太后迁居崇德宫。

前燕主慕容儁征召幽州刺史乙逸为左光禄大夫。乙逸夫妇共坐一辆小车前往就任，而他的儿子乙璋却带着随从数十骑，衣着华丽，在路上迎候。乙逸十分愤怒，紧闭车门，不和他说话，到了蓟城后，乙逸深深地责备他，乙璋还不认错。乙逸常常担心乙璋败落，而乙璋却屡被提升，历任中书令、御史中丞。乙逸于是便叹息道："我从小修身养性，克己守礼，到头来也只能是得以免罪。乙璋不检点品行，专干放纵奢侈的事情，反而屡任政事清简、地位显赫的官职，这难道仅仅是乙璋有愧于宠幸吗？实在是世道的衰落。"

二月二十三日癸丑，前燕主慕容儁立他的儿子中山王慕容暐为太子，实行大赦，改年号为光寿。

金星进入井宿。前秦有关官署上书，说："金星是主惩罚之星，井宿则是原秦国分野，京师一定要出现暴动了。"前秦主苻生说："金星入井宿，是它自己渴了，有什么大惊小怪的呢！"

姚襄准备图谋关中，夏季，四月，从北屈出发进据杏城，派辅国将军姚兰攻占敷城，曜武将军姚益生、左将军王钦卢分别统率士兵去招纳羌胡各部族。姚兰是姚襄的堂兄；姚益生是姚襄的哥哥。羌胡部族及汉族的民众归附他们的有五万多户。前秦将领苻飞龙攻击姚兰，擒获了他。姚襄率军进据黄落，前秦主苻生派卫大将军广平王苻黄眉、北平将军苻道、龙骧将军东海王苻坚、建节将军邓羌统率步、骑兵一万五千人前去抵御。姚襄坚壁固守，不与交战。邓羌对苻黄眉说："姚襄被桓温、张平打败，锐气已丧。然而他为人争强好胜，如果我们敲响战鼓，挥舞战旗，大兵直接压向他的营垒，他一定会愤而出战，这样就可以一战而擒获他。"

五月，邓羌率领三千骑兵压到姚襄的营垒门前，摆开了战阵，姚襄大怒，调动全部兵力出来迎战。邓羌表面上装作不能取胜而逃跑，姚襄追到了三原，这时邓羌掉转骑兵攻击姚襄，苻黄眉等人则率领大部队随后赶到，姚襄的部队被彻底打败。姚襄所骑的骏马叫黧眉騧，失蹄摔倒，前秦的士兵擒获了姚襄，然后把他杀死。姚

等还长安，生不之赏，数众辱黄眉。黄眉怒，谋弑生，发觉，伏诛，事连王公亲戚，死者甚众。

（以上为第八段，写东晋穆帝司马聃行加冠礼，开始主持朝政；前燕主慕容儁立慕容暐为太子，改元光寿；羌酋姚襄欲图谋关中，前秦派苻黄眉等率军围攻，姚襄被擒杀。）

戊寅，燕主儁遣抚军将军垂、中军将军虔、护军将军平熙帅步骑八万攻敕勒于塞北，大破之，俘斩十余万，获马十三万匹，牛羊亿万头。

匈奴单于贺赖头帅部落三万五千口降燕，燕人处之代郡平舒城。

秦主生梦大鱼食蒲，又长安谣曰："东海大鱼化为龙，男皆为王女为公。"生乃诛太师、录尚书事、广宁公鱼遵并其七子、十孙。金紫光禄大夫牛夷惧祸，求为荆州，生不许，以为中军将军，引见，调之曰："牛性迟重，善持辕轭；虽无骥足，动负百石。"夷曰："虽服大车，未经峻壁，愿试重载，乃知勋绩。"生笑曰："何其快也，公嫌所载轻乎？朕将以鱼公爵位处公。"夷惧，归而自杀。

生饮酒无昼夜，或连月不出。奏事不省，往往寝落，或醉中决事，左右因以为奸，赏罚无准。或至申酉乃出视朝，乘醉多所杀戮。自以眇目，讳言"残、缺、偏、只、少、无、不具"之类，误犯而死者，不可胜数。好生剥牛、羊、驴、马，燖鸡、豚、鹅、鸭，纵之殿前，数十为群，或剥人面皮，使之歌舞，临观以为乐。尝问左右曰："自吾临天下，汝外间何所闻？"或对曰："圣明宰世，赏罚明当，天下唯歌太平。"怒曰："汝媚我也！"引而斩之。他日又问，或对曰："陛下刑罚微过。"又怒曰："汝谤我也！"亦斩之。勋旧亲戚，诛之殆尽，群臣得保一日，如度十年。

东海王坚，素有时誉，与故姚襄参军薛讚、权翼善。讚、翼密说坚曰："主上猜忍暴虐，中外离心，方今宜主秦祀者，非殿下而谁！愿早为计，勿使他姓得之！"坚以问尚书吕婆楼，婆楼曰："仆，刀镮上人耳，

襄的弟弟姚苌率领部众投降。姚襄把他父亲姚弋仲的棺材停放在军营中，前秦主苻生以诸侯王的礼仪把姚弋仲埋葬在孤磐，也以公爵的礼仪埋葬了姚襄。广平王苻黄眉等人返回长安，苻生没有奖赏他们，反而还多次当众侮辱苻黄眉。苻黄眉非常愤怒，谋划要杀掉苻生，但被苻生发现，苻黄眉反而被杀。事情牵连到王公贵戚，被杀死的人很多。

五月十九日戊寅，前燕王慕容儁派抚军将军慕容垂、中军将军慕容虔、护军将军慕容平熙率领八万步、骑兵在边境以北攻打敕勒部族，彻底攻破了他们，俘获斩首十多万人，缴获马十三万匹，牛羊亿万头。

匈奴单于贺赖头率领本部落的三万五千人投降了前燕，前燕人把他们安置在代郡的平舒城。

前秦主苻生梦见大鱼吃蒲草，另外长安城里也有谣谚说："东海大鱼化为龙，男皆为王女为公。"苻生于是就杀掉了太师、录尚书事、广宁公鱼遵以及他的七个儿子、十个孙子。金紫光禄大夫牛夷害怕祸及自己，请求到荆州任职，苻生不答应，任命他为中军将军，召见时戏弄说："老牛生性迟缓稳重，善驾车辕，虽然没长骏马的蹄子，但走起路来能负重百石。"牛夷说："虽然驾着大车，但没有走过险峻的道路。愿意试拉重车，便可知道我的功用了。"苻生笑着说："多么痛快啊！你嫌所负载的轻吗？朕将用鱼遵的爵位安置你。"牛夷十分害怕，回去后就自杀了。

苻生喝酒不分昼夜，有时一连数月不临朝处理政事。进上的奏章不批阅，常常搁置不理，有时在醉酒后处理政事。周围的人因此就常干奸诈之事，赏罚失去标准。有时到申时、酉时才出来临朝视政，乘着醉意杀了许多人。他自己由于少了一只眼睛，就忌讳说"残、缺、偏、只、少、无、不全"一类的字词，因误说了这些字词而被杀死的人，不计其数。他喜欢剥掉活着的牛、羊、驴、马的皮，用热水煺活鸡、活猪、活鹅、活鸭的毛，把它们放到大殿前面，几十个为一群。有时则剥掉人的脸皮，让他们唱歌跳舞，他来观看，以此作乐。他曾经问周围的人说："自从我统治天下以来，你们在外边听到些什么？"有人对他说："圣明君主主宰天下，赏赐得当，刑罚严明，天下人只有歌颂太平盛世了。"苻生愤怒地说："你向我献媚！"于是就把他拉出去杀了。改天他又问这个问题，有人对他说："皇上的刑罚稍微过分了一点。"苻生又愤怒地说："你诽谤我！"这人也被杀了。有功的旧臣和亲戚，被诛杀殆尽，群臣们能保全一天，如同度过十年。

东海王苻坚，一直被时人称誉，与过去姚襄的参军薛赞、权翼关系很好。薛赞、权翼秘密地劝苻坚说："主上猜忌残忍，行为暴虐，宫廷内外对他已经离心，如今适宜主持秦国祭祀的人不是您是谁？愿您及早谋划，不要让大权落入他姓人手中！"

不足以办大事。仆里舍有王猛，其人谋略不世出，殿下宜请而咨之。”坚因婆楼以招猛，一见如旧友，语及时事，坚大悦，自谓如刘玄德之遇诸葛孔明也。

六月，太史令康权言于秦主生曰：“昨夜三月并出，孛星入太微，连东井，自去月上旬，沈阴不雨，以至于今，将有下人谋上之祸。”生怒，以为妖言，扑杀之。

（以上为第九段，写前秦主苻生作恶多端，暴虐无道，将勋旧亲戚杀害殆尽，上下怨声载道，自绝于天下；东海王苻坚暗地里积蓄力量，伺机而动，欲取而代之。）

特进领御史中丞梁平老等谓坚曰：“主上失德，上下嗷嗷，人怀异志，燕、晋二方，伺隙而动，恐祸发之日，家国俱亡。此殿下之事也，宜早图之！”坚心然之，畏生趫勇，未敢发。

生夜对侍婢言曰：“阿法兄弟亦不可信，明当除之。”婢以告坚及坚兄清河王法。法与梁平老及特进光禄大夫强汪帅壮士数百潜入云龙门，坚与吕婆楼帅麾下三百人鼓噪继进，宿卫将士皆舍仗归坚。生犹醉寐，坚兵至，生惊问左右曰：“此辈何人？”左右曰：“贼也！”生曰：“何不拜之！”坚兵皆笑。生又大言：“何不速拜，不拜者斩之！”坚兵引生置别室，废为越王，寻杀之，谥曰“厉王”。

坚以位让法，法曰：“汝嫡嗣，且贤，宜立。”坚曰：“兄年长，宜立。”坚母苟氏泣谓群臣曰：“社稷事重，小儿自知不能，他日有悔，失在诸君。”群臣皆顿首请立坚。

坚乃去皇帝之号，称大秦天王，即位于太极殿，诛生幸臣中书监董荣、左仆射赵韶等二十余人。大赦，改元永兴。追尊父雄为文桓皇帝，母苟氏为皇太后，妃苟氏为皇后，世子宏为皇太子，以清河王法为都督中外诸军事、丞相、录尚书事、东海公，诸王皆降爵为公。以从祖右光禄大夫、永安公侯为太尉，晋公柳为车骑大将军、尚书令。封弟融为阳平公，双为河南公，子丕为长乐公，晖为平原公，熙为广平公，睿为钜鹿公。以汉阳李威为左仆射，梁平老为右仆射，强汪为领军将军，吕婆

苻坚去问尚书吕婆楼，吕婆楼说："我已经是屠刀下的人了，不足以办成大事。我的私宅里有一位叫王猛的人，他的谋略世间少见，殿下应该请他出来，并向他请教。"苻坚根据吕婆楼的意见招来王猛，二人一见如故。谈论到国家当前的大事，苻坚十分高兴，自认为如同刘备遇到了诸葛亮。

六月，前秦太史令康权对前秦主苻生进言说："昨天晚上同时出现了三个月亮，彗星进入太微星座，又连着井宿。自从五月上旬以来，天气沉阴密布，又不下雨，一直到今天。将要出现臣下图谋主上的灾祸了。"苻生十分愤怒，认为这是妖言，把他摔死。

前秦国特进兼御史中丞梁平老等人对苻坚说："主上丧失道德，上下怨声载道，人心各异，燕、晋二朝，伺机而动，恐怕灾祸出现之日，宗族、国家都要灭亡。这是殿下的大事。应该及早图谋！"苻坚内心同意，但又畏惧苻生的勇捷凶猛，没敢作声。

苻生夜里对服侍他的婢女说："苻坚、苻法兄弟也不可信赖，明天就应当把他们除掉。"婢女把这一消息告诉了苻坚以及他的哥哥清河王苻法。苻法和梁平老以及特进光禄大夫强汪率领勇士数百人潜入云龙门，苻坚和吕婆楼率领手下三百人击鼓跟进，守卫王宫的将士们全都丢掉武器归顺了苻坚。苻生这时还醉倒大睡，苻坚的士兵来到后，苻生惊慌地问周围人说："这是些什么人？"周围的人回答说："强盗！"苻生说："为什么不叩拜！"苻坚的士兵全都笑了。苻生又大声说："为什么不赶快叩拜，不拜者杀头！"苻坚的士兵把苻生带到别的房间，废黜他为越王，不久，就把他杀了，定谥号为厉王。

苻坚把王位让给苻法，苻法说："你是嫡传嗣子，而且贤明，应该立为王。"苻坚说："哥哥年长，应该立为王。"苻坚的母亲苟氏哭泣着对群臣说："朝政事关重大，我儿子自知不能胜任。以后大家如有悔恨，过失在诸君身上。"群臣全都磕头请求立苻坚为王。

苻坚于是就去掉了皇帝的称号，称为大秦天王，在太极殿即位。杀掉了苻生的宠臣中书监董荣、左仆射赵韶等二十多人。实行大赦，改年号为永兴。追尊父亲苻雄为文桓皇帝，尊母亲苟氏为皇太后，立妃苟氏为皇后，立长子苻宏为太子，任命清河王苻法为都督中外诸军事、丞相、录尚书事、东海公，诸王全都降为公。任命从祖右光禄大夫、永安公苻侯为太尉，晋公苻柳为车骑大将军、尚书令。封弟弟苻融为阳平公，苻双为河南公，儿子苻丕为长乐公，苻晖为平原公，苻熙为广平公，苻睿为钜鹿公。任命汉阳人李威为左仆射，梁平老为右仆射，强汪为领军将军，吕

楼为司隶校尉，王猛为中书侍郎。

融好文学，明辨过人，耳闻则诵，过目不忘，力敌百夫，善骑射击刺，少有令誉，坚爱重之，常与共议国事。融经综内外，刑政修明，荐才扬滞，补益弘多。丕亦有文武才干，治民断狱，皆亚于融。

威，苟太后之姑子也，素与魏王雄友善，生屡欲杀坚，赖威营救得免。威得幸于苟太后，坚事之如父。威知王猛之贤，常劝坚以国事任之。坚谓猛曰："李公知君，犹鲍叔牙之知管仲也。"猛以兄事之。

（以上为第十段，写东海王苻坚起兵潜入云龙门，废除并杀掉前秦主苻生，与庶兄苻法谦让一番，即位自称大秦天王，去帝号，改元永兴，诸王全部降为公。）

燕主儁杀段龛，坑其徒三千余人。

秋，七月，秦大将军、冀州牧张平遣使请降，拜并州刺史。

八月，丁未，立皇后何氏。后，故散骑侍郎庐江何准之女也。礼如咸康而不贺。

秦王坚以权翼为给事黄门侍郎，薛赞为中书侍郎，与王猛并掌机密。九月，追复太师鱼遵等官，以礼改葬，子孙存者皆随才擢叙。

张平据新兴、雁门、西河、太原、上党、上郡之地，壁垒三百余，夷、夏十余万户，拜置征镇，欲与燕、秦为敌国。冬，十月，平寇略秦境，秦王坚以晋公柳都督并、冀州诸军事，加并州牧，镇蒲阪以御之。

十一月，癸酉，燕主儁自蓟徙都邺。

秦太后苟氏游宣明台，见东海公法之第门车马辐凑，恐终不利于秦王坚，乃与李威谋，赐法死。坚与法诀于东堂，恸哭欧血，谥曰"献哀公"，封其子阳为东海公，敷为清河公。

十二月，乙巳，燕主儁入邺宫，大赦。复作铜雀台。

以太常王彪之为左仆射。

秦王坚行至尚书，以文案不治，免左丞程卓官，以王猛代之。坚举异材，修废职，课农桑，恤困穷，礼百神，立学校，旌节义，继绝世，

娄楼为司隶校尉，王猛为中书侍郎。

苻融爱好文献经典，分辨能力过人，耳闻成诵，过目不忘。力量之大，能敌百人，善于骑马射箭刺击，从小就有美好的声誉。苻坚非常喜欢并看重他，经常和他共商国家大事。苻融谋划治理天下，刑罚政令，规范清明，荐举贤才，拔擢沉沦之士，对苻坚有很大帮助。苻丕也有文才武略，但治理民众、决断刑狱，全都逊于苻融。

李威是苟太后姑姑的儿子，和魏王苻雄一直关系很好，苻生多次想杀掉苻坚，全靠李威设法救助才得以幸免。李威很得苟太后的宠爱，苻坚对待他像父亲一样。李威深知王猛的贤明，经常劝苻坚把国家重任交给他。苻坚对王猛说：“李公了解你，就像鲍叔牙了解管仲一样。”王猛像对待哥哥一样对待李威。

前燕主慕容儁杀掉了段龛，把他的士兵三千多人活埋。

秋季，七月，前秦大将军冀州牧张平派遣使者到东晋请求投降，朝廷授予他并州刺史官职。

八月十九日丁未，东晋穆帝司马聃立何氏为皇后。何皇后是过去散骑侍郎庐江人何准的女儿。立后礼仪像咸康二年那次一样，不加以庆贺。

前秦主苻坚任命权翼为给事黄门侍郎，薛瓒为中书侍郎，和王猛一起掌管机要事务。九月，追认恢复了太师鱼遵等人的官位，按照礼仪对他们重新加以安葬，对他们在世的子孙，全都根据才能加以提拔任用。

并州刺史张平占据了新兴、雁门、西河、太原、上党、上郡等地，修筑了三百多座坚实营垒，有夷汉十万多户人家，设置了征镇官吏，要与前燕、前秦相对抗。冬季，十月，张平进犯秦地，前秦王苻坚让晋公苻柳总领并、冀二州各种军务，授予并州牧，镇守蒲阪，以抵御张平。

十一月十七日癸酉，前燕主慕容儁将都城由蓟城迁往邺城。

前秦太后苟氏游览宣明台，看见东海公苻法的宅门前车水马龙，她恐怕这最终会对前秦主苻坚不利，于是就与李威商量，赐苻法死。苻坚和苻法在东堂诀别，二人失声痛哭，以致口吐鲜血。苻法死后，谥号定为献哀公，其儿子苻阳被封为东海公，苻敷被封为清河公。

十二月十九日乙巳，前燕主慕容儁进入邺城宫殿，实行大赦，修复了铜雀台。

东晋任命太常王彪之为左仆射。

前秦主苻坚巡视到了尚书省，看见文牍案卷凌乱，便罢免了尚书左丞程卓的官职，任命王猛取代他。苻坚任用贤才，整治废弛的政事，劝勉农桑，抚恤贫困，礼

秦民大悦。

（以上为第十一段，写前燕主慕容儁杀掉段龛，由蓟城迁都到邺城；前秦大将军张平投降东晋，任为并州刺史；太后苟氏见权臣苻法势力强盛，怕对苻坚不利，赐死。）

二年（戊午，358年）

春，正月，司徒昱稽首归政，帝不许。

初，冯鸯既以上党来降，又附于张平，又自归于燕，既而复叛燕。二月，燕司徒上庸王评讨之，不克。

秦王坚自将讨张平，以邓羌为前锋督护，帅骑五千，军于汾上；平使养子蚝御之。蚝多力趫捷，能曳牛却走；城无高下，皆可超越。与羌相持旬余，莫能相胜。三月，坚至铜壁，平尽众出战，蚝单马大呼，出入秦陈者四、五。坚募人生致之，鹰扬将军吕光刺蚝，中之，邓羌擒蚝以献，平众大溃。平惧，请降。坚拜平右将军，以蚝为虎贲中郎将。蚝，本姓弓，上党人也，坚宠待甚厚，常置左右。秦人称邓羌、张蚝皆万人敌。光，婆楼之子也。坚徙张平部民三千余户于长安。

甲戌，燕主儁遣领军将军慕舆根将兵助司徒评攻冯鸯。根欲急攻之，评曰："鸯壁坚，不如缓之。"根曰："不然。公至城下经月，未尝交锋。贼谓国家力止于此，遂相固结，冀幸万一。今根兵初至，形势方振，贼众恐惧，皆有离心，计虑未定，从而攻之，无不克者。"遂急攻之。鸯与其党果相猜忌，鸯奔野王依吕护，其众尽降。

夏，四月，秦王坚如雍，祠五畤，六月，如河东，祠后土。

秋，八月，豫州刺史谢奕卒。奕，安之兄也。司徒昱以建武将军桓云代之。云，温之弟也。访于仆射王彪之，彪之曰："云非不才，然温居上流，已割天下之半，其弟复处西藩，兵权萃于一门，非深根固蒂之宜。人才非可豫量，但当令不与殿下作异者耳。"昱颔之曰："君言是也。"壬申，以吴兴太守谢万为西中郎将，监司、豫、冀、并四州诸军事，豫州刺史。

敬百神，设立学校，表彰节义，恢复已经断绝的世祀，前秦的百姓十分高兴。

晋穆帝升平二年（戊午，358 年）

春季，正月，东晋司徒司马昱磕头请求归还朝政，穆帝司马聃不同意。

当初，前燕京兆太守冯鸯已将上党献给东晋，但又归附张平，不久又归附前燕，紧接着又背叛了前燕。二月，前燕司徒、上庸王慕容评前往讨伐冯鸯，但没有攻下。

前秦主苻坚准备亲自出征，讨伐并州刺史张平。他任命邓羌为前锋督护，率领五千骑兵，驻扎于汾水岸边。张平派养子张蚝抵御。张蚝身强力壮又很矫捷，能够拽着牛倒退行走，城墙不论高低，都可以翻越而过。他和邓羌相持了十多天，互不能胜。三月，苻坚抵达铜壁，并州刺史张平用全部兵力出来迎战，张蚝只身匹马，大声呼喊，出入冲杀前秦的兵阵有四五次。苻坚悬赏兵将活捉张蚝，鹰扬将军吕光刺击张蚝，击中了他，邓羌将他擒获，献给了苻坚，张平的士兵彻底溃散。张平十分害怕，便请求投降。苻坚授他为右将军，任命张蚝为虎贲中郎将。张蚝本姓弓，上党人。苻坚对待他非常宠厚，经常让他跟随在左右。前秦人称邓羌、张蚝都可力敌万人。吕光是吕婆楼的儿子。苻坚将张平的部众三千多户迁移到了长安。

三月二十日甲戌，前燕主慕容儁派领军将军慕舆根带领军队协助司徒慕容评攻打冯鸯。慕舆根想展开急攻，慕容评说："冯鸯营垒坚固，不如缓攻。"慕舆根说："不对，您抵达城下已经一个多月了，还未曾交锋。寇贼认为燕国的力量不过如此而已，于是就互相聚集固守，寄希望于万一侥幸取胜。眼下我慕舆根的军队刚刚抵达，形势正好，众寇贼惶恐害怕，都产生了离心，应对之策还未确定，如果乘势而攻，没有不成功的道理。"于是就对冯鸯展开了急攻。冯鸯和他的同党们果然互相猜忌，冯鸯逃奔到野王，依附了吕护，他的部众则全部投降。

夏季，四月，前秦主苻坚到雍州，祭祀五畤。六月，到河东，祭祀土地神。

秋季，八月，东晋豫州刺史谢奕去世。谢奕是谢安的哥哥。司徒司马昱任命建武将军桓云替代他的职位。桓云是桓温的弟弟。司马昱就此去向王彪之询问意见，王彪之说："桓云不是无能的人，然而桓温已经居守长江上游，管辖着天下的一半，他的弟弟再要掌握朝廷西部藩屏的重要军职，兵权集于一家之手，这不宜于使国家根基牢固。人才不是可以预料的，只应当让他不与您怀有二心而已。"司马昱点头说道："你说得对。"八月二十一日壬申，任命吴兴太守谢万为西中郎将，监司、豫、冀、并四州诸军事及豫州刺史。

王羲之与桓温笺曰："谢万才流经通，使之处廊庙，固是后来之秀，今以之俯顺荒余，近是违才易务矣。"又遗万书曰："以君迈往不屑之韵，而俯同群碎，诚难为意也。然所谓通识，正当随事行藏耳。愿君每与士卒之下者同甘苦，则尽善矣。"万不能用。

徐、兖二州刺史荀羡有疾，以御史中丞郗昙为羡军司，昙，鉴之子也。

九月，庚辰，秦王坚还长安，以太尉侯守尚书令。于是，秦大旱，坚减膳彻乐，命后妃以下悉去罗纨，开山泽之利，公私共之，息兵养民，旱不为灾。

王猛日亲幸用事，宗亲勋旧多疾之，特进姑臧侯樊世，本氐豪，佐秦主健定关中，谓猛曰："吾辈耕之，君食之邪？"猛曰："非徒使君耕之，又将使君炊之！"世大怒曰："要当悬汝头于长安城门，不然，吾不处世！"猛以白坚，坚曰："必杀此老氐，然后百僚可肃。"会世入言事，与猛争论于坚前，世欲起击猛，坚怒，斩之。于是，群臣见猛，皆屏息。

（以上为第十二段，写前秦主苻坚出征攻打反叛的并州刺史张平，张平投降；东晋以谢万守边，才非所用；王猛被前秦重用，前秦老臣樊世反唇相讥，被杀，百官震肃。）

赵之亡也，其将张平、李历、高昌皆遣使降燕，已而降晋，又降秦，各受爵位，欲中立以自固。燕主儁使司徒评讨张平于并州，司空阳骛讨高昌于东燕，乐安王臧讨李历于濮。阳骛攻昌别将于黎阳，不拔。历奔荥阳，其众皆降。并州壁垒百余降于燕，儁以右仆射悦绾为并州刺史以抚之。平所署征西将军诸葛骧等帅壁垒百三十八降于燕，儁皆复其官爵。平帅众三千奔平阳，复请降于燕。

冬，十月，泰山太守诸葛攸攻燕东郡，入武阳，燕主儁遣大司马恪统阳骛及乐安王臧之兵以击之。攸败走，还泰山，恪遂渡河，略地河南，分置守宰。

燕主儁欲经营秦、晋，十二月，令州郡校实见丁，户留一丁，余悉

王羲之给桓温写信说："谢万的才能足以经世治国，在时人中堪称通达，如果让他身居朝廷，肯定是后起之秀；如今让他屈身去治理兵荒马乱之后的边境，这就有些违背他的才能而任用了。"又给谢万写信说："以您的超越前贤、不屑于琐碎事务的风韵，而去屈身治理群民，主持军中琐细杂务，确实是难以称心。然而所谓通达的见识，正是应当适应环境的变化而决定如何行动。希望您经常与下层士兵同甘共苦，这就是完美的品行了。"但谢万却没有能照此去办。

东晋徐、兖二州刺史荀羡患病，任命御史中丞郗昙为军司。郗昙是郗鉴的儿子。

九月，庚辰（疑误），前秦主苻坚返回长安，任命太尉苻侯暂任尚书令。这时，前秦发生大旱。苻坚减少了膳食，取消了歌乐，命令后妃以下的人全都换掉绢丝服装。开发山林湖泽，国家与百姓共同享用，停止战争，休养生息。所以虽遇大旱，但并没有引起灾荒。

王猛日益受到重用，王室亲属以及有功的旧臣对他都十分厌恶。特进姑臧侯樊世，本是氐族的豪强，辅佐前秦主苻健平定关中，他对王猛说："我们耕种，你坐享其成吗？"王猛说："不仅让你耕种，还要让你做成熟食！"樊世勃然大怒，说："一定要把你的脑袋悬挂在长安城门上，不这样，我就不活在人世！"王猛把这些话告诉了苻坚，苻坚说："一定得杀掉这个氐族老匹夫，然后群臣百官才能恭敬从命。"恰好这时樊世进宫商讨事情，和王猛在苻坚面前争论起来，樊世想起身打王猛，苻坚大怒，把樊世杀了。从此，群臣百官见到王猛都连大气也不敢出。

后赵灭亡的时候，其将领张平、李历、高昌都派遣使者投降了前燕，后来又投降了东晋，不久又投降了前秦，分别接受了爵位，想以中立的方式自我保全。前燕主慕容儁派司徒慕容评在并州攻打张平，派司空阳骛在东燕攻打高昌，派乐安王慕容臧在濮城攻打李历。阳骛在黎阳攻打高昌另一部将的军队，没有攻破。李历逃奔荥阳，其士兵全部投降。并州一百多座营垒都投降了前燕，慕容儁任命右仆射悦绾为并州刺史安抚他们。张平统辖的征西将军诸葛骧等人率领一百三十八座营垒投降了前燕，慕容儁都恢复了他们的官职爵位。张平率领三千士兵逃奔到平阳，又一次向前燕请求投降。

冬季，十月，泰山太守诸葛攸攻打前燕的东郡，进入武阳后，前燕主慕容儁派大司马慕容恪统领阳骛及乐安王慕容臧的部队迎击。诸葛攸被打败逃跑，回到了泰山。慕容恪渡过黄河，占据河南，分别设置了地方官吏。

前燕主慕容儁想要图谋前秦、东晋。十二月，他命令各州郡核实现有的成年男

发为兵，欲使步卒满一百五十万，期来春大集洛阳。武邑刘贵上书，极陈："百姓凋弊，发兵非法，必致土崩之变。"儁善之，乃更令三五发兵，宽其期日，以来冬集邺。

时燕调发繁数，官司各遣使者，道路旁午，郡县苦之。太尉、领中书监封奕请："自今非军期严急，不得遣使，自余赋发皆责成州郡，其群司所遣弹督在外者，一切摄还。"儁从之。

燕泰山太守贾坚屯山茌，荀羡引兵击之；坚所将才七百余人，羡兵十倍于坚。坚将出战，诸将皆曰："众少，不如固守。"坚曰："固守亦不能免，不如战也。"遂出战，身先士卒，杀羡兵千余人，复还入城。羡进攻之，坚叹曰："吾自结发，志立功名，而每值穷厄，岂非命乎！与其屈辱而生，不若守节而死。"乃谓将士曰："今危困，计无所设，卿等可去，吾将止死。"将士皆泣曰："府君不出，众亦俱死耳。"乃扶坚上马，坚曰："我如欲逃，必不相遣。今当为卿曹决斗。若势不能支，卿等可趣去，勿复顾我也！"乃开门直出。羡兵四集，坚立马桥上，左右射之，皆应弦而倒。羡兵众多，从堑下斫桥，坚人马俱陷，生擒之，遂拔山茌。羡谓坚曰："君父、祖世为晋臣，奈何背本不降？"坚曰："晋自弃中华，非吾叛也。民既无主，强则托命。既已事人，安可改节！吾束脩自立，涉赵历燕，未尝易志，君何匆匆相谓降乎！"羡复责之，坚怒曰："竖子，儿女御乃公！"羡怒，执置雨中，数日，坚愤惋而卒。

燕青州刺史慕容尘遣司马悦明救泰山，羡兵大败，燕复取山茌。燕主儁以贾坚子活为任城太守。

荀羡疾笃，征还，以郗昙为北中郎将，都督徐、兖、青、冀、幽五州诸军事，徐、兖二州刺史，镇下邳。

燕吴王垂娶段末柸女，生子令、宝。段氏才高性烈，自以贵姓，不尊事可足浑后，可足浑氏衔之。燕主儁素不快于垂，中常侍涅皓因希旨

子，每户留下一名，其余的全部征召充军，想使兵员达到一百五十万，以期明年春天会集洛阳。武邑人刘贵上书，极力陈述“民力衰败，征兵的办法违反古法，必定会导致军队土崩瓦解”。慕容儁认为此话有理，便更改了命令，改为三丁抽二、五丁抽三的办法，而且放宽征调的期限，把会集邺城的时间改为明年冬天。

当时前燕征赋调兵频繁，各官府派遣使者穿梭往返，郡县苦不堪言。太尉兼中书监封奕请求：“从今开始，如果不是军令期限紧迫，不得再派使者。其余征赋调兵事宜全都由州郡督促完成，州郡以下的部门派出在外催促监督的人，一律返回。”慕容儁听从了这一请求。

前燕泰山太守贾坚驻扎在山茌，东晋荀羡带领士兵攻击他。贾坚统领的士兵才七百多人，荀羡的兵力十倍于贾坚。贾坚准备出城迎战，众将领都说：“士兵数量少，不如固守。”贾坚说：“固守也不能幸免，不如迎战。”于是出城迎战。贾坚身先士卒，率兵斩杀了荀羡的士兵一千多人，又返回了城中。荀羡向他发起进攻，贾坚叹息说道：“我自结发成年以来，立志要建立功名，然而每每陷于穷途险境，这岂不是命中注定吗！与其遭受屈辱而苟且偷生，不如保持气节而慨然赴死。”于是对将士们说：“如今处于危险的困境，无计可施，你们可以离去，我将只有一死。”将士们都哭泣着说：“您不出城，大家也一起死。”于是，他们就扶持贾坚上马，贾坚说：“我如果想要逃走，一定不会丢开你们。现在应当为你们去决死一战，如果力量不支，你们可以赶快离去，不要再顾及我了！”说完便打开城门，径直出去。荀羡的士兵四面云集，贾坚把马停在护城河的桥上，左右开弓，荀羡的士兵应声倒下。然而荀羡的兵力众多，一部分士兵从河下砍断桥梁，贾坚连人带马陷落下去，被活捉。山茌于是被攻克。荀羡对贾坚说：“你的祖上世代都是晋朝的臣子，你为什么要背叛先祖而不肯投降？”贾坚说：“是晋皇朝自己抛弃了中华大地，不是我背叛了它。百姓既然已经没有了君主，只有把命运托付给力量强大的人。我既然已经侍奉了别人，怎么可以改变气节！我从师就学自立于世以来，历经赵、燕，未曾改变志向，你怎么能一下子就劝我投降呢！”荀羡又一次责备贾坚，贾坚愤怒地说：“小子！做儿女的竟想管教父亲！”荀羡大怒，把他押到院子里淋雨。过了几天，贾坚满怀悲愤，遗憾而死。

前燕青州刺史慕容尘派司马悦明去救援泰山，荀羡的军队被打败，前燕又夺取了山茌。前燕国主慕容儁任命贾坚的儿子贾活为任城太守。

荀羡病重，被东晋朝廷召回，任命郗昙为北中郎将，都督徐、兖、青、冀、幽五州诸军事，徐、兖二州刺史，镇守下邳。

前燕吴王慕容垂娶了段末柸的女儿，生下儿子慕容令、慕容宝。段氏才能颇高但性格刚烈，自以为出身于名门贵姓，不恭敬侍奉可足浑王后，可足浑氏对她怀恨

告段氏及吴国典书令辽东高弼为巫蛊，欲以连污垂，儁收段氏及弼下大长秋、廷尉考验，段氏及弼志气确然，终无挠辞。掠治日急，垂愍之，私使人谓段氏曰："人生会当一死，何堪楚毒如此！不若引服。"段氏叹曰："吾岂爱死者耶！若自诬以恶逆，上辱祖宗，下累于王，固不为也！"辩答益明，故垂得免祸，而段氏竟死于狱中。出垂为平州刺史，镇辽东。垂以段氏女弟为继室；可足浑氏黜之，以其妹长安君妻垂；垂不悦，由是益恶之。

匈奴刘阏头部落多叛，惧而东走，乘冰渡河，半渡而冰解，后众悉归刘悉勿祈，阏头奔代。悉勿祈，务桓之子也。

（以上为第十三段，写前燕主慕容儁出兵攻打反叛的张平、李历、高昌，尽数攻下，又欲图谋前秦、东晋，大肆征兵；东晋将领荀羡攻打前燕泰山太守贾坚，坚兵少力战而死。慕容儁欲陷害慕容垂，拷掠其妻段氏，欲以连污垂，段氏宁死不屈，垂得以免祸，娶段氏女弟为妻以报之。）

三年（己未，359 年）

春，二月，燕主儁立子泓为济北王，冲为中山王。

燕人杀段勤，勤弟思来奔。

燕主儁宴群臣于蒲池，语及周太子晋，潸然流涕曰："才子难得。自景先之亡，吾鬓发中白。卿等谓景先何如？"司徒左长史李绩对曰："献怀太子之在东宫，臣为中庶子，太子志业，敢不知之！太子大德有八：至孝，一也；聪敏，二也；沈毅，三也；疾谀喜直，四也；好学，五也；多艺，六也；谦恭，七也；好施，八也。"俊曰："卿誉之虽过，然此儿在，吾死无忧矣。景茂何如？"时太子暐侍侧，绩曰："皇太子天资岐嶷，虽八德已闻，而二阙未补，好游畋而乐丝竹，此其所以损也。"儁顾谓暐曰："伯阳之言，药石之惠也，汝宜诫之！"暐甚不平。

儁梦赵王虎啮其臂，乃发虎墓，求尸不获，购以百金；邺女子李菟知而告之，得尸于东明观下，僵而不腐。儁蹋而骂之曰："死胡，何敢怖生天子！"数其残暴之罪而鞭之，投于漳水，尸倚桥柱不流。及秦灭燕，

在心。前燕主慕容儁历来不喜欢慕容垂，中常侍涅皓便迎合他的心意，诬告段氏及吴国典书令、辽东人高弼使用巫蛊邪术，想以此株连慕容垂。慕容儁拘捕了段氏和高弼，分别送交大长秋、廷尉审问。段氏及高弼意志坚定，始终没有屈招。严刑拷打日甚一日，慕容垂怜悯他们，就私下派人告诉段氏说："人生固有一死，何必忍受如此荼毒！不如屈招服罪。"段氏叹息道："我难道是喜欢死的人吗！如果诬蔑自己而去迎合邪恶，上辱没祖宗，下连累大王，坚决不能干！"此后，她辩驳答对越发明确。慕容垂因此得以免遭祸害，而段氏最终死于狱中。慕容儁将慕容垂调出，担任平州刺史，镇守辽东。慕容垂娶段氏的妹妹作为继室。然而可足浑氏却废掉了她，把自己的妹妹长安君嫁给慕容垂。慕容垂很不高兴，从此慕容儁更加讨厌他。

匈奴人刘阏头的部落大多都反叛，他由于害怕而东逃。到达黄河后，他踩着冰过河，走到一半，冰面破裂。落在后面的士兵全都归附了刘悉勿祈，刘阏头逃奔到代国。刘悉勿祈是刘务桓的儿子。

晋穆帝升平三年（己未，359年）

春季，二月，前燕主慕容儁立儿子慕容泓为济北王，慕容冲为中山王。

前燕人杀了段勤，段勤的弟弟段思来投奔东晋。

前燕主慕容儁在蒲池宴请群臣，谈到周朝太子姬晋的时候，他潸然泪下，说："有才华的儿子难得。自从慕容晔死去以后，我鬓发已经半白。你们说慕容晔怎么样？"司徒左长史李绩回答说："献怀太子慕容晔在东宫的时候，我为中庶子，太子的志向业绩，我怎敢说不清楚呢！太子的大德表现在八个方面：其一，至孝；其二，聪明敏锐；其三，沉着坚毅；其四，痛恨阿谀，喜欢刚直；其五，好学；其六，多才多艺；其七，谦恭；其八，喜欢施惠于人。"慕容儁说："你的赞誉虽说有点过分，但如果此儿健在，我便死而无忧了。慕容暐怎么样？"当时慕容暐正陪从在旁边，李绩说："皇太子天资聪慧，虽然已经具备八德的声誉，但尚有两方面的缺憾未能弥补，喜欢游玩打猎和丝竹器乐，这就是导致他有所不如的原因。"慕容儁看着慕容暐说："李绩的话是苦口良药，你应该引以为戒。"慕容暐却愤愤不平。

前燕主慕容儁梦见后赵王石虎咬他的臂膀，便掘开石虎的坟墓，寻找他的尸体，但是没有找到，于是悬赏百金搜求。邺城的女子李菟知道下落，告诉了慕容儁，在东明观下找到尸体。尸体僵而不腐。慕容儁踩着尸体骂道："死胡人，竟敢吓唬活天

王猛为之诛李菟，收而葬之。

秦平羌护军高离据略阳叛，永安威公侯讨之，未克而卒。夏，四月，骁骑将军邓羌、秦州刺史啖铁讨平之。

匈奴刘悉勿祈卒，弟卫辰杀其子而代之。

五月，秦王坚如河东。六月，大赦，改元甘露。

凉州牧张瓘，猜忌苛虐，专以爱憎为赏罚。郎中殷郇谏之。瓘曰："虎生三日，自能食肉，不须人教也。"由是人情不附。辅国将军宋混，性忠鲠，瓘惮之，欲杀混及弟澄，因废凉王玄靓而代之，征兵数万，集姑臧。混知之，与澄帅壮士杨和等四十余骑奄入南城，宣告诸营曰："张瓘谋逆，被太后令诛之。"俄而众至二千，瓘帅众出战，混击破之。瓘麾下玄胪刺混，不能穿甲，混擒之，瓘众悉降。瓘与弟琚皆自杀，混夷其宗族。

玄靓以混为使持节、都督中外诸军事、骠骑大将军、酒泉郡侯，代瓘辅政。混乃请玄靓去凉王之号，复称凉州牧。混谓玄胪曰："卿刺我，幸而不伤，今我辅政，卿其惧乎？"胪曰："胪受瓘恩，唯恨刺节下不深耳，窃无所惧！"混义之，任为心膂。

高昌不能拒燕，秋，七月，自白马奔荥阳。

（以上为第十四段，写前燕主慕容儁怀念已故太子慕容晔，司徒左长史李绩认为其有八德，得罪现太子慕容暐；凉州牧张瓘暴虐成性，欲废王自立，被宋混谋杀。）

秦王坚自河东还，以骁骑将军邓羌为御史中丞。八月，以咸阳内史王猛为侍中、中书令，领京兆尹。特进光禄大夫强德，太后之弟也，酗酒，豪横，掠人财货、子女，为百姓患。猛下车收德，奏未及报，已陈尸于市；坚驰使赦之，不及。与邓羌同志，疾恶纠案，无所顾忌，数旬之间，权豪、贵戚，杀戮、刑免者二十余人，朝廷震栗，奸猾屏气，路不拾遗。坚叹曰："吾始今知天下之有法也！"

子！”接着历数石虎的残暴罪行，又用鞭子抽打尸体，最后投进漳水之中，但尸体却倚靠在桥柱边而不漂走。等到前秦灭掉了前燕，王猛为此杀掉李菟，将石虎的遗骸收拾起来安葬了。

前秦平羌护军高离据守略阳反叛，永安威公苻侯前往攻打，没有攻克，苻侯就死了。夏季，四月，骁骑将军邓羌、秦州刺史啖铁攻打并平定了反叛。

匈奴刘悉勿祈去世，弟弟刘卫辰杀掉了他的儿子，取而代之。

五月，前秦王苻坚到河东。六月，实行大赦，改年号为甘露。

凉州牧张瓘，猜忌成性，苛刻暴虐，专断地以自己的爱憎进行赏罚。郎中殷郇劝他，张瓘说："老虎生下来三天，自己就会吃肉，不需要别人教导。"因此人心都和他疏远。辅国将军宋混，生性忠诚耿直，张瓘害怕他，想杀掉宋混以及他的弟弟宋澄，乘势将凉王张玄靓废除，取而代之。张瓘征兵数万人，集结于姑臧，宋混知道后，和宋澄一起率领杨和等四十多名勇士骑着马潜入城南，向各个军营宣布："张瓘阴谋叛逆，奉太后令来杀他。"不一会儿，聚集起来的士兵就达二千。张瓘率领士兵出来迎战，被宋混击败。张瓘手下的玄胪刺击宋混，未能刺透盔甲，宋混擒获了他，张瓘的士兵全部投降。张瓘和他的弟弟张琚自杀，宋混将其宗族灭绝。

张玄靓任命宋混为使持节、都督中外诸军事、骠骑大将军、酒泉郡侯，取代张瓘辅佐政事。宋混于是就请求张玄靓去掉凉王的称号，恢复凉州牧的称呼。宋混对玄胪说："你刺我，我幸运而未伤，如今我辅佐朝政，你大概害怕吧？"玄胪说："我承受了张瓘的恩惠，只恨刺你刺得不够深，内心无所畏惧！"宋混认为他具有大义，把他当作心腹。

高昌抵抗不住前燕的攻击，秋季，七月，从白马逃奔到荥阳。

前秦主苻坚从河东返回，任命骁骑将军邓羌为御史中丞。八月，任命咸阳内史王猛为侍中、中书令，兼领京兆尹。特进光禄大夫强德是强太后的弟弟，他借酒逞凶，骄纵蛮横，抢人财物子女，是百姓的祸害。王猛一上任就拘捕了他，进上奏章没等回复，强德就已经陈尸街市。苻坚见到奏章后迅速派使者来要将强德赦免，但为时已晚。王猛与邓羌志同道合，斩除邪恶，纠正冤案，无所顾忌，几十天时间，被处死和依法废免的权贵、豪强、王公贵戚有二十多人，震动了朝廷上下，奸猾之辈屏声敛气，境内路不拾遗。苻坚感叹地说："我到如今才知道天下有法律是什么样子了！"

泰山太守诸葛攸将水陆二万击燕，入自石门，屯于河渚。燕上庸王评、长乐太守傅颜帅步骑五万与攸战于东阿，攸兵大败。

冬，十月，诏谢万军下蔡、郗昙军高平以击燕。万矜豪傲物，但以啸咏自高，未尝抚众。兄安深忧之，谓万曰："汝为元帅，宜数接对诸将以悦其心，岂有傲诞如此而能济事也！"万乃召集诸将，一无所言，直以如意指四坐，云："诸将皆劲卒。"诸将益恨之。安虑万不免，乃自队帅以下，无不亲造，厚相亲托。既而万帅众入涡、颍以援洛阳。郗昙以病退屯彭城。万以为燕兵大盛，故昙退，即引兵还，众遂惊溃。万狼狈单归，军士欲因其败而图之，以安故而止。既至，诏废万为庶人，降昙号建武将军。于是，许昌、颍川、谯、沛诸城相次皆没于燕。

秦王坚以王猛为吏部尚书，寻迁太子詹事，十一月，为左仆射，余官如故。

十二月，封武陵王晞子璲为梁王。

大旱。

辛酉，燕主儁寝疾，谓大司马太原王恪曰："吾病必不济。今二方未平，景茂冲幼，国家多难，吾欲效宋宣公，以社稷属汝，何如？"恪曰："太子虽幼，胜残致治之主也。臣实何人，敢干正统？"儁怒曰："兄弟之间，岂虚饰邪！"恪曰："陛下若以臣能荷天下之任者，岂不能辅少主乎！"儁喜曰："汝能为周公，吾复何忧！李绩清方忠亮，汝善遇之。"召吴王垂还邺。

秦王坚以王猛为辅国将军、司隶校尉，居中宿卫，仆射、詹事、侍中、中书令、领选如故。猛上疏辞让，因荐散骑常侍阳平公融，光禄散骑西河任群，处士京兆朱彤自代。坚不许，而以融为侍中、中书监、左仆射，任群为光禄大夫、领太子家令，朱彤为尚书侍郎、领太子庶子。猛时年三十六，岁中五迁，权倾内外，人有毁之者，坚辄罪之。于是，群臣莫敢复言。以左仆射李威领护军；右仆射梁平老为使持节、都督北

东晋泰山太守诸葛攸统率二万水兵、步兵攻击前燕，从石门进入，驻扎在黄河的小岛上。前燕上庸王慕容评、长乐太守傅颜率领五万步兵、骑兵和诸葛攸在东阿交战，诸葛攸的军队大败。

冬季，十月，东晋命令谢万率军驻扎下蔡，郗昙率军驻扎高平，以攻打前燕国。谢万豪放自负，对人傲慢，整天只是以啸吟自命清高，不曾抚慰士兵。他的哥哥谢安对此深感忧虑，对谢万说："你作为统兵主将，应该经常接触众将领以使他们内心高兴愉快，岂有如此傲慢而能成大事的！"于是谢万就召集众将领，二话没说，直接用如意指着坐在四周的将领们说："众将领都是精壮的士兵。"将领们听后越发痛恨他。谢安担心谢万难免遭受不测，就亲自深入到各队主将以下的人中，一一亲访，用深厚的情谊拜托他们。此后谢万率兵进入涡水、颍水之间去支援洛阳。郗昙因病后退，驻扎在彭城。谢万以为郗昙后退是因为前燕的兵势强盛，随即也率兵撤还，于是士兵惊慌溃散。谢万自己狼狈地逃回，军中将士想乘着他的失败谋害他，考虑到谢安的缘故，才没有这样干。逃回建康后，穆帝司马聃下诏贬黜谢万为庶人，把郗昙的封号降为建武将军。从此许昌、颍川、谯、沛等城邑都相继覆没于前燕。

前秦主苻坚任命王猛为吏部尚书，不久又升迁为太子詹事，十一月，任左仆射，其他官职依旧如前。

十二月，东晋穆帝司马聃封武陵王司马晞的儿子司马璲为梁王。

东晋发生严重旱灾。

十二月十七日辛酉，前燕主慕容儁患病，卧床不起，他对大司马、太原王慕容恪说："我的病肯定难以好转了。如今晋、秦二国尚未平定，慕容暐年幼，国家多有磨难，我想效仿宋宣公，把天下嘱托给你，如何？"慕容恪说："太子虽然年幼，但却是能遏制顽凶、实现大治的君主。我是什么人，怎么敢当正统的君主呢！"慕容儁愤怒地说："兄弟之间，岂能虚伪掩饰！"慕容恪说："皇上如果认为我是能够承担天下重任的人，我怎么就不能辅佐少主呢？"慕容儁高兴地说："你能做周公，我还有什么可忧虑的！李绩为人清廉，忠诚闻名，你要很好地对待他。"慕容儁召吴王慕容垂返回邺城。

前秦主苻坚任命王猛为辅国将军、司隶校尉，在宫中值宿警卫，仆射、詹事、侍中、中书令以及兼任的其他职务一如从前。王猛上疏请求辞让，并荐举散骑常侍阳平公苻融，光禄散骑西河人任群，处士京兆人朱彤来分别替代自己的这些兼职，苻坚没有同意，而是任命苻融为侍中、中书监、左仆射，任命任群为光禄大夫，兼领太子家令，任命朱彤为尚书侍郎，兼领太子庶子。王猛时年三十六岁，一年中五次升迁，权势显赫压倒朝廷内外。有诋毁他的人，苻坚就以罪处置，于是群臣没有

垂诸军事、镇北大将军，戍朔方之西；丞相司马贾雍为云中护军，戍云中之南。

燕所征郡国兵悉集邺城。

（以上为第十五段，写前秦重臣王猛用非常手段斩除邪恶，纠正冤案，惩处权贵，无所顾忌，朝野震动，奸猾之辈屏声敛气，境内风清气正；王猛被重用，一岁五次升迁。）

谁再敢说三道四。苻坚任命左仆射李威兼任护军，右仆射梁平老为使持节、都督北垂诸军事、镇北大将军，戍守朔方以西地区，丞相司马贾雍为云中护军，戍守云中以南地区。

前燕从各郡国征调的士兵全部会集于邺城。

【点评】

苻健立嗣。苻健是前秦立国的关键人物。其父苻洪好施舍，多机变，有谋略，勇猛威武，公元350年被人毒杀后，苻健继其位，统领部众，成功入关，定都长安；次年僭称天王，建立前秦，年号皇始；又次年在太极前殿即皇帝位，自立为帝。苻健屡次作战，谋勇俱备，征服了其他反抗前秦的关内势力，也打败了北伐晋军，稳定了关中等地。但令人不可思议的是，他选的皇帝差点儿把国家彻底葬送。

苻健当了皇帝后，立长子苻苌为太子。苻苌在战斗中被流箭射中，箭疮复发而死。苻生被选为继承人。

苻生的德行优秀吗？不是。他的祖父苻洪十分讨厌他。他天生一只眼睛，小时候，祖父和他开玩笑，问身边的侍者说："我听说瞎儿只有一只眼睛流泪，你信吗？"侍者说："当然。"这本来是一句玩笑话，而苻生大怒，拔出佩刀就刺自己的那只瞎眼，鲜血直流，说："这只眼也在流泪啊！"祖父大惊，就鞭打他。他说："我生性能忍受刀剑刺击，就是不能忍受鞭子抽打的侮辱。"祖父认为这个孙子狂暴悖逆，应该尽早除掉，不然一定会导致家破人亡。苻生生性嗜酒，整天昏昏然，他后来被捉拿时，也是醉意不消，要前来捉拿他的人向他跪拜。他的心理灰暗，特别忌讳别人说"残、缺、偏、只、少、无"等字眼，因不小心说出这些字眼而被杀的大臣不计其数。

难道是苻生的谋略突出吗？也不是。苻生力能举千钧，雄健勇猛好杀，能徒手与猛兽格斗，跑得比马还快，不论击刺骑射，都是超绝一时。曾经单骑冲入敌阵，前后斩将夺旗十多次。但其谋略却没有体现出来，他做事不考虑后果，随心所欲，胡作非为。可见，苻生徒有力气，完全是匹夫之勇。

那么，雄勇聪慧的苻健为什么要选他当皇帝？原来是因为"三羊五眼"的谶言，才立苻生为太子，而后即位为皇帝。

苻健如此做法，把国家推向了灭亡的深渊，苻生也丢掉了性命。如果后来不是苻坚掌握国家政权，励精图治，前秦国家也不会存在了。

晋纪二十三

晋穆帝升平四年至晋海西公太和三年（360—368年）

【起上章涒滩（庚申，360年），尽著雍执徐（戊辰，368年），凡九年】

【大事提要】

本卷记事起公元360年，讫公元368年，凡九年，当晋穆帝（司马聃）升平四年至海西公（司马奕）太和三年。本卷所载大事，主要有四个方面。其一，前燕慕容儁去世，慕容暐即位。其二，东晋穆帝司马聃去世，司马丕、司马奕相继即位。东晋穆帝司马聃即位时只有两岁，由褚太后临朝听政。临朝期间，用大将桓温驱逐了庾氏势力。桓温势力日益强大，企图篡夺帝位。公元361年，司马聃病死。由于无子，由晋成帝司马衍长子、司马聃的堂弟司马丕即位，改元隆和。其三，前凉张天锡杀张玄靓自立，称大都督等。其四，前燕军攻下东晋洛阳。

【原文】

孝宗穆皇帝下

升平四年（庚申，360 年）

春，正月，癸巳，燕主儁大阅于邺，欲使大司马恪、司空阳骛将之入寇，会疾笃，乃召恪、骛及司徒评、领军将军慕舆根等受遗诏辅政。甲午，卒。戊子，太子暐即皇帝位。年十一，大赦，改元建熙。

秦王坚分司隶置雍州，以河南公双为都督雍、河、凉三州诸军事，征西大将军，雍州刺史，改封赵公，镇安定。封弟忠为河南公。

仇池公杨俊卒，子世立。

二月，燕人尊可足浑后为皇太后。以太原王恪为太宰，专录朝政；上庸王评为太傅，阳骛为太保，慕舆根为太师，参辅朝政。

根性木强，自恃先朝勋旧，心不服恪，举动倨傲。时太后可足浑氏颇预外事，根欲为乱，乃言于恪曰："今主上幼冲，母后干政，殿下宜防意外之变，思有以自全。且定天下者，殿下之功也。兄亡弟及，古今成法，俟毕山陵，宜废主上为王，殿下自践尊位，以为大燕无劳之福。"恪曰："公醉邪？何言之悖也！吾与公受先帝遗诏。云何而遽有此议？"根愧谢而退。恪以告吴王垂，垂劝恪诛之。恪曰："今新遭大丧，二邻观衅，而宰辅自相诛夷，恐乖远近之望，且可忍之。"秘书监皇甫真言于恪曰："根本庸竖，过蒙先帝厚恩，引参顾命。而小人无识，自国哀已来，骄很日甚，将成祸乱。明公今日居周公之地，当为社稷深谋，早为之所。"恪不听。

根又言于可足浑氏及燕主暐曰："太宰、太傅将谋不轨，臣请帅禁兵以诛之。"可足浑氏将从之，暐曰："二公，国之亲贤，先帝选之，托以孤嫠，必不肯尔，安知非太师欲为乱也！"乃止。根又思恋东土，言于可足浑氏及暐曰："今天下萧条，外寇非一，国大忧深，不如还东。"恪闻之，乃与太傅评谋，密奏根罪状，使右卫将军傅颜就内省诛根，并其妻子、党与，大赦。

【语译】

孝宗穆皇帝之下

晋穆帝升平四年（庚申，360年）

春季，正月二十日癸巳，前燕主慕容儁在邺城对军队进行大检阅，想让大司马慕容恪、司空阳骛统领军队进攻东晋。恰好这时病情加重，于是就招来慕容恪、阳骛以及司徒慕容评、领军将军慕舆根等人，接受遗诏辅佐朝政。正月二十一日甲午，慕容儁去世。戊子（疑误），太子慕容暐即皇帝位，时年十一岁。实行大赦，改年号为建熙。

前秦主苻坚分司隶之地设置雍州，任命河南公苻双为都督雍、河、凉三州诸军事，征西大将军，雍州刺史，并将他改封为赵公，镇守安定。封弟弟苻忠为河南公。

仇池公杨俊去世，儿子杨世继位。

二月，前燕人尊可足浑后为皇太后。任命太原王慕容恪为太宰，总揽朝政；任命上庸王慕容评为太傅，阳骛为太保，慕舆根为太师，参与辅佐朝政。

慕舆根性格质朴倔强，自恃是先朝的有功旧臣，心里不服慕容恪，因此行为举止傲慢。当时太后可足浑氏经常干预朝政，慕舆根想要作乱，就对慕容恪进言说："如今主上年幼，母后干预政事，殿下应该防范意外的变故，考虑用来自我保全的方法。况且平定天下是殿下的功劳。兄亡弟及，这是古今的既成之规，等到先帝的陵墓竣工后，就应该将主上废除为王，您自己登上尊位，从而为大燕带来无穷之福。"慕容恪说："你喝醉了吗？怎么说这样的悖逆之言！我和你接受先帝的遗诏，你为什么突然提出这样的建议？"慕舆根面有愧色地谢罪退下去了。慕容恪把此事告诉了吴王慕容垂，慕容垂劝慕容恪杀掉他。慕容恪说："如今刚刚遭受先帝大丧，晋、秦两个邻国都在坐观灾祸，而我们辅政大臣如果自相残杀，恐怕有悖于远近民众的期望，暂且可以容忍他。"秘书监皇甫真向慕容恪进言说："慕舆根本来就是庸人竖子，过去蒙受先帝厚重的恩宠，被引用参与辅佐朝政。然而小人没有见识，自从先帝驾崩以来，日益骄横，最终将要制造祸乱。您今天处于周公的地位，应当为国家深谋远虑，应及早将他处置。"慕容恪没有听从。

慕舆根又向可足浑氏及前燕主慕容暐进言说："太宰慕容恪、太傅慕容评将要图谋不轨，我请求率领宫中卫兵去消灭他们。"可足浑氏正要同意他的请求，慕容暐说："太宰、太傅二公，是国家亲近而又贤明的人，先帝选择了他们，将孤儿寡母相托，他们一定不会干那样的事情。怎么知道不是太师你想作乱呢！"于是就没有同意慕舆根的请求。慕舆根又思念东土龙城，向可足浑氏及慕容暐进言说："如今天下衰败凋零，外敌不止一家，国家越大，忧患越深，不如东返龙城。"慕容恪听说后，

是时新遭大丧，诛夷狼籍，内外恟惧，太宰恪举止如常，人不见其有忧色，每出入，一人步从。或说以宜自严备，恪曰：“人情方惧，当安重以镇之，奈何复自惊扰，众将何仰！”由是人心稍定。

（以上为第一段，写前燕主慕容儁去世，太子慕容暐即位，太宰慕容恪等辅政；慕容恪总揽大权，尊崇礼法，不独断专行；太师慕舆根欲为乱事，被诛杀，人心趋稳。）

恪虽综大任，而朝廷之礼，兢兢严谨，每事必与司徒评议之，未尝专决。虚心待士，咨询善道，量才授任，人不逾位，官属、朝臣或有过失，不显其状，随宜他叙，不令失伦，唯以此为贬。时人以为大愧，莫敢犯者。或有小过，自相责曰：“尔复欲望宰公迁官邪！”朝廷初闻燕主儁卒，皆以为中原可图。桓温曰：“慕容恪尚在，忧方大耳。”

三月，己卯，葬燕主儁于龙陵，谥曰“景昭皇帝”，庙号烈祖。所征郡国兵，以燕朝多难，互相惊动，往往擅自散归，自邺以南，道路断塞。太宰恪以吴王垂为使持节、征南将军、都督河南诸军事、兖州牧、荆州刺史，镇梁国之蠡台；孙希为并州刺史，傅颜为护军将军，帅骑二万，观兵河南，临淮而还，境内乃安。希，泳之弟也。

匈奴刘卫辰遣使降秦，请田内地，春来秋返，秦王坚许之。夏，四月，云中护军贾雍遣司马徐赟帅骑袭之，大获而还。坚怒曰：“朕方以恩信怀戎狄，而汝贪小利以败之，何也！”黜雍以白衣领职，遣使还其所获，慰抚之。卫辰于是入居塞内，贡献相寻。

夏，六月，代王什翼犍妃慕容氏卒。秋，七月，刘卫辰如代会葬，因求婚，什翼犍以女妻之。

八月，辛丑朔，日有食之，既。

（以上为第二段，写前燕太宰慕容恪总揽大权，处事妥帖；前秦主苻坚怀抚前来投降的匈奴人，允许到内地耕种，并果断处理派兵袭匈奴的官员，匈奴入贡前秦。）

便与太傅慕容评商量，秘密地奏上慕舆根的罪行。让右卫将军傅颜在宫内杀掉慕舆根，连他的妻子、儿子、同党也一并杀掉。实行大赦。

这时前燕刚刚遭受了大丧，又诛杀了一大批人，宫廷内外都感到震动恐惧。太宰慕容恪则举止如常，人们看不到他有忧虑的神色，每当出入宫廷时，只有一个人随从。有人劝他应该自己严加防备，慕容恪说："人心正值恐惧，应当泰然自若以使他们镇定，为什么还要自我惊扰，那样民众将仰仗什么！"从此人心逐渐稳定了下来。

慕容恪虽然总揽大权，然而对于朝廷的礼法，小心谨慎，严加遵守，每件事情都要和司徒慕容评商议，从来不独断专行。虚心对待读书人，向他们征求治国良策，根据才能授以官职，使人们各居其位。官属、朝臣如果出现过失，也不公开宣布，只是根据情况加以调动，并且不让他们失去原来的等级次第，仅以此表示贬责。当时的人都以受到这样的处置为大愧，没有人敢轻易触犯。有人出现小过失，也都责备自己说："你又想让宰公慕容恪调动你的官职啦！"东晋朝廷开始听说前燕主慕容儁去世，都认为中原可以收复。桓温说："慕容恪尚在，忧患正大着呢！"

三月初六己卯，把前燕主慕容儁安葬在龙陵，谥号为景昭皇帝，庙号为烈祖。从各郡国征调的士兵，因为前燕多灾多难，互相惊扰骚动，往往擅自逃散归乡，以至于从邺城向南，道路堵塞。太宰慕容恪任命吴王慕容垂为使持节、征南将军、都督河南诸军事、兖州牧、荆州刺史，镇守梁国的蠡台；任命孙希为并州刺史，傅颜为护军将军，率领二万骑兵，在河南炫耀了一番，到了淮水才返回。于是境内安定了下来。孙希是孙泳的弟弟。

匈奴刘卫辰派使者向前秦投降，请求在内地划给他们农田耕种，春天来秋天走，前秦主苻坚同意了。夏季，四月，云中护军贾雍派司马徐赟率领骑兵袭击刘卫辰，满载而返。苻坚愤怒地说："我正在以恩信安抚戎狄，而你却贪图小利而败坏了事情，为什么呢！"于是废掉贾雍，让他以布衣百姓的身份兼领职务，派使者将他所掠获的财物送还给刘卫辰，并对他加以抚慰。刘卫辰从此进入关内定居，经常向前秦进献贡奉。

夏季，六月，代王拓跋什翼犍的妃子慕容氏去世。秋季，七月，刘卫辰来到代国参加葬礼，顺便求婚，拓跋什翼犍把女儿嫁给了他。

八月初一辛丑朔，出现日全食。

谢安少有重名，前后征辟，皆不就，寓居会稽，以山水、文籍自娱。虽为布衣，时人皆以公辅期之，士大夫至相谓曰："安石不出，当如苍生何！"安每游东山，常以妓女自随。司徒昱闻之曰："安石既与人同乐，必不得不与人同忧。召之必至。"安妻，刘惔之妹也，见家门贵盛，而安独静退，谓曰："丈夫不如此也！"安掩鼻曰："恐不免耳。"及弟万废黜，安始有仕进之志，时已年四十余。征西大将军桓温请为司马，安乃赴召，温大喜，深礼重之。

冬，十月，乌桓独孤部、鲜卑没奕干各帅众数万降秦，秦王坚处之塞南。阳平公融谏曰："戎狄人面兽心，不知仁义。其稽颡内附，实贪地利，非怀德也；不敢犯边，实惮兵威，非感恩也。今处之塞内，与民杂居，彼窥郡县虚实，必为边患，不如徙之塞外以防未然。"坚从之。

十一月，封桓温为南郡公，温弟冲为丰城县公，子济为临贺县公。

燕太宰恪欲以李绩为右仆射，燕主暐不许。恪屡以为请，暐曰："万机之事，皆委之叔父；伯阳一人，暐请独裁。"出为章武太守，以忧卒。

（以上为第三段，写东晋谢安从小名重一时，闲居会稽，时人寄寓厚望，桓温召为司马；前燕太宰慕容恪欲任命李绩为右仆射，前燕主慕容暐不同意，李绩被调出朝廷，忧郁而死。）

五年（辛酉，361年）

春，正月，戊戌，大赦。

刘卫辰掠秦边民五十余口为奴婢以献于秦，秦王坚责之，使归所掠。卫辰由是叛秦，专附于代。

东安简伯郗昙卒。二月，以东阳太守范汪都督徐、兖、冀、青、幽五州诸军事，兼徐、兖二州刺史。

平阳人举郡降燕，燕以建威将军段刚为太守，遣督护韩苞将兵共守平阳。

方士丁进有宠于燕主暐，欲求媚于太宰恪，说恪令杀太傅评。恪大怒，奏收斩之。

东晋谢安从小就名重一时，朝廷前后多次征召，他都不就任。闲居在会稽，以山水、文献典籍自以为乐。虽然身为布衣百姓，但时人都对他寄予三公和宰辅的期望，士大夫们在一起议论说：“谢安不出山，叫百姓该怎么办？”谢安每次游览东山，总是让歌舞女伎跟随。司徒司马昱听说后说：“谢安既然能够与人同乐，就一定不会不与人同忧，征召他一定会就任。”谢安的妻子是刘惔的妹妹。她看到谢家门庭显盛，而谢安却自甘寂寞，不思进取，就对谢安说：“大丈夫不应该如此。”谢安手掩鼻子回答说：“我怕难以逃脱兄弟们的命运。”等到弟弟谢万被废掉以后，谢安才有了进身仕途的志向，当时已经四十多岁了。征西大将军桓温向朝廷请求让他做司马，谢安就应召就任，桓温十分高兴，以礼相待，十分看重他。

冬季，十月，乌桓的独孤部、鲜卑的没奕干各自率领数万部众投降前秦，前秦王苻坚把他们安置在塞南地区。阳平公苻融劝苻坚说：“戎狄人面兽心，不懂仁义。他们叩首归附，实际上是贪图地利，并不是向往仁德；他们不敢侵犯边境，实际上是害怕军队的威势，并不是感激恩情。如今把他们安排在塞内地区与我们的百姓混住杂居，等窥探弄清郡县的虚实后，一定会成为边境之地的祸患，不如把他们迁移到塞外，以防患于未然。”苻坚听从了这一劝告。

十一月，东晋封桓温为南郡公，封桓温的弟弟桓冲为丰城县公，桓温的儿子桓济为临贺县公。

前燕太宰慕容恪想任命李绩为右仆射，前燕主慕容暐不同意。慕容恪多次请求，慕容暐说：“国家各种事务，全都交给叔父处理，只有李绩一人的事情，我请求独自裁断。”于是把李绩调出朝廷，任章武太守，李绩忧郁而死。

晋穆帝升平五年（辛酉，361 年）

春季，正月初一戊戌，东晋实行大赦。

刘卫辰掳掠了前秦的边境居民五十多人作为奴婢，进献给了前秦，前秦王苻坚责备他，让他把掳掠的百姓放回去。刘卫辰因此而背叛了前秦，一心依附于代国。

东晋东安简伯郗昙去世。二月，任命东阳太守范汪都督徐、兖、冀、青、幽五州诸军事，兼任徐、兖二州刺史。

平阳全郡的人都投降了前燕。前燕任命建威将军段刚为太守，派督护韩苞统率军队共同守卫平阳。

方术之士丁进在前燕主慕容暐面前很得宠，他想向太宰慕容恪献媚，劝说慕容恪杀掉太傅慕容评。慕容恪勃然大怒，奏请拘捕并斩杀他。

高昌卒，燕河内太守吕护并其众，遣使来降，拜护冀州刺史。护欲引晋兵以袭邺。三月，燕太宰恪将兵五万，冠军将军皇甫真将兵万人，共讨之。燕兵至野王，护婴城自守。护军将军傅颜请急攻之，以省大费。恪曰："老贼经变多矣，观其守备，未易猝攻，而多杀士卒。顷攻黎阳，多杀精锐，卒不能拔，自取困辱。护内无蓄积，外无救援，我深沟高垒，坐而守之，休兵养士，离间其党，于我不劳而贼势日蹙，不过十旬，取之必矣，何为多杀士卒以求旦夕之功乎！"乃筑长围守之。

夏，四月，桓温以其弟黄门郎豁都督沔中七郡诸军事，兼新野、义城二郡太守，将兵取许昌，破燕将慕容尘。

凉骠骑大将军宋混疾甚，张玄靓及其祖母马氏往省之，曰："将军万一不幸，寡妇孤儿将何所托！欲以林宗继将军，可乎？"混曰："臣子林宗幼弱，不堪大任。殿下傥未弃臣门，臣弟澄政事愈于臣，但恐其儒缓，机事不称耳。殿下策励而使之，可也。"混戒澄及诸子曰："吾家受国大恩，当以死报，无恃势位以骄人。"又见朝臣，皆戒之以忠贞。及卒，行路为之挥涕。玄靓以澄为领军将军，辅政。

五月，丁巳，帝崩，无嗣。皇太后令曰："琅邪王丕，中兴正统，义望情地，莫与为比，其以王奉大统！"于是，百官备法驾迎于琅邪第。庚申，即皇帝位，大赦。壬戌，改封东海王奕为琅邪王。秋，七月，戊午，葬穆帝于永平陵，庙号孝宗。

燕人围野王数月，吕护遣其将张兴出战，傅颜击斩之，城中日蹙。皇甫真戒部将曰："护势穷奔突，必择虚隙而投之，吾所部士卒多羸，器甲不精，宜深为之备。"乃多课橹楯，亲察行夜者。护食尽，果夜悉精锐趋真所部，突围，不得出；太宰恪引兵击之，护众死伤殆尽，弃妻子奔荥阳。恪存抚降民，给其廪食，徙士人、将帅于邺，自余各随所乐，以护参军广平梁琛为中书著作郎。

高昌去世，前燕河内太守吕护吞并了他的士兵，派使者前来东晋投降。吕护被授予冀州刺史。吕护想带领东晋的军队去袭击邺城。三月，前燕太宰慕容恪统率五万士兵，冠军将军皇甫真统率一万士兵，共同攻打吕护。前燕的军队抵达野王，吕护环城自守。护军将军傅颜请求展开急攻，以减少过多的耗费。慕容恪说：“这个老贼经历的变故很多，看他防守戒备的样子，不容易展开急攻，以免士兵伤亡过重。前不久攻打黎阳时，精锐士兵伤亡严重，但最终也没能攻克，那是自取危困受辱。吕护城内无积蓄，城外无救援，我们只要把战壕挖深，把营垒筑高，坐而坚守，休养士兵，同时离间他的同党，对我们来说毫不费力，而敌人的形势却日益危急，用不了一百天，一定能够攻取他，何必要以大量士卒的伤亡去换取旦夕之功呢！”于是他们就修筑了长围来坚守。

夏季，四月，桓温任命他的弟弟黄门郎桓豁为都督沔中七郡诸军事，兼任新野、义城二郡太守，统率军队攻取了许昌，打败了前燕国将领慕容尘。

前凉骠骑大将军宋混病重，国主张玄靓及其祖母马氏前去看望，说：“将军万一有不幸，我们孤儿寡妇将依靠谁呢？想以宋林宗继承将军，可以吗？”宋混说：“臣下的儿子宋林宗年幼无力，难以承担重任。主上如果还未抛弃我们一家，我的弟弟宋澄施政办事的能力胜于我，只是恐怕他迂缓迟钝，难以适应随机应变的事务。主上如果能对他鞭策鼓励而加以使用就可以了。”宋混告诫宋澄以及儿子们说：“我们家承受了国家的大恩大泽，应当以死相报，不要倚仗权势地位而对人傲慢。”他又会见了朝廷的大臣，全都告诫他们要忠贞不贰。等到宋混死后，路人都为他流泪。张玄靓任命宋澄为领军将军，辅佐朝政。

五月二十二日丁巳，东晋穆帝司马聃驾崩，没有继承人。皇太后下令说：“琅邪王司马丕是朝廷中兴以来的正统嫡传，不论是道德名声，还是族亲地位，没有人能和他相比，让琅邪王奉接帝位！”于是朝廷百官备好皇帝的车驾去琅邪王的宅第迎接他。五月二十五日庚申，司马丕即皇帝位，实行大赦。二十七日壬戌，改封东海王司马奕为琅邪王。秋季，七月，二十三日戊午，东晋穆帝被安葬在永平陵，定庙号为孝宗。

前燕人包围了野王几个月，吕护派他的将领张兴出城迎战，傅颜攻击并斩杀了张兴，城中日益危急。皇甫真告诫手下的部将们说：“吕护大势丧失外逃时，一定会选择空虚间隙之处突围，我们军中的士兵大多瘦弱，武器也不够精良，应该多加防备。”于是他就多次督促试验战车盾牌，亲自检查夜间巡逻的人。吕护粮食断绝，果然趁夜带领他的全部精锐士兵向皇甫真部队坚守的地方进发，实施突围，但没能突破。太宰慕容恪率兵攻打他，吕护的士兵死伤殆尽，吕护本人丢下妻儿逃奔到荥阳。慕容恪安抚投降的百姓，把积蓄的粮食供应给他们，将官吏和将帅迁移到邺城，其

九月，戊申，立妃王氏为皇后。后，濛之女也。穆帝何皇后称穆皇后，居永安宫。

（以上为第四段，写前燕河内太守吕护背叛前燕，投降东晋，太宰慕容恪率兵攻打，取胜；前凉骠骑大将军宋混病重，推荐其弟宋澄担任辅臣；东晋穆帝司马聃去世，司马丕即位。）

凉右司马张邕恶宋澄专政，起兵攻澄，杀之，并灭其族。张玄靓以邕为中护军，叔父天锡为中领军，同辅政。

张平袭燕平阳，杀段刚、韩苞；又攻雁门，杀太守单男。既而为秦所攻，平复谢罪于燕以求救。燕人以平反覆，弗救也，平遂为秦所灭。

乙亥，秦大赦。

徐、兖二州刺史范汪，素为桓温所恶，温将北伐，命汪帅众出梁国。冬，十月，坐失期，免为庶人，遂废，卒于家。

子宁，好儒学，性质直，常谓王弼、何晏之罪深于桀、纣。或以为贬之太过。宁曰："王、何蔑弃典文，幽沈仁义，游辞浮说，波荡后生，使搢绅之徒翻然改辙，以至礼坏乐崩，中原倾覆，遗风余俗，至今为患。桀、纣纵暴一时，适足以丧身覆国，为后世戒，岂能回百姓之视听哉！故吾以为一世之祸轻，历代之患重；自丧之恶小，迷众之罪大也！"

吕护复叛，奔燕，燕人赦之，以为广州刺史。

凉张邕骄矜淫纵，树党专权，多所刑杀，国人患之。张天锡所亲敦煌刘肃谓天锡曰："国家事欲未静！"天锡曰："何谓也？"肃曰："今护军出入，有似长宁。"天锡惊曰："我固疑之，未敢出口。计将安出？"肃曰："正当速除之耳！"天锡曰："安得其人？"肃曰："肃，即其人也！"肃时年未二十。天锡曰："汝年少，更求其助。"肃曰："赵白驹与肃二人足矣。"

十一月，天锡与邕俱入朝。肃与白驹从天锡，值邕于门下，肃斫之不中，白驹继之，又不克，二人与天锡俱入宫中，邕得逸走，帅甲士

余的人则随他们到自己愿意去的地方。任命吕护的参军广平人梁琛为中书著作郎。

九月十四日戊申，东晋立妃王氏为皇后。王皇后是王濛的女儿。穆帝何皇后称为穆皇后，居住在永安宫。

前凉右司马张邕憎恨宋澄独专朝政，起兵攻打宋澄，把他杀了，他的家族也一并灭掉。张玄靓任命张邕为中护军，任命叔父张天锡为中领军，一同辅佐朝政。

张平袭击前燕的平阳，杀掉了段刚、韩苞；又攻打雁门，杀掉了太守单男；接着又遭到前秦的攻打，他无奈又向前燕谢罪以求救助。前燕人因为张平反复无常，没有救他，于是张平被前秦消灭。

九月，乙亥（疑误），前秦实行大赦。

徐、兖二州刺史范汪，历来被桓温所憎恶。桓温准备北伐，命令范汪率领士兵向梁国出发。冬季，十月，范汪犯了延误期限的罪过，被免为庶人，于是被废免，死在家中。

范汪的儿子范宁，喜好儒学，性格质朴直爽。他常说王弼、何晏的罪恶比夏桀、商纣还重。有的人认为这是过分贬低，范宁说："王、何蔑视抛弃经典文献，使仁义沉沦，荒诞空虚的言辞论说遗害后代，导致士大夫幡然改变正确的道路，以致礼崩乐坏，中原覆没。其遗风余俗，直到今天还在为害世人。夏桀、商纣一时的肆意暴虐，也足以使他们身败名裂，使国家倾覆灭亡，成为后世的借鉴，岂能躲过百姓的视听呢！所以我认为为害一个时代的灾祸轻，为害历代的灾祸重；自己身败名裂的罪恶小，迷惑世人的罪恶大！"

吕护又背叛了东晋，逃奔到前燕，前燕人宽赦了他，任命他为广州刺史。

前凉张邕傲慢自负，纵行淫虐，网罗朋党，专擅朝政，滥施刑罚、杀戮，国人都很怨恨他。张天锡的亲信敦煌人刘肃对张天锡说："国家的事情尚未平静！"张天锡说："这话是什么意思？"刘肃说："如今护军张邕出入朝廷，就像当年的长宁侯张祚。"张天锡吃惊地说："我本来就怀疑他，只是没敢说出口。有什么办法呢？"刘肃说："应当迅速除掉他！"张天锡说："哪里有除掉他的人呢？"刘肃说："我就是这个人！"刘肃当时年龄不满二十。张天锡说："你还年轻，另外再找一个助手。"刘肃说："有赵白驹和我两个人就足够了。"

十一月，张天锡和张邕一起入朝，刘肃和赵白驹跟随着张天锡，张邕正在宫门前，刘肃砍击张邕，没有砍中，赵白驹接着再砍，又没砍中，他们二人和张天锡一

三百余人攻宫门。天锡登屋大呼曰：“张邕凶逆无道，既灭宋氏，又欲倾覆我家。汝将士世为凉臣，何忍以兵相向邪！今所取者，止张邕耳，他无所问！”于是，邕兵悉散走，邕自刎死，尽灭其族党。玄靓以天锡为使持节、冠军大将军、都督中外诸军事，辅政。十二月，始改建兴四十九年，奉升平年号。诏以玄靓为大都督、督陇右诸军事、凉州刺史、护羌校尉、西平公。

燕大赦。

秦王坚命牧伯守宰各举孝悌、廉直、文学、政事，察其所举，得人者赏之，非其人者罪之。由是人莫敢妄举，而请托不行，士皆自励，虽宗室外戚，无才能者皆弃不用。当是之时，内外之官，率皆称职，田畴修辟，仓库充实，盗贼屏息。

是岁，归义侯李势卒。

（以上为第五段，写前凉右司马张邕憎恨首辅大臣宋澄独专朝政，起兵攻杀之；张邕被任为中领军，也是专横跋扈，叔父张天锡又把张邕杀了，独辅前凉朝政。）

哀皇帝

隆和元年（壬戌，362年）

春，正月，壬子，大赦，改元。

甲寅，减田租，亩收二升。

燕豫州刺史孙兴请攻洛阳，曰：“晋将陈祐弊卒千余，介守孤城，不足取也！”燕人从其言，遣宁南将军吕护屯河阴。

二月，辛未，以吴国内史庾希为北中郎将，徐、兖二州刺史，镇下邳，龙骧将军袁真为西中郎将，监护豫、司、并、冀四州诸军事，豫州刺史，镇汝南，并假节。希，冰之子也。

丙子，拜帝母周贵人为皇太妃，仪服拟于太后。

燕吕护攻洛阳。三月，乙酉，河南太守戴施奔宛，陈祐告急。五月，丁巳，桓温遣庾希及竟陵太守邓遐帅舟师三千人助祐守洛阳。遐，岳之子也。

温上疏请迁都洛阳，自永嘉之乱播流江表者，一切北徙，以实河南。

起进到宫中，张邕得以逃跑，率领披甲士兵三百多人攻打宫门。张天锡登上屋顶大声喊道："张邕凶恶叛逆，毫无道义，已经杀掉了宋澄，又想颠覆我们一家。你们众将士世代都是凉朝的臣属。怎么忍心把武器对准我呢！如今我要擒获的只有张邕而已，其他人一概不追究！"于是张邕的士兵全都奔散逃走，张邕自刎而死，张天锡把张邕的家族、同党全部消灭。张玄靓任命张天锡为使持节、冠军大将军、都督中外诸军事，辅佐朝政。十二月，开始改变了建兴四十九年的纪年，尊奉使用东晋的年号升平。东晋朝廷下令，任命张玄靓为大都督、督陇右诸军事、凉州刺史、护羌校尉、西平公。

前燕实行大赦。

前秦王苻坚命令州郡地方官吏分别荐举孝悌、廉直、文学、政事等科目的人才，并且对他们荐举上来的人加以考察，荐举得当者给以奖赏，荐举失当者给以责罚。因此人们都不敢妄加推荐，也没有请求拜托的现象，读书人全都自我勉励。即使是宗室外戚，没有才能的也都弃而不用。这时，朝廷内外的官吏，人人称职。农田得以修整，荒地得以开垦，仓库丰盈充实，盗贼息声敛行。

这一年，归义侯李势去世。

哀皇帝

晋哀帝隆和元年（壬戌，362 年）

春季，正月二十日壬子，东晋实行大赦，改年号为隆和。

正月二十二日甲寅，东晋减免田租，每亩收租二升。

前燕豫州刺史孙兴请求攻打洛阳，他说："东晋将领陈祐只有一千多疲惫体弱的士兵，独守孤城，不堪一击！"前燕人听了他的话，派宁南将军吕护驻军河阴。

二月初十辛未，东晋任命吴国内史庾希为北中郎将，徐、兖二州刺史，镇守下邳；任命龙骧将军袁真为西中郎将，监豫、司、并、冀四州诸军事，豫州刺史，镇守汝南，全都持有符节。庾希是庾冰的儿子。

二月十五日丙子，东晋授予皇帝的母亲周贵人为皇太妃，礼仪服饰仿照太后的规格。

前燕吕护攻打洛阳。三月，乙酉（疑误），东晋河南太守戴施逃奔到宛城，陈祐告急。五月二十七日丁巳，桓温派庾希及竟陵太守邓遐率领水军三千人帮助陈祐守卫洛阳。邓遐是邓岳的儿子。

桓温上书，请求迁都洛阳，把自从永嘉之乱以来迁移流落到长江以南的人全部

朝廷畏温，不敢为异，而北土萧条，人情疑惧，虽并知不可，莫敢先谏。

散骑常侍领著作郎孙绰上疏曰："昔中宗龙飞，非惟信顺协于天人，实赖万里长江画而守之耳。今自丧乱已来，六十余年，河、洛丘墟，函夏萧条。士民播流江表，已经数世，存者老子长孙，亡者丘陇成行，虽北风之思感其素心，目前之哀实为交切。若迁都旋轸之日，中兴五陵，即复缅成遐域。泰山之安，既难以理保，烝烝之思，岂不缠于圣心哉！温今此举，诚欲大览始终，为国远图，而百姓震骇，同怀危惧，岂不以反旧之乐赊，趋死之忧促哉！何者？植根江外，数十年矣，一朝顿欲拔之，驱蹙于穷荒之地，提挈万里，逾险浮深，离坟墓，弃生业，田宅不可复售，舟车无从而得，舍安乐之国，适习乱之乡，将顿仆道途，飘溺江川，仅有达者。此仁者所宜哀矜，国家所宜深虑也！臣之愚计，以为且宜遣将帅有威名、资实者，先镇洛阳，扫平梁、许，清一河南。运漕之路既通，开垦之积已丰，豺狼远窜，中夏小康，然后可徐议迁徙耳。奈何舍百胜之长理，举天下而一掷哉！"

绰，楚之孙也。少慕高尚，尝著《遂初赋》以见志。温见绰表，不悦，曰："致意兴公，何不寻君《遂初赋》，而知人家国事邪！"

（以上为第六段，写东晋大将军桓温弄权，与朝廷较力，提出迁都洛阳，将中原流落而来的人再迁回去，显然不切实际，群臣不敢持有异议，而孙绰上书，极力反对。）

时朝廷忧惧，将遣侍中止温，扬州刺史王述曰："温欲以虚声威朝廷耳，非事实也，但从之，自无所至。"乃诏温曰："在昔丧乱，忽涉五纪，戎狄肆暴，继袭凶迹，眷言西顾，慨叹盈怀。知欲躬帅三军，荡涤氛秽，廓清中畿，光复旧京，非夫外身徇国，孰能若此！诸所处分，委之高算。但河、洛丘墟，所营者广，经始之勤，致劳怀也。"事果不行。

北迁，以充实河南地区的力量。朝廷害怕桓温，不敢持有异议。然而北方地区萧条冷落，人们内心都感到怀疑、恐惧，虽然全都知道桓温的请求不可行，但没有人敢于率先劝说。

散骑常侍兼著作郎孙绰上书说："过去晋元帝即位，不仅仅是顺应天意，符合人愿，实际上是依靠万里长江而得以划地防守。自从丧乱以来到如今，已经六十多年，黄河、洛水一带已变为废墟，中原地区一片萧条。士人百姓迁移流落到长江以南，已经有好几代了，活着的人子孙已老，死去的人更是坟墓成行，虽然对北方故土的思念一直牵动着他们的心，但眼前的哀痛实际上更为深切。如果哪天迁都北返，中兴以来五位皇帝的陵墓也就又处在遥远的地域了。泰山的安定，既然从道理上说难以保全，对安葬在江南的几位先帝深厚的思念之情，能不萦绕于圣主心间！如今桓温的这一举动，确实是想纵览天下，为国家的长远打算，然而百姓却感到震动、害怕，全都心怀畏惧，这难道不是因为返回故土的欢乐遥远，而走向死亡的忧虑紧迫吗？为什么呢？植根于长江以南，已经有数十年了，一时马上就要迁移他们，紧迫地把他们驱赶到荒远之地，使他们拖家带口，远行万里，跋山涉水，远离祖坟，抛弃谋生之业，农田宅院无法变卖，舟船车乘无处获得，舍弃安乐的家园，到达凌乱的乡邦，必将是死于路途，葬身江河，很少会有能到达的。这是施行仁义的人所应该悲哀怜悯，国家所应该深深忧虑的。依照我的想法，以为暂且应该派遣有威望名声、资历和实际才能的将帅，先到洛阳镇守，扫平梁国、许昌，统一黄河以南。运送粮食的水路开通后，垦荒种植的收获已经丰盈，豺狼野兽逃窜，中原实现小康，然后才可以慢慢地讨论迁徙的问题。为什么要舍弃稳操胜券的长远之理，拿整个天下孤注一掷呢！"

孙绰是孙楚的孙子。他小的时候就倾慕高尚，曾经著《遂初赋》用来表达志向。桓温看到孙绰进上的奏书，很不高兴，说："告诉孙绰，何不去实践你的《遂初赋》，而偏要了解别人的家国大事呢！"

当时朝廷忧虑害怕，准备派侍中去劝阻桓温。扬州刺史王述说："桓温是想虚张声势来威胁朝廷罢了，并非真想迁都。只要依从他，他自己就不会去了。"于是朝廷诏令桓温说："昔日发生的丧乱，转眼已经过了五十多年，戎狄肆行暴虐，后继者承袭着他们凶狠的恶迹，回首西望，感慨叹息充满心怀。得知你想亲率三军，荡涤污秽，廓清中原，光复旧都，如果不是有以身殉国的志向，谁能如此！各种措施安排，都依靠托付于你的多谋深算。只是黄河、洛水的废墟需要经营治理的很多，开始营

温又议移洛阳钟虡，述曰："永嘉不竞，暂都江左，方当荡平区宇，旋轸旧京。若其不尔，宜改迁园陵，不应先事钟虡！"温乃止。

朝廷以交、广辽远，改授温都督并、司、冀三州；温表辞不受。

秦王坚亲临太学，考第诸生经义，与博士讲论，自是每月一至焉。

六月，甲戌，燕征东参军刘拔刺杀征东将军、冀州刺史、范阳王友于信都。

秋，七月，吕护退守小平津，中流矢而卒。燕将段崇收军北渡，屯于野王。邓遐进屯新城。八月，西中郎将袁真进屯汝南，运米五万斛以馈洛阳。

冬，十一月，代王什翼犍纳女于燕，燕人亦以女妻之。

十二月，戊午朔，日有食之。

庾希自下邳退屯山阳，袁真自汝南退屯寿阳。

（以上为第七段，写桓温继又提出迁移钟虡，朝廷识破了他的虚言，王述提出迁都旧京，首先应迁陵墓，桓温解决不了这个难题，迁都之议，只好作罢。）

兴宁元年（癸亥，363 年）

春，二月，己亥，大赦，改元。

三月，壬寅，皇太妃周氏薨于琅邪第。癸卯，帝就第治丧，诏司徒会稽王昱总内外众务。帝欲为太妃服三年，仆射江虨启："于礼，应服缌麻。"又欲降服期，虨曰："厌屈私情，所以上严祖考。"乃服缌麻。

夏，四月，燕宁东将军慕容忠攻荥阳太守刘远，远奔鲁阳。

五月，加征西大将军桓温侍中、大司马、都督中外诸军、录尚书事，假黄钺。温以抚军司马王坦之为长史。坦之，述之子也。又以征西掾郗超为参军，王珣为主簿，每事必与二人谋之。府中为之语曰："髯参军，短主簿，能令公喜，能令公怒。"温气概高迈，罕有所推，与超言，常自

治时的辛苦，一定会导致你心力劳累。”迁都的事情果然没有实行。

桓温又提议迁移洛阳的悬挂乐钟的格架，王述说：“永嘉之乱失利，暂时建都江东，正应当荡平海内，回师旧京。如果不能如此，应该改迁先帝的陵墓，不应该先行迁移悬挂乐钟的格架！”于是桓温没有这样干。

东晋朝廷认为交州、广州遥远，改授桓温都督并、司、冀三州官职，桓温上书辞让，不予接受。

前秦主苻坚亲临太学，考查学生们的儒学经书义理，与博士一起谈论讲习，从此每月来这里一次。

六月十五日甲戌，前燕征东参军刘拔在信都刺杀了征东将军、冀州刺史、范阳王慕容友。

秋季，七月，吕护退守小平津，身中流箭而死。前燕将领段崇收拢军队向北渡河，驻扎在野王。邓遐进军驻扎在新城。八月，东晋西中郎将袁真进军驻扎在汝南，运来五万斛大米送给洛阳。

冬季，十一月，代王拓跋什翼犍向前燕进贡女子，前燕人也把女子送给他为妻子。

十二月初一戊午朔，出现日食。

东晋将领庾希从下邳后退，驻扎在山阳，袁真从汝南后退，驻扎在寿阳。

晋哀帝兴宁元年（癸亥，363年）

春季，二月，己亥（疑为乙亥之误。乙亥，二月十九日），东晋实行大赦，改年号为兴宁。

三月十七日壬寅，皇太妃周氏死于琅邪的宅第。十八日癸卯，哀帝司马丕前往周氏宅第办理丧事，下令司徒会稽王司马昱总揽朝廷内外的各种事务。哀帝想为太妃居丧三年，仆射江彪陈述说：“根据礼制，应该服三个月的缌麻丧。”哀帝又想降低一等，居丧一年，江彪说：“抑制和暂时委屈自己的私人感情，这是为了尊奉祖先。”于是，哀帝就穿缌服以示居丧。

夏季，四月，前燕宁东将军慕容忠攻打荥阳太守刘远，刘远逃奔到鲁阳。

五月，东晋让征西大将军桓温担任侍中、大司马、都督中外诸军事、录尚书事，并给予他持黄钺的礼遇。桓温任命抚军司马王坦之为长史。王坦之是王述的儿子。又任命征西掾郗超为参军，王珣为主簿，每件事情一定要和这两人商量。王府里的人称他们是：“长胡子参军，矮个子主簿，能让桓公高兴，也能让桓公愤怒。”桓温

谓不能测，倾身待之，超亦深自结纳。珣，导之孙也，与谢玄皆为温掾，温俱重之。曰："谢掾年四十必拥旄杖节，王掾当作黑头公，皆未易才也。"玄，奕之子也。

以西中郎将袁真都督司、冀、并三州诸军事，北中郎将庾希都督青州诸军事。

癸卯，燕人拔密城，刘远奔江陵。

秋，八月，有星孛于角、亢。

张玄靓祖母马氏卒，尊庶母郭氏为太妃。郭氏以张天锡专政，与大臣张钦等谋诛之。事泄，钦等皆死。玄靓惧，以位让天锡，天锡不受。右将军刘肃等劝天锡自立。闰月，天锡使肃等夜帅兵入宫，弑玄靓，宣言暴卒，谥曰"冲公"。天锡自称使持节、大都督、大将军、凉州牧、西平公，时年十八。尊母刘美人曰太妃。遣司马纶骞奉章诣建康请命，并送御史俞归东还。

癸亥，大赦。

冬，十月，燕镇南将军慕容尘攻陈留太守袁披于长平，汝南太守朱斌乘虚袭许昌，克之。

代王什翼犍击高车，大破之，俘获万余口，马、牛、羊百余万头。

以征虏将军桓冲为江州刺史。十一月，姚襄故将张骏杀江州督护赵毗，帅其徒北叛，冲讨斩之。

（以上为第八段，写东晋哀帝司马丕生母周氏去世，要守丧三年，后改为一年；桓温为大司马，越发权倾朝野；权臣张天锡谋杀前凉主张玄靓，自任凉州牧。）

二年（甲子，364 年）

春，正月，丙辰，燕大赦。

二月，燕太傅评、龙骧将军李洪略地河南。

三月，庚戌朔，大阅户口，令所在土断，严其法制，谓之"庚戌制"。

帝信方士言，断谷饵药以求长生。侍中高崧谏曰："此非万乘所宜为；陛下兹事，实日月之食。"不听。辛未，帝以药发，不能亲万机，褚太后复临朝摄政。

气概清高卓越，很少有他所推重的人，和郗超谈论常常自己说郗超深不可测，而尽心敬待他。郗超也很认真地与桓温交往。王珣是王导的孙子，他和谢玄都是桓温的辅佐掾吏，桓温对他们都很看重。桓温说："谢玄年届四十必定会拥旗执节，王珣当成为少壮而居高位的黑头公，全都是不可多得的人才。"谢玄是谢奕的儿子。

东晋任命西中郎将袁真为都督司、冀、并三州诸军事，任命北中郎将庾希为都督青州诸军事。

五月十九日癸卯，前燕人攻下了密城，刘远逃奔到江陵。

秋季，八月，有异星出现在角宿、亢宿。

前凉张玄靓的祖母马氏去世，尊奉庶母郭氏为太妃。郭氏因为张天锡专擅朝政，与大臣张钦等人谋划要杀掉他。事情泄露，张钦等人全都自杀。张玄靓十分害怕，要把王位让给张天锡，张天锡不肯接受。右将军刘肃等人劝张天锡自立为王。闰八月，张天锡让刘肃等人趁夜率兵闯进王宫杀掉了张玄靓，公开宣布时则称他突然死亡，定谥号为冲公。张天锡自称使持节、大都督、大将军、凉州牧、西平公，时年十八岁。尊奉母亲刘美人为太妃。派司马纶骞带着奏书去建康请求指令，同时送御史俞归东返建康。

闰八月，癸亥（疑误），东晋实行大赦。

冬季，十月，前燕镇南将军慕容尘在长平攻打陈留太守袁披。汝南太守朱斌乘虚袭击许昌，许昌被攻下。

代王拓跋什翼犍攻击高车，把他们打得大败。俘获一万多人，马、牛、羊一百多万头。

东晋任命征虏将军桓冲为江州刺史。十一月，姚襄的旧将张骏杀掉了江州督护赵毗，率领他的士兵反叛，桓冲讨伐并斩杀了张骏。

晋哀帝兴宁二年（甲子，364 年）

春季，正月初六丙辰，前燕实行大赦。

二月，前燕太傅慕容评、龙骧将军李洪率军巡视黄河以南。

三月初一庚戌朔，东晋大规模地核查户数人口，命令以所居之地作为编制户口、纳税服役的依据，并严格法律制度。此项法令称为"庚戌制"。

东晋哀帝司马丕相信方术之士的话，不吃饭仅吃药以求长生不老。侍中高崧劝说道："这不是帝王应该干的事。如果这样，皇上实在就像出现日食月食一样犯了过失。"哀帝不听劝说。三月二十二日辛未，哀帝因为药性发作，不能亲临政事，褚太

夏，四月，甲辰，燕李洪攻许昌、汝南，败晋兵于悬瓠，颍川太守李福战死，汝南太守朱斌奔寿春，陈郡太守朱辅退保彭城。大司马温遣西中郎将袁真等御之，温帅舟师屯合肥。燕人遂拔许昌、汝南、陈郡，徙万余户于幽、冀二州，遣镇南将军慕容尘屯许昌。

五月，戊辰，以扬州刺史王述为尚书令。加大司马温扬州牧、录尚书事。壬申，使侍中召温入参朝政，温辞不至。

王述每受职，不为虚让，其所辞必于不受。及为尚书令，子坦之白述："故事当让。"述曰："汝谓我不堪邪？"坦之曰："非也，但克让，自美事耳。"述曰："既谓堪之，何为复让！人言汝胜我，定不及也。"

六月，秦王坚遣大鸿胪拜张天锡为大将军、凉州牧、西平公。

秋，七月，丁卯，诏复征大司马温入朝。八月，温至赭圻，诏尚书车灌止之，温遂城赭圻居之，固让内录，遥领扬州牧。

秦汝南公腾谋反，伏诛。腾，秦主生之弟也。是时，生弟晋公柳等犹有五人，王猛言于坚曰："不去五公，终必为患。"坚不从。

燕侍中慕舆龙诣龙城，徙宗庙及所留百官皆诣邺。

燕太宰恪将取洛阳，先遣人招纳士民，远近诸坞皆归之；乃使司马悦希军于盟津，豫州刺史孙兴军于成皋。

初，沈充之子劲，以其父死于逆乱，志欲立功以雪旧耻；年三十余，以刑家不得仕。吴兴太守王胡之为司州刺史，上疏称劲才行，请解禁锢，参其府事，朝廷许之。会胡之以病，不行。及燕人逼洛阳，冠军将军陈祐守之，众不过二千。劲自表求配祐效力，诏以劲补冠军长史，令自募壮士，得千余人以行。劲屡以少击燕众，摧破之。而洛阳粮尽援绝，祐自度不能守，乃以救许昌为名，九月，留劲以五百人守洛阳，祐帅众而东。劲喜曰："吾志欲致命，今得之矣。"祐闻许昌已没，遂奔新城。燕悦希引兵略河南诸城，尽取之。

后又临朝摄政。

夏季，四月二十五日甲辰，前燕龙骧将军李洪攻打许昌、汝南，在悬瓠打败了东晋的军队，颍川太守李福战死，汝南太守朱斌逃奔到寿春，陈郡太守朱辅退守彭城。大司马桓温派西中郎将袁真等人抵御李洪，桓温自己率领水军驻扎在合肥。于是前燕人攻下了许昌、汝南、陈郡，将一万多户百姓迁移到幽州、冀州，派镇南将军慕容尘驻扎在许昌。

五月二十日戊辰，东晋任命扬州刺史王述为尚书令。让大司马桓温担任扬州牧、录尚书事。二十四日壬申，派侍中召桓温入朝参政，桓温辞让不来。

王述每当接受任命，都不虚情假意地辞让，他表示推辞的就肯定不接受。到他做尚书令时，儿子王坦之告诉他："根据惯例，应当表示辞让。"王述说："你认为我不胜任吗？"王坦之说："不是，只是能辞让自然是件好事。"王述说："既然认为能够胜任，为什么又要辞让！人们都说你比我强，我看肯定赶不上我。"

六月，前秦主苻坚派大鸿胪授予张天锡大将军、凉州牧、西平公。

秋季，七月二十日丁卯，东晋下达命令，再一次征召大司马桓温入朝。八月，桓温抵达赭圻，朝廷下令尚书车灌劝阻他，于是桓温就以赭圻为城住了下来，固执地辞让录尚书事职务，只在名义上接受了扬州牧职务。

前秦汝南公苻腾图谋反叛，被诛杀。苻腾是前秦主苻生的弟弟。这时，苻生的弟弟们还有晋公苻柳等五人，王猛对苻坚说："不除掉这五人，他们最终肯定要作乱。"苻坚没有听从。

前燕侍中慕舆龙到龙城，将祭祀祖先的宗庙以及所留下来的百官全都迁移到邺城。

前燕太宰慕容恪准备攻取洛阳，先派人去招募士人百姓，远近各小城全都归附了他，于是就让司马悦希驻军于盟津，让豫州刺史孙兴驻军于成皋。

当初，东晋沈充的儿子沈劲，因为他的父亲死于叛逆作乱，立志要建立战功以雪旧耻。但年纪已经三十多岁了，仍然因为出身于受过刑罚的家庭而不能进入仕途。吴兴太守王胡之任司州刺史，上书称赞沈劲的才能品行，请求解除对他的禁锢，让他参与自己州府的政事，朝廷同意了。恰好这时王胡之生病，事情没能实行。等到前燕人逼迫洛阳，冠军将军陈祐守卫该地，士兵不到二千人。沈劲自己进上奏书，请求到陈祐那里任职效力。朝廷下达命令，让沈劲补为冠军长史，自己招募勇士，得到一千多人以后便前往。沈劲屡屡用较少的兵力攻击前燕国的大部队，并攻破了他们。然而洛阳城里终于粮食耗尽，支援断绝，陈祐自己估计已无法坚守，就以救援许昌为名，九月，给沈劲留下五百人守卫洛阳，陈祐自己则率领士兵东行。沈劲高兴地说："我的志向就是要临危受命，如今得到机会了。"陈祐听说许昌已经失陷，

秦王坚命公国各置三卿，并余官皆听自采辟，独为置郎中令。富商赵掇等车服僭侈，诸公竞引以为卿。黄门侍郎安定程宪言于坚，请治之。坚乃下诏称："本欲使诸公延选英儒，乃更猥滥如是！宜令有司推检，辟召非其人者，悉降爵为侯，自今国官皆委之铨衡。自非命士已上，不得乘车马；去京师百里内，工商、皂隶，不得服金银、锦绣。犯者弃市！"于是平阳、平昌、九江、陈留、安乐五公皆降爵为侯。

（以上为第九段，写东晋哀帝司马丕辟谷吃药，中毒病发；前燕太宰慕容恪攻打东晋洛阳，城中粮尽，守将军陈祐逃跑，沈劲率残兵坚守；前秦主苻坚严肃处理违规用人的五公。）

三年（乙丑，365年）

春，正月，庚申，皇后王氏崩。

刘卫辰复叛代，代王什翼犍东渡河，击走之。什翼犍性宽厚，郎中令许谦盗绢二匹，什翼犍知而匿之，谓左长史燕凤曰："吾不忍视谦之面，卿慎勿泄，若谦惭而自杀，是吾以财杀士也。"尝讨西部叛者，流矢中目，既而获射者，群臣欲脔割之，什翼犍曰："彼各为其主斗耳，何罪！"遂释之。

大司马温移镇姑孰。二月，乙未，以其弟右将军豁监荆州、扬州之义城、雍州之京兆诸军事，领荆州刺史；加江州刺史桓冲监江州及荆、豫八郡诸军事，并假节。

司徒昱闻陈祐弃洛阳，会大司马温于洌洲，共议征讨。丙申，帝崩于西堂，事遂寝。

帝无嗣。丁酉，皇太后诏以琅邪王奕承大统。百官奉迎于琅邪第，是日，即皇帝位，大赦。

秦大赦，改元建元。

燕太宰恪、吴王垂共攻洛阳。恪谓诸将曰："卿等常患吾不攻，今洛阳城高而兵弱，易克也，勿更畏懦而怠惰！"遂攻之。三月，克之，执扬武将军沈劲。劲神气自若，恪将宥之。中军将军慕舆虔曰："劲虽奇士，观其志度，终不为人用，今赦之，必为后患。"遂杀之。

于是就逃奔到新城。前燕国悦希率兵进攻河南各城，全都攻了下来。

前秦主苻坚命令各公爵封国分别设置郎中令、中尉、大农三卿，同其他官吏一起，全都由他们自行征召选拔，只有郎中令由苻坚任命。富商赵掇等人车乘服饰奢侈僭越，然而各位公爵却竞相推举富商做三卿。黄门侍郎安定人程宪请求苻坚干预此事。苻坚于是就下达命令说："本来想让诸王公选聘有才华的儒生，没想到竟然混乱到这种地步！应该命令有关官吏追究检查，凡是所征召的人选不得当的，全都把爵位降为侯，从现在开始，国家的官吏全都由吏部尚书选拔。本人职位不在朝廷任命以上，不许乘车马；离开京师百里以内，工商差役之人，不许穿饰有金银、锦绣的服装，违犯者陈尸街头示众。"因此，平阳、平昌、九江、陈留、安乐的五位公爵全被降低爵位为侯。

晋哀帝兴宁三年（乙丑，365 年）

春季，正月，十六日庚申，东晋皇后王氏去世。

刘卫辰又背叛了代国，代王拓跋什翼犍东渡黄河，赶跑了刘卫辰。代王拓跋什翼犍性格宽容厚道，郎中令许谦盗窃了两匹绢丝，拓跋什翼犍知道后就加以隐瞒，还对左长史燕凤说："我不忍心看到许谦，您千万不要说出去，如果见面后许谦因惭愧而自杀，这就是我因财货而杀手下的官吏了。"过去攻打西部反叛者的时候，拓跋什翼犍曾被流箭击中眼睛，后来擒获了射箭的人，群臣都要将他千刀万剐，拓跋什翼犍说："他们都是各为其主战斗罢了，有什么罪呢！"于是就释放了他。

东晋大司马桓温转移到姑孰镇守。二月二十一日乙未，任命他的弟弟右将军桓豁监荆州、扬州的义城、雍州的京兆诸军事，兼领荆州刺史；让江州刺史桓冲担任监江州及荆、豫八郡诸军事，全都持有符节。

东晋司徒司马昱听说陈祐放弃了洛阳，便和大司马桓温在洌洲会面，共同商议征讨事宜。二月二十二日丙申，东晋哀帝司马丕在西堂驾崩，攻打事宜也就搁置起来。

哀帝没有后嗣，二月二十三日丁酉，皇太后下令，让琅邪王司马奕继承帝位。朝廷百官到琅邪王的宅第去迎接他。当天，司马奕即皇帝位，实行大赦。

前秦实行大赦，改年号为建元。

前燕太宰慕容恪、吴王慕容垂共同攻打洛阳。慕容恪对众将领说："你们经常担心我不进攻，如今洛阳城墙虽高而守兵微弱，容易攻克，不要再畏惧怯懦而懒惰！"于是，就开始进攻洛阳。三月，洛阳被攻克，抓获了扬武将军沈劲。沈劲神态自若，慕容恪准备要宽赦他。中军将军慕舆虔说："沈劲虽然是杰出的人，但观察他的志向气度，最终也不会被我所用，如今赦免了他，肯定会留下后患。"于是，就把沈劲杀

恪略地至崤、渑，关中大震，秦王坚自将屯陕城以备之。

燕人以左中郎将慕容筑为洛州刺史，镇金墉；吴王垂为都督荆、扬、洛、徐、兖、豫、雍、益、凉、秦十州诸军事，征南大将军，荆州牧，配兵一万，镇鲁阳。

太宰恪还邺，谓僚属曰："吾前平广固，不能济辟闾蔚；今定洛阳，使沈劲为戮，虽皆非本情，然身为元帅，实有愧于四海。"朝廷嘉劲之忠，赠东阳太守。

臣光曰：沈劲，可谓能子矣！耻父之恶，致死以涤之，变凶逆之族为忠义之门。《易》曰："干父之蛊，用誉。"《蔡仲之命》曰："尔尚盖前人之愆，惟忠惟孝。"其是之谓乎！

太宰恪为将，不事威严，专用恩信；抚士卒务综大要，不为苛令，使人人得便安。平时营中宽纵，似若可犯；然警备严密，敌至莫能近者，故未尝负败。

壬申，葬哀帝及静皇后于安平陵。

（以上为第十段，写东晋哀帝司马丕去世，无子，由琅邪王司马奕继任大统；前燕太宰慕容恪率军攻打洛阳，守将沈劲殉职，东晋朝廷嘉奖沈劲的忠诚，追赠为东阳太守；东晋葬哀帝于安平陵。）

夏，四月，壬午，燕太尉武平匡公封奕卒。以司空阳骛为太尉，侍中、光禄大夫皇甫真为司空，领中书监。骛历事四朝，年耆望重，自太宰恪以下皆拜之。而骛谦恭谨厚，过于少时；戒束子孙，虽朱紫罗列，无敢违犯其法度者。

六月，戊子，益州刺史建城襄公周抚卒。抚在益州三十余年，甚有威惠。诏以其子楚为太守楚代之。

秋，七月，己酉，徙会稽王昱复为琅邪王。

壬子，立妃庾氏为皇后。后，冰之女也。

甲申，立琅邪王昱子昌明为会稽王。昱固让，犹自称会稽王。

匈奴右贤王曹毂、左贤王刘卫辰皆叛秦。毂帅众二万寇杏城，秦王

掉了。

慕容恪攻占夺取了崤谷、渑池，关中一带十分惊恐，前秦主苻坚亲自率兵驻扎在陕城，以防备慕容恪。

前燕任命左中郎将慕容筑为洛州刺史，镇守金墉；任命吴王慕容垂为都督荆、扬、洛、徐、兖、豫、雍、益、凉、秦十州诸军事，征南大将军，荆州牧，配备兵力一万，镇守鲁阳。

太宰慕容恪回到邺城，对僚属们说："我以前平定了广固，却没能救助辟闾蔚；如今平定了洛阳，又使沈劲被杀。这些虽然都不是我的本意，然而身为军中主将，实在有愧于天下。"东晋朝廷嘉奖沈劲的忠诚，追赠他为东阳太守。

臣司马光评论说：沈劲可以称得上是有能的孝子了！对父亲的罪恶深以为耻，不惜以生命加以洗刷，变凶恶叛逆的家族为忠诚道义的门第。《易》说："挽救父辈败坏的基业，一定会得到人们的赞誉。"《尚书·蔡仲之命》说："你尚能遮掩前人的过错，这就是忠和孝。"沈劲大概就是这样的人吧！

前燕太宰慕容恪作为将领，从不显示威严，专门使用恩信。安抚士兵十分注重重要的方面，不乱发苛刻的命令，从而使得人人都相宜安好。平时军营中宽容随便，看上去好像可以冒犯，然而实际上却戒备严密，敌人来到后没有能接近的，所以一直未曾失败过。

三月二十九日壬申，在安平陵安葬了东晋哀帝司马丕及静皇后王氏。

夏季，四月初九壬午，前燕太尉武平匡公封奕去世。任命司空阳骛为太尉，侍中、光禄大夫皇甫真为司空，兼中书监。阳骛先后奉事前燕四代君主，德高望重，从太宰慕容恪以下的人全都叩拜他。但阳骛谦恭仁厚，胜过年轻的时候，对子孙们严加管教，所以他们虽然朱衣紫绶，身为高官，却没人敢违反他的戒律。

六月十六日戊子，东晋益州刺史建城襄公周抚去世。周抚在益州三十多年，很有威望名声。朝廷下令任命他的儿子犍为太守周楚代替他的职务。

秋季，七月初七己酉，东晋朝廷调会稽王司马昱再次为琅邪王。

七月初十壬子，东晋立庾氏为皇后。庾皇后是庾冰的女儿。

七月，甲申（疑误），东晋立琅邪王司马昱的儿子司马曜为会稽王。司马昱固执地表示不同意，仍自称会稽王。

匈奴右贤王曹毂、左贤王刘卫辰都背叛前秦国。曹毂率领二万士兵进犯杏城，

坚自将讨之，使卫大将军李威、左仆射王猛辅太子宏留守长安。八月，坚击毂，破之，斩毂弟活，毂请降，徙其豪杰六千余户于长安。建节将军邓羌讨卫辰，擒之于木根山。

九月，坚如朔方，巡抚诸胡。

冬，十月，征北将军、淮南公幼帅杏城之众乘虚袭长安，李威击斩之。

鲜卑秃发椎斤卒，年一百一十，子思复鞬代统其众。椎斤，树机能从弟务丸之孙也。

梁州刺史司马勋，为政酷暴，治中、别驾及州之豪右，言语忤意，即于坐枭斩之，或亲射杀之。常有据蜀之志，惮周抚，不敢发。及抚卒，勋遂举兵反；别驾雍端、西戎司马隗粹切谏，勋皆杀之，自号梁、益二州牧，成都王。十一月，勋引兵入剑阁，攻涪，西夷校尉毌丘玮弃城走。乙卯，围益州刺史周楚于成都。大司马温表鹰扬将军江夏相义阳朱序为征讨都护以救之。

秦王坚还长安，以李威守太尉，加侍中。以曹毂为雁门公，刘卫辰为夏阳公，各使统其部落。

十二月，戊戌，以尚书王彪之为仆射。

（以上为第十一段，写前秦主苻坚率兵打败背叛前秦的匈奴右贤王曹毂、左贤王刘卫辰；梁州刺史司马勋为政残酷暴虐，起兵反叛东晋，自称成都王，入成都。）

海西公上

太和元年（丙寅，366 年）

春，三月，荆州刺史桓豁使督护桓罴攻南郑，讨司马勋。

燕太宰、大司马恪，太傅、司徒评，稽首归政，上章绶，请归第，燕主暐不许。

夏，五月，戊寅，皇后庾氏崩。

朱序、周楚击司马勋，破之，擒勋及其党，送大司马温；温皆斩之，传首建康。

代王什翼犍遣左长史燕凤入贡于秦。

秋，七月，癸酉，葬孝皇后于敬平陵。

秦辅国将军王猛、前将军杨安、扬武将军姚苌等帅众二万寇荆州，攻南乡郡；荆州刺史桓豁救之，八月，军于新野。秦兵掠安阳民万余户

前秦王苻坚亲自率兵攻打他，派卫大将军李威、左仆射王猛辅佐太子苻宏留守长安。八月，苻坚攻击曹毂，攻破了他，斩杀了曹毂的弟弟曹活，曹毂请求投降。苻坚将他的富豪显贵六千多户迁移到长安。建节将军邓羌攻打刘卫辰，在木根山擒获了他。

九月，前秦主苻坚到了朔方，巡视安抚各胡族部落。

冬季，十月，前秦征北将军、淮南公苻幼率领杏城的士兵乘虚袭击长安，李威迎击并斩杀了他。

鲜卑人秃发椎斤去世，享年一百一十岁，儿子秃发思复鞬代替他统率部众。秃发椎斤是秃发树机能的堂弟秃发务丸的孙子。

梁州刺史司马勋为政残酷暴虐，治中、别驾以及州内的豪强大族，只要说话不合他的心意，就在座位上命令将他们斩首示众，有时则亲自把他们射死。他一直有占据蜀地的心思，只是因为惧怕周抚，才没敢发兵。等到周抚死后，司马勋就起兵反叛。别驾雍端、西戎司马隗粹恳切地劝说，司马勋把他们都杀了，自称梁、益二州牧、成都王。十一月，司马勋带兵进入剑阁，攻打涪城，西夷校尉毋丘暐弃城逃跑。十五日乙卯，司马勋在成都包围了益州刺史周楚。大司马桓温上书，请求让鹰扬将军、江夏相、义阳人朱序为征讨都护，前去救援周楚。

前秦主苻坚回到长安，任命李威暂任太尉，并担任侍中。任命曹毂为雁门公，刘卫辰为夏阳公，让他们各自统领自己的部落。

十二月二十九日戊戌，东晋任命尚书王彪之为仆射。

海西公上

晋海西公太和元年（丙寅，366年）

春季，三月，东晋荆州刺史桓豁派督护桓罴攻打南郑，讨伐司马勋。

前燕太宰、大司马慕容恪，太傅、司徒慕容评，磕头请求归还辅佐朝政的权力，进上了印玺和绶带，请求返回自己的宅第，前燕主慕容暐没有同意。

夏季，五月十二日戊寅，东晋皇后庾氏去世。

东晋将领朱序、周楚攻打司马勋，攻破了他，擒获了司马勋以及他的同党，解送给大司马桓温。桓温把他们全都杀了，把首级传送到建康。

代王拓跋什翼犍派左长史燕凤向前秦进献贡奉。

秋季，七月初八癸酉，东晋在敬平陵安葬了庾皇后。

前秦辅国将军王猛、前将军杨安、扬武将军姚苌等人率领二万士兵攻打荆州，攻打南乡郡。荆州刺史桓豁前去救援，八月，驻扎在新野。前秦士兵掳掠了安阳的

而还。

九月，甲午，曲赦梁、益二州。

冬，十月，加司徒昱丞相、录尚书事，入朝不趋，赞拜不名，剑履上殿。

张天锡遣使至秦境上，告绝于秦。

燕抚军将军下邳王厉寇兖州，拔鲁、高平数郡，置守宰而还。

初，陇西李俨以郡降秦，既而复通于张天锡。十二月，羌敛岐以略阳四千家叛秦，称臣于俨。俨于是拜置牧守，与秦、凉绝。

南阳督护赵亿据宛城降燕，太守桓澹走保新野。燕人遣南中郎将赵盘自鲁阳戍宛。

徐、兖二州刺史庾希，以后族故，兄弟贵显，大司马温忌之。

（以上为第十二段，写东晋将领朱序、周楚率军攻打反叛的司马勋，擒获并杀之，平定了梁、益二州；前燕抚军将军慕容厉率军攻下了东晋兖州的鲁、高平数郡。）

二年（丁卯，367 年）

春，正月，庾希坐不能救鲁、高平，免官。

二月，燕抚军将军下邳王厉、镇北将军宜都王桓袭敕勒。

秦辅国将军王猛、陇西太守姜衡、南安太守南安邵羌、扬武将军姚苌等帅众万七千讨敛岐。

三月，张天锡遣前将军杨遹向金城，征东将军常据向左南，游击将军张统向白土，天锡自将三万人屯仓松，以讨李俨。敛岐部落先属姚弋仲，闻姚苌至，皆降。王猛遂克略阳，敛岐奔白马。秦王坚以苌为陇东太守。

夏，四月，燕慕容尘寇竟陵，太守罗崇击破之。

张天锡攻李俨大夏、武始二郡，下之。常据败俨兵于葵谷，天锡进屯左南。俨惧，退守枹罕，遣其兄子纯谢罪于秦，且请救。秦王坚使前将军杨安、建威将军王抚帅骑二万，会王猛以救俨。

猛遣邵羌追敛岐，王抚守侯和，姜衡守白石，猛与杨安救枹罕。天锡遣杨遹逆战于枹罕东，猛大破之，俘斩万七千级，与天锡相持于城下。

民众一万多户返回。

九月二十九日甲午，特赦了梁、益二州，在境内赦免其支党、胁从者。

冬季，十月，东晋任命司徒司马昱担任丞相、录尚书事，并给予他入朝晋见皇帝不必小步趋行、唱拜不直呼姓名、可以佩剑穿鞋上殿的礼遇。

前凉张天锡派使者到前秦边境，告知与前秦绝交。

前燕抚军将军下邳王慕容厉攻打东晋兖州，攻下了鲁、高平数郡，设置了地方官后返回。

当初，陇西人李俨率领他所统辖之郡投降了前秦，接着又和张天锡交往。十二月，羌族人敛岐带领略阳的四千家民众背叛了前秦，向李俨称臣。李俨于是便在当地设置州郡长官，与前秦、前凉绝交。

前秦南阳督护赵亿占据宛城，投降了前燕，东晋宛城太守桓澹逃到新野以自保。前燕人派南中郎将赵盘从鲁阳出发去戍守宛城。

徐、兖二州刺史庾希，因为是皇后家族的缘故，兄弟们显贵一时，大司马桓温对此非常忌恨。

晋海西公太和二年（丁卯，367年）

春季，正月，庾希因不能救援鲁郡、高平郡的罪过，被免官。

二月，前燕抚军将军、下邳王慕容厉，镇北将军、宜都王慕容桓袭击敕勒。

前秦辅国将军王猛、陇西太守姜衡、南安太守南安人邵羌、扬武将军姚苌等人率领士兵一万七千人攻打前羌人首领敛岐。

三月，前凉主张天锡派前将军杨遹进发到金城，征东将军常据进发到左南，游击将军张统进发到白土，张天锡自己统领三万人驻扎在仓松，用以讨伐李俨。敛岐的部落以前属于姚弋仲，听说姚苌到来，全都投降。王猛于是攻克了略阳，敛岐逃奔到白马。前秦主苻坚任命姚苌为陇东太守。

夏季，四月，前燕慕容尘进犯竟陵，太守罗崇击败了他。

前凉主张天锡攻打李俨统辖的大夏、武始二郡，攻了下来。常据在葵谷打败了李俨的军队，张天锡进军驻扎在左南。李俨十分害怕，退守枹罕，派他哥哥的儿子李纯去向前秦谢罪，并且请求救援。前秦主苻坚让前将军杨安、建威将军王抚率领二万骑兵，会合王猛前去救援李俨。

王猛派邵羌追击敛岐，王抚守卫侯和，姜衡守卫白石，王猛与杨安去救援枹罕。张天锡派杨遹在枹罕以东迎战，王猛彻底攻破了他，俘获斩首一万七千多人，与张

邵羌禽敛岐于白马，送之。猛遗天锡书曰：“吾受诏救俨，不令与凉州战，今当深壁高垒，以听后诏。旷日持久，恐二家俱弊，非良算也。若将军退舍，吾执俨而东，将军徙民西旋，不亦可乎！”天锡谓诸将曰：“猛书如此，吾本来伐叛，不来与秦战。”遂引兵归。

李俨犹未纳秦师，王猛白服乘舆，从者数十人，请与俨相见。俨开门延之，未及为备，将士继入，遂执俨。以立忠将军彭越为平西将军、凉州刺史，镇枹罕。

张天锡之西归也，李俨将贺肫说俨曰：“以明公神武，将士骁悍，奈何束手于人！王猛孤军远来，士卒疲弊，且以我请救，必不设备，若乘其怠而击之，可以得志。”俨曰：“求救于人以免难，难既免而击之，天下其谓我何！不若固守以老之，彼将自退。”猛责俨以不即出迎，俨以贺肫之谋告，猛斩肫，以俨归。至长安，坚以俨为光禄勋，赐爵归安侯。

燕太原桓王恪言于燕主暐曰：“吴王垂，将相之才十倍于臣，先帝以长幼之次，故臣得先之。臣死之后，愿陛下举国以听吴王。”五月，壬辰，恪疾笃，暐亲视之，问以后事。恪曰：“臣闻报恩莫大于荐贤，贤者虽在板筑，犹可为相，况至亲乎！吴王文武兼资，管、萧之亚，陛下若任以大政，国家可安，不然，秦、晋必有窥窬之计。”言终而卒。

秦王坚闻恪卒，阴有图燕之计，欲觇其可否，命匈奴曹毂发使如燕朝贡，以西戎主簿郭辩为之副。燕司空皇甫真兄腆及从子奋、覆皆仕秦，腆为散骑常侍。辩至燕，历造公卿，谓真曰：“仆本秦人，家为秦所诛，故寄命曹王，贵兄常侍及奋、覆兄弟并相知有素。”真怒曰：“臣无境外之交，此言何以及我！君似奸人，得无因缘假托乎！”白暐，请穷治之，太傅评不许。辩还，为坚言：“燕朝政无纲纪，实可图也。鉴机识变，唯皇甫真耳。”坚曰：“以六州之众，岂得不使有智士一人哉！”

（以上为第十三段，写前凉主张天锡攻打前秦李俨，前秦派辅国将军王猛等前去

天锡在枹罕城下相持。邵羌在白马擒获了敛岐，把他遣送回来。王猛给张天锡写信说：“我接受命令救援李俨，没想到却和凉州交战，如今面对着坚壁高垒，等候命令。相持旷日持久，恐怕对秦和凉两家全都不利，这不是良策。如果将军撤退，我带着李俨东返，将军迁徙百姓西归，不是也可以吗？”张天锡对众将领说：“王猛的信中是这样说的。我本来也是来讨伐反叛的，不是来和秦国交战的。”于是就率兵西归。

李俨还没有让前秦军队进城，王猛身穿白衣，坐着车乘，数十人跟随，请求与李俨见面。李俨打开城门请他进入，没来得及防备，众将士也相继而入，于是就拘捕了李俨。任命立忠将军彭越为平西将军、凉州刺史，镇守枹罕。

前凉主张天锡西归的时候，李俨的将领贺肫劝李俨说：“以明公您这样的神明威武，将士们骁勇强悍，为什么要束手就擒于别人呢？王猛的孤军远道而来，士兵疲惫，而且是因为我们的请求救援而来，所以一定不会设置防备措施，如果乘他们懈怠而攻击他们，可以遂心得手。”李俨说：“靠着求救于别人而免遭危难，危难解除后又去攻击来救援的人，天下人将会怎样说我呢！不如固守以耗磨他们，他们将会自行撤退。”王猛责备李俨不马上出来迎接他们，李俨把贺肫的计谋告诉了他，王猛斩杀了贺肫，带着李俨返回。到达长安后，苻坚任命李俨为光禄勋，赐爵位为归安侯。

前燕太原桓王慕容恪对前燕主慕容暐进言说：“吴王慕容垂具有的将相才能超过我十倍，先帝只是考虑了长幼次序，所以我得以在他之先。我死了以后，希望您让整个国家都听命于吴王。”五月，壬辰（疑误），慕容恪病重，前燕主慕容暐亲自前往看望，并向他询问后事。慕容恪说：“我听说报恩没有比荐举贤能更重要的了，贤能的人虽然隐遁在服役筑墙的人中间，也可以起用为宰相，何况是近亲呢！吴王慕容垂文武兼备，才能仅次于管仲、萧何，皇上如果将朝廷大政委托给他，国家就可以安定，不这样的话，秦国、晋朝一定会有窥探我们的计谋。”说完以后，慕容恪就死了。

前秦主苻坚听说慕容恪去世，暗地里制订了图谋前燕国的计策，想看看这个计策是否可行，就命令匈奴右贤王曹毂启程出使前燕进献贡奉，以西戎主簿郭辩做他的副手。前燕司空皇甫真的哥哥皇甫腆以及侄子皇甫奋、皇甫覆全都在前秦做官，皇甫腆任散骑常侍。郭辩抵达前燕后，逐一拜访公卿，对皇甫真说：“我本是秦国人，家人被秦国诛杀，所以才把生命寄托于曹王，你的哥哥散骑常侍皇甫腆以及皇甫奋、皇甫覆兄弟全都和我素来相知。”皇甫真愤怒地说：“我没有境外的交往，你这话为什么要告诉我！你好像是奸佞之人，莫非是借此来冒充吗？”皇甫真把这些事情告诉了慕容暐，请求追究处理他，太傅慕容评不同意。郭辩返回去以后，告诉

救援，逼退张天锡，救出李俨；前燕首辅大臣慕容恪去世，临终极力推荐吴王慕容垂为首辅。）

曹毂寻卒，秦分其部落为二，使其二子分统之，号东、西曹。

荆州刺史桓豁、竟陵太守罗崇攻宛，拔之。赵亿走，赵盘退归鲁阳。豁追击盘于雉城，擒之，留兵戍宛而还。

秋，七月，燕下邳王厉等破敕勒，获马牛数万头。

初，厉兵过代地，犯其穄田，代王什翼犍怒。燕平北将军武强公埿以幽州兵戍云中。八月，什翼犍攻云中，埿弃城走，振威将军慕舆贺辛战没。

九月，以会稽内史郗愔为都督徐、兖、青、幽、扬州之晋陵诸军事，徐、兖二州刺史，镇京口。

秦淮南公幼之反也，征东大将军、并州牧、晋公柳，征西大将军、秦州刺史赵公双，皆与之通谋。秦王坚以双，母弟至亲，柳，健之爱子，隐而不问。柳、双复与镇东将军、洛州刺史魏公廋，安西将军、雍州刺史燕公武谋作乱，镇东主簿南安姚眺谏曰："明公以周、邵之亲，受方面之任，国家有难，当竭力除之，况自为难乎！"廋不听。坚闻之，征柳等诣长安。冬，十月，柳据蒲阪，双据上邽，廋据陕城，武据安定，皆举兵反。坚遣使谕之曰："吾待卿等，恩亦至矣，何苦而反！今止不征，卿宜罢兵，各定其位，一切如故。"各啮梨以为信。皆不从。

代王什翼犍击刘卫辰，河冰未合，什翼犍命以苇絙约流澌。俄而冰合，然犹未坚，乃散苇于其上，冰草相结，有如浮梁，代兵乘之以渡。卫辰不意兵猝至，与宗族西走，什翼犍收其部落什六七而还。卫辰奔秦，秦王坚送卫辰还朔方，遣兵戍之。

十二月，甲子，燕太尉建宁敬公阳骛卒。以司空皇甫真为侍中、太尉，光禄大夫李洪为司空。

（以上为第十四段，写东晋北伐，荆州刺史桓豁攻下宛城；前秦苻健之子苻柳、

苻坚说："燕朝政事乱无纲纪，确实可以图谋。明白了解时机变故的，只有皇甫真罢了。"苻坚说："以六州之广的民众，怎能不能有一个明白人呢！"

前秦将领曹毂不久就去世了，前秦把他的部落分成两部分，让他的两个儿子分别统领，称为东曹和西曹。

东晋荆州刺史桓豁、竟陵太守罗崇攻打宛城，攻了下来，赵亿逃跑，赵盘退回到鲁阳。桓豁追击赵盘到雉城，擒获了他，留下士兵戍守宛城后返回。

秋季，七月，前燕下邳王慕容厉等攻破了敕勒，夺取牛马数万头。

当初，前燕下邳王慕容厉的军队经过代国，毁坏了他们的穄田，代王拓跋什翼犍很愤怒。前燕平北将军武强公慕容埿用幽州的军队戍卫云中。八月，拓跋什翼犍攻打云中，慕容埿弃城逃跑，振威将军慕舆贺辛战死。

九月，东晋任命会稽内史郗愔为都督徐、兖、青、幽、扬州的晋陵诸军事和徐、兖二州刺史，镇守京口。

前秦淮南公苻幼反叛的时候，征东大将军、并州牧、晋公苻柳，征西大将军、秦州刺史赵公苻双，全都与他互通谋略。前秦王苻坚考虑到苻双同母弟关系至亲，苻柳是苻健喜爱的儿子，便将此事隐埋在心里而不加以追究。苻柳、苻双又与镇东将军、洛州刺史魏公苻庾，安西将军、雍州刺史燕公苻武谋划作乱，镇东主簿南安人姚眺劝说苻庾道："明公您因为是像周公、邵公一样与王室关系最近的亲戚，接受了统管一方的重任，国家有危难，应当竭力消除，怎么能自己起来反叛作难呢！"苻庾没有听从。苻坚听说后，征召苻柳等人前往长安。冬季，十月，苻柳占据蒲阪，苻双占据上邽，苻庾占据陕城，苻武占据安定，全都起兵反叛。苻坚派使者劝谕他们说："我对待你们，恩情备至，何苦要反叛呢？现在停止对你们的征召，你们应该罢兵息叛，各居其位，一切如故。"苻坚要求他们各自咬梨交给使者，作为表示听从劝告的信物。他们都没有照办。

代王拓跋什翼犍攻打刘卫辰，准备渡黄河时，黄河还没有封冻，拓跋什翼犍命令用苇草绳阻拦流水。不一会就冻合起来了，然而还冻得不够坚固。于是就把苇草铺散在冰面上，冰草相连，就像浮桥一样，代国士兵踏着它渡过了黄河。刘卫辰没想到代国士兵这么快就来了，便和他的宗族亲信仓皇向西逃跑，拓跋什翼犍掳获了他部落之中十之六七的人后返回。刘卫辰逃奔到前秦，前秦主苻坚送他返回朔方，并派兵去戍守。

十二月，甲子（疑误），前燕太尉建宁敬公阳骛去世。任命司空皇甫真为侍中、太尉，光禄大夫李洪为司空。

苻廋、苻武以及苻坚之弟苻双反叛作乱；代王什翼犍踏冰打跑匈奴首领刘卫辰。）

三年（戊辰，368年）

春，正月，秦王坚遣后将军杨成世、左将军毛嵩分讨上邽、安定，辅国将军王猛、建节将军邓羌攻蒲阪，前将军杨安、广武将军张蚝攻陕城。坚命蒲、陕之军皆距城三十里，坚壁勿战，俟秦、雍已平，然后并力取之。

初，燕太宰恪有疾，以燕主暐幼弱，政不在己，太傅评多猜忌，恐大司马之任不当其人，谓暐兄乐安王臧曰："今南有遗晋，西有强秦，二国常蓄进取之志，顾我未有隙耳。夫国之兴衰，系于辅相。大司马总统六军，不可任非其人，我死之后，以亲疏言之，当在汝及冲。汝曹虽才识明敏，然年少，未堪多难。吴王天资英杰，智略超世，汝曹若能推大司马以授之，必能混一四海，况外寇，不足惮也，慎无冒利而忘害，不以国家为意也。"又以语太傅评。及恪卒，评不用其言。二月，以车骑将军中山王冲为大司马。冲，暐之弟也。以荆州刺史吴王垂为侍中、车骑大将军、仪同三司。

秦魏公廋以陕城降燕，请兵应接。秦人大惧，盛兵守华阴。

燕魏尹范阳王德上疏，以为："先帝应天受命，志平六合；陛下纂统，当继而成之。今苻氏骨肉乖离，国分为五，投诚请援，前后相寻，是天以秦赐燕也。天与不取，反受其殃，吴、越之事，足以观矣。宜命皇甫真引并、冀之众径趋蒲阪；吴王垂引许、洛之兵驰解廋围，太傅总京师虎旅为二军后继，传檄三辅，示以祸福，明立购赏，彼必望风响应，浑一之期，于此乎在矣！"时燕人多请救陕，因图关中者，太傅评曰："秦，大国也，今虽有难，未易可图。朝廷虽明，未如先帝；吾等智略，又非太宰之比。但能闭关保境足矣。平秦，非吾事也。"

魏公廋遗吴王垂及皇甫真笺曰："苻坚、王猛，皆人杰也，谋为燕患久矣，今不乘机取之，恐异日燕之君臣将有甬东之悔矣！"垂谓真曰：

晋海西公太和三年（戊辰，368 年）

春季，正月，前秦主苻坚派遣后将军杨成世、左将军毛嵩分别讨伐上邽、安定，派遣辅国将军王猛、建节将军邓羌攻打蒲阪，派遣前将军杨安、广武将军张蚝攻打陕城。苻坚命令前去攻打蒲阪、陕城的军队全都在离城三十里的地方构筑坚固堡垒，不要与敌交战，等到平定了秦州、雍州以后，再集中兵力攻取。

当初，前燕太宰慕容恪有病，考虑到前燕主慕容暐年幼，自己不能主持政事，太傅慕容评生性多疑，恐怕大司马的职务落入不适当的人手中，便对慕容暐的哥哥乐安王慕容臧说："如今南有遗留下来的晋朝，西有强大的秦国，二国一直怀有进取的志向，只不过看到我们这里还没有可乘之机罢了。国家的兴衰全在于宰辅丞相。大司马总管六军，这个职务不可用错了人。我死了以后以亲疏关系而言，承担大司马职务的人应当在你和慕容冲中选择。你们虽然才能见识神明敏锐，然而年龄尚轻，没有经历过太多的磨难。吴王慕容垂天资出众，智谋超人，你们如果能推举他出任大司马，一定能够统一四海，何况是外敌，那就不值得惧怕了。千万不要贪图权力而忘记了祸患，不为国家考虑。"他又把这些话对太傅慕容评说了。等到慕容恪死后，慕容评没有听从他的话。二月，任命车骑将军中山王慕容冲为大司马。慕容冲是慕容暐的弟弟。任命荆州刺史吴王慕容垂为侍中、车骑大将军、仪同三司。

前秦魏公苻廋以陕城投降了前燕，请求前燕出兵接应。前秦人十分害怕，以强大的兵力守卫华阴。

前燕魏尹范阳王慕容德上书，认为："先帝应承天意，接受天命，志向在于平定天下。皇上继承帝统，应当继续成就大业。如今苻氏骨肉叛离，国家一分为五，投诚求援的前后相继，这是上天要把秦国赐给燕国。上天赐予而不接受，反过来就要遭受他们的祸害，春秋时吴国、越国的往事，足以为鉴。应当命令皇甫真带领并州、冀州的士兵直接开向蒲阪，命令吴王慕容垂带领许昌、洛州的士兵迅速去解救苻廋所受的围困，命令太傅慕容评总领京师的劲旅作为皇甫真、慕容垂二军的后继部队，把檄文传递到三辅地区，向他们昭示祸福，明确悬赏，他们一定会闻风而动，群起响应，统一天下的时间，就在此刻了！"当时前燕有很多请求救援陕城，顺势图谋关中的人，太傅慕容评说："秦国是一个大国，如今虽有危难，也不容易图谋。主上虽然神明，但不如先帝；我们的智谋又无法和太宰慕容恪相比。只要能闭关保全国境足矣，平定秦国不是我们的事情。"

魏公苻廋给吴王慕容垂及皇甫真去信说："苻坚、王猛都是杰出的人物，图谋祸害燕国已经很久了。如今不乘机消灭他们，恐怕日后燕国的君主臣下将会有春秋时

“方今为人患者必在于秦，主上富于春秋，观太傅识度，岂能敌苻坚、王猛乎？”真曰：“然，吾虽知之，如言不用何！”

（以上为第十五段，写前秦主苻坚组织力量平定叛乱；前燕太宰慕容恪去世，后继者慕容评优柔寡断，坐失前秦混乱而乘机讨伐的良机。）

三月，丁巳朔，日有食之。

癸亥，大赦。

秦杨成世为赵公双将苟兴所败，毛嵩亦为燕公武所败，奔还。秦王坚复遣武卫将军王鉴，宁朔将军吕光，将军冯翊郭将、翟傉等帅众三万讨之。夏，四月，双、武乘胜至于榆眉，以苟兴为前锋。王鉴欲速战，吕光曰：“兴新得志，气势方锐，宜持重以待之。彼粮尽必退，退而击之，蔑不济矣！”二旬而兴退。光曰：“兴可击矣。”遂追之，兴败，因击双、武，大破之，斩获万五千级，武弃安定，与双皆奔上邽，鉴等进攻之。

晋公柳数出挑战，王猛不应。柳以猛为畏之，五月，留其世子良守蒲阪，帅众二万西趋长安。去蒲阪百余里，邓羌帅精骑七千夜袭，败之。柳引军还，猛邀击之，尽俘其众。柳与数百骑入城，猛、羌进攻之。

秋，七月，王鉴等拔上邽，斩双、武，宥其妻、子。以左卫将军苻雅为秦州刺史。八月，以长乐公丕为雍州刺史。

九月，王猛等拔蒲阪，斩晋公柳及其妻、子。猛屯蒲阪，遣邓羌与王鉴等会攻陕城。

燕王公、贵戚多占民为荫户，国之户口，少于私家，仓库空竭，用度不足。尚书左仆射广信公悦绾曰：“今三方鼎峙，各有吞并之心。而国家政法不立，豪贵恣横，至使民户殚尽，委输无入，吏断常俸，战士绝廪，官贷粟帛以自赡给，既不可闻于邻敌，且非所以为治，宜一切罢断诸荫户，尽还郡县。”燕主暐从之，使绾专治其事，纠擿奸伏，无敢蔽匿，出户二十余万，举朝怨怒。绾先有疾，自力厘校户籍，疾遂亟。冬，十一月，卒。

十二月，秦王猛等拔陕城，获魏公廋，送长安。秦王坚问其所以反，

吴王居于甬东那样的悔恨！”慕容垂对皇甫真说：“如今我们的祸患肯定是在秦国，主上年纪尚轻，观察太傅慕容评的见识气度，难道能与苻坚、王猛匹敌吗？”皇甫真说：“是这样，我虽然知道，奈何说了也不被采用呢！”

三月初一丁巳朔，出现日食。

三月初七癸亥，东晋实行大赦。

前秦杨成世被赵公苻双的将领苟兴打败，毛嵩也被燕公苻武打败，都逃了回去。前秦主苻坚又派武卫将军王鉴，宁朔将军吕光，将军冯翊人郭将、翟傉等人率领三万士兵讨伐苻双、苻武。夏季，四月，苻双、苻武乘胜抵达榆眉，以苟兴作为前锋。王鉴想和他迅速交战，吕光说：“苟兴刚刚得志，气势正锐，应该稳固防守以等待他。粮食耗尽后他必然要后退，后退时再攻击他，肯定能够成功！”二十多天后，苟兴后退。吕光说：“可以攻打苟兴了。”于是就开始追击，苟兴被打败，接着又攻打苻双、苻武，把他们打得大败。斩首擒获一万五千多人，苻武放弃了安定，和苻双全都逃奔到上邽。王鉴等又跟进攻击他们。

晋公苻柳多次出来挑战，王猛不应战。苻柳认为王猛是害怕他，五月，留下他的长子苻良守卫蒲阪，自己率领二万士兵西进长安。离开蒲阪一百多里，邓羌率领精锐骑兵七千人趁夜攻袭，打败了苻柳。苻柳带领军队撤返，王猛半路截击，将他的士兵全部俘获。苻柳和数百骑兵逃进城中，王猛、邓羌跟进攻击。

秋季，七月，王鉴等人攻下了上邽，斩杀了苻双、苻武，宽恕了他们的妻儿。任命左卫将军苻雅为秦州刺史。八月，任命长乐公苻丕为雍州刺史。

九月，王猛等攻下了蒲阪，斩杀了晋公苻柳以及他的妻儿。王猛驻扎在蒲阪，派邓羌和王鉴等会合攻打陕城。

前燕的王公贵戚有很多人强占民户作为自己的衣食佃户，以致国家的户数人口竟少于私家，仓库空竭，费用不足。尚书左仆射广信公悦绾说：“如今燕、晋、秦三国鼎立，各自都有吞并天下的心思。然而国家的政纲法度不能确立，豪强贵族恣意横行，致使民户财力耗尽，租税没有收入，仓库空竭，入不敷出，官吏中断俸禄，士兵断绝粮饷，官府靠借贷粟帛以供养自己。这些既不能让邻敌知道，又不是用来治理国家的办法，应该断然罢免所有的荫户，把他们全都归还给郡县官府。”前燕主慕容暐听从了这一意见，让悦绾独自主管这件事，揭露举发隐藏的奸邪之人，没有人再敢隐瞒藏匿，共查出二十多万户，朝廷上下一片怨恨愤怒。悦绾以前就有病，因为竭尽全力整顿审核户口，病情也加重了。冬季，十一月，去世。

十二月，前秦王猛等攻下了陕城，俘获了魏公苻庾，送至长安。前秦主苻坚问

对曰："臣本无反心，但以弟兄屡谋逆乱，臣惧并死，故谋反耳。"坚泣曰："汝素长者，固知非汝心也。且高祖不可以无后。"乃赐廋死，原其七子，以长子袭魏公，余子皆封县公，以嗣越厉王及诸弟之无后者。苟太后曰："廋与双俱反，双独不得置后，何也？"坚曰："天下者，高祖之天下，高祖之子不可以无后。至于仲群，不顾太后，谋危宗庙，天下之法，不可私也！"以范阳公抑为征东大将军、并州刺史，镇蒲阪；邓羌为建武将军、洛州刺史，镇陕城。擢姚眺为汲郡太守。

加大司马温殊礼，位在诸侯王上。

是岁，以仇池公杨世为秦州刺史，世弟统为武都太守。世亦称臣于秦，秦以世为南秦州刺史。

（以上为第十六段，写前秦诸将平定了叛乱，苻坚对苻廋网开一面，赦免了他的七个儿子；前燕大臣悦绾彻查"阴户"，查出二十多万户，因劳累而去世。）

他为什么反叛，苻廋回答说：“我本来没有反叛的心思，只是因为弟兄们屡屡谋划叛逆作乱，我害怕一起被杀，所以才谋反。”苻坚哭泣着说：“你历来都是厚道人，我本来就知道谋反不是你的本意。而且高祖苻健也不能没有后嗣。”于是就赐苻廋以死，赦免了他的七个儿子，让长子袭任魏公，其余的儿子全都封为县公，以继承越厉王苻生以及众兄弟中没有后嗣的。苟太后说：“苻廋与苻双同样是反叛，唯独苻双没能设立后嗣，为什么？”苻坚说：“天下是高祖的天下，高祖的儿子不能没有后嗣。至于苻双不顾及太后，图谋危害国家，天下的法律，不能枉私！”任命范阳公苻抑为征东大将军、并州刺史，镇守蒲阪。任命邓羌为建武将军、洛州刺史，镇守陕城。提升姚眺为汲郡太守。

东晋给予大司马桓温特殊的礼遇，地位在诸侯王之上。

这一年，东晋任命仇池公杨世为秦州刺史，杨世的弟弟杨统为武都太守。杨世也向前秦国称臣，前秦任命杨世为南秦州刺史。

【点评】

论晋哀帝司马丕。晋成帝司马衍病重不治，谁来继位？司马丕是晋成帝司马衍的长子，而且是嫡子，按照当时的皇位继承法，他是最有资格当皇帝的。可是，当时他还幼小，只有一岁，而朝廷执掌大权的是晋成帝的舅舅庾冰。庾冰担心皇帝换代以后，自己与皇帝亲属之间的关系愈加疏远，受到他人的离间，就以国家外有强敌为由，劝说司马衍册立年纪大的为君王，请求立其同母弟司马岳为皇位继承人。于是，司马岳坐上了龙廷，把司马丕封为琅邪王。

司马岳只当了两年的皇帝就去世了。他的书法代表作《陆女帖》，被收进宋代《淳化阁帖》。《淳化阁帖》是中国最早的一部汇集各家书法墨迹的法帖，被后世誉为中国法帖之冠和“丛帖始祖”。司马岳去世后，司马聃继位。司马聃在位十七年，当他开始懂事而有些能力当皇帝的时候，却生病去世了。司马聃没有留下一子半嗣，于是皇位又回到了成帝嫡子手上。司马丕即位，是为哀帝，其时司马丕二十岁矣。司马丕在位不足五年，实行了土断法，划定州、郡、县领域，居民按实际居住地编定户籍。这一政策有利于行政统一和节省开支。应当说，这样做在当时是有积极意义的，但后来还是被废了。司马丕在位，还做了两件匪夷所思的事，关系东晋国运。司马丕不听大臣劝谏，追求长生不老。他按照道士传授的长生法，断谷、服丹药，摧残了身体，一是绝了生育，没了儿子继位；二是毒发，在他二十四岁时英年早逝。他本来命运坎坷，好不容易继位了，过了四年就死了，他实行的土断法也因此而终。此后，东晋再无中兴希望，令人唏嘘。司马丕谥为哀，《谥法》曰：“恭仁短折曰哀”，不亦可乎！

晋纪二十四

晋海西公太和四年至五年（369—370年）

【起屠维大荒落（己巳，369年），尽上章敦牂（庚午，370年），凡二年】

【大事提要】

本卷记事起公元369年，讫公元370年，凡二年，当晋海西公（司马奕）太和四年至太和五年。本卷所载大事，主要有三个方面。其一，桓温第三次北伐失败。公元369年，东晋大司马桓温率领五万大军北伐，攻打前燕，一路势如破竹，打到距前燕都城仅几十里的枋头，遭遇殊死抵抗，因粮尽撤退，归途中被前燕大将慕容垂设伏打败，又被赶来支援前燕的前秦军队劫了归路，仅剩万余人回归。其二，前燕慕容垂奔秦，慕容评乱政。前燕吴王慕容垂大败东晋大将军桓温，威名大振，却遭到总揽朝政太傅慕容评的忌恨，两人嫌隙日深。太后可足浑氏也憎恶慕容垂，便密谋将其杀害。慕容垂被迫于公元369年外出逃奔前秦，被任命为冠军将军，封宾徒侯。慕容垂出走后，慕容评更加骄横自负，还贪污受贿，令朝野怨愤。加上太后可足浑氏干预朝政，皇帝慕容暐奢侈无度，前燕政局动荡，让前秦有机可乘。其三，前秦覆灭前燕。公元370年，前秦主苻坚任命司徒王猛为统帅，率领杨安、张蚝、邓羌等十将，步骑六万人，东征前燕。一路攻下壶关、晋阳。前燕太傅慕容评集中精兵三十万驻扎潞川。两军相持，王猛派骑兵绕到前燕军后方，烧毁辎重，前燕军大败。前秦军乘胜围攻邺城、龙城，前燕灭亡。前燕自慕容廆统一部落，至此，凡四世，85年；自慕容皝杀掉冉闵入主中原，至此为19年。

【原文】

海西公下

太和四年（己巳，369 年）

春，三月，大司马温请与徐、兖二州刺史郗愔、江州刺史桓冲、豫州刺史袁真等伐燕。初，愔在北府，温常云："京口酒可饮，兵可用。"深不欲愔居之。而愔暗于事机，乃遗温笺，欲共奖王室，请督所部出河上。愔子超为温参军。取视，寸寸毁裂，乃更作愔笺，自陈非将帅才，不堪军旅，老病，乞闲地自养，劝温并领己所统。温得笺大喜，即转愔冠军将军、会稽内史。温自领徐、兖二州刺史。夏，四月，庚戌，温帅步骑五万发姑孰。

甲子，燕主暐立皇后可足浑氏，太后从弟尚书令豫章公翼之女也。

大司马温自兖州伐燕。郗超曰："道远，汴水又浅，恐漕运难通。"温不从。六月，辛丑，温至金乡，天旱，水道绝，温使冠军将军毛虎生凿钜野三百里，引汶水会于清水。虎生，宝之子也。温引舟师自清水入河，舳舻数百里。郗超曰："清水入河，难以通运。若寇不战，运道又绝，因敌为资，复无所得，此危道也。不若尽举见众直趋邺城，彼畏公威名，必望风逃溃，北归辽、碣。若能出战，则事可立决。若欲城邺而守之，则当此盛夏，难为功力，百姓布野，尽为官有，易水以南必交臂请命矣。但恐明公以此计轻锐，胜负难必，欲务持重，则莫若顿兵河、济，控引漕运，俟资储充备，至来夏乃进兵。虽如赊迟，然期于成功而已。舍此二策而连军北上，进不速决，退必愆乏。贼因此势以日月相引，渐及秋冬，水更涩滞。且北土早寒，三军裘褐者少，恐于时所忧，非独无食而已。"温又不从。

温遣建威将军檀玄攻湖陆，拔之，获燕宁东将军慕容忠。燕主暐以下邳王厉为征讨大都督，帅步骑二万逆战于黄墟，厉兵大败，单马奔还。

【语译】

海西公下

晋海西公太和四年（己巳，369 年）

春季，三月，大司马桓温请求与徐兖二州刺史郗愔，江州刺史桓冲，豫州刺史袁真等攻打前燕。当初，郗愔在京口的北府时，桓温经常说："京口酒可饮，兵可用。"对郗愔身居北府深为不满。而郗愔却不识时务，还给桓温写信，想要共同辅佐王室，请求督领自己的部队渡越黄河北上。郗愔的儿子郗超是桓温的参军，拿来信看过后，便把信撕得粉碎，重新改写了一封，信中诉说自己不是将帅之才，不能胜任军旅重任，而且年老多病，请求找一个悠闲的地方休养，劝说桓温把郗愔的部队一并统领。桓温见信后大喜过望，当即把郗愔调任为冠军将军、会稽内史。桓温自己兼任徐、兖二州刺史。夏季，四月初一庚戌，桓温率领步、骑兵五万人从姑孰出发。

三月十五日甲子，前燕主慕容暐立可足浑氏为皇后，她是太后的堂弟尚书令豫章公可足浑翼的女儿。

大司马桓温从兖州出发攻打前燕。郗超说："路途遥远，汴水又浅，恐怕运送粮食的水道难以畅通。"桓温没有听从。六月，辛丑（疑误），桓温抵达金乡，因为天旱，水路断绝，桓温让冠军将军毛虎生在钜野开凿三百里水路，引来汶水会合于清水。毛虎生是毛宝的儿子。桓温带领水军从清水进入黄河，船只绵延数百里。郗超说："从清水进入黄河，运输难以畅通。如果敌人不与我们交战，运输通道又断绝，只能靠着敌人的积蓄来做给养，那又会一无所得，这是危险的办法。不如让现有部队全部径直开向邺城，他们害怕您的威赫名声，一定会闻风溃逃，北归辽东、碣石。如果他们能出来迎战，那么事情就可以立见分晓。如果他们想盘踞邺城固守，那么值此盛夏之时，难以进行行动，百姓遍布各地，全都为官府所控制，易水以南的人一定会恭敬地向我们请求指令。只是怕明公您认为此计虽说锋锐但欠稳妥，胜负难定，而想一定要持有万全之策，那就不如停兵于黄河、济水，控制水路运输，等到储备充足，到明年夏天再进军。虽说拖延了时间，然而这只是期望必定成功而已。舍此二策而让绵延百里的军队北上，进不能迅速取胜，退则必然导致差错与粮饷缺乏。敌人顺应这种形势和我们周旋时日，渐渐地就到了秋冬季节，水路更加难以畅通。而且北方寒冷较早，三军将士穿皮衣冬装的很少，恐怕到那时所忧虑的，就不仅仅是没有粮食了。"桓温又没有听从。

东晋大将军桓温派建威将军檀玄攻打湖陆，攻了下来，擒获了前燕宁东将军慕容忠。前燕主慕容暐任命下邳王慕容厉为征讨大都督，率领二万步、骑兵在黄墟迎

高平太守徐翻举郡来降。前锋邓遐、朱序，败燕将傅颜于林渚。晧复遣乐安王臧统诸军拒温，臧不能抗，乃遣散骑常侍李凤求救于秦。

（以上为第一段，写东晋大将军桓温趁慕容恪去世之际，出兵攻打前燕，开始非常顺利，但未采用谋臣郗超的谋略，埋下了失败的隐患。）

秋，七月，温屯武阳，燕故兖州刺史孙元帅其族党起兵应温，温至枋头。晧及太傅评大惧，谋奔和龙。吴王垂曰："臣请击之，若其不捷，走未晚也。"晧乃以垂代乐安王臧为使持节、南讨大都督，帅征南将军范阳王德等众五万以拒温。垂表司徒左长史申胤、黄门侍郎封孚、尚书郎悉罗腾皆从军。胤，钟之子；孚，放之子也。

晧又遣散骑侍郎乐嵩请救于秦，许赂以虎牢以西之地。秦王坚引群臣议于东堂，皆曰："昔桓温伐我，至灞上，燕不救我；今温伐燕，我何救焉！且燕不称藩于我，我何为救之！"王猛密言于坚曰："燕虽强大，慕容评非温敌也。若温举山东，进屯洛邑，收幽、冀之兵，引并、豫之粟，观兵崤、渑，则陛下大事去矣。今不如与燕合兵以退温，温退，燕亦病矣，然后我承其弊而取之，不亦善乎！"坚从之。八月，遣将军苟池、洛州刺史邓羌帅步骑二万以救燕，出自洛阳，军至颍川，又遣散骑侍郎姜抚报使于燕。以王猛为尚书令。

太子太傅封孚问于申胤曰："温众强士整，乘流直进，今大军徒逡巡高岸，兵不接刃，未见克殄之理，事将何如？"胤曰："以温今日声势，似能有为，然在吾观之，必无成功。何则？晋室衰弱，温专制其国，晋之朝臣未必皆与之同心。故温之得志，众所不愿也，必将乖阻以败其事。又，温骄而恃众，怯于应变。大众深入，值可乘之会，反更逍遥中流，不出赴利，欲望持久，坐取全胜；若粮廪愆悬，情见势屈，必不战自败，此自然之数。"

温以燕降人段思为乡导，悉罗腾与温战，生擒思，温使故赵将李述徇赵、魏，腾又与虎贲中郎将染干津击斩之，温军夺气。

初，温使豫州刺史袁真攻谯、梁，开石门以通水运，真克谯、梁，

战，慕容厉的部队大败，他本人只身匹马逃了回去。高平太守徐翻带领全郡向东晋投降。前锋邓遐、朱序在林渚打败了前燕将领傅颜。慕容暐又派乐安王慕容臧统领众军抵抗桓温，慕容臧抵抗不住，就派散骑常侍李凤去向前秦国求救。

秋季，七月，东晋大将军桓温驻扎在武阳，原前燕兖州刺史孙元率领他的亲族同党起兵响应桓温，桓温抵达枋头。慕容暐及太傅慕容评十分恐惧，谋划要逃奔到和龙。吴王慕容垂说："我请求去攻打他们。如果不能取胜，再走也不晚。"慕容暐于是任命慕容垂代替乐安王慕容臧为使持节、南讨大都督，率领征南将军范阳王慕容德等士兵五万人去抵御桓温。慕容垂上书，让司徒左长史申胤、黄门侍郎封孚、尚书郎悉罗腾全都跟随部队一同前往。申胤是申钟的儿子；封孚是封放的儿子。

慕容暐又派遣散骑侍郎乐嵩去前秦请求救援，许诺把虎牢以西的地域送给他们。前秦主苻坚召集群臣到东堂商议，群臣都说："过去桓温攻打我们，到达灞上，燕国不救援我们；如今桓温攻打燕国，我们为什么要救援！而且燕国不向我们称藩，我们为什么要去救他！"王猛悄悄地对苻坚进言说："燕国虽然强大，但慕容评不是桓温的对手。如果桓温占据了整个崤山以东地区，进军驻扎在洛邑，收揽幽州、冀州的兵力，调来并州、豫州的粮食，在崤谷、渑池炫耀兵威，那么皇上统一天下的大业就全完了。眼下不如与燕国会合兵力来打退桓温。桓温撤退以后，燕国也就精疲力竭了，然后我们趁机攻取燕国，不是很好的事情吗！"苻坚听从了王猛的意见。八月，前秦主苻坚派将军苟池、洛州刺史邓羌率领步、骑兵二万人去救援前燕国，从洛阳出发，到颍川后驻扎。又派散骑侍郎姜抚出使前燕报告。任命王猛为尚书令。

前秦太子太傅封孚问于申胤说："桓温士兵强壮整齐，顺流直下，如今大军只在高岸上徘徊，兵不交锋，看不到取胜的迹象，事情将会怎样呢？"申胤说："以桓温今天的声势，似乎能有所作为，然而在我看来，肯定不会成就功业。为什么呢？晋室衰微软弱，桓温专擅国家权力，晋皇室的朝臣未必都与他同心同德。所以桓温的得志是众人所不愿看到的，他们必将从中阻挠以败坏他的事业。再说桓温倚仗着军队人数众多而骄傲，不善于应变。大军深入以后，正值有机可乘的时候，他反而让部队在中途徘徊，不出击争取胜利，指望相持下去，坐取全胜。如果运输误期，粮食断绝，衰落的威势就会如实地显露出来，肯定是不战自败，这是当然之理。"

东晋大将军桓温让前燕投降过来的人段思做向导，悉罗腾与桓温交战，活捉了段思。桓温让赵国的旧将李述带兵攻占过去的赵魏之地，悉罗腾又与虎贲中郎将染干津攻击并斩杀了他。桓温军队的士气低落。

当初，桓温让豫州刺史袁真攻打谯郡、梁国，开辟石门以使水运之路畅通，袁

而不能开石门，水运路塞。

九月，燕范阳王德帅骑一万、兰台治书侍御史刘当帅骑五千屯石门，豫州刺史李邽帅州兵五千断温粮道。当，佩之子也。德使将军慕容宙帅骑一千为前锋，与晋兵遇。宙曰：“晋人轻剽，怯于陷敌，勇于乘退，宜设饵以钓之。”乃使二百骑挑战，分余骑为三伏。挑战者兵未交而走，晋兵追之；宙帅伏以击之，晋兵死者甚众。

温战数不利，粮储复竭，又闻秦兵将至，丙申，焚舟，弃辎重、铠仗，自陆道奔还。以毛虎生督东燕等四郡诸军事，领东燕太守。

温自东燕出仓垣，凿井而饮，行七百余里。燕之诸将争欲追之，吴王垂曰：“不可，温初退惶恐，必严设警备，简精锐为后拒，击之未必得志，不如缓之。彼幸吾未至，必昼夜疾趋，俟其士众力尽气衰，然后击之，无不克矣。”乃帅八千骑徐行蹑其后。温果兼道而进。数日，垂告诸将曰：“温可击矣。”乃急追之，及温于襄邑。范阳王德先帅劲骑四千伏于襄邑东涧中，与垂夹击温，大破之，斩首三万级。秦苟池邀击温于谯，又破之，死者复以万计。孙元遂据武阳以拒燕，燕左卫将军孟高讨擒之。

冬，十月，己巳，大司马温收散卒，屯于山阳。温深耻丧败，乃归罪于袁真，奏免真为庶人，又免冠军将军邓遐官。真以温诬己，不服，表温罪状，朝廷不报。真遂据寿春叛降燕，且请救，亦遣使如秦。温以毛虎生领淮南太守，守历阳。

（以上为第二段，写东晋大将军桓温北伐，开始势如破竹，直达枋头，前燕非常恐惧，遣使向前秦求救；后燕兵反扑，形势急转直下，桓温大败，归罪于部将袁真，袁真据寿春叛降前燕。）

燕、秦既结好，使者数往来。燕散骑侍郎郝晷、给事黄门侍郎梁琛相继如秦。晷与王猛有旧，猛接以平生，问以东方之事。晷见燕政不修而秦大治，知燕将亡，阴欲自托于猛，颇泄其实。

琛至长安，秦王坚方畋于万年，欲引见琛，琛曰：“秦使至燕，燕

真攻克了谯郡、梁国，但没能开通石门，水运之路堵塞。

九月，前燕范阳王慕容德率领骑兵一万人、兰台侍御史刘当率领骑兵五千人驻扎在石门，豫州刺史李邽率领本州士兵五千人为截断桓温运粮的通道。刘当是刘佩的儿子。慕容德派将军慕容宙率领骑兵一千人作为前锋，与东晋的军队相遇，慕容宙说："晋人轻浮急躁，害怕攻入敌阵，勇于乘退追击，应该设诱饵以使他们上钩。"于是就让二百骑兵前去挑战，其他骑兵则分别埋伏在三处。去挑战的骑兵未交战就退逃，晋兵追击，慕容宙率领埋伏的骑兵展开攻击，晋兵战死的很多。

东晋大将军桓温交战屡屡失利，粮食储备又已空竭，又听说前秦国的军队将要到来，九月十九日丙申，焚烧了舟船，丢弃了装备、武器，从陆路往回逃奔。任命毛虎生督察东燕等四郡的各种军务，兼任东燕太守。

东晋大将军桓温从东燕郡出发一路到了仓垣，沿途掘井饮水，走了七百多里。前燕众将领都争着要追击桓温，吴王慕容垂说："不行，桓温刚刚溃退，惊恐未定，一定会严加戒备，选择精锐士兵来殿后，攻击他未必能遂愿，不如暂缓一下。他庆幸我们没有追上，一定会昼夜急行，等到他的士兵们力量耗尽，士气衰落，然后再去攻击他，攻无不克。"于是，慕容垂就率领八千骑兵跟在桓温的后边慢慢前进。桓温果然兼程行进。过了几天，慕容垂告诉众将领说："可以攻打桓温了。"于是就迅速追击，在襄邑追上了桓温。范阳王慕容德先率领精锐骑兵四千人埋伏在襄邑东面的山涧中，与慕容垂夹击桓温，桓温大败，被斩首三万多人。前秦人苟池在谯郡迎击桓温，又攻破了他，战死的士兵又数以万计。孙元乘机占据了武阳以与前燕抵抗，前燕左卫将军孟高讨伐并擒获了他。

冬季，十月，二十二日己巳，东晋大司马桓温收拢溃散的士兵，驻扎在山阳。桓温对遭受失败深感耻辱，于是就把罪过归咎于袁真，奏请罢免袁真为庶人，还奏请罢免冠军将军邓遐的官职。袁真认为桓温诬陷自己，不服，于是就进上奏书，陈述桓温的罪行。朝廷没有回音。袁真于是便占据寿春反叛，投降了前燕，请求前燕救援；也派遣使者到了前秦。桓温任命毛虎生兼任淮南太守，戍守历阳。

前燕、前秦缔结友好关系后，使者便频繁往来。前燕散骑侍郎郝晷、给事黄门侍郎梁琛相继到前秦。郝晷与王猛有旧交，王猛和他叙说往事，向他询问东边的事情。郝晷看到前燕朝政混乱而前秦天下大治，知道前燕将要灭亡暗中想依附于王猛，于是便泄露了很多实情。

前燕给事黄门侍郎梁琛抵达长安，前秦主苻坚正在万年打猎，要把梁琛带到这

之君臣朝服备礼，洒扫宫庭，然后敢见。今秦王欲野见之，使臣不敢闻命！”尚书郎辛劲谓琛曰：“宾客入境，唯主人所以处之，君焉得专制其礼！且天子称‘乘舆’；所至曰‘行在所’，何常居之有！又，《春秋》亦有遇礼，何为不可乎！”琛曰：“晋室不纲，灵祚归德，二方承运，俱受明命。而桓温猖狂，窥我王略，燕危秦孤，势不独立，是以秦主同恤时患，要结好援。东朝君臣，引领西望，愧其不竞，以为邻忧，西使之辱，敬待有加。今强寇既退，交聘方始，谓宜崇礼笃义以固二国之欢，若忽慢使臣，是卑燕也，岂修好之义乎！夫天子以四海为家，故行曰‘乘舆’，止曰‘行在’。今海县分裂，天光分曜，安得以‘乘舆’‘行在’为言哉！礼，不期而见曰‘遇’，盖因事权行，其礼简略，岂平居容与之所为哉！客使单行，诚势屈于主人，然苟不以礼，亦不敢从也。”坚乃为之设行宫，百僚陪位，然后延客，如燕朝之仪。

事毕，坚与之私宴，问：“东朝名臣为谁？”琛曰：“太傅上庸王评，明德茂亲，光辅王室；车骑大将军吴王垂，雄略冠世，折冲御侮；其余或以文进，或以武用，官皆称职，野无遗贤。”

琛从兄奕为秦尚书郎，坚使典客，馆琛于奕舍。琛曰：“昔诸葛瑾为吴聘蜀，与诸葛亮唯公朝相见，退无私面，余窃慕之。今使之即安私室，所不敢也。”乃不果馆。奕数来就邸舍，与琛卧起，间问琛东国事。琛曰：“今二方分据，兄弟并蒙荣宠，论其本心，各有所在。琛欲言东国之美，恐非西国之所欲闻；欲言其恶，又非使臣之所得论也。兄何用问为！”

坚使太子延琛相见。秦人欲使琛拜太子，先讽之曰：“邻国之君，犹其君也；邻国之储君，亦何以异乎！”琛曰：“天子之子视元士，欲其由贱以登贵也。尚不敢臣其父之臣，况他国之臣乎！苟无纯敬，则礼有往来，情岂忘恭，但恐降屈为烦耳。”乃不果拜。王猛劝坚留琛，坚不许。

里见面。梁琛说："秦国的使者到了燕国，燕国的君主臣下都穿好朝服，备好礼仪，打扫干净庭舍，然后才敢见面。如今秦王要在郊野会见我，使臣不敢听命！"尚书郎辛劲对梁琛说："宾客入境，只能是客随主便，你怎么能专断别人的礼仪呢！况且天子称为乘舆，所到的地方叫行在所，哪里有固定的居所呢！再说《春秋》当中也有路途相遇的礼节，又有什么不可以的呢？"梁琛说："晋室纲纪混乱，神明赐福归于有道，秦、燕二国继承天运，全都接受了神明的赐命。然而桓温猖狂无忌，窥视我们的王土，如果燕国遭受危险，秦国必然孤立，势必难以独立于世，所以秦国的主上和我们一样对时患感到忧虑，相邀结为友好，互相支援。我们燕国的君主臣下，翘首西望，深为燕国软弱、给邻国带来忧虑而惭愧，秦国的使臣前来相见，我们都十分尊敬地接待他。如今强敌已经后退，我们的交往刚刚开始，照我看应当崇尚礼仪，笃行大义，以加强两国的友好关系。如果忽视慢待使臣，就是看不起燕国，这难道是友好的象征吗？天子以四海为家，所以天子出行叫乘舆，停留叫行在。如今天下分裂，天光分照二国，怎么能以乘舆、行在作为托词呢？根据礼制，事先没有约定而偶然相见称为遇。因为这是顺便行事，所以礼节简略，难道是平常闲居在家时所应该遵奉的吗？使者只身单行，威势确实低于主人，但是假如不以礼相待，也不敢从命。"于是，苻坚就为梁琛设置行宫，让众多的官吏奉陪，然后才请客人前来，就像前燕的礼仪一样。

事情结束以后，前秦主苻坚又为梁琛摆设私宴，问道："燕国以贤能著称的大臣是谁？"梁琛说："太傅、上庸王慕容评，是有完美德行与才能的亲属，光大、辅佐王室；车骑大将军吴王慕容垂，勇武和谋略冠世，抗击敌人，抵御外侮；其他人有的以文才进身，有的以武略被用，官吏全都称职，民间没有被遗漏的贤能人才。"

梁琛的堂哥梁奕是前秦尚书郎，苻坚让他主管接待来客，他让梁琛住在梁奕的馆舍里。梁琛说："过去诸葛瑾为吴国出使蜀国，与诸葛亮只在办公事的朝堂上见面，退下朝堂后就没有个人的接触，我心里对此非常敬慕。如今我出使秦国就把我安置在私人的馆舍居住，这是我所不敢接受的。"于是，就没有居住。梁奕多次来到梁琛居住的馆舍，与梁琛共同起居，间或也向他询问前燕的事情。梁琛说："如今秦、燕二国分据，你我则同时在二国蒙受荣誉和宠信，然而要论本心，则各有向往。梁琛我想说燕国的好处，恐怕不是秦国人所想听的；你想让我说燕国的坏处，又不是使臣所应该说的。哥哥，你还何必问我呢？"

前秦主苻坚派太子去邀请梁琛见面。前秦人想让梁琛对太子行拜礼，事先含蓄地暗示他说："邻国的君主，就像自己的君主一样；邻国的太子，又有什么不同呢？"梁琛说："天子的儿子被视同于一般士人，希望他能由低贱进升到高贵。他自己尚且不敢以他父亲的臣下作为臣下，何况是别国的臣下呢！假如没有真诚的恭敬，

（以上为第三段，写前燕派使臣郝晷、梁琛出使前秦，郝晷欲依附王猛，透露前燕许多内情；梁琛凛然坚持互访国使抗礼相待，非常讲究礼节，不接受苻坚的野外接见，不对前秦太子行拜太子之礼，不辱使命。）

燕主暐遣大鸿胪温统拜袁真使持节、都督淮南诸军事、征南大将军、扬州刺史，封宣城公。统未逾淮而卒。

吴王垂自襄邑还邺，威名益振，太傅评愈忌之。垂奏“所募将士忘身立效，将军孙盖等椎锋陷陈，应蒙殊赏”。评皆抑而不行。垂数以为言，与评廷争，怨隙愈深。太后可足浑氏素恶垂，毁其战功，与评密谋诛之。太宰恪之子楷及垂舅兰建知之，以告垂曰：“先发制人，但除评及乐安王臧，余无能为矣。”垂曰：“骨肉相残而首乱于国，吾有死而已，不忍为也。”顷之，二人又以告，曰：“内意已决，不可不早发。”垂曰：“必不可弥缝，吾宁避之于外，余非所议。”

垂内以为忧，而未敢告诸子。世子令请曰：“尊比者如有忧色，岂非以主上幼冲，太傅疾贤，功高望重，愈见猜邪？”垂曰：“然。吾竭力致命以破强寇，本欲保全家国，岂知功成之后，返令身无所容。汝既知吾心，何以为吾谋？”令曰：“主上暗弱，委任太傅，一旦祸发，疾于骇机。今欲保族全身，不失大义，莫若逃之龙城，逊辞谢罪，以待主上之察，若周公之居东，庶几感寤而得还，此幸之大者也。如其不然，则内抚燕、代，外怀群夷，守肥如之险以自保，亦其次也。”垂曰：“善！”

十一月，辛亥朔，垂请畋于大陆，因微服出邺，将趋龙城。至邯郸，少子麟，素不为垂所爱，逃还告状，垂左右多亡叛。太傅评白燕主暐，遣西平公彊帅精骑追之，及于范阳，世子令断后，彊不敢逼。会日暮，令谓垂曰：“本欲保东都以自全，今事已泄，谋不及设，秦主方招延英杰，不如往归之。”垂曰：“今日之计，舍此安之！”乃散骑灭迹，傍南山复还邺，隐于赵之显原陵。俄有猎者数百骑四面而来，抗之则不能敌，逃之则无路，不知所为。会猎者鹰皆飞扬，众骑散去，垂乃杀白马以祭天，

则礼尚往来，我内心岂能忘记恭敬，只是怕屈身降格惹出许多麻烦来。”梁琛最终也没有对太子行拜礼。王猛劝苻坚留下梁琛，苻坚没有同意。

前燕主慕容暐派大鸿胪温统授予袁真使持节、都督淮南诸军事、征南大将军、扬州刺史，封为宣城公。结果温统没过淮河就死了。

前燕吴王慕容垂从襄邑返回邺城，威武的名声越发高涨，太傅慕容评也更加忌恨他。慕容垂上书说：“所招募的将士舍生忘死，建立战功，将军孙盖等人冲锋陷阵，应该受到特殊的奖赏。”慕容评全都压着不办。慕容垂多次陈说，与慕容评在朝廷争论，结果二人的怨恨隔阂更加深重。太后可足浑氏历来厌恶慕容垂，诋毁他的战功，与慕容评密谋要杀掉他。太宰慕容恪的儿子慕容楷以及慕容垂的舅舅兰建知道此事，便告诉了慕容垂，并说：“先发制人，只要除掉慕容评及乐安王慕容臧，其他的人就无能为力了。”慕容垂说：“骨肉互相残杀而带头在国家作乱，我只有一死而已，不忍心那样干。”过了不久，这两人又来报告，说：“可足浑氏已经下了决心，不能不早动手了。”慕容垂说：“如果一定不能消除隔阂的话，我宁愿到外边去躲避他们，其余的不是所要商议的。”

前燕吴王慕容垂内心十分忧虑，而又没敢告诉儿子们。长子慕容令恭敬地问道：“您近来好像面有忧色，难道不是因为主上年幼，太傅妒忌贤能，您功高望重，越来越被猜忌吗？”慕容垂说：“是这样。我竭尽全力，不惜生命打败了强敌，本来是想保全宗族与国家，岂知功业成就以后，反而使得自己无容身之处。你既然了解我的心思，将怎样为我谋划？”慕容令说：“主上昏庸而懦弱，将重任交给太傅，一旦灾祸发生，就会苦于猝不及防。如今想要保全宗族与自身，又不失大义，不如逃到龙城，以恭顺的言辞谢罪，等待主上明察，就像当年周公居东一样，也许主上能够有所感而觉悟，使您得以返还，如能这样，则是大幸。如果主上不这样做，您则可以对内安抚燕代之地，对外怀柔群夷部族，坚守肥如之险以自我保全，这也是等而次之的办法。”慕容垂说：“好！”

十一月，辛亥朔（疑误），前燕吴王慕容垂请求到大陆打猎，因此换上便装出了邺城，准备到龙城去。到达邯郸后，小儿子慕容麟因为慕容垂平时不喜欢他，跑回去告了状，慕容垂周围的人大多都逃跑背叛。太傅慕容评把此事告诉了前燕国主慕容暐，并派西平公慕容强率领精锐骑兵追赶，到范阳后追了上去。长子慕容令在慕容垂后面掩护，所以慕容强也不敢逼近。这时正好太阳落山，慕容令对慕容垂说：“本来想守住东都龙城以自我保全，如今事情已经泄露，计谋来不及实施了。前秦国主正在广招英杰，不如前去归附他。”慕容垂说：“如今来谋划，舍此还能去哪里

且盟从者。

世子令言于垂曰："太傅忌贤疾能，构事以来，人尤忿恨。今邺城之中，莫知尊处，如婴儿之思母，夷、夏同之，若顺众心，袭其无备，取之如指掌耳。事定之后，革弊简能，大匡朝政，以辅主上，安国存家，功之大者也。今日之便，诚不可失，愿给骑数人，足以办之。"垂曰："如汝之谋，事成诚为大福，不成悔之何及！不如西奔，可以万全。"子马奴潜谋逃归，杀之而行。至河阳，为津吏所禁，斩之而济。遂自洛阳与段夫人、世子令、令弟宝、农、隆、兄子楷、舅兰建、郎中令高弼俱奔秦，留妃可足浑氏于邺。乙泉戍主吴归追及于阌乡，世子令击之而退。

初，秦王坚闻太宰恪卒，阴有图燕之志，惮垂威名，不敢发。及闻垂至，大喜，郊迎，执手曰："天生贤杰，必相与共成大功，此自然之数也。要当与卿共定天下，告成岱宗，然后还卿本邦，世封幽州，使卿去国不失为子之孝，归朕不失事君之忠，不亦美乎！"垂谢曰："羁旅之臣，免罪为幸；本邦之荣，非所敢望！"坚复爱世子令及慕容楷之才，皆厚礼之，赏赐巨万，每进见，属目观之。关中士民素闻垂父子名，皆向慕之。王猛言于坚曰："慕容垂父子，譬如龙虎，非可驯之物，若借以风云，将不可复制，不如早除之。"坚曰："吾方收揽英雄，以清四海，奈何杀之！且其始来，吾已推诚纳之矣，匹夫犹不弃言，况万乘乎！"乃以垂为冠军将军，封宾徒侯，楷为积弩将军。

（以上为第四段，写前燕太傅慕容评嫉妒吴王慕容垂，对随慕容垂立功者不予奖赏，二人隔阂加深。慕容评又与太后密谋诛杀慕容垂，消息泄露，慕容垂投奔前秦，得到重用。）

燕魏尹范阳王德素与垂善，及车骑从事中郎高泰，皆坐免官。尚书

呢！”于是，他们就遣散骑兵，消除痕迹，沿着南山又返回了邺城，隐藏在后赵主石虎的显原陵。不一会儿，有数百名骑着马打猎的人从四面奔来。抵抗，显然无法匹敌；逃跑，又无路可走，不知道该怎么办。恰好这时打猎人捕猎的老鹰全都飞走了，骑马打猎的人们也就散走了。慕容垂于是便杀掉了白马以祭祀上天，而且和跟随他的人对天盟誓。

长子慕容令向慕容垂进言说："太傅嫉贤妒能，自从谋划杀掉您以来，人们对他尤其愤恨。如今邺城里的民众，没有人知道您的去向，他们想念您就像婴儿想念母亲一样，夷夏百姓全都有此心情。如果能顺应民心，乘慕容评毫无防备对他进行袭击，擒获他易如反掌。事情成功以后，革除弊害，选拔贤能，大力整顿朝政，用以辅佐主上，安定国家，保全宗族，这是大功大德。如今这样的有利时机，实在不可丧失。愿您调给我骑兵数人，就足以办成此事。"慕容垂说："像你这样的计谋，事情如能成功，确实是大福，如果不成，后悔怎么来得及？不如向西逃奔，可以万无一失。"慕容垂儿子的马夫暗中谋划要逃跑回去，慕容垂杀掉了他们开始西行。到河阳后，被管理渡口的官吏挡住了，慕容垂杀掉了官吏后渡过了河。于是，慕容垂和段夫人，长子慕容令，慕容令的弟弟慕容宝、慕容农、慕容隆，哥哥的儿子慕容楷，舅舅兰建，郎中令高弼全都从洛阳逃奔到前秦，将妃子可足浑氏留在邺城。戍卫乙泉的首领吴归追到阌乡，长子慕容令将他击退。

当初，前秦主苻坚听说太宰慕容恪去世，暗中怀有图谋前燕的想法，只是因为惧怕慕容垂的威武名声，才没敢发兵。等到听说慕容垂来到后，十分高兴，亲自到郊外迎接，拉着慕容垂的手说："上天降于人世的贤杰，一定会相互携手共同成就大的功业，这是天然的气数。眼下重要的是与您共同平定天下，在泰山上告慰上天，然后把您的故国归还给您，世代封居幽州，使您离开故国不失掉作为儿子的孝顺，归依我也不失掉侍奉君主的忠诚，不也是很好的事情吗？"慕容垂谢罪说："寄居他人的臣下，能被免罪就是大幸，世居故国的殊荣，不是我所敢企望的！"苻坚又爱惜其长子慕容令以及慕容楷的才能，全都给他们以厚重的礼遇，赏赐数万，每当他们进见，苻坚都注目端详他们。关中的士人百姓历来知道慕容垂父子的名声，全都向往倾慕他们。王猛对苻坚进言说："慕容垂父子，就像龙虎，不是能够驯服驾驭的人，如果他们得到风云际会的机会，那将无法控制，不如尽早把他们除掉。"苻坚说："我正要招揽各路英雄以廓清四海，为什么要杀掉他们！况且他们刚刚到来，我已经诚心诚意地接纳了他们，庶民百姓尚不食言，何况是万乘之君呢！"于是，苻坚任命慕容垂为冠军将军，封为宾徒侯，任命慕容楷为积弩将军。

前燕魏尹范阳王慕容德平素与慕容垂关系很好，还有车骑从事中郎高泰，全都

右丞申绍言于太傅评曰："今吴王出奔，外口籍籍，宜征王僚属之贤者显进之，粗可消谤。"评曰："谁可者？"绍曰："高泰，其领袖也。"乃以泰为尚书郎。泰，瞻之从子；绍，胤之子也。

秦留梁琛月余，乃遣归。琛兼程而进，比至邺，吴王垂已奔秦。琛言于太傅评曰："秦人日阅军旅，多聚粮于陕东；以琛观之，为和必不能久。今吴王又往归之，秦必有窥燕之谋，宜早为之备。"评曰："秦岂肯受叛臣而败和好哉！"琛曰："今二国分据中原，常有相吞之志，桓温之入寇，彼以计相救，非爱燕也；若燕有衅，彼岂忘其本志哉！"评曰："秦主何如人？"琛曰："明而善断。"问王猛，曰："名不虚得。"评皆不以为然。琛又以告燕主暐，暐亦不然之。以告皇甫真，真深忧之，上疏言："苻坚虽聘问相寻，然实有窥上国之心，非能慕乐德义，不忘久要也。前出兵洛川，及使者继至，国之险易虚实，彼皆得之矣。今吴王垂又往从之，为其谋主；伍员之祸，不可不备。洛阳、太原、壶关，皆宜选将益兵，以防未然。"暐召太傅评谋之，评曰："秦国小力弱，恃我为援；且苻坚庶几善道，终不肯纳叛臣之言，绝二国之好，不宜轻自惊扰以启寇心。"卒不为备。

秦遣黄门郎石越聘于燕，太傅评示之以奢，欲以夸燕之富盛。高泰及太傅参军河间刘靖言于评曰："越言诞而视远，非求好也，乃观衅也。宜耀兵以示之，用折其谋。今乃示之以奢，益为其所轻矣。"评不从。泰遂谢病归。

是时，太后可足浑氏侵桡国政，太傅评贪昧无厌，货赂上流，官非才举，群下怨愤。尚书左丞申绍上疏，以为："守宰者，致治之本。今之守宰，率非其人，或武臣出于行伍，或贵戚生长绮纨，既非乡曲之选，又不更朝廷之职。加之黜陟无法，贪惰者无刑罚之惧，清修者无旌赏之劝。是以百姓困弊，寇盗充斥，纲颓纪紊，莫相纠摄。又官吏猥多，逾

坐罪被免官。尚书右丞申绍向太傅慕容评进言说:“如今吴王出走,外边的人议论纷纷,应该征召吴王僚属中的贤明者给予破格提升,大致可以消除人们的指责。”慕容评说:“谁可以呢?”申绍说:“高泰是他们的代表。”于是,任命高泰为尚书郎。高泰,是高瞻的侄子;申绍,是申胤的儿子。

前秦挽留了梁琛一个多月,才让他返回。梁琛兼程赶路,等到抵达邺城时,吴王慕容垂已经出走前秦。梁琛对太傅慕容评进言说:“秦国人每天检阅军队,在陕城以东储备了许多粮食,照我看来,与他们的和好一定不会长久。如今吴王又前去归附了他们,秦国一定会有窥视燕国的打算,应该及早防备。”慕容评说:“秦国怎么肯接受背叛之臣而破坏我们的和好关系呢?”梁琛说:“如今二国分别占据着中原,一直有互相吞并的志向。桓温入侵的时候,他们是有自己的打算前来救援,并不是爱护燕国。如果燕国出现灾祸,他们岂能忘记本来的志向呢!”慕容评说:“秦国主是一个什么样的人?”梁琛说:“明达而且善于决断。”慕容评又问王猛如何,梁琛说:“名不虚传。”慕容评对这样的说法全都不以为然。梁琛又把这些告诉了前燕国主慕容暐,慕容暐也不以为然;又告诉了皇甫真,皇甫真对此深感忧虑,上书说:“苻坚虽然不断派使者前来访问,但实际上却怀有窥探我国之心,他不是向往于道德大义,也不是不会忘记平时的和好之约的。由于以前他出兵洛川,以及使者的相继抵达,我们国家地形的险易,兵力的虚实,他已经都知道了。如今吴王慕容垂又前去归附,作为他的主谋,春秋时楚国的伍员带领吴国的军队攻入楚国那样的祸患,不能不防。洛阳、太原、壶关,都应该选择将领,增加兵力,以防患于未然。”慕容暐招来太傅慕容评商量此事,慕容评说:“秦国国小力弱,还要靠我们作为后援。而且苻坚大体上还能以友好的态度与邻国交往,最终也不会采纳叛臣的意见,断绝两国的和好。我们不应该轻举妄动,自我惊扰,以启发他们的进犯之心。”前燕最终没做防备。

前秦派黄门郎石越出使前燕,太傅慕容评向他显示自己的奢豪,想以此炫耀前燕的富裕程度。高泰以及太傅参军、河间人刘靖向慕容评进言说:“石越嘴里说着荒诞之辞,眼睛窥视远方,不是来寻求和好的,而是来观察祸患的。应该炫耀兵力让他看,用以挫败他的阴谋。如今却向他显示奢豪,这就更被他所轻视了。”慕容评没有听从。高泰于是就称病辞谢回去了。

这时,太后可足浑氏干涉扰乱国家的政事,太傅慕容评贪得无厌,财货贿赂流入上层,官员不按才能选拔,群臣百官一片怨恨愤怒。尚书左丞申绍上书,认为:“郡县地方官吏,是实现天下大治的根本。如今的地方官,大约都是任非其人,有的武臣就出自军队,有的贵戚就生长于富贵人家,既不是经由乡里选举,又不曾经历朝廷的职务,再加上提升罢免毫无准则,贪婪懒惰者没有遭受刑罚的畏惧,清廉勤

于前世，公私纷然，不胜烦扰。大燕户口，数兼二寇，弓马之劲，四方莫及，而比者战则屡北，皆由守宰赋调不平，侵渔无已，行留俱窘，莫肯致命故也。后宫之女四千余人，僮侍厮役尚在其外，一日之费，厥直万金；士民承风，竞为奢靡。彼秦、吴僭僻，犹能条治所部，有兼并之心，而我上下因循，日失其序。我之不修，彼之愿也。谓宜精择守宰，并官省职，存恤兵家，使公私两遂，节抑浮靡，爱惜用度，赏必当功，罚必当罪。如此，则温、猛可枭，二方可取，岂特保境安民而已哉！又，索头什翼犍疲病昏悖，虽乏贡御，无能为患，而劳兵远戍，有损无益。不若移于并土，控制西河，南坚壶关，北重晋阳，西寇来则拒守，过则断后，犹愈于戍孤城、守无用之地也。”疏奏，不省。

（以上为第五段，写前燕主慕容暐幼弱，太宰慕容评专权，才非所任，国人离心，正一步步滑向灭亡的深渊，梁琛、高泰、刘靖、申绍纷纷建策，一概不听。）

辛丑，丞相昱与大司马温会涂中，以谋后举，以温世子熙为豫州刺史、假节。

初，燕人许割虎牢以西赂秦，晋兵既退，燕人悔之，谓秦人曰：“行人失辞。有国有家者，分灾救患，理之常也。”秦王坚大怒，遣辅国将军王猛、建威将军梁成、洛州刺史邓羌帅步骑三万伐燕。十二月，进攻洛阳。

大司马温发徐、兖州民筑广陵城，徙镇之。时征役既频，加之疫疠，死者什四五，百姓嗟怨。秘书监太原孙盛作《晋春秋》，直书时事。大司马温见之，怒，谓盛子曰：“枋头诚为失利，何至乃如尊君所言！若此史遂行，自是关君门户事！”其子遽拜谢，请改之。时盛年老家居，性方严，有轨度，子孙虽斑白，待之愈峻。至是，诸子乃共号泣稽颡，请为百口切计。盛大怒，不许。诸子遂私改之。盛先已写别本，传之外国。及孝武帝购求异书，得之于辽东人，与见本不同，遂两存之。

（以上为第六段，写前秦与前燕交恶，当初前燕许诺将虎牢以西之地给前秦，后来反悔，赖皮，前秦主苻坚大怒，派辅国将军王猛率领重兵攻打前燕，进军洛阳。）

勉者没有获得奖赏的激励，所以百姓穷困凋敝，坏人盗贼充斥，政纲颓废，法度紊乱，没有人能够互相监督震慑。再加上官吏冗多，超过前代，公私纠葛，不胜其烦。大燕国的户数人口，数量相当于晋朝、秦国之和，武器战马的精良强劲，天下没有谁能比，然而近来屡战屡败，这全都是由于地方官吏征调赋税不公平，侵吞鱼肉无休无止，出征的和留下的全都窘困，没有人肯舍生战斗的缘故。朝廷后宫的嫔妃有四千多人，童仆、侍者、奴隶、差役尚不包括在内，一天的费用，就值万金。官吏百姓顺承这种风气，竞相奢侈浪费。秦国僭越封号，晋朝偏居一隅，尚且能有条不紊地治理国家，怀有兼并天下之心，而我们却上行下效因循陋习，越来越失去秩序。我们的混乱，正是他们的愿望。我认为应该精心选择地方长官，裁撤冗官冗职，安抚士兵家属，使公私双方都遂心顺意，抑止浮华靡费，珍惜支出费用，奖赏一定与功劳相称，刑罚一定与罪行相当。如此则桓温、王猛可以斩杀，晋朝、秦国也可以攻取，岂是保全国境、安定百姓而已！再说，索头人拓跋什翼犍老朽昏庸，虽然很少贡奉，但也没有能力作乱，而我们却劝勉士兵远征戍卫，这有损无益。不如将兵力调至并州，控制西河，在南面使壶关得以坚固，在北面使晋阳得到加强，西边的敌人来犯，则可以抵御防守，路过，则可以断其后路，这也胜于保卫孤城戍守无用之地。”奏书进上，没有回音。

十一月二十五日辛丑，东晋丞相司马昱和大司马桓温在涂中会面，共同商量以后的行动。任命桓温的长子桓熙为豫州刺史、假节。

当初，前燕人许诺把虎牢以西的地域割送给前秦，东晋的军队撤退以后，前燕人反悔了，对前秦人说：“那是派去的使者言辞失当。有国有家的人分担灾难救助祸患，这是常理。”前秦主苻坚勃然大怒，派遣辅国将军王猛、建威将军梁成、洛州刺史邓羌率领步、骑兵三万人讨伐前燕。十二月，进军攻打洛阳。

东晋大司马桓温征派徐州、兖州的百姓建筑广陵城，他迁往那里镇守。当时征调劳役已经很频繁，再加上瘟疫流行，死亡的人有十之四五，百姓们慨叹怨恨。秘书监孙盛著《晋春秋》，真实地记述了当时的事情。大司马桓温见到后很愤怒，对孙盛的儿子说：“在枋头确实是失利了，但哪至于像你父亲所说的那样！如果这部史书最终流行开来，自然是有关你家门户的事情！”孙盛的儿子急忙跪拜谢罪请求修改。当时孙盛年老居家，性格方正严肃，做事严守规矩准则，子孙们虽然也已头发半白，但孙盛对待他们却更为严厉。到这时，儿子们便一起痛哭叩首，请求他为整个家族百口人的生命着想。孙盛勃然大怒，没有答应。儿子们于是就私下做了修改。孙盛在此前已另外抄写了一部，并已传送到了其他国家。到东晋孝武帝求购珍本图书时，从辽东人手中得到了这部抄本，与当时所见的版本不同，于是二者并存。

五年（庚午，370年）

春，正月，己亥，袁真以梁国内史沛郡朱宪及弟汝南内史斌阴通大司马温，杀之。

秦王猛遗燕荆州刺史武威王筑书，曰："国家今已塞成皋之险，杜盟津之路，大驾虎旅百万，自轵关取邺都，金墉穷戍，外无救援，城下之师，将军所监，岂三百弊卒所能支也！"筑惧，以洛阳降，猛陈师受之。燕卫大将军乐安王臧城新乐，破秦兵于石门，执秦将杨猛。

王猛之发长安也，请慕容令参其军事，以为乡导。将行，造慕容垂饮酒，从容谓垂曰："今当远别，何以赠我？使我睹物思人。"垂脱佩刀赠之，猛至洛阳，赂垂所亲金熙，使诈为垂使者，谓令曰："吾父子来此，以逃死也。今王猛疾人如雠，谗毁日深，秦王虽外相厚善，其心难知。丈夫逃死而卒不免，将为天下笑。吾闻东朝比来始更悔悟，主、后相尤。吾今还东，故遣告汝。吾已行矣，便可速发。"令疑之，踌躇终日，又不可审覆。乃将旧骑，诈为出猎，遂奔乐安王臧于石门。猛表令叛状，垂惧而出走，及蓝田，为追骑所获。秦王坚引见东堂，劳之曰："卿家国失和，委身投朕。贤子心不忘本，犹怀首丘，亦各其志，不足深咎。然燕之将亡，非令所能存，惜其徒入虎口耳。且父子兄弟，罪不相及，卿何为过惧而狼狈如是乎！"待之如旧。燕人以令叛而复还，其父为秦所厚，疑令为反间，徙之沙城，在龙都东北六百里。

臣光曰：昔周得微子而革商命，秦得由余而霸西戎，吴得伍员而克强楚，汉得陈平而诛项籍，魏得许攸而破袁绍。彼敌国之材臣，来为己用，进取之良资也。王猛知慕容垂之心久而难信，独不念燕尚未灭，垂以材高功盛，无罪见疑，穷困归秦，未有异心，遽以猜忌杀之，是助燕为无道而塞来者之门也，如何其可哉！故秦王坚礼之以收燕望，亲之以尽燕情，宠之以倾燕众，信之以结燕心，未为过矣。猛何汲汲于杀垂，乃为市井鬻卖之行，有如嫉其宠而谗之者，

晋海西公太和五年（庚午，370年）

春季，正月二十四日己亥，袁真因为梁国内史沛郡人朱宪以及弟弟汝南内史朱斌暗通大司马桓温，把他们杀掉了。

前秦辅国将军王猛给前燕荆州刺史武威王慕容筑去信，说："秦国如今已占据了成皋的险关，切断了盟津的通道，秦王劲旅百万，从轵关攻取邺都，金墉城困厄戍守，外无救援，城下的军队将军您也看到了，岂是你三百疲惫士兵所能应付的！"慕容筑十分害怕，将洛阳献出，投降了前秦，王猛带领部队列阵接受慕容筑投降。前燕卫大将军乐安王慕容臧驻守新乐城，他在石门攻破了前秦的军队，抓获了前秦将领杨猛。

前秦辅国将军王猛发兵长安的时候，请慕容令参与军事行动，让他作为向导。将要出发时，慕容令到慕容垂那里喝酒，不慌不忙地对慕容垂说："值此远别之时，赠送我点什么东西呢？以使我见物思人。"慕容垂解下佩刀赠送给了他。王猛抵达洛阳以后，贿赂慕容垂的亲信金熙，让他装作慕容垂的使者，对慕容令说："我们父子来到这里是因为要逃避一死。如今王猛憎恨我们如同仇敌，谗言诋毁日益深重，秦王虽然表面上对我们仁厚友善，但内心难知。大丈夫逃避死难而最终却不能幸免，将被天下人耻笑。我听说燕朝近来开始幡然悔悟，国主、王后相互自责过错，我现在要返回燕国，所以派使者去告诉你。我已经上路了，你有机会也可以迅速出发。"慕容令对此十分怀疑，整整一天犹豫不决，但又无法去核实。于是就带领着他过去的随从，谎称外出打猎，逃到石门，投奔乐安王慕容臧。王猛上书陈述慕容令叛逃的罪行，慕容垂因为害怕也出逃了。逃至蓝田，被追赶的骑兵擒获。前秦王苻坚在东堂召见他，安慰他说："你因为自家朝廷争斗，委身投靠于我。贤人心不忘本，仍然怀念故土，这也是人各有志，不值得深究。然而燕国行将灭亡，不是慕容令所能拯救的，可惜的只是他白白地进了虎口而已。况且父子兄弟，罪不株连，你为什么过分惧怕而狼狈到如此地步呢？"苻坚对待慕容垂同过去一样。前燕人因为慕容令是背叛后又返回，他的父亲又被前秦所厚待，便怀疑他是派回来的奸细，把他迁移到沙城，此地在龙都东北六百里处。

臣司马光评论说：过去周朝得到了微子而革殷商之命，秦国得到了由余而称霸西戎，吴国得到了伍员而攻克强楚，汉王得到了陈平而诛杀项籍，魏国得到了许攸而大破袁绍。那些敌国的贤能之臣，投奔过来后以为己用，这是进攻取胜的良好凭借。王猛知道慕容垂的心，时间一久就难以信任，偏偏不考虑燕国尚未消灭，慕容垂因为才能杰出、功勋卓著，无罪而被怀疑，穷困无路，才归依秦国，并没有异端之心，而竟要因为猜忌杀害他，这是帮助燕国施行无道而向投奔者关闭门户，这怎么能行呢！所以秦王苻坚以礼对待慕容垂，用

岂雅德君子所宜为哉！

（以上为第七段，写前秦辅国将军王猛征讨前燕，借刀杀人，用“金刀计”离间慕容垂父子，诱使慕容令投奔前燕乐安王慕容臧，又劝苻坚杀害慕容垂，这件事做得非常不光彩，司马光予以讥评。）

乐安王臧进屯荥阳，王猛遣建威将军梁成、洛州刺史邓羌击走之，留羌镇金墉，以辅国司马桓寅为弘农太守，代羌戍陕城而还。

秦王坚以王猛为司徒、录尚书事，封平阳郡侯。猛固辞曰：“今燕、吴未平，戎车方驾，而始得一城，即受三事之赏，若克殄二寇，将何以加之！”坚曰：“苟不暂抑朕心，何以显卿谦光之美！已诏有司权听所守。封爵酬庸，其勉从朕命！”

二月，癸酉，袁真卒。陈郡太守朱辅立真子瑾为建威将军、豫州刺史，以保寿春，遣其子乾之及司马爨亮如邺请命。燕人以瑾为扬州刺史，辅为荆州刺史。

三月，秦王坚以吏部尚书权翼为尚书右仆射。夏，四月，复以王猛为司徒、录尚书事。猛固辞，乃止。

燕、秦皆遣兵助袁瑾，大司马温遣督护竺瑶等御之。燕兵先至，瑶等与战于武丘，破之。南顿太守桓石虔克其南城。石虔，温之弟子也。

秦王坚复遣王猛督镇南将军杨安等十将步骑六万以伐燕。

慕容令自度终不得免，密谋起兵，沙城中谪戍士数千人，令皆厚抚之。五月庚午，令杀牙门孟妫。城大涉圭惧，请自效。令信之，引置左右。遂帅谪戍士东袭威德城，杀城郎慕容仓，据城部署，遣人招东西诸戍，翕然皆应之。镇东将军勃海王亮镇龙城，令将袭之；其弟麟以告亮，亮闭城拒守。癸酉，涉圭因侍直击令，令单马走，其党皆溃。涉圭追令至薛黎泽，擒而杀之，诣龙城白亮。亮为诛涉圭，收令尸而葬之。

以招揽燕国人；亲近慕容垂，用以断绝燕国对他的情义；宠爱慕容垂，用以吸引燕国的百姓；信任慕容垂，用以结交燕国人的心，这些都不过分。王猛为什么要一心想着杀慕容垂，竟然干出了市井叫卖者的欺骗勾当，就像嫉妒别人得宠进而就用谗言加以诋毁的人一样，这难道是具有高尚道德的君子应该干的事情吗？

前燕乐安王慕容臧进军驻扎在荥阳，王猛派建威将军梁成、洛州刺史邓羌打跑了他，留下邓羌镇守金墉，任命辅国司马桓寅为弘农太守，代替邓羌戍守陕城，然后王猛返回。

前秦主苻坚任命王猛为司徒，录尚书事，封为平阳郡侯。王猛固执地辞让，说："如今燕、晋尚未平定，战车正在行驶，刚刚攻下了一城，我就接受了三公这样的奖赏，如果攻克了燕、晋二敌，那将再怎样奖赏呢？"苻坚说："我假如不暂时有所让步，何以显示出你谦虚风范的光彩！我已下令有关部门暂且就保持你现在的职位，至于赐封爵位是酬劳战功，你就勉为其难，服从我的决定吧！"

二月二十八日癸酉，袁真去世。陈郡太守朱辅拥立袁真的儿子袁瑾为建威将军、豫州刺史，以保全寿春，派他的儿子朱乾之及司马爨亮到邺城请求指令。前燕人任命袁瑾为扬州刺史，朱辅为荆州刺史。

三月，前秦王苻坚任命吏部尚书权翼为尚书右仆射。夏季，四月，又任命王猛为司徒，录尚书事。王猛坚决推辞，这才作罢。

前燕、前秦全都派兵帮助袁瑾，大司马桓温派督护竺瑶等抵御他们。前燕的军队先到达，竺瑶等与他们在武丘交战，攻破了他们。南顿太守桓石虔攻下了寿春的南城。桓石虔是桓温弟弟的儿子。

前秦主苻坚又派王猛督领镇南将军杨安等十名将领的步、骑兵六万人攻打前燕国。

慕容令自己推测最终也不能免祸，密谋起兵反叛。沙城中被贬来戍守的士兵有数千人，慕容令全都优厚地安抚他们。五月庚午，慕容令杀掉了衙官孟妫，任城大职的涉圭害怕了，自动请求效忠。慕容令相信了他，把他安置在自己身边。于是慕容令便率领被贬戍守沙城的士兵东进，袭击威德城，杀掉了城郎慕容仓，占据沙城，部署兵力，派人征召驻扎在东西各处的士兵，他们全都欣然响应。镇东将军渤海王慕容亮镇守龙城，慕容令准备袭击他。他的弟弟慕容麟将这一消息告诉了慕容亮，慕容亮紧闭城门抵御固守。癸酉日，涉圭利用当班侍卫的机会攻击慕容令，慕容令只身匹马逃走，他的同党全都溃散。涉圭追赶慕容令到薛黎泽，擒获并斩杀了他，然后到龙城向慕容亮报告。慕容亮为此杀了涉圭，收葬了慕容令的尸体。

六月，乙卯，秦王坚送王猛于灞上，曰：“今委卿以关东之任，当先破壶关，平上党，长驱取邺，所谓‘疾雷不及掩耳’。吾当亲督万众，继卿星发，舟车粮运，水陆俱进，卿勿以为后虑也。”猛曰：“臣杖威灵，奉成算，荡平残胡，如风扫叶，愿不烦銮舆亲犯尘雾，但愿速敕所司部置鲜卑之所。”坚大悦。

秋，七月，癸酉朔，日有食之。

秦王猛攻壶关，杨安攻晋阳。八月，燕主暐命太傅上庸王评将中外精兵三十万以拒秦。暐以秦寇为忧，召散骑侍郎李凤、黄门侍郎梁琛、中书侍郎乐嵩问曰：“秦兵众寡何如？今大军既出，秦能战乎？”凤曰：“秦国小兵弱，非王师之敌，景略常才，又非太傅之比，不足忧也。”琛、嵩曰：“胜败在谋，不在众寡。秦远来为寇，安肯不战！且吾当用谋以求胜，岂可冀其不战而已乎！”暐不悦。王猛克壶关，执上党太守南安王越，所过郡县，皆望风降附。燕人大震。

黄门侍郎封孚问司徒长史申胤曰：“事将何如？”胤叹曰：“邺必亡矣，吾属今兹将为秦虏。然越得岁而吴伐之，卒受其祸。今福德在燕，秦虽得志，而燕之复建，不过一纪耳。”

大司马温自广陵帅众二万讨袁瑾，以襄城太守刘波为淮南内史，将五千人镇石头。波，隗之孙也。癸丑，温败瑾于寿春，遂围之。燕左卫将军孟高将骑兵救瑾，至淮北，未渡，会秦伐燕，燕召高还。

广汉妖贼李弘，诈称汉归义侯势之子，聚众万余人，自称圣王，年号凤凰。陇西人李高，诈称成主雄之子，攻破涪城，逐梁州刺史杨亮。九月，益州刺史周楚遣子琼讨高，又使琼子梓潼太守虓讨弘，皆平之。

（以上为第八段，写前秦主苻坚亲自定下攻打前燕的作战计划，先攻壶关，平定上党，然后长驱直入夺取邺城；东晋大司马桓温率军在寿春打败反叛的袁瑾。）

秦杨安攻晋阳，晋阳兵多粮足，久之未下。王猛留屯骑校尉苟长戍壶关，引兵助安攻晋阳，为地道，使虎牙将军张蚝帅壮士数百潜入城中，大呼斩关，纳秦兵。辛巳，猛、安入晋阳，执燕并州刺史东海王庄。太傅评畏猛不敢进，屯于潞川。冬，十月，辛亥，猛留将军武都毛当戍晋

六月十二日乙卯，前秦主苻坚在灞上为王猛送行，说：“如今把关东的重任委托给你，你应当先攻破壶关，平定上党，长驱直入夺取邺城，此所谓‘迅雷不及掩耳’。我要亲自督帅数以万计的士兵，紧随你星夜出发，车船运粮，水陆并进，你不必再有后顾之忧。”王猛说：“我仰仗您的声威，遵奉您成熟的计划，涤荡残胡，如风扫落叶，希望不必麻烦您的车乘亲自披尘出征，只愿您能尽快命令有关部门预先安排好鲜卑的官府。”苻坚听后十分高兴。

秋季，七月初一癸酉朔，出现日食。

前秦王猛攻打壶关，杨安攻打晋阳。八月，前燕主慕容暐命令太傅上庸王慕容评统率宫廷内外的精兵三十万人以抵抗前秦。慕容暐对前秦的进犯深以为忧，招来散骑侍郎李凤、黄门侍郎梁琛、中书侍郎乐嵩问道：“秦国的兵力到底有多少？如今大军已经出发，秦国能够交战吗？”李凤说：“秦国国小兵弱，不是王师的对手；王猛是一般的人，又无法与太傅相比，不值得忧虑。”梁琛、乐嵩说：“胜败在于谋略，不在于兵力多寡。秦国远道而来进犯，怎么肯不交战呢！再说我们应当用谋略以求胜，怎么能希望他仅仅不交战就行了呢！”慕容暐不高兴。王猛攻克壶关，抓获了上党太守南安王慕容越，所经过的郡县，全都闻风归附投降。前燕人十分震惊。

黄门侍郎封孚问司徒长史申胤说：“事情将会如何？”申胤叹息道：“邺城必定灭亡，我们如今将要被秦国俘虏了。然而越国占有岁星，吴国讨伐他们，最终还是要自食其祸。如今福气与道德在燕国，秦国虽然一时得志，但燕国的复兴不会超过十二年。”

东晋大司马桓温从广陵出发率领二万士兵攻打袁瑾，任命襄城太守刘波为淮南内史，统领五千人镇守石头城。刘波，是刘隗的孙子。八月十一日癸丑，桓温在寿春打败了袁瑾，于是，就包围了他。前燕左卫将军孟高统领骑兵救援袁瑾，到达淮河以北，尚未渡河，恰逢前秦攻打前燕，前燕便召孟高返回。

广汉的妖贼李弘，诈称是成汉归义侯李势的儿子，聚集了士兵一万多人，自称圣王，定年号为凤凰。陇西人李高，诈称是成汉主李雄的儿子，攻破了涪城，驱逐了梁州刺史杨亮。九月，益州刺史周楚派儿子周琼攻打李高，又派周琼的儿子梓潼太守周虓攻打李弘，把他们全都平定。

前秦杨安攻打晋阳，晋阳兵多粮足，久攻不下。王猛留下屯骑校尉苟长戍守壶关，自己带兵帮助杨安攻打晋阳。他们挖了地道，让虎牙将军张蚝率领勇士数百人潜入城中，大声呼喊着冲破了关卡，接秦兵入城。九月初十辛巳，王猛、杨安进入晋阳城，抓获了前燕并州刺史东海王慕容庄。太傅慕容评惧怕王猛，不敢继续前进，

阳，进兵潞川，与慕容评相持。

壬戌，猛遣将军徐成觇燕军形要，期以日中，及昏而返，猛怒，将斩之。邓羌请之曰："今贼众我寡，诘朝将战，成，大将也，宜且宥之。"猛曰："若不杀成，军法不立。"羌固请曰："成，羌之郡将也，虽违期应斩，羌愿与成效战以赎之。"猛弗许。羌怒，还营，严鼓勒兵，将攻猛。猛问其故，羌曰："受诏讨远贼，今有近贼，自相杀，欲先除之！"猛谓羌义而有勇，使语之，曰："将军止，吾今赦之。"成既免，羌诣猛谢。猛执其手曰："吾试将军耳，将军于郡将尚尔，况国家乎，吾不复忧贼矣！"

太傅评以猛悬军深入，欲以持久制之。评为人贪鄙，鄣固山泉，鬻樵及水，积钱帛如丘陵，士卒怨愤，莫有斗志。猛闻之，笑曰："慕容评真奴才，虽亿兆之众不足畏，况数十万乎！吾今兹破之必矣。"乃遣游击将军郭庆帅骑五千，夜从间道出评营后，烧评辎重，火见邺中。燕主暐惧，遣侍中兰伊让评曰："王，高祖之子也，当以宗庙社稷为忧，奈何不抚战士而榷卖樵水，专以货殖为心乎！府库之积，朕与王共之，何忧于贫！若贼兵遂进，家国丧亡，王持钱帛欲安所置之！"乃命悉以其钱帛散之军士，且趋使战。评大惧，遣使请战于猛。

甲子，猛陈于渭源而誓之，曰："王景略受国厚恩，任兼内外，今与诸君深入贼地，当竭力致死，有进无退，共立大功，以报国家。受爵明君之朝，称觞父母之室，不亦美乎！"众皆踊跃，破釜弃粮，大呼竞进。

猛望燕兵之众，谓邓羌曰："今日之事，非将军不能破勍敌，成败之机，在兹一举，将军勉之！"羌曰："若能以司隶见与者，公勿以为忧。"猛曰："此非吾所及也，必以安定太守、万户侯相处。"羌不悦而退。俄而兵交，猛召羌，羌寝不应。猛驰就许之，羌乃大饮帐中，与张蚝、徐

驻扎在潞川。冬季，十月初十辛亥，王猛留下将军武都人毛当戍守晋阳，自己进军潞川，与慕容评相对峙。

十月二十一日壬戌，王猛派将军徐成去侦察前燕军队的布阵要略，要求他日到中天时返回，而他到了黄昏时分才回来。王猛大怒，要把他杀掉。邓羌向王猛请求说："如今敌众我寡，明天一早将要开战。徐成是大将，应该姑且宽恕他。"王猛说："如果不杀掉徐成，军法就无法确立。"邓羌坚持请求说："徐成是我邓羌本郡的将领，虽然说延误了期限应该斩首，但邓羌愿意和徐成一起效力决战以赎罪。"王猛不同意。邓羌大怒，回到军营，急促地敲响战鼓，率领着士兵，将要攻打王猛。王猛询问邓羌这样做的缘故，邓羌说："我们接受命令攻打远敌，现在却有近敌一味地要自相残杀，我想要先把他除掉！"王猛赞扬邓羌仗义而又勇敢，派人去告诉他说："将军别这样干了，我现在赦免徐成。"徐成获免以后，邓羌去到王猛那里谢罪。王猛拉着他的手说："我这是考验将军罢了，将军对本郡的将领尚且如此，何况是对国家呢，我不再忧虑敌人了！"

前燕太傅慕容评认为王猛孤军深入，想用持久对峙的办法来制服他。慕容评为人贪婪鄙俗，命令封山禁泉，自己则贩柴卖水，从中渔利，积攒的钱帛堆积如山，士兵们都怨恨愤慨，没有人心怀斗志。王猛听说后笑着说："慕容评真是个奴才，就是有再多的士兵也不值得害怕，何况只有数十万呢！我今天在这儿打败他是肯定的了。"于是就派游击将军郭庆率领五千骑兵，趁夜顺着小路出现在慕容评军营的后面，焚烧了他的轻重装备，火光在邺城中都能看到。前燕主慕容暐十分害怕，派侍中兰伊责备慕容评说："你是高祖慕容廆的儿子，应当为宗庙国家担忧，为什么不安抚战士反而贩柴卖水，只执迷于钱财呢？府库里的积蓄，我与你共享，哪里有什么贫穷可以忧虑！如果敌人最终进占，家国全都灭亡，你拥有钱帛又想往哪里放呢？"于是就命令把他的钱帛全部发给军中士兵，而且督促他出战。慕容评十分害怕，派使者去和王猛请战。

十月二十三日甲子，王猛在渭源布开战阵并告诫士兵们说："我王猛接受了国家的厚恩，肩负朝廷内外的重任，如今与诸君深入敌境，应当竭尽全力，殊死战斗，有进无退，共立大功，以报效国家。凯旋后接受贤明君主的封爵，在父母面前举杯庆祝，不也是很美妙的事情吗？"士兵全都踊跃争先，破釜弃粮，高声呼喊着竞相前进。

王猛望见前燕的兵力众多，对邓羌说："今天的战事，非将军不能攻破强大的敌人，成败的关键，在此一举，将军为此尽力吧！"邓羌说："如果能委任我为司隶校尉的话，您不必为此担心。"王猛说："这不是我所能做到的。我可保证任命你为安定太守、万户侯。"邓羌不高兴，退走了。不一会儿，双方军队交战，王猛召唤邓

成等跨马运矛，驰赴燕陈，出入数四，旁若无人，所杀伤数百。及日中，燕兵大败，俘斩五万余人，乘胜追击，所杀及降者又十万余人。评单骑走还邺。

崔鸿曰：邓羌请郡将以挠法，徇私也；勒兵欲攻王猛，无上也；临战豫求司隶，邀君也。有此三者，罪孰大焉！猛能容其所短，收其所长，若驯猛虎，驭悍马，以成大功。《诗》曰："采葑采菲，无以下体。"猛之谓矣！

（以上为第九段，写前秦司徒王猛率领大军孤军深入，发挥猛将邓羌之长，攻打前燕势如破竹；而前燕太宰慕容评畏惧不前、贪婪谋私，军心浮动，全军覆没，慕容评只身逃回邺城。）

秦兵长驱而东，丁卯，围邺。猛上疏称："臣以甲子之日，大歼丑类。顺陛下仁爱之志，使六州士庶，不觉易主，自非守迷违命，一无所害。"秦王坚报之曰："将军役不逾时，而元恶克举，勋高前古。朕今亲帅六军，星言电赴。将军其休养将士，以待朕至，然后取之。"

猛之未至也，邺旁剽劫公行，及猛至，远近帖然；号令严明，军无私犯，法简政宽，燕民各安其业，更相谓曰："不图今日复见太原王！"王猛闻之，叹曰："慕容玄恭，信奇士也，可谓古之遗爱矣！"设太牢以祭之。

十一月，秦王坚留李威辅太子守长安，阳平公融镇洛阳，自帅精锐十万赴邺，七日而至安阳，宴祖父时故老。猛潜如安阳谒坚，坚曰："昔周亚夫不迎汉文帝，今将军临敌而弃军，何也？"猛曰："亚夫前却人主以求名，臣窃少之。且臣奉陛下威灵，击垂亡之虏，譬如釜中之鱼，何足虑也！监国冲幼，鸾驾远临，脱有不虞，悔之何及！陛下忘臣灞上之言邪！"

初，燕宜都王桓帅众万余屯沙亭，为太傅评后继，闻评败，引兵屯内黄。坚使邓羌攻信都。

羌，邓羌沉默不答应。王猛驰马跑到邓羌身边，答应了委任他为司隶校尉的要求，邓羌于是就在军帐中畅怀大饮，然后与张蚝、徐成等跨上战马，挥舞战矛，奔向前燕军阵。四番出入，旁若无人，杀伤数百人。到中午时分，前燕军大败，被俘获斩首的有五万多人，前秦军乘胜追击，前燕士兵被斩杀和投降的又有十万多人。慕容评只身匹马逃回邺城。

崔鸿评论说：邓羌为本郡将领求情而扰乱军法，这是枉徇私情；想要率兵攻打王猛，这是目中无上；临战先要求委任司隶校尉，这是邀官求赏。有这三种行为，还有比这些更大的罪吗！王猛能容忍他的短处，利用他的长处，有如驯服猛虎，驾驭烈马，终成大功。《诗经》曰："藤蔓菁萝收进门，难道要叶不要根？"说的就是王猛啊！

前秦军队长驱东进，十月二十六日丁卯，包围了邺城。王猛上书称："我在二十三日甲子那天，痛歼敌人。顺承皇上仁爱的心志，使六州之内的官吏百姓，在不知不觉中就改换了君主，除非执着迷误、违背命令的人，对官吏百姓一无伤害。"前秦王苻坚回复王猛说："将军此次出战时间没有超过三个月，而首恶元凶已被攻下，功高前古。我现在亲自率领六军，星夜启程，火速赶赴。将军可以让士兵休整一下，等我赶到以后，再攻取邺城。"

王猛还没有抵达的时候，邺城周围有人公然抢劫，等到王猛来到后，远近秩序井然。王猛军令严明，部队秋毫无犯。他又简化法律，放宽政令，前燕的百姓安居乐业，都互相称颂说："没想到今天又见到了太原王慕容恪！"王猛听到这话后，感叹地说："慕容恪真是不同寻常的人，可以称得上是具有古代遗留下来的仁爱风范啊！"于是便设置太牢来祭奠他。

十一月，前秦主苻坚留下李威辅佐太子守卫长安，让阳平公苻融镇守洛阳，自己率领十万精锐士兵奔赴邺城，七天后到达了安阳，宴请祖父、父亲的故旧相识。王猛悄悄地来到安阳谒见苻坚，苻坚说："过去周亚夫不迎接汉文帝，如今将军面对敌人而抛下部队，为什么呢？"王猛说："周亚夫不迎接汉文帝是为了求取名声，我私下里很看不起他。而且我承奉皇上的声威，攻击行将灭亡的敌虏，就像釜中抓鱼，哪里值得多虑！太子年幼留守，君王乘舆远行，万一有不测，后悔莫及！皇上忘记了我在灞上所说的话了吗？"

当初，前燕宜都王慕容桓率领一万多士兵驻扎在沙亭，作为太傅慕容评的后继部队，听说慕容评失败后，他带兵移驻内黄。苻坚派邓羌攻打信都。

丁丑，桓帅鲜卑五千奔龙城。戊寅，燕散骑侍郎余蔚帅扶余、高句丽及上党质子五百余人，夜，开邺北门纳秦兵，燕主暐与上庸王评、乐安王臧、定襄王渊、左卫将军孟高、殿中将军艾朗等奔龙城。辛巳，秦王坚入邺宫。

慕容垂见燕公卿大夫及故时僚吏，有愠色。高弼言于垂曰："大王凭祖宗积累之资，负英杰高世之略，遭值迍厄，栖集外邦。今虽家国倾覆，安知其不为兴运之始邪！愚谓国之旧人，宜恢江海之量，有以慰结其心，以立覆篑之基，成九仞之功，奈何以一怒捐之，愚窃为大王不取也！"垂悦，从之。

燕主暐之出邺也，卫士犹千余骑，既出城，皆散，唯十余骑从行，秦王坚使游击将军郭庆追之。时道路艰难，孟高扶侍暐，经护二王，极其勤瘁，又所在遇盗，转斗而前。数日，行至福禄，依冢解息，盗二十余人猝至，皆挟弓矢，高持刀与战，杀伤数人。高力极，自度必死，乃直前抱一贼，顿击于地，大呼曰："男儿穷矣！"余贼从旁射高，杀之。艾朗见高独战，亦还趋贼，并死。暐失马步走，郭庆追及于高阳，部将巨武将缚之，暐曰："汝何小人，敢缚天子！"武曰："我受诏追贼，何谓天子！"执以诣秦王坚，坚诘其不降而走之状，对曰："狐死首丘，欲归死于先人坟墓耳。"坚哀而释之，令还宫，帅文武出降。暐称孟高、艾朗之忠于坚，坚命厚加敛葬，拜其子为郎中。

郭庆进至龙城，太傅评奔高句丽，高句丽执评，送于秦。宜都王桓杀镇东将军勃海王亮，并其众，奔辽东。辽东太守韩稠，先已降秦，桓至，不得入，攻之，不克。郭庆遣将军朱嶷击之，桓弃众单走，嶷获而杀之。

诸州牧守及六夷渠帅尽降于秦，凡得郡百五十七，户二百四十六万，口九百九十九万。以燕宫人、珍宝分赐将士。下诏大赦曰："朕以寡薄，猥承休命，不能怀远以德，柔服四维，至使戎车屡驾，有害斯民，虽百

十一月初六丁丑，前燕宜都王慕容桓率领五千鲜卑人逃奔龙城。初七戊寅，前燕散骑侍郎余蔚率领五百多扶余、高句丽及上党的人质，趁夜打开邺城北门让前秦的军队进入，前燕国主慕容暐与上庸王慕容评、乐安王慕容臧、定襄王慕容渊、左卫将军孟高、殿中将军艾朗等逃奔龙城。十一月初十辛巳，前秦王苻坚进入邺城的王宫。

慕容垂见到前燕的公卿大夫及过去的僚属官吏后，面有怒色。高弼向慕容垂进言说："大王依靠祖宗积累的成果，具有英明杰出的才能，遭遇挫折，滞留外域。如今虽然宗族国家倾覆，怎么知道这不是中兴之运的开始呢！我认为对国家的故旧元老，应该具有江海那样的宽广肚量，这样才能安慰取得大家的心，以奠定光复的基础，成就宏大的功业，为什么因愤怒而抛弃他们？我认为大王的态度不足取。"慕容垂高兴了，听从了他的意见。

前燕主慕容暐逃出邺城的时候，尚有一千多骑兵侍卫，等到出城以后，他们全都逃散，只有十多个骑兵跟随。前秦主苻坚让游击将军郭庆追击他们。当时道路艰难，孟高搀扶侍奉慕容暐，还要跑前跑后地保护乐安王慕容臧和定襄王慕容渊，竭尽辛劳。再加上途中遇上强盗，只得边打边走。几天以后，走到福禄，靠着坟墓休息时，有二十多个强盗突然来到，全都手持弓箭，孟高挥刀与他们搏斗，杀死杀伤了数人。孟高疲劳至极，自觉得必死无疑，于是就冲上前去抱住一个强盗，把他打倒在地，大喊道："男儿完了！"其他强盗从旁边向孟高射击，射死了他。艾朗看到孟高独自搏斗，也返回来冲向强盗，一并被射死了。慕容暐失去了马匹，只好步行，郭庆在高阳追上了他，部将巨武正要把他捆绑起来，慕容暐说："你是哪里的小人，胆敢捆绑天子！"巨武说："我接受命令追击盗贼，什么叫天子！"于是就押着他到了前秦王苻坚那里。苻坚责问慕容暐为什么不投降而逃跑，慕容暐回答说："狐狸要死在自己的洞穴，我想归葬于先人的墓地罢了。"苻坚为他感到悲哀，释放了他，命令他返回王宫，率领文武大臣出来投降。慕容暐向苻坚称颂孟高、艾朗的忠诚，苻坚命令对他们加以厚葬，提升他们的儿子为郎中。

郭庆继续前进抵达龙城，太傅慕容评逃奔到高句丽，高句丽拘捕了慕容评，把他送到前秦。宜都王慕容桓杀掉了镇东将军渤海王慕容亮，吞并了他的士兵，逃奔辽东。辽东太守韩稠，此前已经投降了前秦，慕容桓来到后，没能进入。攻打韩稠，没有攻下。郭庆派将军朱嶷攻打慕容桓，慕容桓丢下士兵只身逃跑，朱嶷擒获并斩杀了他。

前燕的各州州牧、太守以及六夷首领全都向前秦投降，前秦共得到一百五十七郡，二百四十六万户，九百九十九万人。苻坚将前燕的宫女、珍宝分别赏赐给众将士。下达大赦命令称："我以微薄之德，承受天命，不能以道义安抚远方的民众，以

姓之过，然亦朕之罪也。其大赦天下，与之更始。”

（以上为第十段，写前秦司徒王猛率领大军包围前燕都城邺城，前秦主苻坚率领十万大军赶来支援；前燕主慕容暐仓皇逃跑，被捉回，投降前秦，前燕灭亡。）

初，梁琛之使秦也，以侍辇苟纯为副。琛每应对，不先告纯，纯恨之，归言于燕主暐曰：“琛在长安，与王猛甚亲善，疑有异谋。”琛又数称秦王坚及王猛之美，且言秦将兴师，宜为之备。已而秦果伐燕，皆如琛言，暐乃疑琛知其情。及慕容评败，遂收琛系狱。秦王坚入邺而释之，除中书著作郎，引见，谓之曰：“卿昔言上庸王、吴王皆将相奇材，何为不能谋画，自使亡国？”对曰：“天命废兴，岂二人所能移也！”坚曰：“卿不能见几而作，虚称燕美，忠不自防，反为身祸，可谓智乎？”对曰：“臣闻‘几者动之微，吉之先见者也。’如臣愚暗，实所不及。然为臣莫如忠，为子莫如孝，自非有一至之心者，莫能保忠孝之始终。是以古之烈士，临危不改，见死不避，以徇君亲。彼知几者，心达安危，身择去就，不顾家国，臣就使知之，尚不忍为，况非所及邪！”

坚闻悦绾之忠，恨不及见，拜其子为郎中。

坚以王猛为使持节、都督关东六州诸军事、车骑大将军、开府仪同三司、冀州牧，镇邺，进爵清河郡侯，悉以慕容评第中之物赐之。赐杨安爵博平县侯；以邓羌为使持节、征虏将军、安定太守，赐爵真定郡侯；郭庆为持节、都督幽州诸军事、幽州刺史，镇蓟，赐爵襄城侯。其余将士封赏各有差。

坚以京兆韦钟为魏郡太守，彭豹为阳平太守，其余州县牧、守、令、长，皆因旧以授之。以燕常山太守申绍为散骑侍郎，使与散骑侍郎京兆韦儒俱为绣衣使者，循行关东州郡，观省风俗，劝课农桑，振恤穷困，收葬死亡，旌显节行。燕政有不便于民者，皆变除之。

十二月，秦王坚迁慕容暐及燕后妃、王公、百官并鲜卑四万余户于长安。

王猛表留梁琛为主簿，领记室督。他日，猛与僚属宴，语及燕朝使

怀柔征服天下，以致使战车屡屡出征，有害于百姓，虽然这是百姓的过错，然而也是我的罪行。现在大赦天下，与百姓一起从头开始。”

当初梁琛出使前秦的时候，以侍辇苟纯作为副手。梁琛每逢应酬对答，不事先告诉苟纯，苟纯很忌恨他，回来后告诉前燕国主慕容暐说：“梁琛在长安，与王猛非常亲密友好，我怀疑他有反叛的图谋。”梁琛又多次称赞前秦王苻坚及王猛的美善，而且说前秦将要起兵，对此应该防备。此后前秦果然攻打前燕，全都和梁琛所说的一样，慕容暐便怀疑梁琛知道实情。等慕容评失败以后，就将梁琛逮捕下狱。

前秦主苻坚进入邺城后释放了梁琛，授职中书著作郎，召见时对他说：“你过去就说上庸王慕容评、吴王慕容垂全都是不同寻常的将相之才，为什么不能出谋划策，情愿让国家灭亡？”梁琛回答说：“天命的废兴，难道是这两个人所能改变的？”苻坚说：“你没能洞察燕国危机的征兆而有所作为，还虚称燕国的美善，忠诚不能保全自己，反而招来灾祸，这能说是明智吗？”梁琛回答说：“我听说：‘所谓征兆是运动中的隐微苗头，是吉凶的事先表现。’像我这般愚昧实在无法洞察。然而作为臣下没有什么能与忠诚相比，作为儿子没有什么能与孝顺相比，没有一贯之心的人，不能始终保持忠和孝。所以古代的刚强之士，临危不改变初衷，见死不加以逃避，以此来殉身君主、父母。那些了解征兆的人，心知安危，便身择去留，不再顾及宗族国家，我即使知道征兆，尚且不忍心去做，何况了解征兆还是力不能及的呢？”

苻坚听说了悦绾的忠诚，只遗憾没能见到他，授予他的儿子郎中职务。

苻坚任命王猛为使持节、都督关东六州诸军事、车骑大将军、开府仪同三司、冀州牧，镇守邺城，晋升爵位为清河郡侯，将慕容评宅第中的东西全都赐给了他。赐封杨安博平县侯爵位。任命邓羌为使持节、征虏将军、安定太守，赐封真定郡侯爵位。任命郭庆为持节、都督幽州诸军事、幽州刺史，镇守蓟城，赐封襄城侯爵位。对其余将士的赐封奖赏各有等差。

苻坚任命京兆人韦钟为魏郡太守，彭豹为阳平太守，其余州县的牧、守、令、长，全都根据过去的人选加以任命。任命前燕的常山太守申绍为散骑侍郎，让他和散骑侍郎京兆人韦儒一起作为绣衣使者，巡视关东州郡，观察风俗民情，劝勉农耕蚕桑，赈济抚恤贫困，收敛安葬死者，表彰节义行为，前燕的政令有不利于百姓的，全都加以修改、废除。

十二月，前秦主苻坚把慕容暐以及前燕的王后、妃嫔、王公、百官连同四万多户鲜卑人，一起迁移到了长安。

王猛上书请求留下梁琛任主簿，兼记室督。有一天，王猛和僚属聚宴，说到了

者，猛曰："人心不同：昔梁君至长安，专美本朝；乐君但言桓温军盛；郝君微说国弊。"参军冯诞曰："今三子皆为国臣，敢问取臣之道何先？"猛曰："郝君知几为先。"诞曰："然则明公赏丁公而诛季布也。"猛大笑。

秦王坚自邺如枋头，宴父老，改枋头曰"永昌"，复之终世。甲寅，至长安，封慕容暐为新兴侯；以燕故臣慕容评为给事中，皇甫真为奉车都尉，李洪为驸马都尉，皆奉朝请；李邽为尚书，封衡为尚书郎，慕容德为张掖太守，燕国平睿为宣威将军，悉罗腾为三署郎；其余封署各有差。衡，裕之子也。

燕故太史黄泓叹曰："燕必中兴，其在吴王乎！恨吾老，不及见耳！"汲郡赵秋曰："天道在燕，而秦灭之，不及十五年，秦必复为燕有。"

慕容桓之子凤，年十一，阴有复雠之志，鲜卑、丁零有气干者皆倾身与之交结。权翼见而谓之曰："儿方以才望自显，勿效尔父不识天命！"凤厉色曰："先王欲建忠而不遂，此乃人臣之节。君侯之言，岂奖劝将来之义乎！"翼改容谢之，言于秦王坚曰："慕容凤慷慨有才器，但狼子野心，恐终不为人用耳。"

秦省雍州。

是岁，仇池公杨世卒，子纂立，始与秦绝。叔父武都太守统与之争国，起兵相攻。

（以上为第十一段，写前燕灭亡之后的善后，前秦主苻坚命王猛主管关东之事，妥善安置前燕王公贵族和郡守县令；史家预测前燕中兴，应在吴王慕容垂身上实现。）

燕朝的使者，王猛说："人心不同。过去梁琛到了长安，专门美化自己的朝廷；乐嵩只说桓温的军队强盛；郝晷暗地里说到了国家的弊端。"参军冯诞说："如今这三人全都成了前秦之臣，敢问您任用臣下的策略，应该优先考虑谁？"王猛说："郝晷能洞察隐微的征兆，应该优先。"冯诞说："那么您就是奖赏丁公而要诛杀季布。"王猛大笑。

前秦主苻坚从邺城到枋头，宴请父老，把枋头改称永昌，终世免除该地的赋税劳役。十二月十四日甲寅，苻坚抵达长安，封慕容暐为新兴侯，任命前燕旧臣慕容评为给事中，皇甫真为奉车都尉，李洪为驸马都尉，全都给予他们在春、秋朝见天子的资格。任命李邽为尚书，封衡为尚书郎，慕容德为张掖太守，前燕人平睿为宣威将军，悉罗腾为三署郎。对其他人的赐封任命各有等差。封衡是封裕的儿子。

原前燕太史黄泓叹息道："燕国一定能中兴，大概是在吴王慕容垂了！遗憾的是我已年老，来不及看到了！"汲郡人赵秋说："天道在燕，被秦国灭亡了，用不了十五年，秦国必定又为燕国所有。"

慕容桓的儿子慕容凤，年仅十一，暗中怀有复仇之志，鲜卑、丁零有才干的人全都俯身与他结交。权翼见到后对慕容凤说："小儿正以才能名望自我显露，不要效法你父亲不识天命！"慕容凤严厉地说："先父想建立忠诚而没能遂愿，这是作为人臣的节操；你所说的话难道是奖掖后辈的意思吗？"权翼脸色一变称谢离开，向前秦王苻坚进言说："慕容凤慷慨而有才能与气度，只是豺狼之子不可驯服，恐怕最终也不会被人所用。"

前秦取消了雍州建制。

这一年，仇池公杨世去世，儿子杨纂继位，开始与前秦国绝交。杨纂的叔父武都太守杨统与杨纂争夺封国，互相起兵攻打。

【点评】

前燕之亡。前燕国之立，向前追溯，始于公元337年辽东公慕容皝自立为燕王，建立前燕国。后来，击败了后赵国的二十万大军，解除了来自中原的压力，建都于龙城。公元352年，慕容儁称帝，建年号元玺，迁都于蓟。随后几年，平定了北方，后来定都于邺。公元370年，前秦消灭了前燕。建国三十四年的前燕，画上了句号。

前燕国曾经是北方最为强大的国家，当年国主慕容儁曾有消灭前秦、东晋，统一天下的雄心大志，要集结全国一百五十万的兵马，誓师出征，不久病笃而逝，其雄心大志转为泡影。而后慕容暐即位，太宰慕容恪辅政，国家还算安稳，等到慕容恪去世，慕容评辅政，形势便急转直下，仅仅三年多时间，前燕国便不复存在。其中成败得失值得认真回顾和思考。

首先，前燕主慕容暐没有治国才能，不能使国家强盛。慕容暐十一岁即位，政事委于太宰慕容恪，慕容恪有治国才干，国家安然无事。慕容恪病重去世，慕容评担任首辅，国家失去重心。此时的慕容暐仍担当不起治国的重任，慕容评无论是德行还是才能，都不可与慕容恪相比。史书记载，当时仆射悦绾上奏尽罢军封荫户，以释放人口，充实国家地方，慕容暐同意了，最终释放了二十多万户，令朝野震惊。可是，慕容评却十分不满，派人暗杀了悦绾。而慕容暐对慕容评这一做法没有任何说法，实际上是起了纵容作用。再者，慕容暐与母亲合谋，欲杀掉才能卓越的吴王慕容垂，结果导致慕容垂出走，使得前燕国没有得力的将军，前秦国肆无忌惮地出兵攻打。慕容暐对前秦国欲攻打、消灭前燕国这样事关国家存亡的大事，都是置若罔闻，放松戒备。

其次，首辅大臣慕容评工于心计，腐败无能，鱼肉百姓，贪婪误国，自毁江山，是导致前燕国灭亡的罪人。慕容评心胸狭窄，容不得才杰之士。吴王慕容垂打败东晋大将桓温，威名大振，慕容评非常忌恨。慕容垂为了奖励麾下将士，上书请示，给予立功将士奖赏，被慕容评压住不报。慕容垂大为不满，与慕容评相争而加深矛盾。太后可足浑氏也是个亡国的祸根，她素恨慕容垂，就毁其战功，与慕容评相谋，欲杀之而后快。再者，慕容评为人贪鄙，致使军心离散，不战而溃。当时，前秦军仅有六万，而慕容评率领前燕“倾国之兵”，号称三十万，却畏惧敌人不敢进攻，一面深沟高垒，一面将驻地附近的山林、泉水统统划为私人禁区，打柴、汲水的军民都要向他缴税。结果，将士因此丧失了斗志。连国主慕容暐也直言不讳地批评他不顾国家而“专以货殖为心”，实在愚不可及，倘若一味贪腐，导致军心涣散，最终国破家亡，这些聚敛来的财富，又如何能保得住？

最后，自古君王妒贤才，前燕国更是如此，吴王慕容垂的出走，是前燕国灭亡的关键性因素。慕容垂是慕容皝的第五个儿子，才兼文武，勇猛多谋，一生立下战

功无数，在东晋大将军桓温第三次北伐时，是慕容垂运用智谋将其彻底打败。可就是这样一次立功扬名的战斗，却给他带来杀身之祸。慕容垂原来叫慕容霸，受到父王的宠爱，哥哥慕容儁非常忌恨他。慕容霸小时候在骑马射猎时从马背上栽落倒地，磕掉牙齿。慕容儁即位后，将他改名为慕容䟦，后来因“䟦”字犯忌，又改其名为慕容垂。到慕容暐即位，他就与他的母亲合谋要杀掉慕容垂，结果慕容垂成功逃脱，前燕国失去慕容垂，前秦国终将其一举消灭。

晋纪二十五

晋简文帝咸安元年至晋孝武帝宁康三年（371—375年）

【起重光协洽（辛未，371年），尽旃蒙大渊献（乙亥，375年），凡五年】

【大事提要】

本卷记事起公元371年，讫公元375年，凡五年，当晋简文帝（司马昱）咸安元年至晋孝武帝（司马曜）宁康三年。本卷所载大事，主要有四个方面。其一，桓温废司马奕为海西公。东晋大将军桓温与参军郗超谋划废立之事，觉得皇帝司马奕没有什么过失，便以床笫私事予以诬陷，将其废掉，收回玺绶，降为东海王，次年降为海西公；桓温亲自前往会稽王府迎接丞相、会稽王司马昱，司马昱即皇帝位，改年号咸安，是为简文帝。桓温以大司马镇守姑孰，遥控朝政，直到去世。其二，司马昱去世，司马曜继立。东晋简文帝司马昱继位后，一切听命于大司马桓温，形同傀儡。公元372年病危，写下遗书，说："家国大事都要禀告大司马，要像刘禅对待诸葛亮一样敬重桓温。"其三，庾希聚众入京口。公元371年，大司马桓温诛杀殷、庾两大家族，庾希、庾邈幸免于难。次年，他们与已故青州刺史武沈之子武遵聚众，乘夜进入京口，庾希诈称受海西公司马奕密旨，前来诛杀大司马桓温。京师震动，后来桓温攻下京口，庾亮家族被消灭殆尽。其四，前秦王猛去世。前秦相国王猛年轻时以贩簸箕为生。桓温入关，他曾往见，扪虱而谈天下大势。后被苻坚召为谋士，受到信任和重用，亲率大军东征，灭亡前燕，而后留镇邺城，都督关东六州，后入朝为相。病重，建议苻坚不要攻打东晋，而应留心鲜卑等内患。

【原文】

太宗简文皇帝

咸安元年（辛未，371 年）

春，正月，袁瑾、朱辅求救于秦，秦王坚以瑾为扬州刺史，辅为交州刺史，遣武卫将军武都王鉴、前将军张蚝帅步骑二万救之。大司马温遣淮南太守桓伊、南顿太守桓石虔等击鉴、蚝于石桥，大破之，秦兵退屯慎城。伊，宣之子也。丁亥，温拔寿春，擒瑾及辅，并其宗族送建康，斩之。

秦王坚徙关东豪杰及杂夷十五万户于关中，处乌桓于冯翊、北地，丁零翟斌于新安、渑池。诸因乱流移，欲还旧业者，悉听之。

二月，秦以魏郡太守韦钟为青州刺史，中垒将军梁成为兖州刺史，射声校尉徐成为并州刺史，武卫将军王鉴为豫州刺史，左将军彭越为徐州刺史，太尉司马皇甫覆为荆州刺史，屯骑校尉天水姜宇为凉州刺史，扶风内史王统为益州刺史；秦州刺史、西县侯雅为使持节，都督秦、晋、凉、雍州诸军事，秦州牧；吏部尚书杨安为使持节，都督益、梁州诸军事，梁州刺史。复置雍州，治蒲阪，以长乐公丕为使持节、征东大将军、雍州刺史。成，平老之子；统，擢之子也。坚以关东初平，守令宜得人，令王猛以便宜简召英俊，补六州守令，授讫，言台除正。

三月，壬辰，益州刺史建成定公周楚卒。

秦后将军金城俱难攻兰陵太守张闵子于桃山，大司马温遣兵击却之。

秦西县侯雅、杨安、王统、徐成及羽林左监朱肜、扬武将军姚苌帅步骑七万伐仇池公杨纂。

代将长孙斤谋弑代王什翼犍，世子寔格之，伤胁，遂执斤，杀之。

夏，四月，戊午，大赦。

秦兵至鹫峡，杨纂帅众五万拒之。梁州刺史弘农杨亮遣督护郭宝、卜靖帅千余骑助纂，与秦兵战于峡中，纂兵大败，死者什三四，宝等亦没，纂收散兵遁还。西县侯雅进攻仇池，杨统帅武都之众降秦。纂惧，

【语译】

太宗简文皇帝

晋简文帝咸安元年（辛未，371 年）

春季，正月，反叛东晋的袁瑾、朱辅向前秦求救，前秦主苻坚任命袁瑾为扬州刺史，朱辅为交州刺史，派武卫将军武都人王鉴、前将军张蚝率领步、骑兵二万人前去救援。大司马桓温派淮南太守桓伊、南顿太守桓石虔等在石桥迎击王鉴、张蚝，把他们打得大败，前秦军队后退驻扎在慎城。桓伊是桓宣的儿子。正月十七日丁亥，桓温攻下了寿春，擒获了袁瑾及朱辅，连同他们的宗族亲属一起送往建康，杀掉了他们。

前秦主苻坚迁移关东豪杰及杂夷部族十五万户到关中地区，把乌桓人安置在冯翊、北地，把丁零人翟斌的部族安置在新安、渑池。众多因战乱而流离失所，如今想重归故里恢复旧业的人，全部听任他们自己的安排。

二月，前秦任命魏郡太守韦钟为青州刺史，中垒将军梁成为兖州刺史，射声校尉徐成为并州刺史，武卫将军王鉴为豫州刺史，左将军彭越为徐州刺史，太尉司马皇甫覆为荆州刺史，屯骑校尉天水人姜宇为凉州刺史，扶风内史王统为益州刺史；任命秦州刺史、西县侯苻雅为使持节，都督秦、晋、凉、雍各州诸军事及秦州牧；吏部尚书杨安为使持节，都督益、梁州诸军事，梁州刺史。重新设置雍州，治所为蒲阪，任命长乐公苻丕为使持节、征东大将军、雍州刺史。梁成是梁平老的儿子，王统是王擢的儿子。苻坚认为关东刚刚平定，郡守县令应该有合适的人选，于是就命令王猛根据具体情况选拔征召英俊杰出之士，充实六州的郡守县令，授官以后，上报朝廷正式任命。

三月二十三日壬辰，益州刺史建成定公周楚去世。

前秦后将军金城人俱难在桃山攻打兰陵太守张闵的儿子，大司马桓温派兵击退了他。

前秦西县侯苻雅、杨安、王统、徐成以及羽林左监朱肜、扬武将军姚苌率领步、骑兵七万人攻打仇池公杨纂。

代国将领长孙斤图谋杀掉代王拓跋什翼犍，世子拓跋寔攻打他，伤了两肋，但终于擒获了长孙斤，把他杀掉了。

夏季，四月二十日戊午，东晋实行大赦。

前秦军队抵达鹫峡，杨纂率领五万士兵抵御他们。梁州刺史弘农人杨亮派督护郭宝、卜靖率领一千多骑兵帮助杨纂，与前秦的军队在峡中交战，杨纂的军队大败，十之三四的人死亡，郭宝等人也战死，杨纂收罗了逃散的士兵逃了回去。西县侯苻

面缚出降，雅送纂于长安。以统为南秦州刺史，加杨安都督南秦州诸军事，镇仇池。

（以上为第一段，写袁瑾等反叛东晋，被攻灭；前秦消灭前燕后采取了一系列措施，迁移豪杰，简选人才，又派遣将领率领七万大军攻打仇池，灭之，改为南秦州。）

王猛之破张天锡于枹罕也，获其将敦煌阴据及甲士五千人。秦王坚既克杨纂，遣据帅其甲士还凉州，使著作郎梁殊、阎负送之，因命王猛为书谕天锡曰："昔贵先公称藩刘、石者，惟审于强弱也。今论凉土之力，则损于往时；语大秦之德，则非二赵之匹；而将军翻然自绝，无乃非宗庙之福也欤！以秦之威，旁振无外，可以回弱水使东流，返江、河使西注。关东既平，将移兵河右，恐非六郡士民所能抗也。刘表谓汉南可保，将军谓西河可全，吉凶在身，元龟不远，宜深算妙虑，自求多福，无使六世之业一旦而坠地也！"天锡大惧，遣使谢罪称藩。坚拜天锡使持节、都督河右诸军事、骠骑大将军、开府仪同三司、凉州刺史、西平公。

吐谷浑王辟奚闻杨纂败，五月，遣使献马千匹、金银五百斤于秦。秦以辟奚为安远将军、漒川侯。辟奚，叶延之子也，好学，仁厚无威断，三弟专恣，国人患之。长史锺恶地，西漒羌豪也，谓司马乞宿云曰："三弟纵横，势出王右，几亡国矣。吾二人位为元辅，岂得坐而视之！诘朝月望，文武并会，吾将讨焉。王之左右皆吾羌子，转目一顾，立可擒也。"宿云请先白王，恶地曰："王仁而无断，白之必不从，万一事泄，吾属无类矣。事已出口，何可中变！"遂于坐收三弟，杀之。辟奚惊怖，自投床下，恶地、宿云趋而扶之曰："臣昨梦先王敕臣云：'三弟将为逆，不可不讨。'故诛之耳。"辟奚由是发病恍惚，命世子视连曰："吾祸及同生，何以见之于地下！国事大小，任汝治之，吾余年残命，寄食而已。"遂以忧卒。

视连立，不饮酒游畋者七年，军国之事，委之将佐。锺恶地谏，以为人主当自娱乐，建威布德。视连泣曰："孤自先世以来，以仁孝忠恕相

雅进军攻打仇池，杨统率领武都的民众投降了前秦。杨纂十分害怕，两手反绑于身后出来投降，苻雅把他送到了长安。任命杨统为南秦州刺史，让杨安担任都督南秦州诸军事，镇守仇池。

王猛在枹罕攻破张天锡的时候，俘获了他的将领敦煌人阴据及披甲士兵五千人。前秦主苻坚平定了杨纂以后，派阴据率领他的披甲士兵返回凉州，让著作郎梁殊、阎负去送他们，顺便命令王猛写信告诉张天锡说："过去你的先公向刘曜、石勒称藩的原因只是考虑了力量的强弱。如今要论凉国的力量则不如过去；要说大秦的德威，也不是二赵所能匹敌，而将军却反而与秦国绝交，这恐怕不是祖先的福分吧！以秦国的威力，只要一动作就没有谁能够阻挡，可以让弱水掉头东流，让长江、黄河回流西向，关东既已平定，就将移师黄河以西，恐怕不是你六郡的士人百姓所能抵抗的。刘表说汉水以南可以自保，将军说黄河以西可以保全，凶吉祸福全都系于你身上，可以借鉴的往事并不遥远，你应该深思熟虑，自己多谋求一点福分，不要让六代人经营的大业毁于一旦！"张天锡十分害怕，派使者向前秦谢罪称藩。苻坚授予张天锡使持节、都督河右诸军事、骠骑大将军、开府仪同三司、凉州刺史、西平公。

吐谷浑王辟奚听说杨纂失败，五月，派使者向前秦进献一千匹马、五百斤金银。前秦任命辟奚为安远将军、漒川侯。辟奚是叶延的儿子，好学、待人仁慈宽厚，但缺乏威严决断，他的三个弟弟专权放纵，国人对他们都很厌恨。长史锺恶地是西漒羌族中有势力的人，他对司马乞宿云说："辟奚的三个弟弟横行无忌，权势高出了君王，快要亡国了。我们二人位居辅臣之首，岂能坐而视之！明天早晨日月相望，文官武将都要会集，我将要在那里攻打他们。国王周围全都是我们羌族子弟，只要我一使眼色，马上就可以擒获他们。"乞宿云请求先告诉国王，锺恶地说："国王仁慈而优柔寡断，告诉他一定不会同意，万一事情败露，我们就要被斩尽杀绝。事情已经说出来了，怎么能中途改变！"于是锺恶地按计划在座位上拘捕了辟奚的三个弟弟，把他们杀掉了。辟奚惊慌恐怖，躲到了床下，锺恶地、乞宿云上前扶起他说："臣昨晚梦见先王敕令臣说：'你的三个弟弟将要干叛逆之事，不能不攻打他们。'所以才把他们杀掉了。"辟奚因此得了病，神志不清，他告诉世子视连说："我祸及亲生弟弟，怎么能在地下与他们相见？国家的大小事情，听凭你去治理，我的余年残命，依附于你而已。"于是辟奚因忧郁而死亡。

视连继立，七年拒绝饮酒游猎，军队国家的事务，全都委托给将领、辅臣们处理。锺恶地劝他，认为人主应当自己欢娱行乐，建立威势，传布道德。视连哭泣着

承。先王念友爱之不终，悲愤而亡。孤虽纂业，尸存而已，声色游娱，岂所安也！威德之建，当付之将来耳。"

代世子寔病伤而卒。

秋，七月，秦王坚如洛阳。

代世子寔娶东部大人贺野干之女，有遗腹子，甲戌，生男，代王什翼犍为之赦境内，名曰"涉圭"。

大司马温以梁、益多寇，周氏世有威名，八月，以宁州刺史周仲孙监益、梁二州诸军事，领益州刺史。仲孙，光之子也。

秦以光禄勋李俨为河州刺史，镇武始。

王猛以潞川之功，请以邓羌为司隶。秦王坚下诏曰："司隶校尉，董牧皇畿，吏责甚重，非所以优礼名将。光武不以吏事处功臣，实贵之也。羌有廉、李之才，朕方委以征伐之事，北平匈奴，南荡扬越，羌之任也，司隶何足以婴之！其进号镇军将军，位特进。"

九月，秦王坚还长安。归安元侯李俨卒于上邽。坚复以俨子辩为河州刺史。

冬，十月，秦王坚如邺，猎于西山，旬余忘返。伶人王洛叩马谏曰："陛下群生所系，今久猎不归，一旦患生不虞，奈太后、天下何！"坚为之罢猎还宫。王猛因进言曰："畋猎诚非急务，王洛之言，不可忘也。"坚赐洛帛百匹，拜官箴左右，自是不复猎。

（以上为第二段，写前凉主张天锡在前秦王猛威逼下，向前秦称臣；吐谷浑王辟奚仁厚，三个弟弟专横，被属下所杀，他忧郁而死，儿子视连继立，连国家也不管了。）

大司马温，恃其材略位望，阴蓄不臣之志，尝抚枕叹曰："男子不能流芳百世，亦当遗臭万年！"术士杜灵，能知人贵贱，温问灵以禄位所至。灵曰："明公勋格宇宙，位极人臣。"温不悦。温欲先立功河朔以收时望，还受九锡。及枋头之败，威名顿挫。既克寿春，谓参军郗超曰："足以雪枋头之耻乎？"超曰："未也。"久之，超就温宿，中夜，谓温曰："明公都无所虑乎？"温曰："卿欲有言邪？"超曰："明公当天下重任，今以六十之年，败于大举，不建不世之勋，不足以镇惬民望！"温曰："然则奈何？"超曰："明公不为伊、霍之举者，无以立大威权，镇压四

说："我家从祖上以来，以仁孝忠恕相承续。先王念及友善仁爱没有贯彻到底，悲愤而死。我虽然继承王位，不过是空占着位置而已，岂敢安于声色娱乐！威势和道德的建立，只好交给后人吧！"

代国世子拓跋寔因伤势恶化而死亡。

秋季，七月，前秦主苻坚到洛阳。

代国世子拓跋寔娶东部大人贺野干的女儿为妻，他死时妻子怀有身孕，七月初七甲戌，生下一个儿子，代王拓跋什翼犍为此在境内实行大赦，给他起名叫涉珪。

大司马桓温考虑到梁州、益州多有寇贼，周氏则世代都有显赫的名声，八月，任命宁州刺史周仲孙监益、梁二州诸军事，兼任益州刺史。周仲孙，是周光的儿子。

前秦任命光禄勋李俨为河州刺史，镇守武始。

王猛依据潞川的战功，请求任命邓羌为司隶校尉。前秦王苻坚下达命令说："司隶校尉负责督察京城周围的地区，职责重大，不能用来优待名将。汉光武帝不以政务官职赏赐功臣，实际上是更看重他们。邓羌有廉颇、李牧那样的才能，我准备将攻战的事情交给他，在北方平定匈奴，在南方扫除扬、越，这才是邓羌的重任，怎么能以司隶校尉局限住他呢！晋升他的封号为镇军将军，赐位特进。"

九月，前秦主苻坚返回长安。归安元侯李俨在上邽去世，苻坚又任命李俨的儿子李辩为河州刺史。

冬季，十月，前秦主苻坚到邺城，在西山打猎，竟然十多天还流连忘返。乐官王洛勒住马劝说道："皇上为百姓所依托，如今久猎不归，一旦出现不测之患，让太后、天下人怎么办呢？"苻坚因此停止打猎回到了王宫。王猛接着进言说："打猎确实不是当务之急，王洛的话，不可忘记。"苻坚赏赐王洛一百匹帛，授官箴左右，从此就不再打猎了。

东晋大司马桓温，倚仗他的才能与地位、声望，暗中怀有背叛皇帝的心志，曾经抚枕慨叹说："男子汉不能流芳百世，也应当遗臭万年！"方术之士杜炅，能预测人的贵贱，桓温问他自己的官位能到什么地步。杜炅说："明公的功勋举世无双，官位能到大臣的顶峰。"桓温听后不高兴。桓温想先在河朔建立战功，以此为自己赢得更大的声望，回来后接受加九锡的礼遇。等到在枋头失败，他的威赫名声陷于困顿，受到挫折。攻克寿春以后，桓温对参军郗超说："这足以洗刷枋头的耻辱了吧？"郗超说："没有。"过了许久，郗超到桓温的住所留宿，半夜时分对桓温说："明公没有考虑什么吗？"桓温说："你想有话对我说吗？"郗超说："明公承担着天下的重任，

海。”温素有心，深以为然，遂与之定议。以帝素谨无过，而床笫易诬，乃言：“帝早有痿疾，嬖人相龙、计好、朱灵宝等，参侍内寝，二美人田氏、孟氏生三男，将建储立王，倾移皇基。”密播此言于民间，时人莫能审其虚实。

十一月，癸卯，温自广陵将还姑孰，屯于白石。丁未，诣建康，讽褚太后，请废帝立丞相会稽王昱，并作令草呈之。太后方在佛屋烧香，内侍启云：“外有急奏。”太后出，倚户视奏数行，乃曰：“我本自疑此！”至半便止，索笔益之曰：“未亡人不幸罹此百忧，感念存没，心焉如割！”

己酉，温集百官于朝堂。废立既旷代所无，莫有识其故典者，百官震栗。温亦色动，不知所为。尚书左仆射王彪之知事不可止，乃谓温曰：“公阿衡皇家，当倚傍先代。”乃命取《汉书·霍光传》，礼度仪制，定于须臾，彪之朝服当阶，神彩毅然，曾无惧容，文武仪准，莫不取定，朝廷以此服之。于是，宣太后令，废帝为东海王，以丞相、录尚书事、会稽王昱统承皇极。百官入太极前殿，温使督护竺瑶、散骑侍郎刘亨收帝玺绶。帝著白帢单衣，步下西堂，乘犊车出神虎门，群臣拜辞，莫不歔欷。侍御史、殿中监将兵百人卫送东海第。温帅百官具乘舆、法驾，迎会稽王于会稽邸。王于朝堂变服，著平巾帻、单衣，东向流涕，拜受玺绶，是日，即皇帝位，改元。温出次中堂，分兵屯卫。温有足疾，诏乘舆入殿。温撰辞，欲陈述废立本意，帝引见，便泣下数十行，温兢惧，竟不能一言而出。

（以上为第三段，写东晋大将军桓温肆意弄权，无事生非，听从谋士郗超建议，仿照西汉权臣霍光废立皇帝的做法，废掉东晋皇帝司马奕，立会稽王司马昱为帝。）

太宰武陵王晞，好习武事，为温所忌，欲废之，以事示王彪之。彪之曰：“武陵亲尊，未有显罪，不可以猜嫌之间便相废徙。公建立圣明，

如今以六十高龄，却在一次大规模的行动中失败，如果不建立非常的功勋，就不足以镇服、满足百姓的愿望！”桓温说：“那么该怎么办呢？”郗超说：“明公不干伊尹放逐太甲、霍光废黜昌邑王那样的事情，就无法建立大的威势与权力，镇压四海。”桓温历来怀有此心，对郗超所说的深以为然，于是就和他商定计议。大司马桓温考虑到皇帝司马奕平素谨慎小心，没有什么过错，而利用床第之事则容易对他进行诬陷，就说：“皇上早就患有阳痿，宠臣相龙、计好、朱灵宝等，参与服侍起居床第之事，与田氏、孟氏两位美人生下了三个儿子，将要设立太子赐封王位，转移皇上的基业。”并将这话秘密地传播到民间，当时的人们都无法辨别真假。

十一月初九癸卯，大司马桓温准备从广陵返回姑孰，驻扎在白石。十三日丁未，抵达建康，含蓄地劝说褚太后，请求废掉司马奕，立丞相、会稽王司马昱，同时还草拟了命令进呈给褚太后。太后正在佛室烧香，内侍报告说：“外边有紧急奏书。”褚太后出来，倚着门看奏书，刚看了几行字就说：“我自己本来就怀疑是这样！”看了一半，就停下来了，向内侍要来笔加上了这样的话：“我不幸遭受了这样的种种忧患，想到死去的和活着的，心如刀绞！”

十一月十五日己酉，大将军桓温把百官召集到朝堂。废立皇帝既然是历代所没有过的事情，所以没有人知道过去的典则，百官们都震惊恐惧。桓温也神色紧张，不知该怎么办。尚书左仆射王彪之知道事情不能半途而废，就对桓温说：“您废立皇帝，应当效法前代的成规。”于是就命令取来《汉书·霍光传》，礼节仪制很快就决定了。王彪之身穿朝服面对朝廷，神情沉着，毫无惧色，文武仪规典则，全都由他决定，朝廷百官因此而服了他。于是就宣布太后的命令，废除废帝司马奕为东海王，以丞相、录尚书事、会稽王司马昱继承皇位。百官进入太极前殿，桓温让督护竺瑶、散骑侍郎刘亨收取了废帝的印玺绶带。司马奕戴着白色便帽，身穿大臣的仅次于朝服的盛装，走下西堂，乘着牛车出了神虎门，群臣跪拜辞别，没有谁不哽咽。侍御史、殿中监带领一百多名卫兵把他护送到东海王的宅第。桓温率领百官准备好皇帝的车乘，到会稽王的官邸去迎接会稽王司马昱。会稽王在朝堂更换了服装，戴着平顶的头巾，穿着单衣，面朝东方流涕，跪拜接受了印玺绶带。这天，会稽王司马昱即皇帝位，改年号为咸安。桓温临时住在中堂，分派兵力屯驻守卫。桓温的脚有毛病，司马昱下令可以让他乘车进入殿堂。桓温事先准备好辞书，想陈述他废掉司马奕的本意，司马昱引见，一见他便流下了眼泪，桓温战战兢兢，始终没能说出一句话。

太宰、武陵王司马晞，喜好习武练兵，被桓温所忌恨，想废掉他，就把此事告诉了王彪之。王彪之说：“武陵王是皇室的亲族尊者，没有明显的罪过，不能因为猜

当崇奖王室，与伊、周同美。此大事，宜更深详！”温曰：“此已成事，卿勿复言！”

乙卯，温表：“晞聚纳轻剽，息综矜忍；袁真叛逆，事相连染。顷日猜惧，将成乱阶。请免晞官，以王归藩。”从之。并免其世子综、梁王㻏等官。温使魏郡太守毛安之帅所领宿卫殿中。安之，虎生之弟也。

庚戌，尊褚太后曰“崇德太后”。

初，殷浩卒，大司马温使人赍书吊之。浩子涓不答，亦不诣温，而与武陵王晞游。广州刺史庾蕴，希之弟也，素与温有隙。温恶殷、庾宗强，欲去之。

辛亥，使其弟秘逼新蔡王晃，诣西堂叩头自列，称与晞及子综、著作郎殷涓、太宰长史庾倩、掾曹秀、舍人刘彊、散骑常侍庾柔等谋反，帝对之流涕，温皆收付廷尉。倩、柔，皆蕴之弟也。

癸丑，温杀东海王三子及其母。甲寅，御史中丞谯王恬承温旨，请依律诛武陵王晞。诏曰：“悲惋惶怛，非所忍闻，况言之哉！其更详议！”恬，承之孙也。

乙卯，温重表固请诛晞，词甚酷切。帝乃赐温手诏曰：“若晋祚灵长，公便宜奉行前诏；如其大运去矣，请避贤路。”温览之，流汗变色，乃奏废晞及其三子，家属皆徙新安郡。

丙辰，免新蔡王晃为庶人，徙衡阳，殷涓、庾倩、曹秀、刘彊、庾柔皆族诛，庾蕴饮鸩死。蕴兄东阳太守友子妇，桓豁之女也，故温特赦之。庾希闻难，与弟会稽王参军邈及子攸之逃于海陵陂泽中。

温既诛殷、庾，威势翕赫，侍中谢安见温遥拜。温惊曰：“安石，卿何事乃尔？”安曰：“未有君拜于前，臣揖于后。”

戊午，大赦，增文武位二等。

忌随便废掉他。您要建立贤明的君主，应当尊崇辅佐王室，与伊尹、周公具有同样的美德。这件大事应该再仔细考虑！”桓温说：“这已经是我决定了的事情，你不要再说了！”

十一月二十一日乙卯，桓温进上奏书：“司马晞收罗招纳轻浮之士，儿子司马综自负残忍。袁真叛逆，事情与他有牵连。近来他猜疑恐惧，将会成为祸乱的缘由。请求免除司马晞的官职，让他以王的身份返回藩地。”简文帝司马昱同意了。同时还免除了司马晞世子司马综、梁王司马𪸩等人的官职。桓温让魏郡太守毛安之率领所统领的军队宿卫皇宫。毛安之是毛虎生的弟弟。

十六日庚戌，尊奉褚太后为崇德太后。

当初，殷浩去世的时候，大司马桓温派人送信悼念他。殷浩的儿子殷涓没有答复，也没有到桓温那里去，而是与武陵王司马晞游玩。广州刺史庾蕴是庾希的弟弟，一直和桓温有隔阂。桓温厌恨殷涓、庾蕴宗族的强大，想要灭掉他们。

十七日辛亥，桓温派他的弟弟桓秘逼迫新蔡王司马晃到西堂去磕头自述，称与司马晞及他的儿子司马综、著作郎殷涓、太宰长史庾倩、掾曹秀、舍人刘彊、散骑常侍庾柔等阴谋反叛。简文帝面对他流下了眼泪，桓温把他们全都抓起来送交廷尉。庾倩、庾柔都是庾蕴的弟弟。

十九日癸丑，桓温杀掉了东海王司马奕的三个儿子和他们的母亲。二十日甲寅，御史中丞谯王司马恬秉承桓温的意旨，请求依据法律诛杀武陵王司马晞。简文帝司马昱下达命令说：“悲痛惋惜，惊恐不安，不忍心耳闻，何况是诉说呢！再仔细商议吧！”司马恬是司马承的孙子。

二十一日乙卯，桓温再次进上奏书，坚持请求杀掉司马晞，言词非常激烈严厉。简文帝司马昱于是就亲手写下诏书赐予桓温说：“如果晋皇朝的神灵悠长，你就不必请示，遵奉执行以前的命令；如果晋王朝的大运已去，我就请求避让贤人晋升之路。”桓温看了以后，惊慌失色，汗流满面，于是就奏请废掉司马晞及他的三个儿子，将其家人全都迁移到新安郡。

二十二日丙辰，废免新蔡王司马晃为庶人，将他迁移到衡阳，殷涓、庾倩、曹秀、刘彊、庾柔全都被满门诛杀，庾蕴服毒而死。庾蕴的哥哥东阳太守庾友的儿媳是桓豁的女儿，所以桓温特别地赦免了她。庾希听说了这桩灾难，与弟弟会稽王司马昱参军庾邈及儿子庾攸之逃到了海陵的湖泽中。

大将军桓温诛杀了殷、庾等人以后，威势显赫至极，侍中谢安看见桓温，在很远的地方就开始磕拜。桓温吃惊地说：“谢安，你为什么要这样呢？”谢安说：“没有君主磕拜于前，臣下拱手还礼于后的。”

二十四日戊午，东晋实行大赦，为文武官员增加品位二等。

己未，温如白石，上书求归姑孰。庚申，诏进温丞相，大司马如故，留京师辅政。温固辞，乃请还镇。辛酉，温自白石还姑孰。

秦王坚闻温废立，谓群臣曰："温前败灞上，后败枋头，不能思愆自贬以谢百姓，方更废君以自说，六十之叟，举动如此，将何以自容于四海乎！谚曰：'怒其室而作色于父。'其桓温之谓矣。"

（以上为第四段，写东晋大将军桓温在废立皇帝之后，又对武陵王司马晞等看不顺眼的官员下手了，废太宰司马晞，诛杀殷氏、庾氏多人，简文帝司马昱无可奈何。）

秦车骑大将军王猛，以六州任重，言于秦王坚，请改授亲贤，及府选便宜，辄已停寝，别乞一州自效。坚报曰："朕之于卿，义则君臣，亲逾骨肉，虽复桓、昭之有管、乐，玄德之有孔明，自谓逾之。夫人主劳于求才，逸于得士。既以六州相委，则朕无东顾之忧，非所以为优崇，乃朕自求安逸也。夫取之不易，守之亦难，苟任非其人，患生虑表，岂独朕之忧，亦卿之责也，故虚位台鼎而以分陕为先。卿未照朕心，殊乖素望。新政俟才，宜速铨补，俟东方化洽，当衮衣西归。"仍遣侍中梁谠诣邺谕旨，猛乃视事如故。

十二月，大司马温奏："废放之人，屏之以远，不可以临黎元。东海王宜依昌邑故事，筑第吴郡。"太后诏曰："使为庶人，情有不忍，可特封王。"温又奏："可封海西县侯。"庚寅，封海西县公。

温威振内外，帝虽处尊位，拱默而已，常惧废黜。先是，荧惑守太微端门，逾月而海西废。辛卯，荧惑逆行入太微，帝甚恶之。中书侍郎郗超在直，帝谓超曰："命之修短，本所不计，故当无复近日事邪？"超曰："大司马臣温，方内固社稷，外恢经略，非常之事，臣以百口保之。"及超请急省其父，帝曰："致意尊公，家国之事，遂至于此，由吾不能以道匡卫，愧叹之深，言何能谕！"因咏庾阐诗云："志士痛朝危，忠臣哀

二十五日己未，桓温到白石，上书请求返归姑孰。二十六日庚申，简文帝司马昱下达命令，晋升桓温为丞相，大司马职位则仍旧，留在京师辅佐朝政。桓温固执地辞让，还是请求回到镇所。二十七日辛酉，桓温从白石返回姑孰。

前秦主苻坚听说了桓温废立皇帝的事情，对群臣们说："桓温先在灞上失败，后又在枋头失败，不能反思过错自我贬责以向百姓谢罪，反而还废掉君主以自我解说，六十岁的老叟举动如此，将怎样自容于天下呢？民谚曰'生妻子的气，就向父亲耍脸色'，大概说的就是桓温吧。"

前秦车骑大将军王猛，考虑到都督六州的责任重大，向前秦王苻坚进言，请求将此重任改授给亲近而又贤明的人，还有受命相机选拔六州郡县官吏的工作也已经停止了，请求让自己去镇守一州以效力。苻坚回复王猛说："我和你的关系，从道义上讲是君臣，从亲情上讲则胜过骨肉，虽然这又像齐桓公、燕昭王拥有管仲、乐毅，刘备拥有孔明，但我认为要超过他们。人主寻求有才能的人时辛劳费力，得到人才就省力放心了。既然把六州委托给你，那么，我就解除了东顾之忧，不是以此来对你表示优待尊崇，而是我自己寻求消闲安逸。打江山不易，坐江山也难，假如任非其人，祸患出现于我们预料之外，岂止仅是我的忧患，也是你的责任，所以，我宁肯让三公的职位空虚，也要首先分职陕东。你不了解我的心愿，有违我本来的期望。刚刚建立的政权急需人才，应该尽快选拔充实官吏，等到东方教化融洽以后，理当让你身着上公礼服西返。"苻坚于是派侍中梁谠到邺城去传达命令，王猛也就像从前一样地处理政事。

十二月，东晋大司马桓温上奏书，说："废除放逐之人，应该把他摒弃到遥远的地方，不能让他接近黎民百姓。对东海王司马奕，应该按照过去废除昌邑王的办法，让他到吴郡居住。"太后下达命令说："让东海王成为庶人，于心不忍，可以特别地封他为王。"桓温又上奏书，说："可以封他为海西县侯。"二十六日庚寅，封司马奕为海西县公。

东晋大司马桓温威震朝廷内外，简文帝司马昱虽然身处至尊地位，实际上也仅仅是拱手沉默而已，常常害怕被废掉。此前，火星居于太微、南蕃之间，过了一个月，司马奕就被废掉。十二月二十七日辛卯，火星逆行进入太微星垣，简文帝对此很厌恶。中书侍郎郗超在宫中当班，简文帝对郗超说："命运长短，本来就并不计较，所以应该不再出现前不久废掉皇帝那样的事情了吧？"郗超说："大司马桓温，正在对内稳定国家，对外开拓江山，我愿用百余家口来保他，不会发生那种不正常

主辱。”遂泣下沾襟。帝美风仪，善容止，留心典籍，凝尘满席，湛如也。虽神识恬畅，然无济世大略，谢安以为惠帝之流，但清谈差胜耳。

郗超以温故，朝中皆畏事之。谢安尝与左卫将军王坦之共诣超，日旰未得前，坦之欲去，安曰：“独不能为性命忍须臾邪？”

秦以河州刺史李辩领兴晋太守，还镇枹罕，徙凉州治金城。张天锡闻秦有兼并之志，大惧，立坛于姑臧西，刑三牲，帅其官属，遥与晋三公盟。遣从事中郎韩博奉表送盟文，并献书于大司马温，期以明年同大举，夏会于上邽。

是岁，秦益州刺史王统攻陇西鲜卑乞伏司繁于度坚山，司繁帅骑三万拒统于苑川。统潜袭度坚山，司繁部落五万余皆降于统。其众闻妻子已降秦，不战而溃。司繁无所归，亦诣统降。秦王坚以司繁为南单于，留之长安；以司繁从叔吐雷为勇士护军，抚其部众。

（以上为第五段，写王猛感到都督六州责任重大，怕引火烧身，想卸任，前秦主苻坚仍然用之不疑；东晋大将军桓温志得意满，权倾朝野，皇帝司马昱唯唯诺诺，拱手而已。）

二年（壬申，372年）

春，二月，秦以清河房旷为尚书左丞，征旷兄默及清河崔逞、燕国韩胤为尚书郎，北平阳陟、田勰、阳瑶为著作佐郎，郝略为清河相；皆关东士望，王猛所荐也。瑶，骛之子也。

冠军将军慕容垂言于秦王坚曰：“臣叔父评，燕之恶来辈也，不宜复污圣朝，愿陛下为燕戮之。”坚乃出评为范阳太守，燕之诸王悉补边郡。

臣光曰：古之人，灭人之国而人悦，何哉？为人除害故也。彼慕容评者，蔽君专政，忌贤疾功，愚暗贪虐以丧其国，国亡不死，逃遁见禽。秦王坚不以为诛首，又从而宠秩之，是爱一人而不爱一

的事变。”等到郗超急于要请假回去看望他的父亲时，简文帝说：“告诉尊父，宗族国家之事，最终到了这种地步，是因为我不能用道德去匡正守卫的缘故，惭愧慨叹之深，怎么能用语言来表达！”接着便吟诵了庾阐的诗，说：“志士为朝廷危险而痛心，忠臣为君主受辱而悲哀。”吟诵得潸然泪下，打湿了衣襟。简文帝风度仪表堂堂，言谈举止得体，用心于典籍，翻阅典籍常常弄得满席尘土，一派湛然自得的样子。他虽然神情恬淡，见识通达，但没有济世大略，谢安认为他是晋惠帝一类的人物，只是清谈方面比晋惠帝略胜一筹。

郗超因为大司马桓温的缘故，朝廷里的人都因畏惧而侍奉他。谢安曾经与左卫将军王坦之一起到郗超那里，太阳快落山了还没被召见，王坦之想离去，谢安说：“你不能为保全性命忍耐一会儿吗？”

前秦任命河州刺史李辩兼任兴晋太守，回去镇守枹罕，将凉州的治所迁移到金城。张天锡听说前秦有兼并他的想法，十分害怕，便在姑臧城西设立祭坛，杀了牛、羊、猪三牲，率领他的官属们遥望东晋，与东晋的三公致意起誓结盟。派从事中郎韩博去奉献表书，送达盟约，同时还带信给大司马桓温，约定明年夏天同时大举伐秦，在上邽会师。

这一年，前秦益州刺史王统在度坚山攻打陇西的鲜卑人乞伏司繁，乞伏司繁率领三万骑兵在苑川抵抗王统。王统偷袭了度坚山，乞伏司繁部落的五万多部众全都投降了王统，他的士兵们听说妻子儿女已经投降了前秦，不战而溃。乞伏司繁无处可走，也到王统那里投降了。前秦王苻坚任命乞伏司繁为南单于，把他留在长安。任命乞伏司繁的堂叔乞伏吐雷为勇士护军，去安抚其部众。

晋简文帝咸安二年（壬申，372 年）

春季，二月，前秦任命清河人房旷为尚书左丞，征召房旷的哥哥房默以及清河人崔逞、燕人韩胤为尚书郎，北平人阳陟、田勰、阳瑶为著作佐郎，郝略为清河相。这些人全都是关东享有声望的士人，由王猛所荐举。阳瑶是阳骛的儿子。

前秦冠军将军慕容垂对前秦主苻坚进言说：“我的叔父慕容评是燕国像商代的恶来一样的人，不应该让他再玷污圣朝，希望皇上为燕国杀掉他。”苻坚于是调动慕容评任范阳太守，前燕的诸王全都被任命为边境州郡的太守。

> 臣司马光评论说：上古时候的人，有时他们的国家被灭了他们反而高兴，为什么呢？因为替他们除掉祸害。那个慕容评蒙蔽君主，专擅朝政，猜忌贤能，嫉恨功臣，愚顽昏暗，贪婪暴虐，最终丧失了他的国家。国家灭亡了，他

国之人也，其失人心多矣。是以施恩于人而人莫之恩，尽诚于人而人莫之诚，卒于功名不遂，容身无所，由不得其道故也。

三月，戊午，遣侍中王坦之征大司马温入辅；温复辞。

秦王坚诏："关东之民学通一经、才成一艺者，在所郡县以礼送之。在官百石以上，学不通一经、才不成一艺者，罢遣还民。"

夏，四月，徙海西公于吴县西柴里，敕吴国内史刁彝防卫，又遣御史顾允监察之。彝，协之子也。

六月，癸酉，秦以王猛为丞相、中书监、尚书令、太子太傅、司隶校尉，特进、常侍、持节、将军、侯如故；阳平公融为使持节、都督六州诸军事、镇东大将军、冀州牧。

（以上为第六段，写前秦主苻坚广招人才，任用关东享有声誉之士；重用王猛，几乎到了无以复加地步；不听劝谏，任用前燕王国罪人慕容评为范阳太守，司马光予以讥评。）

庾希、庾邈与故青州刺史武沈之子遵聚众夜入京口城，晋陵太守卞眈逾城奔曲阿。希诈称受海西公密旨诛大司马温。建康震扰，内外戒严。卞眈发诸县兵二千人击希，希败，闭城自守。温遣东海内史周少孙讨之。秋，七月，壬辰，拔其城，擒希、邈及其亲党，皆斩之。眈，壸之子也。

甲寅，帝不豫，急召大司马温入辅，一日一夜发四诏，温辞不至。初，帝为会稽王，娶王述从妹为妃，生世子道生及弟俞生。道生疏躁无行，母子皆以幽废死。余三子，郁、朱生、天流，皆早夭。诸姬绝孕将十年，王使善相者视之，皆曰："非其人。"又使视诸婢媵，有李陵容者，在织坊中，黑而长，宫人谓之"昆仑"，相者惊曰："此其人也！"王召之侍寝，生子昌明及道子。己未，立昌明为皇太子，生十年矣。以道子为琅邪王，领会稽国，以奉帝母郑太妃之祀。

本人还不死，逃亡躲避，终被擒获。秦王苻坚不把他杀掉，又对他放纵并给以宠爱，授以官秩，这是爱一个人而不爱一国人，肯定要丧失很多人心。所以对人施以恩惠而人们并不以恩相报，对人待以诚意而人们并不以诚相报，最终导致功名不成，无处容身，这是由于不得要领的缘故。

三月二十五日戊午，东晋朝廷派侍中王坦之征召大司马桓温入朝辅政，桓温又一次推辞了。

前秦王苻坚下达命令说："关东的百姓有学问能够精通一经，才能具有一技之长的人，所在郡县应按礼仪把他们送到官府。享受百石以上俸禄的官吏，学问不能精通一经，才能没有一技之长的，罢官遣送，恢复普通百姓的身份。"

夏季，四月，将海西公司马奕迁徙到吴县的西柴里，敕令吴国内史刁彝负责防卫，又派御史顾允前去监察。刁彝是刁协的儿子。

六月十二日癸酉，前秦任命王猛为丞相、中书监、尚书令、太子太傅、司隶校尉，其特进、常侍、持节、将军、侯爵则仍旧保留。任命阳平公苻融为使持节、都督六州诸军事、镇东大将军、冀州牧。

东晋庾希、庾邈与过去的青州刺史武沈的儿子武遵聚集士兵，趁夜进入京口城，晋陵太守卞眈翻越出城逃奔到曲河。庾希诈称接受了海西公的秘密旨令，诛杀大司马桓温。建康城里震惊混乱，内外都严加戒备。卞眈派出各县的士兵二千人攻击庾希，庾希失败，紧闭城门自我固守。桓温派东海内史周少孙攻打庾希。秋季，七月初一壬辰，攻下了京口城，擒获了庾希、庾邈以及他们的亲信同党，把他们全都杀掉了。卞眈是卞壸的儿子。

七月二十三日甲寅，简文帝司马昱身体不适，紧急征召大司马桓温入朝辅政，一天一夜接连发出四道诏令，桓温推辞不来。当初，简文帝为会稽王时，娶了王述的堂妹为妃，生下了长子司马道生及弟弟司马俞生。司马道生粗鲁急躁，品行不端，母子全都因此被囚禁废免而死。其他三个儿子司马郁、司马朱生、司马天流全都早年夭折。众姬妾绝孕将近十年，会稽王让会相面的人来观察她们，会相面的人都说："能生儿子的不是这些人。"会稽王又让相面的人去观察女仆女佣。有一个叫李陵容的在纺织作坊里，长得又高又黑，宫女们都叫她"昆仑"。相面的人见到她后吃惊地说："这就是会生儿子的人！"会稽王召她服侍起居，生下了儿子司马曜及司马道子。

遗诏："大司马温依周公居摄故事。"又曰："少子可辅者辅之，如不可，君自取之。"侍中王坦之自持诏入，于帝前毁之。帝曰："天下，傥来之运，卿何所嫌！"坦之曰："天下，宣、元之天下，陛下何得专之！"帝乃使坦之改诏曰："家国事一禀大司马，如诸葛武侯、王丞相故事。"是日，帝崩。

群臣疑惑，未敢立嗣，或曰："当须大司马处分。"尚书仆射王彪之正色曰："天子崩，太子代立，大司马何容得异！若先面咨，必反为所责。"朝议乃定。太子即皇帝位，大赦。崇德太后令，以帝冲幼，加在谅暗，令温依周公居摄故事。事已施行，王彪之曰："此异常大事，大司马必当固让，使万机停滞，稽废山陵，未敢奉令，谨具封还。"事遂不行。

温望简文临终禅位于己，不尔，便当居摄。既不副所望，甚愤怨，与弟冲书曰："遗诏使吾依武侯、王公故事耳。"温疑王坦之、谢安所为，心衔之。诏谢安征温入辅，温又辞。

（以上为第七段，写东晋简文帝司马昱去世前，曾立下遗书，让大司马桓温摄政，侍中王坦之予以毁诏制止，改为入朝辅政，太子司马曜即位，桓温未达摄政目的，非常恼恨。）

八月，秦丞相猛至长安，复加都督中外诸军事。猛辞曰："元相之重，储傅之尊，端右事繁。京牧任大，总督戎机，出纳帝命，文武两寄，巨细并关，以伊、吕、萧、邓之贤，尚不能兼，况臣猛之无似！"章三四上，秦王坚不许，曰："朕方混一四海，非卿无可委者；卿之不得辞宰相，犹朕不得辞天下也。"

猛为相，坚端拱于上，百官总己于下，军国内外之事，无不由之。猛刚明清肃，善恶著白，放黜尸素，显拔幽滞，劝课农桑，练习军旅，官必当才，刑必当罪。由是国富兵强，战无不克，秦国大治。坚敕太子宏及长乐公丕等曰："汝事王公，如事我也。"

七月二十八日己未，简文帝司马昱立司马曜为皇太子。这时他已经十岁了。任命司马道子为琅邪王，兼领会稽国，以尊奉帝母郑太妃的祀位。简文帝下达遗书："大司马桓温依据周公的旧例，代理皇帝摄政。"又说："对年轻的儿子，可以辅佐就辅佐，如果不能辅佐，君则自己取而代之。"侍中王坦之自己手持诏书进入宫中，在简文帝面前把诏书撕掉了。简文帝说："我的天下来自于意外的命运，你有什么不满意的！"王坦之说："天下是晋宣帝、晋元帝的天下，皇上怎么能独断专行！"于是简文帝就让王坦之修改了诏书，说："宗族国家之事，一概听命于大司马桓温，就像诸葛亮、王导辅政时的做法一样。"这一天简文帝去世。

群臣疑惑不解，没敢确立嗣子。有人说："应当让大司马桓温来处理。"尚书仆射王彪之脸色严厉地说："天子去世，太子代立，大司马怎能有资格提出异议！如果事先当面向他询问，一定反而会被他责备。"于是经过朝臣讨论就决定了。太子即皇帝位，实行大赦。崇德太后发布命令，因为孝武帝年幼，加上他得居丧，命令桓温依据周公摄政的旧例行事。命令已经公布，王彪之说："这是非常大事，大司马桓温一定会固执地辞让，从而导致政务停顿，耽误先帝陵墓的修筑，我不敢遵奉命令，谨将诏书密封归还。"于是事情也就没能实行。

大司马桓温希望简文帝临终前将皇位禅让给自己，不这样的话，也应当让他摄政。此后这个愿望没能实现，非常怨恨愤怒，给弟弟桓冲写信说："简文帝遗诏让我按诸葛亮、王导的旧例辅政。"桓温怀疑这事是王坦之、谢安干的，对他们怀恨在心。朝廷诏令谢安前去征召桓温入朝辅政，桓温又推辞了。

八月，前秦丞相王猛抵达长安，又加任都督中外诸军事。王猛推辞说："丞相的重任，太傅的尊位，尚书令政务纷繁，司隶校尉责任重大，总领督察军务，上传下达皇帝的命令，文武职务集于一身，大小事务都要亲躬，以伊尹、吕望、萧何、邓禹那样的贤明尚且不能兼备，何况我王猛不肖先贤呢！"表示辞让的奏书进上了三四次，前秦主苻坚不同意，说："我正在统一四海，除了你再没有人可以委以重任。你不能推辞宰相，就像我不能推辞天下一样。"

王猛为宰相，苻坚敛手无为于其上，百官统属其下，军队及国家内政外交事务，没有不经由他手的。王猛刚正贤明，清廉严肃，褒贬鲜明，放逐罢免尸位素餐者，提拔重用有才而不得志者，劝勉农耕桑蚕，训练军队，任用职官都符合他们的才能，依据罪行定刑。因此国富兵强，战无不胜，秦国大治。苻坚敕令太子苻宏及长乐公苻丕等人说："你们事奉王猛，要像侍奉我一样。"

阳平公融在冀州，高选纲纪，以尚书郎房默、河间相申绍为治中、别驾，清河崔宏为州从事，管记室。融年少，为政好新奇，贵苛察，申绍数规正，导以宽和，融虽敬之，未能尽从。后绍出为济北太守，融屡以过失闻，数致谴让，乃自恨不用绍言。

融尝坐擅起学舍为有司所纠，遣主簿李纂诣长安自理，纂忧惧，道卒。融问申绍："谁可使者？"绍曰："燕尚书郎高泰，清辩有胆智，可使也。"先是丞相猛及融屡辟泰，泰不起，至是，融谓泰曰："君子救人之急，卿不得复辞！"泰乃从命。至长安，猛见之，笑曰："高子伯于今乃来，何其迟也！"泰曰："罪人来就刑，何问迟速！"猛曰："何谓也？"泰曰："昔鲁僖公以泮宫发颂，齐宣王以稷下垂声，今阳平公开建学宫，追踪齐、鲁，未闻明诏褒美，乃更烦有司举劾。明公阿衡圣朝，惩劝如此，下吏何所逃其罪乎！"猛曰："是吾过也。"事遂得释。猛因叹曰："高子伯岂阳平所宜吏乎！"言于秦王坚。坚召见，悦之，问以为治之本。对曰："治本在得人，得人在审举，审举在核真，未有官得其人而国家不治者也。"坚曰："可谓辞简而理博矣。"以为尚书郎。泰固请还州，坚许之。

九月，甲寅，追尊故会稽王妃王氏曰"顺皇后"，尊帝母李氏为淑妃。

冬，十月，丁卯，葬简文帝于高平陵。

彭城妖人卢悚自称大道祭酒，事之者八百余家。十一月，遣弟子许龙如吴，晨，到海西公门，称太后密诏，奉迎兴复，公初欲从之，纳保母谏而止。龙曰："大事垂捷，焉用儿女子言乎！"公曰："我得罪于此，幸蒙宽宥，岂敢妄动！且太后有诏，便应官属来，何独使汝也？汝必为乱！"因叱左右缚之，龙惧而走。甲午，悚帅众三百人，晨攻广莫门，诈称海西公还，由云龙门突入殿庭，略取武库甲仗，门下吏士骇愕不知所为。游击将军毛安之闻难，帅众直入云龙门，手自奋击；左卫将军殷康、中领军桓秘入止车门，与安之并力讨诛之，并党与死者数百人。海西公深虑横祸，专饮酒，恣声色，有子不育，时人怜之。朝廷知其安于

前秦阳平公苻融在冀州，以严格的标准选择州府官吏，任命尚书郎房默、河间相申绍为治中别驾，清河人崔宏为州从事，掌管记室。苻融年轻，为政喜好新奇，推崇以苛刻烦琐的方式体现精明。申绍多次劝他改正，转向实行宽容和缓的政策，苻融虽然尊敬申绍，却未能完全听从他的意见。后来申绍调任济北太守，苻融屡屡因为犯有过错而失去声望，多次导致被谴责，这才悔恨自己没有听从申绍的话。

苻融曾经因为擅自建造学舍而被官府纠劾，他派主簿李纂到长安去陈述理由。李纂担心害怕，半路上就死掉了。苻融问申绍："还有谁可以派去？"申绍说："燕国尚书郎高泰，清晰明辨，有胆有谋，可以派去。"此前丞相王猛及苻融多次征召高泰，高泰都不就任，到这时，苻融对高泰说："君子救助别人的危急，你不能再推辞了！"高泰于是就听从了命令。到达长安后，王猛见到他笑着说："高泰到今天才来，为什么这样迟呢！"高泰说："犯了罪的人前来接受刑罚，还问什么迟早！"王猛说："你说的是什么意思？"高泰说："过去鲁僖公因为在泮水建立学宫而被歌颂，齐宣王因为在稷下建立学宫而声名远扬，如今阳平公开辟建立学宫，追从齐鲁，没有听说下达诏令加以褒奖，反而还烦请官府罗织罪名加以弹劾。明公辅佐圣朝，如此惩罚劝勉，下面的官吏到什么地方能逃避罪责呢！"王猛说："这是我的过错。"事情于是就圆满解决。王猛因而感叹说："高泰怎么能是阳平公可以当作属吏的呢？"他把这话告诉了前秦王苻坚。苻坚召见高泰，很喜欢他，向他询问治国的根本。高泰回答说："治国之本在于获得人才，获得人才在于审慎选拔，审慎选拔在于调查真情，没有任官得到合适的人才而国家不能实现大治的。"苻坚说："这话真可谓言辞简略而道理博深呀！"任命高泰为尚书郎。高泰固执地请求返回冀州，苻坚同意了。

九月二十四日甲寅，东晋追尊过去的会稽王妃王氏为顺皇后，尊孝武帝的生母李氏为淑妃。

冬季，十月初八丁卯，东晋在高平陵安葬了简文帝。

彭城妖人卢悚，自称是大道祭酒，效忠他的人有八百多家。十一月，卢悚派弟子许龙去到吴县，早晨，到了海西公司马奕门口，称太后下达秘密诏令，奉迎海西公复兴大业。海西公开始想听从他的话，后来采纳了抚养子女的保姆的劝告而没有这样干。许龙说："大事快要成功了，怎么能听女人的话呢？"海西公说："我获罪在此，有幸蒙受宽赦，岂敢轻举妄动！而且太后如有诏令，就应该让官属前来，为什么只派你来呢？你一定是要作乱！"接着就喝令左右的人把他捆起来。许龙害怕了，转身逃走。十一月初五甲午，卢悚率领士兵三百人，在早晨攻打广莫门，诈称海西公回来了，从云龙门突入宫殿的庭院，夺取武器库中的盔甲兵杖，守卫云龙门的卫士十分惊骇，不知所措。游击将军毛安之听说发生了祸难，率领士兵直接开进云龙

屈辱，故不复为虞。

秦都督北蕃诸军事、镇北大将军、开府仪同三司、朔方桓侯梁平老卒。平老在镇十余年，鲜卑、匈奴惮而爱之。

三吴大旱，人多饿死。

（以上为第八段，写前秦主苻坚重用王猛为宰相，王猛刚正贤明，清廉严肃，放逐罢免尸位素餐者，提拔重用有才而不得志者，劝勉农耕，训练军队，秦国大治。）

烈宗孝武皇帝上之上

宁康元年（癸酉，373年）

春，正月，己卯朔，大赦改元。

二月，大司马温来朝。辛巳，诏吏部尚书谢安、侍中王坦之迎于新亭。是时，都下人情恟恟，或云欲诛王、谢，因移晋室。坦之甚惧，安神色不变，曰："晋祚存亡，决于此行。"温既至，百官拜于道侧。温大陈兵卫，延见朝士；有位望者皆战慑失色，坦之流汗沾衣，倒执手版。安从容就席，坐定，谓温曰："安闻诸侯有道，守在四邻，明公何须壁后置人邪！"温笑曰："正自不能不尔。"遂命左右撤之，与安笑语移日。郗超常为温谋主，安与坦之见温，温使超卧帐中听其言。风动帐开，安笑曰："郗生可谓入幕之宾矣。"时天子幼弱，外有强臣，安与坦之尽忠辅卫，卒安晋室。

温治卢悚入宫事，收尚书陆始付廷尉，免桓秘官，连坐者甚众；迁毛安之为左卫将军。桓秘由是怨温。

三月，温有疾，停建康十四日，甲午，还姑孰。

夏，代王什翼犍使燕凤入贡于秦。

秋，七月，己亥，南郡宣武公桓温薨。

初，温疾笃，讽朝廷求九锡，屡使人趣之。谢安、王坦之故缓其事，使袁宏具草。宏以示王彪之，彪之叹其文辞之美，因曰："卿固大才，安可以此示人！"谢安见其草，辄改之，由是历旬不就。宏密谋于彪之，彪之曰："闻彼病日增，亦当不复支久，自可更小迟回。"宏从之。

门，亲身奋力搏击；左卫将军殷康、中领军桓秘进入止车门，与毛安之一起攻打斩杀他们，打死贼党数百名。海西公深深地担心横祸发生，专事饮酒，恣意音乐美色，有儿子也不养育，当时的人都很怜悯他。朝廷知道他安于屈辱，所以对他也就不再防备了。

前秦都督北蕃诸军事、镇北大将军、开府仪同三司、朔方桓侯梁平老去世。梁平老镇守朔方十多年，鲜卑、匈奴人对他既怕又爱。

东晋三吴地区发生大旱，许多人都饿死了。

烈宗孝武皇帝上之上

晋孝武帝宁康元年（癸酉，373 年）

春季，正月初一己卯朔，东晋实行大赦，改换年号为宁康。

二月，大司马桓温来晋见孝武帝。二十四日辛巳，孝武帝司马曜命令吏部尚书谢安、侍中王坦之到新亭迎接。这时，都城里人心浮动，有人说桓温要杀掉王坦之、谢安，接着晋皇室的天下就要转落他人之手。王坦之非常害怕，谢安则神色不变，说："晋朝国运的存亡取决于此行。"桓温抵达后，百官夹道跪拜。桓温部署重兵守卫，接待会见朝廷百官，有地位名望的人全都惊慌失色。王坦之汗流浃背，连手版都拿倒了。谢安从容就座，坐定以后，对桓温说："谢安听说诸侯有道，守卫便在四邻，明公哪里用得着在墙壁后面安置人呀！"桓温笑着说："正是由于不能不这样做。"于是就命令左右的人让他们撤走，与谢安笑谈良久。郗超经常作为桓温的谋主，谢安和王坦之去见桓温，桓温让郗超藏在帐子中听他们谈话。风吹开了帐子，谢安笑着说："郗超可谓入帐之宾。"当时天子年幼力弱，外边又有强臣，谢安与王坦之竭尽忠诚辅佐护卫，最终使晋王室得以安稳。

桓温处理卢悚攻入宫廷的事件，拘捕了尚书陆始，并送交廷尉处置，罢免了桓秘的官职，株连坐罪的人很多。提升毛安之为左卫将军。桓秘从此开始怨恨桓温。

三月，桓温生病，在建康停留了十四天，初七甲午，返回姑孰。

夏季，代王拓跋什翼犍让燕凤去向前秦进献贡奉。

秋季，七月十四日己亥，南郡宣武公桓温去世。

当初，桓温病重的时候，暗示朝廷给他以加九锡的礼遇，多次派人去催促。谢安、王垣之故意拖延此事，让袁宏草拟命令。袁宏草拟完后，让王彪之审阅，王彪之赞叹他文辞的优美，接着说："你本来是杰出的人才，怎么能写这样的文章让别人看呢！"谢安见到了袁宏写的草稿，就对其加以修改，因此前后十多天也没有最后

温弟江州刺史冲，问温以谢安、王坦之所任，温曰："渠等不为汝所处分。"其意以为，己存，彼必不敢立异，死则非冲所制；若害之，无益于冲，更失时望故也。

温以世子熙才弱，使冲领其众。于是，桓秘与熙弟济谋共杀冲，冲密知之，不敢入。俄顷，温薨，冲先遣力士拘录熙、济，而后临丧。秘遂被废弃，熙、济俱徙长沙。诏葬温依汉霍光及安平献王故事。冲称温遗命，以少子玄为嗣，时方五岁，袭封南郡公。

庚戌，加右将军荆州刺史桓豁征西将军，督荆、杨、雍、交、广五州诸军事；桓冲为中军将军，都督扬、豫、江三州诸军事，扬、豫二州刺史，镇姑孰；竟陵太守桓石秀为宁远将军、江州刺史，镇寻阳。石秀，豁之子也。冲既代温居任，尽忠王室，或劝冲诛除时望，专执时权，冲不从。始，温在镇，死罪皆专决不请。冲以为生杀之重，当归朝廷，凡大辟皆先上，须报，然后行之。

谢安以天子幼冲，新丧元辅，欲请崇德太后临朝。王彪之曰："前世人主幼在襁褓，母子一体，故可临朝，太后亦不能决事，要须顾问大臣。今上年出十岁，垂及冠婚，反令从嫂临朝，示人主幼弱，岂所以光扬圣德乎！诸公必欲行此，岂仆所制，所惜者大体耳。"安不欲委任桓冲，故使太后临朝，己得以专献替裁决，遂不从彪之之言。八月，壬子，太后复临朝摄政。

梁州刺史杨亮遣其子广袭仇池，与秦梁州刺史杨安战，广兵败，沮水诸戍皆委城奔溃。亮惧，退守磬险。九月，安进攻汉川。

丙申，以王彪之为尚书令，谢安为仆射，领吏部，共掌朝政。安每叹曰："朝廷大事，众所不能决者，以咨王公，无不立决！"

以吴国内史刁彝为徐、兖二州刺史，镇广陵。

定稿。袁宏暗地里和王彪之商量，王彪之说："听说桓温的病情日益严重，应该不会再支持多久了，自然可以再稍微晚一点回复。"袁宏听取了这个意见。

桓温的弟弟江州刺史桓冲，向桓温询问谢安、王坦之应该担任什么职务，桓温说："他们不由你来安排。"这话的意思是自己活着的时候，他们一定不敢公开抗衡，自己死了以后，则不是桓冲所能控制的，如果谋害了他们，无益于桓冲，因为这反而会失去声望。

桓温考虑到世子桓熙才能不足，就让桓冲统领他的士兵。因此桓秘和桓熙的弟弟桓济谋划要一起去杀掉桓冲。桓冲私下里知道了此事，不敢进入府内。不久，桓温死了，桓冲先派身强力壮的士兵拘捕了桓熙、桓济，然后才前去吊丧。桓秘于是也被废掉了，桓熙、桓济都被迁移到长沙。孝武帝下令，安葬桓温依据汉代霍光及安平献王的旧例。桓冲称桓温留下遗嘱，以小儿子桓玄为继承人。当时桓玄刚刚五岁，继承南郡公的爵位。

七月二十五日庚戌，东晋朝廷加任右将军荆州刺史桓豁为征西将军，督荆、梁、雍、交、广五州诸军事。桓冲任中军将军，都督扬、豫、江三州诸军事及扬、豫二州刺史，镇守姑孰。竟陵太守桓石秀任宁远将军、江州刺史，镇守寻阳。桓石秀是桓豁的儿子。桓冲代替桓温就任以后，对皇室竭尽忠诚。有人劝桓冲杀掉那些有威信、有声望的人，独掌大权，桓冲没有听从。当初，桓温在任时，对人处以死罪全都是擅自决定，不请示朝廷批准。桓冲认为生杀这样的大事，应当由朝廷核准，于是凡属死刑全都事先上报，等待批准以后，再去执行。

谢安因为太子年幼，辅佐首臣又刚刚死去，想请崇德太后临朝处理国政。王彪之说："前代人主年幼，尚在襁褓，母子不可分离，所以可以让太后临朝。即便如此，太后也不能擅自决定国事，还需要征求大臣们的意见。如今主上已经十多岁，快到加冠完婚的年龄了，反而让堂嫂临朝，显示人主年幼力弱，这难道是用来发扬光大圣德的做法吗？你们如果一定要这样做，我无法制止，所痛惜的是丧失了伦理大义。"谢安不想把重任交给桓冲，所以让太后临朝，自己得以专权裁决，于是就没有听从王彪之的话。八月，壬子（疑误），太后又临朝主持国政。

东晋梁州刺史杨亮派遣他的儿子杨广攻袭仇池，与前秦梁州刺史杨安交战，杨广的军队被打败，沮水一带的戍卫部队全都弃城溃逃。杨亮十分害怕，退守磬险。九月，杨安进军攻打汉川。

八月十二日丙申，东晋任命王彪之为尚书令，谢安为仆射，兼管吏部，共同执掌朝政。谢安每每感叹地说："朝廷大事，众人不能决断的，去询问王彪之，无不马上决断！"

东晋任命吴国内史刁彝为徐、兖二州刺史，镇守广陵。

（以上为第九段，写东晋大将军桓温去世，其弟桓冲统领其兵，朝廷任命王彪之为尚书令，谢安为仆射，共掌朝政，谢安不想把朝廷重权交给桓冲，让太后临朝。）

冬，秦王坚使益州刺史王统、秘书监朱肜帅卒二万出汉川，前禁将军毛当、鹰扬将军徐成帅卒三万出剑门，入寇梁、益；梁州刺史杨亮帅巴獠万余拒之，战于青谷。亮兵败，奔固西城。肜遂拔汉中。徐成攻剑门，克之。杨安进攻梓潼，梓潼太守周虓固守涪城，遣步骑数千送母、妻自汉水趣江陵，朱肜邀而获之，虓遂降于安。十一月，安克梓潼。荆州刺史桓豁遣江夏相竺瑶救梁、益；瑶闻广汉太守赵长战死，引兵退。益州刺史周仲孙勒兵拒朱肜于绵竹，闻毛当将至成都，仲孙帅骑五千奔于南中。秦遂取梁、益二州，邛、莋、夜郎皆附于秦。秦王坚以杨安为益州牧，镇成都；毛当为梁州刺史，镇汉中；姚苌为宁州刺史，屯垫江；王统为南秦州刺史，镇仇池。

秦王坚欲以周虓为尚书郎，虓曰："蒙晋厚恩，但老母见获，失节于此。母子获全，秦之惠也。虽公侯之贵，不以为荣，况郎官乎！"遂不仕。每见坚，或箕踞而坐，呼为氐贼。尝值元会，仪卫甚盛，坚问之曰："晋朝元会，与此何如？"虓攘袂厉声曰："犬羊相聚，何敢比拟天朝！"秦人以虓不逊，屡请杀之，坚待之弥厚。

周仲孙坐失守免官。桓冲以冠军将军毛虎生为益州刺史，领建平太守，以虎生子球为梓潼太守。虎生与球伐秦，至巴西，以粮乏，退屯巴东。

以侍中王坦之为中书令，领丹杨尹。

是岁，鲜卑勃寒掠陇右，秦王坚使乞伏司繁讨之，勃寒请降；遂使司繁镇勇士川。

有彗星出于尾箕，长十余丈，经太微，扫东井，自四月始见，及秋冬不灭。秦太史令张孟言于秦王坚曰："尾、箕，燕分；东井，秦分。今彗起尾、箕而扫东井，十年之后，燕当灭秦，二十年之后，代当灭燕。慕容暐父子兄弟，我之仇敌，而布列朝廷，贵盛莫二，臣窃忧之，宜翦其魁桀者以消天变。"坚不听。

冬季，前秦主苻坚让益州刺史王统、秘书监朱肜率领二万士兵从汉川出征，让前禁将军毛当、鹰扬将军徐成率领三万士兵指向剑门，入侵东晋梁州、益州。梁州刺史杨亮率领一万多巴地獠人抵抗，在青谷交战。杨亮的军队被打败，逃奔到西城固守。朱肜于是就攻下了汉中。徐成攻打剑门，攻了下来。杨安进军攻打梓潼，梓潼太守周虓固守涪城，派步、骑兵数千人护送母亲、妻子自汉水去江陵，朱肜半路截击，擒获了她们，周虓于是就投降了杨安。十一月，杨安攻克了梓潼。荆州刺史桓豁派江夏相竺瑶救援梁州、益州，竺瑶听说广汉太守赵长战死，就带兵撤退了。益州刺史周仲孙统率士兵在绵竹抵御朱肜，听说毛当将要抵达成都，便率领骑兵五千逃奔到南中。前秦于是就夺取了梁、益二州，邛、筰、夜郎等地全都归附于前秦。前秦主苻坚任命杨安为益州牧，镇守成都；任命毛当为梁州刺史，镇守汉中；任命姚苌为宁州刺史，驻扎在垫江；任命王统为南秦州刺史，镇守仇池。

前秦主苻坚想任命周虓为尚书郎，周虓说："我蒙受了晋朝厚重的恩宠，只是因为老母亲被擒获，才丧失气节，落身秦国。母子得以全身，这是秦国的恩惠。即使给我以公侯的高贵地位，我都不以为荣，何况是一个郎官呢？"于是便拒绝就任。每当见到苻坚，周虓有时就叉开腿傲慢地一坐，喊苻坚为氐贼。有一次正当正月初一的朝会，仪仗隆重，卫士众多，苻坚问周虓说："晋朝正月初一的朝会，与此相比怎么样？"周虓撸起袖子厉言正色地说："犬羊相聚，怎么敢和天朝相比！"前秦人因为周虓不恭顺，多次请求把他杀掉，而苻坚却对待他更加优厚。

周仲孙因益州失守，坐罪而被免官。桓冲任命冠军将军毛虎生为益州刺史，兼建平太守，任命毛虎生的儿子毛球为梓潼太守。毛虎生与毛球攻打前秦，已经到达了巴西，因为粮食缺乏，退到巴东驻扎。

东晋任命王坦之为中书令，兼任丹杨尹。

这一年，鲜卑人勃寒攻掠陇右，前秦王苻坚派乞伏司繁攻打他，勃寒请求投降。于是让乞伏司繁镇守勇士川。

有彗星出现在尾宿、箕宿之间，长达十多丈，经过太微星垣，扫掠东井星宿。从四月开始出现，到秋冬还未消失。前秦国太史令张孟对前秦主苻坚进言说："尾宿、箕宿是燕国的分野；东井是秦国的分野。如今彗星出现于尾宿、箕宿而扫掠东井，十年以后，燕国要灭掉秦国；二十年以后，代国要灭掉燕国。慕容暐的父子兄弟，是我们的仇敌，然而却布满了朝廷，尊贵显赫，无人可比，我私下里为此担忧，应该杀掉他们的首领以消除上天的灾变。"苻坚没有听从。

阳平公融上疏曰："东胡跨据六州，南面称帝，陛下劳师累年，然后得之，本非慕义而来。今陛下亲而幸之，使其父兄子弟森然满朝，执权履职，势倾勋旧。臣愚以为狼虎之心，终不可养，星变如此，愿少留意！"坚报曰："朕方混六合为一家，视夷狄为赤子，汝宜息虑，勿怀耿介。夫惟修德可以禳灾，苟能内求诸己，何惧外患乎！"

（以上为第十段，写前秦攻打并夺取东晋梁州、益州；梓潼太守周虓因母、妻被掳而投降前秦，但不屑与之为伍；前秦太史令张孟劝苻坚杀掉前燕国主慕容暐父子兄弟，防止生变，苻坚不听。）

二年（甲戌，374 年）

春，正月，癸未朔，大赦。

己酉，刁彝卒。二月，癸丑，以王坦之为都督徐、兖、青三州诸军事，徐、兖二州刺史，镇广陵。诏谢安总中书。安好声律，期功之惨，不废丝竹，士大夫效之，遂以成俗。王坦之屡以书苦谏之曰："天下之宝，当为天下惜之。"安不能从。

三月，秦太尉建宁烈公李威卒。

夏，五月，蜀人张育、杨光起兵击秦，有众二万，遣使来请兵。秦王坚遣镇军将军邓羌帅甲士五万讨之。益州刺史竺瑶、威远将军桓石虔帅众三万攻垫江，姚苌兵败，退屯五城。瑶、石虔屯巴东。张育自号蜀王，与巴獠酋帅张重、尹万万余人进围成都。六月，育改元黑龙。秋，七月，张育与张重等争权，举兵相攻，秦杨安、邓羌袭育，败之，育与杨光退屯绵竹。八月，邓羌败晋兵于涪西。九月，杨安败张重、尹万于成都南，重死，斩首二万三千级。邓羌击张育、杨光于绵竹，皆斩之。益州复入于秦。

冬，十二月，有人入秦明光殿大呼曰："甲申、乙酉，鱼羊食人，悲哉无复遗！"秦王坚命执之，不获。秘书监朱肜、秘书侍郎略阳赵整，固请诛鲜卑，坚不听。整，宦官也，博闻强记，能属文，好直言，上书及面谏，前后五十余事。慕容垂夫人得幸于坚，坚与之同辇游于后庭，整歌曰："不见雀来入燕室，但见浮云蔽白日。"坚改容谢之，命夫人下辇。

前秦阳平公苻融上书说："东胡人占据的领土横跨六州，面南称帝，皇上兴师动众多年，然后才制服了他们，他们本来就不是倾慕道义才来的。如今皇上对他们亲近而又宠信，让他们父子兄弟林立于朝廷，掌握权力，行使职责，威势超过了功勋旧臣。我愚昧地认为，虎狼之心，终究不能畜养，星象如此变化，愿皇上稍加注意！"苻坚回复说："我正要统一天下为一家，把夷狄当作赤子看待，你应该去掉忧虑，不要心怀不安。只有修治德行才可以消除灾祸，假如能完善自己，还怕什么外患呢！"

晋孝武帝宁康二年（甲戌，374 年）

春季，正月初一癸未朔，东晋实行大赦。

正月二十七日己酉，东晋大臣刁彝去世。

二月初一癸丑，东晋任命王坦之为都督徐、兖、青三州诸军事及徐、兖二州刺史，镇守广陵。任命谢安总领中书职事。谢安喜好音乐，就连服丧期间，也不停演奏丝竹器乐。士大夫们效仿他，以至于成为一种时尚。王坦之屡屡写信恳切地劝说他，说："礼仪法度是天下之宝，应当为天下而爱惜它。"谢安没能听从劝告。

三月，前秦太尉建宁烈公李威去世。

夏季，五月，蜀人张育、杨光起兵攻打前秦，拥有士兵二万人，派使者来东晋请求援军。前秦主苻坚派镇军将军邓羌率领五万披甲士兵攻打他们。东晋益州刺史竺瑶、威远将军桓石虔率领三万士兵攻打垫江，姚苌的军队被打败，退到五城驻守。竺瑶、桓石虔驻扎在巴东。张育自称蜀王，与巴獠酋长张重、尹万的一万多人进军包围了成都。六月，张育改年号为黑龙。秋季，七月，张育与张重等人争夺权力，起兵相攻，前秦杨安、邓羌攻袭张育，打败了他，张育与杨光退守绵竹。八月，邓羌在涪西打败了东晋军队。九月，杨安在成都以南打败了张重、尹万，张重战死，士兵被斩首的有二万三千人。邓羌在绵竹攻打张育、杨光，全都斩杀了他们。益州又归前秦所有。

冬季，十二月，有人进入前秦的明光殿大喊道："甲申、乙酉之年，鱼羊吃人，悲惨啊，没有人活着剩下来！"（鱼羊合为"鲜"字，暗指鲜卑人。）前秦王苻坚命令抓住此人，但没有抓获。秘书监朱肜、秘书侍郎略阳人赵整坚持请求诛杀鲜卑人，苻坚没有听从。赵整是宦官，博闻强记，善于写文章，喜欢直言，上书以及当面劝说，前后有五十多次。慕容垂的夫人深得苻坚的宠幸，苻坚和她同乘一车在后庭游玩，赵整作歌唱道："不见雀来入燕室，但见浮云蔽白日。"苻坚听到后脸色一变，向赵整道歉，同时命令这位夫人下车。

是岁，代王什翼犍击刘卫辰，南走。

（以上为第十一段，写蜀人张育、杨光起兵攻打前秦，自称蜀王，前秦派遣重兵围剿；东晋派兵支援蜀人，被前秦打败；代王什翼犍攻打刘卫辰，卫辰向南逃走。）

三年（乙亥，375 年）

春，正月，辛亥，大赦。

夏，五月，丙午，蓝田献侯王坦之卒。临终与谢安、桓冲书，惟以国家为忧，言不及私。

桓冲以谢安素有重望，欲以扬州让之，自求外出。桓氏族党皆以为非计，莫不扼腕固谏，郗超亦深止之，冲皆不听，处之澹然。甲寅，诏以冲都督徐、豫、兖、青、扬五州诸军事，徐州刺史，镇京口；以安领扬州刺史，并加侍中。

六月，秦清河武侯王猛寝疾，秦王坚亲为之祈南、北郊及宗庙、社稷，分遣侍臣遍祷河、岳诸神。猛疾少瘳，为之赦殊死以下。猛上疏曰："不图陛下以臣之命而亏天地之德。开辟已来，未之有也。臣闻报德莫如尽言，谨以垂没之命，窃献遗款。伏惟陛下，威烈振乎八荒，声教光乎六合，九州百郡，十居其七，平燕定蜀，有如拾芥。夫善作者不必善成，善始者不必善终，是以古先哲王，知功业之不易，战战兢兢，如临深谷。伏惟陛下，追踪前圣，天下幸甚。"坚览之悲恸。

秋，七月，坚亲至猛第视疾，访以后事。猛曰："晋虽僻处江南，然正朔相承，上下安和，臣没之后，愿勿以晋为图。鲜卑、西羌，我之仇敌，终为人患，宜渐除之，以便社稷。"言终而卒。坚比敛，三临哭，谓太子宏曰："天不欲使吾平一六合邪，何夺吾景略之速也？"葬之如汉霍光故事。

八月，癸巳，立皇后王氏，大赦。后，濛之孙也。以后父晋陵太守蕴为光禄大夫，领五兵尚书，封建昌县侯。蕴固辞不受。

九月，帝讲《孝经》，始览典籍，延儒士。谢安荐东莞徐邈补中书舍

这一年，代王拓跋什翼犍攻打刘卫辰，刘卫辰向南逃走。

晋孝武帝宁康三年（乙亥，375年）

春季，正月初五辛亥，东晋实行大赦。

夏季，五月初二丙午，东晋蓝田献侯王坦之去世。临终前给谢安、桓冲写信。只是对国家的事情表示忧虑，没有谈及个人的事情。

东晋将领桓冲考虑到谢安历来深孚众望，想把扬州让给他，自己则请求到外地任职。桓氏家庭的人都认为这不是好办法，全都扼腕痛惜，苦苦劝说，郗超也竭力劝阻他，桓冲全都不予听从，恬静地对待此事。五月初十甲寅，朝廷下达命令，任命桓冲为都督徐、豫、兖、青、扬五州诸军事及徐州刺史，镇守京口；任命谢安兼任扬州刺史，全都加任侍中。

六月，前秦清河武侯王猛患病卧床不起，前秦主苻坚亲自为他到南、北郊以及宗庙、社稷坛祈求神灵，并分派侍卫大臣前往黄河、华岳遍祈诸神。王猛的病情稍有好转，苻坚又为此而对判死刑以下的罪犯实行赦免。王猛上书说："没想到皇上因为我的性命而损害了天地之德，这是开天辟地以来没有过的事情。我听说回报恩德没有什么能比得上尽情直言，谨以我行将完结的生命，私下里向皇上进献剩下的一点忠诚。我想到皇上威德功业震动八方以外，声望教化照耀天地之中，九州百郡，十有其七，平定燕蜀，有如俯拾小草。善于开创的人不一定善于守成，善于起始的人不一定善于结束，所以古代的圣哲帝王知道建功立业的不易，都是战战兢兢，如临深渊。我盼望皇上能够追随前代的圣哲帝王，这是天下的大幸。"苻坚看了王猛的上书，十分悲痛。

秋季，七月，苻坚亲自到王猛的宅第察看他的病情，并向他询问后事。王猛说："晋朝虽然偏居长江以南，但他们是正统相沿，上下安定和睦，臣死了以后，希望不要把晋朝作为图谋的对象。鲜卑、西羌，是我们的仇敌，最终也要成为我们的祸患，应当逐渐消灭他们，以使江山安定。"说完这话，王猛就死了。苻坚亲自参与装殓王猛，三次前往痛哭，并对太子苻宏说："上天不想让我统一天下吗？为什么这么快就夺走了我的王猛呢？"依照汉代霍光的旧例安葬了王猛。

八月二十日癸巳，东晋立王氏为皇后，实行大赦。王皇后是王濛的孙女。任命王皇后的父亲晋陵太守王蕴为光禄大夫，兼五兵尚书，封为建昌县侯。王蕴坚决辞让，不接受任命。

九月，东晋孝武帝司马曜讲习《孝经》，开始阅览典籍，邀请儒士。谢安荐举东

人，每被顾问，多所匡益。帝或宴集，酣乐之后，好为手诏诗章以赐侍臣，或文词率尔，所言秽杂，邈应时收敛，还省刊削，皆使可观，经帝重览，然后出之。时议以此多邈。

冬，十月，癸酉朔，日有食之。

秦王坚下诏曰："新丧贤辅，百司或未称朕心，可置听讼观于未央南，朕五日一临，以求民隐。今天下虽未大定，权可偃武修文，以称武侯雅旨。其增崇儒教，禁老、庄、图谶之学，犯者弃市。"妙简学生，太子及公侯百僚之子皆就学受业；中外、四禁、二卫、四军长上将士，皆令受学。二十人给一经生，教读音句，后宫置典学以教掖庭，选阉人及女隶敏慧者诣博士授经。尚书郎王佩读谶，坚杀之，学谶者遂绝。

（以上为第十二段，写东晋将领桓冲因谢安深孚众望，主动让出扬州刺史；前秦丞相王猛去世，临终前希望前秦主苻坚不要图谋东晋，集中力量消灭鲜卑、西羌，使前秦安定；前秦主苻坚痛失贤才，禁学老、庄、图谶。）

莞人徐邈补中书舍人，他经常接受孝武帝的询问，匡正补益颇多。孝武帝有时宴集群臣，酣饮歌乐之后，喜欢随手写些诗歌赐给侍臣，有的诗歌文辞草率，内容污杂，徐邈按时把这些诗歌搜集起来，带回中书省加以修改，使它们全都适宜观览，经过孝武帝重新审阅，然后再传播出去。当时的人们都因此而称赞徐邈。

冬季，十月初一癸酉朔，出现日食。

前秦主苻坚下达命令说："刚刚丧失了贤明的辅佐，百官当中有的不称我的心愿，可以在未央宫以南设置听理诉讼的台观，我五天亲临一次，以访求隐没在民间的人才。如今天下虽然还没有完全平定，但暂且可以停息武备，修明文教，以实现王猛高雅的旨趣；应该进一步尊崇儒家学说，禁止老子、庄子及宣扬符命占验的学说，有犯者斩首示众。"前秦适宜地选择生员，太子以及公侯百官的子弟全都就学受业，朝廷内外的四禁、二卫、四军中长期宿卫的将士，全都命令他们参加学习。每二十人配备一名经生，负责教授诵读音句，在后宫设置学官，用来教授妃嫔，选择宦官以及女仆中的聪慧敏捷者到博士那里去学习经书。尚书郎王佩阅读、宣扬谶纬符命的书籍，苻坚把他杀掉了，从此学习谶纬的人也就绝迹了。

【点评】

桓温功过。桓温三次出兵北伐，攻打前秦、羌族姚襄、前燕，但得不到朝廷的支持，可以说是孤军奋战。而后，他独揽朝政十多年，操纵废立，有意夺取帝位，但终未能如愿。

桓温有志向，从权臣角度来看，桓温有些像当年的王敦，但他在内心上效法的是刘琨，以收复中原为念。可天下事不如意者十之八九，他只得在朝廷不予赞成的情况下出兵北伐。

桓温在世，曾与两位名相有过交结。一个是王猛，桓温北伐，驻扎在长安灞水，王猛在华山隐居，向桓温自荐献策。他虽是一介布衣，但在征西大将军面前毫不怯色，手扪虱子，侃侃而谈，终日不倦。桓温感慨地说："江东没有像王猛这样的人才！"桓温许诺授予王猛高官，担任督护，同回荆州。王猛没有答应。也许，王猛在与桓温的交谈中，发现了桓温的致命缺陷。一个是谢安，朝廷屡征不就，而第一次出山，就是进入桓温的幕府担任司马之职。桓温对谢安十分器重，与之交谈，也是终日不倦，而谢安待了一段时间，似乎也觉得这里不是理想的栖身之地，便婉言辞职。王猛与谢安，他们各自成就了一番大事业，被千古传颂。这说明在英雄眼里，桓温还算不上是真正的英雄。说到底，桓温在他所建立的功勋中，还带有很大一部分的私心杂念。

晋纪二十六

晋孝武帝太元元年至七年（376—382年）

【起柔兆困敦（丙子，376年），尽玄黓敦牂（壬午，382年），凡七年】

【大事提要】

本卷记事起公元376年，讫公元382年，凡七年，当晋孝武帝（司马曜）太元元年至太元七年。本卷所载大事，主要有三个方面。其一，司马曜亲政，改元太元。公元376年，晋孝武帝司马曜13岁，开始临朝，皇太后归政，复称崇德太后。经谢安策划，以郗愔为镇军大将军，解除会稽内史职务；桓冲为车骑将军，解除徐州刺史职务，自京口移镇姑孰；谢安为中书监、录尚书事，总揽朝政。其二，前秦灭前凉、灭代国。前凉王张天锡荒于声色，不问政事。公元376年，前秦主苻坚派武卫将军苟苌等率步骑十三万，西讨前凉。前凉军败退，前秦兵进至姑臧城，张天锡被迫率众降秦，苻坚封他为归义侯。前凉共存在76年。苻坚乘胜兵伐代国，代王拓跋什翼犍几次发兵抵抗，都被打败，不久，代王室发生内讧，前秦乘机消灭代国。代国存在了62年。其三，前秦用兵东晋。公元378年，前秦主苻坚派征南大将军苻丕等率领步骑兵七万攻下东晋重镇襄阳。公元382年，苻坚大会群臣，讨论攻打东晋之事。群臣各言利弊，久而不决。将领苻融认为伐晋有三难：天道不顺，晋国无内乱，我方士卒疲劳，而皇上出征，只恐京师发生变乱。太子苻宏、沙门道安、张夫人等先后劝说，苻坚一概不听。

【原文】

烈宗孝武皇帝上之中

太元元年（丙子，376 年）

春，正月，壬寅朔，帝加元服；皇太后下诏归政，复称崇德太后。甲辰，大赦，改元。

丙午，帝始临朝。以会稽内史郗愔为镇军大将军，都督浙江东五郡诸军事；徐州刺史桓冲为车骑将军，都督豫、江二州之六郡诸军事，自京口徙镇姑孰。谢安欲以王蕴为方伯，故先解冲徐州。乙卯，加谢安中书监、录尚书事。

二月，辛卯，秦王坚下诏曰："朕闻王者劳于求贤，逸于得士，斯言何其验也！往得丞相，常谓帝王易为。自丞相违世，须发中白，每一念之，不觉酸恸。今天下既无丞相，或政教沦替，可分遣侍臣周巡郡县，问民疾苦。"

三月，秦兵寇南乡，拔之，山蛮三万户降秦。

夏，五月，甲寅，大赦。

初，张天锡之杀张邕也，刘肃及安定梁景皆有功，二人由是有宠，赐姓张氏，以为己子，使预政事。天锡荒于酒色，不亲庶务，黜世子大怀而立嬖妾焦氏之子大豫，以焦氏为左夫人，人情愤怨；从弟从事中郎宪舆榇切谏，不听。

秦王坚下诏曰："张天锡虽称藩受位，然臣道未纯，可遣使持节、武卫将军苟苌，左将军毛盛，中书令梁熙，步兵校尉姚苌等将兵临西河；尚书郎阎负、梁殊奉诏征天锡入朝，若有违王命，即进师扑讨。"是时，秦步骑十三万，军司段铿谓周虓曰："以此众战，谁能敌之！"虓曰："戎狄以来，未之有也。"坚又命秦州刺史苟池、河州刺史李辩、凉州刺史王统帅三州之众为苟苌后继。

（以上为第一段，写东晋孝武帝司马曜加冠，亲政，改元太元；前凉主张天锡荒于酒色，废嫡立庶，前秦觉得有机可乘，便令入朝，一旦违令，便出动大军征讨。）

秋，七月，阎负、梁殊至姑臧。张天锡会官属谋之，曰："今入朝，必不返；如其不从，秦兵必至，将若之何？"禁中录事席仂曰："以爱子

【语译】

烈宗考武皇帝上之中

晋孝武帝太元元年（丙子，376年）

春季，正月初一壬寅朔，东晋孝武帝司马曜加冠，皇太后下达命令，将朝政归还给他，自己恢复崇德太后的称号。正月初三甲辰，实行大赦，改年号为太元。

正月初五丙午，孝武帝开始临朝主持国政。任命会稽内史郗愔为镇军大将军，都督浙江东五郡诸军事；任命徐州刺史桓冲为车骑将军、都督豫江二州之六郡诸军事，从京口调到姑孰镇守。谢安想让王蕴做地方长官，所以先解除桓冲在徐州的职务。正月十四日乙卯，任命谢安为中书监，录尚书事。

二月二十一日辛卯，前秦主苻坚下达命令说："我听说作为帝王，应该在搜求贤能的人时辛劳，得到合适的人才后就省心省力了。这话多么符合实际呀！过去我得到了丞相王猛，经常说帝王非常容易做。自从丞相去世以后，我已经操劳得胡须、头发都半白了，每当想到王猛，酸楚悲痛就油然而生。如今天下既然失去丞相，政事教化或许会陷于沦废，可以分派侍臣周游巡视各郡县，询问民间疾苦。"

三月，前秦军队进犯南乡，攻下该地，山蛮民众三万户投降前秦。

夏季，五月十五日甲寅，东晋实行大赦。

当初，张天锡诛杀张邕的时候，刘肃以及安定人梁景全都有功，他们二人因此得宠，被赐姓张氏，张天锡把他们当作自己的儿子，让他们参与政事。张天锡沉湎于酒色，不亲自处理政务，废除了世子张大怀，改立宠妾焦氏的儿子张大豫为世子，以焦氏作为左夫人，人们心里都很怨恨愤怒。堂弟从事中郎张宪用车拉着棺材，以死劝说，张天锡也不听从。

前秦主苻坚下达命令说："张天锡虽然对我们称藩，接受了我们授予的官位，但他为臣之道不纯，可以派遣使持节、武卫将军苟苌和左将军毛盛、中书令梁熙、步兵校尉姚苌等人统领军队逼近西河驻扎，让尚书郎阎负、梁殊遵奉命令，征召张天锡前来朝廷，如果他违背命令，马上进军攻打。"这时，前秦的步、骑兵有十三万人，军司段铿对周虓说："以这么多的士兵出战，有谁能抵挡！"周虓说："在戎狄之人这里，确实是从来也没有过的。"苻坚又命令秦州刺史苟池、河州刺史李辩、凉州刺史王统率领三州的士兵作为苟苌的后继部队。

秋季，七月，阎负、梁殊抵达姑臧。张天锡召集手下的官员们商量说："如今前往朝廷，一定就无法返回了；如果不听从征召，前秦的军队一定会到来，该怎么办

为质，赂以重宝，以退其师，然后徐为之计，此屈伸之术也。”众皆怒，曰：“吾世事晋朝，忠节著于海内。今一旦委身贼庭，辱及祖宗，丑莫大焉！且河西天险，百年无虞，若悉境内精兵，右招西域，北引匈奴以拒之，何遽知其不捷也！”天锡攘袂大言曰：“孤计决矣，言降者斩！”使谓阎负、梁殊曰：“君欲生归乎，死归乎？”殊等辞气不屈，天锡怒，缚之军门，命军士交射之，曰：“射而不中，不与我同心者也。”其母严氏泣曰：“秦主以一州之地，横制天下，东平鲜卑，南取巴、蜀，兵不留行，汝若降之，犹可延数年之命。今以蕞尔一隅，抗衡大国，又杀其使者，亡无日矣！”天锡使龙骧将军马建帅众二万拒秦。

秦人闻天锡杀阎负、梁殊，八月，梁熙、姚苌、王统、李辩济自清石津，攻凉骁烈将军梁济于河会城，降之。甲申，苟苌济自石城津，与梁熙会攻缠缩城，拔之。马建惧，自杨非退屯清塞。天锡又遣征东将军掌据帅众三万军于洪池，天锡自将余众五万，军于金昌城。安西将军敦煌宋皓言于天锡曰：“臣昼察人事，夜观天文，秦兵不可敌也，不如降之。”天锡怒，贬皓为宣威护军。

广武太守辛章曰：“马建出于行陈，必不为国家用。”苟苌使姚苌帅甲士三千为前驱。庚寅，马建帅万人迎降，余兵皆散走。辛卯，苟苌及掌据战于洪池，据兵败，马为乱兵所杀，其属董儒授之以马，据曰：“吾三督诸军，再秉节钺，八将禁旅，十总外兵，宠任极矣。今卒困于此，此吾之死地也，尚安之乎！”乃就帐免胄，西向稽首，伏剑而死。秦兵杀军司席仂。

癸巳，秦兵入清塞，天锡遣司兵赵充哲帅众拒之。秦兵与充哲战于赤岸，大破之，俘斩三万八千级，充哲死。天锡出城自战，城内又叛。天锡与数千骑奔还姑臧。甲午，秦兵至姑臧，天锡素车白马，面缚舆榇，降于军门。苟苌释缚焚榇，送于长安，凉州郡县悉降于秦。

呢？”禁中录事席仂说：“以您心爱的儿子作为人质，再给他们奉赠贵重的宝物，以使他们的军队撤退，然后再从长计议，这是以屈求伸的办法。”众人听后全都愤怒，说：“我们世世代代侍奉晋朝，忠诚节气闻名海内。如今一旦委身于秦贼门下，耻辱殃及祖宗。再也没有比这更大的羞耻了！况且凭仗河西的天险，百年无患，如果出动境内的全部精兵，再向西延请西域、向北延请匈奴的兵力抵抗他们，怎么就知道不能取胜呢！”张天锡撸起袖子大声说：“我主意已定，说投降者斩首！”于是张天锡派人告诉阎负、梁殊说：“你们是想活着回去呢，还是死着回去？”梁殊等人回答的语气毫不屈服。张天锡发怒，把他们捆绑在军营的门柱上，命令士兵乱箭射死他们，并说：“射不中的人，就是和我不一心。”张天锡的母亲严氏哭泣着说：“秦国主靠一州之地起家，横扫天下，向东平定了鲜卑，向南攻取了巴蜀，军队丝毫没有被阻滞。你如果投降了，还可以延长几年性命。如今以此一隅之地，抗衡大国，又杀掉了他们的使者，离灭亡没有几天了！”张天锡派龙骧将军马建率领士兵二万人抵抗前秦。

前秦人听说张天锡杀掉阎负、梁殊，八月，梁熙、姚苌、王统、李辩从清石津渡过西河，在河会城攻打前凉骁烈将军梁济，降服了他们。八月十七日甲申，苟苌由石城津渡河，与梁熙会合，攻取了缠缩城。马建畏惧，从杨非退守清塞。张天锡又派征东将军掌据率领三万士兵集结于洪池，张天锡亲自统领剩下的五万士兵，集结在金昌城。安西将军、敦煌人宋皓向张天锡进言说：“我白天观察人际表现，晚上观察天文星象，秦国的军队不可抵挡，不如投降。”张天锡发怒，将宋皓贬为宣威护军。

广武太守辛章说：“马建出身于行伍，一定不会为国家效力。”苟苌让姚苌率领三千甲士作为前锋部队。八月二十三日庚寅，马建率领一万人向苟苌投降，其余的士兵全都逃散。八月二十四日辛卯，苟苌与掌据在洪池交战，掌据的部队被打败，战马被乱兵杀死，属下董儒交给他一匹马，掌据说：“我三次督领各路军队，二次持符节斧钺，八次领宫中卫队，十次在外带兵，受到的重用宠信达到了顶峰。今天终于受困于此，这就是我的死亡之地，怎么还能安身活命呢？”于是进入军帐，褪下下头盔甲胄，向西叩头，自刎而死。前秦士兵杀死军司席仂。

八月二十六日癸巳，前秦军队进入清塞，张天锡派司兵赵充哲率领士兵抵抗。前秦的军队与赵充哲在赤岸交战，彻底攻破了他们，俘获并斩首三万八千人，赵充哲战死。张天锡亲自出城迎战，城内又发生了反叛。张天锡与数千骑兵逃回姑臧。八月二十七日甲午，前秦军队抵达姑臧，张天锡以白车白马载着棺材，双手反绑于身后，在军营门前投降。苟苌为他松绑，焚烧了棺材，送他到长安，凉州的郡县全都投降了前秦。

九月，秦王坚以梁熙为凉州刺史，镇姑臧。徙豪右七千余户于关中，余皆按堵如故。封天锡为归义侯，拜北部尚书。初，秦兵之出也，先为天锡筑第于长安，至则居之。以天锡晋兴太守陇西彭和正为黄门侍郎，治中从事武兴苏膺、敦煌太守张烈为尚书郎，西平太守金城赵凝为金城太守，高昌杨幹为高昌太守，余皆随才擢叙。

梁熙清俭爱民，河右安之。以天锡武威太守敦煌索泮为别驾，宋皓为主簿。西平郭护起兵攻秦，熙以皓为折冲将军，讨平之。

桓冲闻秦攻凉州，遣兖州刺史朱序、江州刺史桓石秀与荆州督护桓罴游军沔、汉，为凉州声援；又遣豫州刺史桓伊帅众向寿阳，淮南太守刘波泛舟淮、泗，欲桡秦以救凉。闻凉州败没，皆罢兵。

（以上为第二段，写前凉主张天锡杀害前秦使臣，前秦主苻坚下令征讨，前凉大败亏输，张天锡投降前秦，前凉灭亡；东晋声援前凉，收效甚微，无济于事。）

初，哀帝减田租，亩收二升。乙巳，除度田收租之制，王公以下，口税米三斛，蠲在役之身。

冬，十月，移淮北民于淮南。

刘卫辰为代所逼，求救于秦，秦王坚以幽州刺史行唐公洛为北讨大都督，帅幽、冀兵十万击代；使并州刺史俱难、镇军将军邓羌、尚书赵迁、李柔、前将军朱肜、前禁将军张蚝、右禁将军郭庆帅步骑二十万，东出和龙，西出上郡，皆与洛会，以卫辰为乡导。洛，菁之弟也。

苟苌之伐凉州也，遣扬武将军马晖、建武将军杜周帅八千骑西出恩宿，邀张天锡走路，期会姑臧。晖等行泽中，值水失期，于法应斩，有司奏征下狱。秦王坚曰："水春冬耗竭，秋夏盛涨，此乃苟苌量事失宜，非晖等罪。今天下方有事，宜宥过责功。"命晖等回赴北军，击索虏以自赎。众咸以为万里召将，非所以应速，坚曰："晖等喜于免死，不可以常事疑也。"晖等果倍道疾驱，遂及东军。

十一月，己巳朔，日有食之。

九月，前秦主苻坚任命梁熙为凉州刺史，镇守姑臧。将七千多户豪强世族迁移到关中，其余的全都让他们在原地安居；封张天锡为归义侯，授官北部尚书。当初，前秦军队出征的时候，就预先为张天锡在长安建造了宅第，张天锡到达长安后就住在这里。任命张天锡手下的晋兴太守陇西人彭和正为黄门侍郎，治中从事武兴人苏膺、敦煌太守张烈为尚书郎，西平太守金城人赵凝为金城太守，高昌人杨幹为高昌太守，其余的人全都根据才能加以任用。

梁熙清正节俭，爱护民众，黄河以西因此很安定。他任用张天锡手下的武威太守敦煌人索泮为别驾，宋皓为主簿。西平人郭护起兵攻打前秦，梁熙任命宋皓为折冲将军，前去攻打并平定了他们。

桓冲听说前秦攻打凉州，派兖州刺史朱序、江州刺史桓石秀与荆州督护桓罴率兵在沔水、汉水一带游巡，声援凉州。又派豫州刺史桓伊率领士兵开向寿阳，淮南太守刘波的水军乘船在淮水、泗水巡游，想分散前秦的兵力，以救助凉州。当听说凉州失败覆没以后，全都停止了行动。

当初，东晋哀帝司马丕减少田租，每亩收租二升。九月初八乙巳，废除了按田亩收租的制度，王公以下的人，每人交纳三斛米的赋税，对服兵役、劳役的人实行减免。

冬季，十月，东晋将淮河以北的百姓迁移到淮河以南。

匈奴铁弗部首领刘卫辰受到代国的威胁，向前秦求救，前秦主苻坚任命幽州刺史、行唐公苻洛为北讨大都督，率领幽州、冀州的十万军队攻击代国，让并州刺史俱难，镇军将军邓羌，尚书赵迁、李柔，前将军朱肜，前禁将军张蚝，右禁将军郭庆率领步兵、骑兵二十万人，东出和龙，西出上郡，全都与苻洛会合，让刘卫辰做向导。苻洛是苻菁的弟弟。

苟苌攻打凉州的时候，派扬武将军马晖、建武将军杜周率领八千骑兵西出恩宿，截断张天锡的退路，并让他们在一定的期限内到姑臧会合。马晖等行进到洼池，遇上了大水，延误了期限，按照军法应当斩首，有关部门奏请召回投入牢狱。前秦王苻坚说："河水春季、冬季枯竭，秋季、夏季暴涨，这是苟苌估计上的失误，不是马晖等人的罪过。如今天下正有战事，应该宽恕罪过，责成他们立功。命令马晖等人掉头奔赴北军，攻击代国的敌虏以自我赎罪。"众人都认为相距万里征召战将，难以迅速响应，苻坚说："马晖等人对免于一死感到高兴，不能按常规去怀疑他们。"马晖等人果然日夜兼程，迅速行进，于是赶上了东军。

十一月，己巳朔（疑误），出现日食。

代王什翼犍使白部、独孤部南御秦兵，皆不胜。又使南部大人刘库仁将十万骑御之。库仁者，卫辰之族，什翼犍之甥也，与秦兵战于石子岭，库仁大败。什翼犍病，不能自将，乃帅诸部奔阴山之北。高车杂种尽叛，四面寇钞，不得刍牧，什翼犍复渡漠南。闻秦兵稍退，十二月，什翼犍还云中。

初，什翼犍分国之半以授弟孤，孤卒，子斤失职怨望。世子寔及弟翰早卒，寔子珪尚幼，慕容妃之子阏婆、寿鸠、纥根、地干、力真、窟咄皆长，继嗣未定。时秦兵尚在君子津，诸子每夜执兵警卫。斤因说什翼犍之庶长子寔君曰："王将立慕容妃之子，欲先杀汝，故顷来诸子每夜戎服，以兵绕庐帐，伺便将发耳。"寔君信之，遂杀诸弟，并弑什翼犍。是夜，诸子妇及部人奔告秦军，秦李柔、张蚝勒兵趋云中，部众逃溃，国中大乱。珪母贺氏以珪走依贺讷。讷，野干之子也。

（以上为第三段，写匈奴铁弗部首领刘卫辰受到代国威胁，向前秦求救，前秦主苻坚派大军攻打代国，代国大乱，拓跋什翼犍庶长子拓跋寔君杀害诸弟，拓跋珪奔依贺讷。）

秦王坚召代长史燕凤，问其所以乱故，凤具以状对。坚曰："天下之恶一也。"乃执寔君及斤，至长安，车裂之。坚欲迁珪于长安，凤固请曰："代王初亡，群下叛散，遗孙冲幼，莫相统摄。其别部大人刘库仁，勇而有智，铁弗卫辰，狡猾多变，皆不可独任。宜分诸部为二，令此两人统之。两人素有深仇，其势莫敢先发。俟其孙稍长，引而立之，是陛下有存亡继绝之德于代，使其子子孙孙永为不侵不叛之臣，此安边之良策也。"坚从之。分代民为二部，自河以东属库仁，自河以西属卫辰，各拜官爵，使统其众。贺氏以珪归独孤部，与南部大人长孙嵩、元佗等皆依库仁。行唐公洛以什翼犍子窟咄年长，迁之长安。坚使窟咄入太学读书。

下诏曰："张天锡承祖父之资，藉百年之业，擅命河右，叛换偏隅。索头世跨朔北，中分区域，东宾秽貊，西引乌孙，控弦百万，虎视云中。爰命两师，分讨黠虏，役不淹岁，穷殄二凶，俘降百万，辟土九千，五帝

代王拓跋什翼犍让白部、独孤部在南面抵御前秦的军队，都没有取胜。又让南部大人刘库仁统领十万骑兵去抵御。刘库仁与刘卫辰同族，是拓跋什翼犍的外甥。他与前秦军队在石子岭交战，刘库仁大败。拓跋什翼犍患病，不能亲自带兵上阵，于是，率领众部族逃奔到阴山以北。高车各部族全都反叛，四面攻劫掠夺，由于无法牧养牲畜，拓跋什翼犍又到了沙漠以南。听说前秦军队逐渐撤退，十二月，拓跋什翼犍回到云中。

当初，拓跋什翼犍分出国土的一半授予弟弟拓跋孤，拓跋孤死后，儿子拓跋斤失去了继承的职位，因而心怀不满。拓跋什翼犍的长子拓跋寔及弟弟拓跋翰早年死亡，拓跋寔的儿子拓跋珪年龄尚幼，慕容妃的儿子拓跋阏婆、拓跋寿鸠、拓跋纥根、拓跋地干、拓跋力真、拓跋窟咄全都年长，由谁来继位还未确定。当时前秦的军队尚在君子津，慕容妃的儿子们每到夜晚都手持兵器警卫。拓跋斤借机劝说拓跋什翼犍的庶长子拓跋寔君说："国王将要立慕容妃的儿子为继承人，想要先杀掉你，所以近来慕容妃儿子们每到夜晚都全副武装，领兵环绕庐帐，窥探好时机后就要动手了。"拓跋寔君信以为真，于是杀掉了弟弟们，把拓跋什翼犍也杀了。当晚，慕容妃儿子们的妻子以及部属跑去向前秦的军队报告，前秦的李柔、张蚝率兵开赴云中，代国的部属士兵溃逃，国内大乱。拓跋珪的母亲贺氏带着拓跋珪投奔了贺讷。贺讷是贺野干的儿子。

前秦主苻坚召见代国长史燕凤，问他导致代国大乱的原因，燕凤把实情原原本本地告诉了他。苻坚说："天下的丑恶都是一样的。"于是就将拓跋寔君及拓跋斤押解到长安，车裂了他们。苻坚想把拓跋珪迁移到长安，燕凤坚持请求说："代王拓跋什翼犍刚刚死亡，群臣、部属背叛离散，留下来的孙子年幼，没有人再统领代国。代国的别部大人刘库仁，勇猛而有智谋，刘卫辰则狡猾多变，他们都不宜独担重任。应该将众部族一分为二，让这两人分别统领。他们两人历来有深仇，势必都不敢首先发难。等到拓跋珪逐渐长大，再将他立为王，这样皇上对代国有存亡继绝的恩德，从而使他们子子孙孙永远成为不侵犯、不背叛的臣属，这才是安定边境的良策。"苻坚听从了燕凤的意见。把代国的百姓分为两部分，自黄河以东属于刘库仁，自黄河以西属于刘卫辰，各授官职爵位，让他们统领自己的部众。贺氏带着拓跋珪返回了独孤部，与南部大人长孙嵩、元佗等都归依了刘库仁。行唐公苻洛考虑到拓跋什翼犍的儿子拓跋窟咄年长，把他迁移到了长安。苻坚让拓跋窟咄进入太学读书。

苻坚下达命令说："张天锡继承了先辈的成果，凭借着延续百年的功业，擅自在黄河以西发号施令，偏居一隅飞扬跋扈。索头部族世代横跨朔北，在中部，分割地域；在东部，结交濊貊；在西部，招引乌孙，士兵百万，虎视云中。于是命令苟苌、

之所未宾，周、汉之所未至，莫不重译来王，怀风率职。有司可速班功受爵，戎士悉复之五岁，赐爵三级。”于是加行唐公洛征西将军，以邓羌为并州刺史。

阳平国常侍慕容绍私谓其兄楷曰：“秦恃其强大，务胜不休，北戍云中，南守蜀、汉，转运万里，道殣相望，兵疲于外，民困于内，危亡近矣。冠军叔仁智度英拔，必能恢复燕祚，吾属但当爱身以待时耳！”

初，秦人既克凉州，议讨西障氐、羌，秦王坚曰：“彼种落杂居，不相统一，不能为中国大患，宜先抚谕，征其租税，若不从命，然后讨之。”乃使殿中将军张旬前行宣慰，庭中将军魏曷飞帅骑二万七千随之。曷飞忿其恃险不服，纵兵击之，大掠而归。坚怒其违命，鞭之二百，斩前锋督护储安以谢氐、羌。氐、羌大悦，降附贡献者八万三千余落。雍州士族先因乱流寓河西者，皆听还本。

刘库仁招抚离散，恩信甚著，奉事拓跋珪恩勤周备，不以废兴易意，常谓诸子曰：“此儿有高天下之志，必能恢隆祖业，汝曹当谨遇之。”秦王坚赏其功，加广武将军，给幢麾鼓盖。

刘卫辰耻在库仁之下，怒杀秦五原太守而叛。库仁击卫辰，破之，追至阴山西北千余里，获其妻子。又西击库狄部，徙其部落，置之桑乾川。久之，坚以卫辰为西单于，督摄河西杂类，屯代来城。

是岁，乞伏司繁卒，子国仁立。

（以上为第四段，写前秦主苻坚派遣大军攻打代国，平定后将代国一分为二，分别由刘库仁、刘卫辰镇守，后又加封刘库仁，导致刘卫辰反叛，叛乱被刘库仁平定。）

二年（丁丑，377年）

春，高句丽、新罗、西南夷皆遣使入贡于秦。

苻洛二军，分别讨伐狡诈的敌虏，征战不到一年，就彻底消灭了这两个顽凶，俘获多达百万，开辟领土九千。没有宾服五帝的人，周朝、汉朝没能到达的地方，全都经过辗转翻译前来朝见，感念我们的恩德，恪尽职守。有关部门应当迅速依功授爵，军中将士全都免除赋税五年，赏赐爵位三级。”于是让行唐公苻洛担任征西将军，任命邓羌为并州刺史。

阳平国常侍慕容绍私下里对他的哥哥慕容楷说：“前秦自恃强大，求胜不止，北面驻守云中，南面镇守蜀汉，辗转运输，遥遥万里，道旁坟冢相望。军队疲惫在外，百姓困苦在内，危亡之时已经临近了。冠军叔父慕容垂的仁爱、智谋、气度出类拔萃，一定能弘扬光复燕国的国统，我们只需要多多保重以等待时机！”

当初，前秦人攻克了凉州以后，商议攻打西方边境上的氐族、羌族部落。前秦王苻坚说：“他们不同种族部落混杂而居，并不统一，不能构成中原之国的大患，应该先加以安抚劝谕，征收他们的田租赋税，如果不服从命令，然后再去攻打他们。”于是就让殿中将军张旬前往安抚，让庭中将军魏曷飞率领骑兵二万七千人紧随其后。魏曷飞对他们凭借险要的地势拒不降服非常气愤，就发兵对他们展开攻击，大肆抢掠以后返回。苻坚对他违背命令十分愤怒，打了他二百鞭，杀掉了前锋督护储安以向氐族、羌族人谢罪。氐族、羌族人十分高兴，向前秦投降归附进献贡奉的有八万三千多个部落。雍州士族先前因为战乱而流落寓居河西的人，全都听凭他们返回故土。

刘库仁招纳安抚叛离逃散的百姓，恩德与信义十分明显，事奉拓跋珪殷勤周到，不因为他的废兴而改变主意，常对儿子们说：“这孩子有高于天下人的志向，一定能弘扬昌隆祖先的业绩，你们应当谨慎小心地对待他。”前秦王苻坚奖赏刘库仁的功绩，任命他为广武将军，并给予他旌旗、战鼓、伞盖。

刘卫辰对位居刘库仁之下感到耻辱，愤怒地杀掉了前秦五原太守后反叛。刘库仁攻打刘卫辰，攻破了他，一直追击到阴山西北一千多里的地方，俘获了他的妻儿。又向西攻击库狄部，迁移他们的部落，安置在桑乾川。过了许久，苻坚任命刘卫辰为西单于，督率统领河西的各部族，驻扎在代来城。

这一年，乞伏司繁去世，儿子乞伏国仁继位。

晋孝武帝太元二年（丁丑，377 年）

春季，高句丽、新罗、西南夷全都派遣使者来向前秦进献贡奉。

赵故将作功曹熊邈屡为秦王坚言石氏宫室器玩之盛，坚以邈为将作长史，领尚方丞，大修舟舰、兵器，饰以金银，颇极精巧。慕容农私言于慕容垂曰：“自王猛之死，秦王法制，日以颓靡，今又重之以奢侈，殃将至矣，图谶之言，行当有验。大王宜结纳英杰以承天意，时不可失！”垂笑曰：“天下事非尔所及！”

桓豁表兖州刺史朱序为梁州刺史，镇襄阳。秋，七月，丁未，以尚书仆射谢安为司徒，安让不拜，复加侍中，都督扬、豫、徐、兖、青五州诸军事。

丙辰，征西大将军、荆州刺史桓豁卒。

冬，十月，辛丑，以桓冲都督江、荆、梁、益、宁、交、广七州诸军事，领荆州刺史；以冲子嗣为江州刺史。又以五兵尚书王蕴都督江南诸军事，假节，领徐州刺史；征西司马领南郡相谢玄为兖州刺史，领广陵相，监江北诸军事。

桓冲以秦人强盛，欲移阻江南，奏自江陵徙镇上明，使冠军将军刘波守江陵，谘议参军杨亮守江夏。

王蕴固让徐州，谢安曰：“卿居后父之重，不应妄自菲薄，以亏时遇。”蕴乃受命。

初，中书郎郗超自以其父愔位遇应在谢安之右，而安入掌机权，愔优游散地，常愤邑形于辞色，由是与谢氏有隙。是时，朝廷方以秦寇为忧，诏求文武良将可以镇御北方者，谢安以兄子玄应诏。超闻之，叹曰：“安之明，乃能违众举亲；玄之才，足以不负所举。”众咸以为不然。超曰：“吾尝与玄共在桓公府，见其使才，虽履屐间未尝不得其任，是以知之。”

玄募骁勇之士，得彭城刘牢之等数人。以牢之为参军，常领精锐为前锋，战无不捷。时号“北府兵”，敌人畏之。

壬寅，护军将军、散骑常侍王彪之卒。初，谢安欲增修宫室，彪之曰：“中兴之初，即东府为宫，殊为俭陋。苏峻之乱，成帝止兰台都坐，殆不蔽寒暑，是以更营新宫。比之汉、魏则为俭，比之初过江则为侈矣。今寇敌方强，岂可大兴功役，劳扰百姓邪！”安曰：“宫室弊陋，后人谓

原后赵国将作功曹熊邈向前秦主苻坚讲述石氏宫室、器物古玩的华丽丰盛，苻坚任命熊邈为将作长史，兼尚方丞，大规模地修整舟船、兵器，用金银装饰，精巧之极。慕容农私下里对慕容垂说："自从王猛死后，前秦的法律制度日益荒废，如今再加上奢侈，灾祸快要临头了，图谶中的话，行将应验。大王应当结交招纳勇武杰出之人以禀承天意，时机不可丧失！"慕容垂笑着说："天下大事不是你所能预知的。"

东晋将领桓豁上书请求任命兖州刺史朱序为梁州刺史，镇守襄阳。秋季，七月，丁未（疑误），东晋任命尚书仆射谢安为司徒，谢安辞让不予接受。又任命谢安为侍中，都督扬、豫、徐、兖、青五州诸军事。

七月丙辰（疑误），征西大将军、荆州刺史桓豁去世。

冬季，十月十一日辛丑，任命桓冲都督江、荆、梁、益、宁、交、广七州诸军事，兼荆州刺史。任命桓冲的儿子桓嗣为江州刺史。又任命五兵尚书王蕴都督江南诸军事，兼徐州刺史，任命征西司马兼南郡相谢玄为兖州刺史，兼广陵相，监长江以北诸军事。

桓冲考虑到前秦人威势强盛，想移师固守长江以南，奏请从江陵移镇上明，让冠军将军刘波戍守江陵，谘议参军杨亮戍守江夏。

东晋王蕴坚持辞让徐州刺史的职务，谢安说："你居皇后之父的重要身份，不应该妄自菲薄，以损害一时的恩遇。"王蕴于是接受任命。

当初，中书郎郗超自认为他的父亲郗愔的职位待遇应该在谢安之上，然而谢安入朝掌握了重要的权力。郗愔却在一些闲散的职位上悠闲无事，所以郗超的愤恨抑郁之情时常溢于辞色，因此与谢氏产生了隔阂。这时，朝廷正对前秦的侵扰深以为忧，下达命书在文武良将中寻求可以镇守戍卫北方领土的人，谢安荐举他哥哥的儿子谢玄应诏。郗超听说后，慨叹道："谢安贤明，才能够违背凡俗荐举他的亲戚；谢玄的才能足以不辜负谢安的荐举。"众人全都认为并非如此。郗超说："我曾经与谢玄同在桓温的幕府共事，见他施展才能，虽然是履屐间的小事也从来不失职，所以我了解他。"

谢玄招募敏捷勇猛之人，得到了彭城的刘牢之等数人。任命刘牢之为参军。他经常统领精锐部队作为前锋出战，战无不胜。当时的人称他们为"北府兵"，敌人对他们很害怕。

十月十二日壬寅，护军将军、散骑常侍王彪之去世。当初，谢安想要增建宫室，王彪之说："朝廷中兴之初，把东府作为宫廷，甚为简陋。苏峻之乱，成帝住在御史台官吏办公的地方，几乎连寒风酷暑也不能遮挡，所以才又营造了新宫。与汉魏相比还算简陋，但与刚刚渡过长江时相比则算是奢侈了。如今正值敌寇强大，怎么能

人无能。”彪之曰：“凡任天下之重者，当保国宁家，缉熙政事，乃以修室屋为能邪！”安不能夺其议，故终彪之之世，无所营造。

十二月，临海太守郗超卒。初，超党于桓氏，以父愔忠于王室，不令知之。及病甚，出一箱书授门生曰：“公年尊，我死之后，若以哀惋害寝食者，可呈此箱；不尔，即焚之。”既而，愔果哀惋成疾，门生呈箱，皆与桓温往反密计。愔大怒曰：“小子死已晚矣！”遂不复哭。

（以上为第五段，写前秦大规模修整舟船、兵器，饰以金银；东晋谢安掌控朝政，荐举侄子谢玄，谢玄统帅精锐部队为前锋出战，战无不胜，时人称为“北府兵”。）

三年（戊寅，378 年）

春，二月，乙巳，作新宫，帝移居会稽王邸。

秦王坚遣征南大将军、都督征讨诸军事、守尚书令、长乐公丕，武卫将军苟苌，尚书慕容暐帅步骑七万寇襄阳，以荆州刺史杨安帅樊、邓之众为前锋，征虏将军始平石越帅精骑一万出鲁阳关，京兆尹慕容垂、扬武将军姚苌帅众五万出南乡，领军将军苟池、右将军毛当、强弩将军王显帅众四万出武当，会攻襄阳。

夏，四月，秦兵至沔北，梁州刺史朱序以秦无舟楫，不以为虞。既而石越帅骑五千浮渡汉水，序惶骇，固守中城；越克其外郭，获船百余艘以济余军。长乐公丕督诸将攻中城。

序母韩氏闻秦兵将至，自登城履行，至西北隅，以为不固，帅百余婢及城中女丁筑邪城于其内。及秦兵至，西北隅果溃，众移守新城，襄阳人谓之夫人城。

桓冲在上明拥众七万，惮秦兵之强，不敢进。

丕欲急攻襄阳，苟苌曰：“吾众十倍于敌，糗粮山积，但稍迁汉、沔之民于许、洛，塞其运道，绝其援兵，譬如网中之禽，何患不获？而多杀将士，急求成功哉！”丕从之。慕容垂拔南阳，执太守郑裔，与丕会襄阳。

大兴土木，侵扰百姓呢！”谢安说：“宫室粗弊简陋，后人会说住在这里的人无能。”王彪之说：“凡承担天下重任的人，应当保全国家安定百姓，使政事光明显赫，怎么能以修建宫室为能事呢！”谢安无法改变他的意见，所以王彪之在世期间，什么宫室也没有营建。

十二月，临海太守郗超去世。当初郗超与桓氏结为同党，因为父亲郗愔忠诚于王室，所以没让父亲知道。等到他病重以后，拿出一箱子书信交给门下的弟子，说：“父亲年纪大了，我死了以后，如果父亲因为悲痛惋惜而妨碍了起居饮食的时候，可以把这个箱子呈献给他；如果没有出现这种情况，就把箱子烧掉。”郗超死后，郗愔果然因悲痛惋惜而患病，弟子把箱子呈送给他，里面全是郗超与桓温商议密谋的往返信件。郗愔勃然大怒，说：“这小子死得已经晚了！”于是就不再为他悲痛流泪了。

晋孝武帝太元三年（戊寅，378年）

春季，二月十七日乙巳，开始建造新宫，东晋孝武帝司马曜移居到会稽王的宫邸。

前秦主苻坚派遣征南大将军、都督征讨诸军事、守尚书令、长乐公苻丕，武卫将军苟苌和尚书慕容暐率领七万步、骑兵进犯东晋襄阳，让荆州刺史杨安率领樊州、邓州的士兵作为前锋，征虏将军始平人石越率领一万精锐骑兵出鲁阳关，京兆尹慕容垂、扬武将军姚苌率领五万士兵出南乡，领军将军苟池、右将军毛当、强弩将军王显率领四万士兵出武当，会合攻打襄阳。

夏季，四月，前秦军队抵达沔水以北，梁州刺史朱序认为前秦的军队没有舟船，未做防备。等到石越率领五千骑兵顺流渡过汉水，朱序惶恐惊骇，固守中城。石越攻克了他的外城，缴获了一百多艘船只，用来接运其余的士兵。长乐公苻丕统领众将领攻打中城。

朱序的母亲韩氏听说前秦的军队将要到达，亲自登上城墙察看是否坚固。行至西北角，认为这里不够坚固，于是就率领女仆及城里的成年女子一百多人在城墙里边又斜着修筑了一道城墙。等到前秦军队来到以后，西北角的城墙果然被攻破，士兵们转移到新城墙上防守，襄阳人称这段城墙为“夫人城”。

桓冲在上明拥有士兵七万人，由于害怕前秦的强大，不敢进军。

苻丕想要急攻襄阳，苟苌说：“我们的士兵十倍于敌人，储备的粮食堆积如山，只要逐渐把汉水、沔水一带的百姓迁移到许昌、洛阳，阻塞他们转运的通道，断绝他们的援军，他们就如同坠入罗网的鸟，还怕抓不到他们吗？何必要以将士们过多的伤亡为代价，而急切地求取成功呢！”苻丕听从了他的意见。慕容垂攻下了南阳，

秋，七月，新宫成；辛巳，帝入居之。

秦兖州刺史彭超请攻沛郡太守戴逯于彭城，且曰："愿更遣重将攻淮南诸城，为征南棋劫之势，东西并进，丹阳不足平也！"秦王坚从之，使都督东讨诸军事。后将军俱难、右禁将军毛盛、洛州刺史邵保帅步骑七万寇淮阳、盱眙。超，越之弟；保，羌之从弟也。

八月，彭超攻彭城。诏右将军毛虎生帅众五万镇姑孰以御秦兵。

秦梁州刺史韦钟围魏兴太守吉挹于西城。

九月，秦王坚与群臣饮酒，以秘书监朱彤为正，命人人以极醉为限。秘书侍郎赵整作《酒德之歌》曰："地列酒泉，天垂酒池，杜康妙识，仪狄先知。纣丧殷邦，桀倾夏国，由此言之，前危后则。"坚大悦，命整书之以为酒戒，自是宴群臣，礼饮而已。

秦凉州刺史梁熙遣使入西域，扬秦威德。冬，十月，大宛献汗血马。秦王坚曰："吾尝慕汉文帝之为人，用千里马何为！"命群臣作《止马之诗》而反之。

巴西人赵宝起兵梁州，自称晋西蛮校尉、巴郡太守。

秦豫州刺史北海公重镇洛阳，谋反，秦王坚曰："长史吕光忠正，必不与之同。"即命光收重，槛车送长安，赦之，以公就第。重，洛之兄也。

十二月，秦御史中丞李柔劾奏："长乐公丕等拥众十万，攻围小城，日费万金，久而无效，请征下廷尉。"秦王坚曰："丕等广费无成，实宜贬戮；但师已淹时，不可虚返，其特原之，令以成功赎罪。"使黄门侍郎韦华持节切让丕等，赐丕剑曰："来春不捷，汝可自裁，勿复持面见吾也！"

周虓在秦，密与桓冲书，言秦阴计；又逃奔汉中，秦人获而赦之。

（以上为第六段，写前秦主苻坚发动对东晋的战争，派出重兵攻打襄阳，前秦大将苻丕，围而不攻，师老前线，被弹劾；东晋将领桓冲拥兵七万，畏敌不敢进军；前秦北海公苻重谋反，被平定。）

抓获太守郑裔，与苻丕在襄阳会合。

秋季，七月，新宫建成。二十五日辛巳，孝武帝司马曜进入新宫居住。

前秦兖州刺史彭超请求攻打在彭城的沛郡太守戴逯，并说："希望再派遣大将攻打淮河以南各城，以便与征南大将军苻丕形成围棋劫争之势，东西并进，丹阳不堪一击！"前秦王苻坚听从了他的意见，让他都督东讨诸军事。前秦后将军俱难、右禁将军毛盛、洛州刺史邵保率领七万步、骑兵进攻淮阳、盱眙。彭超，是彭越的弟弟；邵保是邵羌的堂弟。

八月，彭超攻打彭城。东晋命令右将军毛虎生率领五万士兵镇守姑孰以抵御前秦军队。

前秦梁州刺史韦钟在西城包围了魏兴太守吉挹。

九月，前秦王苻坚与群臣饮酒，让秘书监朱肜当酒正官，让人们都喝到烂醉如泥的程度。秘书侍郎赵整编了一首《酒德之歌》说："地上有酒泉，天上垂着酒池，杜康酒的美妙，帝女仪狄先知。纣丧失殷商之邦，桀倾毁夏朝之国，由此言之，前人的危亡，后人的法则。"苻坚听后十分高兴，命令赵整写出来以作为对饮酒的禁戒，从此再宴请群臣时，只是礼节性地喝一点酒而已。

前秦凉州刺史梁熙派遣使者进入西域，宣扬前秦的威势道德。冬季，十月，大宛进献汗血宝马。前秦王苻坚说："我曾经羡慕汉文帝的为人，使用千里马干什么呢？"于是就命令群臣作《止马之诗》，送还汗血马。

巴西人赵宝在凉州起兵，自称为晋朝西蛮校尉、巴郡太守。

前秦豫州刺史北海公苻重镇守洛阳，图谋反叛。前秦王苻坚说："长史吕光忠诚正派，一定不会与他同流合污。"于是命令吕光拘捕了苻重，用囚车把他送到长安。苻坚赦免了他，让他以公爵的身份回家。苻重是苻洛的哥哥。

十二月，前秦御史中丞李柔进上弹劾奏章说："长乐公苻丕等人拥兵十万，围攻小城，每天耗费万金，但久围而不见功效，请求召回，送交廷尉加以追究。"前秦王苻坚说："苻丕等人大量耗费不见成效，确实应该被贬责斩杀。只是军队出征已久，不能无功而返，特别宽恕他们一次，让他们以成就战功来赎罪。"苻坚派黄门侍郎韦华持符节严厉地责备苻丕等人，并赐给苻丕一把剑，说："明年春天还不能取胜的话，你就可以自杀，不要再厚颜来见我了！"

周虓在前秦，秘密地给桓冲写信，报告前秦的密谋计策。后又逃奔到汉中，被前秦人抓获后赦免了。

四年（己卯，379年）

春，正月，辛酉，大赦。

秦长乐公丕等得诏惶恐，乃命诸军并力攻襄阳。秦王坚欲自将攻襄阳，诏阳平公融以关东六州之兵会寿春，梁熙以河西之兵为后继。阳平公融谏曰：“陛下欲取江南，固当博谋熟虑，不可仓猝。若止取襄阳，又岂足亲劳大驾乎！未有动天下之众而为一城者，所谓‘以随侯之珠弹千仞之雀’也！”梁熙谏曰：“晋主之暴，未如孙皓，江山险固，易守难攻。陛下必欲廓清江表，亦不过分命将帅，引关东之兵，南临淮、泗，下梁、益之卒，东出巴峡，又何必亲屈鸾辂，远幸沮泽乎！昔汉光武诛公孙述，晋武帝擒孙皓，未闻二帝自统六师，亲执枹鼓，蒙矢石也。”坚乃止。

诏冠军将军南郡相刘波帅众八千救襄阳，波畏秦，不敢进。朱序屡出战，破秦兵，引退稍远，序不设备。二月，襄阳督护李伯护密遣其子送款于秦，请为内应，长乐公丕命诸军进攻之。戊午，克襄阳，执朱序，送长安。秦王坚以序能守节，拜度支尚书，以李伯护为不忠，斩之。

秦将军慕容越拔顺阳，执太守谯国丁穆。坚欲官之，穆固辞不受。坚以中垒将军梁成为荆州刺史，配兵一万，镇襄阳，选其才望，礼而用之。

桓冲以襄阳陷没，上疏送章节，请解职，不许。诏免刘波官，俄复以为冠军将军。

秦以前将军张蚝为并州刺史。

兖州刺史谢玄帅众万馀救彭城，军于泗口，欲遣间使报戴逯而不可得。部曲将田泓请没水潜行趣彭城，玄遣之。泓为秦人所获，厚赂之，使云“南军已败”。泓伪许之，既而告城中曰：“南军垂至，我单行来报，为贼所得，勉之！”秦人杀之。彭超置辎重于留城，谢玄扬声遣后军将军何谦向留城。超闻之，释彭城围，引兵还保辎重。戴逯帅彭城之众，随谦奔玄，超遂据彭城，留兖州治中徐褒守之，南攻盱眙。俱难克淮阴，留邵保戍之。

晋孝武帝太元四年（己卯，379 年）

春季，正月初八辛酉，东晋实行大赦。

前秦长乐公苻丕等人见到命令后十分惶恐，就命令各路部队协力攻打襄阳。前秦王苻坚想亲自统领军队攻打襄阳，下令阳平公苻融率领关东六州的士兵会集寿春，下令梁熙率领黄河以西的士兵作为后继部队。阳平公苻融劝说道："皇上想要夺取长江以南，本来应当广泛征求意见，深思熟虑，不可仓促行事。如果仅仅是攻取襄阳，又怎么值得亲劳大驾呢？没有动用整个天下的士兵而仅仅是为了区区一城的，正所谓'以珍贵无比的随侯之珠来弹射高达千仞的小雀'呀！"梁熙劝说道："晋主的暴躁不像孙皓，山河险峻坚固，易守难攻。皇上一定想要统一江南，也不过分别命令将帅带领关东的军队，南进淮河、泗水，让梁州、益州的士兵顺流而下，东出巴山、三峡就可以了，又何必亲自屈居鸾舆，远到洼湿之地呢？过去汉光武帝刘秀诛杀公孙述，晋武帝司马炎擒获孙皓，没有听说二位帝王亲自统领六军，亲自执掌战鼓，遭受箭石的攻击。"苻坚于是作罢。

东晋朝廷命令冠军将军、南郡相刘波率领八千士兵救援襄阳，刘波畏惧前秦，不敢前进。朱序屡屡出战，攻破前秦的军队，秦兵逐渐远退，朱序不再设防。二月，东晋襄阳督护李伯护秘密地派遣他的儿子到前秦去表示忠诚，请求作为内应。长乐公苻丕命令各路部队进攻襄阳。戊午（疑误），攻克了襄阳，抓获了朱序，把他送到长安。前秦主苻坚因为朱序能够保持气节，授官度支尚书。认为李伯护不忠诚，就把他杀掉了。

前秦将军慕容越攻下顺阳，抓获了太守、谯国人丁穆。苻坚想给他授官，丁穆固执地推辞不接受。苻坚任命中垒将军梁成为荆州刺史，给他配备了一万兵力，镇守襄阳，选拔当地有才能名望的人，给予礼遇，并加以任用。

东晋将领桓冲因为襄阳沦陷覆没，上书要求送还印章符节，请求解除他的职务，没有被允许。朝廷下达命令，免除刘波的官职，不久，又任命他为冠军将军。

前秦任命前将军张蚝为并州刺史。

东晋兖州刺史谢玄率领一万多士兵救援彭城，驻扎在泗口，想要派遣伺机行事的使者去向戴逯报告，但找不到合适的人。军中将领田泓请求潜水去彭城，谢玄派他去了。田泓被前秦人抓获，前秦人送给他很多财物，让他报告说南军已经失败。田泓佯装同意，但到达后却告诉城里的人说："南军快要到达了，我独自前来报告被敌人抓获，你们努力吧！"前秦人把田泓杀掉了。前秦将领彭超在留城放置了轻重装备，谢玄扬言派遣后军将军何谦开赴留城。彭超听说后，放弃了对彭城的包围，率兵返回留城保护轻重装备。戴逯率领彭城的部众，跟随何谦投奔谢玄，彭超于是占据彭城，留下兖州治中徐褒守卫彭城，彭超南攻盱眙。俱难攻克了淮阴，留下邵

三月，壬戌，诏以："疆埸多虞，年谷不登，其供御所须，事从俭约；九亲供给，众官廪俸，权可减半。凡诸役费，自非军国事要，皆宜停省。"

癸未，使右将军毛虎生帅众三万击巴中，以救魏兴。前锋督护赵福等至巴西，为秦将张绍等所败，亡七千余人。虎生退屯巴东。蜀人李乌聚众二万，围成都以应虎生，秦王坚使破虏将军吕光击灭之。

（以上为第七段，写前秦久攻襄阳不下，前秦主苻坚欲亲自统军攻打，被臣下劝止；襄阳陷没，东晋将领桓冲自认为失职，主动要求免职，朝廷不许。）

夏，四月，戊申，韦钟拔魏兴，吉挹引刀欲自杀，左右夺其刀，会秦人至，执之，挹不言不食而死。秦王坚叹曰："周孟威不屈于前，丁彦远洁己于后，吉祖冲闭口而死，何晋氏之多忠臣也！"挹参军史颖逃归，得挹临终手疏，诏赠益州刺史。

秦毛当、王显帅众二万自襄阳东会俱难、彭超攻淮南。五月，乙丑，难、超拔盱眙，执高密内史毛璪之。秦兵六万围幽州刺史田洛于三阿，去广陵百里，朝廷大震，临江列戍，遣征虏将军谢石帅舟师屯涂中。石，安之弟也。

右卫将军毛安之等帅众四万屯堂邑。秦毛当、毛盛帅骑二万袭堂邑，安之等惊溃。兖州刺史谢玄自广陵救三阿。丙子，难、超战败，退保盱眙。六月，戊子，玄与田洛帅众五万进攻盱眙，难、超又败，退屯淮阴。玄遣何谦等帅舟师乘潮而上，夜，焚淮桥。邵保战死，难、超退屯淮北。玄与何谦、戴遂、田洛共追之，战于君川，复大破之，难、超北走，仅以身免。谢玄还广陵，诏进号冠军将军，加领徐州刺史。

秦王坚闻之，大怒。秋，七月，槛车征超下廷尉，超自杀。难削爵为民。

以毛当为徐州刺史，镇彭城；毛盛为兖州刺史，镇湖陆；王显为扬州刺史，戍下邳。

谢安为宰相，秦人屡入寇，边兵失利，众心危惧，安每镇之以和静。其为政，务举大纲，不为小察。时人比安于王导，而谓其文雅过之。

保戍守。

三月初十壬戌，东晋下达命令认为：“边境多有忧患，谷物收成不佳，供奉御用所需，一律应该节简；九族的供给、百官的粮俸，暂且减掉一半。各种劳役费用，如果不是关系军队和国家事务的关键，全都应该停止支出以求节省。”

三月，癸未（疑误），东晋派右将军毛虎生率领三万士兵攻打巴中，用以救援魏兴。前锋督护赵福等人抵达巴西后，被前秦将领张绍等打败，损失七千多人。毛虎生退到巴东驻扎。蜀人李乌聚集了二万士兵，包围了成都以响应毛虎生，前秦王苻坚派破虏将军吕光攻打并消灭了他们。

夏季，四月二十六日戊申，前秦将领韦钟攻下了魏兴，吉挹正要拔刀自杀，左右的人夺下了他的刀。恰好这时前秦人到达抓获了他，吉挹一言不发，粒米不进而死亡。前秦王苻坚感叹地说：“前有周虓不示屈服，后有丁穆洁身自好，如今吉挹又闭口而死，为什么晋朝有这么多的忠臣呢？”吉挹的参军史颖逃了回来，东晋朝廷得到了吉挹临终前亲笔写下的奏书，下达命令追赠他为益州刺史。

前秦毛当、王显率领二万士兵从襄阳东进，与俱难、彭超会合后攻打淮河以南地区。五月十四日乙丑，俱难、彭超攻下了盱眙，抓获了高密内史毛璪之。前秦的六万军队在三阿包围了幽州刺史田洛，离广陵只有一百里。东晋朝廷十分震惊，沿长江部署了戍卫力量，派遣征虏将军谢石率领水军驻扎在涂中。谢石是谢安的弟弟。

东晋右卫将军毛安之等率领四万士兵驻扎在堂邑。前秦毛当、毛盛率领二万骑兵攻袭堂邑，毛安之等惊慌溃逃。兖州刺史谢玄从广陵出发救援三阿。五月二十五日丙子，俱难、彭超战败，退守盱眙。六月初七戊子，谢玄与田洛率领五万士兵进军攻打盱眙，俱难、彭超又被打败，退到淮阴驻扎。谢玄派遣何谦等人率领水军趁着涨潮沿河而上，夜间焚烧了淮桥。邵保战死，俱难、彭超后退驻扎于淮河以北。谢玄与何谦、戴逯、田洛一起追击他们，在君川交战，又打败了他们。俱难、彭超向北逃跑，仅仅逃脱了性命。谢玄返回广陵，朝廷下达命令，晋升他的封号为冠军将军，授予兼领徐州刺史的官职。

前秦主苻坚听说此事，勃然大怒。秋季，七月，派囚车去征召彭超，要将他送交廷尉，彭超自杀。俱难被免除爵位降为庶民。

苻坚任命毛当为徐州刺史，镇守彭城；毛盛为兖州刺史，镇守湖陆；王显为扬州刺史，戍守下邳。

谢安做宰相时，前秦人屡屡进犯，守境的晋军失利，朝臣惊恐而谢安却总是以沉着、平和的态度使大家镇静。他的施政方法是务举大纲，不拘泥于小事。当时的

八月，丁亥，以左将军王蕴为尚书仆射，顷之，迁丹阳尹。蕴自以国姻，不欲在内，苦求外出，复以为都督浙江东五郡诸军事、会稽内史。

是岁，秦大饥。

（以上为第八段，写东晋谢玄等将领率领五万将士奋起反击，大败前秦军队，苻坚退回北方；谢玄得到朝廷嘉奖，晋升冠军将军。）

五年（庚辰，380 年）

春，正月，秦王坚复以北海公重为镇北大将军，镇蓟。

二月，作教武堂于渭城，命太学生明阴阳兵法者教授诸将，秘书监朱肜谏曰："陛下东征西伐，所向无敌，四海之地，什得其八，虽江南未服，盖不足言。是宜稍偃武事，增修文德。乃更始立学舍，教人战斗之术，殆非所以驯致升平也。且诸将皆百战之余，何患不习于兵，而更使受教于书生，非所以强其志气也。此无益于实而有损于名，唯陛下图之！"坚乃止。

秦征北将军、幽州刺史行唐公洛，勇而多力，能坐制奔牛，射洞犁耳，自以有灭代之功，求开府仪同三司不得，由是怨愤。

三月，秦王坚以洛为使持节、都督益宁西南夷诸军事、征南大将军、益州牧，使自伊阙趋襄阳，泝汉而上。洛谓官属曰："孤，帝室至亲，不得入为将相，而常摈弃边鄙；今又投之西裔，复不听过京师，此必有阴计，欲使梁成沈孤于汉水耳！于诸君意如何？"幽州治中平规曰："逆取顺守，汤、武是也；因祸为福，桓、文是也。主上虽不为昏暴，然穷兵黩武，民思有所息肩者，十室而九。若明公神旗一建，必率土云从。今跨据全燕，地尽东海，北总乌桓、鲜卑，东引句丽、百济，控弦之士不减五十余万，奈何束手就征，蹈不测之祸乎！"洛攘袂大言曰："孤计决矣，沮谋者斩！"于是，自称大将军、大都督、秦王。以平规为幽州刺史，玄菟太守吉贞为左长史，辽东太守赵赞为左司马，昌黎太守王缊为右司马，辽西太守王琳、北平太守皇甫杰、牧官都尉魏敷等为从事中郎。分遣使者征兵于鲜卑、乌桓、高句丽、百济、新罗、休忍诸国，遣兵三万助北海公重戍蓟。诸国皆曰："吾为天子守藩，不能从行唐公为逆。"

人把谢安与王导相提并论，但认为谢安的文雅要超过王导。

八月初七丁亥，东晋任命左将军王蕴为尚书仆射，不久又提升为丹阳尹。王蕴认为自己是皇后的父亲，不想在朝廷内任职，苦苦请求到外地去，朝廷又任命他为都督浙江东五郡诸军事、会稽内史。

这一年，前秦发生严重饥荒。

晋孝武帝太元五年（庚辰，380年）

春季，正月，前秦主苻坚又任命北海公苻重为镇北大将军，镇守蓟城。

二月，前秦在渭城建造了教武堂，命令太学生中明悉阴阳兵法的人教授众将领，秘书监朱肜劝说苻坚道："皇上东征西讨，所向无敌，四海之地，十得其八，虽然长江以南尚未征服，但不足挂齿。这时应该逐渐偃息战事，增加修行文德。然而刚刚开始建立学宫，就教人征战之术，这大概不是招致天下升平的办法。况且众将领都身经百战，为什么还担心他们不熟悉军事，反而让他们受教于书生？这不是用来提高他们志气的办法。此事没有实际的好处，又损害了声名，希望皇上考虑！"于是苻坚停止了这种做法。

前秦征北将军、幽州刺史、行唐公苻洛勇猛而又力大无比，能坐在那里制服奔牛，射穿坚硬而厚实的犁耳铁，自以为有消灭代国的功劳，要求开府仪同三司的资格，没有得到，因此便怨恨愤怒。

三月，前秦主苻坚任命苻洛为使持节，都督益、宁、西南夷诸军事，征南大将军，益州牧，让他从伊阙开赴襄阳，溯汉水而上。苻洛对他的官属们说："我是王室的至亲，不能进入朝廷成为将相，而一直被摈弃在边远之地。如今又把我投向西陲，还不让我路经京师，这里一定有阴谋诡计，是想让梁成把我葬身于汉水，你们大家是怎样认为的呢？"幽州治中平规说："逆取顺守，商汤、周武就是这样；因祸为福，齐桓、晋文就是这样。主上虽然还没有干昏庸暴虐之事，然而穷兵黩武，百姓中盼望安身休息一下的人，十有九家。如果明公将神旗一竖，境域之内的百姓一定会随从如云。如今您横跨占据全燕，囊括东海，北边统领着乌桓、鲜卑，东面带领着高句丽、百济，士兵不下五十多万，为什么要束手服从征召，迈向不测之祸呢！"苻洛捋起袖子，大声说："我的主意已定，反对者斩首！"于是，苻洛自称大将军、大都督、秦王，任命平规为幽州刺史，玄菟太守吉贞为左长史，辽东太守赵赞为左司马，昌黎太守王缊为右司马，辽西太守王琳、北平太守皇甫杰、牧官都尉魏敷等人为从事中郎。分别派遣使者到鲜卑、乌桓、高句丽、百济、新罗、休忍各国征召

洛惧，欲止，犹豫未决。

王缊、王琳、皇甫杰、魏敷知其无成，欲告之，洛皆杀之。吉贞、赵赞曰："今诸国不从，事乖本图，明公若惮益州之行者，当遣使奉表乞留，主上亦不虑不从。"平规曰："今事形已露，何可中止！宜声言受诏，尽幽州之兵，南出常山，阳平公必郊迎，因而执之，进据冀州，总关东之众以图西土，天下可指麾而定也！"洛从之。夏，四月，洛帅众七万发和龙。

秦王坚召群臣谋之，步兵校尉吕光曰："行唐公以至亲为逆，此天下所共疾。愿假臣步骑五万，取之如拾遗耳。"坚曰："重、洛兄弟，据东北一隅，兵赋全资，未可轻也。"光曰："彼众迫于凶威，一时蚁聚耳。若以大军临之，势必瓦解，不足忧也。"坚乃遣使让洛，使还和龙，当以幽州永为世封。洛谓使者曰："汝还白东海王，幽州褊狭，不足以容万乘，须王秦中以承高祖之业。若能迎驾潼关者，当位为上公，爵归本国。"坚怒，遣左将军武都窦冲及吕光帅步骑四万讨之；右将军都贵驰传诣邺，将冀州兵三万为前锋；以阳平公融为征讨大都督。

北海公重悉蓟城之众与洛会，屯中山，有众十万。五月，窦冲等与洛战于中山，洛兵大败，生擒洛，送长安。北海公重走还蓟，吕光追斩之。屯骑校尉石越自东莱帅骑一万，浮海袭和龙，斩平规，幽州悉平。坚赦洛不诛，徙凉州之西海郡。

臣光曰：夫有功不赏，有罪不诛，虽尧、舜不能为治，况他人乎！秦王坚每得反者辄宥之，使其臣狃于为逆，行险侥幸，虽力屈被擒，犹不忧死，乱何自而息哉！《书》曰："威克厥爱，允济；爱克厥威，允罔功。"《诗》云："毋纵诡随，以谨罔极；式遏寇虐，无俾作慝。"今坚违之，能无亡乎！

（以上为第九段，写前秦行唐公苻洛雄勇多力，因没有得到想要的封赏，不服从前秦主苻坚的调动，举兵造反，欲进攻前秦都城长安，被打败俘获，发配西海郡。）

军队，派出三万兵力协助北海公苻重戍守蓟城。各国都说："我们为天子守卫藩地，不能跟从行唐公苻洛作乱。"苻洛害怕了，想停手不干，又犹豫不决。

王缊、王琳、皇甫杰、魏敷知道苻洛终将无成，想要告发他，苻洛把他们全都杀掉了。吉贞、赵赞说："如今各国都不跟从，事情与我们的本意相背。明公您如果是因为害怕前往益州，应当派遣使者进奉奏书，请求留下，主上也不会不加考虑地拒绝。"平规说："如今事情的形迹已经败露，怎么能半途而废！应该声称接受命令，实则带领幽州的全部军队，南出常山，阳平公苻融一定会远道迎接，乘势将他擒获，进军占据冀州，统领关东士兵以图谋西边的领土，天下弹指间就可以平定！"苻洛听从了平规的意见。夏季，四月，苻洛率领七万士兵从和龙出发。

前秦主苻坚召集群臣商议此事，步兵校尉吕光说："行唐公苻洛凭借王室至亲的身份作乱，这是天下人所共同痛恨的。希望您为我配备五万步、骑兵，擒获他如同拣拾遗物那样容易。"苻坚说："苻重、苻洛兄弟占据着整个东北地区，兵员、赋税全都有所依凭，不可轻视。"吕光说："他的士兵是迫于凶狠的威慑，才一时像蚂蚁一样聚集起来的。如果大军前往，势必瓦解，不值得忧虑。"苻坚于是便派使者去责备苻洛，让他返回和龙，许诺当会把幽州作为他世代承袭的封地。苻洛对使者说："你回去告诉东海王苻坚，幽州地域狭小，不足以容纳万乘之主，我必须在秦中称王以继承高祖苻健的大业。如果他能亲自到潼关迎接大驾的话，我就让他位在上公，封爵后回归本国。"苻坚听了这话后十分愤怒，派左将军武都人窦冲以及吕光率领四万步、骑兵攻打苻洛，派右将军都贵驰马急行，到邺城，统率冀州的三万军队作为前锋，任命阳平公苻融为征讨大都督。

前秦北海公苻重率领蓟城的全部士兵与苻洛会合，驻扎在中山，共有士兵十万。五月，窦冲等与苻洛在中山交战，苻洛的军队大败，苻洛被活捉，送至长安。北海公苻重逃回蓟城，吕光追击并斩杀了他。屯骑校尉石越从东莱率领一万骑兵，渡海袭击和龙，斩杀了平规，幽州全部被平定。苻坚赦免了苻洛，没有诛杀他，把他迁移到凉州的西海郡。

臣司马光评论说：有功不赏，有罪不杀，就是尧舜也不能实现大治，何况是其他人呢！前秦主苻坚每次擒获了反叛作乱的人就宽赦他们，从而使他的臣下对叛逆作乱习以为常，干险恶的勾当还心存侥幸，即便是力量不足被擒获，也不用担心被杀，这样祸乱从哪儿能停息呢！《尚书》说："以威胜爱，必定成功；以爱胜威，必定失败。"《诗经》说："别听狡诈欺骗的话，警惕两面三刀；制止暴虐与劫掠，不使作恶欺负他人。"如今苻坚违背了这些话，怎能不灭亡呢？

朝廷以秦兵之退为谢安、桓冲之功，拜安卫将军，与冲皆开府仪同三司。

六月，甲子，大赦。

丁卯，以会稽王道子为司徒，固让不拜。

秦王坚召阳平公融为侍中、中书监、都督中外诸军事、车骑大将军、司隶校尉、录尚书事；以征南大将军、守尚书令、长乐公丕为都督关东诸军事、征东大将军、冀州牧。

坚以诸氐种类繁滋，秋，七月，分三原、九嵕、武都、汧、雍氐十五万户，使诸宗亲各领之，散居方镇，如古诸侯。长乐公丕领氐三千户，以仇池氐酋射声校尉杨膺为征东左司马，九嵕氐酋长水校尉齐午为右司马，各领一千五百户，为长乐世卿；长乐郎中令略阳垣敞为录事参军，侍讲扶风韦幹为参军事，申绍为别驾。膺，丕之妻兄也；午，膺之妻父也。

八月，分幽州置平州，以石越为平州刺史，镇龙城。中书令梁谠为幽州刺史，镇蓟城。抚军将军毛兴为都督河、秦二州诸军事，河州刺史，镇枹罕。长水校尉王腾为并州刺史，镇晋阳。河、并二州各配氐户三千。兴、腾并苻氏婚姻，氐之崇望也。平原公晖为都督豫、洛、荆、南兖、东豫、阳六州诸军事，镇东大将军，豫州牧，镇洛阳。移洛州刺史治丰阳。钜鹿公睿为雍州刺史，镇蒲阪。各配氐户三千二百。

坚送丕至灞上，诸氐别其父兄，皆恸哭，哀感路人。赵整因侍宴，援琴而歌曰：“阿得脂，阿得脂，博劳舅父是仇绥，尾长翼短不能飞。远徙种人留鲜卑，一旦缓急当语谁！”坚笑而不纳。

九月，癸未，皇后王氏崩。

冬，十月，九真太守李逊据交州反。

秦王坚以左禁将军杨壁为秦州刺史，尚书赵迁为洛州刺史，南巴校尉姜宇为宁州刺史。

十一月，乙酉，葬定皇后于隆平陵。

十二月，秦以左将军都贵为荆州刺史，镇彭城。

置东豫州，以毛当为刺史，镇许昌。

东晋朝廷认为前秦军队的溃退是谢安、桓冲的功劳，给谢安授予官卫将军，与桓冲都开府仪同三司。

六月十九日甲子，东晋实行大赦。

六月二十二日丁卯，东晋任命会稽王司马道子为司徒，司马道子坚持辞让，不予接受。

前秦主苻坚征召阳平公苻融为侍中、中书监、都督中外诸军事、车骑大将军、司隶校尉、录尚书事。任命征南大将军、守尚书令、长乐公苻丕为都督关东诸军事、征东大将军、冀州牧。

苻坚考虑到众氐族种族滋长繁杂，秋季，七月，将三原、九嵕、武都、汧、雍氐的十五万户氐族人划分开来，让自己的各个亲属分别统领，散居一方，如同古代的诸侯国一样。长乐公苻丕统领了三千户氐族，任命仇池的氐族酋长、射声校尉杨膺为征东左司马，九嵕的氐族酋长、长水校尉齐午为右司马，让他们各自统领一千五百户，作为长乐公苻丕世代承袭的卿大夫。任命长乐郎中令、略阳人垣敞为录事参军，侍讲、扶风人韦斡为参军事，申绍为别驾。杨膺是苻丕妻子的哥哥；齐午是杨膺妻子的父亲。

八月，在幽州分置平州，任命石越为平州刺史，镇守龙城；任命中书令梁谠为幽州刺史，镇守蓟城；任命抚军将军毛兴为都督河、秦二州诸军事及河州刺史，镇守枹罕；任命长水校尉王腾为并州刺史，镇守晋阳。河、并二州各自分配三千氐族民户。毛兴、王腾全都与苻氏联姻，是氐人中有崇高声望的人。任命平原公苻晖为都督豫、洛、荆、南兖、东豫、阳六州诸军事，镇东大将军，豫州牧，镇守洛阳，调动洛州刺史镇守丰阳。任命钜鹿公苻睿为雍州刺史，镇守蒲坂。各自配给三千二百氐族民户。

前秦主苻坚把苻丕送到灞上，众氐族人在辞别他们父兄的时候，全都失声痛哭，悲哀气氛感动路人。赵整趁着陪同宴请的机会，弹琴唱道："阿得脂，阿得脂，伯劳鸟的舅父是仇绥，尾长翼短不能飞。远迁氐人留鲜卑，一旦出现缓急应当告诉谁！"苻坚报之以微笑，但没有理会。

九月初十癸未，东晋皇后王氏去世。

冬季，十月，东晋九真太守李逊占据交州反叛。

前秦主苻坚任命左禁将军杨壁为秦州刺史，尚书赵迁为洛州刺史，南巴校尉姜宇为宁州刺史。

十一月十三日乙酉，东晋在隆平陵安葬了定皇后王氏。

十二月，前秦任命左将军都贵为荆州刺史，镇守彭城。

前秦设置东豫州，任命毛当为刺史，镇守许昌。

是岁，秦王坚遣高密太守毛璪之等二百余人来归。

（以上为第十段，写前秦主苻坚因众氐部族滋长繁杂，让各地氐人宗亲分别统领，散居各方，便于控制；又将得力干将苻丕等派镇外地，京都一旦危急，则很难控制。）

六年（辛巳，381年）

春，正月，帝初奉佛法，立精舍于殿内，引诸沙门居之。尚书左丞王雅表谏，不从。雅，肃之曾孙也。

丁酉，以尚书谢石为仆射。

二月，东夷、西域六十二国入贡于秦。

夏，六月，庚子朔，日有食之。

秋，七月，甲午，交趾太守杜瑗斩李逊，交州平。

冬，十月，故武陵王晞卒于新安，追封新宁郡王，命其子遵为嗣。

十一月，己亥，以前会稽内史郗愔为司空，愔固辞不起。

秦荆州刺史都贵遣其司马阎振、中兵参军吴仲帅众二万寇竟陵，桓冲遣南平太守桓石虔、卫军参军桓石民等帅水陆二万拒之。石民，石虔之弟也。

十二月，甲辰，石虔袭击振、仲，大破之，振、仲退保管城。石虔进攻之，癸亥，拔管城，获振、仲，斩首七千级，俘虏万人。诏封桓冲子谦为宜阳侯。以桓石虔领河东太守。

是岁，江东大饥。

（以上为第十一段，写东晋孝武帝司马曜开始尊奉佛法；前秦荆州刺史都贵进犯东晋竟陵，东晋大将桓冲派遣南平太守桓石虔率军予以抵抗，打败了来犯的敌人。）

七年（壬午，382年）

春，三月，秦大司农东海公阳、员外散骑侍郎王皮、尚书郎周虓谋反，事觉，收下廷尉。阳，法之子；皮，猛之子也。秦王坚问其反状，阳曰："臣父哀公死不以罪，臣为父复雠耳。"坚泣曰："哀公之死，事不在朕，卿岂不知之？"王皮曰："臣父丞相，有佐命之勋，而臣不免贫贱，故欲图富贵耳。"坚曰："丞相临终托卿，以十具牛为治田之资，未尝为卿求官；知子莫若父，何其明也！"周虓曰："虓世荷晋恩，生为晋臣，死

这一年，前秦主苻坚遣送高密太守毛璪之等二百多人回归东晋。

晋孝武帝太元六年（辛巳，381年）

春季，正月，东晋孝武帝司马曜刚刚开始尊奉佛法，在殿内设置了精舍，让僧徒们居住。尚书左丞王雅上书劝说，孝武帝不听。王雅是王肃的曾孙。

正月二十六日丁酉，东晋任命尚书谢石为仆射。

二月，东夷、西域六十二国向前秦国进贡。

夏季，六月初一庚子朔，出现日食。

秋季，七月二十五日甲午，东晋交趾太守杜瑗斩杀李逊，交州得以平定。

冬季，十月，原武陵王司马晞在新安去世，东晋追封他为新宁郡王，让他的儿子司马遵继嗣王位。

十一月，己亥（疑误），东晋任命前会稽内史郗愔为司空。郗愔坚决辞让，不肯就任。

前秦荆州刺史都贵派遣其司马阎振、中兵参军吴仲率领二万士兵进犯东晋竟陵，桓冲派南平太守桓石虔、卫军参军桓石民等率领二万水、陆军抵抗。桓石民是桓石虔的弟弟。

十二月初八甲辰，桓石虔袭击阎振、吴仲，重创他们。阎振、吴仲退守管城，桓石虔进军攻打，二十七日癸亥，攻克管城，擒获阎振、吴仲，斩首七千人，俘虏一万人。东晋朝廷下达命令，封桓冲的儿子桓谦为宜阳侯，任命桓石虔兼河东太守。

这一年长江以南发生严重饥荒。

晋孝武帝太元七年（壬午，382年）

春季，三月，前秦大司农东海公苻阳、员外散骑侍郎王皮、尚书郎周虓图谋反叛，事情被发觉，被捕后送交廷尉治罪。苻阳是苻法的儿子；王皮是王猛的儿子。前秦主苻坚问他们谋反的情况及原因，苻阳说："我的父亲哀公苻法无罪而死，我是为父亲复仇。"苻坚哭泣着说："哀公苻法之死，责任不在我身上，你难道不知道吗？"王皮说："我的父亲身为丞相，有辅佐天命的功勋，而我却不免于贫贱，所以我想图谋富贵。"苻坚说："丞相临终前把你托付给我，用十头牛作为种田的资本，

为晋鬼，复何问乎！”

先是，虓屡谋反叛，左右皆请杀之，坚曰：“孟威烈士，秉志如此，岂惮死乎！杀之适足成其名耳！”皆赦，不诛，徙阳于凉州之高昌郡，皮、虓于朔方之北。虓卒于朔方。阳勇力兼人，寻复徙鄯善。及建元之末，秦国大乱，阳劫鄯善之相欲求东归，鄯善王杀之。

秦王坚徙邺铜驼、铜马、飞廉、翁仲于长安。

夏，四月，坚扶风太守王永为幽州刺史。永，皮之兄也。皮凶险无行，而永清修好学，故坚用之。

以阳平公融为司徒，融固辞不受。坚方谋伐晋，乃以融为征南大将军、开府仪同三司。

五月，幽州蝗生，广袤千里。秦王坚使散骑常侍彭城刘兰发幽、冀、青、并民扑除之。

秋，八月，癸卯，大赦。

秦王坚以谏议大夫裴元略为巴西、梓潼二郡太守，使密具舟师。

九月，车师前部王弥窴、鄯善王休密驮入朝于秦，请为乡导，以伐西域之不服者，因如汉法，置都护以统理之。秦王坚以骁骑将军吕光为使持节、都督西域征讨诸军事，与凌江将军姜飞，轻车将军彭晃，将军杜进、康盛等总兵十万，铁骑五千，以伐西域。阳平公融谏曰：“西域荒远，得其民不可使，得其地不可食，汉武征之，得不补失。今劳师万里之外，以踵汉氏之过举，臣窃惜之。”不听。

桓冲使扬威将军朱绰击秦荆州刺史都贵于襄阳，焚践沔北屯田，掠六百余户而还。

（以上为第十二段，写前秦东海公苻阳等图谋反叛，事泄，前秦主苻坚问及原因，将之全部赦免、流放；车师前部王弥窴等来朝前秦，请求扫平西域，苻坚即发兵攻打。）

冬，十月，秦王坚会群臣于太极殿，议曰：“自吾承业，垂三十载，四方略定，唯东南一隅，未沾王化。今略计吾士卒，可得九十七万，吾欲自将以讨之，何如？”秘书监朱肜曰：“陛下恭行天罚，必有征无战，晋主不衔璧军门，则走死江海，陛下返中国士民，使复其桑梓，然后回

未曾为你求取官位。了解儿子没有谁能比得上父亲，这话多么英明啊！”周虓说：“我世代承受晋朝的恩惠。生为晋臣，死为晋鬼，还有什么可问的呢？”

此前周虓多次图谋反叛，周围的人都请求苻坚把他杀掉，苻坚说：“周虓是刚烈之士，他持有如此的志向，岂能害怕一死！杀掉他正好足以成就他的名声！”于是将他们全部赦免不杀。把苻阳迁移到凉州的高昌郡，把王皮、周虓迁移到朔方以北。周虓死于朔方。苻阳勇气力量过人，不久又被迁移到鄯善。等到建元末年，前秦国内大乱，苻阳劫持鄯善丞相图谋东返，被鄯善王所杀。

前秦王苻坚把邺城的铜驼、铜马、神禽飞廉像、巨人翁仲像迁移到长安。

夏季，四月，前秦主苻坚任命扶风太守王永为幽州刺史。王永是王皮的哥哥。王皮凶狠险恶、无德，而王永却清正修明、好学，所以被苻坚任用。

又任命阳平公苻融为司徒，苻融坚决地辞让，不接受。苻坚正在图谋攻打东晋，就任命苻融为征南大将军、开府仪同三司。

五月，幽州发生蝗灾，遍及千里。前秦主苻坚让散骑常侍彭城人刘兰发动幽、冀、青、并四州的百姓消灭蝗虫。

秋季，八月十一日癸卯，东晋实行大赦。

前秦主苻坚任命谏议大夫裴元略为巴西、梓潼二郡太守，让他秘密地准备水军。

九月，车师前部王弥窴、鄯善王休密驮来到前秦朝见，请求作为向导，以攻打西域拒不臣服的部族，顺势效法汉代的办法，设置都护来统领管辖他们。前秦主苻坚任命骁骑将军吕光为使持节、都督西域征讨诸军事，与凌江将军姜飞，轻车将军彭晃，将军杜进、康盛等统领十万军队，铁甲骑兵五千，攻打西域。阳平公苻融劝说道：“西域荒芜遥远，得到了那里的百姓也无法役使，得到了那里的土地也无法耕种，汉武帝攻打他们，得不偿失。如今让部队艰辛地出征万里之外，重犯汉武帝的错误，我私下里为此感到痛惜。”苻坚没有听从苻融的意见。

东晋将领桓冲让扬威将军朱绰攻打在襄阳的前秦荆州刺史都贵，焚烧破坏了沔水以北用以征收军饷的屯田，掳掠了六百多户百姓后返回。

冬季，十月，前秦主苻坚在太极殿会见群臣，和他们商量说：“自从我继承大业，已经三十年了，四方之地，大致平定，只有东南一隅，尚未蒙受君王的教化。如今粗略地计算一下我的士兵，能有九十七万，我想亲自统率他们去攻打晋朝，怎么样？”秘书监朱肜说：“皇上奉行上天的惩罚，一定是只有出征远行而不会发生战

舆东巡，告成岱宗，此千载一时也。”坚喜曰：“是吾志也。”

尚书左仆射权翼曰：“昔纣为无道，三仁在朝，武王犹为之旋师。今晋虽微弱，未有大恶；谢安、桓冲皆江表伟人，君臣辑睦，内外同心，以臣观之，未可图也！”坚嘿然良久，曰：“诸君各言其志。”

太子左卫率石越曰：“今岁镇守斗，福德在吴，伐之，必有天殃。且彼据长江之险，民为之用，殆未可伐也！”坚曰：“昔武王伐纣，逆岁违卜。天道幽远，未易可知。夫差、孙皓皆保据江湖，不免于亡。今以吾之众，投鞭于江，足断其流，又何险之足恃乎！”对曰：“三国之君皆淫虐无道，故敌国取之，易于拾遗。今晋虽无德，未有大罪，愿陛下且按兵积谷，以待其衅。”于是，群臣各言利害，久之不决。坚曰：“此所谓筑舍道傍，无时可成。吾当内断于心耳！”

群臣皆出，独留阳平公融，谓之曰：“自古定大事者，不过一二臣而已。今众言纷纷，徒乱人意，吾当与汝决之。”对曰：“今伐晋有三难：天道不顺，一也；晋国无衅，二也；我数战兵疲，民有畏敌之心，三也。群臣言晋不可伐者，皆忠臣也，愿陛下听之。”坚作色曰：“汝亦如此，吾复何望！吾强兵百万，资仗如山；吾虽未为令主，亦非暗劣。乘累捷之势，击垂亡之国，何患不克，岂可复留此残寇，使长为国家之忧哉！”融泣曰：“晋未可灭，昭然甚明。今劳师大举，恐无万全之功。且臣之所忧，不止于此。陛下宠育鲜卑、羌、羯，布满畿甸，此属皆我之深仇。太子独与弱卒数万留守京师，臣惧有不虞之变生于腹心肘掖，不可悔也。臣之顽愚，诚不足采；王景略一时英杰，陛下常比之诸葛武侯，独不记其临没之言乎！”坚不听。于是，朝臣进谏者众，坚曰：“以吾击晋，校其强弱之势，犹疾风之扫秋叶，而朝廷内外皆言不可，诚吾所不解也！”

斗，晋朝国君不是在军营门前口含璧玉以示投降，就是仓皇出逃，葬身江海，皇上让中原之国的士人百姓返回故土，让他们恢复家园，然后回车东巡，在岱宗泰山奉告成功，这是千载难逢的时机。”苻坚高兴地说：“这就是我的志向。”

尚书左仆射权翼说：“过去商纣王无道，但微子、箕子、比干三位仁人在朝，周武王尚且因此回师，不予攻打。如今晋朝虽然衰微软弱，但还没有大的罪恶，谢安、桓冲又都是长江一带才识卓越的人才，他们君臣和睦，内外同心，以我来看，不可图谋！”苻坚沉默了许久说：“诸君各自发表自己的意见。”

太子左卫率石越说：“今木星、土星居于斗宿，福德在吴地，如果攻打他们，必有天灾。而且他们凭借着长江天险，百姓又为其所用，恐怕不能攻打！”苻坚说：“过去周武王讨伐商纣，就是逆太岁运行的方向而进，也违背了占卜的结果。天道隐微幽远，不容易确知。夫差、孙皓全都据守江湖，但也不能免于灭亡。如今凭借我士兵，把鞭子投之于长江，也足以断绝水流，又有什么天险足以凭借呢？”石越回答说：“商纣、夫差、孙皓这三国之君，全都淫虐无道，所以敌对的国家攻取他们，就像俯身拣拾遗物一样容易。如今晋朝虽然缺乏德行，但没有大的罪恶，愿皇上暂且按兵不动，积聚粮谷等，等待他们灾祸的降临。”于是群臣们各言利害，久久未能决定。苻坚说：“这正所谓在道路旁边修筑屋舍，没有什么时候能够建成。我要自己决断了！”

群臣们都出去了，唯独留下了阳平公苻融。苻坚对他说：“自古参与决定大事的人，不过是一两个大臣而已。如今众说纷纭，只能扰乱人心，我要与你来决定此事。”苻融对苻坚说：“如今攻打晋朝有三难：天道不顺，此其一；晋朝自身无灾祸，此其二；我们频繁征战，士兵疲乏，百姓怀有畏敌之心，此其三。群臣当中说不能攻打晋朝的人全都是忠臣，希望皇上听从他们的意见。”苻坚脸色一变，说：“你也是如此，我还能寄希望于谁呢？我有强兵百万，资财兵器堆积如山；我虽然不是完美的君主，但也不是昏庸之辈。趁着捷报频传之势，攻击垂死挣扎之国，还怕攻不下来？怎么可以再留下这些残敌，使他们长久地成为国家的忧患呢？”苻融哭泣着说：“晋朝无法灭掉，事情非常明显。如今大规模地出动疲劳的军队，恐怕不会获得万无一失的战功。况且我所忧虑的还不仅于此。皇上宠爱养育鲜卑人、羌人、羯人，让他们布满京师，这些人都对我们有深仇大恨。太子独自和数万弱兵留守京师，我害怕有不测之变出现在我们的心腹地区，后悔不及。我的个人之见确实不值得采纳，王猛是一时的英明杰出之人，皇上常常把他比作诸葛亮，为什么唯独不铭记他的临终遗言呢？”苻坚依然没有听从。此时向苻坚劝说的朝臣很多，苻坚说：“以我们的力量攻打晋朝，比较双方的强弱之势，就像秋风扫落叶一样，然而朝廷内外都说不能攻打，这确实令我百思不得其解！”

太子宏曰："今岁在吴分，又晋君无罪，若大举不捷，恐威名外挫，财力内竭，此群下所以疑也！"坚曰："昔吾灭燕，亦犯岁而捷，天道固难知也。秦灭六国，六国之君岂皆暴虐乎！"

冠军、京兆尹慕容垂言于坚曰："弱并于强，小并于大，此理势自然，非难知也。以陛下神武应期，威加海外，虎旅百万，韩、白满朝，而蕞尔江南，独违王命，岂可复留之以遗子孙哉！《诗》云：'谋夫孔多，是用不集。'陛下断自圣心足矣，何必广询朝众！晋武平吴，所仗者张、杜二三臣而已，若从朝众之言，岂有混一之功！"坚大悦，曰："与吾共定天下者，独卿而已。"赐帛五百匹。

（以上为第十三段，写前秦主苻坚召集群臣讨论攻打东晋事宜，阳平公苻融、太子苻宏等都表示强烈反对，而前燕降臣京兆尹慕容垂表示支持，迎合苻坚。）

坚锐意欲取江东，寝不能旦。阳平公融谏曰："'知足不辱，知止不殆。'自古穷兵极武，未有不亡者。且国家本戎狄也，正朔会不归人。江东虽微弱仅存，然中华正统，天意必不绝之。"坚曰："帝王历数，岂有常邪？唯德之所在耳！刘禅岂非汉之苗裔邪，终为魏所灭。汝所以不如吾者，正病此不达变通耳！"

坚素信重沙门道安，群臣使道安乘间进言。十一月，坚与道安同辇游于东苑，坚曰："朕将与公南游吴、越，泛长江，临沧海，不亦乐乎！"安曰："陛下应天御世，居中土而制四维，自足比隆尧、舜，何必栉风沐雨，经略遐方乎！且东南卑湿，沴气易构，虞舜游而不归，大禹往而不复，何足以上劳大驾也！"坚曰："天生烝民而树之君，使司牧之，朕岂敢惮劳，使彼一方独不被泽乎！必如公言，是古之帝王皆无征伐也！"道安曰："必不得已，陛下宜驻跸洛阳，遣使者奉尺书于前，诸将总六师于后，彼必稽首入臣，不必亲涉江、淮也。"坚不听。

坚所幸张夫人谏曰："妾闻天地之生万物，圣王之治天下，皆因其自然而顺之，故功无不成。是以黄帝服牛乘马，因其性也；禹浚九川，障

前秦太子苻宏说："如今木星在吴地的分野，再加上晋朝国君没有罪恶，如果大举进攻而不能取胜，在外威风名声受挫，在内资财力量耗尽，这就是导致群臣们产生疑问的原因！"苻坚说："过去我消灭燕国，也违背了木星的征兆，但取得了胜利，天道本来就是难以确知的。秦灭六国，六国之君难道全都是暴虐的君主吗？"

前秦冠军将军、京兆尹慕容垂向苻坚进言说："弱被强所并，小被大所吞，这是自然的道理与趋势，并不难理解。像皇上这样神明威武，适应天意，威名远播海外，拥有强兵劲旅百万，韩信、白起那样的良将布满朝廷，而江南弹丸之地，独敢违抗王命，岂能再留下他们而交给子孙后代呢！《诗经》说：'出谋划策人太多，因此事情不能成功。'皇上自己在内心做出决断就完全可以了，何必广泛地征询众朝臣的意见！晋武帝平定吴国，所倚仗的只有张华、杜预两三位大臣而已，如果听从众朝臣之言，难道能有统一天下的功业？"苻坚十分高兴地说："与我共同平定天下的人只有你而已。"赏赐给慕容垂五百匹帛。

苻坚专注于想要攻取长江以东，连睡觉也不能睡到早晨。阳平公苻融劝说他道："'知道满足就不会感到耻辱，知道停止就不会出现危险。'自古以来，穷兵黩武的人没有不灭亡的。况且我们的国家本来就属戎狄之人，天下的正宗嫡传大概不会归于像我们这样的外族人。长江以南虽然衰微软弱，残喘生存，但他们是中华的正统，天意一定不会灭绝他们。"苻坚说："帝王更替之道怎么会有一成不变的呢？只看道德在哪里。刘禅难道不是汉朝的后裔吗？但最终被魏国所灭。你之所以不如我的原因，毛病正在于不了解变通的道理。"

前秦主苻坚历来信任重视僧人道安，群臣们让道安寻找机会向苻坚进言。十一月，苻坚与道安同乘一车在东苑游览，苻坚说："我将要与你南游吴越之地，泛舟长江，亲临沧海，不也是很快乐的事情吗？"道安说："皇上顺应天意统治天下，身居中原而控制四方，自身的昌隆就足以与尧舜相比，何必栉风沐雨，经营远方呢？而且东南地区低洼潮湿，容易造成灾害不祥之气，虞舜前去游猎就再也没有返回，大禹去了一趟就再也没有第二趟，有什么值得劳您大驾的呢？"苻坚说："上天生育了民众而为他们树立了君主，是让君主统治他们，我岂敢害怕辛劳，唯独使那一方土地不承受恩泽呢！如果一定像你所说的那样，古代的帝王就全都没有攻打之事了！"道安说："一定要干的话，皇上应当在洛阳停驻，先派遣使者给他们送去书信，众将领统领六军跟随于后，他们就一定会叩首称臣，您不必亲自涉足长江、淮河。"苻坚没有听从。

苻坚所宠爱的张夫人劝说他道："我听说天地滋生万物，圣王统治天下，全都是顺其自然，所以功业无所不成。黄帝之所以能驯服牛马是顺应了它们的禀性；大禹

九泽，因其势也；后稷播殖百谷，因其时也；汤、武帅天下而攻桀、纣，因其心也。皆有因则成，无因则败。今朝野之人皆言晋不可伐，陛下独决意行之，妾不知陛下何所因也。《书》曰：‘天聪明自我民聪明。’天犹因民，而况人乎！妾又闻王者出师，必上观天道，下顺人心。今人心既不然矣，请验之天道。谚云：‘鸡夜鸣者不利行师，犬群嗥者宫室将空，兵动马惊，军败不归。’自秋、冬以来，众鸡夜鸣，群犬哀嗥，厩马多惊，武库兵器自动有声，此皆非出师之祥也。”坚曰：“军旅之事，非妇人所当预也！”

坚幼子中山公诜最有宠，亦谏曰：“臣闻国之兴亡，系贤人之用舍。今阳平公，国之谋主，而陛下违之；晋有谢安、桓冲，而陛下伐之，臣窃惑之！”坚曰：“天下大事，孺子安知！”

秦刘兰讨蝗，经秋冬不能灭。十二月，有司奏征兰下廷尉。秦王坚曰：“灾降自天，非人力所能除，此由朕之失政，兰何罪乎！”

是岁，秦大熟，上田亩收七十石，下者三十石，蝗不出幽州之境，不食麻豆，上田亩收百石，下者五十石。

（以上为第十四段，写前秦主苻坚立意攻打东晋，听不进任何意见，即使是所信重的沙门道安、宠爱的张夫人、喜欢的小儿子苻诜都极力劝谏，他也是置之不理。）

之所以能疏通九川，挡住九泽是顺应了它们的地势；后稷之所以能播种、繁殖百谷是顺应了天时；商汤、周武王之所以能率领天下人攻下夏桀、商纣是顺应了民众的心愿，全都是顺应则成功，不顺应则失败。如今朝野之人都说晋朝不可攻打，唯独皇上一意孤行，我不知道皇上是顺应了什么？《尚书》说：‘上天的聪慧明察来自于民众的聪慧明察。’上天尚且要顺应民意，何况是人呢？我又听说君王出动军队，一定要上观天道，下顺人心。如今人心既然不同意攻打晋朝，请您再与天道验证一下。俗谚说：‘鸡夜鸣时不利于出师，犬群嚎时宫室将空，兵器响动，圈马惊叫，军败难归。’自从秋季、冬季以来，众鸡夜鸣，群犬哀嚎，圈马多惊，武库里的兵器自己响动，这些都是不能出师的预兆。”苻坚说：“军旅之事不是妇人所应当参与的！”

苻坚的小儿子中山公苻诜最受宠爱，他也劝说苻坚道：“我听说国家的兴亡，与对贤明之人的弃用相联系。如今阳平公苻融是国家的主谋，然而皇上却不听他的意见；晋朝有谢安、桓冲，然而皇上却要攻打他们，我私下里感到大惑不解！”苻坚说：“天下大事，小孩子知道什么！”

前秦国刘兰从事灭蝗，经过秋季、冬季仍未明显奏效。十二月，有关部门奏请将刘兰送交廷尉处理。前秦王苻坚说：“灾害降自上天，不是人力所能消除的，这是由于我的政治混乱所致，刘兰何罪之有！”

这一年，前秦大获丰收，上等农田每亩收获七十石，下等农田每亩收获三十石。蝗虫不出幽州之境，而且不吃麻豆五谷，这里的上等农田每亩收获一百石，下等农田每亩收获五十石。

【点评】

苻坚统一北方。苻坚所在的前秦“东极沧海，西并龟兹，南苞襄阳，北尽沙漠”，疆域之大，是十六国任何一国以及后来北魏、北周、北齐所不能比拟的。

苻坚是前秦开国君主苻健的侄子。苻健去世时，把皇位传给了儿子苻生，苻生残酷无道，朝野上下离心离德，民怨沸腾。而苻坚袭父爵为东海王，亦获授龙骧将军，博学多才，更有经略大志，又广交豪杰，又善于抓住机遇，他从苻生手里夺取前秦政权，是顺理成章的。

苻坚于公元357年即位，先后平燕、定蜀、擒代、吞凉，统一了北方。在当时，就前秦与前燕相比，实力显然不如前燕。前燕皇帝慕容儁也曾经打算消灭前秦、东晋，统一中国，他向全国征兵，集中一百多万的兵力，举行了盛大的阅兵仪式，可是恰在这关键时刻，慕容儁一病不起，前燕的统一大业也就搁置一边。前秦的苻坚对前燕的强大实力也心存畏惧，迟迟没有动手，后来前燕国由慕容评掌控朝局，慕容垂出走并投奔了前秦，苻坚大喜过望，抓紧时机，迅速调兵遣将，灭了前燕。

前凉主张天锡荒于酒色，不理政事，国家处于分崩离析之中，苻坚派兵一举攻下了前凉；代国是鲜卑拓跋氏建立的割据政权，鲜卑铁弗部首领刘卫辰周旋于前秦、代国之间，他向前秦求救，愿意带路，攻打代国，苻坚抓住这一机会，代国为前秦所灭。

苻坚识才，重用济世之才王猛，是他取得成功的关键。王猛博学多能，是个文武全才，东晋桓温曾许以高官厚禄，王猛认为东晋王朝已经腐败，坚辞不就。后来经人推荐给苻坚，二人一见如故，君臣如鱼得水，后王猛官至丞相，苻坚言听计从，委以国政。王猛治政，一个最大的特点就是严明法律。苻坚曾派王猛作为始平县县令前往治理，王猛下车伊始就把一个作恶多端的奸吏给当众打死了。结果恶人先告状，将王猛逮捕，押送到长安大狱。苻坚大惊，亲自到狱中看望，并责问王猛：“当官理政要把仁义慈爱放在首位，你怎么能一上任就杀人？”王猛说：“治理乱世要用重典，我一心为皇上铲除奸暴不法之徒，现在才杀掉了一个奸吏，还要再杀掉一批，社会才能安定。”苻坚感到王猛确是一个治理乱世的干才，于是破格提拔，言听计从，逐步把国家大政交给了王猛，倚以为栋梁。

苻坚非常宽容，四方前来投奔的人络绎不绝，他们愿为前秦效死力。苻坚对所灭国的上层也十分宽容，用今天的话说，他的统一战线工作很出色。宽容表现了苻坚的博大胸怀。

现代语文版《资治通鉴》学者柏杨评论说：“在中国数千年历史上，有资格称得上大帝的不过五人，他们是秦始皇、汉武帝、苻坚、李世民和康熙。”显然，柏杨的一家言对苻坚过誉了，统一北方乱局的人还有在苻坚之前的曹操，他也在苻坚之上。

但苻坚统一了长期战乱的北方，是值得肯定的，他的成功经验是值得总结的。可是苻坚最终是一个失败者，他没有守住家业，他中兴了前秦，又顷刻之间丢失了前秦。他的宽容带有沽名钓誉的私心，他有所成就而骄，听不进善言，所以他的失败也值得认真咀嚼和回味。苻坚还不是一个非常之人，所以他最终失败了。

资治通鉴（文白对照本） 卷第一百五

晋纪二十七

晋孝武帝太元八年至九年（383—384年）

【起昭阳协洽（癸未，383年），尽阏逢涒滩（甲申，384年），凡二年】

【大事提要】

本卷记事起于公元383年，到公元384年，凡二年，时当晋孝武帝（司马曜）太元八年至太元九年。本卷所载大事，主要有四个方面。其一，公元383年，前秦主苻坚大举南犯，兵败淝水，前秦灭亡，北方重又陷入混乱。其二，慕容垂自立为燕王。公元383年，前秦冠军将军慕容垂叛秦，至荥阳自称大将军、燕王，以慕容德为车骑大将军，翟斌为建义大将军，率众二十多万，长驱向邺城。慕容垂至邺城外，其子慕容农也引兵来会。慕容垂立慕容宝为太子，改立燕国，史称后燕。其三，慕容泓建立西燕。公元384年，前秦北地长史慕容泓乘后燕主慕容垂攻邺之机逃往关东，收集鲜卑残部，击败前秦将军强永，自称都督陕西诸军事、大将军、济北王。刚被秦将窦冲击败的慕容冲也率兵来投奔慕容泓。慕容泓改元燕兴，建立燕国，史称西燕。其四，后秦姚苌建国。公元384年，慕容泓起兵反秦。前秦主苻坚派钜鹿公苻睿为统帅、龙骧将军姚苌为司马攻打慕容泓。前秦军战败，苻睿被斩首。苻坚大怒，杀掉姚苌部将。姚苌十分恐惧，逃到渭水北，自称大将军、大单于、万年秦王，建元白雀，史称后秦。

【原文】

烈宗孝武皇帝上之下

太元八年（癸未，383年）

春，正月，秦吕光发长安，以鄯善王休密驮、车师前部王弥窴为乡导。

三月，丁巳，大赦。

夏，五月，桓冲帅众十万伐秦，攻襄阳；遣前将军刘波等攻沔北诸城；辅国将军杨亮攻蜀，拔五城，进攻涪城；鹰扬将军郭铨攻武当。

六月，冲别将攻万岁、筑阳，拔之。秦王坚遣征南将军钜鹿公睿、冠军将军慕容垂等帅步骑五万救襄阳，兖州刺史张崇救武当，后将军张蚝、步兵校尉姚苌救涪城。睿军于新野，垂军于邓城，桓冲退屯沔南。

秋，七月，郭铨及冠军将军桓石虔败张崇于武当，掠二千户以归。钜鹿公睿遣慕容垂为前锋，进临沔水。垂夜命军士人持十炬，系于树枝，光照数十里。冲惧，退还上明。张蚝出斜谷，杨亮引兵还。冲表其兄子石民领襄阳太守，戍夏口。冲自求领江州刺史，诏许之。

秦王坚下诏大举入寇，民每十丁遣一兵，其良家子年二十已下，有材勇者，皆拜羽林郎，又曰："其以司马昌明为尚书左仆射，谢安为吏部尚书，桓冲为侍中，势还不远，可先为起第。"良家子至者三万余骑，拜秦州主簿赵盛之为少年都统。

是时，朝臣皆不欲坚行，独慕容垂、姚苌及良家子劝之。阳平公融言于坚曰："鲜卑、羌虏，我之仇雠，常思风尘之变以逞其志，所陈策画，何可从也！良家少年皆富饶子弟，不闲军旅，苟为谄谀之言以会陛下之意。今陛下信而用之，轻举大事，臣恐功既不成，仍有后患，悔无及也！"坚不听。

八月，戊午，坚遣阳平公融督张蚝、慕容垂等步骑二十五万为前锋；以兖州刺史姚苌为龙骧将军，督益、梁州诸军事。坚谓苌曰："昔朕以龙骧建业，未尝轻以授人，卿其勉之！"左将军窦冲曰："王者无戏言，此

【语译】

烈宗孝武皇帝上之下

晋孝武帝太元八年（癸未，383年）

春季，正月，前秦吕光发兵长安，以鄯善王休密驮、车师前部王弥窴作为向导。

三月二十八日丁巳，东晋实行大赦。

夏季，五月，桓冲率领十万士兵讨伐前秦，攻打襄阳。派前将军刘波等攻打沔北各城。辅国将军杨亮攻打蜀地，攻下了五座城池，又进军攻打涪城。鹰扬将军郭铨攻打武当。

六月，桓冲的别将攻打万岁、筑阳，攻了下来。前秦主苻坚派遣征南将军钜鹿公苻睿、冠军将军慕容垂等率领五万步、骑兵救援襄阳，派兖州刺史张崇救援武当，派后将军张蚝、步兵校尉姚苌救援涪城。苻睿驻军于新野，慕容垂驻军于邓城。桓冲后退，驻扎在沔南。

秋季，七月，郭铨以及冠军将军桓石虔在武当打败了张崇，掳掠了二千户百姓后返回。钜鹿公苻睿派慕容垂作为前锋，进军来到沔水。慕容垂夜晚命令军中士兵每人手持十个束苇做成的火把，系在树枝上，光照数十里。桓冲害怕了，退回上明。张蚝率兵出了斜谷，杨亮带兵返回。桓冲上书请求让他哥哥的儿子桓石民兼任襄阳太守，戍守夏口。桓冲请求兼任江州刺史。朝廷下达命令同意了。

前秦主苻坚下达命令，开始大举入侵东晋。百姓中每十个成年人选派一人充军，良家子弟中年龄在二十岁以下，有才能勇气的人，全都授官羽林郎。又说："任命司马曜为尚书左仆射，谢安为吏部尚书，桓冲为侍中。以此形势来看，凯旋的时间不会太远，可以先行建造府第。"良家子弟应征的有三万多骑兵，苻坚任命秦州主簿赵盛之为少年都统。

这时，满朝大臣都不想让苻坚出征，唯独慕容垂、姚苌及良家子弟对此加以劝勉。阳平公苻融向苻坚进言说："鲜卑、羌人的虏臣是我们的仇敌，经常盼望着风云变化以实现他们的心愿，他们所陈献的办法怎么能听从呢？良家少年全都是富豪子弟，不熟悉军事，只是苟且进上阿谀奉承之言以迎合皇上的心愿。如今皇上相信并采纳了他们的话，轻率地进行大规模行动，我恐怕既不能成就战功，随之还会产生后患，悔之不及！"苻坚没有听从。

八月初二戊午，苻坚派遣阳平公苻融督率张蚝、慕容垂等人的步、骑兵二十五万人作为前锋，任命兖州刺史姚苌为龙骧将军，督益、梁州诸军事。苻坚对姚苌说："过去我靠龙骧将军的官位建立了大业，未曾轻易地把这个官位授予别人，

不祥之征也！”坚默然。

慕容楷、慕容绍言于慕容垂曰：“主上骄矜已甚，叔父建中兴之业，在此行也！”垂曰：“然。非汝，谁与成之！”

甲子，坚发长安，戎卒六十余万，骑二十七万，旗鼓相望，前后千里。

九月，坚至项城，凉州之兵始达咸阳，蜀、汉之兵方顺流而下，幽、冀之兵至于彭城，东西万里，水陆齐进，运漕万艘。阳平公融等兵三十万，先至颍口。

诏以尚书仆射谢石为征虏将军、征讨大都督，以徐、兖二州刺史谢玄为前锋都督，与辅国将军谢琰、西中郎将桓伊等众共八万拒之，使龙骧将军胡彬以水军五千援寿阳。琰，安之子也。

是时，秦兵既盛，都下震恐。谢玄入，问计于谢安，安夷然，答曰：“已别有旨。”既而寂然。玄不敢复言，乃令张玄重请。安遂命驾出游山墅，亲朋毕集，与玄围棋赌墅。安棋常劣于玄，是日，玄惧，便为敌手而又不胜。安遂游陟至夜，乃还。桓冲深以根本为忧，遣精锐三千入卫京师，谢安固却之，曰：“朝廷处分已定，兵甲无阙，西藩宜留以为防。”冲对佐吏叹曰：“谢安石有庙堂之量，不闲将略。今大敌垂至，方游谈不暇，遣诸不经事少年拒之，众又寡弱，天下事已可知，吾其左衽矣！”

以琅邪王道子录尚书六条事。

（以上为第一段，写前秦主苻坚一意孤行，拒绝接受任何人意见，倾巢出动，发动了八十七万大军进攻东晋；东晋朝野震恐，唯有谢安沉着应战，一副胸有成竹的样子。）

冬，十月，秦阳平公融等攻寿阳，癸酉，克之，执平虏将军徐元喜等。融以其参军河南郭褒为淮南太守。慕容垂拔郧城。胡彬闻寿阳陷，退保硖石，融进攻之。秦卫将军梁成等帅众五万屯于洛涧，栅淮以遏东兵。谢石、谢玄等去洛涧二十五里而军，惮成，不敢进。胡彬粮尽，潜遣使告石等曰：“今贼盛粮尽，恐不复见大军！”秦人获之，送于阳平公融。融驰使白秦王坚曰：“贼少易擒，但恐逃去，宜速赴之。”坚乃留大军

你努力干吧！”左将军窦冲说：“君王无戏言，这话是不祥之兆！”苻坚沉默不语。

慕容楷、慕容绍向慕容垂进言说：“主上的骄纵傲慢已经非常严重，叔父建立中兴大业就在此行！”慕容垂说：“对。除了你们，谁能和我一起成就大业呢？”

八月初八甲子，苻坚发兵长安，将士共有六十多万，骑兵二十七万，旌旗战鼓遥遥相望，绵延千里。

九月，苻坚抵达项城，凉州的军队刚刚到达咸阳，蜀汉的军队正顺流而下，幽州、冀州的军队到了彭城，东西万里，水陆并进，运输军粮的船只多达万艘。阳平公苻融等人的部队三十万人，先期抵达颍口。

东晋下达命令，任命尚书仆射谢石为征虏将军、征讨大都督，任命徐、兖二州刺史谢玄为前锋都督，与辅国将军谢琰、西中郎将桓伊等人的士兵八万人抵抗前秦。让龙骧将军胡彬带领五千水军援助寿阳。谢琰是谢安的儿子。

这时，前秦的军队已经非常强盛，东晋京城里的人震惊恐惧。谢玄入朝，向谢安询问应对之策，谢安一副平静的样子，回答说：“已经另有打算了。”紧接着就闭口无言。谢玄不敢再问，就让张玄重新请求指令。谢安于是就命令驾车出游山间别墅，亲戚朋友云集，与张玄在别墅玩围棋赌博。谢安的棋术一直不如张玄，这天张玄由于内心恐惧，在有利的形势下投子打劫，反而还不能获胜。谢安于是就登山漫游，到晚上才回来。桓冲对国家的根基大业深以为忧，派精锐部队三千人入城保卫京师。谢安固执地阻拦他，说：“朝廷的处理办法已经决定，士兵武器都不缺乏，应该留在西藩之地以做防备。”桓冲对藩府参佐叹息道：“谢安有身居朝廷的气量，但不熟悉带兵打仗的方法。如今大敌临头，还尽情游玩，高谈阔论不止，只派遣未经战事的年轻人前去抵抗，再加上数量不足，力量软弱，天下的结局已经可以知道了，我们将要受外族的统治了！”

东晋任命琅邪王司马道子为录尚书六条事。

冬季，十月，前秦阳平公苻融等攻打寿阳。十八日癸酉，攻克了寿阳，擒获了平虏将军徐元喜等人。苻融任命他的参军河南人郭褒为淮南太守。慕容垂攻下了郧城。胡彬听说寿阳被攻陷，后退守卫硖石，苻融进军攻打硖石。前秦卫将军梁成等率领五万士兵驻扎在洛涧，沿淮河布防以遏制东面的部队。谢石、谢玄等在距离洛涧二十五里的地方驻军，由于惧怕梁成而不敢前进。胡彬的粮食耗尽，秘密地派遣使者向谢石等报告说：“如今贼寇强盛而我的粮食已经耗尽，恐怕不能再见到大军

于项城，引轻骑八千，兼道就融于寿阳。遣尚书朱序来说谢石等，以为："强弱异势，不如速降。"序私谓石等曰："若秦百万之众尽至，诚难与为敌。今乘诸军未集，宜速击之；若败其前锋，则彼已夺气，可遂破也。"

石闻坚在寿阳，甚惧，欲不战以老秦师。谢琰劝石从序言。十一月，谢玄遣广陵相刘牢之帅精兵五千趣洛涧，未至十里，梁成阻涧为陈以待之，牢之直前渡水，击成，大破之，斩成及弋阳太守王咏；又分兵断其归津，秦步骑崩溃，争赴淮水，士卒死者万五千人，执秦扬州刺史王显等，尽收其器械军实。于是，谢石等诸军，水陆继进。秦王坚与阳平公融登寿阳城望之，见晋兵部阵严整，又望八公山上草木皆以为晋兵，顾谓融曰："此亦勍敌，何谓弱也！"怃然始有惧色。

秦兵逼肥水而陈，晋兵不得渡。谢玄遣使谓阳平公融曰："君悬军深入，而置陈逼水，此乃持久之计，非欲速战者也。若移陈少却，使晋兵得渡，以决胜负，不亦善乎！"秦诸将皆曰："我众彼寡，不如遏之，使不得上，可以万全。"坚曰："但引兵少却，使之半渡，我以铁骑蹙而杀之，蔑不胜矣！"融亦以为然，遂麾兵使却。秦兵遂退，不可复止。

谢玄、谢琰、桓伊等引兵渡水击之。融驰骑略陈，欲以帅退者，马倒，为晋兵所杀，秦兵遂溃。玄等乘胜追击，至于青冈，秦兵大败，自相蹈藉而死者，蔽野塞川。其走者闻风声鹤唳，皆以为晋兵且至，昼夜不敢息，草行露宿，重以饥冻，死者什七、八。

初，秦兵少却，朱序在陈后呼曰："秦兵败矣！"众遂大奔。序因与张天锡、徐元喜皆来奔。获秦王坚所乘云母车及仪服、器械、军资、珍宝、畜产，不可胜计。复取寿阳，执其淮南太守郭褒。

了！”前秦人擒获了胡彬，把他送交给阳平公苻融。苻融急速派使者向前秦王苻坚报告说：“现在贼寇力量不足，容易擒获，只是怕他们逃走，应该迅速率兵前来。”苻坚于是就把大部队留在项城，带领八千轻装骑兵，日夜兼程赶赴寿阳与苻融会合。苻坚派尚书朱序前去劝说谢石等人，认为：“形势强弱悬殊，不如迅速投降。”朱序私下里却对谢石等人说：“如果秦国的百万士兵全部抵达，确实难以与他们抗衡。如今乘着各路军队尚未会集，应该迅速攻击他们。如果能打败他们的前锋部队，那他们就已经丧失了士气，最终就可以攻破他们。”

谢石听说苻坚在寿阳，十分害怕，想用不交战的办法来拖垮前秦的军队。谢琰劝说谢石听从朱序的话。十一月，谢玄派广陵相刘牢之率领五千精兵开赴洛涧，在离洛涧十里的地方，梁成扼守山涧部署兵阵以等待刘牢之。刘牢之径直向前渡河，攻击梁成，大败梁成，斩杀了梁成以及弋阳太守王咏。又分派部队断绝了他们归途上的渡口，前秦的步、骑兵全都崩溃，争先恐后地逃向淮水，死亡的士兵有一万五千人，抓获了前秦扬州刺史王显等人，全部收缴了他们的武器军粮。于是谢石等各路军队，从水路、陆路相继进发。前秦主苻坚与阳平公苻融登上寿阳城观望，只见东晋的军队布阵严整，又望见了八公山上的草木，也以为都是东晋士兵，苻坚掉头对苻融说：“这也是强敌，怎么能说他们软弱呢！”茫然若失，脸上开始有了恐惧的神色。

前秦军队紧逼淝水而布阵，东晋军队无法渡过。谢玄派使者对阳平公苻融说：“您孤军深入，然而却紧逼淝水部署军阵，这是长久相持的策略，不是想迅速交战的办法。如果能移动兵阵稍微后撤，让晋朝的军队得以渡河，以决胜负，不也是很好的事情吗？”前秦的众将领都说：“我众敌寡，不如遏制他们，使他们不能上岸，这样可以万无一失。”苻坚说：“只带领士兵稍微后撤一点，让他们渡河渡到一半，我们再出动铁甲骑兵奋起攻杀，没有不胜的道理！”苻融也认为可以，于是就挥舞战旗，指挥士兵后退。前秦的军队一退就不可收拾。

谢玄、谢琰、桓伊等率领军队渡过河攻击他们。苻融驰马巡视军阵，想来率领退逃的士兵，结果战马倒地，苻融被东晋士兵杀掉，前秦军队于是就崩溃了。谢玄等乘胜追击，一直追到青冈，前秦军队大败，自相践踏而死的人，遮蔽山野，堵塞山川。逃跑的人听到刮风的声音和鹤鸟的鸣叫声，都以为是东晋军队将要来到，昼夜不敢停歇，慌不择路，风餐露宿，冻饿交加，死亡的人十有七八。

当初前秦军队稍微后撤时，朱序在军阵后面高声呼喊：“秦军失败了！”士兵们听到后就狂奔乱逃。朱序乘机与张天锡、徐元喜都来投奔东晋。缴获了前秦主苻坚所乘坐的装饰着云母的车乘，以及仪服、器械、军资、珍宝、畜产，无法统计。又攻取了寿阳，抓获了前秦的淮南太守郭褒。

坚中流矢，单骑走至淮北，饥甚，民有进壶飧、豚髀者，坚食之，赐帛十匹，绵十斤。辞曰："陛下厌苦安乐，自取危困。臣为陛下子，陛下为臣父，安有子饲其父而求报乎！"弗顾而去。坚谓张夫人曰："吾今复何面目治天下乎！"潸然流涕。

是时，诸军皆溃，惟慕容垂所将三万人独全，坚以千余骑赴之。世子宝言于垂曰："家国倾覆，天命人心皆归至尊，但时运未至，故晦迹自藏耳。今秦主兵败，委身于我，是天借之便以复燕祚，此时不可失也，愿不以意气微恩忘社稷之重！"垂曰："汝言是也。然彼以赤心投命于我，若之何害之，天苟弃之，不患不亡。不若保护其危以报德，徐俟其衅而图之，既不负宿心，且可以义取天下。"

奋威将军慕容德曰："秦强而并燕，秦弱而图之，此为报仇雪耻，非负宿心也，兄奈何得而不取，释数万之众以授人乎？"垂曰："吾昔为太傅所不容，置身无所，逃死于秦，秦主以国士遇我，恩礼备至。后复为王猛所卖，无以自明，秦主独能明之，此恩何可忘也！若氐运必穷，吾当怀集关东，以复先业耳，关西会非吾有也。"

冠军行参军赵秋曰："明公当绍复燕祚，著于图谶，今天时已至，尚复何待！若杀秦主，据邺都鼓行而西，三秦亦非苻氏之有也！"垂亲党多劝垂杀坚，垂皆不从，悉以兵授坚。平南将军慕容暐屯郧城，闻坚败，弃其众遁去，至荥阳，慕容德复说暐起兵以复燕祚，暐不从。

谢安得驿书，知秦兵已败，时方与客围棋，摄书置床上，了无喜色，围棋如故。客问之，徐答曰："小儿辈遂已破贼。"既罢，还内，过户限，不觉屐齿之折。

丁亥，谢石等归建康，得秦乐工，能习旧声，于是宗庙始备金石之乐。乙未，以张天锡为散骑常侍，朱序为琅邪内史。

前秦主苻坚中了流箭，单身匹马逃到淮河以北，十分饥饿，有的百姓送来了盛在壶里的水泡饭、猪骨头，苻坚吃了下去，赏赐给他们十匹布帛、十斤绵。这些人推辞说："皇上厌倦困苦，安于享乐，自取危难。我是皇上的儿子，皇上是我的父亲，哪里有儿子给父亲饭吃还求取报偿的呢？"他们连赏赐的那些东西看也没看就离开了。苻坚对张夫人说："我如今再以什么面目去治理天下呢？"说着便潸然泪下。

这时，前秦的各路军队全都溃散，唯独慕容垂所统领的三万人完整保全，苻坚带领一千多骑兵到了他那里。长子慕容宝向慕容垂进言说："宗族国家覆灭，天命人心全都归于极其尊贵的帝王，只是时运还未到来，所以应该掩饰形迹躲藏起来。如今秦主兵败，委身于我们，这是上天赐予的有利时机以恢复燕国的国统，这个时机不可丧失，希望您不要因为受到过恩义小惠而忘掉了国家的重任！"慕容垂说："你说得对。然而他以一片赤诚之心把自身的安全交给我，为什么要伤害他！假如上天抛弃他，不用担心他不灭亡。不如在危难中保护他以报答他的恩德，慢慢地等待他的灾祸，然后再图谋他，这样既不违背往日的心愿，而且能够以道义征服天下。"

奋威将军慕容德说："秦国强大的时候吞并了燕国，秦国软弱的时候图谋他，这是报仇雪耻，不是违背往日的心愿。哥哥你为什么得到了却不占取，放弃数万士兵而授予别人呢？"慕容垂说："我过去被太傅慕容评所不容，无处安身，逃死到了秦国，秦国主像对待国中才能出众的人那样对待我，恩义礼遇备至。以后我又被王猛所出卖，无法自我明辨，秦国主偏偏就能明察，这样的恩情怎么能忘记呢？如果氐族人的命运必定穷尽，我应当招纳关东的民众，以光复先帝的大业，关西之地必定不会归我所有！"

冠军行参军赵秋说："明公您应当继承光复燕国的国统，这已经明显地表现在图谶上了。如今天时已经来到，还要等待什么！如果杀掉秦国主苻坚，占据邺都后击鼓西行，三秦之地也就不会归苻氏所有了！"慕容垂的亲信党羽大多都劝他杀掉苻坚，慕容垂一概没有听从，命令把军队交给苻坚。平南将军慕容暐驻扎在郧城，听说苻坚失败后，抛弃了他的士兵而逃走。到达荥阳，慕容德又劝说慕容暐起兵以恢复前燕的国统，慕容暐没有听从。

谢安接到了驿站传递的书信，知道前秦军队已经失败，当时他正与客人下围棋，拿着信放到了床上，毫无高兴的样子，继续下棋。客人问他是什么事，他慢条斯理地回答说："小孩子们已经最终攻破了寇贼。"下完棋以后，他返回屋里，过门槛时，高兴得竟然连屐齿被折断都没有发觉。

十一月初二丁亥，谢石等人返回建康，由于得到了前秦的音乐工匠，熟悉过去的音乐，从此宗庙当中开始有了钟磬乐器演奏音乐。初十乙未，任命张天锡为散骑

（以上为第二段，写东晋在淝水之战中以少胜多，打败前秦军队；前秦主苻坚逃到慕容垂营地，众人劝慕容垂杀掉苻坚，举兵起义，慕容垂念其旧恩，没有听从。）

秦王坚收集离散，比至洛阳，众十余万，百官、仪物、军容粗备。

慕容农谓慕容垂曰："尊不迫人于险，其义声足以感动天地。农闻秘记曰：'燕复兴，当在河阳。'夫取果于未熟与自落，不过晚旬日之间。然其难易美恶，相去远矣！"垂心善其言，行至渑池，言于坚曰："北鄙之民，闻王师不利，轻相扇动，臣请奉诏书以镇慰安集之，因过谒陵庙。"坚许之。

权翼谏曰："国兵新破，四方皆有离心，宜征集名将，置之京师，以固根本，镇枝叶。垂勇略过人，世豪东夏，顷以避祸而来，其心岂止欲作冠军而已哉！譬如养鹰，饥则附人，每闻风飙之起，常有陵霄之志，正宜谨其絛笼，岂可解纵，任其所欲哉！"坚曰："卿言是也。然朕已许之，匹夫犹不食言，况万乘乎！若天命有废兴，固非智力所能移也。"翼曰："陛下重小信而轻社稷，臣见其往而不返，关东之乱，自此始矣。"坚不听，遣将军李蛮、闵亮、尹固帅众三千送垂，又遣骁骑将军石越帅精卒三千戍邺，骠骑将军张蚝帅羽林五千戍并州，镇军将军毛当帅众四千戍洛阳。权翼密遣壮士邀垂于河桥南空仓中，垂疑之，自凉马台结草筏以渡，使典军程同衣己衣，乘己马，与僮仆趣河桥。伏兵发，同驰马获免。

十二月，秦王坚至长安，哭阳平公而后入，谥曰"哀公"。大赦，复死事者家。

庚午，大赦。以谢石为尚书令；进谢玄号前将军，固让不受。

谢安婿王国宝，坦之之子也，安恶其为人，每抑而不用，以为尚书郎。国宝自以望族，故事唯作吏部，不为余曹，固辞不拜，由是怨安。国宝从妹为会稽王道子妃，帝与道子皆嗜酒，狎昵邪谄，国宝乃谮安于道子，使离间之于帝，安功名既盛，而险诐求进之徒，多毁短安，帝由

常侍，朱序为琅邪内史。

前秦主苻坚收拢逃散的士兵，等到抵达洛阳时，士兵已有十多万，属僚百官、礼仪器物、军事装备粗略齐备。

慕容农对慕容垂说："您不在险境里逼迫别人，这种道义的名声足以感动天地。我听说图谶中记载：'燕国的复兴应当在河阳。'在尚未成熟时就摘取果实与等待瓜熟蒂落相比，从时间上看不过是十来天的差距，然而它们的难易美恶程度，却相差甚远。"慕容垂在内心里赞同他的话，行进到渑池时，他向苻坚进言说："北方边远之地的百姓，听说您的军队出师不利，轻率地互相鼓动作乱，我请求遵奉命令去镇抚招纳他们，顺便路过拜谒先帝的陵庙。"苻坚同意了。

权翼劝说苻坚道："国家的军队刚刚失败，四方全都有离心倾向，应该征召集合名将，把他们安置在京城，以稳固根基，安定枝叶。慕容垂勇猛谋略过人，世代都是中原以东的豪杰，不久前因为躲避灾祸而前来归附，他的本心难道仅仅是想做一个冠军将军吗？就像养育苍鹰，它饥饿的时候依附于人，每当听到狂风骤起，就常常有飞越云霄的志向，正当应该紧闭樊笼的时候，岂能放纵它，听任它为所欲为呢！"苻坚说："你说得对。然而我已经同意了他，一般人尚不食言，何况是万乘君主呢！如果天命要有废兴的事变发生，本来就不是靠智慧与力量所能改变的。"权翼说："皇上重视小的信誉而轻视国家政权，依我之见，他一定是去而不返，关东之乱，从此就要开始了。"苻坚没有听从，派遣将军李蛮、闵亮、尹国率领三千士兵护送慕容垂。又派遣骁骑将军石越率领三千精锐士兵戍守邺城，派遣骠骑将军张蚝率领五千羽林军戍卫并州，派遣镇军将军毛当率领四千士兵戍卫洛阳。权翼悄悄地派遣勇士邀请慕容垂到河桥以南的空仓房中，慕容垂对此产生了怀疑，用草绳编结成筏子从凉马台渡过了河，让典军程同穿上自己的衣服，骑上自己的马，与童仆一起奔赴河桥。权翼埋伏在这里的军队发起攻击，程同策马逃脱。

十二月，前秦主苻坚抵达长安，痛哭了阳平公苻融之后才进入，给苻融定谥号为哀公。实行大赦，免除征收战死者家属的赋税。

十二月十五日庚午，东晋实行大赦。任命谢石为尚书令，晋升谢玄的称号为前将军，谢玄坚决辞让，没有接受。

谢安的女婿王国宝是王坦之的儿子。谢安讨厌他的为人，总是压制着他而不加以任用，让他担任尚书郎。王国宝自以为出身于名门望族，按惯例只在吏部供职，其他官署一概不干，因此对于任命坚决辞让，不予就任。并因此而怨恨谢安。王国宝的堂妹是会稽王司马道子的王妃，孝武帝司马曜与司马道子全都喜欢喝酒，互相

是稍疏忌之。

初开酒禁，增民税米，口五石。

（以上为第三段，写慕容垂虽然不杀苻坚，却在内心盘算反秦复国之事，借言镇抚招纳北方民众，脱离前秦，苻坚允诺，而权翼劝说苻坚留住慕容垂，趁机清除，慕容垂用计成功逃脱。）

秦吕光行越流沙三百余里，焉耆等诸国皆降。惟龟兹王帛纯拒之，婴城固守，光进军攻之。

秦王坚之入寇也，以乞伏国仁为前将军，领先锋骑，会国仁叔父步颓反于陇西，坚遣国仁还讨之。步颓闻之，大喜，迎国仁于路。国仁置酒，大言曰："苻氏疲民逞兵，殆将亡矣，吾当与诸君共建一方之业。"及坚败，国仁遂迫胁诸部，有不从者，击而并之，众至十余万。

慕容垂至安阳，遣参军田山修笺于长乐公丕。丕闻垂北来，疑其欲为乱，然犹身自迎之。赵秋劝垂于座取丕，因据邺起兵，垂不从。丕谋袭击垂，侍郎天水姜让谏曰："垂反形未著，而明公擅杀之，非臣子之义，不如待以上宾之礼，严兵卫之，密表情状，听敕而后图之。"丕从之，馆垂于邺西。

垂潜与燕之故臣谋复燕祚，会丁零翟斌起兵叛秦，谋攻豫州牧平原公晖于洛阳，秦王坚驿书使垂将兵讨之。石越言于丕曰："王师新败，民心未安，负罪亡匿之徒，思乱者众，故丁零一唱，旬日之中，众已数千，此其验也。慕容垂，燕之宿望，有兴复旧业之心，今复资之以兵，此为虎傅翼也。"丕曰："垂在邺，如藉虎寝蛟，常恐为肘腋之变，今远之于外，不犹愈乎！且翟斌凶悖，必不肯为垂下，使两虎相毙，吾从而制之，此卞庄子之术也。"乃以羸兵二千及铠仗之弊者给垂，又遣广武将军苻飞龙帅氐骑一千为垂之副。密戒飞龙曰："垂为三军之帅，卿为谋垂之将，行矣，勉之！"

亲昵邪媚，王国宝于是就向司马道子说谢安的坏话，让司马道子挑拨谢安与孝武帝的关系。谢安的功名已经非常显赫，那些行为邪恶、追求升官的人大都诋毁谢安，孝武帝从此逐渐疏远、猜忌谢安。

东晋开始放开禁酒的戒令，增加百姓的米粮税额，每人纳粮五石。

前秦吕光率兵穿越沙漠三百多里，焉耆等各国全都投降。只有龟兹王帛纯抵抗他们，环城固守，吕光进军攻击他们。

前秦主苻坚入侵东晋的时候，任命乞伏国仁为前将军，统领作为先锋的骑兵。恰巧乞伏国仁的叔父乞伏步颓在陇西反叛，苻坚派乞伏国仁返回去攻打他。乞伏步颓听说以后非常高兴，到半路去迎接乞伏国仁。乞伏国仁摆好酒大声说："苻氏使民众疲惫而炫耀军队，大概快要灭亡了，我应当与诸君共同建立一方大业。"等到苻坚失败以后，乞伏国仁于是就胁迫各部族，有不听从的就加以攻击，然后吞并，部众达到了十多万人。

慕容垂抵达安阳，派参军田山写信给长乐公苻丕。苻丕听说慕容垂到北方去，怀疑他想作乱，但还是亲自去迎接他。赵秋劝说慕容垂在座位上擒获苻丕，顺势占据邺城起兵，慕容垂没有听从。苻丕谋划袭击慕容垂，侍郎天水人姜让劝说道："慕容垂没有表露出反叛的迹象，然而明公您却要擅自杀掉他，这不是作为臣子的应有之义。不如用上宾之礼对待他，再派士兵严密地看守他，秘密地进上奏书报告情况，听候敕令，然后再对他做出处置。"苻丕听从了这一意见，让慕容垂住在邺西的馆舍。

慕容垂暗地里与前燕旧臣图谋恢复前燕的国统，恰好这时丁零人翟斌起兵背叛了前秦，图谋在洛阳攻打豫州牧平原公苻晖，前秦王苻坚通过驿站送信，让慕容垂统领军队去攻打他们。石越向苻丕进言说："国王的军队刚遭失败，民心尚未安定，负罪逃亡之徒，渴望祸乱的人很多，所以丁零人一带头，十来天时间，响应的人已有数千，这就是证明。慕容垂是燕国德高望重的人，有振兴恢复旧业的心愿，如今再交给他军队，这是为虎添翼。"苻丕说："慕容垂在邺城犹如卧虎睡蛟，经常害怕他制造肘腋之变，如今让他远行在外，不是似乎更好一些吗？而且翟斌凶暴悖逆，一定不肯甘居下风，让两虎俱伤，我紧跟着去控制他们，这是卞庄子的策略。"于是，苻丕就给了慕容垂两千老弱的士兵以及一些残次的铠甲兵器，又派广武将军苻飞龙率领一千氐族骑兵协助慕容垂。苻丕秘密地告诫苻飞龙说："慕容垂是三军的主

垂请入邺城拜庙，丕弗许，乃潜服而入；亭吏禁之，垂怒，斩吏烧亭而去。石越言于丕曰："垂敢轻侮方镇，杀吏烧亭，反形已露，可因此除之。"丕曰："淮南之败，垂侍卫乘舆，此功不可忘也。"越曰："垂尚不忠于燕，安能尽忠于我？失今不取，必为后患。"丕不从。越退，告人曰："公父子好为小仁，不顾大计，终当为人擒耳。"

垂留慕容农、慕容楷、慕容绍于邺，行至安阳之汤池，闵亮、李毗自邺来，以丕与苻飞龙所谋告垂。垂因激怒其众曰："吾尽忠于苻氏，而彼专欲图吾父子，吾虽欲已，得乎！"乃托言兵少，停河内募兵，旬日间，有众八千。

平原公晖遣使让垂，趣使进兵。垂谓飞龙曰："今寇贼不远，当昼止夜行，袭其不意。"飞龙以为然。壬午，夜，垂遣世子宝将兵居前，少子隆勒兵从己，令氐兵五人为伍，阴与宝约，闻鼓声，前后合击氐兵及飞龙，尽杀之，参佐家在西者皆遣还，并以书遗秦王坚，言所以杀飞龙之故。

初，垂从坚入邺，以其子麟屡尝告变于燕，立杀其母，然犹不忍杀麟，置之外舍，希得侍见。及杀苻飞龙，麟屡进策画，启发垂意，垂更奇之，宠待与诸子均矣。

慕容凤及燕故臣之子燕郡王腾、辽西段延等闻翟斌起兵，各帅部曲归之。平原公晖使武平武侯毛当讨斌。慕容凤曰："凤今将雪先王之耻，请为将军斩此氐奴。"乃擐甲直进，丁零之众随之，大败秦兵，斩毛当，遂进攻陵云台戍，克之，收万余人甲仗。

癸未，慕容垂济河焚桥，有众三万，留辽东鲜卑可足浑谭集兵于河内之沙城。垂遣田山如邺，密告慕容农等使起兵相应。时日已暮，农与慕容楷留宿邺中，慕容绍先出，至蒲池，盗丕骏马数百匹以待农、楷。

帅，你是图谋慕容垂的将领，出发，努力吧！”

慕容垂请求进入邺城拜谒宗庙，苻丕没有同意，慕容垂于是就穿上便服进了邺城。守卫宗庙的官吏不让他进去，慕容垂十分愤怒，杀掉官吏、烧毁庙亭后离开了。石越向苻丕进言说：“慕容垂胆敢轻视侮辱一方长官，杀官吏，烧庙亭，反叛的形迹已经显露，可以就此而除掉他。”苻丕说：“在淮南失败的时候，慕容垂在主上车前马后侍奉守卫，这个功劳不能忘记。”石越说：“慕容垂对燕国尚且不忠，怎么能对我们尽忠呢！错过了今天就无法除掉他，肯定要成为后患。”苻不没有听从。石越退下去以后，告诉人们说：“苻丕父子喜欢施行小恩小惠，而不顾天下大计，最终将会被别人所擒。”

慕容垂把慕容农、慕容楷、慕容绍留在邺城，当他行进到安阳的汤池时，闵亮、李毗从邺城赶了上来，把苻丕与苻飞龙的图谋告诉了慕容垂。慕容垂以此激发士兵们的义愤，说：“我尽忠于苻氏，而他却专门想图谋我们父子，我虽然想善罢甘休，能行吗？”于是就借口兵力不足，停留在河内招募士兵，十天时间已经拥有八千士兵。

平原公苻晖派遣使者责备慕容垂，督促他率兵前进。慕容垂告诉苻飞龙说：“如今离寇贼不远，应当白天休息夜间前进，以攻其不意。”苻飞龙认为有理。十二月二十七日壬午，夜晚，慕容垂派长子慕容宝统领军队居前，小儿子慕容隆带领军队跟随自己，命令氐族士兵每五人为一个编制单位。他暗地里与慕容宝已有约定，当听到战鼓声后，前后合击氐族士兵以及苻飞龙，把他们全部杀尽，参佐当中有家在西方的人，慕容垂全都让他们还乡，并且给前秦王苻坚送信，陈述所以要杀掉苻飞龙的原因。

当初，慕容垂跟随苻坚进入邺城，因为他的儿子慕容麟曾经多次向前燕慕容评告发事变，所以立即杀掉了他的母亲，然而尚不忍心杀掉慕容麟，让他住在城外的馆舍，很少见他。等到杀了苻飞龙以后，慕容麟屡屡进献计策，对慕容垂多有启发，慕容垂转而认为他不一般，对他的宠爱和其他的儿子一样了。

慕容凤以及前燕旧臣的儿子燕郡人王腾、辽西人段延等听说翟斌起兵，各自率领部曲家兵归附了他。平原公苻晖让武平武侯毛当攻打翟斌。慕容凤说：“我今天将要为先王雪耻，请求为将军斩杀这个氐奴。”于是就身披铠甲，一往直前，丁零的士兵紧随其后，大败前秦的军队，斩杀了毛当。接着又进军攻打戍卫陵云台的军队，攻克了他们，缴获了一万多人的铠甲兵器。

十二月二十八日癸未，慕容垂渡过黄河后焚烧了桥梁，拥有三万士兵，留下辽东的鲜卑人可足浑谭在河内的沙城会集士兵。慕容垂派田山到邺城，秘密地告诉慕容农等，让他们起兵响应。当时天色已晚，慕容农与慕容楷留在邺城中过夜。慕容

甲申晦，农、楷将数十骑微服出邺，遂同奔列人。

（以上为第四段，写慕容垂脱险后直奔邺城，谋划反秦；前秦长乐公苻丕对慕容垂有所怀疑，但苦于没有证据，仅有所防备，慕容垂见招拆招，做好反秦准备。）

九年（甲申，384 年）

春，正月，乙酉朔，秦长乐公丕大会宾客，请慕容农不得，始觉有变，遣人四出求之，三日，乃知其在列人，已起兵矣。

慕容凤、王腾、段延皆劝翟斌奉慕容垂为盟主，斌从之。垂欲袭洛阳，且未知斌之诚伪，乃拒之曰："吾来救豫州，不来赴君。君既建大事，成享其福，败受其祸，吾无预焉。"丙戌，垂至洛阳，平原公晖闻其杀苻飞龙，闭门拒之。翟斌复遣长史郭通往说垂，垂犹未许。通曰："将军所以拒通者，岂非以翟斌兄弟山野异类，无奇才远略，必无所成故邪？独不念将军今日凭之，可以济大业乎！"垂乃许之。于是，斌帅其众来与垂会，劝垂称尊号。垂曰："新兴侯，吾主也，当迎归返正耳。"

垂以洛阳四面受敌，欲取邺而据之，乃引兵而东。故扶余王余蔚为荥阳太守，及昌黎鲜卑卫驹各帅其众降垂。垂至荥阳，群下固请上尊号，垂乃依晋中宗故事，称大将军、大都督、燕王，承制行事，谓之统府。群下称臣，文表奏疏，封拜官爵，皆如王者。以弟德为车骑大将军，封范阳王；兄子楷为征西大将军，封太原王；翟斌为建义大将军，封河南王；余蔚为征东将军、统府左司马，封扶余王；卫驹为鹰扬将军，慕容凤为建策将军。帅众二十余万，自石门济河，长驱向邺。

慕容农之奔列人也，止于乌桓鲁利家，利为之置馔，农笑而不食。利谓其妻曰："恶奴，郎，贵人，家贫无以馔之，奈何？"妻曰："郎有雄才大志，今无故而至，必将有异，非为饮食来也。君亟出，远望以备非常。"利从之。农谓利曰："吾欲集兵列人以图兴复，卿能从我乎？"利曰："死生唯郎是从。"农乃诣乌桓张骧，说之曰："家王已举大事，翟斌等咸相推奉，远近响应，故来相告耳。"骧再拜曰："得旧主而奉之，敢不尽死！"于是，农驱列人居民为士卒，斩桑榆为兵，裂襜裳为旗，使

绍先行出城，到了蒲池，偷盗了苻丕的数百匹骏马以等待慕容农、慕容楷。二十九日甲申晦，慕容农、慕容楷带领数十名骑兵身着便服出了邺城，于是他们就一起奔赴列人县。

晋孝武帝太元九年（甲申，384年）

春季，正月初一乙酉朔，前秦长乐公苻丕大规模地宴请宾客，邀请慕容农却没有见着人，方才发觉事有变故。派人四处寻找，二天以后，才知道他在列人县，已经起兵反叛了。

慕容凤、王腾、段延全都劝翟斌尊奉慕容垂为盟主，翟斌听从了。慕容垂想袭击洛阳，但暂且还不知道翟斌是否有诚意，就拒绝他说："我是来救援豫州的，不是来投奔您。您既然要干大事，成功则享受其福，失败则承受其祸，我不参与此事。"正月初二丙戌，慕容垂抵达洛阳，平原公苻晖听说他杀了苻飞龙，把他拒之门外。翟斌又派长史郭通前去劝说慕容垂，慕容垂还是没有同意做盟主。郭通说："将军之所以拒绝郭通的原因，难道不是认为翟斌的弟兄们是身居山野的异族，没有超人的才能和远大的谋略，肯定无所作为的缘故吗？为什么唯独不考虑将军今天凭借他们，就可以成就大业呢！"听了这话，慕容垂就同意了。于是翟斌率领他的士兵前来与慕容垂会合，劝慕容垂称帝王的尊号。慕容垂说："新兴侯慕容暐是我们的国主，应当迎接他回去重归正统。"

慕容垂考虑到洛阳四面受敌，想攻取邺城据守，于是就率兵东进。过去的扶余王余蔚任荥阳太守，他和昌黎的鲜卑人卫驹各自率领自己的士兵投降了慕容垂。慕容垂抵达荥阳，众属下执意请求进上尊号，慕容垂就依据晋元帝的遗规，自称大将军、大都督、燕王，秉承君主的旨意行事，称为统府。众属下称臣，文表奏疏，封爵授官，全都和君王一样。慕容垂任命他的弟弟慕容德为车骑大将军，封为范阳王；任命哥哥的儿子慕容楷为征西大将军封为太原王；任命翟斌为建义大将军，封为河南王；任命余蔚为征东将军、统府左司马，封为扶余王；任命卫驹为鹰扬将军，慕容凤为建策将军。率领二十多万士兵，从石门渡过了黄河，长驱直入，奔赴邺城。

慕容农奔赴列人县的时候，在乌桓人鲁利家中停留，鲁利给他准备了食物，慕容农报之一笑，没有吃。鲁利对他的妻子说："恶奴，君郎是贵人，家穷没有什么食物可以给他吃，怎么办呢！"妻子说："他有雄才大志，如今无缘无故地来必将有不寻常的事情，不是为了吃喝才来的。你赶快出去，望着远处以防备不测。"鲁利听从妻子的吩咐。慕容农对鲁利说："我想在列人县集结士兵以图谋复兴，你能跟我一起干吗？"鲁利说："不论生死，都跟从君郎。"慕容农于是就到乌桓人张骧那里，劝他说："我家君王已经发动了复兴旧业的大事，翟斌等人全都推举尊奉他，远近的

赵秋说屠各毕聪，聪与屠各卜胜、张延、李白、郭超及东夷余和、敕勃，易阳乌桓刘大各帅部众数千赴之。农假张骧辅国将军，刘大安远将军，鲁利建威将军。农自将攻破馆陶，收其军资器械，遣兰汗、段赞、赵秋、慕舆悕略取康台牧马数千匹。汗，燕王垂之从舅；赞，聪之子也。

于是，步骑云集，众至数万，骧等共推农为使持节、都督河北诸军事、骠骑大将军，监统诸将，随才部署，上下肃然。农以燕王垂未至，不敢封赏将士，赵秋曰："军无赏，士不往，今之来者，皆欲建一时之功，规万世之利，宜承制封拜，以广中兴之基。"农从之，于是，赴者相继，垂闻而善之。

农西招库傉官伟于上党，东引乞特归于东阿，北召光烈将军平睿及睿兄汝阳太守幼于燕国，伟等皆应之。又遣兰汗攻顿丘，克之。农号令整肃，军无私掠，士女喜悦。

（以上为第五段，写慕容垂起兵反秦，其子慕容农充当了急先锋，在列人县招兵买马，迅速结集队伍，并且承制封拜，赴者相继，号令整肃，军无私掠，士女喜悦。）

长乐公丕使石越将步骑万余讨之。农曰："越有智勇之名，今不南拒大军而来此，是畏王而陵我也，必不设备，可以计取之。"众请治列人城，农曰："善用兵者，结士以心，不以异物。今起义兵，唯敌是求，当以山河为城池，何列人之足治也！"辛卯，越至列人西，农使赵秋及参军綦毋滕击越前锋，破之。参军太原赵谦言于农曰："越甲仗虽精，人心危骇，易破也，宜急击之。"农曰："彼甲在外，我甲在心，昼战，则士卒见其外貌而惮之，不如待暮击之，可以必克。"令军士严备以待，毋得妄动。越立栅自固，农笑谓诸将曰："越兵精士众，不乘初至之锐以击我，方更立栅，吾知其无能为也。"向暮，农鼓噪出，陈于城西，牙门刘木请先攻越栅，农笑曰："凡人见美食，谁不欲之，何得独请！然汝猛锐可嘉，当以先锋惠汝。"木乃帅壮士四百腾栅而入，秦兵披靡；农督大众随之，大败秦兵，斩越，送首于垂。越与毛当，皆秦之骁将也，故秦王坚使助

民众全都响应，所以我来告诉你。”张骧叩头两拜说：“得到了过去的君主而尊奉他，怎么敢不尽死效忠呢？”于是慕容农就让住在列人的居民作为士兵，砍桑树榆树作为兵器，撕下衣襟作为旗帜，派赵秋去劝说屠各人毕聪。毕聪与屠各人卜胜、张延、李白、郭超以及东夷人余和、敕勃，易阳的乌桓人刘大各自率领部众数千人投奔慕容农。慕容农暂时任命张骧为辅国将军，刘大为安远将军，鲁利为建威将军。慕容农亲自率兵攻克了馆陶，收缴了那里的军粮武器，派遣兰汗、段赞、赵秋、慕舆悕掠夺了康台的牧马数千匹。兰汗是后燕王慕容垂的堂舅；段赞是段聪的儿子。

此时步、骑兵云集，士兵多达数万，张骧等人共同推举慕容农为使持节、都督河北诸军事、骠骑大将军，对于众将领则根据他们的才能加以任用，上上下下，恭敬顺从。慕容农考虑到后燕王慕容垂还未抵达，不敢擅自赐封奖赏将士。赵秋说：“军队没有奖赏，士兵不会勇往直前，如今前来投奔的人全都是想建立一时的战功，以谋求长远的利益，应该秉承国王的旨意对他们封爵授官，以扩大中兴大业的根基。”慕容农听从了他的意见，于是前来投奔的人络绎不绝。慕容垂听说了以后对此加以赞扬。

慕容农派使者招纳上党的库傉官伟，在东面延引东阿的乞特归，在北面征召后燕国的光烈将军平睿及平睿的哥哥汝阳太守平幼，库傉官伟等人全都响应他。慕容农又派兰汗攻打顿丘，攻了下来。慕容农号令严肃，军队秋毫无犯，男女百姓十分高兴。

长乐公苻丕让石越统领一万多步、骑兵攻打慕容农。慕容农说：“石越有多勇多谋的名声，如今不在南边抵抗大军而来这里，这是畏惧燕王慕容垂而欺负我。他们肯定没做防备，可以使用计谋战胜他们。”士兵们请求慕容农据守列人城，慕容农说：“善于用兵的人凝聚士兵靠的是赢得人心，不靠别的什么东西。如今兴起义兵，只要是敌人就攻击，应当以山河作为城池，一个小小的列人城哪里值得据守呢！”正月初七辛卯，石越抵达列人城西，慕容农让赵秋及参军綦毋滕攻打石越的前锋部队，打败了他们。参军、太原人赵谦向慕容农进言说：“石越的铠甲兵仗虽然精良，但人心惊恐畏惧，所以容易被攻破，应该迅速攻击他们。”慕容农说：“他们的铠甲在身外，我们的铠甲在心里，白天交战，则士兵们看见他们表面上的精良装备就会畏惧，不如等到晚上再攻击他们，必定取胜。”慕容农命令士兵严阵以待，不得轻举妄动。石越修建栅栏自守，慕容农笑着对众将领说：“石越武器精良，兵力众多，不乘着刚刚抵达后的锐气攻击我们，反而在建栅栏防御，我知道他们是没有能力进攻

二子镇守。既而相继败没，人情骚动，所在盗贼群起。

庚戌，燕王垂至邺，改秦建元二十年为燕元年，服色朝仪，皆如旧章。以前岷山公库傉官伟为左长史，前尚书段崇为右长史，荥阳郑豁等为从事中郎。慕容农引兵会垂于邺，垂因其所称之官而授之。立世子宝为太子，封从弟拔等十七人及甥宇文翰、舅子兰审皆为王；其余宗族及功臣封公者三十七人，侯、伯、子、男者八十九人。可足浑谭集兵得二万余人，攻野王，拔之，引兵会攻邺。平幼及其弟睿、规亦帅众数万会垂于邺。

长乐公丕使姜让诮让燕王垂，且说之曰："过而能改，今犹未晚也。"垂曰："孤受主上不世之恩，故欲安全长乐公，使尽众赴京师，然后修复国家之业，与秦永为邻好。何故暗于机运，不以邺城见归？若迷而不复，当穷极兵势，恐单马求生，亦不可得也。"让厉色责之曰："将军不容于家国，投命圣朝，燕之尺土，将军岂有分乎？主上与将军风殊类别，一见倾心，亲如宗戚，宠逾勋旧，自古君臣际遇，有如是之厚者乎？一旦因王师小败，遽有异图！长乐公，主上元子，受分陕之任，宁可束手输将军以百城之地乎？将军欲裂冠毁冕，自可极其兵势，奚更云云！但惜将军以七十之年，悬首白旗，高世之忠，更为逆鬼耳！"垂默然。左右请杀之，垂曰："彼各为其主耳，何罪！"礼而归之，遗丕书及上秦王坚表，陈述利害，请送丕归长安。坚及丕怒，复书切责之。

（以上为第六段，写慕容农打败了前秦骁将石越，慕容垂到达邺城，建立后燕，称燕王，大封王侯，与前秦决裂。）

鹰扬将军刘牢之攻秦谯城，拔之。桓冲遣上庸太守郭宝攻秦魏兴、上庸、新城三郡，拔之。将军杨佺期进据成固，击秦梁州刺史潘猛，走

了。”等到天黑以后，慕容农击鼓呼喊出发，在城西摆开战阵，牙门刘木请求作为先锋攻击石越的栅栏，慕容农笑着说：“凡人见到美食谁不想吃，怎么能够独自请求呢！然而你的勇猛锐气值得赞赏，应当把先锋的角色优待给你。”刘木于是就率领四百名勇士越过栅栏冲入敌阵，前秦的军队惊慌溃逃。慕容农督率大军追击，大败前秦的军队，斩杀了石越，把他的首级送到了慕容垂那里。石越与毛当都是前秦的勇猛战将，所以前秦王苻坚让他们辅助两个儿子镇守，此后相继失败死亡，人心骚动，他们所在的地方盗贼群起。

正月二十六日庚戌，后燕王慕容垂抵达邺城，改前秦建元二十年为后燕元年，官员服饰的颜色及朝廷礼仪，全都一如旧制。任命从前的岷山公库傉官伟为左长史，从前的尚书段崇为右长史，荥阳人郑豁等人为从事中郎。慕容农带领军队与慕容垂在邺城会合，慕容垂将他自称的官职正式授予了他。立长子慕容宝为太子，封堂弟慕容拔等十七人以及外甥宇文翰、舅舅的儿子兰审为王，其余的宗族亲属及有功之臣被封为公的有三十七人，被封为侯、伯、子、男的有八十九人。可足浑谭聚集到了两万士兵，攻打野王，攻了下来，又率领军队与慕容垂会合攻打邺城。平幼以及他的弟弟平睿、平规也率领数万士兵在邺城与慕容垂会合。

长乐公苻丕派姜让谴责后燕王慕容垂，并且劝他说：“有过错而能够改正，如今还不晚。”慕容垂说：“我承受了主上罕见的恩惠，所以想保全长乐公，让他带领全部军队返回京师长安，然后我修整恢复国家的大业，与秦国永远结为友好邻邦。为什么他不识时务，不将邺城归还给我呢？如果他执迷不悟，我就应当动用全部兵力攻打，恐怕他想单身匹马逃窜求生也是不可能的了。”姜让厉言正色地责备慕容垂说：“将军在自己的国家无处容身，投靠圣朝，燕国难道能有你的尺寸之份吗？主上与将军风俗不同，种族有异，然而却一见倾心，亲如一家，对你的宠待超过了功勋旧臣，自古君臣相遇，有像这样优厚的吗？一旦因为君王的军队遭受了小小的失败，你马上就另有图谋！长乐公是主上的嫡传长子，接受分治一方辅佐君王的重任，他难道能把百城之地拱手让给你吗？将军想背弃君主，自然可以大动兵威，哪里用得着说那么多话呢！只可惜将军以七十高龄，像被周武王杀掉的商纣一样把头颅悬挂在白旗上，往日超越世俗的忠诚，反而要变成叛逆之鬼！”慕容垂沉默不语。周围的人请求杀掉姜让，慕容垂说：“那是各为其主而已，他有什么罪过？”对他以礼相待，送他回去了。并给苻丕送信，给前秦王苻坚进上奏书，陈述利害，请求送苻丕返回长安。苻坚和苻丕十分愤怒，复信痛切地责备了慕容垂。

东晋鹰扬将军刘牢之攻打前秦的谯城，攻了下来。桓冲派上庸太守郭宝攻打前秦的魏兴、上庸、新城三郡，攻了下来。将军杨佺期进军占据了成固，攻击前秦梁

之。佺期，亮之子也。

壬子，燕王垂攻邺，拔其外郭，长乐公丕退守中城。关东六州郡县多送任请降于燕。癸丑，垂以陈留王绍行冀州刺史，屯广阿。

丰城宣穆公桓冲闻谢玄等有功，自以失言，惭恨成疾，二月，辛巳，卒。朝议欲以谢玄为荆、江二州刺史。谢安自以父子名位太盛，又惧桓氏失职怨望，乃以梁郡太守桓石民为荆州刺史，河东太守桓石虔为豫州刺史，豫州刺史桓伊为江州刺史。

燕王垂引丁零、乌桓之众二十余万为飞梯地道以攻邺，不拔，乃筑长围守之，分处老弱于肥乡，筑新兴城以置辎重。

秦征东府官属疑参军高泰，燕之旧臣，有贰心，泰惧，与同郡虞曹从事吴韶逃归勃海。韶曰："燕军近在肥乡，宜从之。"泰曰："吾以避祸耳，去一君，事一君，吾所不为也！"申绍见而叹曰："去就以道，可谓君子矣！"

燕范阳王德击秦枋头，取之，置戍而还。

东胡王晏据馆陶，为邺中声援，鲜卑、乌桓及郡县民据坞壁不从燕者尚众，燕王垂遣太原王楷与镇南将军陈留王绍讨之。楷谓绍曰："鲜卑、乌桓及冀州之民，本皆燕臣，今大业始尔，人心未洽，所以小异，唯宜绥之以德，不可震之以威。吾当止一处，为军声之本，汝巡抚民夷，示以大义，彼必当听从。"楷乃屯于辟阳。绍帅骑数百往说王晏，为陈祸福，晏随绍诣楷降。于是，鲜卑、乌桓及坞民降者数十万口。楷留其老弱，置守宰以抚之，发其丁壮十余万，与王晏诣邺。垂大悦曰："汝兄弟才兼文武，足以继先王矣！"

三月，以卫将军谢安为太保。

秦北地长史慕容泓闻燕王垂攻邺，亡奔关东，收集鲜卑，众至数千，还屯华阴，败秦将军强永，其众遂盛，自称都督陕西诸军事、大将军、雍州牧、济北王，推垂为丞相、都督陕东诸军事、领大司马、冀州牧、

州刺史潘猛，赶跑了他。杨佺期是杨亮的儿子。

正月二十八日壬子，后燕主慕容垂攻打邺城，攻下了外城，长乐公苻丕退守中城。关东六州的郡县大都送来人质请求向后燕投降。二十九日癸丑，慕容垂任命陈留王慕容绍代理冀州刺史，驻扎在广阿。

东晋丰城宣穆公桓冲听说谢玄等人建立了战功，自认为以前的话说错了，悔恨交加，酿成疾病。二月二十七日辛巳，桓冲去世。朝廷议论要让谢玄出任荆、江二州刺史。谢安认为自己父子的名声职位太引人注目，又害怕桓氏家族的人因为失掉职位而怀恨在心，就任命梁郡太守桓石民为荆州刺史，河东太守桓石虔为豫州刺史，豫州刺史桓伊为江州刺史。

后燕王慕容垂带领丁零、乌桓的二十多万士兵架设云梯、开挖地道用来攻打邺城没有攻下。于是就建筑包围工事坚守，分别将老弱士兵安置在肥乡，建筑新兴城用来放置轻重装备。

前秦征东府的官属们怀疑参军高泰是前燕旧臣，怀有二心，高泰害怕了，与同郡的虞曹从事吴韶逃回渤海。吴韶说："燕国的军队近在肥乡，应该归附他们。"高泰说："我们为的是逃避灾祸而已，离开一个君主，又去侍奉另一个君主，这是我所不愿意干的！"申绍见到他后感叹地说："离开与归附全都依循一定的道理，可以称得上是君子啊！"

后燕范阳王慕容德攻击前秦的枋头，攻了下来，设置了守卫力量后返回。

东胡人王晏占据着馆陶，声援邺中，鲜卑、乌桓以及郡县的民众据守坞堡壁垒不服从后燕的人尚有许多。后燕王慕容垂派太原王慕容楷与镇南将军、陈留王慕容绍攻打他们。慕容楷对慕容绍说："鲜卑、乌桓以及冀州的民众，本来都是燕国的属臣，如今大业刚刚开始，人心尚未融洽，这就是导致小有不同的原因。只应该用仁德安抚他们，不能靠威势震慑他们。我应当停留在一个地方，作为军队声威的根基，你去巡视安抚民众夷狄，向他们展示大义，他们就一定会听命服从。"慕容楷于是就驻扎在辟阳。慕容绍率领数百骑兵前去劝说王晏，为他陈述祸福，王晏跟随慕容绍到慕容楷那里投降，于是鲜卑、乌桓以及守卫在坞堡中的民众投降的有数十万人。慕容楷将其中的老弱者留下，设置地方官吏以安抚他们，派遣其中十多万身强力壮的成年人与王晏一起到邺城。慕容垂十分高兴地说："你们弟兄的才能文武兼备，足以继承先王的事业！"

三月，东晋任命卫将军谢安为太保。

前秦北地长史慕容泓听说后燕王慕容垂攻打邺城，逃奔到关东，收拢会集鲜卑人，多达数千，返回驻扎在华阴，打败了前秦将军强永，他的士兵于是就更多了。慕容泓自称都督陕西诸军事、大将军、雍州牧、济北王，推举慕容垂为丞相、都督

吴王。

秦王坚谓权翼曰："不用卿言，使鲜卑至此。关东之地，吾不复与之争，将若泓何？"乃以广平公熙为雍州刺史，镇蒲阪，征雍州牧钜鹿公睿为都督中外诸军事、卫大将军、录尚书事，配兵五万；以左将军窦冲为长史，龙骧将军姚苌为司马，以讨泓。

平阳太守慕容冲亦起兵于平阳，有众二万，进攻蒲坂，坚使窦冲讨之。

库傉官伟帅营部数万至邺，燕王垂封伟为安定王。

秦冀州刺史阜城侯定守信都，高城男绍在国，高邑侯亮、重合侯谟守常山，固安侯鉴守中山。燕王垂遣前将军、乐浪王温督诸军攻信都，不克。

夏，四月，丙辰，遣抚军大将军麟益兵助之。定、鉴，秦王坚之从叔；绍、谟，从弟；亮，从子也。温，燕王垂之弟子也。

慕容泓闻秦兵且至，惧，帅众将奔关东。秦钜鹿愍公睿粗猛轻敌，欲驰兵邀之。姚苌谏曰："鲜卑皆有思归之志，故起而为乱，宜驱令出关，不可遏也。夫执鼷鼠之尾，犹能反噬于人，彼自知困穷，致死于我，万一失利，悔将何及？但可鸣鼓随之，彼将奔败不暇矣。"睿弗从，战于华泽，睿兵败，为泓所杀。苌遣龙骧长史赵都、参军姜协诣秦王坚谢罪，坚怒，杀之。苌惧，奔渭北马牧，于是天水尹纬、尹详，南安庞演等，纠扇羌豪，帅其户口归苌者五万余家，推苌为盟主。苌自称大将军、大单于、万年秦王，大赦，改元白雀，以尹详、庞演为左、右长史，南安姚晃及尹纬为左、右司马，天水狄伯支等为从事中郎，羌训等为掾属，王据等为参军，王钦卢、姚方成等为将帅。

（以上为第七段，写前秦北地长史慕容泓收聚鲜卑人反秦，钜鹿公苻睿等率兵攻打，被打败；龙骧将军姚苌也起兵造反，建立后秦，自称万年秦王，改元白雀；平阳太守慕容冲也在平阳起兵。）

秦窦冲击慕容冲于河东，大破之。冲帅鲜卑骑八千奔慕容泓。泓众至十余万，遣使谓秦王坚曰："吴王已定关东，可速资备大驾，奉送家兄皇帝，泓当帅关中燕人翼卫乘舆，还返邺都，与秦以虎牢为界，永为邻好。"坚大怒，召慕容暐责之曰："今泓书如此，卿欲去者，朕当相资。卿之宗族，可谓人面兽心，不可以国士期也！"暐叩头流血，涕泣陈谢。

陕东诸军事、领大司马、冀州牧、吴王。

前秦主苻坚对权翼说："没有听你的话，让鲜卑人到了如此地步。关东之地我不再和他们争夺，但拿慕容泓怎么办呢？"于是就任命广平公苻熙为雍州刺史，镇守蒲阪。征召雍州牧钜鹿公苻睿为都督中外诸军事、卫大将军、录尚书事，给他配备五万士兵；任命左将军窦冲为长史、龙骧将军姚苌为司马来攻打慕容泓。

平阳太守慕容冲也在平阳起兵，拥有二万士兵，进军攻打蒲阪。苻坚派窦冲去攻打他。

库傉官伟率领部众数万人抵达邺城，后燕王慕容垂封库傉官伟为安定王。

前秦冀州刺史阜城侯苻定戍守信都，高城男苻绍在他的封地，高邑侯苻亮、重合侯苻谟戍守常山，固安侯苻鉴戍守中山。后燕王慕容垂派遣前将军、乐浪王慕容温督帅各路军队攻打信都，没有攻下。

夏季，四月初三丙辰，后燕主慕容垂派遣抚军大将军慕容麟增兵协助他们。苻定、苻鉴是前秦主苻坚的堂叔；苻绍、苻谟是他的堂弟；苻亮是他的侄子；慕容温是后燕主慕容垂弟弟的儿子。

慕容泓听说前秦军队将要到达，很害怕，率领士兵准备逃奔关东。前秦钜鹿公苻睿鲁莽轻敌，想要迅速出兵在半路拦截他们。姚苌劝说苻睿道："鲜卑人全都有思念归返的心情，所以才起兵作乱，应该驱使他们出关，不能阻截。抓住了鼷鼠的尾巴，它还能反咬人一口。他们自知陷于穷途末路，必将要与我们拼命，万一失利，后悔将怎么来得及？只能击鼓紧随他们，他们将全力溃逃。"苻睿没有听从劝告，在华泽交战，苻睿的军队失败，苻睿被慕容泓杀掉。姚苌派龙骧长史赵都、参军姜协到前秦王苻坚那里谢罪，苻坚十分愤怒，杀掉了他们。姚苌害怕了，逃奔到渭北的牧马之地，于是天水人尹纬、尹详，南安人庞演等纠集煽动羌族豪强，率领他们的民户丁口归附姚苌的共有五万多家，推举姚苌为盟主。姚苌自称大将军、大单于、万年秦王，实行大赦，改年号为白雀，任命尹详、庞演为左、右长史，南安人姚晃及尹纬为左、右司马，天水人狄伯支等为从事中郎，姜训等为掾属，王据等为参军，王钦卢、姚方成等为将帅。

前秦窦冲在黄河以东攻击慕容冲，大败慕容冲。慕容冲率领八千鲜卑骑兵投奔慕容泓。慕容泓的士兵达到十多万，他派遣使者告诉前秦王苻坚说："吴王慕容垂已经平定了关东，可以迅速就此准备车驾，奉送家兄慕容暐皇帝，慕容泓要率领关中的燕国人守卫车乘，返回邺都，与秦国以虎牢为界，永远结为友邻。"苻坚听后勃然大怒，招来慕容暐责备他说："如今慕容泓的信中把话说到了这种地步，你想离开的

坚久之曰："此自三竖所为，非卿之过。"复其位，待之如初。命暐以书招谕泓、冲及垂。暐密遣使谓泓曰："吾笼中之人，必无还理，且燕室之罪人也，不足复顾。汝勉建大业，以吴王为相国，中山王为太宰、领大司马，汝可为大将军、领司徒，承制封拜，听吾死问，汝便即尊位。"泓于是进向长安，改元燕兴。

燕王垂以邺城犹固，会僚佐议之。右司马封衡请引漳水灌之，从之。垂行围，因饮于华林园，秦人密出兵掩之，矢下如雨，垂几不得出，冠军大将军隆将骑冲之，垂仅而得免。

竟陵太守赵统攻襄阳，秦荆州刺史都贵奔鲁阳。

五月，秦洛州刺史张五虎据丰阳来降。

梁州刺史杨亮帅众五万伐蜀，遣巴西太守费统将水陆兵三万为前锋。亮屯巴郡，秦益州刺史王广遣巴西太守康回等拒之。

秦苻定、苻绍皆降于燕。燕慕容麟引兵西攻常山。

后秦王苌进屯北地，秦华阴、北地、新平、安定羌胡降之者十余万。

六月，癸丑朔，崇德太后褚氏崩。

秦王坚自帅步骑二万以击后秦，军于赵氏坞，使护军将军杨璧等分道攻之；后秦兵屡败，斩后秦王苌之弟镇军将军尹买。

后秦军中无井，秦人塞安公谷、堰同官水以困之。后秦人恟惧，有渴死者。会天大雨，后秦营中水三尺，绕营百步之外，寸余而已，后秦军复振。秦王坚叹曰："天亦佑贼乎！"

（以上为第八段，写原前燕主慕容暐深陷前秦，自度不得脱，捎信勉励慕容泓等建成大业；前秦主苻坚亲率大军攻打后秦，断水以困后秦军，老天垂怜，下了及时雨。）

慕容泓谋臣高盖等，以泓德望不如慕容冲，且持法苛峻，乃杀泓，立冲为皇太弟，承制行事，置百官；以盖为尚书令。后秦王苌遣子嵩为质于冲以请和。

时候，我将提供帮助。你的宗族亲戚可以称得上是人面兽心，无法把他们作为国士来寄于期望！”慕容暐磕头磕得流了血，哭泣着表示谢罪。过了许久，苻坚说：“事情是由慕容垂、慕容泓、慕容冲三个家伙所干的，不是你的过错。”于是恢复了慕容暐的职位，对待他像当初一样。苻坚命令慕容暐写信招纳劝谕慕容泓、慕容冲以及慕容垂。慕容暐秘密地派使者告诉慕容泓说：“我是笼中之人，肯定没有回归的道理；况且我还是燕王室的罪人，不值得你们再顾念。你们努力建成大业，让吴王慕容垂做相国，中山王慕容冲做太宰兼大司马，你可以做大将军兼司徒，秉承我的旨意封爵授官，听到我死了的消息后，你就可以即皇帝的尊位。”慕容泓于是进军长安，改年号为燕兴。

后燕主慕容垂因为邺城尚在固守，会集僚属辅佐商议此事。右司马封衡请求引来漳水灌入城中，慕容垂听从了。慕容垂到了打猎场，顺便在华林园饮酒，前秦人秘密出兵对他突然袭击，乱箭如雨射来，慕容垂几乎没能逃出，冠军大将军慕容隆带领骑兵冲击敌人，慕容垂才幸免于难。

竟陵太守赵统攻打襄阳，前秦荆州刺史都贵逃奔鲁阳。

五月，前秦洛州刺史张五虎占据丰阳，前来向东晋投降。

东晋梁州刺史杨亮率领五万士兵攻打蜀地，派遣巴西太守费统统率三万水军、陆军作为前锋。杨亮驻扎在巴郡，前秦益州刺史王广派巴西太守康回等人抵抗他们。

前秦苻定、苻绍全都投降了后燕。后燕慕容麟带领军队西攻常山。

后秦王姚苌进军驻扎在北地，前秦华阴、北地、新平、安定的羌人、胡人投降的有十多万。

六月初一癸丑朔，东晋崇德太后褚氏去世。

前秦主苻坚亲自率领步、骑兵二万人攻打后秦，驻军于赵氏坞，让护军将军杨壁等人分路进攻。后秦的军队屡战屡败，后秦王姚苌的弟弟镇军将军姚尹买被斩杀。

后秦驻军的地方没有水井，前秦人堵塞了安公谷、拦截了同官水以围困他们。后秦人惊慌恐惧，有人干渴而死。恰巧天下大雨，后秦的军营积水三尺，环绕军营百步以外，积水仅仅一寸多而已，后秦军队又振奋了起来。前秦王苻坚叹息道：“上天也保佑寇贼啊！”

慕容泓的谋臣高盖等人认为慕容泓的道德威望不如慕容冲，而且执行法律苛刻严峻，于是就杀掉了慕容泓，立慕容冲为皇太弟，秉承国王的旨意行事，设置了百官。任命高盖为尚书令。后秦主姚苌派遣儿子姚嵩作为人质到慕容冲那里，以请求

将军刘春攻鲁阳，都贵奔还长安。

后秦王苌帅众七万击秦，秦王坚遣杨璧等拒之，为苌所败，获杨璧及右将军徐成、镇军将军毛盛等将吏数十人，苌皆礼而遣之。

燕慕容麟拔常山，秦苻亮、苻谟皆降。麟进围中山，秋，七月，克之，执苻鉴。麟威声大振，留屯中山。

秦幽州刺史王永、平州刺史苻冲帅二州之众以击燕。燕王垂遣宁朔将军平规击永；永遣昌黎太守宋敞逆战于范阳，敞兵败，规进据蓟南。

秦平原公晖帅洛阳、陕城之众七万归于长安。

秦王坚闻慕容冲去长安浸近，乃引兵归，遣抚军大将军、高阳公方戍骊山，拜平原公晖为都督中外诸军事、车骑大将军、录尚书事，配兵五万以拒冲。冲与晖战于郑西，大破之。坚又遣前将军姜宇与少子河间公琳帅众三万拒冲于灞上。琳、宇皆败死，冲遂据阿房城。

秦康回兵数败，退还成都。梓潼太守垒袭以涪城来降。荆州刺史桓石民据鲁阳，遣河南太守高茂北戍洛阳。

己酉，葬康献皇后于崇平陵。

燕翟斌恃功骄纵，邀求无厌，又以邺城久不下，潜有贰心。太子宝请除之，燕王垂曰："河南之盟，不可负也。若其为难，罪由于斌。今事未有形而杀之，人必谓我忌惮其功能。吾方收揽豪杰以隆大业，不可示人以狭，失天下之望也。藉彼有谋，吾以智防之，无能为也。"范阳王德、陈留王绍、骠骑大将军农皆曰："翟斌兄弟恃功而骄，必为国患。"垂曰："骄则速败，焉能为患。彼有大功，当听其自毙耳。"礼遇弥重。

斌讽丁零及其党请斌为尚书令。垂曰："翟王之功，宜居上辅，但台既未建，此官不可遽置耳。"斌怒，密与前秦长乐公丕通谋，使丁零决堤溃水。事觉，垂杀斌及其弟檀、敏，余皆赦之。

斌兄子真，夜将营众北奔邯郸，引兵还向邺围，欲与丕内外相应，太子宝与冠军大将军隆击破之。真还走邯郸。

和好。

东晋将军刘春攻打鲁阳，都贵逃回长安。

后秦主姚苌率领七万士兵攻打前秦，前秦主苻坚派杨壁等人抵抗，被姚苌打败。擒获了杨壁以及右将军徐成、镇军将军毛盛等将帅官吏数十人，姚苌对他们全都以礼相待，然后放他们回去了。

后燕慕容麟攻下了常山，前秦苻亮、苻谟全都投降。慕容麟进军包围中山，秋季，七月，攻克了中山，抓获了苻鉴。慕容麟威势名声大振，留驻中山。

前秦幽州刺史王永、平州刺史苻冲率领二州的士兵攻击后燕。后燕王慕容垂派宁朔将军平规反击王永，王永派昌黎太守宋敞在范阳迎战，宋敞的军队被打败，平规进军占据了蓟城以南。

前秦平原公苻晖率领洛阳、陕城的七万士兵回到了长安。

前秦主苻坚听说慕容冲逐渐逼近长安，就带领军队返回，派抚军大将军高阳公苻方戍守骊山，任命平原公苻晖为都督中外诸军事、车骑大将军、录尚书事，配备五万士兵以抵抗慕容冲。慕容冲与苻晖在郑西交战，大败苻晖。苻坚又派前将军姜宇与小儿子河间公苻琳率领三万士兵在灞上抵抗慕容冲，苻琳、姜宇全都战败死亡，慕容冲于是就占据了阿房城。

前秦康回的军队多次失败，退回到成都。梓潼太守垒袭率领涪城投降了东晋。荆州刺史桓石民占据了鲁阳，派河南太守高茂北进戍守洛阳。

七月二十八日己酉，东晋在崇平陵安葬了康献皇后。

后燕翟斌自恃有功，傲慢无忌，邀官求赏，贪得无厌。又因为邺城久围不下，私下里怀有背叛之心。太子慕容宝请求除掉他，后燕主慕容垂说："河南的盟誓不能背弃。如果他要发难，罪过出于翟斌。如今事情尚未发生而杀掉他，人们一定会说我忌恨害怕他的功劳与才能。我正在收罗招揽英雄豪杰以使大业昌盛，不能向人们表现出狭隘，以丧失天下人的期望。假如他怀有阴谋，我以智谋防范他，他也无所作为。"范阳王慕容德、陈留王慕容绍、骠骑大将军慕容农都说："翟斌兄弟居功自傲，一定会成为国家的祸患。"慕容垂说："傲慢必然导致迅速失败，怎么能成为祸患呢？他立有大功，应当听凭他自取灭亡。"慕容垂对翟斌的礼遇越发优厚。

翟斌暗示丁零人及自己的同党请求让他出任尚书令。慕容垂说："以翟王的功劳，应该位居宰相，只是官署尚未建立，此官无法迅速设置。"翟斌非常愤怒，暗地里与前秦长乐公苻丕互通计谋，让丁零人开决输引漳水的堤防，把水放走，事情泄露，慕容垂杀掉了翟斌及他的弟弟翟檀、翟敏，其余的人全都赦免了。

翟斌哥哥的儿子翟真，趁夜带领军营里的士兵向北逃向邯郸，途中又掉头开向后燕围攻邺城的包围圈，想和苻丕形成内外呼应之势。太子慕容宝与冠军大将军慕

太原王楷、陈留王绍言于垂曰："丁零非有大志，但宠过为乱耳。今急之则屯聚为寇，缓之则自散，散而击之，无不克矣。"垂从之。

（以上为第九段，写西燕反秦的势头正盛，慕容冲逼近长安，占据阿房城；翟斌自恃有功，邀官求赏，后燕将领请求杀之，慕容垂待其反迹显露而杀之。）

龟兹王帛纯窘急，重赂狯胡以求救。狯胡王遣其弟呐龙、侯将馗帅骑二十余万，并引温宿、尉头等诸国兵合七十余万以救龟兹。秦吕光与战于城西，大破之。帛纯出走，王侯降者三十余国。光入其城，城如长安市邑，宫室甚盛。光抚宁西域，威恩甚著，远方诸国，前世所不能服者，皆来归附，上汉所赐节传，光皆表而易之，立帛纯弟震为龟兹王。

八月，翟真自邯郸北走，燕王垂遣太原王楷、骠骑大将军农帅骑追之，甲寅，及于下邑。楷欲战，农曰："士卒饥倦，且视贼营不见丁壮，殆有他伏。"楷不从，进战，燕兵大败。真北趋中山，屯于承营。

邺中刍粮俱尽，削松木以饲马。燕王垂谓诸将曰："苻丕穷寇，必无降理，不如退屯新城，开丕西归之路，以谢秦王畴昔之恩，且为讨翟真之计。"丙寅夜，垂解围趋新城。遣慕容农徇清河、平原，征督租赋。农明立约束，均适有无，军令严整，无所侵暴，由是谷帛属路，军资丰给。

戊寅，南昌文穆公郗愔薨。

太保安奏请乘苻氏倾败，开拓中原，以徐、兖二州刺史谢玄为前锋都督，帅豫州刺史桓石虔伐秦。玄至下邳，秦徐州刺史赵迁弃彭城走，玄进据彭城。

秦王坚闻吕光平西域，以光为都督玉门以西诸军事，西域校尉。道绝，不通。

秦幽州刺史王永求救于振威将军刘库仁，库仁遣其妻兄公孙希帅骑三千救之，大破平规于蓟南，乘胜长驱，进据唐城，与慕容麟相持。

容隆打败了他们。翟真又掉头逃向邯郸。

太原王慕容楷、陈留王慕容绍向慕容垂进言说："丁零人并非胸怀大志，只是因为过分地宠待了他们，所以才背叛作乱罢了。如今若要迅速消灭他们，那他们就会聚集起来成为寇贼，如果暂时不理睬他们，他们就会自我离散，等到离散以后再攻打他们，攻无不克。"慕容垂听从了这一意见。

龟兹王帛纯处境困窘危急，给狯胡送去优厚的礼物以求救援。狯胡王派他的弟弟呐龙、侯将馗率领二十多万骑兵，同时带领温宿、尉头等各国军队共计七十多万人前去救援龟兹。前秦国吕光和他们在城西交战，大败他们。帛纯出逃，三十多国的王侯投降。吕光进入龟兹人的城内，城里如同长安的都市，宫室非常华丽。吕光抚慰安宁西域地区，威势与恩德十分显著，远方各国，前代所未能臣服的，全都前来归附，并献上汉朝时赐给他们的符节凭证。吕光全都进上表章请求为他们更换，立帛纯的弟弟帛震为龟兹王。

八月，反叛后燕的翟真从邯郸北逃，后燕主慕容垂派太原王慕容楷、骠骑大将军慕容农率领骑兵追击他，八月初三日甲寅，在下邑追上了翟真。慕容楷想与他交战，慕容农说："士兵饥饿疲倦，而且在敌人军营中看不见身强力壮的成年人，恐怕在其他地方有埋伏。"慕容楷没有听从，进军交战，后燕军队大败。翟真向北开赴中山，驻扎在承营。

邺城中饲料、粮食全都耗尽，只能砍下松树枝喂马。后燕主慕容垂对众将领说："苻丕是势穷力竭的敌寇，一定没有投降的道理。我们不如退驻新城，为苻丕让开西返的道路，以此来感谢秦王昔日的恩情，而且可以作为讨伐翟真的计策。"八月十五日丙寅那天夜晚，慕容垂解除了对邺城的包围，开赴新城。派慕容农带兵巡行清河、平原，监督征收田租赋税。慕容农明确地公布了条令，使贫富之家的分担适当，军纪严明，无所侵扰，因此交纳粮食、布匹的人络绎不绝，军队的给养丰富充足。

八月二十七日戊寅，东晋南昌文穆公郗愔去世。

东晋太保谢安进上奏书，请求乘苻氏失败之机，开拓中原地区，任命徐、兖二州刺史谢玄为前锋都督，率领豫州刺史桓石虔讨伐前秦。谢玄抵达下邳，前秦徐州刺史赵迁放弃彭城逃走，谢玄进军占据了彭城。

前秦主苻坚听说吕光平定了西域，任命吕光为都督玉门以西诸军事、西域校尉。因为道路被阻绝，任命无法通达。

前秦幽州刺史王永向振威将军刘库仁求救，刘库仁派他妻子的哥哥公孙希率领三千骑兵前去救援，在蓟南大败平规的军队，乘胜长驱直入，进军占据了唐城，与慕容麟相持。

九月，谢玄使彭城内史刘牢之攻秦兖州刺史张崇。辛卯，崇弃鄄城奔燕，牢之据鄄城，河南城堡皆来归附。

太保安上疏自求北征。甲午，加安都督扬、江等十五州诸军事，加黄钺。

慕容冲进逼长安，秦王坚登城观之，叹曰："此虏何从出哉！"大呼责冲曰："奴何苦来送死！"冲曰："奴厌奴苦，欲取汝为代耳！"冲少有宠于坚，坚遣使以锦袍称诏遗之。冲遣詹事称皇太弟令答之曰："孤今心在天下，岂顾一袍小惠！苟能知命，君臣束手，早送皇帝，自当宽贷苻氏以酬曩好。"坚大怒曰："吾不用王景略、阳平公之言，使白虏敢至于此！"

（以上为第十段，写前秦军吕光出兵西域，打败违抗不从者，获得全胜；东晋太保谢安率军北伐，收复失地；西燕将领慕容冲进逼长安，前秦主苻坚悔之无及。）

冬，十月，辛亥朔，日有食之。

乙丑，大赦。

谢玄遣阴陵太守高素攻秦青州刺史苻朗，军至琅邪，朗来降。朗，坚之从子也。

翟真在承营，与公孙希、宋敞遥相首尾。长乐公丕遣宦者冗从仆射清河光祚将兵数百赴中山，与真相结。又遣阳平太守邵兴将数千骑招集冀州故郡县，与祚期会襄国。

是时，燕军疲弊，秦势复振，冀州郡县皆观望成败，赵郡人赵粟等起兵柏乡以应兴。燕王垂遣冠军大将军隆、龙骧将军张崇将兵邀击兴，命骠骑大将军农自清河引兵会之。隆与兴战于襄国，大破之。兴走至广阿，遇慕容农，执之。光祚闻之，循西山走归邺。隆遂击赵粟等，皆破之，冀州郡县复从燕。

刘库仁闻公孙希已破平规，欲大举兵以救长乐公丕，发雁门、上谷、代郡兵，屯繁畤。燕太子太保慕舆句之子文、零陵公慕舆虔之子常时在库仁所，知三郡兵不乐远征，因作乱，夜攻库仁，杀之，窃其骏马，奔燕。公孙希之众闻乱自溃，希奔翟真。库仁弟头眷代领库仁部众。

秦长乐公丕遣光祚及参军封孚召骠骑将军张蚝、并州刺史王腾于晋

九月，谢玄让彭城内史刘牢之攻打前秦兖州刺史张崇。十一日辛卯，张崇放弃了鄄城投奔后燕。刘牢之占据了鄄城，河南城邑村堡里的人全都前来归附东晋。

东晋太保谢安上书，请求亲自出征北伐。九月十四日甲午，朝廷让谢安担任都督扬、江等十五州诸军事，并授予他黄钺。

慕容冲进军逼临长安，前秦主苻坚登上城墙观望，感叹地说："这些敌虏是从哪里出来的呢？"接着大声责备慕容冲说："你小子何苦来送死！"慕容冲说："我厌倦了我的困苦，想捉拿你来代替！"慕容冲小的时候很得苻坚的宠爱，苻坚派使者带着锦袍宣称是皇帝下令送给慕容冲的，慕容冲则派詹事以皇太弟的命令回答说："我如今的志向在于夺取天下，岂能看得上一件锦袍这样的小恩小惠！假如能够知天命，君主臣下就应该停止抵抗，及早把皇帝慕容暐送来，自然就可以宽恕苻氏以酬报过去的好处。"苻坚勃然大怒，说："我没有听从王猛、阳平公苻融的话，使鲜卑白虏胆敢放肆到这种地步！"

冬季，十月初一辛亥朔，出现日食。

十五日乙丑，东晋实行大赦。

谢玄派阴陵太守高素攻打前秦青州刺史苻朗，军队抵达琅邪，苻朗前来投降。苻朗是苻坚的侄子。

翟真在承营，与公孙希、宋敞首尾呼应。长乐公苻丕派宦官冗从仆射清河人光祚带领数百士兵奔赴中山，与翟真相勾结。又派阳平太守邵兴带领数千骑兵招纳会集冀州过去的郡县，与光祚约期在襄国会合。

这时后燕的军队疲惫，而前秦的威势又重新振作，冀州的郡县全都观望成败，赵郡人赵粟等在柏乡起兵以响应邵兴。后燕王慕容垂派冠军大将军慕容隆、龙骧将军张崇带领士兵迎击邵兴，命令骠骑大将军慕容农带领军队从清河出发，与他们会合。慕容隆与邵兴在襄国交战，邵兴的军队大败，邵兴逃到了广阿，遇上了慕容农，抓获了他。光祚听说以后，沿着西山逃回邺城。慕容隆于是就攻击赵粟等人，把他们全都打败，冀州的郡县又归顺了后燕。

刘库仁听说公孙希已经打败了平规的军队，想大举出兵以救援长乐公苻丕，他出动了雁门、上谷、代郡的军队，驻扎在繁畤。前燕太子太保慕舆句的儿子慕舆文、零陵公慕舆虔的儿子慕舆常，这时在刘库仁处，他们知道三郡的军队不愿意远征，因此就反叛作乱，趁夜攻打刘库仁，把他杀掉了，偷了他的骏马，逃奔后燕。公孙希的士兵听到叛乱的消息后自我溃散，公孙希投奔翟真。刘库仁的弟弟刘头眷代替刘库仁统领部众。

前秦长乐公苻丕派光祚及参军封孚到晋阳征召骠骑将军张蚝、并州刺史王腾救

阳以自救；蚝、腾以众少不能赴。丕进退路穷，谋于僚佐。司马杨膺请自归于晋，丕未许。会谢玄遣龙骧将军刘牢之等据碻磝，济阳太守郭满据滑台，将军颜肱、刘袭军于河北，丕遣将军桑据屯黎阳以拒之。刘袭夜袭据，走之，遂克黎阳。丕惧，乃遣从弟就与参军焦逵请救于玄，致书称："欲假涂求粮，西赴国难，须援军既接，以邺与之。若西路不通，长安陷没，请帅所领保守邺城。"逵与参军姜让密谓膺曰："今丧败如此，长安阻绝，存亡不可知，屈节竭诚以求粮援，犹惧不获；而公豪气不除，方设两端，事必无成。宜正书为表，许以王师之至，当致身南归，如其不从，可逼缚与之。"膺自以力能制丕，乃改书而遣之。

谢玄遣晋陵太守滕恬之渡河守黎阳。恬之，修之曾孙也。朝廷以兖、青、司、豫既平，加玄都督徐、兖、青、司、冀、幽、并七州诸军事。

（以上为第十一段，写投降前秦的匈奴首领刘库仁欲大举出兵救援长乐公苻丕，驻扎繁畤，慕舆文等背叛，将其杀之；苻丕被困守邺城，走投无路，向东晋求援。）

后秦王苌闻慕容冲攻长安，会群僚议进止，皆曰："大王宜先取长安，建立根本，然后经营四方。"苌曰："不然。燕人因其众有思归之心以起兵，若得其志，必不久留关中，吾当移屯岭北，广收资实，以待秦亡燕去，然后拱手取之耳。"乃留其长子兴守北地，使宁北将军姚穆守同官川，自将其众攻新平。

初，新平人杀其郡将，秦王坚缺其城角以耻之，新平民望深以为病，欲立忠义以雪之。及后秦王苌至新平，新平太守南安苟辅欲降之，郡人辽西太守冯杰、莲勺令冯羽、尚书郎赵义、汶山太守冯苗谏曰："昔田单以一城存齐，今秦之州镇，犹连城过百，奈何遽为叛臣乎！"辅喜曰："此吾志也，但恐久而无救，郡人横被无辜，诸君能尔，吾岂顾生哉！"于是，凭城固守。后秦为土山地道，辅亦于内为之，或战地下，或战山上，后秦之众死者万余人。辅诈降以诱苌，苌将入城，觉之而返，辅伏兵邀击，几获之，又杀万余人。

援自己，张蚝、王腾因为兵力不足不能前往。苻丕进退无路，便和僚属辅佐们商量。司马杨膺请求自动归附东晋，苻丕不同意。恰好这时谢玄派龙骧将军刘牢之等占据碻磝，派济阳太守郭满占据滑台，派将军颜肱、刘袭驻军于黄河以北，苻丕派将军桑据驻扎在黎阳以抵抗他们。刘袭夜晚袭击桑据，赶跑了他，于是攻克了黎阳。苻丕害怕了，就派堂弟苻就与参军焦逵向谢玄请求救援，给他写信说："想借路求粮，西赴国难，等到援军一到，就把邺城拱手交出。如果西路不通，长安失陷，请求您率领军队来保全守卫邺城。"焦逵与参军姜让秘密地对杨膺说："如今惨败到如此地步，长安的音讯隔绝，存亡不得而知。丧失气节竭尽诚意以求取粮食和援军，还害怕得不到。而你若不去掉感情义气，态度左右摇摆，事情也终将无成。应该把书信改为奏章，告诉他君王的军队到达时，就将投身南归晋朝。如果苻丕不服从，可以逼迫捆绑他交给晋朝。"杨膺自以为他的力量能够控制苻丕，于是就改写了书信后送走了。

谢玄派遣晋陵太守滕恬之渡过黄河戍守黎阳。滕恬之是滕修的曾孙。东晋朝廷认为兖、青、司、豫各州已经平定，任命谢玄为都督徐、兖、青、司、冀、幽、并七州诸军事。

后秦主姚苌听说慕容冲攻打长安，召集群臣商议是继续进军，还是停止前进，群臣都说："大王应该先攻取长安，建立根基，然后再经营四方。"姚苌说："不对。燕人是因为他们的士兵思归心切才起兵进攻，如果他们的志向得以实现，肯定不会在关中久留。我应当移驻九嵕以北，广泛地储备粮食、物资，以等待秦国的灭亡、燕人的离去，然后就可以拱手获取关中。"于是姚苌就留下他的长子姚兴守卫北地，让宁北将军姚穆守卫同官川，自己统率士兵攻打新平。

当初，新平人杀掉了本郡的将领，前秦主苻坚把他们的城墙去掉了一个角，用以羞辱他们，新平的贤俊豪杰都觉得这是一桩心病，想要建立忠义以洗刷耻辱。等到后秦王姚苌抵达新平，新平太守南安人苟辅想要投降，本郡人辽西太守冯杰、莲勺令冯羽、尚书郎赵义、汶山太守冯苗劝说他道："过去田单以一个城的力量保存了齐国。如今秦国的州镇，还有一百多座城邑相连，为什么要匆忙地做叛臣呢？"苟辅高兴地说："这正是我的心愿。只是怕时间长了无人救援，郡中的百姓横遭无辜之祸。诸君尚能如此，我难道还能怕死吗？"于是他们就凭借城墙固守。后秦的军队在城外修筑土山地道，苟辅在城内也同样修筑，双方有时在地道内交战，有时在土山上交战，后秦死亡的人有一万多。苟辅谎称投降以引诱姚苌，姚苌准备入城，发觉以后返回去。苟辅预先埋伏的军队半路迎击，差一点擒获了姚苌，又斩杀了一万

陇西处士王嘉，隐居倒虎山，有异术，能知未然，秦人神之。秦王坚、后秦王苌及慕容冲皆遣使迎之。十一月，嘉入长安，众闻之，以为坚有福，故圣人助之，三辅堡壁及四山氐、羌，归坚者四万余人。坚置嘉及沙门道安于外殿，动静咨之。

燕慕容农自信都西击丁零翟辽于鲁口，破之。辽退屯无极，农屯藁城以逼之。辽，真之从兄也。

鲜卑在长安城中者犹千余人，慕容绍之兄肃，与慕容暐阴谋结鲜卑为乱。十二月，暐白坚，以其子新昏，请坚幸其家，置酒，欲伏兵杀之。坚许之，会天大雨，不果往。事觉，坚召暐及肃，肃曰："事必泄矣，入则俱死。今城内已严，不如杀使者驰出，既得出门，大众便集。"暐不从，遂俱入。坚曰："吾相待何如，而起此意？"暐饰辞以对。肃曰："家国事重，何论意气！"坚先杀肃，乃杀暐及其宗族，城内鲜卑无少长、男女，皆杀之。燕王垂幼子柔，养于宦者宋牙家为牙子，故得不坐，与太子宝之子盛乘间得出，奔慕容冲。

燕慕容麟、慕容农合兵袭翟辽，大破之，辽单骑奔翟真。

燕王垂以秦长乐公丕犹据邺不去，乃更引兵围邺，开其西走之路。焦逵见谢玄，玄欲征丕任子，然后出兵。逵固陈丕款诚，并述杨膺之意，玄乃遣刘牢之、滕恬之等帅众二万救邺。丕告饥，玄水陆运米二千斛以馈之。

秦梁州刺史潘猛弃汉中，奔长安。

（以上为第十二段，写后秦主姚苌听说慕容冲攻打长安，决定按兵不动，坐收渔人之利；慕容肃与慕容暐密谋作乱，谋杀苻坚，事泄，在长安的鲜卑人全部被杀。）

多人。

陇西处士王嘉，隐居在倒虎山，有异常之术，能预知未来，秦人把他当作神仙。前秦主苻坚、后秦王姚苌以及慕容冲全都派使者去迎接他。十一月，王嘉进入长安，众人听说以后，认为苻坚有福，所以圣人帮助他，三辅地区的村镇军营以及依山而居的氐人、羌人归附苻坚的有四万多人。苻坚把王嘉及僧人道安安置在外殿，行动与否全都要向他们询问。

后燕慕容农从信都向西到鲁口攻打丁零人翟辽，打败了他。翟辽退到无极县防守，慕容农驻扎在藁城以威逼他。翟辽是翟真的堂兄。

在长安城中的鲜卑人尚有一千多，慕容绍的哥哥慕容肃与慕容暐暗地里谋划聚集鲜卑人作乱。十二月，慕容暐告诉苻坚说，因为他的儿子刚刚结婚，请苻坚到他家去，置酒招待，实则想埋伏士兵杀掉苻坚。苻坚答应了，恰巧天下大雨，没有去成。事情泄露，苻坚召见慕容暐及慕容肃，慕容肃说："事情肯定泄露了，进去则全都被杀。如今城内已经严密布防，不如杀掉使者冲出去，逃出城门以后，我们的士兵就可以聚集起来。"慕容暐没有听他的话，于是就一起入宫去见苻坚。苻坚说："我待你们怎么样，你们反而产生了这样的意图！"慕容暐遮遮掩掩地搪塞。慕容肃说："宗族国家事关重大，还谈什么感情义气！"于是苻坚先杀掉了慕容肃，接着又杀掉了慕容暐以及他的宗族亲属，城内的鲜卑人不论男女老幼，全都被杀。后燕王慕容垂的小儿子慕容柔，养育在宦官宋牙家里，作为宋牙的儿子，所以没有坐罪被杀，他与太子慕容宝的儿子慕容盛乘机逃出，投奔了慕容冲。

后燕慕容麟、慕容农会合军队袭击翟辽，大败翟辽，翟辽只身匹马投奔翟真。

后燕主慕容垂因为前秦长乐公苻丕还在据守邺城不肯离去，就又带领军队包围了邺城，同时为他放开了西逃的道路。焦逵见了谢玄，谢玄想要征召苻丕的人质，然后才出兵。焦逵恳切地陈述苻丕的忠诚，并且诉说了杨膺的意图，谢玄于是就派刘牢之、滕恬之等率领两万士兵救援邺城。苻丕报告粮食断绝，谢玄通过水路、陆路运去二千斛米送给他。

前秦梁州刺史潘猛放弃了汉中，逃奔到长安。

【点评】

淝水之战。淝水之战是中国历史上著名的以少胜多的战例。前秦军投入的兵力有七十多万，而东晋只出动了八万兵马。

首先，前秦主苻坚不顾众多大臣的反对，一意孤行，失败是必然的。有诸葛亮之称的前秦宰相王猛，在八年前去世时就说过，晋朝虽然偏安江南，但为华夏正统，而且上下安和，千万不可图灭晋朝。在出征前的御前会议上，群臣几乎众口一词，反对出兵攻打东晋，接替王猛职位的大将军苻融，甚至声泪俱下，劝说不要出兵，苻坚根本听不进去。而劝说出兵的，是前燕投诚过来的冠军将军慕容垂，他是别有用心，不怀好意，可正中苻坚下怀。那么苻坚为什么要一意孤行呢？这种举动也不可一概否定。其中有苻坚的统一情怀，并进行了坚持不懈的努力；也有他的轻敌思想，他在前几次攻打前燕、前凉、代国取得成功的基础上，有些骄傲，认为东晋不足惧，并且要亲自出征。可是，一出战成千古恨。

其次，东晋宰相谢安在淝水之战中起了重要作用。其一，作为宰相，在皇帝司马曜非常懦弱的情况下，掌控朝局，专擅朝政，能够注重调节各方面的利益和矛盾，如处理与桓温势力的平衡问题，既不像当年庾亮处理苏峻而引发冲突那样，也不是一味退让、迁就，使得朝野上下非常和谐，同心并力，这可以说是取得淝水之战胜利的重要基础。当年桓温北伐，不能奏效，就是因为朝野上下矛盾重重，近乎孤军奋战所致。其二，谢安举贤不避亲，力荐侄儿谢玄出任建武将军，谢玄招募北来民众中的骁勇之士，组建训练一支精锐部队，号为“北府兵”。如果没有谢玄以及他的北府兵，淝水之战能否取胜，要打上一个大大的问号。其三，在淝水大战前，东晋朝野上下惴惴不安，人心惶惶，而谢安始终不动声色，甚至桓冲派出三千得力干将前来保护朝廷，都被谢安退回去了，这对稳定朝局确实起了重要作用。

再次，朱序在淝水之战中起到了关键性的作用。朱序在淝水之战中的功绩不可埋没。朱序原是东晋梁州刺史，镇守襄阳，秦军攻下襄阳，把他捉了过去，苻坚觉得朱序非常忠贞，就任以为将，而他身在曹营心在汉。在淝水之战前，苻坚自认为能够速战速决，就派朱序前去劝降谢石，朱序前去通风报信，送去了至关紧要的军事情报，并提示谢石要先发制人，击溃前秦的先锋部队。他说：“秦军虽有百万之众，但还在进军中，如果兵力集中起来，晋军将难以抵御。现在情况不同，应趁秦军没能全部抵达的时机，迅速发动进攻，只要能击败其前锋部队，挫其锐气，就能击破秦国百万大军。”这番话如醍醐灌顶，改变了谢石原来认为秦军强大，而采用坚守不战，待敌疲惫后再伺机反攻的战略，决定转守为攻，主动出击。这才有了后面的压轴好戏。谢石派谢琰挑选八千名勇士渡过淝水挑战。秦军稍微向后撤退一点，朱序在军阵后面高声呼喊：“秦军失败了！”这一喊不要紧，秦军真的以为是失败

了，潮水般地向后撤退。后人曾评论淝水之战说：“幸而朱序私通军情，苻坚骄傲自满，苻融未谙军机，临阵自退，以致晋军乘势得胜耳。”其说符合实情，朱序所起的作用不可忽视。

最后，谢石以征虏将军兼假节、征讨大都督的身份，在淝水之战中发挥了统率作用。年轻将领谢玄临阵随机应变，劝说临河布阵的秦军向后退一点，造成秦军的致命被动。

·文白对照本·

资治通鉴

（全十八册）

第七册

卷第一百六至卷第一百二十（晋纪二十八至宋纪二）

（宋）司马光　编著
张大可　语译

商务印书馆
创于1897　The Commercial Press

第七册目录

卷第一百六　晋纪二十八
晋孝武帝太元十年至十一年（385—386 年）…… 3757

卷第一百七　晋纪二十九
晋孝武帝太元十二年至十六年（387—391 年）…… 3797

卷第一百八　晋纪三十
晋孝武帝太元十七年至二十一年（392—396 年）…… 3839

卷第一百九　晋纪三十一
晋安帝隆安元年（397 年）…… 3883

卷第一百一十　晋纪三十二
晋安帝隆安二年（398 年）…… 3917

卷第一百一十一　晋纪三十三
晋安帝隆安三年至四年（399—400 年）…… 3949

卷第一百一十二　晋纪三十四
晋安帝隆安五年至元兴元年（401—402 年）…… 3989

卷第一百一十三　晋纪三十五
晋安帝元兴二年至三年（403—404 年）…… 4035

卷第一百一十四　晋纪三十六
晋安帝义熙元年至四年（405—408 年）…… 4071

卷第一百一十五 晋纪三十七
晋安帝义熙五年至六年（409—410年）…… 4115

卷第一百一十六 晋纪三十八
晋安帝义熙七年至十年（411—414年）…… 4159

卷第一百一十七 晋纪三十九
晋安帝义熙十一年至十二年（415—416年）…… 4201

卷第一百一十八 晋纪四十
晋安帝义熙十三年至晋恭帝元熙元年（417—419年）…… 4235

卷第一百一十九 宋纪一
宋武帝永初元年至营阳王景平元年（420—423年）…… 4277

卷第一百二十 宋纪二
宋文帝元嘉元年至四年（424—427年）…… 4317

资治通鉴（文白对照本） 卷第一百六

晋纪二十八

晋孝武帝太元十年至十一年（385—386 年）

【起旃蒙作噩（乙酉，385 年），尽柔兆阉茂（丙戌，386 年），凡二年】

【大事提要】

本卷记事起于公元 385 年，到公元 386 年，凡二年，时当晋孝武帝（司马曜）太元十年至太元十一年。本卷所载大事，主要有五个方面。其一，慕容冲即帝位。原前燕主慕容暐之弟慕容冲，起兵于河东，投靠济北王慕容泓。慕容泓被谋杀，其为皇太弟，承制行事，又占据阿房。公元 385 年，慕容冲在阿房即帝位，改元更始，是为“西燕”。而后亲率军队围攻前秦都城长安，大肆抢掠、杀人无数。其二，姚苌在新平杀苻坚。西燕慕容冲围攻前秦都城长安，前秦主苻坚率领数百骑兵出奔五将山。公元 385 年，后秦主姚苌骁骑将军吴忠率兵包围并俘获苻坚。姚苌派人向苻坚索要传国玉玺，苻坚不给。姚苌又要求禅位，也被苻坚拒绝，姚苌派人在新平佛寺将苻坚缢死。其三，苻丕在晋阳即帝位。前秦主苻坚新平遇难时，其子长乐公苻丕率领邺城 6 万多人向长安进发，途中被骠骑将军张蚝、并州刺史王腾等迎入晋阳。苻丕方知苻坚被害，长安已失守，于公元 385 年在晋阳发丧，即位，改元大安。追谥苻坚为宣昭皇帝，庙号世祖。其四，乞伏国仁建西秦。鲜卑首领乞伏国仁出于陇西，其父乞伏司繁率领部众归附前秦主苻坚，为南单于。淝水之战后，乞伏国仁召集部落，聚众十多万人。公元 385 年，乞伏国仁自称大都督、大将军、大单于，建元建义，建立西秦，设置十二郡，建都于勇士城。其五，拓跋珪初称魏王。前秦消灭代国后，拓跋什翼犍之孙拓跋珪先后流寓于独孤部和贺兰部。公元 386 年，在牛川召开部落大会，十六岁的拓跋珪趁乱重兴代国，即代王位，建元登国，设立百官，后改称魏王。拓跋氏自此以魏为国号，从此兴盛。史称拓跋魏或北魏。

【原文】

烈宗孝武皇帝中之上

太元十年（乙酉，385年）

春，正月，秦王坚朝飨群臣。时长安饥，人相食，诸将归，吐肉以饲妻子。

慕容冲即皇帝位于阿房，改元更始。冲有自得之志，赏罚任情。慕容盛年十三，谓慕容柔曰："夫十人之长，亦须才过九人，然后得安。今中山王才不逮人，功未有成，而骄汰已甚，殆难济乎！"

后秦王苌留诸将攻新平，自引兵击安定，擒秦安西将军勃海公珍，岭北诸城悉降之。

甲寅，秦王坚与西燕主冲战于仇班渠，大破之。乙卯，战于雀桑，又破之。甲子，战于白渠，秦兵大败。西燕兵围秦王坚，殿中将军邓迈力战却之，坚乃得免。壬申，冲遣尚书令高盖夜袭长安，入其南城，左将军窦冲、前禁将军李辩等击破之，斩首八百级，分其尸而食之。乙亥，高盖引兵攻渭北诸垒，太子宏与战于成贰壁，大破之，斩首三万。

燕带方王佐与宁朔将军平规共攻蓟，王永兵屡败。二月，永使宋敞烧和龙及蓟城宫室，帅众三万奔壶关，佐等入蓟。

慕容农引兵会慕容麟于中山，与共攻翟真。麟、农先帅数千骑至承营，观察形势。翟真望见，陈兵而出。诸将欲退，农曰："丁零非不劲勇，而翟真懦弱，今简精锐，望真所在而冲之，真走，众必散矣，乃邀门而蹙之，可尽杀也。"使骁骑将军慕容国帅百余骑冲之，真走，其众争门，自相蹈藉，死者太半，遂拔承营外郭。

癸未，秦王坚与西燕主冲战于城西，大破之，追奔至阿城。诸将请乘胜入城，坚恐为冲所掩，引兵还。

乙酉，秦益州刺史王广以蜀人江阳太守李丕为益州刺史，守成都。己丑，广帅所部奔还陇西，依其兄秦州刺史统，蜀人随之者三万余人。

刘牢之至枋头。杨膺、姜让谋泄，长乐公丕收杀之。牢之闻之，盘

【语译】

烈宗孝武皇帝中之上

晋孝武帝太元十年（乙酉，385 年）

春季，正月，前秦主苻坚祭祀太庙，宴请群臣。当时长安正值饥荒，人相残食，众将领回家以后，都把吃进去的肉吐出来再让妻子儿女们吃。

慕容冲在阿房城即皇帝位，改年号为更始。慕容冲踌躇满志，任意赏罚。慕容盛年方十三，对慕容柔说："就是在十人中位居首位，也必须是才能超过其他九人，然后才能安稳。如今中山王慕容冲才能不及别人，没有建立战功，而骄奢傲慢已经十分严重，恐怕难以成功啊！"

后秦王姚苌留下众将领攻打新平，自己带领军队去攻打安定，擒获了前秦国安西将军渤海公苻珍，岭北各城全都投降了姚苌。

正月，甲寅（疑误），前秦主苻坚与西燕主慕容冲在仇班渠交战，大败慕容冲。乙卯（疑误），在雀桑交战，又打败了他。甲子（疑误），在白渠交战，前秦军队大败。西燕的军队包围了前秦王苻坚，殿中将军邓迈奋力阻击，苻坚才得以幸免。壬申（疑误），慕容冲派尚书令高盖夜袭长安，进入了南城，前秦左将军窦冲、前禁将军李辩等打败了他们，斩首八百多人，士兵们把尸体分开吃掉。乙亥（疑误），高盖带领军队攻打渭北各营垒，太子苻宏与他在成贰壁交战，大败高盖，斩首三万人。

前燕带方王慕容佐与宁朔将军平规一起攻打蓟城，王永的军队屡战屡败。二月，王永让宋敞焚烧了和龙以及蓟城的宫室，率领三万士兵逃奔壶关。慕容佐等进入蓟城。

后燕将领慕容农带领军队与慕容麟在中山会合，与他共同攻打翟真。慕容麟、慕容农先率领数千骑兵到了承营，察看地势。翟真远远望见，部署军队出动。众将领想要撤退，慕容农说："丁零人不是不强劲勇猛，而翟真却很懦弱，现在应该选择精锐士兵，看准翟真所在的位置发起冲击，翟真一逃跑，其士兵必然溃散，就可以堵截城门围歼他们，可以把他们全部消灭。"于是就派骁骑将军慕容国率领一百多名骑兵冲击翟真，翟真逃跑，其士兵夺门溃逃，自相践踏，死者过半，于是就攻下了承营的外城。

三月初六癸未，前秦主苻坚与西燕主慕容冲在长安城西交战，大败慕容冲，一直追击到阿城。众将领请求乘胜入城，苻坚担心被慕容冲包围，带领军队返回。

三月初八乙酉，前秦益州刺史王广让蜀人江阳太守李丕出任益州刺史，戍守成都。三月十二己丑，王广率领部众逃回陇西，跟随他的蜀人有三万多。

东晋将领刘牢之抵达枋头。杨膺、姜让的阴谋泄露，长乐公苻丕拘捕并斩杀了

桓不进。

秦平原悼公晖数为西燕主冲所败，秦王坚让之曰：“汝，吾之才子也，拥大众与白虏小儿战，而屡败，何用生为！”三月，晖愤恚自杀。

前禁将军李辩、都水使者陇西彭和正恐长安不守，召集西州人，屯于韭园，坚召之，不至。

西燕主冲攻秦高阳愍公方于骊山，杀之，执秦尚书韦钟，以其子谦为冯翊太守，使招集三辅之民，冯翊垒主邵安民等责谦曰：“君雍州望族，今乃从贼，与之为不忠不义，何面目以行于世乎！”谦以告钟，钟自杀，谦来奔。

秦左将军苟池、右将军俱石子与西燕主冲战于骊山，兵败。西燕将军慕容永斩苟池，俱石子奔邺。永，廆弟运之孙；石子，难之弟也。

秦王坚遣领军将军杨定击冲，大破之，虏鲜卑万余人而还，悉坑之。定，佛奴之孙、坚之婿也。

（以上为第一段，写长安发生灾荒，人相食，慕容冲称帝阿房，改元更始，史称西燕，与前秦角逐争斗，互有胜负；前秦主苻坚十分痛恨，俘获了一万多人，全部坑杀。）

荥阳人郑燮以郡来降。

燕王垂攻邺，久不下，将北诣冀州，乃命抚军大将军麟屯信都，乐浪王温屯中山，召骠骑大将军农还邺。于是，远近闻之，以燕为不振，颇怀去就。

农至高邑，遣从事中郎眭邃近出，违期不还。长史张攀言于农曰：“邃，目下参佐，敢欺罔不还，请回军讨之。”农不应，敕备假版，以邃为高阳太守，参佐家在赵北者，悉假署遣归。凡举补太守三人，长史二十余人，退谓攀曰：“君所见殊误，当今岂可自相鱼肉！俟吾北还，邃等自当迎于道左，君但观之。”

乐浪王温在中山，兵力甚弱，丁零四布，分据诸城。温谓诸将曰：“以吾之众，攻则不足，守则有余。骠骑、抚军，首尾连兵，会须灭贼，

他们。刘牢之听说后，便徘徊不进。

前秦平原悼公苻晖多次被西燕主慕容冲打败，前秦主苻坚责备他说：“你是我有才能的儿子，带领众多的士兵与白虏的稚嫩小孩子作战，反而屡屡失败，活着还有什么用呢？”三月，苻晖愤恨自杀。

前秦前禁将军李辩、都水使者陇西人彭和正担心长安失守，召集西方各州人驻扎在韭园。苻坚征召他们，他们却不到。

西燕主慕容冲在骊山攻打前秦高阳愍公苻方，杀掉了他，抓获了前秦尚书韦钟，任命韦钟的儿子韦谦为冯翊太守，让他招抚三辅地区的百姓。冯翊垒主邵安民等人责备韦谦说：“你是雍州的望族，如今反而跟从了寇贼，与他们一起干不忠不义的事情，以什么面目行于人世呢？”韦谦把这些话告诉了韦钟，韦钟自杀，韦谦投奔东晋。

前秦左将军苟池、右将军俱石子与西燕主慕容冲在骊山交战，战败。西燕将军慕容永斩杀了苟池，俱石子逃奔邺城。慕容永是慕容廆弟弟慕容运的孙子；俱石子是俱难的弟弟。

前秦主苻坚派领军将军杨定攻打慕容冲，大败慕容冲，俘虏了一万多鲜卑人后返回，把他们全都活埋了。杨定是杨佛奴的孙子，苻坚的女婿。

荥阳人郑燮举郡向东晋投降。

后燕主慕容垂攻打邺城，久攻不下，准备向北到冀州去，就命令抚军大将军慕容麟驻扎在信都，乐浪王慕容温驻扎在中山，征召骠骑大将军慕容农返回邺城。远近的人们听说以后，认为后燕威势不振，都在考虑归附还是离去的问题。

慕容农抵达高邑，派从事中郎眭邃到附近外出，过了期限还没有返回。长史张攀向慕容农进言说：“眭邃是您身边的部下，胆敢欺骗蒙蔽您，逾期不归，请求回军攻打他。”慕容农没有答应，敕令准备借国主名义下达命令，任命眭邃为高阳太守，僚属部下中凡是家在赵地以北的人，全都派他们回去暂时代理官职，共选拔补充了太守三人，长史二十多人。慕容农退下去以后对张攀说：“你的见解非常错误，当今之时，怎么能自相残杀！等我从北边返回来时，眭邃等人自然应当夹道欢迎，你只管等着瞧吧。”

北燕乐浪王慕容温在中山，兵力很弱，四周布满了丁零人，分别占据着各个城邑。慕容温对众将领说：“以我们的兵力，进攻则力量不足，防守则绰绰有余。骠骑

但应聚粮厉兵以俟时耳。”于是，抚旧招新，劝课农桑，民归附者相继，郡县壁垒争送军粮，仓库充溢。翟真夜袭中山，温击破之，自是不敢复至。温乃遣兵一万运粮以饷垂，且营中山宫室。

刘牢之攻燕黎阳太守刘抚于孙就栅，燕王垂留慕容农守邺围，自引兵救之。秦长乐公丕闻之，出兵乘虚夜袭燕营，农击败之。刘牢之与垂战，不胜，退屯黎阳，垂复还邺。

吕光以龟兹饶乐，欲留居之。天竺沙门鸠摩罗什谓光曰：“此凶亡之地，不足留也。将军但东归，中道自有福地可居。”光乃大飨将士，议进止，众皆欲还。乃以驼二万余头载外国珍宝奇玩，驱骏马万余匹而还。

夏，四月，刘牢之进兵至邺，燕王垂逆战而败，遂撤围，退屯新城。乙卯，自新城北遁。牢之不告秦长乐公丕，即引兵追之。丕闻之，发兵继进。庚申，牢之追及垂于董唐渊。垂曰：“秦、晋瓦合，相待为强，一胜则俱豪，一失则俱溃，非同心也。今两军相继，势既未合，宜急击之。”牢之军疾趋二百里，至五桥泽，争燕辎重，垂邀击，大破之，斩首数千级；牢之单马走，会秦救至，得免。

燕冠军将军宜都王凤，每战奋不顾身，前后大小二百五十七战，未尝无功。垂戒之曰：“今大业甫济，汝当先自爱！”使为车骑将军德之副以抑其锐。

邺中饥甚，长乐公丕帅众就晋谷于枋头。刘牢之入邺城，收集亡散，兵复少振；坐军败，征还。

（以上为第二段，写后燕主慕容垂围攻邺城，久攻不下；前秦长乐公苻丕困守邺城，东晋将领刘牢之出兵救援，惨败逃回；前秦将领吕光攻打龟兹，得胜返回。）

燕、秦相持经年，幽、冀大饥，人相食，邑落萧条。燕之军士多饿死。燕王垂禁民养蚕，以桑椹为军粮。

垂将北趣中山，以骠骑大将军农为前驱，前所假授吏赃邃等皆来迎候，上下如初，张攀乃服农之智略。

将军、抚军将军的兵力会集起来，应当能够消灭寇贼，只是需要聚集军粮、训练军队以等待时机。”于是他就安抚故旧，招纳新兵，劝勉督促农耕桑蚕，前来归附的民众络绎不绝，郡县村落争先恐后地运来军粮，仓库充实丰盈。翟真趁夜袭击中山，慕容温击败了他，从此翟真不敢再来了。慕容温于是派遣一万士兵运送粮食用以犒饷慕容垂，而且在中山营建宫室。

东晋将领刘牢之在孙就栅攻打后燕黎阳太守刘抚，后燕主慕容垂留下慕容农镇守包围邺城的部队，亲自带领士兵救援刘抚。前秦长乐公苻丕听说以后，乘虚出兵夜袭后燕的军营，慕容农打败了他。刘牢之与慕容垂交战，没能获胜，退守黎阳，慕容垂又返回了邺城。

前秦将领吕光因为龟兹富饶安乐，想在此居住久留。天竺僧人鸠摩罗什对吕光说：“这里是凶亡之地，不值得久留。将军只要东返，半路上自会有福地可以居住。”吕光于是就大宴将士，讨论是否停留的问题，众人都想返回。于是就用两万多头骆驼载着境外之国的珍宝奇玩，驱赶了一万多匹骏马东返。

夏季，四月，东晋将领刘牢之进军抵达邺城，后燕王慕容垂迎战，但失败了，于是就撤除了对邺城的包围，退到新城驻扎。初八乙卯，从新城向北逃走。刘牢之没有向前秦长乐公苻丕报告，就带领军队追击。苻丕听说以后，也紧跟着出兵追击。十三日庚申，刘牢之在董唐渊追上了慕容垂。慕容垂说：“秦国、晋朝苟且聚合，互相依靠才显得强大，一方取胜则全都威风，一方失败则全都溃散，双方并不是同心同德。如今双方的军队相继而来，既然兵力尚未会合，就应该迅速猛击他们。”刘牢之的军队急速行进了二百里，到了五桥泽，争抢后燕的轻重物资，慕容垂迎头攻击，大败他们，斩首数千人。刘牢之只身匹马逃跑，恰好前秦前来救助，才得以幸免。

后燕冠军将军宜都王慕容凤，每逢战斗都奋不顾身，前后参与了大小二百五十七次战役，没有不建立战功的。慕容垂告诫他说：“如今大业刚刚成就，你应当首先自爱！”让他做车骑将军慕容德的副手以抑制他的锐气。

邺城中的饥荒十分严重，长乐公苻丕率领士兵到枋头去求东晋的粮谷。刘牢之进入邺城，收罗逃散的士兵，士兵又稍微有所振作。刘牢之因军队失败坐罪，朝廷征召他返回。

后燕、前秦相持了一年多，幽州、冀州出现了严重饥荒，人相残食，城邑村落一片萧条。后燕士兵有很多饿死。后燕主慕容垂禁止百姓养蚕，以桑葚作为军粮。

慕容垂准备北赴中山，以骠骑大将军慕容农作为前锋，以前暂时授职的官吏眭邃等人全都前来迎候，上上下下和当初一样，张攀于是对慕容农的远见卓识表示

会稽王道子好专权，复为奸谄者所构扇，与太保安有隙。安欲避之，会秦王坚来求救，安乃请自将救之。壬戌，出镇广陵之步丘，筑垒曰“新城”而居之。

蜀郡太守任权攻拔成都，斩秦益州刺史李丕，复取益州。

新平粮竭矢尽，外救不至。后秦王苌使人谓苟辅曰：“吾方以义取天下，岂雠忠臣邪！卿但帅城中之人还长安，吾正欲得此城耳。”辅以为然，帅民五千口出城，苌围而坑之，男女无遗。独冯杰子终得脱，奔长安。秦王坚追赠辅等官爵，皆谥曰“节愍侯”，以终为新平太守。

翟真自承营徙屯行唐，真司马鲜于乞杀真及诸翟，自立为赵王。营人共杀乞，立真从弟成为主，其众多降于燕。

五月，西燕主冲攻长安，秦王坚身自督战，飞矢满体，流血淋漓。冲纵兵暴掠，关中士民流散，道路断绝，千里无烟。有堡壁三十余，推平远将军赵敖为主，相与结盟，冒难遣兵粮助坚，多为西燕所杀。坚谓之曰：“闻来者率不善达，此诚忠臣之义，然今寇难殷繁，非一人之力所能济也，徒相随入虎口，何益！汝曹宜为国自爱，畜粮厉兵，以俟天时，庶几善不终否，有时而泰也！”

三辅之民为冲所略者，遣人密告坚，请遣兵攻冲，欲纵火为内应。坚曰：“甚哀诸卿忠诚！然吾猛士如虎豹，利兵如霜雪，困于乌合之虏，岂非天乎！恐徒使诸卿坐致夷灭，吾不忍也！”其人固请不已，乃遣七百骑赴之。冲营纵火者，反为风火所烧，其得免者什一、二，坚祭而哭之。

卫将军杨定与冲战于城西，为冲所擒。定，秦之骁将也。坚大惧，以谶书云“帝出五将久长得”，乃留太子宏守长安，谓之曰：“天其或者欲导予出外。汝善守城，勿与贼争利，吾当出陇收兵运粮以给汝。”遂帅骑数百与张夫人及中山公诜，二女宝、锦出奔五将山，宣告州郡，期以孟

折服。

东晋会稽王司马道子喜好专权，又被奸邪谄媚者挑拨煽动，与太保谢安有了隔阂。谢安想躲避他，恰好前秦主苻坚前来求救，谢安就请求亲自率兵去救援苻坚。四月十五日壬戌，谢安离开朝廷去镇守广陵的步丘，建筑了叫作新城的营垒，居住在这里。

蜀郡太守任权攻下了成都，斩杀了前秦益州刺史李丕，又夺取了益州。

新平城内箭尽粮绝，外边救援的部队没有到达。后秦主姚苌派人对苟辅说："我正在以道义夺取天下，怎么能仇恨忠臣呢！你只要率领城里的民众返回长安就行了，我只是想得到这座城邑。"苟辅认为此话有理，就率领民众五千人出了城，姚苌包围了他们，然后把他们全都活埋，不论男女，无一遗漏。只有冯杰的儿子冯终得以逃脱，逃到长安。前秦王苻坚给苟辅等人追赠了官职爵位，全都定谥号叫节愍侯，任命冯终为新平太守。

翟真从承营转移到行唐驻扎，翟真的司马鲜于乞杀掉了翟真及其亲属，自立为赵王。军营里的人一起杀掉了鲜于乞，立翟真的堂弟翟成为主。其士兵大都投降了后燕。

五月，西燕主慕容冲攻打长安，前秦王苻坚亲自督战，被飞来的乱箭射得遍体鳞伤，鲜血淋漓。慕容冲放纵军队残暴掠夺，关中士人百姓流离失所，道路被阻绝，千里不见炊烟。有三十多座堡寨营垒，推举平远将军赵敖为主，互相结盟，冒着危险派兵送粮救助苻坚，但大多都被西燕杀掉。苻坚对他们说："听说前来救助的人大都不能顺利到达，这确实表现了忠臣的大义，但如今敌寇制造的祸难繁多，不是靠一个人的力量就能解决的，只能是白白地相继落入虎口，有什么好处？你们应该为了国家而自我保重，积蓄粮食，训练军队，以等待天时，也许做善事不会长久困顿，还会有时机否极泰来的！"

三辅地区被慕容冲掠夺的百姓派人秘密地向苻坚报告，请求苻坚派兵攻打慕容冲，他们想要在里边放火以作为内应。苻坚说："非常怜悯你们的忠诚！然而我勇猛的将士如同虎豹，锋利的兵器如同霜雪，反而受困于乌合之众，这难道不是天意吗？恐怕会白白地让你们招致覆灭，我不忍心这样干！"派来的人不停地固执请求，苻坚就派遣七百骑兵前往。在慕容冲军营里放火的人，反而被乘风之火所烧，得以幸免的人只有十之一二，苻坚设祭痛哭他们。

卫将军杨定与慕容冲在城西交战，被慕容冲擒获。杨定是前秦的勇猛战将。苻坚十分害怕，依据谶书中所说，"帝王出走五将山才能得到长久的命运"，便留下太子苻宏守卫长安，对他说："上天大概是想引导我外出。你好好地守卫城池，不要与寇贼争锋，我要走出陇地召集士兵运送粮食供给你。"于是苻坚就率领数百骑兵与

冬救长安。坚过袭韭园，李辩奔燕，彭和正惭，自杀。

（以上为第三段，写东晋会稽王司马道子好专权，与太保谢安有隔阂，谢安率军出征以避祸；西燕主慕容冲攻打长安，势头正盛；前秦主苻坚奔往五将山避难。）

闰月，以广州刺史罗友为益州刺史，镇成都。

庚戌，燕王垂至常山，围翟成于行唐。命带方王佐镇龙城。六月，高句丽寇辽东，佐遣司马郝景将兵救之，为高句丽所败，高句丽遂陷辽东、玄菟。

秦太子宏不能守长安，将数千骑与母、妻、宗室西奔下辨；百官逃散，司隶校尉权翼等数百人奔后秦。西燕主冲入据长安，纵兵大掠，死者不可胜计。

秋，七月，旱，饥，井皆竭。

后秦王苌自故县如新平。

秦王坚至五将山，后秦王苌遣骁骑将军吴忠帅骑围之。秦兵皆散走，独侍御十数人在侧，坚神色自若，坐而待之，召宰人进食。俄而忠至，执之，送诣新平，幽于别室。

太子宏至下辨，南秦州刺史杨璧拒之。璧妻，坚之女顺阳公主也，弃其夫从宏。宏奔武都，投氐豪强熙，假道来奔，诏处之江州。

长乐公丕帅众三万自枋头将归邺城，龙骧将军檀玄击之，战于谷口，玄兵败，丕复入邺城。

燕建节将军余岩叛，自武邑北趣幽州。燕王垂驰使敕幽州将平规曰：“固守勿战，俟吾破丁零自讨之。”规出战，为岩所败。岩入蓟，掠千余户而去，遂据令支。癸酉，翟成长史鲜于得斩成出降，垂屠行唐，尽坑成众。

太保安有疾求还，诏许之。八月，安至建康。

甲午，大赦。

丁酉，建昌文靖公谢安薨。诏加殊礼，如大司马温故事。庚子，以司徒琅邪王道子领扬州刺史、录尚书、都督中外诸军事；以尚书令谢石为卫将军。

后秦王苌使求传国玺于秦王坚，曰：“苌次应历数，可以为惠。”坚

张夫人、中山公苻诜及两个女儿苻宝、苻锦奔往五将山，向各州郡公开宣布，约定在初冬时拯救长安。苻坚顺路袭击了韭园，李辩逃奔后燕，彭和正感到惭愧，自杀而死。

闰五月，东晋任命广州刺史罗友为益州刺史，镇守成都。

闰五月初四庚戌，后燕王慕容垂抵达常山，在行唐包围了翟成，命令带方王慕容佐镇守龙城。六月，高句丽进犯辽东，慕容佐派司马郝景统帅军队救援，被高句丽打败，高句丽于是攻陷了辽东、玄菟。

前秦太子苻宏无法坚守长安，带领数千骑兵与母亲、妻子、宗室亲属向西逃奔到下辨。僚属百官全都逃散，司隶校尉权翼等数百人投奔后秦。西燕国主慕容冲进城占据了长安，放纵军队大肆抢掠，城中死亡的人不计其数。

秋季，七月，东晋发生大旱、饥荒，水井全都枯竭。

后秦王姚苌从过去的安定县到新平。

前秦王苻坚抵达五将山，后秦王姚苌派骁骑将军吴忠率领骑兵包围了他。前秦的士兵全都溃散逃走，只有十几个侍从官留在身边，苻坚神色自若，坐在那里等待吴忠的军队，召唤掌管膳食的官吏进上食物。不一会儿吴忠来到，拘捕了苻坚，把他送到新平，幽禁在特设的房间内。

太子苻宏抵达下辨，南秦州刺史杨壁拒绝接纳他。杨壁的妻子是苻坚的女儿顺阳公主，她抛弃了丈夫，跟苻宏走了。苻宏逃奔到武都，投靠氐族豪强强熙，然后借道投奔东晋，朝廷下达诏令，把他安置在江州。

长乐公苻丕率领三万士兵准备从枋头返回邺城，东晋龙骧将军檀玄向他发起攻击，在谷口交战，檀玄的军队失败，苻丕又进入了邺城。

后燕建节将军余岩反叛，从武邑北赴幽州。后燕王慕容垂迅速派使者敕令幽州将领平规说："加强固守，不要交战，等我攻破丁零以后亲自去攻打他。"平规出兵迎战，被余岩打败。余岩进入蓟城，掳掠了一千多户人后离去，于是占据了令支。七月二十八日癸酉，翟成的长史鲜于得斩杀了翟成后出来投降后燕，后燕王慕容垂在行唐大肆屠杀，将翟成的士兵全部活埋。

东晋太保谢安因病请求回建康，朝廷下达命令同意了。八月，谢安回到了建康。

八月十九日甲午，东晋实行大赦。

八月二十二日丁酉，建昌文靖公谢安去世。朝廷下达命令，按非常的礼仪安葬他，仿照大司马桓温的遗规。八月二十五日庚子，任命司徒琅邪王司马道子兼扬州刺史、录尚书、都督中外诸军事，任命尚书令谢石为卫将军。

后秦王姚苌派人去向前秦主苻坚索取传国印玺，说："姚苌按顺序承接天命，可

瞋目叱之曰："小羌敢逼天子，五胡次序，无汝羌名。玺已送晋，不可得也！"苌复遣右司马尹纬说坚，求为禅代。坚曰："禅代，圣贤之事，姚苌叛贼，何得为之！"坚与纬语，问纬："在朕朝何官？"纬曰："尚书令史。"坚叹曰："卿，王景略之俦，宰相才也，而朕不知卿，宜其亡也。"坚自以平生遇苌有恩，尤忿之，数骂苌求死，谓张夫人曰："岂可令羌奴辱吾儿？"乃先杀宝、锦。辛丑，苌遣人缢坚于新平佛寺。张夫人、中山公诜皆自杀。后秦将士皆为之哀恸。苌欲隐其名，谥坚曰"壮烈天王"。

臣光曰：论者皆以为秦王坚之亡，由不杀慕容垂、姚苌故也。臣独以为不然。许劭谓魏武帝治世之能臣，乱世之奸雄。使坚治国无失其道，则垂、苌皆秦之能臣也，乌能为乱哉！坚之所以亡，由骤胜而骄故也。魏文侯问李克，吴之所以亡，对曰："数战数胜。"文侯曰："数战数胜，国之福也，何故亡？"对曰："数战则民疲，数胜则主骄，以骄主御疲民，未有不亡者也。"秦王坚似之矣。

（以上为第四段，写前秦主苻坚信谶言离开长安，被后秦主姚苌俘获、杀害；太子苻宏无法坚守长安，也出逃，投降东晋；西燕主慕容冲占领长安。）

长乐公丕在邺，将西赴长安，幽州刺史王永在壶关，遣使招丕，丕乃帅邺中男女六万余口西如潞川，骠骑将军张蚝、并州刺史王腾迎之入晋阳。王永留平州刺史苻冲守壶关，自帅骑一万会丕于晋阳，丕始知长安不守，坚已死，乃发丧，即皇帝位，追谥坚曰"宣昭皇帝"，庙号世祖，大赦，改元大安。

燕王垂以鲁王和为南中郎将，镇邺。遣慕容农出蠮螉塞，历凡城，趣龙城，会兵讨余岩，慕容麟、慕容隆自信都徇勃海、清河。麟击勃海太守封懿，执之，因屯历口。懿，放之子也。

鲜卑刘头眷击破贺兰部于善无，又破柔然于意亲山。头眷子罗辰言于头眷曰："比来行兵，所向无敌，然心腹之疾，愿早图之！"头眷曰："谁也？"罗辰曰："从兄显，忍人也，必将为乱。"头眷不听。显，库仁之子也。

以把玉玺交给我。”苻坚怒目斥责来人说：“小羌胆敢威逼天子，五胡的次序没有你羌族的名称。传国印玺已经送到了晋朝，你无法得到了！”姚苌又派右司马尹纬劝说苻坚，要求苻坚把君主之位禅让给他。苻坚说：“禅让是圣贤的事情，姚苌是叛贼，怎么能让他继位呢？”苻坚与尹纬谈论了一番，问尹纬：“你在我的朝廷里做什么官？”尹纬说：“尚书令史。”苻坚叹息地说：“你是王猛那样的人才，具有宰相的才能，然而我却不知道你，应该灭亡了。”苻坚自认为平时对待姚苌有恩，越发愤恨他，多次痛骂姚苌，以求一死，对张夫人说：“岂能让羌奴侮辱我的儿女。”于是，就先杀掉了苻宝、苻锦。八月二十六日辛丑，姚苌派人把苻坚缢死在新平的佛寺。张夫人、中山公苻诜全都自杀。后秦将士全都为他们悲痛。姚苌想隐埋苻坚的名字，给苻坚定谥号为壮烈天王。

臣司马光评论说：谈论这段历史的人都认为秦王苻坚的灭亡，是由于没有杀掉慕容垂、姚苌的缘故。我唯独认为不是这样。许劭说魏武帝曹操是太平盛世的能臣，混乱世道的奸雄。假如苻坚治理国家不违背治国之道，那么，慕容垂、姚苌全都是秦国的能臣，怎么能作乱呢？苻坚之所以灭亡的原因，是由于屡次取胜后骄傲的缘故。魏文侯问李克关于吴国失败的原因，李克回答说：“经常征战又经常胜利。”魏文侯说：“经常征战又经常胜利，这是国家的福分，为什么灭亡了呢？”李克回答说：“经常征战则民众疲惫，经常胜利则主上骄傲，以骄傲的君主统治疲惫的民众，没有不灭亡的道理。”秦王苻坚就与此相似。

前秦长乐公苻丕在邺城，准备西赴长安，幽州刺史王永在壶关，派使者去招纳苻丕，苻丕就率领邺城中的男女六万多人向西到潞川，骠骑将军张蚝、并州刺史王腾迎接他们进入晋阳。王永留平州刺史苻冲守壶关，亲自率领一万骑兵与苻丕会师于晋阳。这时，苻丕才知道长安已经失守，苻坚已经死亡，于是，便公开宣布了苻坚死亡的消息，他自己即皇帝位，给苻坚定谥号为宣昭皇帝，庙号为世祖，实行大赦，改年号为大安。

后燕主慕容垂任命鲁王慕容和为南中郎将，镇守邺城，派慕容农出蠮螉塞，经过凡城，开赴龙城，会合兵力讨伐余岩，慕容麟、慕容隆从信都出发，带兵巡行渤海、清河。慕容麟攻打渤海太守封懿，抓获了他，顺势驻扎在历口。封懿，是封放的儿子。

鲜卑人刘头眷在善无击败了贺兰部，又在意亲山击败了柔然。刘头眷的儿子刘罗辰向刘头眷进言说：“近来的征战，所向无敌，然而对心腹之患，希望早作图谋！”刘头眷说：“谁是心腹之患？”刘罗辰说：“堂兄刘显，是残酷无情的人，必将要作乱。”刘头眷没有听从。刘显，是刘库仁的儿子。

顷之，显果杀头眷自立。又将杀拓跋珪，显弟亢埿妻，珪之姑也，以告珪母贺氏。显谋主梁六眷，代王什翼犍之甥也，亦使其部人穆崇、奚牧密告珪，且以其爱妻、骏马付崇曰：“事泄，当以此自明。”贺氏夜饮显酒，令醉，使珪阴与旧臣长孙犍、元他、罗结轻骑亡去。向晨，贺氏故惊厩中群马，使显起视之。贺氏哭曰：“吾子适在此，今皆不见，汝等谁杀之邪？”显以故不急追。珪遂奔贺兰部，依其舅贺讷。讷惊喜曰：“复国之后，当念老臣！”珪笑曰：“诚如舅言，不敢忘也。”

显疑梁六眷泄其谋，将囚之。穆崇宣言曰：“六眷不顾恩义，助显为逆，我掠得其妻、马，足以解忿。”显乃舍之。

贺氏从弟外朝大人贺悦举所部以奉珪。显怒，将杀贺氏，贺氏奔亢埿家，匿神车中三日，亢埿举家为之请，乃得免。

故南部大人长孙嵩帅所部七百余家叛显，将奔五原。时拓跋寔君之子渥亦聚众自立，嵩欲从之，乌渥谓嵩曰：“逆父之子，不足从也。不如归珪。”嵩从之。久之，刘显所部有乱，故中部大人庾和辰奉贺氏奔珪。

贺讷弟染干以珪得众心，忌之，使其党侯引七突杀珪。代人尉古真知之，以告珪，侯引七突不敢发。染干疑古真泄其谋，执而讯之。以两车轴夹其头，伤一目，不伏，乃免之。染干遂举兵围珪，贺氏出，谓染干曰：“汝等欲于何置我，而杀吾子乎！”染干惭而去。

（以上为第五段，写前秦长乐公苻丕投奔幽州刺史王永，到达晋阳知坚死，自即帝位；后燕主慕容垂占领邺城；匈奴独孤部刘显杀首领刘头眷自立，又谋杀拓跋珪，珪成功逃脱。）

九月，秦主丕以张蚝为侍中、司空，王永为侍中、都督中外诸军事、车骑大将军、尚书令，王腾为中军大将军、司隶校尉，苻冲为尚书左仆射，封西平王；又以左长史杨辅为右仆射，右长史王亮为护军将军，立妃杨氏为皇后，子宁为皇太子，寿为长乐王，锵为平原王，懿为勃海王，昶为济北王。

吕光自龟兹还至宜禾，秦凉州刺史梁熙谋闭境拒之。高昌太守杨翰

不久，刘显果然杀掉了刘头眷而自立。又准备杀掉拓跋珪。刘显弟弟刘亢埿的妻子，是拓跋珪的姑姑，她把这一消息告诉了拓拔珪的母亲贺氏。刘显的主谋梁六眷，是代王拓跋什翼犍的外甥，他也派其部属穆崇、奚牧把消息秘密地报告了拓跋珪，并且把宠爱的妻子、骏马交给穆崇说："如果事情泄露，就用这些来证明自己。"贺氏当晚让刘显喝酒，等他喝醉以后，让拓跋珪暗中与旧臣长孙犍、元他、罗结轻装骑马逃走。第二天早晨，贺氏故意惊动马厩中的马匹，让刘显起来察看。贺氏哭泣着说："我的儿子们就在这里，现在全都不见了，你们谁杀了他们呢？"刘显因此没有急于追赶。拓跋珪于是就逃奔到贺兰部，投靠了他的舅舅贺讷。贺讷惊喜地说："复国以后，还应该想着老臣！"拓跋珪笑着说："确实像舅舅所说，不敢忘记。"

刘显怀疑梁六眷泄露了他的计谋，准备要把他囚禁起来。穆崇扬言说："梁六眷不顾恩义，辅佐刘显却干出了叛逆之事，我夺取了他的妻子、骏马，足以解除愤恨。"刘显于是就不再理会梁六眷了。

贺氏的堂弟外朝大人贺悦带领所属部众尊奉拓跋珪。刘显很气愤，准备杀掉贺氏，贺氏逃奔到刘亢埿家，在供奉着神像的车子中躲藏了三天，刘亢埿全家人都为她求情，贺氏这才免于一死。

过去的南部大人长孙嵩率领部众七百多家背叛了刘显，逃奔到五原。当时拓跋寔君的儿子拓跋渥也聚众自立，长孙嵩想归附他。乌渥对长孙嵩说："叛逆之父的儿子，不值得归附，不如归附拓跋珪。"长孙嵩听从了他的意见。过了很久，刘显的部族内发生祸乱，过去的中部大人庾和辰侍奉着贺氏投奔跖跋珪。

贺讷的弟弟贺染干因为拓跋珪深得人心，便忌恨他，让自己的党羽侯引七突杀掉拓跋珪。代国人尉古真知道此事，把它告诉了拓跋珪，侯引七突不敢动手了。贺染干怀疑尉古真泄露了他的计谋，便把尉古真抓起来审讯，用两个车轮夹他的头部，他的一只眼睛受伤，尉古真拒不承认，贺染干就放了他。贺染干于是就出兵包围了拓跋珪，贺氏出来对贺染干说："你们想要把我发落到什么地方，而要杀我的儿子呢？"贺染干惭愧地离开了。

九月，前秦主苻丕任命张蚝为侍中、司空，任命王永为侍中、都督中外诸军事、车骑大将军、尚书令，王腾为中军大将军、司隶校尉，苻冲为尚书左仆射，封为西平王；又任命左长史杨辅为右仆射，右长史王亮为护军将军，立妃杨氏为皇后，儿子苻宁为皇太子，苻寿为长乐王，苻锵为平原王，苻懿为渤海王，苻昶为济北王。

前秦将领吕光从龟兹返回到宜禾，前秦凉州刺史梁熙计划封锁边境拒绝他进入。

言于熙曰："吕光新破西域，兵强气锐，闻中原丧乱，必有异图。河西地方万里，带甲十万，足以自保。若光出流沙，其势难敌。高梧谷口险阻之要，宜先守之而夺其水。彼既穷渴，可以坐制。如以为远，伊吾关亦可拒也。度此二厄，虽有子房之策，无所施矣！"熙弗听。美水令犍为张统谓熙曰："今关中大乱，京师存亡不可知。吕光之来，其志难测，将军何以抗之？"熙曰："忧之，未知所出。"统曰："光智略过人，今拥思归之士，乘战胜之气，其锋未易当也。将军世受大恩，忠诚夙著，立勋王室，宜在今日。行唐公洛，上之从弟，勇冠一时，为将军计，莫若奉为盟主以收众望，推忠义以帅群豪，则光虽至，不敢有异心也。资其精锐，东兼毛兴，连王统、杨璧，合四州之众，扫凶逆，宁帝室，此桓、文之举也。"熙又弗听，杀洛于西海。

光闻杨翰之谋，惧，不敢进。杜进曰："梁熙文雅有余，机鉴不足，终不能用翰之谋，不足忧也。宜及其上下离心，速进以取之。"光从之。进至高昌，杨翰以郡迎降。至玉门，熙移檄责光擅命还师，以子胤为鹰扬将军，与振威将军南安姚皓、别驾卫翰帅众五万拒光于酒泉。敦煌太守姚静、晋昌太守李纯以郡降光。光报檄凉州，责熙无赴难之志，而遏归国之众，遣彭晃、杜进、姜飞为前锋，与胤战于安弥，大破，擒之。于是，四山胡、夷皆附于光。武威太守彭济执熙以降，光杀之。

光入姑臧，自领凉州刺史，表杜进为武威太守，自余将佐，各受职位。凉州郡县皆降于光，独酒泉太守宋皓、西郡太守索泮，城守不下。光攻而执之，让泮曰："吾受诏平西域，而梁熙绝我归路，此朝廷之罪人，卿何为附之？"泮曰："将军受诏平西域，不受诏乱凉州，梁公何罪而将军杀之？泮但苦力不足，不能报君父之雠耳，岂肯如逆氏彭济之所为乎！主灭臣死，固其常也。"光杀泮及皓。

主簿尉祐，奸佞倾险，与彭济俱执梁熙，光宠信之。祐谮杀名士姚皓等十余人，凉州人由是不悦。光以祐为金城太守，祐至允吾，袭据其城以叛，姜飞击破之，祐奔据兴城。

高昌太守杨翰向梁熙进言说："吕光刚刚攻破西域，兵力强盛，气势锋锐，听说中原动乱，一定会有不同寻常的图谋。河西地广万里，拥有十万披甲将士，足以自我保全。如果吕光走出沙漠，他的威势就难以抵挡了。高梧谷口是险阻的要塞，应该先据守那里，从而断绝他们的水源。等他们疲困干渴以后，我们就可以坐而制之。如果认为那里路途遥远，也可以在伊吾关拒守。除了这两处险阻要塞，就是有张良那样的谋略也无处施展！"梁熙没有听从。美水令犍为人张统对梁熙说："如今关中大乱，京师长安不知道是存是亡。吕光前来，其志向难以预测，将军怎样抵抗他？"梁熙说："正对此事忧虑，但不知道该怎么办。"张统说："吕光谋略过人，如今带领着盼望归家的将士，乘着交战取胜的气势，其锋芒不容易抵挡。将军您世代承受恩泽，历来以忠诚著称，为王室建立功勋，应该就在今天。行唐公苻洛，是主上的堂弟，勇猛冠绝一时，为将军着想，不如尊奉他为盟主以凝聚众人的期望，推举忠义之人以率领众豪强，如此则吕光虽然到来，也不敢怀有异心。凭借他的精锐部队，就可以兼并东面的毛兴，联合王统、杨璧，会集四州的士兵，扫除顽凶叛逆，安定王室，这是像齐桓公、晋文公那样的举动。"梁熙又没有听从，在西海杀掉了苻洛。

吕光听说了杨翰的计谋，很害怕，不敢前进。杜进说："梁熙文雅有余，随机应变不足，最终也不会采纳杨翰的计谋，不值得担忧。应该乘着他上下离心的时机，迅速进军以攻取他。"吕光听从了杜进的意见。前进到高昌，杨翰出来迎接，举郡投降。到了玉门，梁熙传递檄文责备吕光擅自命令军队返回，任命儿子梁胤为鹰扬将军，与振威将军南安人姚皓、别驾卫翰率领五万士兵在酒泉阻击吕光。敦煌太守姚静、晋昌太守李纯举郡投降了吕光。吕光向凉州发出了回复檄文，责备梁熙没有以身赴难的志向，反而阻止归国的士兵。派彭晃、杜进、姜飞作为前锋，与梁胤在安弥交战，大败梁胤的军队，擒获了梁胤。于是，周围依山而居的胡人、夷人全都归附于吕光。武威太守彭济拘押着梁熙投降，吕光杀掉了梁熙。

吕光进入姑臧，自己兼任凉州刺史，上书请求任命杜进为武威太守，其余的将领辅佐，分别都接受了职位。凉州的郡县全都投降了吕光，只有酒泉太守宋皓、西郡太守索泮固守城池不投降。吕光发起攻击，抓获了他们，责备索泮说："我接受命令平定西域，而梁熙却断绝我的归路，这是朝廷的罪人，你为什么要依附他呢？"索泮说："将军接受命令平定西域，并没有接受命令搞乱凉州，梁公有什么罪过而将军杀了他？我只是苦于力量不足，不能为君父报仇，怎么肯干像叛逆的氐人彭济那样的事情呢！主灭臣死，这本来就是千古不变之理。"吕光杀掉了索泮及宋皓。

主簿尉祐，奸佞凶险，与彭济一起抓获了梁熙，吕光对他宠爱信任。尉祐诬陷杀害了名士姚皓等十多人，凉州人因此很不高兴。吕光任命尉祐为金城太守，尉祐到了允吾，突然占据了该城反叛。姜飞攻破了他，尉祐逃奔，占据了兴城。

乞伏国仁自称大都督、大将军、单于，领秦、河二州牧，改元建义，以乙旃童罡为左相，屋引出支为右相，独孤匹蹄为左辅，武群勇士为右辅，弟乾归为上将军，分其地置武城等十二郡，筑勇士城而都之。

秦尚书令、魏昌公纂自关中奔晋阳。秦主丕拜纂太尉，封东海王。

（以上为第六段，写前秦将领吕光从龟兹返回，打败了前秦凉州刺史梁熙，自称凉州刺史，凉州郡县全都投降；乞伏国仁建立西秦，改年号建义，建都勇士城。）

冬，十月，西燕主冲遣尚书令高盖帅众五万伐后秦，战于新平南，盖大败，降于后秦。初，盖以杨定为子，及盖败，定亡奔陇右，复收集其旧众。

苻定、苻绍、苻谟、苻亮闻秦主丕即位，皆自河北遣使谢罪；中山太守王兖，本新平氏也，固守博陵，为秦拒燕。十一月，丕以兖为平州刺史，定为冀州牧，绍为冀州都督，谟为幽州牧，亮为幽、平二州都督，并进爵郡公。左将军窦冲据兹川，有众数万，与秦州刺史王统、河州刺史毛兴、益州刺史王广、南秦州刺史杨璧、卫将军杨定，皆自陇右遣使邀丕，共击后秦。丕以定为雍州牧，冲为梁州牧，加统镇西大将军，兴车骑大将军，璧征南大将军，并开府仪同三司，加广安西将军，皆进位州牧。

杨定寻徙治历城，置储蓄于百顷，自称龙骧将军、仇池公，遣使来称藩，诏因其所号假之。其后，又取天水、略阳之地，自称秦州刺史、陇西王。

绎幕人蔡匡据城以叛燕，燕慕容麟、慕容隆共攻之。泰山太守任泰潜师救匡，至匡垒南八里，燕人乃觉之。诸将以匡未下而外敌奄至，甚患之。隆曰："匡恃外救，故不时下。今计泰之兵不过数千人，及其未合，击之，泰败，匡自降矣。"乃释匡击泰，大破之，斩首千余级。匡遂降，燕王垂杀之，且屠其垒。

慕容农至龙城，休士马十余日。诸将皆曰："殿下之来，取道甚速，今至此久留不进，何也？"农曰："吾来速者，恐余岩过山钞盗，侵扰良民耳。岩才不逾人，诳诱饥儿，乌集为群，非有纲纪，吾已扼其喉，久将离散，无能为也。今此田善熟，未取而行，徒自耗损，当俟收毕，往则枭之，亦不出旬日耳。"顷之，农将步骑三万至令支，岩众震骇，稍稍

乞伏国仁自称大都督、大将军、单于，兼秦、河二州牧，改年号为建义，任命乙旃童埿为左相，屋引出支为右相，独孤匹蹄为左辅，武群勇士为右辅，弟弟乞伏乾归为上将军，在所辖领地分别设置了武城等十二郡，建筑了勇士城作为都城。

前秦尚书令、魏昌公苻纂从关中奔赴晋阳。前秦国主苻丕授予苻纂太尉官职，封他为东海王。

冬季，十月，西燕主慕容冲派尚书令高盖率领五万士兵攻打后秦，在新平以南交战，高盖大败，投降了后秦。当初，高盖把杨定作为养子，等到高盖失败，杨定逃奔到陇右，又收集起了他过去的士兵。

苻定、苻绍、苻谟、苻亮听说前秦国主苻丕即位，全都从河北派遣使者前来谢罪。中山太守王兖，本是新平的氐族人，他固守博陵，替前秦抵抗后燕。十一月，苻丕任命王兖为平州刺史，苻定为冀州牧，苻绍为冀州都督，苻谟为幽州牧，苻亮为幽、平二州都督，全都晋升爵位为郡公。左将军窦冲占据着兹川，拥有士兵数万，他与秦州刺史王统、河州刺史毛兴、益州刺史王广、南秦州刺史杨壁、卫将军杨定全都从陇右派遣使者邀请苻丕共同攻打后秦。苻丕任命杨定为雍州牧，窦冲为梁州牧，让王统担任镇西大将军，毛兴担任车骑大将军，杨壁担任征南大将军，同时授予他们开府仪同三司，王广担任安西将军，全都晋升职位为州牧。

不久，杨定将治所迁移到历城，把储备物资安放在百顷，自称龙骧将军、仇池公，派遣使者前来向东晋称藩。东晋朝廷下达命令，把他自封的称号暂时授予他。而后他又夺取了天水、略阳的领地，自称秦州刺史、陇西王。

绎幕人蔡匡据城背叛了后燕，后燕慕容麟、慕容隆共同攻打他。泰山太守任泰暗中出兵救援蔡匡。到了蔡匡营垒以南八里的地方，后燕人才发现了他们。众将领因为还没有攻下蔡匡而外面的敌人又突然到来，深以为患。慕容隆说："蔡匡靠着外边的救援，所以不会马上攻下。如今考虑任泰的兵力不超过数千人，趁着他们尚未会合，展开攻击，任泰一失败，蔡匡自然就会投降。"于是就丢开蔡匡去攻击任泰，大败任泰，斩首一千多人。蔡匡于是也就投降了，后燕主慕容垂杀掉了他，并且在他的营垒内大肆屠杀。

慕容农抵达龙城，让士兵军马休整了十多天。众将领都说："您来的时候，选择道路非常迅速，如今到了这里却长久地停留而不再前进，这是为什么呢？"慕容农说："我来得迅速的原因，是担心余岩会越过白狼山强取豪夺，侵扰百姓。余岩没有过人之才，欺骗诱惑处于饥饿状态的人，乌合成群，并没有什么法度纪律。我现在已经扼制了他的咽喉，时间一久他们就会自行离散，不能为患了。如今这里的庄稼

逾城归农。岩计穷出降，农斩之，进击高句丽，复辽东、玄菟二郡。还至龙城，上疏请缮修陵庙。

燕王垂以农为使持节、都督幽平二州北狄诸军事、幽州牧，镇龙城。徙平州刺史带方王佐镇平郭。农于是创立法制，事从宽简，清刑狱，省赋役，劝课农桑，居民富赡，四方流民前后至者数万口。先是幽、冀流民多入高句丽，农以骠骑司马范阳庞渊为辽东太守，招抚之。

慕容麟攻王兖于博陵，城中粮竭矢尽，功曹张猗逾城出，聚众以应麟。兖临城数之曰："卿是秦民，吾是卿君，卿起兵应贼，自号'义兵'，何名实之相违也？古人求忠臣必于孝子之门，卿母在城，弃而不顾，吾何有焉！今人取卿一切之功则可矣，宁能忘卿不忠不孝之事乎？不意中州礼义之邦，乃有如卿者也！"十二月，麟拔博陵，执兖及苻鉴，杀之。昌黎太守宋敞帅乌桓、索头之众救兖，不及而还。秦主丕以敞为平州刺史。

燕王垂北如中山，谓诸将曰："乐浪王招流离，实仓廪，外给军粮，内营宫室，虽萧何之功，何以加之！"丙申，垂始定都中山。

秦苻定据信都以拒燕，燕王垂以从弟北地王精为冀州刺史，将兵攻之。

拓跋珪从曾祖纥罗与其弟建及诸部大人共请贺讷推珪为主。

（以上为第七段，写后燕将领慕容农率军攻打叛将余岩，余岩投降被杀；又进军攻打高句丽，夺回辽东、玄菟二郡；后燕主慕容垂定都中山，令慕容农镇龙城。）

十一年（丙戌，386 年）

春，正月，戊申，拓跋珪大会于牛川，即代王位，改元登国。以长孙嵩为南部大人，叔孙普洛为北部大人，分治其众。以上谷张衮为左长史，许谦为右司马，广宁王建、代人和跋、叔孙建、庾岳为外朝大人，奚牧为治民长，皆掌宿卫及参军国谋议；长孙道生、贺毗等侍从左右，出纳教命。王建娶代王什翼犍之女；岳，和辰之弟；道生，嵩之从子也。

丰收，不收拾完就离开，只能白白地浪费掉，应当等收拾完以后，再去斩了他，也不过是十来天以后的事情。”

不久，慕容农统率步、骑兵三万人抵达令支，余岩的士兵非常震惊害怕，逐渐逃出城外归附了慕容农。余岩无计可施，出来投降，慕容农斩杀了他。慕容农又进军攻打高句丽，夺回了辽东、玄菟二郡。返回龙城以后，上疏请求修缮先帝的陵庙。

后燕主慕容垂任命慕容农为使持节，都督幽州、平州、北狄诸军事及幽州牧，镇守龙城；调动平州刺史带方王慕容佐镇守平郭。慕容农于是便建立法律制度，实行宽松简略的政策，清理刑狱，减免赋役，鼓励督促人们种田养蚕，当地的民众十分富足，各地的流民前后来到这里的有数万人。此前，幽州、冀州的流民大多都去了高句丽，慕容农任命骠骑司马范阳人庞渊为辽东太守，招纳安抚他们。

后燕将领慕容麟在博陵攻打王兖，博陵城中箭尽粮绝，功曹张猗翻越城墙逃出，聚集士兵以响应慕容麟。王兖登上城墙数说张猗：“你是秦国的臣民，我是你的君主，你起兵响应寇贼，自称‘义兵’，为什么名实不符呢？古人求取忠臣一定要到孝子家门，你的母亲在城里，你弃而不顾，对我有何损害呢？如今人们要记取你的一时功劳，当然可以，但难道能忘掉你所干的不忠不孝的事情吗？没想到在中州这样的礼仪之邦，居然还有像你这样的人！”十二月，后燕将领慕容麟攻下了博陵，抓获了王兖及苻鉴，杀掉了他们。昌黎太守宋敞率领乌桓、索头的士兵救援王兖，没有来得及，只好返回去了。前秦国主苻丕任命宋敞为平州刺史。

后燕主慕容垂到北面的中山，对众将领说：“乐浪王慕容温招纳流离失所的民众，充实粮仓谷库，在外军粮丰足，在内营建宫室，即使是萧何的功劳，又怎么能超过他！”十二月二十三日丙申，慕容垂开始定都中山。

前秦苻定据守信都以抵抗后燕，后燕主慕容垂任命堂弟北地王慕容精为冀州刺史，带领军队攻打苻定。

拓跋的叔伯曾祖父拓跋纥罗与他的弟弟拓跋建以及各部大人一起向贺讷请求，推举拓跋珪为国主。

晋孝武帝太元十一年（丙戌，386年）

春季，正月初六戊申，拓跋珪在牛川与各路军队会合，拓跋珪即代王位，改年号为登国；任命长孙嵩为南部大人，叔孙普洛为北部大人，分别统领他们的部众；任命上谷人张衮为左长史，许谦为右司马，广宁人王建、代国人和跋、叔孙建、庾岳为外朝大人，任命奚牧为治民长，全都掌管宫中警卫及参与讨论军队国家的谋略。长孙道生、贺毗等人在拓跋珪左右侍从，传递命令。王建娶了代王拓跋什翼犍的女

燕王垂即皇帝位。

后秦王苌如安定。

南安秘宜帅羌、胡五万余人攻乞伏国仁，国仁将兵五千逆击，大破之。宜奔还南安。

鲜于乞之杀翟真也，翟辽奔黎阳，黎阳太守滕恬之甚爱信之。恬之喜畋猎，不爱士卒，辽潜施奸惠以收众心。恬之南攻鹿鸣城，辽于后闭门拒之，恬之东奔鄄城，辽追执之，遂据黎阳。豫州刺史朱序遣将军秦膺、童斌与淮、泗诸郡共讨之。

秦益州牧王广自陇右引兵攻河州牧毛兴于枹罕，兴遣建节将军卫平帅其宗人一千七百夜袭广，大破之。二月，秦州牧王统遣兵助广攻兴，兴婴城自守。

燕大赦，改元建兴，置公卿尚书百官，缮宗庙、社稷。

西燕主冲乐在长安，且畏燕主垂之强，不敢东归，课农筑室，为久安之计，鲜卑咸怨之。左将军韩延因众心不悦，攻冲，杀之，立冲将段随为燕王，改元昌平。

初，张天锡之南奔也，秦长水校尉王穆匿其世子大豫，与俱奔河西，依秃发思复鞬，思复鞬送魏安。魏安人焦松、齐肃、张济等聚兵数千人迎大豫为主，攻吕光昌松郡，拔之，执太守王世强。光使辅国将军杜进击之，进兵败，大豫进逼姑臧。王穆谏曰："光粮丰城固，甲兵精锐，逼之非利；不如席卷岭西，砺兵积粟，然后东向与之争，不及期年，光可取也。"大豫不从，自号抚军将军、凉州牧，改元凤凰，以王穆为长史，传檄郡县，使穆说谕岭西诸郡，建康太守李隰、祁连都尉严纯皆起兵应之，有众三万，保据杨坞。

代王珪徙居定襄之盛乐，务农息民，国人悦之。

三月，大赦。

泰山太守张愿以郡叛降翟辽。初，谢玄欲使朱序屯梁国，玄自屯彭城，以北固河上，西援洛阳。朝议以征役既久，欲令玄置戍而还。会翟

儿。庾岳是庾和辰的弟弟；长孙道生是长孙嵩的侄子。

后燕主慕容垂即皇帝位。

后秦主姚苌到安定。

南安人秘宜率领五万多羌、胡人攻打乞伏国仁，乞伏国仁带领五千士兵迎击，大败秘宜。秘宜逃回了南安。

鲜于乞斩杀翟真的时候，翟辽逃奔到黎阳，黎阳太守滕恬之非常宠爱信任他。滕恬之喜欢打猎，不爱护士兵，翟辽暗中施行奸巧的恩惠以收买人心。滕恬之在南面攻打鹿鸣城，翟辽则在他身后紧闭城门不让他返回，滕恬之向东逃奔鄄城，翟辽追击并抓获了他，于是就占据了黎阳。豫州刺史朱序派将军秦膺、童斌与淮河、泗水一带的各郡共同攻打翟辽。

前秦益州牧王广从陇右带领军队在枹罕攻打河州牧毛兴，毛兴派建节将军卫平率领他的一千七百多同族人夜袭王广，大败王广。二月，秦州牧王统派兵帮助王广攻打毛兴，毛兴环城自守。

后燕实行大赦，改年号为建兴，设置公卿尚书百官，修缮宗庙、社稷坛。

西燕主慕容冲喜欢住在长安，而且畏惧后燕国主慕容垂的强盛，不敢东归，便督促农耕，建筑宫室，做长久安居的打算。鲜卑人全都怨恨他。左将军韩延顺应众人心中的不满，攻打慕容冲，杀掉了他，立慕容冲的将领段随为西燕王，改年号为昌平。

当初，张天锡南逃的时候，前秦长水校尉王穆把他的长子张大豫藏了起来，后来与张大豫一起逃奔到河西，投靠了秃发思复鞬，秃发思复鞬把张大豫送到了魏安。魏安人焦松、齐肃、张济等聚集士兵数千人迎接张大豫为盟主，攻打吕光占据的昌松郡，攻了下来，抓获了太守王世强。吕光让辅国将军杜进攻打他们，结果杜进的军队失败，张大豫进军威逼姑臧。王穆劝说张大豫道："吕光粮食充足，城池坚固，武器精良，军队锋锐，威逼他于己不利，不如横扫岭西，训练军队，积蓄粮食，然后再东进与他抗争，不用一年，就可以攻取吕光。"张大豫没有听从，自称抚军将军、凉州牧，改年号为凤凰，任命王穆为长史，向郡县传递檄文，让王穆去游说劝谕岭西各郡，建康太守李隰、祁连都尉严纯全都起兵响应他，拥有士兵三万人，坚守杨坞。

代王拓跋珪迁移到定襄的盛乐居住，致力于农耕，让百姓休养生息，国内的人对此都很高兴。

三月，东晋实行大赦。

泰山太守张愿带领本郡背叛了东晋，投降翟辽。当初，谢玄想让朱序驻扎在梁国，谢玄自己驻扎彭城，用以在北面稳固黄河沿岸，西南支援洛阳。朝廷商议认为

辽、张愿继叛，北方骚动，玄谢罪，乞解职，诏慰谕，令还淮阴。

（以上为第八段，写北魏拓跋珪历尽千难万苦，即代王位，改元登国，迁居定襄盛乐，让百姓休养生息；前凉主张天锡世子大豫被推为盟主，重建前凉，昙花一现。）

燕主垂追尊母兰氏为文昭皇后，欲迁文明段后，以兰氏配享太祖，诏百官议之，皆以为当然。博士刘详、董谧以为："尧母为帝喾妃，位第三，不以贵陵姜原，明圣之道，以至公为先；文昭后宜立别庙。"垂怒，逼之，详、谧曰："上所欲为，无问于臣。臣按经奉礼，不敢有贰。"垂乃不复问诸儒，卒迁段后，以兰后代之。又以景昭可足浑后倾覆社稷，追废之；尊烈祖昭仪段氏为景德皇后，配享烈祖。

崔鸿曰：齐桓公命诸侯无以妾为妻。夫之于妻，犹不可以妾代之，况子而易其母乎！《春秋》所称母以子贵者，君母既没，得以妾母为小君也，至于享祀宗庙，则成风终不得配庄公也。君父之所为，臣子必习而效之，犹形声之于影响也；宝之逼杀其母，由垂为之渐也。尧、舜之让，犹为之、哙之祸，况违礼而纵私者乎！昔文姜得罪于桓公，《春秋》不之废。可足浑氏虽有罪于前朝，然小君之礼成矣，垂以私憾废之，又立兄妾之无子者，皆非礼也。

（以上为第九段，写后燕主慕容垂称帝后，追尊母亲兰氏为文昭皇后，配享太祖慕容皝；又追废慕容儁的皇后可足浑氏，尊奉昭仪段氏，招致司马光借论讥评。）

刘显自善无南走马邑，其族人奴真帅所部请降于代。奴真有兄犍，先居贺兰部，奴真言于代王珪，请召犍而以所部让之，珪许之。犍既领部，遣弟去斤遗贺讷金马。贺染干谓去斤曰："我待汝兄弟厚，汝今领部，宜来从我。"去斤许之。奴真怒曰："我祖父以来，世为代忠臣，故我以部让汝等，欲为义也。今汝等无状，乃谋叛国，义于何在！"遂杀犍及去斤。染干闻之，引兵攻奴真，奴真奔代。珪遣使责染干，染干乃止。

在外征战已久，想让谢玄部署防守力量返回。恰好这时翟辽、张愿相继背叛，北方动荡不安，谢玄谢罪，请求解除他的职务，朝廷下达命令抚慰他，让他回到淮阴。

后燕主慕容垂追尊母亲兰氏为文昭皇后，想要移走文明段后的灵位，把兰氏的灵位和太祖慕容皝的灵位供奉在一起，便下令百官讨论此事，百官都认为应当如此。博士刘详、董谧认为："尧的母亲是帝喾的妻子，位居第三，不因为尊贵就凌驾于姜原之上，清明圣哲之道，首先应该出以公心，文昭皇后的灵位应该另立庙。"慕容垂很愤怒，对他们施以威胁，刘详、董谧说："主上想要这样做，就不要向我们询问了。我们依据经典崇奉礼法，不敢违背。"慕容垂于是就不再询问众儒生，终于迁走了段后的灵位，而用兰后的灵位代替。又因为景昭可足浑后使国家倾覆，追废了她。尊奉烈祖慕容儁的昭仪段氏为景德皇后，与烈祖的灵位供奉在一起。

崔鸿说：齐桓公命令诸侯王不能以妾为妻。丈夫对于妻子尚且不能以妾来代替，何况是儿子来改换他的母亲呢！《春秋》中所说的母亲因为儿子而尊贵的话是指生母死后，可以让妾母转而为正。至于在宗庙里供奉的牌位，则鲁庄公之妾成风最终也不能和鲁庄公供奉在一起。君主、父亲之所为，臣下、儿子必然要学习而后效仿，这就像形体之于影子，声音之于回响一样。慕容宝威逼杀害他的母亲，就是从慕容垂那里受到了影响。战国时以尧舜那样的禅让，尚且还出现了子之、燕王哙那样的祸乱，何况是违背礼法、放纵私情的人呢！过去文姜在鲁桓公面前犯了罪，据《春秋》的记载后来也没有废掉她。可是可足浑氏虽然有罪于前朝，但对待她这样的皇后的礼法已有成规，慕容垂因为私恨而废掉了她，又立哥哥的妻妾中没有儿子的人作为皇太后，这些全都违背了礼法。

刘显从善无向南逃奔到马邑，他的同族人刘奴真率领部众向代国请求投降。刘奴真有个哥哥叫刘犍，以前居住在贺兰部，刘奴真向代王拓跋珪进言，请求征召刘犍前来，让他统领自己的部众，拓跋珪同意了。刘犍统领了部众以后，派他的弟弟刘去斤给贺讷送去金子和马。贺染干对刘去斤说："我对待你们兄弟很优厚，如今你们统领了部众，应该来归附我。"刘去斤答应了。刘奴真愤怒地说："我们自从祖父以来，世代都是代国的忠臣，所以我才把部众交给了你们，想让你们奉行道义。如今你们毫无德行，反而阴谋叛国，道义何在！"于是就杀了刘犍及刘去斤。贺染干听说以后，带领军队攻打刘奴真，刘奴真逃奔到代国。拓跋珪派使者去责备贺染干，

西燕仆射慕容恒、尚书慕容永袭段随，杀之；立宜都王子觊为燕王，改元建明，帅鲜卑男女四十余万口去长安而东。恒弟护军将军韬诱觊，杀之于临晋。恒怒，舍韬去。永与武卫将军刁云帅众攻韬，韬败，奔恒营。恒立西燕主冲之子瑶为帝，改元建平，谥冲曰“威皇帝”。众皆去瑶奔永，永执瑶，杀之，立慕容泓子忠为帝，改元建武。忠以永为太尉，守尚书令，封河东公。永持法宽平，鲜卑安之。至闻喜，闻燕主垂已称尊号，不敢进，筑燕熙城而居之。

鲜卑既东，长安空虚。前荥阳太守高陵赵谷等招杏城卢水胡郝奴帅户四千入于长安，渭北皆应之，以谷为丞相。扶风王驎有众数千，保据马嵬，奴遣弟多攻之。

夏，四月，后秦王苌自安定伐之，驎奔汉中。苌执多而进，奴惧，请降，拜镇北将军、六谷大都督。

癸巳，以尚书仆射陆纳为左仆射，谯王恬为右仆射。纳，玩之子也。

毛兴袭击王广，败之，广奔秦州；陇西鲜卑匹兰执广送于后秦。兴复欲攻王统于上邽，枹罕诸氐皆厌苦兵事，乃共杀兴，推卫平为河州刺史，遣使请命于秦。

燕主垂封其子农为辽西王，麟为赵王，隆为高阳王。

代王珪初改称魏王。

张大豫自杨坞进屯姑臧城西，王穆及秃发思复鞬子奚于帅众三万屯于城南，吕光出击，大破之，斩奚于等二万余级。

秦大赦，以卫平为抚军将军、河州刺史，吕光为车骑大将军、凉州牧。使者皆没于后秦，不能达。

燕主垂以范阳王德为尚书令，太原王楷为左仆射，乐浪王温为司隶校尉。

后秦王苌即皇帝位于长安，大赦，改元建初，国号大秦。追尊其父弋仲为景元皇帝，立妻蛇氏为皇后，子兴为皇太子，置百官。苌与群臣宴，酒酣，言曰：“诸卿皆与朕北面秦朝，今忽为君臣，得无耻乎！”赵迁曰：“天不耻以陛下为子，臣等何耻为臣！”苌大笑。

贺染干才停止了行动。

西燕仆射慕容恒、尚书慕容永袭击段随，把他杀掉了。立宜都王慕容恒的儿子慕容颉为燕王，改年号为建明，率领鲜卑男女四十多万人离开长安东去。慕容恒的弟弟护军将军慕容韬诱骗慕容颉，在临晋杀掉了他，慕容恒很愤怒，丢下慕容韬离开了。慕容永与武卫将军刁云率领士兵攻打慕容韬，慕容韬失败，逃奔到慕容恒的军营。慕容恒立西燕主慕容冲的儿子慕容瑶为帝，改年号为建平，给慕容冲定谥号为威皇帝。士兵全都离开慕容瑶投奔慕容永，慕容永抓获了慕容瑶，杀掉了他，立慕容泓的儿子慕容忠为帝，改年号为建武。慕容忠任命慕容永为太尉，暂任尚书令，封为河东公。慕容永施行法令宽松平和，鲜卑人安居乐业。慕容永到了闻喜，听说后燕主慕容垂已经称帝，就不敢继续前进，修筑燕熙城居住。

鲜卑人既已东去，长安空虚。从前的荥阳太守高陵人赵谷等人招纳杏城的卢水胡人郝奴率领四千户人家进入长安，渭北的人们全都响应他，以赵谷作为丞相。扶风人王驎有数千士兵，据守马嵬，郝奴派弟弟郝多攻打他。

夏季，四月，后秦主姚苌从安定出发攻打他们，王驎逃奔汉中。姚苌抓获了郝多以后继续前进，郝奴害怕了，请求投降，姚苌给他授官镇北将军、六谷大都督。

四月二十三日癸巳，东晋任命尚书仆射陆纳为左仆射，谯王司马恬为右仆射。陆纳是陆玩的儿子。

毛兴袭击王广，打败了他，王广逃奔秦州。陇西的鲜卑人匹兰抓获了王广，把他送到后秦。毛兴又想在上邽攻打王统，枹罕的众氐人都厌恶战事，于是就一起杀掉了毛兴，推举卫平为河州刺史，派使者去前秦请求指令。

后燕主慕容垂封他的儿子慕容农为辽西王，慕容麟为赵王，慕容隆为高阳王。

代王拓跋珪开始改称魏王。

张大豫从杨坞进军驻扎在姑臧城西，王穆及秃发思复鞬的儿子秃发奚于率领三万士兵驻扎在城南，吕光出城攻击，把他们打得大败，斩杀了秃发奚于等两万多人。

前秦实行大赦，任命卫平为抚军将军、河州刺史，任命吕光为车骑大将军、凉州牧。传达任命的使者全都落于后秦之手，没有能到达目的地。

后燕主慕容垂任命范阳王慕容德为尚书令，太原王慕容楷为左仆射，乐浪王慕容温为司隶校尉。

后秦主姚苌在长安即皇帝位，实行大赦，改年号为建初，立国号为大秦。追尊他的父亲姚弋仲为景元皇帝，立妻子蛇氏为皇后，儿子姚兴为皇太子，设置百官。姚苌与群臣聚宴，酒喝到尽兴时，说道：“你们全都与我北面称臣于秦朝，今天突然成为君臣关系，不感到耻辱吗？”赵迁说：“上天不耻以皇上作为儿子，我们为什么

（以上为第十段，写西燕内讧，其主段随被杀，又立慕容觊为王，杀之，改立慕容忠为帝；代王拓跋珪始称魏王；后秦主姚苌占领长安，即皇帝位，国号大秦。）

魏王珪东如陵石，护佛侯部帅侯辰、乙佛部帅代题皆叛走。诸将请追之，珪曰："侯辰等累世服役，有罪且当忍之。方今国家草创，人情未壹，愚者固宜前却，不足追也！"

六月，庚寅，以前辅国将军杨亮为雍州刺史，镇卫山陵。荆州刺史桓石民遣将军晏谦击弘农，下之。初置湖、陕二戍。

西燕刁云等杀西燕主忠，推慕容永为使持节、大都督中外诸军事、大将军、大单于、雍秦梁凉四州牧、录尚书事、河东王，称藩于燕。

燕主垂遣太原王楷、赵王麟、陈留王绍、章武王宙攻秦苻定、苻绍、苻谟、苻亮等，楷先以书与之，为陈祸福。定等皆降。垂封定等为侯，曰："以酬秦主之德。"

秦主丕以都督中外诸军事、司徒、录尚书事王永为左丞相，太尉、东海王纂为大司马，司空张蚝为太尉，尚书令咸阳徐义为司空，司隶校尉王腾为骠骑大将军、仪同三司。永传檄四方公侯、牧守、垒主、民豪，共讨姚苌、慕容垂，令各帅所统，以孟冬上旬会大驾于临晋。于是，天水姜延、冯翊寇明、河东王昭、新平张晏、京兆杜敏、扶风马朗、建忠将军高平牧官都尉扶风王敏等咸承檄起兵，各有众数万，遣使诣秦，丕皆就拜将军、郡守，封列侯。冠军将军邓景拥众五千据彭池，与窦冲为首尾，以击后秦。

丕以景为京兆尹。景，羌之子也。

后秦王苌徙安定五千余户于长安。

秋，七月，秦平凉太守金熙、安定都尉没弈干与后秦左将军姚方成战于孙丘谷，方成兵败。后秦主苌以其弟征虏将军绪为司隶校尉，镇长安，自将至安定，击熙等，大破之。金熙本东胡之种；没弈干，鲜卑多兰部帅也。

枹罕诸氐以卫平衰老，难与成功，议废之，而惮其宗强，累日不决。氐啖青谓诸将曰："大事宜时定，不然，变生。诸君但请卫公为会，观我所为。"会七夕大宴，青抽剑而前曰："今天下大乱，吾曹休戚同之，非贤

耻于作为部下呢！”姚苌开怀大笑。

魏主拓跋珪到东面的陵石，护佛侯部的主帅侯辰、乙佛部的主帅代题全都背叛逃走。众将领请求追击他们，拓跋珪说：“侯辰等人世代为我们效劳，有罪过也应该暂且容忍他们。如今国家刚刚建立，人心尚未统一，愚昧的人本来就是进退无常，不值得追击！”

六月二十日庚寅，东晋任命以前的辅国将军杨亮为雍州刺史，镇守戍卫洛阳的陵庙。荆州刺史桓石民派将军晏谦攻打弘农，攻了下来。开始设置了湖、陕二县的戍卫。

西燕的刁云等人杀掉了西燕主慕容忠，推举慕容永为使持节、大都督中外诸军事、大将军、大单于以及雍、秦、梁、凉四州牧，录尚书事，河东王，向后燕称藩。

后燕主慕容垂派太原王慕容楷、赵王慕容麟、陈留王慕容绍、章武王慕容宙攻打前秦国将领苻定、苻绍、苻谟、苻亮等。慕容楷先写信送给他们，为他们陈述祸福，苻定等人全都投降。慕容垂封苻定等人为侯，说：“以此来报答秦国主苻坚的恩德。”

前秦主苻丕任命都督中外诸军事、司徒、录尚书事王永为左丞相，任命太尉、东海王苻纂为大司马，任命司空张蚝为太尉，任命尚书令咸阳人徐义为司空，任命司隶校尉王腾为骠骑大将军、仪同三司。前秦将领王永向各地的公侯、州牧郡守、垒主、豪族传递檄文，共同讨伐姚苌、慕容垂，命令他们各自率领所统辖的部众，以十月上旬为期，在临晋与前秦主会合。于是天水人姜延、冯翊人寇明、河东人王昭、新平人张晏、京兆人杜敏、扶风人马朗及建忠将军、高平牧官都尉扶风人王敏等，全都秉承檄文起兵，各自拥有士兵数万人，派使者到前秦，苻丕全都授予他们将军、郡守职位，封为列侯。冠军将军邓景拥有五千士兵据守彭池，与窦冲首尾呼应，用以攻击后秦。

苻丕任命邓景为京兆尹。邓景是邓羌的儿子。

后秦主姚苌把安定的五千多户人家迁移到长安。

秋季，七月，前秦平凉太守金熙、安定都尉没弈干与后秦左将军姚方成在孙丘谷交战，姚方成的军队失败。后秦主姚苌任命他的弟弟征虏将军姚绪为司隶校尉，镇守长安。自己统领部队抵达安定，攻打金熙等人，把他们打得大败。金熙本来属东胡种族；没弈干是鲜卑多兰部的首领。

枹罕的众氐族部落，因为卫平年老，难以与他成就功业，商量要废掉他，但害怕他宗族强大，好多天都没有决定下来，氐人啖青对众将领说：“重大事情应该及时决定，不然就会产生变故。诸君只要请求卫平召集聚会就行了，看我的行动。”正逢

主不可以济大事。卫公老，宜返初服以避贤路。狄道长苻登，虽王室疏属，志略雄明，请共立之，以赴大驾。诸君有不同者，即下异议。”乃奋剑攘袂，将斩异己者。众皆从之，莫敢仰视。于是，推登为使持节、都督陇右诸军事、抚军大将军、雍河二州牧、略阳公，帅众五万，东下陇，攻南安，拔之，驰使请命于秦。登，秦主丕之族子也。

秘宜与莫侯悌眷帅其众三万余户降于乞伏国仁，国仁拜宜东秦州刺史，悌眷梁州刺史。

己酉，魏王珪还盛乐，代题复以部落来降，十余日，又奔刘显；珪使其孙倍斤代领其众。刘显弟肺泥帅众降魏。

八月，燕主垂留太子宝守中山，以赵王麟为尚书右仆射，录留台。庚午，自帅范阳王德等南略地，使高阳王隆东徇平原。丁零鲜于乞保曲阳西山，闻垂南伐，出营望都，剽掠居民。赵王麟自出讨之，诸将皆曰：“殿下虚镇远征，万一无功而返，亏损威重，不如遣诸将讨之。”麟曰：“乞闻大驾在外，无所畏忌，必不设备，一举可取，不足忧也。”乃声言至鲁口，夜，回趣乞，比明，至其营，掩击，擒之。

翟辽寇谯，朱序击走之。

秦主丕以苻登为征西大将军、开府仪同三司、南安王，持节、州牧、都督，皆因其所称而授之。又以徐义为右丞相。留王腾守晋阳，右仆射杨辅戍壶关，帅众四万，进屯平阳。

初，后秦主苌之弟硕德统所部羌居陇上，闻苌起兵，自称征西将军，聚众于冀城以应之；以兄孙详为安远将军，据陇城，从孙训为安西将军，据南安之赤亭，与秦秦州刺史王统相持。苌自安定引兵会硕德攻统，天水屠各、略阳羌胡应之者二万余户。秦略阳太守王皮降之。

（以上为第十一段，写前秦灭亡后，北方群雄争立为帝，各种势力争强斗胜。西燕杀掉国主慕容忠，推奉慕容永，称藩后燕；枹罕氐族推荐苻登为首领，接受前秦主苻丕节制。）

七月初七大宴聚会，啖青拔剑上前说："如今天下大乱，我们休戚与共，没有贤明的君主无法成就大事。卫公已经年老，应该辞去官职为贤人晋升让开道路，狄道首领苻登，虽然是王室的远亲，但志向才略宏伟英明，请求共同立他为首领，以奔赴秦国主苻丕。诸君如有不同意的，马上说出不同的看法。"接着就挥剑撸袖，准备斩杀持有不同意见的人。众人全都服从了他，没有人敢仰头观望。于是便推举苻登为使持节、都督陇右诸军事、抚军大将军及雍河二州牧、略阳公，率领五万士兵，东下陇郡，攻打南安，攻了下来，迅速派使者到前秦请求指令。苻登是前秦国王苻丕同族兄弟的儿子。

秘宜与莫侯悌眷率领他们的三万多户部众投降了乞伏国仁，乞伏国仁给秘宜授官东秦州刺史，给莫侯悌眷授官梁州刺史。

七月初十己酉，魏主拓跋珪回到盛乐，代题又带领部落前来投降，十多天以后，又投奔了刘显。拓跋珪让他的孙子倍斤代替他统领其士兵。刘显的弟弟刘肺泥率领士兵投降了魏国。

八月，后燕主慕容垂留下太子慕容宝守卫中山，任命赵王慕容麟为尚书右仆射，总领留台。初一庚午，慕容垂亲自率领范阳王慕容德等人攻打南部地域，让高阳王慕容隆向东开辟平原地区。丁零人鲜于乞据守在曲阳以西的山岭，听说慕容垂到南方攻打，出山驻扎在望都，抢掠当地民众。赵王慕容麟准备亲自出征攻打他，众将领都说："您使镇守之地空虚而远征讨伐，万一无功而返，有损威严，不如派遣众将领去讨伐他。"慕容麟说："鲜于乞听说国主在外，无所畏惧，一定不会设防，一举就可以攻取他，不值得忧虑。"于是就扬言前往鲁口，夜晚，回师直奔鲜于乞，等到天亮时，到了他的营地，突然发起攻击，擒获了鲜于乞。

翟辽进犯东晋谯郡，朱序击退了他。

前秦主苻丕任命苻登为征西大将军、开府仪同三司、南安王，持节、州牧、都督，全都根据他的自称而加以正式任命，又任命徐义为右丞相。留下王腾镇守晋阳，右仆射杨辅戍守壶关，率领四万士兵，进军到平阳驻扎。

当初，后秦国主姚苌的弟弟姚硕德统领他的羌族部众驻守陇上，听说姚苌起兵后，就自称征西将军，在冀城聚集士兵以响应姚苌。姚苌任命哥哥的孙子姚详为安远将军，据守陇城，任命弟弟的孙子姚训为安西将军，据守南安的赤亭，与前秦秦州刺史王统相对峙。姚苌从安定带领军队与姚硕德会合攻打王统，天水的屠各人、略阳的羌胡人响应他的有两万多户。前秦略阳太守王皮投降了姚苌。

初，秦灭代，迁代王什翼犍少子窟咄于长安，从慕容永东徙，永以窟咄为新兴太守。刘显遣其弟亢埿迎窟咄，以兵随之，逼魏南境，诸部骚动。魏王珪左右于桓等与部人谋执珪以应窟咄，幢将代人莫题等亦潜与窟咄交通。桓舅穆崇告之，珪诛桓等五人，莫题等七姓悉原不问。珪惧内难，北逾阴山，复依贺兰部，遣外朝大人辽东安同求救于燕，燕主垂遣赵王麟救之。

九月，王统以秦州降于后秦。后秦主苌以姚硕德为使持节、都督陇右诸军事、秦州刺史，镇上邽。

吕光得秦王坚凶问，举军缟素，谥曰“文昭皇帝”。冬，十月，大赦，改元大安。

西燕慕容永遣使诣秦主丕求假道东归，丕弗许，与永战于襄陵，秦兵大败，左丞相王永、卫大将军俱石子皆死。

初，东海王纂自长安来，麾下壮士三千余人，丕忌之，既败，惧为纂所杀，帅骑数千南奔东垣，谋袭洛阳。扬威将军冯该自陕邀击之，杀丕，执其太子宁、长乐王寿，送建康，诏赦不诛，以付苻宏。纂与其弟尚书永平侯师奴帅秦众数万走据杏城，其余王公百官皆没于永。

永遂进据长子，即皇帝位，改元中兴。将以秦后杨氏为上夫人，杨氏引剑刺永，为永所杀。

（以上为第十二段，写北魏主拓跋珪北度阴山避乱，依附贺兰部；吕光得知前秦主苻坚去世，举哀，改元大安；西燕主慕容永消灭前秦主苻丕，即位，改元中兴。）

甲申，海西公奕薨于吴。

燕寺人吴深据清河反，燕主垂攻之，不克。

后秦主苌还安定。

秦南安王登既克南安，夷、夏归之者三万余户。遂进攻姚硕德于秦州，后秦主苌自往救之。登与苌战于胡奴阜，大破之，斩首二万余级，将军啖青射苌，中之。苌创重，走保上邽，姚硕德代之统众。

当初，前秦国消灭了代国，把代王拓跋什翼犍的小儿子拓跋窟咄迁移到了长安，后来他跟着慕容永向东迁徙，慕容永任命拓跋窟咄为新兴太守。刘显派他的弟弟刘亢埿迎接拓跋窟咄，并带领军队跟随着他，威逼魏国的南部边境，众部落骚动不安。魏王拓跋珪的身边侍从于桓等人与部落中的一些人谋划拘捕拓跋珪以响应拓跋窟咄，幢将、代国人莫题等也暗中与拓跋窟咄相勾结。于桓的舅舅穆崇告发了他们，拓跋珪斩杀了于桓等五人，对莫题等七人则全部原谅，不予追究。拓跋珪害怕内部的人发难，便向北翻越阴山，又依附贺兰部，派遣外朝大人辽东人安同去向后燕求救，后燕主慕容垂派赵王慕容麟救援他们。

九月，王统献出秦州投降了后秦。后秦主姚苌任命姚硕德为使持节、都督陇右诸军事、秦州刺史，镇守上邽。

吕光获悉前秦主苻坚死的消息，全军将士都身穿白色丧服志哀，给苻坚定谥号为文昭皇帝。冬季，十月，实行大赦，改年号为大安。

西燕慕容永派使者到前秦主苻丕那里请求借道东返，苻丕不同意，与慕容永在襄陵交战，前秦的军队大败，左丞相王永、卫大将军俱石子全都战死。

当初，东海王苻纂从长安来投奔苻丕，手下有勇士三千多人，苻丕非常忌恨他，等到苻丕失败以后，害怕被苻纂杀掉，就率领数千骑兵向南逃奔东垣，打算袭击洛阳。扬威将军冯该从陕城出发迎击他，斩杀了苻丕，抓获了他的太子苻宁、长乐王苻寿，把他们送到了建康。朝廷下达命令赦免他们，不予诛杀，把他们交给了苻宏。苻纂与他的弟弟尚书永平侯苻师奴率领前秦的数万士兵逃奔占据了杏城，其余的王公百官全都落入慕容永之手。

慕容永于是就进军占据长子，即皇帝位，改年号为中兴。正准备要以前秦皇后杨氏作为上夫人，杨氏拔剑刺击慕容永，被慕容永杀掉。

十月十六日甲申，东晋海西公司马奕在吴郡去世。

后燕宦官吴深占据清河反叛，国主慕容垂攻打他，没有攻下。

后秦主姚苌回到了安定。

前秦南安王苻登攻克了南安以后，夷人、汉人归附他的有三万多户，于是他就进军秦州，攻打姚硕德，后秦主姚苌亲自前往救援。苻登与姚苌在胡奴阜交战，大败姚苌，斩首两万多人，将军啖青射击姚苌，射中了他。姚苌伤势严重，逃至上邽自保，姚硕德代替他统领部众。

燕赵王麟军未至魏，拓跋窟咄稍前逼魏王珪，贺染干侵魏北部以应之。魏众惊扰，北部大人叔孙普洛亡奔刘卫辰。麟闻之，遽遣安同等归。魏人知燕军在近，众心少安。窟咄进屯高柳，珪引兵与麟会击之，窟咄大败，奔刘卫辰，卫辰杀之。珪悉收其众，以代人库狄干为北部大人。麟引兵还中山。

刘卫辰居朔方，士马甚盛。后秦主苌以卫辰为大将军、大单于、河西王、幽州牧，西燕主永以卫辰为大将军、朔州牧。

十一月，秦尚书寇遗奉勃海王懿、济北王昶自杏城奔南安，南安王登发丧行服，谥秦主丕曰“哀平皇帝”。登议立懿为主，众曰：“勃海王虽先帝之子，然年在幼冲，未堪多难。今三虏窥觎，宜立长君，非大王不可。”登乃为坛于陇东，即皇帝位，大赦，改元太初，置百官。

慕容柔、慕容盛及盛弟会皆在长子，盛谓柔、会曰：“主上已中兴幽、冀，东西未一，吾属居嫌疑之地，为智为愚，皆将不免，不若以时东归，无为坐待鱼肉也！”遂相与亡归燕。后岁余，西燕主永悉诛燕主儁及燕主垂之子孙，男女无遗。

张大豫自西郡入临洮，掠民五千余户，保据俱城。

十二月，吕光自称使持节、侍中、中外大都督，督陇右河西诸军事、大将军、凉州牧、酒泉公。

秦主登立世祖神主于军中，载以辎軿，建黄旗青盖，以虎贲三百人卫之，凡所欲为，必启主而后行。引兵五万，东击后秦，将士皆刻鉾、铠为“死”“休”字；每战以剑矟为方圆大阵，知有厚薄，从中分配，故人自为战，所向无前。

初，长安之将败也，中垒将军徐嵩、屯骑校尉胡空各聚众五千，结垒自固，既而受后秦官爵。后秦主苌以王礼葬秦主坚于二垒之间。及登至，嵩、空以众降之。登拜嵩雍州刺史，空京兆尹，改葬坚以天子之礼。

乙酉，燕主垂攻吴深垒，拔之，深单马走。垂进屯聊城之逢关陂。

后燕赵王慕容麟的军队没有抵达魏国，拓跋窟咄逐渐前进紧逼魏王拓跋珪，贺染干入侵魏国北部以响应他。魏国士兵惊恐混乱，北部大人叔孙普洛投奔刘卫辰。慕容麟听说以后，迅速派安同等人返回。魏国人知道后燕的军队就在近处，众人的心里稍微安定了一点。拓跋窟咄进军驻扎在高柳，拓跋珪带领军队与慕容麟会合攻打他，拓跋窟咄大败，逃奔刘卫辰，刘卫辰杀掉了他。拓跋珪接收了他的全部士兵，任命代国人库狄干为北部大人。慕容麟带领军队返回了中山。

刘卫辰驻军朔方，士兵战马非常强盛。后秦主姚苌任命刘卫辰为大将军、大单于、河西王、幽州牧，西燕国主慕容永任命刘卫辰为大将军、朔州牧。

十一月，前秦尚书寇遗奉送渤海王苻懿、济北王苻昶从杏城投奔南安，南安王苻登公布了前秦国主苻丕死亡的消息，并为他服丧守孝，定立谥号为哀平皇帝。苻登商议立苻懿为国主，众人说："渤海王苻懿虽然是先帝的儿子，但是年龄幼小，没有经历过多的磨难。如今三国的敌人都在窥伺图谋我们，应该立年长的君主，此人非大王不可。"苻登于是就在陇东设立祭坛，即皇帝位，实行大赦，改年号为太初，设置百官。

慕容柔、慕容盛以及慕容盛的弟弟慕容会全都在长子，慕容盛对慕容柔、慕容会说："主上已在幽州、冀州中兴，但东西尚未统一，我们身居容易引起怀疑的地方，不管做得明智还是愚鲁，都将难免于祸，不如及时东归，不要干坐以待毙的事情！"于是他们就一起逃回了后燕。此后一年多，西燕国主慕容永将前燕国主慕容儁及后燕国主慕容垂的子孙们全部诛杀，不论男女，无一遗漏。

西凉张大豫从西郡进入临洮，掳掠了五千多户百姓，据守俱城。

十二月，吕光自称使持节，侍中，中外大都督，督陇右、河西诸军事，大将军，凉州牧，酒泉公。

前秦主苻登在军队中设立了世祖苻坚的牌位，放在四周遮蔽的车乘里，并给车乘装上黄色的旗帜，蓝色的车盖，让三百名虎贲士兵守卫，凡是想干的事情，一定要先向苻坚的牌位报告然后才行动。苻登带领五万军队，东进攻打后秦，将士们全都在头盔铠甲上刻了"死""休"二字，每逢战斗都用剑矛组成方圆大阵，知道了力量分布不均后，再重新调整，所以人人各自为战，所向无敌。

当初，长安将要失守的时候，中垒将军徐嵩、屯骑校尉胡空各自聚集五千士兵，构筑营垒固守，不久，名义上又接受了后秦授予的官职爵位。后秦主姚苌以国王的礼仪把前秦主苻坚安葬在二垒之间。等到苻登抵达，徐嵩、胡空带领士兵投降了苻登。苻登授予徐嵩雍州刺史，授予胡空京兆尹，按天子的礼仪重新安葬了苻坚。

十二月十八日乙酉，后燕主慕容垂攻打吴深的营垒，攻了下来，吴深单身匹马

初，燕太子洗马温详来奔，以为济北太守，屯东阿。燕主垂遣范阳王德、高阳王隆攻之，详遣从弟攀守河南岸，子楷守碻磝以拒之。

燕主垂以魏王珪为西单于，封上谷王，珪不受。

（以上为第十三段，写前秦将领苻登在陇东即帝位，改元太初；慕容垂小儿子慕容柔等人从西燕逃回后燕；西燕主慕容永将前燕主慕容儁以及后燕主慕容垂的子女全部诛杀。）

逃走，慕容垂进军驻扎在聊城的逢关陂。当初，后燕太子洗马温详前来投奔东晋，东晋任命他为济北太守，驻扎东阿。后燕主慕容垂派范阳王慕容德、高阳王慕容隆攻打他，温详派他的堂弟温攀坚守黄河南岸，派儿子温楷坚守碻磝以抵抗他们。

后燕主慕容垂任命魏王拓跋珪为西单于，封为上谷王。拓跋珪不予接受。

【点评】

东晋贤相谢安。谢安是东晋时期不可多得的定国安邦的宰相。他曾高卧东山四十年，后来出仕，做了桓温的征西司马，当过吴兴太守，在朝廷担任侍中，后来接受遗诏，做了十多年的辅政大臣。

谢安稳定朝局，使东晋避免了动荡不安的局面出现。谢安的性格沉稳，处理事情有条不紊，危急关头能够镇静自若，桓温后期凌驾朝廷之上，驻在外地，遥控指挥，曾入京朝见孝武帝司马曜，建康城里人心浮动，认为桓温要大开杀戒，辅政大臣谢安、王坦之的性命危矣。桓温来到京城，旁若无人。王坦之吓得汗流浃背，而谢安则从容镇静，谈笑自若，机智应对，使得桓温的野心有所收敛。在淝水之战中，谢安也是如此。

谢安淡泊功利，缓和了矛盾和冲突。桓温去世后，东晋朝廷的权力重心逐渐转到谢安，如何缓和矛盾、稳定政局，是处理政事的重中之重。桓温去世后，有人主张尽罢桓温一族的权力。而谢安则认为，桓温虽然死了，但势力还在，如果骤夺其权，会引发一系列新的矛盾和争斗。于是，他继续用桓温之弟桓冲都督徐、豫等五州诸军事，担任徐州刺史，镇守京口，后又转任都督七州诸军事，兼任荆州刺史。桓冲的名望不如谢安，而谢安的军事才能不及桓冲，两人相辅相成，相得益彰，共同对付北方的前秦政权。谢安能做到这一点，实在是不容易啊！东晋的王敦、桓温，应当说都是有一些大才能的人，但就是过于揽权，恨不得把朝廷卷到自己家中，一则威逼皇帝，一则废立皇帝，弄得天怨人怒，甚至还搭上了自己的千古名声。何必呢？

桓冲去世又引发了新的矛盾，谢安仍然以大局为重。桓冲在淝水之战后不久就心存愧疚去世了。谢安没有让亲信谢玄接替桓冲的职务，担任荆、江两州刺史，他担心桓氏失去荆、江二州的职权会不服气，就任命桓石民为荆州刺史，桓伊改镇江州，桓石虔镇守豫州，使三桓统辖三州，各无怨言，各得其所，相安无事。如果谢安存有私心，或是才力不济，焉能做到如此？作为朝廷的首辅大臣，职任不在于自己如何标新立异，立功显名，而在于把握运筹，掌控时势，扭转时风，稳定人心。谢安当之无愧地做到了这一切。

历代人们将谢安与王导相提并论。应当说，他们对于东晋王朝的建立和巩固，起到了关键的作用，两人各有所长，而在文雅方面，谢安则更胜一筹。清朝诗人侯方域曾写有《谢安论》，其中说："晋氏之既东也，其相臣前有王导，后有谢安。导有大有为之识，而无大有为之才；安有大有为之量，而无大有为之干。"是说王导、谢安各有其突出才能以及不足之处。人无完人，其说是矣。

桓温和谢安，都是朝廷的权臣，而两人的行事作风则迥然不同，桓温处处好强，

稍有不慎，则是弦断难续，因此，朝廷上下都在提防着他，处处予以掣肘，甚至与之为敌，朝廷请殷浩出山，就有这种明显的意图。桓温的三次北伐，其功甚微，与这种政治环境就有很大关系。而谢安悠游自在，与世不争，相对比较宽容，故朝野上下都信任他、拥护他。如果将两人相比较，在这一点上就高下立分。

谢安和王猛是当时东晋和前秦两个对国家有大贡献的宰相，有一副对联说："关中良相唯王猛，天下苍生望谢安。"其说恰如其分。王猛遇到前秦主苻坚这种具有大抱负的帝王，就如同商鞅遇到了秦孝公，但他比商鞅更幸运，于是就放开手来一搏，无论是改革内政，还是消灭前燕，都立下了不朽的功劳，因为他的身后有强大的帝王在为他撑腰啊！而谢安却要全靠自己，他所侍奉的皇帝孱弱无能，是扶不上墙的烂泥，时不时还听小人之言，给谢安小鞋穿。谢安在此情此境下，能够做到安如磐石，成为民众的依赖，实在是了不起啊！到了生命的最后，朝廷小人得势，他则选择了急流勇退，申请退出朝廷，到边镇立功，这一点，非是一般人所能做到啊！

晋纪二十九

晋孝武帝太元十二年至十六年（387—391 年）

【起强圉大渊献（丁亥，387 年），尽重光单阏（辛卯，391 年），凡五年】

【大事提要】

本卷记事起于公元 387 年，至公元 391 年，凡五年，时当晋孝武帝（司马曜）太元十二年至太元十六年。本卷所载大事，主要有五个方面。其一，后燕怒击刘显。公元 387 年，后赵将领刘显自恃地广兵强，称雄一方。匈奴铁弗部首领刘卫辰向后燕献马，被刘显抢劫。后燕王慕容垂大怒，派兵攻打。刘显兵败，逃到马邑。北魏主拓跋珪率兵与后燕会合，合击刘显。刘显逃到西燕。后燕获马牛羊数以万计。其二，翟辽自称魏天王，西秦乞伏乾归为河南王。公元 388 年，丁零人翟辽派司马眭琼向慕容垂请罪，被斩，翟辽大怒，自称魏天王，改元建光，设置百官，屯于滑台。西秦鲜卑首领乞伏国仁去世后，其子年幼，群臣推其弟乞伏乾归为大将军、大单于，改元太初。其三，后燕破张申、王祖。公元 388 年，后燕太原王慕容楷、赵王慕容麟与高阳王慕容隆在合口会合，共同攻打壁垒主张申，王祖率诸垒前来援助，夜袭后燕军队。慕容隆判定这些壁垒主不过是乌合之众，只要乘势追击，一定可以获全胜，遂分道追击，大获全胜。其四，后燕安辽西。后燕辽西王慕容农，一直镇守龙城，实行休养生息，遂百废俱兴，政通人和。公元 389 年，后燕主慕容垂召慕容农为侍中，司隶校尉，派高阳王慕容隆镇守龙城。慕容隆沿袭其守边之策，对百姓广为安抚，使得辽西地区局势稳定，经济不断发展。其五，东晋司马道子乱政。东晋孝武帝司马曜因沉迷酒色而疏于政事，司徒司马道子权倾天下，又亲近僧尼，宠信小人，尤以时任侍中的王国宝卑下讨好而特别宠信之。其宠信之徒趁机玩弄朝权，贿赂买官，政治和刑律都很混乱；又崇尚佛教而耗费过多，民不堪命。

【原文】

烈宗孝武皇帝中之下

太元十二年（丁亥，387年）

春，正月，乙巳，以朱序为青、兖二州刺史，代谢玄镇彭城。序求镇淮阴，许之。以玄为会稽内史。

丁未，大赦。

燕主垂观兵河上，高阳王隆曰："温详之徒，皆白面儒生，乌合为群，徒恃长河以自固。若大军济河，必望旗震坏，不待战也。"垂从之。

戊午，遣镇北将军兰汗、护军将军平幼于碻磝西四十里济河，隆以大众陈于北岸。温攀、温楷果走趣城，平幼追击，大破之。详夜将妻子奔彭城，其众三万余户皆降于燕。垂以太原王楷为兖州刺史，镇东阿。

初，垂在长安，秦王坚尝与之交手语。垂出，冗从仆射光祚言于坚曰："陛下颇疑慕容垂乎？垂非久为人下者也。"坚以告垂。及秦主丕自邺奔晋阳，祚与黄门侍郎封孚、钜鹿太守封劝皆来奔。劝，奕之子也。垂之再围邺也，秦故臣西河朱肃等各以其众来奔。诏以祚等为河北诸郡太守，皆营于济北、濮阳，羁属温详。详败，俱诣燕军降。垂赦之，抚待如旧。垂见光祚，流涕沾衿，曰："秦王待我深，吾事之亦尽，但为二公猜忌，吾惧死而负之，每一念之，中宵不寐。"祚亦悲恸。垂赐祚金帛，祚固辞，垂曰："卿犹复疑邪？"祚曰："臣昔者惟知忠于所事，不意陛下至今怀之，臣敢逃其死！"垂曰："此乃卿之忠，固吾所求也，前言戏之耳。"待之弥厚，以为中常侍。

翟辽遣其子钊寇陈、颍，朱序遣将军秦膺击走之。

秦主登立妃毛氏为皇后，勃海王懿为太弟。后，兴之女也。遣使拜东海王纂为使持节、都督中外诸军事、太师、领大司马，封鲁王；纂弟

【语译】

烈宗孝武皇帝中之下

晋孝武帝太元十二年（丁亥，387年）

春季，正月初八乙巳，东晋任命朱序为青、兖二州刺史，代替谢玄镇守彭城；朱序请求改镇淮阴得到了朝廷的允许。朝廷任命谢玄为会稽内史。

正月初十丁未，东晋实行大赦。

后燕主慕容垂在黄河之上阅兵，高阳王慕容隆说："温详这些人，都是白面儒生，乌合之众，只是依靠长河之险来保护自己；如果大军渡过黄河，他们一定会望旗自溃，不用一战。"慕容垂同意他的话。

正月二十一日戊午，慕容垂派遣镇北将军兰汗、护军将军平幼率军在碻磝以西四十里的地方渡黄河，慕容隆则把更多的军队部署在河北岸。温攀、温楷等果然向东阿城逃去。平幼跟踪追击，把这支敌军打得大败。温详则趁夜携带妻子儿女逃奔彭城，他的三万多户部众都投降了后燕。慕容垂任命太原王慕容楷为兖州刺史，镇守东阿城。

当初，慕容垂在长安的时候，前秦主苻坚曾经与他握手交谈。慕容垂离开后，冗从仆射光祚曾对苻坚说："皇上您很顾虑慕容垂吗？慕容垂可不是一个久居人下的人啊！"苻坚却把光祚这番话告诉了慕容垂。前秦主苻丕从邺城逃奔晋阳后，光祚和黄门侍郎封孚、钜鹿太守封劝都来投奔东晋。封劝是封奕的儿子。慕容垂再次兵围邺城，前秦老臣西河人朱肃等人都各自率自己的部众来归顺东晋。朝廷下令任命光祚等人为河北等几个郡的太守，都在济北、濮阳等处驻扎，从属于温详；温详失败后，他们都向后燕军投降。慕容垂赦免了他们，并像过去一样安抚厚待他们。慕容垂看见光祚也在其中，于是痛哭流涕，泪湿衣襟，说："秦王苻坚对我恩重如山，我也尽自己全力为他办事；但是受到苻丕、苻晖二公的猜忌，我因为怕死才背叛了他们。现在每一想起这些，半夜也睡不着觉。"光祚也很悲恸。慕容垂赐给光祚金钱布帛，光祚坚决辞谢不收，慕容垂说："您现在还怀疑我吗？"光祚说："我过去只知道忠于我所侍奉的主人，想不到皇上您今天还把我这事挂在心上，我怎么能逃过死罪呢？"慕容垂说："这是你的一片忠心，正是我所企求的，刚才那句话不过是玩笑罢了。"从此慕容垂对待光祚更加优厚，任命他为中常侍。

丁零部酋长翟辽派遣他的儿子翟钊进犯东晋的属地陈留、颍川郡。朱序派将军秦膺击退翟钊。

前秦主苻登册立王妃毛氏为皇后，封勃海王苻懿为皇太弟。毛皇后是毛兴的女儿。苻登派遣使节拜封东海王苻纂为使持节、都督中外诸军事、太师兼大司马，并

师奴为抚军大将军、并州牧，封朔方公。纂怒谓使者曰："勃海王，先帝之子，南安王何以不立而自立乎？"长史王旅谏曰："南安已立，理无中改；今寇虏未灭，不可宗室之中自为仇敌也。"纂乃受命。于是，卢水胡彭沛谷、屠各董成、张龙世、新平羌雷恶地等皆附于纂，有众十余万。

（以上为第一段，写后燕主慕容垂的势力逐渐强大，派高阳王慕容隆打败了东晋温详的部队；前秦主苻登拜封东海王苻纂，胡人纷纷响应归附，部众达到十多万人。）

后秦主苌徙秦州豪杰三万户于安定。

初，安次人齐涉聚众八千余家据新栅，降燕，燕主垂拜涉魏郡太守。既而复叛，连张愿，愿自帅万余人进屯祝阿之瓮口，招翟辽，共应涉。

高阳王隆言于垂曰："新栅坚固，攻之未易猝拔。若久顿兵于其城下，张愿拥帅流民，西引丁零，为患方深。愿众虽多，然皆新附，未能力斗。因其自至，宜先击之。愿父子恃其骁勇，必不肯避去，可一战擒也。愿破，则涉不能自存矣。"垂从之。

二月，遣范阳王德、陈留王绍、龙骧将军张崇帅步骑二万会隆击愿。军至斗城，去瓮口二十余里，解鞍顿息。愿引兵奄至，燕人惊遽，德兵退走，隆勒兵不动。愿子龟出冲陈，隆遣左右王末逆击，斩之。隆徐进战，愿兵乃退。德行里余，复整兵，还与隆合，谓隆曰："贼气方锐，宜且缓之。"隆曰："愿乘人不备，宜得大捷；而吾士卒皆以悬隔河津，势迫之故，人思自战，故能却之。今贼不得利，气竭势衰，皆有进退之志，不能齐奋，宜亟击之。"德曰："吾唯卿所为耳。"遂进，战于瓮口，大破之，斩首七千八百级。愿脱身保三布口。燕人进军历城，青、兖、徐州郡县壁垒多降。垂以陈留王绍为青州刺史，镇历城。德等还师，新栅人冬鸾执涉送之。垂诛涉父子，余悉原之。

（以上为第二段，写反叛后燕的齐涉占据新栅城，张愿占据瓮口，共同呼应，而后燕高阳王慕容隆有勇有谋，出兵攻下立足未稳的张愿，齐涉也被抓获而被杀。）

封为鲁王；任命苻纂的弟弟苻师奴为抚军大将军、并州牧，并封为朔方公。苻纂生气地对使节说："勃海王苻懿是先帝苻丕的儿子，南安王苻登为什么不拥立他做皇帝，却自己登上宝座呢？"长史王旅劝他说："南安王既已做了皇帝，按道理便不能半途改变了；现在贼寇盗匪还没有消灭，皇族宗室之中不能自己先互相成为仇敌。"苻纂这才接受了任命。从此卢水的胡人彭沛谷，屠各人董成、张龙世，新平羌人雷恶地等都归附于苻纂，苻纂的部众达到十多万人。

后秦主姚苌，把秦州的强族豪门之士三万户强行送到安定居住。

当初，安次人齐涉聚集当地的民众八千多家占据新栅，归降后燕，后燕国主慕容垂任命齐涉为魏郡太守。不久，齐涉又反叛后燕，与东晋叛将张愿联合。张愿统率一万多人进驻屯扎在祝阿的瓮口，并联络翟辽，共同呼应齐涉。

高阳王慕容隆对慕容垂报告说："新栅城池坚固，如果进攻，不容易马上攻破。如果长时间屯兵在那座城下，张愿裹胁率领他的流民部众，又从西方引来丁零部落的翟辽，可能会给我们造成深重的祸患。张愿的兵虽然多，但都是新近才归附的，不能替张愿奋力死战。应该趁他自己找上门来，先对他发动攻击。张愿父子依仗他们自己骁勇善战，一定不肯躲避而走，因此，可以在一次战斗之中把他们擒住。张愿被击败，齐涉就不能独自存在了。"慕容垂接受了他的建议。

二月，后燕主慕容垂派范阳王慕容德、陈留王慕容绍、龙骧将军张崇等统领步、骑兵二万人，会合慕容隆一起攻击张愿。大军抵达斗城，距瓮口二十多里时，下马解鞍，暂时休整。张愿带兵突然袭击，后燕兵马惊慌失措，慕容德的部队撤退而走，慕容隆则压住阵脚不动。张愿的儿子张龟出马冲掠慕容隆的兵阵，慕容隆派身边的将领王末迎上前去厮杀，杀了张龟。慕容隆慢慢挥军掩杀，张愿的军队才撤了回去。慕容德奔逃一里多远，重新整顿兵马，回来与慕容隆会合，对慕容隆说："贼寇的气势正盛，我们应该暂时缓进。"慕容隆说："张愿趁我们不加防备的时候，进行突然进攻，理应取得大胜；而我们的将士都因为被隔在黄河渡口的南岸，迫于形势，每个人都想到的都只有死战，所以才能把敌兵击退。现在敌兵没有得到便宜，士气衰竭，声势败微，进退战守都有各自的打算，因此不能齐心奋战，应该迅速去攻击他们。"慕容德说："我完全听你的指挥。"于是，开始进攻，在瓮口与敌兵会战，大破张愿的部队，杀死七千八百多人；张愿逃脱，退保三布口。后燕军队开进历城，青州、兖州、徐州等郡县与一些民堡，大多数投降。慕容垂任命陈留王慕容绍为青州刺史，镇守历城，慕容德等班师回朝。新栅人冬鸾抓住齐涉，押送到后燕。慕容垂下令诛斩齐涉父子，其他的人都赦免。

三月，秦主登以窦冲为南秦州牧，杨定为益州牧，杨壁为司空、梁州牧，乞伏国仁为大将军、大单于、苑川王。

燕上谷人王敏杀太守封戢，代郡人许谦逐太守贾闰，各以郡附刘显。

燕乐浪王温为尚书右仆射。

夏，四月，戊辰，尊帝母李氏为皇太妃，仪服如太后。

后秦征西将军姚硕德为杨定所逼，退守泾阳。定与秦鲁王纂共攻之，战于泾阳，硕德大败。后秦主苌自阴密救之，纂退屯敷陆。

燕主垂自碻磝还中山，慕容柔、慕容盛、慕容会来自长子。庚辰，垂为之大赦。垂问盛："长子人情如何，为可取乎？"盛曰："西军扰扰，人有东归之志，陛下唯当修仁政以俟之耳。若大军一临，必投戈而来，若孝子之归慈父也。"垂悦。

癸未，封柔为阳平王，盛为长乐公，会为清河公。

高平人翟畅执太守徐含远，以郡降翟辽。燕主垂谓诸将曰："辽以一城之众，反覆三国之间，不可不讨。"五月，以章武王宙监中外诸军事，辅太子宝守中山，垂自帅诸将南攻辽，以太原王楷为前锋都督。辽众皆燕、赵之人，闻楷至，皆曰："太原王子，吾之父母也！"相帅归之。辽惧，遣使请降。垂以辽为徐州牧，封河南公，前至黎阳，受降而还。

（以上为第三段，写后燕主慕容垂亲自统率属将进攻反复无常的叛将翟辽，以太原王慕容楷为前锋都督，当地人都归降，翟辽恐惧，也请求投降，为徐州牧。）

井陉人贾鲍，招引北山丁零翟遥等五千余人，夜袭中山，陷其外郭。章武王宙以奇兵出其外，太子宝鼓噪于内，合击，大破之，尽俘其众，唯遥、鲍单马走免。

刘显地广兵强，雄于北方。会其兄弟乖争，魏长史张衮言于魏王珪曰："显志在并吞，今不乘其内溃而取之，必为后患。然吾不能独克，请

三月，前秦主苻登任命窦冲为南秦州牧，杨定为益州牧，杨璧为司空、梁州牧，封乞伏国仁为大将军、大单于、苑川王。

后燕上谷郡人王敏袭杀了太守封戢，代郡人许谦驱逐了太守贾闰，各自举郡城归顺匈奴部落的刘显。

后燕乐浪王慕容温被任为尚书右仆射。

夏季，四月初三戊辰，晋孝武帝司马曜尊封他的母亲李氏为皇太妃，仪礼服饰如同皇太后。

后秦征西将军姚硕德由于受到前秦益州牧杨定的逼迫，撤退到泾阳据守。杨定与前秦鲁王苻纂一起攻击姚硕德，在泾阳决战，姚硕德大败。后秦主姚苌从阴密赶来援救，苻纂退到敷陆屯守。

后燕主慕容垂从碻磝回到中山。慕容柔、慕容盛、慕容会也从长子县赶回。四月，十五日庚辰，慕容垂因为他们重新回到都城，实行大赦。慕容垂问慕容盛说："长子那个地方人们的心情怎么样，可以争取吗？"慕容盛说："西方常有军事骚扰，因此人们都有归顺东部的意思，皇上您只需施行仁政、耐心等待时机罢了。如果大军一旦逼临，他们一定会拿着武器前来归顺，就像孝顺的儿子归附仁慈的父亲那样。"慕容垂大喜。

四月十八日癸未，慕容垂封慕容柔为阳平王，慕容盛为长乐公，慕容会为清河公。

高平人翟畅抓住了太守徐含远，并率全郡投降了翟辽。后燕主慕容垂对各位将领说："翟辽只不过凭借着一个城池的部众，却在三个国家之间反复归叛，不能不去攻打。"五月，慕容垂命令章武王慕容宙为监中外诸军事，辅佐太子慕容宝镇守都城中山；慕容垂则亲自统率各位将领向南进攻翟辽。他任命太原王慕容楷为前锋都督。翟辽的部众都是燕赵一带的人，听说慕容楷率军到了，都说："太原王的儿子，是我们的父母！"于是都互相带领着归顺慕容楷。翟辽恐惧异常，派遣使节到后燕军中请求投降。慕容垂任命翟辽为徐州牧，并封为河南公，并往黎阳地方，办理受降后，班师回朝。

井陉人贾鲍，招引来北山丁零部落翟遥等五千多人，趁黑夜偷袭后燕都城中山，攻陷了中山的外城。章武王慕容宙派遣一支奇兵在外边攻击，太子慕容宝在城内擂鼓呐喊呼应，内外合击，把丁零部打得大败，俘虏全部敌军，只有翟遥、贾鲍二人单骑逃走幸免。

匈奴首领刘显属地广大、兵马强壮，在北方称雄。正巧遇到刘显兄弟之间发生权力争斗，北魏长史张兖便对魏王拓跋珪说："刘显这个人的志向就是要吞并我们，

与燕共攻之。”珪从之，复遣安同乞师于燕。

诏征会稽处士戴逵，逵累辞不就；郡县敦逼不已，逵逃匿于吴。谢玄上疏曰：“逵自求其志，今王命未回，将罹风霜之患。陛下既已爱而器之，亦宜使其身名并存，请绝召命。”帝许之。逵，逯之兄也。

秦主登以其兄同成为司徒、守尚书令，封颍川王；弟广为中书监，封安成王；子崇为尚书左仆射，封东平王。

燕主垂自黎阳还中山。

吴深杀燕清河太守丁国，章武人王祖杀太守白钦，勃海人张申据高城以叛；燕主垂命乐浪王温讨之。

苑川王国仁帅骑三万袭鲜卑大人密贵、裕苟、提伦三部于六泉。秋，七月，与没弈干、金熙战于渴浑川，没弈干、金熙大败，三部皆降。

秦主登军于瓦亭，后秦主苌攻彭沛谷堡，拔之，谷奔杏城。苌还阴密，以太子兴镇长安。

燕赵王麟讨王敏于上谷，斩之。

刘卫辰献马于燕，刘显掠之。燕主垂怒，遣太原王楷将兵助赵王麟击显，大破之。显奔马邑西山。魏王珪引兵会麟击显于弥泽，又破之。显奔西燕，麟悉收其部众，获马牛羊以千万数。

吕光将彭晃、徐炅攻张大豫于临洮，破之。大豫奔广武，王穆奔建康。八月，广武人执大豫送姑臧，斩之。穆袭据酒泉，自称大将军、凉州牧。

辛巳，立皇子德宗为太子，大赦。

燕主垂立刘显弟可泥为乌桓王，以抚其众，徙八千余落于中山。

秦冯翊太守兰椟帅众二万自频阳入和宁，与鲁王纂谋攻长安。纂弟师奴劝纂称尊号，纂不从。师奴杀纂而代之，椟遂与师奴绝。西燕主永攻椟，遣使请救于后秦，后秦主苌欲自救之。尚书令姚旻、左仆射尹纬

现在如果不趁他们内部崩溃而消灭他们，一定会成为我们的后患。但是我们又没有能力自己战胜他们，不妨请燕国和我们一起进攻他们。”拓跋珪听从了他的话，派安同去后燕国请求出兵。

东晋孝武帝司马曜下令，征召会稽郡的隐士戴逵，戴逵几次推辞不肯接受。郡里县里的人敦促逼迫不停，戴逵无奈，只好逃到吴郡藏了起来。谢玄上书说：“戴逵自己追求他那隐居的志向，现在您下的征召他的命令没有收回，将要使他承受在外流浪的风霜之苦。皇上您既然爱惜他又器重他，就应该使他的身体与声名一同存在，请您收回征召他的命令。”孝武帝答应了谢玄的请求。戴逵是戴逯的哥哥。

前秦主苻登任命他的哥哥苻同成为司徒、守尚书令，封颍川王；任命他的弟弟苻广为中书监，封为安成王；任命他的儿子苻崇为尚书左仆射，封为东平王。

后燕主慕容垂从黎阳回到中山。

后燕叛将吴深杀了后燕清河太守丁国，章武人王祖杀了太守白钦，勃海人张申占据高城反叛，慕容垂命令乐浪王慕容温发兵去攻打他们。

西秦苑川王乞伏国仁统领骑兵三万人袭击鲜卑部落的首领密贵、裕苟、提伦等三部所据守的六泉。秋季，七月，乞伏国仁与前秦安定都尉没弈干、金熙在渴浑川展开大战，没弈干、金熙大败，鲜卑的三个部落也都归降了西秦。

前秦主苻登在瓦亭集结军队，后秦主姚苌进攻卢胡人彭沛谷的堡垒，攻破后，彭沛谷逃奔杏城。姚苌则还兵阴密，派太子姚兴镇守长安。

后燕赵王慕容麟发兵去上谷攻打变民首领王敏，并杀了他。

朔方部落首领刘卫辰向后燕进献马匹，被刘显抢走。后燕主慕容垂勃然大怒，派遣太原王慕容楷率领兵马协助赵王慕容麟进攻刘显，把刘显打得大败。刘显逃奔到马邑的西部山区。魏王拓跋珪又带领兵马与慕容麟一起在弥泽攻击刘显，再一次打败了他。刘显走投无路，投奔西燕。慕容麟接收了刘显残留下来的全部兵马，缴获马、牛、羊等战利品成千上万。

后凉吕光带领彭晃、徐炅在临洮进攻张大豫，大破张大豫军。张大豫逃奔广武，长史王穆逃奔建康。八月，广武人擒获张大豫押送到姑臧之后斩首。王穆则攻袭占据了酒泉，自称为大将军、凉州牧。

八月十八日辛巳，东晋立皇子司马德宗为太子，实行大赦。

后燕主慕容垂封立刘显的弟弟刘可泥为乌桓王来安抚他残余的部众，把八千多帐落的人迁到中山。

前秦冯翊太守兰椟率领军队二万人，从频阳到和宁驻扎，跟鲁王苻纂谋划攻取长安。苻纂的弟弟苻师奴劝苻纂登极称尊当皇帝，苻纂没有听从。苻师奴杀了苻纂，取代了他的权位，兰椟于是与苻师奴断绝了来往。西燕主慕容永进攻兰椟，兰椟派

曰："苻登近在瓦亭，将乘虚袭吾后。"苌曰："苻登众盛，非旦夕可制；登迟重少决，必不能轻军深入。比两月间，吾必破贼而返，登虽至，无能为也。"九月，苌军于泥源。师奴逆战，大败，亡奔鲜卑。后秦尽收其众，屠各董成等皆降。

秦主登进据胡空堡，戎、夏归之十余万。

（以上为第四段，写西秦主乞伏国仁与前秦安定都尉没弈干展开大战，没弈干大败，鲜卑的三个部落都归降西秦；后秦主吕光打败并杀死前凉末主张大豫。）

冬，十月，翟辽复叛燕，遣兵与王祖、张申寇抄清河、平原。

后秦主苌进击西燕王永于河西，永走。兰椟复列兵拒守，苌攻之。十二月，禽椟，遂如杏城。

后秦姚方成攻秦雍州刺史徐嵩垒，拔之，执嵩而数之。嵩骂曰："汝姚苌罪当万死，苻黄眉欲斩之，先帝止之。授任内外，荣宠极矣。曾不如犬马识所养之恩，亲为大逆。汝羌辈岂可以人理期也，何不速杀我！早见先帝取姚苌于地下治之。"方成怒，三斩嵩，悉坑其士卒，以妻子赏军。后秦主苌掘秦主坚尸，鞭挞无数，剥衣裸形，荐之以棘，坎土而埋之。

凉州大饥，米斗直钱五百，人相食，死者太半。

吕光西平太守康宁自称匈奴王，杀湟河太守强禧以叛。张掖太守彭晃亦叛，东结康宁，西通王穆。光欲自击晃，诸将皆曰："今康宁在南，伺衅而动，若晃、穆未诛，康宁复至，进退狼狈，势必大危。"光曰："实如卿言。然我今不往，是坐待其来也。若三寇连兵，东西交至，则城外皆非吾有，大事去矣。今晃初叛，与宁、穆情契未密，出其仓猝，取之差易耳。"乃自帅骑三万，倍道兼行，既至，攻之二旬，拔其城，诛晃。

人到后秦求救，后秦主姚苌想要亲自带兵去救兰椟。尚书令姚旻、左仆射尹纬对姚苌说：“苻登大军就屯聚在离我们最近的瓦亭，势将乘虚袭击我们的背后。”姚苌说：“苻登的军队虽然强大，但不是一两天内就可以到达的。苻登为人反应迟钝滞重而且缺乏决断力，一定不会轻易地指挥大军迅速深入袭击我们。差不多两个月之内，我一定会打败贼兵慕容永而返回，那时即使苻登兵到，也已没有什么可作为的了。”九月，姚苌率兵来到泥源。苻师奴迎战，被打得大败，逃命到鲜卑。后秦收编了他的部众，屠各人董成等也都投降。

前秦主苻登进兵据守胡空堡，戎人与汉人前来归附的有十多万。

冬季，十月，翟辽又一次反叛后燕，派兵与王祖、张申的军队配合，在清河、平原一带烧杀抢劫。

后秦主姚苌率兵挺进，在河西一带袭击西燕主慕容永的部队。慕容永撤退。兰椟又排开兵阵拒守，姚苌又来攻击他。十二月，姚苌生擒兰椟，于是进入杏城。

后秦将领姚方成进攻前秦雍州刺史徐嵩的寨垒，攻克后抓住徐嵩，历数他的罪恶。徐嵩大骂说：“姚苌才是罪该万死，当初苻黄眉打算杀了他，幸亏先帝苻坚阻止，救了他一命，还任命他担任朝廷和地方的重要官职，荣耀宠爱都达到极点。可是姚苌却不如犬马那般知道被主人养育的恩德，做出大逆不道的事情。你们这些羌人怎么可以用做人的道理来要求呢？为什么不快来杀我！让我早一点到地下见到先帝抓捕姚苌惩治他。”姚方成恼羞成怒，分三次斩杀徐嵩，把徐嵩的士兵全部推到坑里活埋，又把这些士兵的妻子女儿赏给自己的士兵。后秦主姚苌把他的恩主前秦主苻坚的尸首挖出来，用皮鞭抽打不计其数，并且剥掉了他的衣服，露出尸体，再用荆棘包起来，挖了一个坑埋了起来。

凉州发生了严重饥荒，普通的谷米每斗竟然值五百钱。出现了人吃人的事情。死亡的人数超过总人口的一半。

吕光的西原太守康宁，自称为匈奴王，刺杀了湟河太守强禧后叛变。张掖太守彭晃也相继反叛，向东结交康宁，向西通好王穆。吕光想亲自带兵去袭击彭晃，各位将领都说：“现在康宁在南方，等待着机会动手，如果彭晃、王穆还没有被诛，康宁又带兵杀来，我们就会进退两难，处境狼狈，局势一定会非常危险。”吕光说：“确实像你们所说的那样。但是我们现在如果不去打败他们，就是坐在这里等待他们来打我们。如果这三支匪寇联合起来，东西夹攻我们，城外就都不会属于我们所有了，大事也就无法挽救了。现在彭晃刚刚叛变，与康宁、王穆在感情联络上还不

初，王穆起兵，遣使招敦煌处士郭瑀，瑀叹曰："今民将左衽，吾忍不救之邪！"乃与同郡索嘏起兵应穆，运粟三万石以饷之。穆以瑀为太府左长史、军师将军，嘏为敦煌太守。既而穆听谗言，引兵攻嘏，瑀谏不听，出城大哭，举手谢城曰："吾不复见汝矣！"还而引被覆面，不与人言，不食而卒。吕光闻之曰："二虏相攻，此成禽也，不可以惮屡战之劳而失永逸之机也。"遂帅步骑二万攻酒泉，克之。进屯凉兴，穆引兵东还，未至，众溃，穆单骑走，骍马令郭文斩其首送之。

（以上为第五段，写后凉主吕光平定反叛的郡守；后秦将领姚方成进攻前秦雍州刺史徐嵩，大破之。）

十三年（戊子，388 年）

春，正月，康乐献武公谢玄卒。

二月，秦主登军朝那，后秦主苌军武都。

翟辽遣司马眭琼诣燕谢罪；燕主垂以其数反覆，斩琼以绝之。辽乃自称魏天王，改元建光，置百官。

燕青州刺史陈留王绍为平原太守辟闾浑所逼，退屯黄巾固。燕主垂更以绍为徐州刺史。浑，蔚之子也，因苻氏乱，据齐地来降。

三月，乙亥，燕主垂以太子宝录尚书事，授之以政，自总大纲而已。

燕赵王麟击许谦，破之，谦奔西燕。遂废代郡，悉徙其民于龙城。

吕光之定凉州也，杜进功居多，光以为武威太守，贵宠用事，群僚莫及。光甥石聪自关中来，光问之曰："中州人言我为政何如？"聪曰："但闻有杜进耳，不闻有舅。"光由是忌进而杀之。

光与群寮宴，语及政事，参军京兆段业曰："明公用法太峻。"光曰：

亲密，我们采取出乎他们意料的进攻，使他们处于仓促之境，战胜他们就比较容易了。”于是他亲自率领骑兵三万人，以比平时加倍的速度急行军，到达张掖后猛烈进攻二十天左右，攻破城池，杀了彭晃。

当初，王穆聚众起兵时，曾经派使节征召敦煌的隐士郭瑀，郭瑀叹息说：“现在黎民就要像戎人那样穿左边开襟的衣服了，我怎么能忍心不去拯救他们呢！”于是他与同郡人索嘏一起拉起队伍响应王穆，并给王穆运送去三万石粮食用来款待他的部队。王穆任命郭瑀为太府左长史、军师将军，任命索嘏为敦煌太守。不久王穆便听信谗言，率领部队去进攻索嘏。郭瑀尽力劝阻，王穆不听，郭瑀只好辞职离城，挥泪大哭，并举起手来向城谢罪说：“我恐怕不会再看见你了！”回到家后，郭瑀拉开被子盖住自己的脸面，不跟别人说一句话，绝食而死。吕光听到这个消息后说：“两个匪寇自己互相攻击，这样就已成被捉之势了。我们万万不可因为害怕不断战斗的劳苦而失去一劳永逸的良机。”于是他亲自统率步、骑兵两万人进攻酒泉，攻克后，又进军在凉兴集结。王穆见势只好带着自己的部队向东撤退，还没有跑回自己的老巢，部众便溃不成军。王穆只身单骑逃走，骍马县令郭文砍下他的首级送给了吕光。

晋孝武帝太元十三年（戊子，388年）

春季，正月，东晋会稽郡太守、康乐献武公谢玄去世。

二月，前秦主苻登驻军朝那，后秦主姚苌驻军武都。

翟辽派遣司马眭琼，前往后燕认罪。后燕主慕容垂因为他几次反复，便斩了眭琼，拒绝他的请求。翟辽于是自称为魏天王，改年号为建光，设立文武百官。

后燕青州刺史陈留王慕容绍受到东晋平原太守辟闾浑的逼迫，退兵到黄巾固驻扎。后燕主慕容垂调任慕容绍为徐州刺史。辟闾浑是辟闾蔚的儿子，因为苻氏内部混乱，趁机占据故齐国的地域投降东晋。

三月十五日乙亥，后燕主慕容垂命太子慕容宝任录尚书事，把政事交付给他，自己不过在总体上把握而已。

后燕赵王慕容麟攻击许谦，把他们打得大败，许谦逃奔西燕。后燕于是取消了代郡，把这里的居民统统迁到龙城。

后凉主吕光当初平定凉州的时候，杜进所立的功劳最多，吕光任命他为武威太守，他蒙宠专权，其他同僚都赶不上。吕光的外甥石聪从关中地方前来，吕光问他说：“中州那里的人说我治理朝政怎么样？”石聪说：“只听说有一个杜进罢了，没听说有舅舅。”吕光因此忌恨杜进而借故把他杀了。

吕光跟一些幕僚聚餐，谈到朝政方面的事情，参军京兆人段业说：“明公您施用

“吴起无恩而楚强，商鞅严刑而秦兴。”业曰：“起丧其身，鞅亡其家，皆残酷之致也。明公方开建大业，景行尧、舜，犹惧不济，乃慕起、鞅之为治，岂此州士女所望哉！”光改容谢之。

夏，四月，戊午，以朱序为都督司、雍、梁、秦四州诸军事，雍州刺史，戍洛阳；以谯王恬代序为都督兖、冀、幽、并四州诸军事，青、兖二州刺史。

苑川王国仁破鲜卑越质叱黎于平襄，获其子诘归。

丁亥，燕主垂立夫人段氏为皇后，以太子宝领大单于。段氏，右光禄大夫仪之女。其妹适范阳王德。仪，宝之舅也。追谥前妃段氏为成昭皇后。

五月，秦太弟懿卒，谥曰“献哀”。

翟辽徙屯滑台。

六月，苑川王乞伏国仁卒，谥曰“宣烈”，庙号烈祖。其子公府尚幼，群下推国仁弟乾归为大都督、大将军、大单于、河南王，大赦，改元太初。

魏王珪破库莫奚于弱落水南，秋，七月，库莫奚复袭魏营，珪又破之。库莫奚者，本属宇文部，与契丹同类而异种，其先皆为燕王皝所破，徙居松漠之间。

秦、后秦自春相持，屡战，互有胜负，至是各解归。关西豪桀以后秦久无成功，多去而附秦。

河南王乾归立其妻边氏为王后，置百官，仿汉制，以南川侯出连乞都为丞相，梁州刺史悌眷为御史大夫，金城边芮为左长史，东秦州刺史秘宜为右长史，武始翟勍为左司马，略阳王松寿为主簿，从弟轲弹为梁州牧，弟益州为秦州牧，屈眷为河州牧。

（以上为第六段，写后凉主吕光听了外甥一句话，杀掉大臣杜进，用法严峻，失去民心；西秦主乞伏国仁去世，立其弟乞伏乾归为国主，仿照汉制，设立百官。）

八月，秦主登立子崇为皇太子，弁为南安王，尚为北海王。

燕护军将军平幼会章武王宙讨吴深，破之，深走保绎幕。

魏王珪阴有图燕之志，遣九原公仪奉使至中山，燕主垂诘之曰：“魏

刑法太严峻了。”吕光说：“吴起当年刻薄寡恩，但楚国因此强大；商鞅当年刑律森严，但秦国因此振兴。”段业说：“吴起自己被杀，商鞅全家遭到屠戮，都是因为他们残酷到了极点。明公您才刚刚开始创建大业，效法尧、舜恐怕还不能成功，竟然去仰慕吴起、商鞅那样的治理方法，这难道是本州的百姓所期望的吗？”吕光肃然变色，感谢段业的这番忠告。

夏季，四月二十九日戊午，东晋任命朱序为都督司、雍、梁、秦四州诸军事和雍州刺史，戍守洛阳；任命谯王司马恬代替朱序为都督兖、冀、幽、并等州诸军事和青、兖二州刺史。

西秦苑川王乞伏国仁在平襄击败鲜卑越质叱黎，俘获了他的儿子越质诘归。

四月，丁亥（疑误），后燕主慕荣垂册立他的夫人段氏为皇后，命太子慕容宝兼任大单于。段氏是右光禄大夫段仪的女儿，她的妹妹嫁给了范阳王慕容德。段仪是慕容宝的舅舅。慕容垂追尊以前的妃子段氏为成昭皇后。

五月，前秦皇太弟苻懿去世，谥号为献哀。

翟辽迁往滑台驻扎。

六月，西秦苑川王乞伏国仁去世，谥号宣烈，庙号为烈祖。他的儿子乞伏公府还很幼小，因此属下百官拥推乞伏国仁的弟弟乞伏乾归为大都督、大将军、大单于、河南王，并下令大赦，改年号为太初。

魏王拓跋珪在弱落水的南岸将库莫奚打得大败。秋季，七月，库莫奚又来袭击魏营，拓跋珪再次打败了他。库莫奚本来属于宇文部落，跟契丹同是一个民族，但不是一个支派，他们的祖先都曾被前燕王慕容皝打败，迁移到松漠一带居住。

前秦与后秦从春天开始相持不下，交战了好几次，互有胜败，这时各自罢兵返回。关西的一些英雄豪杰因为后秦兴起这么久而仍不能成功，有很多便离去而归附了前秦。

西秦河南王乞伏乾归册立他的妻子边氏为王后；设置文武百官，模仿汉族的制度，任命南川侯出连乞都为丞相，梁州刺史悌眷为御史大夫，金城人边芮为左长史，东秦州刺史秘宜为右长史，武始人翟勍为左司马，略阳人王松寿为主簿，任命他的堂弟乞伏轲弹为梁州牧，弟弟乞伏益州为秦州牧，乞伏屈眷为河州牧。

八月，前秦主苻登立自己的儿子苻崇为皇太子，苻弁为南安王，苻尚为北海王。

后燕护军将军平幼会同章武王慕容宙一起攻打并打败吴深，吴深逃到绎幕固守。

魏王拓跋珪暗中有图谋后燕的野心，派遣九原公拓跋仪担任使者来到后燕都城

王何以不自来？”仪曰：“先王与燕并事晋室，世为兄弟，臣今奉使，于理未失。”垂曰：“吾今威加四海，岂得以昔日为比！”仪曰：“燕若不修德礼，欲以兵威自强，此乃将帅之事，非使臣所知也。”仪还，言于珪曰：“燕主衰老，太子暗弱，范阳王自负材气，非少主臣也。燕主既没，内难必作，于时乃可图也。今则未可。”珪善之。仪，珪从父翰之子也。

九月，河南王乾归迁都金城。

张申攻广平，王祖攻乐陵。壬午，燕高阳王隆将兵讨之。

冬，十月，后秦主苌还安定；秦主登就食新平，帅众万余围苌营，四面大哭，苌命营中哭以应之，登乃退。

十二月，庚子，尚书令南康襄公谢石卒。

燕太原王楷、赵王麟将兵会高阳王隆于合口，以击张申；王祖帅诸垒共救之，夜犯燕军，燕人逆击，走之。隆欲追之，楷、麟曰：“王祖老贼，或恐诈而设伏，不如俟明。”隆曰：“此白地群盗，乌合而来，侥幸一决，非素有约束，能一其进退也。今失利而去，众莫为用，乘势追之，不过数里，可尽擒也。申之所恃，唯在于祖，祖破，则申降矣。”乃留楷、麟守申垒，隆与平幼分道击之，比明，大获而还，悬所获之首以示申。甲寅，申出降，祖亦归罪。

秦以颍川王同成为太尉。

（以上为第七段，写北魏主拓跋珪有吞并后燕之志，与大臣谋划，待后燕主慕容垂去世、内难发生时再行动；后燕平定将领张申、王祖的叛乱。）

十四年（己丑，389年）

春，正月，燕以阳平王柔镇襄国。

辽西王农在龙城五年，庶务修举，乃上表曰：“臣顷因征即镇，所统

中山。后燕主慕容垂盘问他说：“魏王为什么不自己来？”拓跋仪说：“我们的先王与燕国的祖先曾经一起为晋朝的帝室做事，世世代代情同兄弟。我今天奉使前来，在情理上没有失误。”慕容垂说：“今天我的威望，已经传播影响到四面八方去了，过去怎么能够与现在相比呢？”拓跋仪说：“后燕如果不遵守道德，不循奉礼仪，而只打算依靠军事威力使自己强大，那是将帅们的事情，不是我这个做使臣的人所知道的。”拓跋仪回国后，对拓跋珪说：“后燕主慕容垂已经年老体衰，太子慕容宝又庸碌懦弱，范阳王慕容德对自己的才干气质非常自负，绝不愿做将来少主的臣下。慕容垂一旦死去，内部一定会发生争斗，到那个时候才可以图谋他们，现在还不行。”拓跋珪对他的看法大为称赞。拓跋仪是拓跋珪叔父拓跋翰的儿子。

九月，西秦河南王乞伏乾归把都城迁到金城。

后燕张申率领部众进攻广平，王祖率兵进攻乐陵。九月二十五日壬午，后燕高阳王慕容隆率兵攻打他们。

冬季，十月，后秦主姚苌返回安定。前秦主苻登前往新平谋取军粮，率领一万多士兵围住姚苌的军营，在四面放声大哭。姚苌也命令军营中的士兵用哭来回应他们，苻登的军队才退去。

十二月十五日庚子，东晋尚书令、南康襄公谢石去世。

后燕太原王慕容楷、赵王慕容麟，率领兵马在合口与高阳王慕容隆会合，来攻击张申。王祖率领各个堡垒的士兵一起赶来救张申，趁夜袭击后燕军营，后燕部队迎战，王祖败走。慕容隆想要追击，慕容楷、慕容麟说：“王祖那个老贼，恐怕他假败却在外设下伏兵，不如等到明天天亮再说。”慕容隆说：“他们不过是一群穷土地上的盗匪乌合在一起而来，只希望偶然的机会一战而胜，不是训练有素能够统一步调进退的。现在他们没有捞到好处而退走，部众已不能再接受指挥。如果现在趁势追击，不超过几里路，就可以全部抓获。张申所依仗的也只有王祖，王祖被打败，那么张申就得投降了。”于是留下慕容楷、慕容麟困守张申的堡垒，慕容隆与平幼分两路带人追击王祖。等到天亮，他们获得大胜回来，把所砍下的王祖士兵的脑袋悬挂起来向张申的部众展示。二十九日甲寅，张申出城投降，王祖也回来投降请罪。

前秦任命颍川王苻同成为太尉。

晋孝武帝太元十四年（己丑，389 年）

春季，正月，后燕命令阳平王慕容柔镇守襄国。

后燕辽西王慕容农驻守龙城五年。将庞杂的事务处理得很得法，于是上书说：

将士安逸积年，青、徐、荆、雍遗寇尚繁，愿时代还，展竭微效，生无余力，没无遗恨，臣之志也！”

庚申，燕主垂召农为侍中、司隶校尉；以高阳王隆为都督幽平二州诸军事、征北大将军、幽州牧；建留台于龙城，以隆录留台尚书事；又以护军将军平幼为征北长史，散骑常侍封孚为司马，并兼留台尚书。隆因农旧规，修而广之，辽、碣遂安。

后秦主苌以秦战屡胜，谓得秦王坚之神助，亦于军中立坚像而祷之曰："臣兄襄敕臣复雠，新平之祸，臣行襄之命，非臣罪也。苻登，陛下疏属，犹欲复雠，况臣敢忘其兄乎！且陛下命臣以龙骧建业，臣敢违之！今为陛下立像，陛下勿追计臣过也。"

秦主登升楼，遥谓苌曰："为臣弑君，而立像求福，庸有益乎！"因大呼曰："弑君贼姚苌何不自出！吾与汝决之！"苌不应。久之，以战未有利，军中每夜数惊，乃斩像首以送秦。

秦主登以河南王乾归为大将军、大单于、金城王。

甲寅，魏王珪袭高车，破之。

二月，吕光自称三河王，大赦，改元麟嘉，置百官。光妻石氏、子绍、弟德世自仇池来至姑臧，光立石氏为妃，绍为世子。

癸巳，魏王珪击吐突邻部于女水，大破之，尽徙其部落而还。

秦主登留辎重于大界，自将轻骑万余攻安定羌密造保，克之。

夏，四月，翟辽寇荥阳，执太守张卓。

燕以长乐公盛镇蓟城，修缮旧宫。

五月，清河民孔金斩吴深，送首中山。

“我当年因为征讨敌军，就顺便镇守在这里，我所统领的将帅士兵已经过了几年安定闲逸的生活，然而青州、徐州、荆州、雍州等地遗留的匪寇还很多，我希望能够早日派人来接替我的职务，让我回去，尽量施展我微弱的能力来报效国家，使我在活着的时候不遗留未使出之力，死后也没有什么遗憾，这就是我的愿望！”

正月初五庚申，后燕主慕容垂召回慕容农，任命为侍中、司隶校尉，又任命高阳王慕容隆为都督幽、平二州诸军事，征北大将军和幽州牧。在龙城建立留台，任命慕容隆为留台录尚书事。又任命护军将军平幼为征北长史，散骑常侍封孚为司马，并兼任龙城留台尚书。慕容隆遵循、保留了慕容农旧的规章制度，加以修订扩充，于是辽水、碣石一带更加安定。

后秦主姚苌因为前秦军队屡次获得胜利，以为那是得到了前秦主苻坚的神灵帮助的结果，因此也在军营中竖立苻坚的神像，并且向他祷告说：“我的哥哥姚襄临死时嘱咐我为他报仇，那次在新平城缢死您的祸事，就是我在执行哥哥姚襄的遗命，不是我的罪过呀。苻登不过是皇上您的比较疏远的亲属，还想着为您复仇，我作为弟弟，怎么敢忘掉哥哥的大仇呢？况且皇上您又命令我以龙骧将军的身份建立大业，我怎敢违背您的教诲？今天我为皇上您立这尊神像，希望皇上不要再追究计较我的过错。”

前秦主苻登爬上军营中的指挥楼，从远处告诉姚苌说：“作为臣子而杀害了自己的君主，却又立像求福，能有什么好处呢？”因此他又大声呼喊说：“杀害了自己君主的奸贼姚苌为什么不自己出来！我和你决一死战！”姚苌不答应。可是时间一长，因为在交战时并没有得到什么好处，而他自己在军营中每夜都要受几次惊吓，所以姚苌把神像的头斩了下来送给了前秦。

前秦主苻登任命河南王乞伏乾归为大将军、大单于，封为金城王。

正月，甲寅（疑误），魏王拓跋珪袭击位于北方的高车部落，大破高车军。

二月，后凉主吕光自称为三河王，实行大赦，改年号为麟嘉，设置文武百官。吕光的妻子石氏、儿子吕绍、弟弟吕德世从仇池来到姑臧。吕光册立石氏为王妃，吕绍为世子。

二月初九癸巳，魏王拓跋珪在女水攻击吐突邻部，把他们打得大败，又强行将这个部落全部迁走后才班师回朝。

前秦主苻登把部队的一些需要搬运的笨重物资留在大界，亲自率领一支一万多人的轻装骑兵部队进攻据守安定的羌族密造保，并攻克了他们的地域。

夏季，四月，翟辽侵犯荥阳，抓住了荥阳太守张卓。

后燕派遣长乐公慕容盛镇守蓟城，修理整顿旧有宫殿。

五月，清河人孔金杀死了后燕的叛官吴深，并把他的首级送到了后燕的都城

金城王乾归击侯年部，大破之。于是，秦、凉，鲜卑、羌、胡多附乾归，乾归悉授以官爵。

后秦主苌与秦主登战数败，乃遣中军将军姚崇袭大界。登邀击之于安丘，又败之。

燕范阳王德、赵王麟击贺讷，追奔至勿根山，讷穷迫请降，徙之上谷，质其弟染干于中山。

秋，七月，以骠骑长史王忱为荆州刺史、都督荆益宁三州诸军。忱，国宝之弟也。

秦主登攻后秦右将军吴忠等于平凉，克之。八月，登据苟头原以逼安定。诸将劝后秦主苌决战，苌曰："与穷寇竞胜，兵家之忌也，吾将以计取之。"乃留尚书令姚旻守安定，夜，帅骑三万袭秦辎重于大界，克之，杀毛后及南安王弁、北海王尚，擒名将数十人，驱掠男女五万余口而还。毛氏美而勇，善骑射。后秦兵入其营，毛氏犹弯弓跨马，帅壮士数百力战，杀七百余人，众寡不敌，为后秦所执。苌将纳之，毛氏骂且哭曰："姚苌，汝先已杀天子，今又欲辱皇后，皇天后土，宁汝容乎！"苌杀之。诸将欲因秦军骇乱击之，苌曰："登众虽乱，怒气犹盛，未可轻也。"遂止。登收余众屯胡空堡。苌使姚硕德镇安定，徙安定千余家于阴密，遣其弟征南将军靖镇之。

九月，庚午，以左仆射陆纳为尚书令。

秦主登之东也，后秦主苌使姚硕德置秦州守宰，以从弟常戍陇城，邢奴戍冀城，姚详戍略阳。杨定攻陇、冀，克之，斩常，执邢奴；详弃略阳，奔阴密。定自称秦州牧、陇西王；秦因其所称而授之。

冬，十月，秦主登以窦冲为大司马、都督陇东诸军事、雍州牧，杨定为左丞相、都督中外诸军事，秦梁二州牧，杨壁为都督陇右诸军事，南秦、益二州牧，约共攻后秦；又约监河西诸军事、并州刺史杨政，都

中山。

西秦金城王乞伏乾归袭击侯年部落，并大败侯年部落。从此，秦州、凉州的百姓以及鲜卑人、羌人、胡人等大多数都归附了乞伏乾归，乞伏乾归对他们中的头目都加授官爵。

后秦主姚苌和前秦主苻登会战，多次失败，于是，就派中军将军姚崇突袭大界。苻登在安丘把姚崇截住厮杀，又一次把他们打败了。

后燕范阳王慕容德、赵王慕容麟袭击贺兰部落的贺讷，将他打跑并追到勿根山。贺讷走投无路，只好请求投降，并把部众调遣到上谷，把自己的弟弟染干送到中山去当人质。

秋季，七月，东晋任命骠骑长史王忱为荆州刺史，都督荆、益、宁三州诸军事。王忱是王国宝的弟弟。

前秦主苻登在平凉进攻后秦右将军吴忠等人，攻下了平凉。八月，苻登守苟头原，以此威逼安定。几位将军劝说后秦主姚苌与前秦决一死战，姚苌说："和走投无路的强盗在战场上争胜是用兵的大忌。我准备用计谋战胜他。"于是留下尚书令姚旻镇守安定，自己在深夜率领骑兵三万人直奔大界，偷袭前秦等待搬运的粮草等辎重物资，果然攻下了大界，杀死了毛皇后以及南安王苻弁、北海王苻尚，俘获名将几十人，并且驱赶、掠走男女兵丁五万多人。毛皇后貌美而勇武，善于骑马射箭，后秦的兵马冲进她的营帐的时候，毛氏还曾跨上马匹，弯弓反击，带领指挥几百个健壮的士兵死战，杀死了七百多敌人。但最终寡不敌众，被后秦俘获。姚苌有意收她为妾，毛氏边哭边骂着说："姚苌，你先前就已经杀害了天子，今天又想来侮辱皇后，皇天后土，怎么还能容你！"姚苌杀了毛皇后。他的部下众将想趁前秦军惊骇混乱之机继续攻击，姚苌说："苻登的部众虽然一时陷于混乱，但是激愤之气仍然很大，不可轻敌。"于是停止继续进攻。苻登也集结残兵败将，屯聚在胡空堡。姚苌派遣姚硕德镇守安定，并把安定一千多家居民迁到阴密，又派他的弟弟征南将军姚靖到阴密镇守。

九月十九日庚午，东晋擢升左仆射陆纳为尚书令。

前秦主苻登向东退守时，后秦主姚苌命令姚硕德选拔任命秦州的一些守宰。姚硕德于是便派他的堂弟姚常戍守陇城，邢奴戍守冀城，姚详戍守略阳。杨定发兵攻破陇城、冀城，斩杀了姚常，擒获了邢奴，姚详则放弃略阳，逃奔阴密。于是杨定便自称为秦州牧、陇西王。前秦后来也就按照他所自称的，委任他官职。

冬季，十月，前秦主苻登任命窦冲为大司马、都督陇东诸军事、雍州牧；杨定为左丞相、都督中外诸军事及秦、梁二州牧；杨壁为都督陇右诸军事，南秦、益二州牧，约定一起进攻后秦。苻登又分别通知监河西诸军事、并州刺史杨政，都督河

督河东诸军事、冀州刺史杨楷各帅其众会长安。政、楷皆河东人。秦主丕既败，政、楷收集流民数万户，政据河西，楷据湖、陕之间，遣使请命于秦，登因而授之。

燕乐浪悼王温为冀州刺史，翟辽遣丁零故堤诈降于温，为温帐下。乙酉，刺温，杀之，并其长史司马驱，帅守兵二百户奔西燕。燕辽西王农邀击刺温者于襄国，尽获之，惟堤走免。

十一月，枹罕羌彭奚念附于乞伏乾归，以奚念为北河州刺史。

（以上为第八段，写北方各国争斗不休，北魏王拓跋珪袭击高车部落，大破高车军；后燕范阳王慕容德等打败贺兰部落；后秦主姚苌偷袭前秦物资基地，重创前秦。）

初，帝既亲政事，威权己出，有人主之量。已而溺于酒色，委事于琅邪王道子；道子亦嗜酒，日夕与帝以酣歌为事。又崇尚浮屠，穷奢极费，所亲昵者皆姏姆、僧尼。左右近习，争弄权柄，交通请托，贿赂公行，官赏滥杂，刑狱谬乱。尚书令陆纳望宫阙叹曰："好家居，纤儿欲撞坏之邪！"左卫领营将军会稽许营上疏曰："今台府局吏、直卫武官及仆隶婢儿取母之姓者，本无乡邑品第，皆得为郡守县令，或带职在内，及僧尼乳母，竞进亲党，又受货赂，辄临官领众，政教不均，暴滥无罪，禁令不明，劫盗公行。昔年下书敕群下尽规，而众议兼集，无所采用。臣闻佛者，清远玄虚之神，今僧尼往往依傍法服，五诫粗法尚不能遵，况精妙乎！而流惑之徒，竞加敬事，又侵渔百姓，取财为惠，亦未合布施之道也。"疏奏，不省。

道子势倾内外，远近奔凑；帝渐不平，然犹外加优崇。侍中王国宝以谗佞有宠于道子，扇动朝众，讽八座启道子宜进位丞相、杨州牧，假

东诸军事、冀州刺史杨楷，各自统率他们的军队在长安会师。杨政、杨楷都是河东人，前秦主苻丕当年失败的时候，杨政、杨楷召集收容逃亡的几万户难民，杨政占据河西，杨楷占据湖县、陕城一带的地方，并派遣信使向前秦请求任命官职，苻登按照他们的功劳分别授予官职。

后燕乐浪悼王慕容温担任冀州刺史，翟辽派遣部下丁零人故堤去慕容温帐下诈降，成为慕容温的部属。十月初四乙酉，故堤刺杀了慕容温和他的长史司马驱，然后带着守卫部队的二百户人家逃奔西燕。后燕辽西王慕容农在襄国拦击参与刺杀司马温的人，全部抓获，只有故堤逃走而幸免。

十一月，枹罕部落羌人首领彭奚念归附乞伏乾归，乞伏乾归便任命彭奚念为北河州刺史。

当初，东晋孝武帝司马曜亲自处理国家的政事后，权力与威望出自自己之手，很有君主的气度。但不久便沉溺于酒色之中，把朝廷的政事统统推给琅邪王司马道子代管。但司马道子也嗜好喝酒，从早到晚都和孝武帝一起把高歌狂饮当成主要事情。孝武帝又迷信佛教，在佛教方面极端奢侈挥霍，浪费在这方面的钱财很多。他所亲近的人又都是三姑六婆、和尚尼姑，所以他左右的侍从人员便乘机争权夺利，互相勾结，公开进行贿赂，封官加赏又杂又滥，刑罚惩戒混乱冤错。尚书令陆纳遥望着皇宫叹息着说道："这么好的一个家，小孩子要把它折腾坏呀！"左卫领营将军会稽人许营呈上奏书说："现在朝廷小吏、军中武官，下至男仆女奴那些不知生父只取母姓的人，没有经过官府的考察举荐，却都能当上郡守县令，甚至进入朝中当官，至于那些和尚、尼姑、乳娘等人，更是争先恐后地引进他们的亲朋好友，接受财物贿赂。以至于任用官吏、管辖百姓、政治与教化都没有标准，对无罪之人滥施暴行，当禁当行的法令不明确公布，抢劫、偷盗公然横行。过去皇上也曾下令臣属们知无不言，尽可能规劝讽谏，但是等大家把建议提出来集中到一起呈给皇上时，却没有一个建议被采用。我听说佛是一个清淡、玄妙虚旷的神祇，但是现在的这些和尚尼姑虽穿着僧服，却连佛义中最粗浅的教义不淫、不盗、不杀、不说谎、不酗酒这五戒也不能遵守，更何况精妙的佛法了！而那些受流行的歪风迷惑的人，更是一方面争相拜佛，一方面又欺凌搜刮黎民百姓，以掠夺来的财产作为实惠，这也不符合佛家布施的道理。"奏书呈上之后，没有回音。

司马道子的权势在朝廷内外都达到了极点，远近官员也都前来投靠。孝武帝司马曜的心里渐渐有些不高兴，但在表面上对司马道子还是多加优待尊崇。侍中王国

黄钺，加殊礼。护军将军南平车胤曰：“此乃成王所以尊周公也。今主上当阳，非成王之比；相王在位，岂得为周公乎！”乃称疾不署。疏奏，帝大怒，而嘉胤有守。

（以上为第九段，写东晋孝武帝司马曜沉溺酒色，不理政事，把国家政事一股脑儿丢给权臣司马道子；司马道子任用奸佞，为非作歹，把朝廷弄得乌烟瘴气。）

中书侍郎范甯、徐邈为帝所亲信，数进忠言，补正阙失，指斥奸党。王国宝，甯之甥也，甯尤疾其阿谀，劝帝黜之。陈郡袁悦之有宠于道子，国宝使悦之因尼支妙音致书于太子母陈淑媛云：“国宝忠谨，宜见亲信。”帝知之，发怒，以他事斩悦之。国宝大惧，与道子共谮范甯出为豫章太守。甯临发，上疏言：“今边烽不举而仓库空匮；古者使民岁不过三日，今之劳扰，殆无三日之休，至有生儿不复举养，鳏寡不敢嫁娶。臣恐社稷之忧，厝火积薪，不足喻也。”

甯又上言：“中原士民流寓江左，岁月渐久，人安其业。凡天下之人，原其先祖，皆随世迁移，何至于今而独不可。谓宜正其封疆，户口皆以土断。又，人性无涯，奢俭由势；今并兼之室，亦多不赡，非其财力不足，盖由用之无节，争以靡丽相高，无有限极故也。礼十九为长殇，以其未成人也。今以十六为全丁，十三为半丁。所任非复童幼之事，岂不伤天理、困百姓乎！谓宜以二十为全丁，十六为半丁，则人无夭折，生长繁滋矣。”帝多纳用之。

甯在豫章，遣十五议曹下属城，采求风政；并吏假还，讯问官长得失。徐邈与甯书曰：“足下听断明允，庶事无滞，则吏慎其负而人听不惑矣，岂须邑至里诣，饰其游声哉！非徒不足致益，寔乃蚕渔之所资。岂

宝奸佞而善于谄媚，得到了司马道子的宠爱。他在背地里鼓动朝中众臣，暗示八位重要大臣联名上书给孝武帝，请求提升司马道子为丞相兼任扬州牧，赐给他皇帝诛杀时专用的铜斧，并加以特别尊崇的礼节等。护军将军南平人车胤说：“这是周成王姬诵尊敬他叔父周公姬旦的办法。而现在主上在位，不能和成王相比，相王处在这地位怎么能成为周公呢？”于是托词有病，没有在奏书上签名。这个奏书呈上后，孝武帝勃然大怒，而夸奖车胤有自己的节操。

中书侍郎范甯、徐邈深受孝武帝信任亲近。他们几次进献忠言，弥补修正朝中错误遗漏的地方，当面痛斥奸邪之辈。王国宝是范甯的外甥，范甯尤其痛恨他阿谀谄媚的行径，劝说孝武帝罢免、革除王国宝的官职。陈郡人袁悦之也受司马道子的宠爱，王国宝让袁悦之请尼姑妙音写信给太子司马德宗的母亲陈淑媛说：“王国宝忠实而又谨慎，可以亲近信任。”孝武帝知道这件事后，大发雷霆，借口别的事杀了袁悦之。王国宝异常恐惧，和司马道子一起诬陷范甯，把他逐出朝廷，贬为豫章太守。范甯临走的时候，呈上一道奏书说：“现在边疆并没有点起战争的烽火，但是国家的府库也还是空乏。古代的统治者征召民工应差，一年内不超过三天。现在百姓所遭受的辛劳骚扰，一年内几乎没有三天休息，致使百姓中竟有生下男孩不敢抚养哺育，独身的男子和寡妇也不敢再迎娶出嫁的现象。臣担忧国家面临的危难，用柴堆之下点火也不足以形容的危机呀！”

范甯又上奏章说：“北方中原一带的民众士子当初逃难，流亡江南并在这里居住下来，时间已经比较久了，他们也都渐渐地安居乐业。凡是在天底下生活的人，追溯他们的祖先，都能随着世情的变化而迁徙移动，为什么单单到了今天，反而不允许呢？我认为应该确定他们拥有的土地，确认户籍乡里也都按照他们现在居住的地域断定办理。另外，人的性情是没有一定限度的，无论豪奢还是节俭，都是由环境和形势决定的。现在，那些曾经兼并过别人财产的豪门大族，也已大多数不能维持，这并不是因为他们财力不足，主要是因为他们花销没有节制，争着以奢靡豪华来比试高下，没有限度的缘故。古代的礼法规定，人在十九岁的时候死了，称作长殇，因为他还没有成年。现在十六岁的孩子就作为全丁，十三岁的孩子就作为半丁，他们所承担的事不再是孩童的事，这岂不是伤天害理，虐待百姓吗？我认为应该规定二十岁的人当全丁，十六岁的人当半丁，那样的话就不会再有人因此而夭折，人口才能正常增长繁衍。”范甯的这些建议，有很多孝武帝都采纳施用了。

范甯在豫章任上，派遣十五名官吏分别下到十五个属城去，探采访求当地的风俗习惯及治理情况。遇到官吏回来休假时，他就仔细问询民间对官长的评价与反应。徐邈给范甯写信说：“你审理官司，明正公允，日常的很多杂事小事也不积压，这

有善人君子而干非其事，多所告白者乎！自古以来，欲为左右耳目，无非小人，皆先因小忠而成其大不忠，先藉小信而成其大不信，遂使谗谄并进，善恶倒置，可不戒哉！足下慎选纲纪，必得国士以摄诸曹，诸曹皆得良吏以掌文按，又择公方之人以为监司，则清浊能否，与事而明；足下但平心处之，何取于耳目哉！昔明德马后未尝顾左右与言，可谓远识，况大丈夫而不能免此乎！”

十二月，后秦主苌使其东门将军任瓫诈遣使招秦主登，许开门纳之。登将从之，征东将军雷恶地将兵在外，闻之，驰骑见登，曰：“姚苌多诈，不可信也！”登乃止。苌闻恶地诣登，谓诸将曰：“此羌见登，事不成矣！”登以恶地勇略过人，阴惮之。恶地惧，降于后秦，苌以恶地为镇军将军。

秦以安成王广为司徒。

（以上为第十段，写东晋中书侍郎范甯等为人正直，数进忠言，补正阙失，指斥奸党，反被诬陷，贬为豫章太守。）

十五年（庚寅，390 年）

春，正月，乙亥，谯敬王恬薨。

西燕主永引兵向洛阳，朱序自河阴北济河，击败之。永走还上党，序追至白水，会翟辽谋向洛阳，序乃引兵还，击走之，留鹰扬将军朱党戍石门，使其子略督护洛阳，以参军赵蕃佐之，身还襄阳。

琅琊王道子恃宠骄恣，侍宴酣醉，或亏礼敬。帝益不能平，欲选时望为藩镇以潜制道子，问于太子左卫率王雅曰：“吾欲用王恭、殷仲堪何如？”雅曰：“王恭风神简贵，志气方严；仲堪谨于细行，以文义著称。然皆峻狭自是，且干略不长；若委以方面，天下无事，足以守职，若其有事，必为乱阶矣！”帝不从。恭，蕴之子；仲堪，融之孙也。

样，官员自然对他职权内应负责任的事情更加谨慎，而人们的心里也就不再觉得迷惑不解了，何必还要到乡里村落听取伪饰的虚名呢？那样做不仅无助于获得好处，实际上是为掠夺百姓提供了可乘之机。哪有正人君子对于不是他的事情，而愿意说长道短的？自古以来，愿意当别人左右耳目的人没有不是小人的，都是先依靠小小的忠心而逐渐获得方便时机，酿成他的大不忠；先是凭借小小的信义蒙骗别人，最后才得以干出大不信的丑事的。于是就使谗害别人和谄媚别人的人并进，也使善恶混淆，岂可不加以特别警惕！你能谨慎地选择任用部属下官，一定能够找到经国济世的栋梁来领导各个部门，各部门都能有优秀的官吏来掌管主持事务，再遴选公允方正、廉明的人来担任监督，那么这个机构的清廉污浊，官员有才能与否，在办事过程中便可了解清楚。你只需平心静气地处理事务，何必要借耳目而来访查呢？从前汉代明德皇后马氏从来不跟左右侍从的人员谈论公事，可以说是有远见卓识的，为何身为大丈夫反而不能避免这样呢？”

十二月，后秦主姚苌命令他的东门将军任瓮诈降前秦主苻登，并派信使给苻登送信，答应打开城门把苻登放进来。苻登打算接受。征东将军雷恶地带领部队在外驻防，听说了这个消息，骑着马飞快地跑来晋见苻登，说：“姚苌诡计多端，绝不可以相信。”苻登这才停了下来。姚苌听说雷恶地返营拜见苻登，就对各位将领说：“这个羌人见了苻登，我的计划就不能成功了。”苻登因为雷恶地勇猛和韬略都超过常人，因此心中暗暗忌惮。雷恶地为此很恐惧，就投降了后秦，姚苌任命他为镇军将军。

前秦任命安成王苻广为司徒。

晋孝武帝太元十五年（庚寅，390 年）

春季，正月二十六日乙亥，东晋青州、兖州刺史谯敬王司马恬去世。

西燕主慕容永率领部队直奔洛阳，东晋雍州刺史朱序从河阴向北渡过黄河迎战，打败了慕容永，迫使他退还上党。朱序追击到达白水，正好翟辽此时正打算进攻洛阳，所以朱序只好带着部队赶回，打跑了翟辽。朱序留下鹰扬将军朱党守卫石门，又派他的儿子朱略镇守洛阳，并让参军赵蕃辅佐帮助他，自己回到襄阳。

东晋琅邪王司马道子依仗孝武帝司马曜的宠爱骄横强蛮，放纵自己，每次陪孝武帝宴饮，都喝得酩酊大醉，有时竟然有失对孝武帝的礼节与尊敬。孝武帝越发不满，因此打算遴选几位有名望的人充任地方上的权要，暗地里节制司马道子。于是，孝武帝司马曜向太子左卫率王雅问道：“我想重用王恭、殷仲堪，你看怎么样？”王雅说：“王恭风度神韵优雅高贵，志向气质端方严肃；殷仲堪小心谨慎、行为检点，他的文章道义被人广泛称道。然而他们都心胸狭窄，自以为是，而且缺乏才干谋略。

二月，辛巳，以中书令王恭为都督青兖幽并冀五州诸军事，兖青二州刺史，镇京口。

三月，戊辰，大赦。

（以上为第十一段，写西燕主慕容永长驱直入奔袭洛阳，东晋雍州刺史朱序渡过黄河迎战，将其打败；东晋琅邪王司马道子骄横放纵，孝武帝司马曜选用人才予以节制。）

后秦主苌攻秦扶风太守齐益男于新罗堡，克之，益男走。秦主登攻后秦天水太守张业生于陇东，苌救之，登引去。

夏，四月，秦镇东将军魏揭飞自称冲天王，帅氐、胡攻后秦安北将军姚当成于杏城；镇军将军雷恶地叛应之，攻镇东将军姚汉得于李润。后秦主苌欲自击之，群臣皆曰："陛下不忧六十里苻登，乃忧六百里魏揭飞，何也？"苌曰："登非可猝灭，吾城亦非登所能猝拔。恶地智略非常，若南引揭飞，东结董成，得杏城、李润而据之，长安东北非吾有也。"乃潜引精兵一千六百赴之。揭飞、恶地有众数万，氐、胡赴之者前后不绝。苌每见一军至，辄喜。群臣怪而问之，苌曰："揭飞等扇诱同恶，种类甚繁，吾虽克其魁帅，余党未易猝平；今乌集而至，吾乘胜取之，可一举无余也。"揭飞等见后秦兵少，悉众攻之；苌固垒不战，示之以弱，潜遣其子中军将军崇帅骑数百出其后。揭飞兵扰乱，苌遣镇远将军王超等纵兵击之，斩揭飞及其将士万余级。恶地请降，苌待之如初。恶地谓人曰："吾自谓智勇杰出一时，而每遇姚翁辄困，固其分也！"

苌命姚当成于所营之地，每栅孔中辄树一木以旌战功。岁余，问之，当成曰："营地太小，已广之矣。"苌曰："吾自结发以来，与人战，未尝

如果让他们独当一面，天下太平没有变乱时，尽可以忠于职守，一旦有事，就一定会成为祸乱的根源！”孝武帝没有听从他的话。王恭是王蕴的儿子。殷仲堪是殷融的孙子。

二月初二辛巳，东晋孝武帝司马曜任命中书令王恭为都督青、兖、幽、并、冀五州诸军事，兖、青二州刺史，镇守京口。

三月二十日戊辰，东晋宣布大赦。

后秦主姚苌在新罗堡进攻前秦扶风太守齐益男，攻下之后，齐益男逃走。而前秦主苻登又在陇东进攻后秦天水太守张业生，姚苌赶去解救他，苻登率兵退去。

夏季，四月，前秦镇东将军魏揭飞自称为冲天王，率领氐人、胡人组成的部队，在杏城向后秦安北将军姚当成发起攻击。镇军将军雷恶地此时也叛变后秦响应魏揭飞，在李润镇袭击后秦镇东将军姚汉得。后秦主姚苌打算自己亲自率军攻打魏揭飞，众大臣说：“皇上不担心近在六十里的强敌苻登，却忧虑远在六百里以外的魏揭飞，这是为什么呢？”姚苌说：“苻登不是马上就可以消灭的，我的城池也不是苻登马上就可以攻破的。但是雷恶地智谋韬略非常人可比，如果他向南结交魏揭飞，向东结交董成，再占领杏城、李润，并据守不去，那么长安东北一带就不是我们的了。”于是，姚苌秘密率领一支一千六百人的精锐部队奔赴那里。魏揭飞、雷恶地拥有部众几万人，而且氐人、胡人前往投军的络绎不绝。姚苌每次看到一支军队前去，总是十分高兴。他手下的大臣都觉得奇怪，问他为什么高兴，姚苌说：“魏揭飞等人煽动诱惑那些一样险恶的贼人共同作恶，他们的种族和部落繁多纷乱，我虽然能够制服他们的首领主帅，但是他们的余党却不容易一下子铲除。现在他们像乌鸦一样聚合到这里，我乘胜而来消灭他们，可以一网打尽没有遗漏。”魏揭飞等人发现后秦军的人数很少，便全军出动攻击他们。姚苌固守自己的堡垒，不与对方接战，把自己力量微弱的假象有意暴露给敌方，又暗地里派自己的儿子中军将军姚崇率领骑兵几百名迂回到敌军的背后，进行偷袭。魏揭飞的部队霎时乱作一团。姚苌趁机派镇远将军王超等人发动所有的兵力进行攻击，斩杀魏揭飞以及他所属的将士一万多人。雷恶地请求投降，姚苌对待他像当初一样。雷恶地对人说：“我自以为我的智谋勇力在目前是高出常人的，但是每次遇到姚翁就难以施展，这一定是我的命运！”

姚苌命令姚当成在他的营地的每个栅栏小孔中都立一个木牌，用来表彰战功。一年后，姚苌问这事怎么样了，姚当成说：“因为表功的木牌太多，因此显得营地就

如此之快，以千余兵破三万之众，营地惟小为奇，岂以大为贵哉！”

（以上为第十二段，写前秦镇东将军魏揭飞率军向后秦安北将军姚当成镇守的杏城发起攻击，后秦镇军将军雷恶地也叛变响应，后秦主姚苌亲自率领一千多名精兵远出奔袭，前后夹击，成功救援。）

吐谷浑视连遣使献见于金城王乾归，乾归拜视连沙州牧、白兰王。

丙寅，魏王珪会燕赵王麟于意辛山，击贺兰、纥突邻、纥奚三部，破之，纥突邻、纥奚皆降于魏。

秋，七月，冯翊人郭质起兵于广乡以应秦，移檄三辅曰：“姚苌凶虐，毒被神人。吾属世蒙先帝尧、舜之仁，非常伯、纳言之子，即卿校、牧守之孙也。与其含耻而存，孰若蹈道而死！”于是三辅壁垒皆应之，独郑县人苟曜聚众数千附于后秦。秦以质为冯翊太守。后秦以曜为豫州刺史。

刘卫辰遣子直力鞮攻贺兰部，贺讷困急，请降于魏。丙子，魏王珪引兵救之，直力鞮退。珪徙讷部落，处之东境。

八月，刘牢之击翟钊于鄄城，钊走河北；又败翟辽于滑台，张愿来降。

九月，北平人吴柱聚众千余，立沙门法长为天子，破北平郡，转寇广都，入白狼城。燕幽州牧高阳王隆方葬其夫人，郡县守宰皆会之，众闻柱反，请隆还城，遣大兵讨之。隆曰：“今闾阎安业，民不思乱，柱等以诈谋惑愚夫，诱胁相聚，无能为也。”遂留葬讫，遣广平太守、广都令先归，续遣安昌侯进将百余骑趋白狼城，柱众闻之，皆溃，穷捕，斩之。

以侍中王国宝为中书令，俄兼中领军。

丁未，以吴郡太守王珣为尚书右仆射。

太小了，我已经把营地扩大了。”姚苌说：“我从成人以来，跟别人作战，从来没有像现在这么痛快，用一千多名士兵击破三万多人的敌军，这真是军营只因为其小才是奇迹，怎么能够以军营大为可贵呢？”

吐谷浑可汗慕容视连派遣使节晋见西秦金城王乞伏乾归。乞伏乾归任命慕容视连为沙州牧，封白兰王。

丙寅（疑误），魏王拓跋珪与后燕赵王慕容麟在意辛山会合，共同进攻贺兰、纥突邻、纥奚三个部落，把他们全部打得大败。纥突邻、纥奚两个部落都向拓跋珪投降。

秋季，七月，冯翊人郭质在广乡聚众起兵，来响应投靠前秦，并向三辅的百姓发布檄文说：“姚苌这个家伙凶恶残暴，他祸害遍及天神和民众。我们世世代代蒙受先帝苻坚像尧和舜那样的恩德仁政，即使不是侍中、尚书一类官的儿子，那么也应该是卿、校、牧、守之类的地方官员的孙子。与其忍受屈辱地活着，不如为追求正义而死。”于是三辅一带所有的民堡都起兵响应他的号召，唯独郑县人苟曜召集部众数千人归附了后秦。前秦任命郭质为冯翊太守。后秦则任命苟曜为豫州刺史。

受后秦、西燕封爵的匈奴部落首领刘卫辰，派遣自己的儿子刘直力进攻贺兰部落。贺兰部落首领贺讷处境窘急，请求向魏投降。七月三十日丙子，魏王拓跋珪亲自率兵前去解救他，打退了刘直力。拓跋珪于是迁移贺讷的部落，把它安排在东部边境一带。

八月，东晋刘牢之在鄄城袭击翟钊的部队，翟钊逃到了黄河以北。刘牢之又在滑台击败了翟辽军。叛将张愿重新回来投降。

九月，北平人吴柱聚集一千多人的部队，拥立一名叫法长的佛门和尚为天子，攻破了北平郡，转而进攻广都，突进了白狼城。后燕幽州牧高阳王慕容隆此时正在安葬他的妻子，各郡县的官员都聚集在这里参加葬礼，大家一听说吴柱武装叛乱，纷纷请求慕容隆回城，派遣大部队前去攻打吴柱。慕容隆说：“现在老百姓都安居乐业，并不希望发生战乱，吴柱等人用谎言和欺骗来迷惑愚昧的民众，在诱骗和裹胁之下，他们才能暂时聚在一起，根本不可能有什么作为。”于是仍然留下来安葬完妻子，派遣广平太守、广都令先行返回，接着又派安昌侯慕容进带领一百多名骑兵奔袭白狼城。吴柱的部众听说慕容隆派兵前来，霎时溃散。慕容进严密搜捕吴柱，把他抓到后便斩了。

东晋任命侍中王国宝为中书令，不久，又兼任中领军。

九月初一丁未，东晋又调任吴郡太守王珣为尚书右仆射。

吐谷浑视连卒，子视罴立。视罴以其父祖慈仁，为四邻所侵侮，乃督厉将士，欲建功业。冬，十月，金城王乾归遣使拜视罴沙州牧、白兰王，视罴不受。

十二月，郭质及苟曜战于郑东，质败，奔洛阳。

越质诘归据平襄，叛金城王乾归。

（以上为第十三段，写北魏主拓跋珪与后燕赵王慕容麟共同打败贺兰等三个部落；北平吴柱聚集部队，拥立佛门僧人法长为天子，被后燕慕容隆打败。）

十六年（辛卯，391年）

春，正月，燕置行台于蓟，加长乐公盛录行台尚书事。金城王乾归击越质诘归，诘归降，乾归以宗女妻之。

贺染干谋杀其兄讷，讷知之，举兵相攻。魏王珪告于燕，请为乡导以讨之。二月，甲戌，燕主垂遣赵王麟将兵击讷，镇北将军兰汗帅龙城之兵击染干。

三月，秦主登自雍攻后秦安东将军金荣于范氏堡，克之，遂渡渭水，攻京兆太守韦范于段氏堡，不克；进据曲牢。

夏，四月，燕兰汗破贺染干于牛都。

苟曜有众一万，密召秦主登，许为内应。登自曲牢向繁川，军于马头原。五月，后秦主苌引兵逆战，登击破之，斩其右将军吴忠。苌收众复战，姚硕德曰："陛下慎于轻战，每欲以计取之，今战失利而更前逼贼，何也？"苌曰："登用兵迟缓，不识虚实。今轻兵直进，遥据吾东，此必苟曜竖子与之有谋也。缓之则其谋得成，故及其交之未合，急击之以败散其事耳。"遂进战，大破之。登退屯于郿。

秦兖州刺史强金槌据新平，降后秦，以其子逵为质。后秦主苌将数百骑入金槌营。群下谏之，苌曰："金槌既去苻登，又欲图我，将安所归

吐谷浑可汗、白兰王慕容视连去世，他的儿子慕容视罴继位。慕容视罴认为他的父亲、祖父由于秉性仁慈和善而受到四周邻国的入侵欺侮，于是他常常督促激励将士，加强军事训练，打算以此建立功业。冬季，十月，西秦金城王乞伏乾归派遣使者委任慕容视罴为沙州牧，并封白兰王，慕容视罴拒绝接受。

十二月，郭质的部队与苟曜的部队在郑县东部展开激战。郭质战败，逃奔洛阳。

西秦鲜卑部落首领越质诘归据守平襄，背叛了金城王乞伏乾归。

晋孝武帝太元十六年（辛卯，391 年）

春季，正月，后燕在蓟城设置行台，任命长乐公慕容盛录行台尚书事。西秦金城王乞伏乾归进攻刚刚反叛的鲜卑首领越质诘归，越质诘归再度归降。乞伏乾归把本族的一位女儿嫁给了越质诘归。

贺兰部落的贺染干准备谋杀亲哥哥贺讷，贺讷得知后派兵攻打。魏王拓跋珪把这个消息告诉后燕，请求担任向导，带兵去攻打他们。二月，甲戌（疑误），后燕主慕容垂派遣赵王慕容麟带领部队去袭击贺讷，又派镇北将军兰汗统率龙城的守军去袭击贺染干。

三月，前秦主苻登从雍城出发，去范氏堡进攻后秦安东将军金荣，攻克了范氏堡。于是苻登又渡过渭水，去进攻京兆太守韦范所据守的段氏堡，没有攻下。苻登因此进入并据守曲牢。

夏季，四月，后燕镇北将军兰汗在牛都将贺染干的部队打败。

后秦将领苟曜拥有一万部众，秘密招请前秦主苻登来，并答应作为内应。苻登从曲牢向繁川开进，把部队集结在马头原。五月，后秦主姚苌带领大部队前来迎战，苻登击退了他们的进攻，并且斩杀了他的右将军吴忠。姚苌收集余下的士兵重新战斗，姚硕德说："皇上一向十分谨慎，避免轻率地出战，常常希望能够用计策夺取胜利，今天一战已经失利，但是却要更加奋勇上前逼战贼兵，这是什么原因？"姚苌说："苻登本来调配部队一向迟缓，不了解敌人的虚实。今天他能不顾一切，派遣轻装部队长驱直入，一下子远远地扼守住了我们的东部，这一定是苟曜这小子和他暗中有预谋。如果我们的攻势稍缓，他们的阴谋就要得逞，因此我要在他们还没有得以汇合的时候，就急速袭击他们，打破他们的计划。"于是他们又进逼死战，将苻登打得大败。苻登退到郿县屯兵据守。

前秦兖州刺史强金槌在新平据守，投降了后秦，并把他的儿子强逵送到后秦去做人质。后秦主姚苌仅带领几百名骑兵直接进入强金槌的兵营，他的部属们纷纷劝

乎！且彼初来款附，宜推心以结之，奈何复以不信疑之乎！”既而群氏欲取苌，金槌不从。

六月，甲辰，燕赵王麟破贺讷于赤城，禽之，降其部落数万。燕主垂命麟归讷部落，徙染干于中山。麟归，言于垂曰：“臣观拓跋珪举动，终为国患，不若摄之还朝，使其弟监国事。”垂不从。

西燕主永寇河南，太守杨佺期击破之。

秋，七月，壬申，燕主垂如范阳。

魏王珪遣其弟觚献见于燕。燕主垂衰老，子弟用事，留觚以求良马。魏王珪弗与，遂与燕绝，使长史张衮求好于西燕。觚逃归，燕太子宝追获之，垂待之如初。

秦主登攻新平，后秦主苌救之，登引去。

秦骠骑将军没弈干以其二子为质于金城王乾归，请共击鲜卑大兜。乾归与没弈干攻大兜于鸣蝉堡，克之。兜微服走，乾归收其部众而还，归没弈干二子。没弈干寻叛，东合刘卫辰。八月，乾归帅骑一万讨没弈干，没弈干奔他楼城，乾归射之，中目。

九月，癸未，以尚书右仆射王珣为左仆射，太子詹事谢琰为右仆射。太学博士范弘之论殷浩宜加赠谥，因叙桓温不臣之迹。是时桓氏犹盛，王珣，温之故吏也，以为温废昏立明，有忠贞之节；黜弘之为余杭令。弘之，汪之孙也。

冬，十月，壬辰，燕主垂还中山。

（以上为第十四段，写贺兰部落的贺讷、贺染干兄弟相斗，北魏主拓跋珪与后燕联合，出兵攻灭了贺氏兄弟；前秦主苻登率兵攻打后秦，被后秦打败，而后撤退。）

初，柔然部人世服于代，其大人郁久闾地粟袁卒，部落分为二：长子匹候跋继父居东边，次子缊纥提别居西边。秦王坚灭代，柔然附于刘

阻他。姚苌说：“强金槌既然已经背叛了苻登，如果又打算谋害我的话，那么他要到哪里去安身呢？况且他又是刚刚前来归附我，我更应该推心置腹地来接纳他，为什么还要不信任他而使他怀疑呢？”姚苌入强金槌大营后，氐人都要抓获姚苌，强金槌没有听从。

六月初三甲辰，后燕赵王慕容麟在赤城大破贺讷的部队，活捉了贺讷。贺讷的部落几万人投降。后燕主慕容垂命令慕容麟将贺讷送回他的部落，并把贺染干迁移到中山去。慕容麟回来后，告诉慕容垂说：“我观察拓跋珪的一举一动，他终究要成为我们的祸患，不如强行让他来都城，让他的弟弟代他处理魏国的大事。”慕容垂没有答应。

西燕主慕容永进犯东晋的河南郡，太守杨佺期率领守兵打败了慕容永。

秋季，七月初二壬申，后燕主慕容垂来到范阳。

魏王拓跋珪派遣他的弟弟拓跋觚到后燕去进贡晋见。后燕主慕容垂年老体衰，他的子弟掌权，扣留拓跋觚，要求拓跋珪用好马来赎。魏王拓跋珪没有给他们良马，便和后燕断绝了交往。拓跋珪派使节长史张兖去向西燕请求和好。拓跋觚逃走，又被后燕太子慕容宝追上抓获，慕容垂对待他仍与过去一样。

前秦主苻登进攻新平，后秦主姚苌率兵赶去解救。苻登带兵退走。

前秦骠骑将军没弈干，把他的两个儿子当人质送到金城王乞伏乾归处，请求他发兵共同袭击鲜卑部落的首领大兜。乞伏乾归和没弈干一起进攻大兜所据守的鸣蝉堡，攻克了它。大兜换上平民的衣服逃跑了。乞伏乾归收编了大兜的部众班师回朝，并且把没弈干的两个儿子送了回去。没弈干不久就反叛了乞伏乾归，又向东与刘卫辰联合起来。八月，乞伏乾归率领一万骑兵攻打没弈干，没弈干逃奔到他楼城，乞付乾归用箭射没弈干，射中了他的眼睛。

九月十四日癸未，东晋任命尚书右仆射王珣为左仆射，太子詹事谢琰为右仆射。太学博士范弘之提议应该追加殷浩谥号，又顺便述说了桓温叛逆的事情。这个时候，桓氏家族的气势仍然很大，王珣以前也是桓温的属官，认为桓温废掉昏君，拥立明君，是具有忠贞的节操的，因此，便把范弘之逐出京都，贬为余杭令。范弘之是范汪的孙子。

冬季，十月，壬辰（疑误），后燕主慕容垂回到中山。

当初，柔然部落世世代代都臣服于代国。后来，部落首领郁久闾地粟袁死了，这个部落便一分为二：长子郁久闾匹候跋继承父位，居住在东部；二儿子郁久闾纥

卫辰。

及魏王珪即位，攻击高车等，诸部率皆服从，独柔然不事魏。戊戌，珪引兵击之，柔然举部遁走，珪追奔六百里。诸将因张衮言于珪曰：“贼远粮尽，不如早还。”珪问诸将：“若杀副马，为三日食，足乎？”皆曰：“足。”乃复倍道追之，及于大碛南床山下，大破之，虏其半部，匹候跋及别部帅屋击各收余众遁走。珪遣长孙嵩、长孙肥追之。珪谓将佐曰：“卿曹知吾前问三日粮意乎？”曰：“不知也。”珪曰：“柔然驱畜产奔走数日，至水必留；我以轻骑追之，计其道里，不过三日及之矣。”皆曰：“非所及也。”嵩追斩屋击于平望川。肥追匹候跋至涿邪山，匹候跋举众降，获缊纥提之子曷多汗，兄子社仑、斛律等宗党数百人。缊纥提将奔刘卫辰，珪追及之，缊纥提亦降，珪悉徙其部众于云中。

翟辽卒，子钊代立，改元定鼎。攻燕邺城，燕辽西王农击却之。

三河王光遣兵乘虚伐金城王乾归。乾归闻之，引兵还，光兵亦退。

刘卫辰遣子直力鞮帅众八九万攻魏南部。十一月，己卯，魏王珪引兵五六千人拒之。壬午，大破直力鞮于铁岐山南，直力鞮单骑走。乘胜追之，戊子，自五原金津南济河，径入卫辰国，卫辰部落骇乱。辛卯，珪直抵其所居悦跋城，卫辰父子出走。壬辰，分遣诸将轻骑追之，将军伊谓禽直力鞮于木根山，卫辰为其部下所杀。十二月，珪军于盐池，诛卫辰宗党五千余人，皆投尸于河，自河以南诸部悉降，获马三十余万匹，牛羊四百余万头，国用由是遂饶。

卫辰少子勃勃亡奔薛干部，珪使人求之。薛干部帅太悉伏出勃勃以示使者曰：“勃勃国破家亡，以穷归我，我宁与之俱亡，何忍执以与魏。”

提住在西部。前秦苻坚消灭代国以后，柔然部落便转而归附刘卫辰。

魏王拓跋珪登上王位后，攻击高车等部落，这些部落大多数都甘心臣服，只有柔然部落拒不接受北魏的指使。十月，戊戌（疑误），拓跋珪带兵前去攻打柔然部落，柔然部落全部一起逃走。拓跋珪带兵追击奔跑六百里。北魏各将领委托张衮向拓跋珪请求说："贼匪已逃得太远，而我们的粮草也已断绝，不如早些回去吧。"拓跋珪问各位将领："如果宰杀备用的马匹充当粮草，当作三天的粮食，够不够？"都说："足够。"于是他们又加倍地追击逃敌。追到大沙漠南床山下的时候，果然追上了，把柔然部落逃兵打得大败，俘虏了他们的一半人。郁久闾匹候跋和他的另一支部落的首领屋击各自收拾残兵逃走。拓跋珪又派长孙嵩、长孙肥继续追击。拓跋珪询问左右的将佐说："你们知道我前几天问三天粮食的话的意思了吗？"众将领说："不知道。"拓跋说："柔然部落驱赶家畜等奔逃几天，到了有水的地方一定滞留。我用轻装骑兵去追赶他们，计算道路的远近，我料定不超过三天一定能赶上他们。"大家都说："这不是我们所能想到的。"长孙嵩赶到平望川，追上并斩杀了屋击。长孙肥追击郁久闾匹候跋来到涿邪山，郁久闾匹候跋率领余下的部众投降，并抓获了郁久闾纥提的儿子郁久闾曷多汗，侄儿郁久闾社仑、郁久闾斛律等亲属亲友几百人。郁久闾纥提打算投奔刘卫辰，拓跋珪也追上了他。郁久闾纥提也投降了。拓跋珪把柔然部落的居民部众全部迁移到云中郡。

翟辽去世，他的儿子翟钊继位，改年号为定鼎。翟钊攻击后燕邺城，后燕辽西王慕容农把他击退。

后凉三河王吕光趁西秦国内虚空而派遣部队攻打。乞伏乾归听了这个消息后，马上从攻打没弈干的战场上带兵赶回都城。吕光的部队也退了回去。

刘卫辰派遣他的儿子刘直力鞮统率士兵八九万人进攻魏南部。十一月初十己卯，魏王拓跋珪带兵五六千人迎战。十三日壬午，拓跋珪在铁岐山以南将刘直力鞮打得大败。刘直力鞮单骑逃走。北魏军队乘胜追击，十九日戊子，从五原金津向南渡过黄河，径直进入刘卫辰的国界。刘卫辰部落惊骇异常，顿时大乱。十一月二十二日辛卯，拓跋珪直接抵达刘卫辰所居住的悦跋城，刘卫辰父子仓皇逃走。二十三日壬辰，拓跋珪分别派遣将领率领轻装骑兵追击。将军伊谓在木根山生擒刘直力鞮，刘卫辰则被他自己的部下杀死。十二月，拓跋珪在盐池驻扎，诛杀刘卫辰的家属亲戚以及同事朋友等五千多人，把这些人的尸体全部扔进黄河。从此，黄河以南各部落便全部投降，北魏缴获三十多万匹马，牛羊四百多万头。北魏的经济财力因此强大充裕起来。

刘卫辰最小的儿子刘勃勃，逃奔到薛干部落，拓跋珪派人到薛干部落去索要刘勃勃。薛干部落的首领太悉伏把刘勃勃叫出来让使者看着说："刘勃勃国破家亡，因

乃送勃勃于没弈干，没弈干以女妻之。

戊申，燕主垂如鲁口。

秦主登攻安定，后秦主苌如阴密以拒之，谓太子兴曰："苟曜闻吾北行，必来见汝，汝执诛之。"曜果见兴于长安，兴使尹纬让而诛之。

苌败登于安定城东，登退据路承堡。苌置酒高会，诸将皆曰："若值魏武王，不令此贼至今，陛下将牢太过耳。"苌笑曰："吾不如亡兄有四：身长八尺五寸，臂垂过膝，人望而畏之，一也；将十万之众，与天下争衡，望麾而进，前无横陈，二也；温古知今，讲论道艺，收罗英俊，三也；董帅大众，上下咸悦，人尽死力，四也。所以得建立功业，驱策群贤者，正望算略中有片长耳。"群臣咸称万岁。

（以上为第十五段，写柔然部原来臣服于代国，后来投奔匈奴首领刘卫辰，北魏主拓跋珪率军穷追猛打，打败了柔然和刘卫辰所部，黄河以南各部落全部投降，北魏由此强大起来。）

为无路可走才跑到我这里来，我宁可和他一起死，怎么能够忍心抓住他送给魏呢？”于是又把刘勃勃护送到没弈干那里去。没弈干把自己的女儿嫁给了刘勃勃。

十二月初十戊申，后燕主慕容垂来到鲁口。

前秦主苻登进攻安定，后秦主姚苌来到阴密对抗他的进攻，他对太子姚兴说：“苟曜听说我向北进军，一定会来晋见你，你趁机把他抓住杀了。”待姚苌走后，苟曜果然到长安来见姚兴。姚兴派尹纬责问并杀掉了苟曜。

姚苌在安定城以东打败了苻登。苻登退到路承堡据守。姚苌摆下酒席大宴将士。各位将领都说：“这要是在魏武王姚襄执政的时候，他就不会让苻登这个奸贼猖狂到今天这种地步。皇上未免谨慎稳重得太过度了吧！”姚苌笑着说：“我不及我死去的哥哥的地方有四个方面：第一是不像他那样身高有八尺五寸，两臂下垂长过膝盖，让人一看就畏惧他。第二是不像他那样能统领十万人的庞大部队，与天下所有的英雄争高低、相抗衡，手下的将士望见军旗所指的方向，奋勇冲杀，没有人可以阻挡。第三是不像他那样可以通晓历史，了解时势，讲解论说道理和艺文，并能广泛招揽、集结贤能英才。第四是不能像他那样统帅大军，使上下全部都心悦诚服，人人尽死力而战斗。我之所以还能够建立一些功业，领导指挥你们这么多俊杰，正是还算在计谋策略上有那么一点长处罢了。”文武大臣都口称万岁。

【点评】

仁人慕容垂。慕容垂生于公元326年，死于公元395年，他的一生，功勋卓著又忍辱负重。

前燕国时代，二哥慕容儁当了皇帝，慕容垂的日子并不好过。当时，慕容垂的妻子段氏才高性烈，不太买皇后可足浑氏的账，皇后就设计陷害她；当然不是把矛头直接指向慕容垂，而是从段氏身上打开缺口，把慕容垂牵扯进来。有人奉皇后之令告段氏为巫蛊，而所谓巫蛊，在当时是死罪。慕容儁也是忌讳慕容垂的功名，便将段氏投到大牢，进行拷问。但段氏被屈打，就是不招。慕容垂非常心痛，就暗中派人对段氏说："人生会当一死，何苦受罪如此！你不如招了吧。"段氏叹息，说道："我难道是害怕死吗？如果自认而成罪人，上辱祖宗，下累大王，我坚决不为也！"世间真有此刚烈女子也！后来，段氏死于狱中，而慕容垂也因此得以免祸，出镇辽东。他念念不忘段氏的这份情义，后以段氏之侄为继室，又不顾他人的反对，将段氏之子慕容宝作为接班人，以此来报答。慕容垂看不得妻子受苦，就劝她招认，这意味着什么？就是宁愿让自己去受这般苦，也要减轻妻子的苦痛。这是一种什么样的情怀？非仁者，能做到吗？

后来，到了侄子慕容暐当政，慕容评辅政时，慕容垂的日子越发不好过了，他忍受来自皇帝、权臣的猜忌以及可足浑太后的谋害，但不忍刀兵相向。当年桓温北伐，曾经一路高歌猛进，到达枋头，接近前燕的都城，是慕容垂率领兵马在桓温撤退时予以重创，使桓温大败亏输。慕容垂威名大振，但却受到朝廷的排挤。当时辅政的慕容评，对他非常嫉妒；太后可足浑氏也一向恨他，遂毁其战功，与慕容评相谋，欲除之而后快。消息泄露，有人劝说慕容垂先发制人，慕容垂心中不忍，说道："骨肉相残而首乱于国，我有死而已，不忍为也。"甚至有人都将反事准备好了，只等慕容垂点头而已。可是，慕容垂制止了反事，而选择避让，一走了事，避免了一场争斗和屠杀。这在当时的年代里，可以说是绝无仅有的，按照慕容垂的智慧、威望和能力，要推翻前燕政权，取而代之，完全是有可能的，甚至有十足的把握。但是，他没有这样做，没有同室操戈、手足相残，可谓仁矣！

无奈之下，慕容垂投奔了前秦主苻坚。苻坚也是仁者皇帝，非常爱慕慕容垂的才能，后来让他担任冠军将军，慕容垂因此得到重用。淝水之战，前秦大败，而慕容垂率领的三万兵马却完好无损。苻坚落荒而逃，来到慕容垂的军营。这时候，有不少人知道慕容垂有复国之志，便劝其杀掉苻坚，乘机起事。在当时，杀掉苻坚是轻而易举的事情。可慕容垂没有这样做，他感谢苻坚几年来对他的收留与重用，他不愿采取龌龊手段而背负千古骂名，他认为要消灭前秦、打败苻坚，要在战场上真刀真枪、光明磊落地去做，而不是乘人之危。正因为如此，慕容垂的仁者之名使

得他在以后建立后燕的生涯中赢得了许多忠勇人士的爱戴与归附，因而使后燕得以中兴。

无须再细说了，慕容垂之仁，在当时纷纷扰扰的攻战时代，是屈指可数的。当然，慕容垂的仁心也带来了一些副作用，如错过了杀掉北魏王拓跋珪的机会；由于念及亡妻段氏的恩情，立了才能平庸的慕容宝为太子，使得后燕国在他去世后不久就灭亡了。惜哉，痛哉！可见，慕容垂心中执念的“仁”字，是一把双刃剑，既能使其事业振兴，也能使其事业毁弃，关键在于如何把握。而从人格的角度来说，一个“仁”字，塑造了慕容垂的仁者形象，让其充满了人格的力量，让千秋万代的人们对他增加了怀念的感情！

晋纪三十

晋孝武帝太元十七年至二十一年（392—396年）

【起玄黓执徐（壬辰，392年），尽柔兆涒滩（丙申，396年），凡五年】

【大事提要】

本卷记事起于公元392年，止于公元396年，凡五年，时当晋孝武帝（司马曜）太元十七年至太元二十一年。本卷所载大事，主要有五个方面。其一，后燕灭西燕。公元393年，后燕主慕容垂向西燕大举进攻，西燕主慕容永亲率驻太行5万大军回师阻击，却中了埋伏，慕容永败退都城长子，后燕军包围其都城，西燕太尉逸豆归部将伐勤等人开门投降，后燕军入长子，杀慕容永等。西燕灭亡，历时10年。其二，西秦灭前秦。公元394年，前秦主苻登在马毛山以南废桥与后秦主姚兴交战，被后秦击溃、生擒而斩首。太子苻崇投奔湟中继承帝位，被西秦首领乞伏乾归驱逐，又投奔陇西王杨定，与杨定在攻击西秦时，被西秦凉州刺史乞伏轲弹斩杀。前秦灭亡，历时45年。其三，北魏大破后燕。公元395年，后燕太子慕容宝率领8万军队进攻北魏。北魏王拓跋珪采取敌进我退、诱敌深入、敌退我打的战略。后燕军不能速战速决，又误信后燕主慕容垂去世的消息，决定撤兵。拓跋珪抓住机会，在参合陂围困、打败后燕军，加速了后燕的灭亡。其四，司马曜为一句玩笑话丧命。公元396年，东晋孝武帝司马曜酗酒后，对宠妃张贵人说了句喜欢年轻女子，要废掉她的玩笑话，张贵人妒忌成性，最担心司马曜宠爱别人，废弃自己，便令宫女偷偷溜进司马曜寝宫，将酒醉后熟睡的司马曜用被子闷死。司马曜时年35岁。其五，司马德宗即位。公元396年，东晋孝武帝司马曜去世，太子司马德宗即位，是为晋安帝，次年改年号为隆安。司马德宗生活不能完全自理，天性愚笨，不善说话，皇帝的权威大大削弱。会稽王司马道子专权，王国宝等奸佞当道，许多将军不受君命，国运衰颓。

【原文】

烈宗孝武皇帝下

太元十七年（壬辰，392 年）

春，正月，己巳朔，大赦。

秦主登立昭仪陇西李氏为皇后。

二月，壬寅，燕主垂自鲁口如河间、渤海、平原。翟钊遣其将翟都侵馆陶，屯苏康垒。三月，垂引兵南击钊。

秦骠骑将军没弈干帅众降于后秦，后秦以为车骑将军，封高平公。

后秦主苌寝疾，命姚硕德镇李润，尹纬守长安，召太子兴诣行营。征南将军姚方成言于兴曰："今寇敌未灭，上复寝疾。王统等皆有部曲，终为人患，宜尽除之。"兴从之，杀王统、王广、苻胤、徐成、毛盛。苌怒曰："王统兄弟，吾之州里，实无他志；徐成等皆前朝名将，吾方用之，奈何辄杀之！"

燕主垂进逼苏康垒。夏，四月，翟都南走滑台。翟钊求救于西燕，西燕主永谋于群臣，尚书郎渤海鲍遵曰："使两寇相弊，吾承其后，此卞庄子之策也。"中书侍郎太原张腾曰："垂强钊弱，何弊之承！不如速救之，以成鼎足之势。今我引兵趋中山，昼多疑兵，夜多火炬，垂必惧而自救。我冲其前，钊蹑其后，此天授之机，不可失也。"永不从。

燕大赦。

五月，丁卯朔，日有食之。

六月，燕主垂军黎阳，临河欲济，翟钊列兵南岸以拒之。辛亥，垂徙营就西津，去黎阳西四十里，为牛皮船百余艘，伪列兵仗，溯流而上。钊亟引兵趣西津，垂潜遣中垒将军桂林王镇等自黎阳津夜济，营于河南，比明而营成。钊闻之，亟还，攻镇等营，垂命镇等坚壁勿战。钊兵往来疲暍，攻营不能拔，将引去；镇等引兵出战，骠骑将军农自西津济，与镇等夹击，大破之。钊走还滑台，将妻子，收遗众，北济河，登白鹿山，

【语译】

烈宗孝武皇帝下

晋孝武帝太元十七年（壬辰，392 年）

春季，正月初一己巳朔，东晋实行大赦。

前秦主苻登册立昭仪陇西人李氏为皇后。

二月初五壬寅，后燕主慕容垂从鲁口前往河间、渤海、平原。翟钊派遣他的部将翟都侵犯馆陶，驻在苏康垒。三月，慕容垂带领部队向南袭击翟钊。

前秦骠骑将军没弈干率领他的部众向后秦投降。后秦任命他为车骑将军，封他为高平公。

后秦主姚苌卧病不起，命令姚硕德去镇守李润，尹纬留守长安，并让太子姚兴来行营之中见面。征南将军姚方成对姚兴说道："现在来进犯的敌人还没有被消灭，皇上又卧病不起。王统等人都拥有自己的部队，最终会成为我们的祸患，应该尽快把他们全部除掉。"姚兴听从了他的话，杀掉了王统、王广、苻胤、徐成、毛盛。姚苌听到这个消息，生气地说："王统他们兄弟，跟我是同州同里的老乡，根本没有二心。徐成等人因为是前朝的有名将领，我才重用他们，怎么能轻易地说杀就杀呢？"

后燕主慕容垂向前进军威逼苏康垒。夏季，四月，翟都向南撤退到滑台。翟钊向西燕请求救援，西燕主慕容永与大臣们商议，尚书郎渤海人鲍遵说："让这两个寇匪互相进攻、消耗力量，我们紧跟在他们身后，坐收渔人之利，这是卞庄子当年用过的策略。"中书侍郎太原人张腾则说："慕容垂强大，而翟钊弱小，我们有什么好处可以得到呢？不如赶快去解救翟钊，这样还可以形成鼎足而立的局势。现在我们带领部队奔袭后燕的都城中山，白天多设些疑兵，黑夜多点些火把，慕容垂得知后一定会担心后方的安全而赶回来为自己解围。那时候，我们再迎击他们的前面，翟钊又可以跟在他们的背后骚扰，这是上天所给我们提供的绝好时机，万万不可失去。"慕容永没有听从他的话。

后燕实行大赦。

五月初一丁卯朔，出现日食。

六月，后燕主慕容垂的部队抵达黎阳，来到黄河岸边准备渡河，翟钊则把部队布置在黄河南岸用来抵抗后燕军。十六日辛亥，慕容垂把大营迁到西津，距离黎阳四十里，制作牛皮战船一百多艘，假装把士兵器械满载船上，逆水而上。翟钊急忙带领部队直扑西津防卫。慕容垂又暗中派遣中垒将军桂林王慕容镇等人率兵从黎阳渡口连夜渡河，在黄河南岸扎下大营，天亮时，后燕的大营已经全部构筑完成。翟钊听到这个消息后，急忙返回，进攻慕容镇等人的军营，慕容垂命令慕容镇等只许

凭险自守，燕兵不得进。农曰：“钊无粮，不能久居山中。”乃引兵还，留骑候之。钊果下山，还兵掩击，尽获其众，钊单骑奔长子。西燕主永以钊为车骑大将军、兖州牧，封东郡王。岁余，钊谋反，永杀之。

（以上为第一段，写后秦主姚苌病重，太子姚兴乘机杀掉徐成等前朝名将；后燕主慕容垂率军南渡黄河，袭击翟魏主翟钊，大获全胜，翟钊逃奔西燕，后被杀。）

初，郝晷、崔逞及清河崔宏、新兴张卓、辽东夔腾、阳平路纂皆仕于秦，避秦乱来奔，诏以为冀州诸郡，各将部曲营于河南；既而受翟氏官爵，翟氏败，皆降于燕，燕主垂各随其材而用之。钊所统七郡三万余户，皆按堵如故。以章武王宙为兖、豫二州刺史，镇滑台；徙徐州民七千余户于黎阳，以彭城王脱为徐州刺史，镇黎阳。脱，垂之弟子也。垂以崔荫为宙司马。

初，陈留王绍为镇南将军，太原王楷为征西将军，乐浪王温为征东将军，垂皆以荫为之佐。荫才干明敏强正，善规谏，四王皆严惮之；所至简刑法，轻赋役，流民归之，户口滋息。

秋，七月，垂如邺，以太原王楷为冀州牧，右光禄大夫余蔚为左仆射。

秦主登闻后秦主苌疾病，大喜，告祠世祖神主，大赦，百官进位二等，秣马厉兵，进逼安定，去城九十余里。八月，苌疾小瘳，出拒之。登引兵出营，将逆战，苌遣安南将军姚熙隆别攻秦营，登惧而还。苌夜引兵旁出以蹑其后，旦而候骑告曰：“贼诸营已空，不知所向。”登惊曰：“彼为何人，去令我不知，来令我不觉，谓其将死，忽然复来，朕与此羌同世，何其厄哉！”登遂还雍，苌亦还安定。

坚守防备，不许出战。翟钊的兵马跑来跑去疲惫燥热不堪，攻打后燕军的营地难以取胜，正要带兵退走，慕容镇等人突然带兵从营地中杀出，与此同时，后燕骠骑将军慕容农从西津渡过黄河，与慕容镇等一起夹击翟钊，把他打得大败。翟钊回逃到滑台，携带妻子儿女，收集残兵败将，向北渡过黄河，登上了白鹿山，依靠险峻山势严密把守，后燕的部队无法进击。慕容农说："翟钊没有军粮，一定不能长时间地在山中蜷缩。"他率领部队回营，仅留下一些骑兵观望翟钊的动静。翟钊果然下了山，慕容农马上挥师回军突袭，把翟钊的部众全部俘获，只有翟钊一人骑马投奔长子。西燕国主慕容永任命翟钊为车骑大将军、兖州牧，并封他为东郡王。一年多之后，翟钊阴谋反叛西燕，慕容永把他杀了。

最初，郝晷、崔逞以及清河人崔宏、新兴人张卓、辽东人夔腾、阳平人路纂等人都在前秦做官。前秦大乱时，他们为了躲避战乱，投奔东晋。孝武帝司马曜下令委任他们做了冀州几个郡的郡守，并带领他们各自的部队在黄河南岸驻扎。不久，他们又接受了翟辽的官职和爵位。翟辽及他的家族失败后，他们又都投降了后燕，后燕主慕容垂按照他们各自的才干，分别留用了他们。翟钊过去所统辖的七个郡的三万多户人家，都安居下来，像过去一样。慕容垂又任命章武王慕容宙为兖州、豫州两个州的刺史，镇守滑台；把徐州的居民七千多户迁移到黎阳，并任命彭城王慕容脱为徐州刺史，镇守黎阳。慕容脱是慕容垂的侄儿。又任命崔荫为慕容宙的司马。

当初，陈留王慕容绍担任镇南将军，太原王慕容楷担任征西将军，乐浪王慕容温担任征东将军，慕容垂都委派崔荫作为他们的辅佐。崔荫精明强干，刚强正直，善于规劝主上的过失，因此，四位亲王都很害怕他。崔荫每到一个地方，都努力减少刑法，减轻田赋与劳役，使外出逃亡的难民渐渐地回来，当地的户口也越来越多。

秋季，七月，慕容垂来到邺城，任命太原王慕容楷为冀州牧、右光禄大夫余蔚为左仆射。

前秦主苻登听说后秦主姚苌生病，喜出望外，焚香禀告世祖苻坚的神位，又在国中实行大赦，并把文武百官的职位连升二级，喂饱战马，磨利武器，统领大军逼临安定，距离城池仅九十多里。八月，姚苌病稍有好转，便率军出城与前秦军队对抗。苻登带领军队冲出营地将要交战，姚苌却派遣安南将军姚熙隆从别的地方去进攻前秦的营地。苻登惧怕后营有失，连忙撤退。姚苌在夜晚带领部队从侧翼迂回出来，紧跟在苻登部队的背后。天亮时，前秦的哨探骑兵回来报告，说："贼兵的几个军营都已经空了，不知去向。"苻登大惊失色，说道："姚苌这个家伙是个什么人？走的时候能让我不得知道，来的时候又能让我无从知觉，都说他快要死了，可却忽然之间又能出来和我对阵打仗。我与这个老羌贼同活在一个世上，是多么不走运的

三河王光遣其弟右将军宝等攻金城王乾归，宝及将士死者万余人。又遣其子虎贲中郎将纂击南羌彭奚念，纂亦败归。光自将击奚念于枹罕，克之，奚念奔甘松。

冬，十月，辛亥，荆州刺史王忱卒。

雍州刺史朱序以老病求解职，诏以太子右卫率郗恢为雍州刺史，代序镇襄阳。恢，昙之子也。

巴蜀人在关中者皆叛后秦，据弘农以附秦。秦主登以窦冲为左丞相，冲徙屯华阴。郗恢遣将军赵睦守金墉，河南太守杨佺期帅众军湖城，击冲，走之。

（以上为第二段，写前秦主苻登趁后秦主姚苌生病，率军攻打，而姚苌病稍愈，又率军出阵，苻登没有捞到任何好处；后凉主吕光出兵攻打西秦，先败后胜。）

十一月，癸酉，以黄门郎殷仲堪为都督荆、益、宁三州诸军事，荆州刺史，镇江陵。仲堪虽有英誉，资望犹浅，议者不以为允。到官，好行小惠，纲目不举。

南郡公桓玄负其才地，以雄豪自处，朝廷疑而不用，年二十三，始拜太子洗马。玄尝诣琅邪王道子，值其酣醉，张目谓众客曰："桓温晚涂欲作贼，云何？"玄伏地流汗，不能起，由是益不自安，常切齿于道子。后出补义兴太守，郁郁不得志，叹曰："父为九州伯，儿为五湖长！"遂弃官归国，上疏自讼曰："先臣勤王匡复之勋，朝廷遗之，臣不复计。至于先帝龙飞，陛下继明，请问谈者，谁之由邪？"疏寝不报。

玄在江陵，仲堪甚敬惮之。桓氏累世临荆州，玄复豪横，士民畏之，过于仲堪。尝于仲堪听事前戏马，以稍拟仲堪。仲堪中兵参军彭城刘迈谓玄曰："马稍有余，精理不足。"玄不悦，仲堪为之失色。玄出，仲堪谓迈曰："卿，狂人也！玄夜遣杀卿，我岂能相救邪！"使迈下都避之，玄使人追之，迈仅而获免。

事情啊！”于是苻登只好撤兵回到雍城去了，姚苌也回到安定。

后凉三河王吕光派他的弟弟右将军吕宝等，进攻西秦金城王乞伏乾归，吕宝及将士战死的有一万多人。吕光又派遣他的儿子虎贲中郎将吕纂进攻南部羌族部落首领彭奚念，吕纂也大败而归。于是吕光亲自领兵去枹罕袭击彭奚念，获胜。彭奚念去投奔甘松。

冬季，十月十八日辛亥，东晋荆州刺史王忱去世。

东晋雍州刺史朱序因为年老多病，请求辞官。孝武帝司马曜下令，任命太子右卫率郗恢为雍州刺史，代替朱序镇守襄阳。郗恢是郗昙的儿子。

流亡到关中一带的巴蜀人全部背叛了后秦，占据了弘农并归附前秦。前秦主苻登任命窦冲为左丞相，带兵转到华阴去驻扎。郗恢派遣将军赵睦据守金墉，河南太守杨佺期统率部队到湖城，袭击窦冲，并把窦冲赶走。

十一月初十癸酉，东晋任命黄门郎殷仲堪为都督荆、益、宁三州诸军事，荆州刺史，镇守江陵。殷仲堪虽然有很好的名声，但是资历、威望还浅，因此议论的人认为这并不公允合理。果然，殷仲堪到达任上后，喜欢行使小恩小惠，却对大政方针缺乏有力切实的措施。

东晋南郡公桓玄仗恃自己的才能和显赫的家族地位，总把自己看作是英雄豪杰，朝廷对他怀有戒心而不重用。二十三岁那年，他才开始在朝廷任太子洗马。桓玄曾经去拜见琅邪王司马道子，当时正赶上司马道子酩酊大醉，他睁开醉眼对身旁的宾客说："桓温到了晚年的时候，曾经打算要做贼，你们说怎么样呀？"桓玄伏在地上，汗流浃背，站不起来。从此他越发忐忑不安，常常对司马道子痛恨得咬牙切齿。后来，他补任义兴太守，但还是感到怀才不遇而闷闷不乐，叹息着说："我的父亲曾是九州的盟主，而他的儿子却只不过是五湖的小头目！"于是他弃官回到封地。临行，他呈上一封奏书，为自己申辩道："我父亲辅佐皇家，平定祸乱的功劳，朝廷把它遗忘了，我并不计较。但是，先帝登上宝座，皇上得以继承大统，这些事请皇上问一问那些谈论的人，是靠谁得来的呀？"奏书被搁置下来，没有上报。

桓玄在江陵，殷仲堪对他十分恭敬畏惧。桓氏家族几代都在荆州镇守，桓玄尤其强豪专横，当地的官员、百姓都害怕他甚于害怕殷仲堪。桓玄曾经在殷仲堪升堂办公之前在公堂外骑马取笑，并且用长矛假装向殷仲堪直刺。殷仲堪的部将中军参军彭城人刘迈对桓玄说："战马和长矛的威力有余，但是于道理精义却有缺陷。"桓玄怫然不悦，殷仲堪也为此大惊失色。桓玄走出去之后，殷仲堪对刘迈说："你是疯

征虏参军豫章胡藩过江陵，见仲堪，说之曰："桓玄志趣不常，每快快于失职，节下崇待太过，恐非将来之计也！"仲堪不悦。藩内弟同郡罗企生为仲堪功曹，藩退，谓企生曰："殷侯倒戈以授人，必及于祸。君不早图去就，后悔无及矣！"

庚寅，立皇子德文为琅邪王，徙琅邪王道子为会稽王。

十二月，燕主垂还中山，以辽西王农为都督兖、豫、荆、徐、雍五州诸军事，镇邺。

休官权千成据显亲，自称秦州牧。

清河人李辽上表请敕兖州修孔子庙，给户洒扫。仍立庠序，收教学者，曰："事有如赊而寔急者，此之谓也！"表不见省。

（以上为第三段，写东晋任用文弱书生殷仲堪为荆州刺史，而荆州是桓氏家族几代人镇守之地，根基深厚，桓温之子桓玄十分豪横，上门找事，晋祸不远矣。）

十八年（癸巳，393 年）

春，正月，燕阳平孝王柔卒。

权千成为秦所逼，请降于金城王乾归，乾归以为东秦州刺史、休官大都统、显亲公。

夏，四月，庚子，燕主垂加太子宝大单于，以安定王库傉官伟为太尉，范阳王德为司徒，太原王楷为司空，陈留王绍为尚书右仆射。五月，立子熙为河间王，朗为勃海王，鉴为博陵王。

秦右丞相窦冲矜才尚人，自请封天水王，秦主登不许。六月，冲自称秦王，改元元光。

金城王乾归立其子炽磐为太子。炽磐勇略明决，过于其父。

秋，七月，秦主登攻窦冲于野人堡，冲求救于后秦。尹纬言于后秦主苌曰："太子仁厚之称，著于远近，而英略未著，请使击苻登以著之。"苌从之。太子兴将兵攻胡空堡，登解冲围以赴之。兴因袭平凉，大获而

了！桓玄如果趁夜派出刺客来杀你，我怎么能救得了你呢？”于是他便让刘迈赶快到京城去躲避桓玄的报复。桓玄派人去追杀他，刘迈免于一死。

东晋征虏参军豫章人胡藩路过江陵，前去看望殷仲堪，劝解他说：“桓玄的志向兴趣不比常人，常常因为没有得到一个满意的职位而大为不满，您对他尊敬优待得似乎太过分了，这恐怕不是能够长期维持的办法吧！”殷仲堪心中不大高兴。胡藩的妻弟同乡罗企生是殷仲堪手下的功曹。胡藩从殷仲堪那里出来，对罗企生说：“殷仲堪把长戈倒转过来，把木柄交给别人，自己一定遭难。你如果不早早地图谋去留，后悔可是来不及的呀！”

十一月二十七日庚寅，东晋孝武帝司马曜立他的儿子司马德文为琅邪王，把原琅邪王司马道子改封为会稽王。

十二月，后燕主慕容垂回到都城中山，任命辽西王慕容农为都督兖、豫、荆、徐、雍五州诸军事，镇守邺城。

休官部落的首领权千成据守显亲县，自称为秦州牧。

东晋清河人李辽上奏朝廷，请求下令南兖州府修建孔子庙，指定专门的人家负责日常洒扫；仍然开办学校，聘请教师，招收学生。他说：“有的事情看起来好像可以作长久打算，实际上却需要尽快办理，指的就是这些事情。”奏书呈上，没有得到回应。

晋孝武帝太元十八年（癸巳，393 年）

春季，正月，后燕阴平孝王慕容柔去世。

休官部落首领权千成被前秦逼迫，向西秦金城王乞伏乾归请求投降。乞伏乾归任命他为东秦州刺史、休官大都统，封为显亲公。

夏季，四月初九庚子，后燕主慕容垂加封太子慕容宝为大单于。又任命安定王库傉官伟为太尉，范阳王慕容德为司徒，太原王慕容楷为司空，陈留王慕容绍为尚书右仆射。五月，册立他的儿子慕容熙为河间王，慕容朗为渤海王，慕容鉴为博陵王。

前秦右丞相窦冲自恃其才，以为超人一等，请求封自己为天水王。苻登没有答应。六月，窦冲自称秦王，改年号为元光。

西秦金城王乞伏乾归立他的儿子乞伏炽磐为太子。乞伏炽磐的武勇谋略和明智决断，都超过他父亲。

秋季，七月，前秦主苻登在野人堡进攻窦冲。窦冲向后秦求救。尹纬向后秦主姚苌进言说：“太子姚兴仁慈敦厚的名声，远近闻名。但是他的英才伟略却没有广泛传扬开去，请您派他去攻击苻登，来使他扬名立威吧！”姚苌听从了他的话。太子

归。苌使兴还镇长安。

魏王珪以薛干太悉伏不送刘勃勃，八月，袭其城，屠之，太悉伏奔秦。

氐帅杨佛嵩叛，奔后秦，杨佺期、赵睦追之。九月，丙戌，败佛嵩于潼关。后秦将姚崇救佛嵩，败晋兵，赵睦死。

冬，十月，后秦主苌疾甚，还长安。

燕主垂议伐西燕，诸将皆曰："永未有衅，我连年征讨，士卒疲弊，未可也。"范阳王德曰："永既国之枝叶，又僭举位号，惑民视听，宜先除之，以一民心。士卒虽疲，庸得已乎！"垂曰："司徒意正与吾同。吾比老，叩囊底智，足以取之，终不复留此贼以累子孙也。"遂戒严。

十一月，垂发中山步骑七万，遣镇西将军丹杨王瓒、龙骧将军张崇出井陉，攻西燕武乡公友于晋阳，征东将军平规攻镇东将军段平于沙亭。西燕主永遣其尚书令刁云、车骑将军慕容钟帅众五万守潞川。友，永之弟也。十二月，垂至邺。

己亥，后秦主苌召太尉姚旻、仆射尹纬、姚晃、将军姚大目、尚书狄伯支入禁中，受遗诏辅政。苌谓太子兴曰："有毁此诸公者，慎勿受之。汝抚骨肉以恩，接大臣以礼，待物以信，遇民以仁，四者不失，吾无忧矣。"姚晃垂涕问取苻登之策，苌曰："今大业垂成，兴才智足办，奚所复问！"

庚子，苌卒。兴秘不发丧，以其叔父绪镇安定，硕德镇阴密，弟崇守长安。

或谓硕德曰："公威名素重，部曲最强，今易世之际，必为朝廷所疑，不如且奔秦州，观望事势。"硕德曰："太子志度宽明，必无他虑。今苻登未灭而骨肉相攻，是自亡也；吾有死而已，终不为也。"遂往见兴，兴优

姚兴带兵进攻胡空堡。苻登急忙解除对窦冲的围困，赶赴那里去解救。姚兴于是又进袭平凉，缴获了许多物资后班师回朝。姚苌还是派姚兴回到长安去镇守。

北魏王拓跋珪因为薛干部落的首领太悉伏拒绝把刘勃勃送交给他，在八月，袭击了太悉伏的驻地，大肆杀戮。太悉伏逃奔到了前秦。

东晋氐人首领杨佛嵩叛变，逃到了后秦。杨佺期、赵睦追赶他。九月，丙戌（疑误），在潼关附近将杨佛嵩打败。后秦将领姚崇出兵搭救杨佛嵩，击败了晋军，杀死了晋将赵睦。

冬季，十月，后秦主姚苌病重，回到长安。

后燕主慕容垂召集文武大臣议论攻打西燕的计划，各位将领都说："慕容永与我们并没有什么大的冲突。我国连续几年东征西讨，将士兵卒疲惫不堪，不可再发动战争。"范阳王慕容德却说："慕容永是我慕容皇族的偏枝旁叶，他超越本分另立尊号，迷惑了老百姓的视听。我们应该先把他除掉，以使老百姓一心向着我们。虽然士兵将领的确很疲倦，但是又怎么能够罢手停战呢？"慕容垂说："司徒的意见正好和我的想法一样。我虽然已经老了，但是我拍一拍脑袋，觉得剩下的这一点点智谋足够对付他们，不能把这些蟊贼留下来连累我的子孙。"于是下令处于临战状态，严阵以待。

十一月，慕容垂调动中山的步、骑兵共七万人，派遣镇西将军、丹杨王慕容瓒，以及龙骧将军张崇等从井陉出发，在晋阳对西燕武乡公慕容友发起攻击；征东将军平规在沙亭进攻西燕的镇东将军段平。西燕主慕容永派遣他的尚书令刁云、车骑将军慕容钟统领大军五万据守潞川。慕容友是慕容永的弟弟。十二月，慕容垂来到邺城。

十二月，己亥（疑误），后秦主姚苌把太尉姚旻，仆射尹纬、姚晃，将军姚大目，尚书狄伯支等人召进宫中，要他们接受遗诏，辅佐太子姚兴治理朝政。姚苌对太子姚兴说："如果有诋毁攻击这几位先生的人，你一定要慎重处理，不要听从他们的话。你如能做到用恩德来抚慰骨肉，用礼仪来对待大臣，用信义来处理一切事情，用仁慈来对待百姓，这四个方面都能不偏废的话，我就没有什么可担忧的了。"姚晃此时流着泪询问征服苻登的计策，姚苌说："现在，我们的帝王大业马上就要完成了，姚兴的才智与谋略已经足以胜任，还有什么必要再来问我呢？"

十二月，庚子（疑误），姚苌去世。姚兴不对外宣布死讯，只是马上任命他的叔叔姚绪去镇守安定，派遣姚硕德去镇守阴密，并命令他的弟弟姚崇留守长安。

有人对姚硕德说："您的威望名声历来就是最高的，您带领的部队也是最强壮的，现在正是皇帝即位、政权交接之际，您一定会受到朝廷的怀疑。不如暂时前往秦州躲避一下，观望事态的发展变化。"姚硕德说："太子姚兴的心胸与度量宽宏明

礼而遣之。兴自称大将军，以尹纬为长史，狄伯支为司马，帅众伐秦。

（以上为第四段，写前秦大将窦冲背叛前秦，另立山头；后秦主姚苌临终托付后事，确立辅政大臣；后燕主慕容垂商量攻打西燕，不顾将士疲劳，要遗逸后代。）

十九年（甲午，394 年）

春，正月，秦主登闻后秦主苌卒，喜曰："姚兴小儿，吾折杖笞之耳。"乃大赦，尽众而东，留司徒安成王广守雍，太子崇守胡空堡；遣使拜金城王乾归为左丞相、河南王，领秦、梁、益、凉、沙五州牧，加九锡。

初，秃发思复鞬卒，子乌孤立。乌孤雄勇有大志，与大将纷陁谋取凉州。纷陁曰："公必欲得凉州，宜先务农讲武，礼俊贤，修政刑，然后可也。"乌孤从之。三河王光遣使拜乌孤冠军大将军、河西鲜卑大都统。乌孤与其群下谋之曰："可受乎？"皆曰："吾士马众多，何为属人！"石真若留不对。乌孤曰："卿畏吕光邪？"石真若留曰："吾根本未固，小大非敌，若光致死于我，何以待之！不如受以骄之，俟衅而动，蔑不克矣。"乌孤乃受之。

二月，秦主登攻屠各姚奴、帛蒲二堡，克之。

燕主垂留清河公会镇邺，发司、冀、青、兖兵，遣太原王楷出滏口，辽西王农出壶关，垂自出沙庭以击西燕，标榜所趣，军各就顿。西燕主永闻之，严兵分道拒守，聚粮台壁，遣从子征东将军小逸豆归、镇东将军王次多、右将军勒马驹帅众万余人戍之。

夏，四月，秦主登自六陌趣废桥，后秦始平太守姚详据马嵬堡以拒之。太子兴遣尹纬将兵救详，纬据废桥以待秦。秦兵争水，不能得，渴死者什二三，因急攻纬。兴驰遣狄伯支谓纬曰："苻登穷寇，宜持重以挫之。"纬曰："先帝登遐，人情扰惧，今不因思奋之力以禽敌，大事去

达，绝对不会有其他的想法和顾虑。现在苻登还没有铲除，我们自家骨肉便先互相打起来，这是自取灭亡。我不过一死罢了，绝对不做那种事。”他便去晋见姚兴，姚兴对他非常尊敬，待遇也很优厚，并送他回去。姚兴自称大将军，任命尹纬为长史，狄伯支为司马，率众攻打前秦。

晋孝武帝太元十九年（甲午，394 年）

春季，正月，前秦主苻登听说后秦主姚苌已死，喜不自禁地说：“姚兴这个黄口乳儿，我折下一根树枝，就可以打他一顿。”于是实行大赦，率领所有军队向东开进，只留下司徒、安成王苻广镇守雍城，太子苻崇留守胡空堡。苻登又派遣使者前去加授西秦金城王乞伏乾归为左丞相、河南王，领秦、梁、益、凉、沙五州牧，加授九锡。

当初，鲜卑部落首领秃发思复鞬去世，他的儿子秃发乌孤继位。秃发乌孤十分勇武雄健，胸怀大志。他和大将纷陁商议夺取凉州。纷陁说：“您如果一定要夺取凉州，就应该首先提倡并推广农耕，讲习武事，再礼贤下士，治理纲政与刑法，然后方可采取行动。”秃发乌孤听从了他的劝告。后凉三河王吕光派遣使节任命秃发乌孤为冠军大将军、河西鲜卑大都统。秃发乌孤同他的部下商议说：“可以接受吗？”部下都说：“我们的兵将马匹众多，为什么非要隶属于别人！”只有石真若留没有发言。秃发乌孤说：“你害怕吕光吗？”石真若留说：“我们根本还没有稳固，与吕光相比，力量的大小相差太悬殊，如果吕光一定要消灭我们，我们能用什么办法来抗拒他呢？我看不如暂时接受他的加封，以此来使吕光自高自大，我们也好等待机会采取相应的行动，那样的话，我们就没有什么不能战胜的了。”秃发乌孤听从了他的劝告，接受了吕光的加封。

二月，前秦主苻登进攻屠各部落所占领的姚奴堡、帛蒲堡，攻克。

后燕主慕容垂留下清河公慕容会镇守邺城，调动司州、冀州、青州、兖州的兵力，派遣太原王慕容楷从滏口出击，辽西王慕容农从壶关出击，慕容垂则从沙庭进发，共同攻打西燕。他故意公开分派任务，并且使各支军队准备就绪。西燕主慕容永听到这个消息，派遣兵马分几路严密把守，把粮草物资等聚集在台壁，派自己的侄儿征东将军小慕容逸豆归、镇东将军王次多、右将军勒马驹等人率领一万多人保卫台壁。

夏季，四月，前秦主苻登从六陌进发到废桥，后秦始平太守姚详据守马嵬堡准备和他对抗。后秦太子姚兴派遣尹纬带领兵马前去营救姚详，尹纬占据废桥等待前秦部队来攻。前秦士兵与后秦争夺饮水，没有能够成功，渴死的人有十分之二三。前秦更加急迫地向尹纬发动进攻。姚兴派狄伯支赶来叮嘱尹纬说：“苻登这家伙已是

矣！”遂与秦战，秦兵大败。其夜，秦众溃，登单骑奔雍，太子崇及安成王广闻败，皆弃城走。登至，无所归，乃奔平凉，收集溃众，入马毛山。

燕主垂顿军邺西南，月余不进。西燕主永怪之，以为太行道宽，疑垂欲诡道取之，乃悉敛诸军屯轵关，杜太行口，惟留台壁一军。甲戌，垂引大军出滏口，入天井关。

五月，乙酉，燕军至台壁，永遣从兄太尉大逸豆归救之，平规击破之。小逸豆归出战，辽西王农又击破之，斩勒马驹，禽王次多，遂围台壁。永召太行军还，自将精兵五万以拒之。刁云、慕容钟震怖，帅众降燕，永诛其妻子。己亥，垂陈于台壁南，遣骁骑将军慕容国伏千骑于涧下。庚子，与永合战，垂伪退，永众追之，行数里，国骑从涧中出，断其后，诸军四面俱进，大破之，斩首八千余级，永走归长子。晋阳守将闻之，弃城走。丹杨王瓒等进取晋阳。

后秦太子兴始发丧，即皇帝位于槐里，大赦，改元皇初，遂如安定。谥后秦主苌曰“武昭皇帝”，庙号太祖。

（以上为第五段，写后秦主姚苌去世，太子姚兴即位，前秦主苻登乘机发兵攻打，结果大败亏输；后燕主慕容垂发兵攻打西燕主慕容永，数路出击，予以重创。）

六月，壬子，追尊会稽王太妃郑氏曰“简文宣太后”。群臣谓宣太后应配食元帝，太子前率徐邈曰：“宣太后平素之时，不伉俪于先帝；至于子孙，岂可为祖考立配！”国学明教东莞臧焘曰：“今尊号既正，则罔极之情申；别建寝庙，则严祢之义显；系子为称，兼明贵之所由。一举而允三义，不亦善乎！”乃立庙于太庙路西。

穷途末路的强盗，我们应该沉着、谨慎，有把握后再将他打败。”尹纬说：“先帝刚刚成仙而去，人心难免骚动惊惧。现在我们如果不想办法奋勇作战，克制强敌，我们的大业将一败涂地！”尹纬与前秦军队决战，前秦军队大败。当天夜晚，前秦军队便溃不成军，苻登一人骑马逃奔雍城。太子苻崇以及安成王苻广听说自己的军队失败，早已弃城逃走，等苻登来到这里时，已经没有地方可以投靠，于是他又逃奔平凉，收集残兵败将，进入马毛山。

后燕主慕容垂驻扎在邺城西南，一个多月也没有向前推进。西燕主慕容永觉得很奇怪，以为是太行道路宽阔，怀疑慕容垂打算秘密通过来偷袭，于是他把几支军队统统地调集在轵关驻扎下来，封锁太行路口，只把镇守台壁的部队留下。四月二十日甲戌，慕容垂率领大部队从滏口出兵，进入了天井关。

五月初一乙酉，后燕军队到达台壁，慕容永派遣他的堂兄太尉大慕容逸豆归领兵去解救，结果被后燕将领平归击败。小慕容逸豆归出列讨战，又被后燕辽西王慕容农打得大败，后燕军斩杀了西燕的右将军勒马驹，活捉了另一个将军王次多，于是，把台壁团团围住。慕容永急忙把驻守太行的部众调回，他本人统领五万多人的精锐部队抵抗后燕。西燕驻守潞川的将军刁云、慕容钟等被后燕的进攻气势所震慑，率领部众投降了后燕。慕容永杀死了他们的妻子儿女。五月十五日己亥，慕容垂在台壁以南的地区列开阵势，又派骁骑将军慕容国带领一千多骑兵埋伏在山涧之下。十六日庚子，慕容垂与慕容永展开决战，慕容垂佯装败退，慕容永带兵追赶他，追了几里路，慕容国率领的骑兵部队从山涧中突然杀出，切断了慕容永的后路，后燕各支军队从四面八方一起向慕容永发起了进攻，把西燕的部队打得大败，杀死敌人八千多人。慕容永仓皇逃回到长子。西燕晋阳守将听说己方大败，弃城逃走。后燕丹杨王慕容瓒等人夺取了晋阳。

后秦太子姚兴这时才宣布父亲姚苌已死，并在槐里即皇帝位。实行大赦，改年号为皇初。随后来到安定。追谥后秦主姚苌为武昭皇帝，庙号为太祖。

六月，壬子（疑为五月二十八日壬子之误），东晋孝武帝司马曜追尊自己的祖母、元帝司马睿的妃子郑氏为简文宣太后。很多大臣都说宣太后的牌位应该被尊放在元帝之侧，与元帝一起享受香火，太子前率徐邈却说：“宣太后活着的时候，并没有被作为先帝的婚配正室，作为子孙，我们怎么可以为祖先们做主安排妻室呢？”国学明教东莞人臧焘说：“现在宣太后的尊号已经扶正，作为后代的无穷的孝思已经得到表达；为宣太后另建一座祭庙，尊重先辈祭庙的心情就可以显现；把儿子的谥

燕主垂进军围长子。西燕主永欲奔后秦，侍中兰英曰："昔石虎伐龙都，太祖坚守不去，卒成大燕之基。今垂七十老翁，厌苦兵革，终不能顿兵连岁以攻我也；但当城守以疲之。"永从之。

秦主登遣其子汝阴王宗为质于河南王乾归以请救，进封乾归梁王，纳其妹为梁王后。乾归遣前军将军乞伏益州等帅骑一万救之。

秋，七月，登引兵出迎乾归兵，后秦主兴自安定如泾阳，与登战于山南，执登，杀之。悉散其部众，使归农业，徙阴密三万户于长安，以李后赐姚晃。益州等闻之，引兵还。秦太子崇奔湟中，即帝位，改元延初，谥登曰"高皇帝"，庙号太宗。

后秦安南将军强熙、镇远将军强多叛，推窦冲为主。后秦主兴自将讨之，军至武功，多兄子良国杀多而降，熙奔秦州，冲奔汧川，汧川氐仇高执送之。

三河王光以子覆为都督玉门以西诸军事、西域大都护，镇高昌，命大臣子弟随之。

八月，己巳，尊皇太妃李氏为皇太后，居崇训宫。

西燕主永困急，遣其子常山公弘等求救于雍州刺史郗恢，并献玉玺一纽。恢上言："垂若并永，为患益深，不如两存之，可以乘机双毙。"帝以为然，诏青、兖二州刺史王恭、豫州刺史庾楷救之。楷，亮之孙也。永恐晋兵不出，又遣其太子亮来为质，平规追亮及于高都，获之。永又告急于魏，魏王珪遣陈留公虔、将军庾岳帅骑五万东渡河，屯秀容以救之。虔，纥根之子也。

晋、魏兵皆未至，大逸豆归部将伐勤等开门内燕兵，燕人执永，斩之，并斩其公卿大将刁云、大逸豆归等三十余人，得永所统八郡七万余户及秦乘舆、服御、伎乐、珍宝甚众。燕主垂以丹杨王瓒为并州刺史，镇晋阳，宜都王凤为雍州刺史，镇长子。永尚书仆射昌黎屈遵、尚书阳

号加在母亲的谥号前面，能使人明白母亲得以荣耀尊贵的原因。这一个举动可以符合三方面的意义，不也是一件应该做的好事吗？”于是在太庙路的西侧建立了一座宣太后的祭庙。

后燕主慕容垂指挥部队包围了长子。西燕主慕容永打算投奔后秦，侍中兰英说：“当年石虎攻打龙都，大燕国太祖慕容皝坚守城池不肯离去，终于成就了大燕国的基础。现在慕容垂已经是一个七十岁的老翁，他讨厌长年战争，终究不能成年累月地攻打我们。我们只需严密守城，拖垮敌人。”慕容永听从了他的意见。

前秦主苻登送他的儿子汝阴王苻宗作为人质，到河南王乞伏乾归那里去请求救助，并且加封乞伏乾归为梁王，并迎娶乞伏乾归的妹妹为梁王后。乞伏乾归派遣前军将军乞伏益州等人统领一万骑兵前去解救他。

秋季，七月，苻登带领兵马迎接乞伏乾归的部队。后秦主姚兴从安定直扑泾阳，与苻登在马毛山南激战。姚兴生俘了苻登，并把他杀掉了；把苻登的部众全部解散，让他们回到家里去从事农事耕作；又把阴密的三万户居民迁到长安，把苻登的妻子李皇后赏赐给姚晃。乞伏益州等人听到了这个消息，就带着部队回去了。前秦太子苻崇又跑到湟中，继承了帝位，改年号为延初。又追谥苻登为高皇帝，庙号太宗。

后秦安南将军强熙、镇远将军强多叛变，拥推窦冲为盟主。后秦主姚兴亲自带兵前去攻打，部队行进到武功的时候，强多的侄儿强良国杀死了强多归降。强熙则逃奔秦州，窦冲逃奔汧川，被汧川氐族部落首领仇高抓住，送还给了后秦。

后凉三河王吕光，任命他的儿子吕覆为都督玉门以西诸军事、西域大都护，镇守高昌，并命令大臣的子弟随同前往。

八月十六日己巳，东晋孝武帝司马曜尊封皇太妃李氏为皇太后，居住在崇训宫。

西燕主慕容永被包围，局势危急，派他的儿子常山公慕容弘等人去向东晋雍州刺史郗恢求救，并奉献一颗玉玺作为进见之礼。郗恢上奏说：“慕容垂如果吞并了慕容永，会给我们带来更深的祸患，不如让他们二者暂时并存，我们也好寻找机会同时除掉他们两个。”孝武帝司马曜认为他说得很对，便下令调青、兖二州刺史王恭和豫州刺史庾楷前往解救慕容永。庾楷是庾亮的孙子。慕容永担心东晋不肯出兵，又派他的太子慕容亮到东晋充当人质。后燕平规追捕慕容亮，追到高都把他抓住了。慕容永又向北魏告急。北魏主拓跋珪派陈留公拓跋虔和将军庾岳统领骑兵五万人向东渡过黄河，集结在秀容一带救援慕容永。拓跋虔是拓跋纥根的儿子。

东晋和北魏援兵还没有来到的时候，大慕容逸豆归手下的将领伐勤等打开城门，把后燕军放了进来。后燕将士抓住了慕容永并且把他杀了，又斩杀了慕容永的文臣武将如刁云、大慕容逸豆归等三十多人，吞并了慕容永所统辖的八个郡、七万多户居民以及前秦御用的车轿、服饰、歌女乐器、奇珍异宝不计其数。后燕主慕容垂任

平王德、秘书监中山李先、太子詹事渤海封则、黄门郎太山胡母亮、中书郎张腾、尚书郎燕郡公孙表皆随才擢叙。

九月，垂自长子如邺。

（以上为第六段，写前秦主苻登被后秦主姚兴打败，被俘杀，太子苻崇到湟中即位；后燕主慕容垂围困西燕，西燕主慕容永四处求救，救兵不至，城破被杀。）

冬，十月，秦主崇为梁王乾归所逐，奔陇西王杨定。定留司马邵彊守秦州，帅众二万与崇共攻乾归，乾归遣凉州牧轲弹、秦州牧益州、立义将军诘归帅骑三万拒之。益州与定战，败于平州，轲弹、诘归皆引退，轲弹司马翟瑥奋剑怒曰："主上以雄武开基，所向无敌，威振秦、蜀。将军以宗室居元帅之任，当竭力致命以佐国家。今秦州虽败，二军尚全，奈何望风退衄，将何面以见主上乎！瑥虽无任，独不能以便宜斩将军乎！"轲弹谢曰："向者未知众心何如耳。果能若是，吾敢爱死！"乃帅骑进战，益州、诘归亦勒兵继之，大败定兵，杀定及崇，斩首万七千级。乾归于是尽有陇西之地。

定无子，其叔父佛狗之子盛，先守仇池，自称征西将军、秦州刺史、仇池公，谥定为武王，仍遣使来称藩。秦太子宣奔盛，盛分氐、羌为二十部护军，各为镇戍，不置郡县。

燕主垂东巡阳平、平原，命辽西王农济河，与安南将军尹国略地青、兖。农攻廪丘，国攻阳城，皆拔之。东平太守韦简战死，高平、泰山、琅邪诸郡皆委城奔溃，农进军临海，遍置守宰。

柔然曷多汗弃其父，与社仑率众西走；魏长孙肥追之，及于上郡跋那山，斩曷多汗。社仑收其余众数百，奔疋候跋，疋候跋处之南鄙。社仑袭疋候跋，杀之。疋候跋子启跋、吴颉等皆奔魏。社仑掠五原以西诸

命丹杨王慕容瓒为并州刺史，镇守晋阳；宜都王慕容凤为雍州刺史，镇守长子。对于慕容永的尚书仆射昌黎人屈遵、尚书阳平人王德、秘书监中山人李先、太子詹事渤海人封则、黄门郎太山人胡母亮、中书郎张腾、尚书郎燕郡人公孙表等，慕容垂都根据他们的才能加以任用。

九月，慕容垂从长子来到邺城。

冬季，十月，前秦主苻崇被梁王乞伏乾归驱逐，去投奔陇西王杨定。杨定留下司马邵彊把守秦州，亲自统领两万大军和苻崇一起进攻乞伏乾归，乞伏乾归则派遣凉州牧乞伏轲弹、秦州牧乞伏益州、立义将军越质诘归统领骑兵三万加以抵抗。乞伏益州与杨定展开激战，在平川一带被杨定打得大败。乞伏轲弹和越质诘归带着部队向后撤退。乞伏轲弹的部下司马翟瑥气愤地拔出佩剑，咆哮着说："我们主上依仗英雄武略，开创基业，所到之处无人抵挡，声威震撼秦、蜀地区。将军您是乞伏家族的宗室，担任元帅的重任，本来应该竭尽全力拼死辅佐国家。现在，秦州那里虽然战败，但我们的两支大军还完整无损，怎么能够看见势头稍有不利便赶紧退逃，这样还有什么脸面可以去见主上呢？我翟瑥虽然没有什么重要职务和大权，难道就不能因为紧急情况，见机诛杀将军吗？"乞伏轲弹道歉说："先前，我不知道大家的心意怎样。如果真的能像你所说的那样，那么我个人怎么敢贪生怕死？"于是率领骑兵挺进，与敌军作战，乞伏益州与越质诘归也率领部队，紧紧跟上，果然把杨定的兵马打得大败，杀死了杨定和苻崇，斩杀他们的部众一万七千多人。乞伏乾归于是全部占有了陇西一带。

杨定没有儿子，他叔父杨佛狗的儿子杨盛，在此之前镇守仇池，这时他自称征西将军、秦州刺史、仇池公，追谥杨定为武王。他仍然派遣使节向东晋称为藩属。前秦的太子苻宣也来投奔杨盛，把氐族人、羌族人划分为二十个护军单位，各自镇守保卫自己的家园，不设置郡县等行政区划。

后燕主慕容垂向东巡视阳平、平原，命令辽西王慕容农渡过黄河，与安南将军尹国一起发兵去夺取东晋所属的青州、兖州一带。慕容农进攻廪丘、尹国进攻阳城，都攻克了。东晋东平太守韦简在战斗中战死，高平、泰山、琅邪几个郡的统领长官却都弃城脱逃。慕容农乘胜向海边进军，一路上设置了许多地方官员。

北方沙漠中的柔然部落首领郁久闾曷多汗，抛弃他的父亲不管，与堂弟郁久闾社仑率领部众一起向西逃去。北魏将军长孙肥追击他们，追到上郡跋那山，斩杀了郁久闾曷多汗。郁久闾社仑收集他的余众几百人，投奔堂兄郁久闾疋候跋，郁久闾

部，走度漠北。

十一月，燕辽西王农败辟闾浑于龙水，遂入临淄。十二月，燕主垂召农等还。

秦主兴遣使与燕结好，并送太子宝之子敏于燕，燕封敏为河东公。

梁王乾归自称秦王，大赦。

（以上为第七段，写前秦主苻崇投奔西秦王乞伏乾归，不被收留，又投奔陇西王杨定，杨定发兵攻打西秦中遭灭顶之灾，苻崇被杀；后燕主慕容垂派将攻打东晋，郡县望风而下。）

二十年（乙未，395 年）

春，正月，燕主垂遣散骑常侍封则报聘于秦，遂自平原狩于广川、勃海、长乐而归。

西秦王乾归以太子炽磐领尚书令，左长史边芮为左仆射，右长史秘宜为右仆射，置官皆如魏武、晋文故事，然犹称大单于、大将军。边芮等领府佐如故。

薛干太悉伏自长安亡归岭北。上郡以西鲜卑杂胡皆应之。

二月，甲寅，尚书令陆纳卒。

三月，庚辰朔，日有食之。

皇太子出就东宫，以丹杨尹王雅领少傅。

时会稽王道子专权奢纵，嬖人赵牙本出倡优，茹千秋本钱唐捕贼吏，皆以谄赂得进。道子以牙为魏郡太守，千秋为骠骑谘议参军。牙为道子开东第，筑山穿池，功用巨万。

帝尝幸其第，谓道子曰："府内乃有山，甚善，然修饰太过。"道子无以对。帝去，道子谓牙曰："上若知山是人力所为，尔必死矣！"牙曰："公在，牙何敢死！"营作弥甚。千秋卖官招权，聚货累亿。

足候跋把他们安置在南方偏僻的地方。郁久闾社仑恩将仇报，杀了郁久闾足候跋。郁久闾足候跋的儿子郁久闾启跋、郁久闾吴颉等人都去投奔北魏。郁久闾社仑于是大肆抢掠了五原以西的各个部落，然后向北穿过沙漠，到大漠以北去了。

十一月，后燕辽西王慕容农在龙水地方击败了东晋的辟闾浑，随即进入临淄。十二月，后燕主慕容垂把慕容农等征召回国。

后秦主姚兴派遣使节与后燕建立友好关系，并且把太子慕容宝的儿子慕容敏送回后燕。后燕封慕容敏为河东公。

西秦梁王乞伏乾归自称秦王，实行大赦。

晋孝武帝太元二十年（乙未，395年）

春季，正月，后燕主慕容垂派遣散骑常侍封则去后秦回访。于是，慕容垂从平原出发，在广川、渤海、长乐等地巡狩之后，回到中山。

西秦王乞伏乾归任命太子乞伏炽磐领尚书令，左长史边芮为左仆射，右长史秘宜为右仆射，设置的文武百官等都按照魏武帝和晋文帝时的旧例，但却依然称大单于、大将军等。边芮等人也都还像过去一样兼任大单于府、大将军府的官职。

薛干部落的首领太悉伏，从后秦长安逃回到岭北。上郡以西地区的鲜卑族人和其他胡人都纷纷起来响应他。

二月初四甲寅，东晋尚书令陆纳去世。

三月初一庚辰朔，出现日食。

东晋皇太子司马德宗从皇宫迁到太子东宫居住，孝武帝司马曜任命丹杨尹王雅兼任太子少傅。

这时，东晋会稽王司马道子独揽大权，奢侈放纵，不可一世。他的亲信赵牙本来是优伶出身，另一个亲信茹千秋本来是钱塘地方负责抓贼缉盗的小吏，他们都依靠贿赂、谄媚等得到提升。司马道子任命赵牙为魏郡太守，茹千秋为骠骑谘议参军。赵牙为司马道子另建东第，堆积假山，挖掘水池，人工和资金，都耗费十分巨大。

孝武帝司马曜曾经到司马道子的府邸，对司马道子说："你住宅之中竟然有山，当然很好，但是修整装饰得太过分了。"司马道子无言以对。孝武帝走了之后，司马道子对赵牙说："如果皇上知道这山居然是用人力堆积成的，你就死定了！"赵牙说："有您在，我赵牙怎么能够死呢？"他为司马道子营建居所游宫越来越奢华。茹千秋更是卖官鬻爵，招权纳贿，搜刮的钱财加在一起竟有上亿。

博平令吴兴闻人奭上疏言之，帝益恶道子，而逼于太后，不忍废黜。乃擢时望及所亲幸王恭、郗恢、殷仲堪、王珣、王雅等，使居内外要任以防道子；道子亦引王国宝及国宝从弟琅邪内史绪以为心腹。由是朋党竞起，无复向时友爱之欢矣。

太后每和解之。中书侍郎徐邈从容言于帝曰："汉文明主，犹悔淮南；世祖聪达，负愧齐王；兄弟之际，实为深慎。会稽王虽有酣媟之累，宜加弘贷，消散群议；外为国家之计，内慰太后之心。"帝纳之，复委任道子如故。

（以上为第八段，写东晋朝廷的腐败，会稽王司马道子仗着太后撑腰，独揽大权，奢侈放纵，任用奸佞，孝武帝司马曜虽然厌恶，却无力制止，任其胡作非为。）

初，杨定之死也，天水姜乳袭据上邽。夏，四月，西秦王乾归遣乞伏益州帅骑六千讨之。左仆射边芮、民部尚书王松寿曰："益州屡胜而骄，不可专任，必以轻敌取败。"乾归曰："益州骁勇，诸将莫及，当以重佐辅之耳。"乃以平北将军韦虔为长史，左禁将军务和为司马。至大寒岭，益州不设部伍，听将士游畋纵饮，令曰："敢言军事者斩！"虔等谏不听，乳逆击，大破之。

魏王珪叛燕，侵逼附塞诸部。五月，甲戌，燕主垂遣太子宝、辽西王农、赵王麟帅众八万，自五原伐魏，范阳王德、陈留王绍别将步骑万八千为后继。散骑常侍高湖谏曰："魏与燕世为婚姻，彼有内难，燕实存之，其施德厚矣，结好久矣。间以求马不获而留其弟，曲在于我，奈何遽兴兵击之！拓跋涉圭沈勇有谋，幼历艰难，兵精马强，未易轻也。皇太子富于春秋，志果气锐，今委之专任，必小魏而易之，万一不如所欲，伤威毁重，愿陛下深图之！"言颇激切，垂怒，免湖官。湖，泰之子也。

博平令吴兴人闻人奭上书，说出了这些情况，孝武帝司马曜便更加讨厌司马道子，只是迫于母亲的压力，没有下定决心罢免他。于是他擢升那些在当时较有声望和与自己关系亲近的王恭、郗恢、殷仲堪、王珣、王雅等人，任命他们担当朝廷内外的重要官职，用来防备、牵制司马道子。司马道子也把王国宝和王国宝的堂弟琅邪内史王绪等人作为心腹。从此东晋朝廷内外党派、集团等一个接一个地出现，再也没有过去那样友爱团结的欢乐景象了。

太后经常对孝武帝司马曜和司马道子进行劝解。中书侍郎徐邈心平气和地向孝武帝进言道："汉文帝刘恒是一位英明的君主，仍然后悔自己处死淮南王刘长的事情。世祖司马炎聪明豁达，也不能不对齐王司马攸深负愧疚。兄弟之间的关系，实在应该更加慎重。会稽王司马道子虽然有嗜酒好色的坏毛病，但也应当加以宽容担待，使大家的议论逐渐消失。对外是为了国家的长远利益，对内可以安慰太后对儿子的一片爱心。"孝武帝采纳了他的劝告，对司马道子恢复了与过去一样的信任。

当初，陇西王杨定战死的时候，天水人姜乳袭击并且占领了上邽。夏季，四月，西秦王乞伏乾归派遣乞伏益州率领骑兵六千前去讨伐姜乳。左仆射边芮、民部尚书王松寿说："乞伏益州因为打了几次胜仗而骄傲起来，不可以单独交给他任务，那样他一定会因为轻视敌人而遭到惨败。"乞伏乾归说："乞伏益州骁勇善战，是其他将领赶不上的，只需派几位助手辅佐他便可以了。"于是任命平北将军韦虔为长史，左禁将军务和为司马。兵至大寒岭，乞伏益州居然不按编制约束部队，听任将士们随便打猎，开怀痛饮，并且下令说："有胆敢谈论作战方面事情的人，斩！"韦虔等苦苦相劝，乞伏益州拒不听从。果然姜乳趁机带兵迎头痛击，把乞伏益州的部队打得大败。

北魏王拓跋珪背叛后燕，威胁了靠近边塞的一些种族部落。五月，甲戌（疑误），后燕主慕容垂派遣太子慕容宝、辽西王慕容农、赵王慕容麟统领八万人，从五原出发攻打北魏，范阳王慕容德、陈留王慕容绍另外带领步、骑兵一万八千人作为后继部队。散骑常侍高湖劝谏说："魏国与我们燕国几世以来都是姻亲关系，他们内部发生天灾人祸时，我们燕国总是帮助他们渡过难关。我们对他们的恩德够深厚的了，与他们结成友好关系也已经很久了。中间虽然出现过向他们要马被拓跋珪拒绝而扣留了他弟弟拓跋觚的事情，但那件事的错误和起因在我们这里，怎么能够突然调动军队进攻他们呢？何况拓跋珪沉稳勇武，极富谋略，从小就经历过许多艰难困苦，现在又兵强马壮，不应该轻视。皇太子固然年轻气壮，意志果断，势头正盛，但是现在把进攻魏的指挥大权完全交给他，他一定会轻视魏而简单地对付他们。最后的结果万一不像我们所想象的那样，可就使太子损伤了威望，同时又坏了大事，

六月，癸丑，燕太原元王楷卒。

西秦王乾归迁于西城。

秋，七月，三河王光帅众十万伐西秦，西秦左辅密贵周、左卫将军莫者羖羝劝西秦王乾归称藩于光，以子敕勃为质。光引兵还，乾归悔之，杀周及羖羝。

魏张衮闻燕军将至，言于魏王珪曰："燕狃于滑台、长子之捷，竭国之资力以来，有轻我之心，宜羸形以骄之，乃可克也。"珪从之，悉徙部落畜产，西渡河千余里以避之。燕军至五原，降魏别部三万余家，收穄田百余万斛，置黑城，进军临河，造船为济具。珪遣右司马许谦乞师于秦。

秃发乌孤击乙弗、折掘等诸部，皆破降之，筑廉川堡而都之。广武赵振，少好奇略，闻乌孤在廉川，弃家从之。乌孤喜曰："吾得赵生，大事济矣！"拜左司马。三河王光封乌孤为广武郡公。

有长星见自须女，至于哭星。帝心恶之，于华林园举酒祝之曰："长星，劝汝一杯酒，自古何有万岁天子邪！"

八月，魏王珪治兵河南。九月，进军临河。燕太子宝列兵将济，暴风起，漂其船数十艘泊南岸。魏获其甲士三百余人，皆释而遣之。

宝之发中山也，燕主垂已有疾，既至五原，珪使人邀中山之路，伺其使者，尽执之。宝等数月不闻垂起居，珪使所执使者临河告之曰："若父已死，何不早归！"宝等忧恐，士卒骇动。

珪使陈留公虔将五万骑屯河东，东平公仪将十万骑屯河北，略阳公遵将七万骑塞燕军之南。遵，寿鸠之子也。秦主兴遣杨佛嵩将兵救魏。

请皇上再仔细考虑这件事！”他的言辞也有些激烈，慕容垂十分生气。当即罢免了高湖的官职。高湖是高泰的儿子。

六月初五癸丑，后燕太原元王慕容楷去世。

西秦王乞伏乾归把自己的都城迁到苑川西城。

秋季，七月，后凉三河王吕光统领十万大军攻打西秦。西秦左辅密贵周、左卫将军莫者羖羝劝西秦王乞伏乾归向吕光称藩，并且把儿子乞伏敕勃送去作人质。吕光带着部队回去了。乞伏乾归对此事深深懊悔，杀了密贵周和莫者羖羝。

北魏长史张衮听说后燕的大军即将到来，向北魏王拓跋珪献计说：“后燕国被滑台、长子两次战役的胜利冲昏了头脑，这次动员全国的人力物力来进攻我们，是有轻视我们的意思，我们应该表现得疲惫孱弱，以使他们更加骄纵，我们便可以攻克他们了。”拓跋珪听从了他的计策，命令把所有部落的牲畜资产全部迁到黄河以西一千多里以外的地方去躲避。后燕军队来到五原，收降了北魏其他部落的居民三万多户，收割杂粮一百多万斛，在那里设置了黑城，然后把大军开进到黄河边，打造船只作为渡河的用具。拓跋珪派遣右司马许谦去向后秦请求援助。

秃发乌孤攻击乙弗、折掘等部落，把他们全部攻破并且收降，修筑了廉川堡作为这个地方的中心据点。广武人赵振小的时候就喜欢奇谋异计。听说秃发乌孤在廉川，他便抛家舍业，前去做秃发乌孤的幕僚。秃发乌孤为此喜不自禁地说：“我得到了这位赵先生，大事就可以成功了！”于是加封赵振为左司马。三河王吕光封秃发乌孤为广武郡公。

有长尾彗星从须女星座出现，划到主哭泣、死丧的虚、危宿下。东晋孝武帝司马曜心里很讨厌它，在华林园捧着酒杯祈祷上天说：“彗星，我劝你喝了这杯酒吧！自古以来，哪有活到一万岁的天子呀！”

八月，北魏王拓跋珪在黄河南岸整顿自己的队伍。九月，把部队开到黄河边。后燕太子慕容宝把自己的部队排开正要渡河与北魏接战，突然狂风大作，把他们的几十艘战船刮到黄河南岸泊下，船上的三百多全副武装的士兵，全都被北魏军队俘虏，北魏把他们全都释放遣送回去。

慕容宝从中山出发的时候，慕容垂已经患有疾病。等到了五原之后，拓跋珪派人守候在从中山来的那条路上，等待后燕的送信人路过，把他们一个个全部抓住。慕容宝等几个月都没有得到慕容垂的生活起居情况，拓跋珪把俘虏的后燕国信差带到河边，命令他隔河告诉慕容宝说：“你的父亲已经死了，你为什么还不早点回去？”慕容宝等人忧虑恐惧，士兵也惊骇不安。

拓跋珪派陈留公拓跋虔带领五万骑兵驻扎在黄河东岸，派东平公拓跋仪带领十万骑兵屯据在黄河北岸，又派略阳公拓跋遵带领七万骑兵堵塞在后燕国军队的南

燕术士靳安言于太子宝曰："天时不利，燕必大败，速去可免。"宝不听。安退，告人曰："吾辈皆当弃尸草野，不得归矣！"

燕、魏相持积旬，赵王麟将慕舆嵩等以垂为实死，谋作乱，奉麟为主。事泄，嵩等皆死，宝、麟等内自疑。

（以上为第九段，写后燕主慕容垂希望在有生之年消灭北魏，便派太子慕容宝等率领大军攻打北魏；北魏主拓跋珪听取部属意见，采用示弱方略，严阵以待。）

冬，十月，辛未，烧船夜遁。时河冰未结，宝以魏兵必不能渡，不设斥候。

十一月，己卯，暴风，冰合，魏王珪引兵济河，留辎重，选精锐二万余骑急追之。

燕军至参合陂，有大风，黑气如堤，自军后来，临覆军上。沙门支昙猛言于宝曰："风气暴迅，魏兵将至之候，宜遣兵御之。"宝以去魏军已远，笑而不应。昙猛固请不已，麟怒曰："以殿下神武，师徒之盛，足以横行沙漠，索虏何敢远来！而昙猛妄言惊众，当斩以徇！"昙猛泣曰："苻氏以百万之师，败于淮南，正由恃众轻敌，不信天道故也！"司徒德劝宝从昙猛言，宝乃遣麟帅骑三万居军后以备非常。麟以昙猛为妄，纵骑游猎，不肯设备。宝遣骑还诇魏兵，骑行十余里，即解鞍寝。

魏军晨夜兼行，乙酉，暮，至参合陂西。燕军在陂东，营于蟠羊山南水上。魏王珪夜部分诸将，掩覆燕军，士卒衔枚束马口潜进。丙戌，日出，魏军登山，下临燕营。燕军将东引，顾见之，士卒大惊扰乱。珪纵兵击之，燕兵走赴水，人马相腾蹑，压溺死者以万数。略阳公遵以兵邀其前，燕兵四五万人，一时放仗敛手就禽，其遗迸去者不过数千人，太子宝等皆单骑仅免。杀燕右仆射陈留悼王绍，生禽鲁阳王倭奴、桂林

边。拓跋遵是拓跋寿鸠的儿子。这时候后秦主姚兴也派遣杨佛嵩带兵前来营救北魏军。

后燕有一个占卜算卦的术士，叫靳安。他对后燕太子慕容宝说："现在天时对我们很不利，我们将会大败，如果赶快撤退，可以免去这场大难。"慕容宝拒不听从。靳安退出去后，告诉别人说："我们都得把自己的尸首抛弃在这荒凉的原野之上，回不去了！"

后燕与北魏两国互相对阵，僵持了二十多天，后燕赵王慕容麟的部将慕舆嵩等人认为慕容垂是真的死了，因此图谋叛乱，拥戴慕容麟为后燕主。这事泄漏了消息，慕舆嵩等人都被处死，慕容宝与慕容麟之间产生了嫌隙。

冬季，十月二十五日辛未，后燕军自行焚烧战船，趁着夜色掩护撤退回国。这时，黄河上的冰还没有冻住，慕容宝以为北魏的部队一定不能渡过黄河来追击他们，没有派出侦察部队进行侦查。

十一月初三己卯，突然狂风大作，黄河上的冰很快封死，北魏王拓跋珪带兵过河，留下军用物资，挑选了二万多骑兵组成精锐部队，火速追赶后燕部队。

后燕军队走到参合陂，大风突起，一片黑气如同一道堤岸，从后燕军的后面压了上来，将后燕军全部覆盖。佛教高僧支昙猛对慕容宝说："风云突变，这是魏军就要追到的征兆，应该派兵准备抵御他们。"慕容宝认为现在离开北魏军已经很远，只是一笑置之。支昙猛坚持请求，慕容麟大怒说："以我们殿下的神勇英明，加之军队力量的强大，那在沙漠上横行，梳发拖辫的索虏怎么敢跑这么远来追击我们！支昙猛胡说八道，扰乱军心，理应斩首示众！"支昙猛哭着说："苻家拥有百万雄师，但却在淮南遭到惨败，正是因为他们仗恃自己人多势众，轻视敌人，不相信天意的缘故啊！"司徒慕容德劝慕容宝听信支昙猛的话，慕容宝才派慕容麟率领三万骑兵走在大军的最后，以防备非常事件的发生。慕容麟认为支昙猛的话是瞎说，成天放纵骑兵到处游猎，不肯设置哨卫防备。慕容宝派骑兵向西打探北魏军队的动静，这些骑兵也是只走出十几里地，便人卸甲、马解鞍地倒头睡觉去了。

北魏军队不分昼夜兼程前进，十一月初九乙酉黄昏，追到了参合陂西边。这时，后燕军在陂东，扎营在蟠羊山南面的河旁。北魏主拓跋珪连夜部署各个将领，偷袭后燕，让士兵们含着枚，扎紧马口，暗中接近后燕军。十一月初十丙戌，太阳刚出来，北魏军就已经登上了山头，向下面对着后燕军大营。后燕军队向东进发时，回头发现北魏骑兵，惊慌失措，混乱不堪。拓跋珪趁势驱兵攻击，后燕军奔跑落水，人撞马踩，轧死淹死者数以万计。略阳公拓跋遵的部队横阻在逃亡后燕军的前边，

王道成、济阴公尹国等文武将吏数千人，兵甲粮货以巨万计。道成，垂之弟子也。

魏王珪择燕臣之有才用者代郡太守广川贾闰、闰从弟骠骑长史昌黎太守彝、太史郎辽东晁崇等留之，其余欲悉给衣粮遣还，以招怀中州之人。中部大人王建曰："燕众强盛，今倾国而来，我幸而大捷，不如悉杀之，则其国空虚，取之为易。且获寇而纵之，无乃不可乎！"乃尽坑之。十二月，珪还云中之盛乐。

燕太子宝耻于参合之败，请更击魏。司徒德言于燕主垂曰："虏以参合之捷，有轻太子之心，宜及陛下神略以服之，不然，将为后患。"垂乃以清河公会录留台事，领幽州刺史，代高阳王隆镇龙城；以阳城王兰汗为北中郎将，代长乐公盛镇蓟；命隆、盛悉引其精兵还中山，期以明年大举击魏。

是岁，秦主兴封其叔父绪为晋王，硕德为陇西王，弟崇为齐公，显为常山公。

（以上为第十段，写北魏抓住天时之利，突然袭击，后燕军在参合陂被打败，全军覆没，元气大伤，仍图谋报仇，调兵遣将，以期大举。）

二十一年（丙申，396年）

春，正月，燕高阳王隆引龙城之甲入中山，军容精整，燕人之气稍振。

休官权万世帅众降西秦。

燕主垂遣征东将军平规发兵冀州。二月，规以博陵、武邑、长乐三郡兵反于鲁口，其从子冀州刺史喜谏，不听。规弟海阳令翰亦起兵于辽西以应之。垂遣镇东将军余嵩击规，嵩败死。垂自将击规，至鲁口，规弃众，将妻子及平喜等数十人走渡河，垂引兵还。翰引兵趣龙城，清河公会遣东阳公根等击翰，破之，翰走山南。

四五万后燕兵，马上统统放下武器束手就擒，逃出去的也不过几千人。太子慕容宝等人都是单人匹马逃出才得以幸免。北魏军队杀死了后燕右仆射陈留悼王慕容绍，活捉了鲁阳王慕容倭奴、桂林王慕容道成、济阴公慕容尹国等文武官员几千人，至于缴获的兵刃、衣甲、粮草、辎重等更是以万万计算。慕容道成是慕容垂的侄儿。

北魏王拓跋珪选择后燕被俘的大臣中有才可用的人，如代郡太守广川人贾闰、贾闰的堂弟骠骑长史昌黎太守贾彝、太史郎辽东晁崇等留了下来，其余的打算全部都发给衣服粮食，放他们回家，希望用这样的恩德来博得中州百姓的好感。中部大人王建说："后燕国势强大，人口众多，这次动员全国力量来进攻我们，我们侥幸获得这么大的胜利，不如把这些人全部杀掉，这样后燕的内部就是一片空虚，以后再攻打他们也就容易多了。况且抓获了强盗而又把他们放掉，不是很不合情理吗？"于是北魏把所俘的后燕将士全部活埋了。十二月，拓跋珪返回了云中的盛乐城。

后燕太子慕容宝以自己在参合陂的那次大败为奇耻大辱，请求再次进攻北魏。司徒慕容德也向后燕主慕容垂进言道："魏虏因为参合陂的那场胜利，一定会产生轻视太子的心意。正应该运用皇上的神机谋略制服他们，不然将会后患无穷。"慕容垂便委任清河公慕容会为录留台事，兼任幽州刺史，代替高阳王慕容隆镇守龙城；任命阳城王兰汗为北中郎将，代替长乐公慕容盛镇守蓟城；命令慕容隆与慕容盛全都带着他们的精锐部队回到中山，准备在明年大举进攻北魏。

这一年，后秦主姚兴封他的叔父姚绪为晋王，封另一位叔叔姚硕德为陇西王，封他的弟弟姚崇为齐公，封另一位弟弟姚显为常山公。

晋孝武帝太元二十一年（丙申，396 年）

春季，正月，后燕高阳王慕容隆带领驻防龙城的士兵来到中山，军容精壮整齐，使后燕人的精神稍稍得到振奋。

休官部落的首领权万世率领部众投降了西秦。

后燕主慕容垂派遣征东将军平规率领军队开往冀州。二月，平规率领博陵、武邑、长乐三个郡的部队在鲁口背叛了后燕。平规的侄儿冀州刺史平喜劝说平规，平规不听。平规的弟弟海阳令平翰也在辽西起兵响应他的哥哥。慕容垂派遣镇东将军余嵩进攻平规，余嵩战败而死。慕容垂亲自领兵攻打平规，刚刚到鲁口，平规便抛弃自己的部众，带着妻子儿女以及平喜等几十个人渡过黄河逃走了。慕容垂便带着部队回去了。平翰带领着部队直指龙城，后燕清河公慕容会派遣东阳公慕容根等人进攻平翰，把他打得大败，平翰逃到了山南。

三月，庚子，燕主垂留范阳王德守中山，引兵密发，逾青岭，经天门，凿山通道，出魏不意，直指云中。魏陈留公虔帅部落三万余家镇平城；垂至猎岭，以辽西王农、高阳王隆为前锋以袭之。是时，燕兵新败，皆畏魏，惟龙城兵勇锐争先。虔素不设备，闰月，乙卯，燕军至平城，虔乃觉之，帅麾下出战，败死，燕军尽收其部落。魏王珪震怖欲走，诸部闻虔死，皆有贰心，珪不知所适。

垂之过参合陂也，见积骸如山，为之设祭，军士皆恸哭，声震山谷。垂惭愤呕血，由是发疾，乘马舆而进，顿平城西北三十里。太子宝等闻之，皆引还。燕军叛者奔告于魏云："垂已死，舆尸在军。"魏王珪欲追之，闻平城已没，乃引还阴山。

垂在平城积十日，疾转笃，乃筑燕昌城而还。夏，四月，癸未，卒于上谷之沮阳，秘不发丧。丙申，至中山；戊戌，发丧，谥曰成武皇帝，庙号世祖。壬寅，太子宝即位，大赦，改元永康。

五月，辛亥，以范阳王德为都督冀兖青徐荆豫六州诸军事、车骑大将军、冀州牧，镇邺；辽西王农为都督并雍益梁秦凉六州诸军事、并州牧，镇晋阳。又以安定王库傉官伟为太师，夫余王蔚为太傅。甲寅，以赵王麟领尚书左仆射，高阳王隆领右仆射，长乐公盛为司隶校尉，宜都王凤为冀州刺史。

乙卯，以散骑常侍彭城刘该为徐州刺史，镇鄄城。

甲子，以望蔡公谢琰为尚书左仆射。

初，燕主垂先段后生子令、宝，后段后生子朗、鉴，爱诸姬子麟、农、隆、柔、熙。宝初为太子，有美称，已而荒怠，中外失望。后段后尝言于垂曰："太子遭承平之世，足为守成之主；今国步艰难，恐非济世之才。辽西、高阳二王，陛下之贤子，宜择一人，付以大业。赵王麟奸诈强愎，异日必为国家之患，宜早图之。"宝善事垂左右，左右多誉之，故垂以为贤，谓段氏曰："汝欲使我为晋献公乎！"段氏泣而退，告其妹

三月二十六日庚子，后燕主慕容垂留下范阳王慕容德镇守中山，自己带着部队秘密出发，翻过青岭，途经天门，在山中奋力开凿打通道路，出乎北魏意料，大军直奔云中。北魏陈留公拓跋虔统领的部落约三万多户人家镇守在平城。慕容垂来到猎岭，让辽西王慕容农、高阳王慕容隆作为前锋部队突袭拓跋虔。这时，后燕部队刚刚遭到惨败，都很畏惧北魏，只有慕容隆统辖的龙城部队勇敢果决，个个争先。拓跋虔平素不注意戒备，闰三月十二日乙卯，后燕军来到平城时，拓跋虔才发觉，仓促之中率领他的部下出来接战，战败而死。后燕军收编了他的部落。北魏王拓跋珪听到这个消息后，大为震惊恐惧，打算放弃都城逃走，其他部落听说了拓跋虔的死讯，都产生了二心。拓跋珪不知所措。

后燕主慕容垂率军路过参合陂的时候，看到那里尸骸依然堆积如山，于是摆下香案，为死难者祭奠，军士们也都跟着放声恸哭，哭声震撼着山谷。慕容垂见此惨状，心里既惭愧，又愤怒，因而吐血，从此得了一场病，乘坐马拉的车继续前进，停扎在平城西北部三十里远的地方。太子慕容宝等人听到了这个消息后，都带兵从前方撤回。后燕军里有叛逃的人，跑到北魏说："慕容垂已经死了，他的尸首在军中车上。"魏王拓跋珪打算去追击燕军，又听说平城已经沦陷，就带着部队回到阴山。

后燕主慕容垂在平城养病已满十天，病势却反而加重了，在这里兴筑了燕昌城，便班师回朝。夏季，四月初十癸未，后燕主慕容垂在上谷的沮阳去世。后燕没有宣布这个消息。二十三日丙申，大军回到都城中山。二十五日戊戌，发布慕容垂已死的消息，追谥他为成武皇帝，庙号世祖。二十九日壬寅，太子慕容宝即位，实行大赦，改年号为永康。

五月初九辛亥，后燕主慕容宝任命范阳王慕容德为都督冀、兖、青、徐、荆、豫六州诸军事，车骑大将军，冀州牧，镇守邺城；任命辽西王慕容农为都督并、雍、益、梁、秦、凉六州诸军事，并州牧，镇守晋阳；又任命安定王库傉官伟为太师，扶余王余蔚为太傅。十二日甲寅，任命赵王慕容麟兼任尚书左仆射，高阳王慕容隆兼任右仆射，长乐公慕容盛为司隶校尉，宜都王慕容凤为冀州刺史。

五月十三日乙卯，东晋任命散骑常侍、彭城人刘该为徐州刺史，镇守鄄城。

五月二十二日甲子，东晋任命望蔡公谢琰为尚书左仆射。

当初，后燕主慕容垂的前妻段皇后生了儿子慕容令、慕容宝，他的继室小段皇后又生了儿子慕容朗、慕容鉴。但是，慕容垂偏爱其他姬妾生的儿子慕容麟、慕容农、慕容隆、慕容柔、慕容熙。慕容宝刚刚当上太子时，还有比较好的名声，但是不久便渐渐荒废倦怠，使朝廷内外大失所望。小段皇后曾经向慕容垂进言说："太子如果生逢太平盛世，他足可以做一个很好守住成业的君主。但是，现在国家举步维艰，太子恐怕不是一个拯世济民的干才。辽西王与高阳王两人，是皇上您的贤能的

范阳王妃曰："太子不才，天下所知，吾为社稷言之，主上乃以吾为骊姬，何其苦哉！观太子必丧社稷，范阳王有非常器度，若燕祚未尽，其在王乎！"宝及麟闻而恨之。

乙丑，宝使麟谓段氏曰："后常谓主上不能守大业，今竟能不？宜早自裁，以全段宗！"段氏怒曰："汝兄弟不难逼杀其母，况能守先业乎！吾岂爱死，但念国亡不久耳。"遂自杀。宝议以段后谋废適统，无母后之道，不宜成丧。群臣咸以为然。中书令眭邃飏言于朝曰："子无废母之义，汉安思阎后亲废顺帝，犹得配飨太庙，况先后暧昧之言，虚实未可知乎！"乃成丧。

（以上为第十一段，写后燕主慕容垂率军攻打北魏，攻下平城，而后病重去世，退兵；小段皇后曾劝说慕容垂废掉慕容宝，慕容宝即位后施行报复，逼其自尽。）

六月，癸酉，魏王珪遣将军王建等击燕广宁太守刘亢泥，斩之，徙其部落于平城。燕上谷太守开封公详弃郡走。详，皝之曾孙也。

丁亥，魏贺太妃卒。

燕主宝定士族旧籍，分辨清浊，校阅户口，罢军营封荫之户，悉属郡县。由是士民嗟怨，始有离心。

三河王吕光即天王位，国号大凉，大赦，改元龙飞；备置百官，以世子绍为太子，封子弟为公侯者二十人；以中书令王详为尚书左仆射，著作郎段业等五人为尚书。

光遣使者拜秃发乌孤为征南大将军、益州牧、左贤王。乌孤谓使者曰："吕王诸子贪淫，三甥暴虐，远近愁怨，吾安可违百姓之心，受不义之爵乎！吾当为帝王之事耳。"乃留其鼓吹、羽仪，谢而遣之。

儿子，应该从他们中间选择一个，把国家的大业托付给他们。赵王慕容麟奸佞狡诈、刚愎自用，以后总有一天一定会成为国家的大患，应该早日计划除掉他。”慕容宝颇能善待结交慕容垂左右近臣，他们经常称赞太子，所以慕容垂竟认为慕容宝贤明干练，便毫不客气地对小段皇后说：“你打算让我成为听信骊姬的谗言而杀了太子申生的晋献公吗？”小段皇后忍不住凄然落泪，退了出来，告诉她的妹妹范阳王慕容德王妃说：“太子无才，这是天下人都知道的事情。我为了考虑江山社稷而说出自己的看法，但主上却把我当成了进献谗言的骊姬，我是多么冤枉啊！我看太子一定会把江山社稷断送，而范阳王却有不比寻常的气度，如果我们燕国的气数还没有尽，难道不是应在范阳王身上吗？”慕容宝与慕容麟听到这些话，对小段皇后恨之入骨。

五月二十三日乙丑，慕容宝派慕容麟去面见小段皇后说：“您常说我们主上不能守住国家大业，你看现在能守不能？您应该早日自裁，这样才能保全你们段家宗族的所有性命！”小段皇后大怒说：“你们兄弟这样轻易地逼杀继母，还谈什么能守先人的大业呢！我岂是贪生怕死之人，只是忧虑不久之后国家就要灭亡罢了。”于是，她愤而自杀。慕容宝认为小段皇后曾经谋划废掉太子的嫡传正统，没有一个做母亲皇后该有的道义，因此不应该为她举办丧事。朝中的文武百官都认为这样做很对。只有中书令眭邃在金殿之上动情地高声说：“作为儿子没有废掉母亲的义理。东汉王朝安思皇后阎氏亲手把顺帝贬废，死了之后仍然还能进入太庙，何况先皇后不过说了几句含糊不清的话，这事是虚是实都无法证实呢！”于是慕容宝为继母举行了丧礼。

六月初一癸酉，北魏王拓跋珪派遣将军王建等人袭击后燕广宁太守刘亢泥，杀了他，并把他管辖的部落迁到平城。后燕上谷太守开封公慕容详放弃自己的郡城逃走。慕容详是慕容皝的曾孙子。

六月十五日丁亥，北魏贺太妃去世。

后燕主慕容宝下令重新核定士族的旧有户籍，区分辨别居民阶层的等次，审校查看住户与人口，撤销了那些受到军营保护照顾的户族，使他们全部归属郡县管辖。从此，士民对朝廷嗟叹怨恨之声越来越多，开始离心离德。

后凉三河王吕光，登上了天王的宝座，定国号为大凉，实行大赦，改年号为龙飞。设置了文武百官，册立长子吕绍为太子，分封二十个儿子、兄弟为公爵、侯爵。任命中书令王详为尚书左仆射，著作郎段业等五人为尚书。

吕光又派遣使者授秃发乌孤为征南大将军、益州牧，封为左贤王。秃发乌孤对前来的使节说道：“吕天王的几个儿子全都贪婪淫邪，三个外甥凶暴狂虐，远近的百姓无不忧愁怨恨，我怎么可以违逆百姓的民心，接受这不义的官爵呢？我应当做一

平规收合余党据高唐，燕主宝遣高阳王隆将兵讨之。东土之民，素怀隆惠，迎候者属路。秋，七月，隆进军临河，规弃高唐走。隆遣建威将军慕容进等济河追之，斩规于济北。平喜奔彭城。

纳故中书令王献之女为太子妃。献之，羲之之子也。

魏群臣劝魏王珪称尊号，珪始建天子旌旗，出警入跸，改元皇始。参军事上谷张恂劝珪进取中原，珪善之。

燕辽西王农悉将部曲数万口之并州，并州素乏储偫，是岁早霜，民不能供其食，又遣诸部护军分监诸胡，由是民夷俱怨，潜召魏军。

八月，己亥，魏王珪大举伐燕，步骑四十余万，南出马邑，逾句注，旌旗二千余里，鼓行而进。左将军雁门李栗将五万骑为前驱，别遣将军封真等从东道出军都，袭燕幽州。

燕征北大将军、幽平二州牧、清河公会母贱而年长，雄俊有器艺，燕主垂爱之。宝之伐魏也，垂命会摄东宫事、总录，礼遇一如太子。及垂伐魏，命会镇龙城，委以东北之任，国官府佐，皆选一时才望。垂疾笃，遗言命宝以会为嗣。而宝爱少子濮阳公策，意不在会。长乐公盛与会同年，耻为之下，乃与赵王麟共劝宝立策，宝从之。乙亥，立妃段氏为皇后，策为皇太子，会、盛皆进爵为王。策年十一，素惷弱，会闻之，心愠怼。

九月，章武王宙奉燕主垂及成哀段后之丧葬于龙城宣平陵，宝诏宙悉徙高阳王隆参佐、部曲、家属还中山，会违诏，多留部曲不遣。宙年长属尊，会每事陵侮之，见者皆知其有异志。

些帝王应该做的事了。”于是留下使节所带来的乐队和仪仗，向使节道过歉意之后把他送回去了。

后燕叛将平规，收整、集中他的余党，占据了高唐。后燕主慕容宝派遣高阳王慕容隆带兵前去攻打。东方地区的居民，一向怀念慕容隆的好处，所以欢迎等待他的人在道路上前后不绝。秋季七月，慕容隆挥军来到黄河岸边，平规放弃高唐逃走。慕容隆派遣建威将军慕容进等人渡过黄河追击，在济北将平规斩首。平喜逃奔彭城。

东晋太子司马德宗，娶原中书令王献之的女儿为太子妃。王献之是王羲之的儿子。

北魏的文武大臣一致劝说魏王拓跋珪自称尊号，拓跋珪才开始制作天子才用的旌旗，出入时戒备森严，清除道路，禁止行人通行，改年号为皇始。参军事、上谷人张恂进劝拓跋珪发兵夺取中原，拓跋珪认为他说得很对。

后燕辽西王慕容农带领所统属的几万口部曲前往并州。并州一向缺乏粮食储备，这一年又正赶上下霜较早，百姓无法供应这么多人的粮食，再加上慕容农派遣各部护军分头监视其他几处胡人部落，因此，汉人、夷人对他都深怀怨恨，暗地里有人偷偷地去请北魏的部队前来。

八月二十八日己亥，北魏王拓跋珪发重兵攻打后燕，步兵、骑兵共约四十多万人，从马邑向南进发，越过句注山，军旗招展迤逦两千多里，擂鼓前进。其中，左将军雁门人李栗带领五万骑兵为前锋部队，又另外派遣将军封真等从东路越过军都山，袭击后燕的幽州。

后燕征北大将军，幽、平二州牧，清河公慕容会母亲出身贫贱且年纪最大，但雄伟俊逸，器宇不凡，颇有才能，慕容垂很喜欢他。慕容宝讨伐北魏的时候，慕容垂曾命令慕容会摄管东宫太子府的事务，遇事全权处理，对他的待遇跟对太子相同。到慕容垂亲自带兵伐魏的时候，他又命令慕容会镇守龙城，把东北方面的所有军政事务全部交由他来处理，选派藩国和府衙官员都是在当时才能、声望最高的人。慕容垂病重时，留下遗嘱，命令慕容宝一定让慕容会当他的继承人。但是，慕容宝却喜爱小儿子濮阳公慕容策，而不看重慕容会。长乐公慕容盛与慕容会同岁，觉得自己当他的部下为奇耻大辱，于是便和赵王慕容麟一起力劝慕容宝立慕容策为太子，慕容宝听从了他们的话。八月初四乙亥，慕容宝册立妃子段氏为皇后，册立慕容策为皇太子，慕容会、慕容盛都晋封为王。慕容策这年才十一岁，一向愚昧懦弱。慕容会听到这个消息后，心里不免怨恨不满。

九月，章武王慕容宙护送后燕主慕容垂以及成哀小段皇后的灵柩到龙城宣平陵安葬。慕容宝下令慕容宙把高阳王慕容隆手下的幕僚官员、军队、家眷等人全部迁回都城中山。慕容会违背慕容宝的旨意，留下了许多慕容隆的部曲没有遣返。慕容

戊午，魏军至阳曲，乘西山，临晋阳，遣骑环城大噪而去。燕辽西王农出战，大败，奔还晋阳，司马慕舆嵩闭门拒之。农将妻子帅数千骑东走，魏中领将军长孙肥追之，及于潞川，获农妻子。燕军尽没，农被创，独与三骑逃归中山。

魏王珪遂取并州。初建台省，置刺史、太守、尚书郎以下官，悉用儒生为之。士大夫诣军门，无少长，皆引入存慰，使人人尽言，少有才用，咸加擢叙。己未，遣辅国将军奚收略地汾川，获燕丹杨王买德及离石护军高秀和。以中书侍郎张恂等为诸郡太守，招抚离散，劝课农桑。

燕主宝闻魏军将至，议于东堂。中山尹苻谟曰："今魏军众强，千里远斗，乘胜气锐，若纵之使入平土，不可敌也，宜杜险以拒之。"中书令眭邃曰："魏多骑兵，往来剽速，马上赍粮，不过旬日，宜令郡县聚民，千家为一堡，深沟高垒，清野以待之，彼至无所掠，不过六旬，食尽自退。"尚书封懿曰："今魏兵数十万，天下之勍敌也，民虽筑堡，不足以自固，是聚兵及粮以资之也。且动摇民心，示之以弱，不如阻关拒战，计之上也。"赵王麟曰："魏今乘胜气锐，其锋不可当，宜完守中山，待其弊而乘之。"于是修城积粟，为持久之备。命辽西王农出屯安喜，军事动静，悉以委麟。

（以上为第十二段，写北魏主拓跋珪出动大军，强力攻打后燕，攻下晋阳，直抵中山；后燕主慕容宝庸弱，内部矛盾重重，放弃阻关据守，困守中山，坐待国亡。）

帝嗜酒，流连内殿，醒治既少，外人罕得进见。张贵人宠冠后宫，后宫皆畏之。庚申，帝与后宫宴，妓乐尽侍，时贵人年近三十，帝戏之曰："汝以年亦当废矣，吾意更属少者。"贵人潜怒，向夕，帝醉，寝于清暑殿，贵人遍饮宦者酒，散遣之，使婢以被蒙帝面，弑之，重赂左右，

宙年纪已经很老、辈分又高，慕容会却经常借机欺凌侮辱他。看见这种情况的人都知道，这时候慕容会已经心怀不轨。

九月十八日戊午，北魏军开到阳曲，沿着西山，临近晋阳，派骑兵围绕晋阳城大声喧哗一阵又退了回来。后燕辽西王慕容农领兵出战，被打得大败，奔逃回晋阳，后燕司马慕舆嵩紧闭城门拒绝慕容农进城。慕容农带着妻子儿女、统领着几千名骑兵向东逃去。北魏中领将军长孙肥追击他们，到了潞川终于追上，抓获了慕容农的妻子儿女。后燕军也全部被消灭，慕容农受了伤，和三名骑兵一起逃回了中山。

北魏王拓跋珪于是夺取了并州，第一次设置了朝廷办事机构，安排刺史、太守、尚书郎等以下的官吏，完全用读书人担当这些职务。士大夫到军营门口拜见，无论年龄大小，他都礼让到营中尽心抚慰，使他们每个人都能畅所欲言，只要稍稍有一些才能和可用之处，都加以任用。九月十九日己未，北魏王拓跋珪派遣辅国将军奚牧去攻取汾川，抓获了后燕国丹杨王慕容买德和离石护军高秀和。拓跋珪任命中书侍郎张恂等人做几个郡的太守，招徕并且抚慰过去流亡失散的农民回到自己的家园，鼓励并且奖赏他们种田养蚕。

后燕主慕容宝听说北魏军就要打来，在东堂商议对策。中山尹苻谟说："现在魏军人数众多，力量强大，而且能从千里之外前来作战，乘胜前进，锐不可当，如果放他们进入平原，我们便没有办法再抵挡了，我们应当依据险要地形对付他们。"中书令眭邃说："魏国以骑兵为多，奔来驰往剽悍迅速，但是他们在马上携带的粮草不过够十天左右的用度。我们应该命令各郡县把居民聚集在一起，一千户人家组成一个寨堡，深挖战壕，高筑壁垒，使原野上既无人迹又无粮草可取，等待他们的进犯，他们来到这里没有什么可抢劫的东西，最多不超过六十天，他们就会因为粮食用完而自行撤退回去。"尚书封懿说："现在魏军有数十万人，这是天下最大的劲敌。居民即使修筑寨堡，也没有办法保卫自己的安全，这等于把兵马及粮草聚集在一起送给他们。而且那样容易使民心动摇、暴露自己的虚弱，我看不如据守关隘，决一死战，这才是上策呀！"赵王慕容麟说："魏军现在乘胜而来，气势旺盛，正面锋芒无论如何也挡不住，我们应该全面地据守中山。等待他们出现漏洞和失策的时候再乘机反击。"于是后燕开始大规模地修筑城墙，储备粮食，做持久作战的准备。慕容宝又命令辽西王慕容农驻扎在安喜，而把军务交给慕容麟全权掌管。

东晋孝武帝司马曜非常喜欢喝酒，他经常在内殿里流连迷醉，头脑清醒的时候少了，宫外的人很难也很少被允许进见。张贵人是后宫里最受宠幸的，后宫中人人都非常害怕她。九月二十日庚申，东晋孝武帝司马曜和后宫的嫔妃们一起宴饮，美女和乐队也都在一旁伺候。这时张贵人年纪将近三十，孝武帝故意调笑她说："你如

云：“因魇暴崩。”时太子暗弱，会稽王道子昏荒，遂不复推问。王国宝夜叩禁门，欲入为遗诏，侍中王爽拒之曰：“大行晏驾，皇太子未至，敢入者斩！”国宝乃止。爽，恭之弟也。辛酉，太子即皇帝位，大赦。

癸亥，有司奏：会稽王道子宜进位太傅、扬州牧，假黄钺，诏内外众事动静咨之。

安帝幼而不慧，口不能言，至于寒暑饥饱亦不能辨，饮食寝兴皆非己出。母弟琅邪王德文，性恭谨，常侍左右，为之节适，始得其宜。

初，王国宝党附会稽王道子，骄纵不法，屡为御史中丞褚粲所纠。国宝起斋，侔清暑殿，孝武帝甚恶之。国宝惧，遂更求媚于帝而疏道子，帝复宠昵之。道子大怒，尝于内省面责国宝，以剑掷之，旧好尽矣。及帝崩，国宝复事道子，与王绪共为邪谄，道子更惑之，倚为心腹，遂参管朝权，威震内外，并为时之所疾。

王恭入赴山陵，每正色直言，道子深惮之。恭罢朝，叹曰：“榱栋虽新，便有《黍离》之叹！”绪说国宝，因恭入朝，劝相王伏兵杀之，国宝不许。道子欲辑和内外，乃深布腹心于恭，冀除旧恶。而恭每言及时政，辄厉声色。道子知恭不可和协，遂有相图之志。

或劝恭因入朝以兵诛国宝，恭以豫州刺史庾楷士马甚盛，党于国宝，惮之，不敢发。王珣谓恭曰：“国宝虽终为祸乱，要之罪逆未彰，今遽先事而发，必大失朝野之望。况拥强兵窃发于京辇，谁谓非逆！国宝若遂不改，恶布天下，然后顺众心以除之，亦无忧不济也。”恭乃止。既而谓珣曰：“比来视君一似胡广。”珣曰：“王陵廷争，陈平慎默，但问岁晏何如耳！”

果按照年龄来说，也应该废掉了，我的心意是更喜欢年轻的。”张贵人心中暗自气愤。到了晚上，孝武帝大醉，在清暑殿就寝。张贵人拿酒赏赐所有的宦官，打发他们走开，然后，让贴身的服侍婢女用被子蒙住孝武帝的脸，杀掉了孝武帝，又用重金贿赂左右的侍从，声称是“睡梦中惊悸窒息突然死去”。当时，太子司马德宗愚昧懦弱，会稽王司马道子也昏庸荒淫，便都不追究查问。中书令王国宝深夜前来，叩打禁宫的大门，打算进去替孝武帝撰写遗诏，侍中王爽拒绝了他的请求，说：“皇上去世，皇太子还没有赶到，胆敢闯入的人，格杀勿论！”王国宝才打消这个念头。王爽是王恭的弟弟。九月二十一日辛酉，太子司马德宗即皇帝位，宣布大赦。

九月二十三日癸亥，有部门上奏说：“会稽王司马道子应该晋升为太傅，任扬州牧，赐予黄钺，下令朝中朝外的一切大小事务都要请示司马道子。”

晋安帝司马德宗小的时候便不聪明机敏，不会说话，甚至到了连冷热饥饱也不能分辨的程度，他喝水、吃饭、睡觉、起床都不能自己料理。他的同母兄弟琅邪王司马德文却性情谦恭谨慎，他经常在司马德宗的身边帮忙照顾，替他安排调度，使他的行事才勉强合理。

当初，王国宝作为死党依附于会稽王司马道子，骄横放纵，不依法礼，几次被御史中丞褚粲纠举弹劾，王国宝建筑自己的私房，可以和清暑殿相媲美。孝武帝司马曜很讨厌他。王国宝非常害怕，于是他便转而向孝武帝大献其媚，而对司马道子逐渐疏远，孝武帝因此又重新宠信亲近他。司马道子曾经为此怒不可遏，一次在朝见时当着大家的面直接申斥王国宝，甚至拔出佩剑，掷向王国宝，他们之间多年密切的关系完全破裂。孝武帝驾崩后，王国宝重又投靠司马道子，与王绪一同邪佞、谄媚，司马道子再一次受到他的迷惑，把他当作心腹。于是王国宝又开始管理朝政大权，声威震动朝廷内外，同时受到了当时人的痛恨。

兖、青二州刺史王恭回来参加孝武帝的葬礼，经常面色严肃地直言、劝谏，司马道子非常忌惮他。王恭退朝后，叹道：“房屋的梁椽虽然是新的，我却有了国家将亡的叹息！”王绪向王国宝建议说，趁王恭上朝，让相王司马道子伏兵杀了他，王国宝没有答应。司马道子也曾经想多方调解，使朝廷内外团结一致，于是，对王恭推心置腹，希望能尽释前嫌，但是王恭每次谈到朝政时，经常是声色俱厉。司马道子知道王恭已经不可能妥协合作，于是便有了陷害他的念头。

有人劝说王恭趁前去朝见晋安帝的机会，动用军队杀了王国宝。王恭因为豫州刺史庾楷兵马精壮强盛，与王国宝结为死党，心存顾忌而不敢贸然动手。王珣对王恭说：“王国宝虽然最终一定会成为祸乱，但是他的罪恶和逆行还没有大白于天下，现在如果先对他发动攻击，一定会使全国上下大失所望。况且你如果统领强悍的部队偷偷地在都城起事，谁能说你不是叛乱呢？王国宝如果仍然不思悔过自新，他的罪孽一定会很快地传遍全国，到了那时候，我们顺应民心来除掉他，也就不用忧虑

冬，十月，甲申，葬孝武帝于隆平陵。王恭还镇，将行，谓道子曰：“主上谅暗，冢宰之任，伊、周所难，愿大王亲万几，纳直言，放郑声，远佞人。”国宝等愈惧。

（以上为第十三段，写东晋朝廷的宫廷政变，张贵人杀死孝武帝司马曜，呆傻的司马德宗即位，昏庸的司马道子专权，王国宝等奸佞当朝，东晋行将灭亡！）

魏王珪使冠军将军代人于栗磾、宁朔将军公孙兰帅步骑二万，潜自晋阳开韩信故道。己酉，珪自井陉趋中山。李先降魏，珪以为征东左长史。

西秦凉州牧轲弹与秦州牧益州不平，轲弹奔凉。

魏王珪进攻常山，拔之，获太守苟延。自常山以东，守宰或走或降，诸郡县皆附于魏，惟中山、邺、信都三城为燕守。

十一月，珪命东平公仪将五万骑攻邺，冠军将军王建、左将军李栗攻信都。戊午，珪进军中山；己未，攻之。燕高阳王隆守南郭，帅众力战，自旦至晡，杀伤数千人，魏兵乃退。珪谓诸将曰：“中山城固，宝必不肯出战，急攻则伤士，久围则费粮，不如先取邺、信都，然后图之。”丁卯，珪引兵而南。

章武王宙自龙城还，闻有魏寇，驰入蓟，与镇北将军阳城王兰乘城固守。兰，垂之从弟也。魏别将石河头攻之，不克，退屯渔阳。

珪军于鲁口，博陵太守申永奔河南，高阳太守崔宏奔海渚。珪素闻宏名，遣骑追求，获之，以为黄门侍郎，与给事黄门侍郎张衮对掌机要，创立制度。博陵令屈遵降魏，珪以为中书令，出纳号令，兼总文诰。

燕范阳王德使南安王青等夜击魏军于邺下，破之，魏军退屯新城。青等请追击之，别驾韩𧫒曰：“古人先计而后战。魏军不可击者四：悬军远客，利在野战，一也；深入近畿，顿兵死地，二也；前锋既败，后阵

不会成功了。”王恭停止了除掉王国宝的准备。后来王恭对王珣说：“最近以来，我看你太像胡广了。”王珣说：“王陵在皇帝面前争执，陈平经常在一旁谨慎小心，沉默不语，你只看结果如何罢了。”

冬季，十月十四日甲申，将孝武帝司马曜埋葬在隆平陵。王恭准备返回京口镇守，临走的时候对司马道子说：“主上守丧，相国身上的任务更加繁重，恐怕即使是伊尹、周公也难以做得很好。希望您亲自料理军政要务，听取接受忠直坦率的不同意见，放弃对淫靡之音的爱好，疏远奸佞小人。”王国宝等人更加害怕了。

北魏王拓跋珪派遣冠军将军代郡人于栗磾、宁朔将军公孙兰等二人率领步、骑兵共二万人，偷偷地从晋阳向东开辟修复韩信当年修筑使用过的栈道。己酉（疑误），拓跋珪带兵从井陉直奔中山。李先投降了北魏，拓跋珪任命他为征东左长史。

西秦凉州牧乞伏轲弹与秦州牧乞伏益州二人发生冲突，乞伏轲弹投奔后凉国。

北魏王拓跋珪进军攻打常山，攻克后抓获了常山太守苟延。从常山以东，各地的驻守官吏或者逃跑或者开城投降，各郡县都归附北魏，只有中山、邺城、信都三座城池还被后燕国坚守。

十一月，拓跋珪命令东平公拓跋仪带领五万骑兵进攻邺城，命令冠军将军王建、左军将军李栗进攻信都。十九日戊午，拓跋珪亲自带兵挺进中山。二十日己未，发起进攻。后燕高阳王慕容隆据守南城，率领部众全力奋战，从早晨苦战到中午，杀伤敌兵几千人，北魏军队才败退下去。拓跋珪对众将说：“中山城非常坚固，慕容宝一定不肯出城来与我们决战。我们急切攻打会损兵折将，长期围困又要花费大量的粮草，不如先去夺取邺城、信都，得手之后再来想办法对付它。”二十八日丁卯，拓跋珪还兵向南开进。

后燕章武王慕容宙从龙城回京，途中听说有北魏大军进犯，赶快进蓟城和镇北将军阳城王慕容兰一起据城固守。慕容兰是慕容垂的堂弟。北魏的别将石河头率军攻打，没有攻下，便退到渔阳驻扎。

北魏王拓跋珪把大军集结在鲁口。后燕博陵太守申永逃奔河南，高阳太守崔宏逃到海岛上避祸。拓跋珪平日早就听说了崔宏的名声，便派遣骑兵前去追赶寻找，找到了崔宏，任命他为黄门侍郎，和给事黄门侍郎张衮一起共同执掌国家机要大事，制订国家的各种法令制度。博陵令屈遵投降北魏，拓跋珪也任命他为中书令，负责收发全国各地来往的公文和法令函件，并且负责撰写各种文告。

后燕范阳王慕容德派遣南安王慕容青等人趁夜色的掩护在邺下袭击北魏军，把北魏军打败。北魏军队退到新城驻守。慕容青等人请求继续追击敌军，别驾韩䛕说：“古代先计划好了如何用兵，然后才按计划作战。这次魏军不可追打的原因有四点：

方固，三也；彼众我寡，四也。官军不宜动者三：自战其地，一也；动而不胜，众心难固，二也；城隍未修，敌来无备，三也。今魏无资粮，不如深垒固军以老之。”德从之，召青还。青，详之兄也。

十二月，魏辽西公贺赖卢帅骑二万会东平公仪攻邺。赖卢，讷之弟也。

魏别部大人没根有胆勇，魏王珪恶之。没根惧诛，己丑，将亲兵数十人降燕，燕主宝以为镇东大将军，封雁门公。没根求还袭魏，宝难与重兵，给百余骑。没根效其号令，夜入魏营，至中仗，珪乃觉之，狼狈惊走，没根以所从人少，不能坏其大众，多获首虏而还。

杨盛遣使来请命；诏拜盛镇南将军、仇池公。盛表苻宣为平北将军。

是岁，越质诘归帅户二万叛西秦降于秦，秦人处之成纪，拜镇西将军、平襄公。

秦陇西王硕德攻姜乳于上邽，乳率众降。秦以硕德为秦州牧，镇上邽，征乳为尚书。强熙、权千成帅众三万共围上邽，硕德击破之，熙奔仇池，遂来奔。硕德西击千成于略阳，千成降。

西燕既亡，其所署河东太守柳恭等各拥兵自守。秦主兴遣晋王绪攻之，恭等临河拒守，绪不得济。

初，永嘉之乱，汾阴薛氏聚其族党，阻河自固，不仕刘、石。及苻氏兴，乃以礼聘薛强，拜镇东将军，强引秦兵自龙门济，遂入蒲阪，恭等皆降，兴以绪为并、冀二州牧，镇蒲阪。

（以上为第十四段，写北魏主拓跋珪率领大军攻打后燕，所向披靡，后燕只有中山、邺城、信都三座城池还在坚守，形势岌岌可危，唯有范阳王慕容德打败北魏围困邺城之军。）

第一，对方远路而来，缺乏根基，在原野上作战对他们有利。第二，敌军孤军深入，已经毫无退路可走，此时再打，恐怕要逼迫他们拼命。第三，敌人的前锋部队虽然已经遭到失败，但是他们的后队却仍然整齐精壮。第四，敌众我寡。我们的部队不应该轻易出动的原因也有三点：第一，我们是在自己的土地上作战，稍有挫折，士兵便易于溃散。第二，如果轻易出战却不能取胜，容易动摇军心。第三，我们的城池还没有来得及修整加固，敌兵冲来，我们缺少必要的防备和依托。现在魏军缺乏物资粮草，我们不如深挖战壕、高筑壁垒，稳住阵脚，安定军心，把敌人拖垮。"慕容德听从了他的话，命令慕容青赶紧回城。慕容青是慕容详的哥哥。

十二月，北魏辽西公贺赖卢统率骑兵二万人会同东平公拓跋仪一起，进攻邺城，贺赖卢是贺讷的弟弟。

北魏另有一支部落的首领没根，有胆气又很骁勇，北魏王拓跋珪非常讨厌他。没根害怕被拓跋珪诛杀，十二月二十日己丑，带领着几十个亲信士兵投降了后燕。后燕主慕容宝任命他为镇东大将军，封为雁门公。没根请求带兵奇袭北魏，慕容宝不肯交给他大批的部队，只给了他一百多名骑兵。没根更换了这些人的装束，伪装成魏兵，连夜进入北魏大营，直到来到中央大帐，拓跋珪这时才发觉，狼狈不堪地仓皇逃走了。没根因为自己所带领的人很少，不能大批杀伤魏营的士兵，只是多抓了一些魏兵便撤回去了。

杨盛派遣使节来到东晋请求归附。晋安帝司马德宗下令，封杨盛为镇南将军、仇池公。杨盛随即又上书，推荐苻宣为平北将军。

这一年，越质诘归率领自己的部属二万户，背叛了西秦，向后秦投降。后秦把他们安排在成纪地区，任命越质诘归为镇西将军，封平襄公。

后秦陇西王姚硕德在上邽地区进攻姜乳，姜乳率领部下投降。后秦便任命姚硕德为秦州牧，镇守上邽，并且任用姜乳为尚书。强熙和权千成二人统领兵丁三万人包围了上邽，姚硕德打破了封锁，强熙逃奔仇池，不久又转而投奔东晋。姚硕德挥军向西追击权千成来到略阳，权千成投降。

西燕已经灭亡，原为它所统属的河东太守柳恭等人各自拥有军队固守地盘。后秦主姚兴派遣晋王姚绪前去进攻，柳恭等人在黄河的沿岸设防据守，姚绪没有办法过河。

当初，永嘉之乱时，汾阴的薛氏家族聚集同族、同党据守黄河险要，保卫家园，不去做刘氏与石氏的臣民。前秦苻氏兴起之后，对他们加以礼遇，延聘薛强出仕，任命他为镇东将军。这时薛强引导后秦部队从龙门渡过黄河，进入蒲阪地区。柳恭等人投降后秦。后秦主姚兴任命姚绪为并州、冀州二州牧，镇守蒲阪。

【点评】

昏湎之主司马曜。司马曜是东晋王朝的第九任皇帝，在位二十四年。

司马曜贪图享乐，滋长了朝野的歪风邪气。司马曜十一岁被立为皇太子并继承皇位，这时他年纪太小，长大后才开始亲政，却嗜酒如命，无法处理国家大事。信奉佛教，宠幸僧尼，把朝廷当成佛堂。“南朝四百八十寺，多少楼台烟雨中”，恐怕南朝佛教之盛，也与司马曜的喜好和推崇分不开。好酒、佞佛、好色，皇朝萎靡不振，皇权权威下降。

司马曜重用同母弟弟司马道子，后者搞乱朝廷，是个无所为的弄权者。最后司马曜被宫女用被子捂死，可以说，司马曜是中国历史上死得最为窝囊的皇帝。司马曜把治理国家当作儿戏，而他继任的儿子也同样治理不了国家。

王夫之评价其为“昏湎之主”，认为“晋亡决于孝武之末年”。史学家们认为司马曜是愚昧柔弱，非有戡乱之才，任用会稽王司马道子，致政治大乱，大权旁落，晋运终矣！司马曜之“曜”，乃指日光，日出有光，光明照耀；而从司马曜的行事来看，这“曜”字是对他最大的讽刺。

晋纪三十一

晋安帝隆安元年（397年）

【强圉作噩（丁酉，397年），凡一年】

【大事提要】

本卷记事公元397年，凡一年，时当晋安帝（司马德宗）隆安元年。本卷所载大事，主要有五个方面。其一，王恭讨伐权臣。东晋由司马道子执掌朝政。司马道子将朝政交给宠臣王国宝打理，青兖二州刺史王恭大为不满。公元397年，王恭得到荆州刺史殷仲堪支持，以讨伐王国宝、王绪为名起兵。司马道子被迫杀掉王国宝、王绪二人，向王恭谢罪。王恭还镇京口。其二，秃发乌孤建南凉。秃发乌孤接受后凉王吕光的授官，为冠军大将军、河西鲜卑大都统。公元397年，秃发乌孤背叛后凉，自称西平王，改年号为太初，出兵攻占后凉金城，后凉乐都、湟河、浇河三郡投降，岭南羌胡数万部落归附，吕光将领杨轨等投奔。其三，慕容详称帝。北魏王拓跋珪率领魏军围攻后燕都城中山，后燕主慕容宝撤离中山，出逃龙城，城内大乱，开封公慕容详未及跟随撤离，城中军民便拥戴他做统帅，抵御北魏军。北魏军退却后，慕容详即皇帝位，改元建始。慕容详荒淫奢侈，两个月后就被杀。其四，慕容麟反叛后燕。北魏军进围后燕都城中山，赵王慕容麟欲谋叛，事败，逃出中山。不久，后燕主慕容宝等撤出中山，城内大乱，慕容麟被城民迎请入城。他杀掉主持政务的慕容详，称帝，改元延平。随后又被北魏军击败，南奔邺城，投靠范阳王慕容德。其五，北魏攻下中山。北魏主拓跋珪率领40万大军，攻取后燕国晋阳、常山、信都，公元397年，后燕主慕容宝出动10多万士兵抵抗魏军，大败而还；北魏军进围后燕都城中山，慕容宝率军突围，退往龙城。后来北魏军攻下中山，后燕国实际上只统治辽西一带。

【原文】

安皇帝甲

晋安帝隆安元年（丁酉，397年）

春，正月，己亥朔，帝加元服，改元。以左仆射王珣为尚书令；领军将军王国宝为左仆射，领选，仍加后将军、丹杨尹。会稽王道子悉以东宫兵配国宝，使领之。

燕范阳王德求救于秦，秦兵不出，邺中恟惧。贺赖卢自以魏王珪之舅，不受东平公仪节度，由是与仪有隙。仪司马丁建阴与德通，从而构间之，射书入城中言其状。

甲辰，风霾，昼晦，赖卢营有火，建言于仪曰："赖卢烧营为变矣。"仪以为然，引兵退。赖卢闻之，亦退。建帅其众诣德降，且言仪师老可击。德遣桂阳王镇、南安王青帅骑七千追击魏军，大破之。

燕主宝使左卫将军慕舆腾攻博陵，杀魏所置守宰。

王建等攻信都，六十余日不下，士卒多死。庚申，魏王珪自攻信都。壬戌夜，燕宜都王凤逾城奔中山。癸亥，信都降魏。

凉王光以西秦王乾归数反覆，举兵伐之。乾归群下请东奔成纪以避之，乾归曰："军之胜败，在于巧拙，不在众寡。光兵虽众而无法，其弟延勇而无谋，不足惮也。且其精兵尽在延所，延败，光自走矣。"光军于长最，遣太原公纂等帅步骑三万攻金城；乾归帅众二万救之，未至，纂等拔金城。光又遣其将梁恭等以甲卒万余出阳武下峡，与秦州刺史没弈干攻其东，天水公延以枹罕之众攻临洮、武始、河关，皆克之。乾归使人绐延云："乾归众溃，奔成纪。"延欲引轻骑追之，司马耿稚谏曰："乾归勇略过人，安肯望风自溃！前破王广、杨定，皆羸师以诱之。今告者视高色动，殆必有奸。宜整陈而前，使步骑相属，俟诸军毕集，然后击之，无不克矣。"延不从，进，与乾归遇，延战死。稚与将军姜显收散卒，还屯枹罕。光亦引兵还姑臧。

【语译】

安皇帝甲

晋安帝隆安元年（丁酉，397 年）

春季，正月初一己亥朔，东晋安帝司马德宗行加冕礼，改年号为隆安。任命左仆射王珣为尚书令；领军将军王国宝为左仆射，兼管官员任免升降，仍兼任后将军、丹杨尹。会稽王司马道子把东宫太子的兵马全部分配给王国宝，让他带领这些部队。

后燕国范阳王慕容德向后秦请求救援，后秦不出兵，邺城军民惊恐异常。北魏将领贺赖卢自以为是北魏王拓跋珪的舅舅，所以不听东平公拓跋仪的调度、指挥。因此，他与拓跋仪产生了矛盾。拓跋仪的司马丁建暗地里与慕容德勾结，在拓跋仪与贺赖卢中间挑拨离间，并把这种情况写成书信用箭射进邺城告诉给了慕容德。

正月初六甲辰，大风突起，天昏地暗。贺赖卢的军营之中出现火光，丁建对拓跋仪说："贺赖卢在焚烧营地举行叛乱。"拓跋仪认为丁建说得很对，便迅速领兵撤退。贺赖卢听说了拓跋仪后撤的消息，也紧跟着带兵退了下来。丁建此时则带领着他的部众向慕容德投降，并且告诉慕容德，拓跋仪的部队已经疲惫不堪，可以一击。于是慕容德派遣桂阳王慕容镇、安南王慕容青率领骑兵七千人前去追赶袭击北魏军队，把他们打得大败。

后燕主慕容宝派遣左卫将军慕舆腾进攻博陵，杀掉了北魏的地方官吏。

北魏将领王建等进攻信都城，六十多天也没有攻下，士兵伤亡很多。正月二十二日庚申，北魏王拓跋珪带兵进攻信都。二十四日壬戌夜晚，后燕宜都王慕容凤跳出城墙逃往中山。二十五日癸亥，信都城向北魏投降。

后凉主吕光因为西秦主乞伏乾归多次反复，兴兵攻打。乞伏乾归手下官员请求向东逃奔到成纪去躲避。乞伏乾归说："战争的胜败，全在于用兵的巧拙，不在于兵马的多少。吕光的部队虽然人多，但是却缺乏纪律，他的弟弟吕延虽然勇猛，但是却没有谋略，不值得担心。况且吕光的精锐部队全部由吕延统带，吕延一败，吕光自然而然就会逃跑。"这时吕光把大军集结在长最，派遣太原公吕纂等人统率步、骑兵共三万人进攻金城。乞伏乾归带领二万士兵前去解救，还没有赶到，吕纂便已攻克了金城。吕光又派遣他的部将梁恭等人带领全副甲胄的士兵一万多人直逼阳武下峡，与秦州刺史没弈干一起从东部进攻乞伏乾归。天水公吕延也率领枹罕的军队进攻临洮、武始、河关，全部攻下。乞伏乾归派人去欺骗吕延说："乞伏乾归的军队已经溃散，他自己逃往成纪去了。"吕延打算带领轻装的骑兵前去追赶，司马耿稚劝说他道："乞伏乾归的勇武和谋略超过常人，怎么可能听到一点风声便自行解体！从前，乞伏乾归打败王广、杨定，都是这样先把自己的弱点暴露给敌人，引诱对方急

秃发乌孤自称大都督、大将军、大单于、西平王，大赦，改元太初。治兵广武，攻凉金城，克之。凉王光遣将军窦苟伐之，战于街亭，凉兵大败。

（以上为第一段，写东晋安帝司马德宗行加冠礼，改元隆安，继续重用奸臣王国宝；后凉主吕光派遣将领攻打自称西平王的鲜卑首领秃发乌孤，在街亭激战，后凉军大败。）

燕主宝闻魏王珪攻信都，出屯深泽，遣赵王麟攻杨城，杀守兵三百。宝悉出珍宝及宫人募郡国群盗以击魏。

二月，己巳朔，珪还屯杨城。没根兄子丑提为并州监军，闻其叔父降燕，惧诛，帅所部兵还国作乱。珪欲北还，遣其国相涉延求和于燕，且请以其弟为质。宝闻魏有内难，不许，使冗从仆射兰真责珪负恩，悉发其众步卒十二万、骑三万七千屯于曲阳之柏肆，营于滹沱水北以邀之。

丁丑，魏军至，营于水南。宝潜师夜济，募勇敢万余人袭魏营；宝陈于营北以为之援。募兵因风纵火，急击魏军，魏军大乱，珪惊起，弃营跣走；燕将军乞特真帅百余人至其帐下，得珪衣靴。既而募兵无故自惊，互相斫射；珪于营外望见之，乃击鼓收众，左右及中军将士稍稍来集，多布火炬于营外，纵骑冲之。募兵大败，还赴宝陈，宝引兵复渡水北。

戊寅，魏整众而至，与燕相持，燕军夺气。宝引还中山，魏兵随而击之，燕兵屡败。宝惧，弃大军，帅骑二万奔还，时大风雪，冻死者相

功冒进。这次我看报信的人目光向上，脸上的表情也闪烁不定，其中一定有诈，我们应该列好战阵，有条不紊地向前推进，使步兵与骑兵互相照应配合，等到各路大军全部集结，再去攻击敌人，那就没有攻不破的道理了。”吕延不听他的劝阻，挥军直进，与乞伏乾归遭遇，吕延战死，耿稚与将军姜显收集散逃的士卒，回到枹罕去驻守。吕光也领兵退回姑臧。

鲜卑首领秃发乌孤自称为大都督、大将军、大单于、西平王，实行大赦，改年号为太初。在广武集结整顿部队，进攻并攻下后凉金城。后凉主吕光派将军窦苟去攻打，在街亭展开激战，后凉军大败。

后燕主慕容宝听说北魏王拓跋珪带兵进攻信都，便率军驻扎在深泽，又派赵王慕容麟进攻杨城，杀死了守兵三百人。慕容宝将皇宫中所藏的珍宝甚至所有的宫女全部作为赏资，招募各郡各封国的强盗匪徒，让他们充军，去抗击北魏。

二月初一己巳朔，北魏王拓跋珪带兵回到杨城驻扎。叛将没根的侄儿丑提任并州监军，听说他的叔父降燕，害怕牵连自己被杀，索性带着自己所管辖的士兵还国举行叛乱。拓跋珪打算北撤，派国相拓跋涉延前去向后燕求和，并且请求用他的弟弟作为人质。慕容宝听说北魏内部出现动乱，没有答应讲和，又派冗从仆射兰真前往北魏军营，斥责拓跋珪忘恩负义，调动全部步兵十二万人、骑兵三万七千人去曲阳的柏肆驻守，在滹沱河的北岸立下大营，以拦截撤退的北魏军。

二月初九丁丑，北魏后撤的部队来到这里，在滹沱河的南岸扎营。慕容宝秘密地派遣一支部队连夜渡过河去，招募一万多敢死队袭击北魏军营，慕容宝在营北结阵作为援兵。后燕招募来的这些人，顺着风放火，对北魏军发起迅猛的进攻。北魏军一片大乱，拓跋珪也在睡梦中惊醒，光着双脚抛弃大营逃走。后燕将军乞特真带着一百多名士兵来到拓跋珪的大帐，只得到了拓跋珪仓促之间遗留下的衣服和皮靴。不久，招募来的那些兵勇不知什么原因便突然一片大乱，互相之间胡砍乱射。拓跋珪在营外远远看到这种情况，于是击鼓召集刚刚溃散了的士兵，不久，他左右的侍从以及中军将士渐渐地集合在一起，并在营地的外围设置了许多火炬，派骑兵向前冲击后燕兵营。招募的兵勇大败，逃回慕容宝的大营，慕容宝带领着部队再一次渡到河的北岸。

二月初十戊寅，北魏整顿好部队渐渐逼近，并和后燕军相对峙。后燕军士气大为低落。慕容宝只好带着部队回到中山，北魏军随后追击，后燕军几次接战均告失

枕。宝恐为魏军所及，命士卒皆弃袍仗、兵器数十万，寸刃不返，燕之朝臣将卒降魏及为魏所系虏者甚众。

先是，张衮尝为魏王珪言燕秘书监崔逞之材，珪得之，甚喜，以逞为尚书，使录三十六曹，任以政事。

魏军士有自柏肆亡归者，言大军败散，不知王处。道过晋阳，晋阳守将封真因起兵攻并州刺史曲阳侯素延，素延击斩之。

南安公顺守云中，闻之，欲自摄国事。幢将代人莫题曰："此大事，不可轻尔，宜审待后问，不然，为祸不细。"顺乃止。顺，什翼犍之孙也。贺兰部帅附力眷、纥邻部帅匿物尼、纥奚部帅叱奴根皆举兵反，顺讨之，不克。珪遣安远将军庾岳帅万骑还讨三部，皆平之，国人乃安。

珪欲抚慰新附，深悔参合之诛，素延坐讨反者杀戮过多，免官；以奚牧为并州刺史。牧与东秦主兴书称"顿首"，与之均礼。兴怒，以告珪，珪为之杀牧。

己卯夜，燕尚书郎慕舆皓谋弑燕主宝，立赵王麟，不克，斩关出奔魏，麟由是不自安。

（以上为第二段，写北魏主拓跋珪率领大军攻打后燕，北魏后方却出现叛乱，因而向后燕主求和，慕容宝知北魏有内难，没有答应，调动军队拦截，但事与愿违，被打得大败。）

三月，燕以仪同三司武乡张崇为司空。

初，燕清河王会闻魏军东下，表求赴难，燕主宝许之。会初无去意，使征南将军库傉官伟、建威将军余崇将兵五千为前锋。崇，嵩之子也。伟等顿卢龙近百日，无食，啖马牛且尽，会不发。宝怒，累诏切责。会不得已，以治行简练为名，复留月余。时道路不通，伟欲使轻军前行通道，侦魏强弱，且张声势；诸将皆畏避不欲行。余崇奋曰："今巨寇滔天，京都危逼，匹夫犹思致命以救君父，诸君荷国宠任，而更惜生乎！若社

败。慕容宝十分恐惧，丢下大部队，自己带领二万骑兵逃奔回去。这时正值狂风暴雪，冻死的人横躺竖卧在原野上。慕容宝害怕被北魏军队追上抓获，命令士兵全都丢下袍甲枪杖，最后把几十万精良武器全部丢弃，甚至连一把小刀也没有带回。后燕的朝廷大臣、将帅士兵投降、被俘的人非常之多。

在这之前，张衮曾经对北魏王拓跋珪说过后燕秘书监崔逞的才能，这次拓跋珪得到崔逞，非常高兴，任命崔逞为尚书，掌管三十六曹，把政事委任给他来处理。

北魏士兵中有从柏肆逃亡回来的人，说大部队已经惨败溃散，甚至也不知道北魏王拓跋珪的下落。他们途中经过晋阳，晋阳守将封真调集军队进攻并州刺史、曲阳侯拓跋素延，拓跋素延出城迎战，斩了封真。

北魏南安公拓跋顺留守云中，听说拓跋珪下落不明的消息后，打算自己代理国家政事，他的幢将代郡人莫题说："这可是一件大事，千万不可草率从事，应该谨慎地等待观察事态的进一步发展，不然，为祸不浅。"拓跋顺才放弃了这个想法。拓跋顺是拓跋什翼犍的孙子。这时，贺兰部落的首领附力眷、纥邻部落的首领匿物尼、纥奚部落的首领叱奴根等也都闻讯拉起队伍反叛，拓跋顺带兵去攻打他们，却无法平息。拓跋珪派遣安远将军庾岳统率一万骑兵，赶回来攻打这三个部落，把这三个部落的叛乱平定之后，全国百姓才安定下来。

北魏王拓跋珪打算安抚宽慰新投降的人，因此对在参合陂那次大批屠杀俘虏的举动深感后悔。拓跋素延攻打叛变的人时杀戮太多，拓跋珪免去了他的官职，任命奚牧为并州刺史。奚牧与后秦主姚兴通信，以对等之礼称"顿首"。姚兴看后勃然大怒，把这事告诉了拓跋珪，拓跋珪因此杀了奚牧。

二月十一日己卯夜间，后燕尚书郎慕舆皓阴谋刺杀后燕主慕容宝，拥立赵王慕容麟，没有成功。因此，慕舆皓便砍开城门，冲出去逃奔北魏。慕容麟从此心中万分不安。

三月，后燕任命仪同三司武乡人张崇为司空。

当初，后燕清河王慕容会听说北魏军大批东来，上书请求带兵出征，以救国难。后燕主慕容宝同意了他的请求。但是慕容会根本没有要去拯救国家的意思，只派遣征南将军库傉官伟、建威将军余崇二人带兵五千人作为前锋出发。余崇是余嵩的儿子。库傉官伟等人在卢龙一带停留了将近一百天，后燕主慕容宝在中山吃完了粮食，军中的马牛也即将吃尽，慕容会还是没有带兵出发。慕容宝大怒，几次下令严厉斥责他，慕容会迫不得已，以置办行装、加强训练为名，又滞留了一个多月。这时道

稷倾覆，臣节不立，死有余辱；诸君安居于此，崇请当之。”伟喜，简给步骑五百人。崇进至渔阳，遇魏千余骑。崇谓其众曰：“彼众我寡，不击则不得免。”乃鼓噪直进，崇手杀十余人。魏骑溃去，崇亦引还，斩首获生，具言敌中阔狭，众心稍振。会乃上道徐进，是月，始达蓟城。

魏围中山既久，城中将士皆思出战。征北大将军隆言于宝曰：“涉珪虽屡获小利，然顿兵经年，凶势沮屈，士马死伤太半，人心思归，诸部离解，正是可破之时也。加之举城思奋，若因我之锐，乘彼之衰，往无不克。如其持重不决，将卒气丧，日益困逼，事久变生，后虽欲用之，不可得也！”宝然之。而卫大将军麟每沮其议，隆成列而罢者，前后数四。

宝使人请于魏王珪，欲还其弟觚，割常山以西皆与魏以求和；珪许之。既而宝悔之。

己酉，珪如卢奴，辛亥，复围中山。燕将士数千人俱自请于宝曰：“今坐守穷城，终于困弊，臣等愿得一出乐战，而陛下每抑之，此为坐自摧败也。且受围历时，无他奇变，徒望积久寇贼自退。今内外之势，强弱悬绝，彼必不自退明矣，宜从众一决。”宝许之。隆退而勒兵，召诸参佐谓之曰：“皇威不振，寇贼内侮，臣子同耻，义不顾生。今幸而破贼，吉还固善；若其不幸，亦使吾志节获展。卿等有北见吾母者，为吾道此情也！”乃被甲上马，诣门俟命。麟复固止宝，众大忿恨，隆涕泣而还。

（以上为第三段，写北魏大军围困后燕都城中山，征北大将军慕容隆等将领请求出城攻打北魏疲困之兵，后燕主慕容宝六神无主，听从慕容麟主张，拒绝出战。）

路不通，库傉官伟打算派遣一支活动灵便的部队继续向前开通道路，侦察了解北魏军队的强弱虚实，而且还能大肆张扬他们的声势。各位将领都因为害怕危险不愿意去。这时余崇奋然而起说：“现在大敌强盛无比，京都正在遭受着强敌的逼迫。一个普通人都想到舍命拯救自己的君主与父老，你们身受皇家的宠爱与重任，怎么能够只爱惜个人的性命呢！国家社稷一旦被推翻，作为臣子的节操不能保全，即便是死了，也要留下耻辱！你们几位就在这儿安稳呆着吧，我余崇请求去抵挡敌人。”库傉官伟非常高兴，挑选步、骑兵共五百人拨给余崇。余崇带兵来到渔阳，遇到北魏骑兵一千多人。余崇对他手下的人说：“敌众我寡，不主动出击，我们就跑不掉了。”于是大声呼喊着一直向敌人杀去，余崇一个人便杀死了十几个敌兵。北魏军骑兵溃散而逃，余崇也带着士兵们回营。这次出击杀死了许多敌人，又生擒了一些，他仔细讲述了敌军的内部情况，军心因此稍稍得到了振作。慕容会这才正式带兵上路，慢慢地向前开进。这个月他们才到达蓟城。

北魏军围困后燕都城中山已经很久，中山城里的将士们都有心想要出城与敌人决一死战。征北大将军慕容隆对慕容宝说：“拓跋珪虽然多次获得一些小胜利，但大军在这里羁留已经一年，他们来时的那种凶恶的气势，已经萎靡丧失，士兵马匹也或死或伤损失大半，人心思归，各部落正在离析瓦解，这正是我们将他们打败的大好时机呀！再加上我们全城的兵民都在想着奋力一搏，如果利用我们的锐气，趁着他们的衰弱攻打他们，就没有不胜利的。如果谨慎持重、犹豫不决，等到将士的斗志丧失，环境又一天天艰苦，时间一久，事情就会发生变化，到那时候即使想利用机会，也不会再有了。”慕容宝觉得他说得很对。但是卫大将军慕容麟却几次都阻止了慕容隆的建议，慕容隆准备好出击却被迫停止，前后一共四次。

后燕主慕容宝派人向北魏王拓跋珪请求，打算把他弟弟拓跋觚护送回去，并且割让常山以西的大部地区送给北魏，向北魏求和，拓跋珪答应了。但不久慕容宝却又后悔了。

三月十一日己酉，北魏拓跋珪来到卢奴。三月十三日辛亥，他再一次包围了中山城。后燕几千名将士都来主动向慕容宝请战说：“现在我们坐守这座已经山穷水尽的孤城，终有一天会被困死，我们愿意出城与敌人决一死战，但是皇上却每每制止我们，这是自取灭亡啊！况且我们被围已经很长时间，并没有产生其他的突然变化，只是白白地盼望时间久了贼兵便能自行退去。城里城外的形势，强与弱相差过于悬殊，他们一定不会自己撤退，这已经是很明显的事情了。所以我们应该听从大家的意见，出城与敌人决战。”慕容宝答应了。慕容隆退出去后，很快把部队调配完毕，召集参谋佐将，对他们说：“皇上的声威不振，强盗贼子打到我们家门口来侮辱我们，这是我们做臣子的共同的耻辱，我们理应把自己的生死置之度外。这次决战，

是夜，麟以兵劫左卫将军北地王精，使帅禁兵弑宝。精以义拒之，麟怒，杀精，出奔西山，依丁零余众。于是城中人情震骇。

宝不知麟所之，以清河王会军在近，恐麟夺会军，先据龙城，乃召隆及骠骑大将军农，谋去中山，走保龙城。隆曰："先帝栉风沐雨以成中兴之业，崩未期年而天下大坏，岂得不谓之孤负邪！今外寇方盛而内难复起，骨肉乖离，百姓疑惧，诚不可以拒敌，北迁旧都，亦事之宜。然龙川地狭民贫，若以中国之意取足其中，复朝夕望有大功，此必不可。若节用爱民，务农训兵，数年之中，公私充实，而赵、魏之间，厌苦寇暴，民思燕德，庶几返旆，克复故业。如其未能，则凭险自固，犹足以优游养锐耳。"宝曰："卿言尽理，朕一从卿意耳。"

辽东高抚，善卜筮，素为隆所信厚，私谓隆曰："殿下北行，终不能达，太妃亦不可得见。若使主上独往，殿下潜留于此，必有大功。"隆曰："国有大难，主上蒙尘，且老母在北，吾得北首而死，犹无所恨。卿是何言也！"乃遍召僚佐，问其去留，唯司马鲁恭、参军成岌愿从，余皆欲留，隆并听之。

农部将谷会归说农曰："城中之人，皆涉珪参合所杀者父兄子弟，泣血踊跃，欲与魏战，而为卫军所抑。今闻主上当北迁，皆曰：'得慕容氏一人奉而立之，以与魏战，死无所恨。'大王幸而留此，以副众望，击退

如果能侥幸地打败敌人，平平安安地回来固然最好，假如有什么不幸，起码也让我们的志向节操获得一次展现的机会。你们这些人如有回到北方，看到我母亲的，请千万代替我向母亲禀告我的这种心情。”于是他披戴盔甲，跨上战马，来到城门等候命令。慕容麟再一次坚决阻止了这次军事行动，众将士气愤之极，慕容隆也流着眼泪回去了。

这天夜晚，慕容麟派兵劫持了左卫将军、北地王慕容精，并且派他率领禁军去刺杀后燕主慕容宝。慕容精用大义拒绝了慕容麟，慕容麟大怒，杀了慕容精，跑出城去逃奔西山，投靠丁零的残余部落。从此，中山城里军民的情绪更加震惊动荡。

后燕主慕容宝不知道慕容麟到哪里去了，总是以为清河王慕容会的部队就在附近驻扎，因此害怕慕容麟夺走慕容会的部队，抢先跑去占据龙城，于是他召集慕容隆及骠骑大将军慕容农，商议要放弃中山去死保龙城。慕容隆说：“先帝历经千辛万苦，才完成了中兴的大业，他死去不到一年便天下大乱，怎么能说我们没有辜负了先帝的嘱托厚望呢？现在外面的强盗力量正当强盛，而我们内部又发生了危难，同胞骨肉反目成仇，百姓惊疑恐惧，这样的确是不可能抗拒强敌的。向北迁回我们的旧都，也是理所当然。但是龙川那一带地方狭小，百姓贫困，如果我们打算在那里作为依凭，进图中原，仍然早晚都盼望着取得大的进展和成功，那是一定不行的。如果我们节俭开支花费，爱惜民力，鼓励农耕，训练军队，那么几年之间，官府与民间的积蓄一定会充实起来，而赵、魏之间连年战乱，百姓一定苦不堪言，厌倦、怨恨之声四起，那时他们怀念我们燕国统治时的恩德，我们也或许有机会回转旗帜恢复自己往日的帝业。即使不能这样，那么我们依据山川险要，巩固自己的势力，也还是足够我们在那里安闲度日养精蓄锐了。”慕容宝说：“你说的全都在理，我完全听从你的意见。”

辽东人高抚善于占卜算卦，一向得到慕容隆的信任与厚爱，他私下里告诉慕容隆说：“您此次向北撤退，绝对不可能到达目的地，也不可能看到您的母亲太妃。假如让主上自己单独前往，您暗地里留在这里，一定会有大的功业可以建立。”慕容隆说：“国家有这样空前的大难，主上遭受奔波之苦与耻辱，而且我的老母亲又在北方，我能够在死的时候头向着北方，便没有什么遗憾了，你这是说的什么？”于是他将官吏僚属召集在一起，询问他们是去是留，只有司马鲁恭、参军成岌愿意跟从北迁，其余的都打算留下，慕容隆全听凭他们自己拿主意。

慕容农的部将谷会规劝慕容农说：“中山城里的人，都是魏王拓跋珪在参合陂所杀的士兵的父兄子弟，他们眼睛哭出血来，激愤奔走，打算同魏军决一死战，却被卫军慕容麟所压制。现在听说主上要北迁，都说：‘能够找到慕容氏家族中的一个人

魏军，抚宁畿甸，奉迎大驾，亦不失为忠臣也。”农欲杀归而惜其材力，谓之曰：“必如此以望生，不如就死！”

壬子，夜，宝与太子策、辽西王农、高阳王隆、长乐王盛等万余骑出赴会军，河间王熙、勃海王朗、博陵王鉴皆幼，不能出城，隆还入迎之，自为鞁乘，俱得免。燕将王沈等降魏。乐浪王惠、中书侍郎韩范、员外郎段宏、太史令刘起等帅工伎三百奔邺。

中山城中无主，百姓惶惑，东门不闭。魏王珪欲夜入城，冠军将军王建志在虏掠，乃言恐士卒盗府库物，请俟明旦，珪乃止。燕开封公详从宝不及，城中立以为主，闭门拒守；珪尽众攻之，连日不拔。使人登巢车，临城谕之曰：“慕容宝已弃汝走，汝曹百姓空自取死，欲谁为乎？”皆曰：“群小无知，恐复如参合之众，故苟延旬月之命耳。”珪顾王建而唾其面，使中领将军长孙肥、左将军李栗将三千骑追宝至范阳，不及，破其新城戍而还。

甲寅，尊皇太后李氏为太皇太后。戊午，立皇后王氏。

燕主宝出中山，与赵王麟遇于阱城。麟不意宝至，惊骇，帅其众奔蒲阴，复出屯望都，土人颇供给之。慕容详遣兵掩击麟，获其妻子，麟脱走，入山中。

（以上为第四段，写后燕慕容麟派人刺杀慕容宝，被拒，怕事情败露，逃之夭夭；慕容宝灰心丧气，放弃中山逃奔龙城，慕容农、慕容隆号为智将，亦束手无策。）

甲寅，宝至蓟，殿中亲近散亡略尽，惟高阳王隆所领数百骑为宿卫。清河王会帅骑卒二万迎于蓟南，宝怪会容止怏怏有恨色，密告隆及辽西王农。农、隆俱曰：“会年少，专任方面，习骄所致，岂有他也！臣等当以礼责之。”宝虽从之，然犹诏解会兵以属隆，隆固辞；乃减会兵分给农、隆。又遣西河公库傉官骥帅兵三千助守中山。

而拥戴他当皇上，以此来与魏军苦战，即便死了，也没有什么遗憾。’大王您最好是留在这里，以符合大家的希望，等到击退魏军，使京畿地区得到安抚宁静，再奉迎皇上的大驾回来，这也不失为是一个忠臣呀。”慕容农想杀了谷会归，但又爱惜他的才华，因此只对他说：“一定要那样来期望继续生存，还不如去死！”

三月十四日壬子夜晚，慕容宝与太子慕荣策、辽西王慕容农、高阳王慕容隆、长乐王慕容盛等率领一万多骑兵，出城去投奔慕容会的军营，河间王慕容熙、勃海王慕容朗、博陵王慕容鉴还都年幼，未能逃出城来，慕容隆又回到城里去迎护，亲自驾车，终于使他们全部逃脱。后燕将领王沈等人投降北魏。乐浪王慕容惠、中书侍郎韩范、员外郎段宏、太史令刘起等人率领工匠、艺伎等三百人逃奔邺城。

后燕中山城中没有了首领，老百姓惶惑惊恐，东门也没有关闭。北魏王拓跋珪打算连夜进城，冠军将军王建则一心想要抢劫，于是说恐怕手下的士兵偷盗府库中的财物，请求等到明天天亮再进城，拓跋珪才停止进城。后燕开封公慕容详来不及跟随慕容宝北返，城中的军民便拥戴他做了统帅，关闭了城门抗拒北魏军。拓跋珪出动他所有的军队发动进攻，接连几天也没有攻下。于是派人登上攻城用的巢车，接近城墙向城里喊话说：“慕容宝已经抛弃了你们自己逃走，你们这些老百姓白白地找死，打算为谁效忠呵？”城里的老百姓便都说：“我们这些无知的小民，只是害怕又像参合陂那些人一样，在这里权且拖延十天半月的活命罢了。”拓跋珪气得直视王建，把唾沫吐在他的脸上，并派遣中领将军长孙肥、左将军李栗二人带领着三千骑兵追杀慕容宝，到了范阳，没有赶上，攻破新城的戍守之后便返回。

三月十六日甲寅，东晋安帝司马德宗尊奉他的祖母皇太后李氏为太皇太后。二十日戊午，册立王氏妃子为皇后。

后燕主慕容宝逃出都城中山，和赵王慕容麟在阶城相遇，慕容麟没有想到慕容宝来到这里，大惊失色，赶紧率领着他的部众向蒲阴逃去，然后又来到望都驻扎。当地的土人还为他提供粮草。慕容详派兵袭击慕容麟，抓获了他的妻子儿女，慕容麟自己则逃脱，进入山中。

三月十六日甲寅，慕容宝来到蓟城，他宫廷中的亲信近臣或走散或逃跑，几乎一个也不剩了，只有高阳王慕容隆所统领的几百名骑兵担任警卫。清河王慕容会率领骑兵两万人到蓟南去迎接。慕容宝对慕容会的表情举止充满怨恨的样子感到奇怪，偷偷地告诉了慕容隆与辽西王慕容农。慕容农、慕容隆都说：“慕容会年纪小，但很早就能独当一面，养成了骄纵的习惯，怎么会有别的想法呢！我们有机会一定依据

丙辰，宝尽徙蓟中府库北趣龙城。魏石河头引兵追之，戊午，及宝于夏谦泽。宝不欲战，清河王会曰："臣抚教士卒，惟敌是求。今大驾蒙尘，人思效命，而虏敢自送，众心忿愤。《兵法》曰：'归师勿遏。'又曰：'置之死地而后生。'今我皆得之，何患不克！若其舍去，贼必乘人，或生余变。"宝乃从之。会整陈与魏兵战，农、隆等将南来骑冲之，魏兵大败，追奔百余里，斩首数千级。隆又独追数十里而还，谓故吏留台治书阳璆曰："中山城中积兵数万，不得展吾意，今日之捷，令人遗恨。"因慷慨流涕。

会既败魏兵，矜很滋甚；隆屡训责之，会益忿恚。会以农、隆皆尝镇龙城，属尊位重，名望素出己右，恐至龙城，权政不复在己，又知终无为嗣之望，乃谋作乱。

幽、平之兵皆怀会恩，不乐属二王，请于宝曰："清河王勇略高世，臣等与之誓同生死，愿陛下与皇太子、诸王留蓟宫，臣等从王南解京师之围，还迎大驾。"宝左右皆恶会，言于宝曰："清河王不得为太子，神色甚不平。且其才武过人，善收人心；陛下若从众请，臣恐解围之后，必有卫辄之事。"宝乃谓众曰："道通年少，才不及二王，岂可当专征之任！且朕方自统六师，杖会以为羽翼，何可离左右也！"众不悦而退。

左右劝宝杀会。侍御史仇尼归闻之，告会曰："大王所恃者父，父已异图；所杖者兵，兵已去手，欲于何所自容乎！不如诛二王，废太子，

礼仪制度来责备他。”慕容宝虽然听了他们的话，但还是下令解除了慕容会的兵权，转交给慕容隆。慕容隆坚决推辞，于是慕容宝只好减少慕容会的一部分兵力，分别交给慕容农、慕容隆。他又派遣西河公库傉官骥统领三千士兵去帮助守卫中山。

三月十八日丙辰，慕容宝把蓟城中府库里的所有财宝全部向北搬到龙城去。北魏将领石河头带领部队追击他们，二十日戊午，在夏谦泽追上了慕容宝。慕容宝并不打算出战，清河王慕容会说：“我管教、训练我的部队，只是要寻找敌人求战。现在您的大驾受到凌辱，我们人人都想着牺牲性命为您尽忠，强盗贼子胆敢前来送死，大家心中十分愤怒。《兵法》说：‘急于回去的部队，千万不能阻止。’又说：‘使人处于将要死的地位时，才能逼迫他求生存。’这两点我们今天都符合，还怕不能取得胜利！如果我们只是一味地躲避逃跑，贼寇一定会得寸进尺，乘虚而入，恐怕还可能产生别的变化。”慕容宝于是听从了他的建议。慕容会调整阵势与北魏军队接战，慕容农、慕容隆等人也带领南来的骑兵冲杀敌军，把北魏军队打得大败，并且追杀奔走了一百多里，杀了敌兵几千名。慕容隆又独自再追出去几十里之后才回来，告诉他的旧部下留台治书阳璆说：“中山城中集结部队几万，却没有机会使我一展心胸，今天的这次胜利让我充满遗恨！”因此大为激动，泪洒衣襟。

慕容会击败了北魏军队后，狂傲凶狠得越来越厉害。慕容隆曾几次教训斥责他，慕容会更加怨恨了。慕容会想到慕容农、慕容隆都曾经在龙城镇守过，辈分既高，权位又重，名声威望一向又超过自己，因此恐怕到了龙城，权力政事不会再让自己掌握，再加上他又知道自己到头来也不会再有当太子的希望，于是他便阴谋发动政变。

幽州及并州的部队都怀念着慕容会的恩德，不愿意隶属于慕容农、慕容隆两位亲王，向慕容宝请求说：“清河王的勇武谋略都高过当世，我们发誓与他要同生共死，愿皇上您与皇太子、各位亲王暂时留在蓟城宫中，我们这些人跟随清河王去向南解救被围困的京师，再回来迎接大驾还朝。”慕容宝左右的近臣与侍卫都讨厌慕容会，对慕容宝说：“清河王因为当不上太子，神态与脸色都表现出非常不满。而且他的才能与武力又超过常人，很善于收买人心，皇上如果答应了这些人的请求，我们恐怕解除了中山的围困以后，就一定会有春秋时卫辄那样自己继承王位，却拒绝父亲回国的事情发生。”慕容宝对这些人说：“慕容会年纪还小，他的才干也赶不上慕容农、慕容隆二王，怎么可以承担自己单独带兵征战的大任？况且我正要亲自统率六军，依靠慕容会作为我的助手，他怎么可以离开我的身边呢？”那些人都很不高兴地退出去了。

左右侍卫近臣都劝说慕容宝杀掉慕容会，侍御史仇尼归听说后，向慕容会报信说：“大王您所依仗的是自己的父亲，但您的父亲现在已另有打算；您所依仗的是军

大王自处东宫，兼将相之任，以匡复社稷，此上策也。”会犹豫未许。

宝谓农、隆曰：“观道通志趣，必反无疑，宜早除之。”农、隆曰：“今寇敌内侮，中土纷纭，社稷之危，有如累卵。会镇抚旧都，远赴国难，其威名之重，足以震动四邻。逆状未彰而遽杀之，岂徒伤父子之恩，亦恐大损威望。”宝曰：“会逆志已成，卿等慈恕，不忍早杀，恐一旦为变，必先害诸父，然后及吾，至时勿悔自负也！”会闻之，益惧。

夏，四月，癸酉，宝宿广都黄榆谷，会遣其党仇尼归、吴提染干帅壮士二十余人，分道袭农、隆，杀隆于帐下；农被重创，执仇尼归，逃入山中。会以仇尼归被执，事终显发，乃夜诣宝曰：“农、隆谋逆，臣已除之。”宝欲讨会，阳为好言以安之曰：“吾固疑二王久矣，除之甚善。”

甲戌，旦，会立仗严备，乃引道。会欲弃隆丧，余崇涕泣固请，乃听载随军。农出，自归，宝呵之曰：“何以自负邪？”命执之。行十余里，宝顾召群臣食，且议农罪。会就坐，宝目卫军将军慕舆腾使斩会，伤其首，不能杀。会走赴其军，勒兵攻宝。宝帅数百骑驰二百里，晡时，至龙城。会遣骑追至石城，不及。

乙亥，会遣仇尼归攻龙城，宝夜遣兵袭击，破之。会遣使请诛左右佞臣，并求为太子，宝不许。会尽收乘舆器服，以后宫分给将帅，署置百官，自称皇太子、录尚书事，引兵向龙城，以讨慕舆腾为名。

丙子，顿兵城下。宝临西门，会乘马遥与宝语，宝责让之。会命军士向宝大噪以耀威，城中将士皆愤怒，向暮出战，大破之。会兵死伤太半，走还营。侍御郎高云夜帅敢死士百余人袭会军，会众皆溃。会将十

队，但是军队也已经不在您手里。您还打算到什么地方、依仗什么容身呢？我看您不如诛杀慕容农、慕容隆两位亲王，废掉太子，您自己处于东宫的位置，兼任宰相、大将军之职，以此来匡正恢复社稷，这才是上策。”慕容会犹豫不决，没有应许。

慕容宝对慕容农、慕容隆说：“我看慕容会的心思与志向，今后一定谋反无疑，应该早早除掉他。”慕容农、慕容隆说：“现在敌寇入侵欺侮我们，国中腹地一片大乱，政权危如累卵。慕容会本来在旧都镇守，这次千里迢迢赶来解救国家的危难，他的声威名望的分量，足以使四邻震动。他的叛逆的形迹还没有暴露便突然杀掉他，岂止是白白地伤损父子之间的恩德，恐怕也要使您的威望遭受重大损失。”慕容宝说：“慕容会反叛的主意已经打定，你们这样仁慈宽恕，不忍心早点杀掉他，恐怕有一天他突然发动政变，一定会首先伤害你们几个做叔父的，然后再伤害我，那时候可不要因自负而后悔呀！”慕容会听说后，越加害怕。

夏季，四月初六癸酉，慕容宝在广都黄榆谷扎营露宿。慕容会派遣他的死党部下仇尼归、吴提染干率领壮士二十多人，分两路去偷袭慕容农、慕容隆。在寝帐之中将慕容隆杀死，慕容农则身受重伤，抓住了仇尼归，逃进了深山。慕容会因为仇尼归被对方抓住，担心事情最终败露，于是连夜拜见慕容宝说：“慕容农、慕容隆阴谋叛逆，我们已将他们除掉。”慕容宝准备讨伐慕容会，表面上用好话来稳住他说：“我本来怀疑他们很长时间了，除掉他们很好。”

四月初七甲戌清晨，慕容会下令严密戒备，在前面引路，继续前进。慕容会打算遗弃慕容隆的灵柩，将军余崇流着眼泪坚决请求携带，就听凭他随着军队运载。慕容农从深山中出来，自己回到大营，慕容宝呵斥他说：“为什么自负前言！”命令手下人把他逮捕收押起来。走了十几里路，慕容宝回头召集文武大臣一起吃饭，并商议如何给慕容农定罪。慕容会也入席就座，慕容宝使眼色让卫军将军慕舆腾刺杀慕容会，却只将他的头部击伤，没有杀死。慕容会带伤逃奔回自己的军队，马上集合部队向慕容宝发起猛攻。慕容宝带着几百名骑兵跑出去二百里，下午晡时，到了龙城。慕容会派遣骑兵追赶到石城，没有追上。

四月初八乙亥，慕容会派遣仇尼归前去攻打龙城，慕容宝却在夜里派遣一支部队袭击他，将他打败。慕容会派遣使者去面见慕容宝，请求诛杀左右的奸佞之臣，并且请求册立自己做太子，慕容宝不答应。慕容会便把皇帝用的车马服装器具等全部收为己有，把后宫的姬妾宫女等分赏给各位将帅，并且设置了文武百官，自称为皇太子、录尚书事，带着部队直向龙城进发，名义上却说要讨伐慕舆腾。

四月初九丙子，在龙城下驻扎下来。慕容宝来到西门，慕容会乘着马从远处与慕容宝对话。慕容宝斥责他。慕容会命令士兵面对慕容宝大声鼓噪、起哄，以炫耀自己的威势。城里的将士都义愤填膺，傍晚的时候出城与慕容会接战，将他们打得

余骑奔中山，开封公详杀之。宝杀会母及其三子。

丁丑，宝大赦，凡与会同谋者，皆除罪，复旧职；论功行赏，拜将军、封侯者数百人。辽西王农骨破见脑，宝手自裹创，仅而获济。以农为左仆射，寻拜司空、领尚书令。余崇出自归，宝嘉其忠，拜中坚将军，使典宿卫。赠高阳王隆司徒，谥曰“康”。

宝以高云为建威将军，封夕阳公，养以为子。云，高句丽之支属也，燕王皝破高句丽，徙于青山，由是世为燕臣。云沈厚寡言，时人莫知，惟中卫将军长乐冯跋奇其志度，与之为友。跋父和，事西燕主永为将军，永败，徙和龙。

（以上为第五段，写后燕上演了一场闹剧，后燕主慕容宝立小儿子慕容策为太子，而次子慕容会非常不满，起兵反叛，杀死慕容隆等宗室元老，自己也被诛杀。）

仆射王国宝、建威将军王绪依附会稽王道子，纳贿穷奢，不知纪极。恶王恭、殷仲堪，劝道子裁损其兵权；中外恟恟不安。恭等各缮甲勒兵，表请北伐；道子疑之，诏以盛夏妨农，悉使解严。

恭遣使与仲堪谋讨国宝等。桓玄以仕不得志，欲假仲堪兵势以作乱，乃说仲堪曰：“国宝与君诸人素已为对，唯患相毙之不速耳。今既执大权，与王绪相表里，其所回易，无不如志；孝伯居元舅之地，必未敢害之。君为先帝所拔，超居方任，人情皆以君为虽有思致，非方伯才。彼若发诏征君为中书令，用殷觊为荆州，君何以处之？”仲堪曰：“忧之久矣，计将安出？”玄曰：“孝伯疾恶深至，君宜潜与之约，兴晋阳之甲以除君侧之恶，东西齐举，玄虽不肖，愿帅荆、楚豪杰，荷戈先驱，此桓、文之勋也。”

大败。慕容会的士兵死伤了一大半，他自己也逃回了大营。侍御郎高云当夜率领一百多名敢死壮士偷袭慕容会的营寨，慕容会的部众完全崩溃。慕容会本人只带领着十几名骑兵逃奔中山，被开封公慕容详杀了。慕容宝杀掉了慕容会的母亲和他的三个儿子。

四月初十丁丑，慕容宝实行大赦，凡是与慕容会同谋的人，全都免除罪名，恢复旧有的官职。论功行赏，晋升为将军、加封侯爵的有几百人。辽西王慕容农头骨被击破，甚至能看见脑髓，慕容宝亲手为他包扎伤口，居然救活了他的性命。慕容宝任命慕容农为左仆射，不久又升为司空、领尚书令。慕容隆的部将余崇从躲藏的地方回来，慕容宝赞赏他的忠诚，提升他为中坚将军，派他统领宫廷侍卫。追赠高阳王慕容隆为司徒，谥号康王。

慕容宝任命高云为建威将军，封为夕阳公，并收为自己的养子。高云是高句丽王室分支的后代，当年前燕主慕容皝击败高句丽的时候，曾把他的先辈迁移到青山一带，从此，他们便世世代代成了前燕的臣民。高云平时沉稳敦厚，不善言谈，当时的人都不熟悉他，只有中卫将军长乐人冯跋觉得他的志向与气度极不一般，和他结为好友。冯跋的父亲冯和，为西燕主慕容永效力并做了西燕的将军。慕容永失败以后，他被安置在和龙居住。

东晋仆射王国宝、建威将军王绪等人依附于会稽王司马道子，收受贿赂，穷奢极欲，无法无天已达到了极点。他们厌恶王恭、殷仲堪，劝司马道子裁减他们二人的兵权。朝廷内外流言四起，人心动荡不安。王恭等人各自都在整理兵甲，训练部队，上书请求北上讨伐。司马道子对他们怀有疑心，下令以盛夏出兵妨碍农业生产为由，命令他们解严。

王恭派人去见殷仲堪，商议声讨王国宝等人的事情。桓玄也因为未能当上大官，郁郁不得志，打算趁此机会借助殷仲堪的兵马势力制造混乱，就对殷仲堪说："王国宝与你们几个人向来都是死对头，只恨消灭你们的时间来得不快。现在他既然已经执掌了大权，并且与王绪内外呼应，他们所想要改变的事，没有一件达不到目的。王恭处在国舅的位置上，王国宝一定不敢加害他，但你是先帝提拔起来的，超越常规地独领一方。人们都认为你虽然头脑清楚、有才干，却不是封疆大吏的人才。他们如果征召你回朝做中书令，任命殷觊为荆州刺史，你将如何应付？"殷仲堪说："我也忧虑很长时间了，你认为怎么办才好呢？"桓玄说："王恭为人正直，疾恶如仇，你应该暗地里与他联合，约定时间，仿效战国赵鞅发动晋阳兵马以清除君侧恶人的办法，东西两面一齐起兵，桓玄我虽然不成材，也愿意率领荆州、楚州两地的英雄豪杰，手拿武器充任前锋。这是齐桓公、晋文公那样的功勋呵！"

仲堪心然之，乃外结雍州刺史郗恢，内与从兄南蛮校尉觊、南郡相陈留江绩谋之。觊曰："人臣当各守职分，朝廷是非，岂藩屏之所制也！晋阳之事，不敢预闻。"仲堪固邀之，觊怒曰："吾进不敢同，退不敢异。"绩亦极言其不可。觊恐绩及祸，于坐和解之。绩曰："大丈夫何至以死相胁邪！江仲元行年六十，但未获死所耳！"仲堪惮其坚正，以杨佺期代之。朝廷闻之，征绩为御史中丞。觊遂称散发，辞位，仲堪往省之，谓觊曰："兄病殊为可忧。"觊曰："我病不过身死，汝病乃当灭门。宜深自爱，勿以我为念！"郗恢亦不肯从。仲堪疑未决，会王恭使至，仲堪许之，恭大喜。甲戌，恭上表罪状国宝，举兵讨之。

初，孝武帝委任王珣，及帝暴崩，不及受顾命，珣一旦失势，循默而已。丁丑，王恭表至，内外戒严，道子问珣曰："二藩作逆，卿知之乎？"珣曰："朝政得失，珣弗之预，王、殷作难，何由可知！"王国宝惶惧，不知所为，遣数百人戍竹里，夜遇风雨，各散归。王绪说国宝矫相王之命召王珣、车胤杀之，以除时望，因挟君、相发兵以讨二藩。国宝许之。珣、胤至，国宝不敢害，更问计于珣。珣曰："王、殷与卿素无深怨，所竞不过势利之间耳。"国宝曰："将曹爽我乎？"珣曰："是何言欤！卿宁有爽之罪，王孝伯岂宣帝之俦邪？"又问计于胤，胤曰："昔桓公围寿阳，弥时乃克。今朝廷遣军，恭必城守。若京口未拔而上流奄至，君将何以待之？"国宝尤惧，遂上疏解职，诣阙待罪；既而悔之，诈称诏复其本官。道子暗懦，欲求姑息，乃委罪国宝，遣骠骑谘议参军谯王尚之收国宝付廷尉。尚之，恬之子也。甲申，赐国宝死，斩绪于市，遣使诣恭，深谢愆失；恭乃罢兵还京口。国宝兄侍中恺、骠骑司马愉并请解职；道子以恺、愉与国宝异母，又素不协，皆释不问。戊子，大赦。

殷仲堪心中认为他说得很对，于是向外联络雍州刺史郗恢，内部又与自己的堂兄南蛮校尉殷觊、南郡相陈留人江绩等人一起谋划，殷觊说："作为国家的大臣，应当各自坚守自己的职责，朝廷里的是非对错，怎么能是做地方官员的人可以干预的！所说仿效晋阳出兵一事，我不敢听闻参与。"殷仲堪坚决邀请他出来一块干，殷觊大怒说："我前进一步不会同意，退后一步不会反对。"江绩也竭力地分析认为不可。殷觊恐怕江绩说得太激烈，招来祸患，便坐在那里从中调解。江绩说："大丈夫怎么能用死来威胁呢？我江仲元活了六十岁，只是没有找到值得我去死的地方罢了！"殷仲堪对江绩的坚定正直很害怕，因此任命杨佺期代替江绩为南郡相。朝廷得知了这个消息后，征召江绩回朝廷担任御史中丞。殷觊借口自己食用寒食散之后药性发作，辞去了职位。殷仲堪去看望他，对殷觊说："堂兄的病实在值得忧虑。"殷觊说："我的病至多不过是我个人身死，你的病发作却会招致灭门大祸啊！你应当深深地爱惜保护自己，不要挂念我。"雍州刺史郗恢也不愿意一起干。殷仲堪犹疑不决。正巧王恭的信使来到，殷仲堪应诺了王恭的约定，王恭非常高兴。四月初七甲戌，王恭便上奏章陈述了王国宝的罪状，同时发动部队前去攻打他。

当初，晋孝武帝司马曜重用左仆射王珣，后来，孝武帝突然驾崩，他没有来得及接受先帝的委托做顾命大臣。王珣失去了权势，只好一言不发。四月初十丁丑，王恭的奏章送到朝中，朝廷内外十分紧张，戒备森严。司马道子问王珣道："王、殷两股地方势力发动叛乱，你知道这件事吗？"王珣说："朝廷内部政治事务的好坏得失，我都不曾参与，王、殷两个人所发动的反叛，我怎么能知道呢？"王国宝异常惶恐，不知如何是好，派了几百人到竹里去守卫，因为夜间遇到风雨大作，各自散去回家了。王绪给王国宝出主意，让他假借相王司马道子的命令，召集王珣、车胤前来，将他们杀掉，先除掉有声望的人，然后以此要挟安帝和司马道子调兵讨伐两个藩臣。王国宝同意了王绪的建议。王珣、车胤来到之后，王国宝又不敢杀害，只好再向王珣询问解决的方法。王珣说："王恭、殷仲堪与您素来没有什么深仇大恨，他们所要争的不过是一些权势利益罢了。"王国宝说："莫非要把我当成曹爽吗？"王珣说："你这是什么话呀！您哪里有曹爽那么重的罪过，王恭又哪里是宣帝司马懿那样的人呢？"王国宝又向车胤问计，车胤说："过去，桓温围困寿阳，很长时间才攻下。现在朝廷如果派兵去攻，王恭便一定会坚守。倘若京口还没有攻下，长江上游的殷仲堪又带兵突然乘虚而来，您准备怎样对付他呢？"王国宝更加恐惧，于是上了一道奏章，请求解除一切官职，前往宫门等待朝廷定罪。奏章刚送上去就后悔了，因此又谎称安帝已经下诏恢复他原来的官职。司马道子为人愚昧懦弱，只求暂时平息此事，便把一切罪过完全推到王国宝身上，并派遣骠骑谘议参军、谯王司马尚之前去逮捕王国宝，交到廷尉那里去问罪。司马尚之是司马恬的儿子。四月十九

殷仲堪虽许王恭，犹豫不敢下，闻国宝等死，乃始抗表举兵，遣杨佺期屯巴陵。道子以书止之，仲堪乃还。

会稽世子元显，年十六，有俊才，为侍中，说道子以王、殷终必为患，请潜为之备。道子乃拜元显征虏将军，以其卫府及徐州文武悉配之。

（以上为第六段，写东晋佞臣仆射王国宝、建威将军王绪收受贿赂，穷奢极欲，为非作歹，劝说权臣司马道子裁削王恭、殷仲堪兵权，结果惹火烧身，王恭起兵，司马道子求自保，让佞臣双双送了性命。）

魏王珪以军食不给，命东平公仪去邺，徙屯钜鹿，积租杨城。慕容详出步卒六千人，伺间袭魏诸屯。珪击破之，斩首五千，生擒七百人，皆纵之。

初，张掖卢水胡沮渠罗仇，匈奴沮渠王之后也，世为部帅。凉王光以罗仇为尚书，从光伐西秦。及吕延败死，罗仇弟三河太守麹粥谓罗仇曰："主上荒耄信谗，今军败将死，正其猜忌智勇之时也。吾兄弟必不见容，与其死而无名，不若勒兵向西平，出苕藋，奋臂一呼，凉州不足定也。"罗仇曰："诚如汝言。然吾家世以忠孝著于西土，宁使人负我，我不忍负人也。"光果听谗，以败军之罪杀罗仇及麹粥。罗仇弟子蒙逊，雄杰有策略，涉猎书史，以罗仇、麹粥之丧归葬。诸部多其族姻，会葬者凡万余人。蒙逊哭谓众曰："吕王昏荒无道，多杀不辜。吾之上世，虎视河西，今欲与诸部雪二父之耻，复上世之业，何如？"众咸称万岁。遂结盟起兵，攻凉临松郡，拔之，屯据金山。

司徒左长史王廞，导之孙也，以母丧居吴。王恭之讨王国宝也，版

日甲申，安帝司马德宗下令，命令王国宝自杀，把王绪绑赴街市斩首，并派使者前去面见王恭，对自己的过失表示深深的歉意。王恭于是带兵回到京口。王国宝的哥哥侍中王恺、骠骑司马王愉一起恳请辞职。司马道子因为王恺、王愉与王国宝不是同母所生，彼此的关系又历来不和，就都不予追究。四月二十一日戊子，宣布大赦。

殷仲堪虽然已经答应王恭一起声讨王国宝，但仍然犹豫，不敢带兵东下。听说王国宝等已死，才开始上书朝廷，起动大兵，派遣杨佺期去驻守巴陵。司马道子写信阻止，殷仲堪才回师。

会稽王司马道子的长子司马元显，十六岁，聪明能干。此时他在朝中担任侍中。他提醒司马道子说，王恭、殷仲堪到头来一定会成为祸患，请在暗地里做好准备。司马道子于是任命司马元显为征虏将军，把自己的卫队以及徐州的军政要员全部交给司马元显管辖。

北魏王拓跋珪因为军队中的粮食供应不足，命令东平公拓跋仪离开邺城，迁到钜鹿驻扎，并把粮食补给等聚积在杨城。慕容详派出六千步兵，等待机会乘虚袭击骚扰北魏军的几个驻地。拓跋珪击溃了慕容详，杀死了五千人，活捉了七百人，又把这些俘虏全部释放。

当初，居住在张掖的卢水匈奴部落的首领沮渠罗仇是匈奴沮渠王的后代，世世代代都当部落的首领。后凉王吕光任命沮渠罗仇为尚书，跟着吕光一起去攻打西秦。吕延战败身死后，沮渠罗仇的弟弟三河太守沮渠麹粥对沮渠罗仇说："主上吕光年老、昏庸，又常常听信谗言，这次军队失败，大将战死，正是他猜忌勇武有识的部下的时候，他一定容不得我们兄弟。与其平平庸庸死掉，不如干脆带领军队进攻西平，闯过苕藋，只要我们振臂一呼，平定凉州一带就不在话下了。"沮渠罗仇说："确实像你说的。但是我们沮渠家，世世代代都以忠孝之名被西域的人们所称颂，所以宁可让别人背叛我，我是绝对不忍心去背叛别人的。"吕光果然听信谗言，以出战失败的罪名杀掉了沮渠罗仇与沮渠麹粥。沮渠罗仇的侄儿沮渠蒙逊为人雄武过人而又身怀奇才大略，阅读过许多经史典籍。他护送沮渠罗仇与沮渠麹粥的灵柩回乡安葬，附近的许多部落都与他们有姻亲关系，参加葬礼的竟达一万多人。沮渠蒙逊哭着对这些人说："吕光昏庸无道，杀死了无辜的人。我们的祖先雄威震慑河西一带，今天我要与各部落一起为我的两位伯叔报仇雪恨，进而恢复我们祖先的大业，各位意下如何？"众人都高喊万岁。于是缔结了盟约，拉起队伍，攻占了后凉的临松郡，然后进军在金山据守。

东晋司徒左长史王廞是王导的孙子，因为母亲去世，在吴地守丧。王恭讨伐王

廞行吴国内史，使起兵于东方。廞使前吴国内史虞啸父等入吴兴、义兴召募兵众，赴者万计。未几，国宝死，恭罢兵，符廞去职，反丧服。廞以起兵之际，诛异己者颇多，势不得止，遂大怒，不承恭命，使其子泰将兵伐恭，笺于会稽王道子，称恭罪恶；道子以其笺送恭。

五月，恭遣司马刘牢之帅五千人击泰，斩之。又与廞战于曲阿，众溃，廞单骑走，不知所在。收虞啸父下廷尉，以其祖潭有功，免为庶人。

（以上为第七段，写居住张掖的卢水胡沮渠罗仇，随后凉主吕光攻打西秦，兵败被杀，其侄子沮渠蒙逊起兵报仇；东晋司徒左长史王廞起兵叛乱，攻打王恭，王恭平定了叛乱。）

燕库傉官骥入中山，与开封公详相攻。详杀骥，尽灭库傉官氏；又杀中山尹苻谟，夷其族。中山城无定主，民恐魏兵乘之，男女结盟，人自为战。

甲辰，魏王珪罢中山之围，就谷河间，督诸郡义租。甲寅，以东平公仪为骠骑大将军、都督中外诸军事、兖豫雍荆徐扬六州牧、左丞相，封卫王。

慕容详自谓能却魏兵，威德已振，乃即皇帝位，改元建始，置百官。以新平公可足浑潭为车骑大将军、尚书令，杀拓跋觚以固众心。

邺中官属劝范阳王德称尊号，会有自龙城来者，知燕主宝犹存，乃止。

凉王光遣太原公纂将兵击沮渠蒙逊于忽谷，破之。蒙逊逃入山中。

蒙逊从兄男成为凉将军，闻蒙逊起兵，亦合众数千屯乐涫。酒泉太守垒澄讨男成，兵败，澄死。

男成进攻建康，遣使说建康太守段业曰："吕氏政衰，权臣擅命，刑杀无常，人无容处。一州之地，叛者相望，瓦解之形昭然在目，百姓嗷然无所依附。府君奈何以盖世之才，欲立忠于垂亡之国！男成等既唱大义，欲屈府君抚临鄙州，使涂炭之余，蒙来苏之惠，何如？"业不从。相持二旬，外救不至，郡人高逵、史惠等劝业从男成之请。业素与凉侍

国宝的时候，曾任命他暂时代理吴国内史的官职，让他在东方起兵。王廞于是派前任吴国内史虞啸父等人到吴兴、义兴一带去招兵买马，赶来从军的人数以万计。不久，王国宝被赐自杀，王恭也停止了军事行动，便来信通知王廞可以离开任职，回家继续守丧。王廞在起兵的时候，诛杀了很多和自己意见不同的人，已经不能半途停止，于是不禁大怒，拒绝接受王恭的命令，并且派他的儿子王泰带兵前去攻打王恭，又写信给会稽王司马道子，历数王恭的罪恶。司马道子把他的信送给了王恭。

五月，王恭派司马刘牢之统领五千人迎击王泰，并把他杀了。刘牢之又与王廞在曲阿展开激战，王廞的部队溃散，王廞一个人骑马跑走，下落不明。又抓获虞啸父送到廷尉问罪，因为他的祖父虞潭过去有功，免死，被贬为平民。

后燕西河公库傉官骥进入中山，与留守在那里的开封公慕容详互相攻打，慕容详杀了库傉官骥，并把整个库傉官氏家族全部消灭。他又杀死了中山尹苻谟，屠杀了苻谟一族。中山城内没有一个主事人，居民们害怕北魏的军队乘虚攻进城来，男女老幼自愿结起盟约，各自单独作战。

五月初七甲辰，北魏王拓跋珪撤除对中山的包围，开往河间征粮，督促各郡义务献粮。十七日甲寅，拓跋珪任命东平公拓跋仪为骠骑大将军，都督中外诸军事，兖、豫、雍、荆、徐、扬六州牧，左丞相，封为卫王。

后燕将领慕容详自认为能使北魏军队撤去，他的声威与恩德已经重振，便登上了皇帝宝座，改年号为建始，设置了文武百官，任命新平公可足浑谭为车骑大将军、尚书令，杀掉了原来被扣押在中山的拓跋珪的弟弟拓跋觚，希望以此来稳定人心。

后燕邺城的文武官员力劝范阳王慕容德面南称帝，正巧有人从龙城来，众官知道后燕主慕容宝还活着，这才停止。

后凉主吕光派遣太原公吕纂带兵在忽谷进攻沮渠蒙逊，并把他打败。沮渠蒙逊逃进深山之中。

沮渠蒙逊的堂兄沮渠男成，担任后凉的将军。他听说沮渠蒙逊起兵反叛，也集合了几千名士兵进驻乐涫。酒泉太守垒澄带兵去攻打沮渠男成，兵败，垒澄战死。

沮渠男成进攻建康，派遣使者去说服建康太守段业说：“吕氏的政治势力已经衰微，掌权的官僚操纵一切，刑罚杀戮没有法度，使人们无容身之处。仅在一个州的地域上，反叛的人就接连不断，这种土崩瓦解的形势一看便知，百姓们饥饿痛苦，找不到可以依托的人。您为什么以盖绝当世的奇才，却打算向这个面临灭亡的国家尽效忠心呢？我们既然倡导大义，便打算委屈阁下出面领导安抚本州，使人们在灾

中房晷、仆射王详不平，惧不自安，乃许之。男成等推业为大都督、龙骧大将军、凉州牧、建康公，改元神玺。以男成为辅国将军，委以军国之任。蒙逊帅众归业，业以蒙逊为镇西将军。光命太原公纂将兵讨业，不克。

六月，西秦王乾归征北河州刺史彭奚念为镇卫将军；以镇西将军屋弘破光为河州牧，定州刺史翟瑥为兴晋太守，镇枹罕。

秋，七月，慕容详杀可足浑潭。详嗜酒奢淫，不恤士民，刑杀无度，所诛王公以下五百余人，群下离心。城中饥窘，详不听民出采稆，死者相枕，举城皆谋迎赵王麟。详遣辅国将军张骧帅五千余人督租于常山，麟自丁零入骧军，潜袭中山，城门不闭，执详，斩之。麟遂称尊号，听人四出采稆。人既饱，求与魏战，麟不从，稍复穷馁。魏王珪军鲁口，遣长孙肥帅骑七千袭中山，入其郛。麟追至泒水，为魏所败而还。

（以上为第八段，写后凉吕光打败沮渠蒙逊，建康太守段业又起兵反叛；后燕自称皇帝的慕容详奢侈荒淫，被反叛后燕的慕容麟潜回杀死，慕容麟又自立为帝。）

八月，丙寅朔，魏王珪徙军常山之九门。军中大疫，人畜多死，将士皆思归。珪问疫于诸将，对曰："在者才什四五。"珪曰："此固天命，将若之何！四海之民，皆可为国，在吾所以御之耳，何患无民！"群臣乃不敢言。遣抚军大将军略阳公遵袭中山，入其郛而还。

燕以辽西王农为都督中外诸军事、大司马、录尚书事。

凉散骑常侍、太常西平郭黁，善天文数术，国人信重之。会荧惑守东井，黁谓仆射王详曰："凉之分野，将有大兵。主上老病，太子暗弱，太原公凶悍，一旦不讳，祸乱必起。吾二人久居内要，彼常切齿，将为

难和不幸的缝隙之间，能够得到恢复生机的好处，你看怎么样？”段业不听从他的劝告。两方相持了二十天左右，外面的救援没有赶来，建康本郡的居民高逵、史惠等人劝说段业接受沮渠男成的建议。段业历来与后凉侍中房晷、仆射王详不融洽，经常恐惧不安，于是，他同意了沮渠男成的请求。沮渠男成等人公推段业为大都督、龙骧大将军、凉州牧、建康公，改年号为神玺。段业任命沮渠男成为辅国将军，把国家军政大权全部交给他掌管。沮渠蒙逊听说这个消息之后，也带着自己的部众来归附段业。段业任命沮渠蒙逊为镇西将军。吕光命令太原公吕纂带领部队攻打段业，没有攻下。

六月，西秦王乞伏乾归征召北河州刺史彭奚念为镇卫将军，任命镇西将军屋弘破光为河州牧，定州刺史翟瑥为兴晋太守，镇守枹罕。

秋季，七月，慕容详杀掉了车骑大将军可足浑谭。慕容详嗜酒如命，又奢侈荒淫，从来也不体恤士人、百姓，施刑屠杀没有法度，被他诛杀的自王公以下的人有五百多，以致各级僚属和下层军民都有离心。城中发生饥荒，慕容详不允许人们出城去采集野草和野生的粮食，因此，饿死的人尸横遍野，全城上下的人们都在希望设法把赵王慕容麟迎请回来。慕容详派遣辅国将军张骧率领五千多人前去常山督促人们缴纳粮租，慕容麟从丁零部落那里潜入张骧军中，偷袭中山，城门没有关闭，慕容麟抓住慕容详，杀了他。慕容麟自己做了皇帝，准许人们出城到四处去采集可吃的东西。军民能够吃饱之后，便又提出要求与北魏军队决战，慕容麟却没有同意，不久，城中再次发生饥荒。北魏王拓跋珪驻扎在鲁口，派遣长孙肥率领骑兵七千人进攻中山，并且攻进了外城。慕容麟发动反击。把北魏军追击到了泒水，却被北魏军队打败，回到中山。

八月初一丙寅朔，北魏王拓跋珪迁到常山的九门驻扎。忽然军营流行严重瘟疫，人和牲畜都死了很多，将士们都想着回家。拓跋珪向手下的各位将领询问瘟疫的蔓延与治疗情况，将领们回答说：“活着的只占十分之四五。”拓跋珪说：“这本来是天命，我们有什么办法！四海之内的所有居民，都可以成为我们国家的一部分，只不过是要看我统治、驾驭他们的方法罢了，何必担忧我们没有百姓呢？”大臣们不敢再多说话。拓跋珪派抚军大将军略阳公拓跋遵进攻中山，攻进了中山的外城之后便撤回去了。

后燕任命辽西王慕容农为都督中外诸军事、大司马、录尚书事。

后凉散骑常侍、太常、西平人郭麐，擅长观测天文和数术，国中的人们都很相信他。正巧赶上火星侵占井宿，郭麐对仆射王详说：“凉州一带，将要发生大的战争。现在主上年老多病，太子又愚昧软弱，太原公吕纂凶暴骄悍，一旦主上去世，

诛首矣。田胡王乞基部落最强，二苑之人，多其旧众。吾欲与公举大事，推乞基为主，二苑之众，尽我有也。得城之后，徐更议之。”详从之。麐夜以二苑之众烧洪范门，使详为内应；事泄，详被诛，麐遂据东苑以叛。民间皆言圣人举兵，事无不成，从之者甚众。

凉王光召太原公纂使讨麐。纂将还，诸将皆曰：“段业必蹑军后，宜潜师夜发。”纂曰：“业无雄才，凭城自守；若潜师夜去，适足张其气势耳。“乃遣使告业曰：“郭麐作乱，吾今还都；卿能决者，可早出战。”于是引还。业不敢出。

纂司马杨统谓其从兄桓曰：“郭麐举事，必不虚发。吾欲杀纂，推兄为主，西袭吕弘，据张掖，号令诸郡，此千载一时也。”桓怒曰：“吾为吕氏臣，安享其禄，危不能救，岂可复增其难乎！吕氏若亡，吾为弘演矣！”统至番禾，遂叛归麐。弘，纂之弟也。

纂与西安太守石元良共击麐，大破之，乃得入姑臧。麐得光孙八人于东苑，及败而恚，悉投于锋上，枝分节解，饮其血以盟众，众皆掩目。

凉人张捷、宋生等招集戎、夏三千人，反于休屠城。与麐共推凉后将军杨轨为盟主。轨，略阳氐也。将军程肇谏曰：“卿弃龙头而从蛇尾，非计也。”轨不从，自称大将军、凉州牧、西平公。

纂击破麐将王斐于城西，麐兵势渐衰，遣使请救于秃发乌孤。九月，乌孤使其弟骠骑将军利鹿孤帅骑五千赴之。

（以上为第九段，写后凉的内乱，太常郭麐擅长天文，借助天象起兵反叛，被太原公吕纂率军打败；凉州人张捷、宋生又起兵造反，推举后凉将领杨轨为盟主。）

祸乱便一定会发生。我们两个人长期身居朝廷要职，太原公一直咬牙切齿地痛恨我们，到那时我们一定会成为他所要诛杀的首要对象。田胡部落的首领王乞基的力量最强大，都城姑臧东苑、西苑的人大多是他们的旧属部众。我打算和你一起发动一个大事，拥推王乞基为我们的首领，居住在两苑里的人，都会为我们所拥有。攻占城池之后，再慢慢商议其他的事情。”王详听从了他的话。郭馨当夜便派两苑的人火烧洪范门，并且让王详作为内应。不料事情败露，王详被杀。郭馨便占据了东苑城公开反叛。民间都流传说，像郭馨那样的圣人带领部队战斗，事情没有不成功的，所以，跟从他的人很多。

后凉王吕光连忙征召太原公吕纂围剿郭馨。吕纂将要回去，各位将领都说：“段业一定会跟在我军的背后追打，我们应该在夜间秘密撤退。”吕纂说：“段业没有雄才大略，只能凭借城池的险要保全自己。如果我们在夜间偷偷撤军，恰恰长了敌人的志气。”于是，他派遣一个使者去告诉段业说：“郭馨发动了叛乱，我现要就要回都城去，你如果有胆量能来决一死战，那么可以尽早出战。”于是，撤军回去，段业没敢出来。

吕纂的司马杨统对他的堂兄杨桓说：“郭馨领兵起事，一定不会凭空地盲目作战，我想杀掉吕纂，推举您为首领，向西袭击吕弘，占据张掖，向其他几个郡发号施令。这真是千载难逢的好机会！”杨桓大怒说：“我作为吕氏的臣子，在平安的时候享受他们给我的荣禄，在危急的时候不能去解救，怎么能再增加他们的困难呢？吕氏如果灭亡，我甘愿做春秋时忠君而死的弘演！”杨统到了番禾县，反叛归附了郭馨。吕弘是吕纂的弟弟。

吕纂和西安太守石元良合击郭馨，把他打得大败，才得以进入都城姑臧。郭馨在东苑城抓获了吕光的八个孙子，被吕纂击败之后恼羞成怒，把这八个孩子全部投掷到兵刃的锋口之上，并把他们的尸体一肢一节地分解开来，喝掉了他们的鲜血，用来和大家对天盟誓。其状极其惨烈，他手下的人都蒙住双眼，不忍观看。

凉州人张捷、宋生等召集戎族和汉族三千人，在休屠城造反。他们与郭馨一起推举后凉后将军杨轨为盟主。杨轨是略阳的氐人。将军程肇劝阻杨轨说：“您抛弃了龙头而去追随蛇尾，不是上策。”杨轨没有接受他的劝告，自称为大将军、凉州牧、西平公。

吕纂在城西又打败了郭馨的部将王斐。郭馨的军队势力渐渐衰微，派遣使者到秃发乌孤那里去求救。九月，秃发乌孤派他的弟弟骠骑将军秃发利鹿孤率领五千骑兵赶去救援。

秦太后蛇氏卒。秦主兴哀毁过礼，不亲庶政。群臣请依汉、魏故事，既葬即吉。尚书郎李嵩上疏曰："孝治天下，先王之高事也。宜遵圣性以光道训，既葬之后，素服临朝。"尹纬驳曰："嵩矫常越礼，请付有司论罪。"兴曰："嵩忠臣孝子，有何罪乎！其一从嵩议。"

鲜卑薛勃叛秦，秦主兴自将讨之。勃败，奔没弈干，没弈干执送之。

秦泫氏男姚买得谋弑秦主兴，不克而死。

秦主兴入寇湖城，弘农太守陶仲山、华山太守董迈皆降之，遂至陕城，进寇上洛，拔之。遣姚崇寇洛阳，河南太守夏侯宗之固守金墉，崇攻之不克，乃徙流民二万余户而还。

武都氐屠飞、啖铁等据方山以叛秦，兴遣姚绍等讨之，斩飞、铁。

兴勤于政事，延纳善言，京兆杜瑾等皆以论事得显拔，天水姜龛等以儒学见尊礼，给事黄门侍郎古成诜等以文章参机密。诜刚介雅正，以风教为己任。京兆韦高慕阮籍之为人，居母丧，弹琴饮酒。诜闻之而泣，持剑求高，欲杀之，高惧而逃匿。

（以上为第十段，写后秦国事。后秦太后蛇氏去世，姚兴过度哀毁；出兵攻打东晋湖城，太守投降；姚兴对于军国大事非常勤勉，善于接受不同意见，重用贤才治国。）

中山饥甚，慕容麟帅二万余人出据新市。甲子晦，魏王珪进军攻之。太史令晁崇曰："不吉。昔纣以甲子亡，谓之疾日，兵家忌之。"珪曰："纣以甲子亡，周武不以甲子兴乎？"崇无以对。冬，十月，丙寅，麟退阻泒水。甲戌，珪与麟战于义台，大破之，斩首九千余级，麟与数十骑驰取妻子入西山，遂奔邺。

甲申，魏克中山，燕公卿、尚书、将吏、士卒降者二万余人。张骧、李沈先尝降魏，复亡去，珪入城，皆赦之。得燕玺绶、图书、府库珍宝

后秦太后蛇氏去世。后秦主姚兴哀痛过度，不能正常地处理国家的日常事务。众大臣请求依据汉朝与曹魏处理这类事的旧规矩，安葬之后便不再继续守丧。尚书郎李嵩上书说："用孝道来治理天下是先王们的最高准则。应该遵守圣主的天性，来发扬光大道德的训诫。太后安葬之后，皇上应该穿着孝服来主持朝政。"尚书左仆射尹纬反驳说："李嵩违反常规，冒犯礼法，请把他交付有关部门判定罪罚。"姚兴说："李嵩在国是忠臣，在家是孝子，有什么罪呀！这件事就完全按照李嵩的建议办理吧！"

后秦所属的鲜卑部落首领薛勃叛变，后秦主姚兴亲自带兵去攻打他，薛勃战败，去投奔没弈干，没弈干把他抓住后送回后秦。

后秦泫氏男姚买得阴谋杀害后秦主姚兴，没有成功而被杀死。

后秦主姚兴率军攻打东晋的湖城，东晋弘农太守陶仲山、华山太守董迈都投降了他。后秦军队便很快抵达陕城，进犯并攻下了上洛。姚兴又派遣姚崇进攻洛阳，河南太守夏侯宗之坚守在金墉，姚崇进攻而没有攻下，便裹胁迁移二万多户流民撤回。

武都氐人屠飞、啖铁等人占据了方山背叛后秦。后秦主姚兴派姚绍等人前去攻打，斩杀了屠飞和啖铁。

后秦主姚兴对于国家的军政大事非常勤勉努力，并且善于接受采纳、征求一些好的意见，京兆人杜瑾等人因为经常议论国事而得到荣升提拔，天水人姜龛等人因为精通儒家学说而受到尊重和礼敬，给事黄门侍郎古成诜等人因为文章写得好而参与朝廷的机要。古成诜为人刚直耿介、高雅正派，以维护道德、风尚作为自己的责任。京兆人韦高仰慕阮籍的为人，母亲去世后的守丧期间，一边弹琴，一边饮酒。古成诜听说这件事之后，潸然流泪，提着佩剑去找韦高，准备杀了他。韦高非常害怕，逃走之后躲了起来。

中山城里的饥荒越来越严重，慕容麟带领二万多人出城据守新市。九月二十九日甲子晦，北魏王拓跋珪指挥军队进攻慕容麟。太史令晁崇说："今天很不吉利。过去纣王就是在甲子这天灭亡的，因此人们都把这天叫疾日，用兵的人都忌讳这一天。"拓跋珪说："纣王在甲子这天死，周武王不是在甲子这天兴起吗？"晁崇没有什么话可以回答。冬季，十月初二丙寅，慕容麟撤退到泒水去据守。初十甲戌，拓跋珪与慕容麟在义台展开激战，后燕军被打得落花流水，有九千多人被杀，慕容麟与几十个骑兵跑过去救出自己的妻子儿女逃进西山，随后又逃奔邺城。

十月二十日甲申，北魏军队攻克中山，后燕的王公贵族、文武官吏以及士卒等投降的有两万多人。张骧、李沈以前曾经投降过北魏，后来又再次逃走，北魏主拓

以万数，班赏群臣将士有差。追谥弟觚为秦愍王；发慕容详冢，斩其尸；收杀觚者高霸、程同，皆夷五族，以大刃剉之。

丁亥，遣三万骑就卫王仪，将攻邺。

秦长水校尉姚珍奔西秦，西秦王乾归以女妻之。

河南鲜卑吐秣等十二部大人，皆附于秃发乌孤。

燕人有自中山至龙城者，言拓跋涉珪衰弱，司徒德完守邺城。会德表至，劝燕主宝南还，宝于是大简士马，将复取中原。遣鸿胪鲁邃册拜德为丞相、冀州牧，南夏公侯牧守皆听承制封拜。十一月，癸丑，燕大赦。十二月，调兵悉集，戒严在顿，遣将军启仑南视形势。

乙亥，慕容麟至邺，复称赵王，说范阳王德曰：“魏既克中山，将乘胜攻邺，邺中虽有蓄积，然城大难固，且人心恇惧，不可守也。不如南趣滑台，阻河以待魏，伺衅而动，河北庶可复也。”时鲁阳王和镇滑台，和，垂之弟子也，亦遣使迎德，德许之。

（以上为第十一段，写北魏主拓跋珪讨伐后燕叛臣慕容麟，慕容麟被打败，逃入深山，又投奔邺城；慕容德上书，劝说慕容宝南下邺城，慕容宝集结军队，准备南下。）

跋珪进城后，全部赦免了他们。北魏兵所缴获的后燕的御玺印绶、图书典籍以及藏在府库中的奇珍异宝，都数以万计。北魏论功奖赏文武百官以及将帅士兵等有功人员。追谥拓跋珪的弟弟拓跋觚为秦愍王，掘开慕容详的坟墓，斩下尸首上头颅，抓住了杀害拓跋觚的主谋高霸、程同，把他们二人的五族亲属全部杀掉，并且用大刀一个个剁成肉块。

十月二十三日丁亥，北魏王拓跋珪又派遣三万骑兵到卫王拓跋仪那里去增援，准备进攻邺城。

后秦长水校尉姚珍投奔西秦，西秦主乞伏乾归把女儿嫁给他。

河南鲜卑人吐秣等十二个部落的首领，全部归附于秃发乌孤。

后燕有从中山跑到龙城的人，说拓跋珪的力量已经衰微薄弱，司徒慕容德完好地坚守着邺城。正好此时有慕容德的一道奏书送到，说服后燕主慕容宝回到南边，慕容宝大量遴选、征集士卒和兵马，准备重新夺取中原。他派遣鸿胪鲁邃在邺城任命慕容德为丞相、冀州牧，南部各公侯官吏都由慕容德全权任命。

十一月十九日癸丑，后燕实行大赦。十二月，调派的部队全部集结完毕，整装待发。慕容宝先派将军启仑南下，去观察形势。十二月十二日乙亥，慕容麟来到邺城，恢复自己赵王的称号，向范阳王慕容德游说道："魏国既然已经攻克了中山，就一定会乘胜来攻打邺城。邺城中虽然有一些储备，但是城池太大，很难固守，况且人心又慌乱恐惧，不可能守住。不如向南进军滑台，依靠黄河天险加强防守来对付魏国，等待时机再采取行动。那样，黄河以北或许可以收复。"这时后燕鲁阳王慕容和正在镇守滑台。慕容和是慕容垂的侄儿，他也正好派遣使者前来迎接慕容德。慕容德答应了去滑台的请求。

【点评】

后燕败亡。本卷记事一年，着重写后燕的迅速衰亡。究其缘由，在四面有敌的乱世，一旦昏庸之主当政，无御敌之才，其国必然迅速衰落，以致灭亡，后燕是也。

慕容垂中兴燕国，建立后燕，不失为是一个英明之主。他感念前妻段氏冤死救己之恩，立其子慕容宝为继嗣，无可非议。由于段氏所生长子慕容令已死，只留下次子慕容宝，在无嫡立长的礼制上，慕容宝也应当是继承人，所以慕容垂立慕容宝为嗣也无可非议。但在乱世之中，四邻为敌的背景下，慕容宝无治国御敌之才，慕容垂应当看得出来，有识之士也劝说提示，无奈慕容垂有妇人之仁，最终立嗣失误。慕容宝继位，若在太平之世，慕容宝还不至于失国。因是乱世，慕容宝无才还固步自封，自以为是，是非不明，忠奸不分，两次大战的失败，导致后燕元气大伤，一蹶不振，迅速败亡。

慕容垂晚年灭掉西燕，后燕势力达于鼎盛。慕容垂再想灭掉北魏，为儿子们消除后患，他想让太子慕容宝立下战功，以服众人，就让慕容宝率领精兵强将攻打北魏，结果慕容宝在后退中疏于防守，在参合陂被打得大败，几乎全军覆没，被北魏坑埋了5万投降的士兵。从战争过程来看，此战之败，完全是慕容宝不听别人劝说，指挥失误所导致。这一战役，后燕实力大损。第二次，是北魏围困后燕都城中山后内部出现变乱，欲与后燕媾和，慕容宝不接受北魏使者的求和，率大军夜袭北魏军营失利，燕军士气不振，慕容宝引军无功而返，北魏军又趁机追击，再加上天气恶劣，风猛雪大，他命令将士扔掉武器，空手而逃。两次的惨败，都是慕容宝指挥不当所致，这也说明他庸碌无能，把后燕推进了灭亡的深渊。

最后，慕容宝首鼠两端，进退失据，成为葬送后燕的元凶。北魏大军攻打后燕，气势汹汹，一路势如破竹。而后燕主慕容宝显然不是合格的指挥者。在北魏围困都城中山时，北魏内部也出现了几次裂痕，后燕完全有可能出兵攻打而重创北魏军。城中将士都想出战，高阳王慕容隆几次劝说出兵，甚至说得声泪俱下，慕容宝一度也同意出兵，可在慕容麟的劝说下，慕容宝又按兵不动，丧失了大好时机。具有讽刺意义的是，慕容宝事事听从慕容麟，而慕容麟则反叛自立为帝。后来，慕容宝弃中山不管，将领们都劝其坚守，等待机会，但他还是一跑了之。就是这样，慕容宝进退随心，错失良机，致使后燕顷刻败亡。

资治通鉴（文白对照本） 卷第一百一十

晋纪三十二

晋安帝隆安二年（398 年）

【著雍阉茂（戊戌，398 年），凡一年】

【大事提要】

本卷记事公元 398 年，凡一年，时当晋安帝（司马德宗）隆安二年。本卷所载大事，主要有五个方面。其一，后燕分裂为两个政权。范阳王慕容德在滑台自称燕王，建立南燕。后燕主慕容宝在政治动乱中被顿丘王兰汗杀死。慕容宝之子长乐王慕容盛侥幸不死，寻机刺杀兰汗称帝，改元建平。其二，慕容盛称帝。长乐王慕容盛是后燕主慕容宝的长子。慕容宝死后，慕容盛得以不死，被兰汗封为侍中，慕容盛乘机离间兰汗、兰堤、兰加难三兄弟，派遣慕容奇聚众讨伐兰汗。后兰汗父子庆功而喝醉，慕容盛趁机杀死兰汗，于是行使皇帝权力，改年号建平。其三，拓跋珪称帝。公元 386 年，16 岁的拓跋珪趁乱重兴代国，即位称代王。又在当年定国号为魏，是为北魏，建元登国。公元 398 年，拓跋珪将国都从盛乐迁到平城，营建宫殿、宗庙、社稷，即皇帝位，改元天兴。他积极扩张疆土，励精图治，使北魏兴盛强大。其四，王恭兵谏。东晋外戚王恭官至前将军、青兖二州刺史，曾先后两度起兵攻打朋奸，但在第二次起兵时因刘牢之叛变而兵败，后被捕并被处死，死前仍坚持自己起兵的出发点是忠于朝廷。死后家无余资，为时人所惜。桓玄执政，追赠为侍中、太保，谥曰忠简。其五，河西鲜卑秃发乌孤称王。

【原文】

安皇帝乙

隆安二年（戊戌，398 年）

春，正月，燕范阳王德自邺帅户四万南徙滑台。魏卫王仪入邺，收其仓库，追德至河，弗及。

赵王麟上尊号于德，德用兄垂故事，称燕王，改永康三年为元年，以统府行帝制，置百官。以赵王麟为司空、领尚书令，慕容法为中军将军，慕舆拔为尚书左仆射，丁通为右仆射。麟复谋反，德杀之。

庚子，魏王珪自中山南巡至高邑，得王永之子宪，喜曰："王景略之孙也。"以为本州中正，领选曹事，兼掌门下。至邺，置行台，以龙骧将军日南公和跋为尚书，与左丞贾彝帅吏兵五千人镇邺。

珪自邺还中山，将北归，发卒万人治直道，自望都凿恒岭至代五百余里。珪恐已既去，山东有变，复置行台于中山，命卫王仪镇之；以抚军大将军略阳公遵为尚书左仆射，镇勃海之合口。

右将军尹国督租于冀州，闻珪将北还，谋袭信都；安南将军长孙嵩执国，斩之。

燕启伦还至龙城，言中山已陷，燕主宝命罢兵。辽西王农言于宝曰："今迁都尚新，未可南征，宜因成师袭库莫奚，取其牛马以充军资，更审虚实，俟明年而议之。"宝从之。

己未，北行。庚申，渡浇洛水，会南燕王德遣侍郎李延诣宝，言："涉圭西上，中国空虚。"延追宝及之，宝大喜，即日引还。

辛酉，魏王珪发中山，徙山东六州吏民杂夷十余万口以实代。博陵、勃海、章武群盗并起，略阳公遵等讨平之。

广川太守贺赖卢，性豪健，耻居冀州刺史王辅之下，袭辅，杀之，

【语译】

安皇帝乙

晋安帝隆安二年（戊戌，398年）

春季，正月，后燕范阳王慕容德统率四万户从邺城向南迁移到滑台驻守。北魏卫王拓跋仪进入邺城，收缴了后燕在那里的仓库，又追击慕容德到黄河，没有追上。

后燕赵王慕容麟领头向慕容德奉上尊号，推举他称帝，慕容德仿效他哥哥慕容垂过去的做法，称自己为燕王，把后燕永康三年改为燕王元年，把原来范阳王府的建制改变为帝王建制，设置了文武百官。慕容德任命赵王慕容麟为司空、领尚书令，慕容法为中军将军，慕舆拔为尚书左仆射，丁通为右仆射。慕容麟再一次阴谋反叛，慕容德把他杀了。

正月初七庚子，北魏王拓跋珪从中山出发向南巡视，来到高邑，寻访到原来前秦左丞相王永的儿子王宪，非常高兴地说："你是王猛的孙子！"于是马上任命他做本州的中正，兼选曹事，主持门下事务。拓跋珪来到邺城，在那里设置了行台，任命龙骧将军日南公和跋为尚书，与左丞贾彝统率官兵五千人镇守邺城。

拓跋珪从邺城回到中山，将要回到北方，调拨士兵一万人开辟一条直达的大道，从望都起开凿恒岭，一直到代郡，全长达五百多里。拓跋珪担心自己回去之后，山东一带又会发生变乱，因此又在中山设置了一座行台，命令卫王拓跋仪在这里镇守，又任命抚军大将略阳公拓跋遵为尚书左仆射，镇守勃海的合口。

右将军尹国在冀州一带监督人民缴纳粮租，听到拓跋珪将要北返，准备袭击信都。北魏安南将军长孙嵩抓获尹国，并把他斩首。

后燕启伦回到龙城，说中山已经被攻陷，后燕主慕容宝命令部队停止行动。辽西王慕容农对慕容宝说："现在从中山迁回龙城，时间还太短，千万不可发动大军向南出征，应该利用已经准备好的部队进攻库莫奚部落，夺取他们的牛马来充实我们的军备物资，然后再了解情况，等到明年再来商议出兵南征的事。"慕容宝听从了他的劝告。

正月二十六日己未，后燕主慕容宝调动部队向北进发。二十七日庚申，渡过浇洛水，正好南燕王慕容德派遣侍郎李延拜见慕容宝，追到这里说："拓跋珪取路向西，中部地区非常空虚。"慕容宝闻听此言，大喜，当天就带着大军回去了。

正月二十八日辛酉，北魏王拓跋珪从中山出发，迁移原在山东居住的六州居民、官吏以及一些杂居的夷人等十多万，充实代郡的人口。博陵、勃海、章武等地的成群盗匪纷纷起事，略阳公拓跋遵等人将他们攻打平定。

广川太守贺赖卢，性情豪放强健，认为自己屈居在冀州刺史王辅之下是莫大的

驱勒守兵，掠阳平、顿丘诸郡，南渡河，奔南燕。南燕王德以赖卢为并州刺史，封广宁王。

西秦王乾归遣乞伏益州攻凉支阳、鹯武、允吾三城，克之，虏万余人而去。

燕主宝还龙城宫，诏诸军就顿，不听罢散，文武将士皆以家属随驾。辽西王农、长乐王盛切谏，以为兵疲力弱，魏新得志，未可与敌，宜且养兵观衅。宝将从之，抚军将军慕舆腾曰："百姓可与乐成，难与图始。今师众已集，宜独决圣心，乘机进取，不宜广采异同以沮大计。"宝乃曰："吾计决矣，敢谏者斩！"二月，乙亥，宝出就顿，留盛统后事。己卯，燕军发龙城，慕舆腾为前军，司空农为中军，宝为后军，相去各一顿，连营百里。

壬午，宝至乙连，长上段速骨、宋赤眉等因众心之惮征役，遂作乱。速骨等皆高阳王隆旧队，共逼隆子高阳王崇为主，杀乐浪威王宙、中牟熙公段谊及宗室诸王。河间王熙素与崇善，崇拥佑之，故独得免。燕主宝将十余骑奔司空农营，农将出迎，左右抱其腰，止之曰："宜小清澄，不可便出。"农引刀将斫之，遂出见宝，又驰信追慕舆腾。癸未，宝、农引兵还趣大营，讨速骨等。农营兵亦厌征役，皆弃仗走，腾营亦溃。宝、农奔还龙城。长乐王盛闻乱，引兵出迎，宝、农仅而得免。

（以上为第一段，写后燕范阳王慕容德从邺城移镇滑台，建立南燕；北魏主拓跋珪攻下中山，料理好善后事宜，返回北方；后燕主慕容宝举兵南下，发生兵变，退回龙城。）

会稽王道子忌王、殷之逼，以谯王尚之及弟休之有才略，引为腹心。尚之说道子曰："今方镇强盛，宰相权轻，宜密树腹心于外以自藩卫。"道子从之，以其司马王愉为江州刺史，都督江州及豫州之四郡军事，用为形援，日夜与尚之谋议，以伺四方之隙。

耻辱，于是袭击王辅，并把他杀了，然后驱使勒逼冀州守兵，一路洗掠阳平、顿丘各郡，向南渡过黄河，投奔了南燕。南燕王慕容德任命贺赖卢为并州刺史，封为广宁王。

西秦主乞伏乾归派遣乞伏益州进攻后凉的支阳、鹯武、允吾三座城池，全部攻下，俘虏了一万多人而离去。

后燕主慕容宝回到龙城寝宫，下令各路大军回到兵营集结，不许解散，文武官员和将士全部携带家属跟随御驾。辽西王慕容农、长乐王慕容盛再三恳切劝阻，觉得国家军队疲惫、力量薄弱，而北魏则刚刚获得胜利，万万不可与它对敌；应该暂且修整军队静观时机。慕容宝刚要接受他们的劝谏，抚军将军慕舆腾说："老百姓是只可以与他们享受成功后的快慰，很难和我们一起图谋大业的创始。现在各路大军的士兵已经集结完毕，您应该独自下定决心，把握住机会，努力进取，不应该广泛听取相同或者不同的意见，阻碍国家大计的施行。"慕容宝于是说："我的计划已经决定，再有人胆敢劝阻，格杀勿论。"二月十三日乙亥，慕容宝离开皇宫，进驻兵营，留下慕容盛统管后事。十七日己卯，后燕军从龙城出发，慕舆腾为前锋，司空慕容农为中军，慕容宝亲自殿后，各军之间相距三十里，全军的兵营前后相连，绵延一百多里。

二月二十日壬午，慕容宝军到乙连，长上官段速骨、宋赤眉等人因为许多人心中都害怕征战徭役，于是发动叛乱。段速骨等人都是高阳王慕容隆的老部下，一起强逼慕容隆的儿子高阳王慕容崇做他们的盟主，杀掉了乐浪威王慕容宙、中牟熙公段谊以及其他一些宗室亲王。河间王慕容熙平素与慕容崇关系很好，在慕容崇的保护之下，他才幸免于难。后燕主慕容宝仅带着十几个骑兵逃奔到司空慕容农的大营，慕容农刚要出营去迎接，他左右的侍臣拦腰死死将他抱住，制止他说："应该等待事态明了一点再出去，现在不可以随便出去。"慕容农拔出佩刀要砍他们，于是出营迎见慕容宝，又赶紧写信让人火速给慕舆腾送去。二月二十一日癸未，慕容宝、慕容农率兵回击兵变的大营，讨伐段速骨等人。慕容农手下的士兵也厌倦征伐打仗，都扔下武器纷纷逃走。慕舆腾的大营也溃乱了。慕容宝与慕容农逃回龙城。长乐王慕容盛听说发生叛乱，赶忙出城迎接，慕容宝与慕容农才得免一死。

东晋会稽王司马道子忌恨王恭、殷仲堪对他形成的威逼，认为谯王司马尚之和他的弟弟司马休之有雄才大略，便把他们二人当作心腹。司马尚之劝司马道子说："现在的局面是在外方镇守的封疆大吏势力强盛，在朝中的宰相权力反倒很微弱，您应该在外地的要职上安排心腹之人，以便为自己设置屏障和护卫势力。"司马道子依从了他的计策，任命其司马王愉为江州刺史，都督江州及豫州的四郡军事，以此作

魏王珪如繁畤宫，给新徙民田及牛。

珪畋于白登山，见熊将数子，谓冠军将军于栗磾曰："卿名勇健，能搏此乎？"对曰："兽贱人贵，若搏而不胜，岂不虚毙一壮士乎！"乃驱致珪前，尽射而获之。珪顾谢之。

秀容川酋长尔朱羽健从珪攻晋阳、中山有功，拜散骑常侍，环其所居，割地三百里以封之。

柔然数侵魏边，尚书中兵郎李先请击之。珪从之，大破柔然而还。

杨轨以其司马郭纬为西平相，帅步骑二万北赴郭麐。秃发乌孤遣其弟车骑将军傉檀帅骑一万助轨。轨至姑臧，营于城北。

（以上为第二段，写东晋会稽王司马道子忌讳王恭、殷仲堪的威逼，引谯王司马尚之、司马休之为心腹；北魏主拓跋珪回到都城，给新迁移的百姓分发田地、耕牛。）

燕尚书顿丘王兰汗阴与段速骨等通谋，引兵营龙城之东，城中留守兵至少，长乐王盛徙内近城之民，得丁夫万余，乘城以御之。速骨等同谋才百余人，余皆为所驱胁，莫有斗志。

三月，甲午，速骨等将攻城，辽西桓烈王农恐不能守，且为兰汗所诱，夜，潜出赴之，冀以自全。明旦，速骨等攻城，城上拒战甚力，速骨之众死者以百数。速骨乃将农循城，农素有忠节威名，城中之众恃以为强，忽见在城下，无不惊愕丧气，遂皆逃溃。速骨入城，纵兵杀掠，死者狼籍。宝、盛与慕舆腾、余崇、张真、李旱、赵恩等轻骑南走。速骨幽农于殿内。长上阿交罗，速骨之谋主也，以高阳王崇幼弱，更欲立农。崇亲信𩐊让、出力犍等闻之，丁酉，杀罗及农。速骨即为之诛让等。农故吏左卫将军宇文拔亡奔辽西。

庚子，兰汗袭击速骨，并其党尽杀之。废崇，奉太子策，承制大赦，

为自己的呼应和援手。他从早到晚地与司马尚之谋划商量，等待四方出现什么空隙和机会。

北魏王拓跋珪回到繁畤宫，给那些新迁移来的百姓分发田地及耕牛。

拓跋珪在白登山打猎，看见一只熊带着几个小熊崽儿，便对冠军将军于栗磾说："你以勇猛劲健著名，能捉住它们吗？"于栗磾回答说："兽贱人贵，我如果和它们对搏，而不能取胜，岂不是白白地葬送了一个壮士吗？"于是他把几只熊全部驱赶到拓跋珪的面前，又将它们全部射倒并且抓获。拓跋珪回望于栗磾，表示歉意。

北魏秀容川部落酋长尔朱羽健，随同拓跋珪攻取晋阳、中山有功，被任命为散骑常侍。围绕着他所居住的地方，封给他方圆三百里的一块地域。

柔然部落几次侵犯北魏边境，尚书中兵郎李先请求攻击他们，拓跋珪批准了他的请求。李先带兵将柔然部落打得大败，然后回师。

杨轨任命他的司马郭纬为西平相，并率领步、骑兵二万人向北开进，增援郭麐。秃发乌孤派他的弟弟车骑将军秃发傉檀带领骑兵一万人帮助杨轨。杨轨的部队抵达姑臧，在城北扎下大营。

后燕尚书、顿丘王兰汗暗地里与段速骨等人沟通联系，带兵驻扎在龙城的东面。龙城之内留守的兵力非常少，长乐王慕容盛便把城池附近的居民迁到城中，一共遴选出壮丁一万多人，让他们登上城墙，抵御叛军的攻打。段速骨的同谋只有一百多人，其他大部分都是被驱使胁迫而来的，丝毫没有斗志。

三月初二甲午，段速骨等人即将攻城，辽西桓烈王慕容农恐怕城池守不住，同时又被兰汗等人劝诱，当夜私自出城投奔段速骨，希望以此保全自己的性命。第二天早晨，段速骨带兵攻城，但城上的抵抗非常顽强，段速骨一方死了几百人。段速骨于是便挟持慕容农围绕城池巡游一周。慕容农历来有诚实忠君、守节不屈的威名，城中那些人正是仗恃着他的威仪才拼死作战，忽然看见他在城下，没有人不惊愕丧气，于是士兵们都四散溃逃。段速骨进入龙城，放任他的部队烧杀抢掠，死人尸首横陈遍地。慕容宝、慕容盛与慕舆腾、余崇、张真、李旱、赵恩等人轻装简从，骑马向南逃走。段速骨把慕容农幽禁在殿内，长上官阿交罗是段速骨的主要智囊，他觉得高阳王慕容崇年小体弱，所以打算另行拥立慕容农作首领。慕容崇的亲信鱍让、出力犍等人听到了这个消息，三月初五丁酉，杀死了阿交罗与慕容农。段速骨因此立即杀了鱍让等人。慕容农原来的部下左卫将军宇文拔逃出，投奔辽西。

三月初八庚子，兰汗发动大军袭击段速骨，连同他的党羽，全部杀掉。然后废

遣使迎宝，及于蓟城。宝欲还，长乐王盛等皆曰："汗之忠诈未可知，今单骑赴之，万一汗有异志，悔之无及。不如南就范阳王，合众以取冀州。若其不捷，收南方之众，徐归龙都，亦未晚也。"宝从之。

离石胡帅呼延铁、西河胡帅张崇等不乐徙代，聚众叛魏，魏安远将军庾岳讨平之。

魏王珪召卫王仪入辅，以略阳公遵代镇中山。夏，四月，壬戌，以征虏将军穆崇为太尉，安南将军长孙嵩为司徒。

（以上为第三段，写后燕一片混乱，段速骨等发动政变，攻打龙城，久经沙场的老将慕容农也投奔过去，后燕主慕容宝仓皇出逃；顿丘王兰汗又杀掉段速骨，奉立慕容策，代行皇帝权力。）

燕主宝从间道过邺，邺人请留，宝不许。南至黎阳，伏于河西，遣中黄门令赵思告北地王钟曰："上以二月得丞相表，即时南征，至乙连，会长上作乱，失据来此。王亟白丞相奉迎！"钟，德之从弟也，首劝德称尊号，闻而恶之，执思付狱，以状白南燕王德。德谓群下曰："卿等以社稷大计，劝吾摄政；吾亦以嗣帝播越，民神乏主，故权顺群议以系众心。今天方悔祸，嗣帝得还，吾将具法驾奉迎，谢罪行阙，何如？"黄门侍郎张华曰："今天下大乱，非雄才无以宁济群生。嗣帝暗懦，不能绍隆先统。陛下若蹈匹夫之节，舍天授之业，威权一去，身首不保，况社稷其得血食乎！"慕舆护曰："嗣帝不达时宜，委弃国都，自取败亡，不堪多难，亦已明矣。昔蒯聩出奔，卫辄不纳，《春秋》是之。以子拒父犹可，况以父拒子乎！今赵思之言，未明虚实。臣请为陛下驰往诇之。"德流涕遣之。

掉了慕容崇，奉立太子慕容策，代行皇帝的权力，实行大赦，并派遣使节前往迎接慕容宝，在蓟城追赶上了慕容宝等人。慕容宝打算回去，长乐王慕容盛等人都说："兰汗是忠心相迎，还是藏奸使诈，现在都还不清楚，您如果单人匹马投奔他，万一兰汗居心不良，后悔也来不及。您不如向南到范阳王那里，集合所有兵力，去夺取冀州。即便不能获胜，把南方的兵力收编过来，再慢慢地回师龙城，也不算晚。"慕容宝听从了他们的劝告。

北魏离石胡人部落首领呼延铁、西河胡人部落首领张崇等，不愿意迁移到代郡，就聚集在一起叛变北魏。北魏安远将军庾岳把他们讨平。

北魏王拓跋珪征召卫王拓跋仪到朝中辅佐自己，任命略阳公拓跋遵代替拓跋仪镇守中山。夏季，四月初一壬戌，拓跋珪任命征虏将军穆崇为太尉，安南将军长孙嵩为司徒。

后燕主慕容宝抄小道经过邺城附近，邺城的人们请求他留下，慕容宝没有答应。他继续南行到黎阳，躲藏在黄河的西岸，派遣中黄门令赵思通知北地王慕容钟说："皇上在二月的时候得到了丞相所上的奏章，当时便马上向南进军，到达乙连时，赶上长上等人发动兵变，失势以后来到此地。请您快些去禀告丞相，前来迎接！"慕容钟是慕容德的堂弟，曾经第一个劝说慕容德南面称帝，他听了赵思的话，十分厌恶，于是把赵思抓了起来，投入监狱，并把以上情况禀报给了南燕王慕容德。慕容德对大臣们说："你们大家出于对国家政权危亡大局的考虑，劝说我出面代理朝政；我当时也因为继任的皇帝流亡到了很远的地方，这里的民众与宗庙，都缺乏一个主心骨，因此便暂且依从了大家的建议，希望能把民心维系在一起。现在老天刚刚后悔对我们降下灾祸，继任的皇帝得以回来，我准备备办专门的仪仗队伍奉迎皇帝，并到他的行宫去请求责罚，你们看怎么样？"黄门侍郎张华说："现在天下大乱，不是盖世英雄便无法使众生得到安宁。继任的皇帝昏庸懦弱，不能很好地继承光大先辈的传统。皇上如果偏要恪守一个无知小人的所谓节操，而舍弃上天交授给您拯救苍生的大业，您的威望权势一旦丧失，自己的性命安全便得不到保障，更何况大燕的江山社稷又无法得到捍卫和巩固！"慕舆护接着说："继位的皇帝不通达时务，放弃了国都中山，自取败亡，他不能承受太多的危难，已经是很明了的情况了。当初卫蒯聩出逃在外，他的儿子卫辄执掌政权后便拒绝他回国，《春秋》都肯定了他的做法。以儿子的身份抗拒父亲都还可以，更何况以叔父的身份来抗拒侄儿呢？现在赵思的话不知道是真是假，我请求皇上准许我前去探听一下真实情况。"慕容德忍不住

护帅壮士数百人随思而北，声言迎卫，其实图之。宝既遣思诣钟，于后得樵者，言德已称制，惧而北走。护至，无所见，执思以还。德以思练习典故，欲留而用之；思曰："犬马犹知恋主，思虽刑臣，乞还就上。"德固留之，思怒曰："周室东迁，晋、郑是依。殿下亲则叔父，位为上公，不能帅先群后以匡帝室，而幸本根之倾，为赵王伦之事，思虽不能如申包胥之存楚，犹慕龚君宾不偷生于莽世也！"德斩之。

宝遣扶风忠公慕舆腾与长乐王盛收兵冀州，盛以腾素暴横，为民所怨，乃杀之。行至钜鹿、长乐，说诸豪杰，皆愿起兵奉宝。宝以兰汗祀燕宗庙，所为似顺，意欲还龙城，不肯留冀州，乃北行。至建安，抵民张曹家。曹素武健，请为宝合众；盛亦劝宝宜且驻留，察汗情状。宝乃遣冗从仆射李旱先往见汗，宝留顿石城。会汗遣左将军苏超奉迎，陈汗忠款。宝以汗燕王垂之舅，盛之妃父也，谓必无他，不待旱返，遂行。盛流涕固谏，宝不听，留盛在后，盛与将军张真下道避匿。

丁亥，宝至索莫汗陉，去龙城四十里，城中皆喜。汗惶怖，欲自出请罪，兄弟共谏止之。汗乃遣弟加难帅五百骑出迎，又遣兄堤闭门止仗，禁人出入。城中皆知其将为变，而无如之何。加难见宝于陉北，拜谒已，从宝俱进。颍阴烈公余崇密言于宝曰："观加难形色，祸变甚逼，宜留三思，奈何径前！"宝不从。行数里，加难先执崇，崇大呼骂曰："汝家幸缘肺附，蒙国宠荣，覆宗不足以报。今乃敢谋篡逆，此天地所不容，计旦暮即屠灭，但恨我不得手脍汝曹耳！"加难杀之。引宝入龙城外邸，弑之。汗谥宝曰"灵帝"，杀献哀太子策及王公卿士百余人，自称大都督、大将军、大单于、昌黎王，改元青龙；以堤为太尉，加难为车骑将军，封河间王熙为辽东公，如杞、宋故事。

流下泪来，派慕舆护去了。

慕舆护带领着几百名精壮的兵勇，跟随着赵思向北走去，口头上说要去迎接护卫皇上，其实却是要趁机将慕容宝置之死地。慕容宝派遣赵思去拜见慕容钟之后，又遇到一个砍柴的人，说慕容德已经称帝，因此非常害怕，便返身向北逃去。慕舆护带人来到这里，什么也没有看见。慕舆护把赵思押解回去。慕容德因为赵思对朝廷的典章礼仪等事项熟悉老练，所以打算留用他。赵思说："狗马都还知道留恋主人，我赵思虽然是一个受了宫刑的人臣，但还是想请求您允许我回去追随皇上。"慕容德再三坚持让他留下，赵思大怒说："当年周朝东迁，所依靠的是晋国和郑国。现在您论亲属是皇上的叔父，论地位则是三公之一。但您却不能带头召集王公匡扶帝室，反而庆幸国家的根基倾覆，做出晋朝赵王司马伦那样以宗室的身份篡晋的事情来。我虽然不能像申包胥向秦国借兵打败吴国最终保全楚国那样，但是也还仰慕汉代龚胜的节操，绝不在王莽当权的世上偷生！"慕容德把他杀了。

慕容宝派遣扶风忠公慕舆腾与长乐王慕容盛一起在冀州一带收容失散的残兵败将。慕容盛因为慕舆腾一向残暴横蛮，遭到百姓的普遍怨恨，于是把他杀了。慕容盛寻行到钜鹿、长乐等地，游说各豪俊英杰，这些人都愿意拉起部队拥护慕容宝。慕容宝因为兰汗祭祀燕室宗庙，像是忠顺于自己，便执意要回到龙城，不肯长在冀州停留，于是向北行进。抵达建安，住在居民张曹家里。张曹为人向来勇武豪健，他请求为慕容宝招募士兵。慕容盛也劝慕容宝暂且留驻在此，观察兰汗的真实想法和动向。慕容宝派遣冗从仆射李旱先去龙城见兰汗，自己则留在石城休整。正在这时，兰汗派遣左将军苏超前来奉迎皇上，反复陈说兰汗对慕容宝的忠心与诚意。慕容宝因为兰汗是父王慕容垂的舅父，又是慕容盛的岳丈，觉得他一定不会另有图谋，不等李旱返回，即刻启程。慕容盛流着泪坚决劝阻，慕容宝不听，便把慕容盛留下。慕容盛与将军张真离开大路，跑到别的地方躲藏起来。

四月二十六日丁亥，慕容宝来到索莫汗陉，距离龙城还有四十里路。城中的军民听到这个消息，都很高兴。兰汗却有些惶恐惧怕，打算自己出城去请罪，他的兄弟们一起把他劝住了。兰汗于是派他的弟弟兰加难率领着五百名骑兵出城相迎，又派他的哥哥兰堤关闭城门，收起仪仗，不许行人出入。城中的人都知道兰汗他们将要发动兵变，但是却无可奈何。兰加难在索莫汗陉北面见到了慕容宝，行完拜谒之礼，便跟随慕容宝一起向城走去。颍阴烈公余崇寻找机会向慕容宝暗中警告说："我看兰加难的神色与举动，大祸与突变的迹象已经迫在眉睫，皇上应该三思而后行，怎么能这样轻率上前呢！"慕容宝不听劝告。走了几里路，兰加难首先抓住了余崇。余崇大声叫喊着骂道："你们兰家侥幸地成为燕朝宗室的亲属，蒙受国家的宠信与殊荣，纵使是使家族倾覆，也无法报答这种恩德。今天竟敢阴谋篡权叛逆，这是天地

长乐王盛闻之，驰欲赴哀，张真止之。盛曰："我今以穷归汗，汗性愚浅，必念婚姻，不忍杀我，旬月之间，足以展吾情志。"遂往见汗。汗妻乙氏及盛妃皆泣涕请盛于汗，盛妃复顿头于诸兄弟。汗恻然哀之，乃舍盛于宫中，以为侍中、左光禄大夫，亲待如旧。堤、加难屡请杀盛，汗不从。堤骄很荒淫，事汗多无礼，盛因而间之。由是汗兄弟浸相嫌忌。

（以上为第四段，写后燕主慕容宝的下场。龙城发生政变，他出逃到南方，范阳王慕容德称帝滑台，不能与之相容；他又逃回北方，其舅兰汗假意奉迎，却派人将他杀死。）

凉太原公纂将兵击杨轨，郭麐救之，纂败还。

段业使沮渠蒙逊攻西郡，执太守吕纯以归。纯，光之弟子也。于是晋昌太守王德、敦煌太守赵郡孟敏皆以郡降业。业封蒙逊为临池侯，以德为酒泉太守，敏为沙州刺史。

六月，丙子，魏王珪命群臣议国号。皆曰："周、秦以前，皆自诸侯升为天子，因以其国为天下号。汉氏以来，皆无尺土之资。我国家百世相承，开基代北，遂抚有方夏，今宜以代为号。"黄门侍郎崔宏曰："昔商人不常厥居，故两称殷、商，代虽旧邦，其命维新，登国之初，已更曰'魏'。夫魏者，大名，神州之上国也，宜称魏如故。"珪从之。

杨轨自恃其众，欲与凉王光决战，郭麐每以天道抑止之。凉常山公弘镇张掖，段业使沮渠男成及王德攻之。光使太原公纂将兵迎之。杨轨曰："吕弘精兵一万，若与光合，则姑臧益强，不可取矣。"乃与秃发利鹿孤共邀击纂，纂与战，大破之。轨奔王乞基。麐性褊急残忍，不为士民

所不容的，我看你们早晚就要被消灭，只恨我不能亲手宰了你们这帮家伙！”兰加难把余崇杀了，又把慕容宝带入龙城郊外的宅邸杀了。兰汗追谥慕容宝为灵帝，然后又杀掉了献安太子慕容策以及其他的王公贵族和官员一百多人。他自称大都督、大将军、大单于、昌黎王，改年号为青龙；任命兰堤为太尉，兰加难为车骑将军，封河间王慕容熙为辽东公，就像周武王封夏朝的后代为杞国君主、封商朝的后代为宋国君主一样。

长乐王慕容盛听说后打算跑去奔丧，被张真劝止。慕容盛说：“我现在因为走投无路而归附兰汗，兰汗的性情愚鲁浅薄，一定会感念我与他女儿的婚姻情分，不忍心杀我，这样只要给我十天到一个月的时间，就足以使我的志愿得到实现。”于是，他跑到龙城去觐见兰汗。兰汗的妻子乙氏和做慕容盛妃子的兰汗的女儿，都哭哭啼啼地向兰汗请求留下慕容盛一命，慕容盛的兰妃又依次向兰汗的那些兄弟叩头求情。兰汗也起了恻隐之心，于是便把慕容盛接到宫中居住，任命他为侍中、左光禄大夫，对他关怀厚待与过去一样。兰堤、兰加难等人几次请求杀掉慕容盛，兰汗都没有准许。兰堤骄横凶狠，荒淫无度，对待兰汗也多有失礼的地方，慕容盛借此机会从中挑拨离间，从此兰汗兄弟之间慢慢地互相怀疑猜忌起来。

后凉太原公吕纂带兵进攻杨轨，郭馨赶来相救，吕纂失败而归。

北凉段业派沮渠蒙逊进攻西郡，俘获太守吕纯后回师。吕纯是吕光的侄儿。从此，晋昌太守王德、敦煌太守赵郡人孟敏都献出本郡，投降了段业。段业封沮渠蒙逊为临池侯，任命王德为酒泉太守，孟敏为沙州刺史。

六月十六日丙子，北魏王拓跋珪命令大臣们讨论用什么国号。大家都说：“周朝与秦朝以前，天子都是由诸侯升位的，他们都是用原来诸侯国的国号作为天下的国号。汉代以后，夺取天下的人都没有一尺土地作为资本和凭借。我们国家百代以来，子孙相承，在代郡以北的地方开创基业，于是才夺取了中原的大片地方，所以，现在应该用‘代’作为我们的国号。”黄门侍郎崔宏说：“过去商朝政权不长时间地在一个地方，所以便有殷、商这两种称呼。代郡那一带虽然是个古老的国家，但是我们受到上天的恩宠、接受治理天下的使命却还是新近发生的事情，登国初年，已经把国名更改为魏。魏是一个含有美好伟大之意的名称，也曾经是这片辽阔土地上的一个很强大的国家。因此，应该像过去一样称为‘魏’。”拓跋珪依从了他的意见。

杨轨自己仗恃兵多将广，打算与后凉王吕光决一死战，郭馨每次都用上天的旨意为借口制止他。后凉常山公吕弘镇守张掖，段业派遣沮渠男成和王德一起进攻他，吕光也派太原公吕纂带兵迎接吕弘。杨轨说：“吕弘拥有精锐部队一万人，如果他与吕光合兵一处，姑臧的力量便越加强盛，我们就很难取胜了。”于是他与秃发利鹿孤

所附，闻轨败走，降西秦；西秦王乾归以为建忠将军、散骑常侍。

弘引兵弃张掖东走，段业徙治张掖，将追击弘。沮渠蒙逊谏曰：“归师勿遏，穷寇勿追，此兵家之戒也。”业不从，大败而还，赖蒙逊以免。业城西安，以其将臧莫孩为太守。蒙逊曰：“莫孩勇而无谋，知进不知退，此乃为之筑冢，非筑城也！”业不从，莫孩寻为吕纂所破。

（以上为第五段，写北魏主拓跋珪讨论国号，采纳黄门侍郎崔宏建议，称“魏”，史称北魏；叛将杨轨率军攻打后凉将领吕纂，段业不听劝阻，率军追击吕弘，再次被打败。）

燕太原王奇，楷之子，兰汗之外孙也，汗亦不杀，以为征南将军。得入见长乐王盛，盛潜使奇逃出起兵。奇起兵于建安，众至数千，汗遣兰堤讨之。盛谓汗曰：“善驹小儿，未能办此，岂非有假托其名欲为内应者乎！太尉素骄，难信，不宜委以大众。”汗然之，罢堤兵，更遣抚军将军仇尼慕将兵讨奇。

于是，龙城自夏不雨，至于秋七月，汗日诣燕诸庙及宝神座顿首祷请，委罪于兰加难。堤及加难闻之怒，且惧诛，乙巳，相与率所部袭仇尼慕军，败之。汗大惧，遣太子穆将兵讨之。穆谓汗曰：“慕容盛，我之仇雠，必与奇相表里，此乃腹心之疾，不可养也，宜先除之。”汗欲杀盛，先引见，察之。盛妃知之，密以告盛，盛称疾不出，汗亦止不杀。

李旱、卫双、刘忠、张豪、张真，皆盛素所厚也，而穆引以为腹心，旱、双得出入至盛所，潜与盛结谋。丁未，穆击堤、加难等，破之。庚戌，飨将士，汗、穆皆醉，盛夜如厕，因逾垣入于东宫，与旱等共杀穆。时军未解严，皆聚在穆舍，闻盛得出，呼跃争先，攻汗，斩之。汗子鲁公和、陈公扬分屯令支、白狼，盛遣旱、真袭诛之。堤、加难亡匿，捕得，斩之。于是内外帖然，士女相庆。宇文拔率壮士数百来赴，盛拜拔

一起阻击吕纂。吕纂与他们接战，把他们打得大败。杨轨逃走后投奔王乞基。郭麐生性偏执急躁，非常残忍，不被广大士人、百姓所拥戴归附。他听说杨轨失败逃走，便投降西秦，西秦国主乞伏乾归任命他为建忠将军、散骑常侍。

吕弘放弃了张掖，带兵向东撤退。段业便把自己的都城迁到张掖，准备去追击吕弘。沮渠蒙逊劝阻说："回家心切的部队不要阻截，走投无路的强盗不要追赶，这是兵家之戒呵！"段业不听劝阻，带兵去追，被打得大败而回，幸亏沮渠蒙逊救助，才免于一死。段业修筑了西安城，任命他的部将臧莫孩任太守。沮渠蒙逊说："臧莫孩虽然勇猛，但却没有谋略，只知道前进，不知道撤退。这是给他修筑坟冢，哪里是为他修筑城池！"段业不听，臧莫孩不久便被吕纂打败。

后燕太原王慕容奇是慕容楷的儿子，兰汗的外孙。兰汗也没有杀他，任命他为征南将军。他得以进宫见到长乐王慕容盛。慕容盛暗中让他逃出去拉一支队伍。慕容奇在建安起兵，人数达到几千。兰汗派遣兰堤去攻打他。慕容盛对兰汗说："慕容奇不过是一个小孩子，绝对不能办这么大的事情，莫非是有人假托他的名义起兵，然后自己打算做内应？太尉兰堤一向骄纵，很难令人相信，不应该把那么多部队交给他。"兰汗觉得他说得很对，免除了兰堤的军权，改派遣抚军将军仇尼慕带兵去攻打慕容奇。

龙城从夏季开始，便不曾下雨，一直持续到秋季的七月，兰汗于是每天都去后燕诸庙以及慕容宝的牌位前面叩头、祈祷，把弑君篡权之罪全部推托到兰加难的身上。兰堤与兰加难听说后大怒，而且又害怕遭到兰汗诛杀，七月十五日乙巳，他们便互相联合率领部队突然向仇尼慕的部队发动袭击，并把仇尼慕打败。兰汗非常害怕，派遣太子兰穆带兵去攻打。兰穆对兰汗说："慕容盛是我们的大仇人，一定是他与慕容奇里应外合，这是我们的心腹之患，万万不可再姑息养奸了，应该先行将他除掉。"兰汗打算杀掉慕容盛，便先召他来会见，准备观察他的神色。慕容盛的兰妃知道了这件事，偷偷告诉了慕容盛，慕容盛于是推托有病，没有出去见兰汗，兰汗也就暂时放下了这个想法，没有杀慕容盛。

李旱、卫双、刘忠、张豪、张真等人，平素都颇得慕容盛的厚待，而兰穆也把他们视为自己的心腹，使李旱、卫双得以在慕容盛的住所出入，暗下与慕容盛联合起来，做好了谋划。七月十七日丁未，兰穆去袭击兰堤、兰加难等人，把他们打败。二十日庚戌，兰汗大开筵宴，犒赏将士，兰汗、兰穆都喝得大醉。慕容盛半夜出去上厕所，于是跳墙进入东宫，与李旱等人一起杀死了兰穆。这时军队还没有解除战时状态，将领们都聚集在兰穆那里。他们听说慕容盛终于得以出来领导他们后，无

为大宗正。

辛亥，告于太庙，令曰："赖五祖之休，文武之力，宗庙社稷幽而复显。不独孤以眇眇之身免不同天之责，凡在臣民皆得明目当世。"因大赦，改元建平。盛谦不敢称尊号，以长乐王摄行统制。诸王皆降称公，以东阳公根为尚书左仆射，卫伦、阳璆、鲁恭、王滕为尚书，悦真为侍中，阳哲为中书监，张通为中领军，自余文武各复旧位。改谥宝曰"惠闵皇帝"，庙号烈宗。

初，太原王奇举兵建安，南、北之人翕然从之。兰汗遣其兄子全讨奇，奇击灭之，匹马不返，进屯乙连。盛既诛汗，命奇罢兵。奇用丁零严生、乌桓王龙之谋，遂不受命，甲寅，勒兵三万余人进至横沟，去龙城十里。盛出击，大破之，执奇而还，斩其党与百余人，赐奇死，桓王之嗣遂绝。群臣固请上尊号，盛弗许。

（以上为第六段，写后燕慕容盛被兰汗封为侍中，乘机离间兰氏兄弟，培植党羽势力，后兰汗父子庆功，喝得酩酊大醉，慕容盛趁机杀死兰汗父子，以长乐王身份摄政，改元建平。）

魏王珪迁都平城，始营宫室，建宗庙，立社稷。宗庙岁五祭，用分、至及腊。

桓玄求为广州，会稽王道子忌玄，不欲使居荆州，因其所欲，以玄为督交广二州军事、广州刺史。玄受命而不行。豫州刺史庾楷以道子割其四郡使王愉督之，上疏言："江州内地，而西府北带寇戎，不应使愉分督。"朝廷不许。楷怒，遣其子鸿说王恭曰："尚之兄弟，复秉机权，过于国宝，欲假朝威削弱方镇，惩艾前事，为祸不测，今及其谋议未成，宜早图之。"恭以为然，以告殷仲堪、桓玄。仲堪、玄许之，推恭为盟主，刻期同趣京师。

不欢呼雀跃，争先恐后地去进攻兰汗，并把他杀掉。兰汗的儿子鲁公兰和、陈公兰扬分别驻守在会支、白狼，慕容盛派遣李旱、张真去进攻他们，也将他们斩首。兰堤、兰加难逃走躲藏起来，也把他们抓住，杀了。从此，内外全部平定，男女互相庆贺。宇文拔带领几百名精壮的勇士前来投奔，慕容盛任命他为大宗正。

七月二十一日辛亥，慕容盛到宗室祭庙去向列祖列宗禀告平定祸乱的经过，然后下令说："我仰赖五位祖先的洪福和保佑，以及各位文武大臣们的合力相助，使宗庙社稷从被涂炭蒙尘的黑暗中重新得到光明和显赫。不单是我个人渺小的身躯倚仗这件功业免除了报不共戴天的杀父之仇的责任，就是每一个在世的臣民也都可以因此睁开眼睛，理直气壮地做人了。"因此实行大赦，改年号为建平。慕容盛谦逊推托，不敢称帝登基，只是以长乐王的身份代理朝政，施行统辖。他以下的那些亲王都降格称为"公"，任命东阳公慕容根为尚书左仆射，卫伦、阳璆、鲁恭、王滕为尚书，悦真为侍中，阳哲为中书监，张通为中领军，其他文武官员也都各自恢复自己的原位。他又把慕容宝的谥号改为惠闵皇帝，庙号烈宗。

当初，太原王慕容奇在建安征召队伍，无论是南方人还是北方人都欣然来随从。兰汗派他的侄儿兰全攻打慕容奇，慕容奇消灭了兰全，一匹马也没有返回，便进驻乙连。慕容盛诛杀了兰汗之后，命令慕容奇停止用兵。慕容奇听从了丁零人严生和乌桓人王龙的谋划，拒绝接受命令。七月二十四日甲寅，他带着三万多人开进到横沟，距离龙城只有十里之遥。慕容盛带兵出城与他交战，将他打得大败，并把慕容奇抓住押回城里，斩杀了他的党羽一百多人，赐慕容奇自杀，桓王慕容恪那一支便最后断绝。众大臣坚持请求慕容盛称帝登基，慕容盛不答应。

北魏王拓跋珪把都城迁到平城，开始营建宫殿，筑造宗庙，以及土神、谷神的祭坛。皇家宗庙每年祭祀五次，时间为春分、夏至、秋分、冬至以及腊日。

东晋桓玄请求任广州刺史。会稽王司马道子非常忌惮桓玄，本来就不打算让他长期居住在荆州，便根据他的请求，任命桓玄为督交广二州军事、广州刺史。桓玄接受了这个任命却不去就任。豫州刺史庾楷因为司马道子割除了他所统辖的四个郡交给江州刺史王愉掌管，便上书说："江州地处内地，而西府历阳却在北方与贼寇相连接，不应该让王愉分管四郡。"朝廷不批准他的意见。庾楷大怒，派遣他的儿子庾鸿去向王恭游说道："谯王司马尚之兄弟又独揽了朝廷的机要权柄，超过了王国宝。他们打算借助朝廷的威权来削弱地方上的实力，回想以前所发生过的事情，他们将制造的祸乱，实在无法预测。现在趁他们的阴谋还没有计划完成，应该尽早地想办法对付他们。"王恭也觉得是这样，把这意见转告了殷仲堪和桓玄。殷仲堪、桓玄

时内外疑阻，津逻严急，仲堪以斜绢为书，内箭簳中，合镝漆之，因庾楷以送恭。恭发书，绢文角戾，不复能辨仲堪手书，疑楷诈为之，且谓仲堪去年已违期不赴，今必不动，乃先期举兵。司马刘牢之谏曰："将军，国之元舅；会稽王，天子叔父也。会稽王又当国秉政，向为将军戮其所爱王国宝、王绪，又送王廞书，其深伏将军已多矣。顷所授任，虽未允惬，亦非大失。割庾楷四郡以配王愉，于将军何损！晋阳之甲，岂可数兴乎！"恭不从，上表请讨王愉、司马尚之兄弟。

道子使人说楷曰："昔我与卿，恩如骨肉，帐中之饮，结带之言，可谓亲矣。卿今弃旧交，结新援，忘王恭畴昔陵侮之耻乎！若欲委体而臣之，使恭得志，必以卿为反覆之人，安肯深相亲信！首身且不可保，况富贵乎！"楷怒曰："王恭昔赴山陵，相王忧惧无计，我知事急，寻勒兵而至，恭不敢发。去年之事，我亦俟命而动。我事相王，无相负者。相王不能拒恭，反杀国宝及绪，自尔已来，谁敢复为相王尽力者！庾楷实不能以百口助人屠灭。"时楷已应恭檄，正征士马。信返，朝廷忧惧，内外戒严。

会稽世子元显言于道子曰："前不讨王恭，故有今日之难。今若复从其欲，则太宰之祸至矣。"道子不知所为，悉以事委元显，日饮醇酒而已。元显聪警，颇涉文义，志气果锐，以安危为己任。附会之者，谓元显神武，有明帝之风。

殷仲堪闻恭举兵，自以去岁后期，乃勒兵趣发。仲堪素不习为将，

同意王恭的意见，并且推举王恭作为盟主，约定日期，一起率领大军前往京师剿除奸佞。

这时，东晋朝廷内外疑虑纷纷，交通阻塞，水陆关卡林立，形势危急而严峻。殷仲堪用斜纹的绢绸给王恭写了一封书信，藏在箭杆之中，然后装上箭头，涂上油漆，托庾楷转交给王恭，王恭打开信，因为绢的角已经皱坏，不再能确切地辨出是殷仲堪的亲笔手书，怀疑此信是庾楷伪造的，况且想到去年攻打王国宝时，殷仲堪曾经违反期约，按兵不发，这次也一定会同去年一样，因此使先行向都城大举进兵。司马刘牢之劝说他道："将军，您是皇帝的舅父，会稽王是皇帝的叔父。会稽王现在又正在当朝，掌握着国家的大政，他过去曾经因为您而杀了他非常宠爱的王国宝和王绪，后来又把王廞写给他的指控您的书信送给了您。畏惧您的表象已经很多。他最近所做的人事任命，虽然不能说是公允恰当，但也不是什么太大的过失。把庾楷所辖的四个郡割让给王愉统领，对于将军又有什么损害呢？晋阳的兵甲战事怎么可以一次又一次地不断发动呢？"王恭拒不听从，向朝廷呈上奏书，请求发兵攻打王愉和司马尚之兄弟。

司马道子派人向庾楷游说道："过去我和你，恩情如同骨肉，在帷帐中尽情欢饮，结带密谈，可以说是再亲近也没有的了。你今天抛弃了过去的好朋友，结交了新的援手，难道你忘记王恭过去欺凌、侮辱你的羞耻了吗？如果你打算委屈自己甘愿做他的臣属，那么等到王恭一旦真的达到了目的，他一定会认为你是一个反复无常的小人，怎么肯深深地亲近、相信你！那时候，恐怕性命都不能保全，更何况富贵呢？"庾楷大怒说："王恭过去到京师参加先帝的葬礼，相王忧愁恐惧，无计可施，我知道事情的紧急，才带了兵马前来，使得王恭不敢当时发作。去年的事情，我也是随时等候命令行动。我事奉相王，没有一点对不起他的地方。相王无法抗拒王恭，反而诛杀了王国宝与王绪，从那时起，谁还敢再去为相王尽心尽力呢？我庾楷是实在不能把全家上百口人交给别人来屠杀消灭呀！"这时庾楷已经响应了王恭发出的讨伐奸佞的檄文，正在征召兵马。庾楷的复信送给司马道子之后，朝廷上下一片忧虑恐惧，京城内外戒严。

会稽王的长子司马元显向父亲司马道子进言说："上次我们没有攻打王恭，因此才有了今天这场灾难。今天如果还像上一次那样满足他们的要求，您的杀身之祸可就要到了。"司马道子此时已经慌得不知所措，把事情全部交给司马元显办理，自己每天只是痛饮美酒而已。司马元显聪颖机警，颇晓一些文章义理，志向气度果敢敏锐，也能把天下的安危当作自己的责任。依附于他的人，都称赞司马元显英明勇武，很有明帝的风度。

殷仲堪听说王恭已经向京师大举进兵，自己因为去年拖延了出兵的期约，也马

悉以军事委南郡相杨佺期兄弟，使佺期帅舟师五千为前锋，桓玄次之，仲堪帅兵二万，相继而下。佺期自以其先汉太尉震至父亮，九世皆以才德著名，矜其门地，谓江左莫及。有以比王珣者，佺期犹恚恨。而时流以其晚过江，婚宦失类。佺期及兄广、弟思平、从弟孜敬皆粗犷，每排抑之。佺期常慷慨切齿，欲因事际以逞其志，故亦赞成仲堪之谋。

八月，佺期、玄奄至湓口，王愉无备，惶遽奔临川，玄遣偏军追获之。

燕以河间公熙为侍中、车骑大将军、中领军、司隶校尉，城阳公元为卫将军。元，宝之子也。又以刘忠为左将军，张豪为后将军，并赐姓慕容氏。李旱为中常侍、辅国将军，卫双为前将军，张顺为镇西将军、昌黎尹，张真为右将军；皆封公。

乙亥，燕步兵校尉马勒等谋反，伏诛，事连骠骑将军高阳公崇、崇弟东平公澄，皆赐死。

宁朔将军邓启方、南阳太守闾丘羡将兵二万击南燕，与南燕中军将军法、抚军将军和战于管城，启方等兵败，单骑走免。

魏王珪命有司正封畿，标道里，平权衡，审度量；遣使循行郡国，举奏守宰不法者，亲考察黜陟之。

（以上为第七段，写东晋司马道子重用谯王司马尚之等，借助朝廷威权削弱方镇势力，王恭与殷仲堪、桓玄相约，率军前往京师除奸，司马道子慌忙让儿子司马元显处理此事。）

九月，辛卯，加会稽王道子黄钺，以世子元显为征讨都督；遣卫将军王珣、右将军谢琰将兵讨王恭，谯王尚之将兵讨庾楷。

乙未，燕以东阳公根为尚书令，张通为左仆射，卫伦为右仆射；慕容豪为幽州刺史，镇肥如。

己亥，谯王尚之大破庾楷于牛渚，楷单骑奔桓玄。会稽王道子以尚

上集结部队，尽快出发。殷仲堪素来对带兵打仗很不熟悉，把指挥军事行动的权利，完全委托给南郡相杨佺期兄弟，派遣杨佺期统率五千水军做前锋，然后派桓玄做第二队，最后由殷仲堪自己统率士兵二万人，紧跟他们顺流东下，杨佺期自己认为从他的祖先东汉太尉杨震一直到他的父亲杨亮，九代都以才能仁德而著名，因此始终以自己的门第为骄傲，认为这是东晋的所有世家都赶不上的。有的人拿他同东晋尚书左仆射王珣相比，杨佺期还异常愤恨。但是因为他们家族逃亡到江南的时间较晚，所以婚姻与仕途都不得意。杨佺期和他的哥哥杨广、弟弟杨思平、堂弟杨孜敬等人性格都粗犷豪迈，经常受到别人的排挤压制。杨佺期对此常常衔恨切齿，慷慨激昂，正打算找一个机会痛快施展，实现自己的抱负，因此他也非常赞成殷仲堪的计划。

八月，杨佺期、桓玄突然来到湓口，王愉根本没有防备，惊慌失措，匆匆逃往临川。桓玄派遣小股部队去追赶他，把他生擒回来。

后燕任命河间公慕容熙为侍中、骠骑大将军、中领军、司隶校尉，城阳公慕容元为卫将军。慕容元是慕容宝的儿子。又任命刘忠为左将军，张豪为后将军，并赐他们姓慕容。任命李旱为中常侍、辅国将军，卫双为前将军，张顺为镇西将军、昌黎尹，张真为古将军，并都封为公爵。

八月十五日乙亥，后燕步兵校尉马勒等人阴谋反叛，结果被杀。这件事情牵连到了骠骑将军、高阳公慕容崇，以及慕容崇的弟弟东平公慕容澄，慕容盛命他二人自杀。

东晋宁朔将军邓启方、南阳太守闾丘羡带领部队二万人进攻南燕，同南燕中军将军慕容法、抚军将军慕容和在管城交战，邓启方等人的部队失败，他单人匹马逃走，免于一死。

北魏王拓跋珪命令有关部门确定京师的区划，标明道路的名称和里程，统一重量衡器的标准，审定长度的计量，派遣特使到各个郡国去巡回视察、监督，检举弹劾违法乱纪的地方官吏，以便拓跋珪亲自考察定罪处理。

九月初二辛卯，东晋朝廷授予会稽王司马道子黄钺，任命会稽王长子司马元显为征讨都督，又派遣卫将军王珣、右将军谢琰带兵讨伐王恭，派遣谯王司马尚之带兵讨伐庾楷。

九月初六乙未，后燕任命东阳公慕容根为尚书令，张通为左仆射，卫伦为右仆射；任命慕容豪为幽州刺史，镇守肥如。

九月初十己亥，东晋谯王司马尚之在牛渚将庾楷打得大败，庾楷单人匹马投奔

之为豫州刺史，弟恢之为骠骑司马、丹杨尹，允之为吴国内史，休之为襄城太守，各拥兵马以为己援。乙巳，桓玄大破官军于白石。玄与杨佺期进至横江，尚之退走，恢之所领水军皆没。丙午，道子屯中堂，元显守石头，己酉，王珣守北郊，谢琰屯宣阳门以备之。

王恭素以才地陵物，既杀王国宝，自谓威无不行，仗刘牢之为爪牙，而但以部曲将遇之，牢之负其才，深怀耻恨。元显知之，遣庐江太守高素说牢之，使叛恭，许事成即以恭位号授之；又以道子书遗牢之，为陈祸福。牢之谓其子敬宣曰："王恭昔受先帝大恩，今为帝舅，不能翼戴王室，数举兵向京师，吾不能审恭之志，事捷之日，必能为天子相王之下乎？吾欲奉国威灵，以顺讨逆，何如？"敬宣曰："朝廷虽无成、康之美，亦无幽、厉之恶，而恭恃其兵威，暴蔑王室。大人亲非骨肉，义非君臣，虽共事少时，意好不协，今日讨之，于情义何有！"恭参军何澹之知其谋，以告恭。

恭以澹之素与牢之有隙，不信。乃置酒请牢之，于众中拜之为兄，精兵坚甲，悉以配之，使帅帐下督颜延为前锋。牢之至竹里，斩延以降；遣敬宣及其婿东莞太守高雅之还袭恭。

恭方出城曜兵，敬宣纵骑横击之，恭兵皆溃。恭将入城，雅之已闭城门。恭单骑奔曲阿，素不习马，髀中生疮。曲阿人殷确，恭故吏也。以船载恭，将奔桓玄，至长塘湖，为人所告，获之，送京师，斩于倪塘。恭临刑，犹理须鬓，神色自若，谓监刑者曰："我暗于信人，所以至此；原其本心，岂不忠于社稷邪！但令百世之下知有王恭耳。"并其子弟党与皆死。以刘牢之为都督兖、青、冀、幽、并、徐、扬州晋陵诸军事以代恭。

桓玄。会稽王司马道子任命司马尚之为豫州刺史，司马尚之的弟弟司马恢之为骠骑司马、丹杨尹，司马允之为吴国内史，司马休之为襄城太守，并让他们各自拥有部队来作为自己的援手。九月十六日乙巳，桓玄在白石将朝廷的部队打得大败。桓玄与杨佺期开进到了横江。司马尚之退兵逃走，司马恢之所统领的水军全军覆没。十七日丙午，司马道子搬到中堂去住，司马元显驻守石头。二十日己酉，王珣开到京师北郊，谢琰则在宣阳门屯下重兵以防意外。

王恭历来仗恃自己的才能和地位，傲视凌辱同僚，逼杀王国宝之后，他更自以为他的声威没人敢违逆。他既依仗刘牢之作为自己的爪牙，又只把他当作自己私人的部将那样对待，刘牢之对自己的才能很自负，感到深深的羞辱和气愤。司马元显知道这种情况，便派遣庐江太守高素去游说，唆使刘牢之背叛王恭，并且答应他事成之后便把王恭的职位、封号全部转授给他。高素又把司马道子的书信交给了刘牢之，向他陈说了祸福利害。刘牢之对他的儿子刘敬宣说："王恭过去蒙受先帝的大恩大德，今天又是皇上的舅舅，但是他不能作为羽翼拥戴王室，反而多次向京师发兵，我真不能想象王恭的野心有多大，他的计划一旦实现，他还能继续处在皇上和相王的手下吗？我打算遵奉朝廷的威仪与旨意，用顺乎民心的举动来讨伐叛逆，你看如何？"刘敬宣说："现在的朝廷虽然没有周成王、周康王当政时那么完美，但是也没有周幽王、周厉王那样的昏庸残暴。而王恭却依仗军队的威势，粗暴地蔑视、凌辱王室。父亲您与他在感情上既不是骨肉关系，在道义上也不是君臣关系，虽然一起共事一段时间，脾气秉性爱好却并不很相和、投机。你今天去攻打他，于情义没有什么干系。"王恭的参军何澹之知道了他的打算和计划，把这些告诉了王恭。

王恭因为知道何澹之历来与刘牢之有矛盾，所以没有相信何澹之的话。于是他备办下酒席，宴请刘牢之，当着众人的面，拜刘牢之为义兄，又把自己的精锐部队和一切好的装备，全部配备给刘牢之，让他率领帐下督颜延作为前锋。

刘牢之来到竹里，便斩了颜延，宣布投降朝廷。他派他的儿子刘敬宣和他的女婿东莞太守高雅之回击王恭。王恭此时正在城外阅兵示威，刘敬宣驱使骑兵拦腰进攻他的队伍，王恭的军队全部溃败。王恭想要回城，高雅之已关闭了城门。王恭单人匹马逃奔曲阿。他平时不怎么习惯骑马，以致把大腿内侧都磨破了。曲阿人殷确是王恭过去的下属，他用船载着王恭，打算前去投奔桓玄，刚到长塘湖，却被人告密，王恭被抓住押送京师，在倪塘被斩首。王恭临死时，还在从容不迫地梳理着自己的胡须，神色像平时那样自然。他对监督施刑的人说："我自己的昏庸就在于我轻率地相信别人，才到了今天这个地步。不过追究我的本意，我哪里是不忠于朝廷啊！但愿百代以后的人们能知道有过我王恭这个人。"他和他的儿子、兄弟、同伙全部被处死。东晋朝廷任命刘牢之为都督兖州、青州、冀州、幽州、并州、徐州、扬

俄而杨佺期、桓玄至石头，殷仲堪至芜湖。元显自竹里驰还京师，遣丹杨尹王恺等发京邑士民数万人据石头以拒之。佺期、玄等上表理王恭，求诛刘牢之。牢之帅北府之众驰赴京师，军于新亭，佺期、玄见之失色，回军蔡洲。朝廷未知西军虚实，仲堪等拥众数万，充斥郊畿，内外忧逼。

左卫将军桓修，冲之子也，言于道子曰："西军可说而解也，修知其情矣。殷、桓之下，专恃王恭，恭既破灭，西军沮恐。今若以重利啖玄及佺期，二人必内喜。玄能制仲堪，佺期可使倒戈，取仲堪矣。"道子纳之，以玄为江州刺史；召郗恢为尚书，以佺期代恢为都督梁雍秦三州诸军事、雍州刺史。以修为荆州刺史，权领左卫文武之镇，又令刘牢之以千人送之。黜仲堪为广州刺史，遣仲堪叔父太常茂宣诏，敕仲堪回军。

（以上为第八段，写东晋的政变，王恭自以为是为朝廷肃清奸佞，以振朝纲，起兵，而朝廷则认为他是反叛，予以剿杀。北府将领刘牢之背叛王恭，王恭被擒杀。）

张骧子超收合三千余家据南皮，自号乌桓王，抄掠诸郡。魏王珪命庾岳讨之。

杨轨屯廉川，收集夷、夏，众至万余。王乞基谓轨曰："秃发氏才高而兵盛，且乞基之主也，不如归之。"轨乃遣使降于西平王乌孤。轨寻为羌酋梁饥所败，西奔僇海，袭乙弗鲜卑而据其地。乌孤谓群臣曰："杨轨、王乞基归诚于我，卿等不速救，使为羌人所覆，孤甚愧之。"平西将军浑屯曰："梁饥无经远大略，可一战擒也。"

饥进攻西平，西平人田玄明执太守郭倖而代之，以拒饥，遣子为质于乌孤。乌孤欲救之，群臣惮饥兵强，多以为疑。左司马赵振曰："杨轨新败，吕氏方强，洪池以北，未可冀也，岭南五郡，庶几可取。大王若无开拓之志，振不敢言；若欲经营四方，此机不可失也。使羌得西平，华、夷震动，非我之利也。"乌孤喜曰："吾亦欲乘时立功，安能坐守穷谷乎！"乃谓群臣曰："梁饥若得西平，保据山河，不可复制。饥虽骁猛，军令不整，易破也。"遂进击饥，大破之。饥退屯龙支堡。乌孤进攻，拔

州晋陵诸军事，替代王恭。

不久，杨佺期、桓玄来到石头城，殷仲堪也来到芜湖。司马元显从竹里飞马回到京师，派遣丹杨尹王恺等征发京邑的百姓几万人据守石头，以抵抗杨佺期、桓玄的进攻。杨佺期、桓玄等人向朝廷呈上奏书，为王恭申辩讲理，请求诛杀刘牢之。刘牢之则统帅北府属下的军队迅速赶到京师，驻扎在新亭。杨佺期、桓玄一看这种情况，大惊失色，只好把部队撤退到蔡州。朝廷并不了解西部殷仲堪部队的虚实，看到殷仲堪等人拥有几万人，遍布京郊的山野，感到内忧外患，互为交逼。

左卫将军桓修是桓冲的儿子。他向司马道子进言道："西部这支军队可以做说服工作，使他们分化瓦解，我桓修知道他们内部的情况。殷仲堪、桓玄以下的人全都是依赖王恭，王恭既已被杀，西部这支部队一定会感到沮丧恐慌。现在如果答应用很大的好处来引诱桓玄和杨佺期，他们二人一定会心中暗喜。这样桓玄可以制住殷仲堪，杨佺期也可能叛降过来，殷仲堪自然可以拿下。"司马道子采纳了他的意见，任命桓玄为江州刺史；召郗恢回朝任尚书；任命杨佺期代替郗恢任都督梁、雍、秦三州诸军事，雍州刺史；任命桓修为荆州刺史，暂时兼管左卫将军所属文武官员并到那里去镇守，命令刘牢之派一千人护送桓修。朝廷又贬黜殷仲堪为广州刺史，派殷仲堪的叔父太常殷茂去宣读诏书，敕令殷仲堪马上撤回部队。

原后燕辅国将军张骧的儿子张超，收留集合了三千多户人家占据南皮，自己号称为乌桓王，抢劫掠夺附近各郡。北魏王拓跋珪命令庾岳去攻打他。

杨轨驻扎在廉川，招收集结汉人和其他民族的居民，人数达到一万以上。田胡部落首领王乞基对杨轨说："秃发氏才智既高，兵力又强，而且又是我王乞基过去的主人，我们不如归顺他。"杨轨于是派遣使节去向西平王秃发乌孤请求投降。杨轨不久被羌族部落首领梁饥打败，向西逃奔到傫海，进攻乙弗的鲜卑族部落，并且占据了那个地区。秃发乌孤对大臣们说："杨轨、王乞基他们已经向我归附投诚，你们不快些去援救，让他们被羌人打败，我实在太惭愧了。"平西将军浑屯说："梁饥没有什么远谋大略，只要打一仗就可以把他抓住。"

梁饥进攻西平，西平人田玄明抓住了太守郭倖，自己替代了他的位置，抗拒梁饥。田玄明把儿子送到秃发乌孤那里去做人质。秃发乌孤打算前去解救，但大臣们由于害怕梁饥的兵马强壮，多数人犹豫不决。左司马赵振说："杨轨刚刚战败，凉国吕氏家族正是强盛时期，洪池以北的地区，我们没有什么希望得到手。洪池岭以南的五个郡，我们或者还可以夺取。大王如果没有开拓疆土的志向，我赵振就不敢说什么了，如果打算治理天下四方，这个机会就不应该放弃。一旦让羌人占领西平，汉人和夷人都会受到震动，这对我们来说，不是什么好事情。"秃发乌孤高兴地说：

之，饥单骑奔浇河，俘斩数万。以田玄明为西平内史。乐都太守田瑶、湟河太守张裯、浇河太守王稚皆以郡降，岭南羌、胡数万落皆附于乌孤。

西秦王乾归遣秦州牧益州、武卫将军慕兀、冠军将军翟瑥帅骑二万伐吐谷浑。

冬，十月，癸酉，燕群臣复上尊号，丙子，长乐王盛始即皇帝位，大赦，尊皇后段氏曰“皇太后”，太妃丁氏曰“献庄皇后”。初，兰汗之当国也，盛从燕主宝出亡，兰妃奉事丁后愈谨。及汗诛，盛以妃当从坐，欲杀之；丁后以妃有保全之功，固争之，得免，然终不为后。

（以上为第九段，写南凉主秃发乌孤听从赵振建议，出兵攻打羌族部落首领梁饥，获得全胜；西秦主乞伏乾归派遣将领攻打吐谷浑；后燕长乐王慕容盛即帝位。）

大赦。

殷仲堪得诏书，大怒，趣桓玄、杨佺期进军。玄等喜于朝命，欲受之，犹豫未决。仲堪闻之，遽自芜湖南归，遣使告谕蔡洲军士曰：“汝辈不各自散归，吾至江陵，尽诛汝余口。”佺期部将刘系帅二千人先归。玄等大惧，狼狈西还，追仲堪至寻阳，及之。仲堪既失职，倚玄等为援，玄等亦资仲堪兵，虽内相疑阻，势不得不合。乃以子弟交质，壬午，盟于寻阳，俱不受朝命，连名上疏申理王恭，求诛刘牢之及谯王尚之，并诉仲堪无罪，独被降黜。朝廷深惮之，内外骚然。乃复罢桓修，以荆州还仲堪，优诏慰谕，以求和解，仲堪等乃受诏。御史中丞江绩劾奏桓修专为身计，疑误朝廷，诏免修官。

初，桓玄在荆州，所为豪纵，仲堪亲党皆劝仲堪杀之，仲堪不听。及在寻阳，资其声地，推玄为盟主，玄愈自矜倨。杨佺期为人骄悍，玄

“我也打算趁这个时机建立一番功业，怎么能坐在这里困守这穷山沟呢？”于是，秃发乌孤对大臣们说：“梁饥如果得到了西平，占据那里山河坚守，我们就不能重新控制他了。梁饥虽然骁勇刚猛，但他的部队号令不齐，很容易击败他们。”于是进军攻击梁饥，将他打得大败。梁饥败退到龙支堡去驻扎。秃发乌孤又继续进攻，攻克了龙支堡，梁饥单人匹马逃奔浇河。此次战役，秃发乌孤俘虏、杀死敌军几万人。他任命田玄明为西平内史，乐都太守田瑶、湟河太守张裯、浇河太守王稚献出郡城投降。从此，洪池岭以南的几万个羌族、胡人部落，便全部归附于秃发乌孤。

西秦主乞伏乾归派遣秦州牧乞伏益州、武卫将军慕兀、冠军将军翟瑥率领骑兵二万人去攻打吐谷浑。

冬季，十月十四日癸酉，后燕大臣们再一次请求长乐王慕容盛称帝。十七日丙子，长乐王慕容盛登上皇帝位，实行大赦，尊称皇后段氏为皇太后，尊称自己的生母太妃丁氏为献庄皇后。当初在兰汗掌握国家权要的时候，慕容盛跟从慕容宝出外逃亡，兰妃侍奉婆婆丁后比平时更加谨慎小心。兰汗被诛杀之后，慕容盛认为兰妃也应当与父亲一起论罪，打算杀掉她。但丁后觉得兰妃有保全他们母子的功劳，坚决为她争辩，才使她免于一死。但是兰妃终究没有当上皇后。

东晋实行大赦。

殷仲堪接到朝廷的诏书，勃然大怒，催促桓玄、杨佺期继续向京师进军。桓玄等对朝廷的任命感到欣喜，打算接受，正在犹豫不决。殷仲堪听说了这种情况，匆忙地从芜湖向南撤退，并且派人去告诉蔡州的军士说：“你们这些人如果还不各自散伙回家，等我回到江陵，把你们的家眷全部杀掉。”杨佺期的部将刘系首先率领二千人撤走。桓玄等人非常害怕，也狼狈地向西撤军。他们追赶殷仲堪，直到寻阳方才赶上。此时，殷仲堪已经失去了职务，只能依靠桓玄等人做自己的声援，桓玄等人也正要倚重于殷仲堪的军队，因此他们虽然在心中暗自互相猜疑，但在形势的逼迫下又不得不联合起来。于是交换儿子兄弟做人质。十月二十三日壬午，他们在寻阳正式缔结盟约，决定一致拒绝接受朝廷的任命和指挥，并且联名上了一道奏书为王恭申辩说理，请求诛杀刘牢之以及谯王司马尚之，又质问殷仲堪没有罪过，为什么独独被降职贬退。朝廷非常惧怕，宫廷内外一片骚乱。于是朝廷又罢免了桓修的官职，把荆州又还给殷仲堪管辖，并对他特别下令，好言相慰，希望以此求得和解。殷仲堪等人这才接受命令。御史中丞江绩弹劾桓修等人专门为自己的利益打算，使朝廷受到蒙蔽而采取了错误的措施。朝廷下令，免去桓修的所有官衔。

当初，桓玄在荆州的时候，行为过于蛮横，霸道放纵，殷仲堪的一些亲信党羽都曾劝说殷仲堪杀掉他，殷仲堪没有听。等到在寻阳结盟立誓的时候，又因为桓玄

每以寒士裁之，佺期甚恨，密说仲堪以玄终为患，请于坛所袭之。仲堪忌佺期兄弟勇健，恐既杀玄，不可复制，苦禁之。于是，各还所镇。玄亦知佺期之谋，阴有取佺期之志，乃屯于夏口，引始安太守济阴卞范之为长史以为谋主。是时，诏书独不赦庾楷，玄以楷为武昌太守。

初，郗恢为朝廷拒西军，玄未得江州，欲夺恢雍州，以恢为广州。恢闻之，惧，询于众，众皆曰："杨佺期来者，谁不戮力？若桓玄来，恐难与为敌。"既而闻佺期代己，乃与闾丘羡谋阻兵拒之。佺期闻之，声言玄来入沔，以佺期为前驱。恢众信之，望风皆溃，恢请降。佺期入府，斩闾丘羡，放恢还都，至杨口，殷仲堪阴使人杀之，及其四子，托言群蛮所杀。

西秦乞伏益州与吐谷浑王视罴战于度周川，视罴大败，走保白兰山，遣子宕岂为质于西秦以请和，西秦王乾归以宗女妻之。

凉建武将军李鸾以兴城降于秃发乌孤。

十一月，以琅邪王德文为卫将军、开府仪同三司，征虏将军元显为中领军，领军将军王雅为尚书左仆射。

辛亥，魏王珪命尚书吏部郎邓渊立官制、协音律，仪曹郎清河董谧制礼仪，三公郎王德定律令，太史令晁崇考天象，吏部尚书崔宏总而裁之，以为永式。渊，羌之孙也。

杨轨、王乞基帅户数千自归于西平王乌孤。

十二月，己丑，魏王珪即皇帝位，大赦，改元天兴。命朝野皆束发加帽。追尊远祖毛以下二十七人皆为皇帝；谥六世祖力微曰"神元皇帝"，庙号始祖；祖什翼犍曰"昭成皇帝"，庙号高祖；父寔曰"献明皇帝"。

的名声与地位，推桓玄作了盟主，桓玄因此更加骄矜倨傲。杨佺期为人骄傲慓悍，桓玄却常常把他当作出身寒微的人士来对待，杨佺期非常愤恨，暗地里向殷仲堪说，桓玄终有一天要成为祸患，请求在盟誓的神坛上袭杀桓玄。殷仲堪忌惮杨佺期兄弟的勇猛劲健，担心杀掉桓玄之后，更没有人再能牵制他们，于是苦苦相劝，禁止他那样做。这样他们各自回到自己的镇守之地。桓玄也知道杨佺期曾经有杀害自己的计划，暗中有消灭杨佺期的打算。于是他驻扎在夏口，召引始安太守济阴人卞范之做长史，作为自己的主要谋士。这时，朝廷的命令唯独没有赦免庾楷，桓玄便任命庾楷为武昌太守。

当初，雍州刺史郗恢拥护朝廷，抗拒西部殷仲堪的部队。那时桓玄还没有当上江州刺史，所以他打算夺取郗恢的雍州，而让郗恢去当广州刺史。郗恢听说后很害怕，询问手下人有什么办法，大家都说："如果是杨佺期来，我们谁敢不同心尽力地去抵抗？但如果是桓玄来，恐怕我们很难成为他的对手。"不久，郗恢听说朝廷是派杨佺期来代替自己，于是与闾丘羡商议如何组织兵力抵抗他。杨佺期听说了这个消息，便将计就计，宣称是桓玄要从沔水向西开进经过这里，让杨佺期做他的先头部队。郗恢的手下人信以为真，听见风声便都溃散了，郗恢也请求投降。杨佺期进入官府，下令斩了闾立羡，把郗恢释放回都城。郗恢一家人走到杨口，殷仲堪暗地派人杀了他和他的四个儿子，推说是附近一群蛮人所杀。

西秦乞伏益州与吐谷浑王视罴在度周川交战，视罴大败，逃走，据守白兰山，把儿子宕岂送到西秦做人质，请求和解。西秦王乞伏乾归把宗族的一个女儿嫁给了宕岂。

后凉建武将军李鸾，献出兴城，向秃发乌孤投降。

十一月，东晋任命琅邪王司马德文为卫将军、开府仪同三司，征虏将军司马元显为中领军，领军将军王雅为尚书左仆射。

十一月二十三日辛亥，北魏王拓跋珪命令尚书吏部郎邓渊制订官制，协调皇室的音乐；命令仪曹郎清河人董谧制订国家的礼仪制度；命令三公郎王德制订国家的法律规章制度；命令太史令晁崇考察天象。他又派吏部尚书崔宏统管裁定，用以作为永久的制度。邓渊是邓羌的孙子。

杨轨、王乞基率领几千户居民，主动归附了西平王秃发乌孤。

十二月初二己丑，北魏王拓跋珪正式登皇帝位，实行大赦，改年号为天兴。他命令朝廷内外所有官员百姓都必须把头发系在一起，再戴上帽子。他把很遥远的祖先拓跋毛以下的二十七个人都追尊为皇帝；尊奉六世祖拓跋力微为神元皇帝，庙号始祖；尊奉他的祖父拓跋什翼犍为昭成皇帝，庙号高祖；尊奉他的父亲拓跋寔为献明皇帝。

魏之旧俗，孟夏祀天及东庙；季夏帅众却霜于阴山，孟秋祀天于西郊。至是，始依仿古制，定郊庙朝飨礼乐，然惟孟夏祀天亲行，其余多有司摄事。又用崔宏议，自谓黄帝之后，以土德王。徙六州二十二郡守宰、豪杰二千家于代都，东至代郡，西及善无，南极阴馆，北尽参合，皆为畿内，其外四方、四维，置八部师以监之。

己亥，燕幽州刺史慕容豪、尚书左仆射张通、昌黎尹张顺坐谋反诛。

初，琅邪人孙泰学妖术于钱唐杜子恭，士民多奉之。王珣恶之，流泰于广州。王雅荐泰于孝武帝，云知养性之方，召还，累官至新安太守。泰知晋祚将终，因王恭之乱，以讨恭为名，收合兵众，聚货巨亿，三吴之人多从之。识者皆忧其为乱，以中领军元显与之善，无敢言者。会稽内史谢輶发其谋，己酉，会稽王道子使元显诱而斩之，并其六子；兄子恩逃入海，愚民犹以泰蝉蜕不死，就海中资给恩。恩乃聚合亡命得百余人，以谋复仇。

西平王秃发乌孤更称武威王。

是岁，杨盛遣使附魏，魏以盛为仇池王。

（以上为第十段，写东晋朝廷贬降殷仲堪官职，仲堪与桓玄联手，要挟朝廷恢复其官职；北魏主拓跋珪正式称帝，改元天兴，追封先祖，修订礼乐、法律等制度。）

按照北魏的旧习俗，每年的夏初都要祭祀天神和宗祖庙，每年的夏末都要率领部众去阴山做退霜的祈祷，每年的秋季刚开始要去西郊祭天。到了这一年，北魏才开始依照汉族的古代传统，制订了在祭庙、朝会使用的礼仪音乐。然而，只有每年初夏的祭祀天神的活动，拓跋珪才亲自参加献祭，其余几次多是由有关部门负责执行。拓跋珪又采纳了崔宏的建议，自称是黄帝的后代，以土德作君王。他把六州二十二郡的官员和豪族大户两千多家，迁移到代都居住。把东至代郡，西至善无，南至阴馆，北至参合陂的地区，全都划入京畿范围之内。京师之外的四方、四维，设置了八部帅，分别加以监督、管辖。

十二月十二日己亥，后燕幽州刺史慕容豪、尚书左仆射张通、昌黎尹张顺，以谋反罪被处死。

当初，东晋琅邪人孙泰向钱塘人杜子恭学习妖术，士人、百姓都很信奉他。左仆射王珣很讨厌他，把孙泰流放到广州。广州刺史王雅却把孙泰推荐给孝武帝司马曜，说孙泰知道修身养性、长生不老的药方。于是，孝武帝把孙泰从广州征召回京，并逐渐升官做到了新安太守。孙泰估计到晋朝的气数就要结束，他假借王恭兴兵引起战乱，以攻打王恭为名义，大量收集征召士兵部众，聚敛财富无数，三吴地区的居民，大多数都归附了他。有些见识的人都担忧他将来会制造动乱，但因为中领军司马元显与他关系亲密，没有人敢说。会稽内史谢𬨎揭发了他的阴谋，十二月二十二日己酉，会稽王司马道子让司马元显把孙泰诱骗来之后，杀掉了他，同时杀掉了他的六个儿子。孙泰的侄儿孙恩逃入东海躲藏在小岛上，愚昧的百姓还以为孙泰像蝉一样，脱掉了一层壳，而真人并没有死，因此到海中去为孙恩送粮食等资助。孙恩于是又聚合了一百多名亡命之徒，谋划复仇。

南凉西平王秃发乌孤改称武威王。

这一年，归附东晋的杨盛，派遣使节请求归附北魏。北魏封杨盛为仇池王。

【点评】

王恭兵谏丧身。王恭是东晋孝武帝皇后的哥哥，是外戚，从小就有美誉，有过人的情操，而且自负才能。

当时的皇上司马曜任用其弟弟司马道子，让司马道子掌控朝政；但又十分信任外戚王恭，让他担任前将军，兖、青二州刺史等要职，假节，镇守京口，掌管地方军政大权，作为朝廷的屏障。司马曜的意图，可能是让二者互相制约，共同辅卫朝廷。可司马道子在孝武帝去世、晋安帝司马德宗继位后执掌朝政，非常宠幸奸佞王国宝，将机要朝权都交给他掌管，王国宝胡作非为，引起了王恭的不满。王恭常常直言指斥，认为王国宝乱政将败亡东晋。二人大有水火不相容之势。

王恭曾两次起兵，矛头直指朝廷奸臣，非一般人所能做到。第一次，王恭准备士兵及军需品，上书要北伐，而朝廷没有同意，王恭一边上奏王国宝的罪行，一边起兵讨伐。朝廷采取息事宁人的办法，丢卒保车，赐死王国宝，向王恭谢罪。王恭的目的达到了，也就收兵了。第二次，朝廷继续由司马道子当政，他的儿子司马元显也在朝廷占有一席地位，又任用了司马尚之兄弟，王恭又上书，以讨伐为名起兵。然而司马元显主张用兵，并采用离间计，拉拢王恭的得力干将刘牢之，釜底抽薪，王恭措手不及，结果被俘，而后被杀。

王恭两次出兵，两次讨伐奸佞的行为，究竟应当怎么看待？究竟该如何评价？

首先，在当时，王恭自认为是一片忠心，他在被杀时曾说："我的内心，难道不是忠于国家社稷的吗！百代之后，人们是知道我王恭这个人的。"当时的人们并不是很理解他，晋安帝司马德宗把平定的大权直接赋予司马道子，为其加黄钺，为征讨都督，代理皇帝处理这次事件；王恭被抓后，就被杀了。

曾经和王恭一同起事的桓玄执政，上书朝廷，为王恭辩护申冤，朝廷下令，追赠王恭为侍中、太保，谥号为忠简。王恭的名誉是恢复了，但是，人死不能复生，朝廷依旧是鸱鸮乱舞，鬼魅唱歌，江河日下，国将不国。王恭的一腔忠愤，付诸东流。

王恭的出兵，仅仅是讨伐朝廷奸佞而已，他不要朝廷大权，也不伤及无辜之人，没有个人的任何目的，是出于忠心，舍身为国，如果要定性，应当是"兵谏"而已。

而令人不可思议的是，在古今记载这一事件上，动不动就称为"王恭反叛"，就名目而言，显然是对王恭的行为持否定的态度，这当然是不恰当的，是不符合历史事实的，也是对王恭的不恭，应予以纠正！如果说是"反叛"，也只能解释为忠于朝廷，反叛奸佞！应当将"王恭反叛"改为"王恭兵谏"，以与历史上的那些真正的反叛之徒相区别。

晋纪三十三

晋安帝隆安三年至四年（399—400年）

【起屠维大渊献（己亥，399年），尽上章困敦（庚子，400年），凡二年】

【大事提要】

本卷记事起于公元399年，到公元400年，凡两年，时当晋安帝（司马德宗）隆安三年至隆安四年。本卷所载大事，主要有五个方面。其一，孙恩之乱。东晋孙恩随其叔孙泰借传道为名，聚集民众，后被迫逃到海上。公元399年，孙恩趁机反晋，从海上攻上虞，杀县令，袭据会稽，举众数万，临海等八郡响应，发展到几十万人，后被镇压。其二，慕容德称帝。慕容德原在滑台称王，后滑台被敌人攻破，转而南下，进据东晋琅邪、徐、兖等地，进入广固，在南郊正式称帝，改年号为建平。其三，李暠建立西凉。李暠是陇西成纪人，自称为李广之后。段业割据一方，自称凉州牧时，以李暠为效谷县令，后升为敦煌太守。公元400年，李暠趁中原战乱之际，在众人推举下，建立西凉，自称大将军、凉公等，改元庚子，以敦煌为都城，疆域广及西域。其四，慕容盛亲征高句丽。后燕慕容盛重建后燕，以高句丽王事燕礼慢为理由，亲率3万人马前去攻打，攻克新城、南苏两座城池，扩大疆土七百多里，迁移裹胁了五千多户居民回师。其五，后凉内乱。公元399年，后凉王吕光年老多病，立太子吕绍为天王。吕绍是嫡长子，上有两个手握重兵的哥哥吕纂、吕弘。吕绍即位后，吕纂听从吕弘建议，率兵攻打吕绍，逼迫吕绍自杀，自立为王；又对吕弘不信任，吕弘起兵反叛，被打败、杀死。

【原文】

安皇帝丙

隆安三年（己亥，399 年）

春，正月，辛酉，大赦。

戊辰，燕昌黎尹留忠谋反，诛；事连尚书令东阳公根、尚书段成，皆坐死；遣中卫将军卫双就诛忠弟幽州刺史志于凡城。以卫将军平原公元为司徒、尚书令。

庚午，魏主珪北巡，分命大将军常山王遵等三军从东道出长川，镇北将军高凉王乐真等七军从西道出牛川，珪自将大军从中道出驳髯水以袭高车。

壬午，燕右将军张真、城门校尉和翰坐谋反，诛。

癸未，燕大赦，改元长乐。燕主盛每十日一自决狱，不加拷掠，多得其情。

武威王乌孤徙治乐都，以其弟西平公利鹿孤镇安夷，广武公傉檀镇西平，叔父素渥镇湟河，若留镇浇河，从弟替引镇岭南，洛回镇廉川，从叔吐若留镇浩亹；夷、夏俊杰，随才授任，内居显位，外典郡县，咸得其宜。

乌孤谓群臣曰：“陇右、河西，本数郡之地，遭乱，分裂至十余国，吕氏、乞伏氏、段氏最强，今欲取之，三者何先？”杨统曰：“乞伏氏本吾之部落，终当服从。段氏书生，无能为患，且结好于我，攻之不义。吕光衰耄，嗣子微弱，纂、弘虽有才而内相猜忌，若使浩亹、廉川乘虚迭出，彼必疲于奔命，不过二年，兵劳民困，则姑臧可图也。姑臧举，则二寇不待攻而服矣。”乌孤曰：“善！”

二月，丁亥朔，魏军大破高车三十余部，获七万余口，马三十余万匹，牛羊百四十余万头。卫王仪别将三万骑绝漠千余里，破其七部，获二万余口，马五万余匹，牛羊二万余头。高车诸部大震。

【语译】

安皇帝丙

晋安帝隆安三年（己亥，399年）

春季，正月初四辛酉，东晋实行大赦。

正月十一日戊辰，后燕昌黎尹留忠阴谋叛变，被处死。事情牵连到了尚书令东阳公慕容根、尚书段成，也都被处死。慕容盛派中卫将军卫双去凡城诛杀留忠的弟弟幽州刺史留志。任命卫将军平原公慕容元为司徒、尚书令。

正月十三日庚午，魏道武帝拓跋珪去北方巡视，分别命令大将军常山王拓跋遵等三支军队从东路向长川进发，镇北将军高凉王拓跋乐真等七支军队从西路向牛川进发，拓跋珪则自己带领大军从中路从驳髯水出发，准备袭击高车部落。

正月二十五日壬午，后燕右将军张真、城门校尉和翰因谋反罪被杀。

正月二十六日癸未，后燕实行大赦，改年号为长乐。后燕主慕容盛每隔十天，亲自审理判决一次讼事，虽然并不加以严刑拷打，但也能获得很多真实情况。

南凉武威王秃发乌孤把都城迁到乐都，派遣他的弟弟西平公秃发利鹿孤镇守安夷，广武公秃发傉檀镇守西平，他的叔叔秃发素渥镇守湟河，另一个叔叔秃发若留镇守浇河，堂弟秃发替引镇守洪池岭以南的地区，另一个堂弟秃发洛回镇守廉川，堂叔秃发吐若留镇守浩亹。对于其他夷族和汉族的一些贤俊杰出人士，也都根据他们的才能分别任命职务，或者在朝中官居显要位置，或者在地方上掌管郡县的事务，都得到了合适的安排。

秃发乌孤对大臣们说："陇右、河西，本来不过就是几个郡大的地方，经受动乱之后，分裂成了十几个国家，吕氏、乞伏氏、段氏这三家势力最强大。现在我打算去攻取他们，应该先打哪一个？"杨统说："乞伏氏本来是我们的一个部落，终究会归附我们。段业是一介书生，根本没有什么能力制造祸患，而且跟我们有很好的关系，进攻他不合道义。吕光衰老不堪，他的儿子吕绍又懦弱无能。吕纂、吕弘虽然很有才能，但内心互相猜忌。我们如果派浩亹、廉川两个郡的兵力乘虚轮流不断地进攻，吕氏一定会疲于奔命，不超过二年，就会军队劳累，百姓贫困，到那时，姑臧就可以谋取了。姑臧被我们拿下之后，乞伏氏和段氏这两伙强盗，不用等我们去攻打就会向我们投降了。"秃发乌孤说："好！"

二月初一丁亥朔，北魏北征的军队将高车的三十多个部落打得大败，俘虏七万多人，缴获马三十多万匹，牛羊一百四十多万头。卫王拓跋仪另外带领三万骑兵，深入沙漠一千多里，攻破了高车的七个余部，俘虏二万多人，缴获马五万多匹，牛羊二万多头。高车的各个部落非常震惊、恐慌。

林邑王范达陷日南、九真，遂寇交趾，太守杜瑗击破之。

庚戌，魏征虏将军庾岳破张超于勃海，斩之。

段业即凉王位，改元天玺；以沮渠蒙逊为尚书左丞，梁中庸为右丞。

魏主珪大猎于牛川之南，以高车人为围，周七百余里。因驱其禽兽，南抵平城，使高车筑鹿苑，广数十里。三月，己未，珪还平城。

甲子，珪分尚书三十六曹及外署，凡置三百六十曹，令八部大夫主之。吏部尚书崔宏通署三十六曹，如令、仆统事。置五经博士，增国子太学生员合三千人。

珪问博士李先曰："天下何物最善，可以益人神智？"对曰："莫若书籍。"珪曰："书籍凡有几何，如何可集？"对曰："自书契以来，世有滋益，以至于今，不可胜计。苟人主所好，何忧不集。"珪从之，命郡县大索书籍，悉送平城。

（以上为第一段，写南凉武威王秃发乌孤把都城迁到乐都，谋划攻打陇右、河西的割据政权；段业即北凉王位，改元天玺；北魏主拓跋珪率军攻打高车，大获全胜。）

初，秦王登之弟广帅众三千依南燕王德，德以为冠军将军，处之乞活堡。会荧惑守东井，或言秦当复兴，广乃自称秦王，击南燕北地王钟，破之。是时，滑台孤弱，土无十城，众不过一万，钟既败，附德者多去德而附广。德乃留鲁阳王和守滑台，自帅众讨广，斩之。

燕主宝之至黎阳也，鲁阳王和长史李辩劝和纳之，和不从。辩惧，故潜引晋军至管城，欲因德出战而作乱。既而德不出，辩愈不自安。及德讨苻广，辩复劝和反，和不从，辩乃杀和，以滑台降魏。魏行台尚书和跋在邺，帅轻骑自邺赴之，既至，辩悔之，闭门拒守。跋使尚书郎邓晖说之，辩乃开门内跋，跋悉收德宫人府库。德遣兵击跋，跋逆击，破之，又破德将桂阳王镇，俘获千余人。陈、颍之民多附于魏。

南方的林邑王范达攻克了东晋日南、九真两个郡，于是进犯交趾郡。交趾太守杜瑗领兵将他打败。

二月二十四日庚戌，北魏征虏将军庾岳在勃海攻破了张超率领的变民部队，并把张超斩首。

段业即北凉王位，改年号为天玺。任命沮渠蒙逊为尚书左丞，梁中庸为尚书右丞。

魏道武帝拓跋珪在牛川以南的地方大规模打猎，让高车人围成人墙，周围长七百多里。这样他把圈子里的走兽向南驱赶到平城，又让高车人修筑起鹿苑，鹿苑方圆达数十里。三月初三己未，拓跋珪回到平城。

三月初八甲子，魏道武帝拓跋珪将原尚书三十六曹以及一些京外官署整理划分为三百六十曹，派设八部大夫主管。吏部尚书崔宏负责统领原来的三十六曹，像令、仆射那样管辖事务。又设置了五经博士，增加国子太学生的名额，共达三千人。

魏道武帝拓跋珪向博士李先询问说："天下什么东西最好，可以用来补益人的智慧、精神？"李先回答说："没有什么能比得上书籍。"拓跋珪说："书籍一共能有多少，怎么样才能把它们搜集到一起呢？"李先又回答说："自从文字产生，一直到现在，图书的数量每代都有发展增加，已经不可能准确统计了。如果皇上有这方面的爱好，何必忧虑不能搜集呢？"拓跋珪听了他的话，命令各地郡县大规模索求、搜集书籍，全部送到平城。

当初，前秦主苻登的弟弟苻广率领士兵三千人投顺了南燕王慕容德，慕容德任命他为冠军将军，安置在乞活堡。正赶上火星侵入井宿，有人说这种星象表示前秦应当复兴，苻广于是自称秦王，进攻南燕北地王慕容钟，并将他打败。这时南燕慕容德驻地的滑台势单力薄，所辖治的地方不到十个城池，军队也不过一万人，慕容钟失败之后，依附慕容德的人大都离开了慕容德依附苻广。慕容德留下鲁阳王慕容和驻守滑台，亲自统帅士兵去攻打苻广，并把他斩了。

后燕主慕容宝来到黎阳的时候，鲁阳王慕容和的长史李辩劝说慕容和接纳他，慕容和不同意。李辩非常害怕，就暗地里招引东晋的军队来到管城，打算趁慕容德出外作战时发动叛乱。后来慕容德并没有出外作战，李辩心里更加焦虑不安。到这次慕容德出兵攻打苻广，李辩再一次劝说慕容和反叛，慕容和仍然不听，李辩便杀了慕容和，献出滑台城，投降了北魏。北魏行台尚书和跋正在邺城，便带领一支轻装骑兵部队，从邺城奔赴滑台，赶到的时候，李辩却又后悔了，赶忙关紧城门拒绝他们进城。和跋派遣尚书郎邓晖前去劝说，李辩开门把和跋迎入城内。和跋收缴了

南燕右卫将军慕容云斩李辩，帅将士家属二万余口出滑台赴德。德欲攻滑台，韩范曰："向也魏为客，吾为主人；今也吾为客，魏为主人。人心危惧，不可复战，不如先据一方，自立基本，乃图进取。"张华曰："彭城，楚之旧都，可攻而据之。"北地王钟等皆劝德攻滑台。尚书潘聪曰："滑台四通八达之地，北有魏，南有晋，西有秦，居之未尝一日安也。彭城土旷人稀，平夷无险，且晋之旧镇，未易可取。又密迩江、淮，夏秋多水。乘舟而战者，吴之所长，我之所短也。青州沃野二千里，精兵十余万，左有负海之饶，右有山河之固，广固城曹嶷所筑，地形阻峻，足为帝王之都。三齐英杰，思得明主以立功于世久矣。辟闾浑昔为燕臣，今宜遣辩士驰说于前，大兵继踵于后，若其不服，取之如拾芥耳。既得其地，然后闭关养锐，伺隙而动，此乃陛下之关中、河内也。"德犹豫未决。

沙门竺朗素善占候，德使牙门苏抚问之，朗曰："敬览三策，潘尚书之议，兴邦之言也。且今岁之初，彗星起奎、娄，扫虚、危。彗者，除旧布新之象，奎、娄为鲁，虚、危为齐。宜先取兖州，巡抚琅邪，至秋乃北徇齐地，此天道也。"抚又密问以年世，朗以《周易》筮之曰："燕衰庚戌，年则一纪，世则及子。"抚还报德，德乃引师而南，兖州北鄙诸郡县皆降之。德置守宰以抚之，禁军士无得虏掠。百姓大悦，牛酒属路。

（以上为第二段，写南燕的变故。国主慕容德出兵攻打自称秦王的苻广，而都城滑台因李辩的叛变被北魏攻下；慕容德谋划建立新的根据地，决定向南进发，攻占齐地。）

丙子，魏主珪遣建义将军庾真、越骑校尉奚斤击库狄、宥连、侯莫陈三部，皆破之，追奔至大峨谷，置戍而还。

慕容德的所有姬妾宫女、府库资财。慕容德派兵进攻和跋，和跋反击，把南燕军打败，又击败了赶来增援的慕容德的大将桂阳王慕容镇，俘虏了一千多人。陈郡、颍川郡的民众大多数便归附了北魏。

南燕右卫将军慕容云斩杀了李辩，率领将士的家属共两万多人冲出滑台城，去投奔慕容德。慕容德打算进攻滑台，部将韩范说："过去魏人是客人，我们是主人；现在我们是客人，魏人却变成了主人。我们军中人人都非常害怕，不可以再让他们去打仗了。不如先据守一个地方，自己重新创立根本基业，然后再筹划考虑发展壮大进取的事情。"部将张华说："彭城是西楚霸王的旧都城，可以把它攻下来占据它。"但是北地王慕容钟等人都劝说慕容德进攻滑台。尚书潘聪说："滑台是一个四通八达的地方，北有魏，南有晋，西有秦，居住在那里没有一天是安全的。彭城地广人稀，一片平原，没有什么险要可以据守。而且那里是晋的旧有重镇，未必很容易就可以攻取下来。这地方又距长江、淮河很近，夏季、秋季降雨很多。乘舟在水上作战，那是吴地之人最擅长的，而恰恰又是我们的短处。青州既拥有两千里的肥沃土地，又拥有十多万精锐的部队，左边有紧挨着大海的富饶，右边有依靠高山大河的险要，广固城是当年曹嶷所兴筑，地势险峻，足可以作为帝王的都城。三齐地方的英才俊杰，希望得到一个圣明的君主，拥戴他在世上建立宏伟的功业已经有很长时间了。青州刺史辟闾浑也曾是燕国的臣子，现在应该派遣能言善辩之士赶到他那里游说，紧接着再派遣大军进逼，如果他不听从我们的奉劝，击败他并夺取青州不过像弯腰拣草那么容易罢了。得到那里之后，封锁关隘，养精蓄锐，等待时机而有所建树，这才是皇上的关中、河内呀！"慕容德犹豫再三，委决不下。

一个叫竺朗的和尚一向善于占卜征候，慕容德遣使牙门苏抚前去探问，竺朗说："我恭敬地看了他们提出的这三种策略，潘尚书的建议才是兴邦立国的言论。而且今年年初的时候，彗星起自奎宿、娄宿，其尾扫过虚宿、危宿。彗星的出现乃是消除陈腐、新机将布的星象，奎宿、娄宿天区为鲁国疆域，虚宿、危宿天区为齐国疆域。应该先去夺取兖州，再去安抚琅邪，到秋天的时候再向北攻占齐地，这是上天的旨意呀。"苏抚又偷偷地问他燕国的寿命如何，竺朗根据《周易》推算之后说："燕国将在庚戌年衰亡，寿命为一纪，并可以把王位传给儿子。"苏抚回去向慕容德汇报，慕容德才率领大军向南进发，兖州以北偏远地区的郡县都投降了他。慕容德分别设置地方官员安抚百姓，严禁军队到处掳掠抢夺。百姓们非常高兴，一路上不断有人送来慰劳大军的牛肉美酒。

三月二十日丙子，魏道武帝拓跋珪派遣建义将军庾真、越骑校尉奚斤率兵袭击库狄、宥连、侯莫陈三个部落，并且把它们全部击破，追击奔袭到大峨谷，在那里

己卯，追尊帝所生母陈夫人为德皇太后。

夏，四月，鲜卑叠掘河内帅户五千降于西秦。西秦王乾归以河内为叠掘都统，以宗女妻之。

甲午，燕大赦。

会稽王道子有疾，且无日不醉。世子元显知朝望去之，乃讽朝廷解道子司徒、扬州刺史。乙未，以元显为扬州刺史。道子醒而后知之，大怒，无如之何。元显以庐江太守会稽张法顺为谋主，多引树亲党，朝贵皆畏事之。

燕散骑常侍余超、左将军高和等坐谋反，诛。

凉太子绍、太原公纂将兵伐北凉，北凉王业求救于武威王乌孤，乌孤遣骠骑大将军利鹿孤及杨轨救之。业将战，沮渠蒙逊谏曰："杨轨恃鲜卑之强，有窥窬之志，绍、纂深入，置兵死地，不可敌也。今不战则有泰山之安，战则有累卵之危。"业从之，按兵不战。绍、纂引兵归。

六月，乌孤以利鹿孤为凉州牧，镇西平，召车骑大将军傉檀入录府国事。

会稽世子元显自以少年，不欲顿居重任，戊子，以琅邪王德文为司徒。

魏前河间太守范阳卢溥帅其部曲数千家就食渔阳，遂据有数郡。秋，七月，己未，燕主盛遣使拜溥幽州刺史。

辛酉，燕主盛下诏曰："法例律，公侯有罪，得以金帛赎，此不足以惩恶而利于王府，甚无谓也。自今皆令立功以自赎，勿复输金帛。"

西秦丞相南川宣公出连乞都卒。

秦齐公崇、镇东将军杨佛嵩寇洛阳，河南太守陇西辛恭靖婴城固守。雍州刺史杨佺期遣使求救于魏常山王遵，魏主珪以散骑侍郎西河张济为遵从事中郎以报之。佺期问于济曰："魏之伐中山，戎士几何？"济曰："四十余万。"佺期曰："以魏之强，小羌不足灭也。且晋之与魏，本为一家，今既结好，义无所隐。此间兵弱粮寡，洛阳之救，恃魏而已。若其

安置了守卫部队之后才返回。

三月二十三日己卯，晋安帝司马德宗追尊他的亲生母亲陈夫人为德皇太后。

夏季，四月，鲜卑叠掘部落的首领河内率他所辖属的五千户居民，向西秦投降。西秦主乞伏乾归任命河内为叠掘都统，并把自己宗族的一个女儿嫁给他做妻子。

四月初九甲午，后燕实行大赦。

东晋会稽王司马道子有病，而且又嗜酒成癖，没有一天不酩酊大醉。他的嫡长子司马元显知道他在朝廷已经没有声望，于是便委婉地劝说，请求朝廷解去了司马道子的司徒、扬州刺史职务。四月初十乙未，晋安帝司马德宗任命司马元显为扬州刺史。司马道子清醒之后知道了这件事，虽然忍不住暴跳如雷，但是也没有办法。司马元显把庐江太守会稽人张法顺作为自己的主要谋士，并且大量地引用亲信，树立党羽，朝中地位显贵的官员都以畏惧的态度对待他。

后燕散骑常侍余超、左将军高和等人，以谋反罪被杀。

后凉太子吕绍、太原公吕纂率军攻打北凉，北凉主段业向南凉武威王秃发乌孤求救，秃发乌孤派遣骠骑大将军秃发利鹿孤与杨轨一起前去救援。段业准备迎战，沮渠蒙逊劝阻他说："杨轨这个人依仗着鲜卑人的强大，有对我趁机动手的野心，吕绍、吕纂此次敢于率军深入，已经把军队置之死地，我们抵挡不过。现在我们不出战，还有像泰山那样的安稳，出战就会有累卵之危。"段业听从了他的劝告，按兵不动。吕绍、吕纂只好带着大军回去。

六月，秃发乌孤任命秃发利鹿孤为凉州牧，镇守西平，召回车骑大将军秃发傉檀，叫他入朝处理国家大事。

东晋会稽王的嫡长子司马元显，知道自己还年轻，不打算马上担负起国家的重大责任。六月初四戊子，朝廷任命琅邪王司马德文为司徒。

北魏前河间太守范阳人卢溥统率他手下的几千人家到渔阳谋生，于是占据了几个郡的土地。秋季，七月初五己未，后燕主慕容盛派遣使节任命卢溥为幽州刺史。

七月初七辛酉，后燕主慕容盛下令说："法令判例规定，公、侯如果犯了罪，可以用金钱、布帛来赎罪，这不能达到惩罚罪恶的目的，却有利于王府，因此毫无意义。从今往后，犯罪的人必须立功才能赎清自己的罪责，不得再收取金钱、布帛。"

西秦丞相、南川宣公出连乞都去世。

后秦齐公姚崇、镇东将军杨佛嵩进犯东晋的洛阳，河南太守陇西人辛恭靖围绕城池加固防守。雍州刺史杨佺期派遣使节向北魏国常山王拓跋遵请求援助，魏道武帝拓跋珪派散骑侍郎西河人张济作为拓跋遵的从事中郎前往。杨佺期向张济问道："你们魏国去征伐中山，有多少军士？"张济说："四十多万。"杨佺期说："就你们如此强大的魏国来说，姚崇一伙小小的羌贼实在不值得你们去消灭。况且晋与魏之间

保全，必有厚报；若其不守，与其使羌得之，不若使魏得之。”济还报。八月，珪遣太尉穆崇将六万骑往救之。

燕辽西太守李朗在郡十年，威行境内，恐燕主盛疑之，累征不赴。以其家在龙城，未敢显叛，阴召魏兵，许以郡降魏；遣使驰诣龙城，广张寇势。盛曰：“此必诈也。”召使者诘问，果无事实。盛尽灭朗族。丁酉，遣辅国将军李旱讨之。

（以上为第三段，写东晋朝廷任命司马元显为扬州刺史，逐步替代其父司马道子掌管朝政；后秦出兵攻打东晋，北魏出兵援助东晋；后燕主慕容盛杀掉辽西郡太守李朗。）

初，魏奋武将军张衮以才谋为魏主珪所信重，委以腹心。珪问中州士人于衮，衮荐卢溥及崔逞，珪皆用之。

珪围中山久未下，军食乏，问计于群臣，逞为御史中丞，对曰：“桑椹可以佐粮，飞鸮食椹而改音，诗人所称也。”珪虽用其言，听民以椹当租，然以逞为侮慢，心衔之。秦人寇襄阳，雍州刺史郗恢以书求救于魏常山王遵曰：“贤兄虎步中原。”珪以恢无君臣之礼，命衮及逞为复书，必贬其主。衮、逞谓帝为贵主。珪怒曰：“命汝贬之而谓之‘贵主’，何如‘贤兄’也！”逞之降魏也，以天下方乱，恐无复遗种，使其妻张氏与四子留冀州，逞独与幼子赜诣平城，所留妻子遂奔南燕。珪并以是责逞，赐逞死。卢溥受燕爵命，侵掠魏郡县，杀魏幽州刺史封沓干。珪谓衮所举皆非其人，黜衮为尚书令史。衮乃阖门不通人事，惟手校经籍，岁余而终。

燕主宝之败也，中书令、民部尚书封懿降于魏。珪以懿为给事黄门侍郎、都坐大官。珪问懿以燕氏旧事，懿应对疏慢，亦坐废于家。

本来就是一家，现在既然已经结成友好关系，便不应该有什么隐瞒的。我这里兵力微弱，粮草也很少，救助洛阳的事，就依赖你们魏国了。如果洛阳可以完好无缺，对你们一定会有丰厚的报答；如果坚守不住，与其让羌人得到，还不如让你们得到！”张济回国汇报了杨佺期的态度。八月，拓跋珪派遣太尉穆崇带领六万骑兵前往援助杨佺期。

后燕辽西太守李朗，担任郡守十年，在郡内威信很高，他害怕后燕主慕容盛猜疑忌恨，因此几次被征召都不去。因为自己的家眷全在龙城，没有公开叛变，只是私下里招引北魏大军前来，答应统领全郡向北魏投降。他于是派遣信使跑到龙城去禀报，夸张辽西那里受到寇贼侵犯的形势。慕容盛说：“这一定是骗局。”把那个信使招来仔细审问，果然没有那么一回事。慕容盛把李朗的家人全部杀掉。八月十四日丁酉，派遣辅国将军李早前去攻打。

当初，北魏奋武将军张衮因为才干出众、谋略过人而得到北魏主拓跋珪的信任与重用，把他当作心腹。拓跋珪向张衮询问中州的读书人谁比较有名，张衮荐举了卢溥和崔逞，拓跋珪都加以任用。

那时，魏道武帝拓跋珪围困中山城很长时间也没有攻下，部队的粮食非常缺乏，向群臣询问办法，当时崔逞是御史中丞，他回答说：“桑葚可以用来做辅助粮食；飞来飞去的猫头鹰吃了桑葚而改变了叫声，这是诗人说的。”拓跋珪虽然采纳了他的意见，允许百姓用桑葚充当地租交纳，但是却认为崔逞有意侮辱轻慢自己，记恨在心。后来，后秦国的军队进犯襄阳，东晋雍州刺史郗恢写信向北魏常山王拓跋遵求援说：“贤兄像猛虎那样纵横中原。”拓跋珪认为郗恢没有遵奉君臣之间的礼法，让张衮和崔逞代写回信，一定要贬斥东晋的君主。但张衮、崔逞在信中称东晋皇帝为“贵主”。拓跋珪见此，勃然大怒说：“我命令你们贬低他，你们却称他为‘贵主’，这怎么能和他叫我‘贤兄’相比呢！”崔逞投降北魏的时候，天下正处在动乱之中，担心不能遗留下后代，所以让他的妻子张氏和四个儿子留在冀州老家，崔逞自己与最小的儿子崔赜来到平城，他的妻子张氏和四个儿子便投奔了南燕。拓跋珪把这几件事加在一起责问崔逞，下令让他自杀。卢溥接受后燕的官位和命令，侵犯袭掠北魏的郡县，又杀了北魏幽州刺史封沓干。拓跋珪认为张衮所举荐的人都不好，因此把张衮贬为尚书令史。张衮于是从此紧闭大门，不与外边来往，只是整天地校勘经史典籍，一年多之后去世。

后燕主慕容宝失败的时候，中书令、民部尚书封懿向北魏投降。国主拓跋珪任命封懿为给事黄门侍郎、都坐大官。拓跋珪向封懿询问燕氏政权过去的一些事情，

武威王秃发乌孤醉，走马伤胁而卒，遗令立长君。国人立其弟利鹿孤，谥乌孤曰“武王”，庙号烈祖。利鹿孤大赦，徙治西平。

（以上为第四段，写北魏主拓跋珪心胸狭隘。崔逞建议用桑椹为军粮，拓跋珪认为是在侮慢自己；张衮、崔逞称东晋皇帝为“贵主”，被拓跋珪认为没有达到贬低目的，最后崔逞被赐死。）

南燕王德遣使说幽州刺史辟闾浑，欲下之，浑不从。德遣北地王钟帅步骑二万击之。德进据琅邪，徐、兖之民归附者十余万。德自琅邪引兵而北，以南海王法为兖州刺史，镇梁父。进攻莒城，守将任安委城走。德以潘聪为徐州刺史，镇莒城。

兰汗之乱，燕吏部尚书封孚南奔辟闾浑，浑表为勃海太守。及德至，孚出降，德大喜曰：“孤得青州不为喜，喜得卿耳！”遂委以机密。

北地王钟传檄青州诸郡，谕以祸福。辟闾浑徙八千余家入守广固，遣司马崔诞戍薄荀固，平原太守张豁戍柳泉。诞、豁承檄皆降于德。浑惧，携妻子奔魏，德遣射声校尉刘纲追之，及于莒城，斩之。浑子道秀自诣德，请与父俱死。德曰：“父虽不忠，而子能孝。”特赦之。

浑参军张瑛为浑作檄，辞多不逊，德执而让之。瑛神色自若，徐曰：“浑之有臣，犹韩信之有蒯通。通遇汉祖而生，臣遭陛下而死，比之古人，窃为不幸耳！”德杀之。遂定都广固。

（以上为第五段，写南燕主慕容德率领军队在山东开辟根据地，占领琅邪；东晋幽州刺史辟闾浑开始硬抗，后来恐惧，投奔北魏，被追杀；慕容德定都广固城。）

燕李旱行至建安，燕主盛急召之，群臣莫测其故。九月，辛未，复遣之。李朗闻其家被诛，拥二千余户以自固；及闻旱还，谓有内变，不复设备，留其子养守令支，自迎魏师于北平。壬子，旱袭令支，克之，遣广威将军孟广平追及朗于无终，斩之。

封懿在回答时，疏略而且傲慢，也被免去一切官职，在家闲居。

南凉武威王秃发乌孤醉酒之后，骑马奔驰，伤了肋骨而死，留下遗命让年纪大的人为国君。国人拥立他的弟弟秃发利鹿孤，追谥秃发乌孤为武王，庙号烈祖。秃发利鹿孤下令大赦，把都城迁到西平。

南燕王慕容德派遣使节前去游说东晋幽州刺史辟闾浑，打算拿下幽州，辟闾浑没有听从他们的劝告。慕容德派遣北地王慕容钟率领步、骑兵共两万人进攻辟闾浑。慕容德向前推进占据琅邪，徐州、兖州的百姓归附他的有十多万人。慕容德带兵从琅邪向北进发，任命南海王慕容法为兖州刺史，镇守梁父。然后又进攻莒城，东晋守将任安放弃城池逃走，慕容德任命潘聪为徐州刺史，镇守莒城。

当年兰汗之乱时，后燕吏部尚书封孚向南投奔辟闾浑，辟闾浑向朝廷奏报，任命他做了渤海太守。慕容德来到的时候，封孚出城投降，慕容德非常高兴地说："我得到青州并不觉得是大喜的事，可喜的是我得到了你。"于是把朝廷机密要事交给封孚掌管处理。

北地王慕容钟向青州的各郡传布檄文，向他们申明祸福、利害关系。辟闾浑把八千多户居民迁徙到广固去据守，又派司马崔诞去戍守薄荀固，派平原太守张豁戍守柳泉。崔诞、张豁接到慕容钟的檄文后，都向慕容德投降。辟闾浑非常害怕，便携带着妻子儿女，向北魏国奔逃，慕容德派遣射声校尉刘纲前去追赶他，追到莒城把他杀了。辟闾浑的儿子辟闾道秀，自己去面见慕容德，请求让他与他的父亲一块死。慕容德叹息说："父亲虽然不忠，但是他的儿子却能尽孝。"特地赦免了辟闾道秀。

辟闾浑的参军张瑛曾经为辟闾浑草拟檄文，文中措辞大多不逊，慕容德把他抓住后谴责他。但张瑛神色自然，慢慢地说："辟闾浑有我，就好像韩信有蒯通一样。蒯通遇到了汉高祖刘邦而能生存，我与皇上遭遇却要死，与古人相比，我只能觉得是一种不幸罢了！"慕容德把他杀了。于是南燕定都在广固。

后燕辅国将军李旱，攻打李朗，行进到建安，后燕主慕容盛把他紧急召回，大臣们都不知道是什么缘故。九月十八日辛未，又派他出征。李朗听说他的家眷全部被杀害，便集结二千多户居民，用以固守自己的城池，等到听说李旱突然回去，认为后燕国内部一定出现变化，所以不再设防，只是留下他的儿子李养据守令支，自

秦主兴以灾异屡见，降号称王，下诏令群公、卿士、将牧、守宰各降一等。大赦，改元弘始。存问孤贫，举拔贤俊，简省法令，清察狱讼，守令之有政迹者赏之，贪残者诛之，远近肃然。

冬，十月，甲午，燕中卫将军卫双有罪，赐死。李旱还，闻双死，惧，弃军而亡，至板陉，复还归罪。燕主盛复其爵位，谓侍中孙勍曰："旱为将而弃军，罪在不赦。然昔先帝蒙尘，骨肉离心，公卿失节，惟旱以宦者忠勤不懈，始终如一，故吾念其功而赦之耳。"

辛恭靖固守百余日，魏救未至，秦兵拔洛阳，获恭靖。恭靖见秦王兴，不拜，曰："吾不为羌贼臣！"兴囚之，恭靖逃归。自淮、汉以北，诸城多请降，送任于秦。

魏主珪以穆崇为豫州刺史，镇野王。

会稽世子元显，性苛刻，生杀任意，发东土诸郡免奴为客者，号曰"乐属"，移置京师，以充兵役，东土嚣然苦之。

孙恩因民心骚动，自海岛帅其党杀上虞令，遂攻会稽。会稽内史王凝之，羲之之子也，世奉天师道，不出兵，亦不设备，日于道室稽颡跪呪。官属请出兵讨恩，凝之曰："我已请大道，借鬼兵守诸津要，各数万，贼不足忧也。"及恩渐近，乃听出兵，恩已至郡下。甲寅，恩陷会稽，凝之出走，恩执而杀之，并其诸子。凝之妻谢道蕴，奕之女也，闻寇至，举措自若，命婢肩舆，抽刀出门，手杀数人，乃被执。吴国内史桓谦、临海太守新蔡王崇、义兴太守魏隐皆弃郡走。于是，会稽谢鍼、吴郡陆瓌、吴兴丘尫、义兴许允之、临海周胄、永嘉张永等及东阳、新安凡八郡人，一时起兵，杀长吏以应恩，旬日之中，众数十万。吴兴太守谢邈、永嘉太守司马逸、嘉兴公顾胤、南康公谢明慧、黄门郎谢冲、张琨、中书郎孔道等，皆为恩党所杀。邈、冲，皆安之弟子也。时三吴承平日久，民不习战，故郡县兵皆望风奔溃。

己却去北平迎接北魏军。壬子（疑误），李旱袭击并攻破了令支，马上又派广威将军孟广平去追击李朗，在无终追上并把他杀了。

后秦主姚兴因为天灾和异兆多次出现，降低名号，由皇帝改称王，并下达诏书，命令诸公卿、将帅、地方官吏，全部降职一级。下令大赦，改年号为弘始；安抚慰问孤寡之人与贫苦百姓，选举荐拔贤才俊士；简化缓和法令制度，清正明确地处理诉讼案件。地方官吏有政绩的奖赏，贪婪残暴的人被诛杀。国中无论远近，秩序井然。

冬季，十月十一日甲午，后燕中卫将军卫双因罪被赐死。李旱回朝之后，听说卫双已死，非常害怕，便抛下军队，只身逃亡，到板陉之后，又回去自首认罪。后燕主慕容盛恢复了他的爵位和职务，对侍中孙勍说："李旱作为将军却抛弃了自己的军队，他的罪过绝对是不可饶恕的。但是过去先帝遭受挫折、流亡的时候，自己的骨肉都离心离德，公卿们失去节操，只有李旱一人，虽然身为宦官，却能忠贞勤勉地护佑先帝，始终如一。我正是感念他的这些功劳，所以才赦免他的呀！"

东晋将领辛恭靖在洛阳坚守了一百多天，北魏的救援部队仍然没有到。后秦军攻下了洛阳，抓获了辛恭靖。辛恭靖被押解去见后秦王姚兴，不肯跪拜，说："吾决不做羌贼的臣民！"姚兴把他囚禁起来，辛恭靖趁机逃了回去。这样，从淮河、汉水以北地区各城，有很多都请求投降，并向后秦送去亲属做担保。

魏道武帝拓跋珪任命穆崇为豫州刺史，镇守野王。

东晋会稽王的嫡长子司马元显，生性严酷刻薄，对人的生死，随心所欲地处置。他下令征召东方各郡中解除奴户身份而变成客户的人，把他们称为乐属，迁移到京师去居住，用作后备兵源，忧愁笼罩在东方各郡的广大土地之上，百姓深感痛苦。

逃到海上去的孙恩因为百姓骚动不安，从海岛上率领他的部众，杀死了上虞令，进而对会稽发起了猛攻。会稽内史王凝之是王羲之的儿子，世代信奉天师道，他既不出兵也不设防戒备，只是每天去道堂上磕头念咒。手下官员请求派兵出城攻打孙恩，王凝之说："我已请来了得道大仙，借来了鬼兵把守各个险要关卡，每个地方都有几万鬼兵，盗贼不值得担忧。"等到孙恩的兵马越来越近，才允许发兵抵敌，可是孙恩的大军已经到了郡城之下。十月，甲寅（疑误），孙恩攻克了会稽城，王凝之逃出城去，被孙恩抓住杀了，同时还杀了他的几个儿子。王凝之的妻子谢道蕴是谢奕的女儿，听说强盗来到，一举一动跟平常一样，从容不迫，她命令婢女们抬着她乘坐的轿子，拔出佩刀来到家门之外，亲手杀死了几个人才被抓住。吴国内史桓谦、临海太守新蔡王司马崇、义兴太守魏隐等人都放弃了郡城逃走。一时之间，会稽人谢针、吴郡人陆瓌、吴兴人丘尪、义兴人许允之、临海人周胄、永嘉人张永等，以及东阳、新安等共八个郡的百姓，同时拉起队伍，杀掉本地官员而响应孙恩。十天

恩据会稽，自称征东将军，逼人士为官属，号其党曰“长生人”，民有不与之同者，戮及婴孩，死者什七、八。醢诸县令以食其妻子，不肯食者，辄支解之。所过掠财物，烧邑屋，焚仓廪，刊木，堙井，相帅聚于会稽，妇人有婴儿不能去者，投于水中，曰：“贺汝先登仙堂，我当寻后就汝。”恩表会稽王道子及世子元显之罪，请诛之。

自帝即位以来，内外乖异，石头以南皆为荆、江所据，以西皆豫州所专，京口及江北皆刘牢之及广陵相高雅之所制，朝政所行，惟三吴而已。及孙恩作乱，八郡皆为恩有，畿内诸县，盗贼处处蜂起，恩党亦有潜伏在建康者，人情危惧，常虑窃发，于是内外戒严。加道子黄钺，元显领中军将军，命徐州刺史谢琰兼督吴兴、义兴军事以讨恩。刘牢之亦发兵讨恩，拜表辄行。

（以上为第六段，写后燕主慕容盛平定辽西太守李朗的叛变；东晋朝廷重用司马道子父子，天怨人怒，海盗孙恩乘机骚扰三吴地区，官兵不堪一击，朝野震动。）

西秦以金城太守辛静为右丞相。

十二月，甲午，燕燕郡太守高湖帅户三千降魏。湖，泰之子也。

丙午，燕主盛封弟渊为章武公，虔为博陵公，子定为辽西公。

丁未，燕太后段氏卒，谥曰“惠德皇后”。

谢琰击斩许允之，迎魏隐还郡，进击丘尪，破之，与刘牢之转斗而前，所向辄克。琰留屯乌程，遣司马高素助牢之，进临浙江。诏以牢之都督吴郡诸军事。

初，彭城刘裕，生而母死，父翘侨居京口，家贫，将弃之。同郡刘怀敬之母，裕之从母也，生怀敬未期，走往救之，断怀敬乳而乳之。及

之内，聚集了几十万人。吴兴太守谢邈、永嘉太守司马逸、嘉兴公顾胤、南康公谢明慧、黄门郎谢冲、张琨、中书郎孔道等人都被孙恩的部队杀死。谢邈、谢冲都是谢安的侄儿。这时，三吴一带过太平的日子已经很久，百姓不善于打仗，所以郡县的守兵听见一点风声，便都奔逃溃散。

孙恩占据了会稽，自称为征东将军，逼迫士人充当他的属官，并把手下的人称作“长生人”，百姓中如果有不跟随他的人，就连同婴孩一起杀掉，因此，民众死在他的刀下的有十分之七八。他甚至把一些县令的尸体剁成肉酱，集合他们自己的妻子儿女吃下去，如果拒绝吃，便被肢解分尸。他们路过一个地方便抢掠财物，烧毁房屋和官府的仓库，砍伐树木、填堵水井，民众相随着来到会稽聚集，有的妇女怀中有婴儿，不能跟他们一起去的，便被投到水中，说：“恭喜你先走一步，登上天堂仙境，我一定会随后来找你的。”孙恩向晋安帝司马德宗上书，历数会稽王司马道子和他的嫡长子司马元显的罪状，请求杀掉他们。

自从晋安帝司马德宗即位以来，朝内朝外都是变乱丛生，石头城以南的地区都被荆州、江州所占据，以西的地区又全都归豫州所专有，京口地区以及长江以北都是刘牢之以及广陵相高雅之控制的地盘，朝廷政令所能达到、通行的地方，只有三吴这一小片地域。孙恩作乱之后，三吴的八郡又都被孙恩攻占，京畿几个县，也盗贼祸乱四起，孙恩的党羽也有潜伏在建康城中的人，因此人们心情恐惧，经常担心会发生什么意想不到的变乱，朝廷只好宣布全国戒严，晋安帝司马德宗加授给司马道子黄钺，任命司马元显为中军将军，徐州刺史谢琰兼督吴兴、义兴等郡军事，来攻打孙恩。刘牢之也出动军队征讨孙恩，向朝廷上书之后立即出师。

西秦任命金城太守辛静为右丞相。

十二月十二日甲午，后燕燕郡太守高湖率部属三千多户居民投降北魏。高湖是高泰的儿子。

十二月二十四日丙午，后燕主慕容盛封他的弟弟慕容渊为章武公，慕容虔为博陵公，封他的儿子慕容定为辽西公。

十二月二十五日丁未，后燕皇太后段氏去世，谥号叫惠德皇后。

东晋徐州刺史谢琰击杀了许允之，迎接魏隐回到了郡城，然后进军，袭败丘尫。谢琰与刘牢之边战边前进，所到之处，每攻必克。谢琰留在乌程屯扎，派遣司马高素前去为刘牢之助战，开进到浙江附近。这时，朝廷下令，任命刘牢之都督吴郡诸军事。

当初，彭城人刘裕生下来后，母亲便死了。他的父亲刘翘客居京口，家境贫苦，想把他扔掉。同郡人刘怀敬的母亲是刘裕的姨母，她生下刘怀敬还不到一年，便来

长，勇健有大志。仅识文字，以卖履为业，好樗蒲，为乡闾所贱。刘牢之击孙恩，引裕参军事，使将数十人觇贼。遇贼数千人，即迎击之，从者皆死，裕坠岸下。贼临岸欲下。裕奋长刀仰斫杀数人，乃得登岸，仍大呼逐之，贼皆走，裕所杀伤甚众。刘敬宣怪裕久不返，引兵寻之，见裕独驱数千人，咸共叹息。因进击贼，大破之，斩获千余人。

初，恩闻八郡响应，谓其属曰："天下无复事矣，当与诸君朝服至建康。既而闻牢之临江，曰："我割浙江以东，不失作勾践！"戊申，牢之引兵济江，恩闻之曰："孤不羞走。"遂驱男女二十余万口东走，多弃宝物、子女于道，官军竞取之，恩由是得脱，复逃入海岛。高素破恩党于山阴，斩恩所署吴郡太守陆瓌、吴兴太守丘尫、余姚令吴兴沈穆夫。

东土遭乱，企望官军之至，既而牢之等纵军士暴掠，士民失望，郡县城中无复人迹，月余乃稍有还者。朝廷忧恩复至，以谢琰为会稽太守、都督五郡军事，帅徐州文武戍海浦。

以元显录尚书事。时人谓道子为东录，元显为西录。西府车骑填凑，东第门可张罗矣。元显无良师友，所亲信者率皆佞谀之人，或以为一时英杰，或以为风流名士。由是元显日益骄侈，讽礼官立议，以己德隆望重，既录百揆，百揆皆应尽敬。于是，公卿以下，见元显皆拜。时军旅数起，国用虚竭，自司徒以下，日廪七升，而元显聚敛不已，富逾帝室。

（以上为第七段，东晋名将刘牢之率军征讨孙恩，招募刘裕任参军事，刘裕一人独斗数千敌兵，勇武异常；刘牢之率军渡过浙江，孙恩逃入海岛；司马元显大肆敛财，富逾皇室。）

殷仲堪恐桓玄跋扈，乃与杨佺期结昏为援。佺期屡欲攻玄，仲堪每抑止之。玄恐终为殷、杨所灭，乃告执政，求广其所统。执政亦欲交构，

到刘裕的家把刘裕救了下来，断了刘怀敬的奶来喂养刘裕。刘裕长大后，异常勇武健壮，胸怀远大志向。他识字不多，依靠贩卖鞋子维持生计，又爱好樗蒲这种赌博游戏，被同村的人们所轻视。刘牢之征讨孙恩，把刘裕征召来任参军事，派他带领几十个人去探听变民军队的动静，遇上一支数千人的变民军队，便立即迎上前去攻击，跟他同来的士兵全部被杀死，刘裕跌进岸下。变民士兵来到河岸边准备下去，刘裕奋勇地挥舞长杆大刀，仰面朝上砍杀了数名敌人，才得以重新登上岸来，仍然大声吼叫着追杀敌人，敌人全部逃走。刘裕杀死杀伤的人非常之多。刘敬宣奇怪刘裕为什么这么久没有回来，带着兵出去寻找他，正好看见刘裕一个人驱赶砍杀几千人的敌兵，大家同声感叹，于是趁机冲上前去一起追杀变民军队，将他们打得大败，斩杀的与抓获的加起来有一千多人。

当初，孙恩听说八个郡的变民起来响应他，对他的僚属说："天下再也不会有什么大事了，我将与诸位一起穿着朝廷的官服，到建康去。"不久，听说刘牢之带兵来到浙江边上，他说："我即使割据浙江以东的地区，不失作越王勾践。"十二月二十六日戊申，刘牢之带领大军渡过浙江，孙恩听说后说："我并不觉得逃走就是羞辱。"于是，驱赶裹胁男女百姓二十多万人向东逃走，一路上扔掉了许多金银财宝和妇女孩童，官军在路上竞相争抢捺取他们扔下的东西，孙恩因此才得以逃脱，再一次跑进了海岛。高素在山阴击败了孙恩的党羽，杀了孙恩委任的吴郡太守陆瓌、吴兴太守丘尫、余姚令吴兴人沈穆夫。

东部地区的几个郡遭逢战乱，盼望朝廷官军到来。不久，刘牢之等人放纵士兵大肆抢掠，士人、百姓大失所望，各郡各县城中再也看不见人的踪迹，一个多月之后才渐渐有人回来。朝廷担心孙恩再来，任命谢琰为会稽太守、都督五郡军事，统率他的徐州旧部文武官员在东海沿线驻防戍守。

东晋安帝司马德宗任命司马元显录尚书事。当时的人称司马道子是东录，司马元显是西录。西录府门前车马拥挤不堪；东录府门前却冷落得可以张开罗网捕雀。司马元显没有一个正派的老师或者朋友，他亲信的人都是阿谀、奸佞的小人，有的说他是举世无双的英杰，有的说他是风流潇洒的名士。因此，司马元显一天比一天骄纵奢侈，竟暗示礼官提议，说因为他自己德性隆高，深孚众望，既然已经统领文武百官，文武百官便应该对他示敬。从此公卿以下的所有官员，见到司马元显都行跪拜之礼。当时军队经常打仗，国库空虚枯竭，司徒以下的官员，每天只能领七升粮食，但司马元显却仍然不停地搜刮民财、聚敛钱物。其富有程度竟然超过了皇室。

殷仲堪担心桓玄过于专横暴戾，就与杨佺期结成姻亲，互为助援。杨佺期几次打算进攻桓玄，每次都被殷仲堪竭力阻止。桓玄害怕自己最终被殷仲堪、杨佺期剿

使之乖离，乃加玄都督荆州四郡军事，又以玄兄伟代佺期兄广为南蛮校尉。佺期忿惧。杨广欲拒桓伟，仲堪不听，出广为宜都、建平二郡太守。杨孜敬先为江夏相，玄以兵袭而劫之，以为谘议参军。

佺期勒兵建牙，声云援洛，欲与仲堪共袭玄。仲堪虽外结佺期而内疑其心，苦止之，犹虑弗能禁，遣从弟遹屯于北境，以遏佺期。佺期既不能独举，又不测仲堪本意，乃解兵。

仲堪多疑少决，谘议参军罗企生谓其弟遵生曰："殷侯仁而无断，必及于难。吾蒙知遇，义不可去，必将死之。"

是岁，荆州大水，平地三丈，仲堪竭仓廪以赈饥民。桓玄欲乘其虚而伐之，乃发兵西上，亦声言救洛，与仲堪书曰："佺期受国恩而弃山陵，宜共罪之。今当入沔讨除佺期，已顿兵江口。若见与无贰，可收杨广杀之。如其不尔，便当帅兵入江。"时巴陵有积谷，玄先遣兵袭取之。梁州刺史郭铨当之官，路经夏口，玄诈称朝廷遣铨为己前锋，乃授以江夏之众，使督诸军并进，密报兄伟令为内应。伟遑遽不知所为，自赍疏示仲堪。仲堪执伟为质，令与玄书，辞甚苦至。玄曰："仲堪为人无决，常怀成败之计，为儿子作虑，我兄必无忧也！"

仲堪遣殷遹帅水军七千至西江口，玄使郭铨、苻宏击之，遹等败走。玄顿巴陵，食其谷；仲堪遣杨广及弟子道护等拒之，皆为玄所败。江陵震骇。

城中乏食，以胡麻廪军士。玄乘胜至零口，去江陵二十里，仲堪急召杨佺期以自救。佺期曰："江陵无食，何以待敌！可来见就，共守襄阳。"仲堪志在全军保境，不欲弃州逆走，乃绐之曰："比来收集，已有储矣。"佺期信之，帅步骑八千，精甲耀日，至江陵，仲堪唯以饭饷其军。佺期大怒曰："今兹败矣！"不见仲堪，与其兄广共击玄。玄畏其锐，退

灭，于是向朝中的掌权者要求扩大他所统领的地区。朝中掌权者也打算在他们之间制造矛盾，使他们的联盟解体，于是加任桓玄为都督荆州四郡军事，又让桓玄的哥哥桓伟代替杨佺期的哥哥杨广做了南蛮校尉。杨佺期既气愤又害怕。杨广本想拒绝桓伟前来接任，但殷仲堪不允许，把杨广调出做宜都、建平两个郡的太守。杨孜敬原来是江夏相，桓玄派兵去袭击并劫持了他，任命他做了自己的谘议参军。

杨佺期整顿部队，建立军旗，声称要去援救洛阳，打算与殷仲堪一起进攻桓玄。殷仲堪虽然外表是与杨佺期结交，内心里却怀疑他的用心，所以对杨佺期苦苦劝阻，还担心不能阻止杨佺期的行动，又派遣他的堂弟殷遹去北部地区驻扎，用来遏止杨佺期。杨佺期既无法自己独立起事，又推测不出殷仲堪的真实用意，只好停止行动。

殷仲堪生性多疑，办事缺少决断。他的谘议参军罗企生对他的弟弟罗遵生说："殷侯为人仁慈，却优柔寡断，一定会遭逢大难。我承蒙他的知遇之恩，在道义上是不能离开他的，将来一定会因他而死。"

这一年，荆州暴雨成灾，洪水泛滥，平地的水达三丈。殷仲堪把府库中的储备粮食全部拿出来赈济饥民。桓玄打算趁他内部空虚的时候攻打他，于是，发动军队向西进发，也声言要去救助洛阳，并给殷仲堪写信说："杨佺期接受国家的恩宠，但是放弃帝王的坟墓陵寝不管，我们应该一起向他兴师问罪。现在应当进入沔水讨伐杨佺期，我已经在沔水入长江口这一带集结了兵力。如果你的看法与我没有差别，可将杨广抓起来杀掉；如果不这样做，我就要率领大军进入长江，攻击江陵。"这时，巴陵还有积存的粮食，桓玄首先派兵去袭击夺取。梁州刺史郭铨正赶去上任，途中经过夏口，桓玄骗殷仲堪说，朝廷派遣郭铨担任自己的前锋，于是把江夏的部队全部交给他管理，并让他监督统领各支队一起前进，暗中又告诉他的哥哥桓伟作为内应。桓伟既惊慌又害怕，不知道应该干些什么，后来把桓玄的密信送交给殷仲堪看。殷仲堪扣下作为人质，命令他给桓玄写信，文辞凄苦到极点。桓玄说："殷仲堪为人没有决断，常常在打仗之前患得患失、计较成败，为自己的儿子考虑，留条后路，我哥哥一定安全，不必忧虑。"

殷仲堪派遣殷遹率领水军七千人到达西江口，桓玄派郭铨、苻宏进攻他，殷遹等败走。桓玄驻扎在巴陵，吃的是殷仲堪留下的粮食。殷仲堪派遣杨广和自己的侄儿殷道护等人带兵抵抗，全部被桓玄打败。江陵一带为此大为震惊恐惧。

江陵城中缺乏粮食，只能把胡麻发给士兵充饥。桓玄乘胜到达零口，距离江陵只有二十里远。殷仲堪急忙写信召请杨佺期前来救援自己。杨佺期却说："江陵没有粮草，用什么来对付敌人！你可以屈尊到我这里来，我们一起据守襄阳。"殷仲堪的愿望在于保全自己的部队和地盘，不打算放弃自己的州属到别处流亡，于是欺骗杨佺期说："最近，我们征集到了许多粮草，已经有所储备了。"杨佺期相信了他，率

军马头。明日，佺期引兵急击郭铨，几获之。会玄兵至，佺期大败，单骑奔襄阳。仲堪出奔酂城。玄遣将军冯该追佺期及广，皆获而杀之，传首建康。佺期弟思平、从弟尚保、孜敬逃入蛮中。仲堪闻佺期死，将数百人将奔长安，至冠军城，该追获之，还至柞溪，逼令自杀，并杀殷道护。仲堪奉天师道，祷请鬼神，不吝财贿，而啬于周急，好为小惠以悦人，病者自为诊脉分药。用计倚伏烦密，而短于鉴略，故至于败。

仲堪之走也，文武无送者，惟罗企生从之。路经家门，弟遵生曰："作如此分离，何可不一执手！"企生旋马授手，遵生有力，因牵下之，曰："家有老母，去将何之？"企生挥泪曰："今日之事，我必死之；汝等奉养，不失子道。一门之中，有忠与孝，亦复何恨！"遵生抱之愈急，仲堪于路待之，见企生无脱理，策马而去。及玄至，荆州人士无不诣玄者，企生独不往，而营理仲堪家事。或曰："如此，祸必至矣！"企生曰："殷侯遇我以国士，为弟所制，不得随之共殄丑逆，复何面目就桓求生乎！"玄闻之怒，然待企生素厚，先遣人谓曰："若谢我，当释汝。"企生曰："吾为殷荆州吏，荆州败，不能救，尚何谢为！"玄乃收之，复遣人问企生欲何言。企生曰："文帝杀嵇康，嵇绍为晋忠臣，从公乞一弟以养老母！"玄乃杀企生而赦其弟。

（以上为第八段，写东晋桓玄、殷仲堪、杨佺期互斗的结果。殷仲堪优柔寡断，缺乏大智，杨佺期误听召唤，率兵救援，被桓玄各个击破，先后败亡。）

凉王光疾甚，立太子绍为天王，自号太上皇帝，以太原公纂为太尉，常山公弘为司徒。谓绍曰："今国家多难，三邻伺隙，吾没之后，使纂统六军，弘管朝政，汝恭己无为，委重二兄，庶几可济。若内相猜忌，则

步、骑兵共八千人，士兵精壮，铠甲闪光，到达江陵后，殷仲堪只能用一些米饭来犒饷他的军队。杨佺期十分生气地说："这一次必败无疑了！"连殷仲堪也不去会见，便与他的哥哥杨广一起向桓玄发动进攻。桓玄害怕他的锐气，把部队退到马头。第二天，杨佺期又带兵紧急攻打郭铨，几乎抓到了郭铨，恰好赶上桓玄的兵马来到，杨佺期军队大败溃散，他一个人骑着马逃奔襄阳。殷仲堪也逃奔酂城。桓玄派遣将军冯该追捕杨佺期和杨广，把他们全部抓住杀掉了，又把他们的人头送到建康。杨佺期的弟弟杨思平，堂弟杨尚保、杨孜敬逃到蛮族地区。殷仲堪听说杨佺期已死，带着几百人正要投奔长安，走到冠军城，冯该带兵追上并把他抓了起来，回到柞溪，逼迫他自杀，并且杀死了殷道护。殷仲堪也信奉天师道，向鬼神祈祷祭祀从不吝惜钱财，周济急需帮助的人时却过于小气。他喜欢用一些小恩惠来取得别人的欢心，遇到有病的人亲自为其把脉诊治，开方分药。他工于心计，使用计谋时过于烦琐缜密，但是却缺乏远见卓识和雄才大略，所以导致惨败。

殷仲堪逃走的时候，文武官员没有出来送行的人，只有罗企生一个人跟他走。罗企生路过家门时，他的弟弟罗遵生说："我们现在这样分别，怎么能不握一下手？"罗企生把马转回来，伸手给弟弟，罗遵生非常有力，把他从马上拉了下来说："家里还有年迈的母亲，你要跑到哪里去？"罗企生甩了一把眼泪，说："今天这事，我一定是要去死了。由你供养老母，不会失去儿子的孝道。我们一家之中，既有忠于主上的，也有尽孝道的，这还有什么可遗憾的呢！"罗遵生把他抱得越发紧了。殷仲堪在路上等着，看到罗企生根本没有挣脱的希望，就独自打马走了。桓玄来到这里的时候，荆州的人士没有不去拜见桓玄的，只有罗企生一个人不去，却在料理殷仲堪家里的事。有人说："你这样做，一定会大祸临头！"罗企生说："殷侯用对待国家栋梁那样的厚礼来对待重用我，我只是被弟弟控制，才不能跟他一起去杀灭那些丑恶的叛逆之徒，还有什么脸面去桓玄那里，乞求保全性命呢！"桓玄听到了这番话，很生气，但对待罗企生一直很好，他先是派人告诉罗企生说："你如果向我道歉，我就会放过你。"罗企生却说："我是殷仲堪手下的一员官吏，殷仲堪失败，我不能救助他，还有什么可以道歉的呢？"桓玄这才把他抓了起来，又派人去问罗企生还有什么话想说，罗企生说："文帝杀了嵇康，他的儿子嵇绍却成了晋朝的忠臣。我只向你请求，留下我的一个弟弟，让他侍奉我的老母！"桓玄于是杀了罗企生，而赦免了他的弟弟。

后凉主吕光病势沉重，立太子吕绍为天王，自己号称太上皇帝，并任命太原公吕纂为太尉，常山公吕弘为司徒。他对吕绍说："现在国家正处在多灾多难的时候，秃发氏、乞伏氏和段氏这三个强邻，正在等待时机吞并我们。我死之后，让吕纂统

萧墙之变，旦夕至矣！”又谓纂、弘曰：“永业才非拨乱，直以立嫡有常，猥居元首。今外有强寇，人心未宁，汝兄弟缉睦，则祚流万世；若内自相图，则祸不旋踵矣！”纂、弘泣曰：“不敢。”又执纂手戒之曰：“汝性粗暴，深为吾忧。善辅永业，勿听谗言！”是日，光卒。绍秘不发丧，纂排阁入哭，尽哀而出。绍惧，以位让之，曰：“兄功高年长，宜承大统。”纂曰：“陛下国之冢嫡，臣敢奸之！”绍固让，纂不许。

骠骑将军吕超谓绍曰：“纂为将积年，威震内外，临丧不哀，步高视远，必有异志，宜早除之。”绍曰：“先帝言犹在耳，奈何弃之！吾以弱年负荷大任，方赖二兄以宁家国，纵其图我，我视死如归，终不忍有此意也。卿勿复言！”纂见绍于湛露堂，超执刀侍侧，目纂请收之，绍弗许。超，光弟宝之子也。

弘密遣尚书姜纪谓纂曰：“主上暗弱，未堪多难；兄威恩素著，宜为社稷计，不可徇小节也。”纂于是夜帅壮士数百逾北城，攻广夏门，弘帅东苑之众斧洪范门。左卫将军齐从守融明观，逆问之曰：“谁也？”众曰：“太原公。”从曰：“国有大故，主上新立，太原公行不由道，夜入禁城，将为乱邪？”因抽剑直前，斫纂中额，纂左右禽之。纂曰：“义士也，勿杀！”绍遣虎贲中郎将吕开帅禁兵拒战于端门，吕超帅卒二千赴之，众素惮纂，皆不战而溃。纂入自青角门，升谦光殿。绍登紫阁自杀。吕超奔广武。

纂惮弘兵强，以位让弘。弘曰：“弘以绍弟也，而承大统，众心不顺，是以违先帝遗命而废之，惭负黄泉！今复逾兄而立，岂弘之本志乎！”纂乃使弘出告众曰：“先帝临终受诏如此。”群臣皆曰：“苟社稷有主，谁敢违者！”纂遂即天王位。大赦，改元咸宁，谥光曰“懿武皇帝”，庙号太祖；谥绍曰“隐王”。以弘为大都督、督中外诸军事、大司马、车骑大

领六军，吕弘主管朝廷政事，你自己恭顺谨慎地坐在那里，不做什么事，只把大权交给两位哥哥，或许可以渡过难关。如果在自己内部互相猜疑忌恨，家门内的大祸，很快就会发生！”又对吕纂、吕弘说：“吕绍他不是具有拨乱反正之才的人，只因为让嫡出儿子即位符合常规，才苟且居于君位。现在外有强大的敌人，人心又动荡不平，你们兄弟之间如果能紧密联合，精诚团结，大业就可以流传万代。如果内部互相图谋，大祸就在转眼之间！”吕纂、吕弘都哭着说：“我们不敢。”吕光又抓住吕纂的手，特别告诫他说：“你性格粗鲁暴躁，是我最担忧的。你一定要好好地辅佐吕绍，千万不要听别人的挑拨离间啊！”这天，吕光去世。吕绍封锁消息，暂时不办丧事。吕纂推开东侧小门，进去恸哭不已，发泄完心中的哀痛才出来。吕绍很害怕，要把皇位让给他，说：“兄长功劳既高，年纪又大，应该继承皇位。”吕纂说：“皇上是国家的嫡子，我怎么敢冒犯呢？”吕绍坚持让位，吕纂不答应。

骠骑将军吕超对吕绍说：“吕纂当大军的统帅已经很多年，声威震撼内外，面对老父亲的丧事，他并不悲哀，反而昂首阔步，心中一定有叛逆的想法，应该早点把他除掉。”吕绍说：“先帝说的话好像还在耳边回响，我怎么能不听呢？我以这么小的年龄来担负国家的大任，正要依赖两位哥哥的帮助，而使国家安定，纵然他们真的要图谋我，我也视死如归，怎么也不忍心有这种想法。你不要再说了！”吕纂到湛露堂拜见吕绍，吕超手里拿着刀侍立在吕纂的身旁，用眼睛示意吕绍允许自己把吕纂抓起来，吕绍不答应。吕超是吕光的弟弟，吕宝的儿子。

吕弘秘密派尚书姜纪对吕纂说：“主上昏庸懦弱，承受不住灾难。大哥威望恩德向来都很著名，应该为国家社稷考虑，万万不可拘泥小节呀。”吕纂于是当天夜里，带领几百个身强力壮的士兵翻越过北城，进攻皇城的广夏门。吕弘也带着东苑的兵众，用斧头砍开皇城的洪范门。左卫将军齐从据守融明观，迎面喝问对面的来人说：“谁？”众人说：“太原公。”齐从说：“国家正面临大的变故，主上刚刚即位，太原公不从正道上行走，深更半夜深入禁城，难道要谋反叛乱吗？”于是，抽出佩剑迎上前来，砍杀吕纂，砍中了吕纂的前额，吕纂的左右侍从把齐从抓住。吕纂说：“真是忠义的好汉，不要杀他！”吕绍派遣虎贲中郎将吕开率领宫廷禁军，在端门抵抗他们，吕超也率士兵两千人赶到。士兵们一向都很害怕吕纂，没有交手便自行溃散。吕纂从青角门进入禁城，登上谦光殿。吕绍逃到紫阁自杀。吕超逃奔广武。

吕纂忌惮吕弘兵力强盛，要把皇位让给吕弘。吕弘说：“我因为吕绍作为弟弟却继承国家的大业，大家心里不会顺从，才违背先帝的遗命，把他废掉，不惜愧对九泉之下的父亲！现在如果再越过哥哥而当皇帝，那哪里是我吕弘的本来的愿望啊！”吕纂才让吕弘出宫告诉众人说：“先帝临终的时候，我们接受了诏书，要我们这样做。”文武大臣们都说：“只要国家社稷有人主持，我们谁敢违背！”吕纂于是即天

将军、司隶校尉、录尚书事，改封番禾郡公。

纂谓齐从曰："卿前斫我，一何甚也！"从泣曰："隐王，先帝所立；陛下虽应天顺人，而微心未达，唯恐陛下不死，何谓甚也！"纂赏其忠，善遇之。

纂叔父征东将军方镇广武，纂遣使谓方曰："超实忠臣，义勇可嘉，但不识国家大体、权变之宜。方赖其用，以济世难，可以此意谕之。"超上疏陈谢，纂复其爵位。

是岁，燕主盛以河间公熙为都督中外诸军事、尚书左仆射，领中领军。

刘卫辰子文陈降魏，魏主珪妻以宗女，拜上将军，赐姓宿氏。

（以上为第九段，写后凉主吕光去世，诸子争位，太子吕绍自杀；吕纂篡位，改元咸宁，其弟吕弘为大都督，改封为番禾郡公；侄子吕超逃出，成为吕纂掘墓人。）

四年（庚子，400 年）

春，正月，壬子朔，燕主盛大赦，自贬号为庶人天王。

魏材官将军和跋袭卢溥于辽西，戊午，克之，禽溥及其子焕送平城，车裂之。燕主盛遣广威将军孟广平救溥不及，斩魏辽西守宰而还。

乙亥，大赦。

西秦王乾归迁都苑川。

秃发利鹿孤大赦，改元建和。

高句丽王安事燕礼慢，二月，丙申，燕王盛自将兵三万袭之，以骠骑大将军熙为前锋，拔新城、南苏二城，开境七百余里，徙五千余户而还。熙勇冠诸将，盛曰："叔父雄果，有世祖之风，但弘略不如耳！"

初，魏主珪纳刘头眷之女，宠冠后庭，生子嗣。及克中山，获燕主宝之幼女。将立皇后，用其国故事，铸金人以卜之，刘氏所铸不成，慕

王位。下令大赦，改年号为咸宁，追谥吕光为懿武皇帝，庙号太祖；追谥吕绍为隐王。他又任命吕弘为大都督、督中外诸军事、大司马、车骑大将军、司隶校尉、录尚书事，改封他为番乐郡公。

吕纂对齐从说："你前次砍我，岂不是太过分了吗？"齐从流着泪说："隐王是先帝所立。皇上虽然应合天理顺乎人心，我区区之心没有想通，当时只怕砍不死皇上，怎么能说是过分了呢？"吕纂赏识他的忠诚，待他很好。

吕纂的叔父征东将军吕方镇守广武。吕纂派遣信使去对吕方说："吕超确实是忠臣，他的道义与勇武，都值得嘉许。但是他不了解国家大事，也不懂得通达地考虑问题。我现在正要倚重任用他，共同渡过国家的难关。你可以把我的这些意思转告他。"吕超上疏奏诉歉疚之意，吕纂恢复了他的爵位。

这一年，后燕主慕容盛任命河间公慕容熙为都督中外诸军事、尚书左仆射，兼中领军。

原匈奴部落首领刘卫辰的儿子刘文陈投降北魏。魏道武帝拓跋珪把一个同族的女儿嫁给他，任命他为上将军，赐他姓氏为宿。

晋安帝隆安四年（庚子，400 年）

春季，正月初一壬子朔，后燕主慕容盛实行大赦，并贬低了自己的名号，称为庶人天王。

北魏材官将军和跋，在辽西向叛将卢溥发起进攻。正月初七戊午，攻下，俘获了卢溥和他的儿子卢焕，押送到平城，用车裂之刑把他们处死了。后燕主慕容盛派遣广威将军孟广平前去救援卢溥，没有赶上，只斩杀了北魏的辽西地方官吏便回去了。

正月二十四日乙亥，东晋实行大赦。

西秦王乞伏乾归把都城迁到苑川。

秃发利鹿孤实行大赦，改年号为建和。

高句丽王高安对待后燕的礼数有些怠慢，二月十五日丙申，后燕主慕容盛亲自带领三万兵马前去袭击，任命骠骑大将军慕容熙为前锋，攻克新城、南苏两座城池，扩大疆界七百多里，迁移裹胁五千多户居民之后回师。慕容熙的勇猛彪悍超出众将领，慕容盛说："叔父英雄果决，真有世祖的风度，不过在宏图大略方面稍逊一筹！"

当初，魏道武帝拓跋珪纳娶匈奴部落首领刘头眷的女儿，在所有的后宫妃嫔中，最宠爱她，生下了儿子拓跋嗣。攻克后燕都城中山的时候，拓跋珪又抓获、收娶了

容氏成，三月，戊午，立慕容氏为皇后。

桓玄既克荆、雍，表求领荆、江二州。诏以玄为都督荆、司、雍、秦、梁、益、宁七州诸军事，荆州刺史，以中护军桓修为江州刺史。玄上疏固求江州，于是，进玄督八州及扬、豫八郡诸军事，复领江州刺史。玄辄以兄伟为雍州刺史，朝廷不能违。又以从子振为淮南太守。

凉王纂以大司马弘功高地逼，忌之。弘亦自疑，遂以东苑之兵作乱，攻纂。纂遣其将焦辨击之，弘众溃，出走。纂纵兵大掠，悉以东苑妇女赏军，弘之妻子亦在中。纂笑谓群臣曰："今日之战何如？"侍中房晷对曰："天祸凉室，忧患仍臻。先帝始崩，隐王废黜；山陵甫讫，大司马称兵；京师流血，昆弟接刃。虽弘自取夷灭，亦由陛下无常棣之恩，当省己责躬以谢百姓。乃更纵兵大掠，囚辱士女，衅自弘起，百姓何罪！且弘妻，陛下之弟妇；弘女，陛下之侄也，奈何使无赖小人辱为婢妾，天地神明，岂忍见此！"遂歔欷流涕。纂改容谢之，召弘妻子置于东宫，厚抚之。

弘将奔秃发利鹿孤，道过广武，诣吕方，方见之，大哭曰："天下甚宽，汝何为至此！"乃执弘送狱，纂遣力士康龙就拉杀之。

纂立妃杨氏为后，以后父桓为尚书左仆射、凉都尹。

辛卯，燕襄平令段登等谋反，诛。

凉王纂将伐武威王利鹿孤，中书令杨颖谏曰："利鹿孤上下用命，国未有衅，不可伐也。"不从。利鹿孤使其弟傉檀拒之。夏，四月，傉檀败凉兵于三堆，斩首二千余级。

（以上为第十段，写后燕主慕容盛率兵攻打高句丽，攻下新城、南苏两座城池；后凉大司马吕弘功高受到猜忌，发生叛乱，进攻国主吕纂，被打败，逃到叔父吕方那里，被杀。）

后燕前国主慕容宝最小的女儿。拓跋珪准备把她立为皇后，便遵照他们民族部落的传统，铸塑金人以卜问天意。刘氏没有铸成，慕容氏铸成了。三月初八戊午，拓跋珪正式立慕容氏为皇后。

东晋将领桓玄攻克了荆州、雍州之后，向朝廷上书，请求管辖江、荆二州。东晋安帝司马德宗下令，任命桓玄为都督荆、司、雍、秦、梁、益、宁七州诸军事，荆州刺史；任命中护军桓修为江州刺史。桓玄再次上书，坚持要兼管江州，于是朝廷提升桓玄督八州及扬、豫等八郡诸军事，再兼江州刺史。桓玄便擅自任命他的哥哥桓伟为雍州刺史，朝廷不敢拒绝。他又任命自己的侄儿桓振为淮南太守。

后凉主吕纂因为觉得大司马吕弘功劳高，地位逼人，很忌恨他。吕弘也疑心自己会受猜忌，于是索性带着东苑军队实行叛乱，进攻吕纂。吕纂派他的部将焦辨回击，吕弘的部队溃散，吕弘自己也逃走了。吕纂纵容士兵在城中大肆抢掠，并把东苑中的妇女全部赏赐给士兵们，吕弘的妻子、女儿也在其中。吕纂笑着对周围的大臣们说："今日这场战斗怎么样？"侍中房晷回答他说："老天降灾祸给我们凉国，所以忧患灾祸才频繁不断地降临到我们头上。先帝刚刚去世，隐王便被废掉；先帝坟墓刚刚掩埋完毕，大司马又发动兵变；京师血流不止，兄弟之间白刃相接。这次虽然是吕弘自取灭亡，但也是皇上没有兄弟的恩情。皇上应该反省、谴责自己，以此向老百姓们致歉谢罪才是，反而纵容士兵大肆烧杀抢掠，囚禁、侮辱官员妇女。这场祸患的事端是吕弘引起，百姓有什么罪过！况且吕弘的妻子是皇上的弟媳妇，吕弘的女儿是皇上的亲侄女，怎么能使她们被那些卑鄙无赖的小人们当作婢女侍妾加以侮辱呢！天地如果有神明，岂会忍心目睹这样的惨事！"于是泪流满面，抽泣不已。吕纂也耸然动容，向他表示歉意。随后，把吕弘的妻子、女儿召回，安置在东宫居住，非常优厚地抚慰她们。

吕弘打算投奔南凉秃发利鹿孤，途中经过广武，拜见叔父征东将军吕方。吕方看见他后，放声大哭，说："天下如此之大，你为什么偏要跑到这里来呀？"于是把吕弘抓住，押进狱中。吕纂派遣大力士康龙来到广武，把他摧折打死。

吕纂立妃子杨氏为皇后，任命杨皇后的父亲杨桓为尚书左仆射、凉都尹。

三月，辛卯（疑误），后燕襄平令段登等人谋反被杀。

后凉主吕纂准备攻打南凉武威王秃发利鹿孤，中书令杨颖劝阻说："秃发利鹿孤他们现在上下同心，严守号令，国内没有什么矛盾可以利用，不可攻打他们。"吕纂不听。秃发利鹿孤派他的弟弟秃发傉檀阻击后凉军队。夏季，四月，秃发傉檀在三堆把后凉军打败，斩首二千多级。

初，陇西李暠好文学，有令名。尝与郭麐及同母弟敦煌宋繇同宿，麐起谓繇曰："君当位极人臣，李君终当有国家，有騧马生白额驹，此其时也。"及孟敏为沙州刺史，以暠为效谷令。宋繇事北凉王业，为中散常侍。孟敏卒，敦煌护军冯翊郭谦、沙州治中敦煌索仙等，以暠温毅有惠政，推为敦煌太守。暠初难之。会宋繇自张掖告归，谓暠曰："段王无远略，终必无成。兄忘郭麐之言邪？白额驹今已生矣。"暠乃从之，遣使请命于业，业因以暠为敦煌太守。

右卫将军敦煌索嗣言于业曰："李暠不可使处敦煌。"业遂以嗣代暠为敦煌太守，使帅五百骑之官。嗣未至二十里，移暠迎己。暠惊疑，将出迎之。效谷令张邈及宋繇止之曰："段王暗弱，正是英豪有为之日。将军据一国成资，奈何拱手授人！嗣自恃本郡，谓人情附己，不意将军猝能拒之，可一战擒也。"暠从之。先遣繇见嗣，啖以甘言。繇还，谓暠曰："嗣志骄兵弱，易取也。"暠乃遣邈、繇与其二子歆、让逆击嗣，嗣败走，还张掖。暠素与嗣善，尤恨之，表业请诛嗣。沮渠男成亦恶嗣，劝业除之。业乃杀嗣，遣使谢暠，进暠都督凉兴以西诸军事、镇西将军。

吐谷浑视罴卒，世子树洛干方九岁，弟乌纥堤立，妻树洛干之母念氏，生慕璝、慕延。乌纥堤懦弱荒淫，不能治国，念氏专制国事，有胆智，国人畏服之。

燕前将军段玑，太后段氏之兄子也，为段登辞所连及，五月，壬子，逃奔辽西。

丙寅，卫将军东亭献侯王珣卒。

己巳，魏主珪东如涿鹿，西如马邑，观灅源。

戊寅，燕段玑复还归罪，燕王盛赦之，赐号曰"思悔侯"，使尚公主，入直殿内。

当初，陇西人李暠酷爱文学，有很好的名声。他曾经与郭黁以及异父同母兄弟敦煌人宋繇住在一起，郭黁起身对宋繇说：“你将来一定官至极品，你的哥哥李暠最终一定会拥有一个国家。母马生下白额毛的小马驹，就是你们出人头地的时候。”孟敏任沙州刺史时，提升李暠任效谷令。宋繇则为北凉王段业做事，任中散常侍。孟敏死后，敦煌护军冯翊人郭谦、沙州治中敦煌人索仙等人认为李暠性情温和坚毅，能够施行仁政，推举他做了敦煌太守。李暠一开始觉得为难，正好赶上宋繇从张掖请假回家，对李暠说：“段王没有什么远谋大略，最后一定不会有什么成就。哥哥难道忘了郭黁说的话吗？白额头的小马驹现在已经降生了。”李暠听从了他的劝告，派遣信使去向段业请求任命。段业便任命李暠为敦煌太守。

右卫将军敦煌人索嗣对段业说：“李暠这个人，不可让他在敦煌久留。”段业于是让索嗣去代替李暠做敦煌太守，命令他带着五百名骑兵上任。索嗣到了离敦煌二十里的地方，通知李暠前来迎接自己。李暠疑虑重重，准备出城去迎接。效谷令张邈和宋繇等人阻止他说：“段业昏庸懦弱，这正是英雄豪杰大有可为的天赐良机。将军您占据建立一个国家的现成条件，怎么能够拱手送给别人呢！索嗣自己依仗是本郡的人，以为人们一定会归附他，绝对不会意料到将军能突然对他进行阻击，可以一次战斗就把他抓住。”李暠依从了他们的建议。他先派宋繇前去拜见索嗣，用恭顺坦诚的好话将他稳住。宋繇回来后对李暠说：“索嗣骄傲轻慢，兵力极弱，容易取胜。”李暠于是派遣张邈、宋繇以及他的两个儿子李歆、李让带兵攻击索嗣，索嗣大败而走，逃回张掖。李暠向来与索嗣关系很好，所以对他这样排挤自己尤其痛恨，于是他向段业上书，请求处死索嗣。辅国将军沮渠男成也非常讨厌索嗣，也劝段业除掉他。段业果然杀掉了索嗣，派遣使者向李暠去道歉，提升他为都督凉、兴以西诸军事，镇西将军。

吐谷浑可汗视罴去世，他的嫡长子树洛干才九岁，他的弟弟乌纥堤继承了王位。乌纥堤把树洛干的母亲念氏又纳为自己的妻子，生下了两个儿子：慕璝、慕延。乌纥堤生性懦弱，又荒淫无道，不能治理国家，所以念氏专权，主持国家政事。她有胆量和智慧，因此全国的百姓对她都很敬畏佩服。

后燕前将军段玑是皇太后段氏的侄儿，他在襄平令段登的叛乱一案中受到牵连。五月初三壬子，他逃奔到辽西。

五月十七日丙寅，东晋卫将军、东亭献侯王珣去世。

五月二十日己巳，魏道武帝拓跋珪向东来到涿鹿，又向西来到马邑，沿途观看灅水的源流。

五月二十九日戊寅，后燕段玑回到都城认罪自首。后燕主慕容盛赦免了他的罪过，赐给他名号为思悔侯，并让他娶了公主，到宫中任职。

谢琰以资望镇会稽，不能绥怀，又不为武备。诸将咸谏曰："贼近在海浦，伺人形便，宜开其自新之路。"琰不从，曰："苻坚之众百万，尚送死淮南；孙恩小贼，败死入海，何能复出！若其果出，是天欲杀之也。"既而恩寇浃口，入余姚，破上虞，进及邢浦，琰遣参军刘宣之击破之，恩退走。少日，复寇邢浦，官军失利，恩乘胜径进。己卯，至会稽。琰尚未食，曰："要当先灭此贼而后食。"因跨马出战，兵败，为帐下都督张猛所杀。吴兴太守庾桓恐郡民复应恩，杀男女数千人，恩转寇临海。朝廷大震，遣冠军将军桓不才、辅国将军孙无终、宁朔将军高雅之拒之。

秦征西大将军陇西公硕德将兵五千伐西秦，入自南安峡。西秦王乾归帅诸将拒之，军于陇西。

杨轨、田玄明谋杀武威王利鹿孤，利鹿孤杀之。

六月，庚辰朔，日有食之。

以琅邪王师何澄为尚书左仆射。澄，准之子也。

甲子，燕大赦。

凉王纂将袭北凉，姜纪谏曰："盛夏农事方殷，且宜息兵。今远出岭西，秃发氏乘虚袭京师，将若之何！"不从。进围张掖，西掠建康。秃发傉檀闻之，将万骑袭姑臧，纂弟陇西公纬凭北城以自固。傉檀置酒朱明门上，鸣钟鼓，飨将士，曜兵于青阳门，掠八千余户而去。纂闻之，引兵还。

秋，七月，壬子，太皇太后李氏崩。

丁卯，大赦。

（以上为第十一段，写陇西人李暠少有才华，被推为敦煌太守，谋杀与他离心的索嗣，升镇西将军；东晋谢琰镇守会稽不得人心，海盗孙恩侵犯会稽，谢琰出城迎战失败，被部将所杀。）

西秦王乾归使武卫将军慕兀等屯守，秦军樵采路绝，秦王兴潜引兵救之。乾归闻之，使慕兀帅中军二万屯柏杨，镇军将军罗敦帅外军四万屯侯辰谷，乾归自将轻骑数千前候秦兵。会大风昏雾，与中军相失，为

东晋谢琰，因为有很好的资历名望，镇守会稽，但是他不能安定抚慰百姓，又不整顿武备。他手下的将领们都劝告他说：“孙恩为首的盗贼近在海边，正在窥探我们的态度，应该给他们提供一个悔过自新的道路。”谢琰不以为然，说：“苻坚的军队有百万之多，还在淮南落得个送死的下场，孙恩这个小小的蠡贼，惨败之后逃到海中，怎么还能再跑出来呢？如果他真的回到陆地上来，那是老天爷准备杀他了。”不久，孙恩果然带兵进犯浃口，插进余姚，攻破上虞，进军到了邢浦。谢琰派遣参军刘宣之把他打败，孙恩暂时撤退回去。没有几天，他又重新进犯邢浦，官军在作战中失败，孙恩乘胜径直向纵深挺进。五月三十日己卯，抵达会稽城。谢琰还没有吃饭，说：“我准备先消灭了这个贼盗之后再吃饭。”于是跨上战马出城迎战，遭到惨败，被帐下都督张猛杀死。吴兴太守庾桓恐怕当地的百姓再响应孙恩，一连杀死男女百姓几千人。孙恩掉转方向进犯临海。东晋朝廷非常震惊，派遣冠军将军桓不才、辅国将军孙无终、宁朔将军高雅之等抵御孙恩。

后秦征西大将军、陇西公姚硕德带领五千人攻打西秦，从南安峡攻入对方国界。西秦主乞伏乾归率诸将抵抗，驻扎在陇西。

杨轨、田玄明等人阴谋杀害南凉武威王秃发利鹿孤，被秃发利鹿孤处死。

六月初一庚辰朔，出现日食。

东晋任命琅邪王司马德文的老师何澄为尚书左仆射。何澄是何准的儿子。

六月，甲子（疑误），后燕实行大赦。

后凉主吕纂准备进攻北凉，尚书姜纪劝阻说：“现在正好是盛夏，农事很忙，应该让军队休整。开拔很远到岭西去作战，如果南凉秃发利鹿孤趁空虚进攻京师，该怎么办呢？”吕纂不听劝阻，带领部队包围张掖，向西进扰建康。秃发傉檀听说后，率领骑兵一万人袭击后凉姑臧城。吕纂的弟弟陇西公吕纬据守北城，坚固自己的防守。秃发傉檀则在姑臧城的朱明门上摆酒，击钟敲鼓，犒赏将士，在青阳门检阅部队，炫耀兵力，抢掠裹胁八千多户人家而去。吕纂听说后带兵回来。

秋季，七月初四壬子，东晋太皇太后李氏驾崩。

七月十九日丁卯，东晋实行大赦。

西秦王乞伏乾归，派武卫将军慕兀等人屯守陇西，后秦军砍柴的路被切断。后秦主姚兴偷偷地带领部队前去救援。乞伏乾归听说后，派慕兀率中军二万人去柏杨驻守，镇军将军罗敦率外军四万人去侯辰谷驻守，乞伏乾归自己带领几千名轻骑兵

追骑所逼，入于外军。旦，与秦战，大败，走归苑川，其部众三万六千皆降于秦。兴进军枹罕。

乾归奔金城，谓诸豪帅曰：“吾不才，叨窃名号，已逾一纪，今败散如此，无以待敌，欲西保允吾。若举国而去，必不得免；卿等留此，各以其众降秦，以全宗族，勿吾随也。”皆曰：“死生愿从陛下。”乾归曰：“吾今将寄食于人，若天未亡我，庶几异日克复旧业，复与卿等相见，今相随而死，无益也。”乃大哭而别。

乾归独引数百骑奔允吾，乞降于武威王利鹿孤，利鹿孤遣广武公傉檀迎之，置于晋兴，待以上宾之礼。镇北将军秃发俱延言于利鹿孤曰：“乾归本吾之属国，因乱自尊，今势穷归命，非其诚款，若逃归姚氏，必为国患，不如徙置乙弗之间，使不得去。”利鹿孤曰：“彼穷来归我，而逆疑其心，何以劝来者！”俱延，利鹿孤之弟也。

秦兵既退，南羌梁戈等密招乾归，乾归将应之。其臣屋引阿洛以告晋兴太守阴畅，畅驰白利鹿孤，利鹿孤遣其弟吐雷帅骑三千屯扪天岭。乾归惧为利鹿孤所杀，谓其太子炽磐曰：“吾父子居此，必不为利鹿孤所容。今姚氏方强，吾将归之，若尽室俱行，必为追骑所及，吾以汝兄弟及汝母为质，彼必不疑，吾在长安，彼终不敢害汝也。”乃送炽磐等于西平。八月，乾归南奔枹罕，遂降于秦。

丁亥，尚书右仆射王雅卒。

九月，癸丑，地震。

凉吕方降于秦，广武民三千余户奔武威王利鹿孤。

冬，十一月，高雅之与孙恩战于余姚，雅之败，走山阴，死者什七八。诏以刘牢之都督会稽等五郡，帅众击恩，恩走入海。牢之东屯上

迎上前去探听后秦军，正赶上狂风大作，沙尘遮天蔽日，失去了与中军的联络，被后秦追击的骑兵所逼，跑进了外军驻守的防地。第二天早晨，与后秦兵展开激战，大败，逃回苑川。他的部众三万六千人都向后秦军投降。姚兴乘胜指挥后秦部队，进军枹罕。

乞伏乾归逃奔金城，对各位将帅豪俊说："我没有才能，勉强地承受这不该属于我的帝王名号已经超过十二年了，今天惨败到这样的程度，已经没有办法抗击敌寇，我打算到西部的允吾去据守。但如果我们全国的兵马都到那里去，大家一定不能幸免。所以你们就留在此地，各自带领着部队投降后秦，保全我们的宗嗣，不要再追随我了。"大家都说："我们无论生死，都甘愿跟从您。"乞伏乾归说："我现在准备去别人那里找口饭吃，如果老天不让我们亡国，说不定哪一天我能重新恢复我们的旧业，那时就可以再和你们见面了。现在你们跟着我死，没有什么好处啊！"于是君臣相对大哭，洒泪而别。

乞伏乾归只带几百名骑兵投奔允吾，向南凉武威王秃发利鹿孤请求投降。秃发利鹿孤派遣广武公秃发傉檀前去迎接，把他们安置在晋兴，用贵宾的礼节对待他们。镇北将军秃发俱延对秃发利鹿孤说道："乞伏乾归本来就是我们的附庸国，趁乱自己称王。现在他们日暮途穷，来到我们这里归附听命，绝不是出于真心。如果再逃去归附后秦姚氏，一定会成为我们的祸患。不如把他们迁移到乙弗一带，让他们没有办法逃跑。"秃发利鹿孤说："别人没有办法才跑来归附我们，我们却怀疑他的心意不诚，这样我们以后怎么招劝别人前来归附！"秃发俱延是秃发利鹿孤的弟弟。

后秦军撤退之后，南羌部落的首领梁戈等人秘密派人接请乞伏乾归回去。乞伏乾归准备答应。他的臣下屋引阿洛把这件事告诉了晋兴太守阴畅，阴畅马上去告诉秃发利鹿孤。秃发利鹿孤派遣他的弟弟秃发吐雷率领骑兵三千人进驻扪天岭。乞伏乾归害怕被秃发利鹿孤杀掉，对他的太子乞伏炽磐说："我们父子住在这里，一定不能被秃发利鹿孤容留。现今姚氏的后秦正是最强大的时候，我就要去归顺他们，如果我们全家都去，一定会被追击的骑兵抓住，但我把你们兄弟和你们的母亲送去当人质，秃发利鹿孤一定不会怀疑，我在长安落下脚之后，他们也就不敢害你们了。"乞伏乾归便把乞伏炽磐等人送到西平。八月，乞伏乾归向南逃奔到枹罕，向后秦投降。

八月初九丁亥，东晋尚书左仆射王雅去世。

九月初六癸丑，东晋发生地震。

后凉吕方向后秦投降。广武一带的三千多户居民投奔南凉武威王秃发利鹿孤。

冬季，十一月，东晋宁朔将军高雅之与孙恩在余姚交战，高雅之大败，向山阴逃跑，战死的士兵有十分之七八。朝廷下令，任命刘牢之都督会稽等五个郡，统率

虞，使刘裕戍句章。吴国内史袁崧筑沪渎垒以备恩。崧，乔之孙也。

会稽世子元显求领徐州，诏以元显为开府仪同三司，都督扬、豫、徐、兖、青、幽、冀、并、荆、江、司、雍、梁、益、交、广十六州诸军事，领徐州刺史，封其子彦璋为东海王。

乞伏乾归至长安，秦王兴以为都督河南诸军事、河州刺史、归义侯。

久之，乞伏炽磐欲逃诣乾归，武威王利鹿孤追获之。利鹿孤将杀炽磐，广武公傉檀曰："子而归父，无足深责，宜宥之以示大度。"利鹿孤从之。

秦王兴遣晋将刘嵩等二百余人来归。

北凉晋昌太守唐瑶叛，移檄六郡，推李暠为冠军大将军、沙州刺史、凉公，领敦煌太守。暠赦其境内，改元庚子。以瑶为征东将军，郭谦为军谘祭酒，索仙为左长史，张邈为右长史，尹建兴为左司马，张体顺为右司马。遣从事中郎宋繇东伐凉兴，并击玉门已西诸城，皆下之。

酒泉太守王德亦叛北凉，自称河州刺史。北凉王业使沮渠蒙逊讨之。德焚城，将部曲奔唐瑶，蒙逊追至沙头，大破之，虏其妻子、部落而还。

十二月，戊寅，有星孛于天津。会稽世子元显以星变解录尚书事，复加尚书令。吏部尚书车胤以元显骄恣，白会稽王道子，请禁抑之。元显闻而未察，以问道子曰："车武子屏人言及何事？"道子弗答。固问之，道子怒曰："尔欲幽我，不令我与朝士语邪！"元显出，谓其徒曰："车胤间我父子。"密遣人责之。胤惧，自杀。

壬辰，燕主盛立燕台，统诸部杂夷。

魏太史屡奏天文乖乱。魏主珪自览占书，多云改王易政，乃下诏风励群下，以帝王继统，皆有天命，不可妄干；又数变易官名，欲以厌塞灾异。

仪曹郎董谧献《服饵仙经》，珪置仙人博士，立仙坊，煮炼百药，封

士兵攻击孙恩，孙恩被迫逃回大海。刘牢之向东在上虞驻扎，派遣刘裕去戍守句章。吴国内史袁山松修筑沪渎垒，用来防备孙恩的袭击。袁山松是袁乔的孙子。

会稽王嫡长子司马元显请求兼管徐州，朝廷下令任命司马元显为开府仪同三司，都督扬、豫、徐、兖、青、幽、冀、并、荆、江、司、雍、梁、益、交、广十六州诸军事，领徐州刺史，封他的儿子司马彦璋为东海王。

乞伏乾归来到长安，后秦主姚兴让他担任都督河南诸军事、河州刺史，封为归义侯。

时间长了之后，在南凉做人质的乞伏炽磐也打算逃到父亲乞伏乾归那里去。半路上被南凉武威王秃发利鹿孤追上抓住。秃发利鹿孤准备杀了乞伏炽磐，广武公秃发傉檀说："儿子要去归附父亲，没有什么值得过于指责的，我看应该原谅他，好显示我们气度宽宏。"秃发利鹿孤听从了他的劝告。

后秦主姚兴，把被他俘虏的东晋将领刘嵩等二百多人遣送回东晋。

北凉晋昌太守唐瑶叛变，并向其他六郡送去檄文，推举镇西将军李暠为冠军大将军、沙州刺史、凉公，兼任敦煌太守。李暠在他所管辖的范围内实行大赦，改年号为庚子。任命唐瑶为征东将军，郭谦为军谘祭酒，索仙为左长史，张邈为右长史，尹建兴为左司马，张体顺为右司马。派遣从事中郎宋繇向东攻打凉兴，并向玉门以西地区的那些城池发动进攻，宋繇把这些城池全部攻克。

酒泉太守王德也背叛了北凉，自称为河州刺史。北凉王段业派沮渠蒙逊带兵前去征讨。王德烧毁了酒泉城，带领部队投奔唐瑶。沮渠蒙逊在沙头追上，把他们打得大败，俘虏了王德的妻子儿女和部落居民之后才回去。

十二月初二戊寅，有异星出现在天津星旁。会稽王嫡长子司马元显，因为天象变化，被解除了录尚书事的官职，但是又加授了尚书令。吏部尚书车胤因为司马元显过于骄横放纵，晋见会稽王司马道子，请求加以制约。司马元显听说了，但又不大清楚，便向司马道子说："车胤把旁边的人都打发走，说的是什么事？"司马道子没有回答。司马元显坚持要问出个究竟，司马道子大怒地说："你打算把我幽禁起来，不让我与朝中的官员们说话吗？"司马元显出来，对他的部下说："车胤离间我们父子间的关系。"于是暗中派人去斥责车胤。车胤非常害怕，自杀身亡。

十二月十六日壬辰，后燕主慕容盛设立燕台，统领夷人各个部落。

北魏太史几次奏报天上的星象错杂混乱。魏道武帝拓跋珪亲自查阅占卜的书籍，大都说这是帝王变更、改朝换代的征兆。于是下令传告下属文武百官，说帝王继承治理天下的大任都有上天的旨意，不要妄加干预、胡乱猜想。又几次改变官职的名称，想用这种方法禳镇阻止灾难变异的发生。

仪曹郎董谧献上一部《服饵仙经》，北魏主拓跋珪特地设置了仙人博士，安排了

西山以供薪蒸。药成，令死罪者试服之，多死，不验，而珪犹信之，访求不已。

珪常以燕主垂诸子分据势要，使权柄下移，遂至败亡，深非之。博士公孙表希旨，上《韩非书》，劝珪以法制御下。左将军李粟性简慢，常对珪舒放不肃，咳唾任情，珪积其宿过，遂诛之，群下震栗。

丁酉，燕王盛尊献庄后丁氏为皇太后，立辽西公定为皇太子，大赦。

是岁，南燕王德即皇帝位于广固，大赦，改元建平。更名备德，欲使吏民易避。追谥燕主暐曰“幽皇帝”。以北地王钟为司徒，慕舆拔为司空，封孚为左仆射，慕舆护为右仆射。立妃段氏为皇后。

（以上为第十二段，写西秦主乞伏乾归被后秦主姚兴打败，投奔南凉，后又投奔后秦；北凉晋昌太守唐瑶反叛，投靠李暠；南燕慕容德在广固即位，改元建平。）

仙坊，让他们在那里煮炼百药，下令把西山封了起来，把山上的木材用来做煮药的薪柴。药炼成之后，让那些已经被判死罪的人喝下去，结果，很多人都死了，证明并不灵验。但拓跋珪还是相信有这种药，不停地到处访查、探求。

魏道武帝拓跋珪常常认为，后燕主慕容垂让自己的儿子分别把持要害地方，使大权下移，才导致自己的失败灭亡，他觉得这种做法非常错误。博士公孙表迎合他的意思，向他呈上了《韩非子》，劝说拓跋珪用严格的法令制度来驾驭属下，左将军李栗性格傲慢无礼，常常对拓跋珪随意放纵、十分不敬，甚至咳痰吐唾沫，也是无所顾忌。拓跋珪把他以往的这些过失加在一起，于是把他斩了，下属百官为此震惊惧怕。

十二月二十一日丁酉，后燕主慕容盛尊自己的母亲献庄皇后丁氏为皇太后，册立自己的儿子辽西公慕容定为皇太子，实行大赦。

这年，南燕主慕容德在广固即皇帝位。实行大赦，改年号为建平，把自己的名字改为慕容备德，打算让官民在以后避讳时容易些。追谥前燕主慕容暐为幽皇帝，任命北地王慕容钟为司徒，慕舆拔为司空，封孚为左仆射，慕舆护为右仆射，立王妃段氏为皇后。

【点评】

孙恩之乱。东晋帝司马德宗时期，完全是由司马道子及其儿子司马元显掌控朝政，朝野上下人心涣散，乱事不断，三五年时间里，王恭的兵谏之后，又发生了孙恩的叛乱，后面还有桓玄的专权问题，致使国无宁日。孙恩之乱的破坏性之大，影响之深远，是不可忽视的，而造成这次叛乱的因素，也是值得深究的。

首先，邪教势力的渗透之深与扩散之广，几乎遍布朝野。孙恩是五斗米道的信徒。琅邪大族孙泰，家族世奉五斗米道，他私聚徒众数千人，准备起事，后被东晋朝廷诱斩，他的侄子孙恩逃到海岛。如果是一般人，逃到岛上也就算了，而孙恩则利用邪教来迷惑民众。孙泰的信徒认为孙恩是“蝉蜕登仙”，予以神化，并且到海岛上支持他。孙恩于是聚集了一百多人，伺机复仇，而一旦时机成熟，他就上岸，其势几乎席卷了整个三吴地区。由此可见，邪教组织具有非常大的影响力和破坏力。信徒们经过邪教的不断洗脑，对孙恩的行为深信不疑，甚至予以献身也在所不惜。即使后来孙恩无路可走，投海自尽，数百名妓妾和信奉他的部众都随之而死，孙恩则被称为“水仙”，邪教真是害人不浅，信徒愚不可及！

其次，东晋朝廷出台的政策严重扰民、害民，导致乱事不断。公元399年，东晋的执政者司马元显征调因三吴门阀免除官奴身份而成为佃客的广大民众到建康以充实兵员，称作“乐属”，也就是将免除奴隶身份为佃客的人移置京师，以充兵役。或许这样做的初衷是为了增加兵员，但他没有顾及当时民众的实际利益和接受程度，激起了当地门阀的愤怒和不满，致人心不稳，群情激愤。孙恩就是利用这一事件为导火线，乘机进攻上虞，杀掉上虞县令，随后攻克会稽，会稽内史王凝之被杀。当时会稽郡、吴郡、吴兴郡、义兴郡、临海郡、永嘉郡、东阳郡及新安郡皆有人响应，三吴八郡一时都参与其中，孙恩部众亦增加到数十万人，声势浩大。孙恩称其徒众为“长生人”，用以蒙蔽民众。可见，朝廷的政策事关民众的切身利益时，稍有差池，就会酿成大祸。

最后，权力斗争、尔虞我诈不断，地方防备松弛无力。孙恩起事，对东吴地区进行了毁灭性的破坏，地方的防备不起作用，当时郡县官员大多不是被杀就是弃郡逃亡，没有任何的防备和反击措施。朝廷急忙调配兵力去围剿，军队也是不堪一击。孙恩第一次攻打会稽时，曾经担任过江州刺史的会稽内史王凝之，深信五斗米道，不听手下进言，不设防备，祷告后相信已请得“鬼兵”助阵，结果兵败被杀。孙恩第二次攻打会稽时，谢琰兼任会稽内史、都督五郡军事，而他不安抚士民，也不修整武备，大意轻敌，虽然亲自出战，但无济于事，最后败死阵中。朝廷官兵在孙恩之乱中也无所作为，任其势力泛滥。

晋纪三十四

晋安帝隆安五年至元兴元年（401—402年）

【起重光赤奋若（辛丑，401年），尽玄黓摄提格（壬寅，402年），凡二年】

【大事提要】

本卷记事起于公元401年，止于公元402年，凡两年，时当晋安帝（司马德宗）隆安五年至元兴元年。本卷所载大事，主要有五个方面。其一，沮渠蒙逊称帝。其二，吕隆为后凉君主。其三，秃发利鹿孤称河西王。其四，柔然汗国正式建国。柔然族是一个真正的游牧部落，一个名叫郁久闾社仑的首领于公元402年征服了科布多与乌伦古河之间的高车，正式建国，称为豆代可汗。同时，开始了大规模的对外战争，是一个雄踞大漠南北、流沙东西的强大的游牧奴隶制国家。其五，东晋桓玄发迹。公元402年，东晋权臣司马元显下令讨伐桓玄，桓玄率兵东下，击败并俘获豫州刺史司马尚之，夺取历阳，逼近建康，司马元显试图守城但溃败。桓玄入京后总掌国事，流放并杀死司马道子，杀掉司马元显，恢复隆安年号，不久又改元大亨。

【原文】

安皇帝丁

隆安五年（辛丑，401 年）

春，正月，武威王利鹿孤欲称帝，群臣皆劝之。安国将军鍮勿仑曰：“吾国自上世以来，被发左衽，无冠带之饰，逐水草迁徙，无城郭室庐，故能雄视沙漠，抗衡中夏。今举大号，诚顺民心。然建都立邑，难以避患，储蓄仓库，启敌人心；不如处晋民于城郭，劝课农桑以供资储，帅国人以习战射，邻国弱则乘之，强则避之，此久长之良策也。且虚名无实，徒足为世之质的，将安用之！”利鹿孤曰：“安国之言是也。”乃更称河西王，以广武公傉檀为都督中外诸军事、凉州牧、录尚书事。

二月，丙子，孙恩出浃口，攻句章，不能拔。刘牢之击之，恩复走入海。

秦王兴使乞伏乾归还镇苑川，尽以其故部众配之。

凉王纂嗜酒好猎，太常杨颖谏曰：“陛下应天受命，当以道守之。今疆宇日蹙，崎岖二岭之间，陛下不兢兢夕惕以恢弘先业，而沈湎游畋，不以国家为事，臣窃危之。”纂逊辞谢之，然犹不悛。

（以上为第一段，写南凉主秃发利鹿孤听从部下意见，取消称帝，改武威王为河西王；后凉主吕纂酷爱喝酒、打猎，部下劝说，表面听从，却不改过，留下祸患。）

番禾太守吕超擅击鲜卑思盘，思盘遣其弟乞珍诉于纂，纂命超及思盘皆入朝。超惧，至姑臧，深自结于殿中监杜尚。纂见超，责之曰：“卿恃兄弟桓桓，乃敢欺吾，要当斩卿，天下乃定！”超顿首谢。纂本以恐愒超，实无意杀之。因引超、思盘及群臣同宴于内殿。超兄中领军隆数劝纂酒，纂醉，乘步挽车，将超等游禁中。至琨华堂东阁，车不得过，纂亲将窦川、骆腾倚剑于壁，推车过阁。超取剑击纂，纂下车禽超，超刺

【语译】

安皇帝丁

晋安帝隆安五年（辛丑，401 年）

春季，正月，南凉武威王秃发利鹿孤准备称皇帝，大臣们也都一致劝他进位。只有安国将军鍮勿仑说："我们国家自从祖先到现在，都习惯于披散头发，左边开衣襟，从来没有帽子腰带之类的装饰，只是追随有水、有草的地方不断迁徙，因为没有城郭家室居所的拖累，所以我们能够在沙漠的各部族中称雄，与中原的汉族人相抗衡。现在称帝，当然是顺应民心的事情，但是如果设立都城，建筑固定的居住地，那么就很难灵活地躲避战乱；如果把我们的全部积蓄储存在仓库之中又容易引起敌人贪心，所以不如把汉人安置在城郭之中，鼓励他们从事农业、养蚕，来供应我们的给养储备。同时，再统领我们本族的人进行战斗射箭的训练。一旦我们相邻的国家弱小，我们就乘机把它吞并；如果相邻的国家强大，那么我们也可以随时躲避，这才是能够长久的好策略。况且，帝王的虚名没有什么实际的意义，除了做世人的刀砧箭靶，成为别人攻击的目标，还能拿它干什么用呢？"秃发利鹿孤说："安国将军说得太对了。"于是改称为河西王，又任命广武公秃发傉檀为都督中外诸军事、凉州牧、录尚书事。

二月初一丙子，孙恩又从浃口返回陆地，进攻句章，没有攻下。刘牢之率兵向他发起进攻，孙恩再一次逃进大海的岛中。

后秦主姚兴派乞伏乾归回去镇守苑川，把他过去的老部下、军队全部分配给他。

后凉主吕纂生性喜欢喝酒，爱好打猎，太常杨颖劝告他说："皇上顺应上天的意旨，接受了治理国家的重任，所以应当用符合正道的方式恪守自己的使命。现在，我们国家的疆土面积一天比一天缩小，仅仅局限在坎坷不平的两道山岭中间，皇上不小心谨慎地早晚考虑，用什么办法恢复弘扬祖先的事业，反而沉溺于游玩打猎，不把国家的事情当作一回事，依我的愚见，这样是很危险的呀！"吕纂非常谦恭地向他道歉，感谢他的提醒，但是却没有改过。

后凉番禾太守吕超擅自攻击鲜卑部落的首领思盘，思盘派他的弟弟乞珍向吕纂告状。吕纂命令吕超和思盘都到朝中来。吕超很害怕，到了姑臧之后，私下与殿中监杜尚结成很深的交情。吕纂召见吕超，斥责他说："你依仗你们兄弟勇武，结成一伙，竟敢欺侮到我的头上，我应当杀了你，这样天下就能安定了。"吕超磕头认错。吕纂本来也就是要恐吓一下他，其实并没有杀他的意思，所以把吕超、思盘以及大臣们全部带到内殿，一起赴宴。吕超的哥哥中领军吕隆在宴会上不断地向吕纂劝酒，

纂洞胸；川、腾与超格战，超杀之。纂后杨氏命禁兵讨超，杜尚止之，皆舍仗不战。将军魏益多入，取纂首。杨氏曰："人已死，如土石，无所复知，何忍复残其形骸乎！"益多骂之，遂取纂首以徇曰："纂违先帝之命，杀太子而自立，荒淫暴虐。番禾太守超顺人心而除之，以安宗庙，凡我士庶，同兹休庆！"

纂叔父巴西公佗、弟陇西公纬皆在北城。或说纬曰："超为逆乱，公以介弟之亲，仗大义而讨之，姜纪、焦辨在南城，杨桓、田诚在东苑，皆吾党也，何患不济！"纬严兵欲与佗共击超。佗妻梁氏止之曰："纬、超俱兄弟之子，何为舍超助纬，自为祸首乎！"佗乃谓纬曰："超举事已成，据武库，拥精兵，图之甚难，且吾老矣，无能为也。"超弟邈有宠于纬，说纬曰："纂贼杀兄弟，隆、超顺人心而讨之，正欲尊立明公耳。方今明公先帝之长子，当主社稷，人无异望，夫复何疑！"纬信之，乃与隆、超结盟，单马入城，超执而杀之。让位于隆，隆有难色。超曰："今如乘龙上天，岂可中下！"隆遂即天王位，大赦，改元神鼎。尊母卫氏为太后，妻杨氏为后，以超为都督中外诸军事、辅国大将军、录尚书事，封安定公，谥纂曰"灵帝"。

纂后杨氏将出宫，超恐其挟珍宝，命索之。杨氏曰："尔兄弟不义，手刃相屠，我旦夕死人，安用宝为！"超又问玉玺所在。杨氏曰："已毁之矣。"后有美色，超将纳之，谓其父右仆射桓曰："后若自杀，祸及卿宗！"桓以告杨氏。杨氏曰："大人卖女与氏以图富贵，一之谓甚，其可再乎！"遂自杀，谥曰"穆后"。桓奔河西王利鹿孤，利鹿孤以为左司马。

致使吕纂喝得酩酊大醉，睡眼蒙眬地乘坐人拉着的辇车，带着吕超等人游玩观赏禁宫。到了琨华堂东小门，辇车不能过去，吕纂的亲信将领窦川、骆腾便把佩剑取下倚靠在墙上，然后把车推过小门去。吕超突然拿起剑刺杀吕纂，吕纂赶紧下车来擒拿吕超，被吕超在胸口刺穿了一个血洞。窦川、骆腾空着手与吕超格斗，也被吕超杀掉。吕纂的皇后杨氏闻讯后赶出，命令禁卫军攻击吕超，但殿中监杜尚却出来阻止他们动手，所以，那些士兵都扔下武器，不参加战斗。这时，将军魏益多进宫，把吕纂的脑袋砍了下来。杨皇后说："他人已经死了，尸体跟土和石头那样，再也没有什么知觉了，你怎么忍心又去摧残他的形骸呢？"魏益多大骂杨皇后，于是，把吕纂的人头拿出去对外面说："吕纂违背先帝的遗嘱，杀害了太子，自己夺占皇位，并且荒淫、残暴、凶恶。番禾太守吕超顺应人心，把他除掉了，使国家的宗庙社稷得到和平安宁，凡是我国官民，都应该一起庆贺！"

吕纂的叔叔巴西公吕佗、弟弟陇西公吕纬此时都在北城。有人对吕纬说："吕超制造叛乱，您以皇弟的名义和亲情，依仗大义来攻打他们，又有姜纪、焦辨在南城，杨桓、田诚在东苑，都是我们的死党亲信，哪还担心不能成功呢！"因此，吕纬便号令部队整装待发，准备与吕佗一起发兵进攻吕超。吕佗的妻子梁氏阻止他说："吕纬、吕超都是我们的侄儿，你为什么要舍弃吕超而来帮助吕纬呢？难道要自己主动去做罪魁祸首吗？"吕佗于是对吕纬说："吕超发动事变已经成功，他占领了武器仓库，把持了精壮的部队，现在再去攻击他实在难以取胜，况且我们已经老了，不能再有什么作为了。"吕超的弟弟吕邈，得到吕纬的宠信，也劝说吕纬道："吕纂这家伙，杀害自己的兄弟，吕隆、吕超顺应人心来讨伐他，正准备要来拥立明公您啊。现在您是先帝的儿子中最年长的，无疑应当主持国家大局，别人都没有其他想法，您还有什么可以怀疑的呢！"吕纬听信了他的话，于是，跟吕隆、吕超缔结了盟约，自己一个人骑马进了都城，但吕超马上把他抓住杀了。吕超让位给吕隆，吕隆的脸上露出为难的表情。吕超说："今天你好像是骑着龙向天上飞，怎么可以半路上下来呢！"吕隆于是登上了天王的位置，实行大赦，改年号为神鼎。尊称母亲卫氏为皇太后，立妻子杨氏为皇后；任命吕超为都督中外诸军事、辅国大将军、录尚书事，封安定公；追谥吕纂为灵帝。

吕纂的皇后杨氏，即将出宫，吕超怕她带走珍宝，便命人去搜查她。杨皇后说："你们兄弟不义，互相亲手屠杀，我也是早晚要死的人，还用珍宝干什么？"吕超又问她玉玺在什么地方，杨皇后说："已经把它毁掉了。"杨皇后相貌很美，吕超打算娶她，告诉她的父亲右仆射杨桓说："杨皇后如果自杀，大祸就要降临你们全家族。"杨桓把这话告诉了杨皇后。杨皇后说："父亲把女儿卖给氐人，用来谋求荣华富贵，卖一次就已经很过分了，怎么还可以再卖第二次呢！"于是自杀，谥号叫穆后。杨

（以上为第二段，写后凉发生宫廷政变，番禾太守吕超谋杀后凉主吕纂，在皇宫宴会上将其灌醉，在东苑阁道上将其刺杀，割首示众，吕隆即帝位，改元神鼎。）

三月，孙恩北趣海盐，刘裕随而拒之，筑城于海盐故治。恩日来攻城，裕屡击破之，斩其将姚盛。城中兵少不敌，裕夜偃旗匿众，明晨开门，使羸疾数人登城。贼遥问刘裕所在，曰："夜已走矣。"贼信之，争入城。裕奋击，大破之。恩知城不可拔，乃进向沪渎，裕复弃城追之。

海盐令鲍陋遣子嗣之帅吴兵一千，请为前驱。裕曰："贼兵甚精，吴人不习战，若前驱失利，必败我军，可在后为声势。"嗣之不从。裕乃多伏旗鼓。前驱既交，诸伏皆出，裕举旗鸣鼓，贼以为四面有军，乃退。嗣之追之，战没。裕且战且退，所领死伤且尽，至向战处，令左右脱取死人衣以示闲暇。贼疑之，不敢逼。裕大呼更战，贼惧而退，裕乃引归。

河西王利鹿孤伐凉，与凉王隆战，大破之，徙二千余户而归。

夏，四月，辛卯，魏人罢邺行台，以所统六郡置相州，以庾岳为刺史。

乞伏乾归至苑川，以边芮为长史，王松寿为司马，公卿、将帅皆降为僚佐、偏裨。

北凉王业惮沮渠蒙逊勇略，欲远之，蒙逊亦深自晦匿。业以门下侍郎马权代蒙逊为张掖太守。权素豪隽，为业所亲重，常轻侮蒙逊。蒙逊谮之于业曰："天下不足虑，惟当忧马权耳。"业遂杀权。

蒙逊谓沮渠男成曰："段公无鉴断之才，非拨乱之主，向所惮者惟索

桓投奔南凉的河西王秃发利鹿孤，秃发利鹿孤任命他为左司马。

三月，孙恩又回到岸上，向北逼近海盐。刘裕紧追不放，与他抵抗，在海盐的旧城址上修筑新城。孙恩几乎每天都来对刘裕发动进攻，刘裕几次都把孙恩击败，斩杀了他的将领姚盛。城里的部队因为太少，难以抵挡，刘裕当夜就把战旗全部放倒，把精锐部队埋伏起来，第二天早晨打开城门，让几个老弱残兵登上城墙，变民部队一看，远远地向他们打听刘裕到哪里去了。他们说："昨天夜里已经逃跑了。"那些变民部队的士兵相信了他们的话，争先恐后地进了城。刘裕突然向他们发动了猛攻，将变民部队打得大败。孙恩知道不可能把这座城池攻下，于是改向沪渎进军，刘裕便放弃了这座城池，追击孙恩。

海盐令鲍陋派遣他的儿子鲍嗣之率领吴地的士兵一千人，请求做刘裕部队的前锋。刘裕说："强盗们的兵力非常精良，吴地人又不习惯于征战，一旦前锋部队失利，必定会使我军遭到失败。你们可以在后面制造声势。"鲍嗣之却不听从安排，刘裕于是只好埋伏下很多战旗战鼓。吴地人的前锋部队与变民军队交上战之后，几支伏兵便一齐杀出，刘裕又让人挥舞旗帜，鸣击战鼓，变民的军队以为四下里都有军队伏击，于是退了下去。鲍嗣之莽撞追击，在战斗中被杀死。刘裕也一边交战一边撤退，所带领的士兵几乎全部伤亡，退到刚刚接战的地方，命令左右的士兵脱下死人的衣服拿走，用来显示自己情志闲暇，从容不迫。变民军队果然满腹狐疑，不敢逼进。刘裕突然高声呐喊，指挥军队回头再战，孙恩军队恐惧异常，掉头撤退，这样，刘裕才安全地带着部队回去。

南凉河西王秃发利鹿孤攻打后凉，与后凉王吕隆接战，将吕隆打得大败，迁移二千多户居民之后便回去了。

夏季，四月十七日辛卯，北魏朝廷撤销设置在邺城的行台，把原有行台所管辖的六郡建置相州，任命庾岳为相州刺史。

后秦归义侯乞伏乾归回到苑川，任命边芮为长史，王松寿为司马，原来的公卿、将帅都降为慕僚佐属、偏军牙将等小官。

北凉主段业对张掖太守沮渠蒙逊的勇武谋略都很忌惮，所以打算疏远他，沮渠蒙逊对此有所察觉，暗自尽量地韬光养晦，不使自己的才能外露。段业任命门下侍郎马权代替沮渠蒙逊担任张掖太守。马权平时为人豪放挺拔，一直被段业亲信重用，所以，他常常轻慢、欺侮沮渠蒙逊。沮渠蒙逊于是向段业说马权的坏话道："天下没有什么值得忧虑的事情，您只应当提防马权就可以了。"段业于是杀了马权。

沮渠蒙逊对沮渠男成说："段公没有鉴别真假、判断优劣的才能，不是一个可以

嗣、马权，今皆已死，蒙逊欲除之以奉兄，何如？”男成曰：“业本孤客，为吾家所立，恃吾兄弟犹鱼之有水。夫人亲信我而图之，不祥。”蒙逊乃求为西安太守，业喜其出外，许之。

蒙逊与男成约同祭兰门山，而阴使司马许咸告业曰：“男成欲以取假日为乱，若求祭兰门山，臣言验矣。”至期，果然。业收男成赐死。男成曰：“蒙逊先与臣谋反，臣以兄弟之故，隐而不言。今以臣在，恐部众不从，故约臣祭山而反诬臣，其意欲王之杀臣也。乞诈言臣死，暴臣罪恶，蒙逊必反，臣然后奉王命而讨之，无不克矣。”业不听，杀之。蒙逊泣告众曰：“男成忠于段王，而段王无故枉杀之，诸君能为报仇乎？且始者共立段王，欲以安众耳，今州土纷乱，非段王所能济也。”男成素得众心，众皆愤泣争奋，比至氐池，众逾一万；镇军将军臧莫孩率所部降之，羌、胡多起兵应蒙逊者。蒙逊进逼侯坞。

业先疑右将军田昂，囚之，至是召昂，谢而赦之，使与武卫将军梁中庸共讨蒙逊。别将王丰孙言于业曰：“西平诸田，世有反者，昂貌恭而心险，不可信也。”业曰：“吾疑之久矣，但非昂无可以讨蒙逊者。”昂至侯坞，率骑五百降于蒙逊，业军遂溃，中庸亦诣蒙逊降。

五月，蒙逊至张掖，田昂兄子承爱斩关内之，业左右皆散。蒙逊至，业谓蒙逊曰：“孤孑然一己，为君家所推，愿丐余命，使得东还与妻子相见。”蒙逊斩之。

平定乱世的圣明君主，我以前所忌惮担心的只有索嗣、马权二人，现在他们都已经死了，我沮渠蒙逊准备除掉段业而来拥戴兄长您，怎么样？”沮渠男成说：“段业本来就是一个孤身而来的外乡人，是我们沮渠家拥立他登上王位的，他依靠我们兄弟就像鱼必须有水那样。像这样，人家亲近宠信我们，但我们却反过来要图谋他，一定不吉利。”沮渠蒙逊于是请求出京去做西安太守，段业对他能远远离开自己到外地去做官非常高兴，马上答应了他。

沮渠蒙逊与沮渠男成约定一起去兰门山祭祀，但是，又暗地里派司马许咸事先向段业报告说：“沮渠男成打算在请假休息的时候发动政变，如果他来请求到兰门山去设祭，那么，臣的话就应验了。”到了那一天，果然是这样。段业不问青红皂白，把沮渠男成抓了起来，命令他自杀。沮渠男成马上明白了这件事的原委，说：“沮渠蒙逊一开始与我阴谋造反，我因为是兄弟的原因，才把这件事隐瞒下来没有说。现在因为有我在这里，他害怕造反之后部众不肯跟他，所以事先约我去兰门山设祭，然后反过来诬陷我，他的意思就是让凉王您杀了我呀。我请求您先假装着说我已经死了，并把我的所谓罪恶公开。沮渠蒙逊一定会造反，我随后奉您的命令，带兵去攻打他，没有不能战胜的。”但是，段业不听，还是把沮渠男成杀了。沮渠蒙逊哭着对手下的众人说：“沮渠男成对段王忠诚不贰，但是段王却无缘无故地把他给冤杀了，你们诸位能为他报仇雪恨吗？况且一开始的时候，我们一起拥立段王，本打算能使大家的生活安定。现在各地的疆土纷乱不堪，事实证明段王已经不能有所作为，拯救乱世了。”沮渠男成平素很得人心，因此，大家一听此话，都慷慨激昂，悲愤流泪，奋勇争先，等部队开进到了氐池的时候，主动参加进来的人已经超过一万。镇军将军臧莫孩率领着他所带的队伍也投降了过来，羌族、胡人也有许多人拉起队伍响应沮渠蒙逊。沮渠蒙逊的队伍向前逼近到了侯坞。

段业在这之前怀疑右将军田昂对自己不忠诚，因此，把他囚禁了起来。到了这时，又把田昂召了回来，向他道歉并赦免了他，派他与武卫将军梁中庸一起去征讨沮渠蒙逊，别将王丰孙向段业进言道：“西平郡出来的那些姓田的人，哪一代都有叛变的，田昂这个人外表看来谦恭谨慎，但是内心却阴险狡诈，不可信赖。”段业说：“我怀疑他已经很久了，但是除了田昂，我这里就再也没有可以带兵去攻打沮渠蒙逊的人了。”田昂带兵来到侯坞，率领着五百名骑兵向沮渠蒙逊投降，段业的军队于是便不战而自行溃散，梁中庸也来面见沮渠蒙逊投降。

五月，沮渠蒙逊的大军到达张掖，田昂的侄儿田承爱劈开城门把他们放进城内，段业的左右侍从卫士们也都逃散了。沮渠蒙逊进城，段业对沮渠蒙逊说：“我孤零零地只有一个人，被你们家推举，才坐上了王位。我请求你留下我的一条命，让我能够回到故乡去，和我的妻子儿女相见。”沮渠蒙逊没有答应，把他杀了。

业，儒素长者，无他权略，威禁不行，群下擅命，尤信卜筮、巫觋，故至于败。

沮渠男成之弟富占、将军俱傫帅户五百降于河西王利鹿孤。傫，石子之子也。

（以上为第三段，写北凉宫廷政变，北凉主段业无他大略，忌惮张掖太守沮渠蒙逊，而蒙逊有所觉察，渐生反叛之心，用计杀掉段业的干将马权，起兵攻打，杀掉段业。）

孙恩陷沪渎，杀吴国内史袁崧，死者四千人。

凉王隆多杀豪望以立威名，内外嚣然，人不自保。魏安人焦朗遣使说秦陇西公硕德曰："吕氏自武皇弃世，兄弟相攻，政纲不立，竞为威虐，百姓饥馑，死者过半。今乘其篡夺之际，取之易于返掌，不可失也。"硕德言于秦王兴，帅步骑六万伐凉，乞伏乾归帅骑七千从之。

六月，甲戌，孙恩浮海奄至丹徒，战士十余万，楼船千余艘，建康震骇。乙亥，内外戒严，百官入居省内；冠军将军高素等守石头，辅国将军刘袭栅断淮口，丹阳尹司马恢之戍南岸，冠军将军桓谦等备白石，左卫将军王嘏等屯中堂，征豫州刺史谯王尚之入卫京师。

刘牢之自山阴引兵邀击恩，未至而恩已过，乃使刘裕自海盐入援。裕兵不满千人，倍道兼行，与恩俱至丹徒。裕众既少，加以涉远疲劳，而丹徒守军莫有斗志。恩帅众鼓噪，登蒜山，居民皆荷担而立。裕帅所领奔击，大破之，投崖赴水死者甚众，恩狼狈仅得还船。然恩犹恃其众，寻复整兵径向京师。后将军元显帅兵拒战，频不利。会稽王道子无他谋略，唯日祷蒋侯庙。恩来渐近，百姓恟惧。谯王尚之帅精锐驰至，径屯积弩堂。恩楼船高大，溯风不得疾行，数日乃至白石。恩本以诸军分散，欲掩不备，既而知尚之在建康，复闻刘牢之已还，至新洲，不敢进而去，浮海北走郁洲。恩别将攻陷广陵，杀三千人。宁朔将军高雅之击恩于郁

段业，是一个信奉儒家学说的长者，并没有什么其他的权谋和智略，因此，他的声威和命令都不能很好地得到尊重和传达，他手下的人都擅做主张，不听朝廷的调遣，尤其是，他又特别相信占卜和巫术，所以才导致了最后的失败。

沮渠男成的弟弟沮渠富占、将军俱傫统率着五百户居民向南凉河西王秃发利鹿孤投降。俱傫是俱石子的儿子。

孙恩的军队攻克了沪渎，杀了吴国内史袁崧，在这场战斗中死亡四千人。

后凉主吕隆，采用大肆杀戮有声望的豪门大族的办法，用来树立自己的威信和名望，因此，朝廷内外议论纷纷，一片哗然，人人自危。魏安人焦朗派遣使节向后秦陇西公姚硕德游说道："吕氏自从武皇吕光去世之后，兄弟之间互相攻击残害，朝廷的大政法纪也不能确立遵守，人们只是比赛着看谁更加粗鲁暴虐，百姓却因为饥饿灾荒，死的人已经超过一半。现在趁他们正在热心于互相篡夺残杀的机会，消灭他们易如反掌。千万不可失去机会呀！"姚硕德把这话向后秦主姚兴做了汇报，然后便率步、骑兵六万人，对后凉发动了大规模的进攻，归义侯乞伏乾归也带着一支七千人的骑兵部队，跟着姚硕德一起出征。

六月初一甲戌，孙恩从海上发兵，突然出现在丹徒，有士兵十多万人，战舰一千多艘。这使东晋都城建康大为震惊恐慌。六月初二乙亥，东晋都城内外戒严，文武百官全部聚集在台省机构内居住，随时办公。冠军将军高素等人据守石头城，辅国将军刘袭则带兵用木栅栏将淮口切断，丹阳尹司马恢之戍守在长江南岸，冠军将军桓谦等人在白石驻防，左卫将军王嘏等屯兵中堂，征召豫州刺史谯王司马尚之来京师卫守。

刘牢之从山阴带兵前来截击孙恩，还没有赶到，孙恩的兵马已经过去了，于是，他让刘裕从海盐迅速赶来援助。刘裕的兵众一共也不满一千人，日夜兼程，一路急行军才与孙恩的部队几乎同时赶到了丹徒。刘裕的士兵本来就少，再加上赶很远的路，已经疲惫不堪，而丹徒原有的东晋守军又没有丝毫的斗志。孙恩率领他的部队一齐高声呐喊，擂鼓助威，登上了蒜山，而当地的居民则都挑着担子准备逃跑。刘裕率领着他手下的士兵奔向前去，对孙恩部队发动攻击，把孙恩打得大败，变民部队从山崖上摔下、落入水中淹死的非常多，孙恩也仓皇狼狈得仅仅逃回到船上，才保住了命。但是，孙恩仍然倚仗他自己的兵多，很快便重新整顿好部队，径直向京师开进了。后将军司马元显率领部队前来迎战，但却屡屡战败。会稽王司马道子没

洲，为恩所执。

桓玄厉兵训卒，常伺朝廷之隙，闻孙恩逼京师，建牙聚众，上疏请讨之。元显大惧，会恩退，元显以诏书止之，玄乃解严。

（以上为第四段，写东晋海盗孙恩从海上发兵，突然出现在丹徒，逼近京师，朝廷紧急调防；孙恩本想突袭京都建康，但看到防备森严，没有胜算，抢掠而去。）

梁中庸等共推沮渠蒙逊为大都督、大将军、凉州牧、张掖公，赦其境内，改元永安。蒙逊署从兄伏奴为张掖太守、和平侯，弟挐为建忠将军、都谷侯，田昂为西郡太守，臧莫孩为辅国将军，房晷、梁中庸为左右长史，张骘、谢正礼为左右司马。擢任贤才，文武咸悦。

河西王利鹿孤命群臣极言得失。西曹从事史暠曰："陛下命将出征，往无不捷；然不以绥宁为先，唯以徙民为务；民安土重迁，故多离叛，此所以斩将拔城而地不加广也。"利鹿孤善之。

秋，七月，魏兖州刺史长孙肥将步骑二万南徇许昌，东至彭城，将军刘该降之。

秦陇西公硕德自金城济河，直趣广武，河西王利鹿孤摄广武守军以避之。秦军至姑臧，凉王隆遣辅国大将军超、龙骧将军邈等逆战，硕德大破之，生禽邈，俘斩万计。隆婴城固守，巴西公佗帅东苑之众二万五千降于秦。西凉公暠、河西王利鹿孤、沮渠蒙逊各遣使奉表入贡于秦。

有其他办法，只是天天到蒋侯庙去祭祀祈祷。孙恩的部队距离建康已经越来越近了，百姓人心惶惶，非常恐惧。谯王司马尚之统领着他的精锐部队及时赶到，直接驻守在积弩堂。孙恩的战舰非常高大，逆风行驶速度便无法加快，所以几天之后才到达白石。孙恩本来以为东晋各支部队驻守的地区比较分散，因此打算趁他们没有准备，发动突然袭击。但是到达白石后，得知司马尚之的部队正在建康，又听说刘牢之也已经回军，据守在新洲，所以，他不敢继续前进，只好回军，从海路向北直扑郁洲。孙恩手下的其他将领攻克了广陵，杀死了三千人。宁朔将军高雅之在郁洲向孙恩发动进攻，却被孙恩的军队抓获。

荆州刺史桓玄无时无刻不在磨砺兵器，训练部队，时刻严密注视着朝廷内部所出现的每一个对自己有利的微小变化。当他听说孙恩逼近京师，便赶紧树起军旗，集结队伍，向朝廷呈上奏书，请求带兵去攻打孙恩。司马元显对此大为恐惧。正好赶上孙恩的军队撤了回去，于是，司马元显以诏书制止桓玄起兵，桓玄无奈，只好命令部队解除戒备。

北凉武卫将军梁中庸等人，一起推举沮渠蒙逊担任大都督、大将军、凉州牧、张掖公，沮渠蒙逊下令在他所管辖的范围内实行大赦，改年号为永安。沮渠蒙逊又任命他的堂兄沮渠伏奴为张掖太守、和平侯，任命他的弟弟沮渠挐为建忠将军、都谷侯，田昂为西郡太守，臧莫孩为辅国将军，房晷、梁中庸为左右长史，张骘、谢正礼为左右司马。这样，沮渠蒙逊擢升、任用的都是贤明有才干的人物，文武官员都感到很舒心、很高兴。

南凉河西王秃发利鹿孤下令，让群臣畅所欲言，指出他为政的得失好坏。西曹从事史暠说："皇上命令将领们去出征伐战，去了便没有不得胜的。但是，我们打仗，不把安定民心、使他们的生活得到安宁作为首要的目的，而只是把迁移人口作为要务，百姓喜定居本土，不愿迁移，所以，经常出现离心叛逆的现象，这就是我们之所以斩杀敌将、攻克敌城，但是地域却不能更加拓展的原因。"秃发利鹿孤觉得他说得很对。

秋季，七月，北魏兖州刺史长孙肥带领着步、骑兵共二万人，向南夺取了东晋的许昌，又向东进军到彭城。东晋将军刘该投降了他。

后秦陇西公姚硕德从金城附近渡过黄河，径直向广武逼近，南凉河西王秃发利鹿孤调动他在广武的守军撤退，避开了后秦讨伐后凉的军队。后秦军队到达姑臧，后凉主吕隆派遣辅国大将军吕超、龙骧将军吕邈等和后秦军交战，姚硕德把他们打得大败，活捉了吕邈，俘虏杀戮的后凉士兵数以万计。吕隆围绕着都城，指挥固守阵地。后凉巴西公吕佗率领着东苑的部队二万五千人向后秦投降，西凉公李暠、南

初，凉将姜纪降于河西王利鹿孤，广武公傉檀与论兵略，甚爱重之，坐则连席，出则同车，每谈论，以夜继昼。利鹿孤谓傉檀曰："姜纪信有美才，然视候非常，必不久留于此，不如杀之。纪若入秦，必为人患。"傉檀曰："臣以布衣之交待纪，纪必不相负也。"

八月，纪将数十骑奔秦军，说硕德曰："吕隆孤城无援，明公以大军临之，其势必请降；然彼徒文降而已，未肯遂服也。请给纪步骑三千，与王松忽因焦朗、华纯之众，伺其衅隙，隆不足取也。不然，今秃发在南，兵强国富，若兼姑臧而据之，威势益盛，沮渠蒙逊、李暠不能抗也，必将归之，如此，则为国家之大敌矣。"硕德乃表纪为武威太守，配兵二千，屯据晏然。

秦王兴闻杨桓之贤而征之，利鹿孤不敢留。

（以上为第五段，写沮渠蒙逊建立北凉，改元永安；后秦陇西公姚硕德率军打败后凉；西凉主李暠、南凉主秃发利鹿孤、北凉主沮渠蒙逊等都向后秦称臣纳贡。）

诏以刘裕为下邳太守，讨孙恩于郁洲，累战，大破之。恩由是衰弱，复缘海南走，裕亦随而邀击之。

燕王盛惩其父宝以懦弱失国，务峻威刑，又自矜聪察，多所猜忌，群臣有纤介之嫌，皆先事诛之，由是宗亲、勋旧，人不自保。

丁亥，左将军慕容国与殿上将军秦舆、段赞谋帅禁兵袭盛，事发，死者五百余人。壬辰夜，前将军段玑与秦舆之子兴、段赞之子泰潜于禁中鼓噪大呼。盛闻变，帅左右出战，贼众逃溃。玑被创，匿厢屋间。俄

凉河西王秃发利鹿孤、北凉张掖公沮渠蒙逊等都分别派遣使节捧着奏书，去向后秦纳贡。

当初，后凉将军姜纪向南凉河西王秃发利鹿孤投降，广武公秃发傉檀与他探讨兵家战略，对他非常喜爱、推崇，如果坐下的话，便坐垫相连；如果出门的话，便一定要同坐一辆车，每次在一起谈论事情，都是白天说不完，晚上接着说。秃发利鹿孤对秃发傉檀说："姜纪的确具有很高的才华，但是我通过观察，觉得他不是一个有常性的人，一定不会长久地留在我们这里，所以，不如把他杀了，否则，姜纪如果去了后秦，一定会成为我们的祸患。"秃发傉檀说："我以平民的身份，平等地对待他，和他交朋友，姜纪一定不会对不起我。"

八月，姜纪带着几十个骑兵投奔后秦军，对姚硕德说："吕隆只守住一座孤城，没有外来的部队援助，明公您指挥大军围在他的城下，在那种情况下，他一定会请求投降。但是，他这只是嘴上说投降而已，心里并不一定马上便肯服从我们。请您交给我步、骑兵三千人，与王松忽将军一起，利用后凉归顺过来的焦朗、华纯所带的部队，在旁边等待着他们内部矛盾的产生和机会的出现，那么，吕隆被征服，就根本不成问题了。如果不这样的话，现在秃发利鹿孤在南方，军队强壮、国家富有，假若再把姑臧城兼并的话，那么，他的威霸之势便会越发强盛，而沮渠蒙逊和李暠没有力量抵抗他们，也一定会向他归附。一旦这样，那可就是秦国的强大敌人了。"姚硕德于是上书，请求任命姜纪做武威太守，并配给他一支两千人的部队，让他在晏然驻守。

后秦主姚兴听说杨桓非常贤明能干，便征召他到京师长安来，南凉河西王秃发利鹿孤也不敢擅自把他留下来。

东晋朝廷下令，任命刘裕为下邳太守，命他去郁洲征讨孙恩，几次接战，都把变民部队打得大败，孙恩的势力从此衰弱下来，再一次沿海向南败逃，刘裕也紧追不放，不断地向孙恩部队发动进攻。

后燕主慕容盛鉴于他的父亲慕容宝因为过于懦弱丢掉国家大权的教训，所以，一心要加强自己的威严，施刑苛刻，加上他又自以为很明察，对手下的很多人都非常猜疑忌恨，大臣们稍有一点嫌疑，他都先杀掉再说。因此，即便是王室宗亲、功臣元老，也都不能自保。

八月十五日丁亥，左将军慕容国与殿上将军秦舆、段赞阴谋率领禁卫军袭击慕容盛，事情暴露，牵连致死的有五百多人。二十日壬辰夜里，前将军段玑与秦舆的儿子秦兴、段赞的儿子段泰潜进禁宫之中擂鼓呐喊，大声呼叫。慕容盛听到有兵变

有一贼从暗中击盛，盛被伤，辇升前殿，申约禁卫，事定而卒。

中垒将军慕容拔、冗从仆射郭仲白太后丁氏，以为国家多难，宜立长君。时众望在盛弟司徒、尚书令、平原公元，而河间公熙素得幸于丁氏，丁氏乃废太子定，密迎熙入宫。明旦，群臣入朝，始知有变，因上表劝进于熙。熙以让元，元不敢当。

癸巳，熙即天王位，捕获段玑等，皆夷三族。甲午，大赦。丙申，平原公元以嫌赐死。闰月，辛酉，葬盛于兴平陵，谥曰“昭武皇帝”，庙号中宗。丁氏送葬未还，中领军慕容提、步军校尉张佛等谋立故太子定，事觉，伏诛，定亦赐死。丙寅，大赦，改元光始。

秦陇西公硕德围姑臧累月，东方之人在城中者多谋外叛，魏益多复诱扇之，欲杀凉王隆及安定公超，事发，坐死者三百余家。硕德抚纳夷、夏，分置守宰，节食聚粟，为持久之计。

凉之群臣请与秦连和，隆不许。安定公超曰：“今资储内竭，上下嗷嗷，虽使张、陈复生，亦无以为策。陛下当思权变屈伸，何爱尺书、单使为卑辞以退敌！敌去之后，修德政以息民，若卜世未穷，何忧旧业之不复！若天命去矣，亦可以保全宗族。不然，坐守困穷，终将何如？”隆乃从之，九月，遣使请降于秦。硕德表隆为镇西大将军、凉州刺史、建康公。隆遣子弟及文武旧臣慕容筑、杨颖等五十余家入质于长安。硕德军令严整，秋毫不犯，祭先贤，礼名士，西土悦之。

的消息，率领着左右亲兵出来迎战，兵变的众人逃跑溃散。段玑受了伤，藏到旁边的房屋之内。不一会儿，有一个参与兵变的士兵从黑暗中突然向慕容盛偷袭，刺中慕容盛，使他受到重伤。但在这种情况下，慕容盛还是坐着轿来到前殿，重新申述强调禁宫的规定，布置警卫，等事情安定之后才断气而死。

中垒将军慕容拔、冗从仆射郭仲向太后丁氏禀报，认为现在国家多灾多难，应该拥立一个年龄较大的人。当时，大家的希望寄托在慕容盛的弟弟司徒、尚书令、平原公慕容元身上，但是河间公慕容熙在平时却很得了太后的宠爱，于是，丁太后便废掉了太子慕容定，秘密迎接慕容熙进宫。第二天早晨，文武大臣们进朝议政，才知道事情发生了变化，因此只好呈上奏书，劝说慕容熙进位。慕容熙让位给慕容元，慕容元不敢接受。

八月二十一日癸巳，慕容熙登上了天王的位子，把段玑等人抓获，把他们的三族全部杀了。二十二日甲午，实行大赦。八月二十四日丙申，平原公慕容元，因为受猜忌，慕容熙命令他自杀。闰八月十九日辛酉，把慕容盛埋葬在兴平陵，追谥他为昭武皇帝，庙号中宗。丁太后出城为儿子送葬还没有回城的时候，中领军慕容提、步军校尉张佛等阴谋拥立原太子慕容定，事情被发觉，他们又全都被杀。慕容熙又命令慕容定自杀。二十四日丙寅，实行大赦，改年号为光始。

后秦陇西公姚硕德围困姑臧已经几个月，城中的许多原籍东方一带的人，都计划着向城外的后秦军叛降。后凉将军魏益多又在里面诱骗煽动人们，准备杀了后凉主吕隆和安定公吕超，不料事情败露，因此牵连被杀的有三百多家。姚硕德接纳安抚夷族、汉族的所有当地居民，并分别安排了一些地方官吏，如太守、县宰等。他又命令手下的部队，节省粮食、积聚稻米，以此作为准备坚持长久围困姑臧的办法。

后凉大臣们请求与后秦讲和联手，但吕隆坚决不同意。安定公吕超说："现在，我们内部的蓄积已经基本枯竭，上上下下全部嗷嗷待哺，在这种情况下，即使让张良、陈平复活，他们也不会有用来摆脱这种困境的方法。皇上应该考虑根据情况权宜变通，能屈能伸，为什么那么看重一纸书信和一介使节，而不愿以几句谦卑的话就把强大的敌人骗得退兵呢？敌人撤退之后，我们可以致力于完善仁德的政事，用来使百姓获得休养生息。如果我们国家天定的气运还没有穷尽，何必担忧旧有的大业不能够恢复呢！如果天命到头了，这样也可以保全我们的宗族。如果不这样的话，只是坐在这里等着困乏穷极，到头来能怎么样呢？"吕隆这才听从。九月，后凉主吕隆派遣使者向后秦请求投降。姚硕德向朝廷呈上奏书，请求任命吕隆为镇西大将军、凉州刺史、建康公。吕隆派遣子弟以及一些原来的文武大臣慕容筑、杨颖等五十多家到长安去做人质。姚硕德军令严厉整肃，对当地的居民一丝一毫也不予侵犯，并且祭祀历史上的贤明之士，对当世有名望的人也是厚礼相待，所以，在西部

沮渠蒙逊所部酒泉、凉宁二郡叛降于西凉，又闻吕隆降秦，大惧，遣其弟建忠将军挐、牧府长史张潜见硕德于姑臧，请帅其众东迁。硕德喜，拜潜张掖太守，挐建康太守。潜劝蒙逊东迁。挐私谓蒙逊曰："姑臧未拔，吕氏犹存，硕德粮尽将还，不能久也，何为自弃土宇，受制于人乎！"臧莫孩亦以为然。

蒙逊遣子奚念为质于河西王利鹿孤，利鹿孤不受，曰："奚念年少，可遣挐也。"

冬，十月，蒙逊复遣使上疏于利鹿孤曰："臣前遣奚念具披诚款，而圣旨未昭。复征弟挐。臣窃以为，苟有诚信，则子不为轻，若其不信，则弟不为重。今寇难未夷，不获奉诏，愿陛下亮之。"利鹿孤怒，遣张松侯俱延、兴城侯文支将骑一万袭蒙逊，至万岁临松，执蒙逊从弟鄯善苟子，虏其民六千余户。蒙逊从叔孔遮入朝于利鹿孤，许以挐为质，利鹿孤乃归其所掠，召俱延等还。文支，利鹿孤之弟也。

（以上为第六段，写后燕主慕容盛严威厉刑，群情激愤，被谋杀而死；后慕容熙为帝，仍是个杀人魔王；后秦陇西公姚硕德围困后凉，后凉主吕隆请求投降。）

南燕主备德宴群臣于延贤堂，酒酣，谓群臣曰："朕可方自古何等主？"青州刺史鞠仲曰："陛下中兴圣主，少康、光武之俦。"备德顾左右赐仲帛千匹，仲以所赐多，辞之。备德曰："卿知调朕，朕不知调卿邪！卿所对非实，故朕亦以虚言赏卿耳。"韩范进曰："天子无戏言，今日之论，君臣俱失。"备德大悦，赐范绢五十匹。

备德母及兄纳皆在长安，备德遣平原人杜弘往访之。弘曰："臣至长安，若不奉太后动止，当西如张掖，以死为效。臣父雄年逾六十，乞本

土地上生活的百姓，都非常高兴。

沮渠蒙逊所属的酒泉、凉宁两个郡，都向西凉国叛降，他听说吕隆也投降了后秦，非常害怕，派遣他的弟弟建忠将军沮渠挐、牧府长史张潜去姑臧拜见姚硕德，请求允许他带着他的所有部众向东迁移。姚硕德非常高兴，任命张潜为张掖太守，沮渠挐为建康太守。张潜竭力劝阻渠蒙逊率部属向东迁移。沮渠挐却在私下里对沮渠蒙逊说："姑臧现在还没有被攻克，吕氏政权也还继续存在，姚硕德的部队粮草用尽之后，一定就会回去，不能待得太久，为什么自己主动放弃已有的疆土，而去受别人的控制呢？"臧莫孩也深以为然。

沮渠蒙逊把自己的儿子沮渠奚念派到南凉秃发利鹿孤那里去做人质，向秃发利鹿孤求援。秃发利鹿孤不接受沮渠奚念，说："沮渠奚念年纪太小，可以把沮渠挐派来。"

冬季，十月，沮渠蒙逊再一次派使节，向秃发利鹿孤上书说："我前次派遣沮渠奚念到皇上那里去，的确是寄托着我的一片诚意，但是，皇上的圣意却未能明鉴我的良苦用心，所以才再向臣索要弟弟沮渠挐。我心中认为，如果有诚心信义的话，那么儿子的重量就不轻，如果不讲信义，那么即使是弟弟，分量也不是很重的。现在，我这里强盗来犯的危难还没有平复，所以，不能遵奉皇上的旨意，但愿皇上能够知道我的难处，原谅我。"秃发利鹿孤被沮渠蒙逊的话所激怒，派遣张松侯秃发俱延、兴城侯秃发文支，带领一万骑兵袭击沮渠蒙逊，很快便把部队推进到了万岁、临松一带，抓获了沮渠蒙逊的堂弟沮渠鄯善苟子，并掳掠了北凉百姓六千多户。沮渠蒙逊的堂叔沮渠孔遮，代表北凉来到南凉朝见秃发利鹿孤，答应把沮渠挐送来做人质，秃发利鹿孤这才把这次出兵抢回来的人口等，全部送还给了他们，召秃发俱延他们收兵回来。秃发文支是秃发利鹿孤的弟弟。

南燕主慕容备德，在延贤堂宴请文武大臣们，酒喝得最痛快、情绪最高涨的时候，他对大臣们说："我可以和自古以来的什么等级的君主相比？"青州刺史鞠仲回答说："皇上是中兴国运的圣明君主，当然与夏朝的少康帝、汉朝的光武帝是一样的了。"慕容备德示意左右侍从，赏赐鞠仲一千匹绸缎。鞠仲因为赏赐的东西太多，连忙推辞。慕容备德说："你知道拿话来调笑我，难道我就不知道调笑调笑你吗？你回答我的话不是实话，所以，我也不过是用虚言空话来赏赐你罢了。"韩范进言道："作为天子，是不应该说玩笑话的，今天你们两人所说的话，君主与臣下都是不对的。"慕容备德非常高兴，赏赐给韩范绢绸五十匹。

慕容备德的母亲和哥哥慕容纳，都留在长安居住，慕容备德派遣平原人杜弘前去探望他们。杜弘说："我到长安之后，如果找不到太后，不能了解太后的身体生活

县之禄以申乌鸟之情。”中书令张华曰：“杜弘未行而求禄，要君之罪大矣。”备德曰：“弘为君迎母，为父求禄，忠孝备矣，何罪之有！”以雄为平原令。弘至张掖，为盗所杀。

十一月，刘裕追孙恩至沪渎、海盐，又破之，俘斩以万数，恩遂自浃口远窜入海。

十二月，辛亥，魏主珪遣常山王遵、定陵公和跋帅众五万袭没弈干于高平。

乙卯，魏虎威将军宿沓干伐燕，攻令支。乙丑，燕中领军宇文拔救之。壬午，宿沓干拔令支而戍之。

吕超攻姜纪不克，遂攻焦朗。朗遣其弟子嵩为质于河西王利鹿孤以请迎，利鹿孤遣车骑将军傉檀赴之。比至，超已退，朗闭门拒之。傉檀怒，将攻之。镇北将军俱延谏曰：“安土重迁，人之常情。朗孤城无食，今年不降，后年自服，何必多杀士卒以攻之！若其不捷，彼必去从他国，弃州境士民以资邻敌，非计也，不如以善言谕之。”傉檀乃与朗连和，遂曜兵姑臧，壁于胡阬。

傉檀知吕超必来斫营，畜火以待之。超夜遣中垒将军王集帅精兵二千斫傉檀营，傉檀徐严不起。集入垒中，内外皆举火，光照如昼，纵兵击之，斩集及甲首三百余级。吕隆惧，伪与傉檀通好，请于苑内结盟。傉檀遣俱延入盟，俱延疑其有伏，毁苑墙而入。超伏兵击之，俱延失马步走，凌江将军郭祖力战拒之，俱延乃得免。傉檀怒，攻其昌松太守孟祎于显美。隆遣广武将军荀安国、宁远将军石可帅骑五百救之；安国等惮傉檀之强，遁还。

（以上为第七段，写南燕主慕容德母亲和哥哥都在长安，慕容德派遣平原杜弘前去寻找；后凉安定公吕超率军进攻后秦魏安，而后退兵；焦朗与南凉主秃发傉檀结盟。）

等情况，那么，我会向西再到张掖去打听，尽全力完成任务，一直到死。但是，我的父亲杜雄，年龄已经过了六十岁，我请求皇上能给他一个做本县县令的俸禄，这样，才可以表明我像乌鸦反哺那样的孝敬父母的心情。”中书令张华说：“杜弘还没有走，便事先请求俸禄，这样要挟君王，罪过太大了。”慕容备德却说：“杜弘既然为君主去寻找、迎接母亲，为自己的老父亲请求俸禄，可以说是忠孝两全了，有什么罪过呢！”果然任命杜雄为平原县令。杜弘到达张掖之后，就被强盗杀害了。

十一月，东晋刘裕追击孙恩的变民部队，来到沪渎、海盐，又一次把他们打败，俘虏斩杀的人数以万计，孙恩于是只好从渎口远远地逃向大海。

十二月十一日辛亥，魏道武帝拓跋珪派遣常山王拓跋遵、定陵公和跋，率领士兵五万人，在高平进攻后秦车骑将军没弈干。

十二月十五日乙卯，北魏虎威将军宿沓干带兵讨伐后燕，向令支发起进攻。二十五日乙丑，后燕中领军宇文拔赶来援救。壬午（疑误），宿沓干攻克令支并据守在那里。

后凉安定公吕超进攻后秦姜纪驻守的晏然，没有攻下，于是，又转而去进攻焦朗所驻守的魏安。焦朗派他的侄儿焦嵩到南凉河西王秃发利鹿孤那里去做人质，请求他们派兵前来营救，秃发利鹿弧于是派遣车骑将军秃发傉檀向魏安进军。等他们赶到的时候，吕超已经带兵退走，焦朗紧闭城门，拒绝迎接他们进城，秃发傉檀为此大怒，打算进攻魏安城。镇北将军秃发俱延劝阻说：“安于故土而不愿随便迁移，这是人之常情。焦朗据守着一座孤城，没有粮食，即使今年不投降，再过一年也会自己前来拜服，何必现在一定要过多地杀戮士兵，来进攻他们呢？如果一旦攻打他又不能取胜，他一定会去归附别的国家。这样放弃本州地域之内的居民士人，送给与我们相邻的敌国，不是一个好办法。我看不如用好话来好好地安抚他们。”秃发傉檀这才与焦朗和好结盟，于是，他又到后凉都城姑臧去大肆炫耀自己的兵力。然后，便在胡阬扎下大营。

秃发傉檀料知吕超当天晚上一定会来劫营，所以事先准备好了火把，等待他们。晚上，吕超果然派遣中垒将军王集率领精锐部队二千人前来袭击秃发傉檀大营，秃发傉檀命令部队暂时不要反击。等到王集的部队全部冲进他的壁垒之中，他这才命令大军在营帐内外一同点起火把，火光把黑夜照得像白天一样，同时又驱兵攻打王集的军队，斩杀了王集以及其他顶盔带甲的士兵三百多人。吕隆为此很害怕，假装要和秃发傉檀互相交好，并邀请他去东苑小城内缔结盟约。秃发傉檀派秃发俱延进城参加结盟仪式。秃发俱延怀疑后凉设有埋伏，因此捣毁了一处墙壁进入苑中。吕超设下的伏兵果然向他偷袭，秃发俱延失去了战马，只好步行逃走，凌江将军郭祖竭力奋战，抵挡后凉伏兵的追杀，秃发俱延才得免一死。秃发傉檀大怒，在显美对

桓玄表其兄伟为江州刺史，镇夏口；司马刁畅为辅国将军、督八郡军事，镇襄阳；遣其将皇甫敷、冯该戍湓口。移沮、漳蛮二千户于江南，立武宁郡；更招集流民，立绥安郡。诏征广州刺史刁逵、豫章太守郭昶之，玄皆留不遣。

玄自谓有晋国三分之二，数使人上己符端，欲以惑众；又致笺于会稽王道子曰："贼造近郊，以风不得进，以雨不致火，食尽故去耳，非力屈也。昔国宝死后，王恭不乘此威入统朝政，足见其心非侮于明公也，而谓之不忠。今之贵要腹心，有时流清望者谁乎？岂可云无佳胜？直是不能信之耳！尔来一朝一夕，遂成今日之祸。在朝君子皆畏祸不言，玄忝任在远，是以披写事实。"元显见之，大惧。

张法顺谓元显曰："桓玄承藉世资，素有豪气，既并殷、杨，专有荆楚；第下之所控引止三吴耳。孙恩为乱，东土涂地，公私困竭，玄必乘此纵其奸凶，窃用忧之。"元显曰："为之奈何？"法顺曰："玄始得荆州，人情未附，方务绥抚，未暇他图。若乘此际使刘牢之为前锋，而第下以大军继进，玄可取也。"元显以为然。会武昌太守庾楷以玄与朝廷构怨，恐事不成，祸及于己，密使人自结于元显，云："玄大失人情，众不为用，若朝廷遣军，己当为内应。"元显大喜，遣张法顺至京口，谋于刘牢之，牢之以为难。法顺还，谓元显曰："观牢之言色，必贰于我，不如召入杀之；不尔，败人大事。"元显不从。于是，大治水军，征兵装舰，以谋讨玄。

（以上为第八段，写海盗孙恩被打退后，东晋荆州刺史桓玄凭借名望和资历占据东晋三分之二的地盘，要挟朝廷，朝廷非常惶恐，选兵造舰，谋讨伐桓玄。）

后凉昌松太守孟祎发动猛攻。吕隆派遣广武将军苟安国、宁远将军石可带领骑兵五百人前去救援，但是，苟安国等人却因为害怕秃发傉檀部队的强大势力，很快便逃了回去。

东晋荆州刺史桓玄向朝廷奏请，任命他的哥哥桓伟为江州刺史，镇守夏口；任命司马刁畅为辅国将军、督八郡军事，镇守襄阳。桓玄派他手下大将皇甫敷、冯该据守湓口，强行迁移沮水、漳水流域的一千户蛮族居民到长江以南去居住，设置了武宁郡。他又把一些四处流浪的饥民召集在一起，增设了绥安郡。朝廷下令，征召广州刺史刁逵、豫章太守郭昶之进京，桓玄都把他们留住，不让他们去。

桓玄自以为已经拥有了东晋三分之二的疆土，所以多次让人呈上自己可以做君主的天命符征和吉兆，打算用这些来迷惑百姓；又给会稽王司马道子写信说："孙恩那些盗贼，上次逼近京城的近郊，因为风不顺而没有能够攻打进来，又因为天下大雨，而没有机会运用火攻，所以在粮食吃完之后，自然便回去了，并不是力量不足。过去，王国宝死了之后，王恭没有乘这时的威势，进一步统领朝廷政务，这就完全可以让人看出他的忠心，并没有对您有丝毫的不敬和侮辱，但是，您却说他不忠。现在的朝中权要贵官，国家的心腹栋梁，深孚众望、声名远播的人，是谁？怎么能说没有更好的？只不过是您不能相信他罢了！从此以来，日复一日，才酿成像今天这样的祸患。在朝廷中的那些王公大臣们因为害怕大祸临头，所以不敢说话。桓玄我有愧远在外地任职，才有胆量揭露这样的事实。"司马元显看到了这封信，非常害怕。

张法顺对司马元显说："桓玄凭借他家世的名望和资历，向来具有一股豪气，已经吞并了殷仲堪、杨佺期，自己独霸了荆楚一带的广大地区，您所能控制的真正可以算做您的疆界，不过就是三吴之地罢了。孙恩制造祸乱，使东部地区损失巨大，一片荒芜，朝廷、百姓积蓄枯竭，生活窘困，桓玄一定会趁此机会大肆施展他的奸恶凶残的手段，实现他的阴险目的。我心中以为这是值得我们忧虑的一件事情。"司马元显说："对此，我们能怎么办呢？"张法顺说："桓玄刚刚把荆州强占到手，当地百姓的人心和情感都并没有完全归附他，因此，他不得不努力平定局势，安定民心，没有时间考虑别的事情。如果趁这个时候派遣刘牢之为前锋，而您随后亲自带领大部队进发征剿，那么，桓玄一定可以被我们消灭。"司马元显认为这话很对。正好这时武昌太守庾楷因为桓玄与朝廷结下仇怨，恐怕事情以后不能成功，大祸牵连自己，所以偷偷地派人前来，主动向司马元显投靠，说："桓玄非常不得人心，他的部下也不太听从他的命令，如果朝廷这时派军队去征讨，那么，我一定做内应。"司马元显非常高兴，马上派遣张法顺到京口去，找刘牢之商量。刘牢之却觉得征讨桓玄很困

元兴元年（壬寅，402年）

春，正月，庚午朔，下诏罪状桓玄，以尚书令元显为骠骑大将军、征讨大都督、都督十八州诸军事、加黄钺，又以镇北将军刘牢之为前锋都督，前将军谯王尚之为后部，因大赦，改元，内外戒严，加会稽王道子太傅。

元显欲尽诛诸桓。中护军桓修，骠骑长史王诞之甥也，诞有宠于元显，因陈修等与玄志趣不同，元显乃止。诞，导之曾孙也。

张法顺言于元显曰："桓谦兄弟每为上流耳目，宜斩之以杜奸谋。且事之济不，系在前军，而牢之反覆，万一有变，则祸败立至，可令牢之杀谦兄弟以示无贰心，若不受命，当逆为之所。"元显曰："今非牢之，无以敌玄；且始事而诛大将，人情不安。"再三不可。又以桓氏世为荆土所附，桓冲特有遗惠，而谦，冲之子也，乃自骠骑司马除都督荆益宁梁四州诸军事、荆州刺史，欲以结西人之心。

丁丑，燕慕容拔攻魏令支戍，克之，宿沓干走，执魏辽西太守那颉。燕以拔为幽州刺史，镇令支，以中坚将军辽西阳豪为本郡太守。丁亥，以章武公渊为尚书令，博陵公虔为尚书左仆射，尚书王腾为右仆射。

戊子，魏材官将军和突攻黜弗、素古延等诸部，破之。初，魏主珪遣北部大人贺狄干献马千匹求婚于秦，秦王兴闻珪已立慕容后，止狄干而绝其婚。没弈干、黜弗、素古延，皆秦之属国也，而魏攻之，由是秦、魏有隙。庚寅，珪大阅士马，命并州诸郡积谷于平阳之乾壁以备秦。

准。张法顺回来后，对司马元显说："我观察刘牢之的表情言谈，一定是与我们怀有二心，所以不如把他召到京城来杀掉。如果不这样，他就会败坏了我们的大事。"司马元显没有听他的活。东晋朝廷从此开始大规模地整治训练水上部队，征选士兵、装备战舰，准备对桓玄发动进攻。

晋安帝元兴元年（壬寅，402 年）

春季，正月初一庚午朔，东晋朝廷下诏书，历数荆州刺史桓玄的罪状，任命尚书令司马元显为骠骑大将军、征讨大都督、都督十八州诸军事，并把黄钺也加授给他；又任命镇北将军刘牢之为前锋都督，任命前将军谯王司马尚之统率后卫部队；又下令实行大赦，改年号。在都城内外戒严，任命会稽王司马道子为太傅。

司马元显打算借此机会把桓氏家族的人全部诛灭。中护军桓修是骠骑长史王诞的外甥，王诞又很得司马元显的宠爱信任，所以，他向司马元显禀告了桓修等人与桓玄的志趣完全不同，司马元显才放弃了这个想法。王诞是王导的曾孙。

张法顺对司马元显说："骠骑司马桓谦兄弟常常作为长江上游荆州方面的耳目，为桓玄提供情报，应该把他们斩了，来杜绝今后类似奸计阴谋的发生。而且此次出军攻打桓玄，能否达到预期目的，关键就在于前锋部队如何，但是刘牢之为人反复无常，万一他那里发生什么变化，那么我们的失败和大祸就会马上到来。所以，您可以让刘牢之杀掉桓谦兄弟，来证明他和我们没有二心。如果他不接受命令，那么我们可以在祸患到来之前，先打算好怎么办。"司马元显说："现在除了刘牢之，没有人可以与桓玄对敌。况且刚开始做这件事情，便诛杀自己的大将，容易使人心不得安宁。"一而再，再而三地拒绝张法顺的请求，不加允许。司马元显因为桓氏家族世代都得到荆州一带居民的归附，桓冲尤其是为那里的百姓留下了很多好处，而桓谦又是桓冲的儿子，所以才把桓谦由骠骑司马调任都督荆、益、宁、梁四州诸军事及荆州刺史，打算用这种方法收买西部地区百姓的人心。

正月初八丁丑，后燕中垒将军慕容拔向北魏戍守令支的部队发动进攻，攻克了令支，北魏将领宿沓干逃走。慕容拔抓获了北魏辽西太守那颉。后燕任命慕容拔为幽州刺史，镇守令支；任命中坚将军辽西人阳豪为他家乡辽西郡的太守。正月十八日丁亥，后燕任命章武公慕容渊为尚书令，博陵公慕容虔为尚书左仆射，尚书王腾为右仆射。

正月十九日戊子，北魏材官将军和突进攻黜弗、素古延等几个部落，把他们全都打败。当初，魏道武帝拓跋珪派遣北部大人贺狄干向后秦进献一千匹马，为自己求亲。后秦王姚兴听说拓跋珪已经册立慕容氏为皇后，于是便把贺狄干扣留，拒绝了拓跋珪通婚的请求。而没弈干、黜弗、素古延几个部落，也都是后秦的附属国，

柔然社仑方睦于秦，遣将救黜弗、素古延。辛卯，和突逆击，大破之，社仑帅其部落远遁漠北，夺高车之地而居之。斛律部帅倍侯利击社仑，大为所败，倍侯利奔魏。社仑于是西北击匈奴遗种日拔也鸡，大破之，遂吞并诸部，士马繁盛，雄于北方。其地西至焉耆，东接朝鲜，南临大漠，旁侧小国皆羁属焉，自号豆代可汗。始立约束，以千人为军，军有将；百人为幢，幢有帅。攻战先登者赐以虏获，畏懦者以石击其首而杀之。

秃发傉檀克显美，执孟祎而责之，以其不早降。祎曰："祎受吕氏厚恩，分符守土；若明公大军甫至，望旗归附，恐获罪于执事矣。"傉檀释而礼之，徙二千余户而归，以祎为左司马。祎辞曰："吕氏将亡，圣朝必取河右，人无愚智皆知之。但祎为人守城不能全，复忝显任，于心窃所未安。若蒙明公之惠，使得就戮姑臧，死且不朽。"傉檀义而归之。

（以上为第九段，写东晋朝廷要发动消灭权臣桓玄势力的战争；柔然可汗社仑兼并了漠北很多部落，兵强马壮，称雄于漠北；南凉攻下后凉显美，义释昌松太守孟祎。）

东土遭孙恩之乱，因以饥馑，漕运不继。桓玄禁断江路，商旅俱绝，公私匮乏，以粰、橡给士卒。玄谓朝廷方多忧虞，必未暇讨己，可以蓄力观衅。及大军将发，从兄太傅长史石生密以书报之。玄大惊，欲完聚江陵。长史卞范之曰："明公英威振于远近，元显口尚乳臭，刘牢之大失物情，若兵临近畿，示以祸福，土崩之势可翘足而待，何有延敌入境，自取穷蹙者乎！"玄从之，留桓伟守江陵，抗表传檄，罪状元显，举兵东下。檄至，元显大惧。

北魏却经常去攻打他们，因此，后秦、北魏两国便产生了矛盾。正月二十一日庚寅，魏道武帝拓跋珪大规模地检阅自己的军队人马，并且命令并州的几个郡在平阳的乾壁城聚积粮草，用来防备后秦国的进攻。

柔然可汗郁久闾社仑正在与后秦和睦邦交，于是派遣将领带兵去救助黜弗、素古延部落。正月二十二日辛卯，北魏将领和突迎战郁久闾社仑，将他打得大败。郁久闾社仑率领他的部落远远地逃到大漠以北，夺取了高车部落的一些地方定居下来。斛律部落的统帅斛律倍侯利袭击郁久闾社仑，却被郁久闾社仑打得大败。斛律倍侯利于是又投奔北魏。郁久闾社仑又攻击西北部的匈奴遗留下来的后裔日拔也鸡，并且把他们打得大败，于是，侵吞兼并了其他很多部落，兵马强壮，在北方地区称雄。郁久闾社仑所统辖的疆土向西直至焉耆，向东与朝鲜接壤，南部与大荒漠相临，附近的许多小国全部被其征服而附属于他，郁久闾社仑自称为豆代可汗。并开始建立规章制度，把每千名士兵整编为一个军，在军中设立将军；把每百名士兵整编为一个幢，在幢中设立帅。在进攻作战时，抢先上前占领敌阵的人，便把一些缴获的战利品赏赐给他，临阵怯懦、畏缩不前的人便用石头砸他的脑袋，把他处死。

南凉车骑将军秃发傉檀攻克显美，抓住后凉昌松郡守孟祎，对他大加斥责，因为他迟迟不降。孟祎说："我孟祎受到吕氏的深信大德，授给我虎符，任命我镇守一方疆土，如果不等到你们大军的到来，看见你们的旌旗便归附投奔，恐怕要受到您的鄙视！"秃发傉檀把他释放了，并且以礼相待，强行迁移了二千多户当地居民，便撤兵回去了。他又任命孟祎为左司马。孟祎辞谢说："吕氏就要灭亡了，圣明的贵国朝廷一定会攻占黄河以西的地方，这是无论聪明还是愚蠢的人都可以一目了然的事情。但是，我孟祎给人家戍守城池却不能完成使命，保全防地，如果又厚颜贸然地接受您这么高的职务，我在内心里实在觉得不安。如果我能承蒙您的恩惠的话，就请您让我回到姑臧去接受故国对我的诛杀，那么即使死，我也是不朽的了。"秃发傉檀被他的气节所感动，把他放回去了。

东晋东部地区遭受孙恩变民所导致的战乱的影响，继以灾荒年景，百姓饥饿贫困，水路的粮食运输不能满足供应。荆州刺史桓玄又禁闭长江通道，断绝了商旅往来，致使官府和私人间的物资积蓄全部空乏，部队士兵也只能用一些粮食的麸皮和橡树的果实来充饥。桓玄以为朝廷正处在多事之秋，值得忧虑的事情很多，一定没有闲暇来攻打自己，因此，可以趁此机会积蓄力量，等待时机。等到朝廷攻打他的大部队就要出发的时候，他的堂兄太傅长史桓石生秘密地用书信告诉了他这个消息，桓玄大吃一惊，打算把部队全部集结到江陵来据守。长史卞范之说："明公的英名威震于远近，司马元显却是个嘴里还有乳臭的小孩子，刘牢之已经非常丧失民心，如

二月，丙午，帝饯元显于西池，元显下船而不发。

癸丑，魏常山王遵等至高平，没弈干弃其部众，帅数千骑与刘勃勃奔秦州。魏军追至瓦亭，不及而还，尽获其府库蓄积，马四万余匹，杂畜九万余口，徙其民于代都，余种分迸。

平阳太守贰尘复侵秦河东，长安大震，关中诸城昼闭，秦人简兵训卒以谋伐魏。

秦王兴立子泓为太子，大赦。泓孝友宽和，喜文学，善谈咏，而懦弱多病。兴欲以为嗣，而狐疑不决，久乃立之。

姑臧大饥，米斗直钱五千，人相食，饿死者十余万口。城门昼闭，樵采路绝，民请出城为胡虏奴婢者，日有数百，吕隆恶其沮动众心，尽坑之，积尸盈路。

沮渠蒙逊引兵攻姑臧，隆遣使求救于河西王利鹿孤。利鹿孤遣广武公傉檀帅骑一万救之；未至，隆击破蒙逊军。蒙逊请与隆盟，留谷万余斛遗之而还。傉檀至昌松，闻蒙逊已退，乃徙凉泽段冢民五百余户而还。

中散骑常侍张融言于利鹿孤曰："焦朗兄弟据魏安，潜通姚氏，数为反覆，今不取，后必为朝廷忧。"利鹿孤遣傉檀讨之，朗面缚出降，傉檀送于西平，徙其民于乐都。

（以上为第十段，写东晋权臣桓玄先发制人，挥师东进；北魏将领拓跋遵率军袭击后秦将领没弈干，抵达高平；北凉主沮渠蒙逊率军进攻后凉都城姑臧，被打败。）

果我们把大部队抢先开拔到都城建康的临近地区，向他指明安危祸福，那么，他们土崩瓦解的趋势，我们很快就可以等到了，怎么能把敌人引入自己境内心腹重地，自己找穷困呢！”桓玄听从了他的话，留下桓伟镇守江陵，向朝廷呈上奏书，并把檄文公告传遍各地，揭露司马元显的各项罪行，同时挥师向东部进发。檄文传到都城建康，司马元显看到后，非常害怕。

二月初七丙午，东晋安帝在西池为司马元显饯行。司马元显害怕桓玄，登上战船，却没有马上出发。

二月十四日癸丑，北魏常山王拓跋遵等率领部队袭击没弈干的部队，抵达高平，没弈干放弃他的部众，率数千名骑兵，跟刘勃勃一起逃奔秦州。北魏军队追赶到瓦亭，没有追上便回去了，把没弈干仓库中所有的物资积蓄，全部收缴，并掠获了马匹四万多匹，其他各种牲畜九万多头，又把没弈干所属辖的百姓迁到代都去居住，剩下的为数不多的那个种族的人，也都分崩离析。

北魏平阳太守贰尘，再次侵犯后秦河东郡，使后秦都城长安受到很大震动，函谷关以西关中地区的各个城池，在白天也都紧闭城门，后秦人选择武器，训练士卒，以此图谋攻打北魏。

后秦主姚兴立子姚泓为太子，实行大赦。姚泓为人孝顺友善，谦和宽厚，喜欢文学，擅长清谈歌咏，但是性格懦弱，身体一直多病，姚兴打算让他做自己的继承人，但又因此迟疑不决，拖了很长时间，最后才决定立他为太子。

后凉都城姑臧发生严重的饥荒，一斗米价值五千钱，出现了人吃人的现象，被饿死的人达到了十多万口。城门白天也紧紧关闭，人们出城砍柴的道路也被断绝，百姓中请求出城做胡人奴隶、婢女的，每天都有几百人，吕隆讨厌他们这样扰乱人心，所以，把他们全部活埋在大坑之中，积攒起来的尸体堆满道路。

北凉主沮渠蒙逊带兵进攻后凉都城姑臧。吕隆派遣使节向南凉河西王秃发利鹿孤求救。秃发利鹿孤派广武公秃发傉檀率领骑兵一万前去救援吕隆，还没有赶到，吕隆就已经把沮渠蒙逊的部队打垮。沮渠蒙逊请求与吕隆讲和结盟，并把粮谷一万多斛遗留下来，送给吕隆，便回去了。秃发傉檀来到昌松，听说沮渠蒙逊已经退兵，于是，便把凉泽、段冢一带的五百多户居民强行裹胁着迁移回去了。

南凉中散骑常侍张融对秃发利鹿孤进言说：“焦朗兄弟据守在魏安，暗地里勾结后秦姚氏，已经反复几次了，现在不消灭他们，以后一定会成为朝廷的忧患。”秃发利鹿孤于是便派遣秃发傉檀前去攻打他们，焦朗将双手反绑着出城投降。秃发傉檀把他押送到西平，并把他统辖的百姓迁移到乐都。

桓玄发江陵，虑事不捷，常为西还之计；及过寻阳，不见官军，意甚喜，将士之气亦振。

庾楷谋泄，玄囚之。

丁巳，诏遣齐王柔之以驺虞幡宣告荆、江二州，使罢兵，玄前锋杀之。柔之，宗之子也。

丁卯，玄至姑孰，使其将冯该等攻历阳。襄城太守司马休之婴城固守。玄军断洞浦，焚豫州舟舰。豫州刺史谯王尚之帅步卒九千阵于浦上，遣武都太守杨秋屯横江，秋降于玄军。尚之众溃，逃于涂中，玄捕获之。司马休之出战而败，弃城走。

刘牢之素恶骠骑大将军元显，恐桓玄既灭，元显益骄恣，又恐己功名愈盛，不为元显所容；且自恃材武，拥强兵，欲假玄以除执政，复伺玄之隙而自取之，故不肯讨玄。元显日夜昏酣，以牢之为前锋，牢之骤诣门，不得见，及帝出饯元显，遇之公坐而已。

牢之军溧洲，参军刘裕请击玄，牢之不许。玄使牢之族舅何穆说牢之曰："自古戴震主之威，挟不赏之功而能自全者，谁邪？越之文种，秦之白起，汉之韩信，皆事明主，为之尽力，功成之日，犹不免诛夷，况为凶愚者之用乎！君如今日战胜则倾宗，战败则覆族，欲以此安归乎！不若翻然改图，则可以长保富贵矣。古人射钩、斩袪，犹不害为辅佐，况玄与君无宿昔之怨乎！"时谯王尚之已败，人情愈恐；牢之颇纳穆言，与玄交通。

东海中尉东海何无忌，牢之之甥也，与刘裕极谏，不听。其子骠骑从事中郎敬宣谏曰："今国家衰危，天下之重在大人与玄。玄藉父、叔之资，据有全楚，割晋国三分之二，一朝纵之使陵朝廷，玄威望既成，恐难

东晋荆州刺史桓玄从江陵出发，担心这次大规模军事行动不能取胜，因此，常常怀着向西回军的打算，等到过了寻阳，还是看不到朝廷军队，心中非常高兴，其他将士的斗志和士气也振作起来。

武昌太守庾楷做朝廷攻打桓玄的内应的阴谋泄露，桓玄把他囚禁起来。

二月十八日丁巳，东晋朝廷下令，派齐王司马柔之持驺虞幡到荆州、江州两地及军中展示，告谕他们赶快停止军事行动。桓玄的前锋将领把司马柔之杀了。司马柔之是司马宗的儿子。

二月二十八日丁卯，桓玄抵达姑孰，派遣他的部将冯该等人进攻历阳，襄城太守司马休之围绕城池坚持据守。桓玄的部队切断了洞浦的道路，焚烧了豫州的舰船。豫州刺史谯王司马尚之率领步兵九千多人，在洞浦之上摆开战阵，派遣武都太守杨秋驻扎在横江，但杨秋却投降了桓玄的部队。司马尚之的部队溃散，他自己也逃到涂中，桓玄把他抓获。司马休之出城迎战失败，放弃了城池逃走。

刘牢之平时一向厌恶骠骑大将军司马元显，他恐怕桓玄被消灭之后，司马元显会越发骄横任性，同时又担心自己的功劳声威越来越高，不能被司马元显容留。而且，他自恃勇猛无敌，又拥有一支强大的部队，打算借桓玄的手来铲除朝中的当权者，自己则等待桓玄的漏洞，趁机把他消灭，所以，他并不热心于去攻打桓玄。司马元显白天黑夜酣饮昏醉，他任命刘牢之为前锋，刘牢之多次去晋见他，都没有见到，直到晋安帝司马德宗出来为司马元显饯行，刘牢之才在公众场合与他匆匆相遇而已。

刘牢之驻军溧州，参军刘裕请求进攻桓玄，刘牢之没有允许。桓玄派刘牢之的一位族舅何穆向刘牢之游说道：“从古至今，带着震慑主上的威望，身负无法再加奖赏的功勋而又能保全自己的人，有谁呢？越国的文种，秦国的白起，汉朝的韩信，都能有幸为圣明的主上做事，并为之尽心竭力，但是，在他们功业完成的时候，仍旧免不了遭到诛戮屠杀，更何况是被凶狠残暴、愚蠢昏庸的人所利用呢！您这一次如果打了胜仗，就会被杀了全家；如果打了败仗，那么，您的家族自然更会遭到夷灭，您难道还打算就这样平安地回去吗！依我看，不如反过来改变自己的主意，那样就可以永远保住您的荣华富贵了。古人有因为谋害君主而用箭射中带钩的管仲和因为追捕后来的君主而用剑砍断衣襟的勃鞮，都并不影响他们当国家的辅佐大臣，更何况桓玄与您并没有任何宿怨呢！”当时，谯王司马尚之已经惨遭失败，人们的情绪更加恐慌。刘牢之基本上接受了何穆的劝告，与桓玄沟通了相互间的关系。

东海中尉东海人何无忌是刘牢之的外甥，与刘裕一起极力劝阻刘牢之，但他根本不听。刘牢之的儿子骠骑从事中郎刘敬宣劝说他道：“现在国家衰弱，危在旦夕，整个朝廷的重心与关键都在您和桓玄两个人手中。桓玄凭借着他父亲、叔父所遗留

图也，董卓之变，将在今矣。”牢之怒曰：“吾岂不知！今日取玄如反覆手耳；但平玄之后，令我奈骠骑何！”

三月，己巳朔，牢之遣敬宣诣玄请降。玄阴欲诛牢之，乃与敬宣宴饮，陈名书画共观之，以安悦其意。敬宣不之觉，玄佐吏莫不相视而笑。玄版敬宣为谘议参军。

元显将发，闻玄已至新亭，弃船，退屯国子学，辛未，陈于宣阳门外。军中相惊，言玄已至南桁，元显引兵欲还宫。玄遣人拔刀随后大呼曰：“放仗！”军人皆崩溃，元显乘马走入东府，唯张法顺一骑随之。元显问计于道子，道子但对之涕泣。玄遣太傅从事中郎毛泰收元显送新亭，缚于舫前而数之。元显曰：“为王诞、张法顺所误耳。”

（以上为第十一段，写东晋权臣桓玄率领大军攻打东晋朝廷；朝廷倚重名将刘牢之，而牢之首鼠两端，患得患失，最后投靠桓玄；司马元显率军抵抗，未战而败北。）

壬申，复隆安年号。帝遣侍中劳玄于安乐渚。玄入京师，称诏解严，以玄总百揆，都督中外诸军事、丞相、录尚书事、扬州牧，领徐、荆、江三州刺史，假黄钺。玄以桓伟为荆州刺史，桓谦为尚书左仆射，桓修为徐、兖二州刺史，桓石生为江州刺史，卞范之为丹杨尹。

初，玄之举兵，侍中王谧奉诏诣玄，玄亲礼之。及玄辅政，以谧为中书令。谧，导之孙也。新安太守殷仲文，觊之弟也，玄姊为仲文妻。仲文闻玄克京师，弃郡投玄，玄以为谘议参军。刘迈往见玄，玄曰：“汝不畏死，而敢来邪？”迈曰：“射钩、斩祛，并迈为三。”玄悦，以为参军。

癸酉，有司奏会稽王道子酣纵不孝，当弃市，诏徙安成郡，斩元显

下来的权位与威望，盘踞并占据了整个楚地，割据了晋国三分之二的土地，如果放纵他，让他有朝一日凌驾于朝廷之上，那么，桓玄的威势声望形成之后，再图谋铲除他，恐怕就更加困难了。像东汉董卓之变那样的灾难性的战乱，即将在现今重现了。”刘牢之愤怒地说：“我怎能不知道这些！我今天消灭桓玄，易如反掌，但是，扫平桓玄之后，你让我如何对付骠骑大将军司马元显！”

三月初一己巳朔，刘牢之派遣刘敬宣去拜见桓玄，请求投降。桓玄暗地里打算把刘牢之杀掉，于是便与刘敬宣一起开宴饮酒，并把一些著名的书法绘画陈列出来，陪同他观看欣赏，希望使他的心情安定舒畅。刘敬宣对桓玄的用心没有任何察觉，桓玄手下那些辅佐的官吏们看见这种情形，没有不相视会意、点头暗笑的。桓玄暂时任命刘敬宣为谘议参军。

司马元显刚刚准备出发，听说桓玄的大部队已经到了新亭，便马上扔掉船只，返身上岸，退到城中的国子学里驻守，三月初三辛未，又到宣阳门外去排列开战阵，扎下大营。军营之中惊恐不安，传说桓玄的部队已经抵达南桁。司马元显带着部队准备回宫，这时，桓玄派遣先头部队拔出刀来，紧跟在他们的后边大声呐喊着说：“放下武器！”司马元显的部队彻底崩溃。司马元显乘着一匹马跑进了东府，只有张法顺一个人骑马紧跟着他。司马元显向司马道子询问有没有什么办法，司马道子也只是面对着儿子哭泣不止。桓玄派遣太傅从事中郎毛泰把司马元显收押起来，送到新亭。桓玄把他绑在大船的前头，一条条列举他的罪状，司马元显说：“我不过是被王诞、张法顺所迷惑耽误罢了。”

三月初四壬申，东晋恢复隆安这个年号。晋安帝司马德宗派侍中到安乐渚去慰劳桓玄。桓玄进入京师，宣称皇帝下令，命令解除戒严。朝廷于是便任命桓玄统领文武百官，都督中外诸军事、丞相、录尚书事、扬州牧，兼任徐、荆、江三州刺史，加授给他黄钺。桓玄任命桓伟为荆州刺史，桓谦为尚书左仆射，桓修为徐、兖二州刺史，桓石生为江州刺史，卞范之为丹杨尹。

当初，桓玄起兵的时候，侍中王谧曾经到江陵来见桓玄，传达晋安帝司马德宗的诏书，桓玄亲自接待他，礼遇非常优厚。等到桓玄入朝辅佐国家政要，便任命王谧为中书令。王谧是王导的孙子。新安太守殷仲文是殷觊的弟弟，桓玄的姐姐是殷仲文的妻子。殷仲文听说桓玄征服了京师，也放弃了自己所辖的新安郡，前来投靠桓玄，桓玄任命他做谘议参军。当年曾经指责过桓玄的刘迈前去晋见桓玄，桓玄说：“你难道不害怕死，还敢来见我？”刘迈说：“射中带钩的管仲，斩断衣襟的勃鞮，再加上我刘迈，正好合为三个。”桓玄非常高兴，任命他做参军。

三月初五癸酉，有关部门呈上奏章，指责会稽王司马道子放纵酗酒，忤逆不孝，

及东海王彦璋、谯王尚之、庾楷、张法顺、毛泰等于建康市。桓修为王诞固请，长流岭南。

玄以刘牢之为会稽内史。牢之曰："始尔，便夺我兵，祸其至矣。"刘敬宣请归，谕牢之使受命，玄遣之。敬宣劝牢之袭玄，牢之犹豫不决，移屯班渎，私告刘裕曰："今当北就高雅之于广陵，举兵以匡社稷，卿能从我去乎？"裕曰："将军以劲卒数万，望风降服，彼新得志，威震天下，朝野人情皆已去矣，广陵岂可得至邪！裕当反服还京口耳。"何无忌谓裕曰："我将何之？"裕曰："吾观镇北必不免，卿可随我还京口。桓玄若守臣节，当与卿事之；不然，当与卿图之。"

于是，牢之大集僚佐，议据江北以讨玄。参军刘袭曰："事之不可者莫大于反。将军往年反王兖州，近日反司马郎君，今复反桓公，一人三反，何以自立！"语毕，趋出，佐吏多散走。牢之惧，使敬宣之京口迎家，失期不至。牢之以为事已泄，为玄所杀，乃帅部曲北走，至新洲，缢而死。敬宣至，不暇哭，即渡江奔广陵。将吏共殡敛牢之，以其丧归丹徒。玄令斫棺斩首，暴尸于市。

大赦，改元大亨。

桓玄让丞相、荆江徐三州，改授太尉、都督中外诸军事、扬州牧，领豫州刺史，总百揆，以琅邪王德文为太宰。

司马休之、刘敬宣、高雅之俱奔洛阳，各以子弟为质于秦以求救。秦王兴与之符信，使于关东募兵，得数千人，复还屯彭城间。

孙恩寇临海，临海太守辛景击破之，恩所虏三吴男女，死亡殆尽。恩恐为官军所获，乃赴海死，其党及妓妾从死者以百数，谓之"水仙"。

应该斩首弃尸示众。东晋朝廷下令，把他赶出京城，贬逐到安成郡居住；把司马元显及其儿子东海王司马彦璋和谯王司马尚之，以及庾楷、张法顺、毛泰等人，押到建康城的街市上，全部斩首。桓修竭力为王诞求情，所以，王诞被长期流放到大庾岭以南的偏荒地区去了。

桓玄任命刘牢之为会稽内史。刘牢之说："刚开始就剥夺我的兵权，大祸就要来了。"刘敬宣向桓玄请求回到京口去劝告刘牢之，让他赶快上任，桓玄派他去了。刘敬宣回到京口后，却劝说刘牢之袭击桓玄，刘牢之非常犹豫，拿不定主意，只是把部队移到班渎去驻扎，并在私下里告诉刘裕说："现在，我们应当北上，到广陵和驻守在那里的高雅之会合，一同发动部队，来匡扶社稷，你能跟着我去吗？"刘裕说："将军以拥有几万精壮士兵的实力，对桓玄也都听见风声就去投降臣服，桓玄刚刚得以实现志向，声威震动天下，从朝廷到民间，人心都已经归附到他那里去了，您要去广陵，怎么可能顺利到达呢！我将要脱去军服，穿上百姓的衣服，回到京口去了。"何无忌对刘裕说："我怎么办才好？"刘裕说："我看镇北将军一定难逃一死，你可以跟随我回京口去。桓玄如果遵守做臣属的节度，我和你应当去为他做事；如果不那样，我便和你一起想办法对付他。"

在这个时候，刘牢之把各级将领僚属全部集中到一起，商议据守长江以北的地区来攻打桓玄。参军刘袭说："不可以去做的事情中，最大的莫过于谋反。将军在以前反王恭，近些日子反司马元显，现在又要来反叛桓玄，一个人连续三次谋反，还能用什么方法使自己在天下立足！"话刚说完，便快步走了出去，其他的将佐官吏也多一哄而散地走了。刘牢之非常害怕，派刘敬宣去京口迎接家属，过了约定的日期，也没有回来。刘牢之以为谋反的事情已泄，刘敬宣被桓玄杀掉了，所以率领现有的部下向北逃跑，到达新洲的时候上吊自杀了。刘敬宣赶到这里之后，没有时间痛哭，便渡过长江，投奔广陵去了。刘牢之手下的将帅官吏们一起把他装殓起来，并把他的棺木运送回丹徒。桓玄下令劈开棺木，把刘牢之尸首上的脑袋砍了下来，并把他的尸体扔到街上示众。

东晋实行大赦，改年号为大亨。

桓玄辞去丞相及荆、江、徐三州刺史的职位，改任太尉、都督中外诸军事、扬州牧，兼任豫州刺史，统领文武百官。任命琅邪王司马德文为太宰。

司马休之、刘敬宣、高雅之都逃奔到洛阳，各把自己的儿子兄弟送到后秦做人质，以此向后秦请求救助。后秦王姚兴交给他们兵符印信，让他们到关东去招募兵丁，招到了几千人。然后，他们又回到彭城一带驻守去了。

变民首领孙恩又来进犯临海，临海太守辛景把他打得大败，孙恩所抢掠的三吴地区的男女百姓，在战乱中全部被杀死。孙恩恐怕自己被朝廷的部队抓获，于是跳

余众数千人复推恩妹夫卢循为主。循，谌之曾孙也。神采清秀，雅有材艺。少时，沙门惠远尝谓之曰："君虽体涉风素，而志存不轨，如何？"太尉玄欲抚安东土，乃以循为永嘉太守。循虽受命，而寇暴不已。

（以上为第十二段，写东晋朝廷发兵攻打桓玄以失败告终，权臣司马元显等人被杀，反复无常的刘牢之自杀，桓玄入朝，专擅朝政。）

甲戌，燕大赦。

河西王秃发利鹿孤寝疾，遗令以国事授弟傉檀。初，秃发思复鞬爱重傉檀，谓诸子曰："傉檀器识，非汝曹所及也。"故诸兄不以传子而传于弟。利鹿孤在位，垂拱而已，军国大事皆委于傉檀。利鹿孤卒，傉檀袭位，更称凉王，改元弘昌，迁于乐都，谥利鹿孤曰"康王"。

夏，四月，太尉玄出屯姑孰，辞录尚书事，诏许之，而大政皆就咨焉，小事则决于尚书令桓谦及卞范之。

自隆安以来，中外之人厌于祸乱。及玄初至，黜奸佞，擢隽贤，京师欣然，冀得少安。既而玄奢豪纵逸，政令无常，朋党互起，陵侮朝廷，裁损乘舆供奉之具，帝几不免饥寒，由是众心失望。三吴大饥，户口减半，会稽减什三四，临海、永嘉殆尽，富室皆衣罗纨，怀金玉，闭门相守饿死。

乞伏炽磐自西平逃归苑川，南凉王傉檀归其妻子。乞伏乾归使炽磐入朝于秦，秦主兴以炽磐为兴晋太守。

五月，卢循自临海入东阳，太尉玄遣抚军中兵参军刘裕将兵击之，循败，走永嘉。

高句丽攻宿军，燕平州刺史慕容归弃城走。

（以上为第十三段，写南凉主秃发利鹿孤病重，将国家托给其弟秃发傉檀，傉檀

海自杀，他的党羽以及姬妾艺妓等人中跟着他一起自杀的有上百人，人们把这些人称为“水仙”。其余的部众几千人又推举孙恩的妹夫卢循为首领。卢循是卢谌的曾孙，神态风采清秀雅静，多才多艺。小的时候，佛门僧人惠远曾经对他说：“你虽然体态状貌比较有素雅的儒风，但是心里却隐藏着不遵守法度的志向，是不是？”太尉桓玄打算用安抚的手段使东部地区的局势稳定下来，于是，任命卢循为永嘉太守。卢循虽然接受了任命，但是却依然为非作歹，行劫施暴。

三月初六甲戌，后燕实行大赦。

南凉河西王秃发利鹿孤病重，卧床不起，遗嘱命令把国家的政事交给他的弟弟秃发傉檀管理。当初，他们的父亲秃发思复鞬喜爱、推重秃发傉檀，对儿子们说：“秃发傉檀的气度和见识，不是你们哥儿几个能赶得上的。”所以几个哥哥都不把王位传给儿子，而只是传给弟弟。秃发利鹿孤登位之后，实际上也只是垂衣拱手地不做什么实事，军队国家的大事都委托给秃发傉檀处理决定。秃发利鹿孤去世，秃发傉檀继承王位，改称凉王，改年号为弘昌，并把都城迁到乐都，追谥秃发利鹿孤为康王。

夏季，四月，太尉桓玄出都城建康，去姑孰驻扎，辞去了录尚书事的官职，晋安帝司马德宗下令同意，但是，凡是大政方针，却都还要去他那里请示，其他小事就由尚书令桓谦和卞范之决定。

自隆安以来，东晋全国上下的百姓，对接连不断的天灾人祸、动乱战争深感厌倦。桓玄刚刚来到京师，便罢免奸佞小人，选拔贤明才俊，建康的百姓非常高兴，都希望能得到一个安定的生活环境。但是，不久，桓玄便骄奢横暴，放纵享乐，政令变化无常，朋雄奸党纷纷出现，甚至对朝廷也大加欺凌侮辱，把皇家御用的车马轿乘、供奉的食品用具等，也都随意裁减，连晋安帝司马德宗也几乎不免不挨冻受饿。从此，民众的心里非常失望。三吴地区发生大饥荒，住户人口减少了一半左右，其中，会稽郡是十人之中减少三四人；临海、永嘉两地人口则几乎全部死亡。即使是富贵人家，也都穿着绫罗绸缎，怀里抱着金玉，关起门来相互之间看着饿死。

被留在南凉的乞伏炽磐，终于从西平逃回苑川，南凉主秃发傉檀把他的妻子儿女也都归还给他。他的父亲乞伏乾归又让乞伏炽磐去到后秦都城长安去晋见后秦主姚兴。姚兴任命乞伏炽磐为兴晋太守。

五月，东晋变民首领卢循从临海进犯东阳，太尉桓玄派遣抚军中兵参军刘裕带兵去进攻他。卢循失败，逃往永嘉。

高句丽对宿军城发动进攻，后燕平州刺史慕容归放弃城池逃走。

继承王位，改称凉王，改元弘昌；东晋权臣桓玄把持朝政，骄奢淫逸，民众失望。）

秦主兴大发诸军，遣义阳公平、尚书右仆射狄伯支等将步骑四万伐魏，兴自将大军继之，以尚书令姚晃辅太子泓守长安，没弈干权镇上邽，广陵公钦权镇洛阳。平攻魏乾壁六十余日，拔之。

秋，七月，魏主珪遣毗陵王顺及豫州刺史长孙肥将六万骑为前锋，自将大军继发以击之。

八月，太尉玄讽朝廷以玄平元显功封豫章公，平殷、杨功封桂阳公，并本封南郡如故。玄以豫章封其子升，桂阳封其兄子俊。

魏主珪至永安，秦义阳公平遣骁将帅精骑二百觇魏军，长孙肥逆击，尽擒之。平退走，珪追之，乙巳，及于柴壁。平婴城固守，魏军围之。

秦王兴将兵四万七千救之，将据天渡运粮以馈平。魏博士李先曰："兵法：高者为敌所栖，深者为敌所囚。今秦皆犯之，宜及兴未至，遣奇兵先据天渡，柴壁可不战而取也。"珪命增筑重围，内以防平之出，外以拒兴之入。广武将军安同曰："汾东有蒙坑，东西三百余里，蹊径不通。兴来，必从汾西直临柴壁，如此，虏声势相接，重围虽固，不能制也；不如为浮梁，渡汾西，筑围以拒之，虏至，无所施其智力矣。"珪从之。兴至蒲阪，惮魏之强，久乃进兵。甲子，珪帅步骑三万逆击兴于蒙坑之南，斩首千余级，兴退走四十余里，平亦不敢出。珪乃分兵四据险要，使秦兵不得近柴壁。兴屯汾西，凭壑为垒，束柏材从汾上流纵之，欲以毁浮梁，魏人皆钩取以为薪蒸。

后秦主姚兴大规模地发动各支军队，派遣义阳公姚平、尚书右仆射狄伯支等带领步、骑兵四万人，攻打北魏，姚兴自己带领大部队，紧跟他们而来。他派尚书令姚晃辅佐太子姚泓镇守都城长安，派没弈干暂时镇守上邽，派广陵公姚钦暂时镇守洛阳。姚平对北魏乾壁城发动攻击，经过六十多天的激战，终于攻下。

秋季，七月，魏道武帝拓跋珪，派遣毗陵王拓跋顺以及豫州刺史长孙肥，带领六万骑兵做先锋，亲自统领大部队跟着出发，前来迎击后秦军。

八月，太尉桓玄婉转地暗示朝廷根据他平定司马元显的功劳，封他为豫章公，又根据他平定殷仲堪、杨佺期的功劳，而封他为桂阳公，并且还像原来那样，保持他原来受封的南郡公的爵位。桓玄把豫章公封给了他的儿子桓升，把桂阳公封给了他的侄儿桓俊。

魏道武帝拓跋珪的大军抵达永安，后秦国义阳公姚平派遣骁将率领精壮的骑兵二百人前去侦察北魏军的虚实动静，长孙肥迎击他们，并把这些士兵全部抓获。姚平带领部队撤退而走，拓跋珪追击他们。八月初九乙巳，在柴壁城追上。姚平环城顽强据守，北魏大军把他们团团围住。

后秦主姚兴带领士兵四万七千人前去救援姚平，准备占据汾水以西的天渡，从这里运送粮食接济坚守柴壁的姚平部队。北魏博士李先说："兵法云：驻军在地势高敞的地方，就要被敌人围困；驻军在地势低洼的地方，就要被敌人囚禁。现在秦军同时犯了这两项错误，我们应该赶在姚兴没有抵达之前，派遣一支突击部队，抢先占据天渡，那样的话，柴壁城就可以不用开战便拿下来了。"拓跋珪下令增加修筑一重又一重的围墙，对内预防姚平的向外突围，对外用来抗拒姚兴的向内进攻。广武将军安同说："汾水的东面，有一个地方叫蒙坑，东西绵延三百多里，没有道路可以与它相通。姚兴如果来，一定会从汾水的西岸直接逼临柴壁，假如这样，敌军的声势互相呼应连接，那么，我们设下的重重围障再坚固，也不能把他们制服。所以，依我看，不如在汾水之上搭起浮桥，把大部队渡到汾水西岸，在那里筑起围墙，用来抗拒敌人的进攻，这样，敌军即使来到这里，也已经没有他们施展智慧和力量的地方了。"拓跋珪听从了他的主张。姚兴抵达蒲阪，畏惧北魏兵力的强大，拖延很久才将部队向前推进。八月二十八日甲子，拓跋珪率领步、骑兵三万人在蒙坑之南迎击姚兴军，杀死一千多人，姚兴被迫撤退四十多里，姚平也不敢冲出柴壁接战。拓跋珪于是分派部队到四处去据守险峻重要的关卡，使后秦军无法接近柴壁城。姚兴也把主力驻扎在汾水以西的地区，凭借着山谷，建起营寨壁垒，又把一些柏树等木材捆缚在一起，从汾水上游投放河中，使其顺流而下，打算用这种方法来摧毁北魏军搭在汾水上的浮桥，但北魏军队却把这些木材全部钩捞上岸来，当作取暖煮饭的劈柴了。

冬，十月，平粮竭矢尽，夜，悉众突西南围求出。兴列兵汾西，举烽鼓噪为应。兴欲平力战突免，平望兴攻围引接，但叫呼相和，莫敢逼围。平不得出，计穷，乃帅麾下赴水死，诸将多从平赴水。珪使善游者钩捕之，无得免者。执狄伯支及越骑校尉唐小方等四十余人，余众二万余人皆敛手就禽。兴坐视其穷，力不能救，举军恸哭，声震山谷。数遣使求和于魏，珪不许，乘胜进攻蒲阪，秦晋公绪固守不战。会柔然谋伐魏，珪闻之，戊申，引兵还。

或告太史令晁崇及弟黄门侍郎懿潜召秦兵，珪至晋阳，赐崇、懿死。

秦徙河西豪右万余户于长安。

（以上为第十四段，写后秦将领姚平率军攻打北魏，初获胜利，后被北魏大军围困，水泄不通，后秦主姚兴率军来救，无能为力，眼看姚平的大军覆没，痛哭失声。）

太尉玄杀吴兴太守高素、将军竺谦之及谦之从兄朗之、刘袭并袭弟季武，皆刘牢之北府旧将也。袭兄冀州刺史轨邀司马休之、刘敬宣、高雅之等共据山阳，欲起兵攻玄，不克而走。将军袁虔之、刘寿、高长庆、郭恭等皆往从之，将奔魏，至陈留南，分为二辈：轨、休之、敬宣奔南燕，虔之、寿、长庆、恭奔秦。

魏主珪初闻休之等当来，大喜。后怪其不至，令兖州求访，获其从者，问其故，皆曰：“魏朝威声远被，是以休之等咸欲归附；既而闻崔逞被杀，故奔二国。”珪深悔之，自是士人有过，颇见优容。

南凉王傉檀攻吕隆于姑臧。

冬季，十月，姚平驻守的柴壁粮草吃完，箭矢用尽。夜里，姚平率领所有的军队从西南向外突围，姚兴也在汾水西岸列开阵势，燃起烽火，擂动战鼓，高声呼喊着，响应姚平军。姚兴想让姚平拼死力战突围出来，而姚平则盼望姚兴能向北魏的包围圈发动进攻，导引、接应他们出来，因此，彼此双方只是叫喊呼唤交相应和，却都不敢逼近北魏的重围。姚平没有突围出来，无计可施，于是，率领部下跳入汾水自杀，很多将领都跟着姚平跳水求死。拓跋珪派善于游泳的人把他们一一钩抓捕获，没有能够幸免的。被捕的有狄伯支以及越骑校尉唐小方等四十多人，其余留下来的二万多部众都束手被擒。姚兴坐在汾水西岸，眼睁睁看着他们走投无路，却没有力量能够救援他们，因此，全军不禁失声恸哭，哭声震撼山谷。姚兴几次派遣使节去向北魏请求讲和，拓跋珪坚决不许，乘胜对蒲阪发动进攻。后秦守将晋公姚绪只是坚守，并不出战。正好赶上柔然打算攻打北魏，拓跋珪听说后，于十月十三日戊申，带领部队撤退。

北魏有人告发太史令晁崇和他的弟弟黄门侍郎晁懿在暗地里招引后秦军队前来进攻。拓跋珪到达晋阳，赐令晁崇、晁懿二人自杀。

后秦把河西的豪门大户等一万多户迁移到都城长安居住。

东晋太尉桓玄杀掉了吴兴太守高素、将军竺谦之以及竺谦之的堂兄竺朗之、刘袭和刘袭的弟弟刘季武，这些人都是原来刘牢之所统辖的北府军的旧部将。刘袭的哥哥冀州刺史刘轨邀请司马休之、刘敬宣、高雅之等人一起占据山阳，打算发动军队进攻桓玄，不能成功，因而退走。将军袁虔之、刘寿、高长庆、郭恭等人也都赶到这里跟他们一起逃亡。先是准备投奔北魏，到了陈留以南的时候，便分为两路：刘轨、司马休之、刘敬宣等人投奔南燕，袁虔之、刘寿、高长庆、郭恭等人投奔后秦。

魏道武帝拓跋珪一开始听说司马休之等人打算前来投奔时非常高兴。后来他们没有来，拓跋珪觉得很奇怪，便命令兖州刺史长孙肥代为查访他们不来的原因，抓到了司马休之等的随从，询问缘故，都说："魏朝的声威，传播很远，所以司马休之等人都打算来归附。但是，不久又听说崔逞被杀的事，因此又改变了主意，逃奔到其他两个国家去了。"拓跋珪深深懊悔自己逼杀了崔逞。从此以后，读书人即使有什么过错，也很能得到宽容和优待。

南凉主秃发傉檀进攻据守姑臧的吕隆。

燕王熙纳故中山尹苻谟二女，长曰“娀娥”，为贵人，幼曰“训英”，为贵嫔，贵嫔尤有宠。丁太后怨恚，与兄子尚书信谋废熙，立章武公渊。事觉，熙逼丁太后令自杀，葬以后礼，谥曰“献幽皇后”。十一月，戊辰，杀渊及信。

辛未，熙畋于北原，石城令高和与尚方兵于后作乱，杀司隶校尉张显，入掠宫殿，取库兵，胁营署，闭门乘城。熙驰还，城上人皆投仗开门，尽诛反者，唯和走免。甲戌，大赦。

魏以庾岳为司空。

十二月，辛亥，魏主珪还云中。

柔然可汗社仑闻珪伐秦，自参合陂侵魏，至豺山，及善无北泽，魏常山王遵以万骑追之，不及而还。

太尉玄使御史杜林防卫会稽文孝王道子至安成，林承玄旨，鸩道子，杀之。

沮渠蒙逊所署西郡太守梁中庸叛，奔西凉。蒙逊闻之，笑曰：“吾待中庸，恩如骨肉，而中庸不我信，但自负耳，孤岂在此一人邪！”乃尽归其孥。

西凉公暠问中庸曰：“我何如索嗣？”中庸曰：“未可量也。”暠曰：“嗣才度若敌我者，我何能于千里之外以长绳绞其颈邪？”中庸曰：“智有短长，命有成败。殿下之与索嗣，得失之理，臣实未之能详。若以身死为负，计行为胜，则公孙瓒岂贤于刘虞邪？”暠默然。

袁虔之等至长安，秦王兴问曰：“桓玄才略何如其父？卒能成功乎？”虔之曰：“玄乘晋室衰乱，盗据宰衡，猜忌安忍，刑赏不公，以臣观之，不如其父远矣。玄今已执大柄，其势必将篡逆，正可为他人驱除耳。”兴善之，以虔之为广州刺史。

后燕主慕容熙收纳原中山尹苻谟的两个女儿为妃。其中，大女儿叫苻娀娥，做了贵人；小女儿叫苻训英，做了贵嫔。苻训英尤其受到宠爱。丁太后因此怨恨愤怒，跟自己的侄儿尚书丁信谋划废掉慕容熙，改立章武公慕容渊为帝。事情被发觉，慕容熙逼迫丁太后，让她自杀，仍用皇后的礼仪安葬，追谥她为献幽皇后。十一月初三戊辰，斩杀了慕容渊和丁信。

十月初六辛未，慕容熙在龙城的北郊原野上打猎，石城令高和与一些守卫宫廷库房的士兵在京城内发动叛乱，杀了司隶校尉张显，冲入宫廷大殿抢掠，取出国库中的武器，胁迫军营官署，紧闭城门，占领城池。慕容熙等飞马回城，来到城下，城上的人都扔下手中的武器，打开城门，把参与叛乱的人全部杀死，只有高和逃走，免于一死。甲戌初九，实行大赦。

北魏任命庾岳为司空。

十二月十七日辛亥，魏道武帝拓跋珪回到云中。

柔然可汗郁久闾社仑听说魏道武帝拓跋珪出兵去攻打后秦，便从参合陂出发向南进发，侵入北魏，到了豺山以及善无北面的草泽地带，才撤兵回北方，北魏国常山王拓跋遵派遣一万骑兵前去追击他们，没有追上，便回来了。

东晋太尉桓玄派御史杜林到安城，去监防护卫会稽文孝王司马道子。杜林接受桓玄的旨意，让司马道子喝下毒酒，把他杀了。

北凉主沮渠蒙逊所统辖的西郡太守梁中庸叛变，投奔西凉。沮渠蒙逊听说这个消息后，笑着说："我对待梁中庸恩情深厚如同骨肉一般，但是他却对我不讲信义，因此，他只是背叛自己罢了。我怎么能在意他这样的一个人呢！"于是，把梁中庸的妻子儿女全部送还给他。

西凉公李暠问梁中庸说："我与索嗣相比，怎么样？"梁中庸说："未可估量。"李暠说："索嗣的才能如果能够和我相敌的话，我怎么才能在千里之外用长绳索绞住他的脖颈？"梁中庸说："人的智慧，有的时候显得有余，有的时候又显得不足；人的命运，有的时候可以让人成功，有的时候又可以让人失败。您与索嗣得失成败的道理、原因，我实在还不能想明白。但是，如果认为身死的人就是失败者，能够对自己设计得到顺遂的就是胜利者，那么，公孙瓒难道要比刘虞贤能吗？"李暠沉默不语。

袁虔之等人到达长安，后秦主姚兴问道："桓玄的才能谋略与他的父亲桓温相比，怎么样？最后能不能成就大的功业？"袁虔之说："桓玄乘晋室衰微动乱之机，窃取占据了可以操纵大局的宰相高位，为人多疑猜忌，刻薄残忍，刑罚赏赐又极不公平，根据我的观察，远不如他的父亲。桓玄现在已经掌握了朝中的大权，看他的趋势是一定要篡夺政权，叛逆晋朝的，这样，正可以为别人起来驱逐铲除他提供口

是岁，秦王兴立昭仪张氏为皇后，封子懿、弼、洸、宣、谌、愔、璞、质、逵、裕、国儿皆为公，遣使拜秃发傉檀为车骑将军、广武公，沮渠蒙逊为镇西将军、沙州刺史、西海侯，李暠为安西将军、高昌侯。

秦镇远将军赵曜帅众二万西屯金城，建节将军王松忽帅骑助吕隆守姑臧。松忽至魏安，傉檀弟文真击而虏之。傉檀大怒，送松忽还长安，深自陈谢。

（以上为第十五段，写东晋太尉桓玄大开杀戒，一些深感危机的将领纷纷北逃；后燕主出外打猎，皇宫发生政变，回城后平定叛乱；柔然出兵侵扰北魏，后退回。）

实。”姚兴觉得这番话很有道理，任命袁虔之为广州刺史。

这一年，后秦主姚兴册立昭仪张氏为皇后，册封儿子姚懿、姚弼、姚洸、姚宣、姚谌、姚愔、姚璞、姚质、姚逵、姚裕、姚国儿等为公爵。他又派遣使节任命秃发傉檀为车骑将军、广武公，沮渠蒙逊为镇西将军、沙州刺史、西海侯，李暠为安西将军、高昌侯。

后秦镇远将军赵曜率领部众二万人向西驻扎在金城，建节将军王松忽率领骑兵协助后凉国吕隆戍守姑臧。王松忽途经魏安的时候，秃发傉檀的弟弟秃发文真向他发动进攻，并把他抓获。秃发傉檀为此非常愤怒，赶快把王松忽送回长安，又上奏书，对自己深加谴责，一再道歉、认罪。

【点评】

论祸国权臣司马元显。司马元显是东晋皇室近亲，晋孝武帝司马曜的侄子，司马道子之子。从十七岁，就执掌朝政。

司马元显当政，非常跋扈，每天拜访他的人很多，门庭若市，但他结交的人都是阿谀奉承之徒。在国库空虚的情况下，他还特别喜欢聚敛钱财，比皇室还要富有。征调江南诸郡已经免奴为客的人，到建康服兵役，称为“乐属”，此举导致民心大乱，叛贼孙恩乘机起兵，从海岛进攻上虞，而后攻陷会稽，三吴八郡一时都响应孙恩。面对如此局面，朝廷内外戒严，司马元显以中军将军的身份攻打孙恩，并命将军谢琰率兵攻打。于是，暂时击退了孙恩，八郡才稍为安定。司马元显升为骠骑大将军、征讨大都督，都督十八州诸军事，加侍中、黄钺。

司马元显攻打桓玄失败，桓玄的势力膨胀，入京执掌朝政，杀掉了司马元显及其六个儿子。司马元显与其父司马道子两代相继为东晋的祸国权臣，父子贪婪聚敛，最后落得个满门被诛，这就是他应有的下场。

资治通鉴（文白对照本） 卷第一百一十三

晋纪三十五

晋安帝元兴二年至三年（403—404年）

【起昭阳单阏（癸卯，403年），尽阏逢执徐（甲辰，404年），凡二年】

【大事提要】

本卷记事起于公元403年，止于公元404年，凡两年，时当晋安帝（司马德宗）元兴二年至元兴三年。本卷所载大事，主要有四个方面。其一，桓玄逼晋安帝禅位，自称为楚帝。东晋权臣桓温之子桓玄，先后消灭了殷仲堪和杨佺期，除掉执政的司马道子父子，把持朝权，为相国、大将军，晋封为楚王，声势煊赫，震动朝野。公元403年，威逼晋安帝司马德宗禅位，在建康建立桓楚，改元“永始”。其二，后秦灭后凉。其三，刘裕征讨桓玄。刘裕出身贫穷，最初仕于东晋，为建威将军、下邳太守，是桓玄部下。桓玄想利用刘裕巩固帝位。桓玄称帝后，“骄奢荒侈，游猎无度”，以致“百姓疲苦，朝野劳瘁”。于是，刘裕与刘毅、何无忌等人共谋兴复晋室，刘裕被推为盟主，率北府兵攻打桓玄。其四，桓玄兵败被杀，安帝复位。

【原文】

安皇帝戊

元兴二年（癸卯，403 年）

春，正月，卢循使司马徐道覆寇东阳。

二月，辛丑，建武将军刘裕击破之。道覆，循之姊夫也。

乙卯，以太尉玄为大将军。

丁巳，玄杀冀州刺史孙无终。

玄上表请帅诸军扫平关、洛，既而讽朝廷，下诏不许，乃云："奉诏故止。"玄初欲饬装，先命作轻舸，载服玩、书画。或问其故。玄曰："兵凶战危，脱有意外，当使轻而易运。"众皆笑之。

夏，四月，癸巳朔，日有食之。

南燕主备德故吏赵融自长安来，始得母兄凶问，备德号恸吐血，因而寝疾。

司隶校尉慕容达谋反，遣牙门皇璆攻端门，殿中帅侯赤眉开门应之；中黄门孙进扶备德逾城匿于进舍。段宏等闻宫中有变，勒兵屯四门。备德入宫，诛赤眉等，达出奔魏。

备德优迁徙之民，使之长复不役。民缘此迭相荫冒，或百室合户，或千丁共籍，以避课役。尚书韩谆请加隐核，备德从之，使谆巡行郡县，得荫户五万八千。

泰山贼王始聚众数万，自称太平皇帝，署置公卿。南燕桂林王镇讨擒之。临刑，或问其父及兄弟安在。始曰："太上皇蒙尘于外，征东、征西为乱兵所害。"其妻怒之曰："君正坐此口，奈何尚尔！"始曰："皇后不知，自古岂有不亡之国！朕则崩矣，终不改号！"

五月，燕王熙作龙腾苑，方十余里，役徒二万人；筑景云山于苑内，基广五百步，峰高十七丈。

秋，七月，戊子，魏主珪北巡，作离宫于豺山。

平原太守和跋奢豪喜名，珪恶而杀之，使其弟毗等就与诀。跋曰："灅北土瘠，可迁水南，勉为生计。"且使之背己，曰："汝何忍视吾之死

【语译】

安皇帝戊

晋安帝元兴二年（癸卯，403 年）

春季，正月，东晋叛乱首领卢循派遣司马徐道覆进犯东阳。

二月初八辛丑，刘宋建武将军刘裕打败徐道覆。徐道覆是卢循的姐夫。

二月二十二日乙卯，东晋朝廷委派太尉桓玄担任大将军。

二月二十四日丁巳，东晋太尉桓玄杀死冀州刺史孙无终。

东晋太尉桓玄上书，请求率领各军扫平关中、洛阳地区，随之又暗示朝廷下令不同意，于是说："奉行命令，所以停止北伐。"桓玄起初想整备行装，先命令建造轻便的船，装载服饰珍玩、名人书画。有人问他为什么这样，桓玄说："战争是危险的，如果发生意外事故，应该使船只轻便，物品容易运输。"大家都为之发笑。

夏季，四月初一癸巳，发生日食。

南燕主慕容备德的旧日部属赵融从长安前来，慕容备德才得知母亲、哥哥死亡的噩耗，号啕大哭，口吐鲜血，因此卧病不起。

南燕司隶校尉慕容达阴谋造反，派遣牙门皇璆攻打都城端门，殿中帅侯赤眉开门响应他；中黄门孙进扶着慕容备德翻过城墙，藏在孙进的房舍中。段宏等人听说有变故，指挥军队把守四面城门。慕容备德进宫，诛杀了侯赤眉等人；慕容达出城，逃到北魏。

慕容备德优待迁移的民众，让他们长久地免除赋税劳役；民众因此不停地冒充迁移者，有的一百家合为一户，有的一千人共用一个户籍，来躲避赋税劳役。尚书韩谆请求加以审查核实，慕容备德听从了他的建议，派遣韩谆到各个郡县巡视，查出依附于别人户籍下的有五万八千户。

泰山贼寇王始聚集部众几万人，自称为太平安帝，设置公卿官署。南燕桂林王慕容镇前往攻打，擒获了他。临刑前，有人问他的父亲和兄弟在什么地方。王始说："太上皇在外流亡，征东将军、征西将军被乱军杀害了。"他的妻子对他发怒说："你正是由于这张嘴巴而被杀，为什么现在还这样说话？"王始说："皇后不知道，自古以来哪里有不灭亡的国家，我是要死了，但绝不改变名号！"

五月，后燕主慕容熙建造龙腾苑，方圆十多里，服劳役的有二万人；在苑内堆筑景云山，地基周长有五百步，山峰高达十七丈。

秋季，七月二十七日戊子，魏道武帝拓跋珪向北巡视，在豺山建造离宫。

北魏平原太守和跋奢侈骄横，喜好虚名，拓跋珪心中厌恶，要杀了他，行刑前，让他的弟弟和毗等人去和他诀别。和跋说："灅水以北土地贫瘠，可以迁到灅水

也！”毗等谕其意，诈称使者，逃入秦。珪怒，灭其家。中垒将军邓渊从弟尚书晖与跋善，或谮诸珪曰：“毗之出亡，晖实送之。”珪疑渊知其谋，赐渊死。

（以上为第一段，写南燕主慕容德优待迁移的民众，长久免除赋税徭役，大批民众前来归附；南燕泰山人王始聚众造反，被南燕擒杀；北魏主拓跋珪杀掉平原太守和跋。）

南凉王傉檀及沮渠蒙逊互出兵攻吕隆，隆患之。秦之谋臣言于秦王兴曰：“隆藉先世之资，专制河外，今虽饥窘，尚能自支，若将来丰赡，终不为吾有。凉州险绝，土田饶沃，不如因其危而取之。”兴乃遣使征吕超入侍。隆念姑臧终无以自存，乃因超请迎于秦。兴遣尚书左仆射齐难、镇西将军姚诘、左贤王乞伏乾归、镇远将军赵曜帅步骑四万迎隆于河西，南凉王傉檀摄昌松、魏安二戍以避之。八月，齐难等至姑臧，隆素车白马迎于道旁。隆劝难击沮渠蒙逊，蒙逊使臧莫孩拒之，败其前军。难乃与蒙逊结盟，蒙逊遣弟挐入贡于秦。难以司马王尚行凉州刺史，配兵三千镇姑臧，以将军阎松为仓松太守，郭将为番禾太守，分戍二城，徙隆宗族、僚属及民万户于长安。兴以隆为散骑常侍，超为安定太守，自余文武随才擢叙。

初，郭黁常言“代吕者王”，故其起兵，先推王详，后推王乞基，及隆东迁，王尚卒代之。黁从乞伏乾归降秦，以为灭秦者晋也，遂来奔，秦人追得，杀之。

沮渠蒙逊伯父中田护军亲信、临松太守孔笃，皆骄恣为民患，蒙逊曰：“乱吾法者，二伯父也。”皆逼之使自杀。

秦遣使者梁构至张掖，蒙逊问曰：“秃发傉檀为公而身为侯，何也？”构曰：“傉檀凶狡，款诚未著，故朝廷以重爵虚名羁縻之。将军忠贯白日，当入赞帝室，岂可以不信相待也！圣朝爵必称功，如尹纬、姚晃，佐命之臣，齐难、徐洛，一时猛将，爵皆不过侯伯，将军何以先之乎！昔窦融殷勤固让，不欲居旧臣之右，不意将军忽有此问！”蒙逊曰：“朝廷何不即封张掖而更远封西海邪？”构曰：“张掖，将军已自有之，所以远授

以南，勉强维持生计。”并且让和毗等人背对着自己，说：“你们怎么忍心看着我死呢？”和毗等人明白了他的意思，假称为使者，逃到后秦。拓跋珪大怒，诛灭了他们的家族。中垒将军邓渊的堂弟尚书邓晖同和跋友好，有人向拓跋珪诬陷邓晖说：“和毗逃跑时，邓晖送了他。”拓跋珪怀疑邓渊知道他们的计划，赐令邓渊自杀。

南凉主秃发傉檀和北凉王沮渠蒙逊交相出兵攻打后凉王吕隆，吕隆很担忧。后秦谋士向后秦王姚兴进言说：“吕隆凭借先代资业，控制河西，现在虽然饥荒窘迫，还能独力维持，如果将来富足了，终究不会归属于我们。凉州地势险要隔绝，土地富饶肥沃，不如利用他们的危难处境而夺取过来。”姚兴于是派遣使者征召吕超入京侍奉。吕隆考虑到姑臧终究无法独力存在，就通过吕超请求后秦军队前来迎接。姚兴派遣尚书左仆射齐难、镇西将军姚诘、左贤王乞伏乾归、镇远将军赵曜率领步兵、骑兵四万人，到河西迎接吕隆，南凉王秃发傉檀撤退昌松、魏安两个据点的军队来避让他们。八月，后秦尚书左仆射齐难等人到达姑臧，吕隆坐着白马拉动的没有彩饰的车子，在路旁迎接。吕隆劝齐难攻打沮渠蒙逊，沮渠蒙逊派臧莫孩抵御，打败了齐难的先头部队。齐难于是和沮渠蒙逊缔结盟约；沮渠蒙逊派遣弟弟沮渠挐到后秦国呈献贡品。齐难委派司马王尚代理凉州刺史，给他配备三千士兵，镇守姑臧；委派将军阎松担任仓松太守，郭将担任番禾太守，分别守卫两座城池，迁移吕隆的宗族、僚属和民众一万户到长安。后秦王姚兴委派吕隆担任散骑常侍，吕超担任安定太守，其余的文武官员都依据他们的才能选拔任用。

当初，后凉太常郭黁曾经说：“代替吕氏的是王氏。”所以，他起兵时，先推举王详，后推举王乞基；等到吕隆迁到东方，王尚终于取代了吕氏。郭黁跟从乞伏乾归投降后秦，认为灭亡后秦的是东晋，于是前去投奔东晋，后秦人追上他，把他杀了。

北凉主沮渠蒙逊的伯父中田护军沮渠亲信、临松太守沮渠孔笃都骄横放纵，成为民众的祸患，沮渠蒙逊说：“扰乱我的法度的，就是两位伯父。”逼令二人自杀了。

后秦派遣使者梁构到达张掖，北凉主沮渠蒙逊问他说：“秃发傉檀被封为公，我却仅封为侯，这是为什么？”梁构说：“秃发傉檀凶恶狡诈，没有明显的诚心，所以朝廷用尊贵的爵位和空虚的名称来笼络他。将军的忠诚与日月争辉，应该到朝廷辅佐政事，怎么能以不信任的心态对待呢？圣明的朝廷授予爵位，必定要和功劳相称，比如尹纬、姚晃是辅佐君主建国的臣子，齐难、徐洛是当代的勇猛将领，爵位都不超过侯伯，将军为什么要居于他们前面呢？从前，窦融态度诚恳，坚决推让，不想

西海者，欲广大将军之国耳。”蒙逊悦，乃受命。

荆州刺史桓伟卒，大将军玄以桓修代之。从事中郎曹靖之说玄曰：“谦、修兄弟专据内外，权势太重。”玄乃以南郡相桓石康为荆州刺史。石康，豁之子也。

刘裕破卢循于永嘉，追至晋安，屡破之，循浮海南走。

何无忌潜诣裕，劝裕于山阴起兵讨桓玄。裕谋于土豪孔靖，靖曰：“山阴去都道远，举事难成；且玄未篡位，不如待其已篡，于京口图之。”裕从之。靖，愉之孙也。

（以上为第二段，写南凉主秃发傉檀、北凉主沮渠蒙逊出兵攻打后凉主吕隆，后秦主姚兴趁救援之机占领后凉；东晋将领刘裕多次打败海盗首领卢循，并准备起兵攻打桓玄。）

九月，魏主珪如南平城，规度灅南，将建新都。

侍中殷仲文、散骑常侍卞范之劝大将军玄早受禅，阴撰九锡文及册命，以桓谦为侍中、开府、录尚书事，王谧为中书监、领司徒，桓胤为中书令，加桓修抚军大将军。胤，冲之孙也。丙子，册命玄为相国，总百揆，封十郡，为楚王，加九锡，楚国置丞相以下官。

桓谦私问彭城内史刘裕曰：“楚王勋德隆重，朝廷之情，咸谓宜有揖让，卿以为何如？”裕曰：“楚王，宣武之子，勋德盖世，晋室微弱，民望久移，乘运禅代，有何不可？”谦喜曰：“卿谓之可，即可耳。”

新野人庾仄，殷仲堪之党也，闻桓伟死，石康未至，乃起兵袭雍州刺史冯该于襄阳，走之。仄有众七千，设坛，祭七庙，云“欲讨桓玄”，江陵震动。石康至州，发兵攻襄阳，仄败，奔秦。

高雅之表南燕主备德，请伐桓玄，曰：“纵未能廓清吴、会，亦可收江北之地。”中书侍郎韩范亦上疏曰：“今晋室衰乱，江、淮南北，户口无几，戎马单弱。重以桓玄悖逆，上下离心；以陛下神武，发步骑一万

位居旧日臣属之上，没有想到将军忽然间有这样一个提问！”沮渠蒙逊说：“朝廷为什么不就近将张掖封给我，而将遥远的西海封给我呢？”梁构说：“张掖，将军已经拥有了，之所以将遥远的西海封予你，是想扩大将军的封国而已。”沮渠蒙逊很高兴，于是接受任命。

东晋荆州刺史桓伟去世，大将军桓玄委派桓修接替他。从事中郎曹靖之劝说桓玄道：“桓谦、桓修兄弟独掌内外事务，权势太重。”桓玄于是委派南郡相桓石康担任荆州刺史。桓石康是桓豁的儿子。

东晋将领刘裕在永嘉打败卢循，追赶到晋安，又多次打败他，卢循渡海向南逃走。

何无忌秘密前往刘裕那里，劝说刘裕在山阴起兵攻打桓玄。刘裕同当地豪杰孔靖商议，孔靖说：“山阴离都城道途遥远，起事难以成功；而且桓玄还没有篡位，不如等桓玄篡位之后，在京口起兵攻打他。”刘裕听从了孔靖的建议。孔靖是孔愉的孙子。

九月，魏道武帝拓跋珪前往南平城，在灅水以南考察规划，准备建立新的都城。

东晋侍中殷仲文、散骑常侍卞范之劝说桓玄早日接受禅让，暗中撰写出加赐九锡的文告和禅位诏令。朝廷委派桓谦担任侍中、开府仪同三司、录尚书事，王谧担任中书监、代理司徒，桓胤担任中书令，加授桓修为抚军大将军。桓胤是桓冲的孙子。九月十六日丙子，东晋朝廷下令，委任桓玄为相国，总领文武官员，分封十个郡，爵号为楚王，加赐尊礼大臣的九种器物，楚国设置丞相以下官员。

东晋侍中桓谦私下询问彭城内史刘裕说：“楚王功勋卓著，德望崇高，朝廷中的舆论都认为应该举行禅让大典，你认为怎么样？”刘裕说：“楚王是宣武公的儿子，功勋德望当今无人可比，晋王室衰微，民众的愿望早已改变，乘着时运，接受禅让，取代尊位，有什么不可以？”桓谦高兴地说：“您说可以，那就一定可以了。”

东晋新野人庾仄，是殷仲堪的党羽，听说桓伟死了，桓石康还没有到任，于是起兵，到襄阳袭击雍州刺史冯该，赶走了他。庾仄有部众七千人，设立祭坛，祭祀晋王室七代祖庙，宣扬说“准备攻打讨伐桓玄”，江陵为之震动。桓石康到任，调动军队攻打襄阳，庾仄失败，投奔后秦。

东晋叛将高雅之上书给南燕主慕容备德，请求攻打桓玄，说：“即使不能平定吴郡、会稽地区，也可以占据长江以北的土地。”中书侍郎韩范也上书说：“现在晋皇室衰弱混乱，长江、淮河南北，户口没有多少，军事力量薄弱，加上桓玄犯上作乱，

临之，彼必土崩瓦解，兵不留行矣。得而有之，秦、魏不足敌也；拓地定功，正在今日。失时不取，彼之豪杰诛灭桓玄，更修德政，岂惟建康不可得，江北亦无望矣。”备德曰：“朕以旧邦覆没，欲先定中原，乃平荡荆、扬，故未南征耳。其令公卿议之。”因讲武城西，步卒三十七万人，骑五万三千匹，车万七千乘。公卿皆以为玄新得志，未可图，乃止。

冬，十月，楚王玄上表请归藩，使帝作手诏固留之。又诈言钱塘临平湖开，江州甘露降，使百僚集贺，用为己受命之符。又以前世皆有隐士，耻于己时独无，求得西朝隐士安定皇甫谧六世孙希之，给其资用，使隐居山林，征为著作郎，使希之固辞不就，然后下诏旌礼，号曰“高士”。时人谓之“充隐”。又欲废钱用谷、帛及复肉刑，制作纷纭，志无一定，变更回复，卒无所施行。性复贪鄙，人士有法书、好画及佳园宅，必假蒲博而取之；尤爱珠玉，未尝离手。

（以上为第三段，写东晋朝廷委任权臣桓玄为相国，封楚王，赐九锡；而桓玄嚣张跋扈，伪造祥瑞，正做着篡位的准备。）

乙卯，魏主珪立其子嗣为齐王，加位相国；绍为清河王，加征南大将军；熙为阳平王；曜为河南王。

丁巳，魏将军伊谓帅骑二万袭高车余种袁纥、乌频；十一月，庚午，大破之。

诏楚王玄行天子礼乐，妃为王后，世子为太子。丁丑，卞范之为禅诏，使临川王宝逼帝书之。宝，晞之曾孙也。庚辰，帝临轩，遣兼太保、领司徒王谧奉玺绶，禅位于楚；壬午，帝出居永安宫；癸未，迁太庙神主于琅邪国，穆章何皇后及琅邪王德文皆徙居司徒府。百官诣姑孰劝进。

十二月，庚寅朔，玄筑坛于九井山北，壬辰，即皇帝位。册文多非薄晋室，或谏之，玄曰：“揖让之文，正可陈之于下民耳，岂可欺上帝乎！”大赦，改元永始，以南康之平固县封帝为平固王，降何后为零陵县君，琅邪王德文为石阳县公，武陵王遵为彭泽县侯；追尊父温为宣武

上下离心离德，凭着皇上的神明英武，调发步兵骑兵一万人前往，他们必然土崩瓦解，我方军队可以长驱直入。得到了晋国土地，秦国、魏国就不再是我们的对手。开拓疆域，建立功业，就在现在。失去时机不去夺取，一旦他们当中的豪杰诛灭桓玄，再推行德政，岂只是建康不能得到，长江以北的土地也没有希望夺取了。”慕容备德说：“我因旧日的国土丧失，想要首先平定中原，然后再扫荡平定荆州、扬州，所以没有向南征伐。现命令公卿大臣商议这件事。”于是，在城西操练军队，共有步兵三十七万人，战马五万三千匹，战车一万七千乘。公卿大臣都认为桓玄刚刚实现愿望，不能打他的主意，于是决定停止出兵。

冬季，十月，东晋楚王桓玄上书，请求回到封国，然后让皇上亲自下令，坚决挽留他。又诈称钱塘临平湖忽然开通，江州降下甘美的雨露，让文武官员齐集庆贺，作为自己接受天命的祥瑞。又认为前代都有隐士，对自己的时代唯独没有感到羞愧，访查到西晋时的隐士安定人皇甫谧的六世孙皇甫希之，供给他物资费用，让他到山林隐居；征召他为著作郎，指使他坚决推辞不就任，然后再下令表彰礼敬，称他为“高士”。当时人却称他为充数的隐士。桓玄又想废去钱币，以谷粟、布帛做货物流通的工具，还想恢复肉刑，制度纷乱，没有固定的准则，来回不停地变更，结果都不能施行。他的禀性也很贪婪卑鄙，如有名家书法、名家绘画作品以及美好的花园住宅，必定假借樗蒲之类赌博手段夺取过来，尤其喜爱珍珠璧玉，这些东西从来没有离过手。

十月二十五日乙卯，魏道武帝拓跋珪立他的儿子拓跋嗣为齐王，擢升为相国；拓跋绍为清河王，加授征南大将军；拓跋熙为阳平王；拓跋曜为河南王。

十月二十七日丁巳，北魏将军伊谓率领二万骑兵袭击高车残余的袁纥、乌频部落，十一月十一日庚午，把他们打得大败。

东晋朝廷下令，让楚王桓玄使用天子的礼仪音乐，妃子称为王后，世子称为太子。十一月十八日丁丑，卞范之撰写禅让诏书，让临川王司马宝逼迫晋安帝司马德宗书写。司马宝是司马晞的曾孙。二十一日庚辰，晋安帝到殿前，派遣兼太保、代理司徒王谧奉上玉玺印绶，禅位给楚王；二十三日壬午，晋安帝搬出皇宫，住进永安宫；二十四日癸未，把太庙中的牌位迁到琅邪国，穆章何皇后和琅邪王司马德文都迁到司徒府居住。文武官员前往姑孰劝说桓玄登位。

十二月初一庚寅朔，东晋楚王桓玄在九井山北兴筑祭坛，初三壬辰，登上皇帝位。册文中有很多非议蔑视晋皇室的言辞，有人加以规劝，桓玄说：“揖让谦逊的言辞，只可以向普通民众陈述而已，怎么可以用来欺骗上帝呢！”桓玄实行大赦，改年号为永始；以南康郡的平固县分封安帝为平固王，降何皇后名号为零陵县君；琅

皇帝，庙号太祖，南康公主为宣皇后，封子升为豫章王，以会稽内史王愉为尚书仆射，愉子相国左长史绥为中书令。绥，桓氏之甥也。

戊戌，玄入建康宫，登御坐而床忽陷，群下失色。殷仲文曰："将由圣德深厚，地不能载。"玄大悦，梁王珍之国臣孔朴奉珍之奔寿阳。珍之，晞之曾孙也。

戊申，燕王熙尊燕主垂之贵嫔段氏为皇太后。段氏，熙之慈母也。己酉，立苻贵嫔为皇后，大赦。

辛亥，桓玄迁帝于寻阳。

燕以卫尉悦真为青州刺史，镇新城；光禄大夫卫驹为并州刺史，镇凡城。

癸丑，纳桓温神主于太庙。桓玄临听讼观阅囚徒，罪无轻重，多得原放；有干舆乞者，时或恤之。其好行小惠如此。

是岁，魏主珪始命有司制冠服，以品秩为差，然法度草创，多不稽古。

（以上为第四段，主要写北魏主拓跋珪率军攻打高车，获得大胜；东晋权臣桓玄受禅登基，改国号为楚，改元永始，取代东晋；后燕主慕容熙宠幸贵嫔苻训英，立为皇后。）

三年（甲辰，404 年）

春，正月，桓玄立其妻刘氏为皇后。刘氏，乔之曾孙也。玄以其祖彝以上名位不显，不复追尊立庙。散骑常侍徐广曰："敬其父则子悦，请依故事立七庙。"玄曰："礼，太祖东向，左昭右穆。晋立七庙，宣帝不得正东向之位，何足法也！"秘书监卞承之谓广曰："若宗庙之祭果不及祖，有以知楚德之不长矣。"广，邈之弟也。

玄自即位，心常不自安。二月，己丑朔，夜，涛水入石头，流杀人甚多，喧哗震天。玄闻之惧，曰："奴辈作矣！"

玄性苛细，好自矜伐。主者奏事，或一字不体，或片辞之谬，必加纠擿，以示聪明。尚书答诏误书"春蒐"为"春菟"，自左丞王纳之以

邪王司马德文降封为石阳县公，武陵王司马遵降封为彭泽县侯；追尊父亲桓温为宣武安帝，庙号为太祖，南康公主为宣皇后，封儿子桓升为豫章王；委派会稽内史王愉担任尚书仆射，委派王愉的儿子相国左长史王绥担任中书令。王绥是桓氏的外甥。

十二月初九戊戌，桓玄进入建康宫廷，登上皇帝宝座，坐床却突然下陷，臣属们大惊失色。殷仲文说："这当是因为圣上的德行太深厚，大地不能承载。"桓玄非常高兴。梁王司马珍之封国中的臣属孔朴陪同司马珍之逃往寿阳。司马珍之是司马晞的曾孙。

十二月十九日戊申，后燕主慕容熙尊奉后燕主慕容垂的贵嫔段氏为皇太后。段氏是慕容熙的母亲。十二月二十日己酉，立苻贵嫔为皇后，实行大赦。

十二月二十二日辛亥，桓玄把安帝司马德宗迁到寻阳。

后燕委派卫尉悦真担任青州刺史，镇守新城；光禄大夫卫驹担任并州刺史，镇守凡城。

十二月二十四日癸丑，楚王桓玄把桓温的牌位安放到太庙。桓玄前往听讼观阅审问囚徒，罪行不分轻重，大多被宽恕释放；有人拦住他的车驾乞讨，他有时也给以周济。他就是这样地好行小恩小惠。

这一年，魏道武帝拓跋珪开始命令有关官员制定衣帽服饰的标准，以官阶高低划分等级。法度刚刚创立，大多没有因循古代制度。

晋安帝元兴三年（甲辰，404 年）

春季，正月，桓玄立他的妻子刘氏为皇后。刘氏是刘乔的曾孙。桓玄因他的祖父桓彝以上的前辈名声地位不显要，没有再追尊立庙。散骑常侍徐广说："'尊敬做父亲的，他的儿子自然就高兴'，请求依照旧例建立七代祭庙。"桓玄说："按礼制，太祖祭庙面向东方，左边三昭，右边三穆。晋朝建立七代祭庙，宣帝不能处于面向正东方的位置，哪里值得效法呢？"秘书监卞承之对徐广说："如果宗庙的祭祀真的不能推及祖先，可以知道楚国的时运不会长久。"徐广是徐邈的弟弟。

桓玄自从即位后，心里时常不安宁。二月初一己丑夜晚，长江的波涛涌进石头城，被卷走淹死的人非常多，喧哗的声音震动天地。桓玄听说后恐惧不已，说："奴才们要造反了！"

桓玄禀性苛刻琐碎，喜好自我炫耀。主管官员上奏政事，有的一个字上下偏旁不合规范，有的个别文辞不妥当，他必定要纠正、挑剔来显示自己的聪明。尚书回

下，凡所关署，皆被降黜。或手注直官，或自用令史，诏令纷纭，有司奉答不暇；而纪纲不治，奏案停积，不能知也。又性好游畋，或一日数出。迁居东宫，更缮宫室，土木并兴，督迫严促，朝廷骚然，思乱者众。

玄遣使加益州刺史毛璩散骑常侍、左将军。璩执留玄使，不受其命。璩，宝之孙也。玄以桓希为梁州刺史，分命诸将戍三巴以备之。璩传檄远近，列玄罪状，遣巴东太守柳约之、建平太守罗述、征虏司马甄季之击破希等，仍帅众进屯白帝。

刘裕从徐兖二州刺史、安成王桓修入朝。玄谓王谧曰："裕风骨不常，盖人杰也。"每游集，必引接殷勤，赠赐甚厚。玄后刘氏，有智鉴，谓玄曰："刘裕龙行虎步，视瞻不凡，恐不为人下，不如早除之。"玄曰："我方平荡中原，非裕莫可用者，俟关、河平定，然后别议之耳。"

玄以桓弘为青州刺史，镇广陵；刁逵为豫州刺史，镇历阳。弘，修之弟；逵，彝之子也。

刘裕与何无忌同舟还京口，密谋兴复晋室。刘迈弟毅家于京口，亦与无忌谋讨玄。无忌曰："桓氏强盛，其可图乎？"毅曰："天下自有强弱，苟为失道，虽强易弱，正患事主难得耳。"无忌曰："天下草泽之中非无英雄也。"毅曰："所见唯有刘下邳。"无忌笑而不答，还以告裕，遂与毅定谋。

（以上为第五段，写东晋权臣桓玄篡位后，注重于琐碎，疏忽于纲纪，桓楚朝廷危机四伏；刘裕被有识之士认为是藏龙卧虎的杰出人才，与何无忌、刘毅等谋划起兵讨灭桓玄。）

初，太原王元德及弟仲德为苻氏起兵攻燕主垂，不克，来奔，朝廷以元德为弘农太守。仲德见桓玄称帝，谓人曰："自古革命诚非一族，然今之起者恐不足以成大事。"

平昌孟昶为青州主簿，桓弘使昶至建康，玄见而悦之，谓刘迈曰："素士中得一尚书郎，卿与其州里，宁相识否？"迈素与昶不善，对曰："臣在京口，不闻昶有异能，唯闻父子纷纷更相赠诗耳。"玄笑而止。昶

答诏书，把“春蒐”误写成“春菟”，自左丞王纳之以下官吏，凡是经手过这件事情的都被降职。有时候亲自安排入宫值勤的官员，有时候亲自署用令史。命令杂乱，主管管员回答都来不及；朝廷纲纪不能树立，上奏的文书积压也不知道。他又生性喜爱游玩打猎，有时候一天去几次。迁到东宫中居住，另外修缮宫室，土木工程同时进行，督促严厉，时间紧迫，朝野人士动乱不安，想要作乱的人非常多。

桓玄派遣使者加授益州刺史毛璩为散骑常侍、左将军。毛璩扣留桓玄的使者，不接受委任。毛璩是毛宝的孙子。桓玄委派桓希担任梁州刺史，分别命令各将领戍守三巴来戒备毛璩。毛璩向远近传送檄文，列举桓玄的罪伏，派遣巴东太守柳约之、建平太守罗述、征虏司马甄季之打败桓希等人，随之率领部众进驻白帝城。

刘裕跟从徐、兖二州刺史，安成王桓修进京朝见。桓玄对王谧说：“刘裕的风度骨气不同凡响，大概是个杰出的人才。”每次游玩集会，必定殷勤地接待，赠送赏赐十分丰厚。桓玄的皇后刘氏，有智谋和鉴识能力，对桓玄说：“刘裕走路的姿势像蛟龙猛虎，双目有神，不像一般的人，恐怕终究不会处于他人之下，不如早日除掉他。”桓玄说：“我正要平定中原，除了刘裕没有可以使用的人，等到关中、黄河一带平定后，然后再商议这件事情。”

桓玄委派桓弘担任青州刺史，镇守广陵；委派刁逵担任豫州刺史，镇守历阳。桓弘是桓修的弟弟；刁逵是刁彝的儿子。

刘裕和何无忌同船回到京口，秘密谋划复兴东晋皇室。刘迈的弟弟刘毅家在京口，也和何无忌谋划攻打桓玄。何无忌说：“桓氏强盛可以攻打吗？”刘毅说：“天下的力量自然有强弱的分别。如果失去正道，即使强大也容易变得弱小，值得担忧的只是带头的人难以找到而已。”何无忌说：“天下荒野之中，不是没有英雄的。”刘毅说：“我所见到的，只有刘裕而已。”何无忌微笑而没有加以回答，回去后告诉了刘裕，刘裕于是和刘毅制定出攻打桓玄的谋略。

当初，太原人王元德和弟弟王仲德为苻氏起兵，攻打后燕主慕容垂，没有成功，前来投奔东晋，朝廷任命王元德为弘农太守。王仲德看到桓玄自称安帝，对别人说：“自古以来改朝换代，拥有天下的的确不只是一个家族，但是，现在起来称帝的恐怕不能够成就大事。”

平昌人孟昶担任青州主簿，桓弘派孟昶到建康，桓玄见到后很喜欢他，对刘迈说：“在寒素的士人中我得到了一个尚书郎，你和他同州里，认识他吗？”刘迈一向和孟昶合不来，回答说：“臣下在京口，没有听说孟昶有突出的才能，只听说他父子

闻而恨之。既还京口，裕谓昶曰：“草间当有英雄起，卿颇闻乎？”昶曰：“今日英雄有谁，正当是卿耳！”

于是，裕、毅、无忌、元德、仲德、昶及裕弟道规、任城魏咏之、高平檀凭之、琅邪诸葛长民、河内太守陇西辛扈兴、振威将军东莞童厚之，相与合谋起兵。道规为桓弘中兵参军，裕使毅就道规及昶于江北，共杀弘，据广陵；长民为刁逵参军，使长民杀逵，据历阳；元德、扈兴、厚之在建康，使之聚众攻玄为内应，刻期齐发。

孟昶妻周氏富于财，昶谓之曰：“刘迈毁我于桓公，使我一生沦陷，我决当作贼。卿幸早离绝，脱得富贵，相迎不晚也。”周氏曰：“君父母在堂，欲建非常之谋，岂妇人所能谏！事之不成，当于奚官中奉养大家，义无归志也。”昶怅然，久之而起。周氏追昶坐，曰：“观君举措，非谋及妇人者，不过欲得财物耳。”因指怀中儿示之曰：“此而可卖，亦当不惜。”遂倾赀以给之。昶弟颛妻，周氏之从妹也，周氏绐之曰：“昨夜梦殊不祥，门内绛色物宜悉取以为厌胜。”妹信而与之，遂尽缝以为军士袍。

何无忌夜于屏风里草檄文，其母，刘牢之姊也，登橙密窥之，泣曰：“吾不及东海吕母明矣。汝能如此，吾复何恨！”问所与同谋者。曰：“刘裕。”母尤喜，因为言玄必败、举事必成之理以劝之。

乙卯，裕托以游猎，与无忌收合徒众，得百余人。丙辰，诘旦，京口城开，无忌著传诏服，称敕使，居前，徒众随之齐入，即斩桓修以徇。修司马刁弘帅文武佐吏来赴，裕登城，谓之曰：“郭江州已奉乘舆返正于寻阳，我等并被密诏，诛除逆党，今日贼玄之首已当枭于大航矣。诸君非大晋之臣乎，今来欲何为！”弘等信之，收众而退。

（以上为第六段，写刘裕与刘毅等人商定起兵讨桓玄。孟昶之妻深明大义，捐献钱财；何无忌之母以桓玄必败、起事必成激励儿子，何无忌杀死桓修以示众。）

裕问无忌曰：“今急须一府主簿，何由得之？”无忌曰：“无过刘道民。”道民者，东莞刘穆之也。裕曰：“吾亦识之。”即驰信召焉。时穆之

之间时常写诗相赠而已。”桓玄发笑，因而打消起用孟昶的念头。孟昶听说后，心中憎恨刘迈。回到京口后，刘裕对孟昶说：“荒野之中将有英雄豪杰起兵，你听到了一些消息吗？”孟昶说：“现在的英雄豪杰有谁？只会是你自己！”

于是，刘裕、刘毅、何无忌、王元德、王仲德、孟昶和刘裕的弟弟刘道规、任城人魏咏之、高平人檀凭之、琅邪人诸葛长民、河内太守陇西人辛扈兴、振威将军东莞人童厚之，互相联络在一起商议起兵。刘道规是桓弘的中兵参军，刘裕命刘毅到长江以北同刘道规和孟昶会合，一同杀掉桓弘，占据广陵；诸葛长民是刁逵的参军，刘裕命诸葛长民杀掉刁逵，占据历阳；王元德、辛扈兴、童厚之在建康，刘裕命他们聚集部众攻打桓玄，作为内应，约定时间，同时发动。

孟昶的妻子周氏很有钱财，孟昶对她说：“刘迈在桓公面前诋毁我，使我一生的前途都毁了，我已决心造反。希望你同我早日断绝夫妻关系，如果我能侥幸获得富贵，再迎娶你也不算晚。”周氏说：“你的父母还健在，你想实现不同寻常的谋略，岂是我一个妇人所能劝阻的！如果事情不能成功，我将在奚官中奉养婆母，按照道义，我没有回娘家的道理。”孟昶惆怅迷惘，过了很久才起身。周氏追出来，让孟昶回到座位上，说：“看你的举动，不是来同妇人商议大事的样子，不过想得到财物而已。”随之指着怀中的儿子对他说：“这个孩子如果可以卖钱，也在所不惜。”于是，拿出全部财产交给孟昶。孟昶的弟弟孟顗的妻子，是周氏的堂妹，周氏哄骗她说：“昨天夜晚做了个梦，十分不吉利，你家里所有深红色的东西，应该全取出来禳除灾殃。”堂妹相信了周氏的话，把红布都取出来给她，她就把布全部缝成军士的战袍。

何无忌夜晚在屏风里面草拟檄文，他的母亲是刘牢之的姐姐，踏到凳子上暗中偷看，哭着说：“我赶不上东海人吕母，但你能这样做，我还有什么遗憾！”询问一同起事的人还有谁，何无忌说：“有刘裕。”母亲非常高兴，于是和他分析桓玄必定失败、起事必定成功的道理，以此来激励他。

二月二十七日乙卯，刘裕假称游玩打猎，和何无忌集合部众，得到一百多人。二十八日丙辰清晨，京口城门刚刚打开，何无忌穿着传达诏令的衣服，自称敕使，走在前面，部众跟着他一齐进城，立即杀死桓修用来示众。桓修的司马刁弘率领文武僚属前来救援，刘裕登上城墙，对他们说：“郭昶之已经在寻阳拥戴安帝复位，我们都接到秘密的诏书，诛杀叛逆的党羽，现在，贼寇桓玄的首级，恐怕已挂在朱雀桥上示众了。各位难道不是大晋的臣属吗？现在前来想干什么？”刁弘等人相信了他的话，召集部众返回。

刘裕问何无忌，说：“现在迫切需要一个府中主簿，从哪儿得到这样一个人呢？”何无忌说：“没有比刘道民更合适的了。”刘道民就是东莞人刘穆之。刘裕说：

闻京口喧噪声，晨起，出陌头，属与信会。穆之直视不言者久之，既而返室，坏布裳为裤，往见裕。裕曰："始举大义，方造艰难，须一军吏甚急，卿谓谁堪其选？"穆之曰："贵府始建，军吏实须其才，仓猝之际，略当无见逾者。"裕笑曰："卿能自屈，吾事济矣。"即于坐署主簿。

孟昶劝桓弘其日出猎，天未明，开门出猎人，昶与刘毅、刘道规帅壮士数十人直入，弘方啖粥，即斩之，因收众济江。裕使毅诛刁弘。

先是，裕遣同谋周安穆入建康报刘迈，迈虽酬许，意甚惶惧；安穆虑事泄，乃驰归。玄以迈为竟陵太守，迈欲亟之郡，是夜，玄与迈书曰："北府人情云何？卿近见刘裕何所道？"迈谓玄已知其谋，晨起，白之。玄大惊，封迈为重安侯。既而嫌迈不执安穆，使得逃去，乃杀之，悉诛元德、扈兴、厚之等。

众推刘裕为盟主，总督徐州事，以孟昶为长史，守京口，檀凭之为司马。彭城人应募者，裕悉使郡主簿刘钟统之。

丁巳，裕帅二州之众千七百人，军于竹里，移檄远近，声言益州刺史毛璩已定荆楚，江州刺史郭昶之奉迎主上返正于寻阳，镇北参军王元德等并帅部曲保据石头，扬武将军诸葛长民已据历阳。

玄移还上宫，召侍官皆入止省中，加扬州刺史新野王桓谦征讨都督，以殷仲文代桓修为徐、兖二州刺史。谦等请亟遣兵击裕。玄曰："彼兵锐甚，计出万死，若有蹉跌，则彼气成而吾事去矣，不如屯大众于覆舟山以待之。彼空行二百里，无所得，锐气已挫，忽见大军，必惊愕；我按兵坚阵，勿与交锋，彼求战不得，自然散走，此策之上也。"谦等固请击之，乃遣顿丘太守吴甫之、右卫将军皇甫敷相继北上。

玄忧惧特甚。或曰："裕等乌合微弱，势必无成，陛下何虑之深？"玄曰："刘裕足为一世之雄；刘毅家无檐石之储，樗蒲一掷百万；何无忌酷似其舅；共举大事，何谓无成！"

（以上为第七段，写东晋将领刘裕被推为盟主，大张旗鼓讨伐桓玄。桓玄极端害

“我也认识他。”立即派使者骑快马去召请他。当时，刘穆之听到京口喧哗的声音，早晨起床，走到路旁，正好和使者相遇。刘穆之双目直视前方，好久不说话，随后返回家中，撕开布衣服做军衣，前去会见刘裕。刘裕说：“刚开始发起正义的事业，正经历种种艰难，迫切需要一名军吏，你认为谁最适于担负这个职务？”刘穆之说：“贵府刚刚建立，军吏确实需要才能，在这紧张仓促的形势下，大概没有超过我的人了。”刘裕笑着说：“你能够屈尊就任，我的大事就能成功了。”当即在座位上委任他为主簿。

孟昶劝桓弘在起事的这一天出城打猎，天还没有亮，打开城门放出了打猎的人；孟昶和刘裕、刘道规率领几十名强壮的士兵直接闯进去，桓弘正在吃米粥，马上杀了他，随之集合部众渡过长江。刘裕指派刘毅诛杀刁弘。

在这以前，刘裕派遣同党周安穆到建康通报消息给刘迈，刘迈虽然口头答应，心中却十分惶恐；周安穆担心事情泄露，于是快马赶回。桓玄委派刘迈担任竟陵太守，刘迈想立即赶往郡中。这天夜晚，桓玄给刘迈写信说：“北府的人心怎么样？你近来见到刘裕，他说了些什么？”刘迈以为桓玄已经知道刘裕他们的计划，早晨起来，就去报告给桓玄。桓玄非常惊讶，封刘迈为重安侯。随后又嫌刘迈没有捉住周安穆，让他逃走了，就杀了刘迈，又把王元德、辛扈兴、童厚之等人全都杀了。

众人推举刘裕为盟主，总领徐州事务，刘裕委派孟昶担任长史，守卫京口，檀凭之担任司马。彭城人响应招募而来的人，刘裕都派郡主簿刘钟统领他们。

二月二十九日丁巳，刘裕率领徐、兖二州的部众一千七百人，驻扎在竹里，向远近传送檄文，声称益州刺史毛璩已经平定荆楚，江州刺史郭昶之奉迎主上在寻阳复位，镇北参军王元德等人同率部众据守石头城，扬武将军诸葛长民已经占据历阳。

桓玄迁回上宫，召集侍从官员住进宫中，加授扬州刺史新野王桓谦为征讨都督，委派殷仲文代替桓修担任徐、兖二州刺史。桓谦等人请求立即派遣军队攻打刘裕。桓玄说：“他们的军队十分精锐，自知万死一生，势必拼命死战，我们如果有失误，他们的气势形成，我们的大事就完了，不如把大军屯驻在覆舟山来等待他们。他们白白地行走二百里，什么也得不到，锐气已经受到挫折，忽然见到大军，必然惊骇愕然；我们按兵不动，坚守阵地，不和他们交锋，他们寻找交战而不能如愿，自然四散逃走，这是上等的计策。”桓谦等人坚决请求攻打刘裕，桓玄才派遣顿丘太守吴甫之、右卫将军皇甫敷相继向北开进。

桓玄心中极端担忧害怕。有人说：“刘裕等人是乌合之众，力量薄弱，按形势必定不能成功，皇上何必过分地担忧？”桓玄说：“刘裕足以成为一个时代的英雄；刘毅家中没有一石的粮食，赌博时骰子一掷就是一百万文钱的输赢；何无忌十分像他的舅舅。他们一同共创大业，怎么能说不能成功？”

怕，认为刘裕足以成为一个时代的英雄。）

南凉王傉檀畏秦之强，乃去年号，罢尚书丞郎官，遣参军关尚使于秦。秦王兴曰："车骑献款称藩，而擅兴兵造大城，岂为臣之道乎？"尚曰："王公设险以守其国，先王之制也。车骑僻在遐藩，密迩勍寇，盖为国家重门之防，不图陛下忽以为嫌。"兴善之。傉檀求领凉州，兴不许。

初，袁真杀朱宪，宪弟绰逃奔桓温。温克寿阳，绰辄发真棺，戮其尸。温怒，将杀之，桓冲请而免之。绰事冲如父，冲薨，绰呕血而卒。刘裕克京口，以绰子龄石为建武参军。

三月，戊午朔，裕军与吴甫之遇于江乘。将战，龄石言于裕曰："龄石世受桓氏厚恩，不欲以兵刃相向，乞在军后。"裕义而许之。甫之，玄骁将也，其兵甚锐。裕手执长刀，大呼以冲之，众皆披靡，即斩甫之，进至罗落桥，皇甫敷帅数千人逆战，宁远将军檀凭之败死。裕进战弥厉，敷围之数重，裕倚大树挺战。敷曰："汝欲作何死！"拔戟将刺之，裕瞋目叱之，敷辟易。裕党俄至，射敷中额而踣，裕援刀直进。敷曰："君有天命，以子孙为托。"裕斩之，厚抚其孤。裕以檀凭之所领兵配参军檀祗。祗，凭之之从子也。

玄闻二将死，大惧，召诸道术人推算及为厌胜。问群臣曰："朕其败乎？"吏部郎曹靖之对曰："民怨神怒，臣实惧焉。"玄曰："民或可怨，神何为怒？"对曰："晋氏宗庙，飘泊江滨，大楚之祭，上不及祖，此其所以怒也。"玄曰："卿何不谏？"对曰："辇上君子皆以为尧、舜之世，臣何敢言！"玄默然。使桓谦及游击将军何澹之屯东陵，侍中、后将军卞范之屯覆舟山西，众合二万。

己未，裕军食毕，悉弃其余粮，进至覆舟山东，使羸弱登山，张旗帜为疑兵，数道并前，布满山谷。玄侦候者还，云："裕军四塞，不知多少。"玄益忧恐，遣武卫将军庾赜之帅精卒副援诸军。谦等士卒多北府

南凉主秃发傉檀畏惧后秦的强大，于是取消年号，撤销尚书丞、尚书郎等官职，派遣参军关尚出使到后秦。后秦主姚兴说："车骑将军献上忠心，自称属国，可是擅自发兵建造大城，这哪里是做臣属的道理呢？"关尚说："王公设置险阻来守卫自己的国家，是先代圣王的制度。车骑将军住在偏僻遥远的封地，靠近强大的敌寇，建造大城不过是为国家加固边防，想不到皇上忽然对这产生猜疑。"姚兴认为他回答得很好。秃发傉檀请求兼任凉州刺史，姚兴没有同意。

当初，东晋将领袁真杀死朱宪，朱宪的弟弟朱绰逃到桓温那里。桓温攻下寿阳，朱绰就打开袁真的棺材，砍杀他的尸体。桓温发怒，打算杀掉朱绰，桓冲求情才饶了朱绰一命。朱绰侍奉桓冲如同侍奉父亲，桓冲逝世，朱绰吐血而死。刘裕攻下京口，委派朱绰的儿子朱龄石担任建武参军。

三月初一戊午朔，刘裕的军队和吴甫之在江乘相遇。将要交战，朱龄石对刘裕说："我家几代承受桓氏的深厚恩惠，不想和桓氏兵器相交，请求安排在后卫部队。"刘裕认为他讲义气而答应了他的请求。吴甫之是桓玄的勇将，他的军队十分精锐。刘裕手中拿着长刀，大声呼喊着向前冲击，吴甫之的部众望风披靡，当即杀死吴甫之，进军到罗落桥。皇甫敷率领几千人迎战，宁远将军檀凭之战败而死。刘裕向前作战更加勇猛，皇甫敷把他围在几层包围圈中，刘裕身靠着大树孤身奋战，皇甫敷说："你想怎么死法？"拔出长戟将要刺向刘裕，刘裕瞪着双眼叱骂，皇甫敷惊退。刘裕的同党顷刻赶到，射中皇甫敷的额头，皇甫敷跌倒在地，刘裕拿着刀直逼上前。皇甫敷说："你有上天佑护，我把子孙托付给你。"刘裕杀了他，优厚地抚恤他的子女。刘裕把檀凭之所率领的士兵配给参军檀祗。檀祗是檀凭之的侄儿。

桓玄听说两个将领已死，非常恐惧，召集许多会方术的人推测吉凶，并想用法术制服刘裕的军队，问臣属们说："我就要失败了吗？"吏部郎曹靖之回答说："民众怨恨、神灵愤怒，臣下实在感到恐惧。"桓玄说："民众或许可能怨恨，神灵为什么愤怒呢？"曹靖之回答说："晋氏的宗庙，在长江之滨漂泊，大楚的祭祀，上不到祖父，这就是神灵愤怒的原因。"桓玄说："你为什么不规劝？"曹靖之回答说："陪坐在君主车上的君子们都认为当今是像尧、舜一样的时代，臣下怎么敢进言？"桓玄沉默不语。命令桓谦和游击将军何澹之屯驻东陵，侍中、后将军卞范之屯驻覆舟山以西，部众共有二万。

三月初二己未，刘裕的军队吃完饭，把剩余的粮食全部扔掉，进军到覆舟山的东面，让身体瘦弱的人登上山头，挥舞旗帜作为疑惑敌人的军阵，分几路同时前进，士兵布满山谷。桓玄的侦察人员返回，说："刘裕的军队四面遍布，不知有多少人。"

人，素畏伏裕，莫有斗志。裕与刘毅等分为数队，进突谦陈；裕以身先之，将士皆殊死战，无不一当百，呼声动天地。时东北风急，因纵火焚之，烟炎熛天，鼓噪之音震动京邑，谦等诸军大溃。

（以上为第八段，写东晋将领刘裕进兵与桓玄的军队在江乘大战，刘裕连斩桓玄军两员勇将吴甫之、皇甫敷，继又打败了桓谦的军队。）

玄时虽遣军拒裕，而走意已决，潜使领军将军殷仲文具舟于石头；闻谦等败，帅亲信数千人，声言赴战，遂将其子升、兄子濬出南掖门。遇前相国参军胡藩，执马鞚谏曰："今羽林射手犹有八百，皆是义故，西人受累世之恩，不驱令一战，一旦舍此，欲安之乎！"玄不对，但举策指天，因鞭马而走，西趋石头，与仲文等浮江南走。经日不食，左右进粗饭，玄咽不能下，升抱其胸而抚之，玄悲不自胜。

裕入建康，王仲德抱元德子方回出候裕，裕于马上抱方回与仲德对哭；追赠元德给事中，以仲德为中兵参军。裕止桓谦故营，遣刘钟据东府。庚申，裕屯石头城，立留台百官，焚桓温神主于宣阳门外，造晋新主，纳于太庙。遣诸将追玄，尚书王嘏帅百官奉迎乘舆，诛玄宗族在建康者。裕使臧熹入宫，收图书、器物，封闭府库；有金饰乐器，裕问熹："卿得无欲此乎？"熹正色曰："皇上幽逼，播越非所，将军首建大义，劬劳王家，虽复不肖，实无情于乐。"裕笑曰："聊以戏卿耳。"熹，焘之弟也。

壬戌，玄司徒王谧与众议推裕领扬州，裕固辞。乃以谧为侍中、领司徒、扬州刺史、录尚书事，谧推裕为使持节，都督扬徐兖豫青冀幽并八州诸军事、徐州刺史，刘毅为青州刺史，何无忌为琅邪内史，孟昶为丹杨尹，刘道规为义昌太守。

裕始至建康，诸大处分皆委于刘穆之，仓猝立定，无不允惬。裕遂托以腹心，动止咨焉；穆之亦竭节尽诚，无所遗隐。时晋政宽弛，纲纪不立，豪族陵纵，小民穷蹙，重以司马元显政令违舛，桓玄虽欲厘整，而科条繁密，众莫之从。穆之斟酌时宜，随方矫正；裕以身范物，先以威禁，内外百官皆肃然奉职，不盈旬日，风俗顿改。

桓玄越发忧虑恐惧，派遣武卫将军庾赜之率领精锐的士兵增援各军。桓谦等人的士兵很多是北府的人，一向畏惧、佩服刘裕，没有斗志。刘裕和刘毅等人分为几支队伍，进军突击桓谦的阵势；刘裕身先士卒，将领士兵都拼命死战，无不以一当百，呼喊声震动天地。这时东北风吹得很急，刘裕的军队乘机放火焚烧桓谦的军阵，火焰弥漫天际，击鼓呐喊的声音震动京城，桓谦等各军全部溃败。

桓玄当时虽然派遣军队抵御刘裕，但是逃走的主意已经打定，暗中派遣领军将军殷仲文在石头城准备船只，听说桓谦等人战败，便率领亲信几千人，声称前去交战，就带着他的儿子桓升、哥哥的儿子桓濬出了南掖门。遇到从前的相国参军胡藩，胡藩抓住马笼头规劝说："现在羽林军中的射手还有八百人，都是有恩义的故旧，西方的人受了几代的恩惠，不驱使他们拼一死战，一旦放弃京城，将往哪里去呢？"桓玄不回答，只是举起马鞭指指青天，就抽打着马匹逃跑，向西赶往石头城，和殷仲文等人沿着长江向南逃走。桓玄整天没吃东西，左右的人捧上粗饭，桓玄咽不下去，桓升抱着他的胸口按摩，桓玄悲痛到自己不能承受的地步。

刘裕进入建康，王仲德抱着王元德的儿子王方回出来迎候刘裕，刘裕在马上抱着王方回与王仲德相对哭泣；追赠王元德为给事中，以王仲德为中兵参军。刘裕住在桓谦原来的营垒中，派遣刘钟占据东府。

三月初三庚申，刘裕屯驻石头城，设立留台和各项官职，在宣阳门外焚毁桓温的牌位，又重新制造晋朝宗室的牌位，放进太庙中供奉。派遣各将领追赶桓玄，尚书王嘏率领文武官员奉迎安帝，诛杀建康城中所有桓玄宗族中的人。刘裕派臧熹入宫，收拾图书、器物，封闭府库，其中有黄金装饰品和乐器，刘裕问臧熹："你难道不想要这些东西吗？"臧熹严肃地说："皇上被幽禁逼迫，流落在不该他去的地方，将军带头倡导大义，为王室操劳，我虽然不贤明，实在没有心情来享乐。"刘裕笑着说："我不过同你开个玩笑罢了。"臧熹是臧焘的弟弟。

三月初五壬戌，桓玄的司徒王谧和众人商议，推举刘裕兼任扬州刺史，刘裕坚决推辞。于是以王谧为侍中，兼任司徒、扬州刺史、录尚书事，王谧推举刘裕为使持节、都督扬、徐、兖、豫、青、冀、幽、并八州诸军事和徐州刺史，刘毅为青州刺史，何无忌为琅邪内史，孟昶为丹杨尹，刘道规为义昌太守。

刘裕刚到建康，各项重大事情的处理都委托给刘穆之。刘穆之在紧迫的情势下，对各项事情迅速做出决定，没有不令人感到允当、满意的。刘裕于是把他作为心腹，无论什么事情都向他咨询。刘穆之也竭尽全力、诚心诚意，没有丝毫保留隐瞒。当时，东晋政令松弛，法度不能建立，豪门大族骄横放纵，下层民众穷困危迫，加上司马元显的政令互相矛盾，桓玄虽然想改革调整，但条文烦琐细密，众人无所适从。

初，诸葛长民至豫州，失期，不得发。刁逵执长民，槛车送桓玄。至当利而玄败，送人共破槛出长民，还趣历阳。逵弃城走，为其下所执，斩于石头，子侄无少长皆死，唯赦其季弟给事中骋。逵故吏匿其弟子雍送洛阳，秦王兴以为太子中庶子。裕以魏咏之为豫州刺史，镇历阳，诸葛长民为宣城内史。

初，裕名微位薄，轻狡无行，盛流皆不与相知，惟王谧独奇贵之，谓裕曰："卿当为一代英雄。"裕尝与刁逵樗蒲，不时输直，逵缚之马枊。谧见之，责逵而释之，代之还直。由是裕深憾逵而德谧。

萧方等曰：夫蛟龙潜伏，鱼虾亵之。是以汉高赦雍齿，魏武免梁鹄，安可以布衣之嫌而成万乘之隙也！今王谧为公，刁逵亡族，酬恩报怨，何其狭哉！

（以上为第九段，写东晋将领刘裕讨伐桓玄，攻下都城建康，桓玄逃之夭夭；刘裕屯驻石头城，被推为使持节，都督扬、徐、兖、豫、青、冀、幽、并八州军事，设立留台，任命百官，纠正时弊。）

尚书左仆射王愉及子荆州刺史绥谋袭裕，事泄，族诛；绥弟子慧龙为僧彬所匿，得免。

魏以中土萧条，诏县户不满百者罢之。

丁卯，刘裕还镇东府。

桓玄至寻阳，郭昶之给其器用、兵力。辛未，玄逼帝西上，刘毅帅何无忌、刘道规等诸军追之。玄留龙骧将军何澹之、前将军郭铨与郭昶之守湓口。玄于道自作《起居注》，叙讨刘裕事，自谓经略举无遗策，诸军违节度，以致奔败。专覃思著述，不暇与群下议时事。《起居注》既成，宣示远近。

丙戌，刘裕称受帝密诏，以武陵王遵承制总百官行事，加侍中、大将军，因大赦，惟桓玄一族不宥。

刘穆之考虑当时的实际情况，根据需要加以纠正。刘裕以身作则，首先以严格的法令进行管束，内外文武官员，都恭谨地履行职责，不超过十天，风气马上就改变了。

当初，诸葛长民到达豫州，耽误了约定的日期，不能发动。刁逵逮捕诸葛长民，用囚车押送给桓玄。到当利口时，桓玄已失败，押送的人一起打破囚车，放出诸葛长民，回头赶往历阳。刁逵放弃城池逃走，被他的部下抓住，杀死在石头城，他的子弟家属，不分老幼全部被杀死，仅赦免他的小弟弟给事中刁骋。刁逵旧日的属吏藏匿了他弟弟的儿子刁雍，送到洛阳，后秦王姚兴委任刁雍为太子中庶子。刘裕委派魏咏之担任豫州刺史，镇守历阳，诸葛长民担任宣城内史。

当初，刘裕名声小、地位低，轻浮狡猾，没有操行，社会上层士人都不同他交往，唯独王谧认为他奇特，格外看重他，对刘裕说："你将来一定会成为一代英雄。"刘裕曾经和刁逵玩樗蒲的博戏，赌输了不按时还赌债，刁逵把他捆绑在拴马桩上。王谧看到后责备刁逵，释放了刘裕，替刘裕还了钱。因此，刘裕深深地怨恨刁逵而感激王谧。

萧方等评论说：蛟龙在水底潜伏时，鱼虾都敢戏弄它。所以汉高祖赦免了雍齿，魏武帝宽恕了梁鹄，怎么可以把做平民时结下的怨仇，在当天子后还视为嫌隙呢？现在王谧位至三公，刁逵却被灭族，刘裕如此酬谢显德、报复怨仇，心胸何等狭隘啊！

尚书左仆射王愉和儿子荆州刺史王绥策划袭击刘裕，事情泄露，全族被诛灭；王绥弟弟的儿子王慧龙被僧彬藏匿，得免一死。

北魏因中原萧条，人口凋零，下令撤销居民不满一百户的县份。

三月初十丁卯，刘裕返回东府镇守。

桓玄到达寻阳，郭昶之给他提供武器用品，补充兵力。三月十四日辛未，桓玄逼晋安帝一同西上，刘毅率领何无忌、刘道规等各军追击。桓玄留下龙骧将军何澹之、前将军郭铨和郭昶之守卫湓口。桓玄在路途中亲自撰写《起居注》，叙述攻打刘裕的事情，自认为战略谋划没有丝毫失策的地方，只是因为各路军队违背自己的调度，以致失败溃逃。桓玄集中心思在著述上，没有空闲时间同臣属商议当时局势和对策。《起居注》写成后，颁布给远近的人看。

三月二十九日丙戌，刘裕声称接到晋安帝的秘密诏书，命武陵王司马遵承受制命，总领文武官员治理国事，加授司马遵为侍中、大将军。于是，实行大赦，只有桓玄一族不在宽容之列。

刘敬宣、高雅之结青州大姓及鲜卑豪帅谋杀南燕王备德，推司马休之为主。备德以刘轨为司空，甚宠信之。雅之欲邀轨同谋，敬宣曰："刘公衰老，有安齐之志，不可告也。"雅之卒告之，轨不从。谋颇泄，敬宣等南走，南燕人收轨，杀之；追及雅之，又杀之。敬宣、休之至淮、泗间，闻桓玄败，遂来归，刘裕以敬宣为晋陵太守。

南燕主备德闻桓玄败，命北地王钟等将兵欲取江南，会备德有疾而止。

夏，四月，己丑，武陵王遵入居东宫，内外毕敬；迁除百官称制书，教称令书。以司马休之监荆、益、梁、宁、秦、雍六州诸军事，领荆州刺史。

庚寅，桓玄挟帝至江陵，桓石康纳之。玄更署置百官，以卞范之为尚书仆射。自以奔败之后，恐威令不行，乃更增峻刑罚，众益离怨。殷仲文谏，玄怒曰："今以诸将失律，天文不利，故还都旧楚；而群小纷纷，妄兴异议，方当纠之以猛，未可施之以宽也。"荆、江诸郡闻玄播越，有上表奔问起居者，玄皆不受，更令所在贺迁新都。

初，王谧为玄佐命元臣，玄之受禅，谧手解帝玺绶；及玄败，众谓谧宜诛，刘裕特保全之。刘毅尝因朝会，问谧玺绶所在。谧内不自安，逃奔曲阿。裕笺白武陵王，迎还复位。

桓玄兄子歆引氐帅杨秋寇历阳，魏咏之帅诸葛长民、刘敬宣、刘钟共击破之，斩杨秋于练固。

玄使武卫将军庾稚祖、江夏太守桓道恭帅数千人就何澹之等共守湓口。何无忌、刘道规至桑落洲，庚戌，澹之等引舟师逆战。澹之常所乘舫，羽仪旗帜甚盛。无忌曰："贼帅必不居此，欲诈我耳，宜亟攻之。"众曰："澹之不在其中，得之无益。"无忌曰："今众寡不敌，战无全胜，澹之既不居此舫，战士必弱，我以劲兵攻之，必得之，得之，则彼势沮而我气倍，因而薄之，破贼必矣。"道规曰："善！"遂往攻而得之，因传呼曰："已得何澹之矣！"澹之军中惊扰，无忌之众亦以为然，乘胜进攻澹之等，大破之。无忌等克湓口，进据寻阳，遣使奉送宗庙主祏还京师。

刘敬宣、高雅之结交青州的豪门大族和鲜卑首领，图谋杀掉南燕王慕容备德，推举司马休之为首领。慕容备德委派刘轨担任司空，十分宠爱信任他。高雅之想邀约刘轨一同谋划，刘敬宣说："刘公年老体衰，有安居齐地的心意，不能告诉他。"高雅之最后还是告诉了刘轨，刘轨没有听从。计划不断被泄露出来，刘敬宣等人向南逃走，南燕人逮捕刘轨，杀了他，追上高雅之，又杀了他。刘敬宣、司马休之到了淮河、泗水之间，听说桓玄失败，于是前来归附刘裕，刘裕委派刘敬宣担任晋陵太守。

南燕主慕容备德听说桓玄失败，命令北地王慕容钟等人率领军队，打算夺取长江以南地区，正巧慕容备德生病，就停止了出兵。

夏季，四月初二己丑，武陵王司马遵迁入东宫，朝廷内外对他毕恭毕敬；任免文武官员称为"制书"，告谕下属称为"令书"。委派司马休之担任监荆、益、梁、宁、秦、雍六州诸军事，兼任荆州刺史。

四月初三庚寅，桓玄挟持安帝司马德宗到江陵，桓石康接纳了他。桓玄重新委任文武官员，委派卞范之担任尚书仆射。自以为在失败溃逃之后，恐怕命令不能贯彻，于是又增加严厉的刑罚，众人越发怨恨、离心离德。殷仲文规劝，桓玄发怒说："现在因各将领不遵守法度，天象对我们不利，所以我要回到旧日的楚地建都，可是臣属们议论纷纷，随意提出不同意见，就应当以激烈的手段加以纠正，不可施行太宽容的政策。"荆州、江州各郡听说桓玄流离迁移，有的上书远道问候起居平安，桓玄都不接受，另外命令各地庆贺迁居新都。

当初，王谧是辅佐桓玄登位的元勋，桓玄接受禅让时，王谧亲手解下安帝司马德宗的玉玺印绶；等到桓玄失败，众人认为应该诛杀王谧，刘裕特地保全他。刘裕曾利用朝廷集会的时候，询问王谧玉玺印绶在哪里。王谧心中不安，逃到曲阿。刘裕写信禀报武陵王，迎回王谧，恢复原来的职位。

桓玄哥哥的儿子桓歆招引氐族首领杨秋进犯历阳，魏咏之率领诸葛长民、刘敬宣、刘钟一起打败了杨秋，把杨秋杀死在练固。

桓玄命令武卫将军庾稚祖、江夏太守桓道恭率领几千人，前去会合何澹之等人共同守卫湓口。何无忌、刘道规到达桑落洲，四月二十三日庚戌，何澹之等人带领水军迎战。何澹之平常所乘坐的船只以羽毛装饰的旌旗插得很多，何无忌说："贼寇的首领必定不在这条船上，想欺诈我们而已，应该立即攻打它。"众人说："何澹之不在这艘船中，得到了也没有益处。"何无忌说："现在我们的兵力比他们少，作战不一定完全得胜，何澹之既然不在这条船上，上面的战士一定力量薄弱，我们用强劲的兵力攻打，必定能得到手，得到了它，他们的气势就会低落，而我们的气势就会倍增，乘机而逼近他们，就必然能打败贼寇了。"刘道规说："很好。"于是前往

加刘裕都督江州诸军事。

桑落之战，胡藩所乘舰为官军所烧，藩全铠入水，潜行三十许步，乃得登岸。时江陵路已绝，乃还豫章。刘裕素闻藩为人忠直，引参领军军事。

桓玄收集荆州兵，曾未三旬，有众二万，楼船、器械甚盛。甲寅，玄复帅诸军挟帝东下，以苻宏领梁州刺史，为前锋；又使散骑常侍徐放先行，说刘裕等曰："若能旋军散甲，当与之更始，各授位任，令不失分。"

刘裕以诸葛长民都督淮北诸军事，镇山阳；以刘敬宣为江州刺史。

（以上为第十段，写桓玄挟持东晋安帝司马德宗到达江陵，严峻刑罚，众人越发离心；招募荆州士兵，拥有二万人，战船、军械、兵器齐备，又挟持晋安帝东下。）

柔然可汗社仑从弟悦代大那谋杀社仑，不克，奔魏。

燕王熙于龙腾苑起逍遥宫，连房数百，凿曲光海，盛夏，士卒不得休息，暍死者太半。

西凉世子谭卒。

刘毅、何无忌、刘道规、下邳太守平昌孟怀玉帅众自寻阳西上，五月，癸酉，与桓玄遇于峥嵘洲。毅等兵不满万人，而玄战士数万，众惮之，欲退还寻阳。道规曰："不可！彼众我寡，强弱异势，今若畏懦不进，必为所乘，虽至寻阳，岂能自固！玄虽窃名雄豪，内实恇怯；加之已经奔败，众无固心。决机两阵，将雄者克，不在众也。"因麾众先进，毅等从之。玄常漾舸于舫侧以备败走，由是众莫有斗心。毅等乘风纵火，尽锐争先，玄众大溃，烧辎重夜遁。郭铨诣毅降。

玄故将刘统、冯稚等聚党四百人袭破寻阳城。毅遣建威将军刘怀肃讨平之。怀肃，怀敬之弟也。

玄挟帝单舸西走，留永安何皇后及王皇后于巴陵。殷仲文时在玄舰，

攻打，夺得了这条船，随之就呼喊说："已经捉到何澹之了！"何澹之的军中惊讶纷扰，何无忌的部众也以为真的捉住了何澹之，乘胜进军攻打何澹之等人，把他们打得大败。何无忌等人攻下湓口，进军占据寻阳，派遣使者护送宗庙的牌位、石匣返回京城。加授刘裕为都督江州诸军事。

在桑落洲的战斗中，胡藩所乘坐的船只被官府的军队烧毁，胡藩全身穿着铠甲跳入水中，潜水走了三十多步，才得以上岸。当时，到江陵的道路已经断绝，就回到了豫章。刘裕往日曾听说胡藩为人忠实正直，召请他参议领军将军的军务。

桓玄招收募集荆州的士兵，还不到三十天，就拥有二万人，高大的战船、军械兵器十分齐备。四月二十七日甲寅，桓玄又率领各军挟持安帝东下，委派苻宏兼任梁州刺史，充当前锋；又命令散骑常侍徐放先动身，劝告刘裕等人说："如果能撤回军队，解散士兵，将与各位一道除旧布新，分别授予职位，使各位不失去名分。"

刘裕委派诸葛长民担任都督淮北诸军事，镇守山阳；委派刘敬宣担任江州刺史。

柔然可汗郁久闾社仑的堂弟郁久闾悦代大那图谋杀死郁久闾社仑，没有成功，逃到北魏。

后燕主慕容熙在龙腾苑兴造逍遥宫，几百间房舍连在一起，开凿曲光海，夏天最炎热的时候，士兵们不能休息，大半的人中暑而死。

西凉世子李谭去世。

刘毅、何无忌、刘道规、下邳太守平昌人孟怀玉率领部众，从寻阳向西进发，五月十七日癸酉，和桓玄在峥嵘洲相遇。刘毅等人的士兵不满一万人，而桓玄的战士有几万，众人畏惧桓玄的军队，想退回寻阳。刘道规说："不可以！他们人多，我们人少，强弱形势不一样，现在如果畏惧怯懦，不敢前进，必定被他们抓住机会，即使我们退到了寻阳，又怎么能固守！桓玄虽然窃取英雄豪杰的声名，内心其实胆小怯懦。加之他已经战败溃逃，部众没有坚定的信心。两军对阵决战，将领勇猛的取胜，不在于人数的多少。"于是，指挥部众率先前进，刘毅等人紧跟在后面。桓玄时常在战船旁停靠一艘快速的小船，预备在战败时逃跑。因此，部众没有人有战斗的决心。刘毅等人乘着风势放火，所有精锐的士兵奋勇争先；桓玄的军队完全崩溃，烧毁轻重设备和物资，连夜逃跑。郭铨前往刘毅那里投降。

桓玄旧日的将领刘统、冯稚等人，聚集党羽四百人发动袭击，攻下了寻阳城。刘毅派遣建威将军刘怀肃攻打，平定了他们。刘怀肃是刘怀敬的弟弟。

桓玄挟持安帝司马德宗，乘坐一条船向西逃跑，把永安何皇后和王皇后留在巴

求出别船收集散卒，因叛玄，奉二后奔夏口，遂还建康。

己卯，玄与帝入江陵。冯该劝使更下战，玄不从，欲奔汉中就桓希，而人情乖沮，号令不行。庚辰，夜中，处分欲发，城内已乱，乃与亲近腹心百余人乘马出城西走。至城门，左右于暗中斫玄，不中，其徒更相杀害，前后交横。玄仅得至船，左右分散，惟卞范之在侧。

辛巳，荆州别驾王康产奉帝入南郡府舍，太守王腾之帅文武为侍卫。

玄将之汉中，屯骑校尉毛修之，璩之弟子也，诱玄入蜀，玄从之。宁州刺史毛璠，璩之弟也，卒于官。璩使其兄孙祐之及参军费恬帅数百人送璠丧归江陵，壬午，遇玄于枚回洲。祐之、恬迎击玄，矢下如雨，玄嬖人丁仙期、万盖等以身蔽玄，皆死。益州督护汉嘉冯迁抽刀，前欲击玄，玄拔头上玉导与之，曰："汝何人，敢杀天子！"迁曰："我杀天子之贼耳！"遂斩之，又斩桓石康、桓濬、庾赜之，执桓升送江陵，斩于市。乘舆返正于江陵，以毛修之为骁骑将军。甲申，大赦，诸以畏逼从逆者一无所问。戊寅，奉神主于太庙。刘毅等传送玄首，枭于大桁。

（以上为第十一段，写东晋将领刘毅率军西上，与桓玄相遇，以少胜多，打败桓玄；桓玄仓惶西逃，被益州督护冯迁杀死，传首建康，枭首示众，禅代闹剧落下了帷幕。）

毅等既战胜，以为大事已定，不急追蹑，又遇风，船未能进，玄死几一旬，诸军犹未至。时桓谦匿于沮中，扬武将军桓振匿于华容浦，玄故将王稚徽戍巴陵，遣人报振云："桓歆已克京邑，冯稚复克寻阳，刘毅诸军并中路败退。"振大喜，聚党得二百人，袭江陵，桓谦亦聚众应之。

闰月，己丑，复陷江陵，杀王康产、王腾之。振见帝于行宫，跃马奋戈，直至阶下，问桓升所在。闻其已死，瞋目谓帝曰："臣门户何负国家，而屠灭若是！"琅邪王德文下床谓曰："此岂我兄弟意邪！"振欲杀帝，谦苦禁之。乃下马，敛容致拜而出。壬辰，振为玄举哀，立丧庭，谥曰"武悼皇帝"。

陵。殷仲文这时在桓玄坐的船上，请求到另外的船上收集逃散的士兵，乘机背叛桓玄，侍奉二位皇后逃到夏口，于是，回到建康。

五月二十三日己卯，桓玄和安帝司马德宗进入江陵。冯该劝说桓玄，让他再次东下作战，桓玄没有听从，打算逃到汉中去同桓希会合，但是人心离散，士气低落，号令不能贯彻。五月二十四日庚辰，半夜，桓玄准备妥当，将要出发，城内已经混乱，于是和亲近的心腹一百多人乘马出城，向西逃跑。到达城门时，左右的人在黑暗中砍杀桓玄，没有砍中，部属又互相残杀，尸体纵横遍地。桓玄勉强逃到船上，左右的人四处逃散，只有卞范之在旁边。

五月二十五日辛巳，荆州别驾王康产侍奉安帝司马德宗进入南郡治所的房舍，太守王腾之率领文武官员担任侍卫。

桓玄将要到达汉中，屯骑校尉毛修之是毛璩弟弟的儿子，诱骗桓玄进入蜀地，桓玄听从了他的意见。宁州刺史毛璠是毛璩的弟弟，在任所去世。毛璩派他哥哥的孙子毛祐之和参军费恬带领几百人，护送毛璠的灵柩回到江陵，五月二十六日壬午，在枚回洲和桓玄相遇。毛祐之、费恬迎击桓玄，箭如雨点般地落下，桓玄所宠幸的人丁仙期、万盖等人用身体保护桓玄，都被射死。益州督护汉嘉人冯迁抽出刀来，上前要刺杀桓玄，桓玄从头上拔出玉导给冯迁，说："你是什么人，竟敢杀害天子！"冯迁说："我不过是杀天子的贼寇而已！"于是杀了桓玄，又杀了桓石康、桓濬、庾赜之，捉住桓升，送到江陵，在街市上斩首。安帝司马德宗在江陵复位，委派毛修之担任骁骑将军。五月二十八日甲申，实行大赦，所有受威胁逼迫跟从叛逆的人一概不予以追究。戊寅（疑误），在太庙供奉从寻阳送归的晋国宗室祖先牌位。刘毅等人传送桓玄的首级到京城，悬挂在朱雀桥上示众。

刘毅等人获胜后，认为大局已定，没有急于追击，又遇逆风，船不能前进，以致桓玄死了将近十天，各军还没有到达。这时，桓谦藏匿在沮中，扬武将军桓振藏匿在华容浦，桓玄旧日的将领王稚徽戍守巴陵，派人报告桓振说："桓歆已经攻下京城，冯该又攻下寻阳，刘毅各军都在中途战败撤退。"桓振很高兴，聚集党羽，得到二百人，袭击江陵，桓谦也聚集部众响应他。

闰五月初三己丑，桓振又攻下江陵，杀死王康产、王腾之。桓振到行宫去见安帝，骑着快马拿着武器，一直闯到台阶之下，问桓升在哪里。听说桓升已被杀死；睁大眼睛对安帝司马德宗说："臣下的家族哪里辜负了国家，要这样地屠杀诛灭全族上下呢？"琅邪王司马德文从坐床上下来，对桓振说："这哪里是我们兄弟的意思呢？"桓振想要杀死安帝，桓谦苦苦地劝阻他，他才下马，脸色严肃地向安帝叩拜后退出去。闰五月初六壬辰，桓振为桓玄举行哀礼，设立灵堂，定谥号为武悼安帝。

癸巳，谦等帅群臣奉玺绶于帝曰："主上法尧禅舜，今楚祚不终，百姓之心复归于晋矣。"以琅邪王德文领徐州刺史，振为都督八郡诸军事、荆州刺史，谦复为侍中、卫将军，加江、豫二州刺史，帝侍御左右，皆振之腹心。

振少薄行，玄不以子侄齿之。至是，叹曰："公昔不早用我，遂致此败。若使公在，我为前锋，天下不足定也。今独作此，安归乎？"遂纵意酒色，肆行诛杀。谦劝振引兵下战，己守江陵，振素轻谦，不从其言。

刘毅至巴陵，诛王稚徽。何无忌、刘道规进攻桓谦于马头、桓蔚于龙泉，皆破之。蔚，秘之子也。

无忌欲乘胜直趣江陵，道规曰："兵法屈申有时，不可苟进。诸桓世居西楚，群小皆为竭力；振勇冠三军，难与争锋。且可息兵养锐，徐以计策縻之，不忧不克。"无忌不从。振逆战于灵溪，冯该以兵会之，无忌等大败，死者千余人。退还寻阳，与刘毅等上笺请罪。刘裕以毅节度诸军，免其青州刺史。桓振以桓蔚为雍州刺史，镇襄阳。

柳约之、罗述、甄季之闻桓玄死，自白帝进军至枝江，闻何无忌等败于灵溪，亦引兵退。俄而述、季之皆病，约之诣桓振伪降，欲谋袭振，事泄，振杀之。约之司马时延祖、涪陵太守文处茂收其余众，保涪陵。

六月，毛璩遣将攻汉中，斩桓希，璩自领梁州。

（以上为第十二段，写桓玄被杀后，刘毅没有乘胜追击桓玄余党，给了他们以喘息的机会，桓玄侄儿桓振疯狂反扑，又攻下江陵，控制了晋安帝司马德宗。何无忌等人进军江陵，被桓振打败。）

秋，七月，戊申，永安皇后何氏崩。

燕苻昭仪有疾，龙城人王荣自言能疗之。昭仪卒，燕王熙立荣于公车门，支解而焚之。

八月，癸酉，葬穆章皇后于永平陵。

魏置六谒官，准古六卿。

闰五月初七癸巳，桓谦等人率领臣属向安帝司马德宗献上玉玺印绶，说："主上效法唐尧禅位于虞舜，现在楚国的福祚不长久，百姓的心意又归向晋皇室了。"安帝任命琅邪王司马德文兼任徐州刺史，桓振担任都督八郡诸军事、荆州刺史，桓谦又担任侍中、卫将军，加授江、豫二州刺史，安帝身边的侍从仆役，都是桓振的心腹亲信。

桓振小时候品行轻薄，桓玄不把他当作子侄对待。到这时，桓振叹息说："叔父从前不能早点信用我，以致有这次失败。假使叔父还在，我担任前锋，天下是不难平定的。现在我独自做这件事，哪里是归宿呢？"于是放纵情欲，沉溺于酒色，肆意杀人。桓谦劝说桓振率领军队东下作战，自己守卫江陵，桓振一向看不起桓谦，没有听从他的意见。

刘毅到达巴陵，诛杀王稚徽。何无忌、刘道规进军，到马头攻打桓谦，到龙泉攻打桓蔚，把他们都打败了。桓蔚是桓秘的儿子。

何无忌想乘胜一直开往江陵，刘道规说："兵书上说，进军应有屈有伸，不可冒进。桓氏世代住在西楚，民众都为他们效力；桓振勇猛过人，全军第一，难以和他争斗以决胜负。可暂且让士兵休整，养精蓄锐，慢慢地用计策来制服他，不必担心不能取胜。"何无忌不听从。桓振在灵溪迎战，冯该率军队同他会合，何无忌等人大败，死了一千多人。退回到寻阳，和刘毅等人写信给刘裕，请求处分。刘裕因刘毅是节制调度各军的主将，免除他的青州刺史职位。桓振任用桓蔚为雍州刺史，镇守襄阳。

柳约之、罗述、甄季之听说桓玄死了，从白帝城进军到枝江，得知何无忌等人在灵溪失败，也就率领军队撤退。不久，罗述、甄季之都生病了，柳约之前往桓振那里假装投降，准备策划袭击桓振，事情泄露，桓振杀了他。柳约之的司马时延祖、涪陵太守文处茂收集残余的部众，据守涪陵。

六月，毛璩派遣将领攻打汉中，杀了桓希，毛璩自己兼任梁州刺史。

秋季，七月二十三日戊申，永安皇后何氏去世。

后燕苻昭仪有病，龙城人王荣自称能治好她的病。苻昭仪死了，后燕王慕容熙把王荣站着绑在公车门外，分解他的四肢后焚烧了他。

八月十九日癸酉，把穆章皇后安葬在永平陵。

北魏仿照古代的六卿，设置六名谒官。

九月，刁骋谋反，伏诛，刁氏遂亡。刁氏素富，奴客纵横，专固山泽，为京口之患。刘裕散其资蓄，令民称力而取之，弥日不尽。时州郡饥弊，民赖之以济。

乞伏乾归及杨盛战于竹岭，为盛所败。

西凉公暠立子歆为世子。

魏主珪临昭阳殿改补百官，引朝臣文武，亲加铨择，随才授任。列爵四等：王封大郡，公封小郡，侯封大县，伯封小县。其品第一至第四，旧臣有功无爵者追封之，宗室疏远及异姓袭封者降爵有差。又置散官五等，其品第五至第九；文官造士才能秀异、武官堪为将帅者，其品亦比第五至第九；百官有阙，则取于其中以补之。其官名多不用汉、魏之旧，仿上古龙官、鸟官，谓诸曹之使为凫鸭，取其飞之迅疾也；谓候官伺察者为白鹭，取其延颈远望也，余皆类此。

卢循寇南海，攻番禺，广州刺史濮阳吴隐之拒守百余日，冬，十月，壬戌，循夜袭城而陷之，烧府舍、民室俱尽，执吴隐之。循自称平南将军，摄广州事，聚烧骨为共冢，葬于洲上，得髑髅三万余枚。又使徐道覆攻始兴，执始兴相阮腆之。

刘裕领青州刺史。

刘敬宣在寻阳，聚粮缮船，未尝无备，故何无忌等虽败退，赖以复振。桓玄兄子亮自称江州刺史，寇豫章，敬宣击破之。

刘毅、何无忌、刘道规复自寻阳西上，至夏口。桓振遣镇东将军冯该守东岸，扬武将军孟山图据鲁山城，辅国将军桓仙客守偃月垒，众合万人，水陆相援。毅攻鲁山城，道规攻偃月垒，无忌遏中流，自辰至午，二城俱溃，生禽山图、仙客，该走石城。

辛巳，魏大赦，改元天赐。筑西宫。十一月，魏主珪如西宫，命宗室置宗师，八国置大师、小师，州郡亦各置师，以辨宗党，举才行，如魏、晋中正之职。

燕王熙与苻后游畋，北登白鹿山，东逾青岭，南临沧海而还，士卒

九月，东晋刁骋阴谋反叛，被诛杀，刁氏于是灭亡。刁氏一向富有，奴仆门客恣肆横行，独占山林川泽，成为京口民众的祸患。刘裕散发刁氏的资产积蓄，让民众尽自己的力气去拿，一整天都没有拿光。这时州郡饥馑困顿，民众靠着刁氏的财产，得以渡过难关。

西秦主乞伏乾归和仇池公杨盛在竹岭交战，被杨盛打败。

西凉公李暠立儿子李歆为世子。

北魏主拓跋珪前往昭阳殿更换、补授文武官员，引见朝廷大臣和文官武将，亲自加以选拔，依据各人才能授予职位。爵位分为四等：王封大郡，公封小郡，侯封大县，伯封小县。官品为第一至第四品的旧日臣属，有功劳而没有爵位的追加封爵，血缘关系疏远的宗室和异姓承袭封爵的，各按等级降低爵位。又设置五个等级的散官，从第五品到第九品；文官士子才能优异、武官有能力担任将帅的，他们的等级也列为第五至第九品的范围；文武官员有了空缺，就从这些人中选取后补充。北魏国官名大多不用汉、魏时期的旧名称，而仿照上古时期的龙官、鸟官，把各官曹的使者称为凫鸭，取凫鸭飞得迅速的意思；把担任伺候侦察的人称为白鹭，取白鹭伸着颈子张望远处的意思。其余的都与这些类似。

卢循进犯南海，攻打番禺。广州刺史、濮阳人吴隐之抵御防守了一百多天，冬季，十月初九壬戌，卢循在夜晚袭击城池，攻下了番禺，把官舍、民宅全都烧光，活捉了吴隐之。卢循自称平南将军，代理广州事务，把烧焦的尸骨集中起来做一个共同的大坟墓，埋葬在一个岛上，集中的骷髅有三万多个。又指派徐道覆攻打始兴，活捉始兴相阮腆之。

刘裕兼任青州刺史。

刘敬宣在寻阳，聚集粮食，修缮船只，从没有放松戒备，所以何无忌等人虽然战败撤退，依赖他又振作起来。桓玄哥哥的儿子桓亮自称江州刺史，进犯豫章，刘敬宣打败了他。

刘毅、何无忌、刘道规又从寻阳西上，到达夏口。桓振派遣镇东将军冯该守卫东岸，扬武将军孟山图占据鲁山城，辅国将军桓仙客守卫偃月垒，军队总共有一万人，水陆互相支援。刘毅攻打鲁山城，刘道规攻打偃月垒，何无忌在长江中进行控制，从辰时到午时，两座城池全部崩溃，活捉了孟山图、桓仙客，冯该逃往石城。

十月二十八日辛巳，北魏实行大赦，改年号为天赐。建造西宫。十一月，魏道武帝拓跋珪前往西宫，命令宗室设置宗师，八个贵族部落设置大师、小师，州郡也各自设置州师、郡师，用来分辨宗族亲党，举荐有才能品行的人，就如同魏、晋中正的职责一样。

后燕主慕容熙和苻皇后游玩打猎，向北登上白鹿山，向东越过青岭，向南到了

为虎狼所杀及冻死者五千余人。

十二月，刘毅等进克巴陵。毅号令严整，所过百姓安悦。刘裕复以毅为兖州刺史。

桓振以桓放之为益州刺史，屯西陵；文处茂击破之，放之走还江陵。

高句丽侵燕。

戊辰，魏主珪如豺山宫。

是岁，晋民避乱，襁负之淮北者道路相属。

（以上为第十三段，写东晋刁聘阴谋反叛，被刘裕诛杀；海盗首领卢循进犯南海，攻下番禺；刘毅号令严明，攻下巴陵；民众躲避战乱，逃到淮北，道路上难民相连不断。）

沧海边才返回，士兵被虎狼咬死和冻死的有五千多人。

十二月，刘毅等人进军攻下巴陵。刘毅号令严明整肃，所经过的地方，百姓安定喜悦。刘裕又委任刘毅为兖州刺史。

桓振委派桓放之担任益州刺史，驻扎在西陵。蜀郡的文处茂打败了桓放之，桓放之逃回江陵。

高句丽侵犯后燕国。

十二月十六日，魏道武帝拓跋珪前往豺山宫。

这一年，东晋民众躲避战乱，扶老携幼逃到淮河以北的人，道路上接连不断。

【点评】

桓玄的称帝闹剧。桓玄是东晋大司马、权臣桓温最小的儿子，也是桓温最为宠爱的儿子，承袭其封爵为南郡公。桓玄相貌奇伟，神态爽朗，博通艺术，亦善写文章，对自己的才能和门第颇为自负。桓玄二十三岁时，只做了一个不起眼的太子洗马的小官，没有任何实权。

经过十年的奋斗，桓玄的声望和权势，大可与其父媲美，也是掌控朝廷，权倾朝野；不同的是，其父达到权力的巅峰时，已垂垂老矣，而桓玄请求朝廷赐予“九锡”时，才是三十多岁，风华正茂，索性自己当起了皇帝，建立楚国，史称“桓楚”。

桓玄的这种做法不得人心，而且改朝换代的条件还不成熟。虽然东晋朝廷已摇摇欲坠，但东晋的存在已有百年，正统观念在人们头脑中根深蒂固，而桓玄不仅没有建立足以撼动人心的功业，还愈发骄奢荒侈，游猎无度，激起民怨。桓玄的支持者仅仅是限于桓氏宗族，没有得到广大士族大户以及民众百姓的认同与支持，其力微矣。桓玄虽然称帝，但底气不足，缺少明智与谋略。当刘裕等人在京口起兵后，他自乱阵脚，在首战失利后就惊慌失措，无计可施，望风而逃；所统率的部队虽然人数众多，但没有战斗力，结果一败涂地。刘裕勇猛，又有谋略，准备充分，目标明确，上下同心，战略得当，因此能够以少胜多，最终获得胜利。

西晋司马伦一党道德低下，缺乏治国能力，党羽钩心斗角，在政治上并无建树。因此，司马伦称帝，人心不稳，群起攻之，很快短命夭亡。桓玄也是如此，因称帝而加速灭亡，落得身败名裂的下场。

晋纪三十六

晋安帝义熙元年至四年（405—408年）

【起旃蒙大荒落（乙巳，405年），尽著雍涒滩（戊申，408年），凡四年】

【大事提要】

本卷记事起于公元405年，止于公元408年，凡四年，时当晋安帝（司马德宗）义熙元年至义熙四年。本卷所载大事，主要有五个方面。其一，益州兵变。公元405年，益州将领侯晖趁着东晋内乱之际，拥立当地大族谯纵为成都王，割据一方。谯纵又向后秦姚兴称臣，封为蜀王，联合桓玄堂兄桓谦，不断进袭东晋，给荆楚之地造成很大威胁。而后，谯纵击败东晋征蜀都督刘道规，正式成为蜀地国君。其二，南燕易主。公元405年，南燕主慕容德派人去长安接回他哥哥慕容纳之子慕容超。慕容德没有儿子，立慕容超为皇太子后去世，时年七十岁，在位六年。慕容超即位后，多名宗室贵族叛变，平定后，游玩无数，奢侈无度，凌虐宗室大臣，人心离散，国亡。其三，吐谷浑树洛干称王。公元405年，西秦打败吐谷浑部，吐谷浑王乌纥提病死，树洛干逃奔莫何川继位，自称吐谷浑王。他留心吸收士人，司马、博士等官均用儒生担任，占据甘肃、青海之间，实控东至洮河，西达赤水、白兰，北界黄河，南至大积石山。其四，北燕灭后燕。后燕主慕容熙是只爱美人不顾江山的昏君。苻皇后去世时，他哭得死去活来；出殡时，慕容宝的养子慕容云调动5千士兵关闭龙城城门。慕容云即天王位，恢复高姓，改元正始。没过几天，慕容熙被抓住，执送高云，当天被杀死，后燕灭亡。其五，刘裕入掌朝政。公元405年，东晋收复江陵，驱逐桓氏势力，迎接安帝司马德宗返回建康，刘裕还镇丹徒。刘裕遣使到后秦，要求归还南乡等十二个淮北诸郡，后秦全部归还。刘裕因功受封为豫章郡公，后听从幕僚刘穆之的劝告，入朝商议国事，掌握朝政大权。

【原文】

安皇帝己

义熙元年（乙巳，405 年）

春，正月，南阳太守扶风鲁宗之起兵袭襄阳，桓蔚走江陵。己丑，刘毅等诸军至马头。桓振挟帝出屯江津，遣使求割江、荆二州，奉送天子，毅等不许。辛卯，宗之击破振将温楷于柞溪，进屯纪南。振留桓谦、冯该守江陵，引兵与宗之战，大破之。刘毅等击破冯该于豫章口，桓谦弃城走。毅等入江陵，执卞范之等，斩之。桓振还，望见火起，知城已陷，其众皆溃，振逃于涢川。

乙未，诏大处分悉委冠军将军刘毅。

戊戌，大赦，改元，惟桓氏不原。以桓冲忠于王室，特宥其孙胤。以鲁宗之为雍州刺史，毛璩为征西将军，都督益、梁、秦、凉、宁五州诸军事，璩弟瑾为梁、秦二州刺史，瑗为宁州刺史。刘怀肃追斩冯该于石城，桓谦、桓怡、桓蔚、桓谧、何澹之、温楷皆奔秦。怡，弘之弟也。

燕王熙伐高句丽。戊申，攻辽东。城且陷，熙命将士："毋得先登，俟铲平其城，朕与皇后乘辇而入。"由是城中得严备，不克而还。

秦王兴以鸠摩罗什为国师，奉之如神，亲帅群臣及沙门听罗什讲佛经，又命罗什翻译西域经论三百余卷，大营塔寺，沙门坐禅者常以千数。公卿以下皆奉佛，由是州郡化之，事佛者十室而九。

乞伏乾归击吐谷浑大孩，大破之，俘万余口而还。大孩走死胡园。视罴世子树洛干帅其余众数千家奔莫何川，自称车骑大将军、大单于、吐谷浑王。树洛干轻徭薄赋，信赏必罚，吐谷浑复兴，沙、漒诸戎皆附之。

【语译】

安皇帝己

晋安帝义熙元年（乙巳，405 年）

春季，正月，东晋南阳太守扶风人鲁宗之发动军队袭击襄阳，桓蔚失败后逃往江陵。初七己丑，刘毅等人的几支军队抵达马头。桓振挟持着安帝司马德宗出兵屯据在江津，派遣使节请求割据江、荆两个州，以送回安帝作为交换条件。刘毅等人没有答应。初九辛卯，鲁宗之在柞溪将桓振的部将温楷击败，进军驻扎在纪南。桓振留下桓谦、冯该镇守江陵，率领部队与鲁宗之展开决战，并打败了他。刘毅等人又在豫章口把冯该打败，桓谦放弃守城逃跑。刘毅等人的部队进入江陵，抓住卞范之等人，全部杀掉。桓振回师，望见城中大火四起，知道江陵已经被攻陷，他所带领的军队全部溃散，桓振逃到涢川。

正月十三日乙未，安帝司马德宗下令，把国家的重大事件的处理权全部交给冠军将军刘毅。

正月十六日戊戌，下令实行大赦，改年号为义熙，只有桓氏家族的成员不予赦免。因为桓冲一心忠于皇室司马家族，特别赦免了他的孙子桓胤。任命鲁宗之为雍州刺史，任命毛璩为征西将军及都督益、梁、秦、凉、宁五州诸军事，任命毛璩的弟弟毛瑾为梁、秦二州刺史，毛瑗为宁州刺史。刘怀肃在石城追上冯该并把他杀了。桓谦、桓怡、桓蔚、桓谧、何澹之、温楷等人都逃奔后秦。桓怡是桓弘的弟弟。

后燕主慕容熙攻打高句丽。正月二十六日戊申，进攻辽东。在将要攻下城墙的时候，慕容熙命令手下的将士说："不得抢先登城，等到把城墙铲成平地的时候，我跟皇后坐在车上一同进城。"因此城中得到喘息的机会，加强了防备，于是他们没法攻破，只好回去了。

后秦主姚兴任命鸠摩罗什为国师，像侍奉神灵那样尊重他，亲自率领大臣以及一些僧人听鸠摩罗什讲授佛经，又命令鸠摩罗什翻译从西域传来的佛家"经""论"共三百多卷，并大量营造佛塔、寺院等建筑，在那里坐禅修行的僧人常常有千人之多。朝廷公、卿以下的官员也都信奉佛教，于是地方上也都受这种风气的熏染，信佛的人在十家当中往往有九家。

后秦归义侯乞伏乾归进攻吐谷浑可汗大孩，并把他打得大败，俘获了一万多人后回师。大孩逃往胡园死在那里。前任可汗视罴的嫡长子树洛干率领剩下的部众几千家逃奔莫何川，自己号称车骑大将军、大单于、吐谷浑王。树洛干减轻徭役和赋税，有功必赏，有罪必罚，所以吐谷浑很快便复兴起来。沙州、漒川一带的戎族部落都归附了他们。

西凉公暠自称大将军、大都督，领秦、凉二州牧，大赦，改元建初，遣舍人黄始、梁兴间行奉表诣建康。

（以上为第一段，写东晋平定桓玄之乱，晋安帝大赦，改元，唯桓氏不赦；后秦主崇信大和尚鸠摩罗什，封之为国师。）

二月，丁巳，留台备法驾迎帝于江陵，刘毅、刘道规留屯夏口，何无忌奉帝东还。

初，毛璩闻桓振陷江陵，帅众三万顺流东下，将讨之，使其弟西夷校尉瑾、蜀郡太守瑗出外水，参军巴西谯纵、侯晖出涪水。蜀人不乐远征，晖至五城水口，与巴西阳昧谋作乱。纵为人和谨，蜀人爱之，晖、昧共逼纵为主。纵不可，走投于水；引出，以兵逼纵登舆。纵又投地，叩头固辞，晖缚纵于舆。还，袭毛瑾于涪城，杀之，推纵为梁、秦二州刺史。璩至略城，闻变，奔还成都，遣参军王琼将兵讨之，为纵弟明子所败，死者什八九。益州营户李腾开城纳纵兵，杀璩及弟瑗，灭其家。纵称成都王，以从弟洪为益州刺史，以明子为巴州刺史，屯白帝。于是，蜀大乱，汉中空虚，氐王杨盛遣其兄子平南将军抚据之。

癸亥，魏主珪还自豺山，罢尚书三十六曹。

三月，桓振自郧城袭江陵，荆州刺史司马休之战败，奔襄阳，振自称荆州刺史。建威将军刘怀肃自云杜引兵驰赴，与振战于沙桥；刘毅遣广武将军唐兴助之，临陈斩振，复取江陵。

甲午，帝至建康。乙未，百官诣阙请罪，诏令复职。

尚书殷仲文以朝廷音乐未备，言于刘裕，请治之。裕曰："今日不暇给，且性所不解。"仲文曰："好之自解。"裕曰："正以解则好之，故不习耳。"

庚子，以琅邪王德文为大司马，武陵王遵为太保，刘裕为侍中、车骑将军、都督中外诸军事，徐、青二州刺史如故，刘毅为左将军，何无忌为右将军，督豫州、扬州五郡军事，豫州刺史，刘道规为辅国将军、督淮北诸军事、并州刺史，魏咏之为征虏将军、吴国内史。裕固让不受，加录尚书事，又不受，屡请归藩。诏百官敦劝，帝亲幸其第。裕惶惧，

西凉公李暠自己号称大将军、大都督并兼秦、凉二州牧，下令实行大赦，改年号为建初，派遣舍人黄始、梁兴携带奏章，抄小路去建康诣见东晋朝廷。

二月初五丁巳，东晋留台准备皇帝专用的车驾仪仗，去江陵迎接安帝司马德宗，刘毅、刘道规留在夏口驻扎，何无忌陪同护卫安帝东下还都。

当初，毛璩听说桓振攻陷了江陵，便率领三万人的部队顺长江向东进发，准备攻打他，派遣他的弟弟西夷校尉毛瑾、蜀郡太守毛瑗从外水出发，参军巴西人谯纵、侯晖从涪水出发。蜀地的人不喜欢到远方征战，侯晖到了五城水口，与巴西人阳昧谋划发动叛乱。谯纵为人谦和谨慎，蜀地的人都很拥戴他，侯晖、阳昧一起逼迫谯纵为盟主。谯纵严词拒绝，纵身投江，被叛军救了上来。他们又用兵刃逼迫谯纵登上车轿，谯纵又扑倒在地，向大家磕头，坚决拒绝，侯晖把谯纵绑在车上，回军，在涪城袭击毛瑾，并把他杀了，拥推谯纵为凉、秦二州刺史。毛璩来到略城，听说军中发生叛乱，飞马回成都，派遣参军王琼带兵前去攻打，被谯纵的弟弟谯明子打败，被杀死者十有八九。益州营户李腾打开城门迎入谯纵的军队，杀了毛璩和他的弟弟毛瑗，屠灭了他们全家。谯纵号称成都王，任命堂弟谯洪为益州刺史，任命谯明子为巴州刺史，驻守白帝。从此，蜀地局势大乱，汉中的实力也十分空虚。氐王杨盛派遣他的侄儿平南将军杨抚占据了那里。

二月十一日癸亥，北魏主拓跋珪从豺山回京，撤销了尚书三十六曹等官署。

三月，桓振自郧城发兵袭击江陵，荆州刺史司马休之迎战，大败，逃奔襄阳，桓振自称为荆州刺史。建威将军刘怀肃从云杜带兵迅速赶到，在沙桥与桓振展开决战。刘毅派遣广武将军唐兴前来助战，就在战场上将桓振杀死，重新夺回江陵。

三月十三日甲午，安帝司马德宗抵达建康。十四日乙未，文武百官前往宫门拜见请罪。安帝下令恢复他们职务。

尚书殷仲文因为朝廷音乐设施不完备，告之刘裕，请求重建。刘裕说："现在没有时间做这件事，而且我也不懂它的道理。"殷仲文说："如果你喜欢它，那就自然懂了。"刘裕说："正因为懂了就会喜爱，所以我才不去学习它。"

三月十九日庚子，任命琅邪王司马德文为大司马，武陵王司马遵为太保，刘裕为侍中、车骑将军、都督中外诸军事，原任的徐、青二州刺史仍然兼任，刘毅为左将军，何无忌为右将军、督豫州和扬州五郡诸军事、豫州刺史，刘道规为辅国将军、督淮北诸军事、并州刺史，魏咏之为征虏将军、吴国内史。刘裕坚决辞让，不接受这些官职。安帝司马德宗加封他为录尚书事，他还是不接受，几次请求仍回到他的

复诣阙陈请，乃听归藩。以魏咏之为荆州刺史，代司马休之。

初，刘毅尝为刘敬宣宁朔参军，时人或以雄杰许之。敬宣曰："夫非常之才自有调度，岂得便谓此君为人豪邪！此君之性，外宽而内忌，自伐而尚人，若一旦遭遇，亦当以陵上取祸耳。"毅闻而恨之。及敬宣为江州，辞以无功，不宜授任先于毅等，裕不许。毅使人言于裕曰："刘敬宣不豫建义。猛将劳臣，方须叙报，如敬宣之比，宜令在后。若使君不忘平生，正可为员外常侍耳。闻已授郡，实为过优；寻复为江州，尤用骇惋。"敬宣愈不自安，自表解职，乃召还为宣城内史。

夏，四月，刘裕旋镇京口，改授都督荆、司等十六州诸军事，加领兖州刺史。

（以上为第二段，写益州刺史毛璩一心平叛，却忽略了蜀人不喜远征的事实，发生兵变被杀，乱兵拥戴谯纵为成都王；晋安帝回到都城建康，奖励有功之臣，刘裕辞去封赏，还镇京口；刘毅对刘敬宣为江州刺史有微词，改封为宣城内史。）

卢循遣使贡献。时朝廷新定，未暇征讨，壬申，以循为广州刺史，徐道覆为始兴相，循遗刘裕益智粽，裕报以续命汤。

循以前琅邪内史王诞为平南长史。诞说循曰："诞本非戎旅，在此无用；素为刘镇军所厚，若得北归，必蒙寄任，公私际会，仰答厚恩。"循甚然之。刘裕与循书，令遣吴隐之还，循不从。诞复说循曰："将军今留吴公，公私非计。孙伯符岂不欲留华子鱼邪？但以一境不容二君耳。"于是循遣隐之与诞俱还。

初，南燕主备德仕秦为张掖太守，其兄纳与母公孙氏居于张掖。备德之从秦王坚寇淮南也，留金刀与其母别。备德与燕王垂举兵于山东，张掖太守苻昌收纳及备德诸子，皆诛之，公孙氏以老获免，纳妻段氏方

属地去。安帝命令文武百官一起敦促、规劝，安帝也亲自驾临到他的宅第。刘裕惶恐害怕，再次前往宫门去拜见，陈述理由，最后安帝终于准许他回属地去了。安帝又任命魏咏之为荆州刺史，代替司马休之。

当初，刘毅曾经做过刘敬宣的宁朔参军，当时有的人认为他是一个英雄豪杰。刘敬宣说："非常的人才自有胸怀和水平，何以见得他就是人中豪杰呢？此人的性格外表宽厚，但心胸狭窄，自视很高，总想在别人之上，如果一旦掌握大权，也一定会因为犯上而招到祸患。"刘毅听说之后，心中对刘敬宣十分怀恨。到了朝廷任命刘敬宣为江州刺史的时候，他认为自己无功，诚恳辞让，不应该在刘毅等人之前接受任命。刘裕没有答应他的请求。刘毅这时派人去对刘裕说："刘敬宣并没有参与勤王讨逆的义举。现在平乱中的勇猛之将、劳顿之臣才要论功行赏，像刘敬宣那样的官员，应该让他们靠后一些。如果你不忘记过去的情谊，不妨给他一个员外常侍之类的官做就可以了。现在听说已经授给他郡守的官职，实在是太过于优厚了。不久，又再次把江州交给他管辖，尤其让人惊骇惋惜。"刘敬宣越加感到心中不安，自己上书请求解去职务，于是朝廷把他召回做宣城内史。

夏季，四月，刘裕回到京口镇守。朝廷改任他为都督荆、司等十六州诸军事，兼任兖州刺史。

卢循派遣使节前来建康进贡。这时东晋朝廷刚刚稳定下来，没有时间前去攻打。四月二十一日壬申，朝廷任命卢循为广州刺史，徐道覆为始兴相。卢循赠送给刘裕益智粽，刘裕回赠给他续命汤。

卢循任命前琅邪内史王诞为平南长史。王诞游说卢循道："我本来不是军旅出身，留在这里也没什么用处。我一向被刘镇军厚爱，如果能够回到北方去的话，一定会得到他的委派重用，这样不管是为公为私，遇到机会，我一定要报答您的厚恩。"卢循认为他说得很对。这时刘裕写给卢循一封信，让他派吴隐之回去，卢循没有听从。王诞又对卢循说："将军这次扣留吴公，对公对私都不是好计策。孙策岂能不想留住华歆？只是因为一个地方容不下两个君主罢了。"于是卢循派吴隐之与王诞一起回去了。

当初，南燕主慕容备德在前秦担任张掖太守。他的哥哥慕容纳与母亲公孙氏居住在张掖。后来，慕容备德跟随秦王苻坚进犯淮南，留下一把金刀向母亲告别。慕容备德与后燕王慕容垂在崤山之东起兵反叛，张掖太守苻昌便抓获慕容纳以及慕容

娠，未决。狱掾呼延平，备德之故吏也，窃以公孙氏及段氏逃于羌中。段氏生子超，十岁而公孙氏病，临卒，以金刀授超曰："汝得东归，当以此刀还汝叔也。"呼延平又以超母子奔凉。及吕隆降秦，超随凉州民徙长安。平卒，段氏为超娶其女为妇。

超恐为秦人所录，乃阳狂行乞。秦人贱之，惟东平公绍见而异之，言于秦王兴曰："慕容超姿干瑰伟，殆非真狂，愿微加官爵以縻之。"兴召见，与语，超故为谬对，或问而不答。兴谓绍曰："谚云'妍皮不裹痴骨'，徒妄语耳。"乃罢遣之。

备德闻纳有遗腹子在秦，遣济阴人吴辩往视之，辩因乡人宗正谦卖卜在长安，以告超。超不敢告其母妻，潜与谦变姓名逃归南燕。行至梁父，镇南长史悦寿以告兖州刺史慕容法。法曰："昔汉有卜者诈称卫太子，今安知非此类也！"不礼之。超由是与法有隙。

备德闻超至，大喜，遣骑三百迎之。超至广固，以金刀献于备德，备德恸哭，悲不自胜。封超为北海王，拜侍中、骠骑大将军、司隶校尉、开府，妙选时贤，为之僚佐。备德无子，欲以超为嗣。超入则侍奉尽欢，出则倾身下士，由是内外誉望翕然归之。

五月，桂阳太守章武王秀及益州刺史司马轨之谋反，伏诛。秀妻，桓振之妹也，故自疑而反。

桓玄余党桓亮、苻宏等拥众寇乱郡县者以十数，刘毅、刘道规、檀祇等分兵讨灭之，荆、湘、江、豫皆平。诏以毅为都督淮南等五郡军事、豫州刺史，何无忌为都督江东五郡军事、会稽内史。

北青州刺史刘该反，引魏为援，清河、阳平二郡太守孙全聚众应之。六月，魏豫州刺史索度真、大将斛斯兰寇徐州，围彭城。刘裕遣其弟南

备德的几个儿子，把他们都杀掉了。他的母亲公孙氏因为年老而得到赦免，慕容纳的妻子段氏正在怀孕，也没有被马上处死。监狱看守呼延平是原来慕容备德的老部下，暗地里把在押的公孙氏和段氏放跑，带她们逃到羌中去了。段氏生下儿子慕容超。孩子十岁的时候，公孙氏得了重病，临死的时候，把金刀交给慕容超说："你将来如果有机会回到东方去的话，你应当把这把刀还给你的叔叔。"呼延平又带着慕容超母子二人投奔后凉。到了吕隆投降后秦之后，慕容超又随着凉州的百姓一起被迁到长安。呼延平死后，段氏为慕容超娶了呼延平的女儿做妻子。

慕容超担心自己被后秦扣押，于是表面上假装疯癫，到处乞食为生。后秦国的人都觉得他很贱，歧视他，只有东平公姚绍看见他后，认为他很奇异特殊，对后秦王姚兴说："慕容超身材魁梧，举措轩昂，恐怕不是真疯，希望您能稍稍给他一个小官当，把他拴住。"姚兴召见慕容超，与他说话，慕容超故意往错处回答，或者不回答。姚兴对姚绍说："谚语说'好皮不包蠢骨头'，只不过是胡说八道罢了。"于是把他放了出去。

慕容备德听说慕容纳有一个遗腹子还在后秦，便派遣济阴人吴辩去那里查访。吴辩因为同乡人宗正谦在长安依靠占卜算卦为生，便通过他与慕容超取得了联系。慕容超不敢把这个消息告诉母亲和妻子，只有暗地里与宗正谦改名换姓逃回到南燕。他们走到梁父的时候，镇南长史悦寿把消息告诉给兖州刺史慕容法。慕容法说："过去在汉代的时候有个卜卦的人谎称自己是卫太子，现在怎么知道此人不是这类骗子呢？"因此对慕容超不甚恭敬，慕容超从此与慕容法产生隔阂。

慕容备德听说慕容超已经到来，非常高兴，派遣三百名骑兵前来迎接。慕容超抵达广固，把那把金刀献给慕容备德，慕容备德失声恸哭，悲痛不能自已。册封慕容超为北海王，任命他为侍中、骠骑大将军、司隶校尉、开府，并精心遴选一时的贤俊、英杰，作为他的僚属辅佐他。慕容备德没有儿子，打算让慕容超做自己的后嗣，将来继承王位。慕容超入宫陪同侍奉叔父，可以使叔父尽情欢快，出宫办事也能礼贤下士、谦虚待人。从此，朝廷内外美誉声望全部归于慕容超。

五月，东晋桂阳太守、章武王司马秀和益州刺史司马轨之阴谋反叛，被杀。司马秀的妻子是桓振的妹妹，所以他自己疑心受到牵连，索性反叛。

桓玄的余党桓亮、苻宏等人，裹胁着百姓，几十次侵扰为祸地方郡县，刘毅、刘道规、檀祇等人分别带兵将他们剿灭，荆、湘、江、豫等几个地方的局势全部得到平定。朝廷下令任命刘毅为都督淮南等五郡军事、豫州刺史，任命何无忌为都督江东五郡军事、会稽内史。

东晋北青州刺史刘该叛变，勾结北魏为外援，清河、阳平两个郡的太守孙全拉起队伍响应他。六月北魏豫州刺史索度真、大将斛斯兰进犯徐州，围攻彭城。刘裕

彭城内史道怜、东海太守孟龙符将兵救之，斩该及全，魏兵败走。龙符，怀玉之弟也。

（以上为第三段，写东晋朝廷无力顾及海盗首领卢循，招安任其为广州刺史；南燕主慕容德的兄嫂慕容纳妻子段氏的遗腹子慕容超流落后秦，辗转回来，慕容德欲以之为后嗣。）

秦陇西公硕德伐仇池，屡破杨盛兵。将军敛俱攻汉中，拔成固，徙流民三千余家于关中。秋，七月，杨盛请降于秦。秦以盛为都督益宁二州诸军事、征南大将军、益州牧。

刘裕遣使求和于秦，且求南乡等诸郡，秦王兴许之。群臣咸以为不可，兴曰："天下之善一也。刘裕拔起细微，能诛讨桓玄，兴复晋室，内厘庶政，外修封疆，吾何惜数郡，不以成其美乎！"遂割南乡、顺阳、新野、舞阴等十二郡归于晋。

八月，燕辽西太守邵颜有罪，亡命为盗。九月，中常侍郭仲讨斩之。

汝水竭，南燕主备德恶之，俄而寝疾。北海王超请祷之，备德曰："人主之命，短长在天，非汝水所能制也。"固请，不许。

戊午，备德引见群臣于东阳殿，议立超为太子。俄而地震，百官惊恐，备德亦不自安，还宫。是夜，疾笃，瞑不能言，段后大呼曰："今召中书作诏立超，可乎？"备德开目颔之。乃立超为皇太子，大赦。备德寻卒。为十余棺，夜，分出四门，潜瘗山谷。

己未，超即皇帝位，大赦，改元太上。尊段后为皇太后。以北地王钟都督中外诸军、录尚书事，慕容法为征南大将军，都督徐、兖、扬、南兖四州诸军事，加慕容镇开府仪同三司，以尚书令封孚为太尉，鞠仲为司空，封嵩为尚书左仆射。癸亥，虚葬备德于东阳陵，谥曰"献武皇帝"，庙号世宗。

超引所亲公孙五楼为腹心。备德故大臣北地王钟、段宏等皆不自安，求补外职。超以钟为青州牧，宏为徐州刺史。公孙五楼为武卫将军，领

派遣他的弟弟南彭城内史刘道怜、东海太守孟龙符带兵前去救援，斩杀了刘该和孙全，北魏军失败而退走。孟龙符是孟怀玉的弟弟。

后秦陇西公姚硕德，征伐仇池，多次打败杨盛军队。将军敛俱进攻汉中，攻克成固，把三千多家流民迁移到关中。秋季，七月，杨盛向后秦请求投降。后秦任命杨盛为都督益、宁二州诸军事，征南大将军，益州牧。

刘裕派遣使节向后秦求和，并要求归还南乡等几个郡，后秦主姚兴答应了他。姚兴的大臣们都觉得这样不行，姚兴说："天底下的善行都是一样的。刘裕从社会底层最卑贱的地位上发展起来，能够诛杀桓玄，重新振兴晋室，对内整顿日常政务，对外核查勘定封地疆土，我怎么能为了珍惜几个郡，便不成全他的好事呢？"于是割让南乡、顺阳、新野、舞阴等十二个郡，归还给东晋。

八月，后燕辽西太守邵颜犯罪，出外逃命当了盗贼。九月，中常侍郭仲出兵攻打，并把他杀了。

汝水枯竭，南燕主慕容备德为此十分焦虑，不久便得病，卧床不起。北海王慕容超请求为此祷告，慕容备德说："作为人主，他的寿命长短，全由上天决定，不是汝水所能制约得了的。"慕容超一再请求，慕容备德只是不允许。

十月初一戊午，慕容备德在东阳殿召见群臣，商议册立慕容超为太子。不巧突然间发生地震，文武百官非常惊恐，慕容备德心里也非常不安，于是回宫。这天夜里，他的病情加重，眼睛紧闭，不能说话。段后大声对他说："现在召中书官进宫写诏书，立慕容超为太子，可以吗？"慕容备德睁开眼睛点了点头。于是册立慕容超为皇太子，下令实行大赦，慕容备德很快便去世了。他们制作了十几个相同的棺材，在夜间，分别抬着从四个城门出去，埋在不同的地方，暗地里却把真的棺木秘密葬在山谷之中。

十月十一日己未，慕容超登上皇帝位，下令实行大赦，改年号为太上。尊奉段后为皇太后。任命北地王慕容钟都督中外诸军事、录尚书事，慕容法为征南大将军并都督徐、兖、扬、南兖四州诸军事，加封慕容镇开府仪同三司，任命尚书令封孚为太尉，鞠仲为司空，封嵩为尚书左仆射。十月十五日癸亥，把没有慕容备德尸体的空棺葬在东阳陵，并把他追谥为献武皇帝，庙号世宗。

慕容超把他过去的亲信公孙五楼当作心腹。慕容备德原来的大臣北地王慕容钟、段宏等都在心里感到不安，请求去外地任职。慕容超任命慕容钟为青州牧，任命段

屯骑校尉，内参政事。封孚谏曰："臣闻亲不处外，羁不处内。钟，国之宗臣，社稷所赖；宏，外戚懿望，百姓具瞻，正应参翼百揆，不宜远镇外方。今钟等出藩，五楼内辅，臣窃未安。"超不从。钟、宏心皆不平，相谓曰："黄犬之皮，恐终补狐裘也。"五楼闻而恨之。

魏咏之卒，江陵令罗修谋举兵袭江陵，奉王慧龙为主。刘裕以并州刺史刘道规为都督荆宁等六州诸军事、荆州刺史。修不果发，奉慧龙奔秦。

乞伏乾归伐仇池，为杨盛所败。

西凉公暠与长史张邈谋徙都酒泉以逼沮渠蒙逊，以张体顺为建康太守，镇乐涫，以宋繇为敦煌护军，与其子敦煌太守让镇敦煌，遂迁于酒泉。

暠手令戒诸子，以为："从政者当审慎赏罚，勿任爱憎，近忠正，远佞谀，勿使左右窃弄威福。毁誉之来，当研核真伪；听讼折狱，必和颜任理，慎勿逆诈亿必，轻加声色。务广咨询，勿自专用。吾莅事五年，虽未能息民，然含垢匿瑕，朝为寇雠，夕委心膂，粗无负于新旧，事任公平，坦然无颣，初不容怀，有所损益。计近则如不足，经远乃为有余，庶亦无愧前人也。"

十二月，燕王熙袭契丹。

（以上为第四段，写后秦主姚兴答应东晋刘裕的求和，割南乡等十二郡归还东晋；南燕主慕容德去世，侄子慕容超即位，重用亲信，令老将慕容钟、段宏出外守边，老将内心不平；西凉主李暠迁都酒泉，训诫诸子。）

二年（丙午，406年）

春，正月，甲申，魏主珪如豺山宫。诸州置三刺史，郡置三太守，县置三令长。刺史、令长各之州县。太守虽置而未临民、功臣为州者皆

宏为徐州刺史。又任命公孙五楼为武卫将军，领屯骑校尉，参与处理国家政事。封孚劝阻说："我听说，亲人不能排斥到外地，客人却不能让进内室。慕容钟是国家的皇族重臣，政权的倚靠；段宏在外戚中极负盛名，百姓也都十分景仰。正应该让他们协助并带动文武百官辅佐皇上，而不应该让他们到很远的外地去镇守。现在慕容钟等出外守边，公孙五楼却在朝中辅佐，我内心里觉得是不妥的。"慕容超拒不听从。慕容钟、段宏心中都感到愤愤不平，相对着说："黄狗的皮毛，恐怕终将要补狐皮衣服了。"公孙五楼听说这话之后，怀恨在心。

东晋魏咏之去世，江陵令罗修阴谋发动兵变袭击江陵，拥奉王慧龙为盟主。刘裕任命并州刺史刘道规为都督荆、宁等六州诸军事及荆州刺史。罗修来不及发动叛乱，只好随同王慧龙逃往后秦。

后秦归义侯乞伏乾归攻打仇池，被杨盛打败。

西凉公李暠与长史张邈商议，把都城迁往酒泉，用来对北凉沮渠蒙逊施加威胁与压力，于是任命张体顺为建康太守，镇守乐涫，任命宋繇为敦煌护军，和他的儿子敦煌太守宋让一起镇守敦煌，于是把都城迁到酒泉。

李暠写下一首手谕，告诫他的几个儿子，认为："从事政务的人应当对奖赏或惩罚非常谨慎，万万不能任凭自己的爱憎随意而为，接近忠直正派的君子，疏远奸佞阿谀的小人，不让自己左右亲近的人暗地里操纵权力，作威作福。别人毁谤或者赞誉你的时候，应当仔细斟酌辨别真假。听取讼诉，判定案情，一定要和颜悦色地按规章情理仔细处置，千万不要事先推测对方心怀奸诈，主观臆断，轻易地发脾气。要尽量争取多听别人的意见，不要自己独断专行。我主持政事五年来，虽然不能说使百姓得到了很好的休息安抚，但是我尽量地宽容别人的错误，掩饰别人的缺点，所以才使早上还是对手、仇人的人，到晚上便可能成为知心朋友。大体上，没有什么对不起那些新知旧友的地方，因为我处事公平，胸怀坦荡，没有偏差，一点儿也不许因私意有所变更。这样做，从眼前的利益来考虑，好像是要受到些损失，但是时间一久，才能看出好处来，也只有这样，在前人的面前，我才可以说是无愧的。"

十二月，后燕主慕容熙进攻契丹。

晋安帝义熙二年（丙午，406年）

春季，正月初八甲申，北魏主拓跋珪来到豺山宫，下令每个州设置三个刺史，每个郡设置三个太守，每个县设置三个令长。其中，刺史、令长等各去到所在州县

征还京师，以爵归第。

益州刺史司马荣期击谯明子于白帝，破之。

燕王熙至陉北，畏契丹之众，欲还，苻后不听。戊申，遂弃辎重，轻兵袭高句丽。

南燕主超猜虐日甚，政出权幸，盘于游畋，封孚、韩䛕屡谏不听。超尝临轩问孚曰："朕可方前世何主？"对曰："桀、纣。"超惭怒，孚徐步而出，不为改容。鞠仲谓孚曰："与天子言，何得如是！宜还谢。"孚曰："行年七十，惟求死所耳！"竟不谢。超以其时望，优容之。

桓玄之乱，河间王昙之子国璠、叔璠奔南燕。二月，甲戌，国璠等攻陷弋阳。

燕军行三千余里，士马疲冻，死者属路，攻高句丽木底城，不克而还。夕阳公云伤于矢，且畏燕王熙之虐，遂以疾去官。

三月，庚子，魏主珪还平城。夏，四月，庚申，复如豺山宫；甲子，还平城。

柔然社仑侵魏边。

五月，燕主宝之子博陵公虔、上党公昭，皆以嫌疑赐死。

六月，秦陇西公硕德自上邽入朝，秦王兴为之大赦；及归，送之至雍，乃还。兴事晋公绪及硕德皆如家人礼，车马、服玩，先奉二叔而自服其次，国家大政，皆咨而后行。

秃发傉檀伐沮渠蒙逊，蒙逊婴城固守。傉檀至赤泉而还，献马三千匹、羊三万口于秦。秦王兴以为忠，以傉檀为都督河右诸军事、车骑大将军、凉州刺史，镇姑臧，征王尚还长安。凉州人申屠英等遣主簿胡威诣长安请留尚，兴弗许。威见兴，流涕言曰："臣州奉戴王化，于兹五年，土宇僻远，威灵不接，士民尝胆扙血，共守孤城；仰恃陛下圣德，俯杖良牧仁政，克自保全，以至今日。陛下奈何乃以臣等贸马三千匹、羊三万口；贱人贵畜，无乃不可！若军国须马，直烦尚书一符，臣州三千余户，各输一马，朝下夕办，何难之有！昔汉武倾天下之资力，开拓河

上任，太守虽然设置了但并不上任，有功之臣未受委派而管辖州郡的，都征召回京师，保持原有的爵位，回家休息。

东晋益州刺史司马荣期，在白帝城进攻西蜀政权的谯明子，将他打败。

后燕王慕容熙抵达陉北，因为害怕契丹部落人多，打算回去，但苻皇后却不听从。二月初二戊申，慕容熙只好放弃笨重的军用物资，用轻装部队袭击高句丽。

南燕主慕容超的猜忌、暴虐一天比一天厉害，政令完全由受他宠幸的掌权者颁发，自己则沉迷于游牧打猎，封孚、韩谆多次规劝，他也不听。慕容超曾有一次在金殿之上问封孚道："我可以和前代的哪位君主相比？"封孚回答说："桀、纣。"慕容超既惭愧又气愤，封孚则缓缓地从容走出，神色不改。鞠仲对封孚说："与天子说话，怎么能够这样呢？你应该回去谢罪。"封孚说："我现在已经年过七十，只求死得其所罢了！"最终没去请罪。慕容超因为他当时声望很高，所以特别地宽容了他。

东晋桓玄叛乱时，河间王司马昙之的儿子司马国璠、司马叔璠逃奔南燕。二月二十八日甲戌，司马国璠等人攻陷弋阳。

后燕军走了三千多里，士兵和马匹因疲惫寒冷，一路不断有死掉的。他们进攻高句丽木底城，没有攻下，只好回去。夕阳公慕容云被箭射伤，加上又害怕后燕王慕容熙的凶残暴虐，于是以有病为借口，辞官回家。

三月二十五日庚子，魏道武帝拓跋珪回到平城。夏季，四月十五日庚申，再一次来到豺山宫。四月十九日甲子，又回到平城。

柔然可汗郁久闾社仑侵犯北魏边境。

五月，后燕主慕容宝的儿子博陵公慕容虔、上党公慕容昭，都因为嫌疑而被逼自杀。

六月，后秦陇西公姚硕德从上邽来到都城朝见。后秦主姚兴为此下令实行大赦。等他回去的时候，姚兴又把他送到雍城，才回朝。姚兴对待晋公姚绪和陇西公姚硕德，都用家里亲人的礼节，车马、衣服、珍玩等也都先送给两位叔父，然后自己才留用次一点的。国家的大政方针都先请示他们之后再决定。

南凉景王秃发傉檀攻打北凉沮渠蒙逊，沮渠蒙逊环城坚守。秃发傉檀抵达赤泉之后便回去了，把三千匹马、三万只羊献给后秦。后秦主姚兴认为他很忠诚，任命秃发傉檀为都督河右诸军事、车骑大将军、凉州刺史，镇守姑臧。征调王尚回长安。凉州人申屠英等派遣主簿胡威前往长安拜见后秦王，请求让王尚留任，姚兴没有答应。胡威见到姚兴，流着眼泪说："我们凉州遵照皇上的教化，至今已有五年，土地偏僻遥远，朝廷的威力命令，很难到达我们那里。官吏百姓卧薪尝胆，自抚伤口血渍，一起同心协力守卫孤城。仰仗皇上的恩德贤明，又幸亏有一个好的州牧施行仁政才得以自我保全，维持到今天。皇上怎么能够用我们这些人去换三千匹马、三万

西，以断匈奴右臂。今陛下无故弃五郡之地忠良华族，以资暴虏，岂惟臣州士民坠于涂炭，恐方为圣朝旰食之忧。”兴悔之，使西平人车普驰止王尚，又遣使谕傉檀。会傉檀已帅步骑三万军于五涧，普先以状告之，傉檀遽逼遣王尚。尚出自清阳门，傉檀入自凉风门。

别驾宗敞送尚还长安。傉檀谓敞曰：“吾得凉州三千余家，情之所寄，唯卿一人，奈何舍我去乎！”敞曰：“今送旧君，所以忠于殿下也。”傉檀曰：“吾新牧贵州，怀远安迩之略如何？”敞曰：“凉土虽弊，形胜之地。殿下惠抚其民，收其贤俊以建功名，其何求不获！”因荐本州文武名士十余人，傉檀嘉纳之。王尚至长安，兴以为尚书。

傉檀燕群臣于宣德堂，仰视叹曰：“古人有言：‘作者不居，居者不作。’信矣。”武威孟祎曰：“昔张文王始为此堂，于今百年，十有二主矣，惟履信思顺者可以久处。”傉檀善之。

（以上为第五段，写南燕新主慕容超猜忌、暴虐，大臣将其比之为桀、纣；后秦主姚兴敬重叔叔姚绪、姚硕德；任命南凉主秃发傉檀镇守姑臧，而当地人则十分怀念原太守王尚。）

魏主珪规度平城，欲拟邺、洛、长安，修广宫室。以济阳太守莫题有巧思，召见，与之商功。题久侍稍怠，珪怒，赐死。题，含之孙也。于是，发八部五百里内男丁筑灅南宫，阙门高十余丈，穿沟池，广苑囿，规立外城，方二十里，分置市里，三十日罢。

秋，七月，魏太尉宜都丁公穆崇薨。

八月，秃发傉檀以兴城侯文支镇姑臧，自还乐都。虽受秦爵命，然其车服礼仪，皆如王者。

只羊呢？轻贱人而珍视牧畜，这是无论如何也说不通的！如果说国家军队需要马匹，只要尚书下一道公文就是了，我们凉州三千多户百姓，每户捐献一匹马，早晨下令，傍晚便办完了，又有什么困难的呢！过去汉武帝用尽天下所有的财力，开辟河西的疆土，从此斩断了匈奴的右臂。现在皇上无缘无故地放弃了五郡土地上的忠良华族，用来资助残暴的敌虏，这哪里只是我们一州的官民坠陷于生灵涂炭的深渊，恐怕这也会是我们国家将来的忧患。”姚兴对此非常后悔，派遣西平人车普飞马前去阻止王尚，又派使节通知秃发傉檀。正赶上秃发傉檀已经率步、骑兵三万人驻扎在五涧，车普先把诏令的内容告诉了他。秃发傉檀于是马上催促王尚回去。王尚从清阳门出城，秃发傉檀便从凉风门进了城。

别驾宗敞护送王尚回长安，秃发傉檀告诉宗敞说："我得到凉州三千多家居民，但是感情所寄托的却只有你一个，你为什么舍弃我而走呢？"宗敞说："现在我护送我旧日的上司，也就是对您的忠诚呵。"秃发傉檀说："我刚刚执掌你们凉州的权力，你认为应该采取哪种怀柔远方、安抚近土的策略？"宗敞说："凉州的土地虽然贫瘠，但却是地形非常重要的地方。您好好地安抚黎民百姓，收纳这里的贤明俊杰之士，用他们建立功名，有什么目标不能达到呢！"随后他又推荐本州的文武有名之士十多个人给秃发傉檀，秃发傉檀非常高兴地一一任用了他们，王尚回到长安，姚兴任命他为尚书。

秃发傉檀在宣德堂设宴，宴请大臣们，仰头看着这座建筑，叹息说："古人说过，'盖房的人，自己不住；住房的人，自己不盖'，太对了。"武威人孟祎说："从前，张文王开始建筑这座大堂，到今天已将近一百年了，经历的主人也有十二个了，只有讲信义、顺民心的人才可以在这里久住。"秃发傉檀觉得他说得很对。

魏道武帝拓跋珪规划设计平城，打算按照邺城、洛阳、长安的样子，扩建宫殿。因为济阳太守莫题有很多精巧微妙的想法，便把他征召过来，与他商议宫殿式样以及施工进度等。莫题侍奉魏道武帝的时间一长，态度稍稍有些怠慢，拓跋珪大怒，命他自杀，莫题是莫含的孙子。从此，他征发八个地区五百里以内的男丁，修筑灅南宫，宫殿的门高十多丈。另外，又挖掘水沟池塘，扩大花园面积，再按照计划建立外城，方圆二十里，分别设置市区街道，三十天之后完成。

秋季，七月，北魏太尉、宜都丁公穆崇去世。

八月，秃发傉檀命令兴城侯秃发文支镇守姑臧，自己回到乐都。他虽然接受后秦国的爵位任命，但他所使用的车辇、服装、礼仪等，都与帝王一样。

甲辰，魏主珪如豺山宫，遂之石漠。九月，度漠北。癸巳，南还长川。

刘裕闻谯纵反，遣龙骧将军毛修之将兵与司马荣期、文处茂、时延祖共讨之。修之至宕渠，荣期为其参军杨承祖所杀，承祖自称巴州刺史，修之退还白帝。

秃发傉檀求好于西凉，西凉公暠许之。

沮渠蒙逊袭酒泉，至安珍。暠战败城守，蒙逊引还。

南燕公孙五楼欲擅朝权，谮北地王钟于南燕主超，请诛之。南燕主备德之卒也，慕容法不奔丧，超遣使让之。法惧，遂与钟及段宏谋反，超闻之，征钟，钟称疾不至，超收其党侍中慕容统等，杀之。征南司马卜珍告左仆射封嵩数与法往来，疑有奸，超收嵩下廷尉。太后惧，泣告超曰："嵩数遣黄门令牟常说吾云：'帝非太后所生，恐依永康故事。'我妇人识浅，恐帝见杀，即以语法，法为谋见误，知复何言。"超乃车裂嵩。西中郎将封融奔魏。

超遣慕容镇攻青州，慕容昱攻徐州，右仆射济阳王凝及韩范攻兖州。昱拔莒城，段宏奔魏。封融与群盗袭石塞城，杀镇西大将军余郁，国中振恐。济阳王凝谋杀韩范，袭广固，范知之，勒兵攻凝，凝奔梁父。范并将其众，攻梁父，克之。法出奔魏，凝出奔秦。慕容镇克青州，钟杀其妻子，为地道以出，与高都公始皆奔秦。秦以钟为始平太守，凝为侍中。

南燕王超好变更旧制，朝野多不悦；又欲复肉刑，增置烹轘之法，众议不合而止。

冬，十月，封孚卒。

尚书论建义功，奏封刘裕豫章郡公，刘毅南平郡公，何无忌安成郡公，自余封赏有差。

梁州刺史刘稚反，刘毅遣将讨禽之。

八月初一甲辰，魏道武帝拓跋珪来到豺山宫，然后又前往石漠。九月，穿过大漠向北。二十日癸巳，向南回长川。

东晋刘裕听说谯纵叛变，派遣龙骧将军毛修之带兵，与司马荣期、文处茂、时延祖等人一起去攻打他。毛修之抵达宕渠，司马荣期被他的参军杨承祖杀害。杨承祖自称为巴州刺史。毛修之只好退回到白帝。

秃发傉檀向西凉请求和好。西凉公李暠答应了。

北凉沮渠蒙逊袭击酒泉，到达安珍。李暠在战斗失败后，进城固守，沮渠蒙逊带兵回师。

南燕公孙五楼打算独揽朝政大权，在南燕主慕容超面前进谗言陷害北地王慕容钟，请求杀了他。南燕慕容备德去世时，慕容法没有前来奔丧，慕容超派信使前去责备他，慕容法因而非常害怕，于是便与慕容钟、段宏等人商议，准备反叛。慕容超听说这个消息之后，征召慕容钟进京，慕容钟却以身体有病为理由，拒绝前来。慕容超便把他的亲信党羽侍中慕容统等人抓起来，杀掉。征南司马卜珍告发左仆射封嵩经常与慕容法来往，怀疑他们有什么奸谋。慕容超便把封嵩抓起来，交付廷尉议罪。皇太后段氏大为害怕，哭着告诉慕容超说："封嵩几次派黄门令牟常前来动员我说：'皇上不是太后您自己亲生儿子，恐怕像永康年间那样的旧事又要重演了。'我一个妇道人家，见识浅，害怕您杀了我，就把这话告诉了慕容法，慕容法为我出主意，所以被他引入歧途，现在您知道了，我还有什么话可说？"慕容超于是用车裂的酷刑处死封嵩。西中郎将封融投奔北魏。

慕容超派遣慕容镇带兵攻打青州，派慕容昱攻打徐州，派右仆射济阳王慕容凝和韩范一起攻打兖州。慕容昱攻克莒城，段宏投奔北魏。封融率领盗贼袭击石塞城，杀死了镇西大将军余郁，全国上下大为震惊恐慌。济阳王慕容凝阴谋刺杀韩范，袭击广固，韩范知道了这件事，集中部队攻打慕容凝，慕容凝逃奔梁父。韩范收编了他的部队，自己领兵攻打梁父，攻下了这座城，慕容法逃出投奔北魏，慕容凝逃出投奔后秦。慕容镇也攻克了青州，慕容钟杀了他的妻子儿女，挖了一条地道逃了出去，与高都公慕容始一起全都投奔了后秦。后秦任命慕容钟为始平太守，慕容凝为侍中。

南燕主慕容超喜欢改变旧有的一些制度，朝廷内外对此都很反感。他又打算恢复肉刑，并增加设置烹刑和车裂之刑，因为官员们都说不应该，才作罢。

冬季，十月，封孚去世。

东晋尚书评定勤王举义的功劳，奏请封刘裕为豫章郡公，刘毅为南平郡公，何无忌为安成郡公，其余的人加封赏赐高低、多少不等。

东晋梁州刺史刘稚叛变，刘毅派遣将领前去攻打，并把他抓获。

庚申，魏主珪还平城。

乙亥，以左将军孔安国为尚书左仆射。

十一月，秃发傉檀迁于姑臧。

乞伏乾归入朝于秦。

十二月，以何无忌为都督荆江豫三州八郡军事、江州刺史。

是岁，桓石绥与司马国璠、陈袭聚众胡桃山为寇，刘毅遣司马刘怀肃讨破之。石绥，石生之弟也。

（以上为第六段，写北魏主拓跋珪仿照邺城、洛阳、长安，扩建平城宫殿；南燕主慕容超重用奸佞公孙五楼，陷害北地王慕容钟，慕容钟遭到攻打，投奔后秦。）

三年（丁未，407年）

春，正月，辛丑朔，燕大赦，改元建始。

秦王兴以乞伏乾归寖强难制，留为主客尚书，以其世子炽磐行西夷校尉，监其部众。

二月，己酉，刘裕诣建康，固辞新所除官，欲诣廷尉。诏从其所守，裕乃还丹徒。

魏主珪立其子修为河间王，处文为长乐王，连为广平王，黎为京兆王。

殷仲文素有才望，自谓宜当朝政，悒悒不得志；出为东阳太守，尤不乐。何无忌素慕其名。东阳，无忌所统，仲文许便道修谒，无忌喜，钦迟之。而仲文失志恍惚，遂不过府；无忌以为薄己，大怒。会南燕入寇，无忌言于刘裕曰："桓胤、殷仲文乃腹心之疾，北虏不足忧也。"闰月，刘裕府将骆冰谋作乱，事觉，裕斩之。因言冰与仲文、桓石松、曹靖之、卞承之、刘延祖潜相连结，谋立桓胤为主，皆族诛之。

燕王熙为其后苻氏起承华殿，负土于北门，土与谷同价。宿军典军杜静载棺诣阙极谏，熙斩之。

苻氏尝季夏思冻鱼，仲冬须生地黄，熙下有司切责，不得而斩之。

夏，四月，癸丑，苻氏卒，熙哭之懑绝，久而复苏，丧之如父母，

十月十八日庚申，魏道武帝拓跋珪回到平城。

十一月初三乙亥，东晋任命左将军孔安国为尚书左仆射。

十一月，南凉秃发傉檀把都城迁到姑臧。

后秦归义侯乞伏乾归到长安去朝见后秦王姚兴。

十二月，东晋任命何无忌为都督荆、江、豫三州八郡军事，江州刺史。

这一年，东晋桓石绥与司马国璠、陈袭等人在胡桃山招兵，当了强盗。刘毅派遣司马刘怀肃带兵把他们剿灭。桓石绥是桓石生的弟弟。

晋安帝义熙三年（丁未，407 年）

春季，正月初一辛丑朔，后燕实行大赦，改年号为建始。

后秦主姚兴认为乞伏乾归的势力逐渐强大，难以控制，便把他留在都城长安，任命他做主客尚书，任命他的嫡长子乞伏炽磐代理西夷校尉职务，监管他的部众。

二月初九己酉，刘裕前往都城建康，坚决辞让刚刚加封他的那些官职，否则打算自己投监问罪。安帝司马德宗下令同意他所坚持的意见，刘裕才回到丹徒。

魏道武帝拓跋珪册立他的儿子拓跋修为河间王，拓跋处文为长乐王，拓跋连为广平王，拓跋黎为京兆王。

东晋殷仲文一向很有才智声望，自己以为应当管理朝政，所以一直闷闷不乐，觉得没有实现自己的志向。后来出京做了东阳太守，更加不高兴。何无忌平常就仰慕他的名气。东阳又在何无忌的管辖之内，殷仲文答应他得便顺路去拜访，何无忌非常高兴，谨慎恭敬地对待这件事。但是殷仲文因为官场失意，常常神情恍惚，所以没能过来相见。何无忌以为他这是瞧不起自己，大为恼怒。正好南燕此时进兵侵犯，何无忌便对刘裕说："桓胤、殷仲文是我们的心腹大患，而北方的强盗却不必担心。"闰二月，刘裕官府的将军骆冰阴谋制造叛乱，事情被发觉，刘裕把他杀了。于是，他们又声称骆冰和殷仲文、桓石松、曹靖之、卞承之、刘延祖等人在暗中互相勾结，打算拥立桓胤为盟主，所以把这些人连同他们的家族，全部杀掉。

后燕主慕容熙为他的皇后苻氏兴建承华殿，从北门外把土运来，使土的价格上涨到与粮食的价格一样。宿军典军杜静带着棺木来到皇宫门外拜见后燕王，极力劝阻，慕容熙把他杀了。

苻皇后曾经在盛夏的时候，想吃冻鱼，而在隆冬季节又忽然要吃生地黄，慕容熙于是命令有关的主管官吏想办法弄到，弄不到的就把当事人杀掉。

夏季，四月，癸丑（疑误），苻皇后去世，慕容熙悲哀痛哭甚至气闷昏晕，很长

服斩衰，食粥。命百官于宫内设位而哭，使人按检哭者，无泪则罪之，群臣皆含辛以为泪。高阳王妃张氏，熙之嫂也，美而有巧思，熙欲以为殉，乃毁其禭靴中得弊毡，遂赐死。右仆射韦璆等皆恐为殉，沐浴俟命。公卿以下至兵民，户率营陵，费殚府藏。陵周围数里，熙谓监作者曰："善为之，朕将继往。"

丁酉，燕太后段氏去尊号，出居外宫。

（以上为第七段，写东晋刘裕坚决辞去新封官职，镇守丹徒；刘裕属将骆冰谋反，牵连殷仲文等人，全被灭族；后燕苻皇后去世，慕容熙伤心过度，处于病态，要大臣陪哭，还要高阳王慕容隆王妃张氏陪葬，举动失常。）

氐王杨盛以平北将军苻宣为梁州督护，将兵入汉中，秦梁州别驾吕莹等起兵应之，刺史王敏攻之。莹等求援于盛，盛遣军临浕口，敏退屯武兴。盛复通于晋，晋以盛为都督陇右诸军事、征西大将军、开府仪同三司，盛因以宣行梁州刺史。

五月，丙戌，燕尚书郎苻进谋反，诛。进，定之子也。

魏主珪北巡至濡源。

魏常山王遵以罪赐死。

初，魏主珪灭刘卫辰，其子勃勃奔秦，秦高平公没弈干以女妻之。勃勃魁岸，美容仪，性辩慧，秦王兴见而奇之，与论军国大事，宠遇逾于勋旧。兴弟邕谏曰："勃勃不可近也。"兴曰："勃勃有济世之才，吾方与之平天下，奈何逆忌之！"乃以为安远将军，使助没弈干镇高平，以三城、朔方杂夷及卫辰部众三万配之，使伺魏间隙。邕固争以为不可。兴曰："卿何以知其为人？"邕曰："勃勃奉上慢，御众残，贪猾不仁，轻为去就，宠之逾分，恐终为边患。"兴乃止。久之，竟以勃勃为安北将军、五原公，配以三交五部鲜卑及杂虏二万余落，镇朔方。

时间才苏醒过来。他像死了父母那样，披麻戴孝，只喝稀粥。命令文武百官在宫内设置皇后牌位，一起痛哭，并派人一个个地检查哭的人，没有眼泪的就要治罪，群臣没有办法，全都含着辛辣的东西，刺激自己落泪。高阳王慕容隆的王妃张氏，是慕容熙的嫂子，美貌而聪明机敏，慕容熙打算用她来为苻皇后殉葬，于是拆开她特地缝制的丧鞋，发现里面有不好的毛毡，命令她自杀。右仆射韦璆等人都害怕指定自己去殉葬，每天都洗澡换衣，恭恭敬敬地等候皇命。公卿以下的官员到士兵百姓，每一户都去参加营建皇后陵墓的劳动，使国库的积蓄花销殆尽。陵墓的周长达几里，慕容熙告诉监工的头目说："好好干吧，我也将入葬此处。"

四月二十八日丁酉，后燕太后段氏被除去尊号，逐出外宫居住。

氐王杨盛任命平北将军苻宣为梁州督护，带兵向汉中进犯。后秦梁州别驾吕莹等发动军队响应他们。梁州刺史王敏出兵攻打。吕莹等人向杨盛求援，杨盛派出军队来到浕口，王敏只好退到武兴驻扎。杨盛又与东晋联络，东晋任命杨盛为都督陇右诸军事、征西大将军、开府仪同三司，杨盛于是任命苻宣代理梁州刺史职务。

五月，丙戌（疑误），后燕尚书郎苻进阴谋反叛，被杀。苻进是苻定的儿子。

魏道武帝拓跋珪向北巡视，抵达濡源。

北魏常山王拓跋遵因为犯罪，被勒令自杀。

当初，魏道武帝拓跋珪消灭匈奴部落首领刘卫辰，他的儿子刘勃勃投奔后秦，后秦高平公没奕干把女儿嫁给他做妻子。刘勃勃身材魁梧伟岸，容貌漂亮，仪表堂堂，生性善辩，聪慧机智。后秦主姚兴见到他之后觉得他是一个奇才，便与他谈论军队、国家的大事，对他的宠爱超过了功臣旧属。姚兴的弟弟姚邕劝说他道："刘勃勃这个人不可过于亲近。"姚兴说："刘勃勃有拯救乱世的才干，我正要和他一起平定天下，你们怎么这样疑心猜忌他呢？"于是任命刘勃勃为安远将军，让他协助没弈干镇守高平，并把三城、朔方等地的各夷族部落和刘卫辰的老部下三万人交给他统辖，让他严密监视北魏的行动，等待机会。姚邕坚持争辩，认为万万不可这样。姚兴说："你怎么知道他的为人？"姚邕说："刘勃勃对待上级，态度傲慢无礼；对待下属部众，手段残忍、贪婪狡猾，不讲仁义；对待去留问题，轻率决定。这样的人过分地宠爱他，将来一定会成为边疆的祸患。"姚兴这才放弃了原来的想法，但时间一长，又任命刘勃勃为安北将军、五原公，把三交地区的五个鲜卑部落以及其他杂族二万多部众交给他，让他镇守朔方。

魏主珪归所虏秦将唐小方于秦。秦王兴请归贺狄干，仍送良马千匹以赎狄伯支，珪许之。

勃勃闻秦复与魏通而怒，乃谋叛秦。柔然可汗社仑献马八千匹于秦，至大城，勃勃掠取之，悉集其众三万余人伪畋于高平川，因袭杀没弈干而并其众。

勃勃自谓夏后氏之苗裔，六月，自称大夏天王、大单于，大赦，改元龙升，置百官。以其兄右地代为丞相，封代公；力俟提为大将军，封魏公；叱干阿利为御史大夫，封梁公；弟阿利罗引为司隶校尉，若门为尚书令，叱以鞬为左仆射，乙斗为右仆射。

贺狄干久在长安，常幽闭，因习读经史，举止如儒者。及还，魏主珪见其言语衣服皆类秦人，以为慕而效之，怒，并其弟归杀之。

秦王兴以太子泓录尚书事。

（以上为第八段，写后秦主姚兴宠爱赫连勃勃，其弟姚邕再三劝说，不听，赫连勃勃反叛后秦，建立胡夏，改元龙升，设置百官，成为五胡十六国中最后建立的一个国家。）

秋，七月，戊戌朔，日有食之。

汝南王遵之坐事死。遵之，亮之五世孙也。

癸亥，燕王熙葬其后苻氏于徽平陵，丧车高大，毁北门而出，熙被发徒跣，步从二十余里。甲子，大赦。

初，中卫将军冯跋及弟侍御郎素弗皆得罪于熙，熙欲杀之，跋兄弟亡命山泽。熙赋役繁数，民不堪命；跋、素弗与其从弟万泥谋曰："吾辈还首无路，不若因民之怨，共举大事，可以建公侯之业；事之不捷，死未晚也。"遂相与乘车，使妇人御，潜入龙城，匿于北部司马孙护之家。及熙出送葬，跋等与左卫将军张兴及苻进余党作乱。跋素与慕容云善，乃推云为主。云以疾辞，跋曰："河间淫虐，人神共怒，此天亡之时也。公，高氏名家，何能为人养子，而弃难得之运乎？"扶之而出。跋弟乳陈等帅众攻弘光门，鼓噪而进，禁卫皆散走；遂入宫授甲，闭门拒守。中黄门赵洛生走告于熙，熙曰："鼠盗何能为！朕当还诛之。"乃置后柩

魏道武帝拓跋珪把所俘虏的后秦将领唐小方，归还给后秦。后秦主姚兴要求归还贺狄干，并决定送给北魏一千匹好马，用来赎回狄伯支，拓跋珪同意了。

刘勃勃听说后秦又与北魏和好，非常愤怒，于是，计划背叛后秦。柔然可汗郁久闾社仑向后秦献上八千匹马，走到大城的时候，刘勃勃把马匹全部抢走，并把自己的三万多部众全部集结在一起，假装去高平川打猎，却借机突然袭击杀死了没弈干，并且收编了他的军队。

刘勃勃自称是夏后氏的后代，六月，自封为大夏天王、大单于，下令大赦，改年号为龙升，设置文武百官。任命他的哥哥刘右地代为丞相，加封代公；刘力俟提升为大将军，加封魏公；刘叱于阿利为御史大夫，加封梁公；任命他的弟弟刘阿利罗引为司隶校尉，刘若门为尚书令，刘叱以鞬为左仆射，刘乙斗为右仆射。

贺狄干长期被扣押在长安，因为经常被幽禁，所以有时间熟读了儒家经典与历史书籍，到后来，一举一动都变成与读书人一样了。到他回到北魏之后，国主拓跋珪见他言谈语调衣着服饰全与后秦人一样，以为他是倾慕后秦而有意模仿，非常生气，把他和他的弟弟贺狄归一起杀掉了。

后秦主姚兴命太子姚泓录尚书事。

秋季，七月初一戊戌朔，出现日食。

东晋汝南王司马遵之，被指控犯法，被处死。司马遵之是司马亮的五世孙。

七月二十六日癸亥，后燕王慕容熙把他的皇后苻氏埋葬在徽平陵，因为送丧的车驾太高大，所以拆毁了北城门才出去。慕容熙披散头发，光着双脚，跟着灵柩步行了二十多里。二十七日甲子，实行大赦。

当初，中卫将军冯跋和他的弟弟侍御郎冯素弗都在慕容熙那里获罪，慕容熙打算杀了他们，冯跋兄弟二人便逃到深山泽水之间。后来慕容熙征收繁重的赋税，徭役也经常摊派，百姓无法忍受。冯跋、冯素弗便与堂弟冯万泥商议说：“我们已经没有办法再回去认罪了，还不如趁着百姓怨声载道的时刻，一起发动变乱，或许也可以建立一番公侯那样的大功业。事情即使不成，那时死也不晚。”于是他们一起乘上一辆马车，让一个妇女驾驭着，暗中混进了龙城，藏在北部司马孙护家中。等到慕容熙出城送葬，冯跋等人便和左卫将军张兴，以及苻进的余党发动了叛乱。冯跋平常一直与慕容云关系友善，于是推举慕容云为盟主。慕容云以自己有病为借口，辞谢不去，冯跋说：“慕容熙淫乱暴虐，百姓和上天都已怒不可遏，这正是老天让他

于南苑，收发贯甲，驰还赴难。夜，至龙城，攻北门，不克，宿于门外。乙丑，云即天王位，大赦，改元正始。

熙退入龙腾苑，尚方兵褚头逾城从熙，称营兵同心效顺，唯俟军至。熙闻之，惊走而出，左右莫敢迫。熙从沟下潜遁，良久，左右怪其不还，相与寻之，唯得衣冠，不知所适。中领军慕容拔谓中常侍郭仲曰："大事垂捷，而帝无故自惊，深可怪也。然城内企迟，至必成功，不可稽留。吾当先往趣城，卿留待帝，得帝，速来；若帝未还，吾得如意安抚城中，徐迎未晚。"乃分将壮士二千余人登北城。将士谓熙至，皆投仗请降。既而熙久不至，拔兵无后继，众心疑惧，复下城赴苑，遂皆溃去。拔为城中人所杀。丙寅，熙微服匿于林中，为人所执，送于云，云数而杀之，并其诸子。云复姓高氏。

（以上为第九段，写后燕苻皇后去世，慕容熙如丧考妣，披麻戴孝，赤脚送葬，慕容云等人乘机谋反，发动宫廷政变，慕容熙被斩杀。慕容云即天王位，改元。）

幽州刺史上庸公懿以令支降魏，魏以懿为平州牧、昌黎王。懿，评之孙也。

魏主珪自濡源西如参合陂，乃还平城。

秃发傉檀复贰于秦，遣使邀乞伏炽磐，炽磐斩其使送长安。

南燕主超母、妻犹在秦，超遣御史中丞封恺使于秦以请之。秦王兴曰："昔苻氏之败，太乐诸伎悉入于燕。燕今称藩，送伎或送吴口千人，所请乃可得也。"超与群臣议之，左仆射段晖曰："陛下嗣守社稷，不宜以私亲之故遂降尊号；且太乐，先代遗音，不可与也，不如掠吴口与之。"

灭亡的时候。您出生在名门高氏家族，怎么能做别人的养子而放弃这一难得的机会呢？”于是强行把他扶出家门。冯跋的弟弟冯乳陈等人率领兵众攻打弘光门，呐喊着冲了进去，禁卫军的士兵全部溃散逃走。于是他们进得宫来，分发宫中的武器盔甲，关闭城门坚守。中黄门赵洛生逃出城去向慕容熙报告，慕容熙说：“这几个老鼠一样的强盗，能干什么大事！我现在就回去诛杀他们。”于是把苻皇后的灵柩放在南花园，系好头发，穿上甲胄，飞马回来解救都城危难。当夜赶回龙城，向北门发动进攻，没有攻下，露宿在城门之外。七月二十八日乙丑，慕容云即天王位，实行大赦，改年号为正始。

慕容熙退到龙腾苑驻守。尚方兵褚头翻越城墙投奔慕容熙，说护卫营的士兵仍然一心效忠，只等大军到来。慕容熙听说这番话后，却惊恐不安，跑了出去，左右的人都不敢追随。慕容熙从河道边上偷偷跑走，很久之后，左右将领们觉得他还不回来很奇怪，互相跟着出去寻找，只找到了慕容熙的衣服帽子，人却不知跑到哪里去了。中领军慕容拔对中常侍郭仲说：“大事马上就要成功了，皇上却无缘无故地自己惊恐，实在是太奇怪了。但是城中将士正在盼望我们回去，如果回去，就一定会成功，因此我们不能在这里多耽搁。我应当先去攻城，你留在这里等着皇上，如果皇上找到了，那就快来；如果皇上还是没回来，那么等我按计划把都城平定安抚了之后，再慢慢寻找迎接皇上回来也不晚。”于是，与其他将领分别率领两千多名壮士向北城发动强攻。城里的官兵以为是慕容熙回来了，都纷纷放下武器请求投降。然而，慕容熙很长时间也没有露面，慕容拔的军队又没有后续的影子，所以攻城的士兵们心中既怀疑又恐惧，最后又放弃攻城，回到龙腾苑，然后又全部溃散逃走。慕容拔被城中的乱军杀死。七月二十九日丙寅，慕容熙穿着平民百姓的衣服，藏在树林中，被人抓住，押送给了慕容云，慕容云列数了他的罪状后，把他杀了，又杀死了他的几个儿子。慕容云又恢复姓高。

后燕幽州刺史上庸公慕容懿，献出自己的辖地令支，投降北魏。北魏任命慕容懿为平州牧、昌黎王。慕容懿是慕容评的孙子。

魏道武帝拓跋珪从濡源向西抵达参合陂之后，才回到平城。

南凉主秃发傉檀再次背叛后秦，派遣使节邀约代理西夷校尉乞伏炽磐，一同起事。乞伏炽磐杀死了他的使者送到长安。

南燕主慕容超的母亲和妻子还在后秦居住。慕容超派遣御史中丞封恺出使后秦，请求接回来。后秦王姚兴说：“过去苻氏败亡的时候，皇家御用音乐和那些歌舞伎人，便都遗留在燕国。燕国现在如果愿意做我的一个藩属国，并把那些歌舞伎人送给我，或者送给我一千俘虏的东晋人，那么你们所要求的才可以得到。”慕容超与大

尚书张华曰："侵掠邻国，兵连祸结，此既能往，彼亦能来，非国家之福也。陛下慈亲在人掌握，岂可靳惜虚名，不为之降屈乎！中书令韩范尝与秦王俱为苻氏太子舍人，若使之往，必得如志。"超从之，乃使韩范聘于秦，称藩奉表。

慕容凝言于兴曰："燕王得其母、妻，不可复臣，宜先使送伎。"兴乃谓范曰："朕归燕王家属必矣，然今天时尚热，当俟秋凉。"

八月，秦使员外散骑常侍韦宗聘于燕。超与群臣议见宗之礼，张华曰："陛下前既奉表，今宜北面受诏。"封逞曰："大燕七圣重光，奈何一旦为竖子屈节！"超曰："吾为太后屈，愿诸君勿复言！"遂北面受诏。

毛修之与汉嘉太守冯迁合兵击杨承祖，斩之。修之欲进讨谯纵，益州刺史鲍陋不可。修之上表言："人之所以重生，实有生理可保。臣之情地，生涂已竭；所以借命朝露者，庶凭天威诛夷雠逆。今屡有可乘之机，而陋每违期不赴；臣虽效死寇庭，而救援理绝，将何以济！"刘裕乃表襄城太守刘敬宣帅众五千伐蜀，以刘道规为征蜀都督。

魏主珪如豺山宫。候官告："司空庾岳，服饰鲜丽，行止风采，拟则人君。"珪收岳，杀之。

北燕王云以冯跋为都督中外诸军事、开府仪同三司、录尚书事，冯万泥为尚书令，冯素弗为昌黎尹，冯弘为征东大将，孙护为尚书左仆射，张兴为辅国大将军。弘，跋之弟也。

九月，谯纵称藩于秦。

秃发傉檀将五万余人伐沮渠蒙逊，蒙逊与战于均石，大破之。蒙逊进攻西郡太守杨统于日勒，降之。

冬十月，秦河州刺史彭奚念叛，降于秃发傉檀，秦以乞伏炽盘行河

臣们商议这件事，左仆射段晖说："皇上承继守护江山社稷，不应该因为个人亲情的缘故，就随便降低国家的尊贵名号，况且，皇家御用的音乐是前代君王遗留下来的作品，万万不可拱手送给别人。我看不如派军队到东晋抢掠吴地的居民送给他们。"尚书张华说："入侵掠夺相邻的国家，兵祸就会连绵不断，我们既然可以去抢他们，他们也就可以来抢我们，这不是国家的福分呀！皇上的慈母姻亲正在受人掌握，怎么可以看重虚无的名号，不肯降低声名、委曲求全呢？中书令韩范曾经与秦王一起做过苻氏的太子舍人，如果让他出使，一定会满足我们的愿望。"慕容超听从了他的意见，于是派韩范出使后秦，呈递奏章，愿做藩属。

背叛南燕而投奔后秦的慕容凝对姚兴说："慕容超一旦得到母亲和妻子，便不可能再向您称臣，所以应该先让他送歌舞伎人来。"姚兴于是对韩范说："我把燕王的家属送回去那是一定的，但是现在天气还很热，应当等到秋凉之后再送。"

八月，后秦派员外散骑常侍韦宗出使南燕。慕容超与大臣们商议召见韦宗的礼仪，张华说："皇上在这之前既然已经送去了奏书，承认藩属，那么现在就应该面向北方接受诏书。"封逞说："我大燕几代圣主光芒辉耀，怎么能一下子为一个小崽子丧失气节！"慕容超说："我这是为太后屈服，希望你们不要再多说了！"于是面向北方接受了后秦的诏书。

东晋龙骧将军毛修之与汉嘉太守冯迁联合兵力进攻杨承祖，杀了他。毛修之打算继续进军讨伐谯纵，益州刺史鲍陋不同意。毛修之向朝廷呈上奏书，说："人之所以看重自己的生命，实在因为有得以生存之理可保。我现在所处的情势地位，生存的理由已经断绝。我还像早晨的露水那样苟活在世的原因，不过是希望凭借着上天的威力屠灭仇敌和叛匪罢了。现在几次出现可以进攻的机会，但每次都是鲍陋违背约定不来配合。我虽然愿意直捣匪巢，以死报国，但是救援的部队没能跟上来，这怎么可以成功呢？"刘裕于是上疏推荐襄城太守刘敬宣率领五千兵丁攻打蜀地，任命刘道规为征蜀都督。

魏道武帝拓跋珪来到豺山宫。候官报告说："司空庾岳，衣服装饰新鲜华美，行为举止、风度神采，都仿效君王。"拓跋珪把庾岳抓起来，杀掉了。

北燕主高云任命冯跋为都督中外诸军事、开府仪同三司、录尚书事，任命冯万泥为尚书令，冯素弗为昌黎尹，冯弘为征东大将军，孙护为尚书左仆射，张兴为辅国大将军。冯弘是冯跋的弟弟。

九月，谯纵向后秦请求归降，成为藩属国。

南凉主秃发傉檀带领五万多人讨伐北凉王沮渠蒙逊，沮渠蒙逊与他在均石展开激战，将他打得大败。沮渠蒙逊又在日勒进攻西郡太守杨统，迫使杨统投降。

冬季，十月，后秦河州刺史彭奚念叛变，向秃发傉檀投降。后秦任命乞伏炽磐

州刺史。

南燕主超使左仆射张华、给事中宗正元献太乐伎一百二十人于秦，秦王兴乃还超母、妻，厚其资礼而遣之，超亲帅六宫迎于马耳关。

（以上为第十段，写南凉主秃发傉檀再次背叛后秦，率军攻打北凉主沮渠蒙逊，被打败；南燕主慕容超为了迎回母、妻，向后秦主称藩，并送还歌舞伎人。）

夏王勃勃破鲜卑薛干等三部，降其众以万数，进攻秦三城已北诸戍，斩秦将杨丕、姚石生等。诸将皆曰："陛下欲经营关中，宜先固根本，使人心有所凭系。高平山川险固，土田饶沃，可以定都。"勃勃曰："卿知其一，未知其二。吾大业草创，士众未多；姚兴亦一时之雄，诸将用命，关中未可图也。我今专固一城，彼必并力于我，众非其敌，亡可立待。不如以骁骑风驰，出其不意，救前则击后，救后则击前，使彼疲于奔命，我则游食自若。不及十年，岭北、河东尽为我有。待兴既死，嗣子暗弱，徐取长安，在吾计中矣。"于是，侵掠岭北，岭北诸城门不昼启。兴乃叹曰："吾不用黄儿之言，以至于此！"

勃勃求婚于秃发傉檀，傉檀不许。十一月，勃勃帅骑二万击傉檀，至于支阳，杀伤万余人，驱掠二万七千余口、牛马羊数十万而还。傉檀帅众追之，焦朗曰："勃勃天姿雄健，御军严整，未可轻也。不如从温围北渡，趣万斛堆，阻水结营，扼其咽喉，百战百胜之术也。"傉檀将贺连怒曰："勃勃败亡之余，乌合之众，奈何避之，示之以弱？宜急追之！"傉檀从之。勃勃于阳武下峡凿凌埋车以塞路，勒兵逆击傉檀，大破之，追奔八十余里，杀伤万计，名臣勇将死者什六七。傉檀与数骑奔南山，几为追骑所得。勃勃积尸而封之，号曰"髑髅台"。勃勃又败秦将张佛生于青石原，俘斩五千余人。

代理河州刺史。

南燕主慕容超派遣左仆射张华、给事中宗正元作为使节，向后秦进献皇家歌舞伎人一百二十人。后秦王姚兴于是归还慕容超的母亲、妻子，给她们很优厚的礼品钱财，并为她们送行。慕容超亲自率领文武百官和后宫嫔妃前往马耳关迎候。

夏王刘勃勃攻破了鲜卑薛干等三个部落，收降那里的部众一万多人。他又进攻后秦三城以北的几个边境要塞，斩杀了后秦将领杨丕、姚石生等。他的部将们都说："皇上如果打算夺取关中，那么应该首先巩固自己的根基，使人心有一个寄托凭借的地方。高平山高河深，地势险要，容易驻守，土地又富饶肥沃，可以在这里定都。"刘勃勃说："你们只知其一，不知其二。我的宏伟大业才不过刚刚开始，士兵部众还不够多。姚兴也是一个时代的英雄，他的那些将领又都肯为他卖命，关中是极不容易到手的。我现在如果只是固守一个城池，他一定会全力向我发动进攻，我们人少，绝不是他的敌手，灭亡立刻就会到来。不如像现在这样驾着战马驰骋，来去如风，趁他们不注意的时候袭击他们，他们营救前面，我们便袭击后面，他们营救后面，我们便袭击前面，使他们疲于奔命，自顾不暇，我们却四处游击，猎取现成的食物，从容自若。这样不到十年，岭北、河东地区便都是我们的了。等到姚兴死后，他继位的儿子昏庸懦弱，我们便可以慢慢地攻陷长安。这些都是在我的计划中的。"从此，他们侵扰抢掠岭北地区的居民。岭北各个城池，白天也不敢打开城门。姚兴于是叹息说："我没有听信姚邕的话，才到了这个地步！"

刘勃勃向秃发傉檀请求联姻，秃发傉檀没有答应。十一月，刘勃勃率领二万骑兵袭击秃发傉檀，走到支阳，屠杀一万多人，驱赶掠夺平民百姓二万七千多口以及几十万牛马羊等方才回师。秃发傉檀率领大军追击他们，焦朗说："刘勃勃身材雄伟劲健，治理军队严肃整齐，不可轻视，我看不如从温围向北渡过黄河，直逼万斛堆，依托河水，扎下大营，扼住刘勃勃的咽喉，这才是百战百胜的好方法。"秃发傉檀的将领贺连大怒说："刘勃勃不过是一个战败逃亡的残渣余孽，率领的也都是乌合之众，为什么要躲避他，向他表示我们的软弱，应该快些去追击他！"秃发傉檀听信了他的话。刘勃勃在阳武下峡谷中凿开黄河中的冰块，用冰与车辆堵死峡谷的出口，带兵回击秃发傉檀，将他们打得大败，又追击了八十多里才收兵。这一战杀死的将士有一万多人，有名的大臣和勇猛的武将战死的也十有六七。秃发傉檀仅与几个骑兵逃奔南山，差一点被追击的骑兵抓获，刘勃勃把战场的尸体堆积起来，一起掩埋，并称之为髑髅台。刘勃勃又在青石原击败后秦将领张佛生，俘虏斩杀的加在一起有五千多人。

傉檀惧外寇之逼，徙三百里内民皆入姑臧。国人骇怨，屠各成七儿因之作乱，一夕聚众至数千人。殿中都尉张猛大言于众曰：“主上阳武之败，盖恃众故也，责躬悔过，何损于明，而诸君遽从此小人为不义之事！殿中兵今至，祸在目前矣！”众闻之，皆散；七儿奔晏然，追斩之。军谘祭酒梁裒、辅国司马边宪等谋反，傉檀皆杀之。

魏主珪还平城。

十二月，戊子，武冈文恭侯王谧薨。

是岁，西凉公暠以前表未报，复遣沙门法泉间行奉表诣建康。

（以上为第十一段，写胡夏主刘勃勃攻下鲜卑薛干等部落，向南凉主秃发傉檀要求联姻，不被答应，便出兵攻打，将其打得大败，南凉又发生反叛，内外交困。）

四年（戊申，408 年）

春，正月，甲辰，以琅邪王德文领司徒。

刘毅等不欲刘裕入辅政，议以中领军谢混为扬州刺史；或欲令裕于丹徒领扬州，以内事付孟昶。遣尚书右丞皮沈以二议咨裕，沈先见裕记室录事参军刘穆之，具道朝议。穆之伪起如厕，密疏白裕曰：“皮沈之言不可从。”裕既见沈，且令出外，呼穆之问之。穆之曰：“晋朝失政日久，天命已移。公兴复皇祚，勋高位重，今日形势，岂得居谦，遂为守藩之将耶！刘、孟诸公，与公俱起布衣，共立大义以取富贵，事有先后，故一时相推，非为委体心服，宿定臣主之分也；力敌势均，终相吞噬。扬州根本所系，不可假人。前者以授王谧，事出权道；今若复以他授，便应受制于人。一失权柄，无由可得，将来之危，难可熟念。今朝议如此，宜相酬答，必云“在我”，措辞又难，唯应云：‘神州治本，宰辅崇要，此事既大，非可悬论，便暂入朝，共尽同异。’公至京邑，彼必不敢越公更授余人明矣。”裕从之。朝廷乃征裕为侍中、车骑将军、开府仪同三司、扬州刺史、录尚书事，徐、兖二州刺史如故。裕表解兖州，以诸葛长民为青州刺史，镇丹徒，刘道怜为并州刺史，戍石头。

秃发傉檀对外来贼寇的威逼进犯非常恐惧，把三百里以内的居民全部迁进姑臧。国内的百姓非常惊骇，怨声载道，屠各部落的首领成七儿因此趁机叛乱，一个晚上便聚众达几千人。殿中都尉张猛大声对他们说：“主上在阳武那次惨败，就是依仗人多的缘故，他深深地自责，后悔所做的错事，这对他的英明又有什么损害呢？但是你们却突然跟从这个小人做这样不义的事情！宫殿禁卫军的兵马马上就要到了，你们的灾祸就在眼前了。”大家听说后，全部溃散。成七儿逃奔晏然，南凉派兵把他追上斩首。军谘祭酒梁裒、辅国司马边宪等人阴谋反叛，秃发傉檀把他们全部杀掉。

魏道武帝拓跋珪返回平城。

十二月二十三日戊子，东晋扬州刺史、武冈文恭侯王谧去世。

这一年，西凉公李暠因为上次呈送给东晋的奏书没有得到答复，又再次派遣和尚法泉带上奏书，抄小路前往建康，拜谒东晋朝廷。

晋安帝义熙四年（戊申，408年）

春季，正月初九甲辰，东晋任命琅邪王司马德文兼任司徒职务。

刘毅等人不希望刘裕进入朝中辅佐政事，因而商议任命中领军谢混为扬州刺史，也有人打算让刘裕在丹徒兼管扬州，而把朝中的政务交给孟昶管理。朝廷特意派尚书右丞皮沈带着这两个方案，前去征求刘裕的意见。皮沈首先拜见刘裕的记室录事参军刘穆之，把朝廷讨论的情形全部告诉了他。刘穆之假装起身上厕所，秘密地写了一封书信告诉刘裕说：“皮沈说的话，千万不要同意。”刘裕召见皮沈后，暂时先让他出去，又把刘穆之叫进去询问。刘穆之说：“晋朝对朝政失去控制，时间已经很久了，现在上天的福命已经转移。您兴复皇家的事业，功高德大，地位显要，在今天的形势之下，怎么还能一味谦让，去做一个老守藩地的普通地方将领呢？刘毅、孟昶几个人，与您都是从百姓开始起家的，当年一起倡导大义，争取富贵。但举事的时候，有先有后，所以当时便都推举您做了盟主，他们并不是诚心诚意地对您心服口服、不惜献身，也不是决定和您有君臣的名分。所以，当他们的力量和您相当，地位也差不太多的时候，终究是要互相吞并、排挤的。正因如此，扬州是起决定性作用的根本所在，决不可以把它拱手让给别人。上一次把它交给王谧，不过是处理事情的权宜之计，这次如果再把它交给别人，可就要受到别人的制约了。权柄一旦丧失，再想得到，就没有理由和机会了，那样一来，将来的危险，实在无法想象。现在朝廷这样商议，您理应表明一下态度，做出回答。但是如果说只有我自己合适，又未免难于启齿，所以，只应该这样说：‘中央地区是治理国家的根本所在，辅佐君王的宰相一级官员，地位也非常重要。选定这样的官员一事既然如此重大，便

庚申，武陵忠敬王遵薨。

魏主珪如豺山宫，遂至宁川。

南燕主超尊其母段氏为皇太后，妻呼延氏为皇后。超祀南郊，有兽如鼠而赤，大如马，来至坛侧。须臾，大风昼晦，羽仪帷幄皆毁裂。超惧，以问太史令成公绥，对曰："陛下信用奸佞，诛戮贤良，赋敛繁多，事役殷重之所致也。"超乃大赦，黜公孙五楼等，俄而复用之。

北燕王云立妻李氏为皇后，子彭城为太子。

三月，庚申，葬燕王熙及苻后于徽平陵，谥熙曰昭文皇帝。

高句丽遣使聘北燕，且叙宗族，北燕王云遣侍御史李拔报之。

夏，四月，尚书左仆射孔安国卒。甲午，以吏部尚书孟昶代之。

北燕大赦。

五月，北燕以尚书令冯万泥为幽、冀二州牧，镇肥如；中军将军冯乳陈为并州牧，镇白狼；抚军大将军冯素弗为司隶校尉，司隶校尉务银提为尚书令。

（以上为第十二段，写东晋朝廷晋安帝复位后，内部争权夺利的矛盾又凸显出来，刘毅等人忌疑刘裕，阻止其入朝辅政，被刘穆之识破，朝廷更加重用刘裕。）

谯纵遣使称藩于秦，又与卢循潜通。纵上表请桓谦于秦，欲与之共击刘裕。秦王兴以问谦，谦曰："臣之累世，著恩荆楚，若得因巴蜀之资，顺流东下，士民必翕然响应。"兴曰："小水不容巨鱼，若纵之才力自足办事，亦不假君以为鳞翼。宜自求多福。"遂遣之。谦至成都，虚怀引士；纵疑之，置于龙格，使人守之。谦泣谓诸弟曰："姚主之言神矣！"

决不可以在外地随便发几声空论敷衍，我马上前往京都，与你们一起充分地交换意见。’您到了都城，他们一定不敢越过您再把这官职交给别的人，这是不言自明的。”刘裕听从了他的话。朝廷于是征召刘裕任侍中、车骑将军、开府仪同三司、扬州刺史、录尚书事，他原来的徐、兖二州刺史的职务仍然兼任。刘裕上书请求解除自己兖州的职务，任命诸葛长民为青州刺史，镇守丹徒，任命刘道怜为并州刺史，戍卫石头城。

正月二十五日庚申，东晋武陵忠敬王司马遵去世。

魏道武帝拓跋珪来到豺山宫，又到了宁川。

南燕主慕容超尊奉他的母亲段氏为皇太后，封他的妻子呼延氏为皇后。慕容超到南郊祭祀上天，有一种野兽，样子像老鼠一样，红毛，像马一般大，来到祭坛的旁边。一会儿，狂风骤起，天色昏暗，王室仪仗的羽饰帘帐全部被吹毁。慕容超非常恐惧，问太史令成公绥这是怎么回事，成公绥回答说："这是皇上宠信重用奸佞小人，诛杀屠戮俊贤良才，赋税繁重，过分劳役百姓所致。"慕容超于是下令实行大赦，罢免了公孙五楼等人，但不久又再次任用了他们。

北燕主高云册立他的妻子李氏为皇后，立他的儿子高彭城为太子。

三月二十六日庚申，把后燕主慕容熙和苻皇后安葬在徽平陵，追谥慕容熙为昭文皇帝。

高句丽派遣使者前往北燕访问，并讲述两国宗族血统的关系。北燕主高云也派遣侍御史李拔进行了回访。

夏季，四月，东晋尚书左仆射孔安国去世。甲午（疑误），任命吏部尚书孟昶代替他的职务。

北燕实行大赦。

五月，北燕任命尚书令冯万泥为幽、冀二州牧，镇守肥如；任命中军将军冯乳陈为并州牧，镇守白狼；任命抚军大将军冯素弗为司隶校尉；任命司隶校尉务银提为尚书令。

谯纵派使节前往后秦，请求作为后秦的藩属，同时又与卢循暗中勾结。谯纵向后秦呈上奏书，请求允许桓谦前来，打算和他一起进攻刘裕。后秦王姚兴就这件事问桓谦，桓谦说："我们几代人都对荆、楚一带的百姓有恩，如果有机会凭借巴、蜀之地的力量，顺长江水流向东挺进，当地的官民一定会纷纷起来响应。"姚兴说："小河沟里容不下大鱼，如果谯纵的才能力量足以一个人就能办得好事，也就不会借

秦主兴以秃发傉檀外内多难，欲因而取之，使尚书郎韦宗往觇之。傉檀与宗论当世大略，纵横无穷。宗退，叹曰："奇才英器，不必华夏，明智敏识，不必读书，吾乃今知九州之外，五经之表，复自有人也。"归，言于兴曰："凉州虽弊，傉檀权谲过人，未可图也。"兴曰："刘勃勃以乌合之众犹能破之，况我举天下之兵以加之乎！"宗曰："不然。形移势变，返覆万端，陵人者易败，戒惧者难攻。傉檀之所以败于勃勃者，轻之也。今我以大军临之，彼必惧而求全。臣窃观群臣才略，无傉檀之比者，虽以天威临之，亦未敢保其必胜也。"兴不听，使其子中军将军广平公弼、后军将军敛成、镇远将军乞伏乾归帅步骑三万袭傉檀，左仆射齐难帅骑二万讨勃勃。吏部尚书尹昭谏曰："傉檀恃其险远，故敢违慢；不若诏沮渠蒙逊及李暠讨之，使自相困毙，不必烦中国之兵也。"亦不听。

兴遗傉檀书曰："今遣齐难讨勃勃，恐其西逸，故令弼等于河西邀之。"傉檀以为然，遂不设备。弼济自金城，姜纪言于弼曰："今王师声言讨勃勃，傉檀犹豫，守备未严，愿给轻骑五千，掩其城门，则山泽之民皆为吾有；孤城无援，可坐克也。"弼不从，进至漠口，昌松太守苏霸闭城拒之。弼遣人谕之使降，霸曰："汝弃信誓而伐与国，吾有死而已，何降之有！"弼进攻，斩之，长驱至姑臧。傉檀婴城固守，出奇兵击弼，破之，弼退据西苑。城中人王钟等谋为内应，事泄，傉檀欲诛首谋者而赦其余。前军将军伊力延侯曰："今强寇在外，而奸人窃发于内，危孰甚焉，不悉坑之，何以惩后！"傉檀从之，杀五千余人。命郡县悉散牛羊于野，敛成纵兵钞掠。傉檀遣镇北大将军俱延、镇军将军敬归等击之，秦兵大败，斩首七千余级。姚弼固垒不出，傉檀攻之，未克。

助你做他的鳞甲和羽翼了。你应该多考虑自己的福佑。”于是派他去了。桓谦到了成都，待人虚心谦恭，招纳各地投靠的人士。谯纵对他渐渐生起猜忌之心，把他软禁于龙格，并派人看守他。桓谦流着泪对几个弟弟说：“姚主的话真是神算呵！”

后秦主姚兴认为南凉秃发傉檀现处于朝廷内外多难的时候，所以打算趁机消灭他，派尚书郎韦宗前去观察局势。秃发傉檀与韦宗谈论当世的大事，纵横驰骋，酣畅淋漓。韦宗告辞之后，叹道：“奇异之才，英雄之器，不一定只是华夏中原有；明晰的智慧，敏锐的见识，也不一定只有读书才能获得。我今天才知道九州地域之外，除了读书人之外，有才能的也大有人在。”韦宗回去，对姚兴说：“凉州虽然凋敝破败，但秃发傉檀的权谋诡诈却超过常人，不可对他打什么主意。”姚兴说：“刘勃勃依靠一群乌合之众，还能把他打败，何况我要发动天下所有的兵马来对付他呢？”韦宗说：“不对。情况转变，形势不同，变化虽多种多样，但仗势欺人的人，容易失败，戒备谨慎的人，却很难攻取。秃发傉檀之所以败给刘勃勃的原因就是轻敌。现在我们用大部队去进攻他，他一定会非常恐惧，想办法保全自己。我私下里观察我们这些官员的才能谋略没有一个能和秃发傉檀相比的，虽然您可以亲自带兵前去征伐，但也不敢保证一定会胜利。”姚兴不听，派遣他的儿子中军将军广平公姚弼、后军将军敛成、镇远将军乞伏乾归率步、骑兵三万人进攻秃发傉檀，又派左仆射齐难率骑兵两万讨伐刘勃勃。吏部尚书尹昭劝阻说：“秃发傉檀依仗他所处地域的险峻遥远，所以才敢违抗怠慢朝廷。我看不如下诏给沮渠蒙逊和李暠，让他们去攻打秃发傉檀，使他们互相之间消耗力量，自行毁灭，不必劳烦中原这里的兵力。”姚兴仍然不听。

姚兴写信给秃发傉檀说：“现在我派遣齐难攻打刘勃勃，我担心他向西逃跑，所以命令姚弼等人带兵在河西一带截击他们。”秃发傉檀以为真是这样，所以便不再增设防备。姚弼从金城一带渡过黄河。姜纪对姚弼说：“这次我们大军表面上说要攻打刘勃勃，所以秃发傉檀才犹豫不决，守卫戒备也不很严，请您拨给我轻装骑兵五千人，径直突袭他们都城的城门，那么住在城外草野山川里的居民便都归我们所有，剩下他那一座孤城，没有救援到来，我们就可以坐在那里等着他们城破了。”姚弼却不接受他的意见。大军开到漠口，昌松太守苏霸紧闭城门抗拒他们。姚弼派人前去劝说，让他们投降。苏霸说：“你们背信弃义攻打同盟的国家，我只有一死罢了，哪里有投降的道理。”姚弼果然攻下这座城，把苏霸杀了。然后又挥动大军长驱直入，进逼姑臧。秃发傉檀环城坚固拒守，并出动奇兵回击姚弼，将他打败，姚弼退到西苑据守。城中王钟等人阴谋做后秦军的内应，事情泄漏后，秃发傉檀准备杀死主谋而赦免其他的人。前军将军伊力延侯说：“现在强大的敌人就在城外，而奸人又私下里准备在城内发动叛乱，危险是多么的严重呵！如果不全部把他们活埋的话，用什

秋，七月，兴遣卫大将军常山公显帅骑二万为诸军后继，至高平，闻弼败，倍道赴之。显遣善射者孟钦等五人挑战于凉风门，弦未及发，傉檀材官将军宋益等迎击，斩之。显乃委罪敛成，遣使谢傉檀，慰抚河外，引兵还。傉檀遣使者徐宿诣秦谢罪。

夏王勃勃闻秦兵且至，退保河曲。齐难以勃勃既远，纵兵野掠，勃勃潜师袭之，俘斩七千余人。难引兵退走，勃勃追至木城，禽之，虏其将士万三千人。于是，岭北夷、夏附于勃勃者以万数，勃勃皆置守宰以抚之。

（以上为第十三段，写后秦主姚兴认为南凉主秃发傉檀内外多难，便出兵攻打，又派兵攻打刘勃勃，傉檀与勃勃都故意放纵后秦大肆抢掠，用计谋取胜，结果后秦几路大军都以失败收场。）

司马叔璠自蕃城寇邹山，鲁郡太守徐邕弃城走，车骑长史刘钟击却之。

北燕王云封慕容归为辽东公，使主燕祀。

刘敬宣既入峡，遣巴东太守温祚以二千人出外水，自帅益州刺史鲍陋、辅国将军文处茂、龙骧将军时延祖由垫江转战而前。谯纵求救于秦，秦王兴遣平西将军姚赏、南梁州刺史王敏将兵二万赴之。敬宣军至黄虎，去成都五百里。纵辅国将军谯道福悉众拒崄，相持六十余日，敬宣不得进；食尽，军中疾疫，死者太半，乃引军还。敬宣坐免官，削封三分之一，荆州刺史刘道规以督统降号建威将军。

九月，刘裕以敬宣失利，请逊位，诏降为中军将军，开府如故。刘毅欲以重法绳敬宣，裕保护之；何无忌谓毅曰："奈何以私憾伤至公！"毅乃止。

乞伏炽磐以秦政浸衰，且畏秦之攻袭，冬，十月，招结诸部二万余

么来惩戒后来的人！”秃发傉檀听从了他的话，坑杀了五千多人。他又命令郡县把牛羊等全部驱散到野外去，后秦军将领敛成纵容他的部下大肆抢掠。这时秃发傉檀派遣镇北大将军秃发俱延、镇军将军秃发敬归等联合进攻，后秦军队大败，被斩首的有七千多人。姚弼坚守堡垒，不出来交战，秃发傉檀进攻他，没有攻下。

秋季，七月，姚兴派遣卫大将军常山公姚显统帅骑兵二万作为各路军队的后继队伍，来到高平，听说姚弼战败，便加快行军速度，兼程赶到那里。姚显派遣善于射箭的孟钦等五人，在凉风门向敌兵挑战，弓弦上的箭还没有来得及发射出去，秃发傉檀的材官将军宋益等便赶到迎战，把他们杀了。姚显于是把罪过推托给敛成，派人向秃发傉檀认错，安抚慰问黄河以外地区的百姓，带领大军回去了。秃发傉檀也派遣使节徐宿到后秦首都拜谒谢罪。

夏王刘勃勃听说后秦兵马很快就要来到，便退到河曲据守。齐难以为刘勃勃已经跑远，放纵自己的士兵到处抢掠。刘勃勃暗中回师袭击他们，俘虏、斩杀的一共有七千多人。齐难带兵退走，刘勃勃追到木城，把他活捉，又俘虏了他手下的将士一万三千多人。从此，岭北夷族和汉人归附刘勃勃的有一万多人，刘勃勃都分别安排了守、宰一类的地方官，用来安抚他们。

东晋叛将司马叔璠从蕃城进犯邹山，鲁郡太守徐邕放弃城池逃走，车骑长史刘钟迎击，并把他打退。

北燕主高云封慕容归为辽东公，让他主管燕帝室宗庙的祭祀工作。

东晋刘敬宣进入三峡后，派遣巴东太守温祚率领二千人从外水进军，自己则统帅益州刺史鲍陋、辅国将军文处茂、龙骧将军时延祖从垫江一边作战一边前进。谯纵向后秦求救，后秦王姚兴派遣平西将军姚赏、南凉州刺史王敏带兵二万人前去解救。刘敬宣的大军开到黄虎，距成都还有五百里。谯纵的辅国将军谯道福把兵力全部调动起来据险要地势抵抗。双方在这里对抗僵持了六十多天，刘敬宣无法向前推进，粮食吃完，军中又流行疾病瘟疫，病死的人超过一半，于是只好带兵退了回去。刘敬宣因指挥不利被免去官职，削去他的封地的三分之一，荆州刺史刘道规也因此从督统的名号贬降为建威将军。

九月，刘裕因为刘敬宣的战场失利，请求退位。朝廷下令把他降为中军将军，开府的待遇不变。刘毅打算重刑惩处刘敬宣，刘裕多方保护，方才得免。何无忌对刘毅说：“怎么能因为私人间的恩怨伤害天下的大公道呢！”刘毅这才停止。

后秦河州刺史乞伏炽磐，认为后秦的政权越来越衰退，而且又害怕后秦前来进

人筑城于嵻崀山而据之。

十一月，秃发傉檀复称凉王，大赦，改元嘉平，置百官。立夫人折掘氏为王后，世子武台为太子，录尚书事。左长史赵晁、右长史郭倖为尚书左、右仆射，昌松侯俱延为太尉。

南燕汝水竭，河冻皆合，而渑水不冰。南燕主超恶之，问于李宣，对曰："渑水无冰，良由逼带京城，近日月也。"超大悦，赐朝服一具。

十二月，乞伏炽磐攻彭奚念于枹罕，为奚念所败而还。

是岁，魏主珪杀高邑公莫题。初，拓跋窟咄之伐珪也，题以珪年少，潜以箭遗窟咄曰："三岁犊岂能胜重载邪！"珪心衔之。至是，或告题居处倨傲、拟则人主者，珪使人以箭示题而谓之曰："三岁犊果如何？"题父子对泣。诘朝，收斩之。

（以上为第十四段，写东晋将领刘敬宣出兵攻打谯纵，无功而还，被免官职；南凉主秃发傉檀重新自称凉王，改元嘉平；北魏主拓跋珪诛杀原来藐视他的莫题。）

攻，冬季，十月，征召集结各部落的二万多人在嵻峎山修筑城池进行据守。

十一月，南凉秃发傉檀重新自称凉王，实行大赦，改年号为嘉平，设置文武百官；册立夫人折掘氏为王后，封嫡长子秃发武台为太子、录尚书事；任命左长史赵晁、右长史郭倖为尚书左、右仆射；任命昌松侯秃发俱延为太尉。

南燕汝水枯竭，所有的河水全部结冻、冰封，而只有渑水没有结冰，南燕主慕容超心里对此非常忌讳，向李宣询问这是怎么回事，李宣回答说："渑水没有冻冰，主要是因为它流经都城，跟皇上皇后靠得很近的缘故。"慕容超听后非常高兴，赐给李宣一套官服。

十二月，后秦河州刺史乞伏炽磐在枹罕进攻叛将彭奚念，被彭奚念打败，撤回。

这一年，魏道武帝拓跋珪诛杀高邑公莫题。当初，拓跋窟咄攻打拓跋珪的时候，莫题以为拓跋珪年纪小，不可依靠，便在暗地里与拓跋窟咄联络，赠箭盟誓说："三岁大的小牛犊，怎么能拉得动重载的车呢！"拓跋珪一直怀恨在心。到了这时，有人告发莫题平时接人待物高傲无理，好像有意模仿君主的样子。拓跋珪便派人拿着那支箭给莫题看，并告诉他说："三岁的牛犊结果怎么样？"莫题父子二人相对而哭。第二天早晨，便被抓起来杀了。

【点评】

十六国之割据纷争。从公元304年，李雄在蜀地建立成国（成汉）、刘渊在中原建立汉国（后称前赵）起，到公元439年，北魏太武帝拓跋焘消灭北凉，历时135年，史称十六国时期。这一时期，江南由东晋控制，而北方和西南则先后建立了20多个国家。其中的成汉、前赵、后赵、前凉、北凉、西凉、后凉、南凉、前燕、后燕、南燕、北燕、夏、前秦、西秦、后秦等16个国家实力比较强劲。除此之外，还有汉人冉闵建立的冉魏、丁灵翟氏建立的翟魏、武都氐帅杨氏建立的仇池国、鲜卑慕容氏建立的西燕、汉人谯纵在蜀地建立的谯蜀、鲜卑拓跋氏建立的代国及北魏等政权。到本卷所叙述的公元408年，十六国都已形成，其中有的已经灭亡，有的则刚刚兴起，故在此做一个总体的评说。

第一，十六国历时135年，大致可分为五个时期：其一，前赵、后赵、成汉时期；其二，前燕、前秦时期；其三，后秦时期；其四，诸国混战时期；其五，北魏、胡夏、北凉时期。而在其四的混战时期，所建立的国家最多，有十多个，其余时期一般是一两个或两三个。北方地区在反复“洗牌”，不断变更，比较强劲的国家大致是前赵、后赵、前秦、后秦、前燕、后燕、北魏等国。

第二，这些国家的形成，有历史的原因，也有现实的因素。自东汉后期，朝廷常以招引或强制的方式，将边疆地区的北方民族内迁，以便监控、增加兵源和劳动力。于是，在民众大迁徙、民族大融合中，大量的异族百姓来到内地，与汉族杂居。关中百万人口中，戎狄占有一半。相对来说，他们处于社会底层。在西晋末年，秦、雍二州连年灾荒，略阳、天水等六郡氐族不得不迁移到四川地区，后来，西晋政府限期迫令流民还乡，加之地方官吏贪暴强横，氐族李特便利用流民的怨怒，聚众起义，流民群起响应，一发而不可收，攻下成都，占据益州，建立了成汉政权。

第三，这些国家的建立，一般都有非常强势的立国首领。建国称王者，都具有一定的雄才和实力以及一定的根基，如成汉李特、前赵刘渊、后赵石勒、前凉张轨、前燕慕容儁、前秦苻健、后燕慕容垂、后秦姚苌、北魏拓跋珪等，他们具有坚强的毅力、非常的能力、深远的谋划、出众的才华，也具有雄厚的实力。如前赵开国主刘渊，自幼就非常聪慧，作为人质住在洛阳，接受中原文化的熏陶，习文练武，是个文武全能型的人才；后秦开国主姚苌，善于谋划，往往能够出奇制胜；后燕开国主慕容垂，具有坚韧不拔的毅力和奇谋胆略，遇到失败和挫折百折不回，等等。

第四，这些国家的发展，一般具有橄榄形特点，成长很迅速，败亡也迅速，其中的国家寿命短的只有数年、十几年，寿命长的也只有三四十年，有不少甚至是一代而亡，也就是说，开国者雄霸一方，去世后，后继者则无能为力，国家很快灭亡；也有二代、三代而亡的。如后燕开国主慕容垂开疆拓地，纵横驰骋，很有生气，到

了慕容宝，国家就开始走下坡路，一蹶不振。

第五，在这些国家的发展中，出现了不少成功的典型人物，将国家推向前进的轨道。后秦主姚兴，就是一个典型，他继承了父亲姚苌的遗业，在位二十二年，勤于政事，治国安民，先后消灭了前秦（苻登）、西秦（乞伏国仁）、后凉（吕光）的势力，使西方得以安宁；东与北魏、东晋抗衡，曾率兵攻打东晋，一举攻陷洛阳，迫使晋军南撤，晋之淮、汉以北纷纷投降，使后秦统治疆域迅速扩大，几乎控制了整个黄河、淮河、汉水流域。在十六国中，像姚兴这样的治国之才，在那样纷乱的年代，持续开疆拓土，统治国家20多年，可谓是凤毛麟角，是值得称赞的。前秦主苻坚，则是褒贬参半的人物，在统治前期，他重用治国之才，推行仁义，加强生产，终令国家强盛，消灭了北方多个独立政权，成功统一北方，并攻占了东晋领有的蜀地，但是在后期，在条件没有完全具备的情况下发兵南下，意图消灭东晋，结果被打得大败，国家亦陷入混乱，很快灭亡。

第六，这些国家的败亡，绝大多数是源于君王的更替，选人失当。

系统总结十六国的成败得失，从中提炼出一些经验教训，以启发后人，是一件很有意义的事情。

晋纪三十七

晋安帝义熙五年至六年（409—410年）

【起屠维作噩（己酉，409年），尽上章阉茂（庚戌，410年），凡二年】

【大事提要】

本卷记事起于公元409年，止于公元410年，凡两年，时当晋安帝（司马德宗）义熙五年至义熙六年。本卷所载大事，主要有四个方面。其一，拓跋珪被杀。北魏主拓跋珪16岁时趁乱重兴代国，即位称代王，又在当年定国号为魏，是为北魏，改元登国。即位后，积极扩张疆土，励精图治；晚年好酒色，刚愎自用，疯疯癫癫，公元409年被刺身亡，在位二十三年，死时三十九岁。太子拓跋嗣登基继位。其二，后燕易主。公元409年，后燕发生政变，君主高云被手下人杀死，汉人将领冯跋借机平定内乱，自称天王。他废除弊政，整顿吏治，发展农业，兴办学校，还和周边的外族部落实行和亲，在最初上台的几年中，使后燕显现出一番新的气象，实现了短期的保境安民。其三，乞伏乾归重建西秦。西秦主乞伏国仁去世后，其弟乞伏乾归被推举为主，改年号为太初，迁都金城。后投降南凉康王秃发利鹿孤，又归降后秦，公元409年复称王，改年号为更始。他即位后，还都苑川，又攻克后秦略阳、南安、陇西各郡，占据陇西全境。其四，东晋刘裕攻灭南燕。公元409年，东晋将领刘裕统兵15万攻打南燕，经过10个月激战，刘裕攻陷南燕都城广固，俘斩燕主慕容超，南燕灭亡。此外，公元410年，刘裕回师打败叛军卢循。

【原文】

安皇帝庚

义熙五年（己酉，409 年）

春，正月，庚寅朔，南燕主超朝会群臣，叹太乐不备，议掠晋人以补伎。领军将军韩谆曰："先帝以旧京倾覆，戢翼三齐。陛下不养士息民，以伺魏衅，恢复先业，而更侵掠南邻以广仇敌，可乎！"超曰："我计已定，不与卿言。"

辛卯，大赦。

庚戌，以刘毅为卫将军、开府仪同三司。毅爱才好士，当世名流莫不辐凑，独扬州主簿吴郡张卲不往。或问之，卲曰："主公命世人杰，何烦多问！"

秦王兴遣其弟平北将军冲、征虏将军狄伯支等帅骑四万，击夏王勃勃。冲至岭北，谋还袭长安，伯支不从而止，因鸩杀伯支以灭口。

秦王兴遣使册拜谯纵为大都督、相国、蜀王，加九锡，承制封拜，悉如王者之仪。

二月，南燕将慕容兴宗、斛谷提、公孙归等帅骑寇宿豫，拔之，大掠而去，简男女二千五百付太乐教之。归，五楼之兄也。是时，五楼为侍中、尚书、领左卫将军，专总朝政，宗亲并居显要，王公内外无不惮之。南燕主超论宿豫之功，封斛谷提等并为郡、县公。桂林王镇谏曰："此数人者，勤民顿兵，为国结怨，何功而封？"超怒，不答。尚书都令史王俨谄事五楼，比岁屡迁，官至左丞。国人为之语曰："欲得侯，事五楼。"超又遣公孙归等寇济南，俘男女千余人而去。自彭城以南，民皆堡聚以自固。诏并州刺史刘道怜镇淮阴以备之。

乞伏炽磐入见秦太原公懿于上邽，彭奚念乘虚伐之。炽磐闻之，怒，不告懿而归，击奚念，破之，遂围枹罕。乞伏乾归从秦王兴如平凉，炽

【语译】

安皇帝庚

晋安帝义熙五年（己酉，409 年）

春季，正月初一庚寅朔，南燕主慕容超临朝大会群臣，感叹帝室的御用音乐不完备，商议掳掠一些晋人来补充歌舞伎人。领军将军韩谆说："先帝因为故有的国都失守，所以才退守到三齐。皇上不计划让天下的士民得到休养生息，用以等待魏国内部出现分歧矛盾，然后利用机会恢复过去的国家大业，相反却要再去侵扰掠夺南面的邻国，扩大我们仇敌的范围，这怎么可以！"慕容超说："我的计划已定，不跟你多说。"

正月初二辛卯，东晋实行大赦。

正月二十一日庚戌，东晋任命刘毅为卫将军、开府仪同三司。刘毅爱好人才，喜欢读书人，所以，当时的知名人士几乎没有不聚集到他身边去的，唯独只有扬州主簿吴郡人张邵不去。有人问他为什么，张邵说："我的主公刘裕是应运而生的人中豪杰，哪里还用多问！"

后秦主姚兴，派遣他的弟弟平北将军姚冲、征虏将军狄伯支等率领四万骑兵，进攻夏王刘勃勃。姚冲大军抵达岭北地区，打算回击长安篡权，因狄伯支不同意才中止。姚冲因此用毒酒毒死狄伯支灭口。

后秦主姚兴派遣使节前去册封谯纵为大都督、相国、蜀王，加授九锡，并可直接任命官员、封赏爵位，所用礼仪全部与君王一样。

二月，南燕将领慕容兴宗、斛谷提、公孙归等人率领骑兵进犯并攻打东晋的宿豫，大肆抢掠一番之后，便回去了，挑选俘虏的男女青年二千五百人，交付给管理王室音乐的机构，教习训练。公孙归是公孙五楼的哥哥。这时，公孙五楼任侍中、尚书、领左卫将军，在朝中专权，总揽国家的一切政务，他的宗族亲属也都在朝廷官居显要位置，王公大臣、朝廷内外，对他没有不忌惮害怕的。南燕主慕容超评定宿豫之战的功劳，封斛谷提等人为郡公、县公。桂林王慕容镇劝阻说："这几个人，劳师动众，为国家结下仇怨，有什么功劳可封？"慕容超大怒，不予回答。尚书都令史王俨谄媚巴结公孙五楼，几年来屡次升迁，官职到了左丞。所以当时百姓根据这些编了句歌谣："要想封侯，巴结五楼。"慕容超又派公孙归等侵犯济南，俘获了男女一千多人回去。因此，从彭城往南，东晋居民全都修筑城堡聚居在一起，进行自卫。朝廷下令，命并州刺史刘道怜镇守淮阴，用来戒备南燕骚扰。

后秦河州刺史乞伏炽磐到上邽拜见后秦太原公姚懿，叛将彭奚念趁他后方空虚，出兵攻打。乞伏炽磐听说之后，大怒，来不及与姚懿告别，急忙回去迎击彭奚念，

磐克枹罕，遣人告乾归，乾归逃还苑川。

冯翊人刘厥聚众数千，据万年作乱，秦太子泓遣镇军将军彭白狼帅东宫禁兵讨之，斩厥，赦其余党。诸将请露布，表言广其首级。泓不许，曰："主上委吾后事，不能式遏寇逆，当责躬请罪，尚敢矜诞自为功乎！"

秦王兴自平凉如朝那，闻姚冲之谋，赐冲死。

（以上为第一段，写南燕主慕容超为了充实宫廷音乐的歌舞艺人，派兵攻打东晋，掳掠青年男女，充实太乐；后秦主姚兴弟平北将军姚冲受命攻打夏王刘勃勃，姚冲欲回军攻打长安夺取帝位，姚兴闻之赐死姚冲。）

三月，刘裕抗表伐南燕，朝议皆以为不可，惟左仆射孟昶、车骑司马谢裕、参军臧熹以为必克，劝裕行。裕以昶监中军留府事。谢裕，安之兄孙也。

初，苻氏之败也，王猛之孙镇恶来奔，以为临澧令。镇恶骑乘非长，关弓甚弱，而有谋略，善果断，喜论军国大事。或荐镇恶于刘裕，裕与语，说之，因留宿。明旦，谓参佐曰："吾闻将门有将，镇恶信然。"即以为中军参军。

恒山崩。

夏，四月，乞伏乾归如枹罕，留世子炽磐镇之，收其众得二万，徙都度坚山。

雷震魏天安殿东序。魏主珪恶之，命左校以冲车攻东、西序，皆毁之。

初，珪服寒食散，久之，药发，性多躁扰，忿怒无常，至是寖剧。又灾异数见，占者多言当有急变生肘腋。珪忧懑不安，或数日不食，或达旦不寐，追计平生成败得失，独语不止。疑群臣左右皆不可信，每百官奏事至前，追记其旧恶，辄杀之；其余或颜色变动，或鼻息不调，或步趋失节，或言辞差缪，皆以为怀恶在心，发形于外，往往手击杀之，死者皆陈天安殿前。朝廷人不自保，百官苟免，莫相督摄，盗贼公行，里巷之间，人为希少。珪亦知之，曰："朕故纵之使然，待过灾年，更当清治之耳。"是时，群臣畏罪，多不敢求亲近，唯著作郎崔浩恭勤不懈，

把他打得大败，于是包围了枹罕。乞伏乾归跟从后秦王姚兴来到平凉。乞伏炽磐攻克枹罕，派人向乞伏乾归报告，乞伏乾归便逃回苑川。

冯翊人刘厥聚集变民几千人，占据万年作乱。后秦太子姚泓派遣镇军将军彭白狼率领东宫禁卫兵攻打他，斩杀了刘厥，赦免了他的党羽。各位将领请求公开宣布这次胜利，上书的时候多写些杀伤敌人的数量。姚泓没有允许。说："皇上把后方的事情全部托付给我，我不能预先阻止强盗叛逆，本当自责请罪，怎么还敢狂傲地以欺骗的手段夸饰自己的功劳呢？"

后秦主姚兴从平凉抵达朝那，听说了姚冲曾想回击长安的阴谋，命令姚冲自杀。

三月，东晋刘裕上书请求讨伐南燕，朝中商议，大臣们都以为不可轻举妄动。只有左仆射孟昶、车骑司马谢裕、参军臧熹认为一定能胜利，劝说刘裕出征。刘裕任命孟昶为监中军留府事。谢裕是谢安哥哥的孙子。

当初，前秦苻氏政权衰败的时候，王猛的孙子王镇恶投奔到东晋，朝廷任命他为临澧令。王镇恶对骑术不很擅长，拉弓射箭的能力也很弱，但是却有深谋远略，善于对事情做出果断的决定，很喜欢谈论军队国家的大事。有人把王镇恶推荐给刘裕，刘裕和他交谈一番，很喜欢他，所以留宿在家里。第二天早晨，对参军佐僚们说："我听说名将之门当出大将，王镇恶的确是这样。"便任命他为中军参军。

恒山出现崩塌。

夏季，四月，后秦镇远将军乞伏乾归从苑川来到枹罕，留下嫡长子乞伏炽磐镇守那里，收集自己的部众共二万，把都城迁到度坚山。

雷电击中北魏天安殿的东墙。魏道武帝拓跋珪非常忌讳这件事情，命令左校用攻城时的一种冲车撞击东西墙，把墙全部撞倒。

当初，拓跋珪服食寒食散，时间一长，药性发作，他的性情便变得急躁烦闷、喜怒无常。到了这时，病情更加严重。加上最近又灾祸怪事屡次出现，占卜算卦的人大多都说皇上身旁要发生急剧性的变化，使拓跋珪更加忧虑愤恨，心中不安。他或者几天不吃饭，或者整夜不睡觉，追忆感怀自己一生的成功与失败、所得与所失，而不停地自言自语。他怀疑大臣们和左右的侍从护卫都是不可相信的，每当文武百官上前启奏国事，他都往往想起启奏者过去的错误和罪过，并将其杀掉。其余的人，如有面色稍变，或呼吸不匀，或步履不稳，或话语出现差错的，他都会以为是心中有鬼、居心不良所以才表现在外表上，往往亲手把他们刺死。死的人都被摆放在天

或终日不归。浩，吏部尚书宏之子也。宏未尝忤旨，亦不谄谀，故宏父子独不被谴。

夏王勃勃率骑二万攻秦，掠取平凉杂胡七千余户，进屯依力川。

（以上为第二段，写东晋权臣刘裕请求讨伐南燕，裕善于发现人才，重用前秦丞相王猛之孙王镇恶；北魏主拓跋珪服用寒食散，毒性发作，动辄杀人，百官畏惧。）

己巳，刘裕发建康，帅舟师自淮入泗。五月，至下邳，留船舰、辎重，步进至琅邪，所过皆筑城，留兵守之。或谓裕曰："燕人若塞大岘之险，或坚壁清野，大军深入，不唯无功，将不能自归，奈何？"裕曰："吾虑之熟矣，鲜卑贪婪，不知远计，进利虏获，退惜禾苗，谓我孤军远入，不能持久，不过进据临朐，退守广固，必不能守险清野，敢为诸君保之。"

南燕主超闻有晋师，引群臣会议。征虏将军公孙五楼曰："吴兵轻果，利在速战，不可争锋；宜据大岘，使不得入，旷日延时，沮其锐气，然后徐简精骑二千，循海而南，绝其粮道，别敕段晖帅兖州之众，缘山东下，腹背击之，此上策也。各命守宰依险自固，校其资储之外，余悉焚荡，芟除禾苗，使敌无所资，彼侨军无食，求战不得，旬月之间，可以坐制，此中策也。纵贼入岘，出城逆战，此下策也。"

超曰："今岁星居齐，以天道推之，不战自克。客主势殊，以人事言之，彼远来疲弊，势不能久。吾据五州之地，拥富庶之民，铁骑万群，麦禾布野，奈何芟苗徙民，先自蹙弱乎！不如纵使入岘，以精骑蹂之，

安殿前。朝廷中人人觉得朝不保夕，文武百官苟且偷安，根本不考虑互相之间监督勤政的事情，所以，国内强盗贼寇公然作案犯法，都城的大街小巷中间，行人稀少。拓跋珪也知道这种情况，说："我这不过是故意放纵他们罢了，等到过了这个灾年，我再重新清理整治这些吧。"这时，大臣们都害怕惹祸怪罪，多数人不敢与拓跋珪接近，只有著作郎崔浩恭谨勤奋，坚持不懈，有的时候整天不回家。崔浩是吏部尚书崔宏的儿子。崔宏不曾冒犯过国主，也不谄媚阿谀，所以只有崔宏父子二人，没有受到谴责。

夏王刘勃勃率领骑兵二万人进攻后秦，抢掠了平凉地区杂居的胡族七千多户，开进到依力川驻扎。

四月十一日己巳，刘裕从建康出发，率领水军从淮水进入泗水。五月，东晋部队到达下邳，把船舰、笨重的军用物资留下，步行开进到琅邪，所路过的地方，都修筑起城池，留下军队把守。有人对刘裕说："燕国人如果把大岘山的险要堵塞住，或者坚固城墙，使散居百姓聚居进去，只把空荡荡的田野留给我们，那么，我们的大部队深入到敌国重地，便不单不能建立什么功业，而且还可能无法安全返回，怎么办？"刘裕说："我已经把这些考虑成熟了，鲜卑人生性贪婪，没有长远的打算，前进的时候只盼望多多地抢夺掳掠，后退的时候又吝惜田中禾苗。他们以为我们孤军深入一定不能长久坚持，因此不外乎进军驻守临朐，或者退兵戍卫广固，一定不会据险要之地抵抗、清肃四野防备我们。我敢向你们保证。"

南燕主慕容超听说东晋军队前来攻打，便召集大臣们一起商议对策。征虏将军公孙五楼说："吴地的兵众轻装果决，方便的是速战速决，不能与他们迎面作战。应该据守大岘，让他们无法进入，拖延时间，把他们的锐气泄掉，然后再从容地挑选精壮骑兵二千人，沿着海滨南下，断绝他们运送粮草的通道，另外，再命令段晖率领兖州的军队沿着山地向东进军，在后背处进攻他们。这是最好的办法。分别命令各地的守宰官员依靠险要自己固守，考虑估计自己所用的粮食物资等以外，剩下的全部烧毁，再把田野中的庄稼全部割光，让来犯的敌人没有东西可以补充给养，他们远征的部队既没有粮草，求战又找不到对手，一个月之间，我们就可以坐在那里控制他们了。这是一般的办法。把贼兵放入岘山，然后我们再出城迎战他们，这是最不好的办法了。"

慕容超说："今年，上天的吉星正在我们三齐的头上，按照天道推测，我们用不着作战，就会胜利。现在客军和主人的势力相差太悬殊，按照人间事理来看，他们远道而来，疲惫不堪，一定不能耽搁太久。我据守五个州的地域，拥有富庶的百姓，

何忧不克？”辅国将军广宁王贺赖卢苦谏不从，退谓五楼曰：“必若此，亡无日矣！”

太尉桂林王镇曰：“陛下必以骑兵利平地者，宜出岘逆战，战而不胜，犹可退守；不宜纵敌入岘，自弃险固也。”超不从。镇出，谓韩谆曰：“主上既不能逆战却敌，又不肯徙民清野，延敌入腹，坐待攻围，酷似刘璋矣。今年国灭，吾必死之。卿中华之士，复为文身矣。”超闻之，大怒，收镇下狱。乃摄莒、梁父二戍，修城隍、简士马以待之。

刘裕过大岘，燕兵不出。裕举手指天，喜形于色。左右曰：“公未见敌而先喜，何也？”裕曰：“兵已过险，士有必死之志；余粮栖亩，人无匮乏之忧。虏已入吾掌中矣。”

六月，己巳，裕至东莞。超先遣公孙五楼、贺赖卢及左将军段晖等将步骑五万屯临朐；闻晋兵入岘，自将步骑四万往就之，使五楼帅骑进据巨蔑水。前锋孟龙符与战，破之，五楼退走。裕以车四千乘为左右翼，方轨徐进，与燕兵战于临朐南，日向昃，胜负犹未决。

参军胡藩言于裕曰：“燕悉兵出战，临朐城中留守必寡，愿以奇兵从间道取其城，此韩信所以破赵也。”裕遣藩及谘议参军檀韶、建威将军河内向弥潜师出燕兵之后，攻临朐，声言轻兵自海道至矣。向弥擐甲先登，遂克之。超大惊，单骑就段晖于城南。裕因纵兵奋击，燕众大败，斩段晖等大将十余人，超遁还广固，获其玉玺、辇及豹尾。裕乘胜逐北至广固。

丙子，克其大城。超收众入保小城。裕筑长围守之，围高三丈，穿

强大的骑兵万群，茁壮的庄稼遍布四野，怎么能割倒庄稼迁移百姓，首先自己向人示弱呢？我看，不如放他们进入大岘山，再派精壮骑兵前去践踏他们，何必担心打不败他们？”辅国将军广宁王贺赖卢苦苦劝阻，慕容超一概不听。退朝后，贺赖卢对公孙五楼说：“如果一定这样的话，亡国也就没有几天了！”

太尉、桂林王慕容镇说：“皇上如果一定认为骑兵在平地作战方便的话，就应该冲出岘山去迎战敌人，即使在战斗中不能取胜，也还可以退守。不应该放纵敌兵进入岘山，自己放弃险要的地势。”慕容超拒不听从。慕容镇退出后，对韩谆说：“主上既不想主动迎战，把敌人击退，又不同意迁移居民，清肃原野。而把敌人引进自己的腹地，坐在那里等待敌人的进攻围困，这一点太像汉末的刘璋了。今年之内我们国家就要灭亡，我只有一死。但是你作为中原人士，却要像江南人那样被重新文身了。”慕容超听说这话后，暴跳如雷，把慕容镇抓起来送进了监狱。于是，他下令撤回莒城、梁父两地的守军，加固修筑都城的防御工程，遴选将士和战马，等待东晋的军队过来。

刘裕顺利通过大岘，南燕军队一直没有出现。刘裕举起手来，指着上天，禁不住脸上露出喜色。左右的侍从们说：“您没有看见敌人却先高兴起来，这是为什么？”刘裕说：“大军已过险关，军队没有退路可走，因此一定会有拼死作战的决心；余粮尚在田亩之中储存，我们又没有了缺乏粮草的忧虑。盗匪已经完全落入了我的手中。”

六月十二日己巳，刘裕大军抵达东莞。慕容超先派遣公孙五楼、贺赖卢以及左将军段晖等人统领步、骑兵共五万人屯据在临朐，听说东晋兵马已经通过岘山，便亲自带领步、骑兵共四万人前去迎战，并派遣公孙五楼率领骑兵开进巨蔑水据守。东晋部队的前锋孟龙符与他展开激战，将他打败，公孙五楼败退而走。刘裕用四千乘军车作为左右屏障，排成方阵缓缓向前推进，在临朐以南的地方与南燕军队进行会战，太阳渐渐西移，双方的胜负还是没有分出来。

东晋参军胡藩对刘裕说：“南燕倾巢出动，与我们作战，临朐城中的守军一定很少。我愿意带领一支部队从小路出其不意地去夺取这座城池，这是韩信击败赵国的办法。”刘裕于是派遣胡藩以及谘议参军檀韶、建威将军河内人向弥暗自带兵绕到南燕军队的后面，进攻临朐，号称是轻装部队从海路直接赶来增援的。向弥身披铠甲，首先登上城墙，于是攻破该城。慕容超听说后，大吃一惊，单人匹马从城中逃出，赶到城南与段晖会合。刘裕趁势催动大军奋力战斗，南燕军队大败，斩杀了段晖等大将十多人，慕容超逃回广固，晋兵缴获了他的玉玺、车辇以及挂在车后的豹尾。刘裕乘胜追击，直到广固。

六月十九日丙子，东晋军队又攻克了广固的外城。慕容超聚集众人进入内城据

堑三重，抚纳降附，采拔贤俊，华、夷大悦。于是，因齐地粮储，悉停江、淮漕运。

（以上为第三段，写东晋将领刘裕率领大军攻打南燕，稳步推进，将士齐心，正奇并用，很快围困南燕都城广固；慕容超节节败退，面对刘裕强攻，束手无策。）

超遣尚书郎张纲乞师于秦，赦桂林王镇，以为录尚书、都督中外诸军事，引见，谢之，且问计焉。镇曰："百姓之心，系于一人。今陛下亲董六师，奔败而还，群臣离心，士民丧气。闻秦人自有内患，恐不暇分兵救人。散卒还者尚有数万，宜悉出金帛以饵之，更决一战。若天命助我，必能破敌；如其不然，死亦为美，比于闭门待尽，不犹愈乎！"司徒乐浪王惠曰："不然。晋兵乘胜，气势百倍，我以败军之卒当之，不亦难乎！秦虽与勃勃相持，不足为患；且与我分据中原，势如唇齿，安得不来相救！但不遣大臣则不能得重兵。尚书令韩范为燕、秦所重，宜遣乞师。"超从之。

秋，七月，加刘裕北青、冀二州刺史。

南燕尚书略阳垣尊及弟京兆太守苗逾城来降，裕以为行参军。尊、苗皆超所委任以为腹心者也。

或谓裕曰："张纲有巧思，若得纲使为攻具，广固必可拔也。"会纲自长安还，太山太守申宣执之，送于裕。裕升纲于楼车，使周城呼曰："刘勃勃大破秦军，无兵相救。"城中莫不失色。江南每发兵及遣使者至广固，裕辄潜遣兵夜迎之，明日，张旗鸣鼓而至，北方之民执兵负粮归裕者，日以千数，围城益急。张华、封恺皆为裕所获。超请割大岘以南地为藩臣，裕不许。

秦王兴遣使谓裕曰："慕容氏相与邻好，今晋攻之急，秦已遣铁骑十万屯洛阳；晋军不还，当长驱而进。"裕呼秦使者谓曰："语汝姚兴，我

守。刘裕兴筑长墙围困他们，墙高三丈，挖了三道地沟。好言抚慰接纳投降归附的人士，选择提拔贤才俊杰，不管是汉人还是夷人，都很高兴。从此，因为夺取了齐地储存的粮草，便把从长江、淮河水路运输军粮的工作，全部停止。

慕容超派遣尚书郎张纲向后秦请求救兵，又赦免了桂林王慕容镇，任命他为录尚书、都督中外诸军事，把他请来相见，并表示歉意，又问他有什么好办法。慕容镇说："百姓的心事、希望，全部维系在您一个人身上。现在您亲自指挥大部队前去迎战，结果是战败跑回，不但大臣们的心思难以统一，百姓也都丧失了胆气。我听说秦国自己也正有内患没有清除，恐怕也没有功夫分出兵力解救别人。现在我们逃散的士兵回来的还有几万，应该把国库中的金银布匹等全部拿出来利诱他们，让他们再去决一死战。如果天命帮助我们，那么这一次一定能击败敌人；如果不是这样，那么，死了也是一件美事。这和关起门来坐在这里等死，不也强出许多吗！"司徒、乐浪王慕容惠说："不对。晋军乘胜而来，气势旺盛，比原来还要超出百倍，我们用刚刚惨败的士兵抵挡他们，不是太难了吗？秦国虽然与刘勃勃互相僵持、斗争不休，但是也不足以把这当成祸患。况且他们与我们分别占据中原地区，彼此依傍，形势就像唇齿一样，怎么能够不来救助我们呢？但是，不派出朝廷重臣过去，就请不来更多的援兵。尚书令韩范一直被我们和秦国所重视，应该派他去请求援军。"慕容超听从了他的意见。

秋季，七月，东晋加授刘裕为北青、北冀二州的刺史。

南燕尚书、略阳人垣尊和他的弟弟京兆太守垣苗，跳出城墙向东晋部队投降，刘裕任命他们为行参军。垣尊、垣苗都是慕容超喜欢、重用并引为心腹的人。

有人对刘裕说："张纲心灵手巧，如果把他抓来，让他制作攻城用具，广固一定可以攻克。"正好张纲从长安回来，太山太守申宣把他抓住，送给刘裕。刘裕让张纲登上很高的楼车，命令他在城的四周对城内高喊："刘勃勃把秦军打得大败，所以没有谁能派兵来救你们了。"城中将士听到这话没有不大惊失色的。东晋每次从江南发兵前来增援，或者派遣使者前来广固慰问，刘裕都常常暗自派士兵在前一天夜里迎候，第二天再打着大旗、敲着锣鼓到来。北方的百姓拿着武器、背着粮食归降刘裕的人，每天都有一千多。晋军对广固的围攻，更加猛烈。南燕大臣张华、封恺都先后被刘裕俘虏。慕容超请求割让大岘山以南的地区讲和，并愿做东晋的藩臣，刘裕没有答应。

后秦主姚兴派使者对刘裕说："慕容氏与我们相邻，关系友好。现在你们晋国这样急迫地进攻他们，我们秦国已派遣十万精锐强壮的骑兵屯聚在洛阳。你们的部队

克燕之后，息兵三年，当取关、洛；今能自送，便可速来！”刘穆之闻有秦使，驰入见裕，而秦使者已去。裕以所言告穆之。穆之尤之，曰：“常日事无大小，必赐预谋，此宜善详，云何遽尔答之！此语不足以威敌，适足以怒之。若广固未下，羌寇奄至，不审何以待之？”裕笑曰：“此是兵机，非卿所解，故不相语耳。夫兵贵神速，彼若审能赴救，必畏我知，宁容先遣信命，逆设此言！是自张大之辞也。晋师不出，为日久矣。羌见伐齐，殆将内惧，自保不暇，何能救人邪！”

（以上为第四段，写南燕主慕容超派重臣求援后秦，而后秦自身难保，只是派使者虚张声势，被刘裕识破。）

乞伏乾归复即秦王位，大赦，改元更始，公卿以下皆复本位。

慕容氏在魏者百余家，谋逃去，魏主珪尽杀之。

初，魏太尉穆崇与卫王仪伏甲谋弑魏主珪，不果。珪惜崇、仪之功，秘而不问。及珪有疾，多杀大臣。仪自疑而出亡，追获之。八月，赐仪死。

封融诣刘裕降。

九月，加刘裕太尉，裕固辞。

秦王兴自将击夏王勃勃，至贰城，遣安远将军姚详等分督租运。勃勃乘虚奄至，兴惧，欲轻骑就详等。右仆射韦华曰：“若銮舆一动，众心骇惧，必不战自溃，详营亦未必可至也。”兴与勃勃战，秦兵大败，将军姚榆生为勃勃所禽，左将军姚文崇等力战，勃勃乃退，兴还长安。勃勃复攻秦敕奇堡、黄石固、我罗城，皆拔之，徙七千余家于大城，以其丞相右地代领幽州牧以镇之。

初，兴遣卫将军姚强帅步骑一万随韩范往就姚绍于洛阳，并兵以救南燕，及为勃勃所败，追强兵还长安。韩范叹曰：“天灭燕矣！”南燕尚

如果不撤，那么，我们就要长驱进军了。”刘裕把后秦的使节叫到跟前来说：“告诉姚兴：我攻克燕国之后，停止军事行动三年，然后就要去夺取你们的关中、洛阳。今天你们要是能自己送来，那就快点来吧！”刘穆之听说有后秦使节来，便骑着快马跑来拜见刘裕，但后秦使节已经走了。刘裕把自己说的话告诉给了刘穆之。刘穆之埋怨他说：“平常的时候无论事情大小，都一定找我商量。这件事太重大，应该好好考虑一下再决定，为什么就这样贸然地答复他呢？你说的这话不但不足以把敌人威慑住，相反却足以激怒他。如果广固没有攻下，而那些羌族强盗又突然到来，不知道你怎么对付他们？”刘裕笑着说：“这是用兵之道，不是你所能明白的，所以才不告诉你。大凡用兵，贵在神速，他们如果真的能赶来救援的话，一定是害怕我们知道，哪里还能事先派人前来通知我，说下这番话呢？这是他们的大话。晋军不出国征战，时间已经很久了。羌人看见我们大举攻打三齐之地，心中已经开始畏惧。他们保全自己还来不及，怎么还能援救别人呢？”

后秦镇远将军乞伏乾归重新登上秦王之位，下令大赦，改年号为更始，公卿以下的官员，全部恢复以前的职位。

慕容氏家族，在北魏有一百多户，他们计划逃走，被魏道武帝拓跋珪全部杀掉了。

当初，北魏太尉穆崇与卫王拓跋仪，布下埋伏全副武装的士兵，阴谋刺杀拓跋珪，没有成功。拓跋珪惋惜穆崇、拓跋仪过去的赫赫战功，把此事压下，没有追查。到了拓跋珪生病之后，杀了许多大臣，拓跋仪担心自己难逃一死，逃亡外地，被追上抓获。八月，命令拓跋仪自杀。

南燕故臣、后来投奔北魏的封融，前去拜见刘裕，投降。

九月，东晋加封刘裕为太尉，刘裕坚决推辞。

后秦主姚兴准备亲自带兵攻打夏王刘勃勃，到达贰城，派遣安远将军姚详等人分别督运粮草。刘勃勃乘虚突然前来袭击，姚兴非常害怕，打算轻装骑马到姚详那里躲避。右仆射韦华说：“如果皇上的大驾一动，部众的心中就会惊骇恐惧，一定不等打仗便自行崩溃，那样的话，恐怕皇上也不一定能跑到姚详的军营中去。”姚兴与刘勃勃对战，后秦军大败，将军姚榆生也被刘勃勃抓获。左将军姚文崇等人拼死力战，刘勃勃才退兵，姚兴回到长安。刘勃勃又进攻后秦的敕奇堡、黄石固、我罗城，全部攻克，把七千多户居民迁移到大城，任命他的丞相右地代兼任幽州牧，镇守在那里。

当初，姚兴派遣右将军姚强，统帅步兵骑兵共一万人，随韩范到洛阳与姚绍会合，然后两处合兵一起去救援南燕，等到被刘勃勃打败之后，又派人追上姚强，让

书张俊自长安还，降于刘裕，因说裕曰："燕人所恃者，谓韩范必能致秦师也，今得范以示之，燕必降矣。"裕乃表范为散骑常侍，且以书招之。长水校尉王蒲劝范奔秦，范曰："刘裕起布衣，灭桓玄，复晋室，今兴师伐燕，所向崩溃，此殆天授，非人力也。燕亡，则秦为之次矣，吾不可以再辱。"遂降于裕。裕将范循城，城中人情离沮。或劝燕主超诛范家。超以范弟谆尽忠无贰，并范家赦之。

冬，十月，段宏自魏奔于裕。

张纲为裕造攻具，尽诸奇巧。超怒，县其母于城上，支解之。

西秦王乾归立夫人边氏为王后，世子炽磐为太子，仍命炽磐都督中外诸军、录尚书事。以屋引破光为河州刺史，镇枹罕；以南安焦遗为太子太师，与参军国大谋。乾归曰："焦生非特名儒，乃王佐之才也。"谓炽磐曰："汝事之当如事吾。"炽磐拜遗于床下。遗子华至孝，乾归欲以女妻之。辞曰："凡娶妻者，欲与之共事二亲也。今以王姬之贵，下嫁蓬茅之士，诚非其匹，臣惧其阙于中馈，非所愿也。"乾归曰："卿之所行，古人之事，孤女不足以强卿。"乃以为尚书民部郎。

（以上为第五段，写西秦乞伏乾归脱离后秦，重新登上秦王之位，改年号为更始；后秦主姚兴率军攻打胡夏主赫连勃勃，因兵败而无力救援南燕，慕容超回天无力，岌岌可危。）

北燕王云自以无功德而居大位，内怀危惧，常畜养壮士以为腹心、爪牙。宠臣离班、桃仁专典禁卫，赏赐以巨万计，衣食起居皆与之同，而班、仁志愿无厌，犹有怨憾。戊辰，云临东堂，班、仁怀剑执纸而入，称有所启。班抽剑击云，云以几捍之，仁从旁击云，弑之。

冯跋升洪光门以观变，帐下督张泰、李桑言于跋曰："此竖势何所至，请为公斩之！"乃奋剑而下，桑斩班于西门，泰杀仁于庭中。众推

他带领部队回到长安。韩范叹息说：“上天要让我燕灭亡了！”南燕尚书张俊从长安回来，投降了刘裕，又对刘裕说：“燕人所仗恃的，是以为韩范一定能请来后秦的军队。现在抓住韩范让他们看看，那么燕国一定会投降。”于是，刘裕一面上书给朝廷，请求封韩范为散骑常侍，一面写信给韩范，招降他。后秦长水校尉王蒲劝说韩范投奔后秦，韩范说：“刘裕从一个平民百姓起家，剿灭桓玄，兴复晋朝皇室，这次起兵攻打燕国，所到之处，无不土崩瓦解，这一定是上天的旨意，不是人力所能做到的。燕国亡，那么秦国紧跟着就是第一个，我不能再受一次亡国之辱。”于是，投降了刘裕。刘裕带着韩范绕城一周，城中人见了，情绪顿时一落千丈，人心离散。有人劝说南燕主慕容超诛杀韩范全家，慕容超则因为韩范弟弟韩谆为国尽忠，从无二心，所以赦免了韩范的家属。

冬季，十月，投奔北魏的南燕旧臣段宏，从北魏投奔刘裕。

张纲为刘裕设计制造的攻城用具，每件都是奇妙精巧无比。慕容超大怒，把他的母亲悬挂在城墙之上，并把她活活肢解。

西秦主乞伏乾归册立他的夫人边氏为王后，立他的世子乞伏炽磐为太子，仍然命乞伏炽磐都督中外诸军、录尚书事。任命屋引破光为河州刺史，镇守枹罕。任命南安人焦遗为太子太师，参与军队、国家的机密大事。乞伏乾归说：“焦先生不但是一位著名的儒士，而且还是一位辅佐君王的人才。”对乞伏炽磐说：“你对待他应该像对待我一样。”乞伏炽磐就在焦遗所坐床座之前，拜倒在地。焦遗的儿子焦华，非常孝顺，乞伏乾归打算把女儿嫁给他。焦华推辞说：“凡是娶妻的人，大都打算和她一起服侍二位老人。现在，她以王姬那样的高贵身份，下嫁给我这样一个居住在茅草屋中的贫寒之士，实在不是合适的匹配，我害怕她将来不能很好地操持家务，尽妇人的孝道，这不是我的愿望。”乞伏乾归说：“你所坚持的，是只有古人才有的高洁纯朴之风，我这个女儿，是不配勉强你来娶她的。”于是，任命他为尚书民部郎。

北燕主高云自以为没有功德，但却登上如此重大的高位，所以心中总有危险恐惧的感觉。他常常选拔、供养一些精壮的武士作为自己的心腹、爪牙。他的宠爱之臣离班、桃仁专门掌管帝室、宫廷的警卫工作，他对这二人的赏赐也不计其数，甚至他们的衣食住行也都跟自己一样。而离班、桃仁二人又贪得无厌，即使这样，他们也还满腹怨言。十月十三日戊辰，高云来到东堂，离班、桃仁怀里藏着利剑，手里拿着通俗书籍走了进来，声称有事禀报。离班突然抽出剑来直刺高云，高云用茶几抵挡，桃仁又从旁边刺高云，把他杀死。

冯跋登上宫城的洪光门观察事态的变化，他手下的帐下督张泰、李桑对冯跋说：“这两个小人想闹到什么程度，请您看着，我们替您把他们杀了。”于是，挺剑跳下

跋为主，跋以让其弟范阳公素弗，素弗不可。跋乃即天王位于昌黎，大赦，诏曰："陈氏代姜，不改齐国，宜即国号曰'燕'。"改元太平，谥云曰'惠懿皇帝'。跋尊母张氏为太后，立妻孙氏为王后，子永为太子，以范阳公素弗为车骑大将军、录尚书事，孙护为尚书令，张兴为左仆射，汲郡公弘为右仆射，广川公万泥为幽、平二州牧，上谷公乳陈为并、青二州牧。素弗少豪侠放荡，尝请婚于尚书左丞韩业，业拒之。及为宰辅，待业尤厚；好申拔旧门，谦恭俭约，以身帅下，百僚惮之，论者美其有宰相之度。

（以上为第六段，写北燕主高云心怀恐惧，豢养离班、桃仁为贴身侍卫，反而被他们杀了；冯跋即位，改元太平，其弟冯素弗谦虚恭谨，以身率下，时人赞美。）

魏主珪将立齐王嗣为太子。魏故事，凡立嗣子辄先杀其母，乃赐嗣母刘贵人死。珪召嗣谕之曰："汉武帝杀钩弋夫人，以防母后豫政，外家为乱也。汝当继统，吾故远迹古人，为国家长久之计耳。"嗣性孝，哀泣不自胜。珪怒之。嗣还舍，日夜号泣，珪知而复召之。左右曰："上怒甚，入将不测，不如且避之，俟上怒解而入。"嗣乃逃匿于外，惟帐下代人车路头、京兆王洛儿二人随之。

初，珪如贺兰部，见献明贺太后之妹美，言于贺太后，请纳之。贺太后曰："不可。是过美，必有不善。且已有夫，不可夺也。"珪密令人杀其夫而纳之，生清河王绍。绍凶很无赖，好轻游里巷，劫剥行人以为乐。珪怒之，尝倒悬井中，垂死，乃出之。齐王嗣屡诲责之，绍由是与嗣不协。

戊辰，珪谴责贺夫人，囚，将杀之，会日暮，未决。夫人密使告绍曰："汝何以救我？"左右以珪残忍，人人危惧。绍年十六，夜，与帐下及宦者宫人数人通谋，逾垣入宫，至天安殿。左右呼曰："贼至！"珪惊起，求弓刀不获，遂弑之。

洪光门，李桑在西门杀了离班，张泰在院中杀了桃仁，大家推举冯跋做国主，冯跋则让位给自己的弟弟范阳公冯素弗，冯素弗不同意。于是，冯跋便在昌黎登上天王宝座，下令大赦，并发布诏书说："春秋战国时陈氏家族取代姜家，掌握了国家政权，但是却不改变齐国的名称。所以，我们也应该继续把国号称作燕。"改年号为太平，追谥高云为惠懿皇帝。冯跋尊自己的母亲张氏为太后，立自己的妻子孙氏为王后，立儿子冯永为太子。任命范阳公冯素弗为车骑大将军、录尚书事，孙护为尚书令，张兴为左仆射，汲郡公冯弘为右仆射，广川公冯万泥为幽、平二州牧，上谷公冯乳陈为并、青二州牧。冯素弗小的时候便豪爽侠义、行为放荡，曾经向尚书左丞韩业求婚，被韩业拒绝。等到他做了宰相辅佐朝政，对待韩业反而更加优厚。他喜欢提拔旧的豪门士族，谦虚恭谨，勤俭节约，以身作则，给下级做出了榜样，因此文武百官都敬畏他，议论朝政的人也都赞美他有宰相的风采气度。

魏道武帝拓跋珪将册立齐王拓跋嗣为太子。按照北魏的传统习惯，凡是立继承王位人选的时候，常常要把他的母亲先杀死。于是，拓跋珪便令拓跋嗣的母亲刘贵人自杀。拓跋珪召见拓跋嗣告诉他说："汉武帝杀死钩弋夫人，用来防止母后将来干预朝政及外戚家族作乱。你应当继承国家大业，所以我效法遥远的古人的作为，这是为了国家的长久之计呵！"拓跋嗣生性孝顺，悲哀涕泣，不能自已。拓跋珪为此大为恼火。拓跋嗣回到住处，整天整夜地哭号悲泣，拓跋珪听说之后又召他进宫去。左右的侍从告诉拓跋嗣说："皇上非常气愤，你如果进去的话，结果恐怕不好预测，不如暂时回避一下，等皇上的怒气平定之后再进宫。"拓跋嗣于是逃到外面藏了起来，只有自己手下的代人车路头、京兆人王洛儿两人跟随。

当初，拓跋珪前往贺兰部落，见到自己母亲献明贺太后的妹妹非常美丽，便对贺太后说了，请求收纳她为妾。贺太后说："不行。太美的东西，一定有不好的地方。况且她已有了丈夫，不可强夺。"拓跋珪秘密派人把她的丈夫杀掉，把她迎娶进宫，生下了清河王拓跋绍。拓跋绍凶狠无赖，喜欢在大街小巷里游逛，往往抢劫行人，以剥光别人的衣服逗笑取乐。拓跋珪非常气愤，曾经把他倒悬在井中惩罚他，奄奄一息的时候才把他拉上来。齐王拓跋嗣多次教训责备他，拓跋绍从此与拓跋嗣的关系很不和睦。

十月十三日戊辰，拓跋珪谴责贺夫人，并把她囚禁起来，要杀掉她，正好赶上天黑了，才没有处决。贺夫人秘密地派人去告诉拓跋绍说："你怎么救我？"左右侍从都因为拓跋珪凶狠残暴，个个恐惧异常。拓跋绍年十六，当夜，与帐下武士以及宦官、宫中人员等几个人联络谋划，跳墙进入宫中，来到天安殿。左右侍卫高喊："有贼！"拓跋珪惊醒坐起，一摸弓箭腰刀都不在，于是，被拓跋绍杀死。

己巳，宫门至日中不开。绍称诏，集百官于端门前，北面立。绍从门扉间，谓百官曰："我有叔父，亦有兄，公卿欲从谁？"众愕然失色，莫有对者。良久，南平公长孙嵩曰："从王。"众乃知宫车晏驾，而不测其故，莫敢出声，唯阴平公烈大哭而去。烈，仪之弟也。于是，朝野恟恟，人怀异志。肥如侯贺护举烽于安阳城北，贺兰部人皆赴之，其余诸部亦各屯聚。绍闻人情不安，大出布帛赐王公以下，崔宏独不受。

齐王嗣闻变，乃自外还，昼伏匿山中，夜宿王洛儿家。洛儿邻人李道潜奉给嗣，民间颇知之，喜而相告。绍闻之，收道，斩之。绍募人求访嗣，欲杀之。猎郎叔孙俊与宗室疏属拓跋磨浑自云知嗣所在，绍使帐下二人与之偕往。俊、磨浑得出，即执帐下诣嗣，斩之。俊，建之子也。王洛儿为嗣往来平城，通问大臣，夜，告安远将军安同等。众闻之，翕然响应，争出奉迎。嗣至城西，卫士执绍送之。嗣杀绍及其母贺氏，并诛绍帐下及宦官宫人为内应者十余人，其先犯乘舆者，群臣脔食之。

壬申，嗣即皇帝位，大赦，改元永兴。追尊刘贵人曰"宣穆皇后"；公卿先罢归第不预朝政者，悉召用之。诏长孙嵩与北新侯安同、山阳侯奚斤、白马侯崔宏、元城侯拓跋屈等八人坐止车门右，共听朝政，时人谓之"八公"。屈，磨浑之父也。嗣以尚书燕凤逮事什翼犍，使与都坐大官封懿等入侍讲论，出议政事。以王洛儿、车路头为散骑常侍，叔孙俊为卫将军。拓跋磨浑为尚书，皆赐爵郡、县公。嗣问旧臣为先帝所亲信者为谁。王洛儿言李先。嗣召问先："卿以何才何功为先帝所知？"对曰："臣不才无功，但以忠直为先帝所知耳。"诏以先为安东将军，常宿于内，以备顾问。

朱提王悦，虔之子也，有罪，自疑惧。闰十一月，丁亥，悦怀匕首入侍，将作乱。叔孙俊觉其举止有异，引手掣之，索怀中，得匕首，遂

十月十四日己巳，宫门到中午也没有打开。拓跋绍谎称奉诏书，把文武百官集合在端门之前，面向北方而立。拓跋绍从门缝中对百官们说：“我有叔父，也有哥哥，你们打算听从谁的？”大家全都大惊失色，一时间全愣住了，没有一个回答的。很长时间后，南平公长孙嵩等说：“拥护大王。”众人才知道拓跋珪已死，但是又不明白死因，所以没人敢出声，只有阴平公拓跋烈放声大哭，转身离去。拓跋烈是拓跋仪的弟弟。于是，从朝廷到民间，议论纷纷，每个人都各有打算。肥如侯贺护到安阳城北，点起警报的烽火，贺兰部落的人都纷纷赶来，其他那些部落也都各自把部队集合在一起。拓跋绍听说人心不定，便拿出大量的绸缎布匹，分别赏赐给王公以下的官员，希望以此收买人心，只有崔宏不接受。

齐王拓跋嗣听说都城发生事变，于是从外地赶回，白天藏在山里，晚上住宿在王洛儿家。王洛儿的邻居李道暗中给拓跋嗣供应食物。百姓有很多人都知道了这件事，高兴得奔走相告。拓跋绍听说之后，逮捕了李道，并把他杀了。拓跋绍收买人到处打听拓跋嗣的下落，打算杀了他。猎郎叔孙俊与皇家宗族比较疏远的一个亲属拓跋磨浑，说知道拓跋嗣藏身的地方，拓跋绍便派手下的两个亲信和他们一起前往。叔孙俊与拓跋磨浑出城以后，便抓住那两个家伙前去拜见拓跋嗣，并把二人杀了。叔孙俊是叔孙建的儿子。王洛儿为拓跋嗣多次往来平城，与各位重要的大臣取得联系，夜里又禀告安远将军安同等人，文武官员们听说了拓跋嗣的消息后，纷纷起来响应他，争先恐后地出城迎接。拓跋嗣来到城西，皇宫卫士抓住了拓跋绍，押送给他。拓跋嗣杀掉拓跋绍和他的母亲贺夫人，并诛杀拓跋绍手下武士以及做内应的宦官、宫中人员，共十几人。其中最先刺杀拓跋珪的人，大臣们把他剁成肉酱吃了。

十月十七日壬申，拓跋嗣即帝位，下令实行大赦，改年号为永兴。追尊刘贵人为宣穆皇后，原来被罢官回家、不参与朝廷政务的公卿们，全部召集回来任用。下令长孙嵩与北新侯安同、山阳侯奚斤、白马侯崔宏、元城侯拓跋屈等八人坐在皇城止车门的右边，一起仲裁国家的朝政，当时的人称他们为八公。拓跋屈是拓跋磨浑的父亲。拓跋嗣因为尚书燕凤一直侍奉自己的祖父拓跋什翼犍，便让他与都坐大官封懿等人一起，入宫给自己讲解经书，出宫参与议论政事。任命王洛儿、车路头为散骑常侍，任命叔孙俊为卫将军，任命拓跋磨浑为尚书，并把他们全部封为郡公或者县公。拓跋嗣向老臣们询问，先帝最信任和赏识的是谁，王洛儿说是李先，拓跋嗣便把李先招来问道：“你因为什么才能什么功劳被先帝所知遇？”李先回答说：“我既无才能又无功劳，只是因为忠诚正直才被先帝厚爱。”拓跋嗣便下诏任命李先为安东将军，让他常住在宫内，以备随时向他征询意见。

朱提王拓跋悦是拓跋虔的儿子。他犯下罪行，自己常常疑虑不安，万分恐惧。闰十一月初三丁亥，拓跋悦怀里藏着匕首，进宫值班，准备制造祸乱。叔孙俊觉得

杀之。

十二月，乙巳，太白犯虚、危。南燕灵台令张光劝南燕主超出降，超手杀之。

柔然侵魏。

（以上为第七段，写北魏主拓跋珪之子拓跋绍刺杀其父，长子拓跋嗣平乱事，即帝位，改元永兴，革故鼎新，令“八公”坐止车门听政，重用先帝赏识的忠臣。）

六年（庚戌，410 年）

春，正月，甲寅朔，南燕主超登天门，朝群臣于城上。

乙卯，超与宠姬魏夫人登城，见晋兵之盛，握手对泣。韩谆谏曰：“陛下遭堙厄之运，正当努力自强以壮士民之志，而更为儿女子泣邪！”超拭目谢之。尚书令董诜劝超降，超怒，囚之。

魏长孙嵩将兵伐柔然。

魏主嗣以郡县豪右多为民患，悉以优诏征之。民恋土不乐内徙，长吏逼遣之，于是，无赖少年逃亡相聚，所在寇盗群起。嗣引八公议之曰：“朕欲为民除蠹，而守宰不能绥抚，使之纷乱。今犯者既众，不可尽诛，吾欲大赦以安之，何如？”元城侯屈曰：“民逃亡为盗，不罪而赦之，是为上者反求于下也，不如诛其首恶，赦其余党。”崔宏曰：“圣王之御民，务在安之而已，不与之较胜负也。夫赦虽非正，可以行权。屈欲先诛后赦，要为两不能去，曷若一赦而遂定乎！赦而不从，诛未晚也。”嗣从之。二月，癸未朔，遣将军于栗磾将骑一万讨不从命者，所向皆平。

南燕贺赖卢、公孙五楼为地道出击晋兵，不能却。城久闭，城中男女病脚弱者太半，出降者相继。超辇而登城，尚书悦寿说超曰：“今天助寇为虐，战士凋瘁，独守穷城，绝望外援，天时人事亦可知矣。苟历数有终，尧、舜避位，陛下岂可不思变通之计乎！”超叹曰：“废兴，命也。

他的举动有些反常，抓住他的手把他拉过来，搜索他的怀中，找到匕首，于是把他杀了。

十二月二十二日乙巳，金星侵犯虚宿和危宿。南燕灵台令张光劝南燕主慕容超出城投降，慕容超亲手把他杀了。

柔然入侵北魏。

晋安帝义熙六年（庚戌，410年）

春季，正月初一甲寅朔，南燕主慕容超登上天门，在城墙上朝会群臣。

正月初二乙卯，慕容超与宠爱的侍姬魏夫人登上城墙，看见东晋军队的强盛景况，握住对方的手相对哭泣。韩谆规劝说："皇上遭受险恶的命运，正应该不懈努力，强行振作，用来鼓舞将士百姓的斗志，怎么能做像小儿女一样痛哭流涕的事情呢？"慕容超擦了擦眼睛上的眼泪，表示歉意。尚书令董诜规劝慕容超投降，慕容超大怒，把他囚禁起来。

北魏长孙嵩领兵前去攻打柔然。

魏明元帝拓跋嗣因为郡县之中的土豪劣绅大多数都是百姓的祸患，所以使用措辞缓和的命令，征召他们全部来京。这些豪民留恋故土，不愿迁往都城，而郡县的官吏又逼迫他们前来，于是有一些无赖的年轻人便逃出家乡聚在一起，因此到处强盗、贼寇蜂起。拓跋嗣召见八公议论这件事说："我打算为民除害，但地方官吏却不能对他们平安抚慰，所以反倒迫使他们纷纷起来叛乱。现在，犯法的人既然已经很多，又不能把他们全部杀掉，因此我想下令大赦，以此使他们安心，怎么样？"元城侯拓跋屈说："百姓逃亡出去做了强盗，不治他们罪反而赦免，这是在上的人反过来求在下的人了，不如杀了他们为首作恶的，把那些党羽赦免。"崔宏说："圣上统御人民，目的就是要让他们安定，不是要和他们比赛谁胜谁负。因此大赦虽然不是最好的办法，却可以通达权变。拓跋屈打算先杀后赦，关键在于两个步骤缺一不可，哪里比得上大赦一次就把他们平定了呢？大赦之后，如果有人不从，再杀也不晚哪！"拓跋嗣接受他的意见。二月初一癸未朔，魏明元帝拓跋嗣派遣将军于栗带领骑兵一万人攻打不听从大赦命令，仍然叛乱的人，所到之处，全部平定。

南燕贺赖卢、公孙五楼挖了一条地道出来袭击东晋军队，却不能把他们击退。广固城门关闭太久，城中男女百姓患软脚病的人超过一半，因此出城投降的人一个接着一个。慕容超乘辇车登上城墙，尚书悦寿劝说慕容超道："现在上天帮助强盗制造罪恶，我们的将士疲惫凋零，单独困守这一座穷破的城池，外援已经毫无希望，

吾宁奋剑而死，不能衔璧而生！”

丁亥，刘裕悉众攻城。或曰：“今日往亡，不利行师。”裕曰：“我往彼亡，何为不利！”四面急攻之。悦寿开门纳晋师，超与左右数十骑逾城突围出走，追获之。裕数以不降之罪，超神色自若，一无所言，惟以母托刘敬宣而已。

裕忿广固久不下，欲尽坑之，以妻女赏将士。韩范谏曰：“晋室南迁，中原鼎沸，士民无援，强则附之，既为君臣，必须为之尽力。彼皆衣冠旧族，先帝遗民；今王师吊伐而尽坑之，使安所归乎！窃恐西北之人无复来苏之望矣。”裕改容谢之，然犹斩王公以下三千人，没入家口万余，夷其城隍，送超诣建康，斩之。

臣光曰：“晋自济江以来，威灵不竞，戎狄横骛，虎噬中原。刘裕始以王师翦平东夏，不于此际旌礼贤俊，慰抚疲民，宣恺悌之风，涤残秽之政，使群士向风，遗黎企踵，而更恣行屠戮以快忿心；迹其施设，曾苻、姚之不如，宜其不能荡一四海，成美大之业，岂非虽有智勇而无仁义使之然哉！

（以上为第八段，写东晋刘裕攻破南燕都城广固，欲屠城以泄其愤，被劝阻，结果还是杀了王公以下三千多人。）

初，徐道覆闻刘裕北伐，劝卢循乘虚袭建康，循不从。道覆自至番禺，说循曰：“本住岭外，岂以理极于此，传之子孙邪？正以刘裕难与为敌故也。今裕顿兵坚城之下，未有还期，我以此思归死士掩击何、刘之徒，如反掌耳。不乘此机而苟求一日之安，朝廷常以君为腹心之疾，若裕平齐之后，息甲岁余，以玺书征君，裕自将屯豫章，遣诸将帅锐师过岭，虽复以将军之神武，恐必不能当也。今日之机，万不可失。若先克建康，倾其根蒂，裕虽南还，无能为也。君若不同，便当帅始兴之众直

天时和人心的倾向也是可以想见的。如果大数已尽，命该如此，那么即使是尧、舜也都不能不退位，皇上怎么可以不想一下变通的办法呢？”慕容超叹息说：“天下的兴起和覆亡都是天命。我宁可高举利剑战斗而死，也决不能口里衔着璧玉投降求生。”

二月初五丁亥，刘裕动员全部兵力，奋力攻城。有人说：“今天是往亡日，不利于调动军队。”刘裕说：“我往而他亡，怎么是不利！”在广固城的四面发动猛攻。悦寿打开城门，把东晋部队放了进来。慕容超与左右侍卫几十个骑兵越过城墙突围出去，被东晋军队追上抓获。刘裕用拒不投降的罪行斥责他，慕容超神色平静，一言不发，只是把母亲托付给刘敬宣照顾而已。

刘裕愤恨广固久攻不下，打算把所有军民全部活埋，然后把他们的妻子女儿，赏给自己的将士。韩范劝阻说：“晋朝帝室迁移到南方去之后，中原地区混乱不堪，士人百姓无依无靠，对待强有力的政权自然便依附过去了。既然做了人家的臣民，就一定要为人家尽力拼命。他们都是古老的世族，是先帝遗留下来的子民。今天国家的军队前来攻打异族拯救他们，却要把他们全部活埋，那么您打算让百姓往哪里去呢？我心里担心西北的百姓从此不会再有盼望我们去拯救他们的愿望了。”刘裕马上肃然起敬，向他道歉，但是还是杀了王公以下的三千多人，没收的家庭人口也有一万多，拆毁了广固城墙。把慕容超押回建康，斩首。

臣司马光评论说：晋朝自从南渡长江以来，国势神威不得伸展振作，致使戎狄异族，横行无忌，如猛虎般吞噬中原。到了刘裕才指挥国家军队，平定了华夏东部地区。但是他却不在这个时候礼贤下士，旌表俊才，安慰平抚疲惫的百姓，提倡谦抑祥和的世风，清除破败污秽的劣政，使有识之士望风响应，各地遗民踮脚盼望，反而却要变本加厉地肆意而为，大开杀戒，以此快慰自己一时的愤怒。查阅他的所作所为，竟连苻氏、姚氏都赶不上，这也正是他不能平定四海，成就一番美好大业的真正原因。难道不是虽有智谋勇略但却没有仁义之心才使他这样的吗？

当初，徐道覆听说刘裕带兵向北攻打南燕，便劝说卢循乘东晋空虚袭击建康，卢循没有听从。徐道覆亲自来到番禺，向卢循游说道：“住在这五岭以南的地区，难道你还以为是理该如此，并且可以把它传给子孙吗？我们正是因为刘裕力量强大，很难跟他为敌才这样的。现在刘裕的大军集结在坚固的城池之下，什么时候回来还说不定，我们用手下这些希望回到故乡去的敢于拼命的士兵，突然进攻何无忌、刘毅这些小辈，就像把手掌翻过来一样容易。不趁这个时机起事，而只是追求一时的平安，朝廷却一直把您当作心腹大患。如果刘裕平定三齐地区之后，让军队休息

指寻阳。”循甚不乐此举，而无以夺其计，乃从之。

初，道覆使人伐船材于南康山，至始兴，贱卖之，居人争市之，船材大积而人不疑，至是，悉取以装舰，旬日而办。循自始兴寇长沙，道覆寇南康、庐陵、豫章，诸守相皆委任奔走。道覆顺流而下，舟械甚盛。时克燕之问未至，朝廷急征刘裕。裕方议留镇下邳，经营司、雍，会得诏书，乃以韩范为都督八郡军事、燕郡太守，封融为勃海太守，檀韶为琅邪太守，戊申，引兵还。韶，祗之兄也。久之，刘穆之称范、融谋反，皆杀之。

安成忠肃公何无忌自寻阳引兵拒卢循。长史邓潜之谏曰：“国家安危，在此一举。闻循兵舰大盛，势居上流，宜决南塘，守二城以待之，彼必不敢舍我远下。蓄力养锐，俟其疲老，然后击之，此万全之策也。今决成败于一战，万一失利，悔将无及。”参军殷阐曰：“循所将之众皆三吴旧贼，百战余勇，始兴溪子，拳捷善斗，未易轻也。将军宜留屯豫章，征兵属城，兵至合战，未为晚也；若以此众轻进，殆必有悔。”无忌不听。

三月，壬申，与徐道覆遇于豫章，贼令强弩数百登西岸小山邀射之。会西风暴急，飘无忌所乘小舰向东岸。贼乘风以大舰逼之，众遂奔溃。无忌厉声曰：“取我苏武节来！”节至，执以督战。贼众云集，无忌辞色无挠，握节而死。于是中外震骇，朝议欲奉乘舆北走，就刘裕；既而知贼未至，乃止。

西秦王乾归攻秦金城郡，拔之。

夏王勃勃遣尚书胡金纂攻平凉，秦王兴救平凉，击金纂，杀之。勃

一二年，再先用诏书征召您进京，随后刘裕亲自在豫章屯兵，派遣几个将领率领部队翻过五岭，即使将军再有神机勇武，恐怕也一定不能抵挡了。今天这个机会是万万不可错过的。如果我们抢先攻克了建康，把他们的根基全部摧毁，刘裕即使回来也没有什么办法了。您如果不同意，我就要率领始兴的兵众直接进攻寻阳了。”卢循非常不愿意起事，但又没有说服徐道覆的办法，因此只好同意了他的意见。

当初，徐道覆派人到南康山中去砍伐制造船只的木材，到始兴廉价出售，居民们都争相购买，因而造船木材虽然堆积许多，但是却引不起别人的怀疑。到了这个时候，他把这些木材全部聚集到一起，制造船只，十天左右就办成了。卢循从始兴出发进犯长沙，徐道覆进犯南康、庐陵、豫章，这些地方的官员都放弃了职守逃跑。徐道覆顺赣江直下，船只器械异常强盛。这时攻克南燕的消息还没有传回朝廷，所以朝廷紧急征召刘裕。刘裕正在讨论是否留下来镇守下邳，整顿处理司、雍二州的事务，恰好接到皇帝的诏书，于是任命韩范为都督八郡军事、燕郡太守，任命封融为勃海太守，任命檀韶为琅邪太守。二月二十六日戊申，刘裕带兵南归。檀韶是檀祗的哥哥。后来，刘穆之以韩范、封融阴谋反叛为借口，把他们全都杀了。

东晋安成忠肃公何无忌从寻阳带兵出发迎击卢循。长史邓潜之劝阻说：“国家的安危存亡，就在于这次行动了。听说卢循军队的船只设备精良，气势盛大，又位于赣江的上游，所以我们应该挖开南塘的堤坝，使赣江水位下降，然后坚守豫章、寻阳两座城，等待他们。他们一定不敢放下我们不管，径自向更远的地方进发。我们正好积蓄力量，养精蓄锐，等他们疲倦不堪之后，再发动进攻，这是万全之策。现在，以一战决胜负，万一我们失利，后悔也就来不及了。”参军殷阐说：“卢循所带的部队都是三吴一带过去的强盗，身经百战，颇有勇力，而在始兴招募的溪族兵丁，也都力大敏捷，善于争斗，不应该轻视。将军应该留在豫章屯守，征招兵丁集中到这里，等各路大军到齐之后，再一起出战，也不算太晚。如果仅仅依靠现有的这些军队就轻易前进的话，恐怕将来您一定要后悔。”何无忌并不听从。

三月二十日壬申，与徐道覆的军队在豫章遭遇。徐道覆命令几百名强弩手爬上西岸的小山拦腰射击东晋军队，正好赶上西风骤起，把何无忌所乘坐的小船吹向东岸。贼兵又乘风用大舰进逼，东晋士兵于是纷纷奔逃溃散。何无忌厉声高叫道：“拿我的苏武节来！”苏武节送来，他拿着此节亲自督战。敌兵越来越多，像黑云一样包抄过来，何无忌的言辞神色仍然毫不气馁，最后手持苏武节而死。何无忌战死的消息，使东晋朝廷内外，震骇惊恐，朝会的时候，有人提议保护着安帝向北撤退，去投奔刘裕。后来知道敌兵还没有到来，这才停止。

西秦主乞伏乾归进攻并攻下了后秦金城郡。

夏王刘勃勃派遣尚书胡金纂进攻平凉。后秦主姚兴带兵去援救平凉，进攻胡金

勃又遣兄子左将军罗提攻拔定阳，坑将士四千余人。秦将曹炽、曹云、王肆佛等各将数千户内徙，兴处之湟山及陈仓。勃勃寇陇右，破白崖堡，遂趣清水，略阳太守姚寿都弃城走，勃勃徙其民万六千户于大城。兴自安定追之，至寿渠川，不及而还。

初，南凉王傉檀遣左将军枯木等伐沮渠蒙逊，掠临松千余户而还。蒙逊伐南凉，至显美，徙数千户而去。南凉太尉俱延复伐蒙逊，大败而归。是月，傉檀自将五万骑伐蒙逊。战于穷泉，傉檀大败，单马奔还。蒙逊乘胜进围姑臧，姑臧人惩王钟之诛，皆惊溃，夷、夏万余户降于蒙逊。傉檀惧，遣司隶校尉敬归及子佗为质于蒙逊以请和，蒙逊许之。归至胡阬，逃还，佗为追兵所执，蒙逊徙其众八千余户而去。右卫将军折掘奇镇据石驴山以叛。傉檀畏蒙逊之逼，且惧岭南为奇镇所据，乃迁于乐都，留大司农成公绪守姑臧。傉檀才出城，魏安人侯谌等闭门作乱，收合三千余家，据南城，推焦朗为大都督、龙骧大将军，谌自称凉州刺史，降于蒙逊。

（以上为第九段，写东晋海盗首领卢循在徐道覆怂恿下，乘刘裕北伐国内空虚之机发兵作乱，气势盛大；将帅何无忌不听劝说，正面出击，大败亏输，内外惊恐。）

刘裕至下邳，以船载辎重，自帅精锐步归。至山阳，闻何无忌败死，虑京邑失守，卷甲兼行，与数十人至江上，问行人以朝廷消息。行人曰："贼尚未至，刘公若还，便无所忧。"裕大喜。将济江，风急，众咸难之。裕曰："若天命助国，风当自息；若其不然，覆溺何害！"即命登舟，舟移而风止。过江，至京口，众乃大安。夏，四月，癸未，裕至建康。以江州覆没，表送章绶，诏不许。

青州刺史诸葛长民、兖州刺史刘藩、并州刺史刘道怜各将兵入卫建康。藩，豫州刺史毅之从弟也。毅闻卢循入寇，将拒之而疾作；既瘳，将行。刘裕遗毅书曰："吾往习击妖贼，晓其变态。贼新获奸利，其锋不可轻。今修船垂毕，当与弟同举。克平之日，上流之任，皆以相委。"又遣刘藩往，谕止之。毅怒，谓藩曰："往以一时之功相推耳，汝便谓我真

纂，并把他杀了。刘勃勃又派遣侄儿左将军刘罗提进攻定阳，攻下之后，把掳获的四千多名将士全部活埋。后秦将领曹炽、曹云、王肆佛等各带领几千户边民迁往内地，姚兴把他们安置在湟山和陈仓。刘勃勃进犯陇右，击破白崖堡，于是直奔清水。略阳太守姚寿都放弃城池逃跑，刘勃勃把那里的一万六千户居民才迁往大城，姚兴从安定出发，追击他们，到寿渠川仍未追上，只好回去。

当初，南凉主秃发傉檀派遣左将军枯木等带兵攻打沮渠蒙逊，掳掠了临松的一千多户才班师。沮渠蒙逊攻打南凉，到达显美，也迁了几千户居民回去。南凉太尉秃发俱延再一次攻打沮渠蒙逊，却被打得大败而归。当月，秃发傉檀亲自带领五万骑兵攻打沮渠蒙逊，双方在穷泉会战，结果秃发傉檀大败，单人匹马地跑了回去。沮渠蒙逊乘胜进军，包围了姑臧。姑臧人害怕再像王钟那样被牵连，都惊恐溃散，夷人和汉人一万多户向沮渠蒙逊投降。秃发傉檀大为惊恐，派遣司隶校尉敬归和他的儿子敬佗到沮渠蒙逊那里去做人质，以此请求和解，沮渠蒙逊答应了他。敬归走到胡阬的时候，趁机逃了回来，敬佗却被追兵抓了回去。沮渠蒙逊把当地的八千多户百姓全部迁走。这时南凉右卫将军折掘奇镇又占据石驴山叛变。秃发傉檀既害怕沮渠蒙逊的威胁逼迫，又担心折掘奇镇控制了整个岭南地区，于是迁都到乐都，留下大司农成公绪镇守姑臧。秃发傉檀刚刚出城，魏安人侯谌等人便关闭城门反叛，集合起了三千多家部众，占据南城，推举焦朗为大都督、龙骧大将军，侯谌自称为凉州刺史，向沮渠蒙逊投降。

刘裕到达下邳，用船只装载军事物资，自己则统领精锐部队步行赶回。到了山阳，听说何无忌兵败战死，担心都城陷落，下令军士脱去铠甲，急行军，自己先与几十个人赶到长江北岸，向过路人打听朝廷的消息。过路人说："敌人还没有到这里，刘公如果回来了，便没有什么值得忧虑的了。"刘裕非常高兴。他想要渡江，但是风太大，众人都说太难。刘裕说："如果天公有意帮助我们国家的话，风就应该自动止息。如果不是这样的话，翻船淹死又有什么害处呢！"便命令士兵上船，船刚刚启动，风果然就停了。渡过长江之后，抵达京口，大家于是彻底安下心来。夏季，四月初二癸未，刘裕来到建康。因为江州已经沦陷，他上书交回印信，安帝司马德宗下令拒绝。

青州刺史诸葛长民、兖州刺史刘藩、并州刺史刘道怜，分别带领部队来到建康防卫。刘藩是豫州刺史刘毅的堂弟。刘毅听说卢循带兵进犯，正要发兵抵抗他们的时候，自己却得了病。病好之后，准备出发。刘裕给他写信说："我过去几次和这伙强盗交战，知道他们狡猾多变。这次他们刚刚侥幸获得胜利，他们的气焰及实力不可轻视。现在，我们对战船的修缮马上就要完毕，自当与老弟一同起兵。扫平敌人

不及刘裕邪！”投书于地，帅舟师二万发姑孰。

循之初入寇也，使徐道覆向寻阳，循自将攻湘中诸郡。荆州刺史刘道规遣军逆战，败于长沙。循进至巴陵，将向江陵。徐道覆闻毅将至，驰使报循曰：“毅兵甚盛，成败之事，系之于此，宜并力摧之。若此克捷，江陵不足忧也。”循即日发巴陵，与道覆合兵而下。

五月，戊午，毅与循战于桑落洲，毅兵大败，弃船，以数百人步走，余众皆为循所虏，所弃辎重山积。

（以上为第十段，写刘裕听说何无忌兵败，火速赶回，直达京都，部署平叛；刘毅好勇逞强，不听劝说，率军出战，遭到卢循等人合力攻击，大败，狼狈而逃。）

初，循至寻阳，闻裕已还，犹不信；既破毅，乃得审问，与其党相视失色。循欲退还寻阳，攻取江陵，据二州以抗朝廷。道覆谓宜乘胜径进，固争之。循犹豫累日，乃从之。

己未，大赦。裕募人为兵，赏之同京口赴义之科。发民治石头城。议者谓宜分兵守诸津要，裕曰：“贼众我寡，若分兵屯守，则测人虚实；且一处失利，则沮三军之心。今聚众石头，随宜应赴，既令彼无以测多少，又于众力不分。若徒旅转集，徐更论之耳。”

朝廷闻刘毅败，人情恟惧。时北师始还，将士多创病，建康战士不盈数千。循既克二镇，战士十余万，舟车百里不绝，楼船高十二丈，败还者争言其强盛。孟昶、诸葛长民欲奉乘舆过江，裕不听。

初，何无忌、刘毅之南讨也，昶策其必败，已而果然。至是，又谓裕必不能抗循，众颇信之，惟龙骧将军东海虞丘进廷折昶等，以为不然。

之后，长江上游的管辖重任，便全部交给你了。”又派刘藩前去，让他暂时停止行动。刘毅勃然大怒，对刘藩说：“过去我们不过因他有一点功劳，推他做临时的盟主罢了，你就以为我真的赶不上刘裕吗？”把刘裕的信扔在地下，率领着两万水军从姑孰出发。

卢循刚开始向北方进犯时，派徐道覆进攻寻阳，自己准备攻打湘中地区的各郡。荆州刺史刘道规派遣部队迎战他们，在长沙战败。卢循开进到巴陵，打算直奔江陵。徐道覆听说刘毅就要攻来，派信使飞马报告卢循说：“刘毅的军队很强大，我们的成功失败，关键就在这次战斗，所以应该同心协力把他打败。如果这次能够取得胜利，那么江陵就不值得担忧了。”卢循当天便从巴陵出发，与徐道覆的兵力会合，然后顺流而下。

五月初七戊午，刘毅与卢循在桑落州摆开战场，结果刘毅的军队被打得大败。他扔掉船只，只带着几百名下属步行逃走，剩下的士兵全部被卢循俘虏。他们丢弃的军事物质堆成了小山。

当初，卢循抵达寻阳的时候，听说刘裕已经回来，还有些不相信。击败刘毅的军队后，才从俘虏的口中得到证实，他和他的党羽们互相看着面色大变。卢循打算退回到寻阳，攻克江陵，占据这两个州来和朝廷对抗。徐道覆则说应该乘胜直接进攻，并坚持自己的观点。卢循犹豫了好几天，才依从了他的建议。

五月初八己未，东晋实行大赦。刘裕招募百姓，充实兵力，酬赏的数量同当年从京口发兵攻打桓玄时所酬赏的数量相同。又发动百姓营建石头城。有人议论说，应该分出兵力去把守各个交通要道，刘裕说：“敌人兵多，我们兵少，如果分开兵力据守各地，就容易把我们的虚实暴露给敌人，况且一旦一个地方失利，就会使全体军队的士气受到打击。现在我们把部队全部聚集在石头城，按照情况的需要，应变行事，这样既可以让敌人无法知道我们的实力，又可以使军队的力量不致分散。如何调动部署各地的军队，那就以后再说吧。”

东晋朝廷听说刘毅被打得大败，人心慌乱不安。这时北伐的军队刚刚回来，将士不是受伤便是有病，而留在建康的战士又不超过几千人。卢循攻克江州、豫州之后，战士达到十几万人，战船战车浩浩荡荡，绵延一百里，仍然看不到头，大的楼船高达十二丈。官军战败跑回来的人都争着传说敌兵的强盛。孟昶、诸葛长民打算护卫安帝司马德宗渡长江向北撤退，刘裕不同意。

当初，何无忌、刘毅迎击从南方袭来的敌军时，孟昶估计他们一定失败，过后果然失败。到了这个时候，他又以为刘裕一定抵挡不住卢循的进攻，大家对他的话

中兵参军王仲德言于裕曰："明公命世作辅，新建大功，威震六合，妖贼乘虚入寇，既闻凯还，自当奔溃。若先自遁逃，则势同匹夫，匹夫号令，何以威物！此谋若立，请从此辞。"裕甚悦。昶固请不已，裕曰："今重镇外倾，强寇内逼，人情危骇，莫有固志；若一旦迁动，便自土崩瓦解，江北亦岂可得至！设令得至，不过延日月耳。今兵士虽少，自足一战。若其克济，则臣主同休；苟厄运必至，我当横尸庙门，遂其由来以身许国之志，不能窜伏草间苟求存活也。我计决矣，卿勿复言！"昶恚其言不行，且以为必败，因请死。裕怒曰："卿且申一战，死复何晚！"昶知裕终不用其言，乃抗表自陈曰："臣裕北讨，众并不同，唯臣赞裕行计，致使强贼乘间，社稷危逼，臣之罪也。谨引咎以谢天下。"封表毕，仰药而死。

乙丑，卢循至淮口，中外戒严。琅邪王德文都督宫城诸军事，屯中堂皇，刘裕屯石头，诸将各有屯守。裕子义隆始四岁，裕使谘议参军刘粹辅之，镇京口。粹，毅之族弟也。

裕见民临水望贼，怪之，以问参军张劭，劭曰："若节钺未反，民奔散之不暇，亦何能观望！今当无复恐耳。"裕谓将佐曰："贼若于新亭直进，其锋不可当，宜且回避，胜负之事未可量也；若回泊西岸，此成禽耳。"

徐道覆请于新亭至白石焚舟而上，数道攻裕。循欲以万全为计，谓道覆曰："大军未至，孟昶便望风自裁；以大势言之，自当计日溃乱。今决胜负于一朝，干没求利，既非必克之道，且杀伤士卒，不如按兵待之。"道覆以循多疑少决，乃叹曰："我终为卢公所误，事必无成；使我得为英雄驱驰，天下不足定也。"

都很相信，只有龙骧将军东海人虞丘进在朝廷中驳斥孟昶等人，以为不是那么回事。中兵参军王仲德对刘裕说："明公您受上天之命，当国家的辅佐，又刚刚建立了大功，声威震动天下。这些妖贼乘我们国内空虚，公然进犯，听到您带兵胜利归来，自会奔逃溃散。我们如果首先自己逃跑，那么其实就和一个没用的蠢材一样了，蠢材下令，又用什么建立威信呢？这个渡江避难的建议如果被采纳，就请您允许我就此告辞。"刘裕非常高兴。孟昶一直坚持自己的请求，刘裕说："现在我们的重要藩镇在外地失败，强大的敌人又步步紧逼，人心恐惧不安，没有一个坚定的信心。我们一旦向北移动，便自然会土崩瓦解，长江以北的地区又哪里能赶得到！即便是到了那里，也不过是拖延一些时日罢了。现在我们的士兵虽然很少，却也足够做最后一次决战，如果真的克敌制胜，那我们君臣一同庆幸，如果厄运一定要来，我也应当死在晋室宗庙之前，实现我长期以来以身报国的志向，但决不能逃窜到荒草林野之间只想保全个人性命。我的决心已经下定，你不要再多说了！"孟昶因为自己的建议不被采纳而恼羞成怒，又因为认定自己这一方必定失败，所以请求先杀了自己。刘裕大怒说："你打完这一仗，再死也不晚！"孟昶知道刘裕一定不会采纳他的意见了，于是呈上奏书，表明自己的想法："刘裕北伐的时候，文武百官都不同意，只有我赞同刘裕出兵的计划，致使强大的敌人乘虚而入，使国家的安全受到威胁，这是我的罪过。我只好承认自己的罪责，用以告慰天下人。"把奏书封上之后，他便喝下毒药自杀了。

五月十四日乙丑，卢循大军抵达秦淮河口，东晋朝廷都城内外戒严。琅邪王司马德文都督宫城诸军事，住在中堂大殿处理军务，刘裕则在石头城驻扎，其他各位将领各有自己的防地。刘裕的儿子刘义隆只有四岁，刘裕派谘议参军刘粹辅佐他，镇守京口。刘粹是刘毅的同门族弟。

刘裕见到许多百姓站在江边看着江中的敌军，觉得很奇怪，问参军张劭这是怎么回事，张劭说："如果您没有回来，百姓奔逃溃散还嫌来不及，又怎么能站在那里观望呢！现在当然是不再害怕了。"刘裕对各位将领说："贼兵如果从新亭直接挺进，那么他们的锋芒就不可阻挡，应该暂且回避一下，是胜是负也就不可推测了。他们如果回到西岸去停泊，则必败无疑。"

徐道覆请求从新亭进军白石，然后烧掉战船登陆，分几路进攻刘裕。卢循打算以尽可能保险为目的，对徐道覆说："我们的大军还没有到，只听见一些风声，孟昶便被吓得自杀，根据大趋势来说，敌人自会在几天内崩溃散乱。现在决定胜负也就是一个早上的事情，一味凭侥幸在战场投机取利，既不是一定能战胜敌人的办法，又损伤我的士兵，我看不如按兵不动，等他们到来。"徐道覆因为卢循疑心太重又缺乏决断，于是叹息道："我终将被卢公耽误，事情一定不会成功。如果我能有幸为一

裕登石头城望循军，初见引向新亭，顾左右失色；既而回泊蔡洲，乃悦。于是众军转集。裕恐循侵轶，用虞丘进计，伐树栅石头淮口，修治越城，筑查浦、药园、廷尉三垒，皆以兵守之。

刘毅经涉蛮、晋，仅能自免，从者饥疲，死亡什七八。丙寅，至建康，待罪。裕慰勉之，使知中外留事。毅乞自贬，诏降为后将军。

（以上为第十一段，写东晋统帅刘裕赶回京都，坚决阻止孟昶提出的奉帝渡江北撤的主张，集中兵力，坚守建康，营建石头城，整修越城，兴筑堡垒，坚决阻击卢循的进攻。）

魏长孙嵩至漠北而还，柔然追围之于牛川。壬申，魏主嗣北击柔然。柔然可汗社仑闻之，遁走，道死；其子度拔尚幼，部众立社仑弟斛律，号蔼苦盖可汗。嗣引兵还参合陂。

卢循伏兵南岸，使老弱乘舟向白石，声言悉众自白石步上。刘裕留参军沈林子、徐赤特戍南岸，断查浦，戒令坚守勿动。裕及刘毅、诸葛长民北出拒之。林子曰："妖贼此言，未必有实，宜深为之防。"裕曰："石头城险，且淮栅甚固，留卿在后，足以守之。"林子，穆夫之子也。

庚辰，卢循焚查浦，进至张侯桥。徐赤特将击之，林子曰："贼声往白石而屡来挑战，其情可知。吾众寡不敌，不如守险以待大军。"赤特不从，遂出战。伏兵发，赤特大败，单舸奔淮北。林子及将军刘钟据栅力战，朱龄石救之，贼乃退。循引精兵大上，至丹阳郡。裕帅诸军驰还石头，斩徐赤特，解甲久之，乃出陈于南塘。

六月，以刘裕为太尉、中书监，加黄钺。裕受黄钺，余固辞。以车骑中军司马庾悦为江州刺史。悦，准之子也。

司马国璠及弟叔璠、叔道奔秦。秦王兴曰："刘裕方诛桓玄，辅晋室，

位英雄卖命奔波的话，天下早就平定了。”

刘裕登上石头城，遥望卢循的部队，最初看见他们向新亭方向移动，刘裕看看两旁随从，脸色稍变。后来他看见敌军船只回到蔡洲停泊下来，这才高兴起来。于是他调动各路军队转移集中。刘裕恐怕卢循发动突然袭击，所以采用了虞丘进的建议，砍伐树木在石头城和秦淮河口等地全部立起栅栏。同时，他命人尽快整修越城，兴筑查浦、药园、廷尉三座堡垒，都派兵把守。

刘毅战败以后，穿过蛮人和汉人地区，历经艰险，仅仅保住一条活命，跟随他的人连饿带累，十个人中也死了七八个。五月十五日丙寅，终于赶回建康，等候定罪。刘裕对他善加鼓励安慰，并让他担任知中外留事。刘毅自己请求贬谪，安帝司马德宗下令，把他降为后将军。

北魏长孙嵩征讨柔然，到了大漠以北才回来，柔然军在牛川追上长孙嵩部队并把他们包围。五月二十一日壬申，北魏主拓跋嗣向北进军攻击柔然。柔然可汗郁久闾社仑听说这个消息后，急忙逃走，结果死在路上。他的儿子郁久闾度拔年纪还小，大臣们便拥立郁久闾社仑的弟弟郁久闾斛律，叫作蔼苦盖可汗。拓跋嗣带兵回参合陂。

卢循把伏兵布置在秦淮口南岸，命令一些老弱将士坐船向白石进发，并声称全部大军准备从白石登岸作战。刘裕留下参军沈林子、徐赤特戍守南岸，切断通往查浦的交通，命令他们坚守阵地，不要轻举妄动。刘裕和刘毅、诸葛长民等向北出兵迎击敌军。沈林子说：“贼兵这样说，却不一定真这样做，应该多加防备。”刘裕说：“石头城地势险峻，而且淮口的栅栏很坚固，把你留在后方，足可以守住了。”沈林子是沈穆夫的儿子。

五月二十九日庚辰，卢循火烧查浦，进兵到张侯桥。徐赤特准备迎战，沈林子说：“贼兵声言去了白石，却几次来到这里挑战，他们的险恶用心我们可以猜到。我们的军队人少无法抵敌，不如坚守险要，等待大军回来。”徐赤特却不听从，于是出兵交战，敌军的伏兵突然出现，徐赤特被打得大败，乘着一条船逃往秦淮河北岸。沈林子及将军刘钟据守栅栏奋力作战，朱龄石又率领援军赶来相救，敌军才撤了下去。卢循带着一支精锐部队急进，到达丹阳郡。刘裕率领几路部队立即赶回石头城，斩了徐赤特，休息了很长一段时间，才带兵到南塘列开战阵。

六月，东晋任命刘裕为太尉、中书监，加授黄钺。刘裕接受了黄钺，其他的职位却坚决推辞。朝廷又任命车骑中军司马庾悦为江州刺史。庾悦是庾准的儿子。

东晋叛将司马国璠和他的弟弟司马叔璠、司马叔道投奔后秦。后秦王姚兴说：

卿何为来？”对曰：“裕削弱王室，臣宗族有自修立者，裕辄除之；方为国患，甚于桓玄耳。”兴以国璠为扬州刺史，叔道为交州刺史。

卢循寇掠诸县无所得，谓徐道覆曰：“师老矣，不如还寻阳，并力取荆州，据天下三分之二，徐更与建康争衡耳。”秋，七月，庚申，循自蔡洲南还寻阳，留其党范崇民将五千人据南陵。甲子，裕使辅国将军王仲德、广川太守刘钟、河间内史兰陵蒯恩、中军谘议参军孟怀玉等帅众追循。

（以上为第十二段，写北魏主拓跋嗣阻击北方柔然南侵取胜；东晋叛军卢循采用声东击西的策略，攻打都城建康，诡计被刘裕识破，卢循败下阵来，撤回寻阳，刘裕派众将追击。）

乙丑，魏主嗣还平城。

西秦王乾归讨越质屈机等十余部，降其众二万五千，徙于苑川。八月，乾归复都苑川。

沮渠蒙逊伐西凉，败西凉世子歆于马庙，禽其将朱元虎而还。凉公暠以银二千斤、金二千两赎元虎；蒙逊归之，遂与暠结盟而还。

刘裕还东府，大治水军，遣建威将军会稽孙处、振武将军沈田子帅众三千自海道袭番禺。田子，林子之兄也。众皆以为：“海道艰远，必至为难，且分撤见力，非目前之急。”裕不从，敕处曰：“大军十二月之交必破妖虏，卿至时，先倾其巢窟，使彼走无所归也。”

谯纵遣侍中谯良等入见于秦，请兵以伐晋。纵以桓谦为荆州刺史，谯道福为梁州刺史，帅众二万寇荆州；秦王兴遣前将军苟林帅骑兵会之。

江陵自卢循东下，不得建康之问，群盗互起。荆州刺史刘道规遣司马王镇之帅天门太守檀道济、广武将军彭城到彦之入援建康。道济，祗之弟也。

镇之至寻阳，为苟林所破。卢循闻之，以林为南蛮校尉，分兵配之，使乘胜伐江陵，声言徐道覆已克建康。桓谦于道召募义旧，民投之者

“刘裕刚刚剿灭了桓玄，辅佐晋朝宗室，你们为什么还要到这里来？”他们回答说：“刘裕削弱王室的力量，我们宗族之中如果有自己发奋成才的人，常常都被刘裕除掉。他这样正是为国家制造祸患，甚至比桓玄还厉害。”姚兴任命司马国璠为扬州刺史，任命司马叔道为交州刺史。

卢循进犯掠夺了几个县，什么也没有抢到，对徐道覆说：“军队出来时间太长，已经疲惫不堪，我看不如回到寻阳，合力攻取荆州，这样，我们占据了三分之二的天下，就可以慢慢地再与建康的东晋政权争强斗胜了。”秋季，七月初十庚申，卢循从蔡洲向南撤退回寻阳，留下他的部将范崇民带领五千人据守南陵。十四日甲子，刘裕派遣辅国将军王仲德、广川太守刘钟、河间内史兰陵人蒯恩、中军谘议参军孟怀玉等人带兵追击卢循。

七月十五日乙丑，魏明元帝拓跋嗣回到平城。

西秦主乞伏乾归攻打越质屈机等十几个部落，收降当地的士民二万五千人，并把他们迁到苑川居住。八月，乞伏乾归恢复苑川为自己的都城。

北凉主沮渠蒙逊攻打西凉，在马庙把西凉公李暠的嫡长子李歆打败，生擒西凉将领朱元虎，回师。西凉公李暠用两千斤白银、两千两黄金赎救朱元虎。沮渠蒙逊归还了他。于是与李暠结下联盟之后便回去了。

东晋刘裕回到东府，大规模建设水军。他派遣建威将军会稽人孙处、振武将军沈田子率领部众三千人从海上绕道，前去袭击番禺。沈田子是沈林子的哥哥。大家都认为：“海上行军艰难遥远，一定要抵达那里是一件很难完成的任务，而且分出现有兵力去进攻广州也不是当务之急。”刘裕却不听从，命令孙处说：“朝廷的大部队在十二月初一定会打败贼兵，你到那个时候，首先把他们的老窝捣毁，让他们逃跑也无家可归。”

西蜀谯纵派遣侍中谯良等人到后秦去求见，请求出兵攻打东晋。谯纵任命桓谦为荆州刺史，任命谯道福为梁州刺史，率领二万人的军队进犯荆州。后秦王姚兴派遣前将军苟林率领骑兵与他们会合。

江陵自从卢循东下之后，便再也没有得到京都建康的消息，因此强盗蜂拥而起。荆州刺史刘道规派遣司马王镇之率领天门太守檀道济、广武将军彭城人到彦之进兵去救援京都建康。檀道济是檀祗的弟弟。

王镇之到达寻阳，被后秦将军苟林打败。卢循听到了这个消息，任命苟林为南蛮校尉，分出一些兵交给他统辖，让他乘胜攻打江陵，并声称徐道覆已经攻下了建

二万人。谦屯枝江，林屯江津，二寇交逼，江陵士民多怀异心。道规乃会将士告之曰："桓谦今在近道，闻诸长者颇有去就之计，吾东来文武足以济事；若欲去者，本不相禁。"因夜开城门，达晓不闭。众咸惮服，莫有去者。

雍州刺史鲁宗之帅众数千自襄阳赴江陵。或谓宗之情未可测，道规单马迎之，宗之感悦。道规使宗之居守，委以腹心，自帅诸军攻谦。诸将佐皆曰："今远出讨谦，其胜难必。荀林近在江津，伺人动静，若来攻城，宗之未必能固；脱有蹉跌，大事去矣。"道规曰："荀林愚懦，无他奇计，以吾去未远，必不敢向城。吾今取谦，往至便克；沈疑之间，已自还返。谦败则林破胆，岂暇得来！且宗之独守，何为不支数日！"乃驰往攻谦，水陆齐进。谦等大陈舟师，兼以步骑，战于枝江。檀道济先进陷陈，谦等大败。谦单舸奔荀林，道规追斩之。还，至涌口，讨林，林走，道规遣谘议参军临淮刘遵帅众追之。初，谦至枝江，江陵士民皆与谦书，言城内虚实，欲为内应；至是检得之，道规悉焚不视，众于是大安。

江州刺史庾悦以鄱阳太守虞丘进为前驱，屡破卢循兵，进据豫章，绝循粮道。九月，刘遵斩荀林于巴陵。

桓石绥因循入寇，起兵洛口，自号荆州刺史；征阳令王天恩自号梁州刺史，袭据西城。梁州刺史傅韶遣其子魏兴太守弘之讨石绥等，皆斩之，桓氏遂灭。韶，畅之孙也。

（以上为第十三段，写西蜀主谯纵任命桓谦为荆州刺史，率军进犯荆州，后秦主姚兴派遣前将军苟林率领骑兵与之会合；东晋荆州刺史将领刘道规奋起反击，两股来犯之敌被打得大败。）

西秦王乾归攻秦略阳、南安、陇西诸郡，皆克之，徙民二万五千户于苑川及枹罕。

康。桓谦在路上召集了一些讲究恩义的旧部下，投奔他的达到两万人。桓谦屯扎在枝江，苟林屯扎在江津，这两伙军队交相逼迫，使江陵城中的许多士人百姓在心中都做好了另外的打算。刘道规于是把将士们集合在一起，对他们说："桓谦现在就在附近，听说先生们很多都有去投靠他的打算，我们这些从东方过来任职的文武官员足以应付各种事变。如果有打算去的人，我绝不禁止。"于是当夜打开城门，一直到早晨也没有关闭。众人都非常害怕佩服，没有人离去。

雍州刺史鲁宗之率领部众几千人从襄阳赶赴江陵。有人说，鲁宗之的意图还不可预料，但刘道规却单人匹马前去相迎，鲁宗之既感动又高兴。刘道规请鲁宗之留在这里坚守，把他当作心腹之人，自己则统率几支军队进攻桓谦。那些将领们说："这次您到很远的地方去攻打桓谦，能否胜利还很难说定。苟林就在很近的江津，等待着我们的动静，如果他来攻打这座城，鲁宗之也不一定能守住。一旦有什么闪失挫折，那么我们的情况可就糟了。"刘道规说："苟林愚蠢懦弱，没什么惊人的计谋，他以为我离开得不远，一定不敢攻城。我这次进攻桓谦，一到那里就可以胜利，就在敌人犹豫不决的时候，我已经回来了。桓谦失败，那么苟林便会被吓破胆了，哪里还有闲心到这里来！况且鲁宗之独自率兵在这里坚守，怎么还不支持几天！"于是，他火速进军攻击桓谦，水军、陆军同时发动。桓谦出动了几乎所有的水师船队，用步兵骑兵相配合，在枝江双方会战。檀道济抢先冲锋陷阵，桓谦的军队大败。桓谦坐着一条船逃走去投奔苟林，刘道规追上把他杀了。他们又回军，到达涌口，进攻苟林，苟林逃跑，刘道规派遣谘议参军临淮人刘遵率领众人前去追击。当初，桓谦抵达枝江时，江陵的各阶层百姓，都给桓谦写信，告诉他城内的情况，打算在桓谦攻城时做内应。到这时，在桓谦大营搜捡到了那些信，刘道规却命令人把信全部烧了，一封也不看，江陵的百姓从此人心非常安定。

江州刺史庾悦任用鄱阳太守虞丘进为前锋，几次打败卢循的部队，开进到豫章据守，切断了卢循的运粮通道。九月，刘遵在巴陵斩杀了苟林。

桓石绥因为卢循的进犯，自己也在洛口拉起一支队伍，自称为荆州刺史，徵阳令王天恩自称为梁州刺史，他们攻占了西城。梁州刺史傅韶派他的儿子魏兴太守傅弘之征讨桓石绥等，把他们全部杀了。桓氏家族从此彻底灭绝。傅韶是傅畅的孙子。

西秦王乞伏乾归进攻后秦略阳、南安、陇西等几个郡，都攻克了，把那里的百姓两万五千家迁移到苑川和枹罕居住。

甲寅，葬魏主珪于盛乐金陵，谥曰“宣武”，庙号烈祖。

刘毅固求追讨卢循，长史王诞密言于刘裕曰：“毅既丧败，不宜复使立功。”裕从之。冬，十月，裕帅兖州刺史刘藩、宁朔将军檀韶、冠军将军刘敬宣等南击卢循，以刘毅监太尉留府，后事皆委焉。癸巳，裕发建康。

徐道覆率众三万趣江陵，奄至破冢。时鲁宗之已还襄阳，追召不及，人情大震。或传循已平京邑，遣道覆来为刺史，江、汉士民感刘道规焚书之恩，无复贰志。道规使刘遵别为游军，自拒道覆于豫章口，前驱失利；遵自外横击，大破之，斩首万余级，赴水死者殆尽，道覆单舸走还湓口。初，道规使遵为游军，众咸以为强敌在前，唯患众少，不应分割见力，置无用之地。及破道覆，卒得游军之力，众心乃服。

鲜卑仆浑、羌句岂、输报、邓若等帅户二万降于西秦。

王仲德等闻刘裕大军且至，进攻范崇民于南陵；崇民战舰夹屯两岸。十一月，刘钟自行觇贼，天雾，贼钩得其舸。钟因帅左右攻舰户，贼遽闭户拒之，钟乃徐还，与仲德共攻崇民，崇民走。

癸丑，益州刺史鲍陋卒。谯道福陷巴东，杀守将温祚、时延祖。

卢循兵守广州者不以海道为虞。庚戌，孙处乘海奄至，会大雾，四面攻之，即日拔其城。处抚其旧民，戮循亲党，勒兵谨守，分遣沈田子等击岭表诸郡。

刘裕军雷池。卢循扬声不攻雷池，当乘流径下；裕知其欲战，十二月，己卯，进军大雷。庚辰，卢循、徐道覆帅众数万塞江而下，前后莫见舳舻之际。裕悉出轻舰，帅众军齐力击之；又分步骑屯于西岸，先备火具。裕以劲弩射循军，因风水之势以蹙之。循舰悉泊西岸，岸上军投

九月初五甲寅，北魏把道武帝拓跋珪安葬在盛乐的金陵，谥号宣武，庙号烈祖。

东晋刘毅坚决要求追击征讨卢循，长史王诞偷偷地对刘裕说："刘毅既然已经战败，丧失了队伍和权力，就不应该再让他立功了。"刘裕接受了这个建议。

冬季，十月，刘裕率领兖州刺史刘藩、宁朔将军檀韶、冠军将军刘敬宣等向南进军攻打卢循，任命刘毅监太尉留府，把后方的杂事全交给了他。十四日癸巳，刘裕从建康出发。

徐道覆率领三万部众，直指江陵，突然抵达破冢。这时鲁宗之已经回到襄阳，刘道规派人去追赶他，召他回来，已经来不及。因此江陵人心异常震惊恐慌。有人传说卢循已经扫平了京邑，这是派徐道覆来做刺史，但是江、汉地区的各阶层百姓却感激刘道规焚烧书信、不计前嫌的恩德，都不再有二心了。刘道规派刘遵分兵到外地去作为游击部队，自己则在豫章口抵抗徐道覆的进攻，结果他的前锋部队失利。刘遵这时从外围拦腰横击徐道覆军队，把他们打得大败，杀死一万多人，其余的跳水淹死很多，敌军几乎死光。徐道覆仅坐一条船逃回湓口。当初刘道规派刘遵去做游击军，众人都认为现在强大的敌人在前，本来担心兵力太少，就不应该再把现在本来就不多的兵力分割，安排在没有用处的地方，等到打败徐道覆之后，全是依靠这支游击军的力量，大家的心中才感到佩服。

鲜卑人仆浑部落，羌人句岂部落、输报部落、邓若部落等，率领两万户居民向西秦投降。

东晋辅国将军王仲德等人听说刘裕的大部队就要到来，便在南陵进攻范崇民的军队。范崇民的军舰呈夹击长江的形势，屯泊在两岸。十一月，刘钟亲自去侦察敌情，天降大雾，敌人把他的船用铁钩钩住，刘钟于是领着左右随从进攻敌舰的舱门，敌兵只好飞快地把舱门关上挡住他们，刘钟于是从容而回。他与王仲德一起进攻范崇民，范崇民逃跑。

十一月初五癸丑，东晋益州刺史鲍陋去世。谯道福攻陷了巴东，杀死那里的守将温祚、时延祖。

卢循留下镇守广州的军队，不认为海道上会有什么危险。十一月初二庚戌，孙处等人带兵在海上乘船突然来到，正好赶上大雾迷漫，便从四面围攻广州，当天就攻克了这座城池。孙处安抚那里旧有的居民，杀死了卢循的亲朋党羽，并在这里时刻备战，严密防守。他又分别派遣沈田子等人带兵进攻五岭以南各郡。

刘裕在雷池驻军。卢循扬言不去进攻雷池，而要顺江水直接东下。刘裕知道他打算进行一场决战。十二月初一己卯，刘裕带兵进军到大雷。初二庚辰，卢循、徐道覆统帅几万部众涌满长江，向下游进发，前后都看不见船队的头尾。刘裕出动自己所有的轻型战船，率领几路大军一齐奋力进攻敌人。他又分出一部分步兵骑兵驻

火焚之，烟炎涨天；循兵大败，走还寻阳。将趣豫章，乃悉力栅断左里。丙申，裕军至左里，不得进。裕麾兵将战，所执麾竿折，幡沈于水，众并怪惧。裕笑曰："往年覆舟之战，幡竿亦折，今者复然，贼必破矣。"即攻栅而进，循兵虽殊死战，弗能禁。循单舸走，所杀及投水死者凡万余人。纳其降附，宥其逼略，遣刘藩、孟怀玉轻军追之。循收散卒，尚有数千人，径还番禺。道覆走保始兴。裕版建威将军褚裕之行广州刺史。裕之，裒之曾孙也。裕还建康。刘毅恶刘穆之，每从容与裕言穆之权太重，裕益亲任之。

燕广川公万泥、上谷公乳陈，自以宗室，有大功，谓当入为公辅。燕王跋以二藩任重，久而弗征，二人皆怨。是岁，乳陈密遣人告万泥曰："乳陈有至谋，愿与叔父图之。"万泥遂奔白狼，与乳陈俱叛，跋遣汲郡公弘与张兴将步骑二万讨之。弘先遣使谕以祸福，万泥欲降，乳陈不可。兴谓弘曰："贼明日出战，今夜必来惊我营，宜为之备。"弘乃密令人课草十束，畜火伏兵以待之。是夜，乳陈果遣壮士千余人来斫营，众火俱起，伏兵邀击，俘斩无遗。万泥、乳陈惧而出降，弘皆斩之。跋以范阳公素弗为大司马，改封辽西公；弘为骠骑大将军，改封中山公。

（以上为第十四段，写东晋太尉刘裕率领将士奋力出击，将卢循叛军彻底打垮；北燕广川公冯万泥、上谷公冯乳陈举兵反叛，国主冯跋派遣汲郡公冯弘平定叛乱。）

扎在长江西岸，事先准备好火攻的用具。刘裕下令用强劲的弩箭射击卢循的军队，配合着大风和水流的情势逼迫敌军。卢循的军队战船只好全部停泊在西岸。这时岸上埋伏的东晋军队纷纷把火投向敌船，焚烧敌人，顿时浓烟四起，火焰冲天，卢循的部队大败，只好逃回寻阳，他们准备赶到豫章，于是全力在左里路上构筑栅栏等工事。十二月十八日丙申，刘裕的大部队抵达左里，不能前进。刘裕挥旗指挥军队准备战斗，他所拿的旗杆突然折断，指挥旗落入水中，大家为此感到奇怪和恐惧。刘裕笑着说："当年在覆舟山那场战役中，我的指挥旗杆也折断了，现在又是那样，敌人一定失败了。"便突破栅栏路障等向前进军。卢循的军队虽然拼命决战，但是也无法阻挡。卢循坐着一只船逃走，他的部下被杀和被淹死的有一万多人。官军收降了敌军的一些士兵，并宽释了那些被逼参加的人。刘裕又派遣刘藩、孟怀玉带领轻装部队追击逃跑的敌人。卢循收拢逃散的士卒还有几千人，想直接回番禺。徐道覆逃回始兴固守。刘裕指派建威将军褚裕之代理广州刺史。褚裕之是褚裒的曾孙，刘裕回建康。刘毅讨厌刘穆之，经常对刘裕说刘穆之的权力太大，刘裕却对刘穆之越加信任亲热。

北燕广川公冯万泥、上谷公冯乳陈，自以为是北燕宗室的人，又立有大功，所以应该入朝担任要职，辅佐朝政。可是北燕主冯跋却认为他们镇守的地方非常重要，过了很长时间也不把他们征调回来。两个人都满腹怨气。这一年，冯乳陈秘密派人告诉冯万泥说："我有一个很好的计划，愿意和叔父一起商量着办。"冯万泥于是跑到白狼，与冯乳陈一起叛变，冯跋派遣汲郡公冯弘与张兴带领两万步兵骑兵，前去攻打他们。冯弘先派人告诉他们祸福利害，冯万泥打算投降，冯乳陈却不同意。张兴对冯弘说："他们决定明天来决战，今天夜里就一定会来进攻我们大营，应该准备对付他们。"冯弘于是秘密命令每个人都准备好十把草，收好火种，埋伏好了之后，等待敌兵的到来。当天夜里，冯乳陈果然派遣精壮的士兵一千多人前来劫营，官军的火把一起点燃，伏兵冲出，前后截击，把叛军杀的杀，俘虏的俘虏，全部歼灭。冯万泥、冯乳陈恐惧异常，出城投降，冯弘把他们全部杀了。冯跋任命范阳公冯素弗为大司马，改封辽西公；任命冯弘为骠骑大将军，改封中山公。

【点评】

刘裕北伐与平乱。公元410年，东晋将领刘裕在上一年率领大军进攻南燕的基础上，消灭了南燕，为东晋扩大疆土；紧接着，又马不停蹄赶回国内，平定了卢循之乱，实现了国内的安定。这两件大事，是非常了不起的。就北伐攻战而言，在这以前，也有数次，但都收效甚微，徒耗国力，而这次大获全胜；就平定内乱而言，既是那样地惊心动魄，又是那样地功德圆满，真乃大快人心事！细细回味，刘裕能够取得这两次大胜，自有其独特之处。

首先，人心思安，人心思强，国内具有上下齐心的基础条件。人心齐，泰山移，这话完全适用于一个国家。在攻打南燕前，刘裕上书安帝司马德宗，请求兴师击灭南燕。朝中大臣大部分认为不可，只有左仆射孟昶等人极力赞成，而刘裕决心坚定。朝廷有不同意见，这在东晋是再正常不过了，一是有一帮朝臣精神颓废，苟且偷安，不管做什么事情，都投否定票，最好什么事情都不要做；二是前几次桓温、桓玄等人的北伐都是事倍功半，收效甚微，有此前车之鉴，一些朝臣认为此次北伐也是如此，一味地凭经验说话；三是刘裕的一些对头，不管刘裕做什么，都持否定态度，如此而已。所喜的是，这些朝臣议论，并不代表东晋上下臣民的愿望和利益，对于刘裕而言，根本起不了什么实质性作用，同意固然是好，不同意也没有什么关系。东晋的广大民众是支持刘裕北伐的，有南燕国侵占、掳掠东晋民众在先，激起了朝野上下的强烈愤懑，东晋需要进行反击，以打压南燕的嚣张气焰。至于卢循之乱，弄得整个东晋鸡犬不宁，甚至弄得都城建康人心惶惶。军民同仇敌忾。这些对于刘裕的两次胜利，都起着重大的作用。

其次，刘裕审时度势，把控朝局，排除来自各个方面的干扰，具有坚定的意志和决胜的信心。这一点，在平定卢循之乱中表现得尤为突出。当时卢循的数万大军，于豫章杀了何无忌，再败刘毅大军，进至建康，耀武扬威，杀气腾腾，都城上下惊恐慌乱，都认为建康守不住了，这以孟昶为代表。他是尚书仆射，在朝廷威望较高，具有料事如神的称誉。刘裕率兵攻打南燕，他举双手赞成，认为此举必胜；卢循起兵，何无忌、刘毅出师，他都曾预言出师必败，结果不幸言中，而对刘裕的出兵平乱，他也认定会失败。因此，他极力主张让皇上到江北避难，也得到朝廷大多数人的肯定。而事实上，大多数人的肯定，不一定就是正确的。如果皇上一旦逃离建康，则将是东奔西逃，人心涣散，还谈什么平定叛乱？于是，刘裕力排众议，坚决认为皇上不能离开都城，平乱必定胜利！当时，敌我双方的实力差距确实很大。这难道是信口雌黄？不是，是源自于刘裕有必胜的信心，有打败敌人的能力。孟昶眼看不能说服刘裕，怕敌人攻进城来，眼看国家灭亡，怕受到羞辱，就索性一死了之。可惜，他没有看到刘裕平叛的胜利。后来明朝时，蒙古瓦剌部首领也先攻打北京城，

朝中也是一片呼声，要求迁都，而于谦力排众议，组织力量防守和反攻，取得了北京保卫战的胜利。而它的先例，就是这次刘裕打败卢循，保卫建康。

最后，周密谋划，出人意料，是刘裕能够决战决胜的重要因素。在攻打南燕时，刘裕善于从敌我双方的政治、经济、自然地理等诸多方面权衡优劣，做出相应的作战决策。他分析燕人的心理状态是只顾眼前获利，没有长远计划，就定下了越过大岘险山、直冲燕军京师的进攻战略；他分析燕军骑兵众多、机动和突击力强，长于平原作战，就采用以车战为主，以步、骑兵相配合的制胜方针；在深入燕境之后，他又采取了以军事打击为主与以分化瓦解为辅的围攻策略，一方面围困敌军万千重，一方面又安抚百姓，招降燕军，使南燕的一些重要大臣、将吏不断投诚，每日归附的百姓多达数千人，由此，燕军的士气受到严重打击，军无斗志，人心思降。因此，南燕的灭亡，是在意料之中的事情了。在平定卢循之乱中，刘裕一方面正面组织力量平定叛乱，一方面又派孙处等人经海路攻占了卢循的根据地番禺，使卢循失败后逃无可逃。而这一举措在当时也不被人理解，大多数人认为卢循的实力强大，要集中力量将其消灭，不宜分兵作战。而实践证明，刘裕的这一举措，为打败和消灭卢循，起了极其重要的作用。而在与卢循的正面作战中，刘裕在集中兵力阻断敌人进攻、修建堡垒、用火攻的方法对付其强大船队的同时，往往采用奇兵战略，在和敌人打得难解难分的时候，一支强兵突然从天而降，打得敌人措手不及，使敌人一败涂地。

晋纪三十八

晋安帝义熙七年至十年（411—414年）

【起重光大渊献（辛亥，411年），尽阏逢摄提格（甲寅，414年），凡四年】

【大事提要】

本卷记事起于公元411年，到公元414年，凡四年，时当晋安帝义熙七年至义熙十年。本卷所载大事，主要有五个方面。其一，卢循灭亡。卢循败于左里后南归广州，试图夺回番禺，东晋建威将军孙处顽强抵抗，晋将沈田子援军赶至，卢循战败逃走，而后晋军继续追击，先后在苍梧、郁林及宁浦三郡击败卢循，卢循逃奔交州。交州刺史杜慧度率军与卢循作战，卢循投海自杀，其乱终结。其二，谯蜀灭亡。公元412年，东晋太尉刘裕以西阳太守朱龄石为益州刺史，率军两万自江陵出发，攻打后蜀主谯纵。出发前，刘裕与朱龄石定下诱骗蜀人防内水，主力走外水的速战之策。朱龄石听从刘钟计议，快速进攻，攻入成都，谯纵自缢而亡，谯蜀随之亦亡。其三，剪灭刘毅。东晋荆州刺史刘毅至江陵，暗地与建康朝中的谢混、郗僧施等大族联络，扩充势力，欲以荆州为本，意图举兵攻打都城建康，安帝司马德宗下令剿灭，刘裕亲自率领部众攻打，部将王镇恶等攻下江陵，刘毅从大城东门逃出，穷途末路，自缢而死。其四，诸葛长民被灭。东晋将领诸葛长民，曾与刘裕举兵攻打篡位的桓玄，后来又在卢循之乱中参与防卫京师建康，先后迁任青州和豫州刺史，后来骄纵贪侈，多行不义，意图谋反，曾感叹："贫贱时常想富贵，而富贵了又危机四伏。"刘裕用计，命人诛杀。其五，南凉被灭。南凉为河西鲜卑秃发乌孤所建，都乐都。早先，拓跋氏的一支由酋长统率，从塞北迁到河西凉州，后部众渐盛，务农桑，修邻好，境内安定，势力不断发展，初附于后凉吕光。公元414年，秃发傉檀率军西掠，西秦偷袭乐都，南凉灭亡，立国十七年。

【原文】

安皇帝辛

义熙七年（辛亥，411 年）

春，正月，己未，刘裕还建康。

秦广平公弼有宠于秦王兴，为雍州刺史，镇安定。姜纪谄附于弼，劝弼结兴左右以求入朝。兴征弼为尚书令、侍中、大将军。弼遂倾身结纳朝士，收采名势，以倾东宫，国人恶之。会兴以西北多叛乱，欲命重将镇抚之，陇东太守郭播请使弼出镇，兴不从，以太常索稜为太尉、领陇西内史，使招抚西秦。西秦王乾归遣使送所掠守宰，谢罪请降。兴遣鸿胪拜乾归都督陇西岭北杂胡诸军事、征西大将军、河州牧、单于、河南王，太子炽磐为镇西将军、左贤王、平昌公。

兴命群臣搜举贤才。右仆射梁喜曰："臣累受诏而未得其人，可谓世之乏才。"兴曰："自古帝王之兴，未尝取相于昔人，待将于将来，随时任才，皆能致治。卿自识拔不明，岂得远诬四海乎？"群臣咸悦。

秦姚详屯杏城，为夏王勃勃所逼，南奔大苏。勃勃遣平东将军鹿弈干追斩之，尽俘其众。勃勃南攻安定，破尚书杨佛嵩于青石北原，降其众四万五千；进攻东乡，下之，徙三千余户于贰城。

秦镇北参军王买德奔夏，夏王勃勃问以灭秦之策，买德曰："秦德虽衰，藩镇犹固，愿且蓄力以待之。"勃勃以买德为军师中郎将。秦王兴遣卫大将军常山公显迎姚详，弗及，遂屯杏城。

刘藩帅孟怀玉等诸将追卢循至岭表，二月，壬午，怀玉克始兴，斩徐道覆。

河南王乾归徙鲜卑仆浑部三千余户于度坚城，以子敕勃为秦兴太守以镇之。

焦朗犹据姑臧，沮渠蒙逊攻拔其城，执朗而宥之，以其弟挐为秦州

【语译】

安皇帝辛

晋安帝义熙七年（辛亥，411 年）

春季，正月十二日己未，刘裕回到建康。

后秦广平公姚弼，受到后秦主姚兴的宠信，担任雍州刺史，镇守安定。姜纪投靠姚弼，极尽谄媚，劝说姚弼结交姚兴身边的人，争取回到朝廷任职。姚兴征召姚弼为尚书令、侍中、大将军。姚弼于是谦恭地与朝中官员交往结纳，树立名望，培植势力，以此排挤太子姚泓，国内官民对他非常讨厌。当时正赶上姚兴因为西北地区的叛乱层出不穷，打算派一名重要的将领到那里镇抚，所以陇东太守郭播便请求派姚弼去镇守。姚兴并不听从，任命太常索稜为太尉、兼陇西内史，让他去招抚西秦。西秦王乞伏乾归派使节送还被他俘虏的守、宰等地方官，承认罪过，请求投降。姚兴便派鸿胪拜乞伏乾归都督陇西、岭北、杂胡诸军事及征西大将军、河州牧、单于、河南王，封太子乞伏炽磐为镇西将军、左贤王、平昌公。

后秦主姚兴命令大臣们寻找荐举贤能的人才。右仆射梁喜说："我几次接受命令，却没有得到一个那样的人才，可以说世上的确缺乏人才。"姚兴说："自古以来，帝王之业兴起的时候，从不曾在古人的行列中借取宰相，也不曾等待在将来出生的人中选拔大将，他们都是随时随地在当世选任才俊，却也都能使国家得到较好的治理。你自己缺乏识才拔才的眼光，怎么可以诬蔑说广大的四海没有俊才呢？"大臣们都很高兴。

后秦安远将军姚详屯扎在杏城，被夏王刘勃勃逼迫，向南逃奔大苏。刘勃勃派遣平东将军鹿弈干追上他并把他杀了，俘虏了他的全部部众。刘勃勃向南进攻安定，在青石北面的原野击败尚书杨佛嵩，收降了他的部众四万五千人。随后他又进攻东乡，攻下了那里，把当地的三千多户居民强行迁到贰城。

后秦镇北参军王买德投降夏国，夏王刘勃勃向他询问消灭后秦的办法，王买德说："后秦的德势虽然已经衰败，但是地方势力却还很稳固，所以我希望您暂时积蓄力量等待机会。"刘勃勃任命王买德为军师中郎将。后秦主姚兴派遣卫大将军、常山公姚显前去迎救姚详，没有来得及，于是便屯扎在杏城。

东晋兖州刺史刘藩率领孟怀玉等几位将领追击卢循到达五岭以南。二月初五壬午，孟怀玉攻克始兴，杀死了徐道覆。

后秦刚刚加封的河南王乞伏乾归，把鲜卑人仆浑部落的三千多户居民强行迁往度坚城，任命儿子乞伏敕勃为秦兴太守，镇守在那里。

南凉将军焦朗还占据着姑臧。北凉沮渠蒙逊攻克了这座城市，活捉焦朗，又把

刺史，镇姑臧。遂伐南凉，围乐都，三旬不克，南凉王傉檀以子安周为质，乃还。

吐谷浑树洛干伐南凉，败南凉太子虎台。

南凉王傉檀欲复伐沮渠蒙逊，邯川护军孟恺谏曰："蒙逊新并姑臧，凶势方盛，不可攻也。"傉檀不从，五道俱进，至番禾、苕藋，掠五千余户而还。将军屈右曰："今既获利，宜倍道旋师，早度险厄。蒙逊善用兵，若轻军猝至，大敌外逼，徙户内叛，此危道也。"卫尉伊力延曰："彼步我骑，势不相及。今倍道而归则示弱，且捐弃资财，非计也。"俄而昏雾风雨，蒙逊兵大至，傉檀败走。蒙逊进围乐都，傉檀婴城固守，以子染干为质以请和，蒙逊乃还。

（以上为第一段，写后秦主重视荐举贤才；东晋将领孟怀玉攻克始兴，杀死海盗首领徐道覆；北凉主沮渠蒙逊攻克南凉将军焦朗占据的姑臧城；南凉主秃发傉檀率军攻打北凉，先胜后败。）

三月，刘裕始受太尉、中书监，以刘穆之为太尉司马，陈郡殷景仁为行参军。裕问穆之曰："孟昶参佐谁堪入我府者？"穆之举前建威中兵参军谢晦。晦，安兄据之曾孙也，裕即命为参军。裕尝讯囚，其旦，刑狱参军有疾，以晦代之，于车中一览讯牒，催促便下。相府多事，狱系殷积，晦随问酬辨，曾无违谬。裕由是奇之，即日署刑狱贼曹。晦美风姿，善言笑，博赡多通，裕深加赏爱。

卢循行收兵至番禺，遂围之，孙处拒守二十余日。沈田子言于刘藩曰："番禺城虽险固，本贼之巢穴；今循围之，或有内变。且孙季高众力寡弱，不能持久，若使贼还据广州，凶势复振矣。"夏，四月，田子引兵救番禺，击循，破之，所杀万余人。循走，田子与处共追之，又破循于苍梧、郁林、宁浦。会处病，不能进，循奔交州。

初，九真太守李逊作乱，交州刺史交趾杜瑗讨斩之。瑗卒，朝廷以其子慧度为交州刺史。诏书未至，循袭破合浦，径向交州，慧度帅州府

他宽释了，并任命自己的弟弟沮渠挐为秦州刺史，镇守姑臧。于是他们继续攻打南凉，围困乐都城，过了三十天也不能攻下。南凉王秃发傉檀把自己的儿子秃发安周作为人质交给了北凉，沮渠蒙逊才撤兵。

吐谷浑可汗树洛干攻打南凉，打败了南凉太子秃发虎台。

南凉王秃发傉檀打算再一次攻打沮渠蒙逊，邯川护军孟恺劝阻说："沮渠蒙逊刚刚吞并了姑臧，凶猛的势头正在极盛的时候，不可以去进攻他。"秃发傉檀不听，兵分五路，同时进军，抵达番禾、苕藋，抢掠了五千多户居民回军。将军屈右说："这次既然已经得到了好处，就应该火速班师，早点摆脱危险的环境。沮渠蒙逊善于指挥军队，如果他派一支轻装的部队突然来到，强大的敌人在外围步步威逼，我们裹胁的这些迁移百姓在里面叛乱，这可是危险的事情啊！"卫尉伊力延说："他们步行，我们骑马，按道理他们是赶不上我们的。现在如果我们加速回去，就是向敌人显示我们懦弱，而且要扔掉许多军用物资，不是好的办法。"不久，天气昏暗，大雾弥漫，风雨交加，沮渠蒙逊的军队大批出现，秃发傉檀败退而走。沮渠蒙逊进军围困乐都，秃发傉檀绕着城池，坚持防守，最后又用儿子秃发染干作为人质，向对方请求和解，沮渠蒙逊才收兵回去。

三月，东晋刘裕开始接受太尉、中书监的职务。他任命刘穆之为太尉司马，任命陈郡人殷景仁为行参军。刘裕问刘穆之说："孟昶手下的人谁可以到我这里做事？"刘穆之荐举前建威中兵参军谢晦。谢晦是谢安的哥哥谢据的曾孙。刘裕便命他为参军。刘裕曾经亲自去审问囚犯，那天早晨，恰好刑狱参军有病，便让谢晦去顶替。谢晦在车中只把各种诉状口供看了一遍，判决立刻就能下达。宰相府的杂事繁多，讼案更是堆积了很多，谢晦一边询问一边安排分辨，从没有发生过错误。刘裕因此认为他是一个奇才，当天便调他任刑狱贼曹。谢晦风度优美，善于言谈逗趣，见多识广，刘裕对他非常欣赏。

卢循在撤退的过程中收集残兵败将，来到番禺，于是把番禺包围，孙处在那里抵抗，坚守了二十多天。沈田子对刘藩说："番禺城池虽然险要坚固，但是本来就是敌兵的老窝，现在被卢循围困着，或许城里会出现变乱。况且孙处的军队少，力量弱，不可能坚持太久，如果让这些贼兵回来占据了广州，那么他们的凶恶势力就要重振了。"夏季，四月，沈田子带兵去援救番禺，进攻卢循，并把他打败，杀死一万多人。卢循逃跑，沈田子与孙处一起去追击他，又在苍梧、郁林、宁浦等地几次打败卢循。正巧此时孙处病倒，大军不能继续前进，卢循乘机投奔交州。

当初，九真太守李逊起兵叛乱，交州刺史、交趾人杜瑗前去攻打，并把他斩杀。杜瑗去世，朝廷任命他的儿子杜慧度为交州刺史。命令还没有到达，卢循已经攻占

文武拒循于石碕，破之。循余众犹三千人，李逊余党李脱等结集俚獠五千余人以应循。庚子，循晨至龙编南津，慧度悉散家财以赏军士，与循合战，掷雉尾炬焚其舰，以步兵夹岸射之，循众舰俱然，兵众大溃。循知不免，先鸩妻子，召妓妾问曰："谁能从我死者？"多云："雀鼠贪生，就死实难。"或云："官尚当死，某岂愿生！"乃悉杀诸辞死者，因自投于水。慧度取其尸斩之，并其父子及李脱等，函七首送建康。

初，刘毅在京口，贫困，与知识射于东堂。庾悦为司徒右长史，后至，夺其射堂，众人皆避之，毅独不去。悦厨馔甚盛，不以及毅，毅从悦求子鹅炙，悦怒不与，毅由是衔之。至是，毅求兼督江州，诏许之。因奏称："江州内地，以治民为职，不当置军府凋耗民力，宜罢军府移镇豫章，而寻阳接蛮，可即州府千兵以助郡戍。"于是，解悦都督、将军官，以刺史镇豫章。毅以亲将赵恢领千兵守寻阳，悦府文武三千悉入毅府，符摄严峻。悦忿惧，至豫章，疽发背卒。

（以上为第二段，写东晋刘裕接受太尉、中书监职务，重用谢晦为刑狱贼曹；叛首卢循逃往番禺围攻孙处，被沈田子打败，后被杀，为害十余年的孙恩、卢循叛乱被彻底平定；刘毅睚眦必报，整死庾悦。）

河南王乾归徙羌句岂等部众五千余户于叠兰城，以兄子阿柴为兴国太守以镇之。五月，复以子木弈干为武威太守，镇嵻峎城。

丁卯，魏主嗣谒金陵，山阳侯奚斤居守。昌黎王慕容伯儿谋反，己巳，奚斤并其党收斩之。

秋，七月，燕王跋以太子永领大单于，置四辅。

柔然可汗斛律遣使献马三千匹于跋，求娶跋女乐浪公主。跋命群臣议之。辽西公素弗曰："前世皆以宗女妻六夷，宜许以妃嫔之女，乐浪公主不宜下降非类。"跋曰："朕方崇信殊俗，奈何欺之！"乃以乐浪公主妻之。

了合浦，一直奔向交州。杜慧度率领州府的文武官员在石碕迎击卢循，把他打败。卢循剩下的残兵还有三千人，李逊的余党李脱等也结集俚獠族五千多人响应卢循。

四月二十四日庚子，卢循早晨到达龙编南面的渡口，杜慧度把自己家的财产全部散发给军士们做奖赏，与卢循展开决战。杜慧度军队投掷了许多雉尾炬，用来焚烧对方的战舰，又用步兵在两岸开弓射箭，阻击进攻的敌人，卢循军队的那些船只全部着火，部众彻底溃散。卢循知道自己这次难免一死，于是先用毒酒毒死妻子，然后把那些歌妓、小妾等召集在一起问道："你们谁能跟我一起死？"这些人都说："即使是一只麻雀、一个老鼠也都贪生，跟你一起死实在太难。"但也有的说："您都要死了，我怎愿意再活下去！"卢循于是把那些不愿死的全部杀掉，随后自己也投水自杀。杜慧度把他的尸体捞上来，割下人头，再加上他父亲、儿子以及李脱等共七颗人头，装在木盒中，送往都城建康。

当初，刘毅在京口居住时，家庭很贫困，一次与熟人在东堂比赛射箭。庾悦当时是司徒右长史，后来到这里，夺用了这个射箭的大堂。别的人全都回避走了，只有刘毅不走，庾悦在这里大摆宴席，酒菜非常丰盛，却不给刘毅吃。刘毅跟他要一块烤小鹅肉吃，庾悦大怒，没有给，刘毅从此对他怀恨在心。到了现在，刘毅请求兼管江州，安帝司马德宗下令允许。于是他便呈上奏书，说："江州属于国家的腹地，江州刺史应该以治理民间事务为主要职守，不应该再配置一个军府消耗百姓的力量，应该解除军府，移到豫章镇守。寻阳接近蛮夷地区，所以也可在州府的部队中分出一千名兵丁加强该郡的防卫。"于是解除了江州刺史庾悦的都督、将军等官职，仅以刺史的身份镇守豫章。刘毅派亲信的将领赵恢带领一千名士兵去戍守寻阳，而庾悦府中的三千名文武官员等全部并入刘毅的府中办公。刘毅对庾悦不断下达严苛的命令又催逼甚紧。庾悦既愤怒又惧怕，到豫章后不久，后背上生了毒疮，去世。

后秦河南王乞伏乾归把羌人句岂等部落的五千多户居民强行迁到叠兰城居住，任命自己的侄儿乞伏阿柴为兴国太守，镇守在那里。五月，他又任命儿子乞伏木弈干为武威太守，镇守嵻峎城。

五月二十二日丁卯，魏明元帝拓跋嗣拜谒金陵，命令山阳侯奚斤留在都城镇守。昌黎王慕容伯儿谋反。二十四日己巳，奚斤把他连同他的党羽抓起来后，一同斩首。

秋季，七月，北燕主冯跋任命太子冯永兼任大单于，设置四位辅佐大臣。

柔然可汗郁久闾斛律派遣使节向冯跋献上三千匹好马，请求迎娶冯跋的女儿乐浪公主。冯跋命令大臣们讨论这件事。辽西公冯素弗说："前代的君主都把宗室女儿嫁给那些夷人为妻，现在应该把妃嫔所生的女儿许配给他，至于乐浪公主，就不应该下嫁给地位不相当的人了。"冯跋说："我正要在蛮荒地区树立威信，怎么能够欺

跋勤于政事，劝课农桑，省徭役，薄赋敛，每遣守宰，必亲引见，问为政之要，以观其能。燕人悦之。

河南王乾归遣平昌公炽磐及中军将军审虔伐南凉。审虔，乾归之子也。八月，炽磐兵济河，南凉王傉檀遣太子虎台逆战于岭南。南凉兵败，虏牛马十余万而还。

沮渠蒙逊帅轻骑袭西凉，西凉公暠曰："兵有不战而败敌者，挫其锐也。蒙逊新与吾盟，而遽来袭我，我闭门不与战，待其锐气竭而击之，蔑不克矣。"顷之，蒙逊粮尽而归，暠遣世子歆帅骑七千邀击之，蒙逊大败，获其将沮渠百年。

河南王乾归攻秦略阳太守姚龙于柏阳堡，克之。冬，十一月，进攻南平太守王憬于水洛城，又克之，徙民三千余户于谭郊。遣乞伏审虔帅众二万城谭郊。十二月，西羌彭利发袭据枹罕，自称大将军、河州牧，乾归讨之，不克。

是岁，并州刺史刘道怜为北徐州刺史，移镇彭城。

（以上为第三段，写柔然可汗向北燕主冯跋献马三千匹，求娶乐浪公主；北凉主沮渠蒙逊率兵攻打西凉，被打败；西羌部落首领彭利发攻占枹罕，自称河州牧。）

八年（壬子，412 年）

春，正月，河南王乾归复讨彭利发，至奴葵谷。利发弃众南走，乾归遣振威将军乞伏公府追至清水，斩之，收羌户一万三千，以乞伏审虔为河州刺史镇枹罕而还。

二月，丙子，以吴兴太守孔靖为尚书右仆射。

河南王乾归徙都谭郊，命平昌公炽磐镇苑川。乾归击吐谷浑阿若干于赤水，降之。

夏，四月，刘道规以疾求归，许之。道规在荆州累年，秋毫无犯。及归，府库帷幕，俨然若旧。随身甲士二人迁席于舟中，道规刑之于市。

以后将军豫州刺史刘毅为卫将军、都督荆宁秦雍四州诸军事、荆州

骗他呢？”于是把乐浪公主嫁给郁久闾斛律为妻。

冯跋对国家政务勤勤恳恳，鼓励百姓务农种桑，减少徭役，降低赋税，每次任命、下派守宰一类的地方官时，总要亲自召见他们，问他们施政的基本打算，观察他们的能力。北燕百姓对此十分欢悦。

后秦河南王乞伏乾归派遣平昌公乞伏炽磐以及中军将军乞伏审虔攻打南凉国。乞伏审虔是乞伏乾归的儿子。八月，乞伏炽磐的大军渡过金城河，南凉王秃发傉檀派遣太子秃发虎台在岭南地区迎战，结果，南凉军队大败。乞伏炽磐抢掠了十几万匹牛马便回去了。

沮渠蒙逊率领轻装骑兵袭击西凉，西凉公李暠说：“用兵的人有不用战斗而把敌人打败的，那就是挫伤他的锐气。沮渠蒙逊刚刚与我们结盟，却又突然前来袭击我们，我们关紧城门不和他们接战，等到他们锐气枯竭之后再来进攻他们，没有不获胜的。”不久，沮渠蒙逊的军队粮食吃完，撤军，李暠派嫡长子李歆率领骑兵七千人拦腰进攻他们，沮渠蒙逊部队惨败，西凉俘获了他们的大将沮渠百年。

后秦河南王乞伏乾归进攻后秦略阳太守姚龙于柏阳堡，攻陷了这座城。冬季，十一月，又到水洛城进攻南平太守王憬，也攻下了，把那里的三千多户百姓强行迁往谭郊，派儿子乞伏审虔统帅二万士兵筑谭郊城。十二月，西羌部落首领彭利发攻占了枹罕，自称为大将军、河州牧，乞伏乾归前去讨伐，没有攻下。

这一年，东晋并州刺史刘道怜改任北徐州刺史，迁移到彭城镇守。

晋安帝义熙八年（壬子，412 年）

春季，正月，河南王乞伏乾归再一次出兵攻打彭利发，抵达奴葵谷。彭利发扔下部众向南逃走，乞伏乾归派遣振威将军乞伏公府追到清水，把他杀了。这一战收集了羌人居民一万三千户，任命乞伏审虔为河州刺史，镇守枹罕，大军回师。

二月初五丙子，东晋任命吴兴太守孔靖为尚书右仆射。

后秦河南王乞伏乾归把都城迁到谭郊，命令平昌公乞伏炽磐镇守苑川。乞伏乾归在赤水袭击吐谷浑汗国的阿若干，收降了他。

夏季，四月，东晋荆州刺史刘道规因为身体有病，请求解职回京，朝廷准许。刘道规在荆州任职几年，丝毫也没有侵占百姓的利益。到他回京的时候，政府机关都和他刚来时一模一样。他的随从中有两个卫兵把一条草席带上了船，刘道规也把他们拉到市井中斩首。

东晋朝廷任命后将军、豫州刺史刘毅为卫将军，都督荆、宁、秦、雍四州诸军

刺史。毅谓左卫将军刘敬宣曰：“吾忝西任，欲屈卿为长史南蛮，岂有见辅意乎？”敬宣惧，以告太尉裕，裕笑曰：“但令老兄平安，必无过虑。”

毅性刚愎，自谓建义之功与裕相埒，深自矜伐，虽权事推裕而心不服，及居方岳，常怏怏不得志。裕每柔而顺之，毅骄纵滋甚，尝云：“恨不遇刘、项，与之争中原！”及败于桑落，知物情已去，弥复愤激。裕素不学，而毅颇涉文雅，故朝士有清望者多归之，与尚书仆射谢混、丹杨尹郗僧施深相凭结。僧施，超之从子也。

毅既据上流，阴有图裕之志，求兼督交、广二州，裕许之。毅又奏以郗僧施为南蛮校尉、后军司马，毛修之为南郡太守，裕亦许之，以刘穆之代僧施为丹杨尹。毅表求至京口辞墓，裕往会之于倪塘。宁远将军胡藩言于裕曰：“公谓刘卫军终能为公下乎？”裕默然，久之，曰：“卿谓何如？”藩曰：“连百万之众，攻必取，战必克，毅以此服公，至于涉猎传记，一谈一咏，自许以为雄豪，以是搢绅白面之士辐凑归之。恐终不为公下，不如因会取之。”裕曰：“吾与毅俱有克复之功，其过未彰，不可自相图也。”

乞伏炽磐攻南凉三河太守吴阴于白土，克之，以乞伏出累代之。

六月，乞伏公府弑河南王乾归，并杀其诸子十余人，走保大夏。平昌公炽磐遣其弟广武将军智达、扬武将军木弈干帅骑三千讨之；以其弟昙达为镇京将军，镇谭郊，骁骑将军娄机镇苑川。炽磐帅文武及民二万余户迁于枹罕。

秦人多劝秦王兴乘乱取炽磐，兴曰：“伐人丧，非礼也。”夏王勃勃欲攻炽磐，军师中郎将王买德谏曰：“炽磐，吾之与国，今遭丧乱，吾不能恤，又恃众力而伐之，匹夫犹且耻为，况万乘乎！”勃勃乃止。

事，荆州刺史。刘毅对左卫将军刘敬宣说："我忝居西方重任，打算委屈你为南蛮长史，你有没有帮我忙的意思？"刘敬宣很害怕，把这件事告诉了太尉刘裕，刘裕笑着说："总会让你老兄平安，一定不要过分忧虑。"

刘毅性格刚愎自用，自以为当年勤王举义的功劳与刘裕相等，心里深深为此骄矜自负。因此，他虽然暂时拥戴听从刘裕，但是心里却并不服气，等到独当一面，当上一个地区的首脑之后，仍然经常郁闷不乐，觉得志向不得实现。刘裕每每对他容让顺从，这更加纵容滋长了他的狂傲，曾说："真遗憾没有遇到刘邦、项羽，跟他们争夺中原！"等到在桑落惨败之后，他知道自己大势已去，更增加了烦恼和愤激。刘裕一向不读书，刘毅却涉猎文墨颇多，所以朝中很多名望清高的有学识的人，都与他往来密切。他与尚书仆射谢混、丹阳尹郗僧施关系最好，感情最深，互相结纳。郗僧施是郗超的侄儿。刘毅把持了长江上游一带的大权之后，暗地里有图谋刘裕的志向，便请求兼管交、广二州的军事，刘裕也答应了他。刘毅又奏请任命郗僧施为南蛮校尉后军司马，任命毛修之为南郡太守，刘裕又答应了他，改派刘穆之代替郗僧施为丹阳尹。

刘毅上书请求到京口向祖先的坟墓辞行，刘裕前往倪塘与他相会。宁远将军胡藩对刘裕进言道："您说刘毅能永远地做您的部下吗？"刘裕沉默不语很久，说："你认为应当怎么办？"胡藩说："统率百万大军，攻击一定得手，交战一定胜利，刘毅以此佩服您。至于博览群书、谈吐吟咏，他却自认为是英雄豪杰。正因如此，高雅的士绅、白面的书生等集中归附到他那里。我担心他终将不会甘心在您之下，不如趁这次会面的机会干脆除掉他。"刘裕说："我与刘毅都有使国家复兴的功劳，他的罪过还没有表露出来，不可自相残杀。"

西秦主乞伏炽磐在白土进攻南凉三河太守吴阴，击败了他，让乞伏出累代替吴阴镇守白土。

六月，西秦振威将军乞伏公府刺杀了河南王乞伏乾归。同时杀死了乞伏乾归的十几个儿子，逃到大夏据守。平昌公乞伏炽磐派他的弟弟广武将军乞伏智达、杨武将军乞伏木弈干率领三千骑兵，前去攻打；任命他的另一个弟弟乞伏昙达为镇东将军，镇守谭郊；任命骁骑将军乞伏娄机镇守苑川。乞伏炽磐统帅文武官员及二万多户百姓迁移到枹罕。

后秦有很多人都劝后秦主姚兴乘西秦国内部危亡动乱之机，消灭乞伏炽磐，姚兴说："趁别人遭丧之时，讨伐他，不合礼仪。"夏王刘勃勃打算进攻乞伏炽磐，军师中郎将王买德劝阻说："乞伏炽磐是我们的邻邦，现在遭受丧乱，我们不能去体恤帮助，反而依仗人多力大去攻打他，这样的事情连普通的老百姓都觉得可耻而不去

闰月，庚子，南郡烈武公刘道规卒。

秋，七月，己巳朔，魏主嗣东巡，置四厢大将、十二小将；以山阳侯斤、元城侯屈行左、右丞相。庚寅，嗣至濡源，巡西北诸部落。

乞伏智达等击破乞伏公府于大夏。公府奔叠兰城，就其弟阿柴，智达等攻拔之，斩阿柴父子五人。公府奔嵻崀南山，追获之，并其四子，轘之于谭郊。

八月，乞伏炽磐自称大将军、河南王，大赦，改元永康，葬乾归于枹罕，谥曰“武元”，庙号高祖。

（以上为第四段，写西秦发生政变，国主乞伏乾归被侄子乞伏公府谋杀；乞伏乾归长子乞伏炽磐将其抓获，施以车裂之刑；乞伏炽磐继承王位，为河南王，改元永康。）

皇后王氏崩。

庚戌，魏主嗣还平城。

九月，河南王炽磐以尚书令武始翟勍为相国，侍中、太子詹事赵景为御史大夫，罢尚书令、仆、尚书六卿、侍中等官。

癸酉，葬僖皇后于休平陵。

刘毅至江陵，多变易守宰，辄割豫州文武、江州兵力万余人以自随。会毅疾笃，郗僧施等恐毅死，其党危，乃劝毅请从弟兖州刺史藩以自副，太尉裕伪许之。藩自广陵入朝，己卯，裕以诏书罪状毅，云与藩及谢混共谋不轨，收藩及混赐死。

初，混与刘毅款昵，混从兄澹常以为忧，渐与之疏，谓弟璞及从子瞻曰：“益寿此性，终当破家。”澹，安之孙也。

庚辰，诏大赦，以前会稽内史司马休之为都督荆、雍、梁、秦、宁、益六州诸军事，荆州刺史；北徐州刺史刘道怜为兖、青二州刺史，镇京口；使豫州刺史诸葛长民监太尉留府事。裕疑长民难独任，乃加刘穆之建武将军，置佐吏，配给资力以防之。

做，何况您是拥有万乘之尊的天王了！”刘勃勃这才停止。

闰六月初一庚子，东晋南郡烈武公刘道规去世。

秋季，七月初一己巳朔，魏明元帝拓跋嗣巡视东方，设置了四厢大将、十二小将等官。任命山阳侯奚斤、元城侯拓跋屈担任左、右丞相。二十二日庚寅，拓跋嗣抵达濡源，巡视西北的那些部落。

西秦乞伏智达等人在大夏击败乞伏公府。乞伏公府逃奔叠兰城，投靠他的弟弟乞伏阿柴。乞伏智达等攻陷了那里，斩杀了乞伏阿柴他们父子五人。乞伏公府又往南逃到嵻崀山区南，被追上抓获，连同他的四个儿子一起，在谭郊城内用车裂刑处死。

八月，乞伏炽磐自称为大将军、河南王，下令大赦，改年号为永康。把乞伏乾归安葬在枹罕，追谥他为武元王，庙号高祖。

东晋皇后王氏去世。

八月十二日庚戌，魏明元帝拓跋嗣回到平城。

九月，西秦河南王乞伏炽磐任命尚书令武始人翟勍为相国，任命侍中、太子詹事赵景为御史大夫，撤销了尚书令、仆射、尚书六卿、侍中等官职。

九月初六癸酉，东晋把僖皇后王氏安葬在休平陵。

刘毅抵达江陵，对下属的守宰等地方官进行了很大的变动、撤换，他擅自抽调豫州原来的老文武僚属、江州的原部众一万多人跟随自己到荆州。正好赶上刘毅病重，郗僧施等人恐怕刘毅死掉，他们这一党处境危险，于是劝说刘毅向朝廷请求派自己的堂弟兖州刺史刘藩做自己的副手，太尉刘裕假装答应了他。刘藩从广陵前往建康来朝见皇帝。九月十二日己卯，刘裕用皇帝的名义下命令，公布刘毅的罪状，指出他与刘藩以及谢混等人一起阴谋叛乱，抓住了刘藩和谢混，命令他们自杀。

当初，谢混与刘毅感情密切亲昵，谢混的堂兄谢澹常常为此担忧，逐渐与他疏远，并对弟弟谢璞和侄儿谢瞻说：“谢混这种性情，将来一定会家破人亡。”谢澹是谢安的孙子。

九月十三日庚辰，东晋安帝司马德宗下令实行大赦。任命前会稽内史司马休之为都督荆、雍、梁、秦、宁、益六州诸军事，荆州刺史；任命北徐州刺史刘道怜为兖、青二州刺史，镇守京口；任命豫州刺史诸葛长民监太尉留府事。刘裕担心诸葛长民很难单独胜任，于是加封刘穆之为建武将军，设置辅佐官员，配备军事力量，防备意外。

壬午，裕帅诸军发建康，参军王镇恶请给百舸为前驱。丙申，至姑孰，以镇恶为振武将军，与龙骧将军蒯恩将百舸前发，裕戒之曰："若贼可击，击之；不可者，烧其船舰，留屯水际以待我。"于是，镇恶昼夜兼行，扬声言刘兖州上。

冬，十月，己未，镇恶至豫章口，去江陵城二十里，舍船步上。蒯恩军居前，镇恶次之。舸留一二人，对舸岸上立六七旗，旗下置鼓，语所留人："计我将至城，便鼓严，令若后有大军状。"又分遣人烧江津船舰。镇恶径前袭城，语前军士："有问者，但云刘兖州至。"津戍及民间皆晏然不疑。

未至城五六里，逢毅要将朱显之欲出江津，问："刘兖州何在？"军士曰："在后。"显之至军后不见藩，而见军人担彭排战具，望江津船舰已被烧，鼓严之声甚盛，知非藩上，便跃马驰去告毅，行令闭诸城门。镇恶亦驰进，门未及下关，军人因得入城。卫军长史谢纯入参承毅，出闻兵至，左右欲引车归。纯叱之曰："我，人吏也，逃将安之！"驰还入府。纯，安兄据之孙也。

镇恶与城内兵斗，且攻其金城，自食时至中晡，城内人败散。镇恶穴其金城而入，遣人以诏及赦文并裕手书示毅，毅皆烧不视，与司马毛修之等督士卒力战。城内人犹未信裕自来，军士从毅自东来者，与台军多中表亲戚，且斗且语，知裕自来，人情离骇。逮夜，听事前兵皆散，斩毅勇将赵蔡，毅左右兵犹闭东西阁拒战。镇恶虑暗中自相伤犯，乃引军出围金城，开其南面。毅虑南有伏兵，夜半，帅左右三百许人开北门突出。毛修之谓谢纯曰："君但随仆去。"纯不从，为人所杀。

毅夜投牛牧佛寺。初，桓蔚之败也，走投牛牧寺僧昌，昌保藏之，毅杀昌。至是，寺僧拒之曰："昔亡师容桓蔚，为刘卫军所杀，今实不敢容异人。"毅叹曰："为法自弊，一至于此！"遂缢而死。明日，居人以

九月十五日壬午，刘裕率领几支部队从建康出发，参军王镇恶请求交给他一百条船担任先锋。二十九日丙申，抵达姑孰，任命王镇恶为振武将军，与龙骧将军蒯恩带领一百条船提前出发，刘裕告诫他们说："如果敌人可以战胜，便进攻他们；如果不能取胜，便把他们的船舰烧毁，停留在水边等待我来。"于是王镇恶白天黑夜地加速前进，声言说是刘藩到来。

冬季，十月二十二日己未，王镇恶抵达豫章口，离江陵城只有二十里，因此，他们下船，步行进军。蒯恩带兵走在前面，王镇恶紧跟着他。每条船上只留一二个人，停船的岸上立起六七面旗帜，旗下放置战鼓，告诉留下的人："估计我们就要到江陵城时，你们便不停地擂起战鼓，做出后面好像还有大部队的样子。"又分别派人去火烧江津那里的船舰。王镇恶径直去突袭江陵城，告诉前面的军士："如果有人问，就说刘藩到了。"渡口卫兵和当地百姓都安下心来，毫不怀疑。

离城还有五六里远时，正好碰上刘毅手下的重要将领朱显之准备去江津，问道："刘藩在哪里？"军士们说："在后面。"朱显之到了部队的后面也没有看到刘藩，却看见军士扛着盾牌、旁排等作战工具，又看见江津的船舰已经火起被烧，江边擂鼓的声音又很大，恍然大悟不是刘藩到来，便跳上马背，飞马回城向刘毅报告，下令赶快关闭各个城门。王镇恶也跟着跑进城去，城门还没来得及关闭，军队得以进入江陵城。卫军长史谢纯进府去拜见刘毅，出来的时候，听说军队杀到，左右侍从打算拉着他的车回去，谢纯呵斥他们说："我是人家的下属，逃能逃到哪里去？"于是驰回刘毅府中。谢纯是谢安的哥哥谢据的孙子。

王镇恶与城内的士兵展开激战，一面又进攻江陵的牙城，从中午直到傍晚，城内的守军终于败退溃散。王镇恶从牙城挖一个洞，冲了进去，派人把皇帝的命令和赦免他的文件以及刘裕写给他的亲笔信交给刘毅，刘毅看也不看，便全部烧掉了。刘毅与司马毛修之等人督促士兵拼力死战。城内的人还不相信刘裕亲自到来，可是军队中那些跟着刘毅从东方来的士兵，与朝廷来的士兵有一些是表亲的关系，他们一边交战一边对话。知道的确是刘裕亲自来了，人心为此震骇离乱。到了夜晚，刘毅办公的府前卫兵全部逃散并杀掉了刘毅手下的勇将赵蔡；刘毅身边的侍卫还关紧东西小门顽强抗拒。王镇恶担心黑暗之中自己的士兵彼此误伤，于是又把部众带出围困牙城，并把南面打开一个出口。刘毅害怕南面有埋伏的官兵，半夜的时候，率领三百个左右的侍卫，打开北门突围出去。毛修之对谢纯说："你只管跟我去。"谢纯不同意，被别人杀掉了。

刘毅连夜投奔牛牧佛寺。当初桓蔚失败的时候，便跑到这里投奔牛牧寺的僧人昌。昌把桓蔚藏了起来，保护他，刘毅则杀了昌。到这时，寺里的僧人们拒绝了他，说："过去我们亡故的师父昌容留桓蔚，被你杀死，现在实在再不敢容留他人了。"

告，乃斩首于市，并子侄皆伏诛。毅兄模奔襄阳，鲁宗之斩送之。

初，毅季父镇之闲居京口，不应辟召，常谓毅及藩曰："汝辈才器，足以得志，但恐不久耳。我不就尔求财位，亦不同尔受罪累。"每见毅、藩导从到门，辄诟之。毅甚敬畏，未至宅数百步，悉屏仪卫，与白衣数人俱进。及毅死，太尉裕奏征镇之为散骑常侍、光禄大夫，固辞不至。

（以上为第五段，写东晋将领刘毅担任荆州刺史，骄纵跋扈，对太尉刘裕怀有异心；刘裕率军主动出击，一举打败刘毅，并消灭其残余势力，吞并豫州、江州。）

仇池公杨盛叛秦，侵扰祁山，秦王兴遣建威将军赵琨为前锋，立节将军姚伯寿继之，前将军姚恢出鹫峡，秦州刺史姚嵩出羊头峡，右卫将军胡翼度出汧城，以讨盛。兴自雍赴之，与诸将会于陇口。

天水太守王松忽言于嵩曰："先帝神略无方，徐洛生以英武佐命，再入仇池，无功而还，非杨氏智勇能全也，直地势险固耳。今以赵琨之众，使君之威，准之先朝，实未见成功。使君具悉形便，何不表闻！"嵩不从。盛帅众与琨相持，伯寿畏懦不进，琨众寡不敌，为盛所败。兴斩伯寿而还。

兴以杨佛嵩为雍州刺史，帅岭北见兵以击夏。行数日，兴谓群臣曰："佛嵩每见敌，勇不自制，吾常节其兵不过五千人。今所将既多，遇敌必败，行已远，追之无及，将若之何？"佛嵩与夏王勃勃战，果败，为勃勃所执，绝亢而死。

秦立昭仪齐氏为后。

沮渠蒙逊迁于姑臧。

（以上为第六段，写后秦政事，被封为仇池公的杨盛背叛后秦，侵扰祁山，后秦主姚兴率领数路大军前往讨伐，结果打了败仗；又兴兵攻打胡夏，也是铩羽而归。）

刘毅哀叹说：“自己制订法律规章断绝自己的活路，竟然到了这种程度！”于是，他自己上吊而死。第二天，当地居民报告，王镇恶便将他的尸体拖到市中，砍下脑袋，他的儿子、侄子等也都一起被杀。刘毅的哥哥刘模逃奔到襄阳，雍州刺史鲁宗之斩了他，并把人头送到建康。

当初，刘毅的叔父刘镇之在京口闲居，不应朝廷的征召，常常对刘毅和刘藩说：“凭你们的才能天赋，足可以实现自己的志向，干一番大事业，但是恐怕不会得势太长时间。我不依靠你们谋求钱财和地位，也不和你们一起受到罪行的连累。”他每次看见刘毅、刘藩领着部下路过家门，都出去辱骂他们。刘毅对他非常尊敬而又害怕，回家时，在离家宅的几百步远的地方，便把仪仗卫兵等全部屏退，只和几个部下的小官吏的人一起进屋。等到刘毅死后，太尉刘裕奏请征召刘镇之为散骑常侍、光禄大夫，刘镇之仍然坚决推辞，不来上任。

被后秦封为仇池公的氐王杨盛，背叛后秦，侵犯骚扰祁山。后秦主姚兴派遣建威将军赵琨率领先行部队，派立节将军姚伯寿率领后援部队，派前将军姚恢进军鹫峡，派秦州刺史姚嵩进军羊头峡，派右卫将军胡翼度进军汧城，同时攻打杨盛。姚兴从雍城带兵前去，与那些将领在陇口会合。

天水太守王松忽向姚嵩进言说：“先帝奇谋神智，变化莫测，徐洛生又以自己的英才勇武辅佐王命，就是那样的条件，二次进攻仇池的时候，也免不了没有任何收获，空手而回。这不是因为杨氏的智谋勇力能够保全自己，只不过是那里的地势艰险牢固罢了。现在依靠赵琨等人的大军，依靠您的威信名望，和先帝的朝代相比，实在也不见得能够成功。您全盘了解这样的形势，为什么不报告皇上呢？”姚嵩没有听从。杨盛率领部众与赵琨对抗，双方僵持不下，姚伯寿畏惧怯懦，不进兵增援，赵琨力量单薄，难以抵敌，被杨盛打败。姚兴斩了姚伯寿之后回军。

姚兴任命杨佛嵩为雍州刺史，率领岭北现有的军队进击夏国。军队走了几天，姚兴对大臣们说：“杨佛嵩每当看见敌人便奋勇向前，无法自己克制，我常常限制他的军队不让它超过五千人。这次他所统领的兵力已经太多了，遇到敌人便一定要失败，但是他们已经走远，追也追不上了，怎么办好呢？”杨佛嵩与夏王刘勃勃交战，果然失败，被刘勃勃抓获，扼住喉咙掐死。

后秦册立昭仪齐氏为王后。

北凉沮渠蒙逊把都城迁到姑臧。

十一月，己卯，太尉裕至江陵，杀郗僧施。初，毛修之虽为刘毅僚佐，素自结于裕，故裕特宥之。赐王镇恶爵汉寿子。裕问毅府谘议参军申永曰："今日何施而可？"永曰："除其宿衅，倍其惠泽，贯叙门次，显擢才能，如此而已。"裕纳之，下书宽租省调，节役原刑，礼辟名士，荆人悦之。

诸葛长民骄纵贪侈，所为多不法，为百姓患，常惧太尉裕按之。及刘毅被诛，长民谓所亲曰："'昔年醢彭越，今年杀韩信。'祸其至矣！"乃屏人问刘穆之曰："悠悠之言，皆云太尉与我不平，何以至此？"穆之曰："公溯流远征，以老母稚子委节下；若一豪不尽，岂容如此邪！"长民意乃小安。

长民弟辅国大将军黎民说长民曰："刘氏之亡，亦诸葛氏之惧也，宜因裕未还而图之。"长民犹豫未发，既而叹曰："贫贱常思富贵，富贵必履危机。今日欲为丹徒布衣，岂可得邪！"因遗冀州刺史刘敬宣书曰："盘龙狠戾专恣，自取夷灭。异端将尽，世路方夷，富贵之事，相与共之。"敬宣报曰："下官自义熙以来，忝三州、七郡，常惧福过灾生，思避盈居损。富贵之旨，非所敢当。"且使以书呈裕，裕曰："阿寿故为不负我也。"

刘穆之忧长民为变，屏人问太尉行参军东海何承天曰："公今行济否？"承天曰："荆州不忧不时判，别有一虑耳。公昔年自左里还入石头，甚脱尔；今还，宜加重慎。"穆之曰："非君，不闻此言。"

裕在江陵，辅国将军王诞白裕求先下，裕曰："诸葛长民似有自疑心，卿讵宜便去！"诞曰："长民知我蒙公垂盼，今轻身单下，必当以为无虞，乃可以少安其意耳。"裕笑曰："卿勇过贲、育矣。"乃听先还。

沮渠蒙逊即河西王位，大赦，改元玄始，置官僚如凉王光为三河王故事。

太尉裕谋伐蜀，择元帅而难其人。以西阳太守朱龄石既有武干，又

十一月十三日己卯，东晋太尉刘裕抵达江陵，杀死郗僧施。当初毛修之虽然是刘毅的幕僚属下，但却一向暗自与刘裕结交，所以刘裕特别宽容了他。朝廷赐给王镇恶以汉寿子爵位。刘裕问刘毅府的谘议参军申永说：“现在应当怎么做才合适？”申永说：“消除那些以往的隔阂，加倍向百姓官员施加恩惠，重新严格按照门第来加封官职，公开地擢升有才能的人，不过这样罢了。”刘裕采纳了他的建议，下令减少赋税役差，放宽刑罚，以礼相聘有名望的人士。荆州的百姓非常拥护他。

东晋豫州刺史诸葛长民骄横放纵，贪婪奢侈，干的事情大多都不合法度，成了百姓的一大祸患。他也常常担心太尉刘裕查处他。到了刘毅被杀，诸葛长民便对他所亲近的人说：“‘前年杀彭越，今年杀韩信。’我的大祸就要来了！”于是他把别人屏退，问刘穆之说：“大家纷纷传言，都说太尉对我非常不满，这是什么原因？”刘穆之说：“刘公逆流而上，远征刘毅，把老母和幼子全都交给您照顾，如果有一点点的不信任，哪里能这样呢？”诸葛长民的心里才稍稍安定一些。

诸葛长民的弟弟辅国大将军诸葛黎民，劝说诸葛长民道：“刘毅的死，也就是诸葛氏的下场，应该趁着刘裕还没有回来，抢先动手。”诸葛长民犹豫不决，没有行动，过后叹息说：“贫贱的时候，常常想着富贵，富贵之后又一定会有危险。现在要想当一个丹徒的老百姓，怎么能行呢？”于是给冀州刺史刘敬宣写信说：“刘毅狠毒暴戾，专横任性，自取灭亡。现在有叛乱之心的人已经被剿灭，天下就要太平，如果有富贵的事情的话，希望我们一同享受。”刘敬宣回信说：“下官我从义熙初年以来，不称职地当过三个州的刺史，七个郡的太守，常常害怕福分就要过去，灾祸就要降在头上，因此只想回避太满的好处，宁可吃亏受损。您所说的富贵的意思，我实在不敢承当。”而且又把信送给刘裕，刘裕说：“刘敬宣还是没有辜负我。”

刘穆之担心诸葛长民制造叛乱，屏退别人问太尉行参军东海人何承天说：“刘公这次能不能成功？”何承天说：“荆州可以马上平定，不过有另外一个值得忧虑的事情。刘公过去在左里大胜之后回到石头城，非常轻松随便，但这次回来，却应该加倍谨慎。”刘穆之说：“不是你，听不到这样的忠告。”

刘裕在江陵，辅国将军王诞向刘裕表示，请求先行东还，刘裕说：“诸葛长民好像自己非常担心，你怎么敢轻易地就走！”王诞说：“诸葛长民知道我一向承蒙您的垂爱照顾，我现在轻装简从，单身而回，他就一定会觉得没有危险，这样也可以稍稍安定一下他的心意。”刘裕笑着说：“你的勇气超过孟贲、夏育了。”于是就听凭他先回去。

沮渠蒙逊登上河西王的位子，下令大赦，改年号为玄始，设置的官员与后凉王吕光为三河王时设置的官员一样。

东晋太尉刘裕计划攻打蜀地，选择元帅的时候，觉得很难找到合适的人选。他

练吏职，欲用之。众皆以为龄石资名尚轻，难当重任，裕不从。十二月，以龄石为益州刺史，帅宁朔将军臧熹、河间太守蒯恩、下邳太守刘钟等伐蜀，分大军之半二万人以配之。熹，裕之妻弟，位居龄石之右，亦隶焉。

裕与龄石密谋进取，曰："刘敬宣往年出黄虎，无功而退。贼谓我今应从外水往，而料我当出其不意犹从内水来也。如此，必以重兵守涪城以备内道。若向黄虎，正堕其计。今以大众自外水取成都，疑兵出内水，此制敌之奇也。"而虑此声先驰，贼审虚实。别有函书封付龄石，署函边曰："至白帝乃开。"诸军虽进，未知处分所由。

毛修之固请行。裕恐修之至蜀，必多所诛杀，土人与毛氏有嫌，亦当以死自固，不许。

分荆州十郡置湘州。

加太尉裕太傅、扬州牧。

丁巳，魏主嗣北巡，至长城而还。

（以上为第七段，写东晋太尉刘裕听从申永建议，减省赋税，放宽刑罚，礼聘名士，得到百姓拥护；豫州刺史诸葛长民骄横放纵，意欲反叛；朱龄石奉刘裕之令率军攻打西蜀割据主谯纵。）

九年（癸丑，413 年）

春，二月，庚戌，魏主嗣如高柳川；甲寅，还宫。

太尉裕自江陵东还，骆驿遣辎重兼行而下，前刻至日，每淹留不进。诸葛长民与公卿频日奉候于新亭，辄差其期。乙丑晦，裕轻舟径进，潜入东府。三月，丙寅朔旦，长民闻之，惊趋至门。裕伏壮士丁旿于幔中，引长民却人间语，凡平生所不尽者皆及之。长民甚悦。丁旿自幔后出，于座拉杀之，舆尸付廷尉。收其弟黎民，黎民素骁勇，格斗而死。并杀其季弟大司马参军幼民、从弟宁朔将军秀之。

庚午，秦王兴遣使至魏修好。

认为西阳太守朱龄石既有武勇，又熟悉胜任官吏的职责，打算任用他。大家却都认为朱龄石的资历名望还轻，难以承当重任。刘裕不听从。十二月，任命朱龄石为益州刺史，统帅宁朔将军臧熹、河间太守蒯恩、下邳太守刘钟等人前去攻打蜀地，并把自己大军的一半共二万人配给他指挥。臧熹是刘裕的内弟，职位也比朱龄石高，但也接受朱龄石的统领。

刘裕与朱龄石密谋进攻取胜的办法，说："刘敬宣以前进军到黄虎，没建立什么功业便退回来了。所以敌兵以为我们这次应当从外水出发，又防备我们出其不意仍然还从内水进兵。这样他们一定会用重兵把守涪城，封锁内水。如果我们进军黄虎，正中他们的计策。现在我们以大部队经过外水直取成都，另派一支迷惑敌人的军队进攻内水，这是克敌制胜的奇计。"他担心这种计划事先传扬出去，敌人摸清了自己的虚实动静，便另外写了一封信装在盒子里，交给朱龄石，在盒子边上写："到白帝城再打开。"这几路大军虽然开始行动，但却不知道为什么要这样安排。

毛修之坚决要求随大军出发，刘裕恐怕毛修之到蜀地后大肆屠杀，而当地人因为与毛修之有宿怨，也可能拼死坚守抵抗，所以，没有答应他的请求。

东晋把荆州的十个郡分出来，设立湘州。

东晋朝廷加授太尉刘裕为太傅、扬州牧。

十二月二十一日丁巳，北魏主拓跋嗣，巡视北方，到达长城后返回。

晋安帝义熙九年（癸丑，413年）

春季，二月十五日庚戌，魏明元帝拓跋嗣前往高柳川；十九日甲寅，回宫。

东晋太尉刘裕从江陵东下，返回建康，陆续把军用物资运送回去，在预定的日期以前，常常滞留，不能按期进发。诸葛长民与公卿们每天都到新亭去等候，每每错过日期。二月三十日乙丑夜，刘裕乘快速小艇迅速前进，暗中回到了东府。

三月初一丙寅朔凌晨，诸葛长民才得到消息，大吃一惊，急往晋见。刘裕命武士丁旿埋伏在幔中，然后迎接诸葛长民入内，把别人屏退，单独谈话，把一生以来谈不透的话全部谈到了。诸葛长民非常高兴，却不料丁旿从帷幔后跳出来，在座位上勒死他。刘裕命令用车子把他的尸体拉到廷尉去判罪；又去抓他的弟弟诸葛黎民，诸葛黎民一向非常骁勇，拒捕格斗，被杀死；又杀了他的小弟弟大司马参军诸葛幼民、他的堂弟宁朔将军诸葛秀之。

三月初五庚午，后秦主姚兴派遣使节前往北魏建立友好关系。

太尉裕上表曰："大司马温以'民无定本，伤治为深'，庚戌土断以一其业，于是财阜国丰，实由于此。自兹迄今，渐用颓弛，请申前制。"于是，依界土断，唯徐、兖、青三州居晋陵者，不在断例；诸流寓郡县多所并省。

戊寅，加裕豫州刺史。裕固让太傅、州牧。

（以上为第八段，写东晋太尉刘裕设计杀掉意欲谋反的豫州刺史诸葛长民。先是刘裕从江陵东下，刻意隐瞒归期，而后突然回到东府，诸葛长民急往拜见，被伏兵杀死。）

林邑范胡达寇九真，杜慧度击斩之。

河南王炽磐遣镇东将军昙达、平东将军王松寿将兵东击休官权小郎、吕破胡于白石川，大破之，虏其男女万余口，进据白石城。显亲休官权小成、吕奴迦等二万余户据白坑不服，昙达攻斩之，陇右休官悉降。秦太尉索稜以陇西降炽磐，炽磐以稜为太傅。

夏王勃勃大赦，改元凤翔，以叱干阿利领将作大匠，发岭北夷、夏十万人筑都城于朔方水北、黑水之南。勃勃曰："朕方统一天下，君临万邦，宜名新城曰统万。"阿利性巧而残忍，蒸土筑城，锥入一寸，即杀作者而并筑之。勃勃以为忠，委任之。凡造兵器成，呈之，工人必有死者；射甲不入则斩弓人，入则斩甲匠；又铸铜为一大鼓，飞廉、翁仲、铜驼、龙虎之属，饰以黄金，列于宫殿之前。凡杀工匠数千，由是器物皆精利。

勃勃自谓其祖从母姓为刘，非礼也。古人氏族无常，乃改姓赫连氏，言帝王系天为子，其徽赫与天连也；其非正统者，皆以铁伐为氏，言其刚锐如铁，皆堪伐人也。

夏，四月，乙卯，魏主嗣西巡，命郑兵将军奚斤、鸿飞将军尉古真、

东晋太尉刘裕呈上奏书，说："从前，大司马桓温因为'民众没有固定的居所，对国家的治理危害极大'，所以颁布庚戌命令，规定按照现在的住所，确定流亡居民的籍贯，让他们安居乐业。当时财富的逐渐积累、国家的充实强盛，实在是由于这个缘故。从那个时候到现在，对这种规定的执行逐渐放松，因此请求重新强调以前的这项政策。"于是按照现在居民的住所重新确定籍贯，只有徐、兖、青这三个州居住在晋陵的人不在这个限制之内，那些寄居在别郡之上的郡县，有很多不是被合并，就是被撤销。

三月十三日戊寅，东晋加任刘裕为豫州刺史。刘裕坚决辞让太傅、州牧等职。

林邑范胡达进犯东晋九真郡，杜慧度予以回击，并把他杀了。

河南王乞伏炽磐派遣镇东将军乞伏昙达、平东将军王松寿带领部队进攻东部休官部落首领权小郎、吕破胡所据守的白石川，并把他们打得大败，把当地的男女百姓一万多人俘虏，进占白石城。显亲的休官部落首领权小成、吕奴迦等共两万多户人占据白坑，不服。乞伏昙达攻下了那里，把他们杀了。陇右的休官部落全部投降。后秦太尉索稜，献出他所据守的陇西，向乞伏炽磐投降，乞伏炽磐任命索棱为太傅。

夏王刘勃勃下令实行大赦，改年号为凤翔，任命叱干阿利兼任将作大匠，征发岭北胡人、汉人共十万，在朔方水以北、黑水以南的地方建筑都城。刘勃勃说："我要统一天下，以君王的地位统辖所有地区，因此新城的名字应该叫作'统万'。"叱干阿利性情乖巧伶俐，但却凶暴残忍。他用蒸过的土修筑城墙，验收时铁锥如果能插入一寸深，他就要把泥工杀掉并把他们的尸首筑进城中。刘勃勃认为他非常忠诚，便把筑城的事情全部交给了他。凡是把兵器造成，呈送给他过目的时候，做工的人当中就一定会有人被杀死：弓箭射不透铠甲，那么就杀掉做弓的人；如果射透了，就要杀死做铠甲的工匠。他又用铜铸成一面大鼓，把飞廉、翁仲、铜驼、龙、虎等塑像，面上装饰黄金，排列在宫殿之前。前后大约杀掉了几千名工匠。因此武器什物等都打磨得非常锋利和精良。

刘勃勃自认为他的祖先沿用母姓，姓刘，不合礼法。鉴于古人用姓氏也没有常规，于是自己改姓"赫连"，意思是说帝王是上天的儿子，他的伟大光耀与天相连，那些不是直系亲属的旁支后裔，都用"铁伐"为姓，意思是说他们钢强锐利如铁，都可以攻打别人。

夏季，四月二十一日乙卯，魏明元帝拓跋嗣向西巡视，下令郑兵将军奚斤、鸿

都将闾大肥等击越勤部于跋那山。大肥，柔然人也。

河南王炽磐遣安北将军乌地延、冠军将军翟绍击吐谷浑别统句旁于泣勤川，大破之。

河西王蒙逊立子政德为世子，加镇卫大将军、录尚书事。

南凉王傉檀伐河西王蒙逊，蒙逊败之于若厚坞，又败之于若凉，因进围乐都，二旬不克。南凉湟河太守文支以郡降于蒙逊，蒙逊以文支为广武太守。蒙逊复伐南凉，傉檀以太尉俱延为质，乃还。

蒙逊西如苕藋，遣冠军将军伏恩将骑一万袭卑和、乌啼二部，大破之，俘二千余落而还。

蒙逊寝于新台，阉人王怀祖击蒙逊伤足，其妻孟氏禽斩之。

蒙逊母车氏卒。

五月，乙亥，魏主嗣如云中旧宫。丙子，大赦。西河胡张外等聚众为盗；乙卯，嗣遣会稽公长乐刘絜等屯西河招讨之。六月，嗣如五原。

（以上为第九段，写胡夏主刘勃勃建筑都城，杀人无数，更改姓氏为赫连，意谓他的光耀与天相连；南凉主秃发傉檀与北凉主沮渠蒙逊数次相攻，均被打败，南凉主以太尉秃发俱延为质，沮渠蒙逊才撤军。）

朱龄石等至白帝发函书，曰："众军悉从外水取成都，臧熹从中水取广汉，老弱乘高舰十余，从内水向黄虎。"于是，诸军倍道兼行。谯纵果命谯道福将重兵镇涪城，以备内水。

龄石至平模，去成都二百里。纵遣秦州刺史侯晖、尚书仆射谯诜帅众万余屯平模，夹岸筑城以拒之。龄石谓刘钟曰："今天时盛热，而贼严兵固险，攻之未必可拔，只增疲困；且欲养锐息兵以伺其隙，何如？"钟曰："不然。前扬声言大众向内水，谯道福不敢舍涪城。今重军猝至，出其不意，侯晖之徒已破胆矣。贼阻兵守险者，是其惧不敢战也。因其凶惧，尽锐攻之，其势必克。克平模之后，自可鼓行而进，成都必不能守矣。若缓兵相守，彼将知人虚实。涪军忽来，并力拒我，人情既安，良将又集，此求战不获，军食无资，二万余人悉为蜀子虏矣。"龄石从之。

飞将军尉古真、都将闾大肥等进军跋那山，袭击越勤部落。闾大肥是柔然人。

河南王乞伏炽磐派遣安北将军乌地延、冠军将军翟绍进攻吐谷浑所属的远方部落首领句旁所据守的泣勤川，并把他们打得大败。

北凉河西王沮渠蒙逊册立儿子沮渠政德为世子，加封为镇卫大将军、录尚书事。

南凉王秃发傉檀讨伐河西王沮渠蒙逊，沮渠蒙逊在若厚坞把他打败，又在若凉再一次击败他。于是沮渠蒙逊进军围困秃发傉檀的都城乐都，过了二十天也没有攻破。南凉湟河太守秃发文支献出湟河郡，向沮渠蒙逊投降。沮渠蒙逊任命秃发文支为广武太守。沮渠蒙逊再一次攻打南凉，秃发傉檀把太尉秃发俱延交给他作为人质，他才撤军。

沮渠蒙逊向西巡视，前往苕藋，派遣冠军将军伏恩带领一万骑兵进攻卑和、乌啼两个部落，并把他们击败，俘虏了两千多帐落的百姓回来。

沮渠蒙逊在新台皇宫就寝，宦官王怀祖突然向他袭击，但却只伤到了他的脚，沮渠蒙逊的妻子孟氏把王怀祖活捉，然后杀了。

沮渠蒙逊的母亲车氏去世。

五月十一日乙亥，魏明元帝拓跋嗣前往云中的旧日宫殿。十二日丙子，实行大赦。西河的胡人张外等人召集部众，成了强盗。乙卯（疑误），拓跋嗣派遣会稽公、长乐人刘絜等带兵集结在西河，招降或者攻打他们。六月，拓跋嗣前往五原。

东晋朱龄石等人带兵抵达白帝，打开盒中刘裕写的书信，上面说：“大部队全部从外水进攻成都，臧熹从中水进攻广汉，老弱残兵乘坐高大的战舰十几条，从内水向黄虎进发。”于是几路大军火速向目标进发。谯纵果然命令谯道福带领主力部队镇守涪城，用来防备从内水进攻的敌人。

朱龄石抵达平模，距离成都还有二百里。谯纵派遣秦州刺史侯晖、尚书仆射谯诜率领一万多部众屯扎在平模，在江水两岸筑起城墙，抗拒敌兵。朱龄石对刘钟说：“现在正赶上天气太热，但是敌兵又防守严密、地势险固，进攻他们也不一定能够攻下，只是白白地增加士兵的疲劳困顿。我想暂时停止进攻，养精蓄锐，等待机会，怎么样？”刘钟说：“不行。开始的时候我们扬言大部队从内水进攻，谯道福所以才不敢放弃涪城。现在大军到了这里，出乎敌人的意料，侯晖这帮家伙已经吓破了胆。贼兵之所以挡住去路、坚守险要，是因为他们害怕，不敢迎战。正应趁他们非常害怕，调动全部的精锐部队进攻他们，结果我们一定会胜利。攻下平模之后，自然可以擂动战鼓，勇往直前，成都也便一定不能坚守了。如果把进攻缓解下来，相持不

诸将以水北城地险兵多，欲先攻其南城，龄石曰：“今屠南城，不足以破北，若尽锐以拔北城，则南城不麾自散矣。”

秋，七月，龄石帅诸军急攻北城，克之，斩侯晖、谯诜，引兵回趣南城，南城自溃。龄石舍船步进；谯纵大将谯抚之屯牛脾，谯小苟塞打鼻。臧熹击抚之，斩之，小苟闻之，亦溃。于是，纵诸营屯望风相次奔溃。

戊辰，纵弃成都出走，尚书令马耽封府库以待晋师。壬申，龄石入成都，诛纵同祖之亲，余皆按堵，使复其业。纵出成都，先辞墓，其女曰：“走必不免，只取辱焉；等死，死于先人之墓可也。”纵不从。谯道福闻平模不守，自涪引兵入赴，纵往投之。道福见纵，怒曰：“大丈夫有如此功业而弃之，将安归乎！人谁不死，何怯之甚也！”因投纵以剑，中其马鞍。纵乃去，自缢死。巴西人王志斩其首以送龄石。道福谓其众曰：“蜀之存亡，实系于我，不在谯王，今我在，犹足一战。”众皆许诺。道福尽散金帛以赐众，众受之而走。道福逃于獠中，巴民杜瑾执送之，斩于军门。龄石徙马耽于越嶲，耽谓其徒曰：“朱侯不送我京师，欲灭口也，吾必不免。”乃盥洗而卧，引绳而死。须臾，龄石使至，戮其尸。诏以龄石进监梁、秦州六郡诸军事，赐爵丰城县侯。

（以上为第十段，写东晋将领朱龄石率军攻打西蜀谯纵，按照太尉刘裕制定的“锦囊妙计”，一举攻下其都城成都，谯纵兵败，出城逃跑，而后自杀，西蜀灭亡。）

魏奚斤等破越勤于跋那山西，徙二万余家于大宁。

河西胡曹龙等拥部众二万人来入蒲子，张外降之，推龙为大单于。

下，他们就会了解到我们的虚实。涪城的守军再忽然到来，把兵力合在一起，抵抗我们，他们的人心也已经安定，良将也集结过来。这样我们希望对战又没有办法把敌人引出来，军中粮食又无法供应，那么我们的二万多人就要全部被蜀中小子俘虏了。”朱龄石听从了他的劝告。

诸将领认为江北的城垣地势险要，守兵众多，所以打算先进攻江南的城池。朱龄石说：“现在我们即使屠灭了南城，也没有办法攻下北城，如果集中精锐攻下北城，那么南城便不用挥旗进攻也会自动星散的。”

秋季，七月，朱龄石率领几支部队向北城发动猛烈进攻，终于攻下，斩杀了侯晖、谯诜，又带兵回师进攻南城，南城自动溃败。朱龄石把船只停留在江中，上岸步行向成都进发。谯纵的大将谯抚之在牛脾屯聚兵力，谯小苟驻防打鼻。臧熹进攻谯抚之，把他杀了；谯小苟听说这个消息，也全军崩溃。于是谯纵手下的那些军营卫所，一听说东晋部队到来的消息，便都一个接一个地崩溃瓦解。

七月初五戊辰，谯纵放弃成都出逃，尚书令马耽把府库封存起来，等待东晋军队。初九壬申，朱龄石进入成都，诛杀了谯纵同祖父的亲属，其余的人都安居如常，让他们恢复正常的生产经营。谯纵逃出成都，先去辞别祖先陵墓，他女儿说：“逃跑也一定不能逃脱，只是遭受更多的侮辱，同样是死，可以死在祖先的墓旁。”谯纵不听。谯道福听说平模失守，从涪城带兵赶来救援，谯纵前去投奔他。谯道福看见谯纵，大怒说：“大丈夫有这样伟大的功名事业，却把它丢弃了，你要回到哪里去！一个人谁能不死，怎么怕成这个样子！”于是把佩剑狠狠地向谯纵掷去，只砍中了他的马鞍。谯纵只好离去，自己上吊而死。巴西人王志把他的脑袋砍下来，送给朱龄石。谯道福对他的部众们说：“蜀国的生存和灭亡，其实是维系在我的身上，不在谯王的身上。现在我还活着，因此还足以进行一次决战。”部下都表示同意。谯道福把金银财宝全部分发给手下的人，众人接过东西，却都逃走了。谯道福无奈，逃到獠人部落之中，巴地居民杜瑾把他抓住，送交东晋军，就在军营门前斩首。朱龄石把尚书令马耽放逐到越巂，马耽对他的部下说：“朱龄石不把我送往京师，是打算杀我灭口。我必定难逃一死。”于是沐浴之后，躺在床上，自缢而死。不一会儿，朱龄石的使者便到了，砍下了他尸体上的人头。东晋下令朱龄石升任监梁、秦州六郡诸军事，赐爵位为丰城县侯。

北魏奚斤等人在跋那山以西的地区打败越勤部落，把当地居民两万多家强行迁移到大宁。

河西胡人曹龙等人带领部众两万多人前来进犯蒲子，西河胡人张外向他投降，推举曹龙为大单于。

丙戌，魏主嗣如定襄大洛城。

河南王炽磐击吐谷浑支旁于长柳川，虏旁及其民五千余户而还。

八月，癸卯，魏主嗣还平城。

曹龙请降于魏，执送张外，斩之。

丁丑，魏主嗣如豺山宫；癸未，还。

九月，再命太尉裕为太傅、扬州牧，固辞。

河南王炽磐击吐谷浑别统掘逵于渴浑川，大破之，虏男女二万三千。冬，十月，掘逵帅其余众降于炽磐。

吐京胡与离石胡出以眷叛魏，魏主嗣命元城侯屈督会稽公刘絜、永安侯魏勤以讨之。丁巳，出以眷引夏兵邀击絜，禽之以献于夏，勤战死。嗣以屈亡二将，欲诛之，既而赦之，使摄并州刺史。屈到州，纵酒废事，嗣积其前后罪恶，槛车征还，斩之。

十一月，魏主嗣遣使请昏于秦，秦王兴许之。

是岁，以敦煌索邈为梁州刺史，苻宣乃还仇池。初，邈寓居汉川，与别驾姜显有隙，凡十五年而邈镇汉川；显乃肉袒迎候，邈无愠色，待之弥厚。退而谓人曰："我昔寓此，失志多年，若雠姜显，惧者不少。但服之自佳，何必逞志！"于是阖境闻之皆悦。

（以上为第十一段，写西秦主乞伏炽磐进军渴浑川，袭击吐谷浑属将；东晋任命索邈为梁州刺史，索邈非常大度，原与别驾姜显有矛盾，既往不咎，阖州官民高兴。）

十年（甲寅，414年）

春，正月，辛酉，魏大赦，改元神瑞。

辛巳，魏主嗣如繁畤；二月，戊戌，还平城。

夏王勃勃侵魏河东蒲子。

庚戌，魏主嗣如豺山宫。

魏并州刺史娄伏连袭杀夏所置吐京护军及其守兵。

司马休之在江陵，颇得江、汉民心。子谯王文思在建康，性凶暴，好通轻侠，太尉裕恶之。

七月二十三日丙戌，魏明元帝拓跋嗣前往定襄郡大洛城。

河南王乞伏炽磐在长柳川进攻吐谷浑的支旁部落，把支旁和他的部众五千多户俘虏，然后回师。

八月十一日癸卯，魏明元帝拓跋嗣回到平城。

曹龙向北魏请求投降，把张外抓住，送往北魏。北魏杀掉张外。

八月丁丑日（疑误），魏明元帝拓跋嗣前往豺山宫。癸未日（疑误），回平城。

九月，东晋再次任命太尉刘裕为太傅、扬州牧。刘裕坚决推辞。

河南王乞伏炽磐进军渴浑川，袭击吐谷浑的属下掘逵部落，并把那里攻破，俘虏了当地男女百姓二万三千人。冬季，十月，掘逵率领他的剩下的部众向乞伏炽磐投降。

吐京胡人与离石胡人的首领出以眷背叛北魏国，北魏主拓跋嗣命令元城侯拓跋屈督率会稽公刘絜、永安侯魏勤等带兵前去攻打。十月二十六日丁巳，出以眷带领夏国军队拦腰阻击刘絜，并把刘絜活捉献给夏国。魏勤战死。拓跋嗣因为拓跋屈损失了两员大将，打算杀了他，但不久又把他赦免了，让他暂时代理并州刺史。拓跋屈来到并州治所，天天酗酒，荒废政事，拓跋嗣把他前前后后的罪恶积累到一起清算，用囚车将他押解回京，斩首。

十一月，魏明元帝拓跋嗣派遣使节到后秦去求亲。后秦王姚兴答应了。

这一年，东晋任命敦煌人索邈为梁州刺史，于是苻宣仍回仇池。当初，索邈居住在汉川，与梁州别驾姜显有矛盾，过了十五年，索邈反过来镇守汉川。姜显于是脱去衣服，光着上身出来等候迎接他。索邈见了姜显，脸上没有丝毫不高兴的样子，而且对他还更加优厚。索邈退入内宅之后，对别人说："我过去在这里居住，有许多年都不如意，如果记恨姜显，那么害怕的人一定还有很多。只要他能服从就很好了，为什么一定要报仇解恨，逞自己一时的快意呢！"全州境内的百姓官员，听说了他这话之后，都非常高兴。

晋安帝义熙十年（甲寅，414 年）

春季，正月初一辛酉，北魏实行大赦，改年号为神瑞。

正月二十一日辛巳，魏明元帝拓跋嗣前往繁畤。二月初九戊戌，返回平城。

夏王赫连勃勃入侵北魏河东的蒲子。

正月二十一日庚戌，魏明元帝拓跋嗣前往豺山宫。

北魏并州刺史娄伏连，进攻并杀死了夏国所设置的吐京护军和那里的守卫士兵。

东晋司马休之在江陵任职，很得江汉一带的民心。他的儿子谯王司马文思留在建康，性情凶狠残暴，喜欢结交江湖侠士。太尉刘裕非常讨厌他。

三月，有司奏文思擅捶杀国吏，诏诛其党而宥文思。休之上疏谢罪，请解所任，不许。裕执文思送休之，令自训厉，意欲休之杀之。休之但表废文思，并与裕书陈谢。裕由是不悦，以江州刺史孟怀玉兼督豫州六郡以备之。

夏，五月，辛酉，魏主嗣还平城。

秦后将军敛成讨叛羌，为羌所败，惧罪，出奔夏。

秦王兴有疾。妖贼李弘与氐仇常反于贰城，兴舆疾往讨之，斩常，执弘而还。

秦左将军姚文宗有宠于太子泓，广平公弼恶之，诬文宗有怨言。秦王兴怒，赐文宗死，于是群臣畏弼侧目。弼言于兴，无不从者，以所亲天水尹冲为给事黄门侍郎，唐盛为治书侍御史，兴左右掌机要者，皆其党也。右仆射梁喜、侍中任谦、京兆尹尹昭承间言于兴曰："父子之际，人所难言，然君臣之义，不薄于父子，故臣等不得默然。广平公弼，潜有夺嫡之志，陛下宠之太过，假其威权；倾险无赖之徒辐凑附之。道路皆言陛下将有废立之计，信有之乎？"兴曰："岂有此邪！"喜等曰："苟无之，则陛下爱弼，适所以祸之；愿去其左右，损其威权，如此，非特安弼，乃所以安宗庙、社稷。"兴不应。大司农窦温、司徒左长史王弼皆密疏劝兴立弼为太子，兴虽不从，亦不责也。

兴疾笃，弼潜聚众数千人，谋作乱。姚裕遣使以弼逆状告诸兄在藩镇者，于是姚懿治兵于蒲阪，镇东将军、豫州牧洸治兵于洛阳，平西将军谌治兵于雍，皆欲赴长安讨弼。会兴疾瘳，见群臣，征虏将军刘羌泣以告兴。梁喜、尹昭请诛弼，且曰："苟陛下不忍杀弼，亦当夺其权任。"兴不得已，免弼尚书令，使以将军、公还第。懿等各罢兵。

懿、洸、谌与姚宣皆入朝，使裕入白兴，求见，兴曰："汝等正欲论弼事耳，吾已知之。"裕曰："弼苟有可论，陛下所宜垂听；若懿等言非

三月，有关部门报告司马文思擅自打死封国的官吏，朝廷下令杀了他的手下差役，却独独赦免了司马文思。司马休之呈上疏书，请求处罚，承认罪过，并要求解除他现在的职务，朝廷不许。刘裕把司马文思抓住，送给司马休之，让他自己训诫惩罚，意思是让司马休之自己把儿子杀了。司马休之只上书请求废掉司马文思的爵位，并写信给刘裕陈说谢罪。刘裕因此非常不高兴，任命江州刺史孟怀玉兼任督豫州六郡，用来戒备司马休之。

夏季，五月初三辛酉，魏明元帝拓跋嗣回到平城。

后秦后将军敛成，攻打叛乱的羌人部落，被羌人打败，为此他非常害怕，出去投奔夏国。

后秦主姚兴有病。妖贼首领李弘与氐人部落首领仇常在贰城反叛，姚兴带病坐在车轿上前去攻打他们，斩杀了仇常，活捉李弘回京。

后秦左将军姚文宗受到太子姚泓的宠爱，广平公姚弼很讨厌他，诬告姚文宗说过不满的话。姚兴大怒，命令姚文宗自杀。于是文武大臣们畏惧姚弼，不敢正眼看他。姚弼对姚兴所说，姚兴无不听从，姚弼让他的亲信天水人尹冲为给事黄门侍郎，唐盛为治书侍御史。姚兴身边掌管机要事务的人，都是姚弼的党羽。右仆射梁喜、侍中任谦、京兆尹尹昭寻找机会对姚兴说："父子之间的事情，别人很难插言。但是君臣之间的大义，却不比父子之间的关系疏远。因此，我们不能默然不语。广平公姚弼暗地里有夺嫡的想法，皇上您对他的宠爱太过分了，又交给他大权，培养他的威势，这样那些阴险无赖的家伙们便纷纷像车辐那样，集结依附到他那里。天下的人都说皇上有废长立幼的打算，真有这事吗？"姚兴说："哪里有这事？"梁喜等人说："如果没有这事，那么皇上爱护姚弼，却正是给他惹祸呢！希望把他身边的官员全部除去，减小他的权力和威势，这样的话不但是保护姚弼，而且也是在保护祖宗祭庙和国家政权的安全呵！"姚兴默不作声。大司农窦温、司徒左长史王弼都秘密上书，劝说姚兴改立姚弼为太子，姚兴虽然不同意，但是也不责怪他们。

姚兴病重，姚弼暗地里聚集部众几千人阴谋制造叛乱。姚裕派遣使者把姚弼将要叛逆的情形告诉给那些在外地镇守藩地的哥哥。于是姚懿在蒲阪动员部队，镇东将军、豫州牧姚洸在洛阳动员部队，平西将军姚谌在雍城动员部队，都打算到长安去攻打姚弼。正好这时姚兴病情好转，召见文武百官，征虏将军刘羌便哭着把这种情况向姚兴做了禀告。梁喜、尹昭请求诛杀姚弼，又说："如果皇上不忍心杀姚弼，也应该把他的权力职位全部剥夺。"姚兴万不得已，免去了姚弼的尚书令职务，让他以将军、公爵的身份回家赋闲。姚懿等人也都各自停止军事行动。

姚兴的几个儿子姚懿、姚洸、姚谌与姚宣等都回到都城，让姚裕进宫告诉姚兴，求见父王。姚兴说："你们几个不过就是打算谈论姚弼的事情罢了，我已经知道

是，便当置之刑辟，奈何逆拒之！”于是引见懿等于谘议堂。宣流涕极言，兴曰：“吾自处之，非汝曹所忧。”抚军东曹属姜虬上疏曰：“广平公弼，衅成逆著，道路皆知之。昔文王之化，刑于寡妻；今圣朝之乱，起自爱子，虽欲含忍掩蔽，而逆党扇惑不已，弼之乱心何由可革！宜斥散凶徒，以绝祸端。”兴以虬表示梁喜曰：“天下人皆以吾儿为口实，将何以处之？”喜曰：“信如虬言，陛下宜早裁决。”兴默然。

（以上为第十二段，写后秦主姚兴生病，三儿子姚弼欲为叛乱，争夺太子之位，其他儿子姚懿、姚洸、姚谌、姚宣等，都劝其父姚兴采取果断措施，姚兴犹豫不决。）

唾契汗、乙弗等部皆叛南凉，南凉王傉檀欲讨之。邯川护军孟恺谏曰：“今连年饥馑，南逼炽磐，北逼蒙逊，百姓不安。远征虽克，必有后患，不如与炽磐结盟通籴，慰抚杂部，足食缮兵，俟时而动。”傉檀不从，谓太子虎台曰：“蒙逊近去，不能猝来；旦夕所虑，唯在炽磐。然炽磐兵少易御，汝谨守乐都，吾不过一月必还矣。”乃帅骑七千袭乙弗，大破之，获马牛羊四十余万。

河南王炽磐闻之，欲袭乐都，群臣咸以为不可。太府主簿焦袭曰：“傉檀不顾近患而贪远利，我今伐之，绝其西路，使不得还救，则虎台独守穷城，可坐禽也。此天亡之时，必不可失。”炽磐从之，帅步骑二万袭乐都。虎台凭城拒守，炽磐四面攻之。

南凉抚军从事中郎尉肃言于虎台曰：“外城广大难守，殿下不若聚国人守内城，肃等帅晋人拒战于外，虽有不捷，犹足自存。”虎台曰：“炽磐小贼，旦夕当走，卿何过虑之深！”虎台疑晋人有异心，悉召豪望有谋勇者闭之于内。孟恺泣曰：“炽磐乘虚内侮，国家危于累卵。恺等进欲报恩，退顾妻子，人思效死，而殿下乃疑之如是邪！”虎台曰：“吾岂不知君之忠笃，惧余人脱生虑表，以君等安之耳。”

了。”姚裕说：“姚弼的事情如有谈论价值，皇上也应该听一听。如果姚懿等人说的不属实，便应该用刑法处罚他们，为什么要凭空猜测因而拒绝和他们谈话呢？”于是姚兴在谘议堂召见姚懿等人。姚宣流着眼泪，仗义执言，姚兴说：“我自己决定这事，不用你们担心。”抚军东曹属姜虬呈上疏书，说：“广平公姚弼，灾祸已经形成，叛逆的迹象已经明显，天下的人谁都知道。过去周文王的教化之所以能够推广，是因为他首先用礼法要求自己的妻子和孩子。而今国家的变乱，是缘起于皇上的爱子，虽然打算包涵容忍、掩饰庇护，但是那些叛党们却在不停地煽动蛊惑，姚弼的叛乱之心怎么能够消除呢？应该驱散姚弼身边的那些恶棍凶徒，以此断绝灾祸的来源。”姚兴把姜虬的奏书给梁喜看，说：“天下的人都拿我的儿子当动乱的借口，应该怎么办才好呢？”梁喜说：“真的就像姜虬说的，皇上应该尽早裁决。”姚兴默然不语。

唾契汗、乙弗等部落全都背叛了南凉，南凉主秃发傉檀打算去攻打他们。邯川护军孟恺劝阻说：“现在我们连续几年遭受饥荒，南部有乞伏炽磐威胁，北部又有沮渠蒙逊逼迫，百姓的生活得不到安定。这次即使通过攻打远方取得了胜利，那也一定会留下后患。不如和乞伏炽磐结成联盟，开通粮食的贸易，安慰平抚各族部落，积足粮食，训练军队，等候时机再采取行动。”秃发傉檀不听从，对太子秃发虎台说：“沮渠蒙逊刚刚回去不久，不会突然再来。早晚值得忧虑的只有乞伏炽磐。但是乞伏炽磐的兵众却很少，容易抵抗，你只要小心守卫乐都，我不到一个月一定就能回来了。”于是率领七千名骑兵去袭击乙弗，并将它打得大败，缴获了马、牛、羊等四十多万头。

河南王乞伏炽磐听说这个消息，打算进攻乐都，文武大臣都认为不可。太府主簿焦袭说：“秃发傉檀不顾眼前的忧患，却去贪图远方的好处，我们今天攻打他，断绝乐都以西的路，使他没有办法回来援救，那么秃发虎台单独守卫一座穷困的城市，我们便可以毫不费力地擒获他了，这是上天灭亡他的时机，一定不能错过。”乞伏炽磐听从了他的建议，率领步兵、骑兵二万人袭击乐都。秃发虎台依靠城防拒敌防守，乞伏炽磐从城的四面发动进攻。

南凉抚军从事中郎尉肃向秃发虎台进言说：“外城太大难以坚守，您不如把本国人聚集起来守卫内城，我率领汉族人在外城坚持迎战敌人，虽然可能不会取胜，但也足以保存自己。”秃发虎台说：“乞伏炽磐这个小毛贼，早晚都要逃走，你何必这么深深地忧虑呢？”秃发虎台怀疑汉人有其他想法，便把汉人中有名望、有勇谋的人全部召进内城软禁。孟恺哭着说：“乞伏炽磐乘国内空虚悍然进犯，国家的局势比堆在一起的鸡蛋还危险。我孟恺等人进则打算报答王家的恩遇，退则还要照顾妻子儿女，人人都想为国家拼死力战，但太子却怀疑我们到如此地步！”秃发虎台说：

一夕，城溃，炽磐入乐都，遣平远将军捷虔帅骑五千追傉檀，以镇南将军谦屯为都督河右诸军事、凉州刺史，镇乐都；秃发赴单为西平太守，镇西平；以赵恢为广武太守，镇广武；曜武将军王基为晋兴太守，镇浩亹；徙虎台及其文武百姓万余户于枹罕。赴单，乌孤之子也。

（以上为第十三段，写南凉主秃发傉檀出兵攻打反叛南凉的部落，由太子秃发虎台留守都城乐都，而西秦主乞伏炽磐乘虚率兵袭击，攻破乐都，俘获秃发虎台。）

河间人褚匡言于燕王跋曰："陛下龙飞辽、碣，旧邦族党，倾首朝阳，以日为岁，请往迎之。"跋曰："道路数千里，复隔异国，如何可致？"匡曰："章武临海，舟楫可通，出于辽西临渝，不为难也。"跋许之，以匡为游击将军、中书侍郎，厚资遣之。匡与跋从兄买、从弟睹，自长乐帅五千余户归于和龙。

契丹、库莫奚皆降于燕。跋署其大人为归善王。跋弟丕避乱在高句丽，跋召之，以为左仆射，封常山公。

柔然可汗斛律将嫁女于燕，斛律兄子步鹿真谓斛律曰："幼女远嫁忧思，请以大臣树黎等女为媵。"斛律不许。步鹿真出，谓树黎等曰："斛律欲以汝女为媵，远适他国。"树黎恐，与步鹿真谋使勇士夜伏于斛律穹庐之后，伺其出而执之，与女皆送于燕，立步鹿真为可汗而相之。

初，社仑之徙高车也，高车人叱洛侯为之乡导以并诸部，社仑德之，以为大人。步鹿真与社仑之子社拔共至叱洛侯家，淫其少妻，妻告步鹿真曰："叱洛侯欲奉大檀为主。"大檀者，社仑季父仆浑之子也，领别部镇西境，素得众心。步鹿真归而发兵围叱洛侯，叱洛侯自杀。遂引兵袭大檀，大檀逆击，破之，执步鹿真及社拔，杀之，自立为可汗，号牟汗纥升盖可汗。

斛律至和龙，燕王跋赐斛律爵上谷侯，馆之辽东，待以客礼，纳其

“我怎能不知道你的忠诚笃厚，害怕的只是别的人出现意外，让你们去安定人心。”

一天晚上，城防崩溃，乞伏炽磐进入乐都；派遣平远将军乞伏捷虔率领五千骑兵迎击秃发傉檀，任命镇南将军乞伏谦屯为都督河右诸军事、凉州刺史，镇守乐都；任命秃发赴单为西平太守，镇守西平；任命赵恢为广武太守，镇守广武；任命曜武将军王基为晋兴太守，镇守浩亹；把秃发虎台和他的文武官员、百姓一万多户强行迁移到枹罕居住。秃发赴单是秃发乌孤的儿子。

北燕河间人褚匡向北燕主冯跋进言说：“皇上在辽、碣这里登上帝位，长乐的那些故旧亲友，却在家乡仰头向东，盼望皇上去营救，度日如年，请允许我前去迎接他们。”冯跋说：“道路遥远达几千里，中间又隔着别的国家，怎么去呢？”褚匡说：“章武郡靠着海边，乘船可以通过，从辽西的临渝穿过，不会太难。”冯跋批准了他的计划，任命褚匡为游击将军、中书侍郎，交给他一笔丰厚的费用，派他前去。褚匡与冯跋的堂兄冯买、堂弟冯睹，从长乐带领五千多户居民回到和龙。

契丹部落和库莫奚部落都向北燕投降。冯跋封他们的首领为归善王。冯跋的弟弟冯丕在高句丽躲避战乱，冯跋召他回来，任命他为仆射，封为常山公。

柔然可汗郁久闾斛律，打算把女儿嫁给北燕主冯跋，郁久闾斛律的侄儿郁久闾步鹿真对郁久闾斛律说：“幼女远嫁别的国家，难免忧愁思念，最好是让大臣树黎等人的女儿作为陪嫁的婢妾。”郁久闾斛律没有允许。郁久闾步鹿真出来后，对树黎等人说：“郁久闾斛律打算让你的女儿做陪嫁的婢妾，远嫁到别的国家去。”树黎非常害怕，与郁久闾步鹿真商量，派勇武的壮士夜里藏在郁久闾斛律的帐篷之后，等郁久闾斛律出来便抓住他，把他和他的女儿一起送到北燕。于是树黎拥立郁久闾步鹿真为可汗，自己当了宰相。

当初，郁久闾社仑把高车部落迁走，高车人叱洛侯做他的向导，使他得以兼并了几个部落，郁久闾社仑很感激他，任命他为高车部落的大人，现在，郁久闾步鹿真和郁久闾社仑的儿子郁久闾社拔一起到叱洛侯家，奸淫叱洛侯年轻的妻子，这位妻子告诉郁久闾步鹿真说：“叱洛侯打算拥立郁久闾大檀为可汗。”郁久闾大檀是郁久闾社仑的叔父郁久闾仆浑的儿子，他统领着其他部落镇守在西部边境，一向很得人民的拥戴。郁久闾步鹿真回去后，便发动军队包围了叱洛侯部落，叱洛侯自杀。于是，他又带兵去袭击郁久闾大檀，郁久闾大檀给他迎头痛击，并把郁久闾步鹿真的部队打得大败，抓住郁久闾步鹿真和郁久闾社拔，把他们杀掉，自立为可汗，称作牟汗纥升盖可汗。

郁久闾斛律抵达和龙，北燕王冯跋封他为上谷侯，并让他在辽东定居，用宾客

女为昭仪。斛律上书请还其国，跋曰：“今弃国万里，又无内应，若以重兵相送，则馈运难继，兵少则不足成功，如何可还？”斛律固请，曰：“不烦重兵，愿给三百骑，送至敕勒，国人必欣然来迎。”跋乃遣单于前辅万陵帅骑三百送之。陵惮远役，至黑山，杀斛律而还。大檀亦遣使献马三千匹、羊万口于燕。

（以上为第十四段，写柔然可汗郁久闾斛律欲把女儿嫁给北燕主冯跋，侄儿步鹿真挑拨离间，唆使大臣树黎抓住斛律，送给北燕，斛律后被杀；步鹿真自立为可汗。）

六月，泰山太守刘研等帅流民七千余家、河西胡酋刘遮等帅部落万余家，皆降于魏。

戊申，魏主嗣如豺山宫；丁亥，还平城。

乐都之溃也，南凉安西将军樊尼自西平奔告南凉王傉檀，傉檀谓其众曰：“今妻子皆为炽磐所虏，退无所归，卿等能与吾藉乙弗之资，取契汗以赎妻子乎？”乃引兵西，众多逃还，傉檀遣镇北将军段苟追之，苟亦不还。于是，将士皆散，唯樊尼与中军将军纥勃、后军将军洛肱、散骑侍郎阴利鹿不去，傉檀曰：“蒙逊、炽磐昔皆委质于吾，今而归去，不亦鄙乎！四海之广，无所容身，何其痛也！与其聚而同死，不若分而或全。樊尼，吾长兄之子，宗部所寄；吾众在北者户垂一万，蒙逊方招怀士民，存亡继绝，汝其从之；纥勃、洛肱亦与尼俱行。吾年老矣，所适不容，宁见妻子而死！”遂归于炽磐，唯阴利鹿随之。傉檀谓利鹿曰：“吾亲属皆散，卿何独留？”利鹿曰：“臣老母在家，非不思归，然委质为臣，忠孝之道，难以两全。臣不才，不能为陛下泣血求救于邻国，敢离左右乎！”傉檀叹曰：“知人固未易。大臣亲戚皆弃我去，今日忠义终始不亏者，唯卿一人而已！”

傉檀诸城皆降于炽磐，独尉贤政屯浩亹，固守不下。炽磐遣人谓之曰：“乐都已溃，卿妻子皆在吾所，独守一城，将何为也？”贤政曰：“受

的礼节招待他，收纳他的女儿为昭仪。郁久闾斛律呈上奏书，请求允许他回到自己的国家去，冯跋说："现在你已经离开本国万里之遥，国中又没有内应，如果用大部队去送你，那么军粮物资等实在难以供应，兵力太少又不足以夺取胜利，你怎么可能回去呢？"郁久闾斛律坚持请求，说："不用劳烦大部队，你只要给我三百名骑兵，把我送到敕勒，那么我们国家的人民就一定会高高兴兴地来迎接我。"冯跋于是派遣单于前辅万陵率领三百名骑兵护送他。万陵害怕远行的劳苦和疲惫，到达黑山，便把郁久闾斛律杀掉，回去了。郁久闾人檀也派遣使节向北燕献上好马三千匹，羊一万头。

六月，东晋泰山太守刘研等人率领流亡难民七千多家，河西的匈奴部落酋长刘遮等率领部众一万多家，都向北魏投降。

六月二十日戊申，魏明元帝拓跋嗣前往豺山宫。丁亥（疑误），回到平城。

南凉都城乐都陷落之后，南凉安西将军秃发樊尼从西平逃出，前去报告南凉王秃发傉檀。秃发傉檀对他的部下们说："现在我们的妻子儿女全部被乞伏炽磐抢走，想撤退也已没有立足之地了，你们能与我一起凭借乙弗的财力物力，攻克契汗，用这来赎回自己的妻子儿女吗？"于是他又带兵向西进发，他的部众有很多逃回去了，秃发傉檀派遣镇北将军段苟去追回他们，段苟也没有回来，就这样他手下的将领士兵全部逃散，只有秃发樊尼与中军将军秃发纥勃、后军将军秃发洛肱、散骑侍郎阴利鹿没有逃跑。秃发傉檀说："沮渠蒙逊、乞伏炽磐过去都曾经把人质交给我们，向我们称臣，今天我如果去投靠他们，不有些可耻吗？四海之内，大地之广，没有我容身的地方，这是多么令人痛心的事情啊！我们与其聚在一起一同死掉，不如就此分手，或者还可以保全生命。秃发樊尼是我大哥的儿子，是我们宗族部落的希望所在。我们的部众在北方还有将近一万户，现在沮渠蒙逊正在招抚士大夫和老百姓，扶助将要灭亡的部落，维持他们的生存，你应该投奔他。秃发纥勃、秃发洛肱，也应与秃发樊尼一道去。我年纪老了，到哪里也不会有人接纳，宁愿见妻子儿女以后便死。"于是归降了西秦主乞伏炽磐，只有阴利鹿跟随前往。秃发傉檀对阴利鹿说："我的亲人和部属全都各自散去，你为什么独自一个人留下来？"阴利鹿说："我家里有老母在堂，不是不想回家；既然委身为臣，忠孝就难以两全。我没有什么才能，不能为主上两眼哭出血来向邻国求救，但怎么能够离开您的左右呢？"秃发傉檀叹息说："真正了解一个人实在不易，如今大臣亲戚都弃我而去，直到现在，忠诚仗义自始至终完美无缺的只有你一个人！"

南凉主秃发傉檀所属的各城守将，都投降了乞伏炽磐，唯独驻守在浩亹的尉贤政坚守城池，不肯出降。乞伏炽磐派人质问他说："乐都已经陷落，你的妻子儿女都

凉王厚恩，为国藩屏。虽知乐都已陷，妻子为禽，先归获赏，后顺受诛；然不知主上存亡，未敢归命；妻子小事，岂足动心！若贪一时之利，忘委付之重者，大王亦安用之！”炽磐乃遣虎台以手书谕之，贤政曰：“汝为储副，不能尽节，面缚于人，弃父忘君，堕万世之业，贤政义士，岂效汝乎！”闻傉檀至左南，乃降。

炽磐闻傉檀至，遣使郊迎，待以上宾之礼。秋，七月，炽磐以傉檀为骠骑大将军，赐爵左南公，南凉文武，依才铨叙。岁余，炽磐使人鸩傉檀，左右请解之，傉檀曰：“吾病岂宜疗邪！”遂死，谥曰“景王”。虎台亦为炽磐所杀。傉檀子保周、贺，俱延子覆龙，利鹿孤孙副周，乌孤孙承钵，皆奔河西王蒙逊，久之，又奔魏。魏以保周为张掖王，覆龙为酒泉公，贺西平公，副周永平公，承钵昌松公。魏主嗣爱贺之才，谓曰：“卿之先与朕同源，赐姓源氏。”

八月，戊子，魏主嗣遣马邑侯陋孙使于秦，辛丑，遣谒者于什门使于燕，悦力延使于柔然。于什门至和龙，不肯入见，曰：“大魏皇帝有诏，须冯王出受，然后敢入。”燕王跋使人牵逼令入；什门见跋不拜，跋使人按其项，什门曰：“冯王拜受诏，吾自以宾主致敬，何苦见逼邪！”跋怒，留什门不遣，什门数众辱之。左右请杀之，跋曰：“彼各为其主耳。”乃幽执什门，欲降之，什门终不降，久之，衣冠弊坏略尽，虮虱流溢；跋遗之衣冠，什门皆不受。

魏主嗣以博士王谅为平南参军，使以平南将军、相州刺史尉太真书与太尉裕相闻。太真，古真之弟也。

九月，丁巳朔，日有食之。

冬，十月，河南王炽磐复称秦王，置百官。

燕主跋与夏连和，夏王勃勃遣御史中丞乌洛孤如燕莅盟。

被我们俘虏，你固守一座孤城，究竟是为什么？”尉贤政说：“我蒙受凉王的厚恩，作为国家的藩镇屏障，虽然知道乐都已经陷落，妻子儿女已经被擒，先投降可以得到奖赏，后归顺难免被杀，但是我现在并不知道主上是存是亡，所以还不敢前去归附受命。妻子儿女与国家来比，实在是小事，怎能使我动摇信念呢？如果贪图一时的小利，而却忘了朝廷托付给我的重任，你们大王又怎么能擢用我呢？”乞伏炽磐于是命令秃发虎台亲手写信让他投降，尉贤政说：“你身为国家的王储，不能尽守操节，却被人两手反绑，抛弃老父，忘记国君，使国家的万世伟业受到摧折，我尉贤政是忠义之士，怎么能效法你呢！”等到他听说秃发傉檀已经到了左南城，这才投降。

乞伏炽磐听说秃发傉檀来到，便派遣使节到郊外迎接，用对待上宾的礼节对待他。秋季，七月，乞伏炽磐任命秃发傉檀为骠骑大将军，赐封为左南公爵，其他南凉的文武官员也都按照他们各自的才能，依次录用。一年多以后，乞伏炽磐派人用药酒毒杀秃发傉檀，他的左右侍从请求为他解毒，秃发傉檀说：“我的病难道还要去治吗？”于是死去，谥号为景王。秃发虎台也被乞伏炽磐杀死。秃发傉檀的其他几个儿子秃发保周、秃发贺，秃发俱延的儿子秃发覆龙，秃发利鹿孤的孙子秃发副周，秃发乌孤的孙子秃发承钵，都逃去投奔河西王沮渠蒙逊，很久之后，又投奔北魏。北魏封秃发保周为张掖王，封秃发覆龙为酒泉公，封秃发贺为西平公，封秃发副周为永平公，封秃发承钵为昌松公。魏明元帝拓跋嗣喜爱秃发贺的才能，对他说：“你的祖先与我是同一个起源，就赐你姓源吧！”

八月初一戊子，魏明元帝拓跋嗣派遣马邑人侯陋孙去后秦出使，十四日辛丑，又派遣谒者于什门去北燕出使，派遣悦力延去柔然出使。于什门抵达和龙，不肯进去拜见，说：“大魏皇帝有令，必须冯王出来受命之后，我才敢进去。”北燕主冯跋派人牵着他，迫使他进来。于什门看见冯跋又不跪拜施礼，冯跋让人按他的脖子，强行使礼，于什门说：“冯王先来拜受诏书，我自己便会以宾主的礼仪向你致敬，何苦这般逼迫我呢？”冯跋大怒，把于什门扣留下来，不让他回去。于什门几次当众侮辱冯跋。冯跋的侍从们请求杀了他，冯跋说：“他这不过是效忠自己的主人罢了。”于是，把于什门软禁起来，打算招降他，于什门最终也没有投降。过了很久，他的衣服帽子完全破旧，虱子、虮子到处都是，冯跋送给他新的衣帽，于什门全不接受。

魏明元帝拓跋嗣任命博士王谅为平南参军，让他以平南将军、相州刺史尉太真的名义写信给东晋太尉刘裕，致以问候。尉太真是尉古真的弟弟。

九月初一丁巳朔，出现日食。

冬季，十月，河南王乞伏炽磐再一次号称秦王，设置文武百官。

北燕主冯跋与夏国联合，夏王赫连勃勃派遣御史中丞乌洛孤前往北燕签订盟约。

十一月，壬午，魏主嗣遣使者巡行诸州，校阅守宰资财，非家所赍，悉簿为赃。

西秦王炽磐立妃秃发氏为后。

十二月，丙戌朔，柔然可汗大檀侵魏；丙申，魏主嗣北击之。大檀走，遣奚斤等追之，遇大雪，士卒冻死及堕指者什二三。

河内人司马顺宰自称晋王，魏人讨之，不克。

燕辽西公素弗卒，燕王跋比葬七临之。

是岁，司马国璠兄弟聚众数百潜渡淮，夜入广陵城。青州刺史檀祇领广陵相，国璠兵直上听事，祇惊出，将御之，被射伤而入，谓左右曰："贼乘暗得入，欲掩我不备，但击五鼓，彼惧晓，必走矣。"左右如其言，国璠兵果走，追杀百余人。

魏博士祭酒崔浩为魏主嗣讲《易》及《洪范》，嗣因问浩天文、术数，浩占决多验，由是有宠，凡军国密谋皆预之。

夏王勃勃立夫人梁氏为王后，子璝为太子；封子延为阳平公，昌为太原公，伦为酒泉公，定为平原公，满为河南公，安为中山公。

（以上为第十五段，写南凉的覆灭，南凉都城乐都陷落后，国主秃发傉檀打发其他人投奔北凉主沮渠蒙逊，以求出路；而自己投降西秦主乞伏炽磐，而后被害。）

十一月二十七日壬午，魏明元帝拓跋嗣派遣使者到各州巡察，检查核对守宰等地方官的资产钱财，凡不是从家里自己带出来的东西，全部当作赃物记录下来。

西秦主乞伏炽磐册立妃子秃发氏为皇后。

十二月初一丙戌朔，柔然可汗郁久闾大檀进犯北魏。十一日丙申，魏明元帝拓跋嗣向北进军，迎击他。郁久闾大檀逃走，拓跋嗣派遣奚斤等人追击，路遇大雪，士兵冻死及冻掉手指的人约有十分之二三。

北魏河内人司马顺宰自称为晋王，北魏军队讨伐他，没有攻下。

北燕辽西公冯素弗去世，到安葬他的时候，北燕主冯跋已经前去吊唁了七次。

这一年，叛离东晋的司马国璠兄弟，聚集几百个部众，偷偷渡过淮河，趁夜混入广陵城。青州刺史檀祗兼任广陵相。司马国璠带兵直接冲向官署的大厅，檀祗惊觉之后走出来，正要抵抗，被乱箭射伤退回去，对左右的侍从说："贼人趁天黑冲了进来，打算在我没有防备的情况下袭击我们。只要敲击五鼓，他们害怕天亮，一定会逃跑。"侍从们听从他的吩咐去做了，司马国璠的部属兵果然逃走，侍从追杀了一百多人。

北魏博士祭酒崔浩给魏明元帝拓跋嗣讲解《易经》和《尚书·洪范》，拓跋嗣于是向崔浩询问天文、术数等知识。崔浩占卜的结果大多数都应验了，从此他得到了国主的宠信，凡是国家大事和军事上的秘密计划，他都参与并提出意见。

夏王赫连勃勃册立夫人梁氏为王后，册立儿子赫连璝为太子。册封儿子赫连延为阳平公，赫连昌为太原公，赫连伦为酒泉公，赫连定为平原公，赫连满为河南公，赫连安为中山公。

【点评】

刘毅妒能终自毙。刘毅曾经立下许多战功，封官拜将，但他私心膨胀，非常嫉妒刘裕的才能和功劳，后被诛灭。

首先，刘毅之祸，是其逞一时之勇，却事与愿违，而酿下的苦果。当时，刘裕北伐南燕，国内空虚，卢循趁机作乱，耀武扬威，声势浩大，大有吞没都城建康的气势，东晋将领何无忌率军出战，持节战死，朝廷内外大惊失色。百官商议，打算护卫晋安帝司马德宗朝北撤退，向中军刘裕靠拢，虽然这一谋划并不高明，但也是权宜之计。但时任卫将军的刘毅，认为自己并不比刘裕差，他要独自出兵攻打卢循。刘裕写信给他，告诉他卢循非常狡猾，自己与卢循交过战，知道他们用兵行阵的变化情况，相约同心协力，一起攻打，并且让人劝阻刘毅不要独自出兵。刘裕本来是一片好心，但刘毅把刘裕的话当作耳边风，贸然出征，结果葬送了全部的士兵，自己逃之夭夭，进入蛮荒之地，才得以保全性命。刘裕宽大，恢复其官职。

其次，刘毅自恃有才，将自己孤立起来。刘裕攻打卢循，凯旋后晋安帝司马德宗设宴慰劳，令群臣赋诗。而刘毅攻打卢循，遭到惨败，深知人情不归向自己，内心更加愤激，便赋诗道："六国多雄士，正始出风流。"他自知武功不及刘裕，便故意显示自己文雅有余。

最后，刘毅忌恨成性，意欲谋反，多行不义必自毙。在刘裕的支持下，刘毅又重新振作，成为举足轻重的朝廷重臣，说起他的官职并不小，但他仍心怀不满，总想把失去的权力再捞回来，于是，在不归路上越走越远。他先是请示朝廷，取得了临近建康的江州的军事管理权。他这样做，如果是出于公心，固然是好，但如果是别有用心，则对都城建康构成了很大的威胁。还有，刘毅至江陵，竟擅自选取江州士兵及豫州西府文武将佐一万多人，留用而不予遣散，又以疾病困苦，请求派遣刘藩为其佐官，其用心何在！

综观刘毅所为，其刚愎自用，嫉妒成性，终于导致了他的人生毁灭！

晋纪三十九

晋安帝义熙十一年至十二年（415—416年）

【起旃蒙单阏（乙卯，415年），尽柔兆执徐（丙辰，416年），凡二年】

【大事提要】

本卷记事起于公元415年，到公元416年，凡二年，时当晋安帝（司马德宗）义熙十一年至义熙十二年。本卷所载大事，主要有五个方面。其一，刘裕攻灭司马休之。东晋宗室司马休之占据荆州，颇得当地人心，拥兵自重，对中央形成巨大威胁。公元415年，刘裕出兵攻打，雍州刺史鲁宗之与司马休之联合。刘裕奋力击败其大军，攻克江陵，直捣襄阳，荆、扬二州尽被刘裕吞并，司马休之以及鲁宗之北投后秦。其二，刘裕统领东晋。刘裕消灭司马休之后，获剑履上殿、入朝不趋、赞拜不名的崇礼。公元416年，又加领平北将军等。至此，刘裕一人都督徐、南徐、豫、南豫、兖、南兖、青、冀、幽、并、司、郢、荆、江、湘、雍、梁、益、宁、交、广、南秦共二十二州。其三，后秦主姚兴去世，姚泓即位。公元416年，姚兴病重，下令太子姚泓监国。姚弼的党羽在谋杀姚泓和劫持姚兴的计划未逞后，策划入宫作乱，攻打端门，皇城内外展开激烈战斗。姚兴宣布处死姚弼，而后去世，太子姚泓继位，诛杀叛乱分子，改年号为永和。其四，刘裕北伐后秦。公元416年，东晋太尉刘裕以刘穆之任尚书左仆射，内总朝政，外供军粮，自己率领四路大军北伐，攻打后秦国。刘裕抵达彭城，龙骧将军王镇恶、冠军将军檀道济领兵进攻许昌、洛阳，后秦诸郡屯守皆望风降附，晋军进展神速，占领洛阳。其五，修复西晋皇帝陵墓。公元416年，东晋安帝司马德宗下令派遣兼司空、高密王司马恢之修复、拜谒司马懿、司马师、司马昭、司马炎、司马衷五位皇帝陵墓，并设置守卫部队。太尉刘裕任命冠军将军毛修之为河南、河内二郡太守，代理司州政事，戍守洛阳。

【原文】

安皇帝壬

义熙十一年（乙卯，415 年）

春，正月，丙辰，魏主嗣还平城。

太尉裕收司马休之次子文宝、兄子文祖，并赐死，发兵击之。诏加裕黄钺，领荆州刺史。

庚午，大赦。

丁丑，以吏部尚书谢裕为尚书左仆射。

辛巳，太尉裕发建康。以中军将军刘道怜监留府事，刘穆之兼右仆射。事无大小，皆决于穆之。又以高阳内史刘钟领石头戍事，屯冶亭。休之府司马张裕、南平太守檀范之闻之，皆逃归建康。裕，邵之兄也。雍州刺史鲁宗之自疑不为太尉裕所容，与其子竟陵太守轨起兵应休之。

二月，休之上表罪状裕，勒兵拒之。

裕密书招休之府录事参军南阳韩延之，延之复书曰："承亲帅戎马，远履西畿，阖境士庶，莫不惶骇。辱疏，知以谯王前事，良增叹息。司马平西体国忠贞，款怀待物。以公有匡复之勋，家国蒙赖，推德委诚，每事询仰。谯王往以微事见劾，犹自表逊位，况以大过，而当嘿然邪！前已表奏废之，所不尽者命耳。推寄相与，正当如此。而遽兴兵甲，所谓'欲加之罪，其无辞乎'！刘裕足下，海内之人，谁不见足下此心，而复欲欺诳国士！来示云'处怀期物，自有由来'，今伐人之君，啖人以利，真可谓'处怀期物，自有由来'者乎！刘藩死于阊阖之门，诸葛毙于左右之手，甘言诧方伯，袭之以轻兵；遂使席上靡款怀之士，阃外无自信诸侯，以是为得算，良可耻也！贵府将佐及朝廷贤德，寄命过日。吾诚鄙劣，尝闻道于君子，以平西之至德，宁可无授命之臣乎！必未能自投虎口，比迹郗僧施之徒明矣。假令天长丧乱，九流浑浊，当与臧洪游于地下，不复多言。"裕视书叹息，以示将佐曰："事人当如此矣！"延之以裕父名翘，字显宗，乃更其字曰"显宗"，名其子曰"翘"，以示不臣刘氏。

【语译】

安皇帝壬

晋安帝义熙十一年（乙卯，415 年）

春季，正月初二丙辰，魏明元帝拓跋嗣回到平城。

东晋太尉刘裕逮捕了司马休之的次子司马文宝、侄子司马文祖，并命令他们自杀。刘裕发动军队，西上进攻司马休之。安帝司马德宗下令把皇帝专用的黄钺授给刘裕，并命令他兼任荆州刺史。

正月十六日庚午，实行大赦。

正月二十三日丁丑，东晋朝廷任命吏部尚书谢裕为尚书左仆射。

正月二十七日辛巳，东晋太尉刘裕统辖军队，从京城建康出发。刘裕任命中军将军刘道怜监留府事，任命刘穆之兼右仆射。朝廷的事情，无论大小，都由刘穆之决定。他又任命高阳内史刘钟领石头戍事，屯扎在冶亭。司马休之府内的司马张裕、南平太守檀范之听说这事之后，都逃回到建康。张裕是张卲的哥哥。雍州刺史鲁宗之怀疑自己终究不会被刘裕宽恕，便与他的儿子竟陵太守鲁轨起兵响应司马休之。

二月，司马休之呈上奏书给安帝司马德宗，列举刘裕的罪状，同时也率领军队，准备抵抗刘裕。

刘裕写密信给司马休之府的录事参军南阳人韩延之，招请他背叛司马休之，为自己效力。韩延之回信说："承蒙你亲自统领军马，踏上遥远的西方疆域，荆州全境的士民，没有不惊慌震骇的。你屈尊给我写信，我才知道这次起兵完全是因为谯王司马文思过去的那件事，更使我增加许多感叹。司马休之忠心爱国，待人处事又宽怀诚恳，因为你立过匡复朝廷的巨大功勋，朝廷与宗室还需依赖你辅佐，因此推重你的德行，对你一片赤诚，几乎做每件事情都听你的指教，看你的脸色。谯王司马文思过去因为一件小事受到弹劾责难，司马休之还曾自己上书请求辞职，何况谯王如果再犯大错，司马休之哪能闭口无言！前一段时间司马休之已经上书，奏请撤销了谯王的王位，唯一没有做绝的不过是留下了司马文思的一条命罢了。推己及人，把这事交给别人，谁都会这么做的。但是你却因此突然兴师问罪，这真是欲加之罪，何患无辞！四海之内的人，谁看不出你的这番用心？但是你还要说谎欺骗国内的通达之士！你的来信说：'怀有谦敬之心，对别人的要求历来如此。'今天你出兵攻打别人的君主，写信用私利引诱别人，这难道真是所谓的'怀有谦敬之心，对别人的要求历来如此'吗？刘藩死在皇宫的阊阖门，诸葛长民死在你的侍卫之手；用甜言蜜语夸耀地方要员，先稳住他们，然后再用轻装部队对他们发动突然袭击。于是朝廷座席之上没有诚信忠贞的人，京城之外没有对自己的性命放心的封疆大吏，把这

琅邪太守刘朗帅二千余家降魏。

（以上为第一段，写东晋太尉刘裕欲剪除司马休之，处死其子侄；司马休之起兵反叛，刘裕欲让其属官韩延之背叛其主，韩延之义正辞严地回击，刘裕感慨良多。）

庚子，河西胡刘云等帅数万户降魏。

太尉裕使参军檀道济、朱超石将步骑出襄阳。超石，龄石之弟也。江夏太守刘虔之将兵屯三连，立桥聚粮以待，道济等积日不至。鲁轨袭击虔之，杀之。裕使其婿振威将军东海徐逵之统参军蒯恩、王允之、沈渊子为前锋，出江夏口。逵之等与鲁轨战于破冢，兵败，逵之、允之、渊子皆死，独蒯恩勒兵不动。轨乘胜力攻之，不能克，乃退。渊子，林子之兄也。

裕军于马头，闻逵之死，怒甚，三月，壬午，帅诸将济江。鲁轨、司马文思将休之兵四万，临峭岸置陈，军士无能登者。裕自被甲欲登，诸将谏，不从，怒愈甚。太尉主簿谢晦前抱持裕，裕抽剑指晦曰："我斩卿！"晦曰："天下可无晦，不可无公！"建武将军胡藩领游兵在江津，裕呼藩使登，藩有疑色。裕命左右录来，欲斩之。藩顾曰："正欲击贼，不得奉教！"乃以刀头穿岸，劣容足指，腾之而上，随之者稍多。既登岸，直前力战。休之兵不能当，稍引却。裕兵因而乘之，休之兵大溃，遂克江陵。休之、宗之俱北走，轨留石城。裕命阆中侯下邳赵伦之、太尉参军沈林子攻之，遣武陵内史王镇恶以舟师追休之等。

看成是实现了自己的目的，实在是可耻！你手下的那些将领佐僚以及朝廷里的贤明有德之人，都把性命交给你过日子，我诚然是鄙陋粗劣，但是也曾经向君子学过做人的道理。像司马休之这样德性好的人，怎么可以没有以性命相托的臣下呢？我一定不能去自投虎口。郗僧施这些人的遭遇已经表现得很明确了。假如上天注定丧乱的局面还要延长，各派的纷争还要继续污浊不堪，那么我自然要与臧洪那样的人一起到九泉之下去游荡了，不再多言。”刘裕看到他的信，不禁叹息。他把信拿给手下的将领和官员们看，说：“做属下的，应当这样啊！”韩延之因为刘裕的父亲名叫刘翘，字显宗，于是把自己的字改成显宗，并给他的儿子取名叫韩翘，用这表示绝不做刘氏的臣下。

东晋琅邪太守刘朗率领两千多家百姓投降了北魏。

二月十六日庚子，河西一带的胡人首领刘云等人统率几万户投降北魏。

东晋太尉刘裕派遣参军檀道济、朱超石带领步兵骑兵进攻襄阳。朱超石是朱龄石的弟弟。江夏太守刘虔之带领部队屯驻在三连，修筑桥梁，积聚粮草，等待他们的到来，但是檀道济的军队却过了许多天也没有到来。鲁轨袭击刘虔之，并把他杀了。刘裕派他的女婿振威将军东海人徐逵之统领参军蒯恩、王允之、沈渊子等为前锋，出击江夏口。徐逵之等人在破冢与鲁轨交战，大军失败，徐逵之、王允之、沈渊子等都被杀，只有蒯恩的部队压住了阵脚，没有败退下去。鲁轨乘胜对他发动猛攻，却不能攻破他的防守，于是退兵。沈渊子是沈林子的哥哥。

刘裕在马头集结军队，听说徐逵之战死，愤怒异常。三月二十九日壬午，率领各位将领渡过长江。鲁轨、司马文思统领司马休之的军队四万人，依傍陡峭的江岸排下战阵，刘裕的军队士兵没有人能攀登上去。刘裕披挂起铠甲，打算亲自攀登，各位将领纷纷劝阻，他却坚决不听，越发怒不可遏。太尉主簿谢晦上前抱住刘裕，刘裕拔出佩剑指着谢晦说：“我杀了你！”谢晦说：“天下可以没有我谢晦，但是却不可以没有您！”建武将军胡藩率领游击部队，此时正在江津，刘裕派人去叫胡藩，让他登岸，胡藩有些疑虑。刘裕命令身边的侍从去把他抓来，打算杀了他。胡藩看着来人说：“我正打算去进攻贼兵，没时间前去受教！”于是用刀尖在江岸上掘出小洞，仅能容下脚趾，他便踩着飞身跃上江岸，后边跟着他向上爬的人渐渐多了。登上江岸之后，便直奔上前，拼力死战。司马休之的军队无法抵挡，渐渐向后撤退。刘裕军队趁机猛攻，司马休之的部队完全溃败，于是刘裕攻下江陵。司马休之、鲁宗之一起向北逃走，鲁轨留守在石城。刘裕命令阆中侯下邳人赵伦之、太尉参军沈

有群盗数百夜袭冶亭，京师震骇，刘钟讨平之。

（以上为第二段，写东晋太尉刘裕率军攻打叛军司马休之，前锋部队作战失利，女婿徐逵之阵亡，暴怒，欲亲自上阵，被拦阻，胡藩等奋力登岸，击败叛军。）

秦广平公弼谮姚宣于秦王兴，宣司马权丕至长安，兴责以不能辅导，将诛之，丕惧，诬宣罪恶以求自免。兴怒，遣使就杏城收宣下狱，命弼将三万人镇秦州。尹昭曰："广平公与皇太子不平，今握强兵于外，陛下一旦不讳，社稷必危。'小不忍，乱大谋'，陛下之谓也。"兴不从。

夏王勃勃攻秦杏城，拔之，执守将姚逵，坑士卒二万人。秦王兴如北地，遣广平公弼及辅国将军敛曼嵬向新平，兴还长安。

河西王蒙逊攻西秦广武郡，拔之。西秦王炽磐遣将军乞伏魋尼寅邀蒙逊于浩亹，蒙逊击斩之；又遣将军折斐等帅骑一万据勒姐岭，蒙逊击禽之。

河西饥胡相聚于上党，推胡人白亚栗斯为单于，改元建平。以司马顺宰为谋主，寇魏河内。夏，四月，魏主嗣命公孙表等五将讨之。

青、冀二州刺史刘敬宣参军司马道赐，宗室之疏属也。闻太尉裕攻司马休之，道赐与同府辟闾道秀、左右小将王猛子谋杀敬宣，据广固以应休之。

乙卯，敬宣召道秀，屏人语，左右悉出户。猛子逡巡在后，取敬宣备身刀杀敬宣。文武佐吏即时讨道赐等，皆斩之。

己卯，魏主嗣北巡。

西秦王炽磐子元基自长安逃归，炽磐以为尚书左仆射。

五月，丁亥，魏主嗣如大宁。

赵伦之、沈林子破鲁轨于石城，司马休之、鲁宗之救之不及，遂与轨奔襄阳，宗之参军李应之闭门不纳。甲午，休之、宗之、轨及谯王文

林子进攻鲁轨；派遣武陵内史王镇恶带领水军船队追击司马休之等人。

有一群盗匪共几百人，在夜色掩护下袭击冶亭，京师震惊恐慌。刘钟带兵攻打，把他们剿灭。

后秦广平公姚弼向后秦王姚兴进谗言诬陷姚宣，正好姚宣的司马权丕到长安办事，姚兴责备他不能很好地辅助引导姚宣，准备杀了他。权丕人为恐惧，也诬陷姚宣罪恶深重，以此求得对自己的宽恕。姚兴大怒，派遣使节到杏城把姚宣抓起来打入牢狱，命令姚弼带领三万人去镇守秦州。尹昭说："广平公与皇太子关系不和，现在让他手握重兵，在外镇守，将来如果皇上去世，那么国家一定会面临危险。小不忍则乱大谋，正是对皇上的最好形容。"姚兴不听。

夏王赫连勃勃进攻后秦杏城，攻下，抓获了那里的守将姚逵，把敌军二万士兵全部活埋。后秦主姚兴前往北地，派遣广平公姚弼以及辅国将军敛曼嵬率军向新平进发，姚兴回到长安。

河西王沮渠蒙逊进攻西秦的广武郡，攻下。西秦王乞伏炽磐派遣将军乞伏魋尼寅在浩亹拦截沮渠蒙逊，沮渠蒙逊进攻他的军队，并把他杀了。乞伏炽磐又派遣将军折斐等率领一万骑兵据守勒姐岭，沮渠蒙逊进击并把他擒获。

河西一带受饥饿困扰的胡人在上党聚集在一起，推举胡人白亚栗斯为单于，改年号为建平。他们任用司马顺宰为主要谋士，进犯北魏的河内。夏季，四月，北魏主拓跋嗣命令公孙表等五位大将前去攻打他们。

东晋青、冀二州刺史刘敬宣的参军司马道赐是晋朝宗室的远亲。听说太尉刘裕进攻司马休之，司马道赐便与同僚辟闾道秀、身边的小将王猛子阴谋刺杀刘敬宣，然后占据广固，响应司马休之。

四月初三乙卯，刘敬宣召见辟闾道秀，把别人全部屏退，秘密交谈，他身边的侍卫也全部被隔在窗外。王猛子慢慢绕到刘敬宣身后，突然抢过刘敬宣防身用的佩刀，把刘敬宣杀了。刘敬宣手下的文武将佐、官吏马上声讨司马道赐等人，并把他们全部斩杀。

四月二十七日己卯，魏明元帝拓跋嗣向北巡视。

西秦主乞伏炽磐的儿子乞伏元基从长安逃了回来。乞伏炽磐任命他为尚书左仆射。

五月初五丁亥，魏明元帝拓跋嗣前往大宁。

东晋将领赵伦之、沈林子在石城打败鲁轨，司马休之、鲁宗之准备营救，却没有来得及，于是与鲁轨一起逃奔襄阳，鲁宗之的参军李应之紧闭城门，不让他们进

思、新蔡王道赐、梁州刺史马敬、南阳太守鲁范俱奔秦。宗之素得士民心，争为之卫送出境。王镇恶等追之，尽境而还。

初，休之等求救于秦、魏，秦征虏将军姚成王及司马国璠引兵至南阳，魏长孙嵩至河东，闻休之等败，皆引还。休之至长安，秦王兴以为扬州刺史，使侵扰襄阳。侍御史唐盛言于兴曰："据符谶之文，司马氏当复得河洛。今使休之擅兵于外，犹纵鱼于渊也，不如以高爵厚礼，留之京师。"兴曰："昔文王卒免羑里，高祖不毙鸿门，苟天命所在，谁能违之！脱如符谶之言，留之适足为害。"遂遣之。

（以上为第三段，写后秦广平公姚弼进谗言，排除异己；胡夏进攻后秦，北凉攻打西秦，均获胜；东晋司马道赐杀掉青、冀二州刺史刘敬宣，响应司马休之，被州佐及时诛杀，司马休之等逃奔后秦。）

诏加太尉裕太傅、扬州牧，剑履上殿，入朝不趋，赞拜不名。以兖、青二州刺史刘道怜为都督荆湘益秦宁梁雍七州诸军事、骠骑将军、荆州刺史。道怜贪鄙，无才能，裕以中军长史晋陵太守谢方明为骠骑长史、南郡相，道怜府中众事皆咨决于方明。方明，冲之子也。

益州刺史朱龄石遣使诣河西王蒙逊，谕以朝廷威德。蒙逊遣舍人黄迅诣龄石，且上表言："伏闻车骑将军裕欲清中原，愿为右翼，驱除戎虏。"

夏王勃勃遣御史中丞乌洛孤与蒙逊结盟，蒙逊遣其弟湟河太守汉平莅盟于夏。

西秦王炽磐率众三万袭湟河，沮渠汉平拒之，遣司马隗仁夜出击炽磐，破之。炽磐将引去，汉平长史焦昶、将军段景潜召炽磐，炽磐复攻之；昶、景因说汉平出降。仁勒壮士百余据南门楼，三日不下，力屈，为炽磐所禽。炽磐欲斩之，散骑常侍武威段晖谏曰："仁临难不畏死，忠臣也，宜宥之以厉事君。"乃囚之。炽磐以左卫将军匹达为湟河太守，击乙弗窟乾，降其三千余户而归。以尚书右仆射出连虔为都督岭北诸军事、凉州刺史；以凉州刺史谦屯为镇军大将军、河州牧。隗仁在西秦五年，段晖又为之请，炽磐免之，使还姑臧。

去。五月十二日甲午，司马休之、鲁宗之、鲁轨，以及谯王司马文思、新蔡王司马道赐、梁州刺史马敬、南阳太守鲁范等人全部逃奔后秦。鲁宗之平时很受百姓拥护，人们纷纷掩护、保卫他，把他送出国境。王镇恶等人前来追捕他们，到了国境没有追上，便回去了。

当初，司马休之等向后秦、北魏请求救助，后秦征虏将军姚成王及司马国璠带兵抵达南阳，北魏长孙嵩抵达河东，听说司马休之等已经失败，便都带兵回去了。司马休之到了长安，后秦王姚兴任命他为扬州刺史，让他去侵袭骚扰襄阳。侍御史唐盛对姚兴说："根据预言帝王受命吉凶的符命谶纬说，司马氏应当重新夺取河、洛一带。现在让他带兵在外，就像把鱼又放回湖海一样。我看不如封他高官，给他优厚的待遇，把他留在京师。"姚兴说："过去，周文王最终在羑里得到赦免，汉高祖在鸿门没有被杀，这都是天命在左右，谁能违抗得了！如果真像符谶所说的那样，把他留下来，却是促使灾害加重。"于是派遣司马休之去了。

东晋下令，加封太尉刘裕为太傅、扬州牧，特许他可以带剑穿鞋上殿，进宫朝见皇帝不必小步走，奏事时不必司仪称名通报。任命兖、青二州刺史刘道怜为都督荆、湘、益、秦、宁、梁、雍七州诸军事，骠骑将军，荆州刺史。刘道怜为人贪婪鄙俗，没有才能。刘裕任命中军长史、晋陵太守谢方明为骠骑长史、南郡相，刘道怜府中的所有事务都向谢方明请教后再决定。谢方明是谢冲的儿子。

东晋益州刺史朱龄石派遣使节前去拜见北凉河西王沮渠蒙逊，宣扬东晋朝廷的威势和德政。沮渠蒙逊派遣舍人黄迅前来拜见朱龄石，并且呈上奏书，说："听说车骑将军刘裕打算清剿中原地区，我甘愿做他的右翼部队，帮助他驱逐戎族强盗。"

夏王赫连勃勃派遣御史中丞乌洛孤与沮渠蒙逊缔结盟约，沮渠蒙逊派他的弟弟湟河太守沮渠汉平前往夏国，在盟约上签字。

西秦主乞伏炽磐统率三万大军袭击湟河，沮渠汉平抵抗，派遣司马隗仁连夜出击乞伏炽磐，并把他打败。乞伏炽磐刚打算带兵回去，沮渠汉平的长史焦昶、将军段景暗地里招引乞伏炽磐来攻，乞伏炽磐再次挥师进攻，焦昶、段景于是劝说沮渠汉平出城投降。隗仁带领一百多名壮士占据南门楼，坚决不投降，乞伏炽磐围攻了三天也没有攻下，最后，守军筋疲力尽，被乞伏炽磐抓获。乞伏炽磐打算杀了他，散骑常侍武威人段晖劝说道："隗仁面临危难不怕死，是一个忠臣，应该宽恕他，以此鼓励那些忠于君王的人们。"于是把他囚禁起来。乞伏炽磐任命左卫将军乞伏匹达为湟河太守，进攻乙弗窟乾，收降了那里的三千多户百姓并带回。又任命尚书、右仆射出连虔为都督岭北诸军事、凉州刺史；任命凉州刺史乞伏谦屯为镇军大将军、

戊午，魏主嗣行如濡源，遂至上谷、涿鹿、广宁。秋，七月，癸未，还平城。

西秦王炽磐以秦州刺史昙达为尚书令，光禄勋王松寿为秦州刺史。

辛亥晦，日有食之。

八月，甲子，太尉裕还建康，固辞太傅、州牧，其余受命。以豫章公世子义符为兖州刺史。

丁未，谢裕卒，以刘穆之为左仆射。

九月，己亥，大赦。

（以上为第四段，写西秦主乞伏炽磐统率三万大军袭击湟河，北凉官员沮渠汉平派遣司马隗仁连夜出击，乞伏炽磐被打败而退，后在“内鬼”的帮助下获胜。）

魏比岁霜旱，云、代之民多饥死。太史令王亮、苏坦言于魏主嗣曰：“按谶书，魏当都邺，可得丰乐。”嗣以问群臣，博士祭酒崔浩、特进京兆周澹曰：“迁都于邺，可以救今年之饥，非久长之计也。山东之人，以国家居广漠之地，谓其民畜无涯，号曰‘牛毛之众’，今留兵守旧都，分家南徙，不能满诸州之地，参居郡县，情见事露，恐四方皆有轻侮之心；且百姓不便水土，疾疫死伤者必多。又，旧都守兵既少，屈丐、柔然将有窥窬之心，举国而来，云中、平城必危，朝廷隔恒、代千里之险，难以赴救，此则声实俱损也。今居北方，假令山东有变，我轻骑南下，布濩林薄之间，孰能知其多少！百姓望尘慑服，此国家所以威制诸夏也。来春草生，湩酪将出，兼以菜果，得及秋熟，则事济矣。”嗣曰：“今仓廪空竭，既无以待来秋，若来秋又饥，将若之何？”对曰：“宜简饥贫之户，使就食山东；若来秋复饥，当更图之，但方今不可迁都耳。”嗣悦曰：“唯二人与朕意同。”乃简国人尤贫者诣山东三州就食，遣左部尚书代人周几帅众镇鲁口以安集之。嗣躬耕藉田，且命有司劝课农桑。明年，大熟，民遂富安。

河州牧。隗仁在西秦被囚五年之后，段晖又为他求情，乞伏炽磐赦免了他，让他回到姑臧。

六月，戊午（疑误），魏明元帝拓跋嗣前往濡源，又到上谷、涿鹿、广宁等地。秋季，七月初二癸未，回到平城。

西秦主乞伏炽磐任命秦州刺史乞伏昙达为尚书令，任命光禄勋王松寿为秦州刺史。

七月三十日辛亥晦，出现日食。

八月十三日甲子，东晋太尉刘裕回到建康，坚决辞让太傅、扬州牧，接受其余任命。任命世子豫章公刘义符为兖州刺史。

八月，丁未（疑误），东晋尚书左仆射谢裕去世，任命刘穆之为尚书左仆射。

九月十九日己亥，东晋实行大赦。

北魏一连几年发生霜旱，收成不好，云中、代郡一带的民众有很多都饿死了。太史令王亮、苏坦向魏明元帝拓跋嗣进言说："按着谶书的说法，我们魏国应把都城建在邺城，那样的话，才可以得到富足欢乐。"

拓跋嗣向各位大臣征求对这事的意见，博士祭酒崔浩、特进京兆周澹说："迁都城到邺地，可以解救今年的饥荒，但却不是长久的办法。崤山以东的人民，认为我们的国家本来居住在辽阔的大漠之上，以为国民和牲畜一定无数，说是'牛毛那样多'。现在一旦迁都，便要留下军队戍守旧都，只能分出一部分人向南迁移，这些人不可能住满几个州的土地，只好与汉人掺杂居住在各郡各县，这样我们人少的情势就会暴露，恐怕四方的邻国也都会因此产生轻视我们的想法。况且我们的民众不习惯那里的水土，得病、受伤、死亡的人一定很多。再者，旧都的守兵减少之后，屈丐、柔然等国就会有窃取我国的想法，假如他们动员全国的军队前来进攻，云中、平城一定会发生危机，南迁后的朝廷由于有恒山、代郡的千里险要重重阻隔，很难前去营救，这样的话就会在名声和实际利益上都受到损害。现在我们居住在北方，假如崤山之东的地区有什么变乱，我们派遣轻装骑兵向南进攻，把部队分布在林野中间，谁能知道我们人数的多少？老百姓看见我们的征尘就会畏慑敬服，这就是我们之所以用威力制服汉人的真正原因。明年春天到来之后，杂草生长起来，家畜吃饱之后，牛奶乳酪等也可以供应上了，再加上蔬菜水果，便可以维持到秋天粮食成熟的季节，我们面临的这些暂时困难便可以克服了。"拓跋嗣说："现在国库彻底空了，已经没有办法再等到来年的秋天，如果明年秋天又出现饥荒，我们将怎么对付

夏赫连建将兵击秦，执平凉太守姚军都，遂入新平。广平公弼与战于龙尾堡，禽之。

秦王兴药动。广平公弼称疾不朝，聚兵于第。兴闻之，怒，收弼党唐盛、孙玄等，杀之。太子泓请曰："臣不肖，不能缉谐兄弟，使至于此，皆臣之罪也。若臣死而国家安，愿赐臣死；若陛下不忍杀臣，乞退就藩。"兴恻然悯之，召姚赞、梁喜、尹昭、敛曼嵬与之谋，囚弼，将杀之，穷治党与；泓流涕固请，乃并其党赦之。泓待弼如初，无忿恨之色。

魏太史奏："荧惑在匏瓜中，忽亡不知所在，于法当入危亡之国，先为童谣妖言，然后行其祸罚。"魏主嗣召名儒十余人使与太史议荧惑所诣。崔浩对曰："按《春秋左氏传》'神降于莘'，以其至之日推知其物。庚午之夕，辛未之朝，天有阴云；荧惑之亡，当在二日。庚之与午，皆主于秦；辛为西夷。今姚兴据长安，荧惑必入秦矣。"众皆怒曰："天上失星，人间安知所诣！"浩笑而不应。后八十余日，荧惑出东井，留守句己，久之乃去。秦大旱，昆明池竭，童谣讹言，国人不安，间一岁而秦亡。众乃服浩之精妙。

冬，十月，壬子，秦王兴使散骑常侍姚敞等送其女西平公主于魏，魏主嗣以后礼纳之；铸金人不成，乃以为夫人，而宠遇甚厚。

辛酉，魏主嗣如沮洳城；癸亥，还平城。十一月丁亥，复如豺山宫；

呢？”崔浩等回答说：“应该把最贫穷饥饿的人家挑选出来，让他们去太行山以东的地区谋生，找饭吃。如果明年再饥荒，到时候再想办法，只是现在不可以迁都。”拓跋嗣高兴地说：“只有你们二人与我的想法一致。”于是挑选百姓中最贫寒的人家前往太行山以东的三个州去谋生，并派左部尚书代郡人周几统率军队镇守鲁口，安抚召集他们。拓跋嗣本人也亲自下农田耕种，又命令有关部门劝勉指导人们从事农业和种桑养蚕劳动。第二年，庄稼丰收，于是人民富足安定。

夏国赫连建带领部队进攻后秦，抓获了平凉太守姚军都，于是又进犯新平。后秦广平公姚弼与他们在龙尾堡接战，把赫连建活捉。

后秦主姚兴药性发作。广平公姚弼声称有病，不去参加朝见，却把手下的部队聚集在自己的府第之中。姚兴听说这事后，大怒，抓住姚弼的党羽唐盛、孙玄等人，杀掉。太子姚泓请求说：“臣子不肖，不能团结兄弟，所以才导致这样的结果，这都是我的罪过。如果我死之后国家可以得到安定，我希望您命我自杀。如果您不忍心杀掉我，那么我请求退居藩属的位置。”姚兴心中悲悯姚泓，召见姚赞、梁喜、尹昭、敛曼嵬等，与他们商议，逮捕了姚弼，准备杀掉他，并彻底追查处理了他的亲信党羽。姚泓流着眼泪，一再请求，姚兴这才赦免了姚弼和他的那些同党。姚泓对待姚弼跟以前一样，没有丝毫愤恨的样子。

北魏太史启奏说：“火星在匏瓜星座中出现，忽然又不知跑到哪里去了。按道理说，它应该到形势危险严峻、马上就要灭亡的国家去，先出现童谣妖言，然后再发生祸乱，实行对该国的惩罚。”魏明元帝拓跋嗣召见十几个有名的儒士，让他们与太史一起讨论参悟火星所示的含义，推测星落的方位。崔浩对答说：“按照《春秋左氏传》的说法：‘神灵在莘地降落’，根据它降落的日期推测，可以得知这个神灵是谁。八月十九日庚午的晚上，二十日辛未的早晨，天上阴云密布，火星失踪的时间，应该是在这两天。庚和午在地上指的都是秦国，辛指的是西方的夷族。现在姚兴据守在长安，火星一定是降临到秦国去了。”众人都不客气地说：“天上没有了一颗星，人间怎么能够知道它掉到哪里去了！”崔浩微笑着并不回答。八十多天以后，火星突然又在井宿附近出现了，在那里若明若暗，很长时间才消失。后秦出现大旱，昆明池中的水也已枯竭，儿童歌谣和各种谣传纷纷四起，国中的百姓人心不安，只隔一年，后秦便灭亡了。大家这才佩服崔浩的神奇精妙。

冬季，十月初二壬子，后秦主姚兴派遣散骑常侍姚敞等人护送他的女儿西平公主出嫁到北魏。魏明元帝拓跋嗣以皇后的礼节迎娶了她，但是铸金人没有成功，所以按照北魏的传统，她不能做皇后。拓跋嗣于是封她为夫人，但对她的宠爱和照顾极为优厚。

十月十一日辛酉，魏明元帝拓跋嗣前往沮洳城。十三日癸亥，回到平城。十一

庚子，还。

西秦王炽磐遣襄武侯昙达等将骑一万击南羌弥姐、康薄于赤水，降之；以王孟保为略阳太守，镇赤水。

燕尚书令孙护之弟伯仁为昌黎尹，与其弟叱支、乙拔皆有才勇，从燕王跋起兵有功，求开府不得，有怨言，跋皆杀之。进护开府仪同三司、录尚书事，以慰其心，护怏怏不悦，跋鸩杀之。辽东太守务银提自以有功，出为边郡，怨望，谋外叛，跋亦杀之。

林邑寇交州，州将击败之。

（以上为第五段，写北魏出现严重灾荒，让最贫困的民众到太行山以东地区谋生；后秦主姚兴病重，其子姚弼不去参加朝见，姚兴欲杀之，太子姚泓求情得免。）

十二年（丙辰，416 年）

春，正月，甲申，魏主嗣如豺山宫；戊子，还平城。

加太尉裕兖州刺史、都督南秦州，凡都督二十二州，以世子义符为豫州刺史。

秦王兴使鲁宗之将兵寇襄阳，未至而卒。其子轨引兵入寇，雍州刺史赵伦之击败之。

西秦王炽磐攻秦洮阳公彭利和于漒川，沮渠蒙逊攻石泉以救之。炽磐至沓中，引还。二月，炽磐遣襄武侯昙达救石泉，蒙逊亦引去。蒙逊遂与炽磐结和亲。

秦王兴如华阴，使太子泓监国，入居西宫。兴疾笃，还长安。黄门侍郎尹冲谋因泓出迎而杀之。兴至，泓将出迎，宫臣谏曰："主上疾笃，奸臣在侧，殿下今出，进不得见主上，退有不测之祸。"泓曰："臣子闻君父疾笃而端居不出，何以自安！"对曰："全身以安社稷，孝之大者也。"泓乃止。尚书姚沙弥谓尹冲曰："太子不出迎，宜奉乘舆幸广平公第；宿卫将士闻乘舆所在，自当来集，太子谁与守乎！且吾属以广平公之故，已陷名逆节，将何所自容！今奉乘舆以举事，乃杖大顺，不惟救广平之祸，吾属前罪亦尽雪矣。"冲以兴死生未可知，欲随兴入宫作乱，不用沙弥之言。

月初八丁亥，他又前往豺山宫。二十一日庚子，返回。

西秦主乞伏炽磐派遣襄武侯乞伏昙达等带领一万骑兵袭击南羌的弥姐部落和康薄部落所据守的赤水，收降了他们。乞伏炽磐任命王孟保为略阳太守，镇守赤水。

北燕尚书令孙护的弟弟孙伯仁为昌黎尹，与他的另一个弟弟孙叱支乙跋都有才略勇武，他们跟随北燕王冯跋起兵，立过汗马功劳。但是他们请求开府的待遇却没有得到朝廷的同意，因此口出怨言，表示不满，冯跋把他们全部杀掉，却提升孙护为开府仪同三司、录尚书事，用来安慰他。孙护一直闷闷不乐，冯跋于是就用毒酒把他杀了。辽东太守务银提也自认为有功，却被派出镇守边郡，心中愤愤不平，图谋叛变投奔外邦，冯跋也把他杀了。

林邑进犯东晋的交州，交州的守将把来敌打败。

晋安帝义熙十二年（丙辰，416 年）

春季，正月初六甲申，魏明元帝拓跋嗣前往豺山宫。初十戊子，回到平城。

东晋加封太尉刘裕为兖州刺史，都督南秦州，至此，他共都督二十二州。任命他的世子刘义符为豫州刺史。

后秦主姚兴派遣鲁宗之带兵进犯襄阳，鲁宗之还没有到达，便突然去世。他的儿子鲁轨继续带兵进犯。雍州刺史赵伦之把他打败。

西秦主乞伏炽磐在溷川进攻后秦洮阳公彭利和，沮渠蒙逊进攻西秦所属的石泉，以此解救彭利和。乞伏炽磐的大军抵达沓中，听说消息后，带兵回国。二月，乞伏炽磐派遣襄武侯乞伏昙达营救石泉，沮渠蒙逊也带兵回去了。沮渠蒙逊于是和乞伏炽磐通婚讲和。

后秦主姚兴前往华阴，让太子姚泓主持朝廷政务，进入西宫居住。姚兴病重，回到长安。黄门侍郎尹冲谋划，要趁姚泓出去迎接的机会杀掉他。姚兴驾到，姚泓准备出去迎接，宫中官员劝阻道："主上病危，奸臣就在身旁，殿下现在如果出去，向前也看不见主上，后退则一定有难以预料的灾祸。"姚泓说："作为臣下和儿子，听说君王和父亲病重，却稳稳当当地坐在那里不出去迎候，心里哪能平静呢？"下属们回答说："保全自己目的是使国家稳定，这是最大的孝心了。"姚泓这才没有出去。尚书姚沙弥对尹冲说："太子不出来迎接，我们应该把皇帝的车轿抬到广平公的府第去。禁卫军的将士听说皇上在这里，自然应当集中过来，谁去保护太子呢？况且我们因为广平公的缘故，已经注定是叛贼了，将来到哪里安身？现在趁机挟持皇帝发动事变是名正言顺的，不但是把广平公从祸患中解救出来，而且我们这些人以

兴入宫，命太子泓录尚书事，东平公绍及右卫将军胡翼度典兵禁中，防制内外。遣殿中上将军敛曼嵬收弼第中甲仗，内之武库。

兴疾转笃，其妹南安长公主问疾，不应。幼子耕儿出，告其兄南阳公愔曰："上已崩矣，宜速决计。"愔即与尹冲帅甲士攻端门，敛曼嵬、胡翼度等勒兵闭门拒战。愔等遣壮士登门，缘屋而入，及于马道。泓侍疾在谘议堂，太子右卫率姚和都率东宫兵入屯马道南。愔等不得进，遂烧端门，兴力疾临前殿，赐弼死。禁兵见兴，喜跃，争进赴贼，贼众惊扰；和都以东宫兵自后击之，愔等大败。愔逃于骊山，其党建康公吕隆奔雍，尹冲及弟泓来奔。

兴引东平公绍及姚赞、梁喜、尹昭、敛曼嵬入内寝，受遗诏辅政。明日，兴卒。泓密不发丧，捕南阳公愔及吕隆、大将军尹元等，皆诛之，乃发丧，即皇帝位，大赦，改元永和。泓命齐公恢杀安定太守吕超。恢犹豫久之，乃杀之。泓疑恢有贰心，恢由是惧，阴聚兵谋作乱。泓葬兴于偶陵，谥曰"文桓皇帝"，庙号高祖。

初，兴徙李闰羌三千户于安定。兴卒，羌酋党容叛，泓遣抚军将军姚赞讨降之，徙其酋豪于长安，余遣还李闰。北地太守毛雍据赵氏坞以叛，东平公绍讨禽之。时姚宣镇李闰，参军韦宗闻毛雍叛，说宣曰："主上新立，威德未著，国家之难，未可量也，殿下不可不为深虑。邢望险要，宜徙据之，此霸王之资也。"宣从之，帅户三万八千，弃李闰，南保邢望。诸羌据李闰以叛，东平公绍进讨，破之。宣诣绍归罪，绍杀之。

（以上为第六段，写后秦主姚兴病重，国家危机四伏，姚弼党羽姚愔等反叛，进攻皇宫，姚兴强撑病体，赐死姚弼；太子姚泓即位，改元永和，后秦犹苟延残喘。）

二月，加太尉裕中外大都督。裕戒严将伐秦，诏加裕领司、豫二州刺史，以其世子义符为徐、兖二州刺史。琅邪王德文请启行戎路，修敬山陵，诏许之。

前的罪名也可以全部洗雪了。”尹冲因为还不知道姚兴的死活，打算跟随姚兴进宫，然后再寻找机会叛乱，便不采纳姚沙弥的建议。

姚兴进了内宫，命令太子姚泓录尚书事，命令东平公姚绍及右卫将军胡翼度带兵驻防王宫，对内外情势严加防御。派遣殿中上将军敛曼嵬搜查收缴姚弼府第中的武器装备，存入国家的武器仓库。

姚兴的病情越来越严重，他的妹妹南安长公主前来探病，问候他，他没有回答。他的小儿子姚耕儿出宫，告诉他的哥哥南阳公姚愔说：“皇上已经驾崩了，应该快点决定对策。”姚愔便与尹冲率领全副武装的战士进攻端门，敛曼嵬、胡翼度等人指挥军队紧闭宫门拒守力战。姚愔等人派遣精壮的士兵登上门楼，沿着屋檐前进，到了马道的地方。姚泓在谘议堂侍奉父亲，太子右卫率姚和都率领太子宫的军队进驻马道以南。姚愔等没有办法前进，于是便放火烧了端门。姚兴勉强支撑起来，来到前殿，命令姚弼自杀。禁卫部队看到姚兴，欢呼跳跃，争先恐后地发动冲锋攻击敌兵，敌兵惊慌失措。姚和都又带领太子宫卫队从后面夹击敌人，姚愔等人大败。姚愔逃奔骊山，他的同党建康公吕隆逃奔雍城，尹冲和他的弟弟尹泓逃奔东晋。

姚兴把东平公姚绍以及姚赞、梁喜、尹昭、敛曼嵬召进内宫到他的床边，交给他们遗诏，让他们辅佐朝政。第二天，姚兴去世。姚泓封锁姚兴的死讯，不发布消息，下令逮捕南阳公姚愔和吕隆、大将军尹元等人全部杀掉，然后才公布父亲去世的消息，登上帝位，下令大赦，改年号为永和。姚泓命令齐公姚恢杀掉安定太守吕超。姚恢犹豫很久才把吕超杀了。姚泓怀疑姚恢对他有二心，姚恢因此非常害怕，暗地里聚集军队阴谋叛乱。姚泓把姚兴安葬在偶陵，追谥为文桓皇帝，庙号高祖。

当初，姚兴把李闰的三千户羌人强行迁移到安定居住。姚兴去世之后，羌族首领党容反叛。姚泓派遣抚军将军姚赞前去攻打并收降了他们，把他们的首领和豪族强行迁到长安，其他的都遣回李闰。北地太守毛雍据守赵氏坞叛变，东平公姚绍前往攻打并把他抓获。这时姚宣镇守李闰，参军韦宗听说毛雍反叛，劝说姚宣道：“主上刚刚登基，威望和德行还没有表现得很明显，国家的灾难是无法预测的，您不能不为此多想一想。邢望那里地势险要，应该迁到那里去据守，那是称王称霸的基本条件啊！”姚宣听从了他的话，率领三万八千户居民，放弃李闰，向南去保守邢望。几个羌族部落占据李闰反叛，东平公姚绍进兵攻打，把他们打败。姚宣前去拜见姚绍请罪，姚绍把他杀了。

二月，东晋朝廷加授太尉刘裕为中外大都督。刘裕动员军队严加戒备，准备攻打后秦，安帝司马德宗下令加授刘裕兼任司、豫二州刺史，任命他的世子刘义符为徐、兖二州刺史。琅邪王司马德文请求率领部队在前面开路，到洛阳去整修祖先的

夏，四月，壬子，魏大赦，改元泰常。

西秦襄武侯昙达等击秦秦州刺史姚艾于上邽，破之，徙其民五千余户于枹罕。

五月，癸巳，加太尉裕领北雍州刺史。

六月，丁巳，魏主嗣北巡。

并州胡数万落叛秦，入于平阳，推匈奴曹弘为大单于，攻立义将军姚成都于匈奴堡。征东将军姚懿自蒲阪讨之，执弘，送长安，徙其豪右万五千落于雍州。

氐王杨盛攻秦祁山，拔之，进逼秦州。秦后将军姚平救之，盛引兵退，平与上邽守将姚嵩追之。夏王勃勃帅骑四万袭上邽，未至，嵩与盛战于竹岭，败死。勃勃攻上邽，二旬，克之，杀秦州刺史姚军都及将士五千余人，因毁其城；进攻阴密，又杀秦将姚良子及将士万余人，以其子昌为雍州刺史，镇阴密。征北将军姚恢弃安定，奔还长安，安定人胡俨等帅户五万据城降于夏。勃勃使镇东将军羊苟儿将鲜卑五千镇安定，进攻秦镇西将军姚谌于雍城，谌委镇奔长安。勃勃据雍，进掠郿城。

秦东平公绍及征虏将军尹昭等将步骑五万击之，勃勃退趋安定，胡俨闭门拒之，杀羊苟儿及所将鲜卑，复以安定降秦。绍进击勃勃于马鞍阪，破之，追至朝那，不及而还。勃勃归杏城。杨盛复遣兄子倦击秦，至陈仓，秦敛曼嵬击却之。夏王勃勃复遣兄子提南侵泄阳，秦车骑将军姚裕等击却之。

凉司马索承明上书劝凉公暠伐河西王蒙逊，暠引见，谓之曰："蒙逊为百姓患，孤岂忘之！顾势力未能除耳。卿有必禽之策，当为孤陈之；直唱大言，使孤东讨，此与言'石虎小竖，宜肆诸市朝'者何异！"承明惭惧而退。

秋，七月，魏主嗣大猎于牛川，临殷繁水而还；戊戌，至平城。

（以上为第七段，写仇池主杨盛率军进攻后秦祁山，攻下后又被打败；胡夏主赫连勃勃率军攻打后秦上邽，又进攻阴密、安定、雍城，频频得手，后被打退。）

陵墓。安帝下令允许。

夏季，四月初五壬子，北魏实行大赦，改年号为泰常。

西秦襄武侯乞伏昙达等在上邽袭击后秦秦州刺史姚艾，并把他打败，把当地的五千多户居民强行迁移到枹罕。

五月十七日癸巳，东晋加授太尉刘裕兼任北雍州刺史。

六月十一日丁巳，魏明元帝拓跋嗣巡视北方。

并州几万帐落的胡人背叛后秦，来到平阳，推举匈奴人曹弘为大单于，向匈奴堡开进，攻打立义将军姚成都。征东将军姚懿从蒲阪发兵攻打他们，抓住了曹弘，押送到长安，并把他们中一万五千落篷帐的豪门大族迁往雍州。

氐王杨盛进攻后秦的祁山，攻克了那里，进而向秦州逼近。后秦后将军姚平赶来援救。杨盛带兵撤退，姚平与上邽守将姚嵩追击他。夏王赫连勃勃率领四万骑兵袭击上邽，还未赶到，姚嵩便在竹岭与杨盛的激战中兵败身死。赫连勃勃进攻上邽，二十天之后攻下，杀死秦州刺史姚军都及将士五千多人，并摧毁了城墙。他进而进攻阴密，又杀死了后秦国守将姚良子以及一万多士兵。他任命儿子赫连昌为雍州刺史，镇守阴密。后秦征北将军姚恢放弃安定，逃奔长安，安定人胡俨等率领五万户居民占据城池向夏国投降。赫连勃勃让镇东将军羊苟儿带领五千鲜卑人镇守安定，自己去雍城进攻后秦镇西将军姚谌，姚谌放弃了防地逃奔长安。赫连勃勃据守雍城，进军劫掠郿城。

后秦东平公姚绍及征虏将军尹昭等率领步兵、骑兵五万人迎击他们，赫连勃勃退至安定，胡俨紧闭城门抵抗他，并杀了羊苟儿和他所带领的鲜卑人，再次献出安定，归降后秦。姚绍进军到马鞍阪，向赫连勃勃发动攻击，并把他打败，一直追到朝那，没有追上便回来了。赫连勃勃回到杏城。杨盛再次派遣侄儿杨倦进攻后秦，抵达陈仓，后秦的敛曼嵬把他击退。夏王赫连勃勃又派侄儿赫连提向南侵犯泄阳，后秦车骑将军姚裕等把他击退了。

西凉司马索承明呈上奏书，劝说凉公李暠攻打北凉河西王沮渠蒙逊。李暠召他进宫见面，对他说："沮渠蒙逊成为百姓的祸患，我怎么能够忘了他！只不过我的气势力量还不能把他除掉罢了。你如果有一定可以擒获他的计策，就应该告诉我。只是一味地唱高调、说大话，让我向东攻打，这和说'石虎这小崽子，应该抓起来绑到市井上去斩首'的人有什么差别？"索承明羞惭惶恐而退。

秋季，七月，魏明元帝拓跋嗣在牛川大规模地打猎，到了殷繁水才回来。二十三日戊戌，抵达平城。

八月，丙午，大赦。

宁州献琥珀枕于太尉裕。裕以琥珀治金创，得之，大喜，命碎捣分赐北征将士。

裕以世子义符为中军将军，监太尉留府事。刘穆之为左仆射，领监军、中军二府军司，入居东府，总摄内外，以太尉左司马东海徐羡之为穆之之副；左将军朱龄石守卫殿省，徐州刺史刘怀慎守卫京师，扬州别驾从事史张裕任留州事。怀慎，怀敬之弟也。

刘穆之内总朝政，外供军旅，决断如流，事无拥滞。宾客辐凑，求诉百端，内外咨禀，盈阶满室；目览辞讼，手答笺书，耳行听受，口并酬应，不相参涉，悉皆赡举。又喜宾客，言谈赏笑，弥日无倦。裁有闲暇，手自写书，寻览校定。性奢豪，食必方丈，旦辄为十人馔，未尝独餐。尝白裕曰："穆之家本贫贱，赡生多阙。自叨忝以来，虽每存约损，而朝夕所须，微为过丰，自此外一毫不以负公。"中军谘议参军张邵言于裕曰："人生危脆，必当远虑。穆之若邂逅不幸，谁可代之？尊业如此，苟有不讳，处分云何？"裕曰："此自委穆之及卿耳。"

丁巳，裕发建康，遣龙骧将军王镇恶、冠军将军檀道济将步军自淮、淝向许、洛，新野太守朱超石、宁朔将军胡藩趋阳城，振武将军沈田子、建威将军傅弘之趋武关，建武将军沈林子、彭城内史刘遵考将水军出石门，自汴入河，以冀州刺史王仲德督前锋诸军，开钜野入河。遵考，裕之族弟也。刘穆之谓王镇恶曰："公今委卿以伐秦之任，卿其勉之！"镇恶曰："吾不克关中，誓不复济江！"

裕既行，青州刺史檀祗自广陵辄率众至涂中掩讨亡命。刘穆之恐祗为变，议欲遣军。时檀韶为江州刺史，张邵曰："今韶据中流，道济为军首，若有相疑之迹，则大府立危，不如逆遣慰劳以观其意，必无患也。"穆之乃止。

八月初一丙午，东晋实行大赦。

东晋宁州把一个琥珀做的枕头进献给太尉刘裕。刘裕因为琥珀可以治疗外伤，得到这个枕头非常高兴，命令把它捣碎，分赐给即将去北方征战的将士。

刘裕任命自己的世子刘义符为中军将军，监太尉留府事；任命刘穆之为左仆射，兼任监军、中军二府军司，并让他进入东府居住，总管朝廷内外的一切事务。任命太尉左司马东海人徐羡之为刘穆之的副手，命左将军朱龄石守卫宫廷及国家办事机构，命徐州刺史刘怀慎守卫京师，命扬州别驾从事史张裕任留州事。刘怀慎是刘怀敬的弟弟。

刘穆之在内总管朝廷政务，在外供应军旅的给养，遇事当机立断，快如流水，因此一切事务没有堆积迟滞的。宾客从四面八方集中到这里，各种请求诉讼千头万绪，内内外外咨询禀报，堆满台阶屋子。他竟然能够眼睛看辞作讼书，手写答复信件，耳朵同时听属下的汇报，嘴里也应酬自如，而且同时进行的这四种工作互相之间又不混淆错乱，全都处置得当。他又喜欢宾客来往，说笑谈天，从早到晚，毫无倦意。偶尔有闲暇时间，他便亲自抄书，参阅古籍，校订错误。他的性格奢放豪迈，吃饭一定要宽大的饭桌，一大早便经常要准备十个人左右的饭食，从来没有一个人单独进餐。他曾经告诉刘裕说："我刘穆之的家庭出身本来贫穷微贱，维持生计都很艰难。自从得到您的信任身居高位以来，虽然心中常常想着节俭，但从早到晚所需要的花销，仍然稍微显得过于丰厚了一点，除此而外，没有一点儿是对不起您的了。"中军谘议参军张邵对刘裕说："人的生机很脆弱，必须有一个长远的打算。刘穆之如果遇到什么不幸，谁可以代替他呢？而你所开创的功业已经到了这种程度，如果发生不幸，你说该如何处理后事？"刘裕说："这自然要完全交给刘穆之和你了。"

八月十二日丁巳，刘裕从建康出发。他派遣龙骧将军王镇恶、冠军将军檀道济带领步兵从淮河、淝水向许昌、洛阳进发；派遣新野太守朱超石、宁朔将军胡藩进军阳城；派遣振武将军沈田子、建威将军傅弘之进军武关；派遣建武将军沈林子、彭城内史刘遵考带领水师从石门出发，自汴水入黄河；派遣冀州刺史王仲德督领前锋的几支部队，开通钜野被淤塞的旧河道，进入黄河。刘遵考是刘裕的本家弟弟。刘穆之对王镇恶说："刘公这次交给你攻打秦国的重任，你可要努力呀！"王镇恶说："我如果不攻克收复关中地区，发誓不再过长江！"

刘裕起兵出发后，青州刺史檀祗便从广陵擅自率领军队到涂中掩杀攻打逃亡的人。刘穆之担心檀祗趁机制造变乱，商议准备派军队防备。当时，檀韶任江州刺史，张邵说："现在檀韶占据长江中游，檀道济出兵攻打秦国军队的重要将领，如果露出一些怀疑檀祗的迹象，那么留在京都的太尉府乃至朝廷，便会马上陷入危险，不如

初，魏主嗣使公孙表讨白亚栗斯，曰："必先与秦洛阳戍将相闻，使备河南岸，然后击之。"表未至，胡人废白亚栗斯，更立刘虎为率善王。表以胡人内自携贰，势必败散，遂不告秦将而击之，大为虎所败，士卒死伤甚众。

嗣谋于群臣曰："胡叛逾年，讨之不克，其众繁多，为患日深。今盛秋不可复发兵，妨民农务，将若之何？"白马侯崔宏曰："胡众虽多，无健将御之，终不能成大患。表等诸军，不为不足，但法令不整，处分失宜，以致败耳。得大将素有威望者将数百骑往摄表军，无不克矣。相州刺史叔孙建前在并州，为胡、魏所畏服，诸将莫及，可遣也。"嗣从之，以建为中领军，督表等讨虎。九月，戊午，大破之，斩首万余级，虎及司马顺宰皆死，俘其众十万余口。

太尉裕至彭城，加领徐州刺史；以太原王玄谟为从事史。

（以上为第八段，写东晋太尉刘裕率领数路大军攻打后秦，由世子刘义符负责留守，刘穆之总管朝廷内外事务；北魏主拓跋嗣重用叔孙建，打败率善王刘虎。）

初，王廞之败也，沙门昙永匿其幼子华，使提衣襆自随。津逻疑之。昙永呵华曰："奴子何不速行！"棰之数十，由是得免；遇赦，还吴。以其父存亡不测，布衣蔬食，绝交游不仕，十余年。裕闻华贤，欲用之，乃发廞丧，使华制服。服阕，辟为徐州主簿。

王镇恶、檀道济入秦境，所向皆捷。秦将王苟生以漆丘降镇恶，徐州刺史姚掌以项城降道济，诸屯守皆望风款附。惟新蔡太守董遵不下，道济攻拔其城，执遵，杀之。进克许昌，获秦颍川太守姚垣及大将杨业。沈林子自汴入河，襄邑人董神虎聚众千余人来降，太尉裕版为参军。林

派人迎上去慰劳他，顺便观察一下他的意图，一定没什么可担忧的。”刘穆之这才停止行动。

当初，魏明元帝拓跋嗣派遣公孙表前去攻打白亚栗斯，说：“一定事先通知秦国的洛阳守将，让他们在黄河南岸严密设防，然后进攻他。”公孙表还没有到达，胡人便废掉了白亚栗斯，重新拥立刘虎为率善王。公孙表以为胡人内部勾心斗角、毫不团结，结果一定会失败溃散，于是并不通告后秦守将，便发动了进攻，结果被刘虎打得大败，士兵中死伤的人很多。

北魏主拓跋嗣与各位大臣商议说：“胡人背叛我们已经超过一年了，征讨他们也没有获胜，他们的人数又很多，制造的祸患也一天比一天深。现在又正值盛秋，不可以再次发动军队前去攻打，以免妨碍百姓收获庄稼，怎么办好呢？”白马侯崔宏说：“胡人虽然数量很多，但却没有特别称职的大将统管他们，终究不能成为太大的祸患。公孙表等人的几支军队，不能说力量不够，但是他们的军纪法令却不能严格统一，对战机的把握和对事情的处理都有失妥当，因此才导致失败。我看只要选好一员平时便很有威望的大将带领几百名骑兵，前去统御公孙表的军队，便没有不打胜仗的。相州刺史叔孙建以前在并州任职，胡人、汉人对他都很害怕敬服，其他将领都赶不上他，可以派他去。”拓跋嗣依从了他的建议，任命叔孙建为中领军，监督公孙表等人去攻打刘虎。九月，戊午（疑误），把敌军打得大败，杀死一万多人，刘虎和司马顺宰全部战死，北魏俘虏了那里的民众十万多人。

东晋太尉刘裕抵达彭城，朝廷加任他领徐州刺史。任命太原人王玄谟为从事史。

当初，王廞失败的时候，僧人昙永把他的小儿子王华藏了起来，让他扮作童仆，提着自己的衣裳行李，跟在后面。码头巡逻检查的人对这孩子产生怀疑，昙永呵斥王华说：“你这小奴才，为什么不快走？”用棍子打了他几十下，因此才免于被识破。后来遇到大赦，他才到吴郡。他因为父亲下落不明，不知是死是活，所以只穿布衣，只吃蔬菜，拒绝与别人交游，不出来做官，这样过了十几年。刘裕听说王华贤明，打算征用他，于是便为王廞发丧，让王华穿了三年的丧服。三年之后，征召他为徐州主簿。

王镇恶、檀道济进入了后秦的地界，所过之处，全部告捷。后秦将领王苟生献出漆丘，向王镇恶投降；后秦徐州刺史姚掌献出项城，投降了檀道济。其他的那些保卫地方的守军也都听见东晋军消息便前来归顺，只有新蔡太守董遵不肯屈服。檀道济攻克了他所坚守的城池，抓住了董遵，把他杀了。他们进军攻克了许昌，抓获

子与神虎共攻仓垣，克之，秦兖州刺史韦华降，神虎擅还襄邑，林子杀之。

秦东平公绍言于秦主泓曰：“晋兵已过许昌，安定孤远，难以救卫，宜迁其镇户，内实京畿，可得精兵十万，虽晋、夏交侵，犹不亡国。不然，晋攻豫州，夏攻安定，将若之何？事机已至，宜在速决。”左仆射梁喜曰：“齐公恢有威名，为岭北所惮，镇人已与勃勃深仇，理应守死无贰。勃勃终不能越安定远寇京畿；若无安定，虏马必至于郿。今关中兵足以拒晋，无为豫自损削也。”泓从之。吏部郎懿横密言于泓曰：“恢于广平之难，有忠勋于陛下，自陛下龙飞绍统，未有殊赏以答其意，今外则置之死地，内则不豫朝权，安定人自以孤危逼寇，思南迁者十室而九，若恢拥精兵数万，鼓行而向京师，得不为社稷之累乎！宜征还朝廷以慰其心。”泓曰：“恢若怀不逞之心，征之适所以速祸耳。”又不从。

王仲德水军入河，将逼滑台。魏兖州刺史尉建畏懦，帅众弃城，北渡河。仲德入滑台，宣言曰：“晋本欲以布帛七万匹假道于魏，不谓魏之守将弃城遽去。”魏主嗣闻之，遣叔孙建、公孙表自河内向枋头，因引兵济河，斩尉建于城下，投尸于河。呼仲德军人，问以侵寇之状；仲德使司马竺和之对曰：“刘太尉使王征虏自河入洛，清扫山陵，非敢为寇于魏也。魏之守将自弃滑台去，王征虏借空城以息兵，行当西引，于晋、魏之好无废也，何必扬旗鸣鼓以曜威乎！”嗣使建以问太尉裕。裕逊辞谢之曰：“洛阳，晋之旧都，而羌据之；晋欲修复山陵久矣。诸桓宗族，司马休之、国璠兄弟，鲁宗之父子，皆晋之蠹也，而羌收之以为晋患。今晋将伐之，欲假道于魏，非敢为不利也。”魏河内镇将于栗磾有勇名，筑垒于河上以备侵轶。裕以书与之，题曰“黑矟公麾下”。栗磾好操黑矟以自标，故裕以此目之。魏因拜栗磾为黑矟将军。

（以上为第九段，写东晋各路大军深入北境，王镇恶、檀道济进入后秦境内，所

了后秦颍川太守姚垣，以及大将军杨业。沈林子从汴水进入黄河，襄邑人董神虎聚集了一千多部众赶来投降，太尉刘裕任命他为参军。沈林子与董神虎一起进攻仓垣，并把那里攻破，后秦兖州刺史韦华投降，董神虎擅自回到家乡襄邑，沈林子把他杀了。

后秦东平公姚绍向后秦主姚泓进言道："晋军已经过了许昌，安定遥远孤立，很难救援守卫，应该把迁到那里充实防务和农耕的镇户全部迁回，充实京畿的力量，这样可以得到十万精锐部队，虽然晋朝和夏国轮流入侵，也还不至于使国家沦亡。如果不这样的话，晋国进攻豫州，夏国进攻安定，我们怎么办呢？关键时刻已经到来，应该尽快决定。"左仆射梁喜说："齐公姚恢一向有威勇的名声，岭北一带的军民对他都很害怕，镇守在那里的人也已与赫连勃勃结下深仇，所以理所应当拼死拒守，没有别的想法。赫连勃勃到最后也不会越过安定，远征京师。如果没有安定这座屏障，强盗的战马一定会进发到郿县。现在关中的兵马足可以抵抗东晋，不应该自己先损害削弱自己。"姚泓听从了他的话。吏部郎懿横秘密地向姚泓进言说："姚恢在广平之难的时候，对皇上忠贞不贰，立下大功。您继承大统当上皇帝之后，也没有给他特别的封赏，报答他的忠心。现在，对他来说，在外是把他遗弃在必死之地，在内又不让他参与朝廷的决策，安定的百姓自认为一座孤城岌岌可危，强敌又渐渐逼近，因此希望迁回南方的人十有九个。如果姚恢操纵几万精锐部队，擂起战鼓向京师进发，岂不是国家的大麻烦吗？应该把他征召回朝廷，安慰他的情绪。"姚泓说："姚恢如果心怀不轨，阴谋叛逆，把他征召回朝，不过正好加速灾祸的到来罢了。"又不接受他的意见。

东晋王仲德率领的水师进入黄河，迫近滑台。北魏兖州刺史尉建怯懦畏惧，放弃守城，统率部众向北渡过黄河。王仲德进入了滑台，并宣告说："我们晋朝本来打算用七万匹布帛做代价向魏国借道，想不到魏国守将却突然放弃城池逃跑。"北魏主拓跋嗣听说后，派遣叔孙建、公孙表从河内向枋头进军，又带兵渡过黄河，在滑台城下杀掉尉建，把他的尸体投入黄河，并向王仲德的部下诘问为什么入侵进犯，王仲德派司马竺和之上前回答说："刘太尉派遣征虏将军王仲德从黄河进军洛阳，去清扫晋室的祖先陵墓，并不敢向魏国发动进攻。魏国守将自己放弃滑台逃走，王将军才借助这座空城安歇部队，我们马上就要向西进发，对晋、魏的和睦关系并不妨碍。你们有什么必要高扬战旗，紧擂战鼓显示威力呢？"拓跋嗣又派叔孙建质问东晋太尉刘裕，刘裕谦逊地道歉说："洛阳是我们晋朝的旧都，但是，却被羌人占据了，我们晋朝打算修复晋室祖先陵墓已经有很长时间了。而桓氏的同属亲属，司马休之、司马国璠兄弟，鲁宗之父子等人，都是晋朝的蠹虫和叛逆，但是羌贼却收留他们，给我们留下后患。现在我们晋朝准备攻打他，打算向你们魏国借一条道，不敢对你

过之处，全部告捷；北魏兖州刺史尉建怯懦，放弃守城，王仲德率军进入滑台。）

冬，十月，壬戌，魏主嗣如豺山宫。

初，燕将库傉官斌降魏，既而复叛归燕。魏主嗣遣骁骑将军延普渡濡水击斌，斩之；遂攻燕幽州刺史库傉官昌、征北将军库傉官提，皆斩之。

秦阳城、荥阳二城皆降，晋兵进至成皋。秦征南将军陈留公洸镇洛阳，遣使求救于长安。秦主泓遣越骑校尉阎生帅骑三千救之，武卫将军姚益男将步卒一万助守洛阳，又遣并州牧姚懿南屯陕津，为之声援。宁朔将军赵玄言于洸曰："今晋寇益深，人情骇动；众寡不敌，若出战不捷，则大事去矣。宜摄诸戍之兵，固守金墉，以待西师之救。金墉不下，晋必不敢越我而西，是我不战而坐收其弊也。"司马姚禹阴与檀道济通，主簿阎恢、杨虔，皆禹之党也，共嫉玄，言于洸曰："殿下以英武之略，受任方面；今婴城示弱，得无为朝廷所责乎！"洸以为然，乃遣赵玄将兵千余南守柏谷坞，广武将军石无讳东戍巩城。玄泣谓洸曰："玄受三帝重恩，所守正有死耳。但明公不用忠臣之言，为奸人所误，后必悔之。"

既而成皋、虎牢皆来降，檀道济等长驱而进，无讳至石关，奔还。龙骧司马荥阳毛德祖与玄战于柏谷，玄兵败，被十余创，据地大呼。玄司马蹇鉴冒刃抱玄而泣，玄曰："吾创已重，君宜速去！"鉴曰："将军不济，鉴去安之！"与之皆死。姚禹逾城奔道济。

甲子，道济进逼洛阳，丙寅，洸出降。道济获秦人四千余人，议者欲尽坑之以为京观。道济曰："伐罪吊民，正在今日！"皆释而遣之。于是夷、夏感悦，归之者甚众。阎生、姚益男未至，闻洛阳已没，不敢进。

们有什么不利的举动。”北魏镇守河内的大将于栗磾有勇武的名声，在黄河岸上构筑堡垒，防备东晋的侵扰。刘裕写一封信给他，上面的称呼是：“黑矟公麾下。”于栗磾喜欢使用黑矟做武器，这成了他的标志，所以，刘裕才这样称呼他。北魏于是拜于栗磾为黑矟将军。

冬季，十月十八日壬戌，魏明元帝拓跋嗣前往豺山宫。

当初，北燕将领库傉官斌投降了北魏，不久又背叛北魏，重新归附北燕。魏明元帝拓跋嗣派遣骁骑将军延普，渡过濡水进攻库傉官斌，把他杀了。于是，他们又乘胜进攻北燕幽州刺史库傉官昌、征北将军库傉官提，把他们全部杀掉。

后秦阳城、荥阳两座城全部投降，东晋军队行进到成皋。后秦征南将军陈留公姚洸镇守洛阳，派遣信使向长安请求救援。后秦主姚泓派遣越骑校尉阎生率领三千骑兵赶来救助，派遣武卫将军姚益男带领一万步兵去协助镇守洛阳，又派并州牧姚懿向南屯扎在陕津，为他们声援。宁朔将军赵玄对姚洸进言道：“现在晋寇越来越深入我们国土，人心震骇动摇。他们人多，我们人少，无法抵挡他们，如果出去迎战，反而不能取胜，那么我们的宏伟事业便会一去不复返了。所以，我们应该镇守不动，坚守金墉，以等待西部的军队前来救援。金墉不被攻下，晋军一定不敢越过我们向西进发，这样，我们便可以不去迎战，在这里等待他们出现漏洞。”司马姚禹暗地里与东晋的檀道济勾结、通谋，主簿阎恢、杨虔都是姚禹的党羽，他们都非常嫉妒、厌恶赵玄，所以便对姚洸进言说：“您因为有英明勇武的谋略和能力，接受独当一面的国家重任。现在只是环城坚守，向敌人显示自己的懦弱，怎么能不受到朝廷的责备呢？”姚洸也认为是这样，于是，派遣赵玄带领部众一千多人，向南驻守柏谷坞，派广武将军石无讳向东戍卫巩城。赵玄流着泪对姚洸说：“我赵玄接受三代皇帝的重恩，所一直坚守的志向正是以死相报而已。但是您不采纳忠臣的良言，被奸臣耽误，以后一定后悔。”

不久，成皋、虎牢都投降东晋，檀道济等人带领大部队长驱直入。石无讳抵达石关，逃了回来。东晋龙骧司马荥阳人毛德祖，在柏谷与赵玄展开战斗，赵玄的军队失败，赵玄身受十几处伤，跌倒在地，大声呼喊。赵玄的司马蹇鉴，冒着被杀的危险，抱住赵玄痛哭。赵玄说：“我的伤太重了，你应该快点逃走！”蹇鉴说：“将军不脱离危险，我蹇鉴到哪里去？”最后与他一起死了。姚禹逃出城来投奔檀道济。

十月二十日甲子，檀道济进军逼近洛阳，二十二日丙寅，姚洸出城投降。檀道济俘获后秦四千多人，有人提建议把他们全部活埋，筑起一座土丘。檀道济说：“攻打罪人，安抚平民，今天正是时候！”于是，把他们全部释放，遣送回家。从此，不管是夷人还是汉人，都非常感激高兴，前来归附的人非常多。阎生、姚益男还没

己丑，诏遣兼司空高密王恢之修谒五陵，置守卫。太尉裕以冠军将军毛修之为河南、河内二郡太守，行司州事，戍洛阳。

西秦王炽磐使秦州刺史王松寿镇马头，以逼秦之上邽。

十一月，甲戌，魏主嗣还平城。

太尉裕遣左长史王弘还建康，讽朝廷求九锡。时刘穆之掌留任，而旨从北来，穆之由是愧惧发病。弘，珣之子也。

十二月，壬申，诏以裕为相国、总百揆、扬州牧，封十郡为宋公，备九锡之礼，位在诸侯王上，领征西将军，司、豫、北徐、雍四州刺史如故。裕辞不受。

西秦王炽磐遣使诣太尉裕，求击秦以自效。裕拜炽磐平西将军、河南公。

（以上为第十段，写东晋进攻后秦洛阳，洛阳司马姚禹暗地串通东晋，撺掇守城将军姚洸出兵攻打，姚洸不能抵挡，东晋攻下洛阳；太尉刘裕讽喻朝廷加九锡，又假惺惺地推辞。）

秦姚懿司马孙畅说懿使袭长安，诛东平公绍，废秦主泓而代之。懿以为然，乃散谷以赐河北夷、夏，欲树私恩。左常侍张敞、侍郎左雅谏曰："殿下以母弟居方面，安危休戚，与国同之。今吴寇内侵，四州倾没，西虏扰边，秦、凉覆败，朝廷之危，有如累卵。谷者，国之本也，而殿下无故散之，虚损国储，将若之何？"懿怒，笞杀之。

泓闻之，召东平公绍密与之谋。绍曰："懿性识鄙浅，从物推移，造此谋者，必孙畅也。但驰使征畅，遣抚军将军赞据陕城，臣向潼关为诸军节度。若畅奉诏而至，臣当遣懿帅河东见兵共御晋师；若不受诏命，便当声其罪而讨之。"泓曰："叔父之言，社稷之计也。"乃遣姚赞及冠军将军司马国璠、建义将军蛇玄屯陕津，武卫将军姚驴屯潼关。

有赶到，听说洛阳已经沦陷，没有敢继续前进。

十月，己丑日（疑误，或为二十一日乙丑），东晋安帝司马德宗下令派遣兼司空、高密王司马恢之修复拜谒五位皇帝的陵墓，并设置守卫部队。太尉刘裕任命冠军将军毛修之为河南、河内二郡太守，代理司州的政事，戍守洛阳。

西秦主乞伏炽磐派遣秦州刺史王松寿镇守马头，用来对后秦的上邽造成压力。

十一月初一甲戌，北魏主拓跋嗣回到平城。

太尉刘裕派遣左长史王弘返回建康，委婉地向安帝司马德宗请求，加授自己九锡。这时刘穆之执掌留守的大权，但是这旨意却是刘裕自己在北方提出，又通过别人传来，刘穆之从此既惭愧又害怕，得了疾病。王弘是王珣的儿子。

十二月二十九日壬申，安帝司马德宗下令任命刘裕为相国、总百揆、扬州牧，加封为食邑十郡的宋公，备办九锡的礼仪，尊位在各诸侯王之上，并仍像原来那样兼任征西将军，司、豫、北徐、雍四州刺史。刘裕推辞，不接受任命。

西秦王乞伏炽磐派遣使节前来拜见东晋太尉刘裕，请求进攻后秦，主动为刘裕效力。刘裕授乞伏炽磐为平西将军、河南公。

后秦姚懿的司马孙畅劝说姚懿，让他去回击长安，杀死东平公姚绍，废掉国主姚泓，自己代替他登基。姚懿认为很对，于是把粮食发放给河北的夷族与汉族，打算以此树立一些个人的恩德，收买民心。左常侍张敞、侍郎左雅劝阻他说："您以皇帝的同母弟弟的身份坐镇一方，自己的安危悲喜，与皇帝和国家是一样的。现在吴地的敌人前来侵犯，四州已经丧失，西部的强盗也不断地骚扰边境，秦州、凉州已经倾覆失败，朝廷的危险程度，像垒在一起的鸡蛋那样。粮食是国家政权稳定的基础，您无缘无故地把它散发掉，倒空损耗国家的储备，将来怎么办？"姚懿勃然大怒，鞭打他们至死。

后秦主姚泓听说了这个消息，召东平公姚绍进宫与他秘密商议。姚绍说："姚懿性格卑鄙，见识浅薄，听人话行事，想出这种主意的，一定是孙畅。只要派信使飞马去把孙畅征召过来，再派抚军将军姚赞据守陕城，我再去潼关调遣指挥各支军队。如果孙畅接受命令来京，我便派遣姚懿统领河东的现有部队去抵抗晋军；如果他不接受征召，便可以公布他的罪状，公开攻打他。"姚泓说："叔叔这些话，真是拯救国家的好办法。"于是，派遣姚赞和冠军将军司马国播、建义将军蛇玄，驻扎在陕津，派遣武卫将军姚驴屯扎在潼关。

懿遂举兵称帝，传檄州郡，欲运匈奴堡谷以给镇人。宁东将军姚成都拒之，懿卑辞诱之，送佩刀为誓，成都不从。懿遣骁骑将军王国帅甲士数百攻成都，成都击禽之，遣使让懿曰：“明公以至亲当重任，国危不能救，而更图非望，三祖之灵，其肯佑明公乎！成都将纠合义兵，往见明公于河上耳。”于是，传檄诸城，谕以逆顺，征兵调食以讨懿。懿亦发诸城兵，莫有应者，惟临晋数千户应懿。成都引兵济河，击临晋叛者，破之。镇人安定郭纯等起兵围懿。东平公绍入蒲阪，执懿，诛孙畅等。

是岁，魏卫将军安城孝元王叔孙俊卒。魏主嗣甚惜之，谓其妻桓氏曰：“生同其荣，能没同其戚乎？”桓氏乃缢而祔焉。

丁零翟猛雀驱掠吏民，入白涧山为乱；魏内都大官河内张蒲与冀州刺史长孙道生讨之。道生，嵩之从子也。道生欲进兵击猛雀，蒲曰：“吏民非乐为乱，为猛雀所迫胁耳。今不分别，并击之，虽欲返善，其道无由，必同心协力，据险以拒官军，未易猝平也。不如先遣使谕之，以不与猛雀同谋者皆不坐，则必喜而离散矣。”道生从之，降者数千家，使复旧业。猛雀与其党百余人出走，蒲等追斩猛雀首；左部尚书周几穷讨余党，悉诛之。

（以上为第十一段，写后秦在存亡之际发生变故，国主姚泓的同母弟姚懿听从司马孙畅蛊惑，发动叛乱，自称皇帝，宁东将军姚成都不受诱惑，发兵攻打，东平公姚绍进入蒲阪，抓获姚懿；北魏平定丁零翟猛雀叛乱。）

姚懿于是发动大军，自称皇帝，向各州郡传递公告檄文，打算把匈奴堡的粮食运来蒲阪供应自己的部众。宁东将军姚成都拒绝，姚懿用谦卑的话引诱他，并把自己的佩刀送给他做盟誓的见证，姚成都仍然不听从。姚懿派遣骁骑将军王国带领几百名全副武装的士兵去袭击姚成都，姚成都把他们击败抓获，派遣使者责备姚懿说："您以皇帝至亲的身份担当重任，国家危急的时候不能上前解救，却反倒图谋非分的念想。三位祖先的在天神灵，怎么能够保佑您呢？我姚成都准备聚集义兵，前往黄河之上与您相见。"于是向各个城池传送檄文，明确告诉他们什么是顺天，什么是叛逆，征集部队调动军粮，用来攻打姚懿。姚懿也发动几个城的守军，但是却没有响应他的，只有临晋的几千户人家响应。姚成都带兵渡过黄河，对临晋的叛军发动进攻，把他们打败。姚懿手下的蒲阪士兵、安定人郭纯等人拉起队伍包围姚懿。东平公姚绍进入蒲阪，抓获姚懿，杀死孙畅等人。

这一年，北魏卫将军、安城孝元王叔孙俊去世。魏明元帝拓跋嗣对此非常惋惜，对他的妻子桓氏说："生的时候可以和他一起享受荣华富贵，死后能和他一起承受悲哀吗？"桓氏于是自己上吊而死，死后二人合葬。

北魏境内的丁零部落酋长翟猛雀掳掠驱赶当地的官民，进入白涧山叛乱。北魏内都大官河内人张蒲与冀州刺史长孙道生攻打他们。长孙道生是长孙嵩的侄儿。长孙道生打算直接进兵袭击翟猛雀，张蒲说："官民们不愿意制造叛乱，不过是被翟猛雀逼迫威胁罢了。现在如果不加以分别，对他们一并进攻，他们虽然打算弃恶从善，但是也已经无路可走，因此他们一定会同心协力，据守险要抵抗官军的进攻，那样，就不容易马上把他们剿平了。不如先派遣使者前去告诉他们，说不和翟猛雀一同谋反的人一律不予株连定罪，那么他们一定非常高兴地叛离翟猛雀，主动散去。"长孙道生听从了他的话，投降过来的果然有几千家，长孙道生让他们恢复过去的家业。翟猛雀和他的一百多名死党出逃，张蒲等人追上，把他杀掉。左部尚书周几对他的余党穷追不舍，严加攻打，终于把他们全部杀掉。

【点评】

姚兴优柔误国。公元416年，后秦主姚兴带着无限遗憾去世。在位二十一年，在那种纷纷扰扰、攻伐不断的年代，能够执掌国家权柄二十多年，并且使国家越来越强大，在五胡十六国的统治者中，姚兴堪称翘楚。然而，他去世后，太子姚泓继位，第二年就亡国了，也给人们留下了太多的思考，令人不得不反思姚兴治政的得失。

其一，姚兴是二代王，继承了一代王姚苌的谋略与智慧，使得国家政权平稳且巩固。姚兴的父亲姚苌，是羌人首领姚弋仲的第二十四子，史书称赞他“少聪慧，多权略，随兄姚襄出征，常参大谋”，在位十年，奠定了后秦的历史地位。姚兴具有其父遗风，善于谋划，善于出奇制胜。姚苌在临终前，辅政大臣姚晃追问攻灭前秦主苻登的打算，姚苌说：“这一大业马上可以成功。姚兴的才智足以办到，你们不必问我了。”这说明姚苌对姚兴的即位以及他的才能，具有足够的信任。姚苌刚死，落在姚兴肩上的担子十分沉重，不仅要对付前秦主苻登，还要防范后秦政权内部的各种势力。为了减少因名号问题而引起的纷扰，他决定暂不称帝，自号为大将军。前秦主苻登调动大军，全力东进，准备一举消灭后秦，而姚兴临危不乱，从容指挥，废桥一战，后秦大获全胜。而后，姚兴亲自率军攻打马毛山，一鼓作气击溃苻登，把他擒获后杀死，同时解散了苻登的部众，攻灭了前秦，巩固了自己作为后秦之主的地位，而后称帝。

其二，姚兴在长期执政中，勤于政事，治国安民，兴修水利，关心农事，打好了国家发展的政治、经济基础。姚兴妥善处理了统治集团内部的关系，善于化解矛盾，凝聚人心。在军事上，他高度信任和任用两位能征善战的叔叔姚绪和姚硕德，注重军纪，史书称其为“军令齐整，秋毫无犯”。在政治上，他依靠足智多谋的尹纬，并能够倾听臣下的意见，注意提拔一些有才能的人担任重要官职。同时，他采取严厉措施打击贪官污吏，对于比较清廉的臣属，不仅给予物质上的奖励，还予以表彰，越级提拔。他还大力提倡儒学，兴办学校。他采取如此措施，使得后秦成为十六国后期国力仅次于后燕的强盛国家。

其三，诸子争权，明争暗斗，姚兴犹豫不决，酿成大祸，使得后秦国急速灭亡。姚兴有十几个儿子，有不少很有才能，作战比较勇敢，为后秦的巩固和发展建立了功勋。皇长子姚泓性格宽和、才能平庸，而且又体弱多病。早在十几年前立太子时，姚兴就颇为犹豫，他喜爱皇子姚弼，认为姚弼是比较理想的继承人，因此平常格外宠信姚弼。于是，姚弼逐渐产生了夺嫡的欲望。他原来担任雍州刺史，镇守安定，后来调入中央，担任尚书令、侍中。他结纳党羽，积极制造舆论，企图李代桃僵；他给倾向于姚泓的大臣姚文宗罗织了许多罪名，激怒父亲将其杀死；他在父皇

身边安插亲信，广树爪牙，逐渐控制了一些中枢机要部门。对此，姚兴则采取了纵容的态度。有人点拨和提醒，姚兴也是假装糊涂，不予理睬。如此种种，埋下了祸根。而后，姚弼在府里埋伏下数千甲士，准备一旦姚兴去世，立即武力夺权。其他皇子也不甘示弱，曾分别起兵，一时剑拔弩张、烽烟滚滚，大有内战一触即发之势。幸亏姚兴大病不死，紧张的形势才得以缓和。

其四，姚泓即位后，内忧外患一起袭来，他无法应对，左支右绌，最后，勉强支撑了一年多时间，后秦就灭亡了。究其灭亡原因，固然有各个方面的因素，但与姚兴的后事安排失妥也是分不开的。姚泓比较文静，性格比较软弱，在大争之世，缺乏维护国家统一的强力手段，面对内忧外患，无计可施，这让我们反思，姚泓是否是一个合适的继承人？姚兴既然已经立了姚泓为太子，那么就应当树立太子的权威，而不应听信其他人的诬陷之言，给臣下造成误解，以为皇上要更换太子；当姚弼等人表现出谋反迹象时，就要采取果断措施，而不是优柔寡断，不分是非，甚至还让其继续掌握兵权。如此种种，都反映了姚兴后期的矛盾与为难，缺少一个政治家的果断与气魄。这是应当引以为鉴的啊！

晋纪四十

晋安帝义熙十三年至晋恭帝元熙元年（417—419年）

【起强圉大荒落（丁巳，417年），尽屠维协洽（己未，419年），凡三年】

【大事提要】

本卷记事起于公元417年，到公元419年，凡三年，时当晋安帝（司马德宗）义熙十三年至晋恭帝（司马德文）元熙元年。本卷所载大事，主要有五个方面。

其一，李暠去世。公元417年，李广十六世孙、西凉主李暠卧病不起，嘱托世子李歆不要高高在上、专横骄傲、自以为是，而后去世，享年六十七岁，在位十七年。唐朝李氏称李暠为其先祖，追尊为兴圣皇帝。太子李歆继位，史称西凉后主。西凉共维持二十一年，亡于北凉。其二，吐谷浑兴起。公元417年，吐谷浑首领树洛干病死，同母弟阿柴继位，自称沙州刺史、威王。此时，吐谷浑部“兼并氐羌，地方数千里，号为强国”，后世称为“阿柴王国”。后迁都浇河，开创了结好西秦与联宋抗秦的外交策略，很快走上兴盛之路。其三，刘裕攻灭后秦。公元417年，东晋太尉刘裕率领大军在攻取洛阳、夺取潼关的基础上攻打后秦长安。他善于选择战机，周密部署，以偏师进入武关，并派水军沿着渭水西进，配合主力，水陆夹击，终获胜利。后秦主姚泓被俘虏，被押送到建康斩首，后秦灭亡。其四，夏国占领长安。刘裕北伐成功后匆忙东归，关中由其儿子刘义真镇守，发生内讧，将领王镇恶、沈林子、王修先后被杀。公元418年，夏王赫连勃勃率兵南下攻占咸阳，然后挥戈东进，占据长安，并在灞上称帝；夏国以一系列摧枯拉朽的军事行动，迅速强大。其五，东晋安帝去世。公元419年，东晋宋王刘裕急于篡夺皇位，密令中书侍郎王韶之除掉安帝司马德宗。王韶之找机会入后宫东堂，命人将司马德宗活活勒死。司马德宗被称为“白痴皇帝”，时年三十七岁，在位二十三年。随后立司马德文为帝，谥为晋恭帝，改年号为元熙。

【原文】

安皇帝癸

义熙十三年（丁巳，417年）

春，正月，甲戌朔，日有食之。

秦主泓朝会百官于前殿，以内外危迫，君臣相泣。征北将军齐公恢帅安定镇户三万八千，焚庐舍，自北雍州趋长安，自称大都督、建义大将军，移檄州郡，欲除君侧之恶；扬威将军姜纪帅众归之，建节将军彭完都弃阴密奔还长安。恢至新支，姜纪说恢曰："国家重将、大兵皆在东方，京师空虚，公亟引轻兵袭之，必克。"恢不从，南攻郿城；镇西将军姚谌为恢所败，长安大震。泓驰使征东平公绍，遣姚裕及辅国将军胡翼度屯澧西。扶风太守姚儁等皆降于恢。东平公绍引诸军西还，与恢相持于灵台，姚赞留宁朔将军尹雅为弘农太守，守潼关，亦引兵还。恢众见诸军四集，皆有惧心；其将齐黄等诣大军降。恢进兵逼绍，赞自后击之，恢兵大败，杀恢及其三弟。泓哭之恸，葬以公礼。

太尉裕引水军发彭城，留其子彭城公义隆镇彭城。诏以义隆为监徐兖青冀四州诸军事、徐州刺史。

凉公暠寝疾，遗命长史宋繇曰："吾死之后，世子犹卿子也，善训导之。"二月，暠卒。官属奉世子歆为大都督、大将军、凉公、领凉州牧。大赦，改元嘉兴。尊歆母天水尹氏为太后，以宋繇录三府事。谥暠曰"武昭王"，庙号太祖。

西秦安东将军木弈干击吐谷浑树洛干，破其弟阿柴于尧杆川，俘五千余口而还。树洛干走保白兰山，惭愤发疾，将卒，谓阿柴曰："吾子拾虔幼弱，今以大事付汝。"树洛干卒，阿柴立，自称骠骑将军、沙州刺史。谥树洛干曰"武王"。阿柴稍用兵侵并其傍小种，地方数千里，遂为强国。

河西王蒙逊遣其将袭乌啼部，大破之；又击卑和部，降之。

【语译】

安皇帝癸

晋安帝义熙十三年（丁巳，417 年）

春季，正月初一甲戌朔，出现日食。

后秦主姚泓在王宫前殿接受文武百官的朝贺，因国家内忧外患交迫，君臣相对哭泣。征北将军、齐公姚恢率领安定居民三万八千户人家，纵火焚烧了房屋，从北雍州直奔长安而来。姚恢自称大都督、建义大将军，向所过州县传布檄文，声称要铲除君主身边的恶人。扬威将军姜纪率领部众归附了姚恢，建节将军彭完都放弃了阴密城，逃回长安。姚恢大队人马抵达新支，姜纪对姚恢说："朝廷重要将领和军队主力都在东方，京师空虚，您如果率领轻装的士兵迅速袭击长安，定能攻克。"姚恢没有同意，却向南进攻郿城。镇西将军姚谌被姚恢击败，长安受到很大震动。姚泓派人飞马前去征召东平公姚绍，并派姚裕和辅国将军胡翼度屯驻澧西。扶风太守姚儁等人都投降了姚恢。东平公姚绍率领各路人马紧急向西回军，与姚恢的军队在灵台相持。姚赞留下宁朔将军尹雅为弘农太守，镇守潼关，然后也率军回到长安。姚恢的部众看到各路兵马四面集中而来，都心惊胆战，大将齐黄等人前往官军大营投降。姚恢挥师进逼姚绍的军队，姚赞从后面进攻姚恢，姚恢的部众大败，四处逃散，官军斩杀了姚恢和他的三个弟弟。姚泓闻知姚恢的死讯，失声恸哭，用公爵的礼仪把他们安葬了。

东晋太尉刘裕从彭城率领水军出发西上，留下他的儿子彭城公刘义隆镇守彭城。晋安帝司马德宗下令，任命刘义隆为监徐、兖、青、冀四州诸军事，兼徐州刺史。

西凉公李暠患病卧床，临终前，他嘱咐长史宋繇说："我死以后，世子李歆就像你的儿子，你要好好训导他。"二月，李暠去世。朝廷文武百官拥立世子李歆为大都督、大将军、凉公、领凉州牧。李歆下令实行大赦，改年号为嘉兴。尊奉李歆的母亲天水人尹氏为太后。李歆任命宋繇为录三府事。李暠追加谥号称武昭王，庙号太祖。

西秦安东将军乞伏木弈干，进攻吐谷浑汗国可汗树洛干，在尧杆川大败树洛干的弟弟阿柴，俘虏五千多人班师。树洛干逃走，退保白兰山。他又羞又愤，大病不起，临死前，对阿柴说："我的儿子慕容拾虔年幼，如今把身后大事托付给你。"树洛干去世，阿柴继位，自称为骠骑将军、沙州刺史。追赠树洛干为武王。阿柴逐渐兴兵向外扩张，吞并吐谷浑周围的弱小部落，扩展疆域数千里，于是成为一个强大国家。

北凉河西王沮渠蒙逊派遣他的部将袭击乌啼部落，大败乌啼军，随即又袭击卑

王镇恶进军渑池，遣毛德祖袭尹雅于蠡吾城，禽之；雅杀守者而逃。镇恶引兵径前，抵潼关。

檀道济、沈林子自陕北渡河，拔襄邑堡，秦河北太守薛帛奔河东。又攻秦并州刺史尹昭于蒲阪，不克。别将攻匈奴堡，为姚成都所败。

辛酉，荥阳守将傅洪以虎牢降魏。

秦主泓以东平公绍为太宰、大将军、都督中外诸军事，假黄钺，改封鲁公，使督武卫将军姚鸾等步骑五万守潼关，又遣别将姚驴救蒲阪。

沈林子谓檀道济曰："蒲阪城坚兵多，不可猝拔，攻之伤众，守之引日。王镇恶在潼关，势孤力弱，不如与镇恶合势并力以争潼关，若得之，尹昭不攻自溃矣。"道济从之。

三月，道济、林子至潼关。秦鲁公绍引兵出战，道济、林子奋击，大破之，斩获以千数。绍退屯定城，据险拒守，谓诸将曰："道济等兵力不多，悬军深入，不过坚壁以待继援。吾分军绝其粮道，可坐禽也。"乃遣姚鸾屯大路以绝道济粮道。

鸾遣尹雅将兵与晋战于关南，为晋兵所获，将杀之。雅曰："雅前日已当死，幸得脱至今，死固甘心。然夷、夏虽殊，君臣之义一也。晋以大义行师，独不使秦有守节之臣乎！"乃免之。

丙子夜，沈林子将锐卒袭鸾营，斩鸾，杀其士卒数千人。绍又遣东平公赞屯河上以断水道。沈林子击之，赞败走，还定城。薛帛据河曲来降。

（以上为第一段，写东晋将领王镇恶一路向前，势如破竹，抵达潼关；后秦鲁公姚绍派将据守大路要道，断绝晋军粮道；东晋将领沈林子率军偷袭，打败后秦军队。）

太尉裕将水军自淮、泗入清河，将溯河西上，先遣使假道于魏；秦

和部落，收降他们。

东晋龙骧将军王镇恶，进军渑池，又派毛德祖袭击后秦弘农太守尹雅据守的蠡吾城，生擒尹雅。尹雅杀死了看守他的士兵逃走。王镇恶一直向前进攻，抵达潼关。

东晋将领檀道济、沈林子等从陕城北面渡过黄河，攻陷襄邑堡。后秦河北太守薛帛逃奔河东。东晋军继续前进，又攻击后秦并州刺史尹昭据守的蒲阪，没有攻下。东晋另一路将领进攻匈奴堡，被守将姚成都击败。

二月十九日辛酉，东晋荥阳守将傅洪，献出虎牢城，投降北魏。

后秦主姚泓任命东平公姚绍为太宰、大将军、都督中外诸军事，颁赐帝王专用的黄钺，改封鲁公。命他督率武卫将军姚鸾等，率步、骑兵共五万人镇守潼关，又遣另一大将姚驴，救援蒲阪。

东晋建武将军沈林子对檀道济说："蒲阪城池坚固，守军又多，不可能一举攻下。强攻则白白使我军伤亡，不强攻又会拖延时间。现在王镇恶在潼关，势单力弱，我们不如与王镇恶会师，合兵攻打潼关。如能攻克潼关，尹昭在蒲阪，就可以不攻自破了。"檀道济同意。

三月，檀道济、沈林子抵达潼关。后秦鲁公姚绍率兵出城迎战，檀道济、沈林子奋勇进攻，大破后秦军，斩杀和俘虏敌人数以千计。姚绍率领后秦军撤退，屯驻定城，凭依险要的地势固守城池。姚绍对他手下的将领们说："檀道济他们的兵力不多，而且孤军深入，所以只能加强营垒固守，等待后继援军。我现在分兵几路，切断他的粮饷供给之路，就可以稳坐这里生擒他。"于是姚绍派姚鸾把守大路要道，断绝檀道济的送粮道路。

后秦将领姚鸾派尹雅率兵与东晋军在潼关之南会战，尹雅再度被东晋士兵俘虏，就要斩首，尹雅说："我前不久被俘就应当被杀，幸亏逃脱，才得以活到今天，死也当然甘心情愿。汉人与夷人虽然民族不同，君臣之间的大义却是一样的。晋国既然可以出于大义兴兵遣将，为什么不让秦国有守节的大臣呢？"东晋军赦免了他的死罪。

三月初四丙子夜间，沈林子率领精锐部队突然偷袭姚鸾的大营，斩杀姚鸾以及他手下的士兵几千人。姚绍又派东平公姚赞驻守黄河岸边，企图断绝东晋军的水道；沈林子又率军进攻姚赞，姚军大败，姚赞本人则逃回定城。后秦河北太守薛帛，献出河曲，投降了东晋军。

东晋太尉刘裕率领水军从淮河、泗水进入清河，准备再逆流西上，开进黄河，

主泓亦遣使请救于魏。魏主嗣使群臣议之，皆曰："潼关天险，刘裕以水军攻之甚难；若登岸北侵，其势便易。裕声言伐秦，其志难测。且秦，婚姻之国，不可不救也。宜发兵断河上流，勿使得西。"博士祭酒崔浩曰："裕图秦久矣。今姚兴死，子泓懦劣，国多内难。裕乘其危而伐之，其志必取。若遏其上流，裕心忿戾，必上岸北侵，是我代秦受敌也。今柔然寇边，民食又乏，若复与裕为敌，发兵南赴则北寇愈深，救北则南州复危，非良计也。不若假之水道，听裕西上，然后屯兵以塞其东。使裕克捷，必德我之假道；不捷，吾不失救秦之名。此策之得者也。且南北异俗，借使国家弃恒山以南，裕必不能以吴、越之兵与吾争守河北之地，安能为吾患乎！夫为国计者，惟社稷是利，岂顾一女子乎！"议者犹曰："裕西入关，则恐吾断其后，腹背受敌；北上，则姚氏必不出关助我，其势必声西而实北也。"嗣乃以司徒长孙嵩督山东诸军事，又遣振威将军娥清、冀州刺史阿薄干将步骑十万屯河北岸。

庚辰，裕引军入河，以左将军向弥为北青州刺史，留戍碻磝。

初，裕命王镇恶等："若克洛阳，须大军到俱进。"镇恶等乘利径趋潼关，为秦兵所拒，不得前。久之，乏食，众心疑惧，或欲弃辎重还赴大军。沈林子按剑怒曰："相公志清六合，今许、洛已定，关右将平，事之济否，系于前锋。奈何沮乘胜之气，弃垂成之功乎！且大军尚远，贼众方盛，虽欲求还，岂可得乎！下官授命不顾，今日之事，当自为将军办之，未知二三君子将何面以见相公之旗鼓邪！"镇恶等遣使驰告裕，求遣粮援。裕呼使者，开舫北户，指河上魏军以示之曰："我语令勿进，今轻佻深入。岸上如此，何由得遣军！"镇恶乃亲至弘农，说谕百姓，百姓竞送义租，军食复振。

他先派使节向北魏借路。后秦主姚泓也派人出使北魏，请求救援。魏明元帝拓跋嗣命令文武百官共同商讨这件事，群臣都说："潼关是天险，刘裕用水军攻克恐怕难以达到。但是如果从黄河北岸登陆向北方侵入，那就容易得多。刘裕声称攻打秦国，他的真实目的难以猜测；而且秦国是与我们有婚姻关系的国家，不可以不出兵相助。我们应派兵切断黄河上游，阻止晋军西上。"博士祭酒崔浩说："刘裕吞并秦国的野心由来已久。如今姚兴去世，他的儿子姚泓愚劣懦弱，国内灾难一再发生。刘裕乘秦国国内危机而兴兵攻打，他的决心是一定要夺取。我们如果切断黄河上游，阻截晋军，刘裕一怒之下，必然登陆向我们进攻，这样一来，我们等于代替秦国挨打。如今柔然进攻我们边境，百姓又缺少粮食，如果再与刘裕为敌，发兵南下进攻晋国，那么北边敌军柔然就会更加深入。那时，大军救援北方，南方的州县又将告急，这不是好计策。不如借给刘裕水道，听任刘裕西上，然后我们出兵驻防东部，阻塞他的退路。如果刘裕得胜告捷，一定会感激我们借路的恩德；如果失败，我们也会有救援秦国的美名，这是很多办法中比较好的一个。况且，南方与北方风俗不同，即使朝廷放弃恒山以南的领土，刘裕也绝不会用来自吴、越的军队与我们争夺黄河以北的土地，怎么会成为我们的威胁呢？为国家制定方略的人，应该只为国家的利益考虑，怎么可以顾念一个嫁过来的女子呢？"大臣们还说："刘裕向西进入潼关，便害怕我们切断他的退路，腹背同时遭到攻击；而刘裕如果北上进攻我们，那么秦国姚氏一定不会从潼关出兵救援，所以看刘裕的样子虽然是声称向西，但实际上一定是北上。"拓跋嗣于是命令司徒长孙嵩为督山东诸军事。又派振威将军娥清、冀州刺史阿薄干，率领步、骑兵十万人屯军黄河北岸。

三月初八庚辰，刘裕率领水军开进黄河，任命左将军向弥为北青州刺史，留下戍守碻磝。

当初，刘裕命令王镇恶等人："如果攻下洛阳，一定要等主力大军到达后共同前进。"王镇恶等人却乘胜直接进攻潼关，被后秦兵牵制，不能前进，时间一长，军中粮饷接济不上，士兵产生恐慌和疑虑，有人打算放弃笨重的军用品回去投奔大军。沈林子手按佩剑怒斥道："相公大志是统一天下，而今许昌、洛阳均已平定，关右也将要收复，大事成功与否，就在前锋部队的行动。为什么要挫伤胜利后的士气，放弃就要得到的功业？况且现在主力大军距我们还远，敌人的力量正强盛，即使我们打算撤退，又怎么能够走脱，我接受了命令就不做回头的打算。今天的事我自己率军完成任务，不知你们这些君子，将来有什么面目去见宋公的旗鼓！"王镇恶等人派人飞马报告刘裕，要求支援粮草和兵力。刘裕把王镇恶的使节叫到面前，打开战船的北窗，指着黄河岸边的北魏大军给他看，说："我告诉他们不能单独前进，如今却轻率地深入敌境，岸上的形势如此严重，我怎么派得出军队！"王镇恶于是亲自

魏人以数千骑缘河随裕军西行；军人于南岸牵百丈，风水迅急，有漂渡北岸者，辄为魏人所杀略。裕遣军击之，裁登岸则走，退则复来。

夏，四月，裕遣白直队主丁旿帅仗士七百人、车百乘，渡北岸，去水百余步，为却月阵，两端抱河，车置七仗士，事毕，使竖一白毦。魏人不解其意，皆未动。裕先命宁朔将军朱超石戒严，白毦既举，超石帅二千人驰往赴之，赍大弩百张，一车益二十人，设彭排于辕上。魏人见营阵既立，乃进围之；长孙嵩帅三万骑助之，四面肉薄攻营，弩不能制。时超石别赍大锤及矟千余张，乃断矟长三四尺，以锤锤之，一矟辄洞贯三四人。魏兵不能当，一时奔溃，死者相积；临陈斩阿薄干，魏人退还畔城。超石帅宁朔将军胡藩、宁远将军刘荣祖追击，又破之，杀获千计。魏主嗣闻之，乃恨不用崔浩之言。

秦鲁公绍遣长史姚洽、宁朔将军安鸾、护军姚墨蠡、河东太守唐小方帅众二千屯河北之九原，阻河为固，欲以绝檀道济粮援。沈林子邀击，破之，斩洽、墨蠡、小方，杀获殆尽。林子因启太尉裕曰："绍气盖关中，今兵屈于外，国危于内，恐其凶命先尽，不得以膏齐斧耳。"绍闻洽等败死，愤恚，发病呕血，以兵属东平公赞而卒。赞既代绍，众力犹盛，引兵袭林子，林子复击破之。

太尉裕至洛阳，行视城堑，嘉毛修之完葺之功，赐衣服玩好，直二千万。

（以上为第二段，写东晋太尉刘裕率领大军从水路进发，向北魏借道，进入黄河，用计大破北魏军；后秦欲断东晋部队粮道，被东晋将领沈林子打败。）

回到弘农，向百姓说明情况，晓以大义，百姓争相捐献粮草，军队的粮饷重新得到补充。

北魏军队的几千名骑兵，一直沿着黄河随刘裕的大军向西行进。东晋士兵在黄河南岸，用长绳牵引战船，风大浪急，有的牵绳突然折断，战船漂流到北岸，船上的晋军全都遭到北魏军队诛杀劫掠。刘裕派军还击北魏军队，东晋军一上岸，北魏军就逃走，等东晋军回到船上，北魏军又返回岸边。

夏季，四月，刘裕派遣白直队主丁旿，统率武士七百人，战车一百辆，登上黄河北岸，在距河岸一百步的地方，构筑新月形战阵，以河岸作为月弦，两端抱住河道。每个战车上布置七个武士。新月阵布置完毕，在阵中竖一个白色羽旗。北魏军队不知道这是什么意思，都不敢轻举妄动。刘裕先派宁朔将军朱超石严加戒备，准备出战，等新月阵中的白旗一举起来，朱超石率领二千人飞奔而至，进入新月阵，携带大弩一百张，每个战车上增加到二十人，并在车辕上安置了防箭木板。北魏军看到战阵已经完成，开始进攻包围，长孙嵩又率领三万骑兵作为后继援军，从四面八方向新月阵展开肉搏冲锋，东晋军的强弓不能阻止敌人的势头。当时，朱超石另外还携带了大铁锤和铁矟一千支，这时，朱超石命人把铁矟折成三四尺长，用大锤锤打铁矟，一下去，能贯穿三四人。北魏士兵招架不住，一时间全都四处溃散，争相逃命，阵亡将士的尸体堆积成山。东晋军在战阵中斩杀了北魏冀州刺史阿薄干，北魏军败退，逃回畔城。朱超石率领宁朔将军胡藩、宁远将军刘荣祖乘胜追击，又一次大破北魏军，斩杀和俘虏敌人数以千计。魏明元帝拓跋嗣听到报告，才后悔没有采用崔浩的建议。

后秦鲁公姚绍派长史姚洽、宁朔将军安鸾、护军姚墨蠡、河东太守唐小方，率领二千人驻军黄河北岸的九原，依据黄河天险，打算切断檀道济军队的粮草供应。东晋建武将军沈林子阻击后秦军，大败敌人，斩杀了姚洽、姚墨蠡和唐小方，这支后秦部队被杀被俘，几乎全军覆灭。于是，沈林子奏报太尉刘裕说：“姚绍的威名，遍扬关中。但如今，在外，他的大军遭到多次失败；在内，他的国家又危机四伏，恐怕他的寿命提前结束，等不到我们用利斧来斩杀他了。”姚绍听说姚洽等人战败身死，又伤心又愤怒，得了重病，吐血不止，把兵权交给东平公姚赞，便死去了。姚赞代替姚绍之后，后秦的兵势仍很强盛，姚赞领兵袭击沈林子，沈林子又一次打败后秦军。

东晋太尉刘裕抵达洛阳，巡视东晋军队的城堡工事，嘉奖毛修之整理修护的功劳，赐给毛修之许多衣服珍宝，价值高达二千万。

丁巳，魏主嗣如高柳；壬戌，还平城。

河西王蒙逊大赦。遣张掖太守沮渠广宗诈降以诱凉公歆，歆发兵应之。蒙逊将兵三万伏于蓼泉，歆觉之，引兵还。蒙逊追之，歆与战于解支涧，大破之，斩首七千余级。蒙逊城建康，置戍而还。

五月，乙未，齐郡太守王懿降于魏，上书言："刘裕在洛，宜发兵绝其归路，可不战而克。"魏主嗣善之。

崔浩侍讲在前，嗣问之曰："刘裕伐姚泓，果能克乎？"对曰："克之。"嗣曰："何故？"对曰："昔姚兴好事虚名而少实用，子泓懦而多病，兄弟乖争。裕乘其危，兵精将勇，何故不克！"嗣曰："裕才何如慕容垂？"对曰："胜之。垂藉父兄之资，修复旧业，国人归之，若夜虫之就火，少加倚仗，易以立功。刘裕奋起寒微，不阶尺土，讨灭桓玄，兴复晋室，北禽慕容超，南枭卢循，所向无前，非其才之过人，安能如是乎！"嗣曰："裕既入关，不能进退，我以精骑直捣彭城、寿春，裕将若之何？"对曰："今西有屈丐，北有柔然，窥伺国隙。陛下既不可亲御六师，虽有精兵，未睹良将。长孙嵩长于治国，短于用兵，非刘裕敌也。兴兵远攻，未见其利；不如且安静以待之。裕克秦而归，必篡其主。关中华、戎杂错，风俗劲悍，裕欲以荆扬之化，施之函秦，此无异解衣包火，张罗捕虎；虽留兵守之，人情未洽，趋尚不同，适足为寇敌之资耳。愿陛下按兵息民以观其变，秦地终为国家之有，可坐而守也。"嗣笑曰："卿料之审矣。"浩曰："臣尝私论近世将相之臣：若王猛之治国，苻坚之管仲也；慕容恪之辅幼主，慕容暐之霍光也；刘裕之平祸乱，司马德宗之曹操也。"嗣曰："屈丐何如？"浩曰："屈丐国破家覆，孤孑一身，寄食姚氏，受其封殖。不思酬恩报义，而乘时徼利，盗有一方，结怨四邻；撅竖小人，虽能纵暴一时，终当为人所吞食耳。"嗣大悦，语至夜半，赐浩御缥醪十觚，水精盐一两，曰："朕味卿言，如此盐、酒，故欲与卿共飨其美。"然犹命长孙嵩、叔孙建各简精兵伺裕西过，自成皋济河，南侵彭、沛；若不时过，则引兵随之。

四月十六日丁巳，魏明元帝拓跋嗣前往高柳，二十一日壬戌，返回京都平城。

北凉河西王沮渠蒙逊实行大赦。他派张掖太守沮渠广宗向西凉诈降，引诱西凉公李歆派兵出来迎接，李歆果然发兵接应。而沮渠蒙逊率领三万士兵埋伏在蓼泉，李歆发觉，率兵撤退。沮渠蒙逊率众追击，李歆与沮渠蒙逊在解支涧会战，李歆大破北凉军，斩杀七千余人。沮渠蒙逊修建建康城，设置戍所，然后回国。

五月二十四日乙未，东晋齐郡太守王懿投降北魏，他上书北魏朝廷说："刘裕现在在洛阳，应该迅速发兵切断他的归路，可以不战而胜。"魏明元帝拓跋嗣表示赞许。

当时，崔浩在前面为拓跋嗣讲解经典，拓跋嗣问崔浩说："刘裕攻打姚泓，果真能攻下吗？"崔浩回答说："定能攻下！"拓跋嗣问："为什么？"崔浩说："当年姚兴喜欢追求虚名而不做实事，他的儿子姚泓生性懦弱，身体多病，兄弟之间争权夺势，不能团结一心。如今刘裕乘人之危，他的将士勇猛善战，训练有素，有什么理由不能取胜？"拓跋嗣又问："刘裕的才华与慕容垂相比如何？"崔浩说："刘裕胜过慕容垂。慕容垂凭借父兄的资荫，复兴故有的基业，国人都投靠他，就像夜间的昆虫飞向火光一样，对此稍加凭借，就能轻而易举地建功立业。而刘裕则出身微贱贫寒，没有一尺土地可以凭借，却消灭了桓玄，兴复了晋朝宗室的统治，在北方生擒慕容超，在南方砍下卢循的首级，所过之处没有敌手，他如果不是才智过人，怎么会这样呢？"拓跋嗣说："刘裕既然已经进入函谷关，一时不能前进，也不能后退，而我们以精锐骑兵直捣他的老巢彭城、寿春，刘裕将会怎么样？"崔浩回答说："如今我们西面有夏国赫连勃勃，北有柔然，他们时刻都在窥伺我们的行动，准备乘机来攻。皇上不能亲自指挥军队，我军虽然有精兵，却没发现有良将，长孙嵩的长处是善于治理国家，短处是不善于用兵，根本不是刘裕的对手。我军大举兴兵远征，看不到实际利益，不如暂且按兵不动，静观事态的发展。刘裕攻克秦国后回国，一定会篡取皇帝宝座。关中地区汉族、戎族杂居一处，风俗强悍。刘裕打算用教化荆州、扬州百姓的方法统治函谷关和秦国这一带的百姓，这就好像脱下衣服包火，张开罗网捕捉老虎一样，难以奏效。刘裕虽然会留下军队驻守，可一时人心难以信服，志趣习俗又不一样，恰好为别人入侵提供了好的条件。希望皇上停止出兵攻打，让百姓休养生息，观察局势的变化，秦国的地盘终究会为我国所有，我们可以在这里等待，就能到手。"拓跋嗣笑着说："你分析得很周详。"崔浩说："我曾经私下评论过近世的将领和宰相，比如王猛治理国家，是苻坚的管仲；慕容恪辅佐幼主，是慕容暐的霍光；刘裕平定桓玄祸乱，是司马德宗的曹操啊！"拓跋嗣又问："赫连勃勃怎么样？"崔浩说："赫连勃勃当年国破家亡，孤身一人，寄食在姚家门下，接受姚氏

魏主嗣西巡至云中，遂济河，畋于大漠。

魏置天地四方六部大人，以诸公为之。

（以上为第三段，写北凉主沮渠蒙逊派人向西凉诈降，诡计被西凉主李歆识破，北凉被打得大败；北魏主拓跋嗣与谋臣崔浩讨论天下大势，崔浩认为后秦不敌东晋刘裕，必定灭亡，拓跋嗣深为崔浩的宏论折服。）

秋，七月，太尉裕至陕。沈田子、傅弘之入武关，秦戍将皆委城走。田子等进屯青泥，秦主泓使给事黄门侍郎姚和都屯峣柳以拒之。

西秦相国翟勍卒。八月，以尚书令昙达为左丞相，左仆射元基为右丞相，御史大夫麹景为尚书令，侍中翟绍为左仆射。

太尉裕至阌乡。沈田子等将攻峣柳，秦主泓欲自将以御裕军，恐田子等袭其后，欲先击灭田子等，然后倾国东出，乃帅步骑数万，奄至青泥。田子本为疑兵，所领裁千余人，闻泓至，欲击之；傅弘之以众寡不敌止之。田子曰："兵贵用奇，不必在众。且今众寡相悬，势不两立，若彼结围既固，则我无所逃矣。不如乘其始至，营陈未立，先薄之，可以有功。"遂帅所领先进，弘之继之。秦兵合围数重。田子抚慰士卒曰："诸君冒险远来，正求今日之战，死生一决，封侯之业于此在矣！"士卒皆踊跃鼓噪，执短兵奋击，秦兵大败，斩馘万余级，得其乘舆服御物，秦主泓奔还灞上。

初，裕以田子等众少，遣沈林子将兵自秦岭往助之，至则秦兵已败，乃相与追之，关中郡县多潜送款于田子。

的官禄。不但不想报答姚氏的恩情，反而乘人之危，占据一方地盘，与四邻结下了仇怨。像他这样的暴发小人，虽然能强大暴虐一时，终究要被别人吞并。”拓跋嗣非常高兴，君臣二人一直谈论到深夜，拓跋嗣把御用青白色醽酒三十升、水精盐一两赏赐崔浩，说：“我听了你一席话，就像品味这盐和酒的滋味一样，所以我想和你共享这种美好的感受。”然而拓跋嗣还是命令长孙嵩、叔孙建各自挑选精兵备战，如果刘裕再向西部深入，他们则从成皋渡黄河南下，进攻彭城、沛郡；如果刘裕推进很慢，则在岸上紧紧跟随。

魏明元帝拓跋嗣向西巡视，抵达云中；然后渡过黄河，在大漠上狩猎。

北魏朝廷设置天、地、东、西、南、北六部大人，一律选用地位相当于公爵的大臣担任。

秋季，七月，东晋太尉刘裕抵达陕城，沈田子、傅弘之等率兵进入武关，后秦的守将纷纷弃城逃走。沈田子等进兵驻守青泥。后秦主姚泓命给事黄门侍郎姚和都，在峣柳驻兵屯守，阻截东晋军。

西秦相国翟勍去世。八月，西秦朝廷任命尚书令乞伏昙达为左丞相，左仆射乞伏元基为右丞相，御史大夫麹景为尚书令，侍中翟绍为左仆射。

东晋太尉刘裕抵达阌乡。沈田子等将领准备进攻峣柳。后秦主姚泓打算亲自统兵出征，抵御刘裕的大军，又害怕沈田子等人突袭他的后方，就想先消灭沈田子等人，然后出动全国的兵力向东攻打刘裕。于是姚泓率领步、骑兵数万人，突然抵达青泥。沈田子这支部队，本来就是为了迷惑敌人布置的疑兵，一共才一千多人。沈田子听说姚泓亲征，打算迎战，建威将军傅弘之认为敌众我寡无法抵敌，从而劝止他。沈田子说：“用兵贵在出奇制胜，不一定在人数多。况且如今敌我寡众悬殊，看形势不能并存。如果等到敌人集结的阵势稳固，我们就会无处可逃。不如趁他们刚刚到达，营地和战阵都没有建立，我们主动挑战，定能成功。”于是沈田子率领他的部众首先出动，傅弘之作为后继援军紧跟。后秦兵把这支东晋军重重包围。沈田子安抚激励士兵们说：“各位不畏艰险、远道而来，就是为了像今天这样的会战，生死对决，封侯升官的大业就在这里了！”士兵们大声疾呼，跃跃欲试，手执短兵器奋勇杀敌。后秦军大败，共被斩杀一万多人，东晋军缴获姚泓的御车御衣，以及王家专用的器物。姚泓逃回灞上。

当初，刘裕认为沈田子兵员太少，就派沈林子率兵从秦岭赶赴救助。等他们到达青泥，后秦军已经失败，于是沈林子与沈田子合兵追击敌人，关中很多郡县暗中

辛丑，太尉裕至潼关，以朱超石为河东太守，使与振武将军徐猗之会薛帛于河北，共攻蒲阪。秦平原公璞与姚和都共击之，猗之败死，超石奔还潼关。东平公赞遣司马国璠引魏兵以蹑裕后。

王镇恶请帅水军自河入渭以趋长安，裕许之。秦恢武将军姚难自香城引兵而西，镇恶追之；秦主泓自灞上引兵还屯石桥以为之援，镇北将军姚彊与难合兵屯泾上以拒镇恶。镇恶使毛德祖进击，破之，彊死，难奔长安。

东平公赞退屯郑城，太尉裕进军逼之。泓使姚丕守渭桥，胡翼度屯石积，东平公赞屯灞东，泓屯逍遥园。

镇恶溯渭而上，乘蒙冲小舰，行船者皆在舰内；秦人见舰进而无行船者，皆惊以为神。壬戌旦，镇恶至渭桥，令军士食毕，皆持仗登岸，后登者斩。众既登，渭水迅急，舰皆随流，倏忽不知所在。时泓所将尚数万人。镇恶谕士卒曰："吾属并家在江南，此为长安北门，去家万里，舟楫、衣粮皆已随流。今进战而胜，则功名俱显；不胜，则骸骨不返，无他岐矣。卿等勉之！"乃身先士卒，众腾踊争进，大破姚丕于渭桥。泓引兵救之，为丕败卒所蹂践，不战而溃。姚谌等皆死，泓单马还宫。镇恶入自平朔门，泓与姚裕等数百骑逃奔石桥。东平公赞闻泓败，引兵赴之，众皆溃去；胡翼度降于太尉裕。

泓将出降，其子佛念，年十一，言于泓曰："晋人将逞其欲，虽降必不免，不如引决。"泓怃然不应。佛念登宫墙自投而死。癸亥，泓将妻子、群臣诣镇恶垒门请降，镇恶以属吏。城中夷、晋六万余户，镇恶以国恩抚慰，号令严肃，百姓安堵。

九月，太尉裕至长安，镇恶迎于灞上。裕劳之曰："成吾霸业者，卿也！"镇恶再拜谢曰："明公之威，诸将之力，镇恶何功之有！"裕笑曰："卿欲学冯异邪？"镇恶性贪，秦府库盈积，镇恶盗取，不可胜纪；裕以

向沈田子投降。

八月初二辛丑，东晋太尉刘裕抵达潼关，他任命朱超石为河东太守，命他与振武将军徐猗之在河北与薛帛会师，共同进攻蒲阪。后秦平原公姚璞与姚和都迎击东晋军，徐猗之战败身亡，朱超石逃回潼关。后秦东平公姚赞，派司马国璠率领北魏军队尾随刘裕大军之后。

东晋龙骧将军王镇恶，请求率领水军从黄河开进渭水，然后直趋长安，刘裕应允。后秦恢武将军姚难，从香城率军向西退却，王镇恶挥师追击。后秦主姚泓从灞上率军返回，屯驻石桥，准备援救姚难。后秦镇北将军姚彊与姚难会师，屯兵泾水岸边，抵抗王镇恶的追击。王镇恶命毛德祖进攻，大破后秦军，姚彊战死，姚难逃回长安。

后秦东平公姚赞退守郑城，东晋太尉刘裕进逼城下。姚泓命姚丕守住渭桥，胡翼度屯驻石积，东平公姚赞驻守灞东。姚泓自己则驻守逍遥园。

东晋龙骧将军王镇恶，率领水军在渭水中逆流而上，乘坐蒙冲小舰，划桨的士兵都在船内。后秦人看到战船行进却没有划船的人，都惊奇地以为神仙下凡。八月二十三日壬戌凌晨，王镇恶军抵达渭桥，命令战士们吃饱喝足以后，全部手持兵器登岸，最后登陆的人斩首。士兵们登陆完毕，渭水流急，东晋的战船随波东下，倏忽之间，不见踪影。当时姚泓统率的军队还有几万人。王镇恶向士兵们宣告说："我们的亲人和家园都在江南，这里是长安北门，离故乡有万里之遥。现在战船、衣服、粮食都随波飘走，今天我们进攻，战胜可以建功立名；失败我们的尸骨都回不了家，没有第三条路可走。我们大家共勉吧！"于是王镇恶身先士卒，冲在最前面，士兵们士气高涨，踊跃奋击，在渭桥大败后秦姚丕的军队。姚泓率兵救援，却被姚丕的败兵冲击践踏，不战自溃。姚谌等人全都战死，姚泓单人匹马地逃回皇宫。王镇恶从长安的平朔门进城，姚泓和姚裕等率领几百名骑兵逃奔石桥。东平公姚赞听说姚泓战败，急忙率军赴难救援，可是后秦军心大乱，士兵们四处逃散。胡翼度向东晋太尉刘裕投降。

姚泓打算出城投降，他的儿子姚佛念，年仅十一岁，对姚泓说："晋人势必要在我们身上满足欲望，即使投降也难免一死，不如自杀。"姚泓心里痛楚，没有回答。姚佛念自己登上宫墙，投下摔死。八月二十四日癸亥，姚泓携妻子儿女、文武百官，前往王镇恶的大营投降，王镇恶把他们交给下属官吏关押。长安城中的汉人和夷人共有六万多户，王镇恶宣扬东晋的恩德，加以安抚，号令严明，百姓安居乐业。

九月，太尉刘裕抵达长安，王镇恶在灞上迎接。刘裕慰劳他说："是你帮助我完成了霸业！"王镇恶再拜，谦让说："全仰赖您的英明指挥和威望，各位将领的努力，我有什么功劳？"刘裕笑着说："你难道要学习冯异吗？"其实，王镇恶一向贪

其功大，不问。或谮诸裕曰："镇恶藏姚泓伪辇，将有异志。"裕使人觇之，镇恶剔取其金银，弃辇于垣侧，裕意乃安。

裕收秦彝器、浑仪、土圭、记里鼓、指南车送诣建康。其余金玉、缯帛、珍宝，皆以颁赐将士。秦平原公璞、并州刺史尹昭以蒲阪降，东平公赞帅宗族百余人诣裕降，裕皆杀之。送姚泓至建康，斩于市。

裕以薛辩为平阳太守，使镇捍北道。

裕议迁都洛阳。谘议参军王仲德曰："非常之事，固非常人所及，必致骇动。今暴师日久，士卒思归，迁都之计，未可议也。"裕乃止。

（以上为第四段，写东晋太尉刘裕北伐获得大胜：龙骧将军王镇恶率军溯渭水而上，背水一战，大败后秦军队，进入长安城，后秦主姚泓携着妻子、群臣投降。）

羌众十余万口西奔陇上，沈林子追击至槐里，俘虏万计。

河西王蒙逊闻太尉裕灭秦，怒甚。门下校郎刘祥入言事，蒙逊曰："汝闻刘裕入关，敢研研然也！"遂斩之。

初，夏王勃勃闻太尉裕伐秦，谓群臣曰："姚泓非裕敌也。且其兄弟内叛，安能拒人！裕取关中必矣。然裕不能久留，必将南归；留子弟及诸将守之，吾取之如拾芥耳。"乃秣马砺兵，训养士卒，进据安定，秦岭北郡县镇戍皆降之。裕遣使遗勃勃书，约为兄弟；勃勃使中书侍郎皇甫徽为报书而阴诵之，对裕使者，口授舍人使书之。裕读其文，叹曰："吾不如也！"

广州刺史谢欣卒。东海人徐道期聚众攻陷州城，进攻始兴，始兴相彭城刘谦之讨诛之。诏以谦之为广州刺史。

癸酉，司马休之、司马文思、司马国璠、司马道赐、鲁轨、韩延之、刁雍、王慧龙及桓温之孙道度、道子、族人桓谧、桓璲、陈郡袁式等，皆诣魏长孙嵩降。秦匈奴镇将姚成都及弟和都举镇降魏。魏主嗣诏民间

财好利，后秦府库仓储十分丰富，王镇恶私自盗取的财物，不计其数，刘裕因为他的功劳很大，所以不予过问。有人向刘裕诬陷王镇恶说："王镇恶私藏姚泓的御用辇车，可能会叛变。"刘裕派人侦察。原来王镇恶剔取了辇车上的金银珠饰，然后把辇车抛弃到城墙外面。刘裕这才安心。

刘裕下令没收后秦的宗室祭祀用具彝器、浑天仪、测日仪器土圭、计程用的记里鼓、指南车等，送往建康。其余金银玉石、绫罗绸缎、稀世珍宝都赏赐给将士。后秦平原公姚璞、并州刺史尹昭，献出了蒲阪城投降；东平公姚赞，率领皇室一百多人，前往刘裕的大营投降，刘裕把他们全部杀死。然后把姚泓送到建康，绑到街市刑场斩首。

刘裕任命薛辨为平阳太守，令他镇守和保卫东晋北部边防。

刘裕提议迁都洛阳。谘议参军王仲德说："不寻常的事，本来不是寻常人所能接受，一旦迁都，必然引起举国惊骇骚动。如今军队在外作战已久，人心思归，迁都的计划，不能提出讨论。"刘裕方才作罢。

羌人部众十余万人，向西逃奔陇上，沈林子追击羌人直到槐里，俘虏数以万计。

北凉河西王沮渠蒙逊听说东晋太尉刘裕灭掉了后秦，十分愤怒。门下校郎刘祥进宫向沮渠蒙逊奏事，沮渠蒙逊暴跳说："你听说刘裕进关，还敢穿得如此漂亮！"于是斩杀了刘祥。

当初，夏王赫连勃勃听说刘裕攻打后秦，对文武百官说："姚泓不是刘裕的对手。而且他的兄弟们纷纷背叛，怎么还能抗拒别人？刘裕定能夺取关中。可是，刘裕自己也不会长久留在关中，最后还得回到江南，留下子弟和一些战将守卫在那里。那时，我再去夺取关中，就像拾一根草叶一样容易。"于是，他秣马厉兵，让士兵充分休息，加以训练。然后，赫连勃勃率兵占据了安定。后秦岭北各郡县、军事重镇、戍所纷纷投降夏国。刘裕派人出使夏国，致信赫连勃勃，相约结为兄弟之国。赫连勃勃命中书侍郎皇甫徽代写一封回信，暗地里背诵下来，然后当着刘裕使臣的面，口授舍人命他照写。刘裕看到后，叹息说："我比不上他！"

东晋广州刺史谢欣去世。东海人徐道期召集部众，攻克州城番禺，进攻始兴，始兴相彭城人刘谦之攻打徐道期，徐道期被杀。东晋朝廷下令任命刘谦之为广州刺史。

九月初四癸酉，先后从东晋流亡后秦的司马休之、司马文思、司马国璠、司马道赐、鲁轨、韩延之、刁雍、王慧龙，以及桓温的孙子桓道度、桓道子，族人桓谧、桓璲，陈郡人袁式等，全都投降了北魏司徒长孙嵩。后秦匈奴堡守将姚成都与他的

得姚氏子弟送平城者赏之。

冬，十月，己酉，嗣召长孙嵩等还。司马休之寻卒于魏。魏赐国璠爵淮南公、道赐爵池阳子、鲁轨爵襄阳公。刁雍表求南鄙自效，嗣以雍为建义将军。雍聚众于河、济之间，扰动徐、兖。太尉裕遣兵讨之，不克。雍进屯固山，众至二万。

诏进宋公爵为王，增封十郡。辞不受。

西秦王炽磐遣左丞相昙达等击秦故将姚艾，艾遣使称藩，炽磐以艾为征东大将军、秦州牧。征王松寿为尚书左仆射。

十一月，魏叔孙建等讨西山丁零翟蜀洛支等，平之。

辛未，刘穆之卒，太尉裕闻之，惊恸哀惋者累日。始，裕欲留长安经略西北，而诸将佐皆久役思归，多不欲留。会穆之卒，裕以根本无托，遂决意东还。

穆之之卒也，朝廷恇惧，欲发诏，以太尉左司马徐羡之代之。中军谘议参军张邵曰："今诚急病，任终在徐；然世子无专命，宜须咨之。"裕欲以王弘代穆之。从事中郎谢晦曰："休元轻易，不若羡之。"乃以羡之为吏部尚书、建威将军、丹杨尹，代管留任。于是，朝廷大事常决于穆之者，并悉北咨。

裕以次子桂阳公义真为都督雍、梁、秦三州诸军事，安西将军，领雍、东秦二州刺史。义真时年十二。以太尉谘议参军京兆王修为长史，王镇恶为司马、领冯翊太守，沈田子、毛德祖皆为中兵参军，仍以田子领始平太守，德祖领秦州刺史、天水太守，傅弘之为雍州治中从事史。

先是，陇上流户寓关中者，望因兵威得复本土；及置东秦州，知裕无复西略之意，皆叹息失望。

关中人素重王猛，裕之克长安，王镇恶功为多，由是南人皆忌之。沈田子自以峣柳之捷，与镇恶争功不平。裕将还，田子及傅弘之屡言于裕曰："镇恶家在关中，不可保信。"裕曰："今留卿文武将士精兵万人，

弟弟姚和都，举献城池，投降了北魏。魏明元帝拓跋嗣下令，声称民间百姓凡是救出姚氏子弟送到平城的人，重重有赏。

冬季，十月十一日己酉，魏明元帝拓跋嗣征召长孙嵩等班师回朝。不久，司马休之死在北魏。北魏朝廷赐封司马国璠为淮南公，司马道赐为池阳子，鲁轨为襄阳公。刁雍上书请求到南部边疆，报效北魏，拓跋嗣任命刁雍为建义将军。刁雍在黄河、济水之间集结部队，骚扰东晋所属的徐州、兖州；太尉刘裕出兵攻打，不能攻下。刁雍进驻固山，部众达到两万人。

东晋安帝司马德宗下令封宋公刘裕为宋王，采邑增加十个郡，刘裕辞让，没有接受。

西秦王乞伏炽磐派遣左丞相乞伏昙达等进攻后秦旧将姚艾。姚艾遣使到西秦，愿为藩属，乞伏炽磐任命姚艾为征东大将军、秦州牧。召回王松寿，任命他为尚书左仆射。

十一月，北魏征南大将军叔孙建等征讨西山丁零部落酋长翟蜀洛支，平定了该部。

十一月初三辛未，东晋尚书左仆射刘穆之去世。太尉刘裕听说后，一连几天震惊悲痛，不胜哀婉。当初，刘裕打算留在长安，继续征服西北，但是，东晋的各位将领都因长期征战，思念故土，大多数都不愿再留。正巧刘穆之去世，刘裕鉴于朝中没有可以托付的人，才决定东返。

刘穆之去世之后，东晋朝廷不胜惶恐，打算颁下命令，任命太尉左司马徐羡之代替刘穆之的职位。中军谘议参军张卲说："现在情势确实危急，看来最终还要委任徐羡之。然而世子刘义符还没有决定一方的权力，应该询问刘裕。"刘裕又想让王弘代替刘穆之，从事中郎谢晦说："王弘轻率冲动，不如徐羡之。"于是，刘裕才决定任命徐羡之为吏部尚书、建威将军、丹杨尹，代管留任的事务。从此，过去朝廷中由刘穆之决定的大事，现在都送到北方，由刘裕亲自决定。

刘裕任命他的次子桂阳公刘义真为都督雍、梁、秦三州诸军事，安西将军，领雍、东秦二州刺史。刘义真当时只有十二岁。又任命太尉谘议参军京兆人王修为长史；王镇恶为司马，兼任冯翊太守；沈田子、毛德祖都为中兵参军。命沈田子兼任始平太守，毛德祖兼任秦州刺史、天水太守，傅弘之为雍州治中从事史。

在此之前，陇上流亡到关中寄居的流民，希望东晋军队乘胜西上，光复故土。等到刘裕设置东秦州，他们知道刘裕没有继续西上的意图，都叹息失望。

关中人一向看重王猛的威名，刘裕攻克长安，王镇恶的功劳最大，所以南方的将领都忌恨王镇恶。沈田子自以为峣柳大捷，功绩不凡，与王镇恶争功，心里十分不平。刘裕将回建康，沈田子和傅弘之多次对刘裕说："王镇恶的老家在关中，不能

彼若欲为不善，正足自灭耳。勿复多言。”裕私谓田子曰：“锺会不得遂其乱者，以有卫瓘故也。语曰：‘猛兽不如群狐。’卿等十余人，何惧王镇恶！”

臣光曰：古人有言：“疑则勿任，任则勿疑。”裕既委镇恶以关中，而复与田子有后言，是斗之使为乱也。惜乎，百年之寇，千里之土，得之艰难，失之造次，使丰、鄗之都复输寇手。荀子曰：“兼并易能也，坚凝之难。”信哉！

（以上为第五段，写东晋攻下长安后，担任留守重任的刘穆之去世，刘裕非常伤心，在朝廷失去依托，便决定东归，留下的镇将互相猜忌、争功，长安陷入危境。）

三秦父老闻裕将还，诣门流涕诉曰：“残民不沾王化，于今百年，始睹衣冠，人人相贺。长安十陵是公家坟墓，咸阳宫殿是公家室宅，舍此欲何之乎！”裕为之愍然，慰谕之曰：“受命朝廷，不得擅留。诚多诸君怀本之志，今以次息与文武贤才共镇此境，勉与之居。”

十二月，庚子，裕发长安，自洛入河，开汴渠而归。

氐豪徐骇奴、齐元子等拥部落三万在雍，遣使请降于魏。魏主嗣遣将军王洛生、河内太守杨声等西行以应之。

闰月，壬申，魏主嗣如大宁长川。

秦、雍人千余家推襄邑令上谷寇赞为主以降于魏，魏主嗣拜赞魏郡太守。久之，秦、雍人流入魏之河南、荥阳、河内者，户以万数，嗣乃置南雍州，以赞为刺史，封河南公，治洛阳；立雍州郡县以抚之。赞善于招怀，流民归之者，三倍其初。

夏王勃勃闻太尉裕东还，大喜，问于王买德曰：“朕欲取关中，卿试言其方略。”买德曰：“关中形胜之地，而裕以幼子守之，狼狈而归，正欲急成篡事耳，不暇复以中原为意。此天以关中赐我，不可失也。青泥、上洛，南北之险要，宜先遣游军断之；东塞潼关，绝其水陆之路；然后传檄三辅，施以威德，则义真在网罟之中，不足取也。”勃勃乃以其子抚军大将军璝都督前锋诸军事，帅骑二万向长安，前将军昌屯潼关，以买德为抚军右长史，屯青泥，勃勃将大军为后继。

完全信任他。”刘裕说：“现在我留你们这些文武官员、将领和精锐士兵一万人，王镇恶如果图谋不轨，只能是自取灭亡。你们别再多说了。”刘裕私下对沈田子说：“锺会之所以没有作乱，是因为卫瓘的缘故。俗话说：‘猛兽不如群狐’，你们十多人，难道还惧怕王镇恶不成？”

臣司马光评论说：古人有言道：“疑人不用，用人不疑。”刘裕既然委任王镇恶镇守关中，而又与沈田子说了后面那些话，是挑拨他们相斗为乱。太可惜了，百年之久的敌人，千里之广的疆土，取得不易，却因一时不慎而丢掉，使丰邑、镐京这些古都，又落入敌手。荀况说过：“兼并容易，凝结为一体就难了。”这话太对了！

三秦地区的父老，听说刘裕就要返回江南，都痛哭流涕地来到大营门前诉说：“我们这些残余的汉人，没有接受朝廷的教化，至今已有一百年之久，直到今天才看到汉民族衣冠装束，人人都互相庆贺。长安十陵是你们刘家的坟墓，咸阳宫殿是你们刘家的住宅，你放弃它们想要去哪里！”刘裕也很伤感，安慰他们说：“我接受朝廷的命令，不敢擅自停留。感谢诸位怀念故国的诚意，现在留下我的次子与文武贤才共同镇守这里，希望你们和好共处。”

十二月初三庚子，刘裕从长安出发，自洛水进入黄河，开掘汴渠东返。

氐人酋长徐骇奴、齐元子等率领部众三万人在雍城，派遣使臣投降了北魏。魏明元帝拓跋嗣，派遣将军王洛生、河内太守杨声等向西行进，接应氐族部落。

闰十二月初五壬申，魏明元帝拓跋嗣前往大宁、长川。

秦州、雍州土著居民一千多家，推举襄邑令、上谷人寇赞为盟主，投降北魏。北魏主拓跋嗣任命寇赞为魏郡太守。很久以后，秦州、雍州的百姓流亡到北魏的河南、荥阳、河内的有几万户，拓跋嗣于是设置南雍州，任命寇赞为南雍州刺史，封河南公，州治设在洛阳，设立雍州郡县安抚流民。寇赞善于招抚怀柔，前来归附的流民是当初的三倍。

夏王赫连勃勃，听说东晋太尉刘裕返回江南，大喜，向王买德询问说：“我打算夺取关中，你说说你的方法策略。”王买德说：“关中的地理位置十分重要，而刘裕却叫他的幼子镇守，自己则狼狈而回，打算快点办完篡夺帝位的事情，没有时间再把中原这块地盘放在心上。这是上天把关中赏赐给我们，不能错过这个机会。青泥、上洛是南北的险要重镇，应该先派出游击部队，切断他们的补给和退路，然后在东部阻住潼关，切断他们与本国的水陆通道。然后向三辅地区发布檄文，恩威并施。这样，刘义真就等于掉进了网篓之中，不用费劲就可以生擒。”于是，赫连勃勃任命

是岁，魏都坐大官章安侯封懿卒。

（以上为第六段，写胡夏主赫连勃勃听说刘裕返回，非常开心，按照王买德的谋划，率领大军，剑锋直指长安，并屯驻青泥，阻断潼关，切断通路，志在必得。）

十四年（戊午，418 年）

春，正月，丁酉朔，魏主嗣至平城，命护高车中郎将薛繁帅高车、丁零北略，至弱水而还。

辛巳，大赦。

夏赫连璝至渭阳，关中民降之者属路。龙骧将军沈田子将兵拒之，畏其众盛，退屯刘回堡，遣使还报王镇恶。镇恶谓王修曰："公以十岁儿付吾属，当共思竭力；而拥兵不进，虏何由得平！"使者还，以告田子。田子与镇恶素有相图之志，由是益忿惧。未几，镇恶与田子俱出北地以拒夏兵，军中讹言："镇恶欲尽杀南人，以数十人送义真南还，因据关中反。"辛亥，田子请镇恶至傅弘之营计事；田子求屏人语，使其宗人沈敬仁斩之幕下，矫称受太尉令诛之。弘之奔告刘义真，义真与王修被甲登横门以察其变。俄而田子帅数十人来，言镇恶反，修执田子，数以专戮，斩之；以冠军将军毛修之代镇恶为安西司马。傅弘之大破赫连璝于池阳，又破之于寡妇渡，斩获甚众，夏兵乃退。

壬戌，太尉裕至彭城，解严。琅邪王德文先归建康。

裕闻王镇恶死，表言"沈田子忽发狂易，奄害忠勋"，追赠镇恶左将军、青州刺史。

以彭城内史刘遵考为并州刺史、领河东太守，镇蒲阪；征荆州刺史刘道怜为徐、兖二州刺史。

裕欲以世子义符镇荆州，以徐州刺史刘义隆为司州刺史，镇洛阳。中军谘议张邵谏曰："储贰之重，四海所系，不宜处外。"乃更以义隆为都

他的儿子抚军大将军赫连璝为都督前锋诸军事，率领骑兵二万人直奔长安。命令前将军赫连昌屯驻潼关；任命王买德为抚军右长史，屯驻青泥；赫连勃勃本人则亲自统率大军尾随在后。

这一年，北魏都坐大官、章安侯封懿去世。

晋安帝义熙十四年（戊午，418年）

春季，正月初一丁酉朔，北魏主拓跋嗣抵达平城。命令守护高车的中郎将薛繁率领高车、丁零部落向北进攻，推进到弱水，回军。

正月，辛巳（疑误），东晋下令实行大赦。

夏国抚军大将军赫连璝率军开到渭阳，关中前来投降的百姓，在道上前后相连。东晋龙骧将军沈田子，率军迎战，害怕夏军人多势众，退守刘回堡。然后立即派人回去向王镇恶报告。王镇恶对王修说："刘公把十岁小儿托付给我们，我们应该同心协力。沈田子拥兵众多，却迟迟不进攻，敌人怎么会击退！"使节回去，把这些话报告给沈田子。沈田子与王镇恶平时就有互不相容的心思，现在更是又愤又惧。不久，沈田子和王镇恶同时出军北地，抵抗夏兵的进攻。东晋军中传言："王镇恶打算全部杀掉南方人，然后派几十人把刘义真送回江南，自己占据关中，背叛朝廷。"正月十五日辛亥，沈田子请王镇恶来到傅弘之的大营商讨战事。沈田子请求屏退左右侍从密谈，然后命他的族人沈敬仁，在虎帐下将王镇恶斩杀，声称是奉太尉刘裕的旨意行事。傅弘之急忙跑去报告刘义真，刘义真和王修全副武装登上横门，观察局势的变化。不久，沈田子率领几十人赶来，声称王镇恶谋反。王修逮捕沈田子，历数他擅自杀戮的罪行，将他斩首。然后命令冠军将军毛修之代替王镇恶为安西司马。傅弘之在池阳大破赫连璝，在寡妇渡再一次大败夏军，斩杀和俘虏夏军士兵很多人，夏军撤退。

正月二十六日壬戌，东晋太尉刘裕抵达彭城，解除戒严。琅邪王司马德文提前返回建康。

东晋太尉刘裕听到王镇恶的死讯，上书安帝司马德宗说："沈田子忽然发狂，杀害忠良功臣。"东晋朝廷追赠王镇恶为左将军、青州刺史。

东晋朝廷任命彭城内史刘遵考为并州刺史，兼任河东太守，镇守蒲阪；征召荆州刺史刘道怜为徐州、兖州二州刺史。

东晋太尉刘裕打算派世子刘义符镇守荆州，以徐州刺史刘义隆为司州刺史，镇守洛阳。中军谘议张邵劝阻说："世子是储君，维系四海人心，不能派到外地驻守。"

督荆益宁雍梁秦六州诸军事、西中郎将、荆州刺史，以南郡太守到彦之为南蛮校尉，张邵为司马、领南郡相，冠军功曹王昙首为长史，北徐州从事王华为西中郎主簿，沈林子为西中郎参军。义隆尚幼，府事皆决于邵。昙首，弘之弟也。裕谓义隆曰："王昙首沈毅有器度，宰相才也，汝每事咨之。"

以南郡公刘义庆为豫州刺史。义庆，道怜之子也。

裕解司州，领徐、冀二州刺史。

秦王炽磐以乞伏木弈干为沙州刺史，镇乐都。

二月，乙弗、乌地延帅户二万降秦。

三月，遣使聘魏。

夏，四月，己巳，魏徙冀、定、幽三州徒河于代都。

初，和龙有赤气四塞蔽日，自寅至申，燕太史令张穆言于燕王跋曰："此兵气也。今魏方强盛，而执其使者，好命不通，臣窃惧焉。"跋曰："吾方思之。"

五月，魏主嗣东巡，至濡源及甘松，遣征东将军长孙道生、安东将军李先、给事黄门侍郎奚观帅精骑二万袭燕，又命骁骑将军延普、幽州刺史尉诺自幽州引兵趋辽西，为之声势，嗣屯突门岭以待之。道生等拔乙连城，进攻和龙，与燕单于右辅古泥战，破之，杀其将皇甫轨。燕王跋婴城自守，魏人攻之，不克，掠其民万余家而还。

六月，太尉裕始受相国、宋公、九锡之命，赦国中殊死以下，崇继母兰陵萧氏为太妃，以太尉军谘祭酒孔靖为宋国尚书令，左长史王弘为仆射，领选，从事中郎傅亮、蔡廓皆为侍中，谢晦为右卫将军，右长史郑鲜之为奉常，行参军殷景仁为秘书郎，其余百官，悉依天朝之制。靖辞不受。亮，咸之孙；廓，谟之曾孙；鲜之，浑之玄孙；景仁，融之曾孙也。景仁学不为文，敏有思致；口不谈义，深达理体；至于国典、朝仪、旧章、记注，莫不撰录，识者知其有当世之志。

（以上为第七段，写东晋留守长安官员发生内讧，沈田子以谋反罪杀了王镇恶；王修以擅杀罪杀了沈田子；刘义真听信谗言杀了王修，长安失守；刘裕为相国，封宋公，得赐九锡。）

于是，刘裕改派刘义隆为都督荆州、益州、宁州、雍州、梁州、秦州六州诸军事，兼任西中郎将、荆州刺史。又任命南郡太守到彦之为南蛮校尉；张卲为司马，兼任南郡相；冠军功曹王昙首为长史；北徐州从事王华为西中郎主簿；沈林子为西中郎参军。刘义隆年纪尚小，府中大小事务都由张卲决定。王昙首是王弘的弟弟。刘裕对刘义隆说："王昙首沉着坚毅，有气度，是宰相之才。你每件事都要征求他的意见。"

东晋朝廷任命南郡公刘义庆为豫州刺史。刘义庆是刘道怜的儿子。

东晋朝廷解除刘裕司州刺史职务，改任兼徐、冀二州刺史。

西秦主乞伏炽磐任命乞伏木弈干为沙州刺史，镇守乐都。

二月，乙弗部落、乌地延部落酋长率领二万户部众归降西秦。

三月，东晋朝廷派遣使臣访问北魏。

夏季，四月初四己巳，北魏强行迁移散居在冀州、定州、幽州三州的徒河人到代郡。

当初，北燕都城和龙四周弥漫着赤气，遮住了太阳。从寅时直到申时才消失。北燕太史令张穆对北燕王冯跋说："这是战争之气呀。如今魏国的势力十分强盛，而我们扣留他们的使臣，致使两国交好的使命不能通达，我深感恐惧。"冯跋说："我正在考虑这件事。"

五月，魏明元帝拓跋嗣向东巡视，先后抵达濡源和甘松。他征调征东将军长孙道生、安东将军李先、给事黄门侍郎奚观等人，率领精锐骑兵二万人袭击北燕；又命骁骑将军延普、幽州刺史尉诺，从幽州率兵直扑辽西，为长孙道生声援；拓跋嗣亲自屯驻突门岭督战。长孙道生等人攻克乙连城，进攻和龙，与北燕单于右辅古泥会战，大破北燕军，斩杀他们的将领皇甫轨。北燕王冯跋绕城固守，北魏加紧围攻，不能攻下，劫掠北燕百姓一万多家班师回朝。

六月，东晋太尉刘裕接受了相国、宋公、九锡之命，赦免了宋公封邑内死罪以下的囚徒。尊崇刘裕的继母兰陵人萧氏为太妃；任命太尉军谘祭酒孔靖为宋国尚书令，左长史王弘为仆射，兼管官员的选举和任免；任命从事中郎傅亮、蔡廓都担任侍中，谢晦为右卫将军，右长史郑鲜之为奉常，行参军殷景仁为秘书郎，其他文武官员，也都按照朝廷的编制设置。孔靖谢绝没有接受。傅亮是傅咸的孙子；蔡廓是蔡谟的曾孙；郑鲜之是郑浑的玄孙；殷景仁是殷融的曾孙。殷景仁学识超人，但不写文章，敏捷而善于思考，从不空谈义理，却深通情理大体，对于朝廷的法律制度、礼仪规章、行政司法的注释和记录，他都抄录下来，有识之士都知道他有治理国家的雄心大志。

魏天部大人白马文贞公崔宏疾笃，魏主遣侍臣问病，一夜数返。及卒，诏群臣及附国渠帅皆会葬。

秋，七月，戊午，魏主嗣至平城。

九月，甲寅，魏人命诸州调民租，户五十石，积于定、相、冀三州。

河西王蒙逊复引兵伐凉，凉公歆将拒之，左长史张体顺固谏，乃止。蒙逊芟其秋稼而还。

歆遣使来告袭位。冬，十月，以歆为都督七郡诸军事、镇西大将军、酒泉公。

姚艾叛秦，降河西王蒙逊，蒙逊引兵迎之。艾叔父儁言于众曰："秦王宽仁有雅度，自可安居事之，何为从河西王西迁！"众咸以为然，乃相与逐艾，推儁为主，复归于秦。秦王炽磐征儁为侍中、中书监，征南将军，赐爵陇西公，以左丞相昙达为都督洮罕以东诸军事、征东大将军、秦州牧，镇南安。

刘义真年少，赐与左右无节，王修每裁抑之。左右皆怨，谮修于义真曰："王镇恶欲反，故沈田子杀之。修杀田子，是亦欲反也。"义真信之，使左右刘乞等杀修。

修既死，人情离骇，莫相统一。义真悉召外军入长安，闭门拒守。关中郡县悉降于夏。赫连璝夜袭长安，不克。夏王勃勃进据咸阳，长安樵采路绝。

宋公裕闻之，使辅国将军蒯恩如长安，召义真东归；以相国右司马朱龄石为都督关中诸军事、右将军、雍州刺史，代镇长安。裕谓龄石曰："卿至，可敕义真轻装速发，既出关，然可徐行。若关右必不可守，可与义真俱归。"又命中书侍郎朱超石慰劳河、洛。

十一月，龄石至长安。义真将士贪纵，大掠而东，多载宝货、子女，方轨徐行。雍州别驾韦华奔夏。赫连璝帅众三万追义真，建威将军傅弘之曰："公处分亟进；今多将辎重，一日行不过十里，虏追骑且至，何以待之！宜弃车轻行，乃可以免。"义真不从。俄而夏兵大至，傅弘之、蒯

北魏天部大人、白马公崔宏病重，魏明元帝拓跋嗣派他的侍从询问病情，一夜之间，返往数次。不久，崔宏去世，拓跋嗣下令，命群臣和归附的部落酋长都来参加葬礼。

秋季，七月二十四日戊午，北魏主拓跋嗣抵达平城。

九月二十一日甲寅，北魏朝廷命令各州县征收租赋，每户交纳五十石，囤积在定州、相州、冀州三州。

北凉河西王沮渠蒙逊再次率兵攻打西凉，西凉公李歆准备出兵迎战，左长史张体顺坚决劝阻，李歆才停止行动。沮渠蒙逊收割了长成的庄稼，班师回朝。

西凉公李歆派人出使东晋，报告他继位这件事。冬季，十月，东晋朝廷任命李歆为都督七郡诸军事、镇西大将军、酒泉公。

西秦秦州牧姚艾叛变，投降了北凉河西王沮渠蒙逊，沮渠蒙逊出兵迎接。姚艾的叔父姚儁对他的部众说："秦王乞伏炽磐宽厚仁爱有雅量，我们可以安心留下来侍奉他，为什么要跟随沮渠蒙逊西迁？"部众都认为有理，就联合起来驱逐了姚艾，推举姚儁为首领，又归附西秦。西秦王乞伏炽磐委任姚儁为侍中、中书监、征南将军，赐封陇西公；又任命左丞相乞伏昙达为都督临洮、枹罕以东诸军事，征东大将军，秦州牧，镇守南安。

东晋雍州、东秦州二州刺史刘义真，年纪还小，随意赏赐左右侍从，没有节制。长史王修常常限制他。于是刘义真左右都怨恨王修，在刘义真面前陷害王修，说："王镇恶打算叛变，所以沈田子杀了他。王修杀死沈田子，这样也是打算造反呀。"刘义真信以为真，派亲信刘乞等杀死了王修。

王修一死，人心惧怕离散，各自为政，无法统一。刘义真把驻防在外地的军队全部调入长安，关闭城门自守。关中的郡县全都投降了夏国。赫连璝在夜间突袭长安，不能攻下。夏王赫连勃勃进兵占据了咸阳，长安连外出砍柴的路都被切断。

东晋宋公刘裕听说这种情况后，派辅国将军蒯恩前往长安，征召刘义真回到江南；任命相国右司马朱龄石为都督关中诸军事、右将军、雍州刺史，代替刘义真镇守长安。刘裕对朱龄石说："你到了那里，可以命令刘义真轻装急速前进。等出了潼关后，才可以放慢脚步。如果关右确实难以驻守，你可以与刘义真一道回来。"随后，刘裕又命中书侍郎朱超石慰劳黄河、洛水一带的军民，安定人心。

十一月，朱龄石抵达长安。刘义真手下的将士贪婪放纵，在长安周围大肆掠夺以后才准备返回江南。刘义真的车辆上都装满了掳掠来的金银财宝、男女，然后两车并进，缓慢向东撤退。东晋雍州别驾韦华逃奔夏国。夏国大将赫连璝率领三万人追击刘义真。东晋建威将军傅弘之对刘义真说："宋公让你疾速前进，而现在你带

恩断后，力战连日。至青泥，晋兵大败，弘之、恩皆为王买德所禽；司马毛修之与义真相失，亦为夏兵所禽。义真行在前，会日暮，夏兵不穷追，故得免。左右尽散，独逃草中。中兵参军段宏单骑追寻，缘道呼之，义真识其声，出就之，曰："君非段中兵邪？身在此，行矣！必不两全，可刎身头以南，使家公望绝。"宏泣曰："死生共之，下官不忍。"乃束义真于背，单马而归。义真谓宏曰："今日之事，诚无算略；然丈夫不经此，何以知艰难！"

夏王勃勃欲降傅弘之，弘之不屈，时天寒，勃勃裸之，弘之叫骂而死。勃勃积人头为京观，号曰"髑髅台"。长安百姓逐朱龄石，龄石焚其宫殿，奔潼关。勃勃入长安，大飨将士，举觞谓王买德曰："卿往日之言，一期而验，可谓算无遗策。此觞所集，非卿而谁！"以买德为都官尚书，封河阳侯。

龙骧将军王敬先戍曹公垒，龄石往从之。朱超石至蒲阪，闻龄石所在，亦往从之。赫连昌攻敬先垒，断其水道。众渴，不能战。城且陷，龄石谓超石曰："弟兄俱死异域，使老亲何以为心！尔求间道亡归，我死此，无恨矣。"超石持兄泣曰："人谁不死，宁忍今日辞兄去乎！"遂与敬先及右军参军刘钦之皆被执送长安，勃勃杀之；钦之弟秀之悲泣不欢燕者十年。钦之，穆之之从兄子也。

宋公裕闻青泥败，未知义真存亡，怒甚，刻日北伐。侍中谢晦谏以"士卒疲弊，请俟他年"，不从。郑鲜之上表，以为："虏闻殿下亲征，必并力守潼关。径往攻之，恐未易可克；若舆驾顿洛，则不足上劳圣躬。且虏虽得志，不敢乘胜过陕者，犹摄服大威，为将来之虑故也。若造洛而反，虏必更有揣量之心，或益生边患。况大军远出，后患甚多。昔岁西征，刘钟狼狈；去年北讨，广州倾覆，既往之效，后来之鉴也。今诸州大水，民食寡乏，三吴群盗攻没诸县，皆由困于征役故也。江南士庶，

这么多辎重，一日走不出十里，敌人的骑兵马上就要追到，你该怎么办？应该放弃车辆，轻装前进，才有可能幸免。”刘义真没有听从。不久，夏国大军追到，傅弘之、蒯恩在后面掩护，奋力拼战，连续几天不能休息。在青泥东晋军大败，傅弘之、蒯恩都被王买德生擒。司马毛修之与刘义真走散，也被夏军擒获。刘义真在最前面奔逃，正巧夜色降临，夏兵没有继续追赶，所以才幸免于难。刘义真的左右亲兵都被夏兵冲散，他一个人藏在草丛中。东晋中兵参军段宏，单枪匹马追踪找寻，一路呼叫刘义真。刘义真听出是他的声音才跑出来，说：“你是不是段中兵？我在这儿呢，咱们走吧！你保护我上路一定不能两全，如果情势危急，可以割下我的头，带回南方，叫我的父亲不再想念我。”段宏哭着说：“我们要生死与共，下官不忍心那样做。”于是段宏把刘义真绑在自己的背上，两人乘一匹马逃回。刘义真对段宏说：“今天发生的事情，实在是因为少谋失算，然而大丈夫不经这次大难，怎么知道事情的艰难？”

夏王赫连勃勃打算让傅弘之归降，傅弘之宁死不屈。当时天已寒冷，赫连勃勃脱光了他的衣服，傅弘之叫骂不停而死。赫连勃勃把死人的头骨堆积成山，建为大坟，号称髑髅台。长安城的百姓驱逐朱龄石，朱龄石纵火焚烧了长安的宫殿，逃回潼关。赫连勃勃进入长安，大举犒赏将士。在庆功宴上，赫连勃勃举杯对王买德说：“你往日的预言仅一年就应验了，可以说是预谋没有丝毫的失算。这一杯酒不敬你敬谁？”然后，他任命王买德为都官尚书，封爵为河阳侯。

东晋龙骧将军王敬先驻守在曹公垒，朱龄石前往投奔。朱超石抵达蒲阪，得知朱龄石在曹公堡，也投奔到那里。夏国前将军赫连昌进攻王敬先的堡垒，切断堡中的水源，东晋士兵干渴乏力不能战斗，城池将被攻破时，朱龄石对朱超石说：“我们兄弟俩都死在异城他乡，父母亲将何等伤心！你快从小路逃走，我死在这里，也就没有遗恨了。”朱超石握着哥哥的手说：“人生谁能无死，我怎么忍心在这个时候与你辞别而去？”于是兄弟二人与王敬先，以及右军参军刘钦之都被俘虏，押送到长安。赫连勃勃杀害了他们。刘钦之的弟弟刘秀之不胜悲哀，十年间不曾欢歌宴饮。刘钦之是刘穆之的堂侄。

东晋宋公刘裕听说晋军在青泥大败的消息，不知刘义真的生死存亡，十分震怒，约定日期，准备北伐。侍中谢晦劝阻刘裕，说：“如今士兵疲劳不堪，难以作战，请等来年再说。”刘裕没有采纳。郑鲜之上书，认为：“敌人如果听说您亲自出征，一定会齐心合力固守潼关。如果直接进攻潼关，恐怕也不易攻克。如果您在洛阳停留，那样就更没有必要亲征了。现在敌人虽然志得意满，士气正旺，但还不敢乘胜打过陕城，这是因为他们还畏服您的威名，为将来留一条退路。我们如果推进到洛阳后就班师回朝，敌人看破我们的实力，一定产生测度之心，可能会加深边疆危机。何

引领颙颙以望殿下之返旆，闻更北出，不测浅深之谋，往还之期，臣恐返顾之忧更在腹心也。若虑西虏更为河、洛之患者，宜结好北虏；北虏亲则河南安，河南安则济、泗静矣。”会得段宏启，知义真得免，裕乃止，但登城北望，慨然流涕而已。降义真为建威将军、司州刺史；以段宏为宋台黄门郎、领太子右卫率。裕以天水太守毛德祖为河东太守，代刘遵考守蒲阪。

（以上为第八段，写长安失陷之事，东晋宋公刘裕紧急召回刘义真，派遣朱龄石接替，义真贪财，恨不得把整个长安搬回来，遭夏兵追击，只身逃回，差点丢掉性命；夏王赫连勃勃攻下长安，朱龄石为晋捐躯。）

夏王勃勃筑坛于灞上，即皇帝位，改元昌武。

西秦王炽磐东巡。十二月，徙上邽民五千余户于枹罕。

彗星出天津，入太微，经北斗，络紫微，八十余日而灭。魏主嗣复召诸儒、术士问之曰：“今四海分裂，灾咎之应，果在何国？朕甚畏之。卿辈尽言，勿有所隐！”众推崔浩使对，浩曰：“夫灾异之兴，皆象人事，人苟无衅，又何畏焉？昔王莽将篡汉，彗星出入，正与今同。国家主尊臣卑，民无异望。晋室陵夷，危亡不远；彗之为异，其刘裕将篡之应乎！”众无以易其言。

宋公裕以《谶》云“昌明之后尚有二帝”，乃使中书侍郎王韶之与帝左右密谋鸩帝而立琅邪王德文。德文常在帝左右，饮食寝处，未尝暂离；韶之伺之经时，不得间。会德文有疾，出居于外。戊寅，韶之以散衣缢帝于东堂。韶之，廙之曾孙也。裕因称遗诏，奉德文即皇帝位，大赦。

是岁，河西王蒙逊奉表称藩，拜凉州刺史。

尚书右仆射袁湛卒。

（以上为第九段，写胡夏主赫连勃勃攻下长安，正式称帝；北魏大臣崔浩解释天象，认为东晋刘裕将要篡夺皇位；刘裕设计谋杀安帝司马德宗，立司马德文过渡。）

况大军远征，后患很多。当年西征，刘钟十分狼狈；去年北伐，广州一度陷落。以往的经验是将来的借鉴。如今境内各州县水灾、灾荒频频发生，三吴地区盗匪遍地，盗匪攻下各县，都是苦于出征服役的缘故。江南的士大夫和老百姓，都伸长脖子盼望您的归来。忽然听说您又要北伐，都不了解其中的真实情况和大军班师的日期，我恐怕心腹之地将发生异变，成为后顾之忧。您如果担心西边的夏虏不断侵扰河洛地区，最好是与北方的魏国结盟。我们与魏国关系友好，黄河之南自然安定，黄河之南安定，济水、泗水流域也会平静了。”正巧，刘裕刚接到段宏的报告，得知刘义真已经幸免，刘裕才放弃西征的计划。只不过登上城楼向西眺望，都禁不住感慨流涕。于是，下令把刘义真贬降为建威将军、司州刺史；任命段宏为宋台黄门郎，兼领太子右卫率。刘裕还任命天水太守毛德祖为河东太守，代替刘遵考镇守蒲阪。

夏王赫连勃勃，在灞上建筑高台，正式登上皇帝宝座，改年号为昌武。

西秦主乞伏炽磐向东巡视；十二月，强行将上邽的百姓五千多户迁移到枹罕。

彗星从天津星穿出，进入太微星，经过北斗星，联结紫微星，八十多天以后，彗星消失。魏明元帝拓跋嗣，再次征召名儒、术士，问道：“如今天下四分五裂，各自为主。这次天上变异所暗示的灾祸，到底应在哪一国？我心中十分恐惧，你们可以畅所欲言，不要有所隐瞒。”众人都推举崔浩回答这个问题，崔浩说：“天灾异变的发生，通常照应地上人间的事变，如果人间的统治没有问题，又有什么值得畏惧的？当年王莽将要篡夺汉位时，彗星出入的方向，正与今天相同。我们魏国，主尊臣卑，民众没有不安分的想法。现在晋朝皇室日趋没落，危亡不远。彗星的出现，莫非预示刘裕将要篡夺皇位！”其他人都没有不同意见。

东晋宋公刘裕，认为谶书上有句话：“昌明之后，还有两个皇帝。”于是派中书侍郎王韶之，与安帝司马德宗左右亲信密谋毒死安帝，另立琅邪王司马德文。司马德文常在司马德宗身边，饮食睡眠，都不曾暂时离开。王韶之窥伺多时，没有机会下手。正巧，司马德文患病，出宫休养。十二月十七日戊寅，王韶之用衣裳拧成绳索，在东堂勒死司马德宗。王韶之是王廙的曾孙。刘裕于是声称奉司马德宗的遗诏，拥立司马德文即皇帝位，实行大赦。

这一年，北凉河西王沮渠蒙逊，向东晋呈上奏书，自称藩属。东晋朝廷任命他为凉州刺史。

东晋尚书右仆射袁湛去世。

恭皇帝

元熙元年（己未，419 年）

春，正月，壬辰朔，改元。

立琅邪王妃褚氏为皇后。后，裒之曾孙也。

魏主嗣畋于犊渚。

甲午，征宋公裕入朝，进爵为王，裕辞。

癸卯，魏主嗣还平城。

庚申，葬安皇帝于休平陵。

敕刘道怜司空出镇京口。

夏将叱奴侯提帅步骑二万攻毛德祖于蒲阪，德祖不能御，全军归彭城。二月，宋公裕以德祖为荥阳太守，戍虎牢。

夏主勃勃征隐士京兆韦祖思。祖思既至，恭惧过甚，勃勃怒曰："我以国士征汝，汝乃以非类遇我！汝昔不拜姚兴，今何独拜我？我在，汝犹不以我为帝王；我死，汝曹弄笔，当置我于何地邪！"遂杀之。

群臣请都长安。勃勃曰："朕岂不知长安历世帝王之都，沃饶险固！然晋人僻远，终不能为吾患。魏与我风俗略同，土壤邻接，自统万距魏境裁百余里，朕在长安，统万必危；若在统万，魏必不敢济河而西。诸卿适未见此耳。"皆曰："非所及也。"乃于长安置南台，以赫连璝领大将军、雍州牧、录南台尚书事；勃勃还统万，大赦，改元真兴。

勃勃性骄虐，视民如草芥。常居城上，置弓剑于侧，有所嫌忿，手自杀之。群臣忤视者凿其目，笑者决其唇，谏者先截其舌而后斩之。

初，司马楚之奉其父荣期之丧归建康，会宋公裕诛翦宗室之有才望者，楚之叔父宣期、兄贞之皆死，楚之亡匿竟陵蛮中。及从祖休之自江陵奔秦，楚之亡之汝、颍间，聚众以谋复仇。楚之少有英气，能折节下士，有众万余，屯据长社。裕使刺客沐谦往刺之。楚之待谦甚厚。谦欲发，未得间，乃夜称疾，知楚之必往问疾，因欲刺之。楚之果自赍汤药

恭皇帝

晋恭帝元熙元年（己未，419年）

春季，正月初一壬辰朔，东晋改年号元熙。

东晋朝廷立琅邪王妃褚氏为皇后；褚皇后是褚裒的曾孙女。

魏明元帝拓跋嗣在犊渚狩猎。

正月初二甲午，东晋恭帝司马德文召宋公刘裕回朝，入宫晋见。司马德文封他为宋王，刘裕谢绝。

正月十二日癸卯，魏明元帝拓跋嗣返回平城。

正月二十九日庚申，东晋朝廷在休平陵安葬安帝司马德宗。

东晋恭帝司马德文，命令刘道怜为司空，镇守京口。

夏国将领叱奴侯提统率步、骑兵二万人，进攻东晋将领毛德祖据守的蒲阪。毛德祖没有能力抵抗，撤退，全军退回彭城。二月，宋公刘裕任命毛德祖为荥阳太守，驻守虎牢。

夏主赫连勃勃征召隐士京兆人韦祖思。韦祖思来到长安，过于谦卑恐惧，赫连勃勃大怒道：“我把你当成国家的高士，征召来京，你却把我当作异族来对待。你当年不向姚兴叩头，今天为什么偏偏来拜见我？我活着的时候，你就不把我当作帝王；我死后，你们这些人舞文弄墨，还不知把我作践到何种地步！”于是杀掉了韦祖思。

夏国朝廷中的文武百官，都请求把都城迁到长安。赫连勃勃说：“我怎会不知道长安是历代帝王之都，土地肥沃，地势险固！然而晋人鞭长莫及，终究不会与我们为敌。魏国的风土人情与我们大略相同，疆域相连，从统万城到魏国边境只有一百余里，我在长安，统万一定危险。我留在统万，魏军绝不敢渡过黄河西上。你们各位没有考虑到这一点！”文武百官都说：“我们是望尘莫及的。”于是在长安设置南台，任命赫连璝为领大将军、雍州牧、录南台尚书事。赫连勃勃回到统万，实行大赦，改年号为真兴。

赫连勃勃生性骄躁暴虐，视百姓如草芥，常常登上城楼，旁边放置弓箭，每每心中不快，就亲自杀人泄愤。群臣中如有斜眼看他的，就会被挖去眼睛；如有胆敢随便发笑的，用刀豁开他的嘴唇；如有进言劝阻的，先割掉舌头，再斩下头颅。

当初，东晋益州刺史司马荣期被叛将暗杀，他的儿子司马楚之，送灵柩回建康安葬。而宋公刘裕正在着手斩除晋室皇族司马氏中有才学、有名望的人，司马楚之的叔父司马宣期、哥哥司马贞之都被处死。于是，司马楚之流亡到竟陵蛮人中躲藏。后来，他的堂祖父司马休之从江陵投奔后秦，司马楚之又逃亡到汝水、颍水流域，集结部众准备复仇。司马楚之年轻有为，有英雄气概，能够放下架子，礼遇士人。

往视疾，情意勤笃，谦不忍发，乃出匕首于席下，以状告之曰："将军深为刘裕所忌，愿勿轻率，以自保全。"遂委身事之，为之防卫。

王镇恶之死也，沈田子杀其兄弟七人，唯弟康得免，逃就宋公裕于彭城，裕以为相国行参军。康求还洛阳视母，会长安不守，康纠合关中徙民，得百许人，驱帅侨户七百余家，共保金墉城。时宗室多逃亡在河南，有司马文荣者，帅乞活千余户屯金墉城南；又有司马道恭，自东垣帅三千人屯城西，司马顺明帅五千人屯陵云台，司马楚之屯柏谷坞。魏河内镇将于栗磾游骑在芒山上，攻逼交至，康坚守六旬。裕以康为河东太守，遣兵救之，平等皆散走。康劝课农桑，百姓甚亲赖之。

司马顺明、司马道恭及平阳太守薛辩皆降于魏，魏以辩为河东太守以拒夏人。

（以上为第十段，写胡夏主赫连勃勃生性暴虐，视民如草芥，仍将都城设在统万；宋公刘裕不遗余力斩除宗室有才望者，为篡位夺权作准备；王康在虎狼环伺的金墉城坚守六旬。）

夏，四月，秦征西将军孔子帅骑五千讨吐谷浑觅地于弱水南，大破之，觅地帅其众六千降于秦，拜弱水护军。

庚辰，魏主嗣有事于东庙，助祭者数百国；辛巳，南巡至雁门。五月，庚寅朔，魏主嗣观渔于灅水；己亥，还平城。

凉公歆用刑过严，又好治宫室，从事中郎张显上疏，以为："凉土三分，势不支久。兼并之本，在于务农；怀远之略，莫如宽简。今入岁已来，阴阳失序，风雨乖和；是宜减膳彻悬，侧身修道，而更繁刑峻法，缮筑不止，殆非所以致兴隆也。昔文王以百里而兴，二世以四海而灭，前车之轨，得失昭然。太祖以神圣之姿，为西夏所推，左取酒泉，右开

他拥有一万多人的军队，屯驻在长社。刘裕派刺客沐谦去暗杀他，司马楚之对沐谦礼貌周到，格外重视。沐谦打算下手，总没有机会，于是他在一个夜晚声称有病，知道司马楚之一定会赶来探望，想要借机刺杀他。司马楚之果然端着汤药亲自赶来，问候病情，情意真挚诚恳，沐谦不忍动手，于是从席下拿出匕首，把实情一一报告给司马楚之，说："刘裕对于将军，深为忌恨，希望你不要轻率跟人亲近，借以保全自己。"于是投效司马楚之，担任司马楚之的贴身卫士。

王镇恶被杀以后，沈田子又杀死了王氏兄弟七人，只有王镇恶的弟弟王康逃走，才得以幸免。王康来到彭城投奔宋公刘裕，刘裕任命他为相国行参军。王康请求回洛阳探望老母，正巧长安失守，王康纠集关中流亡的逃民，共百多人，又裹胁客居洛阳的外郡人七百多户，共同保卫金墉城。当时晋朝宗室的人，大多数都在河南流亡。其中有个叫司马文荣的人，率领流民一千多户屯驻在金墉城南；还有司马道恭，从东垣东下，率领三千多人屯驻在金墉城西；司马顺明率领五千人屯驻在陵云台；司马楚之则驻防在柏谷坞。北魏河内守将于栗磾的游击骑兵，在芒山上逗留，等待时机。各方面敌人交相逼近金墉城下，王康坚守孤城达六十天。刘裕任命王康为河东太守，派兵赶赴救援，敌人才被驱散逃走。王康劝说百姓耕种土地，植桑养蚕，当地百姓都非常信赖他。

司马顺明、司马道恭，以及平阳太守薛辩都投降了北魏。北魏朝廷任命薛辩为河东太守，抵拒夏国军队的进攻。

夏季，四月，西秦征西将军乞伏孔子，率领骑兵五千人，在弱水之南进攻吐谷浑酋长觅地，大破吐谷浑军队，觅地率领他的部众六千人归降了西秦，被西秦委任为弱水护军。

四月二十一日庚辰，魏明元帝拓跋嗣在白登山东面的皇家祖庙祭祀祖先，前来陪祭的有几百个部落酋长。二十二日辛巳，拓跋嗣向南巡视，抵达雁门。五月初一庚寅朔，拓跋嗣在灅水观看捕鱼；初十己亥，返回平城。

西凉公李歆用刑过于严厉，又喜欢大造宫殿，从事中郎张显上书劝告说："凉州疆土被一分为三，势必不会长久维持这种局面。军事兼并的根本，在于发展农耕；怀柔远方部族的方法，莫过于统治宽大，刑罚简单。今年以来，阴阳失序，风雨失调，正应该减少膳食，撤除乐器，谨身修道。而如今，刑罚繁重，法规严峻，又大兴土木，不停地修造，这样不能使国家兴隆。当年，周文王只凭借一百多里的土地，

西域。殿下不能奉承遗志，混一凉土，侔踪张后，将何以下见先王乎！沮渠蒙逊，胡夷之杰，内修政事，外礼英贤，攻战之际，身均士卒；百姓怀之，乐为之用。臣谓殿下非但不能平殄蒙逊，亦惧蒙逊方为社稷之忧。”歆览之，不悦。

主簿氾称上疏谏曰：“天之子爱人主，殷勤至矣，故政之不修，下灾异以戒告之，改者虽危必昌，不改者虽安必亡。元年，三月，癸卯，敦煌谦德堂陷；八月，效谷地裂；二年，元日，昏雾四塞；四月，日赤无光，二旬乃复；十一月，狐上南门；今兹春、夏，地频五震；六月，陨星于建康。臣虽学不稽古，行年五十有九，请为殿下略言耳目之所闻见，不复能远论书传之事也。乃者，咸安之初，西平地裂，狐入谦光殿前；俄而秦师奄至，都城不守。梁熙既为凉州，不抚百姓，专为聚敛，建元十九年，姑臧南门崩，陨石于闲豫堂；明年为吕光所杀。段业称制此方，三年之中，地震五十余所，既而先王龙兴于瓜州，蒙逊篡弑于张掖。此皆目前之成事，殿下所明知也。效谷，先王鸿渐之地，谦德，即尊之室；基陷地裂，大凶之征也。日者，太阳之精，中国之象；赤而无光，中国将衰。谚曰：‘野兽入家，主人将去。’狐上南门，亦变异之大者也。今蛮夷益盛，中国益微。愿殿下亟罢宫室之役，止游畋之娱，延礼英俊，爱养百姓，以应天变、防未然。”歆不从。

秋，七月，宋公裕始受进爵之命。八月，移镇寿阳，以度支尚书刘怀慎为督淮北诸军事、徐州刺史，镇彭城。

辛未，魏主嗣东巡；甲申，还平城。

九月，宋王裕自解扬州牧。

秦左卫将军匹达等将兵讨彭利和于漒川，大破之，利和单骑奔仇池。获其妻子，徙羌豪三千户于枹罕，漒川羌三万余户皆安堵如故。冬，十月，以尚书右仆射王松寿为益州刺史，镇漒川。

宋王裕以河南萧条，乙酉，徙司州刺史义真为扬州刺史，镇石头。

兴起帝王大业；秦二世虽然拥有四海之广，却被消灭。前车之鉴，成功失败，非常明显。太祖以神圣的英姿，受到西夏百姓的拥戴，东取酒泉，西开西域之道。您不能继承太祖遗志，统一凉州疆土，与张轨相媲美，将来有什么面目去见先王呢？沮渠蒙逊是胡族中的一代英杰，他对内政治修明，对外礼遇贤才。每遇战事，都能身先士卒，民众对他深为敬服，愿意接受他的统治。我认为您不仅不能削平沮渠蒙逊，还应防范沮渠蒙逊图谋我们的疆土。”李歆看过奏书，非常不高兴。

西凉主簿氾称也上书劝告说：“上天把人主当作儿子来爱护，百般殷勤周到。所以政治不清明，上天就要降下灾异警告人主。凡是能够改正的人主，国家眼下虽危，最终还会昌盛起来；不能改正的人主，现在统治安定，最后难免灭亡。嘉兴元年，三月，癸卯（疑误），敦煌谦德堂塌陷；八月，效谷发生地裂。二年，正月初一，天降大雾，四处弥漫；四月，太阳赤红，黯淡无光，二十天以后才恢复原状；十一月，狐狸跳上南门城楼。今年春、夏两季，地震频发，连续发生五次；六月，又有陨星坠落在建康。我的学问虽然不能考证古书，年龄却已有五十九岁，请允许我为主上大略陈述一下耳闻目睹的灾变，不再引证史书记载的事情。记得在咸安初年，西平发生地裂，狐狸窜进谦光殿的前面。不久，秦国大军突然兵临城下，都城失守。梁熙既为凉州刺史，不安抚百姓，只知搜刮贪污。建元十九年，姑臧南门突然崩塌，陨石落到闲豫堂。第二年，梁熙被吕光诛杀。段业在此地称王的时候，三年之中，发生了五十多次地震。不久，先王在瓜州兴起，沮渠蒙逊也在张掖杀主篡位。这些都是眼前现成的事例，主上知道得十分清楚。效谷是先王发祥之地；谦德堂是继承王位的宝殿。根本之地发生崩塌陷裂，是非常凶险的征兆。太阳是阳气的精华，中原的象征；太阳红而无光，预示中原将要衰微。俗谚说：‘野兽闯进家门，主人就要逃奔。’狐狸窜上南门，也是大的变异。如今夷族更加强盛，中原汉族统治更加衰落。希望主上赶快停止兴建宫室，停止出游狩猎娱乐，延请并礼遇英才俊杰，爱护并用心休养百姓，以应答上天的警告，防患于未然。”李歆没有听从。

秋季，七月，东晋宋公刘裕接受了朝廷封为宋王的命令。八月，从彭城移驻寿阳，任命度支尚书刘怀慎为都督淮北诸军事、徐州刺史，镇守彭城。

八月十三日辛未，魏明元帝拓跋嗣向东巡视；二十六日甲申，返回平城。

九月，东晋宋王刘裕主动辞去扬州牧一职。

西秦左卫将军乞伏匹达率军攻打彭利和据守的漒川，大破彭利和军，彭利和单枪匹马逃奔仇池。乞伏匹达俘虏了他的妻、子。把三千户羌人豪民强行迁到枹罕。三万多户漒川羌百姓仍然像过去一样安居乐业。冬季，十月，西秦任命尚书右仆射王松寿为益州刺史，镇守漒川。

东晋宋王刘裕鉴于河南人稀荒凉，十月二十八日乙酉，召回司州刺史刘义真，

萧太妃谓裕曰："道怜，汝布衣兄弟，宜用为扬州。"裕曰："寄奴于道怜，岂有所惜！扬州，根本所寄，事务至多，非道怜所了。"太妃曰："道怜年出五十，岂不如汝十岁儿邪？"裕曰："义真虽为刺史，事无大小，悉由寄奴。道怜年长，不亲其事，于听望不足。"太妃乃无言。道怜性愚鄙而贪纵，故裕不肯用。

十一月，丁亥朔，日有食之。

十二月，癸亥，魏主嗣西巡至云中，从君子津西渡河，大猎于薛林山。

辛卯，宋王裕加殊礼，进王太妃为太后，世子为太子。

（以上为第十一段，写西凉主李歆用刑严厉，大造宫殿，不听大臣劝谏；东晋封刘裕为宋王，加殊礼，称世子为太子，儿子刘义真为扬州刺史，镇守石头城，掌控朝廷。）

改任扬州刺史，镇守石头城。萧太妃对刘裕说：“刘道怜是你从小患难与共的兄弟，应该让他担任扬州刺史。”刘裕说：“我对于道怜，还有什么舍不得的！可是扬州是京师重地，国家的根本，事务繁多，恐怕不是道怜所能胜任的。”萧太妃说：“刘道怜已经年过五十，难道还不如你那十几岁的小儿吗？”刘裕说：“刘义真虽然名为刺史，但事无大小，都由我亲自决定。道怜年长，不亲自处理事务，有损于声望名位。”萧太妃才无言以对。刘道怜生性愚蠢卑鄙，贪婪放纵，所以刘裕不肯任用他。

十一月初一丁亥朔，出现日食。

十二月初七癸亥，魏明元帝拓跋嗣向西巡视，抵达云中。然后从君子津向西渡过黄河，在薛林山大举狩猎。

十二月，辛卯（疑误），东晋宋王刘裕被朝廷加授特殊礼仪，进封萧太妃为太后，称世子刘义符为太子。

【点评】

长安得而复失。在这一卷中，着重记载了刘裕北伐西征，收复洛阳，攻下长安，消灭后秦，而后长安复失的一段历史。这几乎是东晋最为辉煌的时期，刘裕经过两次北伐，黄河以南、淮水以北以及汉水上游的大片地区，均为其据有。这是东晋北伐的最高成就，也让刘裕的声望达到了顶点。刘裕收复长安，大快人心，后又痛失长安，诸多教训，令人深思。

其一，刘裕攻下长安后，没有做好善后工作，为什么要匆匆忙忙返回东晋都城建康？明显是由于留守的大臣刘穆之去世，刘裕害怕朝廷失控，一旦朝廷有失，则东晋国将不国。这理由有些冠冕堂皇，实际上是刘裕的私念在作祟。刘裕所做的梦，是帝王梦，他要将东晋王朝取而代之。因此，他所做的一切，都是朝着这个目标迈进的。而刘穆之对刘裕的才能极为佩服。刘裕出征在外，刘穆之是他在朝廷的代理人，在建康总掌朝政，支援在外征战的军队，做事十分顺畅。当时，刘裕在北伐大军刚刚攻占洛阳后，就急匆匆派人返回建康，讽喻朝廷赏赐“九锡”。九锡，是皇帝赐给有杰出功勋的臣属的九种礼器，属于最高等级礼遇。当然，它还有另外一层含义——几乎成了谋朝篡位的代名词。王莽、曹操、司马昭在即位前，都曾被赐以九锡。刘穆之听说后，作为刘裕的心腹竟没想到将刘裕的心思及早地提出，既惭愧而又恐惧，在极度郁闷之中竟然一病不起。这时候，刘裕焦急万分，一旦不能掌控朝廷，他将无立足之地，更不要说谋夺皇位了！于是，他毫不犹豫地离开长安，返回东晋朝廷。不客气地说，刘裕是将皇帝梦凌驾于统一河山的大业之上！

其二，刘裕对长安留守官员的安排有失妥当，留下了隐患。刘裕确定离开长安前，对留守长安的人事安排是由 12 岁的儿子刘义真镇守，王修、王镇恶、沈田子等文武大臣共同守护。沈田子请示刘裕，认为王镇恶的老家在关中，不能完全信任他，言下之意是王镇恶有可能谋反，将如何是好？这本身就是一个不怀好意、别有用心的假设命题，因为沈田子与王镇恶争功，必欲将后者置之死地而方休。而刘裕的回答则匪夷所思，说：“我留你们这些文武官员、将领和精锐士兵一万人，王镇恶如果图谋不轨，只能是自取灭亡。”这分明是有一种暗示的意思。既然对王镇恶不信任，为什么要委以重任呢？既然委以重任，为什么要予以猜忌呢？既然知道沈田子与王镇恶之间有嫌隙，为什么不做正面疏导呢？如此草率安排长安留守之事，刘裕的平生才略又到哪里去了呢？刘裕这样做的结果是，留守长安的文武大臣发生内讧，沈田子以谋反的罪名杀掉王镇恶，王修以擅杀朝廷大臣的罪名杀掉沈田子，而刘义真听信谗言又杀掉了王修。留守长安的几位大臣在战场上个个所向披靡，建立功勋，却就这样莫名其妙地被杀掉了，使长安门户洞开！对此，刘裕负有不可推卸的责任。司马光曾予以批评，认为：“刘裕既然委任王镇恶镇守关中，又与沈田子说了不该说

的话，是挑拨他们相斗为乱。太可惜了！”诚哉，斯言！

其三，更要深究的是，刘裕任用一个不懂事的孩子镇守关中，等于把关中拱手让人。当时的长安，人心不稳，矛盾尖锐，西夏等国虎视眈眈，刘裕居然让年仅十二岁的儿子刘义真来镇守，刘义真对诸将任意赏赐，没有节制，大臣王修常常予以劝止，他很不舒服，就听信谗言，杀掉了王修，自断臂膀；刘裕得知此事，知道长安不保，将朱龄石作为替死鬼，让他前去送死，嘱咐刘义真快速返回，一刻也不能停留，逃命要紧。而刘义真则在返回的车辆上都装满了金银财宝、奴婢，然后两车并进，缓慢向东撤退。结果被西夏兵马追上，所有士兵全部战亡，刘义真东躲西逃而返回。

以上三点，可以窥见长安得而复失的真相，是刘裕的私念作祟、怂恿争斗、任用非人而造成！长安得而复失的更深层意义，是暴露了南迁王朝的结构性腐败，上层统治集团把民族复兴的大义让位于争权夺利，北伐中兴已经不可能，历宋齐梁陈，皆苟安于江南，终归于北方统一南方。

宋纪一

宋武帝永初元年至营阳王景平元年（420—423 年）

【起上章涒滩（庚申，420 年），尽昭阳大渊献（癸亥，423 年），凡四年】

【大事提要】

本卷记事起于公元 420 年，到公元 423 年，凡四年，时当宋武帝（刘裕）永初元年至营阳王（刘义符）景平元年。本卷所载大事，主要有五个方面。其一，刘裕篡晋立宋，东晋灭亡。公元 420 年，东晋宋王刘裕见时机成熟，命令党徒傅亮草拟好禅位诏书，入宫逼迫恭皇帝司马德文誊抄。司马德文随后退居到琅邪王府。东晋存在 104 年，至此灭亡。刘裕称帝，将国号改为“宋”，改元为永初。其二，北凉灭西凉。公元 420 年，北凉主沮渠蒙逊想消灭西凉，便用计，声称要攻打西秦的浩亹台，而后偷偷把队伍拉回川岩。西凉主李歆见有机可乘，便带领 3 万兵马去袭击北凉国都姑臧，遭到沮渠蒙逊埋伏，全军覆没。沮渠蒙逊灭掉西凉国，占领整个凉州地区。其三，刘裕去世，太子即位。公元 422 年，刘宋武帝刘裕计划出征北魏，结果还未来得及出兵，便病逝，时年 59 岁。遗命司空徐羡之、尚书仆射傅亮、领军将军谢晦以及护军将军檀道济四人为顾命大臣，辅助太子刘义符。刘义符即皇帝位，次年更改年号为景平。其四，北魏攻打刘宋。北魏主拓跋嗣乘刘宋武帝刘裕病逝之机，凭借强大的军力，沿着黄河流域全面开战，重点进攻并夺取了黄河以南的虎牢、洛阳、滑台等军事重镇。南朝宋军善于守城，顽强抵抗，使魏军付出了重大的伤亡代价。战争双方都没有取得真正胜利。其五，北魏筑长城。公元 423 年，柔然汗国频繁入侵，铁蹄纵横，严重威胁着北魏北部边疆的安全。于是，魏明元帝拓跋嗣为防备北方草原上的柔然和契丹的进攻，在广阔的大草原上修建北疆长城，起自赤城，至于五原、阴山，延绵 2000 多里，备置戍卫。

【原文】

高祖武皇帝

永初元年（庚申，420 年）

春，正月，己亥，魏主还宫。

秦王炽磐立其子乞伏暮末为太子，仍领抚军大将军、都督中外诸军事，大赦，改元建弘。

宋王欲受禅而难于发言，乃集朝臣宴饮，从容言曰："桓玄篡位，鼎命已移。我首唱大义，兴复帝室，南征北伐，平定四海，功成业著，遂荷九锡。今年将衰暮，崇极如此，物忌盛满，非可久安；今欲奉还爵位，归老京师。"

群臣惟盛称功德，莫谕其意。日晚，坐散。中书令傅亮还外，乃悟，而宫门已闭，亮叩扉请见，王即开门见之。亮入，但曰："臣暂宜还都。"王解其意，无复他言，直云："须几人自送？"亮曰："数十人可也。"即时奉辞。

亮出，已夜，见长星竟天，拊髀叹曰："我常不信天文，今始验矣。"

亮至建康，夏，四月，征王入辅。王留子义康为都督豫司雍并四州诸军事、豫州刺史，镇寿阳。义康尚幼，以相国参军南阳刘湛为长史，决府、州事。湛自弱年即有宰物之情，常自比管、葛，博涉书史，不为文章，不喜谈议。王甚重之。

五月，乙酉，魏更谥宣武帝曰"道武帝"。

魏淮南公司马国璠、池阳子司马道赐谋外叛，司马文思告之。庚戌，魏主杀国璠、道赐，赐文思爵郁林公。国璠等连引平城豪桀，坐族诛者数十人。章安侯封懿之子玄之当坐，魏主以玄之燕朝旧族，欲宥其一子。玄之曰："弟子磨奴早孤，乞全其命。"乃杀玄子四子而宥磨奴。

（以上为第一段，写东晋宋王刘裕自以为功大，欲让恭帝司马德文禅位与他，但无从说起，便宴请群臣，借着酒兴讽喻，中书令傅亮心领神会，去建康做恭帝的工作。）

【语译】

高祖武皇帝

宋武帝永初元年（庚申，420年）

春季，正月己亥，魏明元帝拓跋嗣回宫。

西秦王乞伏炽磐封他的儿子乞伏暮末为太子，仍然兼任抚军大将军，总掌全国内外的军事，宣布实行大赦，改年号为建弘。

东晋宋王刘裕希望晋恭帝司马德文能以禅让的形式把帝位传给自己，却难于启齿，于是他召集手下朝臣饮酒欢宴。在筵席上，刘裕若无其事地说："当年桓玄篡位，晋国大权旁落。是我首先提倡大义，复兴皇帝宗室，南征北讨，平定了天下，可谓大功告成，业绩卓著，于是承蒙皇上恩赐而有九锡之尊。如今我的年纪也大了，地位又如此尊崇，无以复加，天下的事情最忌讳装得太满而盈溢出来，那样就不可以得到长久的安宁了；现在我要将爵位奉还皇上，回到京师颐养天年。"

群臣不理解刘裕这些话的真正含意，只是一味盛赞他的功德。这时天色已晚，群臣散去。中书令傅亮走出宫门，方才悟出宋王一席话的真实用意，于是返回，但是宫门已经关闭，傅亮便叩门请求见宋王，宋王即令开门召见他。傅亮入宫，只说："我应该暂且返回京师。"宋王刘裕明白他的用意，也不再多说别的，直接问："你需要多少人护送？"傅亮回答说："数十人就足够了。"随即与宋王刘裕辞别。

傅亮出宫时已是半夜时分，只见彗星划过夜空，傅亮拍腿叹曰："我过去常常不信天象，今天看来天象开始应验了。"

傅亮来到京师建康，当时正值初夏四月，晋恭帝征召刘裕入京辅佐。宋王刘裕让他的儿子刘义康留守，都督豫、司、雍、并四州诸军事，豫州刺史，坐镇寿阳。刘义康年纪还很幼小，刘裕于是任用相国参军南阳人刘湛为长史，帮助决策和处理府、州日常军政事务。刘湛自幼就有做宰辅的远大志向，常常以管仲、诸葛亮自比，他博览经史，不做文章，不空发议论，因此刘裕特别器重他的才干。

五月初二乙酉，北魏变更宣武帝拓跋珪的谥号，改称道武帝。

北魏淮南公司马国璠、池阳子司马道赐阴谋反叛，司马文思告发了他们。五月二十七日庚戌，魏明元帝拓跋嗣杀司马国璠与司马道赐，赐封司马文思为郁林公。司马国璠一伙的阴谋牵连了平城的大户豪强，全族被诛的就有数十人，章安侯封懿的儿子封玄之也应斩首。魏明元帝念及封玄之是燕朝旧族，想要宽容他的一个儿子。封玄之说："我的侄儿封磨奴幼年丧父，乞求您留他一命。"魏明元帝于是杀掉了封玄之的四个儿子而饶恕了封磨奴。

六月，壬戌，王至建康。傅亮讽晋恭帝禅位于宋，具诏草呈帝，使书之。帝欣然操笔，谓左右曰："桓玄之时，晋氏已无天下，重为刘公所延，将二十载；今日之事，本所甘心。"遂书赤纸为诏。

甲子，帝逊于琅邪第，百官拜辞，秘书监徐广流涕哀恸。

丁卯，王为坛于南郊，即皇帝位。礼毕，自石头备法驾入建康宫。徐广又悲感流涕，侍中谢晦谓之曰："徐公得无小过！"广曰："君为宋朝佐命，身是晋室遗老，悲欢之事，固不可同。"广，邈之弟也。

帝临太极殿，大赦，改元。其犯乡论清议，一皆荡涤，与之更始。

裴子野论曰：昔重华受终，四凶流放；武王克殷，顽民迁洛。天下之恶一也，乡论清议，除之，过矣！

奉晋恭帝为零陵王，优崇之礼，皆仿晋初故事，即宫于故秣陵县，使冠军将军刘遵考将兵防卫。降褚后为王妃。

追尊皇考为孝穆皇帝，皇妣赵氏为孝穆皇后；尊王太后萧氏为皇太后。上事萧太后素谨，及即位，春秋已高，每旦入朝太后，未尝失时刻。

诏晋氏封爵，当随运改，独置始兴、庐陵、始安、长沙、康乐五公，降爵为县公及县侯，以奉王导、谢安、温峤、陶侃、谢玄之祀，其宣力义熙、豫同艰难者，一仍本秩。

庚午，以司空道怜为太尉，封长沙王。追封司徒道规为临川王，以道怜子义庆袭其爵。其余功臣徐羡之等，增位进爵各有差。

追封刘穆之为南康郡公，王镇恶为龙阳县侯。上每叹念穆之，曰："穆之不死，当助我治天下。可谓'人之云亡，邦国殄瘁'。"又曰："穆之死，人轻易我。"

立皇子桂阳公义真为庐陵王，彭城公义隆为宜都王，义康为彭城王。

六月初九壬戌，东晋宋王刘裕来到建康。傅亮用委婉的语言暗示恭帝司马德文将帝位禅让给宋王，并且草拟了退位诏书呈给恭帝，让他亲自抄写一遍。恭帝欣然提笔，并对左右侍臣说：“桓玄之乱的时候，晋朝已经失掉天下，后来幸赖刘公才得以延续将近二十年。今日禅位给他，是我甘心所为。”于是将傅亮呈来的草稿作为正式诏书抄写在红纸上。

六月十一日甲子，东晋恭帝司马德文让位，回到了琅邪旧邸，百官叩拜辞别，秘书监徐广痛哭流涕，不胜哀痛。

六月十四日丁卯，宋王刘裕在南郊设坛，即帝位。典礼结束后，刘裕乘皇帝的车驾从石头城进入建康宫。徐广又悲痛不已。侍中谢晦对他说：“徐公如此未免有点过分了吧！”徐广说：“您是宋朝佐命大臣，我是晋室遗老，悲欢之情，当然是各不相同。”徐广是晋孝武帝重臣徐邈的弟弟。

刘宋武帝刘裕登太极殿，实行大赦，改年号为永初。刘裕宣布，凡是行为不道德，受过舆论抨击的人，一律清除罪名，使之改过自新。

> 裴子野评论说：当年姚重华虞舜接受国家大任，流放共工、驩兜、三苗、姒鲧四凶；武王征服殷商，将顽劣的遗民迁到洛阳。天下的罪恶历来都是相同的，而刘裕一概免除触犯众怒的人的罪名，是做得太过分了！

刘宋武帝刘裕封东晋恭帝司马德文为零陵王；对待晋室的优崇之礼，一律仿照晋初优待魏室的先例。随即又在故秣陵县为恭帝兴建王宫，派遣冠军将军刘遵考率兵保卫。将恭帝的皇后褚灵媛降为王妃。

刘宋武帝刘裕追尊他的父亲为孝穆皇帝，母亲赵氏为孝穆皇后；尊封其继母王太后萧氏为皇太后。刘裕事奉萧太后一向恭谨，即皇帝位以后，虽然他年事已高，每天清晨必入后宫给太后问安，从未错过时辰。

刘裕又下令说，晋朝时所封的爵位，应当随着改朝换代而有所变更，于是他将过去封置的始兴公、庐陵公、始安公、长沙公由郡公降爵为县公；康乐公由县公降为县侯，以使王导、谢安、温峤、陶侃、谢玄等人的祭祀香火得以延续。凡是当年与刘裕同甘共苦抗击过桓玄的人，仍保持其爵位和俸禄不变。

六月十七日庚午，刘宋武帝刘裕提升司空刘道怜为太尉，封他为长沙王。追封司徒刘道规为临川王，并以刘道怜的儿子刘义庆继承刘道规的爵位。其余的功臣徐羡之等也分别加官增禄或进升爵位。

刘宋武帝刘裕又追封刘穆之为南康郡公，王镇恶为龙阳县侯。刘裕常常想念刘穆之，叹息着说：“刘穆之如果不死，一定能帮助我治理天下。真可谓是‘好人散去，国家遭殃’！”又说：“刘穆之一死，人们将很容易对付我了。”

刘宋武帝刘裕又封皇子桂阳公刘义真为庐陵王、彭城公刘义隆为宜都王，刘义

己卯，改《泰始历》为《永初历》。

（以上为第二段，写东晋改朝换代，恭帝司马德文退位，降为零陵王，刘裕即皇帝位，建立宋朝，史称刘宋，改元永初，大封宗亲功臣。）

魏主如翳犊山，遂至冯卤池。闻上受禅，驿召崔浩告之曰："卿往年之言验矣，朕于今日始信天道。"

秋，七月，丁酉，魏主如五原。

甲辰，诏以凉公歆为都督高昌等七郡诸军事、征西大将军、酒泉公；秦王炽磐为安西大将军。

交州刺史杜慧度击林邑，大破之，所杀过半。林邑乞降，前后为所钞掠者皆遣还。慧度在交州，为政纤密，一如治家，吏民畏而爱之，城门夜开，道不拾遗。

丁未，魏主如云中。

河西王蒙逊欲伐凉，先引兵攻秦浩亹。既至，潜师还屯川岩。

凉公歆欲乘虚袭张掖，宋繇、张体顺切谏，不听。太后尹氏谓歆曰："汝新造之国，地狭民希，自守犹惧不足，何暇伐人！先王临终，殷勤戒汝，深慎用兵，保境宁民，以俟天时。言犹在耳，奈何弃之！蒙逊善用兵，非汝之敌，数年以来，常有兼并之志。汝国虽小，足为善政，修德养民，静以待之。彼若昏暴，民将归汝；若其休明，汝将事之；岂得轻为举动，侥冀非望！以吾观之，非但丧师，殆将亡国！"亦不听。宋繇叹曰："今兹大事去矣！"

歆将步骑三万东出。蒙逊闻之曰："歆已入吾术中。然闻吾旋师，必不敢前。"乃露布西境，云已克浩亹，将进攻黄谷。歆闻之，喜，进入都渎涧。蒙逊引兵击之，战于怀城，歆大败。或劝歆还保酒泉。歆曰："吾违老母之言以取败，不杀此胡，何面目复见我母！"遂勒兵战于蓼泉，为蒙逊所杀。歆弟酒泉太守翻、新城太守预、领羽林右监密、左将军眺、右将军亮西奔敦煌。

康为彭城王。

六月二十六日己卯，取消《泰始历》，改用《永初历》。

魏明元帝拓跋嗣前往翳犊山，又西去冯卤池。他听说刘裕接受禅让，用驿车征召崔浩，对他说："你当年的预言全部都应验了，我到今日才开始相信天道。"

秋季，七月十五日丁酉，魏明元帝拓跋嗣抵达五原。

七月二十二日甲辰，刘裕下令，任命西凉公李歆为都督高昌等七郡诸军事、征西大将军，进封他为酒泉公。又任命西秦王乞伏炽磐为安西大将军。

刘宋交州刺史杜慧度进攻林邑，大破林邑军，斩杀敌人过半。林邑请求投降，并将前后入寇所抢劫掳掠的人口和财产全部归还。杜慧度在交州任职，处理公务，细密谨慎，仿佛管理自己的家事，官吏和百姓对他都十分敬畏；城门夜不关闭，路不拾遗。

七月二十五日丁未，魏明元帝拓跋嗣抵达云中。

北凉河西王沮渠蒙逊准备进攻西凉，于是他设计先在东方进攻西秦的浩亹，大军一到浩亹，立即秘密回师，驻军川岩。

西凉公李歆得到沮渠蒙逊进攻浩亹的消息，便想要乘北凉西部防务空虚，进攻张掖。右长史宋繇、左长史张体顺恳切地劝阻他，李歆不听。李歆的母亲太后尹氏警告他说："你的王国是一个新建的国家，地狭民少，自卫还怕力量不够，哪有余力去攻打别人！先王临死时，一再叮咛你，对于军事行动千万要慎重，要保境安民，等待良机。言犹在耳，为什么就抛在一边？沮渠蒙逊善于用兵，你不是他的对手，何况他多年来一直有吞并我们的野心。你的王国虽然很小，但足以施行善政，修德养民，冷静地休养生息以等待时机。沮渠蒙逊如果昏庸暴虐，人民自会归附于你；如果英明有德政，你应该侍奉于他。怎么可以轻举妄动去攻打别人，只图侥幸成功？依我看来，你此番举动，不但会全军覆没，还将亡国！"李歆还是不听劝阻。宋繇叹息说："到如此地步，大势去矣！"

李歆率领步兵、骑兵三万人自都城酒泉向东进发。沮渠蒙逊闻知大喜，说："李歆已经中了我的圈套，但是如果他听说我回军埋伏，一定不敢继续前进。"于是，沮渠蒙逊下令在西部边境，遍传攻克浩亹的消息，并扬言大军还要进攻黄谷。李歆得到这个消息，大喜，立即率领大军开进都渎涧，沮渠蒙逊率军进攻，两支军队在怀城决战，结果李歆率领的西凉军大败。有人劝说李歆退军保卫都城酒泉。李歆说："我违背母亲的教训才遭到如此挫败，不杀掉这个胡蛮，我有何面目再见老母？"于

蒙逊入酒泉，禁侵掠，士民安堵。以宋繇为吏部郎中，委之选举；凉之旧臣有才望者，咸礼而用之。以其子牧犍为酒泉太守。敦煌太守李恂，翻之弟也，与翻等弃敦煌奔北山。蒙逊以索嗣之子元绪行敦煌太守。

蒙逊还姑臧，见凉太后尹氏而劳之。尹氏曰："李氏为胡所灭，知复何言！"或谓尹氏曰："今母子之命在人掌握，奈何傲之！且国亡子死，曾无忧色，何也？"尹氏曰："存亡死生，皆有天命，奈何更如凡人，为儿女子之悲乎！吾老妇人，国亡家破，岂可复惜余生，为人臣妾乎！惟速死为幸耳。"蒙逊嘉而赦之，娶其女为牧犍妇。

（以上为第三段，写北凉主沮渠蒙逊准备进攻西凉，设下圈套，先出兵东攻西秦，然后秘密回军待机，而西凉主李歆不听劝阻，一意孤行，出兵攻打北凉，遭蒙逊还击，全军覆没，李歆被杀，国家灭亡。）

八月，辛未，追谥妃臧氏为敬皇后。癸酉，立王太子义符为皇太子。

闰月，壬午，诏晋帝诸陵悉置守卫。

九月，秦振武将军王基等袭河西王蒙逊胡园戍，俘二千余人而还。

李恂在敦煌有惠政，索元绪粗险好杀，大失人和。郡人宋承、张弘密信招恂。冬，恂帅数十骑入敦煌，元绪东奔凉兴。承等推恂为冠军将军、凉州刺史，改元永建。河西王蒙逊遣世子政德攻敦煌，恂闭城不战。

十二月，丁亥，杏城羌酋狄温子帅三千余家降魏。

是岁，魏姚夫人卒，追谥昭哀皇后。

（以上为第四段，写刘裕追谥结发妻子为敬皇后；立世子刘义符为皇太子；西凉敦煌太守李恂有惠政，深得民心，而北凉新派的太守索元绪，粗暴好杀，大失人和，又被李恂取而代之，为西凉主，改元永建。）

是又率领手下的将士在蓼泉与沮渠蒙逊军队展开第二次会战，西凉军又大败，李歆被沮渠蒙逊杀掉。李歆的弟弟酒泉太守李翻、新城太守李预、领羽林军右监李密、左将军李眺、右将军李亮，向西逃往敦煌。

沮渠蒙逊于是进入酒泉，他严明纪律，禁止士兵抢劫，百姓生活安定。沮渠蒙逊任命宋繇为吏部郎中，掌管全国官员的任免和升迁调补。西凉旧有臣僚中有才干和声望的，都以礼对待他们并延聘任官。沮渠蒙逊任命他的儿子沮渠牧犍为酒泉太守。西凉敦煌太守李恂是李翻的弟弟，这时也与李翻等一道放弃敦煌，逃往北山。沮渠蒙逊任命索嗣的儿子索元绪代理敦煌太守。

沮渠蒙逊返回都城姑臧，见到西凉国尹太后，极尽安抚慰问。尹太后说："李氏家族为胡人所灭，还有什么可说？"有人对尹太后说："而今你们母子的性命都握在别人手中，怎么可以如此傲慢！况且国家灭亡，儿子被杀，你却连一点忧色都没有，为什么？"尹太后说："存亡生死，都是上天的旨意，为什么要像普通人那样做小儿女般的悲痛？我已经是个老太婆了，如今国破家亡，怎么可以吝惜余生，做人家臣妾呢！我只求能快快死掉，就是万幸了。"沮渠蒙逊嘉许她的言行，赦免了她，并娶她的女儿做自己儿子沮渠牧犍的妻子。

八月十九日辛未，刘宋武帝刘裕追赠妻子臧爱亲谥号敬皇后。二十一日癸酉，立王太子刘义符为皇太子。

闰八月初一壬午，刘宋武帝刘裕下令，东晋历代皇帝陵墓都设置守卫。

九月，西秦国振武将军王基等在胡园戍袭击了北凉河西王沮渠蒙逊的部队，俘获二千多人而回。

西凉敦煌太守李恂在任时，对百姓有德政，深得民心，而北凉新派的太守索元绪粗暴凶狠、阴险嗜杀，大失人心。敦煌人宋承、张弘秘密写信给前太守李恂，请他回来主政。这年冬季，李恂率领骑兵数十人进入敦煌，索元绪向东逃往凉兴。宋承等推举李恂为冠军将军、凉州刺史，改年号为永建。北凉河西王沮渠蒙逊派遣世子沮渠政德进攻敦煌，李恂等紧闭城门，不出来应战。

十二月初七日丁亥，夏国所属杏城羌人部落酋长狄温子，率领千多家背叛夏国，投奔北魏。

这一年，北魏姚夫人去世。追赠谥号为"昭哀皇后"。

二年（辛酉，421 年）

春，正月，辛酉，上祀南郊，大赦。

裴子野论曰：夫郊祀天地，修岁事也；赦彼有罪，夫何为哉！

以扬州刺史庐陵王义真为司徒，尚书仆射徐羡之为尚书令、扬州刺史，中书令傅亮为尚书仆射。

辛未，魏主嗣行如公阳。

河西王蒙逊帅众二万攻李恂于敦煌。

秦王炽磐遣征北将军木弈干、辅国将军元基攻上邽，遇霖雨而还。

三月，甲子，魏阳平王熙卒。

魏主发代都六千人筑苑，东包白登，周三十余里。

河西王蒙逊筑堤壅水以灌敦煌；李恂乞降，不许。恂将宋承等举城降，恂自杀。蒙逊屠其城，获恂弟子宝，囚于姑臧。于是，西域诸国皆诣蒙逊，称臣朝贡。

夏，四月，己卯朔，诏所在淫祠自蒋子文以下皆除之；其先贤及以勋德立祠者，不在此例。

吐谷浑王阿柴遣使降秦，秦王炽磐以阿柴为征西大将军，开府仪同三司、安州牧、白兰王。

六月，乙酉，魏主北巡至蟠羊山；秋，七月，西巡至河。

河西王蒙逊遣右卫将军沮渠鄯善、建节将军沮渠苟生帅众七千伐秦。秦王炽磐遣征北将军木弈干等帅步骑五千拒之，败鄯善等于五涧，虏苟生，斩首二千而还。

初，帝以毒酒一罂授前琅邪郎中令张伟，使鸩零陵王，伟叹曰："鸩君以求生，不如死！"乃于道自饮而卒。伟，卲之兄也。太常褚秀之、侍中褚淡之，皆王之妃兄也，王每生男，帝辄令秀之兄弟方便杀之。王自逊位，深虑祸及，与褚妃共处一室，自煮食于床前，饮食所资，皆出褚妃，故宋人莫得伺其隙。

宋武帝永初二年（辛酉，421年）

春季，正月十二日辛酉，刘宋武帝刘裕到南郊圜丘，祭祀天神，下令实行大赦。

裴子野评论说：在南郊祭祀天神地神，是每年例行的典礼；刘裕却赦免有罪的人，不知他的用心何在！

刘宋武帝刘裕任命扬州刺史庐陵王刘义真为司徒，尚书仆射徐羡之为尚书令、扬州刺史，中书令傅亮为尚书仆射。

正月二十二日辛未，北魏主拓跋嗣一行前往公阳。

北凉河西王沮渠蒙逊亲自率兵二万人攻打西凉李恂所据守的敦煌。

西秦主乞伏炽磐派遣征北将军乞伏木弈干、辅国将军乞伏元基攻打夏国所属的上邽，遇到连绵大雨，班师回朝。

三月十六日甲子，北魏阳平王拓跋熙去世。

魏明元帝拓跋嗣征调代郡民众六千人兴筑御花园，东面包括白登，周围三十多里。

北凉河西王沮渠蒙逊兴筑长堤，采用水攻的方法，把敦煌城围困起来；李恂请求投降，沮渠蒙逊拒绝。李恂手下的大将宋承等再次背叛，举献城池投降了沮渠蒙逊，李恂自杀。沮渠蒙逊下令屠城，生擒了李恂的侄儿李宝，送到姑臧囚禁起来。于是，西域各国纷纷请求归附北凉，自称臣属，遣使朝贡。

夏季，四月初一己卯朔，刘宋武帝刘裕下令，所有不正规的祠庙，包括蒋子文以下的祠庙，一律撤除。但是祭祀先辈圣贤，以及有功勋、有德望的先辈宗祠，仍可保留。

吐谷浑王慕容阿柴派遣使臣向西秦国投降。西秦王乞伏炽磐任命慕容阿柴为征西大将军、开府仪同三司、安州牧、白兰王。

六月初八乙酉，北魏主拓跋嗣向北巡视，抵达蟠羊山；秋季，七月，拓跋嗣又向西巡视，抵达黄河。

北凉河西王沮渠蒙逊派遣右卫将军沮渠鄯善、建节将军沮渠苟生率军七千人攻打西秦。西秦王乞伏炽磐派遣征北将军乞伏木弈干等率领步、骑兵五千人抵抗北凉军队的进攻，在五涧大败沮渠鄯善的军队，生擒沮渠苟生，斩首两千人，班师告捷。

当初，刘宋武帝刘裕曾把一瓦罐毒酒交给前琅邪郎中令张伟，让他毒死东晋废帝零陵王司马德文，张伟叹息说："毒杀君王而求活命，不如一死。"于是就在路上自饮而亡。张伟是张卲的哥哥。太常褚秀之、侍中褚淡之，二人都是零陵王的王妃褚灵媛的哥哥，司马德文的妻妾中，每每有人生下男孩，刘裕便命褚秀之兄弟趁便扼杀。司马德文逊位后，他深恐自己也不免毒手，就与褚妃同住一室，在床前煮饭烧汤，饮食等所需用的都由褚妃亲手操办。所以刘裕的人一时没有机会下手。

九月，帝令淡之与兄右卫将军叔度往视妃，妃出就别室相见。兵人逾垣而入，进药于王。王不肯饮，曰："佛教，自杀者不复得人身。"兵人以被掩杀之。帝帅百官临于朝堂三日。

庚戌，魏主还宫。

冬，十月，己亥，诏以河西王蒙逊为镇军大将军、开府仪同三司、凉州刺史。

己亥，魏主如代。

十一月，辛亥，葬晋恭帝于冲平陵，帝帅百官瞻送。

十二月，丙申，魏主西巡，至云中。

秦王炽磐遣征西将军孔子等帅骑二万击契汗秃真于罗川。

河西王蒙逊所署晋昌太守唐契据郡叛，蒙逊遣世子政德讨之。契，瑶之子也。

上之为宋公也，谢瞻为宋台中书侍郎，其弟晦为右卫将军。时晦权遇已重，自彭城还都迎家，宾客辐凑，门巷填咽。瞻在家惊骇，谓晦曰："汝名位未多，而人归趣乃尔！吾家素以恬退为业，不愿干豫时事，交游不过亲朋。而汝遂势倾朝野，此岂门户之福邪！"乃以篱隔门庭曰："吾不忍见此。"及还彭城，言于宋公曰："臣本素士，父、祖位不过二千石。弟年始三十，志用凡近，荣冠台府，位任显密。福过灾生，其应无远，特乞降黜，以保衰门。"前后屡陈之。晦或以朝廷密事语瞻，瞻故向亲旧陈说，用为戏笑，以绝其言。及上即位，晦以佐命功，位任益重，瞻愈忧惧。是岁，瞻为豫章太守，遇病不疗。临终，遗晦书曰："吾得启体幸全，亦何所恨！弟思自勉励，为国为家。"

（以上为第五段，写北凉主沮渠蒙逊围攻敦煌，西凉主李恂自杀；刘宋主刘裕想方设法杀死东晋废帝司马德文，又假惺惺地率领文武百官为其发丧，何其毒辣、虚伪！）

三年（壬戌，422 年）

春，正月，甲辰朔，魏主自云中西巡，至屋窦城。

九月，刘宋武帝刘裕命令褚淡之与其兄右卫将军褚叔度前往探视他们的妹妹褚妃。褚妃出来到另一间房子与二兄相见。伏兵翻墙而入，把毒药递给零陵王司马德文。司马德文不肯饮服，说："佛教的教义，自杀而死的，再世投胎时，将不能得到人身。"士兵一拥而上，用被子蒙住司马德文的头，将他闷死。刘裕率领文武百官亲临朝堂哭泣哀悼三天。

九月初五庚戌，魏明元帝拓跋嗣回宫。

冬季，十月二十四日己亥，刘宋武帝刘裕下令，任命北凉河西王沮渠蒙逊为镇军大将军、开府仪同三司、凉州刺史。

十月二十四日己亥，魏明元帝拓跋嗣前往代郡。

十一月初七辛亥，刘宋国将东晋恭帝司马德文安葬于冲平陵，武帝刘裕亲自率领文武百官护送灵柩。

十二月二十二日丙申，魏明元帝拓跋嗣视察西部边防，抵达云中。

西秦主乞伏炽磐派遣征西将军乞伏孔子等，率领骑兵二万人，袭击匈奴部落酋长契汗秃真据守的罗川。

北凉河西王沮渠蒙逊所属的晋昌太守唐契据郡叛变，沮渠蒙逊派遣其世子沮渠政德攻打叛军。唐契是唐瑶的儿子。

刘宋武帝刘裕还是东晋的宋公时，谢瞻为宋国的中书侍郎，他的弟弟谢晦为右卫将军。当时谢晦的权势和地位已经很重，他自彭城回京迎接家属，宾客们从四面八方涌来，车马盈门，堵塞巷口。谢瞻在家看到如此情形，不胜惊骇，对谢晦说："你的声望和职位并不很高，人们却如此奉承你！我们谢家一向淡泊权势，不愿干预朝政，交往的人不是亲戚便是朋友。而你却权倾朝野，这哪里是家门之福！"于是他用篱笆把两家门庭隔开，说："我不忍心见到这种场面。"等回到彭城，谢瞻对宋公刘裕说："我本出身于清贫之家，祖、父的官禄不过二千石，我的弟弟谢晦年方三十，志向平庸，才能不高，却荣居高位，地位格外尊崇，掌理机要。享福太过，灾难必生，应验不远，请求您贬降谢晦的官阶，以保存我们衰微的家门！"此后，又多次向刘裕陈请。谢晦有时把朝廷中的机密告诉谢瞻，谢瞻就故意传给亲戚朋友，作为取笑的谈资，目的在于使谢晦闭口。宋公刘裕即位后，谢晦因有辅助开国的功劳，官位更高，责任愈重，谢瞻也为此更加忧惧。这年，谢瞻担任豫章太守，患病不治。临终前，他留一封遗嘱给谢晦，说："我幸能保全一身，还有什么恨事？你要自思勉励，为国为家。"

宋武帝永初三年（壬戌，422 年）

春季，正月初一甲辰朔，魏明元帝拓跋嗣从云中出发继续向西巡视，抵达屋

癸丑，以徐羡之为司空、录尚书事，刺史如故。江州刺史王弘为卫将军、开府仪同三司；中领军谢晦为领军将军兼散骑常侍，入直殿省，总统宿卫。

徐羡之起自布衣，又无术学，直以志力局度，一旦居廊庙，朝野推服，咸谓有宰臣之望。沈密寡言，不以忧喜见色；颇工奕棋，观戏，常若未解，当世倍以此推之。傅亮、蔡廓常言："徐公晓万事，安异同。"尝与傅亮、谢晦宴聚，亮、晦才学辩博，羡之风度详整，时然后言。郑鲜之叹曰："观徐、傅言论，不复以学问为长。"

秦征西将军孔子等大破契汗秃真，获男女二万口，牛羊五十余万头。秃真帅骑数千西走，其别部树奚帅户五千降秦。

二月，丁丑，诏分豫州淮以东为南豫州，治历阳，以彭城王义康为刺史。又分荆州十郡置湘州，治临湘，以左卫将军张卲为刺史。

丙戌，魏主还宫。

三月，上不豫，太尉长沙王道怜、司空徐羡之、尚书仆射傅亮、领军将军谢晦、护军将军檀道济并入侍医药。群臣请祈祷神祇，上不许，唯使侍中谢方明以疾告宗庙而已。上性不信奇怪，微时多符瑞，及贵，史官审以所闻，上拒而不答。

檀道济出为镇北将军、南兖州刺史，镇广陵，悉监淮南诸军。

皇太子多狎群小，谢晦言于上曰："陛下春秋既高，宜思存万世，神器至重，不可使负荷非才。"上曰："庐陵何如？"晦曰："臣请观焉。"出造庐陵王义真，义真盛欲与谈，晦不甚答。还曰："德轻于才，非人主也。"丁未，出义真为都督南豫、豫、雍、司、秦、并六州诸军事，车骑将军，开府仪同三司，南豫州刺史。是后，大州率加都督，多者或至五十州，不可复详载矣。

帝疾瘳，己未，大赦。

窦城。

正月初十癸丑，刘宋武帝刘裕任命徐羡之为司空、录尚书事，继续兼任扬州刺史。任命江州刺史王弘为卫将军、开府仪同三司；中领军谢晦为领军将军兼散骑常侍，入宫值班，总管宫廷安全保卫事务。

徐羡之由平民起家，又没有学问，但有很大的志向和气度，一旦居于高位，掌理国家大权，朝野上下，都推崇佩服，都认为他有宰相的声望。徐羡之平时沉默寡言，喜怒不形于色，精于弈棋，但观看别人对局，又好像什么都不懂，当时的人因此加倍推崇他。傅亮、蔡廓常说："徐公通晓万事，善于调解纠纷。"徐羡之曾经与傅亮、谢晦酒筵欢聚，傅亮、谢晦才学渊博，善于辞辩，徐羡之风度庄重严肃，在适当的时候才发言。奉常官郑鲜之曾叹息地说："观察徐羡之、傅亮的言论，已经不再是以学问见长了。"

西秦征西将军乞伏孔子等大破匈奴部落酋长契汗秃真的军队，俘获男女共二万人，牛羊五十多万头。契汗秃真仅率领数千人向西逃走。另外一支匈奴部落酋长契汗树奚，率领五千户人家投降了西秦。

二月初四丁丑，刘宋武帝刘裕下令，分割豫州淮河以东土地为南豫州，州治设在历阳，任命彭城王刘义康为南豫州刺史；又分割荆州十个郡，建立湘州，州治设在临湘，任命左卫将军张邵为湘州刺史。

二月十三日丙戌，北魏主拓跋嗣回宫。

三月，刘宋武帝刘裕病重，太尉长沙王刘道怜、司空徐羡之、尚书仆射傅亮、领军将军谢晦、护军将军檀道济一道进宫，侍候刘裕治疗服药。朝中大臣们请求向神灵祈祷，刘裕不许，只派侍中谢方明到宗庙焚香，把病情向祖先报告。刘裕一向不信神怪，当他还是一个平民的时候，曾有许多祥兆，等到后来大贵，史官们向他查证传闻，刘裕都拒而不答。

檀道济出任镇北将军、南兖州刺史，镇守广陵，兼领淮南各路军队。

皇太子刘义符常和一些奸佞小人厮混，谢晦曾对刘宋武帝刘裕说："皇上年事已高，应考虑如何使大业万世长存，帝位至关重要，不能交给没有才能的人。"刘裕问道："你看庐陵王刘义真如何？"谢晦说："让我观察观察！"出宫后即去拜访庐陵王刘义真。刘义真盛情款待谢晦，并想要与他长谈，谢晦支吾其词，不愿答话。回宫对刘裕说："刘义真德行低于才能，不是人主啊！"三月初五丁未，刘宋武帝刘裕命令刘义真出任都督南豫、豫、雍、司、秦、并六州诸军事及车骑将军、开府仪同三司、南豫州刺史。从此以后，大州州牧官职之上又加都督之职便成定例，有的都督所辖，最多达到五十个州，已无法详细列出。

刘宋武帝刘裕大病稍愈，三月十七日己未，实行大赦。

秦、雍流民南入梁州。庚申，遣使送绢万匹，且漕荆、雍之谷以赈之。

刁逵之诛也，其子弥亡命。辛酉，弥帅数十人入京口，太尉留府司马陆仲元击斩之。

乙丑，魏河南王曜卒。

（以上为第六段，写西秦将领乞伏孔子大破匈奴部落酋长契汗秃真；刘宋主刘裕病重，召集太尉刘道怜等大臣入侍，谢晦劝说刘裕慎重选择储君，刘义真被淘汰出局。）

夏，四月，甲戌，魏立皇子焘为太平王，拜相国，加大将军；丕为乐平王，弥为安定王，范为乐安王，健为永昌王，崇为建宁王，俊为新兴王。

乙亥，诏封仇池公杨盛为武都王。

秦王炽磐以折冲将军乞伏是辰为西胡校尉，筑列浑城于汁罗以镇之。

五月，帝疾甚，召太子诫之曰："檀道济虽有干略，而无远志，非如兄韶有难御之气也。徐羡之、傅亮，当无异图。谢晦数从征伐，颇识机变，若有同异，必此人也。"又为手诏曰："后世若有幼主，朝事一委宰相，母后不烦临朝。"司空徐羡之、中书令傅亮、领军将军谢晦、镇北将军檀道济同被顾命。

癸亥，帝殂于西殿。帝清简寡欲，严整有法度，被服居处，俭于布素，游宴甚稀，嫔御至少。尝得后秦高祖从女，有盛宠，颇以废事；谢晦微谏，即时遣出。财帛皆在外府，内无私藏。岭南尝献入筒细布，一端八丈，帝恶其精丽劳人，即付有司弹太守，以布还之，并制岭南禁作此布。公主出适，遣送不过二十万，无锦绣之物。内外奉禁，莫敢为侈靡。

太子即皇帝位，年十七，大赦，尊皇太后曰"太皇太后"，立妃司马氏为皇后。后，晋恭帝女海盐公主也。

（以上为第七段，写北魏主拓跋嗣封诸子为王；戎马一生的刘宋武帝刘裕去世，

秦州、雍州逃难的流民南下进入刘宋所辖的梁州；三月十八日庚申，刘宋武帝刘裕派遣使臣送一万匹绢，并且将荆州、雍州二处的谷米漕运到梁州，赈济那里的流民。

当初，刁逵伏诛，他的儿子刁弥逃亡。三月十九日辛酉，刁弥率领数十人攻入京口，太尉留府司马陆仲元迎击，并斩杀了刁弥。

三月二十三日乙丑，北魏河南王拓跋曜去世。

夏季，四月初二甲戌，魏明元帝拓跋嗣封皇子拓跋焘为太平王，拜授相国，加授大将军；封皇子拓跋丕为乐平王、拓跋弥为安定王、拓跋范为乐安王、拓跋健为永昌王、拓跋崇为建宁王、拓跋俊为新兴王。

四月初三乙亥，刘宋武帝刘裕下令封仇池公杨盛为武都王。

西秦王乞伏炽磐，任命折冲将军乞伏是辰为西胡校尉，并在汁罗兴筑列浑城，对胡人加以镇抚。

五月，刘宋武帝刘裕病重，他把太子刘义符召到床前，告诫他说："檀道济虽有才干，精于谋略，却无野心，不像他的哥哥檀道韶难以驾驭。徐羡之、傅亮当不会有其他企图。谢晦多次随我南北征战，善于随机应变，将来如果有问题，一定是他。"然后，刘裕又亲笔写下遗诏："后世如果出现年幼的君主，朝中政事一概委托给宰相，皇太后用不着临朝主政。"司空徐羡之、中书令傅亮、领军将军谢晦、镇北将军檀道济共同接受遗命。

五月二十一日癸亥，刘宋武帝刘裕在西殿去世。刘裕生前清心寡欲，生活简朴，起居有常，严整有度。衣服和住所都很朴素，游览欢宴的次数也很少，后宫嫔妃也不多。他曾经获得后秦文桓帝姚兴的侄女，对她倍加宠爱，并因此耽误了政事。谢晦稍加劝谏，他立即把姚妃遣送出宫。刘裕的财产全放在国库，宫内没有私藏。岭南曾经进贡过一种筒装细布，一筒竟能容纳八丈。刘裕嫌它过于精美华丽，耗费人力，于是命令有关部门弹劾岭南太守，把进贡的细布还给当地，并且亲自下令禁止岭南制造这种细布。公主出嫁，嫁妆不过二十万，另外再也没有锦绣等精品。宫内宫外，都严奉禁约，没有人敢奢侈浪费。

皇太子刘义符即皇帝位，年仅十七岁，下令实行大赦，尊皇太后萧文寿为太皇太后；封太子妃司马茂英为皇后。司马茂英是晋恭帝的女儿海盐公主。

皇太子刘义符即帝位，徐羡之、傅亮、谢晦、檀道济为顾命大臣，接受遗命辅政。）

魏主服寒食散，频年药发，灾异屡见，颇以自忧。遣中使密问白马公崔浩曰："属者日食赵、代之分。朕疾弥年不愈，恐一旦不讳，诸子并少，将若之何？其为我思身后之计！"浩曰："陛下春秋富盛，行就平愈；必不得已，请陈瞽言。自圣代龙兴，不崇储贰，是以永兴之始，社稷几危。今宜早建东宫，选贤公卿以为师傅，左右信臣以为宾友，入总万机，出抚戎政。如此，则陛下可以优游无为，颐神养寿。万岁之后，国有成主，民有所归，奸究息望，祸无自生矣。皇子焘年将周星，明睿温和，立子以长，礼之大经，若必待成人然后择之，倒错天伦，则召乱之道也。"魏主复以问南平公长孙嵩。对曰："立长则顺，置贤则人服。焘长且贤，天所命也。"帝从之，立太平王焘为皇太子，使之居正殿临朝，为国副主。

以长孙嵩及山阳公奚斤、北新公安同为左辅，坐东厢，西面；崔浩与太尉穆观、散骑常侍代人丘堆为右弼，坐西厢，东面；百官总己以听焉。帝避居西宫，时隐而窥之，听其决断，大悦，谓侍臣曰："嵩宿德旧臣，历事四世，功存社稷；斤辩捷智谋，名闻遐迩；同晓解俗情，明练于事；观达于政要，识吾旨趣；浩博闻强识，精察天人；堆虽无大用，然在公专谨。以此六人辅相太子，吾与汝曹巡行四境，伐叛柔服，足以得志于天下矣。"

嵩实姓拔拔，斤姓达奚，观姓丘穆陵，堆姓丘敦。是时，魏之群臣出于代北者，姓多重复，及高祖迁洛，始皆改之。旧史患其烦杂难知，故皆从后姓以就简易，今从之。

魏明元帝拓跋嗣，一直服用寒食散，一连几年，药性发作，天上的变异与地上的灾难也屡屡出现，他自己深感忧虑。于是派宦官秘密询问白马公崔浩说："最近，赵、代地区多次发生日食，而我的病又多年不愈，我担心如果我一旦去世，皇子们还都年幼，那该如何是好？请你为我考虑考虑身后的事情。"崔浩回答说："皇上正值壮年，您的病很快就会痊愈。如果您一定要听听我的意见，那我就说几句不一定合适的话。自从我们魏国创立以来，一向不注重选立储君。所以永兴初年发生的宫廷巨变，国家几乎倾覆。现在，我们亟待做的就是早早建东宫，立太子，遴选贤明的公卿做太子的师傅，让您左右亲信的大臣做他的宾客和朋友；让太子在京师时主持朝政，出京时统率军队，安抚百姓，攻打敌人。如果这样，皇上您就可以身心悠闲，不必亲自处理政事，在宫中颐养天年。皇上百年之后，国家有确定的君主，百姓亦有所归附，奸佞之徒不敢再生其他企图，灾祸也无从出现。皇子拓跋焘，年将十二岁，聪明睿智，性情温和，以长子立为太子，是礼制的最高原则，如果一定要等到他们长大成人，再在他们中间选择太子，那就很可能废长立幼，使天伦倒错，从而招致天下大乱。"魏明元帝拓跋嗣又就立太子的问题征询南平公长孙嵩的意见。长孙嵩回答说："立长为储君，名正言顺，选贤为太子，则人心信服。拓跋焘既是长子又很贤能，这是上天的旨意。"北魏主同意他的意见，于是下令立太平王拓跋焘为皇太子，并让他坐在正殿，处理朝中大事，作为国家的副主。

魏明元帝拓跋嗣又任命长孙嵩及山阳公奚斤、北新公安同等为左辅官，座位设在东厢，面向西方；任命白马公崔浩、太尉穆观、散骑常侍代郡人丘堆为右辅官，座位设在西厢，面向东方，共同辅佐太子。百官则居于左右辅官之下，听候差遣。拓跋嗣则避居西宫，但亦不时悄悄出来，从旁窥视，观察太子和辅臣如何裁断政事，听后非常高兴，对左右侍臣们说："长孙嵩是德高望重的老臣，曾经侍奉过四代皇帝，功在国家；奚斤足智多谋，能言善辩，远近闻名；安同通晓世情，了解民间疾苦，处事明达干练；穆观深通政务，能领悟我的旨意；崔浩博闻强记，精于观察天象和民情；丘堆虽无大才，但他专心为公，谨慎处世。用这样六个人来辅佐太子，我跟你们只要巡视四方边境，对叛逆加以攻打，对臣服者加以安抚，就足以称霸天下了。"

长孙嵩本姓"拔拔"，奚斤姓"达奚"，穆观姓"丘穆陵"，丘堆姓"丘敦"。当时北魏的文武官员凡出身于代郡以北的，仍保持多音节的复姓，等到孝文帝拓跋宏迁都洛阳以后，才开始改为单姓。旧史书嫌恶复姓繁复难记，所以在叙述改姓前的事情时，也采用改姓后的姓，以求简易。本书也采用这个做法。

魏主又以典东西部刘絜、门下奏事代人古弼、直郎徒河卢鲁元忠谨恭勤，使之给侍东宫，分典机要，宣纳辞令。太子聪明，有大度，群臣时奏所疑，帝曰："此非我所知，当决之汝曹国主也。"

（以上为第八段，写北魏主拓跋嗣久病不愈，听从大臣意见，立长子拓跋焘为副主，让其在正殿处理朝政，又选择六位大臣辅佐，自己从旁关注；拓跋焘不负所托。）

六月，壬申，以尚书仆射傅亮为中书监、尚书令，以领军将军谢晦领中书令，侍中谢方明为丹杨尹。方明善治郡，所至有能名，承代前人，不易其政，必宜改者，则以渐移变，使无迹可寻。

戊子，长沙景王道怜卒。

魏建义将军刁雍寇青州，州兵击破之。雍收散卒，走保大乡山。

秋，七月，己酉，葬武皇帝于初宁陵，庙号高祖。

河西王蒙逊遣前将军沮渠成都帅众一万，耀兵岭南，遂屯五涧。九月，秦王炽磐遣征北将军出连虔等帅骑六千击之。

初，魏主闻高祖克长安，大惧，遣使请和，自是每岁交聘不绝。及高祖殂，殿中将军沈范等奉使在魏，还，及河，魏主遣人追执之，议发兵取洛阳、虎牢、滑台。崔浩谏曰："陛下不以刘裕欻起，纳其使贡，裕亦敬事陛下。不幸今死，遽乘丧伐之，虽得之不足为美。且国家今日亦未能一举取江南也，而徒有伐丧之名，窃为陛下不取。臣谓宜遣人吊祭，存其孤弱，恤其凶灾，使义声布于天下，则江南不攻自服矣。况裕新死，党与未离，兵临其境，必相帅拒战，功不可必。不如缓之，待其强臣争权，变难必起，然后命将出师，可以兵不疲劳，坐收淮北也。"魏主曰："刘裕乘姚兴之死而灭之，今我乘裕丧而伐之，何为不可？"浩曰："不然。姚兴死，诸子交争，故裕乘衅伐之。今江南无衅，不可比也。"魏主不从，假司空奚斤节，加晋兵大将军、行扬州刺史，使督宋兵将军、交州刺史周几，吴兵将军、广州刺史公孙表同入寇。

魏明元帝拓跋嗣又因为典东西部官刘絜、门下奏事代郡人古弼、直郎徒河人卢鲁元等人忠心谨慎，节俭勤劳，分派他们为东宫官属，分别负责掌管机要、传达政令和报告。太子拓跋焘聪明，胸襟开阔，文武百官有时就疑难问题请示拓跋嗣，拓跋嗣就说："这个我不知道，去让你们的国主决定吧！"

六月初一壬申，刘宋任命尚书仆射傅亮为中书监、尚书令，领军将军谢晦为中书令，侍中谢方明为丹杨尹。谢方明善于治理地方，凡是他任过职的地方，都盛赞他的才能。他继续前任的工作，不改其方针政策，如果有非改不可的，他就逐渐地加以改变，使人看不出更改的痕迹。

六月十七日戊子，长沙景王刘道怜去世。

北魏建义将军刁雍进犯刘宋的青州，青州守兵击退了敌人的进攻。刁雍于是收集残兵，逃入大乡山自保。

秋季，七月初八己酉，刘宋在初宁陵安葬了武帝刘裕，庙号高祖。

北凉河西王沮渠蒙逊派遣前将军沮渠成都，率领军队一万人，到岭南显示武力，然后大军屯驻在五涧。九月，西秦主乞伏炽磐，派遣征北将军出连虔等，率领骑兵六千人袭击沮渠成都的部队。

当初，魏明元帝拓跋嗣听到东晋太尉刘裕攻下长安的消息，大为恐惧，立即派遣使臣请和。从此以后，两国使臣每年互访，来往不断。刘裕去世的时候，刘宋使臣殿中将军沈正出使北魏，告辞返国，刚到黄河，北魏主便派人追赶，生擒而回。北魏还打算发兵攻取黄河南岸的洛阳、虎牢和滑台。白马公崔浩劝阻说："当初皇上您没有因为刘裕骤然得势，而接纳他派遣的使臣和礼物，而刘裕对皇上也十分恭敬。不幸他现在去世了，我们却乘人家遭丧而兴兵攻打，即使得手也不是光彩的事情。更何况以我们国家眼下的实力，也不可能一举夺取江南，却只落得个伐丧的恶名，我自以为皇上不该这样做。在我看来，我们应该派使节前往吊丧，抚慰孤儿寡妇，同情他们的不幸，从而使我们仁义的名声传播天下，这样一来，长江以南的江山就不攻自服了。况且如今刘裕刚刚去世，其党羽还不曾离析，一旦大军压境，他们势必会同心协力抵抗，我们不一定能够成功。不如稍稍延缓，等待他们的权臣争权内讧，变故和灾难必然发生，然后我们再调兵遣将，军士还不曾疲劳，即可坐收淮北的大片土地。"魏明元帝拓跋嗣问道："当年刘裕乘姚兴之死，一举灭掉了秦国。如今我要乘刘裕之死，攻打刘宋，有什么不可以？"崔浩说："那不一样。姚兴死后，他的儿子们拼命内争，刘裕才得以乘机攻打。现在江南的刘宋无机可乘，所以不可

乙巳，魏主如灅南宫，遂如广宁。

辛亥，魏人筑平城外郭，周围三十二里。

魏主如乔山。遂东如幽州；冬，十月，甲戌，还宫。

魏军将发，公卿集议于监国之前，以先攻城与先略地。奚斤欲先攻城，崔浩曰："南人长于守城。昔苻氏攻襄阳，经年不拔。今以大兵坐攻小城，若不时克，挫伤军势，敌得徐严而来，我怠彼锐，此危道也。不如分军略地，至淮为限，列置守宰，收敛租谷，则洛阳、滑台、虎牢更在军北，绝望南救，必沿河东走；不则为囿中之物，何忧其不获也！"公孙表固请攻城，魏主从之。

于是，奚斤等帅步骑二万，济河，营于滑台之东。时司州刺史毛德祖戍虎牢，东郡太守王景度告急于德祖，德祖遣司马翟广等将步骑三千救之。

先是，司马楚之聚众在陈留之境，闻魏兵济河，遣使迎降。魏以楚之为征南将军、荆州刺史，使侵扰北境。德祖遣长社令王法政将五百人戍邵陵，将军刘怜将二百骑戍雍丘以备之。楚之引兵袭怜，不克。会台送军资，怜出迎之，酸枣民王玉驰以告魏。

丁酉，魏尚书滑稽引兵袭仓垣，兵吏悉逾城走，陈留太守冯翊严稜诣斤降。魏以王玉为陈留太守，给兵守仓垣。

奚斤等攻滑台，不拔，求益兵，魏主怒，切责之。壬辰，自将诸国兵五万余人南出天关，逾恒岭，为斤等声援。

（以上为第九段，写北魏主拓跋嗣趁刘宋武帝刘裕去世，出兵攻打，当时刘宋北方的边境线，有洛阳、虎牢、滑台三大重镇，北魏大兵压来，刘宋北境岌岌可危。）

秦出连虔与河西沮渠成都战，禽之。

同日而语啊！”北魏主拒不接受崔浩的意见，授予司空奚斤以符节，命他加授晋兵大将军、代理扬州刺史等官职，率领宋兵将军、交州刺史周几，吴兵将军、广州刺史公孙表等，一起向刘宋进攻。

九月初五乙巳，魏明元帝拓跋嗣抵达灅南宫，又前往广宁。

九月十一日辛亥，北魏在平城兴筑外城，周围三十二里。

魏明元帝拓跋嗣抵达乔山，再东行到达幽州。冬季，十月初五甲戌，回宫。

北魏南征的大军将要出发，朝中的公卿显官在太子拓跋焘的殿前，举行会议，讨论应先攻城池还是先占领土地。奚斤认为应先攻取城池，崔浩反对，说：“南方人擅长守城。从前苻氏进攻襄阳，一年有余，不能破城。现在我们以大军攻小城，如果不立即攻下，必定会挫伤军力，敌人就会慢慢地增援，我军疲劳而敌人气势正盛，这是十分危险的办法。我们不如分别派兵，夺取土地，以淮河为界限，依次委派地方官，征收田赋租金，把洛阳、滑台、虎牢远隔在我们大军的后方。当他们对南方的救援感到绝望的时候，必定会沿着黄河往东走；即使不走，他们也已经是我们苑中的猎物，还用担心不能擒获？”吴军将军公孙表却仍然坚持先行攻城，拓跋嗣应许了公孙表的请求。

于是，北魏的奚斤统率步兵、骑兵二万人，渡过黄河，在滑台之东安营扎寨。这时，刘宋的司州刺史毛德祖镇守虎牢，东郡太守王景度向毛德祖紧急求救。于是毛德祖派遣司马翟广等率领三千步兵、骑兵前去救援。

在此之前，司马楚之在陈留境内招兵买马，集结力量。他听说北魏大军渡过黄河的消息，立即派遣使臣前往迎降。于是，北魏便任命司马楚之为征南将军、荆州刺史，命令他入侵并骚扰刘宋的北部边境。毛德祖派遣长社县令王法政，率领五百人守卫邵陵，将军刘怜率领二百骑兵驻防雍丘，准备迎击敌人。司马楚之率军突袭刘怜，不能攻下。这时正赶上刘宋朝廷为守军送来军用物资，刘怜出城迎接，酸枣县的居民王玉飞奔告诉了北魏军队。

十月二十八日丁酉，北魏尚书滑稽率兵袭击仓垣，守兵和官吏全都翻城逃走，陈留太守冯翊人严稜向奚斤投降。北魏任命王玉为陈留太守，拨给他军队，镇守仓垣。

奚斤等率兵围攻滑台，不能攻破，请求增兵。魏明元帝拓跋嗣闻之大怒，严厉斥责了奚斤。十月二十三日壬辰，拓跋嗣亲自率领各部落联军五万多人南下，出天关，越过恒岭，声援奚斤。

西秦征北将军出连虔，与河西沮渠成都交战，生擒沮渠成都。

十一月，魏太子焘将兵出屯塞上，使安定王弥与安同居守。

庚戌，奚斤等急攻滑台，拔之。王景度出走，景度司马阳瓒为魏所执，不降而死。魏主以成皋侯苟儿为兖州刺史，镇滑台。

斤等进击翟广等于土楼，破之，乘胜进逼虎牢。毛德祖与战，屡破之。魏主别遣黑矟将军于栗磾将三千人屯河阳，谋取金墉，德祖遣振威将军窦晃等缘河拒之。

十二月，丙戌，魏主至冀州，遣楚兵将军、徐州刺史叔孙建将兵自平原济河，徇青、兖。豫州刺史刘粹遣治中高道瑾将步骑五百据项城，徐州刺史王仲德将兵屯湖陆。于栗磾济河，与奚斤并力攻窦晃等，破之。

魏主遣中领军代人娥清、期思侯柔然闾大肥将兵七千人会周几、叔孙建南渡河，军于碻磝。癸未，兖州刺史徐琰弃尹卯南走。于是，泰山、高平、金乡等郡皆没于魏。叔孙建等东入青州，司马爱之、季之先聚众于济东，皆降于魏。

戊子，魏兵逼虎牢。青州刺史东莞竺夔镇东阳城，遣使告急。己丑，诏南兖州刺史檀道济监征讨诸军事，与王仲德共救之。庐陵王义真遣龙骧将军沈叔貍将三千人就刘粹，量宜赴援。

秦王炽磐征秦州牧昙达为左丞相、征东大将军。

（以上为第十段，写刘宋北境形势，东郡太守王景度、兖州刺史徐琰等弃城逃跑，北魏大军攻破滑台，进迫虎牢，刘宋防线崩溃，郡县沦陷。）

营阳王

景平元年（癸亥，423 年）

春，正月，己亥朔，大赦，改元。

辛丑，帝祀南郊。

魏于栗磾攻金墉，癸卯，河南太守王涓之弃城走。魏主以栗磾为豫州刺史，镇洛阳。

魏主南巡恒岳，丙辰，至邺。

十一月，北魏太子拓跋焘率军出京，在塞上屯聚军队，命令安定王拓跋弥和北新公安同留守京师。

十一月十一日庚戌，北魏大将奚斤等猛攻滑台。终于攻下。刘宋守将东郡太守王景度逃走。王景度手下的司马阳瓒被北魏兵擒获，不降被杀。拓跋嗣任命成皋侯苟儿为兖州刺史，镇守滑台。

奚斤等进攻翟广所驻守的土楼，很快攻破翟广军队，乘胜进逼虎牢。镇守虎牢的刘宋司州刺史毛德祖反攻，多次击败北魏军。拓跋嗣又另派黑矟将军于栗磾率领三千人屯驻河阳，打算夺取金墉。刘宋将领毛德祖派遣振威将军窦晃等沿黄河南岸布防抵抗。

十二月十八日丙戌，拓跋嗣抵达冀州，派遣楚兵将军、徐州刺史叔孙建率兵，从平原渡过黄河，夺取青州、兖州。刘宋豫州刺史刘粹派遣总管内务的治中高道瑾率领步、骑兵五百人据守项城，徐州刺史王仲德率兵屯驻湖陆。北魏大将于栗磾渡过黄河，与奚斤合兵进攻窦晃，大破窦晃的军队。

魏明元帝拓跋嗣派遣中领军代郡人娥清、期思侯柔然人闾大肥率兵七千人，会同周几、叔孙建等，南渡黄河，驻扎在碻磝。十二月十五日癸未，刘宋兖州刺史徐琰放弃尹卯城向南逃走。于是，泰山、高平、金乡等郡全部陷入北魏之手。北魏楚兵将军叔孙建等向东攻入青州。东晋逃亡的皇族司马爱之、司马季之等，原先便在济水之东集结部众，这时也都投降了北魏。

十二月二十日戊子，北魏军逼进虎牢。刘宋青州刺史东莞人竺夔当时正在镇守东阳城，立即派人告急求救。十二月二十一日己丑，刘宋下令，命令南兖州刺史檀道济督察征讨诸军事，会同徐州刺史王仲德一起前去救援。庐陵王刘义真派遣龙骧将军沈叔貍率兵三千人，奔赴豫州刺史刘粹的驻地，察看时机前去救援。

西秦主乞伏炽磐，召回秦州牧乞伏昙达，任命他为左丞相、征东大将军。

营阳王

营阳王景平元年（癸亥，423 年）

春季，正月初一己亥朔，刘宋国实行大赦，改年号为景平。

正月初三辛丑，刘宋国少帝刘义符到南郊祭祀天神。

北魏将领于栗磾进攻金墉。正月初五癸卯，刘宋河南太守王涓之弃城逃走。魏明元帝拓跋嗣任命于栗磾为豫州刺史，镇守洛阳。

魏明元帝拓跋嗣南巡到北岳恒山。正月十八日丙辰，抵达邺城。

己未，诏征豫章太守蔡廓为吏部尚书，廓谓傅亮曰：“选事若悉以见付，不论；不然，不能拜也。”亮以语录事尚书徐羡之，羡之曰：“黄、散以下悉以委蔡，吾徒不复措怀；自此以上，故宜共参同异。”廓曰：“我不能为徐干木署纸尾！”遂不拜。干木，羡之小字也。选案黄纸，录尚书与吏部尚书连名，故廓云然。

沈约论曰：蔡廓固辞铨衡，耻为志屈，岂不知选、录同体，义无偏断乎！良以主暗时难，不欲居通塞之任。远矣哉！

庚申，檀道济军于彭城。

魏叔孙建入临淄，所向城邑皆溃。竺夔聚民保东阳城，其不入城者，使各依据山险，芟夷禾稼，魏军至，无所得食。济南太守垣苗帅众依夔。

刁雍见魏主于邺，魏主曰：“叔孙建等入青州，民皆藏避，攻城下不。彼素服卿威信，今遣卿助之。”乃以雍为青州刺史，给雍骑，使行募兵以取青州。魏兵济河向青州者凡六万骑，刁雍募兵得五千人，抚慰士民，皆送租供军。

柔然寇魏边。二月，戊辰，魏筑长城，自赤城西至五原，延袤二千余里，备置戍卒，以备柔然。

丁丑，太皇太后萧氏殂。

河西王蒙逊及吐谷浑王阿柴皆遣使入贡。庚辰，诏以蒙逊为都督凉秦河沙四州诸军事、骠骑大将军、凉州牧、河西王；以阿柴为督塞表诸军事、安西将军、沙州刺史、浇河公。

三月，壬子，葬孝懿皇后于兴宁陵。

（以上为第十一段，写刘宋太子刘义符即位，改元景平；北魏继续发动对刘宋的进攻，派遣将领攻打临淄、青州；柔然汗国乘机南下，侵犯北魏，北魏建造长城以拒之。）

正月二十一日己未，刘宋下令，征召豫章太守蔡廓为吏部尚书。蔡廓对尚书令傅亮说：“官员的任免和升迁调补的权力，如果全部交给我，我就接受，否则我将不接受任命。”傅亮把这番话转达给录尚书事徐羡之。徐羡之说：“黄门侍郎、散骑常侍以下的任免，全权委托蔡廓，我们不再参与意见。但这些官职以上的人选，还应该由我们共同研究，统一意见。”蔡廓说：“我不能在徐干木签署过的黄纸尾上署名！”拒绝受官。干木是徐羡之的小名。官员任免和升迁调补的签呈文件，通常写在黄纸上，然后由录尚书与吏部尚书共同签名，方才有效。所以蔡廓才这样说。

沈约评论说：蔡廓坚决不接受吏部尚书的职位，把不能全权做主、自己的意志服从于他人看作是一种耻辱。他难道不知道吏部尚书和录尚书事是两位一体，不能有所偏重吗？实际上他是鉴于当时君主昏庸，时势艰难，而不愿一人担当选拔或阻塞人才的责任，见识实在远大啊！

正月二十二日庚申，刘宋将领檀道济的大军驻扎在彭城。

北魏国将领叔孙建攻入临淄，他的大军所到，刘宋国城池全部崩溃。刘宋青州刺史竺夔召集百姓，于东阳城固守城垣。凡是不愿入城的居民，也令他们分别依据险要的山势，把田野里的庄稼全部割掉，使北魏军来到后，无法就地取得粮食。济南太守垣苗率众投靠了竺夔。

北魏刁雍前往邺城晋见北魏主拓跋嗣，拓跋嗣说：“叔孙建等进入青州地区，民众纷纷躲藏，而城又久攻不下。你在青州一向有威信，现在我派你前去助阵。”于是任命刁雍为青州刺史，拨付给他马匹，命他一路招募士兵去攻取青州。北魏南征军渡过黄河，奔赴青州的骑兵共有六万，刁雍一路募兵又集结五千人，他对境内的绅士平民，竭力安抚慰劳，当地人都愿意为刁雍的军队提供粮草。

柔然汗国南下入侵北魏的边境。二月初一戊辰，北魏兴筑长城，从赤城往西直到五原，连绵二千多里，同时在边境各要塞配备戍兵，以抵御柔然。

二月初十丁丑，刘宋太皇太后萧氏去世。

北凉河西王沮渠蒙逊和吐谷浑王慕容阿柴都派遣使臣向刘宋国进贡。二月十三日庚辰，刘宋下令，任命沮渠蒙逊为都督凉、秦、河、沙四州诸军事骠骑大将军及凉州牧，封河西王；任命慕容阿柴为督塞表诸军事、安西将军、沙州刺史，封浇河公。

三月十五日壬子，刘宋在兴宁陵安葬孝懿皇后。

魏奚斤、公孙表等共攻虎牢，魏主自邺遣兵助之。毛德祖于城内穴地入七丈，分为六道，出魏围外；募敢死之士四百人，使参军范道基等帅之，从穴中出，掩袭其后。魏军惊扰，斩首数百级，焚其攻具而还。魏兵虽退散，随复更合，攻之益急。

奚斤自虎牢将步骑三千攻颍川太守李元德等于许昌，元德等败走。魏以颍川人庾龙为颍川太守，戍许昌。

毛德祖出兵与公孙表大战，从朝至晡，杀魏兵数百。会奚斤自许昌还，合击德祖，大破之，亡甲士千余人，复婴城自守。

魏主又遣万余人从白沙渡河，屯濮阳南。

朝议以项城去魏不远，非轻军所抗，使刘粹召高道瑾还寿阳；若沈叔貍已进，亦宜且追。粹奏："虏攻虎牢，未复南向，若遽摄军舍项城，则淮西诸郡无所凭依；沈叔貍已顿肥口，又不宜遽退。"时李元德帅散卒二百至项，刘粹使助高道瑾戍守，请宥其奔败之罪，朝议并许之。

乙巳，魏主畋于韩陵山，遂如汲郡，至枋头。

初，毛德祖在北，与公孙表有旧。表有权略，德祖患之，乃与交通音问；密遣人说奚斤，云表与之连谋。每答表书，多所治定；表以书示斤，斤疑之，以告魏主。先是，表与太史令王亮少同营署，好轻侮亮；亮奏："表置军虎牢东，不得便地，故令贼不时灭。"魏主素好术数，以为然，积前后忿，使人夜就帐中缢杀之。

乙卯，魏主济自灵昌津，遂如东郡、陈留。

叔孙建将三万骑逼东阳城，城中文武才一千五百人，竺夔、垣苗悉力固守，时出奇兵击魏，破之。魏步骑绕城列陈十余里，大治攻具；夔作四重堑，魏人填其三重，为橦车以攻城，夔遣人从地道中出，以大麻絚挽之令折。魏人复作长围，进攻逾急。历时浸久，城转堕坏，战士多

北魏大将奚斤、公孙表等合兵进攻虎牢，北魏主拓跋嗣从邺城遣兵助战。刘宋司州刺史毛德祖，在虎牢城内挖掘地道，深达七丈，分为六道，直通魏军的包围圈外。同时又招募敢死勇士四百人，由参军范道基率领，从地道爬出去袭击敌人的后背，北魏军队不胜惊慌。范道基斩杀敌人数百，然后焚毁了敌人攻城的器械，返回城中。北魏兵虽然暂时溃散，但很快又集结到一起，更猛烈地进攻虎牢城。

北魏大将奚斤从虎牢统率步兵、骑兵三千人，攻打颍川太守李元德等据守的许昌，李元德放弃守城败退逃走。北魏任命颍川人庾龙为颍川太守，据守许昌。

刘宋司州刺史毛德祖率兵出城与北魏将领公孙表大战，从早晨到午后，斩杀魏兵数百人。正巧奚斤从许昌得胜而回，二人合击毛德祖，毛德祖大败，损失士兵一千多人，只好收缩城内，坚持守御。

魏明元帝拓跋嗣又派出一万多人，从白沙渡黄河南下，屯驻濮阳南。

刘宋朝臣们经讨论一致认为，项城距北魏南征军太近，守军力量薄弱，难以抵御魏军的攻击。于是命令豫州刺史刘粹，召回项城守将高道瑾，退守寿阳。如果龙骧将军沈叔狸已经开进悬壶，也一并撤退。刘粹上疏力争，说："敌人正集中力量进攻虎牢，尚未南下，如果我们轻率地放弃项城，淮河以西各郡就失去依靠；沈叔狸的军队已进驻肥口，也不应立即撤退。"当时颍川刺史李元德，率领残兵败将二百人逃回项城，刘粹命令他帮助高道瑾严守项城，并请示朝廷宽免了李元德许昌战败之罪，朝议对此予以准允。

三月初八乙巳，魏明元帝拓跋嗣到韩陵山狩猎，然后抵达汲郡，又前往枋头。

当初，毛德祖在北方时，与公孙表有旧谊。公孙表有权谋，毛德祖深感忧虑，于是决定用反间手段。他致信公孙表，向他问候。公孙表也回信答谢。然后毛德祖秘密派人告诉奚斤，说公孙表与毛德祖有阴谋。毛德祖每次给公孙表的信，都故意涂改。公孙表每次接到毛德祖的信，都呈给奚斤看，奚斤却更加怀疑，于是就把毛德祖和公孙表的事情报告了拓跋嗣。从前公孙表与太史令王亮同在一个官署做事，公孙表一向看不起王亮，经常轻蔑地侮辱王亮。现在王亮乘机上奏拓跋嗣说："公孙表把军营安扎在虎牢之东，方向不利，有意使敌人不致立时覆灭。"魏明元帝拓跋嗣一向迷信巫术，认为果然如此，又勾起多年的积忿，于是派人深夜入公孙表的军帐，把公孙表绞死。

三月十八日乙卯，魏明元帝拓跋嗣从灵昌津渡黄河南下，前往东郡、陈留。

北魏叔孙建率领三万骑兵进逼东阳城，城中文武官兵才一千五百人。竺夔、垣苗全力固守，而且不时出奇兵袭击魏军，击败了北魏的进攻。于是北魏步兵、骑兵绕城排列，阵地纵深十多里，大规模地兴造攻城武器。竺夔组织挖掘的四道堑濠，魏军填平了三道，并制造橦车撞击城墙。竺夔派人从地道中出击，用粗绳把橦车拉

死伤，余众困乏，旦暮且陷。檀道济至彭城，以司、青二州并急，而所领兵少，不足分赴；青州道近，竺夔兵弱，乃与王仲德兼行先救之。

甲子，刘粹遣李元德袭许昌，斩庾龙。元德因留绥抚，并上租粮。

魏主至盟津。于栗磾造浮桥于冶阪津。乙丑，魏主引兵北济，西如河内。娥清、周几、闾大肥徇地至湖陆、高平，民屯聚而射之。清等尽攻破高平诸县，灭数千家，虏掠万余口，兖州刺史郑顺之戍湖陆，以兵少不敢出。

魏主又遣并州刺史伊楼拔助奚斤攻虎牢；毛德祖随方抗拒，颇杀魏兵，而将士稍零落。

夏，四月，丁卯，魏主如成皋，绝虎牢汲河之路。停三日，自督众攻城，竟不能下，遂如洛阳观《石经》。遣使祀嵩高。

叔孙建攻东阳，堕其北城三十许步；刁雍请速入，建不许，遂不克。及闻檀道济等将至，雍又谓建曰："贼畏官军突骑，以锁连车为函陈。大岘已南，处处狭隘，车不得方轨，雍请将所募兵五千据险以邀之，破之必矣。"时天暑，魏军多疫。建曰："兵人疫病过半，若相持不休，兵自死尽，何须复战！今全军而返，计之上也。"己巳，道济军于临朐。壬申，建等烧营及器械而遁。道济至东阳，粮尽，不能追。竺夔以东阳城坏，不可守，移镇不其城。

叔孙建自东阳趋滑台，道济分遣王仲德向尹卯。道济停军湖陆，仲德未至尹卯，闻魏兵已远，还就道济。刁雍遂留镇尹卯，招集谯、梁、彭、沛民五千余家，置二十七营以领之。

（以上为第十二段，写北魏主拓跋嗣发动大军，多路出击，攻打刘宋北境，刘宋征北将军檀道济、司州刺史毛德祖及各守将顽强抵抗，魏军发生瘟疫，无功而返。）

翻，使它摧折。魏军又组成更大的包围圈，攻势越发凶猛。时间一久，东阳城城墙纷纷崩塌，战士死伤惨重，剩下的残兵，又困又乏，东阳城陷落在即。这时刘宋国镇北将军檀道济率军抵达彭城，因司州、青州同时告急，所率军队人数太少，不能分兵救援。因距青州的东阳城道路较近，竺夔兵力又弱，檀道济便与徐州刺史王仲德日夜兼程，赶赴东阳城救援。

三月二十七日甲子，刘宋豫州刺史刘粹，派颍川太守李元德，袭击许昌，斩杀北魏委任的颍川太守庾龙。李元德于是留驻许昌，安抚百姓，缴上征收的租赋。

魏明元帝拓跋嗣抵达盟津。黑槊将军于栗磾在冶阪津搭建黄河浮桥。三月二十八日乙丑，拓跋嗣率军北渡黄河，向西前往河内。中领军娥清、宋兵将军周几、期思侯闾大肥，带兵攻略土地，他们先后到达湖陆、高平，当地的居民聚集在城堡中，发箭射击。娥清等大怒，连续攻破高平各县，屠杀数千家，掠获一万多人。当时，刘宋兖州刺史郑顺之驻守湖陆，因手下兵少，不敢出击。

魏明元帝拓跋嗣又派遣并州刺史伊楼拔帮助奚斤进攻虎牢；刘宋守将毛德祖随机应变，顽强抵抗，斩杀很多魏兵，而自己的将士也日渐减少。

夏季，四月初一丁卯，魏明元帝拓跋嗣到达成皋，切断了虎牢到黄河汲水的道路。停留了三日，然后亲自督战，攻打虎牢城，仍然没有攻下。于是，他又绕道前往洛阳观看《石经》，派遣使臣祭祀嵩山。

北魏楚兵将军叔孙建正在攻打东阳城，东阳城的北城坍塌三十多步，北魏青州刺史刁雍请示从此缺口冲进城去，叔孙建不同意，于是，东阳城仍然攻取不下。等到他们听说檀道济的援军即将到来，刁雍又对叔孙建说：“竺夔等畏惧我们骑兵的突击，所以把车辆锁在一起，构筑方阵。大岘山以南，道路狭窄，车辆不能并行，我请您允许我带领我所募集的五千士兵，据守险要，阻击宋兵，定能取胜。”当时正值大暑，天气炎热，魏军士兵很多都染上了瘟疫。叔孙建说：“部队中一半以上的士兵都染上了疫病，如果僵持下去，士兵都会死光，哪里需要敌人再战？现在保存实力，安全撤退是上策。”四月初三己巳，刘宋征北将军檀道济驻军临朐。初六壬申，叔孙建等焚烧大营及各种军械，撤退。檀道济大军抵达东阳，军饷不济，不能追击北魏逃军。青州刺史竺夔因东阳城破坏较重，不能再守，于是移兵不其城镇守。

北魏楚兵将军叔孙建率部从东阳前往滑台，刘宋大将檀道济派遣王仲德向尹卯挺进。檀道济则驻军湖陆。王仲德还没有到尹卯，听说魏兵已经逃得很远，于是不再追赶，回军与檀道济会合。而北魏青州刺史刁雍留下驻守尹卯，招募谯郡、梁郡、彭城郡、沛郡等地百姓五千多家，设立二十七个营寨，由刁雍统一指挥。

蛮王梅安帅渠帅数十人入贡于魏。初，诸蛮本居江、淮之间，其后种落滋蔓，布于数州，东连寿春，西通巴、蜀，北接汝、颍，往往有之。在魏世不甚为患；及晋，稍益繁昌，渐为寇暴。及刘、石乱中原，诸蛮无所忌惮，渐复北徙，伊阙以南，满于山谷矣。

河西世子政德攻晋昌，克之。唐契及弟和、甥李宝同奔伊吾，招集遗民，归附者至二千余家，臣于柔然。柔然以契为伊吾王。

秦王炽磐谓其群臣曰："今宋虽奄有江南，夏人雄据关中，皆不足与也。独魏主奕世英武，贤能为用，且谶云'恒、代之北当有真人'，吾将举国而事之。"乃遣尚书郎莫者阿胡等入见于魏，贡黄金二百斤，并陈伐夏方略。

闰月，丁未，魏主如河内，登太行，至高都。

叔孙建自滑台西就奚斤，共攻虎牢。虎牢被围二百日，无日不战，劲兵战死殆尽，而魏增兵转多。魏人毁其外城，毛德祖于其内更筑三重城以拒之，魏人又毁其二重。德祖唯保一城，昼夜相拒，将士眼皆生创，德祖抚之以恩，终无离心。时檀道济军湖陆，刘粹军项城，沈叔貍军高桥，皆畏魏兵强，不敢进。丁巳，魏人作地道以泄虎牢城中井，井深四十丈，山势峻峭，不可得防；城中人马渴乏，被创者不复出血，重以饥疫。魏仍急攻之，已未，城陷，将士欲扶德祖出走，德祖曰："我誓与此城俱毙，义不使城亡而身存也！"魏主命将士："得德祖者，必生致之。"将军代人豆代田执德祖以献。将佐在城中者，皆为魏所虏，唯参军范道基将二百人突围南还。魏士卒疫死者亦什二三。

奚斤等悉定司、兖、豫诸郡县，置守宰以抚之。魏主命周几镇河南，河南人安之。

徐羡之、傅亮、谢晦以亡失境土，上表自劾，诏勿问。

徐羡之兄子吴郡太守佩之颇豫政事，与侍中王韶之、程道惠、中书

中原蛮人首领梅安率领手下将帅数十人，向北魏进贡。最初，各个蛮人部落本来居住在淮河、长江之间地带，后来部落人口增长很快，使蛮人的势力遍布数州，东连寿春，西达巴、蜀，北到汝水、颍水，到处都有。在曹魏时期，为患还不太大；到了晋朝，蛮人更加繁盛，于是渐渐变成凶猛的强盗势力。等到刘曜、石勒等南侵，大乱中原时，这些蛮人部落更加肆无忌惮，又逐渐向北迁移，于是，伊阙以南的地区，山间谷底遍布的全是蛮人。

北凉河西世子沮渠政德攻击后西凉唐契据守的晋昌，随即攻下。唐契跟他的弟弟唐和、外甥李宝一道逃往伊吾，招收逃亡的遗民，归附他们的有两千多家，向柔然汗国称臣。柔然汗国封唐契为伊吾王。

西秦主乞伏炽磐，对他的文武百官说："现在宋虽然拥有江南，夏国雄踞关中，都没有什么了不起。唯独魏主，世代英明威武，能任用贤才，而且谶书说'恒山及代郡之北，一定有真龙天子'，我将统率全国官民，侍奉魏主。"于是，乞伏炽磐派遣尚书郎莫者阿胡等人，前往北魏朝见，进贡黄金二百斤，并呈献攻打夏国方略。

闰四月十一日丁未，魏明元帝拓跋嗣抵达河内，登太行山，又到达高都。

北魏将军叔孙建从滑台向西增援，与大将奚斤合兵一处，攻打虎牢城。虎牢被围困已有二百多天，没有一天不在作战，守城的精锐士兵几乎全部战死，而北魏围城军却越增越多。北魏军已摧毁了虎牢的外城。刘宋国守将毛德祖又构筑了三层内城用来抵御，北魏再摧毁其中二城。毛德祖只保持最后一城，日夜奋战，守城的将士不眠不休，眼睛都长疮。毛德祖与士兵们恩义相结，始终团结一心。这时，檀道济驻军湖陆，豫州刺史刘粹驻军项城，龙骧将军沈叔貍驻军高桥，都畏惧北魏兵强势盛，不敢前来救援。闰四月二十一日丁巳，北魏军挖地道，宣泄虎牢城里的井水，井深四十丈，山势高峻陡峭，守军无法阻止魏军挖掘。城中开始缺水，人马干渴倦乏，受伤的人已流不出鲜血，再加上饥饿和瘟疫，守军难以坚持下去。北魏军仍然发动急迫的强攻。二十三日己未，城破。将士们想要保护毛德祖突围，毛德祖说："我发誓与此城一同毁灭，大义所在，我不能使城陷而我仍然生存！"拓跋嗣传令攻城将士："碰上毛德祖，必须生擒。"北魏将军代郡人豆代田俘虏了毛德祖，呈献给拓跋嗣。刘宋将领在虎牢城中的，也都被魏军生擒，唯独参军范道基率领二百人突围，返回江南。北魏南征士兵死于瘟疫的，也有十分之二三。

北魏大将奚斤等完全占领了刘宋的司州、兖州、豫州所属各郡县，设置地方官安抚治理。北魏主拓跋嗣命令将军周几镇守河南，河南人安于北魏的统治。

刘宋司空徐羡之、尚书令傅亮、领军将军谢晦因为前方战败，丧失国土，上疏自请处分。皇上下令，不作追究。

徐羡之的侄儿、吴郡太守徐佩之经常干预朝廷政事，与侍中王韶之、程道惠，

舍人邢安泰、潘盛结为党友。时谢晦久病，不堪见客。佩之等疑其诈疾，有异图，乃称羡之意以告傅亮，欲令亮作诏诛之。亮曰："我等三人同受顾命，岂可自相诛戮！诸君果行此事，亮当角巾步出掖门耳。"佩之等乃止。

（以上为第十三段，写北魏将领叔孙建从滑台增援，与奚斤合力攻打虎牢城，守城将领毛德祖与士兵恩义相结，顽强守卫，最终城破，北魏占领司、兖、豫三州。）

五月，魏主还平城。

六月，己亥，魏宜都文成王穆观卒。

丙辰，魏主北巡，至参合陂。

秋，七月，癸酉，尊帝母张夫人为皇太后。

魏主如三会屋侯泉；八月，辛丑，如马邑，观灅源。

柔然寇河西，河西王蒙逊命世子政德击之。政德轻骑进战，为柔然所杀。蒙逊立次子兴为世子。

九月，乙亥，魏主还宫。召奚斤还平城，留兵守虎牢，使娥清、周几镇枋头，以司马楚之所将户口置汝南、南阳、南顿、新蔡四郡，以益豫州。

冬，十月，癸卯，魏人广西宫外垣，周二十里。

秃发傉檀之死也，河西王蒙逊遣人诱其故太子虎台，许以番禾、西安二郡处之，且借之兵，使伐秦，报其父雠，复取故地。虎台阴许之，事泄而止。秦王炽磐之后，虎台之妹也，炽磐待之如初。后密与虎台谋曰："秦本我之仇雠，虽以婚姻待之，盖时宜耳。先王之薨，又非天命；遗令不治者，欲全济子孙故也。为人子者，岂可臣妾于仇雠而不思报复乎！"乃与武卫将军越质洛城谋弑炽磐。后妹为炽磐左夫人，有宠，知其谋而告之，炽磐杀后及虎台等十余人。

十一月，魏周几寇许昌，许昌溃，颍川太守李元德奔项。戊辰，魏人围汝阳，汝阳太守王公度亦奔项。刘粹遣其将姚耸夫等将兵助守项城。魏人夷许昌城，毁钟城，以立封疆而还。

己巳，魏太宗殂。壬申，世祖即位，大赦。十二月，庚子，魏葬明

中书舍人邢安泰、潘盛，结成党羽。当时谢晦一直患病，不能接见宾客。徐佩之怀疑谢晦装病，另有阴谋，于是他声称这是徐羡之的想法，把它告诉了傅亮，想要让傅亮草拟命令，诛杀谢晦。傅亮说："我们三人共同接受先帝遗命，怎么可以自相残杀！你们一定要这样做，我只好换上平民衣服，徒步走出宫城侧门！"徐佩之一伙才罢休。

五月，魏明元帝拓跋嗣返回平城。

六月初四己亥，北魏宜都文成王穆观去世。

六月二十一日丙辰，魏明元帝拓跋嗣向北视察，抵达参合陂。

秋季，七月初八日癸酉，刘宋少帝尊母亲张夫人为皇太后。

魏明元帝拓跋嗣到达三会屋侯泉。八月初七辛丑，又抵达马邑，参观灅水源头。

柔然汗国攻击河西，北凉河西王沮渠蒙逊命令他的世子沮渠政德迎战。沮渠政德率领轻骑兵进攻，为柔然所杀。沮渠蒙逊立其次子沮渠兴为世子。

九月十一日乙亥，魏明元帝拓跋嗣回宫，召奚斤返回平城，留下军队镇守虎牢。同时命中领军娥清、将军周几镇守枋头；以司马楚之率领的部众设置汝南、南阳、南顿、新蔡四郡，来增加豫州的管辖范围。

冬季，十月初十癸卯，北魏扩建平城西宫外墙，周围长二十里。

当初，南凉景王秃发傉檀被毒死后，北凉河西王沮渠蒙逊派人引诱南凉太子秃发虎台，承诺把番禾、西安二郡借给他，并借给他军队，让他去攻打西秦，为父报仇，光复故土。秃发虎台暗地里答应下来了，后来消息泄露，只好作罢。西秦王乞伏炽磐的王后，是秃发虎台的妹妹，所以乞伏炽磐对待秃发虎台仍跟从前一样。但是秃发王后却与其兄秃发虎台秘密策划说："秦国本是我们的世仇，虽然结成了姻亲，也不过是一时权宜之计。先王的死，不是寿终天年，临死吩咐不要治疗，而是欲保全子孙的缘故。作为子女，怎么能甘心做仇敌的臣下姬妾而不思报仇呢？"于是，他们与武卫将军越质洛城共同策划谋杀乞伏炽磐。秃发王后的妹妹是乞伏炽磐的左夫人，受到宠爱，她知道了秃发王后的阴谋后，报告了乞伏炽磐，乞伏炽磐于是斩杀秃发王后、秃发虎台等十多人。

十一月，北魏将军周几进攻许昌，许昌城崩塌，刘宋颍川太守李元德逃奔项城。初五戊辰，北魏军围攻汝阳，刘宋汝阳太守王公度也逃到项城。于是，刘宋豫州刺史刘粹派遣将领姚耸夫等率兵增援，固守项城。北魏军夷平了许昌城，毁坏了钟城的城墙，确定魏宋新的边界，然后便回去了。

十一月初六己巳，魏明元帝拓跋嗣去世。初九壬申，太子拓跋焘登基，实行大

元帝于金陵。庙号太宗。

魏主追尊其母杜贵嫔为密皇后。自司徒长孙嵩以下普增爵位。以襄城公卢鲁元为中书监，会稽公刘絜为尚书令，司卫监尉眷、散骑侍郎刘库仁等八人分典四部。眷，古真之弟子也。

以河内镇将代人罗结为侍中、外都大官，总三十六曹事。结时年一百七，精爽不衰，魏主以其忠悫，亲任之，使兼长秋卿，监典后宫，出入卧内。年一百一十，乃听归老，朝廷每有大事，遣骑访焉。又十年乃卒。

（以上为第十四段，写柔然攻击北凉，北凉世子沮渠政德奉命迎战，兵败被杀；北魏主拓跋嗣去世，谥号明元，庙号太宗；太子拓跋焘即位，重用河内镇将罗结。）

左光禄大夫崔浩研精经术，练习制度，凡朝廷礼仪，军国书诏，无不关掌。浩不好老、庄之书，曰：“此矫诬之说，不近人情。老聃习礼，仲尼所师，岂肯为败法之书以乱先王之治乎！”尤不信佛法，曰：“何为事此胡神！”及世祖即位，左右多毁之；帝不得已，命浩以公归第，然素知其贤，每有疑议，辄召问之。浩纤妍洁白如美妇，常自谓才比张良而稽古过之。既归第，因修服食养性之术。

初，嵩山道士寇谦之，赞之弟也，修张道陵之术，自言尝遇老子降，命谦之继道陵为天师，授以辟谷轻身之术及《科戒》二十卷，使之清整道教。又遇神人李谱文，云“老子之玄孙”也。授以《图箓真经》六十余卷，使之辅佐北方太平真君；出天宫静轮之法，其中数篇，李君之手笔也。谦之奉其书献于魏主。朝野多未之信，崔浩独师事之，从受其术，且上书赞明其事曰：“臣闻圣王受命，必有天应，《河图》《洛书》皆寄言于虫兽之文，未若今日人神接对，手笔粲然，辞旨深妙，自古无比，岂可以世俗常虑而忽上灵之命！臣窃惧之。”帝欣然，使谒者奉玉帛、牲牢祭嵩岳，迎致谦之弟子在山中者，以崇奉天师，显扬新法，宣布天下。起天师道场于平城之东南，重坛五层，给道士百二十人衣食，每月设厨会数千人。

赦。十二月初八庚子，北魏在金陵安葬了明元帝拓跋嗣，庙号太宗。

魏太武帝拓跋焘追尊其母杜贵嫔为密皇后，自司徒长孙嵩以下普遍擢升爵位，任命襄城公卢鲁元为中书监，会稽公刘絜为尚书令，司卫监尉眷、散骑侍郎刘库仁等八人分别掌管东、西、南、北四部。尉眷，是尉古真的侄儿。

北魏任命河内镇将代郡人罗结为侍中、外都大官，总管三十六个部门的事务。罗结当时已有一百零七岁，精力旺盛，拓跋焘认为他忠诚憨直，十分尊敬信任他。命他再兼长秋卿，负责管理后宫日常事务，可以出入卧室寝殿。一百一十岁时，才准许他告老还乡，朝廷每有大事，仍派人骑马去向他请教。又过了十年他才去世。

北魏左光禄大夫崔浩精通儒家经典，对于朝廷制度和各级机构的功能，尤其熟悉。因此，凡是朝廷礼仪典章、军国命令，全由他负责。崔浩不喜欢老子、庄子的著作，说："这些都是虚妄、矫情的学说，和人情世态不大切近。老聃研究礼仪，是孔丘尊为老师的人，怎么竟然写出败坏礼教的著作，而搞乱先古圣王的治世之道呢？"崔浩尤其不信佛教，说："为什么要崇拜这个胡人的神？"拓跋焘即位后，他的左右亲信大臣常常攻击崔浩，拓跋焘不得已，只好命崔浩保留公爵，返回私宅。但是因为素知崔浩的贤明智慧，朝廷凡是发生争议，出现疑难问题，拓跋焘总是要召见他，听取他的意见。崔浩肌肤洁白细腻，如同美妇，常自以为才干可与张良相比，而考辨古制方面更超过张良。返回私宅后，崔浩又研究修身养性的方法。

最初，嵩山道士寇谦之，即寇赞之的弟弟，修炼张道陵的法术，自称曾经见过老子降临人世，老子命令他继承张道陵的法统，担任天师，并传授他不进饮食和飞腾升空的法术，以及符咒《科戒》二十卷，命他重新清理整顿道教。后来，又遇见了神人李谱文，据说是老子的玄孙，授以《图箓真经》六十多卷，命他辅佐北方太平真君。又传授天宫静轮之法，其中有几篇还是出自李谱文的手笔。寇谦之把这本书呈献给北魏主拓跋焘，朝野上下很多人都不相信。唯独崔浩把寇谦之当作老师尊奉，追随他学习法术，并且上疏皇帝赞扬寇谦之说："我曾经听说，圣明的君王接受天命，上天必定有祥瑞相应。《河图》《洛书》都是像虫子一样的古文字，不像今天，人神面对，手书笔迹十分清晰，辞意深奥奇妙，自古以来，无与伦比。怎么可以因世俗的顾虑，忽视上天的旨意！我感到恐惧。"拓跋焘大喜，命令谒者携带璧玉、绸缎、猪牛羊祭祀嵩山，并迎接寇谦之在山中修炼的弟子到平城，表示崇奉天师，宣扬道法，遍告天下周知。于是，在平城东南建立天师道场、设坛，坛高五层，朝廷供经道士一百二十人衣服饮食，每月道场设置厨房，供给膳食，与会的有数千人。

臣光曰：老、庄之书，大指欲同死生，轻去就。而为神仙者，服饵修炼以求轻举，炼草石为金银，其为术正相戾矣。是以刘歆《七略》叙道家为诸子，神仙为方技。其后复有符水、禁咒之术，至谦之遂合而为一；至今循之，其讹甚矣！崔浩不喜佛、老之书而信谦之之言，其故何哉！昔臧文仲祀爰居，孔子以为不智；如谦之者，其为爰居亦大矣。"《诗》三百，一言以蔽之，曰'思无邪'。"君子之于择术，可不慎哉！

（以上为第十五段，写北魏谋臣崔浩得到拓跋焘重用，凡朝廷礼仪典章、军国命令，全由他负责，而他不信佛教，受到攻击，削职归第；推崇道教，受到讥评。）

臣司马光评论说：老子、庄子的著作，主要是要人们超脱生死，把生与死一样看待，轻视人世的来去进退。而要成仙的人靠吞服丹药，常加修炼以求飞腾升天，烧草木炼石以求变成黄金白银。这方法跟老庄的基本思想恰恰相反。所以刘歆著《七略》，把道家归入《诸子略》，神仙归入《方技略》。此后又有符水、咒语等法术。到寇谦之将以上种种合而为一，一直因循至今，这是一个大错误啊！崔浩不崇信佛教，不喜欢读老子的著作，却相信寇谦之的话，这是什么缘故呢！过去臧文仲祭祀爰居鸟，孔丘认为他不明智。至于寇谦之，比起爰居鸟，则大得多了！“《诗经》三百首，一言以蔽之，就是思无邪。”君子对于思想和学说的选择，不能不谨慎啊！

【点评】

东晋灭亡。公元420年，东晋恭皇帝司马德文退位，宋王刘裕取而代之，建立宋朝，史称“刘宋”。从司马懿父子苦心经营，到司马炎创建晋朝，经历了平蜀、篡魏、灭吴之事；司马炎本该吸取曹魏灭亡的教训，可惜一味骄奢淫逸，把帝位传给了智力低下的司马衷，从此，贾后乱政、八王之乱、五胡兴起，晋朝一蹶不振；后来司马睿渡江，建都于建康，可是难比当日气魄，而且此时琅邪王氏尾大不掉。而后诸帝，除明帝司马绍还有一些作为外，其余都是权臣专政，皇帝形同虚设，基本上只是符号而已。晋朝共有十五主，存在一百五十六年。其中，西晋自武帝司马炎称尊，传国三世，共五十二年；东晋自元帝司马睿至恭帝司马德文，传国十一主，共一百零四年。而后是刘裕篡晋立宋，为晋朝画上了句号，进入南北朝时期。这里就本卷所记载的这个时段，即司马德文禅让、刘裕称帝，略作评论。

首先，东晋王朝的存在与否由权臣做主。东晋皇帝的孱弱，由来已久，自从明帝司马绍以后，大致上都是如此。东晋的专权者，皆为一些野心家，利用皇权谋取私利，如桓温，独揽朝政十多年，操纵废立，有意夺取帝位，因受制于朝中王、谢势力而未能如愿；桓玄，威逼安帝司马德宗禅位，在建康建立桓楚，改元永始；刘裕威权更是无以复加。

其次，刘裕起于民间，扫平群凶，征讨强敌，既有功于国家，也为自己篡晋铺平了道路。平心而论，刘裕有大功于东晋，从公元399年开始，前后二十年，他马不停蹄，南征北讨，对内平定孙恩和桓玄，消灭桓楚、西蜀、卢循、刘毅、司马休之等割据势力，使南方出现百年未有的统一局面；对外消灭南燕、后秦等国，降服仇池，又以却月阵大破北魏，收复淮北、山东、河南、关中等地，光复洛阳、长安两都，使东晋的疆土得到极大扩展。刘裕所做的这一切，固然是为了东晋的兴盛，却也是效法汉高祖刘邦，一介布衣，希冀建立属于自己的王朝，把东晋朝廷据为己有。他收服洛阳后，觉得自己功劳够大的了，就派人讽喻朝廷，对他赐予“九锡”的荣宠；他率兵北伐，攻取长安后，在朝廷主持工作的亲信刘穆之病重去世，便急不可耐地赶回，却使长安再度失陷；而后，他听信所谓“昌明之后尚有二帝”的谶言，先毒死东晋安帝司马德宗，再立司马德文为傀儡皇帝；后又讽喻大臣，逼迫恭帝司马德文禅位，自己即皇帝位，改朝换代，建立宋国。凡此种种，刘裕成为东晋王朝的掘墓人。

最后，刘裕让司马德文禅让皇位给他，建立南朝宋，是历史发展的必然趋势。实践证明，刘裕也是一个残暴之君，只是他当皇帝不久后就去世了，没有充分显露罢了。

由此可见，东晋灭亡，王朝更替，是历史发展的必然趋势，是历史发展的进步所在！

宋纪二

宋文帝元嘉元年至四年（424—427年）

【起阏逢困敦（甲子，424年），尽强圉单阏（丁卯，427年），凡四年】

【大事提要】

本卷记事起于公元424年，到公元427年，凡四年，时当宋文帝（刘义隆）元嘉元年至元嘉四年。本卷所载大事，主要是五个方面：其一，刘宋国废杀少帝。公元424年，顾命大臣徐羡之等人商议废掉少帝刘义符，因刘义真排行老二，亦品行不端，先将其废免，然后将出游贪玩、睡在龙舟上的刘义符捉住，收取了他的印玺，以太后的名义废其为营阳王，不久刘义符被杀，时年仅十九岁；又杀掉刘义真。其二，北魏攻打柔然。公元424年，北魏太武帝拓跋焘亲征，自领一军进兵屯柞山，与阿伏干率领的柔然骑兵相遇，斩首数千，获马万匹，大胜而归。次年，拓跋焘又大举北伐，东西五道并进，下令轻骑兵带十五日干粮越过大沙漠进攻，柔然可汗惊慌失措，率众北遁。其三，刘义隆即位，杀掉废立大臣。刘宋文帝刘义隆即位，改元元嘉。公元426年，他大开杀戒，先是杀了徐羡之、傅亮和谢晦长子谢世休，接着又亲率大军攻打谢晦。谢晦无可奈何，起兵抵抗，全军溃败，在逃亡中为官军所擒，被杀。刘义隆总揽朝权，势倾天下。其四，夏国内乱。夏王赫连勃勃原立太子赫连璝，为领大将军、雍州牧、录南台尚书。后来，赫连勃勃厌恶太子，想废掉而另立太子，赫连璝得知后起兵造反，被其弟赫连昌所杀。于是，赫连勃勃改立赫连昌为太子，国力大损。公元425年，赫连勃勃病死，赫连昌继位。其五，拓跋焘攻下夏都城。公元427年，北魏出兵攻打夏首都统万城，拓跋焘将主力埋伏在山谷中，以少量骑兵直抵城下，故意示弱，引诱夏军脱离坚城出战，当其出城追逐时，采纳崔浩分兵潜出袭其后之计，打败赫连昌军队，北魏军攻下了统万城。

【原文】

太祖文皇帝上之上

元嘉元年（甲子，424 年）

春，正月，魏改元始光。

丙寅，魏安定殇王弥卒。

营阳王居丧无礼，好与左右狎昵，游戏无度。特进致仕范泰上封事曰：“伏闻陛下时在后园，颇习武备，鼓鞞在宫，声闻于外。黩武掖庭之内，喧哗省闼之间，非徒不足以威四夷，只生远近之怪。陛下践阼，委政宰臣，实同高宗谅暗之美，而更亲狎小人，惧非社稷至计、经世之道也。”不听。泰，甯也。

南豫州刺史庐陵王义真，警悟爱文义，而性轻易，与太子左卫率谢灵运、员外常侍颜延之、慧琳道人情好款密。尝云：“得志之日，以灵运、延之为宰相，慧琳为西豫州都督。”灵运，玄之孙也，性褊傲，不遵法度；朝廷但以文义处之，不以为有实用。灵运自谓才能宜参权要，常怀愤邑。延之，含之曾孙也，嗜酒放纵。

徐羡之等恶义真与灵运等游，义真故吏范晏从容戒之，义真曰：“灵运空疏，延之隘薄，魏文帝所谓‘古今文人类不护细行’者也；但性情所得，未能忘言于悟赏耳。”于是，羡之等以为灵运、延之构扇异同，非毁执政，出灵运为永嘉太守，延之为始安太守。

义真至历阳，多所求索，执政每裁量不尽与。义真深怨之，数有不平之言，又表求还都，谘议参军庐江何尚之屡谏，不听。时羡之等已密谋废帝，而次立者应在义真，乃因义真与帝有隙，先奏列其罪恶，废为庶人，徙新安郡。

【语译】

太祖文皇帝上之上

宋文帝元嘉元年（甲子，424年）

春季，正月，北魏改年号为始光。

正月初四丙寅，北魏安定殇王拓跋弥去世。

刘宋少帝刘义符在为其父武帝刘裕服丧期间，喜欢与左右侍从亲昵轻佻，嬉戏游乐，不能自我节制。以特进衔退休的范泰呈上一本用皂囊封板的奏书，说："我听说皇上常常在后花园习武练功，鼓鞞虽在宫中，鼓声却远传宫外，在禁宫深院，打闹砍杀，又在朝廷各部公堂之间，喧哗嘶喊。如此，则不但不能威服四方夷族，而只能使远近各邦觉得怪诞不经。皇上即位以来，把政务都交给了宰相大臣，实际上同商朝的高宗武丁一样，有着服丧期间闭口不言的美誉。想不到您却与小人亲近，恐怕这不是治理国家的好办法和维持世风的好策略。"刘义符没有理会范泰的劝告。范泰，是范甯的儿子。

刘宋南豫州刺史庐陵王刘义真，聪睿敏捷，喜爱文学，但是性情轻浮，常与太子左卫率谢灵运、员外常侍颜延之以及慧琳道人等情投意合，过从甚密。刘义真曾经说："有朝一日我当上皇帝，就任命谢灵运、颜延之为宰相，慧琳道人为西豫州都督。"谢灵运，是谢玄的孙子，性情傲慢偏激，不遵守法令及世俗的约束。当时朝廷只把他放在文学侍从之臣的位置上，不认为他有从事实际工作的才干。而谢灵运却自认为他的才能应该参与朝廷机要，因而常常愤愤不平。颜延之，是颜含的曾孙，喜爱饮酒，放荡不羁。

刘宋司空徐羡之等对刘义真与谢灵运的交游，十分厌恶。刘义真的旧部范晏曾婉言规劝刘义真，刘义真说："谢灵运思想空疏不切实际，颜延之心胸狭窄，见识浅薄，正如魏文帝曹丕所说的'古今文人，多不拘小节'呀！然而，我们几人性情相投，不能像古人说的互相理解而忘了言语那样。"于是，徐羡之等认为谢灵运、颜延之挑拨是非，离间亲王与朝廷的关系，诽谤朝廷要臣，贬谢灵运为永嘉太守，颜延之为始安太守。

刘义真来到历阳之后，不断向朝廷索要供应，掌权的朝臣每次都裁减，不完全听命。刘义真深怀怨恨，经常有愤懑不平的言论，又上书朝廷，请求回到京师建康。谘议参军庐江人何尚之多次进言劝阻，刘义真拒不接受。此时，徐羡之等已经在密谋策划废掉少帝刘义符，但废掉刘义符后，身为次子的刘义真依照顺序，应当继位。于是，徐羡之等便利用刘义真与刘义符之间早已存在的宿怨，先上疏弹劾刘义真的种种罪行，将刘义真贬为平民，放逐到新安郡。

前吉阳令堂邑张约之上疏曰：“庐陵王少蒙先皇优慈之遇，长受陛下睦爱之恩，故在心必言，所怀必亮，容犯臣子之道，致招骄恣之愆。至于天姿夙成，实有卓然之美，宜在容养，录善掩瑕，训尽义方，进退以渐。今猥加剥辱，幽徙远郡，上伤陛下常棣之笃，下令远近恇然失图。臣伏思大宋开基造次，根条未繁，宜广树藩戚，敦睦以道。人谁无过，贵能自新。以武皇之爱子，陛下之懿弟，岂可以其一眚，长致沦弃哉！”书奏，以约之为梁州府参军，寻杀之。

（以上为第一段，写刘宋权臣徐羡之等人密谋以居丧无礼的罪名废掉少帝刘义符，按次当立刘义真，但刘义真与他们有矛盾，便借机弹劾，贬为平民，放逐新安郡。）

夏，四月，甲辰，魏主东巡大宁。

秦王炽磐遣镇南将军吉毗等帅步骑一万南伐白苟、车孚、崔提、旁为四国，皆降之。

徐羡之等以南兖州刺史檀道济先朝旧将，威服殿省，且有兵众，乃召道济及江州刺史王弘入朝。五月，皆至建康，以废立之谋告之。

甲申，谢晦以领军府屋败，悉令家人出外，聚将士于府内；又使中书舍人邢安泰、潘盛为内应。夜，邀檀道济同宿，晦悚动不得眠，道济就寝便熟，晦以此服之。

时帝于华林园为列肆，亲自沽卖；又与左右引船为乐，夕，游天渊池，即龙舟而寝。乙酉诘旦，道济引兵居前，羡之等继其后，入自云龙门；安泰等先诫宿卫，莫有御者。帝未兴，军士进杀二侍者，伤帝指，扶出东阁，收玺绶，群臣拜辞，卫送故太子宫。

侍中程道惠劝羡之等立皇弟南豫州刺史义恭。羡之等以宜都王义隆素有令望，又多符瑞，乃称皇太后令，数帝过恶，废为营阳王，以宜都王纂承大统，赦死罪以下。又称皇太后令，奉还玺绂，并废皇后为营阳王妃，迁营阳王于吴。使檀道济入守朝堂。王至吴，止金昌亭。六月，癸丑，羡之等使邢安泰就弑之。王多力，突走出昌门，追者以门关踣而

前吉阳县令堂邑人张约之上疏说："庐陵王从小就得到先帝优厚慈爱的待遇，长大后又受到皇上和睦友爱的恩宠，所以心里有什么话，一定要说出来，内心想什么，一定会不加掩饰地表现出来。或许在某些地方违背了为臣之道，招致骄傲放纵而带来的灾祸。但他聪明早熟，确有过人的才华，应该对他宽容教养，发挥他的长处，宽恕他的缺点，以恰当的方法训诫引导，升降都不应该过急。如今朝廷突然剥夺了他的爵位，把他放逐并幽禁到边远的地方。这对上伤害了皇上手足之情，对下使远近民心仓皇失措。我认为，我们大宋刚刚建立，宗室枝叶未繁，应该广泛树立藩属屏障，互相之间，敦厚和睦。人谁能无过，可贵的是能够改过自新。刘义真是武皇帝的爱子，是皇上的品德美好的弟弟，怎么可以因为他一时之过，就长期地舍弃放逐？"奏书呈上后，朝廷任命张约之为梁州府参军，不久，便把他杀了。

夏季，四月十四日甲辰，北魏太武帝拓跋焘向东巡视，抵达大宁。

西秦王乞伏炽磐派遣镇南将军乞伏吉毗等，率领步、骑兵共一万人，向南攻打白苟、车孚、崔提、旁为等四个部族，全部降服。

刘宋司空徐羡之等因南兖州刺史檀道济是武帝刘裕时代的大将，威望震慑朝廷内外，而且掌握强大的军队，于是，便征召檀道济及江州刺史王弘入朝。五月，二人先后抵达京师建康，徐羡之等就把废立皇帝的计划告诉了他们。

五月二十四日甲申，领军将军谢晦以府第破败的借口，将家人全部迁到别的地方，而在府中聚集了将士，又派中书舍人邢安泰、潘盛为内应。这天夜里，谢晦邀请檀道济同居一室，谢晦又紧张又激动，不能合眼，檀道济却倒头便睡，十分酣畅，谢晦不由得大为敬服。

当时，刘宋国少帝刘义符在皇家华林园造了一排商店，亲自买入卖出，讨价还价；又跟左右佞臣一起，划船取乐。傍晚，刘义符又率领左右游逛天渊池，夜里就睡在龙舟上。五月二十五日乙酉凌晨，檀道济引兵开路，徐羡之等随后继进，从云龙门入宫。邢安泰等已先行说服了皇家禁卫军，所以没有人出来阻挡。少帝刘义符还没有起床，军士已经闯入，杀掉刘义符的两个侍从，砍伤刘义符的手指，将刘义符挟持出东阁门，收缴了皇帝的玉玺和绶带。文武百官向他磕拜辞行，由军士把刘义符送回到他的故居太子宫。

刘宋侍中程道惠劝徐羡之等人拥立皇弟南豫州刺史刘义恭。徐羡之等却认为宜都王刘义隆一向有很高的声望，又多有祥瑞之兆出现，于是，就宣称奉皇太后张氏之命，列举刘义符过失罪恶，废为营阳王，而由宜都王刘义隆继承皇帝之位，赦免死罪以下人犯。又声称奉皇太后之命，收回皇帝印信，贬皇后司马茂英为营阳王妃，把刘义符送到吴郡，由檀道济入宫守卫朝堂。刘义符抵达吴郡后，被软禁在金昌亭。

弑之。

裴子野论曰：古者人君养子，能言而师授之辞，能行而傅相之礼。宋之教诲，雅异于斯，居中则任仆妾，处外则近趋走。太子、皇子，有帅，有侍，是二职者，皆台皂也。制其行止，授其法则，导达臧否，罔弗由之，言不及于礼义，识不达于今古，谨敕者能劝之以吝啬，狂愚者或诱之以凶慝。虽有师傅，多以耆艾大夫为之。虽有友及文学，多以膏粱年少为之，具位而已，亦弗与游。幼王临州，长史行事，宣传教命；又有典签，往往专恣，窃弄威权，是以本根虽茂而端良甚寡。嗣君冲幼，世继奸回，虽恶物丑类，天然自出，然习则生常，其流远矣。降及太宗，举天下而弃之，亦昵比之为也。呜呼！有国有家，其鉴之矣！

（以上为第二段，写刘宋顾命大臣徐羡之、傅亮、谢晦、檀道济等上演了一出废掉少帝刘义符的闹剧，将其挟持，收缴玺绶，废为营阳王，然后残忍地将其杀害。）

傅亮帅行台百官奉法驾迎宜都王于江陵。祠部尚书蔡廓至寻阳，遇疾不堪前，亮与之别。廓曰：“营阳在吴，宜厚加供奉；一旦不幸，卿诸人有弑主之名，欲立于世，将可得邪！”时亮已与羡之议害营阳王，乃驰信止之，不及。羡之大怒曰：“与人共计议，如何旋背即卖恶于人邪！”羡之等又遣使者杀前庐陵王义真于新安。

羡之以荆州地重，恐宜都王至，或别用人，乃亟以录命除领军将军谢晦行都督荆湘等七州诸军事、荆州刺史，欲令居外为援，精兵旧将，悉以配之。

秋，七月，行台至江陵，立行门于城南，题曰“大司马门”。傅亮帅百僚诣门上表，进玺绂，仪物甚盛。宜都王时年十八，下教曰：“猥以不德，谬降大命，顾己兢悸，何以克堪！辄当暂归朝廷，展哀陵寝，并与

六月二十四日癸丑，徐羡之等派邢安泰，前去刺杀刘义符。刘义符年轻力壮，奋战突围，逃出昌门，追兵用门闩捶击，将刘义符打翻在地上杀死。

裴子野评论说：古代君王养育儿子，儿子会说话的时候，由师傅教他文辞；会走路的时候，由师傅教他礼仪。刘宋的皇家教育，一向与此不同；皇子在宫里的时候，交给奴仆婢女；在宫外，则依靠左右跟班。不论是太子，还是皇子，都有所属的“帅”和“侍”，但是，担任这两种职务的人，都是等级低下的臣仆。太子、皇子们的言谈举止、教育修养，以及行善行恶都由他们诱导。而他们口中从不谈论礼义，见识不知古今。因此，拘束谨慎的人，能把太子和皇子引向小气鄙俗，而狂妄粗暴的人，则可能把太子和皇子引向凶暴与邪恶。太子、皇子们虽然也有师傅，多由年迈力衰的大臣充任，虽然也有“友”和“文学”这些设置，但多是些纨绔子弟充当，徒有其名而已。何况，太子、皇子们也不愿意跟这些人来往。年幼的亲王，赴州就任，而负实际责任的，却是长史，并由长史推广教化，执行政务，又设有典签一职。他们也往往窃弄权柄，恣意横行。所以，皇族根部虽然很茂盛，优良的枝叶却很少。继位的小皇帝年纪幼小，邪恶奸佞之人世代不断。虽然恶物丑类，出自上天，然而习惯已成，流毒久远呵！直到刘宋太宗皇帝刘彧，更是无道，整个国家都丢弃了他，也是由于亲近奸佞小人的缘故啊！呜呼！有国有家的人，应当以此为鉴。

刘宋尚书令傅亮率领行台的文武百官，携带皇帝专用的法驾，前往江陵迎接宜都王刘义隆。随行的祠部尚书蔡廓走到寻阳，患病不能继续前进。傅亮与蔡廓辞别时，蔡廓说：“如今营阳王刘义符在吴郡，朝廷的供奉应十分优厚。万一发生不幸，你们几人有弑君之罪名，到那时候，仍想活在世上就难了！”当时，傅亮已经与徐羡之商量好，决定谋害营阳王刘义符，听了蔡廓这番话后，便急忙写信给徐羡之，阻止这次行动，但已经来不及了。徐羡之大怒，说：“与人共同商议的计划，怎么能够转过身就改变主意，而把恶名加给别人呢！”徐羡之等人又派人杀死了流放在新安的庐陵王刘义真。

徐羡之认为荆州之地十分重要，恐怕宜都王刘义隆抵达京师后，或许任命别人继任，于是他以录尚书事、总领朝政的名义，任命领军将军谢晦代理都督荆、湘等七州诸军事，兼荆州刺史，希望谢晦居外地作为声援。于是，为谢晦配备了精锐军队和能征善战的将领。

秋季，七月，刘宋的行台到江陵，把象征性的宫城城门立在城南，题名“大司马门”。傅亮率领文武百官前往“大司马门”，呈上奏章和皇帝玉玺、服装，仪式盛大隆重。宜都王刘义隆当时年仅十八岁，发布文告说：“我无才无德，蒙上天错爱降

贤彦申写所怀。望体其心，勿为辞费。”府州佐史并称臣，请题榜诸门，一依宫省，王皆不许。教州、府、国纲纪宥所统内见刑，原逋责。

诸将佐闻营阳、庐陵王死，皆以为疑，劝王不可东下。司马王华曰：“先帝有大功于天下，四海所服，虽嗣主不纲，人望未改。徐羡之中才寒士，傅亮布衣诸生，非有晋宣帝、王大将军之心明矣；受寄崇重，未容遽敢背德。畏庐陵严断，将来必不自容；以殿下宽睿慈仁，远近所知，且越次奉迎，冀以见德；悠悠之论，殆必不然。又，羡之等五人，同功并位，孰肯相让！就怀不轨，势必不行。废主若存，虑其将来受祸，致此杀害；盖由贪生过深，宁敢一朝顿怀逆志！不过欲握权自固，以少主仰待耳。殿下但当长驱六辔，以副天人之心。”王曰：“卿复欲为宋昌邪！”长史王昙首、南蛮校尉到彦之皆劝王行，昙首仍陈天人符应，王乃曰：“诸公受遗，不容背义。且劳臣旧将，内外充满，今兵力又足以制物，夫何所疑！”乃命王华总后任，留镇荆州。王欲使到彦之将兵前驱，彦之曰：“了彼不反，便应朝服顺流；若使有虞，此师既不足恃，更开嫌隙之端，非所以副远迩之望也。”会雍州刺史褚叔度卒，乃遣彦之权镇襄阳。

甲戌，王发江陵，引见傅亮，号泣，哀动左右。既而问义真及少帝薨废本末，悲哭呜咽，侍侧者莫能仰视。亮流汗沾背，不能对；乃布腹心于到彦之、王华等，深自结纳。王以府州文武严兵自卫，台所遣百官众力不得近部伍。中兵参军朱容子抱刀处王所乘舟户外，不解带者累旬。

（以上为第三段，写刘宋顾命大臣傅亮率领百官到江陵迎接宜都王刘义隆即皇帝位，设立行台，礼仪隆重；刘义隆听从部将意见，顺流而下，严加戒备，周密防卫。）

下大命。我实在惶恐惊悸，怎么能够担负起如此大任！现在暂且回到京师，哀祭祖先陵墓，并与朝中贤能的大臣陈述我的意见，希望诸位大臣体谅我的用心，不要再说别的。”荆州府州长史及其他辅助官员一律称臣，并请求仿效国都宫城，更改各门名称。刘义隆一概不许，而且命令荆州、都督府和宜都国的官署宽恕管辖地区内已判决的罪人和无力还债的人。

刘义隆左右的将领和亲信闻知营阳王刘义符、庐陵王刘义真二人被杀身死，都认为可疑，劝刘义隆不要东下。司马王华说：“先帝功盖天下，四海威服，虽然继承人违法犯纪，皇家的威望却没有改变。徐羡之才能中等、出身寒士；傅亮也是由平民起家的书生。他们并没有晋宣帝司马懿、王敦那样的野心，这一点是很明显的。他们接受托孤的重任，享有崇高的地位，一时不会背叛。只是害怕庐陵王刘义真不肯宽容，将来无地自容，才痛下毒手。殿下聪睿机敏，仁慈宽厚，远近闻名。他们这次破格率众前来奉迎，是希望殿下感激他们。毫无根据的谣言，一定不是真的。另外，徐羡之等五人，功劳地位相同，谁肯服谁？即使他们中有人心怀不轨，企图背叛，也势必不成。被废掉的君主如果活着，他们担心将来遭到报复，所以才起杀机，是因为他们过于贪生怕死的缘故，他们怎么敢一朝之间突然谋反呢？只不过是想牢牢地掌握大权，巩固地位，奉立年轻的君主使自己得到重视而已！殿下只管坐上六匹马拉的车驾，长驱直入，才能不辜负上天及百姓的希望。”宜都王刘义隆说：“你莫非想当宋昌第二！”长史王昙首、南蛮校尉到彦之等都劝刘义隆动身东行。王昙首又分析了天象和人间的种种祥瑞征兆。刘义隆才说：“徐羡之等接受先帝的遗命，不至于背义忘恩。而且功臣旧将，布满朝廷内外，现有的兵力又足以制服叛乱，如此，我还有什么可疑虑的呢？”于是，刘义隆命令王华总管善后事务，留守荆州，又想派到彦之率军做前锋，先行出发开道，到彦之说：“如果肯定他们不反，就应该穿上官服，顺流而下，倘若万一发生不测，我的这支军队根本不能抵御，却使他们由此产生误会，不符合远近民众对我们的期望。”正好雍州刺史褚叔度去世，刘义隆就派遣到彦之暂且镇守襄阳。

七月十五日甲戌，刘义隆一行从江陵出发，他接见了傅亮，痛哭不已，悲哀的情绪感动了左右侍从人员。过了一会儿，刘义隆又问及刘义真及少帝刘义符被废及被杀的经过，不胜哀恸，悲哭不止，两旁侍从都不敢抬头。傅亮汗流浃背，张口结舌，不能应对。过后，傅亮派心腹去结交到彦之、王华这些人，与他们建立亲密的关系。刘义隆命令他的府州文武百官和军队加强保护，严密戒备。从建康来的临时朝廷文武官员和军队则不能接近他的队伍。中兵参军朱容子，手抱佩刀，守卫在刘义隆所乘船舱房门外，衣不解带地守卫长达几十天。

魏主还宫。

秦王炽磐遣太子暮末帅征北将军木弈干等步骑三万出貂渠谷，攻河西白草岭、临松郡，皆破之，徙民二万余口而还。

八月，丙申，宜都王至建康，群臣迎拜于新亭。徐羡之问傅亮曰："王可方谁？"亮曰："晋文、景以上人。"羡之曰："必能明我赤心。"亮曰："不然。"

丁酉，王谒初宁陵，还，止中堂。百官奉玺绶，王辞让数四，乃受之，即皇帝位于中堂。备法驾入宫，御太极前殿，大赦，改元，文武赐位二等。

戊戌，谒太庙。诏复庐陵王先封，迎其柩及孙修华、谢妃还建康。

庚子，以行荆州刺史谢晦为真，晦将行，与蔡廓别，屏人问曰："吾其免乎？"廓曰："卿受先帝顾命，任以社稷，废昏立明，义无不可。但杀人二兄而以之北面，挟震主之威，据上流之重，以古推今，自免为难。"晦始惧不得去，既发，顾望石头城喜曰："今得脱矣！"

癸卯，徐羡之进位司徒，王弘进位司空，傅亮加开府仪同三司，谢晦进号卫将军，檀道济进号征北将军。

有司奏车驾依故事临华林园听讼。诏曰："政刑多所未悉，可如先者，二公推讯。"

帝以王昙首、王华为侍中，昙首领右卫将军，华领骁骑将军，朱容子为右军将军。

甲辰，追尊帝母胡婕妤曰"章皇后"。封皇弟义恭为江夏王，义宣为竟陵王，义季为衡阳王；仍以义宣为左将军，镇石头。

徐羡之等欲即以到彦之为雍州，帝不许；征彦之为中领军，委以戎政。彦之自襄阳南下，谢晦已至镇，虑彦之不过己。彦之至杨口，步往江陵，深布诚款；晦亦厚自结纳。彦之留马及利剑、名刀以与晦，晦由此大安。

（以上为第四段，写刘宋刘义隆即皇帝位，改元元嘉，进行人事安排和调度，重

北魏主拓跋焘回宫。

西秦王乞伏炽磐派遣太子乞伏暮末率领征北将军木弈干等以及步、骑兵三万人向貂渠谷出击，进攻北凉的白草岭和临松郡，攻破这几个地方，俘虏居民二万多人而还。

八月初八丙申，宜都王刘义隆抵达京师建康，朝廷文武百官都赶赴新亭迎接叩拜。徐羡之问傅亮说："宜都王可以比历史上的谁？"傅亮说："比晋文帝、景帝还要高明。"徐羡之说："他一定明白我们的一片忠心。"傅亮说："未必。"

八月初九丁酉，刘义隆拜谒了其父武帝刘裕的陵墓初宁陵，回来停留在中堂。朝廷文武百官呈上皇帝的印信，刘义隆推让了几次，才接受，在中堂继承了皇位。然后又乘坐皇帝专用的法驾入宫，登太极前殿，下令实行大赦，改年号为元嘉，文武百官一律加官二等。

八月初十戊戌，刘义隆祭拜皇家祖庙，下令恢复刘义真庐陵王的封号，把刘义真的灵柩及刘义真的母亲孙修华、刘义真的正室谢妃，迎回建康。

八月十二日庚子，刘义隆下令，代理荆州刺史谢晦改为实任。谢晦赴任前，向祠部尚书蔡廓辞行，屏去左右侍从，问蔡廓："你看我能够幸免吗？"蔡廓说："你们接受先帝临终托孤大事，以社稷的兴衰为己任，废掉昏庸无道的君主，而改立英明的皇帝，从道义上讲，没有什么不可。可是，杀害人家的两个哥哥，却又北面称臣，则有震主之威。你又镇守长江上游重镇，这样，以古推今，你恐怕在劫难逃。"谢晦这才开始害怕无法得以逃脱，等到船只离岸，谢晦回首顾望石头城，按捺不住内心的喜悦，说："今日终于得以脱险了！"

八月十五日癸卯，刘义隆下令，提升司空徐羡之为司徒，王弘为司空，傅亮加授开府仪同三司，谢晦则加授卫将军，檀道济进号征北将军。

有关部门上疏，奏请宋文帝，依照惯例到华林园听取诉讼。宋文帝下令说："我对于政务刑法很不熟悉，可以跟从前一样，仍请徐羡之、王弘二公主持。"

随后，刘义隆又任命王昙首、王华为侍中，王昙首还兼任右卫将军，王华兼任骁骑将军，朱容子为右军将军。

八月十六日甲辰，宋文帝追尊生母胡婕妤为章皇后，封皇弟刘义恭为江夏王，刘义宣为竟陵王，刘义季为衡阳王；仍命刘义宣任左将军，镇守石头城。

徐羡之等打算任命到彦之为雍州刺史，宋文帝不许；文帝征召到彦之来京，担任中领军，负责京师守卫。到彦之于是从襄阳南下赴京。这时，领军将军谢晦已经到荆州，担心到彦之不会来看自己。到彦之一到杨口，就从陆路前往江陵探望谢晦，真挚地表达自己的诚意。谢晦也推心置腹，缔结友情。到彦之留下自己的名马、利剑及名刀赠给谢晦，谢晦至此才完全安定下来。

用亲信，恢复刘义真的庐陵王封号；谢晦实任荆州刺史，有一种脱险逃难的感觉。）

柔然纥升盖可汗闻魏太宗殂，将六万骑入云中，杀掠吏民，攻拔盛乐宫。魏世祖自将轻骑讨之，三日二夜至云中。纥升盖引骑围魏主五十余重，骑逼马首，相次如堵；将士大惧，魏主颜色自若，众情乃安。纥升盖以弟子於陟斤为大将，魏人射杀之；纥升盖惧，遁去。尚书令刘絜言于魏主曰："大檀自恃其众，必将复来，请俟收田毕，大发兵为二道，东西并进以讨之。"魏主然之。

九月，丙子，立妃袁氏为皇后，耽之曾孙也。

冬，十月，吐谷浑威王阿柴卒。阿柴有子二十人。疾病，召诸子弟谓之曰："先公车骑，以大业之故，舍其子拾虔而授孤；孤敢私于纬代而忘先君之志乎！我死，汝曹当奉慕璝为主。"纬代者，阿柴之长子；慕璝者，阿柴之母弟、叔父乌纥提之子也。

阿柴又命诸子各献一箭，取一箭授其弟慕利延使折之。慕利延折之。又取十九箭使折之，慕利延不能折。阿柴乃谕之曰："汝曹知之乎？孤则易折，众则难摧。汝曹当戮力一心，然后可以保国宁家。"言终而卒。

慕璝亦有才略，抚秦、凉失业之民及氐、羌杂种至五六百落，部众转盛。

十二月，魏主命安集将军长孙翰、安北将军尉眷北击柔然，魏主自将屯柞山。柔然北遁，诸军追之，大获而还。翰，肥之子也。

诏拜营阳王母张氏为营阳太妃。

林邑王范阳迈寇日南、九德诸郡。

宕昌王梁弥怱遣子弥黄入见于魏。宕昌，羌之别种也。羌地东接中国，西通西域，长数千里，各有酋帅，部落分地，不相统摄；而宕昌最强，有民二万余落，诸种畏之。

柔然汗国纥升盖可汗郁久闾大檀闻知北魏明元帝拓跋嗣去世的消息，率领六万骑兵攻入云中地区，屠杀掳掠吏民百姓，并且攻陷了盛乐宫。北魏主拓跋焘亲自率领轻骑兵前往攻打，他们三天两夜才抵达云中。纥升盖可汗率领柔然骑兵将拓跋焘的轻骑队伍包围五十多重，铁骑紧逼拓跋焘的马首，依次排列，如同铁墙。北魏将士大为恐惧，拓跋焘却神情自若，十分镇静，军心这才安定。纥升盖可汗任命他的侄儿郁久闾於陟斤为大将。北魏用箭射杀了郁久闾於陟斤；纥升盖可汗深感恐慌，率领柔然大军逃走。尚书令刘絜对拓跋焘说："郁久闾大檀仗恃他兵多将广，一定会卷土重来。请等秋天田里的庄稼收割以后，我们派遣大军分兵两路，从东、西两个方向同时并进，加以攻打。"拓拔焘允准。

九月，十八日丙子，宋文帝封王妃袁齐妫为皇后。袁齐妫，是袁耽的曾孙女。

冬季，十月，吐谷浑可汗慕容阿柴去世。慕容阿柴共有二十个儿子。病重时，慕容阿柴把他的子弟们召集到病榻前，对他们说："先公车骑将军因维持汗国大业的缘故，不教他的儿子慕容拾虔继承汗位，而把大任交给了我。我怎么敢用私心把汗位传给自己的儿子慕容纬代，而忘记先帝的伟大志向呢！我死后，你们要拥戴慕容慕璝为汗。"慕容纬代，是慕容阿柴的长子；慕容慕璝，是慕容阿柴同母异父的弟弟、叔父慕容乌纥堤的儿子。

慕容阿柴又命令所有的儿子，每人各拿出一箭，在其中抽出一支，叫他的弟弟慕容慕利延折断，慕容慕利延就把它折断。阿柴又把剩下的十九支箭合在一起，叫慕容慕利延折断，慕容慕利延无法折断。慕容阿柴于是告诫大家说："你们知道吗？一支箭容易折断，一把箭则难以摧折。你们应该同心合力，然后才可以保国保家。"说完就去世了。

慕容慕璝也富有才干韬略，他妥善地安抚了来自凉州、秦州失业的难民，以及羌族、氐族等各部族共五六百个部落，增加了部众人数，增强了国家的实力。

十二月，北魏主拓跋焘，派安集将军长孙翰、安北将军尉眷，北上进攻柔然。拓跋焘亲自率兵，屯驻在柞山。柔然汗国的部众闻讯北逃，北魏的几路大军紧紧追击，大获全胜而回。长孙翰，是长孙肥的儿子。

宋文帝下令，封营阳王刘义符的母亲张氏为营阳太妃。

林邑王范阳迈，进犯刘宋日南、九德等郡。

宕昌王梁弥匆，派遣他的儿子梁弥黄，前往北魏朝见。宕昌，是羌人的一个支派。羌人所居住的地域，东与中原相接，西与西域相通，东西长数千里。羌人各支各有首领，部落与部落之间也分地而居，不相管辖。其中，属宕昌部的实力最强，

夏主将废太子璝而立少子酒泉公伦。璝闻之，将兵七万北伐伦。伦将骑三万拒之，战于高平，伦败死。伦兄太原公昌将骑一万袭璝，杀之，并其众八万五千，归于统万。夏主大悦，立昌为太子。

夏主好自矜大，名其四门：东曰“招魏”，南曰“朝宋”，西曰“服凉”，北曰“平朔”。

（以上为第五段，写柔然可汗郁久闾大檀攻打北魏，攻陷盛乐宫；北魏主拓跋焘率军攻打，将其赶跑；吐谷浑可汗阿柴儿子众多，却传位其侄慕璝；胡夏内讧，赫连昌为太子。）

二年（乙丑，425 年）

春，正月，徐羡之、傅亮上表归政。表三上，帝乃许之。丙寅，始亲万机。羡之仍逊位还第；徐佩之、程道惠及吴兴太守王韶之等并谓非宜，敦劝甚苦；乃复奉诏视事。

辛未，帝礼南郊，大赦。

己卯，魏主还平城。

二月，燕有女子化为男。燕主以问群臣。尚书左丞傅权对曰：“西汉之末，雌鸡化为雄，犹有王莽之祸。况今女化为男，臣将为君之兆也。”

三月，丙寅，魏主尊保母窦氏为保太后。密后之殂也，世祖尚幼，太宗以窦氏慈良，有操行，使保养之。窦氏抚视有恩，训导有礼，世祖德之，故加以尊号，奉养不异所生。

丁巳，魏以长孙嵩为太尉，长孙翰为司徒，奚斤为司空。

夏，四月，秦王炽磐遣平远将军叱卢犍等袭河西镇南将军沮渠白蹄于临松，擒之，徙其民五千余户于枹罕。

魏主遣龙骧将军步堆等来聘，始复通好。

六月，武都惠文王杨盛卒。初，盛闻晋亡，不改义熙年号，谓世子玄曰：“吾老矣，当终为晋臣；汝善事宋帝。”及盛卒，玄自称都督陇右

共有二万多个部落，其他各部族都非常畏惧他们。

夏王赫连勃勃，准备废掉太子赫连璝而改立幼子酒泉公赫连伦。赫连璝听到这个消息，立即率兵七万人北上进攻赫连伦。赫连伦率兵三万人迎击，双方在高平大战。赫连伦兵败身死。赫连伦的同胞兄太原公赫连昌率领骑兵一万人袭击赫连璝的大军，斩杀赫连璝，收服了他的部众八万五千人，回到国都统万，赫连勃勃大喜，封赫连昌为太子。

赫连勃勃一向妄自尊大，他给都城统万的四个城门分别命名：东门为招魏门，南门为朝宋门，西门为服凉门，北门为平朔门。

宋文帝元嘉二年（乙丑，425年）

春季，正月，刘宋司徒徐羡之、尚书令傅亮上书宋文帝，请求文帝亲自主持朝政，归还政权，一连上奏了三次，文帝才批准。正月初十丙寅，文帝开始亲自处理朝廷政务。徐羡之于是辞职返回私宅。徐佩之、侍中程道惠、吴兴太守王韶之等，都认为徐羡之此举不合适，苦苦规劝敦促徐羡之返回朝廷。徐羡之于是接受命令，当朝视事。

正月十五日辛未，宋文帝前往南郊，祭祀天神，下令实行大赦。

正月二十三日己卯，北魏主拓跋焘返回平城。

二月，北燕国中有女子变成了男子。北燕王冯跋以此询问朝中文武官员的意见。尚书左丞傅权回答说："西汉末年，母鸡变为公鸡，结果出现了王莽篡汉的大祸。今天发生的是女子变为男子，这是臣属变成君王的先兆！"

三月十一日丙寅，北魏主拓跋焘尊奉他的乳母窦氏为保太后。拓跋焘的母亲杜贵嫔死时，拓跋焘年纪尚幼。明元帝拓跋嗣因为窦氏心地善良，品德好，所以让她哺育拓跋焘。窦氏精心照顾拓跋焘，至为疼爱，教导也很有方，拓跋焘十分感激，所以继位后奉上尊号，跟生母一样奉养她。

三月初二丁巳，北魏主拓跋焘任命长孙嵩为太尉，长孙翰为司徒，奚斤为司空。

夏季，四月，西秦王乞伏炽磐派遣平远将军叱卢犍等袭击北凉镇南将军沮渠白蹄镇守的临松，擒获沮渠白蹄，把临松五千多户居民强行迁移到枹罕。

北魏主拓跋焘派遣龙骧将军步堆等前来刘宋访问，两国又恢复了友好关系。

六月，受东晋封号的氐族首领、武都惠文王杨盛去世。当初，杨盛听说东晋灭亡的消息，坚持不改东晋的义熙年号，对他的世子杨玄说："我已经老朽了，应当至

诸军事、征西大将军、开府仪同三司、秦州刺史、武都王，遣使来告丧，始用元嘉年号。

秋，七月，秦王炽磐遣镇南将军吉毗等南击黑水羌酋丘担，大破之。

八月，夏武烈帝殂，葬嘉平陵，庙号世祖。太子昌即皇帝位。大赦，改元承光。

王弘自以始不预定策，不受司空，表让弥年，乃许之。乙酉，以弘为车骑大将军、开府仪同三司。

冬，十月，丘担以其众降秦，秦以担为归善将军；拜折冲将军乞伏信帝为平羌校尉以镇之。

癸卯，魏主大举伐柔然，五道并进：长孙翰等从东道，出黑漠；廷尉卿长孙道生等出白、黑二漠之间；魏主从中道；东平公娥清出栗园；奚斤等从西道，出尔寒山。诸军至漠南，舍辎重，轻骑，赍十五日粮，度漠击之。柔然部落大惊，绝迹北走。

十一月，以武都世子玄为北秦州刺史、武都王。

初，会稽孔宁子为帝镇西谘议参军，及即位，以宁子为步兵校尉，与侍中王华并有富贵之愿，疾徐羡之、傅亮专权，日夜构之于帝。

会谢晦二女当适彭城王义康、新野侯义宾，遣其妻曹氏及长子世休送女至建康。帝欲诛羡之、亮，并发兵讨晦，声言当伐魏，取河南，又言拜京陵，治行装舰。

亮与晦书曰："薄伐河朔，事犹未已，朝野之虑，忧惧者多。"又言："朝士多谏北征，上当遣外监万幼宗往相咨访。"时朝廷处分异常，其谋颇泄。

（以上为第六段，写刘宋文帝刘义隆开始亲政，欲诛杀权臣徐羡之、傅亮，谋划发兵攻打荆州刺史谢晦；北魏主拓跋焘发兵攻打柔然，五路并进，柔然各部落全部向北撤退。）

死做晋朝的臣民；而你们则应好好侍奉宋国。”等到杨盛去世，杨玄自称都督陇右诸军事、征西大将军、开府仪同三司、秦州刺史和武都王，派遣使臣前往刘宋报丧。这时，才开始改用元嘉年号。

秋季，七月，西秦王乞伏炽磐派遣镇南将军乞伏吉毗等，南下袭击黑水羌人部落酋长丘担，大败丘担的军队。

八月，夏国武烈帝赫连勃勃去世，安葬在嘉平陵，庙号为世祖；太子赫连昌即皇帝位，下令大赦，改年号为承光。

刘宋王弘因最初未能参与废掉少帝刘义符、拥戴宋文帝的政变，因此不接受司空一职的任命，不断地呈上奏书，辞让了一年，文帝才下令批准。八月初二乙酉，文帝任命王弘为车骑大将军、开府仪同三司。

冬季，十月，黑水羌人部落酋长丘担，率领他的部众归降西秦国。西秦任命丘担为归善将军。另行任命折冲将军乞伏信帝为平羌校尉，以镇抚归附的黑水羌族部落。

十月二十一日癸卯，北魏主拓跋焘大规模攻打柔然汗国，五路兵马，同时并进。司徒长孙翰等从东路，出兵黑漠；廷尉卿长孙道生等出兵白漠、黑漠之间；拓跋焘亲自率军，从中道直入；东平公娥清出兵栗园；奚斤等从西道，出兵尔寒山。几路军队到达漠南以后，舍弃辎重，改作轻骑兵，每人带十五天的干粮，深入大漠攻击。柔然各部落大吃一惊，全部撤退，向北逃窜。

十一月，刘宋任命武都惠文王杨盛的世子杨玄为北秦州刺史和武都王。

当初，刘宋会稽人孔宁子为刘义隆镇西谘议参军。刘义隆即位后，任命孔宁子为步兵校尉。孔宁子与侍中王华都有追求荣华富贵的强烈愿望，对徐羡之、傅亮等专揽大权深怀不满。于是，他们日夜在刘义隆面前，捏造罪状，陷害徐、傅二人。

正巧，谢晦的两个女儿将分别嫁给彭城王刘义康、新野侯刘义宾，所以，谢晦派他的妻子曹氏和长子谢世休送女儿抵达建康。文帝打算诛杀徐羡之、傅亮，并准备发兵攻打谢晦。于是，他宣称要攻打北魏，收复河南，又声称到京口的兴宁陵祭拜祖母孝懿皇后，整治行装，放到战船上。

傅亮写信给谢晦说：“目前，朝廷就要动员攻打黄河以北，事情并不到此为止。朝廷内外的官吏和百姓，对此多深感忧虑恐惧。”又写道：“朝中多数官员都劝阻皇上北征，皇上将要派遣外监万幼宗去荆州听取你的意见。”当时朝廷的举动不同寻常，文帝的清洗计划有些泄露。

三年（丙寅，426年）

春，正月，谢晦弟黄门侍郎皭驰使告晦，晦犹谓不然，以傅亮书示谘议参军何承天曰："计幼宗一二日必至。傅公虑我好事，故先遣此书。"承天曰："外间所闻，咸谓西讨已定，幼宗岂有上理！"晦尚谓虚妄，使承天豫立答诏启草，言伐虏宜须明年。江夏内史程道惠得寻阳人书，言"朝廷将有大处分，其事已审"，使其辅国府中兵参军乐冏封以示晦。晦问承天曰："若果尔，卿令我云何？"对曰："蒙将军殊顾，常思报德。事变至矣，何敢隐情！然明日戒严，动用军法，区区所怀，惧不得尽。"晦惧曰："卿岂欲我自裁邪？"承天曰："尚未至此。以王者之重，举天下以攻一州，大小既殊，逆顺又异。境外求全，上计也。其次，以腹心将兵屯义阳，将军自帅大众战于夏口，若败，即趋义阳以出北境，其次也。"晦良久曰："荆州用武之地，兵粮易给，聊且决战，走复何晚！"乃使承天造立表檄；又与卫军谘议参军琅邪颜卲谋举兵，卲饮药而死。

晦立幡戒严，谓司马庾登之曰："今当自下，欲屈卿以三千人守城，备御刘粹。"登之曰："下官亲老在都，又素无部众，情计二三，不敢受此旨。"晦仍问诸将佐："战士三千足守城否？"南蛮司马周超对曰："非徒守城而已，若有外寇，可以立功。"登之因曰："超必能办，下官请解司马、南郡以授之。"晦即于坐命超为司马，领南义阳太守。转登之为长史，南郡如故。登之，蕴之孙也。

帝以王弘、檀道济始不预废弑之谋，弘弟昙首又为帝所亲委，事将发，密使报弘，且召道济，欲使讨晦。王华等皆以为不可。帝曰："道济止于胁从，本非创谋，杀害之事，又所不关；吾抚而使之，必将无虑。"乙丑，道济至建康。

丙寅，下诏暴羡之、亮、晦杀营阳、庐陵王之罪，命有司诛之，且曰："晦据有上流，或不即罪，朕当亲帅六师，为其过防。可遣中领军到

宋文帝元嘉三年（丙寅，426年）

春季，正月，谢晦的弟弟黄门侍郎谢皭，派专人飞驰警告谢晦。但谢晦仍以为不至于此，并拿出傅亮的信给谘议参军何承天看，说："估计万幼宗一二日之内就会到达，傅亮怕我招惹是非，所以先送此信。"何承天说："我在外面听到的，都说向西攻打我们的计划已经确定，万幼宗怎么会有到这里来的道理！"谢晦仍然认为谣言虚妄不可信，就命何承天先行起草回答诏书的奏书，建议朝廷如果攻打北魏，最好延迟到明年。江夏内史程道惠接到一封寻阳方面送来的信，信中说："朝廷将有大规模的非常行动，事情已经明确了。"程道惠派辅国府中兵参军乐冏，把信封好送给谢晦。谢晦问何承天："如果真有不测，你认为我该怎么办呢？"何承天说："我蒙受将军您的特殊照顾，常想报答您的恩惠。如今事情已经发生了变化，怎么敢隐瞒真情！可是，一旦明天下令戒严，动不动就用军法制裁，我心中要说的话，恐怕不能说尽。"谢晦惊恐地问道："你难道让我自杀吗？"何承天说："还不到这个地步。以帝王的威严和全国的力量去进攻一个州，实力大小既悬殊，民心逆顺又迥异，您到国境外保全性命，是上策。其次，派心腹将领驻军义阳，将军您亲率大军与敌人在夏口决战；如果失败，可以取道义阳北上出境，投奔北魏，这是中策。"谢晦沉吟良久才说："荆州是兵家必争之地，兵力和粮草都容易接济，不妨先来一次决战，打败了再走也不晚。"于是，命令何承天撰写檄文；又与卫军谘议参军琅邪人颜邵商讨起兵反抗。颜邵服毒自杀。

谢晦竖起大旗，下令戒严，对司马庾登之说："我现在要亲自东下出征，打算委屈你以三千人守卫江陵，防备刘粹。"庾登之说："我的双亲都已年迈，身在建康，而我自己又从来没有过直属的部队，我考虑再三，不敢接受这项命令。"谢晦又问其他将领和佐臣："战士三千人，够不够守城？"南蛮司马周超说："不仅足够守城，如有敌人从外面攻击，还可以立功。"庾登之于是说："周超一定能够胜任，我愿意解除司马和南郡太守两个职务转授给他。"谢晦当即就在座位上任命周超为司马，兼任南义阳郡太守，改任庾登之为长史，仍任南郡太守如初。庾登之，是庾蕴的孙子。

宋文帝认为，王弘、檀道济在开始并没有参与废杀刘义真、刘义符的阴谋，王弘的弟弟王昙首又是宋文帝亲近信任的心腹。所以，在开始行动之前，宋文帝秘密派人告诉王弘，并且召见檀道济，打算派檀道济去攻打谢晦。王华等宋文帝身边的大臣都坚决反对。宋文帝说："檀道济当初只不过是被胁迫而随从徐羡之等人行事，本不是他主动提出，而谋杀的事，更与他没有关系。我安抚并使用他，不必有其他顾虑。"正月十五日乙丑，檀道济抵达建康。

正月十六日丙寅，宋文帝下令公布徐羡之、傅亮、谢晦杀害营阳王刘义符、庐陵王刘义真的罪状，命有关部门逮捕诛杀他们，并且说："谢晦据守长江上游，可能

彦之即日电发，征北将军檀道济骆驿继路，符卫军府州，以时收翦，已命雍州刺史刘粹等断其走伏。罪止元凶，余无所问。”

是日，诏召羡之、亮。羡之行至西明门外，谢皭正直，遣报亮云：“殿内有异处分。”亮辞以嫂病暂还，遣使报羡之，羡之还西州，乘内人问讯车出郭，步走至新林，入陶灶中自经死。亮乘车出郭门，乘马奔兄迪墓，屯骑校尉郭泓收之。至广莫门，上遣中书舍人以诏书示亮，并谓曰：“以公江陵之诚，当使诸子无恙。”亮读诏书讫，曰：“亮受先帝布衣之眷，遂蒙顾托。黜昏立明，社稷之计也。欲加之罪，其无辞乎！”于是，诛亮而徙其妻子于建安；诛羡之二子，而宥其兄子佩之。又诛晦子世休，收系谢皭。

（以上为第七段，写刘宋文帝刘义隆掌控朝政后，着手收拾“废杀”大臣徐羡之、傅亮、谢晦，公布罪状，命有司逮捕、诛杀。徐羡之畏罪自杀，傅亮逃跑，被拘杀。）

帝将讨谢晦，问策于檀道济，对曰：“臣昔与晦同从北征，入关十策，晦有其九，才略明练，殆为少敌。然未尝孤军决胜，戎事恐非其长。臣悉晦智，晦悉臣勇。今奉王命以讨之，可未陈而擒也。”丁卯，征王弘为侍中、司徒、录尚书事、扬州刺史，以彭城王义康为都督荆湘等八州诸军事、荆州刺史。

乐冏复遣使告谢晦以徐、傅及皭等已诛。晦先举羡之、亮哀，次发子弟凶问，既而自出射堂勒兵。晦从高祖征讨，指麾处分，莫不曲尽其宜，数日间，四远投集，得精兵三万人。乃奉表称羡之、亮等忠贞，横被冤酷。且言：“臣等若志欲执权，不专为国，初废营阳，陛下在远，武皇之子尚有童幼，拥以号令，谁敢非之！岂得溯流三千里，虚馆七旬，仰望鸾旗者哉！故庐陵王，于营阳之世积怨犯上，自贻非命。不有所废，将何以兴！耿弇不以贼遗君、父，臣亦何负于宋室邪！此皆王弘、王昙首、王华险躁猜忌，谗构成祸。今当举兵以除君侧之恶。”

（以上为第八段，写宋文帝刘义隆决意攻打谢晦，拉拢宿将檀道济；谢晦废昏立明，一心只为报答刘裕知遇之恩，一心只为刘宋江山，感到无限委屈，上书陈情，

不会立即伏法。我将亲自统率朝廷大军前往攻打。可派中领军到彦之即日开始急速出发，征北将军檀道济陆续出发为后继。符卫军府及荆州官属，应及时逮捕并诛杀谢晦。已命雍州刺史刘粹等截击，切断其逃跑或潜伏的道路。罪犯只限谢晦一人，其他胁从者一律不加追究。”

这天，宋文帝下令召见徐羡之、傅亮。徐羡之走到建康城西明门外，谢皭正在值班，派人飞报傅亮说：“殿内举动异常！”傅亮马上借口嫂嫂生病，暂时回家，派人通知徐羡之，徐羡之回到西城，乘坐宫廷内部人出差的车逃出建康城，又步行到新林，在一个烧陶器的窑里，自缢身亡。傅亮乘车逃出建康城，再乘马奔其兄傅迪的墓园，屯骑校尉郭泓将他逮捕。到建康城北门广莫门，文帝派中书舍人拿诏书给傅亮看，对他说：“因你当初在江陵迎驾时，态度至为诚恳，所以饶恕你的儿子们不死。”傅亮读过诏书说：“我出身平民，蒙受先帝垂爱，赋予托孤大任。废掉昏君，迎立明主，全是为国家百年大计。要想把罪过强加在我的身上，还怕没有借口吗？”于是，傅亮被杀，他的妻室和子女被放逐到建安。又斩杀了徐羡之的两个儿子，而饶恕了他的侄儿徐佩之。诛杀了谢晦的儿子谢世休，逮捕谢皭。

宋文帝将要攻打谢晦，向檀道济询问策略，檀道济说：“我当年与谢晦一同北伐，当时得以入关的十项计策，有九项是由谢晦提出来的。谢晦才略精明老练，大约很少有敌手。但他从没有单独带领部队打过胜仗，战场上的军事行动，恐怕不是他所擅长的。我了解谢晦的才智，谢晦也了解我的勇敢。今天我奉皇帝的命令来攻打他，可以在他没有摆开阵势以前，就把他擒获。”正月十七日丁卯，宋文帝召见王弘，并任命他为侍中、司徒、录尚书事和扬州刺史；任命彭城王刘义康为都督荆、湘等八州诸军事和荆州刺史。

辅国府中兵参军乐冏，再派人报告谢晦，说徐羡之、傅亮、谢皭等已被杀。于是，谢晦先为徐羡之、傅亮举行祭礼，又为弟弟及儿子发布死讯。然后亲自走出虎帐统率军队。谢晦当年随宋武帝刘裕南征北讨，经验丰富，所以发号施令，指挥调动，无不切实妥当，几天之间，人们从四面八方投奔谢晦，很快就聚集了精兵三万人。于是，谢晦上书，盛赞徐羡之、傅亮等都是忠贞之臣，却遭受横暴的冤杀。又说：“我们这些人如果想长久地把握权柄，不一心为国家着想，我们当初在废掉营阳王时，皇上您远在荆州，武皇帝的儿子中还有幼童，我们完全可以拥戴小皇帝，发号施令，谁敢说个不字！怎么会逆流而上三千里，虚位七十多天，去迎接皇上的鸾旗！已故的庐陵王刘义真，在营阳王在位的时候，就曾积恨，冒犯皇上，是他自己死于非命，不有所废免，怎么会有兴起！耿弇不曾把贼寇遗留给君王，我又有什么

起兵反抗，要清君侧之恶。）

秦王炽磐复遣使如魏，请用师于夏。

初，袁皇后生皇子劭，后自详视，使驰白帝曰："此儿形貌异常，必破国亡家，不可举。"即欲杀之。帝狼狈至后殿户外，手拨幔禁之，乃止。以尚在谅暗，故秘之。闰月，丙戌，始言劭生。

帝下诏戒严，大赦，诸军相次进路以讨谢晦。晦以弟遁为竟陵内史，将万人总留任，帅众二万发江陵，列舟舰自江津至于破冢，旌旗蔽日。叹曰："恨不得以此为勤王之师。"

晦欲遣兵袭湘州刺史张邵，何承天以邵兄益州刺史茂度与晦善，曰："邵意趣未可知，不宜遽击之。"晦以书招邵，邵不从。

二月，戊午，以金紫光禄大夫王敬弘为尚书左仆射，建安太守郑鲜之为右仆射。敬弘，廙之曾孙也。

庚申，上发建康。命王弘与彭城王义康居守，入居中书下省；侍中殷景仁参掌留任；帝姊会稽长公主留止台内，总摄六宫。

谢晦自江陵东下，何承天留府不从。晦至江口，到彦之已至彭城洲。庾登之据巴陵，畏懦不敢进。会霖雨连日，参军刘和之曰："彼此共有雨耳，檀征北寻至，东军方强，惟宜速战。"登之恇怯，使小将陈祐作大囊，贮茅悬于帆墙，云可以焚舰，用火宜须晴，以缓战期。晦然之，停军十五日。乃使中兵参军孔延秀攻将军萧欣于彭城洲，破之。又攻洲口栅，陷之。诸将咸欲退还夏口，到彦之不可，乃保隐圻。晦又上表自讼，且自矜其捷，曰："陛下若枭四凶于庙庭，悬三监于绛阙，臣便勒众旋旗，还保所任。"

地方辜负了宋皇室呢？这都是因为王弘、王昙首、王华一伙阴险、狂暴，多所猜忌和挑拨离间造成的灾祸。现在，我要发动大军，以清除皇上身边的邪恶之徒。”

西秦王乞伏炽磐，再次派使臣前往北魏，请求对夏国采取军事行动。

当初，宋文帝的皇后袁氏，生下皇子刘劭以后，端详婴儿良久，派人飞快报告刘义隆，说：“此儿相貌异常，将来一定会弄得国破家亡，不能养他！”就要动手把婴儿弄死。刘义隆急急忙忙赶到后殿门外，用手拨开门帘阻止，这才留下刘劭一命。只是在为父亲守丧期间生子，违犯礼教，所以一直保密。闰正月初六丙戌，才宣布皇子刘劭诞生。

刘宋文帝刘义隆下令戒严，实行大赦，各路军队依次出发，攻打谢晦。谢晦任命他的弟弟谢遁为竟陵内史，率领一万人留守江陵。他自己则亲自率兵二万人从江陵出发，他指挥的战船，从江津一直排列到破冢，旌旗招展，遮天蔽日，谢晦长叹一声，说：“真恨不得这是一支保护皇家的大军！”

谢晦想要派兵袭击湘州刺史张邵，何承天因为张邵的哥哥益州刺史张茂度与谢晦私交甚好，就说：“张邵的态度还不明朗，不应该轻率地发动攻击。”谢晦写信招抚张邵，张邵不肯追随谢晦。

二月初九戊午，宋文帝任命金紫光禄大夫王敬弘为尚书左仆射，任命建安太守郑鲜之为右仆射。王敬弘，是王廙的曾孙。

二月十一日庚申，宋文帝从建康出发，命令王弘与彭城王刘义康留守京师建康，进驻中书下省；侍中殷景仁也参与负责留守京师的任务。文帝的姐姐会稽长公主刘兴弟住进皇宫，总管后宫事务。

谢晦从江陵东下，何承天留守江陵没有随从。谢晦抵达西江口，到彦之的军队已开进彭城洲。庾登之据守巴陵，胆怯畏缩，不敢前进。当时正值大雨连绵，数日不停，参军刘和之警告庾登之说：“我们遇雨，敌人也遇雨，征北将军檀道济的大军不久就要到了，官军实力正强，我们应该速战速决才好。”庾登之还是畏惧不敢出战，却令手下的小军官陈祐，制造了一个大口袋，装满茅草悬挂在桅杆之上，声称可以用来焚毁敌人的舰船。用火攻必须等到天晴，他用这个办法，延缓会战的日期，谢晦却同意了庾登之的做法，逗留了十五日，才派中兵参军孔延秀进攻驻扎在彭城洲的将军萧欣，大败萧欣的军队，又进攻彭城洲口官军营垒阵地，一举攻下。官军的大小将领都主张退走，据守夏口，到彦之反对，于是退守隐圻。谢晦又上书为自己辩护，并且十分骄傲地夸耀自己在军事上的胜利，说：“皇上如果把‘四凶’斩首，把‘三监’的人头悬挂在宫墙上，我就立刻停止进攻，回转旌旗，折返我的任所。”

初，晦与徐羡之、傅亮为自全之计，以为晦据上流，而檀道济镇广陵，各有强兵，足以制朝廷；羡之、亮居中秉权，可得持久。及闻道济帅众来上，惶惧无计。

道济既至，与到彦之军合，牵舰缘岸。晦始见舰数不多，轻之，不即出战。至晚，因风帆上，前后连咽；西人离沮，无复斗心。戊辰，台军至忌置洲尾，列舰过江，晦军一时皆溃。晦夜出，投巴陵，得小船还江陵。

先是，帝遣雍州刺史刘粹自陆道帅步骑袭江陵，至沙桥，周超帅万余人逆战，大破之，士卒伤死者过半。俄而晦败问至。初，晦与粹善，以粹子旷之为参军。帝疑之，王弘曰："粹无私，必无忧也。"及受命南讨，一无所顾，帝以此嘉之。晦亦不杀旷之，遣还粹所。

丙子，帝自芜湖东还。

晦至江陵，无他处分，唯愧谢周超而已。其夜，超舍军单舸诣到彦之降。晦众散略尽，乃携其弟遁等七骑北走。遁肥壮，不能乘马，晦每待之，行不得速。己卯，至安陆延头，为戍主光顺之所执，槛送建康。

到彦之至马头，何承天自归。彦之因监荆州府事，以周超为参军；刘粹以沙桥之败告，乃执之。于是，诛晦、皭、遁及其兄弟之子，并同党孔延秀、周超等。晦女彭城王妃被发徒跣，与晦诀曰："大丈夫当横尸战场，奈何狼藉都市！"庾登之以无任，免官禁锢，何承天及南蛮行参军新兴王玄谟等皆见原。晦之走也，左右皆弃之，唯延陵盖追随不舍，帝以盖为镇军功曹督护。

晦之起兵，引魏南蛮校尉王慧龙为援。慧龙帅众一万拔思陵戍，进围项城，闻晦败，乃退。

益州刺史张茂度受诏袭江陵；晦败，茂度军始至白帝。议者疑茂度

当初，谢晦与徐羡之、傅亮为了保全自己，就用谢晦把守长江上游，又把檀道济安置在广陵，使他们各自拥有强兵，足以胁制朝廷；而徐羡之、傅亮在朝中居高官、掌实权，可以维持长久的安定。等到谢晦听说檀道济率兵来攻打自己，不禁大为惶恐，束手无策。

檀道济的大军一到隐圻，立即与到彦之的军队合兵一处，战船沿岸停泊。谢晦最初看见战舰不多，毫不在意，也不马上发动攻击。到了晚上，东风大起，官军的船舰，帆篷满张，陆续抵达，前后相连，塞满江面。谢晦军队的士气涣散，军心沮丧，不再有斗志。二月十九日戊辰，官军舰队挺进到忌置洲尾，战船排列着渡过长江，谢晦的军队一触即溃，全军大败。谢晦在夜色的掩护下出走，投奔巴陵，找到一艘小船回到江陵。

当初，宋文帝派遣雍州刺史刘粹从陆路，率领步、骑兵袭击江陵，刘粹的军队刚到沙桥，谢晦的司马周超就率军一万多人迎战，刘粹军大败，死伤的士兵在一半以上。可是不久，传来谢晦战败的消息。当初，谢晦与刘粹私交甚好，并任命刘粹的儿子刘旷之为参军，宋文帝对刘粹的态度，感到怀疑。王弘说："刘粹没有野心，一定不会出差错。"等到刘粹接受朝廷的命令攻打谢晦，则义无反顾，宋文帝因此对刘粹倍加赞许。谢晦也并没有因此杀害刘旷之，反而把他送回到刘粹那里。

二月二十七日丙子，宋文帝从芜湖东归建康。

谢晦逃回江陵，也没有做其他部署，只是惭愧地向周超道歉。当天晚上，周超舍弃他指挥的军队，一个人乘舟前往到彦之的营地请降。谢晦的部将全部散尽，于是，谢晦携同他的弟弟谢遁等人共七匹马向北逃去。谢遁体胖且壮，不能骑马，谢晦常常要停下来等候，因此他们的速度很慢。二月三十日己卯，谢晦一行才逃到安陆延头，被当地戍守的将领光顺之俘虏，用囚车送到京师建康。

到彦之的军队进抵马头，谢晦的谘议参军何承天投降。到彦之于是主持荆州政务，任命周超为参军，等到刘粹把沙桥之败的情形上报，才逮捕了周超。于是，文帝刘义隆下令斩谢晦、谢嚼、谢遁以及他们兄弟的儿子，同时被斩的还有谢晦的同党孔延秀、周超等人。谢晦的女儿彭城王妃披散头发，光着双脚，与父亲诀别，她说："大丈夫应当战死沙场，为什么要行为不法，以致在都城的市上被斩！"庾登之因为在谢晦军中没有实权，所以被免除官职，监禁起来。何承天及南蛮行参军新兴人王玄谟等都得到朝廷的赦免。谢晦败走的时候，左右亲信都抛弃他各自逃命，唯独延陵盖一人追随谢晦不肯离去，文帝又命延陵盖为镇军功曹督护。

谢晦起兵之时，曾联络北魏南蛮校尉王慧龙为外援。王慧龙率领军队一万人，攻陷思陵戍，进而包围了项城，等到听说谢晦战败，才退回北魏境内。

益州刺史张茂度也曾接受文帝的命令去袭击江陵；谢晦战败的时候，张茂度的

有贰心，帝以茂度弟邵有诚节，赦不问，代还。

（以上为第九段，写刘宋文帝刘义隆率军攻打荆州刺史谢晦，多路并进，打败谢晦；谢晦逃跑而被活捉、斩首，相关人员均被处以极刑。）

三月，辛巳，帝还建康，征谢灵运为秘书监，颜延之为中书侍郎，赏遇甚厚。

帝以慧琳道人善谈论，因与议朝廷大事，遂参权要，宾客辐凑，门车常有数十两，四方赠赂相系，方筵七八，座上恒满。琳著高屐，披貂裘，置通呈、书佐。会稽孔觊尝诣之，遇宾客填咽，暄凉而已。觊慨然曰："遂有黑衣宰相，可谓冠屦失所矣！"

夏，五月，乙未，以檀道济为征南大将军、开府仪同三司、江州刺史，到彦之为南豫州刺史。遣散骑常侍袁渝等十六人分行诸州郡县，观察吏政，访求民隐，又使郡县各言损益。丙午，上临延贤堂听讼，自是每岁三讯。

左仆射王敬弘，性恬淡，有重名；关署文案，初不省读。尝预听讼，上问以疑狱，敬弘不对。上变色，问左右："何故不以讯牒副仆射？"敬弘曰："臣乃得讯牒读之，正自不解。"上甚不悦，虽加礼敬，不复以时务及之。

六月，以右卫将军王华为中护军，侍中如故。华以王弘辅政，王昙首为上所亲任，与己相埒，自谓力用不尽，每叹息曰："宰相顿有数人，天下何由得治！"是时，宰相无常官，唯人主所与议论政事、委以机密者，皆宰相也，故华有是言。亦有任侍中而不为宰相者，然尚书令、仆，中书监、令，侍中、侍郎、给事中，皆当时要官也。

华与刘湛、王昙首、殷景仁俱为侍中，风力局干，冠冕一时。上尝与四人于合殿宴饮，甚悦。既罢出，上目送良久，叹曰："此四贤，一时之秀，同管喉唇，恐后世难继也。"

军队才到白帝城。当时的人怀疑张茂度对朝廷有二心，文帝却因为张茂度的弟弟张邵忠诚有节操，对张茂度的行为不加追究，只是派人接替而召他回京师。

三月初二辛巳，宋文帝返回建康，征召谢灵运担任秘书监，颜延之为中书侍郎，赏赐和礼遇都非常优厚。

宋文帝因为慧琳道人擅长谈论分析，所以常跟他商讨国家大事，慧琳道人因此得到参与国家机要的机会。于是，宾客们从四面八方争先恐后地拥到慧琳道人的门庭，门前等候召见的车常有数十辆之多，各地送来的财物，前后相接，每天的筵席就有七八桌，座位常满。慧琳道人脚穿高齿木屐，身披貂皮外衣，在府中设立负责传达的通呈官和掌书翰的官佐。会稽人孔觊曾经拜访慧琳道人，正遇宾客拥挤，两个人只能寒暄两句，不能多说别的话。孔觊感慨叹息，说："如今穿黑衣服的和尚都做了宰相，这真可以说衣冠文士失所了！"

夏季，五月十七日乙未，宋文帝任命檀道济为征南大将军、开府仪同三司和江州刺史；擢升到彦之为南豫州刺史；又派遣散骑常侍袁渝等十六人，分别巡察各州郡县，考察官员的政绩，访求民间无处申诉的疾苦。文帝还命郡县上书奏报当地的行政得失。五月二十八日丙午，宋文帝亲自到延贤堂听取诉讼。此后，每年前来三次。

左仆射王敬弘，性情恬然，甘于淡泊，在朝廷内外享有盛誉。可是在签署文稿时，从来不事先审阅。有一次，他随同宋文帝听取民间诉讼，文帝就一件有疑问的案件询问王敬弘，王敬弘回答不出。文帝脸色大变，问左右侍臣："你们为什么不把案卷的副本送给王仆射？"王敬弘回答说："我已看到了案卷的副本，可是看不懂。"文帝非常不高兴，虽然对他仍然礼敬，却不再与他讨论国家大事。

六月，宋文帝任命右卫将军王华为中护军，同时仍兼任侍中。王华认为，司徒王弘是文帝的辅弼之臣，侍中王昙首又是皇上十分信任的心腹，他们的地位与自己相当。因此，王华自以为自己的才能，无法完全施展，他常常叹息着说："朝中宰相，一时之间多达数人，天下怎么能够治理！"当时，朝中没有固定的宰相，只要谁与皇帝讨论国家大事，国家机要大事交给谁办，谁就是宰相，所以王华才有这样的议论。当时也有任侍中的职务而不是宰相的人；然而，尚书令、仆射、中书监、中书令、侍中、侍郎、给事中等都是重要的官职。

王华与刘湛、王昙首、殷景仁都担任侍中的职务，他们风采卓然，精明干练，荣显一时。宋文帝刘义隆曾经在合殿设宴款待他们四人，与他们共同欢饮，特别高兴。筵席散后，文帝目送他们好久好久，叹息道："这四位贤才，是一时之俊杰，一

黄门侍郎谢弘微与华等皆上所重，当时号曰“五臣”。弘微，琰之从孙也。精神端审，时然后言，婢仆之前不妄语笑，由是尊卑大小，敬之若神。从叔混特重之，常曰：“微子异不伤物，同不害正，吾无间然。”

上欲封王昙首、王华等，拊御床曰：“此坐非卿兄弟，无复今日。”因出封诏以示之。昙首固辞曰：“近日之事，赖陛下英明，罪人斯得。臣等岂可因国之灾以为身幸！”上乃止。

（以上为第十段，写刘义隆将废昏立明的大臣尽数诛灭，重新安排人事，王华、刘湛、王昙首、殷景仁、谢弘微均得到重用，当时号曰“五臣”。）

魏主诏问公卿：“今当用兵，赫连、蠕蠕，二国何先？”长孙嵩、长孙翰、奚斤皆曰：“赫连土著，未能为患。不如先伐蠕蠕，若追而及之，可以大获；不及，则猎于阴山，取其禽兽皮角以充军实。”太常崔浩曰：“蠕蠕鸟集兽逃，举大众追之则不能及，轻兵追之又不足以制敌。赫连氏土地不过千里，政刑残虐，人神所弃，宜先伐之。”尚书刘絜、武京侯安原请先伐燕。于是，魏主自云中西巡至五原，因畋于阴山，东至和兜山。秋，八月，还平城。

诏殿中将军吉恒聘于魏。

燕太子永卒，立次子翼为太子。

秦王炽磐伐河西，至廉川，遣太子暮末等步骑三万攻西安，不克，又攻番禾。河西王蒙逊发兵御之，且遣使说夏主，使乘虚袭枹罕。夏主遣征南大将军呼卢古将骑二万攻苑川，车骑大将军韦伐将骑三万攻南安。炽磐闻之，引归。九月，徙其境内老弱、畜产于浇河及莫河仍寒川，留左丞相昙达守枹罕。韦伐攻拔南安，获秦秦州刺史翟爽、南安太守李亮。

起作为我的喉唇，恐怕后世很难再出现。”

黄门侍郎谢弘微与王华等都深得宋文帝的重用，当时他与王华、刘湛、王昙首、殷景仁等号称‘五臣’。谢弘微，是谢琰的侄孙。他一向端重严谨，在适当的时机，才开口说话，在仆役奴婢面前，也从不随便说笑，因此，不论尊卑大小，都像对待神明一样恭敬他。他的堂叔谢混对他尤其推崇敬重，常说：“谢弘微这人，与别人相异时不会伤害别人，与别人相同时也不会违背正道，对他我是没什么毛病可挑的了。”

宋文帝打算封王昙首、王华等人爵位，他抚摸着御座说：“这个宝座，如果不是你们兄弟，我今天就坐不上。”于是，他就拿出封爵的命令给他们看。王昙首坚决辞让，说：“近来发生的事情，全仰赖皇上英明决断，使罪人得到应有的惩罚；我们怎么可以因为国家的灾难，而自己得到好处！”文帝方作罢。

北魏主拓跋焘下令，遍问朝中文武大臣：“现在我们要出兵攻打赫连、蠕蠕，应当先攻打哪一国？”太尉长孙嵩、司徒长孙翰、司空奚斤都说：“赫连氏土生土长，暂时还不足为患。不如先伐蠕蠕，如果能够追到他们，可以大获全胜；如果追不到，我们则到阴山做一次大狩猎，可以获取大批禽兽的毛皮骨角，用来充实军用物资。”太常崔浩说：“蠕蠕来的时候，像飞鸟一样霎时集结；去的时候，也像野兽一样霎时逃散。用大军追赶，一定不会追上，如果用少量的军队追赶，又无法把他们制服。赫连氏土地不过一千里，政治残暴，刑法酷烈，得不到上天的保佑和人民的拥护，应当先行攻打赫连。”尚书刘絜、武京侯安原则请求先行攻打北燕。自此时，北魏主拓跋焘从云中向西视察，抵达五原，到阴山狩猎，又往东抵达和兜山。秋季，八月，拓跋焘才返回平城。

宋文帝下令，派殿中将军吉恒出使北魏。

北燕太子冯永去世，封次子冯翼为太子。

西秦王乞伏炽磐攻打北凉，大军抵达廉川，乞伏炽磐派遣太子乞伏暮末等率领步、骑兵共三万人，进攻西安，不能攻下，于是，又转攻番禾。北凉河西王沮渠蒙逊出军迎战，极力抵御，同时又派使臣出使夏国游说，请夏国主赫连昌乘西秦国内空虚之际，袭击西秦的都城枹罕。赫连昌派遣征南大将军呼卢古率领骑兵二万人，进攻西秦的苑川；派遣车骑大将军韦伐率领骑兵三万人，进攻南安。西秦王乞伏炽磐听到这个消息，立即从北凉撤军回国。九月，乞伏炽磐把境内的老弱妇孺和牲畜，集中迁移到浇河郡和莫河的仍寒川，同时又命令左丞相乞伏昙达留守京师枹罕。夏国的车骑大将军韦伐率众攻陷南安城，生擒西秦秦州刺史翟爽和南安太守李亮。

吐谷浑握逵等帅部众二万落叛秦，奔昴川，附于吐谷浑王慕璝。

大旱，蝗。

左光禄大夫范泰上表曰：“妇人有三从之义，无自专之道。谢晦妇女犹在尚方，唯陛下留意。”有诏原之。

魏主闻夏世祖殂，诸子相图，国人不安，欲伐之。长孙嵩等皆曰：“彼若城守，以逸待劳，大檀闻之，乘虚入寇，此危道也。”崔浩曰：“往年以来，荧惑再守羽林、钩己而行，其占秦亡；今年五星并出东方，利以西伐。天人相应，不可失也。”嵩固争之，帝大怒，责嵩在官贪污，命武士顿辱之。于是，遣司空奚斤帅四万五千人袭蒲阪，宋兵将军周几帅万人袭陕城，以河东太守薛谨为乡导。谨，辩之子也。

魏主欲以中书博士平棘李顺总前驱之兵，访于崔浩，浩曰：“顺诚有筹略，然臣与之婚姻，深知其为人果于去就，不可专委。”帝乃止。浩与顺由是有隙。

冬，十月，丁巳，魏主发平城。

秦左丞相昙达与夏呼卢古战于嵻峎山，昙达兵败。十一月，呼卢古、韦伐进攻枹罕。秦王炽磐迁保定连。呼卢古入南城，镇京将军赵寿生率死士三百人力战，却之。呼卢古、韦伐又攻沙州刺史出连虔于湟河，虔遣后将军乞伏万年击败之。又攻西平，执安西将军库洛干，坑战士五千余人，掠民二万余户而去。

仇池氐杨兴平求内附。梁、南秦二州刺史吉翰遣始平太守庞谘据武兴。氐王杨玄遣其弟难当将兵拒谘，谘击走之。

（以上为第十一段，写西秦主乞伏炽磐攻打北凉，北凉极力抵御，又游说胡夏，胡夏主赫连昌便出兵袭击西秦，西秦连忙退兵；北魏主拓跋焘又乘机出兵攻打胡夏。）

隶属西秦的吐谷浑部落酋长慕容握逵率所属两万帐落背叛西秦，逃到昂川，归附了吐谷浑可汗慕容慕璝。

天下大旱，出现蝗灾。

刘宋左光禄大夫范泰上书说："女子有三从的大义，而没有自作主张的道理。现在谢晦家的妇女仍被羁押在尚方作坊里做苦工，敬请皇上留意。"于是，刘宋文帝刘义隆下令赦免了她们。

北魏主拓跋焘听到夏主赫连勃勃去世，儿子们内讧，民心不安的消息，打算征讨夏国。长孙嵩等人都说："夏国如果围绕城池固守，以逸待劳，而柔然汗国的郁久闾大檀听说这一消息，会乘我们国内空虚，大举进攻，这可是危险的策略。"太常崔浩说："说起当年，火星两次紧傍着羽林星和钩己星运转，算卦占卜都预示着秦国一定灭亡。今年，金、木、水、火、土五星同时出现在东方，显示西征一定胜利。上天的旨意和凡世的人心是互相呼应的，良机不可失去。"长孙嵩仍然坚持不能西征，拓跋焘暴跳如雷，斥责长孙嵩做官贪赃枉法，命令武士强按他的头，猛烈触地，殴打侮辱。于是，拓跋焘派遣司空奚斤率领四万五千人袭击夏国的蒲阪；派宋兵将军周几率一万人袭击陕城；命令河东太守薛谨为大军的向导。薛谨，是薛辩的儿子。

北魏主拓跋焘打算让中书博士平棘人李顺全权指挥前锋部队。他征求崔浩的意见，崔浩说："李顺确实很有谋略，善于筹划，但是，我与李顺是姻亲，深知他为人非常自信，不可委任他要职。"拓跋焘于是停止了对李顺的任命。崔浩和李顺之间因此产生了隔阂。

冬季，十月十一日丁巳，拓跋焘一行从平城出发。

西秦左丞相乞伏昙达与夏国的征南大将军呼卢古在嵻峎山会战，乞伏昙达兵败。十一月，呼卢古与车骑大将军韦伐合兵进攻西秦的都城枹罕。西秦王乞伏炽磐迁都定连，率众据城死守。夏国大将呼卢古攻入枹罕南城。西秦镇京将军赵寿生率领敢死队三百人，浴血抵抗，击退呼卢古。呼卢古、韦伐又合兵攻打沙州刺史出连虔据守的湟河。出连虔派遣后将军乞伏万年击退了呼卢古和韦伐的进攻。呼卢古、韦伐率军再攻西平，俘获了西秦的安西将军库洛干，活埋了西秦战士五千多人，掠走居民二万多户，班师回国。

仇池氐人部落酋长杨兴平请求归附刘宋。刘宋梁州、南秦州二州刺史吉翰派始平太守庞谘进军占据武兴。氐王杨玄派他的弟弟杨难当率军迎击庞谘，被庞谘击退。

魏主行至君子津，会天暴寒，冰合，戊寅，帅轻骑二万济河袭统万。壬午，冬至，夏主方燕群臣，魏师奄至，上下惊扰。魏主军于黑水，去城三十余里。夏主出战而败，退走入城。门未及闭，内三郎豆代田帅众乘胜入西宫，焚其西门。宫门闭，代田逾宫垣而出。魏主拜代田勇武将军。魏军夜宿城北，癸未，分兵四掠，杀获数万，得牛马十余万。魏主谓诸将曰："统万未可得也，他年当与卿等取之。"乃徙其民万余家而还。

夏弘农太守曹达闻周几将至，不战而走。魏师乘胜长驱，遂入三辅。会几卒于军中，蒲阪守将东平公乙斗闻奚斤将至，遣使诣统万告急。使者至统万，魏军已围其城。还，告乙斗曰："统万已败矣。"乙斗惧，弃城西奔长安，斤遂克蒲阪。夏主之弟助兴先守长安，乙斗至，与助兴弃长安，西奔安定。十二月，斤入长安，秦、雍氐羌皆诣斤降。河西王蒙逊及氐王杨玄闻之，皆遣使附魏。

前吴郡太守徐佩之聚党百余人，谋以明年正会于殿中作乱，事觉，壬戌，收斩之。

营阳太妃张氏卒。

秦征南将军吉毗镇南漒，陇西人辛澹帅户三千据城逐毗，毗走还枹罕，澹南奔仇池。

魏初得中原，民多逃隐。天兴中，诏采诸漏户，令输缯帛。于是，自占为细茧罗縠户者甚众，不隶郡县，赋役不均。是岁，始诏一切罢之，以属郡县。

（以上为第十二段，写胡夏出兵攻打西秦，将其打败；北魏主拓跋焘率军攻打胡夏，偷袭其都城统万城，得胜而归；北魏将领奚斤长驱直入，攻下胡夏重镇长安。）

四年（丁卯，427 年）

春，正月，辛巳，帝祀南郊。

乙酉，魏主还平城。统万徙民在道多死，能至平城者什才六七。

北魏主拓跋焘，抵达君子津，正遇天气酷寒，气温急骤下降，黄河冰封。十一月初三戊寅，拓跋焘亲自统率轻骑兵二万人，踏冰渡过黄河，袭击夏国都城统万。十一月初七壬午，冬至，夏王赫连昌正在与文武群臣欢歌宴饮，北魏大军突然出现，夏国上下不胜惊恐。北魏主拓跋焘驻军在黑水，距统万城只有三十多里。赫连昌率兵迎战，大败而回，急向城中撤退。城门还没有来得及关闭，北魏禁军内三郎豆代田率众乘胜攻进西宫，纵火焚烧了西宫城门；夏军关闭了所有的宫门，豆代田跳出宫墙撤退。拓跋焘提升豆代田为勇武将军。这天夜里，北魏军队在城北扎营。十一月初八癸未，北魏军队四处出动，抢夺掳掠，斩杀及俘虏夏国军民数万人，缴获牛马十多万头。拓跋焘对他手下的各位大将说："统万城恐怕打不下了，以后跟各位再来攻取。"于是，裹胁当地居民一万多户，班师回国。

夏国弘农太守曹达听说北魏将军周几率军将要打来，没等大军到达，先弃城逃走。北魏军队乘胜长驱直入，迅速深入长安附近的三辅地区。不料周几在行军途中去世。夏国镇守蒲阪的守将东平公赫连乙斗听说北魏司空奚斤率领的大军就要到达，派使节往都城统万告急。使者到统万时，看到北魏的大军已经包围统万，便回去报告赫连乙斗："统万已经被攻陷。"赫连乙斗惊惧不已，放弃蒲阪城，向西逃往长安。奚斤于是攻克了蒲阪。夏王赫连昌的弟弟赫连助兴正在镇守长安，赫连乙斗到后，赫连助兴与赫连乙斗放弃长安，向西逃往安定。十二月，北魏司空奚斤率军进入长安，夏国秦州、雍州所属的氐人部落和羌人部落，全都向奚斤投降。北凉河西王沮渠蒙逊和氐王杨玄听到这个消息，也都派遣使臣向北魏帝国归附。

刘宋前吴郡太守徐佩之，集结党羽一百多人，阴谋策划明年元旦朝会时，在殿中发动叛乱，事情泄露。十二月十七日壬戌，逮捕了徐佩之，斩首。

刘宋营阳太妃张氏去世。

西秦征南将军乞伏吉毗镇守南漒，陇西人辛澹率领部众三千户占据南城，驱逐乞伏吉毗，乞伏吉毗逃回枹罕，辛澹向东南撤退，逃往仇池。

北魏最初占领中原时，当地的居民大多逃亡、隐藏。天兴年间，拓跋珪下令清查这些没有纳入户籍的人家，命他们缴纳绸缎布匹。于是，自己申报缴纳绸缎布匹的人家非常多，不隶属任何郡县，使赋税徭役很不均匀。这一年，北魏主拓跋焘下令停止一切清查，将上述人家隶属郡县。

宋文帝元嘉四年（丁卯，427 年）

春季，正月初七辛巳，宋文帝前往都城建康南郊，祭祀天神。

正月十一日乙酉，北魏主拓跋焘回到平城。从统万强行迁徙的民户在途中死亡

己亥，魏主如幽州。夏主遣平原公定帅众二万向长安。魏主闻之，伐木阴山，大造攻具，再谋伐夏。

山羌叛秦。二月，秦王炽磐遣左丞相昙达招慰武始诸羌，征南将军吉毗招慰洮阳诸羌。羌人执昙达送夏；吉毗为羌所击，奔还，士马死伤者什八九。

魏主还平城。

乙卯，帝如丹徒；己巳，谒京陵。初，高祖既贵，命藏微时耕具以示子孙。帝至故宫，见之，有惭色。近侍或进曰："大舜躬耕历山，伯禹亲事水土。陛下不睹遗物，安知先帝之至德，稼穑之艰难乎！"

三月，丙子，魏主遣高凉王礼镇长安。礼，斤之孙也。又诏执金吾桓贷造桥于君子津。

丁丑，魏广平王连卒。

丁亥，帝还建康。

戊子，尚书右仆射郑鲜之卒。

秦王炽磐以辅国将军段晖为凉州刺史，镇乐都；平西将军麴景为沙州刺史，镇西平；宁朔将军出连辅政为梁州刺史，镇赤水。

夏，四月，丁未，魏员外散骑常侍步堆等来聘。

庚戌，以廷尉王徽之为交州刺史，征前刺史杜弘文。弘文有疾，自舆就路。或劝之待病愈，弘文曰："吾杖节三世，常欲投躯帝庭，况被征乎！"遂行，卒于广州。弘文，慧度之子也。

（以上为第十三段，写文帝刘义隆看到父亲刘裕早年使用的农具，深感惭愧；胡夏主赫连昌欲收复长安，北魏主拓跋焘派高凉王拓跋礼前往镇守，部署迎击胡夏事宜。）

魏奚斤与夏平原公定相持于长安。魏主欲乘虚伐统万，简兵练士，部分诸将，命司徒长孙翰等将三万骑为前驱，常山王素等将步兵三万为后继，南阳王伏真等将步兵三万部送攻具，将军贺多罗将精骑三千为前候。素，遵之子也。五月，魏主发平城，命龙骧将军代人陆俟督诸军镇

甚多，能到达平城的，不过十分之六七。

正月二十五日己亥，北魏主拓跋焘前往幽州。夏王赫连昌派遣平原公赫连定率军二万人，准备收复长安。拓跋焘听到消息后，下令砍伐阴山林木，大规模兴造攻城械具，准备第二次进攻夏国。

山地羌人部落背叛了西秦。二月，西秦王乞伏炽磐派遣左丞相乞伏昙达招抚慰问武始山地羌族部落，又命征南将军乞伏吉毗安抚洮阳各个羌族部落。羌人生擒西秦乞伏昙达，把他献给夏国。乞伏吉毗也受到洮阳羌人的攻击，大败而回，士兵马匹死亡伤残的占十之八九。

北魏主拓跋焘回到平城。

二月十一日乙卯，宋文帝前往丹徒。二十五日己巳，祭拜京陵。最初，宋武帝在富贵之后，下令把他幼年贫穷微贱时所用的耕田农具收藏起来，以展示给子孙。文帝抵达故宫，看到他父亲早年用过的那些耕具，深感惭愧。他身边侍臣中有人进言说：“当年大舜亲自在历山耕田种地，大禹也曾亲自治理水土。皇上不看到这些遗物，怎么能够知道先帝崇高的仁德和耕种的艰难呢？”

三月初三丙子，北魏主拓跋焘亲自委派高凉王拓跋礼镇守长安。拓跋礼，是拓跋斤的孙子。同时又下令执金吾桓贷在君子津建造大桥。

三月初四丁丑，北魏广平王拓跋连去世。

三月十四日丁亥，宋文帝返回建康。

三月十五日戊子，刘宋尚书右仆射郑鲜之去世。

西秦王乞伏炽磐任命辅国将军段晖为凉州刺史，驻守乐都；任命平西将军麹景为沙州刺史，镇守西平；又命宁朔将军出连辅政为梁州刺史，坐镇赤水。

夏季，四月初四丁未，北魏特使员外散骑常侍步堆等前往刘宋访问。

四月初七庚戌，刘宋任命廷尉王徽之为交州刺史，征召前交州刺史杜弘文回京。当时杜弘文正患重病，得到命令后，亲自备车上路，有人劝告他等病稍好些再走，杜弘文说：“我家祖孙三代镇守边陲，平时就渴望到京城去，何况今日又得到征召！”于是，杜弘文抱病启程，走到广州去世。杜弘文，是杜慧度的儿子。

北魏司空奚斤跟夏国的平原公赫连定在长安对峙。北魏主拓跋焘打算乘夏国后方空虚，攻打夏国的都城统万，于是，挑选精兵，严格训练，部署将领。拓跋焘还任命司徒长孙翰等率领三万骑兵为前锋，任命常山王拓跋素等率领步兵三万人为后继，任命南阳王拓跋伏真等率领步兵三万人运送攻具，任命将军贺多罗率领三千精

大碛以备柔然。辛巳，济君子津。

壬午，中护军王华卒。

魏主至拔邻山，筑城，舍辎重，以轻骑三万倍道先行。群臣咸谏曰："统万城坚，非朝夕可拔。今轻军讨之，进不可克，退无所资，不若与步兵、攻具一时俱往。"帝曰："用兵之术，攻城最下；必不得已，然后用之。今以步兵、攻具皆进，彼必惧而坚守。若攻不时拔，食尽兵疲，外无所掠，进退无地。不如以轻骑直抵其城，彼见步兵未至，意必宽弛。吾羸形以诱之，彼或出战，则成擒矣。所以然者，吾之军士去家二千余里，又隔大河，所谓'置之死地而后生'者也。故以之攻城则不足，决战则有余矣。"遂行。

六月，癸卯朔，日有食之。

魏主至统万，分军伏于深谷，以少众至城下。夏将狄子玉降魏，言："夏主闻有魏师，遣使召平原公定，定曰：'统万坚峻，未易攻拔。待我擒奚斤，然后徐往，内外击之，蔑不济矣。'故夏主坚守以待之。"魏主患之，乃退军以示弱，遣娥清及永昌王健帅骑五千西掠居民。

魏军士有得罪亡奔夏者，言魏军粮尽，士卒食菜，辎重在后，步兵未至，宜急击之。夏主从之，甲辰，将步骑三万出城。长孙翰等皆言："夏兵步陈难陷，宜避其锋。"魏主曰："吾远来求贼，惟恐不出。今既出矣，乃避而不击，彼奋我弱，非计也。"遂收众伪遁，引而疲之。

夏兵为两翼，鼓噪追之，行五六里，会有风雨从东南来，扬沙晦冥。宦者赵倪，颇晓方术，言于魏主曰："今风雨从贼上来，我向之，彼背之，

骑兵在前锋部队之前，负责搜索侦察。拓跋素，是拓跋遵的儿子。五月，北魏主拓跋焘亲自从平城出发，临行前又命令龙骧将军代郡人陆俟统率北方各路兵马镇守大沙漠，防备柔然汗国乘虚来攻。五月初九辛巳，拓跋焘一行从君子津渡黄河西上。

五月初十壬午，刘宋中护军王华去世。

北魏主拓跋焘抵达拔邻山，在那里兴筑城堡，留下辎重，然后率领轻骑兵三万人，加速先行进发。朝中随行的文武官员都劝阻他说："统万城十分坚固，不是一天之内就可以攻下的。如今您率领轻装部队去攻打，恐怕不能一时攻破，想要退回又没有粮饷及其他军用物资，不如与步兵一道，携带攻城械具进攻统万。"拓跋焘说："用兵的策略，攻城是最下策；非到万不得已，不可使用。现在我们如果以步兵携带攻城械具一起开进，敌人见状，一定会恐惧并坚守城池。如果我们不能按时攻下，粮食吃完，士兵疲劳，城外又没有什么可以抢夺的，那时我们就会进退不得，陷入窘境。不如先用骑兵长驱直抵统万城下，敌人见到我们的步兵没有来，一定不太在意。我们再故意装出羸弱不堪的样子，引诱他们出击，他们如果出城迎战，就会被我们生擒。所以这样的原因，是因为我们的将士离家二千多里，又隔着一条黄河，这就是所谓'置之死地而后生'啊！三万人的轻骑兵，攻城自然不够，但用来决战，还绰绰有余。"于是大军启程。

六月初一癸卯朔，出现日食。

北魏主拓跋焘抵达统万，大军分别埋伏在深谷之中，只派少数部队来到城下。夏国的大将狄子玉投降了北魏，他向拓跋焘报告说："夏王赫连昌听说北魏大军将到，就派人征召平原公赫连定回军，赫连定说：'统万城坚固险峻，不容易攻破，等我生擒奚斤然后再赶赴统万，内外夹击北魏大军，没有不成功的道理。'所以，夏王赫连昌专心守城，等待赫连定。"拓跋焘听到这席话，十分忧虑。于是，命令军队撤退，显示懦弱，又派遣娥清和永昌王拓跋健率领骑兵五千人向西大肆劫掠居民。

北魏军中的士兵有人因犯罪逃走，投降了夏军，他向夏国报告说，魏军的粮草已经用尽，军中士兵每天只吃菜，而辎重补给还在后方，步兵也尚未到达，应当乘机急速地袭击他们。赫连昌同意。六月初二甲辰，赫连昌亲自统率步、骑兵共三万人出城。北魏的大臣司徒长孙翰等人都说："夏国的骑、步兵的阵势难以攻破，我们应该避开他的锋锐。"拓跋焘说："我们远道而来，就是要引诱敌人出城，唯恐他们不出。现在他们既然出城了，我们却避而不打，只能使敌人士气旺盛，我们却被削弱，这不是用兵的好计策！"于是，命令部队集结假装逃走，引诱敌人追赶，使他们疲惫。

夏军兵分两路，左右追击包抄，鼓声震天，追了五六里路，就赶上大风雨从东南而来，漫漫尘沙，遮天蔽日。北魏军中的宦官赵倪相当通晓神道法术，就对魏主

天不助人；且将士饥渴，愿陛下摄骑避之，更待后日。”崔浩叱之曰：“是何言也！吾千里制胜，一日之中，岂得变易！贼贪进不止，后军已绝，宜隐军分出，掩击不意。风道在人，岂有常也！”魏主曰“善！”乃分骑为左右队以掎之。魏主马蹶而坠，几为夏兵所获；拓跋齐以身捍蔽，决死力战，夏兵乃退。魏主腾马得上，刺夏尚书斛黎文，杀之，又杀骑兵十余人，身中流矢，奋击不辍，夏众大溃。齐，翳槐之玄孙也。

魏人乘胜逐夏主至城北，杀夏主之弟河南公满及兄子蒙逊，死者万余人。夏主不及入城，遂奔上邽。魏主微服逐奔者，入其城。拓跋齐固谏，不听。夏人觉之，诸门悉闭。魏主因与齐等入其宫中，得妇人裙，系之槊上，魏主乘之而上，仅乃得免。会日暮，夏尚书仆射问至奉夏主之母出走，长孙翰将八千骑追夏主至高平，不及而还。

乙巳，魏主入城，获夏王、公、卿、将、校及诸母、后妃、姊妹、宫人以万数，马三十余万匹，牛羊数千万头，府库珍宝、车旗、器物不可胜计，颁赐将士有差。

初，夏世祖性豪侈，筑统万城，高十仞，基厚三十步，上广十步，宫墙高五仞，其坚可以厉刀斧。台榭壮大，皆雕镂图画，被以绮绣，穷极文采。魏主顾谓左右曰：“蕞尔国而用民如此，欲不亡，得乎！”

得夏太史令张渊、徐辩，复以为太史令。得故晋将毛修之、秦将军库洛干，归库洛干于秦，以毛修之善烹调，用为太官令。魏主见夏著作郎天水赵逸所为文，誉夏主太过，怒曰：“此竖无道，何敢如是！谁所为邪？当速推之！”崔浩曰：“文士褒贬，多过其实，盖非得已，不足罪

拓跋焘说："如今风雨是从敌人那边袭来，我们逆风，敌人顺风，这表明天不助我。更何况我们的将士饥渴交加，希望皇上暂时避开他们的锋锐，等以后再寻找时机。"太常崔浩厉声喝止说："这是什么话！我们千里而来，自有制胜的策略，一天之内怎么可以说变就变！敌人贪图胜利的战果，不会停止追击，根本没有后继军队。我们应该把精兵隐蔽起来，分别出击，对他们做一次意外的突袭。刮风下雨，要看人们怎么利用，怎么可以硬套常规而认定对我们不利！"拓跋焘说："你说得极对！"于是，把骑兵分作两队，牵制敌军。北魏主拓跋焘忽因坐骑失蹄摔倒，落下马来，差点儿被夏国的士兵抓获。拓跋齐用自己的身体护卫遮挡敌人对拓跋焘的进攻，拼死尽力搏战，围攻的夏军士兵才被打退。北魏主拓跋焘趁此机会，翻身跳上马背，直刺夏国尚书斛黎文，当即把他杀死，随后又杀死敌人骑兵十多个人，自己也被流箭射中，但他仍然奋力杀敌，苦战不休，夏国的部队完全崩溃。拓跋齐，是拓跋翳槐的玄孙。

北魏军队乘胜把夏国残兵追到统万城北，杀死了夏王赫连昌的弟弟阿南公赫连满和侄儿赫连蒙逊，杀死士兵一万多人。夏王赫连昌来不及跑进城去，于是便逃奔上邽。北魏主拓跋焘换上士兵的服装追赶逃跑的敌人，并进入了统万城。拓跋齐苦苦劝阻，拓跋焘坚决不听。后来夏国人发觉了这件事，把几个城门都关了起来。拓跋焘于是与拓跋齐等人混进内宫之中，弄到了几件女人穿的裙子，用来当绳索，绑在铁槊上，拓跋焘借此爬上城墙，逃出城外，才免于被擒。等到了黄昏的时候，夏国的尚书仆射问至保护着赫连昌的母亲逃出城外。北魏司徒长孙翰率领八百骑兵追赶夏王赫连昌，一直追到高平，没有追上，便回来了。

六月初三乙巳，北魏主拓跋焘进入统万城，俘虏夏国的亲王、公爵、高级文官、军事将领以及赫连昌的太后、太妃、皇后、嫔妃、姐妹、宫女等数以万计。还缴获马匹三十多万匹，牛羊几千万头，国库中的珍宝、车辆、旌旗，各种精美的器物，多得不可胜数，拓跋焘把它们按等级分别赏赐给自己的将士。

当初，夏王赫连勃勃，性情奢侈，兴筑了这座统万城，城墙高十仞，墙基厚达三十步，上宽十步，宫墙高约五仞，它坚硬得可以用来磨砺刀斧。亭台楼阁、水榭也都十分雄伟壮丽，全都雕刻图画，用锦绣装饰，精致侈华，无以复加。北魏主拓跋焘看到这些，回头对左右侍从官员说："一个小国，却把百姓奴役到这种地步，怎么会不亡国呢？"

北魏还俘虏了夏国太史令张渊和徐辩，任命他们仍旧担任太史令。拓跋焘还俘虏了前东晋的大将毛修之以及西秦的将领库洛干，把库洛干送回西秦。因毛修之擅长烹调，就任命他为北魏的太官令。拓跋焘还看到一篇夏国著作郎天水人赵逸写的文章，过分吹捧赫连昌，大怒说："这小子是个无道君主，怎么胆敢如此，谁写的文

也。”乃止。魏主纳夏世祖三女为贵人。

奚斤与夏平原公定犹相拒于长安。魏主命宗正娥清、太仆丘堆帅骑五千略地关右。定闻统万已破，遂奔上邽；斤追至雍，不及而还。清、堆攻夏贰城，拔之。

魏主诏斤等班师。斤上言：“赫连昌亡保上邽，鸠合余烬，未有蟠据之资；今因其危，灭之为易。请益铠马，平昌而还。”魏主不许。斤固请，乃许之，给斤兵万人，遣将军刘拔送马三千匹，并留娥清、丘堆使共击夏。

辛酉，魏主自统万东还，以常山王素为征南大将军、假节，与执金吾桓贷、莫云留镇统万。云，题之弟也。

秦王炽磐还枹罕。

（以上为第十四段，写北魏主拓跋焘率领大军进攻胡夏，采用轻骑诱敌的方法，消灭胡夏有生力量，攻下胡夏都城统万城，将领奚斤率军继续追击逃亡的胡夏主赫连昌。）

秋，七月，己卯，魏主至柞岭。柔然寇云中，闻魏已克统万，乃遁去。

秦王炽磐谓群臣曰：“孤知赫连氏必无成，冒险归魏，今果如孤言。”八月，遣其叔父平远将军渥头等入贡于魏。

壬子，魏主还至平城，以所获颁赐留台百官有差。

魏主为人，壮健鸷勇，临城对陈，亲犯矢石，左右死伤相继，神色自若，由是将士畏服，咸尽死力。性俭率，服御饮膳，取给而已。群臣请增峻京城及修宫室，曰：“《易》云：‘王公设险，以守其国。’又萧何云：‘天子以四海为家，不壮不丽，无以重威。’”帝曰：“古人有言：‘在德不在险。’屈丐蒸土筑城而朕灭之，岂在城也？今天下未平，方须民力，土功之事，朕所未为。萧何之对，非雅言也。”每以为财者军国之本，不

章？应当快快查出来问罪！”崔浩劝阻说：“文人写文章，无论是赞颂，还是抨击，大多数都是言过其实，不一定发自内心，只不过是不得不写而已，用不着惩罚。”拓跋焘这才作罢。拓跋焘把赫连勃勃的三个女儿收入后宫作为自己的妃子。

北魏司空奚斤与夏国的平原公赫连定仍在长安对峙。北魏主拓跋焘命令宗正娥清、太仆丘堆率领骑兵五千人开赴关右一带，去占领地盘。赫连定听说统万城已经被攻破，于是他率众投奔上邽。奚斤率部追击，追到雍城，没有追上，只好班师。娥清与丘堆联合进攻夏国的贰城，攻下。

北魏主拓跋焘下令，命令奚斤等将领班师。奚斤上疏说：“如今赫连昌逃到上邽自保，集结残部，尚不足以长久盘踞在那里。现在，我们乘他危急，彻底消灭他极其容易，请增加士兵和马匹，等我削平赫连昌再班师。”拓跋焘不许。奚斤坚决请求，拓跋焘才应允，又拨给奚斤士兵一万人，派遣将军刘拔送去战马三千匹，并且留下娥清、丘堆二人，命令他们配合奚斤一道攻击夏国。

六月十九日辛酉，北魏主拓跋焘从统万出发，向东回国。拓跋焘任命常山王拓跋素为征南大将军、假节，命他与执金吾桓贷、莫云留下镇守统万。莫云，是莫题的弟弟。

西秦王乞伏炽磐回到枹罕城。

秋季，七月初七己卯，北魏主拓跋焘抵达柞岭。当时，柔然汗国正在进犯云中，他们听说北魏的军队已经攻下了统万，才撤退北逃。

西秦王乞伏炽磐对他手下的文武群臣说：“我早就知道赫连氏必定不会成大气候，才冒险归降了北魏，现在发生的一切都应验了我的预言。”八月，乞伏炽磐派他的叔父、平远将军乞伏渥头等人到北魏朝拜进贡。

八月十一日壬子，北魏主拓跋焘返抵平城，把缴获的战利品按等级分别赏赐给留守的文武百官。

北魏主拓跋焘为人壮健勇敢，沉着稳重，无论是攻打城池，还是两军对阵，短兵相接，都能亲自冒着乱箭飞石，身先士卒。他的左右士兵相继倒下，或死或伤，他却神色自若，毫不畏惧。因此，将士们钦佩他的无所畏惧，都愿尽力效劳。他生性节俭，衣服饮食够用就已满足。文武百官请求加固京师的城墙，修缮皇宫的建筑，说：“《易经》说：‘王公设险，固守国家。’萧何也曾经说过：‘天子以四海为家，不壮不丽，不能增加威严。’”拓跋焘却说：“古人曾经说过：‘只在恩德，不在险要。’

可轻费。至于赏赐，皆死事勋绩之家，亲戚贵宠未尝横有所及。命将出师，指授节度，违之者多致负败。明于知人，或拔士于卒伍之中，唯其才用所长，不论本末。听察精敏，下无遁情，赏不违贱，罚不避贵，虽所甚爱之人，终无宽假。常曰："法者，朕与天下共之，何敢轻也。"然性残忍，果于杀戮，往往已杀而复悔之。

九月，丁酉，安定民举城降魏。

氐王杨玄遣将军苻白作围秦梁州刺史出连辅政于赤水，城中粮尽，民执辅政以降。辅政至骆谷，逃还。冬，十月，秦以骁骑将军吴汉为平南将军、梁州刺史，镇南漒。

十一月，魏主遣军司马公孙轨兼大鸿胪，持节策拜杨玄为都督荆梁等四州诸军事、梁州刺史、南秦王。及境，玄不出迎，轨责让之，欲奉策以还，玄惧而郊迎。魏主善之，以轨为尚书。轨，表之子也。

十二月，秦梁州刺史吴汉为群羌所攻，帅户二千还于枹罕。

魏主行如中山；癸卯，还平城。

（以上为第十五段，写西秦主乞伏炽磐派叔父渥头到北魏进贡；北魏派大鸿胪公孙轨持节封杨玄为南秦主；北魏国主拓跋焘出征身先士卒，赏罚分明，知人善任，但生性残忍。）

赫连屈丐用蒸过的土建筑城墙，却被我灭掉了，这怎么在城的坚固不坚固呢？而今，天下还没有太平，正需要人力，大兴土木的事情，我不想去做。萧何的话并不正确。”拓跋焘常常把财物看作是军队和国家的基础，不可以轻易浪费。至于赏赐，也都赏给为国死难将士的遗属或有功之家，皇亲国戚以及倍受恩宠的人和显贵达官很少有人无缘无故得到赏赐。他选任将领出征，亲自指挥谋划，面授机宜，凡是违背他旨意的人，大多失败。他知人善任，有时在士兵中选拔将领，只看重并使用他的才干，不在乎他的出身。拓跋焘观察敏锐，部下没有什么隐情能逃出他的眼睛。他赏赐不论贫贱，惩罚不避权贵，赏罚分明，即使是他平时最宠爱的人，也绝不纵容包庇。他常说：“国家的法律，是我与天下臣民应共同遵守的，怎么敢轻视呢？”然而，拓跋焘却生性残忍，杀人从不手软，但是杀人之后，又常常后悔。

九月二十六日丁酉，夏国所属的安定城居民献出城池，投降北魏。

氐王杨玄派遣将军苻白作，在赤水围攻西秦梁州刺史出连辅政。赤水城中粮草断绝，百姓生擒出连辅政，打开城门投降。出连辅政在被押送途中，走到骆谷，逃回西秦。冬季，十月，西秦王乞伏炽磐任命骁骑将军吴汉为平南将军和梁州刺史，驻守南漒。

十一月，北魏主拓跋焘派遣军司马公孙轨兼任大鸿胪，持节策；任命氐王杨玄为都督荆、梁等四州诸军事和梁州刺史，封南秦王。公孙轨一行抵达杨玄辖境之后，杨玄却不出来迎接，公孙轨斥责他，并打算奉诏书回去。杨玄才感到恐惧，亲自赶到郊外迎接。拓跋焘认为公孙轨处理得当，提升公孙轨为尚书。公孙轨，是公孙表的儿子。

十二月，西秦梁州刺史吴汉遭到羌人各部落的攻击，率领二千户部属返回枹罕。

北魏主拓跋焘出巡，前往中山；十二月初四癸卯，返回平城。

【点评】

刘义隆诛杀拥立大臣。刘宋建立后，刘裕很快一命呜呼了，为把江山顺利传下去，刘裕还颇费了一番脑筋，他让长子刘义符接班，又遗命司空徐羡之、尚书仆射傅亮、领军将军谢晦及护军将军檀道济四人为顾命大臣，辅助太子刘义符。应当说，刘裕的这如意算盘还是打得不错的，即皇帝位的长子，是名正言顺的继承人；四位辅政大臣，都是德高望重、久经考验的文武大臣，对刘宋绝对忠诚。他曾经有一个基本的评价，认为这四人都兢兢业业，檀道济虽有武略，而无大志，徐、傅二人也没有什么野心。这样，他可以放心地走了。然而他哪里知道，后来所发生的事情，并不是他所能预料到的。这主要是：废掉少帝刘义符，贬退二子刘义真，杀掉他们兄弟二人，三子刘义隆即皇帝位，杀掉顾命大臣。这一连串事情，究竟孰是孰非？历来评价不一，褒贬不一。

首先，顾命大臣废掉少帝刘义符，是为国谋划，出以公心。刘义符即位时，是个十七岁的大小孩，由于刘裕对他的溺爱，他似乎生活在真空中，无忧无虑，只知道吃喝玩乐，不懂得人情世故。刘裕去世后，他在守丧期间，一味地玩耍嬉戏，不问政事。徐羡之等人看不下去了，担心这样下去不行。于是，就打算废掉少帝，另立他人。而按照继承顺序，应当立二子刘义真，可刘义真也不宜当皇帝。于是，他们来了一个釜底抽薪，先利用少帝和刘义真之间的矛盾，把刘义真贬为庶民，让他失去继位的资格。而他们非常看好三子刘义隆。于是，四位顾命大臣一商量，意见相当统一，没有谁提出异议，就这么做了，废昏立明。可以肯定地说，徐羡之等人这样做，是从国家利益的角度来考虑的，是想使刘裕开创的国家走上兴盛之路，并没有考虑多少个人的私利。如果他们不负责任，听之任之，也是能混下去的，因为刘义符也只是吃喝玩乐而已，并没有做出什么丑恶、过激的坏事，他对顾命大臣也还是比较尊重的，双方并没有多大的矛盾，只要稍加教育和引导，这皇帝也是能做下去的。殊不知，当年晋朝开国皇帝司马炎亲自选择接班人，也是选了个痴傻儿司马衷，还当了十七年的皇帝；东晋后期司马德宗即位，他连自己的基本生活都不能自理，甚至不知道饿饱，不知道寒暖，连话也说不周全，不也是照样当皇帝，而且一当就是二十四年吗？这刘义符总比他们要强多了，最多也只是一个傀儡皇帝而已。可徐羡之等人受先帝重托，深感责任重大，因此，效法汉朝霍光，果断地做出了废立之事。

其次，徐羡之等人杀掉刘义符、刘义真兄弟二人，实在不是明智之举，弄巧成拙，把自己的身家性命搭进去了。当时，刘义符已经被废黜，降为营阳王，按照魏文帝曹丕废掉汉献帝刘协、晋武帝司马炎废掉魏元帝曹奂的惯例，应仍然让他们优

哉游哉地生活，度过最后的岁月。而徐羡之等人却要赶尽杀绝，刘义符退位不久，就被追杀；刘义真被贬后也被追杀。按道理说，他们退了位，并不对皇权构成威胁，为什么还要如此呢？徐羡之等人有一种理论，就是不把问题和矛盾交给新的皇上，把好事做到底。这实际上是一种冠冕堂皇的理由，他们真实的想法，是怕刘义符等人东山再起，一旦取得成功，首先要清算的，就是他们这些顾命大臣。于是，他们索性一不做二不休，将恶人做到底，让刘义符等人一命归天，不再有后顾之忧。殊不知，他们这样做，给新上任的刘义隆造成了极大的威胁，新皇帝觉得，这些顾命大臣为所欲为，怎么得了？人为刀俎，我为鱼肉，想想真是害怕啊！结果，徐羡之等人弄巧成拙，自己给自己挖了个大坑，栽在里面了。这也是咎由自取啊！

再次，徐羡之等人拥立刘义隆为帝，也是出以公心，以国家利益为重。废掉刘义符，究竟立谁为皇帝呢？顾命大臣也曾反复考虑过，二子刘义真不是理想的接班人，已经被他们处理了，而老三刘义隆最为合适，于是，他们费心劳碌地到老远的地方去迎接刘义隆。当时刘义隆在可立的兄弟中是最为年长的，而其他的都还是娃娃。如果他们出以私心，随便立一个可以控制的娃娃，也是经得起推敲的。要想做什么事情，难道还找不出理由吗？后来刘义隆攻打谢晦，谢晦的一番话说得很明白：“我们这些人如果想长久地把握权柄，不一心为国家着想，我们当初在废掉营阳王时，皇上您远在荆州，武皇帝的儿子中还有幼童，我们完全可以拥戴小皇帝，发号施令，谁敢说个‘不’字！怎么会逆流而上三千里，虚位七十多天，去迎接皇上？已故的庐陵王刘义真，在营阳王在位的时候，就曾积恨，冒犯皇上，是他自己死于非命。不有所废免，怎么会有兴起！耿弇不曾把贼寇遗留给君王，我又有什么地方辜负了皇室呢？”这番话说得情真意切，也是说的肺腑之言，可谓是一片忠心可对天，可是，刘义隆听得进去吗？

最后，刘义隆诛杀徐羡之等人，其目的究竟是什么？难道真的是为两位兄长报仇吗？才不是呢，报仇只是他找到的一个杀人的借口而已。当时，朝廷主管祭祀的大臣曾经预言，对谢晦说：“你们接受先帝临终托孤大事，以社稷的兴衰为己任，废掉昏庸无道的君主，改立英明的皇帝，从道义上讲，没有什么不可。可是，你们杀害人家的两个哥哥，却又北面称臣，则有震主之威。以古推今，你们恐怕在劫难逃。”这话说得很直白，刘义隆对他们根本就不放心，就像汉朝文帝刘恒被立，他所放心的还是自己身边的宋昌等人，而对周勃等人，是有所提防的，但还是宽大为怀。而刘义隆则不同了，他开始也提拔徐羡之等人，那是做做样子、笼络人心而已，等到局势稳定，徐羡之等人就成了瓮中之鳖，想躲也躲不了，形势反转，刘义隆成为“刀俎”，而他们成了“鱼肉”。刘义隆杀掉他们，其理由就是他们杀掉了他的兄弟，

这真是把好心当成了驴肝肺！说到底，刘义隆是害怕徐羡之等人活着，再来一次废立，自己就要倒大霉；而这些人活着，自己就整日提心吊胆，如芒刺在背！还是不如一了百了，让他们通通见鬼去吧！这样，刘义隆扮演了晋惠公的角色，徐羡之等人则是刘宋时代的里克。如此，刘义隆掌握了朝廷大权，不让任何人染指。从此，刘义隆也改变了自东晋时期以来权臣专权的局面，皇帝真正大权在握，朝纲独断了。

·文白对照本·

资治通鉴

（全十八册）

第八册

卷第一百二十一至卷第一百三十七（宋纪三至齐纪三）

（宋）司马光　编著
张大可　语译

商务印书馆
创于1897 The Commercial Press

第八册目录

卷第一百二十一　宋纪三
宋文帝元嘉五年至七年（428—430年）……………… 4363
卷第一百二十二　宋纪四
宋文帝元嘉八年至十二年（431—435年）……………… 4407
卷第一百二十三　宋纪五
宋文帝元嘉十三年至十八年（436—441年）……………… 4451
卷第一百二十四　宋纪六
宋文帝元嘉十九年至二十三年（442—446年）……………… 4495
卷第一百二十五　宋纪七
宋文帝元嘉二十四年至二十七年（447—450年）……………… 4535
卷第一百二十六　宋纪八
宋文帝元嘉二十八年至二十九年（451—452年）……………… 4573
卷第一百二十七　宋纪九
宋文帝元嘉三十年（453年）……………… 4599
卷第一百二十八　宋纪十
宋孝武帝孝建元年至大明二年（454—458年）……………… 4629
卷第一百二十九　宋纪十一
宋孝武帝大明三年至八年（459—464年）……………… 4669

卷第一百三十　宋纪十二
宋明帝泰始元年（465 年）………… 4705

卷第一百三十一　宋纪十三
宋明帝泰始二年（466 年）………… 4729

卷第一百三十二　宋纪十四
宋明帝泰始三年至六年（467—470 年）………… 4765

卷第一百三十三　宋纪十五
宋明帝泰始七年至苍梧王元徽三年（471—475 年）………… 4793

卷第一百三十四　宋纪十六
宋苍梧王元徽四年至宋顺帝昇明二年（476—478 年）………… 4829

卷第一百三十五　齐纪一
齐高帝建元元年至齐武帝永明元年（479—483 年）………… 4867

卷第一百三十六　齐纪二
齐武帝永明二年至七年（484—489 年）………… 4909

卷第一百三十七　齐纪三
齐武帝永明八年至十年（490—492 年）………… 4947

宋纪三

宋文帝元嘉五年至七年（428—430 年）

【起著雍执徐（戊辰，428 年），尽上章敦牂（庚午，430 年），凡三年】

【大事提要】

本卷记事起于公元 428 年，到公元 430 年，凡三年，时当宋文帝（刘义隆）元嘉五年至元嘉七年。本卷所载大事，主要是五个方面。其一，北魏生擒赫连昌。公元 428 年，北魏前锋部队围攻大夏主赫连昌所在的上邽，赫连昌退到平凉据守。北魏大军到达安定，因战马染上瘟疫，被赫连昌率军围攻，监军侍御史安颉挑选精骑出战，赫连昌抵挡不住，被活捉，押到平城，赫连定继位，迁都平凉。其二，赫连定败北。公元 430 年，大夏主赫连定派其弟赫连谓以代攻击北魏城池，被打败；赫连定又统率数万人攻打北魏，与刘宋约定，联合起来灭掉北魏，瓜分其地，北魏主拓跋焘率军袭击夏国都城平凉，派重兵围困，赫连定被打败，逃跑，向西退保上邽。其三，北魏攻打柔然。公元 429 年，北魏主拓跋焘亲自率兵进攻柔然，柔然可汗率兵迎战，将拓跋焘重重围困，拓跋焘顽强死战，柔然士兵大惊而溃败，而后乘胜追击，柔然可汗忧愤成疾而病死。北魏后又突袭，纵横柔然境内东西五千里，南北三千里，重创柔然。其四，刘宋北伐大败。公元 430 年，宋文帝下令由中领军到彦之率军北伐，自淮入泗，进入黄河，北魏守军全部撤退。宋军推进至碻磝、滑台、虎牢、金墉、洛阳、潼关一线。后北魏军全面反攻，宋军大败，损兵折将，尽弃军资甲仗，步行逃到彭城。其五，北燕发生宫廷政变。公元 430 年，北燕主冯跋病危，命令皇太子冯翼主持朝政。宋夫人欲立其子，封锁冯跋病危消息，司徒冯弘闯入后宫，杀死宋夫人。冯跋不胜惊骇，霎时气绝。冯弘逼迫冯翼自杀，自称天王，改元太兴。冯跋一百多个儿子，全被冯弘杀死。

【原文】

太祖文皇帝上之中

元嘉五年（戊辰，428年）

春，正月，辛未，魏京兆王黎卒。

荆州刺史、彭城王义康，性聪察，在州职事修治。左光禄大夫范泰谓司徒王弘曰："天下事重，权要难居。卿兄弟盛满，当深存降挹。彭城王，帝之次弟，宜征还入朝，共参朝政。"弘纳其言。时大旱，疾疫，弘上表引咎逊位，帝不许。

秦商州刺史领浇河太守姚濬叛，降河西，秦王炽磐以尚书焦嵩代濬，帅骑三千讨之。二月，嵩为吐谷浑元绪所执。

魏改元神䴥。

魏平北将军尉眷攻夏主于上邽，夏主退屯平凉。奚斤进军安定，与丘堆、娥清军合。斤马多疫死，士卒乏粮，乃深垒自固。遣丘堆督租于民间，士卒暴掠，不设警备，夏主袭之，堆兵败，以数百骑还城。夏主乘胜，日来城下钞掠，不得刍牧，诸将患之，监军侍御史安颉曰："受诏灭贼，今更为贼所困，退守穷城；若不为贼杀，当坐法诛，进退皆无生理。而诸王公晏然曾不为计乎？"斤曰："今军士无马，以步击骑，必无胜理，当须京师救骑至合击之。"颉曰："今猛寇游逸于外，吾兵疲食尽，不一决战，则死在旦夕，救骑何可待乎！等于就死，死战，不亦可乎！"斤又以马少为辞。颉曰："今敛诸将所乘马，可得二百匹，颉请募敢死之士出击之，就不能破敌，亦可以折其锐。且赫连昌狷而无谋，好勇而轻，每自出挑战，众皆识之。若伏兵掩击，昌可擒也。"斤犹难之。颉乃阴与尉眷等谋，选骑待之。既而夏主来攻城，颉出应之。夏主自出陈前搏战，军士识其貌，争赴之。会天大风扬尘，昼昏，夏主败走；颉追之，夏主马蹶而坠，遂擒之。颉，同之子也。

【语译】

太祖文皇帝上之中

宋文帝元嘉五年（戊辰，428年）

春季，正月初二辛未，北魏京兆王拓跋黎去世。

刘宋荆州刺史、彭城王刘义康，生性聪明，详察下情，他在荆州，凡是职权范围内的事情都办得很好。刘宋左光禄大夫范泰对司徒王弘说："国家大事，责任很重，权要的地位，也很难久居。你们兄弟的权力和地位，已经达到了顶峰，应该深深地想到要谦虚谨慎。彭城王刘义康是皇上的二弟，最好征召他回京，共同参与处理朝廷大事。"王弘接受了范泰的劝告。当时，刘宋境内正遭受严重的旱灾，瘟疫流行，王弘上书引咎自责，请求解除自己的职务，文帝没有批准。

西秦商州刺史兼浇河太守姚濬反叛，投降了北凉。西秦王乞伏炽磐任命尚书焦嵩为商州刺史兼浇河太守，并率领三千人攻打姚濬。二月，焦嵩被吐谷浑酋长慕容元绪擒获。

北魏改年号为神䴥。

北魏平北将军尉眷，围攻夏王赫连昌所在的上邽，赫连昌退到平凉据守。北魏大将奚斤率领军队抵达安定，与娥清、丘堆率领的大军会师。奚斤军中的战马染上了瘟疫，大批死亡，士兵又缺乏粮饷，所以只好深挖沟堑，营造堡垒固守。奚斤派遣丘堆率领军队到乡村征粮逼租，北魏士兵残暴无端，大肆抢掠，对敌人不加防备，夏王赫连昌乘机进攻，丘堆的军队大败，只带着几百名骑兵逃回安定。赫连昌乘胜追击，每天到城下抢掠，北魏军队得不到粮草，将领们深感忧虑。监军侍御史安颉说："我们接受朝廷的命令是要消灭敌寇，而如今我们却被敌人包围，困守孤城，即使不被敌人杀戮，也要受到军法的惩罚，无论是进是退都没有生路。而各位王公还安稳地坐在那里，就没有克敌制胜的计谋吗？"奚斤说："现在我们的军士没有马匹，用步兵来进攻骑兵，断然没有取胜的可能。只有等朝廷派救兵和战马赶来救援，内外夹击敌人。"安颉说："现在强敌在城外示威，我们城内的士兵精疲力竭，粮食又已经吃完，如果不立刻与敌人决战，我们早晚之间就会全军覆没，救兵怎么能够等到呢？同样是去死，决一死战不也是很好的吗？"奚斤又以战马太少为理由，推辞不肯决战。安颉说："现在我们把各个将领的坐骑集中起来，可以凑到二百匹，我请求招募敢死的士兵，冲出城去打击敌人，即使不能击破敌人，也可以打击他们的锐气。况且，赫连昌急躁无谋，轻率好斗，常常亲自出阵挑战，军中的士兵都认识他的模样。如果设伏兵突然袭击他，一定能生擒赫连昌。"奚斤仍然面有难色。安颉于是与尉眷暗中谋划，挑选精骑等待时机。不久，赫连昌果然又来攻城，安颉出

夏大将军、领司徒、平原王定收其余众数万，奔还平凉，即皇帝位，大赦，改元胜光。

三月，辛巳，赫连昌至平城，魏主馆之于西宫，门内器用皆给乘舆之副，又以妹始平公主妻之；假常忠将军，赐爵会稽公。以安颉为建节将军，赐爵西平公；尉眷为宁北将军，进爵渔阳公。

魏主常使赫连昌侍从左右，与之单骑共逐鹿，深入山涧。昌素有勇名，诸将咸以为不可。魏主曰："天命有在，亦何所惧！"亲遇如初。

奚斤自以为元帅，而昌为偏裨所擒，深耻之。乃舍辎重，赍三日粮，追夏主于平凉。娥清欲循水而往，斤不从，自北道邀其走路。至马髦岭，夏军将遁，会魏小将有罪亡归于夏，告以魏军食少无水。夏主乃分兵邀斤，前后夹击之，魏兵大溃，斤及娥清、刘拔皆为夏所擒，士卒死者六七千人。

丘堆守辎重在安定，闻斤败，弃辎重奔长安，与高凉王礼偕奔蒲阪，夏人复取长安。魏主大怒，命安颉斩丘堆，代将其众，镇蒲阪以拒之。

夏，四月，夏主遣使请和于魏，魏主以诏谕之使降。

壬子，魏主西巡。戊午，畋于河西，大赦。

（以上为第一段，写北魏将领奚斤追击大夏主赫连昌，反为所困；偏将安颉率军出击，活捉赫连昌；奚斤又追击新任的大夏主赫连定，反被活捉；长安也被大夏国夺回。）

城应战。赫连昌亲自出阵与安颉交锋，北魏士兵都认出他的面貌，争相围攻赫连昌。正值狂风突起，尘沙飞扬，遮天蔽日，白天如同黑夜一样昏暗，赫连昌抵挡不住，打马逃走，安颉在后紧追，赫连昌的坐骑突然栽倒，赫连昌坠马倒地，于是被安颉生擒。安颉，是安同的儿子。

夏国大将军、领司徒、平原王赫连定，收集夏军残部数万人，一路奔走，逃回平凉。赫连定即皇帝位，下令实行大赦，改年号为胜光。

三月十三日辛巳，赫连昌被押解到平城，北魏主拓跋焘在西宫为赫连昌安排了客舍，房间里的日常用具都跟皇帝使用的一样，又把自己的妹妹始平公主嫁给他，给他常忠将军头衔，并封为会稽公。拓跋焘任命安颉为建节将军，封为西平公；尉眷为宁北将军，封为渔阳公。

北魏主拓跋焘常常让赫连昌侍从在自己身边，两人单独打猎，两马相并追逐麋鹿，深入高山危谷。赫连昌一向享有勇猛的威名，拓跋焘手下的将领们都认为拓跋焘不可这样做。拓跋焘却说："天命自有定数，有什么可畏惧的呢？"所以，对赫连昌仍然亲近，跟当初一样。

北魏将领奚斤自以为是元帅，但夏王赫连昌却被他手下的偏将活捉了，因此深感羞耻。于是，他命令军队舍弃辎重，只带三日粮草，进攻赫连定据守的平凉。娥清建议沿着泾水而行，奚斤不同意，坚持走北道以便截击赫连定的退路。北魏军走到马髦岭，夏军正要逃走，正巧北魏军中的一名小将因为犯罪投降了夏军，把北魏军中缺粮少水的窘况都报告了赫连定。赫连定于是分兵几路拦截奚斤的军队，前后夹击，北魏军顿时溃败如潮，奚斤、娥清、刘拔等将领都被夏军活捉，士兵中也有六七千人战死。

北魏大将丘堆在安定城留守，看管军用物资，他听说奚斤战败的消息，立刻放弃辎重逃往长安，又与高凉王拓跋礼一道放弃长安，逃奔蒲阪，夏军又重新占据了长安城。拓跋焘闻知大怒，命令安颉斩丘堆，代替他统领他的部众镇守蒲阪来抗拒夏军。

夏季，四月，夏王赫连定派使臣到北魏，请求和解。北魏主拓跋焘下令，让赫连定投降。

四月十五日壬子，北魏主拓跋焘向西巡察。二十一日戊午，拓跋焘在河西打猎。下令实行大赦。

五月，秦文昭王炽磐卒，太子暮末即位，大赦，改元永弘。

平陆令河南成粲复劝王弘逊位，弘从之，累表陈请。帝不得已，六月，庚戌，以弘为卫将军、开府仪同三司。

甲寅，魏主如长川。

葬秦文昭王于武平陵，庙号太祖。秦王暮末以右丞相元基为侍中、相国、都督中外诸军、录尚书事；以镇军大将军、河州牧谦屯为骠骑大将军；征安北将军、凉州刺史段晖为辅国大将军、御史大夫；叔父右禁将军千年为镇北将军、凉州牧，镇湟河；以征北将军木弈干为尚书令、车骑大将军；以征南将军吉毗为尚书仆射、卫大将军。

河西王蒙逊因秦丧，伐秦西平，西平太守麹承谓之曰："殿下若先取乐都，则西平必为殿下之有；苟望风请服，亦明主之所疾也。"蒙逊乃释西平，攻乐都。相国元基帅骑三千救乐都，甫入城，而河西兵至，攻其外城，克之；绝其水道，城中饥渴，死者太半。东羌乞提从元基救乐都，阴与河西通谋，下绳引内其兵，登城者百余人，鼓噪烧门；元基帅左右奋击，河西兵乃退。

初，文昭王疾病，谓暮末曰："吾死之后，汝能保境则善矣。沮渠成都为蒙逊所亲重，汝宜归之。"至是，暮末遣使诣蒙逊，许归成都以求和。蒙逊引兵还，遣使入秦吊祭。暮末厚资送成都，遣将军王伐送之。蒙逊犹疑之，使恢武将军沮渠奇珍伏兵于扪天岭，执伐并其骑士三百人以归。既而遣尚书郎王杼送伐还秦，并遗暮末马千匹及锦罽银缯。秋，七月，暮末遣记室郎中马艾如河西报聘。

魏主还宫。八月，复如广宁观温泉。

柔然纥升盖可汗遣其子将万余骑寇魏边，魏主自广宁还，追之，不及。九月，还宫。

五月，西秦王乞伏炽磐去世，太子乞伏暮末继承王位，实行大赦，改年号为永弘。

刘宋平陆县令、河南人成粲再度劝司徒王弘退位，王弘采纳了他的建议，一再上书，坚决请求辞去职务。文帝刘义隆不得已，六月十四日庚戌，调任王弘为卫将军、开府仪同三司。

六月十八日甲寅，北魏主拓跋焘抵达长川。

西秦在武平陵安葬了文昭王乞伏炽磐，庙号太祖。西秦王乞伏暮末任命右丞相乞伏元基为侍中、相国、都督中外诸军事、录尚书事；任命镇军大将军、河州牧乞伏谦屯为骠骑大将军；征召安北将军、凉州刺史段晖为辅国大将军、御史大夫；任命叔父、右禁将军乞伏千年为镇北将军、凉州牧，镇守湟河；又任命征北将军乞伏木弈干为尚书令、车骑大将军；任命征南将军乞伏吉毗为尚书仆射、卫大将军。

北凉河西王沮渠蒙逊利用乞伏炽磐去世的机会，进攻西秦所属的西平，西平太守麹承，对前来攻城的沮渠蒙逊说："您如果能够先攻取乐都，那么西平一定会归附您。假如我望风而降，英明君主也看不起这样的守将。"沮渠蒙逊于是放弃西平，改变方向去进攻乐都。西秦的相国乞伏元基率领骑兵三千人救援乐都。乞伏元基的援兵刚刚进城，沮渠蒙逊的大军也开到了城下，开始攻击，很快就攻陷了乐都外城；切断了乐都城的水源，城中有一半以上的人死于饥渴。东羌部落酋长乞提原来跟随乞伏元基救援乐都，却暗中与城外的北凉军队勾结，从城上抛下绳索，从内部牵引北凉士兵登城，很快登城的北凉军士达百余人，他们大声呐喊，纵火焚烧城门，乞伏元基率领左右亲军奋力抗击，北凉军队才被打退。

当初，西秦文昭王乞伏炽磐重病时，曾对太子乞伏暮末说："我死以后，你能够保住国土不失，就已经不错了。沮渠成都一向得到沮渠蒙逊的信任和重用，你应该把他送回国去。"这时，乞伏暮末遣使来到沮渠蒙逊的营中，答应归还沮渠成都，请求和解。沮渠蒙逊接受了西秦的建议，撤军回国，随即又派遣使臣赴西秦吊丧。乞伏暮末用厚重的礼物，送沮渠成都回国，并派将军王伐护送。沮渠蒙逊对西秦的做法仍深怀疑虑，就派恢武将军沮渠奇珍在扪天岭设下埋伏，擒获王伐及其三百骑兵回国。不久，又派尚书郎王杼护送王伐返回了西秦，并送给乞伏暮末战马一千匹以及其他锦缎绫罗。秋季，七月，乞伏暮末派遣记室郎中马艾前往北凉回访。

北魏主拓跋焘回宫。八月，拓跋焘又前往广宁观赏温泉。

柔然汗国纥升盖可汗郁久闾大檀派他的儿子率领一万多骑兵进犯北魏的边境，拓跋焘从广宁返回首都平城，率兵追击柔然汗国的军队，没有追上。九月，拓跋焘回宫。

冬，十月，甲辰，魏主北巡；壬子，畋于牛川。

秦凉州牧乞伏千年，嗜酒残虐，不恤政事，秦王暮末遣使让之，千年惧，奔河西。暮末以叔父光禄大夫沃陵为凉州牧，镇湟河。

徐州刺史王仲德遣步骑二千伐魏济阳、陈留。

魏主还宫。

魏定州丁零鲜于台阳等二千余家叛，入西山，州郡不能讨。闰月，魏主遣镇南将军叔孙建讨之。

十一月，乙未朔，日有食之。

魏主如西河校猎；十二月，甲申，还宫。

河西王蒙逊伐秦，至磐夷，秦相国元基等将骑万五千拒之。蒙逊还攻西平，征虏将军出连辅政等将骑二千救之。

秘书监谢灵运，自以名辈才能，应参时政，上唯接以文义，每侍宴谈赏而已。王昙首、王华、殷景仁，名位素出灵运下，并见任遇，灵运意甚不平，多称疾不朝直；或出郭游行，且二百里，经旬不归，既无表闻，又不请急。上不欲伤大臣意，讽令自解。灵运乃上表陈疾。上赐假，令还会稽。而灵运游饮自若，为法司所纠，坐免官。

是岁，师子王刹利摩诃及天竺迦毗黎王月爱皆遣使奉表入贡，表辞皆如浮屠之言。

魏镇远将军平舒侯燕凤卒。

（以上为第二段，写西秦主乞伏炽磐去世，太子乞伏暮末即位，改元永弘；北凉主沮渠蒙逊乘机率军攻打西秦，被打退；西秦归还北凉将领沮渠成都，请求和解。）

六年（己巳，429 年）

春，正月，王弘上表乞解州、录，以授彭城王义康，帝优诏不许。

癸丑，以义康为侍中，都督扬南徐兖三州诸军事、司徒、录尚书事、

冬季，十月初十甲辰，拓跋焘到北方巡视；十八日壬子，到牛川狩猎。

西秦国凉州牧乞伏千年，酗酒暴虐，不理公务。西秦王乞伏暮末派遣使臣责备他，乞伏千年大为恐惧，投奔北凉。乞伏暮末任命他的叔父、光禄大夫乞伏沃陵为凉州牧，镇守湟河。

刘宋徐州刺史王仲德派遣步、骑兵二千人进攻北魏所属的济阳、陈留。

北魏主拓跋焘回宫。

北魏定州丁零部落酋长鲜于台阳等率领两千多家背叛了北魏，进入西山；地方州郡都无力攻打他们。闰十月，拓跋焘命令镇南将军叔孙建前往征讨。

十一月初一乙未朔，出现日食。

北魏主拓跋焘前往西河，举行围猎。十二月二十一日甲申，回宫。

北凉河西王沮渠蒙逊再次攻打西秦，北凉军开到磐夷，遇到西秦相国乞伏元基率领骑兵一万五千人阻击。沮渠蒙逊率军回攻西平，西秦征虏将军出连辅政等率领骑兵二千人赶赴救援。

刘宋秘书监谢灵运，自以为他的才能、名望和辈分，都足以有资格参与朝政。可是，文帝刘义隆只看重他的文才，只是常常让他参加宴会，跟他谈论和欣赏诗文而已。王昙首、王华、殷景仁的名望和地位，一向居于谢灵运之下，他们都得到了重用，并被委以国家机要大事，谢灵运因此愤愤不平，经常声称有病，不参加朝会；有时出城游玩旅行，走出二百里，十多日不回来，也不上书奏报，也从不请假。文帝不愿伤害大臣的面子，婉转地让他自己辞职。谢灵运于是上书，声称自己有病。刘义隆批准他休假，让他返回会稽养病。谢灵运回到会稽后，仍然游乐欢宴，被法司纠举，于是被免除了官职。

这一年，师子国王刹利摩诃以及天竺迦毗黎王月爱都派遣使臣前往刘宋进贡。他们奏书上的辞句都类似佛经上的语言。

北魏镇远将军、平舒侯燕凤去世。

宋文帝元嘉六年（己巳，429 年）

春季，正月，刘宋扬州刺史王弘上书要求辞去扬州刺史和录尚书事等职，并请求皇上把这两项要职委任给彭城王刘义康。文帝刘义隆下达一份褒奖诏书，但没有批准。

正月二十日癸丑，宋文帝下令任命刘义康为侍中，都督扬南徐兖三州诸军事、

领南徐州刺史。弘与义康二府并置佐领兵，共辅朝政。弘既多疾，且欲委远大权，每事推让义康，由是义康专总内外之务。

又以抚军将军江夏王义恭为都督荆湘等八州诸军事、荆州刺史，以侍中刘湛为南蛮校尉，行府州事。

帝与义恭书，诫之曰："天下艰难，家国事重，虽曰'守成'，实亦未易。隆替安危，在吾曹耳，岂可不感寻王业，大惧负荷！

"汝性褊急，志之所滞，其欲必行；意所不存，从物回改。此最弊事，宜念裁抑。卫青遇士大夫以礼，与小人有恩；西门、安于，矫性齐美；关羽、张飞，任偏同弊：行己举事，深宜鉴此！

"若事异今日，嗣子幼蒙，司徒当周公之事，汝不可不尽祗顺之理。尔时天下安危，决汝二人耳。

"汝一月自用钱不可过三十万，若能省此，益美。西楚府舍，略所谙究，计当不须改作，日求新异。凡讯狱多决当时，难可逆虑，此实为难；至讯日，虚怀博尽，慎无以喜怒加人。能择善者而从之，美自归己；不可专意自决，以矜独断之明也！

"名器深宜慎惜，不可妄以假人；昵近爵赐，尤应裁量。吾于左右虽为少恩，如闻外论不以为非也。

"以贵凌物，物不服；以威加人，人不厌；此易达事耳。声乐嬉游，不宜令过；蒱酒渔猎，一切勿为。供用奉身，皆有节度，奇服异器，不宜兴长。又宜数引见佐史。相见不数，则彼我不亲；不亲，无因得尽人情；人情不尽，复何由知众事也！"

司徒、录尚书事，领南徐州刺史。王弘与刘义康二人的官署，都设置属官卫，二人共同辅佐朝廷政务。王弘体弱多病，况且又早下决心远离权势，因此每件事都推给刘义康处理。刘义康于是一个人总管内外事务。

宋文帝又任命抚军将军、江夏王刘义恭为都督荆湘等八州诸军事、荆州刺史；任命侍中刘湛为南蛮校尉，代理府、州政务。

文帝写信给刘义恭，告诫他说："天下时事，十分艰难，家事国事，关系重大。虽说是继承并保住现成的基业，实际上也还是相当不容易。国家的兴隆或衰落，安定或危覆，都在于我们的努力，怎么可以不感到王业艰难，从而对自己肩负重任而惶恐不安呢？

"你的性情急躁偏激，心里想着什么，就要不顾一切地达到目的。有时你的心里并没有某些愿望，一受外界引诱，就立刻产生欲望，这是最容易招致祸端的，应该时刻提醒自己，极力克制。卫青对待士大夫礼貌谦恭，对小人也有恩惠；西门豹性情刚直急躁，常常佩牛皮带；董安于性情宽容，做事缓慢，常常佩带弓弦，都是为了警告自己，矫正自己的性情，他们的美名一齐得到了后世的传颂。关羽、张飞则不然，二人的性格都任性偏激，缺点相同。你待人处世，要深刻体会古人的行为，作为借鉴。

"倘若有一天朝中发生不测，我的儿子年纪还小，身为司徒的刘义康必然要负起周公的责任，你也不可不尽到恭敬辅弼的道义。到那个时候，国家的安危存亡，就全取决于你们二人了。

"你每月的私人开支，不能超过三十万，倘若还能比这节省，那就更好。荆州的府舍，我略为熟悉了解，估计还不用重新改建，去追求新异。至于讯案断狱，大多要当时裁决，很难事先做周到的考虑，当然，这是一件很不容易的事情。在审讯的时候，要虚心听取各方面的陈述，千万谨慎处置，不要把自己的喜怒强加于人。平时做事，能择善而从，自己就会获得好的声誉，切不可一意孤行，来炫耀自己的独断和英明。

"名分一定要谨慎珍惜，不可以随便赏给他人；对亲近的人封赐爵位，则更应再三考虑定夺。我对于身边的人，虽然很少有特别的赏赐，但如果听说外面有人议论我，我也不认为他们说得不对。

"凭权势欺凌别人，别人自然不服；用威望统辖别人，别人便不会满意，这是显而易见的事情。声色犬马，嬉戏游乐都不能过分。饮酒赌博、捕鱼狩猎，这一切都不应该做，日常用品、衣服饮食，都应有节制。至于新奇的服饰和器物，不应鼓励制作。你还应该多多接见府中的官员，召见的次数少，就会彼此不亲近；不亲近，你就没有办法知道官员们的思想感情，不了解他们的思想感情，因此也就无法知道

夏酒泉公隽自平凉奔魏。

丁零鲜于台阳等请降于魏，魏主赦之。

秦出连辅政等未至西平，河西王蒙逊拔西平，执太守麹承。

二月，秦王暮末立妃梁氏为王后，子万载为太子。

三月，丁巳，立皇子劭为太子；戊午，大赦。

辛酉，以左卫将军殷景仁为中领军。帝以章太后早亡，奉太后所生苏氏甚谨。苏氏卒，帝往临哭，欲追加封爵，使群臣议之，景仁以为古典无之，乃止。

初，秦尚书陇西辛进从文昭王游陵霄观，弹飞鸟，误中秦王暮末之母，伤其面。及暮末即位，问母面伤之由，母以状告。暮末怒，杀进并其五族二十七人。

夏，四月，癸亥，以尚书左仆射王敬弘为尚书令，临川王义庆为左仆射，吏部尚书济阳江夷为右仆射。

（以上为第三段，写刘宋首辅大臣王弘请求辞职，文帝刘义隆重用其弟刘义康、刘义恭，让其担任要职，并再三叮嘱，似将后事托付；北凉主沮渠蒙逊攻下西秦西平城。）

初，魏太祖命尚书邓渊撰《国记》十余卷，未成而止。世祖更命崔浩与中书侍郎邓颖等续成之，为《国书》三十卷。颖，渊之子也。

魏主将击柔然，治兵于南郊，先祭天，然后部勒行陈。内外群臣皆不欲行，保太后固止之，独崔浩劝之。

尚书令刘絜等共推太史令张渊、徐辩使言于魏主曰：“今兹己巳，三阴之岁，岁星袭月，太白在西方，不可举兵。北伐必败，虽克，不利于上。”群臣因共赞之曰：“渊等少时尝谏苻坚南伐，坚不从而败，所言无不中，不可违也。”魏主意不快，诏浩与渊等论难于前。

民间的具体情况。”

夏国的酒泉公赫连隽从平凉出逃，投奔北魏。

丁零部落酋长鲜于台阳等人，请求再次归降北魏，北魏主拓跋焘赦免了他们的罪过。

西秦征虏将军出连辅政等率领援军还没有赶到西平，北凉王沮渠蒙逊已经攻陷了西平城，活捉了西平太守麹承。

二月，西秦王乞伏暮末，立妃梁氏为王后，封王子乞伏万载为太子。

三月二十五日丁巳，宋文帝立皇子刘劭为太子；二十六日戊午，下令实行大赦。

三月二十九日辛酉，宋文帝任命左卫将军殷景仁为中领军。文帝因为生母章太后胡氏早死，事奉外祖母苏氏十分恭谨。苏氏去世后，文帝到灵前恸哭，并打算追封爵位，命文武官员讨论。殷景仁认为自古没有封外祖母爵位的先例，文帝才作罢。

当初，西秦国尚书、陇西人辛进，跟从文昭王乞伏炽磐在陵霄观游览，用弹弓射击飞鸟，不想竟误中西秦王乞伏暮末的母亲，损伤了她的容貌。等到乞伏暮末即位，问及他母亲面部受伤的原因，他母亲把当时的情况据实地告诉了他，乞伏暮末大发雷霆，斩杀了辛进及其五族内的亲属二十七人。

夏季，四月初二癸亥，刘宋文帝刘义隆任命尚书左仆射王敬弘为尚书令；临川王刘义庆为左仆射；吏部尚书、济阳人江夷为右仆射。

当初，魏道武帝拓跋寔命令尚书邓渊撰写《国记》十多卷，书未写成就停止了。于是，拓跋焘改命崔浩与中书侍郎邓颖等人继续编撰，称《国书》，共三十卷。邓颖，是邓渊的儿子。

北魏主拓跋焘将进攻柔然汗国，在平城的南郊举行阅兵大典，先行祭拜天神，然后下令排列战阵。朝廷内外的文武群臣都不愿意打这一仗，连拓跋焘的乳娘保太后都坚决劝阻，只有太常崔浩极力赞成。

北魏尚书令刘絜等人共同推举太史令张渊、徐辩向拓跋焘分析形势说：“今年是己巳年，恰恰是三种阴气聚集在一起的年份，木星突然靠近月亮，太白星出现在西方，不可以发动军事进攻，北伐一定失败，即使取胜，也对皇上不利。”文武群臣也异口同声地称赞张渊和徐辩的说法，都说：“张渊年轻的时候，曾经劝阻过苻坚，不可以南伐，苻坚不肯接受，结果大败。张渊的预言几乎没有一件事不应验的。不可

浩诘渊、辩曰："阳为德，阴为刑，故日食修德，月食修刑。夫王者用刑，小则肆诸市朝，大则陈诸原野。今出兵以讨有罪，乃所以修刑也。臣窃观天文，比年以来，月行掩昴，至今犹然。其占，三年天子大破旄头之国。蠕蠕、高车，旄头之众也。愿陛下勿疑。"渊、辩复曰："蠕蠕，荒外无用之物，得其地不可耕而食，得其民不可臣而使，轻疾无常，难得而制，有何汲汲，而劳士马以伐之？"浩曰："渊、辩言天道，犹是其职，至于人事形势，尤非其所知。此乃汉世常谈，施之于今，殊不合事宜。何则？蠕蠕本国家北边之臣，中间叛去。今诛其元恶，收其良民，令复旧役，非无用也。世人皆谓渊、辩通解数术，明决成败，臣请试问之：属者统万未亡之前，有无败征？若其不知，是无术也；知而不言，是不忠也。"时赫连昌在坐，渊等自以未尝有言，惭不能对。魏主大悦。

既罢，公卿或尤浩曰："今南寇方伺国隙，而舍之北伐，若蠕蠕远遁，前无所获，后有强寇，将何以待之？"浩曰："不然。今不先破蠕蠕，则无以待南寇。南人闻国家克统万以来，内怀恐惧，故扬声动众以卫淮北。比吾破蠕蠕，往还之间，南寇必不动也。且彼步我骑，彼能北来，我亦南往；在彼甚困，于我未劳。况南北殊俗，水陆异宜，设使国家与之河南，彼亦不能守也。何以言之？以刘裕之雄杰，吞并关中，留其爱子，辅以良将，精兵数万，犹不能守，全军覆没，号哭之声，至今未已。况义隆今日君臣，非裕时之比。主上英武，士马精强，彼若果来，譬如以驹犊斗虎狼也，何惧之有！蠕蠕恃其绝远，谓国家力不能制，自宽日久，故夏则散众放畜，秋肥乃聚，背寒向温，南来寇钞。今掩其不备，必望尘骇散。牡马护牝，牝马恋驹，驱驰难制，不得水草，不过数日，必聚而困弊，可一举而灭也。暂劳永逸，时不可失，患在上无此意。今上意已决，奈何止之！"寇谦之谓浩曰："蠕蠕果可克乎？"浩曰："必克。但恐诸将琐琐，前后顾虑，不能乘胜深入，使不全举耳。"

以违背。”拓跋焘心里不高兴，下令让崔浩与张渊在御前辩论。

崔浩质问张渊、徐辩说：“阳是恩德，阴是刑杀，所以出现日食时，君主要积德；出现月食的时候，就要注意刑罚。帝王使用刑法，从小处说是把犯人处决于市朝，从大处说是对敌国用兵于原野。今天，出兵攻打有罪之国，正是加强刑罚。我观察天象，近年以来月亮运行遮盖昴星，到现在仍然如此。这表明，三年之内天子将大破旄头星之国。柔然、高车都是旄头星的部众，希望皇上不要犹豫怀疑。”张渊、徐辩又说：“柔然，是远荒外没有用的东西，我们得到他们的土地，也不能耕种收获粮食；得到他们的百姓，也不能当作臣民驱使。而且他们疾速往来，行动没有规律，很难攻取并彻底制服；有什么事如此急迫，要动员大队人马去攻打他们？”崔浩说：“张渊、徐辩如果谈论天文，还是他们的本职；至于说到人间的事情和当前的形势，尤其不是他们能确切了解的。这是汉朝以来的老生常谈，用在今天，完全不切实际。为什么呢？柔然本来是我们国家北方的藩属，后来背叛而去。今天我们要诛杀叛贼元凶，收回善良的百姓，使他们能够为我国效力，不是毫无用处的。世上的人都信服张渊、徐辩深通天文历法，预知成功或失败。那么，我倒想问问他们，在统万城没有攻克之前有没有溃败的征兆？如果不知道，是没有能力；如果知道了却不说，是对皇上不忠。”当时夏国前国主赫连昌也在座，张渊等人因为自己确实没有说过，十分惭愧，无法回答。拓跋焘非常高兴。

御前辩论结束后，朝中公卿重臣中有人责怪崔浩说：“如今南方宋国的敌人正在伺机侵入，而我们却置之不顾兴兵北伐；如果柔然听说我们攻来，逃得无影无踪，我们前进没有收获，后面却有强敌逼近，那时我们将怎么办？”崔浩说：“事情不会是这样的。如今我们如果不先攻破柔然，就没有办法对付南方的敌寇。南方人自从听说我们攻克夏国都城统万以来，对我们一直深怀恐惧，所以扬言要出动军队，来保卫淮河以北的土地。等到我们击破蠕蠕，一去一回的时间里，南寇一定不敢兴兵动武。况且，南寇多是步兵而我们主要是骑兵；他们能北来，我们也可以南下；对他们来说已经疲惫不堪，而对我们来说还不曾疲劳。更何况南方和北方的风俗习惯大不相同；南方河道交错，北方一片平原；即使我国把黄河以南的土地让给他们，他们也守不住。为什么这样说呢？当年，以刘裕的雄才大略，吞并了关中，留下他的爱子镇守，又配备了经验丰富的战将和数万名精兵，还没有守住，最后落得个全军覆没。原野中的哭号之声，至今还没有停止。况且，今日刘义隆和他的文武群臣，其才略根本无法与刘裕时代的君臣相比。而我们的皇上英明威武，军队兵强马壮，如果他们真的打来，就像是马驹、牛犊与虎狼争斗一样，有什么可畏惧的呢？蠕蠕一直仗恃与我国距离遥远，以为我国没有力量制服他们，防备松懈已经很久。一到夏季，就把部众解散，各处逐水草放牧；秋季马肥兵壮，才又聚集，离开寒冷的荒

先是，帝因魏使者还，告魏主曰："汝趣归我河南地！不然，将尽我将士之力。"魏主方议伐柔然，闻之，大笑，谓公卿曰："龟鳖小竖，自救不暇，夫何能为！就使能来，若不先灭蠕蠕，乃是坐待寇至，腹背受敌，非良策也。吾行决矣。"

庚寅，魏主发平城，使北平王长孙嵩、广陵公楼伏连居守。魏主自东道向黑山，使平阳王长孙翰自西道向大娥山，同会柔然之庭。

（以上为第四段，写北魏主拓跋焘决意攻打柔然，朝廷上下都不同意，而太常崔浩极力赞成；崔浩与阻战派张渊、徐辩开展御前辩论，言辞犀利，坚定了魏主出兵决心。）

五月，壬辰朔，日有食之。

王敬弘固让尚书令，表求还东。癸巳，更以敬弘为侍中、特进、左光禄大夫，听其东归。

丁未，魏主至漠南，舍辎重，帅轻骑兼马袭击柔然，至栗水。柔然纥升盖可汗先不设备，民畜满野，惊怖散去，莫相收摄。纥升盖烧庐舍，绝迹西走，莫知所之。其弟匹黎先主东部，闻有魏寇，帅众欲就其兄，遇长孙翰，翰邀击，大破之，杀其大人数百。

夏主欲复取统万，引兵东至侯尼城，不敢进而还。

河西王蒙逊伐秦，秦王暮末留相国元基守枹罕，迁保定连。

野，面向温暖的中原，南下掠夺。而今我们乘其不备出兵，他们一看到飞扬的尘沙，一定会惊慌失措地四处逃散。公马护着母马，母马恋着小马，难以控制驱赶，等到找不着水草，不过几天工夫，他们会再行聚集，乘他们疲劳困顿之际，我们的军队就可以一举歼灭他们。短时间的劳苦将换来永久的安逸，这样的时机千万不能放弃，我在忧虑皇上没有这样的决心。现在皇上的决心已经下定了，为什么还要阻挠！”寇谦之问崔浩说：“蠕蠕果真可以一举攻克吗？”崔浩回答说：“必克无疑。只恐怕将领们顾虑太多，瞻前顾后，不能乘胜深入，以致于不能一举取得彻底的胜利。”

在此之前，宋文帝趁北魏使者回国，让使者转告北魏主拓跋焘说：“你应该赶快归还我黄河以南的领土！否则，我们的将士只好竭力攻取。”当时，拓跋焘正在讨论攻打柔然的事宜，听到这个消息，大笑不已，对左右大臣们说：“龟鳖小丑，他救护自己还来不及，还能有什么作为！即使他真能打来，如果我们不先灭掉蠕蠕，那就是在家门口坐等敌人来攻，腹背受敌，不是好的计策。我决心立即攻打。”

四月二十九日庚寅，拓跋焘从平城出发。命令北平王长孙嵩、广陵公楼伏连等留守京师。拓跋焘向东取道黑山，派平阳王长孙翰向西取道大娥山，约定在柔然汗国的王庭会师。

五月初一日壬辰朔，出现日食。

刘宋王敬弘坚决辞让尚书令，上书请求返回故乡会稽。五月初二癸巳，朝廷改任王敬弘为侍中、特进、左光禄大夫，准许他回到东边。

五月十六日丁未，北魏主拓跋焘抵达漠南，留下所有辎重，亲自率领轻骑兵和备用马匹袭击柔然汗国，大军很快逼近栗水。柔然汗国纥升盖可汗郁久闾大檀果然事先没有防备，原野上到处都有牲畜和放牧的人们，当他们发现北魏的大军突然袭来，惊慌失措各自逃散，根本无法集结。纥升盖可汗只好放火焚烧房屋，向西逃走，没有人知道他的下落。纥升盖可汗的弟弟郁久闾匹黎先主持东部的防务，听说北魏军队大举攻来，立即召集他的部众打算向他的哥哥靠拢；刚刚出发，就与北魏平阳王长孙翰的军队遭遇，长孙翰拦截并袭击了郁久闾匹黎先及其部队，大破柔然军，斩杀他们的酋长等头目数百人。

夏王赫连定打算收复统万城，他统率大军向东抵达侯尼城，不敢再向前进发，只好班师。

北凉河西王沮渠蒙逊攻打西秦，西秦王乞伏暮末命令相国乞伏元基留守都城枹

南安太守翟承伯等据罕幵谷以应河西，暮末击破之，进至治城。

西安太守莫者幼眷据汧川以叛，暮末讨之，为幼眷所败，还于定连。

蒙逊至枹罕，遣世子兴国进攻定连。六月，暮末逆击兴国于治城，擒之，追击蒙逊至谭郊。

吐谷浑王慕璝遣其弟没利延将骑五千会蒙逊伐秦，暮末遣辅国大将军段晖等邀击，大破之。

柔然纥升盖可汗既走，部落四散，窜伏山谷，杂畜布野，无人收视。魏主循栗水西行，至菟园水，分军搜讨，东西五千里，南北三千里，俘斩甚众。高车诸部乘魏兵势，钞掠柔然。柔然种类前后降魏者三十余万落，获戎马百余万匹，畜产、车庐，弥漫山泽，亡虑数百万。

魏主循弱水西行，至涿邪山，诸将虑深入有伏兵，劝魏主留止，寇谦之以崔浩之言告魏主，魏主不从。

秋，七月，引兵东还，至黑山，以所获班赐将士有差。既而得降人言："可汗先被病，闻魏兵至，不知所为，乃焚穹庐，以车自载，将数百人入南山。民畜窘聚，方六十里，无人统领，相去百八十里。追兵不至，乃徐西遁，唯此得免。"后闻凉州贾胡言："若复前行二日，则尽灭之矣。"魏主深悔之。

纥升盖可汗愤悒而卒，子吴提立，号敕连可汗。

（以上为第五段，写北魏主拓跋焘亲自率领骑兵攻击柔然，差点灭亡柔然；柔然纥升盖可汗忧愤交加，不久去世，儿子吴提即位，号敕连可汗。）

武都孝昭王杨玄疾病，欲以国授其弟难当。难当固辞，请立玄子保

军，他自己则退保定连城。

西秦南安太守翟承伯叛变，他据守枹罕谷，响应北凉军队的进攻。乞伏暮末大败翟承伯的军队，进抵治城。

西秦西安太守莫者幼眷，占据汧川，背叛西秦，乞伏暮末发兵攻打，被莫者幼眷击败，乞伏暮末又回到定连。

沮渠蒙逊大军包围了西秦都城枹罕，又派他的世子沮渠兴国进攻定连。六月，乞伏暮末在治城反击沮渠兴国的围攻，生擒沮渠兴国。沮渠蒙逊率军立即撤退，乞伏暮末追击北凉军，一直追到谭郊。

吐谷浑可汗慕容慕璝派他的弟弟慕容没利延率领骑兵五千人与沮渠蒙逊的大军会师，合兵攻打西秦国。西秦王乞伏暮末派遣辅国大将军段晖等拦击敌人，大败北凉军和吐谷浑骑兵。

柔然汗国纥升盖可汗郁久闾大檀逃走后，他的部落四处流散，躲藏在荒山深谷之中，牛马等牲畜遍布原野，没有人收集照料。北魏主拓跋焘沿着栗水一直向西行进，抵达菟园水，大军分散搜索柔然军残部，东西五千里，南北三千里，斩杀和俘虏的敌人很多。高车各部落，乘着北魏的兵势，攻打并掠夺柔然汗国。这样一来，柔然汗国的各部落先后投降北魏的就有三十多万帐落，北魏军缴获的战马达一百多万匹，牲畜、车辆帐篷，遍布山谷水畔，大约有几百万之多。

北魏主拓跋焘又沿着弱水向西前进，抵达涿邪山。北魏的领将们考虑到，再向西深入恐怕会遇到埋伏，所以都劝拓跋焘停止。寇谦之又把崔浩讲的那番话告诉拓跋焘，希望大军乘胜追击，彻底消灭柔然军，拓跋焘没有采纳。

于是，秋季，七月，拓跋焘率领大军向东回国，到了黑山，把战利品依照等级分别赏赐给将士们。不久，听到投降的柔然人的报告，说："可汗前些时，害病卧床，听说魏兵杀来，不知如何是好，仓促之间焚烧了毡帐，躺在车上，率领几百人潜入南山，方园六十里。人和牲畜挤在一起，没有人统领，距涿邪山只有一百八十里；只因魏军没有继续追赶，才慢慢向西逃去，得以幸免。"后来，还听到凉州的匈奴商人说："魏军如果再前进二日，柔然汗国就被彻底消灭了。"拓跋焘听到这些话，深为后悔。

柔然汗国纥升盖可汗郁久闾大檀忧愤交加，不久去世。他的儿子郁久闾吴提继承汗位，号称敕连可汗。

武都孝昭王杨玄患病不起，打算把王位传给他的弟弟杨难当。杨难当坚决拒绝

宗而辅之，玄许之。玄卒，保宗立。难当妻姚氏劝难当自立，难当乃废保宗，自称都督雍凉秦三州诸军事、征西大将军、开府仪同三司、秦州刺史、武都王。

河西王蒙逊遣使送谷三十万斛以赎世子兴国于秦，秦王暮末不许。蒙逊乃立兴国母弟菩提为世子，暮末以兴国为散骑常侍，以其妹平昌公主妻之。

八月，魏主至漠南，闻高车东部屯巳尼陂，人畜甚众，去魏军千余里，遣左仆射安原等将万骑击之。高车诸部迎降者数十万落，获马牛羊百余万。

冬，十月，魏主还平城。徙柔然、高车降附之民于漠南，东至濡源，西暨五原阴山，三千里中，使之耕牧而收其贡赋；命长孙翰、刘絜、安原及侍中代人古弼同镇抚之。自是魏之民间马牛羊及毡皮为之价贱。

魏主加崔浩侍中、特进、抚军大将军，以赏其谋画之功。浩善占天文，常置铜铤于酢器中，夜有所见，即以铤画纸作字以记其异。魏主每如浩家，问以灾异，或仓猝不及束带；奉进疏食，不暇精美，魏主必为之举箸，或立尝而还。魏主尝引浩出入卧内，从容谓浩曰："卿才智渊博，事朕祖考，著忠三世，故朕引卿以自近。卿宜尽忠规谏，勿有所隐。朕虽或时忿恚，不从卿言，然终久深思卿言也。"尝指浩以示新降高车渠帅曰："汝曹视此人尪纤懦弱，不能弯弓持矛，然其胸中所怀，乃过于兵甲。朕虽有征伐之志而不能自决，前后有功，皆此人所教也。"又敕尚书曰："凡军国大计，汝曹所不能决者，皆当咨浩，然后施行。"

秦王暮末之弟轲殊罗烝于文昭王左夫人秃发氏，暮末知而禁之。轲殊罗惧，与叔父什寅谋杀暮末，奉沮渠兴国以奔河西。使秃发氏盗门钥，钥误，门者以告暮末。暮末悉收其党，杀之，而赦轲殊罗。执什寅，鞭之，什寅曰："我负汝死，不负汝鞭！"暮末怒，刳其腹，投尸于河。

接受，请求立杨玄的儿子杨保宗继承大位，他自己辅佐侄子，杨玄同意。杨玄去世后，杨保宗继位。可是杨难当的妻子姚氏劝说杨难当自立为王，于是，杨难当废掉了杨保宗，自封为都督雍凉秦三州诸军事征西大将军开府仪同三司、秦州刺史和武都王。

北凉王沮渠蒙逊派遣使臣出使西秦，送谷三十万斛请求赎回世子沮渠兴国。西秦王乞伏暮末拒绝。沮渠蒙逊于是立沮渠兴国的胞弟沮渠菩提为世子。乞伏暮末则任命沮渠兴国为散骑常侍，并把自己的妹妹平昌公主嫁给他。

八月，北魏主拓跋焘抵达漠南，听说高车东部屯居在巳尼陂，人口繁盛，牲畜众多，距魏军只有一千多里。于是，拓跋焘派遣左仆射安原等统率一万名骑兵进攻高车。高车各部落投降魏军的有几十万帐落。魏军缴获的牛羊也有一百多万头。

冬季，十月，拓跋焘返回平城。把柔然、高车各部落降附的百姓迁移到漠南，安置在东到濡源、西到五原阴山的三千多里广阔草原上，命他们在这里耕种、放牧，向他们征收赋税。拓跋焘命令长孙翰、刘絜、安原以及侍中代郡人古弼共同镇守安抚他们。从此以后，北魏民间的马、牛、羊及毡皮的价格下降。

北魏主拓跋焘加授崔浩侍中、特进、抚军大将军等职务，酬赏他谋划的功劳。崔浩善于根据天象预告未来，常把生铜放在装有醋的容器中，夜间观天，每每有所发现，立即用那块生铜在纸上写字，记录异象。拓跋焘每次到崔浩家问询有关灾异天变的情况，有时崔浩仓促出来迎接，连腰带都来不及系上。崔浩呈献的饮食也十分粗糙，来不及精心烹调。拓跋焘总是拿起筷子吃一点，有时站着尝一口就走。拓跋焘曾经把崔浩领到他的寝殿，语重心长地对崔浩说："你富有才智，学识渊博，侍奉过我的祖父和父亲，忠心耿耿辅佐了三代君王，所以我一向把你当作亲信近臣。你应该竭尽忠心，直言规劝，不要有什么隐瞒。我虽有时盛怒，不听你的劝告，但是我最后还是深思你的话。"拓跋焘还曾经指着崔浩，介绍给新近投降北魏的高车部落酋长们说："你们看这个人瘦小文弱，既不能弯弓，又拿不动铁矛，然而，他胸中的智谋远胜于兵甲。我虽有征伐的志向，却不能决断，前前后后建立的功勋业绩，都是得到这个人的教导啊！"拓跋焘又特意下令，命令尚书省说："凡是军国大事，你们所不能决定的，都应该向崔浩请教，然后再付诸实施。"

西秦王乞伏暮末的弟弟乞伏轲殊罗与他父亲乞伏炽磐的遗孀、左夫人秃发氏通奸。乞伏暮末得知此事后禁止他。乞伏轲殊罗惊恐不安，于是，与他的叔父乞伏什寅策划谋杀乞伏暮末，然后带着沮渠兴国投奔北凉。乞伏轲殊罗让秃发氏偷取寝殿的钥匙，不想却偷错了钥匙，守门人把情况报告给乞伏暮末，乞伏暮末逮捕了所有参与这项阴谋的同党，全部杀掉，只赦免了乞伏轲殊罗。乞伏暮末又逮捕叔父乞伏什寅，鞭打不止，乞伏什寅说："我欠你一命，但不欠你一顿鞭子。"乞伏暮末大怒，

夏主少凶暴无赖，不为世祖所知。是月，畋于阴槃，登苛蓝山，望统万城泣曰："先帝若以朕承大业者，岂有今日之事乎！"

十一月，己丑朔，日有食之，不尽如钩；星昼见，至晡方没，河北地暗。

魏主西巡，至柞山。

十二月，河西王蒙逊、吐谷浑王慕璝皆遣使入贡。

是岁，魏内都大官中山文懿公李先、青冀二州刺史安同皆卒。先年九十五。

秦地震，野草皆自反。

（以上为第六段，写仇池主杨玄传位其子杨保宗，随后被其弟杨难当取而代之；北魏主拓跋焘派军进攻高车，大获全胜；西秦主乞伏暮末处死谋反未遂的叔父乞伏什寅。）

七年（庚午，430 年）

春，正月，癸巳，以吐谷浑王慕璝为征西将军、沙州刺史、陇西公。

庚子，魏主还宫；壬寅，大赦；癸卯，复如广宁，临温泉。

二月，丁卯，魏平阳威王长孙翰卒。

戊辰，魏主还宫。

帝自践位以来，有恢复河南之志。三月，戊子，诏简甲卒五万给右将军到彦之，统安北将军王仲德、兖州刺史竺灵秀舟师入河，又使骁骑将军段宏将精骑八千直指虎牢，豫州刺史刘德武将兵一万继进，后将军长沙王义欣将兵三万监征讨诸军事。义欣，道怜之子也。

先遣殿中将军田奇使于魏，告魏主曰："河南旧是宋土，中为彼所侵，今当修复旧境，不关河北。"魏主大怒曰："我生发未燥，已闻河南是我地。此岂可得！必若进军，今当权敛戍相避，须冬寒地净，河冰坚合，自更取之。"

剖开乞伏什寅的肚子，把他的尸体扔进河里。

夏王赫连定小的时候就凶狠残暴，不务正业，武烈帝赫连勃勃不了解。这个月，赫连定在阴槃狩猎，他登上苛蓝山遥望统万城，痛哭不已，说：“先帝如果早让我继承大业，怎么会有今天的事！”

十一月初一日己丑朔，出现日食，太阳只剩下像钩一样的小部分；白天可见星辰，直到下午才发生日全食，黄河以北地区，一片黑暗。

北魏主拓跋焘向西巡视，抵达柞山。

十二月，北凉河西王沮渠蒙逊、吐谷浑可汗慕容慕璝都派使臣到刘宋国进贡。

这一年，北魏内都大官、中山文懿公李先以及青州、冀州二州刺史安同先后去世。李先卒年九十五岁。

西秦发生地震，野草都根部朝天。

宋文帝元嘉七年（庚午，430 年）

春季，正月初六日癸巳，宋文帝任命吐谷浑可汗慕容慕璝为征西将军、沙州刺史，封为陇西公。

正月十三日庚子，北魏主拓跋焘回宫。十五日壬寅，下令实行大赦。十六日癸卯，又前往广宁，观赏温泉。

二月初十丁卯，北魏阳平威王长孙翰去世。

二月十一日戊辰，北魏主拓跋焘回宫。

宋文帝自从即位以来，就有收复黄河以南失地的雄心。三月初二戊子，文帝下令挑选披甲精兵五万人，分配给右将军到彦之，并责令到彦之统率安北将军王仲德、兖州刺史竺灵秀带领水军进入黄河。同时，文帝又派骁骑将军段宏率领精锐骑兵八千人，直指虎牢；命令豫州刺史刘德武率军一万人随后进发；命令后将军、长沙王刘义欣统兵三万人，监征讨诸军事。刘义欣，是刘道怜的儿子。

在军事行动开始以前，宋文帝先派遣殿中将军田奇出使北魏，正告北魏主拓跋焘说：“黄河以南的土地本来就是宋国的领土，中途却被你们侵占。现在，我们收复旧土恢复旧日疆界，与黄河以北的国家毫无关系。”拓跋焘暴怒如雷，喝道：“我生下来头发还没有干，就已经听说黄河以南是我国的土地。这块土地怎么是你们能妄想得到的呢？你们如果一定要出兵攻取，现在我们会暂且撤军相避，等到冬天天寒

甲午，以前南广平太守尹冲为司州刺史。

长沙王义欣出镇彭城，为众军声援；以游击将军胡藩戍广陵，行府州事。

（以上为第七段，写刘宋文帝刘义隆部署出兵攻打北魏，到彦之率领水军进入黄河；同时派兵进攻虎牢；并派使者出使北魏，宣布收复河南，北魏主拓跋焘闻之勃然大怒。）

壬寅，魏封赫连昌为秦王。

魏有新徙敕勒千余家，苦于将吏侵渔，出怨言，期以草生马肥，亡归漠北。尚书令刘絜、左仆射安原奏请及河冰未解，徙之河西，向春冰解，使不得北遁。魏主曰："此曹习俗，放散日久，譬如囿中之鹿，急则奔突，缓之自定。吾区处自有道，不烦徙也。"絜等固请不已，乃听分徙三万余落于河西，西至白盐池。敕勒皆惊骇，曰："圈我于河西，欲杀我也！"谋西奔凉州。刘絜屯五原河北，安原屯悦拔城以备之。癸卯，敕勒数千骑叛北走，絜追讨之，走者无食，相枕而死。

魏南边诸将表称："宋人大严，将入寇，请兵三万，先其未发，逆击之，足以挫其锐气，使不敢深入。"因请悉诛河北流民在境上者，以绝其乡导。魏主使公卿议之，皆以为当然。崔浩曰："不可。南方下湿，入夏之后，水潦方降，草木蒙密，地气郁蒸，易生疾疠，不可行师。且彼既严备，则城守必固。留屯久攻，则粮运不继；分军四掠，则众力单寡，无以应敌。以今击之，未见其利。彼若果能北来，宜待其劳倦，秋凉马肥，因敌取食，徐往击之，此万全之计也。朝廷群臣及西北守将，从陛下征伐，西平赫连，北破蠕蠕，多获美女、珍宝，牛马成群。南边诸将闻而慕之，亦欲南钞以取资财，皆营私计，为国生事，不可从也。"魏主乃止。

地净，黄河结上坚冰，我们自然会重新夺回来。”

三月初八甲午，宋文帝任命前南广平太守尹冲为司州刺史。

宋文帝命令长沙王刘义欣出兵坐镇彭城，为各路大军的声援；又命令游击将军胡藩戍守广陵，全权代理州、府事务。

三月十六日壬寅，北魏主拓跋焘封被俘的前夏王赫连昌为秦王。

北魏新近强行迁徙的敕勒部落牧民一千多家，不堪北魏军将和官吏的敲诈勒索之苦，怨声载道，暗中约定等到野草繁盛、牧马肥壮时，逃回漠北的故乡。尚书令刘絜、左仆射安原上疏拓跋焘，奏请趁黄河冰封尚未融化的时候，把他们强行迁移到河西，等到春天黄河冰解，使他们无法向北逃走。拓跋焘说：“他们这些人的习俗，就是长期游牧放荡。就好像是关在栅栏里的野鹿，逼得太急就会乱闯乱跳，对他们缓和宽容一些，自然就会安定下来了。我自有对付的办法，不必再行迁移了。”刘絜等人一再请求，拓跋焘最后只好允许分出三万多帐落的牧民迁移到河西。向西行进到白盐池，敕勒部的牧民都惊骇不已，说：“朝廷把我们圈到河西，是要杀我们呀！”于是，又策划乘机向西逃奔凉州。刘絜当时屯驻在五原黄河以北；安原则驻扎在悦拔城，严密防备。三月十七日癸卯，敕勒部落的移民几千人骑马向北逃去，刘絜指挥军队紧紧追击；敕勒部落逃走的移民因为无食无水，互相挤压着死在一起。

北魏守卫南方边境的将领们上书说：“宋人已经戒严，很快就要向我们进攻，我们请求增援三万人，在他们尚未进攻之前先发制人迎击敌人。这样足以挫挫他们的锐气，使他们不敢深入我们的国土。”因而请求把边境一带黄河以北的流民全部屠杀掉，以便断绝刘宋军的向导。拓跋焘命令朝廷中的文武大臣讨论，大家全都同意。崔浩却说：“不行。南方地势低洼潮湿，入夏以后雨水增多，草木茂盛，地气闷热，容易生病，不利于军事行动。况且，宋国已经加强戒备，因此城防一定坚固。我们的军队驻守城下长期进攻，后方粮草就会供应接续不上；把军队分散，四处掠夺，就会使本来集中的力量分散削弱，没有办法对付敌人。所以，在眼下这个季节出师进攻宋国，还没看出有什么好处。宋国的军队假如真的敢来进攻，我们应当以逸待劳，与他们周旋，等到秋天天气凉爽战马肥壮的时候，夺取敌人的粮食，慢慢地进行反击，这才是万全之计呀。朝廷中文武群臣和西北边防守将跟从皇上出征作战，向西削平了夏国的赫连氏，向北大破柔然汗国，俘获了许多美女、珍宝和成群的牛

诸将复表："南寇已至，所部兵少，乞简幽州以南劲兵助己戍守，及就漳水造船严备以拒之。"公卿皆以为宜如所请，并署司马楚之、鲁轨、韩延之等为将帅，使招诱南人。浩曰："非长策也。楚之等皆彼所畏忌，今闻国家悉发幽州以南精兵，大造舟舰，随以轻骑，谓国家欲存立司马氏，诛除刘宗；必举国震骇，惧于灭亡，当悉发精锐，并心竭力，以死争之，则我南边诸将无以御之。今公卿欲以威力却敌，乃所以速之也。张虚声而召实害，此之谓矣。故楚之之徒，往则彼来，止则彼息，其势然也。且楚之等皆纤利小才，止能招合轻薄无赖而不能成大功，徒使国家兵连祸结而已。昔鲁轨说姚兴以取荆州，至则败散，为蛮人掠卖为奴，终于祸及姚泓，此已然之效也。"魏主未以为然。

浩乃复陈天时，以为南方举兵必不利，曰："今兹害气在扬州，一也；庚午自刑，先发者伤，二也；日食昼晦，宿值斗、牛，三也；荧惑伏于翼、轸，主乱及丧，四也；太白未出，进兵者败，五也。夫兴国之君，先修人事，次尽地利，后观天时，故万举万全。今刘义隆新造之国，人事未洽；灾变屡见，天时不协；舟行水涸，地利不尽。三者无一可，而义隆行之，必败无疑。"魏主不能违众言，乃诏冀、定、相三州造船三千艘，简幽州以南戍兵集河上以备之。

秦乞伏什寅母弟前将军白养、镇卫将军去列，以什寅之死，有怨言，秦王暮末皆杀之。

夏，四月，甲子，魏主如云中。

马。驻守南部边防的将领们听说后早就羡慕不已，也想南下攻打宋国，抢劫资财，他们都是为自己的利益，却为国家惹是生非，他们的请求，万万不能答应。”拓跋焘才停止。

北魏南部边防守将又上疏奏报：“南方的敌寇已经攻来，我们的兵员太少，请朝廷挑选幽州以南的劲旅帮助守卫城池。并请在漳水沿岸，建造战舰，来抵抗宋兵的进攻。”北魏朝中的文武大臣们，都认为应该批准这项请求，并应该任命司马楚之、鲁轨、韩延之等为将帅，使他们引诱刘宋的百姓归附。崔浩却说：“这不是长久之计。司马楚之等人都是宋国畏惧和忌惮的人物，如今宋国一旦听说我们调动全部幽州以南的精锐部队，并且兴造舰只，又有大批轻骑兵为后继部队，他们一定会以为我们打算恢复晋朝司马氏的政权，消灭刘氏家族；一定会全国震惊，害怕灭亡。于是，他们就会动员全国的精锐部队，齐心竭力，拼死抵抗。这样一来，我们南方驻防的各将领就无法抵抗宋军的攻势。现在诸位大臣打算用声威击退敌人，其结果只能是加速他们的进攻。虚张声势，却招来了实际的损害，指的正是这种做法。所以，司马楚之这些叛变过来的将领去攻打宋国，宋国一定北来；不去，他们一定停止，这是必然的。而且司马楚之这些人，都是目光短浅、贪图小便宜的人物，只能招集一些见识浅薄的无赖之徒，不能成就大事，白白使国家兵连祸结而已。当年鲁轨劝说姚兴派叛人夺取荆州，刚进入东晋境内，大军突然瓦解，士兵们被南蛮人活捉，卖为奴隶，造成的灾祸最终殃及姚泓，这是看得到的结果啊！”跋焘对崔浩这一席话却不以为然。

崔浩于是又为拓跋焘分析天象，说明刘宋发动军事攻击，一定会损兵折将，说：“今年的‘害气’在扬州，这是第一。今年‘庚午’年，‘庚’‘午’相克，先发动战争的必受伤害，这是第二。发生日食白天昏暗，太阳停留在斗宿、牛宿，这是第三。火星隐藏在翼宿、轸宿，预示天下大乱和丧亡，这是第四。金星没有出现，军事上的攻击一定失败，这是第五。作为一个有志于振兴国家的君主，应该先治理好百姓的事情，然后充分利用地利，最后顺应天时，所以才能做什么事情都能成功。而今，刘义隆统治的是一个刚刚建立的国家，君臣与百姓的关系并未融洽；天变和灾异多次出现，这是天时不助；各地河水干涸，舟行困难，这是地利不畅。天时、地利、人和三者之中，没有一项对他们有利，而他们却举兵进攻，结果一定要失败，毫无疑问。”拓跋焘还是不能不考虑大多数人的意见，于是下令，命令在冀州、相州、定州三州打造战船三千艘；选派幽州以南各地驻军在黄河北岸集结戒备。

西秦乞伏什寅的胞弟、前将军乞伏白养，镇卫将军乞伏去列二人对于乞伏什寅的死，深怀怨恨，口出怨言，被乞伏暮末先后杀死。

夏季，四月初八甲子，北魏主拓跋焘前往云中。

敕勒万余落复叛走，魏主使尚书封铁追讨，灭之。

六月，己卯，以氐王杨难当为冠军将军、秦州刺史、武都王。

魏主使平南大将军、丹阳王大毗屯河上，以司马楚之为安南大将军、荆州刺史，封琅邪王，屯颍川以备宋。

（以上为第八段，写北魏俘虏的敕勒牧民不能忍受其压榨，多次叛逃，被灭；刘宋大举进攻北魏，北魏谋臣崔浩主张等待时机，而部将积极主战，拓跋焘不违众意。）

吐谷浑王慕璝将其众万八千袭秦定连，秦辅国大将军段晖等击走之。

到彦之自淮入泗，水渗，日行才十里，自四月至秋七月，始至须昌。乃溯河西上。

魏主以河南四镇兵少，命诸军悉收众北渡。戊子，魏碻磝戍兵弃城去；戊戌，滑台戍兵亦去。庚子，魏主以大鸿胪阳平公杜超为都督冀定相三州诸军事、太宰，进爵阳平王，镇邺，为诸军节度。超，密太后之兄也。庚戌，魏洛阳、虎牢戍兵皆弃城去。

到彦之留朱脩之守滑台，尹冲守虎牢，建武将军杜骥守金墉。骥，预之玄孙也。诸军进屯灵昌津，列守南岸，至于潼关。于是，司、兖既平，诸军皆喜，王仲德独有忧色，曰："诸贤不谙北土情伪，必坠其计。胡虏虽仁义不足，而凶狡有余，今敛戍北归，必并力完聚。若河冰既合，将复南来，岂可不以为忧乎！"

甲寅，林邑王范阳迈遣使入贡，自陈与交州不睦，乞蒙恕宥。

八月，魏主遣冠军将军安颉督护诸军，击到彦之。丙寅，彦之遣裨将吴兴姚耸夫渡河攻冶坂，与颉战。耸夫兵败，死者甚众。戊寅，魏主遣征西大将军长孙道生会丹杨王大毗屯河上以御彦之。

被北魏俘虏的敕勒部落的牧民一万多帐落，再次叛逃。拓跋焘派尚书封铁前去追击攻打，把他们全部消灭了。

六月二十四日己卯，刘宋朝廷任命氐王杨难当为冠军将军、秦州刺史，晋封武都王。

北魏主拓跋焘命令平南大将军、丹阳王拓跋大毗驻防黄河北岸，任命司马楚之为安南大将军、荆州刺史，封琅邪王，屯驻颍川来防备宋军的进攻。

吐谷浑汗国可汗慕容慕璝率领他的部众一万八千人，突袭西秦所属的定连。西秦辅国大将军段晖等击退了来犯的吐谷浑军队。

刘宋右将军到彦之率领大军从淮河进入泗水，天旱水浅，每天行军才十里，从四月出发一直到秋季七月，才抵达须昌。于是，进入黄河逆流而上。

北魏主拓跋焘认为黄河以南四个军事重镇的兵力太少，命令坐镇的各路将军一律收兵，撤退到黄河以北。七月初四戊子，北魏驻防在碻磝的军队弃城而去；十四日戊戌，滑台的守军也撤离。十六日庚子，拓跋焘任命大鸿胪、阳平公杜超为都督定相冀三州诸军事、太宰，晋封为阳平王，负责镇守邺城，总领各路大军。杜超，是拓跋焘乳娘密太后杜氏的哥哥。二十六日庚戌，洛阳、虎牢两镇北魏的守军也都弃城逃去。

到彦之留下司徒从事郎中朱脩之镇守滑台，司州刺史尹冲驻守虎牢、建武将军杜骥驻守金墉。杜骥，是杜预的玄孙。刘宋其他各路大军进驻灵昌津，沿黄河南岸列阵守御，一直到潼关。于是，司州、兖州全部收复，各路军队都大喜过望。只有安北将军王仲德满面忧愁，说："各位将军完全不了解北方的真实情况，一定会中敌人的计谋。胡虏虽仁义道德不足，凶险狡诈却有余，他们今天弃城北归，一定正在集结会师。如果黄河冰封，势必会再次南下进攻，怎能不让人担忧！"

三十日甲寅，林邑国王范阳迈派遣使臣到刘宋进贡，承认与刘宋所属的交州有冲突，请求宽恕。

八月，北魏主拓跋焘，派遣冠军将军安颉统御各路人马，袭击到彦之的军队。十二日丙寅，到彦之派遣副将军、吴兴人姚耸夫渡黄河北上，进攻冶坂，迎战安颉。结果，姚耸夫兵败，战死的士兵很多。二十四日戊寅，拓跋焘派征西大将军长孙道生会合丹杨王拓跋大毗屯兵黄河北岸，防御到彦之。

燕太祖寝疾，召中书监申秀、侍中阳哲于内殿，属以后事。九月，病甚，辇而临轩，命太子翼摄国事，勒兵听政，以备非常。

宋夫人欲立其子受居，恶翼听政，谓翼曰："上疾将瘳，奈何遽欲代父临天下乎！"翼性仁弱，遂还东宫，日三往省疾。宋夫人矫诏绝内外，遣阍寺传问而已，翼及诸子、大臣并不得见，唯中给事胡福独得出入，专掌禁卫。

福虑宋夫人遂成其谋，乃言于司徒、录尚书事、中山公弘，弘与壮士数十人被甲入禁中，宿卫皆不战而散。宋夫人命闭东 ，弘家僮库斗头劲捷有勇力，逾阁而入，至于皇堂，射杀女御一人。太祖惊惧而殂，弘遂即天王位，遣人巡城告曰："天降凶祸，大行崩背，太子不侍疾，群公不奔丧，疑有逆谋，社稷将危。吾备介弟之亲，遂摄大位以宁国家。百官扣门入者，进陛二等。"

太子翼帅东宫兵出战而败，兵皆溃去，弘遣使赐翼死。太祖有子百余人，弘皆杀之。谥太祖曰文成皇帝，葬长谷陵。

（以上为第九段，写刘宋将领到彦之出兵攻打北魏，北魏收缩战线，将河南四镇兵力全部调走；北燕主冯跋病重去世，发生宫廷政变，其弟冯弘入宫，杀死冯跋的众多儿子，自己登上王位。）

己丑，夏主遣其弟谓以代伐魏鄜城，魏平西将军始平公隗归等击之，杀万余人，谓以代遁去。夏主自将数万人邀击隗归于鄜城东，留其弟上谷公社干、广阳公度洛孤守平凉，遣使来求和，约合兵灭魏，遥分河北：自恒山以东属宋，以西属夏。

魏主闻之，治兵将伐夏，群臣咸曰："刘义隆兵犹在河中，舍之西行，前寇未必可克，而义隆乘虚济河，则失山东矣。"魏主以问崔浩，对曰："义隆与赫连定遥相招引，以虚声唱和，共窥大国，义隆望定进，定待义隆前，皆莫敢先入。譬如连鸡，不得俱飞，无能为害也。臣始谓义隆军

北燕王冯跋重病，征召中书监申秀、侍中阳哲来到寝殿嘱托后事。九月，冯跋病情加重，乘辇车到金銮殿，命令皇太子冯翼主持朝政，统率全国军队，防止发生意外的变化。

冯跋的妃子宋夫人，打算立自己的儿子冯受居继承帝位，她厌恶太子冯翼主持朝政，对冯翼说："皇上的病就要痊愈了，你何必急于代替父亲君临天下呢？"冯翼的性情文弱仁厚，他听从了宋夫人的话，退位返回了东宫，每天三次去看望父皇。冯翼出来后，宋夫人就假传圣旨，不许朝廷内外的官员再进宫探病，如有事，只能派宦官传达。冯翼及其他几个皇子、朝中文武重臣全都不能见到皇帝。唯有中给事胡福一个人，可以自由出入，专门负责皇宫的安全警卫。

胡福非常忧虑宋夫人的阴谋将会成功，于是就把宋夫人的异常举动报告给司徒、录尚书事、中山公冯弘。冯弘亲自率领几十个全副武装的武士，闯进后宫。负责宫廷禁卫的军队未加抵抗就一哄而散了。宋夫人命令关闭东门，冯弘的家僮库斗头敏捷而有勇力，翻墙跳过阁门进入寝宫，一箭射死一个宫女。冯跋躺在床上看到眼前发生的一切，不胜惊骇，霎时气绝而死。冯弘乘势来到金銮殿，登上了大位，他派人到城中街巷中宣告："天上降下大祸，皇上驾崩，太子冯翼不在病榻前侍候，朝中文武大臣也不赶来奔丧，恐怕有人阴谋叛逆不道，危及社稷。于是我以天王大弟的身份，暂时登上大位，安定国家；百官中入宫朝见的人，晋级二等。"

太子冯翼统率东宫卫队出宫抵抗，大败，他手下的士兵全部溃散，冯弘派人逼迫冯翼自尽。北燕王冯跋共有儿子一百多人，冯弘把他们全部杀死。谥冯跋称文成皇帝，庙号称太祖，安葬于长谷陵。

九月初六日己丑，夏王赫连定派他的弟弟赫连谓以代攻击北魏的鄜城。北魏平西将军、始平公拓跋隗归等，率兵反击，杀死夏军一万多人，赫连谓以代远逃。赫连定又亲自统率数万人，在鄜城以东截击拓跋隗归，留下他的弟弟、上谷公赫连社干和广阳公赫连度洛孤驻守平凉。又派使臣出使刘宋请求和解，约定联合起来灭掉北魏，预先瓜分黄河以北地区：恒山以东，划归刘宋；恒山以西，划归夏国。

北魏主拓跋焘得到这个消息，立即动员军队，准备进攻夏国。朝廷中的文武群臣都说："刘义隆的大军还在黄河中游逗留，我们却放弃南方的防御，转赴西征。前面夏国的军队未必能一举攻克，后方的刘义隆就要举兵渡过黄河，乘虚而入，我们就会失去太行山以东的大片领土。"拓跋焘又征求崔浩的意见，崔浩回答说："刘义

来，当屯止河中，两道北上，东道向冀州，西道冲邺，如此，则陛下当自讨之，不得徐行。今则不然。东西列兵径二千里，一处不过数千，形分势弱。以此观之，伧儿情见，此不过欲固河自守，无北渡意也。赫连定残根易摧，拟之必仆。克定之后，东出潼关，席卷而前，则威震南极，江、淮以北无立草矣。圣策独发，非愚近所及，愿陛下勿疑。”甲辰，魏主如统万，遂袭平凉，以卫兵将军王斤镇蒲坂。斤，建之子也。

秦自正月不雨，至于九月，民流叛者甚众。

冬，十月，以竟陵王义宣为南徐州刺史，犹戍石头。

戊午，立钱署，铸四铢钱。

到彦之、王仲德沿河置守，还保东平。

乙亥，魏安颉自委粟津济河，攻金墉。金墉不治既久，又无粮食；杜骥欲弃城走，恐获罪。

初，高祖灭秦，迁其钟虡于江南，有大钟没于洛水，帝使姚耸夫将千五百人往取之。骥绐之曰：“金墉城已修完，粮食亦足，所乏者人耳。今虏骑南渡，当相与并力御之。大功既立，牵钟未晚。”耸夫从之。既至，见城不可守，乃引去，骥遂南遁。

丙子，安颉拔洛阳，杀将士五千余人。杜骥归，言于帝曰：“本欲以死固守，姚耸夫及城遽走，人情沮败，不可复禁。”上大怒，诛耸夫于寿阳。耸夫勇健，诸偏裨莫及也。

魏河北诸军会于七女津。到彦之恐其南渡，遣裨将王蟠龙溯流夺其船，杜超等击斩之。安颉与龙骧将军陆俟进攻虎牢，辛巳，拔之。尹冲

隆与赫连定遥相勾结，互相呼应，只不过是虚张声势，一唱一和，共同窥伺强邻。刘义隆希望赫连定大举进攻，赫连定却等待刘义隆先打，结果没有一个敢先打进我们的国土。他们就像被捆缚在一起的两只鸡一样，不能同时起飞，当然也就不会产生威胁。我当初认为：刘义隆的大军开来，应该据守黄河中游，分兵两路北伐。东路军直指冀州，西路军则进攻邺城，这样一来，皇上您就可以亲自出马打击他们，不能怠慢。现在形势的发展却完全不同，宋军从东向西所设的防线，长达两千里，每个地方分布的兵力多不过几千人，兵力分散，力量削弱。如此看来，他们困顿虚弱的本质已经暴露无遗，这只不过是打算固守黄河防线，并没有北伐的意图啊！而赫连定，就像枯树的残根，很容易被摧毁，一击就倒。我们攻克赫连定以后，就可以东出潼关，席卷向前，必会威震最南面的地方，而江淮以北将没有一根草可以生存。皇上的英明决断，不是一般愚劣之人所能领会的，希望皇上不要迟疑。”九月二十一日甲辰，拓跋焘前往统万，于是指挥军队袭击平凉，命令卫兵将军王斤镇守蒲坂。王斤，是王建的儿子。

西秦从正月以后，天旱无雨，直到九月，百姓流亡叛逃的人数很多。

冬季，十月，刘宋文帝刘义隆任命竟陵王刘义宣为南徐州刺史，仍旧驻守石头城。

十月初五日戊午，刘宋设置钱币署，铸造四铢钱。

刘宋右将军到彦之、安北将军王仲德沿黄河南岸布防之后，回守东平。

十月二十二日乙亥，北魏冠军将军安颉从委粟津渡过黄河南下，攻打金墉城。金墉已经很久没有得到修缮，防御工事破败，加上城中缺少粮食。刘宋国守将杜骥打算弃城逃走，又惧怕受到朝廷的军法惩治。

当初，刘裕消灭后秦时，把后秦皇家巨钟运回江南，途中有一口巨钟沉没洛水。这时，刘义隆派姚耸夫率领一千五百人前去打捞。杜骥哄骗姚耸夫说：“金墉城已修整完竣，粮食也充足，最为缺少的就是兵员。如今魏国胡虏的骑兵大举南下，我们应当齐心协力地抵御敌人的进攻，等大功告成，再去打捞沉钟也不迟。”姚耸夫同意了杜骥的一番话。等到了金墉，姚耸夫看到城池难以据守，于是率军退走。杜骥也乘机放弃破城，向南逃走。

十月二十三日丙子，北魏将军安颉攻陷洛阳城，屠杀刘宋守城将士五千多人。杜骥逃回京师，向宋文帝报告说：“我本打算拼死固守金墉，可是姚耸夫刚一进城转身就走，使城中的将士军心涣散，情绪低落，难以挽救。”文帝听到这些，暴怒如雷，立即下诏将姚耸夫在寿阳就地斩首。姚耸夫勇猛善战，其他将领都赶不上他。

北魏黄河以北的各路军队在七女津会师。到彦之担心敌人要渡过黄河南下进攻，就派副将王蟠龙逆流而上，劫夺敌人的战船，却被北魏阳平王杜超等击败，王蟠龙

及荥阳太守清河崔模降魏。

秦王暮末为河西所逼，遣其臣王恺、乌讷阗请迎于魏，魏人许以平凉、安定封之。暮末乃焚城邑，毁宝器，帅户万五千，东如上邽。至高田谷，给事黄门侍郎郭恒谋劫沮渠兴国以叛，事觉，暮末杀之。夏主闻暮末将至，发兵拒之。暮末留保南安，其故地皆入于吐谷浑。

十一月，乙酉，魏主至平凉，夏上谷公社干等婴城固守。魏主使赫连昌招之，不下，乃使安西将军古弼等将兵趣安定。夏主自鄜城还安定，将步骑二万北救平凉，与弼遇，弼伪退以诱之。夏主追之，魏主使高车驰击之，夏兵大败，斩首数千级。夏主还走，登鹑觚原，为方陈以自固，魏兵就围之。

（以上为第十段，写大夏主赫连定率军攻打北魏，又派使臣与刘宋联手对付北魏；北魏主拓跋焘左右开弓，分别攻打大夏、刘宋；西秦主乞伏暮末举国向北魏投降。）

壬辰，加征南大将军檀道济都督征讨诸军事，帅众伐魏。

甲午，魏寿光侯叔孙建、汝阴公长孙道生济河而南。

到彦之闻洛阳、虎牢不守，诸军相继奔败，欲引兵还。殿中将军垣护之以书谏之，以为宜使竺灵秀助朱脩之守滑台，自帅大军进拟河北，且曰：“昔人有连年攻战，失众乏粮，犹张胆争前，莫肯轻退。况今青州丰穰，济漕流通，士马饱逸，威力无损。若空弃滑台，坐丧成业，岂朝廷受任之旨邪！”彦之不从。护之，苗之子也。

彦之欲焚舟步走，王仲德曰：“洛阳既陷，虎牢不守，自然之势也。今虏去我犹千里，滑台尚有强兵，若遽舍舟南走，士卒必散。当引舟入济，至马耳谷口，更详所宜。”彦之先有目疾，至是大动；且将士疾疫，乃引兵自清入济。南至历城，焚舟弃甲，步趋彭城。竺灵秀弃须昌，南奔湖陆，青、兖大扰。长沙王义欣在彭城，将佐恐魏兵大至，劝义欣委

被杀。于是，北魏冠军将军安颉、龙骧将军陆俟合兵进攻虎牢。十月二十八日辛巳，攻克虎牢城。司州刺史尹冲以及荥阳太守清河人崔模投降了北魏。

西秦王乞伏暮末在北凉的军事威胁下，派使臣王恺、乌讷阗出使北魏，请求派兵援助。北魏许诺把尚在夏国掌握中的平凉郡和安定郡封给乞伏暮末。乞伏暮末于是纵火焚烧城邑，捣毁了宝物，统率部众一万五千户，向东前往上邽。乞伏暮末的大队人马刚走到高田谷，给事黄门侍郎郭恒等人阴谋劫持沮渠兴国，反叛西秦。郭恒的密谋泄露，乞伏暮末杀掉了郭恒。夏王赫连定听说乞伏暮末的大军将来进攻，发兵抵抗。乞伏暮末只好就地固守南安，西秦的故土全被吐谷浑汗国占领。

十一月初三日乙酉，北魏主拓跋焘抵达平凉，夏国上谷公赫连社干等人绕城固守。拓跋焘命令赫连昌招抚他们，赫连社干等不听赫连昌的劝招。于是，拓跋焘派安西将军古弼等率兵直指安定。夏王赫连定从鄜城返回安定，率领步、骑兵二万人向北增援平凉。途中，正巧与古弼军遭遇，古弼假装撤退，诱敌深入。夏王赫连定紧追不舍，拓跋焘派高车部落飞速增援，截击夏国军队，夏军大败，被斩首的士兵达几千人。赫连定仓皇逃回，退守鹑觚原，布置方阵自保。北魏军队赶来把他团团包围。

十一月初十日壬辰，刘宋加授征南大将军檀道济为都督征讨诸军事，统率大队人马攻打北魏。

十一月十二日甲午，北魏寿光侯叔孙建、汝阴公长孙道生渡过黄河南下。

到彦之听说洛阳、虎牢失守，各路军队相继失败的消息，打算撤军。殿中将军垣护之写信给到彦之劝阻他，认为到彦之应派竺灵秀帮助朱脩之死守滑台，然后亲自统率军队进攻黄河以北，还说：“过去曾有人连年攻战，损兵折将，粮草断绝，仍然奋勇出击，不肯轻易向后退却。何况如今青州粮食丰收，粮草充足，济河漕运畅通，将士战马都饱食强健，战斗力并没有受到削弱。如果白白地放弃滑台，坐视成功的大业丢失，岂不是辜负了朝廷的重托吗？”到彦之没有接受。垣护之，是垣苗的儿子。

到彦之打算烧毁战船，步行撤退，安北将军王仲德说：“洛阳陷落，虎牢失守，这是必然的趋势。但是，现在敌人距我们还有千里之遥，滑台城又有强兵把守，如果突然放弃战船步行逃走，士兵们一定会四处溃散。我们应该乘战船进入济河，等到了马耳谷的关口，再做进一步的决定。”到彦之原先就患有眼病，这时更加严重，疼痛难忍。况且军中将士染上瘟疫的人也很多，到彦之于是率军从清口驶进济水，

镇还都，义欣不从。

魏兵攻济南，济南太守武进萧承之帅数百人拒之。魏众大集，承之使偃兵，开城门。众曰："贼众我寡，奈何轻敌之甚！"承之曰："今悬守穷城，事已危急；若复示弱，必为所屠，唯当见强以待之耳。"魏人疑有伏兵，遂引去。

魏军围夏主数日，断其水草，人马饥渴。丁酉，夏主引众下鹑觚原。魏武卫将军丘眷击之，夏众大溃，死者万余人。夏主中重创，单骑走，收其余众，驱民五万，西保上邽。魏人获夏主之弟丹杨公乌视拔、武陵公秃骨及公侯以下百余人。是日，魏兵乘胜进攻安定，夏东平公乙斗弃城奔长安，驱略数千家，西奔上邽。

戊戌，魏叔孙建攻竺灵秀于湖陆，灵秀大败，死者五千余人。建还屯范城。

己亥，魏主如安定；庚子，还，临平凉，掘堑围之。安慰初附，赦秦、雍之民，赐复七年。夏陇西守将降魏。

辛丑，魏安颉督诸军攻滑台。

河西王蒙逊遣尚书郎宗舒等入贡于魏，魏主与之宴，执崔浩之手以示舒等曰："汝所闻崔公，此则是也。才略之美，于今无比。朕动止咨之，豫陈成败，若合符契，未尝失也。"

魏以叔孙建都督冀、青等四州诸军事。

（以上为第十一段，写刘宋北伐一事无成，被北魏打败，丢盔弃甲，狼狈逃回；北魏大军围攻大夏重城安定，大夏全军败溃，国主赫连定只身逃跑，长安弃守。）

魏尚书库结帅骑五千迎秦王暮末。秦卫将军吉毗以为不宜内徙，暮末从之，库结引还。

南安诸羌万余人叛秦，推安南将军、督八郡诸军事、广宁太守焦遗

又南下抵达历城，焚毁战船，抛弃铠甲，步行直奔彭城。兖州刺史竺灵秀也放弃须昌，南下逃往湖陆，青州、兖州陷于混乱。长沙王刘义欣这时正在彭城，他的将领们惧怕北魏大军大批攻来，都劝刘义欣放弃彭城返回京师，刘义欣没有听从。

北魏军队开始进攻济南，济南太守、武进人萧承之率领几百名士兵奋勇抵抗。北魏军队聚集城下，准备攻城。萧承之命令士兵们隐蔽起来，大开城门。萧承之的部下说："现在敌众我寡，怎么可以如此轻敌！"萧承之说："我们困守一座被抛弃在敌人后方的孤城，情势危急。如果向敌人示弱，必定会遭到屠杀，只有摆出强大的姿态来等待敌人。"北魏兵看到这种情形，怀疑城里有重兵埋伏，于是撤退。

北魏军队围攻赫连定已有几天，切断了水源和粮草运输线。夏国人马饥渴交加。十一月十五日丁酉，夏王赫连定率众冲下鹑觚原。北魏武卫将军丘眷截击敌人，夏军全军溃败，一万多人被杀。赫连定也身负重伤，只身骑马逃跑，途中又集结残兵败将，驱使老百姓五万人，向西退保上邽。北魏军生擒赫连定的弟弟丹杨公赫连乌视拔、武陵公赫连秃骨，以及公、侯以下的贵族和大臣一百多人。这天，北魏军又乘胜进攻安定，守城的夏国东平公赫连乙斗丢弃城池，逃奔长安，又强行裹胁百姓数千家向西逃往上邽。

十一月十六日戊戌，北魏寿光侯叔孙建，进攻刘宋兖州刺史竺灵秀据守的湖陆，竺灵秀大败，被斩杀的士兵有五千多人。叔孙建得胜收兵，驻防范城。

十一月十七日己亥，北魏主拓跋焘抵达安定。十八日庚子，返回平凉城外，指挥将士在平凉城四周，深挖沟堑，重重包围。拓跋焘又安抚慰问新归附的百姓，免除秦、雍二州百姓的七年赋役。夏国陇西守将向北魏军投降。

十一月十九日辛丑，北魏冠军将军安颉督率各路军队攻打滑台。

北凉河西王沮渠蒙逊派遣尚书郎宗舒等人到北魏进贡。拓跋焘设宴招待，拉住崔浩的手，向宗舒介绍说："你们听说的崔先生，就是这位。他智略与才华的高妙，举世无双。我的一举一动，都要征求他的意见。他预测战场上的成败，就像合在一起的符信一样，不差分毫，从来没有失误。"

北魏朝廷任命叔孙建为都督冀州、青州等四州诸军事。

北魏尚书库结率领骑兵五千，迎接西秦王乞伏暮末。西秦卫将军乞伏吉毗认为不应内迁投靠北魏，乞伏暮末同意。库结只好领兵而回。

南安的羌人各族部落一万多人背叛了西秦的统治，共同推举安南将军、督八郡

为主，遗不从。乃劫遗族子长城护军亮为主，帅众攻南安。暮末请救于氐王杨难当。难当遣将军苻献帅骑三千救之，暮末与之合击诸羌。诸羌溃，亮奔还广宁，暮末进军攻之。以手令与焦遗使取亮。十二月，遗斩亮首出降，暮末进遗号镇国将军。秦略阳太守弘农杨显以郡降夏。

辛酉，以长沙王义欣为豫州刺史，镇寿阳。寿阳土荒民散，城郭颓败，盗贼公行，义欣随宜经理，境内安业，道不拾遗，城府完实，遂为盛藩。芍陂久废，义欣修治堤防，引河水入陂，溉田万余顷，无复旱灾。

丁卯，夏上谷公社干、广阳公度洛孤出降，魏克平凉。

关中侯豆代田得奚斤、娥清等，献于魏主。魏主以夏主之后赐代田，命斤膝行执酒以奉代田，谓斤曰："全汝生者，代田也。"赐代田爵井陉侯，加散骑常侍、右卫将军，领内都幢将。

夏长安、临晋、武功守将皆走，关中悉入于魏。魏主留巴东公延普镇安定。以镇西将军王斤镇长安。壬申，魏主东还，以奚斤为宰士，使负酒食以从。

王斤骄矜不法，信用左右，调役百姓，民不堪命，南奔汉川者数千家。魏主案治得实，斩斤以徇。

右将军到彦之、安北将军王仲德皆下狱免官，兖州刺史竺灵秀坐弃军伏诛。上见垣护之书而善之，以为北高平太守。

彦之之北伐也，甲兵资实甚盛；及败还，委弃荡尽，府藏、武库为之空虚。他日，上与群臣宴，有荒外降人在坐。上问尚书库部郎顾琛："库中仗犹有几许？"琛诡对："有十万人仗。"上既问而悔之，得琛对，甚喜。琛，和之曾孙也。

彭城王义康与王弘并录尚书，义康意犹怏怏，欲得扬州，形于辞旨。以弘弟昙首居中，为上所亲委，愈不悦。弘以老病，屡乞骸骨，昙首自

诸军事、广宁太守焦遗为盟主，焦遗拒绝。羌族部众于是劫持焦遗的族侄、长城护军焦亮为盟主，聚众攻打南安城。乞伏暮末向氐王杨难当请求援兵，杨难当派将军苻献率领骑兵三千人，赶赴救援，与乞伏暮末合兵反击各羌人部落军队的进攻。羌军溃败，焦亮逃回广宁，乞伏暮末进攻广宁，亲自下令，命焦遗诛杀焦亮。十二月，焦遗将焦亮斩首，出城投降。乞伏暮末为焦遗加封号称镇国将军。西秦略阳太守弘农人杨显献出郡城，投降夏国。

十一月初九日辛酉，刘宋朝廷任命长沙王刘义欣为豫州刺史，镇守寿阳。寿阳土地荒芜，百姓流离失所，城垣坍塌，盗贼公开抢劫。刘义欣根据具体情况，采取适当的措施治理寿阳，不久，寿阳境内的人民就安居乐业，路不拾遗，城池坚固，仓廪充实，于是成了强盛的藩镇势力。芍陂也早已残旧不堪，刘义欣修整堤防，引肥河水入陂，灌溉农田一万多顷，从此没有再出现旱灾。

十一月十五日丁卯，夏国上谷公赫连社干、广阳公赫连度洛孤出城投降，北魏军攻克了平凉。

北魏关中侯豆代田，救出了被俘的司空奚斤、宗正娥清等，呈献给拓跋焘。拓跋焘把赫连定的皇后赏赐给豆代田，命令奚斤跪下用膝盖行走，向豆代田敬酒。拓跋焘对奚斤说："是豆代田保全了你的性命。"赐封豆代田为井陉侯，加授散骑常侍、右卫将军，兼领内都幢将。

夏国长安、临晋、武功等城的守将都弃城逃走，关中大片土地都纳入北魏版图。拓跋焘留下巴东公拓跋延普镇守安定，命令镇西将军王斤镇守长安。十一月二十日壬申，拓跋焘班师东还，任命奚斤为宰士，命他背驮着酒类、饭菜跟从左右。

北魏镇西将军王斤骄恣纵欲，多行不法，纵容左右亲信，随意调动和役使百姓。百姓不堪忍受，向南逃往刘宋汉川的有几千家。拓跋焘访查证实了王斤的罪状，将王斤斩首示众。

刘宋右将军到彦之、安北将军王仲德都被免职，逮捕入狱。兖州刺史竺灵秀因弃军逃跑，被斩首。文帝刘义隆看到殿中将军垣护之给到彦之的信，大加称许，随即任命垣护之为北高平太守。

到彦之大军北伐之时，武器及各种军用物资十分充实，等到大败而回，一路上抛弃殆尽。朝廷仓库和武器库因此空虚。有一天，文帝召集大臣们宴饮，有远方归降的人在座。刘义隆问尚书库部郎顾琛："军械库中还有多少武器？"顾琛虚报说："只够十万人使用。"文帝问完后就很后悔，听到顾琛的回答，才略觉宽慰，十分高兴。顾琛，是顾和的曾孙。

刘宋彭城王刘义康与王弘共同担任录尚书事，刘义康仍然感到怏怏不快，打算代替王弘兼任扬州刺史，在言辞中毫不隐瞒。又因为王弘的弟弟王昙首在朝中担任

求吴郡，上皆不许。义康谓人曰：“王公久病不起，神州讵宜卧治！”昙首劝弘减府中文武之半以授义康，上听割二千人，义康乃悦。

（以上为第十二段，写南安羌人反叛西秦，被镇压；大夏关中守将弃城，领土尽属北魏；刘宋北伐失败追责，到彦之等被免职；彭城王刘义康私心膨胀，欲独揽朝权。）

要职，深得文帝刘义隆的倚重和信赖，刘义康就愈加不满。这时，王弘年老多病，多次请求辞职回乡，王昙首主动要求担任吴郡太守，文帝都一概不许。刘义康对别人说："王弘患病长期卧床，难道能在床上治理天下吗？"王昙首劝王弘把府中文武官员的一半，分给刘义康管理。文帝下令同意拨给刘义康两千人，刘义康这才高兴。

【点评】

北魏雄主拓跋焘。拓跋焘，可以说是北魏一代雄主，他东征西讨，南征北斗，攻灭夏国，大败柔然，重创刘宋。仔细观察思考，他自有过人之处。

首先，临阵不惧，善于反败为胜，转危为安。拓跋焘是一个不可多得的军事人才，他不仅是一个出色的指挥员，还是一个英勇善战的战斗员。这在前期与柔然汗国的战斗中充分体现出来。当年，柔然可汗大檀听说北魏主拓跋嗣去世，就乘人之危，率领六万骑兵攻入北魏云中地区，攻陷了北魏的故都盛乐，包围了云中城。北魏主拓跋焘亲自率领轻骑兵前往攻打，快马加鞭三天两夜，才抵达云中。柔然可汗率领骑兵将拓跋焘的轻骑兵包围了五十多重，铁骑紧逼拓跋焘的马首，依次排列，如同铁桶一般。北魏士兵大为恐惧，而拓跋焘却临危不惧，神情自若，军心才安定下来。北魏兵用箭射杀了柔然大将于陟斤，柔然可汗大为恐慌，才率领大军逃之夭夭。这次北魏军的胜利，完全得益于拓跋焘的勇猛果敢，沉着冷静，发挥了“定海神针”的作用。否则，拓跋焘等人早就成了柔然铁骑的刀下之鬼了。史书记载，拓跋焘“临敌常与士卒同在矢石之间，左右死伤者相继，而帝神色自若”。要知道，这时候的拓跋焘才是一个不到十六岁的毛头少年啊！

其次，果断决策，善于听取谋议，从善如流。拓跋焘本人具有雄才大略，而他取得辉煌功绩，还得益于谋士崔浩等人。崔浩自比张良，被誉为“北魏第一谋士”，可谓名不虚传。这从他劝说拓跋焘攻打柔然汗国中完全体现出来。当时，拓跋焘为摆脱北面柔然与南朝刘宋腹背受敌的威胁，打算集中力量攻打柔然。可是，公卿大臣们死活不同意，他们怕宋军乘机北进，得不偿失，只有太常崔浩极力赞成，他精辟地分析当时形势，认为刘宋自从刘裕去世，元气一直没有恢复，对北魏构不成威胁。而柔然气焰嚣张，不可一世，如果调集精兵，以迅雷之势，长驱直入，攻其不备，一定能够大获全胜！可是群臣就是不同意，还推举通晓天文的张渊等出面劝阻。拓跋焘为了统一群臣的认识，安排了一场御前辩论，结果，崔浩把张渊等人驳得哑口无言。拓跋焘非常高兴，决计大举攻打柔然，亲率大军一路向前，纵横出击，东西五千里，南北三千里，柔然各部落投降北魏的有三十多万帐落，缴获战马一百多万匹。这里反映一个事实：有时候大多数人的意见，不一定是正确的和高明的。一般人都是习惯于听从多数人的意见，而拓跋焘的可贵之处，就在于他善于分析、判断，独断于一心。

再次，把控大势，善于左右开弓，各个击破。当刘宋大军北伐、攻打北魏时，夏国也趁火打劫，夏王赫连定亲自统率数万人马攻打北魏，又派出使臣出使刘宋，约定联合起来灭掉北魏，瓜分黄河以北地区。这时候，刘宋和大夏两面夹攻，北魏面临着严峻挑战。对此，如何决策？拓跋焘做出惊人之举，决意调转马头，先攻打

大夏，再打刘宋。当时，大臣们都不同意这种做法，认为这样做太危险，他们说：“刘宋的大军，还在黄河中游逗留，我们却要放弃南方的防御，大夏的军队未必能一举攻克，而刘宋大军渡过黄河，乘虚而入，魏国危矣！”拓跋焘再次征求崔浩的意见，崔浩认为：“刘宋大军北征，从东向西所设的防线，长达两千里，每个地方分布的兵力不过几千人。如此看来，他们困顿虚弱的本质已经暴露无遗，只不过是打算固守，并没有北伐的意图。这样，魏国完全可以出兵攻打夏国，获胜后，再东出潼关，席卷向前，所向无敌，江淮以北，将没有一根杂草可以生存！”这一番透彻的分析，使得拓跋焘攻打夏国的意志更加坚定。结果，一举攻下了夏国都城平凉，夏王赫连定只身骑马逃跑，退保上邽而已。

最后，出神入化，善于收拢五指，重拳出击。在反击刘宋北伐的战斗中，充分体现了这一点。当时，刘宋将领到彦之率五万大军由水路进军。而北魏军的主力正在北方作战。拓跋焘认为黄河以南的洛阳、虎牢、滑台、碻磝四个军事重镇的防守兵力太少，经不起打，便命令一律收兵，撤退到黄河以北。这一决策，有效地保存了实力，实在是高明之举。而刘宋北伐的将领则沾沾自喜，认为没有花什么力气，就得到了这一大片土地，于是，把全军一字长蛇摆开，守卫在黄河南岸两千多里的防线上。这样张开五指，无形中分散了兵力，削弱了战斗力。而到了隆冬，黄河冰封，拓跋焘率领大军突然大举踏冰南下。刘宋北伐军数千里防线，各处都很薄弱，就像个鸡蛋壳，一碰就被打碎，被北魏军各个击破，四大军事重镇得而复失，刘宋军队只得来了个生死大逃亡，狼狈不堪。

如上评说，北魏主拓跋焘临阵不惧，果断决策，把控大势，出神入化，充分体现了他的军事才能和英雄本色，使得北魏逐渐强盛，后来才能统一中国北方，与南朝分庭抗礼。

宋纪四

宋文帝元嘉八年至十二年（431—435 年）

【起重光协洽（辛未，431 年），尽旃蒙大渊献（乙亥，435 年），凡五年】

【大事提要】

本卷记事起于公元 431 年，到公元 435 年，凡五年，时当宋文帝（刘义隆）元嘉八年至元嘉十二年。本卷所载大事，主要有五个方面。其一，夏国灭西秦。公元 431 年，夏王赫连定突袭西秦大将姚献，大败姚献军，随即又派遣叔父北平公赫连韦伐率军攻打西秦主乞伏暮末据守的南安城。乞伏暮末穷途末路，用车辆载着空棺材出城投降，被押送到上邽斩杀。西秦国历四主，存在三十七年，灭亡。其二，吐谷浑灭夏。夏王赫连定劫持西秦百姓十多万人，西迁河西，从治城渡黄河，打算袭击北凉，夺其国土。吐谷浑可汗慕容慕璝派遣将领统率三万骑兵，乘夏军渡河过半，予以截击，擒获了赫连定，送给北魏，将其斩杀。夏国历三帝，存在二十五年，灭亡。其三，檀道济北征。公元 431 年，刘宋大将檀道济率军北讨，曾多次大败北魏军，并欲沿黄河逆流而上，救援被北魏围困的军事重地滑台，遭到北魏将领叔孙建等的阻击。叔孙建放火烧掉大军粮仓，檀道济被迫撤退，他用计谋保全军队返回。北魏攻陷滑台。其四，冯弘即位。北燕主冯跋病重，其弟冯弘夺得王位，称帝，改年号为大兴，拥立慕容皇后的儿子冯王仁为太子。公元 432 年，北魏太武帝拓跋焘亲自率兵攻打，冯弘固城自守；后来，拓跋焘召太子冯王仁入朝侍奉，冯弘拒不接受。长子冯崇因不被立嗣，而归降北魏。其五，萧思话平定汉中。氐族首领杨难当起兵，侵扰、占领汉中，宋文帝刘义隆重新起用在北伐时弃城逃跑的萧思话，任为梁、南秦二州刺史。萧思话命萧承之为前锋急速进军，屡次击败氐人军队。临川王刘义庆遣将裴方明来助，最终平定汉中，失地全部收复。

【原文】

太祖文皇帝上之下

元嘉八年（辛未，431年）

春，正月，壬午朔，燕大赦，改元大兴。

丙申，檀道济等自清水救滑台，魏叔孙建、长孙道生拒之。丁酉，道济至寿张，遇魏安平公乙旃眷，道济帅宁朔将军王仲德、骁骑将军段宏奋击，大破之；转战至高梁亭，斩魏济州刺史悉烦库结。

夏主击秦将姚献，败之，遂遣其叔父北平公韦伐帅众一万攻南安。城中大饥，人相食。秦侍中、征虏将军出连辅政，侍中、右卫将军乞伏延祚，吏部尚书乞伏跋跋逾城奔夏。秦王暮末穷蹙，舆榇出降，并沮渠兴国送于上邽。秦太子司直焦楷奔广宁，泣谓其父遗曰："大人荷国宠灵，居藩镇重任。今本朝颠覆，岂得不率见众唱大义以殄寇仇！"遗曰："今主上已陷贼庭，吾非爱死而忘义，顾以大兵追之，是趣绝其命也。不如择王族之贤者，奉以为主而伐之，庶有济也。"楷乃筑坛誓众，二旬之间，赴者万余人。会遗病卒，楷不能独举事，亡奔河西。

二月，戊午，以尚书右仆射江夷为湘州刺史。

檀道济等进至济上，二十余日间，前后与魏三十余战，道济多捷。军至历城，叔孙建等纵轻骑邀其前后，焚烧草谷，道济军乏食，不能进。由是，安颉、司马楚之等得专力攻滑台，魏主复使楚兵将军王慧龙助之。朱脩之坚守数月，粮尽，与士卒熏鼠食之。辛酉，魏克滑台，执脩之及东郡太守申谟，虏获万余人。谟，钟之曾孙也。

癸酉，魏主还平城，大飨，告庙，将帅及百官皆受赏，战士赐复十年。

于是，魏南鄙大水，民多饿死。尚书令刘絜言于魏主曰："自顷边寇

【语译】

太祖文皇帝上之下

宋文帝元嘉八年（辛未，431年）

春季，正月初一日壬午朔，北燕实行大赦，改年号为太兴。

正月十五日丙申，刘宋大将檀道济等从清水出兵，救援被北魏军围攻的滑台。北魏将领叔孙建、长孙道生率军抵抗。十六日丁酉，檀道济的军队抵达寿张，与北魏安平公拓跋乙旃眷的军队遭遇。檀道济率领宁朔将军王仲德、骁骑将军段宏奋勇抗击魏军，大破拓跋乙旃眷的军队。又转战开进高梁亭，斩杀北魏济州刺史悉烦库结。

夏王赫连定突袭西秦大将姚献，大败姚献军。随即又派遣他的叔父，北平公赫连韦伐率领一万人攻打西秦国王乞伏暮末据守的南安城。当时，南安城中正发生饥荒，人与人相食。西秦侍中、征虏将军出连辅政，侍中、右卫将军乞伏延祚，吏部尚书乞伏跋跋等，逃出城去，投降了夏国。西秦王乞伏暮末穷途末路，用车辆载着空棺材出城投降。赫连韦伐把乞伏暮末连同沮渠兴国，一并押送到上邽。西秦太子司直焦楷，逃奔广宁，哭泣着对他的父亲焦遗说："您一向承蒙朝廷的重用，身居藩镇大员，统领一方。如今国家颠覆，您怎能不率领大家，首倡大义，消灭寇仇！"焦遗说："现在主上已经陷入敌手，我不是那种惜命忘义的人，如果派大兵追击，只能加速主上的死亡。不如选择王族中贤能之人，拥护他继承王位，然后再去出兵攻打，或许还有希望。"焦楷于是修筑高台，召集部众盟誓，二十天的时间里，竟有一万多人赶来归附。不巧的是，焦遗病逝，焦楷没有力量独立承担这件大事，于是率领部下逃往北凉。

二月初七日戊午，刘宋朝廷任命尚书右仆射江夷为湘州刺史。

刘宋大将檀道济的军队开进济水，二十多天的时间里，先后与魏军交战三十多次，而檀道济多半取胜。宋军开到历城，北魏将领叔孙建等派遣轻骑兵往来截击，出没在大军的前前后后，还纵火焚烧了刘宋军的粮草，檀道济因为军中缺粮，不能前进。所以，北魏冠军将军安颉、安南大将军司马楚之等能够以全部力量进攻滑台。北魏主拓跋焘又派楚兵将军王慧龙增援。刘宋滑台守将朱脩之坚守滑台已有几个月之久，城中粮食吃光了，士兵们用烟熏出老鼠，烤熟吃掉。初十辛酉，北魏军攻破滑台，朱脩之和东郡太守申谟以及一万多名士兵被俘。申谟，是申钟的曾孙。

二月二十二日癸酉，北魏主拓跋焘返回平城，举行盛大宴会，祭告祖庙。朝廷中所有的将帅和官员都得到了赏赐，士兵们一律免除十年的赋役。

这时，北魏南部边境发生严重的水灾，百姓多半饿死。尚书令刘絜对拓跋焘说：

内侵，戎车屡驾；天赞圣明，所在克殄；方难既平，皆蒙优锡。而郡国之民，虽不征讨，服勤农桑，以供军国，实经世之大本，府库之所资。今自山以东，遍遭水害，应加哀矜，以弘覆育。”魏主从之，复境内一岁租赋。

檀道济等食尽，自历城引还；军士有亡降魏者，具告之。魏人追之，众恟惧，将溃。道济夜唱筹量沙，以所余少米覆其上。及旦，魏军见之，谓道济资粮有余，以降者为妄而斩之。时道济兵少，魏兵甚盛，骑士四合。道济命军士皆被甲，己白服乘舆，引兵徐出。魏人以为有伏兵，不敢逼，稍稍引退，道济全军而返。

青州刺史萧思话闻道济南归，欲委镇保险，济南太守萧承之固谏，不从。丁丑，思话弃镇奔平昌。参军刘振之戍下邳，闻之，亦委城走。魏军竟不至，而东阳积聚已为百姓所焚。思话坐征，系尚方。

（以上为第一段，写刘宋大将檀道济率军救援被北魏围攻的滑台，屡战，多次获胜；北魏轻骑焚烧刘宋军的粮草，檀道济运用计谋，从历城安全撤军，滑台失守。）

燕王立夫人慕容氏为王后。

庚戌，魏安颉等还平城。魏主嘉朱脩之守节，妻以宗女。

初，帝之遣到彦之也，戒之曰：“若北国兵动，先其未至，径前入河；若其不动，留彭城勿进。”及安颉得宋俘，魏主始闻其言。谓公卿曰：“卿辈前谓我用崔浩计为谬，惊怖固谏。常胜之家，始皆自谓逾人，至于归终，乃不能及。”

司马楚之上疏，以为诸方已平，请大举伐宋，魏主以兵久劳，不许。征楚之为散骑常侍，以王慧龙为荥阳太守。

“自从宋寇侵犯我们国土，我们屡次抗击。上天帮助，皇上圣明，保佑我们的军队所向披靡。如今，战事已经平息，有功的将领也都得到了赏赐。各个州郡和封国的老百姓，虽然没有亲自出征攻打，但是他们勤奋地务农养蚕，供应国家和军队的需要，实在是治理国家的根本，更是国库薪饷的重要来源。现在，自崤山以东，遍地洪水成灾，应该妥善抚慰和可怜这些受灾的百姓，弘扬朝廷一向保护和养育百姓的恩德。”拓跋焘同意他的劝告，下令免除全国百姓一年的田赋和捐税。

刘宋檀道济的大军因为粮尽，只好从历城撤军。军中有逃走投降北魏军的士兵，把刘宋军的困难境遇，一一报告给北魏军。于是，北魏军追击刘宋军，刘宋军军心涣散，人人自危，马上就要溃散。檀道济利用夜色的掩护，命令士兵把沙子当作粮食，一斗一斗地量，而且边量边唱出数字，然后用军中仅剩下的一点谷米覆在沙子上。第二天早晨，北魏军看到这种情况，以为檀道济军中的粮食还很充裕，就将那个降兵定了欺军之罪杀掉了。当时檀道济兵员很少，而北魏兵人多势众，骑兵部队从四面八方包围了檀道济的军队。檀道济命令军士们都披上铠甲，而自己则穿着白色的便服，率领军队缓缓地出城。北魏军以为檀道济有伏兵，不敢逼近，而且还稍稍撤退。这样，檀道济保全了军队，安全撤军。

刘宋青州刺史萧思话听说檀道济的大军撤退南下，就打算放弃城池退到险要地带自保。济南太守萧承之一再劝阻他，萧思话都没有接受。二十六日丁丑，萧思话弃城逃奔平昌。参军刘振之正驻守下邳，听说这个消息，也弃城逃走。结果，北魏军竟然没有来，但是东阳城积聚的大批物资，却被百姓纵火焚毁。萧思话被指控有罪，召回京师，逮捕下狱。

北燕王冯弘封夫人慕容氏为皇后。

二月，庚戌（疑误），北魏将领安颉等人返回平城。北魏主拓跋焘非常赞赏刘宋滑台守将朱脩之的气节，拜为侍中。把皇族宗室的女儿嫁给他。

当初，宋文帝派到彦之北伐出征前，就告诫他说：“如果魏军有所举动，你们应该在敌人没有攻到之前，先行渡过黄河；如果他们没有动静，你们就要留守彭城，不要前进。”等到安颉俘虏刘宋的将士，拓跋焘才听到刘义隆的这席话，对朝中的文武大臣们说：“以前，你们总说我用崔浩的计策是错误的，以致惊惧失措，百般劝阻。一直打胜仗的人，开始都自以为超过了别人，到了最后，才发现自己还不如别人。”

北魏安南大将军司马楚之上书，认为北魏四方邻国都已经平定，请求朝廷出兵大举进攻刘宋。拓跋焘则认为连年征战，将士们早已疲劳不堪，没有同意。征召司马楚之回京，任命他为散骑常侍，任命王慧龙为荥阳太守。

慧龙在郡十年，农战并修，大著声绩，归附者万余家。帝纵反间于魏，云："慧龙自以功高位下，欲引宋人入寇，因执司马楚之以叛。"魏主闻之，赐慧龙玺书曰："刘义隆畏将军如虎，欲相中害；朕自知之。风尘之言，想不足介意。"帝复遣刺客吕玄伯刺之，曰："得慧龙首，封二百户男，赏绢千匹。"玄伯诈为降人，求屏人有所论，慧龙疑之，使人探其怀，得尺刀。玄伯叩头请死，慧龙曰："各为其主耳。"释之。左右谏曰："宋人为谋未已，不杀玄伯，无以制将来。"慧龙曰："死生有命，彼亦安能害我！我以仁义为扞蔽，又何忧乎！"遂舍之。

夏，五月，庚寅，魏主如云中。

六月，乙丑，大赦。

夏主杀乞伏暮末及其宗族五百人。

夏主畏魏人之逼，拥秦民十余万口，自治城济河，欲击河西王蒙逊而夺其地。吐谷浑王慕璝遣益州刺史慕利延、宁州刺史拾虔帅骑三万，乘其半济，邀击之，执夏主定以归，沮渠兴国被创而死。拾虔，树洛干之子也。

魏之边吏获柔然逻者二十余人，魏主赐衣服而遣之。柔然感悦。闰月，乙未，柔然敕连可汗遣使诣魏，魏主厚礼之。

魏主遣散骑侍郎周绍来聘，且求昏，帝依违答之。

荆州刺史、江夏王义恭，年浸长，欲专政事，长史刘湛每裁抑之，遂与湛有隙。帝心重湛，使人诘让义恭，且和解之。是时，王华、王昙首皆卒，领军将军殷景仁素与湛善，白帝以时贤零落，征湛为太子詹事，加给事中，共参政事。以雍州刺史张邵代湛为抚军长史、南蛮校尉。

顷之，邵坐在雍州营私蓄聚，赃满二百四十五万，下廷尉，当死。

北魏将领王慧龙在荥阳十年，既劝民农桑，又积极备战，成绩显著，声名远播。前后赶来归附的百姓有一万多家。宋文帝乘机施用了反间计，说：“王慧龙自认为劳苦功高，却长期不得重用，所以打算勾引宋人前来进犯，然后活捉司马楚之，背叛魏国。”拓跋焘听到这些传言，颁赐给王慧龙一封亲笔书信，说：“刘义隆害怕将军就像害怕老虎一样，打算从中陷害，我知道他的诡计。至于外面的风言风语，想你不会介意。”刘义隆又派刺客吕玄伯前去刺杀王慧龙，许诺说：“你如果砍下王慧龙的人头，封你为食邑二百户男爵，赏绢一千匹。”于是，吕玄伯假装投降，要求单独面见王慧龙，声称有话要说。王慧龙有点疑心，派人搜身，结果从腰中搜出短刀。吕玄伯磕头请求处死，王慧龙说：“我们都是各自为主上行事罢了。”释放了吕玄伯。王慧龙的左右亲信都劝阻他说：“宋人的阴谋不会停止，不杀吕玄伯，没有办法阻止将来再发生这样的事情。”王慧龙却说：“生死都是命中注定的，他刘义隆又怎么能害得了我！我只用仁义作为屏藩来保护自己，又有什么可忧虑的呢？”于是，释放了吕玄伯。

夏季，五月十一日庚寅，北魏主拓跋焘前往云中。

六月十六日乙丑，刘宋实行大赦。

夏王赫连定斩杀了被俘的西秦王乞伏暮末，以及西秦皇族五百人。

夏王赫连定惧怕北魏的逼迫，劫持西秦老百姓十多万人，从治城渡过黄河，打算袭击北凉河西王沮渠蒙逊，夺取北凉的国土。吐谷浑可汗慕容慕璝派遣益州刺史慕容慕利延、宁州刺史慕容拾虔统率三万骑兵，乘夏军渡河过了一半，截击敌人，生擒了夏王赫连定，乘胜班师，沮渠兴国受重伤而死。慕容拾虔，是慕容树洛干的儿子。

北魏边防官员，俘获柔然汗国的巡逻兵二十多人，拓跋焘赏赐给他们衣服，释放了他们。柔然人又感动又喜悦。闰六月十六日乙未，柔然汗国敕连可汗，派使臣出使北魏，北魏主拓跋焘用优厚的礼节招待了他们。

北魏主拓跋焘派散骑侍郎周绍出使刘宋，并且请求通婚，宋文帝含糊其词地予以回答。

刘宋荆州刺史、江夏王刘义恭，年纪渐渐长大，打算独自处理政务，而长史刘湛总是阻挠他，于是刘义恭与刘湛之间产生了裂痕。宋文帝心里十分尊重刘湛，派人诘问并责备刘义恭，而且从中调解他们之间的矛盾。这时，王华、王昙首都已去世，领军将军殷景仁一向与刘湛关系密切，提醒文帝说，当今不少贤才去世。建议文帝征召刘湛为太子詹事，加官给事中，共同参与朝政。宋文帝又任命雍州刺史张邵代替刘湛为抚军长史、南蛮校尉。

不久，张邵因为在雍州时，营私舞弊，中饱私囊，赃款高达二百四十五万，被

左卫将军谢述上表，陈邵先朝旧勋，宜蒙优贷。帝手诏酬纳，免邵官，削爵土。述谓其子综曰："主上矜邵夙诚，特加曲恕，吾所言谬会，故特见酬纳耳。若此迹宣布，则为侵夺主恩，不可之大者也。"使综对前焚之。帝后谓邵曰："卿之获免，谢述有力焉。"

（以上为第二段，写北魏主拓跋焘非常欣赏刘宋滑台守将朱脩之坚守的气节；北魏官员王慧龙守卫荥阳十年，农战两宜，事业大成，刘宋使用反间计，随后又派人刺杀均未遂。）

秋，七月，己酉，魏主如河西。

八月，乙酉，河西王蒙逊遣子安周入侍于魏。

吐谷浑王慕璝遣侍郎谢太宁奉表于魏，请送赫连定。己丑，魏以慕璝为大将军、西秦王。

左仆射、临川王义庆固求解职。甲辰，以义庆为中书令，丹杨尹如故。

九月，癸丑，魏主还宫。庚申，加太尉长孙嵩柱国大将军，以左光禄大夫崔浩为司徒，征西大将军长孙道生为司空。道生性清俭，一熊皮鄣泥，数十年不易。魏主使歌工历颂群臣曰："智如崔浩，廉若道生。"

魏主欲选使者诣河西，崔浩荐尚书李顺，乃以顺为太常，拜河西王蒙逊为侍中，都督凉州西域羌戎诸军事、太傅、行征西大将军、凉州牧、凉王，王武威、张掖、敦煌、酒泉、西海、金城、西平七郡，册曰："盛衰存亡，与魏升降。北尽穷发，南极庸、岷，西被崐岭，东至河曲，王实征之，以夹辅皇室。"置将相、群卿、百官，承制假授。建天子旌旗，出入警跸，如汉初诸侯王故事。

壬申，魏主诏曰："今二寇摧殄，将偃武修文，理废职，举逸民。范阳卢玄、博陵崔绰、赵郡李灵、河间邢颖、勃海高允、广平游雅、太原张伟等，皆贤隽之胄，冠冕周邦。《易》曰：'我有好爵，吾与尔縻之。'如玄之比者，尽敕州郡以礼发遣。"遂征玄等及州郡所遣至者数百人，差次叙用。崔绰以母老固辞。玄等皆拜中书博士。玄，谌之曾孙。灵，顺之从父兄也。

逮捕下狱，按律应当处以死刑。左卫将军谢述上书，陈述张邵是刘裕时代的旧功臣，应当得到宽恕优待。文帝刘义隆采纳了谢述的建议，亲自下令，免除张邵的官职，削去张邵的爵位和采邑。谢述对他的儿子谢综说："皇上怜惜张邵一向忠诚，特别赦免了他的罪过。我的建议只是碰巧与皇上的意图相吻合，被皇上采纳了。如果借此四处宣扬，那就侵夺了皇家的恩德，是绝对不可行的。"让谢综当着他的面，把奏书烧掉。文帝后来对张邵说："对于你的死罪的免除，谢述可是出了大力的啊！"

秋季，七月初一日己酉，北魏主拓跋焘前往河西。

八月初七日乙酉，北凉河西王沮渠蒙逊派他的儿子沮渠安周前往北魏充当人质。

吐谷浑可汗慕容慕璝，派遣侍郎谢太宁，出使北魏，呈上奏书，表示愿意献出所俘虏的夏王赫连定。八月十一日己丑，北魏任命吐谷浑可汗慕容慕璝为大将军，封为西秦王。

刘宋左仆射、临川王刘义庆坚决要求辞去职务。八月二十六日甲辰，宋文帝刘义隆任命刘义庆为中书令，仍兼任丹杨尹。

九月初六日癸丑，北魏主拓跋焘回宫。十三日庚申，加授太尉长孙嵩为柱国大将军，任命左光禄大夫崔浩为司徒，征西大将军长孙道生为司空。长孙道生性情淡泊、清廉节俭，一个用熊皮做的遮泥障，数十年都不换。拓跋焘让歌工一一歌颂群臣："像崔浩那样足智多谋，像道生那样两袖清风。"

北魏主拓跋焘打算选派使者出使北凉。崔浩推荐尚书李顺。于是，拓跋焘任命李顺为太常，前去任命北凉河西王沮渠蒙逊为侍中，都督凉州西域羌戎诸军事、太傅、征西大将军、凉州牧和凉王，采邑包括武威、张掖、敦煌、酒泉、西海、金城、西平等七郡。册封的文书上说："凉国的盛衰存亡，与魏国密切相关，死生与共。北到穷发，南到上庸和岷山，西至昆仑山，东至河曲的广大地区，都归凉王征讨统治，从旁辅佐皇室。"同时，在凉国设置将军、宰相、各位公卿、文武百官，凉王可以代表皇帝直接任命。还可以竖起天子专用的旌旗，出行时开路清道，戒备森严，全然仿照汉朝初年各诸侯王的制度。

九月二十五日壬申，北魏主拓跋焘下令说："如今宋、夏二寇已经分别被我们击败和消灭了，我们将停止武备，发展文事。整顿过去被废弛和忽略的工作，荐举过去隐居不出来做官的人。范阳人卢玄、博陵人崔绰、赵郡人李灵、河间人邢颖、勃海人高允、广平人游雅、太原人张伟等人，都是圣贤的后裔，他们的才干在地方州郡都是第一流的。《易经》说：'我有好的酒器，和你一起享用。'凡是才华能与卢玄相仿的，各州郡都要遵照朝廷的敕令，礼敬贤才并把他们送到京师来。"于是，征召

玄舅崔浩，每与玄言，辄叹曰："对子真，使我怀古之情更深。"浩欲大整流品，明辨姓族。玄止之曰："夫创制立事，各有其时；乐为此者，讵有几人！宜加三思。"浩不从，由是得罪于众。

初，魏昭成帝始制法令："反逆者族；其余当死者听入金、马赎罪；杀人者听与死家牛马、葬具以平之；盗官物，一备五；私物，一备十。"四部大人共坐王庭决辞讼，无系讯连逮之苦，境内安之。太祖入中原，患前代律令峻密，命三公郎王德删定，务崇简易。季年被疾，刑罚滥酷；太宗承之，吏文亦深。

冬，十月，戊寅，世祖命崔浩更定律令，除五岁、四岁刑，增一年刑；巫蛊者，负羖羊、抱犬沈诸渊。初令官阶九品者得以官爵除刑。妇人当刑而孕，产后百日乃决。阙左悬登闻鼓以达冤人。

魏主如漠南。十一月，丙辰，北部敕勒莫弗库若干帅所部数万骑，驱鹿数百万头，诣魏主行在。魏主大猎以赐从官。十二月，丁丑，还宫。

是岁，凉王改元义和。

林邑王范阳迈寇九德，交州兵击却之。

（以上为第三段，主要写北魏主拓跋焘封吐谷浑可汗慕容慕璝为西秦王，封北凉主沮渠蒙逊为凉王；停止武备，发展文事，广招人才，重新制定律令，废除严刑。）

九年（壬申，432年）

春，正月，丙午，魏主尊保太后窦氏为皇太后，立贵人赫连氏为皇后，子晃为皇太子；大赦，改元延和。

卢玄等人以及地方州郡荐举的贤士几百人来京，依照他们的能力，分别委以官职。崔绰因为母亲年迈，坚决拒绝做官。卢玄等人都被授予中书博士。卢玄，是卢谌的曾孙。李灵，是李顺的堂兄。

卢玄的舅舅是司徒崔浩，崔浩每次跟卢玄谈话，常常叹息说："面对卢子真，使我思古之幽情更深。"当时，崔浩打算严格整顿朝中官员的流品，辨明官员的出身和姓氏等级。卢玄劝阻他说："创立一种制度，改革现行的规章，必须因时制宜。赞成您这项措施的，能有几个人！希望您能三思而行。"崔浩没有听从，因此便得罪了许多大臣。

当初，北魏昭成帝拓跋什翼犍时开始制定法令："谋反叛逆者诛灭全族；其他犯有死罪的人可以缴纳金钱、马匹赎罪；杀人凶手允许他们给死者家属牛马、葬具私自和解；盗窃官府财物，偷一赔五；盗窃私物，偷一赔十。"当时，四部总监共同坐在公堂之上，一道处理诉讼案件，从没有羁押、囚禁、久拖不决的苦处，境内安定。道武帝拓跋珪进入中原以后，认为前代的法律过于苛刻严密，于是，命令三公郎王德重新删改，制定新的法律，一切都以简单易懂为原则，拓跋珪晚年身患重病，滥施刑罚，法律残酷。明元帝拓跋嗣继位后，继承了前代的法律制度，对官吏权限职责等的规定，也有些过于苛刻。

冬季，十月初一日戊寅，太武帝拓跋焘命令司徒崔浩重新制定法令，废除了五年、四年有期徒刑，增设一年有期徒刑。用巫术毒害人的人，身背黑色羊，胸前抱狗，投入河潭。新定法令，凡官阶在九品之内的官员犯法，可以用官职和爵位赎罪。妇人当执行死刑而怀有身孕的，生产一百天后再处决。又规定在宫阙的左边悬挂登闻鼓，使有冤情的人，能够击鼓申冤。

北魏主拓跋焘前往漠南。十一月初十日丙辰，北方敕勒部落酋长库若干，率领他的部众数万名骑兵，驱赶着几百万头的鹿群，拜谒拓跋焘的行宫。于是，拓跋焘举行大规模的狩猎，赏赐随从的官员。十二月初一日丁丑，拓跋焘回宫。

这一年，北凉改年号为义和。

林邑王范阳迈，攻击刘宋的九德郡，刘宋交州军队击退了他们。

宋文帝元嘉九年（壬申，432年）

春季，正月初一日丙午，北魏主拓跋焘，尊封他的乳母保太后窦氏为皇太后。封贵人赫连氏为皇后，封儿子拓跋晃为皇太子，实行大赦，改年号为延和。

燕王立慕容后之子王仁为太子。

三月，庚戌，卫将军王弘进位太保，加中书监。丁巳，征南大将军檀道济进位司空，还镇寻阳。

壬申，吐谷浑王慕璝送赫连定于魏，魏人杀之。慕璝上表曰："臣俘擒僭逆，献捷王府，爵秩虽崇而土不增廓，车旗既饰而财不周赏；愿垂鉴察。"魏主下其议。公卿以为："慕璝所致唯定而已，塞外之民皆为己有，而贪求无厌，不可许也。"魏主乃诏曰："西秦王所得金城、枹罕、陇西之地，朕即与之，乃是裂土，何须复廓？西秦款至，绵绢随使疏数，临时增益，非一赐而止也。"自是慕璝贡使至魏者稍简。

魏方士祁纤奏改代为万年，以代尹为万年尹，代令为万年令。崔浩曰："昔太祖应天受命，兼称代、魏以法殷、商。国家积德，当享年万亿，不待假名以为益也。纤之所闻，皆非正义，宜复旧号。"魏主从之。

夏，五月，壬申，华容文昭公王弘卒。弘明敏有思致，而轻率少威仪。性褊隘，好折辱人，人以此少之。虽贵显，不营财利；及卒，家无余业。帝闻之，特赐钱百万，米千斛。

魏主治兵于南郊，谋伐燕。

帝遣使者赵道生聘于魏。

六月，戊寅，司徒、南徐州刺史、彭城王义康改领扬州刺史。

诏分青州置冀州，治历城。

吐谷浑王慕璝遣其司马赵叙入贡，且来告捷。

庚寅，魏主伐燕。命太子晃录尚书事，时晃才五岁。又遣左仆射安原、建宁王崇等屯漠南以备柔然。

辛卯，魏主遣散骑常侍邓颖来聘。

乙未，以吐谷浑王慕璝为都督西秦河沙三州诸军事、征西大将军、西秦河二州刺史，进爵陇西王，且命慕璝悉归南方将士先没于夏者，得

北燕王冯弘封慕容皇后的儿子冯王仁为太子。

三月初六日庚戌，刘宋卫将军王弘晋升为太保，加授中书监。十三日丁巳，征南大将军檀道济晋升为司空，回寻阳镇守。

三月二十八日壬申，吐谷浑汗国可汗慕容慕璝将夏王赫连定献给北魏，北魏斩杀赫连定。慕容慕璝上书说："我生擒了叛逆赫连定，呈献给皇上。皇上赏赐的官爵虽然尊崇，但土地却没有增加；车辆旗帜虽然已经得到装饰，但是却没有财物赏赐部下，希望您能俯察下情。"拓跋焘把他的奏书交给朝廷文武官员讨论。大臣们认为："慕容慕璝的功劳，不过是俘虏了赫连定而已，塞外的百姓都已归吐谷浑汗国所有。但慕容慕璝却贪得无厌，不能答应他的要求。"拓跋焘于是下令说："西秦王慕容慕璝所攻下的金城、枹罕、陇西等地，我同意归你，这已经是分封给你的采邑了，还有什么必要再增加土地？西秦对我们具有诚意，我们赏赐的绵绢，根据来使次数是否频繁，临时增加，并不是只赏赐一次，以后不再有。"从此，慕容慕璝所派的出使北魏的贡使稍微减少。

北魏的方士祁纤上奏朝廷，建议把代郡改称万年，改代尹为万年尹，代令为万年令。司徒崔浩说："从前，太祖顺应天命人心，效法殷商，而兼称代魏，国家累积下来的恩德，应该使国家的寿命长达亿万年之久，不必借助名称得益。祁纤所奏报的，都不是正当大义，应当恢复旧号。"拓跋焘采纳了崔浩的意见。

夏季，五月二十九日壬申，刘宋太保、华容文昭公王弘去世。王弘聪明敏捷有思想，但往往轻率行事，威仪不足以使人佩服。他性情狭隘偏激，常常侮辱别人，人们因而对他表示不满。他虽然地位尊崇，又是朝中显贵，却不营求财利。到了去世的时候，家里竟没有多余的财产。刘宋文帝刘义隆听说后，特地赏赐王弘的家属钱一百万，米一千斛。

北魏主拓跋焘，在京师南郊训练兵马，准备攻打北燕。

宋文帝派遣使者赵道生前往北魏访问。

六月初五日戊寅，刘宋司徒、南徐州刺史、彭城王刘义康改任扬州刺史。

宋文帝下令，把青州分割出一部分，设置冀州，州治在历城。

吐谷浑汗国可汗慕容慕璝派司马赵叙到刘宋进贡，并奏报军事上的大捷。

六月十七日庚寅，北魏主拓跋焘亲自率军进攻北燕。拓跋焘任命太子拓跋晃为录尚书事，当时拓跋晃只有五岁。拓跋焘又派左仆射安原、建宁王拓跋崇等人驻防漠南，准备抵御柔然汗国的进攻。

六月十八日辛卯，北魏主拓跋焘派散骑常侍邓颖出使刘宋，进行回访。

六月二十二日乙未，刘宋任命吐谷浑可汗慕容慕璝为都督西秦河沙三州诸军事、征西大将军、西秦河二州刺史，封为陇西王。又命令慕容慕璝全部归还被夏国俘获

百五十余人。

又加北秦州刺史杨难当征西将军。难当以兄子保宗为镇南将军，镇宕昌；以其子顺为秦州刺史，守上邽。保宗谋袭难当，事泄，难当囚之。

壬寅，以江夏王义恭为都督南兖等六州诸军事、开府仪同三司、南兖州刺史，临川王义庆为都督荆雍等七州诸军事、荆州刺史，竟陵王义宣为中书监，衡阳王义季为南徐州刺史。

初，高祖以荆州居上流之重，土地广远，资实兵甲居朝廷之半，故遗诏令诸子居之。上以义庆宗室令美，且烈武王有大功于社稷，故特用之。

（以上为第四段，写北魏主率军进攻北燕；吐谷浑可汗慕容慕璝脚踩两只船，在依附北魏的同时，又投归刘宋；宋文帝封慕容慕璝为陇西王，又授秦州刺史杨难当为征西将军，宋文帝又大封其弟，同时重用侄子刘义庆为荆州刺史。）

秋，七月，己未，魏主至濡水。庚申，遣安东将军奚斤发幽州民及密云丁零万余人，运攻具，出南道，会和龙。魏主至辽西，燕王遣其侍御史崔聘奉牛酒犒师。己巳，魏主至和龙。

庚午，以领军将军殷景仁为尚书仆射，太子詹事刘湛为领军将军。

益州刺史刘道济，粹之弟也，信任长史费谦、别驾张熙等，聚敛兴利，伤政害民，立官冶，禁民鼓铸而贵卖铁器，商贾失业，吁嗟满路。

流民许穆之，变姓名称司马飞龙，自云晋室近亲，往依氐王杨难当。难当因民之怨，资飞龙以兵，使侵扰益州。飞龙招合蜀人，得千余人，攻杀巴兴令，逐阴平太守，道济遣军击斩之。

道济欲以五城人帛氐奴、梁显为参军督护，费谦固执不与。氐奴等与乡人赵广构扇县人，诈言司马殿下犹在阳泉山中，聚众得数千人，引向广汉。道济参军程展会治中李抗之将五百人击之，皆败死。巴西人唐频聚众应之，赵广等进攻涪城，陷之。于是涪陵、江阳、遂宁诸郡守皆弃城走，蜀土侨、旧俱反。

的南方将士，共一百五十多人。

刘宋朝廷又加授北秦州刺史杨难当为征西将军。杨难当任命侄子杨保宗为镇南将军，镇守宕昌；任命儿子杨顺为秦州刺史，驻守上邽。杨保宗谋划袭击他的叔父杨难当，事情泄露，杨难当囚禁了杨保宗。

六月二十九日壬寅，刘宋朝廷任命江夏王刘义恭为都督南兖等六州诸军事、开府仪同三司、南兖州刺史，任命临川王刘义庆为都督荆雍等七州诸军事、荆州刺史，任命竟陵王刘义宣为中书监，衡阳王刘义季为南徐州刺史。

当初，宋武帝刘裕认为，荆州是长江上游的军事重镇，土地辽阔，财物和军事实力占全国的一半，所以临死前下遗诏，命令必须由皇子来镇守。宋文帝认为刘义庆是宗室子弟，并有美好的声誉。何况他的父亲烈武王刘道规，对刘宋的建立有大功，所以特别重用了他。

秋季，七月十七日己未，北魏主拓跋焘率军抵达濡水。十八日庚申，拓跋焘派安东将军奚斤征发幽州百姓和密云境内的丁零部落一万多人，运送攻城器具，通过南道，与北魏大军在北燕都城和龙城下会师。拓跋焘抵达辽西，北燕王冯弘派遣侍御史崔聘，呈上美酒牛肉，犒赏北魏军队。二十七日己巳，拓跋焘抵达和龙。

七月二十八日庚午，刘宋任命领军将军殷景仁为尚书仆射，太子詹事刘湛为领军将军。

刘宋益州刺史刘道济是刘粹的弟弟。他宠信王府的长史费谦、别驾张熙等人，所行的是收聚搜括财利的做法，损害正常治理，祸害百姓。他设立官营的冶铸机构，禁止民间冶炼铸造，而用高价出卖铁器，造成商人失业，百姓怨声载道。

流民许穆之，改名换姓，自称司马飞龙，说是东晋皇室的近亲，投奔了氐王杨难当。杨难当利用益州的民怨，借给司马飞龙一支军队，让他率兵进犯并骚扰益州。司马飞龙在蜀郡招兵买马，集结了一千多人，攻打巴兴县城，杀死了巴兴县令。随即又驱逐了阴平太守。刘道济派军队击斩了司马飞龙及其军队。

刘道济打算任命五城人帛氐奴、梁显为参军督护，长史费谦坚决反对。于是帛氐奴与他的同乡赵广相互勾结，煽动县民，宣称司马飞龙仍在阳泉山中，聚集部众几千人，进军广汉。刘道济派参军程展，会同治中李抗之，率领五百人攻击，战败，二人阵亡。巴西人唐频聚众响应帛氐奴，赵广等人进攻涪城，涪城陷落。于是，涪陵、江阳、遂宁等郡的太守都闻风弃城逃走。随即益州境内的土著居民和外地侨民，一时间全都揭竿而起，纷纷起兵。

燕石城太守李崇等十郡降于魏。魏主发其民三万穿围堑以守和龙。崇，绩之子也。

八月，燕王使数万人出战，魏昌黎公丘等击破之，死者万余人。燕尚书高绍帅万余家保羌胡固。辛巳，魏主攻绍，斩之。平东将军贺多罗攻带方，抚军大将军永昌王健攻建德，骠骑大将军乐平王丕攻冀阳，皆拔之。

九月，乙卯，魏主引兵西还，徙营丘、成周、辽东、乐浪、带方、玄菟六郡民三万家于幽州。

燕尚书郭渊劝燕王送款献女于魏，乞为附庸。燕王曰："负衅在前，结忿已深，降附取死，不如守志更图也。"

魏主之围和龙也，宿卫之士多在战阵，行宫人少。云中镇将朱脩之谋与南人袭杀魏主，因入和龙，浮海南归；以告冠军将军毛脩之，毛脩之不从，乃止。既而事泄，朱脩之逃奔燕。魏人数伐燕，燕王遣脩之南归求救。脩之泛海至东莱，遂还建康，拜黄门侍郎。

赵广等进攻成都，刘道济婴城自守。贼众屯聚日久，不见司马飞龙，欲散去。广惧，将三千人及羽仪诣阳泉寺，诈云迎飞龙。至，则谓道人枹罕程道养曰："汝但自言是飞龙，则坐享富贵；不则断头！"道养惶怖许诺。广乃推道养为蜀王、车骑大将军、益梁二州牧，改元泰始，备置百官。以道养弟道助为骠骑将军、长沙王，镇涪城；赵广、帛氏奴、梁显及其党张寻、严遐皆为将军，奉道养还成都，众至十余万，四面围城。使人谓道济曰："但送费谦、张熙来，我辈自解去。"道济遣中兵参军裴方明、任浪之各将千余人出战，皆败还。

冬，十一月，乙巳，魏主还平城。

（以上为第五段，写北魏主拓跋焘出兵攻打北燕；刘宋流民许穆之自称司马飞龙，利用益州的民怨反叛，而后被杀，而赵广等人打着司马飞龙的旗号，推程道养为首领，继续造反。）

北燕石城太守李崇等十个郡的太守都投降了北魏。北魏主拓跋焘，征发北燕百姓三万人，兴筑工事，挖掘壕沟，守卫和龙城。李崇，是李绩的儿子。

八月，北燕王派数万人出城迎战北魏军，北魏昌黎公拓跋丘击败北燕军，斩杀一万多人。北燕尚书高绍率领一万多家，退保羌胡固。八月初九日辛巳，拓跋焘亲自率军进攻高绍的军队，斩杀了高绍。与此同时，北魏平东将军贺多罗进攻带方，抚军大将军、永昌王拓跋健进攻建德，骠骑大将军、乐平王拓跋丕进攻冀阳，全部攻下。

九月，十四日乙卯，拓跋焘班师，西去回国。同时，北魏军强行将营丘、成周、辽东、乐浪、带方、玄菟等六个郡的百姓三万家迁移到幽州。

北燕尚书郭渊曾经劝北燕王冯弘，向北魏表示诚意，献上女儿，充当北魏的藩属。冯弘说："两国之间早就产生裂痕，结下的仇怨已经很深了，降附魏国是自取灭亡，还不如固守城池，等待转机。"

拓跋焘包围和龙城时，他身边护驾的卫士都在沙场冲锋陷阵，留在行宫的很少。北魏云中镇将朱脩之阴谋策划并联络南方降附之人，突袭并杀掉拓跋焘，然后投奔北燕和龙，再乘海船回到刘宋。朱脩之把这个阴谋告诉了刘宋降将、冠军将军毛脩之，毛脩之拒绝参与，朱脩之只好作罢。不久，阴谋泄露，朱脩之逃奔北燕。北魏军多次猛攻北燕，北燕王冯弘派朱脩之南归，向刘宋求救。朱脩之经海道到东莱，既而回到建康，刘宋朝廷任命他为黄门侍郎。

刘宋益州叛民赵广等率众进攻成都，益州太守刘道济只好绕城防御。叛军集结已经很长时间，却看不到首领司马飞龙，就打算各自散去。赵广大为惶恐，率领三千人和迎驾的仪仗队前往阳泉寺，声称迎接司马飞龙。到阳泉寺后，他对那里的道士、枹罕人程道养说："你只要自称是司马飞龙，就可以稳享荣华富贵，否则你的人头就保不住了。"程道养听罢惊慌失措，只好应允。于是，赵广就推举程道养为蜀王、车骑大将军、益梁二州州牧，改年号为泰始，设置文武百官。又任命程道养的弟弟程道助为骠骑将军、长沙王，负责镇守涪城。此外，赵广、帛氐奴、梁显及其党羽张寻、严遐等，也都任将军，拥奉着程道养返回成都。很快，四面八方前来投奔的百姓多至十多万人，把成都围得水泄不通。赵广等派人告诉刘道济说："只要你交出费谦、张熙二人，我们一定自动解围。"刘道济派城里的中兵参军裴方明、任浪之二人，分别率领士卒一千多人出城迎战，都大败而回。

冬季，十一月初四日乙巳，北魏主拓跋焘返回平城。

壬子，以少府中山甄法崇为益州刺史。

初，燕王嫡妃王氏，生长乐公崇，崇于兄弟为最长。及即位，立慕容氏为王后，王氏不得立，又黜崇，使镇肥如。崇母弟广平公朗、乐陵公邈相谓曰：“今国家将亡，人无愚智皆知之。王复受慕容后之谮，吾兄弟死无日矣。”乃相与亡奔辽西，说崇使降魏，崇从之。会魏主使给事郎王德招崇，十二月，己丑，崇使邈如魏，请举郡降。燕王闻之，使其将封羽围崇于辽西。

魏主征诸名士之未仕者，州郡多逼遣之。魏主闻之，下诏令守宰以礼申谕，任其进退，毋得逼遣。

初，帝以少子绍为庐陵孝献王嗣，以江夏王义恭子朗为营阳王嗣。庚寅，封绍为庐陵王，朗为南丰县王。

裴方明等复出击程道养营，破之，焚其积聚。

贼党江阳杨孟子将千余人屯城南，参军梁儁之统南楼，投书说谕孟子，邀使入城见刘道济，道济版为主簿，克期讨贼。赵广知其谋，孟子惧，将所领奔晋原，晋原太守文仲兴与之同拒守。赵广遣帛氏奴攻晋原，破之，仲兴、孟子皆死。裴方明复出击贼，屡战，破之，贼遂大溃。程道养收众得七千人，还广汉，赵广别将五千余人还涪城。

先是，张熙说道济粜仓谷，故自九月末围城至十二月，粮储俱尽。方明将二千人出城求食，为贼所败，单马独还，贼众复大集。方明夜缒而上，道济为设食，涕泣不能食。道济曰：“卿非大丈夫，小败何苦！贼势既衰，台兵垂至，但令卿还，何忧于贼！”即减左右以配之。贼于城外扬言，云“方明已死”，城中大恐。道济夜列炬火，出方明以示众，众乃安。道济悉出财物于北射堂，令方明募人。时城中或传道济已死，莫有应者。梁儁之说道济遣左右给使三十余人出外，且告之曰：“吾病小损，各听归家休息。”给使既出，城中乃安，应募者日有千余人。

十一月十一日壬子，刘宋朝廷任命少府、中山人甄法崇为益州刺史。

当初，北燕王冯弘的嫡妃王氏，生下了长乐公冯崇，冯崇在他的兄弟中年纪最大。等到冯弘即位后，立慕容氏为王后，王氏却不能当王后，接着冯弘又废掉了冯崇，派他出去镇守肥如。冯崇的同胞弟弟广平公冯朗和乐陵公冯邈私下商量说：“如今国家危在旦夕，不论是聪明人还是愚昧的人都看得非常清楚。现在父王又听信慕容王后的谗言，我们兄弟的死期不远了。”于是，兄弟两人相伴一同逃往辽西，劝说冯崇投降北魏，冯崇同意了。正巧，北魏主拓跋焘派给事郎王德，向冯崇招降。十二月十九日己丑，冯崇派冯邈前往北魏，准备献出全郡投降。冯弘听到这个消息，派将领封羽在辽西团团包围了冯崇。

北魏主拓跋焘，征召国内没有做官的知名人士，地方州郡官府多强行逼迫遣送。拓跋焘听到这个消息，立即颁下诏书，命令地方官要有礼节地传达皇上的旨意，让他们自己决定去留，不得强行遣送。

当初，宋文帝把自己的小儿子刘绍过继给庐陵王刘义真为子。命江夏王刘义恭的儿子刘朗过继给营阳王刘义符为子。十二月二十日庚寅，封刘绍为庐陵王，封刘朗为南丰县王。

刘宋成都中兵参军裴方明等人再次出城进攻程道养的大营，大破叛军，然后纵火焚烧了叛军的军用物资。

叛军将领、江阳人杨孟子率领一千多人屯驻城南，参军梁儁之镇守成都南城城楼。梁儁之写信劝说杨孟子归降。杨孟子投降，进城见到刘道济，刘道济暂时任命他为主簿，约定日期，共同攻打叛军。赵广知道了杨孟子的阴谋，杨孟子非常恐惧，率领他手下的部众逃进晋原。晋原太守文仲兴与杨孟子共同抵抗固守城池。赵广派帛氐奴进攻晋原，攻破晋原城，文仲兴、杨孟子先后战死。裴方明再次出城，几次战斗，打败了叛军。叛军四处溃散。程道养集结残兵败将七千人，回到了广汉，赵广另率五千多人，返回涪城。

当初，别驾张熙建议益州刺史刘道济出售仓库粮食，所以从九月底叛军包围成都城起，一直到十二月，储存的粮食全都吃光了。裴方明率领二千人出城寻找粮食充饥，被叛军打败。裴方明单枪匹马，一个人得以生还。叛军又重新聚集围城。裴方明半夜逃到城下，城里的士兵用绳子把他接回城里。刘道济为裴方明准备饭食，裴方明痛哭流涕，不能下咽。刘道济说：“你这样不是一个大丈夫，这次小小的败仗，不值得如此沮丧！敌人的势力已经在衰落，朝廷的援军就要开到，只要你能活着回来，就不必担心敌人不败。”随即，刘道济挑选一部分左右亲兵分配给裴方明指挥。叛军在城外四处扬言，声称“裴方明已经战死”。城中的将士听到这个谣言都十分恐慌。刘道济在当天夜里，命人点燃一排火把，让裴方明出来与大家相见。这样，

初，晋谢混尚晋陵公主。混死，诏公主与谢氏绝婚；公主悉以混家事委混从子弘微。混仍世宰辅，僮仆千人，唯有二女，年数岁，弘微为之纪理生业，一钱尺帛有文簿。九年而高祖即位，公主降号东乡君，听还谢氏。入门，室宇仓廪，不异平日，田畴垦辟，有加于旧。东乡君叹曰："仆射平生重此子，可谓知人。仆射为不亡矣！"亲旧见者为之流涕。是岁，东乡君卒，公私咸谓赀财宜归二女，田宅、僮仆应属弘微。弘微一无所取，自以私禄葬东乡君。

混女夫殷叡好樗蒱，闻弘微不取财物，乃夺其妻妹及伯母、两姑之分以还戏责。内人皆化弘微之让，一无所争。或讥之曰："谢氏累世财产，充殷君一朝戏责，理之不允，莫此为大。卿视而不言，譬弃物江海以为廉耳。设使立清名而令家内不足，亦吾所不取也。"弘微曰："亲戚争财，为鄙之甚，今内人尚能无言，岂可导之使争乎！分多共少，不至有乏，身死之后，岂复见关也？"

（以上为第六段，写刘宋成都中兵参军裴方明等人再次出城进攻程道养的大营，大破叛军；谢弘微打理叔父谢混家业资产，井井有条，分文不取，赢得上下称赞。）

秃发保周自凉奔魏，魏封保周为张掖公。

魏李顺复奉使至凉。凉王蒙逊遣中兵校郎杨定归谓顺曰："年衰多疾，腰髀不随，不堪拜伏；比三五日消息小差，当相见。"顺曰："王之老疾，朝廷所知；岂得自安，不见诏使！"明日，蒙逊延顺入至庭中，蒙逊箕坐隐几，无动起之状。顺正色大言曰："不谓此叟无礼乃至于此！今不忧覆亡而敢陵侮天地；魂魄逝矣，何用见之！"握节将出。凉王使定归追止之，曰："太常既雅恕衰疾，传闻朝廷有不拜之诏，是以敢自安耳。"顺曰："齐桓公九合诸侯，一匡天下，周天子赐胙，命无下拜，桓公犹不敢

城中的军心才安定。刘道济拿出所有的财物放在北射堂，命裴方明等人招募新军。当时城中有人谣传刘道济已经死了，因而没有人肯来应征。梁儁之建议刘道济，把侍奉左右的奴仆三十多人送出刺史府，并告诉他们："我的病情已经稍微减轻，你们可以随便回家休息。"奴仆侍从们出了刺史府之后，城中百姓的情绪才稳定下来，每天前来应募当兵的都有一千多人。

当初，东晋的谢混娶晋陵公主为妻。谢混死后，晋安帝司马德宗下令，命晋陵公主与谢家断绝婚姻关系。晋陵公主于是把谢家的事情全都托付给谢混的侄儿谢弘微。谢混家几世都是朝廷宰相辅臣，仅僮仆就有一千人之多。谢混没有儿子，只有两个女儿，年纪也仅有几岁，谢弘微为谢混经营生计，一文钱或一尺丝帛都登记入账。过了九年，刘裕称帝即位，晋陵公主降号称东乡君，刘宋朝廷准许她再回到谢家。东乡君进门以后，看到房屋粮仓跟平时一样，又开垦了一些荒地，农田比以前还多。东乡君叹息说："谢混在世时，一直看重这个孩子，可以说有知人之明。谢混可以虽死犹生了。"亲戚旧友看到这情形，也不禁为之流泪。这一年，东乡君去世了。无论官府还是谢氏家族都认为，谢家的金银财宝应归两个女儿，而田宅、仆役应该归谢弘微所有。谢弘微却什么都不要，而且用自己的俸禄，安葬了东乡君。

谢混的女婿殷叡喜欢赌博，听说谢弘微不要谢家的财物，于是，夺取妻子的妹妹、伯母和两位姑母应得的谢家财产，用来偿还赌债。谢家人受谢弘微谦让精神的感化，没有任何争执。有人指责谢弘微说："谢氏家族几代的家产，都成了殷叡一日之间的赌债，没有比这更不合理的事情了。而你却视而不见，就好像把财物都抛进江海之中却自以为清廉一样。假如为了博取一个清白的名声，而使家里生计困难，这也是我认为不可取的做法。"谢弘微说："亲戚之间争夺财物，是最为卑鄙的事情。如今家里的人都还不干预，我怎么可以教她们去争！家产分多分少，总不至于匮乏。人死之后，谁还在乎身外之物？"

投奔北凉的秃发保周又从北凉逃奔北魏。北魏朝廷封秃发保周为张掖公。

北魏太常李顺，再次出使北凉。北凉王沮渠蒙逊派中兵校郎杨定归对李顺说："我年老多病，腰腿不太灵便，不能下跪磕拜。等三五天稍稍好转，再与你相见。"李顺说："你年迈多疾，朝廷早就知道，怎么可以自己苟且偷安，不出来会见钦差大使！"第二天，沮渠蒙逊请李顺入宫，来到庭上，沮渠蒙逊靠着几案坐在那里不动，全无起身行礼的表示。李顺态度严肃，大声说："没有想到你这个老头儿竟无礼到这种地步！如今你不担心国破家亡，竟敢侮辱天地，你已经魂飞魄散了，还有什么必要见你。"于是，他带着符节，转身就要出去。沮渠蒙逊急忙让杨定归追上，并劝阻

失臣礼，下拜登受。今王虽功高，未如齐桓。朝廷虽相崇重，未有不拜之诏！而遽自偃蹇，此岂社稷之福邪！”蒙逊乃起，拜受诏。

使还，魏主问以凉事。顺曰：“蒙逊控制河右，逾三十年，经涉艰难，粗识机变，绥集荒裔，群下畏服，虽不能贻厥孙谋，犹足以终其一世。然礼者德之舆，敬者身之基也，蒙逊无礼、不敬，以臣观之，不复年矣。”魏主曰：“易世之后，何时当灭？”顺曰：“蒙逊诸子，臣略见之，皆庸才也。如闻敦煌太守牧犍，器性粗立，继蒙逊者，必此人也。然比之于父，皆云不及。此殆天之所以资圣明也。”魏主曰：“朕方有事东方，未暇西略。如卿所言，不过数年之外，不为晚也。”

初，罽宾沙门昙无谶，自云能使鬼治病，且有秘术。凉王蒙逊甚重之，谓之“圣人”，诸女及子妇皆往受术。魏主闻之，使李顺往征之。蒙逊留不遣，仍杀之。魏主由是怒凉。

蒙逊荒淫猜虐，群下苦之。

（以上为第七段，写北凉主沮渠蒙逊荒淫无道，猜忌暴虐，傲慢无礼，不愿拜见北魏使者李顺；他杀掉北魏征召的高僧昙无谶，彻底得罪北魏主拓跋焘，灭亡之期不远。）

十年（癸酉，433 年）

春，正月，乙卯，魏主遣永昌王健督诸军救辽西。

己未，大赦。

丙寅，魏以乐安王范为都督秦雍等五州诸军事、卫大将军、开府仪同三司、长安镇都大将。魏主以范年少，更选旧德平西将军崔徽、征北大将军雁门张黎为之副，共镇长安。徽，宏之弟也，范谦恭宽惠，徽务敦大体，黎清约公平，政刑简易，轻徭薄赋，关中遂安。

他说："太常你既然已经宽恕我们主上年老有病，而且又听说朝廷有特许不行叩拜大礼的命令，所以凉王才敢这样放肆。"李顺说："当年齐桓公九次荣任各诸侯国的盟主，匡扶社稷号令天下。周天子赏他祭祀用的祭肉，命他不必磕拜，齐桓公却仍不失臣子对君主的礼节，仍在台下磕拜，再上台接受祭肉。如今大王的功德虽高，终究比不上齐桓公。朝廷虽然特别尊重他，却从来没有下过特许不拜的命令，而你自己却举止傲慢，这怎么能是贵国的福分！"沮渠蒙逊这才起身磕拜，接受命令。

李顺回到平城，北魏主拓跋焘询问北凉的情况。李顺回答说："沮渠蒙逊控制河西，已超过三十年了。他历经艰难，也多少知道随机应变。怀柔远方民族，群臣及部众既敬畏又服从。虽不能给子孙留下基业，仍足以在有生之年掌握大权。然而，礼仪是道德的表现，恭敬是修身的基础。沮渠蒙逊无礼，不敬，在我看来，他的日子也不长了。"拓跋焘说："下一代继位后，什么时候会灭亡？"李顺说："沮渠蒙逊的几个儿子，经我大致考察，都是平庸无能之辈。而我听说敦煌太守沮渠牧犍还比较成器，将来继承王位的一定是他。可是他与他的父亲蒙逊相比还差得很远。这是上天帮助您建立伟业呀！"拓跋焘说："我现在正在东方，与燕国用兵，还没有机会进攻西方。如果真的像你所说的那样，我们吞并凉国也就是数年之后的事情，并不算晚。"

最初，罽宾僧人昙无谶，自称能够驱使鬼神，医治百病，而且有秘密的法术。北凉王沮渠蒙逊非常重视他，称他为"圣人"，沮渠蒙逊的女儿和儿媳也都在昙无谶那里接受他的法术。北魏主拓跋焘听说后，派李顺前往北凉征召昙无谶。沮渠蒙逊却不肯放行，然后杀了昙无谶。因此，拓跋焘对北凉十分恼怒。

沮渠蒙逊荒淫无道，猜忌暴虐，群臣和百姓深感痛苦。

宋文帝元嘉十年（癸酉，433年）

春季，正月十五日乙卯，北魏主拓跋焘派遣永昌王拓跋健督率各路兵马，赶赴辽西救援。

正月十九日己未，刘宋下令实行大赦。

正月二十六日丙寅，北魏朝廷任命乐安王拓跋范为都督秦雍等五州诸军事及卫大将军、开府仪同三司、长安镇都大将等职。北魏主拓跋焘因为拓跋范年纪幼小，又特别选拔了德高望重的老将平西将军崔徽，征北大将军、雁门人张黎担任拓跋范的副将，共同镇守长安。崔徽，是崔宏的弟弟。拓跋范谦虚恭谨，对属下宽厚体谅，

二月，庚午，魏主以冯崇为都督幽平东夷诸军事、车骑大将军、幽平二州牧，封辽西王，录其国尚书事，食辽西十郡，承制假授尚书、刺史、征虏已下官。

魏平凉休屠征西将军金崖、羌泾州刺史狄子玉与安定镇将延普争权，崖、子玉举兵攻普，不克，退保胡空谷。魏主以虎牢镇大将陆俟为安定镇大将，击崖等，皆擒之。

魏主征陆俟为散骑常侍，出为怀荒镇大将，未期岁，高车诸莫弗讼俟严急无恩，复请前镇将郎孤。魏主征俟还，以孤代之。俟既至，言于帝曰："不过期年，郎孤必败，高车必叛。"帝怒，切责之，使以建业公归第。明年，诸莫弗果杀郎孤而叛。帝大惊，立召俟问之曰："卿何以知其然也？"俟曰："高车不知上下之礼，故臣临之以威，制之以法，欲以渐训导，使知分限。而诸莫弗恶臣所为，讼臣无恩，称孤之美。臣以罪去，孤获还镇，悦其称誉，益收名声，专用宽恕待之。无礼之人，易生骄慢，不过期年，无复上下，孤所不堪，必将复以法裁之。如此，则众心怨怼，必生祸乱矣。"帝笑曰："卿身虽短，思虑何长也！"即日复以为散骑常侍。

壬午，魏主如河西，遣兼散骑常侍宋宣来聘，且为太子晃求婚，帝依违答之。

刘道济卒，梁儁之、裴方明等密埋其尸于斋后，诈为道济教命以答签疏，虽其母妻亦不知也。程道养于毁金桥登坛郊天，方明将三千人出击之。道养等大败，退保广汉。

荆州刺史、临川王义庆以巴东太守周籍之督巴西等五郡诸军事，将二千人救成都。

三月，亡人司马天助降于魏，自称晋会稽世子元显之子，魏人以为

崔徽能顾全大局，张黎清廉公正，使当地政务简单，刑罚宽平，役少税轻，关中安定。

二月初一日庚午，北魏主拓跋焘任命冯崇为都督幽平东夷诸军事、车骑大将军、幽平二州州牧等职，封为辽西王，以及录辽西封国尚书事，指定辽西十郡为他的采邑。并可按照朝廷旧制有权任命尚书、刺史、征虏将军以下的官职。

北魏平凉地区匈奴休屠部落人征西将军金崖、羌人泾州刺史狄子玉二人，与安定的守将延普争夺权力。金崖、狄子玉兴兵攻打延普，没有取胜，率军撤退，固守胡空谷。拓跋焘任命驻守虎牢镇的大将陆俟为安定镇大将军，袭击金崖、狄子玉的部众，先后生擒了金、狄二人。

北魏主拓跋焘随即征召陆俟担任散骑常侍，出任怀荒镇大将。不到一年，北方高车部落诸莫弗指控陆俟执法严苛，性情暴躁，对属下没有恩德，请求准许前镇将郎孤复职。拓跋焘于是将陆俟召还回京，重新起用郎孤代替陆俟。陆俟回到京师后，对拓跋焘说："用不了一年，郎孤一定失败，高车部落一定叛变。"拓跋焘大怒，严厉斥责了陆俟，不再授予他官职，命他以建业公的身份返回私宅。

第二年，高车部落诸莫弗果然杀掉郎孤，背叛了朝廷。拓跋焘十分惊异，立即召见陆俟，询问他说："你是怎么知道会出现今天的局面呢？"陆俟说："高车人不知道上下尊卑的礼节，所以我才用威严的手段统治他们，用法律制服和约束他们的行为，打算逐渐引导和训练，使他们知道尊卑，懂得约束自己的行为。然而诸莫弗却厌恶我的所作所为，就控告我严酷寡恩，而盛赞郎孤的美德。我因罪被免职回家，郎孤得以官复原职重新镇守怀荒镇，他为自己的声誉沾沾自喜，更加用意博得别人对他的赞誉，专用宽厚的态度对待他们。像高车部落这般不懂礼义的人，更容易骄傲怠慢，不过一年，就不再有一点上下的观念，朗孤也不能忍受他们的所为，就又用刑法制裁他们。这样一来，高车部落心怀怨恨，一定产生祸乱呀。"拓跋焘笑着说："你的身材虽短，思虑却很长远！"当日，又重新任命陆俟为散骑常侍。

二月十三日壬午，北魏主拓跋焘前往河西，同时派遣兼散骑常侍宋宣前往刘宋访问，并为太子拓跋晃求婚。宋文帝含糊其词地回答他。

刘宋益州刺史刘道济去世。梁儁之、裴方明等人在秘密状态下，把他的尸体掩埋在书斋后面，然后模仿刘道济的笔迹，批答下属的签呈和文书，就连刘道济的母亲、妻子也不知道真相。叛军首领蜀王程道养在毁金桥登上土坛，祭祀天神。裴方明率领三千人出击，程道养等大败，退守广汉。

荆州刺史、临川王刘义庆任命巴东太守周籍之为督巴西等五郡诸军事，率领两千士兵救援成都。

三月，流亡中的前东晋皇族司马天助投降了北魏。他自称是东晋会稽王世子司

青徐二州刺史、东海公。

壬子，魏主还宫。

赵广等自广汉至郪，连营百数。周籍之与裴方明等合兵攻郪，克之，进击广等于广汉，广等走还涪及五城。夏，四月，戊寅，始发刘道济丧。

帝闻梁、南秦二州刺史甄法护刑政不治，失氐、羌之和，乃自徒中起萧思话为梁、南秦二州刺史。法护，法崇之兄也。

（以上为第八段，写北魏主拓跋焘征召陆俟出任怀荒镇大将，陆俟被指控执法严苛，被免职，重新启用前镇将郎孤，陆俟预言郎孤必败，言中，陆俟再次被重用，官复原职。）

凉王蒙逊病甚，国人共议，以世子菩提幼弱，立菩提之兄敦煌太守牧犍为世子，加中外都督、大将军、录尚书事。蒙逊卒，谥曰武宣王，庙号太祖。

牧犍即河西王位，大赦，改元永和。立子封坛为世子，加抚军大将军、录尚书事。遣使请命于魏。牧犍聪颖好学，和雅有度量，故国人立之。

先是，魏主遣李顺迎武宣王女为夫人，会卒，牧犍称先王遗意，遣左丞宋繇送其妹兴平公主于魏，拜右昭仪。

魏主谓李顺曰："卿言蒙逊死，今则验矣；又言牧犍立，何其妙哉！朕克凉州，亦当不远。"于是赐绢千匹，厩马一乘，进号安西将军，宠待弥厚，政事无巨细皆与之参议。

遣顺拜牧犍都督凉沙河三州西域羌戎诸军事、车骑将军、开府仪同三司、凉州刺史、河西王，以宋繇为河西王右相。牧犍以无功受赏，留顺，上表乞安、平一号，优诏不许。

牧犍尊敦煌刘昞为国师，亲拜之，命官属以下皆北面受业。

五月，己亥，魏主如山北。

林邑王范阳迈遣使入贡，求领交州。诏答以道远，不许。

马元显的儿子。北魏朝廷任命司马天助为青州、徐州二州刺史，封东海公。

三月十三日壬子，北魏主拓跋焘回宫。

刘汉叛军首领赵广等人从广汉来到郪县，构筑阵地，数百个营盘互相连接。周籍之和裴方明等合兵一处，共同进攻郪县，攻克郪县后，又进兵广汉，击败了赵广，赵广等人先后逃回涪城和五城。夏季，四月初十戊寅，裴方明等发布刘道济的死讯。

宋文帝听说梁州、南秦州刺史甄法护统治不力，造成氐族和羌族部落对朝廷怀有二心。于是，文帝起用正在服刑的囚徒萧思话为梁、南秦二州刺史。甄法护，是甄法崇的哥哥。

北凉王沮渠蒙逊病重，国内贵族和大臣们共同商议，认为世子沮渠菩提年纪幼小，决定立沮渠菩提的哥哥、敦煌太守沮渠牧犍为世子，并加授沮渠牧犍为中外都督、大将军、录尚书事。不久，沮渠蒙逊去世，谥号为武宣王，庙号称太祖。

沮渠牧犍继承王位，下令大赦，改年号为永和。又立自己的儿子沮渠封坛为世子，加授抚军大将军、录尚书事。沮渠牧犍又派使节前往北魏，请求任命。沮渠牧犍聪明好学，文雅和气，宽厚而有度量，所以贵族们拥护他登上王位。

当初，北魏主拓跋焘派李顺迎娶沮渠蒙逊的女儿为夫人，正巧赶上沮渠蒙逊去世。沮渠牧犍声称遵照先王沮渠蒙逊的遗意，派朝廷左丞宋繇护送他的妹妹兴平公主到北魏，拓跋焘封兴平公主为右昭仪。

北魏主拓跋焘对李顺说："你说过沮渠蒙逊将死，今天应验了；你还说沮渠牧犍将即位，也应验了，多么奇妙呵！我攻克凉州的日子，恐怕也不远了。"于是，赏赐李顺绢一千匹，御马四匹，进号安西将军。从此，对李顺倍加宠信尊重，朝廷政事无论大小都与他共同商量讨论。

北魏主拓跋焘又派遣李顺出使北凉，拜沮渠牧犍为都督凉沙河三州和西域羌戎诸军事、车骑将军、开府仪同三司、凉州刺史、河西王。同时，又任命宋繇为河西王右宰相。沮渠牧犍自以为无功受赏，于心不安，就留下李顺，上书表示，只要被任命为安西或平西将军一个称号，就足够了。拓跋焘下令，措辞温和地婉拒了。

河西王沮渠牧犍尊奉敦煌人刘昞为国师，亲自拜受，命朝中官属以下，都北面向他叩拜，接受他的训导。

五月初一日己亥，北魏主拓跋焘前往山北。

林邑王范阳迈派遣使臣到刘宋进贡，要求兼任交州刺史。宋文帝下令，借口林邑距交州太远，没有准许。

裴方明进军向涪城，破张寻、唐频，擒程道助，斩严遐，于是赵广等皆奔散。

六月，魏永昌王健、左仆射安原督诸军击和龙，将军楼勃别将五千骑围凡城。燕守将封羽以凡城降，收其三千余家而还。

辛巳，魏人发秦、雍兵一万，筑小城于长安城内。

秋，八月，冯崇上表请说降其父，魏主不听。

九月，益州刺史甄法崇至成都，收费谦，诛之。程道养、张寻将二千余家逃入郪山，余党各拥众藏窜山谷，时出为寇不绝。

戊午，魏主遣兼大鸿胪崔赜持节拜氐王杨难当为征南大将军、开府仪同三司、秦梁二州牧、南秦王。赜，逞之子也。

杨难当因萧思话未至，甄法护将下，举兵袭梁州，破白马，获晋昌太守张范，败法护参军鲁安期等。又攻葭萌，获晋寿太守范延朗。冬，十一月，丁未，法护弃城奔洋川之西城。难当遂有汉中之地，以其司马赵温为梁、秦二州刺史。

甲寅，魏主还宫。

十二月，己巳，魏大赦。

辛未，魏主如阴山之北。

魏宁朔将军卢玄来聘。

前秘书监谢灵运，好为山泽之游，穷幽极险，从者数百人，伐木开径；百姓惊扰，以为山贼。会稽太守孟顗与灵运有隙，表其有异志，发兵自防。灵运诣阙自陈，上以为临川内史。

灵运游放自若，废弃郡事，为有司所纠。是岁，司徒遣使随州从事郑望生收灵运。灵运执望生，兴兵逃逸，作诗曰："韩亡子房奋，秦帝鲁连耻。"追讨，擒之。廷尉奏灵运率众反叛，论正斩刑。上爱其才，欲免官而已。彭城王义康坚执，谓不宜恕。乃降死一等，徙广州。

刘宋成都守将裴方明，向叛军的大营涪城进军，先后击败张寻、唐频，生擒程道助，斩杀严遐。从此，赵广等人四处逃散，叛军瓦解。

六月，北魏永昌王拓跋健、左仆射安原等督率各路军队进攻和龙，将军楼勃另外率领五千骑兵围攻凡城。北燕凡城守将封羽，举献城池投降，北魏军裹胁凡城三千多家百姓班师。

六月十四日辛巳，北魏朝廷征调秦州、雍州的士兵一万人，在长安城内另筑一小城。

秋季，八月，冯崇上书朝廷，请求回国劝说他的父亲冯弘投降，拓跋焘没有准许。

九月，刘宋益州刺史甄法崇抵达成都，逮捕了费谦，斩首。叛军领袖程道养、张寻等率领二千多家逃入深山，其余党羽也各自统率部众隐藏在深山峡谷之中，时常出山骚扰不绝。

九月二十二日戊午，北魏主拓跋焘派遣兼大鸿胪崔赜携带符节任命氐王杨难当为征南大将军、开府仪同三司、秦梁二州牧、南秦王。崔赜，是崔逞的儿子。

氐王杨难当趁刘宋新任梁、南秦二州刺史萧思话尚未到任，而原刺史甄法护即将东下之机，大举兴兵，进攻梁州，攻克白马城，俘虏了晋昌太守张范，打败了甄法护手下的参军鲁安期等军队。随即又攻打葭萌，生擒晋寿太守范延朗。冬季，十一月十二日丁未，甄法护弃城逃走，投奔洋川郡的西城。杨难当于是占据了汉中的广大地区，任命他手下的司马赵温为梁、秦二州刺史。

十一月十九日甲寅，北魏主拓跋焘回宫。

十二月初五日己巳，北魏实行大赦。

十二月初七日辛未，北魏主拓跋焘前往阴山之北。

北魏宁朔将军卢玄来刘宋访问。

刘宋前秘书监谢灵运喜欢游历山川，探险搜奇，跟从他游玩的有几百人，往往在山林中伐木开路，当地百姓不胜惊恐，以为是山贼前来抢劫。会稽太守孟颉与谢灵运有矛盾，上书朝廷，指控谢灵运心怀不轨，阴谋叛乱，并且发动军队防备。谢灵运亲自赴皇宫门前，为自己申辩，文帝刘义隆任命他为临川内史。

谢灵运任职后，仍然巡游放纵自如，全然不管郡中政事，被有关部门弹劾。这一年，司徒刘义康派使节随州从事郑望生，前往逮捕谢灵运。谢灵运却生擒郑望生，率领军队逃走，写下诗句说："韩国灭亡张良起，秦王称帝仲连耻。"刘宋朝廷派兵追赶攻打，生擒谢灵运。廷尉上奏朝廷说，谢灵运率众反叛朝廷，论他的罪刑，应判死刑。文帝刘义隆珍爱谢灵运的才华，打算只免掉他的官职，不必伏法。彭城王

久之，或告灵运令人买兵器，结健儿，欲于三江口篡取之，不果。诏于广州弃市。灵运恃才放逸，多所陵忽，故及于祸。

魏立徐州于外黄，以刁雍为刺史。

（以上为第九段，写北凉主沮渠蒙逊去世，国人放弃太子，立沮渠牧犍为王，改元永和，投靠北魏；刘宋前秘书监谢灵运纵情山水，恃才傲物，放荡不羁，而招来杀身之祸。）

十一年（甲戌，434 年）

春，正月，戊戌，燕王遣使请和于魏，魏主不许。

杨难当以克汉中告捷于魏，送雍州流民七千家于长安。萧思话至襄阳，遣横野司马萧承之为前驱。承之缘道收兵，得千人，进据磝头。杨难当焚掠汉中，引众西还，留赵温守梁州；又遣其魏兴太守薛健据黄金山。思话遣阴平太守萧坦攻铁城戍，拔之。

二月，赵温、薛健与其冯翊太守蒲甲子合攻坦营，坦击破之，温等退保西水。临川王义庆遣龙骧将军裴方明将三千人助承之，拔黄金戍而据之。温弃州城，退据小城，健、甲子退保下桃城。思话继至，与承之共击赵温等，屡破之。行参军王灵济别将出洋川，攻南城，拔之，擒其守将赵英。南城空无所资，灵济引兵还，与承之合。

魏主以西海公主妻柔然敕连可汗；又纳其妹为夫人，遣颍川王提往逆之。丁卯，敕连遣其异母兄秃鹿傀送妹，并献马二千匹。魏主以其妹为左昭仪。提，曜之子也。

辛卯，魏主还宫。三月，甲寅，复如河西。

杨难当遣其子和将兵与蒲甲子等共击萧承之，相拒四十余日，围承

刘义康却坚持认为，谢灵运的罪过不宜宽恕。于是，文帝下令，谢灵运减罪一等，流放到广州。

过了很久，有人告发谢灵运命人购买兵器，结交武士，打算在夺取三江口后反叛，没有成功。刘义隆下令，将谢灵运在广州就地斩首，弃市示众。谢灵运恃才傲物，放荡不羁，看不起别人，不注意小节，结果招来大祸。

北魏在外黄设置徐州，任命刁雍为徐州刺史。

宋文帝元嘉十一年（甲戌，434年）

春季，正月初四日戊戌，北燕王冯弘派遣使臣出使北魏，请求和解，北魏主拓跋焘拒绝。

氐王杨难当把他攻克刘宋汉中的捷报奏报北魏朝廷，并把雍州逃到汉中的流民七千多家送往长安。刘宋新委任的梁州、南秦州刺史萧思话，抵达襄阳后，立即派遣横野将军府司马萧承之为前锋，准备收复失地。萧承之沿途招兵买马，募集一千人，进驻礠头。杨难当在汉中大肆烧杀抢劫，然后率众离开了汉中，向西返回仇池，留下赵温据守梁州，又派他的魏兴太守薛健屯驻黄金山。萧思话派阴平太守萧坦攻下铁城戍。

二月，氐王杨难当的部将赵温、薛健与他们的冯翊太守蒲甲子，联兵进攻刘宋阴平太守萧坦的大营，萧坦率兵打败了他们，赵温等人只好撤退，盘踞在西水。刘宋临川王刘义庆派遣龙骧将军裴方明率领士兵三千人援助萧承之，攻克并占据了黄金戍。赵温放弃州城，退保小城；薛健和蒲甲子则退保下桃城。萧思话率军随后到达，与萧承之合师攻打赵温等人，屡战屡胜。刘宋行参军王灵济，另率一支队伍，直指洋川，攻击南城，攻克敌镇，生擒守将赵英。南城粮草一空，无法供给军队，王灵济只好率兵撤退，与萧承之会师。

北魏主拓跋焘把西海公主嫁给了柔然汗国的敕连可汗郁久闾吴提。同时，又娶郁久闾吴提的妹妹为夫人，派遣颍川王拓跋提前往送亲迎亲。二月初四日丁卯，敕连可汗郁久闾吴提派他的异母哥哥秃鹿傀，护送妹妹南下，并向北魏献马两千匹。拓跋焘封他的妹妹为左昭仪。拓跋提，是拓跋曜的儿子。

二月二十八日辛卯，北魏主拓跋焘回宫。三月二十一日甲寅，北魏主拓跋焘又前往河西。

杨难当派他的儿子杨和率兵与蒲甲子等共同进攻刘宋将领萧承之，双方对峙

之数十重，短兵接，弓矢无所复施。氐悉衣犀甲，戈矛所不能入。承之断矟长数尺，以大斧椎之，一矟辄贯数人。氐不能当，烧营走，据大桃。闰月，承之等追击之，至南城。氐败走，斩获甚众，悉收汉中故地，置戍于葭萌水。

初，桓希既败，氐王杨盛据汉中，梁州刺史范元之、傅歆皆治魏兴，唯得魏兴、上庸、新城三郡。及索邈为刺史，乃治南城。至是，南城为氐所焚，不可复固，萧思话徙镇南郑。

甲戌，赫连昌叛魏西走。丙子，河西候将格杀之。魏人并其群弟诛之。

己卯，魏主还宫。

辛巳，燕王遣尚书高颙上表称藩，请罪于魏，乞以季女充掖庭。魏主乃许之，征其太子王仁入朝。

燕王送魏使者于什门还平城。什门在燕二十一年，不屈节。魏主下诏褒称，以比苏武，拜治书御史，赐羊千口，帛千匹，策告宗庙，颁示天下。

戊子，休屠金当川围魏阴密。夏，四月，乙未，魏征西大将军常山王素击之。丁未，魏主行如河西。壬戌，获当川，斩之。

甄法护坐委镇，赐死于狱。杨难当遣使奉表谢罪，帝下诏赦之。

河西王牧犍遣使上表，告嗣位。戊寅，诏以牧犍为都督凉秦等四州诸军事、征西大将军、凉州刺史、河西王。

六月，甲辰，魏主还宫。

燕王不遣太子质魏，散骑常侍刘滋谏曰："昔刘禅有重山之险，孙皓有长江之阻，皆为晋擒。何则？强弱之势异也。今吾弱于吴、蜀而魏强于晋，不从其欲，将有危亡之祸。愿亟遣太子，而修政事，抚百姓，收离散，赈饥穷，劝农桑，省赋役，社稷犹庶几可保。"燕王怒，杀之。

四十多天。氐王的军队将萧承之的部队包围了几十重，两军短兵相接，弓箭飞石都无法施用。氐军士兵，都身穿犀牛皮制成的铠甲，刀砍不入，枪刺不进。萧承之命令折断长槊，仅留几尺长，然后用大斧捶之，一槊可以穿透数个敌人。氐军不能抵挡，纵火焚烧了大营，仓皇逃走，屯据大桃。闰三月，萧承之等率军乘胜追击，直抵南城。氐军战败逃走，被斩杀的士兵众多。这样，刘宋全部收复了汉中故土，在葭萌水设置戍所。

当初，桓希战败，氐王杨盛占据汉中。东晋梁州刺史范元之、傅歆都把州府设在魏兴，所统辖的地区也只有魏兴、上庸、新城三郡。等到索邈担任梁州刺史，则把州治设在南城。到这时，南城被氐军纵火焚烧，不能再重新加固，萧思话决定把州治迁到南郑。

闰三月十一日甲戌，前夏王赫连昌背叛了北魏，向西逃走。十三日丙子，北魏河西边哨将领斩杀赫连昌。不久北魏朝廷下令诛杀赫连昌所有的兄弟。

闰三月十六日己卯，北魏主拓跋焘回宫。

闰三月十八日辛巳，北燕王冯弘派尚书高颙上书北魏朝廷请罪，甘为北魏藩属，并乞请献出自己的小女儿充实北魏后宫。拓跋焘允许，征召北燕的太子冯王仁，前来平城朝见。

冯弘把当年北魏的使者于什门送归平城。于什门在燕国被囚禁二十一年，不曾丧失气节。拓跋焘下令褒奖于什门，把他比作苏武，任命他为治书御史，赏赐羊一千头，布帛一千匹，把这件事记载下来祭告列祖列宗，并布告天下。

闰三月二十五日戊子，北魏叛变的平凉匈奴休屠部落首领金当川，包围了北魏所属的阴密。夏季，四月初三日乙未，北魏征西大将军、常山王拓跋素进攻金当川。十五日丁未，北魏主拓跋焘前往河西。三十日壬戌，北魏军擒获金当川，就地斩首。

刘宋前任梁州、南秦州刺史甄法护因弃城逃走，被朝廷强令在狱中自尽。氐王杨难当派遣使节，携带奏书，前往刘宋谢罪，文帝刘义隆下令赦免他。

北凉王沮渠牧犍派人出使刘宋，呈上奏书，报告他已继位。戊寅（疑误），刘宋文帝刘义隆下令，任命沮渠牧犍为都督凉秦等四州诸军事、征西大将军、凉州刺史、河西王。

六月十三日甲辰，北魏主拓跋焘回宫。

北燕王冯弘不愿意把太子冯王仁送到北魏充当人质。散骑常侍刘滋劝他说：“当年，刘禅拥有重山作为屏障，孙皓也拥有长江天险，结果还是都被晋朝生擒。这是为什么呢？是由于实力的强弱太悬殊了。如今，我国的势力比当年的吴国、蜀国还弱，而魏国的势力比当年的晋国还要强盛。不满足魏国的要求，国家会有危亡的惨祸。希望您尽快遣送太子到魏国，稳定局势，然后在国内整顿吏治，安抚百姓，召

辛亥，魏主遣抚军大将军永昌王健等伐燕，收其禾稼，徙民而还。

秋，七月，壬午，魏主如美稷，遂至隰城，命阳平王它督诸军击山胡白龙于西河。它，熙之子也。

魏主轻山胡，日引数十骑登山临视之。白龙伏壮士十余处掩击之，魏主坠马，几为所擒。内入行长代人陈建以身扞之，大呼奋击，杀胡数人，身被十余创，魏主乃免。

九月，戊子，大破胡众，斩白龙，屠其城。冬，十月，甲午，魏人破白龙余党于五原，诛数千人，以其妻子赐将士。

十一月，魏主还宫。

十二月，甲辰，复如云中。

（以上为第十段，写氐王杨难当攻下刘宋的汉中地区，又被刘宋夺回；前大夏主赫连昌背叛北魏而西逃，被杀；北魏主拓跋焘派兵攻打北燕；大败山胡，斩杀酋长白龙。）

十二年（乙亥，435 年）

春，正月，己未朔，日有食之。

辛酉，大赦。

辛未，上祀南郊。

燕王数为魏所攻，遣使诣建康称藩奉贡。癸酉，诏封为燕王，江南谓之黄龙国。

甲申，魏大赦，改元太延。

有老父投书于敦煌东门，求之，不获。书曰：“凉王三十年若七年。”河西王牧犍以问奉常张慎，对曰：“昔虢之将亡，神降于莘。愿陛下崇德修政，以享三十年之祚；若盘于游田，荒于酒色，臣恐七年将有大变。”牧犍不悦。

二月，丁未，魏主还宫。

集流离失所的难民，赈济穷困饥饿中的民众，发展农业，鼓励种桑养蚕，减轻赋役，燕国的江山社稷或许还能保住。”冯弘大怒，杀掉了刘滋。

六月二十日辛亥，北魏主拓跋焘派遣抚军大将军、永昌王拓跋健等人攻打北燕，收获了当地的庄稼，强行胁迫北燕的百姓随军班师回国。

秋季，七月二十一日壬午，北魏主拓跋焘抵达美稷，又前往隰城。在那里，拓跋焘下令阳平王拓跋它，督率各路兵马在西河进攻山胡部落酋长白龙。拓跋它，是拓跋熙的儿子。

北魏主拓跋焘轻视山胡部落，每天他都只带几十名骑兵登山俯视。白龙在周围十多个地方都埋伏了精兵，突然袭击拓跋焘，拓跋焘从马上掉下来，几乎被山胡伏兵生擒。幸亏内入行长、代人陈建以身相护，一面大声呼喊，一面英勇奋击，斩杀山胡士兵数人，身上受伤十多处，才使拓跋焘得以幸免。

九月二十八日戊子，北魏军大败山胡部落，斩杀了山胡酋长白龙，屠杀了全城的居民。冬季，十月初五日甲午，北魏军又攻下白龙余党据守的五原，诛杀几千人，拓跋焘把被杀的山胡部落士兵的妻子女儿赏赐给军中将士。

十一月，北魏主拓跋焘回宫。

十二月十六日甲辰，北魏主拓跋焘再去云中。

宋文帝元嘉十二年（乙亥，435年）

春季，正月初一己未朔，出现日食。

正月初三辛酉，刘宋实行大赦。

正月十三日辛未，宋文帝赴南郊祭祀天神。

北燕多次遭北魏进攻，北燕王冯弘派使臣来到建康进贡，甘为藩属。正月十五日癸酉，宋文帝下令，封北燕王冯弘为燕王。江南人称北燕为黄龙国。

正月二十六日甲申，北魏实行大赦，改年号为太延。

北凉有位老叟把一封信投放到敦煌城的东门之内，官府派人追查，没有找到。那封信上说：“凉王三十又七年。”北凉河西王沮渠牧犍就信的含义请教奉常张慎。张慎说：“当年虢国快要灭亡的时候，有神仙降临在莘。我希望皇上推广恩德，励精图治，可能还可以在国王的宝座上统治三十年。如果过分沉溺于游猎，贪恋酒色而荒废政事，我担心七年以后，将有大变。”沮渠牧犍听罢很不高兴。

二月二十日丁未，北魏主拓跋焘回宫。

三月，癸亥，燕王遣大将汤烛入贡于魏，辞以太子王仁有疾，故未之遣。

领军将军刘湛与仆射殷景仁素善，湛之入也，景仁实引之。湛既至，以景仁位遇本不逾己，而一旦居前，意甚愤愤；俱被时遇，以景仁专管内任，谓为间己，猜隙渐生。知帝信仗景仁，不可移夺，时司徒义康专秉朝权，湛尝为义康上佐，遂委心自结，欲因宰相之力以回上意，倾黜景仁，独当时务。

夏，四月，己巳，帝加景仁中书令、中护军，即家为府；湛加太子詹事。湛愈愤怒，使义康毁景仁于帝，帝遇之益隆。景仁对亲旧叹曰："引之令入，入便噬人！"乃称疾解职，表疏累上。帝不许，使停家养病。

湛议遣人若劫盗者于外杀之，以为帝虽知，当有以解之，不能伤义康至亲之爱，帝微闻之，迁护军府于西掖门外，使近宫禁，故湛谋不行。

义康僚属及诸附丽湛者，潜相约勒，无敢历殷氏之门。彭城王主簿沛郡刘敬文父成，未悟其机，诣景仁求郡。敬文遽往谢湛曰："老父悖耄，遂就殷铁干禄。由敬文暗浅，上负生成，阖门惭惧，无地自处。"唯后将军司马庾炳之游二人之间，皆得其欢心，而密输忠于朝廷。景仁卧家不朝谒，帝常使炳之衔命往来，湛不疑也。炳之，登之之弟也。

（以上为第十一段，写北燕主冯弘派遣使臣到建康进贡；刘宋领军将军刘湛与仆射殷景仁私交很好，后来刘湛争权，仇视殷景仁，必欲杀之，也导致文帝刘义隆兄弟反目。）

燕王遣右卫将军孙德来乞师。

五月，庚申，魏主进宜都公穆寿爵为王，汝阴公长孙道生为上党王，宜城公奚斤为恒农王，广陵公楼伏连为广陵王；加寿征东大将军。寿辞曰："臣祖父崇所以得效功前朝，流福于后者，由梁眷之忠也。今眷元勋未录，而臣独奕世受赏，心实愧之。"魏主悦，求眷后，得其孙，赐爵郡公。寿，观之子也。

三月初六日癸亥，北燕王冯弘派大将汤烛前往北魏进贡，借口太子冯王仁有病，所以没有派他过来。

刘宋领军将军刘湛与仆射殷景仁一向私交很好。刘湛入朝做官，实际上是由殷景仁推荐的。刘湛任职以后，却认为殷景仁的职位本来不比自己高，而现在竟位居自己之上，于是愤愤不平。当时，刘、殷二人都被宋文帝宠信，刘湛认为殷景仁专门负责内部事务，恐怕会离间自己与皇上的关系，逐渐萌生了猜忌之心。刘湛深知皇上信任并依靠殷景仁，难以夺宠。当时，司徒刘义康掌握朝中大权，刘湛曾经担任过刘义康的上佐，于是他尽力结交刘义康，打算用刘义康的影响改变皇上的意图，罢掉殷景仁，以独揽朝政。

夏季，四月，己巳（疑误），宋文帝加授殷景仁中书令、中护军等官职，可以在私宅办公。刘湛只加授太子詹事。刘湛因此更加恼怒，怂恿刘义康在文帝面前诋毁殷景仁，而文帝却更加信任殷景仁。殷景仁对亲朋旧友叹息道："我把他引荐入朝，进了朝廷就咬人！"于是，殷景仁称病要求辞职，一再上书，文帝没有批准，让他在家安心养病。

刘湛建议刘义康乘殷景仁外出时，派人假扮强盗杀掉他。即使皇上知道了真相，也可以想办法解释，总不致因殷景仁的缘故伤害了与刘义康的手足之情。文帝略知他们的阴谋，就把殷景仁的私宅中护军府迁到西掖门外，使它靠近皇宫禁院。因此，刘湛的阴谋不能施行。

刘义康的幕僚以及追随刘湛的党羽，暗中相互约束，谁也不敢登殷景仁的门。彭城王府主簿沛郡人刘敬文的父亲刘成，不明白其中的内幕，来到殷景仁家请求担任郡守。刘敬文知道后，赶紧晋见刘湛谢罪说："我父亲老糊涂了，竟到殷景仁家中求职。都怪我愚蠢浅薄，辜负大恩，我们全家惭愧恐惧，无地自容。"当时，只有后将军司马瘐炳之在殷、刘二人之间来往交游，二人对他都很信任。而瘐炳之却秘密向朝廷报告，以表达忠心。殷景仁有病在家不能每天朝见，文帝常派瘐炳之传递消息，刘湛也不疑心。瘐炳之，是瘐登之的弟弟。

北燕王冯弘派右卫将军到刘宋，乞求派兵救援。

五月初五日庚申，北魏主拓跋焘进封宜都公穆寿为宜都王，汝阴公长孙道生为上党王，宜城公奚斤为恒农王，广陵公楼伏连为广陵王。此外加授穆寿为征东大将军。穆寿推辞说："我祖父穆崇，之所以能够在前朝为朝廷效力，建立功勋，使福祉荫及后代，全是由于梁眷的忠诚。现在，梁眷有大功尚未获得录用，我却累世独受朝廷赏赐，心里实感惭愧。"拓跋焘非常高兴，四处寻访梁眷的后人，终于找到了梁

龟兹、疏勒、乌孙、悦般、渴槃陁、鄯善、焉耆、车师、粟持九国入贡于魏。魏主以汉世虽通西域，有求则卑辞而来，无求则骄慢不服，盖自知去中国绝远，大兵不能至故也。今报使往来，徒为劳费，终无所益，欲不遣使。有司固请，以为“九国不惮险远，慕义入贡，不宜拒绝，以抑将来”。乃遣使者王恩生等二十辈使西域。恩生等始渡流沙，为柔然所执，恩生见敕连可汗，持魏节不屈。魏主闻之，切责敕连，敕连乃遣恩生等还，竟不能达西域。

甲戌，魏主如云中。

六月，甲午，魏主以时和年丰，嘉瑞沓臻，诏大酺五日，遍祭百神，用答天贶。

丙午，高句丽王琏遣使入贡于魏，且请国讳。魏主使录帝系及讳以与之，拜琏都督辽海诸军事、征东将军、辽东郡公、高句丽王。琏，钊之曾孙也。

戊申，魏主命骠骑大将军乐平王丕、镇东大将军徒河屈垣等帅骑四万伐燕。

扬州诸郡大水，己酉，运徐、豫、南兖谷以赈之。扬州西曹主簿沈亮建议，以为酒糜谷而不足疗饥，请权禁止，诏从之。亮，林子之子也。

秋，七月，魏主畋于棝阳。

己卯，魏乐平王丕等至和龙，燕王以牛酒犒军，献甲三千。屈垣责其不送侍子，掠男女六千口而还。

八月，丙戌，魏主如河西。九月，甲戌，还宫。

魏左仆射、河间公安原，恃宠骄恣。或告原谋为逆，冬十月，癸卯，原坐族诛。

甲辰，魏主如定州。十一月，乙丑，如冀州。己巳，畋于广川。丙子，如邺。

魏人数伐燕，燕日危蹙，上下忧惧。太常杨崏复劝燕王速遣太子入

眷的一个孙子，赐封为郡公。穆寿，是穆观的儿子。

西域龟兹、疏勒、乌孙、悦般、渴槃陁、鄯善、焉耆、车师、粟特九国都派使臣向北魏进贡。拓跋焘认为，虽然从汉朝开始，西域各国就与中原互通使臣，但是，西域人通常都是有求时言辞恭谨，归附朝廷；没有求于中原时，就态度傲慢，不受朝廷约束。因为他们知道西域距中原太远，中原军队不能远征。所以，如今让使节互相往来，劳民伤财，终究没有什么益处，因此不打算遣使回访。有关部门一再请求，认为“西域九国不远万里，不惧路途多险，仰慕我朝的仁义恩德，前来朝贡，不应拒绝，否则会阻止将来关系的发展”。于是，北魏朝廷派出使者王恩生等二十人出使西域各国，王恩生等刚渡过沙漠，就被柔然汗国俘虏。王恩生等见到敕连可汗郁久闾吴提，手持北魏皇帝的符节，不肯屈服。拓跋焘听说后，派人严厉斥责敕连可汗，敕连可汗只好放王恩生等人回国，最后还是未能到达西域。

五月十八日甲戌，拓跋焘前往云中。

六月初八日甲午，北魏主拓跋焘认为最近风调雨顺，五谷丰登，吉祥的征兆频频出现，于是下令，命全国聚会饮酒五天，祭拜所有神祇，报答上天的赐福。

六月二十日丙午，高句丽王高琏派使臣向北魏进贡。同时请求示知当今皇帝以及列祖列宗的名字，以免犯讳。拓跋焘下令抄录皇帝世系和祖先的名字给他们。任命高琏为都督辽海诸军事、征东将军、辽东郡公、高句丽王。高琏，是高钊的曾孙。

六月二十二日戊申，北魏主拓跋焘命令骠骑大将军、乐平王拓跋丕，镇东大将军、徒河人屈垣等率领骑兵四万人攻打北燕。

刘宋扬州各郡发生严重水灾。六月二十三日己酉，刘宋朝廷运送徐州、豫州、南兖州的谷米到扬州，赈济灾民。扬州西曹主簿沈亮建议，酿酒浪费谷米而不能充饥，请朝廷下令暂时禁止。刘宋文帝刘义隆下令依从这个建议。沈亮，是沈林子的儿子。

秋季，七月，北魏主拓跋焘在稒阳狩猎。

七月二十四日己卯，北魏乐平王拓跋丕等人抵达北燕都城和龙城下。北燕王冯弘用牛肉和美酒犒赏北魏军，献出铠甲三千副。北魏镇东大将屈垣斥责冯弘没有送儿子做人质，掳掠了男女六千人回国。

八月初一日丙戌，北魏主拓跋焘前往河西。九月二十日甲戌，拓跋焘回宫。

北魏朝廷左仆射、河间公安原，仗恃皇上对他的宠信，骄傲狂恣。有人告发安原阴谋反叛。冬季，十月，安原及其全族被杀。

十月二十日甲辰，北魏主拓跋焘前往定州。十一月十二日乙丑，再往冀州。十一月十六日己巳，拓跋焘在广川狩猎。二十三日丙子，前往邺城。

北魏多次派兵攻打北燕，北燕国势危急，全国上下都笼罩在恐惧的氛围中。太

侍。燕王曰："吾未忍为此。若事急，且东依高丽以图后举。"峪曰："魏举天下以击一隅，理无不克。高丽无信，始虽相亲，终恐为变。"燕王不听，密遣尚书阳伊请迎于高丽。

丹杨尹萧摹之上言："佛化被于中国，已历四代，形像塔寺，所在千数。自顷以来，情敬浮末，不以精诚为至，更以奢竞为重，材竹铜彩，糜损无极；无关神祇，有累人事，不为之防，流遁未息。请自今欲铸铜像及造塔寺者，皆当列言，须报乃得为之。"诏从之。摹之，思话从叔也。

魏秦州刺史薛谨击吐没骨，灭之。

杨难当释杨保宗之囚，使镇童亭。

（以上为第十二段，写西域龟兹等九国派使臣向北魏进贡，说明北魏的影响和声誉超过刘宋；刘宋扬州发生严重水灾，朝廷下令禁止造酒；北魏派重兵攻打北燕。）

常杨峄再次劝说北燕王冯弘，迅速派太子冯王仁到北魏充做人质。冯弘说：“我实在不忍心这样做。如果国家危急，我打算暂且去东方投靠高句丽，等待时机，再重新振兴国家。”杨峄说：“北魏发动全国的军队来攻打一个小国，没有不攻克的道理。高句丽王室一向不讲信用，开始时虽然表示亲近，最后恐怕还是会发生变化。”冯弘不听，秘密派遣尚书阳伊去高句丽，请求派军迎接。

刘宋丹杨尹萧摹之上疏进言：“佛教传入中原，已经历四个朝代。佛像、宝塔、寺庙数以千计。最近以来，世俗崇尚浮华，不以真心诚意为人生的重要内容，却更加争相比赛奢侈。木材、竹料、铜铁、绸缎的消耗浪费没有限制。对神祇并无益处，对百姓却有伤害。如不加以禁止，流弊不会自动停止。请下令从今以后，如有打算铸铜像和建造宝塔、寺庙的人，都应事先呈报，等批准后才可以动工。”文帝刘义隆下令同意。萧摹之，是萧思话的堂叔。

北魏秦州刺史薛谨，袭击吐没骨部落，彻底消灭了该部落。

氐王杨难当，释放了被囚禁的侄儿杨保宗，命令他镇守童亭。

【点评】

北燕之兴亡。在十六国中，以“燕”字作为国名的，就有五个，分别是前燕、后燕、西燕、南燕、北燕。这“五燕”一脉相承，大致来自于慕容氏，而北燕却有些变味，是冯跋灭掉后燕慕容氏而建立，存在了三十年，最后也只是苟延残喘，变成了逃亡政权。

冯跋，其父冯安曾任西燕的将军，西燕灭亡后，东迁到龙城。冯跋曾为后燕主慕容熙的中卫将军，因事获罪，与其弟逃入深山，后来一不做二不休，潜入龙城，杀掉慕容熙，拥立高句丽人慕容云为王，而后慕容云又被部下杀掉，冯跋只好自己称王了。他从公元409年即位，到公元430年被惊吓而死，当了二十二年的国王，在当时闹闹哄哄的乱世，能够当这么长时间的国王，这也是不多见的。他对国家政务勤勤恳恳，鼓励百姓务农种桑，减少徭役，降低赋税，应当说是一位不错的君王。

冯跋作为北燕一国之君，尚能稳定局势，守住国祚。北燕迅速败亡，问题出在接班人身上，以至于二世而亡。冯跋有一百多个儿子，他先立长子冯永为太子，冯永生病去世了；又立冯翼为太子，冯跋病重时，命其摄理国家大事，而冯翼比较懦弱，被冯跋宠幸的宋夫人有为其子图谋王位之意，冯跋的弟弟冯弘于是带兵进宫平变，便顺手牵羊，把王位抢过来，即位为王。冯弘的所作所为，可以说是天怒人怨。

首先，冯弘是靠阴谋夺得王位，并不是光明正大地继承王位，心术不正，不管其才如何，首先已是失德。他非常残暴，派人逼迫太子冯翼自杀，又把冯跋的一百多个儿子全部杀死，真是丧尽天良，人神共愤，不得人心。这样的人，暴虐无道，还能在王位上待得长久吗?

其次，冯弘废长立幼，种下仇怨。他废掉了原配妻子王氏，宠幸后妻慕容氏；又废掉王氏所生的长子冯崇，令其镇守肥如，把慕容氏所生的儿子冯王仁立为太子。结果，自家里闹起了矛盾，父子成了仇人。冯崇的同母弟弟广平公冯朗、乐陵公冯邈感觉非常危险，就劝说冯崇归降北魏，冯崇接受了他们的意见，弃城而去，被北魏封为辽西王，走到了北燕的对立面。

最后，冯弘昧于大势，昏招不断。当时的北魏非常强大，要想灭掉北燕，只不过是早晚的事情。冯弘曾派使臣出使北魏，请求和解，北魏主拓跋焘头昂得高高的，拒绝了他们的请求。而后冯弘又向拓跋焘请求，把小女儿送给他充当后宫嫔妃。拓跋焘见到有女子侍候，还是挺高兴的，就同意了他的请求，但又要求冯弘把太子冯王仁送来当人质。可是，冯弘拒不接受，他宁可舍掉女儿，也不愿意送去太子。散骑常侍刘滋曾极力劝说，认为鉴于北魏的强势，燕国只能如此，否则将有灭亡之祸。可是，冯弘铁了心，宁可亡国，也不遣送太子，一怒之下，便把刘滋杀了。

冯弘不遣送太子，直接导致了北魏大军压境，连苟延残喘的机会也没有了！就

这一点来说，真是愚不可及矣！当然，这并不是说遣送太子，国家就太平无事，而是说，在火烧眉毛时，应当首先解决眼前的灾祸，然后再从长计议，如果缓过气来，收拢民心，增强国力，说不定就有转机。而这样一根筋不转弯，就是必死无疑了。尽管冯弘可能是溺爱太子，或者是不惧强暴，或者是不信北魏主有菩提心肠，但是，不管怎么说，这样做，直接将自己置于万劫不复的境地，连转圜的一点余地都没有了。这可不是明智之举，而是庸人所为！可以说，冯弘爱太子不爱江山，结果江山没有了，太子也没有了，悲夫！

后来，冯弘带着龙城内的成年男女逃亡高句丽，那也是走投无路的一种无奈之举，是小泥鳅滚到了沙滩上，离死没有多远了。有刚愎昏庸的国王如此，其结局只能注定是灭亡，而无他途！

宋纪五

宋文帝元嘉十三年至十八年（436—441年）

【起柔兆困敦（丙子，436年），尽重光大荒落（辛巳，441年），凡六年】

【大事提要】

本卷记事起于公元436年至公元441年，凡六年，当宋文帝（刘义隆）元嘉十三年至元嘉十八年。本卷所载大事，主要是五个方面。其一，北燕灭亡。公元436年，北燕主冯弘不肯屈志于北魏主拓跋焘，拓跋焘派遣大军进攻，冯弘连连失利，焚毁宫城，逼迫居民东迁高句丽，居住在北丰，还是独断专行，高句丽王高琏大怒，派兵夺走了太子和侍臣，杀死了冯弘及其子孙，北燕灭亡。其二，刘宋擅杀大将檀道济。公元436年，刘宋文帝刘义隆病重，彭城王刘义康执政，担心征南大将军檀道济在文帝死后谋反，矫诏召檀道济入朝，将檀道济及其儿子等人一并杀害。治军严整的檀道济被抓时，狠狠地把头巾拉下，摔在地上，说："乃坏汝万里长城！"其三，北魏灭北凉。公元439年，北魏发布檄文，声讨北凉主沮渠牧犍的罪状，亲率大军征讨，围攻北凉都城姑臧，沮渠牧犍感到双方实力相差悬殊，就自行捆绑，率领5000多名文武百官出城投降。北凉灭亡。北魏至此基本上统一了北方，这一年为北朝的开始。其四，北魏统一北方。北魏由拓跋鲜卑所建，前秦于淝水之战崩溃后，代王拓跋什翼犍之孙拓跋珪举兵复国，史称"北魏"。拓跋嗣、拓跋焘相继继位，励精图治，国力大盛，先后消灭夏、北燕、北凉，击溃柔然，与刘宋对峙。至此中国正式进入"南北朝时代"。其五，刘宋文帝铲除异己。彭城王刘义康因文帝刘义隆多病，以司徒独掌朝政，行事不顾君臣礼仪，其党众欲推其登上帝位。公元440年，刘义隆以"合党连群，阴谋潜计"的罪名诛杀其亲信刘湛、刘斌等人，解除其宰辅职务，贬到豫章担任江州刺史，后被赐死。

【原文】

太祖文皇帝中之上

元嘉十三年（丙子，436年）

春，正月，癸丑朔，上有疾，不朝会。

甲寅，魏主还宫。

二月，戊子，燕王遣使入贡于魏，请送侍子，魏主不许，将举兵讨之，壬辰，遣使才十余辈诣东方高丽等诸国告谕之。

司空、江州刺史、永修公檀道济，立功前朝，威名甚重，左右腹心并经百战，诸子又有才气，朝廷疑畏之。帝久疾不愈，刘湛说司徒义康，以为“宫车一日晏驾，道济不复可制”。会帝疾笃，义康言于帝，召道济入朝。其妻向氏谓道济曰：“高世之勋，自古所忌。今无事相召，祸其至矣。”既至，留之累月。帝稍间，将遣还，已下渚，未发；会帝疾动，义康矫诏召道济入祖道，因执之。三月，己未，下诏称：“道济潜散金货，招诱剽猾，因朕寝疾，规肆祸心。”收付廷尉，并其子给事黄门侍郎植等十一人诛之，唯宥其孙孺。又杀司空参军薛彤、高进之。二人皆道济腹心，有勇力，时人比之关、张。

道济见收，愤怒，目光如炬，脱帻投地曰：“乃坏汝万里长城！”魏人闻之，喜曰：“道济死，吴子辈不足复惮。”

庚申，大赦；以中军将军南谯王义宣为江州刺史。

辛未，魏平东将军娥清、安西将军古弼将精骑一万伐燕，平州刺史拓跋婴帅辽西诸军会之。

氐王杨难当自称大秦王，改元建义。立妻为王后，世子为太子，置百官皆如天子之制；然犹贡奉宋、魏不绝。

夏，四月，魏娥清、古弼攻燕白狼城，克之。

高丽遣其将葛卢孟光将众数万随阳伊至和龙迎燕王。高丽屯于临川。

【语译】

太祖文皇帝中之上

宋文帝元嘉十三年（丙子，436年）

春季，正月初一日癸丑朔，宋文帝患病，没有举行朝会。

正月初二日甲寅，北魏主拓跋焘回宫。

二月初六日戊子，北燕王冯弘派使臣向北魏进贡，请求允许立即送太子冯王仁充当人质。拓跋焘拒绝，并准备兴兵攻打北燕。初十壬辰，北魏派出使节十多人，分别前往东方高句丽等国，告诉北魏将对北燕采取军事行动。

刘宋司空、江州刺史、永修公檀道济，在宋武帝刘裕时代就立下奇功，享有很高的名望。他的左右心腹战将都身经百战，几个儿子都有才气，宋文帝对他又猜忌又畏惧。这时，文帝久病不愈，领军将军刘湛劝司徒刘义康说："皇上一旦去世，檀道济将不可控制。"正巧，文帝的病情加重，刘义康劝说文帝，征召檀道济入京朝见。檀道济的妻子向氏对他说："高于当世的功勋大臣，自古以来都易被猜忌。如今没有战事却召你进京，大祸降临了。"檀道济来到建康以后，文帝留他在京一个多月。文帝病情稍稍好转，就要遣送他回到任所，船已下到码头，还没有出发，文帝的病情突然加重，刘义康假传圣旨，把檀道济召回到祭祀路神的地方，声称为他设宴饯行，将他逮捕。三月初八日己未，宋文帝下令说："檀道济暗中散发金银财物，招募地痞无赖，乘我病重之时，图谋不轨。"将檀道济交到专管司法的廷尉处理，连同他的儿子、给事黄门侍郎檀植等十一人，一并诛杀，仅饶恕了他年幼的孙子。同时，又杀了司空参军薛彤、高进之二人，他们都是檀道济的心腹爱将，勇猛善战，当时的人们把他们比作关羽、张飞。

永修公檀道济被逮捕时，怒不可遏，两道目光像火炬一样，把头巾狠狠地摔在地上，说："你们是在毁坏你们自己的万里长城！"北魏人听到檀道济被杀的消息，非常高兴，都说："檀道济死了，东吴那些竖子就没有值得我们忌惮的了。"

三月初九日庚申，刘宋大赦天下。朝廷任命中军将军、南谯王刘义宣为江州刺史。

三月二十日辛未，北魏平东将军娥清、安西将军古弼，统率精锐骑兵一万人，攻打北燕。平州刺史拓跋婴，率领辽西各路军队与娥清等会师。

氐王杨难当自称大秦王，改年号为建义。封正室为王后，封世子为太子，仿照天子的制度设置文武百官。然而，他仍然向刘宋和北魏进贡，从不停止。

夏季，四月，北魏大将娥清、古弼围攻北燕的白狼城，一举攻克。

高句丽派遣将领葛卢孟光率领几万部众，随同北燕使臣阳伊来到和龙迎接北燕

燕尚书令郭生因民之惮迁，开城门纳魏兵，魏人疑之，不入。生遂勒兵攻燕王，王引高丽兵入自东门，与生战于阙下，生中流矢死。葛卢孟光入城，命军士脱弊褐，取燕武库精仗以给之，大掠城中。

五月，乙卯，燕王帅龙城见户东徙，焚宫殿，火一旬不灭；令妇人被甲居中，阳伊等勒精兵居外，葛卢孟光帅骑殿后，方轨而进，前后八十余里。古弼部将高苟子帅骑欲追之，弼醉，拔刀止之，故燕王得逃去。魏主闻之，怒，槛车征弼及娥清至平城，皆黜为门卒。

戊午，魏主遣散骑常侍封拨使高丽，令送燕王。

（以上为第一段，写刘宋权臣刘义康嫉妒名将檀道济的才能与名望，将其召入京城，捏造罪名，残忍杀害，自毁长城；北魏攻打北燕，北燕主冯弘率众出逃，北燕灭亡。）

丁卯，魏主如河西。

六月，诏宁朔将军萧汪之将兵讨程道养，军至郪口，帛氏奴请降。道养兵败，还入郪山。

赫连定之西迁也，杨难当遂据上邽。秋，七月，魏主遣骠骑大将军乐平王丕、尚书令刘絜督河西、高平诸军以讨之，先遣平东将军崔赜赍诏书谕难当。

魏散骑侍郎游雅来聘。

己未，零陵王太妃褚氏卒，追谥曰晋恭思皇后，葬以晋礼。

八月，魏主畋于河西。

魏主遣广平公张黎发定州兵一万二千通莎泉道。

九月，庚戌，魏乐平王丕等至略阳，杨难当惧，请奉诏，摄上邽守兵还仇池。诸将议以为："不诛其豪帅，军还之后，必相聚为乱。又，大众远出，不有所掠，无以充军实，赏将士。"丕将从之，中书侍郎高允参丕军事，谏曰："如诸将之谋，是伤其向化之心。大军既还，为乱必速。"

王冯弘。然后高句丽军队屯驻在临川。北燕尚书令郭生因为百姓不愿迁移他乡，开启城门迎接城外的北魏军，北魏军却以为北燕故意诱敌深入，不敢进城。郭生于是指挥军队，进攻冯弘。冯弘开启东门迎接高句丽军入城，与郭生的叛军在皇宫前会战，郭生身中流箭阵亡。葛卢孟光率军进入和龙城，他命令高句丽将士脱掉身上的破军衣，夺取了北燕的军械库和国库，重新武装自己的军队，在和龙城中大肆抢劫。

五月初五日乙卯，北燕主冯弘率领和龙城中所有的居民向东迁徙。临走前，北燕军纵火焚烧了宫殿，大火烧了十天还不熄灭。北燕逃亡的队伍中，由妇女身披铠甲在大军中间，阳伊等率领精兵在外，高句丽的将领葛卢孟光率领骑兵殿后，组成方阵前进，前后长达八十多里。北魏安西将军古弼的部将高苟子打算率领骑兵追赶，古弼当时酩酊大醉，拔出佩刀阻止高苟子。因此，冯弘等得以逃脱。北魏主拓跋焘听说后，怒不可遏，把古弼和娥清装入囚车，押返平城，二人都被罢免官职，贬为看门士兵。

五月初八日戊午，北魏主拓跋焘派散骑常侍封拨出使高丽，命令他们把冯弘送往北魏。

五月十七日丁卯，北魏主拓跋焘前往河西。

六月，宋文帝下令，命宁朔将军萧汪之率兵攻打程道养。萧汪之的军队开到郪口，帛氐奴投降。随即，程道养兵败，又潜入郪山。

前夏王赫连定西迁以后，氐王杨难当就占据了上邽。秋季，七月，北魏主拓跋焘派遣骠骑大将军、乐平王拓跋丕和尚书令刘絜等人督率河西、高平的各路军队攻打杨难当。在大军开进以前，拓跋焘先派平东将军崔赜，携带皇帝诏书，晓谕杨难当。

北魏散骑侍郎游雅到刘宋访问。

七月初十日己未，刘宋零陵王的母亲、太妃褚灵媛去世。刘宋朝廷追加谥号，称晋恭思皇后，用东晋皇家的礼节和仪式安葬她。

八月，北魏主拓跋焘在河西狩猎。

北魏主拓跋焘派广平公张黎征调定州的军队一万二千人，开通莎泉大道。

九月初二日庚戌，北魏乐平王拓跋丕的大军抵达洛阳。杨难当这才感到恐慌，愿意接受命令，把驻守在上邽的军队撤回仇池。北魏军各将领讨论，一致认为：“不杀掉这个凶悍的首领，等我们班师以后，他们一定会重新集结作乱。另外，我们大军离家远征，如果不掠夺些财物，无法补充军饷，也无法犒赏将士。”拓跋丕打算听

丕乃止，抚慰初附，秋毫不犯，秦、陇遂安。难当以其子顺为雍州刺史，镇下辨。

高丽不送燕王于魏，遣使奉表，称：“当与冯弘俱奉王化。”魏主以高丽违诏，议击之，将发陇右骑卒，刘絜曰：“秦、陇新民，且当优复，俟其饶实，然后用之。”乐平王丕曰：“和龙新定，宜广修农桑以丰军实，然后进取，则高丽一举可灭也。”魏主乃止。

癸丑，封皇子濬为始兴王，骏为武陵王。

冬，十一月，己酉，魏主如稒阳，驱野马于云中，置野马苑。闰月，壬子，还宫。

初，高祖克长安，得古铜浑仪，仪状虽举，不缀七曜。是岁，诏太史令钱乐之更铸浑仪，径六尺八分，以水转之，昏明中星与天相应。

柔然与魏绝和亲，犯魏边。

吐谷浑惠王慕璝卒，弟慕利延立。

（以上为第二段，写前大夏主赫连定西迁后，氐王杨难当占据上邽，北魏主拓跋焘派遣大军攻打，杨难当撤出上邽；拓跋焘接受大臣的建议，放弃攻打高丽的计划。）

十四年（丁丑，437年）

春，正月，戊子，魏北平宣王长孙嵩卒。

辛卯，大赦。

二月，乙卯，魏主如幽州。三月，丁丑，魏主以南平王浑为镇东大将军、仪同三司，镇和龙。己卯，还宫。

帝遣散骑常侍刘熙伯如魏议纳币，会帝女亡而止。

夏，四月，赵广、张寻、梁显等各帅众降。别将王道恩斩程道养，送首，余党悉平。丁未，以辅国将军周籍之为益州刺史。

从众将的意见。中书侍郎高允正在军中担任拓跋丕的军事参谋，他劝阻拓跋丕说：“如果听从诸位将领的意见，就会伤害他们归化朝廷的心意；大军班师后，叛乱必将来得更快。”拓跋丕才打消了进攻的念头，妥善地安抚新近归附的部落，军纪严明，秋毫无犯，秦陇地区于是民心安定。杨难当任命他的儿子杨顺为雍州刺史，驻守下辨。

高句丽不把北燕王冯弘送交给北魏，并且派使臣携带奏书出使北魏，请求：“准许与冯弘同时接受朝廷的教化。”拓跋焘根据高句丽违反朝廷命令的种种表现，与群臣讨论攻打高句丽，要征调陇右的精锐骑兵。刘絜说：“秦、陇地区新近归附，应当减免那里的赋役，等他们富庶充实以后，再加以使用。”乐平王拓跋丕说：“和龙新近平定，应当大力发展农桑来充实军备，然后再进一步攻取，高句丽就可以被我们一举消灭了。”拓跋焘于是放弃了进攻的计划。

九月初五日癸丑，宋文帝封皇子刘濬为始兴王，刘骏为武陵王。

冬季，十一月初一日己酉，北魏主拓跋焘前往稒阳，驱赶野马到云中，在那里设置了野马苑。闰十一月初五日壬子，拓跋焘回宫。

当初，刘裕攻下长安时，得到了一部古人制作的铜质浑天仪。浑天仪的构架虽然完整，但七星已经残缺。这一年，刘宋文帝刘义隆下令太史令钱乐之重新铸造浑天仪，直径六尺八分，用水作为动力旋转，仪上的星象，日出、日落和日中时，与天上的星象相对应。

柔然汗国与北魏断绝和亲友好关系，开始骚扰北魏边境。

吐谷浑汗国可汗慕容慕璝去世，他的弟弟慕容慕利延继承汗位。

宋文帝元嘉十四年（丁丑，437年）

春季，正月十二日戊子，北魏北平王长孙嵩去世。

正月十五日辛卯，刘宋实行大赦。

二月初九日乙卯，北魏主拓跋焘前往幽州。三月初二日丁丑，拓跋焘任命南平王拓跋浑为镇东大将军、仪同三司，镇守和龙。初四日己卯，拓跋焘回宫。

宋文帝派遣散骑常侍刘熙伯出使北魏，商量公主出嫁的事宜。正巧公主去世，因而停止。

夏季，四月，益州叛民领袖赵广、张寻、梁显等人率众投降了朝廷。别将王道恩斩杀了程道养，送程道养的人头进京，程道养的余党被平定。初二日丁未，刘宋

魏主以民官多贪，夏，五月，己丑，诏吏民得举告守令不如法者。于是奸猾专求牧宰之失，迫胁在位，横于闾里；而长吏咸降心待之，贪纵如故。

丙申，魏主如云中。

秋，七月，戊子，魏永昌王健等讨山胡白龙余党于西河，灭之。

八月，甲辰，魏主如河西。九月，甲申，还宫。

丁酉，魏主遣使者拜吐谷浑王慕利延为镇西大将军、仪同三司，改封西平王。

冬，十月，癸卯，魏主如云中。十一月，壬申，还宫。魏主复遣散骑侍郎董琬、高明等多赍金帛使西域，招抚九国。琬等至乌孙，其王甚喜，曰："破落那、者舌二国皆欲称臣致贡于魏，但无路自致耳，今使君宜过抚之。"乃遣导译送琬诣破落那，明诣者舌。旁国闻之，争遣使者随琬等入贡，凡十六国，自是每岁朝贡不绝。

魏主以其妹武威公主妻河西王牧犍，河西王遣宋繇奉表诣平城谢，且问其母及公主所宜称。魏主使群臣议之，皆曰："母以子贵，妻从夫爵。牧犍母宜称河西国太后，公主于其国称王后，于京师则称公主。"魏主从之。

初，牧犍娶凉武昭王之女，及魏公主至，李氏与其母尹氏迁居酒泉。顷之，李氏卒，尹氏抚之，不哭，曰："汝国破家亡，今死晚矣。"牧犍之弟无讳镇酒泉，谓尹氏曰："后诸孙在伊吾，后欲就之乎？"尹氏未测其意，绐之曰："吾子孙漂荡，托身异域。余生无几，当死此，不复为毡裘之鬼也。"未几，潜奔伊吾。无讳遣骑追及之，尹氏谓追骑曰："沮渠酒泉许吾归北，何为复追！汝取吾首以往，吾不复还矣。"追骑不敢逼，引还。尹氏卒于伊吾。

牧犍遣将军沮渠旁周入贡于魏，魏主遣侍中古弼、尚书李顺赐其侍臣衣服，并征世子封坛入侍。是岁，牧犍遣封坛如魏，亦遣使诣建康，

朝廷任命辅国将军周籍之为益州刺史。

北魏主拓跋焘认为地方郡守、县令大多贪赃枉法。夏季，五月十五日己丑，拓跋焘下令，命令官吏和百姓可以检举告发地方郡守、县令贪污不法的行为。从此，地方一些地痞流氓乘机专挑地方官的过失，要挟在位的地方官，在民间横行。地方官则自低身份对待这些人，照样贪赃枉法。

五月二十二日丙申，北魏主拓跋焘前往云中。

秋季，七月十五日戊子，北魏永昌王拓跋健等攻打山胡部落酋长白龙的余党所据守的西河，彻底消灭了他们。

八月初一日甲辰，北魏主拓跋焘前往河西。九月十二日甲申，拓跋焘回宫。

九月二十五日丁酉，北魏主拓跋焘派使臣出使吐谷浑汗国，封新即位的吐谷浑可汗慕容慕利延为镇西大将军、仪同三司，改封为西平王。

冬季，十月初一日癸卯，北魏主拓跋焘前往云中。十一月初一壬申，回宫。北魏主拓跋焘再次派遣散骑侍郎董琬、高明等携带大批金银绸缎出使西域，招抚西域九国。董琬等人来到乌孙，乌孙王大为欢喜，说："破落那、者舌二国，也都想向魏国称臣进贡，可是没有门路可以表达自己的意向，如今你们应绕道前往安抚他们。"于是乌孙王特派向导兼翻译送董琬前往破落那，高明前往者舌。邻近其他国家听到这个消息，也争先恐后地派遣使臣，随同董琬等人一道向北魏进贡，共有十六国之多。从此以后，西域各国每年都到北魏朝贡，从不停止。

北魏主拓跋焘把他的妹妹武威公主嫁给北凉王沮渠牧犍。沮渠牧犍派右相宋繇携带奏书前往平城谢恩，并请教将来怎么称呼公主的母亲和公主。拓跋焘让大臣们讨论，都说："母以子贵，妻随夫爵。沮渠牧犍的母亲应称为河西国太后，武威公主在河西国内应称作王后，在京师则仍旧称为公主。"拓跋焘同意。

当初，沮渠牧犍娶西凉武昭王李暠的女儿为妻。现在，北魏的公主下嫁，李氏与她的母亲迁居酒泉。不久，李氏去世，她的母亲尹氏抚摸她的尸体，却不曾恸哭，说："你国破家亡，今天才死，真是太晚了。"当时，沮渠牧犍的弟弟沮渠无讳镇守酒泉，对尹氏说："您的几个孙儿都在伊吾，您是否打算投奔他们去呢？"尹氏没有揣测出沮渠无讳的真实用意，就欺骗他说："我的子孙们到处逃亡，流落天涯，在他乡异域寄身。我还能活几天？就死在这儿吧，不再去当游牧地区的野鬼了。"不久，尹氏偷偷地投奔伊吾。沮渠无讳派骑兵追上了她，尹氏对追赶她的骑兵说："沮渠无讳允许我回到北方，为什么还要派兵追赶？你拿我的人头回去交差吧，我不会再回去了。"追兵不敢逼迫，只好返回。尹氏在伊吾去世。

北凉王沮渠牧犍派将军沮渠旁周向北魏进贡。北魏主拓跋焘派侍中古弼、尚书李顺赐赏北凉侍从臣僚衣服，并征召北凉世子沮渠封坛到京师平城充当人质。这一

献杂书及敦煌赵𢾺所撰《甲寅元历》，并求杂书数十种，帝皆与之。

李顺自河西还，魏主问之曰：“卿往年言取凉州之策，朕以东方有事，未遑也。今和龙已平，吾欲即以此年西征，可乎？”对曰：“臣畴昔所言，以今观之，私谓不谬。然国家戎车屡动，士马疲劳，西征之议，请俟他年。”魏主乃止。

（以上为第三段，写刘宋益州叛首赵广等率众投降，乱事平定；北魏主拓跋焘派遣将领出使西域，招抚诸国，有十六国向北魏进贡；拓跋焘欲攻北凉，李顺予以劝止。）

十五年（戊寅，438 年）

春，二月，丁未，以吐谷浑王慕利延为都督西秦河沙三州诸军事、镇西大将军、西秦河二州刺史、陇西王。

三月，癸未，魏主诏罢沙门年五十以下者。

初，燕王弘至辽东，高丽王琏遣使劳之曰：“龙城王冯君，爰适野次，士马劳乎？”弘惭怒，称制让之；高丽处之平郭，寻徙北丰。弘素侮高丽，政刑赏罚，犹如其国；高丽乃夺其侍人，取其太子王仁为质。弘怨高丽，遣使上表求迎，上遣使者王白驹等迎之，并令高丽资遣。高丽王不欲使弘南来，遣将孙漱、高仇等杀弘于北丰，并其子孙十余人，谥弘曰昭成皇帝。白驹等帅所领七千余人掩讨漱、仇，杀仇，生擒漱。高丽王以白驹等专杀，遣使执送之。上以远国，不欲违其意，下白驹等狱，已而原之。

夏，四月，纳故黄门侍郎殷淳女为太子劭妃。

五月，戊寅，魏大赦。

丙申，魏主如五原；秋，七月，自五原北伐柔然。命乐平王丕督十五将出东道，永昌王健督十五将出西道，魏主自出中道。至濬稽山，复分中道为二：陈留王崇从大泽向涿邪山，魏主从濬稽北向天山，西登白皐，不见柔然而还。时漠北大旱，无水草，人马多死。

年，北凉王沮渠牧犍派遣沮渠封坛到平城。同时也遣使前往刘宋都城建康，呈献各种书籍以及敦煌人赵敺撰写的《甲寅元历》，并索取杂书数十种，文帝刘义隆都满足了他们。

北魏尚书李顺从北凉回国，拓跋焘问他说："你当年提出的攻取北凉的计划，我当时因为正对燕国用兵，没有来得及实行。如今和龙已经平定，我打算立即在年内西征，你看怎么样？"李顺回答说："我当年说的那番话，用今天的形势来验证，我自以为没有错误。但是国家频频兴兵，东征西讨，士兵和战马都疲劳不堪，西征的计划，还是请推迟几年再说吧。"拓跋焘同意了。

宋文帝元嘉十五年（戊寅，438年）

春季，二月初七日丁未，刘宋朝廷任命吐谷浑可汗慕容慕利延为都督西秦河沙三州诸军事、征西大将军、西秦河二州刺史、陇西王。

三月十三日癸未，北魏主拓跋焘下令，命五十岁以下的和尚，一律还俗。

当初，北燕王冯弘来到辽东以后，高句丽王高琏派遣使臣慰劳他说："龙城王冯君，光临敝国荒郊，人马都很劳苦吧？"冯弘又惭愧又恼怒，以国王的身份斥责高琏。高句丽王把冯弘安置在平郭，不久，又迁往北丰。冯弘一向轻侮高句丽，政务刑法，奖励惩罚，仍然像在北燕一样。高句丽于是强行夺走了冯弘的侍从，逼迫北燕的太子冯王仁做人质。冯弘怨恨高句丽，派使臣到刘宋请求迎他南下。宋文帝派使臣王白驹等迎接冯弘一行，并令高句丽出资遣送。高句丽王高琏不愿放冯弘南下，就派他手下的将领孙漱、高仇等人，在北丰杀掉了冯弘及其子孙十多人，追赠冯弘谥号为昭成皇帝。刘宋使臣王白驹等率领七千多人攻打孙漱、高仇，斩杀了高仇，生擒孙漱。高琏认为王白驹在他的国土上擅自杀害他的大将，派人逮捕王白驹，遣送回国。文帝认为高句丽是远方小国，不愿让高琏失望，就把王白驹等人关进监狱。不久，宽恕了他们。

夏季，四月，宋文帝迎娶已故黄门侍郎殷淳的女儿，为太子刘劭的正妃。

五月初九日戊寅，北魏实行大赦。

五月二十七日丙申，北魏主拓跋焘前往五原。秋季，七月，北魏主拓跋焘从五原向北进攻，攻打柔然汗国。拓跋焘命令乐平王拓跋丕督率十五个将领从东路出兵；永昌王拓跋健督率十五个将领从西路出兵；拓跋焘则亲自率军从中路进攻。大军开到濬稽山，又分中路军为两部：一部由陈留王拓跋崇率领，从大泽直指涿邪山，一部由拓跋焘统率，从濬稽一直向北，直奔天山，再向西登上白阜山，没有发现柔然

冬，十一月，丁卯朔，日有食之。

十二月，丁巳，魏主至平城。

豫章雷次宗好学，隐居庐山。尝征为散骑侍郎，不就。是岁，以处士征至建康，为开馆于鸡笼山，使聚徒教授。帝雅好艺文，使丹杨尹庐江何尚之立玄学，太子率更令何承天立史学，司徒参军谢元立文学，并次宗儒学为四学。元，灵运之从祖弟也。帝数幸次宗学馆，令次宗以巾褠侍讲，资给甚厚。又除给事中，不就。久之，还庐山。

臣光曰：《易》曰："君子多识前言往行以畜其德。"孔子曰："辞达而已矣。"然则史者儒之一端，文者儒之余事；至于老、庄虚无，固非所以为教也。夫学者所以求道；天下无二道，安有四学哉！

帝性仁厚恭俭，勤于为政；守法而不峻，容物而不弛。百官皆久于其职，守宰以六期为断，吏不苟免，民有所系。三十年间，四境之内，晏安无事，户口蕃息；出租供徭，止于岁赋，晨出暮归，自事而已。闾阎之间，讲诵相闻，士敦操尚，乡耻轻薄。江左风俗，于斯为美，后之言政治者，皆称元嘉焉。

（以上为第四段，写北魏主拓跋焘率军攻打柔然，无功而还；北燕主冯弘逃到高丽，仍摆出原来的架势，被杀；宋文帝刘义隆性情宽仁，恭谨勤奋，后世称道元嘉之治。）

十六年（己卯，439年）

春，正月，庚寅，司徒义康进位大将军、领司徒，南兖州刺史、江夏王义恭进位司空。

魏主如定州。

初，高祖遗诏，令诸子次第居荆州。临川王义庆在荆州八年，欲为之选代，其次应在南谯王义宣。帝以义宣人才凡鄙，置不用。二月，己亥，以衡阳王义季为都督荆湘等八州诸军事、荆州刺史。义季尝春月出畋，有老父被苫而耕，左右斥之，老父曰："盘于游畋，古人所戒。今阳

汗国的部落，班师回国。当时漠北发生严重的旱灾，没有水草，北魏军中的人和马匹死亡很多。

冬季，十一月初一日丁卯朔，发生日食。

十二月二十二日丁巳，北魏主拓跋焘抵达平城。

刘宋豫章人雷次宗勤奋好学，隐居在庐山。刘宋朝廷曾经征召他为散骑侍郎，他拒绝入仕。这一年，雷次宗以隐士的身份，被征召到首都建康。朝廷在鸡笼山为他开设学馆，让他招聚学生，讲授学业。宋文帝素来喜欢文学艺术，特命丹杨尹、庐江人何尚之专设玄学，命太子率更令何承天设立史学，命司徒参军谢元开设文学，加上雷次宗的儒学，并称为"四学"。谢元，是谢灵运的族弟。文帝多次临幸雷次宗的学馆，命令雷次宗不必穿朝服为皇上讲授儒学，赏赐的财物特别丰厚。文帝又任命雷次宗为给事中，雷次宗拒绝。过了很久，雷次宗回到庐山。

> 臣司马光评论说:《易经》说:"贤明的人大多都熟知前人的教诲，接受过去的经验，用来培养自己的德性。"孔子曾说:"辞意通达便可以了。"然而，史学是儒学的一部分，文学只是儒学的余事。至于老子、庄子的虚无学说，则根本不可以讲授和传播。做学问的人，是在于追求真理。而天下的真理没有第二个，怎么可以有"四学"呢?

宋文帝刘义隆性情宽厚仁慈，恭谨勤俭，勤奋刻苦，从不荒怠朝廷政务。他遵循法规而不苛刻，对人宽容而不放纵。朝廷的文武百官都能久居职位。郡守、县宰也都以六年为一任期。官吏不轻易免职，百姓才有所依托。三十年间，刘宋境内，平安无事，人口繁盛。至于租赋徭役，从不增加，只收取常赋，从不额外征收。百姓早晨出去耕作，晚上回家休息，可以随意做事，安居乐业。乡里街巷之间，读书的声音不绝于耳。士大夫重视操守，乡下人也讨厌轻薄无识的人。江左的风俗，在这个时代最为美好。后代评论前世政治得失的人，都称道元嘉治世。

宋文帝元嘉十六年（己卯，439 年）

春季，正月二十五日庚寅，刘宋朝廷提升司徒刘义康为大将军，仍兼任司徒职务；提升南兖州刺史、江夏王刘义恭为司空。

北魏主拓跋焘前往定州。

当初，宋武帝有遗命，命令他的几个儿子依照长幼次序，驻守荆州。这时，临川王刘义庆在荆州已经有八年了，朝廷打算另选一个亲王代替他。按照顺序，应该派南谯王刘义宣。宋文帝却认为刘义宣的人品和才能都很平庸低下，不予任用。二月初五日己亥，宋文帝任命衡阳王刘义季为都督荆湘等八州诸军事、荆州刺史。刘

和布气，一日不耕，民失其时，奈何以从禽之乐而驱斥老农也！”义季止马曰：“贤者也。”命赐之食，辞曰：“大王不夺农时，则境内之民皆饱大王之食，老夫何敢独受大王之赐乎！”义季问其名，不告而退。

三月，魏雍州刺史葛那寇上洛，上洛太守镡长生弃郡走。

辛未，魏主还宫。

杨保宗与兄保显自童亭奔魏。庚寅，魏主以保宗为都督陇西诸军事、征西大将军、开府仪同三司、秦州牧、武都王，镇上邽，妻以公主；保显为镇西将军、晋寿公。

河西王牧犍通于其嫂李氏，兄弟三人传嬖之。李氏与牧犍之姊共毒魏公主，魏主遣解毒医乘传救之，得愈。魏主征李氏，牧犍不遣，厚资给，使居酒泉。

魏每遣使者诣西域，常诏牧犍发导护送出流沙。使者自西域还，至武威，牧犍左右有告魏使者曰：“我君承蠕蠕可汗妄言云：‘去岁魏天子自来伐我，士马疫死，大败而还；我擒其长弟乐平王丕。’我君大喜，宣言于国。又闻可汗遣使告西域诸国，称：‘魏已削弱，今天下唯我为强，若更有魏使，勿复供奉。’西域诸国颇有贰心。”使还，具以状闻。魏主遣尚书贺多罗使凉州观虚实，多罗还，亦言牧犍虽外修臣礼，内实乖悖。

魏主欲讨之，以问崔浩。对曰：“牧犍逆心已露，不可不诛。官军往年北伐，虽不克获，实无所损。战马三十万匹，计在道死伤不满八千，常岁羸死亦不减万匹。而远方乘虚，遽谓衰耗不能复振。今出其不意，大军猝至，彼必骇扰，不知所为，擒之必矣。”魏主曰：“善！吾意亦以为然。”于是，大集公卿议于西堂。

义季曾经在春天外出打猎，有个老农夫身披苫衣，在田中耕种，不肯回避。刘义季的左右侍从斥责老农，老农说：“游猎取乐，古人深以为戒。如今天暖气湿，一天不耕种，百姓就会错过农时，怎么可以放纵狩猎的快乐，而驱赶勤于耕作的老农呢？”刘义季听罢，勒住马缰说：“他是贤人！”命令左右亲信赐给老农食物，老农拒绝说：“大王您不侵夺农时，境内的百姓都可以吃饱大王赐予的饮食，我老汉怎么敢独自领受您的赏赐呢？”刘义季询问老农夫的姓名，农夫不肯回答，告退而去。

三月，北魏雍州刺史葛那进攻刘宋所属的上洛。刘宋国上洛太守镡长生放弃郡城逃走。

三月初七日辛未，北魏主拓跋焘回宫。

氐王杨难当的侄儿杨保宗与他的哥哥杨保显从驻地童亭投奔北魏。三月二十六日庚寅，北魏主拓跋焘任命杨保宗为都督陇西诸军事、征西大将军、开府仪同三司、秦州牧、武都王，镇守上邽，并把皇室公主嫁给他为妻；又任命杨保显为镇西将军，封晋寿公。

北凉王沮渠牧犍与他的嫂子李氏通奸，他们兄弟三人都轮流和她相好。于是，李氏与沮渠牧犍的姐姐合谋毒害北魏武威公主。北魏主拓跋焘派出解毒医生乘坐驿站的马车驰往救治，才把武威公主救活。拓跋焘下令索取李氏，沮渠牧犍不肯交出，只是给李氏很多财物，命她迁居酒泉。

北魏每次派遣使者出使西域，常常命令沮渠牧犍派出向导，护送魏使走出流沙出没的大沙漠。北魏使者从西域返回，抵达武威。沮渠牧犍左右有人告诉北魏的使臣说：“我们大王听到了柔然汗国的可汗大言不惭地说‘去年，魏国的皇帝亲自来攻打我们，结果士兵和战马大多染上疫病而死，大军惨败而回。我们生擒了他的长弟乐平王拓跋丕’，我们大王听说后非常高兴，在国内大肆宣传。又听说柔然汗国可汗派使臣，出使西域各国，声称：‘现在魏国已经被削弱，普天之下只有我们汗国才是最强大的，如果再有魏国的使臣前来访问，你们不要供应他们。’因此，西域各国对魏国也怀有二心。”北魏使臣回国以后，把所听到的一切，汇报给朝廷。拓跋焘派尚书贺多罗出使北凉观察虚实。贺多罗回来，也说沮渠牧犍虽然表面上对魏称臣纳贡，内心却叛离乖张。

拓跋焘打算攻打北凉，向崔浩询问对策。崔浩说：“沮渠牧犍叛逆之心，早已显露，不能不杀。我军前几年北伐，虽说没有取得太大的胜利，实际上也没有遭受什么损失。战马共三十万匹，算起来在征途中死伤的不满八千。平时每年正常死亡的也不少于一万匹。而远方借此便咬定我们的国力消耗殆尽，不能恢复。现在，我军出其不意，突然出现在他们面前，他们惊恐万状，自相骚扰，不知如何是好，我们一定可以擒获敌人。”拓跋焘说：“太好了，我也是这样想的。”于是，召集公卿在太

弘农王奚斤等三十余人皆曰：“牧犍，西垂下国，虽心不纯臣，然继父位以来，职贡不乏。朝廷待以藩臣，妻以公主，今其罪恶未彰，宜加恕宥。国家新征蠕蠕，士马疲弊，未可大举。且闻其土地卤瘠，难得水草，大军既至，彼必婴城固守。攻之不拔，野无所掠，此危道也。”

初，崔浩恶尚书李顺，顺使凉州凡十二返，魏主以为能。凉武宣王数与顺游宴，对其群下时为骄慢之语，恐顺泄之，随以金宝纳于顺怀，顺亦为之隐。浩知之，密以白魏主，魏主未之信。及议伐凉州，顺与尚书古弼皆曰：“自温圉水以西至姑臧，地皆枯石，绝无水草。彼人言，姑臧城南天梯山上，冬有积雪，深至丈余，春夏消释，下流成川，居民引以溉灌。彼闻军至，决此渠口，水必乏绝。环城百里之内，地不生草，人马饥渴，难以久留。斤等之议是也。”魏主乃命浩与斤等相诘难，众无复他言，但云“彼无水草”。浩曰：“《汉书·地理志》称‘凉州之畜为天下饶’，若无水草，畜何以蕃？又，汉人终不于无水草之地筑城郭，建郡县也。且雪之消释，仅能敛尘，何得通渠溉灌乎！此言大为欺诬矣。”李顺曰：“耳闻不如目见，吾尝目见，何可共辩？”浩曰：“汝受人金钱，欲为之游说，谓我目不见便可欺邪！”帝隐听，闻之，乃出见斤等，辞色严厉，群臣不敢复言，唯唯而已。

群臣既出，振威将军代人伊馛言于帝曰：“凉州若果无水草，彼何以为国？众议皆不可用，宜从浩言。”帝善之。

夏，五月，丁丑，魏主治兵于西郊；六月，甲辰，发平城。使侍中宜都王穆寿辅太子晃监国，决留台事，内外听焉。又使大将军长乐王稽敬、辅国大将军建宁王崇将二万人屯漠南以备柔然。命公卿为书以让河西王牧犍，数其十二罪，且曰：“若亲帅群臣委贽远迎，谒拜马首，上策也。六军既临，面缚舆榇，其次也。若守迷穷城，不时悛悟，身死族灭，

极殿西堂讨论。

弘农王奚斤等三十多人都说："沮渠牧犍是西方边陲归附的下等小国，虽然心中对我们不太臣服，但是自从继位以后，每年进贡从不间断减少。朝廷也把他作为一个藩臣来看待，嫁公主给他为妻。如今，他的罪行还不十分明显，应该加以宽恕。我国最近刚刚攻打柔然汗国归来，人马疲惫，不能够再大举兴兵征讨了。况且，我还听说，凉国土地贫瘠，盐碱地居多，水草不多。我们大军兵临城下，他们一定环城固守。我军久攻不克，荒郊野外也没有什么可以劫掠，这可是个危险的策略。"

当初，崔浩讨厌尚书李顺。李顺出使北凉，往返共十二次，拓跋焘认为李顺有才能。当年，北凉武宣王沮渠蒙逊多次与李顺一起游乐宴饮，沮渠蒙逊常对群臣下属说一些骄傲无礼的大话，害怕李顺泄露给北魏朝廷，就随即把金银财宝塞进李顺的怀里，李顺也就替他隐瞒。崔浩知道后，就秘密报告给拓跋焘，拓跋焘不相信。等到这时讨论进攻北凉时，李顺和古弼都说："从温围水以西直到姑臧，遍地都是枯石，绝对没有水草。当地人说：姑臧城南的天梯山上，冬天有积雪，深达几丈。春季和夏季的时候，积雪融化，从山上流下来，形成河流，当地居民就是引雪水入渠，灌溉农田。如果凉州人听说我们大军开到，一定会掘开渠口，让水流尽，我军的人马就无水可用。姑臧城方圆百里之内，土地因无水杂草不生，我军人马饥渴，也难以久留。奚斤他们的意见是正确的。"拓跋焘于是让崔浩和奚斤辩论，众人再没有别的话可说，只是声称"凉州没有水草"。崔浩说："《汉书·地理志》中讲道：'凉州的畜产，天下最为富饶。'如果那里没有水草，牲畜怎么繁殖？另外，汉朝绝不会在没有水草的土地上兴筑城郭，设置郡县。况且，高山冰雪融化以后，只能浸湿地皮，收敛尘土，怎么能够挖通渠道，灌溉农田呢？这种话实在是荒谬不可信。"李顺说："耳闻不如亲眼所见。我曾经亲眼看到，你有什么资格和我辩论？"崔浩说："你接受了人家的金钱贿赂，想要替人家说话，你以为我没有亲眼看到就能被你蒙蔽吗？"隐藏在屏风后面的拓跋焘听到这些话，就走出来面见奚斤等人，声音和表情都十分严厉，群臣不敢再说什么，唯唯听命而已。

文武群臣走出太极殿后，振威将军、代郡人伊馛对拓跋焘说："凉州如果真的没有水草，他们怎么建立王国？大多数人说的都不可采用，您应该听崔浩的话。"拓跋焘同意他的说法。

夏季，五月十四日丁丑，拓跋焘在平城西郊训练军队。六月十一日甲辰，大军从平城出发。命令侍中、宜都王穆寿辅佐太子拓跋晃，主持朝政，裁决日常事务，朝廷内外都要遵从。拓跋焘又派大将军、长乐王嵇敬，以及辅国大将军、建宁王拓跋崇，率领二万人，屯驻漠南，防备柔然汗国乘虚进攻。拓跋焘又命令大臣们发布文告，历数北凉王沮渠牧犍的十二项罪状，并且警告沮渠牧犍说："你如果亲自率领

为世大戮。宜思厥中，自求多福！”

（以上为第五段，写北凉主沮渠牧犍对北魏称臣纳贡，内心却有异志，北魏主拓跋焘欲发兵攻打，朝廷意见分歧，谋臣崔浩力主出兵，拓跋焘率军出发，对北凉发出劝降警告。）

己酉，改封陇西王吐谷浑慕利延为河南王。

魏主自云中济河；秋，七月，己巳，至上郡属国城。壬午，留辎重，部分诸军，使抚军大将军永昌王健、尚书令刘絜与常山王素为前锋，两道并进；骠骑大将军乐平王丕、太宰阳平王杜超为后继；以平西将军源贺为乡导。

魏主问贺以取凉州方略，对曰：“姑臧城旁有四部鲜卑，皆臣祖父旧民，臣愿处军前，宣国威信，示以祸福，必相帅归命。外援既服，然后取其孤城，如反掌耳。”魏主曰：“善！”

八月，甲午，永昌王健获河西畜产二十余万。

河西王牧犍闻有魏师，惊曰：“何为乃尔！”用左丞姚定国计，不肯出迎，求救于柔然。遣其弟征南大将军董来将兵万余人出战于城南，望风奔溃。刘絜用卜者言，以为日辰不利，敛兵不追，董来遂得入城。魏主由是怒之。

丙申，魏主至姑臧，遣使谕牧犍令出降。牧犍闻柔然欲入魏边为寇，冀幸魏主东还，遂婴城固守；其兄子祖逾城出降。魏主具知其情，乃分军围之。源贺引兵招慰诸部下三万余落，故魏主得专攻姑臧，无复外虑。

魏主见姑臧城外水草丰饶，由是恨李顺，谓崔浩曰：“卿之昔言，今果验矣。”对曰：“臣之言不敢不实，类皆如此。”

魏主之将伐凉州也，太子晃亦以为疑。至是，魏主赐太子诏曰：“姑臧城东西门外，涌泉合于城北，其大如河。自余沟渠流入漠中，其间乃无燥地。故有此敕，以释汝疑。”

（以上为第六段，写北魏主拓跋焘率军攻打北凉，数路同出，剑指北凉都城姑臧；北凉主沮渠牧犍环城固守；北魏将领源贺招抚祖父旧部，拓跋焘集中全力

群臣，远远地出来伏在地上迎接，然后在我马首前跪拜请罪，这是上策；我军兵临城下，你双手反绑携带空棺出城迎接，这是中策；你要是困守孤城，不及时醒悟，就要身死族灭，受到天下最酷烈的惩罚！你要权衡利害，为自己寻一条生路。”

五月十六日己酉，刘宋改封陇西王吐谷浑可汗慕容慕利延为河南王。

北魏主拓跋焘从云中渡过黄河。秋季，七月初七日己巳，抵达上郡属国城。二十日壬午，大军留下辎重，部署分派各军，命令抚军大将军、永昌王拓跋健，与尚书令刘絜、常山王拓跋素为前锋，分两路同时进发；又命令骠骑大将军、乐平王拓跋丕和太宰、阳平王杜超为后备军；又命令平西将军源贺为向导。

北魏主拓跋焘曾向源贺询问攻取北凉的作战方案，源贺回答说：“姑臧城的旁边有四个鲜卑部落，都是我祖父的老部下，我愿意在大军未到之前，向他们宣扬我国的威信，分析祸福利害，他们一定会相继归降。城外的援军一旦瓦解，然后攻取孤城，就易如反掌了。”拓跋焘说：“太好了！”

八月初二日甲午，北魏永昌王拓跋健缴获北凉的各种牲畜共二十多万头。

北凉王沮渠牧犍听说北魏大军前来的消息，大吃一惊，说：“怎么会是这样？”随后，他采用了左丞相姚定国的计策，不肯出城迎接，却向柔然汗国请求救兵。沮渠牧犍派他的弟弟征南大将军沮渠董来统兵一万多人，在城南出城迎战北魏军，北凉军望风崩溃。北魏前锋将领刘絜听信占卜人的预言，以为日子不吉利，所以召回军队没有乘胜追击，沮渠董来才得以逃进姑臧城。拓跋焘因此对刘絜十分恼怒。

八月初四日丙申，北魏主拓跋焘抵达姑臧城下，派人通知沮渠牧犍，让他迅速出城投降。沮渠牧犍听说柔然汗国就要进攻北魏的边境，所以他还希望拓跋焘率军东还，援救国内。于是，沮渠牧犍命令将士绕城固守。沮渠牧犍的侄儿沮渠祖，翻越城墙投降了北魏军。拓跋焘于是了解了北凉的真实情况，拓跋焘分军包围了姑臧城。源贺率兵招抚了他祖父的旧部三万多个帐落，所以拓跋焘得以集中全力攻城，没有顾虑。

拓跋焘看到姑臧城外水草茂盛，由此痛恨李顺，对崔浩说：“你当年说过的话，今天果然应验了。”崔浩回答说：“我不敢不讲实话，一向如此。”

拓跋焘决计攻打北凉，太子拓跋晃有些疑虑。这时，拓跋焘在诏书中告诉他：“姑臧城东西门外边，有不断涌出的泉水，一直与北门外的泉水相接，水流之大，就像一条河。除供灌溉农田外，其余都顺着沟渠流到沙漠之中，因此这一带没有干田燥地。特意敕书告诉你，以解除你的疑虑。”

攻城。）

庚子，立皇子铄为南平王。

九月，丙戌，河西王牧犍兄子万年帅所领降魏。姑臧城溃，牧犍帅其文武五千人面缚请降，魏主释其缚而礼之。收其城内户口二十余万，仓库珍宝不可胜计。使张掖王秃发保周、龙骧将军穆罴、安远将军源贺分徇诸郡，杂胡降者又数十万。

初，牧犍以其弟无讳为沙州刺史、都督建康以西诸军事、领酒泉太守，宜得为秦州刺史、都督丹岭以西诸军事、领张掖太守，安周为乐都太守，从弟唐兒为敦煌太守。及姑臧破，魏主遣镇南将军代人奚眷击张掖，镇北将军封沓击乐都。宜得烧仓库，西奔酒泉，安周南奔吐谷浑，封沓掠数千户而还。奚眷进攻酒泉，无讳、宜得收遗民奔晋昌，遂就唐兒于敦煌。魏主使弋阳公元絜守酒泉，及武威、张掖皆置将守之。

魏主置酒姑臧，谓群臣曰：“崔公智略有余，吾不复以为奇。伊馛弓马之士，而所见乃与崔公同，深可奇也。”馛善射，能曳牛却行，走及奔马，而性忠谨，故魏主特爱之。

魏主之西伐也，穆寿送至河上，魏主敕之曰：“吴提与牧犍相结素深，闻朕讨牧犍，吴提必犯塞，朕故留壮兵肥马，使卿辅佐太子。收田既毕，即发兵诣漠南，分伏要害以待虏至，引使深入，然后击之，无不克矣。凉州路远，朕不得救，卿勿违朕言！”寿顿首受命。寿雅信中书博士公孙质，以为谋主。寿、质皆信卜筮，以为柔然必不来，不为之备。质，轨之弟也。

柔然敕连可汗闻魏主向姑臧，乘虚入寇，留其兄乞列归与嵇敬、建宁王崇相拒于北镇。自帅精骑深入，至善无七介山，平城大骇，民争走中城。穆寿不知所为，欲塞西郭门，请太子避保南山，窦太后不听而止。遣司空长孙道生、征北大将军张黎拒之于吐颓山。会嵇敬、建宁王崇击破乞列归于阴山之北，擒之，并其伯父他吾无鹿胡及将帅五百人，斩首

八月初八日庚子，刘宋立皇子刘铄为南平王。

九月二十五日丙戌，北凉王沮渠牧犍的侄儿沮渠万年率领他的部众投降北魏。姑臧城随即被北魏军攻陷，沮渠牧犍率领文武官员五千人，双手反绑，亲自请降。拓跋焘解开沮渠牧犍的绳索，以礼相待，共接收姑臧城内的居民二十多万户，仓库中的珍奇异宝不可胜数。拓跋焘又命令张掖王秃发保周、龙骧将军穆罴、安远将军源贺，分别向地方各郡宣布消息，各部胡人投降北魏的又有几十万人。

当初，沮渠牧犍任命他的弟弟沮渠无讳为沙州刺史、都督建康以西诸军事，兼任酒泉太守；任命沮渠宜得为秦州刺史、都督丹岭以西诸军事，兼任张掖太守；任命沮渠安周为乐都太守；还任命他的堂弟沮渠唐兒为敦煌太守。等到姑臧城被攻陷，北魏主拓跋焘，派镇南将军、代郡人奚眷袭击张掖；派镇北将军封沓进攻乐都。沮渠宜得烧毁仓库，向西逃往酒泉；沮渠安周则向南逃往吐谷浑。封沓裹胁数千户居民班师，奚眷则继续进攻酒泉，酒泉太守沮渠无讳与沮渠宜得一道，召集残部投奔晋昌，又前往敦煌投奔沮渠唐兒。拓跋焘命令弋阳公元驻守酒泉，武威、张掖两城也分别遣将驻守。

北魏主拓跋焘在姑臧城大宴群臣，他对文武百官们说："崔公足智多谋，我已经不再感到新奇。伊馛是一个擅长骑马射箭的武夫，他的见识竟能与崔公相同，实在是令人惊奇。"伊馛擅长射箭，力气也很大，能拖着牛倒着走，跑起来，能够赶上奔腾的马。同时伊馛又十分忠诚谨慎，拓跋焘特别喜爱他。

北魏主拓跋焘即将率军西征时，宜都王穆寿一直送他到黄河岸边。拓跋焘告诫他说："柔然汗国可汗郁久闾吴提与沮渠牧犍交情很深，他听说我要征讨沮渠牧犍，一定会来进犯我国边境，所以我故意留下精兵和壮马，使你辅佐太子。等到田里的庄稼收割完毕，我立即发兵征讨漠南，我军分别潜伏在要害地区，等待柔然贼兵到来，再诱敌深入，然后攻击他们，必能全部攻下。凉州离国内太远，我不能救你的危难，你千万不要违背我的嘱咐！"穆寿磕头接受了命令。穆寿一向信任中书博士公孙质，就把他当作自己的谋士。而穆寿、公孙质二人都相信占筮卜卦，认为柔然汗国的军队一定不会前来进犯，因此不加防备。公孙质，是公孙轨的弟弟。

柔然汗国敕连可汗郁久闾吴提听说拓跋焘西征姑臧，立即乘北魏国内空虚，大举入侵。当时，郁久闾吴提留他的哥哥郁久闾乞列归与北魏长乐王嵇敬、建宁王拓跋崇在北镇相持。郁久闾吴提自己则亲自率兵深入北魏腹地，直抵善无的七介山。北魏平城居民大为惊恐，争相逃进内城。穆寿不知所措，打算堵塞西城门，请太子拓跋晃逃往南山躲避，窦太后不让他这样处理，才告停止。随即，穆寿派遣司空长

万余级。敕连闻之，遁去，追至漠南而还。

冬，十月，辛酉，魏主东还，留乐平王丕及征西将军贺多罗镇凉州，徙沮渠牧犍宗族及吏民三万户于平城。

癸亥，秃发保周帅诸部鲜卑据张掖叛魏。

（以上为第七段，写北魏主拓跋焘率军西征，北凉主沮渠牧犍无可奈何，率文武官员投降，北凉亡；柔然敕连可汗郁久闾吴提乘虚出兵攻打北魏，被击退。）

十二月，乙亥，太子劭加元服，大赦。劭美须眉，好读书，便弓马，喜延宾客；意之所欲，上必从之，东宫置兵与羽林等。

壬午，魏主至平城；以柔然入寇，无大失亡，故穆寿等得不诛。魏主犹以妹婿待沮渠牧犍，征西大将军、河西王如故。牧犍母卒，葬以太妃之礼；武宣王置守冢三十家。

凉州自张氏以来，号为多士。沮渠牧犍尤喜文学，以敦煌阚骃为姑臧太守，张湛为兵部尚书，刘昞、索敞、阴兴为国师助教，金城宋钦为世子洗马，赵柔为金部郎，广平程骏、骏从弟弘为世子侍讲。魏主克凉州，皆礼而用之，以阚骃、刘昞为乐平王丕从事中郎。安定胡叟，少有俊才，往从牧犍，牧犍不甚重之，叟谓程弘曰："贵主居僻陋之国而淫名僭礼，以小事大而心不纯壹，外慕仁义而实无道德，其亡可翘足待也。吾将择木，先集于魏；与子暂违，非久阔也。"遂适魏。岁余而牧犍败。魏主以叟为先识，拜虎威将军，赐爵始复男。河内常爽，世寓凉州，不受礼命，魏主以为宣威将军。河西右相宋繇从魏主至平城而卒。

魏主以索敞为中书博士。时魏朝方尚武功，贵游子弟不以讲学为意。敞为博士十余年，勤于诱导，肃而有礼，贵游皆严惮之，多所成立，前后显达至尚书、牧守者数十人。常爽置馆于温水之右，教授七百余人。

孙道生、征北大将军张黎在吐颓山阻击敌人。正巧赶上嵇敬和建宁王拓跋崇在阴山北面击败了郁久闾乞列归的军队，并生擒郁久闾乞列归及其伯父郁久闾他吾无鹿胡，以及柔然的将领五百人，斩杀士兵一万多人。柔然汗国可汗郁久闾吴提听说后，率部逃走。北魏的军队一直追到漠南才返回。

冬季，十月初一日辛酉，北魏主拓跋焘东返，留下乐平王拓跋丕以及征西将军贺多罗镇守凉州，强行迁移沮渠牧犍王室以及北凉的官员和老百姓共三万户到平城。

十月初三日癸亥，北魏张掖王秃发保周，据守张掖叛变。

十二月十六日乙亥，刘宋太子刘劭举行冠礼，实行大赦。刘劭眉目清秀，喜欢读书，擅长骑马射箭，喜爱延接宾客。只要他有所要求，文帝都满足。于是，刘劭在东宫设置亲兵的数目与羽林军相等。

十二月二十三日壬午，北魏主拓跋焘返回平城。因柔然汗国的进攻没有造成重大的损失和伤亡，所以没有处决宜都王穆寿等人。拓跋焘仍把沮渠牧犍当作妹婿来对待，仍命沮渠牧犍像过去一样担任征西大将军、河西王。沮渠牧犍的母亲去世，拓跋焘下令用太妃的礼仪安葬。另外，又为北凉武宣王沮渠蒙逊专门设置守冢户三十家。

凉州自从前凉建立以来，一直号称人才济济。沮渠牧犍尤其喜欢文学，任命敦煌人阚骃为姑臧太守，张湛为兵部尚书，刘昞、索敞、阴兴为国师助教，金城人宋钦为世子洗马，赵柔为金部郎，广平人程骏及其堂弟程弘为世子侍讲。北魏主拓跋焘攻克凉州以后，对这些士大夫都以礼相待，量才而用。于是，拓跋焘任命阚骃、刘昞为乐平王拓跋丕的从事中郎。安定人胡叟自幼便才华横溢，前往姑臧为沮渠牧犍效力，沮渠牧犍却不十分重视他。胡叟对程弘说："贵国的主人身居穷乡僻壤的小国，却敢滥用名分，超越礼制；以小国侍奉大国却又不诚心敬服；表面上仰慕仁义，实际上却不讲道德，他的灭亡就在眼前了。我将像鸟儿一样，择木而栖，先到魏国去。与你暂且辞别，不会久别的。"于是，胡叟来到北魏。一年之后，北凉灭亡。拓跋焘因为胡叟有先见之明，任命他为虎威将军，赐封爵位为始复男爵。河内人常爽世世代代寓居凉州，从不接受北凉的礼遇和任官，北魏主拓跋焘任命他为宣威将军。河西人、北凉右丞相宋繇随从拓跋焘到平城，不久去世。

北魏主拓跋焘又委任索敞为中书博士。当时北魏朝廷正崇尚武功，贵族子弟都不把读书当作一件大事。索敞担任中书博士十余年，勤于诱导，对学生严肃而有礼节，贵族子弟们都敬畏他，大多数都能刻苦学习，建功立业，前后在朝中担任尚书、

爽立赏罚之科，弟子事之如严君。由是魏之儒风始振。高允每称爽训厉有方，曰："文翁柔胜，先生刚克，立教虽殊，成人一也。"

陈留江强，寓居凉州，献经、史、诸子千余卷及书法，亦拜中书博士。魏主命崔浩监秘书事，综理史职；以中书侍郎高允、散骑侍郎张伟参典著作。浩启称："阴仲逵、段承根，凉土美才，请同修国史。"皆除著作郎。仲逵，武威人；承根，晖之子也。

浩集诸历家，考校汉元以来日月薄食、五星行度。并讥前史之失，别为《魏历》，以示高允。允曰："汉元年，十月，五星聚东井，此乃历术之浅事；今讥汉史而不觉此谬，恐后人之讥今犹今之讥古也。"浩曰："所谬云何？"允曰："按《星传》：'太白、辰星常附日而行。'十月日在尾、箕，昏没于申南，而东井方出于寅北，二星何得背日而行？是史官欲神其事，不复推之于理也。"浩曰："天文欲为变者，何所不可邪？"允曰："此不可以空言争，宜更审之。"坐者咸怪允之言，唯东宫少傅游雅曰："高君精于历数，当不虚也。"后岁余，浩谓允曰："先所论者，本不经心；及更考究，果如君言。五星乃以前三月聚东井，非十月也。"众乃叹服。允虽明历，初不推步及为人论说，唯游雅知之。雅数以灾异问允，允曰："阴阳灾异，知之甚难；既已知之，复恐漏泄，不如不知也。天下妙理至多，何以问此！"雅乃止。魏主问允："为政何先？"时魏多封禁良田，允曰："臣少贱，唯知农事；若国家广田积谷，公私有备，则饥馑不足忧矣。"帝乃命悉除田禁以赋百姓。

吐谷浑王慕利延闻魏克凉州，大惧，帅众西遁，逾沙漠。魏主以其兄慕璝有擒赫连定之功，遣使抚谕之，慕利延乃还故地。

牧守的，就有几十人。常爽在温水西岸设置学馆，教授学生七百多人。常爽订立赏罚条例，弟子们服从他，就像侍奉严明的君主。从此以后，北魏的读书风气开始振兴。中书侍郎高允每每称赞常爽对待学生教训有方，说："汉代的文翁以柔取胜，而先生您却用刚直的方法取胜，方法虽然有异，但造就人才的功效是一样的。"

陈留人江强，寄居在凉州，他向北魏朝廷呈献经、史以及诸子百家的经典有一千多卷，另外还有研究文字学的书籍，亦被拓跋焘任命为中书博士。拓跋焘命崔浩监理秘书事，综合整理历史史料文献；又任命中书侍郎高允、散骑侍郎张伟参与处理掌管这些事并修撰史籍。崔浩奏称："阴仲逵、段承根，都是凉州的才子，请征召他们共同修撰国史。"二人都被授予著作郎。阴仲逵，是武威人。段承根，是段晖的儿子。

崔浩收集各家历书，考订核对汉朝建立以来发生的日食、月食，以及金、木、水、火、土五星运行的度数，对从前史书的错误加以批评，又另行编纂了一部《魏历》，请高允过目。高允说："汉高祖元年十月时，五星会聚在东方井宿，这是历书上的一个小错。现在你不满于汉朝人修的史书，却不明白这个谬误，恐怕后人也会像我们今天批评古人一样，来批评我们。"崔浩说："你所谓的荒谬，指什么？"高允说："根据《星传》：'金星、水星，常常追随太阳运行。'十月，太阳早晨在尾宿、箕宿之间，黄昏时，在申位南方隐没不见，而井宿这时才在寅位北方出现。金星水火星怎么会背着太阳运行？这是史官为了增加事件的神秘色彩，不再加以客观推断和考究的结果。"崔浩说："天文现象发生异常变化，怎么会不可能呢？"高允说："这不是我们空口无凭地急辩所能解决的，应该更进一步地考察审断。"当时在座的人都认为高允的谈论怪诞，只有东宫少傅游雅说："高允先生精通历法，应不会是空言虚论。"一年多以后，崔浩对高允说："上次我们谈论的，我没有仔细研究。等到重新考核推断，果然像你所说的那样。五星是在前三个月在井宿聚集，而不是在十月。"众人都赞叹佩服。高允虽然通晓天文历法，却从不推算并向众人论说，只有游雅知道他的学识。游雅多次就灾变询问高允，高允说："阴阳灾变，很难明知，即使已经知道了，又害怕泄露天机，还不如不知道呢！天下值得探索的道理很多，何必偏问这个。"游雅才不再问下去。北魏主拓跋焘曾问高允："治理国家，什么是第一位的？"当时北魏境内的许多良田，都被朝廷划为禁地，因此，高允说："我幼年贫贱，只知道农事。如果国家扩大农田、积聚谷米，使朝廷和百姓都有粮食储备，就不忧虑饥馑了。"拓跋焘于是下令，解除被划为禁地的农田，让百姓耕作，国家收取田赋。

吐谷浑可汗慕容慕利延，听说北魏已经攻克凉州，大为惊恐，率领他的部众向西逃去，越过了沙漠。北魏主拓跋焘因为吐谷浑可汗的哥哥慕容慕璝有生擒并呈献

氐王杨难当将兵数万寇魏上邽，秦州人多应之。东平吕罗汉说镇将拓跋意头曰：“难当众盛，今不出战，示之以弱，众情离沮，不可守也。”意头遣罗汉将精骑千余出冲难当陈，所向披靡，杀其左右骑八人，难当大惊。会魏主以玺书责让难当，难当引还仇池。

南丰太妃司马氏卒，故营阳王之后也。

赵广、张寻等复谋反，伏诛。

（以上为第八段，写北魏主拓跋焘重用北凉聚集的一批人才；听从谋臣高允的建议，解除被划为禁地的农田，让百姓耕作；氐王杨难当进攻北魏上邽，被打败。）

十七年（庚辰，440年）

春，正月，己酉，沮渠无讳寇魏酒泉，元絜轻之，出城与语；壬子，无讳执絜以围酒泉。

二月，魏假通直常侍邢颖来聘。

三月，沮渠无讳拔酒泉。

夏，四月，戊午朔，日有食之。

庚辰，沮渠无讳寇魏张掖，秃发保周屯删丹。丙戌，魏主遣抚军大将军永昌王健督诸将讨之。

司徒义康专总朝权。上羸疾积年，心劳辄发，屡至危殆。义康尽心营奉，药石非口所亲尝不进，或连夕不寐；内外众事皆专决施行。性好吏职，纠剔文案，莫不精尽。上由是多委以事，凡所陈奏，入无不可；方伯以下，并令义康选用，生杀大事，或以录命断之。势倾远近，朝野辐凑，每旦府门常有车数百乘，义康倾身引接，未尝懈倦。复能强记，耳目所经，终身不忘，好于稠人广席，标题所忆以示聪明。士之干练者，多被意遇。尝谓刘湛曰：“王敬弘、王球之属，竟何所堪！坐取富贵，复那可解！”

赫连定的功劳，因此派使臣招抚逃走的吐谷浑可汗慕容慕利延，慕容慕利延才率部众返回故地。

氐王杨难当率兵几万人进犯北魏的上邽，很多秦州百姓响应他。东平人吕罗汉劝说北魏的守将拓跋意头说："杨难当势力正强盛，现在不出城迎战，而向敌人示弱，我军士气将受挫，军民就会离散，那时城池就守不住了。"拓跋意头就派吕罗汉率领精锐骑兵一千多人，出城冲击杨难当的战阵，北魏骑兵所向披靡，斩杀杨难当左右亲兵共八人，杨难当大为惊慌。这时，拓跋焘斥责杨难当的命令也到了，杨难当于是率众退回了仇池。

刘宋南丰太妃司马氏去世。司马氏，是已故营阳王刘义符的王后。

被招抚的刘宋叛民首领赵广、张寻等，再度反叛朝廷，被斩首。

宋文帝元嘉十七年（庚辰，440 年）

春季，正月二十日己酉，逃亡到敦煌的前北凉沙州刺史沮渠无讳进攻北魏国占领的酒泉。北魏弋阳公元絜轻视沮渠无讳，出城与敌人对话。二十三日壬子，沮渠无讳生擒元絜，然后包围了酒泉。

二月，北魏的假通直常侍邢颖，来刘宋访问。

三月，沮渠无讳攻下酒泉。

夏季，四月初一日戊午朔，出现日食。

四月二十三日庚辰，沮渠无讳继续进攻北魏占领下的张掖，张掖守将秃发保周屯驻在删丹。二十九日丙戌，北魏主拓跋焘派抚军大将军、永昌王拓跋健率领各路兵马，攻打沮渠无讳等。

刘宋司徒刘义康独揽朝政大权。宋文帝多年患病，稍微操劳，旧病就复发，多次病危。刘义康对文帝尽心侍奉，药物非经自己亲口尝过，绝不让文帝服用，有时一连几夜都不睡觉。朝廷内外的大小事务，他都一个人决定施行。刘义康生性就喜爱办理公务，所以，阅读公文、处理诉讼等政务，他都处理得无不精密妥善。文帝因此把很多大事都委派给他。刘义康只要有奏请，立即就被文帝批准。州刺史以下官员的人选，文帝都授权刘义康选拔任用。至于赦免和诛杀这类大事，有时刘义康就以录尚书事的身份裁决。因而，刘义康的势力倾动远近，朝野上下的各方人士，都集中在他周围。每天早晨，刘义康府第前面常有车数百辆，刘义康对来访客人亲自接待，从不懈怠。刘义康记忆力极强，一经耳闻目睹，终生不忘，他喜好在大庭广众的场合下，提起自己记忆中的事情，用来显示自己的聪明才干。许多有才能的

然素无学术，不识大体，朝士有才用者皆引入己府，府僚无施及忤旨者乃斥为台官。自谓兄弟至亲，不复存君臣形迹，率心而行，曾无猜防。私置僮六千余人，不以言台，四方献馈，皆以上品荐义康而以次者供御；上尝冬月啖甘，叹其形味并劣。义康曰："今年甘殊有佳者。"遣人还东府取甘，大供御者三寸。

（以上为第九段，写宋文帝刘义隆多病，朝政由其弟司徒刘义康把控，义康颇有才干，善于弄权，以致行事不顾君臣之礼，权倾朝野，为所欲为。）

领军刘湛与仆射殷景仁有隙，湛欲倚义康之重以倾之。义康权势已盛，湛愈推崇之，无复人臣之礼，上浸不能平。湛初入朝，上恩礼甚厚。湛善论治道，谙前代故事，叙致铨理，听者忘疲。每入云龙门，御者即解驾，左右及羽仪随意分散，不夕不出，以此为常。及晚节驱煽义康，上意虽内离而接遇不改，尝谓所亲曰："刘班方自西还，吾与语，常视日早晚，虑其将去；比入，吾亦视日早晚，苦其不去。"

殷景仁密言于上曰："相王权重，非社稷计，宜少加裁抑！"上阴然之。

司徒左长史刘斌，湛之宗也；大将军从事中郎王履，谧之孙也；及主簿刘敬文，祭酒鲁郡孔胤秀，皆以倾谄有宠于义康；见上多疾，皆谓"宫车一日晏驾，宜立长君"。上尝疾笃，使义康具顾命诏，义康还省，流涕以告湛及景仁。湛曰："天下艰难，讵是幼主所御！"义康、景仁并不答。而胤秀等辄就尚书议曹索晋咸康末立康帝旧事，义康不知也；及上疾瘳，微闻之。而斌等密谋，欲使大业终归义康，遂邀结朋党，伺察禁省，有不与己同者，必百方构陷之，又采拾景仁短长，或虚造异同以告湛。自是主、相之势分矣。

义康欲以刘斌为丹杨尹，言次，启上陈其家贫。言未卒，上曰："以

士大夫，都被他委以重任。刘义康曾对刘湛说：“王敬弘、王球这些人，有什么能力？坐享荣华富贵，真让人费解！”

然而，刘义康一向没有学问，不识大体，朝中有才干的士大夫都被他延聘到府中来，府中没有才能的，或冒犯他的幕僚，都被贬斥到朝廷机构任职。他自以为，兄弟之间是至亲手足，因此他也不严格用君臣的礼节约束自己的行为，常常任性行事，从不考虑他的行为是否会触犯禁忌。他在府中私养僮仆六千多人，未曾上奏朝廷。各地进贡的物品，都把上品呈献给刘义康，而把次等的呈献给文帝。有一年冬天，文帝吃柑子，叹息柑子的外形和味道太差。刘义康说：“今年的柑子也有好的！”于是，派人到府中去取，取来的柑子比进贡文帝的直径大三寸。

领军将军刘湛与仆射殷景仁结怨很深。刘湛打算倚靠刘义康的势力，排挤殷景仁。当时刘义康的势力十分强盛，刘湛更加推崇他的权势，使刘义康对宋文帝不能再保持臣属的礼节，文帝的内心很不平静。刘湛刚刚进朝廷做官时，文帝对他十分优待。刘湛特别擅长谈论经邦治国的道理，熟悉前代的历史掌故，每每说起来，条分缕析，使人忘记疲劳。每次进宫朝见，一到云龙门，车夫就解开车马，刘湛的左右侍从及仪仗队伍也都各自散去。不到傍晚不出来，都习以为常了。等到后来，刘湛煽动和唆使刘义康恣意妄为，文帝对他心怀不满，但对他礼遇却仍不改变。文帝曾对他的亲信说：“当年刘班（即刘湛）从西方回来，我与他谈话，常看时间早晚，唯恐他离去；最近他入宫，我也常看时间早晚，苦于他不快走。”

殷景仁秘密报告宋文帝说：“相王刘义康权势太重，并非国家久远的考虑，应该对他稍加抑制！”文帝心里暗暗同意。

司徒左长史刘斌，是刘湛的同族，大将军从事中郎王履，是王谧的孙子，他们和主簿刘敬文，祭酒、鲁郡人孔胤秀都因为阴险谄媚、排挤别人，而深得刘义康的宠信。他们看到宋文帝多病，都说“皇上一旦驾崩，应该拥护年长的人为君主”。文帝一度病重，命刘义康起草托孤诏书。刘义康回到府中，痛哭流涕地告诉刘湛和殷景仁。刘湛说：“治理国家，不胜艰难，怎么是年幼君主所能胜任的！”刘义康、殷景仁都没有搭腔。而孔胤秀等人擅自前往尚书议曹，索取当年晋成帝去世，改立他的弟弟晋康帝的旧档案，刘义康并不知道这件事。等到文帝愈后，略微听到这些情况。而刘斌等人却加紧活动，秘密策划，打算让刘义康最后登上帝位。于是，他们结成死党，窥视朝廷和宫中的变化，凡是与自己不同心的，就千方百计地陷害。同时，他们又百般搜集殷景仁的材料，或者捏造事实提供给刘湛。从此以后，文帝与宰相之间，离心离德。

刘义康打算任用刘斌为丹杨尹，说话中间向宋文帝报告刘斌家境贫寒，还没有

为吴郡。”后会稽太守羊玄保求还，义康又欲以斌代之，启上曰：“羊玄保求还，不审以谁为会稽？”上时未有所拟，仓猝曰：“我已用王鸿。”自去年秋，上不复往东府。

五月，癸巳，刘湛遭母忧去职。湛自知罪衅已彰，无复全地，谓所亲曰：“今年必败。常日正赖口舌争之，故得推迁耳；今既穷毒，无复此望，祸至其能久乎！”

（以上为第十段，写宋文帝刘义隆与司徒刘义康离心离德，刘义康的党羽更是推波助澜，欲让义康登上帝位，无所不用其极，文帝有所警觉，稍加贬抑。）

乙巳，沮渠无讳复围张掖，不克，退保临松。魏主不复加讨，但以诏谕之。

六月，丁丑，魏皇孙濬生，大赦，改元太平真君，取寇谦之《神书》云“辅佐北方太平真君”故也。

太子劭诣京口拜京陵，司徒义康、竟陵王诞等并从，南兖州刺史、江夏王义恭自江都会之。

秋，七月，己丑，魏永昌王健击破秃发保周于番禾；保周走，遣安南将军尉眷追之。

丙申，魏太后窦氏殂。

壬子，皇后袁氏殂。

癸丑，秃发保周穷迫自杀。

八月，甲申，沮渠无讳使其中尉梁伟诣魏永昌王健请降，归酒泉郡及所虏将士元絜等。魏主使尉眷留镇凉州。

九月，壬子，葬元皇后。

（以上为第十一段，写前凉将领沮渠无讳反叛北魏，包围张掖；北魏将领打败秃发保周；拓跋焘皇孙拓跋濬出生，改元太平真君；刘宋太子刘劭前往京口祭祖。）

上以司徒彭城王义康嫌隙已著，将成祸乱，冬，十月，戊申，收刘湛付廷尉，下诏暴其罪恶，就狱诛之，并诛其子黯、亮、俨及其党刘斌、刘敬文、孔胤秀等八人，徙尚书库部郎何默子等五人于广州，因大赦。是日，敕义康入宿，留止中书省。其夕，分收湛等，青州刺史杜骥勒兵

说完，文帝就说："可以让他去当吴郡太守。"后来，会稽太守羊玄保请求调回京师，刘义康又打算让刘斌接替他，就上奏文帝说："羊玄保请求调回，不知用谁去管会稽的事？"文帝当时还没有考虑妥当，仓促之间回答说："我已任用王鸿！"从去年秋天开始，文帝就不再临幸刘义康的相府。

五月初六日癸巳，刘湛因母亲去世，按礼制离职回家守丧。刘湛自知罪行已经暴露，已没有再保全性命的可能，便对亲近的人说："今年一定失败！过去只靠口舌利为自己争辨，所以得以支吾拖延而已。如今人情事理发展到了尽头，就要遭受荼毒，不再有什么希望了，祸患到来的时间不会太久了！"

五月十八日乙巳，前北凉州刺史沮渠无讳再次包围张掖，不能攻下，于是撤退，固守临松。拓跋焘也不再举兵进攻，只是下令让他投降归顺。

六月二十一日丁丑，北魏主拓跋焘的皇孙拓跋濬诞生。下令实行大赦，改年号为太平真君。因道士寇谦之的《神书》上有言"辅佐北方太平真君"，所以采用这个年号。

刘宋太子刘劭前往京口拜谒京陵。司徒刘义康、竟陵王刘诞等随同前往。南兖州刺史、江夏王刘义恭从江都前来会合。

秋季，七月初三日己丑，北魏永昌王拓跋健在番禾击败了秃发保周；秃发保周逃走，拓跋健派安南将军尉眷追击。

七月初十日丙申，北魏皇太后窦氏去世。

七月二十六日壬子，刘宋皇后袁氏去世。

七月二十七日癸丑，秃发保周走投无路，自杀。

八月二十九日甲申，沮渠无讳派他的中尉梁伟前往北魏永昌王拓跋健的营地，请求投降，归还酒泉郡，释放被俘的北魏将领元絜等人。拓跋焘命令尉眷留下，镇守凉州。

九月二十七日壬子，刘宋安葬元皇后。

宋文帝认为司徒、彭城王刘义康的猜忌怨恨已经明显，势必酿成祸乱。冬季，十月，戊申（疑误），命令逮捕刘湛交付廷尉，并且下令公布刘湛的罪行，在狱中就地处决，同时斩杀了刘湛的儿子刘黯、刘亮、刘俨以及刘湛的党羽刘斌、刘敬文、孔胤秀等八人，下令将尚书库部郎何默子等五人，流放到广州，因此，下令实行大

殿内以备非常。遣人宣旨告义康以湛等罪状。义康上表逊位，诏以义康为江州刺史，侍中、大将军如故，出镇豫章。

初，殷景仁卧疾五年，虽不见上，而密函去来，日以十数，朝政大小，必以咨之；影迹周密，莫有窥其际者。收湛之日，景仁使拂拭衣冠，左右皆不晓其意。其夜，上出华林园延贤堂，召景仁。景仁犹称脚疾，以小床舆就坐，诛讨处分，一以委之。

初，檀道济荐吴兴沈庆之忠谨晓兵，上使领队防东掖门。刘湛为领军，尝谓之曰："卿在省岁久，比当相论。"庆之正色曰："下官在省十年，自应得转，不复以此仰累！"收湛之夕，上开门召庆之，庆之戎服缚袴而入，上曰："卿何意乃尔急装？"庆之曰："夜半唤队主，不容缓服。"上遣庆之收刘斌，杀之。

骁骑将军徐湛之，逵之之子也，与义康尤亲厚，上深衔之。义康败，湛之被收，罪当死。其母会稽公主，于兄弟为长嫡，素为上所礼，家事大小，必咨而后行。高祖微时，尝自于新洲伐荻，有纳布衫袄，臧皇后手所作也；既贵，以付公主曰："后世有骄奢不节，可以此衣示之。"至是，公主入宫见上，号哭，不复施臣妾之礼，以锦囊盛纳衣掷地曰："汝家本贫贱，此是我母为汝父所作；今日得一饱餐，遽欲杀我儿邪！"上乃赦之。

吏部尚书王球，履之叔父也，以简淡有美名，为上所重。履性进利，深结义康及湛。球屡戒之，不从。诛湛之夕，履徒跣告球，球命左右为取履，先温酒与之，谓曰："常日语汝云何？"履怖惧不得答，球徐曰："阿父在，汝亦何忧！"上以球故，履得免死，废于家。

义康方用事，人争求亲昵，唯司徒主簿江湛早能自疏，求出为武陵内史。檀道济尝为其子求婚于湛，湛固辞；道济因义康以请之，湛拒之愈坚。故不染于二公之难。上闻而嘉之。湛，夷之子也。

赦。这天，宋文帝命令刘义康进宫值班，随即把他软禁在中书省。晚上，分别逮捕了刘湛等人。青州刺史杜骥统兵在金銮殿防备意外情况发生。最后，文帝派人把刘湛等人的罪状传达给刘义康。刘义康上疏请求辞职，文帝下令，任命刘义康为江州刺史，仍然保留侍中、大将军职，出京镇守豫章。

当初，殷景仁卧病五年，虽然不与文帝相见，但是密信往来，每天有十几次，朝廷大事小事，文帝都征求他的意见，行踪十分隐密，竟没有一个人发现蛛丝马迹。逮捕刘湛那天，殷景仁命令家人打扫衣冠，左右家人都不明白他的用意。那天夜里，文帝前往华林园延贤堂，召见殷景仁。殷景仁仍然声称患有脚病，用小椅子抬进宫就座。文帝把诛杀攻打刘湛党羽的所有事情，全都委任殷景仁处理。

当初，刘宋将领檀道济举荐吴兴人沈庆之忠诚谨慎，通晓兵法，文帝命他领兵在东掖门驻防。刘湛为领军将军，曾经对他说："你留在这个职位上已经很久，最近应该考虑这个问题。"沈庆之神色严肃地说："我在这里已经十年了，自然应该调职，不敢麻烦你。"逮捕刘湛的那天晚上，文帝开启宫门召见沈庆之，沈庆之全副武装束紧裤管进门觐见，文帝说："你为什么这般装束？"沈庆之说："夜半召见队主，定有急事，不能宽服大袖。"文帝派沈庆之逮捕刘斌，将其斩首。

刘宋骁骑将军徐湛之，是徐逵之的儿子，与刘义康关系特别亲密，文帝刘义隆心里恼恨他。刘义康失败后，徐湛之被捕，罪当处死。他的母亲会稽公主，在兄弟姊妹中，她是敬皇后所生，年龄又最大，一向被文帝礼遇。皇室事务不论大小，一定征求她的意见以后再决定。刘裕贫贱的时候，曾经到新洲砍伐荻草，身穿补过的布衫棉袄，都是敬皇后亲手缝制的。刘裕即皇帝位以后，把穿过的旧衣服拿给公主看，说："后世子孙，如有人骄傲奢侈，不知节俭，你可以把这衣服拿给他们看。"现在，因为徐湛之，会稽公主入宫觐见皇上，大声哭号，不再向文帝行臣妾节，把用绸缎包裹的破衣服抛在地上说："你们家本来出身贫贱，这是我母亲为你父亲做的衣裳，才吃一天饱饭，就要杀我的儿子了！"文帝于是赦免徐湛之的死罪。

吏部尚书王球，是王履的叔父。他淡泊名利，一向俭朴，名声很好，为文帝所重。王履却生性务进好利，与刘义康及刘湛交情很深，王球多次劝告他，他不听从。诛杀刘湛的那天晚上，王履光着双脚，跑去把情况告诉了王球，王球命左右侍从为他取来鞋子，先温酒为他压惊，对他说："我平时都跟你说什么了？"王履吓得答不出来，王球慢慢地说："有你叔父我在，你还担忧什么！"文帝因为尊重王球的缘故，赦免了王履的死罪，免职回家。

刘义康权势鼎盛的时候，人们都争相奉迎，与他亲近。唯独司徒主簿江湛早有远见，与他疏远，要求出任武陵内史。檀道济曾经为他的儿子向江湛求婚，江湛坚决推辞。檀道济又请刘义康出面，江湛推辞的态度更加坚决。因此，没有受到檀道

彭城王义康停省十余日，见上奉辞，便下渚。上惟对之恸哭，余无所言。上遣沙门慧琳视之，义康曰："弟子有还理不？"慧琳曰："恨公不读数百卷书！"

初，吴兴太守谢述，裕之弟也。累佐义康，数有规益，早卒。义康将南，叹曰："昔谢述惟劝吾退，刘班惟劝吾进；今班存而述死，其败也宜哉！"上亦曰："谢述若存，义康必不至此。"

以征虏司马萧斌为义康谘议参军，领豫章太守，事无大小，皆以委之。斌，摹之之子也。使龙骧将军萧承之将兵防守。义康左右爱念者，并听随从；资奉优厚，信赐相系，朝廷大事皆报示之。

久之，上就会稽公主宴集，甚欢；主起，再拜叩头，悲不自胜。上不晓其意，自起扶之。主曰："车子岁暮必不为陛下所容，今特请其命。"因恸哭，上亦流涕，指蒋山曰："必无此虑。若违今誓，便是负初宁陵。"即封所饮酒赐义康，并书曰："会稽姊饮宴忆弟，所余酒今封送。"故终主之身，义康得无恙。

臣光曰：文帝之于义康，友爱之情，其始非不隆也；终于失兄弟之欢，亏君臣之义。迹其乱阶，正由刘湛权利之心无有厌已。《诗》云："贪人败类。"其是之谓乎！

（以上为第十二段，写宋文帝刘义隆与其弟刘义康已是水火不容，便采取果断措施，逮捕帮凶刘湛，立即处死，以及斩杀刘湛之子与党羽，贬退刘义康为江州刺史。）

征南兖州刺史江夏王义恭为司徒、录尚书事。戊寅，以临川王义庆为南兖州刺史；殷景仁为扬州刺史，仆射、吏部尚书如故。义恭惩彭城之败，虽为总录，奉行文书而已，上乃安之。上年给相府钱二千万，他物称此；而义恭性奢，用常不足，上又别给钱，年至千万。

十一月，丁亥，魏主如山北。

济、刘义康大祸的牵连。文帝听说后，对他加以奖励。江湛，是江夷的儿子。

刘宋彭城王刘义康被软禁在中书省十多天，觐见文帝并辞行，来到码头。文帝看到他时，悲伤痛哭，没有一句话。文帝派僧人慧琳去看望他，刘义康说："您看我还有回到京师的可能吗？"慧琳说："真遗憾，你不多读几百卷书！"

当初，吴兴太守谢述是谢裕的弟弟，多年辅佐刘义康，屡次规劝，不幸早死。刘义康将要南下豫章，叹息说："当初只有谢述劝我急流勇退，刘湛劝我不断进取，后来刘湛活着，谢述却死了，我身败名裂也是理所应当的了。"文帝也说："谢述如果活着，刘义康也不会落到这个地步。"

宋文帝任命征虏司马萧斌为刘义康的谘议参军，兼任豫章太守，大小事务都委任他决断。萧斌，是萧摹之的儿子。又命龙骧将军萧承之率军驻防戒备。刘义康左右亲信僚属，有愿追随的，都准许一同前往。文帝赐赏刘义康的财物十分丰厚，而且不断通信，朝中大事都告诉刘义康。

过了很久，宋文帝驾临会稽公主家赴宴，兄弟姐妹在一起非常愉快。突然，会稽公主起身跪在地上，再拜叩头，不胜悲伤。文帝不明白她的用意，亲自把她扶起来。会稽公主说："义康到了晚年，皇上一定不能容他，今天特地求你饶他一命。"随后痛哭不止。文帝也泪流满面。他指着蒋山说："你不必担心。我如果违背今天的誓言，就是辜负了高帝。"于是，把正在饮用的酒封起来，送给刘义康，附一封信说："我与会稽姐宴饮，想起了你，把剩下的酒封起来送给你。"因此，会稽公主在世的日子里，刘义康得以平安。

臣司马光评论说：宋文帝与刘义康手足友爱的情意，开始时不是不重。但最后却以失去兄弟之间的感情，损害君臣之间的大义而告终。追溯祸乱的根源，正是由于刘湛贪权慕利的欲望没有止境。《诗经》说"贪婪的人败坏同类"，正是对这种情况的形容呵！

宋文帝征召南兖州刺史、江夏王刘义恭为司徒、录尚书事。十月二十三日戊寅，宋文帝任命临川王刘义庆为南兖州刺史，殷景仁为扬州刺史，仍任仆射、吏部尚书。刘义恭吸取刘义康失败的教训，虽然担任录尚书事，却不敢过问政事，只在文书上签字而已，文帝这才放心。文帝每年拨付给相府的钱，有二千万，其他物品也与此差不多。但是刘义恭生性奢侈，费用常常不足，文帝又另外给他一些钱，每年高达一千万。

十一月初三日丁亥，北魏主拓跋焘前往山北。

殷景仁既拜扬州，羸疾遂笃，上为之敕西州道上不得有车声。癸丑，卒。

十二月，癸亥，以光禄大夫王球为仆射。戊辰，以始兴王濬为扬州刺史。时濬尚幼，州事悉委后军长史范晔、主簿沈璞。晔，泰之子；璞，林子之子也。晔寻迁左卫将军，以吏部郎沈演之为右卫将军，对掌禁旅；又以庾炳之为吏部郎，俱参机密。演之，劲之曾孙也。

晔有隽才，而薄情浅行，数犯名教，为士流所鄙。性躁竞，自谓才用不尽，常怏怏不得志。吏部尚书何尚之言于帝曰："范晔志趋异常，请出为广州刺史；若在内衅成，不得不加铁钺，铁钺亟行，非国家之美也。"帝曰："始诛刘湛，复迁范晔，人将谓卿等不能容才，朕信受谗言，但共知其如此，无能为害也。"

是岁，魏宁南将军王慧龙卒，吕玄伯留守其墓，终身不去。

魏主欲以伊馛为尚书，封郡公，馛辞曰："尚书务殷，公爵至重，非臣年少愚近所宜膺受。"帝问其所欲，对曰："中、秘二省多诸文士，若恩矜不已，请参其次。"帝善之，以为中护军将军、秘书监。

大秦王杨难当复称武都王。

（以上为第十三段，写刘宋贬退刘义康，以刘义恭继之，义恭吸取义康失败的教训，不问政事，敷衍了事，宋文帝刘义隆放心朝政；殷景仁出山，担任扬州刺史。）

十八年（辛巳，441 年）

春，正月，癸卯，魏以沮渠无讳为征西大将军、凉州牧、酒泉王。

彭城王义康至豫章，辞刺史，甲辰，以义康都督江、交、广三州诸军事。前龙骧参军巴东扶令育诣阙上表，称："昔袁盎谏汉文帝曰：'淮南王若道路遇霜露死，陛下有杀弟之名。'文帝不用，追悔无及。彭城王义康，先朝之爱子，陛下之次弟，若有迷谬之愆，正可数之以善恶，导之以义方，奈何信疑似之嫌，一旦黜削，远送南垂！草莱黔首，皆为陛下痛之。庐陵往事，足为龟鉴。恐义康年穷命尽，奄忽于南，臣虽微贱，窃为陛下羞之。陛下徒知恶枝之宜伐，岂知伐枝之伤树！伏愿亟召义康

刘宋扬州刺史殷景仁到任后，病情愈加严重。文帝下令，禁止西州道上有车马经过，以免发出声音。十一月二十九日癸丑，殷景仁去世。

十二月初九日癸亥，宋文帝任命光禄大夫王球为仆射。十四日戊辰，任命始兴王刘濬为扬州刺史。当时刘濬年纪幼小，州里具体事务全部委派给后军长史范晔和主簿沈璞。范晔，是范泰的儿子；沈璞，是沈林子的儿子。不久，范晔提升为左卫将军。同时，朝廷任命吏部郎沈演之为右卫将军，共同掌理皇家禁军。文帝还任命庾炳之为吏部郎，都参与处理朝廷机要。沈演之，是沈劲的曾孙。

范晔富有才干，却轻薄放荡，多次触犯礼教人伦规范，受到士大夫们的鄙视。他热衷名利，急于进取，自以为才能无法充分发挥，常常闷闷不乐。吏部尚书何尚之对文帝说："范晔野心太大，志趣与常人不同，应该派他出去担任广州刺史。如果留在朝廷，一旦犯下罪行，就不能不诛灭。不断诛杀，不是国家的好事。"文帝说："刚杀了刘湛，又把范晔赶出京师，别人会议论你们不能包容有才能的人，说我听信谗言。只要我们都知道范晔的问题，他就不能为害朝廷了。"

这一年，北魏宁南将军王慧龙去世。吕玄伯留守他的墓园，终身不肯离去。

北魏主拓跋焘打算任命伊馛为尚书，封郡公。伊馛辞让说："尚书职务繁忙重要，公爵地位崇高，不是像我这样的年少愚鲁的臣属所能胜任的。"拓跋焘问他想担任什么职位？伊馛回答说："中书省、秘书省中的官员大多是文士，如果承蒙赏赐的话，请允许我参加他们的行列。"拓跋焘欣然同意，就任命他为中护军将军、秘书监。

自称为大秦王的氐王杨难当，又恢复旧号，称武都王。

宋文帝元嘉十八年（辛巳，441年）

春季，正月二十日癸卯，北魏朝廷任命沮渠无讳为征西大将军、凉州牧、酒泉王。

刘宋彭城王刘义康抵达豫章，辞去江州刺史的职务。正月二十一日甲辰，文帝任命刘义康为都督江、交、广三州诸军事。前龙骧将军、巴东人扶令育前往皇宫，呈上奏疏，说："当年袁盎劝阻汉文帝说：'淮南王刘长如果在路上遇到风霜而死，皇上有杀弟的罪名。'汉文帝没有接受，后悔也来不及了。彭城王刘义康是先帝钟爱的儿子，是皇上的二弟。如果一时糊涂犯了错误，皇上可以用善恶的标准责备他，用道义来引导他，怎么可以相信未加证实的嫌疑，一日之间被罢官贬爵，贬谪到南方边地！荒野小民，都为皇上痛心。庐陵王被迁被杀的往事，足以引为借鉴。深恐刘

返于京甸，兄弟协和，君臣辑睦，则四海之望塞，多言之路绝矣。何必司徒公、扬州牧然后可以置彭城王哉？若臣所言于国为非，请伏重诛以谢陛下。”表奏，即收付建康狱，赐死。

裴子野论曰：夫在上为善，若云行雨施，万物受其赐；及其恶也，若天裂地震，万物所惊骇，其谁弗知，其谁弗见！岂戮一人之身，钳一夫之口，所能攘逃，所能弭灭哉？是皆不胜其忿怒而有增于疾疹也。以太祖之含弘，尚掩耳于彭城之戮；自斯以后，谁易由言！有宋累叶，罕闻直谅，岂骨鲠之气，俗愧前古？抑时王刑政使之然乎？张约陨于权臣，扶育毙于哲后，宋之鼎镬，吁，可畏哉！

魏新兴王俊荒淫不法，三月，庚戌，降爵为公。俊母先得罪死，俊积怨望，有逆谋，事觉，赐死。

辛亥，魏赐郁久闾乞列归爵为朔方王，沮渠万年为张掖王。

夏，四月，沮渠唐兒叛沮渠无讳；无讳留从弟天周守酒泉，与弟宜得引兵击唐兒，唐兒败死。魏以无讳终为边患，庚辰，遣镇南将军奚眷击酒泉。

秋，八月，辛亥，魏遣散骑侍郎张伟来聘。

九月，戊戌，魏永昌王健卒。

冬，十一月，戊子，王球卒。己亥，以丹杨尹孟顗为尚书仆射。

酒泉城中食尽，万余口皆饿死，沮渠天周杀妻以食战士。庚子，魏奚眷拔酒泉，获天周，送平城，杀之。沮渠无讳乏食，且畏魏兵之盛，乃谋西度流沙，遣其弟安周西击鄯善。鄯善王欲降，会魏使者至，劝令拒守；安周不能克，退保东城。

氐王杨难当倾国入寇，谋据蜀土，遣其建忠将军苻冲出东洛以御梁

义康一旦不幸丧命，死在南方，我虽然身份低微卑贱，也暗为皇上羞惭。皇上只知坏掉的枝叶应该砍掉，怎么不知道砍枝叶也会伤及树干呢？我诚心希望皇上把刘义康迅速召回京师，兄弟和睦友爱，君臣互相勉励。这样，四海之内的怨恨就会消除，诽谤的谣言也可以止息。并非一定要重新把彭城王置于司徒公、扬州牧的位子上啊！如果我的话对国家有害，我愿意被处死，向皇上谢罪。”奏疏呈上以后，朝廷便把他逮捕，投入建康监狱，命他自杀。

裴子野评论说：身居高位的人行善施恩，就如同聚集云彩，降下甘霖，天下万物都得到他的恩惠。可是，身居高位的人做下恶事，就如同天崩地裂，天下万物所受到的惊恐，谁不知道，谁看不到！岂是杀一个人的性命，钳一个人的口舌就能掩盖逃脱，就能消灭的？这都是因为不能克制自己的怒火，而加重已有的疾病啊！以刘义隆的宽宏大度，还要对杀害刘义康的劝谏掩耳不听。从此以后，谁还敢轻易说话！宋一朝几代，很少有直言谏诤的人，这岂是朝中正直刚正的大臣不如古人？还是当时政治、刑法不够开明造成的结果？张约冤死在权臣手中，扶令育却死在明君的手里。宋的杀人法网酷刑，唉，真可怕啊！

北魏新兴王拓跋俊荒淫不法。三月二十八日庚戌，降为公爵。拓跋俊的母亲在这以前因罪被杀，拓跋俊一直心怀怨恨，阴谋反叛朝廷。事情泄露，被赐死。

三月二十九日辛亥，北魏封柔然汗国郁久闾乞列归为朔方王，封沮渠万年为张掖王。

夏季，四月，敦煌太守沮渠唐兒背叛了沮渠无讳；沮渠无讳留下他的堂弟沮渠天周镇守酒泉，他亲自与他的弟弟沮渠宜得率兵追击沮渠唐兒，沮渠唐兒战败身死。北魏朝廷担心沮渠无讳早晚是边疆的隐患。二十八日庚辰，拓跋焘派镇南将军奚眷进攻酒泉。

秋季，八月初一日辛亥，北魏派散骑侍郎张伟出访刘宋。

九月十九日戊戌，北魏永昌王拓跋健去世。

冬季，十一月初十日戊子，刘宋仆射王球去世。二十一日己亥，刘宋朝廷任命丹杨尹孟𫖮为尚书仆射。

被北魏围困的酒泉城中粮食吃尽，一万多人饿死，守将沮渠天周杀掉自己的妻子，分送士兵们充饥。十一月二十二日庚子，北魏军将领奚眷攻克酒泉城，俘虏了沮渠天周，押送到平城斩首。沮渠无讳的军中也缺乏粮食，又害怕北魏的强大兵力，于是打算向西渡过沙漠，派他的弟弟沮渠安周向西进攻鄯善。鄯善王打算投降，正巧北魏的使臣赶到，劝他坚决防守。因此，沮渠安周难以攻克，只好撤退，固守已占据的东城。

氐王杨难当动员全国的兵马入侵刘宋，计划占据蜀地，派他手下的建忠将军苻

州兵；梁、秦二州刺史刘真道击冲斩之。真道，怀敬之子也。难当攻拔葭萌，获晋寿太守申坦，遂围涪城；巴西、梓潼二郡太守刘道锡婴城固守，难当攻之十余日，不克，乃还。道锡，道产之弟也。十二月，癸亥，诏龙骧将军裴方明等帅甲士三千人，又发荆、雍二州兵以讨难当，皆受刘真道节度。

晋宁太守爨松子反，宁州刺史徐循讨平之。

天门蛮田向求等反，破溇中；荆州刺史衡阳王义季遣行参军曹孙念讨破之。

魏寇谦之言于魏主曰："今陛下以真君御世，建静轮天宫之法，开古以来，未之有也。应登受符书以彰圣德。"帝从之。

（以上为第十四段，写宋文帝刘义隆改迁刘义康，将其放置到蛮荒之地，前龙骧将军参军扶令育劝谏，被赐死；北魏主拓跋焘封沮渠无讳为酒泉王，又怕其反叛，故派兵攻打。）

冲从东洛出兵抵御刘宋梁州的军队。刘宋梁、秦二州刺史刘真道迎击苻冲，斩杀了苻冲。刘真道，是刘怀敬的儿子。杨难当攻陷葭萌，俘获了晋寿太守申坦，进而又包围了涪城。巴西、梓潼二郡太守刘道锡绕城固守，杨难当连续进攻十多日，不能攻下，于是返回。刘道锡，是刘道产的弟弟。十二月十五日癸亥，宋文帝下令，命令龙骧将军裴方明等率领全副武装的士兵三千人，又征调荆、雍二州的兵力攻打杨难当，都由刘真道统一指挥。

刘宋晋宁太守爨松子谋反，宁州刺史徐循镇压了叛军。

天门蛮人酋长田向求等人谋反，攻下溇中。刘宋荆州刺史、衡阳王刘义季派遣代理参军曹孙念彻底平定叛乱。

北魏道士寇谦之对北魏主拓跋焘说："现在，皇上是以真君的名义统治天下，建立静轮天宫大法，这是开天辟地以来从未有过的事情。应该登台接受符书，表彰和宣扬皇上圣明的恩德。"拓跋焘同意了。

【点评】

北方复归一统。前秦苻坚曾短暂统一了中国北方，淝水大战失败后，前秦土崩瓦解，北方群雄割据。公元386年，拓跋珪重建代国，不久改国号为“魏”，史称“北魏”。到公元439年，经过拓跋珪、拓跋嗣、拓跋焘三代国主的不懈努力，先后攻灭了后燕、后秦、大夏、北凉、西秦、北燕等割据势力，再度统一北方，具有划时代的意义。

首先，几代人坚持不懈。历史的机遇有时候青睐绝地逢生的人。北魏的前身代国，被前秦攻灭，时年六岁的拓跋珪被其母亲贺兰氏携走出逃，十六岁趁乱重兴代国，即位称代王，而后定国号为“魏”，正式称帝。拓跋珪即位初年，积极扩张疆土，励精图治，为北魏的兴起和强盛奠定了基础。其后，公元409年，十七岁的长子拓跋嗣继位，励精图治，整顿内政，在阴山以北地带兴筑长城，防止北方柔然的骚扰；在与刘宋的战争中获胜，攻占虎牢关，夺取刘宋领土三百里。再其后，公元424年，拓跋嗣十六岁的长子拓跋焘继位。他是杰出的军事统帅，善于使用骑兵，曾亲率大军先后攻灭大夏、北燕、北凉，攻打柔然，征讨山胡，降服鄯善，驱逐吐谷浑，夺取刘宋的虎牢、滑台等重镇要地，最终统一中国北方。有意思的是，这三代国主，大都是在十六岁左右即位，个个都是有为之主，具有雄才大略，既善于军事，也懂得治国，故能取得辉煌的成就。而当时的割据政权，大都是一代政权，到了儿子辈，就互相争权，闹得鸡犬不宁，因而很快灭亡；也有的是二代而亡，到了孙子辈国将不国了。而北魏三代兴盛，也很少出现内部分裂、争夺皇权的现象，这是北魏能够统一北方的关键因素。

其次，善于重用谋臣，借助谋臣智慧，推进统一事业。这其中突出的是三代北魏帝王重用谋臣崔浩。崔浩，自比张良，被誉为北魏第一谋士，长相如美貌妇人。他参与了北魏三代帝王的重大军事决策，多谋善断，屡建功勋，深受器重，在北魏统一北方的一系列战争中起了重要作用。在拓跋珪时，他为贴身秘书，勤奋工作，经常加班不回家。拓跋珪晚年，杀人如麻，而崔浩近在咫尺，独得恩宠，毫发无损；拓跋嗣、拓跋焘时，崔浩担任“帝王师”，为其出谋划策。例如，当东晋刘裕攻打后秦时，曾向北魏借道，群臣个个都不同意，认为后秦灭亡了，就轮到北魏了。而崔浩说：“晋军士气正旺，我们是挡不住的。应当等到刘裕入关以后，切断他的归路。让东晋和后秦打得两败俱伤，我们再动手，坐收渔翁之利，把他们两个国家都灭了。”多聪明的主意啊！可惜的是，北魏主拓跋嗣没有听从他的谋议，结果吃了败仗。再如，拓跋焘即位后，想攻打柔然，恰巧南方的宋文帝刘义隆放出话来，要北伐，夺回黄河以南的土地。当时，大臣们都主张南征，拓跋焘拿不定主意。而崔浩说：“北方柔然没事就来骚扰边境，百姓常年生活在恐惧之中。他们来去如风，以为

我们追不上，肯定不做防备，只要我们北伐，就一定会灭了他们。南方人历来没有血性，只是嘴上发发狠，一定不会越过黄河，所以放心北伐。”拓跋焘听从了他的意见，大获全胜。而一直到北魏大军班师回朝，刘义隆还在起草作战方案！崔浩可谓料事如神，在一系列的战事中，都发挥了重要的作用，有些甚至是决定性的作用，也得到了国主的高度信任，拓跋焘曾经对大臣们说：“你们凡是有不能决断的国家大事，都要听听崔浩的意见。”

最后，东晋、刘宋的内讧、孱弱，是北魏能够统一北方的辅助因素。在北魏统一的数十年中，南方先是东晋，权臣专政，皇帝形同虚设；而后是刘裕建立刘宋，但他很快去世，儿辈们并没有他的雄风和大志。他们也有数次北伐，但绝大多数是以失败告终，只有刘裕北伐，还算是有些成效，但也没有坚持到底，长安等地得而复失。如此，北魏对南方政权不屑一顾，腾出时间和精力来一一消灭北方的割据政权。特别可恨的是，刘宋皇室为了所谓巩固皇权，而自毁“长城”，杀掉了能够震慑北魏的大将檀道济。檀道济被抓时，狠狠地把头巾拉下，摔在地上，说：“乃坏汝万里长城！”檀道济被处死的消息传到北魏，魏军将领互相庆贺，说：“檀道济一死，南方就再也没有可畏惧的人了！我们可以放心大胆了！”其后，刘宋在军事上转入守势，北魏屡次南征，铁蹄践踏到长江北岸的瓜步，宋文帝登上石头城向北望去，忧心忡忡，感慨地说：“如果檀道济还在，怎么会窝囊到如此地步！”早知如此，何必当初？悔之晚矣！

北魏之所以能够统一北方，还有许多因素，但以上三点是其主要因素，其他就不再一一叙说了。

宋纪六

宋文帝元嘉十九年至二十三年（442—446年）

【起玄黓敦牂（壬午，442年），尽柔兆阉茂（丙戌，446年），凡五年】

【大事提要】

本卷记事起自公元442年至公元446年，凡五年，当宋文帝元嘉十九年至元嘉二十三年。本卷所载大事，分别述之如次。南朝刘宋大事主要有四个方面：其一，刘宋与北魏争仇池失利，刘宋御史中丞何承天上奏陈抗击北魏安边四策。其二，元嘉二十一年，刘宋颁行何承天《元嘉新历》，又修正音律。其三，沈庆之讨平溳山蛮的叛乱；振武将军宗悫以狮子阵大破林邑大象阵。其四，刘宋元嘉时期的文化繁荣，贡献最大的几个人物都在此卷出现。刘宋设立国子学，颜延之与何承天同为皇太子刘劭执讲《孝经》。刘义庆卒，生前著《世说新语》。《后汉书》作者范晔被诛。北朝大事分四个方面：其一，开篇即北魏太武帝拓跋焘巡视道教教坛接受符箓，并且规定今后每当皇帝即位都要照此办理，这反映了北魏道教的兴起。与之形成鲜明对比的是，太武帝诏令灭佛，颁布诏书禁绝私养沙门巫觋。其二，太武帝平灭关中盖吴叛乱，诛灭北凉残敌；恢复西域交通；用兵柔然，无功而返。其三，太武帝诛杀奸臣刘絜等人，重用忠臣古弼。其四，北魏太子拓跋晃监国，处理政务，十分有条理。

【原文】

太祖文皇帝中之中

元嘉十九年（壬午，442年）

春，正月，甲申，魏主备法驾，诣道坛受符箓，旗帜尽青。自是每帝即位皆受箓。谦之又奏作静轮宫，必令其高不闻鸡犬，欲以上天神。崔浩劝帝为之，功费万计，经年不成。太子晃谏曰："天人道殊，卑高定分，不可相接，理在必然。今虚耗府库，疲弊百姓，为无益之事，将安用之！必如谦之所言，请因东山万仞之高，为功差易。"帝不从。

夏，四月，沮渠无讳将万余家，弃敦煌西就沮渠安周。未至，鄯善王比龙畏之，将其众奔且末，其世子降于安周。无讳遂据鄯善，其士卒经流沙渴死者太半。

李宝自伊吾帅众二千入据敦煌，缮修城府，安集故民。

沮渠牧犍之亡也，凉州人阚爽据高昌，自称太守。唐契为柔然所逼，拥众西趋高昌，欲夺其地。柔然遣其将阿若追击之，契败死。契弟和收余众奔车师前部王伊洛。时沮渠安周屯横截城，和攻拔之，又拔高宁、白力二城，遣使请降于魏。

（以上为第一段，写北魏主拓跋焘新封道教，接受符箓，大修静轮宫；沮渠无讳率领北凉残余势力西逃鄯善；西凉主李暠之孙李宝乘敦煌空虚之时，从伊吾打回敦煌。）

甲戌，上以疾愈，大赦。

五月，裴方明等至汉中，与刘真道等分兵攻武兴、下辩、白水，皆取之。杨难当遣建节将军符弘祖守兰皋，使其子抚军大将军和将重兵为后继。方明与弘祖战于浊水，大破之，斩弘祖。和退走，追至赤亭，又破之。难当奔上邽，获难当兄子建节将军保炽。难当以其子虎为益州刺史，守阴平，闻难当走，引兵还，至下辩。方明使其子肃之邀击之，擒虎，送建康，斩之。仇池平。以辅国司马胡崇之为北秦州刺史，镇其地；立杨保炽为杨玄后，使守仇池。魏人遣中山王辰迎杨难当诣平城。秋七月，以刘真道为雍州刺史，裴方明为梁、南秦二州刺史。方明辞不拜。

【语译】

太祖文皇帝中之中

宋文帝元嘉十九年（壬午，442年）

春季，正月初七日甲申，魏太武帝备好车驾，巡视道教教法坛接受符箓，旗帜全部是青色的。自此，每当皇帝即位的时候都要接受符箓。寇谦之又上奏建议建造静轮宫，一定让它高到听不到鸡犬之声，想要向上接引到天神。崔浩劝说太武帝兴建，工程花费以万计算，过了好几年都没有建成。太子晃谏劝说："天与人的道途不同，低与高的名分已分，不可能互相连接。这是必然的事。如今虚耗国家府库，使百姓疲敝，做无益的事情，将有什么样的用处！一定要像寇谦之说的，请借助东山万仞之高，建造完成要容易得多。"魏太武帝没有听从。

夏季，四月，沮渠无讳率领一万多家，舍弃敦煌向西去与沮渠安周处会合。还没有到，鄯善王比龙感到害怕，率领民众奔向且末，鄯善王比龙的嫡长子投降了沮渠安周。沮渠无讳遂占据鄯善，但他的士卒经过沙漠时渴死的超过大半。

李宝自伊吾率领民众两千人占据了敦煌，修缮城墙府邸，安抚集结当地民众。

沮渠牧犍当初逃亡的时候，凉州人阚爽占据了高昌，自称为太守。唐契被柔然逼迫，率领民众向西奔赴高昌，想夺取这块地盘。柔然派遣其将领阿若追击唐契，唐契失败战死。唐契的弟弟唐和收集残余部众逃奔到车师前部王伊洛那里。这时，沮渠安周屯驻横截城，唐和攻取并占领了横截城，又拿下了高宁、白力两座城池，派遣使者向北魏投降。

四月二十八日甲戌，宋文帝因病痊愈，大赦天下。

五月，刘宋将领裴方明等到了汉中，与刘真道等分兵攻取了武兴、下辩、白水。杨难当派遣建节将军符弘祖把守兰皋，派遣他的儿子抚军大将军杨和率领重兵作为后继部队。裴方明与符弘祖交战于浊水，大胜，斩杀了符弘祖。杨和退走，裴方明一直追击到赤亭，又一次击败杨和。杨难当逃奔到上邽，裴方明俘获了难当的侄子建节将军杨保炽。杨难当任命儿子杨虎为益州刺史，据守阴平。裴方明听说杨难当逃走，便率兵返回，到了下辩，就派他的儿子裴肃之拦截攻击，活捉了杨虎，押送到建康斩首，仇池平定。刘宋任命辅国司马胡崇之为北秦州刺史，镇守北秦州；又立杨保炽继承杨玄之位，镇守仇池。北魏派遣中山王拓跋辰迎接杨难当到魏都平城。秋天七月，宋文帝任命刘真道为雍州刺史，任命裴方明为梁、南秦二州刺史，裴方

丙寅，魏主使安西将军古弼督陇右诸军及殿中虎贲与武都王杨保宗自祁山南入，征西将军渔阳皮豹子与琅邪王司马楚之督关中诸军自散关西入，俱会仇池。又使谯王司马文思督洛、豫诸军南趋襄阳，征南将军刁雍东趋广陵，移书徐州，称为杨难当报仇。

甲戌晦，日有食之。

唐契之攻阚爽也，爽遣使诈降于沮渠无讳，欲与之共击契。八月，无讳将其众趋高昌，比至，契已死，爽闭门拒之。九月，无讳将卫兴奴夜袭高昌，屠其城，爽奔柔然。无讳据高昌，遣其常侍氾儁奉表诣建康。诏以无讳都督凉河沙三州诸军事、征西大将军、凉州刺史、河西王。

冬，十月，己卯，魏立皇子伏罗为晋王，翰为秦王，谭为燕王，建为楚王，余为吴王。

甲申，柔然遣使诣建康。

十二月，辛巳，魏襄城孝王卢鲁元卒。

丙申，诏鲁郡修孔子庙及学舍，蠲墓侧五户课役以供洒扫。

李宝遣其弟怀达、子承奉表诣平城。魏人以宝为都督西垂诸军事、镇西大将军、开府仪同三司、沙州牧、敦煌公，四品以下听承制假授。

雍州刺史晋安襄侯刘道产卒。道产善为政，民安其业，小大丰赡，由是民间有《襄阳乐歌》。山蛮前后不可制者皆出，缘沔为村落，户口殷盛。及卒，蛮追送至沔口。未几，群蛮大动，征西司马朱脩之讨之，不利；诏建威将军沈庆之代之，杀虏万余人。

魏主使尚书李顺差次群臣，赐以爵位。顺受贿，品第不平。是岁，凉州人徐桀告之，魏主怒，且以顺保庇沮渠氏，面欺误国，赐顺死。

（以上为第二段，写刘宋数路大军攻打仇池，将其打败，杨难当逃往北魏；北魏发兵宣称为难当报仇；刘宋将领沈庆之平定雍州山蛮；北魏李顺因受贿被赐死。）

二十年（癸未，443年）

春，正月，魏皮豹子进击乐乡，将军王奂之等败没。魏军进至下辩，

明辞谢没有拜受。

五月二十一日丙寅，北魏太武帝派安西将军古弼督统陇右各部队以及殿中虎贲的武士与武都王杨保宗会合从祁山向南进军，征西将军渔阳皮豹子和琅邪王司马楚之督统关中各部队从散关向西进军，一起会师于仇池。又派谯王司马文思督统洛、豫各支军队向南急赴襄阳，征南将军刁雍向东趋赴广陵，发布文告给徐州，宣称为杨难当报仇。

五月二十九日甲戌晦，发生日食。

唐契攻打阚爽的时候，阚爽派使者诈降于沮渠无讳，表示想要和他一起攻打唐契。八月，无讳率领其部众疾趋高昌；等到无讳赶来的时候，阚爽关闭城门抗拒。九月，无讳带领卫兴奴趁着夜晚袭击高昌，血洗全城。阚爽投奔了柔然。沮渠无讳占据了高昌，派遣常侍氾儁带着奏表前往建康。宋文帝颁布诏书任命沮渠无讳为都督凉河沙三州诸军事、征西大将军、凉州刺史、河西王。

冬季，十月初六日己卯，北魏立皇子拓跋伏罗为晋王，拓跋翰为秦王，拓跋谭为燕王，拓跋建为楚王，拓跋余为吴王。

十月十一日甲申，柔然派遣使者到建康。

十二月初九日辛巳，北魏襄城孝王卢鲁元去世。

十二月二十四日丙申，宋文帝颁布诏书下令鲁郡修整孔子庙以及学舍，免除孔子墓地附近五户人家的赋税徭役，以使他们承担洒扫的责任。

李宝派遣他的弟弟李怀达、儿子李承带着奏表到达平城；北魏任命李宝为都督西垂诸军事、镇西大将军、开府仪同三司、沙州牧、敦煌公，四品以下的官员听任李宝秉承皇帝的旨意授任官职。

雍州刺史晋安襄侯刘道产去世。刘道产善于为政，民众安分守业，无论大家还是小户都富足有余，因此民间流传着《襄阳乐歌》。在这之前不能制服的山蛮也都走出了深山，沿着沔水形成村落，户口繁盛。刘道产去世，山蛮追送丧车一直到沔口。刘道产死后不久，山蛮作乱，征西司马朱脩之讨伐，没有成功；宋文帝颁布诏书让建威将军沈庆之代替他去讨伐，杀死俘虏山蛮一万多人。

魏太武帝委任李顺品评大臣的等级，赏赐以爵位；李顺受贿，评定的等级不公平。这一年，凉州人徐桀告发了这件事，魏太武帝震怒，并且因为李顺庇护沮渠氏，当面欺瞒君主而耽误国家大事，赐死李顺。

宋文帝元嘉二十年（癸未，443年）

春季，正月，北魏皮豹子进攻乐乡，刘宋将军王奂之等战败，全军覆没。北魏

将军强玄明等败死。二月，胡崇之与魏战于浊水，崇之为魏所擒，余众走还汉中。将军姜道祖兵败，降魏，魏遂取仇池。杨保炽走。

丙午，魏主如恒山之阳；三月，庚申，还宫。

壬戌，乌洛侯国遣使如魏。初，魏之居北荒也，凿石为庙，在乌洛侯西北，以祀其先，高七十尺，深九十步。及乌洛侯使者至魏，言石庙具在，魏主遣中书侍郎李敞诣石庙致祭，刻祝文于壁而还，去平城四千余里。

魏河间公齐与武都王杨保宗对镇骆谷，保宗弟文德说保宗，令闭险自固以叛魏。或以告齐，夏四月，齐诱执保宗，送平城，杀之。前镇东司马苻达、征西从事中郎任朏等遂举兵立杨文德为主，据白崖，分兵取诸戍，进围仇池，自号征西将军、秦河梁三州牧、仇池公。

甲午，立皇子诞为广陵王。

丁酉，魏大赦。

己亥，魏主如阴山。

五月，魏古弼发上邽、高平、汧城诸军击杨文德，文德退走。皮豹子督关中诸军至下辩，闻仇池解围，欲还，弼遣人谓豹子曰："宋人耻败，必将复来。军还之后，再举为难，不如练兵蓄力以待之。不出秋冬，宋师必至，以逸待劳，无不克矣。"豹子从之。魏以豹子为仇池镇将。

杨文德遣使来求援。秋，七月，癸丑，诏以文德为都督北秦雍二州诸军事、征西大将军、北秦州刺史、武都王。文德屯葭芦城，以任朏为左司马，武都、阴平氐多归之。

甲子，前雍州刺史刘真道、梁南秦二州刺史裴方明坐破仇池减匿金宝及善马，下狱死。

九月，辛巳，魏主如漠南，甲辰，舍辎重，以轻骑袭柔然，分军为四道：乐安王范、建宁王崇各统十五将出东道，乐平王丕督十五将出西道，魏主出中道，中山王辰督十五将为后继。

魏主至鹿浑谷，遇敕连可汗。太子晃言于魏主曰："贼不意大军猝至，宜掩其不备，速进击之。"尚书令刘絜固谏，以为"贼营中尘盛，其众必

军队前进到下辩，刘宋将军强玄明等战败而死。二月，胡崇之与北魏战于浊水，胡崇之被北魏俘虏，其余部众奔走回到汉中。刘宋将军姜道祖战败，投降了北魏。北魏便取下仇池。杨保炽逃走。

二月丙午，魏太武帝巡视恒山之南；三月二十日庚申，回到宫殿。

三月二十二日壬戌，乌洛侯派遣使者前往北魏。当初，北魏还居住在北方荒远之地的时候，开凿石头建立祖庙，在乌洛侯的西北祭祀祖先，庙高七十尺，深九十步。等到乌洛侯的使者到了北魏，说石庙完整保存，魏太武帝派遣中书侍郎李敞前往石庙祭祀，在石庙的墙壁上刻下祝告文字后返回。石庙距离平城有四千多里。

北魏河间公拓跋齐与武都王杨保宗各自扎营于雒谷两边，保宗的弟弟杨文德劝说保宗，让他闭守险要强固自己而叛变北魏。有人将此告发给拓跋齐，夏季四月，拓跋齐引诱杨保宗逮捕了他，将其送往平城并杀之。前镇东司马苍苻达，征西从事中郎任朏等此时起兵立杨文德为盟主，占据了白崖，分兵齐进，夺取各个戍守点，向前进军包围了仇池。杨文德自封为征西将军、秦河梁三州牧、仇池公。

三月二十四日甲午，立皇子诞为广陵王。

北魏大赦天下。

四月二十七日丁酉。

四月二十九日己亥，魏太武帝巡视阴山。

五月，北魏古弼调发上邽、高平、岍城各军队进攻杨文德，文德败退逃走。皮豹子督统关中各路人马到了下辩，闻听仇池已经解围，准备返回；古弼派人对皮豹子说："宋人羞耻于失败，必将回头再来。军队回去之后，再次举兵很难，不如练兵积蓄力量等待着。不出秋冬，宋军必然来到，你以逸待劳，无所不克。"皮豹子听从了建议。北魏任命皮豹子为仇池镇将。

杨文德派遣使者前来求援，秋季，七月十四日癸丑，宋文帝颁布诏书任命杨文德为都督北秦雍二州诸军事、征西大将军、北秦州刺史、武都王。杨文德屯守葭芦城，任命任朏为左司马，武都、阴平的氐族人大多归附于杨文德。

七月二十五日甲子，刘宋前雍州刺史刘真道，梁、南秦二州刺史裴方明因在仇池时侵吞金银珠宝及良马一事败露，被投进监狱而死。

九月初三日辛丑，魏太武帝巡视漠南。九月初六日甲辰，魏军放弃辎重，以轻骑袭击柔然，分兵四道：乐安王拓跋范、建宁王拓跋崇各自率领十五将军出发于东道，乐平王拓跋丕督统十五将军出发于西道，魏太武帝出发于中道，中山王拓跋辰督统十五将军作为后援。

魏太武帝到了鹿浑谷，遇见敕连可汗，太子拓跋晃谏言于魏太武帝说："敌人想不到我们的大军突然而至，应该趁其不备迅速前进攻击敌人。"尚书令刘絜极力谏言

多，出至平地，恐为所围，不如须诸军大集，然后击之”。晃曰：“尘之盛者，由军士惊怖扰乱故也，何得营上而有此尘乎！”魏主疑之，不急击。柔然遁去，追至石水，不及而还。既而获柔然候骑曰：“柔然不觉魏军至，上下惶骇，引众北走，经六七日，知无追者，乃始徐行。”魏主深恨之。自是军国大事，皆与太子谋之。

司马楚之别将兵督军粮，镇北将军封沓亡降柔然，说柔然令击楚之以绝军食。俄而军中有告失驴耳者，诸将莫晓其故，楚之曰：“此必贼遣奸人入营觇伺，割驴耳以为信耳。贼至不久，宜急为之备。”乃伐柳为城，以水灌之令冻；城立而柔然至，冰坚滑，不可攻，乃散走。

十一月，将军姜道盛与杨文德合众二万攻魏浊水戍，魏皮豹子、河间公齐救之，道盛败死。

甲子，魏主还，至朔方，下诏令皇太子副理万机，总统百揆。且曰：“诸功臣勤劳日久，皆当以爵归第，随时朝请，飨宴朕前，论道陈谟而已，不宜复烦以剧职，更举贤俊以备百官。”十二月，丁卯，魏主还平城。

（以上为第三段，写北魏与刘宋争夺仇池，北魏获胜；北魏随后出动大军攻打柔然，无功而返。）

二十一年（甲申，444年）

春，正月，己亥，帝耕藉田，大赦。

壬寅，魏太子始总百揆，命侍中中书监穆寿、司徒崔浩、侍中张黎、古弼辅太子决庶政，上书者一皆称臣，仪与表同。

古弼为人，忠慎质直；尝以上谷苑囿太广，乞减太半以赐贫民，入见魏主，欲奏其事。帝方与给事中刘树围棋，志不在弼；弼侍坐良久，不获陈闻。忽起，捽树头，掣下床，搏其耳，殴其背，曰：“朝廷不治，实尔之罪！”帝失容，舍棋曰：“不听奏事，朕之过也，树何罪！置之！”弼具以状闻，帝皆可其奏。弼曰：“为人臣无礼至此，其罪大矣。”出诣公车，免冠徒跣请罪。帝召入，谓曰：“吾闻筑社之役，蹇蹶而筑之，端冕

劝阻，他认为："敌人军营中尘土飞扬，其兵众必定很多，离开到平地与其交战，恐怕被其包围，不如在此地等待大军全部聚集，然后进击。"太子拓跋晃说："尘土飞扬乃是军士感到惊慌恐怖而形成的，否则军营上空哪里会有如此多的尘灰呢！"魏太武帝迟疑不定，没有紧急攻击。柔然逃遁而去，魏军追击到了石水，没有追上而返回。不久俘获了柔然的侦察骑兵，他们说道："柔然没有想到魏军突然而至，上下惊慌恐怖，率领众军向北逃窜，直到过了六七天，知道已经没有了追兵，方才缓步撤退。"魏太武帝对此深为悔恨。从这以后，军国大事都和太子谋划。

北魏琅琊王司马楚之另外率领军队督统粮草押运，镇北将军封沓逃亡后投降了柔然，劝说柔然攻击司马楚之以断绝魏军的粮草。不久，司马楚之的军营中有人报告说丢失了驴的耳朵，诸位将领都不知晓其中缘故，司马楚之说："这一定是敌人派遣奸细进入营帐窥伺，割下驴的耳朵作为信号。敌人马上就会来了，应当紧急准备好。"于是伐取柳树营造城墙，把水灌注在城墙上让它结冰。城墙刚造成，柔然军队果然赶到了，因冰雪城墙坚固而滑溜，不可进攻，于是引兵退走。

十一月，刘宋将军姜道盛与杨文德合兵共二万人，攻打北魏的浊水戍，北魏的皮豹子、河间公拓跋齐前来救援，姜道盛战败身亡。

十一月二十七日甲子，魏太武帝返回，到了朔方，颁布诏书令太子拓跋晃协助总理国家大事，总领文武百官，并且说："诸位功臣勤劳很久了，都应当按照爵位归回宅邸，随时参加朝廷聚会，与朕共聚饮酒，论说治理之道，陈述良策就可以了，不适宜再烦劳以繁重的事务了，另外推举贤儁之士来充备百官。"十二月初一日丁卯，魏太武帝回到平城。

宋文帝元嘉二十一年（甲申，444年）

春季，正月初三日己亥，宋文帝主持耕作籍田典礼，大赦天下。

正月初六日壬寅，北魏太子拓跋晃开始总领百官及天下事务，魏太武帝颁布诏书命令侍中、中书监穆寿、司徒崔浩及侍中张黎、古弼辅佐太子裁决日常事务。凡是上书给太子都要称臣，礼仪与表奏相同。

古弼的为人，忠实谨慎，性格朴实正直，曾经因为上谷苑囿占地太广，乞求减少大半来赏赐贫苦民众，入宫面见魏太武帝，想要报告此事。魏太武帝这时正好与给事中刘树下棋，心思不在古弼的身上，古弼侍奉坐等了很久，没有机会说话，他忽然起身，揪住刘树的头，拽下坐床，用手击打耳朵，用拳击脊背，说道："朝廷不能治理好，实在是你的罪过！"魏太武帝大惊失色，丢下棋子说道："不听奏事，是朕的过失啊，刘树有何罪，放了他！"古弼将所要奏请的事情报告，魏太武帝全部

而事之，神降之福。然则卿有何罪！其冠履就职。苟可以利社稷，便百姓者，竭力为之，勿顾虑也。”

太子课民稼穑，使无牛者借人牛以耕种，而为之芸田以偿之，凡耕种二十二亩而芸七亩，大略以是为率。使民各标姓名于田首以知其勤惰，禁饮酒游戏者。于是垦田大增。

戊申，魏主诏：“王、公以下至庶人，有私养沙门、巫觋于家者，皆遣诣官曹；过二月十五日不出，沙门、巫觋死，主人门诛。”庚戌，又诏：“王、公、卿、大夫之子皆诣太学，其百工、商贾之子，当各习父兄之业，毋得私立学校；违者，师死，主人门诛。”

二月，辛未，魏中山王辰、内都坐大官薛辨、尚书奚眷等八将坐击柔然后期，斩于都南。

初，魏尚书令刘絜，久典机要，恃宠自专，魏主心恶之。及将袭柔然，絜谏曰：“蠕蠕迁徙无常，前者出师，劳而无功，不如广农积谷以待其来。”崔浩固劝魏主行，魏主从之。絜耻其言不用，欲败魏师，魏主与诸将期会鹿浑谷，絜矫诏易其期。帝至鹿浑谷六日，诸将不至，柔然遂远遁，追之不及。军还，经漠中，粮尽，士卒多死。絜阴使人惊魏军，劝帝委军轻还，帝不从。絜以军出无功，请治崔浩之罪。帝曰：“诸将失期，遇贼不击，浩何罪也！”浩以絜矫诏事白帝，帝至五原，收絜，囚之。帝之北行也，絜私谓所亲曰：“若车驾不返，吾当立乐平王。”絜闻尚书右丞张嵩家有图谶，问曰：“刘氏应王，继国家后，吾有姓名否？”嵩曰：“有姓无名。”帝闻之，命有司穷治，索嵩家，得谶书。事连南康公狄邻，絜、嵩、邻皆夷三族，死者百余人。絜在势要，好作威福，诸将破敌，所得财物皆与絜分之。既死，籍其家，财巨万，帝每言之则切齿。

（以上为第四段，写刘宋文帝元嘉二十一年（444）的史事，主要写北魏大臣古弼，为民请命，敢于直言极谏；太子拓跋晃监国，处理政事井井有条；拓跋焘刚毅明断，诛杀了专权误国、干扰北魏的尚书令奸臣刘絜。）

准奏。古弼说："作为人臣，无礼到了如此地步，罪过大了！"出了宫殿，来到公车官署，脱下官帽，光着脚，请求加罪。魏太武帝召唤他入宫，对他说："朕听说修筑社坛的工役，建造时蹇跛颠蹶着去干活，享祀时衣冠端正地侍奉它，神就会降福。这样一来你有何罪？还是戴好官帽，穿上鞋子，去做好自己的事务吧！只要有利于社稷，便利于百姓，竭力尽心地去做吧，不要有什么顾虑啊。"

太子拓跋晃督促民众致力农业，让没有牛的人家借别人家的牛耕种，而用为人家锄地的方法抵偿，大体是耕种二十二亩地，回报锄地七亩，按照这样的比例来进行。要求民众各自标注姓名在田间地头，用来考察百姓的勤劳与懒惰，禁止饮酒游戏的人。这时开垦土地的数量大量增加。

正月十二日戊申，魏太武帝颁布诏书说："王、公以下直到平民，凡有私自供养僧侣、男女巫师的，都要送去官府。超过二月十五日而不交出的，僧侣、巫师处死，供养人家满门抄斩。"十四日庚戌，又颁布诏书说："王、公、卿、大夫的儿子都要送到太学，而百工、商人的儿子，应当各自学习父辈的职业，不得私自设立学校，违反规定的，老师处死，当事人满门抄斩。"

二月初六日辛未，北魏中山王拓跋辰、内都坐大官薛辨、尚书奚眷等八位将领，因为攻击柔然的时候延误战机，处斩于城南。

当初，北魏尚书令刘絜，长期执掌机要事务，仗恃恩宠，独断专行，魏太武帝心中十分厌恶他。等到将要袭击柔然的时候，刘絜劝谏说："蠕蠕迁徙无常无定居之所，先前出征，劳而无功，不如扩大农业，多集粮谷，等待他们前来投奔。"崔浩坚持劝说魏太武帝前往征讨，魏太武帝听从了崔浩的建议。刘絜耻于自己的建议不被采用，想要使北魏军队失败，魏太武帝与诸位将领约定时间集合在鹿浑谷，刘絜假借君主诏令改变了集合日期。魏太武帝到达鹿浑谷六天了，其他将领还没有到达，柔然于是有机会逃遁，追赶不及。军队回师，经过沙漠，粮食消耗殆尽，士兵大多死去。刘絜暗中派人惊扰北魏军队，劝说魏太武帝丢弃军队轻车返回，太武帝没有听从。刘絜提出军队出征没有功劳，请求治崔浩的罪。太武帝说："诸位将领不能按期汇合，遭遇敌人却不能攻击，崔浩有什么罪过！"崔浩把刘絜假传诏令的事情告发给太武帝，太武帝到了五原，逮捕了刘絜，将其囚禁起来。当初太武帝北行的时候，刘絜私下里对所亲近的人说："如果国君的车驾不能返回，我就要拥立乐平王为君。"刘絜听说尚书右丞张嵩家有图谶，问道："刘姓的人应当称王，继承国家之后，上面有我的姓名吗？"张嵩回答说："只有姓，没有名。"太武帝听闻了这件事，命令主管部门穷尽追究，搜索张嵩家，取得谶书。事情牵连到南康公狄邻，刘絜、张嵩、狄邻都被灭了三族，死者有上百人。刘絜处在权势要害的时候，喜欢作威作福，诸位将领击破敌人，所得到的财物都要和刘絜一起分配。刘絜死后，全部收缴家产，

癸酉，乐平戾王丕以忧卒。初，魏主筑白台，高二百余尺。丕梦登其上，四顾不见人，命术士董道秀筮之，道秀曰："大吉。"丕默有喜色。及丕卒，道秀亦坐弃市。高允闻之，曰："夫筮者皆当依附爻象，劝以忠孝。王之问道秀也，道秀宜曰：'穷高为亢。《易》曰："亢龙有悔。"又曰："高而无民。"皆不祥也，王不可以不戒。'如此，则王安于上，身全于下矣。道秀反之，宜其死也。"

庚辰，魏主幸庐。

己丑，江夏王义恭进位太尉，领司徒。

庚寅，以侍中、领右卫将军沈演之为中领军，左卫将军范晔为太子詹事。

辛卯，立皇子宏为建平王。

三月，甲辰，魏主还宫。

癸丑，魏主遣司空长孙道生镇统万。

夏，四月，乙亥，魏侍中、太宰、阳平王杜超为帐下所杀。

六月，魏北部民杀立义将军衡阳公莫孤，帅五千余落北走，遣兵追击之，至漠南，杀其渠帅，余徙冀、相、定三州为营户。

吐谷浑王慕利延兄子纬世与魏使者谋降魏，慕利延杀之。是月，纬世弟叱力延等八人奔魏，魏以叱力延为归义王。

沮渠无讳卒，弟安周代立。

魏入中国以来，虽颇用古礼祀天地、宗庙、百神，而犹循其旧俗，所祀胡神甚众。崔浩请存合于祀典者五十七所，其余复重及小神悉罢之。魏主从之。

秋，七月，癸卯，魏东雍州刺史沮渠秉谋反，伏诛。

八月，乙丑，魏主畋于河西，尚书令古弼留守。诏以肥马给猎骑，弼悉以弱者给之。帝大怒曰："笔头奴敢裁量朕！朕还台，先斩此奴！"弼头锐，故帝常以笔目之。弼官属惶怖，恐并坐诛，弼曰："吾为人臣，不使人主盘于游畋，其罪小；不备不虞，乏军国之用，其罪大。今蠕蠕

其家财巨多，太武帝每次说到都会咬牙切齿。

二月初八日癸酉，乐平戾王拓跋丕因为忧愁恐惧而去世。当初，太武帝修筑白台，高二百多尺。拓跋丕在梦中登上台顶，四顾不见人影，命令术士董道秀卜筮，董道秀说："大吉。"拓跋丕默不作声，面露喜色。等到拓跋丕去世，董道秀也被处以弃市的死刑。高允听到了这件事，说："卜筮应当依附于《周易》的爻象，劝说以忠孝。当乐平王问董道秀的时候，董道秀应当回答说：'高到极点就是亢，《易》说："亢龙有悔。"又说："高而无民。"都是不祥的征兆，大王不可以不警戒啊。'这样一来，则乐平王安全于上，董道秀身体保全于下了。董道秀反其道而用之，该当一死。"

二月十五日庚辰，魏太武帝巡幸庐邑。

二月二十四日己丑，江夏王刘义恭升任为太尉，兼领司徒的职务。

二月二十五日庚寅，宋文帝任命侍中、领右卫将军沈演之为中领军，左卫将军范晔为太子詹事。

二月二十六日辛卯，宋文帝立皇子刘宏为建平王。

三月初九日甲辰，魏太武帝回到宫中。

三月十八日癸丑，魏太武帝派遣司空长孙道生镇守统万城。

夏季，四月十一日乙亥，北魏侍中、太宰、阳平王杜超被部属杀害。

六月，北魏北部民众杀了立义将军衡阳公莫孤，叛乱首领率领五千多帐落的人向北逃去，北魏朝廷派兵追击，直至漠南，杀死叛民首领，其余的迁徙到冀、相、定三个州成为营户。

吐谷浑王慕容慕利延的侄子慕容纬世和北魏使者密谋投降北魏，慕利延杀了慕容纬世。这个月，慕容纬世的弟弟慕容吆力延等八人投奔北魏，北魏任命慕容吆力延为归义王。

沮渠无讳去世，弟弟沮渠安周代替为王。

北魏进入中原以来，虽然也多用古代的礼仪祭祀天地、宗庙、百神，但是仍然遵循其旧有的习俗，所祭祀的胡族的神很多。崔浩请求留下符合祭祀典章的五十七所，其余重复的以及小的场所都撤除掉。太武帝采纳了他的建议。

秋季，七月初十日癸卯，北魏东雍州刺史沮渠秉谋反，被处死。

八月初三日乙丑，太武帝游猎于河西，尚书令古弼留守平城。颁布诏书把最肥的马给游猎，古弼给的全是瘦弱的马。太武帝大怒道："笔头奴竟然敢来限制朕，朕回到宫城，先杀了这个奴才！"古弼的头尖削，所以太武帝经常拿笔头称呼他。古弼的属下十分惊慌，害怕连坐被杀头，古弼说："我作为皇上的臣子，不使人主迷恋

方强，南寇未灭，吾以肥马供军，弱马供猎，为国远虑，虽死何伤！且吾自为之，非诸君之忧也。”帝闻之，叹曰：“有臣如此，国之宝也。”赐衣一袭，马二匹，鹿十头。

他日，魏主复畋于山北，获麋鹿数千头。诏尚书发车五百乘以运之。诏使已去，魏主谓左右曰：“笔公必不与我，汝辈不如以马运之。”遂还。行百余里，得弼表曰：“今秋谷悬黄，麻菽布野，猪鹿窃食，鸟雁侵费，风雨所耗，朝夕三倍。乞赐矜缓，使得收载。”帝曰：“果如吾言，笔公可谓社稷之臣矣！”

魏主使员外散骑常侍高济来聘。

（以上为第五段，写北魏主拓跋焘听从大臣建议，进行礼仪改革；尚书令古弼堪称“社稷之臣”，以国事为重，不以肥马供国主打猎，不给牛车给国主运麋鹿。）

戊辰，以荆州刺史衡阳王义季为征北大将军、开府仪同三司、南兖州刺史，以南谯王义宣为荆州刺史。

初，帝以义宣不才，故不用，会稽公主屡以为言，帝不得已用之。先赐中诏敕之曰：“师护以在西久，比表求还，今欲听许，以汝代之。师护虽无殊绩，絜己节用，通怀期物，不恣群下，声著西土，为士庶所安，论者乃未议迁之。今之回换，更为汝与师护年时一辈，欲各试其能。汝往，脱有一事减之者，既于西夏交有巨碍，迁代之讥，必归责于吾矣。此事亦易勉耳，无为使人复生评论也！”义宣至镇，勤自课厉，事亦修理。

庚辰，会稽长公主卒。

吐谷浑吐力延等请师于魏以讨吐谷浑王慕利延，魏主使晋王伏罗督诸军击之。

九月，甲辰，以沮渠安周为都督凉河沙三州诸军事、凉州刺史、河西王。

丁未，魏主如漠南，将袭柔然，柔然敕连可汗远遁，乃止。敕连寻卒，子吐贺真立，号处罗可汗。

于游猎之中，这个罪过小；如果对不测之事不做好准备，这个罪就大了。方今蠕蠕正在强盛，南方的贼寇还没有消灭，我用肥马供给军用，弱马送去游猎，是为了国家的长远考虑，虽然死了有何伤害！况且这一切都是我一个人所为，不应当成为诸位的忧虑。”太武帝听说了此话，感叹地说：“有臣子如此，国家的宝贝哪！”赐给古弼一身衣服、两匹马、十头鹿。

有一天，太武帝又游猎于山北，捕获了数千头麋鹿。颁布诏书给尚书调发车辆五百辆来运输。使者带着诏书已经离去，太武帝对左右的人说：“笔头公必定不会给我，你们不如用马匹来运输吧。”于是回程。太武帝向前行进了一百多里，得到古弼的表奏：“今年秋天谷穗下垂发黄，麻豆遍布田野，猪鹿偷吃，乌雁侵害，加上风雨的消耗，延迟早晚一天损失三倍，乞求延缓运送麋鹿，使得庄稼得以收获完。”太武帝说：“果然像我所说的，笔公可谓是社稷之臣了！”

魏太武帝派遣员外散骑常侍高济出使刘宋交好。

八月初六日戊辰，宋文帝任命荆州刺史、衡阳王刘义季为征北大将军、开府仪同三司、南兖州刺史，南谯王刘义宣为荆州刺史。

当初，宋文帝因为刘义宣没有才能，所以不予叙用，会稽公主多次提说此事，宋文帝不得已而任用他。先下手诏告诫刘义宣说：“师护因为在西边时间太久了，一再上表请求回京，今天想听从他的心愿，让你替代他。师护虽然没有特殊的功绩，但洁身自好，节约费用，胸怀宽广，不贪求财物，不放纵部下，声望闻名于西部，为士族与民众所拥戴，监管督查的人员没有提出调他离任的建议。现今朕用你换他回来，还因为你与师护同是一辈人，想要试试各自的能力。你去之后，如果有一件事不如刘义季，就会在西夏造成重大的不良影响，产生对于这次迁升替代的讥讽，必然归责任予朕了。此事也容易勉力做好，不要使人再生评论了吧！”刘义宣到了荆州，严格约束自己，十分勤勉，各种事务倒也办得有条有理。

八月十八日庚辰，会稽长公主去世。

吐谷浑吡力延等向北魏请兵去征讨吐谷浑王慕利延，北魏太武帝派遣晋王伏罗督统诸军攻击慕利延。

九月十二日甲辰，宋文帝任命沮渠安周为督统凉河沙三州诸军事、凉州刺史、河西王。

九月十五日丁未，魏太武帝巡视漠南，打算袭击柔然，柔然敕连可汗远远地逃走，就停止了行动。敕连可汗不久去世，儿子吐贺真继位，号称处罗可汗。

魏晋王伏罗至乐都，引兵从间道袭吐谷浑，至大母桥。吐谷浑王慕利延大惊，逃奔白兰，慕利延兄子拾寅奔河西，魏军斩首五千余级。慕利延从弟伏念等帅万三千落降于魏。

冬，十月，己卯，以左军将军徐琼为兖州刺史，大将军参军申恬为冀州刺史。徙兖州镇须昌，冀州镇历下。恬，谟之弟也。

十二月，魏主还平城。

是岁，沙州牧李宝入朝于魏，魏人留之，以为外都大官。

太子率更令何承天撰《元嘉新历》，表上之。以月食之冲知日所在。又以中星检之，知尧时冬至日在须女十度，今在斗十七度。又测景校二至，差三日有余，知今之南至日应在斗十三四度。于是更立新法，冬至徙上三日五时，日之所在，移旧四度。又月有迟疾，前历合朔，月食不在朔望；今皆以赢缩定其小余，以正朔望之日。诏付外详之。太史令钱乐之等奏，皆如承天所上，唯月有频三大，频二小，比旧法殊为乖异，谓宜仍旧。诏可。

（以上为第六段，写宋文帝刘义隆任命其弟刘义宣为荆州刺史，训导其勉力政事；颁行天文学家何承天校正的《元嘉新历》。）

二十二年（乙酉，445 年）

春，正月，辛卯朔，始行新历。初，汉京房以十二律中吕上生黄钟，不满九寸，更演为六十律。钱乐之复演为三百六十律，日当一管。何承天立议，以为上下相生，三分损益其一，盖古人简易之法，犹如古历周天三百六十五度四分度之一也。而京房不悟，谬为六十。乃更设新律，林钟长六寸一厘，则从中吕还得黄钟，十二旋宫，声韵无失。

壬辰，以武陵王骏为雍州刺史。帝欲经略关、河，故以骏镇襄阳。

魏主使散骑常侍宋愔来聘。

二月，魏主如上党，西至吐京，讨徙叛胡，出配郡县。

甲戌，立皇子祎为东海王，昶为义阳王。

三月，庚申，魏主还宫。

北魏晋王伏罗到了乐都，领兵从小道袭击吐谷浑，到达大母桥。吐谷浑王慕利延大惊，逃奔到白兰，慕利延侄子慕容拾寅奔向河西。魏军斩首五千多人。慕利延的堂弟慕容伏念等人率领一万三千帐落投降了北魏。

冬季，十月十七日己卯，宋文帝任命左军将军徐琼为兖州刺史，大将军参军申恬为冀州刺史。把兖州治所迁到须昌，冀州治所迁到历下。申恬，是申谟的弟弟。

十二月，魏太武帝回到平城。

这一年，沙州牧李宝到平城朝见魏太武帝，北魏朝廷将其留下，任命他为外都大官。

刘宋太子率更令何承天撰写《元嘉新历》，表奏给文帝。通过月食的对冲遮掩而知太阳之所在，又用中星进行检查，知晓尧的时候冬至日太阳在须女十度的位置上，今天已经在斗星十七度的位置上。又测量了太阳的影子来校正冬至和夏至的时刻，有三天多的误差，得知今天太阳最南的位置应该在斗星十三四度。于是另外订立新的历法，冬至向前移动了三天零五个时辰，太阳所在的位置，向原来的位置移动四度。又指出月亮的移动有快有慢，先前的历法与朔日相校，月食不在朔日和望日，现今都以盈缩的天数推定其月亮的小余，用来确定朔日和望日。宋文帝颁布诏书命令交付宫外的大臣详细议定。太史令钱乐之等人上奏，都赞同何承天的推定，只有月份有三个月连续为大月、连续两个月为小月的情况，比起旧的历法差异太大，认为大小月的设置仍然沿用旧的历法。宋文帝颁布诏书批准施行。

宋文帝元嘉二十二年（乙酉，445年）

春季，正月初一辛卯朔日，开始施行新的历法。当初，汉代的京房将十二音律中的中吕、上生、黄钟，不满九寸，都改到六十律。钱乐之进一步推演为三百六十律，每天符合一管乐器。何承天立议，认为上下相生，三分减少或增加其一，大体上是古人简易的方法，犹如古代历法中一周天三百六十五度四分度之一一样。而京房没有觉悟其中的道理，错误地改为六十度。于是重新设定新的音律，林钟长六寸一厘，便从中吕回到黄钟，每十二个音律又回到第一音级，声韵一点都没有损失。

正月初二日壬辰，宋文帝任命武陵王刘骏为雍州刺史。宋文帝想谋划收复函谷关、黄河以西地区，所以用刘骏镇守襄阳。

魏太武帝派遣散骑常侍宋愔出使刘宋交好。

二月，魏太武帝到达上党，向西到吐京，讨伐迁徙叛乱的胡人，将他们迁出发配到郡县。

二月十四日甲戌，宋文帝立皇子刘祎为东海王，刘昶为义阳王。

三月初一日庚申，魏太武帝回到宫城。

魏诏："诸疑狱皆付中书，以经义量决。"

夏，四月，庚戌，魏主遣征西大将军高凉王那等击吐谷浑王慕利延于白兰，秦州刺史代人封敕文、安远将军乙乌头击慕利延兄子什归于枹罕。

河西之亡也，鄯善人以其地与魏邻，大惧，曰："通其使人，知我国虚实，取亡必速。"乃闭断魏道，使者往来，辄钞劫之，由是西域不通者数年。魏主使散骑常侍万度归发凉州以西兵击鄯善。

六月，壬辰，魏主北巡。

帝谋伐魏，罢南豫州入豫州，以南豫州刺史南平王铄为豫州刺史。

秋，七月，己未，以尚书仆射孟颢为左仆射，中护军何尚之为右仆射。

武陵王骏将之镇，时缘沔诸蛮犹为寇，水陆梗碍；骏分军遣抚军中兵参军沈庆之掩击，大破之。骏至镇，蛮断驿道，欲攻随郡，随郡太守河东柳元景募得六七百人，邀击，大破之。遂平诸蛮，获七万余口。涢山蛮最强，沈庆之讨平之，获三万余口，徙万余口于建康。

吐谷浑什归闻魏军将至，弃城夜遁。八月，丁亥，封敕文入枹罕，分徙其民千家还上邽，留乙乌头守枹罕。

万度归至敦煌，留辎重，以轻骑五千度流沙，袭鄯善，壬辰，鄯善王真达面缚出降。度归留军屯守，与真达诣平城，西域复通。

魏主如阴山之北，发诸州兵三分之一，各于其州戒严，以须后命。徙诸种杂民五千余家于北边，令就北畜牧，以饵柔然。

壬寅，魏高凉王那军至宁头城，吐谷浑王慕利延拥其部落西度流沙。吐谷浑慕璝之子被囊逆战，那击破之，被囊遁走，中山公杜丰帅精骑追之，度三危，至雪山，生擒被囊及吐谷浑什归、乞伏炽盘之子成龙，皆送平城。慕利延遂西入于阗，杀其王，据其地，死者数万人。

（以上为第七段，写刘宋继颁行新历之后，修正音律；刘宋将领沈庆之讨平涢山

北魏颁布诏书：“所有有疑问的案件都交付中书省，根据经书大义量定裁决。”

夏季，四月二十二日庚戌，魏太武帝派遣征西大将军高凉王拓跋那等出击吐谷浑王慕利延于白兰，秦州刺史代郡人封敕文、安远将军乙乌头出击慕利延侄子慕容什归于枹罕。

当初北凉王沮渠无讳从河西逃亡的时候，鄯善人就因为其地界和北魏相邻，十分害怕，说：“如果让魏国的使臣来此，便知道了我国的虚实，灭亡必定加速。”于是闭锁关门，阻断与北魏和西域的道路，有使者往来时，便时时抄掠抢劫，由于这一原因，北魏和西域不能通达有数年之久。魏太武帝派遣散骑常侍万度归调发凉州以西的军队攻击鄯善。

六月初四日壬申，魏太武帝巡视北方。

宋文帝谋划讨伐北魏，撤销南豫州并入豫州，任命南豫州刺史南平王刘铄为豫州刺史。

秋季，七月初二日己未，宋文帝任命尚书仆射孟颉为左仆射，中护军何尚之为右仆射。

刘宋武陵王刘骏将要赴襄阳就任，当时沔水两岸各蛮人部族仍然时时为寇盗，水陆交通受到阻碍。刘骏分出部分军队派遣抚军中兵参军沈庆之袭击寇盗，大获全胜。刘骏到了襄阳，蛮人断绝了驿道，想要攻取随郡。随郡太守河东人柳元景招募到六七百人，拦腰截击，获得大胜，于是平定了诸蛮部族，俘获七万多人。涢山的蛮人部族最为强盛，沈庆之讨伐平定了，俘获三万多人，迁徙一万多人到建康。

吐谷浑的枹罕守将慕容什归听闻北魏军队将要到来，丢弃了城池，连夜逃走。八月初一日丁亥，北魏封敕文进入枹罕，分散当地居民一千多家迁入上邽，留下乙乌头驻守枹罕。

北魏散骑常侍万度归到了敦煌，留下辎重，率领轻骑五千人渡过流沙，袭击鄯善，八月初六日壬辰，鄯善王真达反绑着自己出来投降。万度归留下军队屯守，自己带着真达前往平城，西域交通又重新打通。

魏太武帝到了阴山以北，调发各州军队士兵的三分之一，各在本州戒严，等待以后的命令。迁徙各种族的杂民五千余家到北边去，命令在北边放牧，用以引诱柔然。

八月十六日壬寅，北魏高凉王拓跋那率军到达宁头城，吐谷浑王慕利延带领部落向西渡过流沙。吐谷浑前国王慕容慕璝的儿子慕容被囊迎战，被拓跋那击败。慕容被囊逃遁而去，中山公杜丰率领精兵追击，越过三危山，到了雪山，活捉了慕容被囊以及吐谷浑王的侄儿什归、乞伏炽磐的儿子成龙，都押送到平城。慕利延于是向西进入于阗。杀了于阗王，占据了于阗的土地，死的人有数万人。

地区少数民族叛乱；北魏主拓跋焘巡视北方，重新打通被鄯善堵塞的西域交通。）

九月，癸酉，上饯衡阳王义季于武帐冈。上将行，敕诸子且勿食，至会所设馔。日旰，不至，有饥色。上乃谓曰："汝曹少长丰佚，不见百姓艰难。今使汝曹识有饥苦，知以节俭御物耳。"

裴子野论曰：善乎，太祖之训也！夫侈兴于有余，俭生于不足。欲其隐约，莫若贫贱！习其险艰，利以任使；为其情伪，易以躬临。太祖若能率此训也，难其志操，卑其礼秩，教成德立，然后授以政事，则无怠无荒，可播之于九服矣。

高祖思固本枝，崇树襁褓；后世遵守，迭据方岳。及乎泰始之初，升明之季，绝咽于衾衽者动数十人。国之存亡，既不是系，早肆民上，非善诲也。

（以上为第八段，写宋文帝教育诸子节俭，引用裴子野的评论，予以赞扬，而对高祖刘裕让年幼子孙占据方镇高位，则予以讥评。）

魏民间讹言"灭魏者吴"，卢水胡盖吴聚众反于杏城，诸种胡争应之，有众十余万；遣其党赵绾来，上表自归。冬，十月，戊子，长安镇副将拓跋纥帅众讨吴，纥败死。吴众愈盛，民皆渡渭奔南山。魏主发高平敕勒骑赴长安，命将军叔孙拔领摄并、秦、雍三州兵屯渭北。

十一月，魏发冀州民造浮桥于碻磝津。

盖吴遣别部帅白广平西掠新平，安定诸胡皆聚众应之。又分兵东掠临晋以东，将军章直击破之，溺死于河者三万余人。吴又遣兵西掠，至长安，将军叔孙拔与战于渭北，大破之，斩首三万余级。

河东蜀薛永宗聚众以应吴，袭击闻喜。闻喜县无兵仗，令忧惶无计；县人裴骏帅厉乡豪击之，永宗引去。

魏主命薛谨之子拔纠合宗、乡，壁于河际，以断二寇往来之路。庚午，魏主使殿中尚书拓跋处直等将二万骑讨薛永宗，殿中尚书乙拔将三万骑讨盖吴，西平公寇提将万骑讨白广平。吴自号天台王，署置百官。

九月十七日癸酉，宋文帝为衡阳王刘义季在武帐冈饯行。宋文帝将要出发的时候，告诫儿子们先不要急着吃饭，到了集合的地方再设宴进餐。太阳西斜了，刘义季还没有到来，众人都面有饥色。宋文帝这时才说："你们从小成长在丰腴安逸的环境中，看不见百姓的艰难。今天想让你们知道还有饥饿困苦，要懂得用节俭来使用物产啊。"

裴子野评论说：宋太祖的训导真是太好了啊！奢侈兴起于富有，节俭产生于不足。想要他俭约，就要经历贫贱。艰难的环境，有利于担当；要明察民情的真伪，就必须亲身临莅。太祖如果能够遵循这一训示方法，磨炼儿子们的志向操守，降低给儿子们的礼遇品秩，让他们接受好的教育，树立优良品德，然后授给政事，那么就不会有怠惰，不会有荒废，这一传统就可施行于全国。

宋高祖刘裕想巩固自己子孙的地位，襁褓中的婴儿高高封赏，一代代遵守，轮流据守方镇。到了泰始初年至升明末年，被掐死在襁褓中的婴儿动辄数十人。国家的存亡，既然不是维系在那些婴儿身上，而很早让他们高居于民众之上，确实不是善的教诲啊！

北魏民间有一种传言，说是"灭亡魏国的是吴"，卢水胡人盖吴聚众造反于杏城，各族胡人争相响应，拥有十几万众。盖吴派遣同党赵绾来到刘宋，上表请求归降。冬季，十月初三日戊子，长安镇副将拓跋纥率众讨伐盖吴，拓跋纥失败而死。盖吴的部众更加兴盛，民众都渡过渭河逃奔南山。魏太武帝调发高平敕勒骑兵急赴长安，命令将军叔孙拔统领并、秦、雍三州军队屯驻渭河以北。

十一月，北魏征调民众在黄河碻磝津造浮桥。

盖吴派遣另一支部队将领白广平向西掠取新平，安定的各部胡人都聚集响应。又分兵向东掠取临晋以东，被北魏将军章直打败，溺死在黄河中的有三万多人。盖吴又派兵向西掠取，到达长安，北魏将军叔孙拔与其交战于渭水以北，大获全胜，斩首三万多级。

河东迁居来的蜀人薛永宗聚集众人响应盖吴，袭击闻喜。闻喜县没有军队兵器，县令忧惧无计可施。县民裴骏率领激励本县豪绅攻击，薛永宗引兵撤走。

魏太武帝命令薛谨的儿子薛拔纠集宗族、同乡，在黄河岸上营造工事，阻断盖吴和薛永宗往来的道路。十一月十五日庚午，魏太武帝派遣殿中尚书拓跋处直等率领二万骑兵讨伐薛永宗，殿中尚书乙拔率领三万骑兵讨伐盖吴，西平公寇提率领

辛未，魏主还宫。

魏选六州骁骑二万，使永昌王仁、高凉王那分将之为二道，掠淮、泗以北，徙青、徐之民以实河北。

癸未，魏主西巡。

（以上为第九段，写北魏卢水胡人盖吴听信“灭魏者吴”的传言，聚众造反，河东蜀人薛永忠聚众响应，一时声势浩大，拥众十几万，北魏调集大军才予以平定。）

初，鲁国孔熙先博学文史，兼通数术，有纵横才志，为员外散骑侍郎，不为时所知，愤愤不得志。父默之为广州刺史，以赃获罪，大将军彭城王义康为救解得免。及义康迁豫章，熙先密怀报效。且以为天文、图谶，帝必以非道晏驾，由骨肉相残，江州应出天子。以范晔志意不满，欲引与同谋，而熙先素不为晔所重。太子中舍人谢综，晔之甥也，熙先倾身事之，综引熙先与晔相识。

熙先家饶于财，数与晔博，故为拙行，以物输之。晔既利其财，又爱其文艺，由是情好款洽。熙先乃从容说晔曰：“大将军英断聪敏，人神攸属，失职南垂，天下愤怨。小人受先君遗命，以死报大将军之德。顷人情骚动，天文舛错，此所谓时运之至，不可推移者也。若顺天人之心，结英豪之士，表里相应，发于肘腋，然后诛除异我，崇奉明圣，号令天下，谁敢不从！小人请以七尺之躯，三寸之舌，立功立事而归诸君子，丈人以为何如？”晔甚愕然。熙先曰：“昔毛玠竭节于魏武，张温毕议于孙权，彼二人者，皆国之俊乂，岂言行玷缺，然后至于祸辱哉？皆以廉直劲正，不得久容。丈人之于本朝，不深于二主，人间雅誉，过于两臣，谗夫侧目，为日久矣，比肩竞逐，庸可遂乎。近者殷秩一言而刘班碎首，彼岂父兄之仇、百世之怨乎？所争不过荣名势利先后之间耳。及其末也，唯恐陷之不深，发之不早，戮及百口，犹曰未厌。是可为寒心悼惧，岂书籍远事也哉！今建大勋，奉贤哲，图难于易，以安易危，享厚利，收鸿名，一旦苞举而有之，岂可弃置而不取哉！”晔犹疑未决。熙先曰：“又有过于此者，愚则未敢道耳。”晔曰：“何谓也？”熙先曰：“丈人奕叶清通，而不得连姻帝室，人以犬豕相遇，而丈人曾不耻之，欲为之死，不亦惑乎！”晔门无内行，故熙先以此激之。晔默然不应，反意乃决。

一万骑兵讨伐白广平。盖吴自称天台王，设置文武百官。

十一月十六日辛未，魏太武帝回到宫殿。

北魏选调六州骁勇骑兵二万人，派遣永昌王拓跋仁、高凉王拓跋那兵分两路，掠取淮、泗以北的地方，迁徙青、徐的民众充实河北。

十一月二十八日癸未，魏太武帝巡视西疆。

当初，鲁国的孔熙先博学文史，并通晓数术，有纵横天下的才志，担任员外散骑侍郎，不被当时的人所知晓，愤愤不得志。父亲孔默之任广州刺史，因为贪赃而获罪，由于大将军彭城王刘义康援救得以免除判刑。等到刘义康贬谪豫章，孔熙先密谋报答。而且他认为天文、图谶都显示，宋文帝一定死于非命，死因是骨肉相残；江州应该出天子。因为范晔心怀不满，孔熙先想要拉拢他一起谋划，但是孔熙先素来不被范晔看重。太子中舍人谢综是范晔的外甥，孔熙先倾尽心力来侍奉他，谢综引荐孔熙先与范晔相识。

孔熙先家很富有，数次和范晔赌博，故意以笨拙的手法输钱给他。范晔贪财，又喜欢他的才华，因此关系亲切融洽。孔熙先于是找机会对范晔说："大将军英武聪敏，百姓和天神都归心于他，失职被发往南方边陲，天下人无不愤怒。小人接受先君遗言，以死来报答大将军的恩德。近日人心骚动不安，天文运行错乱，这就是所谓的时来运转，不可推移的情况啊。如果顺从天人的心，结交英豪之士，里应外合，在宫中发起政变，然后杀掉不同心的人，推举英明圣人，号令天下，谁敢不从！小人请求以七尺之躯，三寸之舌，立下大功成了大事而归君子，长辈以为如何？"范晔听后非常惊愕。孔熙先接着说："过去毛玠竭心尽力于魏武帝，张温贡献全部心意于孙权，这两个人，都是国中英杰人才，难道是言行不当有所缺失而后招致灾祸羞辱的吗？都因为廉直刚烈，不能被长久地容纳。长辈对于本朝而言，其信任不深于两位主公，人间的赞誉，不超过两位人才。谗害你的人对你侧目而视已经很久了，肩并肩的角逐，长辈的心愿怎么能够实现呢！近日，殷铁仅仅一句话，就使刘班掉了脑袋，他们两人难道有不共戴天的父兄之仇，或百代的怨恨吗？他们所争的不过是荣名势利谁先谁后罢了。到了最后，唯恐诬陷对方不深，揭露对方的罪行不早，皇上杀戮上百口人家，仍然没有解恨呢。这样使人寒心恐惧的事情，难道是书籍上记载的遥远的事情吗？今日建立伟大的功勋，敬奉贤哲之人，图谋困难的事情现今很容易做成，用安全置换危险，享受丰厚的利润，收取宏大的名声，一个早晨举兵就能拥有这些，难道可以弃置不取吗？"范晔犹豫不决。孔熙先又说："还有比这更

晔与沈演之并为帝所知，晔先至，必待演之俱入，演之先至，尝独被引，晔以此为怨。晔累经义康府佐，中间获罪于义康。谢综及父述，皆为义康所厚，综弟约娶义康女。综为义康记室参军，自豫章还，申义康意于晔，求解晚隙，复敦往好。大将军府史仲承祖，有宠于义康，闻熙先有谋，密相结纳。丹杨尹徐湛之，素为义康所爱，承祖因此结事湛之，告以密计。道人法略、尼法静，皆感义康旧恩，并与熙先往来。法静妹夫许曜，领队在台，许为内应。法静之豫章，熙先付以笺书，陈说图谶。于是密相署置，及素所不善者，并入死目。

熙先又使弟休先作檄文，称："贼臣赵伯符肆兵犯跸，祸流储宰，湛之、晔等投命奋戈，即日斩伯符首及其党与。今遣护军将军臧质奉玺绶迎彭城王正位辰极。"熙先以为举大事宜须以义康之旨谕众，晔又诈作义康与湛之书，令诛君侧之恶，宣示同党。

（以上为第十段，写刘宋官员孔熙先为了报恩被贬的彭城王刘义康而谋反，他千方百计拉拢心有怨言的范晔，投其所好，范晔上了贼船。）

帝之燕武帐冈也，晔等谋以其日作乱。许曜侍帝，扣刀目晔，晔不敢仰视。俄而座散，徐湛之恐事不济，密以其谋白帝。帝使湛之具探取本末，得其檄书、选署姓名，上之。帝乃命有司收掩穷治。其夜，呼晔置客省，先于外收综及熙先兄弟，皆款服。帝遣使诘问晔，晔犹隐拒。熙先闻之，笑曰："凡处分、符檄、书疏，皆范所造，云何于今方作如此抵蹋邪？"帝以晔墨迹示之，乃具陈本末。

明日，仗士送付廷尉。熙先望风吐款，辞气不桡。上奇其才，遣人慰勉之曰："以卿之才而滞于集书省，理应有异志，此乃我负卿也。"又责前吏部尚书何尚之曰："使孔熙先年将三十作散骑郎，那不作贼！"熙先

为厉害的事情，我不敢说出来。”范晔问：“是什么？”孔熙先说：“长辈世代都有名行，而不得与皇室联姻，人家像猪狗一样对待你们，而长辈却不以为羞耻，想要为皇帝献身，这不是使人疑惑的事情吗？”范晔家族内有人操行不端，所以孔熙先就用这话来刺激他。范晔默然不语，但是造反的决心已下。

范晔和沈演之一起受到宋文帝的知遇之恩，范晔先到了朝廷，一定要等待沈演之来后一起觐见，而沈演之先到的时候，曾经被单独接见，范晔因此而怨恨。范晔曾经长期做刘义康的部属，中间得罪过刘义康。谢综和父亲谢述，都被刘义康所亲厚，谢综的弟弟娶了刘义康的女儿。谢综担任义康的记室参军，从豫章回京，申述刘义康的心意于范晔，请求解除往日的嫌隙，重新交好。大将军府史仲承祖有恩宠于刘义康，听说孔熙先有阴谋，秘密交结。丹阳尹徐湛之素来被刘义康所喜爱，仲承祖因此结交徐湛之，告知了秘密谋划。道人法略、尼姑法静，都感激义康旧日的恩情，都与孔熙先往来。法静妹夫许曜，在宫廷中率领禁卫，答应为内应。法静前往豫章，熙先交给她信笺，陈说图谶的事。这时秘密布置，把那些平日不喜欢的人都列入处死名单。

孔熙先又让弟弟孔休先写作檄文，称：“贼臣赵伯符肆意使用兵器冒犯皇帝，灾祸流及储君，徐湛之、范晔等不顾性命奋戈战斗，即日斩首赵伯符首级及其党羽。今日派遣护军将军臧质捧太上皇帝玉玺迎接彭城王登太上皇位。”孔熙先认为举办大事应当以刘义康的旨意宣示大众，范晔又假冒刘义康给徐湛之书信，命令徐湛之诛杀君主身边的坏人，宣示给同党。

宋文帝巡视武帐冈，范晔等谋划在这一天作乱。许曜侍奉宋文帝，将佩刀微微拔出，用眼神向范晔示意。范晔不敢抬头仰视。一会儿，宴席散了，徐湛之恐怕事情不成功，秘密将其阴谋报告宋文帝。宋文帝让湛之详细地探取计划的全部，徐湛之将得到的号召天下的檄文、拟定的官署以及任命的名单，呈报给宋文帝。宋文帝命令有关部门逮捕穷尽追查。这一天晚上，召唤范晔在客省值班，先在外边逮捕了谢综和孔熙先兄弟，都认罪供服。宋文帝派遣使者审问范晔，范晔还试图隐瞒抗拒，熙先知道了，笑着说：“所有的计划、符檄、书信，都是范晔所亲手制定，为什么到现今还这样抵赖呢？”宋文帝把范晔的墨迹拿来给他看，他才将事情的始末详细招供出来。

第二天，武士把他们交付给廷尉。孔熙先见风使舵，吐露真情，辞气没有一丝胆怯。宋文帝惊奇他的才能，派人慰问勉励道：“以你的才气而滞留于集书省，理应有异样想法，这是朕辜负了你啊！”又责备先前的吏部尚书何尚之说：“让孔熙先年

于狱中上书谢恩，且陈图谶，深戒上以骨肉之祸，曰：“愿勿遗弃，存之中书。若囚死之后，或可追录，庶九泉之下，少塞衅责。”

晔在狱为诗曰：“虽无嵇生琴，庶同夏侯色。”晔本意谓入狱即死，而上穷治其狱，遂经二旬，晔更有生望。狱吏戏之曰：“外传詹事或当长系。”晔闻之，惊喜。综、熙先笑之曰：“詹事畴昔攘袂瞋目，跃马顾盼，自以为一世之雄；今扰攘纷纭，畏死乃尔！设令赐以性命，人臣图主，何颜可以生存！”

十二月，乙未，晔、综、熙先及其子弟、党与皆伏诛。晔母至市，涕泣责晔，以手击晔颈，晔颜色不作；妹及妓妾来别，晔悲涕流涟。综曰：“舅殊不及夏侯色。”晔收泪而止。

谢约不预逆谋，见兄综与熙先游，常谏之曰：“此人轻事好奇，不近于道，果锐无检，未可与狎。”综不从而败。综母以子弟自蹈逆乱，独不出视。晔语综曰：“姊今不来，胜人多矣。”

收籍晔家，乐器服玩，并皆珍丽，妓妾不胜珠翠。母居止单陋，唯有一厨盛樵薪；弟子冬无被，叔父单布衣。

裴子野论曰：夫有逸群之才，必思冲天之据。盖俗之量，则偾常均之下。其能守之以道，将之以礼，殆为鲜乎！刘弘仁，范蔚宗，皆忸志而贪权，矜才以徇逆，累叶风素，一朝而陨。向之所谓智能，翻为亡身之具矣。

徐湛之所陈多不尽，为晔等辞所连引，上赦不问。臧质，熹之子也，先为徐、兖二州刺史，与晔厚善，晔败，以为义兴太守。

有司奏削彭城王义康爵，收付廷尉治罪。丁酉，诏免义康及其男女皆为庶人，绝属籍，徙付安成郡。以宁朔将军沈邵为安成相，领兵防守。邵，璞之兄也。义康在安成，读书，见淮南厉王长事，废书叹曰：“自古有此，我乃不知，得罪为宜也。”

将三十做散骑郎，哪能不做贼！”孔熙先从监狱里上书宋文帝谢恩，并且陈说图谶，宗室相残或将引发祸变，皇上要深以为戒。说：“请求不要丢弃这封上书，要存档在中书。我因囚禁而死，或许可以想起来查看，我在九泉之下，也许可以减轻一些这次谋反的罪责。”

范晔在狱中赋诗道：“虽然没有嵇康死时所弹的琴，但是可以像夏侯玄临刑而面色不变。”范晔本意以为入狱就会处死，而皇帝却在彻底追查，过了两旬，范晔又有了活命的希望，狱卒戏弄他说：“外面传说詹事或者会长久关押。”范晔闻听此言，十分惊喜。谢综、孔熙先嘲笑他说：“詹事往日捋袖瞪眼，跃马顾盼，自以为一世之雄，今日世情混乱纷扰，怕死到这等地步，假设被赐以再生，你作为臣子却图谋君主，有何面目活在人世呢！”

十二月二十一日乙未，范晔、谢综、孔熙先以及其子弟、党羽都被杀头。范晔的母亲来到刑场，流着泪责骂范晔，用手击打范晔的脖颈，范晔毫无羞愧之色。妹妹及妻妾来诀别，范晔涕泗横流。谢综说：“舅舅一点都赶不上夏侯玄的气色啊！”范晔马上收起了眼泪。

谢约没有参与造反的谋划，看见兄长与孔熙先交游，经常劝说谢综：“此人轻率从事，喜欢奇异，不近于常理，勇于做事而不检点，不可以和他太亲密。”谢综没有听从而导致失败。谢综的母亲因为儿子和弟弟陷于反叛作乱，独独没有去看视。范晔对谢综说：“姐姐今天不来，超出常人多了。”

没收范晔家产，乐器、服饰、珍玩，都十分珍贵华丽，家妓小妾都有用不完的珠宝翠玉。而母亲居处的地方，十分简单破旧，唯有一间厨房盛放着木柴；侄子冬天没有棉被盖，叔父穿着单布衣服。

> 裴子野评论说：一个人有超过常人的才能，一定拥有一飞冲天的凭依；有盖过世俗的雄心，就不安于常人之下。这样的人如果能够用道来信守，行之以礼，大概很少的了。刘弘仁，范蔚宗，都心术不正而贪恋权势，矜持才能以谋叛逆，祖上一代代留存下来的家风，一旦就毁弃殆尽，平日所说的智慧与才能，反倒成为亡身的器具了。

徐湛之所陈述大多不详尽，被范晔等人的供词所牵连，宋文帝赦免不问。臧质，臧熹的儿子，先前做过徐、兖二州的刺史，和范晔友善，范晔失败，调他做了义兴太守。

有关部门奏请削去彭城王刘义康的爵位，将他逮捕交给廷尉治罪。十二月十三日丁酉，颁布诏书免去刘义康以及亲属的爵位，全部贬为平民，从皇家宗室中除名，迁徙交付安成郡看管。任命宁朔将军沈邵为安成相，领兵防守。沈邵，是沈璞的兄长。刘义康在安成，读书时看到淮南厉王刘长的事情，放下书感叹道：“自古就有此

庚戌，以前豫州刺史赵伯符为护军将军。伯符，孝穆皇后之弟子也。

初，江左二郊无乐，宗庙虽有登歌，亦无二舞。是岁，南郊始设登歌。

魏安南、平南府移书兖州，以南国侨置诸州多滥北境名号；又欲游猎具区。兖州答移曰："必若因土立州，则彼立徐、扬，岂有其地？复知欲游猎具区，观化南国。开馆饰邸，则有司存；呼韩入汉，厥仪未泯，馈饩之秩，每存丰厚。"

（以上为第十一段，写孔熙先策划范晔反叛朝廷的阴谋败露，宋文帝刘义隆穷治党羽，彭城王刘义康被牵连其中，将其削职，从宗室除名，流放安成郡。）

二十三年（丙戌，446年）

春，正月，庚申，尚书左仆射孟顗罢。

戊辰，魏主军至东雍州，临薛永宗垒，崔浩曰："永宗未知陛下自来，众心纵弛。今北风迅疾，宜急击之。"魏主从之，庚午，围其垒。永宗出战，大败，与家人皆赴汾水死。其族人安都先据弘农，弃城来奔。

辛未，魏主南如汾阴，济河，至洛水桥。闻盖吴在长安北，帝以渭北地无谷草，欲渡渭南，循渭而西，以问崔浩，对曰："夫击蛇者先击其首，首破则尾不能掉。今盖吴营去此六十里，轻骑趋之，一日可到，到则破之必矣。破吴，南向长安亦不过一日，一日之乏，未至有伤。若从南道，则吴徐入北山，猝未可平。"帝不从，自渭南向长安，庚辰，至戏水。吴众闻之，悉散入北地山，军无所获。帝悔之。二月，丙戌，帝至长安，丙申，如盩厔，历陈仓，还，如雍城，所过诛民、夷与盖吴通谋者。乙拔等诸军大破盖吴于杏城。

吴复遣使上表求援，诏以吴为都督关陇诸军事、雍州刺史、北地公，使雍、梁二州发兵屯境上，为吴声援；遣使赐吴印一百二十一纽，使吴随宜假授。

初，林邑王范阳迈，虽遣使入贡，而寇盗不绝，所贡亦薄陋；帝遣

等的事情，我乃不知，获得罪过是应该的啊！”

十二月二十六日庚戌，宋文帝任命前豫州刺史赵伯符为护军将军。赵伯符是孝穆皇后的侄子。

当初，江左在南北郊祭祀的时候没有音乐，宗庙虽然有登歌，但没有文武两种舞蹈。这一年，南郊开始设置登歌。

北魏的安南、平南西府送递书信给刘宋兖州，指责南国侨置各州大多滥用北方的名号；他们还想要去太湖游玩渔猎。兖州方面回复说：“一定要依据土地而设立州郡，那你们魏国设立的徐州、扬州，难道有这块土地吗？你们想要来太湖游览渔猎，参观南方的教化，我们会开放邸馆，由有关部门接待；当时呼韩邪单于进入汉朝使用的那些礼仪尚未消失，用来款待你们的美食，十分丰厚。”

宋文帝元嘉二十三年（丙戌，446年）

春季，正月初六日庚申，刘宋尚书左仆射孟颉被罢官。

正月十四日戊戌，魏太武帝进军到河东的雍州，临近薛永宗所守的堡垒，崔浩说：“薛永宗不知陛下亲自前来，众人之心放纵松弛。今时北风迅疾，我们应该趁机急速出击。”北魏太武帝听从了他的建议，正月十六日庚午，北魏军队包围了薛永宗的堡垒。薛永宗出战，大败，和家人一起都投入汾河自杀。薛永宗的族人薛安都此前占据弘农，这时丢弃城池投降刘宋。

正月十七日辛未，魏太武帝向南进军到汾阴，过了黄河，到了洛水桥。听说盖吴在长安以北，魏太武帝认为渭河以北没有粮食和青草，想要渡过渭水，沿着渭水向西。就此询问崔浩，回答说：“打蛇的人先击蛇头，头破了则尾巴不能掉转。今天盖吴营帐距离此地六十里，派轻骑疾行，一天就可以赶到，到了就必定可以击破。击破盖吴，向南到长安也不过一天的里程。一天的疲乏，未至于有伤害。如果从南道，那么盖吴慢慢地进入北山，急迫之间不能平定。”魏太武帝没有采纳崔浩的建议，从渭河以南直向长安，正月二十六日庚辰，到达戏水。盖吴部众听到消息，全部分散藏到北地山中，军队一无所获。魏太武帝十分后悔。二月初二日丙戌，魏太武帝到了长安，二月十二日丙申，到了盩厔，经过陈仓，返回到雍城。所过之处，凡是和盖吴通谋的民众、夷人，全部杀掉。乙拔等多支部队大举击败盖吴于杏城。

盖吴又一次上表刘宋求援，宋文帝颁布诏书任命盖吴为都督关陇诸军事、雍州刺史、北地公，命令雍、梁二州发兵屯聚边境上，作为盖吴的声援；派遣使者赐给盖吴印信一百二十枚，允许盖吴根据需要以朝廷的名义封官。

当初，南海林邑王范阳迈，虽然派遣使者前来进贡，但是仍对刘宋侵扰抢夺，

交州刺史檀和之讨之。南阳宗悫，家世儒素，悫独好武事，常言“愿乘长风破万里浪”。及和之伐林邑，悫自奋请从军，诏以悫为振武将军，和之遣悫为前锋。阳迈闻军出，遣使请还所掠日南民，输金一万斤，银十万斤。帝诏和之：“若阳迈果有款诚，亦许其归顺。”和之至朱梧戍，遣府户曹参军姜仲基等诣阳迈，阳迈执之。和之乃进军围林邑将范扶龙于区粟城。阳迈遣其将范毗沙达救之，宗悫潜兵迎击毗沙达，破之。

（以上为第十二段，写北魏主拓跋焘率军攻打叛乱首领盖吴，没有听从崔浩的谋议，一无所获；林邑王范阳迈轻慢刘宋，刘宋派军讨伐。）

魏主与崔浩皆信重寇谦之，奉其道。浩素不喜佛法，每言于魏主，以为佛法虚诞，为世费害，宜悉除之。及魏主讨盖吴，至长安，入佛寺，沙门饮从官酒；从官入其室，见大有兵器，出以白帝，帝怒曰：“此非沙门所用，必与盖吴通谋，欲为乱耳。”命有司按诛阖寺沙门，阅其财产，大得酿具及州郡牧守、富人所寄藏物以万计，又为窟室以匿妇女。浩因说帝悉诛天下沙门，毁诸经像，帝从之。寇谦之与浩固争，浩不从。先尽诛长安沙门，焚毁经像，并敕留台下四方，令一用长安法。诏曰：“昔后汉荒君，信惑邪伪以乱天常，自古九州之中，未尝有此。夸诞大言，不本人情，叔季之世，莫不眩焉。由是政教不行，礼义大坏，九服之内，鞠为丘墟。朕承天绪，欲除伪定真，复羲、农之治，其一切荡除，灭其踪迹。自今已后，敢有事胡神及造形像泥人、铜人者门诛。有非常之人，然后能行非常之事，非朕孰能去此历代之伪物！有司宣告征镇诸军、刺史，诸有浮图形像及胡经，皆击破焚烧，沙门无少长悉坑之！”太子晃素好佛法，屡谏不听，乃缓宣诏书，使远近豫闻之，得各为计，沙门多亡匿获免，或收藏经像，唯塔庙在魏境者无复孑遗。

（以上为第十三段，写北魏主拓跋焘灭佛、诛杀僧人、焚毁经书佛像。）

魏主徙长安工巧二千家于平城。还，至洛水，分军诛李闰叛羌。

太原颜白鹿私入魏境，为魏人所得，将杀之，诈云青州刺史杜骥使

进贡的物品少而简陋，宋文帝派遣交州刺史檀和之讨伐。南阳的宗悫，家中世世代代都是清白的儒士，宗悫独自喜好武功，他经常说“愿乘长风破万里浪”。当檀和之讨伐林邑时，宗悫自告奋勇请求从军，宋文帝颁布诏书任命宗悫为振武将军，檀和之派遣宗悫为前锋。范阳迈听说宋军出动，派遣使者请求返还所抢夺日南郡的民众，交出黄金一万斤，银子十万斤。宋文帝颁布诏书给谭和之：“如果范阳迈确实有诚意，也允许其归顺。”檀和之到了朱梧戍，派遣府户曹参军姜仲基等人去见范阳迈，范阳迈扣留了他们。檀和之于是进军包围了林邑战将范扶龙丁区粟城。范阳迈派遣其部将范毗沙达救援，宗悫暗中出奇兵迎击范毗沙达，大败范毗沙达。

魏太武帝和崔浩都信任看重寇谦之，信奉其道教。崔浩平素不喜欢佛法，多次向魏太武帝进言，认为佛法虚幻荒诞，造成社会上的浪费和危害，应该全部清除掉。等到魏太武帝讨伐盖吴，到了长安，进入佛寺，僧人招待随从官员饮酒；随从官员进入僧人的宿舍，看见有大量兵器，出来以后向太武帝报告了这件事，太武帝大怒道：“这不是僧人应该使用的东西，一定是与盖吴通谋，想要造反。”命令各有关部门追查诛杀全寺院的僧人。检阅财产的时候，发现很多酿酒器具以及州郡的牧、太守还有富人所寄托的财物上万件，又造作了地下密室用以暗藏妇女。崔浩借机奉劝魏太武帝将天下的僧人全部诛杀，毁弃佛经佛像，魏太武帝听从了崔浩的建议。寇谦之和崔浩极力争辩，崔浩不听从。首先诛杀了长安的全部僧人，焚毁了经书佛像，并敕令留守京师以及全国四方，命令他们一切照长安的办法实行。太武帝颁布诏书说：“从前东汉荒唐的君主，信从迷惑于邪妄虚假的佛教，扰乱天常，自古以来九州之中，从未有过这样的情况。夸大虚诞的谎言，不合于人之常情，国家衰乱的时代，没有人不被眩惑。从此以后政治教化不能推行，礼仪大败坏，九服之内，成了荒丘废墟。朕继承上天的统绪，想要除去伪善，回归纯真，恢复伏羲、神农的治国之道，将佛教彻底荡除，灭掉其踪迹。自今以后，敢有信奉胡神以及塑造胡神形象的泥人、铜人的，满门抄斩。只有非常之人，然后能行非常之事，不是朕，谁能够铲除这一历代的虚伪之物！有关部门布告各征讨镇守的所有将军、刺史，那些佛像以及佛经，都一律击破焚烧，僧人无分少长一律活埋！”太子晃素日喜好佛法，屡次进谏不听，乃从缓宣示诏书，使得远近预先听到这一消息，得以各自为计，僧人大多藏身而免除一死，有的把经像收藏起来，整个北魏境内的塔庙不复遗存。

魏太武帝迁徙长安工艺巧匠两千多户到平城。回师京城，到了洛水，分兵诛杀李闰为首叛乱的羌人。

刘宋侨置太原郡人颜白鹿私自进入北魏，被魏人抓到，将要杀他的时候，颜白

其归诚。魏人送白鹿诣平城，魏主喜曰：“我外家也。”使崔浩作书与骥，且命永昌王仁、高凉王那将兵迎骥，攻冀州刺史申恬于历城，杜骥遣其府司马夏侯祖欢等将兵救历城。魏人遂寇兖、青、冀三州，至清东而还，杀掠甚众，北边骚动。

帝以魏寇为忧，咨访群臣。御史中丞何承天上表，以为：“凡备匈奴之策，不过二科：武夫尽征伐之谋，儒生讲和亲之约。今欲追踪卫、霍，自非大田淮、泗，内实青、徐，使民有赢储，野有积谷，然后发精卒十万,一举荡夷，则不足为也。若但欲遣军追讨，报其侵暴，则彼必轻骑奔走，不肯会战；徒兴巨费，不损于彼，报复之役，将遂无已，斯策之最末者也。安边固守，于计为长。臣窃以曹、孙之霸，才均智敌，江、淮之间，不居各数百里。何者？斥候之郊，非耕牧之地，故坚壁清野以俟其来，整甲缮兵以乘其弊。保民全境，不出此涂。要而归之，其策有四：一曰移远就近。今青、兖旧民及冀州新附，在界首者三万余家，可悉徙置大岘之南，以实内地。二曰多筑城邑，以居新徙之家，假其经用，春夏佃牧，秋冬入保。寇至之时，一城千家，堪战之士，不下二千，其余羸弱，犹能登陴鼓噪，足抗群虏三万矣。三曰纂偶车牛，以载粮械。计千家之资，不下五百耦牛，为车五百两，参合钩连以卫其众；设使城不可固，平行趋险，贼所不能干，有急征发，信宿可聚。四曰计丁课仗。凡战士二千，随其便能，各自有仗，素所服习，铭刻由己，还保输之于库，出行请以自新。弓干利铁，民不得者，官以渐充之。数年之内，军用粗备矣。近郡之师，远屯清、济，功费既重，嗟怨亦深，以臣料之，未若即用彼众之易也。今因民所利，导而帅之，兵强而敌不戒，国富而民不劳，比于优复队伍，坐食粮廪者，不可同年而校矣。”

魏金城边固、天水梁会，与秦、益杂民万余户据上邽东城反，攻逼西城。秦、益二州刺史封敕文拒却之。氐、羌万余人，休官、屠各二万

鹿欺诈说青州刺史杜骥派他来投诚。魏人将颜白鹿送到平城，魏太武帝高兴地说："我外家的人哪！"让崔浩写书信给杜骥，并且命令永昌王拓跋仁、高凉王拓跋那率领军队迎接杜骥，攻打历城的冀州刺史申恬。杜骥派遣府司马夏侯祖欢等率兵援救历城。北魏军于是寇略兖、青、冀三州。直达清水之东才回师。杀掠甚多，北边边境骚动不安。

宋文帝深为北魏寇扰而忧虑，咨询众大臣。御史中丞何承天上表认为："凡是准备抵御匈奴的策略，不过两点：武夫们穷尽了征战的谋划，儒生讲和亲的约定。今天想要追踪卫青、霍去病的做法，除非大规模垦田于淮河、泗水流域，内地充实青、徐二州，使民众有盈余，田野有积攒的粮食，然后调发精兵十万，一举荡灭夷敌，不这样就不会有什么作为。如果只是想派遣军队追讨，报复北魏的侵扰残暴，那么北魏军一定会轻骑逃走，不肯交战，只是白白地消耗巨额费用，不会损害北魏分毫。报复的战争，将会无止无休，这是最下等的办法。安定边境，固守边防，这是最长远的计策。臣私下认为，当时曹操、孙权争霸，两人的才能平均，智慧相当，江淮之间，没有居民的各有数百里。为什么呢？因为那是双方侦察兵出没的地方，不是耕种放牧的地方，所以双方坚壁清野来等待对方的到来，整顿铠甲，修缮武器用以等待对方的可乘之机；保护民众，保全边境，不外乎这一途径。概要归纳，其策略有四条：其一，移远就近。现今青州、兖州既有民众以及冀州新附属的民众，在边境的有三万多家，可以全部迁徙安置在大岘以南，用以充实内地。其二，是多多修筑城邑，用以安置新近迁徙来的民众，借给费用，春夏耕田放牧，秋冬进入城邑接受保护。敌寇来到的时候，一处城邑一千家，能够参战的人，不少于两千人，其余老弱病残，仍然能够登上城垛呐喊助威，足以抵抗敌寇三万人。其三，编集搭配百姓的车辆和牛，用来运载粮食器械。计算一下，一千户的资产，不下五百对牛和五百辆车，聚合搭配起来，用以保护一千家民众。假如城池不能固守，就安全进入险要地方，贼寇也不能侵犯，遇上情况紧急临时征发，两个夜晚就可以聚合起来。其四，统计丁壮、配备武器。大凡两千名战士，按照其能力特长，要各自都有武器，平日练习，刻上记号，送还库房保管，出战时各自磨砺自己的武器锋利如新。弓箭刀枪这些兵器，可由官府逐渐补充。数年之间，军用就可以大体完备了。靠近京师各郡的军队，远去屯戍清水、济水，费钱费力，抱怨牢骚加深，按臣子的估计，还不如用当地的民众简易有效。现今借助民众自己的有利形势，引导而统领民众自卫，我方兵力强盛而敌人不加戒备，使国家富足而民众不劳困，比起对常备兵要减免赋税，坐吃国库，不可同年而相比较了。"

北魏金城人边固、天水人梁会，和秦、益二州的杂民一万多户占据上邽东城造反，攻打逼近西城。秦、益二州刺史封敕文抗拒击退了叛军。氐人、羌人一万多，

余人，皆起兵应固、会，敕文击固，斩之，余众推会为主，与敕文相攻。

（以上为第十四段，写北魏气焰嚣张，宋文帝刘义隆向群臣咨询防御之策，御史中丞何承天上书，献上“移远就近”等抗击北魏的安边四策。）

夏，四月，甲申，魏主至长安。

丁未，大赦。

仇池人李洪聚众，自言应王；梁会求救于氐王杨文德，文德曰：“两雄不并立，若须我者，宜先杀洪。”会诱洪斩之，送首于文德。五月，癸亥，魏主遣安丰公闾根帅骑赴上邽，未至，会弃东城走。敕文先掘重堑于外，严兵守之，格斗从夜至旦。敕文曰：“贼知无生路，致死于我，多杀伤士卒，未易克也。”乃以白虎幡宣告会众，降者赦之，会众遂溃；分兵追讨，悉平之。略阳人王元达聚众屯松多川，敕文又讨平之。

盖吴收兵屯杏城，自号秦地王，声势复振。魏主遣永昌王仁、高凉王那督北道诸军讨之。

檀和之等拔区粟，斩范扶龙，乘胜入象浦。林邑王阳迈倾国来战，以具装被象，前后无际。宗悫曰：“吾闻外国有师子，威服百兽。”乃制其形，与象相拒，象果惊走，林邑兵大败。和之遂克林邑，阳迈父子挺身走。所获未名之宝，不可胜计，宗悫一无所取，还家之日，衣栉萧然。

六月，癸未朔，日有食之。

甲申，魏发冀、相、定三州兵二万人屯长安南山诸谷，以备盖吴窜逸。丙戌，又发司、幽、定、冀四州兵十万人筑畿上塞围，起上谷，西至河，广纵千里。

帝筑北堤，立玄武湖。筑景阳山于华林园。

秋，七月，辛未，以散骑常侍杜坦为青州刺史。坦，骥之兄也。初，杜预之子耽，避晋乱，居河西，仕张氏。前秦克凉州，子孙始还关中。高祖灭后秦，坦兄弟从高祖过江。时江东王、谢诸族方盛，北人晚渡者，朝廷悉以伧荒遇之，虽复人才可施，皆不得践清涂。上尝与坦论金日磾，曰：“恨今无复此辈人！”坦曰：“日磾假生今世，养马不暇，岂办见知！”上变色曰：“卿何量朝廷之薄也！”坦曰：“请以臣言之：臣本中华

休官、屠各二万多人，都起兵响应边固、梁会，封敕文攻击边固，斩首示众。其余众人推举梁会为首领，与封敕文交战。

夏季，四月初一日甲申，魏太武帝到了长安。

四月二十四日丁未，刘宋大赦。

仇池人李洪聚众造反，自称应当为王。梁会求救于氐王杨文德，杨文德说："两雄不能并立，如果需要我来救援，必须先杀了李洪。"梁会引诱李洪，杀了他，将他的首级送给杨文德。五月十一日癸亥，魏太武帝派遣安丰公闾根率领骑兵奔赴上邽，还没有到，梁会放弃东城逃走。封敕文先挖掘重重沟壕于城外，重兵把守，格斗从夜晚直到清晨。封敕文说："贼人知道没有了生路，和我们以死相拼，更多的杀伤士兵，就不容易克敌制胜了。"便用白虎幡旗宣示给梁会部众，投降的人就可以赦免，梁会部众崩溃了。这时分兵追击，全部平定了。洛阳人王元达聚集众人屯驻松多川，封敕文又前往讨伐平定了。

盖吴收兵屯驻杏城，自己称号秦地王，声势重新兴起。魏太武帝派遣永昌王拓跋仁、高凉王拓跋那督率长安以北的各路屯军讨伐。

刘宋交州刺史檀和之等攻占区粟，斩首范扶龙，乘胜进入象浦。林邑王范阳迈倾其国力前来应战，用马匹的皮甲披在大象身上，象队前后看不到边。宗悫说："我听说国外有狮子，威风使百兽顺服。"便制作了狮子的模样，与大象相对抗，大象果然吓得逃走，林邑军队大败。檀和之于是战胜林邑，范阳迈父子脱身逃走。宋军缴获了许多说不出名称的宝物，难以计数，宗悫一无所取，回家的时候，衣冠服饰简朴如常。

六月初一日癸未朔，有日食。

六月初二日甲申，北魏结集冀、相、定三州兵士二万人，屯驻长安南山各谷口，用以防备盖吴逃窜。六月初四日丙戌，又调发司、幽、定、冀四州士兵十万人修筑京畿外围的要塞，起于上谷，西到黄河，纵深上千里。

宋文帝修筑北堤，建玄武湖，在华林园垒起了一座景阳山。

秋季，七月二十日辛未，宋文帝任命散骑常侍杜坦为青州刺史。杜坦，杜骥的兄长。当初，杜预的儿子杜耽，为躲避晋朝祸乱，居住在河西，在张氏的前凉做官。前秦攻克凉州，杜耽的子孙才开始返回关中。刘宋高祖灭了后秦，杜坦兄弟跟着高祖过了长江。当时江东的王氏、谢氏家族正在兴旺时期，北方南渡稍晚的人，朝廷都用"伧荒"来称呼，即使是人才，也不能任清流的官。宋文帝曾经和杜坦谈论汉朝的金日磾，皇上说："可恨今天没有这样的人才了！"杜坦说："金日磾如果生在今

高族，晋氏丧乱，播迁凉土，世业相承，不殒其旧；直以南渡不早，便以荒伧赐隔。日磾，胡人，身为牧圉；乃超登内侍，齿列名贤。圣朝虽复拔才，臣恐未必能也。”上默然。

（以上为第十五段，写刘宋自告奋勇从军出征的南阳义士宗悫用狮子阵战胜林邑王范阳迈的大象阵；大臣杜坦与文帝刘义隆讨论人才问题，直陈刘宋用人不公的弊端。）

八月，魏高凉王那等破盖吴，获其二叔，诸将欲送诣平城，长安镇将陆俟曰：“长安险固，风俗豪忮，平时犹不可忽，况承荒乱之余乎！今不斩吴，则长安之变未已也。吴一身潜窜，非其亲信，谁能获之！若停十万之众以追一人，又非长策。不如私许吴叔，免其妻子，使自追吴，擒之必矣。”诸将咸曰：“今贼党众已散，唯吴一身，何所能至？”俟曰：“诸君不见毒蛇乎！不断其首，犹能为害。吴天性凶狡，今若得脱，必自称王者不死，以惑愚民，为患愈大。”诸将曰：“公言是也。但得贼不杀，而更遣之，若遂往不返，将何以任其罪？”俟曰：“此罪，我为诸君任之。”高凉王那亦以俟计为然，遂赦二叔，与刻期而遣之。及期，吴叔不至，诸将皆咎俟，俟曰：“彼伺之未得其便耳，必不负也。”后数日，吴叔果以吴首来，传诣平城。永昌王仁讨吴余党白广平、路那罗，悉平之。以陆俟为内都大官。

会安定卢水胡刘超等聚众万余人反，魏主以俟威恩著于关中，复加俟都督秦、雍二州诸军事，镇长安，谓俟曰：“关中奉化日浅，恩信未洽，吏民数为逆乱。今朕以重兵授卿，则超等必同心协力，据险拒守，未易攻也；若兵少，则不能制贼；卿当自以方略取之。”俟乃单马之镇。超等闻之，大喜，以俟为无能为也。

俟既至，谕以成败，诱纳超女，与为姻戚以招之。超自恃其众，犹无降意。俟乃帅其帐下亲往见超，超使人逆谓俟曰：“从者过三百人，当以弓马相待；不及三百人，当以酒食相供。”俟乃将二百骑诣超。超设备甚严，俟纵酒尽醉而还。顷之，俟复选敢死士五百人出猎，因诣超营，

天，养马都来不及呢，岂能够为人所知遇呢！”宋文帝变了脸色说：“你为何裁量本朝会如此刻薄呢？”杜坦回答说：“请求允许以臣下来说：臣本来是中华高贵之族，晋家王室丧乱，流离迁徙凉地，世代之业永相承继，不使其陨落。只是因为南渡的时间不早，便被看作‘伧荒’之人而被隔绝。金日磾，原本是匈奴人，自身不过是个养马的人，却能够越级当上内侍高官，地位与名贤能同列，当今圣朝，即便再次选拔人才，恐怕未必能够轮到我啊！”宋文帝默不作声。

八月，北魏高凉王拓跋那等击破盖吴，俘获了盖吴的两个叔父。各位将领想要把他们送往平城，长安镇将陆俟说：“长安地势险要坚固，风俗豪壮强悍，平时也不可忽视，更何况在荒乱之后呢！今天不杀了盖吴，则长安的变乱不会停息。盖吴一个人潜逃，不是他的亲信，谁能抓获他！如果留下十万之众去追捕一个人，这不是好办法。不如私下许诺盖吴的两个叔父，赦免他的妻子和儿子，让他们自己去追寻盖吴，擒获盖吴是一定的。”诸位将领都说：“今天贼人的同党和部众已经打散，盖吴一个人逃走，能逃到什么地方呢？”陆俟说：“诸位没有看见过毒蛇吗！不斩断它的头，仍然能够为害。盖吴天性凶狠狡猾，今天若是能够逃脱，必然自己宣扬说称王的人不会死亡，用此迷惑无知百姓，造成的祸患更大。”诸位将领说：“你说得对，但是抓到了贼人却不杀死，反而遣送走了，如果一去不复返了，谁来承担这一责任？”陆俟说：“此一罪过，我为诸位承担就是了！”高凉王拓跋那也认为陆俟说的有道理，于是赦免了盖吴的两个叔父，和他们约定返回的时限就放掉了。到了期限，盖吴的叔父没有回来，诸位将领都怪罪陆俟，陆俟说：“他们窥伺时机还没有得到机会，一定不会辜负我们的。”过了几天，盖吴的叔父果然带着盖吴的首级回来，用驿车送到了平城。永昌王拓跋仁攻讨盖吴的余党白广平、路那罗，全都平定了。北魏任命陆俟为内都大官。

正好遇上安定卢水胡刘超等人聚众一万人造反，魏太武帝因为陆俟威势恩德显著于关中，再加陆俟都督秦、雍二州诸军事，镇守长安，就对陆俟说：“关中承奉教化的时日不长，恩信尚未树立，官吏民众多次造反叛乱。今日朕将重兵交给你，刘超等人一定同心协力，据守险要，不容易攻取。如果给你的兵少，则不能制服敌人，你应以自己的谋略取胜。”陆俟于是单人独骑前往镇所长安。刘超等人听说之后，大喜，认为陆俟不能有所作为。

陆俟到了长安之后，用成败的道理劝谕，以娶刘超女儿为诱饵，通过结为姻亲来实现招纳的目的。刘超自己仗着人多势众，依然没有投降的意思。陆俟便率领帐下人马亲自前往拜见，刘超派人迎接并且对陆俟说：“跟从的人超过三百人，就用弓箭战马相待；不到三百人，当用酒肉款待。”陆俟便率领二百骑兵前往刘超营帐。

约曰："发机当以醉为限。"既饮，俟阳醉，上马大呼，手斩超首，士卒应声纵击，杀伤千数，遂平之。魏主征俟还，为外都大官。

是岁，吐谷浑复还旧土。

（以上为第十六段，写北魏平定盖吴、刘超的反叛，长安镇将陆俟机智、勇敢，用力少而建功多。）

刘超戒备十分严密，陆俟放纵饮酒，酩酊大醉方才回营。不久，陆俟又选择敢死队五百人出外射猎，顺便到了刘超的营帐，与随从约定说："动手的时机应该以我喝醉为限度。"开始饮酒，陆俟佯装喝醉了，上马大声呼喊，亲手斩下刘超首级，士卒应声纵击，杀伤一千多，于是平定了刘超。魏太武帝召回陆俟，任命为外都大官。

这一年，吐谷浑又回到故地。

【点评】

本卷点评两事：其一，北方民族融合的混战；其二，南北对峙叙事的春秋笔法。

一、北方民族融合的混战。魏晋南北朝时期是民族融合与矛盾突出的时期，这一卷代表性很强。一开卷就是北魏与西部少数民族所建立割据政权之间的矛盾斗争。匈奴、羯、氐、羌、柔然、吐谷浑等相继登场。先是敕勒匈奴分裂后的沮渠无讳舍弃敦煌向西去进攻鄯善，鄯善王比龙率领民众奔向且末，他的嫡长子投降了沮渠无讳的先锋沮渠安周。沮渠安周遂占据鄯善。西凉李宝乘沮渠无讳西征，敦煌空虚，自伊吾率领民众两千人回来占据了敦煌。沮渠牧犍当初逃亡的时候，凉州人阚爽占据了高昌，自称为太守。唐契被柔然逼迫，率领民众向西奔赴高昌，想夺取这块地盘。柔然派遣其将领阿若追击他，唐契失败战死，唐契弟弟唐和收集残余部众逃奔到车师前部王伊洛。这时，沮渠安周屯驻横截城，唐和攻取并拿下了横截城，又拔取了高宁、白力两座城池，派遣使者向北魏投降。以吐谷浑又回到故地为结束。

二、南北对峙叙事的春秋笔法。南北对峙是历史大趋势与主流。在司马光的眼里，北魏与刘宋的对立才是最大的“夷夏之辨”，刘宋是正统，北魏是鲜卑，是夷。从写作手法上来说，司马光用的是春秋笔法，一字一句，从字法句法上区分夷夏。宋是从中原来的，代表着真命天子，在每一事项的表述上，宋的表述总是省略去“宋”，比如“甲戌，上以疾愈，大赦”一句，此处的“上”即是宋文帝，不需要注明。再如“甲申，柔然遣使至建康”一句，“建康”之前的“宋”是省略的。再如“甲午，立皇子诞为广陵王”一句，是谁立？在司马光的叙事系统里若不说明，那就是“宋”。而对于“魏”的表述，总是要加上一个“魏”字，魏的君主称作“魏主”，绝对不能省略称作“主”。这就是记叙文法中的“夷夏之辨”，是司马光的“春秋笔法”。

宋纪七

宋文帝元嘉二十四年至二十七年（447—450 年）

【起强圉大渊献（丁亥，447 年），尽上章摄提格（庚寅，450 年），凡四年】

【大事提要】

本卷记事起自公元 447 年至公元 450 年，凡四年，时当宋文帝元嘉二十四年到元嘉二十七年。本卷所载大事，着重两个方面：其一，北魏太武帝大破柔然，俘获人户畜产百余万，柔然从此衰落。其二，刘宋与北魏两个全盛的国家，爆发了决存亡的大战争。公元 450 年，北魏太武帝自率步骑十万攻刘宋悬瓠城（今河南上蔡县东），宋将陈宪坚守苦战，北魏军死伤甚重，败退。接着，宋文帝发大军，分水陆数路北伐，北魏太武帝也发兵号称百万渡黄河来应战。宋将王玄谟率主力军攻滑台，被北魏主力军击败。柳元景、薛安都破北魏洛州守军，收复陕城和潼关。宋文帝因王玄谟溃败，召还柳元景等军。

【原文】

太祖文皇帝中之下

元嘉二十四年（丁亥，447 年）

春，正月，甲戌，大赦。

魏吐京胡及山胡曹仆浑等反。二月，征东将军武昌王提等讨平之。

癸未，魏主如中山。

魏师之克敦煌也，沮渠牧犍使人斫开府库，取金玉及宝器，因不复闭；小民争入盗取之，有司索盗不获。至是，牧犍所亲及守藏者告之，且言牧犍父子多蓄毒药，潜杀人前后以百数；况复姊妹皆学左道。有司索牧犍家，得所匿物。魏主大怒，赐沮渠昭仪死，并诛其宗族，唯沮渠祖以先降得免。又有告牧犍犹与故臣民交通谋反者，三月，魏主遣崔浩就第赐牧犍死，谥曰哀王。

魏人徙定州丁零三千家于平城。

六月，魏西征诸将扶风公处真等八人，坐盗没军资及虏掠赃各千万计，并斩之。

初，上以货重物轻，改铸四铢钱。民多翦凿古钱，取铜盗铸。上患之。录尚书事江夏王义恭建议，请以大钱一当两。右仆射何尚之议曰："夫泉贝之兴，以估货为本，事存交易，岂假多铸！数少则币重，数多则物重，多少虽异，济用不殊。况复以一当两，徒崇虚价者邪！若今制遂行，富人之赀自倍，贫者弥增其困，惧非所以使之均壹也。"上卒从义恭议。

秋，八月，乙未，徐州刺史衡阳文王义季卒。义季自彭城王义康之贬，遂纵酒不事事。帝以书诮责，且戒之；义季犹酣饮自若，以至成疾而终。

魏乐安宣王范卒。

冬，十月，壬午，胡藩之子诞世杀豫章太守桓隆之，据郡反，欲奉前彭城王义康为主；前交州刺史檀和之去官归，过豫章，击斩之。

【语译】

太祖文皇帝中之下

宋文帝元嘉二十四年（丁亥，447年）

春季，正月二十六日甲戌，刘宋大赦天下。

北魏吐京胡和山胡酋长曹仆浑等反叛。二月，征东将军武昌王拓跋提等人平定了反叛。

二月初五日癸未，魏太武帝巡视中山。

北魏军攻克敦煌时，沮渠牧犍派人劈开了府库，取走了金银珠宝及玉器，府库大门再也没有关上过。当地百姓争相进入偷盗，有关部门搜捕盗贼，没有抓到一个人。到此时，沮渠牧犍的亲信及守护府库的人才向北魏朝廷告发，并且说沮渠牧犍父子藏了许多毒药，偷偷杀掉的人前后有一百多。况且，沮渠牧犍的姐妹们都学会邪门歪道的法术。有关部门搜查了沮渠牧犍的家，得到了沮渠牧犍匿藏的东西。北魏太武帝大怒，下令沮渠昭仪自杀，并诛灭了沮渠宗族，只有沮渠祖由于先前已经投降而免于一死。又有人告发说沮渠牧犍还和旧时部属秘密来往，图谋反叛，三月，魏太武帝派崔浩去沮渠牧犍家，让他在家里自杀，谥号为哀王。

北魏将定州丁零部落的三千户迁到了平城。

六月，北魏西征的诸位将领扶风公拓跋处真等八名大将，因盗卖和吞没军用物资，以及抢夺掳掠赃物每人各得钱财数以千万计，一并被处死。

当初，宋文帝因为钱币太重而物品很轻，下令改铸新的四铢钱，很多老百姓把古钱剪破凿烂，取用铜自己偷偷铸造新钱，文帝为此很忧虑。录尚书事江夏王刘义恭建议，请求用一个大钱当两个小钱。右仆射何尚之议论说："钱币的兴起，是以估量货物的价值为根本，这种事情只要有买卖交易就会存在，怎能依凭多铸钱币呢！钱币数量少钱币价值就高，钱币数量多货物价值就高，数量多少虽然不同，但使用功能却没有不同。何况用一个大钱当作两个小钱，只是增加了表面价值呢！如果今天这个制度实行，富人的财物自然会成倍增加，贫苦百姓则会更加贫困，担心这样做不是我们要使社会达到贫富均衡的好办法。"宋文帝最终采纳了刘义恭的建议。

秋季，八月二十日乙未，徐州刺史衡阳文王刘义季去世。自从彭城王刘义康被贬后，刘义季就开始纵酒，不做什么事情。宋文帝写信讥讽责备，并且劝诫他，刘义季还是一如既往地豪饮自如，以致成疾而死。

北魏乐安宣王拓跋范去世。

冬季，十月初八日壬午，胡藩的儿子胡诞世杀了豫章太守桓隆之，占据豫章郡反叛。胡诞世想要拥戴前彭城王刘义康做皇帝，前交州刺史檀和之卸任回京，路过

十一月，甲寅，封皇子浑为汝阴王。

十二月，魏晋王伏罗卒。

杨文德据葭芦城，招诱氐、羌，武都等五郡氐皆附之。

（以上为第一段，写投降北魏的原北凉主沮渠牧犍被告发，逼令自杀；北魏西征的八位大将因侵吞军资和抢劫财物被处死；刘宋更改钱币，以一大钱当两小钱。）

二十五年（戊子，448年）

春，正月，魏仇池镇将皮豹子帅诸军击之。文德兵败，弃城奔汉中。豹子收其妻子、僚属、军资及杨保宗所尚魏公主而还。

初，保宗将叛，公主劝之。或曰："奈何叛父母之国？"公主曰："事成，为一国之母，岂比小县公主哉！"魏主赐之死。

杨文德坐失守，免官，削爵土。

二月，癸卯，魏主如定州，罢塞围役者；遂如上党，诛潞县叛民二千余家，徙河西离石民五千余家于平城。

闰月，己酉，帝大蒐于宣武场。

初，刘湛既诛，庾炳之遂见宠任，累迁吏部尚书，势倾朝野。炳之无文学，性强急轻浅。既居选部，好诟詈宾客，且多纳货赂，士大夫皆恶之。

炳之留令史二人宿于私宅，为有司所纠。上薄其过，欲不问。仆射何尚之因极陈炳之之短曰："炳之见人有烛盘、佳驴，无不乞丐；选用不平，不可一二；交结朋党，构扇是非，乱俗伤风，过于范晔，所少，贼一事耳。纵不加罪，故宜出之。"上欲以炳之为丹杨尹。尚之曰："炳之蹈罪负恩，方复有尹京赫赫之授，乃更成其形势也。古人云：'无赏无罚，虽尧、舜不能为治。'臣昔启范晔，亦惧犯颜，苟白愚怀，九死不悔。历观古今，未有众过藉藉，受货数百万，更得高官厚禄如炳之者也。"上乃免炳之之官，以徐湛之为丹杨尹。

彭城太守王玄谟上言："彭城要兼水陆，请以皇子抚临州事。"夏，四

豫章，击败斩杀了胡诞世。

十一月初十日甲寅，封皇子刘浑为汝阴王。

十二月，北魏晋王拓跋伏罗去世。

杨文德占据了葭芦城，并招抚诱降氐、羌人，武都等五个郡的氐人，全部归附。

宋文帝元嘉二十五年（戊子，448 年）

春季，正月，北魏仇池镇将皮豹子率领各路大军攻讨杨文德，杨文德军队战败，放弃葭芦城，逃回汉中。皮豹子逮捕了杨文德的妻子、孩子、幕僚臣属，没收了军用物资，同时又逮捕了杨保宗所娶的北魏公主，大胜而回。

当初，杨保宗要反叛时，公主劝说鼓励。有人问公主说：“为什么要背叛父母的国家？”公主回答说：“此事成功，就是一国之母，岂是小县公主能够相比的啊！”魏太武帝命她自杀。

杨文德因为失去所镇守的土地，被罢免了官职，削去了爵位和封地。

二月初一日癸卯，魏太武帝前去定州，解散在京畿外围修筑要塞工事的役夫。又巡视上党，下令诛杀潞县反叛民众两千多户，迁徙河西郡、离后镇百姓五千多户到平城。

闰二月初七日己酉，宋文帝在宣武场举行阅兵大典。

当初，刘湛被诛杀后，吏部郎庾炳之受到宠信，官职不断升迁到吏部尚书，威势朝野上下无人能及。庾炳之没有才学，性情暴躁又浅薄。他担任了选拔人才的吏部尚书，却喜欢侮辱谩骂宾客，并且大肆接受贿赂，士大夫们都厌恶他。

庾炳之在个人私宅留宿两名令史，受到有关部门的弹劾，而宋文帝想忽视他们的过失，想不闻不问。仆射何尚之因此竭力揭发庾炳之的短处说：“庾炳之看见别人有蜡烛盘、好驴等，没有不去要的；选人用人不公正事例不可一二计数。结交培养党羽，拨弄是非，离间他人，伤风败俗，超过了范晔，所少的就是还没有做贼人而已。纵使不加罪，也应该降职外放。”宋文帝想要任命庾炳之做丹杨尹。何尚之说：“庾炳之陷于罪过，辜负恩德，方且享有京尹这样煊赫的赐官，这进一步促成他的气势了。古人说：‘有功不赏，有过不罚，即使是尧、舜也不能治理天下！’我过去在陛下面前谈论范晔，也害怕会冒犯龙颜，可是只要表白心怀，纵然九死也是不后悔的。历观古今，从没有过恶迹昭彰，收受贿赂达几百万，而能进一步得到高官厚禄像庾炳之这样的人啊。”宋文帝这才罢免了庾炳之的官职，任命徐湛之做丹杨尹。

刘宋彭城太守王玄谟上书文帝说：“彭城位兼水陆交通要道，请求派皇子亲临主

月，乙卯，以武陵王骏为安北将军、徐州刺史。

五月，甲戌，魏以交趾公韩拔为鄯善王，镇鄯善，赋役其民，比之郡县。

当两大钱行之经时，公私不以为便，己卯，罢之。

六月，丙寅，荆州刺史南谯王义宣进位司空。

辛酉，魏主如广德宫。

秋，八月，甲子，封皇子彧为淮阳王。

西域般悦国去平城万有余里，遣使诣魏，请与魏东西合击柔然。魏主许之，中外戒严。

九月，辛未，以尚书右仆射何尚之为左仆射，领军将军沈演之为吏部尚书。

丙戌，魏主如阴山。

魏成周公万度归击焉耆，大破之，焉耆王鸠尸卑那奔龟兹。魏主诏唐和与前部王车伊洛帅所部兵会度归讨西域。和说降柳驴等六城，因共击波居罗城，拔之。

冬，十月，辛丑，魏弘农昭王奚斤卒，子它观袭。魏主曰："斤关西之败，罪固当死；朕以斤佐命先朝，复其爵邑，使得终天年，君臣之分亦足矣。"乃降它观爵为公。

癸亥，魏大赦。

十二月，魏万度归自焉耆西讨龟兹，留唐和镇焉耆。柳驴戍主乙直伽谋叛，和击斩之，由是诸胡咸服，西域复平。

魏太子朝于行宫，遂从伐柔然。至受降城，不见柔然，因积粮于城内，置戍而还。

（以上为第二段，写宋文帝刘义隆纳谏，罢免了宠信的贪官庾炳之，废除了一个大钱当作两个小钱使用的政令；北魏派将领万度归平定西域，留下将领唐和镇守。）

二十六年（己丑，449 年）

春，正月，戊辰朔，魏主飨群臣于漠南。甲戌，复伐柔然。高凉王那出东道，略阳王羯兒出西道，魏主与太子出涿邪山，行数千里。柔然处罗可汗恐惧远遁。

持州事。”夏季，四月十四日乙卯，宋文帝任命武陵王刘骏为安北将军、徐州刺史。

五月初四日甲戌，北魏任命交趾公韩拔为鄯善王，镇守鄯善，征收老百姓赋税和劳役，将鄯善当作郡县看待。

一个大钱顶两个小钱的办法实行了一段时间，朝廷和个人都认为不方便。五月初九日己卯，下令废除这一规定。

六月二十六日丙寅，刘宋荆州刺史南谯王刘义宣晋升为司空。

六月二十一日辛酉，魏太武帝巡视广德宫。

秋季，八月二十五日甲子，宋文帝封皇子刘彧为淮阳王。

西域般悦离平城一万多里，派使节到北魏，请求和北魏联合从东西夹攻柔然国。魏太武帝同意，下令京城内外戒严。

九月初二日辛未，宋文帝任命尚书右仆射何尚之为左仆射，领军将军沈演之为吏部尚书。

九月十七日丙戌，魏太武帝巡视阴山。

北魏成周公万度归攻击焉耆，大败焉耆。焉耆王鸠尸卑那逃奔到龟兹。魏太武帝颁布诏书，命令唐和与前部王车伊洛率领所部军队，与万度归会师讨伐西域。唐和不战劝降了柳驴等六座城池，于是又共同攻打波居罗城，攻下了城池。

冬季，十月初三日辛丑，北魏弘农昭王奚斤去世，儿子奚它观继承王位。魏太武帝说：“奚斤在关西战败，论罪本该处死。朕因为奚斤辅佐过先帝，所以恢复了爵位和封邑，这才使得他能够寿终天年，国君与臣子的情分也足够了。”于是将奚它观爵位降为公爵。

十月二十五日癸亥，北魏大赦天下。

十二月，北魏万度归从焉耆向西征讨龟兹，留下唐和镇守焉耆。柳驴城戍守官员乙直伽阴谋反叛，唐和攻杀了乙直伽。从此，诸胡人全都畏服于北魏，西域重新平定。

北魏太子拓跋晃到行宫朝见北魏太武帝，于是跟着父亲征伐柔然。进军到受降城，却看不见柔然的影子，便将粮食囤积在城内，设置戍边军队后返回。

宋文帝元嘉二十六年（己丑，449 年）

春季，正月初一日戊辰朔，魏太武帝在漠南犒劳各位大臣。正月初七日甲戌，再次讨伐柔然。高凉王拓跋那从东路进军，略阳王拓跋羯兒由西路挺进，北魏太武帝和太子拓跋晃进军指向涿邪山，行军几千里。柔然处罗可汗郁久闾吐贺真非常恐

二月，己亥，上如丹徒，谒京陵。三月，丁巳，大赦。募诸州乐移者数千家以实京口。

庚寅，魏主还平城。

夏，五月，壬午，帝还建康。

庚寅，魏主如阴山。

帝欲经略中原，群臣争献策以迎合取宠。彭城太守王玄谟尤好进言，帝谓侍臣曰："观玄谟所陈，令人有封狼居胥意。"御史中丞袁淑言于上曰："陛下今当席卷赵、魏，检玉岱宗。臣逢千载之会，愿上封禅书。"上悦。淑，耽之曾孙也。

秋，七月，辛未，以广陵王诞为雍州刺史。上以襄阳外接关、河，欲广其资力，乃罢江州军府，文武悉配雍州；湘州入台租税，悉给襄阳。

九月，魏主伐柔然，高凉王那出东道，略阳王羯兒出中道。柔然处罗可汗悉国内精兵围那数十重；那掘堑坚守，相持数日，处罗数挑战，辄为那所败。以那众少而坚，疑大军将至，解围夜去；那引兵追之，九日九夜。处罗益惧，弃辎重，逾穹隆岭远遁；那收其辎重，引军还，与魏主会于广泽。略阳王羯兒收柔然民畜凡百余万。自是柔然衰弱，屏迹不敢犯魏塞。冬，十二月，戊甲，魏主还平城。

沔北诸山蛮寇雍州，建威将军沈庆之帅后军中兵参军柳元景、随郡太守宗悫等二万人讨之，八道俱进。先是，诸将讨蛮者皆营于山下以迫之，蛮得据山发矢石以击，官军多不利。庆之曰："去岁蛮田大稔，积谷重岩，不可与之旷日相守也。不若出其不意，冲其腹心，破之必矣。"乃命诸军斩木登山，鼓噪而前，群蛮震恐；因其恐而击之，所向奔溃。

（以上为第三段，写北魏主拓跋焘率领八路大军攻打柔然，空前大胜，柔然可汗远遁；宋文帝刘义隆谋划北伐，加强雍州实力，扫荡了雍州北部作乱的少数民族。）

二十七年（庚寅，450年）

春，正月，乙酉，魏主如洛阳。

惧，远远逃走。

二月初三日己亥，宋文帝前往丹徒，拜谒京陵。三月二十一日丁巳，大赦天下。招募各个州郡愿意迁居的几千家民户充实京口。

三月二十四日庚寅，魏太武帝返回平城。

夏季，五月十七日壬午，宋文帝回到建康。

五月二十五日庚寅，魏太武帝巡视阴山。

宋文帝想要收复中原，文武百官们争相献计献策去迎合取宠。彭城太守王玄谟尤其喜好进言，宋文帝对侍臣说："仔细琢磨王玄谟的陈述，使人顿时有封狼居胥的感觉。"御史中丞袁淑对文帝说："陛下今天应该席卷赵、魏旧土，去泰山封禅。我正赶上这千载难逢的机会，愿意奉上封禅书。"宋文帝很高兴。袁淑是袁耽的曾孙。

秋季，七月初七日辛未，刘宋任命广陵王刘诞为雍州刺史。宋文帝认为襄阳向外与函谷关、黄河相接壤，打算扩大充实雍州的实力，便撤销了江州军府，把该州的文武百官全都配备给雍州；又把湘州人向朝廷交纳的田租税款也全都转拨给了襄阳。

九月，魏太武帝讨伐柔然，高凉王拓跋那从东路率军挺进，略阳王拓跋羯兒从中路进军。柔然处罗可汗将国内所有精锐部队调集，把拓跋那包围了几十层，拓跋那挖深沟坚守。相持数天后，处罗可汗几次向拓跋那挑战，都被拓跋那打败。处罗可汗认为拓跋那士卒人数少却很顽强，怀疑援助大军将要来到，撤去包围，连夜离开。拓跋那带领士卒追击了九天九夜。处罗可汗越发害怕，丢下辎重物资，越过穷隆岭远远逃走。拓跋那缴获了处罗可汗的辎重物资，率领大军返回，同魏太武帝在广泽会合。略阳王拓跋羯兒俘虏了柔然百姓和牲畜差不多有一百多万。从此，柔然国力衰败，屏息踪迹不再敢侵犯北魏边塞。冬季，十二月十七日戊申，魏太武帝回到平城。

沔水北部居住的各山地蛮人侵犯雍州，刘宋建威将军沈庆之率领后军中兵参军柳元景、随郡太守宗悫等二万人讨伐山蛮，分为八路同时进军。此前，各将领讨伐蛮人时，都在山下驻扎营地来挤压他们，蛮人得以占据陡峻山势，发射乱石利箭来攻击，官军多次失利。沈庆之说："去年，蛮人的庄稼大获丰收，粮食囤积于重山之间，不能和他们长期对峙。不如出其不意，冲击其腹心，一定会打败他们。"便命令各路大军砍伐树木，向山上攀登，擂着战鼓呐喊，向前进攻，蛮人各部震惊恐慌。宋军趁机发起总攻，所向之处，蛮人四处逃窜，全线崩溃。

宋文帝元嘉二十七年（庚寅，450 年）

春季，正月二十四日乙酉，魏太武帝巡视洛阳。

沈庆之自冬至春，屡破雍州蛮，因蛮所聚谷以充军食，前后斩首三千级，虏二万八千余口，降者二万五千余户。幸诸山大羊蛮凭险筑城，守御甚固。庆之击之，命诸军连营于山中，开门相通，各穿池于营内，朝夕不外汲。顷之，风甚，蛮潜兵夜来烧营，诸军以池水沃火，多出弓弩夹射之，蛮兵散走。蛮所据险固，不可攻，庆之乃置六戍以守之。久之，蛮食尽，稍稍请降，悉迁于建康以为营户。

魏主将入寇，二月，甲午，大猎于梁川。帝闻之，敕淮、泗诸郡："若魏寇小至，则各坚守；大至，则拔民归寿阳。"边戍侦候不明，辛亥，魏主自将步骑十万奄至。南顿太守郑琨、颍川太守郑道隐并弃城走。

是时，豫州刺史南平王铄镇寿阳，遣左军行参军陈宪行汝南郡事，守悬瓠，城中战士不满千人，魏主围之。

三月，以军兴，减内外百官俸三分之一。

魏人昼夜攻悬瓠，多作高楼，临城以射之，矢下如雨，城中负户以汲，施大钩于冲车之端以牵楼堞，坏其南城；陈宪内设女墙，外立木栅以拒之。魏人填堑，肉薄登城，宪督厉将士苦战，积尸与城等。魏人乘尸上城，短兵相接，宪锐气愈奋，战士无不一当百，杀伤万计，城中死者亦过半。

魏主遣永昌王仁将步骑万余，驱所掠六郡生口北屯汝阳。时徐州刺史武陵王骏镇彭城，帝遣间使命骏发骑，赍三日粮袭之。骏发百里内马得千五百匹，分为五军，遣参军刘泰之帅安北骑兵行参军垣谦之、田曹行参军臧肇之、集曹行参军尹定、武陵左常侍杜幼文、殿中将军程天祚等将之，直趋汝阳。魏人唯虑救兵自寿阳来，不备彭城。丁酉，泰之等潜进，击之，杀三千余人，烧其辎重，魏人失散，诸生口悉得东走。魏人侦知泰之等兵无继，复引兵击之。垣谦之先退，士卒惊乱，弃仗走。泰之为魏人所杀，肇之溺死，天祚为魏所擒，谦之、定、幼文及士卒免者九百余人，马还者四百匹。

刘宋沈庆之从去年冬季到今年春季，多次击败雍州境内的蛮人，缴获蛮人囤积的粮食，充实军队的粮草，前后共杀蛮人三千人，俘虏二万八千多人，收降二万五千多户。幸诸山的大羊蛮人凭借险要地势构筑城堡，防守工事都很牢固。沈庆之前来攻打，命令军队在山里连营扎寨，营门都打开相通，各自在营地内挖掘水池，从早到晚都不外出取水。不久，刮起了大风，蛮人偷偷派兵在夜里潜入放火烧营。沈庆之用蓄水池中的水浇灭大火，用大批弓弩两边夹射，偷袭的蛮人大败逃回。蛮人所占据的位置险要坚固，无法攻破。沈庆之又设六个戍所来监守。时间一长，蛮人军队的粮食吃完了，慢慢地有人请求归降，朝廷便把他们作为营户全部迁到了建康。

魏太武帝将要侵犯刘宋。二月初三日甲午，魏太武帝先到梁川进行大规模的打猎。宋文帝听说后，立刻诏令淮河、泗水沿岸的各个州郡："如果魏寇小规模进犯，就各自坚守；如果大规模进犯，就带着老百姓全部撤到寿阳。"边境侦察不准确而情况不明。二月二十日辛亥，魏太武帝亲自率领十万骑兵突然来到，南顿太守郑琨、颍川太守郑道隐全都弃城逃跑。

这时，豫州刺史、南平王刘铄镇守寿阳，派遣左军行参军陈宪代理汝南郡事务，驻守悬瓠。悬瓠城中士卒不到一千人，魏太武帝率兵包围了悬瓠。

三月，刘宋因为战事兴起，减少朝廷内外文武百官俸禄的三分之一。

北魏军队昼夜围攻悬瓠，造了许多楼车，临近城池进行射击，箭如雨下。守卫悬瓠的士卒都身背门板，到井里提水。魏军在冲车顶抛出大铁钩来勾住城楼围墙，再用冲车牵引大铁钩，南部城墙被扯倒了。陈宪又赶快在围墙内筑了一层小墙，小墙外部再加设一层木栅，继续抵抗。魏军将护城壕沟给填平了，登上城墙进行肉搏战。陈宪督统将士苦苦奋战，战死将士的尸首堆积得同城墙一样高。魏军踏着尸首向城上攀登，双方短兵相接，陈宪锐气不减，愈战愈勇，战士无不以一当百，杀死及击伤北魏将士数以万计，守城将士也死了一多半。

魏太武帝派永昌王拓跋仁率领步、骑兵一万多，驱赶着在六郡所掠虏的百姓北上屯驻汝阳。这时徐州刺史武陵王刘骏正镇守彭城，宋文帝派遣秘密使节去通知刘骏，命令他出动骑兵，带上够三天吃的粮食去偷袭汝阳魏军。刘骏发动方圆百里的马，得到一千五百匹，分成五路，派参军刘泰之率领安北骑兵行参军垣谦之、田曹行参军臧肇之、集曹行参军尹定、武陵左常侍杜幼文、殿中将军程天祚等分别统率，直奔汝阳。魏军只顾虑援军从寿阳来，对彭城方面毫无防备。丁酉，刘泰之等率兵偷偷向前推进，突然袭击魏军，杀死三千多人，烧毁了辎重物资，北魏士卒四处逃散，被俘虏的民众得以乘机向东逃走。魏军侦探到刘泰之等没有后援部队，便又领兵反攻。垣谦之首先退却，士卒为此惊恐，大乱，丢下武器逃走。刘泰之被魏军杀

魏主攻悬瓠四十二日，帝遣南平内史臧质诣寿阳，与安蛮司马刘康祖共将兵救悬瓠。魏主遣殿中尚书任城公乞地真将兵逆拒之。质等击斩乞地真。康祖，道锡之从兄也。

夏，四月，魏主引兵还，癸卯，至平城。

壬子，安北将军、武陵王骏降号镇军将军，垣谦之伏诛，尹定、杜幼文付尚方；以陈宪为龙骧将军，汝南、新蔡二郡太守。

（以上为第四段，写北魏主拓跋焘发动对刘宋的大战，亲率十万大军南下，受挫悬瓠城，无功而还；而刘宋方面，南顿、颍川太守弃城逃跑，刘骏的五路援兵全军覆没。）

魏主遗帝书曰："前盖吴反逆，扇动关、陇。彼复使人就而诱之，丈夫遗以弓矢，妇人遗以环钏；是曹正欲谲诳取赂，岂有远相服从之理！为大丈夫，何不自来取之，而以货诱我边民？募往者复除七年，是赏奸也。我今来至此土所得多少，孰与彼前后得我民邪？

"彼若欲存刘氏血食者，当割江以北输之，摄守南渡，当释江南使彼居之。不然，可善敕方镇、刺史、守宰严供帐之具，来秋当往取扬州。大势已至，终不相纵。彼往日北通蠕蠕，西结赫连、沮渠、吐谷浑，东连冯弘、高丽，凡此数国，我皆灭之。以此而观，彼岂能独立！

"蠕蠕吴提、吐贺真皆已死，我今北征，先除有足之寇。彼若不从命，来秋当复往取之；以彼无足，故不先讨耳。我往之日，彼作何计，为掘堑自守，为筑垣以自障也？我当显然往取扬州，不若彼翳行窃步也。彼来侦谍，我已擒之，复纵还。其人目所尽见，委曲善问之。

"彼前使裴方明取仇池，既得之，疾其勇功，已不能容；有臣如此尚杀之，乌得与我校邪！彼非我敌也。彼常欲与我一交战，我亦不痴，复非苻坚，何时与彼交战？昼则遣骑围绕，夜则离彼百里外宿；吴人正有

死，臧肇之在河里溺水身亡，程天祚被魏军抓获，只有垣谦之、尹定、杜幼文及一些士卒共计九百多人得以逃脱，马匹生还的有四百匹。

魏太武帝围攻悬瓠达四十二天，宋文帝派南平内史臧质到寿阳，让他和安蛮司马刘康祖一同率兵援救悬瓠。魏太武帝派遣殿中尚书任城公拓跋乞地真率军抗击，臧质等人迎击并杀了拓跋乞地真。刘康祖是刘道锡的堂兄。

夏季，四月，北魏太武帝率军撤退，四月十三日癸卯，抵达平城。

四月二十二日壬子，安北将军、武陵王刘骏被贬为镇军将军，垣谦之被杀，尹定、杜幼文交付尚方做苦役，提升陈宪为龙骧将军，汝南、新蔡二郡的太守。

魏太武帝送信给宋文帝说："先前，盖吴反叛逆行，煽动关、陇叛乱。你又派人前去诱导他们，把弓箭赠送给男人，把耳环金钏馈赠给女人。这些人正想用说假话来骗取你的财物，否则哪里会有相距甚远却甘愿服从你的道理！作为大丈夫，为什么不自己前来夺取你熟悉的地方，却用金银财宝诱惑我边境百姓？又招募前往投奔的人，免除七年的捐税，这是奖赏奸诈的人。我现在来到你们的国土上，得到的百姓数量，和你在此前得到的我国百姓的数量相比，谁多谁少？

"你还想保存刘氏家族的香火，就应当把长江以北的土地全部割让给我，收集长江以北的守兵撤到江南，我放弃长江以南让你居住。不这样，你就应该好好命令方镇、刺史、太守、宰令准备好床帐、饮食器具，明年秋天将前去攻取扬州。大好形势已经来到，绝不放弃。说到先前，你北边与柔然汗国来往，西边与赫连、沮渠和吐谷浑勾结，向东又与冯弘、高丽联系，这些国家如今都被我消灭了。由此看来，你怎么能够独立存在呢？

"蠕蠕郁久闾吴提、郁久闾吐贺真都已死去，如今我就要向北征伐，首先铲除这些骑马的贼寇，你如果不从命，明年秋天我当再次亲自前来攻取。因为你没有那么多骑马贼寇，所以我没有先讨伐你。当我巡视那一天，你有何打算？挖壕沟自守，还是构筑城墙作为屏障，我都会大大方方地前去攻取扬州，而不像你偷偷摸摸地行动。你派来的侦探我已经抓获，又把他放回去了。这些人亲眼看到了我们这里的一切情况，想了解可以仔仔细细地询问。

"你以前派裴方明前去攻取仇池，得到之后，却嫉妒其勇略和战功，自己不能容纳。有这么好的大将，你尚且要杀了他，又有什么资格前来同我较量呢！你不是我的对手了。你经常想要同我交战，我不是白痴，也不是自大骄横的苻坚，什么时候合适

斫营伎，彼募人以来，不过行五十里，天已明矣。彼募人之首，岂得不为我有哉！

“彼公时旧臣虽老，犹有智策，知今已杀尽，岂非天资我邪！取彼亦不须我兵刃，此有善咒婆罗门，当使鬼缚以来耳。”

（以上为第五段，写北魏主拓跋焘亲率大军南侵失败，恼羞成怒，致信刘宋皇帝刘义隆，予以恫吓，扬言来年再度南下，饮马长江，要砍下宋文帝人头。）

侍中、左卫将军江湛迁吏部尚书。湛性公廉，与仆射徐湛之并为主上所宠信，时称“江、徐”。

魏司徒崔浩，自恃才略及魏主所宠任，专制朝权，尝荐冀、定、相、幽、并五州之士数十人，皆起家为郡守。太子晃曰：“先征之人，亦州郡之选也，在职已久，勤劳未答，宜先补郡县，以新征者代为郎吏。且守令治民，宜得更事者。”浩固争而遣之。中书侍郎、领著作郎高允闻之，谓东宫博士管恬：“崔公其不免乎！苟遂其非而校胜于上，将何以堪之！”

魏主以浩监秘书事，使与高允等共撰《国记》，曰：“务从实录。”著作令史闵湛、郗标，性巧佞，为浩所宠信。浩尝注《易》及《论语》《诗》《书》，湛、标上疏言：“马、郑、王、贾不如浩之精微，乞收境内诸书，班浩所注，令天下习业。并求敕浩注《礼传》，令后生得观正义。”浩亦荐湛、标有著述才。湛、标又劝浩刊所撰《国史》于石，以彰直笔。高允闻之，谓著作郎宗钦曰：“湛、标所营，分寸之间，恐为崔门万世之祸，吾徒亦无噍类矣！”浩竟用湛、标议，刊石立于郊坛东，方百步，用功三百万。浩书魏之先世，事皆详实，列于衢路，往来见者咸以为言。北人无不忿恚，相与谮浩于帝，以为暴扬国恶。帝大怒，使有司按浩及秘书郎吏等罪状。

初，辽东公翟黑子有宠于帝，奉使并州，受布千匹。事觉，黑子谋于高允曰：“主上问我，当以实告，为当讳之？”允曰：“公帷幄宠臣，有

与你决战呢？到了那个时候，我白天派轻骑围绕你营地，晚上就在远离你们一百里以外的地方宿营。吴人有砍斫对方营帐的伎俩，但是，你募集的士卒前来，走不了五十里，天色已经大亮了。你所募集的这些士卒的头颅，又怎么能不被我砍下呢？

“你父亲时代的旧臣属虽然年纪已老，都还是很有智谋的，我知道他们已经被你斩尽杀绝了，这难道不是天助我吗？取你的脑袋用不着我动刀，这里有很会念咒的婆罗门，应当派鬼神前去把你绑送来。”

刘宋侍中、左卫将军江湛升任吏部尚书。江湛秉性公正廉洁，他和仆射徐湛之同时受文帝所宠信，当时并称“江、徐”。

北魏司徒崔浩，自恃才能谋略很高，并受到魏太武帝的宠信，独揽朝廷大权。曾经推荐冀、定、相、幽、并五州的士人几十人直接做了郡守。太子拓跋晃说：“早先征聘的人才，也是州郡推选的，担任职务很久了，辛勤劳苦没有得到报答，应该首先补充他们做郡县守令，让新征聘的人代替他们做郎吏。而且太守、县令管理百姓，应该由经历过世面有经验的人来担当。”但是，崔浩坚持力争，派这些人就任。中书侍郎兼著作郎高允听说后对东宫博士管恬说：“崔公恐怕难免遭祸了，为了掩饰做错的事还同上位的人对抗争胜，崔浩将怎么来承受这份面子上的胜利呢？”

魏太武帝任命崔浩兼管秘书事务，让他和高允等人共同撰写《国记》，对他们说：“务必从实撰写。”著作令史闵湛、郗标，性情乖巧、奸佞，很受崔浩宠信，崔浩曾经注解《易经》《论语》《诗经》《书经》，闵湛、郗标上疏说：“马融、郑玄、王肃、贾逵都不如崔浩的精微，恳求没收国内这些人的书，颁布崔浩的注本，命令全国都来学习。还请求皇上敕令让崔浩注解《礼传》，使后人能看到正确的释义。”崔浩也极力推荐闵湛、郗标有著书立说的才能。而闵湛、郗标反过来又建议崔浩把他所撰写的《国史》刻在石碑上，以此来显示秉笔直书。高允听说这件事后对著作郎宗钦说：“闵湛、郗标所做的事，只要有一丁点错误，恐怕就会给崔家带来万世的灾祸，我们这些人也活不了啦！”崔浩最终采纳了闵湛、郗标的建议，把《国史》刻在石碑上，立在郊外祭祀的神坛东侧，占地一百步见方，这一工程耗费劳工三百万。崔浩写北魏祖先事迹非常详细真实，他把这些陈列在交通要道上，来来往往过路的人看见后都用这些作为谈论的材料，北方鲜卑人对此没有不愤怒的，一起向魏太武帝说崔浩的坏话，认为这是大肆张扬祖先的过错和污点。魏太武帝大怒，派有关部门调查惩办崔浩和其他秘书郎吏的罪。

当初，辽东公翟黑子被魏太武帝所宠信，奉命出使并州，接受一千匹绢布的贿赂，事发后，翟黑子谋划于高允说：“主上审问我时，是把实情说出来呢，还是不承

罪首实，庶或见原，不可重为欺罔也。”中书侍郎崔览、公孙质曰：“若首实，罪不可测，不如讳之。”黑子怨允曰：“君奈何诱人就死地！”入见帝，不以实对，帝怒，杀之。帝使允授太子经。

及崔浩被收，太子召允至东宫，因留宿。明旦，与俱入朝，至宫门，谓允曰：“入见至尊，吾自导卿；脱至尊有问，但依吾语。”允曰：“为何等事也？”太子曰：“入自知之。”太子见帝，言：“高允小心慎密，且微贱；制由崔浩，请赦其死！”帝召允，问曰：“《国书》皆浩所为乎？”对曰：“《太祖记》，前著作郎邓渊所为；《先帝记》及《今记》，臣与浩共为之。然浩所领事多，总裁而已，至于著述，臣多于浩。”帝怒曰：“允罪甚于浩，何以得生！”太子惧曰：“天威严重，允小臣，迷乱失次耳。臣向问，皆云浩所为。”帝问允：“信如东宫所言乎？”对曰：“臣罪当灭族，不敢虚妄。殿下以臣侍讲日久，哀臣，欲丐其生耳。实不问臣，臣亦无此言，不敢迷乱。”帝顾太子曰：“直哉！此人情所难，而允能为之！临死不易辞，信也；为臣不欺君，贞也。宜特除其罪以旌之。”遂赦之。

（以上为第六段，写北魏司徒崔浩与著作郎高允受命，撰写《国记》，崔浩贪求名声，刻于石碑，暴扬北魏先主隐私，触怒拓跋焘，被满门诛灭，而高允忠直，被赦免。）

于是，召浩前，临诘之。浩惶惑不能对。允事事申明，皆有条理。帝命允为诏，诛浩及僚属宗钦、段承根等，下至僮吏，凡百二十八人，皆夷五族，允持疑不为。帝频使催切，允乞更一见，然后为诏。帝引使前，允曰：“浩之所坐，若更有余衅，非臣敢知；若直以触犯，罪不至死。”帝怒，命武士执允。太子为之拜请，帝意解，乃曰：“无斯人，当有数千口死矣。”

六月，己亥，诏诛清河崔氏与浩同宗者无远近，及浩姻家范阳卢氏、太原郭氏、河东柳氏，并夷其族，余皆止诛其身。絷浩置槛内，送城南，卫士数十人溲其上，呼声嗷嗷，闻于行路。宗钦临刑叹曰：“高允其殆

认呢？”高允说：“你是朝廷宠臣，犯了罪就应该讲实话，或许还会被皇上赦免，不能再次欺骗皇上。”中书侍郎崔览、公孙质则说：“如果你讲实话自首，罪责难以预测，不如隐瞒不说。”翟黑子埋怨高允说：“你为什么要引诱我去置身于死地呢？”翟黑子入宫拜见北魏太武帝，没有把实情讲出来，魏太武帝大怒，斩了翟黑子。后来，魏太武帝又派高允教授太子拓跋晃经书。

等到崔浩被捕入狱，太子拓跋晃召高允到东宫，留他过夜。第二天早晨，一同进宫朝见，二人来到宫门时，拓跋晃对高允说：“我们进去拜见皇上，我自会引导你该做些什么。一旦皇上有什么问话，你只管按照我的话去回答。”高允问他说：“为什么这样呢？”太子拓跋晃说：“你进去自然就知道了。”太子拜见魏太武帝说：“高允做事小心审慎，而且地位卑贱，人微言轻，都是由崔浩主管制定的，请求赦免他的死罪。”魏太武帝召见高允，问高允说：“《国书》都是崔浩一人写的吗？”高允回答说：“《太祖记》由前著作郎邓渊撰写，《先帝记》和《今记》是我和崔浩两人共同撰写的。但是崔浩兼事很多，只裁决可否而已，至于撰写，臣子比崔浩多。”魏太武帝大怒说：“高允的罪行比崔浩要严重，怎么能让他活着呢？”太子拓跋晃恐惧地说：“陛下盛怒之下威严凝重，高允小臣，迷乱而语无伦次了。我以前曾经问过他，都说是崔浩一人所为。”魏太武帝质问高允说：“真的像东宫所说的那样吗？”高允回答说：“臣的罪过应该灭族，不敢虚假妄言。殿下因为臣子侍奉讲书很久了而可怜臣，想要放我一条生路。确实没有问过臣，臣也没有说这些话，不敢迷乱。”魏太武帝回过头去对太子说：“正直啊！这在人情上很难做到，而高允却能做得到！马上就要死了却也不改变言辞，诚信哪！作为臣子，不欺骗君主，忠贞哪！应该特别免除他的罪过而褒扬。”于是，赦免了高允。

此时，魏太武帝又召崔浩前来，亲自审问他。崔浩恐慌迷惑不能回答。高允却是件件事申述明白，且有条理。魏太武帝于是命令高允写诏书：诛斩崔浩和他的幕僚宗钦、段承根等人，以及他们的部属、僮仆，共有一百二十八人，全都夷灭五族。高允犹豫不能下笔，魏太武帝多次派人催促，高允恳求再晋见一次，然后再写诏书。魏太武帝命人将他带到跟前，高允说：“崔浩被捕入狱，如果还有其他别的原因，我不敢多说。如果仅仅是因为他冒犯了皇族，他的罪过还达不到被处死的程度。”魏太武帝大怒，命令武士逮捕高允。太子拓跋晃为他求情，魏太武帝的怒气稍稍消除，说：“没有这个人，就该会有几千人被处死。”

六月初十日己亥，魏太武帝颁布诏书，诛杀清河崔氏老幼以及与崔浩同一宗族的人，无论血缘远近；与崔浩有姻亲关系的范阳卢氏、太原郭氏、河东柳氏，都被诛灭全族，其他人都只诛斩罪犯一人。崔浩被放在一个四周都是栏杆的囚车里，押

圣乎！”

他日，太子让允曰：“人亦当知机。吾欲为卿脱死，既开端绪，而卿终不从，激怒帝如此。每念之，使人心悸。”允曰：“夫史者，所以记人主善恶，为将来劝戒，故人主有所畏忌，慎其举措。崔浩孤负圣恩，以私欲没其廉洁，爱憎蔽其公直，此浩之责也。至于书朝廷起居，言国家得失，此为史之大体，未为多违。臣与浩实同其事，死生荣辱，义无独殊。诚荷殿下再造之慈，违心苟免，非臣所愿也。”太子动容称叹。允退，谓人曰：“我不奉东宫指导者，恐负翟黑子故也。”

初，冀州刺史崔赜，武城男崔模，与浩同宗而别族，浩常轻侮之，由是不睦。及浩诛，二家独得免。赜，逞之子也。

辛丑，魏主北巡阴山。魏主既诛崔浩而悔之。会北部尚书李孝伯病笃，或传已卒。魏主悼之曰：“李宣城可惜！”既而曰：“朕失言，崔司徒可惜，李宣城可哀！”孝伯，顺之从父弟也，自浩之诛，军国谋议皆出孝伯，宠眷亚于浩。

（以上为第七段，写北魏大臣高允受到崔浩牵连，面临死罪，太子拓跋晃为他求情，他不为所动，直叙其事，毫不隐讳，并劝说北魏主拓跋焘宽宥无辜之人。）

初，车师大帅车伊洛世服于魏，魏拜伊洛平西将军，封前部王。伊洛将入朝，沮渠无讳断其路，伊洛屡与无讳战，破之。无讳卒，弟安周夺其子乾寿兵，伊洛遣人说乾寿，乾寿遂帅其民五百余家奔魏；伊洛又说李宝弟钦等五十余人下之，皆送于魏。伊洛西击焉耆，留其子歇守城，沮渠安周引柔然兵间道袭之，攻拔其城。歇走就伊洛，共收余众，保焉耆镇，遣使上书于魏主，言：“为沮渠氏所攻，首尾八年，百姓饥穷，无以自存。臣今弃国出奔，得免者仅三分之一，已至焉耆东境，乞垂赈救！”魏主诏开焉耆仓以赈之。

送到平城南郊，押送士兵几十人在崔浩的头上撒尿，崔浩悲惨地嗷嗷呼叫，路上行人都听得清清楚楚。宗钦临刑时感叹说：“高允差不多是个圣人啊！”

过了几天，太子拓跋晃责怪高允说：“人应该知道见机行事，我想替你开脱死罪，已经开了端绪，可是你始终不遵从，使皇上气愤到那种程度。每次回想，都令人心有余悸。”高允说：“史官，是要记载人主的善恶，作为对后来的劝诫，因此，人主心生畏忌，对自己的行为举止都十分小心谨慎。崔浩辜负了圣上的大恩，用他自己的私欲盖过了他的廉洁，用他个人的爱憎好恶遮住了他的公正秉直，这是崔浩的责任。至于书写皇上的起居生活，谈论国家行政的得失，这是作史的根本，没有多少违背之处。臣和崔浩一同从事这项工作，生死荣辱，道义不应该不一样。接受殿下使我再生的大恩，如果违背自己的良心得以幸免，这不是我所愿意的。”太子拓跋晃容颜感动而赞叹。高允退下后对人说：“我之所以不按照太子的引导去做，就是怕辜负了翟黑子。”

当初，冀州刺史崔赜、武城男爵崔模和崔浩属于同一祖宗，但不是同一族系。崔浩经常侮辱怠慢他们，因此，感情一直不和。等到崔浩被斩、诛灭全族，只有这两家得以幸免。崔赜是崔逞的儿子。

六月十二日辛丑，魏太武帝北去阴山巡察。魏太武帝诛杀了崔浩后就很后悔，恰逢北部尚书李孝伯患病很重，有人传说他已经去世了。魏太武帝哀悼他说：“李宣城可惜！”不一会儿，又说：“朕失言，崔司徒可惜，李宣城令人哀痛！”李孝伯是李顺的堂弟，自从崔浩被斩后，国家军政大事的谋划都由李孝伯决定，魏太武帝对他的宠信次于崔浩。

当初，车师大帅车伊洛世代臣服于北魏，北魏任命车伊洛为平西将军，封为前部王。车伊洛将要入朝，沮渠无讳拦断了道路，车伊洛几次与沮渠无讳交战，打败了沮渠无讳。沮渠无讳去世时，他的弟弟沮渠安周夺了沮渠无讳儿子沮渠乾寿的军队，车伊洛趁此机会派人前去游说沮渠乾寿，沮渠乾寿于是率领他手下五百多户投奔北魏。车伊洛说服了李宝的弟弟李钦等五十多人投降，全都送到了北魏。车伊洛乘胜西征，攻打焉耆，留下自己的儿子车歇固守车师城。沮渠安周率领柔然兵从小路偷袭车歇，攻克了车师城。车歇逃到了父亲车伊洛所在地，共同收集残余部众，守卫已经取得的焉耆城，车伊洛派使节前去平城上书给魏太武帝，说：“车师被沮渠氏围攻袭击，前前后后已经八年了，老百姓挨饿受苦，没有办法生存。臣现今放弃国家逃奔在外，免于一死的人仅剩下了三分之一，已到达焉耆东部边界，乞求垂恩救济我们。”北魏太武帝颁布诏书打开焉耆的粮仓，赈济车师将士。

吐谷浑王慕利延为魏所逼，上表求入保越嶲，上许之，慕利延竟不至。

上欲伐魏，丹杨尹徐湛之、吏部尚书江湛、彭城太守王玄谟等并劝之；左军将军刘康祖以为“岁月已晚，请待明年”。上曰：“北方苦虏虐政，义徒并起。顿兵一周，沮向义之心，不可。”

太子步兵校尉沈庆之谏曰：“我步彼骑，其势不敌。檀道济再行无功，到彦之失利而返。今料王玄谟等，未逾两将，六军之盛，不过往时，恐重辱王师。”上曰：“王师再屈，别自有由，道济养寇自资，彦之中涂疾动。虏所恃者唯马，今夏水浩汗，河道流通，泛舟北下，碻磝必走，滑台小戍，易可覆拔。克此二城，馆谷吊民，虎牢、洛阳，自然不固。比及冬初，城守相接，虏马过河，即成擒也。”庆之又固陈不可。上使徐湛之、江湛难之。庆之曰：“治国譬如治家，耕当问奴，织当访婢。陛下今欲伐国，而与白面书生辈谋之，事何由济！”上大笑。

太子劭及护军将军萧思话亦谏，上皆不从。

魏主闻上将北伐，复与上书曰：“彼此和好日久，而彼志无厌，诱我边民。今春南巡，聊省我民，驱之便还。今闻彼欲自来，设能至中山及桑乾川，随意而行，来亦不迎，去亦不送。若厌其区宇者，可来平城居，我亦往扬州，相与易地。彼年已五十，未尝出户，虽自力而来，如三岁婴儿，与我鲜卑生长马上者果如何哉！更无余物，可以相与，今送猎马十二匹并毡、药等物。彼来道远，马力不足，可乘；或不服水土，药可自疗也。”

秋，七月，庚午，诏曰：“虏近虽摧挫，兽心靡革。比得河朔、秦、雍华戎表疏，归诉困棘，跂望绥拯，潜相纠结以候王师；芮芮亦遣间使远输诚款，誓为掎角；经略之会，实在兹日。可遣宁朔将军王玄谟帅太子步兵校尉沈庆之、镇军谘议参军申坦水军入河，受督于青、冀二州刺史萧斌；太子左卫率臧质、骁骑将军王方回径造许、洛；徐、兖二州刺

吐谷浑王慕容慕利延被北魏逼迫，上书给宋文帝请求进入到越嶲地自保。宋文帝同意，可慕容慕利延到底没有去越嶲地。

宋文帝想要攻伐北魏，丹杨尹徐湛之、吏部尚书江湛、彭城太守王玄谟等人都赞同，只有左军将军刘康祖认为："今年已过半，等到明年再说吧。"宋文帝说："北方老百姓苦于北方蛮虏的虐政，反抗义军不断兴起，你却要推迟一年进攻，大大损伤北方民众的向义之心，不能这么做。"

太子步兵校尉沈庆之进谏说："我方是步兵，敌方是骑兵，形势上不敌。檀道济两次出兵都没有成功，到彦之也失利而回。如今，我估计王玄谟等人的能力也不会超过前两位将领。我国全军的强势也不如以前，恐怕会再次羞辱王师。"宋文帝说："王师两次受挫，另有原因：檀道济保存贼寇以抬高自己，到彦之半路上眼病加重。北敌蛮虏所能依仗的只有马匹。今年夏天雨水很多，河道畅通无阻，如果我们乘船北上，碻磝守军一定会逃走，而驻守滑台的小批军队，也很容易攻取。攻克了这两座城，就地取用粮仓里堆积的粮秣去安抚老百姓，虎牢、洛阳自然也就保不住了。等到冬天到来，城池之间已经相互连接，蛮虏的战马敢于跨过黄河，全都成为我军的俘虏。"沈庆之还是坚持不能出征。宋文帝就让徐湛之、江湛同他辩论。沈庆之说："治理国家就像治理自己的家一样，耕田种地的事，应该请教种地农夫，纺织的事该问纺织婢女。陛下您现今想要去讨伐一个国家，却和白面书生们谋划，这一战事怎能成功呢？"宋文帝大笑。

太子刘劭和护军将军萧思话也竭力劝谏，宋文帝都没接受他们的建议。

魏太武帝拓跋焘听说宋文帝将要大举北伐，就又一次送信给文帝："我们两国和好的时间已经很长了，可你却贪得无厌，引诱我边境的老百姓。今年春季我南下巡察，看望我的子民，驱赶走扰我边民的宋军后即刻回到平城。现今听说你打算亲自北来，倘若你能到达中山以及桑乾川，就请随便走一走。来不迎接，走时也不相送。如果你已厌倦你所居住的国土，那么，你可以到平城来居住，我也前去扬州居住，相互交换国土。你已有五十岁了，还未曾迈出过家门口，虽然你自己有力量前来，不过如同三岁的孩子，哪能和我们生长在马背上的鲜卑人相比！我们也没有多余的东西可以相送，现今送给你十二匹猎马和毛毡、药物等。你从远道而来，马力不足，可以乘我送给你的马。或许会水土不服，可以吃我送给你的药自己治疗。"

秋季，七月十二日庚午，宋文帝颁布诏书说："北方蛮虏虽然近来受到挫败，但是兽心没有改变。最近，得到河朔、秦、雍等州的汉族和戎族上奏的表，都诉说了自己的痛苦，举踵翘首地等待前去拯救，暗中秘密联合，等待王师队伍。甚至柔然汗国也派遣秘密使节，从小路赶来表达诚意，发誓联合夹击。北伐的机会，就在今天。委派宁朔将军王玄谟率领太子步兵校尉沈庆之、镇军谘议参军申坦率领水军进

史武陵王骏、豫州刺史南平王铄各勒所部，东西齐举；梁、南、北秦三州刺史刘秀之震荡汧、陇；太尉、江夏王义恭出次彭城，为众军节度。”坦，钟之曾孙也。

是时军旅大起，王公、妃主及朝士、牧守，下至富民，各献金帛、杂物以助国用。又以兵力不足，悉发青、冀、徐、豫、二兖六州三五民丁，倩使暂行，符到十日装束；缘江五郡集广陵，缘淮三郡集盱眙。又募中外有马步众艺武力之士应科者，皆加厚赏。有司又奏军用不充，扬、南徐、兖、江四州富民家赀满五十万，僧尼满二十万，并四分借一，事息即还。

（以上为第八段，写宋文帝刘义隆不听劝谏，坚持大举北伐，进行全国总动员，声势浩大。）

建武司马申元吉引兵趋碻磝。乙亥，魏济州刺史王买德弃城走。萧斌遣将军崔猛攻乐安，魏青州刺史、张淮之亦弃城走。斌与沈庆之留守碻磝，使王玄谟进围滑台。雍州刺史、随王诞遣中兵参军柳元景、振威将军尹显祖、奋武将军曾方平、建武将军薛安都、略阳太守庞法起将兵出弘农。后军外兵参军庞季明，年七十余，自以关中豪右，请入长安招合夷、夏，诞许之；乃自赀谷入卢氏，卢氏民赵难纳之。季明遂诱说士民，应之者甚众，安都等因之，自熊耳山出；元景引兵继进。豫州刺史南平王铄遣中兵参军胡盛之出汝南，梁坦出上蔡向长社，魏荆州刺史鲁爽镇长社，弃城走。爽，轨之子也。幢主王阳兒击魏豫州刺史仆兰，破之，仆兰奔虎牢；铄又遣安蛮司马刘康祖将兵助坦，进逼虎牢。

魏群臣初闻有宋师，言于魏主，请遣兵救缘河谷帛。魏主曰：“马今未肥，天时尚热，速出必无功。若兵来不止，且还阴山避之。国人本著羊皮裤，何用绵帛！展至十月，吾无忧矣。”

九月，辛卯，魏主引兵南救滑台，命太子晃屯漠南以备柔然，吴王余守平城。庚子，魏发州郡兵五万分给诸军。

入黄河，受青、冀二州刺史萧斌的节制。太子左卫率臧质、骁骑将军王方回进军直指许昌、洛阳。徐兖二州刺史、武陵王刘骏，豫州刺史、南平王刘铄各自统领部众，东西并举。梁州、南秦、北秦三州刺史刘秀之大肆骚扰汧、陇一带。太尉、江夏王刘义恭进驻彭城，担任各路大军的前线总指挥。”申坦是申钟的曾孙。

此时，全国军队大规模动员，上起王公、王妃、公主及朝廷官员、牧守，下到富有的民众，每人都捐献金银、玉帛及其他物品来援助国家的用度。因为兵力不足，又全部调发了青州、冀州、徐州、豫州、北兖、南兖六个州郡的青壮年，以每三个壮丁抽一人、每五个壮丁抽二人的比例进行征召，也可以雇用他人代替应征。命令到达之日起，十天之内装束停当。沿长江五郡的应征青年在广陵集合，淮河一带三郡的应征青年在盱眙集合。又征召国内有骑兵、步兵专长的勇武壮士，对他们都加以厚赏。有关部门又向朝廷启奏说军资不足，因此扬州、南徐州，南兖州、江州四州，凡是富足人家家产超过五十万钱的，积蓄满二十万钱的僧人尼姑，都要借出四分之一来供军队急用，战事结束即予偿还。

建武司马申元吉率领军队向碻磝挺进。七月十七日乙亥，北魏济州刺史王买德弃城逃跑。青、冀二州刺史萧斌派遣将军崔猛攻打乐安，北魏的青州刺史张淮之也弃城逃走。萧斌和沈庆之留下据守碻磝，派出王玄谟进攻包围滑台。雍州刺史、随王刘诞命令中兵参军柳元景、振威将军尹显祖、奋武将军曾方平、建武将军薛安都、略阳太守庞法起率军进攻弘农。后军外兵参军庞季明，年纪已七十多岁，他自认为是关中的豪门望族，请求允许他偷偷进入长安招募夷、汉民众，刘诞同意，庞季明就从赀谷进入卢氏，卢氏人赵难收容了他。庞季明就诱劝说服当地的士大夫和老百姓，响应他的人非常多，薛安都等人借此机会从熊耳山通过，柳元景率领士卒随后跟进。豫州刺史南平王刘铄命令中兵参军胡盛之从汝南出发，梁坦从上蔡出发向长社进军。北魏荆州刺史鲁爽镇守长社，弃城逃走。鲁爽是鲁轨的儿子。军幢主王阳兒进击北魏豫州刺史仆兰，仆兰被打败逃奔虎牢。刘铄又派出安蛮司马刘康祖率兵援助梁坦，进逼虎牢。

北魏众大臣起初听到有宋军出动，报告给了魏太武帝，请求派遣兵力抢救黄河沿岸的粮食、布帛。太武帝说：“现今战马还没有养肥，天气还炎热，急速出击，不会取胜。倘若宋军不断地前进，我们暂且撤退到阴山躲避一下。我们鲜卑人本来就是穿羊皮裤子的，哪里用得着棉布丝帛！拖到十月，我就没有什么可忧虑的了。”

九月辛卯，魏太武帝率领军队南下援助滑台，命令太子拓跋晃屯驻漠南，以防备柔然的进攻，又命令吴王拓跋余留守平城。九月十三日庚子，北魏征召各州郡五万士卒分配给各支军队。

王玄谟士众甚盛，器械精严，而玄谟贪愎好杀。初围滑台，城中多茅屋，众请以火箭烧之。玄谟曰："彼，吾财也，何遽烧之！"城中即撤屋穴处。时河、洛之民竞出租谷，操兵来赴者日以千数，玄谟不即其长帅而以配私昵；家付匹布，责大梨八百，由是众心失望。攻城数月不下，闻魏救将至，众请发车为营，玄谟不从。

冬，十月，癸亥，魏主至枋头，使关内侯代人陆真夜与数人犯围，潜入滑台，抚慰城中，且登城视玄谟营曲折还报。乙丑，魏主渡河，众号百万，鞞鼓之声，震动天地；玄谟惧，退走。魏人追击之，死者万余人，麾下散亡略尽，委弃军资器械山积。

先是，玄谟遣钟离太守垣护之以百舸为前锋，据石济，在滑台西南百二十里。护之闻魏兵将至，驰书劝玄谟急攻，曰："昔武皇攻广固，死没者甚众。况今事迫于曩日，岂得计士众伤疲！愿以屠城为急。"玄谟不从。及玄谟败退，不暇报护之。魏人以所得玄谟战舰连以铁锁三重，断河以绝护之还路。河水迅急，护之中流而下，每至铁锁，以长柯斧断之，魏不能禁；唯失一舸，余皆完备而返。

萧斌遣沈庆之将五千人救玄谟，庆之曰："玄谟士众疲老，寇虏已逼，得数万人乃可进，小军轻往，无益也。"斌固遣之。会玄谟遁还，斌将斩之，庆之固谏曰："佛狸威震天下，控弦百万，岂玄谟所能当！且杀战将以自弱，非良计也。"斌乃止。

斌欲固守碻磝，庆之曰："今青、冀虚弱，而坐守穷城，若虏众东过，清东非国家有也。碻磝孤绝，复作朱脩之滑台耳。"会诏使至，不听斌等退师。斌复召诸将议之，并谓宜留，庆之曰："阃外之事，将军得以专之。诏从远来，不知事势。节下有一范增不能用，空议何施！"斌及坐者并笑曰："沈公乃更学问！"庆之厉声曰："众人虽知古今，不如下官耳学也。"斌乃使王玄谟戍碻磝，申坦、垣护之据清口，自帅诸军还历城。

（以上为第九段，写北魏主拓跋焘面对刘宋北伐大军，先示怯引退，然后率领大

王玄谟军队的士众很多，武器精良，但是，王玄谟刚愎自用，喜好杀戮。最初包围滑台时，城里有很多茅草房，众士卒请求用火箭把这些茅草房烧掉。王玄谟说："那些茅草房是我们的财产，为什么急着烧了它们？"城里的北魏守军就赶快撤出茅草房而挖掘洞穴住进去。当时，黄河、洛水沿岸的老百姓都争先恐后地给宋军送粮秣，而且，每天拿着武器前来投奔的义军人数以千计，王玄谟不任用义军原来的首领，而把他们分配给与自己关系密切的人。王玄谟发放给每家一匹布，却强求每家交出八百个大梨，于是民众大失所望。进攻滑台，几个月都没有攻下，听说北魏救援军队就要来到，众将士请求用马车作为营垒，王玄谟没有听从。

冬季，十月初七日癸亥，魏太武帝来到枋头，派关内侯代郡人陆真在深夜同几个人穿过包围，偷偷进入滑台，安抚那里的守城军队，登上城头察看王玄谟军营虚实，返回报告。十月初九日乙丑，魏太武帝渡过黄河，号称百万士兵，战鼓震天动地。王玄谟害怕了，赶快逃走。魏军追击宋军，杀死一万多人，王玄谟部下逃跑战死，全军覆没，丢弃的军用物资及武器堆积如山。

在此之前，王玄谟派遣钟离太守垣护之率领一百只小船作前锋，据守石济，在滑台西南一百二十里处。垣护之听说魏军就要到来，急信劝王玄谟发动紧急攻势，说："从前，武皇帝围攻广固时，死亡的人很多，何况现今面临的事比那时急迫得多，怎能再顾虑士卒的死伤劳苦！希望把屠灭滑台作为最紧急事务。"王玄谟不听从。等到王玄谟战败撤退，他来不及向垣护之通报。魏军把缴获王玄谟的战舰用铁链锁拴了三道，切断了黄河，断绝了垣护之的退路。黄河河水湍急迅猛，垣护之从中流顺流而下，每遇到铁锁链，就用长柄大斧砍断，魏军无法制止，只损失了一只小船，其余都完好无损地返回。

萧斌派遣沈庆之统领五千士卒前去救援王玄谟。沈庆之说："王玄谟的士卒身体疲惫、士气不足，而寇虏逼近，必须有了几万人的兵力才可前进。一小部分军队轻率前去，没有好处。"萧斌坚持派遣他去。这时正赶上王玄谟逃回来，萧斌要斩王玄谟，沈庆之坚决劝阻说："佛狸威震天下，军士百万，岂是王玄谟能够抵挡！况且斩杀战将削弱自己的力量，这不是好办法。"萧斌才停止。

萧斌打算固守碻磝，沈庆之说："如今青、冀二州内部防务空虚，坐守孤城。假如蛮虏向东经过，那么，清水以东的土地就不是我国所有了。碻磝孤立隔绝，那么，恐怕又是一个朱脩之的滑台了。"这时，正巧传达诏书的使者来到，不许萧斌他们撤退。萧斌又召集各将领商讨，都说应该留下来坚守，沈庆之说："宫城以外的大事，将军完全可以自行决断。诏书从很远的地方传来，并不了解这里的形势。手下有一个范增却不用他，空谈又会有什么用处呢？"萧斌和在座的各位将领都忍不住大笑说："沈公的学问真是有长进啊！"沈庆之厉声说道："你们虽然通古博今，却不如下

军出击，刘宋北伐主将王玄谟仓促逃奔，失去战机，全线崩溃，功亏一篑。）

闰月，庞法起等诸军入卢氏，斩县令李封，以赵难为卢氏令，使帅其众为乡导。柳元景自百丈崖从诸军于卢氏。法起等进攻弘农，辛未，拔之，擒魏弘农太守李初古拔。薛安都留屯弘农。丙戌，庞法起进向潼关。

魏主命诸将分道并进：永昌王仁自洛阳趋寿阳，尚书长孙真趣马头，楚王建趣钟离，高凉王那自青州趣下邳，魏主自东平趣邹山。

十一月，辛卯，魏主至邹山，鲁郡太守崔邪利为魏所擒。魏主见秦始皇石刻，使人排而仆之，以太牢祠孔子。

楚王建自清西进，屯萧城；步尼公自清东进，屯留城。武陵王骏遣参军马文恭将兵向萧城，江夏王义恭遣军主嵇玄敬将兵向留城。文恭为魏所败。步尼公遇玄敬，引兵趣苞桥，欲渡清西；沛县民烧苞桥，夜于林中击鼓，魏以为宋兵大至，争渡苞水，溺死者殆半。

诏以柳元景为弘农太守。元景使薛安都、尹显祖先引兵就庞法起等于陕，元景于后督租。陕城险固，诸军攻之不拔。魏洛州刺史张是连提帅众二万度崤救陕，安都等与战于城南。魏人纵突骑，诸军不能敌；安都怒，脱兜鍪，解铠，唯著绛纳两当衫，马亦去具装，瞋目横矛，单骑突陈，所向无前，魏人夹射不能中。如是数四，杀伤不可胜数。会日暮，别将鲁元保引兵自函谷关至，魏兵乃退。元景遣军副柳元怙将步骑二千救安都等，夜至，魏人不之知。明日，安都等陈于城西南。曾方平谓安都曰："今勍敌在前，坚城在后，是吾取死之日。卿若不进，我当斩卿；我若不进，卿当斩我也！"安都曰："善，卿言是也！"遂合战。元怙引兵自南门鼓噪直出，旌旗甚盛，魏众惊骇。安都挺身奋击，流血凝肘，矛折，易之更入，诸军齐奋。自旦至日昃，魏众大溃，斩张是连提及将卒三千余级，其余赴河堑死者甚众，生降二千余人。明日，元景至，让降者曰："汝辈本中国民，今为虏尽力，力屈乃降，何也？"皆曰："虏驱民使战，后出者灭族，以骑蹙步，未战先死，此将军所亲见也。"诸将欲尽杀之，元景曰："今王旗北指，当使仁声先路。"尽释而遣之，皆称万岁而去。甲午，克陕城。

官我用耳朵仔细地学习。”萧斌便派王玄谟戍守碻磝，申坦、垣护之据守清口，自己率领大军返回历城。

闰十月，庞法起等各路大军进入卢氏，斩了卢氏县县令李封，任命赵难为卢氏令，让赵难率领他手下的将士担任向导。中兵参军柳元景从百丈崖跟随各路大军来到了卢氏。庞法起等开始攻打弘农，闰十月十五日辛未，攻克了弘农，活捉了北魏弘农太守李初古拔。薛安都留守弘农。闰十月二十日丙戌，庞法起向潼关进军。

魏太武帝命令各位大将率领士卒分道全线进攻。永昌王拓跋仁从洛阳向寿阳挺进，尚书长孙真指马头，楚王拓跋建突进钟离，高凉王拓跋那从青州奔向下邳，北魏太武帝率军从东平直入邹山。

十一月初五日辛卯，魏太武帝抵达邹山，鲁郡太守崔邪利被北魏生擒。魏太武帝看见秦始皇石刻，命令士卒把它推倒，又用太牢的礼仪祭祀孔子。

楚王刘建从清河向西挺进，屯驻萧城，步尼公从清河向东挺进，屯驻留城。武陵王刘骏派遣参军马文恭率军援赴萧城，江夏王刘义恭派遣军主嵇玄敬率军援赴留城。马文恭被魏军击败，步尼公途中跟嵇玄敬相遇，率军转而急赴苞桥，打算渡过清水向西。沛县百姓放火烧了苞桥，半夜在树林里敲鼓，魏军以为是宋的大部队来了，争先恐后地抢渡苞水，淹死的差不多有一半。

宋文帝任命柳元景为弘农太守。柳元景派薛安都、尹显祖先率领士卒靠拢庞法起合兵攻击陕城，柳元景则在后方督促征收租赋。陕城险峻坚固，诸军围攻没能攻下。北魏洛州刺史张是连提率军二万翻过崤山，救援陕城。薛安都等在陕城城南迎战。北魏派出突击骑兵，诸军抵挡不住。薛安都勃然大怒，脱去头盔，解下铠甲，只穿着红色的无袖汗衫，战马也除掉了护甲。薛安都瞪大眼睛，手持长矛，单枪匹马，大声呐喊着突入魏军中，所向无敌，魏军左右夹射也未能射中。薛安都这样突入敌阵几次，杀死杀伤不可胜数。正巧天黑了，别将鲁元保率领军队从函谷关赶到，魏军才退走。柳元景派军副柳元怙率领二千步骑兵救援薛安都等，深夜抵达，魏军并不知道。第二天，薛安都等在陕城西南地带排列兵阵，曾方平对薛安都说：“今天强敌当前，坚城在后，正是我们战死的时候。你不前进，我就斩了你；我不前进，你就斩了我！”薛安都说：“好，你说得对！”于是，两军交战。柳元怙率领士卒从陕城南门营地击鼓呐喊，旌旗众多，北魏将士非常恐惧。薛安都一马当先，挺身奋战，血流在肘部凝结，长矛也断了，换了一杆长矛又重新进入战场搏斗，各路大军一起奋勇。从早晨太阳出来直到黄昏，魏军大败，斩了张是连提及其将士三千多人，其余北魏将士跳进河沟，也死了很多，另有两千多人投降。第二天，柳元景抵达，责备投降的人说：“你们原本就是中原百姓，现今却替胡虏卖力，力量穷尽了才投

庞法起等进攻潼关，魏戍主娄须弃城走，法起等据之。关中豪桀所在蜂起，及四山羌、胡皆来送款。

上以王玄谟败退，魏兵深入，柳元景等不宜独进，皆召还。元景使薛安都断后，引兵归襄阳。诏以元景为襄阳太守。

魏永昌王仁攻悬瓠、项城，拔之。帝恐魏兵至寿阳，召刘康祖使还。癸卯，仁将八万骑追及康祖于尉武。康祖有众八千人，军副胡盛之欲依山险间行取至，康祖怒曰："临河求敌，遂无所见；幸其自送，奈何避之！"乃结车营而进，下令军中曰："顾望者斩首，转步者斩足！"魏人四面攻之，将士皆殊死战。自旦至晡，杀魏兵万余人，流血没踝，康祖身被十创，意气弥厉。魏分其众为三，且休且战。会日暮风急，魏以骑负草烧军营，康祖随补其阙。有流矢贯康祖颈，坠马死，余众不能战，遂溃，魏人掩杀殆尽。

南平王铄使左军行参军王罗汉以三百人戍尉武。魏兵至，众欲依卑林以自固，罗汉以受命居此，不去。魏人攻而擒之，锁其颈，使三郎将掌之；罗汉夜断三郎将首，抱锁亡奔盱眙。

魏永昌王仁进逼寿阳，焚掠马头、钟离；南平王铄婴城固守。

（以上为第十段，写北魏主拓跋焘乘胜分道全线南侵，刘宋名将薛安都强攻陕城，脱盔解铠，攻下陕城；刘康祖率军与强敌决战，流矢贯颈，为国捐躯。）

魏兵在萧城，去彭城十余里。彭城兵虽多而食少，太尉、江夏王义恭欲弃彭城南归。安北中兵参军沈庆之以为历城兵少食多，欲为函箱车陈，以精兵为外翼，奉二王及妃女直趋历城；分兵配护军萧思话，使留守彭城。太尉长史何勖欲席卷奔郁洲，自海道还京师。义恭去意已判，

降，为什么要这样做？”都说：“胡虏驱赶我们民众为他们打仗，晚一步的要被诛灭全族，用骑兵来挤压步兵，有的未打仗前就死去了，这是将军你亲眼见到的事情。”各将领打算将他们全部杀掉，柳元景说：“现今，王师的旗帜指向北方，我们应该让仁爱做先导，为我们开路。”于是，把这些投降者全都释放遣散，他们全都喊着万岁离去。十一月初八日甲午，攻克陕城。

庞法起等进攻潼关，北魏守将娄须闻讯弃城逃走，庞法起等占据了潼关。关中豪杰侠士所在之处纷纷起兵，居住在四山的羌、胡人也都来投诚归附。

宋文帝认为王玄谟战败退逃，使魏军深入国境，柳元景等人不应该单独进攻，便把他们都召唤回来。柳元景派薛安都断后，率军回到了襄阳。文帝颁布诏书任命柳元景为襄阳太守。

北魏永昌王拓跋仁进攻悬瓠、项城，夺取了两城。宋文帝害怕魏军攻到寿阳，就命令安蛮司马刘康祖班师回朝。十一月十七日癸卯，拓跋仁率领八万骑兵追击刘康祖到了尉武。刘康祖只有八千将士，副将胡盛之打算依靠山势的险要，从小路到达寿阳。刘康祖大怒说：“到黄河搜索敌人，没有见到；庆幸自己送上门来，怎么能躲避战斗呢！”于是，让军队结成一个个车阵前进。刘康祖对军队下令说：“回头看的人斩首，转过身去的人砍断双脚。”魏军从四面包抄围攻，将士殊死战斗。从早晨一直战斗到下午，击杀了北魏士兵一万多人，血流没过人的脚踝。刘康祖身上十处受伤，斗志更加高昂。北魏将剩下的将士一分为三，采用车轮战术，边休息边作战。正赶上夜幕降临，风力很大，魏军借此就用战马驮草，火烧宋军营寨，刘康祖修补营寨。一支流箭穿透刘康祖的脖子，从马上坠下身亡，其余士众不能继续战斗，随即崩溃，魏军追击堵截，几乎斩尽杀绝。

南平王刘铄派左军行参军王罗汉率领三百名将士戍守尉武。魏军突然而至，众将士想要依靠附近的矮林进行自卫，王罗汉则认为自己接受命令驻守于此，不能离开。魏军攻入尉武，结果生擒了王罗汉，用铁链锁住了他的脖子，让三郎将看守。深夜，王罗汉砍掉三郎将的头颅，抱着铁锁逃到了盱眙。

北魏永昌王拓跋仁向寿阳进军，焚烧劫掠了马头、钟离。南平王刘铄环城固守。

魏军在萧城，距离彭城十多里。彭城军队数量虽多，但军粮不足，太尉、江夏王刘义恭打算放弃彭城，返回南方。安北中兵参军沈庆之认为历城兵少粮多，想要用箱式战车装载，派精锐部队做外侧羽翼，夹道护送江夏王刘义恭、武陵王刘骏二王及他们的妃子和女儿，直奔历城。分出部分士卒给护军萧思话，让他留守彭城。

惟二议弥日未决。安北长史沛郡太守张畅曰："若历城、郁洲有可至之理，下官敢不高赞！今城中乏食，百姓咸有走志，但以关扃严固，欲去莫从耳。一旦动足，则各自逃散，欲至所在，何由可得！今军食虽寡，朝夕犹未窘罄，岂有舍万安之术而就危亡之道！若此计必行，下官请以颈血污公马蹄。"武陵王骏谓义恭曰："阿父既为总统，去留非所敢干，道民忝为城主，而委镇奔逃，实无颜复奉朝廷，必与此城共其存没，张长史言不可异也。"义恭乃止。

壬子，魏主至彭城，立毡屋于戏马台以望城中。

马文恭之败也，队主蒯应没于魏。魏主遣应至小市门求酒及甘蔗；武陵王骏与之，仍就求橐驼。明日，魏主使尚书李孝伯至南门，饷义恭貂裘，饷骏橐驼及骡，且曰："魏主致意安北，可暂出见我；我亦不攻此城，何为劳苦将士，备守如此！"骏使张畅开门出见之曰："安北致意魏主，常迟面写，但以人臣无境外之交，恨不暂悉。备守乃边镇之常，悦以使之，则劳而无怨耳。"魏主求甘橘及借博具，皆与之；复饷毡及九种盐、胡豉。又借乐器，义恭应之曰："受任戎行，不赍乐具。"孝伯问畅："何为匆匆闭门绝桥？"畅曰："二王以魏主营垒未立，将士疲劳，此精甲十万，恐轻相陵践，故闭城耳。待休息士马，然后共治战场，刻日交戏。"孝伯曰："宾有礼，主则择之。"畅曰："昨见众宾至门，未为有礼。"魏主使人来言曰："致意太尉、安北，何不遣人来至我所？彼此之情，虽不可尽，要须见我小大，知我老少，观我为人。若诸佐不可遣，亦可使僮干来。"畅以二王命对曰："魏主形状才力，久为来往所具。李尚书亲自衔命，不患彼此不尽，故不复遣使。"孝伯又曰："王玄谟亦常才耳，南国何意作如此任使，以致奔败？自入此境七百余里，主人竟不能一相拒逆。邹山之险，君家所凭，前锋始接，崔邪利遽藏入穴，诸将倒曳出之。魏主赐其余生，今从在此。"畅曰："王玄谟南土偏将，不谓为才，但以之为前驱。大军未至，河冰向合，玄谟因夜还军，致戎马小乱耳。崔邪利陷没，何损于国！魏主自以数十万众制一崔邪利，乃足言邪！知入境七百里无相拒者，此自太尉神算，镇军圣略，用兵有机，不用相语。"孝伯曰："魏主当不围此城，自帅众军直造瓜步。南事若办，彭城不待围；若

太尉长史何勖想要席卷人马财物奔向郁洲，从海路返回京师。刘义恭离开的决心已定，只是对这两个提议有争议，讨论了一天最终也未决定。安北长史沛郡太守张畅说："如果历城、郁洲有可以到达的道理，我怎么敢不高声赞成！而如今城内缺少粮食，老百姓都有逃命的想法，只是由于城门紧闭，不能出城而已。老百姓一旦动脚，就会各自四处逃散，想到达应该到达的地方，又怎么能够办得到呢？现今，军中粮食虽然不多，但短期内还不会吃完，哪里有抛却安全的办法而奔往危险死亡的路上去的道理呢？如果弃城离去，下官我请求用自己颈项上的鲜血去玷污大王的马蹄。"武陵王刘骏对刘义恭说："阿父你既然身为统帅，要走要留不是我敢干预的。我身为一城之主，如果也放弃城池奔命逃生，实在没有脸面奉职朝廷，一定要和彭城共存亡，张长史所说的话不能有不同主张。"刘义恭制止了争议。

十一月二十六日壬子，魏太武帝抵达彭城，在戏马台上设立毡屋行宫来瞭望城内情况。

参军马文恭在萧城战败时，队主蒯应被魏军俘获，魏太武帝又派蒯应到小市门向宋军索要酒和甘蔗，武陵王刘骏给了蒯应，并向魏太武帝索要骆驼作为回报。第二天，魏太武帝派尚书李孝伯来到彭城南门，送给刘义恭貂裘，送给刘骏骆驼及骡子，李孝伯说："魏主向安北将军致意，可以暂时走出城门相见，我也决不攻打这座城，又何必使手下将士辛苦劳累，严加防备到如此地步？"于是，刘骏派张畅打开城门出去跟李孝伯见面，张畅对李孝伯说："安北将军向魏主致意，期待会面，只因为身为臣属，不能与境外的人交往，很遗憾不能暂时尽情地敞开心怀。军事防备是边境城镇正常的事，只要使当地百姓平安快乐地生活，就是劳苦受累我们也无所怨恨。"魏太武帝又索求甜橘和赌具，宋军都送给了他。魏太武帝又派人送去了毛毯和九种盐及胡豆豉作为回报。北魏又借乐器，刘义恭回答说："受任身在军旅，没有带乐器。"李孝伯问张畅："为什么匆匆忙忙关闭城门，拉起吊桥？"张畅回答说："两位王爷认为魏主还没有扎稳营地，将士疲惫。我们这里有十万精锐甲士，唯恐轻率凌辱相互践踏，所以关上城门。等待你们将士休整好了，然后共同治理战场，决定交战日期。"李孝伯说："客人彬彬有礼，就可由主人任意来选择。"张畅说："昨天我们看见大批客人涌到城门附近，似乎并不彬彬有礼。"正在这时，魏太武帝派人前来说："向太尉、安北将军致意，为什么不派人到我们这里来？我们彼此之间的感情，虽说不能尽情倾诉，但你们也应该出来看看我是大是小，知道我是老是少？观察一下我的为人。如果左右助手不可派遣，也可以派童仆前来。"张畅以两王的名义回答说："魏主的外貌和才能，早已从来往的使节口中知道了。李尚书又亲自衔命而来，就不用担心彼此之间不能全面了解了，所以也不用再派遣使节了。"李孝伯又说："王玄谟只是一个普通将才罢了，为什么要将如此大的事情委托他，以致溃败逃

其不捷，彭城亦非所须也。我今当南饮江湖以疗渴耳。”畅曰：“去留之事，自适彼怀，若虏马遂得饮江，便为无复天道。”先是童谣云：“虏马饮江水，佛狸死卯年。”故畅云然。畅音容雅丽，孝伯与左右皆叹息。孝伯亦辩赡，且去，谓惕曰：“长史深自爱，相去步武，恨不执手。”畅曰：“君善自爱，冀荡定有期，君若得还宋朝，今为相识之始。”

上起杨文德为辅国将军，引兵自汉中西入，摇动汧、陇。文德宗人杨高帅阴平、平武群氐拒之，文德击高，斩之，阴平、平武悉平。梁、南秦二州刺史刘秀之遣文德伐啖提氐，不克，执送荆州，使文德从祖兄头戍葭芦。

（以上为第十一段，写北魏主拓跋焘南侵彭城，刘宋江夏王刘义恭在张畅、刘骏的劝说下坚守彭城；两军相持，双方阵前展开外交战，北魏没有占到上风。）

丁未，大赦。

魏主攻彭城，不克。十二月，丙辰朔，引兵南下，使中书郎鲁秀出广陵，高凉王那出山阳，永昌王仁出横江，所过无不残灭，城邑皆望风奔溃。戊午，建康纂严。己未，魏兵至淮上。

上使辅国将军臧质将万人救彭城，至盱眙，魏主已过淮。质使冗从仆射胡崇之、积弩将军臧澄之营东山，建威将军毛熙祚据前浦，质营于城南。乙丑，魏燕王谭攻崇之等，三营皆败没，质按兵不敢救。澄之，焘之孙；熙祚，脩之之兄子也。是夕，质军亦溃，质弃辎重器械，单将

命。自从进入你们境内七百多里，作为主人竟连一次真正的抵抗都没有过。邹山险要坚固，你们作为屏障依靠，而我们的先头部队刚刚与你们交接，崔邪利马上就藏进了洞穴，将士们把他倒着拖了出来。我们北魏太武帝赐他不死，饶了他一命，如今，他也跟随我们的军队来到了这里。”张畅说：“王玄谟仅仅是南方国土上的一位偏将，不能称得上是有才之士，不过任命他做军队的先锋罢了。我们的主力大军还未赶到，黄河已经封冰，所以，王玄谟决定乘夜班师回朝，以致兵马发生小小骚乱。崔邪利被俘，对国家又有什么损失呢？魏主亲自率领十万大军，仅仅制服了一个崔邪利，这有什么值得夸耀的呢？知道进入我国境内七百里而没有看到有抵抗行动，这正是太尉的神机妙算，以及镇军将军的高明策略，用兵就有用兵的机密，不能拿来谈说。”李孝伯说：“魏国国君不会围攻彭城，亲自率领大军直接造访瓜步。南方事务办理妥当，彭城也不用围攻；如果没有取得胜利，彭城也不是所需要的。我们现今该南下去喝长江水来解渴了。”张畅说：“要去要留，由你们自己决定。如果胡虏的马匹能够喝到长江水，那就是没有天理了。”先前有童谣说：“虏马饮江水，佛狸死卯年。”因此，张畅说了上述一番话。张畅言谈举止文雅庄重，李孝伯和他的左右都叹息称赞。李孝伯也滔滔雄辩，临离开时对张畅说：“张长史您多加保重，相距只有几步，遗憾却不能握手。”张畅说：“你也要好好保重自己，我们希望一统天下指日可待，如果你能回到宋朝，今天就是我们相识的开始。”

宋文帝擢升杨文德为辅国将军，率领军队从汉中的西边进入北魏边境，骚扰汧、陇一带。杨文德的同族人杨高率领阴平、平武的氐人抗拒杨文德的进攻，杨文德击败杨高，杀了他，阴平、平武全部平定。梁、南秦二州刺史刘秀之派杨文德讨伐啖提氐部落，没有攻克，逮捕了杨文德，把他押送到了荆州，派杨文德同曾祖父的哥哥杨头戍守葭芦。

十一月二十一日丁未，刘宋大赦天下。

魏太武帝进攻彭城，没有攻克。十二月初一日丙辰朔，率军南下，派中书郎鲁秀出击广陵，高凉王拓跋那出击山阳，永昌王拓跋仁出击横江，魏军途经之处无不抢掠烧杀，所有城池听见风声就奔逃溃散。十一月初三日戊午，建康实行戒严。十一月初四日己未，魏军抵达淮上。

宋文帝派遣辅国将军臧质率领一万士卒援救彭城，行军到盱眙，魏太武帝率领大军已经渡过淮河。臧质赶快派冗从仆射胡崇之、积弩将军臧澄之扎营东山，又派建威将军毛熙祚据守前浦，臧质扎营在盱眙城南。十一月初十日乙丑，北魏燕王拓跋谭围攻胡崇之等，三个营寨都被击破，臧质不敢前去援救。胡澄之是胡焘的孙子。

七百人赴城。

初，盱眙太守沈璞到官，王玄谟犹在滑台，江淮无警。璞以郡当冲要，乃缮城濬隍，积财谷，储矢石，为城守之备。僚属皆非之，朝廷亦以为过。及魏兵南向，守宰多弃城走。或劝璞宜还建康，璞曰："虏若以城小不顾，夫复何惧！若肉薄来攻，此乃吾报国之秋，诸君封侯之日也，奈何去之！诸君尝见数十万人聚于小城之下而不败者乎？昆阳、合肥，前事之明验也。"众心稍定。璞收集得二千精兵，曰："足矣。"及臧质向城，众谓璞曰："虏若不攻城，则无所事众，若其攻城，则城中止可容见力耳，地狭人多，鲜不为患。且敌众我寡，人所共知。若以质众能退敌完城者，则全功不在我；若避罪归都，会资舟楫，必更相蹂践。正足为患，不若闭门勿受。"璞叹曰："虏必不能登城，敢为诸君保之。舟楫之计，固已久息。虏之残害，古今未有，屠剥之苦，众所共见，其中幸者，不过驱还北国作奴婢耳。彼虽乌合，宁不惮此邪！所谓同舟而济，胡、越一心者也。今兵多则虏退速，少则退缓。吾宁可欲专功而留虏乎！"乃开门纳质。质见城中丰实，大喜，众皆称万岁，因与璞共守。

（以上为第十二段，写北魏主拓跋焘不能攻克彭城，绕道南下，剑指江南，盱眙太守沈璞未雨绸缪，修城挖壕，储蓄粮食，立意坚守，北魏军不能下。）

魏人之南寇也，不赍粮用，唯以抄掠为资。及过淮，民多窜匿，抄掠无所得，人马饥乏；闻盱眙有积粟，欲以为北归之资。既破崇之等，一攻城不拔，即留其将韩元兴以数千人守盱眙，自帅大众南向。由是盱眙得益完守备。

庚午，魏主至瓜步，坏民庐舍，及伐苇为筏，声言欲渡江。建康震惧，民皆荷担而立。壬午，内外戒严。丹杨统内尽户发丁，王公以下子弟皆从役。命领军将军刘遵考等将兵分守津要，游逻上接于湖，下至蔡洲，陈舰列营，周亘江滨，自采石至于暨阳，六七百里。太子劭出镇石

毛熙祚是毛脩之的侄子。当天夜晚，臧质也被击溃，臧质抛弃辎重器械，只带了七百人投奔盱眙城。

当初，盱眙太守沈璞到任时，王玄谟还在围攻滑台，江淮没有警情。沈璞认为盱眙郡正处在交通要道上，于是修缮城池，加固城墙，疏通并挖深环城壕沟，积蓄财力粮食，储备利箭石头，做城防的准备。幕僚臣属们都认为没有必要，朝廷也认为过分了。现今北魏军队向南进攻，各地太守、宰丞大多都放弃城池各自逃命，有人也劝说沈璞应该撤退回到建康去，沈璞说："如果胡虏认为我们是个小城而不加理会的话，我们又有什么可怕的呢？如果他们要肉搏攻城，这正是我报答国家的时机，也是各位封侯之日呀，为什么要逃走呢！各位曾经看见过几十万大军聚集在一个小城之下而不失败的例子吗？昆阳、合肥都是明显的验证啊！"众心稍稍安定。沈璞征集了二千名精锐士卒，说："足够了。"此时，臧质逃奔盱眙，众将对沈璞说："如果胡虏不来攻城，就用不着这么多人；如果前来围攻，城里也只能容得下现有的兵力。地方狭小而人却很多，很少有不成为忧患的。况且敌众我寡，这是人人皆知的。如果臧质的军队能够击退敌人保住城池，功劳就不都是我们的；如果逃避罪过回到都城，都要依靠船只，这样又必然会相互争船而导致缺船，足以带来危害。不如关闭城门不接收他们。"沈璞叹息说："胡虏肯定不能登上城池，我敢向各位保证。我们乘船撤退的计划，本来早就否定了，胡虏的凶狠残暴却是自古至今都没有过的。屠杀掠夺的苦难，众人有目共睹，其中最幸运的人，最终也只不过是被驱赶到北魏做奴隶、婢女。臧质虽然率领的是一批乌合之众，难道不怕敌军残害吗？常说的'同舟共济，胡越一心'正是指眼前的事。现今我们兵多，胡虏就会很快退却，兵少，他们退却就慢。难道我们可以为了独占这份功劳，而让胡虏留下为患吗？"于是城门打开，接纳了臧质部众。臧质看到盱眙城内准备充实，生活富足，十分高兴，手下将士都欢呼万岁，臧质于是就与沈璞一同驻守盱眙城。

魏军南下进犯，不携带粮食用品物资，只靠掳掠来维持生活。当渡过淮河时，老百姓大多都逃窜躲藏，他们打家劫舍没有得到什么东西，人马饥饿困乏。听说盱眙有存粮，就打算把盱眙的粮食作为回国的资用。当击败了胡崇之后，魏军大举围攻盱眙没有攻克，就留下大将韩元兴率领几千人驻守在盱眙城外，自己率领大军南下。为此，盱眙得以进一步完善防备工程。

十二月十五日庚午，魏太武帝抵达瓜步，毁掉老百姓的房舍，又砍伐芦苇建造小筏，声言要南渡长江。建康震动，一片恐怖，老百姓都挑着担子站在那里，随时准备逃走。十二月二十七日壬午，刘宋京师内外戒严。丹杨统属境内所有的壮丁以及王公以下的子弟，全都服役从军。宋文帝又命令领军将军刘遵考等率军分别据守

头，总统水军，丹杨尹徐湛之守石头仓城，吏部尚书江湛兼领军，军事处置悉以委焉。

上登石头城，有忧色，谓江湛曰："北伐之计，同议者少。今日士民劳怨，不得无惭，贻大夫之忧，予之过也。"又曰："檀道济若在，岂使胡马至此！"上又登莫府山，观望形势，购魏主及王公首，许以封爵、金帛；又募人赍野葛酒置空村中，欲以毒魏人，竟不能伤。

魏主凿瓜步山为蟠道，于其上设毡屋，魏主不饮河南水，以橐驼负河北水自随。饷上橐驼、名马，并求和，请婚。上遣奉朝请田奇饷以珍羞、异味。魏主得黄甘，即啖之，并大进酃酒。左右有附耳语者，疑食中有毒。魏主不应，举手指天，以其孙示奇曰："吾远来至此，非欲为功名，实欲继好息民，永结姻援。宋若能以女妻此孙，我以女妻武陵王，自今匹马不复南顾。"

奇还，上召太子劭及群臣议之，众并谓宜许，江湛曰："戎狄无亲，许之无益。"劭怒，谓湛曰："今三王在厄，讵宜苟执异议！"声色甚厉。坐散，俱出，劭使班剑及左右排湛，湛几至僵仆。

劭又言于上曰："北伐败辱，数州沦破，独有斩江湛、徐湛之可以谢天下。"上曰："北伐自是我意，江、徐但不异耳。"由是太子与江、徐不平，魏亦竟不成婚。

（以上为第十三段，写北魏主拓跋焘率军南侵，受阻于大江，求和北还。此役两败俱伤。）

渡口险要，巡逻上起于湖，下到蔡洲，排列船只，连接营寨，从采石矶一直到暨阳，长达六七百里。太子刘劭出京镇守石头城，总领水军。丹杨尹徐湛之镇守石头所属仓城。吏部尚书江湛兼任领军，军事部署全都委任于他。

宋文帝登临石头城，有忧惧之色，对江湛说："北伐的计划，赞同的很少。如今将士、百姓劳顿怨苦，不得不感到惭愧。带给大夫们忧虑，我的过失啊！"又说："如果檀道济仍然在世，岂能让胡虏军马到这里！"宋文帝又登上莫府山，观察形势，颁布诏书悬赏购买魏太武帝及其王公的首级，许诺封赏爵位、金银绸缎。文帝招募人员把用野葛酿成的毒酒放在空无人烟的荒村，想毒死北魏将士，到底没能伤到他们。

魏太武帝开凿瓜步山，修筑盘山路，在山上搭毛毡帐篷屋。魏太武帝不喝黄河以南的水，用骆驼驮着黄河以北的水相跟随。派人送给宋文帝骆驼、名马等礼物，要求和解，并请求联姻。宋文帝也派遣奉朝请田奇带着奇珍异果送给魏太武帝。魏太武帝得到黄柑，拿过来就吃，并痛饮酃酒。左右侍从的人向魏太武帝附耳低语，怀疑食物有毒。魏太武帝不理睬，举手指着天，把孙子叫过来给田奇看，说："我从很远的地方来到这里，不是想要成就功业功名，其实是想维持过去的友好，安定百姓，永远结成婚姻。宋国皇帝如果能够把女儿嫁给我这个孙子，我也把自己的女儿许配给武陵王为妻，从今以后不会再让一匹马南下骚扰。"

田奇回到建康，宋文帝召集太子刘劭及各位大臣前来商议，大家一致认为应该答应北魏的联姻，江湛说："戎狄没有亲情，答应了无益。"刘劭发怒，对江湛说："如今，三位王都在危险境地，怎么能够拒绝坚持异议！"声色俱厉。大家商议完毕，都一同走出来，刘劭指使持剑人和左右侍从推撞江湛，江湛几乎被撞昏倒地。

刘劭又对宋文帝说："北上讨伐失败，招来羞辱，几个州郡沦陷残破，只有杀了江湛、徐湛之，才能够向天下老百姓谢罪。"宋文帝说："北上征伐这本来是我一个人的意思，江湛、徐湛之只是不表示异议罢了。"从此，太子刘劭同江湛、徐湛之结下怨仇，北魏所提出的皇家联姻最终也没能实现。

【点评】

本卷值得点评的有两件大事：其一是北魏《国史》文字狱；其二是刘宋元嘉北伐。

一、北魏《国史》文字狱。北魏崔浩因为撰写《国史》而被杀。公元439年，魏太武帝命崔浩以司徒监秘书事，叮嘱写国史一定要根据实录。修毕后，参与其事的著作令史闵湛、郗标建议把《国史》刊刻在石上，以彰直笔，同时刊刻崔浩所注的《五经》。《国史》秉笔直书，尽述拓跋氏的历史，详备而无所避讳，其中直书了拓跋氏一些不愿为人知的早期历史。而石碑树立在通衢大路旁，引起往来行人议论。鲜卑贵族看到后，无不愤怒，先后告状，指控崔浩有意暴扬国恶。崔浩被捕，承认自己曾经接受过贿赂，被诛杀。史称"国史之狱"。

二、刘宋元嘉北伐。宋文帝之治又称为"元嘉之治"，志满意得之后雄心膨胀，欲想"经略中原"，而遂有赞成者，文武百官们争相献计献策去迎合取宠。彭城太守王玄谟尤其喜好进言，宋文帝对侍臣说："仔细琢磨王玄谟的陈述，使人顿时有封狼居胥的感觉。"宋文帝的这种感觉就是效法西汉武帝派霍去病出征匈奴"封狼居胥"，则向秦皇汉武看齐了，但是最后结果正如辛弃疾所谓"元嘉草草，封狼居胥，赢得仓皇北顾"。最初怂恿北伐的王玄谟只是一个草包，又是一个贪官，他把归附的义民拆散，编入自己的嫡系，每家发一匹布当奖励，却又命每家交出八百个大梨，运到江南赚钱，老百姓大失所望，纷纷弃宋军而去。又营货利，因此大失人心。王玄谟围攻滑台两个月也没打下来，及拓跋焘军至，乃奔退，麾下散亡略尽。宋文帝还算是有自知之明，自己承担了失败的责任，回想当时也承认赞成的人很少。司马光对于这一历史事件寓评论于叙事之中，在宋文帝策划北伐一节得到最好的体现。本卷是这样记载的："帝欲经略中原，群臣争献策以迎合取宠。彭城太守王玄谟尤好进言。"其用词"迎合取宠"四字就将"争献策"的目的交代清楚了，将宋文帝的决策和决心置放在感情色彩而不是客观判断，进而失之千里。对于王玄谟尤其表达了不屑，故而谓之"尤好进言"。

宋纪八

宋文帝元嘉二十八年至二十九年（451—452 年）

【起重光单阏（辛卯，451 年），尽玄黓执徐（壬辰，452 年），凡二年】

【大事提要】

本卷记事自公元 451 年至公元 452 年，凡二年，时当宋文帝元嘉二十八年至元嘉二十九年。本卷所记特大事件是继上卷记载刘宋与北魏元嘉之战的结束与后果。战争以刘宋失败告终，没有赢家。北魏一共击破了刘宋南兖、徐、北兖、豫、青、冀等六个州，杀死杀伤的人无法统计。本卷总结刘宋失败时提到两点：第一，宋文帝每次出兵作战，总要预先制订计划，限制将帅的机动性。交战的日期和时刻，也必须由宋文帝亲自决定。朝廷离战阵路途遥远，常常坐失时机，可以说这是招致失败的一个主要原因。第二，就是“江南白丁，轻易进退，此其所以败也”。白丁者，本无军籍临时征集起来的壮丁。司马光在行文中指出：“自是邑里萧条，元嘉之政衰矣。”这句话表达两点意思：其一，认为有“元嘉之政”，肯定这是一个政治清明的时期；其二，认为这次战争是元嘉之治的终结，刘宋自此走向衰落。本卷还揭示了战争的残酷性，北魏胡虏将刘宋的青壮年斩首或拦腰砍断，婴幼儿则用铁矛刺穿，然后挥动铁矛进行游戏。所经过的郡县，千里赤地，没有遗留。春天，燕子回来了，只能在树林里筑巢。北魏的战士马匹也死伤了一多半，北魏国人也大有怨言。

【原文】

太祖文皇帝下之上

元嘉二十八年（辛卯，451年）

春，正月，丙戌朔，魏主大会群臣于瓜步山上，班爵行赏有差。魏人缘江举火。太子左卫率尹弘言于上曰："六夷如此，必走。"丁亥，魏掠居民，焚庐舍而去。

胡诞世之反也，江夏王义恭等奏彭城王义康数有怨言，摇动民听，故不逞之族因以生心。请徙义康广州。上将徙义康，先遣使语之，义康曰："人生会死，吾岂爱生！必为乱阶，虽远何益！请死于此，耻复屡迁。"竟未及往。魏师至瓜步，人情恟惧。上虑不逞之人复奉义康为乱；太子劭及武陵王骏、尚书左仆射何尚之屡启宜早为之所；上乃遣中书舍人严龙赍药赐义康死。义康不肯服，曰："佛教不许自杀，愿随宜处分。"使者以被掩杀之。

江夏王义恭以碻磝不可守，召王玄谟还历城，魏人追击败之，遂取碻磝。

初，上闻魏将入寇，命广陵太守刘怀之逆烧城府、船乘，尽帅其民渡江。山阳太守萧僧珍悉敛其民入城，台送粮仗诣盱眙及滑台者，以路不通，皆留山阳，蓄陂水令满，须魏人至，决以灌之。魏人过山阳，不敢留，因攻盱眙。

魏主就臧质求酒，质封溲便与之。魏主怒，筑长围，一夕而合；运东山土石以填堑，作浮桥于君山，绝水陆道。魏主遗质书曰："吾今所遣斗兵，尽非我国人，城东北是丁零与胡，南是氐、羌。设使丁零死，正可减常山、赵郡贼；胡死，减并州贼；氐、羌死，减关中贼。卿若杀之，无所不利。"质复书曰："省示，具悉奸怀。尔自恃四足，屡犯边。王玄谟退于东，申坦散于西，尔知其所以然邪？尔独不闻童谣之言乎？盖卯年未至，故以二军开饮江之路耳；冥期使然，非复人事。寡人受命相灭，

【语译】

太祖文皇帝下之上

宋文帝元嘉二十八年（辛卯，451 年）

春季，正月初一日丙戌朔，魏太武帝拓跋焘在瓜步山上召集全体官员，按照功劳大小，分别封爵升官，进行奖赏。魏军沿长江岸燃起烽火，太子左卫率尹弘对宋文帝说："胡虏这种行动，一定是要撤走。"正月初二日丁亥，魏军劫掠居民，焚烧房屋，向北而去。

胡诞世聚众反叛的时候，江夏王刘义恭等人奏报彭城王刘义康多次有怨言，摇动百姓的视听，使那些废黜放逐不得志的人产生了野心。请求将刘义康贬斥到广州。宋文帝将要放逐刘义康时，先派使臣告诉了刘义康。刘义康说："人的一生终归要死，我怎能贪生活着！如果一定说我是动乱的因由，即使把我放逐到很远的地方，又会有什么好处呢？我请求死在这里，不愿意受到再次贬谪的耻辱。"刘义康到底没有被贬到广州。北魏大军开到了瓜步，老百姓万分惊恐。宋文帝担心不能得志的人会再次拥戴刘义康进行叛乱，太子刘劭、武陵王刘骏，以及尚书左仆射何尚之也不断提醒文帝应该尽早为他找个处所，宋文帝这才派遣中书舍人严龙赍携带毒药命令刘义康服药自杀。刘义康拒绝服药，说："佛教不允许人自杀，你们随便找一个合适的办法将我处置吧。"使者就用被子捂住刘义康的头，把他活活闷死了。

江夏王刘义恭认为不能继续坚守碻磝，就征召王玄谟退回历城。北魏追击王玄谟军队，并把他们击败，于是夺取了碻磝。

当初，宋文帝得到北魏将要入侵的消息，命令广陵太守刘怀之预先烧掉城内官府、水上船只，率领广陵全体老百姓渡过长江。山阳太守萧僧珍将广陵所有老百姓都收聚在山阳城中；朝廷运送粮食、武器到盱眙和滑台去的官兵，因为道路不能通行，也都留在了山阳城。萧僧珍下令将山阳城附近的山坡池塘全都灌满水，等魏军到达时，好决水淹灌魏军。因此，魏军在撤退路过山阳城时，不敢滞留，顺势去攻取盱眙。

魏太武帝派人向盱眙守将臧质索要好酒，臧质在罐子里撒了泡尿送给他。魏太武帝大怒，修筑长围墙，一个晚上就连在了一起。又搬来东山上的泥土石头填平壕沟，在君山上造起了浮桥，彻底切断了水陆通道。魏太武帝给臧质写信说："我现今派遣的军队，都不是本国人，城东北是丁零人和匈奴人，城南是氐人和羌人，假如丁零人死了，正可以减少常山、赵郡的贼寇；匈奴人死了，正好减少了并州的贼寇；氐人、羌人死了，当然也就减少了关中的贼寇。你如果真的杀掉了他们，对我们没有什么不利的地方。"臧质回信说："读了你的信，完全明白了你的奸诈之心。你自

期之白登，师行未远。尔自送死，岂容复令尔生全，飨有桑乾哉！尔有幸得为乱兵所杀，不幸则生相锁缚，载以一驴，直送都市耳。我本不图全，若天地无灵，力屈于尔，齑之，粉之，屠之，裂之，犹未足以谢本朝。尔智识及众力，岂能胜苻坚邪！今春雨已降，兵方四集，尔但安意攻城，勿遽走！粮食乏者可见语，当出廪相贻。得所送剑刃，欲令我挥之尔身邪？”

魏主大怒，作铁床，于其上施铁镵，曰：“破城得质，当坐之此上。”质又与魏众书曰：“尔语虏中诸士庶：佛狸所与书，相待如此。尔等正朔之民，何为自取糜灭，岂可不知转祸为福邪！”并写台格以与之，云：“斩佛狸首，封万户侯，赐布、绢各万匹。”

（以上为第一段，写北魏主拓跋焘率领大军南侵，受阻于大江，全军败退，途中攻打盱眙，遭到臧质嘲讽，而徒叹奈何。）

魏人以钩车钩城楼，城内系以驱絙，数百人叫呼引之，车不能退。既夜，缒桶悬卒出，截其钩，获之。明旦，又以冲车攻城，城土坚密，每至，颓落不过数升。魏人乃肉薄登城，分番相代，坠而复升，莫有退者，杀伤万计，尸与城平。凡攻之三旬，不拔。会魏军中多疾疫，或告以建康遣水军自海入淮，又敕彭城断其归路。二月，丙辰朔，魏主烧攻具退走。盱眙人欲追之，沈璞曰：“今兵不多，虽可固守，不可出战，但整舟楫，示若欲北渡者，以速其走，计不须实行也。”

臧质以璞城主，使之上露版，璞固辞，归功于质。上闻，益嘉之。

己依仗着四条腿，多次侵犯我边境。王玄谟退守在东边，申坦军分散在西边，你知道这是为什么吗？你难道没有听说一首童谣里所说的吗？只因卯年还没有来到，所以用两路军队引导着你们走上饮长江水的道路罢了。冥冥之中注定如此，并不是人事啊！寡人奉命前来消灭你们，原来预定要到达白登，可是，军队还没有走出多远，就遇到你们自己前来送死了，怎么能让你再活着回去，享饮桑乾的土地呢？你幸运的话，会被乱军所杀；如果不幸，被活捉用锁链锁住，用一头小毛驴驮着你，把你一直押送到都城。我本来就不打算全尸，如果天地没有显灵，力量屈尽于你，即使被剁成肉酱，碾成粉末，宰割了，车裂了，也都不足以向朝廷谢罪。你的智慧见识以及军队的力量，哪里超得过苻坚呢！如今，已经下起春雨，大军正要从四方云集起来，你只管一心一意去攻城吧，不要立刻逃走！如果你们粮食不够吃，可以告诉我们，一定会打开粮仓相馈赠。送来的刀剑已经收到，你的意思是不是想让我挥刀斩了你身子呢？”

魏太武帝大怒，制造了一张大铁床，铁床上布满刺锥，说：“攻破城池，抓住臧质，一定让他坐在这张铁床上。”臧质又给魏军写了封信，说：“你们告诉胡虏中各位士人百姓：拓跋焘在给我写的信上，这样对待你们。你们本来是中原奉从正朔的民众，为什么要去自取灭亡呢？怎么能不知道转祸为福呢？”同时，臧质又将朝廷的悬赏公布给他们说：“砍下佛狸人头的，封为万户侯，赏赐绵布、丝绸各一万匹。”

魏军用钩车钩住城楼，城内军队就用铁环制成的大铁链拴住钩车，几百士卒高声呼喊拉住铁链，北魏的钩车无法后退。入夜以后，守军用大桶把军士从城上放下，砍断魏军的车钩，缴获了这种工具。第二天天亮，魏军又改用冲车攻城，但城墙坚硬牢固，冲车每次冲撞，撞下墙土也不过几升。魏军就采用肉搏战术攻城，把士卒分为几个梯队，轮番攻击，从城上坠落下来又继续向上爬，没有一个人后退，死伤士卒数以万计，尸体堆积得跟城墙一样高。前后围攻了三十天，仍未攻下。赶上北魏军中瘟疫流行，有人报告说，建康的水军从东海进入淮河了，又下令彭城守军切断魏军回归的道路。二月，丙辰朔，魏太武帝下令焚毁攻城器具后撤退。盱眙守军想要追击，沈璞说：“现今兵力并不多，虽然可以固守城池，却不可出城讨战。不过，我们仍然要整治好船只，做出要北渡淮河的样子，促使他们更快地离开，计策如此并不需要真的去做。”

臧质认为沈璞是盱眙一城之主，就请他将沈璞获胜的经过写在不缄封的文书上，启奏朝廷，沈璞坚决辞让，而把功劳归于臧质。宋文帝听说后，对沈璞更是倍加嘉许。

魏师过彭城，江夏王义恭震惧不敢击。或告："虏驱南口万余，夕应宿安王陂，去城数十里，今追之，可悉得。"诸将皆请行，义恭禁不许。明日，驿使至，上敕义恭悉力急追。魏师已远，义恭乃遣镇军司马檀和之向萧城。魏人先已闻之，尽杀所驱者而去。程天祚逃归。

魏人凡破南兖、徐、兖、豫、青、冀六州，杀伤不可胜计，丁壮者即加斩截，婴儿贯于槊上，盘舞以为戏。所过郡县，赤地无余，春燕归，巢于林木。魏之士马死伤亦过半，国人皆尤之。

上每命将出师，常授以成律，交战日时，亦待中诏，是以将帅趑趄，莫敢自决。又江南白丁，轻易进退，此其所以败也。自是邑里萧条，元嘉之政衰矣。

（以上为第二段，写刘宋北伐失败的主要原因，一是宋文帝遥控节制，丧失战机；二是主帅畏敌无能，刘义恭连狼狈逃跑的北魏退兵都不敢出击。北伐失败，导致元嘉之治从此衰落。）

癸酉，诏赈恤郡县民遭寇者，蠲其税调。

甲戌，降太尉义恭为骠骑将军、开府仪同三司。

戊寅，魏主济河。

辛巳，降镇军将军武陵王骏为北中郎将。

壬午，上如瓜步。是日，解严。

初，魏中书学生卢度世，玄之子也，坐崔浩事亡命，匿高阳郑罴家。吏囚罴子，掠治之。罴戒其子曰："君子杀身成仁，虽死不可言。"其子奉父命，吏以火爇其体，终不言而死。及魏主临江，上遣殿上将军黄延年使于魏，魏主问曰："卢度世亡命，已应至彼。"延年曰："都下不闻有度世也。"魏主乃赦度世及其族逃亡籍没者，度世自出，魏主以为中书侍郎。度世为其弟娶郑罴妹以报德。

三月，乙酉，帝还宫。

己亥，魏主还平城，饮至告庙，以降民五万余家分置近畿。

魏军经过彭城，江夏王刘义恭震惊恐惧，不敢出击。有人来报告说："胡虏正驱赶着南方一万多口人，晚上将住在安王陂，离彭城只有几十里，现今去追击，正可以全部解救。"各大将都纷纷请求出击，刘义恭下令制止，不许出兵。第二天，朝廷信使抵达，宋文帝命令刘义恭全力追击，魏军这时已经走远，刘义恭就派镇军司马檀和之奔向萧城追赶。魏军事先已经得到了这一消息，于是将所驱赶的南方百姓全都杀掉，然后北上。程天祚逃了回来。

北魏一共击破了南兖、徐、北兖、豫、青、冀等六州，杀死杀伤的人无法统计。青壮年立即斩首或拦腰砍断，婴幼儿则用铁矛刺穿，然后挥动铁矛进行游戏。所经过的郡县，都成了千里赤地。春天，燕子回来了，只能在树林里筑巢。北魏的战士马匹也死伤了一多半，北魏国人也大有怨言。

宋文帝每次命令将领们率兵作战，常常把已制订好的作战计划交给他们，交战的日子，也都要等待文帝的命令，因此，军中将帅总是犹豫迟疑，不敢自己决定。加之没有经过训练的江南士卒，轻率地前进或后退，这就是刘宋军之所以战败的原因。从此以后，刘宋村镇萧条衰败，元嘉时代的盛况日趋衰落了。

二月十九日癸酉，宋文帝颁布诏书，赈济抚恤遭到抢劫的各郡县百姓，免除田赋捐税。

二月二十日甲戌，将太尉刘义恭降职为骠骑将军、开府仪同三司。

二月二十四日戊寅，魏太武帝渡过黄河。

二月二十七日辛巳，将镇军将军武陵王刘骏降职为北中郎将。

二月二十八日壬午，宋文帝巡视瓜步。这一天，解除戒严。

当初，北魏中书学生卢度世，他是卢玄的儿子，由于受崔浩事件的牵连逃亡，躲藏到高阳人郑罴家里，官吏囚禁了郑罴的儿子，酷刑拷打。郑罴告诫儿子说："君子应当杀身成仁，即使被打死了也不要说出来。"郑罴的儿子遵奉父亲的命令坚守秘密。官吏们用火烧他的身体，他最终没有招供而被折磨致死。魏太武帝抵达长江北岸时，宋文帝派遣殿上将军黄延年出使北魏，魏主问道："卢度世逃走了，应该已经逃到你们那里。"黄延年说："我从来没有听说过有卢度世。"魏太武帝便下令赦免卢度世以及同族中逃亡外地或被除去户籍的人，卢度世这才自动露面，魏太武帝任命卢度世为中书侍郎。卢度世让弟弟娶了郑罴的妹妹，以此来报答郑家的恩德。

三月初一日乙酉，宋文帝从瓜步返回了朝廷。

三月十五日己亥，魏太武帝回到了平城，在祖庙内设下祭祀酒席，向祖宗报告

（以上为第三段，写北魏结束南侵，大肆掳掠，回到平城，在祖庙举行祭告酒席，把掳掠而回的人安置在平城周围；刘宋追责，处罚了相关将帅，解除戒严。）

初，魏主过彭城，遣人语城中曰："食尽且去，须麦熟更来。"及期，江夏王义恭议欲芟麦翦苗，移民堡聚。镇军录事参军王孝孙曰："虏不能复来，既自可保；如其更至，此议亦不可立。百姓闭在内城，饥馑日久，方春之月，野采自资；一入堡聚，饿死立至，民知必死，何可制邪！虏若必来，芟麦无晚。"四坐默然，莫之敢对。长史张畅曰："孝孙之议，实有可寻。"镇军府典签董元嗣侍武陵王骏之侧，进曰："王录事议不可夺。"别驾王子夏曰："此论诚然。"畅敛版白骏曰："下官欲命孝孙弹子夏。"骏曰："王别驾有何事邪？"畅曰："芟麦移民，可谓大议，一方安危，事系于此。子夏亲为州端，曾无同异；及闻元嗣之言，则欢笑酬答。阿意左右，何以事君！"子夏、元嗣皆大惭，义恭之议遂寝。

初，鲁宗之奔魏，其子轨为魏荆州刺史、襄阳公，镇长社，常思南归；以昔杀刘康祖及徐湛之父，故不敢来。轨卒，子爽袭父官爵。爽少有武干，与弟秀皆有宠于魏主。既而兄弟各有罪，魏主诘责之。爽、秀惧诛，从魏主自瓜步还，至湖陆，请曰："奴与南有仇，每兵来，常恐祸及坟墓，乞共迎丧还葬平城。"魏主许之。爽至长社，杀魏戍兵数百人，帅部曲及愿从者千余家奔汝南。夏四月，爽遣秀诣寿阳，奉书于南平王铄以请降。上闻之，大喜，以爽为司州刺史，镇义阳；秀为颍川太守，余弟侄并授官爵，赏赐甚厚。魏人毁其坟墓。徐湛之以为庙算远图，特所奖纳，不敢苟申私怨，乞屏居田里，不许。

青州民司马顺则自称晋室近属，聚众号齐王。梁邹戍主崔勋之诣州，五月，乙酉，顺则乘虚袭梁邹城。又有沙门自称司马百年，亦聚众号安定王以应之。

南下征讨的经过，把投降的五万多户人家分别安置在平城附近。

当初，魏太武帝经过彭城时，派人告诉城中的人说："我们把粮食吃完了，暂且回去，等到麦熟了再来。"麦子成熟时，江夏王刘义恭想把小麦全部割光，把民众都转移到城堡里聚集。镇军录事参军王孝孙说："胡虏不会再来，民众可以自己保全。如果真的又回来了，这一动议也不能实行，老百姓被关在城内，忍饥挨饿很久了，正当春月时节，可以挖些野菜摘些野果来供养自己。一旦迁入城堡，那么，马上就会饿死。老百姓知道自己必定饿死，怎么能控制住他们呢？倘若胡虏一定前来，那时割麦子也不晚。"在座的人都默默地坐着，没有人敢回应。长史张畅说："王孝孙说的道理，完全可以采纳。"镇军府典签董元嗣侍立在武陵王刘骏的身边，进言说："王录事的意见不可改变。"别驾王子夏说："这一见解，当然有理。"张畅拱手持版，对刘骏说："下官正打算让王孝孙弹劾王子夏。"刘骏吃惊地问："王子夏别驾有什么事了？"张畅说："收割麦子，让老百姓转移到城堡里，这些都是很重要的决策，一地安危，都悬系于此。王子夏身为州端，竟然没有意见，等到听了董元嗣的话，才欢笑表示赞同。这种阿谀奉迎左右的人，怎么能够为您做事呢？"王子夏、董元嗣听了张畅的话，都深为惭愧。刘义恭的计划于是被取消了。

当初，鲁宗之投奔北魏，他的儿子鲁轨做了北魏的荆州刺史、襄阳公，镇守长社，经常想回到南方，只是由于当年曾经杀了刘康祖和徐湛之的父亲，所以不敢回来。鲁轨去世后，他的儿子鲁爽承袭了父亲的官爵职位。鲁爽从小就有武略才能，和弟弟鲁秀都深受魏太武帝的宠信。不久，他们兄弟二人都犯了罪，受到魏太武帝盘问责备，鲁爽和鲁秀害怕会被诛杀，当跟从魏太武帝从瓜步返回到湖陆时，向魏太武帝请求说："奴才与南方有深仇大恨，每次大军南下，都害怕这种灾祸会殃及祖坟，因此，我们请求一起把祖先的棺木请到平城安葬。"魏太武帝答应了他们的请求。鲁爽到长社后，杀了几百名北魏戍守士卒，率领自己的军队以及愿意跟着自己的一千多家部众投奔了汝南。夏季，四月，鲁爽派鲁秀前往寿阳，送信给刘宋南平王刘铄，请求投降。宋文帝听说后，大喜，任命鲁爽为司州刺史，镇守义阳，鲁秀为颍川太守，其余的弟弟、侄子等也一并被封官授爵，赏赐格外厚重。北魏捣毁了鲁爽家族的坟墓。徐湛之认为朝廷是为了国家的长远利益打算，对他们特别嘉奖优待，所以自己也不敢计较个人的恩怨，请求辞官回乡隐居，没有被批准。

青州平民司马顺则宣称自己是东晋皇家的近属，聚众造反，自称齐王。梁邹守将崔勋之前去州府办事，五月初二日乙酉，司马顺则趁城中防守空虚偷袭了梁邹城。同时，又有一和尚自称司马百年，也聚众造反，号安定王，响应司马顺则。

壬寅，魏大赦。

己巳，以江夏王义恭领南兖州刺史，徙镇盱眙，增督十二州诸军事。

戊申，以尚书左仆射何尚之为尚书令，太子詹事徐湛之为仆射、护军将军，尚之以湛之国戚，任遇隆重，每事推之。诏湛之与尚之并受辞诉。尚之虽为令，而朝事悉归湛之。

六月，壬戌，魏改元正平。

魏主命太子少傅游雅、中书侍郎胡方回等更定律令，多所增损，凡三百九十一条。

（以上为第四段，写刘宋江夏王刘义恭，作为朝廷首辅大臣，害怕北魏再度南侵，提出割麦清野的荒唐主张，因部属抵制而作罢；北魏鲁爽、鲁秀投奔刘宋。）

魏太子晃监国，颇信任左右，又营园田，收其利，高允谏曰："天地无私，故能覆载；王者无私，故能容养。今殿下国之储贰，万方所则；而营立私田，畜养鸡犬，乃至酤贩市廛，与民争利，谤声流布，不可追掩。夫天下者，殿下之天下，富有四海，何求而无，乃与贩夫、贩妇竞此尺寸之利乎！昔虢之将亡，神赐之土田，汉灵帝私立府藏，皆有颠覆之祸。前鉴若此，甚可畏也。武王爱周、邵、齐、毕，所以王天下；殷纣爱飞廉、恶来，所以丧其国。今东宫俊乂不少，顷来侍御左右者，恐非在朝之选。愿殿下斥去佞邪，亲近忠良；所在田园，分给贫下；贩卖之物，以时收散，如此，则休声日至，谤议可除矣。"不听。

太子为政精察，而中常侍宗爱，性险暴，多不法，太子恶之。给事中仇尼道盛、侍郎任平城有宠于太子，颇用事，皆与爱不协。爱恐为道盛等所纠，遂构告其罪。魏主怒，斩道盛等于都街，东宫官属多坐死，帝怒甚。戊辰，太子以忧卒。壬申，葬金陵，谥曰景穆。帝徐知太子无罪，甚悔之。

（以上为第五段，写北魏主拓跋焘南下，太子拓跋晃监国，私心有所泛滥，贤臣高允谏而不听，并遭中常侍宗爱谗害，忧虑过度去世，北魏上演了一曲宫廷悲剧。）

五月十九日壬寅，北魏大赦天下。

五月二十二日己巳，任命江夏王刘义恭兼任南兖州刺史，将州府迁到了盱眙，加授督统十二州诸军事。

五月二十五日戊申，任命尚书左仆射何尚之为尚书令，太子詹事徐湛之为仆射、护军将军。何尚之因为徐湛之是皇亲国戚，深受宠信和重用，所以每件事都推给徐湛之。宋文帝颁布诏书，命令徐湛之与何尚之共同受理裁决公务。何尚之虽然身为尚书令，而朝廷事务全由徐湛之去裁断。

六月初九日壬戌，北魏改年号为正平。

魏太武帝命令太子少傅游雅、中书侍郎胡方回等人改订国家法律，进行了大量的更定和补充，修订完的法律共有三百九十一条。

北魏太子拓跋晃主持国家事务，十分信任自己左右近侍，又经营庄园农田，收取利润。高允劝谏说："天地不存私心，所以能覆盖承载万物；帝王没有私心，所以能宽容养育百姓。如今殿下您是一国的储君，是国家作为典范的人，却经营个人的田地，养鸡养狗，甚至派人去集市上摆摊贩卖，与民争利，以至于诽谤话到处流传，无法去追回或掩盖。全天下，都是殿下的天下，富裕到拥有四海，想要什么有什么，怎么去与街头小贩、售卖之妇去争夺这尺寸的微利呢！西周时虢国快要灭亡时，神灵将土地赐给了它；汉灵帝私自设立钱庄，这些都招来了颠覆的灾祸。前车之鉴如此，令人敬畏啊！周武王宠信周公姬旦、召公姬奭、齐公姜子牙和毕公姬高，所以称王天下；而殷纣王由于宠信飞廉、恶来，所以国家灭亡。如今，太子宫内的俊杰之士不少，但近来侍奉左右的人，恐怕并不是当朝的合适人选。希望殿下斥退奸邪谄佞，亲近忠厚善良。将所占有的田地庄园，分给贫苦百姓；将贩卖的东西，按照时令价格买卖，方便民众。这样去做，那么美好的声誉将会一天天增多起来，诽谤的议论就能够消除了。"太子晃不听劝谏。

太子拓跋晃为政精明，洞察细微，而中常侍宗爱个性阴险暴躁，有很多违法行为，因此，拓跋晃很讨厌他。给事中仇尼道盛、侍郎任平城很受太子的宠信，掌握不少权力，都跟宗爱不能和睦相处。宗爱恐怕自己会被仇尼道盛等检举揭发，于是构陷控告二人有罪。魏太武帝大怒，下令将仇尼道盛等绑到街市上斩首示众，东宫官员们有很多被牵连进去，也都被斩首，魏太武帝非常气愤。六月十五日戊辰，太子拓跋晃因忧虑过度去世。六月十九日壬申，安葬在金陵，谥号景穆。魏太武帝后来慢慢知道太子并没有罪过，非常后悔。

秋，七月，丁亥，魏主如阴山。

青、冀二州刺史萧斌遣振武将军刘武之等击司马顺则、司马百年，皆斩之。癸亥，梁邹平。

萧斌、王玄谟皆坐退败免官。上问沈庆之曰："斌欲斩玄谟而卿止之，何也？"对曰："诸将奔退，莫不惧罪，自归而死，将至逃散，故止之。"

九月，癸巳，魏主还平城。冬，十月，庚申，复如阴山。

上遣使至魏，魏遣殿中将军郎法祐来修好。

己巳，魏上党靖王长孙道生卒。

十二月，丁丑，魏主封景穆太子之子濬为高阳王，既而以皇孙世嫡，不当为藩王，乃止。时濬生四年，聪达过人，魏主爱之，常置左右。徙秦王翰为东平王，燕王谭为临淮王，楚王建为广阳王，吴王余为南安王。

帝使沈庆之徙彭城流民数千家于瓜步，征北参军程天祚徙江西流民数千家于姑孰。

帝以吏部郎王僧绰为侍中。僧绰，昙首之子也，幼有大成之度，众皆以国器许之。好学，有思理，练悉朝典。尚帝女东阳献公主。在吏部，谙悉人物，举拔咸得其分。及为侍中，年二十九，沈深有局度，不以才能高人。帝颇以后事为念，以其年少，欲大相付托，朝政大小，皆与参焉。帝之始亲政事也，委任王华、王昙首、殷景仁、谢弘微、刘湛，次则范晔、沈演之、庾炳之，最后江湛、徐湛之、何瑀之及僧绰，凡十二人。

唐和入朝于魏，魏主厚礼之。

（以上为第六段，写北魏主拓跋焘非常钟爱嫡孙拓跋濬；宋文帝刘义隆宠幸任用王华等十二人，逐渐考虑身后人事安排，重用年轻有为的王僧绰。）

二十九年（壬辰，452 年）

春，正月，魏所得宋民五千余家在中山者谋叛，州军讨诛之。冀州刺史张掖王沮渠万年坐与叛者通谋，赐死。

秋季，七月初五日丁亥，魏太武帝巡视阴山。

刘宋青、冀二州刺史萧斌派遣振武将军刘武之等平叛攻打司马顺则、司马百年，二人都被斩首了。八月十一日癸亥日，梁邹也被平定了。

萧斌、王玄谟都因为退缩打了败仗而被免去职务。宋文帝问沈庆之："萧斌打算斩了王玄谟，你却阻止他，这是为什么？"沈庆之回答说："大将们都纷纷后退逃走，谁都害怕治罪。假如有一个人自己回来了却要被处死，那么，其余将领们肯定会四处逃亡不再回来了，因此我阻止了萧斌。"

九月十二日癸巳，魏太武帝回到平城。冬季，十月初九日庚申，再次巡视阴山。

宋文帝派使节到北魏，北魏则派殿中将军郎法祐前来恢复交好。

十月十八日己巳，北魏的上党靖王长孙道生去世。

十二月二十七日丁丑，魏太武帝封景穆太子拓跋晃的儿子拓跋濬为高阳王。不久，因为拓跋濬是皇室中的嫡亲皇孙，不应该封为藩王，因而取消。这一年，拓跋濬四岁，聪明通达过人，魏太武帝很喜爱拓跋濬，常常把他带在身边。魏太武帝迁徙秦王拓跋翰为东平王，燕王拓跋谭为临淮王，楚王拓跋建为广阳王，吴王拓跋余为南安王。

宋文帝派沈庆之迁徙彭城难民几千家到瓜步，派征北参军程天祚迁徙江西难民几千家到姑孰。

宋文帝任命吏部郎王僧绰为侍中。王僧绰是王昙首的儿子，从小就有成就大事的气度，众人也都期许他是国家的栋梁之材。王僧绰刻苦好学，思维细致缜密，熟悉国家的典章制度。娶了宋文帝的女儿东阳献公主为妻。在吏部任职时，了解并熟悉各种各样的人物，推荐选拔人物也都非常恰当。他当上侍中时才二十九岁，沉着稳重有度量，而且不因为自己才能高人一等而对他人傲慢无礼。宋文帝一直挂记身后的事情，因王僧绰年纪轻，所以想把国家重任全部托付，朝廷内无论讨论大大小小事情，都让王僧绰参与进去。宋文帝刚开始亲自处理政事时，最宠信王华、王昙首、殷景仁、谢弘微、刘湛，其次就是范晔、沈演之、庾炳之，最后则是江湛、徐湛之、何瑀之及王僧绰，总计十二人。

北魏唐和前往平城朝见魏太武帝，魏太武帝用优厚的礼仪来款待他。

宋文帝元嘉二十九年（壬辰，452年）

春季，正月，北魏所俘获并安置在中山的刘宋百姓五千余家图谋造反，该州军队前去讨伐诛杀。冀州刺史张掖王沮渠万年与反叛者相互勾结，魏太武帝赐死沮渠

魏世祖追悼景穆太子不已，中常侍宗爱惧诛，二月甲寅，弑帝，尚书左仆射兰延、侍中和疋、薛提等秘不发丧。疋以皇孙濬冲幼，欲立长君，征秦王翰，置之秘室；提以濬嫡皇孙，不可废。议久不决。宗爱知之，自以得罪于景穆太子，而素恶秦王翰，善南安王余，乃密迎余自中宫便门入禁中，矫称赫连皇后令召延等。延等以爱素贱，不以为疑，皆随入。爱先使宦者三十人持兵伏于禁中，延等入，以次收缚，斩之；弑秦王翰于永巷而立余。大赦，改元承平，尊皇后为皇太后，以爱为大司马、大将军、太师、都督中外诸军事、领中秘书，封冯翊王。

庚午，立皇子休仁为建安王。

三月，辛卯，魏葬太武皇帝于金陵，庙号世祖。

（以上为第七段，写北魏宫廷政变，太武帝拓跋焘被自己宠幸的中常侍宗爱刺杀，拥立南安王拓跋余入主大位。）

上闻魏世祖殂，更谋北伐，鲁爽等复劝之。上访于群臣，太子中庶子何偃以为“淮、泗数州，疮痍未复，不宜轻动”。上不从。偃，尚之之子也。

夏，五月，丙申，诏曰：“虐虏穷凶，著于自昔，未劳资斧，已伏天诛。拯溺荡秽，今其会也。可符骠骑、司空二府，各部分所统，东西应接。归义建绩者，随劳酬奖。”于是，遣抚军将军萧思话督冀州刺史张永等向碻磝，鲁爽、鲁秀、程天祚将荆州甲士四万出许、洛，雍州刺史臧质帅所领趣潼关。永，茂度之子也。沈庆之固谏北伐，上以其异议，不使行。

青州刺史刘兴祖上言，以为：“河南阻饥，野无所掠；脱诸城固守，非旬月可拔。稽留大众，转输方劳；应机乘势，事存急速。今伪帅始死，兼逼暑时，国内猜扰，不暇远赴。愚谓宜长驱中山，据其关要。冀州以

万年。

魏太武帝因为追念伤痛太子拓跋晃而不能抑制。中常侍宗爱害怕自己被杀，二月初五日甲寅，刺杀了魏太武帝。尚书左仆射兰延、侍中和疋、薛提等人保密不宣布丧事。和疋认为皇孙拓跋濬年纪尚小，打算立年龄稍大的君王，于是征召秦王拓跋翰入宫，把他安置在一个秘密房间里。但薛提却认为拓跋濬是嫡亲皇孙，不应该废黜，长久不能决定下来。宗爱得到消息，自认为已经得罪了景穆太子，而平时一向就讨厌秦王拓跋翰，只跟南安王拓跋余友善，于是就把拓跋余秘密迎来，从中宫小门进入后宫，然后，他假传赫连皇后的命令，召见兰延等人。兰延等人认为宗爱平素低贱，根本没有怀疑，全都跟随宗爱进宫。宗爱已经派三十个宦官手持武器在宫中埋伏起来，兰延等人入宫，就被这些伏兵一个个抓起来杀了。在永巷把秦王拓跋翰杀掉，而拥护南安王拓跋余登基。拓跋余登基后，大赦天下，改年号为承平，将皇后赫连尊立为皇太后，任命宗爱为大司马、大将军、太师、都督中外诸军事及领中秘书，封为冯翊王。

二月二十一日庚午，宋文帝立皇子刘休仁为建安王。

三月十三日辛卯，北魏埋葬魏太武帝于金陵，庙号为世祖。

宋文帝听到魏太武帝去世，打算再次向北讨伐，鲁爽也劝勉这样做。宋文帝咨询其他文武官员的意见，太子中庶子何偃认为："淮河、泗水几个州郡，受到魏国入侵的创伤，至今还没有恢复，不宜轻举妄动。"宋文帝不听从。何偃是何尚之的儿子。

夏季，五月十九日丙申，宋文帝颁布诏书说："残暴的胡虏穷凶极恶，自古至今都很少见，不用使用武力，已经遭到上天的诛杀。拯救快要淹死的人，荡涤世间污泥浊水，今天正是好机会。下令骠骑将军刘义恭、司空刘义宣二镇各自统率自己的军队，东西相互呼应。起义立功、回到故土的，按照功劳大小奖励酬劳。"这时派遣抚军将军萧思话、督统冀州刺史张永等，向碻磝进攻；派鲁爽、鲁秀、程天祚率领荆州甲士四万人指向许昌、洛阳；雍州刺史臧质率领所部向潼关进军。张永是张裕的儿子。沈庆之竭力劝谏文帝不要北征，宋文帝因为沈庆之与自己意见不同，就没有派他率军出征。

青州刺史刘兴祖上疏认为："黄河以南饥饿受苦，在荒野掠取不到可以充饥的东西。万一各城守军坚持固守，这就不是十天半月能够攻克的。浩浩大军滞留，粮食物资运送也会很烦劳。抓住时机，乘势而为，事之成败在于速战。现今，伪魏的最

北，民人尚丰，兼麦已向熟，因资为易，向义之徒，必应响赴。若中州震动，黄河以南，自当消溃。臣请发青、冀七千兵，遣将领之，直入其心腹。若前驱克胜，张永及河南众军，宜一时济河，使声实兼举，并建司牧，抚柔初附，西拒太行，北塞军都，因事指挥，随宜加授，畏威欣宠，人百其怀。若能成功，清壹可待；若不克捷，不为大伤。并催促装束，伏听敕旨。”上意止存河南，亦不从。上又使员外散骑侍郎琅邪徐爰随军向碻磝，衔中旨授诸将方略，临时宣示。

尚书令何尚之以老请致仕，退居方山。议者咸谓尚之不能固志。既而诏书敦谕者数四,六月，戊申朔，尚之复起视事。御史中丞袁淑录自古隐士有迹无名者为《真隐传》以嗤之。

秋，七月，张永等至碻磝，引兵围之。

（以上为第八段，写宋文帝刘义隆听不进正面意见，趁北魏主拓跋焘被杀之际，再次轻躁出兵北伐。）

壬辰，徙汝阴王浑为武昌王，淮阳王彧为湘东王。

初，潘淑妃生始兴王濬。元皇后性妒，以淑妃有宠于上，恚恨而殂，淑妃专总内政。由是太子劭深恶淑妃及濬。濬惧为将来之祸，乃曲意事劭，劭更与之善。

吴兴巫严道育，自言能辟谷服食，役使鬼物，因东阳公主婢王鹦鹉出入主家。道育谓主曰：“神将有符赐主。”主夜卧，见流光若萤，飞入书笥，开视，得二青珠。由是主与劭、濬皆信惑之。劭、濬并多过失，数为上所诘责；使道育祈请，欲令过不上闻。道育曰：“我已为上天陈请，必不泄露。”劭等敬事之，号曰天师。其后遂与道育、鹦鹉及东阳主奴陈天与、黄门陈庆国共为巫蛊，琢玉为上形像，埋于含章殿前。劭补天与为队主。

高统帅刚刚死去，又加上正是炎热酷暑之际，国内相互怀疑猜忌，来不及派兵远征。我个人以为应该直趋中山，占领其险要关卡。冀州以北，老百姓的生活尚且丰裕，加上麦子快要成熟，借敌人的物资，轻而易举。响应号召的义士也一定会纷纷起来归附。倘若中原震动起来，黄河以南自然而然就会消解崩溃。臣请求征召青、冀二州七千名士卒，派大将率领，直接攻入敌人的心脏。如果前锋克敌制胜，张永以及黄河以南的各路大军，也应该同时渡黄河北上，使得进攻的声势与实际力量并举。同时在当地建立州府牧守，安抚刚刚归附的百姓。在西部依据太行山，北部阻隔把守住军都山，按照情况的变化进行指挥，根据所宜加封官职，无论是敬畏威严，还是欣喜得宠，人们感怀恩典，将超过平时一百倍。如果能够获得成功，则黄河南北混一之功可以成功；如果没有取得胜利，也不会有什么大的伤害。已经整理好装束，恭敬地等待圣上的命令了。”宋文帝只是想夺回黄河以南的土地，也没有接受刘兴祖的建议。宋文帝又派员外散骑侍郎琅邪人徐爰，随同大军一起向碻磝进军，承奉着皇帝的旨意把方针策略授予各个将领，到时候再宣布。

尚书令何尚之因为自己年纪大了，就请求退职，退居方山。有议论的人认为何尚之不会固守信念一直隐居。不久，四次颁布诏书，征召敦促何尚之回来。六月初一日戊申朔，何尚之又出来处理事务。御史中丞袁淑搜集了自古以来有隐居事迹而不留姓名的隐士，编撰《真隐传》，以此表达对何尚之的嘲笑。

秋季，七月，张永等到达碻磝，率兵包围了该城。

七月十六日壬辰，宋文帝将汝阴王刘浑改封为武昌王，淮阳王刘彧改封为湘东王。

当初，潘淑妃生下始兴王刘濬。元皇后生性嫉妒，因为潘淑妃很受皇上的宠爱，元皇后怨恨而死，潘淑妃专断了宫内事务。因此太子刘劭十分厌恶潘淑妃和刘濬。刘濬害怕成为将来的祸患，于是就委曲求全，极力讨好刘劭，刘劭跟刘濬友好。

吴兴巫婆严道育，自称辟谷有服食养生法，能够驱使鬼神。通过东阳公主刘英娥的婢女王鹦鹉的推荐，得以出入公主家宅。严道育对东阳公主说：“神灵有神符要赏赐给公主。”晚上，东阳公主躺在床上，果然看见一道像萤火样的流光闪过，飞进书箱，打开一看，得到两颗青色宝珠。自此以后，公主和刘劭、刘濬三兄妹，都深信不疑而被迷惑。刘劭、刘濬二人犯了很多错误，为此也多次受到皇上的责怪盘问，于是，二人就请严道育祈求鬼神帮忙，让他们犯的过失不再传入皇上耳朵。严道育说：“我已经向上天请求，上天答应以后一定不会再泄露。”刘劭等更加尊敬侍奉她，

东阳主卒，鹦鹉应出嫁，劭、濬恐语泄，濬府佐吴兴沈怀远，素为濬所厚，以鹦鹉嫁之为妾。

上闻天与领队，以让劭曰："汝所用队主副，并是奴邪？"劭惧，以书告濬。濬复书曰："彼人若所为不已，正可促其余命，或是大庆之渐耳。"劭、濬相与往来书疏，常谓上为"彼人"，或曰"其人"，谓江夏王义恭为"佞人"。

鹦鹉先与天与私通，既适怀远，恐事泄，白劭使密杀之。陈庆国惧，曰："巫蛊事，惟我与天与宣传往来。今天与死，我其危哉！"乃具以其事白上。上大惊，即遣收鹦鹉；封籍其家，得劭、濬书数百纸，皆咒咀巫蛊之言；又得所埋玉人，命有司穷治其事。道育亡命，捕之不获。

先是，濬自扬州出镇京口，及庐陵王绍以疾解扬州，意谓已必复得之。既而上用南谯王义宣，濬殊不乐，乃求镇江陵，上许之。濬入朝，遣还京口，为行留处分，至京口数日而巫蛊事发。上惋叹弥日，谓潘淑妃曰："太子图富贵，更是一理，虎头复如此，非复思虑所及。汝母子岂可一日无我邪！"遣中使切责劭、濬，劭、濬惶惧无辞，惟陈谢而已。上虽怒甚，犹未忍罪也。

（以上为第九段，写太子刘劭与其弟刘濬合谋，利用巫术蛊诅咒其父，奸情暴露后，文帝姑息，祸起宫闱而不能整肃，使得刘劭与刘濬变本加厉，滑向深渊。）

诸军攻碻磝，治三攻道：张永等当东道，济南太守申坦等当西道，扬武司马崔训当南道。攻之累旬不拔。八月，辛亥夜，魏人自地道潜出，烧崔训营及攻具；癸丑夜，又烧东围及攻具；寻复毁崔训攻道。张永夜撤围退军，不告诸将，士卒惊扰；魏人乘之，死伤涂地。萧思话自往，增兵力攻，旬余不拔。是时，青、徐不稔，军食乏。丁卯，思话命诸军皆退屯历城，斩崔训，系张永、申坦于狱。

号为天师。从此以后，刘劭、刘濬就跟严道育、王鹦鹉以及东阳公主刘英娥的家奴陈天与、黄门陈庆国一起从事巫术活动，用玉石雕刻了宋文帝的形象，埋在含章殿前面。刘劭又增补陈天与为太子宫卫队的队主。

东阳公主刘英娥去世，王鹦鹉应该出嫁，刘劭、刘濬害怕巫术活动泄露出去。刘濬府中的辅佐吴兴人沈怀远一向受刘濬的厚爱，就把王鹦鹉嫁给了沈怀远为妾。

宋文帝听到陈天与担任领队，责怪刘劭说："你所任用的队主、队副，都是家奴吗？"刘劭害怕了，用书信告诉了刘濬。刘濬回信说："那个人如果一直这样而不停止，正可以缩短他的余生，或许值得大庆的日子即将到来了。"在刘劭和刘濬二人相互往来的信件上，常把宋文帝称为"彼人"，或者"其人"，而把江夏王刘义恭称为"佞人"。

王鹦鹉以前曾和陈天与私通，嫁给沈怀远以后，害怕奸情败露，就把此事告诉了刘劭，让刘劭秘密把陈天与杀了灭口。陈庆国害怕了，说："巫术的事，只有我同陈天与上下传达。如今陈天与死了，我就岌岌可危了。"就一五一十地把所有事情全都报告了宋文帝。宋文帝大吃一惊，马上派人逮捕了王鹦鹉，搜查封存了王鹦鹉的家，并搜出了刘劭、刘濬二人的几百封往来信件，都是诅咒巫术害人的话。又挖出了埋藏的玉石人。宋文帝下令有关部门严加追查。严道育闻风逃命，没有抓到。

在此以前，刘濬从扬州被调到京口镇守，等到庐陵王刘绍因病辞去扬州刺史时，刘濬心想，一定会再次得到扬州刺史这一官职。不久，文帝却任命南谯王、荆州刺史刘义宣为扬州刺史，刘濬很不高兴，于是，便请求去镇守江陵，宋文帝答应了。刘濬就从京口回到京师朝见，文帝让刘濬再回京口，办理交接事情。刘濬回到京口没几天，巫术害人的事就败露了。宋文帝为此整天惋惜、惊叹，对潘淑妃说："太子刘劭贪图荣华富贵，还可以理解，但虎头也做出这样的事来，不是我所能想到的。你们母子二人怎么可以一天没有我呢？"又派中使严厉斥责刘劭、刘濬，二人惶遽无法回答，只有一再谢罪。文帝虽然愤怒异常，但最终还是不忍心加罪处罚他们。

刘宋各路大军进攻碻磝，兵分三条攻城。张永等从城东进攻，济南太守申坦等从城西，扬武司马崔训则从城南进攻。攻击几十天也没能攻下。八月初五日辛亥夜里，魏军从地道里偷偷出来，烧毁了崔训的军营以及进攻所使用的器械。八月初七日癸丑夜晚，魏军又烧毁了围攻东城的兵营和攻城器械。不久，又摧毁了崔训攻城的地道。张永率领军队乘夜后撤，没有通知其他将领，士卒大为惊慌。魏军乘机反攻，宋军死伤者遍地。萧思话亲自督战，增兵攻城，十几天仍未攻克。这时，又赶上青州、徐州庄稼收成不好，军内缺少粮食。八月二十一日丁卯，萧思话下令各路大军全都撤退到历城驻扎，斩了崔训，逮捕张永、申坦，送进监狱。

鲁爽至长社，魏戍主秃发幡弃城走。臧质顿兵近郊，不以时发，独遣冠军司马柳元景帅后军行参军薛安都等进据洪关。梁州刺史刘秀之遣司马马汪与左军中兵参军萧道成将兵向长安。道成，承之之子也。魏冠军将军封礼自涅津南渡，赴弘农。九月，司空高平公兒乌干屯潼关，平南将军黎公辽屯河内。

吐谷浑王慕利延卒，树洛干之子拾寅立，始居伏罗川，遣使来请命，亦请命于魏。丁亥，以拾寅为安西将军、西秦河沙三州刺史、河南王；魏以拾寅为镇西大将军、沙州刺史、西平王。

庚寅，鲁爽与魏豫州刺史拓跋仆兰战于大索，破之，进攻虎牢。闻碻磝败退，与柳元景皆引兵还。萧道成、马汪等闻魏救兵将至，还趣仇池。己丑，诏解萧思话徐州，更领冀州刺史，镇历城。

上以诸将屡出无功，不可专责张永等，赐思话诏曰："虏既乘利，方向盛冬，若脱敢送死，兄弟父子自共当之耳。言及增愤！可以示张永、申坦。"又与江夏王义恭书曰："早知诸将辈如此，恨不以白刃驱之。今者悔何所及！"义恭寻奏免思话官，从之。

（以上为第十段，写宋文帝刘义隆再次北伐，诸将无功而返。）

魏南安隐王余自以违次而立，厚赐群下，欲以收众心；旬月之间，府藏虚竭。又好酣饮及声乐、畋猎，不恤政事。宗爱为宰相，录三省，总宿卫，坐召公卿，专恣日甚。余患之，谋夺其权，爱愤怒。冬，十月，丙午朔，余夜祭东庙，爱使小黄门贾周等就弑余，而秘之，惟羽林郎中代人刘尼知之。尼劝爱立皇孙濬，爱惊曰："君大痴人！皇孙若立，岂忘正平时事乎！"尼曰："若尔，今当立谁？"爱曰："待还宫，当择诸王贤者立之。"

尼恐爱为变，密以状告殿中尚书源贺。贺时与尼俱典兵宿卫，乃与南部尚书陆丽谋曰："宗爱既立南安，还复杀之。今又不立皇孙，将不利

鲁爽抵达长社，北魏守将秃髪幡弃城逃走。臧质驻扎军队在襄阳近郊，没有及时发兵，而只派了冠军司马柳元景率领后军行参军薛安都等向前攻占了洪关。梁州刺史刘秀之派司马马汪和左军中兵参军萧道成统领军队向长安进攻。萧道成是萧承之的儿子。北魏冠军将军封礼从洹津渡过黄河南下，赶赴弘农。九月，司空高平公兒乌干屯驻潼关，平南将军黎公辽屯驻河内。

吐谷浑汗王慕容慕利延去世，慕容树洛干的儿子慕容拾寅承继王位，刚即位时居住在伏罗川，派使节到刘宋请求封命；同时也派使节到北魏请求封命。七月十一日丁亥，刘宋任命慕容拾寅为安西将军、西秦河沙三州刺史、河南王。北魏则任命慕容拾寅为镇西大将军、沙州刺史、西平王。

七月十四日庚寅，鲁爽与北魏豫州刺史拓跋仆兰在大索交战，击败了拓跋仆兰，而后又进攻虎牢。此时，他听说宋军在碻磝城打了败仗撤退下来，于是就和柳元景一同率军撤退返回。萧道成、马汪等听到北魏的增援部队就要到来，也撤回仇池。七月十三日己丑，宋文帝颁布诏书，解除了萧思话的徐州刺史职务，改兼冀州刺史，镇守历城。

宋文帝认为各个将领屡次出击都没有建立功绩，不能仅仅责怪张永等人，就颁布诏书给萧思话说："胡虏已经乘机取得了胜利，正要进入隆冬季节，如果胡虏胆敢前来送死，我们父子兄弟自当共同抵挡。说到这里，只让人增加气愤。可以把诏书给张永和申坦看看。"又给江夏王刘义恭写信说："早知道各位将领们如此，真恨没有亲自提刀在背后督战。现今后悔又能干什么呢！"刘义恭奏请免除萧思话的官职，宋文帝批准了。

北魏南安隐王拓跋余自认为没有按照长幼顺序当的皇帝，就用极为优厚的东西赏赐给下属，想以此收买人心，一个月的时间，国库空虚。拓跋余又喜欢喝得酩酊大醉，纵情声色犬马，去野外狩猎，而不过问国家大事。宗爱身为宰相，总管三省政务，负责皇家的安全事务，安坐而将公卿呼来唤去，专权恣意一日比一日厉害。拓跋余深为忧患，就谋划夺取宗爱的大权，宗爱知道后甚为愤怒。冬季，十月初一日丙午朔，拓跋余夜里去东庙祭祀，宗爱命令小黄门贾周等人，接近并杀死拓跋余。一直封锁消息，只有羽林郎中代郡人刘尼知道。刘尼劝宗爱拥戴皇孙拓跋濬做皇帝，宗爱大吃一惊说："你简直是个大白痴，如果皇孙被立为皇帝，怎么能够忘记正平年的事呢！"刘尼说："如果这样，那么应该立谁呢？"宗爱说："等回宫之后，在各王中选拔有贤能的人做皇帝。"

刘尼深怕宗爱变卦，就把这些事情都偷偷告诉了殿中尚书源贺。源贺此时和刘尼同时领兵负责宫廷内部禁卫，就同南部尚书陆丽商量说："宗爱拥戴南安王做了皇

于社稷。”遂与丽定谋，共立皇孙。丽，俟之子也。

戊申，贺与尚书长孙渴侯严兵守卫宫禁，使尼、丽迎皇孙于苑中。丽抱皇孙于马上，入平城，贺、渴侯开门纳之。尼驰还东庙，大呼曰：“宗爱弑南安王，大逆不道，皇孙已登大位，有诏，宿卫之士皆还宫！”众咸呼万岁，遂执宗爱、贾周等，勒兵而入，奉皇孙即皇帝位。登永安殿，大赦，改元兴安。杀爱、周，皆具五刑，夷三族。

（以上为第十一段，写北魏在一年中连续发生两次政变，权臣宗爱又弑杀国主拓跋余，源贺、陆丽等拥立皇孙拓跋濬，即位后，诛杀奸党宗爱，灭三族。）

西阳五水群蛮反，自淮、汝至于江、沔，咸被其患。诏太尉中兵参军沈庆之督江、豫、荆、雍四州兵讨之。

魏以骠骑大将军拓跋寿乐为太宰、都督中外诸军、录尚书事，长孙渴侯为尚书令，加仪同三司。十一月，寿乐、渴侯坐争权，并赐死。

癸未，魏广阳简王建、临淮宣王谭皆卒。

甲申，魏主母闾氏卒。

魏南安王余之立也，以古弼为司徒，张黎为太尉。及高宗立，弼、黎议不合旨，黜为外都大官；坐有怨言，且家人告其为巫蛊，皆被诛。

壬寅，庐陵昭王绍卒。

魏追尊景穆太子为景穆皇帝，皇妣闾氏为恭皇后，尊乳母常氏为保太后。

陇西屠各王景文叛魏，署置王侯；魏统万镇将南阳王惠寿、外都大官于洛拔督四州之众讨平之，徙其党三千余家于赵、魏。

十二月，戊申，魏葬恭皇后于金陵。

魏世祖晚年，佛禁稍弛，民间往往有私习者。及高宗即位，群臣多请复之。乙卯，诏州郡县众居之所，各听建佛图一区；民欲为沙门者，听出家，大州五十人，小州四十人。于是，向所毁佛图，率皆修复。魏主亲为沙门师贤等五人下发，以师贤为道人统。

帝，又把他杀了。现今又不立皇孙，将不利于社稷。”源贺就和陆丽商量定计，共同拥戴皇孙。陆丽是陆俟的儿子。

十月初三日戊申，源贺同尚书长孙渴侯率兵严密把守皇宫，派刘尼、陆丽把皇孙接到宫苑里。陆丽将皇孙抱上马，驰入平城，源贺、长孙渴侯打开宫门，迎接皇孙一行。刘尼骑马奔回到东庙，大声呼喊说：“宗爱谋杀了南安王，大逆不道，现今嫡皇孙已登上了皇位，颁布诏书，宿卫士卒赶快回宫！”大家都高喊万岁，逮捕了宗爱、贾周等人，部勒兵将入宫，拥戴嫡皇孙即帝位，登上永安殿，大赦天下，改年号兴安。斩了宗爱、贾周，二人被施用了五刑，诛灭三族。

西阳五水一带的蛮人各部起兵反抗，从淮河、汝水，到长江、沔水，都深受其害。宋文帝颁布诏书命令太尉中兵参军沈庆之统率江、豫、荆、雍四州的士卒前去讨伐。

北魏朝廷任命骠骑大将军拓跋寿乐为太宰、都督中外诸军、录尚书事，任命长孙渴侯为尚书令，加封为仪同三司。十一月，拓跋寿乐和长孙渴侯因争夺权力，同时被赐死。

十月初八日癸未，北魏广阳简王拓跋建、临淮宣王拓跋谭去世。

十月初九日甲申，魏文成帝母亲郁久闾氏去世。

北魏南安王拓跋余即帝位时，任命古弼为司徒、张黎为太尉。等到魏文成帝继位，古弼和张黎的见解不合圣旨，二人被贬为外都大官。因为有怨恨言论，又被家人告发从事巫术诅咒活动，二人都被诛杀。

十月二十七日壬寅，庐陵昭王刘绍去世。

北魏追尊景穆太子拓跋晃为景穆皇帝，母亲郁久闾氏为恭皇后，尊封乳母常氏为保太后。

陇西郡匈奴屠各部落人王景文聚兵反叛北魏，设立王爵侯爵。北魏统万镇将南阳王拓跋惠寿，外都大官于洛拔统率四个州的军队，前去讨伐，平定了叛乱，迁徙其党徒三千多户到赵、魏地区。

十二月初四日戊申，安葬恭皇后郁久闾氏于金陵。

北魏世祖拓跋焘晚年时，对佛教的禁令稍稍放松了些，民间往往有人私下信奉佛教。高宗拓跋濬即位后，很多大臣都请求恢复佛教。十二月十一日乙卯，诏令各州郡县老百姓在集中居住的地方，允许建立一座寺庙；老百姓有打算当和尚、做尼姑的，允许自由出家，大州郡限五十人，小州限四十人。这时各地先前所摧毁的寺庙佛像大都修复。魏高宗还亲自给和尚师贤等五人剃了发，任命师贤为道人统。

丁巳，魏以乐陵王周忸为太尉，南部尚书陆丽为司徒，镇西将军杜元宝为司空。丽以迎立之功，受心膂之寄，朝臣无出其右者。赐爵平原王，丽辞曰："陛下，国之正统，当承基绪；效顺奉迎，臣子常职，不敢慆天之功以干大赏。"再三不受。魏主不许。丽曰："臣父奉事先朝，忠勤著效。今年逼桑榆，愿以臣爵授之。"帝曰："朕为天下主，岂不能使卿父子为二王邪！"戊午，进其父建业公俟爵为东平王。又命丽妻为妃，复其子孙，丽力辞不受。帝益嘉之。

以东安公刘尼为尚书仆射，西平公源贺为征北将军，并进爵为王。帝班赐群臣，谓源贺曰："卿任意取之。"贺辞曰："南北未宾，府库不可虚也。"固与之，乃取戎马一匹。

高宗之立也，高允预其谋，陆丽等皆受重赏，而不及允，允终身不言。

甲子，周忸坐事，赐死。时魏法深峻，源贺奏："谋反之家，男子十三以下本不预谋者，宜免死没官。"从之。

江夏王义恭还朝。辛未，以义恭为大将军、南徐州刺史，录尚书如故。

初，魏入中原，用《景初历》，世祖克沮渠氏，得赵敺《玄始历》，时人以为密，是岁，始行之。

（以上为第十二段，写北魏废除禁佛令，推行赵敺《玄始历》纪年。）

十二月十三日丁巳，北魏朝廷任命乐陵王拓跋周忸为太尉，南部尚书陆丽为司徒，镇西将军杜元宝为司空。陆丽因为有迎接奉立的功劳，所以被当作心腹，朝廷内没有一个官员比陆丽更受宠信的。赐陆丽平原王爵位，陆丽辞让说："陛下是我们国家的正统，理当继承帝位，奉迎圣上登上帝位，这是臣下分内之事，不敢贪天之功，接受这样的重赏。"一再辞让不接受，魏文成帝不答应。陆丽只好说："臣下的父亲事奉先帝，忠厚、勤奋，享有很高的声誉。如今已近晚年，愿意把我的爵位让给父亲。"魏文成帝说："朕身为国家的主宰，难道不能让你们父子二人都封为王爵吗！"七月十四日戊午，封赐陆丽的父亲建业公陆俟为东平王。又封赐陆丽的妻子为王妃，免除陆丽子孙们的田赋捐税，陆丽竭力推辞，不肯接受。魏文成帝对陆丽越发嘉许。

任命东安公刘尼为尚书仆射，西平公源贺为征北将军，二人同时被晋升为王爵。魏文成帝又按照各个官员的功劳大小，依次封赏，对源贺说："你可以任意取用。"源贺辞谢说："南面和北面还没有服从，国库不能空虚啊。"魏文成帝还是坚持送给他点儿什么，源贺只好取了一匹战马。

魏文成帝能够登上皇位，高允也参与了谋划。陆丽等人都受到了重赏，只有高允没有得到，而高允本人终身没有吐露这件事。

十二月二十日甲子，拓跋周忸有罪，命令他自杀。当时北魏刑法非常严酷，源贺就奏请说："造反叛乱者的家属，男子在十三岁以下没有参加谋反的，应该免除死刑，交给官府当奴隶。"拓跋濬批准了这一建议。

刘宋江夏王刘义恭从盱眙返回朝廷。十二月二十七日辛未，宋文帝任命刘义恭为大将军、南徐州刺史，仍然保留录尚书事之职。

当初，北魏入侵中原时，使用《景初历》。世祖战胜北凉沮渠氏后，得到赵𢾺所著的《玄始历》，当时人们认为很精密。从这一年开始，北魏纪年推行《玄始历》纪年。

【点评】

北魏残暴。本卷点评揭露北魏的残暴。魏军南侵，一见青年就杀，刺婴儿在长矛上，舞矛以为戏乐，这不仅仅是胡虏众军的残虐，他们的最高统帅魏太武帝拓跋焘也恬不知耻自我炫耀残虐本性，太武帝在给臧质的信中说："我现今派遣的军队，都不是本国人，城东北是丁零人和匈奴人，城南是氐人和羌人，假设丁零人死了，正可以减少常山、赵郡的贼寇；匈奴人死了，正好减少了并州的贼寇；氐人、羌人死了，当然也就减少了关中的贼寇。你如果真的杀掉了他们，没有什么不利的地方。"胡虏的残虐是上行下效，他们毫无人性，烧杀抢掠，通过战争残杀其他民族，所以每次南侵作战，总是驱迫汉民在前阵，鲜卑骑兵在后面驰逐，汉民前进得慢一点，就被骑兵踏死。魏兵所过之处，屠杀百姓异常残酷，少数人被捕捉到北方去做奴婢，算是幸运，多数人都被杀死。攻城尤其避免用鲜卑人。北魏军队作战就是这样灭绝人性，而且以此为荣，加以炫耀。魏太武帝南侵失败，充分暴露了其野蛮性。宋朝南兖、徐、北兖、豫、青、冀六州地方，都遭受严重破坏，变成一片白地。刘宋从此国力大损，北魏兵马死伤也过半数，南北两朝都疲惫，不敢再轻易较量兵力。

宋纪九

宋文帝元嘉三十年（453 年）

【昭阳大荒落（癸巳，453 年），凡一年】

【大事提要】

本卷记述公元 453 年一年的大事，时当宋文帝元嘉三十年。这一年的大事都是围绕着刘宋宫廷斗争展开的，宋文帝刘义隆长子刘劭为了篡夺皇位，杀害了父亲。宋文帝第三子武陵王刘骏，遂戒严誓众，以沈庆之领府司马，柳元景、宗悫为谘议参军领中兵，命颜竣传檄四方，共讨刘劭。州郡承檄，纷纷响应。刘骏又杀刘劭及其四子，即位为孝武帝。宋孝武帝对太祖以来的政治制度多所改易。之后皇室诸子争位，混战不止，帝王荒淫残暴，朝政日益腐败，刘宋从此一蹶不振。

【原文】

太祖文皇帝下之下

元嘉三十年（癸巳，453 年）

春，正月，戊寅，以南谯王义宣为司徒、扬州刺史。

萧道成等帅氐、羌攻魏武都，魏高平镇将苟莫于将突骑二千救之。道成等引还南郑。

壬午，以征北将军始兴王濬为荆州刺史。帝怒未解，故濬久留京口；既除荆州，乃听入朝。

戊子，诏江州刺史武陵王骏统诸军讨西阳蛮，军于五洲。

严道育之亡命也，上分遣使者搜捕甚急。道育变服为尼，匿于东宫，又随始兴王濬至京口，或出止民张旿家。濬入朝，复载还东宫，欲与俱往江陵。丁巳，上临轩，濬入受拜。是日，有告道育在张旿家者，上遣掩捕，得其二婢，云道育随征北还都。上谓濬与太子劭已斥遣道育，而闻其犹与往来，惆怅惋骇，乃命京口送二婢，须至检覆，乃治劭、濬之罪。

潘淑妃抱濬泣曰："汝前祝诅事发，犹冀能刻意思愆；何意更藏严道育！上怒甚，我叩头乞恩不能解，今何用生为！可送药来，当先自取尽，不忍见汝祸败也。"濬奋衣起曰："天下事寻自当判，愿小宽虑，必不上累！"

己未，魏京兆王杜元宝坐谋反诛；建宁王崇及其子济南王丽皆为元宝所引，赐死。

帝欲废太子劭，赐始兴王濬死，先与侍中王僧绰谋之；使僧绰寻汉魏以来废太子、诸王典故，送尚书仆射徐湛之及吏部尚书江湛。

武陵王骏素无宠，故屡出外藩，不得留建康；南平王铄、建平王宏皆为帝所爱。铄妃，江湛之妹；随王诞妃，徐湛之之女也。湛劝帝立铄，湛之意欲立诞。僧绰曰："建立之事，仰由圣怀。臣谓唯宜速断，不可稽

【语译】

太祖文皇帝下之下

宋文帝元嘉三十年（癸巳，453 年）

春季，正月初四日戊寅，宋文帝任命南谯王刘义宣为司徒、扬州刺史。

刘宋萧道成等人率领氐、羌各部落进攻北魏的武都。北魏高平镇将苟莫于率领骁勇骑兵二千人救援。萧道成等人率兵退回到南郑。

正月初八日壬午，刘宋任命征北将军、始兴王刘濬为荆州刺史。宋文帝的怒气一直未消，所以刘濬长时间被留在京口。直到任命做了荆州刺史，才允许进京朝见。

正月十四日戊子，刘宋诏令江州刺史、武陵王刘骏统率各路大军，讨伐西阳蛮族。刘骏率军进驻五洲。

女巫严道育逃走的时候，宋文帝派出人马，到各地严加搜捕。严道育把自己打扮成尼姑的样子，一直躲藏在太子宫内，后来又随始兴王刘濬到了京口，有时，她也去当地居民张旿家里。刘濬进京朝见，又把她偷偷带回太子宫，打算带她一道前往江陵。二月十四日丁巳，宋文帝升殿，刘濬入殿，接受荆州刺史之职。当天，有人向朝廷告发严道育藏在张旿家，宋文帝派人突然前去搜捕，抓到了严道育的两个婢女，供说严道育已经跟着征北将军刘濬回到了都城。宋文帝一直认为刘濬和太子刘劭已经赶走了严道育，现今忽然听说他仍然和严道育秘密来往，不禁大为惊异叹惋，非常伤心。宋文帝命令京口官府把两个婢女押送到京师，等到调查完后，再决定如何处理刘劭和刘濬的罪过。

潘淑妃抱住刘濬哭着说："你上次与严道育一起进行巫咒蛊惑的事情败露，希望你能仔细反省自己的过失，哪里想到还把严道育窝藏起来了！皇上气得不得了，我跪下叩头乞求他开恩，都不能使他平息愤怒，现在我为什么还活着？你先把毒药给我送来，我该先走一步，不忍心看见你闯祸而身败名裂啊。"刘濬拂袖而起说："天下大事都要靠自己来解决裁断，希望您能稍放宽心，必定不会连累到您。"

二月十六日己未，北魏京兆王杜元宝因谋反，被斩。建宁王拓跋崇和他的儿子济南王拓跋丽，都被杜元宝所牵连，被赐自杀。

宋文帝打算废黜太子刘劭，并要赐死始兴王刘濬，事先和侍中王僧绰商议。让王僧绰查找汉魏以来废黜太子、诸亲王的事例，分别送给尚书仆射徐湛之和吏部尚书江湛。

武陵王刘骏平时得不到宠爱，总是到外地藩镇做官，而不能留在建康。南平王刘铄、建平王刘宏二人都受宋文帝的宠爱。刘铄的妃子是江湛的妹妹，随王刘诞的妃子是徐湛之的女儿。江湛鼓动宋文帝立刘铄为太子，徐湛之则想立刘诞为太子。

缓。‘当断不断，反受其乱。’愿以义割恩，略小不忍；不尔，便应坦怀如初，无烦疑论。事机虽密，易致宣广，不可使难生虑表，取笑千载。”帝曰：“卿可谓能断大事。然此事至重，不可不殷勤三思。且彭城始亡，人将谓我无复慈爱之道。”僧绰曰：“臣恐千载之后，言陛下惟能裁弟，不能裁儿。”帝默然。江湛同侍坐，出阁，谓僧绰曰：“卿向言将不太伤切直！”僧绰曰：“弟亦恨君不直！”

铄自寿阳入朝，既至，失旨。帝欲立宏，嫌其非次，是以议久不决。每夜与湛之屏人语，或连日累夕。常使湛之自秉烛，绕壁检行，虑有窃听者。帝以其谋告潘淑妃，淑妃以告濬，濬驰报劭。劭乃密与腹心队主陈叔兒、斋帅张超之等谋为逆。

初，帝以宗室强盛，虑有内难，特加东宫兵，使与羽林相若，至有实甲万人。劭性黠而刚猛，帝深倚之。及将作乱，每夜飨将士，或亲自行酒。王僧绰密以启闻。会严道育婢将至，癸亥夜，劭诈为帝诏云：“鲁秀谋反，汝可平明守阙，帅众入。”因使张超之等集素所畜养兵士二千余人，皆被甲；召内外幢队主副，豫加部勒，云有所讨。夜，呼前中庶子右军长史萧斌、左卫率袁淑、中舍人殷仲素、左积弩将军王正见并入宫。劭流涕谓曰：“主人信谗，将见罪废。内省无过，不能受枉。明旦当行大事，望相与戮力。”因起，遍拜之，众惊愕，莫敢对。久之，淑、斌皆曰：“自古无此。愿加善思。”劭怒，变色。斌惧，与众俱曰：“当竭身奉令。”淑叱之曰：“卿便谓殿下真有是邪？殿下幼尝患风，或是疾动耳。”劭愈怒，因眄淑曰：“事当克不？”淑曰：“居不疑之地，何患不克！但恐既克之后，不为天地所容，大祸亦旋至耳。假有此谋，犹将可息。”左右引淑出，曰：“此何事，而云可罢乎！”淑还省，绕床行，至四更乃寝。

王僧绰说："封立太子这件事，应由陛下决定。我以为应该立即决断，不应等待拖延了。'当断不断，反受其乱。'但愿陛下用国家大义去割舍骨肉亲情，不要在小事上不忍。不然，就该像当初那样以父情对待儿子，不再去纠缠怀疑不定的事。事情虽然极需保密，最终还是容易泄露，不应该让灾难发生在意料之外，而被后世所耻笑。"宋文帝说："你真可以说是能够决断大事的人。可是，这件事关系重大，不能不小心谨慎，三思而后行。而且彭城王刘义康刚刚去世，别人将会说我是不再有慈爱之心。"王僧绰说："我恐怕千年以后，人们会说陛下您只能裁决弟弟，而不能裁决儿子。"宋文帝沉默无语。江湛一同陪坐，出了宫门后对王僧绰说："你刚才说的那些话，恐怕过于直切了！"王僧绰回答说："我也很遗憾你太不直切了。"

刘铄从寿阳回朝到京之后，很令宋文帝失望。宋文帝打算立刘宏为太子，可是又担心废长立幼，因而，商议了许久也决定不下来。每天夜里，宋文帝都要跟徐湛之回避他人秘密商谈，有时是连日整夜。还经常让徐湛之亲自举着蜡烛，绕着墙壁进行检查，唯恐有人窃听。宋文帝把立刘宏为太子的计划告诉了潘淑妃。潘淑妃告诉了刘濬，刘濬飞驰去告诉了刘劭。刘劭于是和他的心腹、队主陈叔兒及斋率张超之等人谋划制造叛乱。

当初，宋文帝认为皇室力量强大，顾虑内部发生变难，特别加强了东宫的兵力，使其与羽林军的兵力差不多，实际兵力达到了一万人。刘劭性情狡猾而又刚强勇猛，宋文帝一直深深地依赖着他。将要作乱时，每天夜里都要设宴犒劳将士们，有时甚至亲自敬酒。王僧绰秘密报告了宋文帝。这时正赶上严道育的两个婢女就要被押到。二月二十日癸亥夜晚，刘劭伪造皇帝诏书说："鲁秀图谋反叛，命令你清晨守住门阙，率领众兵入宫。"便命令张超之等集合起平时特别关照的士卒两千多人，全部披上盔甲。又召集内外幢队的正副队长，事先加以安排布置，声称有紧急征讨。这天夜里，刘劭传唤前中庶子右军长史萧斌、左卫率袁淑、中舍人殷仲素和左积弩将军王正见，一同进入东宫。刘劭涕泪横流说："主上听信别人的谗言，要把我治罪废黜。自己内省并没有什么过失，不能接受冤枉了。明天一早，应当做出一件大事，一起同心戮力。"便站了起来，向在座的一一下拜。大家都极为惊愕震撼，没有谁敢于对答。过了很久，袁淑和萧斌都说："自古以来没有这样的事情，希望善加思虑。"刘劭勃然大怒，变了脸色。萧斌害怕，就和众人一起说："自当竭尽全力执行命令。"袁淑叱责他们说："你们以为殿下是真要这样吗？殿下小时候曾经得过失心风，大概是发病了。"刘劭愈加发怒，斜着眼睛看着袁淑说："事能不能成功？"袁淑回答："你处在不可怀疑之地，哪里忧虑做不到呢！只是担心做成之后，不被天地所容，大祸急速而来。假使真有这种图谋，还可以收回。"左右把袁淑拉出去说："这是什么事，怎么可以说半途而废呢？"袁淑回到官署，绕着床铺来回走动，直到四更才上床睡觉。

甲子，宫门未开，劭以朱衣加戎服上，乘画轮车，与萧斌共载，卫从如常入朝之仪。呼袁淑甚急，淑眠不起，劭停车奉化门催之相续。淑徐起，至车后；劭使登车，又辞不上，劭命左右杀之。守门开，从万春门入。旧制，东宫队不得入城。劭以伪诏示门卫曰："受敕，有所收讨。"令后队速来。张超之等数十人驰入云龙门及斋阁，拔刀径上合殿。帝其夜与徐湛之屏人语至旦，烛犹未灭，门阶户席直卫兵尚寝未起。帝见超之入，举几捍之，五指皆落，遂弑之。湛之惊起，趣北户，未及开，兵人杀之。劭进至合殿中阁，闻帝已殂，出坐东堂。萧斌执刀侍直，呼中书舍人顾嘏，嘏震惧，不时出，既至，问曰："欲共见废，何不早启？"嘏未及答，即于前斩之。江湛直上省，闻喧噪声，叹曰："不用王僧绰言，以至于此！"乃匿傍小屋中，劭遣兵就杀之。宿卫旧将罗训、徐罕皆望风屈附。左细仗主、广威将军吴兴卜天与不暇被甲，执刀持弓，疾呼左右出战。徐罕曰："殿下入，汝欲何为！"天与骂曰："殿下常来，云何于今乃作此语！只汝是贼！"手射劭于东堂，几中之。劭党击之，断臂而死。队将张泓之、朱道钦、陈满与天与俱战死。左卫将军尹弘惶怖通启，求受处分。劭使人从东阁入，杀潘淑妃及太祖亲信左右数十人，急召始兴王濬使帅众屯中堂。

（以上为第一段，写宋文帝见太子刘劭怙恶不悛，决意废除，刘劭得知，矫诏入宫杀父自立。）

濬时在西州，府舍人朱法瑜奔告濬曰："台内喧噪，宫门皆闭，道上传太子反，未测祸变所至。"濬阳惊曰："今当奈何？"法瑜劝入据石头。濬未得劭信，不知事之济不，骚扰不知所为。将军王庆曰："今宫内有变，未知主上安危，凡在臣子，当投袂赴难；凭城自守，非臣节也。"濬不听，乃从南门出，径向石头，文武从者千余人。时南平王铄戍石头，兵士亦千余人。俄而劭遣张超之驰马召濬，濬屏人问状，即戎服乘马而去。朱法瑜固止濬，濬不从，出中门，王庆又谏曰："太子反逆，天下怨愤。明公但当坚闭城门，坐食积粟，不过三日，凶党自离。公情事如此，今岂宜去！"濬曰："皇太子令，敢有复言者斩！"既入，见劭，劭曰："潘

正月二十一日甲子，皇宫宫门还未打开，刘劭把朝服加在戎装上，乘坐画轮车，与萧斌一同乘坐，侍卫随从们与平时入朝一样。十分紧急地呼叫袁淑，袁淑沉睡不起，刘劭将车停在奉化门，不断派人前去催促。袁淑慢腾腾地起了床，来到刘劭车后，刘劭让他上车，袁淑又推辞不肯上去，刘劭命令左右斩了袁淑。等着宫门打开，刘劭从万春门进去。按照以往的宫廷制度，太子宫卫队不能进入宫城。刘劭把伪造的皇帝诏令拿给守卫看，说："我奉皇上旨令，要讨伐宫中逆贼。"又催促后面的队伍赶快前来。张超之等几十人从云龙门跑进了斋阁，拔出佩刀直接上到合殿。宋文帝那天夜里和徐湛之屏退旁人秘密商谈，直到第二天早上，蜡烛还没有熄灭，门前、台阶、窗外值班的卫士还在睡觉没有起床。宋文帝看见张超之进入，举起身旁的小几案来抵挡，五个手指全部被砍掉了，张超之就把宋文帝杀了。徐湛之吃惊起身，向北窗奔去，还没有打开北窗，士卒们就杀了他。刘劭走到合殿中屋，听说宋文帝已死，立刻出来登临东堂。萧斌持刀站在一旁侍卫。传唤中书舍人顾嘏，顾嘏大为震惊，没有按时到，来到之后，刘劭问道："我们要被一齐废了，为什么不早点儿告诉我？"顾嘏未及回答，刘劭就上前斩了他。江湛此时正在上省值班，听到喧哗嘈杂声，就叹息着说道："不听王僧绰的话，以致到这种地步。"江湛藏到了旁边的一间小屋里，刘劭派兵搜查到他便立刻斩了。皇宫卫队原来的将领罗训、徐罕都望风归降。左细仗主、广威将军吴兴人卜天与来不及披上铠甲，拿刀持弓，大声呼唤左右人出来迎战。徐罕说："殿下入宫，你想要做什么？"卜天与大声骂他说："殿下常常入宫，为何今天才说这种话？你就是逆贼！"卜天与手持弓箭射向刘劭，几乎射中刘劭。刘劭党羽群起而攻之，卜天与被砍断手臂身亡。皇宫卫队将领张泓之、朱道钦、陈满等人和卜天与一起战死。左卫将军尹弘惊惶恐惧，晋见刘劭，请求处罚。刘劭又派人从东阁门闯入后宫，杀了潘淑妃以及太祖亲信左右共计几十人。同时，又紧急传召始兴王刘濬前来，让他率领手下士卒屯扎中堂。

此时刘濬正在西州，府舍人朱法瑜飞奔前来报告说："宫内人声喧哗得很，宫门都紧闭着，路上传说太子谋反，还不知灾祸变化如何呢。"刘濬听后，假装大吃一惊，说："现今我们应该怎么办？"朱法瑜鼓动占据石头城。刘濬没有得到刘劭的消息，不知道事变成功与否，所以，情绪烦乱，不知如何是好。将军王庆说："现今宫内发生变故，还不知主上安危与否，凡是臣属和儿子，都应当义无反顾地去救难。据守城池，不是人臣所应有的气节。"刘濬没有听他的话，就从南门出去，一直奔向石头城，文武官员跟从的一千多人。此时，南平王刘铄正戍守石头城，士卒也有一千多。不一会儿，刘劭派张超之骑马召唤刘濬，刘濬屏退左右问张超之什么情况，然后就穿上戎服骑马而去。朱法瑜极力阻止刘濬，刘濬不听。出了中门，王庆又劝

淑妃遂为乱兵所害。”濬曰：“此是下情由来所愿。”

劭诈以太祖诏召大将军义恭、尚书令何尚之入，拘于内；并召百官，至者才数十人。劭遽即位，下诏曰：“徐湛之、江湛弑逆无状，吾勒兵入殿，已无所及，号惋崩衄，肝心破裂。今罪人斯得，元凶克殄，可大赦，改元太初。”

即位毕，亟称疾还永福省，不敢临丧；以白刃自守，夜则列灯以防左右。以萧斌为尚书仆射、领军将军，以何尚之为司空，前右卫率檀和之戍石头，征虏将军营道侯义綦镇京口。义綦，义庆之弟也。乙丑，悉收先给诸处兵还武库，杀江、徐亲党尚书左丞荀赤松、右丞臧凝之等。凝之，焘之孙也。以殷仲素为黄门侍郎，王正见为左军将军，张超之、陈叔兒皆拜官，赏赐有差。辅国将军鲁秀在建康，劭谓秀曰：“徐湛之常欲相危，我已为卿除之矣。”使秀与屯骑校尉庞秀之对掌军队。劭不知王僧绰之谋，以僧绰为吏部尚书，司徒左长史何偃为侍中。

武陵王骏屯五洲，沈庆之自巴水来，咨受军略。三月，乙亥，典签董元嗣自建康至五洲，具言太子杀逆，骏使元嗣以告僚佐。沈庆之密谓腹心曰：“萧斌妇人，其余将帅，皆易与耳。东宫同恶，不过三十人；此外屈逼，必不为用。今辅顺讨逆，不忧不济也。”

壬午，魏主尊保太后为皇太后，追赠祖考，官爵兄弟，皆如外戚。

太子劭分浙东五郡为会州，省扬州，立司隶校尉，以其妃父殷冲为司隶校尉。冲，融之曾孙也。以大将军义恭为太保，荆州刺史南谯王义宣为太尉，始兴王濬为骠骑将军，雍州刺史臧质为丹杨尹，会稽太守随王诞为会州刺史。

劭料检文帝巾箱及江湛家书疏，得王僧绰所启飨士并前代故事，甲申，收僧绰，杀之。僧绰弟僧虔为司徒左西属，所亲咸劝之逃，僧虔泣

谏说："太子反叛，天下人怨恨愤怒。明公你应该紧闭城门不出，坐吃积储的粮食，不超过三天，凶党自然会土崩瓦解。此事如此明了，你怎么能去呢？"刘濬说："皇太子命令，有人胆敢再劝阻，定斩不饶！"入宫拜见刘劭，刘劭对刘濬说："潘淑妃已被乱兵所害。"刘濬说："这正是我一直盼望的事。"

刘劭假称宋文帝的诏令，征召大将军刘义恭、尚书令何尚之入宫，囚禁在宫内。又召集文武百官，但来的人才几十人。刘劭匆忙继承帝位，颁布诏令说："徐湛之、江湛二人图谋逆弑，无礼之甚。我率领士卒入殿，已经来不及挽回，只能悲号痛哭，心肝欲裂。现在，罪恶之徒已被杀，元凶也被消灭，所以大赦天下，改年号为太初。"

刘劭登基即位后，立即宣称自己有病，回到永福省。不敢亲自主持父亲的葬礼，只是手持佩刀自卫，夜里则灯火通明，以防备左右。任命萧斌为尚书仆射、领军将军，何尚之为司空；命前右卫率檀和之镇守石头城，征虏将军、营道侯刘义綦镇守京口。刘义綦是刘义庆的弟弟。二月二十二日乙丑，刘劭将以前发放各处的兵器全都收缴，放入武器仓库。诛杀江湛、徐湛之的亲信党羽尚书左丞荀赤松、右丞臧凝之等人。臧凝之是臧焘的孙子。任命殷仲素为黄门侍郎，王正见为左军将军。张超之、陈叔兒也都按照功劳大小，分别封了官职，赏赐了东西。辅国将军鲁秀这时正在建康，刘劭对鲁秀说："徐湛之过去经常想作乱，我已经为你除掉了这一祸害。"然后，他命令鲁秀和屯骑校尉庞秀之一起掌握左右军队。刘劭不知道王僧绰也参与了废立的密谋，任命王僧绰为吏部尚书，司徒左长史何偃为侍中。

武陵王刘骏屯驻五洲，沈庆之从巴水前来请教军事方略。三月初二日乙亥，典签董元嗣从建康来到五洲，详细报告太子反叛弑逆的事情。刘骏让董元嗣把这一消息告诉手下僚属。沈庆之偷偷对心腹说："萧斌像个妇道人家。其他将帅都很容易对付。东宫中死心塌地地与刘劭一同作恶，超不过三十个人，除此而外都是被逼迫屈从的，决不会为刘劭效死力。如今，我们辅佐顺应天下人心，讨伐叛逆之贼，不用担心不会成功。"

三月初九日壬午，魏文成帝尊乳母保太后常氏为皇太后，并追赠常氏的祖父和父亲，对常氏的兄弟们也都加官晋爵，跟外戚一样。

太子刘劭把浙江东部的五郡分出，设立会州，在扬州立司隶校尉以统察京畿。命妃子殷氏的父亲殷冲为司隶校尉。殷冲是殷融的曾孙。又任命大将军刘义恭为太保，荆州刺史南谯王刘义宣为太尉，始兴王刘濬为骠骑将军，雍州刺史臧质为丹杨尹，会稽太守随王刘诞为会州刺史。

刘劭整理检查宋文帝的巾箱以及江湛家的奏疏和信件，查到了王僧绰曾呈报关于犒劳勇士和前代废黜太子、诸王的材料。三月十一日甲申，逮捕王僧绰，并将其

曰："吾兄奉国以忠贞，抚我以慈爱，今日之事，苦不见及耳；若得同归九泉，犹羽化也。"劭因诬北第诸王侯，云与僧绰谋反，杀长沙悼王瑾、瑾弟临川哀王烨、桂阳孝侯觊、新渝怀侯玠，皆劭所恶也。瑾，义欣之子；烨，义庆之子；觊、玠，义庆之弟子也。

劭密与沈庆之手书，令杀武陵王骏。庆之求见王，王惧，辞以疾。庆之突入，以劭书示王，王泣求入内与母诀，庆之曰："下官受先帝厚恩，今日之事，惟力是视；殿下何见疑之深！"王起再拜曰："家国安危，皆在将军。"庆之即命内外勒兵。府主簿颜竣曰："今四方未知义师之举，劭据有天府，若首尾不相应，此危道也。宜待诸镇协谋，然后举事。"庆之厉声曰："今举大事，而黄头小儿皆得参预，何得不败！宜斩以徇！"王令竣拜谢庆之，庆之曰："君但当知笔札事耳！"于是专委庆之处分。旬日之间，内外整办，人以为神兵。竣，延之之子也。

庚寅，武陵王戒严誓众。以沈庆之领府司马；襄阳太守柳元景、随郡太守宗悫为谘议参军，领中兵；江夏内史朱脩之行平东将军；记室参军颜竣为谘议参军，领录事，兼总内外；谘议参军刘延孙为长史、寻阳太守，行留府事。延孙，道产之子也。

南谯王义宣及臧质皆不受劭命，与司州刺史鲁爽同举兵以应骏。质、爽俱诣江陵见义宣，且遣使劝进于王。辛卯，臧质子敦等在建康者闻质举兵，皆逃亡。劭欲相慰悦，下诏曰："臧质，国戚勋臣，方翼赞京辇，而子弟波迸，良可怪叹。可遣宣譬令还，咸复本位。"劭寻录得敦，使大将军义恭行训杖三十，厚给赐之。

癸巳，劭葬太祖于长宁陵，谥曰景皇帝，庙号中宗。

乙未，武陵王发西阳；丁酉，至寻阳。庚子，王命颜竣移檄四方，使共讨劭。州郡承檄，翕然响应。南谯王义宣遣臧质引兵诣寻阳，与骏同下，留鲁爽于江陵。

斩首。王僧绰的弟弟王僧虔为司徒左西属，他的亲近僚属们都劝他赶快逃走，王僧虔哭着说："我哥哥以自己的忠贞报效国家，以慈爱之心将我抚养成人，今天发生的事，怕的是它不波及于我。如果能和他一同归去九泉，那就好像飞升成仙了一样。"刘劭乘机诬陷住在台城以北的各王、侯，说他们和王僧绰一块儿参与图谋反叛的阴谋，杀了长沙悼王刘瑾、刘瑾的弟弟临川哀王刘烨、桂阳孝侯刘觊和新渝怀侯刘玠，都是刘劭平时最厌恶的人。刘瑾是刘义欣的儿子，刘烨是刘义庆的儿子，刘觊和刘玠都是刘义庆的侄儿。

刘劭给沈庆之写亲笔信，命令他杀掉武陵王刘骏。沈庆之请求晋见刘骏，刘骏极为害怕，就以生病为借口拒绝和他见面。沈庆之强行闯入，把刘劭的信拿给刘骏看，刘骏看后，哭着请求沈庆之允许他到内室跟自己的母亲诀别。沈庆之说："我承受先帝的厚恩，今天的事情，会尽力而为，殿下您为什么有如此重的疑心呢？"刘骏起身再次参拜说："个人和国家的安危，全在将军了。"沈庆之下令内外收拾武器，整肃军队。王府内的主簿颜竣说："如今四面八方并不知道仁义大军即将举义，刘劭占据着天府，如果首尾不能相互接应，可是一条危险的路啊。应该等到各路将帅共同谋划好后，再一起举兵起事。"沈庆之厉声说道："现今是做大事，黄毛小子都可以参与，怎么能不被打败？应该斩了示众！"刘骏赶忙命令颜竣向沈庆之赔罪道歉。沈庆之说："你只知道执笔写文件的事情。"刘骏就把军务交给沈庆之全权处理。十天之内，把军队内外事务整办，人们都以为是神兵。颜竣是颜延之的儿子。

三月十七日庚寅，武陵王刘骏下令戒严誓师，任命沈庆之任领府司马；襄阳太守柳元景、随郡太守宗悫为谘议参军，统领中军；江夏内史朱脩之被授予平东将军；记室参军颜竣为谘议参军、领录事并兼理内外全局；谘议参军刘延孙为长史、寻阳太守，并署理王府留守事宜。刘延孙是刘道产的儿子。

南谯王刘义宣、雍州刺史臧质都不接受刘劭的委任命令，同司州刺史鲁爽一起举兵响应刘骏。臧质、鲁爽全都来到江陵晋见刘义宣，并且又派人前去鼓动刘义宣，劝他早日登基称帝。三月十八日辛卯，臧质在建康的儿子臧敦等人听到父亲臧质举兵起义的消息，都逃走了。刘劭仍打算安慰、取悦于他们，颁发诏令说："臧质是皇亲国戚、有功之臣，正要辅助一同治理京师，他的子弟们却要四处逃散，这真令人奇怪、叹惜啊！可以派人转达我的意思，让他们回来，全都官复原位。"不久，刘劭抓到了臧敦，命令大将军刘义恭打臧敦三十大棍以示教训，然后再厚赏他。

三月二十日癸巳，刘劭把宋文帝安葬在长宁陵，谥号为景皇帝，庙号为中宗。

三月二十二日乙未，武陵王刘骏从西阳出发，三月二十四日丁酉，到达寻阳。三月二十七日庚子，王命令颜竣向四方发布讨伐檄文，让他们共同讨伐刘劭。各州郡接到檄文，全都起来响应。南谯王刘义宣派臧质率领军队前往寻阳，和刘骏一同

（以上为第二段，写武陵王刘骏得知太子刘劭杀父自立，就戒严誓师，以沈庆之领府司马，柳元景、宗悫为干将，传檄四方，共讨刘劭；州郡承檄，纷纷响应。）

劭以兖、冀二州刺史萧思话为徐、兖二州刺史，起张永为青州刺史。思话自历城引部曲还平城，起兵以应寻阳；建武将军垣护之在历城，亦帅所领赴之。南谯王义宣版张永为冀州刺史。永遣司马崔勋之等将兵赴义宣。义宣虑萧思话与永不释前憾，自为书与思话，使长史张畅为书与永，劝使相与坦怀。

随王诞将受劭命，参军事沈正说司马顾琛曰："国家此祸，开辟未闻。今以江东骁锐之众，唱大义于天下，其谁不响应！岂可使殿下北面凶逆，受其伪宠乎！"琛曰："江东忘战日久，虽逆顺不同，然强弱亦异，当须四方有义举者，然后应之，不为晚也。"正曰："天下未尝有无父无君之国，宁可自安仇耻而责义于余方乎！今正以弑逆冤酷，义不共戴天，举兵之日，岂求必全邪！冯衍有言：'大汉之贵臣，将不如荆、齐之贱士乎！'况殿下义兼臣子，事实国家者哉！"琛乃与正共入说诞，诞从之。正，田子之兄子也。

劭自谓素习武事，语朝士曰："卿等但助我理文书，勿措意戎旅；若有寇难，吾自当之；但恐贼虏不敢动耳。"及闻四方兵起，始忧惧，戒严，悉召下番将吏，迁淮南岸居民于北岸，尽聚诸王及大臣于城内，移江夏王义恭处尚书下舍，分义恭诸子处侍中下省。

夏，四月，癸卯朔，柳元景统宁朔将军薛安都等十二军发湓口，司空中兵参军徐遗宝以荆州之众继之。丁未，武陵王发寻阳，沈庆之总中军以从。

劭立妃殷氏为皇后。

庚戌，武陵王檄书至建康，劭以示太常颜延之曰："彼谁笔也？"延之曰："竣之笔也。"劭曰："言辞何至于是！"延之曰："竣尚不顾老臣，安能顾陛下！"劭怒稍解。悉拘武陵王子于侍中下省，南谯王义宣子于

东下，只留下鲁爽在江陵镇守。

刘劭任命兖、冀二州刺史萧思话为徐、兖二州刺史，起用张永为青州刺史。萧思话从历城率领自己的部曲回到了平城，起兵响应寻阳武陵王刘骏。建武将军垣护之此时正在历城，也率领自己的军队赶到那里。南谯王刘义宣任命张永为冀州刺史。张永派遣司马崔勋之等人率领军队奔赴刘义宣处。刘义宣担心萧思话同张永之间解不开以前的怨气，就亲自给萧思话写了一封信，又命令长史张畅给张永也写了一封信，劝他们二人能够坦诚相待。

随王刘诞打算接受刘劭的任命，参军事沈正对司马顾琛说："国家这场灾祸，自开天辟地以来还没有听说过。如今，用长江以东骁勇精锐的军队，倡导国家的大义于天下，又有谁能不去响应呢？怎么可以让殿下面向北方叩拜凶恶叛逆，接受伪命呢！"顾琛说："江东之地已经很长时间没有战争了，但太子刘劭凶逆而兵强，江东忠顺而兵弱，应当等到四方都有人起义讨伐后再起来响应也不算晚。"沈正说："天下还未曾有过无父无君的国家，怎么可以自己安于大仇大耻，而责求别人呢？如今，正是由于弑父叛逆，冤死酷刑，道义上不共戴天，仗义起兵之日，岂能乞求一定准备周全！冯衍曾说过：'大汉王朝的尊贵高官，难道都不如楚国、南齐卑贱之士吗！'何况殿下不仅仅是臣属，而且还是儿子，事情既关系到国家又关系到个人哪！"顾琛就和沈正一起进府，劝说刘诞，刘诞接受了他们的建议。沈正就是沈田子哥哥的儿子。

刘劭认为自己从小就熟悉军事，对朝廷官员们说："你们只要帮助我整理文件书信就可以了，不必担心战场上的事情。如果有什么贼寇灾难，我自己就能抵挡得了。只是怕贼寇们不敢有所举动罢了。"听到四方起兵讨伐时，才开始忧虑害怕起来，实行戒严，将轮流值勤的将士全都召集起来，把秦淮河南岸的百姓全都迁到秦淮河北岸居住，而把所有王和大臣全都聚集在建康城里。让江夏王刘义恭搬到尚书下舍，把刘义恭的几个儿子分别软禁在侍中下省处。

夏季，四月初一日癸卯朔，柳元景统领宁朔将军薛安都等十二路兵马，从湓口出发，司空中兵参军徐遗宝率领荆州军队在后面接续。四月初五日丁未，武陵王刘骏从寻阳发兵，沈庆之总领中军跟随。

刘劭封立王妃殷氏为皇后。

四月初八日庚戌，武陵王刘骏的声讨檄文传到建康，刘劭拿给太常颜延之说："它是出自谁的手笔？"颜延之看后说："这是颜竣写的。"刘劭又说："言辞为什么到了这种地步？"颜延之回答说："颜竣尚且连我都不考虑了，哪里还能顾虑陛下

太仓空舍。劭欲尽杀三镇士民家口。江夏王义恭、何尚之皆曰：“凡举大事者不顾家；且多是驱逼，今忽诛其室累，正足坚彼意耳。”劭以为然，乃下书一无所问。

劭疑朝廷旧臣皆不为己用，乃厚抚鲁秀及右军参军王罗汉，悉以军事委之；以萧斌为谋主，殷冲掌文符。萧斌劝劭勒水军自上决战，不尔，则保据梁山。江夏王义恭以南军仓猝，船舫陋小，不利水战，乃进策曰：“贼骏小年未习军旅，远来疲弊，宜以逸待之。今远出梁山，则京都空弱，东军乘虚，或能为患。若分力两赴，则兵散势离，不如养锐待期，坐而观衅。割弃南岸，栅断石头，此先朝旧法，不忧贼不破也。”劭善之。斌厉色曰：“南中郎二十年少，能建如此大事，岂复可量！三方同恶，势据上流；沈庆之甚练军事，柳元景、宗悫屡尝立功，形势如此，实非小敌。唯宜及人情未离，尚可决力一战；端坐台城，何由得久！今主、相咸无战意，岂非天也！”劭不听。或劝劭保石头城。劭曰：“昔人所以固石头城者，俟诸侯勤王耳。我若守此，谁当见救！唯应力战决之；不然，不克。”日日自出行军，慰劳将士，亲督都水治船舰。壬子，焚淮南岸室屋、淮内船舫，悉驱民家渡水北。

立子伟之为皇太子。以始兴王濬妃父褚湛之为丹杨尹。湛之，裕之之兄子也。濬为侍中、中书监、司徒、录尚书六条事，加南平王铄开府仪同三司，以南兖州刺史建平王宏为江州刺史。太尉司马庞秀之自石头先众南奔，人情由是大震。以营道侯义綦为湘州刺史，檀和之为雍州刺史。

（以上为第三段，写刘宋各州郡响应义旗，讨伐弑君贼刘劭，大势所趋，连刘劭身边的亲信庞秀之都投奔义军。）

癸丑，武陵王军于鹊头。宣城太守王僧达得武陵王檄，未知所从。客说之曰：“方今衅逆滔天，古今未有。为君计，莫若承义师之檄，移告

呢？”刘劭的怒气稍稍平息了些。把武陵王刘骏在建康的儿子全都抓起来囚禁在侍中下省，南谯王刘义宣的儿子都关在太仓空舍。刘劭还打算把三州将士们家属全都杀死，江夏王刘义恭和何尚之都说：“凡是图谋大事的人，都不会顾念自己的家，而且大多又是出于无奈被逼使，现今突然把他们的家属亲人全都杀了，这正好坚定了他们的心志。”刘劭认为是这样子的，就下书一无所问。

刘劭怀疑朝廷内前朝大臣们都不愿意效忠自己，于是就特别厚待鲁秀和右军参军王罗汉，并把军事全都委任给他。又让萧斌做主要谋划者，殷冲掌管府内文告兵符。萧斌劝刘劭亲自率领水军西上迎战，不然就据守梁山。江夏王刘义恭认为南边来的讨伐军队起兵仓促，所使用的船只简陋狭小，不利于水上作战，进献计策说：“逆贼刘骏年少不熟悉军事，远道而来，疲惫不堪，应该以逸待劳。现今如果远去梁山，京师就空虚无兵，东边的叛军乘虚而入，可能出现祸患。假如兵分两路，分别迎战，又会分散兵力，势力孤单，不如养精蓄锐，等待机会。割弃秦淮河以南的地区，用木栅隔断石头城，这也是先朝对付外来入侵的老办法，不用担心贼寇不会被打败。”刘劭听后表示赞同。而萧斌却声色俱厉地说：“刘骏是个二十岁的少年，却能领导如此大的行动，怎能小看他？三州同时作乱，而且占据着上游有利地形。沈庆之在军事方面非常练达，而柳元景、宗悫也曾屡次建立战功，目前情势如此，实在不是小敌。唯一的办法就是趁军心没有分崩离析，尚且可以拼死决战一次。稳坐在台城等着，怎能够长久存活呢？如今，主上和宰相都没有打仗的决心，难道这不是天意吗？”刘劭没有听从。有人劝刘劭保住石头城。刘劭说：“过去人们之所以能够固守石头城，是因为能够等待其他援军前来援助王室。我固守石头城，有谁能前来援救呢？只有全力与敌人决一死战，不然，就不会取胜。”刘劭每天都亲自巡视军营，慰劳将士，亲自督促都水制造船只。壬子，刘劭放火烧毁了秦淮河南岸所有的房屋建筑和秦淮河上的游船画舫，把老百姓全部赶到了秦淮河以北。

刘劭立儿子刘伟之为皇太子，任命始兴王刘濬的岳父褚湛之为丹杨尹。褚湛之就是褚裕之的侄子。任命刘濬为侍中、中书监、司徒和录尚书六条事，加授南平王刘铄为开府仪同三司，任命南兖州刺史建平王刘宏为江州刺史。太尉司马庞秀之从石头城投奔南军，使得人心因此震惊。又任命营道侯刘义綦为湘州刺史，檀和之为雍州刺史。

四月十一日癸丑，武陵王在鹊头屯兵。宣城太守王僧达收到武陵王声讨檄文后，不知道何去何从。一位门客劝他说：“如今，叛逆罪恶滔天，古今未曾有过。为你未

傍郡。苟在有心，谁不响应！此上策也。如其不能，可躬帅向义之徒，详择水陆之便，致身南归，亦其次也。”僧达乃自候道南奔，逢武陵王于鹊头。王即以为长史。僧达，弘之子也。王初发寻阳，沈庆之谓人曰：“王僧达必来赴义。”人问其故。庆之曰：“吾见其在先帝前议论开张，意向明决，以此言之，其至必也。”

柳元景以舟舰不坚，惮于水战，乃倍道兼行，丙辰，至江宁步上，使薛安都帅铁骑曜兵于淮上，移书朝士，为陈逆顺。

劭加吴兴太守汝南周峤冠军将军。随王诞檄亦至，峤素恇怯，回惑不知所从；府司马丘珍孙杀之，举郡应诞。

戊午，武陵王至南洲，降者相属；己未，军于溧洲。王自发寻阳，有疾不能见将佐，唯颜竣出入卧内，拥王于膝，亲视起居。疾屡危笃，不任咨禀，竣皆专决。军政之外，间以文教书檄，应接遐迩，昏晓临哭，若出一人。如是累旬，自舟中甲士亦不知王之危疾也。

癸亥，柳元景潜至新亭，依山为垒。新降者皆劝元景速进，元景曰：“不然。理顺难恃，同恶相济，轻进无防，实启寇心。”

元景营未立，劭龙骧将军詹叔兒觇知之，劝劭出战，劭不许。甲子，劭使萧斌统步军，褚湛之统水军，与鲁秀、王罗汉、刘简之精兵合万人，攻新亭垒，劭自登朱雀门督战。元景宿令军中曰：“鼓繁气易衰，叫数力易竭；但衔枚疾战，一听吾鼓声。”劭将士怀劭重赏，皆殊死战。元景水陆受敌，意气弥强，麾下勇士，悉遣出斗，左右唯留数人宣传。劭兵势垂克，鲁秀击退鼓，劭众遽止。元景乃开垒鼓噪以乘之，劭众大溃，坠淮死者甚多。劭更帅余众，自来攻垒，元景复大破之，所杀伤过于前战，士卒争赴死马涧，涧为之溢；劭手斩退者，不能禁。刘简之死，萧斌被创，劭仅以身免，走还宫。鲁秀、褚湛之、檀和之皆南奔。

来着想，不如接受讨逆军队的檄文，转告给邻近各郡。假若有心，谁能不响应呢？这是上策。如果办不到，还可以率领归附正义的人，仔细选择水路和陆路的交通便道，全身而退，逃往南方，这也不失为中策。”王僧达选择了中策，从候道向南方逃奔，在鹊头正遇上了武陵王刘骏，刘骏任命他为长史。王僧达是王弘的儿子。刘骏刚刚从寻阳出发时，沈庆之就曾对人说：“王僧达一定前来响应大义之举。”别人问这是为什么，沈庆之说：“我曾经看见他在先帝面前发表议论，阐述己见，头脑很清楚，志向很坚决。由此来推断，他前来是一定的。”

柳元景因为船舰不坚固，害怕在江上作战，于是日夜兼程，四月十四日丙辰，到达江宁江边码头，派薛安都率领铁甲骑兵在秦淮河畔炫耀兵威，又给朝廷官员们写信，分析陈述叛逆与讨逆之间的区别和大义。

刘劭加授吴兴太守汝南人周峤为冠军将军。就在此时，随王刘诞的声讨檄文也到了，周峤平时就胆怯无能，处于慌惑惊恐之中，不知所从。府司马丘珍孙杀了周峤，率领本郡响应刘诞。

四月十六日戊午，武陵王抵达南洲，前来归降的人络绎不绝。四月十七日己未，军队又到溧洲驻扎。武陵王从寻阳出发时，就因为身患疾病而不能接见将领辅佐，只有颜竣一人可以出入刘骏的卧室，把刘骏抱在自己的膝上，亲自料理刘骏的生活起居。病情几次加重，无法接受请示听取报告，所有这一切都由颜竣独自决断。军事政治大事外，还要处理公文、信件，并亲自接待远近人士，黄昏和拂晓，一天两次代替刘骏到宋文帝灵前致哀恸哭，就好像刘骏本人一样。这样有几十天，就是船舰上的全副武装的士兵们都不知道刘骏病重。

四月二十一日癸亥，柳元景秘密到了新亭，依山筑起营垒。新归降的人们都劝柳元景火速进攻，柳元景说：“不能这样。情理顺达往往难以依靠，共同作恶反而可以一起渡过难关。我们草率进攻，没有防备，一旦失败，反而会激发贼人的野心。”

柳元景的营垒还没有建好，被刘劭的部下龙骧将军詹叔兒侦察到了，劝说刘劭出兵迎战，刘劭没有答应。四月二十二日甲子，刘劭派萧斌率领陆军出去作战，又命令褚湛之统领水军，与鲁秀、王罗汉、刘简之率领精锐兵士共计上万人，进攻新亭的营垒，刘劭亲自登上朱雀门督战。柳元景连夜命令军中将士说：“战鼓擂得过多，声气就容易衰退，呐喊助威时间太久，力量就容易枯竭。你们只管口衔木棍，不要声唤，全力作战，只听我的鼓声进攻。”刘劭的将士都贪图刘劭许下的重赏，都殊死作战。柳元景水路、陆路都受敌，意气更加强盛，大旗下的勇士，全都被派出投入战斗，左右只留下几个人，用来传达号令。刘劭军队马上就要大获全胜，鲁秀击鼓撤退，刘劭的将士立即停止进攻。柳元景却趁此攻击营垒大门，战鼓齐鸣，乘胜进攻，刘劭军队崩溃败退，掉到秦淮河里淹死的人很多。刘劭重新率领剩下的将

丙寅，武陵王至江宁。丁卯，江夏王义恭单骑南奔。劭杀义恭十二子。

劭、濬忧迫无计，以辇迎蒋侯神像置宫中，稽颡乞恩，拜为大司马，封钟山王；拜苏侯神为骠骑将军。以濬为南徐州刺史，与南平王铄并录尚书事。

（以上为第四段，写武陵王刘骏首举义旗，率领大军抵达南洲，柳元景率领先锋部队到达新亭，刘劭率领上万精兵前往迎战，惨败。）

戊辰，武陵王军于新亭，大将军义恭上表劝进。散骑侍郎徐爰在殿中诳劭，云自追义恭，遂归武陵王。时王军府草创，不晓朝章；爰素所谙练。乃以爰兼太常丞，撰即位仪注。己巳，王即皇帝位，大赦。文武赐爵一等，从军者二等。改谥大行皇帝曰文，庙号太祖。以大将军义恭为太尉、录尚书六条事、南徐州刺史。

是日，劭亦临轩拜太子伟之。大赦，唯刘骏、义恭、义宣、诞不在原例。庚子，以南谯王义宣为中书监、丞相、录尚书六条事、扬州刺史，随王诞为卫将军、开府仪同三司、荆州刺史，臧质为车骑将军、开府仪同三司、江州刺史，沈庆之为领军将军，萧思话为尚书左仆射。壬申，以王僧达为右仆射，柳元景为侍中、左卫将军，宗悫为右卫将军，张畅为吏部尚书，刘延孙、颜竣并为侍中。

五月，癸酉朔，臧质以雍州兵二万至新亭。豫州刺史刘遵考遣其将夏侯献之帅步骑五千军于瓜步。先是，世祖遣宁朔将军顾彬之将兵东入，受随王诞节度。诞遣参军刘季之将兵与彬之俱向建康，诞自顿西陵，为之后继。劭遣殿中将军燕钦等拒之，相遇于曲阿奔牛塘，钦等大败。劭于是缘淮树栅以自守，又决破岗、方山埭以绝东军。时男丁既尽，召妇女供役。

甲戌，鲁秀等募勇士攻大航，克之。王罗汉闻官军已渡，即放仗降，

士，亲自前来攻打柳元景的营垒，柳元景率兵再次大破刘劭，杀死杀伤士卒超过了前一仗，将士们争先恐后地投身死马涧，涧水溢出。刘劭亲手诛杀后退逃命的士卒，不能阻止。刘简之战死，萧斌身受重伤，刘劭只身逃脱，回到了宫内。鲁秀、褚湛之和檀和之一齐投奔南军。

四月二十四日丙寅，武陵王抵达江宁。四月二十五日丁卯，江夏王刘义恭单枪匹马，南下投奔。刘劭杀了刘义恭留在建康的十二个儿子。

刘劭、刘濬焦虑忧心，束手无策，就用皇帝专用的辇车，把蒋侯庙的神像迎接到宫内，叩头乞求恩典，并拜为大司马，封为钟山王。又拜苏侯神为骠骑将军。任命刘濬为南徐州刺史，命令他和南平王刘铄同为录尚书事。

四月二十六日戊辰，武陵王驻军新亭，大将军刘义恭上表，劝说刘骏登基即位。散骑侍郎徐爰在宫内哄骗刘劭说，自己要去追击刘义恭，于是去投奔了武陵王。这时，武陵王府内军事总部草草成立，大家还都不知道朝廷法令规章。这正是徐爰平时最熟悉的事，就让徐爰兼任太常丞，拟定皇帝即位的礼仪。四月二十七日己巳，刘骏登上皇帝位，大赦天下，文武官员赐爵一等，随从讨伐的升二等。改正大行皇帝谥号为文，庙号为太祖。又任命大将军刘义恭为太尉、录尚书六条事、南徐州刺史。

这一天，刘劭也登临金殿平台，封皇子刘伟之为太子，大赦天下，只有刘骏、刘义恭、刘义宣和刘诞不在赦免之列。四月二十八日庚子，任命南谯王刘义宣为中书监、丞相、录尚书六条事、扬州刺史，随王刘诞为卫将军、开府仪同三司、荆州刺史，臧质为车骑将军、开府仪同三司、江州刺史，沈庆之为领军将军，萧思话为尚书左仆射。四月三十日壬申，又任命王僧达为右仆射，柳元景为侍中、左卫将军，宗悫为右卫将军，张畅为吏部尚书，刘延孙和颜竣同为侍中。

五月初一日癸酉朔，臧质率领雍州将士二万人，抵达新亭。豫州刺史刘遵考派将领夏侯献之率领步、骑兵五千人，驻扎在瓜步。以前，世祖曾派宁朔将军顾彬之率领军队从东边进入，接受随王刘诞的管辖和调遣。刘诞派参军刘季之率领军队与顾彬之的军队一同前往建康。刘诞自己率兵驻守西陵，作为后继部队。刘劭派殿中将军燕钦等抵抗，两军相遇在曲阿奔牛塘，燕钦等大败。刘劭于是沿着秦淮河竖立栅栏以自卫，又掘开破岗、方山埭的河堤，以阻断东边来的军队。此时，成丁的男子已经征尽，就征召妇女充当使役。

五月初二日甲戌，鲁秀等人招募敢死的勇士去进攻大航，攻克大航。王罗汉听

缘渚幢队以次奔散，器仗鼓盖，充塞路衢。是夜，劭闭守六门，于门内凿堑立栅；城中沸乱，丹杨尹尹弘等文武将吏争逾城出降。劭烧辇及衮冕服于宫庭。萧斌宣令所统，使皆解甲，自石头戴白幡来降；诏斩斌于军门。濬劝劭载宝货逃入海，劭以人情离散，不果行。

乙亥，辅国将军朱脩之克东府，丙子，诸军克台城，各由诸门入会于殿庭，获王正见，斩之。张超之走至合殿御床之所，为军士所杀，刳肠割心，诸将脔其肉，生啖之。建平等七王号哭俱出。劭穿西垣，入武库井中，队副高禽执之。劭曰："天子何在？"禽曰："近在新亭。"至殿前，臧质见之恸哭，劭曰："天地所不覆载，丈人何为见哭？"又谓质曰："劭可启得远徙不？"质曰："主上近在航南，自当有处分。"缚劭于马上，防送军门。时不见传国玺，以问劭，劭曰："在严道育处。"就取，得之。斩劭及四子于牙下。

濬帅左右数十人挟南平王铄南走，遇江夏王义恭于越城。濬下马曰："南中郎今何所作？"义恭曰："上已君临万国。"又曰："虎头来得无晚乎？"义恭曰："殊当恨晚。"又曰："故当不死邪？"义恭曰："可诣行阙请罪。"又曰："未审能赐一职自效不？"义恭又曰："此未可量。"勒与俱归，于道斩之，及其三子。劭、濬父子首并枭于大航，暴尸于市。

劭妃殷氏及劭、濬诸女、妾媵，皆赐死于狱。污潴劭所居斋。殷氏且死，谓狱丞江恪曰："汝家骨肉相残，何以枉杀无罪人？"恪曰："受拜皇后，非罪而何？"殷氏曰："此权时耳，当以鹦鹉为后。"褚湛之之南奔也，濬即与褚妃离绝，故免于诛。严道育、王鹦鹉并都街鞭杀，焚尸，扬灰于江。殷冲、尹弘、王罗汉及淮南太守沈璞皆伏诛。

（以上为第五段，写武陵王刘骏新亭即皇帝位，是为孝武帝，继而攻下都城建康；刘劭在众叛亲离的形势下作垂死挣扎，最终与刘濬都被枭首示众。）

到声讨大军已渡过秦淮河，就放下武器投降了，秦淮河北岸沿岸所有守军，接二连三奔逃离散，刀枪弓箭、战鼓仪仗，充塞了街道。这天夜里，刘劭关闭台城六个城门，紧紧防守。又在门内挖掘了壕沟、立起栅栏。京城内部沸腾混乱，丹杨尹尹弘等文武将士们都争先恐后地跳出城墙去投降。刘劭在宫中焚烧了辇车以及加冕时的冠帽衣裳。萧斌命令所统率的部队全体将士放下武器，脱下盔甲，从石头城顶着白旗前来投降。颁布诏书在军门外将萧斌斩首。刘濬劝说刘劭带着金银财宝逃向大海，刘劭认为众叛亲离，没有走成。

五月初三日乙亥，辅国将军朱脩之攻克刘劭所据守的东府。五月初四日丙子，各路大军又攻克了台城，之后，分别从各门涌进，在殿前会师，抓获了王正见，斩了他。张超之匆匆逃到合殿皇帝御床的地方，被军中将士杀死，开肠挖心，各路将士争着割下他的肉，一块块地吃了。建平王等七王号哭着出来。刘劭挖通西墙，藏到了武器仓库的井里，被卫士队队副高禽抓住，刘劭问他说："天子在哪里？"高禽说："就在附近的新亭。"高禽将刘劭押送到殿前，臧质看见刘劭，不禁失声恸哭，刘劭说："天地不再覆载我，老人家为何痛哭？"又对臧质说："刘劭能不能请求流放到远方之地呢？"臧质说："主上如今就近在大航的南边，自会对你裁决。"把刘劭捆绑在马上，护送到了军营大门。当时找不到传国玉玺，就问刘劭，刘劭说："在严道育处。"去取，果然拿到玉玺。在牙旗下将刘劭和他的四个儿子全部斩首。

刘濬带领随从几十人挟持着南平王刘铄向南逃去，走到越城时遇到了江夏王刘义恭。刘濬翻身下马，说："南中郎现今做什么？"刘义恭回答："皇上现今已君临万国。"刘濬又问："虎头来得不晚吗？"刘义恭回答说："遗憾的是太晚了。"刘濬又问："我该不会被判死罪吧？"刘义恭说："可以去行宫自行请罪。"刘濬又问："不知道皇上还能不能赐给一个官职，让我效忠尽力？"刘义恭回答说："这不清楚。"刘义恭就带着刘濬一起返回，走到中途就把他斩了，同时也斩了他的三个儿子。刘劭和刘濬父子的头都被砍下来悬挂在大航，尸体在集市上示众。

刘劭的妃子殷氏以及刘劭、刘濬所有的女儿、姬妾也都在监狱里被命令自杀。在刘劭的住处挖了一个大土坑，里面灌满了污水。刘劭的妃子殷氏在自杀之前，曾对狱丞江恪说："他们刘家亲骨肉之间相互残杀，为什么枉杀了没有犯罪的人？"江恪说："你被立为皇后，这不是罪过又是什么呢？"殷氏说："只不过是暂时的罢了，马上就该封王鹦鹉为皇后了。"褚湛之南奔的时候，刘濬就同褚妃断绝了关系，所以得以不死。严道育、王鹦鹉全都被押到街上，用皮鞭抽打至死，又焚烧了她们的尸体，骨灰被扬弃到长江里去。殷冲、尹弘、王罗汉以及淮南太守沈璞也全被诛杀。

庚辰，解严。辛巳，帝如东府，百官请罪，诏释之。甲申，尊帝母路淑媛为皇太后。太后，丹杨人也。乙酉，立妃王氏为皇后。后父偃，导之玄孙也。戊子，以柳元景为雍州刺史。辛卯，追赠袁淑为太尉，谥忠宪公；徐湛之为司空，谥忠烈公；江湛为开府仪同三司，谥忠简公；王僧绰为金紫光禄大夫，谥简侯。壬辰，以太尉义恭为扬、南徐二州刺史，进位太傅，领大司马。

初，劭以尚书令何尚之为司空、领尚书令，子征北长史偃为侍中，父子并居权要。及劭败，尚之左右皆散，自洗黄阁。殷冲等既诛，人为之寒心。帝以尚之、偃素有令誉，且居劭朝用智将迎，时有全脱，故特免之；复以尚之为尚书令，偃为大司马长史，位遇无改。

甲午，帝谒初宁、长宁陵。追赠卜天与益州刺史，谥壮侯，与袁淑等四家，长给禀禄。张泓之等各赠郡守。戊戌，以南平王铄为司空，建平王宏为尚书左仆射，萧思话为中书令、丹杨尹。六月，丙午，帝还宫。

初，帝之讨西阳蛮也，臧质使柳元景将兵会之。及质起兵，欲奉南谯王义宣为主，潜使元景帅所领西还，元景即以质书呈帝，语其信曰："臧冠军当是未知殿下义举耳。方应伐逆，不容西还。"质以此恨之。及元景为雍州，质虑其为荆、江后患，建议元景当为爪牙，不宜远出。帝重违其言，戊申，以元景为护军将军，领石头戍事。

己酉，以司州刺史鲁爽为南豫州刺史。庚戌，以卫军司马徐遗宝为兖州刺史。

庚申，诏有司论功行赏，封颜竣等为公、侯。

辛未，徙南谯王义宣为南郡王，随王诞为竟陵王，立义宣次子宜阳侯恺为南谯王。

闰月，壬申，以领军将军沈庆之为南兖州刺史，镇盱眙。癸酉，以柳元景为领军将军。

五月初八日庚辰，解除戒严。五月初九日辛巳，宋孝武帝巡视东府，文武百官请求治罪。宋孝武帝颁布诏书不再追究。五月十二日甲申，尊封母亲路淑媛为皇太后。太后是丹杨人。五月十三日乙酉，封立妃子王氏为皇后。王皇后的父亲王偃是王导的玄孙。五月十六日戊子，任命柳元景为雍州刺史。五月十九日辛卯，追赠袁淑为太尉，谥号为忠宪公；追赠徐湛之为司空，谥号为忠烈公；追赠江湛为开府仪同三司，谥号为忠简公；追赠王僧绰为金紫光禄大夫，谥号为简侯。五月二十日壬辰，任命太尉刘义恭为扬、南徐二州刺史，并晋升为太傅，兼领大司马。

当初，刘劭任命尚书令何尚之为司空，兼任尚书令，提升何尚之的儿子征北长史何偃为侍中，父子都居于要位。刘劭失败后，何尚之的左右人员也都四处逃散，只好自己动手清洗黄阁。殷冲等人被诛杀以后，大家都为何尚之寒心。孝武帝认为何尚之和何偃一直都有很好的名声，而且在刘劭朝中都能用智慧迎接讨逆大军，经常救助他人免于大祸，因此特别赦免了何氏父子。同时，恢复何尚之原来的尚书令职务，何偃为大司马长史，地位待遇都没有改变。

五月二十二日甲午，宋孝武帝祭拜初宁、长宁二陵，追赠卜天与为益州刺史，谥号为壮侯，与袁淑等共计四家，长期供给俸禄。张泓之等人各自都被追赠为郡守。五月二十四日戊戌，任命南平王刘铄为司空，建平王刘宏为尚书左仆射，萧思话为中书令和丹杨尹。六月初五日丙午，孝武帝返回宫内。

当初，孝武帝奉命前去讨伐西阳蛮人的时候，雍州刺史臧质派遣柳元景率领军队前往汇合。臧质起兵反抗刘劭，打算拥戴南谯王刘义宣为皇帝时，又偷偷派人让柳元景率领自己的军队赶快向西返回，柳元景把臧质的密信呈报给了宋孝武帝，并告诉那个送信的人说："臧冠军将军一定是还不知道殿下的大义之举吧。现今应当讨伐叛逆之人，不容许我撤退回师。"臧质因此对柳元景非常痛恨。到了朝廷任命柳元景为雍州刺史的时候，臧质十分担心他将来会成为荆州和江州的后患，因此建议柳元景应当是朝廷的爪牙，不应该让他远出。宋孝武帝难以违背其建议，六月初七日戊申，改任柳元景为护军将军，兼任石头城戍事。

六月初八日己酉，刘宋任命司州刺史鲁爽为南豫州刺史。六月初九日庚戌，任命卫军司马徐遗宝为兖州刺史。

六月十九日庚申，刘宋颁布诏令，命令有关部门按照将士们功劳的大小，分别给予赏赐。封颜竣等人为公爵和侯爵。

六月初一日辛未，刘宋改封南谯王刘义宣为南郡王，改封随王刘诞为竟陵王，封刘义宣的次子宜阳侯刘恺为南谯王。

闰六月初二日壬申，刘宋任命领军将军沈庆之为南兖州刺史，镇守盱眙。闰六月初三日癸酉，任命柳元景为领军将军。

乙亥，魏太皇太后赫连氏殂。

丞相义宣固辞内任及子恺王爵。甲午，更以义宣为荆、湘二州刺史，恺为宜阳县王，将佐以下并加赏秩。以竟陵王诞为扬州刺史。

（以上为第六段，写宋孝武帝解除戒严，论功行赏，进行人事任免。追悼被害朝臣，而听从臧质的建言，将功臣柳元景由雍州刺史改为护军将军。）

秋，七月，辛丑朔，日有食之。甲寅，诏求直言。辛酉，诏省细作并尚方雕文涂饰；贵戚竞利，悉皆禁绝。

中军录事参军周郎上疏，以为："毒之在体，必割其缓处。历下、泗间，不足戍守。议者必以为胡衰不足避，而不知我之病甚于胡矣。今空守孤城，徒费财役。使虏但发轻骑三千，更互出入，春来犯麦，秋至侵禾，水陆漕输，居然复绝；于贼不劳而边已困，不至二年，卒散民尽，可跷足而待也。今人知不以羊追狼、蟹捕鼠，而令重车弱卒与肥马悍胡相逐，其不能济固宜矣。又，三年之丧，天下之达丧；汉氏节其臣则可矣，薄其子则乱也。凡法有变于古而刻于情，则莫能顺焉；至乎败于礼而安于身，必遽而奉之。今陛下以大孝始基，宜反斯谬。又，举天下以奉一君，何患不给？一体炫金，不及百两，一岁美衣，不过数袭；而必收宝连椟，集服累笥，目岂常视，身未时亲，是椟带宝、笥著衣也，何糜蠹之剧，惑鄙之甚邪！且细作始并，以为俭节；而市造华怪，即传于民。如此，则迁也，非罢也。凡厥庶民，制度日侈，见车马不辨贵贱，视冠服不知尊卑。尚方今造一物，小民明已睥睨；宫中朝制一衣，庶家晚已裁学。侈丽之源，实先宫阃。又，设官者宜官称事立，人称官置。王侯识未堪务，不应强仕。且帝子未官，人谁谓贱？但宜详置宾友，茂择正人，亦何必列长史、参军、别驾从事，然后为贵哉？又，俗好以毁沈人，不察其所以致毁；以誉进人，不察其所以致誉。毁徒皆鄙，则宜擢其毁者；誉党悉庸，则宜退其誉者。如此，则毁誉不妄，善恶分矣。凡无世不有言事，无时不有下令。然升平不至，昏危相继，何哉？设令之本非实故也。"书奏，忤旨，自解去职。郎，峤之弟也。

闰六月初五日乙亥，北魏太皇太后赫连氏去世。

丞相刘义宣坚决辞让自己在朝廷所担任的职务以及他儿子刘恺所封的王爵爵位。闰六月二十三日甲午，改任刘义宣为荆、湘二州刺史，刘恺为宜阳县王，将佐以下一律加以赏赐。任命竟陵王刘诞为扬州刺史。

秋季，七月初一日辛丑朔，出现日食。七月十四日甲寅，刘宋颁布诏书，要求文武官员畅所欲言。七月二十一日辛酉，再次颁布诏书，裁减细作署并入尚方署，其所制作的宫廷雕刻和装饰，以及皇亲贵戚竞相贪利的行为，一律加以禁绝。

中军录事参军周朗上疏，认为："如果毒素在身体内，就一定要从缓要处割去。历下和泗水之间，用不着派重兵戍守。谈论国事的人必定认为胡虏已经衰退，不用躲避，却不知道我们的弊病比胡虏要严重得多。现今空守这么一座孤城，白白浪费财力、物力和人力。假使胡虏只派出三千轻骑兵，轮番进入，春天来践踏麦苗；秋天掠夺禾稼，水路和陆路输运，被两次切断。对于胡虏来说，一点不感到劳累，而边境却已困苦不堪，不出二年时间，士卒四散逃光，老百姓也会搬家逃走，这是踮起脚跟就可以等来的。当今之人都知道不可以用羊追狼，不可以用蟹捕鼠，可却恰恰是在让那些笨重的战车和衰弱不堪的士卒同肥壮的战马和强悍的胡虏追逐厮杀，这样做不会成功，本是情理之中的事。而且，三年丧礼，是遍及天下的大丧，汉王朝命令臣下节制丧期是可以的，但假如当儿子的节制丧期，就乱了礼数。大凡对古代之法有所改变而薄于人情，没有一个是能够顺利进行的。可是，对于败坏礼教使自己安逸的事，一定匆匆忙忙地奉行丧礼。如今陛下以大孝作为基础，就应该反对这种错误。另外，竭尽普天之下的财富来侍奉一个君主，哪里用得着担心会供应不上？一身的黄金装饰，也用不上一百两。一年都穿华贵漂亮的衣服，也不过几套就够了。可却非要收集珠宝全都锁在柜子里，一件件漂亮的衣服藏起来放在箱子里，眼睛岂能天天看着这些东西，身上也不能经常穿一穿，最终却是这些柜子箱子拥有这些珠宝、穿戴这些衣服了。为什么要浪费到这种地步？为什么这么糊涂呢？而且，细作署刚刚和尚方署合并，这是为了实行勤俭节约。可是，市面上所制造的华丽奇巧的东西，已经传到了老百姓中间。这些华丽奇巧的东西只是从宫廷传到了民间，转移了地方，却并没有把它消灭。凡是民间百姓的制度习俗，一天天奢靡起来，从他们乘坐的车马上看，不能分辨出地位的高低贵贱，从他们所戴的帽子、所穿的衣服上不能了解职位的尊卑。尚方署如果今天制造了一个小小的器物，民间第二天就能知道它的制作方法；宫内如果在早晨缝制了一件衣服，老百姓家里晚上就能知道怎么裁剪。民间奢侈华丽的源头，实际上是在皇宫里。再者，朝廷设立官位，官位

侍中谢庄上言："诏云：'贵戚竞利，悉皆禁绝。'此实允惬民听。若有犯违，则应依制裁纠；若废法申恩，便为明诏既下而声实乖爽也。臣愚谓大臣在禄位者，尤不宜与民争利。不审可得在此诏不？"庄，弘微之子也。

上多变易太祖之制，郡县以三周为满，宋之善政，于是乎衰。

（以上为第七段，写孝武帝颁布诏令，杜绝与民争利，只是口惠而未施行。周郎、谢庄上书，提出独到见解，不合旨意，离职而去。刘宋一些良好的典章制度，又多变易，从此走向衰败。）

乙丑，魏濮阳王闾若文、征西大将军永昌王仁皆坐谋叛，仁赐死于长安，若文伏诛。

南平穆王铄素负才能，意常轻上；又为太子劭所任，出降最晚。上潜使人毒之，己巳，铄卒，赠司徒，以商臣之谥谥之。

南海太守萧简据广州反。简，斌之弟也。诏新南海太守南昌邓琬、始兴太守沈法系讨之。法系，庆之之从弟也。简诳其众曰："台军是贼劭所遣。"众信之，为之固守。琬先至，止为一攻道；法系至，曰："宜四面并攻；若守一道，何时可拔？"琬不从。法系曰："更相申五十日。"日尽又不克，乃从之。八道俱攻，一日即破之。九月，丁卯，斩简，广州平。法系封府库付琬而还。

应当和管理的事务相称，官员应当和官位相称。如果王侯的才能不能胜任某一职位，就不应该强迫他们做官。况且，皇帝的儿子不做官又有谁说他低贱呢？只是应该仔细地为他们设置属官，选择正直、有才能的人，何必一定要设置长史、参军、别驾从事这些官职，然后才能算是尊贵的人呢？另外，如今的风气是喜欢诽谤而埋没人的才能，而不去详查所以被诽谤的原因；喜欢根据赞誉的话去提升某人，而不去详查所以被赞誉的原因。诽谤者卑鄙无耻，就应该提升被他诽谤的人。赞誉者平庸无能，就应该辞退被他们赞誉的人。这样一来，诽谤或赞誉不致虚妄错误，善与恶也就很分明了。没有一个时代没有直言上书的事，也没有一个时代没有询问下情的事。可是，如果太平盛世并没有出现，而昏暗危险却相继来临，是什么原因呢？颁布征求直言并不是出于真心。”奏章呈报，违背孝武帝的旨意，他自行辞职回家了。周朗是周峤的弟弟。

侍中谢庄上书说：“诏书说：‘皇亲贵戚竞相贪利的行为，一律加以禁绝。’实在是满足了老百姓的愿望。假如有人违反了这一规定，就应该按照法律制裁他。如果不按照法律去制裁，而只是强调宽大厚恩，那就表明诏令虽然已经颁下来，而名声和实际不相符合。臣冒昧地认为，有俸禄有地位的大臣，更不应该同老百姓争夺小利。这点意见，不知道是否符合诏令的本意。”谢庄是谢弘微的儿子。

宋孝武帝对宋文帝所制订的典章制度，大都予以改变。郡、县长的任职期限以三年为限。刘宋良好的政治，从此走向衰败。

七月二十五日乙丑，北魏濮阳王闾若文和征西大将军、永昌王拓跋仁，都因为谋反罪，拓跋仁在长安被赐自杀，闾若文被斩首。

南平穆王刘铄对自己的才华能力一向很自负，所以平时在言谈举止之间多少有点轻视孝武帝，又曾接受刘劭的任命，出来投降最晚。孝武帝派人偷偷向刘铄下毒。七月二十九日己巳，刘铄去世，追赠为司徒，并用商臣的谥号作为刘铄的谥号。

南海太守萧简占据广州城反叛。萧简是萧斌的弟弟。颁布诏书，派遣新任南海太守南昌人邓琬和始兴太守沈法系前去讨伐。沈法系是沈庆之的堂弟。萧简欺骗他手下的人说：“朝廷来的军队，是叛贼刘劭派遣来的。”他的手下相信了萧简的谎言，所以为他卖命固守广州城池。邓琬率兵首先到达，只做一面攻击。随后，沈法系赶到，说：“应该从四方同时进攻，如果只是从一面攻战，什么时候才能攻下来呢？”邓琬没有接受建议。沈法系说：“把约定进攻期限延长五十天。”五十天的期限到了，他们仍然没有攻下广州，邓琬这才接受沈法系的建议，军队从八路同时围攻，只一

冬，十一月，丙午，以左军将军鲁秀为司州刺史。

辛酉，魏主如信都、中山。

十二月，癸未，以将置东宫，省太子率更令等官，中庶子等各减旧员之半。

甲午，魏主还平城。

（以上为第八段，写孝武帝排除异己，毒杀后降的南平王刘铄；南海太守萧简据广州城反叛，始兴太守沈法系八道进攻，只用一天时间，平定了叛乱。）

天就攻克了广州城。九月二十八日丁卯，将萧简斩首，广州平定。沈法系查封了广州城内的仓库，把它交付给邓琬，自己率领军队返回。

冬季，十一月初八日丙午，刘宋任命左军将军鲁秀为司州刺史。

十一月二十三日辛酉，魏文成帝巡视信都、中山。

十二月十五日癸未，刘宋因为将要设置东宫，撤销太子率更令等官职，中庶子等官职按旧编制减少一半。

十二月二十六日甲午，魏文成帝返回平城。

【点评】

刘宋皇室内讧。宋文帝刘义隆，是刘宋王朝的第三位皇帝，宋武帝刘裕第三子，宋少帝刘义符之弟，于公元 424 年即位，在位 30 年，年号元嘉，谥号文皇帝，庙号太祖。在位期间，颇有作为，在东晋义熙土断的基础上清理户籍，下令免除百姓欠政府的“通租宿债”，又实行劝学、兴农、招贤等一系列措施，使百姓得以休养生息，社会生产有所发展，经济文化日趋繁荣，“盖宋世之极盛也”，史称“元嘉之治”。本卷所记宋文帝与太子的矛盾，实是权力之争。宋文帝先是因为严道育的事情而想治罪太子，后来又想要废掉太子，立建平王刘宏，却又久拖不决，是为事机。再者，宋文帝顾虑诸王，增强东宫警卫，使太子刘劭所领精兵“实甲万人”，这无疑为虎添翼，增长了太子的势力。又书中所记太子个性有明显的缺陷，刘劭性情狡猾而又刚强勇猛，而宋文帝一直深深地依赖着他。宋文帝刘义隆被太子刘劭弑杀，时年四十七岁。不久，宋文帝的第三子刘骏起兵推翻刘劭而继位，是为宋孝武帝。对于武陵王刘骏杀兄，本卷亦有提示，谓他素来不受宠爱，总是外放，不得留建康。父皇被杀时，刘骏在五洲，沈庆之自巴水来，听授指示。刘劭秘密与沈庆之书信，命令他杀掉刘骏，沈庆之力劝刘骏行“义师之举”，惊慌失措的刘骏听从了，又得天下翕然响应，遂得成事。

宋纪十

宋孝武帝孝建元年至大明二年（454—458年）

【起阏逢敦牂（甲午，454年），尽著雍阉茂（戊戌，458年），凡五年】

【大事提要】

记事起自公元454年至公元458年，凡五年，当刘宋孝武帝孝建元年至大明二年。本卷所载大事，南朝刘宋大事有五：其一，刘宋皇室内部互相残杀，刘骏叔父南郡王刘义宣起兵反叛朝廷，废武昌王刘浑为庶人，逼迫其自杀。其二，记叙孝武帝之荒淫无耻。其三，下令沙汰佛徒。其四，皇帝收权、揽权；吏部尚书设置二人以分权，强化了典签制度。其五，林邑遣使向刘宋奉献。北魏大事有三：其一，设酒禁。其二，魏文成帝尚能容忍高允切谏。其三，伐柔然而取胜。

【原文】

世祖孝武皇帝上

孝建元年（甲午，454年）

春，正月，己亥朔，上祀南郊，改元，大赦。甲辰，以尚书令何尚之为左光禄大夫、护军将军，以左卫将军颜竣为吏部尚书、领骁骑将军。

壬戌，更铸孝建四铢钱。

乙丑，魏以侍中伊馛为司空。

丙子，立皇子子业为太子。

初，江州刺史臧质，自谓人才足为一世英雄；太子劭之乱，质潜有异图，以荆州刺史南郡王义宣庸暗易制，欲外相推奉，因而覆之。质于义宣为内兄，既至江陵，即称名拜义宣。义宣惊愕问故。质曰："事中宜然。"时义宣已奉帝为主，故其计不行。及至新亭，又拜江夏王义恭，曰："天下屯危，礼异常日。"

劭既诛，义宣与质功皆第一，由是骄恣，事多专行，凡所求欲，无不必从。义宣在荆州十年，财富兵强；朝廷所下制度，意有不同，一不遵承。质自建康之江州，舫千余乘，部伍前后百余里。帝方自揽威权，而质以少主遇之，政刑庆赏，一不咨禀。擅用湓口、钩圻米，台符屡加检诘，渐致猜惧。

帝淫义宣诸女，义宣由是恨怒。质乃遣密信说义宣，以为"负不赏之功，挟震主之威，自古能全者有几？今万物系心于公，声迹已著；见几不作，将为他人所先。若命徐遗宝、鲁爽驱西北精兵来屯江上，质帅九江楼船为公前驱，已为得天下之半。公以八州之众，徐进而临之，虽韩、白更生，不能为建康计矣。且少主失德，闻于道路；沈、柳诸将，亦我之故人，谁肯为少主尽力者！夫不可留者年也，不可失者时也。质常恐溘先朝露，不得展其旅力，为公扫除，于时悔之何及。"义宣腹心将佐谘议参军蔡超、司马竺超民等咸有富贵之望，欲倚质威名以成其业，共劝义宣从其计。质女为义宣子采之妇。义宣谓质无复异同，遂许之。

【语译】

世祖孝武皇帝上

宋孝武帝孝建元年（甲午，454 年）

春季，正月初一日己亥朔，宋孝武帝南郊祭天，改年号为孝建，大赦天下。正月初六日甲辰，任命尚书令何尚之为左光禄大夫、护军将军，左卫将军颜竣为吏部尚书、领骁骑将军。

正月二十四日壬戌，刘宋改铸孝建四铢钱。

正月十七日乙丑，北魏任命侍中伊馛为司空。

二月初九日丙子，刘宋立皇子刘子业为太子。

当初，江州刺史臧质自认为自己的才能，足以为一代英雄。太子刘劭作乱时，臧质暗中有其他的打算。认为荆州刺史南郡王刘义宣昏庸无能，容易受人控制，所以，准备表面拥戴刘义宣称帝，再趁机推翻他。臧质是刘义宣的表哥，到了江陵以后，就自称名字去叩拜刘义宣，刘义宣极为惊愕，问他什么原因，臧质回答说："国家多事的时候，理应如此。"当时刘义宣已明确表示拥护宋孝武帝为国主，臧质的计划没有实现。到达新亭的时候，臧质又用同样的礼仪去叩拜江夏王刘义恭，并且说："天下危机四伏，礼仪也应跟平时的日子不一样。"

刘劭被斩以后，刘义宣和臧质的功劳都列为第一等，因此骄横跋扈起来，做事大都独断专行，凡是所要求的东西，没有不被依从的。刘义宣在荆州十年期间，财富兵强。朝廷颁布的法令章程，只要不同意，一律不遵照执行。臧质从建康前往江州就任时，带了一千多艘船，船队前后相接有一百多里。皇帝此时也正独揽威权，可是臧质却把他当成少年君主来对待，因此，有关行政、刑法和庆贺奖赏之类的事情，一律不奏请批准。臧质又擅自动用湓口和钩圻粮仓里的粮食，朝廷多次调查追问，渐渐相互猜忌对立起来。

宋孝武帝奸淫了刘义宣的所有女儿，刘义宣听说后，十分气愤和怨恨。臧质就偷偷派遣密使前去游说刘义宣，认为："立下无法奖赏的大功，挟持使皇帝都感到震惊的威望，自古以来能够保全的有几个人呢？如今，万众一心，归向于您，名声和功绩已经显赫，这样好的机会不采取行动，就会被别人抢先。假如您命令徐遗宝、鲁爽驱使西北精锐部队前来驻屯长江，臧质就率领九江的船只做您的前锋，那样就为您得到一半天下。您可以率领八个州的军队，缓慢地向前推进，兵临建康，那么，即使是韩信、白起转世再生，也不能为建康想出什么好的办法来。况且，少主丧失道德，广闻于道路。沈庆之和柳元景各位将士，也都是我旧日的朋友，又有谁肯于替少主效力呢？无法留住的是岁月，而不可失去的是时机。我经常害怕自己在朝露

超民，夔之子也。臧敦时为黄门侍郎，帝使敦至义宣所，道经寻阳，质更令敦说诱义宣，义宣意遂定。

（以上为第一段，写刘宋江州刺史臧质自恃才力，骄横自大，劝说荆州刺史刘义宣反叛；刘义宣才能庸碌，但可调动八州兵力，加之怨恨皇帝刘骏，遂生反叛之心。）

豫州刺史鲁爽有勇力，义宣、质素与之相结。义宣密使人报爽及兖州刺史徐遗宝，期以今秋同举兵。使者至寿阳，爽方饮醉，失义宣指，即日举兵。爽弟瑜在建康，闻之，逃叛。爽使其众戴黄标，窃造法服，登坛，自号建平元年；疑长史韦处穆、中兵参军杨元驹、治中庾腾之不与己同，皆杀之。徐遗宝亦勒兵向彭城。

二月，义宣闻爽已反，狼狈举兵。鲁瑜弟弘为质府佐，帝敕质收之，质即执台使，举兵。

义宣与质皆上表，言为左右所谗疾，欲诛君侧之恶。义宣进爽号征北将军。爽于是送所造舆服诣江陵，使征北府户曹版义宣等，文曰："丞相刘，今补天子，名义宣；车骑臧，今补丞相，名质；平西朱，今补车骑，名脩之：皆版到奉行。"义宣骇愕，爽所送法物并留竟陵，不听进。质加鲁弘辅国将军，下戍大雷。义宣遣谘议参军刘湛之将万人就弘，召司州刺史鲁秀，欲使为湛之后继。秀至江陵见义宣，出，拊膺曰："吾兄误我，乃与痴人作贼，今年败矣！"

义宣兼荆、江、兖、豫四州之力，威震远近。帝欲奉乘舆法物迎之，竟陵王诞固执不可，曰："奈何持此座与人！"乃止。

己卯，以领军将军柳元景为抚军将军；辛卯，以左卫将军王玄谟为豫州刺史。命元景统玄谟等诸将以讨义宣。癸巳，进据梁山洲，于两岸

还没有消失之前就死去了，而无法施展自己的才能抱负，替你扫除障碍，到时后悔都来不及了。”刘义宣的心腹将领、谘议参军蔡超和司马竺超民等人都希望自己能得到更多的荣华富贵，也想依仗臧质赫赫威名来成就大业，他们也都来劝说刘义宣听从建议。臧质的女儿是刘义宣的儿子刘采之的正室，刘义宣认为臧质肯定不会有其他想法，便同意了。竺超民是竺夔的儿子。臧质的儿子臧敦，此时担任黄门侍郎，宋孝武帝派臧敦去刘义宣那里办事，经过寻阳，臧质再次命令臧敦前去游说、劝诱刘义宣，刘义宣的决心终于下定。

豫州刺史鲁爽勇敢有武力，刘义宣、臧质平时一直跟他结交。刘义宣派密使偷偷把他自己的决定告诉给了鲁爽和兖州刺史徐遗宝，约定在这年的秋季共同发兵起义。使者到达寿阳时，正赶上鲁爽喝醉，他听错了意思，而在当天就起兵反叛了。鲁爽的弟弟鲁瑜此时正在建康，听到这一消息，吓得逃走。鲁爽命令他手下的士卒们戴上黄色标帜，偷偷缝制皇帝穿的礼服，然后登上高坛誓师。自称年号为建平元年。他怀疑长史韦处穆、中兵参军杨元驹和治中庾腾之同自己不一心，于是把这三个人全都杀了。徐遗宝也率领军队向彭城进攻。

二月，刘义宣得到鲁爽已经反叛的消息，也只好狼狈起兵。鲁瑜的弟弟鲁弘是臧质的府佐，宋孝武帝命令臧质逮捕鲁弘。臧质却把宋孝武帝派来的使节抓了起来，也起兵反叛。

刘义宣和臧质都上表，宣称自己受到皇帝左右小人的谗言陷害，因而起兵，打算清除君主之侧。刘义宣提升鲁爽为征北将军，鲁爽又把他所缝制的皇帝穿的礼服送到了江陵，派征北府户曹向刘义宣公布各方临时人事任命，文告说：“丞相刘，现今要递补为天子，名为义宣。车骑将军臧，递补为丞相，名叫质。平西将军朱，现今递补为车骑将军，名叫脩之。这一命令从到达之日起生效执行。”刘义宣看完这篇文告后，吓得直发呆，命令将鲁爽所送的皇室专用的东西，全都留在竟陵，不允许继续带着前进。与此同时，臧质又加授鲁弘为辅国将军，在大雷屯兵。刘义宣派遣谘议参军刘谌之率领一万名士卒增援鲁弘，将司州刺史鲁秀召回，想要让他做刘谌之的后续部队。鲁秀到达江陵，见到了刘义宣，出来后，不禁捶胸顿足地说：“我哥哥害了我，我竟要和这种白痴一块儿做贼，今年一定会失败！”

刘义宣兼有荆州、江州、兖州、豫州四个州的军事力量，其声势浩大，威震远近四方。宋孝武帝打算奉太上皇帝专用的法驾和专用器物迎接，竟陵王刘诞坚决反对，说：“你怎么能把帝位轻易地让给他人？”方才停止。

二月十二日己卯，刘宋以领军将军柳元景为抚军将军；二月二十四日辛卯，以左卫将军王玄谟为豫州刺史。命令柳元景统王玄谟等诸将讨伐刘义宣。二月二十六

筑偃月垒，水陆待之。义宣自称都督中外诸军事，命僚佐悉称名。

（以上为第二段，写鲁爽充当了刘义宣反叛的急先锋，杀了异己分子，赶制了皇帝的礼服，并冒失起兵，宣布人事任命；刘骏派遣抚军将军柳元景严阵以待。）

甲午，魏主诣道坛受图箓。

丙申，以安北司马夏侯祖欢为兖州刺史。

三月，己亥，内外戒严。辛丑，以徐州刺史萧思话为江州刺史，柳元景为雍州刺史。癸卯，以太子左卫率庞秀之为徐州刺史。

义宣移檄州郡，加进位号，使同发兵。雍州刺史朱脩之伪许之，而遣使陈诚于帝。益州刺史刘秀之斩义宣使者，遣中兵参军韦崧将万人袭江陵。

戊申，义宣帅众十万发江津，舳舻数百里。以子慆为辅国将军，与左司马竺超民留镇江陵。檄朱脩之使发兵万人继进，脩之不从。义宣知脩之贰于己，乃以鲁秀为雍州刺史，使将万余人击之。王玄谟闻秀不来，喜曰："臧质易与耳。"

冀州刺史垣护之妻，徐遗宝之姊也，遗宝邀护之同反，护之不从，发兵击之。遗宝遣兵袭徐州长史明胤于彭城，不克。胤与夏侯祖欢、垣护之共击遗宝于湖陆，遗宝弃众焚城，奔鲁爽。

义宣至寻阳，以质为前锋而进，爽亦引兵直趣历阳，与质水陆俱下。殿中将军沈灵赐将百舸，破质前军于南陵，擒军主徐庆安等。质至梁山，夹陈两岸，与官军相拒。

夏，四月，戊辰，以后将军刘义綦为湘州刺史；甲申，以朱脩之为荆州刺史。

上遣左军将军薛安都、龙骧将军南阳宗越等戍历阳，与鲁爽前锋杨胡兴等战，斩之。爽不能进，留军大岘，使鲁瑜屯小岘。上复遣镇军将军沈庆之济江，督诸将讨爽，爽食少，引兵稍退，自留断后。庆之使薛安都帅轻骑追之，丙戌，及爽于小岘。爽将战，饮酒过醉，安都望见爽，即跃马大呼，直往刺之，应手而倒，左右范双斩其首。爽众奔散，瑜亦为部下所杀，遂进攻寿阳，克之。徐遗宝奔东海，东海人杀之。

日癸巳，进据梁山洲，于两岸筑偃月形堡垒，从水路和陆路同时准备，等待迎战。刘义宣自称都督中外诸军事，命令手下人彼此之间全都称名字而不称官衔。

二月二十七日甲午，魏文成帝来到道教神坛，接受道教符。

二月二十九日丙申，刘宋任命安北司马夏侯祖欢为兖州刺史。

三月初二日己亥，内外戒严。三月初四日辛丑，任命徐州刺史萧思话为江州刺史，柳元景为雍州刺史。三月初六日癸卯，任命太子左卫率庞秀之为徐州刺史。

刘义宣传布檄方到各州郡，给各州郡长加官晋爵，让他们一起出兵响应。雍州刺史朱脩之假装响应，私下里却派遣使者向皇帝表示忠诚。益州刺史刘秀之斩了刘义宣派来的使者，派中兵参军韦崧率领一万人袭击江陵。

三月十一日戊申，刘义宣率领十万大军从江津出发，船只相继连绵几百里。任命自己的儿子刘慆为辅国将军，命令他与左司马竺超民留下镇守江陵。又下令朱脩之出兵一万名随后前进，朱脩之没有听从。刘义宣深知朱脩之跟自己不是一条心，于是又任命鲁秀为雍州刺史，并派鲁秀率领一万多人前去进攻朱脩之。王玄谟听说鲁秀不会前来进攻自己，不禁高兴地说："臧质容易对付了。"

冀州刺史垣护之的妻子是徐遗宝的姐姐，徐遗宝邀请垣护之与他一起起兵反叛，垣护之不听从，出动军队攻击徐遗宝。徐遗宝派遣军队袭击徐州长史明胤于彭城，没有攻下。明胤和夏侯祖欢、垣护之共同在湖陆袭击徐遗宝的军队。徐遗宝丢下将士，放火焚烧了湖陆城，投奔了鲁爽。

刘义宣抵达寻阳，命令臧质做前锋率军前进，鲁爽率领军队直奔历阳，与臧质从水路和陆路同时发兵。殿中将军沈灵赐率领一百艘船只，在南陵大败臧质的先头部队，活捉了军主徐庆安等人。臧质率军抵达梁山，夹水在两岸建筑了营垒，与朝廷的军队相抗衡。

夏季，四月初二日戊辰，宋孝武帝任命后将军刘义綦为湘州刺史。四月十八日甲申，又任命朱脩之为荆州刺史。

宋孝武帝派左军将军薛安都、龙骧将军南阳人宗越等人戍守历阳，同鲁爽的先头部队杨胡兴等大战，斩了杨胡兴。鲁爽因此不能前进，驻留在大岘，派鲁瑜屯兵小岘。皇上又派遣镇军将军沈庆之渡过长江，督统各路将士讨伐鲁爽。鲁爽的粮食越来越少，率军稍稍向后撤退，自己留下断后。沈庆之派薛安都率领轻骑部队追击鲁爽。四月二十日丙戌，薛安都在小岘追上了鲁爽，鲁爽将要出去迎战，却饮酒过度，酩酊大醉，薛安都看到鲁爽，立刻飞马上前，大声呐喊，直刺鲁爽，鲁爽应声栽倒马下，其左右随从范双砍下鲁爽的人头。鲁爽的士卒四处奔跑逃命，鲁瑜也被

李延寿论曰：凶人之济其身，非世乱莫由焉。鲁爽以乱世之情，而行之于平日，其取败也宜哉！

南郡王义宣至鹊头，庆之送爽首示之，并与书曰："仆荷任一方，而衅生所统。近聊帅轻师，指往翦扑，军锋裁及，贼爽授首。公情契异常，或欲相见，及其可识，指送相呈。"爽累世将家，骁猛善战，号万人敌，义宣与质闻其死，皆骇惧。

柳元景军于采石；王玄谟以臧质众盛，遣使来求益兵，上使元景进屯姑孰。

太傅义恭与义宣书曰："往时仲堪假兵，灵宝寻害其族；孝伯推诚，牢之旋踵而败。臧质少无美行，弟所具悉。今籍西楚之强力，图济其私，凶谋若果，恐非复池中物也。"义宣由此疑之。

五月，甲辰，义宣至芜湖，质进计曰："今以万人取南州，则梁山中绝；万人缀梁山，则玄谟必不敢动；下官中流鼓棹，直趣石头，此上策也。"义宣将从之。刘谌之密言于义宣曰："质求前驱，此志难测。不如尽锐攻梁山，事克然后长驱，此万安之计也。"义宣乃止。

（以上为第三段，写荆州刺史刘义宣率领叛军向建康进军，孝武帝调集兵马，予以抵御；雍州刺史暗中背叛刘义宣，叛军干将鲁爽因醉酒被杀。）

冗从仆射胡子反等守梁山西垒，会西南风急，质遣其将尹周之攻西垒；子反方渡东岸就玄谟计事，闻之，驰归。周之攻垒甚急，偏将刘季之帅水军殊死战，求救于玄谟，玄谟不遣；大司马参军崔勋之固争，乃遣勋之与积弩将军垣询之救之。比至，城已陷，勋之、询之皆战死。询之，护之之弟也。子反等奔还东岸。质又遣其将庞法起将数千兵趋南浦，欲自后掩玄谟，游击将军垣护之引水军与战，破之。

朱脩之断马鞍山道，据险自守。鲁秀攻之，不克，屡为脩之所败，乃还江陵，脩之引兵蹑之。或劝脩之急追，脩之曰："鲁秀，骁将也。兽

他的部下所杀。于是向寿阳进攻，攻克寿阳。徐遗宝向东海逃去，被东海人杀了。

李延寿评论说：凶恶之人，能够获得成功，如果不是世道混乱那是没有可能的。鲁爽以乱世之情，拿到太平的社会里来施用，他自取失败，也是理所必然的呀！

南郡王刘义宣抵达鹊头，沈庆之将鲁爽的人头送给刘义宣看，又给他写了一封信说："我负责管理一方土地，而命我征伐臧质等队友，近日，姑且率领轻骑部队，前去消除事端，锐利的刀锋一到，一奸贼鲁爽便献出了人头。您与他有很深的友情，或许想见他一面。趁着可以辨别的时候，特别呈送。"鲁爽家几代为将，骁勇悍猛，善于交战，号称万人敌。刘义宣和臧质听说鲁爽已死，都极为震惊害怕。

柳元景驻兵在采石。豫州刺史王玄谟因为臧质的军队力量强大，就派遣使节前往建康请求增加兵力，宋孝武帝派柳元景进入姑孰屯扎。

太傅刘义恭给刘义宣写信说："以前，殷仲堪将兵权交给了桓玄，不久桓玄就杀害了殷仲堪全族。王孝伯对刘牢之推心置腹、坦诚相待，刘牢之不及转身就击败王恭。臧质从小就没有好的德行，弟弟你是最清楚他的。如今凭借着楚地的强大兵力，谋划满足私欲。如果他凶恶的阴谋得以实现，那么，恐怕他也就不再是池塘里的一条小鱼了。"刘义宣从此对臧质起了疑心。

五月初八日甲辰，刘义宣到达芜湖，臧质献计说："现今出动一万人的兵力攻取南州，梁山就会被完全隔断，如果用这一万人把守住梁山，王玄谟肯定不敢轻举妄动。下官率领船队，沿着长江中流划行，直奔石头城，这才是上策。"刘义宣想按照此计执行，谘议参军刘谌之偷偷对刘义宣说："臧质自己请求做先头部队，其目的很难推测。不如集中精锐全力进攻梁山，攻克梁山之后，再长驱直入建康，这才是万安之计啊！"刘义宣便没有接受臧质的提议。

冗从仆射胡子反等固守梁山西部营垒，正赶上西南风很强，臧质就派他手下的将领尹周之进攻梁山西部营垒。胡子反正巧在梁山东岸，在王玄谟处商量军务，得到报告后，即飞奔返回西部营垒。尹周之攻击西垒十分凶猛，偏将刘季之率领水军殊死搏斗，向王玄谟求救，王玄谟没有派出军队前去营救。大司马参军崔勋之竭力争取，王玄谟才派遣崔勋之和积弩将军垣询之前去救援。到达时，西部营垒已经失陷，崔勋之和垣询之全都战死。垣询之是垣护之的弟弟。胡子反等人逃回东岸。臧质又派遣他的将领庞法起率领几千名士卒，直取南浦，打算从后面偷袭王玄谟。游击将军垣护之率领水军与之交战，结果大败臧质。

雍州刺史朱脩之切断了马鞍山的交通，依靠险要坚守阵地。鲁秀发起攻势，未能攻克，却屡次被朱脩之击败，于是回到了江陵。朱脩之率军尾随追击。有人劝朱

穷则攫，不可追也。”

王玄谟使垣护之告急于柳元景曰：“西城不守，唯余东城万人。贼军数倍，强弱不敌，欲退还姑孰，就节下协力当之，更议进取。”元景不许，曰：“贼势方盛，不可先退，吾当卷甲赴之。”护之曰：“贼谓南州有三万人，而将军麾下裁十分之一，若往造贼垒，则虚实露矣。王豫州必不可来，不如分兵援之。”元景曰：“善！”乃留羸弱自守，悉遣精兵助玄谟，多张旗帜。梁山望之如数万人，皆以为建康兵悉至，众心乃安。

质自请攻东城。谘议参军颜乐之说义宣曰：“质若复克东城，则大功尽归之矣，宜遣麾下自行。”义宣乃遣刘谌之与质俱进。甲寅，义宣至梁山，顿兵西岸，质与刘谌之进攻东城。玄谟督诸军大战，薛安都帅突骑先冲其陈之东南，陷之，斩谌之首，刘季之、宗越又陷其西北，质等兵大败。垣护之烧江中舟舰，烟焰覆水，延及西岸营垒殆尽。诸军乘势攻之，义宣兵亦溃。义宣单舸迸走，闭户而泣，荆州人随之者犹百余舸。质欲见义宣计事，而义宣已去，质不知所为，亦走，其众皆降散。己未，解严。

癸亥，以吴兴太守刘延孙为尚书右仆射。

六月，丙寅，魏主如阴山。

臧质至寻阳，焚烧府舍，载妓妾西走；使嬖人何文敬领余兵居前，至西阳。西阳太守鲁方平绐文敬曰：“诏书唯捕元恶，余无所问，不如逃之。”文敬弃众亡去。质先以妹夫羊冲为武昌郡，质往投之；冲已为郡丞胡庇之所杀，质无所归，乃逃于南湖，掇莲实啖之。追兵至，以荷覆头，自沈于水，出其鼻。戊辰，军主郑俱兒望见，射之，中心，兵刃乱至，肠胃萦水草，斩首送建康，子孙皆弃市，并诛其党豫章太守任荟之、临川内史刘怀之、鄱阳太守杜仲儒。仲儒，骥之兄子也。功臣柳元景等封赏各有差。

脩之加快追击，朱脩之说：“鲁秀是骁勇将士；野兽在走投无路时，就要不顾一切地抓人咬人，不能迫近追击。”

王玄谟派垣护之向柳元景告急说：“西城不能防守，只剩下东城的一万人。贼寇的兵力高达几倍，强弱不敌，打算撤退返回姑孰防守，在您的指挥下齐心协力抵抗，然后再商议下一步如何进取。”柳元景不答应，说：“贼寇的势力正在强盛时期，我们绝对不可以先行后退，我率领全部兵马跟你会合。”垣护之说：“贼寇以为南州有三万大军，可将军您麾下才有十分之一，假如您率兵奔赴贼寇营垒，兵力的虚实就会都暴露出来。王豫州一定不能前来，不如分几路前去救援。”柳元景说：“好！”于是，柳元景留下一些老弱病残的士卒在大营守卫，而把精锐兵力全都派遣去援助王玄谟，到处都张扬着旗帜。从梁山一眼望去，好像有几万大军一样，以为建康的大军全都赶来援助了，众心才安定下来。

臧质自己请求去进攻东城。谘议参军颜乐之劝刘义宣道：“如果臧质攻克东城，那么大战功就全归在他一人身上了。您最好派自己手下的将士前去。”刘义宣就派遣刘谌之和臧质一起出兵进击东城。五月十八日甲寅，刘义宣到达梁山，在西岸安营扎寨，臧质和刘谌之向东城发起进攻。王玄谟督统各路大军出来迎战，薛安都率领突击骑兵首先冲入敌方东南方的阵营，攻下那里，砍下刘谌之的人头。刘季之和宗越又攻陷了敌方的西北阵地，打败了臧质的大军。垣护之放火焚烧了长江上的船只，江上大火熊熊，火焰盖住了江水，又蔓延到西岸的堡垒，大火几乎将其烧为灰烬。各路大军乘胜前进，刘义宣的大军也一败涂地。刘义宣只身一人乘小船逃走，紧闭舱门哭泣，追随他的荆州将士还有一百多艘船跟在后边。臧质打算去见刘义宣商议战事，可是，刘义宣已经逃走，臧质不知接下来做什么也逃走了，手下士卒也都投降或逃散。五月二十三日己未，朝廷解除戒严。

五月二十七日癸亥，刘宋任命吴兴太守刘延孙为尚书右仆射。

六月初一日丙寅，魏孝武帝巡视阴山。

臧质逃到寻阳，焚烧了州府房舍，带着妻妾继续向西逃命。派最宠信的人何文敬率领剩余的士卒前边开路，到达西阳。西阳太守鲁方平欺哄何文敬说：“诏令说只逮捕元凶，对其余的人不再追究，不如逃走吧。”何文敬抛弃军队，独自一人逃走。臧质原来让他的妹夫羊冲担任武昌郡守，便前往投奔。羊冲已经被郡丞胡庇之杀死，臧质找不到立足安身之处，只好又逃到南湖，采摘湖里的莲子充饥。追兵到来，他就用荷叶盖住头，整个身子沉到湖水里，只露出鼻子喘气。六月初三日戊辰，军主郑俱兒发现了他，用弓箭射向他，正中心脏，士卒们乱刀齐下，肠胃流出缠绕水草。砍下他的头送到了建康。臧质的子孙也都被斩首示众。还诛杀了臧质的党羽豫章太守任荟之、临川内史刘怀之、鄱阳太守杜仲儒。杜仲儒是杜骥哥哥的儿子。对有功

丞相义宣走至江夏，闻巴陵有军，回向江陵，众散且尽，与左右十许人徒步，脚痛不能前，僦民露车自载，缘道求食。至江陵郭外，遣人报竺超民，超民具羽仪兵众迎之。时荆州带甲尚万余人，左右翟灵宝诫义宣使抚慰将佐，以："臧质违指授之宜，用致失利。今治兵缮甲，更为后图。昔汉高百败，终成大业……"而义宣忘灵宝之言，误云"项羽千败"，众咸掩口。鲁秀、竺超民等犹欲收余兵更图一决；而义宣惛沮，无复神守，入内不复出，左右腹心稍稍离叛。鲁秀北走，义宣不能自立，欲从秀去，乃携息慆及所爱妾五人，著男子服相随。城内扰乱，白刃交横，义宣惧，坠马，遂步进；竺超民送至城外，更以马与之，归而城守。义宣求秀不得，左右尽弃之，夜，复还南郡空廨；旦日，超民收送刺奸。义宣止狱户，坐地叹曰："臧质老奴误我！"五妾寻被遣出，义宣号泣，语狱吏曰："常日非苦，今日分别始是苦。"鲁秀众散，不能去，还向江陵，城上人射之，秀赴水死，就取其首。

（以上为第四段，写叛首臧质气势汹汹，来攻建康，王玄谟出动精兵迎战，打败叛军，臧质在南湖被杀，刘义宣被俘获关押，干将鲁秀投水死，反叛失败。）

诏右仆射刘延孙使荆、江二州，旌别枉直，就行诛赏；且分割二州之地，议更置新州。

初，晋氏南迁，以扬州为京畿，谷帛所资皆出焉；以荆、江为重镇，甲兵所聚尽在焉，常使大将居之。三州户口，居江南之半，上恶其强大，故欲分之。癸未，分扬州浙东五郡置东扬州，治会稽；分荆、湘、江、豫州之八郡置郢州，治江夏；罢南蛮校尉，迁其营于建康。太傅义恭议使郢州治巴陵，尚书令何尚之曰："夏口在荆、江之中，正对沔口，通接雍、梁，实为津要。由来旧镇，根基不易，既有见城，浦大容舫，于事为便。"上从之。既而荆、扬因此虚耗。尚之请复合二州，上不许。

之臣如柳元景等，全都按照功劳进行封赏。

丞相刘义宣逃到了江夏，听说巴陵有军队，回头又向江陵逃去，追随将士差不多都散逃了，只是与左右十几个人徒步前进，脚疼得不能继续走，向当地老百姓租了没有厢盖的车辆，沿路讨饭充饥。到达江陵城郊外，就派人前去通报留守在江陵的左司马竺超民，竺超民派出华丽的仪仗部队前去迎接刘义宣。此时荆州还有一万多名武装将士，左右侍从翟灵宝劝刘义宣出来安抚慰劳手下将士，说："臧质违反了作战命令，以至于失利。现今再重新整治武器、训练将士，再做进一步的图谋。从前，汉高祖刘邦百次失败，最终成就了大业……"刘义宣在犒劳士卒时，却忘记了翟灵宝对他说的话，竟误说成"项羽失败了一千次"，手下将士全都掩口窃笑。鲁秀、竺超民等人还打算收拾好残余士卒，再一次进行决战，刘义宣却沮丧无志，总是魂不守舍，进入后宅后就躲起来，不再出来见人，左右心腹之人逐渐背叛离去。鲁秀向北逃去。刘义宣不能自己独立，打算跟着鲁秀一块儿逃走，于是带着自己的儿子刘慆以及自己喜欢的五个爱妾，让她们改穿男装，随同自己逃走。城内一片混乱，白刃相接，刀枪横飞，刘义宣害怕，从马上掉了下来，改作步行前进。竺超民把这一行人送到城外，换了一匹马让刘义宣骑，然后自己回到城里坚守。刘义宣寻找鲁秀，没有找到，左右侍从们也全都抛弃了他。深夜，刘义宣走投无路，只得回到空无一人的南郡太守官舍里待着。第二天早晨，竺超民派人把他抓了起来，送到监狱。刘义宣在监狱里，坐在地上不住叹息说："臧质这个老奴才害了我！"刘义宣的五个爱妾不久就被遣送出去了，刘义宣忍不住悲号哭喊，对狱吏说："平时的日子并不算苦，今天和她们分别才是真苦啊！"鲁秀的手下将士也都四散一空，不能再向北前进，只好返回到江陵，江陵城上的守军一齐向鲁秀射箭。鲁秀投水自尽，江陵守军砍下了他的头。

宋孝武帝诏令右仆射刘延孙巡视荆州和江州，调查甄别忠奸曲直，就地奖赏和惩处。并且，将这二州的地区进行分割，拟议再设置一个新州。

当初，晋朝向南迁移时，曾经把扬州作为京畿，所需要的布帛粮食等，都由扬州提供。又把荆州、江州作为军事要镇，全国的精锐部队全都聚集在这两个州，常派大将驻守。这三个州的人口数目，占了长江以南地区的一半。孝武帝嫌这三地的军力、民力过于强大，所以打算把它们分割开来。六月十八日癸未，在扬州分出浙江以东五个郡，设立东扬州，治所设在会稽。又从荆州、湘州、江州、豫州中分出八个郡，设立郢州，治所设置在江夏。撤销南蛮校尉，将其所属部队调回建康。太傅刘义恭打算让郢州州府设在巴陵，尚书令何尚之说："夏口位于荆州和江州中间，正对着沔口，又直接通向雍州和梁州，实在是一个险要的津口，自古以来就是军事

戊子，省录尚书事。上恶宗室强盛，不欲权在臣下；太傅义恭知其指，故请省之。

上使王公、八座与荆州刺史朱脩之书，令丞相义宣自为计。书未达，庚寅，脩之入江陵，杀义宣，并诛其子十六人，及同党竺超民、从事中郎蔡超、谘议参军颜乐之等。超民兄弟应从诛，何尚之上言："贼既遁走，一夫可擒。若超民反覆昧利，即当取之，非唯免愆，亦可要不义之赏。而超民曾无此意，微足观过知仁。且为官保全城府，谨守库藏，端坐待缚。今戮及兄弟，则与其余逆党无异，于事为重。"上乃原之。

秋，七月，丙申朔，日有食之。

庚子，魏皇子弘生；辛丑，大赦，改元兴光。

丙辰，大赦。

八月，甲戌，魏赵王深卒。

乙亥，魏主还平城。

冬，十一月，戊戌，魏主如中山，遂如信都；十二月，丙子，还，幸灵丘，至温泉宫；庚辰，还平城。

（以上为第五段，写刘宋孝武帝平定叛乱后，改变行政区域，分割大州，防止尾大不掉；撤掉录尚书事，抑制宗室，分散权力。）

二年（乙未，455年）

春，正月，魏车骑大将军乐平王拔有罪赐死。

镇北大将军、南兖州刺史沈庆之请老；二月，丙寅，以为左光禄大夫、开府仪同三司。庆之固让，表疏数十上，又面自陈，乃至稽颡泣涕。上不能夺，听以始兴公就第，厚加给奉。顷之，上复欲用庆之，使何尚之往起之。尚之累陈上意，庆之笑曰："沈公不效何公，往而复返。"尚之惭而止。辛巳，以尚书右仆射刘延孙为南兖州刺史。

重镇，基础难以动摇，既有现成的城池，又有很大的港湾可以容纳很多船只，在此设立州府，是再合适不过的了。”孝武帝批准了。不久，荆州和扬州由于这种变动而财力消耗很多。何尚之请求重新恢复这二州原来的辖地，孝武帝不允许。

六月二十三日戊子，孝武帝下令撤掉录尚书事。孝武帝对皇室的力量不断强大深为厌恶，不想让臣属们把持着大权。太傅刘义恭看准了皇上的心思，所以请求撤掉。

孝武帝下令王、公以及八座，给荆州刺史朱脩之写信，让刘义宣自己做打算。信还没送到，六月二十五日庚寅，朱脩之已经进入江陵，杀了刘义宣，同时诛杀了刘义宣的十六个儿子以及刘义宣的同党竺超民、从事中郎蔡超、谘议参军颜乐之等。竺超民兄弟在以前就应该斩首，何尚之上书说：“贼寇已经远远逃走，一个人就可以抓获他。如果竺超民是个反复无常、贪图小利的人，就应该逮捕刘义宣，这样，不但自己可以免于惩处，而且，还可以得到不义的封赏。但是，竺超民却并没有这种想法，从他的这一细微处足以看到他的仁义之心。而且为朝廷保住了江陵城池，小心地坚守江陵的仓库，端坐在那里等待被抓。如果今天连他的兄弟也要杀了，同其他叛贼逆党一样对待而无区别，刑罚是过于重了。”孝武帝赦免了竺超民兄弟。

秋季，七月初一日丙申朔，出现日食。

七月初五日庚子，北魏皇子拓跋弘出生。七月初六日辛丑，北魏大赦天下，并把年号改为兴光。

七月二十一日丙辰，刘宋大赦天下。

八月初十日甲戌，北魏赵王拓跋深去世。

八月十一日乙亥，魏文成帝返回平城。

冬季，十一月初五日戊戌，魏文成帝巡视中山，顺路又去了信都。十二月十四日丙子，魏文成帝启程返回，经过灵丘，又到了温泉宫。十二月十八日庚辰，回到平城。

宋孝武帝孝建二年（乙未，455年）

春季，正月，北魏车骑大将军、乐平王拓跋拔因有罪被赐死。

镇北大将军、南兖州刺史沈庆之请求告老还乡。二月初五日丙寅，朝廷任命沈庆之为左光禄大夫、开府仪同三司。沈庆之坚决辞让，几十次上表奏章，同时，又当面自己陈说，言辞恳切，甚至于叩头哭泣，宋孝武帝无法改变他的意志，只好让他以始兴公爵的身份退休还家，优厚地供给他的用度和俸禄。不久，孝武帝想要再次起用沈庆之，就派何尚之前往去劝说。何尚之一次次地反复陈述皇上的想法，沈

夏，五月，戊戌，以湘州刺史刘遵考为尚书右仆射。

六月，壬戌，魏改元太安。

甲子，大赦。

甲申，魏主还平城。

秋，七月，癸巳，立皇弟休祐为山阳王，休茂为海陵王，休业为鄱阳王。

丙辰，魏主如河西。

雍州刺史武昌王浑与左右作檄文，自号楚王，改元永光，备置百官，以为戏笑。长史王翼之封呈其手迹。八月，庚申，废浑为庶人，徙始安郡。上遣员外散骑侍郎东海戴明宝诘责浑，因逼令自杀，时年十七。

丁亥，魏主还平城。

诏祀郊庙，初设备乐，从前殿中曹郎荀万秋之议也。

上欲削弱王侯。冬，十月，己未，江夏王义恭、竟陵王诞奏裁王、侯车服、器用、乐舞制度，凡九事；上因讽有司奏增广为二十四条：听事不得南向坐；剑不得为鹿卢形；内史、相及封内官长止称下官，不得称臣，罢官则不复追敬。诏可。

庚午，魏以辽西王常英为太宰。

壬午，以太傅义恭领扬州刺史，竟陵王诞为司空、领南徐州刺史，建平王宏为尚书令。

是岁，以故氐王杨保宗子元和为征虏将军，杨头为辅国将军。头，文德之从祖兄也。元和虽杨氏正统，朝廷以其年幼才弱，未正位号，部落无定主。头先戍葭芦，母妻子弟并为魏所执，而头为宋坚守无贰心。雍州刺史王玄谟上言：“请以头为假节、西秦州刺史，用安辑其众。俟数年之后，元和稍长，使嗣故业。若元和才用不称，便应归头。头能藩扞汉川，使无虏患，彼四千户荒州殆不足惜。若葭芦不守，汉川亦无立

庆之笑着对何尚之说："我不致仿效何公您，离开了又再次回去。"何尚之听后，面有愧色，也就不再去劝说沈庆之。二月二十日辛巳，朝廷任命尚书右仆射刘延孙为南兖州刺史。

夏季，五月初八日戊戌，刘宋朝廷任命湘州刺史刘遵考为尚书右仆射。

六月初二日壬戌，北魏改年号为太安。

六月初四日甲子，下令大赦。

六月二十四日甲申，魏文成帝返回平城。

秋季，七月初四日癸巳，刘宋立皇弟刘休祐为山阳王、刘休茂为海陵王、刘休业为鄱阳王。

七月二十七日丙辰，魏文成帝巡视河西。

雍州刺史、武昌王刘浑和左右侍从写了檄文，自己号称楚王，改年号为永光，设置文武百官，以此作为嬉笑。长史王翼之把刘浑亲笔写的文告手迹，呈报给了朝廷。八月初一日庚申，朝廷下令把刘浑贬为平民，放逐到始安郡。孝武帝又派遣员外散骑侍郎东海人戴明宝前去严加盘问斥责刘浑，并因此强令他自杀，这一年，刘浑十七岁。

八月二十八日丁亥，魏文成帝返回平城。

宋孝武帝颁布诏书，要去南郊祭祀。朝廷首次设置规模比较完备的音乐，这是接受了前殿中曹郎荀万秋提出的建议。

宋孝武帝打算削弱皇家王公侯爵的权力。冬季，十月初一日己未，江夏王刘义恭、竟陵王刘诞启奏，请求裁减王爵、侯爵使用的车马、服饰、用具器物以及歌舞制度，一共有九条。孝武帝就暗示有关部门，再进一步增加到二十四条，诸如：在处理事务时，不能直接面向南坐；剑柄不能做成辘轳的形状；内史、宰相以及所封的其他官员对王、侯自称为下官，不能称臣，罢官以后，不再追加敬称。颁布诏书许可。

十月十二日庚午，北魏任命辽西王常英为太宰。

十月二十四日壬午，刘宋任命太傅刘义恭兼任扬州刺史，竟陵王刘诞为司空，兼任南徐州刺史，建平王刘宏为尚书令。

这一年，朝廷任命已故氐王杨保宗的儿子杨元和为征虏将军，杨头为辅国将军。杨头是杨文德的同门兄长。杨元和虽然是氐王杨保宗家族的嫡系正统，但是，朝廷却因为他年纪太小、才能又弱，所以，一直没有给他正式封号，致使氐人部落也一直没有一个固定的首领。杨头先前戍守葭芦时，他的母亲、妻子、孩子及兄弟们都被北魏军队抓走了，但是杨头仍然为刘宋坚守，忠贞不渝。雍州刺史王玄谟上疏说："请求加封杨头为假节、西秦州刺史，以此来安抚集结氐部落的老百姓。等几年以

理。”上不从。

（以上为第六段，写刘宋名将沈庆之一再请求告老还乡，不再出仕；武昌王刘浑戏称自己“楚王”，被赐死；孝武帝欲削弱皇家王侯权力，公布了二十四条禁令，束缚其手脚。）

三年（丙申，456年）

春，正月，庚寅，立皇弟休范为顺阳王，休若为巴陵王。戊戌，立皇子子尚为西阳王。

壬子，纳右卫将军何瑀女为太子妃。瑀，澄之曾孙也。

甲寅，大赦。

乙卯，魏立贵人冯氏为皇后。后，辽西郡公朗之女也。朗为秦、雍二州刺史，坐事诛，后由是没入宫。

二月，丁巳，魏主立子弘为皇太子，先使其母李贵人条记所付托兄弟，然后依故事赐死。

甲子，以广州刺史宗悫为豫州刺史。故事，府州部内论事，皆签前直叙所论之事，置典签以主之。宋世诸皇子为方镇者多幼，时主皆以亲近左右领典签，典签之权稍重。至是，虽长王临藩，素族出镇，典签皆出纳教命，执其枢要，刺史不得专其职任。及悫为豫州，临安吴喜为典签。悫刑政所施，喜每多违执，悫大怒，曰：“宗悫年将六十，为国竭命，正得一州如斗大，不能复与典签共临之！”喜稽颡流血，乃止。

（以上为第七段，写刘宋孝武帝刘骏继续原有的典签制度，典签成为皇帝耳目，借此控制州镇，增强皇权；但是，被监视、削权的地方官吏与之对抗，形成矛盾。）

丁零数千家匿井陉山中为盗，魏选部尚书陆真与州郡合兵讨灭之。

闰月，戊午，以尚书左仆射刘遵考为丹杨尹。

癸酉，鄱阳哀王休业卒。

太傅义恭以南兖州刺史西阳王子尚有宠，将避之，乃辞扬州。秋，七月，解义恭扬州；丙子，以子尚为扬州刺史。

后，杨元和年纪稍稍长大一些，再使他继承祖先大业。如果杨元和的才能承担不了这一重任，那么就可以按照常理由杨头承担。杨头能够誓死藩蔽汉川，使该地没有胡虏的祸患，他所管辖的只有四千户人家的荒凉的州郡，似乎并不足以爱惜，如果一旦葭芦守不住，敌人入侵，那么汉川一地也就不可能有继续存在下去的道理了。”孝武帝没有听从王玄谟的劝告。

宋孝武帝孝建三年（丙申，456年）

春季，正月初四日庚寅，刘宋立皇弟刘休范为顺阳王，刘休若为巴陵王。正月十二日戊戌，立皇子刘子尚为西阳王。

正月二十六日壬子，宋孝武帝为太子刘子业娶右卫将军何瑀的女儿何令婉为太子妃。何瑀是何澄的曾孙。

正月二十八日甲寅，大赦天下。

正月二十九日乙卯，北魏立贵人冯氏为皇后。冯皇后是辽西郡公冯朗的女儿。冯朗做秦州和雍州刺史时，因罪被诛，冯皇后于是也被发配到宫中做奴婢。

二月初一日丁巳，魏文成帝立皇子拓跋弘为皇太子。先让拓跋弘的亲生母亲李贵人把要托付给兄弟们的事一一记下来，然后按照旧规矩赐死了她。

二月初八日甲子，刘宋任命广州刺史宗悫为豫州刺史。按照惯例，地方州府部内开会讨论事务，都要在一纸条上写出自己的看法，然后，把这张条子送到典签那里，由典签负责整理。各位皇子出任地方行政首领的时候，大多年纪很小，皇帝就都派自己左右亲近的人去担任典签，这样一来，典签的权力就比别的官职权力大些。到了这时，即使是年长的皇子去藩镇地方担任首领，或者是出身贫民的官员去地方镇守，典签也都接受报告，传达命令，执掌枢要，刺史不能独自去行使权力。等到宗悫任豫州刺史后，临安人吴喜做了典签。宗悫在刑法政令上的一些决定，吴喜往往违抗不执行。宗悫大怒说：“我已经快六十岁了，为国家竭忠尽力，到现今才得到了豫州这么一个斗大的地方，我不能再和典签一起处理州府事务。”吴喜吓得磕破了头，才将宗悫的怒气平息了。

北魏丁零部落几千户人家，躲藏到井陉山做强盗，北魏选部尚书陆真和州郡联合出兵，消灭了这伙强盗。

闰三月初三日戊午，刘宋朝廷任命尚书左仆射刘遵考为丹杨尹。

闰三月十八日癸酉，刘宋鄱阳哀王刘休业去世。

太傅刘义恭因为南兖州刺史、西阳王刘子尚受皇上的宠爱，打算回避，就辞去扬州刺史的官职。秋季，七月，批准解除了刘义恭扬州刺史的职务。闰三月二十一

时荧惑守南斗，上废西州旧馆，使子尚移治东城以厌之。扬州别驾从事沈怀文曰："天道示变，宜应之以德。今虽空西州，恐无益也。"不从。怀文，怀远之兄也。

八月，魏平西将军渔阳公尉眷击伊吾，克其城，大获而还。

九月，壬戌，以丹杨尹刘遵考为尚书右仆射。

冬，十月，甲申，魏主还平城。

丙午，太傅义恭进位太宰，领司徒。

十一月，魏以尚书西平王源贺为冀州刺史，更赐爵陇西王。贺上言："今北虏游魂，南寇负险，疆埸之间，犹须防戍。臣愚以为，自非大逆、赤手杀人，其坐赃盗及过误应入死者，皆可原宥，谪使守边，则是已断之体受更生之恩，徭役之家蒙休息之惠。"魏高宗从之。久之，谓群臣曰："吾用贺言，一岁所活不少，增戍兵亦多。卿等人人如贺，朕何忧哉！"会武邑人石华告贺谋反，有司以闻，帝曰："贺竭诚事国，朕为卿等保之，无此，明矣。"命精加讯验。华果引诬，帝诛之，因谓左右曰："以贺忠诚，犹不免诬谤，不及贺者可无慎哉！"

十二月，濮阳太守姜龙驹、新平太守杨自伦弃郡奔魏。

（以上为第八段，写北魏主拓跋濬接受源贺的建议，适当放宽刑罚，宽恕那些除大逆不道图谋造反、徒手杀人以外的被判死刑的犯人，发配他们到边境戍守。）

上欲移青、冀二州并镇历城，议者多不同。青、冀二州刺史垣护之曰："青州北有河、济，又多陂泽，非虏所向；每来寇掠，必由历城。二州并镇，此经远之略也。北又近河，归顺者易。近息民患，远申王威，安边之上计也。"由是遂定。

元嘉中，官铸四铢钱，轮郭、形制与五铢同，用费无利，故民不盗铸。及上即位，又铸孝建四铢，形式薄小，轮郭不成。于是盗铸者众，

日丙子，任命刘子尚为扬州刺史。

此时，正值荧惑星守在南斗星的旁边，孝武帝下令废除西州的旧日官府，命令刘子尚把官府移到东府城，以此镇压这一凶兆。扬州别驾从事沈怀文说："天道显示变化，应该以推广德政作为反应，现今即使是把西州空出来恐怕也不会有什么好处。"孝武帝没有听沈怀文的话。沈怀文是沈怀远的哥哥。

八月，北魏平西将军、渔阳公尉眷进击伊吾，攻克了伊吾城，大获全盛而返回。

九月初十日壬戌，刘宋任命丹杨尹刘遵考为尚书右仆射。

冬季，十月初二日甲申，魏文成帝返回平城。

十月二十四日丙午，太傅刘义恭晋升为太宰，兼任司徒。

十一月，北魏任命尚书、西平王源贺为冀州刺史，改赐爵位为陇西王。源贺上书说："如今，北方蛮虏游魂骚扰，南方贼寇也凭恃长江天险的险固，边疆一带，还必须要增加兵力，严加防守。我个人认为：除了大逆不道图谋造反、徒手杀人犯，其余凡是因贪赃、偷盗以及犯有罪过应该被判死刑的，都可以得到宽恕，发配到边境上戍守。这样做，等于使已经断了的身体接受朝廷的再生之恩，负担徭役的人家，也因此能够得到歇息的实惠。"北魏文成帝表示听从。很久以后，对众大臣说："我采纳源贺的建议，一年之内，救活了不少人，边防的守卫兵力也增强了许多。你们这些人如果也像源贺这样，朕还有什么可担忧的呢？"偏巧，此时正赶上武邑人石华控告源贺要阴谋反叛，有关部门把这一消息报告。文成帝说："源贺竭心尽力为国家做事，朕敢于向你们担保他，不会有这样的事发生，这是很明显的。"命令详细查访验证，石华果然承认自己是诬告源贺，文成帝诛杀了石华，然后，对左右说："像源贺这样忠心耿耿，还免不了被别人诬蔑诽谤，而那些赶不上源贺的人，又怎么能不小心谨慎呢！"

十二月，濮阳太守姜龙驹、新平太守杨自伦放弃镇守的郡城，逃奔到了北魏。

宋孝武帝打算把青州和冀州州府全都迁到历城，参与讨论的人大多都不同意。青州、冀州二州刺史垣护之说："青州北面有黄河、济水，又有很多河泽湖泊，不是胡虏所想要去的地方。每次前来寇略，一定经由历城。二州同时镇守历城，确实是长远之计啊。北近黄河，前来归降容易。从近处说，可以消除老百姓的忧患，从远处看，是伸扬国威、安定边疆的上策。"于是，这一方案就定下来了。

元嘉时期，官方铸制了四铢钱，四铢钱的轮廓、外形、样式和五铢钱一样，铸造这种钱没有什么赢利，因此，民间老百姓就没有人偷偷仿制。到宋孝武帝即位，

杂以铅、锡；翦凿古钱，钱转薄小。守宰不能禁，坐死、免者相继。盗铸益甚，物价踊贵，朝廷患之。去岁春，诏钱薄小无轮郭者悉不得行，民间喧扰。是岁，始兴郡公沈庆之建议，以为“宜听民铸钱，郡县置钱署，乐铸之家皆居署内，平其准式，去其杂伪。去春所禁新品，一时施用，今铸悉依此格。万税三千，严检盗铸”。丹杨尹颜竣驳之，以为“五铢轻重，定于汉世，魏、晋以降，莫之能改；诚以物货既均，改之伪生故也。今云去春所禁一时施用；若巨细总行而不从公铸，利已既深，情伪无极，私铸、翦凿尽不可禁，财货未赡，大钱已竭，数岁之间，悉为尘土矣。今新禁初行，品式未一，须臾自止，不足以垂圣虑；唯府藏空匮，实为重忧。今纵行细钱，官无益赋之理；百姓虽赡，无解官乏。唯简费去华，专在节俭，求赡之道，莫此为贵耳”。

议者又以为“铜转难得，欲铸二铢钱”。竣曰：“议者以为官藏空虚，宜更改铸；天下铜少，宜减钱式以救交弊，赈国舒民。愚以为不然。今铸二铢，恣行新细，于官无解于乏，而民间奸巧大兴，天下之货将糜碎至尽；空严立禁，而利深难绝，不一二年，其弊不可复救。民惩大钱之改，兼畏近日新禁，市井之间，必生纷扰。远利未闻，切患猥及，富商得志，贫民困窘，此皆甚不可者也。”乃止。

魏定州刺史高阳许宗之求取不节，深泽民马超谤毁宗之，宗之殴杀超，恐其家人告状，上超诋讪朝政。魏高宗曰：“此必妄也。朕为天下主，何恶于超而有此言！必宗之惧罪诬超。”案验，果然。斩宗之于都南。

又继续铸制孝建四铢钱，外形又薄又小，轮廓也不明显。仿造的人很多很多，有的又在钱币里掺杂上铅、锡；敲凿古钱，致使钱币又薄又小。守宰等地方官们禁绝不了，为此，被处死或被免职的事接连不断发生。偷铸钱币的反而越来越多，物价飞涨，朝廷深为忧患。去年春季，朝廷颁布诏书，说钱太薄太小而且轮廓不清的，一律不能使用，民间喧嚷骚动。这一年，始兴郡公沈庆之提出建议："应该允许老百姓自己铸造钱币，郡县都设立钱署，把愿意铸造钱币的人家全都安排在钱署里，制定一定的标准，不准他们在钱内掺加杂物。去年春天所查禁的钱币也都拿出来，允许继续使用一段时间，而从此以后，铸造钱币全都按照新制定的规格标准进行，一万钱收取税三千，严格约束偷偷铸币的人。"丹杨尹颜竣反驳说："五铢钱币的轻重，汉代就规定了标准，魏晋以后，没有谁能够更改。这实是由于钱币的价值和货物的价值已经相等，改变就一定会出现掺假的钱币。现今说去年春天所禁止使用的钱币还可以继续使用，如果让这些大小薄厚不均的钱币，全都可以流通，而不用由朝廷监制，可以说，利益很大，作奸犯事的就会没有穷尽，私自铸造钱币和偷偷剪凿破旧钱币的，也就永远不能禁绝。财货还没有增加，而大钱却已用尽，几年时间，四铢钱全都会变成尘土了。现今，新的禁令刚刚开始实行，市面上流通的钱币的样式标准还没有统一。不久就会停止，这不足以让皇上忧虑。库藏出现亏空，才是最令人担忧的事。放纵使用小钱，朝廷也没有增加赋税的道理。即使老百姓富足起来了，也解决不了朝廷财力物力上的短缺。只有崇尚俭朴、反对浪费奢华，把心思都用在勤俭节约上，寻求富裕之路，没有比这更好的了。"

讨论这个问题的人中，又有人认为："铜矿不容易找到，应该改铸二铢钱。"颜竣说："提这一建议的人都认为现今国库财物缺乏，应该改铸钱币。天下铜很少，就应该减轻钱币的重量，以此来制止恶性循环，使国家富足，老百姓宽裕。我认为不是这样的。现今铸造二铢钱，只是一味地使用新的小钱，这样做，并不能解决朝廷的困难，而民间作奸取巧的事就会大肆泛滥，天下的所有财货也将会被靡费用尽。只是空口说应该严格禁绝，但是获利大，就很难禁绝。不用一两年，这一弊病就会达到令人无法挽救的地步。老百姓已经察觉到了我们要把大钱改为小钱，加之，他们害怕近日颁布的新的禁令，在市井街巷肯定会发生混乱、纠纷。我们还没有看到长远的利益，而急切的弊端就已经显露出来了。致使豪富的商贾们越来越有钱、越来越逞心，而贫苦百姓们的生活却是越来越穷困、越来越艰难，这样做，是绝对不行的。"朝廷便停止了改铸小钱的计划。

北魏定州刺史高阳人许宗之贪赃没有节制，深泽平民马超毁谤许宗之，许宗之把马超活活打死了。许宗之害怕马超家里人告状，就上书文成帝，说马超攻击诋毁、讥讽朝政。北魏文成帝说："这一定是虚假的。朕为一国之主，怎么会被马超痛恶，

金紫光禄大夫颜延之卒。延之子竣贵重，凡所资供，延之一无所受，布衣茅屋，萧然如故。常乘羸牛笨车，逢竣卤簿，呼屏住道侧。常语竣曰："吾平生不喜见要人，今不幸见汝！"竣起宅，延之谓曰："善为之，无令后人笑汝拙也。"延之尝早诣竣，见宾客盈门，竣尚未起，延之怒曰："汝出粪土之中，升云霞之上，遽骄傲如此，其能久乎！"竣丁父忧，裁逾月，起为右将军，丹杨尹如故。竣固辞，表十上；上不许，遣中书舍人戴明宝抱竣登车，载之郡舍，赐以布衣一袭，絮以彩纶，遣主衣就衣诸体。

（以上为第九段，写刘宋把青州和冀州的州府都移到历城；听从颜竣建议，停止改铸小钱的计划；颜延之面对儿子的富贵，纤尘不染；孝武帝对颜竣十分宠幸。）

大明元年（丁酉，457 年）

春，正月，辛亥朔，改元，大赦。

壬戌，魏主畋于崞山，戊辰，还平城。

魏以渔阳王尉眷为太尉、录尚书事。

二月，魏人寇兖州，向无盐，败东平太守南阳刘胡。诏遣太子左卫率薛安都将骑兵，东阳太守沈法系将水军，向彭城以御之，并受徐州刺史申坦节度。比至，魏兵已去。先是，群盗聚任城荆榛中，累世为患，谓之"任榛"。申坦请回军讨之。上许之。任榛闻之，皆逃散。时天旱，人马渴乏，无功而还。安都、法系坐白衣领职。坦当诛，群臣为请，莫能得。沈庆之抱坦哭于市曰："汝无罪而死。我哭汝于市，行当就汝矣！"有司以闻，上乃免之。

三月，庚申，魏主畋于松山；己巳，还平城。

魏主立其弟新成为阳平王。

上自即吉之后，奢淫自恣，多所兴造。丹杨尹颜竣以藩朝旧臣，数恳切谏争，无所回避，上浸不悦。竣自谓才足干时，恩旧莫比，当居中

而说出那样难听的话来！一定是许宗之自己害怕被告受罚，而先行诬陷马超。”命令详细调查，果然是那样。许宗之在城外南郊被斩首。

金紫光禄大夫颜延之去世。颜延之的儿子颜竣人贵位重，颜延之对于儿子所送给他的财物等，一律都不接受。仍身穿粗陋的布衣，住在茅草房里，清贫地生活，一如往昔。经常乘坐由羸弱的老牛拉着的破车，在街上碰见颜竣的开路卫队仪仗，就马上躲藏在路边。颜延之还经常对儿子颜竣说："我平生都不喜欢看见身居要位的重要人物，今天不幸的是我看见了你。"颜竣要兴建宅邸，颜延之对他说："好自为之，不要让后代耻笑你笨拙无能。"颜延之曾经在某天早上前去看望儿子颜竣，看见宾客挤满了屋子，可是颜竣却还没有起床。颜延之勃然大怒，说："你出身于粪土之中，升到了云霄之上，就立刻骄横傲慢到如此地步，你怎么能够持久呢？"颜延之去世后，按照规定，颜竣应该离职回家，为父亲服孝三年，可是，才刚刚过了一个月，就征召起用为右将军，同时仍旧保留丹杨尹的官职。颜竣坚决推辞，写了十次奏章，皇上不答应，派中书舍人戴明宝把颜竣抱上驿车，将他拉到了丹杨郡府。赐给颜竣一身布织衣服，布衣絮上彩色粗丝，派主衣官亲自送上门去，给颜竣穿上。

宋孝武帝大明元年（丁酉，457 年）

春季，正月初一日辛亥朔，刘宋改年号，宣布大赦。

正月十二日壬戌，魏文成帝到崞山狩猎，正月十八日戊辰，返回平城。

北魏任命渔阳王尉眷为太尉和录尚书事。

二月，北魏进攻兖州，指向无盐。击败了东平太守南阳人刘胡。颁布诏书派太子左卫率薛安都率领骑兵，东阳太守沈法系率领水军，一同向彭城挺进，以防御入侵，一同受徐州刺史申坦的指挥调遣。赶到彭城时，魏军已经离开。在此之前，成群的盗寇聚集在任城的荆榛树林里，几代以来一直成为当地的祸患，当地人称为"任榛"。申坦请求趁大军班师回朝的机会，前去讨伐。宋孝武帝同意了。任榛听到这一消息后，全都四下逃散。此时，正赶上大旱季节，申坦的军队人马干渴困乏，无功而返。为此，薛安都和沈法系免去官衔，以平民的身份担任现职。申坦应该被判死刑，文武官员替申坦求情，没有结果。沈庆之在刑场上抱住申坦，失声痛哭，说："你没有罪却被判死刑。我在这里哭你，等你走了，我也就跟着你到地下去了。"有关部门把这些话报告了，孝武帝才赦免了申坦。

三月十一日庚申，魏文成帝到松山狩猎。三月二十日己巳，返回平城。

魏文成帝封立他的弟弟拓跋新为阳平王。

宋孝武帝自从为父亲服丧期满后，奢侈糜烂，随心所欲，大兴土木。丹杨尹颜竣自以为是旧臣，所以，一连几次诚恳地劝谏，无所保留和回避，孝武帝渐渐对他

永执朝政，而所陈多不纳，疑上欲疏之，乃求外出以占上意。夏，六月，丁亥，诏以竣为东扬州刺史，竣始大惧。

癸卯，魏主如阴山。

雍州所统多侨郡县，刺史王玄谟上言："侨郡县无有境土，新旧错乱，租课不时，请皆土断。"秋，七月，辛未，诏并雍州三郡十六县为一郡。郡县流民不愿属籍，讹言玄谟欲反。时柳元景宗强，群从多为雍部二千石，乘声皆欲讨玄谟。玄谟令内外晏然以解众惑，驰使启上，具陈本末。上知其虚，遣主书吴喜抚慰之，且报曰："七十老公，反欲何求！君臣之际，足以相保，聊复为笑，伸卿眉头耳。"玄谟性严，未尝妄笑，故上以此戏之。

八月，己亥，魏主还平城。

甲辰，徙司空、南徐州刺史竟陵王诞为南兖州刺史，以太子詹事刘延孙为南徐州刺史。初，高祖遗诏，以京口要地，去建康密迩，自非宗室近亲，不得居之。延孙之先虽与高祖同源，而高祖属彭城，延孙属莒县，从来不序昭穆。上既命延孙镇京口，仍诏与延孙合族，使诸王皆序长幼。

上闺门无礼，不择亲疏、尊卑，流闻民间，无所不至。诞宽而有礼，又诛太子劭、丞相义宣，皆有大功，人心窃向之。诞多聚才力之士，蓄精甲利兵，上由是畏而忌之，不欲诞居中，使出镇京口；犹嫌其逼，更徙之广陵。以延孙腹心之臣，使镇京口以防之。

魏主将东巡，冬，十月，诏太宰常英起行宫于辽西黄山。十二月，丁亥，更以顺阳王休范为桂阳王。

不满起来。但颜竣自认为自己才能卓越，才华盖世，他和皇上的交情，是其他文武官员无法相比的，觉得自己应该在朝廷永远把持大权。但是，他所建议的事情，孝武帝大多不采纳，怀疑皇上有意要疏远他，就上书请求调到外地郡府任职，以试探皇上的想法。夏季，六月初九丁亥，颁布诏书，任命颜竣为东扬州刺史，颜竣才开始害怕起来。

六月二十五日癸卯，魏文成帝巡视阴山。

雍州境内，设有很多侨置的郡县，刺史王玄谟进言说："侨置郡县没有真正的领地，新旧错乱，田赋捐税无法按时征收，请求统一所居郡县编著户口，纳税服役。"秋季，七月二十四日辛未，朝廷颁布诏书，将雍州的三个郡十六个县合并成一个郡。侨郡、侨县一些流亡百姓不愿意归属于当地的户籍，就制造谣言，谎称王玄谟打算起来反叛朝廷。当时，骠骑将军柳元景家族势力很强。族兄族弟中有很多人在王玄谟手下做官，这些人也想利用这些谣言声讨王玄谟。王玄谟马上命令内外安静以解除大家的疑虑。派人骑马奔回建康，向孝武帝详细陈述了事情的始末。孝武帝知道所谓王玄谟图谋反叛的消息是虚假的，就派主书吴喜前去安慰王玄谟，告诉王玄谟说："已经是七十岁的老翁了，谋反想要得到什么呢？君臣之间，足可以相互作保。姑且跟你开个玩笑，把你紧锁的眉头伸展开吧。"王玄谟生性严肃，从未开过玩笑，所以，孝武帝就借此事跟他开玩笑。

八月二十二日己亥，魏文成帝返回平城。

八月二十七日甲辰，刘宋任命司空、南徐州刺史、竟陵王刘诞为南兖州刺史，太子詹事刘延孙为南徐州刺史。当初，高祖刘裕曾留下遗诏，认为京口是战略要地，距离建康非常近，除非皇室近亲，其他人不能驻守。刘延孙的祖先虽然和高祖是同一宗族，但是，高祖刘裕是彭城支系，刘延孙的祖先属于莒县支系，因此，两家从来不谈论血缘远近。孝武帝命令刘延孙去镇守京口后，才颁布诏书，跟刘延孙家合为一族，并让诸王和刘延孙家族之间排列辈分和长幼。

宋孝武帝在深宫内，荒淫无礼，不论女子的亲疏、尊卑关系如何，丑闻流传到民间，无人不知，无人不晓。刘诞却是生性宽厚，待人有礼，又在诛杀太子刘劭和讨伐丞相刘义宣的战事中立下了大功，因此，大家在心里都暗暗向着他。刘诞募集了许多有才能、有勇力的人，收藏了精良的甲胄、锐利的兵刃，宋孝武帝因此对刘诞又是害怕又是猜忌，所以，他不希望刘诞还留在朝廷，便令他镇守京口。还是嫌京口太近，又把他调到了广陵。由于刘延孙是心腹大臣，所以派他镇守京口，防备刘诞。

魏文成帝将要去东部巡查，冬季十月，颁布诏书，命太宰常英在辽西黄山兴建行宫。十二月十二日丁亥，改封顺阳王刘休范为桂阳王。

（以上为第十段，写孝武帝疏远敢于直谏的丹阳尹颜竣；采纳王玄谟建议，实行土断，将侨置郡县按照领地划分；孝武帝的闺门丑闻广为流传。）

二年（戊戌，458年）

春，正月，丙午朔，魏设酒禁，酿、酤、饮者皆斩之；吉凶之会，听开禁，有程日。魏主以士民多因酒致斗及议国政，故禁之。增置内外候官，伺察诸曹及州、镇，或微服杂乱于府寺间，以求百官过失，有司穷治，讯掠取服；百官赃满二丈者皆斩。又增律七十九章。

乙卯，魏主如广宁温泉宫，遂巡平州。庚午，至黄山宫。二月，丙子，登碣石山，观沧海。戊寅，南如信都，畋于广川。

乙酉，以金紫光禄大夫褚湛之为尚书左仆射。

丙戌，建平宣简王宏以疾解尚书令；三月，丁未，卒。

（以上为第十一段，写北魏颁布禁酒令，凡是造酒、卖酒、饮酒的人，一律杀头，还设置候官，明察暗访，并增加法律条文；拓跋濬曾巡视平州，东临碣石，以观沧海。）

丙辰，魏高宗还平城，起太华殿。是时，给事中郭善明，性倾巧，说帝大起宫室，中书侍郎高允谏曰："太祖始建都邑，其所营立，必因农隙。况建国已久，永安前殿足以朝会，西堂、温室足以宴息，紫楼足以临望；纵有修广，亦宜驯致，不可仓猝。今计所当役凡二万人，老弱供饷又当倍之，期半年可毕。一夫不耕，或受之饥，况四万人之劳费，可胜道乎！此陛下所宜留心也。"帝纳之。

允好切谏，朝廷事有不便，允辄求见，帝常屏左右以待之。或自朝至暮，或连日不出；群臣莫知其所言。语或痛切，帝所不忍闻，命左右扶出，然终善遇之。时有上事为激讦者，帝省之，谓群臣曰："君、父一也。父有过，子何不作书于众中谏之？而于私室屏处谏者，岂非不欲其父之恶彰于外邪！至于事君，何独不然。君有得失，不能面陈，而上表

宋孝武帝大明二年（戊戌，458年）

春季，正月初一日丙午朔，北魏颁布禁酒令，酿酒、卖酒、饮酒的人，一律斩首；遇到喜事、丧事的时候，暂时可以开禁，有日期限制。魏太武帝因为士民、百姓常常由于酗酒而导致相互殴打，或者议论国家政事，因此颁布了禁酒令。北魏朝廷又增加设置了内外候官，监察各曹、州、镇，有时还换上平民百姓穿的家常衣服，混杂在政府机关，侦查文武百官是否有什么过失，一旦发现，有关部门就会严加追究、盘查，抓起来，严刑逼供。文武百官收受贿赂赃物，若赃物价值折合够二丈帛时，即予斩首。又增加七十九章法律条文。

正月初十日乙卯，魏文成帝巡视广宁温泉宫，顺便巡查平州。正月二十五日庚午，抵达黄山宫。二月初二丙子，登临碣石山，远眺茫茫大海。二月初四日戊寅，又南下巡视信都，再到广川狩猎。

二月十一日乙酉，刘宋任命金紫光禄大夫褚湛之为尚书左仆射。

二月十二日丙戌，建平宣简王刘宏因为病重，免去了尚书令一职。三月初三日丁未，刘宏去世。

三月十二日丙辰，魏文成帝返回平城，兴建太华殿。当时，给事中郭善明生性乖巧善变，游说皇帝大肆兴筑宫殿。中书侍郎高允劝谏说："太祖时开始兴建城池街市，兴建时一定利用农闲的时节。何况建国已经很久了，永安前殿足够朝会时使用。宴请、歇息，西堂、温室也足够了。紫楼足可以用来登高远眺。纵然要扩大建设工程，也应该循序渐进，不能仓促行事。现今核算一下，要抽调差役二万人，而羸老、病弱供应饭食的，又得增加一倍，预期半年可以完工。一个农夫不种田，就会有人挨饿，何况现今是动用四万人，劳力和费用是无法计算的。这是陛下所应该留心的事。"文成帝接受了高允的劝谏。

高允喜欢直言相谏，朝廷有什么事做得不适当时，高允就立刻请求晋见，文成帝常常屏退左右侍从，单独和他商谈。有时，二人相谈从早晨直到晚上，甚至一连几天都不出来，各位大臣不知他们谈些什么。有时，高允上奏表激烈地揭发过错，文成帝听不下去，就命令左右侍从把高允搀扶下去，但是始终对高允很好。当时，有人上书措辞激烈地批评朝政，文成帝看完后对大臣们说："君王和父亲是完全

显谏，欲以彰君之短，明己之直，此岂忠臣所为乎！如高允者，乃真忠臣也。朕有过，未尝不面言，至有朕所不堪闻者，允皆无所避。朕知其过而天下不知，可不谓忠乎！”

允所与同征者游雅等皆至大官，封侯，部下吏至刺史、二千石者亦数十百人，而允为郎，二十七年不徙官。帝谓群臣曰：“汝等虽执弓刀在朕左右，徒立耳，未尝有一言规正；唯伺朕喜悦之际，祈官乞爵，今皆无功而至王公。允执笔佐我国家数十年，为益不小，不过为郎，汝等不自愧乎！”乃拜允中书令。

时魏百官无禄，允常使诸子樵采以自给。司徒陆丽言于帝曰：“高允虽蒙宠待，而家贫，妻、子不立。”帝曰：“公何不先言，今见朕用之，乃言其贫乎！”即日，至允第，惟草屋数间，布被，缊袍，厨中盐菜而已。帝叹息，赐帛五百匹，粟千斛，拜长子悦为长乐太守。允固辞，不许。帝重允，常呼为令公而不名。

游雅常曰：“前史称卓子康、刘文饶之为人，褊心者或不之信。余与高子游处四十年，未尝见其喜愠之色，乃知古人为不诬耳。高子内文明而外柔顺，其言呐呐不能出口。昔崔司徒尝谓余云：‘高生丰才博学，一代佳士，所乏者矫矫风节耳。’余亦以为然。及司徒得罪，起于纤微，诏指临责，司徒声嘶股栗，殆不能言；宗钦已下，伏地流汗，皆无人色。高子独敷陈事理，申释是非，辞义清辩，音韵高亮。人主为之动容，听者无不神耸，此非所谓矫矫者乎！宗爱方用事，威振四海。尝召百官于都坐，王公已下皆趋庭望拜，高子独升阶长揖。由此观之，汲长孺可以卧见卫青，何抗礼之有！此非所谓风节者乎！夫人固未易知；吾既失之于心，崔又漏之于外，此乃管仲所以致恸于鲍叔也。”

（以上为第十二段，写北魏贤臣高允敢于直言极谏，也善于直谏，不伤皇上颜

一样的。父亲有错，儿子为什么不把它写在纸上，在大庭广众之中进行劝谏，而偏偏私下在隐蔽之处劝谏？这难道不是不想让他父亲的罪恶昭彰在外，让天下人都知道吗？至于说臣子侍奉君主，又何尝不是这样？君主有了得失，不能当面直言劝谏，却要上书进行公开指责，这是想要使君主的短处昭彰于世，显示自己的正直，这难道是一名忠君之臣所应该做的事吗？像高允那样的人，才是地地道道的忠君之臣。朕有了过失，他没有不当面直接批评的，甚至有时有些话，朕已经难以接受，但高允并不回避。朕由此知道了自己的过失，但天下人却不知道，难道这不能说是忠心吗？”

与高允同时被征召的游雅等人，全都做了大官，被封为侯，部下们官至刺史，有二千石俸禄的人也有几十成百名了，可是，高允还仍然为著作郎，二十七年从来没有升过官。文成帝对各大臣说：“你们这些人虽然每天手持刀箭，站在朕旁边侍候，却不过是白白地站着，没有一个人劝谏过我一句话。而只是在看到我心情高兴时，要求赏赐一官半爵，现今，你们全都没有什么功劳，却做了王公。高允仅用一支笔辅佐朕治理国家几十年了，贡献不小，可他仍然不过是个郎官，你们难道不感到惭愧吗？”于是，提拔高允为中书令。

当时，北魏文武百官们都没有俸禄，高允常让自己儿子们上山砍柴，来维持家里的生计。司徒陆丽对文成帝说：“高允虽然蒙受您的优待，但是家中贫困，妻子和孩子没有家业。”文成帝说：“你为什么不早说？偏偏看朕重用了高允，才告诉我说他穷吗？”当天，来到高允家，看见高允家里只有几间草房，几床粗布被褥和用旧麻絮做的袍子，厨房里也只有一些青菜和盐。文成帝忍不住叹息，赏赐五百匹绢帛，一千斛粟米，任命长子高悦为长乐太守。高允竭力推辞，但文成帝不同意。文成帝很器重高允，平时经常称高允为令公，而不叫他的名字。

游雅常说：“从前史书上曾经称赞汉代卓茂、刘文饶的为人，心地狭窄的人不相信那是真的。我和高允相处为官四十年了，从未看见他把喜怒哀乐表现在脸上，才知道古人说的都不是假的。高允内心文采光明，外表温和柔顺，他说话慢腾腾的，好像表达不出一样。从前，司徒崔浩曾经对我说：‘高允博才多学，是一代俊杰，所缺乏的，恐怕只是超凡脱俗的风骨。’我也是这样认为的。直到崔浩犯了罪，不过是因为一些细微小事，太武帝亲自审问时，崔浩吓得声音嘶哑，大腿发抖，十分恐惧。宗钦以下的官员，也都吓得趴在地上，汗流浃背，个个都面无人色。高允一人站在那里详细陈说事件的经过，进一步阐述是非曲直，表达清晰而有条理，阐明的事理清楚有深度，声音高亮，连皇上听着都为之动容，听的人没有不为之神色耸动，这不是超凡脱俗的风骨又是什么呢？宗爱把持着大权的时候，其威风凛凛，震撼四海。曾经召集文武百官到朝堂论事，王公以下的官员，全都小步前行到宗爱面前，向宗

面，又具有铮铮硬骨，拓跋濬由衷称赞，提升其为中书令。）

乙丑，魏东平成王陆俟卒。

夏，四月，甲申，立皇子子绥为安陆王。

帝不欲权在臣下，六月，戊寅，分吏部尚书置二人，以都官尚书谢庄、度支尚书吴郡顾觊之为之。又省五兵尚书。

初，晋世，散骑常侍选望甚重，与侍中不异；其后职任闲散，用人渐轻。上欲重其选，乃用当时名士临海太守孔觊、司徒长史王彧为之。侍中蔡兴宗谓人曰："选曹要重，常侍闲淡，改之以名而不以实，虽主意欲为轻重，人心岂可变邪！"既而常侍之选复卑，选部之贵不异。觊，琳之之孙；彧，谧之兄孙；兴宗，廓之子也。

裴子野论曰：官人之难，先王言之，尚矣。周礼，始于学校，论之州里，告诸六事，而后贡于王庭。其在汉家，州郡积其功能，五府举为掾属，三公参其得失，尚书奏之天子；一人之身，所阅者众，故能官得其才，鲜有败事。魏、晋易是，所失弘多。夫厚貌深衷，险如溪壑，择言观行，犹惧弗周；况今万品千群，俄折乎一面，庶僚百位，专断于一司，于是嚣风遂行，不可抑止。干进务得，兼加谄渎；无复廉耻之风、谨厚之操；官邪国败，不可纪纲。假使龙作纳言，舜居南面，而治致平章，不可必也，况后之官人者哉！孝武虽分曹为两，不能反之于周、汉，朝三暮四，其庸愈乎！

（以上为第十三段，写刘宋孝武帝欲大权独揽，分设礼部尚书，裁撤五兵尚书，司马光引用裴子野的评论予以批评，指出刘宋用人制度的失误与弊端。）

爱叩拜，只有高允一人走上台阶，只对宗爱长揖了一下。从这件事上看，汉代汲黯可以躺在床上会见卫青，行对等的礼节，有什么不可以的？这难道不就是我们所说的高风亮节吗？了解一个人，本来就不是一件容易的事。我已经看错了他的内心，而崔浩又看漏了他的外在气质，这就是管仲之所以恸哭鲍叔牙的原因啊！”

三月二十一日乙丑，北魏东平成王陆俟去世。

夏季，四月十一日甲申，刘宋立皇子刘子绥为安陆王。

宋孝武帝不希望把大权交给自己的臣属。六月初六日戊寅，吏部尚书分设两名，任命都官尚书谢庄、度支尚书吴郡人顾觊之分别担任，同时，撤销了五兵尚书这一官位。

当初，晋朝时期，散骑常侍官职的选授很被天下人看重，和侍中没有两样。后来，这一官职的工作清闲松散，所以，担任这一职务的人也变得越来越无足轻重了。孝武帝打算提高它的地位，所以，便任用当时很有名望的临海太守孔觊、司徒长史王彧担当这一职务。侍中蔡兴宗对人说：“吏部地位重要，而常侍工作清闲、无关紧要，如果仅仅是更改名称，而不是增加实权，虽然皇上想要提高它的轻重分量，人心又怎么能够改变过来呢？”不久，散骑常侍的地位再度降低，而吏部的尊贵，却与从前没什么两样。孔觊是孔琳之的孙子。王彧是王谧哥哥的孙子。蔡兴宗是蔡廓的儿子。

裴子野论说：选用适当的人任某一官职的困难，前代君王早已说过，这已经很久了。按周朝的礼仪来说，从学校开始就注重人才的培养，首先在家乡加以评论，把评论的结果告诉给各个州郡的六事，再呈报给朝廷。在汉王朝时代，各个州郡搜集有才能有功劳人的情况，再由五府任命他们为辅佐。三公考察工作的得失，尚书把考察结果呈报给天子。一个人才，经过了这么多道的审查，因此，为官者能够称职，人尽其才，很少把事情做坏。魏、晋时代改变了这种做法，选用官员的失误特别多。有些人长着一副忠厚诚恳的面孔，但内心却是阴险好像那万丈深渊。即或是听其言、观其行，恐怕也还是不能全面了解。何况现今万种品级千种类别，只靠偶尔见过一面的印象，就要决定是晋升还是削免；成百的僚属的任用，由一个部门独断专行。于是投机钻营的恶劣风气猖獗，不能遏止。为了能升官，满足自己的贪欲，就用尽一切手段去谄媚、渎职枉法，廉耻之风荡然无存，不再有谨慎宽厚的操行。官吏作恶多端，国家政局混乱，不能有所纲纪。纵使是让龙做尚书，舜帝面南主持朝政，要想使国家达到太平盛世，恐怕也未必做得到，更何况后代那些选拔为官的人呢？如今，皇上虽然把吏部尚书一分为二，却已无法再回到周、汉时代了。仅仅是朝

丙申，魏主畋于松山。庚午，如河西。

南彭城民高阇、沙门昙标以妖妄相扇，与殿中将军苗允等谋作乱，立阇为帝。事觉，甲辰，皆伏诛，死者数十人。于是，下诏沙汰诸沙门，设诸科禁，严其诛坐；自非戒行精苦，并使还俗。而诸尼多出入宫掖，此制竟不能行。

中书令王僧达，幼聪警能文，而跌荡不拘。帝初践阼，擢为仆射，居颜、刘之右。自负才地，谓当时莫及，一二年间，即望宰相。既而迁护军，怏怏不得志，累启求出。上不悦，由是稍稍下迁，五岁七徙，再被弹削。僧达既耻且怨，所上表奏，辞旨抑扬，又好非议朝政，上已积愤怒。路太后兄子尝诣僧达，趋升其榻，僧达令舁弃之。太后大怒，固邀上令必杀僧达。会高阇反，上因诬僧达与阇通谋，八月，丙戌，收付廷尉，赐死。

沈约论曰：夫君子、小人，类物之通称，蹈道则为君子，违之则为小人。是以太公起屠钓为周师，傅说去版筑为殷相，明扬幽仄，唯才是与。逮于二汉，兹道未革：胡广累世农夫，致位公相；黄宪牛医之子，名重京师；非若晚代分为二途也。魏武始立九品，盖以论人才优劣，非谓世族高卑。而都正俗士，随时俯仰，凭借世资，用相陵驾；因此相沿，遂为成法。周、汉之道，以智役愚；魏、晋以来，以贵役贱；士庶之科，较然有辨矣。

裴子野论曰：古者，德义可尊，无择负贩；苟非其人，何取世族！名公子孙，还齐布衣之伍；士庶虽分，本无华素之隔。自晋以来，其流稍改，草泽之士，犹显清途；降及季年，专限阀阅。自是

三暮四更改名称，这岂不是变本加厉吗？

六月二十四日丙申，魏文成帝到松山狩猎。七月二十八日庚午，巡视河西。

南彭城平民高阇、僧人昙标用妖邪虚妄的语言胡言乱语，煽动人心，同殿中将军苗允等人阴谋叛乱，拥护高阇做皇帝。事情被发觉，七月初二日甲辰，全被抓起来处死，同时受牵连被斩首的人有几十个。为此颁布诏书，清除所有和尚，并公布各种禁令，严格执行株连制度。除了能严守戒规、苦心修行的高僧外，其余的都要还俗。可是，有很多尼姑经常出入深宫，这项规定终究没有执行下去。

中书令王僧达，自幼聪明伶俐，写得一手好文章，却是放荡行事，不拘小节。孝武帝刚刚登上帝位，曾提拔他做仆射，官位在颜竣、刘延孙二人之上，王僧达自负才能和门地，认为当世之人没有谁能比得上他，一二年的功夫，他就寄望能升为宰相。不久，他却被贬为护军将军，郁郁不得志，几次上书请求到外地任职。孝武帝很不高兴，从此以后慢慢把他降级，五年之间，连贬七次，最后，又被弹劾。王僧达既觉得耻辱，又心怀不满和怨恨，每次所上的奏章，言辞之间多有褒贬，又喜欢指责朝政的弊端，孝武帝早已积着一股怨气。偏巧，皇太后路氏哥哥的儿子曾经拜访王僧达，坐到王僧达的床上，王僧达下令把床扔出去，路太后因此非常恼怒，把孝武帝叫来让他一定把王僧达杀了。这时，正赶上高阇谋反，孝武帝顺势陷害王僧达与高阇是同谋。八月十五日丙戌，逮捕了王僧达，交付廷尉，将他赐死。

沈约评论说：所谓君子与小人不过是对一类人物的通称。走正道，就是君子；违反了它，就是小人。所以，姜太公起于屠夫渔夫之中做了周朝的太师，傅说放下筑屋垒墙的工作，做了殷朝的宰相。贤明者升扬，愚暗者卑贱，完全取决于他本人是否有才能。直到两汉时期，这个选官法还没有革除：胡广出身于世代务农的农夫家里，却能高升到公相；黄宪不过是牛医的儿子，名声竟然也威震京师。并不像魏晋以来把人分成士族和庶族两等。魏武帝开始建立九品中正制度，依此来评价人才的优劣，却不是用来评价家世的高低贵贱，但是选拔人才的都正和俗人却依随时势，任意抬高和贬抑，依仗着自己门第的高贵、出身的显赫，以此高踞于他人之上，并由此而相沿成习，竟然成为约定俗成的法规。周、汉的方法，是有才智的人役使愚昧无知的人。魏、晋以后则是出身高贵、地位高贵的人驱使出身卑贱的人。士族与庶族的不同品类就有明显的区别了。

裴子野论说道：古代，有道德讲仁义的人，都会受到尊敬，不分是贩夫还是走卒。如果不是应当任用的，即使出身世族，又有什么可取的呢？名公高位的人的子孙们和普通老百姓是一样的。虽然士族和庶族有所区别，但却没

三公之子，傲九棘之家，黄散之孙，蔑令长之室；转相骄矜，互争铢两，唯论门户，不问贤能。以谢灵运、王僧达之才华轻躁，使其生自寒宗，犹将覆折；重以怙其庇荫，召祸宜哉。

（以上为第十四段，写刘宋处死意欲谋反的僧人昙标等，对佛教采取各种禁令，最终未能施行；赐死王僧达；引用沈约、裴子野的评论，抨击依凭出身的用人制度。）

九月，乙巳，魏主还平城。

丙寅，魏大赦。

冬，十月，甲戌，魏主北巡，欲伐柔然，至阴山，会雨雪，魏主欲还，太尉尉眷曰："今动大众以威北狄，去都不远而车驾遽还，虏必疑我有内难。将士虽寒，不可不进。"魏主从之，辛卯，军于车仑山。

积射将军殷孝祖筑两城于清水之东。魏镇西将军封敕文攻之，清口戍主、振威将军傅乾爱拒破之。孝祖，羡之曾孙也。上遣虎贲主庞孟虬救清口，青、冀二州刺史颜师伯遣中兵参军苟思达助之，败魏兵于沙沟。师伯，竣之族兄也。上遣司空参军卜天生将兵会傅乾爱及中兵参军江方兴共击魏兵，屡破之，斩魏将窟瓌公等数人。十一月，魏征西将军皮豹子等将三万骑助封敕文寇青州，颜师伯御之，辅国将军焦度刺豹子坠马，获其铠矟具装，手杀数十人。度，本南安氐也。

魏主自将骑十万、车十五万两击柔然，度大漠，旌旗千里。柔然处罗可汗远遁，其别部乌朱驾颓等帅数千落降于魏。魏主刻石纪功而还。

初，上在江州，山阴戴法兴、戴明宝、蔡闲为典签；及即位，皆以为南台侍御史兼中书通事舍人。是岁，三典签并以初举兵预密谋，赐爵县男；闲已卒，追赐之。

时上亲览朝政，不任大臣；而腹心耳目，不得无所委寄。法兴颇知古今，素见亲待。鲁郡巢尚之，人士之末，涉猎文史，为上所知，亦以为中书通事舍人。凡选授迁徙诛赏大处分，上皆与法兴、尚之参怀；内

有什么豪华与凡素的对立。从晋代以来，这一潮流渐渐改变，出身草野荒泽的寒士，还可以在清正的仕途中得到显贵。到了晋末，就专门注意人的门第出身了。从此，三公的儿子瞧不起一般官宦人家；朝中官员的子孙，更看不起地方官吏的后代。彼此之间相互傲慢骄矜，争比高低，斤斤计较。只看出身门第，而不问贤德才能。像谢灵运、王僧达这种身负才华轻狂骄躁的人，即使让他们生在寒门之家，也仍然要覆亡摧折，何况他们还要仗恃着自己出身显贵的特权，最终招来杀身之祸，是理所当然的事啊！

九月初四日乙巳，魏文成帝返回平城。

九月二十五日丙寅，北魏大赦天下。

冬季，十月初四日甲戌，魏文成帝向北巡察，想要讨伐柔然，走到阴山，正赶上下雪，北魏文成帝打算回去。太尉尉眷说："现今，我们发动全军去威震北狄，离开都城还没有多远，却突然班师回朝，蛮虏们一定怀疑我们国内发生了动乱。将士们虽然寒冷，但却不能不继续前进。"文成帝接受了劝告。十月二十一日辛卯，北魏大军屯扎在车仑山。

积射将军殷孝祖，在清水东岸建造了两座城池。北魏镇西将军封敕文向那里发动进攻，清口戍主、振威将军傅乾爱率军抵抗，大败封敕文。殷孝祖是殷羡的曾孙。孝武帝派遣虎贲主庞孟虬援助清口，青州、冀州刺史颜师伯派遣中兵参军苟思达也赶来相助，在沙沟大败北魏大军。颜师伯是颜竣的族兄。孝武帝又派遣司空参军卜天生率领大军傅乾爱及中兵参军江方兴会师，一起抗击魏军，几次大败敌军，并斩了北魏大将窟瓌公等几人。十一月，北魏征西将军皮豹子等人率领三万骑兵援助封敕文，入侵青州，颜师伯抵御，辅国将军焦度刺中皮豹子致使其从马背上摔下，获得皮豹子的铠甲、长矛等全套装备，亲手杀死几十人。焦度本来是南安氐人。

魏文成帝亲自统率十万骑兵、十五万辆战车，进攻柔然。穿过大沙漠，旌旗绵延千里。柔然处罗可汗郁久闾吐贺真远远逃走。其支派乌朱驾颓等人率领几千帐落向北魏投降。魏文成帝刻石记下战功，然后班师回朝。

当初，宋孝武帝在江州时，山阴人戴法兴、戴明宝、蔡闲担任典签，到登基后，就把这三人全都任命为南台侍御史兼任中书通事舍人。这一年，这三位典签官都因为最初起兵讨伐刘劭时参与了密谋，而被赐为县级男爵。蔡闲已经去世，被追赠给这一爵位。

当时，宋孝武帝亲自上朝处理政务，而不信任手下大臣，而心腹、耳目不能无所寄托。戴法兴非常熟悉古代历史和当代政治，平时一直受到亲近和厚待。鲁郡人巢尚之出身寒门，通览文史，深为皇上所了解，也任命为中书通事舍人。凡是官员

外杂事，多委明宝。三人权重当时；而法兴、明宝大纳货贿，凡所荐达，言无不行，天下辐凑，门外成市，家产并累千金。

吏部尚书顾觊之独不降意于法兴等。蔡兴宗与觊之善，嫌其风节太峻，觊之曰："辛毗有言：'孙、刘不过使吾不为三公耳。'"觊之常以为："人禀命有定分，非智力可移，唯应恭己守道；而暗者不达，妄意侥幸，徒亏雅道，无关得丧。"乃以其意命弟子原著《定命论》以释之。

（以上为第十五段，写北魏征服柔然；刘宋孝武帝刘骏不信任大臣，而亲信戴法兴、戴明宝、巢尚之等小人，吏部尚书顾觊之刚正不阿。）

的遴选、任免迁徙、赏赐、诛杀等重大事情，皇上都要和戴法兴、巢尚之商量讨论，宫廷内外事务大都委托戴明宝处理。三人权力重大一时。但戴法兴、戴明宝大肆收受贿赂，凡是推荐上达的官员，从来没有不通过的。天下的人都像车轮的辐条一样集中，家门外像闹市一样人来人往，家产也都积累到了千金。

吏部尚书顾觊之独不降尊巴结戴法兴等人，侍中蔡兴宗和顾觊之关系不错，但他嫌顾觊之风骨气节太刚直，顾觊之说："辛毗有句话：'孙资、刘放顶多让我当不上三公罢了。'"顾觊之经常认为："人的天赋和命运，上天都是有定分的，不是靠才智、聪慧就能够改变的，所以，人只应该恭良克己、严守正道。但是，愚蠢的人不了解这一点，胡思乱想侥幸得到这些。结果损害正道，却对得与失没有什么关系。"便按照这种想法，让弟子顾原撰写了《定命论》，用以阐释其中道理。

【点评】

孝武帝淫虐。本卷主要点评以孝武帝的种种丑行为线索，历数其执政的无能与荒淫忌刻，主要有三个方面。第一，荒淫无耻，奸淫南郡王刘义宣女儿；在深宫内，荒淫无礼，不论女子的亲疏、尊卑关系如何，都与之淫乱，丑闻流传民间，无人不知。第二，任用不当，如刘诞生性宽厚，待人有礼，又在诛杀太子刘劭和讨伐丞相刘义宣的战事中立下了大功，却让孝武帝又是害怕又是猜忌，所以，把他调到了广陵。由于刘延孙是心腹大臣，所以派他镇守京口，防备刘诞。第三，为了分割臣下的权力，吏部尚书设置二人，互相掣肘。

宋纪十一

宋孝武帝大明三年至八年（459—464年）

【起屠维大渊献（己亥，459年），尽阏逢执徐（甲辰，464年），凡六年】

【大事提要】

本卷记事起自公元459年至公元464年，当宋孝武帝大明三年至大明八年，凡六年。本卷所载六年大事，南朝刘宋大事主要有六个方面：其一，皇室的内乱进一步发展。本卷开卷即是竟陵王刘诞被怀疑要起兵反叛，被孝武帝杀害。这是本卷的要点。接着海陵王刘休茂起兵反叛，失败被杀。宋孝武帝想要加重对其兄弟们的控制。其二，朝廷规定，凡是豪门士族与平民人家通婚的，都要补为武职。与平民通婚的一些豪门士族，大都为躲避兵役而逃往他处。朝廷为此又进一步严格制定了法律。其三，有司奏僧徒凌越典章制度，所以规定僧徒晋见皇帝，应当恭敬、虔诚，然而诏令颁下不过四载就被废除了。其四，颁下诏令："任何官将，如果不是在战场上与敌人作战，一律不得随便利用权力杀人。罪行严重，应该重判斩首的罪犯，必须先向朝廷呈报，等候批准。如有违犯这一诏令的，即以杀人罪处罚。"其五，孝武帝去世，太子刘子业登基即位，即前废帝。刘宋太子刘子业继位后的执政。刘宋的行政区划情况。其六，祖冲之奏上新的历法，但是未能施行。北魏大事主要有两件：其一，吐谷浑与刘宋、北魏都交好。柔然攻高昌，以阚伯周为高昌王，高昌称王始于此，揭开了高昌王国的序幕。其二，昙曜复兴佛教，并主持开凿云冈石窟。

【原文】

世祖孝武皇帝下

大明三年（己亥，459 年）

春，正月，己巳朔，兖州兵与魏皮豹子战于高平，兖州兵不利。

己丑，以骠骑将军柳元景为尚书令，右仆射刘遵考为领军将军。

己酉，魏河南公伊馛卒。

三月，乙卯，以扬州六郡为王畿，更以东扬州为扬州，徙治会稽，犹以星变故也。

三月，庚寅，以义兴太守垣阆为兖州刺史。阆，遵之子也。

夏，四月，乙巳，魏主立其弟子推为京兆王。

竟陵王诞知上意忌之，亦潜为之备，因魏人入寇，修城濬隍，聚粮治仗。诞记室参军江智渊知诞有异志，请假先还建康，上以为中书侍郎。智渊，夷之弟子也，少有操行，沈怀文每称之曰："人所应有尽有，人所应无尽无者，其唯江智渊乎！"

是时，道路皆云诞反。会吴郡民刘成上书称："息道龙昔事诞，见诞在石头城修乘舆法物，习唱警跸。道龙忧惧，私与伴侣言之，诞杀道龙。"又豫章民陈谈之上书称："弟咏之在诞左右，见诞书陛下年纪姓讳，往巫郑师怜家祝诅。咏之密以启闻，诞诬咏之乘酒骂詈，杀之。"上乃令有司奏诞罪恶，请收付廷尉治罪。乙卯，诏贬诞爵为侯，遣之国。诏书未下，先以羽林禁兵配兖州刺史垣阆，使以之镇为名，与给事中戴明宝袭诞。

阆至广陵，诞未悟也。明宝夜报诞典签蒋成，使明晨开门为内应。成以告府舍人许宗之，宗之入告诞。诞惊起，呼左右及素所畜养数百人执蒋成，勒兵自卫。天将晓，明宝与阆帅精兵数百人猝至，而门不开；诞已列兵登陴，自在门上斩蒋成，赦作徒、系囚，开门击阆，杀之，明

【语译】

世祖孝武皇帝下

宋孝武帝大明三年（己亥，459 年）

春季，正月初一日己巳朔，刘宋兖州军队同北魏征西将军皮豹子在高平大战，刘宋兖州军失利。

正月二十一日己丑，宋孝武帝任命骠骑将军柳元景为尚书令，右仆射刘遵考为领军将军。

二月十一日己酉，北魏河南公伊馛去世。

三月初二日乙卯，刘宋把扬州六郡划为王畿，把东扬州改称为扬州，州府迁到了会稽，这样做，是由于天上星象变化的缘故。

三月二十三日庚寅，刘宋任命义兴太守垣阆为兖州刺史。垣阆是垣遵的儿子。

夏季，四月初八日乙巳，魏文成帝封立弟弟的儿子拓跋推为京兆王。

竟陵王刘诞知道孝武帝猜忌他，也私下里做好了应变的准备。刘诞利用魏军侵入的时机，修筑城墙，疏通护城河，积蓄粮食，整治兵器。刘诞的记室参军江智渊知道刘诞有谋反的打算，就向刘诞请假，先回到了建康，宋孝武帝任命江智渊为中书侍郎。江智渊是江夷弟弟的儿子，从小就很有操行，沈怀文常常称赞说："人所应该具有的，都能具有，人所应该没有的，全都没有，这样的人，恐怕就只有江智渊了吧！"

这时，路上都在传言，说刘诞很快就要反叛了。偏巧，赶上吴郡平民刘成上书声称："我的儿子刘道龙过去在刘诞那儿做事，看见刘诞在石头城修治皇帝专用的马车和仪仗器物，并练习皇帝出宫时的出行清道。刘道龙又惊又怕，私下里跟伙伴们说了，刘诞斩了刘道龙。"又有豫章平民陈谈之也上书称："我的弟弟陈咏之服侍于刘诞左右，看见刘诞写下陛下的年龄、讳名等，前往巫师郑师怜家诅咒。陈咏之马上把这一秘密呈报，但刘诞却反咬一口说陈咏之借酒辱骂了他，就把陈咏之杀了。"孝武帝便命令有关部门奏报刘诞的罪行，有关部门请求把刘诞抓进监狱，判刑惩治。四月十八日乙卯，颁布诏书，将刘诞贬为侯爵，遣回所在的封国。诏书还没有颁下，先把羽林禁卫军配给兖州刺史垣阆，让垣阆以前往广陵镇守的名义和给事中戴明宝联合袭击刘诞。

垣阆到达广陵，刘诞还没有醒悟过来。戴明宝连夜通知刘诞的典签蒋成，让蒋成第二天早晨打开城门作为内应。蒋成马上把这事报告给了府舍人许宗之，许宗之又赶快进入内室报告给了刘诞。刘诞大吃一惊，呼唤左右人员和平常训练蓄养的将士几百人，逮捕了蒋成，下令军队进入临战状态，进行自卫。天色将要破晓时，戴

宝从间道逃还。

诏内外纂严。以始兴公沈庆之为车骑大将军、开府仪同三司、南兖州刺史，将兵讨诞。甲子，上亲总禁兵顿宣武堂。

司州刺史刘季之，诞故将也，素与都督宗悫有隙，闻诞反，恐为悫所害，委官，间道自归朝廷，至盱眙，盱眙太守郑瑗疑季之与诞同谋，邀杀之。

（以上为第一段，写竟陵王刘诞被孝武帝猜忌，心不自安，好事之徒纷纷传言刘诞欲反，孝武帝派将领秘密逮捕刘诞，事发，刘诞果真反叛，又掀起了一场腥风血雨。）

沈庆之至欧阳，诞遣庆之宗人沈道愍赍书说庆之，饷以玉环刀。庆之遣道愍反，数以罪恶，诞焚郭邑，驱居民悉使入城，闭门自守，分遣书檄，邀结远近。时山阳内史梁旷家在广陵，诞执其妻子，遣使邀旷，旷斩使拒之。诞怒，灭其家。

诞奉表投之城外曰："陛下信用谗言，遂令无名小人来相掩袭；不任枉酷，即加诛翦。雀鼠贪生，仰违诏敕。今亲勒部曲，镇扞徐、兖。先经何福，同生皇家？今有何愆，便成胡、越？陵锋蹈戈，万没岂顾；荡定之期，冀在旦夕。"又曰："陛下宫帷之丑，岂可三缄！"上大怒，凡诞左右、腹心、同籍、期亲在建康者并诛之，死者以千数；或有家人已死，方自城内出奔者。

庆之至城下，诞登楼谓之曰："沈公垂白之年，何苦来此！"庆之曰："朝廷以君狂愚，不足劳少壮故耳。"

上虑诞奔魏，使庆之断其走路，庆之移营白土，去城十八里，又进军新亭。豫州刺史宗悫、徐州刺史刘道隆并帅众来会；兖州刺史沈僧明，

明宝和垣阆率领精锐士卒几百人突然到来，可是，城门却没有打开，刘诞则已登上城垛，列好队形，亲自在城楼上斩了蒋成，赦免了那些做奴工和关押的囚徒，打开城门，迎击垣阆，将垣阆杀死。戴明宝从小路逃回去。

孝武帝颁布诏令，全国戒严。并且任命始兴公沈庆之为车骑大将军、开府仪同三司、南兖州刺史，率领大军，讨伐刘诞。四月二十七日甲子，孝武帝亲自统领禁卫军，驻扎宣武堂。

司州刺史刘季之是刘诞以前的部将，平时和都督宗悫有仇，听说刘诞起兵反叛，害怕被宗悫陷害，就放弃了官职，从小路一个人奔回朝廷，到盱眙时，盱眙太守郑瑗怀疑刘季之和刘诞是同谋，就在中途截杀了刘季之。

沈庆之率军赶到欧阳，刘诞派沈庆之的同族人沈道愍带着自己的亲笔信，前去游说，并送给沈庆之一把玉环刀。沈庆之将沈道愍送了回去，并向沈道愍数说刘诞的种种罪状。刘诞放火烧了城邑、村落，将老百姓全部驱赶到了城里，然后关闭城门坚守。刘诞分路送出文告，邀约远近起来响应。当时，山阳内史梁旷家在广陵，刘诞把他的妻子、孩子抓了起来，派使者邀请梁旷出兵响应，梁旷斩了使者，拒绝刘诞的邀约。刘诞大怒，灭了梁旷全家。

刘诞把呈送给孝武帝的奏章，投到了城外，说："陛下听信谗言，于是派无名小辈突然前来偷袭。我忍受不了这种枉杀，就把他们诛杀了。麻雀、老鼠尚且贪生怕死，我不得不违抗圣旨。今天，我亲自率领部下，镇守保卫徐州、兖州。以前，我有什么样的福分，和您一同生在了皇家？如今，又有什么过失，同您如同胡、越一样的玄远隔绝？投身于刀剑之中，脚踩戈矛，万死不顾，荡定的日子，希望就在早晚间实现。"又说："陛下宫帷内的丑闻，又怎么三缄其口而不语啊！"孝武帝大怒，下令凡是刘诞的左右、心腹、同籍的家人、依丧服制应服齐衰期年之服的亲戚在建康城内的，全都杀头，当时被杀的数以千计。有些人的家人被杀以后，本人才从广陵城内逃出来。

沈庆之率军来到广陵城下，刘诞登上城楼对他说："沈公白发下垂之年，何苦前来此地呢！"沈庆之回答说："朝廷认为你狂妄愚蠢，不足以烦劳那些青壮年出马了！"

孝武帝担心刘诞会投奔到北魏，就派沈庆之切断了刘诞的逃路。沈庆之把军营移到了白土，离广陵城有十八里。又进军新亭。豫州刺史宗悫、徐州刺史刘道隆，

庆之兄子也，亦遣兵助庆之。先是诞诳其众，云“宗悫助我”，悫至，绕城跃马呼曰：“我，宗悫也！”

诞见诸军大集，欲弃城北走，留中兵参军申灵赐守广陵；自将步骑数百人，亲信并自随，声云出战，邪趋海陵道，庆之遣龙骧将军武念追之。诞行十余里，众皆不欲去，互请诞还城。诞曰：“我还，易耳，卿能为我尽力乎？”众皆许诺。诞乃复还，筑坛歃血以誓众，凡府州文武皆加秩。以主簿刘琨之为中兵参军。琨之，遵考之子也，辞曰：“忠孝不得并。琨之老父在，不敢承命。”诞囚之十余日，终不受，乃杀之。

右卫将军垣护之、虎贲中郎将殷孝祖等击魏还，至广陵，上并使受庆之节度。庆之进营，逼广陵城。诞饷庆之食，提挈者百余人，出自北门；庆之不开视，悉焚之。诞于诚上授函表，请庆之为送，庆之曰：“我受诏讨贼，不得为汝送表。汝必欲归死朝廷，自应开门遣使，吾为汝护送。”

东扬州刺史颜竣遭母忧，送丧还都，上恩待犹厚。竣时对亲旧有怨言，或语及朝廷得失。会王僧达得罪，疑竣谮之，将死，具陈竣前后怨望诽谤之语。上乃使御史中丞庾徽之劾奏，免竣官。竣愈惧，上启陈谢，且请生命。上益怒，诏答曰：“卿讪讦怨愤，已孤本望；乃复过烦思虑，惧不自全，岂为下事上诚节之至邪！”及竟陵王诞反，上遂诬竣与诞通谋，五月，收竣付廷尉，先折其足，然后赐死。妻、子徙交州，至宫亭湖，复沈其男口。

（以上为第二段，写刘宋车骑大将军沈庆之率军平叛，不受竟陵王刘诞的慰劳，不为其传话；刘诞意欲逃跑，被迫返回；孝武帝乘机陷害大臣颜竣与刘诞同谋，置其于死地。）

六月，戊申，魏主如阴山。

上命沈庆之为三烽于桑里，若克外城，举一烽，克内城，举两烽，擒刘诞，举三烽；玺书督趣，前后相继。庆之焚其东门，塞堑，造攻道，立行楼、土山并诸攻具，值久雨，不得攻城。上使御史中丞庾徽之奏免庆之官，诏勿问，以激之。自四月至于秋七月，雨止，城犹未拔。上怒，

也一同率领大军和沈庆之会师。兖州刺史沈僧明，是沈庆之哥哥的儿子，也派遣兵力前来援助沈庆之。在这之前，刘诞诳骗部下说："宗悫可以援助我们。"宗悫抵达之后，骑马绕城一周，大声呼喊："我就是宗悫。"

刘诞眼看各路大军聚集，打算弃城向北逃走，留下中兵参军申灵赐坚守广陵。自己率领几百名步骑兵，让亲信一并跟随，声称要出城作战，顺着斜路奔向海陵。沈庆之派遣龙骧将军武念前去追击。刘诞走了十几里，大家都不愿意同刘诞一起离开，纷纷请求再回广陵城。刘诞说："我回去是很容易的事，回去之后，你们能为我竭心尽力吗？"大家都许下诺言。于是，刘诞又返回广陵，建起一座高台，与众将士歃血为盟。凡是府州的官员都提升一级，任命主簿刘琨之为中兵参军。刘琨之是刘遵考的儿子，他推辞说："忠与孝不能两全，我的老父还在，不能接受任命。"刘诞把刘琨之囚禁了十几天，刘琨之最终还是不接受任命，就把他给杀了。

右卫将军垣护之、虎贲中郎将殷孝祖等进击北魏后班师回朝，走到广陵，孝武帝让他们一并听从沈庆之的指挥。沈庆之进军扎营，直逼广陵城。刘诞派人将饭菜和美酒等送给沈庆之，由一百多人提着抬着，从北门出来，沈庆之不打开看一眼，就全都烧掉毁弃了。刘诞从城楼上把给皇上的奏章拿给他看，请求沈庆之代为呈送。沈庆之说："我是接受诏令前来讨伐叛贼的，不能替你呈送奏表。如果你一定要回到朝廷，接受死罪，你自己就应该打开城门，派遣使者，我为你护送前往。"

东扬州刺史颜竣正逢母亲去世，送母亲的灵柩回建康，孝武帝待他还是很好。颜竣时常对亲信旧友们满腹怨言，有时会说到朝廷的得失。恰巧王僧达犯罪被捕，怀疑是颜竣陷害了自己，就在临被斩首前，上书详细叙述了颜竣前前后后对朝廷怨恨、非议的话。孝武帝就派御史中丞庾徽之弹劾，将颜竣免职。颜竣越发害怕，就上书皇上谢罪，并且乞求饶他一命。孝武帝更加气愤，下诏书回答说："你讥笑怨恨，已经辜负了朕对你的期望。如今，又过分烦扰思虑，害怕保不住性命，这哪里是臣子侍奉君主的忠诚、守节的榜样呢？"等到竟陵王刘诞起兵反叛，孝武帝顺势诬陷颜竣与刘诞是同谋，五月，将颜竣抓进廷尉，先砸断了颜竣的双脚，然后再命他自杀。颜竣的妻子、孩子被放逐到交州，走到宫亭湖，又将颜竣家中所有男子都投到湖中淹死。

六月十二日戊申，魏文成帝巡视阴山。

宋孝武帝命令沈庆之在桑里建造三座烽火台，如果攻克了外城，就燃起一堆烽火；攻克了内城，就点起两堆烽火；活捉了刘诞，就点起三堆烽火。督促进攻的诏书一个接着一个，沈庆之焚烧了广陵城的东门，填平了护城河，修了进攻的道路，竖起攻城楼车，造起土山，制造了其他攻城工具。正赶上大雨连绵不断，不能攻城。

命太史择日，将自济江讨诞。太宰义恭固谏，乃止。

诞初闭城拒使者，记室参军山阴贺弼固谏，诞怒，抽刀向之，乃止。诞遣兵出战屡败，将佐多逾城出降。或劝弼宜早出，弼曰："公举兵向朝廷，此事既不可从；荷公厚恩，又义无违背，唯当以死明心耳！"乃饮药自杀。参军何康之谋开门纳官军，不果，斩关出降。诞为高楼，置康之母于其上，暴露之，不与食，母呼康之，数日而死。诞以中军长史濮阳范义为左司马。义母妻子皆在城内，或谓义曰："事必不振，子其行乎！"义曰："吾，人吏也，子不可以弃母，吏不可以叛君。必若何康之而活，吾弗为也。"

沈庆之帅众攻城，身先士卒，亲犯矢石，乙巳，克其外城；乘胜而进，又克小城。诞闻兵入，走趋后园，队主沈胤之等追及之，击伤诞，坠水，引出，斩之。诞母、妻皆自杀。

上闻广陵平，出宣阳门，敕左右皆呼万岁。侍中蔡兴宗陪辇，上顾曰："卿何独不呼？"兴宗正色曰："陛下今日正应涕泣行诛，岂得皆称万岁！"上不悦。

诏贬诞姓留氏，广陵城中士民，无大小悉命杀之。沈庆之请自五尺以下全之，其余男子皆死，女子以为军赏，犹杀三千余口。长水校尉宗越临决，皆先刳肠抉眼，或笞面鞭腹，苦酒灌创，然后斩之，越对之，欣欣若有所得。上聚其首于石头南岸为京观，侍中沈怀文谏，不听。

初，诞自知将败，使黄门吕昙济与左右素所信者将世子景粹匿于民间，谓曰："事若不济，思相全脱；如其不免，可深埋之。"各分以金宝赍送。既出门，并散走；唯昙济不去，携负景粹十余日，捕得，斩之。

孝武帝就让御史中丞庾徽之上书要求罢免沈庆之的官职，同时又颁布诏书说不要追究沈庆之，想用这个办法刺激沈庆之攻战。从四月直到秋季七月，大雨停止了，广陵城还没有攻克下来。孝武帝大怒，命令太史选择日期，他要亲自渡过长江去讨伐刘诞。太宰刘义恭竭力劝谏，才停止没有前去。

刘诞当初关闭城门，拒绝会见朝廷派来的使者，记室参军山阴人贺弼坚决劝谏阻止，刘诞大怒，抽出佩刀，直接刺向贺弼，贺弼才不再劝谏。刘诞多次派兵出战，屡战屡败，手下将士也大多越出城墙投降。有人劝贺弼应该早点儿出城去，贺弼说："刘公起兵反抗朝廷，这件事本不应该跟从的；可是平日承蒙刘公大恩厚遇，所以大义上不能背叛。我只有一死来表明自己的心迹罢了。"说完，就喝毒药自杀了。参军何康之计划打开城门，将朝廷大军引进城内，没有成功，就砍杀看守城门的士兵，出城投降了。刘诞在城楼上建起一座高楼，把何康之的母亲绑在楼上，暴露在风雨之中，不给饭吃，母亲呼喊着何康之的名字，几天后才死去。刘诞任命中军长史濮阳人范义为左司马。范义的母亲、妻子和孩子此时都在广陵城里，有人对范义说："事情必定不能成功，你还是走吧！"范义说："我是人家的佐吏，孩子不能抛弃母亲，官吏不能背叛君主。如果一定要像何康之那样才能活下来，那么，我不能那样做。"

沈庆之率领士卒攻城，身先士卒，亲自冒着城上射下的箭和石头向前冲杀。七月初三日乙亥，攻克广陵外城。乘胜向前攻击，又攻克小城。刘诞听说朝廷大军已攻入城内，就马上逃到后花园里。队主沈胤之等人追上，把刘诞击伤。刘诞掉到水里，被拉上来斩首。刘诞的母亲、妻子全都自杀。

孝武帝听说广陵叛乱被平定，走出宣阳门，下令左右一起高呼万岁。侍中蔡兴宗陪坐辇车，孝武帝回头问蔡兴宗："你为何不喊？"蔡兴宗严肃地说："陛下今天正应该哭着诛杀兄弟表示不得已而大义灭亲，怎么都喊万岁呢？"孝武帝很不高兴。

孝武帝颁布诏书，贬刘诞改姓留。将广陵城内的所有居民，无论男女老少，全部杀掉。沈庆之请求留下身高五尺以下的人不杀，其余的男子全都处死，女子全都赏给将士们，最后还是杀了三千多人。长水校尉宗越，在执行这项诛杀任务时，对将要处死的人，宗越都要首先剖开肚子，挖出肠胃，再挖出眼珠，用鞭子抽打脸和肚子，再在这些创口上浇上苦酒盐水，然后再杀了他们。宗越面对此情，欣欣然好像从中得到了什么。孝武帝下令，将死人的头颅送到石头城南岸，堆成一座大坟。侍中沈怀文劝阻不要这样做，但孝武帝不听从。

当初，刘诞自己知道将会失败，就派黄门吕昙济及左右平时所宠信的人，带着世子刘景粹躲藏到了民间，对他们说："此事如果不成功，就请想法逃走。如果真的逃不了，就请把尸体深深埋起来。"然后，分别送给这些人一些金银财宝。可是，这

临川内史羊璿坐与诞素善，下狱死。

擢梁旷为后将军，赠刘琨之给事黄门侍郎。

蔡兴宗奉旨慰劳广陵。兴宗与范义素善，收敛其尸，送丧归豫章。上谓曰："卿何敢故触王宪？"兴宗抗言对曰："陛下自杀贼，臣自葬故交，何不可之有！"上有惭色。

宗越治军严，善为营陈。每数万人止顿，越自骑马行前，使军人随其后，马止营合，未尝参差。

辛未，大赦。

丙子，以丹杨尹刘秀之为尚书右仆射。

丙戌，以南兖州刺史沈庆之为司空，刺史如故。

八月，庚戌，魏主如云中；壬戌，还平城。

九月，壬辰，筑上林苑于玄武湖北。

初，晋人筑南郊坛于巳位，尚书右丞徐爰以为非礼，诏徙于牛头山西，直宫城之午位。及废帝即位，以旧地为吉，复还故处。帝又命尚书左丞荀万秋造五路，依金根车，加羽葆盖。

（以上为第三段，写沈庆之平下叛乱，斩杀了孝武帝之弟竟陵王刘诞，孝武帝令臣民高呼万岁，还下令屠杀广陵城的平民，简直是桀纣之主。）

四年（庚子，460年）

春，正月，甲子朔，魏大赦，改元和平。

乙亥，上耕籍田，大赦。

己卯，诏祀郊庙，初乘玉路。

庚寅，立皇子子勋为晋安王，子房为寻阳王，子顼为历阳王，子鸾为襄阳王。

魏散骑侍郎冯阐来聘。

二月，魏卫将军乐安王良讨河西叛胡。

三月，魏人寇北阴平，朱提太守杨归子击破之。

甲申，皇后亲桑于西郊，皇太后观礼。

些人走出城门后，全都逃散了，只有吕昙济一人不肯逃命，把刘景粹背在背上，走了十几天，被抓获后，杀了头。

临川内史羊璿因为平时与刘诞关系很好，被逮捕下狱而死。

刘宋提升梁旷为后将军，追赠刘琨之为给事黄门侍郎。

蔡兴宗奉旨前去广陵慰劳将士。蔡兴宗和范义平素关系很好，所以，他把范义的尸体收殓起来，送回豫章下葬。孝武帝责问他说："你怎么敢故意触犯王法？"蔡兴宗高声说："陛下杀的是您的贼寇，我葬的是我的朋友，有什么不可以呢？"孝武帝面有愧色。

宗越治理军队十分严格，尤其擅长摆营阵。每当数万人安营扎寨时，宗越自己骑马走在前面，让浩浩大军跟在身后，等到他骑马停下时，营阵已经摆好，不曾有一点儿混乱和差错。

七月初五日辛未，刘宋大赦天下。

七月初十日丙子，刘宋任命丹杨尹刘秀之为尚书右仆射。

七月二十日丙戌，刘宋任命南兖州刺史沈庆之为司空，仍旧兼任刺史。

八月十五日庚戌，魏文成帝巡视云中。八月二十七日壬戌，返回平城。

九月二十七日壬辰，刘宋在玄武湖北兴建上林苑。

当初，东晋建了祭天的土坛在都城南郊巳方位置上，尚书右丞徐爰认为这样做不合古礼，诏令将土坛迁到牛头山的西部，面对宫城的午位。等到后来废帝刘子业即位时，认为原来的位置是吉利的，又把它迁回到了原地。孝武帝又命尚书左丞荀万秋，制作玉、金、象、革、木五种座车，并按照金根车的样子，在每辆车上都加上羽毛装饰的顶盖。

宋孝武帝大明四年（庚子，460 年）

春季，正月初一日甲子朔，北魏大赦，改年号为和平。

正月十二日乙亥，宋孝武帝举行扶犁耕田典礼，大赦天下。

正月十六日己卯，宋孝武帝颁布诏书祭祀郊外皇家祖庙，第一次乘坐玉路车。

正月二十七日庚寅，宋孝武帝立皇子刘子勋为晋安王，刘子房为寻阳王，刘子顼为历阳王，刘子鸾为襄阳王。

北魏散骑侍郎冯阐前来刘宋聘问交好。

二月，北魏卫将军、乐安王拓跋良讨伐河西反叛的胡人。

三月，北魏军侵犯北阴平，朱提太守杨归子迎击，并大败敌人。

三月二十二日甲申，刘宋皇后王氏亲自到建康西郊行采摘桑叶典礼，皇太后路氏观礼。

夏，四月，魏太后常氏殂。五月，癸丑，魏葬昭太后于鸣鸡山。

丙戌，尚书左仆射褚湛之卒。

吐谷浑王拾寅两受宋、魏爵命，居止出入，拟于王者，魏人忿之。定阳侯曹安表言：“拾寅今保白兰，若分军出其左右，必走保南山，不过十日，人畜乏食，可一举而定。”六月，甲午，魏遣征西大将军阳平王新成等督统万、高平诸军出南道，南郡公中山李惠等督凉州诸军出北道，以击吐谷浑。

魏崔浩之诛也，史官遂废，至是复置。

河西叛胡诣长安首罪，魏遣使者安慰之。

秋，七月，遣使如魏。

甲戌，开府仪同三司何尚之卒。

壬午，魏主如河西。

魏军至西平，吐谷浑王拾寅走保南山。九月，魏军济河追之，会疾疫，引还，获杂畜三十余万。

庚午，魏主还平城。

丁亥，徙襄阳王子鸾为新安王。

冬，十月，庚寅，诏沈庆之讨缘江蛮。

前庐陵内史周朗，言事切直，上衔之，使有司奏朗居母丧不如礼，传送宁州，于道杀之。朗之行也，侍中蔡兴宗方在直，请与朗别，坐白衣领职。

十一月，魏散骑常侍卢度世等来聘。

是岁，上征青、冀二州刺史颜师伯为侍中。师伯以谄佞被亲任，群臣莫及，多纳货贿，家累千金。上尝与之樗蒲，上掷得雉，自谓必胜；师伯次掷，得卢，上失色。师伯遽敛子曰：“几作卢！”是日，师伯一输百万。

柔然攻高昌，杀沮渠安周，灭沮渠氏，以阚伯周为高昌王。高昌称王自此始。

（以上为第四段，写吐谷浑国王拾寅，与刘宋、北魏都交好，两边受封，而后遭北魏攻打；柔然攻打高昌国，消灭沮渠安周，以阚伯周为高昌王。）

夏季，四月，北魏保太后去世。五月二十二日癸丑，北魏葬昭太后于鸣鸡山。

五月二十五日丙戌，刘宋尚书左仆射褚湛之去世。

吐谷浑可汗慕容拾寅，分别接受刘宋和北魏所赐封的官爵，无论是住所，还是使用的车马，都可以和皇帝相比拟。北魏人对他很愤恨。定阳侯曹安上奏表说："慕容拾寅现今守卫白兰，如果我们兵分两路，从左右夹攻，他们一定会逃往南山固守，超不过十天，他们人和牲畜缺少吃的，就可以一举平定。"六月初四日甲午，北魏派遣征西大将军、阳平王拓跋新成等人督统统万、高平各路大军从南路出发，南郡公中山人李惠等督统凉州各路大军，从北路出发，同时向吐谷浑发起攻击。

自从崔浩被诛杀，北魏的史官也就被废除了，到这时才恢复这一官职。

河西反叛胡人的首领前往长安自首认罪，北魏派出使者安抚、慰问。

秋季，七月，刘宋派出使节前往北魏。

七月十四日甲戌，刘宋开府仪同三司何尚之去世。

七月二十二日壬午，魏文成帝巡视河西。

魏军到达西平，吐谷浑可汗慕容拾寅逃往南山守卫。九月，魏军南渡黄河，前往追击，正赶上瘟疫流行，魏军返回，掠获了各种牲畜三十多万头。

九月十一日庚午，魏文成帝返回平城。

九月二十八日丁亥，刘宋改封襄阳王刘子鸾为新安王。

冬季，十月初一日庚寅，刘宋颁布诏书命令沈庆之率军讨伐长江沿岸的夷蛮。

前庐陵内史周朗，说话直率急切，孝武帝一直对他怀恨在心，让有关部门弹劾周朗，说他在为母亲守丧期间言行不合礼法，用驿车将他发配到宁州，在路上把他杀了。周朗出发前辞行时，正赶上侍中蔡兴宗在值班。蔡兴宗请求和周朗道别，于是，蔡兴宗也被判有罪削去官职，以平民的身份代理现职。

十一月，北魏散骑常侍卢度世前来刘宋通问致意。

这一年，宋孝武帝征调青州、冀州二州刺史颜师伯担任侍中。颜师伯因为善于谄媚、阿谀奉迎被信任，其他臣属无法相比。颜师伯大肆收受贿赂，家产累计达一千金。孝武帝曾经和他一起下樗蒲棋赌博，皇上掷下骰子，五个全是"雉"，认为自己一定赢了。颜师伯第二个掷骰子，竟掷出了五个"卢"。孝武帝大惊失色，颜师伯赶忙把骰子一收，然后说："差一点全是'卢'了。"这一天，颜师伯一次就输了一百万钱。

柔然进攻高昌，杀了沮渠安周。灭了沮渠氏，任命阚伯周为高昌王。高昌称王，从这时开始。

五年（辛丑，461 年）

春，正月，戊午朔，朝贺。雪落太宰义恭衣，有六出，义恭奏以为瑞，上悦。义恭以上猜暴，惧不自容，每卑辞逊色，曲意祇奉，由是终上之世，得免于祸。

二月，辛卯，魏主如中山；丙午，至邺，遂如信都。

三月，遣使如魏。

魏主发并、肆州民五千人治河西猎道；辛巳，还平城。

夏，四月，癸巳，更以西阳王子尚为豫章王。

庚子，诏经始明堂，直作大殿于丙、已之地，制如太庙，唯十有二间为异。

雍州刺史海陵王休茂，年十七，司马新野庾深之行府事。休茂性急，欲自专处决，深之及主帅每禁之，常怀忿恨。左右张伯超有宠，多罪恶，主帅屡责之。伯超惧，说休茂曰："主帅密疏官过失，欲以启闻，如此恐无好。"休茂曰："为之奈何？"伯超曰："惟有杀行事及主帅，举兵自卫。此去都数千里，纵大事不成，不失入虏中为王。"休茂从之。

丙午夜，休茂与伯超等帅夹毂队，杀典签杨庆于城中，出金城，杀深之及典签戴双；征集兵众，建牙驰檄，使佐吏上已为车骑大将军，开府仪同三司，加黄钺。侍读博士荀诜谏，休茂杀之。伯超专任军政，生杀在己，休茂左右曹万期挺身斫休茂，不克而死。

休茂出城行营，谘议参军沈畅之等帅众闭门拒之。休茂驰还，不得入。义成太守薛继考为休茂尽力攻城，克之，斩畅之及同谋数十人。其日，参军尹玄庆复起兵攻休茂，生擒，斩之，母、妻皆自杀，同党伏诛。城中扰乱，莫相统摄。中兵参军刘恭之，秀之之弟也，众共推行府州事。继考以兵胁恭之，使作启事，言"继考立义"，自乘驿还都。上以为北中郎谘议参军，赐爵冠军侯；事寻泄，伏诛。以玄庆为射声校尉。

宋孝武帝大明五年（辛丑，461 年）

春季，正月初一日戊午朔，刘宋朝拜庆贺。雪花飘落在了太宰刘义恭的衣服上，雪花有六个瓣，刘义恭启奏孝武帝，说这是一种吉祥的兆头。孝武帝大为高兴。刘义恭因为皇上善于猜忌，又很残暴，害怕自己不能被容纳，所以每次都言辞谦恭，面色恭顺，曲意奉迎，因此宋孝武帝在位时期，刘义恭得以免于大祸。

二月初四日辛卯，魏文成帝巡视中山。二月十九日丙午，到达邺城，尔后又巡视信都。

三月，刘宋派遣使节前往北魏。

魏文成帝征发并州、肆州五千名民工，修建河西狩猎的专用道路。三月二十五日辛巳，返回平城。

夏季，四月初七日癸巳，刘宋改封西阳王刘子尚为豫章王。

四月十四日庚子，刘宋诏令开始兴建明堂，大殿必须建在丙、已方位，形制如同皇家祖庙，只有十二间的间数与祖庙不同。

雍州刺史海陵王刘休茂，这年十七岁，当时，司马新野人庾深之主持王府事务。刘休茂生性急躁，总是想要自己专权决断，庾深之和主帅每次都禁止，所以刘休茂对他们二人一直怀恨在心。左右侍从张伯超受宠信，经常作恶，主帅多次斥责他。张伯超很害怕，就游说刘休茂说："主帅偷偷把你的过失写在奏疏上，打算奏报上去，这样，恐怕您不会有什么好结果。"刘休茂说："那该怎么办呢？"张伯超回答说："只有杀了庾深之和主帅，尔后起兵自卫。这里距离京都几千里，即使是大事办不成，仍然不失逃到胡虏那里做王。"刘休茂依从了这一提议。

四月二十日丙午深夜，刘休茂和张伯超率领左右护车卫队，先杀了在城里的典签杨庆，然后出金城，杀了庾深之和典签戴双。征集兵众，竖起旗帜，向全国发表檄文。又让自己的左右侍从们，拥立自己为车骑大将军、开府仪同三司，加授黄钺。侍读博士荀诜劝谏，刘休茂杀了他。张伯超把持军政事务，掌握生杀大权，刘休茂的左右侍从曹万期挺身用刀猛砍刘休茂，但未能成功，曹万期被杀死。

刘休茂走出襄阳城，巡查军营。谘议参军沈畅之等率领众人关闭了城门，拒绝刘休茂回城。等刘休茂乘马回来，不能进城。义成太守薛继考为刘休茂全力攻城，最终攻克，斩了沈畅之以及他的同谋几十个人。这一天，参军尹玄庆又起兵围攻刘休茂，活捉了刘休茂，将其斩首。刘休茂的母亲、妻子全都自杀，党羽也全被诛杀了。襄阳城内一片混乱，彼此之间不相统摄。中兵参军刘恭之，是刘秀之的弟弟，被大家推举代理府州事。可是，薛继考却用武力威逼刘恭之写奏报说"薛继考扶立正义"，然后，薛继考就拿着这封奏报，乘坐驿车返回建康都城。孝武帝便任命薛继考为北中郎谘议参军，赐爵位为冠军侯。这事不久泄露出去，薛继考被诛杀，提升

上自即位以来，抑黜诸弟；既克广陵，欲更峻其科。沈怀文曰："汉明不使其子比光武之子，前史以为美谈。陛下既明管、蔡之诛，愿崇唐、卫之寄。"及襄阳平，太宰义恭探知上指，复上表，请裁抑诸王，不使任边州，及悉输器甲，禁绝宾客。沈怀文固谏以为不可，乃止。

上畋游无度，尝出，夜还，敕开门。侍中谢庄居守，以棨信或虚，执不奉旨，须墨敕乃开。上后因燕饮，从容曰："卿欲效郅君章邪？"对曰："臣闻王者祭祀、畋游，出入有节。今陛下晨往宵归，臣恐不逞之徒，妄生矫诈，是以伏须神笔，乃敢开门耳。"

（以上为第五段，写刘义恭身为太宰，曲意逢迎孝武帝，免于大祸；海陵王刘休茂起兵反叛，失败被杀；孝武帝更加骄奢淫逸，欲加重对兄弟的控制，被沈怀文劝止。）

魏大旱，诏："州郡境内，神无大小，悉洒扫致祷；俟丰登，各以其秩祭之。"于是，群祀之废者皆复其旧。

秋，七月，戊寅，魏主立其弟小新成为济阳王，加征东大将军，镇平原；天赐为汝阴王，加征南大将军，镇虎牢；万寿为乐浪王，加征北大将军，镇和龙；洛侯为广平王。

壬午，魏主巡山北；八月，丁丑，还平城。

戊子，立皇子子仁为永嘉王，子真为始安王。

九月，甲寅朔，日有食之。

沈庆之固让司空，柳元景固让开府仪同三司，诏许之，仍命庆之朝会位次司空，俸禄依三司，元景在从公之上。

庆之目不知书，家素富，产业累万金，童奴千计，再献钱千万，谷万斛。先有四宅，又有园舍在娄湖；庆之一夕携子孙及中表亲戚徙居娄湖，以四宅输官。庆之多蓄妓妾，优游无事，尽意欢娱，非朝贺不出门；车马率素，从者不过三五人，遇之者不知其为三公也。

尹玄庆为射声校尉。

宋孝武帝自从即位以后，一直压制、贬黜各位兄弟。攻克广陵后，想使管制宗室的法令更加严厉。沈怀文说："汉明帝不让自己的儿子比照光武帝的儿子，从前的史书上，都把它作为美谈来记载。陛下已经诛杀了管叔、蔡叔那样的人，但愿仿效周成王封叔虞于唐，封康叔于卫，用来保卫王室。"等到襄阳被平，太宰刘义恭探知皇上心思，便先行上疏，请求进一步裁减、限制各个亲王，不允许他们统领沿边各州，并且收缴卫队的所有铠甲、武器，禁止结交宾客朋友。沈怀文坚决劝阻，认为不可这么做，孝武帝最后没有这样做。

宋孝武帝打猎、游山玩水没有节制。有一次出城，深夜才回来，敕令打开城门。侍中谢庄正在值班守城，认为这一个传信的符证也许是虚假的，坚持不奉旨意，必须要看到皇帝亲笔命令才开城门。孝武帝后来在一次宴请上，安闲自若地说："你是想仿效汉代的郅君章吗？"回答说："臣听说皇帝祭祀、狩猎，出入都有节度。如今陛下清晨出去，深夜才回来，臣怕有心怀不满企图闹事的家伙假造圣旨，因此一定要等待陛下的神笔，才敢打开城门。"

北魏大旱。颁布诏书："各州郡境内，无论神庙大小，全都要打扫干净，焚香祷告。等到庄稼丰收后，各自按照等级，分别祭祀。"这时各州郡废掉的神庙，全都恢复了昔日的样子。

秋季，七月二十四日戊寅，魏文成帝封立弟弟拓跋小新成做济阳王，加授征东大将军，镇守平原；拓跋天赐为汝阴王，加授征南大将军，镇守虎牢；拓跋万寿为乐浪王，加授征北大将军，镇守和龙；拔跋洛侯为广平王。

七月二十八日壬午，魏文成帝巡察山北。八月丁丑，返回平城。

八月初四日戊子，刘宋立皇子刘子仁为永嘉王，刘子真为始安王。

九月初一日甲寅朔，出现日食。

沈庆之坚决辞让司空的职务，柳元景也坚持辞去开府仪同三司的职务，君主颁布诏书批准了。仍然让沈庆之在朝会时排在司空之下，俸禄比照三司；柳元景的地位在从公之上。

沈庆之目不识丁，家里素来富有，家产累计有一万金，童仆、家奴数以千计。他再次献给朝廷一千万钱和一万斛粮食。原来有四座宅院，在娄湖又有园舍。有天傍晚，沈庆之领着儿孙以及内表亲戚，迁居到娄湖居住，而把四座宅院献给了官府。沈庆之蓄养了许多舞伎和小妾，闲暇无事时，就尽情地和她们娱乐，不是朝贺时，绝不走出家门。车马都很朴素，侍从也超不过三五个人，走在路上遇到沈庆之的人，

甲戌，移南豫州治于湖。丁丑，以浔阳王子房为南豫州刺史。

闰月，戊子，皇太子妃何氏卒，谥曰献妃。

壬寅，更以历阳王子顼为临海王。

冬，十月，甲寅，以南徐州刺史刘延孙为尚书左仆射，右仆射刘秀之为雍州刺史。

乙卯，以新安王子鸾为南徐州刺史。子鸾母殷淑仪，宠倾后宫，子鸾爱冠诸子，凡为上所眄遇者，莫不入子鸾之府。及为南徐州，割吴郡以属之。

初，巴陵王休若为北徐州刺史，以山阴张岱为谘议参军，行府、州、国事。后临海王子顼为广州，豫章王子尚为扬州，晋安王子勋为南兖州，岱历为三府谘议、三王行事，与典签、主帅共事，事举而情不相失。或谓岱曰："主王既幼，执事多门，而每能缉和公私，云何致此？"岱曰："古人言：'一心可以事百君。'我为政端平，待物以礼，悔吝之事，无由而及；明暗短长，更是才用之多少耳。"及子鸾为南徐州，复以岱为别驾、行事。岱，永之弟也。

魏员外散骑常侍游明根等来聘。明根，雅之从祖弟也。魏广平王洛侯卒。

十二月，壬申，以领军将军刘遵考为尚书右仆射。

甲戌，制民户岁输布四匹。

是岁，诏士族杂婚者皆补将吏。士族多避役逃亡，乃严为之制，捕得即斩之，往往奔窜湖山为盗贼。沈怀文谏，不听。

（以上为第六段，写刘宋大臣沈庆之辞让高官，追求悠游闲适的生活；谘议参军张岱八面玲珑，历事三王，如鱼得水；刘宋发布新规，士族与平民通婚，要补武官，为了避役而往往奔窜湖山。）

六年（壬寅，462年）

春，正月，癸未，魏乐浪王万寿卒。

辛卯，上初祀五帝于明堂，大赦。

都不知他位居三公的高位。

九月二十一日甲戌，刘宋将南豫州的治所迁移到于湖。九月二十四日丁丑，任命浔阳王刘子房为南豫州刺史。

闰九月初五日戊子，刘宋皇太子的妃子何令婉去世，谥号为献妃。

九月十九日壬寅，刘宋改封历阳王刘子顼为临海王。

冬季，十月初二日甲寅，刘宋任命南徐州刺史刘延孙为尚书左仆射，右仆射刘秀之为雍州刺史。

十月初三日乙卯，刘宋任命新安王刘子鸾为南徐州刺史。刘子鸾的母亲殷淑仪在后宫最受皇帝的宠爱，刘子鸾受到的宠爱也超过了其他皇子。凡是皇上看上或喜欢的东西，没有不进入刘子鸾府内的。等到刘子鸾被任命为南徐州刺史后，划割吴郡归南徐州管辖。

当初，巴陵王刘休若做北徐州刺史时，任命山阴人张岱为谘议参军，代理府、州、封国的事务。后来，临海王刘子顼做广州刺史，豫章王刘子尚为扬州刺史，晋安王刘子勋为南兖州刺史时，张岱历任这三个州府的谘议参军，为这三位王署理事务，和典签、主帅共同处理事务，事务都处理得很成功，跟同属僚们的关系并不受影响。有人问张岱说："主王的年纪小，能主事的部门又有很多，而你能把公私的关系都协调好，是如何做到的？"张岱说："古人说：'一颗心可以侍奉百位君主。'我为政端正公平，待人接物以礼仪，灾祸也就没有机会发生了。精明或者昏暗，是短是长，更不过是才能的多少罢了。"等到刘子鸾做了南徐州刺史后，又起用张岱为别驾、行事。张岱是张永的弟弟。

北魏派遣员外散骑常侍游明根等人，前来刘宋聘问交好。游明根是游雅堂从祖父的弟弟。北魏广平王拓跋洛侯去世。

十二月二十日壬申，刘宋任命领军将军刘遵考为尚书右仆射。

十二月二十二日甲戌，刘宋发布命令每户人家每年向朝廷缴纳四匹布。

这一年，刘宋规定凡是豪门士族与工商杂户人家通婚的，都要补为武职。豪门士族大都为躲避兵役逃往他处，为此又进一步严格制定了法律，抓到逃亡者，立即斩首，逃亡者常常是投奔江河山泽之中，当了强盗。沈怀文劝阻不要这样做，宋孝武帝没有接受。

宋孝武帝大明六年（壬寅，462 年）

春季，正月初二日癸未，北魏乐浪王拓跋万寿去世。

正月初十日辛卯，宋孝武帝在明堂第一次祭祀五帝，大赦天下。

丁未，策秀、孝于中堂。扬州秀才顾法对策曰："源清则流洁，神圣则刑全。躬化易于上风，体训速于草偃。"上览之，恶其谅也，投策于地。

二月，乙卯，复百官禄。

三月，庚寅，立皇子子元为邵陵王。

初，侍中沈怀文，数以直谏忤旨，怀文素与颜竣、周朗善，上谓怀文曰："竣若知我杀之，亦当不敢如此。"怀文嘿然。侍中王彧，言次称竣、朗人才之美，怀文与相酬和，颜师伯以白上，上益不悦。上尝出射雉，风雨骤至，怀文与王彧、江智渊约相与谏。会召入雉场，怀文曰："风雨如此，非圣躬所宜冒。"彧曰："怀文所启，宜从。"智渊未及言，上注弩作色曰："卿欲效颜竣邪，何以恒知人事！"又曰："颜竣小子，恨不先鞭其面！"每上燕集，在坐者皆令沈醉，嘲谑无度。怀文素不饮酒，又不好戏调，上谓故欲异己。谢庄尝戒怀文曰："卿每与人异，亦何可久！"怀文曰："吾少来如此，岂可一朝而变！非欲异物，性所得耳。"上乃出怀文为晋安王子勋征虏长史，领广陵太守。

怀文诣建康朝正，事毕遣还，以女病求申期，至是犹未发。免官，禁锢十年。怀文卖宅，欲还东，上闻，大怒，收付廷尉，丁未，赐怀文死。怀文三子，澹、渊、冲，行哭为怀文请命，见者伤之。柳元景欲救怀文，言于上曰："沈怀文三子，涂炭不可见，愿陛下速正其罪。"上竟杀之。

夏，四月，淑仪殷氏卒。追拜贵妃，谥曰宣。上痛悼不已，精神为之罔罔，颇废政事。

五月，壬寅，太宰义恭解领司徒。

六月，辛酉，东昌文穆公刘延孙卒。

庚午，魏主如阴山。

正月二十六日丁未，宋孝武帝在中堂举行秀才孝廉甄选考核。扬州秀才顾法回答策问时说："水源清澈，则河流洁净；精神振奋，则身体健康；身体力行，则举国顺从于上风；以身作则，则比野草倒伏的速度更快。"孝武帝看后讨厌顾法的大胆诚实，把他的卷子扔到了地上。

二月初四日乙卯，刘宋恢复文武百官的俸禄。

三月初十日庚寅，刘宋立皇子刘子元为邵陵王。

当初，侍中沈怀文几次都因为直言劝谏而违背旨意。沈怀文平日和颜竣、周朗关系不错，孝武帝对沈怀文说："颜竣如果知道我会杀他，也应当不敢这样放肆无礼了。"沈怀文沉默无语。侍中王彧在言谈之间称赞颜竣、周朗才华出众，沈怀文和他一唱一和。颜师伯把这一情况报告给了孝武帝，孝武帝更加不高兴。孝武帝曾经出外打野鸡，突然，风雨交加，沈怀文和王彧、江智渊约定进言劝谏。正巧，召他们来到射猎野鸡的围场，沈怀文说："风雨如此急迫，不是圣体所应该承受。"王彧说："沈怀文的启奏，应该听从。"还未等江智渊接着说，孝武帝盯着弓箭，面带怒色说："你想仿效颜竣吗？为什么要管别人的事情！"接着，又说："颜竣这小子，我至今仍恨不得用鞭子先抽他的脸！"孝武帝每次在宴请时，都下令在座的人必须喝得酩酊大醉，极力嘲讽、戏谑他们。沈怀文一向不喝酒，而且又不喜欢戏弄玩笑，孝武帝认为沈怀文是故意和自己作对。谢庄曾经警告沈怀文："你每次都和别人不一样，这样，又怎么能长久呢？"沈怀文回答说："我从小就这个样子，难道一个早晨就能改变过来！我不是要故意和别人不一样，不过是天性所致罢了。"孝武帝命令沈怀文出京任晋安王刘子勋的征虏长史，兼领广陵太守。

沈怀文到建康参加朝廷举行的元旦朝会后，接到命令让他返回任所。当时，沈怀文因为女儿生病，请求延长在京城的期限，直到这时他还没有启程。朝廷免除了沈怀文的官职，禁止从政十年。沈怀文将自己在京城的房宅卖了，想要东下回到吴兴老家。孝武帝听说后，怒不可遏，下令逮捕他收交廷尉，三月二十七日丁未，命令沈怀文自杀。沈怀文的三个儿子，沈澹、沈渊、沈冲，一路哭着奔走，为父亲沈怀文请求饶命，沿途看见的人，无不为之伤心。柳元景想要救沈怀文，就对孝武帝说："沈怀文的三个儿子，如同坠入炭火之中，祈愿陛下快点为其定罪。"孝武帝到底还是杀了沈怀文。

夏季，四月，刘宋宠姬殷淑仪去世，追赠为贵妃，谥号为宣。孝武帝为殷淑仪的死伤心不已，以至于精神恍惚，无心处理朝廷政事。

五月二十三日壬寅，刘宋太宰刘义恭被解除司徒的兼职。

六月十二日辛酉，刘宋东昌文穆公刘延孙去世。

六月二十一日庚午，魏文成帝巡视阴山。

魏石楼胡贺略孙反，长安镇将陆真讨平之。魏主命真城长蛇镇。氐豪仇傉檀反，真讨平之，卒城而还。

（以上为第七段，写刘宋大臣沈怀文敢于直谏而被杀；北魏石楼胡人、氐人豪族反叛，长安镇将陆真将其平定，并修筑长蛇镇。）

秋，七月，壬寅，魏主如河西。

乙未，立皇子子云为晋陵王。是日卒，谥曰孝。

初，晋庾冰议使沙门敬王者，桓玄复述其议，并不果行。至是，上使有司奏曰："儒、法枝派，名、墨条分，至于崇亲严上，厥猷靡爽。唯浮图为教，反经提传，拘文蔽道，在末弥扇。夫佛以谦卑自牧，忠虔为道，宁有屈膝四辈而简礼二亲，稽颡耆腊而直体万乘者哉！臣等参议，以为沙门接见，比当尽虔；礼敬之容，依其本俗。"九月，戊寅，制沙门致敬人主。及废帝即位，复旧。

乙未，以尚书右仆射刘遵考为左仆射，丹杨尹王僧朗为右仆射。僧朗，彧之父也。

冬，十月，壬申，葬宣贵妃于龙山。凿冈通道数十里，民不堪役，死亡甚众。自江南葬埋之盛，未之有也。又为之别立庙。

魏员外散骑常侍游明根等来聘。

辛巳，加尚书令柳元景司空。

壬寅，魏主还平城。

南徐州从事史范阳祖冲之上言，何承天历疏舛犹多，更造新历，以为："旧法，冬至日有定处，未盈百载，辄差二度。今令冬至日度，岁岁微差，将来久用，无烦屡改。又，子为辰首，位在正北；虚为北方列宿之中。今历，上元日度，发自虚一。又，日辰之号，甲子为先；今历，上元岁在甲子。又，承天法，日、月、五星各自有元。今法，交会、迟疾，悉以上元岁首为始。"上令善历者难之，不能屈。会上晏驾，不果施行。

（以上为第八段，写刘宋大臣重提东晋时事，认为僧徒晋见皇帝，应当恭敬、虔诚，制令僧门必须致敬人主，后废帝时便废止了；祖冲之奏请颁布新历法，未能

北魏石楼胡人贺略孙反叛，长安镇将陆真前去讨伐平定。魏文成帝命令陆真兴建长蛇镇。氐人豪族仇傉檀反叛，陆真前去讨平，修建完长蛇镇后返回。

秋季，七月二十四日壬寅，魏文成帝巡视河西。

七月十七日乙未，刘宋立皇子刘子云为晋陵王。当天，刘子云去世，谥号孝。

当初，东晋中书监庾冰建议，让僧徒恭敬帝王，太尉桓玄以后又再次提出这项建议，最后都没有实行。到了这时，命令有关部门上奏，说："儒家和法家是不同的支派，名家和墨家也是不同的枝条，但是说到崇拜祖先、尊敬皇帝，其法则却没有细微的差别。只有佛教的教义反对经典，偏离经意，拘泥文字，蒙蔽道义，近来，这种行为更加猖狂。佛是用谦卑来约束自己，是以忠诚作为自己行事的尺度，怎么能只对四圣跪拜，而对自己的父母却简慢无礼呢？怎么能对着老僧叩头，而见了皇上却挺直身板呢？臣等建议，要让僧徒晋见皇帝，应当恭敬、虔诚。至于礼节上的恭敬程度，可以依照原有的习俗进行。"九月初一日戊寅，制定了僧徒恭敬皇帝的一些实施办法。废帝即位后，又恢复如初了。

九月十八日乙未，刘宋任命尚书右仆射刘遵考为左仆射，丹杨尹王僧朗为右仆射。王僧朗是王彧的父亲。

冬季，十月二十五日壬申，刘宋安葬宣贵妃于龙山。在山上开凿山路几十里，老百姓忍受不了艰苦的劳役，死亡、逃走的人很多。自从江南有葬礼以来，这一葬礼的盛大，还从来没有过。又给宣贵妃另建了一座祭庙。

北魏派遣员外散骑常侍游明根等前来刘宋聘问交好。

十一月初五日辛巳，刘宋加授尚书令柳元景为司空。

十一月二十六日壬寅，魏文成帝返回平城。

南徐州从事史范阳人祖冲之上书说，何承天制定的历法错误、疏漏的地方还是很多，他又另外制定了一部新历法，他认为："旧的历法，将冬至太阳的位置固定在某一天，这样一来，不到一百年，就会相差二度。新历法，是把冬至放到年终，每年只有微小的差距，将来长期使用下去，那么就不用再多次改动。另外，子作为辰的开头，位置在正北方。虚又排列在北方各个星座之中。将要制订的历法，则是把上元放在年终，从虚一开始。记载日月星辰的标志，以甲子作为开头，放在最前面。新的历法，将上元每年放在甲子上。另外，何承天的历法，是日、月、五星各自都有自己的开始。而新的历法则是将日、月、五星的交会以及运行的快与慢，全都以上元的岁首作为开始。"孝武帝命令对历法有研究的人同祖冲之辩论，不能驳倒他。

施行。）

七年（癸卯，463年）

春，正月，丁亥，以尚书右仆射王僧朗为太常，卫将军颜师伯为尚书仆射。

上每因晏集，使群臣自相嘲讦以为乐。吏部郎江智渊素恬雅，渐不会旨。尝使智渊以王僧朗戏其子彧。智渊正色曰："恐不宜有此戏！"上怒曰："江僧安痴人，痴人自相惜。"僧安，智渊之父也。智渊伏席流涕，由是恩宠大衰。又议殷贵妃谥曰怀，上以为不尽美，甚衔之。他日与群臣乘马至贵妃墓，举鞭指墓前石柱，谓智渊曰："此上不容有'怀'字！"智渊益惧，竟以忧卒。

己丑，以尚书令柳元景为骠骑大将军、开府仪同三司。

二月，甲寅，上巡南豫、南兖二州；丁卯，校猎于乌江；壬戌，大赦；甲子，如瓜步山；壬申，还建康。

夏，四月，甲子，诏："自非临军战陈，并不得专杀；其罪应重辟者，皆先上须报；违犯者以杀人论。"

五月，丙子，诏曰："自今刺史、守宰，动民兴军，皆须手诏施行；唯边隅外警及奸衅内发，变起仓猝者，不从此例。"

戊辰，以左民尚书蔡兴宗、左卫将军袁粲为吏部尚书。粲，淑之兄子也。

上好狎侮群臣，自太宰义恭以下，不免秽辱。常呼金紫光禄大夫王玄谟为老伧，仆射刘秀之为老慳，颜师伯为齴；其余短、长、肥、瘦，皆有称目。黄门侍郎宗灵秀体肥，拜起不便，每至集会，多所赐与，欲其瞻谢倾踣，以为欢笑。又宠一昆仑奴，令以杖击群臣，尚书令柳元景以下皆不能免；唯惮蔡兴宗方严，不敢侵媟。颜师伯谓仪曹郎王耽之曰："蔡尚书常免昵戏，去人实远。"耽之曰："蔡豫章昔在相府，亦以方严不狎，武帝宴私之日，未尝相召。蔡尚书今日可谓能负荷矣。"

正赶上孝武帝驾崩，所以，祖冲之的新历法也没能实施起来。

宋孝武帝大明七年（癸卯，463年）

春季，正月十二日丁亥，刘宋任命尚书右仆射王僧朗为太常，卫将军颜师伯为尚书仆射。

孝武帝每次在宴请饮酒时，命令臣属们彼此之间嘲讽、攻击，以此取乐。吏部郎江智渊平素安静、文雅，慢慢地不合圣上的心意了。孝武帝曾经命令江智渊拿王僧朗来嘲笑戏弄王僧朗的儿子王彧，江智渊严肃地说："恐怕不应当有这种戏弄。"孝武帝发怒说："江僧安是痴人，同是痴人的儿子当然会互相怜爱。"江僧安是江智渊的父亲。江智渊听了这话，不禁伏在座席上流泪，从此孝武帝对他的恩宠大大减退。还有，当孝武帝命群臣讨论殷贵妃的谥号时，江智渊上奏，认为应当谥为怀。孝武帝认为这不足以彰显殷氏的美德，因此心中怀恨。有一天，孝武帝与群臣骑马到殷贵妃墓地，孝武帝用马鞭指着墓地石柱对江智渊说："这上面不容许有'怀'字！"江智渊更加惶恐害怕，最后竟因忧虑过度去世了。

正月十四日己丑，刘宋任命尚书令柳元景为骠骑大将军、开府仪同三司。

二月初九日甲寅，宋孝武帝巡视南豫州、南兖二州。二月十二日丁卯，在乌江比试狩猎。二月十七日壬戌，大赦天下。二月十九日甲子，巡视瓜步山。二月二十七日壬申，返回建康。

夏季，四月二十日甲子，刘宋颁布诏书："任何官将，如果不是在战场上与敌人作战，一律不得随便利用权力杀人。罪行严重，应该重判斩首的罪犯，必须先向朝廷呈报，违犯这一诏令的，即以杀人罪处罚。"

五月初二日丙子，刘宋再次颁布诏书："从今以后，刺史、守宰动员百姓发起军队，都必须按照手诏实行。只有边疆偏远地区有敌人进犯，或奸佞作乱在宫廷内，事变突然发生时，可以不在此限。"

五月初四日戊辰，刘宋任命左民尚书蔡兴宗、左卫将军袁粲为吏部尚书。袁粲是袁淑哥哥的儿子。

孝武帝喜欢捉弄、侮辱手下臣属们，从太宰刘义恭以下的大臣，没有一个人没被污言秽语侮辱过。经常把金紫光禄大夫王玄谟叫作"北方佬"，把仆射刘秀之叫作"老抠门"，把颜师伯叫作"大板牙"，其他无论是矮、高、肥、瘦，都有外号。黄门侍郎宗灵秀身体肥胖，叩拜时起身不便，每次聚会，孝武帝偏偏不断赏赐给他东西，就是想要看他叩头谢恩时跌跌撞撞的样子，以此为乐。又宠爱一个昆仑奴，让昆仑奴拿着棍棒殴击各位官员，自尚书令柳元景以下，都不免挨打。昆仑奴只忌惮蔡兴宗的方正严肃，不敢戏弄。颜师伯对仪曹郎王耽之说："蔡尚书能经常免遭戏弄，和

壬寅，魏主如阴山。

（以上为第九段，写刘宋孝武帝刘骏的病态，戏弄、侮辱群臣。宴饮时，令群臣相互嘲笑、攻击；取绰号，予以羞辱；江智渊不苟言笑，忧惧而死。）

六月，戊辰，以秦郡太守刘德愿为豫州刺史。德愿，怀慎之子也。

上既葬殷贵妃，数与群臣至其墓，谓德愿曰："卿哭贵妃，悲者当厚赏。"德愿应声恸哭，抚膺擗踊，涕泗交流。上甚悦，故用豫州刺史以赏之。上又令医术人羊志哭贵妃，志亦呜咽极悲。他日有问志者曰："卿那得此副急泪？"志曰："我尔日自哭亡妾耳。"

上为人，机警勇决，学问博洽，文章华敏；省读书奏，能七行俱下。又善骑射，而奢欲无度。自晋氏渡江以来，宫室草创，朝宴所临，东、西二堂而已。晋孝武末，始作清暑殿。宋兴，无所增改。上始大修宫室，土木被锦绣，嬖妾幸臣，赏赐倾府藏。坏高祖所居阴室，于其处起玉烛殿。与群臣观之，床头有土障，壁上挂葛灯笼、麻蝇拂。侍中袁顗因盛称高祖俭素之德，上不答，独曰："田舍公得此，已为过矣。"顗，淑之兄子也。

秋，八月，乙丑，立皇子子孟为淮南王，子产为临贺王。

丙寅，魏主畋于河西；九月，辛巳，还平城。

庚寅，以新安王子鸾兼司徒。

丙申，立皇子子嗣为东平王。

冬，十月，癸亥，以东海王祎为司空。

己巳，上校猎姑孰。

魏员外散骑常侍游明根等来聘。明根奉使三返，上以其长者，礼之有加。

十一月，癸巳，上习水军于梁山。

普通人相距实在太远。”王耽之回答说：“以前，蔡豫章在宰相府时，也是以方正严肃、不苟言笑而免于嘲弄，但是武帝私人欢宴时，也从不邀请蔡豫章参加。蔡尚书今天可以说是能够继承其父的品行了。”

五月二十八日壬寅，魏文成帝巡视阴山。

六月二十五日戊辰，刘宋任命秦郡太守刘德愿为豫州刺史。刘德愿是刘怀慎的儿子。

宋孝武帝安葬了殷贵妃后，几次带着臣属来到墓前凭吊。对刘德愿说：“你哭殷贵妃吧，哭得悲伤了，就厚赏你。”话没有说完，刘德愿已经失声痛哭起来，捶胸顿足，眼泪、鼻涕都流到了一起。孝武帝非常高兴，就把豫州刺史的官职赏赐给了他。孝武帝又命令医师羊志也哭殷贵妃，羊志呜咽地哭得极其悲痛。过了些日子，有人问羊志：“你从哪里这么快弄来了这些眼泪？”羊志回答说：“我当天不过是哭自己死去的小妾罢了。”

孝武帝为人机警、勇敢、果断、迅速，学问渊博，文章写得敏捷华丽，阅读书信奏章能一目七行。又善于骑马和射箭，但是，奢侈、纵欲没有节制。自从东晋渡江南下以来，宫殿都是草草建造的，朝会或宴请也不过在东堂或西堂而已。晋孝武帝末年才建造了清暑殿。刘宋兴起后，也没有什么增加或改动。孝武帝开始大兴土木，扩建宫室，墙上和柱子上都用锦绣装饰。对宠爱的妻妾和臣属的赏赐，倾尽国库内的东西。毁掉武帝刘裕住过的屋子，在那里兴建了玉烛殿，和大臣一起前去观看，旧屋床头上还留有一截土墙，墙上挂着麻葛灯笼和麻线蝇拂。侍中袁颉看完，盛赞武帝先祖节俭朴素的品德。孝武帝没有回应什么，只是自言自语地说：“庄稼汉得到这种享受已经是很过分的了。”袁颉是袁淑哥哥的儿子。

秋季，八月二十三日乙丑，刘宋立皇子刘子孟为淮南王，刘子产为临贺王。

八月二十四日丙寅，魏文成帝在河西打猎。九月初九日辛巳，返回平城。

九月十八日庚寅，刘宋任命新安王刘子鸾兼任司徒。

九月二十四日丙申，刘宋立皇子刘子嗣为东平王。

冬季，十月二十二日癸亥，刘宋任命东海王刘祎为司空。

十月二十八日己巳，宋孝武帝到姑孰围猎。

北魏员外散骑常侍游明根等前来刘宋聘问交好。游明根担任北魏使节，曾三次出使刘宋，孝武帝因为他年龄大，对他特别礼遇。

十一月二十二日癸巳，宋孝武帝在梁山训练水军。

十二月，丙午，如历阳。

甲寅，大赦。

己未，太宰义恭加尚书令。

癸亥，上还建康。

（以上为第十段，写刘宋孝武帝刘骏十分宠信殷贵妃，到了无以复加的地步；孝武帝刘骏，机警干练，学问渊博，善于骑射，但是奢侈、纵欲没有节制。）

八年（甲辰，464 年）

春，正月，丁亥，魏主立其弟云为任城王。

戊子，以徐州刺史新安王子鸾领司徒。

夏，闰五月，壬寅，太宰义恭领太尉。

上末年尤贪财利，刺史、二千石罢还，必限使献奉，又以蒲戏取之，要令罄尽乃止。终日酣饮，少有醒时。常凭几昏睡，或外有奏事，即肃然整容，无复酒态。由是内外畏之，莫敢弛惰。

庚申，上殂于玉烛殿。遗诏："太宰义恭解尚书令，加中书监；以骠骑将军、南兖州刺史柳元景领尚书令，入居城内。事无巨细，悉关二公，大事与始兴公沈庆之参决；若有军旅，悉委庆之；尚书中事，委仆射颜师伯；外监所统，委领军将军王玄谟。"

是日，太子即皇帝位，年十六，大赦。吏部尚书蔡兴宗亲奉玺绶，太子受之，傲惰无戚容。兴宗出，告人曰："昔鲁昭不戚，叔孙知其不终。家国之祸，其在此乎！"

甲子，诏复以太宰义恭录尚书事，柳元景加开府仪同三司，领丹杨尹，解南兖州。

六月，丁亥，魏主如阴山。

秋，七月，己亥，以晋安王子勋为江州刺史。

柔然处罗可汗卒，子予成立，号受罗部真可汗，改元永康。部真帅众侵魏；辛丑，魏北镇游军击破之。

十二月初六日丙午，宋孝武帝巡视历阳。

十二月十四日甲寅，刘宋大赦天下。

十二月十九日己未，刘宋加授太宰刘义恭为尚书令。

十二月二十三日癸亥，宋孝武帝回到建康。

宋孝武帝大明八年（甲辰，464年）

春季，正月十七日丁亥，魏文成帝封立弟弟拓跋云为任城王。

正月十八日戊子，刘宋任命徐州刺史、新安王刘子鸾兼任司徒。

夏季，闰五月初五日壬寅，刘宋任命太宰刘义恭兼任太尉。

宋孝武帝到了晚年，更是贪财好利，凡是刺史、二千石官员免官回京时，一定限令他们进献贡奉，同时，还和他们一块儿樗蒲赌博，直到把他们的钱赢光才停止。孝武帝整天开怀畅饮，很少有清醒的时候。经常是伏在案几上昏睡过去，但是一旦外面有急事呈奏，就马上十分庄重地整理好容装，没有一点醉酒的神态，因此内臣外属们都十分畏惧，没有一个人敢做事懈怠。

五月二十三日庚申，孝武帝在玉烛殿去世。遗诏说："免去太宰刘义恭的尚书令一职，加授中书监。任命骠骑将军、南兖州刺史柳元景兼任尚书令，进入台城内居住。朝廷事务，无论大小，全都要启奏这两个人。国家大事要和始兴公沈庆之商量决定。如果有军务，就全都委托沈庆之处理。尚书府的事务，托付给仆射颜师伯处理。统领外监事务，委托领军将军王玄谟处理。"

这一天，太子刘子业登基即位，这一年十六岁，下令大赦天下。吏部尚书蔡兴宗亲自将玉玺捧上来，交给太子刘子业，太子刘子业接了过来，可是，态度傲慢懈怠，脸上一点悲哀的样子都没有。蔡兴宗退出来，对人说："从前，鲁昭公即位时，毫无悲伤之色，叔孙穆子就知道他不会有什么好结果。国与家的灾祸，莫非就在这里吗？"

五月二十七日甲子，刘宋诏令太宰刘义恭再任录尚书事。加封柳元景为开府仪同三司，兼任丹杨尹，免去南兖州刺史之职。

六月二十日丁亥，魏文成帝巡视阴山。

秋季，七月初二日己亥，刘宋任命晋安王刘子勋为江州刺史。

柔然处罗可汗郁久闾吐贺真去世，儿子郁久闾予成继立，号为受罗部真可汗。改年号为永康。受罗部真可汗率军南下侵犯北魏。七月初四日辛丑，北魏北方镇守的流动军队击败了受罗部真可汗。

壬寅，魏主如河西。高车五部相聚祭天，众至数万。魏主亲往临视之，高车大喜。

丙午，葬孝武皇帝于景宁陵，庙号世祖。

（以上为第十一段，写刘宋孝武帝刘骏晚年十分贪财好利，贪饮沉醉，去世后，太子刘子业继位，一副傲慢无礼而无悲伤的样子，大臣们断定他不会有什么好结果。）

庚戌，尊皇太后曰太皇太后，皇后曰皇太后。

乙卯，罢南北二驰道，及孝建以来所改制度，还依元嘉。尚书蔡兴宗于都座慨然谓颜师伯曰："先帝虽非盛德之主，要以道始终。三年无改，古典所贵。今殡宫始撤，山陵未远，而凡诸制度兴造，不论是非，一皆刊削，虽复禅代，亦不至尔。天下有识，当以此窥人。"师伯不从。

太宰义恭素畏戴法兴、巢尚之等，虽受遗辅政，而引身避事，由是政归近习。法兴等专制朝权，威行近远，诏敕皆出其手；尚书事无大小，咸取决焉，义恭与颜师伯但守空名而已。

蔡兴宗自以职管铨衡，每至上朝，辄为义恭陈登贤进士之意，又箴规得失，博论朝政。义恭性恇挠，阿顺法兴，恒虑失旨，闻兴宗言，辄战惧无答。兴宗每奏选事，法兴、尚之等辄点定回换，仅有在者。兴宗于朝堂谓义恭、师伯曰："主上谅暗，不亲万机；而选举密事，多被删改，复非公笔，亦不知是何天子意！"数与义恭等争选事，往复论执。义恭、法兴皆恶之。左迁兴宗新昌太守；既而以其人望，复留之建康。

丙辰，追立何妃曰献皇后。

乙丑，新安王子鸾解领司徒。戴法兴等恶王玄谟刚严，八月，丁卯，以玄谟为南徐州刺史。

王太后疾笃，使呼废帝。帝曰："病人间多鬼，那可往！"太后怒，

七月初五日壬寅，魏文成帝巡视河西。高车五个部落聚集在一起，举行祭天仪式，人员有数万之多。魏文成帝亲自巡视观看，高车人大为高兴。

七月初九日丙午，刘宋在景宁陵将孝武皇帝安葬，庙号为世祖。

七月十三日庚戌，刘宋尊祖母皇太后为太皇太后，尊母亲皇后王氏为皇太后。

七月十八日乙卯，刘宋下令废掉南北两条驰道，以及孝建年间以来更改的规章制度，全都恢复为元嘉时代的制度。吏部尚书蔡兴宗在会议的都堂上不禁感慨地对颜师伯说："先帝虽然并不是盛德的君主，总的说来始终遵循着道。三年不改父亲的制度，这是古代经典认为难能可贵的事。如今，先帝的祭堂刚刚撤掉，先帝下葬不久，但是却要将那时所有的规章制度，不管它对错、好坏，都要一律削砍改变。虽然这是帝位的替代，也不至于到如此地步啊！天下有识之士，可以根据这个来窥视一个人了。"颜师伯却不赞同蔡兴宗的看法。

太宰刘义恭平素一直害怕戴法兴、巢尚之等人，虽然接受遗命辅佐朝政，但他总是避身不愿多管政事，因此政权实际上是握在皇帝身边的宠臣手里。戴法兴等人专权独断，威势通行于远近，皇帝的诏令、文告，一概出自他们之手。尚书事务，无论大小巨细，也都由他们全权决定。刘义恭和颜师伯实际上不过是守个空名而已。

蔡兴宗自认为自己的职权是管理铨选授官，每到上朝时，他都要向刘义恭谈论举荐贤能人才的意思，又不时地检讨得失，多方议论朝政。刘义恭性格怯懦、屈从，对戴法兴极尽阿谀顺从，常常害怕不合他们的心意。每当听蔡兴宗讲话，刘义恭就战战兢兢，不敢回答一句。蔡兴宗每次呈奏要任命的名单，戴法兴和巢尚之等人就圈圈点点、反复更换，很少能保住名单上所列的人选。蔡兴宗在朝堂上对刘义恭和颜师伯说："主上正值守丧期间，不能亲自处理纷繁的朝政，而选任官员是朝廷秘密大事，可是，每次都要被删除、涂改，涂改的笔迹又不是你们的，也不知这是不是天子的意思。"蔡兴宗多次跟刘义恭等争论铨选职官的事情，来来回回，各执己见。刘义恭和戴法兴等人都很讨厌蔡兴宗。于是，就把蔡兴宗贬到新昌去任太守。不久，又因蔡兴宗声望太高，又留在了建康。

七月十九日丙辰，刘宋追封已去世的太子妃何令婉为献皇后。

七月二十八日乙丑，刘宋新安王刘子鸾被解除司徒。戴法兴等人讨厌王玄谟的刚毅严正，八月初一日丁卯，任命王玄谟为南徐州刺史。

皇太后王宪病势严重，派人去叫废帝刘子业。废帝说："病人房子里鬼多，我怎

谓侍者："取刀来，剖我腹，那得生宁馨儿！"己丑，太后殂。

九月，辛丑，魏主还平城。

癸卯，以尚书左仆射刘遵考为特进、右光禄大夫。

乙卯，葬文穆皇后于景宁陵。

冬，十二月，壬辰，以王畿诸郡为扬州，以扬州为东扬州。癸巳，以豫章王子尚为司徒、扬州刺史。

是岁，青州移治东阳。

宋之境内，凡有州二十二，郡二百七十四，县千二百九十九，户九十四万有奇。

东方诸郡连岁旱饥，米一升钱数百，建康亦至百余钱，饿死什六七。

（以上为第十二段，写刘宋太子刘子业继位后的治政，太宰刘义恭不问政事；大臣戴法兴独揽朝权，恣意妄为；吏部尚书蔡兴宗耿直被贬；概述刘宋行政区划。）

么能去！”王太后气得大怒，对侍者说：“拿刀来，剖开我肚子看看，我怎么会生出这种东西！”八月二十三日己丑，王太后去世。

九月初五日辛丑，魏文成帝返回平城。

九月初七日癸卯，刘宋任命尚书左仆射刘遵考为特进、右光禄大夫。

九月十九日乙卯，刘宋安葬文穆皇后在景宁陵。

冬季，十二月二十八日壬辰，把王畿各个郡划为扬州，把扬州称为东扬州。十二月二十九日癸巳，任命豫章王刘子尚为司徒、扬州刺史。

这一年，刘宋又把青州州府移回东阳。

刘宋境内，总共有二十二个州、二百七十四个郡、一千二百九十九个县、九十四万多户。

东边各郡经常连年干旱，出现饥荒，买一升米要几百钱，建康也要一百多钱，因此，十分之六七的人都被饿死了。

【点评】

论沈庆之平叛与固位。本卷记载刘宋所发生的重要事件就是竟陵王刘诞的所谓造反，而平定此难的竟是一位没有文化，“目不知书”的沈庆之。更令人惊异的是他竟位至三公。沈庆之是怎样登上高位的，又是如何保持荣华富贵的，能够在充满妒忌杀害了众多大臣的宋孝武帝手下立功建树，真是不容易。

竟陵王刘诞被指造反，宋孝武帝任命始兴公沈庆之为车骑大将军、开府仪同三司、南兖州刺史，率领大军，讨伐刘诞，这才开始了沈庆之对刘诞的作战，是他立功的机会。打仗时，沈庆之率领士卒攻城，身先士卒，亲自冒着飞箭和石头，向前冲杀，这是他作战屡屡成功的原因。

沈庆之与刘诞之间除了军事斗争还有外交上的巧妙周旋，破解了刘诞的一个个圈套。当沈庆之率军赶到，刘诞派沈庆之的同族人沈道愍带着自己的亲笔信，前去游说，并送给沈庆之一把玉环刀。沈庆之很聪明，没有接受游说，也没有杀来使，而是很客气地将沈道愍送了回去，并向沈道愍列举了刘诞的种种罪状。这里沈庆之列举的罪状，只是朝廷告知他的那些，自己并没有增添什么新的内容，这说明他只是表明自己奉命行事而已。再进一步，沈庆之率军来到广陵城下，刘诞登上城楼对他说：“沈公头发斑白之年，何苦还来此地呢！”刘诞之问，礼貌文明，沈庆之的回答十分睿智聪明：“朝廷认为你狂妄愚蠢，不足以烦劳那些青壮年出马了！”既回答了所问，又对对方做了评价，还以揶揄自己的手法暗含机关，深含的意思是像你这样的狂妄愚蠢，虽然我已经衰老无用，但是对付你已经足够了，所以朝廷将我们拴在了一起。

沈庆之进军扎营，直逼广陵城。刘诞给了沈庆之一重又一重的考验，先是派人将饭菜和美酒等送给沈庆之，沈庆之不打开，就全都烧了。接着刘诞又从城楼上把给皇上的奏章拿给他看，请求沈庆之代为呈送。沈庆之公事公办地说：“我是接受诏令前来讨伐叛贼的，不能替你呈送奏表。如果你一定要回到朝廷，接受死罪，你自己就应该打开城门，派遣使者，我为你护送前往。”既不伤对方的面子，又维护了原则立场，真是巧妙的回答。设若沈庆之代替转呈奏章，就会被误认为同党，这表明沈庆之有足够的政治经验，知道避嫌。他的政治头脑还表现在攻下广陵之后，朝廷颁布诏书，将广陵城内的所有居民，无论男女老少，全部杀掉。这时沈庆之请求留下身高五尺以下的人不杀，这是刀下留人，保留了劳动力，生产力，是社会最重要的构成。沈庆之建议把女子全都赏给将士们，解决了将士的家庭问题，同样也解决了社会问题，又获取人心。一个文盲会想到这么多，已经难能可贵了。

沈庆之的聪明，还在于他的政治生存技能。他知道位子高了会带来危险，所以坚持让去司空的位子。他财富极广，但是不贪爱财物，向国家捐献一千万钱，谷子

一万斛。他虽然不读书，但是知道输出得越多自己得到的越多的道理，明白贪得再多最后都不是自己的。他的生存之道还表现在远离政治。在政治漩涡中生存的最好办法就是远离政治，漠不关心政治。他多蓄养姬妾，整日悠游无所事事，尽情欢愉，不是朝贺的时候不出门，这样就不会被怀疑结帮拉派，搞政治团伙。他的作风低调，随从的车马稀少，跟从的不过三五人，路上遇见了绝对不知道他位列三公。这是他深刻研究了当朝的政治生态之后，尤其是亲眼看见同僚一个个被皇帝杀掉，所采取的保位的办法，一个文盲，不能直接从历史中获取经验，但是却如鱼得水地生活在险恶的政治环境中，的确是奇才。

关于竟陵王刘诞是不是造反，本卷没有明确记载，但是行文却十分清楚地表达了作者的立场。本卷一开始就写竟陵王刘诞只是知道宋孝武帝猜忌他，私下里做好了应变的准备而已。刘诞是被动的，不是主动的造反。那么，刘诞采取了什么应变措施？利用北魏大军侵入的时机，修筑城墙，疏通护城河，积蓄粮食，整治武器。就是准备一旦朝廷派人收拾自己时能够抵挡一阵。那么，造反的话是从什么地方来的？行文特别提醒说是路上都在传言，说刘诞就要反叛。偏巧，赶上吴郡平民刘成上书，与此同时，豫章平民陈谈之也上书，说的都是捕风捉影的事情，按说应该调查才是。可是，孝武帝立刻命令有关部门奏报刘诞的罪行，有关部门请求把刘诞抓进监狱，判刑惩治。事情明白无误，宋孝武帝需要这样的上书，借此成事而已。书中还记载了一个细节，足以说明刘诞并没有造反的准备，那就是朝廷派来抓自己的垣阆已经到达广陵，刘诞还没有醒过来，措手不及。手下人赶快报告给了刘诞。刘诞大吃一惊，从床上跳起，这都不是有预谋的样子。结论自然是宋孝武帝猜忌他，要他死！

宋纪十二

宋明帝泰始元年（465年）

【旃蒙大荒落（乙巳，465年），凡一年】

【大事提要】

本卷记事公元465年，凡一年，当宋明帝泰始元年。本卷所载大事，南朝刘宋发生四件大事。其一，皇室的内部残杀仍未止步。其二，宋废帝掩杀沈庆之，时年八十。其三，废帝继位时，将诸位叔父召回朝廷，不准离开建康。调回较为年长手握重兵的湘东王刘彧、建安王刘休仁、山阳王刘休祐三人。其四，废帝被杀，湘东王刘彧立为皇帝。北朝北魏发生一件大事，文成帝去世，皇太子拓跋弘继位，是为献文帝。

【原文】

太宗明皇帝上之上

泰始元年（乙巳，465年）

春，正月，乙未朔，废帝改元永光，大赦。

丙申，魏大赦。

二月，丁丑，魏主如楼烦宫。

自孝建以来，民间盗铸滥钱，商货不行。庚寅，更铸二铢钱，形式转细。官钱每出，民间即模效之，而更薄小，无轮郭，不磨鑢，谓之“耒子”。

三月，乙巳，魏主还平城。

夏，五月，癸卯，魏高宗殂。初，魏世祖经营四方，国颇虚耗，重以内难，朝野楚楚。高宗嗣之，与时消息，静以镇之，怀集中外，民心复安。甲辰，太子弘即皇帝位，大赦，尊皇后曰皇太后。

显祖时年十二，侍中、车骑大将军乙浑专权，矫诏杀尚书杨保年、平阳公贾爱仁、南阳公张天度于禁中。侍中、司徒、平原王陆丽治疾于代郡温泉，乙浑使司卫监穆多侯召之。多侯谓丽曰：“浑有无君之心。今宫车晏驾，王德望素重，奸臣所忌，宜少淹留以观之；朝廷安静，然后入，未晚也。”丽曰：“安有闻君父之丧、虑患而不赴者乎！”即驰赴平城。乙浑所为多不法，丽数争之。戊申，浑又杀丽及穆多侯。多侯，寿之弟也。己酉，魏以浑为太尉、录尚书事，东安王刘尼为司徒，尚书左仆射代人和其奴为司空。殿中尚书顺阳公郁谋诛乙浑，浑杀之。

壬子，魏以淮南王它为镇西大将军、仪同三司，镇凉州。

魏开酒禁。

壬午，加柳元景南豫州刺史，加颜师伯丹杨尹。

秋，七月，癸巳，魏以太尉乙浑为丞相，位居诸王上；事无大小，皆决于浑。

（以上为第一段，写北魏文成帝拓跋濬去世，十二岁的太子拓跋弘即位，一切大权都掌握在权臣乙浑的手中，乙浑肆意杀戮陆丽等大臣，刘尼等人谋诛乙浑，事泄，

【语译】

太宗明皇帝上之上

宋明帝泰始元年（乙巳，465年）

春季，正月初一日乙未朔，刘宋废帝刘子业改年号为永光。大赦天下。

正月初二日丙申，北魏大赦天下。

二月十四日丁丑，魏文成帝巡视楼烦宫。

自从孝建以来，民间私自滥造劣等钱币越来越多，在商业贸易中不能流通。二月二十七日庚寅，改铸二铢钱，样式上转为细小。朝廷铸制的官钱，每次流通起来，民间就立刻模仿铸制，更薄更小，没有轮廓，也不加工磨平，被称为“耒子”。

三月十二日乙巳，魏文成帝返回平城。

夏季，五月十一日癸卯，北魏高宗文成帝拓跋濬去世。当初，魏太武帝四处出兵，扩大疆土，致使国力空虚，再加上朝廷内部不断发生变乱，使朝廷官属与老百姓都十分痛苦。文成帝即位后，按照节令，休养生息，以静为治理宗旨，安抚内外，民心又安定下来了。五月十二日甲辰，太子拓跋弘继承帝位，下令大赦，尊皇后冯氏为皇太后。

魏献文帝这一年十二岁，侍中、车骑大将军乙浑专揽朝廷大权。乙浑假传圣旨杀害尚书杨保年、平阳公贾爱仁、南阳公张天度于宫禁中。侍中、司徒、平原王陆丽正因病在代郡温泉治疗，乙浑就派司卫监穆多侯前去征召陆丽回京。穆多侯对陆丽说：“乙浑已有反叛之心，如今，先帝刚刚去世，大王您素来德高望重，被奸佞贼臣所忌恨，您还是暂时留在这里观察观察再说。待朝廷安静下来再回去也不晚啊。”陆丽说：“哪有听说君父死了，担心祸患而不前去奔丧的人？”说完，就骑马赶往平城。乙浑所作所为大多不合法制，陆丽多次和他争辩。五月十六日戊申，乙浑又杀了陆丽和穆多侯。穆多侯是穆寿的弟弟。五月十七日己酉，北魏任命乙浑为太尉、录尚书事，东安王刘尼为司徒，尚书左仆射代郡人和其奴为司空。殿中尚书顺阳公拓跋郁图谋诛杀乙浑，乙浑把拓跋郁杀了。

五月二十日壬子，北魏任命淮南王拓跋它为镇西大将军、仪同三司，镇守凉州。

北魏解除禁酒令。

六月二十一日壬午，刘宋加授柳元景为南豫州刺史，加授颜师伯为丹杨尹。

秋季，七月初二日癸巳，北魏任命太尉乙浑为丞相，位居各位王之上。朝廷事务无论大小，都要由乙浑决定。

被杀。）

废帝幼而狷暴。及即位，始犹难太后、大臣及戴法兴等，未敢自恣。太后既殂，帝年渐长，欲有所为，法兴辄抑制之，谓帝曰："官所为如此，欲作营阳邪！"帝稍不能平。所幸阉人华愿兒，赐与无算，法兴常加裁减，愿兒恨之。帝使愿兒于外察听风谣，愿兒言于帝曰："道路皆言：'宫中有二天子：法兴为真天子，官为赝天子。'且官居深宫，与人物不接，法兴与太宰、颜、柳共为一体，往来门客恒有数百，内外士庶莫不畏服。法兴是孝武左右，久在宫闱；今与他人作一家，深恐此坐席非复官有。"帝遂发诏免法兴，遣还田里，仍徙远郡。八月，辛酉，赐法兴死；解巢尚之舍人。

员外散骑侍郎东海奚显度，亦有宠于世祖。常典作役，课督苛虐，捶扑惨毒，人皆苦之。帝常戏曰："显度为百姓患，比当除之。"左右因唱诺，即宣旨杀之。

尚书右仆射、领卫尉卿、丹杨尹颜师伯居权日久，骄奢淫恣，为衣冠所疾。帝欲亲朝政，庚午，以师伯为尚书左仆射，解卿、尹，以吏部尚书王彧为右仆射，分其权任。师伯始惧。

初，世祖多猜忌，王公、大臣，重足屏息，莫敢妄相过从。世祖殂，太宰义恭等皆相贺曰："今日始免横死矣。"甫过山陵，义恭与柳元景、颜师伯等声乐酣饮，不舍昼夜；帝内不能平。既杀戴法兴，诸大臣无不震慑，各不自安。于是元景、师伯密谋废帝，立义恭，日夜聚谋，而持疑不能决。元景以其谋告沈庆之；庆之与义恭素不厚，又师伯常专断朝事，不与庆之参怀，谓令史曰："沈公，爪牙耳，安得预政事！"庆之恨之，乃发其事。

癸酉，帝自帅羽林兵讨义恭，杀之，并其四子。断绝义恭支体，分裂肠胃，挑取眼睛，以蜜渍之，谓之"鬼目粽"。别遣使者称诏召柳元

刘宋废帝年幼时就急躁粗暴。即位后，开始时还多少畏惧母亲王太后以及大臣戴法兴等人，不敢放任。王太后去世后，废帝年纪渐长，想要有所作为，但每次戴法兴都加以阻挠，对废帝说："你这么乱做，难道是想要当营阳王吗？"废帝听到这种威吓，心里越来越不高兴。所宠信的小太监华愿兒，赏赐金银财宝不计其数。戴法兴经常加以限制，减少这一支出，华愿兒因此怨恨戴法兴。废帝令华愿兒到宫廷外打听老百姓对朝廷的议论，华愿兒对废帝说："外面人们都说'皇宫内有两个天子，戴法兴是真天子，陛下是假天子'。况且住在深宫之内，和外边没有接触，戴法兴和太宰刘义恭、颜师伯、柳元景结为一体，门下来往的宾客，总数有百人之多，内外官民对他们没有不畏惧服从的。戴法兴又是世祖的亲信，在宫廷内已经很久了，如今，戴法兴和别人合为一家，我深怕您这个位子不再会属于官家所有。"废帝立刻颁布诏书罢免了戴法兴，遣送戴法兴回到农村老家，又把戴法兴放逐到边远的郡县。八月初一日辛酉，废帝又命令戴法兴自杀，免去巢尚之的中书通事舍人之职。

员外散骑常侍东海人奚显度，也受过孝武帝的宠信，曾负责建筑方面的事务，监督苛刻，暴虐肆行，动不动就捶扑鞭打，人们都苦不堪言。孝武帝曾嬉笑说："奚显度是老百姓的祸患，不久就该除掉他。"而左右竟趁机答应下来，马上传达圣旨，杀了奚显度。

尚书右仆射、领卫尉卿、丹杨尹颜师伯把持朝廷大权很久了，骄奢淫逸，受到士族的忌恨。废帝打算亲自处理朝政，八月初十日庚午，任命颜师伯为尚书左仆射，免去卫尉卿和丹杨尹的职务，又任命吏部尚书王彧为右仆射，和颜师伯分权行事。颜师伯这才开始感到害怕。

当初，孝武帝生性多疑，王公大臣们叠足站立，屏住呼吸，没有谁敢随便来往。等到孝武帝去世时，太宰刘义恭等人都互相庆贺，说："到今天才可免于横祸而死了。"刚刚将孝武帝安葬完毕，刘义恭就和柳元景、颜师伯等人观歌听曲，开怀畅饮，不分昼夜。废帝心中愤愤不平。戴法兴被杀以后，各位大臣无不感到震动，人人自危，这时柳元景和颜师伯秘密策划，要废掉皇帝，立刘义恭为皇帝。柳元景等日日夜夜聚集筹谋，但始终犹豫不定。柳元景把这一密谋偷偷告诉了沈庆之，沈庆之和刘义恭平日关系就不好，而颜师伯又经常独断专行，从不和沈庆之商议，颜师伯对令史说："沈公不过是个爪牙而已，哪里能参与朝廷政事！"所以，沈庆之对颜师伯怀恨在心，为此，沈庆之竟把柳元景等人的预谋告发了。

八月十三日癸酉，废帝亲自率领羽林军讨伐刘义恭，杀了刘义恭及他的四个儿子。将刘义恭的身体肢解，把胃肠挑出来，把眼睛剜出来，然后用蜜糖浸渍，称为

景，以兵随之。左右奔告："兵刃非常。"元景知祸至，入辞其母，整朝服乘车应召。弟车骑司马叔仁戎服，帅左右壮士欲拒命，元景苦禁之。既出巷，军士大至。元景下车受戮，容色恬然，并其八子、六弟及诸侄。获颜师伯于道，杀之，并其六子。又杀廷尉刘德愿。改元景和，文武进位二等。遣使诛湘州刺史江夏世子伯禽。自是公卿以下，皆被捶曳如奴隶矣。

（以上为第二段，写前废帝刘子业执政时的宫廷矛盾与斗争，戴法兴专权，被罢逐杀；刘义恭与柳元景、颜师伯合谋废帝，被沈庆之告发，被斩首，祸及子孙。）

初，帝在东宫，多过失，世祖欲废之而立新安王子鸾，侍中袁顗盛称"太子好学，有日新之美"，世祖乃止。帝由是德之。既诛群公，欲引进顗，任以朝政，迁为吏部尚书，与尚书右丞徐爰皆以诛义恭等功，赐爵县子。

徐爰便僻善事人，颇涉书传，自元嘉初，入侍左右，豫参顾问；既长于附会，又饰以典文，故为太祖所任遇；大明之世，委寄尤重。时殿省旧人多见诛逐，唯爰巧于将迎，始终无迕；废帝待之益厚，群臣莫及。帝每出，常与沈庆之及山阴公主同辇，爰亦预焉。

山阴公主，帝姊也，适驸马都尉何戢。戢，偃之子也。公主尤淫恣，尝谓帝曰："妾与陛下，男女虽殊，俱托体先帝。陛下六宫万数，而妾唯驸马一人，事太不均。"帝乃为公主置面首左右三十人；进爵会稽郡长公主，秩同郡王。吏部郎褚渊貌美，公主就帝请以自侍，帝许之。渊侍公主十余日，备见逼迫，以死自誓，乃得免。渊，湛之之子也。

帝令太庙别画祖考之像，帝入庙，指高祖像曰："渠大英雄，生擒数天子。"指太祖像曰："渠亦不恶；但末年不免儿斫去头。"指世祖像曰："渠大齇鼻，如何不齇？"立召画工令齇之。

以建安王休仁为雍州刺史，湘东王彧为南豫州刺史，皆留不遣。

“鬼目粽”。又另外派遣使者前去柳元景家里征召，并派士兵跟随。柳元景左右侍从报告说：“兵刃非同往常。”柳元景知道大祸来临，进去和母亲辞别，然后，镇定自若，穿上朝服，乘车前去应召。柳元景的弟弟、车骑司马柳叔仁穿着戎服，率领左右壮士打算拒绝听命，柳元景苦苦劝阻。等到柳元景走出巷口，行刑军士已经到达，于是，柳元景下车，接受斩首。临刑前，柳元景面色安然，从容镇定。柳元景的六个弟弟、八个儿子及各个侄子也同遭杀戮。同时，又在路上抓获了颜师伯，将其斩首，颜师伯的六个儿子也被诛杀。又杀了廷尉刘德愿。改年号为景和，文武官员全都提升二级。派遣使者杀了湘州刺史、江夏王世子刘伯禽。从此，公卿以下官员都随时会像奴隶一样被捶打拖拽。

当初，废帝在东宫时，经常有过失，孝武帝想要废黜他，而立新安王刘子鸾为太子。侍中袁颉大肆称赞说“太子好学，有日日求新的美德”，孝武帝这才作罢。废帝为此十分感激袁颉。等到各位大臣被诛杀以后，废帝就打算引用并提升袁颉，让袁颉掌管朝政，提升为吏部尚书，和尚书右丞徐爰一同因诛杀刘义恭等人有功，被赐爵为县子。

徐爰精于逢迎谄媚，也涉猎过很多诗书史传，自从元嘉初年，就进入皇宫服侍于皇帝左右，参与顾问，既长于附和逢迎，而且又能用一些经典词句装饰自己，因此，很受宋文帝的信任。大明的时候，对徐爰更为信任。当时，宫廷的旧人大多被他诛杀或被放逐，只有徐爰一人工于心计，巧于迎合，自始至终没有忤逆过。废帝对他更加优厚，每次出去，经常和沈庆之及山阴公主乘坐同一辆辇车，徐爰也往往同乘。

山阴公主刘楚玉是废帝的姐姐，嫁给了驸马都尉何戢。何戢是何偃的儿子。山阴公主尤为恣意放荡，她曾经对废帝说：“妾与陛下，虽然男女性别不一样，但都是一个父亲所生。陛下的六宫可以有上万美女，可妾却只有驸马一人，实在是太不公平了。”于是，废帝就为山阴公主选了三十个面首，并加封山阴公主为会稽郡长公主，俸禄和郡王一样。吏部郎褚渊容貌漂亮，公主就去废帝那里请求让褚渊侍奉自己。废帝答应了她。褚渊侍奉了公主十几天，备受公主的威逼，但褚渊宁死不屈，最后才得以幸免放回。褚渊是褚湛之的儿子。

废帝命令在太庙另外绘制祖先的画像，画成之后，废帝进入庙内观看，指着高祖刘裕画像说：“这可是一位大英雄，活捉了几个天子。”又指着太祖刘义隆的画像说：“这个人也不恶，只可惜晚年被儿子砍了头。”然后，指着世祖刘骏的画像说：‘此人是个大酒糟鼻子，可怎么没有了酒糟？”废帝立刻叫画匠把刘骏的酒糟鼻子画出来。

任命建安王刘休仁为雍州刺史，湘东王刘彧为南豫州刺史，但全都将其留在建

甲戌，以司徒、扬州刺史豫章王子尚领尚书令。以始兴公沈庆之为侍中、太尉，庆之固辞。征青、冀二州刺史王玄谟为领军将军。

魏葬文成皇帝于金陵，庙号高宗。

九月，癸巳，帝如湖熟；戊戌，还建康。

新安王子鸾有宠于世祖，帝疾之。辛丑，遣使赐子鸾死，又杀其母弟南海王子师及其母妹，发殷贵妃墓，又欲掘景宁陵，太史以为不利于帝，乃止。

初，金紫光禄大夫谢庄为殷贵妃诔曰："赞轨尧门。"帝以庄比贵妃于钩弋夫人，欲杀之。或说帝曰："死者人之所同，一往之苦，不足为困。庄生长富贵，今系之尚方，使知天下苦剧，然后杀之，未晚也。"帝从之。

（以上为第三段，写刘宋废帝刘子业的恶行，残酷杀害殷贵妃及新安王刘子鸾，又欲杀为殷贵妃作悼词的谢庄；子业之姐山阴公主放纵淫荡。）

徐州刺史义阳王昶，素为世祖所恶，民间每讹言昶当反；是岁，讹言尤甚。废帝常谓左右曰："我即大位以来，遂未尝戒严，使人邑邑！"昶使典签蘧法生奉表诣建康，求入朝，帝谓法生曰："义阳与太宰谋反，我正欲讨之。今知求还，甚善！"又屡诘问法生："义阳谋反，何故不启？"法生惧，逃还彭城，帝因此用兵。己酉，下诏讨昶，内外戒严。帝自将兵渡江，命沈庆之统诸军前驱。

法生至彭城，昶即聚兵反，移檄统内诸郡，皆不受命，斩昶使；将佐文武悉怀异心。昶知事不成，弃母、妻，携爱妾，夜与数十骑开北门奔魏。昶颇涉学，能属文，魏人重之，使尚公主，拜侍中、征南将军、驸马都尉，赐爵丹杨王。

吏部尚书袁顗，始为帝所宠任，俄而失指，待遇顿衰，使有司纠奏其罪，白衣领职。顗惧，诡辞求出。甲寅，以顗督雍梁诸军事、雍州刺史。顗舅蔡兴宗谓之曰："襄阳星恶，何可往？"顗曰："白刃交前，不救流矢。今者之行，唯愿生出虎口耳。且天道辽远，何必皆验！"

康，不派遣他们到任。

八月十四日甲戌，任命司徒、扬州刺史、豫章王刘子尚兼尚书令；始兴公沈庆之为侍中、太尉。沈庆之坚决推辞。又征调青、冀二州的刺史王玄谟为领军将军。

北魏在金陵安葬了魏文成帝，庙号为高宗。

九月初三日癸巳，刘宋废帝巡视湖熟。九月初八日戊戌，返回建康。

新安王刘子鸾很受世祖的宠爱，废帝很嫉恨。九月十一日辛丑，派遣使者命刘子鸾自杀，同时还杀了刘子鸾的同母弟弟南海王刘子师以及同母妹妹，掘发了殷贵妃的坟墓。又打算掘开孝武帝陵墓，太史认为这样做会对皇帝不利，才停止了。

当初，金紫光禄大夫谢庄为殷贵妃写悼词，说："辅佐引导圣明如唐尧的皇帝。"废帝认为谢庄把殷贵妃比作了汉武帝的钩弋夫人，所以打算杀了谢庄。有人对废帝说："死这件事，人人都是一样的，一下子就死的痛苦，不足以不能忍受。谢庄生长于富贵人家，如今，关押在尚方做苦工，让谢庄尝尝天下最大的痛苦，然后再杀也不晚。"废帝依从了这一建议。

徐州刺史义阳王刘昶，平时就令孝武帝厌恶，民间经常讹传刘昶终有一天会造反。这一年，这种谣传更为厉害，废帝常对左右侍从说："自从我登基即位以来，还没有实行过戒严，这使人抑郁。"刘昶派典签蘧法生到建康呈递奏章，请求入朝晋见。废帝对蘧法生说："刘昶和太宰刘义恭谋反，我正打算前去讨伐刘昶。现今知道刘昶请求回来真是太好了！"接着又不断责问蘧法生："义阳图谋造反，你为什么不报告？"蘧法生听后很害怕，马上逃回了彭城。废帝为此动用军队前去讨伐刘昶。九月十九日己酉，诏令讨伐刘昶，京师内外实行戒严。废帝亲自率领大军渡过长江，命令沈庆之率领其他各路大军做前锋。

蘧法生回到彭城，刘昶就起兵反叛，派人将檄文送到自己管辖的各郡，可是这些郡却拒绝接受命令，斩杀了刘昶派去的使者；手下的文武将士也都怀有二心。刘昶知道此事不会成功，就抛弃了母亲和妻子，只带着自己宠爱的小妾，在深夜和几十名骑兵，打开北门，逃奔到北魏。刘昶颇有学问，下笔成文，北魏很器重刘昶，让他娶了北魏公主，拜为侍中、征南将军、驸马都尉，赐爵为丹杨王。

吏部尚书袁𫖮，开始时很受废帝的宠信，不久因为不合心意，礼遇一下子就变了，并下令有关部门弹劾袁𫖮，仅以平民的身份担任现职。袁𫖮深为恐惧，就编了一些理由，请求调任外地。九月二十四日甲寅，朝廷任命袁𫖮为督雍梁诸军事、雍州刺史。舅舅蔡兴宗对袁𫖮说："襄阳的星象不利，怎么能去？"袁𫖮说："白刃相交于胸前，流箭射来已无法自救了。今天这次出行，只盼活着逃出虎口罢了。况且，

是时，临海王子顼为都督荆湘等八州诸军事、荆州刺史，朝廷以兴宗为子顼长史、南郡太守，行府州事，兴宗辞不行。颛说兴宗曰：“朝廷形势，人所共见。在内大臣，朝不保夕，舅今出居陕西，为八州行事，颛在襄、沔，地胜兵强，去江陵咫尺，水陆流通。若朝廷有事，可以共立桓、文之功，岂比受制凶狂、临不测之祸乎！今得间不去，后复求出，岂可得邪！”兴宗曰：“吾素门平进。与主上甚疏，未容有患。宫省内外，人不自保，会应有变。若内难得弭，外衅未必可量。汝欲在外求全，我欲居中免祸，各行其志，不亦善乎！”

颛于是狼狈上路，犹虑见追，行至寻阳，喜曰：“今始免矣。”邓琬为晋安王子勋镇军长史、寻阳内史，行江州事。颛与之款狎过常，每清闲，必尽日穷夜。颛与琬人地本殊，见者知其有异志矣。寻复以蔡兴宗为吏部尚书。

戊午，解严。帝因自白下济江至瓜步。

沈庆之复启听民私铸钱，由是钱货乱败。千钱长不盈三寸，大小称此，谓之“鹅眼钱”；劣于此者，谓之“綖环钱”。贯之以缕，入水不沈，随手破碎。市井不复料数，十万钱不盈一掬，斗米一万，商货不行。

（以上为第四段，写义阳王刘昶被迫造反，被皇帝刘子业镇压；吏部尚书袁颛宠幸稍衰，想方设法逃出朝廷；沈庆之再次提出听民私铸，一片混乱，商货不行。）

冬，十月，丙寅，帝还建康。

帝舅东阳太守王藻尚世祖女临川长公主。公主妒，谮藻于帝。己卯，藻下狱死。

会稽太守孔灵符，所至有政绩；以忤犯近臣，近臣谮之，帝遣使鞭杀灵符，并诛其二子。

宁朔将军何迈，瑀之子也，尚帝姑新蔡长公主。帝纳主于后宫，谓之谢贵嫔；诈言公主薨，杀宫婢，送迈第殡葬，行丧礼。庚辰，拜贵嫔为夫人。加鸾辂龙旂，出警入跸。迈素豪侠，多养死士，谋因帝出游，

天之道深远难测，吉凶怎么能一定都应验！”

这时，临海王刘子顼是都督荆湘等八州诸军事、荆州刺史。朝廷任命蔡兴宗为刘子顼的长史、南郡太守，代理府州事，蔡兴宗推辞不去。袁觊就劝蔡兴宗说：“朝廷目前的形势，人人都看得很清楚。留在这里的大臣，常常是朝不保夕。舅父出居荆州，管八州军事，我在襄、沔一带，那里地势优越，兵力强大，离江陵只有咫尺之远，水路和陆路交通便利。如果朝廷有变化，可以一起建树齐桓公、晋文公的功业，比起在朝廷受残暴之人压制、总是面对不测之祸岂不是更好吗？如今你有机会出去而不肯走，以后你再请求外出，怎么能得到呢？”蔡兴宗说：“我出身于一般门第，一步步得以升迁，和主上很疏远，不见得会有什么大的祸患。朝廷内外，人人都岌岌可危，这样看来，一定会发生变故。如果朝廷内的祸难得以消除，地方上的祸患却不好估计。你打算在外地保求自己，我则想在朝廷内免于灾祸，我们各行己志，不也是很好嘛！”

袁觊这时匆匆忙忙上路，还担心会被追捕。一直走到寻阳，才高兴地说：“现今才开始免于大祸了。”邓琬是晋安王刘子勋的镇军长史、寻阳内史，执行江州事务。袁觊与邓琬交往游玩，亲密异常，一有空闲就整天整夜地在一起。袁觊和邓琬的人品门第本来就不一样，看见的人，都知道他们有了异样的意图。不久，朝廷又任命蔡兴宗为吏部尚书。

九月二十八日戊午，解除戒严。废帝就从白下过长江，到了瓜步。

沈庆之再次启奏，请求允许民间自行铸钱。从此以后，钱币混乱。一千钱串起来还不满三寸之高，其大小也与此相当，人们称之为“鹅眼钱”，比“鹅眼钱”更差的叫“綖环钱”。这种“綖环钱”，用线串起来后，放到水里也不沉底，而只要用手一捏，立刻破碎。集市上都不计算钱的重量，十万钱都不满一捧，一斗米就要一万钱，商贸交易已无法进行。

冬季，十月初七日丙寅，废帝回到建康。

废帝的舅父、东阳太守王藻娶了世祖的女儿临川长公主刘英媛。公主生性嫉妒，在废帝面前进谗言陷害王藻。十月二十日己卯，王藻被捕入狱而死。

会稽太守孔灵符，所到之处，都有政绩，但是，只因为他冒犯了废帝的左右亲信，这些人诬陷他，废帝竟派人用鞭子抽死了孔灵符，同时，还诛杀了孔灵符的两个儿子。

宁朔将军何迈是何瑀的儿子，娶了废帝的姑母、新蔡长公主刘英媚。废帝却把刘英媚留在后宫，称她为谢贵嫔。对外又谎称刘英媚死了。杀了一个宫女，送给何迈，用公主的礼仪发葬。十月二十一日庚辰，封谢贵嫔为夫人，并特别许可，允许

废之，立晋安王子勋。事泄，十一月，壬辰，帝自将兵诛迈。

初，沈庆之既发颜、柳之谋，遂自昵于帝，数尽言规谏，帝浸不悦。庆之惧，杜门不接宾客。尝遣左右范羡至吏部尚书蔡兴宗所。兴宗使羡谓庆之曰："公闭门绝客，以避悠悠请托者耳。如兴宗，非有求于公者也，何为见拒？"庆之使羡邀兴宗。

兴宗往见庆之，因说之曰："主上比者所行，人伦道尽；率德改行，无可复望。今所忌惮，唯在于公；百姓喁喁，所瞻赖者，亦在公一人而已。公威名素著，天下所服。今举朝遑遑，人怀危怖，指麾之日，谁不响应！如犹豫不断，欲坐观成败，岂惟旦夕及祸，四海重责将有所归！仆蒙眷异常，故敢尽言，愿公详思其计。"庆之曰："仆诚知今日忧危，不复自保，但尽忠奉国，始终以之，当委任天命耳。加老退私门，兵力顿阙，虽欲为之，事亦无成。"兴宗曰："当今怀谋思奋者，非欲邀功赏富贵，正求脱朝夕之死耳。殿中将帅，唯听外间消息；若一人唱首，则俯仰可定。况公统戎累朝，旧日部曲，布在宫省，受恩者多，沈攸之辈皆公家子弟耳，何患不从！且公门徒、义附，并三吴勇士。殿中将军陆攸之，公之乡人，今入东讨贼，大有铠仗，在青溪未发。公取其器仗以配衣麾下，使陆攸之帅以前驱，仆在尚书中，自当帅百僚按前代故事，更简贤明以奉社稷，天下之事立定矣。又，朝廷诸所施为，民间传言公悉豫之。公今不决，当有先公起事者，公亦不免附从之祸。闻车驾屡幸贵第，酣醉淹留；又闻屏左右，独入阁内，此万世一时，不可失也。"庆之曰："感君至言。然此大事，非仆所能行；事至，固当抱忠以没耳。"

青州刺史沈文秀，庆之弟子也，将之镇，帅部曲出屯白下，亦说庆之曰："主上狂暴如此，祸乱不久，而一门受其宠任，万物皆谓与之同心。

乘坐有龙旗鸾铃的御车，出入时，所过街市实行戒严。何迈平素豪爽，有侠士风范，而且蓄养了许多为自己效死的人。何迈不能忍受这种侮辱，就计划趁废帝出游时，把废帝废了，拥立晋安王刘子勋为皇帝。事情走漏风声，十一月初三日壬辰，废帝亲自率兵杀了何迈。

当初，沈庆之在揭发了颜师伯、柳元景的谋反事件后，主动向废帝表示亲近，多次直言劝谏，废帝对沈庆之渐渐不满起来。沈庆之为此很害怕，闭门不接待客人。有一次派侍从范羡去吏部尚书蔡兴宗那里，兴宗就让范羡转告沈庆之说："您闭门谢客，不过是要逃避无休止的请托罢了。像我蔡兴宗，对您并无所求，为什么也要拒绝不见呢？"于是，沈庆之立刻派范羡去请蔡兴宗。

蔡兴宗前去探望沈庆之，游说说："主上近来的所作所为，已丧尽人伦天道。改变德行，已经没有什么指望了。如今所忌惮的，只有你一人。老百姓所仰望的，也只有你一个人了。你威名素来传播很远，天下之人都佩服。而如今，举朝人士都惶惶不可终日，人人自危，如果举起大旗，有谁能不热烈响应呢？如果犹豫不能决断，只是打算坐观国家的兴衰，岂止是大祸将临，而且，将来四海之内都会为此责骂你。我承蒙厚爱，所以把话全都说出来。希望你能仔细考虑。"沈庆之说："我已经知道现今面临的危险和忧患，我已不能再保全自己了，只是想尽忠报国，始终如一罢了。一切只能听从天命了。加上我年事已高，退职在家，手无军权。即使是想这样做，恐怕也不能成功了。"蔡兴宗说："当今身怀谋略、寻求奋起的人，都不是想要贪图功名富贵，而只是想摆脱随时被诛杀的险地。殿中将帅都在倾听外界的消息，如果有一个人领头起来，那么俯仰之间，大局就可以确定。何况您历经三朝统领大军，昔日的部下将士，大多都分布在宫廷和朝廷里，蒙受您的大恩的有很多。沈攸之等人，又是沈家的子弟，怎么会怕他们不响应呢。况且，您的门徒、义附，又都是三吴地区的勇士。殿中将军陆攸之，是您的同乡，如今去东部讨伐逆贼，拥有大量武器，现今正在青溪停留。您可以拿着陆攸之的武器，配备部下，派陆攸之做前锋。我在尚书内，自会率领文武百官，按照前代旧例，另立贤君，治理国家，那么，天下大事从此也就确定了。另外，朝廷所做的很多事情，民间都讹传说有您参与谋划。您现今迟疑不决，当有人在您之前起兵了，那么，您也免不了被当作帮凶，惹下大祸。我听说，主上多次来您这里，每次都是大醉，停留的时间很长。又听说，主上除去左右侍从，经常单独进来，这是万世难寻的好机会，我们不可失去这一机会。"沈庆之说："听了你的至理之言，令我非常感动。可是这样大的事情，不是我一人能做得了的。事到临头，我也只能怀抱忠贞，一死而已。"

青州刺史沈文秀，是沈庆之弟弟的儿子。他要到州所就任，率领部下屯兵在白下，便也前来劝说沈庆之："主上如此狂妄暴虐，祸乱不久就会来到，而独一家受到

且若人爱憎无常，猜忍特甚，不测之祸，进退难免。今因此众力图之，易于反掌。机会难值，不可失也。”再三言之，至于流涕。庆之终不从。文秀遂行。

及帝诛何迈，量庆之必当入谏。先闭青溪诸桥以绝之。庆之闻之，果往，不得进而还。帝乃使庆之从父兄子直阁将军攸之赐庆之药。庆之不肯饮，攸之以被揜杀之，时年八十。庆之子侍中文叔欲亡，恐如太宰义恭被支解，谓其弟中书郎文季曰：“我能死，尔能报。”遂饮庆之之药而死。弟秘书郎昭明亦自经死。文季挥刀驰马而去，追者不敢逼，遂得免。帝诈言庆之病薨，赠侍中、太尉，谥曰忠武公，葬礼甚厚。

（以上为第五段，写八十高年的司空沈庆之忠于刘子业，数人劝他反叛，终不从；就是这样的忠臣，还是被暴君赐死；其子一学伍尚，尽孝；一学伍员，逃奔。）

领军将军王玄谟数流涕谏帝以刑杀过差，帝大怒。玄谟宿将，有威名，道路讹言玄谟已见诛。蔡兴宗尝为东阳太守，玄谟典签包法荣家在东阳，玄谟使法荣至兴宗所。兴宗谓法荣曰：“领军殊当忧惧。”法荣曰：“领军比日殆不复食，夜亦不眠，恒言收已在门，不保俄顷。”兴宗曰：“领军忧惧，当为方略，那得坐待祸至！”因使法荣劝玄谟举事。玄谟使法荣谢曰：“此亦未易可行，期当不泄君言。”

右卫将军刘道隆，为帝所宠任，专典禁兵。兴宗尝与之俱从帝夜出，道隆过兴宗车后，兴宗曰：“刘君！比日思一闲写。”道隆解其意，掐兴宗手曰：“蔡公勿多言！”

壬寅，立皇后路氏，太皇太后弟道庆之女也。

帝畏忌诸父，恐其在外为患，皆聚之建康，拘于殿内，殴捶陵曳，无复人理。湘东王彧、建安王休仁、山阳王休祐，皆肥壮，帝为竹笼，盛而称之，以彧尤肥，谓之“猪王”，谓休仁为“杀王”，休祐为“贼王”。以三王年长，尤恶之，常录以自随，不离左右。东海王祎性凡劣，谓之“驴王”；桂阳王休范、巴陵王休若年尚少，故并得从容。尝以木槽盛饭，并杂食搅之，掘地为坑，实以泥水，裸彧内坑中，使以口就槽食

宠信，人们都认为我们和主上同心。况且这个人喜怒爱憎变化无常，非常残暴无情，无法预测的灾祸，进也难免，退也难免。现今，趁着众多力量去谋废这废帝，是易如反掌的事。好机会千载难逢，不能失去。”沈文秀再三劝沈庆之，直到落泪。但沈庆之到底也没答应。沈文秀只好前去赴任。

废帝杀了何迈后，估计沈庆之一定前来劝谏，就先关闭了青溪各桥，断了来路。沈庆之听说何迈被杀后，果然前往劝谏，没有被允许进宫，只好返回。废帝让沈庆之的堂侄、直阁将军沈攸之赐沈庆之毒药，命沈庆之自杀。沈庆之不肯喝，沈攸之就用被子将沈庆之闷死，沈庆之这年八十岁。沈庆之的儿子、侍中沈文叔打算逃走，又怕像太宰刘义恭那样被肢解，就对弟弟、中书郎沈文季说：“我可以去死，你能报仇。”于是，喝下给沈庆之的毒药而死。沈文叔的弟弟、秘书郎沈昭明也上吊自杀。沈文季挥刀飞马逃走，追赶的人不敢紧逼，于是免于一死。废帝对外诈称沈庆之病死，追赠为侍中、太尉，谥号为忠武公，葬礼也很隆重。

领军将军王玄谟几次痛哭流涕地劝谏废帝，说皇帝刑杀过度，废帝大怒。王玄谟是一员老将，很有威望，民间都谣传王玄谟已被诛杀。蔡兴宗曾担任过东阳太守，而王玄谟的典签包法荣也家住东阳。王玄谟就派包法荣到蔡兴宗那里。蔡兴宗对包法荣说：“领军恐怕此时更为忧虑、恐惧。”包法荣说：“领军近日白天不想吃饭，晚上也睡不着觉。总是说逮捕自己的人就在大门外边，自己不久就保不住命了。”蔡兴宗说：“领军忧虑、恐惧，应该想出好办法自救，怎么能坐等大祸临头呢！”蔡兴宗顺势让包法荣劝说王玄谟起兵。王玄谟又让包法荣向蔡兴宗道歉说：“这也不是容易办得到的，但我决不会泄露你说的话。”

右卫将军刘道隆，受废帝宠信重用，专门管领禁卫军。蔡兴宗曾经一块随从废帝在夜里出游，刘道隆走过蔡兴宗车后，蔡兴宗说：“刘君，近来我想找个清闲的日子，和您谈谈。”刘道隆明白蔡兴宗的意思，就掐了一下蔡兴宗的手，说：“蔡公不要多言！”

十一月十三日壬寅，刘宋立路氏为皇后。路皇后是太皇太后的弟弟路道庆的女儿。

废帝畏惧嫉恨各位叔父，唯恐他们在外制造祸患，就把他们全都聚集在建康，拘禁在殿内，殴打鞭笞欺辱，不再有人伦道德。湘东王刘彧、建安王刘休仁、山阳王刘休祐，长得都很肥壮，废帝就编了竹笼，把他们盛放起来放到秤上称量。刘彧最胖，就称为“猪王”，称刘休仁为“杀王”，刘休祐为“贼王”。又因为这三个叔父年纪较大，所以更讨厌他们，而且常常押着他们跟随着自己，不离左右。东海王刘祎品性顽劣，就称为“驴王”。桂阳王刘休范、巴陵王刘休若年纪还小，所以二人还

之，用为欢笑。前后欲杀三王以十数；休仁多智数，每以谈笑佞谀说之，故得推迁。

少府刘曚妾孕临月，帝迎入后宫，俟其生男，欲立为太子。彧尝忤旨，帝裸之，缚其手足，贯之以杖，使人担付太官。曰："今日屠猪！"休仁笑曰："猪未应死。"帝问其故。休仁曰："待皇子生，杀猪取其肝肺。"帝怒乃解，曰："且付廷尉。"一宿，释之。丁未，曚妾生子，名曰皇子，为之大赦，赐为父后者爵一级。

帝又以太祖、世祖在兄弟数皆第三，江州刺史晋安王子勋亦第三，故恶之，因何迈之谋，使左右朱景云送药赐子勋死。景云至湓口，停不进。子勋典签谢道迈、主帅潘欣之、侍书褚灵嗣闻之，驰以告长史邓琬，泣涕请计。琬曰："身南土寒士，蒙先帝殊恩，以爱子见托，岂得惜门户百口，期当以死报效。幼主昏暴，社稷危殆，虽曰天子，事犹独夫。今便指帅文武，直造京邑，与群公卿士，废昏立明耳。"

戊申，琬称子勋教，令所部戒严。子勋戎服出听事，集僚佐，使潘欣之口宣旨谕之。四座未对，录事参军陶亮首请效死前驱，众皆奉旨。乃以亮为谘议参军，领中兵，总统军事；功曹张沈为谘议参军，统作舟舰；南阳太守沈怀宝、岷山太守薛常宝、彭泽令陈绍宗等并为将帅。

初，帝使荆州录送前军长史、荆州行事张悦至湓口，琬称子勋命，释其桎梏，迎以所乘车，以为司马。悦，畅之弟也。琬、悦二人共掌内外众事，遣将军俞伯奇帅五百人断大雷，禁绝商旅及公私使命。遣使上诸郡民丁，收敛器械。旬日之内，得甲士五千人，出顿大雷，于两岸筑垒。又以巴东、建平二郡太守孙冲之为谘议参军，领中兵，与陶亮并统前军。移檄远近。

戊午，帝召诸妃、主列于前，强左右使辱之。南平王铄妃江氏不从。帝怒，杀妃三子南平王敬猷、庐陵王敬先、安南侯敬渊，鞭江妃一百。

（以上为第六段，写前废帝刘子业的种种暴行，在死亡的路上渐行渐远，把诸位

可以自由。曾经在一个木槽里放上饭，里面又搅拌些杂食，在地上挖了一个坑，里面灌满泥巴、脏水，把刘彧剥光，放到泥坑里，让他用嘴吃槽子里的饭，以此来取笑。废帝前前后后十几次要杀了这三位叔父，每次都亏得刘休仁机智，谈笑之间，用谄佞阿谀的话去讨好，三人才得以苟延残喘，保住性命。

少府刘曚的妾怀孕即将临产，废帝就把她接到后宫，等到生下男孩后，就立为太子。刘彧曾经触怒过废帝，废帝就命令把刘彧剥光，捆住手脚，用一个木棍穿起来抬着，交给太官说："今天杀猪。"刘休仁笑着说："猪不该杀。"废帝问为什么，刘休仁说："等到皇子生下来，再杀了猪，掏出肝肺来。"废帝这才息怒，说："暂时交给廷尉处理。"经过一夜才放了刘彧。十一月十八日丁未，刘曚的妾生了一个儿子，废帝就称之为皇子，并为此下令大赦。与此同时，全国凡是有了儿子的都赐爵一级。

废帝又因为太祖刘义隆、世祖刘骏在兄弟中都排行在三，而江州刺史晋安王刘子勋也是排行老三，所以很讨厌刘子勋。又由于何迈事件，命令侍从朱景云给刘子勋送去毒药，命刘子勋自杀。朱景云走到湓口，故意停下不再前进。刘子勋的典签谢道迈、主帅潘欣之、侍书褚灵嗣听说后，立即飞马去报告长史邓琬，哭着请求邓琬想个办法。邓琬说："我是南方的寒门子弟，承蒙先帝大恩，把爱子托付给我，我怎么可以顾惜自家的性命而不以死相报呢！幼主昏庸残暴，国家危在旦夕，虽称是天子，实际上也不过是个独夫。现今，我就率领文武官员直接前去京城，和各位公卿朝臣一起废了这个昏君，另立明主。"

十一月十九日戊申，邓琬声称受刘子勋指派，令部下实行戒严。刘子勋也是全副武装，出来主持，召集僚属，然后让潘欣之口述刘子勋旨意。看四座没有反应，录事参军陶亮首先出来，请求做前锋，其余将士也都响应起来。于是，刘子勋任命陶亮为谘议参军，领中兵，总管军事；功曹张沈为谘议参军，统领制造船只；南阳太守沈怀宝、岷山太守薛常宝、彭泽令陈绍宗等为将帅。

当初，废帝命荆州抓捕前军长史、荆州行事张悦，押送建康，走到湓口时，邓琬宣称奉刘子勋之命，放了张悦，接着又用自己的坐车迎接张悦，任命为司马。张悦是张畅的弟弟。邓琬和张悦二人共同掌管内外事务，派将军俞伯奇率领五百士卒前去切断大雷道路，禁止商人、旅行往来者以及办理公私事情的人通行。又派遣使者去各个郡招收兵力，征集武器，十多天之内，就征召了五千带甲士卒，驻守大雷，在大雷两岸构筑工事。又任命巴东、建平二郡的太守孙冲之为谘议参军，兼领中兵参军，和陶亮一起统领前锋部队，发布文告，号召远近各郡响应。

十一月二十九日戊午，废帝召集所有妃子、公主排列在自己面前，然后强迫左右侍从侮辱她们。南平王刘铄的妃子江氏不从命，废帝大怒，杀了江氏的三个儿子：南平王刘敬猷、庐陵王刘敬先、安南侯刘敬渊，抽了江氏一百鞭。

叔父刘彧等当作猪狗一样看待，把三弟刘子勋当作劲敌，予以赐死，激起反叛。）

先是，民间讹言湘中出天子，帝将南巡荆、湘二州以厌之。明旦，欲先诛湘东王彧，然后发。

初，帝既杀诸公，恐群下谋己，以直阁将军宗越、谭金、童太一、沈攸之等有勇力，引为爪牙，赏赐美人、金帛，充牣其家。越等久在殿省，众所畏服，皆为帝尽力；帝恃之，益无所顾惮，恣为不道，中外骚然。左右宿卫之士皆有异志，而畏越等不敢发。时三王久幽，不知所为。湘东王彧主衣会稽阮佃夫、内监吴兴王道隆、学官令临淮李道兒与直阁将军柳光世，及帝左右琅邪淳于文祖等谋弑帝。帝以立后故，假诸王阉人。彧左右钱蓝生亦在中，彧密使候帝动止。

先是帝游华林园竹林堂，使宫人倮相逐，一人不从命，斩之，夜，梦在竹林堂，有女子骂曰："帝悖虐不道，明年不及熟矣！"帝于官中求得一人似所梦者斩之。又梦所杀者骂曰："我已诉上帝矣！"于是巫觋言竹林堂有鬼。是日晡时，帝出华林园。建安王休仁、山阳王休祐、会稽公主并从，湘东王彧独在秘书省，不被召，益忧惧。

帝素恶主衣吴兴寿寂之，见辄切齿，阮佃夫以其谋告寂之及外监典事东阳朱幼、细铠主南彭城姜产之、细铠将晋陵王敬则、中书舍人戴明宝，寂之等闻之，皆响应。幼豫约勒内外，使钱蓝生密报休仁、休祐。时帝欲南巡，腹心宗越等并听出外装束，唯队主樊僧整防华林阁。柳光世与僧整乡人，因密邀之，僧整即受命。凡同谋十余人。阮佃夫虑力少不济，更欲招合，寿寂之曰："谋广或泄，不烦多人。"其夕，帝悉屏侍卫，与群巫及彩女数百人射鬼于竹林堂。事毕，将奏乐，寿寂之抽刀前入，姜产之次之，淳于文祖等皆随其后。休仁闻行声甚疾，谓休祐曰："事作矣！"相随奔景阳山。帝见寂之至，引弓射之，不中。彩女皆迸走，帝亦走，大呼"寂寂"者三，寂之追而弑之。宣令宿卫曰："湘东王受太皇太后令，除狂主，今已平定。"殿省惶惑，未知所为。

（以上为第七段，写湘东王刘彧的主衣阮佃夫暗中联络寿寂之等人谋杀暴虐的前废帝刘子业，经过周密谋划，一举成功。）

在这之前，民间讹传说湘中要出天子，所以，废帝打算南巡荆州、湘州，以压制这种灾难。第二天天亮，想先杀了湘东王刘彧，然后出发。

当初，废帝杀了很多文武官属，所以他害怕臣属们谋害自己，又因为直阁将军宗越、谭金、童太一、沈攸之等人武勇有力，就把他们提拔起来做爪牙，赏赐的美女、金帛，多得塞满他们家宅。宗越等人在朝廷保护废帝已有很长时间，被大家所畏服，都为废帝尽心尽力。废帝倚仗他们，更加无所忌惮、有恃无恐、无所不为，使宫内外人心为之骚动。左右的宿卫将士也都有背叛之心，只是害怕宗越等人，所以没敢发动。此时，刘彧等三王被幽禁已经很久了，不知道该怎么办。湘东王刘彧的主衣会稽人阮佃夫、内监天兴人王道隆、学官令临淮人李道儿，同直阁将军柳光世以及废帝侍从、琅邪人淳于文祖等一起图谋杀废帝。废帝因为册封皇后的缘故，就调各王府宦官入宫帮忙。刘彧的侍从钱蓝生也在其中，刘彧就暗中命令钱蓝生观察废帝的动静。

在这之前，废帝出游华林园竹林堂时，命令宫女赤身裸体相互追逐、嬉笑，有一宫女拒不从命，就杀了她。夜里，废帝梦见自己在竹林堂，有一个女子骂道："皇帝悖逆不道，活不到明年小麦成熟的时候。"废帝在宫中找到一个和自己梦中所见模样相仿的女子杀了。夜里，又梦见了所杀的女子骂道："我已经向上帝控诉你了！"这时巫师巫婆们都说竹林堂里有鬼。这天中午过后，废帝从华林园出来，建安王刘休仁、山阳王刘休祐和会稽公主一并跟随，湘东王刘彧一人在秘书省里，未被征召，心里越发担忧恐惧。

废帝一向讨厌主衣吴兴人寿寂之，一见便咬牙切齿，阮佃夫把密谋告诉了寿寂之和外监典事东阳人朱幼、细铠主南彭城人姜产之、细铠将晋陵人王敬则、中书舍人戴明宝，寿寂之等人一听，全都响应。朱幼在宫廷内外先做安排，让钱蓝生秘密向刘休仁、刘休祐报告。此时，废帝正打算南巡，心腹宗越等人也被允许回家准备行装，只有队主樊僧整防守在华林阁。柳光世和樊僧整是同乡，秘密邀请樊僧整参加，樊僧整一口答应下来，参与预谋有十几人。阮佃夫害怕力量太小，打算吸收更多的人参与，寿寂之说："筹谋的人过多，会泄露出去，不用那么多人。"这天晚上，废帝赶走所有的侍从、卫士，和一群女巫及宫女，约计几百人在竹林堂射鬼。射杀完毕，要演奏舞乐，寿寂之立刻抽刀来到废帝面前，姜产之跟在寿寂之后面，淳于文祖等人也都紧随其后。刘休仁听见路上有急切的脚步声，就对刘休祐说："事情已经开始了。"二人于是也相跟着奔到了景阳山。废帝看见寿寂之突然来到，就开弓射寿寂之，但没射中。宫女们全都向外逃散，废帝也跟着逃，大呼三声"寂寂"，寿寂之追上杀了皇帝。然后就向宿卫宣布："湘东王接受太皇太后的命令，铲除发狂的主

休仁就秘书省见湘东王，即称臣，引升西堂，登御座，召见诸大臣。于时事起仓猝，王失履，跣至西堂，犹著乌帽。坐定，休仁呼主衣以白帽代之。令备羽仪，虽未即位，凡事悉称令书施行。宣太皇太后令，数废帝罪恶，命湘东王纂承皇极。及明，宗越等始入，湘东王抚接甚厚。废帝母弟司徒、扬州刺史豫章王子尚，顽悖有兄风，己未，湘东王以太皇太后令，赐子尚及会稽公主死。建安王休仁等始得出居外舍。释谢庄之囚。废帝犹横尸太医阁口。蔡兴宗谓尚书右仆射王彧曰："此虽凶悖，要是天下之主，宜使丧礼粗足；若直如此，四海必将乘人。"乃葬之秣陵县南。

初，湘东王母沈婕妤早卒，路太后养之。王事太后甚谨，太后爱王亦笃。王既弑废帝，欲慰太后心，下令以太后弟子休之为黄门侍郎，茂之为中书侍郎。

论功行赏，寿寂之等十四人皆封县侯、县子。

十二月，庚申朔，以东海王祎为中书监、太尉。进镇军将军、江州刺史晋安王子勋为车骑将军、开府仪同三司。癸亥，建安王休仁为司徒、尚书令、扬州刺史，以山阳王休祐为荆州刺史，桂阳王休范为南徐州刺史。乙丑，徙安陆王子绥为江夏王。

丙寅，湘东王即皇帝位，大赦，改元。其废帝时昏制谬封，并皆刊削。

庚午，以右卫将军刘道隆为中护军。道隆昵于废帝，尝无礼于建安太妃；至是，建安王休仁求解职，明帝乃赐道隆死。

宗越、谭金、童太一等虽为上所抚接，内不自安；上亦不欲使居中，从容谓之曰："卿等遭罹暴朝，勤劳日久，应得自养之地；兵马大郡，随卿等所择。"越等素已自疑，闻之，皆相顾失色，因谋作乱，以告沈攸之，攸之以闻。上收越等，下狱死。攸之复入直阁。

辛未，徙临贺王子产为南平王，晋熙王子舆为庐陵王。

上，现在已经平定。”殿省内的人，上下无不惶恐迷惑，不知是怎么回事。

刘休仁在秘书省看见了湘东王刘彧，随即称臣，把刘彧引到西堂，登上帝位，并且立即召见各位大臣。因为这件事来得太突然了，以至于湘东王连鞋都不知丢在哪儿了，只好光着脚来到西堂，头上还仍然戴着一顶黑帽子。等湘东王坐定后，刘休仁立刻喊主衣换一顶白帽。又下令准备好羽林仪仗队，虽然还没有登基即位，但所有的事情都用命令方式执行。接着，就开始宣称奉太皇太后令，列举废帝的罪行，命令湘东王刘彧继承帝位。等到天明，宗越等人才进宫。湘东王对他们好言安抚、极为宽厚。废帝的同母弟弟、司徒、扬州刺史、豫章王刘子尚，顽劣残暴，很有哥哥的风气。十一月三十日己未，湘东王又以太皇太后的名义，赐刘子尚和会稽公主刘楚玉自杀。建安王刘休仁等这才得以出宫，回到了自己的家。湘东王下令把在狱中的谢庄释放。废帝的尸体仍然放在太医阁前。蔡兴宗就对尚书右仆射王彧说：“此人虽然凶残暴虐，也还是做过天下之主，应该举行个简单的葬礼。如果一直这样放着，四海之内肯定会有投机者趁机起事。”于是将废帝葬在秣陵县南部。

当初，湘东王母亲沈婕妤死得早，路太后抚养了湘东王。湘东王对路太后也很恭谨小心，路太后也很疼爱湘东王。湘东王杀了废帝，打算安慰路太后的心，下令任命路太后的侄儿路休之为黄门侍郎，路茂之为中书侍郎。

刘宋论功行赏，寿寂之等十四个人都分别被封为县侯、县子。

十二月初一日庚申朔，刘宋任命东海王刘祎为中书监、太尉，提升镇军将军、江州刺史、晋安王刘子勋为车骑将军、开府仪同三司。十二月初四日癸亥，任命建安王刘休仁为司徒、尚书令、扬州刺史，山阳王刘休祐为荆州刺史，任命桂阳王刘休范为南徐州刺史。十二月初六日乙丑，改封安陆王刘子绥为江夏王。

十二月初七日丙寅，湘东王刘彧登基即位，宣布大赦，改年号。废帝制定的一些荒唐的法规和封赏全都废除。

十二月十一日庚午，宋明帝任命右卫将军刘道隆为中护军。刘道隆受废帝宠信，曾经无礼于建安太妃。建安王刘休仁请求辞职，于是，明帝命刘道隆自杀。

宗越、谭金、童太一等人虽然被宋明帝抚慰，内心惴惴不安。明帝也不想让他们继续待在宫里，就私下对他们说：“你们遇到这样凶狠残暴的皇帝，辛苦这么久了，应该有个休养的地方。国内实力强盛的大郡，由你们随便选择。”宗越等人已疑心自身难保，听完这话，相顾失色，就在一块筹划叛乱，计划告诉了沈攸之。沈攸之听后，立刻报告了朝廷。于是，宋明帝下令逮捕宗越等人，投入狱中处死。而沈攸之却重新被召入任直阁将军。

十二月十二日辛未，刘宋改封临贺王刘子产为南平王，晋熙王刘子舆为庐陵王。

壬申，以尚书右仆射王景文为尚书仆射。景文，即彧也，避上名，以字行。

乙亥，追尊沈太妃曰宣太后，陵曰崇宁。

初，豫州刺史山阳王休祐入朝，以长史、南梁郡太守殷琰行府州事。及休祐徙荆州，即以琰为督豫、司二州诸军事，豫州刺史。

有司奏路太后宜即前号，移居外宫；上不许。戊寅，尊路太后为崇宪皇太后，居崇宪宫，供奉礼仪，不异旧日。立妃王氏为皇后。后，景文之妹也。

（以上为第八段，写湘东王刘彧即位为刘宋皇帝，进行了一系列的处置，立即处死前废帝刘子业的同母弟妹；恢复路太后的称号，将寿寂之等十四人封为王侯。）

罢二铢钱，禁鹅眼、綖环钱，余皆通用。

江州佐吏得上所下令书，皆喜，共造邓琬曰："暴乱既除，殿下又开黄阁，实为公私大庆。"琬以晋安王子勋次第居三，又以寻阳起事与世祖同符，谓事必有成。取令书投地曰："殿下当开端门，黄阁是吾徒事耳！"众皆骇愕。琬更与陶亮等缮治器甲，征兵四方。

袁顗既至襄阳，即与谘议参军刘胡缮修兵械，简集士卒，诈称被太皇太后令，使其起兵，即建牙驰檄，奉表劝子勋即大位。

辛巳，更以山阳王休祐为江州刺史，荆州刺史临海王子顼即留本任。

先是，废帝以邵陵王子元为湘州刺史，中兵参军沈仲玉为道路行事，至鹊头，闻寻阳兵起，不敢进。琬遣数百人劫迎之，令子勋建牙于桑尾，传檄建康，称："孤志遵前典，黜幽陟明。"又谓上"矫害明茂，篡窃大宝，干我昭穆，寡我兄弟。藐孤同气，犹有十三，圣灵何辜，而当乏飨"。

郢州刺史安陆王子绥承子勋初檄，欲攻废帝。闻废帝已陨，即解甲下标。既而闻江、雍犹治兵，郢府行事荀卞之大惧，即遣谘议、领中兵参军郑景玄帅众驰下，并送军粮。荆州行事孔道存奉刺史临海王子顼，会稽将佐奉太守寻阳王子房，皆举兵以应子勋。

（以上为第九段，写湘东王刘彧即位为帝后，各地欲起兵反对前废帝的军队却又孕育着反对刘彧的暴风雨。）

十二月十三日壬申，刘宋任命尚书右仆射王景文为尚书仆射。王景文就是王彧，因避讳皇帝刘彧的名字，所以就用字称呼。

十二月十六日乙亥，刘宋追尊沈太妃为宣太后，陵园称为崇宁。

当初，豫州刺史、山阳王刘休祐入朝，让长史、南梁郡太守殷琰代理府州事。等到刘休祐被迁至荆州任职，就任命殷琰为督豫、司二州诸军事，豫州刺史。

有关部门奏请，路太后应该恢复以前的称号，迁到外宫居住，明帝没有批准。十二月十九日戊寅，尊路太后为崇宪皇太后，住在崇宪宫里，一切供奉和礼仪，和原来没有两样。又立王妃王氏为皇后。王皇后是王景文的妹妹。

刘宋废除二铢钱，禁止使用鹅眼钱和綖环钱，其余的钱币仍然允许使用。

江州官员得到宋明帝下达的命令后，都很高兴，一起去造访邓琬说："暴君已被铲除，殿下又开黄阁，这实在是件公私都该庆祝的事。"邓琬却认为，晋安王刘子勋在兄弟排行中是老三，而寻阳起兵，和孝武帝刘骏当初的情形是一样的，大事一定成功。他就拿过命令扔在地上说："殿下应该打开端门，开黄阁是我们的事。"众人一听，大吃一惊。邓琬更加积极地和陶亮整治武器铠甲，向四方征兵。

袁颛到了襄阳后，就立刻同谘议参军刘胡一起整治修缮兵器，拣选收集士兵，谎称奉太皇太后的命令，让大家起兵。竖起大旗，急传文告，向各州郡发出檄文；又表奏刘子勋，劝说刘子勋登基称帝。

十二月二十二日辛巳，刘宋改命山阳王刘休祐为江州刺史，荆州刺史、临海王刘子顼还留任原职。

在此之前，废帝曾任命邵陵王刘子元为湘州刺史，中兵参军沈仲玉为道路行事，走到鹊头时，听说寻阳已起兵，就不敢再往前走了。邓琬派几百士卒去劫持，又让刘子勋在桑尾竖起大旗，把檄文送交到建康，声称："我立志遵奉传统，罢黜愚昧，拥戴贤明。"又骂明帝："假传太皇太后命令，害死至亲道德高尚的人，篡夺了皇帝的宝座，违背祖宗，孤立兄弟。我们兄弟虽然弱小，可还有十三个人，祖宗的圣魂有什么过失，而竟要断绝他们的祭享？"

郢州刺史安陆王刘子绥接到刘子勋第一次发来的文告时，打算进攻废帝。听说废帝已死，也就下令解除武装，停止招兵买马。不久又听说江州、雍州仍然在招兵买马，郢州行事荀卞之大为恐惧，就派遣谘议、领中兵参军郑景玄率领众军迅速赶来，并运送军用粮秣。荆州行事孔道存拥奉刺史临海王刘子顼，会稽将佐拥奉太守、寻阳王刘子房，全都起兵响应刘子勋。

【点评】

宋废帝之乘戾。宋废帝的举止极为怪异乖戾，这和他年幼时就急躁粗暴的个性有关。为山阴公主置面首三十人就已经非常乖背人伦，又把刘曚小妾所生的儿子作为自己的儿子；又将诸位妃子、公主排列于面前，让左右随意奸污她们，岂不是令人发指；将刘彧扒光了衣服，想要像杀猪一样杀了刘彧，岂不是胡作非为！也不是没有人劝谏，废帝知道沈庆之会来劝谏，就想办法让他来不了宫殿。皇帝拥有绝对的权力，谁也说服不了他，除非杀掉他，实在没有别的办法。倒行逆施终于激起众怒，身边的人刺杀了宋废帝。湘东王刘彧在混乱之中登上皇帝宝座。

宋纪十三

宋明帝泰始二年（466年）

【柔兆敦牂（丙午，466年），凡一年】

【大事提要】

本卷记事公元466年，凡一年，当刘宋明帝泰始二年。本卷所载大事，南朝刘宋大事一件，掌握江州实权的长史邓琬拥立刘宋孝武帝第三子刘子勋即帝位，年号义嘉。文帝系诸王和孝武帝系诸王夺帝位斗争由此展开。北朝北魏大事三件：其一，胡太后设计诛杀乙浑，临朝称制，重用高允、高闾、贾秀等汉人官员治理政务。其二，高允建议设立郡学，并制定整套方案，设博士，助教等。其三，刘宋与北魏交战于徐州，刘宋败于北魏。

【原文】

太宗明皇帝上之下

泰始二年（丙午，466年）

春，正月，己丑朔，魏大赦，改元天安。

癸巳，征会稽太守寻阳王子房为抚军将军，以巴陵王休若代之。

甲午，中外戒严。以司徒建安王休仁都督征讨诸军事，车骑将军、江州刺史王玄谟副之。休仁军于南州，以沈攸之为寻阳太守，将兵屯虎槛。时玄谟未发，前锋凡十军，络绎继至，每夜各立姓号，不相禀受。攸之谓诸将曰："今众军姓号不同，若有耕夫、渔父夜相呵叱，便致骇乱，取败之道也。请就一军取号。"众咸从之。

邓琬称说符瑞，诈称受路太后玺书，帅将佐上尊号于晋安王子勋。乙未，子勋即皇帝位于寻阳，改元义嘉。以安陆王子绥为司徒、扬州刺史；寻阳王子房、临海王子顼并加开府仪同三司；以邓琬为尚书右仆射，张悦为吏部尚书，袁顗加尚书左仆射；自余将佐及诸州郡，除官进爵号各有差。

（以上为第一段，写湘东王即位为帝，着手平定州郡；而邓琬则拥立孝武帝刘骏第三子刘子勋即帝位，改年号为义嘉，爆发了一场旷日持久的内乱。）

丙申，以征虏司马申令孙为徐州刺史。令孙，坦之子也。置司州于义阳；以义阳内史庞孟虬为司州刺史。

徐州刺史薛安都、冀州刺史清河崔道固皆举兵应寻阳。上征兵于青州刺史沈文秀，文秀遣其将刘弥之等将兵赴建康。会薛安都遣使邀文秀，文秀更令弥之等应安都。济阴太守申阐据睢陵应建康，安都遣其从子直阁将军索兒、太原太守清河傅灵越等攻之。阐，令孙之弟也。

安都婿裴祖隆守下邳，刘弥之至下邳，更以所领应建康，袭击祖隆。祖隆兵败，与征北参军垣崇祖奔彭城。崇祖，护之之从子也。弥之族人北海太守怀恭、从子善明皆举兵以应弥之，薛索兒闻之，释睢陵，引兵击弥之。弥之战败，走保北海。申令孙进据淮阳，请降于索兒。庞孟虬亦不受命，举兵应寻阳。

【语译】

太宗明皇帝上之下

宋明帝泰始二年（丙午，466年）

春季，正月初一日己丑朔，北魏宣布大赦，改年号天安。

正月初五日癸巳，刘宋征召会稽太守寻阳王刘子房任抚军将军，命巴陵王刘休若接替刘子房的职位。

正月初六日甲午，刘宋内外戒严。任命司徒建安王刘休仁为都督征讨诸军事，命车骑将军、江州刺史王玄谟做副手。刘休仁驻军南州，任命沈攸之为寻阳太守，带兵驻扎虎槛。当时，王玄谟还没有出发，前锋部队共十路兵马，络绎相继到达前线。每天晚上，各军营用自己的号令，谁也不听谁的。沈攸之对众将领说："现今各军营的号令不同，如果有农夫、渔夫夜里互相喊叫，便可能引起军中的惊慌，发生混乱，这是取败之道。建议以一个军营的号令作为全军的号令。"众将领都同意。

邓琬以上天显示的种种祥瑞为借口，诈称接到路太后的密诏，率领各将领、僚佐等向晋安王刘子勋奉太上皇帝尊号。正月初七日乙未，刘子勋在寻阳登基称帝，改年号为义嘉。任命安陆王刘子绥为司徒、扬州刺史，寻阳王刘子房、临海王刘子顼，都加封为开府仪同三司，还任命邓琬为尚书右仆射，张悦为吏部尚书，加封袁顗为尚书左仆射。其他各将领、僚佐以及各州郡等地方长官，按等级加官晋爵。

正月初八日丙申，刘宋任命征虏司马申令孙为徐州刺史。申令孙是申坦的儿子。在义阳建立司州府，提升义阳内史庞孟虬为司州刺史。

徐州刺史薛安都，冀州刺史清河人崔道固，都起兵响应寻阳。宋明帝向青州刺史沈文秀征兵，沈文秀派遣将领刘弥之等率军赶赴建康。正逢薛安都派人邀请沈文秀，沈文秀于是改命刘弥之中途去接应薛安都。济阴太守申阐据守睢陵，效忠建康。薛安都派遣侄儿直阁将军薛索兒和太原太守清河人傅灵越等攻打申阐。申阐是申令孙的弟弟。

薛安都的女婿裴祖隆驻守下邳，刘弥之到达下邳后，带着部众，效忠于建康，袭击裴祖隆。裴祖隆战败，会同征北参军垣崇祖逃奔彭城。垣崇祖是垣护之的侄儿。刘弥之的同族人北海太守刘怀恭、侄儿刘善明都起兵响应刘弥之。薛索兒知道后，放弃对睢陵的攻击，发兵转攻刘弥之。刘弥之战败，逃到北海据守。申令孙前进据守淮阳，请求薛索兒允许投降。庞孟虬也背叛了朝廷，起兵响应寻阳。

帝召寻阳王长史行会稽郡事孔觊为太子詹事，以平西司马庾业代之，又遣都水使者孔璪入东慰劳。璪说觊以“建康虚弱，不如拥五郡以应袁、邓”。觊遂发兵，驰檄奉寻阳。吴郡太守顾琛、吴兴太守王昙生、义兴太守刘延熙、晋陵太守袁标皆据郡应之。上又以庾业代延熙为义兴，业至长塘湖，即与延熙合。

益州刺史萧惠开，闻晋安王子勋举兵，集将佐谓之曰：“湘东，太祖之昭；晋安，世祖之穆；其于当璧，并无不可。但景和虽昏，本是世祖之嗣；不任社稷，其次犹多。吾荷世祖之眷，当推奉九江。”乃遣巴郡太守费欣寿将五千人东下。于是湘州行事何慧文、广州刺史袁昙远、梁州刺史柳元怙、山阳太守程天祚皆附于子勋。元怙，元景之从兄也。

（以上为第二段，写建安王刘子勋与明帝刘彧争夺帝位，一个是文帝之子，一个是孝武帝之子，都有合法的继承权，各地举兵响应刘子勋，声势浩大。）

是岁，四方贡计皆归寻阳，朝廷所保，唯丹杨、淮南等数郡，其间诸县或应子勋，东兵已至永世，宫省危惧。上集群臣以谋成败。蔡兴宗曰：“今普天同叛，宜镇之以静，至信待人。叛者亲戚布在宫省，若绳之以法，则土崩立至，宜明罪不相及之义。物情既定，人有战心，六军精勇，器甲犀利，以待不习之兵，其势相万耳。愿陛下勿忧。”上善之。

建武司马刘顺说豫州刺史殷琰使应寻阳。琰以家在建康，未许。右卫将军柳光世自省内出奔彭城，过寿阳，言建康必不能守。琰信之，且素无部曲，为土豪前右军参军杜叔宝等所制，不得已而从之。琰以叔宝为长史，内外军事，皆叔宝专之。上谓蔡兴宗曰：“诸处未平，殷琰已复同逆；顷日人情云何？事当济不？”兴宗曰：“逆之与顺，臣无以辨。今商旅断绝，米甚丰贱，四方云合，而人情更安，以此卜之，清荡可必。但臣之所忧，更在事后，犹羊公言：‘既平之后，方当劳圣虑耳。’”上曰：“诚如卿言。”上知琰附寻阳非本意，乃厚抚其家以招之。

汝南、新蔡二郡太守周矜起兵于悬瓠以应建康。袁颉诱矜司马汝南

宋明帝征召寻阳王长史、代理会稽郡事孔觊为太子詹事，另派平西司马庾业接替孔觊的职位，又派都水使者孔璪到东方各郡慰劳。孔璪游说孔觊："建康力量虚弱，不如以所管辖的东方五个郡来响应袁、邓。"孔觊遂发兵，宣布拥护寻阳。吴郡太守顾琛、吴兴太守王昙生、义兴太守刘延熙、晋陵太守袁标都占据郡城响应。宋明帝又命庾业接替刘延熙为义兴太守，庾业走至长塘湖，就与刘延熙会合。

益州刺史萧惠开，听到晋安王刘子勋起兵，召集将领对大家说："湘东王是太祖的儿子，晋安王是世祖的儿子，无论哪一个继承皇位，都没什么不合法的。但废帝刘子业虽然昏暴，本是世祖的后嗣，虽不胜任国事，却还有很多弟弟。我受世祖的恩宠，应当遵奉九江晋安王刘子勋。"于是就派遣巴郡太守费欣寿带领五千人东下。这时，湘州行事何慧文、广州刺史袁昙远、梁州刺史柳元怙、山阳太守程天祚都归附刘子勋。柳元怙是柳元景的堂兄。

这一年，刘宋各地的贡品和上计都送往寻阳。朝廷所保有的，只剩下丹杨、淮南等几个郡，而这几个郡中又有很多县起兵响应刘子勋，东线的反朝廷军队已到达永世，朝廷惊恐危急。宋明帝召集群臣讨论成败。蔡兴宗说："当今，几乎举国一起反叛，应该镇静，以诚待人。叛臣的亲戚，很多在宫廷或朝廷任职，如果绳之以法，我们就会立刻土崩瓦解。应该强调父子兄弟之间，犯罪互不株连的大义，民心安定之后，将士才能有斗志。朝廷的六军精练勇猛，武器犀利，用来对付没有经过训练的部队，形势相差很多，请陛下不要忧虑。"宋明帝认为蔡兴宗的分析有道理。

建武司马刘顺劝说豫州刺史殷琰，让殷琰响应寻阳政权。殷琰因家人都在建康，没有答应。右卫将军柳光世从朝廷逃出来，投奔彭城，路过寿阳，说建康一定保不住。殷琰相信柳光世的判断，而且，殷琰一向没有自己的部曲，受到当地的豪族、前任右军参军杜叔宝等人的挟持，不得已归顺刘子勋。殷琰任命杜叔宝为长史，里里外外一切军事要事，都由杜叔宝独断专行。宋明帝对蔡兴宗说："各地的叛乱，还没有平息，殷琰又起兵附逆，近日来人情如何？事情能够成功吗？"蔡兴宗说："谁是叛逆，谁是正统，我不必分辨。现今，商贸旅行断绝。可是粮食丰富，米价便宜。四面八方风起云涌，而民心反而更加安定。由此预测，动乱一定可以平息。我所担忧的不是眼前，而是未来，正如羊祜所说的：'夺取胜利之后，才更要劳烦陛下多多思虑。'"宋明帝说："正像你所说的！"宋明帝知道殷琰归附寻阳政权并非本意，于是对殷琰留在建康的家人特别安抚厚待，招引他们重新归顺。

汝南、新蔡二郡太守周矜，在悬瓠起兵宣布效忠建康。袁颉引诱周矜的司马、

常珍奇执矜，斩之，以珍奇代为太守。

上使冗从仆射垣荣祖还徐州说薛安都，安都曰："今京都无百里地，不论攻围取胜，自可拍手笑杀；且我不欲负孝武。"荣祖曰："孝武之行，足致余殃。今虽天下雷同，正是速死，无能为也。"安都不从，因留荣祖使为将。荣祖，崇祖之从父兄也。

兖州刺史殷孝祖之甥司法参军葛僧韶请征孝祖入朝，上遣之。时薛索兒屯据津径。僧韶间行得至，说孝祖曰："景和凶狂，开辟未有；朝野危极，假命漏刻。主上夷凶翦暴，更造天地，国乱朝危，宜立长君。而群迷相煽，构造无端，贪利幼弱，竞怀希望。使天道助逆，群凶事申，则主幼时艰，权柄不一，兵难互起，岂有自容之地！舅少有立功之志，若能控济义勇，还奉朝廷，非唯匡主静乱，乃可以垂名竹帛。"孝祖具问朝廷消息，僧韶随方酬譬，并陈兵甲精强，主上欲委以前驱之任。孝祖即日委妻子于瑕丘，帅文武二千人，随僧韶还建康。时四方皆附寻阳，朝廷唯保丹杨一郡；而永世令孔景宣复叛，义兴兵垂至延陵，内外忧危，咸欲奔散。孝祖忽至，众力不少，并伧楚壮士，人情大安。甲辰，进孝祖号抚军将军，假节、都督前锋诸军事，遣向虎槛，宠赉甚厚。

初，上遣东平毕众敬诣兖州募人，至彭城，薛安都以利害说之，矫上命以众敬行兖州事，众敬从之。殷孝祖使司马刘文石守瑕丘，众敬引兵击杀之。安都素与孝祖有隙，使众敬尽杀孝祖诸子。州境皆附之，唯东平太守申纂据无盐，不从。纂，钟之曾孙也。

（以上为第三段，写举国绝大部分郡县都拥护刘子勋政权，建康朝廷孤危，蔡兴宗冷静分析形势，提出以静制动方略；殷孝祖率领部队到建康，人心开始安定。）

丙午，上亲总兵，出顿中堂。辛亥，以山阳王休祐为豫州刺史，督辅国将军彭城刘勔、宁朔将军广陵吕安国等诸军西讨殷琰。巴陵王休若督建威将军吴兴沈怀明、尚书张永、辅国将军萧道成等诸军东讨孔觊。时将士多东方人，父兄子弟皆已附觊。上因送军，普加宣示曰："朕方务

汝南人常珍奇活捉周矜，将其斩首。于是任命常珍奇接任太守。

宋明帝派冗从仆射垣荣祖回徐州游说薛安都。薛安都说："如今，建康势力范围，不到百里地，无论攻城还是野战，都可以在拍手大笑中取胜。而且，我不想辜负孝武皇帝。"垣荣祖说："孝武皇帝的行为，足以留下祸殃。现今虽然天下响应，不过是加快灭亡的速度，不可能有什么作为。"薛安都不接受，反而留下垣荣祖任职。垣荣祖是垣崇祖的堂哥。

兖州刺史殷孝祖的外甥司法参军葛僧韶，请求征召殷孝祖来京朝见，宋明帝派葛僧韶前往。当时，薛索兒驻军各渡口和各要道，葛僧韶绕小路北上，才得以到达，劝说殷孝祖说："废帝刘子业凶暴疯狂，自从开天辟地以来，从未有过。朝野面临崩溃，人人生命危在旦夕。主上翦险凶暴，重建天下。国家混乱，朝廷危急，应该拥护年长者为君王。想不到众人迷惑，互相煽动，无缘无故地制造事端，贪利于年幼无知，各有各打算。假使上天帮助叛逆，坏人如愿以偿，而主上年幼，时势艰难，权柄不能集中，兵变事变不断发生，天下之大，岂有容身之地！舅父自小就有建功立业的大志，如能率领济水一带的义勇将士，回京保卫朝廷，不但可以扶助君王平定叛乱，而且可以名垂青史。"殷孝祖详细询问了朝廷的情况，葛僧韶随机应变，陈述士卒强壮，武器精良，主上准备任命殷孝祖为前锋总领。殷孝祖当天就把妻子儿女留在瑕丘，率文武官员及士卒两千人，随同葛僧韶返回建康。此时，所有的郡县都归附寻阳政权，朝廷所保留的仅丹杨一郡。而永世县令孔景宣，也在这时背叛。义兴军队将要到达延陵，建康内外忧虑惊恐，大家都想逃走。正在此时，殷孝祖忽然到达，部队浩浩荡荡，而且都是北方及荆州的精壮战士，人心大为安定。正月十六日甲辰，刘宋提升殷孝祖为抚军将军、持节、都督前锋诸军事。派殷孝祖进驻虎槛，恩宠赏赐十分优厚。

当初，宋明帝派遣东平人毕众敬到兖州招兵买马，经过彭城时，薛安都以利害关系说服毕众敬，还假借皇上的诏书，任命毕众敬管理兖州事务，毕众敬接受。殷孝祖让司马刘文石据守瑕丘，毕众敬率军袭击，杀了刘文石，薛安都一向与殷孝祖有矛盾，命令毕众敬把殷孝祖所有儿子全部杀掉，兖州全境全部归附毕众敬。只有东平太守申纂据守无盐，不听从。申纂是申钟的曾孙。

正月十二日丙午，宋明帝亲自统率全军到中堂驻扎。正月十七日辛亥，任命山阳王刘休祐为豫州刺史，指挥辅国将军彭城人刘勔、宁朔将军广陵人吕安国等各路人马，向西讨伐殷琰。命令巴陵王刘休若指挥建威将军吴兴人沈怀明、尚书张永、辅国将军萧道成等各路人马，向东讨伐孔觊。当时，建康的许多将领是东方各郡人

德简刑，使父子兄弟罪不相及，助顺同逆者，一以所从为断。卿等当深达此怀，勿以亲戚为虑也。”众于是大悦，凡叛者亲党在建康者，皆使居职如故。

壬子，路太后殂。

孔觊遣其将孙昙瓘等军于晋陵九里，部陈甚盛。沈怀明至奔牛，所领寡弱，乃筑垒自固。张永至曲阿，未知怀明安否；百姓惊扰，永退还延陵，就巴陵王休若，诸将帅咸劝休若退保破冈。其日，大寒，风雪甚猛，塘埭决坏，众无固心。休若宣令：“敢有言退者斩！“众小定，乃筑垒息甲。寻得怀明书，贼定未进，军主刘亮又至，兵力转盛，人情乃安。亮，怀慎之从孙也。

殿中御史吴喜以主书事世祖，稍迁河东太守。至是，请得精兵三百，致死于东。上假喜建武将军，简羽林勇士配之。议者以“喜刀笔主者，未尝为将，不可遣”。中书舍人巢尚之曰：“喜昔随沈庆之，屡经军旅，性既勇决，又习战陈；若能任之，必有成绩。诸人纷纭，皆是不别才耳。”乃遣之。喜先时数奉使东吴，性宽厚，所至人并怀之。百姓闻吴河东来，皆望风降散，故喜所至克捷。

永世人徐崇之攻孔景宣，斩之，喜版崇之领县事。喜至国山，遇东军，进击，大破之。自国山进屯吴城，刘延熙遣其将杨玄等拒战。喜兵力甚弱，玄等众盛，喜奋击，斩之，进逼义兴。延熙栅断长桥，保郡自守，喜筑垒与之相持。

庾业于长塘湖口夹岸筑城，有众七千人，与延熙遥相应接。沈怀明张永与晋陵军相持，久不决。外监朱幼举司徒参军督护任农夫骁勇有胆力，上以四百人配之，使助东讨。农夫自延陵出长塘，庾业筑城犹未合农夫驰往攻之，力战，大破之，庾业弃城走义兴。农夫收其船仗，进向义兴助吴喜。二月，己未朔，喜渡水攻郡城，分兵击诸垒，登高指麾若令四面俱进者。义兴人大惧，诸垒皆溃，延熙赴水死，遂克义兴。

士，父子兄弟全都投靠了孔觊。宋明帝送他们出征时，宣布说："朕正在推行皇家恩德，减轻刑罚，使父子兄弟之间的罪行，互不株连，是护佑朝廷，还是跟随叛逆者，都以你自己的行为作判断标准。你们要理解朕的用意，不要替亲戚担忧。"军心为此欢欣鼓舞，凡是叛党留在建康的亲属，都让他们像过去那样，保持原来的官职。

正月十八日壬子，刘宋路太后去世。

孔觊派将领孙昙瓘等驻军晋陵九里，军容盛大。建康将领沈怀明抵达奔牛，率领的军队人数很少，修筑堡垒固守。张永前进到曲阿，不知道前方的沈怀明胜败如何，不敢再进，而民心又惶恐，张永便退回延陵，与巴陵王刘休若会师，所有将领都劝刘休若撤退到破冈据守。这天，天气严寒，狂风卷起大雪，池塘堤岸崩裂，军心动摇。刘休若下令："有敢说撤退者，斩首。"军心才稍稍安定，于是兴筑营垒，士卒得以解甲休息。不久，接到沈怀明报告，知道敌人仍然停止不前，军主刘亮又前来增援，兵力转强，人心终于安定。刘亮是刘怀慎的侄孙。

殿中御史吴喜，以主事的官职侍奉世祖，逐渐升到河东太守之职。到了这时，请求调给精锐部队三百人，到东战场去效命。宋明帝暂时任命吴喜为建武将军，在羽林禁卫军中挑选勇士配备给吴喜。有人认为："吴喜是个拿笔杆子的文官，从来没有当过将领，不可派遣。"中书舍人巢尚之说："当年，吴喜曾跟随沈庆之，屡次出征，性情勇敢果决，见惯疆场阵战，如果能起用，一定会有战绩，大家议论纷纷，都是由于不识人才。"于是派遣了吴喜。吴喜过去曾任过朝廷的使节，多次去过东方吴地。性情宽厚，所到过的地方，民众对吴喜都很怀念，因此听到吴喜来，都闻风投降解散，所以吴喜所到之处，总能战胜，传出捷报。

永世人徐崇之攻打孔景宣，杀了孔景宣，吴喜任命徐崇之代理永世县令。吴喜抵达国山，遇到东战场的叛军，进攻并把敌人打得大败。从国山推进到吴城驻扎，叛军刘延熙派将领杨玄等抵抗，吴喜兵力较弱，杨玄兵力强大，吴喜奋勇攻击，杀了杨玄，进逼义兴。刘延熙立木栅拒马，阻断长桥，自保郡城。吴喜修筑营垒，同刘延熙对峙。

庾业在长塘湖夹湖口两岸修筑城堡，部队有七千人，与刘延熙遥相呼应。沈怀明、张永与据守晋陵的东战场叛军正面对峙，很长时间不能决出胜负。皇宫外监朱幼推荐司徒参军督护任农夫骁勇胆大。宋明帝配给任农夫四百人，让其增援东战场。任农夫自延陵出发，攻击长塘湖，庾业筑城还没有完工，任农夫率军急行挺进，奋力作战，大破庾业军。庾业放弃城堡，逃回义兴。任农夫接收遗留下来的武器、船只，向义兴进军，增援吴喜。二月初一日己未朔，吴喜渡水攻打义兴城池，同时派出军队，分别攻打其他营垒。吴喜站在高处指挥，像是指挥很多军队同时进攻的样子。义兴城大为恐惧，各营垒霎时崩溃，刘延熙投河自杀，于是攻克义兴。

魏丞相太原王乙浑专制朝权，多所诛杀。安远将军贾秀掌吏曹事，浑屡言于秀，为其妻求称公主，秀曰："公主岂庶姓所宜称！秀宁取死今日，不可取笑后世！"浑怒，骂曰："老奴官，悭！"会侍中拓跋丕告浑谋反，庚申，冯太后收浑，诛之。秀，彝之子；丕，烈帝之玄孙也。太后临朝称制，引中书令高允、中书侍郎高闾及贾秀共参大政。

（以上为第四段，写刘宋朝廷派殿中御史吴喜东攻，安定吴地；北魏冯太后斩杀权臣乙浑，主持朝政，重用贤臣中书令高允、中书侍郎高闾、安远将军贾秀等。）

沈怀明、张永、萧道成等军于九里西，与东军相持。东军闻义兴败，皆震恐。上遣积射将军济阳江方兴、御史王道隆至晋陵视东军形势。孔觊将孙昙瓘、程扞宗列五城，互相连带。扞宗城犹未固，王道隆与诸将谋曰："扞宗城犹未立，可以借手，上副圣旨，下成众气。"辛酉，道隆帅所领急攻，拔之，斩扞宗首。永等因乘胜进击昙瓘等，壬戌，昙瓘等兵败，与袁标俱弃城走，遂克晋陵。

吴喜军至义乡。孔璪屯吴兴南亭，太守王昙生诣璪计事；闻台军已近，璪大惧，堕床，曰："悬赏所购，唯我而已；今不遽走，将为人擒！"遂与昙生奔钱唐。喜入吴兴，任农夫引兵向吴郡，顾琛弃郡奔会稽。上以四郡既平，乃留吴喜使统沈怀明等诸将东击会稽，召张永等北击彭城，江方兴等南击寻阳。

以吏部尚书蔡兴宗为左仆射，侍中褚渊为吏部尚书。

丁卯，吴喜军至钱唐，孔璪、王昙生奔浙东。喜遣强弩将军任农夫等引兵向黄山浦，东军据岸结寨，农夫等击破之。喜自柳浦渡，取西陵，击斩庾业。会稽人大惧，将士多奔亡，孔觊不能制。戊寅，上虞令王晏起兵攻郡，觊逃奔嵴山；车骑从事中郎张绥封府库以待吴喜。己卯，王晏入城，杀绥，执寻阳王子房于别署。纵兵大掠，府库皆空；获孔璪，杀之。庚辰，嵴山民缚孔觊送晏，晏谓之曰："此事孔璪所为，无预卿事，可作首辞，当相为申上。"觊曰："江东处分，莫不由身；委罪求活，便是君辈行意耳。"晏乃斩之。顾琛、王昙生、袁标等诣吴喜归罪，喜皆宥之。东军主凡七十六人，临陈斩十七人，其余皆原宥。

（以上为第五段，写刘宋将领吴喜率领精锐部队攻打东军，一路势如破竹，迅速平定浙东地区，控制钱塘，为明帝刘彧消灭寻阳刘子勋政权奠定了坚实的基础。）

北魏丞相太原王乙浑，专制独裁，许多人被诛杀。安远将军贾秀掌管吏曹事务，乙浑多次告诉贾秀，想办法封贾秀的妻子为公主，贾秀说："公主怎么能是异姓的女儿所应该称呼的！我宁肯今日去死，也不可为后世讥笑。"乙浑大怒，骂道："老奴官，死抠门！"正巧，侍中拓跋丕控告乙浑谋反，二月初二日庚申，冯太后下令逮捕乙浑，把乙浑斩首。贾秀是贾彝的儿子。拓跋丕是皇族祖先烈帝的玄孙。冯太后主持朝政，代皇帝行使职权。把中书令高允、中书侍郎高闾及安远将军贾秀引进中枢机构，共同参与朝政。

沈怀明、张永、萧道成等驻防九里以西的地方，与东战场军队僵持。东方军听到义兴战败，都非常惊恐。宋明帝派积射将军济阳人江方兴、御史王道隆前往晋陵，视察东战场形势。孔觊的部将孙昙瓘、程扞宗修筑五个城堡，互相连接。程扞宗城堡的泥土还没有凝固的时候，王道隆与各位将领谋划说："程扞宗的城堡尚未完成，正是下手的良机，上符圣旨，下振士气。"二月二十七日辛酉，王道隆率各将领发动急攻，攻克城堡，杀了程扞宗。张永等乘胜进攻孙昙瓘等。二月二十八日壬戌，孙昙瓘等大败，与晋陵袁标一起弃城逃跑。晋陵被攻克。

吴喜军队到达义乡。孔璪驻防吴兴南亭，吴兴太守王昙生到孔璪处商议事情。孔璪听说建康官军逼近，从床上跌下来，说："悬赏捉拿的就是我，今天再不赶快逃走，就要被活捉。"于是与王昙生投奔钱唐。吴喜进入吴兴。任农夫率军进攻吴郡，顾琛也弃郡投奔会稽。皇上因四郡都已平定，便命吴喜率领沈怀明等诸将领继续东征，攻打会稽，命张永等北上，攻打彭城；命江方兴等南下，攻打寻阳。

宋明帝任命吏部尚书蔡兴宗为左仆射，侍中褚渊为吏部尚书。

二月初九日丁卯，吴喜到达钱唐，孔璪、王昙生逃往浙东。吴喜派强弩将军任农夫等，率军奔向黄山浦，东军沿岸安营扎寨，任农夫等攻击，打败了东军。吴喜自柳浦渡水，攻下西陵，斩庾业。会稽人心恐惧，将领士卒大多逃亡，孔觊不能制止。二月二十日戊寅，上虞县令王晏起兵攻击郡城，孔觊逃往嶀山，车骑从事中郎张绥，查封州府仓库，等待吴喜。二月二十一日己卯，王晏入城，杀张绥，在其他官署中逮捕寻阳王刘子房，放纵士兵，大肆抢劫，官府仓库全被抢空。抓获孔璪，斩首。二月二十二日庚辰，嶀山村民捆绑孔觊，送给王晏。王晏对他说："这次事情都是孔颉策划的，与你并不相干，只要你写一份自首状书，我当替你向上面申诉。"孔觊说："东战场发号施令，都由我一人做主，把责任推给别人，自己求得活命，那是你这种人才做得出来。"王晏于是斩孔觊。顾琛、王昙生、袁标等人都向吴喜投降，请求处分，吴喜都予以宽大处理。东战场军官共七十六人，作战阵亡的有十七人，其他的人都得到宽恕。

薛索兒攻申阐，久不下。使申令孙入睢陵说阐，阐出降，索兒并令孙杀之。

山阳王休祐在历阳，辅国将军刘勔进军小岘。殷琰所署南汝阴太守裴季之以合肥来降。

邓琬性鄙暗贪吝，既执大权，父子卖官鬻爵，使婢仆出市道贩卖。酣歌博弈，日夜不休。大自矜遇，宾客到门者，历旬不得前。内事悉委褚灵嗣等三人，群小横恣，竞为威福。于是士民忿怨，内外离心。

琬遣孙冲之帅龙骧将军薛常宝、陈绍宗、焦度等兵一万为前锋，据赭圻。冲之于道与晋安王子勋书曰："舟楫已办，粮仗亦整，三军踊跃，人争效命。便欲沿流挂帆，直取白下。愿速遣陶亮众军兼行相接，分据新亭、南州，则一麾定矣。"子勋加冲之左卫将军；以陶亮为右卫将军，统郢、荆、湘、梁、雍五州兵合二万人，一时俱下。陶亮本无干略，闻建安王休仁自上，殷孝祖又至，不敢进，屯军鹊洲。

殷孝祖负其诚节，陵轹诸将，台军有父子兄弟在南者，孝祖悉欲推治。由是人情乖离，莫乐为用。宁朔将军沈攸之，内抚将士，外谐群帅，众并赖之。孝祖每战，常以鼓盖自随，军中人相谓："殷统军可谓死将矣！今与贼交锋，而以羽仪自标显，若善射者十人共射之，欲不毙，得乎？"三月，庚寅，众军水陆并进，攻赭圻。陶亮等引兵救之，孝祖于陈为流矢所中，死。军主范潜帅五百人降于亮。人情震骇，并谓沈攸之宜代孝祖为统。

（以上为第六段，写刘宋朝廷与刘子勋政权的形势发生逆转，刘子勋政权主帅邓琬昏庸贪财，人品卑劣，不得人心；刘彧的将领沈攸之与士卒同心，备受信赖。）

时建安王休仁屯虎槛，遣宁朔将军江方兴、龙骧将军襄阳刘灵遗各将三千人赴赭圻。攸之以为孝祖既死，亮等有乘胜之心，明日若不更攻，则示之以弱。方兴名位相亚，必不为己下。军政不壹，致败之由也。乃帅诸军主诣方兴曰："今四方并反，国家所保，无复百里之地。唯有殷孝祖为朝廷所委赖，锋镝裁交，舆尸而反，文武丧气，朝野危心。事之济否，唯在明旦一战。战若不捷，大事去矣。诘朝之事，诸人或谓吾应统之，自卜懦薄，干略不如卿。今辄相推为统，但当相与勠力耳。"方兴甚

薛索兒围攻申阐，久攻不克。薛索兒派申令孙入睢陵城说服申阐，申阐出来投降。薛索兒把申令孙、申阐一并杀掉。

山阳王刘休祐，驻防历阳，辅国将军刘勔进军小岘。殷琰委任的南汝阴太守裴季之，献出合肥前来投降建康朝廷。

邓琬昏庸，人品卑劣，贪财而又吝啬。掌握大权之后，父子二人卖官鬻爵，派家中的婢女奴仆到市场上贩卖货物。畅饮狂歌，日夜不停。傲慢自大，不可一世，宾客上门求见，有达十天之久见不到面的。内部事务全部委托中书舍人褚灵嗣等三人，这一群卑劣小人，横行霸道，竞相作威作福。这时官员百姓无不忿怨，内外都与他离心。

邓琬命孙冲之任前锋，率龙骧将军薛常宝、陈绍宗、焦度等部队一万人作为前锋，进驻赭圻。孙冲之在行军途中上疏给晋安王刘子勋说："船只已准备妥当，粮秣武器已配备齐全，三军踊跃，人人争先恐后。现今就要张满篷帆，直取白下。请速命陶亮率兵马随后接续，分别占领新亭、南州，一次攻击即可平定。"刘子勋加授孙冲之为左卫将军，任命陶亮为右卫将军，指挥郢、荆、湘、梁、雍五个州的部队，共计两万人，同时东下。陶亮本无谋略才干，听说建安王刘休仁亲自逆江而上，殷孝祖又随后赶到，便不敢前进，驻扎在鹊洲。

殷孝祖自负其最为忠心，侵侮作践其他将领，建康军中有父子兄弟在寻阳政权辖区的，殷孝祖打算都逮捕审判，由此而军心涣散，将士愤懑，不为所用。宁朔将军沈攸之，对内安抚官兵，对外同其他将领和睦相处，大家十分信赖。殷孝祖每次出战，常常携带云盖和战鼓，军中都互相说："殷孝祖可谓'死将'，跟敌人作战，却带着豪华的仪仗队，如果挑出十个射箭能手，同时射箭，想不死，怎么可能呢？"三月初三日庚寅，水陆并进，攻打赭圻。陶亮等率军前来增援，殷孝祖在交战中被流箭射中，阵亡。军主范潜率五百人投降陶亮，军心震惊，人们都说沈攸之应该接替殷孝祖的指挥权。

当时，建安王刘休仁驻军虎槛，派宁朔将军江方兴、龙骧将军襄阳人刘灵遗各率三千人马，前往赭圻。沈攸之认为殷孝祖既已阵亡，陶亮等一定会乘胜进攻，第二天如果再不主动发起攻势，就会向敌人暴露出自己力量薄弱。江方兴的名望和地位跟自己相等，绝不可能受自己的指挥。而军事行动不能统一，是导致失败的原因。于是，就率部下各将领拜访江方兴，说："现今，四面八方都起兵叛乱，朝廷所占据的不过百里之地。朝廷所依赖的也只有殷孝祖一人，不料，刚刚兵戈相接，殷孝祖就载着尸体返回，文武官员全都沮丧，朝野人士提心吊胆。大事能否成功，只看

悦，许诺。攸之既出，诸军主并尤之，攸之曰："吾本济国活家，岂计此之升降！且我能下彼，彼必不能下我，岂可自措同异也！"

孙冲之谓陶亮曰："孝祖枭将，一战便死，天下事定矣，不须复战，便当直取京都。"亮不从。

辛卯，方兴帅诸将进战，建安王休仁又遣军主郭季之、步兵校尉杜幼文、屯骑校尉垣恭祖、龙骧将军济地顿生、京兆段佛荣等三万人往会战，自寅及午，大破之，追北至姥山而还。幼文，骥之子也。

孙冲之于湖、白口筑二城，军主竟陵张兴世攻拔之。

壬辰，诏以沈攸之为辅国将军、假节，代殷孝祖督前锋诸军事。

陶亮闻湖、白二城不守，大惧，急召孙冲之还鹊尾，留薛常宝等守赭圻；先于姥山及诸冈分立营寨，亦各散还，共保浓湖。

时军旅大起，国用不足，募民上钱谷者，赐以荒县、荒郡，或五品至三品散官有差。

军中食少，建安王休仁抚循将士，均其丰俭，吊死问伤，身自隐恤；故十万之众，莫有离心。

邓琬遣其豫州刺史刘胡帅众三万，铁骑二千，东屯鹊尾，并旧兵凡十余万。胡，宿将，勇健多权略，屡有战功，将士畏之。司徒中兵参军冠军蔡那，子弟在襄阳，胡每战，悬之城外，那进战不顾。吴喜既定三吴，帅所领五千人，并运资实，至于赭圻。

薛索兒将马步万余人自睢陵渡淮，进逼青、冀二州刺史张永营。丙申，诏南徐州刺史桂阳王休范统北讨诸军事，进据广陵；又诏萧道成将兵救永。

（以上为第七段，写刘宋朝廷将领殷孝祖阵亡后，沈攸之从大局出发，推举江方兴统兵，取得胜利。叛首薛索兒率军渡淮，进逼青、冀刺史张永营，朝廷将领萧道成率兵援救。）

戊戌，寻阳王子房至建康，上宥之，贬爵为松滋侯。

明天一战。如果战而不胜，大事就去了。有关明天的作战，将领中有人说应该由我指挥，可是我自问魄力不够，才能和谋略都不如你。所以我们现今打算推举你为统帅，大家同心协力。”江方兴十分喜悦，满口承诺。沈攸之告辞出来，各将领抱怨沈攸之，沈攸之说：“我只希望拯救国家，岂能计较官职高低！而且我能处在江方兴之下，江方兴却一定不肯处在我之下，怎么可以自相争斗高下呢？”

孙冲之对陶亮说：“殷孝祖是一员悍将，一战就能杀死，天下大事已经定了，不必再战，现今就应该直接进攻京都。”陶亮不同意。三月初四日辛卯，江方兴率领各将领进攻，建安王刘休仁又派军主郭季之、步兵校尉杜幼文、屯骑校尉垣恭祖、龙骧将军济北人顿生、京兆人段佛荣等三万人前去增援助战。自凌晨厮杀到中午，大破东军，向北追击到姥山而回。杜幼文是杜骥的儿子。

东军孙冲之在巢湖口和白水口修筑两座城池，军主竟陵人张兴世进攻并攻克。

三月初五日壬辰，刘宋颁布诏书提升沈攸之为辅国将军、假节，接替殷孝祖的督前锋诸军事。

陶亮听到巢湖口、白水口失守的消息，大为恐惧，急令孙冲之撤回鹊尾，而留薛常宝等驻防赭圻。在此之前在姥山及各山冈修建的营垒要塞，也分别解散撤回，共同保卫浓湖。

当时，战乱四起，朝廷财源不足，号召民众捐钱捐粮，依照捐献多少，分别任命他们担任荒凉偏远地区的郡守、县令以及五品至三品的散官不等。

刘宋军中粮秣缺乏，建安王刘休仁安抚军心，鼓励将士，平均分配物品，哀悼死者，慰问伤员，休戚与共。所以十万大军，未曾离心。

邓琬派遣豫州刺史刘胡率领三万人，铁骑兵两千人，东行进驻鹊尾，加上原有士卒，共十余万人。刘胡是一员老将，勇敢而有谋略，屡次建立战功，将领、士卒都十分敬畏。司徒中兵参军冠军人蔡那的儿子和弟弟都在襄阳。刘胡每次作战，都将蔡那的儿子悬挂城外，蔡那照样猛烈攻击毫无顾忌。吴喜平定三吴之后，又率军队五千人，连同军用物品，向西增援刘休仁，进驻赭圻。

薛索兒率步、骑兵一万多人，自睢陵渡过淮河，进逼青、冀二州刺史张永的营寨。三月初九日丙申，宋明帝诏书命令南徐州刺史桂阳王刘休范统领北讨诸军事，进驻广陵，又命萧道成率兵援救张永。

三月十一日戊戌，寻阳王刘子房由会稽押解到建康。宋明帝下令赦免，贬为松

庚子，魏以陇西王源贺为太尉。

上遣宁朔将军刘怀珍帅龙骧将军王敬则等步骑五千，助刘勔讨寿阳，斩庐江太守刘道蔚。怀珍，善明之从子也。

中书舍人戴明宝启上，遣军主竟陵黄回募兵击斩寻阳所署马头太守王广元。

前奉朝请寿阳郑黑，起兵于淮上以应建康，东扞殷琰，西拒常珍奇。乙巳，以黑为司州刺史。

殷琰将刘顺、柳伦、皇甫道烈、庞天生等马步八千人东据宛唐。刘勔帅众军并进，去顺数里立营。时琰所遣诸军，并受顺节度。而以皇甫道烈土豪，柳伦台之所遣，顺本卑微，唯不使统督二军。勔始至，堑垒未立；顺欲击之，道烈、伦不同，顺不能独进，乃止。勔营既立，不可复攻，因相持守。

壬子，断新钱，专用古钱。

沈攸之帅诸军围赭圻。薛常宝等粮尽，告刘胡求救。胡以囊盛米，系流查及船腹，阳覆船，顺风流下以饷之。沈攸之疑其有异，遣人取船及流查，大得囊米。丙辰，刘胡帅步卒一万，夜，斫山开道，以布囊运米饷赭圻。平旦，至城下，犹隔小堑，未能入。沈攸之帅诸军邀之，殊死战，胡众大败，舍粮弃甲，缘山走，斩获甚众。胡被创，仅得还营。常宝等惶惧，夏，四月，辛酉，开城突围，走还胡军。攸之拔赭圻城，斩其宁朔将军沈怀宝等，纳降数千人。陈绍宗单舸奔鹊尾。建安王休仁自虎槛进屯赭圻。

刘胡等兵犹盛。上欲绥慰人情，遣吏部尚书褚渊至虎槛，选用将士。时以军功除官者众，版不能供，始用黄纸。

（以上为第八段，写刘宋朝廷平叛形势逐步好转，名将沈攸之攻下重镇赭圻；明帝刘彧欲抚慰人心，大肆封赏有功之人，书写任命的方版不足而改用黄纸。）

邓琬以晋安王子勋之命，征袁顗下寻阳，顗悉雍州之众驰下。琬以黄门侍郎刘道宪行荆州事，侍中孔道存行雍州事。上庸太守柳世隆乘虚袭襄阳，不克。世隆，元景之弟子也。

散骑侍郎明僧嵩起兵，攻沈文秀以应建康。壬午，以僧嵩为青州刺

滋侯。

三月十三日庚子，北魏任命陇西王源贺为太尉。

宋明帝派遣宁朔将军刘怀珍率领龙骧将军王敬则等步兵、骑兵五千人，增援刘勔攻打寿阳，杀了庐江太守刘道蔚。刘怀珍是刘善明的侄儿。

中书舍人戴明宝向宋明帝推荐派军主竟陵人黄回招兵买马，杀了寻阳政权任命的马头太守王广元。

前任奉朝请寿阳人郑黑，在淮河流域起兵，响应建康，东拒寿阳的殷琰，西拒驻扎悬瓠的常珍奇。三月十八日乙巳，刘宋任命郑黑为司州刺史。

殷琰派部将刘顺、柳伦、皇甫道烈、庞天生等骑兵、步兵八千人，驻守东面的宛唐。刘勔率各路人马，同时并进，在距刘顺阵营数里处安营扎寨。当时殷琰所派各方军队统一由刘顺指挥。而因皇甫道烈原是当地的土豪，柳伦是朝廷派遣，刘顺出身卑微，所以不让刘顺统率这两支军队。刘勔刚到，营垒还没有筑成，刘顺想出击，可皇甫道烈、柳伦不同意，刘顺不能孤军出击，只好作罢。等刘勔筑营完成，已不能再攻，两军对峙坚守。

三月二十五日壬子，刘宋下令禁止用元嘉和孝建四铢钱，专用古钱。

沈攸之率领各路人马包围赭圻。薛常宝等粮食用尽，向刘胡求救。刘胡用布袋装米，绑在浮木和船舱上，假装船只翻覆，船底朝天顺流而下去接济薛常宝。沈攸之怀疑这么多翻船有异样，派人打捞翻船及木排，得了好多袋米。三月二十九日丙辰，刘胡率领步兵一万人，趁着黑夜，开山凿道，用布袋装米，运送给赭圻。天亮时，来到赭圻城下，还隔着一条小沟，进不了城。沈攸之率领各军截击，拼死战斗，刘胡大败，丢粮弃甲，沿山逃走，被杀被抓的很多。刘胡受伤，只身回营。薛常宝等惊慌恐惧，夏季，四月初四日辛酉，开城门突围，逃回刘胡军营。沈攸之攻破了赭圻城，杀了宁朔将军沈怀宝等，接受降军数千人。陈绍宗乘一只小船逃走投奔鹊尾。建安王刘休仁从虎槛进驻赭圻。

刘胡的兵力仍然十分强大，宋明帝想安抚军心，派吏部尚书褚渊前往虎槛，征选提拔有功将士。由于有战功而被封官的人多，以至任命版不够用，开始用黄纸。

邓琬根据晋安王刘子勋的命令，征召袁顗下寻阳。袁顗率领雍州所有兵将急行军南下。邓琬任命黄门侍郎刘道宪掌管荆州，任命侍中孔道存掌管雍州。上庸太守柳世隆，乘襄阳空虚，发动攻击，没有攻克。柳世隆是柳元景的侄儿。

散骑侍郎明僧暠起兵，攻打青州刺史沈文秀，以响应建康。四月二十五日壬午，

史。平原、乐安二郡太守王玄默据琅邪，清河、广川二郡太守王玄邈据盘阳城，高阳、勃海二郡太守刘乘民据临济城，并起兵以应建康。玄邈，玄谟之从弟；乘民，弥之之从子也。

沈文秀遣军主解彦士攻北海，拔之，杀刘弥之。乘民从弟伯宗，合帅乡党，复取北海，因引兵向青州所治东阳城。文秀拒之，伯宗战死。僧舞、玄默、玄邈、乘民合兵攻东阳城，每战辄为文秀所破，离而复合，如此者十余，卒不能克。

杜叔宝谓台军住历阳，不能遽进；及刘勔等至，上下震恐。刘顺等始行，唯赍一月粮，既与勔相持，粮尽。叔宝发车千五百乘，载米饷顺，自将五千精兵送之。吕安国闻之，言于刘勔曰："刘顺精甲八千，我众不能居半。相持既久，强弱势殊，更复推迁，则无以自立。所赖者，彼粮行竭，我食有余耳。若使叔宝米至，非唯难可复图，我亦不能持久。今唯有间道袭其米车，出彼不意，若能制之，当不战走矣。"勔以为然，以疲弱守营，简精兵千人配安国及龙骧将军黄回，使从间道出顺后，于横塘抄之。

安国始行，赍二日熟食。食尽，叔宝不至，将士欲还，安国曰："卿等旦已一食。今晚米车不容不至，若其不至，夜去不晚。"叔宝果至，以米车为函箱陈，叔宝于外为游军。幢主杨仲怀将五百人居前，安国、回等击斩之，及其士卒皆尽。叔宝至，回欲乘胜击之，安国曰："彼将自走，不假复击。"退三十里，止宿，夜遣骑参候，叔宝果弃米车走。安国复夜往烧米车，驱牛二千余头而还。

五月，丁亥朔，夜，刘顺众溃，走淮西就常珍奇。于是刘勔鼓行，进向寿阳。叔宝敛居民及散卒，婴城自守，勔与诸军分营城外。

山阳王休祐与殷琰书，为陈利害，上又遣御史王道隆赍诏宥琰罪。勔与琰书，并以琰兄瑗子邈书与之。琰与叔宝等皆有降意，而众心不壹，复婴城固守。

弋阳西山蛮田益之起兵应建康，诏以益之为辅国将军，督弋阳西蛮事。壬辰，以辅国将军沈攸之为雍州刺史。丁未，以尚书左仆射王景文为中军将军。庚戌，以宁朔将军刘乘民为冀州刺史。

任命明僧暠为青州刺史。平原、乐安两郡太守王玄默占据琅邪，清河、广川两郡太守王玄邈占据盘阳城，高阳、勃海两郡太守刘乘民占据临济城，全都起兵响应建康。王玄邈是王玄谟的堂弟，刘乘民是刘弥之的侄儿。

沈文秀派部将解彦士攻击并攻克北海，杀了刘弥之。刘乘民的堂弟刘伯宗，集结地方武装，再夺回北海，接着，便攻打青州州府所在地东阳城。沈文秀抗拒，刘伯宗战死。明僧暠、王玄默、王玄邈、刘乘民合兵攻打东阳城，每次攻击都被沈文秀击败，士兵被打散又重新集结再攻，这样反复十余次，最后还是不能攻克。

杜叔宝认为官军驻扎历阳，不能马上向前推进，刘劻等人到达后，历阳部队上下惊恐震动。部将刘顺等开始东下驻防宛唐，只带一个月的粮食，跟刘劻相持不下，粮食吃完了。杜叔宝派运输车一千五百辆，装满米送给刘顺，亲自率五千精兵押送。吕安国得到消息，就对刘劻说："刘顺拥精甲八千，我们的兵力不到刘顺的一半。相持的时间一长，强弱的差距将会更大，再拖延下去，不能自存。希望的是对方的粮食将要枯竭，我们的粮食还有余。若是让杜叔宝的米运到，我们不但难以打胜仗，而且也难以久守。现今只有从小道出发，袭击他们的运米车队，出其不意，如果能摧毁对方，那么他们便会不战而走。"刘劻认为说得对，选精兵一千人配备给吕安国和龙骧将军黄回，令他们从小路绕到刘顺的背后，在横塘包抄刘顺。

吕安国出发时，仅带两天熟食。熟食吃光，还不见杜叔宝到来，将士们纷纷要求回军，吕安国说："你们早上已吃过一顿。依我看，今晚运米车队不会不来，如果不到，我们夜里撤退，也为时不晚。"杜叔宝果然到来，米车布成"函箱阵"，杜叔宝在函箱阵外游动防护。幢主杨仲怀率五百人在车队前开路。吕安国、黄回等发动袭击，杀了杨仲怀，连同杨仲怀的部下全部斩尽。杜叔宝赶到时，黄回打算乘胜追击，吕安国说："杜叔宝会自己逃掉，用不着再动手。"于是，撤退三十里，停下来住宿。夜里派骑兵前去侦察，杜叔宝果然丢下运米的车队逃跑。吕安国夜里返回去，纵火烧毁米车，缴获牛两千余头而还。

五月初一日丁亥朔，夜晚，刘顺的部队崩溃，向淮西投奔悬瓠的常珍奇。此时刘劻擂鼓前进，向寿阳进军。杜叔宝把城外居民及散兵聚集城内，据城自守。刘劻与各路部队，分别在城外扎营。

山阳王刘休祐写信给殷琰，分析利害得失。宋明帝又派御史王道隆携带诏书，赦免殷琰罪过。刘劻也写信给殷琰，并附上殷琰哥哥殷瑗的儿子殷邈的一封家书。殷琰和杜叔宝都有投降之意，可是，大家意见不一，又继续守城。

弋阳西山蛮人首领田益之起兵，响应建康。刘宋颁布诏书任命田益之为辅国将军，统领弋阳西蛮的事务。五月初六日壬辰，任命辅国将军沈攸之为雍州刺史。五月二十一日丁未，任命尚书左仆射王景文为中军将军。五月二十四日庚戌，任命宁

甲寅，葬昭太后于修宁陵。

张永、萧道成等与薛索兒战，大破之，索兒退保石梁；食尽而溃，走向乐平，为申令孙子孝叔所斩。薛安都子道智走向合肥，诣裴季之降。傅灵越走至淮西，武卫将军沛郡王广之生获之，送诣刘勔。勔诘其叛逆，灵越曰："九州唱义，岂独在我！薛公不能专任智勇，委付子侄，此其所以败也。人生归于一死，实无面求活。"勔送诣建康。上欲赦之，灵越辞终不改，乃杀之。

邓琬以刘胡与沈攸之等相持久不决，乃加袁顗督征讨诸军事。六月，甲戌，顗帅楼船千艘，战士二万，来入鹊尾。顗本无将略，性又怯桡，在军中未尝戎服，语不及战陈，唯赋诗谈义而已，不复抚接诸将。刘胡每论事，酬对甚简。由此大失人情，胡常切齿恚恨。胡以南运米未至，军士匮乏，就顗借襄阳之资，顗不许，曰："都下两宅未成，方应经理。"又信往来之言，云"建康米贵，斗至数百"，以为将不攻自溃，拥甲以待之。

（以上为第九段，写刘宋争夺帝位的斗争形势已不利于刘子勋，而替刘子勋主持大局的邓琬却任用坐谈议理的袁顗为督帅，不利形势更是雪上加霜。）

田益之帅蛮众万余人围义阳，邓琬使司州刺史庞孟虬帅精兵五千救之，益之不战溃去。

安成太守刘袭，始安内史王识之，建安内史赵道生，并举郡来降。袭，道怜之孙也。

萧道成世子赜为南康赣令，邓琬遣使收系之。门客兰陵桓康担赜妻裴氏及其子长懋、子良逃于山中，与赜族人萧欣祖等结客得百余人，攻郡，破狱出赜。南康相沈肃之帅将吏追赜，赜与战，擒之。赜自号宁朔将军，据郡起兵，与刘袭等相应。

琬以中护军殷孚为豫章太守，督上流五郡以防袭等。

衡阳内史王应之起兵应建康，袭击湘州行事何慧文于长沙。应之与慧文舍军身战，斫慧文八创，慧文斫应之断足，杀之。

始兴人刘嗣祖等据郡起兵应建康，广州刺史袁昙远遣其将李万周等

朔将军刘乘民为冀州刺史。

五月二十八日甲寅，刘宋在修宁陵安葬路太后，谥号为昭。

张永、萧道成等与薛索兒作战，大破薛索兒军，薛索兒退守石梁，粮尽，大军溃散，薛索兒投奔乐平，被申令孙的儿子申孝叔击杀。薛安都的儿子薛道智逃往合肥，到裴季之处投降。傅灵越逃到淮水之西，被武卫将军沛郡人王广之活捉，押送给刘勔，刘勔指责傅灵越叛逆，傅灵越说："全国各地纷纷起义，岂止我一人！薛安都不能任用贤才，只信任儿子和侄儿，这是薛安都失败的原因。人生在世总归一死，实在没脸求活。"刘勔把傅灵越押送到建康，宋明帝打算赦免傅灵越，傅灵越始终不肯改口，便杀了傅灵越。

邓琬因刘胡跟建康官军沈攸之等对阵僵持，分不出胜负，于是加授袁顗为督征讨诸军事。六月十八日甲戌，袁顗率楼船一千艘，士兵两万人，抵达鹊尾。袁顗本无大将的才略，又性情卑怯。军营中从不穿军服，谈话也不涉及战阵，而只吟诗作赋，谈论义理，对各将领既不安抚鼓励，又不肯接见。刘胡每次讨论军事，袁顗对他的回答和应酬都很简略。因此袁顗大失人心，刘胡对他恨之入骨。刘胡因后方补给未到，士卒缺粮，向袁顗借襄阳的存粮，袁顗拒绝，说："京师还有两处住宅没有完工，正要经营用度。"又相信过路人的传言，说："建康米价飞涨，一斗高达数百钱。"认为用不着进攻，建康将自行崩溃，所以拥兵不动，坐等胜利。

田益之率西山蛮人军队一万多人包围义阳。邓琬派司州刺史庞孟虬率精锐五千人援救，田益之不战而溃逃。

安成太守刘袭、始安内史王识之、建安内史赵道生，全部献出城池，投降朝廷。刘袭是刘道怜的孙子。

萧道成的儿子萧赜任南康赣县令，邓琬派人前去逮捕了萧赜。萧赜的门客兰陵人桓康，带着萧赜的妻子裴氏和萧赜的两个儿子萧长懋、萧子良逃到山中。跟萧赜的同族萧欣祖等结集佃客一百余人，袭击郡城，攻破监狱，救出萧赜。南康相沈肃之率将士追赶萧赜，萧赜迎战，活捉了沈肃之。萧赜自称宁朔将军，据南康郡起兵，与安成郡的刘袭等呼应。

邓琬任命中护军殷孚为豫章太守，督统赣江上游五个郡，防御刘袭等。

衡阳内史王应之起兵，响应建康，袭击在长沙的湘州行事何慧文。王应之与何慧文离开兵士单独决斗，王应之砍伤何慧文八处，何慧文砍断了王应之一只脚并杀了他。

始兴人刘嗣祖等占据郡城以响应建康。广州刺史袁昙远派部将李万周等去讨伐。

讨之。嗣祖诳万周云“寻阳已平”。万周还袭番禺，擒昙远，斩之。上以万周行广州事。

初，武都王杨元和治白水，微弱不能自立，弃国奔魏。元和从弟僧嗣复自立，屯葭芦。

费欣寿至巴东，巴东人任叔兒据白帝，自号辅国将军，击欣寿，斩之，叔兒遂阻守三峡。萧惠开复遣治中程法度将兵三千出梁州，杨僧嗣帅群氐断其道，间使以闻。秋，七月，丁酉，以僧嗣为北秦州刺史、武都王。

诸军与袁顗相拒于浓湖，久未决。龙骧将军张兴世建议曰：“贼据上流，兵强地胜，我虽持之有余而制之不足。若以奇兵数千潜出其上，因险而壁，见利而动，使其首尾周遑，进退疑阻，中流既梗，粮运自艰，此制贼之奇也。钱溪江岸最狭，去大军不远，下临洄洑，船下必来泊岸，又有横浦可以藏船，千人守险，万夫不能过。冲要之地，莫出于此。”沈攸之、吴喜并赞其策。会庞孟虬引兵来助殷琰，刘勔遣使求援甚急，建安王休仁欲遣兴世救之。沈攸之曰：“孟虬蚁聚，必无能为，遣别将马步数千，足以相制。兴世之行，是安危大机，必不可辍。”乃遣段佛荣将兵救勔，而选战士七千、轻舸二百配兴世。

兴世帅其众溯流稍上，寻复退归，如是者累日。刘胡闻之，笑曰：“我尚不敢越彼下取扬州，张兴世何物人，欲轻据我上！”不为之备。一夕，四更，值便风，兴世举帆直前，渡湖、白，过鹊尾。胡既觉，乃遣其将胡灵秀将兵于东岸，翼之而进。戊戌夕，兴世宿景洪浦，灵秀亦留。兴世潜遣其将黄道标帅七十舸径趣钱溪，立营寨。己亥，兴世引兵进据之，灵秀不能禁。庚子，刘胡自将水步二十六军来攻钱溪。将士欲迎击之，兴世禁之曰：“贼来尚远，气盛而矢骤；骤既易尽，盛亦易衰，不如待之。”令将士治城如故。俄而胡来转近，船入洄洑；兴世命寿寂之、任农夫帅壮士数百击之，众军相继并进，胡败走，斩首数百，胡收兵而下。

时兴世城寨未固，建安王休仁虑袁顗并力更攻钱溪，欲分其势。辛丑，命沈攸之、吴喜等以皮舰进攻浓湖，斩获千数。是日，刘胡帅步卒

刘嗣祖欺骗李万周说:“寻阳战乱已平。”李万周回军袭击番禺,活捉袁昙远,将其斩首。宋明帝任命李万周掌管广州事务。

最初,武都王杨元和把王府设在白水,力量薄弱,不能自存。于是抛弃部族,投奔北魏。杨元和的堂弟杨僧嗣又自立为武都王,驻扎在葭芦。

费欣寿率军东下进抵巴东。巴东人任叔兒占据白帝城,自称为辅国将军,迎战费欣寿,杀了他。任叔兒封锁防守三峡。萧惠开第二次派治中程法度带领兵士三千人北上梁州。杨僧嗣率氐族各部落切断了程法度的道路,派人由小路奏报朝廷。秋季,七月十二日丁酉,刘宋任命杨僧嗣为北秦州刺史、武都王。

各路官军与袁顗在浓湖对峙,很久不能决出胜负。龙骧将军张兴世建议说:“叛贼盘踞上游,兵力强大,地势险要,我们的力量与叛贼对峙是绰绰有余,但不足以剿灭他们。若是派出数千奇兵偷偷地进入叛贼的背后,在险要的地方筑城,伺机进攻,就会使叛贼首尾难顾,进退两难。中流被梗塞,粮食运输艰难,这是克制叛贼的奇妙良策。钱溪江岸最为狭窄,又距大军不远,下临旋涡,船只经过必须紧靠岸边,又有天然的码头可以停船。有一千人把守,一万人便不能通过。要害之地,不能超过此地。”沈攸之、吴喜全都赞成这个计谋。正逢庞孟虬率兵前来增援殷琰,刘勔派人请求援兵说很紧急。建安王刘休仁打算派张兴世援救,沈攸之说:“庞孟虬的部队,像一群蚂蚁聚集,一定没什么作为,派遣另一位将领,交给步兵、骑兵数千人,足以把庞孟虬制服住。张兴世之行,是安危成败的关键,不可半途而废。”于是命段佛荣率军增援刘勔,而挑选战士七千人,轻快小船二百艘,配给张兴世。

张兴世率众逆流而上,接着又返回,一连数天,都是如此。刘胡听到,取笑说:“我尚且不敢越过他们阵地,夺取扬州,张兴世是什么东西,居然想占领我的上游阵地。”不做防备。一天晚上四更,正好风向为顺风,张兴世的船队,向西举帆前进,穿过湖口、白水口,再过鹊尾。刘胡发觉之后,急忙派将领胡灵秀领兵在东岸追赶,紧跟前进。七月十三日戊戌晚,张兴世宿营景洪浦,胡灵秀也留在此处。张兴世暗中派遣部将黄道标,率七十条快艇直插钱溪,安营扎寨。七月十四日己亥,张兴世率主力西进,直接进驻钱溪新营,胡灵秀无法阻止。七月十五日庚子,刘胡亲自率领水陆联合的二十六支军队,前来攻击钱溪,张兴世的将士打算迎战,张兴世阻止说:“贼寇离我们还远,气势旺盛,箭如雨下。然而气太盛,容易衰弱,箭太多,容易枯竭,不如等待。”命令将士照旧加强工事。不久,刘胡船队接近,进入漩涡,张兴世命寿寂之、任农夫率精壮军士数百人攻击,众军相继跟进,刘胡败退,斩首数百,刘胡收兵而回。

当时,张兴世营寨还不够坚固,建安王刘休仁担心袁顗回军与刘胡合力再攻钱溪,打算分散袁顗与刘胡的势力。七月十六日辛丑,命沈攸之、吴喜等用牛皮包在

二万、铁马一千，欲更攻兴世。未至钱溪数十里，袁颛以浓湖之急，遽追之，钱溪城由此得立。胡遣人传唱“钱溪已平”，众并惧，沈攸之曰：“不然。若钱溪实败，万人中应有一人逃亡得还者，必是彼战失利，唱空声以惑众耳。”勒军中不得妄动。钱溪捷报寻至。攸之以钱溪所送胡军耳鼻示浓湖，袁颛骇惧。攸之日暮引归。

（以上为第十段，写刘宋争帝位的双方展开最后斗争，两军对峙浓湖，胜负难分，朝廷将领张兴世出奇兵，越过寻阳，轻据上游，占领钱溪，奠定胜利之基。）

龙骧将军刘道符攻山阳，程天祚请降。

庞孟虬进至弋阳，刘勔遣吕安国等迎击于蓼潭，大破之。孟虬走向义阳。王玄谟之子昙善起兵据义阳以应建康，孟虬走死蛮中。

刘胡遣辅国将军薛道标袭合肥，杀汝阴太守裴季之，刘勔遣辅国将军垣闳击之。闳，阆之弟；道标，安都之子也。

淮西人郑叔举起兵击常珍奇以应郑黑。辛亥，以叔举为北豫州刺史。

崔道固为土人所攻，闭门自守。上遣使宣慰，道固请降。甲寅，复以道固为徐州刺史。

八月，皇甫道烈等闻庞孟虬败，并开门出降。

张兴世既据钱溪，浓湖军乏食。邓琬大送资粮，畏兴世，不敢进。刘胡帅轻舸四百，由鹊头内路欲攻钱溪，既而谓长史王念叔曰：“吾少习步战，未闲水斗。若步战，恒在数万人中；水战在一舸之上，舸舸各进，不复相关，正在三十人中，此非万全之计，吾不为也。”乃托疟疾，住鹊头不进，遣龙骧将军陈庆将三百舸向钱溪，戒庆不须战：“张兴世吾之所悉，自当走耳。”陈庆至钱溪，军于梅根。

胡遣别将王起将百舸攻兴世，兴世击起，大破之。胡帅其余舸驰还，谓颛曰：“兴世营寨已立，不可猝攻；昨日小战，未足为损。陈庆已与南陵、大雷诸军共遏其上，大军在此，鹊头诸将又断其下流；已堕围中，不足复虑。”颛怒胡不战，谓曰：“粮运鲠塞，当如此何？”胡曰：“彼尚得溯流越我而上，此运何以不得沿流越彼而下邪！”乃遣安北府司马沈仲玉将千人步趣南陵迎粮。

船上攻击浓湖，杀数千人。当天，刘胡率步兵两万人，披甲骑兵一千人，打算再攻张兴世，距钱溪数十里时，袁颉因浓湖吃紧，紧急追击，钱溪的营寨因此得以建成。刘胡派人散布说："钱溪已经平定。"众人大为恐惧，沈攸之说："不对，钱溪如果确实战败，众人中至少会有一人逃亡回来，必定是钱溪攻击失利，散布假情报扰乱军心。"下令军中不得妄动。不多时，钱溪捷报传到。沈攸之把钱溪送来的刘胡士卒耳朵、鼻子，送给浓湖守军，袁颉异常惊恐。沈攸之黄昏时回军。

龙骧将军刘道符，进攻山阳，程天祚请降。

庞孟虬前进到弋阳，刘勔派吕安国等在蓼潭迎击，大破庞孟虬军。庞孟虬逃往义阳。王玄谟的儿子王昙善聚众起兵，夺取义阳以响应建康朝廷。庞孟虬逃到蛮族居住的山区，死在那里。

刘胡派遣辅国将军薛道标袭击合肥，杀了汝阴太守裴季之。刘勔派辅国将军垣闳反击。垣闳是垣阆的弟弟。薛道标是薛安都的儿子。

淮西人郑叔举起兵攻击常珍奇，响应郑黑。七月二十六日辛亥，任命郑叔举为北豫州刺史。

崔道固受到当地百姓围攻，闭城自守。宋明帝派人安抚，崔道固请求投降。七月二十九日甲寅，又任命崔道固为徐州刺史。

八月，皇甫道烈等听到庞孟虬战败，开城投降。

张兴世占领钱溪之后，浓湖大营粮食缺乏。郑琬打算运送大量军需物资接济，但怕张兴世截击，不敢前进。刘胡率轻装船只四百艘，从鹊头江中内航道前进，打算攻打钱溪，然后对长史王念叔说："我从小习惯于陆战，不熟悉水战。如果步兵作战，我总在数万人中间，而水上作战，只能在一条船上，船与船各自行进，无法互相照应，我在船上不过在三十人中间，这不是万全之计，我不去干。"刘胡于是推托得了疟疾，停靠鹊头不前进。派龙骧将军陈庆率三百艘船驶向钱溪，吩咐陈庆不要与敌人接战，说："我非常熟悉张兴世，他会自动逃走的！"陈庆抵达钱溪，驻扎梅根。

刘胡派部将王起率一百余艘船攻打张兴世，张兴世大败王起。刘胡率其余的船队撤回浓湖，对袁颉说："张兴世已经建成营寨，不可突然攻击。昨天小小交战，谈不上损失。陈庆已与南陵、大雷各军共同扼住张兴世的上游，大营在此，鹊头诸将领又切断了张兴世的下游，已坠入包围圈中，不必再为此忧虑。"袁颉对刘胡不作战十分恼怒，对刘胡说："运粮路线被切断，应该怎么办？"刘胡说："张兴世能越过我们逆流而上，这次运粮为什么不能越过张兴世顺江而下呢？"于是派遣安北府司马

仲玉至南陵，载米三十万斛，钱布数十舫，竖榜为城，规欲突过。行至贵口，不敢进，遣间信报胡，令遣重军援接。张兴世遣寿寂之、任农夫等将三千人至贵口击之，仲玉走还颉营，悉虏其资实。胡众骇惧，胡将张喜来降。

镇东中兵参军刘亮进兵逼胡营，胡不能制。袁颉惧曰："贼人入肝脾里，何由得活！"胡阴谋遁去，己卯，诳颉云："欲更帅步骑二万，上取钱溪，兼下大雷余运。"令颉悉选马配之。其日，胡委颉去，径趣梅根。先令薛常宝办船，悉发南陵诸军，烧大雷诸城而走。至夜，颉方知之，大怒，骂曰："今年为小子所误！"呼取常所乘善马"飞燕"，谓其众曰："我当自追之！"因亦走。

庚辰，建安王休仁勒兵入颉营，纳降卒十万，遣沈攸之等追颉。颉走至鹊头，与戍主薛伯珍并所领数千人偕去，欲向寻阳。夜，止山间，杀马以劳将士，顾谓伯珍曰："我非不能死，且欲一至寻阳，谢罪主上，然后自刎耳。"因慷慨叱左右索节，无复应者。及旦，伯珍请屏人言事，遂斩颉首，诣钱溪马军主襄阳俞湛之。湛之因斩伯珍，并送首以为己功。

刘胡帅二万人向寻阳，诈晋安王子勋云："袁颉已降，军皆散，唯己帅所领独返。宜速处分，为一战之资。当停据湓城，誓死不贰。"乃于江外夜趣沔口。

邓琬闻胡去，忧惶无计，呼中书舍人褚灵嗣等谋之，并不知所出。张悦诈称疾，呼琬计事，令左右伏甲帐后，戒之："若闻索酒，便出。"琬既至，悦曰："卿首唱此谋，今事已急，计将安出！"琬曰："正当斩晋安王，封府库，以谢罪耳。"悦曰："今日宁可卖殿下求活邪！"因呼酒。子洵提刀出斩琬。中书舍人潘欣之闻琬死，勒兵而至。悦使人语之曰："邓琬谋反，今已枭戮。"欣之乃还。取琬子，并杀之。悦因单舸赍琬首驰下，诣建安王休仁降。

寻阳乱。蔡那之子道渊在寻阳被系作部，脱锁入城，执子勋，囚之。

沈仲玉带领一千人徒步前往南陵，迎接军粮。

沈仲玉到达南陵，把三十万斛米装上船，又装军饷、布匹等共数十船，船上用木板钉成围墙，打算突围。可是船队行至贵口，不敢前进，派人抄小路报告刘胡，请求增派重兵前来迎接。张兴世命寿寂之、任农夫等率三千人直奔贵口，攻击沈仲玉。沈仲玉逃回袁颢大营，所有军用物资全被夺走。刘胡的部队惊恐万状，部将张喜前来投降。

镇东中兵参军刘亮向前推进，逼近刘胡军营，刘胡抵挡不住，袁颢惊慌地说："敌人已侵入人的肝脾重地中间，还能活吗？"刘胡准备暗中逃走，八月二十四日己卯，谎报袁颢说："打算率步兵、骑兵两万人，到上游夺回钱溪，并运回积存在大雷的余粮。"要求袁颢挑选马匹全都配备给自己。当天，刘胡丢下袁颢，直奔梅根。先命薛常宝征集船只，又命南陵各军全部出发，焚烧大雷各城而逃。到夜晚，袁颢才得知消息，勃然大怒，骂道："今年可被这小子耽误了！"呼唤侍从牵来平日所骑的马，名叫"飞燕"，对部属说："我要亲自追击刘胡！"于是也乘机逃走。

八月二十五日庚辰，建安王刘休仁率兵进入袁颢遗弃的大营，接受十万人投降，同时派沈攸之等追捕袁颢。袁颢逃到鹊头，与镇守那里的主将薛伯珍会合，并带薛伯珍所属的部队数千人打算前往寻阳。夜晚，住宿山间，袁颢杀马慰劳将士，回头对薛伯珍说："我并不是不能死，只不过想到寻阳，在主上面前请罪，然后自刎！"慷慨激昂，吆喝左右侍从取来刘子勋赐给的符节，左右侍从无人理他。等到天亮，薛伯珍请求与袁颢单独谈话，遂砍下袁颢人头，前往钱溪，向骑兵军主襄阳人俞湛之投降。俞湛之斩薛伯珍，连同袁颢的人头一起上交，作为自己的功劳。

刘胡率两万人奔回寻阳，谎报晋安王刘子勋的话说："袁颢已经投降，全军溃散，只有我率领我的部属，单独逃回。应紧急采取措施，决一死战，驻防湓城，誓死不背叛。"于是，率船队从江中外航道西上，连夜直奔沔口。

邓琬听到刘胡逃走，惊恐忧虑，无计可施，急忙召集中书舍人褚灵嗣等策划对策，都不知如何是好。吏部尚书张悦假装有病，请邓琬到私宅商讨大事，密令左右全副武装，在帐后埋伏，吩咐："听见我命你们拿酒，便出来动手。"邓琬到后，张悦说："你第一个坚持称帝，今天事已吃紧，你有什么办法？"邓琬说："应当杀掉晋安王，查封府库，以此来赎罪。"张悦说："现今你宁可出卖殿下，也要保全自己活命吗！"于是呼唤拿酒，张悦的儿子张洵，提刀冲出，砍下邓琬人头。中书舍人潘欣之听说邓琬被杀，率兵抵达。张悦派人告诉潘欣之说："邓琬打算谋反，已被斩首。"潘欣之才撤回。张悦逮捕了邓琬的儿子，一并杀掉。张悦于是单乘一只小船提着邓琬的人头东下，向建安王刘休仁投降。

寻阳大乱，蔡那的儿子蔡道渊被囚禁在寻阳专门制造兵器的作坊里，这时挣脱

沈攸之诸军至寻阳，斩晋安王子勋，传首建康，时年十一。

（以上为第十一段，写刘子勋政权将领刘胡、袁顗，看到大势已去，纷纷临阵脱逃，双双毙命；主帅邓琬忧惶无计，兵败，与其主年仅十一的刘子勋，均被杀。）

初，邓琬遣临川内史张淹自鄱阳峤道入三吴，军于上饶，闻刘胡败，军副鄱阳太守费晔斩淹以降。淹，畅之子也。

废帝之世，衣冠惧祸，咸欲远出。至是流离外难，百不一存，众乃服蔡兴宗之先见。

九月壬辰，以山阳王休祐为荆州刺史。

癸巳，解严，大赦。

庚子，司徒休仁至寻阳，遣吴喜、张兴世向荆州，沈怀明向郢州，刘亮及宁朔将军南阳张敬兒向雍州，孙超之向湘州，沈思仁、任农夫向豫章，平定余寇。

刘胡逃至石城，捕得，斩之。郢州行事张沈变形为沙门，潜走，追获，杀之。荆州行事刘道宪闻浓湖平，散兵，遣使归罪。荆州治中宗景等勒兵入城，杀道宪，执临海王子顼以降。孔道存知寻阳已平，遣使请降。寻闻柳世隆、刘亮当至，道存及三子皆自杀。上以何慧文才兼将吏，使吴喜宣旨赦之。慧文曰："既陷逆节，手害忠义，何面见天下之士！"遂自杀。安陆王子绥、临海王子顼、邵陵王子元并赐死，刘顺及余党在荆州者皆伏诛。诏追赠诸死节之臣，及封赏有功者各有差。

己酉，魏初立郡学，置博士、助教、生员，从中书令高允、相州刺史李䜣之请也。䜣，崇之子也。

上既诛晋安王子勋等，待世祖诸子犹如平日。司徒休仁还自寻阳，言于上曰："松滋侯兄弟尚在，将来非社稷计，宜早为之所。"冬，十月，乙卯，松滋侯子房、永嘉王子仁、始安王子真、淮南王子孟、南平王子产、庐陵王子舆、子趋、子期、东平王子嗣、子悦并赐死，及镇北谘议参军路休之、司徒从事中郎路茂之、兖州刺史刘祗、中书舍人严龙皆坐诛。世祖二十八子于此尽矣。祗，义欣之子也。

（以上为第十二段，写北魏在各郡设立学校，设置博士、助教、生员；刘宋明帝刘彧平定刘子勋之乱，下令将刘骏的二十八个儿子全部杀死。）

枷锁，进入寻阳城，抓住刘子勋，囚禁起来。沈攸之等大军抵达寻阳，杀掉晋安王刘子勋，把人头送到建康。刘子勋时年十一岁。

当初，邓琬派遣临川内史张淹从鄱阳山路进入三吴，驻扎在上饶。听到刘胡战败，张淹部队的副统帅鄱阳太守费晔，杀掉张淹投降。张淹是张畅的儿子。

宋废帝在位时，士族为了避免灾祸，都打算离开京师，远到他乡。以至于在寻阳起兵的外难中流离，一百人中不见得有一人，大家这才佩服蔡兴宗的先见之明。

九月初九日壬辰，刘宋任命山阳王刘休祐为荆州刺史。

九月初十日癸巳，刘宋解除戒严，宣布大赦。

九月十七日庚子，刘宋司徒刘休仁抵达寻阳，派吴喜、张兴世进攻荆州，沈怀明进攻郢州，刘亮及宁朔将军南阳人张敬兒进攻雍州，孙超之进攻湘州，沈思仁、任农夫进攻豫章，平定残余力量。

刘胡逃到石城，被捕并被斩首。郢州行事张沈化装成和尚，暗中逃走，被追缉抓获，斩首。荆州行事刘道宪听说浓湖平定，便解散部众，派人到官军驻所请求处罚。荆州治中宗景等率军进城，诛杀刘道宪，逮捕临海王刘子顼后投降。孔道存得知寻阳已经平定，派人到官军驻所请求投降。不久听说柳世隆、刘亮大军将要到来，孔道存和三个儿子一同自杀。宋明帝因为何慧文文武全才，特地命令吴喜传旨赦免何慧文，何慧文说："既然已陷入叛逆，杀死王应之，还有什么脸面去见天下人士！"于是自杀。安陆王刘子绥、临海王刘子顼、邵陵王刘子元，都被赐死。刘顺及其余党，全部被斩首。颁布诏书追赠守节而死的官员，并对有功的官员依照等级封赏。

九月二十五日己酉，北魏开始在每个郡设立学校，设置博士、助教、生员，这是采纳中书令高允、相州刺史李䜣的建议。

宋明帝已经诛杀晋安王刘子勋等，对孝武帝的其他儿子仍然善待如故。司徒刘休仁从寻阳返回京师，对宋明帝说："松滋侯刘子房的兄弟仍活着，将来对社稷恐怕不利，应该及早打算如何处置。"冬季，十月初一乙卯，松滋侯刘子房、永嘉王刘子仁、始安王刘子真、淮南王刘子孟、南平王刘子产、庐陵王刘子舆、刘子趋、刘子期、东平王刘子嗣、刘子悦等全部赐死，镇北谘议参军路休之、司徒从事中郎路茂之、兖州刺史刘祗、中书舍人严龙等人都受株连被杀。世祖共有二十八个儿子，至此全部都被杀尽。刘祗是刘义欣的儿子。

刘劻围寿阳，垣闳攻合肥，俱未下。劻患之，召诸将会议。马队主王广之曰："得将军所乘马，判能平合肥。"幢主皇甫肃怒曰："广之敢夺节下马，可斩！"劻笑曰："观其意，必能立功。"即推鞍下马与之。广之往攻合肥，三日，克之。薛道标突围奔淮西归常珍奇。劻擢广之为军主。广之谓肃曰："节下若从卿言，何以平贼？卿不赏才，乃至于此！"肃有学术，及劻卒，更依广之，广之荐于齐世祖为东海太守。

沈灵宝自庐江引兵攻晋熙，晋熙太守阎湛之弃城走。

徐州刺史薛安都、益州刺史萧惠开、梁州刺史柳元怙、兖州刺史毕众敬、豫章太守殷孚、汝南太守常珍奇，并遣使乞降。上以南方已平，欲示威淮北，乙亥，命镇军将军张永、中领军沈攸之将甲士五万迎薛安都。蔡兴宗曰："安都归顺，此诚非虚，正须单使尺书。今以重兵迎之，势必疑惧，或能招引北虏，为患方深。若以叛臣罪重，不可不诛，则向之所宥亦已多矣。况安都外据大镇，密迩边陲，地险兵强，攻围难克，考之国计，尤宜驯养。如其外叛，将为朝廷旰食之忧。"上不从，谓征北司马行南徐州事萧道成曰："吾今因此北讨，卿意以为何如？"对曰："安都狡猾有余，今以兵逼之，恐非国之利。"上曰："诸军猛锐，何往不克！卿勿多言！"安都闻大兵北上，惧，遣使乞降于魏，常珍奇亦以悬瓠降魏，皆请兵自救。

戊寅，立皇子昱为太子。

薛安都以其子为质于魏，魏遣镇东大将军代人尉元、镇东将军魏郡孔伯恭等帅骑一万出东道，救彭城；镇西大将军西河公石，都督荆、豫、南雍州诸军事张穷奇出西道，救悬瓠。以安都为都督徐雍等五州诸军事、镇南大将军、徐州刺史、河东公，常珍奇为平南将军、豫州刺史、河内公。

兖州刺史申纂诈降于魏，尉元受之而阴为之备。魏师至无盐，纂闭门拒守。

薛安都之召魏兵也，毕众敬不与之同，遣使来请降。上以众敬为兖州刺史。众敬子元宾在建康，先坐他罪诛。众敬闻之，怒，拔刀斫柱曰：

刘勔围困寿阳，垣闳攻打合肥，都没攻克。刘勔大为忧虑，召集各位将领开会，马队主王广之说："有了将军的马，我就能夺取合肥。"幢主皇甫肃大怒说："王广之竟敢夺下统帅的马，应该斩首！"刘勔却笑着说："看王广之的意思，一定可以立功。"于是连同马鞍一齐送给王广之。王广之前去攻打合肥，只用三天时间便把它攻克。守将薛道标突围，逃往淮西，投奔常珍奇。刘勔提升王广之为军主。王广之对皇甫肃说："将军如果听你的话，怎么能平定盗贼？你不赏识人才，到了如此地步啊！"皇甫肃很有学问，后来，刘勔去世，皇甫肃投靠王广之为门客。王广之把皇甫肃推荐给齐世祖萧道成，为东海太守。

沈灵宝自庐江率军攻打晋熙，晋熙太守阎湛之弃城而逃。

徐州刺史薛安都、益州刺史萧惠开、梁州刺史柳元怙、兖州刺史毕众敬、豫章太守殷孚、汝南太守常珍奇，都派使节请求归降。宋明帝认为南方已经平定，打算向淮河以北炫耀威力。十月二十一日乙亥，命令镇军将军张永、中领军沈攸之率大军五万人北上迎接薛安都。尚书左仆射蔡兴宗说："薛安都归顺朝廷，绝对不假，现今正需派一个人，手拿一封信，前去迎接。现今用重兵迎接，一定会惊疑忧虑，甚至可能招引北方的胡虏，灾患势必更深。如果说薛安都身为叛逆，罪恶深重，非诛杀不可，那么从前所赦免的人可太多了。何况薛安都在外，据守要镇，紧接边界，地势险要，兵力强大，无论包围还是攻击，都难以克制。为了国家的利益，尤其应该使用和平手段安抚。一旦薛安都外叛，将要成为朝廷宵衣旰食的后患了。"宋明帝不接受他的意见，对征北司马代理南徐州事务的萧道成说："我正想利用薛安都反抗的机会加以讨伐，你认为如何？"萧道成回答说："薛安都十分狡猾，今天如果用大军逼薛安都，恐怕对朝廷没有好处。"宋明帝说："各路人马精锐，无往而不胜！你不要多说了！"薛安都听到大军北上的消息，果然非常恐惧，派遣使节向北魏投降。常珍奇也向北魏投降，献出郡城悬瓠，同时请北魏发兵救援。

十月二十四日戊寅，刘宋立皇子刘昱为太子。

薛安都把儿子送到北魏作为人质，北魏派镇东大将军代郡人尉元、镇东将军魏郡人孔伯恭等率骑兵一万人，向东援救彭城；派镇西大将军西河公拓跋石，都督荆、豫、南雍州诸军事张穷奇向西援救悬瓠。任命薛安都为都督徐雍等五州诸军事、镇南大将军、徐州刺史、河东公；任命常珍奇为平南将军、豫州刺史、河内公。

兖州刺史申纂向北魏诈降，尉元接受但暗中严密戒备。北魏军抵达无盐，申纂关闭城门，登城固守。

薛安都向北魏求兵时，毕众敬不赞同，派人来刘宋请求投降。宋明帝任命毕众敬为兖州刺史。毕众敬的儿子毕元宾原在建康，在此之前，因别的罪名被杀。毕众

"吾皓首唯一子，不能全，安用独生！"十一月，壬子，魏师至瑕丘，众敬请降于魏。尉元遣部将先据其城，众敬悔恨，数日不食。元长驱而进，十二月，己未，军于秺。

西河公石至上蔡，常珍奇帅文武出迎。石欲顿军汝北，未即入城，中书博士郑羲曰："今珍奇虽来，意未可量。不如直入其城，夺其管籥，据有府库，制其腹心，策之全者也。"石遂策马入城，因置酒嬉戏。羲曰："观珍奇之色甚不平，不可不为之备。"乃严兵设备。其夕，珍奇使人烧府屋，欲为变，以石有备而止。羲，豁之曾孙也。

淮西七郡民多不愿属魏，连营南奔。魏遣建安王陆馛宣慰新附。民有陷军为奴婢者，馛悉免之，新民乃悦。

（以上为第十三段，写徐州刺史薛安都原来支持刘子勋政权，现欲归降建康，刘彧不听蔡兴宗劝说，欲显扬武力，派出五万大军受降，薛安都一怒而奔降北魏。）

乙丑，诏坐依附寻阳削官爵禁锢者，皆从原荡，随才铨用。

刘勔围寿阳，自首春至于末冬，内攻外御，战无不捷，以宽厚得士心。寻阳既平，上使中书为诏谕殷琰，蔡兴宗曰："天下既定，是琰思过之日。陛下宜赐手诏数行，以相慰引。今直中书为诏，彼必疑谓非真，非所以速清方难也。"不从。琰得诏，谓刘勔诈为之，不敢降。杜叔宝闭绝寻阳败问，有传者即杀之，守备益固。凡有降者，上辄送寿阳城下，使与城中人语，由是众情离沮。

琰欲请降于魏，主簿谯郡夏侯详说琰曰："今日之举，本效忠节。若社稷有奉，便当归身朝廷，何可北面左衽乎！且今魏军近在淮次，官军未测吾之去就，若建使归款，必厚相慰纳，岂止免罪而已。"琰乃使详出见刘勔。详说勔曰："今城中士民知困而犹固守者，畏将军之诛，皆欲自归于魏。愿将军缓而赦之，则莫不相帅而至矣。"勔许诺，使详至城下，呼城中人，谕以勔意。丙寅，琰帅将佐面缚出降，勔悉加慰抚，不戮一人。入城，约勒将士，士民赀财，秋毫无所失。寿阳人大悦。魏兵至师水，将救寿阳；闻琰已降，乃掠义阳数千人而去。久之，琰复仕至少府

敬听到这个消息，怒气冲天，拔出佩刀猛砍庭柱，说："我白发苍苍，就这么一个儿子，却不能保全，我怎么还能一个人活着！"十一月二十九日壬子，魏军抵达瑕丘，毕众敬向魏军请求投降。尉元派部将先占领这座城池，毕众敬后悔愤恨，几天不进饮食。尉元长驱直入，十二月初六日己未，驻扎秺县。

西河公拓跋石抵达上蔡，常珍奇率文武官员前去迎接。拓跋石打算驻扎汝水北岸，没有立刻进城，中书博士郑羲说："今日常珍奇虽然出来迎接，但内心诚意难以预测。不如直接进城，夺取城门钥匙，占领仓库和官府，夺取要害，这是最安全的策略。"拓跋石于是策马入城，在城内摆下筵席，饮酒欢乐。郑羲说："观察常珍奇的脸色，有些愤愤不平，不可不做暗中戒备。"于是严加守卫。当天晚上，常珍奇派人纵火焚烧官府房屋，打算发动变乱，但因拓跋石有严密戒备，只好中途停止。郑羲是郑豁的曾孙。

淮西七郡百姓大多不愿归附北魏，联营向南逃奔。北魏派建安王陆馛前来宣慰安抚新近归附的地区。百姓中有被军队掠夺当奴仆婢女的，陆馛下令全部释放，新近归附地区的百姓才欢欣鼓舞。

十二月十二日乙丑，颁布诏书凡因拥护寻阳政权而被免除官爵囚禁起来的人，一律赦免，量才任用。

刘勔包围寿阳，自首年初春到冬末，无论进攻还是抵抗，每战皆捷，因心肠宽厚，深得将士的拥护。寻阳政权灭亡后，宋明帝命中书发出诏书，向守将殷琰招降。蔡兴宗说："天下已经平定，正是殷琰思过的时候，陛下只要亲笔写几行字，安抚宽慰，加以引导，殷琰就可以归降。今天由中书颁发诏书，殷琰一定怀疑不是真的，这不是迅速消灭一方灾难的办法。"宋明帝不接受。殷琰看到诏书，认为是刘勔设下的圈套，不敢投降。杜叔宝严密封锁寻阳失败的消息，凡是传递消息的人立刻杀掉，城防越发坚固。后来，凡有人出城投降，宋明帝都让他们到寿阳城下，使他们与城中守军对话，由此军心离散沮丧。

殷琰打算投降北魏，主簿谯郡人夏侯详劝殷琰说："我们今天的举动，本意是效忠皇家。如果江山有主，就应该归附朝廷，怎么可以投向北方，穿胡服呢！而且现今魏军已接近淮水一带，官军还不知道我们的意向，如果派使节去表示诚心，一定会高兴接纳，岂止是免死而已。"殷琰于是派夏侯详出城晋见刘勔，夏侯详劝刘勔说："现今城中军民，虽然知道陷入困境仍然固守的缘故，是害怕将军诛杀，大家都打算降魏。希望将军不要再攻击，下令赦免，那么他们自然没有不相继来归降的了。"刘勔答应，让夏侯详到寿阳城下，呼唤城中人，转告刘勔的承诺。十二月十三日丙寅，殷琰率领他的部将自己反绑双手，出城投降。刘勔全都加以安抚，不杀一

而卒。

萧惠开在益州，多任刑诛，蜀人猜怨。闻费欣寿败没，程法度不得前，于是晋原一郡反，诸郡皆应之，合兵围成都。城中东兵不满二千，惠开悉遣蜀人出，独与东兵拒守。蜀人闻寻阳已平，争欲屠城，众至十余万人。惠开每遣兵出战，未尝不捷。

上遣其弟惠基自陆道使成都，赦惠开罪。惠基至涪，蜀人遏留惠基，不听进。惠基帅部曲击之，斩其渠帅，然后得前。惠开奉旨归降，城围得解。

上遣惠开宗人宝首自水道慰劳益州。宝首欲以平蜀为己功，更奖说蜀人，使攻惠开。于是处处蜂起，凡诸离散者一时还合，与宝首进逼成都，众号二十万。惠开欲击之，将佐皆曰："今慰劳使至而拒之，何以自明？"惠开曰："今表启路绝，不战则何以得通使京师？"乃遣宋宁太守萧惠训等将万兵与战，大破之，生擒宝首，囚于成都。遣使言状。上使执送宝首，召惠开还建康。上问以举兵状。惠开曰："臣唯知逆顺，不识天命。且非臣不乱，非臣不平。"上释之。

是岁，侨立兖州，治淮阴；徐州治钟离；青、冀二州共一刺史，治郁洲。郁洲在海中，周数百里，累石为城，高八九尺，虚置郡县，荒民无几。

张永、沈攸之进兵逼彭城，军于下磕，分遣羽林监王穆之将卒五千守辎重于武原。

魏尉元至彭城，薛安都出迎。元遣李璨与安都先入城，收其管籥；别遣孔伯恭以精甲二千安抚内外，然后入。其夜，张永攻南门，不克而退。

元不礼于薛安都，安都悔降，复谋叛魏，元知之，不果发。安都重赂元等，委罪于女婿裴祖隆而杀之。元使李珠与安都守彭城，自将兵击张永，绝其粮道，又破王穆之于武原。穆之帅余众就永，元进攻之。

（以上为第十四段，写刘宋将领刘勔解寿阳之围，叛将殷琰归降朝廷；益州刺史萧惠开被赦罪，征召返京；徐州刺史后悔投降北魏，事发，以女婿裴祖隆顶罪。）

个人，进城之后，对军队严格约束，秋毫无损，寿阳人欢天喜地。北魏的军队到达师水，将要救援寿阳，听到殷琰已经投降，于是掳掠义阳数千人而回。后来，殷琰再次做官，担任少府时去世。

萧惠开在益州时，刑罚杀人太多，蜀地民众猜疑怨恨。听到东下的费欣寿全军覆没，北上的程法度无法前进，这时晋原郡首先反叛，其他各郡纷纷响应，各郡联军包围成都。成都城内萧惠开随行军队不满两千人，萧惠开把当地居民全部放出，自己单独与随行军队登城固守。蜀人听说寻阳政权已经灭亡，个个争先打算屠城，众人多达十余万。萧惠开每次派兵出战，都传出捷报。

宋明帝派萧惠开的弟弟萧惠基，从陆路前往成都，赦免萧惠开。萧惠基行至涪城，蜀人阻止萧惠基前进。萧惠基率领部曲发动攻击，杀了蜀人的首领，然后才得以前进。萧惠开接受诏书，开城归降。成都的包围这才得以解除。

宋明帝派萧惠开的同族萧宝首从水路前往益州，宣慰安抚。萧宝首打算把平息叛乱作为自己的功劳，于是从中挑拨、煽动蜀人攻击萧惠开。这时各处战火重燃，已经解散了的各郡联军，再度集结，追随萧宝首，进攻成都，部众号称二十万人。萧惠开打算攻击，将领们说："萧宝首是天子所派的慰劳使节，我们如果抗拒，怎么说明自己的心意！"萧惠开说："我们前往京师的道路被切断，不打这一仗，怎么能沟通与京师的联络？"于是派宋宁太守萧惠训等率大军一万人，出城迎战，大破联军，活捉萧宝首，囚禁于成都。然后派使臣到朝廷报告情况。宋明帝命令将萧宝首押回建康，同时征召萧惠开返京。宋明帝问他为何响应寻阳政权，萧惠开说："我只知道什么是逆，什么是顺，却不识天命所在。况且，乱因我而致，也因我而平。"宋明帝赦免了他。

这一年，设立侨置南方的兖州，治所在淮阴；徐州治所设在钟离；青、冀二州共设一个刺史，治所在郁洲。郁洲在大海之中，方圆数百里，用石头筑城，高八九尺，虚设郡县，荒民所剩无几。

张永、沈攸之率军逼近彭城，驻军下磕。另派羽林监王穆之率兵五千人，在武原守备军用物资。

北魏尉元抵达彭城，薛安都出城迎接。尉元派部将李璨跟薛安都先行入城，控制所有城门，另派孔伯恭率精锐部队两千人，巡逻于城内外，然后进城。当天晚上，张永攻击南门，不能攻克，回军。

尉元对薛安都很不礼貌，薛安都后悔投降，打算再度背叛北魏。尉元得到报告，薛安都因此没敢发动。薛安都重重地贿赂尉元等，而把罪责推给女婿裴祖隆，把他杀了。尉元命李珠协助薛安都守卫彭城，自己率军攻打张永，切断了张永的粮道，又攻破王穆之留守的辎重基地武原。王穆之率残余部队投奔张永，尉元率军追击他。

【点评】

刘宋皇室骨肉相残。孝武帝共有二十八个儿子，宋明帝杀死世祖的十个儿子，至此孝武帝儿子全部丧命。株连被杀者数人，家室内残，同室操戈，无过于此矣。其实一开始明帝诛杀晋安王刘子勋等，并没有动念杀死世祖的其他儿子，仍然和善如故。转折点在司徒刘休仁从寻阳返回京师，挑唆说："松滋侯刘子房的兄弟仍活着，将来恐怕对社稷不利，应该及早处置。"历史上这样的例子实在太多了，就看如何推导，善于抚慰，兄弟一家，为天下示范，自然是和谐景象；如果乱加揣测，疑神疑鬼，自然不会安生，冤冤相报，何时是一个了结？胡三省评论认为此一杀机既开，是亡国的先兆，遂致"萧齐易姓，刘氏歼焉，骨肉相残，祸至此极。有国有家者，其鉴于兹！"

宋纪十四

宋明帝泰始三年至六年（467—470年）

【起强圉协洽（丁未，467年），尽上章阉茂（庚戌，470年），凡四年】

【大事提要】

本卷记事起公元467年至公元470年，凡四年，时当宋明帝泰始三年至泰始六年。本卷所载大事，南朝刘宋大事有三，其一，写刘宋的衰败，突出表现在国土丧失，北魏军队长驱直入，刘宋张永战败，失去淮北四州和豫州的淮西地区，国土日蹙。其二，宋明帝之昏聩无道日甚，君臣离心离德。其三，宋明帝设立总明观，任命祭酒一人，儒学、玄学、文学、史学学士各十人，名为五部学，加阴阳学，实则缺阴阳学，只有四部，与此前的四部分类法不同。北朝北魏大事一件，立拓跋宏为太子。

【原文】

太宗明皇帝中

泰始三年（丁未，467 年）

春，正月，张永等弃城夜遁。会天大雪，泗水冰合，永等弃船步走，士卒冻死者太半，手足断者什七八。尉元邀其前，薛安都乘其后，大破永等于吕梁之东，死者以万数，枕尸六十余里，委弃军资器械不可胜计。永足指亦堕，与沈攸之仅以身免，梁、南秦二州刺史垣恭祖等为魏所虏。上闻之，召蔡兴宗，以败书示之曰："我愧卿甚！"永降号左将军。攸之免官，以贞阳公领职，还屯淮阴。由是失淮北四州及豫州淮西之地。

裴子野论曰：昔齐桓矜于葵丘而九国叛；曹公不礼张松而天下分。一失豪厘，其差远矣。太宗之初，威令所被，不满百里，卒有离心，士无固色，而能开诚心，布款实，莫不感恩服德，致命效死，故西摧北荡，寓内褰开。既而六军献捷，方隅束手，天子欲贾其余威，师出无名，长淮以北，倏忽为戎。惜乎！若以向之虚怀，不骄不伐，则三叛奚为而起哉！高祖蛆虱生介胄，经启疆埸；后之子孙，日蹙百里。播获堂构，岂云易哉！

（以上为第一段，写刘宋明帝泰始三年的史事，主要写刘宋将领张永惨败，失去淮北四州和豫州的淮西地区；裴子野评论，认为明帝刘彧不能像当初太宗那样虚怀若谷，应负主要责任。）

魏尉元以彭城兵荒之后，公私困竭，请发冀、相、济、兖四州粟，取张永所弃船九百艘，沿清运载，以赈新民，魏朝从之。

魏东平王道符反于长安，杀副将驸马都尉万古真等，丙午，司空和其奴等将殿中兵讨之。丁未，道符司马段太阳攻道符，斩之。以安西将军陆真为长安镇将以抚之。道符，翰之子也。

闰月，魏以顿丘王李峻为太宰。

沈文秀、崔道固为土人所攻，遣使乞降于魏，且请兵自救。

【语译】

太宗明皇帝中

宋明帝泰始三年（丁未，467 年）

春季，正月，张永等弃城，连夜逃走。正赶上天下大雪，泗水封冻，张永命部队放弃船只，徒步南奔。士卒冻死的有一大半，手脚毁断的有十分之七八。尉元半路在前面堵截，薛安都在后面追杀，在吕梁的东面大败张永军，被杀者数以万计，尸体重叠六十多里，抛弃的军用物资及武器，无法计数。张永的脚趾也被冻掉，仅仅与沈攸之逃出。梁、南秦二州刺史垣恭祖等被北魏俘虏。宋明帝得到消息，召见尚书左仆射蔡兴宗，把大军战败的报告拿给他看，说："在你面前，我深感惭愧。"贬张永为左将军。免除沈攸之的官职，命他以贞阳公的名义兼任现职，返回淮阴驻扎。从此，刘宋失去淮北四州和豫州的淮西地区。

裴子野论说道：从前，齐桓公傲慢于葵丘会盟，九个国家同时背叛。曹操没有礼遇张松，竟使中国三分天下。一失毫厘，相差甚远。太宗刚刚登基的时候，统治的地域不超过百里，士卒有离散之心，士大夫情绪也不稳定。但能够敞开诚心，吐露真言，人们没有不感念太宗的恩德的，为太宗效忠，誓死不渝。所以才能西讨北征，宇内平一。不久，六军频传捷报，割据束手就降。就在这时，太子想显示余威，而师出无名，以致淮北之地，霎时间落入北魏之手，实在可惜呀！如果能像当初那样，虚怀若谷，不骄不躁，不夸耀功劳，那么三个叛贼，何至起兵对抗！高祖创业时，盔甲上都生了虮虱，开辟疆域，可是后代子孙，每天几乎都要丧失百里之地。要保住祖先的基业，谈何容易！

北魏尉元因彭城兵荒马乱之后，无论官府还是民间，财力全都枯竭，所以特地向朝廷请求拨发冀、湘、济、兖四州的粮食，用张永所抛弃的九百艘船只，顺清河运载，赈济新并入版图的居民，北魏朝廷批准了。

北魏东平王拓跋道符在长安叛变，诛杀副将驸马都尉万古真等。正月二十四日丙午，司空和其奴等率宫廷禁卫军讨伐他。正月二十五日丁未，拓跋道符的司马段太阳攻击拓跋道符，将其斩首。任命安西将军陆真为长安镇将，安抚军民。拓跋道符是拓跋翰的儿子。

闰正月，北魏任命顿丘王李峻为太宰。

沈文秀、崔道固受到当地民众围攻，派使节前往北魏，请求归降，并请求派兵援救。

二月，魏西河公石自悬瓠引兵攻汝阴太守张超，不克；退屯陈项，议还长社，待秋击之。郑羲曰：“张超蚁聚穷命，粮食已尽，不降当走，可翘足而待也。今弃之远去，超修城濬隍，积薪储谷，更来恐难图矣。”石不从，遂还长社。

初，寻阳既平，帝遣沈文秀弟文炳以诏书谕文秀，又遣辅国将军刘怀珍将马步三千人与文炳偕行。未至，值张永等败退，怀珍还镇山阳。文秀攻青州刺史明僧暠，帝使怀珍帅龙骧将军王广之将五百骑、步卒二千人浮海救之，至东海，僧暠已退保东莱。怀珍进据朐城，众心凶惧，欲且保郁洲，怀珍曰：“文秀欲以青州归索虏，计齐之士民，安肯甘心左衽邪！今扬兵直前，宣布威德，诸城可飞书而下；奈何守此不进，自为沮挠乎！”遂进，至黔陬，文秀所署高密、平昌二郡太守弃城走。怀珍送致文炳，达朝廷意，文秀犹不降；百姓闻怀珍至，皆喜。文秀所署长广太守刘桃根将数千人戍不其城。怀珍军于洋水，众谓且宜坚壁伺隙，怀珍曰：“今众少粮竭，悬军深入，正当以精兵速进，掩其不备耳。”乃遣王广之将百骑袭不其城，拔之。文秀闻诸城皆败，乃遣使请降，帝复以为青州刺史。崔道固亦请降，复以为冀州刺史。怀珍引还。

魏济阴王小新成卒。

沈攸之之自彭城还也，留长水校尉王玄载守下邳，积射将军沈韶守宿豫，睢陵、淮阳皆留兵戍之。玄载，玄谟之从弟也。时东平太守申纂守无盐，幽州刺史刘休宾守梁邹，并州刺史清河房崇吉守升城，辅国将军清河张谠守团城，及兖州刺史王整、兰陵太守桓忻，肥城、糜沟、垣苗等戍皆不附于魏。休宾，乘民之兄子也。

魏遣平东将军长孙陵等将兵赴青州，征南大将军慕容白曜将骑五万为之继援。白曜，燕太祖之玄孙也。白曜至无盐，欲攻之；将佐皆以为攻具未备，不宜遽进。左司马范阳郦范曰：“今轻军远袭，深入敌境，岂宜淹缓！且申纂必谓我军来速，不暇攻围，将不为备；今若出其不意，可一鼓而克。”白曜曰：“司马策是也。”乃引兵伪退。申纂不复设备，白曜夜中部分，三月，甲寅旦，攻城，食时，克之；纂走，追擒，杀之。白曜欲尽以无盐人为军赏，郦范曰：“齐，形胜之地，宜远为经略。今王师始入其境，人心未洽，连城相望，咸有拒守之志，苟非以德信怀之

二月，北魏西河公拓跋石自悬瓠率军攻击汝阴太守张超，没有攻克，退回陈项驻扎，打算撤到长社，等到秋季再进攻。郑羲说："张超如蚂蚁聚集，走投无路，粮食已经用尽。不是投降，就是逃走，可以翘首等待。现今放弃而远远离去，张超加固城墙，挖深壕沟，储备粮草，恐怕将来更难对付。"拓跋石不听，于是返回长社。

当初，寻阳政权平定后，宋明帝派遣沈文秀的弟弟沈文炳，携带诏书晓谕沈文秀，又派遣辅国将军刘怀珍率步骑兵三千人，与沈文炳同行。还未到达，正赶上张永大军溃败，刘怀珍退回山阳镇守。沈文秀攻击青州刺史明僧暠，宋明帝命刘怀珍指挥龙骧将军王广之率骑兵五百人、步兵两千人，渡海前往救援。进抵东海，明僧暠已退守东莱。刘怀珍进入朐城，军心十分不安，有人主张退保郁洲，刘怀珍说："沈文秀打算以青州归附魏虏，想来南方的士民，怎么甘心接受异族人的统治？当今驱兵直入，宣扬皇帝的恩德和威严，各地城池，送去一封书信，便可收复，何必守在这里，不肯出动，自己阻败自己。"于是继续前进，抵达黔陬。沈文秀所任命的高密、平昌二郡太守弃城逃跑。刘怀珍把沈文炳送到东阳，传达朝廷旨意，沈文秀仍然拒绝投降。百姓听到刘怀珍到来，皆大欢喜。沈文秀任命的长广太守刘桃根率数千人，驻防不其城。刘怀珍率军驻扎洋水，众将领都主张筑城备战，刘怀珍说："现今兵众人少，粮草又不足，孤军深入，正应当命精锐部队迅速进攻，突袭其不备。"于是派王广之率一百名骑兵，袭击不其城并攻克。沈文秀听到各城全部失败的消息，派使节请求投降，宋明帝任命沈文秀仍为青州刺史。崔道固也请求投降，宋明帝也任命崔道固为冀州刺史。刘怀珍随即退回。

北魏济阴王拓跋小新成去世。

沈攸之从彭城败回时，留下长水校尉王玄载驻守下邳，积射将军沈韶驻守宿豫，睢陵、淮阳也都留下部队驻守。王玄载是王玄谟的堂弟。当时，东平太守申纂驻守无盐，幽州刺史刘休宾驻守梁邹，并州刺史清河人房崇吉驻守升城，辅国将军清河人张谠驻守团城，兖州刺史王整、兰陵太守桓忻，还有肥城、糜沟、垣苗等戍守军队，都不归附北魏。刘休宾是刘乘民的侄儿。

北魏派平东将军长孙陵等领兵奔赴青州，征南大将军慕容白曜率领骑兵五万人跟进。慕容白曜是前燕国燕太祖的玄孙。慕容白曜抵达无盐，想要攻城，部属将领及僚佐都认为攻城的器具还不完备，不宜马上进攻。左司马范阳人郦范说："今天用轻装部队远途偷袭，深入敌人领土，怎么能作久留的打算！而且申纂一定认为我们来得太快，来不及围攻，所以没有戒备，现今如果出其不意，可以一战而胜。"慕容白曜说："司马的主意很对。"于是率兵假装撤退。申纂果然不再戒备，慕容白曜在午夜时分进行部署。三月初三日甲寅凌晨，向无盐城进攻，在上午攻破。申纂逃走，被追捕生擒并斩首。慕容白曜打算将无盐全城人一律当作战利品赏赐部下，郦范说：

未易平也。”白曜曰：“善！”皆免之。

白曜将攻肥城，郦范曰：“肥城虽小，攻之引日；胜之不能益军势，不胜足以挫军威。彼见无盐之破，死伤涂地，不敢不惧；若飞书告谕，纵使不降，亦当逃散。”白曜从之，肥城果溃，获粟三十万斛。白曜谓范曰：“此行得卿，三齐不足定也。”遂取垣苗、麋沟二戍，一旬中连拔四城，威震齐土。

（以上为第二段，写刘宋明帝平叛，处理不当，北部边境动乱不安，北魏大将长孙陵、慕容白曜乘机大举南侵，攻取肥城、无盐等四城，威震齐地。）

丙子，以尚书左仆射蔡兴宗为郢州刺史。

房崇吉守升城，胜兵者不过七百人。慕容白曜筑长围以攻之，自二月至于夏四月，乃克之。白曜忿其不降，欲尽坑城中人，参军事昌黎韩麒麟谏曰：“今勍敌在前而坑其民，自此以东，诸城人自为守，不可克也。师老粮尽，外寇乘之，此危道也。”白曜乃慰抚其民，各使复业。

崇吉脱身走。崇吉母傅氏，申纂妻贾氏，与济州刺史卢度世有中表亲，然已疏远。及为魏所虏，度世奉事甚恭，赡给优厚。度世闺门之内，和而有礼。虽世有屯夷，家有贫富，百口怡怡，丰俭同之。

崔道固闭门拒魏。沈文秀遣使迎降于魏，请兵援接，白曜欲遣兵赴之。郦范曰：“文秀室家坟墓皆在江南，拥兵数万，城固甲坚，强则拒战，屈则遁去。我师未逼其城，无朝夕之急，何所畏忌而遽求援军！且观其使者，视下而色愧，语烦而志怯，此必挟诈以诱我，不可从也。不若先取历城，克盘阳，下梁邹，平乐陵，然后按兵徐进，不患其不服也。”白曜曰：“崔道固等兵力单弱，不敢出战；吾通行无碍，直抵东阳，彼自知必亡，故望风求服，夫又何疑！”范曰：“历城兵多粮足，非朝夕可拔。文秀坐据东阳，为诸城根本。今多遣兵则无以攻历城，少遣兵则不足以制东阳；若进为文秀所拒，退为诸城所邀，腹背受敌，必无全理。愿更审计，无堕贼彀中。”白曜乃止。文秀果不降。

“南齐地区是形势重要之地，应当长远经营。而今，王师刚刚入境，人心还没有归顺，城池相连，互相观望，都有固守不降的志向，假如不以恩德和信誉安抚，不容易平定啊。”慕容白曜说：“好！”便把百姓一律赦免。

慕容白曜将要进攻肥城，郦范说：“肥城虽然很小，但攻打起来，很费时间，胜了不能增加声势，失败则有损于军威。肥城看到无盐城被攻陷的惨状，遍地死伤，也不能不感到恐惧，如果送去一封警告信，即使不投降，也会四处逃散。”慕容白曜同意，肥城果然崩溃，缴获粟米三十万斛。慕容白曜对郦范说：“这次出征，有你出谋，三齐不怕不能平定。”于是夺取垣苗、麋沟二城。十天之内，一连攻克四城，声威震撼齐地。

三月二十五日丙子，刘宋任命尚书左仆射蔡兴宗为郢州刺史。

房崇吉坚守升城，能作战的士卒不过七百人。慕容白曜兴筑长墙，发动攻击，自二月攻到夏季四月，才攻陷城池。慕容白曜对这么一座小城誓死不投降，大为愤怒，打算把城内百姓全部活埋，参军事昌黎人韩麒麟劝阻说：“眼下强敌在前，而坑杀此城百姓，恐怕从此向东，各城都会坚守，无法攻克。军队出征太久，粮食吃尽，外面贼寇乘机进攻，这可是危险之道。”慕容白曜便抚慰百姓，使人人恢复旧业。

房崇吉只身逃亡，母亲傅氏及申纂的妻子贾氏，与北魏济州刺史卢度世原是表亲，不过关系早已疏远。等到傅、贾两人被北魏军俘虏，卢度世对待她们十分恭敬，生活供给也非常优厚。卢度世家门之内，祥和而有礼节，虽然时势有时动乱有时安定，家有时贫穷有时富有，但百口之家，心情欢快，苦乐共同承担。

崔道固关闭城门抗拒魏军。沈文秀却派人向北魏投降，请求派兵增援，慕容白曜打算派兵前往。郦范说：“沈文秀的家室和祖先坟墓，都在长江以南，拥兵数万，城墙坚固，武器精良，强大时挺身作战，衰弱时起身逃走，我军并未逼到沈文秀的城下，沈文秀还没有燃眉之急，有什么畏惧而请求我们派兵增援？并且，我看沈文秀的使节，眼睛一直向下看，脸色惭愧，说话啰唆而胆怯，这一定心怀奸诈，引诱我们，不可轻信。不如先夺取历城、盘阳，再拿下梁邹、乐陵，然后慢慢向前推进，不怕他们不屈服。”慕容白曜说：“崔道固等兵力单薄，不敢出战，我们可以通行无阻，一直抵达东阳，沈文秀自知必亡，所以望风投降，又有什么可怀疑的！”郦范说：“历城兵力雄厚，粮食充足，不是早晚之间就能攻克的。沈文秀雄踞东阳，是各城的根本。现今派兵太多，则无法攻打历城；派兵太少，又不足以制服东阳。如果前进遭沈文秀抵御，后退又被各城联军阻击，腹背受敌，绝对没有安全的道理。请再三考虑，不要落入贼寇的圈套。”慕容白曜才停止，而沈文秀果然没有投降。

魏尉元上表称："彭城，贼之要藩，不有重兵积粟，则不可固守；若资储既广，虽刘彧师徒悉起，不敢窥淮北之地。"又言："若贼向彭城，必由清、泗过宿豫，历下邳；趋青州，亦由下邳、沂水经东安；此数者，皆为贼用师之要。今若先定下邳，平宿豫，镇淮阳，戍东安，则青、冀诸镇可不攻而克；若四城不服，青、冀虽拔，百姓狼顾，犹怀侥幸之心。臣愚以为，宜释青、冀之师，先定东南之地，断刘彧北顾之意，绝愚民南望之心。夏水虽盛，无津途可由，冬路虽通，无高城可固。如此，则淮北自举，暂劳永逸。兵贵神速，久则生变；若天雨既降，彼或因水通，运粮益众，规为进取，恐近淮之民翻然改图，青、冀二州猝未可拔也。"

五月，壬戌，以太子詹事袁粲为尚书右仆射。

沈攸之自送运米至下邳，魏人遣清、泗间人诈攸之云："薛安都欲降，求军迎接。"军副吴喜请遣千人赴之，攸之不许。既而来者益多，喜固请不已，攸之乃集来者告之曰："君诸人既有诚心，若能与薛徐州子弟俱来者，皆即假君以本乡县，唯意所欲；如其不尔，无为空劳往还。"自是一去不返。攸之使军主彭城陈显达将千人助戍下邳而还。

（以上为第三段，写刘宋将领沈文秀假意投降北魏，被北魏谋士郦范识破；北魏将领尉元主张放下青、冀二州，先平定东南地区，断绝刘宋北伐念头，谋略高明。）

薛安都子令伯亡命梁、雍之间，聚党数千人，攻陷郡县。秋，七月，雍州刺史巴陵王休若遣南阳太守张敬兒等击斩之。

上复遣中领军沈攸之等击彭城。攸之以为清、泗方涸，粮运不继，固执以为不可。使者七返，上怒，强遣之。

八月，壬寅，以攸之行南兖州刺史，将兵北出；使行徐州事萧道成将千人镇淮阴。道成收养豪俊，宾客始盛。

魏之入彭城也，垣崇祖将部曲奔朐山，据之，遣使来降；萧道成以为朐山戍主。朐山濒海孤绝，人情未安，崇祖浮舟水侧，欲有急则逃入海。魏东徐州刺史成固公戍圂城，崇祖部将有罪，亡降魏。成固公遣步骑二万袭朐山，去城二十里；崇祖方出送客，城中人惊惧，皆下船欲去，崇祖还，谓腹心曰："虏非有宿谋，承叛者之言而来耳，易诳也。今得百

北魏尉元上书说："彭城是贼寇的要地，不驻防重兵，储存粮草，就不能守住。如果军用物资丰富，就是刘彧出动全部军队，也不敢窥伺淮北之地。"又说："如果贼寇攻击彭城，一定经由清水、泗水，穿过宿豫、下邳。如果攻击青州，也要从下邳顺着沂水，穿过东安。这几个地方，都是贼寇用兵的要地。现今，如果能先平定下邳，安定宿豫，驻防淮阳、戍守东安，那么青州、冀州各个据点便可以不攻而破。如果这四个城池不肯屈服，那么即使攻下了青州、冀州，居民仍然会不停地回顾张望，怀有侥幸的念头。以我愚见，应该放开青、冀二州的部队，先平定东南地区，断了刘彧北伐的念头，清除愚民回归南方的愿望。使刘彧和愚民都明白：夏季雨水虽大，却没有河道可走；冬天陆路虽通，没有高大的城墙可以固守。这样，淮河以北的土地就可以占领。暂时辛劳，可以换来永久安逸。兵贵神速，时间长了就容易发生变化。如果进入雨季，对方因河路畅通，得以运送粮食，增派军队，再去进攻，恐怕淮河两岸居民将改变立场，青、冀二州仓促之间也就无法攻克了。"

五月十二日壬戌，刘宋任命太子詹事袁粲为尚书右仆射。

沈攸之亲自运粮到下邳。魏军不断派清水、泗水间居民向沈攸之谎报说："薛安都打算回归朝廷，请求派兵迎接。"军副吴喜请沈攸之派一千人前往，沈攸之不允许。不久，通风报信的人越来越多，吴喜坚持不止，沈攸之就把来报信的那些人集中起来，宣布说："各位既有这份诚心，如果有能与薛安都的子弟同来的，我就任命为本乡本县的地方官，满足意愿。如果不能，就不必跑来跑去。"从这以后一去不复返。沈攸之命军主彭城人陈显达率领一千人进驻下邳协助防守，自己返回基地。

薛安都的儿子薛伯令，亡命梁州、雍州之间，纠集党羽数千人，攻陷郡县。秋季七月，雍州刺史巴陵王刘休若，派南阳太守张敬兒等击斩薛伯令。

宋明帝再次颁布诏书，命中领军沈攸之等攻打彭城。沈攸之认为清水、泗水干涸，粮食无法源源不断地供应，坚持认为不可采取军事行动。派去的使节往返七次，宋明帝大怒，强迫沈攸之出兵。

八月二十三日壬寅，任命沈攸之代理南兖州刺史，率军北上，派代理徐州事务的萧道成率一千人进驻淮阴。萧道成广交各路豪杰，宾客开始兴盛。

魏军进入彭城时，垣崇祖率部曲投奔朐山，派人到朝廷请求归降。萧道成便任命垣崇祖为镇守朐山的主将。朐山紧邻大海，荒凉孤单，与世隔绝，人心不安。垣崇祖把船集中在海边，打算一旦发生意外，就从海上逃走。北魏东徐州刺史成固公驻防圂城。垣崇祖一个部将因为犯罪，逃跑去投降了北魏军。成固公派步兵、骑兵两万人袭击朐山，距城只有二十里。垣崇祖恰恰出城送客，城中百姓惊恐万状，全

余人还，事必济矣。但人情一骇，不可敛集，卿等可亟去此一里外，大呼而来云：‘艾塘义人已得破虏，须戍军速往，相助逐之。’”舟中人果喜，争上岸。崇祖引入，据城；遣羸弱入岛，人持两炬火，登山鼓噪。魏参骑以为军备甚盛，乃退。上以崇祖为北琅邪、兰陵二郡太守。

垣荣祖亦自彭城奔朐山，以奉使不效，畏罪不敢出，往依萧道成于淮阴。荣祖少学骑射，或谓之曰：“武事可畏，何不学书！”荣祖曰：“昔曹公父子上马横槊，下马谈咏，此于天下，可不负饮食矣。君辈无自全之伎，何异犬羊乎！”刘善明从弟僧副将部曲二千人避魏居海岛，道成亦召而抚之。

魏于天宫寺作大像，高四十三尺，用铜十万斤，黄金六百斤。

魏尉元遣孔伯恭帅步骑一万拒沈攸之，又以攸之前败所丧士卒瘃堕膝行者悉还攸之，以沮其气。上寻悔遣攸之等，复召使还。攸之至焦墟，去下邳五十余里，陈显达引兵迎攸之至睢清口，伯恭击破之。攸之引兵退，伯恭追击之，攸之大败，龙骧将军姜产之等战没。攸之创重，入保显达营；丁酉夜，众溃，攸之轻骑南走，委弃军资器械以万计，还屯淮阴。

（以上为第四段，写刘宋盲目地出兵攻打北魏，主将沈攸之认为河水干枯，不具备北伐的条件，而明帝刘彧强迫其出兵，结果沈攸之大败，全军覆没，只身逃归。）

尉元以书谕徐州刺史王玄载，玄载弃下邳走，魏以陇西辛绍先为下邳太守。绍先不尚苛察，务举大纲，教民治生御寇而已，由是下邳安之。

孔伯恭进攻宿豫，宿豫戍将鲁僧遵亦弃城走。魏将孔大恒等将千骑南攻淮阳，淮阳太守崔武仲焚城走。

慕容白曜进屯瑕丘。崔道固之未降也，绥边将军房法寿为王玄邈司马，屡破道固军，历城人畏之。及道固降，皆罢兵。道固畏法寿扇动百姓，迫遣法寿使还建康。会从弟崇吉自升城来，以母妻为魏所获，谋于法寿。法寿雅不欲南行，怨道固迫之。时道固遣兼治中房灵宾督清河、广川二郡事，戍磐阳，法寿乃与崇吉谋袭磐阳，据之，降于慕容白曜，

都跑到船上，准备乘船逃走。垣崇祖回城后，对心腹官员说："胡虏并不是有计划的行动，不过是听了叛贼的报告而临时发兵，容易欺骗啊。现今，只要有一百余人回到城里，事情就可以成功。不过，人心惊骇，不可集结，你们迅速跑到一里以外，大声呼喊，飞奔而来说：'艾塘义勇军已攻破胡虏，等待驻防军的支援，共同追击。'"船上的人果然大为兴奋，争相登岸。垣崇祖引导他们回城，将病弱者送到海岛，每人手持两火把，登山擂鼓、呐喊。北魏骑兵军官以为守军力量强大，于是撤退。宋明帝任命垣崇祖为北琅邪、兰陵二郡太守。

垣荣祖也从彭城逃到朐山，因奉命游说薛安都不成，恐怕怪罪，不敢露面，前往淮阴投靠萧道成。垣荣祖少年时就学习骑马、射箭，曾有人对垣荣祖说："舞枪弄刀，十分危险，为什么不走读书之路呢！"垣荣祖说："从前，曹操父子上马手舞长矛，下马提笔写诗，这样生在天地之间，才可说是不辜负吃的一碗饭。你们保护自己的能力都没有，跟犬羊有什么区别！"刘善明的堂弟刘僧副，率自己的军队两千人逃避北魏，躲到一个海岛上。萧道成对他们招降，加以安抚。

北魏在天宫寺铸造巨大佛像，高四十三尺，共用铜十万斤，黄金六百斤。

北魏尉元派遣孔伯恭率步兵、骑兵一万人，抗拒沈攸之，把正月作战中俘虏的双脚冻烂、只能膝行的部属送还给沈攸之，来打击他的士气。宋明帝不久后悔派遣沈攸之等，又派人让沈攸之回军。沈攸之前进到焦墟，距离下邳只有五十余里。陈显达率军迎接沈攸之，在睢清口会师，孔伯恭发动攻击，大破陈显达。沈攸之引兵撤退，孔伯恭尾随追击，沈攸之大败，龙骧将军姜产之等战死，沈攸之也身负重伤，逃入陈显达的营垒。八月十八日丁酉深夜，众人崩溃，沈攸之乘轻骑向南逃走，丢弃的军用物资和武器数以万计。沈攸之逃回淮阴驻扎。

尉元写信给刘宋徐州刺史王玄载，王玄载放弃下邳逃走。北魏任命陇西人辛绍先为下邳太守。辛绍先处理事情不烦琐苛刻，只把握纲要。教百姓生产，以及防御贼寇，如此而已。从此，下邳百姓安居乐业。

孔伯恭进攻宿豫，宿豫守将鲁僧遵也弃城逃跑。北魏将领孔大恒等率一千多骑兵，南下攻击淮阳，淮阳太守崔武仲纵火烧城后逃走。

慕容白曜进兵驻扎瑕丘。崔道固还没有投降时，绥边将军房法寿担任王玄邈的司马，屡次击败崔道固军，历城人对房法寿非常畏惧。等到崔道固归降朝廷后，双方停战。崔道固害怕房法寿煽动百姓继续与他为难，所以，用压力迫使房法寿返回建康。正巧，房法寿的堂弟房崇吉从升城逃来，因母亲和妻子被北魏俘虏，向房法寿请教对策。房法寿内心不愿去江南，所以对崔道固逼迫自己南下十分怨恨。当时，

以赎崇吉母妻。道固遣兵攻之，白曜自瑕丘遣将军长孙观救磐阳，道固兵退。白曜表冠军将军韩麒麟与法寿对为冀州刺史，以法寿从弟灵民、思顺、灵悦、伯怜、伯玉、叔玉、思安、幼安等八人皆为郡守。

白曜自瑕丘引兵攻崔道固于历城，遣平东将军长孙陵等攻沈文秀于东阳。道固拒守不降，白曜筑长围守之。

陵等至东阳，文秀请降；陵等入其西郭，纵士卒暴掠。文秀悔怒，闭城拒守，击陵等，破之。陵等退屯清西，屡进攻城，不克。

癸卯，大赦。

戊申，魏主李夫人生子宏。夫人，惠之女也。冯太后自抚养宏。顷之，还政于魏主。魏主始亲国事，勤于为治，赏罚严明，拔清节，黜贪污，于是魏之牧守始有以廉洁著闻者。

太中大夫徐爰，自太祖时用事，素不礼于上。上衔之，诏数其奸佞之罪，徙交州。

冬，十月，辛巳，诏徙义阳王昶为晋熙王，使员外郎李丰以金千两赎昶于魏。魏人弗许，使昶与上书，为兄弟之仪。上责其不称臣，不答。魏主复使昶与上书，昶辞曰："臣本实彧兄，未经为臣。若改前书，事为二敬；苟或不改，彼所不纳。臣不敢奉诏。"乃止。魏人爱重昶，凡三尚公主。

十一月，乙卯，分徐州置东徐州，以辅国将军张谠为刺史。

十二月，庚辰，以幽州刺史刘休宾为兖州刺史。休宾之妻，崔邪利之女也，生子文晔，与邪利皆没于魏。慕容白曜将其妻子至梁邹城下示之。休宾密遣主簿尹文达至历城见白曜，且视其妻子；休宾欲降，而兄子闻慰不可。白曜使人至城下呼曰："刘休宾数遣人来见仆射约降，何故违期不至！"由是城中皆知之，共禁制休宾不得降，魏兵围之。

魏西河公石复攻汝阴，汝阴有备，无功而还。常珍奇虽降于魏，实怀贰心；刘勔复以书招之。会西河公石攻汝阴，珍奇乘虚烧劫悬瓠，驱

崔道固派遣兼治中房灵宾任督清河、广川二郡事，驻防磐阳。房法寿于是与房崇吉袭击磐阳，占领那里，向慕容白曜投降，用来赎回房崇吉的母亲和妻子。崔道固派军进攻他们，慕容白曜从瑕丘派将军长孙观，解救磐阳，崔道固撤退。慕容白曜表奏北魏，推荐冠军将军韩麒麟与房法寿同时任冀州刺史，任命房法寿的堂弟房灵民、房思顺、房灵悦、房伯怜、房伯玉、房叔玉、房思安、房幼安等八人，都当了郡守。

慕容白曜自瑕丘率军攻击崔道固据守的历城，派平东将军长孙陵等攻击沈文秀于东阳。崔道固登城抵抗，不肯投降，慕容白曜筑起长墙包围了他。

长孙陵等抵达东阳，沈文秀请求投降，长孙陵等进入东阳西门外城，放纵士卒横行抢夺。沈文秀既后悔又愤怒，关闭城门，攻击长孙陵等，击溃击破了长孙陵的部队。长孙陵等撤退屯驻清水以西，屡次攻城，没有攻克。

八月二十四日癸卯，宣布大赦。

八月二十九日戊申，魏献文帝的李夫人生下皇子拓跋宏。夫人是李惠的女儿。冯太后亲自抚养拓跋宏；不久，把国家政事重新交还给魏献文帝，魏献文帝开始亲自处理国事，辛勤治理国家，奖罚严明，提拔清廉有操守的人，罢黜贪官污吏。这时北魏州、郡地方官中开始有人因为政廉洁而闻名了。

太中大夫徐爰，从宋文帝时开始掌权，素来对宋明帝不以礼相待。皇上一直记恨在心，于是颁布诏书，一条条列出其奸诈的罪状，贬谪到交州。

冬季，十月初三日辛巳，刘宋颁布诏书改封义阳王刘昶为晋熙王，派员外郎李丰带一千两黄金，向北魏赎回刘昶。北魏不答应，但让刘昶写信给宋明帝，以兄弟相称。宋明帝斥责刘昶竟不称“臣”，拒绝回信。魏献文帝命刘昶再写信给明帝，刘昶推辞说：“臣本是刘彧的哥哥，从来没当过他的臣属。如今更改前一封信上的称呼，是我向两国君王同时称臣。如果不改，他又不肯接受。我不敢奉命。”这时才罢休。北魏人器重刘昶，前后将三位公主许配给他。

十一月初八日乙卯，分出徐州若干郡县，设立东徐州，任命辅国将军张谠为东徐州刺史。

十二月初三日庚辰，刘宋任命幽州刺史刘休宾为兖州刺史。刘休宾的妻子是崔邪利的女儿，生子刘文晔，与崔邪利同时被北魏俘虏。慕容白曜把他的妻子和儿子送到梁邹城下给他看。刘休宾秘密派主簿尹文达前往历城晋见慕容白曜，并代表其探望妻子和儿子。刘休宾打算投降，可是侄儿刘闻慰反对。慕容白曜派人在城下呼喊：“刘休宾几次派人来见仆射，相约投降，为什么过了约定时间，还不实行？”于是城中守军都知道这件事，把刘休宾软禁起来，不准投降。北魏军于是包围梁邹。

北魏西河公拓跋石再次进攻汝阴，因汝阴防守严密，无功而返。常珍奇虽然投降北魏，实际怀有二心。刘勔又写信招抚。正赶上北魏西河公拓跋石攻打汝阴，常

掠上蔡、安成、平舆三县民，屯于灌水。

（以上为第五段，写北魏献文帝拓跋弘亲政，奖惩严明，提拔清廉之人，贬退贪官污吏；刘宋欲赎回义阳王刘昶，刘昶不愿回朝称臣，北魏又器重他，故长留。）

四年（戊申，468年）

春，正月，己未，上祀南郊，大赦。

魏汝阳司马赵怀仁帅众寇武津，豫州刺史刘勔遣龙骧将军申元德击破之，又斩魏于都公阏于拔于汝阳台东，获运车千三百乘。魏复寇义阳，勔使司徒参军孙台瓘击破之。

淮西民贾元友上书，陈伐魏取陈、蔡之策，上以其书示刘勔。勔上言："元友称'虏主幼弱，内外多难，天亡有期'。臣以为虏自去冬蹈藉王土，磐据数郡，百姓残亡；今春以来，连城围逼，国家未能复境，何暇灭虏！元友所陈，率多夸诞狂谋，皆无事实，言之甚易，行之甚难。臣窃寻元嘉以来，伧荒远人，多干国议，负担归阙，皆劝讨虏，从来信纳，皆贻后悔。境上之人，唯视强弱：王师至彼，必壶浆候涂；裁见退军，便抄截蜂起。此前后所见，明验非一也。"上乃止。

魏尉元遣使说东徐州刺史张谠，谠以团城降魏。魏以中书侍郎高闾与谠对为东徐州刺史，李璨与毕众敬对为东兖州刺史。元又说兖州刺史王整、兰陵太守桓忻，整、忻皆降于魏。魏以元为开府仪同三司，都督徐南北兖三州诸军事、徐州刺史，镇彭城。召薛安都、毕众敬入朝，至平城，魏以上客待之，群从皆封侯，赐第宅，资给甚厚。

慕容白曜围历城经年，二月，庚寅，拔其东郭；癸巳，崔道固面缚出降。白曜遣道固之子景业与刘文晔同至梁邹，刘休宾亦出降。白曜送道固、休宾及其僚属于平城。

辛丑，以前龙骧将军常珍奇为都督司北豫二州诸军事、司州刺史。魏西河公石攻之，珍奇单骑奔寿阳。

乙巳，车骑大将军、曲江庄公王玄谟卒。

三月，魏慕容白曜进围东阳。

珍奇乘虚纵火焚掠悬瓠城，驱逐掳掠上蔡、安成、平舆三县百姓，聚集在灌水。

宋明帝泰始四年（戊申，468年）

春季，正月十三日己未，宋明帝到南郊祭天，大赦天下。

北魏汝阳司马赵怀仁率军攻击武津。豫州刺史刘勔派龙骧将军申元德迎战，击败赵怀仁军，在汝阳台东又斩北魏于都公阏于跋，缴获运输车一千三百辆。北魏军再攻义阳，刘勔派司徒参军孙昙瓘迎战，挫败北魏军。

淮西百姓贾元友上书，陈述攻伐北魏及夺取淮西陈、蔡的策略，宋明帝把这份奏书交给刘勔看。刘勔上言说："贾元友指出：'胡虏主上年幼，能力薄弱，内外交困，上天注定它灭亡的日子为期不远。'臣认为胡虏自去年冬季，踏入我国领土后，盘踞几个郡，百姓大量伤亡。本年自春季以来，城池连接，被围被逼，对已失去的国土都无力收复，哪有力量消灭胡虏？贾元友所陈述的意见，很多地方荒谬狂妄，无事实根据，谈起来甚是容易，做起来非常艰难。臣私下认为，自元嘉年间以来，北方归附的流民，都爱议论国家大事，肩挑负荷回到建康，都规劝伐胡虏。可是，朝廷接受的结果，每次都是失败后悔。边境居民，只看谁强谁弱，朝廷军队到达之处，一定送茶送饭，在路旁恭候迎接，可是，大军一退，居民就拿起刀箭，抄掠的事情又不断发生。这是大家常见的事，事实已清楚证明不是一次了。"宋明帝这才作罢。

北魏尉元派人劝说东徐州刺史张谠，张谠拱手献出团城投降了。北魏任命中书侍郎高闾与张谠一起做东徐州刺史；又任命李璨与毕众敬一起做东兖州刺史。尉元又派人劝兖州刺史王整，及兰陵太守桓忻，王整、桓忻都投降了北魏。北魏提升尉元为开府仪同三司、都督徐南北兖三州诸军事、徐州刺史，镇守彭城。北魏朝廷征召薛安都、毕众敬入朝。抵达平城，北魏以上宾之礼款待他们，同族的兄弟，都封侯晋爵，赏赐住宅，供给物资及金钱，待遇十分优厚。

慕容白曜包围历城已有一年。二月十四日庚寅，攻陷东门外城。二月十七日癸巳，崔道固自己反绑双臂，出城投降。慕容白曜派崔道固的儿子崔景业与刘文晔一同前往梁邹，刘休宾也出城投降。慕容白曜把崔道固、刘休宾及其僚属，送到平城。

二月二十五日辛丑，刘宋任命前龙骧将军常珍奇为都督司北豫二州诸军事、司州刺史。北魏西河公拓跋石攻击常珍奇，常珍奇单人匹马投奔寿阳。

二月二十九日乙巳，刘宋车骑大将军、曲江庄公王玄谟去世。

三月，北魏慕容白曜进军包围东阳。

上以崔道固兄子僧祐为辅国将军，将兵数千从海道救历城；至不其，闻历城已没，遂降于魏。

交州刺史刘牧卒。州人李长仁杀牧北来部曲，据州反，自称刺史。

广州刺史羊希使晋康太守沛郡刘思道伐俚。思道违节度失利，希遣收之；思道帅所领攻州，希兵败而死。龙骧将军陈伯绍将兵伐俚，还击思道，擒斩之。希，玄保之兄子也。

夏，四月，己卯，复减郡县田租之半。

徙东海王祎为庐江王，山阳王休祐为晋平王。上以废帝谓祎为驴王，故以庐江封之。

刘勔败魏兵于许昌。

魏以南郡公李惠为征南大将军、仪同三司、都督关右诸军事、雍州刺史，进爵为王。

五月，乙卯，魏主畋于崞山，遂如繁畤；辛酉，还宫。

六月，魏以昌黎王冯熙为太傅。熙，太后之兄也。

（以上为第六段，写刘宋将领刘勔与北魏迎战，挫败北魏军；北魏将领尉元劝说东徐州、兖州刺史投降，兰陵、历城也相继投降，刘宋北境大片土地沦丧，陷入敌手。）

秋，七月，庚申，以骁骑将军萧道成为南兖州刺史。

八月，戊子，以南康相刘勃为交州刺史。

上以沈文秀之弟征北中兵参军文静为辅国将军，统高密等五郡军事，自海道救东阳。至不其城，为魏所断，因保城自固；魏人攻之，不克。辛卯，分青州置东青州，以文静为刺史。

九月，辛亥，魏立皇叔桢为南安王，长寿为城阳王，太洛为章武王，休为安定王。

冬，十月，癸酉朔，日有食之。发诸州兵北伐。

十一月，李长仁遣使请降，自贬行州事，许之。

十二月，魏人拔不其城，杀沈文静，入东阳西郭。

宋明帝任命崔道固的侄儿崔僧祐为辅国将军，率军数千人从海路北上，援救历城，到达不其城，听说历城已经沦陷，崔僧祐也投降北魏。

刘宋交州刺史刘牧去世。交州人李长仁聚众起兵，把刘牧从北方带来的部曲杀光，占领州城反叛，自称刺史。

刘宋广州刺史羊希派晋康太守沛郡人刘思道讨伐俚人部落。刘思道违背上级命令，作战失败。羊希派人逮捕他，刘思道率领部队反攻，羊希兵败被杀。龙骧将军陈伯绍率兵征伐俚人部落，得到消息后，还击并活捉刘思道，将其斩首。羊希是羊玄保的侄儿。

夏季，四月初四日己卯，刘宋又免减郡县一半田赋。

刘宋改封东海王刘祎为庐江王，山阳王刘休祐为晋平王。宋明帝因废帝称刘祎是驴王，所以把庐江封给他。

刘勔在许昌击败魏军。

北魏任命南郡公李惠为征南大将军、仪同三司、都督关右诸军事、雍州刺史，晋爵为王。

五月十一日乙卯，魏献文帝巡视崞山打猎，遂又到繁峙。五月十七日辛酉，回宫。

六月，北魏任命昌黎王冯熙为太傅。冯熙是冯太后的哥哥。

秋季，七月十六日庚申，刘宋任命骁骑将军萧道成为南兖州刺史。

八月十五日戊子，刘宋任命南康相刘勃为交州刺史。

宋明帝任命沈文秀的弟弟、征北中兵参军沈文静为辅国将军，指挥高密等五郡军事，从海路北上，援救东阳。大军行至不其城，被魏军截断，便守城自保。魏军进攻，没有攻克。八月十八日辛卯，朝廷分出一部分青州地域，设置东青州，任命沈文静为刺史。

九月初八日辛亥，北魏封皇叔拓跋桢为南安王，拓跋长寿为城阳王，拓跋太洛为章武王，拓跋休为安定王。

冬季，十月初一日癸酉朔，出现日食。刘宋征发各州军队，开始北伐。

十一月，交州叛变民众的首领李长仁派遣使节向刘宋请求投降，自贬为代理州事，刘宋朝廷批准了。

十二月，魏军攻克不其城，杀了沈文静，又攻入东阳西郭门。

义嘉之乱，巫师请发修宁陵，戮玄宫为厌胜。是岁，改葬昭太后。

先是，中书侍郎、舍人皆以名流为之，太祖始用寒士秋当，世祖犹杂选士庶，巢尚之、戴法兴皆用事。及上即位，尽用左右细人，游击将军阮佃夫、中书通事舍人王道隆、员外散骑侍郎杨运长等，并参预政事，权亚人主，巢、戴所不及也。佃夫尤恣横，人有顺迕，祸福立至。大纳货赂，所饷减二百匹绢，则不报书。园宅饮馔，过于诸王；妓乐服饰，宫掖不如也。朝士贵贱，莫不自结。仆隶皆不次除官，捉车人至虎贲中郎将，马士至员外郎。

（以上为第七段，写刘宋的用人制度有所变化，文帝刘义隆开始任用寒士；孝武帝刘骏混用士族和庶族；明帝刘彧重用地位低微的侍从，沈佃夫等人权倾朝野。）

五年（己酉，469 年）

春，正月，癸亥，上耕籍田，大赦。

沈文秀守东阳，魏人围之三年，外无救援，士卒昼夜拒战，甲胄生虮虱，无离叛之志。乙丑，魏人拔东阳，文秀解戎服，正衣冠，取所持节坐斋内。魏兵交至，问："沈文秀何在？"文秀厉声曰："身是！"魏人执之，去其衣，缚送慕容白曜，使之拜，文秀曰："各两国大臣，何拜之有！"白曜还其衣，为之设馔，锁送平城。魏主数其罪而宥之，待为下客，给恶衣、疏食，既而重其不屈，稍嘉礼之，拜外都下大夫。于是，青、冀之地尽入于魏矣。

戊辰，魏平昌宣王和其奴卒。

二月，己卯，魏以慕容白曜为都督青齐东徐三州诸军事、征南大将军、开府仪同三司、青州刺史，进爵济南王。白曜抚御有方，东人安之。

魏自天安以来，比岁旱饥，重以青、徐用兵，山东之民疲于赋役。显祖命因民贫富为三等输租之法，等为三品：上三品输平城，中输他州，下输本州。又，魏旧制：常赋之外，有杂调十五；至是悉罢之，由是民稍赡给。

河东柳欣慰等谋反，欲立太尉庐江王祎。祎自以于帝为兄，而帝及

义嘉年间战乱的时候，巫师请求挖掘刘子勋的祖母昭太后的修宁陵，摧毁地宫，压服刘子勋的叛乱。到了这一年，才改葬昭太后。

元嘉以前，中书侍郎、中书舍人都是由社会上知名度很高的人士担任的。宋文帝开始录用寒门出身的秋当。孝武帝时还混杂遴选士族和庶族出身的人联合担任，巢尚之、戴法兴都掌握大权。到了明帝即位，任用的全是左右地位低微的侍从。游击将军阮佃夫、中书通事舍人王道隆、员外散骑侍郎杨运长等，都参与政事，权力仅次于皇帝，当年巢尚之、戴法兴的权势也远不及他们。阮佃夫尤其骄纵横暴，肆无忌惮，顺从违背，祸福立时兑现。大肆收受贿赂，送给他的绢如少于二百匹，则连封信都不回。住宅、园林、饮食等，都超过诸王。歌女乐工的服饰，连宫廷里的人都赶不上。朝中士人无论贵贱，没有一个不巴结奉承。他的奴仆差役，纷纷被破格提拔为官吏，车夫甚至当上了虎贲中郎将，马夫甚至成了员外郎。

宋明帝泰始五年（己酉，469 年）

春季，正月二十二日癸亥，宋明帝举行亲耕典礼，大赦天下。

沈文秀据守东阳，北魏军队围城已经三年。外无援兵，士卒日夜抵抗，头盔铠甲不能离身，都生了虱子，但无背叛之心。正月二十四日乙丑，魏军攻下东阳，沈文秀脱下戎服，换穿文职官服，整理周正，手拿皇帝颁发的符节，端坐在屋里。北魏士卒先后涌到，问："沈文秀在哪里？"沈文秀大声说："我就是。"北魏士卒上去把他捉住，剥下他的衣服，捆绑着押送给慕容白曜，强迫他下拜，沈文秀说："都是各自国家的大臣，为什么要我下拜！"慕容白曜还给他衣服，为他设宴，加上脚镣手铐，押送平城。魏献文帝列举他的罪过，然后赦免，把他当作下等宾客相待，给他粗劣的衣食。不久，因为敬重他决不屈服的气概，稍稍以礼相待，任命他为外都下大夫。从此，青、冀之地全部并入北魏的版图。

正月二十七日戊辰，北魏平昌宣王和其奴去世。

二月初九日乙卯，北魏任命慕容白曜为都督青齐东徐三州诸军事、征南大将军、开府仪同三司、青州刺史，晋爵济南王。慕容白曜安抚有方，东齐的人民安定下来。

北魏自天安年间以来，连年大旱饥荒，再加上对青、徐等州用兵，崤山以东百姓疲惫于田赋徭役。献文帝命令根据百姓的贫富分为三等，作为征收赋税的标准，每等再分三级，上三级运到平城，中三级运到其他各州，下三级则运到本州州府。另外，北魏旧制度规定：正常的田赋之外，还有十五种杂调。这一年全部废除，从此民众生活稍稍可以自给了。

河东郡人柳欣慰等聚众谋反，打算拥立太尉庐江王刘祎。刘祎自认为是宋明帝

诸兄弟皆轻之，遂与欣慰等通谋相酬和。征北谘议参军杜幼文告之，丙申，诏降祎为车骑将军、开府仪同三司、南豫州刺史，出镇宣城，帝遣腹心杨运长领兵防卫。欣慰等并伏诛。

三月，魏人寇汝阴，太守杨文苌击却之。

夏，四月，丙申，魏大赦。

五月，魏徙青、齐民于平城，置升城、历城民望于桑乾，立平齐郡以居之；自余悉为奴婢，分赐百官。

魏沙门统昙曜奏："平齐户及诸民有能岁输谷六十斛入僧曹者，即为僧祇户，粟为僧祇粟，遇凶岁，赈给饥民。"又请"民犯重罪及官奴，以为佛图户，以供诸寺洒扫"。魏主并许之。于是，僧祇户、粟及寺户遍于州镇矣。

六月，魏立皇子宏为太子。

（以上为第八段，写北魏攻占东阳，沈文秀被俘不屈，从此青、冀之地并入北魏；北魏安定东齐，按等级收取民赋，废除杂调；同意沙门统昙曜奏请，佛图遍于州镇。）

癸酉，以左卫将军沈攸之为郢州刺史。

上又令有司奏庐江王祎忿怼有怨言，请穷治，不许。丁丑，免祎官爵，遣大鸿胪持节奉诏责祎，因逼令自杀；子辅国将军充明废徙新安。

冬，十月，丁卯朔，日有食之。

魏顿丘王李峻卒。

十一月，丁未，魏复遣使来修和亲，自是信使岁通。

闰月，戊子，以辅师将军孟阳为兖州刺史，始治淮阴。

十二月，戊戌，司徒建安王休仁解扬州。休仁年与上邻亚，素相友爱，景和之世，上赖其力以脱祸。及泰始初，四方兵起，休仁亲当矢石，克成大功，任总百揆，亲寄甚隆，由是朝野辐凑，上渐不悦。休仁悟其旨，故表解扬州。己未，以桂阳王休范为扬州刺史。

分荆州之巴东、建平，益州之巴西、梓潼郡，置三巴校尉，治白帝。

的哥哥，但宋明帝和其他兄弟都对他很轻视，于是刘祎与柳欣慰等结交，制订计划互相呼应配合。征北谘议参军杜幼文向朝廷告发。二月二十六日丙申，宋明帝颁布诏书贬黜刘祎为车骑将军、开府仪同三司、南豫州刺史，出京镇守宣城。宋明帝派心腹侍从杨运长率军防卫。柳欣慰等人全被诛杀。

三月，魏军进攻汝阴。汝阴太守杨文苌击退北魏的进攻。

夏季，四月二十七日丙申，北魏大赦天下。

五月，北魏把青州、齐州的百姓迁移到平城，把升城、历城的豪门望族安置在桑乾，设立平齐郡安置他们。其他居民则被当作奴婢，分别赏赐给文武百官。

北魏沙门统昙曜奏请："平齐户及其他百姓，凡能够每年捐赠谷米六十斛给寺庙的，称'僧祇户'，所捐献的谷米，称'僧祇粟'。遇到饥荒，拿出来赈灾，救济饥民。"又请求："民间的重刑犯和发配到官府的奴隶，可以当作'佛图户'，到各寺庙当差洒扫。"魏献文帝全部批准。于是僧祇户、僧祇粟、佛图户遍及各州镇。

六月，北魏立皇子拓跋宏为太子。

六月初五日癸酉，刘宋任命左卫将军沈攸之为郢州刺史。

宋明帝命下属有关部门启奏说庐江王刘祎愤恨不满，口出怨言，请求彻底处理他。不许。六月初九丁丑，免除刘祎官爵，派大鸿胪持节带着诏书前去斥责刘祎，逼令刘祎自杀。儿子辅国将军刘充明也被废黜，放逐到新安。

冬季，十月初一日丁卯朔，出现日食。

北魏顿丘王李峻去世。

十一月十一日丁未，北魏再次派使节来请求宋魏两国和亲。自此，两国信使年年相通。

闰十一月二十二日戊子，任命辅师将军孟阳为兖州刺史，开始时治所设在淮阴。

十二月初三日戊戌，刘宋解除司徒、建安王刘休仁的扬州刺史职务。刘休仁跟明帝年龄相仿，互相友爱。废帝景和时，明帝依赖刘休仁的机智救他不死。到了泰始初年，全国四处兵起，刘休仁率军出征，亲冒滚石飞箭，最后终于建立大功，总管文武百官，寄托隆重。因此朝野都奔走在他的门下，宋明帝渐渐有些不高兴。刘休仁察觉到明帝的心思，所以上疏请求解除扬州刺史的职务。十二月二十四日己未，任命桂阳王刘休范为扬州刺史。

刘宋分割荆州的巴东郡、建平郡，益州的巴西郡、梓潼郡，设立三巴校尉，治

先是，三峡蛮、獠岁为抄暴，故立府以镇之。上以司徒参军东莞孙谦为巴东、建平二郡太守。谦将之官，敕募千人自随，谦曰："蛮夷不宾，盖待之失节耳，何烦兵役以为国费！"固辞不受。至郡，开布恩信，蛮、獠翕然怀之，竞饷金宝，谦皆慰谕，不受。

临海贼帅田流自称东海王，剽掠海盐，杀鄞令，东土大震。

（以上为第九段，写刘宋设立三巴校尉以镇抚三峡一带少数民族，校尉孙谦，以恩信抚之，全部心悦诚服；临海流民首领田流率众起义，纷扰东部。）

六年（庚戌，470 年）

春，正月，乙亥，初制间二年一祭南郊，间一年一祭明堂。

二月，壬寅，以司徒休仁为太尉，领司徒，固辞。

癸丑，纳江智渊孙女为太子妃。甲寅，大赦。令百官皆献物。始兴太守孙奉伯止献琴、书，上大怒，封药赐死，既而原之。

魏以东郡王陆定国为司空。定国，丽之子也。

魏主遣征西大将军上党王长孙观击吐谷浑。

夏，四月，辛丑，魏大赦。

戊申，魏长孙观与吐谷浑王拾寅战于曼头山，拾寅败走，遣别驾康盘龙入贡，魏主囚之。

癸亥，立皇子燮为晋熙王，奉晋熙王昶后。

五月，魏立皇弟长乐为建昌王。

六月，癸卯，以江州刺史王景文为尚书左仆射、扬州刺史，以尚书仆射袁粲为右仆射。

上宫中大宴，裸妇人而观之，王后以扇障面。上怒曰："外舍寒乞！今共为乐，何独不视！"后曰："为乐之事，其方自多；岂有姑姊妹集而裸妇人以为笑！外舍之乐，雅异于此。"上大怒，遣后起。后兄景文闻之曰："后在家劣弱，今段遂能刚正如此！"

南兖州刺史萧道成在军中久，民间或言道成有异相，当为天子。上疑之，征为黄门侍郎、越骑校尉。道成惧，不欲内迁，而无计得留。冠

所设在白帝。此前，三峡一带蛮人及獠人，年年抢劫抄掠，所以设立三巴府镇压他们。宋明帝任命司徒参军东莞人孙谦为巴东、建平二郡太守。孙谦将要前去上任，准许招募一千人同去，孙谦说："蛮夷所以叛乱，是官府对他们太苛刻，何必兴师动众，消耗国家经费！"坚决不肯接受。孙谦抵达郡府，开诚布公，推广恩德信义，蛮、獠全都心服口服，纷纷争着进献金银财宝。孙谦用好话进行安慰解释，不受馈赠。

临海郡强盗首领田流自称东海王，抢劫海盐，杀了鄞县县令，东方各郡大为震惊。

宋明帝泰始六年（庚戌，470 年）

春季，正月初十日乙亥，刘宋建立祭礼规定：每隔二年，到南郊祭天；每隔一年，在明堂祭祀祖先。

二月初八日壬寅，刘宋任命司徒刘休仁为太尉，仍兼任司徒。刘休仁坚决辞谢。

二月十九日癸丑，宋明帝娶江智渊的孙女江简为太子妃。二月二十日甲寅，大赦天下。命文武百官呈献礼物，始兴太守孙奉伯只呈献弦琴、书籍。宋明帝大怒，派人送去毒药，赐孙奉伯一死，但马上又下令原谅了他。

北魏任命东郡王陆定国为司空。陆定国是陆丽的儿子。

魏献文帝派征西大将军上党王长孙观攻打吐谷浑。

夏季，四月初八日辛丑，北魏大赦天下。

四月十五日戊申，北魏长孙观与吐谷浑王慕容拾寅在曼头山大战，慕容拾寅战败逃走，派别驾康盘龙到北魏进贡，北魏献文帝囚禁了他。

四月三十日癸亥，刘宋立皇子刘燮为晋熙王，继承晋熙王刘昶为其后嗣。

五月，北魏立皇弟拓跋长乐为建昌王。

六月十一日癸卯，刘宋任命江州刺史王景文为尚书左仆射、扬州刺史，尚书仆射袁粲为右仆射。

宋明帝在宫中大摆宴席，命令妇女脱光衣服，让大家欣赏。皇后用扇子挡住面庞，明帝大怒说："真是穷家的寒酸相！今天大家一同取乐，为什么只有你不看！"皇后说："寻求欢乐的方法很多，哪有姑嫂姐妹聚在一起观看裸体妇女取乐的！我们穷人家的欢乐，与此不同。"明帝大怒，赶皇后出去。皇后的哥哥王景文听说这件事，说："皇后在家时胆小怕事，想不到这次竟如此刚正。"

南兖州刺史萧道成在军旅中已经很长时间。民间有人传言说萧道成有异常的相貌，应当做天子。宋明帝疑虑，颁布诏书征召萧道成回京任黄门侍郎、越骑校尉。

军参军广陵荀伯玉劝道成遣数十骑入魏境，安置标榜，魏果遣游骑数百履行境上；道成以闻，上使道成复本任。秋，九月，命道成迁镇淮阴。以侍中、中领军刘勔为都督南徐、兖等五州诸军事，镇广陵。

戊寅，立总明观，置祭酒一人，儒、玄、文、史学士各十人。

（以上为第十段，写刘宋明帝悖行，行径更加不可理喻；萧道成在僚属荀伯玉的谋划下，机智应对明帝征召，不进京城。）

柔然部真可汗侵魏，魏主引群臣议之。尚书右仆射南平公目辰曰："若车驾亲征，京师危惧，不如持重固守。虏悬军深入，粮运无继，不久自退；遣将追击，破之必矣。"给事中张白泽曰："蠢尔荒愚，轻犯王略，若銮舆亲行，必望麾崩散，岂可坐而纵敌！以万乘之尊，婴城自守，非所以威服四夷也。"魏主从之。白泽，衮之孙也。

魏主使京兆王子推等督诸军出西道，任城王云等督诸军出东道，汝阴王天赐等督诸军为前锋，陇西王源贺等督诸军为后继，镇西将军吕罗汉等掌留台事。诸将会魏主于女水之滨，与柔然战，柔然大败。乘胜逐北，斩首五万级，降者万余人，获戎马器械不可胜计。旬有九日，往返六千余里。改女水曰武川。司徒东安王刘尼坐昏醉，军陈不整，免官。壬申，还至平城。

是时，魏百官不给禄，少能以廉白自立者。魏主诏："吏受所监临羊一口、酒一斛者，死；与者以从坐论；有能纠告尚书已下罪状者，随所纠官轻重授之。"张白泽谏曰："昔周之下士，尚有代耕之禄。今皇朝贵臣，服勤无报；若使受礼者刑身，纠之者代职，臣恐奸人窥望，忠臣懈节，如此而求事简民安，不亦难乎！请依律令旧法，仍班禄以酬廉吏。"魏主乃为之罢新法。

（以上为第十一段，写北魏派出三路大军反击柔然侵扰，大获全胜；北魏群臣没有俸禄，而制定了严厉的肃贪政策，张白泽予以劝说，而后予以撤销，予百官俸禄。）

冬，十月，辛卯，诏以世祖继体，陷宪无遗，以皇子智随为世祖子，立为武陵王。

萧道成很恐惧，不想回京，可是又没有办法留下来不走。冠军参军广陵人荀伯玉劝萧道成派数十个骑兵，深入北魏国境，张贴布告，号召居民起义。北魏果然派出游骑兵数百人，沿边境巡逻。萧道成紧急报告朝廷，明帝才恢复萧道成的原职。秋季，九月，命萧道成迁驻淮阴。任命侍中、中领军刘勔为都督南徐州、兖州等五州诸军事，镇守广陵。

九月十七日戊寅，刘宋设立总明观，任命祭酒一人，儒学、玄学、文学、史学学士各十人。

柔然汗国部真可汗侵犯北魏，魏献文帝集合群臣商议。尚书右仆射南平公拓跋目辰说："如果御驾亲征，京师将陷入惊恐，不如慎重固守。胡虏孤军深入，粮秣运送不能持续，不久就会自行撤退；到那时派将士追击，一定会把柔然击败。"给事中张白泽说："愚蠢丑类，轻率冒犯边界，如果御驾亲征，望见我们旗帜，就会一哄而散，怎么能坐在这里放纵敌人横行！陛下以万乘之尊，而环城自守，这样不能威服四方夷族。"北魏献文帝同意。张白泽是张衮的孙子。

魏献文帝命京兆王拓跋子推等率各军从西路进击，任城王拓跋云等率各军从东路进击，汝阴王拓跋天赐等率各军为前锋，陇西王源贺等率各军为后继部队，镇西将军吕罗汉等留守朝廷。各将领与魏献文帝在女水河畔会合，迎战柔然汗国军队，柔然军队大败。乘胜追击，杀了五万人，受降一万多人，缴获战马、武器数不胜数。魏军在十九天中，往返六千多里。女水从此改名为武川。司徒东安王刘尼因酒醉昏迷，军阵混乱，被罢了官。九月十一日壬申，返回平城。

当时，北魏的文武百官没有俸禄，很少有人能清正廉洁，魏献文帝颁布诏书："官员接受所管辖的一只羊、一斛酒的，处死；行贿的人以从犯论处。如果有人揭发尚书以下官员犯罪，则免除被揭发官员的职位，由揭发人接任。"张白泽劝谏说："从前周王时，最低级的官，都有足够他雇人耕田的薪俸。而今朝廷贵臣，辛勤工作却无报酬。如果让接受礼物的官员受到刑罚，而由揭发者代替他的职位，臣恐怕奸邪之辈，乘机制造事端，忠臣懈怠，不保节操。想如此而求得简政民安，那不也是太难了嘛！请依照过去所颁布的法令，发给俸禄，以酬谢清廉官吏。"魏献文帝便撤销新办法。

冬季，十月初一日辛卯，宋明帝颁布诏书说：世祖的儿子，因为身犯国法，全被诛杀。命皇子刘智随过继到世祖名下为子，封为武陵王。

初，魏乙浑专政，慕容白曜颇附之。魏主追以为憾，遂称白曜谋反，诛之，及其弟如意。

初，魏南部尚书李敷，仪曹尚书李䜣，少相亲善，与中书侍郎卢度世皆以才能为世祖、显祖所宠任，参豫机密，出纳诏命。其后䜣出为相州刺史，受纳货赂，为人所告，敷掩蔽之。显祖闻之，槛车征䜣，案验服罪，当死。是时，敷弟奕得幸于冯太后，帝意已疏之。有司以中旨讽䜣告敷兄弟阴事，可以得免。䜣谓其婿裴攸曰："吾与敷族世虽远，恩逾同生，今在事劝吾为此，吾情所不忍。每引簪自刺，解带自绞，终不得死。且吾安能知其阴事！将若之何？"攸曰："何为为人死也！有冯阐者，先为敷所败，其家深怨之。今询其弟，敷之阴事可得也。"䜣从之。又赵郡范𣝕条列敷兄弟事状凡三十余条。有司以闻。帝大怒，诛敷兄弟。䜣得减死，鞭髡配役，未几，复为太仓尚书，摄南部事。敷，顺之子也。

魏阳平王新成卒。

是岁，命龙骧将军义兴周山图将兵屯浃口讨田流，平之。

柔然攻于阗，于阗遣使者素目伽奉表诣魏求救。魏主命公卿议之，皆曰："于阗去京师几万里，蠕蠕唯习野掠，不能攻城；若其可攻，寻已亡矣。虽欲遣师，势无所及。"魏主以议示使者，使者亦以为然。乃诏之曰："朕应急敕诸军以拯汝难。但去汝遐阻，必不能救当时之急。汝宜知之！朕今练甲养士，一二岁间，当躬帅猛将，为汝除患。汝其谨修警候，以待大举！"

（以上为第十二段，写北魏的宫廷矛盾，因李敷之弟李奕宠幸于冯太后，献文帝拓跋弘故欲置之于死地，让李䜣检举揭发，以免其死罪；北魏决定不救援于阗。）

当初，北魏丞相乙浑当权时，慕容白曜对他很是巴结奉承。魏献文帝忌恨在心，就说慕容白曜阴谋反叛，杀了他和他的弟弟慕容如意。

当初，北魏南部尚书李敷、仪曹尚书李䜣从小感情亲密，两人与中书侍郎卢度世都因为有才能而受太武帝及献文帝的宠爱信任，参与机密决策，负责撰写、发布诏书。后来，李䜣任相州刺史，接受贿赂钱财，被人告发，李敷为他掩饰。献文帝听说后，用囚车押李䜣回平城，审理结果，贪赃枉法的证据确凿，应当处死。当时，李敷的弟弟李奕受冯太后的宠爱，献文帝心里已对李奕疏远。有关部门奉献文帝之命，暗示李䜣，如果能出面揭发李敷兄弟二人的隐私，就可以免死。李䜣对女婿裴攸说："我与李敷虽然不同族，但二人的恩情超过亲兄弟。如今主管官员劝我做这种事，我于心不忍。几次拔下头簪刺自己，解下腰带上吊自杀，终究不得死。而且我怎么能知道他们的隐私呢！应该怎么办？"裴攸说："你何必做替死的事呢？有个叫冯阐的人，先前被李敷败害，冯阐的家里人深恨李敷，现今去问问冯阐的弟弟，一定能探得李敷的隐私。"李䜣同意。正巧，赵郡人范檦上书告发李敷兄弟三十余条罪状，有关部门奏报，献文帝大怒，诛杀李敷兄弟。李䜣得以免死，判为鞭打、剃发和流放到边远地方服劳役。稍后，又命为太仓尚书，兼管南部事务。李敷是李顺的儿子。

北魏阳平王拓跋新成去世。

这年，刘宋命令龙骧将军义兴人周山图率兵进驻浃口，讨伐变民首领田流，并且平定了。

柔然进攻于阗，于阗派使臣素目伽携带奏章，前往北魏请求救援。魏献文帝命王公大臣讨论，都说："于阗距京师近万里，蠕蠕只知道野地抢劫，不会攻城，如果蠕蠕会攻城，于阗早就灭亡了，就是想派兵救援，也来不及了。"魏献文帝把大家的意见拿给于阗使臣看，使臣也认为是这样，于是命使者带回诏书："朕自当紧急命令各路大军，援救你的灾难，但是既距离你们遥远路又难行，一定无法解救你们眼前的紧急情况，你应该知道。朕现今正在严格训练部队，一两年间，当亲率雄兵猛将，为你除患。你应谨慎警戒，等待大规模军事行动。"

【点评】

刘宋丢失淮北，国势式微。刘宋的衰落已经日渐明显，在北魏的攻势下，丢掉了淮北四州及豫州淮西之地，这是刘宋的一个转折点。无怪乎裴子野感叹道：“高祖虮虱生介胄，经启疆埸；后之子孙，日蹙百里。”此处“日蹙百里”引用《诗经·召旻》：“昔先王受命，有如召公，日辟国百里，今也日蹙国百里。於乎哀哉！维今之人，不尚有旧！”感叹先王受命昔为君，有像召公一样的辅佐大臣。当初日辟百里地，如今国土日受损。可叹可悲真痛心！不知如今满朝文武，是否还有旧忠臣？

宋纪十五

宋明帝泰始七年至苍梧王元徽三年（471—475年）

【起重光大渊献（辛亥，471年），尽旃蒙单阏（乙卯，475年），凡五年】

【大事提要】

本卷记事起自公元471年至公元475年，凡五年，时当宋明帝泰始七年到苍梧王元徽三年。本卷所载大事，南朝刘宋大事一件，宋明帝在诛杀了一批自认为会对后代不利的宗室、大臣之后，却料不到奸雄已在卧榻之侧。北朝北魏大事亦一件，魏献文帝自动退位当太上皇，魏孝文帝即位，北魏最为重要的一段历史由此展开。

【原文】

太宗明皇帝下

泰始七年（辛亥，471 年）

春，二月，戊戌，分交、广置越州，治临漳。

初，上为诸王，宽和有令誉，独为世祖所亲。即位之初，义嘉之党多蒙全宥，随才引用，有如旧臣。及晚年，更猜忌忍虐，好鬼神，多忌讳，言语、文书，有祸败、凶丧及疑似之言应回避者数百千品，有犯必加罪戮。改“騧”字为“𩧢”，以其似“祸”字故也。左右忤意，往往有刳斫者。

时淮、泗用兵，府藏空竭，内外百官，并断俸禄。而奢费过度，每所造器用，必为正御、副御、次副各三十枚。嬖幸用事，货赂公行。

上素无子，密取诸王姬有孕者内宫中，生男则杀其母，使宠姬子之。

至是寝疾，以太子幼弱，深忌诸弟。南徐州刺史晋平剌王休祐，前镇江陵，贪虐无度，上不使之镇，留之建康，遣上佐行府州事。休祐性刚狠，前后忤上非一，上积不能平；且虑将来难制，欲方便除之。甲寅，休祐从上于岩山射雉，左右从者并在仗后。日欲阍，上遣左右寿寂之等数人，逼休祐令坠马，因共殴，拉杀之，传呼“骠骑落马！”上阳惊，遣御医络驿就视，比其左右至，休祐已绝，去车轮，舆还第。追赠司空，葬之如礼。

建康民间讹言，荆州刺史巴陵王休若有至贵之相，上以此言报之，休若忧惧。戊午，以休若代休祐为南徐州刺史。休若腹心将佐，皆谓休若还朝，必不免祸，中兵参军京兆王敬先说休若曰：“今主上弥留，政成省闼，群竖恟恟，欲悉去宗支以便其私。殿下声著海内，受诏入朝，必往而不返。荆州带甲十余万，地方数千里，上可以匡天子，除奸臣，下可以保境土，全一身；孰与赐剑邸第，使臣妾饮泣而不敢葬乎！”休若素谨畏，伪许之。敬先出，使人执之，以白于上而诛之。

【语译】

太宗明皇帝下

宋明帝泰始七年（辛亥，471年）

春季，二月初十日戊戌，分出交州、广州的郡县，设立越州，州治设在临漳。

当初，宋明帝还是亲王时，性情宽厚平和，有良好的声誉，只有他深受孝武帝的宠爱。即位之初，对拥护义嘉之乱的官员，大多数都宽宥，按照各人的才干，分别任用，像对旧有臣下一样对待。到了晚年，却猜疑、嫉妒、残忍、暴虐，迷信鬼神巫术，忌讳多端。无论言论、文书，对祸、败、凶、丧以及含混难辨的话和字有成百上千条，都要回避，如有触犯，一定惩罚和诛杀。把“䯄”改成“䯄”，因为“䯄”看起来像“祸”字。左右官员只要违背心意，常常有被挖心或砍断肢体的人。

当时，宋魏常在淮河、泗水一带交战，府库空竭，朝廷内外的百官，全都断了俸禄。但明帝却过度奢侈浪费，每次制造器物用具，都要分为正用、备用、次备用，各制三十件。侍候左右的亲信当权，贪赃枉法，贿赂公行。

宋明帝一直没有儿子，就把各亲王怀有身孕的姬妾秘密接到宫中，生了男孩，就把生母杀掉，由宠幸的妃子认作儿子。

宋明帝患病，因为太子年纪还小，深深地畏忌弟弟们。南徐州刺史晋平剌王刘休祐，从前镇守江陵时，贪污暴虐，无法无天。这次调任路过京师，宋明帝不让刘休祐赴任，留在建康，派刘休祐的高级属官代理府州事务。刘休祐性情暴烈凶恶，前后冒犯明帝不止一次，宋明帝都记在心中，无法平息，考虑到将来不能控制刘休祐，所以准备找个机会把刘休祐除掉。二月二十六日甲寅，刘休祐随同明帝前往岩山射猎野鸡，左右侍从被抛在后面。天将昏暗，明帝派亲信寿寂之等数人，把刘休祐从马背上挤下来，一拥而上，痛打一气，直至死亡，然后传呼：“骠骑将军落马！”明帝假装吃惊，派出御医，一个接一个地前往诊视。等到刘休祐左右侍从赶到，刘休祐已气绝身亡，把刘休祐所乘车的轮子折掉，抬回了家。颁布诏书追赠刘休祐为司空，按照丧礼安葬。

建康民间有谣言，说荆州刺史巴陵王刘休若，有尊贵的面相。宋明帝写信将此言告诉了刘休若，刘休若忧虑恐惧。二月三十日戊午，任命刘休若接替刘休祐为南徐州刺史。刘休若心腹将领都说，刘休若只要回到建康，就难逃大祸。中兵参军京兆人王敬先劝刘休若说：“现今，皇上正处在将死之际，朝廷大权握在皇上亲近之臣之手，那群奸恶之徒，来势汹汹，准备把皇上的兄弟全部铲除，以此来满足自己的私欲。殿下的名声，传播海内，如接受诏书，前往京师朝见，一定有去无回。荆州武装部队十余万，土地数千里。上可以辅佐天子，铲除奸臣；下可以保全一州，救

三月，辛酉，魏假员外散骑常侍邢祐来聘。

魏主使殿中尚书胡莫寒简西部敕勒为殿中武士。莫寒大纳货赂，众怒，杀莫寒及高平假镇将奚陵。夏，四月，诸部敕勒皆叛。魏主使汝阴王天赐将兵讨之，以给事中罗云为前锋；敕勒诈降，袭云，杀之，天赐仅以身免。

（以上为第一段，写刘宋明帝刘彧，原本宽和，有好名声，到了晚年，又没有生育能力，心态扭曲，非常变态，尤其是卧病后，担忧诸弟在身后抢夺皇位，首先残杀了个性刚强的晋平剌王刘休祐。）

晋平剌王既死，建安王休仁益不自安。上与嬖臣杨运长等为身后之计，运长等亦虑上晏驾后，休仁秉政，己辈不得专权，弥赞成之。上疾尝暴甚，内外莫不属意于休仁，主书以下皆往东府访休仁所亲信，豫自结纳；其或在直不得出者，皆恐惧。上闻，愈恶之。五月，戊午，召休仁入见，既而谓曰："今夕停尚书下省宿，明可早来。"其夜，遣人赍药赐死。休仁骂曰："上得天下，谁之力邪！孝武以诛锄兄弟，子孙灭绝。今复为尔，宋祚其能久乎！"上虑有变，力疾乘舆出端门，休仁死，乃入。下诏称："休仁规结禁兵，谋为乱逆，朕未忍明法，申诏诘厉。休仁惭恩惧罪，遽自引决。可宥其二子，降为始安县王，听其子伯融袭封。"

上虑人情不悦，乃与诸大臣及方镇诏，称："休仁与休祐深相亲结，语休祐云：'汝但作佞，此法自足安身；我从来颇得此力。'休祐之陨，本欲为民除患，而休仁从此日生娆惧。吾每呼令入省，便入辞杨太妃。吾春中多与之射雉，或阴雨不出，休仁辄语左右云：'我已复得今一日。'休仁既经南讨，与宿卫将帅经习狎共事。吾前者积日失适，休仁出入殿省，无不和颜，厚相抚劳。如其意趣，人莫能测。事不获已，反覆思惟，不得不有近日处分。恐当不必即解，故相报知。"

自己一命。这和回到建康家宅，接受皇上赐给你自杀的佩剑，你的臣妾饮泣吞声而不敢安葬，两者相比较，哪个好呢？”刘休若一向谨慎胆怯，于是假装答应。王敬先一出王府，立刻派人把王敬先抓起来，把王敬先说的话奏报宋明帝，并且将王敬先处死。

三月初三日辛酉，北魏代理员外散骑常侍邢祐前来刘宋聘问交好。

魏献文帝派殿中尚书胡莫寒选拔西部敕勒部落中的武士，担任宫廷警卫。胡莫寒大肆收纳贿赂，激起民愤，民众诛杀胡莫寒及高平代理镇将奚陵。夏季，四月，敕勒部落全都反叛。献文帝派汝阴王拓跋天赐率军讨伐，以给事中罗云为前锋。敕勒部落诈降，袭击罗云，将其斩首，拓跋天赐免于一死。

晋平刺王刘休祐被杀之后，建安王刘休仁越发惶恐不安。宋明帝常跟亲信杨运长等商讨身后之计，杨运长等也担心明帝去世之后，刘休仁当政，自己这些人不能独断专行，所以都赞成宋明帝的计划。明帝一度病危，内外都把希望寄托在刘休仁身上，连主书以下的低级官员，都往东府拜访刘休仁的亲信，想预先结下交情。有些人正巧当班，不能出来从事结交活动，都很恐惧。明帝听说后，更为厌恶。五月初一日戊午，召刘休仁进宫朝见，不久又通知他说：“今晚你可在尚书下省安歇，明天一早再来。”当夜，派人送去毒药，强迫刘休仁吞服。刘休仁骂道：“皇上得到天下，是谁的力量！孝武帝因为诛杀兄弟的缘故，子孙灭绝，今天你又要诛杀兄弟，宋的统治岂能长久！”明帝担心有变，强打精神，乘轿到皇城端门坐镇，直到刘休仁气绝，才回后宫，颁布诏书称：“刘休仁计划结交宫廷禁卫官兵，阴谋叛乱，朕不忍心把他交付法庭审判，而只颁布诏书严厉斥责，刘休仁对自己的忘恩负义，畏惧羞愧，不能自容，服毒自杀。可以宽恕刘休仁的两个儿子，贬刘休仁为始安县王，由其子刘伯融继承爵位。”

宋明帝害怕人心不服，便颁发诏书给朝廷各大臣及地方官员，说：“刘休仁与刘休祐相交很深，刘休仁对刘休祐说：‘你只管奉承皇上，这妙法足可以安身，我一向很得益于这种办法。’刘休祐之死，本来想为民除害，可是刘休仁却从此越发恐慌，我每次传他进宫，刘休仁都进去向杨太妃告别。春天，我常常与刘休仁一块去打野鸡，偶遇阴天下雨，不能外出，刘休仁就告诉左右：‘今天又多活了一天。’刘休仁曾经因为南征的缘故，与皇家禁卫将领在一起共事，情投意合。我以前有好些日子身体不适，刘休仁出入宫廷，见到这些将领，一律和颜悦色，进行安抚慰劳。像刘

上与休仁素厚，虽杀之，每谓人曰："我与建安年时相邻，少便款狎。景和、泰始之间，勋诚实重；事计交切，不得不相除，痛念之至，不能自已。"因流涕不自胜。

初，上在藩，与褚渊以风素相善；及即位，深相委仗。上寝疾，渊为吴郡太守，急召之。既至，入见，上流涕曰："吾近危笃，故召卿，欲使著黄㦤耳。"黄㦤者，乳母服也。上与渊谋诛建安王休仁，渊以为不可，上怒曰："卿痴人！不足与计事！"渊惧而从命。复以渊为吏部尚书。庚午，以尚书右仆射袁粲为尚书令，褚渊为左仆射。

上恶太子屯骑校尉寿寂之勇健；会有司奏寂之擅杀逻尉，徙越州，于道杀之。

丙戌，追废晋平王休祐为庶人。

巴陵王休若至京口，闻建安王死，益惧。上以休若和厚，能谐缉物情，恐将来倾夺幼主，欲遣使杀之，虑不奉诏；欲征入朝，又恐猜骇。六月，丁酉，以江州刺史桂阳王休范为南徐州刺史，以休若为江州刺史。手书殷勤，召休若使赴七月七日宴。

丁未，魏主如河西。

秋，七月，巴陵哀王休若至建康；乙丑，赐死于第，赠侍中、司空。复以桂阳王休范为江州刺史。时上诸弟俱尽，唯休范以人才凡劣，不为上所忌，故得全。

（以上为第二段，写宋明帝刘彧疑神疑鬼，连续诛杀诸弟，功劳卓著的刘休仁被赐死，又命刘休若自杀，只有凡庸的刘休范得以保全。）

沈约论曰：圣人立法垂制，所以必称先王，盖由遗训余风，足以贻之来世也。太祖经国之义虽弘，隆家之道不足。彭城王照不窥古，徒见昆弟之义，未识君臣之礼，冀以家情行之国道，主猜而犹犯，恩薄而未悟，致以呵训之微行，遂成灭亲之大祸。开端树隙，

休仁这样的意图，别人无法加以估量。事情已经不能阻止了，反复思考，不得不做这项处置，担心内中缘由你们不一定马上都明白，所以告知内情。”

宋明帝与刘休仁素来十分友好，虽然杀了他，每每对人说：“我与建安王刘休仁，年纪差不多，幼年时候，便在一起玩耍，景和、泰始年间，刘休仁一片忠心，建功立业，功勋的确不小。可是，到了利害关头，不得不除掉刘休仁，哀痛想念之至，不能控制自己。”于是，流泪哭泣。

当初，宋明帝在藩属时，因褚渊风度翩翩，气质雅素，而成为至好的朋友。宋明帝即位后，彼此也十分信赖依托。明帝病重，褚渊正任吴郡太守，急召入宫。褚渊到京后，入宫晋见，明帝痛哭流涕说：“我的病情危险，所以召见你，打算让你穿上黄裲（即托孤）！”黄裲是乳母的衣服。明帝与褚渊谋划诛杀建安王刘休仁，褚渊认为不能那样做，明帝大怒说：“你是个呆子，不足与你共计国家大事。”褚渊惧怕，只好从命。于是，明帝再任命褚渊为吏部尚书。五月十三日庚午，又提升尚书右仆射袁粲为尚书令，褚渊为左仆射。

宋明帝厌恶太子屯骑校尉寿寂之的勇敢雄健，正巧有关部门奏报寿寂之擅自诛杀巡逻军官，就把寿寂之贬到越州，在途中把寿寂之杀掉。

五月二十九日丙戌，宋明帝将已杀死的晋平王刘休祐追废为庶人。

巴陵王刘休若抵达京口，听到建安王刘休仁被毒死的消息，更加恐惧。明帝认为刘休若性情温和，品格憨厚，能调解纠纷，各方人士对刘休若都十分敬重，害怕刘休若将来有一天夺取幼主刘昱的帝位，打算派使臣前往诛杀刘休若，怕刘休若拒不从命，打算征召到朝廷朝见，又怕引起刘休若猜疑震惊。六月初十日丁酉，宋明帝任命江州刺史桂阳王刘休范为南徐州刺史；任命刘休若为江州刺史。亲笔写信给刘休若，十分殷勤地召刘休若前来京师，参加七月七日的皇家盛宴。

六月二十日丁未，魏献文帝巡视河西。

秋季，七月，刘宋巴陵哀王刘休若，抵达建康。七月初九日乙丑，命刘休若自杀于宅邸。追赠刘休若为侍中、司空。再命桂阳王刘休范回任江州刺史。当时，宋明帝的所有兄弟全部铲除，只有刘休范因人品低劣，才能平庸，不为宋明帝所忌讳，故得以保全性命。

沈约评论说：圣人制定法律，传布制度，之所以要称引古代明圣君王，是因为古代明圣君王遗留下来的教训和风范，足以为后世的榜样。太祖文帝治理国家的规划虽然宏大，可是使家族兴隆的办法却有不足。彭城王刘义康对历史一无所知，只看到兄弟之情，却不懂君臣之礼，想把家族中的亲情，用于治国

垂之后人。太宗因易隙之情，据已行之典，翦落洪枝，不待顾虑。既而本根无庇，幼主孤立，神器以势弱倾移，灵命随乐推回改，斯盖履霜有渐，坚冰自至，所由来远矣。

裴子野论曰：夫噬虎之兽，知爱己子；搏狸之鸟，非护异巢。太宗保字螟蛉，剿拉同气，既迷在原之天属，未识父子之自然。宋德告终，非天废也。夫危亡之君，未尝不先弃本枝，妪煦旁孽；推诚嬖狎，疾恶父兄。前乘覆车，后来并辔。借使叔仲有国，犹不失配天；而他人入室，将七庙绝祀；曾是莫怀，甘心揃落。晋武背文明之托，而覆中州者贾后；太祖弃初宁之誓，而登合殿者元凶。祸福无门，奚其豫择！友于兄弟，不亦安乎！

（以上为第三段，写司马光引用沈约、裴子野的评论，抨击明帝刘彧残酷杀害诸弟的丑行；沈约指出兄弟相残源于刘义隆杀害义恭；裴子野认为兄弟相残是亡国的祸根。）

丙寅，魏主至阴山。

初，吴喜之讨会稽也，言于上曰：“得寻阳王子房及诸贼帅，皆即于东戮之。”既而生送子房，释顾琛等。上以其新立大功，不问，而心衔之。及克荆州，剽掠，赃以万计。寿寂之死，喜为淮陵太守，督豫州诸军事，闻之，内惧，启乞中散大夫，上尤疑骇。或谮萧道成在淮阴有贰心于魏，上封银壶酒，使喜自持赐道成。道成惧，欲逃，喜以情告道成，且先为之饮，道成即饮之。喜还朝，保证道成。或密以启上，上以喜多计数，素得人情，恐其不能事幼主；乃召喜入内殿，与共言谑甚款，既出，赐以名馔。寻赐死，然犹发诏赙赐。

又与刘勔等诏曰：“吴喜轻狡万端，苟取物情。昔大明中，黟、歙有亡命数千人，攻县邑，杀官长，刘子尚遣三千精甲讨之，再往失利。孝武以喜将数十人至县，说诱群贼，贼即归降。诡数幻惑，乃能如此。及泰始初东讨，止有三百人，直造三吴，凡再经薄战，而自破冈以东，至

之道。人主已经猜忌，仍然冒犯；恩情已经衰竭，仍然不醒悟。以致犯了只需斥责训诫的小罪，却招来杀身灭门之大祸。开启端绪，树下衅隙，垂示后人。太宗武帝借因容易猜忌之情，依照已经施行的典则，剪落宽大的枝叶，无所顾忌。随后，树根无所庇护，幼主孤孤单单，国家神器因为势弱而转移，命运也随着人心而改变。这就同降霜之后严寒再至，就会结冰一样，刘宋的灭亡，其苗头很早就已出现了。

裴子野评论说：吞食猛虎的野兽，知道爱护儿子；搏斗狸猫的飞鸟，不保护异类鸟的巢穴。太宗明帝保护螟蛉之子，却屠杀一母同胞兄弟，迷失兄弟相属的天性，不晓得父子伦常之自然。宋朝德运的败亡，并不是上天废弃。亡国之君，没有一个不是先砍断本枝，而去养育旁枝的。推心置腹于邪恶的亲信，对父亲或兄弟却深恶痛绝。前面的车子倾覆，后面的车子仍并驾齐驱。如果兄弟继承帝位，祖先的灵位仍可配享上天，而他人登上宝座，七座祖庙的祭祀将全部断绝。不将此事挂怀，甘心剪落。晋武帝违背文明皇后的托付，结果贾后使中原沉沦。太祖文帝违背初宁陵的誓言，而登上合殿的却是刘召力。祸福无门，哪能事先选择；兄弟相亲相爱，岂不平安！

七月初十日丙寅，魏献文帝抵达阴山。

当初，吴喜讨伐会稽郡时，报告宋明帝说："如果俘虏寻阳王刘子房与贼寇的将领，就在东部当场诛杀。"后来活捉了刘子房，押送建康，并释放了吴郡太守顾琛等。明帝因吴喜刚刚建立大功，没有追究，但内心深为痛恨。等到攻克荆州，大肆抢劫，贪赃以万计。寿寂之被诛杀时，吴喜正任淮陵太守，督豫州诸军事，得到消息，内心恐惧，上书请求调任中散大夫，明帝疑惧惊骇。这时，有人暗中指控萧道成在淮阴私通北魏。明帝用银壶装酒，加上封条，派吴喜亲自送给萧道成。萧道成惊恐，打算逃走，吴喜把实情告诉萧道成，并且先饮下，萧道成才敢喝下。吴喜回到京师，向明帝保证萧道成忠贞。然而，有人秘密检举，明帝认为吴喜计谋太多，而又素有人缘，恐怕不能侍奉幼主，于是召吴喜到后宫内殿，纵情闲谈，间或打趣开开玩笑，十分亲密。吴喜告辞出来，宋明帝又赏赐给名菜，接着命令吴喜自杀，但仍颁布诏书资助丧葬费用。

宋明帝又颁布诏书给刘勔等人说："吴喜轻浮狡猾万端，专会收买人心。从前大明年间，黟县、歙县有亡命徒数千人，攻击县城，杀戮官员，刘子尚派三千精锐讨伐，但两次都被击败。孝武帝命吴喜率领几十人抵达县城，游说诱降群贼，群贼立即归降。诡秘蛊惑之人，才能如此。到了泰始初年，命吴喜东征，吴喜只带三百人，

海十郡，无不清荡。百姓闻吴河东来，便望风自退，若非积取三吴人情，何以得弭伏如此！寻喜心迹，岂可奉守文之主，遭国家可乘之会邪！譬如饵药，当人羸冷，资散石以全身，及热势发动，去坚积以止患，非忘其功，势不获已耳。”

戊寅，以淮阴为北兖州，征萧道成入朝。道成所亲以朝廷方诛大臣，劝勿就征，道成曰：“诸卿殊不见事！主上自以太子稚弱，翦除诸弟，何预他人！今唯应速发；淹留顾望，必将见疑。且骨肉相残，自非灵长之祚，祸难将兴，方与卿等勠力耳。”既至，拜散骑常侍、太子左卫率。

（以上为第四段，写刘宋明帝刘彧杀掉诸弟，又转而对大臣下手，认为有潜在危害的，就一杀了之，寿寂之、吴喜都命丧黄泉，萧道成料事如神，冒险回到京城。）

八月，丁亥，魏主还平城。

戊子，以皇子跻继江夏文献王义恭。

庚寅，上疾有间，大赦。

戊戌，立皇子准为安成王，实桂阳王休范之子也。

魏显祖聪睿夙成，刚毅有断；而好黄老、浮屠之学，每引朝士及沙门共谈玄理，雅薄富贵，常有遗世之心。以叔父中都大官京兆王子推沉雅仁厚，素有时誉，欲禅以帝位。时太尉源贺督诸军屯漠南，驰传召之。既至，会公卿大议，皆莫敢先言。任城王云，子推之弟也，对曰：“陛下方隆太平，临覆四海，岂得上违宗庙，下弃兆民。且父子相传，其来久矣。陛下必欲委弃尘务，则皇太子宜承正统。夫天下者，祖宗之天下；陛下若更授旁支，恐非先圣之意，启奸乱之心，斯乃祸福之原，不可不慎也。”源贺曰：“陛下今欲禅位皇叔，臣恐紊乱昭穆，后世必有逆祀之讥。愿深思任城之言。”东阳公丕等曰：“皇太子虽圣德早彰，然实冲幼。陛下富于春秋，始览万机，奈何欲隆独善，不以天下为心，其若宗庙何！其若亿兆何！”尚书陆馛曰：“陛下若舍太子，更议诸王，臣请刎颈殿庭，不敢奉诏！”帝怒，变色；以问宦者选部尚书酒泉赵黑，黑曰：“臣以死奉戴皇太子，不知其他！”帝默然。时太子宏生五年矣，帝以其幼，故欲传位子推。中书令高允曰：“臣不敢多言，愿陛下上思宗庙托付之重，追念周公抱成王之事。”帝乃曰：“然则立太子，群公辅之，有何不可！”又曰：“陆馛，直臣也，必能保吾子。”乃以馛为太保，与源贺持节

竟能直入三吴，经过两次小小的搏战，自破冈以东，直至大海，共十郡，全部荡平。百姓听说吴喜到来，都望风自退，如果不是多年来赢得三吴人士的感情，怎么能服帖到如此地步。探寻吴喜的心迹，绝不会尊奉正统君主，而坐失千载难逢的良机！譬如吃药，当人虚弱发冷时，应服热身之药；当人发热时，应去掉丹石这类坚硬易积于内的药物。并非忘掉吴喜的功劳，确属迫不得已罢了。”

七月二十二日戊寅，刘宋把淮阴划归北兖州，征召萧道成回京。萧道成的亲信认为，朝廷正在诛杀大臣，劝萧道成拒绝征召。萧道成说：“你们没有看透事体，皇上自因为太子年纪太小，所以把兄弟一一翦除，何关他人。今天必须立即出发，稍微延误观望，一定受到猜疑。而且，骨肉相残，政权势必难以长久，大祸将临，各位要与我同心协力。”回京师之后，任命萧道成为散骑常侍、太子左卫率。

八月初一日丁亥，魏献文帝返回平城。

八月初二日戊子，宋明帝把皇子刘跻过继给江夏文献王刘义恭。

八月初四日庚寅，宋明帝病势有所好转，宣布大赦。

八月十二日戊戌，宋明帝封皇子刘准为安成王，刘准实际上是桂阳王刘休范的儿子。

魏献文帝拓跋弘从小聪明天成，刚毅果断，喜好黄老之学和佛学，每次接见朝廷官员及僧侣，共同谈玄论理，看淡荣华富贵，常常有离家修行的想法。认为叔父中都大官京兆王拓跋子推沉稳文雅仁厚，一向有较高的声誉，打算把帝位禅让给拓跋子推。当时，太尉源贺督统各军驻防漠南，用传车召源贺回京。源贺抵达时，朝廷正举行公卿会议，没有一个人敢先发言。任城王拓跋云，是拓跋子推的弟弟，对答献文帝说：“陛下正逢太平盛世，君临四海，怎么可以对上违背宗庙，下弃万民。而且父子相传，由来已久。陛下一定要放弃尘世上的俗务，那么皇太子理应继承大统。天下是祖宗的天下，陛下如果把朝廷授予旁支，恐怕不是先圣的意思，将要导引诱发奸人乱心，这是祸福的源头，不可不格外谨慎。”源贺说：“陛下现今打算禅位给皇叔，我深恐紊乱祖庙祭祀昭穆顺序，后世必将讥讽错乱祭祀的顺序。请三思任城王之言。”东阳公拓跋丕等说：“皇太子虽然神圣恩德早已显彰，但实在年幼，而陛下正当壮年，刚开始总揽万机，为何只顾独善其身，不以天下为心意？皇家祖庙将怎么办，亿万人民将怎么办！”尚书陆馛说：“陛下若舍弃太子，另外议立诸位亲王，我宁可在殿廷上自刎，也不敢奉诏！”献文帝大怒并且脸色大变，转过头问宜官选部尚书酒泉人赵黑，赵黑说：“臣以死效忠皇太子，不知其他。”献文帝沉默不语。这一年，皇太子拓跋宏出生五年了。献文帝因拓跋宏太小，所以准备传位给

奉皇帝玺绂传位于太子。丙午，高祖即皇帝位，大赦，改元延兴。

高祖幼有至性，前年，显祖病痈，高祖亲吮。及受禅，悲泣不自胜。显祖问其故，对曰："代亲之感，内切于心。"

丁未，显祖下诏曰："朕希心玄古，志存澹泊，爰命储宫践升大位，朕得优游恭己，栖心浩然。"

群臣奏曰："昔汉高祖称皇帝，尊其父为太上皇，明不统天下也。今皇帝幼冲，万机大政，犹宜陛下总之。谨上尊号曰太上皇帝。"显祖从之。

己酉，上皇徙居崇光宫，采椽不斫，土阶而已；国之大事咸以闻。崇光宫在北苑中，又建鹿野浮图于苑中之西山，与禅僧居之。

（以上为第五段，写北魏献文帝拓跋弘一心向佛，欲自动退位，让位于其叔父拓跋子推，众大臣一致反对，不得已传位给太子拓跋宏，自为太上皇。）

冬，十月，魏沃野、统万二镇敕勒叛，遣太尉源贺帅众讨之，降二千余落，追击余党至枹罕、金城，大破之，斩首八千余级，虏男女万余口，杂畜三万余头。诏贺都督三道诸军，屯于漠南。

先是，魏每岁秋、冬发军，三道并出以备柔然，春中乃还。贺以为"往来疲劳，不可支久；请募诸州镇武健者三万余人，筑三城以处之，使冬则讲武，春则耕种"。不从。

庚寅，魏以南安王桢为都督凉州及西戎诸军事、领护西域校尉，镇凉州。

上命北琅邪、兰陵二郡太守垣崇祖经略淮北，崇祖自郁洲将数百人入魏境七百里，据蒙山。十一月，魏东兖州刺史于洛侯击之，崇祖引还。

上以故第为湘宫寺，备极壮丽，欲造十级浮图而不能，乃分为二。新安太守巢尚之罢郡入见，上谓曰："卿至湘宫寺未？此是我大功德，用钱不少。"通直散骑侍郎会稽虞愿侍侧，曰："此皆百姓卖儿贴妇钱所为，

拓跋子推。中书令高允说："臣不敢多言，愿陛下不忘宗庙托付之重任，而追念周公怀抱而辅佐幼主成王的故事。"献文帝问："那么，让皇太子登基，由各位辅佐，有何不可！"又说："陆馛是忠直之臣，一定能保护我的儿子。"于是任命陆馛为太保，与源贺一同持节，把皇帝的玉玺呈献给太子拓跋宏。八月二十日丙午，魏孝文帝即位，宣布大赦，改年号为延兴。

魏孝文帝从小就很有孝心，两年前，父亲献文帝身上长毒疮，孝文帝亲自用嘴吮吸脓水。等到接受父亲禅让的时候，孝文帝悲痛哭泣，不能自已。献文帝问他缘故，他回答说："接替父亲的感觉，内心非常痛切。"

八月二十一日丁未，魏献文帝颁布诏书说："朕向往淳朴的古道，志向恬淡，特命太子升为大位，朕只求悠闲自得，栖心于浩渺的自然之中。"

群臣上奏说："从前，汉高祖当了皇帝，尊称他的父亲为太上皇，表明不由自己统治天下。而今，皇上年纪幼小，朝廷大政仍宜由陛下掌管，谨恭上尊号太上皇。"献文帝同意。

八月二十三日己酉，太上皇迁到崇光宫居住，用刚刚采来的还没有削整的木材为房椽，台阶仍为土质，宫室设施十分简朴，朝廷大事，仍向他禀闻。崇光宫在北苑中，又建鹿野浮图在苑中西山，供僧侣居住。

冬季，十月，北魏沃野、统万二镇敕勒部落叛乱，派太尉源贺率军讨伐，归顺两千多个帐篷，追击残余势力到枹罕、金城时，大破敕勒军，杀八千余人，俘虏男女一万余人，牲畜三万余头。颁布诏书命令源贺统领三路各支军队，驻扎漠南。

在此之前，北魏每年秋冬之季，分东、中、西三路同时发兵，防备柔然，直到次年春季中期才撤退。源贺认为："一往一来，士卒疲惫不堪，无法支持长久。请求招募各州、镇壮士三万余人，兴筑三座城以据守，冬季练兵，春季种地。"魏主没有采纳。

十月初五日庚寅，北魏任命南安王拓跋桢为都督凉州及西戎诸军事，兼护西域校尉，镇守凉州。

宋明帝命令北琅邪、兰陵二郡太守垣崇祖经营淮北。垣崇祖率领数百人，从郁州出发，深入北魏七百里，占领蒙山。十一月，北魏东兖州刺史于洛侯反攻，垣崇祖带兵撤回。

宋明帝把原来的府邸改为湘宫寺，极为壮观华丽。准备兴建十层佛塔，未能成功，于是便分成两座。新安太守巢尚之解除职务回京朝见，宋明帝对他说："你去过湘宫寺没有？那可是我的大功德，花费不少钱。"通直散骑侍郎会稽人虞愿正在一边

佛若有知，当慈悲嗟愍；罪高浮图，何功德之有！”侍坐者失色；上怒，使人驱下殿。愿徐去，无异容。

上好围棋，棋甚拙，与第一品彭城丞王抗围棋，抗每假借之，曰：“皇帝飞棋，臣抗不能断。”上终不悟，好之愈笃。愿又曰：“尧以此教丹朱，非人主所宜好也。”上虽怒甚，以愿王国旧臣，每优容之。

王景文常以盛满为忧，屡辞位任，上不许。然中心以景文外戚贵盛，张永累经军旅，疑其将来难信，乃自为谣言曰：“一士不可亲，弓长射杀人。”景文弥惧，自表解扬州，情甚切至。诏报曰：“人居贵要，但问心若为耳。大明之世，巢、徐、二戴，位不过执戟，权亢人主。今袁粲作仆射领选，而人往往不知有粲，粲迁为令，居之不疑；人情向粲，淡然亦复不改常日。以此居贵位要任，当有致忧竞不？夫贵高有危殆之惧，卑贱有填壑之忧，有心于避祸，不如无心于任运，存亡之要，巨细一揆耳。”

（以上为第六段，写刘宋明帝刘彧建造湘宫寺，劳民伤财，虞愿直谏，令刘彧大怒；外戚王景文位高权重，刘彧以为难信，编造谣言，使其辞去扬州刺史职位。）

泰豫元年（壬子，472年）

春，正月，甲寅朔，上以疾久不平，改元。戊午，皇太子会四方朝贺者于东宫，并受贡计。

大阳蛮酋桓诞拥沔水以北，滍、叶以南八万余落降于魏，自云桓玄之子，亡匿蛮中，以智略为群蛮所宗。魏以诞为征南将军、东荆州刺史、襄阳王，听自选郡县吏；使起部郎京兆韦珍与诞安集新民，区置诸事，皆得其所。

二月，柔然侵魏，上皇遣将击之，柔然走。东部敕勒叛奔柔然，上皇自将追之，至石碛，不及而还。

上疾笃，虑晏驾之后，皇后临朝，江安懿侯王景文以元舅之势，必为宰相，门族强盛，或有异图。己未，遣使赍药赐景文死，手敕曰：“与卿周旋，欲全卿门户，故有此处分。”敕至，景文正与客棋，叩函看已，复置局下，神色不变，方与客思行争劫。局竟，敛子内奁毕，徐曰：“奉敕见赐以死。”方以敕示客。中直兵焦度、赵智略愤怒，曰：“大丈夫安能

侍立，说：“那是百姓用卖子、卖妻的钱所建造的，佛如果有灵，应当慈悲哀叹。罪恶高过佛塔，有什么功德！”侍座的人全都脸色大变，宋明帝大怒，命人把虞愿驱逐下殿。虞愿不慌不忙地慢慢离开，没有恐惧的表情。

宋明帝喜欢下棋，但棋艺非常拙劣，与第一等的下棋高手彭城丞王抗对弈。王抗暗中让棋，说：“皇上是飞棋，臣无法切断。”宋明帝始终不知内情，越发爱不释手。虞愿又说：“尧用这个教他儿子丹朱，不是人主所应该嗜好的。”宋明帝怒不可遏，但由于虞愿是自己任亲王时的旧属，总是非常宽容他。

王景文一直为官职高、地位重而忧虑，屡次辞让官职，宋明帝都不准许。然而内心却因王景文是皇家外戚，高贵昌盛，而孝昌侯张永长期经历战争，怀疑他们将来难以信任，于是亲自写首歌谣：“一士不可亲，弓长射杀人。”王景文越发恐惧，再一次上书请求辞去扬州刺史，情意恳切。颁布诏书回答说：“一个人身居尊贵、重要职位，只要看他存心如何罢了。大明之世，巢尚之、徐爰、戴法兴、戴明宝官职不过是个手持长矛的侍从，其权力竟大于人主。而今，袁粲任仆射兼管吏部，人们往往不知道袁粲是谁？袁粲提升为尚书令，没有丝毫猜疑，人们都亲近袁粲，而袁粲淡漠得跟平常一样，以这种态度身居高位重职，难道会感到惶惶不安？高贵固然有倾危的恐惧，卑贱也会有被填沟壑的忧虑。用尽心机避祸，不如不用心机听候命运，存亡的关键，大小的道理相同。”

宋明帝泰豫元年（壬子，472年）

春季，正月初一日甲寅朔，宋明帝因患病不能痊愈，于是改年号泰豫。正月初五日戊午，皇太子刘昱在东宫接见四方前来朝贺的官员，并接受贡品及上计。

太阳蛮酋长桓诞，率领沔水以北，滍水、叶县以南，共计八万余帐落，投降北魏。桓诞自称是桓玄的儿子，当初逃到蛮族之中，用智慧和谋略，受到各蛮族部落的推崇。北魏任命桓诞为征南将军、东荆州刺史、襄阳王。可自己挑选郡太守、县令。朝廷派起部郎、京兆人韦珍同桓诞一起安抚新来居民，处理各种事务，各得其所。

二月，柔然汗国南下入侵北魏。北魏太上皇派将领迎击，柔然军撤退。东部敕勒部落叛变，投奔柔然汗国，太上皇亲自率军追击到石碛，没有追上，便回师了。

宋明帝的病情加重了，考虑到自己去世后皇后会临朝主政，而她的哥哥江安侯王景文凭借国舅的势力必定会官至宰相，这样王氏家族强大起来，可能会有异图。于是三月初七日己未，派人送毒药给王景文，命他自杀，并亲写诏书说：“我与你是多年朋友，为了保全王家一门，所以有这个处置。”使节到时，王景文正与客人下棋，打开封套看罢，放到棋盘下，神色不变，正想着与客人争先打劫。一盘棋下完，

坐受死！州中文武数百，足以一奋。”景文曰：“知卿至心，若见念者，为我百口计。”乃作墨启答敕致谢，饮药而卒。赠开府仪同三司。

上梦有人告曰：“豫章太守刘愔反。”既寤，遣人就郡杀之。

魏显祖还平城。

庚午，魏主耕籍田。

夏，四月，以垣崇祖行徐州事，徙戍龙沮。

己亥，上大渐，以江州刺史桂阳王休范为司空，又以尚书右仆射褚渊为护军将军，加中领军刘勔右仆射，诏渊、勔与尚书令袁粲、荆州刺史蔡兴宗、郢州刺史沈攸之并受顾命。褚渊素与萧道成善，引荐于上，诏又以道成为右卫将军，领卫尉，与袁粲等共掌机事。是夕，上殂。

庚子，太子即皇帝位，大赦。时苍梧王方十岁，袁粲、褚渊秉政，承太宗奢侈之后，务弘节俭，欲救其弊；而阮佃夫、王道隆等用事，货赂公行，不能禁也。

（以上为第七段，写明帝刘彧临死前杀掉太子元舅王景文，又杀掉豫章太守刘愔；刘彧去世，太子刘昱即帝位；宿将萧道成进入朝廷核心岗位，地位上升，执掌大权。）

乙巳，以安成王准为扬州刺史。

五月，戊寅，葬明皇帝于高宁陵，庙号太宗。六月，乙巳，尊皇后曰皇太后，立妃江氏为皇后。

秋，七月，柔然部帅无卢真将三万骑寇魏敦煌，镇将尉多侯击走之。多侯，眷之子也。又寇晋昌，守将薛奴击走之。

戊午，魏主如阴山。

戊辰，尊帝母陈贵妃为皇太妃，更以诸国太妃为太姬。右军将军王道隆以蔡兴宗强直，不欲使居上流，闰月，甲辰，以兴宗为中书监，更以沈攸之为都督荆襄等八州诸军事、荆州刺史。兴宗辞中书监不拜。王道隆每诣兴宗，蹑履到前，不敢就席，良久去，竟不呼坐。

把棋子收到盒内，王景文慢慢地说："接到圣旨，命我自尽。"这才把明帝的亲笔诏书拿给客人看。中直兵焦度、赵智略非常愤怒，说："大丈夫怎么能坐以待毙，州中文武官员数百人，足以一拼。"王景文说："知道你们的心，如果要想帮助我，应当为我家男女老少一百余口想一想！"于是研墨写奏，回敬诏书，引罪自责，饮药而死。宋明帝追赠王景文为开府仪同三司。

宋明帝梦见有人报告他说："豫章太守刘愔谋反。"梦醒后，就派人前往郡城，杀了刘愔。

魏孝文帝返回平城。

三月十八日庚午，魏孝文帝亲自主持耕田仪式。

夏季，四月，刘宋任命垣崇祖为代理徐州事，迁往龙沮戍守。

四月十七日己亥，宋明帝病危，任命江州刺史、桂阳王刘休范为司空，又命尚书右仆射褚渊为护军将军，加授中领军刘勔为右仆射。颁布诏书指定褚渊、刘勔和尚书令袁粲、荆州刺史蔡兴宗、郢州刺史沈攸之同时接受托孤遗命。褚渊与萧道成的关系一向十分亲密，就把萧道成推荐给皇上，再次颁布诏书任命萧道成为右卫将军兼卫尉，与袁粲等共同掌管朝廷大事。当晚，宋明帝去世。

四月十八日庚子，太子刘昱即皇帝位，宣布大赦。此时苍梧王刘昱年仅十岁。袁粲、褚渊主持朝政，在宋明帝奢侈糜烂之后，力求节俭，想革除积弊。但是，阮佃夫、王道隆等掌权，贿赂公开施行，不能禁止。

四月二十三日乙巳，刘宋任命安成王刘准为扬州刺史。

五月二十七日戊寅，将宋明帝安葬在高宁陵，庙号太宗。六月二十四日乙巳，尊皇后王贞风为皇太后，封太子妃江简为皇后。

秋季，七月，柔然汗国部落酋长无卢真率领骑兵三万人，攻击北魏的敦煌，被镇守将领尉多侯击退。尉多侯是尉眷的儿子。又侵犯晋昌，守将薛奴把他击退。

七月初七日戊午，魏孝文帝巡视阴山。

七月十七日戊辰，刘宋尊后废帝生母贵妃陈妙登为皇太妃。改称各亲王的太妃为太姬。右军将军王道隆因为蔡兴宗刚强正直而不愿意让他扼守长江上游。闰七月二十四日甲辰，任命蔡兴宗为中书监，调任沈攸之为都督荆襄等八州诸军事、荆州刺史。蔡兴宗推辞中书监的官职不肯就任。王道隆每次拜访蔡兴宗，都缓步轻行到面前，不敢就席，很久才离开，蔡兴宗也不请他入座。

沈攸之自以材略过人，自至夏口以来，阴蓄异志；及徙荆州，择郢州士马、器仗精者，多以自随。到官，以讨蛮为名，大发兵力，招聚才勇，部勒严整，常如敌至。重赋敛以缮器甲，旧应供台者皆割留之，养马至二千余匹，治战舰近千艘，仓廪、府库莫不充积。士子、商旅过荆州者，多为所羁留；四方亡命，归之者皆蔽匿拥护；所部或有逃亡，无远近穷追，必得而止。举错专恣，不复承用符敕，朝廷疑而惮之。为政刻暴，或鞭挞士大夫；上佐以下，面加詈辱。然吏事精明，人不敢欺，境内盗贼屏息，夜户不闭。

攸之赕罚群蛮太甚，又禁五溪鱼盐，蛮怨叛。西溪蛮王田头拟死，弟娄侯篡立，其子田都走入獠中。于是，群蛮大乱，掠抄至武陵城下。武陵内史萧嶷遣队主张英儿击破之，诛娄侯，立田都，群蛮乃定。嶷，赜之弟也。

八月，戊午，乐安宣穆公蔡兴宗卒。

九月，辛巳，魏主还平城。

冬，十月，柔然侵魏，及五原，十一月，上皇自将讨之。将度漠，柔然北走数千里，上皇乃还。

丁亥，魏封上皇之弟略为广川王。

己亥，以郢州刺史刘秉为尚书左仆射。秉，道怜之孙也，和弱无干能，以宗室清令，故袁、褚引之。

中书通事舍人阮佃夫加给事中、辅国将军，权任转重。欲用其所亲吴郡张澹为武陵郡；袁粲等皆不同，佃夫称敕施行，粲等不敢执。

魏有司奏诸祠祀合一千七十五所，岁用牲七万五千五百。上皇恶其多杀，诏："自今非天地、宗庙、社稷，皆勿用牲，荐以酒脯而已。"

（以上为第八段，写刘宋宿将沈攸之为都督荆襄等八州诸军事、荆州刺史，位高权重，产生非分之想；北魏的寺庙大量增加，太上皇帝拓跋弘下令不准用牲畜祭祀。）

沈攸之自认为才能胆略过人，自从镇守夏口以来，心中有不轨的想法。等调任荆州，把郢州的兵士战马以及精良武器，尽量携带同往。到官之后，借口讨伐蛮族，大肆招兵买马，召集才能勇武之士，整肃严厉，好像大敌当前一样。加重田赋捐税以制造武器铠甲，原来应向朝廷缴纳的一律留下，养战马多到两千多匹，制造船舰近一千艘，粮仓、钱库无不充实。读书人、旅客和商人，经过荆州的，大多被留下不放。各地的亡命之徒，投奔荆州的都受到庇护藏匿。自己的部属中，如果有人逃亡，无论逃到哪里，都穷追不舍，逮捕到手才停止。各项措施，全都独断专行，不再接受朝廷的命令。朝廷怀疑但又有所忌惮。为政刻薄凶暴，有时甚至鞭打士大夫，对高级僚属以下的官吏，往往当面就诟骂侮辱。然而，行政事务精明，别人不敢欺骗沈攸之。荆州境内，盗贼屏住呼吸，夜不闭户。

沈攸之征收各蛮人部落赎罪款项繁重，又禁止五溪一带居民捕鱼、贩盐，各蛮族怨愤，起兵叛乱。酉溪蛮族首领田头拟去世，弟弟田娄侯篡位，儿子田都逃到獠族地区。这时众蛮族部落大乱，抢掠至武陵城。武陵内史萧嶷派队主张英儿击破蛮族各部落军，杀了田娄侯，恢复田都王位，众蛮人部落才得安定。萧嶷是萧赜的弟弟。

八月初八日戊午，刘宋乐安宣穆公蔡兴宗去世。

九月初二日辛巳，魏孝文帝返回平城。

冬季，十月，柔然汗国入侵北魏，逼近五原。十一月，北魏太上皇亲自率军讨伐，准备渡过沙漠，柔然军向北逃走数千里，太上皇这才班师回朝。

十一月初九日丁亥，北魏封太上皇的弟弟拓跋略为广川王。

十一月二十一日己亥，刘宋擢升郢州刺史刘秉为尚书左仆射。刘秉是刘道怜的孙子，性情温和懦弱，没有才干，只因在皇族内清善美好，所以袁粲、褚渊推荐他。

中书通事舍人阮佃夫被加授为给事中、辅国将军，权势责任更大。打算任用自己的亲信吴郡人张澹为武陵郡太守，袁粲等都不同意，阮佃夫声称是奉圣旨，袁粲等不敢坚持。

北魏有关部门奏报：全国寺庙共一千零七十五所，每年祭祀用牲畜七万五千五百头。太上皇厌恶杀害牲畜太多，颁布诏书："从今以后，除了祭祀天地、祖庙、土神谷神，不准用牲畜，进献祭品用酒和肉干就可以了。"

苍梧王上

元徽元年（癸丑，473 年）

春，正月，戊寅朔，改元，大赦。

庚辰，魏员外散骑常侍崔演来聘。

戊戌，魏上皇还，至云中。

癸丑，魏诏守令劝课农事，同部之内，贫富相通，家有兼牛，通借无者；若不从诏，一门终身不仕。

戊午，魏上皇至平城。

甲戌，魏诏："县令能静一县劫盗者，兼治二县，即食其禄。能静二县者，兼治三县，三年迁为郡守。二千石能静二郡上至三郡亦如之，三年迁为刺史。"

桂阳王休范，素凡讷，少知解，不为诸兄所齿遇，物情亦不向之，故太宗之末得免于祸。及帝即位，年在冲幼，素族秉政，近习用权。休范自谓尊亲莫二，应入为宰辅；既不如志，怨愤颇甚。典签新蔡许公舆为之谋主，令休范折节下士，厚相资给，于是远近赴之，岁中万计；收养勇士，缮治器械。朝廷知其有异志，亦阴为之备。会夏口阙镇，朝廷以其地居寻阳上流，欲使腹心居之。

二月，乙亥，以晋熙王燮为郢州刺史。燮始四岁，以黄门郎王奂为长史，行府州事，配以资力，使镇夏口；复恐其过寻阳为休范所劫留，使自太洑径去。休范闻之，大怒，密与许公舆谋袭建康；表治城隍，多解材板而蓄之。奂，景文之兄子也。

吐谷浑王拾寅寇魏浇河，夏，四月，戊申，魏以司空长孙观为大都督，发兵讨之。

魏以孔子二十八世孙乘为崇圣大夫，给十户以供洒扫。

（以上为第九段，写北魏施行发展农业、澄清吏治的举措，准备大举南犯；刘宋明帝刘彧剪灭诸弟，只留下才能凡庸的桂阳王刘休范，休范以老大自居，因未能担任丞相而有异心。）

苍梧王上

苍梧王元徽元年（癸丑，473 年）

春季，正月初一日戊寅朔，刘宋改年号元徽，大赦天下。

正月初三日庚辰，北魏员外散骑常侍崔演来聘问交好。

正月二十一日戊戌，北魏太上皇率领大军回师，抵达云中。

二月初六日癸丑，北魏诏命太守、县令都要鼓励农民耕田种桑，一部之中，贫富互相帮助，家里有两头牛的，借给没有牛的。如果不遵守诏书规定，全家人终身不能做官。

二月十一日戊午，北魏太上皇返平城。

二月二十七日甲戌，北魏颁布诏书："县令如果能平定一县的盗匪，准许他管辖两个县，并发双份俸禄。如果能平定两个县的盗匪，准许他兼管三个县，三年之后，提升为郡守。俸禄二千石的如果能平定二郡、三郡，也按照这个规定，三年升为刺史。"

桂阳王刘休范一向平凡庸俗，口舌木讷，不学无术，兄弟们都瞧不起刘休范，舆论也不予以赞誉。所以，太宗末年得以幸免。到太子刘昱即位时，年纪幼小，寒门平民出身的官员主持朝政，左右亲近掌握大权。刘休范自认为无论是地位尊贵还是皇家血统，都没有人能超过他，应该入朝担任宰相。意愿未得实现，就异常怨愤。典签新蔡人许公舆是主要谋士，教刘休范礼贤下士，广交朋友，给优厚的待遇，于是，无论远近，许多人前来投奔，一年之中数以万计，并收养勇士，制造武器。朝廷察觉其行为异常，因此也暗中戒备。正赶上夏口无人镇守，朝廷认为那里位居寻阳上游，打算派亲信去镇守。

二月二十八日乙亥，任命晋熙王刘燮为郢州刺史。刘燮才四岁，任命黄门郎王奂为长史，代理府州事，配备军事物资和兵力，镇守夏口，又唯恐刘燮等经过寻阳时被刘休范强行劫留，便让从太洑的小路前去。刘休范得知后，勃然大怒，跟许公舆密谋袭击建康。上疏朝廷，要求整修城池，但背地里却把很多筑城用的木板储藏起来。王奂是王景文的侄儿。

吐谷浑王慕容拾寅，攻击北魏的浇河郡。夏季，四月初二日戊申，北魏任命司空长孙观为大都督，发兵讨伐。

北魏任命孔子的第二十八代孙孔乘为崇圣大夫，拨付十户人家以供孔庙的清洁洒扫。

秋，七月，魏诏“河南六州之民，户收绢一匹，绵一斤，租三十石”。

乙亥，魏主如阴山。

八月，庚申，魏上皇如河西。

长孙观入吐谷浑境，刍其秋稼。吐谷浑王拾寅窘急请降，遣子斤入侍。自是岁修职贡。

九月，辛巳，上皇还平城。

遣使如魏。

冬，十月，癸酉，割南兖、豫州之境置徐州，治钟离。

魏上皇将入寇，诏州郡之民十丁取一以充行，户收租五十石以备军粮。

魏武都氐反，攻仇池，诏长孙观回师讨之。

武都王杨僧嗣卒于葭芦，从弟文度自立为武兴王，遣使降魏；魏以文度为武兴镇将。

十一月，丁丑，尚书令袁粲以母忧去职。

癸巳，魏上皇南巡，至怀州。枋头镇将代人薛虎子，先为冯太后所黜，为门士。时山东饥，盗贼竞起，相州民孙诲等五百人称虎子在镇，境内清晏，乞还虎子。上皇复以虎子为枋头镇将；即日之官，数州盗贼皆息。

十二月，癸卯朔，日有食之。

乙巳，江州刺史桂阳王休范进位太尉。

诏起袁粲，以卫军将军摄职，粲固辞。

壬子，柔然侵魏，柔玄镇二部敕勒应之。魏州镇十一水旱，相州民饿死者二千八百余人。

是岁，魏妖人刘举聚众自称天子。齐州刺史武昌王平原讨斩之。平原，提之子也。

（以上为第十段，集中写北魏政务太上皇帝拓跋弘欲大举南下讨伐刘宋；北魏重新起用枋头镇将薛虎子，数州盗贼平息；武都氐族部落以及魏郡人刘举反叛，均被讨平。）

二年（甲寅，474 年）

春，正月，丁丑，魏太尉源贺以疾罢。

二月，甲辰，魏上皇还平城。

秋季，七月，北魏诏令“黄河以南六州百姓，每户人家，收征绢一匹，绵一斤，谷米三十石”。

七月初一日乙亥，魏献文帝巡视阴山。

八月十六日庚申，北魏太上皇巡视河西。

北魏长孙观进入吐谷浑境内，割取秋季的庄稼。吐谷浑王慕容拾寅窘困着急而请求投降，派儿子慕容斤充当人质。从此，吐谷浑每年都向北魏进贡。

九月初八日辛巳，北魏太上皇返回平城。

刘宋派使节前往北魏。

冬季，十月三十日癸酉，刘宋分割南兖州、豫州境内，设立徐州，州治在钟离。

北魏太上皇将要大举进攻，下令州郡，每十个丁壮征召一人入伍，每户征收五十石粮食，作为军粮储备。

北魏武都氐族部落谋反，攻击仇池。颁布诏书令长孙观回师讨伐。

武都王杨僧嗣在葭芦去世。堂弟杨文度自立为武兴王，派人投降北魏。北魏任命杨文度为武兴镇将。

十一月初四日丁丑，刘宋尚书令袁粲母亲去世，辞职守丧。

十一月二十日癸巳，北魏太上皇南下巡视，抵达怀州。枋头镇将代郡人薛虎子，先前因冒犯了冯太后，贬为门禁卫。当时山东大饥荒，盗贼竞相涌现。相州人孙诲等五百人联名上疏，称薛虎子在任时境内清平，请求送还薛虎子。太上皇再次任命薛虎子任枋头镇将。薛虎子当天即行上任，几个州盗贼平息。

十二月初一日癸卯朔，刘宋出现日食。

十二月初三日乙巳，刘宋江州刺史桂阳王刘休范升任太尉。

诏令征召袁粲以卫军将军的身份，代理尚书令，袁粲坚决推辞。

十二月初十日壬子，柔然汗国南下侵入北魏，柔玄镇两个敕勒部落起兵响应。

北魏十一个州镇水旱成灾，相州百姓两千八百余人饿死。

这一年，北魏妖人刘举聚众自称皇帝。齐州刺史武昌王拓跋平原讨伐，杀了刘举。拓跋平原是拓跋提的儿子。

苍梧王元徽二年（甲寅，474 年）

春季，正月初五丁丑，北魏太尉源贺因病解除职务。

二月初三日甲辰，北魏太上皇返回平城。

三月，丁亥，魏员外散骑常侍许赤虎来聘。

夏，五月，壬午，桂阳王休范反。掠民船，使军队称力请受，付以材板，合手装治，数日即办。丙戌，休范率众二万、骑五百发寻阳，昼夜取道；以书与诸执政，称："杨运长、王道隆蛊惑先帝，使建安、巴陵二王无罪被戮，望执录二竖，以谢冤魂。"

庚寅，大雷戍主杜道欣驰下告变，朝廷惶骇。护军褚渊、征北将军张永、领军刘勔、仆射刘秉、右卫将军萧道成、游击将军戴明宝、骁骑将军阮佃夫、右军将军王道隆、中书舍人孙千龄、员外郎杨运长集中书省计事，莫有言者。道成曰："昔上流谋逆，皆因淹缓致败，休范必远惩前失，轻兵急下，乘我无备。今应变之术，不宜远出；若偏师失律，则大沮众心。宜顿新亭、白下，坚守宫城、东府、石头，以待贼至。千里孤军，后无委积，求战不得，自然瓦解。我请顿新亭以当其锋，征北守白下，领军屯宣阳门为诸军节度。诸贵安坐殿中，不须竞出，我自破贼必矣。"因索笔下议，众并注"同"。孙千龄阴与休范通谋，独曰："宜依旧遣军据梁山。"道成正色曰："贼今已近，梁山岂可得至！新亭既是兵冲，所欲以死报国耳。常时乃可屈曲相从，今不得也！"坐起，道成顾谓刘勔曰："领军已同鄙议，不可改易！"袁粲闻难，扶曳入殿，即日，内外戒严。

道成将前锋兵出屯新亭，张永屯白下，前南兖州刺史沈怀明戍石头，袁粲、褚渊入卫殿省。时仓猝不暇授甲，开南北二武库，随将士意所取。

萧道成至新亭，治城垒未毕；辛卯，休范前军已至新林。道成方解衣高卧以安众心，徐索白虎幡，登西垣，使宁朔将军高道庆、羽林监陈显达、员外郎王敬则帅舟师与休范战，颇有杀获。壬辰，休范自新林舍舟步上，其将丁文豪请休范直攻台城。休范遣文豪别将兵趣台城，自以大众攻新亭垒。道成率将士悉力拒战，自巳至午，外势愈盛，众皆失色，道成曰："贼虽多而乱，寻当破矣。"

休范白服，乘肩舆，自登城南临沧观，以数十人自卫。屯骑校尉黄

三月十六日丁亥，北魏员外散骑常侍许赤虎来刘宋聘问交好。

夏季，五月十二日壬午，桂阳王刘休范反叛。掠夺百姓船只，让各军各队根据实力申报所需数量，发给木板，依照规格装配船只，数日就办理完毕。五月十六日丙戌，刘休范率军两万人，骑兵五百人从寻阳出发，昼夜前进。写信给各位执政官员，宣称："杨运长、王道隆蛊惑先帝，使建安、巴陵二位亲王无罪被杀，请逮捕这两个小子，向冤魂谢罪。"

五月二十日庚寅，大雷戍主杜道欣飞驰东下，报告事变，朝廷惶恐震惊。护军褚渊、征北将军张永、领军刘勔、仆射刘秉、右卫将军萧道成、游击将军戴明宝、骁骑将军阮佃夫、右军将军王道隆、中书舍人孙千龄、员外郎杨运长在中书省紧急商讨，没有人肯发言。萧道成说："过去凡是长江上游发动的叛乱，都因为行动迟缓，导致失败，刘休范一定吸取前人的教训，轻装部队，急流东下，乘我没有防备。当今应变的策略，不宜远方出征，如果主力之外的一支军队被击败，军心就会沮败。应该防守新亭、白下，坚守宫城、东府、石头城，等待贼寇攻击。千里而来的孤军，粮秣供应不上，求战不得，自然就会瓦解。我请求驻防新亭，首先抵挡叛军的前锋，征北将军驻守白下，领军屯扎宣阳门作为各军指挥。其他尊贵官员，可安坐殿中，不必争着出来，我一定能够击破贼寇。"于是，索取笔墨，写下记录，大家全都签注"同意"。孙千龄秘密与刘休范通谋，独自说："应该按照过去的办法，派军据守梁山。"萧道成严肃地说："贼寇已逼近，梁山怎么能赶到！新亭是必争之地，我打算以死报效国家罢了。平时我可以委曲求全，听你的意见，今天不行！"大家散会离座，萧道成回头看一下刘勔说："领军已经完全同意我的意见，不可变更！"袁粲听到消息，让人扶着来到殿中。当天，京城内外戒严。

萧道成率领前锋军进驻新亭，张永进驻白下，前南兖州刺史沈怀明戍守石头城，袁粲、褚渊进驻宫城，加强防卫。时间紧迫，来不及点发武器，只好打开南北两个大军械库，由将士自己随意挑选。

萧道成抵达新亭，修筑工事，但没有完成。五月二十一日辛卯，刘休范前锋军已到新林，萧道成脱衣大睡，以安定军心，然后从容不迫地拿出白虎幡，登上西城墙，派宁朔将军高道庆、羽林监陈显达、员外郎王敬则，率舰队迎战刘休范，杀死俘获很多。五月二十二日壬辰，刘休范自新林舍弃舟船登岸，他的部将丁文豪，请求刘休范直接攻打台城，刘休范不同意，另派丁文豪手下其他将领攻打台城，而自己率大军攻击新亭萧道成的营垒。萧道成率军拼全力抵抗，从上午巳时苦战到午时，外面攻势越来越猛，部众全都惊骇失色。萧道成说："贼寇虽然多，可是杂乱无章，不久就会击破。"

刘休范身穿白色便服，坐着两人抬的轻便小轿，亲自登上新亭南面的临沧观，

回与越骑校尉张敬兒谋诈降以取之。回谓敬兒曰："卿可取之，我誓不杀诸王。"敬兒以白道成。道成曰："卿能办事，当以本州相赏。"乃与回出城南，放仗走，大呼称降。休范喜，召至舆侧。回阳致道成密意，休范信之，以二子德宣、德嗣付道成为质。二子至，道成即斩之。休范置回、敬兒于左右，所亲李恒、钟爽谏，不听。时休范日饮醇酒，回见休范无备，目敬兒，敬兒夺休范防身刀，斩休范首，左右皆散走。敬兒驰马持首归新亭。

道成遣队主陈灵宝送休范首还台。灵宝道逢休范兵，弃首于水，挺身得达，唱云"已平"，而无以为验，众莫之信。休范将士亦不之知，其将杜黑骡攻新亭甚急。萧道成在射堂，司空主簿萧惠朗帅敢死士数十人突入东门，至射堂下。道成上马，帅麾下搏战，惠朗乃退，道成复得保城。惠朗，惠开之弟也，其姊为休范妃。惠朗兄黄门郎惠明，时为道成军副，在城内，了不自疑。

（以上为第十一段，写桂阳王刘休范举兵反叛，从寻阳顺江而下，气势汹汹，朝廷一片惊惶，萧道成率军迎敌，进至新亭，用诈降计杀了刘休范。）

道成与黑骡拒战，自晡达旦，矢石不息；其夜，大雨，鼓叫不复相闻。将士积日不得寝食，军中马夜惊，城内乱走。道成秉烛正坐，厉声呵之，如是者数四。

丁文豪破台军于皂荚桥，直至朱雀桁南；杜黑骡亦舍新亭北趣朱雀桁。右军将军王道隆将羽林精兵在朱雀门内，急召鄱阳忠昭公刘勔于石头。勔至，命撤桁以折南军之势，道隆怒曰："贼至，但当急击，宁可开桁自弱邪！"勔不敢复言。道隆趣勔进战，勔渡桁南，战败而死。黑骡等乘胜渡淮，道隆弃众走还台，黑骡兵追杀之。黄门侍郎王蕴重伤，踣于御沟之侧，或扶之以免。蕴，景文之兄子也。于是，中外大震，道路皆云"台城已陷"，白下、石头之众皆溃，张永、沈怀明逃还。宫中传新亭亦陷，太后执帝手泣曰："天下败矣！"

先是，月犯右执法，太白犯上将，或劝刘勔解职。勔曰："吾执心行

数十名卫士护卫。屯骑校尉黄回与越骑校尉张敬兒，商量向刘休范诈降，以便偷袭他。黄回对张敬兒说："你可以取刘休范的性命，我曾发誓绝不诛杀亲王！"张敬兒报告萧道成，萧道成说："你能够成事，就把本州赏赐给你。"张敬兒于是跟黄回出城南下，放下武器，边跑边大喊"投降"。刘休范大喜，把二人叫到轿旁，黄回假装传达萧道成的秘密旨意，刘休范信以为真，把两个儿子刘德宣、刘德嗣，送给萧道成作为人质。两个儿子一到，萧道成立即把他们斩首。刘休范把黄回、张敬兒留在左右，亲信李恒、钟爽劝阻，刘休范不听。这时刘休范每天饮醇酒，黄回看刘休范没有防备，便向张敬兒使一个眼色，张敬兒夺取刘休范的防身佩刀，砍下刘休范的人头，左右惊慌逃窜，张敬兒骑马飞奔，带着刘休范的人头跑回新亭。

萧道成派队主陈灵宝，把刘休范的人头送回宫城。陈灵宝途中遇到刘休范的军队，把刘休范的人头丢弃到水沟里，脱身抵达宫城，大声高喊："乱事已平！"可是没有验证，大家都不相信。刘休范的将士也不知道主帅已死，将领杜黑骡对新亭攻击非常紧急。萧道成在射堂，司空主簿萧惠朗率敢死队数十人，突破东门，至射堂下。萧道成上马，率部下奋战，萧惠朗这才退走，萧道成得以再次保住新亭城池。萧惠朗是萧惠开的弟弟；姐姐是刘休范的妃子。萧惠朗的哥哥黄门郎萧惠明此时任萧道成的军副，驻防城中，一点也不自疑。

萧道成与杜黑骡酣战，自午后一直战到次日天明，流箭飞石，始终不停。当天夜晚，天下大雨，战鼓和呐喊声音互不相闻，将领士卒整日整夜不吃不睡。而军中马匹忽然夜惊，跑出马厩，满城乱跑。萧道成手持蜡烛，正襟危坐，不断地厉声呵责，竟达四五次之多。

丁文豪，在皂荚桥击败官军，一直挺进到朱雀桁南。杜黑骡也舍弃新亭北上，到朱雀桁。右军将军王道隆率羽林禁卫军的精锐，驻防在朱雀门内，看到形势危急，马上召回驻守石头城的鄱阳忠昭公刘勔增援。刘勔到后，命令撤除朱雀桁阻止攻击之势。王道隆大发雷霆，说："贼兵到了，只应紧急痛击，怎么能撤除浮桥先削弱自己！"刘勔不敢再说什么。王道隆催促刘勔进攻，刘勔过朱雀桁南下，战败身亡。杜黑骡等乘胜渡过秦淮河，王道隆弃军而逃，奔向台城，杜黑骡追击，杀了王道隆。黄门侍郎王蕴身负重伤，倒在御水河旁，幸而有人扶起他逃走，才保住性命。王蕴是王景文哥哥的儿子。这时朝廷内外，人心震惊。民间到处传言："宫城已经陷落。"白下、石头城驻军全都溃散，张永、沈怀明逃回。宫中传言新亭也已陷落，皇太后王贞风握着小皇帝的手，哭泣说："天下败了！"

在此之前，月亮侵犯右执法星，太白金星侵犯上将星，有人劝刘勔辞职。刘勔

己，无愧幽明，若灾眚必至，避岂得免？”勔晚年颇慕高尚，立园宅，名为东山，遗落世务，罢遣部曲。萧道成谓勔曰：“将军受顾命，辅幼主，当此艰难之日，而深尚从容，废省羽翼，一朝事至，悔可追乎！”勔不从而败。

甲午，抚军长史褚澄开东府门纳南军，拥安成王准据东府，称桂阳王教曰：“安成王，吾子也，勿得侵犯。”澄，渊之弟也。杜黑骡径进至杜姥宅，中书舍人孙千龄开承明门出降。宫省恇扰。时府藏已竭，皇太后、太妃剔取宫中金银器物以充赏，众莫有斗志。

俄而，丁文豪之众知休范已死，稍欲退散。文豪厉声曰：“我独不能定天下邪！”许公舆诈称桂阳王在新亭，士民惶惑，诣萧道成垒投刺者以千数。道成得，皆焚之，登北城谓曰：“刘休范父子昨已就戮，尸在南冈下。身是萧平南，诸君谛视之。名刺皆已焚，勿忧惧也。”

道成遣陈显达、张敬兒及辅师将军任农夫、马军主东平周盘龙等将兵自石头济淮，从承明门入卫宫省。袁粲慷慨谓诸将曰：“今寇贼已逼而众情离沮，孤子受先帝付托，不能绥靖国家，请与诸君同死社稷！”被甲上马，将驱之。于是，陈显达等引兵出战，大破杜黑骡于杜姥宅，飞矢贯显达目。丙申，张敬兒等又破黑骡等于宣阳门，斩黑骡及丁文豪，进克东府，余党悉平。

萧道成振旅还建康，百姓缘道聚观，曰：“全国家者，此公也！”道成与袁粲、褚渊、刘秉皆上表引咎解职，不许。丁酉，解严，大赦。

（以上为第十二段，写刘宋名将萧道成率领军队与叛军浴血奋战，愈战愈勇；名将刘勔长期追求脱俗雅致，一旦形势危急，受制于奸臣，阵亡；平叛终获全胜。）

柔然遣使来聘。

六月，庚子，以平南将军萧道成为中领军、南兖州刺史，留卫建康，与袁粲、褚渊、刘秉更日入直决事，号为四贵。

桂阳王休范之反也，使道士陈公昭作《天公书》，题云“沈丞相”，付荆州刺史沈攸之门者。攸之不开视，推得公昭，送之朝廷。及休范反，攸之谓僚佐曰：“桂阳必声言我与之同。若不颠沛勤王，必增朝野之惑。”乃与南徐州刺史建平王景素、郢州刺史晋熙王燮、湘州刺史王僧虔、雍州刺史张兴世同举兵讨休范。休范留中兵参军毛惠连等守寻阳，燮遣中

说："我凭心而行，无愧天地神明，灾难一定要来，岂能躲避得了！"刘勔晚年追求高雅，建立林荫花园、修筑亭台楼阁，名叫东山，远离世俗杂务，遣散部曲。萧道成劝告刘勔说："将军接受先帝遗命，辅佐幼主，当此艰难的日子，却醉心于悠闲生活，翦除自己的羽翼，一旦发生大事，追悔莫及！"刘勔不以为然，果然失败。

五月二十四日甲午，抚军长史褚澄打开东府门，迎接南军，拥戴安成王刘准占领东府，宣称桂阳王刘休范有令："安成王本是我的儿子，不可侵犯。"褚澄是褚渊的弟弟。杜黑骡径直挺进到杜姥宅。中书舍人孙千龄打开承明门投降，宫中和朝廷惊恐骚扰。当时，国库已经枯竭，皇太后、皇太妃把宫中金银财宝器物都捡剔出来，用作赏赐，可是众军士已经没有斗志。

不久，丁文豪部队得知刘休范已死的消息，稍稍后退，打算解散。丁文豪厉声说："我独自不能夺取天下吗！"许公舆许诈称桂阳王刘休范在新亭，官民恐惧困惑，纷纷奔往萧道成的大营，呈递求见名片的人数以千计。萧道成看到后，把名片都烧掉，登上北城门，对大家说："刘休范父子昨天已经被杀，尸体抛在劳山南冈下。我是平南将军萧道成，诸位仔细看。名片已被烧掉，不必担心害怕。"

萧道成派陈显达、张敬兒和辅师将军任农夫、马军主东平人周盘龙等率兵自石头城渡淮河，从承明门入宫保卫宫廷及朝廷各机构。袁粲慷慨对各将领说："现今，贼寇紧逼而人心离散，我受先帝托孤，不能安定国家，请求跟各位一道为国家效死。"穿上铠甲，跨上战马，准备冲出，这时陈显达等率军出战，大破杜黑骡于杜姥宅，一支流箭射中陈显达的眼睛。五月二十六日丙申，张敬兒等又在宣阳门大破杜黑骡，杀了杜黑骡和丁文豪。前进攻克东府，余党全部平定。

萧道成整顿大军，返抵建康。百姓夹道观看，说："保全国家的就是这位将军啊！"萧道成与袁粲、褚渊、刘秉都上表引咎辞职，没有批准。五月二十七日丁酉，刘宋解除戒严，宣布大赦。

柔然汗国派使节来刘宋访问。

六月初一日庚子，刘宋任命南平将军萧道成为中领军、南兖州刺史，留守京师建康，并与袁粲、褚渊、刘秉轮流进宫值班，裁决政事，当时称四人为"四贵"。

桂阳王刘休范发动政变时，让道士陈公昭撰写《天公书》，上面题写着"沈丞相"，送交给荆州刺史沈攸之的看门人，沈攸之没有打开看，追查到陈公昭，送到朝廷。等到刘休范谋反，沈攸之对同僚门客说："刘休范一定声称我响应他的行动，如果不奋身勤王，必将增加朝野对我的疑惑。"便会同南徐州刺史建平王刘景素、郢州刺史晋熙王刘燮、湘州刺史王僧虔、雍州刺史张兴世，共同举兵，讨伐刘休范。

兵参军冯景祖袭之。癸卯，惠连等开门请降，杀休范二子，诸镇皆罢兵。景素，宏之子也。

乙卯，魏诏曰："下民凶戾，不顾亲戚，一人为恶，殃及阖门。朕为民父母，深所愍悼。自今非谋反、大逆、外叛，罪止其身。"于是始罢门、房之诛。

魏显祖勤于为治，赏罚严明，慎择牧守，进廉退贪。诸曹疑事，旧多奏决，又口传诏敕，或致矫擅。上皇命事无大小，皆据律正名，不得为疑奏；合则制可，违则弹诘，尽用墨诏，由是事皆精审。尤重刑罚，大刑多令复鞫，或囚系积年。群臣颇以为言，上皇曰："滞狱诚非善治，不犹愈于仓猝而滥乎！夫人幽苦则思善，故智者以囹圄为福堂，朕特苦之，欲其改悔而加矜恕尔。"由是囚系虽滞，而所刑多得其宜。又以赦令长奸，故自延兴以后，不复有赦。

（以上为第十三段，写北魏下诏撤销灭门、灭房的诛杀令；太上皇帝拓跋弘勤于为治，赏罚分明，慎选牧守，注重刑罚的公正性，依法断案，并不再大赦天下。）

秋，七月，庚辰，立皇弟友为邵陵王。

乙酉，加荆州刺史沈攸之开府仪同三司，攸之固辞。执政欲征攸之而惮于发命，乃以太后令遣中使谓曰："公久劳于外，宜还京师。任寄实重，未欲轻之；进退可否，在公所择。"攸之曰："臣无廊庙之资，居中实非其才。至于扑讨蛮、蜑，克清江、汉，不敢有辞。虽自上如此，去留伏听朝旨。"乃止。

癸巳，柔然寇魏敦煌，尉多侯击破之。尚书奏："敦煌僻远，介居西、北强寇之间，恐不能自固，请内徙就凉州。"群臣集议，皆以为然。给事中昌黎韩秀，独以为："敦煌之置，为日已久。虽逼强寇，人习战斗，纵有草窃，不为大害。循常置戍，足以自全；而能隔阂西、北二虏，使不得相通。今徙就凉州，不唯有蹙国之名，且姑臧去敦煌千有余里，防逻甚难，二虏必有交通窥阇之志；若骚动凉州，则关中不得安枕。又，士民或安土重迁，招引外寇，为国深患，不可不虑也。"乃止。

刘休范留下中兵参军毛惠连等守卫寻阳。刘燮派中兵参军冯景祖率军袭击。六月初四癸卯，毛惠连等开门投降，诛杀刘休范的两个儿子，各州撤军。刘景素是刘宏的儿子。

六月十六日乙卯，北魏颁布诏书说："卑劣的小民，凶恶暴戾，不顾及亲属，一人作恶，祸及全家。朕为百姓的父母，深感怜悯哀痛。从今以后，除非是谋反、大逆、外叛，其他犯罪，只惩罚本人。"这时撤销灭门、灭房的诛杀令。

魏孝文帝勤于治理国家，赏罚严明，慎重选拔州、郡长官，奖进廉洁官员，罢黜贪官污吏。各部门疑难困惑之事，原来大多当面奏报，听候皇上裁决，然后口头转达皇上决定，有时会歪曲或假传圣旨。太上皇命令不管案件大小，都要根据法律辩证判断，不可以作为疑难上疏请示。合于法律的，朝廷会批准，违背法律的，朝廷会批驳，都用墨诏发出。从此以后，事情办得认真周密。尤其重视刑事判决，凡是死罪，很多下令复审，有些囚犯在监狱中关押好几年没有定案。群臣颇有意见，太上皇说："长久羁押诚然不是好办法，但是不比草率乱杀要好吗？人在监狱中受到痛苦，就会全心向善，所以聪明的人把监狱当作福堂。朕特使其受苦楚，希望他们悔过自新，然后再对他们宽恕！"从此，虽然囚禁的时间较长，但处罚大多能够恰当。太上皇还认为赦免罪犯，反而鼓励犯罪，所以自延兴以后，北魏不再大赦天下。

秋季，七月十一日庚辰，刘宋封皇弟刘友为邵陵王。

七月十六日乙酉，刘宋加授荆州刺史沈攸之为开府仪同三司，沈攸之坚决辞让。执政官员打算征召沈攸之回到京师，却不敢发布调令，于是以太后的名义派宦官前去对沈攸之说："你长久在外辛劳，应该返回京师。交付你的责任实在重要，并没有打算减轻之意。所以，进退与否，由你决定。"沈攸之说："臣没有担任朝廷大臣的天赋，供职京师非我能力所及。至于去讨伐蛮人、蜑，平定江汉一带的叛乱，不敢推辞。虽然是自己提出的请求，但应去应留，仍听候朝廷的安排。"这才作罢。

七月二十四日癸巳，柔然汗国攻击北魏敦煌，尉多侯击败。尚书奏称："敦煌地方偏僻遥远，夹在西方、北方两大强寇之间，恐怕不能自保。不如放弃城池，内迁到凉州。"群臣集会商议，都认为很对，给事中昌黎人韩秀独自认为："敦煌设置城池，为时已久，虽然逼近强大的贼寇，但百姓对沙场战斗，已经习以为常。即使有几个小贼，也不成大害。按照平常的驻防，足以保全自己。而且，敦煌的地理位置非常重要，可隔断西方、北方二敌的接触，使得他们不能相通。今天迁徙到凉州，不但蒙受丧失国土的名声，而且姑臧距离敦煌有千里之遥，布防巡逻很是困难，两个强敌一定有交通窥视的野心。如果骚动了凉州，那么关中百姓就无法安枕。同时，官员或百姓如果有人因安土重迁而招引外寇前来，里应外合，势必成为国家深远的

九月，丁酉，以尚书令袁粲为中书监、领司徒，加褚渊尚书令，刘秉丹杨尹。粲固辞，求反居墓所，不许。

渊以褚澄为吴郡太守，司徒左长史萧惠明言于朝曰："褚澄开门纳贼，更为股肱大郡；王蕴力战几死，弃而不收；赏罚如此，何忧不乱！"渊甚惭。冬，十月，庚申，以侍中王蕴为湘州刺史。

十一月，丙戌，帝加元服，大赦。

十二月，癸亥，立皇弟跻为江夏王，赞为武陵王。

是岁，魏建安贞王陆馛卒。

（以上为第十四段，写刘宋朝廷欲征召荆州刺史沈攸之入朝，又不敢发布调令；褚渊弄权，任人唯亲；柔然侵扰北魏敦煌，北魏反击，坚守敦煌。）

三年（乙卯，475 年）

春，正月，辛巳，帝祀南郊、明堂。

萧道成以襄阳重镇，张敬兒人位俱轻，不欲使居之；而敬兒求之不已，谓道成曰："沈攸之在荆州，公知其欲何所作；不出敬兒，以表里制之，恐非公之利。"道成笑而无言。三月，己巳，以骁骑将军张敬兒为都督雍梁二州诸军事、雍州刺史。

沈攸之闻敬兒上，恐其见袭，阴为之备。敬兒既至，奉事攸之，亲敬甚至，动辄咨禀，信馈不绝。攸之以为诚然，酬报款厚。累书欲因游猎会境上，敬兒报以为"心期有在，影迹不宜过敦。"攸之益信之。敬兒得其事迹，皆密白道成。道成与攸之书，问："张雍州迁代之日，将欲谁拟？"攸之即以示敬兒，欲以间之。

夏，五月，丙午，魏主使员外散骑常侍许赤虎来聘。

丁未，魏主如武州山；辛酉，如车轮山。

六月，庚午，魏初禁杀牛马。

袁粲、褚渊皆固让新官。秋，七月，庚戌，复以粲为尚书令，八月，庚子，加护军将军褚渊中书监。

冬，十二月，丙寅，魏徙建昌王长乐为安乐王。

祸患，不可不考虑。”乃停止。

九月二十九日丁酉，刘宋任命尚书令袁粲为中书监，兼任司徒；褚渊为尚书令；刘秉为丹阳尹。袁粲坚决推职，请求回到墓园，不被批准。

褚渊任命褚澄为吴郡太守，司徒左长史萧惠明在朝廷公开说：“褚澄大开城门，招引叛贼，现今却又主管重要的大郡。王蕴奋身力战，几乎送命，却被抛置脑后，没人理他。赏罚这样，何愁天下不乱！”褚渊大为惭愧。冬季，十月二十三日庚申，刘宋任命侍中王蕴为湘州刺史。

十一月十九日丙戌，刘宋后废帝刘昱行加冠礼，大赦天下。

十二月二十七日癸亥，刘宋后废帝刘昱封皇弟刘跻为江夏王，刘赞为武陵王。

这一年，北魏建安贞王陆馛去世。

苍梧王元徽三年（乙卯，475年）

春季，正月十五日辛巳，刘宋后废帝祭祀南郊、明堂。

萧道成认为襄阳是重镇，张敬兒人品与地位低微，不打算让张敬兒据守襄阳。但张敬兒不断请求，对萧道成说：“沈攸之在荆州，你知道沈攸之想干什么勾当，不让我出任，去建立内外夹攻的局势，恐怕对你并没有益处。”萧道成会心微笑，不再言语。三月初四日己巳，任命骁骑将军张敬兒为都督雍梁二州诸军事、雍州刺史。

沈攸之听到张敬兒西上的消息，害怕被袭击，暗中戒备。张敬兒到任所之后，对沈攸之十分恭敬，一举一动都向沈攸之请示，书信和礼物，络绎不绝。沈攸之认为张敬兒出自真心，回报也十分丰厚。曾经几次建议，两人一块出城打猎，在两州疆界上会晤。张敬兒回信说：“只要心在一起，形迹最好不要过于亲近。”沈攸之对张敬兒越发信任，而张敬兒得知沈攸之的行动，都秘密报告萧道成。萧道成写信给沈攸之，问：“张敬兒调职的时候，由谁来接替合适？”沈攸之就让张敬兒过目，打算离间他们。

夏季，五月十二日丙午，魏孝文帝派员外散骑常侍许赤虎来访。

五月十三日丁未，魏孝文帝巡视武州山。五月二十七日辛酉，巡视车轮山。

六月初七日庚午，北魏第一次下令禁止屠宰牛马。

袁粲、褚渊都坚决辞让新封的官职。秋季，七月十七日庚戌，再次任命袁粲为尚书令。八月，庚子，加授护军将军褚渊为中书监。

冬季，十二月初六日丙寅，北魏改封建昌王拓跋长乐为安乐王。

己丑，魏城阳王长寿卒。

南徐州刺史建平王景素，孝友清令，服用俭素，又好文学，礼接士大夫，由是有美誉；太宗特爱之，异其礼秩。时太祖诸子俱尽，诸孙唯景素为长；帝凶狂失德，朝野皆属意于景素。帝外家陈氏深恶之；杨运长、阮佃夫等欲专权势，不利立长君，亦欲除之。其腹心将佐多劝景素举兵，镇军参军济阳江淹独谏之，景素不悦。是岁，防阁将军王季符得罪于景素，单骑亡奔建康，告景素谋反。运长等即欲发兵讨之，袁粲、萧道成以为不可；景素亦遣世子延龄诣阙自陈。乃徙季符于梁州，夺景素征北将军、开府仪同三司。

（以上为第十五段，写刘宋权臣萧道成以张敬兒为都督雍梁二州诸军事、雍州刺史，监视名将沈攸之的一举一动；北魏下令禁杀牛马，以重视农业；刘宋建平王刘景素有美名，被免职。）

十二月二十九日己丑，北魏城阳王拓跋长寿去世。

南徐州刺史建平王刘景素孝敬父母，与兄弟友爱，有清高的名声，服饰和日常生活节俭朴素，又喜爱文学，以礼接待士大夫，受到一致称誉。宋明帝对刘景素特别喜爱，给予异常的礼遇。这时宋文帝的儿子已全部死去，孙子辈中只有刘景素年纪最大。后废帝凶暴疯狂，毫无品德，朝廷和民间都寄望于刘景素。然而，皇帝外家的人对刘景素十分厌恶。杨运长、阮佃夫等人打算专掌权势，不希望拥立年纪大的君王，因此也打算铲除。刘景素的心腹将领，都劝刘景素举兵，只有镇军参军济阳人江淹劝止，刘景素很不高兴。这一年，防阁将军王季符冒犯了刘景素，单枪匹马逃到建康，告发刘景素谋反。杨运长等立刻就要出动军队讨伐，袁粲、萧道成认为不可这样做。而刘景素也派他的嫡长子刘延龄，到建康向朝廷说明真相。于是将王季符贬逐到梁州，免去刘景素征北将军、开府仪同三司的官职。

【点评】

宋明帝好杀。宋明帝晚年可以说是一个心理变态的恶魔。年轻做王的时候，他还是很正常的，待人宽容和善，有很好的声誉。即位初年，尚能保持好的心态，对那些义嘉年间拥戴刘子勋的人亦能随才叙用，犹如旧日所跟随的臣子一样。可是到了晚年心态发生很大变化，尤其卧病之后更是疑神疑鬼，是什么使他发生根本的转变？是皇帝的权力，是将权力传递千秋万代的欲望。皇帝被杀被害的例子太多了，儿子被杀被害的也太多了，即便是当朝惨烈的教训就足以使他毛骨悚然。为自己计，为子孙万代计，必须消除一切可能觊觎皇权的人，凡是可能危及子孙后代的人也必须翦除净尽。这可能是高高在上、独掌权力所给予人的心理扭曲，是无法改变的。更重要的是，宋明帝是一个没有生育能力的人，没有生育能力的男人尚且可能使人心理增加负担，更何况一个皇帝，什么都可以拥有，想要什么就可以得到什么的地位扭曲了他。于是，诸位王爷家的男孩都被他夺来。继而，诸位兄弟都被他斩杀殆尽。

宋纪十六

宋苍梧王元徽四年至宋顺帝昇明二年（476—478年）

【起柔兆执徐（丙辰，476年），尽著雍敦牂（戊午，478年），凡三年】

【大事提要】

本卷记事起公元476年至478年，时当苍梧王元徽四年至宋顺帝昇明二年。本卷所载大事，南朝刘宋大事一件。本卷写苍梧王刘昱在历史上算是顶尖的暴戾残忍，种种恶行，令人发指，最后被萧道成杀死。北朝北魏大事两件：其一，本卷的主要内容写了冯太后的执政，北魏进入了冯太后专权的时期。冯太后不从女德，毒死了献文帝拓跋弘，偏偏生性聪察，知书能计，通晓政事，习惯于大小政事独断专行，本卷的解释是“至孝，能承颜顺志，事无大小，皆仰成于太后”，这样冯太后就顺理成章地出口称敕，其残忍毒行得以尽情发挥。其二，北魏诸帝多佞佛，献文帝对于佛道理论颇有兴趣，而孝文帝虽善谈老庄，但受其母崇佛的影响，亦提倡佛教。“但确于佛义有研求提倡者，北魏终当推孝文帝。”（汤用彤《汉魏两晋南北朝佛教史》）

【原文】

苍梧王下

元徽四年（丙辰，476 年）

春，正月，己亥，帝耕籍田，大赦。

二月，魏司空东郡王陆定国坐恃恩不法，免官爵为兵。

魏冯太后内行不正，以李奕之死怨显祖，密行鸩毒，夏，六月，辛未，显祖殂。壬申，大赦，改元承明。葬显祖于金陵，谥曰献文皇帝。

魏大司马、大将军代人万安国坐矫诏杀神部长奚买奴，赐死。

戊寅，魏以征西大将军、安乐王长乐为太尉，尚书左仆射、宜都王目辰为司徒，南部尚书李䜣为司空。尊皇太后曰太皇太后，复临朝称制。以冯熙为侍中、太师、中书监。熙自以外戚，固辞内任，乃除都督、洛州刺史，侍中、太师如故。

显祖神主祔太庙，有司奏庙中执事之官，请依故事皆赐爵。秘书令广平程骏上言："建侯裂地，帝王所重，或以亲贤，或因功伐，未闻神主祔庙而百司受封者也。皇家故事，盖一时之恩，岂可为长世之法乎！"太后善而从之，谓群臣曰："凡议事，当依古典正言，岂得但修故事而已！"赐骏衣一袭，帛二百匹。

太后性聪察，知书计，晓政事，被服俭素，膳羞减于故事什七八，而猜忍多权数。高祖性至孝，能承颜顺志，事无大小，皆仰成于太后。太后往往专决，不复关白于帝。所幸宦者高平王琚、安定张祐、杞嶷、冯翊王遇、略阳苻承祖、高阳王质，皆依势用事；祐官至尚书左仆射，爵新平王；琚官至征南将军，爵高平王；嶷等官亦至侍中、吏部尚书、刺史，爵为公、侯，赏赐巨万，赐铁券，许以不死。

又，太卜令姑臧王叡得幸于太后，超迁至侍中、吏部尚书，爵太原公。秘书令李冲，虽以才进，亦由私宠，赏赐皆不可胜纪。又外礼人望东阳王丕、游明根等，皆极其优厚，每褒赏叡等，辄以丕等参之，以示不私。丕，烈帝之玄孙；冲，宝之子也。

【语译】

苍梧王下

苍梧王元徽四年（丙辰，476年）

春季，正月初九日己亥，刘宋后废帝刘昱主持耕田典礼，大赦天下。

二月，北魏司空东郡王陆定国因仗恃皇恩违犯国法，被免除官爵为士兵。

北魏冯太后行为不正，因李奕之死，深深怨恨献文帝，秘密下毒。夏季，六月十三日辛未，献文帝去世。六月十四日壬申，大赦天下，改年号承明。安葬在金陵，谥号献文皇帝。

北魏大司马、大将军、鲜卑人万安国因假传圣旨诛杀神部长奚买奴罪，被命令自尽。

六月二十日戊寅，北魏任命征西大将军、安乐王拓跋长乐为太尉，尚书左仆射、宜都王拓跋目辰为司徒，南部尚书李䜣为司空。尊皇太后为太皇太后，再次摄政。任命冯熙为侍中、太师、中书监。冯熙自认为是皇家外戚，坚决辞让朝内官职，于是任命冯熙为都督、洛州刺史，但仍保留侍中、太师职位。

北魏献文帝的牌位进入太庙这一天，有关部门上奏说：依照前例，太庙中有关官员都应加封爵位。秘书令广平人程骏上疏说："加封爵位，分裂土地，是帝王最重视的事情，或是皇上的亲戚、贤才，或是对国家有功劳，从来没有听说因为皇帝牌位进庙而有关官员接受封爵的。皇家前例，只是一时的恩宠，怎么可以作为后世的法则！"冯太后认同采纳了程骏的意见，对群臣说："凡讨论问题，都应当依照古典正确的言论，不可一味援引前例！"赏赐程骏衣服一套，绸缎二百匹。

冯太后生性聪慧，读过书，会算术，通晓政事，衣着简单朴素，饮食要比旧日规定减省十分之七八，但生性猜忌残忍，工于权术。高祖至为孝顺，尽量使她高兴欢乐。事情无论大小，都仰仗她决定。太后往往独断专行，所做决定不再告诉皇帝。她所宠爱的宦官高平人王琚、安定人张祐和杞嶷、冯翊人王遇、略阳人苻承祖、高阳人王质，都依仗权势在朝廷中掌权。张祐官至尚书左仆射，爵位新平王；王琚官至征南将军，爵位高平王；杞嶷等也都官至侍中、吏部尚书、刺史，封公爵、侯爵，赏赐钱财数万之多，发给铁券，承诺绝不处死。

另外，太卜令姑臧人王叡受冯太后的宠幸，破格提拔至侍中、吏部尚书，爵位太原公。秘书令李冲，虽然以才华而得官位，但也是由于得到冯太后的宠爱，给他们的赏赐多得无法计算。表面上，冯太后对众望所归的大臣东阳王拓跋丕、游明根等，也都特别礼敬优厚。每次褒扬王叡等时，一定把拓跋丕等列入，表示没有私心。拓跋丕是烈帝拓跋翳槐的玄孙。李冲是李宝的儿子。

太后自以失行，畏人议己，群下语言小涉疑忌，辄杀之。然所宠幸左右，苟有小过，必加笞箠，或至百余。而无宿憾，寻复待之如初，或因此更富贵。故左右虽被罚，终无离心。

（以上为第一段，写北魏太上皇帝拓跋弘与太后有矛盾，被毒死，小皇帝拓跋宏仁孝，冯太后二次临朝听政，生性残忍，晓政事，多权谋，重用宦官，并诛杀异己。）

乙亥，加萧道成尚书左仆射，刘秉中书令。

杨运长、阮佃夫等忌建平王景素益甚，景素乃与录事参军陈郡殷沵、中兵参军略阳垣庆延、参军沈颙、左暄等谋为自全之计。遣人往来建康，要结才力之士，冠军将军黄回、游击将军高道庆、辅国将军曹欣之、前军将军韩道清、长水校尉郭兰之、羽林监垣祗祖，皆阴与通谋。武人不得志者，无不归之。时帝好独出游走郊野，欣之谋据石头城，伺帝出作乱。道清、兰之欲说萧道成因帝夜出，执帝迎景素，道成不从者，即图之。景素每禁使缓之。杨、阮微闻其事，遣伧人周天赐伪投景素，劝令举兵。景素知之，斩天赐首送台。

秋，七月，祗祖率数百人自建康奔京口，云京师已溃乱，劝令速入。景素信之，戊子，据京口起兵，士民赴之者以千数。杨、阮闻祗祖叛走，即命纂严。己丑，遣骁骑将军任农夫、领军将军黄回、左军将军兰陵李安民将步军，右军将军张保将水军，以讨之。辛卯，又命南豫州刺史段佛荣为都统。萧道成知黄回有异志，故使安民、佛荣与之偕行。回私戒其士卒："道逢京口兵，勿得战。"道成屯玄武湖，冠军将军萧赜镇东府。

始安王伯融，都乡侯伯猷，皆建安王休仁之子也，杨、阮忌其年长，悉称诏赐死。

景素欲断竹里以拒台军。垣庆延、垣祗祖、沈颙皆曰："今天时旱热，台军远来疲困，引之使至，以逸待劳，可一战而克。"殷沵等固争，不能得。农夫等既至，纵火烧市邑。庆延等各相顾望，莫有斗志。景素本乏威略，恇扰不知所为。黄回迫于段佛荣，且见京口军弱，遂不发。

张保泊西渚，景素左右勇士数十人，自相要结，进击水军。甲午，

冯太后自己也知道其行为有过失，害怕别人讥讽议论，官员言谈中只要话语被疑为对她的讽刺，就立即诛杀。她所宠爱的左右侍从，即使有小小的过错，也一定鞭打，甚至打一百多鞭。冯太后对人从不记仇，第二天仍然善待左右，甚至左右因此而更富贵。所以左右虽受处罚，但始终没有离心的。

六月十七日乙亥，刘宋加授萧道成为尚书左仆射，刘秉为中书令。

杨运长、阮佃夫等越发忌恨建平王刘景素。于是刘景素与录事参军陈郡人殷沵，中兵参军略阳人垣庆延，参军沈颙、左暅等密谋保卫自己的办法。派人来往建康，结交有才能有勇力的人士。冠军将军黄回、游击将军高道庆、辅国将军曹欣之、前军将军韩道清、长水校尉郭兰之、羽林监垣祗祖，都与刘景素秘密通谋。所有未能满足志愿的军人，没有不归附刘景素的。当时，后废帝喜爱独自出外郊游。曹欣之打算占领石头城，趁皇帝外出时作乱。韩道清、郭兰之准备游说萧道成，利用后废帝夜间出游机会，抓获皇帝，迎接刘景素；萧道成如果拒绝，就杀掉萧道成。但刘景素每次都禁止这样做，嘱咐不可仓促发动。杨运长、阮佃夫稍稍得到一点风声，派一个北方人周天赐，假装投靠刘景素，劝刘景素起兵。刘景素查出他的底细，杀了周天赐，把人头送到朝廷。

秋季，七月，垣祗祖率数百人，从建康逃到京口，声称京师已经大乱，劝刘景素火速前往接收。刘景素信以为真，七月初一日戊子，占据京口起兵，士人和平民响应的数以千计。杨运长、阮佃夫得知垣祗祖叛变逃走的消息，下令戒严。七月初二日己丑，派骁骑将军任农夫、领军将军黄回、左军将军兰陵人李安民率领步军，右军将军张保率领水军，前往讨伐。七月初四日辛卯，又任命南豫州刺史段佛荣为都统。萧道成知道黄回怀有二心，所以故意派李安民、段佛荣跟他同行。黄回暗中警告他的士卒："途中遇到京口军，不要作战。"萧道成驻防玄武湖，冠军将军萧赜镇守东府。

始安王刘伯融、都乡侯刘伯猷，都是建安王刘休仁的儿子，杨运长、阮佃夫忌讳始安王刘伯融为皇家宗室，便假传圣旨，命始安王刘伯融等自尽。

刘景素打算以切断竹里来抵抗朝廷军队。垣庆延、垣祗祖、沈颙都说："今年天气干旱炎热，朝廷军队远道而来，疲劳困顿，吸引到城下，以逸待劳，可以一战取胜。"殷沵等坚决反对，但得不到支持。任农夫等抵达之后，纵火焚烧城市村落，垣庆延等互相观望，全无斗志。刘景素本来缺乏军事上的谋略和威望，惶恐惊扰，不知所措。黄回迫于段佛荣在旁，而且看到京口兵力薄弱，也不敢发动进攻。

张保停泊西渚，刘景素左右勇士几十人，互相约定以死相拼，攻击水军。七月

张保败死，而诸将不相应赴，复为台军所破。台军既薄城下，颙先帅众走，祗祖次之，其余诸军相继奔退，独左暄与台军力战于万岁楼下，而所配兵力甚弱，不能敌而散。乙未，拔京口。

黄回军先入，自以有誓不杀诸王，乃以景素让殿中将军张倪奴。倪奴擒景素，斩之，并其三子，同党垣祗祖等数十人皆伏诛。萧道成释黄回、高道庆不问，抚之如旧。是日，解严。丙申，大赦。

（以上为第二段，写刘宋建平王刘景素反叛，失败被杀。）

初，巴东、建平蛮反，沈攸之遣军讨之。及景素反，攸之急追峡中军以赴建康。巴东太守刘攘兵、建平太守刘道欣疑攸之有异谋，勒兵断峡，不听军下。攘兵子天赐为荆州西曹，攸之遣天赐往谕之。攘兵知景素实反，乃释甲谢愆，攸之待之如故。刘道欣坚守建平，攘兵譬说不回，乃与伐蛮军攻斩之。

甲辰，魏主追尊其母李贵人曰思皇后。

八月，丁卯，立皇弟翙为南阳王，嵩为新兴王，禧为始建王。

庚午，以给事黄门侍郎阮佃夫为南豫州刺史，留镇京师。

九月，戊子，赐骁骑将军高道庆死。

冬，十月，辛酉，以吏部尚书王僧虔为尚书左仆射。

十一月，戊子，魏以太尉、安乐王长乐为定州刺史，司空李䜣为徐州刺史。

（以上为第三段，写建平王刘景素谋反失败后的余波，荆州刺史沈攸之斩杀支持刘景素的建平太守刘道欣。）

顺皇帝

昇明元年（丁巳，477 年）

春，正月，乙酉朔，魏改元太和。

己酉，略阳民王元寿聚众五千余家，自称冲天王。二月，辛未，魏秦、益二州刺史尉洛侯击破之。

三月，庚子，魏以东阳王丕为司徒。

初七日甲午，击斩张保，其他将领不肯接应，又被朝廷军队反攻击败。朝廷军队紧逼城下，沈颙首先率领部众逃走，垣祗祖也跟着逃走，其他各路人马相继逃走，只有左暅与朝廷军队奋战在万岁楼下，但因分配的兵力不足而溃散。七月初八日乙未，朝廷军队攻克京口。

黄回军首先入城，因自己曾有“不杀诸王”的誓言，于是把刘景素交给殿中将军张倪奴。张倪奴生擒刘景素后，连同他的三个儿子及同党垣祗祖等数十人一齐斩首。萧道成释放黄回、高道庆不再追问，像往常一样抚慰他们。当天，解除戒严。七月初九日丙申，大赦天下。

当初，巴东、建平蛮人叛变，沈攸之派军讨伐他们。等到刘景素起兵反叛，沈攸之紧急追回已进入三峡的讨蛮军，直赴京师建康。巴东太守刘攘兵、建平太守刘道欣，认为沈攸之一定有阴谋，于是，下令戒严，封锁峡口，不让军队东下。刘攘兵的儿子刘天赐任荆州西曹，沈攸之派刘天赐前往说明原因，刘攘兵才知道刘景素真的已经起兵，乃下令各军撤退，向沈攸之道歉，沈攸之待他同往常一样。刘道欣仍继续固守建平，刘攘兵派人前去百般解释，刘道欣仍然不改。于是与讨蛮军一起发动攻击，斩了刘道欣。

七月十七日甲辰，北魏孝文帝追尊母亲李贵人为思皇后。

八月初十日丁卯，刘宋封皇弟刘翙为南阳王，刘嵩为新兴王，刘禧为始建王。

八月十三日庚午，刘宋任命给事黄门侍郎阮佃夫为南豫州刺史，仍留镇京师。

九月初二日戊子，刘宋下令赐死骁骑将军高道庆。

冬季，十月初五日辛酉，刘宋提升吏部尚书王僧虔为尚书左仆射。

十一月初三日戊子，北魏任命太尉、安乐王拓跋长乐为定州刺史，司空李䜣为徐州刺史。

顺皇帝

宋顺帝昇明元年（丁巳，477年）

春季，正月初一乙酉朔，北魏改年号太和。

正月二十五日己酉，略阳平民王元寿，聚集部众五千余家，自称冲天王。二月十七日辛未，北魏秦、益二州刺史尉洛侯击败王元寿。

三月十七日庚子，北魏任命东阳王拓跋丕为司徒。

夏，四月，丁卯，魏主如白登。壬申，如崞山。

初，苍梧王在东宫，好缘漆帐竿，去地丈余。喜怒乖节，主帅不能禁。太宗屡敕陈太妃痛捶之。及即帝位，内畏太后、太妃，外惮诸大臣，未敢纵逸。自加元服，内外稍无以制，数出游行。始出宫，犹整仪卫。俄而弃车骑，帅左右数人，或出郊野，或入市廛。太妃每乘青犊车，随相检摄。既而轻骑远走一二十里，太妃不复能追，仪卫亦惧祸不敢追寻，唯整部伍别在一处，瞻望而已。

初，太宗尝以陈太妃赐嬖人李道儿，已复迎还，生帝。故帝每微行，自称"刘统"，或称"李将军"，常著小裤衫，营署巷陌，无不贯穿。或夜宿客舍，或昼卧道傍，排突厮养，与之交易，或遭慢辱，悦而受之。凡诸鄙事，裁衣、作帽，过目则能。未尝吹篪，执管便韵。及京口既平，骄恣尤甚，无日不出，夕去晨返，晨出暮归。从者并执铤矛，行人男女及犬马牛驴，逢无免者。民间扰惧，商贩皆息，门户昼闭，行人殆绝。针、椎、凿、锯，不离左右，小有忤意，即加屠剖，一日不杀，则惨然不乐。殿省忧惶，食息不保。阮佃夫与直阁将军申伯宗等，谋因帝出江乘射雉，称太后令，唤队仗还，闭城门，遣人执帝废之，立安成王准。事觉，甲戌，帝收佃夫等杀之。

太后数训戒帝，帝不悦。会端午，太后赐帝毛扇。帝嫌其不华，令太医煮药，欲鸩太后。左右止之曰："若行此事，官便应作孝子，岂复得出入狡狯！"帝曰："汝语大有理！"乃止。

六月，甲戌，有告散骑常侍杜幼文、司徒左长史沈勃、游击将军孙超之与阮佃夫同谋者，帝登帅卫士，自掩三家，悉诛之，刳解脔割，婴孩不免。沈勃时居丧在庐，左右未至，帝挥刀独前。勃知不免，手搏帝耳，唾骂之曰："汝罪逾桀、纣，屠戮无日！"遂死。是日，大赦。

（以上为第四段，写后废帝刘昱的种种恶行，出身不正，疑是李道儿之子；整天游手好玩，放肆至极；以杀人为乐，并欲毒杀太后；大臣惶恐，朝不保夕。）

夏季，四月十四日丁卯，北魏孝文帝巡视白登。四月十九日壬申，巡视崞山。

当初，苍梧王在东宫时，常常喜欢爬帐竿，能爬到距地面一丈多的高处。他喜怒无常，侍从官员无法劝阻。宋明帝屡次下令陈太妃痛打他。等到即帝位后，对内害怕皇太后、皇太妃，对外害怕各位大臣，不敢放纵。自从行过加冠礼后，内外对他无法控制，不断出宫游逛。最初出宫，还有整齐的仪仗卫队。不久，便丢下随从车马，只带身边几个人，或跑到荒郊野外，或出入街头闹市。陈太妃每次乘坐青盖牛犊车，尾随其后，监视约束他，他便轻装快马，一气奔跑一二十里，太妃便追赶不上。仪仗卫队也畏惧灾祸不敢追寻，只好驻扎在另外一个地方，远远眺望而已。

当初，宋明帝曾经把陈太妃赏赐给宠信的弄臣李道儿为妻，后来又把她迎接回去，生下后废帝。所以后废帝每次改穿便服外出，就自称“刘统”，或自称“李将军”。经常穿短裤、短衫，军营、官府、街巷、田野，无不出入。有时夜晚投宿旅店，有时白天就睡在马路旁边，与买柴做饭的人打架斗殴，跟买柴做饭的人做买卖，有时遭到怠慢侮辱也欣然接受。任何低贱的事情，像裁制衣服、制作帽子，只要看过一遍，就能够学会。他从来没有吹过篪，拿起来一吹便合音韵。等到京口事变平息，骄纵横暴尤为严重，没有一天不出宫，不是晚上出去，凌晨回来，就是凌晨出去，晚上回来。随从的人手持短刀长矛，路上的行人，不管是男是女，不管是狗、马、牛、驴，只要碰上，立即诛杀，无一幸免。民间骚扰恐惧，店铺商贩全都停业，家户白天闭门，行人绝迹。钳、锥、凿、锯，不离左右，只要稍微看着不顺眼，便杀人剖腹。一天不杀人，就闷闷不乐。朝廷大臣个个担忧惶恐，饮食作息，都不能安稳。阮佃夫与直阁将军申伯宗等，密谋趁后废帝到江乘打野鸡的时候，宣称奉皇太后命令，传唤仪仗卫队回京，关闭城门，派人逮捕后废帝，废黜掉，然后拥护安成王刘准。想不到密谋泄露了，四月二十一日甲戌，后废帝逮捕阮佃夫等，全部斩首。

皇太后数次教训后废帝，后废帝很不高兴。正逢端午节，太后赏赐给后废帝一把羽毛扇，后废帝嫌它不够豪华，下令太医配制毒药，打算毒死太后。左右劝阻说：“如果真的这样做，陛下便要当孝子，怎么还能出入嬉戏？”后废帝说：“你这话很有道理。”便打消主意。

六月二十二日甲戌，有人告发散骑常侍杜幼文、司徒左长史沈勃、游击将军孙超之，跟阮佃夫同谋。后废帝立即率领卫士，亲自突击三家，全部诛杀，剖解肢体，脔割肉块，婴儿也不能幸免。沈勃当时正在依庐守丧，左右还没有到，后废帝挥刀独自一人冲上前，沈勃知道不能避免，赤手空拳搏斗，猛击后废帝耳朵，唾骂道：“你的罪恶，超过桀纣，被杀死没有几天了。”于是被砍死。当天，颁布诏书大赦天下。

帝尝直入领军府。时盛热，萧道成昼卧裸袒。帝立道成于室内，画腹为的，自引满，将射之。道成敛版曰："老臣无罪。"左右王天恩曰："领军腹大，是佳射堋，一箭便死，后无复射。不如以骲箭射之。"帝乃更以骲箭射，正中其齐。投弓大笑曰："此手何如！"帝忌道成威名，尝自磨铤，曰："明日杀萧道成。"陈太妃骂之曰："萧道成有功于国，若害之，谁复为汝尽力邪！"帝乃止。

道成忧惧，密与袁粲、褚渊谋废立。粲曰："主上幼年，微过易改。伊、霍之事，非季世所行。纵使功成，亦终无全地。"渊默然。领军功曹丹阳纪僧真言于道成曰："今朝廷猖狂，人不自保。天下之望，不在袁、褚，明公岂得坐受夷灭！存亡之机，仰希熟虑。"道成然之。

或劝道成奔广陵起兵。道成世子赜，时为晋熙王长史，行郢州事，欲使赜将郢州兵东下会京口。道成密遣所亲刘僧副告其从兄行青、冀二州刺史刘善明曰："人多见劝北固广陵，恐未为长算。今秋风行起，卿若能与垣东海微共动虏，则我诸计可立。"亦告东海太守垣荣祖。善明曰："宋氏将亡，愚智共知。北虏若动，反为公患。公神武高世，唯当静以待之，因机奋发，功业自定，不可远去根本，自贻猖蹶。"荣祖亦曰："领府去台百步，公走，人岂不知！若单骑轻行，广陵人闭门不受，公欲何之！公今动足下床，恐即有叩台门者，公事去矣。"纪僧真曰："主上虽无道，国家累世之基犹为安固。公百口，北度必不得俱。纵得广陵城，天子居深宫，施号令，目公为逆，何以避之！此非万全策也。"道成族弟镇军长史顺之及次子骠骑从事中郎嶷，皆以为："帝好单行道路，于此立计，易以成功。外州起兵，鲜有克捷，徒先人受祸耳。"道成乃止。

东中郎司马、行会稽郡事李安民欲奉江夏王跻起兵于东方，道成止之。

越骑校尉王敬则潜自结于道成，夜著青衣，扶匐道路，为道成听察帝之往来。道成命敬则阴结帝左右杨玉夫、杨万年、陈奉伯等一十五人于殿中，诇伺机便。

后废帝有一次径直闯入领军府，当时天气炎热，萧道成白天正裸身睡觉。后废帝让萧道成站在室内，在他肚子上画一个箭靶，自己拉开了弓，就要发射。萧道成恭敬地说："老臣无罪。"左右侍卫王天恩说："萧道成肚子大，是一个绝佳的箭垛，一箭射死，以后就不能再射了。不如改用骨头或者木头制作的箭头，可以多射几次。"后废帝就改用骨头箭头射去，正中萧道成的肚脐，他把弓扔到地上，得意地大笑说："这手艺如何！"后废帝对萧道成的威名十分忌恨，曾亲自磨短矛，说："明天就杀萧道成。"陈太妃骂后废帝说："萧道成对国家有大功，如果害了他，谁还为你尽力！"后废帝才住手。

萧道成忧愁恐惧，与尚书令袁粲、中书监褚渊密谋废立皇帝。袁粲说："主上年幼，小小过失，容易改正。伊尹、霍光的往事，在这衰世已经难以实行。即使成功，最后仍无安身之地。"褚渊沉默不语。领军功曹丹阳人纪僧真对萧道成说："现今朝廷猖狂，无人可以自保，天下百姓的希望，不在袁粲褚渊，明公怎么能坐待剿灭？存亡的关键，请深思熟虑。"萧道成同意。

有人劝萧道成回广陵起兵。萧道成的大儿子萧赜正任晋熙王刘燮的长史，兼行郢州事，打算命萧赜率郢州军顺长江东下，在京口会师。萧道成派他的亲信刘僧副，秘密通告堂兄代理青、冀二州刺史刘善明，说："很多人劝我北上据守广陵，恐怕不是长远的打算。现今秋风将起，你如果能跟垣东海联合，稍稍挑动胡虏，那么我的各种计划当可成立。"同时告诉东海太守垣荣祖。刘善明说："宋国将亡，无论愚蠢人和明智人，都看得一清二楚。北虏如果有什么行动，反而会成为你的祸患。你的神明英武功高过当世，唯有安静地等待时机，趁机奋发，功业自然告成，不可远离根本之地，自致颠仆。"垣荣祖也说："领府距离宫城不过一百步，你出奔，别人怎会不知道？如果单枪匹马，轻装前往，广陵人关闭城门，拒绝接纳，下一步将逃向哪里？你只要抬脚下床，马上就会有人敲宫城的城门，你的大事就完了。"纪僧真说："主上虽然丧失天道，可是国家几世建立的政权还算坚固。你百口之家，必定不能同时向北出奔。即使进入广陵，天子居住深宫之中，发号施令，指控你是叛逆，有什么办法躲避！这不是万全之策。"萧道成的族弟镇军长史萧顺之，以及萧道成的次子骠骑从事中郎萧嶷都认为："皇上喜爱单独出来乱窜，在这方面设计策，容易成功。外州起兵，少有奏捷的，徒然先于别人受祸。"萧道成这才取消原意。

东中郎司马、代理会稽郡事李安民，打算拥护江夏王刘跻，在会稽起兵，萧道成制止。

越骑校尉王敬则主动暗中结交萧道成，夜晚就换上青衣，匍匐路旁，替萧道成侦察后废帝的行踪。萧道成命王敬则秘密结交后废帝左右亲信杨玉夫、杨万年、陈奉伯等十五人于宫殿中，窥探机会以便行事。

（以上为第五段，写后废帝刘昱对名将萧道成耿耿于怀，欲置之死地；萧道成与心腹将领垣荣祖、纪僧真等将领反复谋划，最后决定不去广陵起兵，留在京城，伺机而动。）

秋，七月，丁亥夜，帝微行至领军府门。左右曰："一府皆眠，何不缘墙入？"帝曰："我今夕欲于一处作适，宜待明夕。"员外郎桓康等于道成门间听闻之。

戊子，帝乘露车，与左右于台冈赌跳，仍往青园尼寺，晚，至新安寺偷狗，就昙度道人煮之。饮酒醉，还仁寿殿寝。杨玉夫常得帝意，至是忽憎之，见辄切齿曰："明日当杀小子取肝肺！"是夜，令玉夫伺织女渡河，曰："见当报我；不见，将杀汝！"时帝出入无常，省内诸阁，夜皆不闭，厢下畏相逢值，无敢出者；宿卫并逃避，内外莫相禁摄。是夕，王敬则出外。玉夫伺帝熟寝，与杨万年取帝防身刀刎之。敕厢下奏伎陈奉伯袖其首，依常行法，称敕开承明门出，以首与敬则。敬则驰诣领军府，叩门大呼，萧道成虑苍梧王诳之，不敢开门。敬则于墙上投其首，道成洗视，乃戎服乘马而出，敬则、桓康等皆从。入宫，至承明门，诈为行还。敬则恐内人觇见，以刀环塞窐孔，呼门甚急，门开而入。他夕，苍梧王每开门，门者震慑，不敢仰视，至是弗之疑。道成入殿，殿中惊怖。既而闻苍梧王死，咸称万岁。

（以上为第六段，写后废帝刘昱顽劣无比，偷鸡摸狗，被左右杨玉夫杀死，然后诈开城门，将人头送给萧道成；萧道成戎装入城，宣布刘昱已死，殿中官员高呼"万岁"。）

己丑旦，道成戎服出殿庭槐树下，以太后令召袁粲、褚渊、刘秉入会议。道成谓秉曰："此使君家事，何以断之？"秉未答。道成须髯尽张，目光如电。秉曰："尚书众事，可以见付。军旅处分，一委领军。"道成次让袁粲，粲亦不敢当。王敬则拔白刃，在床侧跳跃曰："天下事皆应关萧公！敢有开一言者，血染敬则刀！"仍手取白纱帽加道成首，令即位，曰："今日谁敢复动！事须及热！"道成正色呵之曰："卿都自不解！"粲欲有言，敬则叱之，乃止。褚渊曰："非萧公无以了此。"手取事授道成。道成曰："相与不肯，我安得辞！"乃下议，备法驾诣东城，迎立安成王。

秋季，七月初六日丁亥夜晚，后废帝身穿便装，走到领军府门口，左右侍从说："一府里的人全都睡熟，为什么不跳墙进去？"后废帝说："今晚想到别处玩个痛快，明晚再来。"员外郎桓康等在领军府大门后全都听到了。

七月初七日戊子，后废帝乘坐露天无篷车，跟左右侍从前往巡视台冈，打赌谁跳得高。接着前往青园尼姑庵。夜晚，来到新安寺偷狗，在昙度道人那里煮吃狗肉。吃过狗肉，醉醺醺地回仁寿殿睡觉。杨玉夫一向得到后废帝的宠信，而今天忽然痛恨起来，一看见就咬牙切齿地说："明天就杀了你这小子，挖出肝肺！"这天深夜，命杨玉夫观察织女星渡河，说："看见马上叫醒我；看不见，就杀了你。"当时后废帝出宫进宫，没有一定时间，省中各阁门，夜间都不关闭，负责宫廷保卫的官员，惧怕跟后废帝撞上，都不敢出门。禁卫军士卒都躲得远远的，内外互不统摄。当天夜晚，王敬则出外，杨玉夫等到后废帝睡熟，与杨万年合伙取下后废帝的防身佩刀，割下后废帝的人头。然后假传圣旨，命外庭演奏音乐。陈奉伯把人头藏在袍袖，跟往常一样，神色自若，宣称奉皇帝派遣，打开承明门出了宫，把后废帝的人头交给王敬则。王敬则飞马奔向领军府，敲门大喊，萧道成恐怕是后废帝的诡计，不敢开门。王敬则从墙上把人头扔进去，萧道成洗净后辨识，这才全副武装，骑马而出，王敬则、桓康等都随从其后，进了宫城，到了承明门，诈称皇帝御驾回宫。王敬则恐怕宫内人从门洞窥视，用刀柄堵住门洞，同时咆哮催促。门打开，进入宫城。从前，每逢夜晚，苍梧王闯出闯进，守门卫士震恐，从不敢抬头。所以这时没有一个人怀疑。萧道成进上殿，殿中官员惊慌恐怖。紧接着听到后废帝已死的消息，都高呼万岁。

七月初八日己丑早晨，萧道成全副武装，站在殿前庭院槐树下，以太后的命令召集尚书令袁粲、中书监褚渊、中书令刘秉入殿会议。萧道成对刘秉说："这是你们家的事，如何断处？"刘秉没有回答，萧道成胡子竖起，双目凶光如同闪电。刘秉说："尚书省的事，可以交付给我。军事措施，全依靠你。"萧道成依次让给袁粲，袁粲推辞不敢当。王敬则拔出佩刀，在床侧旁跳起来说："天下大事，全都要萧公裁决，谁胆敢说半个不字，血染我刀！"说着取出白纱帽，戴到萧道成头上，要求萧道成登基称帝，并威胁说："今天谁敢乱动？要趁热打铁，成就大事！"萧道成板起面孔喝止说："你什么也不明白！"袁粲打算讲话，王敬则喝止袁粲，袁粲只好

于是长刀遮粲、秉等，各失色而去。秉出，于路逢从弟韫，韫开车迎问曰："今日之事，当归兄邪？"秉曰："吾等已让领军矣。"韫拊膺曰："兄肉中讵有血邪！今年族矣！"

是日，以太后令，数苍梧王罪恶，曰："吾密令萧领军潜运明略。安成王准，宜临万国。"追封昱为苍梧王。仪卫至东府门，安成王令门者勿开，以待袁司徒。粲至，王乃入居朝堂。壬辰，王即皇帝位，时年十一，改元，大赦。葬苍梧王于郊坛西。

魏京兆康王子推卒。

甲午，萧道成出镇东府。丙申，以道成为司空、录尚书事、骠骑大将军；袁粲迁中书监，褚渊加开府仪同三司；刘秉迁尚书令，加中领军；以晋熙王燮为扬州刺史。刘秉始谓尚书万机，本以宗室居之，则天下无变；既而萧道成兼总军国，布置心膂，与夺自专，褚渊素相凭附，秉与袁粲阁手仰成矣。辛丑，以尚书右仆射王僧虔为仆射。丙午，以武陵王赞为郢州刺史，萧道成改领南徐州刺史。

（以上为第七段，写后废帝刘昱被杀后，领军将军萧道成与朝廷大臣商讨善后事宜，迎立安成王刘准为帝，萧道成则统管朝政、军事，刘氏天下从此变成萧氏天下。）

八月，壬子，魏大赦。

癸亥，诏袁粲镇石头。粲性冲静，每有朝命，常固辞；逼切不得已，乃就职。至是知萧道成有不臣之志，阴欲图之，即时顺命。

初，太宗使陈昭华母养顺帝。戊辰，尊昭华为皇太妃。

丙子，魏诏曰："工商皂隶，各有厥分；而有司纵滥，或染流俗。自今户内有工役者，唯止本部丞。若有勋劳者，不从此制。"

萧道成固让司空。庚辰，以为骠骑大将军、开府仪同三司。

九月，乙酉，魏更定律令。

闭嘴。褚渊说:“非萧公不足以了结此事!”就亲手将一切事务交给萧道成。萧道成说:“既然大家都不肯接受,我怎么可以推辞。”于是,提议准备法驾,前往东府城,迎接安成王刘准继任皇帝。萧道成卫士抽出佩刀,遮护袁粲、刘秉等人,各自惊慌失色地离去。刘秉出宫,路上遇到堂弟刘韫,刘韫打开车门迎问:“今天的事,该不该归你?”刘秉说:“我们已让给领军了。”刘韫捶胸说:“你肉里有没有血?今年,全族难逃屠杀。”

当天,萧道成以皇太后的名义发布命令,列举后废帝罪状说:“我密令萧领军暗中运用智略。安成王刘准,应君临万国。”追封刘昱为苍梧王。皇帝仪仗队抵达东府门前,刘准命令守门的人不要开门,等待袁司空的到来。袁粲到了之后,刘准才动身到金銮殿。七月十一日壬辰,刘准即皇帝位,时年十一岁,改年号,大赦天下。把苍梧王安葬在南郊祭天神坛的西边。

北魏京兆康王拓跋子推去世。

七月十三日甲午,萧道成亲自坐镇东府。七月十五日丙申,任命萧道成为司空、录尚书事、骠骑大将军;袁粲为中书监;加授褚渊开府仪同三司;刘秉迁升为尚书令,加授中领军;晋熙王刘燮为扬州刺史。刘秉原来以为尚书省总揽全国政务,由皇族主持,政权就可稳固。后来萧道成总领军国大事,心腹同党安排在重要位置,独断专行。褚渊又一向站在萧道成一边,刘秉与袁粲唯有两手相合,接受现成的决策而已。七月二十日辛丑,任命尚书右仆射王僧虔为尚书仆射。七月二十五日丙午,任命武陵王刘赞为郢州刺史,萧道成改领南徐州刺史。

八月初一日壬子,北魏大赦天下。

八月十二日癸亥,刘宋诏书命令袁粲出京镇守石头。袁粲性情宁静,每次有朝廷任命,都要坚决辞让,实在迫不得已,才勉强就职。现今发现萧道成有不做臣子的野心,暗中秘密谋划除掉萧道成,所以立即接受。

当初,宋明帝命陈昭华抚养顺帝。八月十七日戊辰,尊陈昭华为皇太妃。

八月二十五日丙子,北魏颁布诏书说:“工匠、商人、差役,都有各自的身份,而有关部门放任纵容,或者侵染风俗。从今以后,家庭里有人充当工匠的,官职最高只到各部的丞。如果有勋劳的,不在此限。”

萧道成坚决辞让司空。八月二十九日庚辰,任命萧道成为骠骑大将军、开府仪同三司。

九月初五日乙酉,北魏更改法令。

戊申，封杨玉夫等二十五人为侯、伯、子、男。

冬，十月，氐帅杨文度遣其弟文弘袭魏仇池，陷之。

初，魏徐州刺史李䜣，事显祖为仓部尚书，信用卢奴令范𣞏。䜣弟左将军璞谏曰："𣞏能降人以色，假人以财，轻德义而重势利。听其言也甘，察其行也贼，不早绝之，后悔无及。"䜣不从，腹心之事，皆以语𣞏。

尚书赵黑，与䜣皆有宠于显祖，对掌选部。䜣以其私用人为方州，黑对显祖发之，由是有隙。顷之，䜣发黑前为监藏，盗用官物，黑坐黜为门士。黑恨之，寝食为之衰少。逾年，复入为侍中、尚书左仆射，领选。

及显祖殂，黑白冯太后，称䜣专恣，出为徐州。范𣞏知太后怨䜣，乃告䜣谋外叛。太后征䜣至平城问状，䜣对无之，太后引𣞏使证之。䜣谓𣞏曰："汝今诬我，我复何言！然汝受我恩如此之厚，乃忍为尔乎？"𣞏曰："𣞏受公恩，何如公受李敷恩？公忍为之于敷，𣞏何为不忍于公！"䜣慨然叹曰："吾不用璞言，悔之何及！"赵黑复于中构成其罪，丙子，诛䜣及其子令和、令度。黑然后寝食如故。

十一月，癸未，魏征西将军皮欢喜等三将军率众四万击杨文弘。

丁亥，魏怀州民伊祁苟自称尧后，聚众于重山作乱。洛州刺史冯熙讨灭之。冯太后欲尽诛阖城之民，雍州刺史张白泽谏曰："凶渠逆党，尽已枭夷；城中岂无忠良仁信之士，奈何不问白黑，一切诛之！"乃止。

十二月，魏皮欢喜军至建安，杨文弘弃城走。

（以上为第八段，写刘宋朝廷即将爆发新的矛盾，袁粲出镇石头城，意在谋除萧道成；北魏内部矛盾重重，徐州刺史李䜣与尚书赵黑交恶，互相攻击，被冯太后诛杀。）

初，沈攸之与萧道成于大明、景和之间同直殿省，深相亲善，道成女为攸之子中书侍郎文和妇。攸之在荆州，直阁将军高道庆，家在华容，假还，过江陵，与攸之争戏槊。驰还建康，言攸之反状已成，请以三千人袭之。执政皆以为不可，道成仍保证其不然。杨运长等恶攸之，密与

九月二十八日戊申，封杨玉夫等二十五人分别为侯爵、伯爵、子爵、男爵。

冬季，十月，氐人统帅杨文度派弟弟杨文弘袭击北魏仇池，攻克了。

当初，北魏徐州刺史李䜣，在献文帝时任仓部尚书，信用卢奴县令范檦，李䜣弟弟左将军李璞警告说："范檦谦卑待人，给人钱财，收买人心，轻德义而重势利。听范檦说的话比蜜还甜，观察他的行为却十分邪恶，不及早断绝和他的来往，将后悔莫及。"李䜣不听从，把自己心里的秘密，全部告诉了范檦。

尚书赵黑，与李䜣都受宠信于献文帝，也同时担任吏部尚书。李䜣用自己的私人任职方州，赵黑向献文帝报告了这件事，从此二人产生了矛盾。不久，李䜣报复，检举赵黑在先前任职时，盗用国家财产，赵黑遂被罢免，充当城门看守人。赵黑对李䜣怀恨在心，为此，食不甘味，夜不能寐。过了一年，赵黑再次入内任侍中、尚书左仆射，兼任吏部。

献文帝去世后，赵黑向冯太后私下报告，说李䜣独断专横，于是李䜣被外放任徐州刺史。范檦知道冯太后怨恨李䜣，就告发李䜣密谋要外叛。冯太后把李䜣召回平城审问，李䜣回答根本没有此事。冯太后命范檦当面作证。李䜣对范檦说："你今天诬陷我，我还能说什么！然而，你受我的恩惠如此之厚，怎么忍心这样？"范檦说："我受你的恩惠，哪里比得上你受李敷的恩惠？你忍心对李敷下毒手，我为什么不能忍心对你？"李䜣叹息说："我不听李璞的话，真是后悔莫及。"赵黑又在中间设谋陷害，使罪名成立。十月二十六日丙子，斩李䜣及他的儿子李令和、李令度。赵黑从此寝食才恢复安稳。

十一月初三日癸未，北魏征西将军皮欢喜等三名将军率军四万人攻击杨文弘。

十一月初七日丁亥，北魏怀州平民伊祁苟自称尧的后裔，在重山聚众作乱，洛州刺史冯熙出兵把伊祁苟征讨消灭了。冯太后打算屠杀全城的百姓，雍州刺史张白泽劝阻说："凶恶的首领和叛党，已经杀光，城里难道没有忠良仁义之士？怎么可以不分青红皂白全部诛杀！"冯太后这才打消念头。

十二月，北魏皮欢喜的军队抵达建安，杨文弘弃城逃走。

当初，沈攸之与萧道成在大明、景和年间，同时轮流进入宫殿值班，互相友善。萧道成的女儿嫁给沈攸之的儿子中书侍郎沈文和为妻。沈攸之在荆州，直阁将军高道庆家住华容，请假回家，路过江陵，跟沈攸之用槊做赌具，发生了争执，高道庆返回建康，检举沈攸之叛变的准备已经完成，请求朝廷调拨三千人，袭击沈攸之。

道庆谋遣刺客杀攸之，不克。会苍梧王遇弑，主簿宗俨之、功曹臧寅劝攸之因此起兵。攸之以其长子元琰在建康为司徒左长史，故未发。寅，凝之之子也。

时杨运长等已不在内，萧道成遣元琰以苍梧王刳斫之具示攸之。攸之以道成名位素出己下，一旦专制朝权，心不平，谓元琰曰："吾宁为王凌死，不为贾充生。"然亦未暇举兵。乃上表称庆，因留元琰。

雍州刺史张敬兒，素与攸之司马刘攘兵善，疑攸之将起事，密以问攘兵。攘兵无所言，寄敬兒马镫一只，敬兒乃为之备。

攸之有素书十数行，常韬在裲裆角，云是明帝与己约誓。攸之将举兵，其妾崔氏谏曰："官年已老，那不为百口计！"攸之指裲裆角示之，且称太后使至，赐攸之烛，割之，得太后手令云："社稷之事，一以委公。"于是勒兵移檄，遣使邀张敬兒及豫州刺史刘怀珍、梁州刺史梓潼范柏年、司州刺史姚道和、湘州行事庾佩玉、巴陵内史王文和同举兵。敬兒、怀珍、文和并斩其使，驰表以闻。文和寻弃州奔夏口。柏年、道和、佩玉皆怀两端。道和，后秦高祖之孙也。

辛酉，攸之遣辅国将军孙同等相继东下。攸之遗道成书，以为："少帝昏狂，宜与诸公密议，共白太后，下令废之。奈何交结左右，亲行弑逆；乃至不殡，流虫在户？凡在臣下，谁不惋骇！又，移易朝旧，布置亲党，宫阁管籥，悉关家人。吾不知子孟、孔明遗训固如此乎！足下既有贼宋之心，吾宁敢捐包胥之节邪！"朝廷闻之，恼惧。

丁卯，道成入守朝堂，命侍中萧嶷代镇东府，抚军行参军萧映镇京口。映，嶷之弟也。戊辰，内外纂严。己巳，以郢州刺史武陵王赞为荆州刺史。庚午，以右卫将军黄回为郢州刺史，督前锋诸军以讨攸之。

（以上为第九段，写荆州刺史沈攸之忠于刘宋朝廷，起兵反对专权的亲家萧道成。）

初，道成以世子赜为晋熙王燮长史，行郢州事，修治器械以备攸之。及征燮为扬州，以赜为左卫将军，与燮俱下。刘怀珍言于道成曰："夏口

执政的官员都认为不可，萧道成仍然保证沈攸之不会谋反。杨运长等憎恶沈攸之，跟高道庆密谋派出刺客，刺杀沈攸之，失败了。正在这时，苍梧王被杀，主簿宗俨之、功曹臧寅，都劝沈攸之抓住这个机会起兵。沈攸之因他的长子沈元琰在建康任司徒左长史，所以没有发作。臧寅是臧凝之的儿子。

当时，杨运长等已不在朝廷，萧道成派沈元琰携带苍梧王杀人剖腹时所用的凶器，请沈攸之过目。沈攸之因萧道成的名望、官位一向比自己低，却一下子控制朝廷，心里愤愤不平，对沈元琰说："我宁为王凌死，也不愿做贾充生。"也无暇起兵，乃上表祝贺，把沈元琰留下。

雍州刺史张敬兒，一向同沈攸之的司马刘攘兵友好，怀疑沈攸之将要发动兵变，派人秘密询问刘攘兵，刘攘兵不讲话，只送给张敬兒一只马镫，张敬兒便暗中戒备。

沈攸之写在白绢上十几行的信件，平常总是藏在背心衣角里，说是宋明帝和他的盟誓。沈攸之将要起兵，妾崔氏规劝说："官家已经老了，怎么不为百口之家想一想！"沈攸之指指背心衣角。又称太后使节到来，赐给沈攸之蜡烛，剖开蜡烛，看见太后手令，说："国家大事，全交给你。"这时沈攸之发动军队，发布檄文，派人邀请张敬兒和豫州刺史刘怀珍、梁州刺史梓潼人范柏年、司州刺史姚道和、湘州行事庾佩玉、巴陵内史王文和，一同起兵。张敬兒、刘怀珍、王文和都诛杀了派去的使节，快马奏报朝廷。王文和不久就放弃巴陵，投奔夏口。范柏年、姚道和、庾佩玉都首鼠两端。姚道和是后秦文桓帝姚兴的孙子。

十二月十二日辛酉，沈攸之派辅国将军孙同等，相继顺长江东下。沈攸之写信给萧道成，认为："幼主昏暴疯狂，应与朝中大臣秘密商议，共同报告太后，下令废黜。怎么可以勾结他的左右侍从，亲手弑杀，甚至不肯入殓下葬，以致流虫爬到门户上！身为臣属，谁不惋惜惊骇！另外，你把朝廷的旧臣，纷纷驱逐，全部安排党羽，宫殿官署的门禁钥匙，都由家人掌管。我不知道霍光、诸葛孔明的遗训，本来就是这样吗！足下既然有盗窃宋国的野心，我岂敢捐弃申包胥乞秦救楚的节操！"朝廷听到这个消息，惊恐万状。

十二月十八日丁卯，萧道成入宫坐镇，命侍中萧嶷代替自己镇守东府，抚军行参军萧映镇守京口。萧映是萧嶷的弟弟。十二月十九日戊辰，朝廷内外戒严。十二月二十日己巳，任命郢州刺史武陵王刘赞为荆州刺史。十二月二十一日庚午，任命右卫将军黄回为郢州刺史，率前锋各军，讨伐沈攸之。

当初，萧道成任命长子萧赜为晋熙王刘燮的长史，代理郢州事，整修武器，以防备沈攸之。到征召刘燮任扬州刺史时，任命萧赜为左卫将军，与刘燮同时东下。

冲要，宜得其人。”道成与赜书曰：“汝既入朝，当须文武兼资与汝意合者，委以后事。”赜乃荐燮司马柳世隆自代。道成以世隆为武陵王赞长史，行郢州事。赜将行，谓世隆曰：“攸之一旦为变，焚夏口舟舰，沿流而东，不可制也。若得攸之留攻郢城，必未能猝拔。君为其内，我为其外，破之必矣。”及攸之起兵，赜行至寻阳，未得朝廷处分，众欲倍道趋建康，赜曰：“寻阳地居中流，密迩畿甸。若留屯湓口，内藩朝廷，外援夏首，保据形胜，控制西南，今日会此，天所置也。”或以为湓口城小难固，左中郎将周山图曰：“今据中流，为四方势援，不可以小事难之；苟众心齐一，江山皆城隍也。”庚午，赜奉燮镇湓口，赜悉以事委山图。山图断取行旅船板以造楼橹，立水栅，旬日皆办。道成闻之，喜曰：“赜，真我子也！”以赜为西讨都督，赜启山图为军副。时江州刺史邵陵王友镇寻阳，赜以为寻阳城不足固，表移友同镇湓口，留江州别驾豫章胡谐之守寻阳。

湘州刺史王蕴遭母丧罢归，至巴陵，与沈攸之深相结。时攸之未举兵，蕴过郢州，欲因萧赜出吊作难，据郢城。赜知之，不出。还，至东府，又欲因萧道成出吊作难，道成又不出。蕴乃与袁粲、刘秉密谋诛道成，将帅黄回、任候伯、孙昙瓘、王宜兴、卜伯兴等皆与通谋。伯兴，天与之子也。道成初闻攸之事起，自往诣粲，粲辞不见。通直郎袁达谓粲“不宜示异同”，粲曰：“彼若以主幼时艰，与桂阳时不异，劫我入台，我何辞以拒之！一朝同止，欲异得乎！”道成乃召褚渊，与之连席，每事必引渊共之。时刘韫为领军将军，入直门下省；卜伯兴为直阁，黄回等诸将皆出屯新亭。

初，褚渊为卫将军，遭母忧去职，朝廷敦迫，不起。粲素有重名，自往譬说，渊乃从之。及粲为尚书令，遭母忧，渊譬说恳至，粲遂不起，渊由是恨之。及沈攸之事起，道成与渊议之。渊曰：“西夏衅难，事必无成，公当先备其内耳。”粲谋既定，将以告渊，众谓渊与道成素善，不可告。粲曰：“渊与彼虽善，岂容大作同异！今若不告，事定便应除之。”乃以谋告渊，渊即以告道成。

刘怀珍对萧道成说："夏口是军事要冲，应该有适当的人驻守。"萧道成写信给萧赜说："你既然前来京师，应该物色一个文武双全与你见解一致的人，委托走后的大事。"萧赜乃推荐刘燮的司马柳世隆代替自己。萧道成命柳世隆任武陵王刘赞的长史，代理郢州事。萧赜将要动身，对柳世隆说："沈攸之一旦叛变，纵火焚烧夏口战船，顺长江东下，就很难控制。如果把沈攸之引诱到郢州城下，留沈攸之攻城，一定不能立即攻下。你在城内，我在城外，一定可以击败沈攸之。"等到沈攸之宣布起兵，萧赜行至寻阳，还没有得到朝廷的指示，众人都打算兼程直回建康。萧赜说："寻阳地处中游，接近京师，如果留下来据守湓口，内可以做朝廷的屏藩，外可以援助夏口，占据有利地形，控制西南。今天恰好路过此地，是上天的安排。"有人认为湓口城池太小，难以固守。左中郎将周山图说："据守长江中游，声援四方，不可以把这种小事当作困难，只要众人心齐，江山到处都是城池。"十二月二十一日庚午，萧赜陪同刘燮镇守湓口，把军事的事情全部委托周山图。周山图截取行旅船上的木板，建造战船，树立水中木栅，十天时间，全部办成。萧道成听说后，高兴地说："萧赜不愧是我的儿子！"任命萧赜为西讨都督，萧赜又推荐周山图任军副。当时，江州刺史邵陵王刘友，镇守寻阳，萧赜认为寻阳城池不够坚固，上奏朝廷，命刘友同自己一起镇守湓口，留江州别驾豫章人胡谐之驻守寻阳。

湘州刺史王蕴因母亲去世，辞职回家守丧。路过巴陵，与沈攸之深相交结，建立了亲密关系。当时，沈攸之还没有起兵。王蕴路过郢州时，打算趁萧赜出来吊丧时下手，占据郢城。萧赜知道了，不肯出来。王蕴回到京师，前往东府，又打算趁萧道成出来吊丧时下手，而萧道成也拒绝出门。于是王蕴跟袁粲、刘秉密谋铲除萧道成。将帅黄回、任候伯、孙昙瓘、王宜兴、卜伯兴等都参与通谋。卜伯兴是卜天与的儿子。萧道成听到沈攸之起兵的消息，亲自拜访袁粲，袁粲拒绝接见。通直郎袁达对袁粲说："不应该表示不同的态度。"袁粲说："如果萧道成以主上年幼，时局艰难，跟桂阳王时的情形没有差异，挟持我进宫，我用什么理由拒绝！有一天同行同止，想要不同又怎么可能呢！"萧道成又召褚渊，跟褚渊同席并坐，每一件事情都跟褚渊共同决定。当时，刘韫为领军将军，入值门下省；卜伯兴担任直阁，黄回等诸将领率军出京，驻防新亭。

当初，褚渊任卫将军，因母亲去世而离职，朝廷一再征召他，他都拒绝。袁粲一向有很高的声誉，亲自前去劝解，褚渊才接受。后来，袁粲任尚书令，因母亲去世离职，褚渊也去劝说复职，言辞恳切，袁粲始终不肯，褚渊于是很恨袁粲。及至沈攸之起兵，萧道成与褚渊共商对策，褚渊说："荆州闹事，事必不成，你应该戒备的是内部。"袁粲图谋确定，打算告诉褚渊。众人认为褚渊跟萧道成的关系一向密切，不能让褚渊知道。袁粲说："褚渊跟萧道成私交虽好，难道能大事上不同于我

道成亦先闻其谋，遣军主苏烈、薛渊、太原王天生将兵助粲守石头。薛渊固辞，道成强之，渊不得已，涕泣拜辞。道成曰："卿近在石头，日夕去来，何悲如是，且又何辞？"渊曰："不审公能保袁公共为一家否？今渊往，与之同则负公，不同则立受祸，何得不悲！"道成曰："所以遣卿，正为能尽临事之宜，使我无西顾之忧耳。但当努力，无所多言。"渊，安都之从子也。道成又以骁骑将军王敬则为直阁，与伯兴共总禁兵。

（以上为第十段，写萧道成之子萧赜抗击沈攸之起了中坚作用；朝廷首辅袁粲借此机会，又乘机发难，欲偷袭萧道成，事泄未果。）

粲谋矫太后令，使韫、伯兴帅宿卫兵攻道成于朝堂，回等帅所领为应。刘秉、任候伯等并赴石头，本期壬申夜发，秉恇扰不知所为，晡后即束装。临去，啜羹，写胸上，手振不自禁。未暗，载妇女，尽室奔石头，部曲数百，赫奕满道。既至，见粲，粲惊曰："何事遽来？今败矣！"秉曰："得见公，万死何恨！"孙昙瓘闻之，亦奔石头。丹阳丞王逊等走告道成，乃大露。逊，僧绰之子也。

道成密使人告王敬则。时阁已闭，敬则欲开阁出，卜伯兴严兵为备，敬则乃锯所止屋壁得出，至中书省收韫。韫已成严，列烛自照。见敬则猝至，惊起迎之，曰："兄何能夜顾？"敬则呵之曰："小子那敢作贼！"韫抱敬则，敬则拳殴其颊仆地而杀之，又杀伯兴。苏烈等据仓城拒粲。王蕴闻秉已走，叹曰："事不成矣！"狼狈帅部曲数百向石头。本期开南门，时暗夜，薛渊据门射之。蕴谓粲已败，即散走。

道成遣军主会稽戴僧静帅数百人向石头助烈等，自仓门得入，与之并力攻粲。孙昙瓘骁勇善战，台军死者百余人。王天生殊死战，故得相持。自亥至丑，戴僧静分兵攻府西门，焚之。粲与秉在城东门，见火起，欲还赴府。秉与二子俣、陔逾城走。粲下城，列烛自照，谓其子最曰："本知一木不能止大厦之崩，但以名义至此耳。"僧静乘暗逾城独进，最觉有异人，以身卫粲，僧静直前斫之。粲谓最曰："我不失忠臣，汝不失

们！今天若不告诉褚渊，事情平定后，就应该把褚渊杀掉。”于是把计划告诉了褚渊，褚渊立刻告诉萧道成。

萧道成早已听到密谋，派军主苏烈、薛渊、太原人王天生，率军帮助袁粲守石头城。薛渊坚持推辞，萧道成强迫他，薛渊不得已，痛哭流涕告辞。萧道成说：“你近在石头，早上去，晚上回来，何至如此悲伤？又何至要正式辞行？”薛渊说：“不知道你能不能保全袁公一家？今天我奉命前往，辅助袁公，则辜负你；不辅助袁公，则立刻招来祸患，怎么能不悲伤！”萧道成说：“所以派你去，是因为你能随机应变，使我解除西顾之忧。只管尽力，不要多说。”薛渊是薛安都的侄儿。萧道成又任命骁骑将军王敬则为直阁，与卜伯兴共同统领禁军。

袁粲谋划假传皇太后的命令，派刘韫、卜伯兴率领宫廷禁卫军，攻打萧道成于宫中，黄回等率军响应。刘秉、任候伯等同时赴石头，约定十二月二十三日壬申夜晚动身出发。刘秉恐慌不安，不知如何是好，申时稍过，便收拾行李，临出发时紧张过度，喝的汤汁全都倾泻到胸脯上，双手发抖，不能自制。天还没黑，就用车马拉着妇女和全部财产，投奔石头城，私人卫队数百人，挤满街道。到达石头后，晋见袁粲，袁粲大惊说：“发生了什么事，提前赶来，今天必败无疑了！”刘秉说：“能见公一面，万死无怨！”孙昙瓘听说后，也逃奔到石头城。丹阳丞王逊等跑去报告萧道成，事情才彻底暴露。王逊是王僧绰的儿子。

萧道成秘密派人通知王敬则。当时，宫殿门户已经关闭，王敬则打算开门出去。而卜伯兴的部队已严加防备，王敬则用锯把木墙锯开一个洞逃出，冲入中书省去逮捕刘韫。刘韫已经严装，排列蜡烛照着自己。看见王敬则突然出现，惊慌起立迎去，说：“老兄，怎么能晚上来？”王敬则骂道：“小子怎么敢做贼！”刘韫抱住王敬则，王敬则用拳头猛击面颊，刘韫跌倒在地，被王敬则诛杀，王敬则又杀了卜伯兴。苏烈等据守仓城，抗拒袁粲。王蕴听到刘秉先行，叹息说：“事情成不了啦！”狼狈集结部众数百人，奔向石头。本来约定开南门进去，可是正值黑夜，薛渊在城楼上发箭射击，王蕴认为袁粲已经失败，部众霎时四处逃走。

萧道成派军主会稽戴僧静率数百人前往石头城，援助苏烈等，自仓门进入，联合攻击袁粲。孙昙瓘骁勇善战，朝廷军队阵亡一百多人。王天生殊死搏斗，才得以相持。从亥时苦战到丑时，朝廷将领戴僧静分出部分兵力，攻击府西门，纵火焚烧。袁粲与刘秉正在东门城楼上，望见起火，打算返回府中。刘秉跟两个儿子刘俣、刘陔，跃过城墙逃走。袁粲下城后，燃起火把，对儿子袁最说：“本来就知道，一根木头不能支持住大厦的倒塌，只是为了名义才到今天这个地步。”戴僧静在黑夜掩护

孝子！”遂父子俱死。百姓哀之，谣曰：“可怜石头城，宁为袁粲死，不作褚渊生！”刘秉父子走至额檐湖，追执，斩之。任候伯等并乘船赴石头，既至，台军已集，不得入，乃驰还。

黄回严兵，期诘旦帅所领从御道直向台门攻道成。闻事泄，不敢发。道成抚之如旧。王蕴、孙昙瓘皆逃窜，先捕得蕴，斩之，其余粲党皆无所问。

粲典签莫嗣祖为粲、秉宣通密谋，道成召诘之，曰：“袁粲谋反，何不启闻？”嗣祖曰：“小人无识，但知报恩，何敢泄其大事！今袁公已死，义不求生。”蕴嬖人张承伯藏匿蕴。道成并赦而用之。

粲简淡平素，而无经世之才；好饮酒，喜吟讽，身居剧任，不肯当事。主事每往咨决，或高咏对之。闲居高卧，门无杂宾，物情不接，故及于败。

裴子野论曰：袁景倩，民望国华，受付托之重；智不足以除奸，权不足以处变，萧条散落，危而不扶。及九鼎既轻，三才将换，区区斗城之里，出万死而不辞，盖蹈匹夫之节，而无栋梁之具矣。

（以上为第十一段，写司徒袁粲起兵讨伐权臣萧道成，明知不可为而为之，失败则是不可避免的，裴子野评论袁粲非栋梁之才。）

甲戌，大赦。

乙亥，以尚书仆射王僧虔为左仆射，新除中书令王延之为右仆射，度支尚书张岱为吏部尚书，吏部尚书王奂为丹杨尹。延之，裕之孙也。

刘秉弟遐为吴郡太守。司徒右长史张瓌，永之子也，遭父丧在吴，家素豪盛，萧道成使瓌伺间取遐。会遐召瓌诣府，瓌帅部曲十余人直入斋中，执遐，斩之，郡中莫敢动。道成闻之，以告瓌从父领军冲，冲曰：“瓌以百口一掷，出手得卢矣。”道成即以瓌为吴郡太守。

道成移屯阅武堂，犹以重兵付黄回使西上，而配以腹心。回素与王宜兴不协，恐宜兴反告其谋，闰月，辛巳，因事收宜兴，斩之。诸将皆

下，跳进城墙，一个人独自前进。袁最发觉有外人，急忙用身体护住袁粲，戴僧静立刻上前，举刀猛砍，袁粲对袁最说："我不失为忠臣，你不失为孝子。"父子同时被杀。百姓哀伤，流传歌谣说："可怜石头城，宁为袁粲死，不做褚渊生！"刘秉父子逃到额檐湖，被追上捉拿，斩首。任伯倓等一起率领战船，前往石头，到达时，朝廷军队已经聚集，不能进入，于是驰马撤回。

黄回严厉地约束部队，按约定在第二天天亮时，率部队从御道直奔宫城城门攻打萧道成，这时听说事情已经泄露，便不敢发动。萧道成待黄回跟从前一样。王蕴、孙昙瓘分别逃亡，先抓住了王蕴，把他斩首。袁粲的其他同党，则一律赦免。

袁粲的典签莫嗣祖为袁粲与刘秉的密谋充当联络，萧道成把莫嗣祖召来责问道："袁粲叛变，为什么不报告？"莫嗣祖回答说："小人没有见识，只知道报恩，怎么敢泄露大事？现今袁公已死，从道义上不求活命。"王蕴的亲信张承伯窝藏王蕴。萧道成一并赦免了莫嗣祖和张承伯，继续留任。

袁粲的作风平易朴素，但是没有治理国家的能力。嗜好饮酒，喜爱吟诗讽诵。身负天下重任，却不肯过问事务。有关要事，尚书省主事请求裁决时，袁粲甚至高声吟咏，作为回答。闲居高卧，门上没有闲杂宾客，对于人情世故，完全不懂，所以失败。

裴子野评论说：袁景倩是民众的期望，国家的精英，身负重大责任，但智能不足以铲除奸恶，权术不足以处理变局。萧条崩溃，危险却无力扶持。等到九鼎已经变轻，三才将要替换，困在斗大的城内，万死而不推辞，这只是匹夫的节操，而非栋梁之材啊。

十二月二十五日甲戌，刘宋大赦天下。

十二月二十六日乙亥，刘宋任命尚书仆射王僧虔为左仆射，新任中书令王延之为右仆射，度支尚书张岱为吏部尚书，吏部尚书王奂为丹杨尹。王延之是王裕的孙子。

刘秉的弟弟刘遐任吴郡太守。司徒右长史张瓌是张永的儿子，因父亲去世，在吴郡守丧，家族向来势力强大，萧道成命张瓌伺机处理刘遐。正巧，刘遐邀请张瓌到郡府，张瓌率部曲十余人，径直进入刘遐的书房，捉住刘遐，斩首，郡中没有人敢起来反抗。萧道成得到报告，告诉了张瓌的叔父中领军张冲，张冲说："张冲以百口之家作一次赌注，出手就赢得满贯。"萧道成当即任命张冲为吴郡太守。

萧道成指挥部迁移到阅武堂，仍把重兵交给黄回，派他西上，也安插上自己的心腹。黄回一向跟王宜兴不和，唯恐王宜兴反告自己叛变，闰十二月初二日辛

言回握强兵必反，宁朔将军桓康请独往刺之，道成曰："卿等何疑！彼无能为也。"

沈攸之遣中兵参军孙同等五将以三万人为前驱，司马刘攘兵等五将以二万人次之；又遣中兵参军王灵秀等四将分兵出夏口、据鲁山。癸巳，攸之至夏口，自恃兵强，有骄色。以郢城弱小，不足攻，云"欲问讯安西"，暂泊黄金浦，遣人告柳世隆曰："被太后令，当暂还都。卿既相与奉国，想得此意。"世隆曰："东下之师，久承声问。郢城小镇，自守而已。"宗俨之劝攸之攻郢城，臧寅以为："郢城兵虽少而地险，攻守势异，非旬日可拔。若不时举，挫锐损威。今顺流长驱，计日可捷。既倾根本，郢城岂能自固！"攸之从其计，欲留偏师守郢城，自将大众东下。乙未，将发，柳世隆遣人于西渚挑战，前军中兵参军焦度于城楼上肆言骂攸之，且秽辱之。攸之怒，改计攻城，令诸军登岸烧郭邑，筑长围，昼夜攻战。世隆随宜拒应，攸之不能克。

道成命吴兴太守沈文秀督吴、钱唐军事。文秀收攸之弟新安太守登之，诛其宗族。

乙未，以后军将军杨运长为宣城太守。于是太宗嬖臣无在禁省者矣。

沈约论曰：夫人君南面，九重奥绝，陪奉朝夕，义隔卿士，阶闼之任，宜有司存。既而恩以狎生，信由恩固，无可惮之姿，有易亲之色。孝建、泰始，主威独运，而刑政纠杂，理难遍通，耳目所寄，事归近习。及觇欢愠，候惨舒，动中主情，举无谬旨，人主谓其身卑位薄，以为权不得重。曾不知鼠凭社贵，狐借虎威，外无逼主之嫌，内有专用之效，势倾天下，未之或悟。及太宗晚运，虑经盛衰，权幸之徒，慴惮宗戚，欲使幼主孤立，永窃国权，构造同异，兴树祸隙，帝弟宗王，相继屠剿。宝祚夙倾，实由于此矣。

（以上为第十二段，写沈攸之发兵进建康，被驻守夏口的柳世隆截击，沈约评论刘宋衰落是由于宠幸侍从。）

已，寻找借口逮捕王宜兴，斩首。将领们都说黄回手握强兵，一定会谋反。宁朔将军桓康，请求独自前去观察刺探。萧道成说："你们有什么怀疑，黄回做不成什么事情的。"

沈攸之派中兵参军孙同等五位将领率三万人担任前锋，司马刘攘兵等五位将领率两万人随后出发，又派中兵参军王灵秀等四位将领分别攻击夏口，占据鲁山。闰十二月十四日癸巳，沈攸之抵达夏口城外，仗恃兵强，面露骄傲神色。认为郢城兵力薄弱，不值得攻打，只说："想要问询安西将军可好！"暂时停泊在黄金浦，派人通知行郢州事柳世隆说："奉皇太后命令，应暂时还都，你跟我一起效忠国家，一定能了解我的心意。"柳世隆说："东下军队的用意，早已听说。郢城不过是一个小镇，只求自保。"宗俨之劝沈攸之攻打郢城，功曹臧寅认为："郢城虽然兵力薄弱，可是地势险要，攻击和防守情势相反，不是十天半月就能攻下，如果不能马上夺取，锐气一挫，声威便告消失。而今，顺江而下，胜利的日子，可以预期。只要攻占京城，郢城岂能独存？"沈攸之接受了他的建议，打算留下一小部分军队围守郢城，亲自率大军东下。闰十二月十六日乙未，即将出发，柳世隆派人到西渚挑战，前军中兵参军焦度在城楼上对沈攸之破口大骂，用脏话侮辱。沈攸之被激怒，改计攻打郢州，命各军登陆，焚烧村庄，在郢州外城修筑长长的围城屏障，日夜攻打。柳世隆抵抗，沈攸之不能攻克。

萧道成命吴兴太守沈文秀为督吴、钱塘军事。沈文秀逮捕了沈攸之的弟弟、新安太守沈登之，诛杀沈家全族。

闰十二月十六日乙未，刘宋任命后军将军杨运长为宣城太守。至此，太宗刘彧的亲信宠臣，全部离开朝廷重位。

沈约评论说：君王面南而坐，皇宫九重，与民间隔绝。早晚奉陪，与大臣相距甚远。内侍的任用，应该由有关机构执行。到后来，由于生活上亲近而受到恩宠，信任由于宠爱而强固。左右侍从没有使人畏惧的力量，而只有取悦于人的脸色。孝建、泰始君主的威势运行，可是刑事案件和政治事件纠缠而复杂，不可能全部通达。耳目所寄托，事情依靠左右侍从。观察人主的喜怒哀乐，顺着人主的意思说话，言语行动，都迎合人主的心意，而且从来没有差错。人主认为他们地位卑微，身份低贱，权不得重。岂不知老鼠凭借土地庙而尊贵，狐假虎之威势而张扬。外面没有对人主造成伤害的嫌疑，内部却有独揽大权的效用。权势可以倾覆天下的时候，人主也许仍不能觉悟。太宗晚年，担心经历国家的盛衰，而专权的弄臣，也恐惧皇族的压迫，打算使幼主陷于孤立，永远控制朝廷。于是，制造矛盾，挑起猜忌，使皇帝的弟弟、皇家的亲王先后遭到屠杀。帝位过早倾覆，原因就在于此。

辛丑，尚书左丞济阳江谧建议假萧道成黄钺，从之。

加北秦州刺史武都王杨文度都督北秦、雍二州诸军事，以龙骧将军杨文弘为略阳太守。壬寅，魏皮欢喜拔葭芦，斩文度。魏以杨难当族弟广香为阴平公、葭芦戍主，仍诏欢喜筑骆谷城。文弘奉表谢罪于魏，遣子苟奴入侍。魏以文弘为南秦州刺史、武都王。

乙巳，萧道成出顿新亭，谓骠骑参军江淹曰："天下纷纷，君谓何如？"淹曰："成败在德，不在众寡。公雄武有奇略，一胜也；宽容而仁恕，二胜也；贤能毕力，三胜也；民望所归，四胜也；奉天子以伐叛逆，五胜也。彼志锐而器小，一败也；有威而无恩，二败也；士卒解体，三败也；搢绅不怀，四败也；悬兵数千里而无同恶相济，五败也：虽豺狼十万，终为我获。"道成笑曰："君谈过矣。"南徐州行事刘善明言于道成曰："攸之收众聚骑，造舟治械，苞藏祸心，于今十年。性既险躁，才非持重，而起逆累旬，迟回不进。一则暗于兵机，二则人情离怨，三则有掣肘之患，四则天夺其魄。本虑其剽勇轻速，掩袭未备，决于一战。今六师齐奋，诸侯同举，此笼中之鸟耳。"萧赜问攸之于周山图，山图曰："攸之相与邻乡，数共征伐，颇悉其人，性度险刻，士心不附。今顿兵坚城之下，适所以为离散之渐耳。"

（以上为第十三段，写叛军沈攸之滞留于郢城，萧道成驻兵新亭，江淹、刘善明为其出谋划策，分析两人的成败得失，建议萧道成注重德行，重用贤才，以收拢人心，沈攸之必败。）

二年（戊午，478 年）

春，正月，己酉朔，百官戎服入朝。

沈攸之尽锐攻郢城，柳世隆乘间屡破之。萧赜遣军主桓敬等八军据西塞，为世隆声援。

攸之获郢府法曹南乡范云，使送书入城，饷武陵王赞犊一羫，柳世隆鱼三十尾，皆去其首。城中欲杀之，云曰："老母弱弟，悬命沈氏，若违其命，祸必及亲。今日就戮，甘心如芥。"乃赦之。

攸之遣其将皇甫仲贤向武昌，中兵参军公孙方平向西阳。武昌太守臧涣降于攸之，西阳太守王毓奔湓城。方平据西阳，豫州刺史刘怀珍遣

闰十二月二十二日辛丑，刘宋尚书左丞济阳人江谧建议朝廷授给萧道成黄钺，听从了他的建议。

加授北秦州刺史、武都王杨文度都督北秦、雍二州诸军事，任命龙骧将军杨文弘为略阳太守。闰十二月二十三日壬寅，北魏征西将军皮欢喜攻陷葭芦，斩了杨文度。北魏封杨难当的族弟杨广香为阴平公、葭芦戍主。颁布诏书，命皮欢喜修筑骆谷城。杨文弘投降，上疏北魏请求处罚，派儿子杨苟奴前去充当人质。北魏任命杨文弘为南秦州刺史，封武都王。

闰十二月二十六日乙巳，萧道成外出顿兵于新亭，对骠骑参军江淹说："天下纷纷扰扰，你认为如何？"江淹说："成功失败在于德行，不在于人数的多少。你具有雄才大略，这是第一胜因。宽容而仁爱宽恕，这是第二胜因。贤能的人才，愿意为你竭尽全力，这是第三胜因。民心归附，这是第四胜因。奉天子之命，讨伐叛逆，这是第五胜因。沈攸之性情急躁，器量狭小，这是第一败因。只有威严，没有恩德，这是第二败因。士卒离心离德，这是第三败因。地方上的官宦不支持他，这是第四败因。深入敌境几千里，而无同党援助，这是第五败因。即使是十万只豺狼，最终也被我们活捉。"萧道成笑着说："你的议论太过了。"南徐州行事刘善明对萧道成说："沈攸之招兵买马，制造船只，铸造武器，包藏祸心，迄今已有十年。性情阴险而急躁，才能不是持重稳固那种人，起兵已经数十天，却迟迟不敢前进。一是不懂军事，二是军心离散，三是掣肘之患，四是上天夺取了沈攸之的魂魄。我本来担心沈攸之剽悍勇猛，轻装急进，袭击于不备，一战即会决定成败。而今我们六军齐集昂奋，诸侯同心，沈攸之已成笼中之鸟。"萧赜向周山图打听沈攸之，周山图说："沈攸之是我的邻乡，我们多次一同带兵出征，我非常了解这个人，性情阴险刻薄，士心不附。现今屯兵于坚城之下，正是离散逃亡的开始！"

宋顺帝昇明二年（戊午，478 年）

春季，正月初一日己酉朔，刘宋文武百官全副武装入朝。

沈攸之出动全部精锐部队，猛烈攻击郢城，柳世隆利用对方弱点，屡次击败。萧赜派军主桓敬等八支军队占据西塞，作为柳世隆的声援。

沈攸之俘虏了郢城法曹南乡范云，命他带一封信回郢城，送给武陵王刘赞一只小牛，送给柳世隆三十条鱼，全都砍去头部。城中守军打算杀了范云，范云说："老母亲和小弟弟，都悬命在沈攸之的手中，如果拒绝他的派遣，灾祸一定降临到亲人身上，今天被杀，死也甘心。"于是，释放了范云。

沈攸之派将领皇甫仲贤攻打武昌，中兵参军公孙方平攻打西阳。武昌太守臧涣投降沈攸之，西阳太守王毓逃往湓城。公孙方平占据了西阳，豫州刺史刘怀珍派建

建宁太守张谟等将万人击之，辛酉，方平败走。平西将军黄回等军至西阳，溯流而进。

攸之素失人情，但劫以威力。初发江陵，已有逃者。及攻郢城，三十余日不拔，逃者稍多。攸之日夕乘马历营抚慰，而去者不息。攸之大怒，召诸军主曰："我被太后令，建义下都。大事若克，白纱帽共著耳。如其不振，朝廷自诛我百口，不关余人。比军人叛散，皆卿等不以为意。我亦不能问叛身，自今军中有叛者，军主任其罪。"于是，一人叛，遣人追之，亦去不返，莫敢发觉，咸有异计。

刘攘兵射书入城请降，柳世隆开门纳之。丁卯夜，攘兵烧营而去。军中见火起，争弃甲走，将帅不能禁。攸之闻之，怒，衔须咀之，收攘兵兄子天赐、女婿张平虏，斩之。向旦，攸之帅众过江，至鲁山，军遂大散，诸将皆走。臧寅曰："幸其成而弃其败，吾不忍为也！"乃投水死。攸之犹有数十骑自随，宣令军中曰："荆州城中大有钱，可相与还取以为资粮。"郢城未有追军，而散军畏蛮抄，更相聚结，可二万人，随攸之还江陵。

张敬兒既斩攸之使者，即勒兵。侦攸之下，遂袭江陵。攸之使子元琰与兼长史江乂、别驾傅宣共守江陵城。敬兒至沙桥，观望未进。城中夜闻鹤唳，谓为军来，乂、宣开门出走，吏民崩溃。元琰奔宠洲，为人所杀。敬兒至江陵，诛攸之二子、四孙。

攸之将至江陵百余里，闻城已为敬兒所据，士卒随之者皆散。攸之无所归，与其子文和走至华容界，皆缢于栎林。己巳，村民斩首送江陵。敬兒擎之以楯，覆以青伞，徇诸市郭，乃送建康。敬兒诛攸之亲党，收其财物数十万，皆以入私。

初，仓曹参军金城边荣，为府录事所辱，攸之为荣鞭杀录事。及敬兒将至，荣为留府司马，或说之使诣敬兒降，荣曰："受沈公厚恩，共如此大事，一朝缓急，便易本心，吾不能也。"城溃，军士执以见敬兒，敬兒曰："边公何不早来！"荣曰："沈公见留守城，不忍委去。本不祈生，何须见问！"敬兒曰："死何难得！"命斩之。荣欢笑而去。荣客太山程邕之抱荣曰："与边公周游，不忍见边公死，乞先见杀。"兵人不得行戮，

宁太守张谟等率一万人反击。正月十三日辛酉，公孙方平战败逃走。平西将军黄回等军抵达西阳，逆流而上。

沈攸之一向丧失人心，只靠暴力来胁迫。刚从江陵出发时，便有人逃亡。后来攻击郢城，三十多天不能攻克，逃亡的人更多。沈攸之骑马日夜不停地视察各营，好言抚慰，可是逃亡者不见停息。沈攸之大怒，召集各军主说："我奉皇太后的命令，首唱大义，前往京都。大事如果成功，白纱帽一起戴。如果失败，朝廷自然会杀我满门百口，跟任何人无关。近日军人纷纷叛离，都是你们没有尽心。我也不能一一追捕，从今天起，军中士卒逃亡，军主承担罪责。"于是，一个人逃亡，派人追捕，追捕的人也跟着逃亡，没有一个人敢报告沈攸之，都开始另做打算。

司马刘攘兵将请降书射入郢城，柳世隆开门接纳。正月十九日丁卯夜晚，刘攘兵纵火烧营，率军离去。军中发现起火，士卒们纷纷弃甲逃命，将领们无法制止。沈攸之得到消息，暴怒，气得咬住自己的胡须。沈攸之立即逮捕刘攘兵的侄儿刘天赐、女婿张平虏，都斩首了。天明时，沈攸之率军过江，抵达鲁山，部众溃散，各将领也都逃走。臧寅说："希望他成功而在失败时抛弃，我不忍心这样做。"便投水自杀。沈攸之身边仍有数十个骑兵侍卫，向军中士卒宣称："荆州城有的是钱粮，你们可以回来，一同去取。"这时，郢城没有派兵追击，逃散的士卒又害怕遭到蛮人的劫杀，于是重新集结，约有两万人，跟随沈攸之，折回江陵。

张敬兒杀了沈攸之的策反使节，随即整顿部队。得到沈攸之东下的消息，立即袭击江陵。沈攸之命儿子沈元琰，与兼长史江乂、别驾傅宣共同守卫江陵城。张敬兒率军抵达沙桥，观望而不前进。城中夜晚听见鹤叫，传言说敌军已到，江乂、傅宣打开城门逃走，官民溃散。沈元琰逃到宠洲，被人诛杀。张敬兒进到江陵，诛杀沈攸之两个儿子、四个孙子。

沈攸之距江陵一百余里，得知城已被张敬兒占领，士卒再度逃散。沈攸之走投无路，跟他的儿子沈文和逃到华容边界，在栎树林中上吊自杀。正月二十一日己巳，乡民砍下沈攸之父子人头，送到江陵。张敬兒把沈攸之擎举到盾牌上，用青布伞覆盖上面，到各集市上展示，然后送到建康。张敬兒屠杀沈攸之亲友党羽，没收财产数十万，都中饱私囊。

当初，仓曹参军金城边荣被府录事参军所侮辱，沈攸之为了边荣将那个录事用皮鞭抽死。张敬兒快要进城时，边荣正任留守司马。有人劝边荣到张敬兒那儿投降，边荣说："身受沈公厚恩，共同担负如此大事，一旦缓急，就改易本心，我不能啊！"城防崩溃，士卒捉住边荣，带到张敬兒面前。张敬兒说："你为什么不早来？"边荣说："沈公命我守城，不忍心丢下，自己逃走。本来就不希望活命，何必多问！"张敬兒说："死有什么难的！"下令将边荣斩首。边荣含笑走出。边荣的门

以白敬兒，敬兒曰：“求死甚易，何为不许！”先杀邕之，然后及荣，军人莫不垂泣。孙同、宗俨之等皆伏诛。

（以上为第十四段，写沈攸之兵败被杀，是因为他素来失去人心，人们仅仅慑于其武力而服从。萧道成平叛成功，大获全胜，干将张敬兒立有大功，但怀有私心。）

丙子，解严，以侍中柳世隆为尚书右仆射，萧道成还镇东府。丁丑，以右卫将军萧赜为江州刺史，侍中萧嶷为中领军。二月，庚辰，以尚书左仆射王僧虔为尚书令，右仆射王延之为左仆射。癸未，加萧道成太尉、都督南徐等十六州诸军事，以卫将军褚渊为中书监、司空。道成表送黄钺。

吏部郎王俭，僧绰之子也，神采渊旷，好学博闻，少有宰相之志，时论亦推许之。道成以俭为太尉右长史，待遇隆密，事无大小专委之。

丁亥，魏主如代汤泉。癸卯，还。

宕昌王弥机初立。三月丙子，魏遣使拜弥机征南大将军、梁益二州牧、河南公、宕昌王。

黄回不乐在郢州，固求南兖，遂帅部曲辄还。辛卯，改都督南兖等五州诸军事、南兖州刺史。

初，王蕴去湘州，湘州刺史南阳王翙未之镇，长沙内史庾佩玉行府事。翙先遣中兵参军韩幼宗将兵戍湘州，与佩玉不相能。及沈攸之反，两人互相疑，佩玉袭杀幼宗。黄回至郢州，遣辅国将军任候伯行湘州事。候伯辄杀佩玉，冀以自免。湘州刺史吕安国之镇，萧道成使安国诛候伯。

夏，四月，甲申，魏主如崞山。丁亥，还。

萧道成以黄回终为祸乱。回有部曲数千人，欲遣收，恐为乱。辛卯，召回入东府。至，停外斋，使桓康将数十人，数回罪而杀之，并其子竟陵相僧念。

甲午，以淮南、宣城二郡太守萧映行南兖州事，仍以其弟晃代之。

五月，魏禁皇族、贵戚及士民之家不顾氏族，下与非类婚偶，犯者以违制论。

魏主与太后临虎圈，有虎逸，登阁道，几至御座，侍卫皆惊靡。吏部尚书王叡执戟御之，太后称以为忠，亲任愈重。

客太山人程邕之抱住边荣说："与边先生交游多年，不忍心看到边先生被杀，宁愿先死。"刽子手不能下刀，报告张敬兒，张敬兒说："求死容易得很，为什么不准？"先斩程邕之，再斩边荣，军卒们都流下了眼泪。孙同、宗俨之等全被诛杀。

正月二十八日丙子，刘宋解除戒严。任命侍中柳世隆为尚书右仆射，骠骑大将军萧道成返回，镇守东府。正月二十九日丁丑，任命左卫将军萧赜为江州刺史，侍中萧嶷为中领军。二月初二日庚辰，提升尚书左仆射王僧虔为尚书令，右仆射王延之为左仆射。二月初五日癸未，加授萧道成太尉、都督南徐等十六州诸军事。任命卫将军褚渊为中书监、司空。萧道成上疏交还了黄钺。

吏部郎王俭是王僧绰的儿子。很有精神风采，渊深旷达，学而不倦，见识博广，从小就有当宰相的志向，舆论对他很推崇。萧道成任命王俭为太尉右长史，待遇很高，事无大小都专门委托交付。

二月初九日丁亥，魏孝文帝巡视代郡温泉。二月二十五日癸卯，返回平城。

宕昌王梁弥机，刚刚继位。三月二十九日丙子，北魏派遣使者任命梁弥机为征南大将军、梁益二州州牧、河南公、宕昌王。

黄回不乐于留在郢州，坚持求任南兖州，擅自率部曲返回了。辛卯，刘宋朝廷改命黄回任都督南兖等五州诸军事，兼南兖州刺史。

当初，王蕴离职时，新任湘州刺史、南阳王刘翙还没有到任，由长沙内史庾佩玉代理府州事。刘翙先派遣中兵参军韩幼宗率军进驻湘州，与庾佩玉互相不容纳。等到沈攸之起兵反抗朝廷，二人互相猜疑，庾佩玉就袭击诛杀了韩幼宗。黄回到郢州时，派辅国将军任候伯代理湘州事。任候伯又斩了庾佩玉，希望能使自己幸免。湘州刺史吕安国到位后，接到萧道成命令，诛杀了任候伯。

夏季，四月初七日甲申，魏孝文帝巡视崞山。四月初十日丁亥，返回平城。

萧道成认为黄回终究是祸患，黄回有部曲数千人，打算遣散或收编，恐怕激起动乱。四月十四日辛卯，萧道成在东府召见黄回。黄回到后，留他在外斋，命桓康率数十人，一一列举黄回的罪状，连同黄回的儿子竟陵相黄僧念一并斩首。

四月十七日甲午，刘宋任命淮南、宣城二郡太守萧映代理南兖州事，仍然用他的弟弟萧晃接替。

五月，北魏禁止皇族、贵戚及官员、士大夫不顾门第，与下层不同阶层人通婚，违者以违抗诏书论处。

魏孝文帝随冯太后一起去虎圈，一只老虎逃出，登上阁道，几乎跑到御座前，左右侍卫吓得倒伏。吏部尚书王叡手拿长矛抵挡。冯太后赞扬他的忠心，更加信任

六月，丁酉，以辅国将军杨文弘为北秦州刺史、武都王。

庚子，魏皇叔若卒。

萧道成以大明以来，公私奢侈，秋，八月，奏罢御府，省二尚方雕饰器玩。辛卯，又奏禁民间华伪杂物，凡十七条。

乙未，以萧赜为领军将军，萧嶷为江州刺史。

（以上为第十五段，写刘宋平定了沈攸之叛乱，重新调整人事，萧道成将异己者全部清除，牢牢把控朝廷；萧道成采取了一些必要的措施，禁止奢侈浪费。）

九月，乙巳朔，日有食之。

萧道成欲引时贤参赞大业，夜，召骠骑长史谢朏，屏与语，久之，朏无言。唯二小儿捉烛，道成虑朏难之，仍取烛遣儿，朏又无言。道成乃呼左右。朏，庄之子也。

太尉右长史王俭知其指，他日，请间言于道成曰："功高不赏，古今非一。以公今日位地，欲终北面，可乎？"道成正色裁之，而神采内和。俭因曰："俭蒙公殊盼，所以吐所难吐，何赐拒之深！宋氏失德，非公岂复宁济！但人情浇薄，不能持久。公若小复推迁，则人望去矣。岂唯大业永沦，七尺亦不可得保。"道成曰："卿言不无理。"俭曰："公今名位，故是经常宰相，宜礼绝群后，微示变革。当先令褚公知之，俭请衔命。"道成曰："我当自往。"经少日，道成自造褚渊，款言移晷，乃谓曰："我梦应得官。"渊曰："今授始尔，恐一二年间未容便移，且吉梦未必应在旦夕。"道成还，以告俭。俭曰："褚是未达理耳。"俭乃唱议加道成太傅，假黄钺，使中书舍人虞整作诏。

道成所亲任遐曰："此大事，应报褚公。"道成曰："褚公不从，奈何？"遐曰："彦回惜身保妻子，非有奇才异节，遐能制之。"渊果无违异。

（以上为第十六段，写刘宋权臣萧道成与近臣谋划登基为帝，谢朏面对此问题一

重用他了。

六月二十一日丁酉，刘宋任命辅国将军杨文弘为北秦州刺史，封武都王。

六月二十四日庚子，北魏皇叔拓跋若去世。

萧道成认为，自大明年间以来，公私奢侈浪费，秋季八月，上疏奏请撤销御府、左右尚方署装饰及玩赏器物。八月十六日辛卯，再上疏奏请禁止民间使用华贵的衣饰和用品，共十七条。

八月二十日乙未，刘宋任命萧赜为领军将军，萧嶷为江州刺史。

九月初一日己巳朔，出现日食。

萧道成计划聘请当时德高望重的人才，共同帮助自己建立伟业。夜晚，召见骠骑长史谢朏，屏去左右侍从交谈，等了很久，谢朏却不说一句话。只有两个手举蜡烛的小儿在旁侍候，萧道成想到谢朏可能感到为难，于是自己手举蜡烛，把两个小儿打发出去，可是，谢朏仍一言不发。萧道成只好把左右唤回房内。谢朏是谢庄的儿子。

太尉右长史王俭知道萧道成的旨意，有一天，向萧道成请求密谈，说道："功劳太高，就没有赏赐，这种事情，从古到今，不止一人。以公今天的地位，想要始终面北称臣，怎么可以呢？"萧道成端正脸色阻止王俭，神情却很温和。王俭说："王俭蒙受公特殊期盼，所以吐说别人所难，为什么拒绝得如此坚决？宋氏失德，如果没有你，怎么能渡过难关？可是人心浇薄，无法持久，只要你稍加迁延，那么人望就会失去，岂止是大业永远沦丧，七尺之躯也不能自保。"萧道成说："你说的不是没有道理。"王俭说："你今天的名望和地位，本来是经常的宰相，最好在礼节上跟一般官员不相往来，略微显示政局将发生变化。不过此事应先告诉褚渊公，我愿意传达这个意思。"萧道成说："我亲自前往。"过了几天，萧道成亲自拜访褚渊，气氛融洽，谈了很久，萧道成才说："我梦见应当得官。"褚渊说："今天宣布的任命，恐怕一二年间不会再有变更，而且吉祥的梦未必应验在旦夕之间。"萧道成回来，告诉王俭，王俭说："褚渊还没有通达事理罢了！"王俭就建议加授萧道成为太傅，再赐给黄钺，命中书舍人虞整撰写诏书。

萧道成的亲信任遐说："这种大事，应该告诉褚渊。"萧道成说："褚渊万一不同意，怎么办？"任遐说："褚渊珍惜生命，爱护妻子儿女，并非有奇特的才能和高尚的节操，我能制住他。"褚渊果然不表示反对。

言不发，王俭却积极怂恿。）

丙午，诏进道成假黄钺、大都督中外诸军事、太傅、领扬州牧，剑履上殿，入朝不趋，赞拜不名，使持节、太尉、骠骑大将军、录尚书、南徐州刺史如故。道成固辞殊礼。

以扬州刺史晋熙王燮为司徒。

戊申，太傅道成以萧映为南兖州刺史。冬，十月，丁丑，以萧晃为豫州刺史。

己卯，获孙昙瓘，杀之。

魏员外散骑常侍郑羲来聘。

壬寅，立皇后谢氏。后，庄之孙也。

十一月，癸亥，临澧侯刘晃坐谋反，与其党皆伏诛。晃，秉之从子也。

甲子，徙南阳王翙为随郡王。

魏冯太后忌青州刺史南郡王李惠，诬云惠将南叛，十二月，癸巳，诛惠及妻并其子弟。太后以猜嫌所夷灭者十余家，而惠所历皆有善政，魏人尤冤惜之。

尚书令王僧虔奏以“朝廷礼乐，多违正典。大明中即以宫县合和鞞拂，节数虽会，虑乖雅体。又，今之清商，实由铜爵，三祖风流，遗音盈耳，京、洛相高，江左弥贵，中庸和雅，莫近于斯。而情变听移，稍复销落，十数年间，亡者将半，民间竞造新声杂曲，烦淫无极，宜命有司悉加补缀。”朝廷从之。

是岁，魏怀州刺史高允以老疾告归乡里，寻复以安车征至平城，拜镇军大将军、中书监。固辞，不许。乘车入殿，朝贺不拜。

（以上为第十七段，写北魏冯太后杀害名将李惠等十余家；刘宋修订朝廷礼乐。）

九月初二日丙午，刘宋颁布诏书，萧道成进阶持有黄钺，大都督中外诸军事、太傅，兼扬州牧，上殿时可以穿鞋佩剑，入朝时不必快步小跑，奏事时不称名，使持节、太尉、骠骑大将军、录尚书、南徐州刺史等官职仍然如故。萧道成坚决辞让特殊的礼遇。

任命扬州刺史、晋熙工刘燮为司徒。

九月初四日戊申，太傅萧道成任命萧映为南兖州刺史。冬季，十月初三日丁丑，任命萧晃为豫州刺史。

十月初五日己卯，刘宋抓获孙昙瓘，斩首。

北魏员外散骑常侍郑羲前来访问。

十月二十八日壬寅，刘宋立皇后谢氏。皇后谢梵境是谢庄的孙女。

十一月二十日癸亥，刘宋临澧侯刘晃因为谋反罪，连同同党一并被诛杀。刘晃是刘秉的侄儿。

十一月二十一日甲子，刘宋改封南阳王刘翙为随郡王。

北魏冯太后猜忌青州刺史南郡王李惠，于是诬陷李惠将向南叛变。十二月二十日癸巳，诛杀李惠和他的妻子以及弟弟、儿子。冯太后因猜疑而屠杀灭掉十余家。李惠历任官职，都有成绩，北魏的百姓特别为李惠呼冤痛惜。

尚书令王僧虔奏称："朝廷所用的礼节和音乐，大多违反古代正典，大明中期，就用悬挂的钟磬来伴奏鞞舞和拂舞，节奏虽然可以合拍，但不够规范。另外，现今流行的清商乐，实际上来自铜雀台。曹氏三代帝王的风韵，遗留下来的乐声仍在耳际。京师洛阳，对它十分崇尚。到了长江以南，更显得高贵，没有再比它更中庸清雅的了。可是，人情变化，趣味转移，以后逐渐衰落。十几年之间，失传的将近一半，民间竞相制作新声与杂乐，杂芜淫荡，应该命令有关部门，加以整理补充。"朝廷批准。

这一年，北魏怀州刺史高允，因年老及患病请准退职，回到家乡。不久，又被朝廷用安车征到平城，任命为镇军大将军、中书监。高允坚决辞让，朝廷不准。准许他坐车直接上殿，朝贺时不用叩头行礼。

【点评】

刘宋苍梧王刘昱乖戾残忍。刘宋苍梧王刘昱是刘宋第八任皇帝，乖戾残忍，皇帝无上的权力放大了他的种种恶行，使其成为中国历史上暴戾残忍皇帝中的奇葩。虽然刘昱小时聪敏，但是个性相当残虐，常常亲手杀人，并到街巷中扰民，杀人成瘾。杀人时剖解肢体，脔割肉块，婴儿亦不能幸免。刘昱喜怒无常，左右稍有令其不合心意之处，就拳脚相向。最奇怪的是他会突发奇想，用骨头当箭头射萧道成的肚脐，并且得意地大笑说："这手艺如何！"亲自磨短矛，说："明天就杀萧道成。"如果不招惹萧道成，恐怕还会多造孽一些时候。最后杀他的恰是平日最为得意的身边左右杨玉夫，致命的在于苍梧王的"忽憎之"，突然憎恨起杨玉夫，说道："明天就杀了你这小子，挖出肝肺！"结果不到第二天，就被杨玉夫杀死。殿中官员听到苍梧王已死的消息，都高呼万岁，这是异乎寻常的事情，说明天下的人容忍他已经很久了。

齐纪一

齐高帝建元元年至齐武帝永明元年（479—483年）

【起屠维协洽（己未，479年），尽昭阳大渊献（癸亥，483年），凡五年】

【大事提要】

本卷起自公元479年至公元483年，凡五年，时当齐高帝建元元年至齐武帝永明元年。本卷所载大事，南朝齐大事两件，其一，南齐又以萧道成事迹为重。萧道成迫使宋顺帝禅位，刘宋灭亡。萧道成称帝，是为齐高帝，国号齐。齐高帝萧道成原来常说："能让我治理天下十年，就能让黄金与泥土同价。"他深谋远虑，宽宏大量，学识广博，能写文章，生性节俭。看见主衣库中有玉导，便敕令中书说："留着此物，正是滋长一切弊病的根源！"当即命令将玉导打碎，还检查库中存放着什么奇巧的物品，依照这一事例处理。其二，齐高帝死，太子赜即位，是为齐武帝。再次开始了因疑忌而诛杀大臣的事。荀伯玉、桓崇祖、张敬兒、谢超宗都死于非命。北朝北魏大事一件，萧道成称帝，改朝换代，北魏乘机以接纳刘昶恢复刘宋皇室为由向南齐发动进攻。几场仗打下来没有占到便宜，之后两国恢复外交关系。

【原文】

太祖高皇帝

建元元年（己未，479 年）

春，正月，甲辰，以江州刺史萧嶷为都督荆湘等八州诸军事、荆州刺史，尚书左仆射王延之为江州刺史，安南长史萧子良为督会稽等五郡诸军事、会稽太守。

初，沈攸之欲聚众，开民相告，士民坐执役者甚众。嶷至镇，一日罢遣三千余人。府州仪物，务存俭约，轻刑薄敛，所部大悦。

辛亥，以竟陵世子赜为尚书仆射，进号中军大将军、开府仪同三司。

太傅道成以谢朏有重名，必欲引参佐命，以为左长史。尝置酒与论魏、晋故事，因曰："石苞不早劝晋文，死方恸哭，方之冯异，非知机也。"朏曰："晋文世事魏室，必将身终北面；借使魏依唐、虞故事，亦当三让弥高。"道成不悦。甲寅，以朏为侍中，更以王俭为左长史。

丙辰，以给事黄门侍郎萧长懋为雍州刺史。

二月，丙子，邵陵殇王友卒。

辛巳，魏太皇太后及魏主如代郡温泉。

甲午，诏申前命，命太傅赞拜不名。

己亥，魏太皇太后及魏主如西宫。

三月，癸卯朔，日有食之。

甲辰，以太傅为相国，总百揆，封十郡，为齐公，加九锡，其骠骑大将军、扬州牧、南徐州刺史如故。乙巳，诏齐国官爵礼仪，并仿天朝。丙午，以世子赜领南豫州刺史。

杨运长去宣城郡还家，齐公遣人杀之。凌源令潘智与运长厚善，临川王绰，义庆之孙也，绰遣腹心陈诚说智曰："君先帝旧人，身是宗室近属，如此形势，岂得久全！若招合内外，计多有从者。台城内人常有此心，苦无人建意耳。"智即以告齐公。庚戌，诛绰兄弟及其党与。

【语译】

太祖高皇帝

齐高帝建元元年（己未，479 年）

春季，正月初二日甲辰，刘宋任命江州刺史萧嶷为都督荆湘等八州诸军事、荆州刺史，任命尚书左仆射王延之为江州刺史，任命安南长史萧子良为都督会稽等五郡诸军事、会稽太守。

当初，沈攸之想要聚集众人，开启百姓互相告发，因此获罪服役的士人和平民为数众多。萧嶷来到荆州，一天以内就遣散了三千多人。府州礼仪器物的陈设，萧嶷都力求俭省节约，减轻刑罚赋役，本州百姓大为欢悦。

正月初九日辛亥，刘宋任命竟陵世子萧赜为尚书仆射，晋升封号为中军大将军、开府仪同三司。

太傅萧道成因谢朏名声显著，一定要延引他参与辅佐，让他担任左长史。曾经摆上酒席，谈论魏晋时期的旧事，萧道成乘机对谢朏说："石苞没有及早劝说晋文王司马昭登基，等他死后，才去痛哭，与汉代冯异相比，还不算是通晓机宜的啊。"谢朏说："晋文王世代事奉魏王室，必将终生北面称臣。假如曹魏依照唐尧把帝位传给虞舜的先例行事，晋文王也应当经过三次推让会更为崇高。"萧道成很不高兴。正月十二日甲寅，任命谢朏为侍中，另外任命王俭为左长史。

正月十四日丙辰，宋顺帝任命给事黄门侍郎萧长懋为雍州刺史。

二月初四日丙子，刘宋邵陵殇王刘友去世。

二月初九日辛巳，北魏太皇太后及孝文帝巡视代郡温泉。

二月二十二日甲午，刘宋颁布诏书重申以前的命令，太傅朝拜时，不必自己称名。

二月二十七日己亥，北魏太皇太后及孝文帝巡视西宫。

三月初一日癸卯朔，出现日食。

三月初二日甲辰，刘宋任命太傅萧道成为相国，总领百官，封给他十个郡，号称齐公，赐九锡，仍然担任骠骑大将军、扬州牧、南徐州刺史。三月三日乙巳，颁布诏令决定，齐国的官职爵位和礼典仪式，一概仿效刘宋朝廷。三月初四日丙午，任命萧道成的世子萧赜兼任南豫州刺史。

杨运长离开宣城郡解职回家，齐公萧道成派人将他杀死。凌源县令潘智与杨运长交情深厚。临川王刘绰，是刘义庆的孙子。刘绰派遣亲信陈赞劝诱潘智说："您是先朝皇帝的故旧之人，我是宗室的近亲，在现今的形势下，难道能够长期得以保全吗？如果招揽聚集朝廷内外，估计会有许多人追随。宫城以内的人经常抱有这种想

甲寅，齐公受策命，赦其境内，以石头为世子宫，一如东宫。褚渊引何曾自魏司徒为晋丞相故事，求为齐官，齐公不许。以王俭为齐尚书右仆射，领吏部。俭时年二十八。

（以上为第一段，写齐公萧道成抑制不住篡位的冲动，希望借重名臣谢朏的名望，带头劝进，而谢朏希望他以三让为高，萧道成转而重用王俭；刘氏宗室刘绰对其不满，萧道成将其诛灭。）

夏，四月，壬申朔，进齐公爵为王，增封十郡。

甲戌，武陵王赞卒，非疾也。

丙戌，加齐王殊礼，进世子为太子。

辛卯，宋顺帝下诏禅位于齐。壬辰，帝当临轩，不肯出，逃于佛盖之下，王敬则勒兵殿庭，以板舆入迎帝。太后惧，自帅阉人索得之，敬则启譬令出，引令升车。帝收泪谓敬则曰："欲见杀乎？"敬则曰："出居别宫耳。官先取司马家亦如此。"帝泣而弹指曰："愿后身世世勿复生天王家！"宫中皆哭。帝拍敬则手曰："必无过虑，当饷辅国十万钱。"是日，百僚陪位。侍中谢朏在直，当解玺绶，阳为不知，曰："有何公事？"传诏云："解玺绶授齐王。"朏曰："齐自应有侍中。"乃引枕卧。传诏惧，使朏称疾，欲取兼人，朏曰："我无疾，何所道！"遂朝服步出东掖门，仍登车还宅。乃以王俭为侍中，解玺绶。礼毕，帝乘画轮车，出东掖门就东邸。问："今日何不奏鼓吹？"左右莫有应者。右光禄大夫王琨，华之从父弟也，在晋世已为郎中，至是，攀车獭尾恸哭曰："人以寿为欢，老臣以寿为戚。既不能先驱蝼蚁，乃复频见此事！"呜咽不自胜，百官雨泣。

司空兼太保褚渊等奉玺绶，帅百官诣齐宫劝进，王辞让未受。渊从弟前安成太守炤谓渊子贲曰："司空今日何在？"贲曰："奉玺绶在齐大司马门。"炤曰："不知汝家司空将一家物与一家，亦复何谓！"甲午，王即

法，只是苦于没有人提出这一主张罢了。”潘智当即把这番话向齐公萧道成禀告。三月初八日庚戌，齐公萧道成诛杀了刘绰兄弟及其党羽。

三月十二日甲寅，齐公萧道成接受策书的任命，大赦齐国境内，以石头城为世子的宫室，与东宫完全一样。褚渊援引何曾由曹魏的司徒担任西晋的丞相的旧事，请求担任南齐的官员，齐公萧道成没有应允。任命王俭为齐国尚书右仆射，主管吏部。当时，王俭只有二十八岁。

夏季，四月初一日壬申朔，宋顺帝进封齐公萧道成的爵位为王，增加十个郡的封地。

四月初三日甲戌，刘宋武陵王刘赞去世，并不是因病而终的。

四月十五日丙戌，刘宋以特殊的礼节对待齐王萧道成，进齐国世子为太子。

四月二十日辛卯，宋顺帝颁布诏书禅帝位于齐王。四月二十一日壬辰，宋顺帝应当亲临殿前会见百官，但是不肯出来，逃到佛像的宝盖下面。王敬则整肃军队来到宫殿的庭院中，抬着木板轿子入宫迎接宋顺帝。太后害怕了，率领宦官找到了宋顺帝，王敬则劝诱宋顺帝，让他从宝盖下面出来，领着他上了轿子。宋顺帝止住眼泪，对王敬则说：“准备杀死我吗？”王敬则说：“只是到另外的宫殿中居住罢了。官家先前取代司马家也是这样做的。”宋顺帝流泪弹指说：“但愿今后生生世世不再出生在帝王家！”宫中都哭泣起来。宋顺帝拍着王敬则的手说：“若不被杀害，就赠送辅国将军十万钱。”当天，百官为齐王陪席，侍中谢朏正在值班，应当解送玺印，假装不知道，问道：“有什么公事吗？”有人传达诏旨说：“解送玺印，交给齐王。”谢朏说：“齐王自然应当另有侍中。”便拉过枕头，躺了下来。传达诏旨的官员害怕了，便让谢朏声称得了疾病，打算另找一个兼任侍中的人，谢朏说：“我没有病，为什么这么说！”于是穿着朝服走出东掖门，上了车，回住宅去了。便让王俭担任侍中，解送玺印。礼典结束以后，宋顺帝坐着彩漆画轮的车子，出了东掖门，巡视东边的府邸。宋顺帝问：“为什么今天没有器乐演奏？”左右都没有人回答。右光禄大夫王琨是王华的堂弟，在晋朝已经担任了郎中，到了此时，抓着车上悬着的獭尾痛哭着说：“人们都为长寿高兴，老臣却为长寿悲哀。既然此身不能够早死如蝼蚁，方才屡次目睹今天发生的这种事情！”呜咽哭泣，难以自制，百官也都泪如雨下。

司空兼太保褚渊等人捧上皇帝玺印，率领百官前往齐王宫请萧道成即帝位，齐王推辞谦让，没有接受。褚渊的堂弟前任安成太守褚炤对褚渊的儿子褚贲说：“今天司空在哪里？”褚贲说：“在齐王宫大司马门奉献玺印。”褚炤说：“我真不知道你家

皇帝位于南郊。还宫，大赦，改元。奉宋顺帝为汝阴王，优崇之礼，皆仿宋初。筑宫丹杨，置兵守卫之。宋神主迁汝阴庙，诸王皆降为公。自非宣力齐室，余皆除国，独置南康、华容、萍乡三国，以奉刘穆之、王弘、何无忌之后，除国者凡百二十人。二台官僚，依任摄职，名号不同、员限盈长者，别更详议。

（以上为第二段，写齐王萧道成禅代建齐，即帝位，改元建元，开启了南朝新的篇章。）

以褚渊为司徒，宾客贺者满座。褚炤叹曰："彦回少立名行，何意披猖至此！门户不幸，乃复有今日之拜。使彦回作中书郎而死，不当为一名士邪！名德不昌，乃复有期颐之寿！"渊固辞不拜。

奉朝请河东裴颉上表，数帝过恶，挂冠径去。帝怒，杀之。太子赜请杀谢朏，帝曰："杀之遂成其名，正应容之度外耳。"久之，因事废于家。

帝问为政于前抚军行参军沛国刘瓛，对曰："政在《孝经》。凡宋氏所以亡，陛下所以得者，皆是也。陛下若戒前车之失，加之以宽厚，虽危可安；若循其覆辙，虽安必危矣。"帝叹曰："儒者之言，可宝万世！"

丙申，魏主如崞山。

丁酉，以太子詹事张绪为中书令，齐国左卫将军陈显达为中护军，右卫将军李安民为中领军。绪，岱之兄子也。

戊戌，以荆州刺史嶷为尚书令、骠骑大将军、开府仪同三司、扬州刺史，南兖州刺史映为荆州刺史。

帝命群臣各言得失。淮南、宣城二郡太守刘善明"请除宋氏大明、泰始以来诸苛政细制，以崇简易"。又以为："交州险远，宋末政苛，遂至怨叛，今大化创始，宜怀以恩德。且彼土所出，唯有珠宝，实非圣朝所须之急，讨伐之事，谓宜且停。"给事黄门郎清河崔祖思亦上言，以为："人不学则不知道，此悖逆祸乱所由生也。今无员之官，空受禄力，雕耗民财。宜开文武二学，课台、府、州、国限外之人各从所乐，依方习业。若有废惰者，遣还故郡；经艺优殊者，待以不次。又，今陛下虽躬履节俭，而群下犹安习侈靡。宜褒进朝士之约素清修者，贬退其骄奢荒淫者，

司空把一家的物件交给另一家，这又是怎么回事！”四月二十三日甲午，齐王在建康南郊登临帝位。回宫以后，大赦天下，更改年号为建元。尊奉宋顺帝为汝阴王，优待尊崇的礼典，完全效仿刘宋初年的做法。在丹杨为宋顺帝修筑宫室，设置兵力守卫。刘宋各位皇帝的神位都被迁移到汝阴庙中，诸王都降爵为公；如果没有为南齐皇室出力，公侯以下一律削除国号，唯独设置南康、华容、萍乡三国，以便奉养刘穆之、王弘与何无忌的后人；削除国号的诸王计有一百二十人。刘宋、南齐的台官要臣仍然保持原来的职位，名号不同以及超员的事，另外再加详细计议。

褚渊被任命为司徒，前来祝贺的宾客挤满了座席。褚炤叹息着说：“彦回从少年时便建树名望与操行，有谁料想得到他会猖狂到这般地步！褚家门户不幸，才会又有今天的拜官之举。假使彦回担任中书郎而死去，不应当成为一位名士吗！如今他的名誉与德行都败坏了，可是偏偏会长命百岁！”褚渊坚决不肯接受任命。

奉朝请河东裴颢上表指斥齐高帝萧道成的过失与丑行，挂了官帽径直离去。齐高帝大怒，杀了他。太子萧赜请求杀掉谢朏，齐高帝说：“杀了谢朏，便成就了他的名望，正应该包容把他置之度外。”过了好长一段时间，谢朏终于因事被废免在家。

齐高帝向前任抚军行参军沛国人刘瓛询问如何治理国家，刘瓛回答说：“政务就在《孝经》里面。大凡宋所以灭亡，陛下所以得国的原因，其中都包含在《孝经》里。倘若陛下能够将前事引以为戒，再加上待人宽和仁厚，即使国家已经垂危了，也可以安定下来；倘若陛下重蹈覆辙，即使国家很安定，也一定会招致危亡。”齐高帝感叹着说：“儒士的话，真可以作为流传万世的至理名言啊！”

四月二十五日丙申，魏孝文帝巡视崞山。

四月二十六日丁酉，南齐任命太子詹事张绪为中书令，左卫将军陈显达为中护军，右卫将军李安民为中领军。张绪是张岱哥哥的儿子。

四月二十七日戊戌，南齐任命荆州刺史萧嶷为尚书令、骠骑大将军、开府仪同三司、扬州刺史，南兖州刺史萧映为荆州刺史。

齐高帝命令群臣各自进言朝政得失。淮南、宣城二郡太守刘善明说：“请求废除宋氏大明、泰始以来的各项苛暴琐碎的政令与制度，以示崇尚简要平易。”还认为：“交州地势险要而偏远，宋的末年政令苛暴，遂招致民怨而叛乱。如今大教化刚刚开创，应当以恩惠与德行感化。况且交州土地上出产的物品，只有珠宝，实在不是圣朝急需的东西。讨伐交州的事情，应当暂时停止下来。”给事黄门郎清河崔祖思进言认为：“如果人们不肯求学，就不明白道理，这正是叛逆与祸乱所以产生的根由。现今，不在名额以内的官员，空受俸禄和人力，消耗民众的财富。应当开设文武两类学校，考核朝廷、府州、封国中编制以外的官员，使各自按照本人意愿，学习课

则风俗可移矣。”宋元嘉之世，凡事皆责成郡县。世祖征求急速，以郡县迟缓，始遣台使督之。自是使者所在旁午，竞作威福，营私纳赂，公私劳扰。会稽太守闻喜公子良上表极陈其弊，以为：“台有求须，但明下诏敕，为之期会，则人思自竭。若有稽迟，自依纠坐之科。今虽台使盈凑，会取正属所办，徒相疑愤，反更淹懈，宜悉停台使。”员外散骑郎刘思效上言：“宋自大明以来，渐见凋弊，征赋有加而天府尤贫。小民嗷嗷，殆无生意。而贵族富室，以侈丽相高，乃至山泽之民，不敢采食其水草。陛下宜一新王度，革正其失。”上皆加褒赏，或以表付外，使有司详择所宜，奏行之。己亥，诏：“二宫诸王，悉不得营立屯邸，封略山湖。”

（以上为第三段，写谢朏不屈从萧道成，被废免在家；萧道成令群臣进言朝廷得失，刘善明、崔祖思、萧子良、刘思效等上书言事，大部分被萧道成采纳。）

魏主还平城。

魏秦州刺史尉洛侯、雍州刺史宜都王目辰、长安镇将陈提等皆坐贪残不法，洛侯、目辰伏诛，提徙边。

又诏以“候官千数，重罪受赇不列，轻罪吹毛发举，宜悉罢之”。更置谨直者数百人，使防逻街术，执喧斗者而已。自是吏民始得安业。

自泰始以来，内外多虞，将帅各募部曲，屯聚建康。李安民上表，以为“自非淮北常备外，余军悉皆输遣；若亲近宜立随身者，听限人数”。上从之。五月，辛亥，诏断众募。

壬子，上赏佐命之功，褚渊、王俭等进爵、增户各有差。处士何点谓人曰：“我作《齐书》已竟，赞云：‘渊既世族，俭亦国华。不赖舅氏，遑恤国家！’”点，尚之孙也。渊母宋始安公主，继母吴郡公主，又尚巴西公主。俭母武康公主，又尚阳羡公主。故点云然。

业。如果有人荒废怠惰者，便遣返本郡；如果有人经学优异，便不拘等次地任用。再者，如今虽然陛下亲自奉行节约俭省的风尚，但是群臣仍然安于奢侈浪费。应当表彰进用节俭朴素、持身清正的朝廷官员，贬抑斥逐那些骄横奢侈、耽于佚乐的官员，风尚习俗就可以改变了。”刘宋元嘉年间，凡事务都督责郡县去完成。世祖凡事都要求火速办理，认为郡县行动缓慢，便开始由朝廷派遣使者督责郡县。从此，派出的使者到处交错而行，竞相恃势弄权，谋求私利，收受贿赂，官府与百姓都疲劳困扰。会稽太守闻喜公萧子良上表，极力陈述其弊病，认为：“朝廷有所需求，只要公开颁发诏书敕令，指定期限，人们自然就会想方设法。如果耽误期限，自然应该依照法令纠察判罪。现今，虽然朝廷的使者遍布，可是仍然需要通过州县官员去办理。结果，徒然使得朝廷的使者与负责其事的官员相互猜疑怀恨，反而更为迟缓松懈。应当将派出的使者全部停罢。”员外散骑郎刘思效进言说：“宋自从大明年间以来，逐渐显现出凋敝的迹象。虽然征收赋税不断增加，但是天子的库存却愈见贫乏。小民嗷嗷待哺，几乎已经没有生机。然而贵族富户，以生活奢侈豪华相炫耀，却使山林湖泽间的百姓，不敢采摘食用他们的水草。陛下应当刷新王者的政教，改正其过失。”皇上都给予奖励，还将有的表奏交付外廷，让有关部门详细斟酌适用的办法，然后上奏施行。四月二十八日己亥，颁布诏书说：“两宫诸王，一律不允许营建宫室，封存霸占山林湖泊。”

魏孝文帝返回平城。

北魏秦州刺史尉洛侯、雍州刺史宜都王拓跋目辰、长安镇将陈提等人都因贪婪残暴不法而获罪，尉洛侯与拓跋目辰被判死刑，陈提流放边远地区。

又颁布诏令说：“候官有一千多人，犯有重罪收到贿赂，就不再论列，犯罪较轻吹毛求疵地检举的情况，应当全部罢除。”北魏重新设置数百名恭谨正直的人员，让他们在城邑的街道上巡逻防卫，捉拿任意喧闹打斗的人。从此，官吏与百姓才得以各安本业。

自从泰始年间以来，国家不断内忧外患，将帅各自募集部曲，集结在建康周围。李安民上表认为：“如果不属于淮北常备军，其余各军应当全部遣送回去。倘若属于与主帅亲密接近、适合随侍身旁的兵士，可以限定人数。”齐高帝听从了建议。五月初十日辛亥，颁布诏书命令禁止将帅招募部曲。

五月十一日壬子，齐高帝封赏辅佐建立新朝的功臣，褚渊、王俭等人晋升爵位，增加封户，各有等差。隐士何点对人说：“我写作《齐书》完毕，赞是这样说的：‘褚渊既是世家大族，王俭也是国家的精英。不依赖舅父，又哪里顾惜得国家！’”何点是何尚之的孙子。褚渊的母亲是刘宋的始安公主，继母是吴郡公主，又娶了巴西公

己未，或走马过汝阴王之门，卫士恐。有为乱者奔入杀王，而以疾闻，上不罪而赏之。辛酉，杀宋宗室阴安公燮等，无少长皆死。前豫州刺史刘澄之，遵考之子也，与褚渊善，渊为之固请曰："澄之兄弟不武，且于刘宗又疏。"故遵考之族独得免。

丙寅，追尊皇考曰宣皇帝，皇妣陈氏曰孝皇后。

丁卯，封皇子钧为衡阳王。

上谓兖州刺史垣崇祖曰："吾新得天下，索虏必以纳刘昶为辞，侵犯边鄙。寿阳当虏之冲，非卿无以制此虏也。"乃徙崇祖为豫州刺史。

（以上为第四段，写南齐萧道成听从谋臣建议，禁止将帅招募部曲；怂恿不法之徒杀害刘宋顺帝刘准以及宗室；并有先见之明，预见北魏以纳刘昶为由侵犯南齐。）

六月，丙子，诛游击将军姚道和，以其贰于沈攸之也。

甲子，立王太子赜为皇太子，皇子嶷为豫章王，映为临川王，晃为长沙王，晔为武陵王，暠为安成王，锵为鄱阳王，铄为桂阳王，鉴为广陵王，皇孙长懋为南郡王。

乙酉，葬宋顺帝于遂宁陵。

帝以建康居民舛杂，多奸盗，欲立符伍以相检括，右仆射王俭谏曰："京师之地，四方辐凑，必也持符，于事既烦，理成不旷，谢安所谓'不尔何以为京师'也。"乃止。

初，交州刺史李长仁卒，从弟叔献代领州事，以号令未行，遣使求刺史于宋。宋以南海太守沈焕为交州刺史，以叔献为焕宁远司马，武平、新昌二郡太守。叔献既得朝命，人情服从，遂发兵守险，不纳焕。焕停郁林，病卒。

秋，七月，丁未，诏曰："交趾、比景，独隔书朔，斯乃前运方季，因迷遂往。宜曲赦交州，即以叔献为刺史，抚安南土。"

魏葭芦镇主杨广香请降，丙辰，以广香为沙州刺史。

八月，乙亥，魏主如方山；丁丑，还宫。

主，王俭的母亲是武康公主，又娶了阳羡公主。所以，何点才有这种说法。

五月十八日己未，有人骑马经过汝阴王家门，卫士们便恐惧起来。有一个作乱的人跑进去杀死了汝阴王，却以汝阴王生病上报，齐高帝不但没有治罪，反而奖赏了他。五月二十日辛酉，杀害了刘宋宗室阴安公刘燮等人，无论老少，一律处死。前任豫州刺史刘澄之是刘遵考的儿子，与褚渊交好，褚渊便替刘澄之再三讲情说："刘澄之兄弟并不通晓军事，况且他们与刘氏的宗支关系又很疏远！"所以，只有刘遵考的家族得免于一死。

五月二十五日丙寅，齐高帝追尊亡父为宣皇帝，亡母陈氏为孝皇后。

五月二十六日丁卯，齐高帝将皇子萧钧封为衡阳王。

齐高帝对兖州刺史垣崇祖说："我新近才得到天下，魏虏肯定会以收容刘昶为说辞，前来侵犯边界地区。寿阳地当魏虏南下的交通要道，没有你无法制服这些胡虏了。"便将垣崇祖改任为豫州刺史。

六月初六日丙子，南齐诛杀游击将军姚道和，由于他附和沈攸之的缘故。

六月十四日甲子，南齐立王太子萧赜为皇太子，皇子萧嶷为豫章王，萧映为临川王，萧晃为长沙王，萧晔为武陵王，萧暠为安成王，萧锵为鄱阳王，萧铄为桂阳王，萧鉴为广陵王，皇孙萧长懋为南郡王。

六月十五日乙酉，南齐安葬宋顺帝在遂宁陵。

齐高帝因为建康居民成分复杂，多奸恶盗贼，打算设置符信，编制军民户籍，以五人为伍，以便互相检举监督。右仆射王俭进谏说："京城地区，四方人员汇集，如果一定要手执符信，事体很烦琐，在情理上说，难以持久，这就是谢安所说的'不这样怎么可以叫作京城'的意思啊。"取消了原来的打算。

当初，交州刺史李长仁去世以后，堂弟李叔献代替他统领州中事务，由于不能够有效地发号施令，便派遣使者向刘宋朝廷请求任命刺史。刘宋朝廷任命南海太守沈焕为交州刺史，以李叔献为沈焕的宁远司马，武平、新昌二郡太守。李叔献得到朝廷的任命以后，人心顺服了。于是，李叔献调集兵力，防守险要，不让沈焕进境到任。沈焕在郁林停留下来，因病逝去。

秋季，七月初七日丁未，齐高帝颁布诏令："只有交趾、比景没有接受朝廷颁布的历法，这是由于前朝国运正当末路，迷惘遂往的做法。应当赦免交州，任命李叔献为交州刺史，前去安抚南疆。"

北魏葭芦镇主杨广香请求归降。七月十六日丙辰，任命杨广香为沙州刺史。

八月初六日乙亥，魏孝文帝巡视方山。八月初八日丁丑，返回宫中。

上闻魏将入寇，九月，乙巳，以豫章王嶷为荆、湘二州刺史，都督如故，以临川王映为扬州刺史。

丙午，以司空褚渊领尚书令。

壬子，魏以侍中、司徒、东阳王丕为太尉，侍中、尚书右仆射陈建为司徒，侍中、尚书代人苟颓为司空。

己未，魏安乐厉王长乐谋反，赐死。

庚申，魏陇西宣王源贺卒。

冬，十月，己巳朔，魏大赦。

癸未，汝阴太妃王氏卒，谥曰宋恭皇后。

初，晋寿民李乌奴与白水氐杨成等寇梁州，梁州刺史范柏年说降乌奴，击成，破之。及沈攸之事起，柏年遣兵出魏兴，声云入援，实候望形势。事平，朝廷遣王玄邈代之。诏柏年与乌奴俱下，乌奴劝柏年不受代。柏年计未决，玄邈已至，柏年乃留乌奴于汉中，还至魏兴，盘桓不进。左卫率豫章胡谐之尝就柏年求马，柏年曰："马非狗也，安能应无已之求！"待使者甚薄；使者还，语谐之曰："柏年云：'胡谐之何物狗！所求无厌！'"谐之恨之，谮于上曰："柏年恃险聚众，欲专据一州。"上使雍州刺史南郡王长懋诱柏年，启为府长史。柏年至襄阳，上欲不问，谐之曰："见虎格得，而纵上山乎？"甲午，赐柏年死。李乌奴叛入氐，依杨文弘，引氐兵千余人寇梁州，陷白马戍。王玄邈使人诈降诱乌奴，乌奴轻兵袭州城，玄邈伏兵邀击，大破之，乌奴挺身复走入氐。

初，玄邈为青州刺史，上在淮阴，为宋太宗所疑，欲北附魏，遣书结玄邈。玄邈长史清河房叔安曰："将军居方州之重，无故举忠孝而弃之，三齐之士，宁蹈东海而死耳，不敢随将军也。"玄邈乃不答上书。及罢州还，至淮阴，严军直过；至建康，启太宗，称上有异志。及上为骠骑，引为司马，玄邈甚惧，而上待之如初。及破乌奴，上曰："玄邈果不负吾意遇也。"叔安为宁蜀太守，上赏其忠正，欲用为梁州，会病卒。

（以上为第五段，写南齐高帝萧道成欲对京城设置符伍，编制民户，五人为伍互相检举监督，右仆射王俭反对而罢；梁州刺史范柏年得罪左卫率胡谐之，被报复致死；王玄邈忠诚正直，平定梁州乱事。）

齐高帝听说北魏准备前来侵犯，九月初六日乙巳，任命豫章王萧嶷为荆、湘二州刺史，仍旧担任都督的职务，还任命临川王萧映为扬州刺史。

九月初七日丙午，南齐任命司空褚渊兼任尚书令。

九月十三日壬子，北魏任命侍中、司徒、东阳王拓跋丕为太尉，侍中、尚书右仆射陈建为司徒，侍中、尚书代郡人氏苟颓为司空。

九月二十日己未，北魏安乐厉王拓跋长乐谋反，赐他自杀。

九月二十一日庚申，北魏陇西宣王源贺去世。

冬季，十月初一日己巳朔，北魏大赦。

十月十五日癸未，汝阴王太妃王氏去世，谥号宋恭皇后。

当初，晋寿百姓李乌奴与白水氐人杨成等人进犯梁州，梁州刺史范柏年劝说李乌奴归降，前去进击杨成，并打败了他。及至沈攸之举兵反抗朝廷，范柏年派兵由魏兴进发，声称前去援助朝廷，实际是观望事态的形势。事情平息，朝廷派遣王玄邈去接替，命令范柏年与李乌奴一起南下京城，李乌奴劝说范柏年不要接受替代。范柏年没有决定下来，王玄邈已经来到。范柏年乃将李乌奴留在汉中，自己回到魏兴，有意逗留，不再进发了。左卫率豫章人氏胡谐之曾经到范柏年那里索取马匹，范柏年说："马可不是狗啊，怎么能够满足无止境的要求！"对使者待遇菲薄，使者回去以后，告诉胡谐之说："范柏年说：'胡谐之是什么狗！索求起来，永不满足！'"胡谐之记恨范柏年，便向齐高帝诬陷说："范柏年凭借险要，聚集徒众，打算割据一州。"皇上让雍州刺史南郡王萧长懋劝诱范柏年，奏请任命为本州长史。范柏年来到襄阳以后，皇上打算不再追究，胡谐之却说："老虎捕获到手，难道还要放虎归山吗？"十月二十六日甲午，赐范柏年自裁而死。李乌奴叛逃到氐人居住的地区去，依附杨文弘，带领着氐人的兵马一千多人侵犯梁州，攻陷了白马戍。王玄邈让人佯装投降，引诱李乌奴上钩。李乌奴率领兵马轻装偷袭梁州城，王玄邈埋伏着的兵马拦击阻截，大破李乌奴。李乌奴脱身又逃到氐人中间去了。

当初，王玄邈担任青州刺史的时候，齐高帝正在淮阴，遭到宋明帝的猜疑，准备北上依附北魏，写信结交王玄邈。王玄邈的长史清河房叔安说："将军担负着一州的重任，没有道理将忠孝之道抛弃，三齐地区的人们宁肯跳到东海中淹死，也不敢随从将军的。"王玄邈便没有回复齐高帝的书信。及至王玄邈解职州官返回，行至淮阴，让军队严密警戒，径直开了过去。到达建康以后，报告了宋明帝，声称萧道成怀有异志。及至萧道成担任骠骑大将军，延引王玄邈担任司马，王玄邈非常恐惧，但萧道成却仍然像往常一样地对待他。到了打败李乌奴的时候，齐高帝说："王玄邈果然没有辜负我对他的心意啊。"房叔安担任宁蜀太守，齐高帝赏识房叔安的忠诚正直，打算任用他去梁州，却正赶上他因病去世。

十一月，辛亥，立皇太子妃裴氏。

癸丑，魏遣假梁郡王嘉督二将出淮阴，陇西公琛智督三将出广陵，河东公薛虎子督三将出寿阳，奉丹杨王刘昶入寇。许昶以克复旧业，世胙江南，称藩于魏。蛮酋桓诞请为前驱，以诞为南征西道大都督。义阳民谢天盖自称司州刺史，欲以州附魏，魏乐陵镇将韦珍引兵渡淮应接。豫章王嶷遣中兵参军萧惠朗将二千人助司州刺史萧景先讨天盖，韦珍略七千余户而去。景先，上之从子也。南兖州刺史王敬则闻魏将济淮，委镇还建康，士民惊散，既而魏竟不至。上以其功臣，不问。

上之辅宋也，遣骁骑将军王洪范使柔然，约与共攻魏。洪范自蜀出吐谷浑历西域乃得达。至是，柔然十余万骑寇魏，至塞上而还。

是岁，魏诏中书监高允议定律令。允虽笃老，而志识不衰。诏以允家贫养薄，令乐部丝竹十人五日一诣允以娱其志，朝晡给膳，朔望致牛酒，月给衣服绵绢。入见则备几杖，问以政治。

契丹莫贺弗勿干帅部落万余口入附于魏，居白狼水东。

（以上为第六段，写北魏出动数路大军攻打南齐，南兖州刺史王敬则弃镇而跑；北魏敬重德高望重的老臣高允，请他审定刑法律令，并给予高允以周到的关怀与抚慰。）

二年（庚申，480年）

春，正月，戊戌朔，大赦。

以司空褚渊为司徒，尚书右仆射王俭为左仆射。渊不受。

辛丑，上祀南郊。

魏陇西公琛等攻拔马头戍，杀太守刘从。乙卯，诏内外纂严，发兵拒魏，征南郡王长懋为中军将军，镇石头。

魏广川庄王略卒。

魏师攻钟离，徐州刺史崔文仲击破之。文仲遣军主崔孝伯渡淮，攻魏茌眉戍主龙得侯等，杀之。文仲，祖思之族人也。

群蛮依阻山谷，连带荆、湘、雍、郢、司五州之境，闻魏师入寇，

十一月十三日辛亥，南齐立皇太子妃裴氏。

十一月十五日癸丑，北魏派遣假梁郡王拓跋嘉督统两员将领出兵淮阴，陇西公拓跋琛督统三员将领出兵广陵，河东公薛虎子督统三员将领出兵寿阳，共同辅佐丹杨王刘昶前来侵犯。北魏答应让刘昶恢复昔日的基业，世世代代统辖江南，做北魏的藩属之国。蛮人酋长桓诞请求担任前锋，便任命桓诞为南征西道大都督。义阳平民谢天盖自称司州刺史，准备率领全州归附北魏，北魏乐陵镇将韦珍领兵渡过淮水，前来接应。豫章王萧嶷派遣中兵参军萧惠朗带领两千人，帮助司州刺史萧景先讨伐谢天盖，韦珍劫掠人口七千多户离去。萧景先是齐高帝的侄子。南兖州刺史王敬则得知北魏将领渡过淮水，便丢下本镇，返回建康，百姓惊惶失散，但北魏军队始终没有到来。齐高帝因王敬则是有功之臣，没有追究罪责。

齐高帝辅佐刘宋王室的时候，派遣骁骑将军王洪范出使柔然，约定共同进攻北魏。王洪范从蜀中出发，过了吐谷浑，历经西域，才得以到达柔然。至此，柔然十多万骑兵侵犯北魏，直抵塞上，才撤军而回。

这一年，北魏颁布诏书，命令中书监高允计议并制定刑律法令。高允虽然老迈年高，但是神志清楚，记忆不衰。颁布诏书由于高允家境贫寒，供养菲薄，命令乐队每隔五天便派十个人前往高允处演奏，以便使高允心情愉快；供给早晨与晚间的膳食，每逢初一和十五日便送去牛肉与美酒，每月供给衣服、丝绵和绢帛。高允入朝进见的时候，为高允准备几案与手杖，询问治理国家政务的意见。

契丹莫贺弗勿干率领部落一万多人归附北魏，在白狼水以东居住下来。

齐高帝建元二年（庚申，480 年）

春季，正月初一日戊戌朔，南齐大赦天下。

南齐任命司空褚渊为司徒，任命尚书右仆射王俭为左仆射。褚渊没有接受任命。

正月初四日辛丑，齐高帝于南郊祭祀。

北魏陇西公拓跋琛等人攻克马头戍，杀南齐太守刘从。正月十八日乙卯，诏令朝廷内外戒严，调集兵力，抵御北魏，征召南郡王萧长懋出任中军将军，镇守石头。

北魏广川庄王拓跋略去世。

北魏军队进攻钟离，徐州刺史崔文仲将北魏军打败。崔文仲派遣军主崔孝伯渡过淮水，攻打北魏茌眉戍主龙得侯等人，将他们杀掉。崔文仲是崔祖思的同族。

各部蛮人凭依着高山深谷，连带荆州、湘州、雍州、郢州、司州五州的边境，

□尽发民丁，南襄城蛮秦远乘虚寇潼阳，杀县令。司州蛮引魏兵寇平昌，平昌戍主苟元宾击破之。北上黄蛮文勉德寇汶阳，汶阳太守戴元宾弃城奔江陵。豫章王嶷遣中兵参军刘伾绪将千人讨之，至当阳，勉德请降，秦远遁去。

魏将薛道标引兵趣寿阳，上使齐郡太守刘怀慰作冠军将军薛渊书以招道标。魏人闻之，召道标还，使梁郡王嘉代之。怀慰，乘民之子也。二月，丁卯朔，嘉与刘昶寇寿阳。将战，昶四向拜将士，流涕纵横，曰："愿同勠力，以雪仇耻！"

魏步骑号二十万，豫州刺史垣崇祖集文武议之，欲治外城，堰肥水以自固。皆曰："昔佛狸入寇，南平王士卒完盛，数倍于今，犹以郭大难守，退保内城。且自有肥水，未尝堰也，恐劳而无益。"崇祖曰："若弃外城，虏必据之，外修楼橹，内筑长围，则坐成擒矣。守郭筑堰，是吾不谏之策也。"乃于城西北堰肥水，堰北筑小城，周为深堑，使数千人守之，曰："虏见城小，以为一举可取，必悉力攻之，以谋破堰；吾纵水冲之，皆为流尸矣。"魏人果蚁附攻小城，崇祖著白纱帽，肩舆上城。晡时，决堰下水，魏攻城之众漂坠堑中，人马溺死以千数。魏师退走。

（以上为第七段，写北魏南侵大军，在徐州、寿阳连吃败仗，狼狈撤退。）

谢天盖部曲杀天盖以降。

宋自孝建以来，政纲弛紊，簿籍讹谬。上诏黄门郎会稽虞玩之等更加检定，曰："黄籍，民之大纪，国之治端。自顷巧伪日甚，何以厘革？"玩之上表，以为："元嘉中，故光禄大夫傅隆年出七十，犹手自书籍，躬加隐校。今欲求治取正，必在勤明令长。愚谓宜以元嘉二十七年籍为正，更立明科，一听首悔。迷而不返，依制必戮。若有虚昧，州县同科。"上从之。

上以群蛮数为叛乱，分荆、益置巴州以镇之。壬申，以三巴校尉

听说北魏军队前来侵犯，征集所有的人丁参军。南襄城蛮人秦远趁着空虚无备侵犯潼阳，杀掉县令。司州蛮人带领北魏军队进犯平昌，平昌戍主苟元宾将他们击败。北上黄蛮人文勉德侵犯汶阳，汶阳太守戴元宾丢下城池，逃奔江陵。豫章王萧嶷派遣中兵参军刘伾绪率领一千人讨伐，来到当阳的时候，文勉德请求投降，秦远逃走了。

北魏将领薛道标领兵奔赴寿阳，齐高帝让齐郡太守刘怀慰假借将军薛渊之名送出书信，招抚薛道标。北魏方面闻讯以后，便将薛道标召回，让梁郡王拓跋嘉替代他。刘怀慰是刘乘民的儿子。二月初二日丁卯朔，拓跋嘉与刘昶侵犯寿阳。在将要交战的时候，刘昶面向东西南北四方，对将士们叩头行礼，泪流纵横地说："愿大家齐心合力，为我报仇雪耻！"

北魏的步兵骑兵号称二十万，豫州刺史垣崇祖召集文武官员商议，打算整治外城，在肥水上修筑堤坝以强固自己。大家都说："以往，佛狸拓跋焘前来侵犯，南平王兵多将广，士气高昂，兵力是现今的好几倍，尚且认为外城太大，难以守卫，所以退入内城防守。而且自从有肥水，从不曾筑过堤坝，恐怕此举也是徒劳无益。"垣崇祖说："如果放弃外城，胡虏肯定会占领外城，在外面修建望高台，在里面筑成长墙，那就会坐以待擒了。防守外城，修筑堤坝，这是任何人也不能谏止、改变的既定计策啊！"于是在豫州城的西北方修筑堤坝，拦截肥水，在堤坝的北面修筑一座小城，四周是深沟，派遣好几千人守卫，垣崇祖说："胡虏看到此城狭小，以为一举可得，肯定会全力攻打此城，企图破坏堤坝。我放水冲击，就全都成了漂着的尸体了。"果然，魏军像蚁群般地趋附并攻打小城，垣崇祖头戴白色的纱帽，乘着轿子，登上城来。到了黄昏时分，垣崇祖命令决开堤坝，放水冲灌，攻城的魏军全都被冲进沟堑，淹死的人员马匹数以千计。魏军撤退走了。

谢天盖的部曲将谢天盖杀掉，归降了南齐。

刘宋自孝建年间以来，政治纲纪废弛紊乱，田簿户籍谬误。齐高帝颁布诏书命令黄门郎会稽人虞玩之等人重新核查审定，说道："户籍，是百姓的基本记载，是国家治理的端绪。近来弄虚作假日益严重，应当怎样改正呢？"虞玩之上表认为："元嘉年间，已故的光禄大夫傅隆年过七十，仍然亲手缮写户籍，亲自核实。现今，要想使户籍得到整顿纠正偏失，一定要使各县长官精勤廉明。我认为应当以元嘉二十七年的户籍为基准，重新制订明确的法令，允许违法者自首悔过。执迷不悟，就依照命令必然杀戮。倘若谎报隐瞒，州县与违法者一同治罪。"齐高帝听从了他的建议。

齐高帝因为各部蛮人屡次制造叛乱，从荆州与扬州两地分出一部分另设巴州，

明慧昭为巴州刺史，领巴东太守。是时，齐之境内，有州二十三，郡三百九十，县千四百八十五。

乙酉，崔文仲遣军主陈靖拔魏竹邑，杀戍主白仲都；崔叔延破魏睢陵，杀淮阳太守梁恶。

三月，丁酉朔，以侍中西昌侯鸾为郢州刺史。鸾，帝兄始安贞王道生之子也。早孤，为帝所养，恩过诸子。

魏刘昶以雨水方降，表请还师，魏人许之；丙午，遣车骑大将军冯熙将兵迎之。

夏，四月，辛巳，魏主如白登山；五月，丙申朔，如火山；壬寅，还平城。

自晋以来，建康宫之外城唯设竹篱，而有六门。会有发白虎樽者，言"白门三重关，竹篱穿不完。"上感其言，命改立都墙。

李乌奴数乘间出寇梁州，豫章王嶷遣中兵参军王图南将益州兵，从剑阁掩击之；梁、南秦二州刺史崔慧景发梁州兵屯白马，与图南覆背击乌奴，大破之，乌奴走保武兴。慧景，祖思之族人也。

秋，七月，辛亥，魏主如火山。

戊午，皇太子穆妃裴氏卒。

诏南郡王长懋移镇西州。

角城戍主举城降魏。秋，八月，丁酉，魏遣徐州刺史梁郡王嘉迎之。又遣平南将军郎大檀等三将出朐城，将军白吐头等二将出海西，将军元泰等二将出连口，将军封延等三将出角城，镇南将军贺罗出下蔡，同入寇。

甲辰，魏主如方山。戊申，游武州山石窟寺。庚戌，还平城。

崔慧景遣长史裴叔保攻李乌奴于武兴，为氐王杨文弘所败。

（以上为第八段，写南齐高帝萧道成听从谋臣建议，重新审核田簿户籍，并分设巴州；叛民李乌奴侵犯梁州，被打败，逃到武兴，据城固守；北魏再兴数路大军侵犯南齐。）

九月，甲午朔，日有食之。

丙午，柔然遣使来聘。

汝南太守常元真、龙骧将军胡青苟降于魏。

以便镇守。二月初六壬申，任命三巴校尉明慧昭为巴州刺史，兼任巴东太守。这时，南齐境内拥有二十三个州，三百九十个郡，一千四百八十五个县。

二月十九日乙酉，崔文仲派遣军主陈靖攻克了北魏的竹邑，杀了戍主白仲都。崔叔延攻破了北魏的睢陵，杀了淮阳太守梁恶。

三月初一日丁酉朔，齐高帝任命侍中、西昌侯萧鸾为郢州刺史。萧鸾是齐高帝的哥哥始安贞王萧道生的儿子。萧鸾幼年丧父，被皇帝收养，疼爱超过了亲生诸子。

北魏刘昶因为正当雨季，上表请求将军队撤回，朝廷允许了他的请求。三月初十日丙午，派遣车骑大将军冯熙率领军队前去迎接。

夏季，四月十六日辛巳，魏孝文帝巡视白登山。五月初一日丙申朔，巡视火山。五月初七日壬寅，返回平城。

自从晋朝以来，建康宫室的外城只是用竹篱环绕着，有六个大门。正好碰上了有个敢于提意见的人，饮酒进言说："白门三重关，竹篱穿不完。"齐高帝感动于这句话，命令改建城墙。

李乌奴多次乘机出兵侵犯梁州，豫章王萧嶷派遣中兵参军王图南率领益州军队，由剑阁突袭李乌奴。梁州、南秦州两州刺史崔慧景调集梁州军队屯驻白马，与王图南覆背夹击李乌奴，将他打得大败，李乌奴逃往武兴，据城防守。崔慧景是崔祖思的同族。

秋季，七月十七日辛亥，魏孝文帝巡视火山。

七月二十四日戊午，南齐皇太子穆妃裴氏去世。

齐高帝颁布诏书命令南郡王萧长懋迁移到西州。

角城戍主率领全城归降北魏。秋季，八月丁酉，北魏派遣徐州刺史梁郡王拓跋嘉迎接角城戍主。又派遣平南将军郎大檀等三员将领出兵朐城，将军白吐头等两员将领出兵海西，将军元泰等两员将领出兵连口，将军封延等三员将领出兵角城，镇南将军贺罗出兵下蔡，一同南来侵犯。

甲辰，魏孝文帝巡视方山。戊申，游览武州山石窟寺。庚戌，返回平城。

崔慧景派遣长史裴叔保在武兴进攻李乌奴，被氐王杨文弘击败。

九月初一日甲午朔，出现日食。

九月十三日丙午，柔然派遣使者前来通问修好。

汝南太守常元真和龙骧将军胡青苟向北魏投降。

闰月，辛巳，遣领军李安民循行清、泗诸戍以备魏。

魏梁郡王嘉帅众十万围朐山，朐山戍主玄元度婴城固守，青、冀二州刺史范阳卢绍之遣子奂将兵助之。庚寅，元度大破魏师。台遣军主崔灵建等将万余人自淮入海，夜至，各举两炬；魏师望见，遁去。

冬，十月，王俭固请解选职，许之；加俭侍中，以太子詹事何戢领选。上以戢资重，欲加常侍，褚渊曰："圣旨每以蝉冕不宜过多。臣与王俭既已左珥，若复加戢，则八座遂有三貂，若帖以骁、游，亦为不少。"乃以戢为吏部尚书，加骁骑将军。

甲辰，以沙州刺史杨广香为西秦州刺史，又以其子炅为武都太守。

丁未，魏以昌黎王冯熙为西道都督，与征南将军桓诞出义阳，镇南将军贺罗出钟离，同入寇。

淮北四州民不乐属魏，常思归江南，上多遣间谍诱之。于是，徐州民桓标之、兖州民徐猛子等所在蜂起为寇盗，聚众保五固，推司马朗之为主。魏遣淮阳王尉元、平南将军薛虎子等讨之。

十一月，戊寅，丹阳尹王僧虔上言："郡县狱相承有上汤杀囚，名为救疾，实行冤暴。岂有死生大命，而潜制下邑！愚谓囚病必先刺郡，求职司与医对共诊验，远县家人省视，然后处治。"上从之。

戊子，以杨难当之孙后起为北秦州刺史、武都王，镇武兴。

十二月，戊戌，以司空褚渊为司徒。渊入朝，以腰扇障日，征虏功曹刘祥从侧过，曰："作如此举止，羞面见人，扇障何益！"渊曰："寒士不逊！"祥曰："不能杀袁、刘，安得免寒士！"祥，穆之之孙也。祥好文学，而性韵刚疏，撰《宋书》，讥斥禅代。王俭密以闻，坐徙广州而卒。

闰九月十八日辛巳，南齐派遣领军李安民前往清水、泗水一带的各个戍守点，防备北魏的进攻。

北魏梁郡王拓跋嘉率领十万兵马包围朐山，朐山戍主玄元度环城坚守，青州、冀州两州刺史范阳人氏卢绍之派遣儿子卢奂率兵援助。闰九月二十七日庚寅，玄元度大败魏军。朝廷派遣军主崔灵建等人率领一万余人由淮水入海，黑夜降临的时候，各举两把火炬，魏军远远望见，便逃走了。

冬季，十月，王俭再三请求解除执掌吏部的职务，朝廷允许了，加授王俭为侍中，任命太子詹事何戢主持铨选。齐高帝认为何戢的资望很高，便打算加授为常侍。褚渊说："皇上的旨意往往认为金蝉珥貂的侍从贵近的官员不应该过多。我与王俭已经在朝冠左方加饰貂尾，如果再给何戢挂貂，在八座中便有三人冠饰貂尾了。如果让何戢兼任骁骑将军、游击将军，也不算少的了。"乃任命何戢为吏部尚书，加任骁骑将军。

十月十二日甲辰，任命沙州刺史杨广香为西秦州刺史，又任命他的儿子杨炅为武都太守。

十月十五日丁未，北魏任命昌黎王冯熙为西道都督，与征南将军桓诞出兵义阳，另使镇南将军贺罗出兵钟离，一起南下。

淮北四州百姓不愿意归附北魏，常想着返回江南地区。齐高帝派遣了许多间谍去诱导他们。这时徐州百姓桓标之、兖州百姓徐猛子等人到处蜂拥而起为寇盗，集结民众，防守五固，推举司马朗之担任首领。北魏派遣淮阳王尉元和平南将军薛虎子等人前去讨伐。

十一月十六日戊寅，丹阳尹王僧虔上言说："郡县的监狱历来沿袭用有毒的汤药杀死有病罪囚的做法，名义上说是要救活病人，实际上是用暴行冤杀囚犯。岂有将人命关天的大事，交由地方官暗中控制！我认为，如果罪囚病了，一定要先向郡主禀告，要求主管官员会同医生一齐前去诊断验查。对于家住僻远各县的罪囚，家人前来探望，然后才能处治。"齐高帝听从了王僧虔的建议。

十一月二十六日戊子，南齐任命杨难当的孙子杨后起为北秦州刺史、武都王，镇守武兴。

十二月初七日戊戌，南齐任命司空褚渊为司徒。褚渊入朝进见，用折扇遮蔽阳光，征虏功曹刘祥从他身边经过的时候说："做出这样的举动，羞于当面见人，用扇子遮掩有什么用！"褚渊说："寒酸士人出言不逊！"刘祥说："不能诛杀袁粲和刘秉，怎么能免于当寒酸士人呢？"刘祥是刘穆之的孙子。刘祥喜爱文献经典，性情刚正，才调疏狂。撰修了《宋书》，讥讽诋斥帝位禅让，王俭暗中上报，因此获罪，贬到广州死了。

太子宴朝臣于玄圃，右卫率沈文季与褚渊语相失，文季怒曰："渊自谓忠臣，不知死之日何面目见宋明帝！" 太子笑曰："沈率醉矣。"

壬子，以豫章王嶷为中书监、司空、扬州刺史，以临川王映为都督荆雍等九州诸军事、荆州刺史。

是岁，魏尚书令王叡进爵中山王，加镇东大将军；置王官二十二人，以中书侍郎郑羲为傅，郎中令以下皆当时名士。又拜叡妻丁氏为妃。

（以上为第九段，写南齐高帝萧道成派军救援朐山，北魏军望风而逃；褚渊曾三让司徒，卖身投靠萧道成，受到讥评，刘祥、沈文季等人极尽嘲讽，褚渊无地自容。）

三年（辛酉，481 年）

春，正月，封皇子锋为江夏王。

魏人寇淮阳，围军主成买于角城，上遣领军将军李安民为都督，与军主周盘龙等救之。魏人缘淮大掠，江北民皆惊走渡江，成买力战而死。盘龙之子奉叔以二百人陷陈深入，魏以万余骑张左右翼围之。或告盘龙云"奉叔已没"，盘龙驰马奋矟，直突魏陈，所向披靡。奉叔已出，复入求盘龙。父子两骑萦扰，魏数万之众莫敢当者；魏师遂败，杀伤万计。魏师退，李安民等引兵追之，战于孙溪渚，又破之。

己卯，魏主南巡，司空苟颓留守；丁亥，魏主至中山。

二月，丁卯朔，魏大赦。

丁酉，游击将军桓康复败魏师于淮阳，进攻樊谐城，拔之。

魏主自中山如信都；癸卯，复如中山；庚戌，还，至肆州。

沙门法秀以妖术惑众，谋作乱于平城；苟颓帅禁兵收掩，悉擒之。魏主还平城，有司囚法秀，加以笼头，铁锁无故自解。魏人穿其颈骨，祝之曰："若果有神，当令穿肉不入。"遂穿以徇，三日乃死。议者或欲尽杀道人，冯太后不可，乃止。

南齐太子萧赜在玄圃宴请朝廷百官，右卫率沈文季与褚渊话不投机，沈文季生气地说："褚渊认为自己是一个忠臣，不知道死后怎么还能有脸去见宋明帝！"太子萧赜笑着说："沈率是喝醉啦！"

十二月二十一日壬子，南齐任命豫章王萧嶷为中书监、司空、扬州刺史，任命临川王萧映为都督荆、雍等九州诸军事和荆州刺史。

这一年，北魏尚书令王叡晋升爵位为中山王，加任镇东大将军。王府设置官员二十二人，由中书侍郎郑羲担任王傅，郎中令以下都是当时的知名之士。还将王叡的妻子丁氏封为王妃。

齐高帝建元三年（辛酉，481年）

春季，正月，齐高帝将皇子萧锋封为江夏王。

北魏侵犯淮阳，把军主成买包围在角城，齐高帝派遣领军将军李安民担任都督，与军主周盘龙等人前去援救。魏军在淮水沿岸大肆劫掠，江北百姓纷纷惊惶逃走渡过长江，成买奋力战斗而死。周盘龙的儿子周奉叔，率领二百人冲入北魏军阵的深处，北魏派出一万多人的骑兵，分成左右两翼，包围周奉叔。有人向周盘龙报告说："周奉叔已经阵亡。"周盘龙跃马疾驱，奋力挥动长矛，径直冲入北魏军阵，所向披靡。周奉叔冲出敌阵以后，又进去寻找周盘龙。周氏父子两人骑马奔驰冲撞，北魏好几万人中无人敢抵挡。魏军败了下来，死伤的人马数以万计。魏军撤退的时候，李安民等人又率领军队前去追击，在孙溪渚发生战斗，又一次打败魏军。

正月十八日己卯，魏孝文帝南下巡视，司空苟颓留守。正月二十六日丁亥，魏孝文帝来到中山。

二月，丁卯朔，北魏大赦。

二月初七日丁酉，游击将军桓康在淮阳再次打败魏军，接着进攻樊谐城，攻取了。

魏孝文帝从中山巡视信都。二月十三日癸卯，再次巡视中山。二月二十日庚戌，启程返回，来到肆州。

僧人法秀以妖术迷惑民众，密谋作乱于平城。苟颓率领禁卫军前去收捕掩袭，全部捉获。魏孝文帝回到平城以后，有关部门将法秀拘禁起来，戴上笼头，但是笼头上的铁锁自动打开了。看守人员准备用铁链穿透法秀的颈骨，便诅咒说："倘若果真神通广大，铁链就应该穿不进皮肉。"结果看守人员用铁锁链穿着法秀的颈骨示众，历时三天才死去。有人提议将道人全部杀掉，冯太后不同意，于是停止。

垣崇祖之败魏师也，恐魏复寇淮北，乃徙下蔡戍于淮东。既而魏师果至，欲攻下蔡；闻其内徙，欲夷其故城。己酉，崇祖引兵渡淮击魏，大破之，杀获千计。

晋、宋之际，荆州刺史多不领南蛮校尉，别以重人居之。豫章王嶷为荆、湘二州刺史，领南蛮。嶷罢，更以侍中王奂为之，奂固辞，曰："西土戎烬之后，痍毁难复。今复割撤太府，制置偏校，崇望不足助强，语实交能相弊。且资力既分，职司增广，众劳务倍，文案滋烦，窃以为国计非允。"癸丑，罢南蛮校尉官。

三月，辛酉朔，魏主如肆州；己巳，还平城。

魏法秀之乱，事连兰台御史张求等百余人，皆以反法当族。尚书令王叡请诛首恶，宥其余党。乃诏："应诛五族者，降为三族；三族者，门诛；门诛，止其身。"所免千余人。

夏，四月，己亥，魏主如方山。冯太后乐其山川，曰："他日必葬我于是，不必祔山陵也。"乃为太后作寿陵，又建永固石室于山上，欲以为庙。

桓标之等有众数万，寨险求援。庚子，诏李安民督诸将往迎之，又使兖州刺史周山图自淮入清，倍道应接。淮北民桓磊磈破魏师于抱犊固。李安民赴救迟留，标之等皆为魏所灭，余众得南归者尚数千家；魏人亦掠三万余口归平城。

魏任城康王云卒。

五月，壬戌，邓至王像舒遣使入贡于魏。邓至者，羌之别种，国于宕昌之南。

（以上为第十段，写南齐名将周盘龙父子英勇无双，冲入敌阵如入无人之境，打败数万敌军；淮北民反抗北魏统治，因救助迟缓，全军覆没；南齐撤销南蛮校尉建制。）

六月，壬子，大赦。

甲辰，魏中山宣王王叡卒。叡疾病，太皇太后、魏主屡至其家视疾。

垣崇祖打败魏军以后，担心北魏再来侵犯淮水北岸地区，便将下蔡戍迁移淮东。不久，魏军队果然前来，准备攻打下蔡，得知下蔡内迁，便打算铲平下蔡旧城。二月十九日己酉，垣崇祖率领军队渡过淮水，进击北魏，将魏军打得大败，杀死和俘获人员数以千计。

在晋、刘宋时期，荆州刺史往往并不兼任南蛮校尉，另外委派重要官员担任此职。豫章王萧嶷担任荆、湘两州刺史的时候，却兼任了南蛮校尉。萧嶷罢职以后，又让侍中王奂出任两州刺史兼南蛮校尉，王奂再三推辞着说："西部疆土在经受战火以后，遭到的破坏已经难以恢复。现今又要割舍太府，设置一些偏将。提高其名望不足以增强实力，说到实际却能交叉职能，造成弊病。何况物资与权力分散，职能部门增多，劳务一定成倍增加，公文案卷愈加繁复。我认为若为国家利益着想，这种做法并不允当。"二月二十三日癸丑，取消了南蛮校尉的建置。

三月初一日辛酉朔，魏孝文帝巡视肆州。三月初九日己巳，返回平城。

北魏法秀作乱牵连到兰台御史张求等一百多人，按照谋反的刑法应当全部灭族。尚书令王叡请求只诛杀罪魁祸首，而宽恕法秀残余的党羽。就颁布诏书说："应当诛灭五族的，降为诛灭三族；应当诛灭三族的，降为诛灭全家；应当诛灭全家的，只诛灭本人。"因此幸免的有一千多人。

夏季，四月初十日己亥，魏孝文帝巡视方山。冯太后喜爱这里的山川，便说："将来一定要把我安葬在此地，不必合葬在先帝的陵寝中。"乃为冯太后预修陵墓，又在方城山上修建永固石室，准备用作陵庙。

桓标之等人拥有好几万兵马，在险要处安营扎寨，向朝廷请求救援。四月十一日庚子，诏令李安民督统各位将领前去迎接，又让兖州刺史周山图由淮水转入清水，兼程赶路，前去接应。淮北百姓桓磊魂在抱犊固打败北魏军队。李安民前去救援，行动缓慢，桓标之等人全部被北魏消灭，得以返回南方的残余百姓还有好几千家。北魏人也掳掠了三万多人回到平城。

北魏任城康王拓跋云去世。

五月初三日壬戌，邓至王像舒派遣使者向北魏进贡。邓至是羌人的一个分支，在宕昌南面建立国家。

六月二十四日壬子，南齐大赦天下。

六月十六日甲辰，北魏中山宣王王叡去世。王叡患病期间，太皇太后和魏孝文

及卒，赠太宰，立庙于平城南。文士为叡作哀诗及诔者百余人，及葬，自称亲姻、义旧，衰绖哭送者千余人。魏主以叡子中散大夫袭代叡为尚书令，领吏部曹。

戊午，魏封皇叔简为齐郡王，猛为安丰王。

秋，七月，己未朔，日有食之。

上使后军参军车僧朗使于魏。甲子，僧朗至平城。魏主问曰："齐辅宋日浅，何故遽登大位？"对曰："虞、夏登庸，身陟元后，魏、晋匡辅，贻厥子孙，时宜各异耳。"

辛酉，柔然别帅他稽帅众降魏。

杨文弘遣使请降，诏复以为北秦州刺史。先是，杨广香卒，其众半奔文弘，半奔梁州。文弘遣杨后起进据白水。上虽授以官爵，而阴敕晋寿太守杨公则使伺便图之。

宋昇明中，遣使者殷灵诞、苟昭先如魏，闻上受禅，灵诞谓魏典客曰："宋、魏通好，忧患是同。宋今灭亡，魏不相救，何用和亲！"及刘昶入寇，灵诞请为昶司马，不许。九月，庚午，魏阅武于南郊，因宴群臣；置车僧朗于灵诞下，僧朗不肯就席，曰："灵诞昔为宋使，今为齐民。乞魏主以礼见处。"灵诞遂与相忿詈。刘昶赂宋降人解奉君于会刺杀僧朗，魏人收奉君，诛之；厚送僧朗之丧，放灵诞等南归。及世祖即位，昭先具以灵诞之语启闻，灵诞坐下狱死。

辛未，柔然主遣使来聘，与上书，谓上为"足下"，自称曰"吾"，遗上师子皮裤褶，约共伐魏。

魏尉元、薛虎子克五固，斩司马朗之，东南诸州皆平。尉元入为侍中、都曹尚书，薛虎子为彭城镇将，迁徐州刺史。时州镇戍兵，资绢自随，不入公库。虎子上表，以为："国家欲取江东，先须积谷彭城。切惟在镇之兵，不减数万，资粮之绢，人十二匹；用度无准，未及代下，不免饥寒，公私损费。今徐州良田十万余顷，水陆肥沃，清、汴通流，足以溉灌。若以兵绢市牛，可得万头，兴置屯田，一岁之中，且给官食。

帝多次到他家中探望病情。及至去世，追赠他为太宰，立陵庙在平城南，文学之士为王叡撰写哀诗与诔文的有一百多人。到了安葬的时候，自称是姻戚、故旧，穿着丧服哭泣送葬的，有一千多人。魏孝文帝让王叡的儿子中散大夫王袭代替王叡担任尚书令，总领吏部各曹。

六月三十日戊午，魏孝文帝封皇叔拓跋简为齐郡王，将拓跋猛封为安丰王。

秋季，七月初一日己未朔，出现日食。

齐高帝让后军参军车僧朗出使北魏。七月初六日甲子，车僧朗来到平城。魏孝文帝问道："齐辅佐宋的时间很短，为什么能够突然登上帝位？"车僧朗回答说："虞舜、夏禹登位称帝，是自身上升为天子。魏、晋辅佐前朝，是将帝位留给子孙后代。这是适应各自不同的时势罢了。"

七月初三日辛酉，柔然别帅他稽率领本部归降北魏。

北魏杨文弘派遣使者前来请求归降，颁布诏书重新任命他为北秦州刺史。此前，杨广香去世，部下一半投奔杨文弘，一半投奔梁州。杨文弘派遣杨后起进军占领了白水。齐高帝虽然授给杨文弘官职爵位，但是暗中又敕令晋寿太守杨公则趁便时除掉杨文弘。

刘宋昇明年间，派遣使者殷灵诞、苟昭先前往北魏。得知齐高帝接受帝位禅让以后，殷灵诞便对北魏的典客官说："宋、魏通问修好，忧患相同。宋国今天灭亡了，魏国却不肯相救，和睦相亲还有什么用处！"及至刘昶入寇，殷灵诞请求担任刘昶的司马，刘昶没有答应。九月十三日庚午，北魏在平城南郊检阅兵马，因而设宴招待群臣。北魏将车僧朗的座次安置在殷灵诞的下首，车僧朗不肯入席，他说："过去殷灵诞是宋国使者，现今却成了齐国平民。请求魏国皇帝按照礼节对待我。"殷灵诞遂与车僧朗相互怒骂。刘昶贿赂刘宋的降将解奉君在宴会上刺死车僧朗。北魏方面收捕解奉君，将他杀死，隆重地为车僧朗送葬，将殷灵诞等人放还南朝。及至齐武帝即位，苟昭先将殷灵诞说的话全部启奏武帝，殷灵诞获罪在牢狱中死去。

九月十四日辛未，柔然可汗派遣使者前来南齐通问致意，在国书中，称齐高帝为"足下"，自称为"吾"，向齐高帝赠送了狮子皮制成的一身骑装，约定共同讨伐北魏。

北魏尉元与薛虎子攻克五固，斩杀司马朗之，东南各州平定了。尉元回朝后担任侍中、都曹尚书，薛虎子担任彭城镇将，晋升为徐州刺史。当时戍守州镇的军队，都是将财物绢帛随军携带，不用上缴官库。薛虎子上表认为："国家准备进取江东地区，就必须首先在彭城贮积谷物。我考虑安置在州镇上的兵力，不少于数万人，充当军资粮饷的绢帛，每人十二匹，开支没有标准，士兵们没等到被替换，不免忍饥受冻了，对官府与私人都是一种损害和浪费。现今，徐州拥有良田十万多顷，水源

半兵芸殖，余兵屯戍，且耕且守，不妨捍边。一年之收，过于十倍之绢；暂时之耕，足充数载之食。于后兵资皆贮公库，五稔之后，谷帛俱溢，非直戍卒丰饱，亦有吞敌之势。”魏人从之。虎子为政有惠爱，兵民怀之。会沛郡太守邵安、下邳太守张攀以赃污为虎子所按，各遣子上书，告虎子与江南通，魏主曰：“虎子必不然。”推按，果虚，诏安、攀皆赐死，二子各鞭一百。

吐谷浑王拾寅卒，世子度易侯立。冬，十月，戊子朔，以度易侯为西秦河二州刺史、河南王。

魏中书令高闾等更定新律成，凡八百三十二章；门房之诛十有六，大辟二百三十五，杂刑三百七十七。

初，高昌王阚伯周卒，子义成立；是岁，其从兄首归杀义成自立。高车王可至罗杀首归兄弟，以敦煌张明为高昌王，国人杀明，立马儒为王。

（以上为第十一段，写北魏杨文弘派使者前来南齐请求归降；柔然派使者前来通好，相约共伐北魏；北魏重新制定律令；高昌国王位更迭，阚氏被高车王所灭。）

四年（壬戌，482 年）

春，正月，壬戌，诏置学生二百人，以中书令张绪为国子祭酒。

甲戌，魏大赦。

三月，庚申，上召司徒褚渊、尚书左仆射王俭受遗诏辅太子；壬戌，殂于临光殿。太子即位，大赦。

高帝沉深有大量，博学能文。性清俭，主衣中有玉导，上敕中书曰：“留此正是兴长病源！”即命击碎；仍检按有何异物，皆随此例。每曰：“使我治天下十年，当使黄金与土同价。”

乙丑，以褚渊录尚书事，王俭为侍中、尚书令，车骑将军张敬兒开府仪同三司。丁卯，以前将军王奂为尚书左仆射。庚午，以豫章王嶷为太尉。

充足，土壤肥沃，清水与汴水流经全境，足够灌溉土地之需。倘若用军用的绢帛去购买耕牛，能够买到一万头，用来兴办屯田。在头一年里，暂且由官府供应食用。用一半的兵员开荒种地，用其余的兵员屯兵戍守，边耕种，边防守，并不妨碍保卫边疆。而一年的收获，要超过绢帛价值的十倍，短期的耕种，能够满足数年的食需。此后，军用物资全部贮存在官库，五年之后，谷物与绢帛便都会充盈起来，不仅可以使屯戍的士兵丰衣足食，而且会产生吞灭敌军的气势。”孝文帝听从了薛虎子的建议。薛虎子处理政务时有恩惠与慈爱，军民都归心于他。适逢沛郡太守邵安与下邳太守张攀贪污的案件由薛虎子查处，邵安与张攀便各自指使儿子上书，控告薛虎子暗通南齐。魏孝文帝说：“薛虎子肯定不是这样的。”追究调查，果然事属虚构，颁布诏书赐邵安与张攀一律自裁而死，二人的儿子分别笞打一百皮鞭。

吐谷浑王慕容拾寅去世，长子慕容度易侯即位。冬季，十月初一日戊子朔，任命慕容度易侯为西秦、河二州刺史，封为河南王。

北魏中书令高闾等人重新制定的律令告竣，共有八百三十二章。灭门灭族的律令有十六章，死刑的律令有二百三十五章，其他杂刑律令有三百七十七章。

当初，高昌王阚伯周去世，儿子阚义成即位。这一年，他的堂兄阚首归杀死阚义成，自立为王。高车王可至罗杀死阚首归兄弟，立敦煌张明为高昌王，国人又杀死张明，立马儒为国王。

齐高帝建元四年（壬戌，482 年）

春季，正月初七日壬戌，齐高帝颁布诏令设置学生二百人，任命中书令张绪为国子祭酒。

正月十九日甲戌，北魏大赦。

三月初六日庚申，齐高帝召见司徒褚渊和尚书左仆射王俭接受遗诏，辅佐太子。三月初八日壬戌，齐高帝在临光殿去世。太子即帝位，宣布大赦。

齐高帝深谋远虑，宽宏大量，学识广博，能写文章，生性节俭。看见主衣库中有玉导，便敕令中书说：“留着此物，正是滋长一切弊病的根源！”当即命令将玉导打碎，还检查库中存放着什么奇巧的物品，依照这一事例处理。齐高帝经常说：“能让我治理天下十年，就能让黄金与泥土同价。”

三月十一日乙丑，南齐任命褚渊为录尚书事，王俭为侍中、尚书令，车骑将军张敬兒为开府仪同三司。三月十三日丁卯，任命前任将军王奂为尚书左仆射。三月十六日庚午，任命豫章王萧嶷为太尉。

庚辰，魏主临虎圈，诏曰："虎狼猛暴，取捕之日，每多伤害；既无所益，损费良多，从今勿复捕贡。"

夏，四月，庚寅，上大行谥曰高皇帝，庙号太祖。丙午，葬泰安陵。

辛卯，追尊穆妃为皇后。六月，甲申朔，立南郡王长懋为皇太子。丙申，立太子妃王氏。妃，琅邪人也。封皇子闻喜公子良为竟陵王，临汝公子卿为庐陵王，应城公子敬为安陆王，江陵公子懋为晋安王，枝江公子隆为随郡王，子真为建安王，皇孙昭业为南郡王。

司徒褚渊寝疾，自表逊位，世祖不许。渊固请恳切，癸卯，以渊为司空，领骠骑将军，侍中、录尚书如故。

秋，七月，魏发州郡五万人治灵丘道。

吏部尚书济阳江谧，性谄躁，太祖殂，谧恨不豫顾命；上即位，谧又不迁官，以此怨望、诽谤。会上不豫，谧诣豫章王嶷请间，曰："至尊非起疾，东宫又非才，公今欲作何计？"上知之，使御史中丞沈冲奏谧前后罪恶，庚寅，赐谧死。

癸卯，南康文简公褚渊卒，世子侍中贲耻其父失节，服除，遂不仕，以爵让其弟蓁，屏居墓下终身。

（以上为第十二段，写南齐高帝萧道成去世，遗命褚渊、王俭为顾命大臣，太子萧赜即帝位；司徒褚渊也一病不起，其子褚贲以其失节为耻，守孝后终身隐居不仕。）

九月，丁巳，以国哀罢国子学。

氐王杨文弘卒，诸子皆幼，乃以兄子后起为嗣。九月，辛酉，魏以后起为武都王，文弘子集始为白水太守。既而集始自立为王，后起击破之。

魏以荆州巴、氐扰乱，以镇西大将军李崇为荆州刺史。崇，显祖之舅子也。将之镇，敕发陕、秦二州兵送之。崇辞曰："边人失和，本怨刺史。今奉诏代之，自然安靖；但须一诏而已，不烦发兵自防，使之怀惧也。"魏朝从之。崇遂轻将数十骑驰至上洛，宣诏慰谕，民夷帖然。崇命边戍掠得齐人者悉还之，由是齐人亦还其生口二百许人，二境交和，无复烽燧之警。久之，徙兖州刺史。兖土旧多劫盗，崇命村置一楼，楼皆

三月二十六日庚辰，魏孝文帝亲临虎圈，颁布诏书说：“虎狼凶猛残暴，捕捉的时候，往往要伤害许多人，既没有什么好处，浪费又实在太多。从现今起，不要再捕捉进贡。”

夏季，四月初六日庚寅，南齐为大行皇帝上谥号称高皇帝，庙号称太祖。四月二十二日丙午，安葬在泰安陵。

四月初七日辛卯，齐武帝追尊穆妃为皇后。六月初一日甲申朔，武帝立南郡王萧长懋为皇太子。六月十三日丙申，立太子妃王氏。太子妃是琅邪人。封皇子闻喜公萧子良为竟陵王，临汝公萧子卿为庐陵王，应城公萧子敬为安陆王，江陵公萧子懋为晋安王，枝江公萧子隆为随郡王，萧子真为建安王，皇孙萧昭业为南郡王。

司徒褚渊卧病不起，上表请求退职，齐武帝没有答应。褚渊恳切地再三请求，六月二十日癸卯，任命褚渊为司空，兼任骠骑将军，依然担任侍中、录尚书事。

秋季，七月，北魏调集各州郡五万人修筑灵丘道。

吏部尚书济阳人江谧，生性谄媚浮躁。齐高帝去世的时候，江谧怨恨没有参与接受遗命，齐武帝即位以后，又没有升官，因此他怨恨不满诽谤。适逢齐武帝身患疾病，江谧便前往豫章王萧嶷处请求秘密进言说：“皇上已经得了不治之症，太子又没有帝王的才具，如今您准备做何打算？”齐武帝闻讯，指使御史中丞沈冲奏陈江谧历来犯下的罪恶。庚寅，赐江谧自裁而死。

八月二十一日癸卯，南康文简公褚渊去世。褚渊的长子、侍中褚贲为父亲失去节操而深感羞耻，服丧期满后便不再做官。将爵位让给弟弟褚蓁，终生在褚渊的坟墓旁隐居。

九月初六日丁巳，南齐由于国丧，国子学停课。

氐王杨文弘去世，诸子都还幼小，乃以哥哥的儿子杨后起做后嗣。九月初十日辛酉，北魏任命杨后起为武都王，任命杨文弘的儿子杨集始为白水太守。不久，杨集始自立为氐王，杨后起将他打败。

北魏由于荆州的巴人与氐人骚扰叛乱，任命镇西大将军李崇为荆州刺史。李崇是显祖拓跋弘舅父的儿子。李崇准备上任的时候，敕令调集陕州与秦州两地兵马去护送他，李崇推辞说：“边地的百姓有失和睦，本来是由怨恨刺史造成的。今天奉诏命去替代，当地百姓自然会安定下来。我只需要一纸诏书就足够了，不用麻烦派兵保护，使百姓心怀恐惧。”北魏朝廷听从了李崇的主张。李崇遂轻装率领数十人骑马急奔到上洛，宣布诏书，安慰劝导，当地的民户与夷人都心悦诚服。李崇命令边防

悬鼓，盗发之处，乱击之；旁村始闻者，以一击为节，次二，次三，俄顷之间，声布百里；皆发人守险要。由是盗发，无不擒获。其后诸州皆效之，自崇始也。

辛未，以征南将军王僧虔为左光禄大夫、开府仪同三司，以尚书右仆射王奂为湘州刺史。

宋故建平王景素主簿何昌寓、记室王摛及所举秀才刘琎，前后上书陈景素德美，为之讼冤。冬，十月，辛丑，诏听以士礼还葬旧茔。琎，瓛之弟也。

十一月，魏高祖将亲祠七庙，命有司具仪法，依古制备牲牢、器服及乐章；自是四时常祀皆举之。

（以上为第十三段，写北魏名将李崇是个能人，担任荆州刺史，首创一套严密的防盗方法，把一个乱哄哄的地方治理得井井有条，使两国边境和平，和睦相处。）

世祖武皇帝上之上

永明元年（癸亥，483 年）

春，正月，辛亥，上祀南郊，大赦，改元。

诏以边境宁晏，治民之官，普复田秩。

以太尉豫章王嶷领太子太傅。嶷不参朝务，而常密献谋画，上多从之。

壬戌，立皇弟锐为南平王，铿为宜都王，皇子子明为武昌王，子罕为南海王。

二月，辛巳，以征虏将军杨炅为沙州刺史、阴平王。

辛丑，以宕昌王梁弥机为河、凉二州刺史，邓至王像舒为西凉州刺史。

宋末，以治民之官六年过久，乃以三年为断，谓之小满；而迁换去来，又不能依三年之制。三月，癸丑，诏，自今一以小满为限。

据点将掳掠来的南齐百姓全部送还，因此南齐方面也将大约二百名俘虏送还北魏，两国边境和睦相处，不再有烽燧之惊。过了很长时间，改任为兖州刺史。以往，兖州境内经常出现抢劫的盗匪，李崇命令每村都设置一座楼，楼上都悬挂着大鼓。在强盗出现的地方，猛烈敲打，最初听到鼓声的邻近村庄，敲一下为信号，听到一下鼓声的村庄就击鼓两下，听到鼓声两下的村庄就击鼓三下，不一会儿，鼓声传遍百里，都派人防守险要地带。从此，只要强盗有所行动，没有不抓获的。后来，各州都效法，是由李崇首创的。

九月二十日辛未，南齐任命征南将军王僧虔为左光禄大夫、开府仪同三司，尚书右仆射王奂为湘州刺史。

已故刘宋建平王刘景素的主簿何昌寓和记室参军王摛以及王摛举荐的秀才刘琎，先后多次上书陈述刘景素品德高尚，为刘景素讼理冤屈。冬季，十月二十日辛丑，齐武帝颁布诏书准许以士人的礼仪将刘景素重新安葬在原来的坟墓中。刘琎是刘瓛的弟弟。

十一月，魏孝文帝准备亲自祭祀七庙，命令有关部门备办礼仪程式，依照古代的制度置办祭祀用的牲畜、礼器、礼服以及乐章。从此，一年四季中通常的祭祀都正常进行。

世祖武皇帝上之上

齐武帝永明元年（癸亥，483年）

春季，正月初二日辛亥，齐武帝前往南郊祭祀，大赦天下，更改年号为永明。

南齐颁布诏令因为边境安宁，治民之官普遍恢复俸禄。

南齐任命太尉、豫章王萧嶷兼任太子太傅。萧嶷不参与朝廷政务，却经常暗中献计献策，齐武帝往往听从他的主张。

正月十三日壬戌，齐武帝立皇弟萧锐为南平王，萧铿为宜都王，皇子萧子明为武昌王，萧子罕为南海王。

二月初二日辛巳，南齐任命征虏将军杨炅为沙州刺史、阴平王。

二月二十二日辛丑，南齐任命宕昌王梁弥机为河、凉二州刺史，邓至王像舒为西凉州刺史。

刘宋末年，因州郡县官每任六年，时间太长，改为三年一任，称作“小满”。官吏升官改任，来来去去，不能够依照三年一任的制度办事。三月初四日癸丑，南齐颁布诏书规定从今以后，一概以三年一任为期限。

有司以天文失度，请禳之。上曰："应天以实不以文。我克己求治，思隆惠政；若灾眚在我，禳之何益！"

夏，四月，壬午，诏："袁粲、刘秉、沈攸之，虽末节不终，而始诚可录。"皆命以礼改葬。

上之为太子也，自以年长，与太祖同创大业，朝事大小，率皆专断，多违制度。信任左右张景真，景真骄侈，被服什物，僭拟乘舆；内外畏之，莫敢言者。

司空谘议荀伯玉，素为太祖所亲厚，叹曰："太子所为，官终不知，岂得畏死，蔽官耳目！我不启闻，谁当启者！"因太子拜陵，密以启太祖。太祖怒，命检校东宫。

太子拜陵还，至方山，晚，将泊舟，豫章王嶷自东府乘飞燕东迎太子，告以上怒之意。太子夜归，入宫，太祖亦停门籥待之。明日，太祖使南郡王长懋、闻喜公子良宣敕诘责，并示以景真罪状，使以太子令收景真，杀之。太子忧惧，称疾。

月余，太祖怒不解，昼卧太阳殿，王敬则直入，叩头启太祖曰："官有天下日浅，太子无事被责，人情恐惧；愿官往东宫解释之。"太祖无言。敬则因大声宣旨，装束往东宫，又敕太官设馔，呼左右索舆；太祖了无动意。敬则索衣被太祖，仍牵强登舆。太祖不得已至东宫，召诸王宴于玄圃。长沙王晃捉华盖，临川王映执雉尾扇，闻喜公子良持酒枪，南郡王长懋行酒，太子及豫章王嶷、王敬则自捧酒馔，至暮，尽醉乃还。

（以上为第十四段，写南齐进入萧赜时代，地方官员一律以三年为任期；追溯萧赜为太子时专权朝政，亲信奢僭，被萧道成责罚，大臣王敬则化解矛盾。）

太祖嘉伯玉忠荩，愈见亲信，军国密事，多委使之，权动朝右。遭母忧，去宅二里许，冠盖已塞路。左率萧景先、侍中王晏共吊之，自旦至暮，始得前。比出，饥乏，气息惙然，愤悒形于声貌。明日，言于太祖曰："臣等所见二宫门庭，比荀伯玉宅可张雀罗矣。"晏，敬弘之从子也。

南齐有关部门认为天象运行失调，请求祭祀以禳除灾害。齐武帝说："顺应天象以实际，而不在于虚文。我克制谋求为政清明，希望隆兴惠政。如果灾难是由我造成的，祭祷攘除又有什么用处！"

夏季，四月初四日壬午，齐武帝颁布诏书说："袁粲、刘秉和沈攸之虽然没有保持晚节，但是最初的忠诚是可取的。"命令将三人一律按照礼法另行安葬。

齐武帝当太子的时候，认为自己年纪已大，而且与高帝一起创立帝业，对于朝廷中大大小小的事情，一概独断专行，常常违背制度。信任亲信张景真，张景真骄横奢华，所使用的被服和日常生活用品，都超越本分，可与皇帝相比。内外都畏惧他，没有人敢于讲话。

司空谘议荀伯玉，平时被齐高帝所亲近厚待，叹息着说："太子做的事情，官家始终不知，难道我能畏惧一死，使官家受到蒙蔽吗？如果连我都不能够启奏，还会有谁肯上奏呢！"趁太子拜谒陵寝的时机，暗中向齐高帝启奏。齐高帝大怒，命令审查东宫。

齐太子祭拜陵寝回来，来到方山的时候，天色已经晚了。太子准备停船靠岸，豫章王萧嶷由东府骑着骏马飞鹫来东迎太子，将齐高帝发怒的情形告诉了他。太子连夜返回，进入宫中，齐高帝也让人别把大门上锁，等太子回来。第二天，高帝让南郡王萧长懋和闻喜公萧子良宣布敕书，责问太子，并且宣示张景真的罪状，让二人以太子的命令去收捕张景真，将他杀掉。太子忧愁恐惧，称病不起。

过了一个多月以后，齐高帝的怒气还是没有平息。一天白天，躺在太阳殿里，王敬则径直走进来，伏地叩头，向高帝启奏说："官家拥有天下时间还短，太子无故遭受责备，人们担惊受怕。希望官家巡视东宫，解除太子的顾虑。"高帝沉默不语。王敬则便大声宣布圣旨，整装巡视东宫，又命令御厨摆设食品，呼唤周围的人要来轿子，但高帝还是没有一点要动身的意思。王敬则要来衣服，披在高帝的身上，这才勉强登上轿子。齐高帝迫不得已，来到东宫，召集诸王在玄圃宴饮。宴上，长沙王萧晃打着遮阳伞，临川王萧映摇着雉尾扇，闻喜公萧子良端着酒，南郡王萧长懋巡行酌酒劝饮，太子以及豫章王萧嶷、王敬则亲自献上酒食，直到天色擦黑的时候，大家都醉了，方才各自回去。

齐高帝嘉许荀伯玉竭尽忠心，便更加亲近信任他了。军队与国家的机密要事，大多委派他去办理，权力震动朝班右侧的达官显贵。荀伯玉为母亲居丧，距离他的住宅还有二里地的道路上已经站满了官吏。左卫率萧景先和侍中王晏一起吊唁，从早晨等到日暮，才得以近前。等到出来的时候，又饿又累，连气都喘不上来，说话的口气，愤怒与沮丧外露于脸色与语气。第二天，向高帝进言说："我等所看到的皇

骁骑将军陈胤叔，先亦白景真及太子得失，而语太子皆云“伯玉以闻”。太子由是深怨伯玉。

太祖阴有以豫章王嶷代太子之意；而嶷事太子愈谨，故太子友爱不衰。

豫州刺史垣崇祖不亲附太子，会崇祖破魏兵，太祖召还朝，与之密谋。太子疑之，曲加礼待，谓曰：“世间流言，我已豁怀；自今以富贵相付。”崇祖拜谢。会太祖复遣荀伯玉，敕以边事，受旨夜发，不得辞东宫；太子以为不尽诚，益衔之。

太祖临终，指伯玉以属太子。上即位，崇祖累迁五兵尚书，伯玉累迁散骑常侍。伯玉内怀忧惧，上以伯玉与崇祖善，恐其为变，加意抚之。丁亥，下诏诬崇祖招结江北荒人，欲与伯玉作乱，皆收杀之。

庚子，魏主如崞山；壬寅，还宫。

闰月，癸丑，魏主后宫平凉林氏生子恂，大赦。文明太后以恂当为太子，赐林氏死，自抚养恂。

五月，戊寅朔，魏主如武州山石窟佛寺。

车骑将军张敬兒好信梦。初为南阳太守，其妻尚氏梦一手热如火；及为雍州，梦一胛热；为开府，梦半身热。敬兒意欲无限，常谓所亲曰：“吾妻复梦举体热矣。”又自言梦旧村社树高至天，上闻而恶之。垣崇祖死，敬兒内自疑，会有人告敬兒遣人至蛮中货易，上疑其有异志。会上于华林园设八关斋，朝臣皆预，于坐收敬兒。敬兒脱冠貂投地曰：“此物误我！”丁酉，杀敬兒，并其四子。

敬兒弟恭兒，常虑为兄祸所及，居于冠军，未常出襄阳，村落深阻，墙垣重复。敬兒每遣信，辄上马属鞬，然后见之。敬兒败问至，席卷入蛮；后自出，上恕之。

子与皇孙两宫的情形，比起荀伯玉的宅邸来，真可谓门可罗雀了。”王晏是王敬弘的侄子。

骁骑将军陈胤叔，原先也曾禀告过张景真以及太子的过失，但他与太子谈话时却说：“是荀伯玉报告的。”从此，太子便深深怀恨荀伯玉了。

齐高帝心中本有以豫章王萧嶷取代太子的想法。但是，萧嶷事奉太子更加谨慎，所以太子对他的友爱之情并没有衰减。

豫州刺史垣崇祖不肯亲近阿附太子。赶巧垣崇祖打败北魏军队，齐高帝召垣崇祖回朝，与他密商大事。太子起了疑心，对垣崇祖违心地以礼相待，对他说：“对于外界流言，我已经不放在心上。从今以后，我把荣华富贵就托付给你了。”垣崇祖行礼致谢。适逢齐高帝派遣荀伯玉前来，命令垣崇祖前去处理边疆事务。垣崇祖接受圣旨，连夜出发，来不及向太子告别。太子认为垣崇祖对自己不能竭尽忠诚，愈加怀恨在心了。

齐高帝临终时，手指着荀伯玉，把太子托付给他。武帝即位以后，垣崇祖历经升迁，担任了五兵尚书；荀伯玉历经升迁，担任了散骑常侍。荀伯玉心怀忧虑疑惧。齐武帝因为荀伯玉与垣崇祖交好，担心他们有变，便留心安抚他们。四月初九日丁亥，颁布诏书诬陷垣崇祖招延结纳长江北岸的亡命之徒，准备与荀伯玉一起作乱，因而将他们二人都收捕杀害了。

四月二十二日庚子，魏孝文帝巡视崞山。四月二十四日壬寅，孝文帝返回宫中。

闰四月初五日癸丑，魏孝文帝后宫中的平凉人林氏生下儿子拓跋恂，大赦天下。文明太后因拓跋恂应当被立为太子，便赐林氏自裁而死，由自己来抚养拓跋恂。

闰五月初一日戊寅朔，魏孝文帝巡视武州山石窟佛寺。

南齐车骑将军张敬兒非常相信梦中的事情。当担任南阳太守的时候，妻子尚氏梦里觉得一只手灼热如火；担任雍州刺史的时候，妻子梦里觉得一边肩胛发热；及至担任开府仪同三司的时候，妻子梦里觉得半个身发热。张敬兒的欲望没有止境，常对亲近的人说：“我的妻子梦里又觉得全身发热了。”张敬兒又说梦见家乡村庄中社庙旁的树木高耸入云。齐武帝听说之后就厌恶他了。垣崇祖死后，张敬兒内心疑惧。适逢有人告发张敬兒派人到蛮人那里进行贸易，齐武帝怀疑他有异志。恰巧齐武帝在华林园中设置八关斋，朝廷百官都去参加，便在座席上收捕了张敬兒。张敬兒脱掉貂尾的官帽丢在地上说：“这个东西把我害了！”五月二十日丁酉，杀掉张敬兒和他的四个儿子。

张敬兒的弟弟张恭兒，经常担心哥哥招致祸殃会受到连累。张恭兒住在冠军县，从来不曾去过襄阳。村落山深水阻，居住的房舍墙垣重重。每当张敬兒送来书信的时候，张恭兒总是翻身上马手持弓箭，然后才会见送信人。张敬兒被杀的音讯传来

敬兒女为征北谘议参军谢超宗子妇，超宗谓丹杨尹李安民曰："'往年杀韩信，今年杀彭越'，尹欲何计！"安民具启之。上素恶超宗轻慢，使兼御史中丞袁彖奏弹超宗，丁巳，收付廷尉，徙越嶲。于道赐死。以彖语不刻切，又使左丞王逡之奏弹彖轻文略奏，挠法容非，彖坐免官，禁锢十年。超宗，灵运之孙；彖，颙之弟子也。

（以上为第十五段，写南齐武帝萧赜为帝，秋后算账，荀伯玉原来检举他的专横跋扈，垣崇祖原来不支持他继承皇位，他便诬陷两人图谋作乱，两人均被收捕杀害。）

秋，七月，丁丑，魏主及太后如神渊池；甲申，如方山。

魏使假员外散骑常侍顿丘李彪来聘。

侍中、左光禄大夫、开府仪同三司王僧虔固辞开府，谓兄子俭曰："汝任重于朝，行登三事；我若复有此授，乃是一门有二台司，吾实惧焉。"累年不拜，上乃许之，戊戌，加僧虔特进。俭作长梁斋，制度小过，僧虔视之，不悦，竟不入户，俭即日毁之。

初，王弘与兄弟集会，任子孙戏适。僧达跳下地作虎子；僧绰正坐，采蜡烛珠为凤皇，僧达夺取打坏，亦复不惜；僧虔累十二博棋，既不坠落，亦不重作。弘叹曰："僧达俊爽，当不减人，然恐终危吾家；僧绰当以名义见美；僧虔必为长者，位至公台。"已而皆如其言。

八月，庚申，骁骑将军王洪范自柔然还，经涂三万余里。

冬，十月，丙寅，遣骁骑将军刘缵聘于魏，魏主客令李安世主之。魏人出内藏之宝，使贾人鬻之于市。缵曰："魏金玉大贱，当由山川所出。"安世曰："圣朝不贵金玉，故贱同瓦砾。"缵初欲多市，闻其言，内惭而止。缵屡奉使至魏，冯太后遂私幸之。

以后，张恭兒席卷财产进入蛮人居住地区。后来，张恭兒自动返回，齐武帝宽恕了他。

张敬兒的女儿是征北谘议参军谢超宗的儿媳，谢超宗对丹阳尹李安民说：“‘往年杀韩信，今年杀彭越’，您做何打算呢？”李安民启奏了他的言论。齐武帝素来就讨厌谢超宗轻浮骄慢，便派兼御史中丞袁彖上奏弹劾谢超宗。五月十九日丁巳，齐武帝命令收捕谢超宗，交付给廷尉审问，贬到越巂，在中途便赐他自裁而死。由于袁彖检举用语不够严厉苛刻，又让左丞王逡之上奏弹劾袁彖为文避重就轻，败坏法度，宽容罪犯，袁彖因此获罪，免除官职，禁锢十年。谢超宗是谢灵运的孙子。袁彖是袁顗弟弟的儿子。

秋季，七月初一日丁丑，魏孝文帝和太后巡视神渊池。七月初八日甲申，巡视方山。

北魏派遣假员外散骑常侍顿丘人李彪前来南齐通问修好。

侍中、左光禄大夫、开府仪同三司王僧虔坚决辞让开府，他对侄子王俭说：“你在朝廷中担负着重任，即将成为三公，如果我再接受这一任命，便是一家人中出现了两个宰相，我实在后怕得很哩。”接连几年王僧虔都没有接受任命，齐武帝这才答应下来。七月二十二日戊戌，加授王僧虔为特进。王俭营建了一座横梁跨度很大的书斋，稍微超过了有关规定，王僧虔看到以后，很不高兴，竟然没有进门，王俭当天便将书斋拆毁了。

当初，王弘与兄弟们在一起聚会，任凭儿孙游戏自适。王僧达跳下地来，装扮成小老虎的模样；王僧绰端正地坐着，用烛花做成一个凤凰，王僧达把凤凰抢过去打坏了，他也不感到可惜。王僧虔把十二个棋子累在一起，棋子既不倒落，也不用重垒两次。王弘叹息说：“僧达英才豪爽，应当说并不比别人差。但是，我担心他终究会危害我家。僧绰会凭着自己的名声与品行而受到赞誉。僧虔必定是一个谨厚长者，会成为三公宰相。”后来果然和他预言的一样。

八月十四日庚申，南齐骁骑将军王洪范从柔然返回，经历的途程有三万多里。

冬季，十月二十一日丙寅，南齐派遣骁骑将军刘缵向北魏通问修好。北魏主客令李安世接待他。北魏把内宫收藏的珠宝拿出来，让商人在市肆中出售。刘缵说：“魏国的金银珠玉价格极低，应当是山川出产这些东西吧。”李安世说：“圣朝并不看重金银珠玉，所以它们的价格贱得如同瓦砾。”刘缵原来想多买一些，听到李安世这一席话以后，内心惭愧，便不再买了。刘缵屡次奉命出使去北魏，北魏冯太后于是与他私通。

十二月，乙巳朔，日有食之。

癸丑，魏始禁同姓为婚。

王俭进号卫将军，参掌选事。

是岁，省巴州。

魏秦州刺史于洛侯，性残酷，刑人必断腕，拔舌，分悬四体。合州惊骇，州民王元寿等一时俱反。有司劾奏之，魏主遣使至州，于洛侯常刑人处宣告吏民，然后斩之。

齐州刺史韩麒麟，为政尚宽，从事刘普庆说麒麟曰："公杖节方夏，而无所诛斩，何以示威！"麒麟曰："刑罚所以止恶，仁者不得已而用之。今民不犯法，又何诛乎？若必断斩然后可以立威，当以卿应之！"普庆惭惧而起。

（以上为第十六段，写南齐大臣王僧虔坚决辞掉开府的官位；北魏秦州刺史于洛侯残酷杀人，激起民愤；齐州刺史韩麒麟崇尚宽和，从不杀人，形成鲜明对比。）

十二月初一日乙巳朔，出现日食。

十二月初九日癸丑，北魏开始禁止同姓通婚。

王俭晋升官职名号为卫将军，参与执掌选拔官吏的事务。

这一年，南齐撤销巴州的建置。

北魏秦州刺史于洛侯，生性残酷，杀人的时候必定要砍断手腕，拔去舌头，分别悬挂四肢。全州担惊受怕，州中平民王元寿等人同时起来反抗。有关部门上奏弹劾他，北魏孝文帝派遣使者来到秦州，在于洛侯经常杀人的地方，向官吏与百姓宣布朝廷的决定，然后斩了他。

齐州刺史韩麒麟，处理政务崇尚宽和，从事刘普庆劝韩麒麟说："您为国家镇守一方，却从来不肯杀人，用什么来显示威严呢！"韩麒麟说："刑罚是用来制止犯罪的，仁爱之人，迫不得已的时候才使用。现今，百姓没有触犯法令，为什么杀人呢？倘若必须断问斩杀才能树立声威，那就由你做起吧！"刘普庆惭愧畏惧，起身离去。

【点评】

齐高帝萧道成重视总结刘宋亡国原因。齐高帝出自素族寒士，取得天下后很想长久保留它，便有了与刘瓛的对话。齐高帝请教刘瓛，刘瓛对刘宋灭亡原因的总结是不能宽和仁厚，指出治理天下的法宝是儒家的《孝经》。这一点得到齐高帝的肯定。又一段对话，齐高帝启发群臣总结经验教训。这说明，其一，齐高帝有清醒的头脑；其二，儒家治理天下的思想为南朝成功的统治者所首肯。

但是另一方面，汝阴王被杀一事却反映了齐高帝的重大失误。汝阴王的府门口有马匹驰过的声音，监视汝阴王的士兵恐怕有人想利用汝阴王作乱，就把汝阴王杀了，这件事是大事，一位王爷被杀死怎么也不能稀里糊涂地了事。而当上报说是汝阴王得病死了，齐高帝不但不怪罪，反而封赏了士兵。这种做法没有血性，实在难以接受。于是乎齐高帝的子孙之所以毫无反抗地死在萧鸾手里，似乎从此处也能找到原因。

齐纪二

齐武帝永明二年至七年（484—489 年）

【起阏逢困敦（甲子，484 年），尽屠维大荒落（己巳，489 年），凡六年】

【大事提要】

本卷记事起自公元 484 年至公元 489 年，当齐武帝永明二年至永明七年，凡六年。本卷所载大事，南朝齐大事一件，是关于神灭论的争论，这是中国佛教史也是思想史上非常重要的争论。南齐竟陵王萧子良笃信佛教，延请许多高僧讲论佛法，佛教之盛行，江左从来没有过。范缜认为世上没有佛，展开一场争论。本卷记事的重点已经转移到了北朝北魏，北魏的主线是孝文帝拓跋宏改革，具体而言是推行三长制、均田制。这一改革展示了均田制最典型的形态。在北魏，从道武帝时期的计口授田到孝文帝太和年间下达的太和令。还有就是，北魏改宗主督护为三长制。

【原文】

世祖武皇帝上之下

永明二年（甲子，484 年）

春，正月，乙亥，以后将军柳世隆为尚书右仆射；竟陵王子良为护军将军兼司徒，领兵置佐，镇西州。

子良少有清尚，倾意宾客，才隽之士，皆游集其门。开西邸，多聚古人器服以充之。记室参军范云、萧琛、乐安任昉、法曹参军王融、卫军东阁祭酒萧衍、镇西功曹谢朓、步兵校尉沈约、扬州秀才吴郡陆倕，并以文学，尤见亲待，号曰八友。法曹参军柳恽、太学博士王僧孺、南徐州秀才济阳江革、尚书殿中郎范缜、会稽孔休源亦预焉。琛，惠开之从子；恽，元景之从孙；融，僧达之孙；衍，顺之之子；朓，述之孙；约，璞之子；僧孺，雅之曾孙；缜，云之从兄也。

子良笃好释氏，招致名僧，讲论佛法，道俗之盛，江左未有。或亲为众僧赋食、行水，世颇以为失宰相体。

范缜盛称无佛。子良曰："君不信因果，何得有富贵、贫贱？"缜曰："人生如树花同发，随风而散：或拂帘幌坠茵席之上，或关篱墙落粪溷之中。坠茵席者，殿下是也；落粪溷者，下官是也。贵贱虽复殊途，因果竟在何处！"子良无以难。缜又著《神灭论》，以为："形者神之质，神者形之用也。神之于形，犹利之于刀；未闻刀没而利存，岂容形亡而神在哉！"此论出，朝野喧哗，难之终不能屈。太原王琰著论讥缜曰："呜呼范子！曾不知其先祖神灵所在！"欲以杜缜后对。缜对曰："呜呼王子！知其先祖神灵所在而不能杀身以从之！"子良使王融谓之曰："以卿才美，何患不至中书郎；而故乖剌为此论，甚可惜也！宜急毁弃之。"缜大笑曰："使范缜卖论取官，已至令、仆矣，何但中书郎邪！"

萧衍好筹略，有文武才干，王俭深器异之，曰："萧郎出三十，贵不可言。"

（以上为第一段，写南齐竟陵王萧子良立意清高，与文士为群，形成"竟陵八友"；文士范缜笃信无神，撰写《无神论》，独树一帜；南梁开国帝王萧衍事迹于此

【语译】

世祖武皇帝上之下

齐武帝永明二年（甲子，484年）

春季，正月初二日乙亥，南齐任命后将军柳世隆为尚书右仆射；竟陵王萧子良为护军将军兼司徒，统领军队，设置辅佐官员，镇守西州。

萧子良很小就有清高的品尚，倾心结交朋友，有才能的士大夫都聚集在萧子良的门下。萧子良建造西郊官邸，大力收集古代器物、服饰，充实官邸。记室参军范云、萧琛、乐安人任昉，法曹参军王融，卫军东阁祭酒萧衍，镇西功曹谢朓，步兵校尉沈约和扬州秀才吴郡人陆倕等，都因为辞章修养尤其受到萧子良的厚待，号称八友。法曹参军柳恽、太学博士王僧孺、南徐州秀才济阳人江革、尚书殿中郎范缜、会稽人孔休源，也都参与其中。萧琛是萧惠开的侄子，柳恽是柳元景的侄孙，王融是王僧达的孙子，萧衍是萧顺之的儿子，谢朓是谢述的孙子，沈约是沈璞的儿子，王僧孺是王雅的曾孙，范缜是范云的堂兄。

萧子良笃信佛教，延请许多高僧讲论佛法，佛教之盛行，江左从来没有过。有时，萧子良还亲自给众僧人端饭送水，世人都认为他有失宰相体统。

范缜认为世上没有佛。萧子良说："你不相信因果报应，那为什么会有贫贱、富贵之分别？"范缜说："人生在世，就像树上的花朵一样，同时生长又都随风飘散，有的掠过竹帘帷幕落到了床席上，有的越过篱笆围墙落在了粪坑里。落到床席之上的好比是殿下，落到粪坑里的就是下官了。贵贱虽然道途相异，但因果究竟在何处呢？"萧子良无言以对。范缜又写了《神灭论》，认为："形体，是精神的本质；精神则是形体的作用。精神对于形体来说，就好像锋利与刀子，从未听说过刀子没有了而锋利还存在，怎么会有形体消亡了而精神却还存在的事情呢？"此论一提出，朝廷上下哗然，屡加诘难，最终也没能使范缜屈服。太原人王琰写文章讥讽范缜说："呜呼范子！竟然不知道他祖先的神灵在什么地方！"王琰想以此堵住范缜的嘴。范缜回答他说："呜呼王子！知道祖先的神灵在什么地方，却不肯杀身相随哪！"萧子良派王融对他说："以你这样的才华，还愁当不上中书郎，却故意标新立异发表怪论，太可惜了。应该赶快毁掉并放弃！"范缜大笑说："假使范缜出卖我的理论换取官职，早已做到尚书令、仆射了，何止是一个中书郎！"

萧衍喜欢运筹谋略，有文武全才，王俭非常器重他，说道："萧郎刚刚年过三十，贵不可言啊！"

发端。）

壬寅，以柳世隆为尚书左仆射，丹杨尹李安民为右仆射，王俭领丹杨尹。

夏，四月，甲寅，魏主如方山；戊午，还宫；庚申，如鸿池；丁卯，还宫。

五月，甲申，魏遣员外散骑常侍李彪等来聘。

六月，壬寅朔，中书舍人吴兴茹法亮封望蔡男。时中书舍人四人，各住一省，谓之“四户”，以法亮及临海吕文显等为之；既总重权，势倾朝廷，守宰数迁换去来，四方饷遗，岁数百万。法亮尝于众中语人曰：“何须求外禄！此一户中，年办百万。”盖约言之也。后因天文有变，王俭极言“文显等专权徇私，上天见异，祸由四户”。上手诏酬答，而不能改也。

魏旧制：户调帛二匹，絮二斤，丝一斤，谷二十斛；又入帛一匹二丈，委之州库，以供调外之费；所调各随土之所出。丁卯，诏曰：“置官班禄，行之尚矣；自中原丧乱，兹制中绝。朕宪章旧典，始班俸禄。户增调帛三匹，谷二斛九斗，以为官司之禄；增调外帛二匹。禄行之后，赃满一匹者死。变法改度，宜为更始，其大赦天下。”

秋，七月，甲申，立皇子子伦为巴陵王。

乙未，魏主如武州山石窟寺。

九月，魏诏，班禄以十月为始，季别受之。旧律，枉法十匹，义赃二十匹，罪死；至是，义赃一匹，枉法无多少，皆死。仍分命使者，纠按守宰之贪者。

秦、益二州刺史恒农李洪之以外戚贵显，为治贪暴，班禄之后，洪之首以赃败。魏主命锁赴平城，集百官亲临数之；犹以其大臣，听在家自裁。自余守宰坐赃死者四十余人。受禄者无不跼蹐，赇赂殆绝。然吏民犯他罪者，魏主率宽之。疑罪奏谳多减死徙边，岁以千计。都下决大辟，岁不过五六人；州镇亦简。

正月二十九日壬寅，任命柳世隆为尚书左仆射，丹杨尹李安民为右仆射，王俭兼领丹杨尹。

夏季，四月十二日甲寅，魏孝文帝巡视方山；四月十六日戊午，返回宫中。四月十八日庚申，又巡视鸿池；四月二十五日丁卯，返回宫中。

五月十二日甲申，北魏派员外散骑常侍李彪等来南齐访问。

六月初一日壬寅朔，南齐中书舍人吴兴人茹法亮封为望蔡男。此时共有四位中书舍人，分别派驻一省，称为“四户”，分别由茹法亮和临海人吕文显等人担任。总揽大权，声倾朝廷，地方官不断来去调换，四面八方送的礼物，一年就达几百万之多。茹法亮曾经在众人中说：“何必一定要求得外任官的俸禄。就在这一户里，一年就可弄到一百万。”所说的不过是个大概的数目。后来，天象星辰发生了变化，王俭坚决认为：“吕文显等人专断徇私，上天出现异变，灾难出自四户。”齐武帝亲自写诏酬答王俭，却不能改变这种现状。

北魏旧制度规定：每年户调为二匹布帛、二斤棉絮、一斤丝、二十斛谷米。另外，又增缴一匹二丈的布帛，存入本州州库，用来供应户调的需要。各州所征调的物品，可以按照本地所出产来缴纳。六月二十六日丁卯，颁布诏书说：“设置官吏，发放俸禄，实行得很早了，自从中原战乱，这一制度开始中断。朕依照旧有的典章制度，开始颁赐俸禄。每户户调应增缴三匹帛、谷米二斛九斗，作为官员们的俸禄。再增调外帛二匹。俸禄制度实行以后，贪赃满一匹布帛的处死，改变法令制度，应该成为新的开始，为此大赦天下。”

秋季，七月十三日甲申，齐武帝立皇子萧子伦为巴陵王。

七月二十四日乙未，魏孝文帝巡视武州山石窟寺。

九月，北魏颁布诏书，官员们的俸禄制度，从本年十月开始，每个季度发放一次。以前的法律规定，贪污十匹布帛，受贿二十匹布帛的人，死罪。而现今，受贿一匹，以及枉法无论多少，都处以死刑。仍然分别派出检查官，到各地巡视纠举有贪污行为的官吏。

秦、益二州刺史恒农人李洪之自恃是皇亲国戚，身份显贵，为官贪婪残暴，实行俸禄制度后，李洪之第一个因贪污事露。魏孝文帝下令给李洪之戴上手铐脚镣，押赴平城；召集文武百官，亲自历数他的罪状，因为他是朝廷大臣，允许李洪之在家里自杀。其余有贪污受贿罪的地方官大约有四十多人，也全都处以死刑。那些接受过贿赂的人，无不恐慌害怕，行贿受贿几乎杜绝。然而，官吏和老百姓犯了其他罪时，魏孝文帝一般宽大处理。对缺少确凿证据的罪犯上报审核，多半免除死刑而

久之，淮南王佗奏请依旧断禄，文明太后召群臣议之。中书监高闾以为：“饥寒切身，慈母不能保其子。今给禄，则廉者足以无滥，贪者足以劝慕；不给，则贪者得肆其奸，廉者不能自保。淮南之议，不亦谬乎！”诏从闾议。

闾又上表，以为“北狄悍愚，同于禽兽。所长者野战，所短者攻城。若以狄之所短夺其所长，则虽众不能成患，虽来不能深入。又，狄散居野泽，随逐水草，战则与家业并至，奔则与畜牧俱逃，不赍资粮而饮食自足，是以历代能为边患。六镇势分，倍众不斗，互相围逼，难以制之。请依秦、汉故事，于六镇之北筑长城，择要害之地，往往开门，造小城于其侧，置兵扞守。狄既不攻城，野掠无获，草尽则走，终必惩艾。计六镇东西不过千里，一夫一月之功可城三步之地，强弱相兼，不过用十万人，一月可就；虽有暂劳，可以永逸。凡长城有五利：罢游防之苦，一也；北部放牧无抄掠之患，二也；登城观敌，以逸待劳，三也；息无时之备，四也；岁常游运，永得不匮，五也”。魏主优诏答之。

（以上为第二段，写南齐四位中书舍人各管一省，受贿无数，朝廷毫无办法；北魏恢复官员俸禄，严厉处置贪污官员；高闾建议修筑六镇以北长城，以防柔然。）

冬，十月，丁巳，以南徐州刺史长沙王晃为中书监。初，太祖临终，以晃属帝，使处于辇下或近藩，勿令远出。且曰：“宋氏若非骨肉相残，他族岂得乘其弊！汝深诫之！”旧制：诸王在都，唯得置捉刀左右四十人。晃好武饰，及罢南徐州，私载数百人仗还建康，为禁司所觉，投之江水。帝闻之，大怒，将纠以法，豫章王嶷叩头流涕曰：“晃罪诚不足宥；陛下当忆先朝念晃。”帝亦垂泣，由是终无异意，然亦不被亲宠。论者谓帝优于魏文，减于汉明。

武陵王晔多材艺而疏悻，亦无宠于帝。尝侍宴，醉伏地，貂抄肉柈。

流放到边疆，每年都数以千计。由朝中判处死刑的，一年也不超过五六个，州郡、边镇就更少了。

很久以后，淮南王拓跋佗奏请仍按旧制，停止发放俸禄。文明太后召集文武百官讨论这件事。中书监高闾认为："饥寒交迫，慈母不能保护孩子。如今发放俸禄，廉洁的官吏不会滥取，而贪官污吏也足以劝过为善。不发放俸禄，贪官污吏会更加肆无忌惮，廉洁的人却不能维持生计。淮南王的建议，岂不是荒谬吗？"颁布诏书采纳了高闾的建议。

接着，高闾又上表认为："蠕蠕凶悍愚昧，如同禽兽。所擅长的是在野外作战，所不擅长的是攻城。如果我们利用北狄的短处，遏止它的长处，那么，北狄人数再多也不会成为祸患，即使攻来也无法深入。况且，北狄人都是散居在旷野沼泽，跟着河水和绿草不断迁移，打仗时，带着全部家人财产一起，而撤退时又可以连同家畜一块儿逃走，用不着携带饮食就可以自给自足，因此历代成为中原边患。北方的六个重镇，使兵力分散。敌人的数目超过一倍，就不敢迎战。他们却可以互相援引围逼，这样敌人就很难制服。请求依照秦汉时期的边防策略，在六镇以北，修筑长城，选择要害地方开辟城门，旁边另修小城，派兵守卫。北狄人既不会攻城，郊野上也抢不到什么，青草吃光就会撤走，终究会受到惩罚。估计六个重镇的防线，东西不超过一千里，一个男子一个月的功夫，就可以筑起三步长的城墙，强壮老弱搭配，所用劳力也不会超过十万人，一个月就能完成。虽有暂时的辛苦劳累，却可以得到永久的安宁。兴筑长城有五个好处：第一，可以免除边防军巡逻的辛苦；第二，北方部落放牧不会有掳掠的祸患；第三，可以登上长城观察敌人的动静，以逸待劳；第四，免除平日无休止的戒备状态；第五，一年四季都可以将粮秣运往边塞，使要塞的物资永不匮乏。"孝文帝特地颁下褒美嘉奖的诏令来回应。

冬季，十月十八日丁巳，南齐任命南徐州刺史、长沙王萧晃为中书监。当初，齐高帝临终前，将萧晃托付给武帝，嘱咐把萧晃留在京城中或京城附近，不要派到边远的地方。又说："宋氏如果不是亲骨肉之间互相残杀，外姓人怎么会有可乘之机？你应该深以为戒！"旧的制度规定：亲王们在京都时，只可以带四十名贴身带刀侍卫。萧晃喜欢武士的威仪，离开南徐州时，私下带着几百件个人用的武器返回建康，被负责防禁的部门发觉，扔进了长江。齐武帝闻知勃然大怒，打算将萧晃绳之以法。豫章王萧嶷叩头哭泣说："萧晃的罪过，诚然不可以宽恕。陛下该想想先朝君主对萧晃的念想。"齐武帝也低头哭了，从此不再有其他想法，但也不再亲近和宠萧晃。议论的人说，齐武帝要比魏文帝曹丕好些，但不如东汉明帝刘庄。

武陵王萧晔多才多艺，但狂放不羁，也得不到齐武帝的宠爱。有一次侍奉齐武

帝笑曰："肉污貂。"对曰："陛下爱羽毛而疏骨肉。"帝不悦。晔轻财好施，故无蓄积；名后堂山曰首阳，盖怨贫薄也。

高丽王琏遣使入贡于魏，亦入贡于齐。时高丽方强，魏置诸国使邸，齐使第一，高丽次之。

益州大度獠恃险骄恣，前后刺史不能制。及陈显达为刺史，遣使责其租赕。獠帅曰："两眼刺史尚不敢调我，况一眼乎！"遂杀其使。显达分部将吏，声言出猎，夜，往袭之，男女无少长皆斩之。

晋氏以来，益州刺史皆以名将为之。十一月，丁亥，帝始以始兴王鉴为督益宁诸军事、益州刺史，征显达为中护军。先是，劫帅韩武方聚党千余人断流为暴，郡县不能禁。鉴行至上明，武方出降，长史虞悰等咸请杀之。鉴曰："杀之失信，且无以劝善。"乃启台而宥之，于是巴西蛮夷为寇暴者皆望风降附。鉴时年十四，行至新城，道路籍籍，云"陈显达大选士马，不肯就征"。乃停新城，遣典签张昙晢往观形势。俄而显达遣使诣鉴，咸劝鉴执之。鉴曰："显达立节本朝，必自无此。"居二日，昙晢还，具言"显达已迁家出城，日夕望殿下至"。于是乃前。鉴喜文学，器服如素士，蜀人悦之。

乙未，魏员外散骑常侍李彪等来聘。

是岁，诏增豫章王嶷封邑为四千户。宋元嘉之世，诸王入斋阁，得白服、裙帽见人主；唯出太极四厢，乃备朝服。自后此制遂绝。上于嶷友爱，宫中曲宴，听依元嘉故事。嶷固辞不敢，唯车驾至其第，乃白服、乌纱帽以侍宴。至于衣服、器用制度，动皆陈启，事无专制，务从减省。上并不许。嶷常虑盛满，求解扬州，以授竟陵王子良。上终不许，曰："毕汝一世，无所多言。"嶷长七尺八寸，善修容范，文物卫从，礼冠百僚，每出入殿省，瞻望者无不肃然。

帝饮酒，大醉倒地，帽子上的貂尾都沾肉盘上了。齐武帝笑着说："肉汤把貂尾弄脏了。"回答说："陛下喜爱羽毛，却疏远亲生骨肉。"齐武帝很不高兴。萧晔把钱财看得很轻，喜欢施舍，所以没有积蓄。萧晔把后堂山叫作首阳山，应该是抱怨生活贫困、恩情甚薄。

高句丽国王高琏，派使节向北魏进贡，同时也向南齐进贡。此时，高句丽正处于强盛时期，北魏安置各国使节住所，南齐使节排在第一位，接着就是高句丽了。

益州大度獠人自恃险峻，骄横狂暴，恣意所为，先后许多刺史都不能制服。等到陈显达接任刺史，派遣官差去催缴田赋捐税，獠族首领说："长着两只眼睛的刺史都不敢要我缴纳租调，何况这个独眼刺史？"杀掉了派去的官差。陈显达分别安排将领官吏，声称出去打猎，夜里，前去袭击，把大度獠男女老幼全部斩杀了。

自从东晋以来，益州刺史都是由著名将领担任。十一月十八日丁亥，齐武帝才开始任命始兴王萧鉴为督益宁诸军事、益州刺史。调陈显达任中护军。当初，劫盗头目韩武方聚集一千多名党羽，截断水流，横行霸道，郡县无法阻止。萧鉴赴任走到上明时，韩武方出来投降，长史虞悰等人都请求杀掉他，萧鉴说："杀了韩武方，就失去了信用，也无法规劝别人改过从善。"便向朝廷报告宽恕韩武方。这时巴西一带从事抢掠的残暴、愚昧的蛮夷也都闻风投降。萧鉴这年十四岁，当走到新城时，路上纷纷传言，说："陈显达正大肆征兵买马，不肯接受朝廷征召。"萧鉴在新城停留，派典签张昙晳前去观察形势。不久，陈显达派来的使者来见萧鉴，都劝萧鉴逮捕使者。萧鉴却说："陈显达立节操于朝廷，一定不会有这种事。"过了两天，张昙晳返回，报告说："陈显达已带领全家人离城，早晚都希望殿下到达。"这时萧鉴继续赶路。萧鉴喜欢文学，所使用的器具和服饰都和普通士大夫一样，因此，蜀地民众喜欢他。

十一月二十六日乙未，北魏员外散骑常侍李彪等人前来访问。

这一年，齐武帝颁布诏书，将豫章王萧嶷的封邑增加到四千户人家。刘宋元嘉时代，亲王进入宫内的斋阁内，可以穿白色便服、裙子，戴高屋帽拜见皇帝，只有出太极殿四个厢房时，才穿正式官服。元嘉以后，这种制度也就取消了。齐武帝对萧嶷友爱，凡在宫内歌舞饮宴，都允许按照元嘉时代的制度穿戴。萧嶷坚决辞谢不敢，只有车驾到自己的家里时，他才敢穿白色便服，戴乌纱帽陪宴。衣服、器具的标准，连同自己的一举一动，全部汇报，从不独断专行，开支务求节俭。齐武帝对萧嶷的做法并不赞成。萧嶷一直担心兴盛满溢，多次请求解除扬州刺史的职务，改授给竟陵王萧子良，齐武帝始终也没有答应，说："你要当一辈子的扬州刺史，不要再多说什么。"萧嶷身高七尺八寸，很善于修饰仪表，仪仗和侍从们的礼节规范，远远超过了其他官属，每次出入殿堂，旁边观看的人无不肃然起敬。

交州刺史李叔献既受命，而断割外国贡献，上欲讨之。

（以上为第三段，写南齐武帝萧赜遵照其父遗言，对皇室家族予以宽容；豫章王萧嶷十分尊崇其兄，是历史上少有的兄友弟恭的情形；始兴王萧鉴颇有才能，安定益州。）

三年（乙丑，485年）

春，正月，丙辰，以大司农刘楷为交州刺史，发南康、庐陵、始兴兵以讨叔献。叔献闻之，遣使乞更申数年，献十二队纯银兜鍪及孔雀旄，上不许。叔献惧为楷所袭，间道自湘州还朝。

戊寅，魏诏曰："图谶之兴，出于三季，既非经国之典，徒为妖邪所凭。自今图谶、秘纬，一皆焚之，留者以大辟论！"又严禁诸巫觋及委巷卜筮非经典所载者。

魏冯太后作《皇诰》十八篇，癸未，大飨群臣于太华殿，班《皇诰》。

辛卯，上祀南郊，大赦。

诏复立国学；释奠先师用上公礼。

二月，己亥，魏制皇子皇孙有封爵者，岁禄各有差。

辛丑，上祭北郊。

三月，丙申，魏封皇弟禧为咸阳王，幹为河南王，羽为广陵王，雍为颍川王，勰为始平王，详为北海王。文明太后令置学馆，选师傅以教诸王。勰于兄弟最贤，敏而好学，善属文，魏主尤奇爱之。

夏，四月，癸丑，魏主如方山；甲寅，还宫。

初，宋太宗置总明观以集学士，亦谓之东观。上以国学既立，五月，乙未，省总明观。时王俭领国子祭酒，诏于俭宅开学士馆，以总明四部书充之。又诏俭以家为府。

自宋世祖好文章，士大夫悉以文章相尚，无以专经为业者。俭少好《礼》学及《春秋》，言论造次必于儒者，由是衣冠翕然，更尚儒术。俭撰次朝仪、国典，自晋、宋以来故事，无不谙忆，故当朝理事，断决如

交州刺史李叔献接受了朝廷的任命，擅自截留外国的进贡，齐武帝打算去讨伐他。

齐武帝永明三年（乙丑，485年）

春季，正月丙辰，齐武帝任命大司农刘楷为交州刺史，并发动南康、庐陵、始兴三地的军队，讨伐李叔献。李叔献得到消息后，立刻派使者跑到建康，乞求允许延长几年任期，进贡十二队纯银头盔和孔雀翎，齐武帝不允许。李叔献深怕会受到刘楷的袭击，就抄小路从湘州返回朝廷。

正月初十日戊寅，北魏颁布诏书说："图谶的出现，是从夏、商、周三代之末开始的。它不是治理国家的重要典章，只能被妖邪不正的人所利用。从现今开始，凡是图谶、纬书，一概烧掉，有私自保存的，处以极刑。"又严格禁止男女巫人以及街头巷尾占卦的人进行不是经典所记载的行径。

北魏太皇太后冯氏作《皇诰》十八篇。正月十五日癸未，冯氏在太华殿大规模宴请文武百官，正式颁布《皇诰》。

正月二十三日辛卯，齐武帝到南郊祭祀，实行大赦。

南齐颁布诏书恢复国学。用祭祀上公的礼仪祭祀孔子。

二月初二日己亥，北魏规定：皇子皇孙们有封爵的，每年俸禄按照不同标准发放。

二月初四日辛丑，齐武帝到北郊祭祀。

三月二十九日丙申，北魏封皇弟拓跋禧为咸阳王，拓跋幹为河南王，拓跋羽为广陵王，拓跋雍为颍川王，拓跋勰为始平王，拓跋详为北海王。文明太后冯氏又下令设置学馆，遴选师傅教授各位亲王。拓跋勰在所有兄弟中间最贤能，敏而好学，擅长写文章，魏孝文帝特别赏识喜欢他。

夏季，四月十七日癸丑，魏孝文帝巡视方山。四月十八日甲寅，返回宫中。

当初，宋明帝设立总明观，聚集学士，也叫东观。齐武帝认为国学已经建立，所以在五月二十九日乙未，撤销总明观。当时，王俭兼任国子祭酒，诏令在王俭住宅内开设学士馆，把总明观的甲、乙、丙、丁四部的图书移交给学士馆。又命令王俭把家作为办公的官署。

自从宋武帝喜欢文章辞采以来，士大夫也都以华丽的文辞章句互相推崇欣赏，没有专门研究经典的人。王俭小时候就喜欢《礼》和《春秋》，言谈随意时，也一定遵循儒家法则，由于这个原因士大夫追随模仿，崇尚儒家学说。王俭在撰写朝廷礼

流。每博议引证，八坐、丞、郎无能异者。令史咨事常数十人，宾客满席，俭应接辨析，傍无留滞，发言下笔，皆有音彩。十日一还学监试诸生，巾卷在庭，剑卫、令史，仪容甚盛。作解散髻，斜插簪，朝野慕之，相与仿效。俭常谓人曰："江左风流宰相，唯有谢安。"意以自比也。上深委仗之，士流选用，奏无不可。

（以上为第四段，写北魏禁止图谶、纬书的流行；冯太后作《皇诰》；南齐大臣王俭主持学士馆，成为南齐初年文坛的核心人物，深为朝廷所倚重。）

六月，庚戌，魏进河南王度易侯为车骑将军，遣给事中吴兴丘冠先使河南，并送柔然使。

辛亥，魏主如方山；丁巳，还宫。

秋，七月，癸未，魏遣使拜宕昌王梁弥机兄子弥承为宕昌王。初，弥机死，子弥博立，为吐谷浑所逼，奔仇池。仇池镇将穆亮以弥机事魏素厚，矜其灭亡；弥博凶悖，所部恶之；弥承为众所附，表请纳之。诏许之。亮帅骑三万军于龙鹄，击走吐谷浑，立弥承而还。亮，崇之曾孙也。

戊子，魏主如鱼池，登青原冈；甲午，还宫；八月，己亥，如弥泽；甲寅，登牛头山；甲子，还宫。

魏初，民多荫附；荫附者皆无官役，而豪强征敛倍于公赋。给事中李安世上言："岁饥民流，田业多为豪右所占夺；虽桑井难复，宜更均量，使力业相称。又，所争之田，宜限年断，事久难明，悉归今主，以绝诈妄。"魏主善之，由是始议均田。

冬，十月，丁未，诏遣使者循行州郡，与牧守均给天下之田：诸男夫十五以上受露田四十亩，妇人二十亩，奴婢依良丁；牛一头，受田三十亩，限止四牛。所授之田，率倍之；三易之田，再倍之，以供耕作及还受之盈缩。人年及课则受田，老免及身没则还田。奴婢、牛随有无以还受。初受田者，男夫给二十亩，课种桑五十株；桑田皆为世业，身

仪、国家大典时，对晋、刘宋以来的掌故，无不记忆如新，所以处理朝廷事务时，能够迅速做出决断。每次建言，都旁征博引，上自八坐，下到左右丞、各署曹郎，没有人能提出异议。拿着公文向王俭请示的令史经常有几十人，宾客盈门，王俭都从容接待，条分缕析，从不积压延迟，无论是口头发表见解，还是下笔批示，都有声有色，神采飞扬。王俭每十天去学监一次，测试学生，头戴葛巾、手拿试卷的学生布满庭院，佩剑的卫士和令史站在一旁，仪式非常隆重。王俭解散发髻，头簪斜插，朝廷内外都很仰慕，争相模仿。王俭经常对人说："江左风流宰相，只有谢安一人。"言下之意是把自己比作谢安。武帝非常器重他并委以要职。选用士人，只要是王俭奏请，齐武帝没有不批准的。

六月十五日庚戌，北魏提升河南王慕容度易侯为车骑将军，派遣经事中、吴兴人丘冠先出使河南，同时护送柔然汗国使节。

六月十六日辛亥，魏孝文帝巡视方山。六月二十二日丁巳，返回宫中。

秋季，七月十八日癸未，北魏派遣使节任命宕昌已故国王梁弥机哥哥的儿子梁弥承为宕昌王。当初，梁弥机去世，他的儿子梁弥博继承王位，被吐谷浑汗国所逼迫，逃到了仇池。仇池镇将穆亮认为梁弥机侍奉北魏朝廷一向尽心谨慎，同情其灭亡。梁弥博性情凶狠，残暴悖逆，将士痛恨他，而梁弥承为众人拥护，穆亮奏请朝廷，允许护送梁弥承回国，颁布诏书批准。穆亮率领三万名骑兵驻扎在龙鹄，击退了吐谷浑，拥立梁弥承登上王位。穆亮是穆崇的曾孙。

七月二十三日戊子，魏孝文帝巡视鱼池，登临青原冈。七月二十九日甲午，返回宫中。八月初五日己亥，巡视弥泽。八月二十日甲寅，登上牛头山。八月三十日甲子，返回宫中。

北魏建国初年，很多人自动依附于豪门强族。荫附户都不用为官府服役，可是豪强横征暴敛，比官府征收的捐税高出一倍。给事中李安世上书说："年岁灾荒，老百姓四处逃散，田地大多都被豪强霸占掠夺。虽然桑田难以恢复，应该使土地平均些，使农夫耕种土地的面积和人口数量相当。另外，对发生争执的田产，应该限定日期裁断。事情太久又难以明断的田产，一律归现今使用人，以杜绝欺诈妄作。"北魏孝文帝赞赏，由此开始讨论均田方案。

冬季，十月十三日丁未，颁布诏书派遣使者分别去各州郡，与各州郡牧守一同推行均田制，十五岁以上的男子，每人可以得到四十亩没有种树的农田，女子每人二十亩，奴仆婢女，按照一般成年人所配给田地的待遇分配土地。一头牛，可得三十亩农田，但以四头牛为限。所配给的农田，如果是隔一年才能耕种一次的贫瘠田地，增加一倍；如果是隔两年才能耕种一次的田地，增加两倍。以此供耕种和还

终不还。恒计见口，有盈者无受无还，不足者受种如法，盈者得卖其盈。诸宰民之官，各随近给公田有差，更代相付，卖者坐如律。

（以上为第五段，写孝文帝元宏推行均田制。）

辛酉，魏魏郡王陈建卒。

魏员外散骑常侍李彪等来聘。

十二月，乙卯，魏以侍中淮南王佗为司徒。

柔然犯魏塞，魏任城王澄帅众拒之，柔然遁去。澄，云之子也。氐、羌反，诏以澄为都督梁益荆三州诸军事、梁州刺史。澄至州，讨叛柔服，氐、羌皆平。

初，太祖命黄门郎虞玩之等检定黄籍。上即位，别立校籍官，置令史，限人一日得数巧。既连年不已，民愁怨不安。外监会稽吕文度启上，籍被却者悉充远戍，民多逃亡避罪。富阳民唐寓之因以妖术惑众作乱，攻陷富阳，三吴却籍者奔之，众至三万。

文度与茹法亮、吕文显皆以奸谄有宠于上。文度为外监，专制兵权，领军守虚位而已。法亮为中书通事舍人，权势尤盛。王俭常曰："我虽有大位，权寄岂及茹公邪！"

是岁，柔然部真可汗卒，子豆仑立，号伏名敦可汗，改元太平。

（以上为第六段，写南齐重新校订户籍，检查奸伪案件，致使矛盾激化，有人乘机反叛；吕文渡等受到皇帝的宠幸，为外监，权势炙手可热，连朝廷大臣都自叹不如。）

四年（丙寅，486年）

春，正月，癸亥朔，魏高祖朝会，始服衮冕。

壬午，柔然寇魏边。

唐寓之攻陷钱唐，吴郡诸县令多弃城走。寓之称帝于钱唐，立太子，置百官，遣其将高道度等攻陷东阳，杀东阳太守萧崇之。崇之，太

田、受田增减的需要。老百姓到了应该纳赋的年龄，就配给土地，年纪已老以及去世之后，土地归还官府。奴婢和耕牛，根据奴婢和耕牛数量多少，决定还田还是受田。初次受田的人，男子给田二十亩，规定种五十棵桑树，桑田是世代产业，死了也不用交回。应经常统计现有人口，土地盈余的，不受田也不还田。对土地不够的农家，则依照法令增加配给。世代经营的田地，有盈余的，可以出售。各地地方官就在官府附近，按照等级，配给一份公田，地方官更换时，移交给接任的官员。私自卖掉公田，按照法律追究定罪。

十月二十七日辛酉，北魏魏郡王陈建去世。

北魏员外散骑常侍李彪等人来访。

十二月二十二日乙卯，北魏任命侍中淮南王拓跋佗为司徒。

柔然汗国进犯北魏边塞，北魏任城王拓跋澄率领将士抗击，柔然远逃。拓跋澄是拓跋云的儿子。氐人、羌人造反，诏命拓跋澄为都督梁益荆三州诸军事、梁州刺史，拓跋澄抵达，讨伐叛贼，安抚降附，氐人、羌人全都平息。

当初，刘宋明帝命令门下省黄门郎虞玩之等人重新校订黄籍。齐武帝即位后，又另行设立校籍官，设置令史，限定令史每天每人都要查出几件奸伪案件。这样连续几年不停止，老百姓为此愁苦不安，怨声载道。外监会稽人吕文度就此启奏齐武帝，凡是撤销户籍的，都要发配远方戍守边疆，百姓大都畏罪逃亡。富阳百姓唐寓之，趁机利用妖术，蛊惑人们起来作乱，攻陷了富阳。三吴一带被撤销户籍的人纷纷投奔，人数多达三万。

吕文度和茹法亮、吕文显都凭借奸邪谄媚，受到齐武帝的宠信。吕文度为外监，独揽禁军大权，领军成为挂名的虚职。茹法亮担任中书通事舍人，权势更盛。王俭经常说："我虽然有大位，但现今掌握的权力又哪里比得上茹公呢！"

这一年，柔然汗国可汗郁久闾予成去世，儿子郁久闾豆仑继位，号为伏名敦可汗，改年号为太平。

齐武帝永明四年（丙寅，486 年）

春季，正月初一日癸亥朔，魏孝文帝召集百官朝见时开始穿戴汉族礼服和冕旒。

正月二十日壬午，柔然汗国进犯北魏边塞。

唐寓之攻陷了钱唐，吴郡各县县令大多弃城逃走。唐寓之在钱唐称帝，立太子，设置文武百官。派大将高道度等人攻陷东阳，杀东阳太守萧崇之。萧崇之是太祖的

祖族弟也。又遣其将孙泓寇山阴，至浦阳江；浃口戍主汤休武击破之。上发禁兵数千人，马数百匹，东击寓之。台军至钱唐，寓之众乌合，畏骑兵，一战而溃，擒斩寓之，进平诸郡县。

台军乘胜，颇纵抄掠。军还，上闻之，收军主前军将军陈天福弃市；左军将军刘明彻免官、削爵，付东冶。天福，上宠将也，既伏诛，内外莫不震肃。使通事舍人丹阳刘系宗随军慰劳，遍至遭贼郡县，百姓被驱逼者悉无所问。

闰月，癸巳，立皇子子贞为邵陵王，皇孙昭文为临汝公。

氐王杨后起卒，丁未，诏以白水太守杨集始为北秦州刺史、武都王。集始，文弘之子也。后起弟后明为白水太守。魏亦以集始为武都王。集始入朝于魏，魏以为南秦州刺史。

辛亥，帝耕籍田。

二月，己未，立皇弟锹为晋熙王，铉为河东王。

魏无乡党之法，唯立宗主督护；民多隐冒，三五十家始为一户。内秘书令李冲上言："宜准古法：五家立邻长，五邻立里长，五里立党长，取乡人强谨者为之。邻长复一夫，里长二夫，党长三夫，三载无过，则升一等。其民调，一夫一妇，帛一匹，粟二石。大率十匹为公调，二匹为调外费，三匹为百官俸。此外复有杂调。民年八十已上，听一子不从役。孤独、癃老、笃疾、贫穷不能自存者，三长内迭养食之。"书奏，诏百官通议。中书令郑羲等皆以为不可。太尉丕曰："臣谓此法若行，于公私有益。但方有事之月，校比户口，民必劳怨。请过今秋，至冬乃遣使者，于事为宜。"冲曰："'民可使由之，不可使知之。'若不因调时，民徒知立长校户之勤，未见均徭省赋之益，心必生怨。宜及调课之月，令知赋税之均，既识其事，又得其利，行之差易。"群臣多言："九品差调，为日已久，一旦改法，恐成扰乱。"文明太后曰："立三长则课调有常准，苞荫之户可出，侥幸之人可止，何为不可！"甲戌，初立党、里、邻三长，定民户籍。民始皆愁苦，豪强者尤不愿。既而课调省费十余倍，上下安之。

（以上为第七段，写南齐的军队平定唐寓之的叛乱，而大肆掳掠，被朝廷严惩；北魏在内秘书令李冲的建议下，立乡党之法，百官认为不可，冯太后拍板实施，效果很好。）

族弟。唐寓之又派将领孙泓进犯山阴，走到浦阳江时，泱口戍主汤休武击败了孙泓。齐武帝派几千名禁军，几百匹战马，往东进攻唐寓之。禁军抵达钱唐，唐寓之手下都是一群乌合之众，惧怕骑兵，一战即溃，抓获了唐寓之，斩首，进而平定叛乱各郡县。

朝廷军队乘胜大肆掳掠。班师后，齐武帝听到了这一情况，就下令逮捕军主、前军将军陈天福，在街市上把他斩首，左军将军刘明彻免职，削除爵位，发配到东冶。陈天福，齐武帝最宠爱的大将，他被处死后，内外人士无不感到震惊。齐武帝派通事舍人丹阳人刘系宗随军慰劳，走遍了遭到叛民进攻的郡县。对于被胁迫而参加叛乱的百姓，一概不予追究。

闰正月初一日癸巳，南齐立皇子萧子贞为郡陵王，皇孙萧昭文为临汝公。

氐王杨后起去世。闰正月十五日丁未，诏命白水太守杨集始为北秦州刺史，封为武都王。杨集始是杨文弘的儿子。又任命杨后起的弟弟杨后明担任白水太守。北魏封杨集始为武都王。杨集始到北魏京都朝见，北魏又任命为南秦州刺史。

闰正月十九日辛亥，齐武帝耕种籍田。

二月己未，南齐立皇弟萧銶为晋熙王，萧铉为河东王。

北魏没有乡党邻里的组织法规，只有大家族的宗主的监督保护。老百姓大多隐瞒或假冒户籍，三五十家才为一户。内秘书令李冲上疏说："应该依据古代的方法，五户设立邻长，五邻设立里长，五里设立党长，选派乡人中强干而又谨慎的人担任。邻长家免除一个人的差役，里长家免除二个人的差役，党长家免除三个人的差役。三年之内，没有过失，加升一级。对老百姓依照调法收税，一对夫妇征收一匹布帛，二石粟米。大体上十匹交给国库，二匹作为额外追加，三匹作为百官的俸禄。除此还有杂调。老百姓在八十岁以上的，可以免除一个儿子的差役。孤儿、孤寡老人、残疾人及久病不愈者、贫穷无法养活自己的人，要由邻长、里长和党长轮流供养。"奏章呈上之后，诏令文武百官讨论。中书令郑羲等人都认为不可。太尉拓跋丕说："臣认为此法如果实行，对朝廷和个人都有好处。但是，现今正是征收赋税的月份，校正户籍，百姓一定会因劳苦而生怨。请求过了秋季，等到冬季派官员到各地办理，这样做才合适。"李冲说："'民可使由之，不可使知之'，如果不趁现今征收赋税的时节去办理，老百姓只看到校正户籍的辛劳，却没有看到减免徭役赋税所带来的好处，心中必生怨恨。应该利用征收赋税的月份，使老百姓知道赋税平均。了解了事理，又得到好处，推行起来就容易了。"群臣大多说："按照九个等级进行征税，实行了很长时间，一旦改变，恐怕会引起骚乱。"文明太后说："设立邻长、里长、党长，田赋捐税有一定的标准，被包庇隐藏的户口就可以查出，侥幸逃脱的人也可以得到制止，为什么不可以呢？"二月十三日甲戌，开始建立党长、里长、邻

三月，丙申，柔然遣使者牟提如魏。时敕勒叛柔然，柔然伏名敦可汗自将讨之，追奔至西漠。魏左仆射穆亮等请乘虚击之，中书监高闾曰："秦、汉之世，海内一统，故可远征匈奴。今南有吴寇，何可舍之深入虏庭！"魏主曰："'兵者凶器，圣人不得已而用之。'先帝屡出征伐者，以有未宾之虏故也。今朕承太平之业，奈何无故动兵革乎！"厚礼其使者而归之。

夏，四月，辛酉朔，魏始制五等公服；甲子，初以法服、御辇祀南郊。

癸酉，魏主如灵泉池；戊寅，还宫。

湘州蛮反，刺史吕安国有疾不能讨；丁亥，以尚书左仆射柳世隆为湘州刺史，讨平之。

六月，辛酉，魏主如方山。

己卯，魏文明太后赐皇子恂名，大赦。

秋，七月，戊戌，魏主如方山。

八月，乙亥，魏给尚书五等爵已上朱衣，玉佩，大小组绶。

九月，辛卯，魏作明堂、辟雍。

冬，十一月，魏议定民官依户给俸。

十二月，柔然寇魏边。

是岁，魏改中书学曰国子学。分置州郡，凡三十八州，二十五在河南，十三在河北。

（以上为第八段，写柔然派使者出访北魏，北魏以厚礼接待，与柔然和好；北魏完善官制，作五等官服，兴建明堂、辟雍，地方官吏按照所管辖户口发放俸禄。）

五年（丁卯，487年）

春，正月，丁亥朔，魏主诏定乐章，非雅者除之。

戊子，以豫章王嶷为大司马，竟陵王子良为司徒，临川王映、卫将军王俭、中军将军王敬则并加开府仪同三司。子良启记室范云为郡，上曰："闻其常相卖弄，朕不复穷法，当宥之以远。"子良曰："不然。云动

长制度，核定百姓的户籍。老百姓开始为此愁苦不安，豪强士族们尤其反对。不久，赋税的征收额减少到过去的十几分之一，豪强、百姓才安下心来。

三月初五日丙申，柔然汗国派遣使节牟提前往北魏。这时，敕勒部落反叛，柔然可汗郁久闾豆仑亲自率领大军前去讨伐，一直追杀到西边大沙漠的尽头。北魏左仆射穆亮等人，请求乘虚出兵袭击。中书监高闾说："秦汉时代，海内统一，所以能够远征匈奴。而如今南面有吴地的敌人，怎么能够不顾而深入胡虏腹心呢？"魏孝文帝说："'战争是凶器，圣人不得已而用之。'先帝多次出兵讨伐，是由于胡虏一直没有屈服。现今，朕所承继的是太平盛世的大业，怎么可以无缘无故发动战争呢？"以厚礼接待柔然汗国的使节，并送他回去。

夏季，四月初一日辛酉朔，北魏开始制作五等官服。四月初四日甲子，魏孝文帝第一次穿皇帝法服，乘坐皇帝专用的辇车，到南郊祭天。

四月十三日癸酉，魏孝文帝巡视灵泉池。四月十八日戊寅，返回宫中。

湘州蛮人叛乱，南齐湘州刺史吕安国有病，不能前往讨伐。四月二十七日丁亥，任命尚书左仆射柳世隆为湘州刺史，平息了叛乱。

六月初二日辛酉，魏孝文帝巡视方山。

六月二十日己卯，北魏文明太后给皇子取名拓跋恂。大赦天下。

秋季，七月初九日戊戌，魏孝文帝再次巡视方山。

八月十七日乙亥，北魏给尚书和五等爵以上的官员发放朱色官服、佩玉和佩带玉饰的丝带。

九月初三日辛卯，北魏兴建明堂、辟雍。

冬季，十一月，北魏议定地方官按照所辖户口发放俸禄。

十二月，柔然汗国进犯北魏边境。

这一年，北魏将中书学改称为国子学。重新划分设置州郡，共有三十八个州，其中有二十五个州在黄河以南，十三个州在黄河以北。

齐武帝永明五年（丁卯，487年）

春季，正月初一日丁亥朔，魏孝文帝颁布诏书审定音乐，凡是不够典雅的一律除掉。

正月初二日戊子，齐武帝任命豫章王萧嶷为大司马，竟陵王萧子良为司徒。将临川王萧映、卫将军王俭和中军将军王敬则三人一并加授为开府仪同三司。萧子良起用记室范云担任郡守，齐武帝说："听说他经常卖弄才能，朕没有追究并惩罚他，

相规诲，谏书具存。”遂取以奏，凡百余纸，辞皆切宜。上叹息，谓子良曰：“不谓云能尔；方使弼汝，何宜出守！”文惠太子尝出东田观获，顾谓众宾曰：“刈此亦殊可观。”众皆曰：“唯唯。”云独曰：“三时之务，实为长勤。伏愿殿下知稼穑之艰难，无徇一朝之宴逸！”

荒人桓天生自称桓玄宗族，与雍、司二州蛮相扇动，据南阳故城，请兵于魏，将入寇。丁酉，诏假丹杨尹萧景先节，总帅步骑，直指义阳，司州诸军皆受节度；又假护军将军陈显达节，帅征虏将军戴僧静等水军向宛、叶，雍、司诸军皆受显达节度，以讨之。

魏光禄大夫咸阳文公高允，历事五帝，出入三省，五十余年，未尝有谴；冯太后及魏主甚重之，常命中黄门苏兴寿扶侍。允仁恕简静，虽处贵重，情同寒素；执书吟览，昼夜不去手；诲人以善，恂恂不倦；笃亲念故，无所遗弃。显祖平青、徐，悉徙其望族于代，其人多允之婚媾，流离饥寒；允倾家赈施，咸得其所，又随其才行，荐之于朝。议者多以初附间之，允曰：“任贤使能，何有新旧！必若有用，岂可以此抑之！”允体素无疾，至是微有不适，犹起居如常，数日而卒，年九十八，赠侍中、司空，赙襚甚厚。魏初以来，存亡蒙赉，皆莫及也。

（以上为第九段，写南齐大臣范云被武帝萧赜误会，认为他是善于卖弄之人，实际上他善于谏诤；北魏名臣高允曾侍奉五帝，历事三代，从未有过失，德高望重，无疾而终。）

桓天生引魏兵万余人至沘阳，陈显达遣戴僧静等与战于深桥，大破之，杀获万计。天生退保沘阳，僧静围之，不克而还。荒人胡丘生起兵悬瓠以应齐，魏人击破之，丘生来奔。天生又引魏兵寇舞阴，舞阴戍主殷公愍拒击，破之，杀其副张麒麟，天生被创退走。三月，丁未，以陈显达为雍州刺史。显达进据舞阳城。

夏，五月，壬辰，魏主如灵泉池。

应该宽宥并把他调到边远地区。”萧子良说：“事实不是这样。范云经常对我进行规劝教诲，谏书仍然保存着。”说完，萧子良就拿出来呈上，大约有一百多张纸，言辞十分恳切直率。皇上不禁叹息，对萧子良说：“没有想到范云能够这样，正需要这样的人辅助你，怎么让他去边远地区镇守呢！”文惠太子萧长懋曾经到东田观看田间收割，回过头对随从的宾客们说：“收割是一件很可以一看的事。”大家都纷纷点头说：“是，是。”只有范云回答说：“春天耕种，夏天锄草，秋天收获，这三个季节的农田劳作，实在是长时期劳苦的事情。只愿殿下能够了解耕种和收获庄稼的艰难，不再贪图一时的享乐！”

边疆人桓天生自称是桓玄的族人，同雍州、司州两州的蛮人相互煽动，占据了南阳旧城，又向北魏请求出兵援助，要继续向南进犯。正月十一日丁酉，颁布诏书借给丹杨尹萧景先符节，统领步、骑兵，直接向义阳挺进，司州境内各路大军都接受萧景先的指挥。又借给护军将军陈显达符节，统率征虏将军戴僧静等水军向宛、叶两地进攻，雍州和司州的各路大军也都全部接受陈显达的指挥，共同讨伐桓天生。

北魏光禄大夫、咸阳文公高允，一生侍奉过五位皇帝，出入尚书省、中书省、秘书省，五十多年，从未有何过失。冯太后和魏孝文帝都非常尊重他，经常命令黄门苏兴服侍。高允仁义宽厚，简朴恬静，虽然处在尊贵重要的位置上，处事却跟普通士人一样。拿起书来吟咏浏览，不分白天黑夜总是书不离手。教诲别人向善学好，循循善诱。顾念亲人、故旧，无所遗弃。显祖拓跋弘夺取青州、徐州时，把当地望族全都迁到了代郡，有很多人都是高允的姻亲，流离失所、饥寒交迫地来到这里，高允拿出全部家产赈济，使他们各得其所。又根据才能品行的不同，推荐给朝廷。朝中许多人都因他们刚刚归附而不加信任。高允说：“任用贤才，使用能人，为什么要分新旧呢？如果他们有用，怎么可以用这种理由去压制他们！”高允身体一向无病，到这一年，稍感不适，但起居仍如平日一样。几天之后去世，享年九十八岁。追赠侍中、司空，陪葬的财物十分丰厚。北魏建国以来，活着或者死去官员的赏赐，都没有赶得上他的。

桓天生引导北魏一万多名士卒到达沘阳，陈显达派戴僧静等人迎战魏军于深桥，大败魏军，杀死、俘虏数以万计。桓天生退守沘阳，戴僧静围攻，没有攻克而返回。边疆人胡丘生在悬瓠起兵来响应南齐军队，魏军击败了胡丘生，胡丘生逃奔南来。桓天生又引导魏军进犯舞阴，舞阴守将殷公愍抗拒奋击，击败魏军，斩杀魏军副将张麒麟，桓天生带伤逃走。三月二十二日丁未，任命领军将军陈显达为雍州刺史，显达进驻舞阳城。

夏季，五月初八日壬辰，魏孝文帝巡视灵泉池。

癸巳，魏南平王浑卒。

甲午，魏主还平城。诏复七庙子孙及外戚缌麻服已上，赋役无所与。

魏南部尚书公孙邃、上谷公张儵帅众与桓天生复寇舞阴，殷公愍击破之；天生还窜荒中。邃，表之孙也。

魏春夏大旱，代地尤甚；加以牛疫，民馁死者多。六月，癸未，诏内外之臣极言无隐。齐州刺史韩麒麟上表曰："古先哲王，储积九稔；逮于中代，亦崇斯业，入粟者与斩敌同爵，力田者与孝悌均赏。今京师民庶，不田者多，游食之口，参分居二。自承平日久，丰穰积年，竞相矜夸，遂成侈俗。贵富之家，童妾袨服，工商之族，仆隶玉食；而农夫阙糟糠，蚕妇乏短褐。故令耕者日少，田有荒芜；谷帛罄于府库，宝货盈于市里；衣食匮于室，丽服溢于路。饥寒之本，实在于斯。愚谓凡珍异之物，皆宜禁断；吉凶之礼，备为格式，劝课农桑，严加赏罚。数年之中，必有盈赡。往年校比户贯，租赋轻少。臣所统齐州，租粟才可给俸，略无入仓，虽于民为利而不可长久，脱有戎役，或遭天灾，恐供给之方，无所取济。可减绢布，增益谷租；年丰多积，岁俭出赈。所谓私民之谷，寄积于官，官有宿积，则民无荒年矣。"

秋，七月，乙丑，诏有司开仓赈贷，听民出关就食。遣使者造籍，分遣去留，所过给粮廪，所至三长赡养之。

（以上为第十段，写南齐桓天生起兵反叛，勾结北魏，被打败；北魏主拓跋宏开门纳谏，齐州刺史韩麒麟上书，提出抑制奢侈、重视农业、丰储荒赈的建议。）

柔然伏名敦可汗残暴，其臣侯医垔、石洛候数谏止之，且劝其与魏和亲。伏名敦怒，族诛之，由是部众离心。八月，柔然寇魏边，魏以尚书陆叡为都督，击柔然，大破之。叡，丽之子也。

初，高车阿伏至罗有部落十余万，役属柔然。伏名敦之侵也，阿伏

五月初九日癸巳，北魏南平王拓跋浑去世。

五月初十日甲午，魏孝文帝返回平城。颁布诏书免除皇家七庙的子孙以及五服以内外戚的赋役。

北魏南部尚书公孙邃、上谷公张儵率领部下和桓天生一起，再次进犯舞阴，殷公愍击败北魏大军。桓天生逃到了荒远之地。公孙邃是公孙表的孙子。

北魏在春夏之交大旱，代郡地区尤其严重，又加上牛的瘟疫流行，老百姓饿死的很多。六月二十九日癸未，诏令朝廷内外大臣畅所欲言，不要保留。齐州刺史韩麒麟上表说："古代贤哲君王，总是有九年的积蓄储存，到了中古时期，也推崇这种方法，缴纳粮食的人和在前线杀敌的人一样得到封爵。致力于耕种农田的人，与孝敬父母、友爱兄弟的人同样受到奖赏。而现今京师的民众百姓，不种田的人多，不劳而食的人三分居二。太平日子过久了，连年丰收，大家都争相夸耀自己的财富，奢侈浪费成了风气。高贵富裕的人家，就连孩童婢女都穿华美的衣服；手工作坊及商人家庭，奴仆差役也是山珍海味。可是种田的农夫却连酒渣糠皮都没有，养蚕的妇女连蔽体的粗布衣裳都穿不上。因此，种地的人一天天减少，田地一天天荒芜。国库内粮食布帛告罄，街市上却堆满了各种珍宝货物；衣食匮乏于家，华丽服装盈溢道路。饥寒交迫的根本原因也就在此。我认为，凡是奇异珍贵的东西，朝廷都应该坚决禁止买卖。吉凶的礼仪，应该规定完备的格式。鼓励耕田种桑，严格奖赏和惩罚。几年之内，定会有盈余。前几年校订户籍，减轻了不少田赋捐税。臣所管辖的齐州，所征收的粮食仅够发给官员俸禄，没有多余的入缴国库，虽然对老百姓有利，却不能长久，一旦有战事发生，或者遇到天灾，恐怕供给的人无从获取。可以减少布帛的征收，增加粮食的税收。丰收年份，就可以大量储存；歉收年份，拿出来赈济。这就是所谓的把老百姓的粮食寄存在官府。官府有了储存，老百姓就不会有荒年了。"

秋季，七月初六日己丑，孝文帝颁布诏书，命令有关部门打开官府府库，赈济或借贷，允许饥民出关逃生。派专人制作户籍，由老百姓自己决定去留。饥民们路过的地方，当地官府提供饮食，所到之处，由当地的三长负责安置。

柔然可汗郁久闾豆仑残暴，大臣侯医垔、石洛侯多次劝谏、阻止他的行为，并且建议和北魏和好联姻。郁久闾豆仑勃然大怒，诛杀侯医垔、石洛侯全族，因此部众离心离德。八月，柔然汗国进犯北魏边境，北魏任命尚书陆叡为都督，迎击柔然军，大破柔然。陆叡是陆丽的儿子。

最初，高车部落首领阿伏至罗有部落十多万，役使领属于柔然。伏名敦侵犯北

至罗谏，不听。阿伏至罗怒，与从弟穷奇帅部落西走，至前部西北，自立为王。国人号曰“候娄匐勒”，夏言天子也；号穷奇曰“候倍”，夏言太子也。二人甚亲睦，分部而立。阿伏至罗居北，穷奇居南。伏名敦追击之，屡为阿伏至罗所败，乃引众东徙。

九月，辛未，魏诏罢起部无益之作，出宫人不执机杼者。冬，十月，丁未，又诏罢尚方锦绣、绫罗之工；四民欲造，任之无禁。是时，魏久无事，府藏盈积。诏尽出御府衣服珍宝、太官杂器、太仆乘具、内库弓矢刀铃十分之八，外府衣物、缯布、丝纩非供国用者，以其太半班赉百司，下至工、商、皂隶，逮于六镇边戍，畿内鳏、寡、孤、独、贫、癃，皆有差。

魏秘书令高祐、丞李彪奏请改《国书》编年为纪、传、表、志；魏主从之。祐，允之从祖弟也。十二月，诏彪与著作郎崔光改修《国书》。光，道固之从孙也。

魏主问高祐曰：“何以止盗？”对曰：“昔宋均立德，猛虎渡河；卓茂行化，蝗不入境。况盗贼，人也，苟守宰得人，治化有方，止之易矣。”祐又上疏言：“今之选举，不采识治之优劣，专简年劳之多少，斯非尽才之谓。宜停此薄艺，弃彼朽劳，唯才是举，则官方斯穆。又勋旧之臣，虽年勤可录而才非抚民者，可加之以爵赏，不宜委之以方任，所谓王者可私人以财，不私人以官者也。”帝善之。

祐出为西兖州刺史，镇滑台。以郡、国虽有学，县、党亦宜有之，乃命县立讲学，党立小学。

（以上为第十一段，写高车部落首领阿伏至罗率众西迁，柔然遭屡攻败亡；北魏发布诏令，撤销与民生无益的工程；修改《国书》；听从高祐的建议，用人重德重才。）

魏时，阿伏至罗竭力劝阻，不听。阿伏至罗大为气愤，和堂弟阿伏穷奇率领部落向西出走，抵达前部的西北，自立为高车王。部众们尊称他为“候娄匐勒”，汉语的意思就是天子。尊称阿伏穷奇为“候倍”，汉语的意思就是太子。二人感情非常好，分别统辖自己的部属。阿伏至罗住在北面，阿伏穷奇则在南面。伏名敦追击，却屡次都被阿伏至罗击败，乃率众向东迁移。

九月，辛未，北魏颁布诏书，撤销对民生无益的工程，宫中不做纺织的宫女一概出宫。冬季，十月，丁未，又颁布诏书撤去尚方署绫罗锦绣的工匠，士、农、工、商们如果打算自己织造，则听任不加禁止。这时北魏已很久没有战事了，所以，国库库藏充盈。朝廷颁布诏书，拿出皇家御库房内的衣物、珍奇宝物、太官杂器、太仆出外乘车用具及宫内库存的弓箭刀枪十分之八，以及宫外府库的衣服用具、丝绸、丝棉，不是朝廷使用的，其中的一大半赏赐给文武百官，下至工匠、商贾以及衙役，直到在六镇戍守的边防士兵，以及京畿内的鳏夫、寡妇、孤儿、老人、贫民、残疾人，按照等级分别赏赐。

北魏秘书令高祐、秘书丞李彪上奏请把《国书》的编年体例改为纪、传、表、志，魏孝文帝批准这一建议。高祐和高允是同一个曾祖父，高祐是高允的堂弟。十二月，颁布诏书，令丞李彪和著作郎崔光一起负责修订《国书》。崔光是崔道固的堂孙。

魏孝文帝问高祐：“怎样才能防止盗贼？”回答说：“汉明帝时宋均订立德政，就有猛虎渡河离去。汉平帝时卓茂推行教化，蝗虫不曾入境。更何况，强盗也是普通人。只要郡守、县宰的选派适当，治理教化得当，防止就十分容易了。”高祐又上书说：“现今选用官吏，不是看治理地方的政绩优劣，只是看他任期的长短，资历的深浅，这不是人尽其才。应该停止这种浅薄的区别，摒弃那些没用的年资阅历，唯才是举，官吏才会清廉严正。另外，对于功勋老臣，虽然功劳资历可以记录，可没有治理安抚百姓的才能，朝廷可以增加他们的爵位封赏，不应该委任地方要员，这也就是所说的：王者可以因个人的喜好赏赐钱财，却不可以因个人的好恶委任官员！”魏孝文帝认为言之有理。

高祐出外任西兖州刺史，镇守滑台。认为郡和封国既然有学校，下边的县和党也应该有，于是下令各县设立讲学，各党设立小学。

六年（戊辰，488 年）

春，正月，乙未，魏诏："犯死刑者，父母、祖父母年老，更无成人子孙，旁无期亲者，具状以闻。"

初，皇子右卫将军子响出继豫章王嶷；嶷后有子，表留为世子。子响每入朝，以车服异于诸王，每拳击车壁。上闻之，诏车服与皇子同。于是有司奏子响宜还本。三月，己亥，立子响为巴东王。

角城戍将张蒲，因大雾乘船入清中采樵，潜纳魏兵。戍主皇甫仲贤觉之，帅众拒战于门中，仅能却之。魏步骑三千余人已至堑外，淮阴军主王僧庆等引兵救之，魏人乃退。

夏，四月，桓天生复引魏兵出据隔城，诏游击将军下邳曹虎督诸军讨之。辅国将军朱公恩将兵踰伏，遇天生游军，与战，破之，遂进围隔城。天生引魏兵步骑万余人来战，虎奋击，大破之，俘斩二千余人。明日，攻拔隔城，斩其襄城太守帛乌祝，复俘斩二千余人，天生弃平氏城走。

陈显达侵魏。甲寅，魏遣豫州刺史拓跋斤将兵拒之。

甲子，魏大赦。

乙丑，魏主如灵泉池；丁卯，如方山；己巳，还宫。

魏筑城于醴阳，陈显达攻拔之，进攻沘阳。城中将士皆欲出战，镇将韦珍曰："彼初至气锐，未可与争，且共坚守，待其力攻疲弊，然后击之。"乃凭城拒战，旬有二日，珍夜开门掩击，显达还。

五月，甲午，以宕昌王梁弥承为河、凉二州刺史。

秋，七月，己丑，魏主如灵泉池，遂如方山；己亥，还宫。

九月，壬寅，上如琅邪城讲武。

癸卯，魏淮南靖王佗卒。魏主方享宗庙，始荐，闻之，为废祭，临视哀恸。

冬，十月，庚申，立冬，初临太极殿读时令。

齐武帝永明六年（戊辰，488 年）

春季，正月十五日乙未，北魏颁布诏书："对犯有死罪的人，父母、祖父母年老，又无成年的子孙，没有穿一年以上丧服的亲属，可以奏报朝廷。"

最初，南齐皇子右卫将军萧子响过继给叔父豫章王萧嶷。后来，萧嶷有了儿子，就上疏请求留下萧子响作为世子。萧子响每次入朝时，车马衣服都跟其他亲王不一样，动辄用拳头猛击车壁。齐武帝知道后，颁布诏书令萧子响的车马衣服和其他皇子一样。这时有关部门又奏报萧子响应该恢复原来的宗属。三月二十日己亥，立萧子响为巴东王。

角城守将张蒲借着大雾的机会，乘船到清水一带砍伐木柴，秘密将北魏士兵带进国境，戍主皇甫仲贤发觉，率领部众在城门奋力抗击，仅仅能击退。三千多名魏军士兵已经到达护城河外，淮阴军主王僧庆等人率大军前来救援，魏军才撤退。

夏季，四月，桓天生再次引导魏军出兵占据了隔城。颁布诏书命令游击将军下邳人曹虎统率各路大军前去讨伐。辅国将军朱公恩率军做敌前搜索，遇上了桓天生的游击部队，双方激战，朱公恩大败桓天生的部队，就进军围攻隔城。桓天生引导一万多名北魏步兵、骑兵前来迎战，曹虎奋力抗击，结果大败魏军，俘虏、斩杀了两千多人。第二天，曹虎率军又继续围攻，攻克拿下隔城，斩了襄城太守帛乌祝，再次俘虏斩杀了两千多人，桓天生放弃平氏城逃走。

陈显达进犯北魏。四月初五日甲寅，北魏派豫州刺史拓跋斤率领大军抗击。

四月十五日甲子，北魏大赦天下。

四月十六日乙丑，魏孝文帝巡视灵泉池。四月十八日丁卯，巡视方山。四月二十日己巳，返回宫中。

北魏兴筑城池于醴阳，陈显达攻克该城，进军沘阳。城里的将士们都想出来迎战，镇将韦珍说："他们刚到士气旺盛，不可以争锋，暂且坚守，等到进攻得疲惫不堪时，再去攻击他们。"韦珍乃率领将士们据守沘阳城抵抗，十二天后，韦珍黑夜开门，突袭陈显达，陈显达撤退。

五月十五日甲午，南齐任命宕昌王梁弥承为河、凉二州刺史。

秋季，七月十一日己丑，魏孝文帝巡视灵泉池，遂去方山。七月二十一日己亥，返回宫中。

九月二十五日壬寅，齐武帝巡视琅邪城讲习武事。

九月二十六日癸卯，北魏淮南靖王拓跋佗去世。当时，魏孝文帝正在祖庙祭祀，刚刚献上第一道祭品，就得到拓跋佗去世的报告，当即就停止了祭祀仪式，亲自去拓跋佗遗体旁哀悼恸哭。

冬季，十月十四日庚申，立冬，齐武帝第一次亲临太极殿，宣读时令。

闰月，辛酉，以尚书仆射王奂为领军将军。

辛未，魏主如灵泉池；癸酉，还宫。

十二月，柔然伊吾戍主高羔子帅众三千以城附魏。

（以上为第十二段，写刘宋角城守将张蒲将北魏兵引入城内，被奋力抗击而撤退；桓天生引导北魏兵攻入隔城，游击将军曹虎率领大军讨伐，大败魏军，天生逃走。）

上以中外谷帛至贱，用尚书右丞江夏李珪之议，出上库钱五千万及出诸州钱，皆令籴买。

西陵戍主杜元懿建言："吴兴无秋，会稽丰登，商旅往来，倍多常岁。西陵牛埭税，官格日三千五百；如臣所见，日可增倍。并浦阳南北津、柳浦四埭，乞为官领摄一年，格外可长四百许万。西陵戍前检税，无妨戍事；余三埭自举腹心。"

上以其事下会稽，会稽行事吴郡顾宪之议以为："始立牛埭之意，非苟逼蹴以取税也；乃以风涛迅险，济急利物耳。后之监领者不达其本，各务己功，或禁遏他道，或空税江行。按吴兴频岁失稔，今兹尤甚，去之从丰，良由饥棘。埭司责税，依格弗降，旧格新减，尚未议登，格外加倍，将以何术！皇慈恤隐，振廪蠲调；而元懿幸灾榷利，重增困瘼，人而不仁，古今共疾！若事不副言，惧贻谴诘，必百方侵苦，为公贾怨。元懿禀性苛刻，已彰往效，任以物土，譬以狼将羊，其所欲举腹心，亦当虎而冠耳。书云：'与其有聚敛之臣，宁有盗臣。'此言盗公为损盖微，敛民所害乃大也。愚又以便宜者，盖谓便于公，宜于民也。窃见顷之言便宜者，非能于民力之外，用天分地；率皆即日不宜于民，方来不便于公。名与实反，有乖政体。凡如此等，诚宜深察。"上纳之而止。

（以上为第十三段，写南齐西陵戍主杜元懿建议增加牛埭关税，武帝萧赜下发讨论，会稽行事顾宪之提出强烈的反对意见，认为这是增加民生苦难，不利于国治而未施行。）

闰十月十五日辛酉，南齐任命尚书仆射王奂为领军将军。

十月二十五日辛未，魏孝文帝巡视灵泉池。十月二十七日癸酉，返回宫中。

十二月，柔然汗国的伊吾戍主高羔子率领三千名部属献出伊吾城，归附北魏。

齐武帝因为中外的粮食和帛匹的价格太贱，采纳了尚书右丞江夏人李珪的建议，拿出国库五千万钱和各州州库的现款，全部用来购买粮食。

西陵戍主杜元懿建议说："吴兴今年秋粮歉收，会稽五谷丰登，所以，商贾来来往往，比平常年份多了一倍。西陵牛埭的税收，朝廷规定每天三千五百钱，但据我观察，每天的税收可以加倍。连带浦阳南北两个渡口、柳浦四个堤坝，交给我管理一年，另外再多缴四百多万钱。在西陵戍守地前检查税收，不妨碍正常的戍守。剩下来的那三个关口，我自己选派可靠的人去负责。"

齐武帝把这项建议交给会稽郡研究讨论，会稽行事吴郡人顾宪之认为："最初设立牛埭的意思，并不是要强迫人民缴纳税收，而是因为江上风大浪急，危险很大，所以，为了救急和方便百姓才设立的。以后的负责官员并没有真正了解用意，仅仅是致力于自己的功效，有的切断了其他道路，只留下一个关口；有的则对那些江上未装货物的船只也征税。考查吴兴这几年农业一直没有丰收，今年尤其惨重，人们纷纷逃往富有的地方，这都是由于饥饿所迫。堤坝的官员却仍责求税收，并按照标准，不肯少收一点儿。旧有的税收标准应该减少，这一建议还没有决定是否采纳执行，税收却又加倍增长起来，这将是什么法术呢？皇上恩慈，怜悯老百姓的痛苦，提出打开粮仓，赈济人民，免除民众的田赋和其他杂税。但是杜元懿却利用苦难，获取小利，加重民众的困病。一个人没有仁爱之心，无论是在古代还是在今天，都会受到嫉恨！一旦事情没有符合预言，害怕朝廷的责罚、盘问，就一定要千方百计地侵夺勒索，就为朝廷招来怨恨。杜元懿秉性刻薄，以前已经有明显的事效，再把一个地方交给他管理，那就好像是让狼去领导羔羊。打算推选可靠的人，不过是戴着帽子的猛虎罢了。古书上说：'与其有搜刮财产的臣子，不如有偷盗财产的臣子。'这是说，偷窃国家财产所造成的损害要稍微小些，而搜刮民财所造成的伤害更大。我又认为，所谓方便适宜，是说对国家来说方便，对百姓来说适宜。我私下了解近来所提出的所有有关方便适宜的建议，都不能在使用民力之外，同时利用天时，竭尽地利，大体上这些建议都是眼前对百姓不合适，将来对朝廷不利。名与实相反，违反施政的根本。大凡像以上这类事情，实在应该深思熟虑。"齐武帝采纳建议，不

魏主访群臣以安民之术。秘书丞李彪上封事，以为：“豪贵之家，奢僭过度，第宅车服，宜为之等制。

“又，国之兴亡，在冢嗣之善恶；冢嗣之善恶，在教谕之得失。高宗文成皇帝尝谓群臣曰：‘朕始学之日，年尚幼冲，情未能专；既临万机，不遑温习。今日思之，岂唯予咎，抑亦师傅之不勤。’尚书李䜣免冠谢。此近事之可鉴者也。臣谓宜准古立师傅之官，以训导太子。

“又，汉置常平仓以救匮乏。去岁京师不稔，移民就丰，既废营生，困而后达，又于国体，实有虚损。曷若豫储仓粟，安而给之，岂不愈于驱督老弱糊口千里之外哉！宜析州郡常调九分之二，京师度支岁用之余，各立官司，年丰籴粟积之于仓，俭则加私之二粜之于人。如此，民必力田以取官绢，积财以取官粟。年登则常积，岁凶则直给。数年之中，谷积而人足，虽灾不为害矣。

“又，宜于河表七州人中，擢其门才，引令赴阙，依中州官比，随能序之。一可以广圣朝均新旧之义，二可以怀江、汉归有道之情。

“又，父子兄弟，异体同气；罪不相及，乃君上之厚恩；至于忧惧相连，固自然之恒理也。无情之人，父兄系狱，子弟无惨惕之容；子弟逃刑，父兄无愧恧之色；宴安荣位，游从自若，车马衣冠，不变华饰；骨肉之恩，岂当然也！臣愚以为父兄有犯，宜令子弟素服肉袒，诣阙请罪。子弟有坐，宜令父兄露版引咎，乞解所司；若职任必要，不宜许者，慰勉留之。如此，足以敦厉凡薄，使人知所耻矣。

考虑增加新税源。

魏孝文帝向文武百官询问安定人民的办法。秘书丞李彪呈上密奏，认为："豪门富贵人家，奢侈挥霍没有限度。所以，对他们的住宅、车马和衣服，都应该制定一个标准进行限制。

"另外，国家是走向兴盛还是衰亡，关键在于继承人的善恶，而继承人的善恶，又在于教育训导的得失。高宗文成皇帝曾经对文武百官说：'朕刚刚学习的时候，年龄还小，心还不能专一。等到后来登上帝位，亲自日理万机了，没有时间温习功课了。今天想起来，岂能说只是我个人的过错，也是师傅不勤勉努力的结果。'当时，尚书李䜣立刻脱下帽子，请求处分。这是不久前发生的事，值得借鉴。臣认为应该以古代方法为准绳，也设立师傅这一官职，让他们专门教导太子。

"另外，汉朝在平时设置常平仓救济灾荒年月，去年，京城农作物歉收，如果把老百姓都迁移到丰收富裕地区，既荒废了正常的生活劳作，又要历经困境才能到达目的地，而且对于国家来说，损耗也很大。不如事先把粮食储存起来建立粮仓，安安稳稳地发放给灾民。这难道不比把老老少少驱赶到千里之外去更好些吗？朝廷应该在州郡正常的税收中抽出九分之二，将京城全年开支剩余的费用全部拿出来，分别建立管理机构，在丰收时买进粮食，全部储存在仓库里；歉收年月可以加两分利卖给老百姓。这样一来，老百姓一定会努力种田，用以购买官府的绢帛；积蓄钱财，用来购买官府的粮食。丰收年月，就一直储存，等到灾年，就直接出售给老百姓。几年之内，就会储存大量的粮食，而且老百姓人人充足，即使有灾荒，也不会造成多大灾难。

"另外，应该在黄河以南七州百姓中，选拔有才能的人，征召到京城，按照中州官员任用的程序，按照他们的能力分别加以任用。一来可以推广圣朝对新人、旧人平等对待、一视同仁的大义，二来可以安抚长江、汉水一带归附于有道的人心。

"另外，父子兄弟之间，虽然各有形体，但气息却是相通的。问罪并不牵连亲人，这是皇上的隆厚恩德。至于同忧愁、共恐惧，这本来是自然而然的常理。无情无义的人，父兄被囚禁狱中，儿子、兄弟们的脸上竟没有一点儿悲哀愁惨的神色。有的儿子、兄弟逃避刑罚，父亲、兄长的脸上竟也没有羞愧气愤的样子，继续安然享受荣华富贵，神态自若地游逛，不论骑坐的车马，还是穿的衣服、戴的帽子，仍然不变豪华的装饰，亲骨肉之间的恩情难道是这样子的吗！臣认为，父亲、哥哥犯了罪，应该让他们的儿子、弟弟穿白色衣服，袒露胸背，到皇宫门外请求处罚。儿子、弟弟犯罪入狱，也应该让他们的父亲、哥哥公开上书，引咎自责，请求解除他们所担任的官职，如果他们的职位确实重要，不适于批准辞职的，则不妨加以安慰，

“又，朝臣遭亲丧者，假满赴职。衣锦乘轩，从郊庙之祀；鸣玉垂緌，同庆赐之燕；伤人子之道，亏天地之经。愚谓凡遭大父母、父母丧者，皆听终服；若无其人，职业有旷者，则优旨慰谕，起令视事，但综司出纳、敷奏而已，国之吉庆，一令无预。其军旅之警，墨缞从役，虽愆于礼，事所宜行也。”魏主皆从之。由是公私丰赡，虽时有水旱，而民不困穷。

魏遣兵击百济，为百济所败。

（以上为第十四段，写北魏秘书丞李彪上书言事，提出了一系列建议，有教太子学习、设常平仓、任用河南七州人才、亲属犯罪而知耻、遵守孝道等，全被采纳。）

七年（乙巳，489年）

春，正月，辛亥，上祀南郊，大赦。

魏主祀南郊，始备大驾。

壬戌，临川献王映卒。

初，上为镇西长史，主簿王晏以倾谄为上所亲，自是常在上府。上为太子，晏为中庶子。上之得罪于太祖也，晏称疾自疏。及即位，为丹杨尹，意任如旧，朝夕一见，议论朝事，自豫章王嶷及王俭皆降意接之。二月，壬寅，出为江州刺史，晏不愿外出，复留为吏部尚书。

三月，甲寅，立皇子子岳为临贺王，子峻为广汉王，子琳为宣城王，子珉为义安王。

夏，四月，丁丑，魏主诏曰：“升楼散物以赉百姓，至使人马腾践，多有伤毁；今可断之，以本所费之物，赐老疾贫独者。”

丁亥，魏主如灵泉池，遂如方山；己丑，还宫。

上优礼南昌文宪公王俭，诏三日一还朝，尚书令史出外谘事。上犹以往来烦数，复诏俭还尚书下省，月听十日出外。俭固求解选。诏改中

劝他们留任。这样一来，才可以督促那些庸俗薄情的人，让人们知道什么是羞耻。

“另外，朝廷大臣遭遇父母亲人去世的情况时，丧假一满，就得回来任职，穿绫罗锦段，乘坐高大车辆，跟随参加郊庙的祭祀，身佩宝玉，头垂帽穗，一样去参加庆贺赏赐的宴请，这样做，实在是在伤害做儿子的孝道之心，亏损了天地法则。我认为，大凡是遇上祖父母、父母去世的人，都应该允许他们守丧完结。如果没有他，职业旷废无法继续工作时，就应该下达安慰劝抚的诏书，劝他任职工作，但也只是让他负责总的大方面事情，上下沟通、奏报陈述而已，国家的吉庆大典，一律不予参加。如果军情紧急，那么穿上黑色丧服，跟随军队执行命令，虽然不合礼教，但情况急迫应该如此。”魏孝文帝全部接受。从此以后，公家与老百姓都充裕丰厚起来，虽然有时遇上水灾、旱灾，但老百姓并不困苦、贫穷。

北魏朝廷派人进攻百济，被百济打败。

齐武帝永明七年（己巳，489 年）

春季，正月初七日辛亥，齐武帝巡视南郊祭天，大赦天下。

魏孝文帝到南郊祭祀天神，开始使用大驾出行。

正月十八日壬戌，南齐临川献王萧映去世。

当初，齐武帝担任镇西长史时，主簿王晏因为谄媚阿谀受到武帝的宠信，从那以后就经常逗留在武帝的府中。齐武帝为太子时，王晏担任了中庶子。齐武帝惹怒高帝，王晏声称有病而疏远了。继位后，任命王晏为丹杨尹，感情和信任一如往日，每天早晨和晚上都要召见一次，商讨国家大事。从豫章王萧嶷到王俭以下的官员，都曲意奉迎，想方设法交往。二月二十八日壬寅，齐武帝任命王晏为江州刺史，王晏不想远离朝廷，又把他留下来，任命为吏部尚书。

三月十一日甲寅，齐武帝立皇子萧子岳为临贺王，萧子峻为广汉王，萧子琳为宣城王，萧子珉为义安王。

夏季，四月初四日丁丑，魏孝文帝颁布诏书说：“登到城楼上去散发救济品，接济灾民，致使人群与马匹相互践踏，很多人受伤致残。从现今起一律禁止，本来计划要散发给百姓的物品，发给孤寡老人、病人、穷人和孤儿。”

四月十四日丁亥，魏孝文帝巡视灵泉池，又巡视方山。四月十六日己丑，返回宫中。

齐武帝对南昌文献公王俭礼遇非常优厚，命他每三天上朝一趟，有事则由尚书令史外出去他那里咨询。齐武帝仍然认为这样做过于烦琐，又命令王俭回到尚书下

书监，参掌选事。

五月，乙巳，俭卒。王晏既领选，权行台阁，与俭颇不平。礼官欲依王导，谥俭为文献。晏启上曰："导乃得此谥；但宋氏以来，不加异姓。"出，谓亲人曰："'平头宪'事已行矣。"

徐湛之之死也，其孙孝嗣在孕得免，八岁，袭爵枝江县公，尚宋康乐公主。及上即位，孝嗣为御史中丞，风仪端简。王俭谓人曰："徐孝嗣将来必为宰相。"上尝问俭："谁可继卿者？"俭曰："臣东都之日，其在徐孝嗣乎！"俭卒，孝嗣时为吴兴太守，征为五兵尚书。

庚戌，魏主祭方泽。

上欲用领军王奂为尚书令，以问王晏。晏与奂不相能，对曰："柳世隆有勋望，恐不宜在奂后。"甲子，以尚书左仆射柳世隆为尚书令，王奂为左仆射。

六月，丁亥，上如琅邪城。

（以上为第十五段，写南齐大臣王晏、王俭、徐孝嗣的行事，王晏为宠臣，风头盖过王俭，心术不正；王俭受到武帝萧赜的特别礼遇，武帝对其尊崇有加；徐孝嗣有宰相才。）

魏怀朔镇将汝阴灵王天赐，长安镇都大将、雍州刺史南安惠王桢，皆坐赃当死。冯太后及魏主临皇信堂，引见王公，太后令曰："卿等以为当存亲以毁令邪，当灭亲以明法邪？"群臣皆言："二王，景穆皇帝之子，宜蒙矜恕。"太后不应。魏主乃下诏，称："二王所犯难恕，而太皇太后追惟高宗孔怀之恩；且南安王事母孝谨，闻于中外，并特免死，削夺官爵，禁锢终身。"

初，魏朝闻桢贪暴，遣中散闾文祖诣长安察之，文祖受桢赂，为之隐；事觉，文祖亦抵罪。冯太后谓群臣曰："文祖前自谓廉，今竟犯法。以此言之，人心信不可知。"魏主曰："古有待放之臣。卿等自审不胜贪心者，听辞位归第。"宰官、中散慕容契进曰："小人之心无常而帝王之法有常；以无常之心奉有常之法，非所克堪，乞从退黜。"魏主曰："契知心不

省，每月有十天可以外出。而王俭则坚决请求辞去吏部，改命他为中书监，参与执掌选举人才的事务。

五月初三日乙巳，王俭去世。王晏掌握朝官任免大权后，在朝中任意行使，与王俭之间很不和。王俭去世后，礼官打算按照王导的先例，加王俭谥号为文献。王晏报告齐武帝说："过去只有王导才得到这一谥号，但自从宋朝以来，不曾把它加给皇族以外的人。"王晏从宫内出来，对亲近的人说："'平头宪'谥号的事情已经定下来了。"

徐湛之被杀时，孙子徐孝嗣还在母腹中得以幸免。八岁时，承袭了枝江县公的封号，娶了康乐公主为妻。齐武帝即位后，徐孝嗣担任御史中丞，风仪端庄干练。王俭对别人说："徐孝嗣将来肯定会做宰相。"齐明帝也曾经问过王俭："谁可以接任你的职位？"王俭回答说："臣致仕之日，恐怕就该是徐孝嗣了吧。"王俭去世时，徐孝嗣担任吴兴太守，征召他为五兵尚书。

五月初八日庚戌，魏孝文帝在沼泽中建筑方坛，祭祀地神。

齐武帝想要起用领军将军王奂为尚书令，征求王晏的意见。王晏和王奂之间彼此不相容，回答说："柳世隆建大功，有声望，恐怕不宜在王奂之下。"五月二十二日甲子，任命尚书左仆射柳世隆为尚书令，王奂为左仆射。

六月十五日丁亥，齐武帝巡视琅邪城。

北魏怀朔镇将汝阴灵王拓跋天赐和长安镇都大将、雍州刺史、南安惠王拓跋桢二人，都因贪污罪当处死。冯太后和孝文帝为此亲自到皇信堂，召见王公要人。冯太后问道："你们认为应该顾念亲情、毁弃法律呢，还是应该大义灭亲严明法律呢？"大臣们都说："二王都是景穆皇帝的儿子，应该得到宽恕。"冯太后不予回应。魏孝文帝颁布诏书称："二王所犯的罪行，实在是难以宽恕。但是太皇太后追思高宗的大恩，顾念兄弟孔怀之情，再加上南安王侍奉母亲孝敬恭谨，内外闻名。特别赦免二王的死罪，撤销官职和爵位，终身监禁。"

最初，北魏朝廷得知拓跋桢贪婪暴虐，就派中散闾文祖抵达长安调查，闾文祖接受了拓跋桢的贿赂，为他隐瞒。事情察觉以后，闾文祖也抵罪论刑。冯太后对大臣们说："闾文祖以前自称廉洁奉公，而今竟也贪赃枉法。从这看出，人心叵测，难以探知。"魏孝文帝说："古代有等待遣放的大臣。你们如果扪心自省，认为自己不能克制贪欲，允许辞职回家。"宰官、中散大夫慕容契进言说："小人之心无常而帝

可常，则知贪之可恶矣，何必求退！”迁宰官令。契，白曜之弟子也。

秋，七月，丙寅，魏主如灵泉池。

魏主使群臣议：“久与齐绝，今欲通使，何如？”尚书游明根曰：“朝廷不遣使者，又筑醴阳深入彼境，皆直在萧赜。今复遣使，不亦可乎！”魏主从之。八月，乙亥，遣兼员外散骑常侍邢产等来聘。

九月，魏出宫人以赐北镇人贫无妻者。

冬十一月，己未，魏安丰匡王猛卒。

十二月，丙子，魏河东王苟颓卒。

平南参军颜幼明等聘于魏。

魏以尚书令尉元为司徒，左仆射穆亮为司空。

豫章王嶷自以地位隆重，深怀退素，是岁，启求还第；上令其世子子廉代镇东府。

太子詹事张绪领扬州中正，长沙王晃属用吴兴闻人邕为州议曹，绪不许。晃使书佐固请，绪正色曰：“此是身家州乡，殿下何得见逼！”

侍中江敩为都官尚书。中书舍人纪僧真得幸于上，容表有士风，请于上曰：“臣出自本县武吏，邀逢圣时，阶荣至此；为儿昏得荀昭光女，即时无复所须，唯就陛下乞作士大夫。”上曰：“此由江敩、谢瀹，我不得措意，可自诣之。”僧真承旨诣敩，登榻坐定，敩顾命左右曰：“移吾床远客！”僧真丧气而退，告上曰：“士大夫故非天子所命！”敩，湛之孙；瀹，朏之弟也。

柔然别帅叱吕勤帅众降魏。

（以上为第十六段，写北魏处理贪污官吏拓跋天赐、拓跋桢以及接受贿赂的闾文祖；派出使臣与南齐通好；南齐宠臣纪僧真欲进入士大夫行列，碰了一鼻子灰。）

王的法律有常，以无常之心去应付有常的法律，不是我所能够担当的，我请求辞职免官。”魏孝文帝说：“慕容契知道人心不可能持常不变，就一定知道贪婪的厌恶，何必请求辞职呢！”于是提升他为宰官令。慕容契是慕容白曜的侄子。

秋季，七月二十五日丙寅，魏孝文帝巡视灵泉池。

魏孝文帝召集文武百官讨论，“长期以来和齐国断绝交往，如今打算派人出使齐国，各位认为如何？”尚书游明根说：“朝廷没有派遣使者，又兴筑了醴阳城深入南齐境地，都是萧赜的想法。如今再派遣使节，这不是可以的吗？”魏孝文帝接受游明根的建议。八月初四日乙亥，派遣兼员外散骑常侍的邢产等人来南齐访问。

九月，北魏朝廷遣散大批宫女，把她们赏赐给北方六镇没有妻子的贫民。

冬季，十一月十九日己未，北魏安丰匡王拓跋猛去世。

十二月初七日丙子，北魏河东王拓跋苟颓去世。

南齐平南参军颜幼明等人前往北魏访问。

北魏朝廷任命尚书令尉元为司徒，左仆射穆亮为司空。

豫章王萧嶷自认为地位很高，深怀急流勇退之心。这一年，他上书请求辞职，返回旧邸。齐武帝命令萧嶷的世子萧子廉代替父亲镇守东府。

太子詹事张绪兼领扬州中正，长沙王萧晃托付他起用吴兴人闻人邕担任州议曹，张绪不同意。萧晃又派书佐坚持请求，张绪面色严肃地说：“这里是我的家乡，殿下怎么能这么逼迫我？”

侍中江斅担任都官尚书。中书舍人纪僧真得到齐武帝的宠信，举止仪容都具有士大夫风采，向齐武帝请求说：“臣不过是出身于本县的武官，幸运地赶上了清明盛世，官阶和荣耀才如此之高。我的儿子还娶了荀昭光的女儿。现今，已经不再有其他的需求，只请求陛下允许我加入士大夫行列。”齐武帝说：“这件事应该由江斅、谢瀹决定，我不能参与，可以自己去那里请求。”纪僧真承受旨意来到江斅那里，在榻席上坐稳后，江斅回过头命令左右侍从说：“把我的坐榻抬得远离客人！”纪僧真垂头丧气地退出来了，向齐武帝报告说：“士大夫原来不是皇上能够命令的！”江斅是江湛的孙子。谢瀹是谢朏的弟弟。

柔然汗国另外一部落首领叱吕勤率众投降北魏。

【点评】

北魏推行三长制与均田制改革。本卷重点已经转移到北魏，中心是魏孝文帝拓跋宏启动一系列改革。孝文帝以前，北魏没有俸禄，故官吏贪污、经商盛行，引起社会矛盾尖锐。公元484年，孝文帝颁布诏书实行俸禄制，同时将颁行俸禄与严惩贪赃紧密地联系起来，规定“禄行之后，赃满一匹者死”。颁行俸禄这一年，因贪赃而处死的地方官达四十多人。再者，北魏推行三长制与均田制是重大的历史变革，这里不做深入评析。特别是均田制，表现了中国北方在长期动乱、人口锐减、土地荒芜的历史背景下，国家重建经济，用超经济手段大规模干预社会最重要的土地生产资源与土地配置的一种尝试。这对于恢复北方的社会生态具有重要的意义。

资治通鉴（文白对照本） 卷第一百三十七

齐纪三

齐武帝永明八年至十年（490—492年）

【起上章敦牂（庚午，490年），尽玄黓涒滩（壬申，492年），凡三年】

【大事提要】

本卷记事起自公元490年至公元492年，凡三年，当齐武帝永明八年至永明十年。本卷所载大事，南朝齐大事两件，其一，皇子萧子响滥杀无辜，齐武帝萧赜发怒，最后导致萧赜无法保全儿子，萧子响无法见到父亲谢罪。其二，齐武帝命令太子家令沈约撰写《宋书》。北朝北魏大事一件，冯太后去世，孝文帝拓跋宏就其丧礼和孝道的问题与群臣往复讨论争执。

【原文】

世祖武皇帝中

永明八年（庚午，490年）

春，正月，诏放隔城俘二千余人还魏。

乙丑，魏主如方山；二月，辛未，如灵泉；壬申，还宫。

地豆干频寇魏边，夏，四月，甲戌，魏征西大将军阳平王颐击走之。颐，新城之子也。

甲午，魏遣兼员外散骑常侍邢产等来聘。

五月，己酉，库莫奚寇魏边，安州都将楼龙兒击走之。

秋，七月，辛丑，以会稽太守安陆侯缅为雍州刺史。缅，鸾之弟也。缅留心狱讼，得劫，皆赦遣，许以自新，再犯乃加诛，民畏而爱之。

癸卯，大赦。

丙午，魏主如方山；丙辰，遂如灵泉池；八月，丙寅朔，还宫。

河南王度易侯卒。乙酉，以其世子伏连筹为秦、河二州刺史，遣振武将军丘冠先拜授，且吊之。伏连筹逼冠先使拜，冠先不从，伏连筹推冠先坠崖而死。上厚赐其子雄；敕以丧委绝域，不可复寻，仕进无嫌。

（以上为第一段，写地豆干、库莫奚等侵扰北魏边境，均被击败；河南王度易侯去世，南齐派出使臣丘冠先前往吊祭，世子付连筹逼其叩拜而不从，丘冠先被推下悬崖摔死。）

荆州刺史巴东王子响，有勇力，善骑射，好武事，自选带仗左右六十人，皆有胆干。至镇，数于内斋以牛酒犒之。又私作锦袍、绛袄，欲以饷蛮，交易器仗。长史高平刘寅、司马安定席恭穆连名密启。上敕精检。子响闻台使至，不见敕，召寅、恭穆及谘议参军江悆、典签吴脩之、魏景渊等诘之。寅等秘而不言；脩之曰："既已降敕，政应方便答塞。"景渊曰："应先检校。"子响大怒，执寅等八人于后堂，杀之，具以启闻。上欲赦江悆，闻皆已死，怒，壬辰，以随王子隆为荆州刺史。

【语译】

世祖武皇帝中

齐武帝永明八年（庚午，490 年）

春季，正月，南齐颁布诏书释放在隔城战斗中俘虏的二千多名士卒，送还了北魏。

正月二十六日乙丑，魏孝文帝巡视方山，二月初三日辛未，又巡视灵泉；正月初四日壬申，返回宫中。

地豆干部落多次寇犯北魏边境。夏季，四月初七日甲戌，被北魏征西大将军阳平王拓跋颐击退。拓跋颐是拓跋新城的儿子。

四月二十七日甲午，北魏派遣兼员外散骑常侍邢产等人来南齐访问。

五月十二日己酉，库莫奚部落寇犯北魏边境，被北魏安州都将楼龙兒击退。

秋季，七月初五日辛丑，任命会稽太守、安陆侯萧缅为雍州刺史。萧缅是萧鸾的弟弟。萧缅留心诉讼案件，抓到小偷强盗，全都予以赦免释放，允许改过自新，如果第二次又犯法了，才加以诛杀。老百姓对他既敬畏又爱戴。

七月初七日癸卯，南齐大赦天下。

七月初十日丙午，魏孝文帝巡视方山；七月二十日丙辰，巡视灵泉池；八月初一日丙寅朔，返回宫中。

河南王慕容度易侯去世。八月二十日乙酉，任命他的世子慕容伏连筹为秦、河二州刺史，派振武将军丘冠先前往宣布任命，同时祭吊。慕容伏连筹逼迫丘冠先叩拜，丘冠先不同意，慕容伏连筹将丘冠先推下悬崖摔死。齐武帝丰厚地赏赐了丘冠先的儿子丘雄，并颁布诏书说丘冠先身死绝域，不能再找到尸体，对丘雄以后的仕途不会有影响。

荆州刺史巴东王萧子响，勇猛有力，善于骑马射箭，喜欢武艺，亲自挑选六十名贴身武装侍卫，这些人都很有胆量和才干。就任荆州后，多次在内宅设宴，用牛肉、美酒犒劳侍从。又私下制作了锦绣长袍、红色短袄，打算将这些东西送给那里的蛮族，换取武器。长史高平人刘寅、司马安定人席恭穆二人联名密报。齐武帝颁布诏书要求认真查实。萧子响听说官差到来但没看见诏令，把刘寅、席恭穆和谘议参军江悆，典签吴脩之、魏景渊召集在一起，盘问他们，刘寅等人仍保守秘密，不回答。吴脩之说："既然已经下了诏令，就随机应变，回答塞责。"魏景渊说："应先按诏令的要求老老实实接受调查。"萧子响勃然大怒，就抓了刘寅等一行八人在后堂

上欲遣淮南太守戴僧静将兵讨子响，僧静面启曰：“巴东王年少，长史执之太急，忿不思难故耳。天子儿过误杀人，有何大罪！官忽遣军西上，人情惶惧，无所不至。僧静不敢奉敕。”上不答而心善之。乃遣卫尉胡谐之、游击将军尹略、中书舍人茹法亮帅斋仗数百人诣江陵，检捕群小，敕之曰：“子响若束手自归，可全其命。”以平南内史张欣泰为谐之副。欣泰谓谐之曰：“今段之行，胜既无名，负成奇耻。彼凶狡相聚，所以为其用者，或利赏逼威，无由自溃。若顿军夏口，宣示祸福，可不战而擒也。”谐之不从。欣泰，兴世之子也。

谐之等至江津，筑城燕尾洲。子响白服登城，频遣使与相闻，曰：“天下岂有儿反！身不作贼，直是粗疏。今便单舸还阙，受杀人之罪，何筑城见捉邪？”尹略独答曰：“谁将汝反父人共语！”子响唯洒泣，乃杀牛，具酒馔，饷台军，略弃之江流。子响呼茹法亮，法亮疑畏，不肯往。又求见传诏，法亮亦不遣，且执录其使。子响怒，遣所养勇士收集州、府兵二千人，从灵溪西渡；子响自与百余人操万钧弩，宿江堤上。明日，府州兵与台军战，子响于堤上发弩射之，台军大败，尹略死，谐之等单艇逃去。

上又遣丹杨尹萧顺之将兵继至，子响即日将白衣左右三十人，乘舴艋沿流赴建康。太子长懋素忌子响，顺之之发建康也，太子密谕顺之，使早为之所，勿令得还。子响见顺之，欲自申明；顺之不许，于射堂缢杀之。

子响临死，启上曰：“臣罪逾山海，分甘斧钺。敕遣谐之等至，竟无宣旨，便建旗入津，对城南岸筑城守。臣累遣书信呼法亮，乞白服相见，法亮终不肯。群小怖惧，遂致攻战，此臣之罪也。臣此月二十五日，束身投军，希还天阙，停宅一月，臣自取尽，可使齐代无杀子之讥，臣免逆父之谤。既不遂心，今便命尽。临启哽塞，知复何陈！”

给杀了，并报告给了齐武帝。齐武帝本来打算赦免江悆，但听说他们全都被杀死了，大怒。八月二十一日壬辰，任命随王萧子隆为荆州刺史。

齐武帝打算派淮南太守戴僧静率兵讨伐萧子响。戴僧静当面报说：“巴东王年龄小，而长史刘寅等人逼得太急，所以，一时生气，而没有想到难处。天子的儿子过失误杀，有什么大罪！陛下忽然派大军西上，人们恐慌，就什么事都干得出来。我不敢接受圣旨。”齐武帝没有说什么，但心里赞赏戴僧静的话。遂派遣卫尉胡谐之、游击将军尹略和中书舍人茹法亮率领几百名武装侍卫前往江陵，搜捕那些小人。并且颁布诏书说：“萧子响如果放下武器，主动回到建康请罪，还可以保全性命。”任命平南内史张欣泰做胡谐之的副手。张欣泰对胡谐之说：“这次出行，胜利了没有什么名，失败了却成奇耻大辱。萧子响聚集一帮凶狠狡诈的人，之所以听从他的指挥，是因为他们既受到了物质方面的赏赐，又逼于巴东王的权势。因此，他们还不会自行溃败。如果我们在夏口驻扎军队，讲明利害、福祸关系，就可以用不着动武而能抓获罪人。”胡谐之没有接受张欣泰的建议。张欣泰是张兴世的儿子。

胡谐之等抵达江津后，在燕尾洲兴筑了城垒。萧子响也穿上便服登上城楼，多次派使者陈述说：“天底下哪有儿子反叛父亲的呢？我不是想抗拒朝廷，只不过是做事粗心鲁莽。现今我就乘小船回到朝廷，接受杀人罪的处罚，你们何必兴筑城垒，派大军来抓我呢？”尹略一个人回答使者说：“谁跟你这种叛变父亲的逆子讲话！”萧子响只是哭泣流泪。萧子响便杀牛备酒，要犒赏朝廷派来的大军，尹略却把这些酒菜丢弃到江里。萧子响又喊茹法亮，茹法亮疑虑畏惧也不肯前去。萧子响又请求会见传达诏令的宦官，茹法亮也不肯派官差前去，反而将萧子响派来的使者关押起来。萧子响大怒，将平时所训练出来的勇士和州衙、自己府上的两千多名士卒组织起来，从灵溪渡河向西进发。萧子响亲自率领一百多人，携带万钧弩箭，在长江江堤上驻防。第二天，府州军队和朝廷派来的大军展开激战，萧子响在江堤上用弩箭发射，朝廷军大败，尹略战死，胡谐之等人乘小艇逃走。

齐武帝又派丹杨尹萧顺之率军继续讨伐。萧子响当天就率领平民侍从三十人，乘坐小船顺江而下到达建康。太子萧长懋平日忌恨萧子响，当萧顺之从建康出发时，太子就秘密告诉他，早点儿给他个处所，不要让他回到建康。萧子响途中遇上萧顺之，打算自己申诉明白，但萧顺之没有答应，就在演习堂里用绳子把萧子响勒死了。

萧子响临死前，启禀齐武帝说：“臣的罪过已超过了山河湖海，理应甘心接受斧钺。颁布诏书派胡谐之等人前来，竟然没有宣读圣旨，就树起大旗进入要塞地区，在城池相对的南岸筑城防守。臣几次派人送信呼唤茹法亮，乞求穿便服见他一面，但茹法亮却始终不肯。手下一群小人又恐惧害怕，导致双方的激战，这些都是臣的罪过。臣本月二十五日，放下武器，孤身一人投奔朝廷军队，希望能回到京城，在

有司奏绝子响属籍，削爵土，易姓蛸氏；诸所连坐，别下考论。

（以上为第二段，写南齐武帝之子巴东王萧子响从嚣张犯事到被太子逼迫自杀的过程，发人深思。）

久之，上游华林园，见一猿透擲悲鸣，问左右，曰："猿子前日坠崖死。"上思子响，因鸣咽流涕。茹法亮颇为上所责怒，萧顺之惭惧，发疾而卒。豫章王嶷表请收葬子响，不许，贬为鱼复侯。

子响之乱，方镇皆启子响为逆，兖州刺史垣荣祖曰："此非所宜言。正应云：'刘寅等孤负恩奖，逼迫巴东，使至于此。'"上省之，以荣祖为知言。

台军焚烧江陵府舍，官曹文书，一时荡尽。上以大司马记室南阳乐蔼屡为本州僚佐，引见，问以西事。蔼应对详敏，上悦，用为荆州治中，敕付以修复府州事。蔼缮修廨舍数百区，顷之咸毕，而役不及民，荆部称之。

（以上为第三段，写南齐巴东王萧子响自杀后的余波，武帝萧赜见猿悲鸣，思子伤心，当事人茹法亮受到谴责，萧顺之惭惧而死，乐蔼很快整修好荆州府舍，受到赞誉。）

九月，癸丑，魏太皇太后冯氏殂；高祖勺饮不入口者五日，哀毁过礼。中部曹华阴杨椿谏曰："陛下荷祖宗之业，临万国之重，岂可同匹夫之节以取僵仆！群下惶灼，莫知所言。且圣人之礼，毁不灭性；纵陛下欲自贤于万代，其若宗庙何！"帝感其言，为之一进粥。

于是，诸王公皆诣阙上表，"请时定兆域，及依汉、魏故事，并太皇太后终制，既葬，公除。"诏曰："自遭祸罚，慌惚如昨，奉侍梓宫，犹希仿佛。山陵迁厝，所未忍闻。"冬，十月，王公复上表固请。诏曰："山陵可依典册；衰服之宜，情所未忍。"帝欲亲至陵所，戊辰，诏："诸常从之

家里待一个月，然后，臣便自杀，可以不让人讥刺齐国这一代诛杀皇子，我也得以免去忤逆父亲的恶名。既然不能遂心如愿，今天我马上就要结束生命。临死前写信给你，哭泣哽咽，为之话塞，不知再说些什么！”

有关部门奏请断绝萧子响的属籍，削除爵位和封地，改姓氏为“蛸”，其他被牵连进去的，另行定罪。

很久以后，齐武帝在华林园游赏，看见一只猿猴跌跌撞撞，跳着摔在地上，就询问左右是怎么回事，侍从说：“它的猴崽前天从悬崖上摔下去死了。”齐武帝一下子就想起了萧子响，忍不住呜咽流泪。茹法亮受到齐武帝的严厉责备；萧顺之内心惭愧恐惧，发病去世。豫章王萧嶷上书，请求收殓安葬萧子响的尸体，齐武帝没有批准，贬萧子响为鱼复侯。

萧子响之乱后，各方镇纷纷指控萧子响的叛逆行为，兖州刺史垣荣祖说：“不应该说这样的话，倒应该说：‘刘寅等人辜负了皇上对他的恩典，以致逼迫巴东王，使他走上了这条路。’”齐武帝省察之后，认为垣荣祖有真知灼见。

朝廷军队放火焚烧江陵府建筑，官府的文书档案顿时烧掉。齐武帝因为大司马记室南阳人乐蔼多次任荆州幕僚，所以就特别召见他，向他打听荆州的事。乐蔼回答详尽敏捷，齐武帝大为高兴，任命他为荆州治中，下令负责修缮荆州州府。乐蔼修缮了几百栋州府官舍，很快全都修完了，而且也没役使一个老百姓，荆州府民众十分称赞他。

九月十八日癸丑，北魏太皇太后冯氏去世。为此，魏孝文帝五天没喝一口水，悲哀伤痛超过了礼数。中部曹华阴人杨椿劝阻说：“陛下肩负祖宗留下的大业，亲临万国的重任，怎么可以像一个普通人一样，伤害自己而倒地不起呢？文武百官为此惶惑焦急，不知该说些什么好。况且，圣人的礼节要求，再大的悲哀也不可以毁伤性命。纵然陛下想要在万代之中树立贤人的榜样，皇家宗庙祭祀又怎么办呢？”孝文帝很受感动，并为此吃了一次稀粥。

这样一来，各王公大臣也都开始向朝廷上书，“请求赶快确定太皇太后的安葬地点，按照汉魏时期的惯例，并遵照太皇太后的临终遗嘱，安葬以后脱去丧服。”颁布诏书说：“自从遭受灾祸和惩罚，恍惚之间，一切犹如昨天。我侍奉太皇太后的灵柩，好像看见了她的身影。山陵寝墓，我不忍听到这些。”冬季，十月，王爵、公爵

具，悉可停之；其武卫之官，防侍如法。”癸酉，葬文明太皇太后于永固陵。甲戌，帝谒陵，王公固请公除。诏曰：“比当别叙在心。”己卯，又谒陵。

庚辰，帝出至思贤门右，与群臣相慰劳。太尉丕等进言曰：“臣等以老朽之年，历奉累圣，国家旧事，颇所知闻。伏惟远祖有大讳之日，唯侍从梓宫者凶服，左右尽皆从吉；四祖三宗，因而无改。陛下以至孝之性，哀毁过礼，伏闻所御三食不满半溢，昼夜不释绖带，臣等叩心绝气，坐不安席。愿少抑至慕之情，奉行先朝旧典。”帝曰：“哀毁常事，岂足关言！朝夕食粥，粗可支任，诸公何足忧怖！祖宗情专武略，未修文教；朕今仰禀圣训，庶习古道，论时比事，又与先世不同。太尉等国老，政之所寄，于典记旧式或所未悉，且可知朕大意。其余古今丧礼，朕且以所怀别问尚书游明根、高闾等，公可听之。”

（以上为第四段，写南齐武帝永明八年的史事；北朝写北魏太皇太后冯氏去世，孝文帝拓跋宏伤心至极，茶饭不思，政事不理，或许是为求名，“自贤于万代”，或许出于真感情，大臣纷纷劝说。）

帝因谓明根等曰：“圣人制卒哭之礼，授服之变，皆夺情以渐。今则旬日之间，言及即吉，特成伤理。”对曰：“臣等伏寻金册遗旨，逾月而葬，葬而即吉；故于下葬之初，奏练除之事。”

帝曰：“朕惟中代所以不遂三年之丧，盖由君上违世，继主初立，君德未流，臣义不洽，故身袭衮冕，行即位之礼。朕诚不德，在位过纪，足令亿兆知有君矣。于此之时而不遂哀慕之心，使情礼俱失，深可痛恨！”高闾曰：“杜预，晋之硕学，论自古天子无有行三年之丧者，以为汉文之制，暗与古合，虽叔世所行，事可承踵。是以臣等偻偻干请。”

帝曰：“窃寻金册之旨，所以夺臣子之心，令早即吉者，虑废绝政事

们又一次上书，坚决请求安葬太皇太后，孝文帝颁布诏书说："山陵可以依照以往惯例。脱下丧服，感情上无法容忍。"孝文帝打算亲自到安葬的地方，十月初四日戊辰，颁布诏书说："平常跟随的各仪仗队，都不用跟从。武装保卫的侍官，像以往一样。"十月初九日癸酉，安葬文明太皇太后于方山永固陵。十月初十日甲戌，孝文帝祭拜陵墓，王公大臣坚决请求脱下丧服，孝文帝颁布诏书说："一并另外再叙说吧。"十月十五日己卯，再次祭拜太皇太后陵墓。

十月十六日庚辰，魏孝文帝走出皇宫，来到皇宫南门思贤门门西，和文武百官相见安慰。太尉拓跋丕等说："我们都已经到了老朽的年纪了，一直侍奉历代圣君明主，对于国家以往的旧典章，也相当熟悉。回想以前祖先们去世时，只有侍奉跟随灵柩的人才穿上丧服，其他人仍全都穿平时的衣服。四祖三宗都沿袭没有改变。如今，陛下以最孝敬的天性，毁害身体超过了礼法的要求。又听说陛下一日三餐的饭量，竟吃不满半碗，无论是白天还是夜晚，都不解下丧服。臣等扪心闭气，坐立不安。只愿陛下稍稍克制敬慕之情，奉行先朝典章。"孝文帝说："悲哀而伤害身体，这是经常发生的事，哪里值得挂嘴边说。早晚只吃稀粥，但身体大致还能维持下去，诸公有什么可忧虑恐惧的呢！祖宗专心于武装征伐，没有修治文明教化。如今，朕接受前代圣人留下的教训，平时不断学习古代典范常道，无论是论说世情还是排比事理，又和前代不同。太尉等都是国家元老，政治所依托，对前代经典和古代丧礼仪式，有的人可能还不十分熟悉，姑且先了解我大致的意思。其余古今丧礼仪式，朕暂且把想法提出来，与尚书游明根、高闾等人讨论，你们可以听从。"

孝文帝对尚书游明根等人说："古代圣人制定了卒哭的礼仪，丧服的变更，都是以哀痛的情绪为标准逐渐改变，如今仅在十天之内，就要脱下丧服，这实在违背情理。"游明根回答说："臣等得到太皇太后金册上留下的遗言，去世一个月后就立即安葬，下葬后就要立刻脱下丧服。因此在太皇太后安葬的时候，奏请脱下丧服。"

孝文帝说："朕认为，中古时代之所以不实行三年守丧的制度，是由于旧君主刚刚去世，而新君主刚刚即位，君主的恩德还没有传播开去，对臣属们的情义还没能和协周遍，因此，新君主才必须身穿礼服、头戴冕旒，举行登基即位大典。朕的德行还不够，但在位已经超过十二年了，足够让民众知道有君主了。在这种时候不能顺遂哀痛和怀念的心愿，使感情和礼节上全都丧失殆尽，这实在是令人沉痛遗憾的事。"高闾说："杜预是晋的饱学之士，论述自古以来天子没有实行守丧三年的制度。认为汉文帝所制定的制度和古代制度暗合，虽然是近世实行的制度，但可以跟着古人的脚步走。正因为如此，臣等才恭敬谨慎地请求。"

孝文帝说："认真领会太皇太后遗书的主旨，所以要夺取臣子悲哀之情，命令早

故也。群公所请，其志亦然。朕今仰奉册令，俯顺群心，不敢暗默不言以荒庶政；唯欲衰麻废吉礼，朔望尽哀诚，情在可许，故专欲行之。如杜预之论，于孺慕之君，谅暗之主，盖亦诬矣。”秘书丞李彪曰：“汉明德马后保养章帝，母子之道，无可间然；及后之崩，葬不淹旬，寻已从吉。然汉章不受讥，明德不损名。愿陛下遵金册遗令，割哀从议。”

帝曰：“朕所以眷恋衰绖，不从所议者，实情不能忍，岂徒苟免嗤嫌而已哉！今奉终俭素，一已仰遵遗册；但痛慕之心，事系于予，庶圣灵不夺至愿耳。”高闾曰：“陛下既不除服于上，臣等独除服于下，则为臣之道不足。又亲御衰麻，复听朝政，吉凶事杂，臣窃为疑。”

帝曰：“先后抚念群下，卿等哀慕，犹不忍除，奈何令朕独忍之于至亲乎！今朕逼于遗册，唯望至期；虽不尽礼，蕴结差申。群臣各以亲疏、贵贱、远近为除服之差，庶几稍近于古，易行于今。”高闾曰：“昔王孙裸葬，士安去棺，其子皆从而不违。今亲奉遗令而有所不从，臣等所以频烦干奏。”李彪曰：“三年不改其父之道，可谓大孝。今不遵册令，恐涉改道之嫌。”

帝曰：“王孙、士安皆诲子以俭，及其遵也，岂异今日！改父之道，殆与此殊。纵有所涉，甘受后代之讥，未忍今日之请。”

群臣又言：“春秋烝尝，事难废阙。”帝曰：“自先朝以来，恒有司行事；朕赖蒙慈训，常亲致敬。今昊天降罚，人神丧恃，赖宗庙之灵，亦辍歆祀。脱行飨荐，恐乖冥旨。”

群臣又言：“古者葬而即吉，不必终礼，此乃二汉所以经纶治道，魏、晋所以纲理庶政也。”帝曰：“既葬即吉，盖季俗多乱，权宜救世耳。二

点穿上平日的衣服，是担心会为此荒废了国家大事。大家的请求，其用心也在这里。如今，朕向上可以按照太皇太后的遗言去做，向下也顺遂文武百官的心愿，不敢沉默不语而致荒废政务。只是朕打算穿着麻布丧服，取消守丧十天就马上改穿日常衣服的制度。每逢初一和十五两天，尽到怀念的诚心，从情理上讲也是允许的，打算就这样去做。像杜预所议论的那些，对于深怀孺慕之思、处在服丧期间的君主来说，大概过分了。”秘书丞李彪说：“汉明德马皇后辛勤抚养章帝，母慈子孝，二人的和睦关系是没有什么能把他们分隔开的，等到明德马皇后去世，下葬后还不满十天，章帝就穿上了日常衣服，但章帝并没有因此受到别人的讥刺，明德马皇后的声誉也没有受到丝毫毁损。愿陛下能遵照太皇太后的遗嘱去做，割舍哀思，接受建议。”

孝文帝说：“朕之所以心甘情愿穿丧服，而不接受你们的建议，实在是感情无法忍受，哪里只是为了避免别人的讥刺批评而这么去做的呢！如今安葬的礼仪节俭、朴素，全都是遵照太皇太后的遗言去做的。可是，悲痛怀念之情，萦绕于心，盼望太皇太后的在天之灵不强迫朕的心愿。”高闾说：“陛下在上边不除去丧服，臣等在下边脱去丧服，则臣属没有尽到责任。况且，陛下穿着丧服，亲自处理朝廷事务，吉利和不吉利的事情混杂一起，臣私下里感到疑虑。”

孝文帝说：“太后关爱臣属，卿等悲伤怀念，犹然不忍心脱下丧服，奈何令朕对至亲这么做？如今，朕受遗嘱所迫，不敢违抗，只是希望能把丧服穿满一年，尽管还不合乎古礼，但内心的悲哀伤痛总算还能表示出来。各位大臣可以考虑自己与太皇太后关系的亲疏、贵贱、远近，来作为除去丧服的标准，这样既能稍稍接近古代仪礼，在今天也容易行得通。”高闾说：“从前，杨王孙裸葬；皇甫谧去世安葬时不用棺柩，儿子也都遵从而不违背遗言。如今，陛下亲自接受遗嘱而有所不从，臣等才不断地打扰奏请。”李彪说：“三年之内不改变父亲之道，可以说是大孝。而如今，陛下不遵照册命，恐怕就有改变规定的嫌疑。”

孝文帝说：“杨王孙和皇甫谧都教诲他们的儿子节俭，他们的儿子遵奉遗训，这和今天朕做的有什么不同！改变父亲的规定，恐怕和朕所做的不是一回事。即使有所涉嫌，那么，朕也心甘情愿地接受后代人的讥讽批评，而不能忍受今天的请求。”

文武官员又说：“春秋的宗庙祭祀，无论如何是难以停止或废弃的。”孝文帝说：“自从祖先建立国家以来，皇家祖庙的祭祀活动，一直都是由有关主管部门办理的。朕有赖于慈爱的训导，才经常亲自前去祭拜。如今，苍天降下大灾惩罚，人与神灵都失去依赖，想皇家祖庙的神灵，也停止接受祭拜香火。假如朕一旦前去祭祀，恐怕会在冥冥之中违背圣灵的旨意。”

文武官员又说：“古代在下葬后就穿上日常衣服，不必等到守丧满三年，这就是两汉王朝所用来治理国家的准绳，是魏晋所用来推行的总则。”孝文帝说：“下葬后

汉之盛，魏、晋之兴，岂由简略丧礼、遗忘仁孝哉！平日之时，公卿每称当今四海晏然，礼乐日新，可以参美唐、虞，比盛夏、商。及至今日，即欲苦夺朕志，使不逾于魏、晋。如此之意，未解所由。”

李彪曰：“今虽治化清晏，然江南有未宾之吴，漠北有不臣之虏。是以臣等犹怀不虞之虑。”帝曰：“鲁公带绖从戎，晋侯墨衰败敌，固圣贤所许。如有不虞，虽越绋无嫌，而况衰麻乎！岂可于晏安之辰豫念军旅之事，以废丧纪哉！古人亦有称王者除衰而谅暗终丧者，若不许朕衰服，则当除衰拱默，委政冢宰。二事之中，唯公卿所择。”游明根曰：“渊默不言，则大政将旷；仰顺圣心，请从衰服。”

太尉丕曰：“臣与尉元历事五帝，魏家故事，尤讳之后三月，必迎神于西，禳恶于北，具行吉礼，自皇始以来，未之或改。”帝曰：“若能以道事神，不迎自至；苟失仁义，虽迎不来。此乃平日所不当行，况居丧乎！朕在不言之地，不应如此喋喋；但公卿执夺朕情，遂成往复，追用悲绝。”遂号恸，群官亦哭而辞出。

（以上为第五段，写北魏孝文帝拓跋宏坚持丧礼和孝道，似乎到了不近人情的地步，大臣反复劝谏，为此展开激烈地争辩，拓跋宏不为所动，坚持服丧。）

初，太后忌帝英敏，恐不利于己，欲废之，盛寒，闭于空室，绝其食三日；召咸阳王禧，将立之。太尉东阳王丕、尚书右仆射穆泰、尚书李冲固谏，乃止。帝初无憾意，唯深德丕等。泰，崇之玄孙也。

又有宦者谮帝于太后，太后杖帝数十。帝默然受之，不自申理；及太后殂，亦不复追问。

就立即脱下丧服，这大概是在国家到了末代，动乱太多，所采用的权宜之计，以求拯救国家。而两汉的鼎盛和魏晋的兴隆，难道是由于他们丧礼简单、忘记了仁义和孝道吗？平常的时候，各位公卿大人每次都称赞当今四海安宁和平，礼仪、音乐一天比一天兴盛，甚至可以和尧舜及夏商时代媲美。可到了今天，就打算强迫改变朕的心愿，使得不能超越魏晋时代。这种用意，朕不明白为的是什么。”

李彪说：“今天虽然政治清明、教化普及，但长江以南仍有不肯宾服的吴人，沙漠以北还有不肯称臣的胡虏，所以臣等还深怀忧虑之心，唯恐发生不测，难以防守。”孝文帝说：“鲁公伯禽身穿丧服出兵作战，晋襄公把身上的白色丧服染黑，击败了敌人，这种情况本来就是圣贤们所允许的。如果遇到难以预料的事情发生，那么，即使是跳跃过牵引灵柩的绳索，也不会让人在意，更何况只是麻布丧服呢。岂可在祥和安宁的日子里就事先料到战争，以至于废弃守丧的礼教呢！古人中也有君王，脱下丧服后就处于谅闇之中，一直到三年服丧期满，如果今天你们不允许朕穿丧服，那么，我就应该在脱下丧服后开始保持沉默，将国家事务交给宰相们处理。这两种情况请你们选择。”游明根说：“保持沉默而不说话，那么，国家的重大事务将要被搁置荒废。顺从您的圣明心意，继续穿着丧服处理朝廷事务。”

太尉拓跋丕听后，说：“臣和尉元一共侍奉过五位皇帝，魏朝旧有的惯例都是，在特别忌讳的三个月过后，一定要向西方迎奉神灵，向北方禳除灾祸，全是穿着日常的衣服进行的，自从皇始年间以来到现今，都没有改动过。”孝文帝说：“如果能够用道义侍奉神灵，那么不用特意去迎接，神灵自然而然就会来到；假如丧失了仁义之心，即使是特意迎奉，神灵也不会来。此乃是以往本不应那么做，更何况是处在守丧时期呢！朕正处在守丧时期，应该闭口不讲话，不应该喋喋不休地说个没完。只是各位公卿坚持要改变我的想法，于是，就变成了反反复复的争论，想起来真令人悲痛欲绝。”于是号啕大哭起来，文武官员也哭着告辞出来。

当初，太皇太后对孝文帝的聪敏机警很是忌讳胆怯，害怕会对自己不利，因此，就打算废掉他。严冬盛寒时，把他禁闭在一间空旷的屋子里，三天不给他吃的东西。冯太后又征召成阳王拓跋禧，打算立拓跋禧为皇帝。只是因为太尉东阳王拓跋丕、尚书右仆射穆泰和尚书李冲的竭力劝谏，冯太后才没有执行废立。但孝文帝一开始对冯太后就没有一点儿怨恨的想法，只是加深了对拓跋丕等人的感激之情。穆泰是穆崇的玄孙。

后来，又有宦官在冯太后面前陷害孝文帝，冯太后听后，下令打了孝文帝几十大棍，孝文帝默默忍受，而没有辩解。冯太后去世以后，也不再追究诬陷他的人。

甲申，魏主谒永固陵。辛卯，诏曰："群官以万机事重，屡求听政。但哀慕缠绵，未堪自力。近侍先掌机衡者，皆谋猷所寄，且可委之；如有疑事，当时与论决。"

（以上为第六段，写北魏孝文帝赤心尽孝，胸怀博大，冯太后曾欲置其于死地，他一点不生气，遭大臣陷害，他也不记恨，不秋后算账。）

交州刺史清河房法乘，专好读书，常属疾不治事，由是长史伏登之得擅权，改易将吏，不令法乘知。录事房季文白之，法乘大怒，系登之于狱，十余日。登之厚赂法乘妹夫崔景叔，得出，因将部曲袭州，执法乘，谓之曰："使君既有疾，不宜烦劳。"囚之别室。法乘无事，复就登之求书读之，登之曰："使君静处，犹恐动疾，岂可看书！"遂不与。乃启法乘心疾动，不任视事。十一月，乙卯，以登之为交州刺史。法乘还，至岭而卒。

十二月，己卯，立皇子子建为湘东王。

初，太祖以南方钱少，更欲铸钱。建元末，奉朝请孔觊上言，以为："食货相通，理势自然。李悝云：'粜甚贵伤民，甚贱伤农。'甚贱甚贵，其伤一也。三吴，国之关奥，比岁时被水潦而籴不贵，是天下钱少，非谷贱，此不可不察也。铸钱之弊，在轻重屡变。重钱患难用，而难用为累轻；轻钱弊盗铸，而盗铸为祸深。民所以盗铸，严法不能禁者，由上铸钱惜铜爱工也。惜铜爱工者，意谓钱为无用之器，以通交易，务欲令质轻而数多，使省工而易成，不详虑其为患也。夫民之趋利，如水走下。今开其利端，从以重刑，是导其为非而陷之于死，岂为政欤！汉兴，铸轻钱，民巧伪者多。至元狩中，始惩其弊，乃铸五铢钱，周郭其上下，令不可磨取鋊，而民计其费不能相偿，私铸益少。此不惜铜不爱工之效也。王者不患无铜乏工，每令民不能竞，则盗铸绝矣。宋文帝铸四铢，至景和，钱益轻，虽有周郭，而镕冶不精，于是盗铸纷纭而起，不可复禁。此惜铜爱工之验也。凡铸钱，与其不衷，宁重无轻。自汉铸五铢至宋文帝，历五百余年，制度世有废兴，而不变五铢者，明其轻重可法、得货之宜故也。按今钱文率皆五铢，异钱时有耳。自文帝铸四铢，又不禁民翦凿，为祸既博，钟弊于今，岂不悲哉！晋氏不铸钱，后经寇戎水

十月二十日甲申，魏孝文帝祭拜冯太后陵墓永固陵。十月二十七日辛卯，颁布诏书说：“文武百官因为国家大事，事关重大，多次请求朕亲自处理这些事务。只是朕哀痛缠绵，已经没有力量一个人去处理朝廷事务。近旁的侍从中有人从前主管过机要、处理过国家大事，也都是有智慧、有谋略的人，国家大事完全可以托付给他们。如果发生疑难，朕会不时和他们讨论决定。”

交州刺史清河人房法乘，特别喜欢读书，经常托病而不处理州事，就使得长史伏登之得以擅自运用大权，随意调动、更换官员武将，不让房法乘知道。后来，录事房季文把这一情况报告了，房法乘气愤异常，将伏登之逮捕入狱。关押了十多天，伏登之用厚礼贿赂房法乘的妹夫崔景叔后，才得以释放。伏登之便率领自己的部曲袭击了州府，将房法乘抓了起来，并对他说：“你既然有病，就不应该再劳心费神地处理州事了。”囚禁在另外一间房子里。房法乘没什么事可做，就又向伏登之请求，送给他一些书来读。伏登之说：“让你安安静静地待着，还害怕你万一发病了，怎么还可以让你继续看书呢。”就不给房法乘书看。伏登之就向朝廷奏报，说房法乘犯了心病，没有能力处理事务。十一月二十一日乙卯，任命伏登之为交州刺史。房法乘回建康，走到大庾岭时去世。

十二月十六日己卯，立皇子萧子建为湘东王。

当初，齐高帝认为南方的钱币缺乏，打算重新铸钱。建元末年，奉朝请孔觊上书，认为：“食物与钱币相互交换，是理势之自然。李悝曾说：‘米太贵会伤害老百姓，米太贱会伤害农夫。’米无论是昂贵还是便宜，伤害都是一样的。三吴是国家的关键与腹心，接连几年发生水灾而米不贵，是因为天下的钱币太少，而不是谷米价格太贱，这一点，不能不仔细加以考察。铸造钱币的弊病，在于钱币的轻重多次变化。钱太重，担心它不便流通，但流通不便所带来的损害不大。钱太轻的弊病在于容易伪造，伪造钱币所带来的灾祸却很严重。人之所以盗铸钱币，严格的法令都禁止不了，就是因为官府铸钱时，过于珍惜铜，又不能精心加工的缘故。爱惜铜又不精工铸造，就是认为钱币是没有用处的东西，用它作为交换媒介，那就一定要让它质地轻而且数量多，省工本而且容易铸成，却没有仔细考虑这样做所带来的后患。百姓追求利，就好像水往低处流一样。如今，打开了追求厚利的缺口，却又跟从以重刑，这是在引导他们犯法，又将他们置于死地，难道是在治理国家吗！汉朝兴起时，钱币铸造得很轻，所以偷偷伪造的人很多。到了元狩中期，才开始惩治这种弊病，于是，铸制了五铢钱，上下与周边凸出，使人无法磨取铜屑，而铸制工本费与使用得到的利益相比较不划算，所以偷偷铸钱的人也就越来越少了。这就是不吝啬铜和不惜精工铸造的效果。君王不必担心没有铜铸造钱，也不用担心做工不精，每

火，耗散沈铄，所失岁多，譬犹磨砻砥砺，不见其损，有时而尽，天下钱何得不竭！钱竭则士、农、工、商皆丧其业，民何以自存！愚以为宜如旧制，大兴镕铸，钱重五铢，一依汉法。若官铸者已布于民，便严断翦凿，轻小破缺无周郭者，悉不得行。官钱细小者，称合铢两，销以为大，利贫良之民，塞奸巧之路。钱货既均，远近若一，百姓乐业，市道无争，衣食滋殖矣。”太祖然之，使诸州郡大市铜炭。会晏驾，事寝。

是岁，益州行事刘悛上言：“蒙山下有严道铜山，旧铸钱处，可以经略。”上从之，遣使入蜀铸钱。顷之，以功费多而止。

自太祖治黄籍，至上，谪巧者戍缘淮各十年，百姓怨望。乃下诏：“自宋昇明以前，皆听复注，其有谪役边疆，各许还本。此后有犯，严加翦治。”

长沙威王晃卒。

吏部尚书王晏陈疾自解，上欲以西昌侯鸾代晏领选，手敕问之，晏启曰：“鸾清干有余；然不谙百氏，恐不可居此职。”上乃止。

以百济王牟大为镇东大将军、百济王。

高车阿伏至罗及穷奇遣使如魏，请为天子讨除蠕蠕，魏主赐以绣袴褶及杂彩百匹。

（以上为第七段，写南齐交州刺史房法乘只知读书，丢掉性命；关于南齐五铢钱

次只要让人们不能仿造，那么，盗铸钱币也就断绝了。宋文帝时铸造四铢钱，到了景和年间，钱的重量也越发轻了，虽然钱币周边还有凸起的轮廓，可是冶炼得不够精细，那时盗铸钱币的风气又开始兴起，不再能禁止。这就是吝啬铜，又不能精工细做的效验。大凡铸造钱币，如果不能适中，则宁重勿轻。从汉代铸制五铢钱到宋文帝，历时五百多年，制度有立有废，但不变五铢钱，就是明白五铢钱轻重恰当、交易方便的缘故。考察当代钱币虽也都在花纹上仿制五铢钱，但别的钱币也时常有。自从宋文帝铸造四铢钱，又不禁止人们把钱削边凿孔，酿成的灾祸甚广，流弊至今，难道不令人悲哀吗？晋朝不铸造铢币，后来经过盗贼入侵、战乱、水灾、火灾，钱币耗损、失散、埋藏和销熔，每年都损失很多，就恰恰像是一块石磨或者磨刀石看不见它在减损，可终有一天会被磨完。天下的钱币，又怎么能不会枯竭呢！钱币枯竭，士、农、工、商都会失去他们的产业，老百姓又凭借什么生存呢？我认为，朝廷应该恢复以前的制度，大量铸造钱币，钱重五铢，全都依照汉朝的办法。如果官府铸造的钱币已经在民间广泛流通起来，就要严厉禁止磨缺、毁损钱币，对于那些轻、小、破碎、残缺、没有周边凸出和轮廓的钱币，都不能流通使用。官府铸造的钱币，如果有细小不合标准的，应查明重量，销毁改铸成标准大钱，有利于贫穷安分的老百姓，也堵塞了投机取巧、偷铸钱币的邪路。钱币和货物均等，远近如一，老百姓安居乐业，市场、路上都不会发生争执，衣食也就增加起来了。”齐武帝认为很有道理，就下令各州郡大量购买黄铜、煤炭，准备开工铸钱。不巧，齐武帝去世，这件事也就搁置下来了。

这一年，益州行事刘悛上书说：“蒙山下边有严道铜山，是过去铸钱的地方，可以经营。”皇上批准，派人到巴蜀铸造钱币。不久，由于开支太大，也就停止了。

自从齐高帝整理户籍，直到齐武帝，被贬谪的投机取巧、作奸犯科的人，要沿着淮河沿岸戍守十年，人们怨声载道。于是齐武帝颁布诏令说：“在宋昇明年以前，都允许按照个人志愿，恢复户籍。其中被贬谪到边疆服役的人，一律释放，允许他们返回自己的故乡。从此以后，如果再犯，就将严厉惩治。”

南齐长沙威王萧晃去世。

吏部尚书王晏称自己患病多年，请求辞职，齐武帝打算任命西昌侯萧鸾接替王晏担任铨选人才的职务，就写手令征求王晏的意见。王晏报告说：“萧鸾才干有余，但不熟悉豪门士族，恐怕不能担当这项职务。”齐武帝就没有任命。

南齐任命百济王牟大为镇东大将军，封为百济王。

高车王阿伏至罗和太子阿伏穷奇，派遣使者前往北魏，请求代替皇帝讨伐蠕蠕。北魏孝文帝将绣花袴褶以及各种各样颜色的丝绸共计一百匹赏赐给了使者。

铸造争论的回顾；诏令沿着淮河沿岸戍守的人可以恢复户籍。）

九年（辛未，491年）

春，正月，辛丑，上祀南郊。

丁卯，魏主始听政于皇信东室。

诏太庙四时之祭：荐宣皇帝，起面饼、鸭臛；孝皇后，笋、鸭卵；高皇帝，肉脍、菹羹；昭皇后，茗、粣、炙鱼：皆所嗜也。上梦太祖谓己："宋氏诸帝常在太庙从我求食，可别为吾致祠。"乃命豫章王妃庾氏四时祠二帝、二后于清溪故宅。牲牢、服章，皆用家人礼。

臣光曰：昔屈到嗜芰，屈建去之，以为不可以私欲干国之典，况子为天子，而以庶人之礼祭其父，违礼甚矣！卫成公欲祀相，宁武子犹非之；而况降祀祖考于私室，使庶妇尸之乎！

（以上为第八段，写南齐武帝萧赜按照祖父母、父母生前的嗜好举行祭祀，又让弟媳妇于其父故居举行私祭，史家司马光认为不合祭祀之礼，予以批评，提出非议。）

初，魏主召吐谷浑王伏连筹入朝，伏连筹辞疾不至，辄修洮阳、泥和二城，置戍兵焉。二月，乙亥，魏枹罕镇将长孙百年请击二戍，魏主许之。

散骑常侍裴昭明、散骑侍郎谢竣如魏吊，欲以朝服行事，魏主客曰："吊有常礼，何得以朱衣入凶庭！"昭明等曰："受命本朝，不敢辄易。"往返数四，昭明等固执不可。魏主尚书李冲选学识之士与之言，冲奏遣著作郎上谷成淹。昭明等曰："魏朝不听使者朝服，出何典礼？"淹曰："吉凶不相厌。羔裘玄冠不以吊，此童稚所知也。昔季孙如晋，求遭丧之礼以行。今卿自江南远来吊魏，方问出何典礼；行人得失，何其远哉！"昭明曰："二国之礼，应相准望。齐高皇帝之丧，魏遣李彪来吊，初不素服，齐朝亦不以为疑；何至今日独见要逼！"淹曰："齐不能行亮阴之礼，逾月即吉。彪奉使之日，齐之君臣，鸣玉盈庭，貂珰曜目。彪不得主人之命，敢独以素服厕其间乎！皇帝仁孝，侔于有虞，执亲之丧，居庐食粥，岂得以此方彼乎！""昭明曰："三王不同礼，孰能知其得失！"淹曰："然则虞舜、高宗皆非邪？"昭明、竣相顾而笑曰："非孝者无亲，何

齐武帝永明九年（辛未，491年）

春季，正月初八日辛丑，齐武帝巡视南郊祭祀。

正月丁卯日，魏孝文帝开始到皇信东室处理朝廷事务。

齐武帝颁布诏书确定皇家祖庙四季的祭品：进献宣皇帝，贡献起面饼、鸭肉羹；孝皇后，嫩笋和鸭蛋；高皇帝，细肉和菹羹；昭皇帝，清茶、粽子和烤鱼。都是他们生前最喜欢吃的东西。齐武帝梦见齐高帝对自己说："宋朝那些皇帝常常挤到太庙里，跟着我要食物，你可以另找一个地方祭祀我。"遂命令豫章王萧嶷的妃子庾氏，春夏秋冬四季，在清溪旧宅里祭祀二祖、二后，祭祀时所使用祭品以及服装，都按照家人的礼仪进行。

臣司马光评论说：从前屈到最喜欢吃菱角，但他的儿子屈建祭祀时把菱角撤掉了，认为不可以因为个人的嗜好而违反国家的祭典。更何况儿子做天子，却用平民的礼仪去祭祀父亲，违背礼教太甚了。卫成公打算祭祀相，大夫宁武子还责怪他不该这么做。更何况现今把祭祀祖父母和父母的仪式降到在私宅中进行，而且还让自己庶子的妻子来主持呢！

最初，魏孝文帝征召吐谷浑可汗慕容伏连筹入朝，慕容伏连筹声称有病，没有前来，接着就开始修缮洮阳、泥和两座城池，并派兵戍守。二月十二日乙亥，北魏枹罕的镇将长孙百年请求前去袭击洮阳、泥和两城，孝文帝批准了。

南齐散骑常侍裴昭明、散骑侍郎谢竣，前往北魏吊唁，准备穿朝服去祭祀。北魏的主客礼官说："吊丧有一定的礼节，怎么可以穿红色的官服进入正在办丧事的宫廷？"裴昭明等人回答说："受命本国朝廷，不敢轻易更换服装。"双方来来往往，反反复复争论了四次，裴昭明等人最后仍坚持不换服装。魏孝文帝下令尚书李冲挑选饱学之士和裴昭明等人辩论。李冲推荐了著作郎上谷人成淹。裴昭明等人说："魏朝不允许使节穿本国的官服，出自哪一部经典？"成淹说："喜事和丧事是不能同时并存的。羔羊皮袍、头戴朝冠，是不可以前去吊丧的，这一点三岁的孩子都明白。从前，季孙前往晋国就是学习了交往国遭遇丧事的礼节才动身的。如今，你们从江南远道而来吊丧，却要问出自哪一本经典。同样是使者，一个想得那么周到，一个却那么疏忽，怎么相差得这么远呢！"裴昭明说："两个国家的交往礼节，应该相互平等，有一个共同的标准。齐高帝去世时，魏国派李彪前去吊丧，他最初没穿白服，齐朝也并没有认为有什么不合适的地方，为什么今天却被紧紧逼迫呢？"成淹

可当也！”乃曰：“使人之来，唯赍裤褶，此既戎服，不可以吊，唯主人裁其吊服！然违本朝之命，返必获罪。”淹曰：“使彼有君子，卿将命得宜，且有厚赏。若无君子，卿出而光国，得罪何伤！自当有良史书之。”乃以衣、帢给昭明等，使服以致命。己丑，引昭明等入见，文武皆哭尽哀。魏主嘉淹之敏，迁侍郎，赐绢百匹。昭明，骃之子也。

（以上为第九段，写南齐使者裴昭明等穿着朝服到北魏吊唁冯太后之丧，北魏认为需换丧服，为此派著作郎成淹与之辩论，南齐使者最后遵从了北魏的规定。）

始兴简王鉴卒。

三月，甲辰，魏主谒永固陵。夏，四月，癸亥朔，设荐于太和庙。魏主始进蔬食，追感哀哭，终日不饭；侍中冯诞等谏，经宿乃饭。甲子，罢朝夕哭。乙丑，复谒永固陵。

魏自正月不雨，至于癸酉，有司请祈百神，帝曰：“成汤遭旱，以至诚致雨，固不在曲祷山川。今普天丧恃，幽显同哀，何宜四气未周，遽行祀事！唯当责躬以待天谴。”

甲戌，魏员外散骑常侍李彪等来聘，为之置燕设乐。彪辞乐，且曰：“主上孝思罔极，兴坠正失。去三月晦，朝臣始除衰绖，犹以素服从事，是以使臣不敢承奏乐之赐。”朝廷从之。彪凡六奉使，上甚重之。将还，上亲送至琅邪城，命群臣赋诗以宠之。

说："齐朝的君主不能严格地遵守居丧的礼仪，安葬以后，过了一个月，就穿上平日的衣服。李彪奉命出使齐朝，君主和官员们都佩戴着宝玉挤满了房屋，貂尾和黄金首饰闪闪发光，耀人眼目。李彪如果没有得到主人的许可，怎么敢穿着素服置身其间呢！我们皇上仁义孝敬，和圣明的虞舜差不多，遵从礼仪为亲人守丧，住简陋房子，喝稀粥，此与彼怎么能相比较呢？"裴昭明说："夏、商、周三代，制度礼仪各不相同，有谁知道哪个好、哪个坏呢！"成淹说："这么说来，难道虞舜、商代高宗都不对吗？"裴昭明和谢竣二人相互看了一眼，笑着说："责怪别人孝行的人，心中没有亲近的人，哪里敢当呢。"二人又说："我们前来吊丧，只带了便于骑乘的袴褶，这些都是武官穿的服装，不能穿它们去吊丧，只好请主人裁制丧服！可是，这样做违背朝廷的命令，回去后一定会被朝廷治罪。"成淹说："假使你们国家有君子之才，你们出使言谈举止恰当得体，就将会得到厚厚的赏赐。如果没有君子，你们代表朝廷出使他国，也使国家得到了荣耀，即使这么做你们受到了处罚，又有什么关系呢！这件事自会有优秀的史官把它记载下来的。"于是就把吊丧的丧服、帽子等给了裴昭明等人，让他们穿上这些丧服完成使命。二月二十六日己丑，成淹带着裴昭明等人进入，文武百官全都痛哭失声，极尽哀痛。魏孝文帝嘉许成淹的聪敏，提升他为侍郎，赏赐给他一百匹绢。裴昭明是裴骃的儿子。

南齐始兴简王萧鉴去世。

三月十二日甲辰，魏孝文帝祭拜太皇太后的永固陵。夏季，四月初一日癸亥朔，在太和庙设置进献祭品，孝文帝开始进食蔬菜，追思伤感，一整天没有吃饭。侍中冯诞等人劝谏，过了一夜后，才开始吃饭。四月初二日甲子，停止早晚各哭一次的仪式。四月初三日乙丑，再次祭拜永固陵。

北魏从正月开始不下雨，一直持续到了四月十一日癸酉，有关部门请求向百神祈祷，孝文帝说："商代汤王遇到旱灾时，用至诚感动上苍，才下起了雨，本不在于曲意祈祷山川。如今，普天之下失去了赖以依仗的人，无论是阴间还是阳间都在哀痛，怎么可以在丧期未满周年时，就马上祭祀祈祷百神！只应该深深责怪、反省自己，等待上天对我们的惩罚。"

四月十二日甲戌，北魏员外散骑常侍李彪等人来访。为他们置办了宴席，安排了礼乐。李彪推辞礼乐仪式说："我们君主仁义孝敬之心无极，振兴遗失的典章，恢复被曲解误会的制度，遵守三年守丧的规矩。直到三月底，朝廷官员们才脱下丧服，仍然穿着白色衣服处理事务，为此，使臣我也不敢接受演奏音乐的赏赐。"朝廷听从了他的意见。李彪代表北魏朝廷前后出使南齐有六次之多，齐武帝对他十分敬重。李彪将要回国时，齐武帝亲自送到琅邪城，并下令文武官员赋诗相送，来表示对李

己卯，魏作明堂，改营太庙。

五月，己亥，魏主更定律令于东明观，亲决疑狱；命李冲议定轻重，润色辞旨，帝执笔书之。李冲忠勤明断，加以慎密，为帝所委，情义无间，旧臣贵戚，莫不心服，中外推之。

乙卯，魏长孙百年攻洮阳、泥和二戍，克之，俘三千余人。

丙辰，魏初造五辂。

六月，甲戌，以尚书左仆射王奂为雍州刺史。

丁未，魏济阴王郁以贪残赐死。

秋，闰七月，乙丑，魏主谒永固陵。

己卯，魏主诏曰："烈祖有创业之功，世祖有开拓之德，宜为祖宗，百世不迁。平文之功少于昭成，而庙号太祖，道武之功高于平文，而庙号烈祖，于义未允。朕今奉尊烈祖为太祖，以世祖、显祖为二祧，余皆以次而迁。"

八月，壬辰，又诏议养老及禋于六宗之礼。先是，魏常以正月吉日于朝廷设幕，中置松柏树，设五帝座而祠之。又有探策之祭。帝皆以为非礼，罢之。戊戌，移道坛于桑乾之阴，改曰崇虚寺。

乙巳，帝引见群臣，问以"禘祫，王、郑之义，是非安在"？尚书游明根等从郑，中书监高闾等从王。诏："圜丘、宗庙，皆有禘名，从郑；禘祫并为一祭，从王。著之于令。"戊午，又诏："国家飨祀诸神，凡一千二百余处；今欲减省群祀，务从简约。"又诏："明堂、太庙，配祭、配享，于斯备矣。白登、崞山、鸡鸣山庙，唯遣有司行事。冯宣王庙在长安，宜敕雍州以时供祭。"又诏："先有水火之神四十余名及城北星神，今圜丘之下既祭风伯、雨师、司中、司命，明堂祭门、户、井、灶、中霤，四十神悉可罢之。"甲寅，诏曰："近论朝日、夕月，皆欲以二分之日于东、西郊行礼。然月有余闰，行无常准。若一依分日，或值月于东而行礼于西，序情即理，不可施行。昔秘书监薛谓等以为朝日以朔，夕

彪的尊敬。

四月十七日己卯，北魏兴建明堂，改建太庙。

五月初八日己亥，魏孝文帝在东明观修订法律，亲自裁决有疑问的诉讼案件。命令尚书李冲裁定刑罚轻重，为判词润色，孝文帝亲自抄录。李冲忠诚勤奋，明智果断，加上又谨慎周密，为皇帝信赖和倚重，二人之间情义无间。旧臣贵戚，没有人不对他心服口服的，中外对李冲也一致推崇。

五月二十四日乙卯，北魏枹罕镇将长孙百年进攻洮阳、泥和两座城池，攻克城池，并俘虏了三千多人。

五月二十五日丙辰，北魏首次制造皇家专用的玉车、金车、象车、革车、木车五种车辆。

六月十三日甲戌，南齐任命尚书左仆射王奂为雍州刺史。

六月丁未日，北魏济阴王拓跋郁因为贪污残暴被赐自尽。

秋季，闰七月初五日乙丑，魏孝文帝祭拜永固陵。

闰七月十九日己卯，魏孝文帝颁布诏书，说："道武帝有开创大业的功绩，太武帝有拓展疆域的贡献，应该追尊他们为祖宗，祭庙永远不废。平文帝的功绩比昭成帝要小，可是他的庙号却是太祖。道武帝的功绩要比平文帝高得多，可是他的庙号却是烈祖，这在道义上不公允。朕现今尊奉烈祖为太祖，世祖、显祖作为应该迁移的远祖之庙。其余的都按照顺序迁移灵位。"

八月初三日壬辰，魏孝文帝又颁布诏书，讨论关于养老及祭祀天皇、五帝等六宗的礼仪。在这之前，北魏经常在正月吉日，在朝廷设立篷帐，其中摆上松树、柏树，供奉五帝座位祭祀。还有一种预卜世系多少的探策祭祀。孝文帝认为它们都不合乎古礼，所以下令取消。八月初九日戊戌，将道教祭坛迁移到了桑乾河南，改称崇虚寺。

八月十六日乙巳，魏孝文帝召见群臣，询问道："禘祭和祫祭，王肃和郑玄的解释不一样，谁对谁错？"尚书游明根等人跟从郑玄，中书监高闾等人则跟从王肃。颁布诏书："圜丘、宗庙都有禘祭的名义，可以依照郑玄的解释。禘祭和祫祭合在一块进行，可以依照王肃的解释。明令公布让大家都知道。"八月二十九日戊午，又颁布诏书："国内到处祭祀的各种神祇，共有一千二百多处，现今，打算减少，以求节约省俭。"又颁布诏书："明堂、太庙，配祭、配享，现今都已经完备了。白登庙、崞山庙、鸡鸣山庙由有关主管部门负责祭祀。冯宣王的祭庙在长安，下令雍州按时祭祀。"又颁布诏书："以前，祭祀水神、火神共计四十多位神，还有城北的星神。现今，圜丘下面祭祀了风伯、雨师、司中和司命之神，明堂祭祀了门神、户神、井神、灶神和院神，四十种神的祭祀全都罢除。"八月二十五日甲寅，颁布诏书："近

月以朏。卿等意谓朔朏、二分，何者为是？”尚书游明根等请用朔朏，从之。

丙辰，魏有司上言，求卜祥日。诏曰：“筮日求吉，既乖敬事之志，又违永慕之心，今直用晦日。”

九月，丁丑夜，帝宿于庙，帅群臣哭已，帝易服缟冠、革带、黑屦屦，侍臣易服黑介帻、白绢单衣、革带、乌履，遂哭尽乙夜。戊子晦，帝易祭服，缟冠素纰、白布深衣、麻绳履，侍臣去帻易帕。既祭，出庙，帝立哭，久之，乃还。

（以上为第十段，写北魏孝文帝拓跋宏采取一系列措施，修订法律，亲自裁决疑案；调整祖先庙号，尊奉道武帝拓跋珪为太祖；弄清禘祫，规范祭祀，抑制滥祭。）

冬，十月，魏明堂、太庙成。

庚寅，魏主谒永固陵，毁瘠犹甚。司空穆亮谏曰：“陛下祥练已阕，号慕如始。王者为天地所子，为万民父母；未有子过哀而父母不戚，父母忧而子独悦豫者也。今和气不应，风旱为灾，愿陛下袭轻服，御常膳，銮舆时动，咸秩百神，庶使天人交庆。”诏曰：“孝悌之至，无所不通。今飘风、旱气，皆诚慕未浓，幽显无感也。所言过哀之咎，谅为未衷。”

十一月，己未朔，魏主禫于太和庙，衮冕以祭。既而服黑介帻，素纱深衣，拜陵而还。癸亥，冬至，魏主祀圜丘，遂祀明堂，还，至太和庙，乃入。甲子，临太华殿，服通天冠，绛纱袍，以飨群臣。乐县而不作。丁卯，服衮冕，辞太和庙，帅百官奉神主迁于新庙。

来谈论朝日和夕月的祭祀，大家都主张在春分、秋分，分别在平城的东郊和西郊举行祭祀礼仪。可是，每个月有余有闰，没有固定的标准，如果统一按照春分、秋分的日子来确定，有的时候正赶上月亮在东方，而却在西方祭祀，这样一来，无论是在人情还是在道理上，都行不通。过去，秘书监薛谓等人认为，每月初一早上祭祀朝日，每月初三晚上祭祀夕月，你们认为初一和初三和春分、秋分，哪种办法为好？”尚书游明根等人请求初一、初三祭祀，批准实行。

八月二十七日丙辰，北魏有关部门上书，请求占卜周年除服的吉祥日子。孝文帝颁布诏书说：“用占卜的方法决定吉祥的日子，既违背了谨慎敬事的原则，也违背了永远怀慕亲人的感情。现今就直接使用月末这一天。”

九月十八日丁丑夜晚，孝文帝宿在皇家祖庙里，率领文武百官哀哭完毕，孝文皇帝换了衣服，戴上素色帽子，腰束皮带，脚穿黑色鞋子，文武官员们也都换上祭服，戴上黑色帽子，穿上白色绢丝单衣，腰束皮带，脚穿黑鞋。哀哭直到二更的时候。九月二十九日戊子晦，皇帝脱下祭服，戴上白带滚边的帽子，穿上上下一体白布做的连裤衣服，以及黑色麻鞋等祭祀服装。文武官员也跟着脱下黑色帽子，换上白纱帽子。祭祀典礼完成后，退出祭庙，孝文帝站在那里痛哭，过了很久，才起程回宫。

冬季，十月，北魏明堂、太庙落成。

十月初二日庚寅，魏孝文帝祭拜永固陵，因哀伤过度，身体异常瘦削衰弱。司空穆亮规劝说：“陛下服丧已经行过了小祥之祭，加了练冠，而悲哀痛苦之情，仍然和亲人刚刚去世时一样。君王，是天地神灵的儿子，是万民的父母。从来没有儿子过于悲伤而父母不悲戚的，也没有父母忧虑而儿子高兴快乐的。如今，和气不应接，狂风、大旱造成大灾，希望陛下能改穿轻便的服装，饮食正常，辇车经常走动走动，按照顺序祭祀百神，以使苍天和百姓交相庆幸。”颁布诏书说：“孝敬父母与友爱兄弟达到极点，就没有什么不能感通。如今，狂风肆虐，大旱逼迫，都是由于我的诚心还不够浓烈，阴间和阳间没有得到感应所致。说这些灾难是由于哀痛所导致，恐怕并不合适。”

十一月初一日己未朔，魏孝文帝在太和庙举行脱下丧服的典礼。接着改穿了服装，头戴黑色帽子，身穿由白色纱做的朝祭制服，祭拜完冯太后的陵墓后返回宫中。十一月初五日癸亥，冬至，魏孝文帝前往平城南郊天坛祭祀，接着，又到明堂进行祭祀，回宫途中，又到了太和庙，然后才入宫。十一月初六日甲子，登临太华殿，头戴通天冠，身穿红色礼服，设宴款待文武百官，设置乐器，但没有演奏。十一月初九日丁卯，孝文帝穿着礼服，戴着礼帽，向太和庙辞别，率领文武百官把供奉祖

乙亥，魏大定官品。戊戌，考诸牧守。

魏假通直散骑常侍李彪等来聘。

魏旧制，群臣季冬朝贺，服裤褶行事，谓之小岁。丙戌，诏罢之。

十二月，壬辰，魏迁社于内城之西。

魏以安定王休为太傅，齐郡王简为太保。

高丽王琏卒，寿百余岁。魏主为之制素委貌，布深衣，举哀于东郊；遣谒者仆射李安上策赠太傅，谥曰康。孙云嗣立。

乙酉，魏主始迎春于东郊。自是四时迎气皆亲之。

初，魏世祖克统万及姑臧，获雅乐、器服、工人，并存之。其后累朝无留意者，乐工浸尽，音制多亡。高祖始命有司访民间晓音律者议定雅乐，当时无能知者。然金、石、羽旄之饰，稍壮丽于往时矣。辛亥，诏简置乐官，使修其职；又命中书监高闾参定。

（以上为第十一段，写北魏孝文帝拓跋宏，制定官员等级制度，废除季冬朝拜制度，主持四季迎气活动，设置乐官，整理高雅音乐。）

初，晋张斐、杜预共注《律》三十卷，自泰始以来用之，《律》文简约，或一章之中，两家所处，生杀顿异，临时斟酌，吏得为奸。上留心法令，诏狱官详正旧注。七年，尚书删定郎王植集定二注，表奏之。诏公卿、八座参议考正，竟陵王子良总其事；众议异同不能壹者，制旨平决。是岁，书成。廷尉山阴孔稚珪上表，以为："《律》文虽定，苟用失其平，则法书徒明于帙里，冤魂犹结于狱中。窃寻古之名流，多有法学；今之士子，莫肯为业。纵有习者，世议所轻，将恐此书永沦走吏之手矣。今若置《律》助教，依《五经》例，国子生有欲读者，策试高第，即加擢用，以补内外之官，庶几士流有所劝慕。"诏从其请，事竟不行。

先的牌位迎送到新落成的皇家祖庙。

十一月十七日乙亥，北魏朝廷制定了官员等级制度。十一月二十日戊戌，考核检验各州郡的州郡长。

北魏的假通直散骑常侍李彪等人访问南齐。

北魏旧有的制度规定，文武百官在深冬时节朝贺时，要穿便于骑乘的短袄短裤前来，一般称为“小岁”。十一月二十八日丙戌，颁布诏书废除这一制度。

十二月初五日壬辰，北魏把祭祀土地神的祭坛迁到平城内城西边。

北魏任命安定王拓跋休为太傅，齐郡王拓跋简为太保。

高句丽王高琏去世，享年一百多岁。魏孝文帝为高琏特地做了一种素委帽和布质连裤服装，在平城东郊举行哀悼祭祀。又派遣谒者仆射李安上前去高句丽，宣布追赠高琏为太傅，谥号康。高琏的孙子高云继承了王位。

十二月二十二日乙酉，魏孝文帝在平城南郊开始举行迎春典礼。从此以后，北魏每年举行迎接四季的活动时，孝文帝都亲自主持。

当初，北魏太武帝攻克了统万和姑臧，将得到的雅乐乐器、乐服、乐师全都保留了下来。从这以后，经过了几朝却没有人留意，乐师慢慢死尽，乐谱也都散失。孝文帝开始命令有关部门，到民间去查访通晓音乐的人，商议制定高雅的音乐，可是，民间当时已经没有人能懂了。不过，金银、宝石、羽毛旗帜等装饰物，却比以前各个时代都要齐备、华丽。十二月二十四日辛亥，诏命选拔设置乐官整理音乐，又命令中书监高闾参与审定。

当初，晋朝的张斐、杜预共同注解三十卷的《律》，从泰始年间以来就一直使用此注本。《律》的行文简明扼要，有的在一章中，两家注解恰恰相反，对一个人一家判生，另一家则判死，而这一切则需要临时斟酌，这样一来，使官吏们有机会贪赃枉法、滥用职权。齐武帝十分注意法律条令，诏令狱官详细订正以前旧注。永明七年，尚书删定郎王植将二家注解集中订正之后，上表奏报。齐武帝颁布诏书公卿和八座在一起讨论、修正，由竟陵王萧子良总领其事；对于大家意见不能取得一致的地方，奏报皇帝裁决。这一年，修正完毕。廷尉山阴人孔稚珪上书认为：“《律》文虽然已经确定下来，如果据此审判并不公正，那么，这部法律也就只不过是白白地放在书套里，冤屈的灵魂也还仍然被滞留在牢狱。我私下里曾稽考了古代的知名人士，大多都了解法律规章。而现今的读书人，却没有谁把研究执行法律作为自己的事业。即使是研究学习它，也被人们所轻视，恐怕这部书也要永远沦落在那些低级官吏手中。现今设立《律》文助教，依照五经的办法，国子学校的学生中，有想要研究法律的，考试中得高榜，就可依次提升任用，用以补充朝廷内外官职的空额，

初，林邑王范阳迈，世相承袭，夷人范当根纯攻夺其国，遣使献金箄等物。诏以当根纯为都督缘海诸军事、林邑王。

魏冀州刺史咸阳王禧入朝。有司奏："冀州民三千人称禧清明有惠政，请世胙冀州。"魏主诏曰："利建虽古，未必今宜；经野由君，理非下请。"以禧为司州牧，都督司、豫等六州诸军事。

初，魏文明太后宠任宦者略阳苻承祖，官至侍中，知都曹事，赐以不死之诏。太后殂，承祖坐赃应死，魏主原之，削职禁锢于家，仍除悖义将军，封佞浊子，月余而卒。承祖方用事，亲姻争趋附以求利。其从母杨氏为姚氏妇独否，常谓承祖之母曰："姊虽有一时之荣，不若妹有无忧之乐。"姊与之衣服，多不受；强与之，则曰："我夫家世贫，美衣服使人不安。"不得已，或受而埋之。与之奴婢，则曰："我家无食，不能饲也。"常著弊衣，自执劳苦。承祖遣车迎之，不肯起；强使人抱置车上，则大哭曰："尔欲杀我！"由是苻氏内外号为"痴姨"，及承祖败，有司执其二姨至殿廷。其一姨伏法。帝见姚氏姨贫弊，特赦之。

李惠之诛也，思皇后之昆弟皆死。惠从弟凤为安乐王长乐主簿，长乐坐不轨，诛，凤亦坐死。凤子安祖等四人逃匿获免，遇赦乃出。既而魏主访舅氏存者，得安祖等，皆封侯，加将军。既而引见，谓曰："卿之先世，再获罪于时。王者设官以待贤才，由外戚而举者，季世之法也。卿等既无异能，且可还家。自今外戚无能者视此。"后又例降爵为伯，去其军号。时人皆以为帝待冯氏太厚，待李氏太薄。太常高闾尝以为言，帝不听。及世宗尊宠外家，乃以安祖弟兴祖为中山太守，追赠李惠开府仪同三司、中山公，谥曰庄。

（以上为第十二段，写南齐修订法律条文；北魏苻承祖两个姨妈的不同命运，"痴姨"并不痴；孝文帝拓跋宏将舅父家的非做官之才遣送回家，净化官场队伍。）

希望这样一来能对读书人有所鼓励和吸引。”颁布诏书要求按照孔稚珪的建议办，可是，此事终究没能实行。

当初，林邑国王范阳迈，世代承袭王位。夷人首领范当根纯攻占了林邑，派使节进贡用金丝编织的席子等东西。颁布诏书任命范当根纯为都督缘海诸军事、林邑王。

北魏冀州刺史、咸阳王拓跋禧朝见，有关部门上奏说：“冀州三千老百姓称赞拓跋禧清廉公正，施行德政，请求陛下允许他世代承袭冀州刺史的官职。”魏孝文帝颁布诏书说：“‘利建侯’的说法虽然起源很早，未必适合于今天。治理国家，任免官吏是国君的事，按理不应当来自下民的请求。”任命拓跋禧为司州牧，都督司、豫等六州诸军事。

当初，北魏文明太后宠爱信任宦官略阳人苻承祖，官位一直做到了侍中和知都曹事，还赏赐给他一道免死的诏令。太后去世后，苻承祖因为贪赃枉法应该处以死刑，北魏孝文帝宽宥赦免了他，撤销官职，禁锢私宅，还给了他一个悖义将军的官衔，封为佞浊子。苻承祖一个多月后就去世了。苻承祖当权时，亲戚争相跑来依附他谋求私利。苻承祖的姨母杨氏嫁给了姚家，只有她不这样做，经常对苻承祖母亲说：“姐姐你虽然有一时的荣华富贵，却不如妹妹我有无忧无虑的快乐。”姐姐送给她衣服时，多半都不肯收下。如果强行给她，就说：“我丈夫家世代贫穷，华丽的衣服会让人内心不得安宁。”在迫不得已情况下收下来，就用土埋了起来。送奴婢给她，就说：“我家没有粮食，不能养活。”她经常穿着破旧的衣服，凡事总是自己亲自动手去做，不辞劳苦。苻承祖派车辆迎接她，她就是不肯上车。强抱她上车，她就大哭着说：“你想要杀我！”从此，苻家的人都叫她为“痴姨”。等到苻承祖案发，有关部门将苻承祖的两个姨妈抓起来，送到金銮殿，其中一位姨妈被斩首了。孝文帝看到姚杨氏贫寒，特别赦免了她。

北魏诛杀李惠时，思皇后李贵人的亲兄弟也都全被处死。李惠的堂弟李凤曾经任安乐王拓跋长乐的主簿，拓跋长乐因图谋不轨罪被处死，李凤也受到牵连，被诛杀。李凤的儿子李安祖等四人逃亡躲藏起来，才免于一死，后来遇到朝廷大赦，才得以露面。过了一阵，魏孝文帝寻访舅父家现今仍然活着的亲人，查出了李安祖等人，于是，给他们全都封了侯爵，加授将军官衔。不久，又接见李安祖等四人，对他们说：“你们的先人，当年曾两次犯罪。君王设立官职，是要任用贤能、有才干的人，因为皇亲国戚而被推举做官，是末朝乱世才有的情况。你们没有什么特别的才能，暂且可以回乡。从此以后，凡是皇亲国戚没有才能的人，都要照此办理。”以后，将四人爵位降为伯，撤销将军的名号。当时的人都认为皇帝待冯太后家过于优厚，而待李氏家太薄。太常高闾为此曾经提过意见，孝文帝没听从。直到魏文宣帝

十年（壬申，492 年）

春，正月，戊午朔，魏主朝飨群臣于太华殿，悬而不乐。

己未，魏主宗祀显祖于明堂以配上帝，遂登灵台以观云物，降居青阳左个，布政事。自是每朔依以为常。

散骑常侍庾荜等聘于魏，魏主使侍郎成淹引荜等于馆南，瞻望行礼。

辛酉，魏始以太祖配南郊。

魏主命群臣议行次。中书监高闾议，以为："帝王莫不以中原为正统，不以世数为与夺，善恶为是非。故桀、纣至虐，不废夏、商之历；厉、惠至昏，无害周、晋之录。晋承魏为金，赵承晋为水，燕承赵为木，秦承燕为火。秦之既亡，魏乃称制玄朔；且魏之得姓，出于轩辕，臣愚以为宜为土德。"秘书丞李彪、著作郎崔光等议，以为："神元与晋武，往来通好，至于桓、穆，志辅晋室；是则司马祚终于郏鄏，而拓跋受命于云、代。昔秦并天下，汉犹比之共工，卒继周为火德；况刘、石、苻氏，地褊世促，魏承其弊，岂可舍晋而为土邪？"司空穆亮等皆请从彪等议。壬戌，诏承晋为水德，祖申、腊辰。

（以上为第十三段，写孝文帝拓跋宏组织讨论北魏之五行属性，形成了两种意见，一是北魏承前秦，为土德；一是北魏承西晋，为水德。最终确定接受后一种意见。）

甲子，魏罢租课。

魏宗室及功臣子孙封王者众，乙丑，诏："自非烈祖之胄，余王皆降为公，公降为侯，而品如旧。"蛮王桓诞亦降为公；唯上党王长孙观，以其祖有大功，特不降。丹阳王刘昶封齐郡公，加号宋王。

魏旧制，四时祭庙皆用中节，丙子，诏始用孟月，择日而祭。

时期，才追尊宠信外家人，任命李安祖的弟弟李兴祖为中山太守，追赠李惠为开府仪同三司、中山公，谥号庄。

齐武帝永明十年（壬申，492 年）

春季，正月初一日戊午朔，魏孝文帝在太华殿大宴文武百官，乐器摆在那里，但未演奏。

正月初二日己未，魏孝文帝在明堂祭祀显祖以配享上帝，然后登上灵台，观察太阳四周云气。下来后，停留在东堂北部偏殿，处理国家大事。从此以后，每月初一都举行这项活动，形成惯例。

散骑常侍庾荜等人出访北魏，魏孝文帝派侍郎成淹带着庾荜等人来到宾馆南边，在远处观看魏孝文帝在明堂所举行的祭祀仪式。

正月初四日辛酉，北魏第一次把太祖配享于南郊。

魏孝文帝命令文武百官讨论金、木、水、火、土五行的顺序。中书监高闾发表见解，认为："历代帝王没有不把中原作为立国的正统的，并不把传世多少作为存亡的根据，不把君王的善恶作为是与非的标准。因此，夏桀和商纣王那么暴虐，但并没有排除在夏、商王朝之外。周厉王与晋惠帝那么昏庸，也没有妨碍他们是周、晋的帝王之一。晋承继曹魏是金德，赵继承晋为水德，燕承继赵为木德，秦继燕为火德。秦灭亡之后，魏就在北方正式建立，而且，魏皇家拓跋这一姓氏，是出自轩辕帝那里。臣认为，魏应该是土德。"秘书丞李彪、著作郎崔光等人认为："神元皇帝和晋武帝来往密切，关系不错，后来，到了桓帝和穆帝，仍然一心辅佐晋王朝。这就说明司马氏的命运在郏鄏已经告终，而拓跋受命云中、代郡。以前，秦王朝统一天下，汉王朝把秦王比作共工，而最终直接继承了周王朝，为火德。何况刘渊、石勒、苻氏所建的王朝，国土狭小，世代短促，魏所接受的混乱局面比汉朝继承秦朝的情况都不如，怎么能够舍弃晋王朝，而定为土德呢？"司空穆亮等人都请求采纳李彪等人的建议。正月初五日壬戌，孝文帝颁布诏书认定北魏继承晋王朝为水德，接着规定，年初第一个申日祭祀祖先，而年终最后一个辰日，举行腊祭。

正月初七日甲子，北魏下令罢除赋税。

北魏皇室以及功臣的子孙，被封为王爵的人有很多。正月初八日乙丑，颁布诏书说："除了烈祖的后裔，其余的王爵全都降为公，公爵则降为侯爵，品级一仍其旧。"蛮王桓诞也被降为公。只有上党王长孙观因为祖先立过显赫的功劳，所以特别照顾不降爵位。丹阳王刘昶降为齐郡公，加号为宋王。

北魏旧制度规定，每年四季祭祀，都要在季中月份举行。正月十九日丙子，颁

以竟陵王子良领尚书令。

魏主毁太华殿为太极殿。二月，戊子，徙居永乐宫。以尚书李冲领将作大匠，与司空穆亮共营之。

辛卯，魏罢寒食飨。

甲午，魏主始朝日于东郊。自是朝日、夕月皆亲之。

丁酉，诏祀尧于平阳，舜于广宁，禹于安邑，周公于洛阳，皆令牧守执事；其宣尼之庙，祀于中书省。丁未，改谥宣尼曰文圣尼父，帝亲行拜祭。

魏旧制，每岁祀天于西郊，魏主与公卿从二千余骑，戎服绕坛，谓之踏坛。明日，复戎服登坛致祀，已又绕坛，谓之绕天。三月，癸酉，诏尽省之。

辛巳，魏以高丽王云为督辽海诸军事、辽东公、高句丽王，诏云遣其世子入朝。云辞以疾，遣其从叔升干随使者诣平城。

夏，四月，丁亥朔，魏班新《律令》，大赦。

辛丑，豫章文献王嶷卒，赠假黄钺、都督中外诸军事、丞相，丧礼皆如汉东平献王故事。嶷性仁谨廉俭，不以财贿为事。斋库失火，烧荆州还资，评直三千余万，主局各杖数十而已。疾笃，遗令诸子曰："才有优劣，位有通塞，运有贫富，此自然之理，无足以相陵侮也。"上哀痛特甚，久之，语及嶷，犹欷歔流涕。嶷卒之日，第库无见钱，上敕月给嶷第钱百万。终上之世乃省。

（以上为第十四段，写北魏解决王公满天飞问题，降王为公，降公为侯；进一步规范祭祀活动；南齐大臣萧嶷一生仁谨廉俭，淡漠钱财，兄弟友爱，实为楷模。）

五月，己巳，以竟陵王子良为扬州刺史。

魏文明太后之丧，使人告于吐谷浑。吐谷浑王伏连筹拜命不恭，群臣请讨之，魏主不许。又请还其贡物。帝曰："贡物乃人臣之礼。今而不受，是弃绝之，彼虽欲自新，其路无由矣。"因命归洮阳、泥和之俘。

布诏书以后改为在每季度的第一个月中，选择吉祥的日子祭祀。

齐武帝任命竟陵王萧子良兼任尚书令。

魏孝文帝下令拆毁太华殿，改建太极殿。二月初二日戊子，迁居到永乐宫，任命尚书李冲兼任将作大匠，和司空穆亮一同主持建筑工程事务。

二月初五日辛卯，北魏废除寒食节祭祀祖先的仪式。

二月初八日甲午，魏孝文帝开始在平城东郊主持祭日仪式。从此以后，无论是祭日仪式，还是祭月仪式，都亲自主持。

二月十一日丁酉，魏孝文帝颁布诏书在平阳祭祀尧帝，在广宁祭祀舜帝，在安邑祭祀大禹，在洛阳祭祀周公，由牧守主持进行。至于宣尼庙的祭礼，则要在中书省举行。二月二十一日丁未，将孔子的谥号宣尼改称为文圣尼父，孝文帝亲自祭拜。

北魏旧制度规定，每年在平城西郊祭祀天神，皇帝和各公卿率领两千多骑兵，穿上武装，环绕祭坛进行祭祀，称为踏坛。第二天，再次穿上武装，登上祭坛开始祭天，祭过之后，再次环绕祭坛行走，称为绕天。三月十七日癸酉，颁布诏书将这些活动全部免去。

三月二十五日辛巳，北魏任命高句丽王高云为督辽海诸军事、辽东公、高句丽王。诏令高云派他的世子到北魏平城朝见，高云以有病为借口加以推辞，而派堂叔高升干随同使节前往平城。

夏季，四月初一日丁亥朔，北魏朝廷颁布新修订的律令，大赦天下。

四月十五日辛丑，豫章文献王萧嶷去世，追赠萧嶷假黄钺和都督中外诸军事、丞相，丧礼规模仪式，完全和汉东平献王刘苍的一样。萧嶷生性仁善、恭谨、廉洁、节俭，不把金钱财产当回事。家里库房发生火灾时，将从荆州带回的资产全都烧光了，当时估计约有三千多万，但是，他最后不过责打了库房负责人各几十棍而已。他病得厉害时，遗言与他的几个儿子："才能，有优劣好坏之分；官位，有亨通受阻之分；运气，有贫穷富足之分，这是自然而然的道理，你们还不足以仗势欺人。"萧嶷去世，齐武帝万分伤心，直到很久以后，一提起萧嶷，还是抽泣流泪。萧嶷去世那天，他家里没有现钱，齐武帝下令每月接济萧嶷家一百万钱，直到齐武帝去世，这种接济才停止。

五月十四日己巳，任命竟陵王萧子良为扬州刺史。

北魏冯太后去世时，派使节前往吐谷浑汗国报丧。吐谷浑可汗慕容伏连筹在接受北魏报丧的消息时，态度不恭谨，因此，文武百官请求孝文帝出兵讨伐，魏孝文帝没有批准。文武百官又请求将吐谷浑汗国进贡的东西退还回去。孝文帝说："进贡物品是作为臣属应该具有的礼节。如今不接受，这是断绝关系，他们虽然打算改过

秋，七月，庚申，吐谷浑遣其世子贺虏头入朝于魏。诏以伏连筹为都督西垂诸军事、西海公、吐谷浑王，遣兼员外散骑常侍张礼使于吐谷浑。伏连筹谓礼曰："曩者，宕昌常自称名而见谓为大王，今忽称仆，又拘执使人；欲使偏师往问，何如？"礼曰："君与宕昌皆为魏藩，比辄兴兵攻之，殊违臣节。离京师之日，宰辅有言，以为君能自知其过，则藩业可保；若其不悛，祸难将至矣。"伏连筹默然。

甲戌，魏遣兼员外散骑常侍广平宋弁等来聘。及还，魏主问弁："江南何如？"弁曰："萧氏父子无大功于天下，既以逆取，不能顺守；政令苛碎，赋役繁重；朝无股肱之臣，野有愁怨之民，其得没身幸矣，非贻厥孙谋之道也。"

（以上为第十五段，写北魏与吐谷浑、南齐的外交关系，派使者出使吐谷浑，告诫其要遵守藩属礼节；出使南齐，窥探虚实，一针见血地指出南齐的国运不长。）

八月，乙未，魏以怀朔镇将阳平王颐、镇北大将军陆叡皆为都督，督十二将，步骑十万，分为三道以击柔然：中道出黑山，东道趣士卢河，西道趣侯延河。军过大碛，大破柔然而还。

初，柔然伏名敦可汗与其叔父那盖分道击高车阿伏至罗，伏名敦屡败，那盖屡胜。国人以那盖为得天助，乃杀伏名敦而立那盖，号候其伏代库者可汗，改元太安。

魏司徒尉元、大鸿胪卿游明根累表请老，魏主许之。引见，赐元玄冠、素衣。明根委貌、青纱单衣，及被服杂物等而遣之。魏主亲养三老、五更于明堂。己酉，诏以元为三老，明根为五更。帝再拜三老，亲袒割牲，执爵而馈；肃拜五更，且乞言焉，元、明根劝以孝友化民。又养庶老、国老于阶下。礼毕，各赐元、明根以步挽车及衣服，禄三老以上公，五更以元卿。

（以上为第十六段，写北魏孝文帝拓跋宏为司徒尉元、大鸿胪游明根举行隆重的退休仪式，尊为三老、五更，亲自拜揖，咨询治国方略，提倡以礼仪教化天下。）

自新，也无路可走了。”下令，将在洮阳、泥和俘获的人全部还给吐谷浑汗国。

秋季，七月初六日庚申，吐谷浑可汗慕容伏连筹派他的世子慕容贺虏头到北魏朝廷晋见。颁布诏书任命慕容伏连筹为都督西垂诸军事、西海公、吐谷浑王，并派遣兼员外散骑常侍张礼出使吐谷浑汗国。慕容伏连筹对张礼说：“以前，宕昌王经常是自称名字，而称呼我为‘大王’。现今，却突然自称‘仆’，而且又拘捕了我派去的使节，我打算派一支军队前去宕昌询问一下，怎么样呢？”张礼说：“您和宕昌王都是魏的藩属，如果动不动就要出兵攻击，实在是违反了做藩属的礼节。在我离开平城那天，宰辅有话说，认为您如果能自知自己的过错，您作为吐谷浑可汗的大业就可以继续保存下去；如果您不改正错误的话，大祸灾难将会降临到您的头上。”慕容伏连筹没有说话。

七月二十日甲戌，北魏派遣兼员外散骑常侍、广平人宋弁等前来访问。宋弁等人回国后，魏孝文帝问宋弁说：“江南怎么样呢？”宋弁回答说：“萧家父子对国家没有大的贡献，既然是用不正当的手段获取的政权，那么，当然不能用顺应人心的政策来保守。政令苛刻而琐碎，赋税差役繁多而沉重。朝廷内没有德高望重可做柱石的大臣，田野上却充满了哀愁怨愤的老百姓。萧赜的这些做法，能使皇位保持到自己身死那一天就是幸运的了，不可能传给他的子孙。”

八月十一日乙未，北魏任命怀朔镇将、阳平王拓跋颐以及镇北大将军陆叡同时担任都督，督统十二位大将，十万名步兵、骑兵，分兵三路，袭击柔然汗国。中路大军出于黑山，东路大军直接进攻士卢河，西路大军奔向侯延河。魏军渡过大沙漠，大败柔然军队后返回。

当初，柔然汗国伏名敦可汗和他的叔父郁久闾那盖，分头袭击高车王阿伏至罗，但伏名敦屡战屡败，而那盖屡战屡胜。柔然汗国的百姓认为那盖得到了上天的帮助，于是，就杀死了伏名敦，立那盖为可汗，称他为候其伏代库者可汗，改年号为太安。

北魏司徒尉元和大鸿胪卿游明根多次上书其因年事已高请求辞职，魏孝文帝批准了二人的请求。接见他们，把黑色的冠帽和白色的衣服赏赐给尉元，把委貌冠帽和青纱单衣赏赐给游明根，同时，又给了二人被褥行李等其他物品，让他们回家养老。魏孝文帝在明堂亲自供养三老、五更。八月二十五日己酉，颁布诏书任命尉元为三老，游明根为五更。孝文帝向三老尉元叩拜两次，亲自挽袖露臂，切割祭肉，举起酒杯向他敬酒。向五更游明根一揖，请求对国家大事发表意见，尉元和游明根建议用孝敬父母、友爱兄弟之道教化百姓。然后，又在台阶下主持了敬老仪式，向庶老和国老行礼致敬。行礼结束后，分别赏赐了尉元和游明根步挽车和衣服。将上公的禄位授予三老，元卿的禄位授予五更。

九月，甲寅，魏主序昭穆于明堂，祀文明太后于玄室。

辛未，魏主以文明太后再期，哭于永固陵左，终日不辍声，凡二日不食。甲戌，辞陵，还永乐宫。

武兴氐王杨集始寇汉中，至白马。梁州刺史阴智伯遣军主桓卢奴、阴冲昌等击破之，俘斩数千人。集始走还武兴，请降于魏。辛巳，入朝于魏。魏以集始为南秦州刺史、汉中郡侯、武兴王。

冬，十月，甲午，上殷祭太庙。

庚戌，魏以安定王休为大司马，特进冯诞为司徒。诞，熙之子也。

魏太极殿成。

十二月，司徒参军萧琛、范云聘于魏。魏主甚重齐人，亲与谈论。顾谓群臣曰："江南多好臣。"侍臣李元凯对曰："江南多好臣，岁一易主；江北无好臣，百年一易主。"魏主甚惭。

上使太子家令沈约撰《宋书》，疑立《袁粲传》，审之于上。上曰："袁粲自是宋室忠臣。"约又多载宋世祖、太宗诸鄙渎事。上曰："孝武事迹，不容顿尔。我昔经事明帝，卿可思讳恶之义。"于是多所删除。

是岁，林邑王范阳迈之孙诸农，帅种人攻范当根纯，复得其国。诏以诸农为都督缘海诸军事、林邑王。

魏南阳公郑羲与李冲婚姻，冲引为中书令。出为西兖州刺史，在州贪鄙。文明太后为魏主纳其女为嫔，征为秘书监。及卒，尚书奏谥曰宣。诏曰："盖棺定谥，激扬清浊。故何曾虽孝，良史载其缪丑；贾充有劳，直士谓之'荒公'。羲虽宿有文业，而治阙廉清。尚书何乃情违至公，愆违明典！依《谥法》：博闻多见曰文；不勤成名曰灵。可赠以本官，加谥文灵。"

（以上为第十七段，写南齐沈约撰写《宋书》，武帝萧赜要求遵从为尊者讳的古训；北魏按照中原的习俗议定谥号，孝文帝拓跋宏主张盖棺定谥，要激扬清浊。）

九月初一日甲寅，魏孝文帝在明堂排定祖先牌位顺序，在北堂祭祀了文明太后。

九月十八日辛未，魏孝文帝因为这天是冯太后去世二周年的祭日，哭于永固陵西侧，哭声整天不断，一连两天没有吃饭。九月二十一日甲戌，才辞别陵地，返回永乐宫。

武兴氐王杨集始进犯汉中，抵达白马戍。梁州刺史阴智伯派军主桓卢奴、阴冲昌等人击破杨集始，俘虏及斩杀几千名将士。杨集始逃回武兴，向北魏请求投降。九月二十八日辛巳，杨集始朝见，北魏任命杨集始为南秦州刺史、汉中郡侯、武兴王。

冬季，十月十一日甲午，齐武帝在太庙举行大规模祭祀活动。

十月二十七日庚戌，北魏任命安定王拓跋休为大司马，特进冯诞为司徒。冯诞是冯熙的儿子。

北魏太极殿建成。

十二月，南齐司徒参军萧琛、范云出使北魏。魏孝文帝对南齐来人非常尊重，亲自和他们谈话，回头对身边的文武百官说："江南有很多优秀的官员。"侍臣李元凯对答说："江南有很多优秀的官员，但每年更换一次帝王；江北没有优秀的官员，但一百年左右才换一次帝王。"魏孝文帝非常惭愧。

齐武帝命令太子家令沈约撰写《宋书》，沈约不能确定是否写《袁粲传》，请求齐武帝决定。齐武帝说："袁粲当然是宋室的忠臣。"沈约又记载了宋世祖和太宗许多鄙陋、轻慢等一类丑事。齐武帝说："孝武的事情，不能这么写。我服侍明帝，你应该想到为尊者讳的《春秋》大义。"于是删去了很多。

这一年，林邑王范阳迈的孙子范诸农，率领自己部落的人进攻范当根纯，夺回国土。任命范诸农为都督缘海诸军事、林邑王。

北魏南阳公郑羲与李冲结成姻亲，推荐李冲任中书令。郑羲出任西兖州刺史，贪婪卑鄙。文明太后曾为孝文帝纳娶郑羲的女儿为妃嫔，所以又把他调回秘书监。去世时，尚书上奏追谥他为宣，颁布诏书说："盖上棺材后决定谥号，激清扬浊。昔时的何曾虽然孝顺，但优秀的史官们却把他称为'缪丑'；贾充对国家有功劳，但正直的人却称他为'荒公'。郑羲虽然在文学上很有造诣，但为政时却缺少廉洁清白。尚书怎么能这样只顾人情，而违背公理，触犯国家圣明的典章呢！《谥法》说：见多识广叫作文，不辛勤劳苦却有名声叫作灵。可以追赠他临终前的官职秘书监，追加谥号为文灵。"

【点评】

北魏孝文帝成功的渐进改革。本卷写北魏进一步推行改革，反映了其向大处着眼，从小处着手的特点，从一些小的容易被接受的地方开始改革，从细节改变向制度性变化推进。比如旧有的制度规定，文武百官在深冬时节朝贺时，要穿便于骑乘的短袄短裤前来，一般称为“小岁”，这是明显的鲜卑人习俗。颁布诏书废除这一制度，仅仅是改变服饰，阻力就会比较小。再如选拔设置乐官整理音乐，这也是从无到有的，向着文明的更高层次社会形态的推进。再如，孝文帝为司徒尉元和大鸿胪卿游明根举行隆重的退休仪式，便是以礼仪教化天下。礼仪是文明社会的习惯，逐步建立这种新的制度，有助于全社会扶老尊老风气的形成。孝文帝所推行的改革往往从身边的人做起，比如为了不任人唯亲，就从亲戚开始，他接见舅父家的李安祖等四人，对他们说：“你们的先人，当年曾两次犯罪。君王设立官职，是要任用贤能、有才干的人，因为皇亲国戚而被推举做官，是末朝乱世才有的情况。你们没有什么特别的才能，暂且可以回乡。从此以后，凡是皇亲国戚没有才能的人，都要照此办理。”以后，将四人的爵位降为伯，撤销将军的名号。在亲人那里做到了，在其他人那里就容易施行了，向全国推动就会从风而靡。

·文白对照本·

资治通鉴

（全十八册）

第九册

卷第一百三十八至卷第一百五十七（齐纪四至梁纪十三）

（宋）司马光　编著
张大可　语译

商务印书馆
创于1897 The Commercial Press

第九册目录

卷第一百三十八　齐纪四
齐武帝永明十一年（493 年）………… 4985

卷第一百三十九　齐纪五
齐明帝建武元年（494 年）………… 5007

卷第一百四十　齐纪六
齐明帝建武二年至三年（495—496 年）………… 5045

卷第一百四十一　齐纪七
齐明帝建武四年至永泰元年（497—498 年）………… 5081

卷第一百四十二　齐纪八
齐东昏侯永元元年（499 年）………… 5113

卷第一百四十三　齐纪九
齐东昏侯永元二年（500 年）………… 5141

卷第一百四十四　齐纪十
齐和帝中兴元年（501 年）………… 5165

卷第一百四十五　梁纪一
梁武帝天监元年至三年（502—504 年）………… 5201

卷第一百四十六　梁纪二
梁武帝天监四年至六年（505—507 年）………… 5239

卷第一百四十七　梁纪三
梁武帝天监七年至十三年（508—514 年）…… 5271
卷第一百四十八　梁纪四
梁武帝天监十四年至十七年（515—518 年）…… 5305
卷第一百四十九　梁纪五
梁武帝天监十八年至普通四年（519—523 年）…… 5341
卷第一百五十　梁纪六
梁武帝普通五年至六年（524—525 年）…… 5377
卷第一百五十一　梁纪七
梁武帝普通七年至大通元年（526—527 年）…… 5413
卷第一百五十二　梁纪八
梁武帝大通二年（528 年）…… 5439
卷第一百五十三　梁纪九
梁武帝中大通元年（529 年）…… 5465
卷第一百五十四　梁纪十
梁武帝中大通二年（530 年）…… 5485
卷第一百五十五　梁纪十一
梁武帝中大通三年至四年（531—532 年）…… 5517
卷第一百五十六　梁纪十二
梁武帝中大通五年至六年（533—534 年）…… 5553
卷第一百五十七　梁纪十三
梁武帝大同元年至三年（535—537 年）…… 5587

齐纪四

齐武帝永明十一年（493年）

【昭阳作噩（癸酉，493年），凡一年】

【大事提要】

本卷仅记公元493年一年的史事，当齐武帝永明十一年。本卷所载大事，南朝齐大事一件。齐武帝立南郡王萧昭业为皇太孙，太子宫内的文武官属，全都改为太孙的官属。齐武帝驾崩，萧昭业登基。北朝北魏的大事有三件。其一，是经过了反复的争论，确定了迁都洛阳的大事。其二，孝文帝命令穆亮和尚书李冲、将作大匠董尔一起负责营建新都洛阳。其三，孝文帝立皇子拓跋恂为太子，下令实行大赦，兴筑滑台宫。

【原文】

世祖武皇帝下

永明十一年（癸酉，493 年）

春，正月，以骠骑大将军王敬则为司空，镇军大将军陈显达为江州刺史。显达自以门寒位重，每迁官，常有愧惧之色，戒其子勿以富贵陵人；而诸子多事豪侈，显达闻之，不悦。子休尚为郢府主簿，过九江。显达曰：“麈尾蝇拂，是王、谢家物，汝不须捉此！”即取于前烧之。

初，上于石头造露车三千乘，欲步道取彭城，魏人知之。刘昶数泣诉于魏主，乞处边戍，招集遗民，以雪私耻。魏主大会公卿于经武殿，以议南伐，于淮、泗间大积马刍。上闻之，以右卫将军崔慧景为豫州刺史以备之。

魏遣员外散骑侍郎邢峦等来聘。峦，颖之孙也。

丙子，文惠太子长懋卒。太子风韵甚和，上晚年好游宴，尚书曹事分送太子省之，由是威加内外。

太子性奢靡，治堂殿、园囿过于上宫，费以千万计，恐上望见之，乃傍门列修竹；凡诸服玩，率多僭侈。启于东田起小苑，使东宫将吏更番筑役，营城包巷，弥亘华远。上性虽严，多布耳目，太子所为，人莫敢以闻。上尝过太子东田，见其壮丽，大怒，收监作主帅，太子皆藏之，由是大被诮责。

又使嬖人徐文景造辇及乘舆御物。上尝幸东宫，忽忽不暇藏辇，文景乃以佛像内辇中，故上不疑。文景父陶仁谓文景曰：“我正当扫墓待丧耳！”仍移家避之。后文景竟赐死，陶仁遂不哭。

及太子卒，上履行东宫，见其服玩，大怒，敕有司随事毁除。以竟陵王子良与太子善，而不启闻，并责之。

【语译】

世祖武皇帝下

齐武帝永明十一年（癸酉，493 年）

春季，正月，南齐任命骠骑大将军王敬则为司空，镇军大将军陈显达为江州刺史。陈显达自认为出身寒门却身居显要位置，每次升官时都面带恐惧，表情羞愧，并且告诫儿子，不要依仗自己富贵尊荣而欺凌他人。但是他的儿子们追求豪华奢侈，陈显达听说后，非常不高兴。陈显达的儿子陈休尚担任郢府主簿的官职，途经九江，陈显达说："麈尾、蝇拂，这些都是王家、谢家那样的人使用的东西，你不要以风流自居。"说完，就把这些东西拿过来，当着儿子的面烧掉了。

当初，齐武帝在石头城制造了三千辆露车，打算从陆路攻取彭城。北魏得知了这一情况。刘昶多次在魏孝文帝面前哭诉，乞求派他到边界地带戍守，招收遗民，报仇雪耻。魏孝文帝在经武殿召集文武官员，讨论南伐的事情，并在淮河、泗水之间贮备了很多喂马的草料。齐武帝听说了这一消息，任命右卫将军崔慧景为豫州刺史防备北魏。

北魏派员外散骑侍郎邢峦等人来访。邢峦是邢颖的孙子。

正月二十五日丙子，南齐文惠太子萧长懋去世。萧长懋仪态风韵都很温和，齐武帝晚年喜欢游乐欢宴，就将尚书各曹的事务交给萧长懋处理，因此，萧长懋威望著称内外。

南齐太子萧长懋生性奢侈豪华，修建殿堂、花园，远远超过了齐武帝的宫殿，建筑费用以千万计算，因为害怕皇上看见，就沿着殿门，种植了一排排修长的竹子。太子的各种服饰、玩物，大多都奢侈过分。他请求在东田建造一个小林苑，让东宫的将士们轮番充当工匠，营造城墙，围住街巷，连接伸展辽远，异常华丽。齐武帝虽然性情严厉，到处都有自己的耳目，但是太子的所作所为，却没有人敢告诉他。一次，齐武帝偶然路过东田，看见那里的建筑非常壮观华丽，勃然大怒，下令逮捕监做主帅。太子听说后，把他们全都藏了起来，为此受到严厉斥责。

南齐太子又让自己宠爱的徐文景制造皇帝专用的辇车和其他专用物件。齐武帝亲临东宫，没来得及将辇车收藏起来，徐文景急中生智，就赶快把一尊佛像放在辇车里，所以皇上没有怀疑。徐文景的父亲徐陶仁曾经对徐文景说："我现今正该打扫墓地，等待为你办丧事！"徐陶仁将全家迁走避祸。后来徐文景真的被下令赐死，徐陶仁并没有哭泣。

太子去世后，齐武帝有一天步行到了东宫，看见了过去的那些奢华服饰、玩物，极为愤怒，下令有关部门随即全都毁掉。因为竟陵王萧子良平时和萧长懋关系最好，

太子素恶西昌侯鸾，尝谓子良曰："我意中殊不喜此人，不解其故，当由其福薄故也。"子良为之救解。及鸾得政，太子子孙无遗焉。

（以上为第一段，写南齐太子萧长懋的情事，长懋生性豪奢，爱好修建楼堂馆所，瞒住武帝萧赜；一直讨厌西昌侯萧鸾，种下祸根，后来萧鸾称帝，杀光其子孙。）

二月，魏主始耕藉田于平城南。

雍州刺史王奂恶宁蛮长史刘兴祖，收系狱，诬其构扇山蛮，欲为乱。敕送兴祖下建康；奂于狱中杀之，诈云自经。上大怒，遣中书舍人吕文显、直阁将军曹道刚将斋仗五百人收奂，敕镇西司马曹虎从江陵步道会襄阳。

奂子彪，素凶险，奂不能制。长史殷叡，奂之婿也，谓奂曰："曹、吕来，既不见真敕，恐为奸变，正宜录取，驰启闻耳。"奂纳之。彪辄发州兵千余人，开库配甲仗，出南堂，陈兵，闭门拒守。奂门生郑羽叩头启奂，乞出城迎台使，奂曰："我不作贼，欲先遣启自申；正恐曹、吕等小人相陵藉，故且闭门自守耳。"彪遂出，与虎军战，兵败，走归。三月，乙亥，司马黄瑶起、宁蛮长史河东裴叔业于城内起兵，攻奂，斩之，执彪及弟爽、弼、殷叡，皆伏诛。彪兄融、琛死于建康，琛弟秘书丞肃独得脱，奔魏。

夏，四月，甲午，立南郡王昭业为皇太孙，东宫文武悉改为太孙官属，以太子妃琅邪王氏为皇太孙太妃，南郡王妃何氏为皇太孙妃。妃，戢之女也。

魏太尉丕等请建中宫，戊戌，立皇后冯氏。后，熙之女也。魏主以《白虎通》云"王者不臣妻之父母"，下诏令太师上书不称臣，入朝不拜，熙固辞。

光城蛮帅征虏将军田益宗帅部落四千余户叛，降于魏。

五月，壬戌，魏主宴四庙子孙于宣文堂，亲与之齿，用家人礼。

却没有报告，因此责备萧子良。

太子萧长懋平时一直讨厌西昌侯萧鸾，曾经对萧子良说："我心里特别不喜欢这个人，不知道这是什么缘故，该是他福分浅吧。"萧子良替萧鸾解释辩白。等到后来萧鸾夺取政权后，就将太子的子孙全都杀了。

二月，魏孝文帝在城南主持扶犁耕田典礼。

雍州刺史王奂讨厌宁蛮长史刘兴祖，将刘兴祖逮捕入狱。诬陷刘兴祖勾结煽动山中蛮族，打算发动叛乱。命令王奂把刘兴祖押送到建康处理，王奂却在狱中害死了刘兴祖，谎称他是上吊自杀。齐武帝大怒，派中书舍人吕文显、直阁将军曹道刚，率领禁卫军五百人前去雍州逮捕王奂。命令镇西司马曹虎从江陵出发，在襄阳会师。

王奂的儿子王彪，平日凶狠险诈，王奂管不了。长史殷叡是王奂的女婿，对王奂说："曹道刚和吕文显来，没有看到真正的诏书，恐怕是什么阴谋诡计，正好逮捕他们，再飞马向皇帝报告。"王奂接受建议，王彪就派出一千多名雍州州府内的将士，打开武器库，给每人发放一套铠甲兵器，然后走出南堂，分配兵力，关闭城门，死守雍州城。王奂的学生郑羽，向王奂叩头，请求王奂到城外迎接朝廷派来的官员，王奂说："我没有做贼，打算遣使报告申诉。正是害怕遭到曹道刚和吕文显等奸诈小人的欺凌侮辱，因此暂时关闭城门，自我防守罢了。"王彪于是走出城门，和曹虎率领的军队作战，结果被打败，逃回城里。三月二十五日乙亥，司马黄瑶起和宁蛮长史河东人裴叔业在雍州城内发动兵变，进攻王奂，斩杀了他，逮捕了王彪及王彪的弟弟王爽、王弼和殷叡，全部斩首。王彪的哥哥王融、王琛在建康被处死，只有王琛的弟弟、秘书丞王肃得以逃脱，投奔了北魏。

夏季，四月十四日甲午，南齐立南郡王萧昭业为皇太孙，太子宫内的文武官属，全都改为太孙的官属。又封太子妃琅邪人王氏为皇太孙太妃，南郡王妃何婧英为皇太孙妃。何婧英是何戢的女儿。

北魏太尉拓跋丕等人，请求建立中宫。四月十八日戊戌，册封冯清为皇后。冯皇后是冯熙的女儿。魏孝文帝根据《白虎通》上所说"君王不可以把妻子的父母作为臣属"，颁布诏书命令太师冯熙呈递奏章时，不再称臣，进入朝廷不用叩拜，冯熙坚决辞谢。

光城蛮人首领、征虏将军田益宗率领自己部落四千多户人家反叛，向北魏投降。

五月十三日壬戌，魏孝文帝在宣文堂摆设酒席，宴请四庙的子孙，和他们在一起论年齿辈分，用对待家里人的礼节对待他们。

甲子，魏主临朝堂，引公卿以下决疑政，录囚徒。帝谓司空穆亮曰："自今朝廷政事，日中以前，卿等先自论议；日中以后，朕与卿等共决之。"

丙子，以宜都王铿为南豫州刺史。先是庐陵王子卿为南豫州刺史，之镇，道中戏部伍为水军，上闻之，大怒，杀其典签；以铿代之。子卿还第，上终身不与相见。

襄阳蛮酋雷婆思等帅户千余求内徙于魏，魏人处之沔北。

（以上为第二段，写南齐雍州刺史王奂擅杀宁蛮长史刘兴祖，导致全家被杀；庐陵王萧子卿为南豫州刺史，在上任途中，将部属扮作水军取乐，被撤职遣回。）

魏主以平城地寒，六月雨雪，风沙常起，将迁都洛阳；恐群臣不从，乃议大举伐齐，欲以胁众。斋于明堂左个，使太常卿王谌筮之，遇《革》，帝曰："'汤、武革命，应乎天而顺乎人。'吉孰大焉！"群臣莫敢言。尚书任城王澄曰："陛下奕叶重光，帝有中土；今出师以征未服，而得汤、武革命之象，未为全吉也。"帝厉声曰："繇云：'大人虎变。'何言不吉！"澄曰："陛下龙兴已久，何得今乃虎变！"帝作色曰："社稷，我之社稷，任城欲沮众邪！"澄曰："社稷虽为陛下之有，臣为社稷之臣，安可知危而不言！"帝久之乃解，曰："各言其志，夫亦何伤！"

既还宫，召澄入见，逆谓之曰："向者《革卦》，今当更与卿论之。明堂之忿，恐人人竞言，沮我大计，故以声色怖文武耳，想识朕意。"因屏人谓澄曰："今日之举，诚为不易。但国家兴自朔土，徙居平城，此乃用武之地，非可文治。今将移风易俗，其道诚难，朕欲因此迁宅中原，卿以为何如？"澄曰："陛下欲卜宅中土以经略四海，此周、汉所以兴隆也。"帝曰："北人习常恋故，必将惊扰，奈何？"澄曰："非常之事，故非常人之所及。陛下断自圣心，彼亦何所能为！"帝曰："任城，吾之子房也！"

五月十五日甲子，魏孝文帝来到金銮殿，接见公卿以下官员，裁决政务上疑难，录决囚徒。孝文帝说："自今向后，朝廷大事，在中午以前，由你们自己先商量讨论，中午过后，朕和你们一块儿讨论裁决。"

五月二十七日丙子，齐武帝任命宜都王萧铿为南豫州刺史。在这之前，曾任命庐陵王萧子卿为南豫州刺史，但萧子卿在前往任所的途中，把自己率领的军队假扮成水军模样取乐，齐武帝听说后大怒，下令杀了萧子卿的典签，又另派萧铿前去接替。萧子卿返回自己的家里，齐武帝直到他去世，也不和他相见。

襄阳蛮酋长雷婆思等人，率领一千多户居民向北魏投降，请求迁移到北魏境内居住，北魏安置在沔水以北。

魏孝文帝因为平城气候寒冷，夏季六月时还在下雪，常起风沙，所以，准备把都城迁到洛阳。担心文武官员不同意，于是，提议大规模进攻南齐，打算以这种名义胁迫大家。在明堂南厢东边的偏殿斋戒之后，让太常卿王谌占卜，得到"革卦"，孝文帝说："'商汤王和周武王革命，顺应上天之命，符合百姓之心。'没有比这更吉祥的了。"文武官员没有人敢说什么。尚书、任城王拓跋澄说："陛下继承几代累积下来的大业，并使之发扬光大，拥有了中原土地，而如今却要讨伐还没有臣服的对象，得到了商汤王和周武王变革的象辞，恐怕这并不全是吉利。"孝文帝严厉地说："爻辞说：'大人物如老虎一样地变革。'你为什么要说这不吉利呢？"拓跋澄说："陛下作为飞龙兴起很久了，怎么到今天才如同老虎一样地变革？"孝文帝发怒说："社稷是我的社稷，任城王打算要大家灰心失望吗？"拓跋澄说："社稷虽然是陛下所有，而我是社稷的臣属，怎么可以明知危险而不说出来呢？"孝文帝过了很长时间才缓和了气色，说："每个人说出自己的看法，这又有什么关系！"

回到皇宫，孝文帝立刻召见拓跋澄，劈头就说："刚才关于'革卦'的事，现今要进一步和你讨论一下。在明堂上，我之所以大发脾气，是因为害怕大家争先恐后地发言，破坏了我的大计，所以声色俱厉，以此吓唬那些文武官员罢了。想你会了解朕的用心。"于是命令左右侍从退下，对拓跋澄说："今天我所要做的这件事，确实是很不容易的。我们国家是在北方疆土上建立起来的，后来又迁都到平城。平城只是用武力开疆拓土的地方，而不宜进行文治教化。现今，我打算进行改变风俗习惯的重大变革，这条路走起来确实困难，朕只是想利用大军南下征伐的声势，将京都迁到中原，你认为怎么样？"拓跋澄说："陛下打算把京都迁到中原，用以扩大疆土，征服四海，这一想法也正是以前周王朝和汉王朝兴盛不衰的原因。"孝文帝说："北方人习惯往常留恋故旧，一定会惊恐骚动起来，怎么办？"拓跋澄回答说："非常的事，原来就不是平常的人所能做得了的。陛下的决断，是出自圣明的内心，他

六月，丙戌，命作河桥，欲以济师。秘书监卢渊上表，以为："前代承平之主，未尝亲御六军，决胜行陈之间；岂非胜之不足为武，不胜有亏威望乎！昔魏武以弊卒一万破袁绍，谢玄以步兵三千摧苻秦，胜负之变，决于须臾，不在众寡也。"诏报曰："承平之主，所以不亲戎事，或以同轨无敌，或以懦劣偷安。今谓之同轨则未然，比之懦劣则可耻，必若王者不当亲戎，则先王制革辂，何所施也？魏武之胜，盖由仗顺；苻氏之败，亦由失政，岂寡必能胜众，弱必能制强邪！"丁未，魏主讲武，命尚书李冲典武选。

建康僧法智与徐州民周盘龙等作乱，夜，攻徐州城，入之，刺史王玄邈讨诛之。

秋，七月，癸丑，魏立皇子恂为太子。

戊午，魏中外戒严，发露布及移书，称当南伐。诏发扬、徐州民丁，广设召募以备之。

（以上为第三段，写北魏孝文帝拓跋宏志欲迁都洛阳，阻力重重，便以南伐为名，得到任城王拓跋澄的大力支持；于是，为南下作准备，建桥渡河，讲武选将。）

中书郎王融，自恃人地，三十内望为公辅。尝夜直省中，抚案叹曰："为尔寂寂，邓禹笑人！"行逢朱雀桁开，喧湫不得进，捶车壁叹曰："车前无八驺，何得称丈夫！"竟陵王子良爱其文学，特亲厚之。

融见上有北伐之志，数上书奖劝，因大习骑射。及魏将入寇，子良于东府募兵，版融宁朔将军，使典其事。融倾意招纳，得江西伧楚数百人，并有干用。

会上不豫，诏子良甲仗入延昌殿侍医药，子良以萧衍、范云等皆为帐内军主。戊辰，遣江州刺史陈显达镇樊城。上虑朝野忧遑，力疾召乐府奏正声伎。子良日夜在内，太孙间日参承。

们又能有什么办法呢？”孝文帝说：“任城王真是我的子房呀！”

六月初七日丙戌，魏孝文帝下令在黄河上修筑大桥，准备让南下大军由桥上渡过黄河。秘书监卢渊上书认为：“以前太平时代的君主，从来没有亲自统率六军，决战双方交战阵地上，还不是因为胜利了并不足以显示英武，而失败了则会亏损威望吗？以前，魏武帝曹操以一万名疲惫不堪的士卒打败了袁绍，谢玄率领三千名步兵，摧毁了苻坚，胜利与失败的变化，决定于须臾之间，而不在于人数多少。”颁布诏书回应说：“太平时代的君主，之所以不亲自统率军队作战，有的是因为天下已经统一，不再存在敌人；有的是因为懦弱卑怯，苟且偷安。现今说是天下已经统一还不尽然；比之于懦弱卑劣则可耻。如果君主一定不应该亲自统率军队作战，那么，古代的君王特别制造的革车，又有什么用呢？曹操之所以能取得胜利，是因为依仗名正言顺。苻坚之所以失败，其根源也是由于他失去内政。岂是人数少就一定能战胜人数多，力量弱就一定能战胜力量强的吗？”六月二十八日丁未，魏孝文帝讲论武事，命令尚书李冲负责选拔将官。

建康僧人法智和徐州平民周盘龙等人发动叛乱，乘夜进攻徐州城，突入城中。徐州刺史王玄邈率军讨伐，杀了法智和周盘龙。

秋季，七月初五日癸丑，北魏立皇子拓跋恂为太子。

七月十日戊午，北魏实行戒严管制，发表正式文告，并将文告转交各地，宣称要南伐。齐武帝立刻颁布诏书，发动扬州、徐州男子入伍，同时在各地大肆征兵买马，用以防备北魏大军的入侵。

中书郎王融自认为其才能和门第很高，不到三十岁就打算做公辅。有一次在宫中值夜，手抚桌子叹息说：“竟然孤寂到如此地步，被邓禹所耻笑啊！”有一次出行，正赶上朱雀桥打开浮桥，行人车马不能前进，喧闹拥挤，王融就用手捶打车厢，叹息说：“车前没有八个骑兵开道，怎么能称得上是大丈夫！”竟陵王萧子良喜爱王融的文才，所以，对他特别优待亲热。

王融发现齐武帝有北上征伐的意思，多次上书鼓动催促，并努力学习骑马射箭。魏军即将前来时，萧子良就在东府开始招兵买马，任命王融为宁朔将军，让他主持事务。王融很用心地招收人马，召集了几百名江西古楚国地区的武人，都很有才干。

正遇到齐武帝身体不舒服，命令萧子良全副武装去延昌殿服侍医药。萧子良就任命萧衍、范云等人都担任帐内军主。七月二十日戊辰，派江州刺史陈显达镇守樊城。齐武帝顾虑引起朝廷内和民间的担忧恐惧，所以强挺着，征召皇家乐队进宫演奏正统雅乐。萧子良日夜守在禁宫，皇太孙萧昭业每隔一天就要进来问安、侍奉。

戊寅，上疾亟，暂绝；太孙未入，内外惶惧，百僚皆已变服。王融欲矫诏立子良，诏草已立。萧衍谓范云曰：“道路籍籍，皆云将有非常之举。王元长非济世才，视其败也。”云曰：“忧国家者，惟有王中书耳。”衍曰：“忧国，欲为周、召邪，欲为竖刁邪？”云不敢答。及太孙来，王融戎服绛衫，于中书省阁口断东宫仗不得进。顷之，上复苏，问太孙所在，因召东宫器甲皆入，以朝事委尚书左仆射西昌侯鸾。俄而上殂，融处分以子良兵禁诸门。鸾闻之，急驰至云龙门，不得进，鸾曰：“有敕召我！”排之而入，奉太孙登殿，命左右扶出子良，指麾部署，音响如钟，殿中无不从命。融知不遂，释服还省，叹曰：“公误我！”由是，郁林王深怨之。

遗诏曰：“太孙进德日茂，社稷有寄。子良善相毗辅，思弘治道，内外众事，无大小悉与鸾参怀，共下意！尚书中事，职务根本，悉委右仆射王晏、吏部尚书徐孝嗣；军旅之略，委王敬则、陈显达、王广之、王玄邈、沈文季、张瓌、薛渊等。”

世祖留心政事，务总大体，严明有断，郡县久于其职，长吏犯法，封刃行诛。故永明之世，百姓丰乐，贼盗屏息。然颇好游宴，华靡之事，常言恨之，未能顿遣。

（以上为第四段，写南齐武帝萧赜去世，宁朔将军王融依附竟陵王萧子良，欲推戴子良为帝，事与愿违；皇太孙萧昭业即位，西昌侯萧鸾临机处置朝廷的政务。）

郁林王之未立也，众皆疑立子良，口语喧腾。武陵王晔于众中大言曰：“若立长，则应在我；立嫡，则应在太孙。”由是帝深凭赖之。直阁周奉叔、曹道刚素为帝心膂，并使监殿中直卫；少日，复以道刚为黄门郎。

初，西昌侯鸾为太祖所爱，鸾性俭素，车服仪从，同于素士，所居官名为严能，故世祖亦重之。世祖遗诏，使竟陵王子良辅政，鸾知尚书事。子良素仁厚，不乐世务，乃更推鸾，故遗诏云“事无大小，悉与鸾

七月三十日戊寅，齐武帝病势加重，一时气绝。皇太孙萧昭业还没有入宫，内外惶恐不安，文武百官都改穿了丧服。王融打算假传圣旨，命萧子良继承皇位，已将诏书草稿写好。萧衍对范云说："民间已是议论纷纷，都说宫内可能要发生非常的情况。王融并不是治理国家的人才，可以看着要出事了。"范云说："忧国忧民的人，也只有王中书了。"萧衍说："忧国忧民，是想要当周公、召公呢，还是想当齐桓公死后的竖刁呢？"范云不敢回答。等到萧昭业入宫，王融已是全副武装，穿着红色战服，站在中书省厅前要道，截住东宫卫队不让进人。一会儿，齐武帝醒转过来，问皇太孙在哪里，于是召东宫卫队全部入宫，把国家大事全部托付给了尚书左仆射西昌侯萧鸾。不一会儿，齐武帝就去世了。王融紧急布置，命令萧子良的军队禁绝宫城各门。萧鸾得到消息，上马飞奔到云龙门，不能进去，萧鸾说："皇上诏令召见我！"推开卫士，直接闯了进去，侍奉皇太孙萧昭业登殿，命令左右把萧子良搀扶出金銮殿。萧鸾指挥和安排警卫戒备，声音洪亮如钟，殿内所有的官员侍从，没有一个不听从他的命令的。王融知道自己的计划不能实现，也就只好脱下战服，返回中书省，叹息着说："公耽误了我。"从此以后，郁林王对王融深为怨恨。

齐武帝遗诏说："皇太孙的品德修养一天比一天有成就，国家也有所寄托。萧子良要努力尽心辅佐，考虑弘大治理之道，内外各种事情，无论是大是小，都要和萧鸾一起商量裁决，一起提出意见。尚书省的事务，是政务的根本；将它全都交给右仆射王晏、吏部尚书徐孝嗣处理。军事方面的大计，委托给王敬则、陈显达、王广之、王玄邈、沈文季、张瓌、薛渊等人。"

齐武帝在世时，对国家政治事务十分用心，总揽全局，严明果断，郡守县令长期任职，长官触犯法令，就封缄钢刀执行诛杀。所以，在永明时代，老百姓生活富足，祥和安乐，盗贼不敢横行。不过，齐武帝喜欢游乐饮宴，对于奢华糜烂的生活，齐武帝经常说很痛恨，但是他自己也并没有及时改掉喜好游宴的毛病。

郁林王萧昭业还没有登基即位时，大家都怀疑可能要册立萧子良，传言沸腾。武陵王萧晔曾经在大庭广众之下大声说："如果选择辈分高的继承王位，就应该是我；如果选择嫡系继承王位，那么，就应该是皇太孙。"为此，郁林王对萧晔深加信赖。直阁将军周奉叔和曹道刚二人，平时就是皇帝的心腹，命令二人同时主管殿中值班宿卫。过了几天，又任命曹道刚为黄门郎。

当初，西昌侯萧鸾深受齐高帝的宠爱，萧鸾生性节俭朴素，他所乘坐的车马、所穿的衣服，以及仪仗随从，和平常人家一样。所担任的官职号称严厉能干，所以齐武帝对他也很重视。齐武帝遗诏让竟陵王萧子良辅政，萧鸾任知尚书事。萧子良

参怀”，子良之志也。

帝少养于子良妃袁氏，慈爱甚著。及王融有谋，遂深忌子良。大行出太极殿，子良居中书省，帝使虎贲中郎将潘敞领二百人仗屯太极殿西阶以防之。既成服，诸王皆出，子良乞停至山陵，不许。

壬午，称遗诏，以武陵王晔为卫将军，与征南大将军陈显达并开府仪同三司；尚书左仆射、西昌侯鸾为尚书令；太孙詹事沈文季为护军。癸未，以竟陵王子良为太傅；蠲除三调及众逋，省御府及无用池田、邸冶，减关市征税。先是，蠲原之诏，多无事实，督责如故。是时西昌侯鸾知政，恩信两行，众皆悦之。

（以上为第五段，写皇太孙萧昭业继任皇帝后，排挤竟陵王萧子良，让其赋闲；假借遗诏，重用亲信；以西昌侯萧鸾为尚书令，统领朝政，恩信并施。）

魏山阳景桓公尉元卒。

魏主使录尚书事广陵王羽持节安抚六镇，发其突骑。丁亥，魏主辞永固陵；己丑，发平城，南伐，步骑三十余万；使太尉丕与广陵王羽留守平城，并加使持节。羽曰：“太尉宜专节度，臣正可为副。”魏主曰：“老者之智，少者之决，汝无辞也。”以河南王幹为车骑大将军、都督关右诸军事，又以司空穆亮、安南将军卢渊、平南将军薛胤皆为幹副，众合七万出子午谷。胤，辩之曾孙也。

郁林王性辩慧，美容止，善应对，哀乐过人，世祖由是爱之。而矫情饰诈，阴怀鄙慝，与左右群小共衣食，同卧起。

始为南郡王，从竟陵王子良在西州，文惠太子每禁其起居，节其用度。王密就富人求钱，无敢不与。别作钥钩，夜开西州后阁，与左右至诸营署中淫宴。师史仁祖、侍书胡天翼相谓曰：“若言之二宫，则其事未易；若于营署为异人所殴及犬物所伤，岂直罪止一身，亦当尽室及祸。年各七十，余生岂足吝邪！”数日间，二人相继自杀，二宫不知也。所爱左右，皆逆加官爵，疏于黄纸，使囊盛带之，许南面之日，依此施行。

平素仁义宽厚，不喜欢处理朝廷各种事务，于是，就特别推荐萧鸾。所以遗诏上说“内外各种事情，无论是大是小，都要和萧鸾一起商量裁决，一起提出意见”，这是萧子良的想法。

郁林王萧昭业从小由萧子良的妃子袁氏抚养，非常慈爱关心。王融有阴谋以后，皇帝对萧子良也就深为忌恨。大行皇帝的遗体移到太极殿时，萧子良住在中书省，皇帝就派虎贲中郎将潘敞率领二百名士卒驻守在太极殿西阶，严防不测。等到遗体入殓，各位亲王都走出宫中后，萧子良请求能允许他在这儿等到下葬那天再离开，未被应允。

八月初四日壬午，郁林王萧昭业声称奉齐武帝的遗诏，任命武陵王萧晔为卫将军，和征南大将军陈显达一同为开府仪同三司，尚书左仆射西昌侯萧鸾为尚书令，太孙詹事沈文季为护军。八月初五日癸未，又任命竟陵王萧子良为太傅。下令免除三种征调，对以前所欠的赋税也一律免除。减省皇室各府、署和不使用的田庄、水池、宅第、冶炼铸造场，减少关卡税收。在这以前，虽然也有免除赋税的诏令，但没有形成事实，还像以前一样严加征收。现今，西昌侯萧鸾当权执政，恩德和信用一同实施，大家都非常高兴。

北魏山阳景桓公尉元去世。

魏孝文帝派录尚书事、广陵王拓跋羽，手持皇帝的符节前去安抚六镇，并征调六镇的突击骑兵。八月初九日丁亥，孝文帝叩别永固陵。八月十一日己丑，从平城出发，大规模向南征伐，步兵、骑兵三十多万。命令太尉拓跋丕和广陵王拓跋羽留在平城镇守，并加授使持节。拓跋羽说：“太尉最好全权负责管理，臣可以做他的副手。”魏孝文帝说：“年纪大的人有智慧，年纪轻的人决断，你不要推辞了。”任命河南王拓跋幹为车骑大将军、都督关右诸军事，司空穆亮、安南将军卢渊、平南将军薛胤三人都担任拓跋幹的副手，共七万人，从子午谷南下。薛胤是薛辩的曾孙。

南齐郁林王生性聪明，有口才，形貌漂亮、举止动人，善于应对，和一般人比，更容易动感情，世祖很宠爱他。但是善于伪装矫饰，表面善良，内心却是阴狠卑鄙，跟左右一些恶劣的小人混在一起，衣食不分，就连睡觉也挤在一块儿。

南齐郁林王萧昭业开始担任南郡王时，跟随竟陵王萧子良一起住在西州。文惠太子萧长懋经常管束他的生活起居，限制他的花销费用。郁林王就偷偷向富有人家要钱，没有人敢不给他。自己还另外制造了一把钥匙，夜里私自打开西州州府后门，和左右侍从一起到各个军营去荒淫欢宴。他的老师史仁祖和侍书胡天翼商议说：“如果把这件事报告给皇上或皇太子，事情就不会那么容易解决了。如果在军营中被别人打了，或者被狗什么的咬伤了，岂止是我们本身要获罪，我们全家都要被牵连进

侍太子疾及居丧，忧容号毁，见者呜咽；裁还私室，即欢笑酣饮。常令女巫杨氏祷祀，速求天位。及太子卒，谓由杨氏之力，倍加敬信。既为太孙，世祖有疾，又令杨氏祷祀。时何妃犹在西州，世祖疾稍危，太孙与何妃书，纸中央作一大喜字，而作三十六小喜字绕之。

侍世祖疾，言发泪下。世祖以为必能负荷大业，谓曰："五年中一委宰相，汝勿措意；五年外勿复委人。若自作无成，无所多恨。"临终，执其手曰："若忆翁，当好作！"遂殂。大敛始毕，悉呼世祖诸伎，备奏众乐。

即位十余日，即收王融下廷尉，使中丞孔稚珪奏融险躁轻狡，招纳不逞，诽谤朝政。融求援于竟陵王子良，子良忧惧，不敢救，遂于狱赐死，时年二十七。

初，融欲与东海徐勉相识，每托人召之。勉谓人曰："王君名高望促，难可轻敝衣衣裾。"俄而融及祸。勉由是知名。太学生会稽魏准，以才学为融所赏；融欲立子良，准鼓成其事。太学生虞羲、丘国宾窃相谓曰："竟陵才弱，王中书无断，败在眼中矣。"及融诛，召准入舍人省诘问，惶惧而死，举体皆青，时人以为胆破。

（以上为第六段，写南齐皇太孙萧昭业善于伪装矫饰、耍滑头，即帝位后即翻脸，将欲立竟陵王萧子良为帝的王融拘捕，逼其在狱中自杀。）

壬寅，魏主至肆州，见道路民有跛眇者，停驾慰劳，给衣食终身。

大司马安定王休执军士为盗者三人以徇于军，将斩之。魏主行军遇之，命赦之，休不可，曰："陛下亲御六师，将远清江表，今始行至此，而小人已为攘盗，不斩之，何以禁奸！"帝曰："诚如卿言。然王者之体，

去。我们俩都年已七十，哪里还吝惜自己以后的岁月！”几天之内，史仁祖和胡天翼都先后自杀，世祖和太子却不知道。对他所宠信的左右侍从，都预先封爵任官，写在黄纸上，让这些人装在口袋里，随身携带，答应在他即皇帝位时，照此执行。

南齐郁林王萧昭业侍奉太子养病及后来守丧期间，面带忧愁，悲泣哀号，看见他的人也都被他的行为感动得哭泣起来。可是，一返回家里，就立刻笑逐颜开，大吃大喝起来。他经常命令女巫杨氏向上天祈祷，从速求得天位。太子去世时，认为是借杨氏巫祝的力量的结果，更加敬重信任杨氏。等到被封为皇太孙以后，齐武帝有病，他又命令杨氏向上天祈祷。此时，他的正室何妃还留在西州，齐武帝的病开始严重时，太孙给何妃写信，信纸中间写了一个大喜字，又围绕着大喜字，在旁边写了三十六个小喜字。

郁林王萧昭业侍奉齐武帝疾病时，说话之间眼泪就忍不住往下流。齐武帝认为他一定能够承担起国家大业，就对他说：“五年之内，国家大事先全部托付给宰相，你不要过问。五年之后，你再亲自处理，不再交给别人。如果自己执政没有干出什么成就来，也没有什么可遗憾的。”临去世之前，拉着他的手说：“如果还想念你祖父的话，就好好干。”说完，就去世了。大殓刚完毕，就将齐武帝的歌舞伎都叫来，叫她们一个接一个地演奏各种音乐。

郁林王萧昭业登基刚十几天，就逮捕了王融，交付给廷尉审判，命令中丞孔稚珪控告王融阴险、浮躁、轻率、狡黠，招降网罗为非作歹的人，又诽谤朝廷。王融向竟陵王萧子良求救，萧子良又忧又怕，不敢救，于是命令王融在狱中自杀，王融这年二十七岁。

当初，王融打算与东海人徐勉结成知心朋友，经常托人召见。徐勉对人说：“王融的名气高而轻躁，很难和他荣辱与共。”不久，王融大祸及身，而徐勉也因此出了名。太学生会稽人魏准因为才能和学问都很高，深为王融所赏识。王融打算拥戴萧子良登基即位，魏准就鼓动王融做成这件事。太学生虞羲和丘国宾二人私下里议论说：“竟陵王萧子良才能弱，王中书又没有决断能力，他们的失败就在眼前。”王融被杀后，又把魏准召到中书省盘问，他因极度惊慌恐惧而吓死了，整个身子都是青色的，当时人都认为他的胆被吓破了。

八月二十四日壬寅，魏孝文帝抵达肆州，看见路上老百姓有腿瘸目盲的，就立刻让马车停下，慰问安抚这些人，又供给他们终生的衣食。

大司马、安定王拓跋休抓了三名小偷，把他们绑起来到各个军营中游行示众，想要斩首。魏孝文帝巡视军营经过这里，下令赦免，拓跋休认为不能这样做，他说：“陛下亲自统领六军，将要远征江南，而如今我们刚刚走到这里，这些奸诈小人就开

时有非常之泽。三人罪虽应死，而因缘遇朕，虽违军法，可特赦之。”既而谓司徒冯诞曰：“大司马执法严，诸君不可不慎。”于是军中肃然。

臣光曰：人主之于其国，譬犹一身，视远如视迩，在境如在庭。举贤才以任百官，修政事以利百姓，则封域之内无不得其所矣。是以先王黈纩塞耳，前旒蔽明，欲其废耳目之近用，推聪明于四远也。彼废疾者宜养，当命有司均之于境内；今独施于道路之所遇，则所遗者多矣，其为仁也，不亦微乎！况赦罪人以桡有司之法，尤非人君之体也。惜也！孝文，魏之贤君，而犹有是乎！

（以上为第七段，写北魏孝文帝拓跋宏施恩残疾人，竟然施恩偷盗者，予以奉养、特赦，司马光予以评论，认为这样做，是破坏了法令。）

戊申，魏主至并州。并州刺史王袭，治有声迹，境内安静，帝嘉之。袭教民多立铭置道侧，虚称其美；帝闻而问之，袭对不以实。帝怒，降袭号二等。

九月，壬子，魏遣兼员外散骑常侍勃海高聪等来聘。

丁巳，魏主诏车驾所经，伤民秋稼者，亩给谷五斛。

辛酉，追尊文惠太子为文皇帝，庙号世宗。

世祖梓宫下渚，帝于端门内奉辞。辒辌车未出端门，亟称疾还内。裁入阁，即于内奏胡伎，鞞铎之声，响震内外。丙寅，葬武皇帝于景安陵，庙号世祖。

戊辰，魏主济河；庚午，至洛阳；壬申，诣故太学观石经。

乙亥，邓至王像舒彭遣其子旧朝于魏，且请传位于旧，魏主许之。

魏主自发平城至洛阳，霖雨不止。丙子，诏诸军前发。丁丑，帝戎服，执鞭乘马而出。群臣稽颡于马前。帝曰：“庙算已定，大军将进，诸

始偷盗抢劫，不斩了怎么能禁止人们干坏事？”孝文帝说：“的确像你所说的那样。不过，君王的本体，有时常有非常的恩泽。这三人罪当处死，可是，命运使他们遇到了朕，即使违犯了军事法令，也可以特别赦免他们。”接着，又对司徒冯诞说：“大司马拓跋休执行法令严肃认真，你们以后不能不小心谨慎地做事。”军队的纪律也为此森严起来。

臣司马光评论说：人主和国家的关系，就好像是同一个躯体，看远处就像看近处，在边境就像在朝廷。推举贤能之才委任各种官职，修明政治以利于百姓，疆界内就没有不各得其所的。因此，以前的君王总是用黄棉堵住耳朵、用帽穗遮住眼睛，目的就是想不让自己耳朵只听近处的声音、眼睛只看眼前的东西，而把自己的聪明推到遥远的四面八方。那些残疾有病的人，自然应该抚养，但更应该命令有关部门把这种恩泽普及到全国境内。如今，只是对在路上遇见的几个人施舍一下，那么，被遗漏的就太多了。所施的仁爱不也是太轻微了吗？更何况，赦免犯罪的人，却破坏了有关部门颁布的法令，这更不是君王应该做的事。可惜啊，孝文帝是北魏的贤明君主，却还有这些不足呢！

八月三十日戊申，魏孝文帝抵达并州。并州刺史王袭治理当地很有声誉和成绩，州内平安宁静，孝文帝对他甚为赞许。王袭下令全州百姓在道路两旁竖起很多石碑，虚假地赞美其德政。孝文帝听说后查问，但王袭回答时却不说实话。孝文帝发怒，将王袭的称号贬降了两级。

九月初四日壬子，北魏派遣兼员外散骑常侍勃海人高聪等人来访。

九月初九日丁巳，魏孝文帝颁布诏书，皇帝乘车所经过的地方，如果给百姓秋季庄稼造成了损害，对每亩被毁坏的田地要补偿五斛稻谷。

九月十三日辛酉，南齐追尊文惠太子为文皇帝，庙号世宗。

齐武帝的棺木要在东府前秦淮河上船，郁林王萧昭业在皇城端门恭奉送别，丧车还没有走出端门，就立刻声称自己有病，回宫去了。刚刚踏进宫内，就在殿内演奏起了胡人的音乐，皮鼓、铜铃之声响彻皇宫内外。九月十八日丙寅，安葬齐武帝于景安陵，庙号世祖。

九月二十日戊辰，魏孝文帝渡过黄河；九月二十二日庚午，抵达洛阳；九月二十四日壬申，又巡视以前的太学观看石经。

九月二十七日乙亥，邓至王像舒彭派他的儿子像旧到北魏朝廷晋见，请求允许把王位传给像旧，魏孝文帝批准。

魏孝文帝从平城出发，直到抵达洛阳，天一直下雨，没有停过，九月二十八日丙子，大军继续向前方进发。九月二十九日丁丑，孝文帝身穿战服，手持马鞭，骑

公更欲何云？”尚书李冲等曰：“今者之举，天下所不愿，唯陛下欲之；臣不知陛下独行，竟何之也！臣等有其意而无其辞，敢以死请！”帝大怒曰：“吾方经营天下，期于混壹，而卿等儒生，屡疑大计；斧钺有常，卿勿复言！”策马将出。于是，安定王休等并殷勤泣谏。帝乃谕群臣曰：“今者兴发不小，动而无成，何以示后！朕世居幽朔，欲南迁中土；苟不南伐，当迁都于此，王公以为何如？欲迁者左，不欲者右。”安定王休等相帅如右。南安王桢进曰：“‘成大功者不谋于众。’今陛下苟辍南伐之谋，迁都洛邑，此臣等之愿，苍生之幸也。”群臣皆呼万岁。时旧人虽不愿内徙，而惮于南伐，无敢言者，遂定迁都之计。

（以上为第八段，写北魏孝文帝拓跋宏南行到了洛阳后，继续策马南伐，大臣磕头强谏，于是，拓跋宏提出迁都洛阳就停止南进，大臣们都乐于接受，就这样孝文帝实现了迁都计划。）

李冲言于上曰：“陛下将定鼎洛邑，宗庙宫室，非可马上游行以待之。愿陛下暂还代都，俟群臣经营毕功，然后备文物、鸣和鸾而临之。”帝曰：“朕将巡省州郡，至邺小停，春首即还，未宜归北。”乃遣任城王澄还平城，谕留司百官以迁都之事，曰：“今日真所谓革也，王其勉之！”

帝以群臣意多异同，谓卫尉卿、镇南将军于烈曰：“卿意如何？”烈曰：“陛下圣略渊远，非愚浅所测。若隐心而言，乐迁之与恋旧，适中半耳。”帝曰：“卿既不唱异，即是肯同，深感不言之益。”使还镇平城，曰：“留台庶政，一以相委。”烈，栗磾之孙也。

先是，北地民支酉聚众数千，起兵于长安城北石山，遣使告梁州刺史阴智伯；秦州民王广亦起兵应之，攻执魏刺史刘藻，秦、雍间七州民皆响震，众至十万，各守堡壁以待齐救。魏河南王幹引兵击之，幹兵大败；支酉进至咸阳北浊谷，穆亮与战，又败；阴智伯遣军主席德仁等将兵数千与相应接。酉等进向长安，卢渊、薛胤等拒击，大破之，降者数

马出发。文武官员叩拜在马头。孝文帝说：“庙堂上胜算已经决定，大军将要继续前进，你们还想要说什么呢？”尚书李冲等人说：“今天的行动，全国上下都不愿意，只有陛下一个人想实现它。臣不知道陛下独自行走，将要到什么地方去。臣等有一心愿，却无法表达，只好冒死向陛下请求。”孝文帝勃然大怒说：“我正要经营天下，期望混一宇内，可你们这些文弱书生，却多次怀疑这一重大决策。斧钺有它使用的地方，你们不要再多说什么！”纵马要走，这时安定王拓跋休等人一齐流泪劝谏，孝文帝才告诉大家说：“这一次，我们出动军队的规模不小，出动而没有什么成就，将来拿什么让后人看？朕世世代代居住在北方偏远之所，一直想要南迁到中原。如果不向南征伐，就应该把京都迁到这里，王公以为如何？同意迁都的站在左边，不同意的人站在右边。”安定王元修等结队站到了右边。南安王拓跋桢上前说：“‘干成大事业的人，并不向众人征询意见。’如今陛下如果放弃向南征伐的计划，将京都迁到洛邑，这正是我们所希望的，是老百姓的幸运。”文武百官都高呼万岁。当时，鲜卑人虽然不愿意向南迁移，但是又害怕再向南征伐，所以，也就没有人敢说什么。北魏的迁都大计，于是确定了下来。

李冲对魏孝文帝说：“陛下将要迁都洛邑，皇家祖庙和皇宫、府宅都要重新建造，不能只骑在马上游走而等待。希望陛下暂时回到平城，等到文武百官把这一切事情做好之后，陛下再备齐仪仗，鸣响銮铃莅临新的首都。”孝文帝说：“朕正要到各个州郡巡查，先到邺城，暂做停留，开春就返回，而不应该先回北方。”便派遣任城王拓跋澄返回平城，向留守在那里的官员们宣布迁都的情况，对任城王说：“前筮卜遇革卦，今日的迁都，是真正在革除北方的旧俗，请任城王想尽办法做好说服工作。”

孝文帝因为文武官员的意见并不一致，对卫尉卿、镇南将军于烈说：“你的意见如何？”丁烈回答说：“陛下圣明的谋略，是为了国家长远的利益，这不是愚昧、肤浅的人所能预测得到的。但如果推测大家的心意，愿意迁都的人和依恋故土的人，正好各占一半。”皇帝说：“你既然没有公开倡导反对，那就是表示认同了，深感到你不说话的好处。”派于烈回到平城镇守，说：“留守在朝廷里的各种政务，全都托付给你了。”于烈是于栗磾的孙子。

在这之前，北地平民支酉聚集了几千人，起兵于长安城北石山，并派使者报告给梁州刺史阴智伯。秦州平民王广也聚众起来响应支酉，进攻并抓获了北魏秦州刺史刘藻。于是，秦州、雍州之间七州的平民都受到震动，响应人数多达十万，分别据守在城堡里，等待南齐派兵救援。北魏河南王拓跋幹率领大军袭击，结果大败。支酉率领军队乘胜进军到咸阳北边的浊谷，司空穆亮与支酉大战，结果也大败。齐

万口。渊唯诛首恶，余悉不问，获西、广，并斩之。

冬，十月，戊寅朔，魏主如金墉城，征穆亮，使与尚书李冲、将作大匠董尔经营洛都。己卯，如河南城；乙酉，如豫州；癸巳，舍于石济。乙未，魏解严，设坛于滑台城东，告行庙以迁都之意。大赦。起滑台宫。任城王澄至平城，众始闻迁都，莫不惊骇。澄援引古今，徐以晓之，众乃开伏。澄还报于滑台。魏主喜曰："非任城，朕事不成。"

（以上为第九段，写北魏孝文帝拓跋宏向平城宣布迁都的决定，由穆亮、李冲、董尔一起负责营建新都洛阳。）

壬寅，尊皇太孙太妃为皇太后；立妃为皇后。

癸卯，魏主如邺城。王肃见魏主于邺，陈伐齐之策。魏主与之言，不觉促席移晷。自是器遇日隆，亲旧贵臣莫能间也。魏主或屏左右与肃语，至夜分不罢，自谓君臣相得之晚。寻除辅国将军、大将军长史。时魏主方议兴礼乐，变华风，凡威仪文物，多肃所定。

乙巳，魏主遣安定王休帅从官迎家于平城。

辛亥，封皇弟昭文为新安王，昭秀为临海王，昭粲为永嘉王。

魏主筑宫于邺西，十一月，癸亥，徙居之。

御史中丞江淹劾奏前益州刺史刘悛、梁州刺史阴智伯赃货巨万，皆抵罪。初，悛罢广、司二州，倾赀以献世祖，家无留储。在益州，作金浴盆，余物称是。及郁林王即位，悛所献减少。帝怒，收悛付廷尉，欲杀之，西昌侯鸾救之，得免，犹禁锢终身。悛，勔之子也。

（以上为第十段，写北魏孝文帝拓跋宏重用儒臣王肃，共同谋划国家大计；南齐皇帝萧昭业治罪前益州刺史刘悛，竟然是因为他进贡太少，实在是荒唐透顶。）

梁州刺史阴智伯派遣军主席德仁等人率领几千名将士前来接应。支酉等人又率军向长安挺进，北魏安南将军卢渊、平南将军薛胤等人奋起抗击，大败支酉，有几万人投降。卢渊只杀首要分子，其他人全不予以追究。并捕获了支酉、王广，将二人同时斩首。

冬季，十月初一日戊寅朔，魏孝文帝巡视金墉城，召回穆亮，命令他和尚书李冲、将作大匠董尔一起负责营建新都洛阳。十月初二日己卯，巡视河南城。十月初八日乙酉，巡视豫州。十月十六日癸巳，在石济住宿。十月十八日乙未，下令北魏境内解除戒严，在滑台城东边兴筑祭台，向随行的祖宗牌位禀告迁都的想法。下令大赦天下。兴筑滑台宫。任城王拓跋澄回到平城，大家刚刚听到要迁都时，没有不感到震惊的。于是，拓跋澄引经据典，慢慢地解释开导，大家开悟，终于接受了。拓跋澄回到滑台汇报，孝文帝高兴地说："没有任城王，朕的事就办不成。"

十月二十五日壬寅，南齐尊皇太孙太妃王氏为皇太后，立何妃为皇后。

十月二十六日癸卯，魏孝文帝巡视邺城。王肃在邺城晋见，陈述讨伐齐的策略。孝文帝和王肃谈着谈着，不知不觉地把自己的座位往前移，时间不知不觉地过去了很久。从那以后，对王肃的器重和待遇一天比一天隆厚，无论是亲信故旧还是重臣，都无法离间这君臣二人之间的关系。魏孝文帝有时就让左右侍从退下，单独和王肃谈话，谈到半夜，仍不停止，他自认为和王肃相见太晚。不久，任命王肃为辅国将军、大将军长史。这时，魏孝文帝正打算推广使用礼仪和雅乐，改变成和汉人一样的风俗，只要是展示威严仪容的文物制度，大多都让王肃来确定。

十月二十八日乙巳，魏孝文帝派安定王拓跋休率领侍从官员到平城迎接眷属。

十一月初四日辛亥，郁林王萧昭业封皇弟萧昭文为新安王，萧昭秀为临海王，萧昭粲为永嘉王。

魏孝文帝在邺城城西兴建皇宫，十一月十六日癸亥，搬入新皇宫。

御史中丞江淹，弹劾前益州刺史刘悛、梁州刺史阴智伯二人贪污，赃物无数，都以刑罚定罪。当初，刘悛由广、司二州罢职，倾尽资产以奉献世祖，家里一点儿积蓄也没有。在益州时，刘悛曾制作黄金的浴盆，其他物品也与此一样昂贵。郁林王即位后，刘悛进献的东西减少了。郁林王萧昭业很生气，就将刘悛逮捕，交给廷尉判罪，打算杀了他。西昌侯萧鸾说情相救，才使他免于一死，但仍然终身禁锢，不许做官。刘悛是刘勔的儿子。

【点评】

本卷点评两件史事如次。

一、北魏迁都。北魏迁都洛阳是改天换地的一件大事，孝文帝审慎思维，周密策划，为避免引起动乱，以南下讨齐为借口，到达洛阳时，预先设想好反对南下的群臣自然会阻止，孝文帝遂以建都于洛阳为替代条件，这时就容易说服群臣。当这一决定传到北魏首都平城的时候，仍然引起极大的震动，可见迁都这一改革是何等不易。

二、沈约奉敕撰《宋书》。南齐永明五年（487）沈约奉敕撰《宋书》，到第二年即一年时间就完成了纪传七十卷，随后续成八志三十卷，共一百卷，完整记述刘宋一代的断代史，是中国历史上最快完成的一部断代史。在二十四史中，《宋书》属中上作品，公认列于前四史之后的最上乘之作。为何一部速成之史而有如此巨大的成就，这有主客观的原因。主观原因，沈约是当时的文坛领袖，不仅诗文著名一时，而且更长于史学。沈约出身豪门，有着良好的教育，而又生于乱世，历经磨难，家族多人卷入政治斗争被杀，养成沈约淡泊名利，废寝忘食学习的习惯，沈约博近群籍，学综文史，一生著述宏富，近400卷著作，历史著述有《晋书》《齐纪》《梁武纪》等，《晋书》先于《宋纪》成书，积累了著史的经验。客观原因，沈约依靠的基础厚实。刘宋一朝重视当世史的撰述。在沈约之前，刘宋完成了当代人著述的《宋书》三种：其一，徐爰《宋书》六十五卷，孙严《宋书》六十五卷，无名氏《宋书》六十一卷；此外何承天《宋志》十五篇，这些是沈约撰述《宋书》的蓝本，尤其徐爰、何承天两书号称名著。在这样的主客观条件下，沈约速成《宋书》而成就斐然，也就顺理成章了。如今《宋书》是研究刘宋王朝最核心的依据，是值得大书一笔的。沈约著述大部分今已不存，传世的历史书只有《宋书》一百卷，诗文有《沈隐侯集》。

齐纪五

齐明帝建武元年（494 年）

【阏逢阉茂（甲戌，494 年），凡一年】

【大事提要】

本卷记公元 494 年一年的史事，当齐明帝建武元年，凡一年。本卷所载大事，南朝齐两件大事，其一，齐明帝继位，又走上皇室内自相残杀的旧路，大杀齐高帝、齐武帝的诸子，引起内乱。其二，叙述南齐典签制度的弊端以及衰落。北朝北魏两件大事，其一，此年十月，北魏迁都洛阳。迁都的事起自公元 491 年，北魏孝文帝一系列改革中最为重大的第一步，至此完成。其二，诏令禁止士民穿胡服。

【原文】

高宗明皇帝上

建武元年（甲戌，494 年）

春，正月，丁未，改元隆昌；大赦。

雍州刺史晋安王子懋，以主幼时艰，密为自全之计，令作部造仗；征南大将军陈显达屯襄阳，子懋欲胁取以为将。显达密启西昌侯鸾，鸾征显达为车骑大将军；徙子懋为江州刺史，仍令留部曲助镇襄阳，单将白直、侠毂自随。显达过襄阳，子懋谓曰："朝廷令身单身而返，身是天王，岂可过尔轻率！今犹欲将二三千人自随，公意何如？"显达曰："殿下若不留部曲，乃是大违敕旨，其事不轻；且此间人亦难可收用。"子懋默然。显达因辞出，即发去。子懋计未立，乃之寻阳。

西昌侯鸾将谋废立，引前镇西谘议参军萧衍与同谋。荆州刺史、随王子隆，性温和，有文才，鸾欲征之，恐其不从。衍曰："随王虽有美名，其实庸劣。既无智谋之士，爪牙唯仗司马垣历生、武陵太守卜白龙耳。二人唯利是从，若啖以显职，无有不来，随王止须折简耳。"鸾从之。征历生为太子左卫率，白龙为游击将军。二人并至。续召子隆为侍中、抚军将军。豫州刺史崔慧景，高、武旧将，鸾疑之，以萧衍为宁朔将军，戍寿阳。慧景惧，白服出迎，衍抚安之。

辛亥，郁林王祀南郊；戊午，拜崇安陵。

癸亥，魏主南巡；戊辰，过比干墓，祭以太牢，魏主自为祝文曰："乌呼介士，胡不我臣！"

帝宠幸中书舍人綦毋珍之、朱隆之、直阁将军曹道刚、周奉叔、宦者徐龙驹等。珍之所论荐，事无不允；内外要职，皆先论价，旬月之间，家累千金；擅取官物及役作，不俟诏旨。有司至相语云："宁拒至尊敕，不可违舍人命。"帝以龙驹为后阁舍人，常居含章殿，著黄纶帽，被貂裘，南面向案，代帝画敕；左右侍直，与帝不异。

（以上为第一段，写南齐萧赜去世后，其孙萧昭业即位，暗流涌动，西昌侯萧

【语译】

高宗明皇帝上

齐明帝建武元年（甲戌，494 年）

春季，正月初一日丁未，南齐改年号为隆昌，大赦天下。

雍州刺史晋安王萧子懋考虑到郁林王年幼，时局艰难，就暗中筹划自我保全的计策。命令所辖兵器作坊打造兵器，征南大将军陈显达驻扎在襄阳，萧子懋想胁迫他做自己的将领。陈显达把情况密告西昌侯萧鸾，萧鸾任命陈显达为车骑大将军，而调萧子懋为江州刺史，并且命令萧子懋把部曲留下来帮助镇守襄阳，仅仅带周围随从、侍卫人员随行。陈显达经过襄阳时，萧子懋对他说："朝廷命令我单身而返，我身为天子家诸王，难道能过于轻率吗！现今我仍想要二三千人马随行，不知你意下如何呢？"陈显达说："殿下如果不把部曲留下，就是完全违抗圣旨，这事情可不轻呀！况且，这个地方的人也难以收用。"萧子懋沉默不语。于是，陈显达告辞而出，很快就出发走了。萧子懋因计谋未成，就去了寻阳。

西昌侯萧鸾谋划废立皇帝，因此叫来原镇西谘议参军萧衍一起密谋。荆州刺史、随王萧子隆性情温和，有文才，萧鸾想要调用他，但又担心他不听从。萧衍说："随王这个人虽然美名外传，其实平庸顽劣。他既没有智谋人物，手下武将中他只依靠司马垣历生和武陵太守卞白龙。这两个家伙唯利是图，如果以显要的官职引诱他们，没有不来的道理。至于随王本人，仅用一封信就可以召来了。"萧鸾听从了萧衍的计划。征召垣历生为太子左卫率，卞白龙为游击将军，两人都来了。接着，又征召萧子隆为侍中、抚军将军。豫州刺史崔慧景是齐高帝萧道成、齐武帝萧赜的旧将，萧鸾对他有疑心，就派遣萧衍为宁朔将军，戍守寿阳。崔慧景害怕了，穿着白色衣服出城迎接萧衍，萧衍对他大加安抚。

正月初五日辛亥，郁林王在南郊祭天；正月十二日戊午，拜谒崇安陵。

正月十七日癸亥，魏孝文帝南下巡视；正月二十二日戊辰，经过比干的坟墓时，用太牢礼祭于墓前，孝文帝亲自撰写祭文说道："呜呼！如此耿直之士，为什么不是朕的大臣呢！"

郁林王宠信中书舍人綦毋珍之、朱隆之，直阁将军曹道刚、周奉叔，宦官徐龙驹等人。凡是綦毋珍之所论定、想做的事情，郁林王没有不答应的。朝廷内外的重要官职统统划定价格，然后交钱任命，一月之间，綦毋珍之就家累千金。擅自取用朝中物品，占用差役人员供自己驱使，不等待朝廷的诏旨。朝中的官员在一起言谈时说："宁可抗拒皇上的圣旨，也不可以违背舍人的命令。"郁林王任命徐龙驹为后阁舍人，经常住在含章殿中，戴着黄纶帽，披着貂皮大衣，面朝南坐在案前，代替

鸾掌握实权，控制朝廷，与萧衍密谋废立之事；而昭业少不更事，宠幸小人，留下口实。）

帝自山陵之后，即与左右微服游走市里，好于世宗崇安陵隧中掷涂、赌跳，作诸鄙戏，极意赏赐左右，动至百数十万。每见钱，曰：“我昔思汝一枚不得，今日得用汝未？世祖聚钱上库五亿万，斋库亦出三亿万，金银布帛不可胜计；郁林王即位未期岁，所用垂尽。入主衣库，令何后及宠姬以诸宝器相投击破碎之，用为笑乐。蒸于世祖幸姬霍氏，更其姓曰徐。朝事大小，皆决于西昌侯鸾。鸾数谏争，帝多不从，心忌鸾，欲除之。以尚书右仆射鄱阳王锵为世祖所厚，私谓锵曰：“公闻鸾于法身如何？”锵素和谨，对曰：“臣鸾于宗戚最长，且受寄先帝；臣等皆年少，朝廷所赖，唯鸾一人，愿陛下无以为虑。”帝退，谓徐龙驹曰：“我欲与公共计取鸾，公既不同，我不能独办，且复小听。”

卫尉萧谌，世祖之族子也，自世祖在郢州，谌已为腹心。及即位，常典宿卫，机密之事，无不预闻。征南谘议萧坦之，谌之族人也，尝为东宫直阁，为世宗所知。帝以二人祖、父旧人，甚亲信之。谌每请急出宿，帝通夕不寐，谌还乃安。坦之得出入后宫，帝亵狎宴游，坦之皆在侧。帝醉后，常裸袒，坦之辄扶持谏谕。西昌侯鸾欲有所谏，帝在后宫不出，唯遣谌、坦之径进，乃得闻达。

何后亦淫泆，私于帝左右杨珉，与同寝处如伉俪；又与帝相爱狎，故帝恣之，迎后亲戚入宫，以耀灵殿处之。斋阁通夜洞开，外内淆杂，无复分别。西昌侯鸾遣坦之入奏诛珉，何后流涕覆面曰：“杨郎好年少，无罪，何可枉杀！”坦之附耳语帝曰：“外间并云杨珉与皇后有情，事彰遐迩，不可不诛。”帝不得已许之；俄敕原之，已行刑矣。鸾又启诛徐龙驹，帝亦不能违，而心忌鸾益甚。萧谌、萧坦之见帝狂纵日甚，无复悛改，恐祸及己，乃更回意附鸾，劝其废立，阴为鸾耳目，帝不之觉也。

皇帝批阅文告，左右侍奉，与皇帝没有什么两样。

郁林王自从祭拜山陵之后，就与左右侍从穿上便服在闹市中游走戏玩，还喜欢在世宗崇安陵的墓道中相互扔掷泥巴、比赛跳高，做种种粗鄙下流的游戏，随意赏赐左右，动辄就是数十上百万。一见到钱就说："过去我想得到你十个都不行，现今我还用得着你吗？"齐武帝聚敛钱财，上库中存有五亿万，斋库中也多于三亿万，至于金银布帛更不可胜计，郁林王即位还不满一年，就挥霍将尽。进入主衣库，让何皇后以及宠爱的妃子们用各种宝贵器具互相投击，打成碎片，以此玩笑取乐。他还与齐武帝宠姬霍氏通奸，让她改姓徐。朝廷中的大小事情，全部由西昌侯萧鸾来决定。萧鸾数次劝谏，郁林王不但不听从，反而心生忌怨，想把萧鸾除掉。由于尚书右仆射鄱阳王萧锵曾被世祖所厚爱优待，就私下里对萧锵说："您听说萧鸾对待我如何呢？"萧锵为人向来平和谨慎，就回答说："萧鸾在皇室宗族中年岁最长，而且接受了先帝的托嘱，我们都年幼，朝廷中所可以依赖之人唯有萧鸾，愿陛下不要过虑。"郁林王回宫之后，对徐龙驹说："我想与萧锵一起合计收拾掉萧鸾，萧锵不同意，而我独自一人又不能办到，姑且让萧鸾专政，暂时不动他。"

卫尉萧谌是齐武帝的本家侄子，从齐武帝在郢州时起，就成为他的心腹之人。到齐武帝登基之后，经常在宫中值宿，凡是机密的事情，无不参与知晓。征南谘议萧坦之是萧谌的本家，曾经做过东宫直阁，为文惠太子所知遇。郁林王因为萧谌、萧坦之两人曾是祖父和父亲的人，所以就特别亲近、信赖他们。每当萧谌有急事请假不值宿，郁林王萧昭业就通夜不寐，直到萧谌回来才能安下心来。萧坦之也可以出入于后宫，凡是郁林王亵狎宴游的场合，他都守在旁边侍奉。郁林王酒醉之后，常常脱光衣服，萧坦之总是扶持着并且谏言劝谕。西昌侯萧鸾想要进谏，郁林王就躲在后宫中不出来，萧鸾只好派遣萧谌、萧坦之直接进到后宫，才能把要说的话转告于郁林王。

何皇后也非常淫荡，私通于郁林王的随从杨珉，与杨珉同枕共寝就像夫妻一般。何皇后又与郁林王极尽狎昵亲热之事，所以郁林王放纵她。他还把何皇后的亲戚迎进宫中，安排住在耀灵殿里，门户彻夜洞开，内外淆杂混处，没有任何分别。西昌侯萧鸾派遣萧坦之进宫奏请诛杀杨珉，何皇后哭得泪流满面说："杨郎多么年轻，又没有什么罪，怎么可以无缘无故就杀掉呢？"萧坦之见状赶紧向郁林王悄悄耳语道："外面纷纷传说杨珉同皇后有苟且之情，事实彰显，远近皆知，不可以不杀掉呀。"郁林王不得已，同意处死杨珉。不一会儿，又后悔了，诏令赦免杨珉，可是已经行刑完毕了。萧鸾又启奏诛杀徐龙驹，郁林王也不得不违心同意，但是从此对萧鸾的

周奉叔恃勇挟势，陵轹公卿。常翼单刀二十口自随，出入禁闼，门卫不敢诃。每语人曰："周郎刀不识君！"鸾忌之，使萧谌、萧坦之说帝出奉叔为外援，己巳，以奉叔为青州刺史，曹道刚为中军司马。奉叔就帝求千户侯，许之。鸾以为不可，封曲江县男，食三百户。奉叔大怒，于众中攘刀厉色。鸾说谕之，乃受。奉叔辞毕，将之镇，部伍已出。鸾与萧谌称敕，召奉叔于省中，殴杀之，启云："奉叔慢朝廷。"帝不获已，可其奏。

溧阳令钱唐杜文谦，尝为南郡王侍读，前此说綦毋珍之曰："天下事可知，灰尽粉灭，匪朝伊夕，不早为计，吾徒无类矣。"珍之曰："计将安出？"文谦曰："先帝旧人，多见摈斥，今召而使之，谁不慷慨！近闻王洪范与宿卫将万灵会等共语，皆攘袂捶床；君其密报周奉叔，使万灵会等杀萧谌，则宫内之兵皆我用也。即勒兵入尚书，斩萧令，两都伯力耳。今举大事亦死，不举事亦死；二死等耳，死社稷可乎！若迟疑不断，复少日，录君称敕赐死，父母为殉，在眼中矣。"珍之不能用。及鸾杀奉叔，并收珍之、文谦，杀之。

（以上为第二段，写南齐萧昭业即帝位后，宠幸奸佞，挥霍钱财，到了忍无可忍的地步，权臣萧鸾正谋划废掉小皇帝，另立新君。）

乙亥，魏主如洛阳西宫。中书侍郎韩显宗上书陈四事：其一，以为："窃闻舆驾今夏不巡三齐，当幸中山。往冬舆驾停邺，当农隙之时，犹比屋供奉，不胜劳费。况今蚕麦方急，将何以堪命！且六军涉暑，恐生疠疫。臣愿早还北京，以省诸州供张之苦，成洛都营缮之役。"其二，以为："洛阳宫殿故基，皆魏明帝所造，前世已讥其奢。今兹营缮，宜加裁损。又，顷来北都富室，竞以第舍相尚；宜因迁徙，为之制度。及端广衢路，通利沟渠。"其三，以为："陛下之还洛阳，轻将从骑。王者于闱闼之内，犹施警跸，况涉履山河而不加三思乎！"其四，以为："陛下耳听法音，目玩坟典，口对百辟，心虞万机，景昃而食，夜分而寝；加以孝

忌恨之心更加强烈了。萧谌、萧坦之见皇帝狂荡放纵一日甚于一日，已经到了无可悔改的地步，担心祸害及身，就反过来一心依附萧鸾，劝说他行废立之事。从此，就成了萧鸾在郁林王身边的耳目，而郁林王却没有觉察。

周奉叔倚仗勇武和威势，凌辱欺侮朝中公卿百官，让二十名持刀兵士跟随左右，出入于皇宫禁门，门卫不敢盘问。他还经常对人讲："我周某人的刀不认人啊！"萧鸾对周奉叔特别忌恨，指使萧谌和萧坦之去游说郁林王，让把周奉叔调出京师，安排到外地去。正月二十三日己巳，令周奉叔为青州刺史，曹道刚为中军司马。周奉叔来见郁林王，请求封自己为千户侯，准许了。萧鸾却不同意，只封他为曲江县男，食邑三百户。周奉叔大怒，站在人群中挥刀喊叫，表示不满，萧鸾反复劝谕告说，才接受了。周奉叔辞谢完毕，将要去青州，部下人马已经出发了，萧鸾与萧谌称皇帝有令，把周奉叔召到官署中来，殴打直至丧命，并启奏郁林王说："周奉叔傲慢于朝廷，因此处死。"郁林王不得已，批准了他的奏章。

溧阳令钱唐人杜文谦，曾经在郁林王初封南郡王时做伴读。不久以前，杜文谦游说綦毋珍之讲道："天下的事情已经可知，灰将尽，烟将灭，这只是早晚的事情了。不及早做好打算，我们这些人将遭灭族之灾了。"綦毋珍之问道："有什么办法呢？"杜文谦说："先帝的旧人，多数被排斥，如今召他们回来加以重用，谁能不慷慨风发呢？近来听说王洪范与宿卫将万灵会等人在一起议论时，都气得卷起袖子捶床，您可密告周奉叔，让周奉叔派万灵会等人杀掉萧谌，这样的话，皇宫内的卫兵就可以为我所用。然后，派兵进入尚书省，斩掉萧鸾，两个刽子手就可以办到的。如今，这样干一场是一死，不干也是一死，同样是死，还是为朝廷而死吧！如果迟疑寡断，再过几天，萧鸾就会以皇帝的名义赐死我们，父母也要受牵连而死，事情已经近在眼前了。"綦毋珍之没有采纳杜文谦的意见。等到萧鸾杀了周奉叔之后，就把綦毋珍之和杜文谦二人也抓了起来，一起杀掉了。

正月二十九日乙亥，魏孝文帝到了洛阳西宫。中书侍郎韩显宗向孝文帝上书陈述四件事情：其一，认为："我听说陛下今年夏天舆驾出行，不是去巡视三齐，就是驾临中山。往年冬天大驾停在邺城，虽然正当农闲的时候，仍然使得每家每户出资出力供奉，何况现今正是蚕麦刚熟的农忙时节，您大驾所至，百姓将如何忍受得住呢？而且六军冒着酷暑护驾，恐怕要生瘟疫。臣希望早点回到平城，以便节省诸州张罗供奉的费用，完成营建修缮洛阳都城的工程。"其二，认为："洛阳宫殿的旧基，都是魏明帝所建造，前世就批评他太奢侈了。如今我们的营建，应该缩减规模。还有，近来北都平城的富室大户，竞相比逐夸耀宅舍房宇，应该借这次迁都搬移的机会，在这方面定出一个制度。对于都城的道路交通要拓宽取直，水沟渠道也要加以

思之至，随时而深；文章之业，日成篇卷；虽睿明所用，未足为烦，然非所以啬神养性，保无疆之祚也。伏愿陛下垂拱司契而天下治矣。”帝颇纳之。显宗，麒麟之子也。

（以上为第三段，写北魏中书侍郎韩显宗上书陈事，从四个方面说事，建议北魏主拓跋宏早还平城，裁减洛阳新都的建制规模，要加强出行警备。）

显宗又上言，以为：“州郡贡察，徒有秀、孝之名，而无秀、孝之实；朝廷但检其门望，不复弹坐。如此，则可令别贡门望以叙士人，何假冒秀、孝之名也！夫门望者，乃其父祖之遗烈，亦何益于皇家！益于时者，贤才而已。苟有其才，虽屠钓奴虏，圣王不耻以为臣；苟非其才，虽三后之胤，坠于皂隶矣。议者或云‘今世等无奇才，不若取士于门’，此亦失矣。岂可以世无周、邵，遂废宰相邪！但当校其寸长铢重者先叙之，则贤才无遗矣。

“又，刑罚之要，在于明当，不在于重。苟不失有罪，虽捶挞之薄，人莫敢犯；若容可侥幸，虽参夷之严，不足惩禁。今内外之官，欲邀当时之名，争以深刻为无私，迭相敦厉，遂成风俗。陛下居九重之内，视人如赤子；百司分万务之任，遇下如仇雠。是则尧、舜止一人，而桀、纣以千百；和气不至，盖由于此。谓宜敕示百僚，以惠元元之命。

“又，昔周居洛邑，犹存宗周；汉迁东都，京兆置尹。察《春秋》之文；有宗庙曰都，无曰邑。况代京，宗庙山陵所托，王业所基，其为神乡福地，实亦远矣，今便同之郡国，臣窃不安。谓宜建畿置尹，一如故事，崇本重旧，光示万叶。

“又，古者四民异居，欲其业专志定也。太祖道武皇帝创基拨乱，日不暇给，然犹分别士庶，不令杂居，工伎屠沽，各有攸处；但不设科禁，久而混淆。今闻洛邑居民之制，专以官位相从，不分族类。夫官位无常，

疏通。”其三，认为：“陛下回到洛阳，带领很少的跟随骑兵。皇帝平时住在宫中，还要施行警戒保护措施，何况出外巡察山河岂可不加以三思？”其四，认为：“陛下耳听雅乐，眼观历代圣人典籍，口对百官言谈，考虑纷繁的政务，日影西斜才吃饭，半夜才能入寝。再加上对文明太后的思念，随着时间的推移越来越深；撰写文章，每日都有篇章写成。虽然陛下聪明睿智，这些都不足以成为烦劳，但是终非修心养性、爱惜圣体，以保万寿无疆之良策。俯请陛下无为而治，掌管契要，不必事事亲躬。”孝文帝对上述建议基本上都采纳了。韩显宗是韩麒麟的儿子。

韩显宗又上书指出：“各州郡举荐的秀才、孝廉，徒有其名而无其实，朝廷只查他们的门第出身如何，而不弹劾其违实之罪。如果这样的话，那么以后可以命令各州郡第资望叙用士人，何必又冒假秀才、孝廉之名呢？门第资望，是父祖的功业，于朝廷皇家有何用处呢？有益于现时的是贤才。如果真正有才能，如姜太公曾做过屠牛之夫，又于渭水之滨钓过鱼，箕子曾做过纣王的奴隶，周文王、武王不以用他们为臣子而感到羞耻。如果没有才能，即便是夏、商、周三代之王的后裔，同样坠落于奴隶杂役之列。有人可能会议论说：‘当今世上实在没有奇才，所以不如以门第取士。’这也是不对的。难道可以因为世上没有周公旦、召公奭二人那样的相才，就废除宰相的位子吗？只要一个人比众人稍有一寸之长、一铢之重，就应当优先叙用，这样就可以做到贤才没有遗漏。

“还有，刑罚的关键，在于明确得当，而不在于专门求重。如果不遗漏有罪者，虽然捶挞得很轻，人们也不敢再犯；如果有侥幸逃脱的余地，虽然有夷杀三族的严厉刑法，也不足以完全惩禁住犯罪行为。当今内外的官员，都想获得时下的名声，争着以严峻刻薄表示无私，轮番地互相敦促从严处理，遂成为一时之风气。陛下您住在九重深宫之内，看待人民如婴儿，而百官分担着处理各种具体事务的职责，对待下面则如仇敌。如尧舜者只有一人，而如桀纣者则成百上千，和气不至，原因正在于此。所以，我认为应该告诫百官，以令他们对百姓施以恩惠。

“还有，过去周成王宫建洛阳，但仍保留丰邑为故都；东汉迁都洛阳，长安仍设置京兆尹。根据《春秋》大义，有宗庙的叫都，没有宗庙叫邑。况且平城是宗庙和先帝陵墓所在之地，是王业的根基所在，其作为一块神奇福地，实在是非常久远的，如今就把它等同于一般的州郡，臣私下里非常不安。认为应该将平城升为都城设置尹官，依照旧制，重视旧业，光昭万世。

“还有，古代士、农、工、商分别居处，不使杂混，以便他们能各专其业、各安其志。太祖道武皇帝创基立国之始，改变乱世，每天的时间都不够用，然而仍然区别士族与庶族，不让他们杂混居处，工匠、乐伎、屠夫、卖酒人等各有所处，但

朝荣夕悴，则是衣冠、皂隶不日同处矣。借使一里之内，或调习歌舞，或讲肄诗书，纵群儿随其所之，则必不弃歌舞而从诗书矣。然则使工伎之家习士人风礼，百年难成；士人之子效工伎容态，一朝而就。是以仲尼称里仁之美，孟母勤三徙之训。此乃风俗之原，不可不察。朝廷每选人士，校其一婚一宦以为升降，何其密也！至于度地居民，则清浊连甍，何其略也！今因迁徙之初，皆是空地，分别工伎，在于一言，有何可疑而阙盛美！

“又，南人昔有淮北之地，自比中华，侨置郡县。自归附圣化，仍而不改，名实交错，文书难辨。宜依地理旧名，一皆厘革，小者并合，大者分置，及中州郡县，昔以户少并省。今民口既多，亦可复旧。

“又，君人者以天下为家，不可有所私。仓库之储，以供军国之用，自非有功德者不可加赐。在朝诸贵，受禄不轻；比来赐赍，动以千计。若分以赐鳏寡孤独之民，所济实多；今直以与亲近之臣，殆非‘周急不继富’之谓也。”帝览奏，甚善之。

（以上为第四段，写北魏中书侍郎韩显宗再次上书说事，有不以门第用人、刑罚宽明、重视旧都、新都洛阳四民分居、清理侨置州郡、重在周急等，拓跋宏称善。）

二月，乙丑，魏主如河阴，规方泽。

辛卯，帝祀明堂。

司徒参军刘敩等聘于魏。

丙申，魏徙河南王幹为赵郡王，颍川王雍为高阳王。

壬寅，魏主北巡；癸卯，济河；三月壬申至平城。使群臣更论迁都利害，各言其志。燕州刺史穆罴曰：“今四方未定，未宜迁都。且征伐无马，将何以克？”帝曰：“厩牧在代，何患无马！今代在恒山之北，九州之外，非帝王之都也。”尚书于果曰：“臣非以代地为胜伊、洛之美也。但自先帝以来，久居于此，百姓安之；一旦南迁，众情不乐。”平阳公丕

没有制定禁止措施，时间久了就互相混淆而住了。现今听说洛阳城居民居处制度专以官位高低来分划处所，行业分类。官职并非是永久不变的，早上开花而傍晚枯萎，所以以官位来划分居处，则势必使士大夫和仆隶之徒不日而相杂混处。假如同一里巷之内，有的人家调教演习歌舞，有的人家读书学道，在此情况之下，即使让孩子们选择自己的爱好，则必定不能弃歌舞而亲近读书学道。这样说来让工匠、伎艺人家学习士人的礼仪习俗，一百年也难以学成；让士人的子弟仿效工匠、伎艺人的举止言谈，一朝半夕就可以学成。所以，孔子指出人选择居处，居于仁者之里才是美；孟母三次择邻而居，这乃是风俗礼仪的根本所在，不可不加以明察。朝廷每次选拔有名望的人，考察其婚姻和仕宦情况来作为升降的标准，何其严密认真啊！至于规划地区安置民众，却士庶混杂，比邻而居，又是何等的疏略啊！如今借着迁徙初始之机，洛阳城中皆是空地，使工匠、伎艺等行当的人分别居住，甚为容易，一言之令即可以办到，有何疑难而不为，以致使得如此盛美之事付之阙如了呢？

“还有，南朝过去占有淮北之地时，自己比作是中华，设置了侨郡侨县。但是，自从淮北归附本朝管辖之后，这一情况仍然沿而未改，以致名实交错，文书难以辨别。应该依照地理上的旧名，一一订正，重新加以规定，小的合并，大的分开设置。至于中原地区的郡县，因为户少人稀而合并撤销了一些，如今人口既然多起来了，可以恢复旧有建置了。

“还有，国君以天下为家，不应该有所偏私。仓库之中的储藏，是供给军队和国家所用的，假如不是大功大德者不可以随意加以赏赐。朝廷中的诸位大臣，享受的俸禄不少了，但是近来赐予，动辄以千计数。如果分别赏赐给那些鳏寡孤独的老百姓，就一定能救济许多人。但是，现今只是赏赐给亲近的大臣们，不是与所说‘周急不继富’背道而驰了吗？”孝文帝看了奏章，非常称赞他的意见。

二月乙丑，魏孝文帝驾临河阴，勘测划定筑建夏至日祭地时所用方泽的地址。

二月十六日辛卯，南齐郁林王在明堂举行祭祀仪式。

南齐司徒参军刘敩等人出使北魏。

二月二十一日丙申，北魏改任河南王拓跋幹为赵郡王，颍川王拓跋雍为高阳王。

二月二十七日壬寅，魏孝文帝到北方巡视；二月二十八日癸卯，渡过黄河；三月二十七日壬申，到了平城。让诸大臣再次议论迁都的利害关系，各位臣子都表述了自己对此问题的看法。燕州刺史穆罴说：“如今天下四方没有安定，所以不宜于迁都。况且征伐缺少战马，将如何克敌取胜呢？”孝文帝回答说：“养马在代地，何愁没有马呢？如今的代京地处恒山的北边，中原地区之外，并不是理想的帝王之都。”

曰："迁都大事，当讯之卜筮。"帝曰："昔周、召圣贤，乃能卜宅。今无其人，卜之何益！且'卜以决疑，不疑何卜'！黄帝卜而龟焦，天老曰'吉'，黄帝从之。然则至人之知未然，审于龟矣。王者以四海为家，或南或北，何常之有！朕之远祖，世居北荒。平文皇帝始都东木根山。昭成皇帝更营盛乐，道武皇帝迁于平城。朕幸属胜残之运，而何为独不得迁乎！"群臣不敢复言。罴，寿之孙；果，烈之弟也。癸酉，魏主临朝堂，部分迁留。

（以上为第五段，写北魏朝廷开展关于迁都洛阳的讨论，穆罴、于果、拓跋丕等大臣提出不同意见，皇帝拓跋宏逐一解答，铁了心是要迁都，并进行周密的部署。）

夏，四月，庚辰，魏罢西郊祭天。

辛巳，武陵昭王晔卒。

戊子，竟陵文宣王子良以忧卒。帝常忧子良为变，闻其卒，甚喜。

臣光曰：孔子称"鄙夫不可与事君，未得之，患得之；既得之，患失之。苟患失之，无所不至"。王融乘危徼幸，谋易嗣君。子良当时贤王，虽素以忠慎自居，不免忧死。迹其所以然，正由融速求富贵而已。轻躁之士，乌可近哉！

己亥，魏罢五月五日、七月七日飨祖考。

魏录尚书事广陵王羽奏："令文：每岁终，州镇列属官治状，及再考，则行黜陟。去十五年京官尽经考为三等，今已三载。臣辄准外考，以定京官治行。"魏主曰："考绩事重，应关朕听，不可轻发；且俟至秋。"

闰月，丁卯，镇军将军鸾即本号，开府仪同三司。

戊辰，以新安王昭文为扬州刺史。

五月，甲戌朔，日有食之。

六月，己巳，魏遣兼员外散骑常侍卢昶、兼员外散骑侍郎王清石来聘。昶，度世之子也。清石世仕江南，魏主谓清石曰："卿勿以南人自嫌。

尚书于果说道："我并不是认为代京这块地方就比洛阳地区好，但是自从先帝以来，就一直居住在这里，老百姓已经安居于此，一旦让他们往南边搬迁，恐怕心中不乐。"平阳公拓跋丕说："迁都是一件大事，应当通过卜筮来决定。"孝文帝说："古代的周公、召公是圣贤，所以才能卜问宅居。如今没有这样的圣贤了，卜筮又有什么用处呢？况且'卜筮为了决疑，没有犹疑，何必占卜'？黄帝占卜吉凶，龟甲烧焦了，黄帝的臣子天老说是'吉'，黄帝听从了。至美至善的完人知晓未发生的事情，是通过龟兆而审悉的。做王称帝的人以四海为家，南北不定，哪有常居呢？朕的远祖，世世代代居住在北方荒凉之地，到平文皇帝的时候方才建都于东木根山。昭成皇帝又营建了盛东而迁居。道武皇帝又迁都于平城。朕很幸运遇上了行仁政的时运，为什么就不能迁都呢？"群臣不敢再讲话了。穆罴是穆寿的孙子，于果是于烈的弟弟。三月二十八日癸酉，孝文帝驾临朝堂，主持部署迁往新都洛阳和留在平城的事项。

夏季，四月初六日庚辰，北魏免去西郊祭天仪式。

四月初七日辛巳，南齐武陵昭王萧晔去世。

四月十四日戊子，南齐竟陵文宣王萧子良因忧郁成疾去世。郁林王常常担忧萧子良谋反，听到他死了，大喜过望。

臣司马光评论说：孔子说："贪鄙的人不可以事奉君王，没有得到的时候，处心积虑于如何得到；一旦得到了，又唯恐失去。如果担忧失去，就会不择手段，无所不用其极。"王融乘人之危，投机取巧，阴谋废君另立。萧子良是当时的贤王，虽然素来以忠心谨慎而自居，不免忧郁而死。分析之所以如此，正是由于王融急于贪求富贵所致。轻薄躁急的人，岂是可以接近的吗？

四月二十五日己亥，北魏免除五月五日、七月七日祭祀祖先的礼俗。

北魏录尚书事、广陵王拓跋羽上奏说："朝令规定：每年年终，各州镇要列出所属官员的政绩情况，经过考察核对之后，进行降免或提拔。自太和十五年京官们全部经过考评列为三等之后，如今已经三年了。臣欲参照考评州镇属官的办法来考核京官，以便评定他们的政绩等级。"魏孝文帝说："考评京官政绩事关重大，应该由朕来决定，不可轻率从事，且等到秋天再说吧。"

闰四月二十三日丁卯，令南齐镇军将军萧鸾就镇军之职，开府仪同三司。

闰四月二十四日戊辰，南齐新安王萧昭文任扬州刺史。

五月初一日甲戌朔，发生日食。

六月二十六日己巳，北魏派遣兼员外散骑常侍卢昶、兼员外散骑侍郎王清石来访。卢昶是卢度世的儿子。王清石世代做官于江南，魏孝文帝告诉他说："你不要因

彼有知识，欲见则见，欲言则言。凡使人以和为贵，忽迭相矜夸，见于辞色，失将命之体也。”

秋，七月，乙亥，魏以宋王刘昶为使持节、都督吴越楚诸军事、大将军，镇彭城。魏主亲饯之。以王肃为昶府长史。昶至镇，不能抚接义故，卒无成功。

壬午，魏安定靖王休卒。自卒至殡，魏主三临其第，葬之如尉元之礼，送之出郊，恸哭而返。

壬戌，魏主北巡。

（以上为第六段，写南齐竟陵王萧子良是个贤才，而皇帝萧昭业却是庸才，权臣萧鸾野心勃勃，子良以忧去世，是一个重大的损失。）

西昌侯鸾既诛徐龙驹、周奉叔，而尼媪外入者，颇传异语。中书令何胤，以后之从叔，为帝所亲，使直殿省。帝与胤谋诛鸾，令胤受事；胤不敢当，依违谏说，帝意复止。乃谋出鸾于西州，中敕用事，不复关咨于鸾。

是时，萧谌、萧坦之握兵权，左仆射王晏总尚书事。谌密召诸王典签，约语之，不许诸王外接人物。谌亲要日久，众皆惮而从之。

鸾以其谋告王晏，晏闻之，响应；又告丹杨尹徐孝嗣，孝嗣亦从之。骠骑录事南阳乐豫谓孝嗣曰：“外传籍籍，似有伊、周之事。君蒙武帝殊常之恩，荷托付之重，恐不得同人此举。人笑褚公，至今齿冷。”孝嗣心然之而不能从。

帝谓萧坦之曰：“人言镇军与王晏、萧谌欲共废我，似非虚传。卿所闻云何？”坦之曰：“天下宁当有此，谁乐无事废天子邪！朝贵不容造此论，当是诸尼媪言耳，岂可信耶！官若无事除此三人，谁敢自保！”直阁将军曹道刚疑外间有异，密有处分，谋未能发。

时始兴内史萧季敞、南阳太守萧颖基皆内迁，谌欲待二人至，藉其势力以举事。鸾虑事变，以告坦之，坦之驰谓谌曰：“废天子，古来大事。比闻曹道刚、朱隆之等转已猜疑，卫尉明日若不就事，无所复及。弟有

为是南方人而有顾虑，他们之中有相知相识，想见就见，想说就说。做使节出访别国，要以和为贵，不要互相矜持夸耀，尤其不能从言谈举止中表现出来，失去了奉命出使的体统。”

秋季，七月初三日乙亥，北魏任命宋王刘昶为使持节、都督吴越楚诸军事、大将军，镇守彭城。魏孝文帝亲自为他饯行。又派遣王肃为刘昶府署的长史。刘昶到了彭城之后，没有能安抚交接有恩情的故旧，最终未能成就功业。

七月初十日壬午，北魏安定靖王拓跋休去世。从去世到出殡，魏孝文帝三次驾临府上。安葬时的礼仪与拓跋尉元的一样，亲自送灵柩到郊外，失声恸哭返宫。

七月二十日壬戌，魏孝文帝巡视北方。

西昌侯萧鸾诛杀徐龙驹、周奉叔之后，尼姑进宫后纷纷传言萧鸾有异谋。中书令何胤是何皇后的堂叔，为郁林王所亲近，让何胤在殿内省中值班。郁林王与何胤共同策划诛杀萧鸾，命令何胤承担这件事情，但是何胤不敢担当，反复劝谏，郁林王只好作罢。又谋划使萧鸾离开台城到西州去，宫中诏令及处理各事等，不再咨问于萧鸾。

这时候，萧谌、萧坦之掌握着兵权，左仆射王晏总领尚书事。萧谌秘密召见诸王的典签官，隐约地警告，不许诸王与外人接触。萧谌长时期以来一直受宠信居要职，大家都因害怕而听从。

萧鸾把自己的计谋告诉王晏，王晏听了之后，立即响应。萧鸾又告诉丹杨尹徐孝嗣，徐孝嗣也跟随了他，骠骑录事、南阳人乐豫对徐孝嗣说：“外界传言纷纷，似乎将有废现君另立新君的事。您承蒙武帝超乎寻常的恩待，担负重大的托付，恐怕就不应该再随同别人一起做这种举动了。人们嘲笑褚渊，至今对他还是讥笑啊！”徐孝嗣心里完全同意乐豫说的，但是身不由己，不能听从。

郁林王对萧坦之说：“人们都说镇军将军萧鸾同王晏、萧谌一起想把我废掉，似乎并不是虚传谣言。你听到的是些什么呢？”萧坦之回答道：“难道有这样的事情吗？谁喜欢没事废除天子呢？朝廷中的大臣们是不应该制造这种谣言，一定是那些尼姑说的，岂可相信呢？您如果无故把这二人除掉，谁还能保全自身呢？”直阁将军曹道刚怀疑外面有异变，暗中有图谋萧鸾的计划，密谋未能执行。

当时，始兴内史萧季敞、南阳太守萧颖基都调迁朝中，萧谌想等待他们二人到后，凭借他们的兵力而开始行动。萧鸾忧虑事情有变故，告诉了萧坦之，萧坦之骑马急告萧谌说：“废除天子，自古以来就是一件大事。最近听说曹道刚、朱隆之等人

百岁母，岂能坐听祸败，正应作余计耳！”谌惶遽从之。

壬辰，鸾使萧谌先入宫，遇曹道刚及中书舍人朱隆之，皆杀之。直后徐僧亮盛怒，大言于众曰：“吾等荷恩，今日应死报！”又杀之。鸾引兵自尚书入云龙门，戎服加朱衣于上，比入门，三失履。王晏、徐孝嗣、萧坦之、陈显达、王广之、沈文季皆随其后。帝在寿昌殿，闻外有变，犹密为手敕呼萧谌，又使闭内殿诸房阁。俄而谌引兵入寿昌阁，帝走趋徐姬房，拔剑自刺，不入，以帛缠颈，舆接出延德殿。

谌初入殿，宿卫将士皆操弓楯欲拒战。谌谓之曰：“所取自有人，卿等不须动！”宿卫素隶服于谌，皆信之；及见帝出，各欲自奋，帝竟无一言。行至西弄，弑之。舆尸出殡徐龙驹宅，葬以王礼。徐姬及诸嬖幸皆伏诛。鸾既执帝，欲作太后令；徐孝嗣于袖中出而进之，鸾大悦。癸巳，以太后令追废帝为郁林王，又废何后为王妃，迎立新安王昭文。

吏部尚书谢瀹方与客围棋，左右闻有变，惊走报瀹。瀹每下子，辄云“其当有意”，竟局，乃还斋卧，竟不问外事。大匠卿虞悰窃叹曰：“王、徐遂缚裤废天子，天下岂有此理邪！”悰，啸父之孙也。朝臣被召入宫。国子祭酒江敩至云龙门，托药发，吐车中而去。西昌侯鸾欲引中散大夫孙谦为腹心，使兼卫尉给甲仗百人。谦不欲与之同，辄散甲士，鸾亦不之罪也。

丁酉，新安王即皇帝位，时年十五。以西昌侯鸾为骠骑大将军、录尚书事、扬州刺史、宣城郡公。大赦，改元延兴。

（以上为第七段，写南齐宫廷政变，权臣萧鸾蓄谋已久，伙同大臣萧谌、萧坦之、王晏、徐孝嗣等，杀掉皇帝萧昭业，立新安王萧昭文为傀儡皇帝，改元延兴。）

转而猜疑我们了，您如果明天还不行动，就要失去机会，做什么也来不及了。弟有百岁老母亲在堂，岂能坐等灾祸降临呢？不能不做最后的打算。”萧谌惊恐匆忙地答应了。

七月二十日壬辰，萧鸾派萧谌先进入宫中，正遇上曹道刚以及中书舍人朱隆之，就把二人杀了。负责车舆后面侍卫任务的宿卫官徐僧亮见此情形，怒气冲天，大声对众人喊道：“我们承受皇恩，今日应当以死相报！”也被杀掉。萧鸾带兵从尚书府进入云龙门，朝服外面又加穿了战服，武装披挂，才进入宫门，鞋子就掉了三次。王晏、徐孝嗣、萧坦之、陈显达、王广之、沈文季等人都紧随在萧鸾之后。这时，郁林王正在寿昌殿中，听得外面有变故，还秘密写诏令传唤萧谌前来相救，又让人把内殿的门窗全关闭了。不一会儿，萧谌就领兵进入寿昌阁，郁林王匆忙跑进徐姬的房中，拔剑自杀，但扎得不深，用帛绸把脖子缠裹好，然后用肩舆抬出了延德殿。

萧谌刚进入殿内时，侍卫将士们都操起兵器准备搏战一场，萧谌对他们说：“我所取的另外有人，请你们不要乱动！”这些侍卫向来属萧谌所管，因此都听他的。等到看见郁林王出来了，各自奋勇，但是郁林王竟然连一句话也没说。行到延德殿西巷，郁林王就被弑杀了。尸体运出宫中，灵柩停在徐龙驹的府中，用亲王的礼仪安葬。徐姬和其他被宠幸的人统统被杀。萧鸾抓住皇帝之后，想假造太后的手令，徐孝嗣马上从衣袖中取出已准备好的太后手令递过去，萧鸾异常高兴。七月二十一日癸巳，萧鸾以太后之令追封废帝萧昭业为郁林王，又废黜何皇后为王妃，另准备迎立新安王萧昭文为新皇帝。

吏部尚书谢瀹正和客人下围棋，手下的人听说宫廷发生事变，惊慌跑来报告。谢瀹每下一子，就说声：“恐怕里面含有深意。”一局终了，就回室中躺下休息，终究没有过问外面发生的事情。大匠卿虞悰私下里叹息说：“王晏、徐孝嗣本为文官，竟着戎服把皇上废黜了，天底下哪有这样的道理呢？”虞悰是虞啸父的孙子。朝中大臣都被召进宫中，国子祭酒江敩来到云龙门时，借口药性发作，在车中呕吐不已，因而返回去了。西昌侯萧鸾想使中散大夫孙谦成为自己的心腹，就让他兼任卫尉，并且派给他披甲执兵的卫士一百人。然而，孙谦却不想与萧鸾同党，就把那些卫士统统打发走了，可是萧鸾也不因之而怪罪孙谦。

七月二十五日丁酉，新安王萧昭文即皇帝位，当时十五岁。任命西昌侯萧鸾为骠骑大将军、录尚书事、扬州刺史、宣城郡公。大赦天下，改年号为延兴。

辛丑，魏主至朔州。

八月，甲辰，以司空王敬则为太尉，鄱阳王锵为司徒，车骑大将军陈显达为司空，尚书左仆射王晏为尚书令。

魏主至阴山。

以始安王遥光为南郡太守，不之官。遥光，鸾之兄子也。鸾有异志，遥光赞成之，凡大诛赏，无不预谋。戊申，以中书郎萧遥欣为兖州刺史。遥欣，遥光之弟也。鸾欲树置亲党，故用之。

癸丑，魏主如怀朔镇；己未，如武川镇；辛酉，如抚宜镇；甲子，如柔玄镇；乙丑，南还；辛未，至平城。

九月，壬申朔，魏诏曰："三载考绩，三考黜陟；可黜者不足为迟，可进者大成赊缓。朕今三载一考，即行黜陟，欲令愚滞无妨于贤者，才能不拥于下位。各令当曹考其优劣为三等，其上下二等仍分为三。六品已下，尚书重问；五品已上，朕将亲与公卿论其善恶，上上者迁之，下下者黜之，中者守其本任。"

魏主之北巡也，留任城王澄铨简旧臣。自公侯已下，有官者以万数，澄品其优劣能否为三等，人无怨者。

壬午，魏主临朝堂，黜陟百官，谓诸尚书曰："尚书，枢机之任，非徒总庶务，行文书而已；朕之得失，尽在于此。卿等居官，年垂再期，未尝献可替否，进一贤退一不肖，此最罪之大者。"又谓录尚书事广陵王羽曰："汝为朕弟，居机衡之右，无勤恪之声，有阿党之迹，今黜汝录尚书、廷尉，但为特进、太子太保。"又谓尚书令陆叡曰："叔翻到省之初，甚有善称；比来偏颇懈怠，由卿不能相导以义。虽无大责，宜有小罚；今夺卿禄一期。"又谓左仆射拓跋赞曰："叔翻受黜，卿应大辟；但以咎归一人，不复重责；今解卿少师，削禄一期。"又谓左丞公孙良、右丞乞伏义受曰："卿罪亦应大辟；可以白衣守本官，冠服禄恤尽从削夺。若三年有成，还复本任；无成，永归南亩。"又谓尚书任城王澄曰："叔神志骄傲，可解少保。"又谓长兼尚书于果曰："卿不勤职事，数辞以疾，可解长兼，削禄一期。"其余守尚书尉羽、卢渊等，并以不职，或解任，或黜

七月二十九日辛丑，魏孝文帝到达朔州。

八月初二日甲辰，南齐任命司空王敬则为太尉，鄱阳王萧锵为司徒，车骑大将军陈显达为司空，尚书左仆射王晏为尚书令。

魏孝文帝到达阴山。

南齐任命始安王萧遥光为南郡太守，但萧遥光没有去就任。萧遥光是萧鸾哥哥的儿子。萧鸾有了废立的意图，萧遥光十分赞同并帮助他，凡是有关重大的诛杀或赏拔事情，都参加了预谋。八月初六日戊申，任命中书郎萧遥欣为兖州刺史。萧遥欣是萧遥光的弟弟。萧鸾想树立亲信，广揽同党，所以重用他。

八月十一日癸丑，魏孝文帝来到怀朔镇；八月十九日己未，到达武川镇；八月十七日辛酉，到了抚宜镇；八月二十二日甲子，到达柔玄镇；八月二十三日乙丑，南下返回；八月二十九日辛未，回到平城。

九月初一日壬申，北魏颁布诏书说："每三年考评一次官员们的政绩，经过三次考核，共九年的观察，昏庸的降职贤明的提升，对被罢免的人来说当然不会认为是太迟了，但是对于那些应该提升的人来说就大大地被拖欠了。朕现今决定三年考评一次，考评完毕就罢黜或提升，目的是为了使那些低能者不要妨碍了忠贤者的上进，使有才能的不要总是处在低位。分别命令负责考评的部门官员，把考评者分为优劣三等，其中上等和下等仍然再分为三等。六品以下的官员，由尚书复核审查，五品以上，朕将亲自与各位公卿一起评议其善恶，上上者提升使用，下下者罢免不用，中等的原任不变。"

魏孝文帝北巡期间，留下任城王拓跋澄考评百官。朝中从公侯以下，有官职的以万计数，拓跋澄以其优劣和才能高低，划为三个等级，没有一个人有怨言。

九月十一日壬午，魏孝文帝亲临朝堂，宣布对众臣百官的罢黜或提升情况，对诸位尚书说："尚书是枢机的关键，并非仅仅是总管事务，处理文书而已。朕的成败得失，完全关系于尚书。你们担任这职务，已经有两年了，但是从来没有向朕建议过什么事可为，什么事不可行；没有推荐过一个贤才，撤换过一个不称职的人，这是罪过中之最大者。"又对录尚书事广陵王拓跋羽说："你是朕的弟弟，是机要部门的最高长官。但是，你没有勤勉恪守的声誉，却有结党营私的行迹。现今罢免你的录尚书、廷尉之职，只担任特进、太子太保。"又对尚书令陆叡说："叔叔初到尚书省任职的时候，有很好的名声，可是近来不公正松懈懒惰，这由于你不能以道义引导相劝。你虽然没有大的责任，但是也应该受到小小的罚处，因此减去你一年的俸禄。"又对左仆射拓跋赞说："叔叔被罢黜，你应处以死刑。但是，事情既然归咎于一个人了，就不再处分他人了，今天解除你少师之职，削去一年的俸禄。"又对左丞公孙良、右丞乞伏义受说："你们的罪过也应该处以死刑，可以以平民身份继续留任

官，或夺禄，皆面数其过而行之。渊，昶之兄也。

帝又谓陆叡曰："北人每言：'北俗质鲁，何由知书！'朕闻之，深用怃然！今知书者甚众，岂皆圣人！顾学与不学耳。朕修百官，兴礼乐，其志固欲移风易俗。朕为天子，何必居中原！正欲卿等子孙渐染美俗，闻见广博；若永居恒北，复值不好文之主，不免面墙耳。"对曰："诚如圣言。金日磾不入仕汉朝，何能七世知名？"帝甚悦。

（以上为第八段，写北魏孝文帝拓跋宏励精图治，亲自考核、评判百官，毫不留情地处分不称职的官员；阐明迁都中原是为子孙浸染美俗，多闻多见，增长见识。）

郁林王之废也，鄱阳王锵初不知谋。及宣城公鸾权势益重，中外皆知其蓄不臣之志。锵每诣鸾，鸾常屣履至车后迎之；语及家国，言泪俱发，锵以此信之。宫台之内皆属意于锵，劝锵入宫发兵辅政。制局监谢粲说锵及随王子隆曰："二王乘油壁车入宫，出天子置朝堂，夹辅号令；粲等闭城门、上仗，谁敢不同！东城人正共缚送萧令耳。"子隆欲定计。锵以上台兵力既悉度东府，且虑事不捷，意甚犹豫。马队主刘巨，世祖时旧人，诣锵请间，叩头劝锵立事。锵命驾将入，复还内，与母陆太妃别，日暮不成行。典签知其谋，告之。癸酉，鸾遣兵二千人围锵第，杀锵，遂杀子隆及谢粲等。于时太祖诸子，子隆最壮大，有才能，故鸾尤忌之。

江州刺史晋安王子懋闻鄱阳、随王死，欲起兵，谓防阁吴郡陆超之曰："事成则宗庙获安，不成犹为义鬼。"防阁丹阳董僧慧曰："此州虽小，宋孝武常用之。若举兵向阙以请郁林之罪，谁能御之！"子懋母阮氏在建康，密遣书迎之，阮氏报其同母兄于瑶之为计。瑶之驰告宣城公鸾。乙亥，假鸾黄钺，内外纂严，遣中护军王玄邈讨子懋，又遣军主裴叔业与于瑶之先袭寻阳，声云为郢府司马。子懋知之，遣三百人守湓城。叔

本职。礼帽礼服以及抚恤亲属的俸禄，一律免去。如果在三年之内有政绩，就官复原职；如果没有任何成就，那就永远回去种地。”对尚书任城王拓跋澄说：“叔叔你趾高气扬，骄傲自大，所以解除少保官职。”对长兼尚书于果说：“你不勤于职任之事，数次以疾病为借口，所以解除长兼，削去一年的俸禄。”其余守尚书尉羽、卢渊等人，均以不称职，或者被解除职务，或者被罢黜官位，或者被削去俸禄，都当面一一指责其过失。卢渊是卢昶的哥哥。

孝文帝又对陆叡说：“北方人常说：‘北方风俗朴质、粗犷，从何种渠道知书识礼？’朕听了之后，感到异常失意。现今知书的人很多，难道都是圣人吗？只在于学与不学。朕整治百官，大兴礼乐，心意在于移风易俗。朕身为天子，何必要去中原居住呢？还不是为了使你们的子孙渐渐习染好的风俗习惯，能多闻多见，增加见识？如果永远住在恒山之北，再遇上一个不喜欢诗书礼乐的国君，那就难免不学无术，无所睹见了。”陆叡回答道：“确实如圣上所说。金日磾如果不到汉朝去做官，怎么能够七世知名于世呢？”孝文帝十分喜悦。

郁林王被废黜的时候，鄱阳王萧锵最初并不知道。等到宣城公萧鸾的权势日益增大，朝廷内外都知道萧鸾心里有不再做臣子的意图。萧锵每次去拜见萧鸾时，萧鸾常常匆忙得连鞋都来不及穿好就到车子后面去迎接，说到国家大事，声泪俱下，萧锵因此还是很信任他。朝中各方都倾意于萧锵，劝萧锵入宫发兵，辅佐朝政。制局监谢粲游说萧锵和随王萧子隆说：“二位王爷只需乘着油壁车进入宫中，把皇帝带出来，挟持到朝堂之上，左右辅佐，发布号令，我和其他人关闭城门，举起兵杖武器前来声援，谁敢不听令呢？只怕东府里的人会乖乖地把萧鸾缚送过来呢。”萧子隆想决定计策。萧锵因朝中兵力全控制在萧鸾手中，且考虑到事情不一定能成功，犹豫万分。马队主刘巨是世祖时的旧人，来见萧锵，要求和萧锵单独说话，跪下磕头，力劝萧锵采取行动。萧锵命令准备车马，将要进宫，又回到内室，与母亲陆太妃告别，结果天黑了还没有出发。萧锵身边的典签知道了这一计划，就告发了。九月初二日癸酉，萧鸾派遣两千士兵围住萧锵的住处，杀了萧锵，又杀了萧子隆、谢粲等人。当时世祖的儿子中数萧子隆强壮高大，有才能，因此萧鸾尤其忌妒他。

江州刺史晋安王萧子懋闻知鄱阳王萧锵和随王萧子隆已经死了，准备起兵，对防阁吴郡人陆超之说：“事情如果能成功则朝廷获得安宁，如果失败仍然是正义之鬼。”防阁丹阳人董僧慧说：“江州虽然地域狭小，但是宋孝武曾使用它。现今如果发兵进朝，讨伐萧鸾杀害郁林王之罪，谁能够抵抗呢？”萧子懋的母亲阮氏住在建康，派人秘密传书信把她接来，阮氏把情况告诉了自己的同母哥哥于瑶之，与于瑶之计谋，谁知于瑶之立即派快马报告了宣城公萧鸾。九月初四日乙亥，假授萧鸾黄

业溯流直上，至夜，回袭湓城，城局参军乐贲开门纳之。子懋闻之，帅府州兵力据城自守。子懋部曲多雍州人，皆勇跃愿奋。叔业畏之，遣于瑶之说子懋曰：“今还都必无过忧，正当作散官，不失富贵也。”子懋既不出兵攻叔业，众情稍沮。中兵参军于琳之，瑶之兄也，说子懋重赂叔业，可以免祸。子懋使琳之往，琳之因说叔业取子懋。叔业遣军主徐玄庆将四百人随琳之入州城，僚佐皆奔散。琳之从二百人，拔白刃入斋，子懋骂曰：“小人！何忍行此！”琳之以袖鄣面，使人杀之。

王玄邈执董僧慧，将杀之，僧慧曰：“晋安举义兵，仆实预其谋，得为主人死，不恨矣！愿至大敛毕，退就鼎镬。”玄邈义之，具以白鸾，免死配东冶。子懋子昭基，九岁，以方二寸绢为书，参其消息，并遗钱五百，行金得达，僧慧视之曰：“郎君书也！”悲恸而卒。于琳之劝陆超之逃亡。超之曰：“人皆有死，此不足惧！吾若逃亡，非唯孤晋安之眷，亦恐田横客笑人！玄邈等欲囚以还都，超之端坐俟命。超之门生谓杀超之当得赏，密自后斩之，头坠而身不僵。玄邈厚加殡敛。门生亦助举棺，棺坠，压其首，折颈而死。

鸾遣平西将军王广之袭南兖州刺史安陆王子敬。广之至欧阳，遣部将济阴陈伯之先驱。伯之因城开，独入，斩子敬。

鸾又遣徐玄庆西上害诸王。临海王昭秀为荆州刺史，西中郎长史何昌寓行州事。玄庆至江陵，欲以便宜从事。昌寓曰：“仆受朝廷意寄，翼辅外藩。殿下未有愆失，君以一介之使来，何容即以相付邪！若朝廷必须殿下，当自启闻，更听后旨。”昭秀由是得还建康。昌寓，尚之之弟子也。

钱，内外戒严，派遣中护军王玄邈讨伐萧子懋，另又派遣军主裴叔业与于瑶之先去袭击寻阳，声称是郢府司马。萧子懋知道后，派遣三百人守卫湓城。裴叔业溯江而上，到了夜间，回过头来奔袭湓城，城局参军乐贲打开城门接裴叔业进城。萧子懋知此后，率领府州的兵力据城自守。萧子懋的部曲大多是雍州人，都自告奋勇，跃跃欲试。裴叔业害怕了，派遣于瑶之去说服萧子懋，瑶之对子懋讲："你现今如果回到京城去，一定不会有什么担心之处，正当做闲散官员，仍然不失富贵荣华呀。"萧子懋不出兵攻打裴叔业，部下的情绪就渐渐沮丧低落。中兵参军于琳之是于瑶之的哥哥，他劝说萧子懋以重金贿赂裴叔业，可以免除灾祸。萧子懋派于琳之前去，但是于琳之却又劝说裴叔业捉拿萧子懋。裴叔业派军主徐玄庆带领四百兵士随于琳之进入江州城，萧子懋手下的官员们纷纷奔散逃命。于琳之带领着二百人，手执刀剑进入萧子懋的住处，萧子懋见此情形，大骂于琳之说："无耻小人，怎么能忍心干出这样的事呢？"于琳之用衣袖遮住自己的脸，让人杀死了萧子懋。

王玄邈抓住了董僧慧，将要杀他，董僧慧说："晋安王萧子懋举义兵，讨逆贼，我确实参与了策谋，现今能为主人而死，死而无憾！希望能在晋安王的大殓之礼举行完毕之后，就身鼎镬。"王玄邈觉得董僧慧非常有义气，就把情况告诉了萧鸾，结果董僧慧免于处死，被发配到东冶。萧子懋的儿子萧昭基当时才九岁，他以二寸见方的丝织写成一封书信，打问董僧慧的情况，并送去五百钱，用这些钱行贿管制人员，信才被转交董僧慧。董僧慧看到绢书之后，一眼就认出来了，说道："这是郎君写的啊！"悲恸而死。于琳之劝说陆超之逃跑，陆超之说："人迟早都有一死，这没有什么可畏惧的。我如果逃亡了，不但已经死去的晋安王的家眷孤单而无人照料，恐怕还要遭田横门客们的嘲笑。"王玄邈等人想把陆超之押送到京都，陆超之端坐不动，等待他们前来捕他。陆超之的门生以为杀了陆超之一定能得到重赏，就偷偷地从背后把陆超之斩了，但是他的头虽然落地了，身子却还没有向后倒下。王玄邈将陆超之厚葬，那个门生也来帮忙抬棺材入葬，棺材突然坠下，压住了门生的脑袋，折颈而死。

萧鸾派遣平西将军王广之去袭击南兖州刺史安陆王萧子敬。王广之到欧阳后，派部下将领济阴人陈伯之为先驱，前去袭击。陈伯之到后，见城门大开，就率先而入，斩了萧子敬。

萧鸾又派遣徐玄庆去西边杀害诸位藩王。临海王萧昭秀为荆州刺史，西中郎长史何昌寓主持州中事务，徐玄庆到了江陵之后，想捕杀临海王，何昌寓说道："我受朝廷委托，辅佐临海王。殿下并没有什么过失，你只不过是别人派来的一个使臣，如何就能让我把殿下交给你呢？如果圣上一定索要殿下，我自己会启奏陈述，等待圣上的答复。"萧昭秀因此才得以回到建康。何昌寓是何尚之弟弟的儿子。

鸾以吴兴太守孔琇之行郢州事，欲使之杀晋熙王銶。琇之辞不许，遂不食而死。琇之，靖之孙也。

（以上为第九段，权臣萧鸾权势日重，鄱阳王萧锵、晋安王萧子懋欲起兵反抗，都被萧鸾镇压；萧鸾谋求篡位，大开杀戒，诸王惨死。）

裴叔业自寻阳仍进向湘州，欲杀湘州刺史南平王锐，防阁周伯玉大言于众曰："此非天子意。今斩叔业，举兵匡社稷，谁敢不从！"锐典签叱左右斩之。乙酉，杀锐；又杀郢州刺史晋熙王銶，南豫州刺史宜都王铿。

丁亥，以卢陵王子卿为司徒，桂阳王铄为中军将军、开府仪同三司。

冬，十月，丁酉，解严。

以宣城公鸾为太傅、领大将军、扬州牧、都督中外诸军事，加殊礼，进爵为王。

宣城王谋继大统，多引朝廷名士与参筹策。侍中谢朏心不愿，乃求出为吴兴太守。至郡，致酒数斛，遗其弟吏部尚书瀹，为书曰："可力饮此，勿豫人事！"

臣光曰：臣闻"衣人之衣者怀人之忧，食人之食者死人之事"。二谢兄弟，比肩贵近，安享荣禄，危不预知；为臣如此，可谓忠乎！

宣城王虽专国政，人情犹未服。王胛上有赤志，骠骑谘议参军考城江祏劝王出以示人。王以示晋寿太守王洪范曰："人言此是日月相，卿幸勿泄！"洪范曰："公日月在躯，如何可隐，当转言之！"王母，祏之姑也。

戊戌，杀桂阳王铄、衡阳王钧、江夏王锋、建安王子真、巴陵王子伦。

铄与鄱阳王锵齐名；锵好文章，铄好名理，时人称为"鄱、桂"。锵死，铄不自安，至东府见宣城王，还，谓左右曰："向录公见接殷勤，流连不能已，而面有惭色，此必欲杀我。"是夕，遇害。

宣城王每杀诸王，常夜遣兵围其第，斩关逾垣，呼噪而入，家赀皆

萧鸾派吴兴太守孔琇之代管郢州事务，想让他杀害晋熙王萧銶。孔琇之推辞不干，绝食而亡。孔琇之是孔靖的孙子。

裴叔业从寻阳继续前进来到了湘州，想要杀掉湘州刺史南平王萧锐，防阁周伯玉对众人大声说道："这并不是天子的命令。现今，我要斩掉裴叔业，举众发兵，匡扶社稷江山，谁敢不听从！"萧锐的典签喝退周围的人，斩了周伯玉。九月十四日乙酉，杀害了南平王萧锐，又杀了郢州刺史晋熙王萧銶、南豫州刺史宜都王萧铿。

九月十六日丁亥，南齐任命卢陵王萧子卿为司徒，桂阳王萧铄为中军将军、开府仪同三司。

冬季，十月丁酉，南齐宣布解除戒严。

南齐任命宣城公萧鸾为太傅、领大将军、扬州牧、都督中外诸军事，并加以特殊的礼遇，进爵位为王。

宣城王萧鸾策划篡位当皇帝，广为招揽朝廷名士参与筹谋。侍中谢朏心里不愿意，于是请求出任吴兴太守。到任之后，给担任吏部尚书的弟弟谢瀹送去好几斛酒，并且附信一封，信上说："可以尽量饮酒，不要参与他人的事！"

> 臣司马光评论说：我听说："穿了他人衣服的人要替他人分忧，吃了他人东西的人要替他人的事情而死。"二谢弟兄，同时担任皇帝贵重亲近大臣，安享荣华富贵，危难竟然不参与、不过问君主的危亡，如此做臣，可以说是忠诚吗？

宣城王萧鸾虽然独断国政，但是人们并不服气他。他的肩胛处有个红色的痣，骠骑谘议参军考城人江祏劝他出示给人看。宣城王就出示给晋寿太守王洪范看，并说道："人们说这个痣是日月之相，你一定不要往外泄露。"王洪范回答："大人您有日月在身上，怎么能隐而不宣呢？应该转告别人。"宣城王萧鸾的母亲是江祏的姑姑。

十月戊戌，南齐杀了桂阳王萧铄、衡阳王萧钧、江夏王萧锋、建安王萧子真、巴陵王萧子伦。

萧铄与鄱阳王萧锵名气相等，萧锵爱好文学，萧铄爱好名理，当时人们称之为鄱、桂。萧锵死后，萧铄即感觉自危不安，到东府去见宣城王萧鸾，回来之后，对手下的人说："刚才录尚书公接见我十分殷勤周到，留连不舍的样子，但面带愧色，这一定是想杀掉我。"当天晚上，萧铄即被害。

宣城王萧鸾每当杀害一个藩王，总是于夜间派兵包围藩王的住所，翻墙破门，

封籍之。江夏王锋，有才行，宣城王尝与之言：“遥光才力可委。”锋曰：“遥光之于殿下，犹殿下之于高皇；卫宗庙，安社稷，实有攸寄。”宣城王失色。及杀诸王，锋遗宣城王书，诮责之；宣城王深惮之，不敢于第收锋，使兼祠官于太庙，夜，遣兵庙中收之。锋出，登车，兵人欲上车，锋有力，手击数人皆仆地，然后死。

宣城王遣典签柯令孙杀建安王子真，子真走入床下，令孙手牵出之，叩头乞为奴，不许而死。又遣中书舍人茹法亮杀巴陵王子伦。子伦性英果，时为南兰陵太守，镇琅邪，城有守兵。宣城王恐不肯就死，以问典签华伯茂，伯茂曰：“公若以兵取之，恐不可即办。若委伯茂，一夫力耳。”乃手自执鸩逼之，子伦正衣冠，出受诏，谓法亮曰：“先朝昔灭刘氏，今日之事，理数固然。君是身家旧人，今衔此使，当由事不获已。此酒非劝酬之爵。”因仰之而死，时年十六。法亮及左右皆流涕。

（以上为第十段，写南齐萧鸾权势熏天，效法当年萧道成对待刘宋子孙一样，对萧道成、萧赜的子孙赶尽杀绝，以消除篡权路上的一切绊脚石，手段残忍至极。）

初，诸王出镇，皆置典签，主帅一方之事，悉以委之。时入奏事，一岁数返，时主辄与之间语，访以州事，刺史美恶专系其口，自刺史以下莫不折节奉之，恒虑弗及。于是威行州部，大为奸利。武陵王晔为江州，性烈直，不可干；典签赵渥之谓人曰：“今出都易刺史！”及见世祖，盛毁之，晔遂免还。

南海王子罕戍琅邪，欲暂游东堂，典签姜秀不许。子罕还，泣谓母曰：“儿欲移五步亦不得，与囚何异！”邵陵王子贞尝求熊白，厨人答典签不在，不敢与。

永明中，巴东王子响杀刘寅等，世祖闻之，谓群臣曰：“子响遂反！”戴僧静大言曰：“诸王都自应反，岂唯巴东！”上问其故，对曰：“天王无罪，而一时被囚，取一挺藕、一杯浆，皆谘签帅；签帅不在，则竟日忍渴。诸州唯闻有签帅，不闻有刺史。何得不反！”

竟陵王子良尝问众曰：“士大夫何意诣签帅？”参军范云曰：“诣长史

呼喊而入，把家产全部封存没收。江夏王萧锋，有才能品行，萧鸾曾经对他讲道："始安王萧遥光极有才干，可以委以重任。"江夏王回答道："萧遥光之于殿下，正如殿下之于高皇帝。卫护宗庙，安定社稷，确实可以寄予厚望。"宣城王不禁大惊失色。等到萧鸾大杀诸位藩王的时候，萧锋派人给宣城王送去一封信，谴责他。宣城王非常害怕萧锋，不敢到住所去抓他，就让萧锋在太庙中兼任祠官之职，然后在夜里派兵去庙中捕获他。萧锋从太庙中出来，登上自己的车，兵士也要上车去，萧锋力气非常大，徒手与这些人击打，使好几个人倒在地上起不来，然后萧锋才被杀。

宣城王又派中书舍人茹法亮去杀巴陵王萧子伦。萧子伦性情英勇果敢，当时任南兰陵太守，镇守琅邪。琅邪城中有守兵，宣城王担心萧子伦不肯任人宰杀，就问典签华伯茂如何办，华伯茂说："大人您如果派兵去收拾他，恐怕不能很快达到目的。如果把这事委托与我办理，只以一人之力就可以办妥。"华伯茂就亲自手执鸩酒，逼使萧子伦喝下去。萧子伦理正自己的衣服、帽子，出来接受诏书，对茹法亮说："先前，太祖灭刘氏。今天的情况，也是天数所定。你是曾事奉过世祖的老人了，现今受指使而来，当是身不由己，奉命行事而已。这酒绝非是平常饮宴的酒。"将毒酒一饮而尽。死时他年龄才十六岁，茹法亮以及左右都痛哭流涕。

当初，各藩王出镇州郡，都配置典签官，凡地方的事情全部委任其统管。典签官按时入朝奏告情况，一年之内数次往返于镇所与朝廷之间，皇帝经常与其单独谈话，询问州里的事情，因此，州刺史的好坏善恶全凭典签的一张嘴而定，于是从刺史到下属其他官员无不对其曲意奉承，唯恐不及。这时典签威行一州之内，谋取奸利。武陵王萧晔任江州刺史，性情刚烈耿直，不可冒犯，典签赵渥之对人讲："我从都城出来，就要换掉刺史。"赵渥之见了齐武帝，对萧晔大加毁谤，于是萧晔就被免职，回到京都。

南海王萧子罕戍守琅邪，他想去东堂游玩一次，典签姜秀不准许。萧子罕回到家中，哭着对母亲讲道："儿想移动五步都不能，这与被囚禁有什么两样呢？"邵陵王萧子贞一次想要吃熊脂，厨子说典签不在，不敢私自给他。

永明年间，巴东王萧子响杀死了刘寅等人，齐武帝听说了，对诸位大臣说："子响是要谋反啊！"戴僧静在下面大声说道："诸藩王本来都应该谋反，岂止巴东王一个呢？"齐武帝问这是因为什么，戴僧静说："天王何罪之有，但时时被囚禁，要一截藕，要一杯浆，都要请示典签，如果典签不在，那就只好整日忍渴挨饿。各州郡只知道有典签，而不知道有刺史，他们怎么能不反呢？"

竟陵王萧子良曾经问众人："士大夫出于什么意图纷纷巴结典签呢？"参军范云

以下皆无益，诣签帅立有倍本之价。不诣谓何！”子良有愧色。

及宣城王诛诸王，皆令典签杀之，竟无一人能抗拒者。孔珪闻之，流涕曰：“齐之衡阳、江夏最有意，而复害之；若不立签帅，故当不至于此。”宣城王亦深知典签之弊，乃诏：“自今诸州有急事，当密以奏闻，勿复遣典签入都。”自是典签之任浸轻矣。

萧子显论曰：帝王之子，生长富厚，朝出闺阃，暮司方岳，防骄翦逸，积代常典。故辅以上佐，简自帝心；劳旧左右，用为主帅，饮食起居，动应闻启；处地虽重，行己莫由。威不在身，恩未下及，一朝艰难总至，望其释位扶危，何可得矣！斯宋氏之余风，至齐室而尤弊也。

（以上为第十一段，写南齐王朝承接刘宋，建立典签制度，诸王被管得死死的，造成了诸多悲剧。司马光引用萧子显的评论，分析这种制度的弊端，引以为戒。）

癸卯，以宁朔将军萧遥欣为豫州刺史，黄门郎萧遥昌为郢州刺史，辅国将军萧诞为司州刺史。遥昌，遥欣之弟；诞，谌之兄也。

甲辰，魏以太尉东阳王丕为太傅、录尚书事，留守平城。

戊申，魏主亲告太庙，使高阳王雍、于烈奉迁神主于洛阳；辛亥，发平城。

海陵王在位，起居饮食，皆咨宣城王而后行。尝思食蒸鱼菜，太官令答无录公命，竟不与。

辛亥，皇太后令曰：“嗣主冲幼，庶政多昧；且早婴尪疾，弗克负荷。太傅宣城王，胤体宣皇，钟慈太祖，宜入承宝命。帝可降封海陵王，吾当归老别馆。”且以宣城王为太祖第三子。

癸亥，高宗即皇帝位，大赦，改元。以太尉王敬则为大司马，司空陈显达为太尉，尚书令王晏加骠骑大将军，左仆射徐孝嗣加中军大将军，中领军萧谌为领军将军。

度支尚书虞悰称疾不陪位。帝以悰旧人，欲引参佐命，使王晏赍废立事示悰。悰曰：“主上圣明，公卿戮力，宁假朽老以赞惟新乎！不敢闻

回答说："去长史及以下的人那里都不会得到什么好处，而去典签那里很快就可以获得超过本钱价值的好处，如此好的买卖，为什么不去呢？"萧子良颇有愧色。

到了宣城王诛杀诸藩王的时候，都令典签去杀，竟然没有一个人能够抗拒。孔珪听到之后，流着眼泪说道："齐朝的衡阳王、江夏王最在意帝室，然而仍被杀害，如果不设立典签，本来不会至于如此的。"宣城王萧鸾也深知给诸王设典签的弊端，因此发布诏令："从今开始，各州有紧急事情，应当秘密地奏告朝廷，不要再派遣典签进入都城。"从此，典签这一职务的作用就渐渐弱小了。

萧子显评论说：帝王之子，生长在富贵之中，早上刚刚离开内宫，日暮就担任一州之长。预防骄奢翦除淫逸，是历代的常典。所以辅佐以上等的僚属，皇帝从自己的心腹中挑选；或者烦劳功臣、旧臣、左右亲信，任命为主帅，凡饮食起居一应事项，都得报告请示。藩王虽然位置很高，但是都行不由己。威不在身，不能施恩于下属，一旦朝廷艰难危急之际，期望他们来扶危匡正，怎么可能呢？藩王置典签之例始于宋，齐室沿袭不变，弊端尤多。

十月初二日癸卯，南齐任宁朔将军萧遥欣为豫州刺史，黄门郎萧遥昌为郢州刺史，辅国将军萧诞为司州刺史。萧遥昌是萧遥欣的弟弟，萧诞是萧谌的哥哥。

十月初三日甲辰，北魏任命太尉东阳王拓跋丕为太傅、录尚书事，并令其留守平城。

十月初七日戊申，魏孝文帝亲自去太庙祝告，又责成高阳王拓跋雍和于烈奉命迁神主于洛阳。十月初十日辛亥，开始从平城出发。

海陵王萧昭文虽然身居帝位，但起居饮食等事项，统统要请示宣城王萧鸾准许后才可以进行。一次，海陵王想要吃蒸鱼菜，太官令说没有录公的命令，竟然不给他吃。

十月初十日辛亥，皇太后发出诏令："新继位的皇帝年龄幼小，对朝政不明。况且，他从小就瘦弱多病，不能承受过重的负担。太傅宣城王，是宣皇帝之嫡孙，又深得太祖皇帝的钟爱，所以适宜于入宫承受皇位。皇帝可降封为海陵王，我本人也因年老而告退住入别的馆舍，不再过问朝政。"并且，以宣城王为太祖的第三子。

十月二十二日癸亥，齐明帝萧鸾即位，大赦天下，改年号为建武。任命太尉王敬则为大司马，司空陈显达为太尉，尚书令王晏加封骠骑大将军，左仆射徐孝嗣加封中军大将军，中领军萧谌为领军将军。

度支尚书虞悰借口有病，不愿做辅臣。齐明帝因为虞悰是过去的老人，想拉他参与朝政，所以就指使王晏把废除海陵王而自立的事告诉了他。虞悰说道："主上圣

命！”因恸哭。朝议欲纠之，徐孝嗣曰：“此亦古之遗直。”乃止。

帝与群臣宴会，诏功臣上酒。王晏等兴席，谢瀹独不起，曰：“陛下受命，应天顺人；王晏妄叨天功以为己力！”帝大笑，解之。座罢，晏呼瀹共载还令省，欲相抚悦，瀹正色曰：“卿巢窟在何处！”晏甚惮之。

丁卯，诏：“藩牧守宰，或有荐献，事非任土，悉加禁断。”

己巳，魏主如信都。庚午，诏曰：“比闻缘边之蛮，多窃掠南土，使父子乖离，室家分绝。朕方荡壹区宇，子育万姓，若苟如此，南人岂知朝德哉！可诏荆、郢、东荆三州，禁勒蛮民，勿有侵暴。”

十一月，癸酉，以始安王遥光为扬州刺史。

丁丑，魏主如邺。

庚辰，立皇子宝义为晋安王，宝玄为江夏王，宝源为庐陵王，宝寅为建安王，宝融为随郡王，宝攸为南平王。

甲申，诏曰：“邑宰禄薄，虽任土恒贡，自今悉断。”

乙酉，追尊始安贞王为景皇，妃为懿后。

丙戌，以闻喜公遥欣为荆州刺史，丰城公遥昌为豫州刺史。时上长子晋安王宝义有废疾，诸子皆弱小，故以遥光居中，遥欣镇抚上流。

戊子，立皇子宝卷为太子。

（以上为第十二段，写北魏正式迁都洛阳；南齐开国帝王萧道成的子孙黯然收场，小皇帝萧昭文逊位，萧鸾登基，大赦天下，改元建武，任用亲信，封子为王。）

魏主至洛阳，欲澄清流品，以尚书崔亮兼吏部郎。亮，道固之兄孙也。

魏主敕后军将军宇文福行牧地。福表石济以西，河内以东，距河凡十里。魏主自代徙杂畜置其地，使福掌之；畜无耗失，以为司卫监。

明，公卿合力辅佐，为何还要借用老朽来赞助新皇帝呢？实在不敢从命！”恸哭不已。朝廷中议论要追究虞悰，徐孝嗣说：“虞悰是古代正直耿介之士之遗风啊！”才停止争议。

齐明帝与群臣百官欢宴庆贺，令有功之臣祝酒。王晏等人遵命从坐席上立起，唯独谢瀹安坐不起，说道：“陛下受命登基，上应天心，下顺人意，而王晏竟然贪天功以为己力！”齐明帝听了大笑，就不勉强谢瀹上酒了。宴会完毕，王晏招呼谢瀹与自己一同乘车回令省，想要互相交流一下喜悦的感情，谢瀹严厉地对他说：“您的巢窝在何处呢？”从此，王晏特别害怕谢瀹。

十月二十六日丁卯，齐明帝诏令：“外藩州郡长官有时常给朝廷上进献礼品，不是规定的贡品，一概加以禁止。”

十月二十八日己巳，魏孝文帝到达信都。十月二十九日庚午，发布诏令：“近来听说边境上的蛮人，经常抢劫掠夺南方人，使他们父子相离，家庭破碎。朕正要统一天下，像养育子女一样爱护百姓，如果这样的话，南方人怎么能知道我朝的仁德呢？应该诏令荆州、郢州、东荆州三个地方，对蛮民严加禁止，不许再对江南人侵犯掠夺。”

十一月初三日癸酉，南齐任命始安王萧遥光为扬州刺史。

十一月初七日丁丑，魏孝文帝到了邺城。

十一月初十日庚辰，南齐封皇子萧宝义为晋安王，萧宝玄为江夏王，萧宝源为庐陵王，萧宝寅为建安王，萧宝融为随郡王，萧宝攸为南平王。

十一月十四日甲申，南齐诏令：“各县令俸薄禄少，从今开始，连田赋常贡，也悉加减免。”

十一月十五日乙酉，南齐追尊始安贞王为景皇帝，其妃子为懿后。

十一月十六日丙戌，南齐任命闻喜公萧遥欣为荆州刺史，丰城公萧遥昌为豫州刺史。当时，齐明帝长子萧宝义瘫痪难医，其他儿子又都幼小，所以就让萧遥光为扬州刺史，萧遥欣镇守豫州。

十一月十八日戊子，南齐立皇子萧宝卷为太子。

魏孝文帝到达洛阳。想整理门第高下，任命尚书崔亮兼任吏部郎。崔亮是崔道固的哥哥的孙子。

魏孝文帝令后军将军宇文福测量规划新牧场。宇文福奏称石济以西、河内以东，距黄河十里方圆之地为牧场。魏孝文帝又命令从代地迁移各种牲畜到此地牧养，由

初，世祖平统万及秦、凉，以河西水草丰美，用为牧地，畜甚蕃息，马至二百余万匹，橐驼半之，牛羊无数。及高祖置牧场于河阳，常畜戎马十万匹，每岁自河西徙牧并州，稍复南徙，欲其渐习水土，不至死伤，而河西之牧愈更蕃滋。及正光以后，皆为寇盗所掠，无孑遗矣。

永明中，御史中丞沈渊表，百官年七十，皆令致仕，并穷困私门。庚子，诏依旧铨叙。上辅政所诛诸王，皆复属籍，封其子为侯。

上诈称海陵恭王有疾，数遣御师瞻视，因而殒之，葬礼并依汉东海恭王故事。

魏郢州刺史韦珍，在州有声绩，魏主赐以骏马、谷帛。珍集境内孤贫者，悉散与之，谓之曰："天子以我能绥抚卿等，故赐以谷帛，吾何敢独有之！"

魏主以上废海陵王自立，谋大举入寇。会边将言，雍州刺史下邳曹虎遣使请降于魏，十二月，辛丑朔，魏遣行征南将军薛真度督四将向襄阳，大将军刘昶、平南将军王肃向义阳，徐州刺史拓跋衍向钟离，平南将军广平刘藻向南郑。真度，安都从祖弟也。以尚书卢渊为安南将军，督襄阳前锋诸军。渊辞以不习军旅，不许。渊曰："但恐曹虎为周鲂耳。"

魏主欲变易旧风，壬寅，诏禁士民胡服。国人多不悦。

（以上为第十三段，写南齐明帝萧鸾毒杀海陵王萧昭文；北魏建立新牧场，戎马繁殖壮盛；乘南齐内部残杀之机，派出四路大军，大举南侵；下诏令禁穿胡服。）

通直散骑常侍刘芳，缵之族弟也，与给事黄门侍郎太原郭祚，皆以文学为帝所亲礼，多引与讲论及密议政事，大臣贵戚皆以为疏己，怏怏有不平之色。帝使给事黄门侍郎陆凯私谕之曰："至尊但欲广知古事，询访前世法式耳，终不亲彼而相疏也。"众意乃稍解。凯，馛之子也。

魏主欲自将入寇。癸卯，中外戒严。戊申，诏代民迁洛者复租赋三年。相州刺史高闾上表称："洛阳草创，曹虎既不遣质任，必无诚心，无

宇文福具体负责该事。牲口没有丢失减损，任命宇文福为司卫监。

当初，魏太武帝拓跋焘平定统万以及秦、凉等地，由于河西之地水草丰美，就开辟为牧地，牲畜繁殖甚为兴旺，马匹多至二百余万匹，骆驼有一百余万峰，牛羊无以计数。到孝文帝时，又设牧场于河阳，时常蓄养战马十万匹，每年从河西把马匹迁移到并州放牧一段时间，然后再迁移到南边，以便马匹能逐渐熟习水土，不至于死伤，这样一来，河西的牲畜反而更加蕃滋兴盛。到正光年间以后，牲畜全被寇盗掠夺而去，无有孑遗。

南齐永明年间，御史中丞沈渊上表启奏，凡百官中年龄七十岁的，皆令其退职归还官位，都穷困于家门之中。十一月二十九日庚子，发布诏令，依照旧例论定百官次序。又把在齐明帝摄政期间所杀害的诸位藩王，都重新列入皇室宗族，封他们的儿子为侯。

齐明帝诈称海陵王有疾病，几次派遣御医前去看视，海陵王终于殒殁，葬礼依照东汉东海恭王刘强的旧例进行。

北魏郢州刺史韦珍，在州内颇有声誉政绩，魏孝文帝赐赏他骏马、谷物、布帛等物。韦珍把州内孤独贫困的人招集在一起，把所赐之物散发他们，并且对他们说："天子因为我能安绥抚优你们，所以赏赐我谷物、布帛，我怎么敢独自享有呢？"

魏孝文帝因为萧鸾废掉海陵王而自立为帝，计谋大举南侵。恰在这时，边境将领报告，雍州刺史下邳人曹虎派遣使节请求投降北魏。十二月初一日辛丑，北魏派遣行征南将军薛真度统领四个将领向襄阳，大将军刘昶、平南将军王肃向义阳，徐州刺史拓跋衍向钟离，平南将军广平人刘藻向南郑。薛真度是薛安都的族弟。任命尚书仆射卢渊为安南将军，督帅襄阳前锋诸军。卢渊以不熟悉军旅事务而推辞，没有得到准许。卢渊说："只恐怕曹虎是像周鲂一样诈降。"

魏孝文帝想改革旧的风俗习惯，十二月初二日壬寅，发布诏令，禁止士大夫与民众穿胡服，国人大多不乐意。

通直散骑常侍刘芳是刘缵的族弟，与给事黄门侍郎太原人郭祚，均以工于文献经典受到孝文帝的亲近礼遇，经常召二人讲论义理，以及密议政事。大臣贵戚们都认为疏远了自己，心中怏怏不乐，不平之色溢于言表。孝文帝让给事黄门侍郎陆凯私下里对这些人说："皇上只是想多知道些古代的事情，了解前代的法则罢了，并非是亲近他们而疏远你们。"众人的情绪才渐渐宽解了些。陆凯是陆馛的儿子。

魏孝文帝要亲自挂帅入侵。十二月初三日癸卯，内外戒严。十二月初八日戊申，诏令由平城迁到洛阳的百姓免除三年赋税。相州刺史高闾上表建议："刚刚迁都洛

宜轻举。”魏主不从。

久之，虎使竟不再来，魏主引公卿问行留之计，公卿或以为宜止，或以为宜行。帝曰：“众人纷纭，莫知所从。必欲尽行留之势，宜有客主，共相起发。任城、镇南为留议，朕为行论，诸公坐听得失，长者从之。”众皆曰：“诺。”镇南将军李冲曰：“臣等正以迁都草创，人思少安；为内应者未得审谛，不宜轻动。”帝曰：“彼降款虚实，诚未可知。若其虚也，朕巡抚淮甸，访民疾苦，使彼知君德之所在，有北向之心；若其实也，今不以时应接，则失乘时之机，孤归义之诚，败朕大略矣。”任城王澄曰：“虎无质任，又使不再来，其诈可知也。今代都新迁之民，皆有恋本之心。扶老携幼，始就洛邑，居无一椽之室，食无甔石之储。又冬月垂尽，东作将起，乃‘百堵皆兴’‘俶载南亩’之时，而驱之使擐甲执兵，泣当白刃，殆非歌舞之师也。且诸军已进，非无应接。若降款有实，待既平樊、沔，然后銮舆顺动，亦何晚之有！今率然轻举，上下疲劳；若空行空返，恐挫损天威，更成贼气，非策之得者也。”司空穆亮以为宜行，公卿皆同之。澄谓亮曰：“公辈在外之时，见张旗授甲，皆有忧色，平居论议，不愿南征；何得对上即为此语！面背不同，事涉欺佞，岂大臣之义，国士之体乎！万一倾危，皆公辈所为也。”冲曰：“任城王可谓忠于社稷。”帝曰：“任城以从朕者为佞，不从朕者岂必皆忠！夫小忠者，大忠之贼，无乃似诸！”澄曰：“臣愚暗，虽涉小忠，要是竭诚谋国；不知大忠者竟何所据！”帝不从。

辛亥，发洛阳，以北海王详为尚书仆射，统留台事；李冲兼仆射，同守洛阳。给事黄门侍郎崔休为左丞，赵郡王幹都督中外诸军事，始平王勰将宗子军宿卫左右。休，逞之玄孙也。戊辰，魏主至悬瓠。己巳，诏寿阳、钟离、马头之师所掠男女皆放还南。曹虎果不降。

阳，尚处草创阶段，而曹虎既然不派遣人质，足见其没有诚心，所以不应该轻举妄动。”魏孝文帝没有采纳他的意见。

很长时间，曹虎的使者最终没有来，魏孝文帝召集公卿士大夫议论行动与否，有的认为应该停止，有的则认为可以行动。孝文帝说：“众说纷纭，不知所从。必须把行动与否的利弊得失讨论明白，应该分立宾主，互相启发探讨。以任城王和镇南将军为主张留下的一方，朕为主张行动一方，诸位听取对方意见之长短得失，哪方所见高明就听从哪方的。”众人都说：“很好。”镇南将军李冲发表意见：“臣等认为目前正是迁都草创之际，都想有一段休息的时期。对作为内应的并没有深入了解，所以不宜于轻率行动。”孝文帝反驳道：“曹虎投降一事虚实如何，确实还难以判定。如果是虚假的，朕也可以借此行巡视、抚慰淮水一带，访查探问民间疾苦，使那里的百姓知道朕的仁政善德之所在，以便让他们有北向归顺本朝的心思。如果投降属实，不及时加以接应，就会坐失时机，有负于弃暗投明之诚心，将毁败朕的宏大计略。”任城王拓跋澄说：“曹虎没有派人质，也没有再遣使者来联系，其中之诡诈是显而易知的。如今从代京新搬迁到这里来的民众，皆有留恋本土的心思。扶老携幼，长途跋涉，刚刚到达洛阳，居住房屋尚没有一间，食物储备没有一石，而目前冬季将尽，春耕生产即将开始，正是所说的‘百堵皆兴’‘俶载南亩’的时候。却要驱使他们披坚执锐，流泣面对敌人的刀枪，流血冒死，恐怕不是当年前歌后舞的正义之师。况且，各路军马已经进发，并非不能互相接应。如果曹虎投降属实，就等待平定了樊、沔之后，銮舆再顺势而动，为时并不晚啊！如今轻举，只能使军中上下疲劳，如果落一场徒劳而返，恐怕会有损天威，反而使贼军的气势更为嚣张，所以不是妥善之计。”司空穆亮认为宜于行动，其他臣僚也都同意他的意见。拓跋澄对穆亮说：“各位在外的时候，看见诸路军马出征，都流露担忧之色，私下里议论时，都不同意南征，为什么面对皇上时就说了这样的话呢？当面背后看法不一，关涉到欺君佞上之罪，难道这样就是大臣的节操、国士的体统吗？万一这次南征不利，就完全是诸位所造成的。”李冲说道：“任城王可以说是忠心耿耿于国家啊！”孝文帝说道：“任城王认为赞同朕的人都是佞上，可是与朕所见不同的人难道一定都忠吗？小忠是大忠的危害，这大概就像这样吧？”拓跋澄说道：“我愚昧无知，虽然属于‘小忠’之列，归根到底是出于一片竭诚之心，为国家而计虑。不知道所谓‘大忠’者，又出于哪一种根据？”孝文帝没有听从。

十二月十一日辛亥，魏孝文帝从洛阳发兵，以北海王拓跋详为尚书仆射，留下来统管朝中的事情；李冲兼仆射，一同守洛阳。以给事黄门侍郎崔休为左丞，赵郡王拓跋幹都督中外诸军事。以始平王拓跋勰率领皇族子弟兵担任左右侍卫。崔休是崔逞的重孙。十二月二十八日戊辰，魏孝文帝到达悬瓠。十二月二十九日己巳，诏

魏主命卢渊攻南阳。渊以军中乏粮，请先攻赭阳以取叶仓，魏主许之。乃与征南大将军城阳王鸾、安南将军李佐、荆州刺史韦珍共攻赭阳。鸾，长寿之子；佐，宝之子也。北襄城太守成公期闭城拒守。薛真度军于沙堨，南阳太守房伯玉、新野太守刘思忌拒之。

先是，魏主遣中书监高闾治古乐；会闾出为相州刺史，是岁，表荐著作郎韩显宗、大乐祭酒公孙崇参知钟律，帝从之。

（以上为第十四段，写南齐将领曹虎诈降，北魏皇帝拓跋宏如获至宝，铁了心要亲征，众多大臣劝阻，就是不听，还组织了一场辩论。）

令寿阳、钟离、马头三地的军队把所掠夺的男女都放归江南去。曹虎果然是诈降。

魏孝文帝命令卢渊攻打南阳。卢渊以军队缺乏粮食为由，请求先进攻赭阳，以便获取叶地粮仓，魏孝文帝同意了。卢渊与征南大将军成阳王拓跋鸾、安南将军李佐、荆州刺史韦珍等一起攻打赭阳。拓跋鸾是拓跋长寿的儿子，李佐是李宝的儿子。北襄城太守成公期闭城拒守，难以攻克。薛真度驻扎在沙堨，而南齐的南阳太守房伯玉、新野太守刘思忌率兵抵抗。

早先，魏孝文帝命令中书监高闾修治古乐，不久高闾出任相州刺史，这一年，高闾上表举荐著作郎韩显宗、大乐祭酒公孙崇参与制定钟律，孝文帝采纳了他的建议。

【点评】

北魏迁都，孝文帝乾纲独断。魏孝文帝迁都的决定经过了充分的上上下下的讨论，孝文帝本人也有充分的准备，包括理论和实践操作层面上的周密准备，所以能够说服群臣，至少使他们不会明确地反对，以此减少阻力，反映出孝文帝是成熟的政治家和实践者。当他回到了平城，虽然前面已经把关于迁都的事向留守官员打过招呼，做过相当的思想工作了，但是孝文帝仍然主动提出让诸大臣再次议论迁都的利害关系，各位臣子都表述了自己对此问题的看法。那些反对迁都的意见也都不是好对付的，比如燕州刺史穆罴说："如今天下四方没有安定，所以不宜于迁都。况且到时军中缺少战马，这样如何能克敌取胜呢？"这也确实是实际困难。尚书于果说道："我并不是认为代京这块地方就比洛阳好，但是自从道武皇帝以来，就一直居住在这里，老百姓已经安居于此，一旦让他们往南边搬迁，恐怕会产生不满情绪。"平阳公拓跋丕说："迁都是一件大事，应当通过卜筮来决定。"孝文帝的回答有理有据有节，显然有充分的准备和决心："朕很幸运遇上了能平定天下、施行教化的时运，为什么就不能迁都呢？"孝文帝乾纲独断，群臣百僚不敢再表示反对意见了。迁都之事遂不再有争论。

齐纪六

齐明帝建武二年至三年（495—496 年）

【起旃蒙大渊献（乙亥，495 年），尽柔兆困敦（丙子，496 年），凡二年】

【大事提要】

本卷记事起公元 495 年至公元 496 年，凡二年，当齐明帝建武二年至建武三年。本卷所记大事仍然以魏孝文帝的改革为主，大事有三：其一，公元 495 年，北魏禁止在朝廷讲鲜卑语；禁止迁居洛阳的代人还葬北方。其二，在洛阳立国子、太学、四门、小学。其三，公元 496 年，北魏确定了族姓，改拓跋氏为元氏，其余鲜卑诸姓均改为汉姓。南朝齐大事只有一件，皇帝杀害诸王，内残不已。

【原文】

高宗明皇帝中

建武二年（乙亥，495年）

春，正月，壬申，遣镇南将军王广之督司州、右卫将军萧坦之督徐州、尚书右仆射沈文季督豫州诸军以拒魏。

癸酉，魏诏："淮北之人不得侵掠，犯者以大辟论。"乙未，拓跋衍攻钟离，徐州刺史萧惠休乘城拒守，间出袭击魏兵，破之。惠休，惠明之弟也。刘昶、王肃攻义阳，司州刺史萧诞拒之。肃屡破诞兵，招降万余人。魏以肃为豫州刺史。刘昶性褊躁，御军严暴，人莫敢言。法曹行参军北平阳固苦谏，昶怒，欲斩之，使当攻道。固志意闲雅，临敌勇决，昶始奇之。

丁酉，中外纂严。以太尉陈显达为使持节、都督西北讨诸军事，往来新亭、白下以张声势。

己亥，魏主济淮；二月，至寿阳，众号三十万，铁骑弥望。甲辰，魏主登八公山，赋诗。道遇甚雨，命去盖；见军士病者，亲抚慰之。

魏主遣使呼城中人，丰城公遥昌使参军崔庆远出应之。庆远问师故，魏主曰："固当有故！卿欲我斥言之乎，欲我含垢依违乎？"庆远曰："未承来命，无所含垢。"魏主曰："齐主何故废立？"庆远曰："废昏立明，古今非一，未审何疑？"魏主曰："武帝子孙，今皆安在？"庆远曰："七王同恶，已伏管、蔡之诛；其余二十余王，或内列清要，或外典方牧。"魏主曰："卿主若不忘忠义，何以不立近亲，如周公之辅成王，而自取之乎？"庆远曰："成王有亚圣之德，故周公得而相之。今近亲皆非成王之比，故不可立。且霍光亦舍武帝近亲而立宣帝，唯其贤也。"魏主曰："霍光何以不自立？"庆远曰："非其类也。主上正可比宣帝，安得比霍光！若尔，武王伐纣，不立微子而辅之，亦为苟贪天下乎？"魏主大笑曰："朕来问罪，如卿之言，便可释然。"庆远曰："'见可而进，知难而退'，圣人之师也。"魏主曰："卿欲吾和亲，为不欲乎？"庆远曰："和亲则二国交欢，生民蒙福；否则二国交恶，生民涂炭。和亲与否，裁自圣衷。"魏主赐庆远酒肴、衣服而遣之。

【语译】

高宗明皇帝中

齐明帝建武二年（乙亥，495年）

春季，正月初二日壬申，齐明帝派遣镇南将军王广之、右卫将军萧坦之、尚书右仆射沈文季分别督率司州、徐州、豫州三地的军队，抵抗北魏。

正月初三日癸酉，北魏颁发诏令："不得侵犯掠夺淮河以北的居民，违犯者处以死刑。"正月二十五日乙未，拓跋衍进攻钟离，徐州刺史萧惠休登城抗守，秘密派兵出城袭击北魏军队，将其击败。萧惠休是萧惠明的弟弟。刘昶、王肃进攻义阳，司州刺史萧诞抵抗。王肃多次击败萧诞的军队，招纳降兵一万余人，北魏任命王肃为豫州刺史。刘昶性格偏狭暴躁，对待下属官兵非常严酷残暴，部下都敢怒而不敢言。法曹行参军北平人阳固多次恳切地规劝刘昶，刘昶大怒，想杀掉阳固，便命令阳固做攻城先锋。阳固志意闲淡优雅，临阵遇敌却十分勇猛果敢，刘昶感到非常惊奇。

正月二十七日丁酉，南齐全国上下戒备森严。派遣太尉陈显达为使持节、都督西北讨诸军事，来往巡视于新亭、白下一带，以壮大声势。

正月二十九日己亥，魏孝文帝率大军渡过淮河；二月，抵达寿阳，三十万大军浩浩荡荡，铁甲骑兵一眼望不到头。二月初五日甲辰，魏孝文帝登上八公山，乘兴作诗。途中遇上倾盆大雨，命令去掉车盖，看到军队中有生病的士兵，亲自安抚慰问。

魏孝文帝派人去传唤寿阳城中南齐人，丰城公萧遥昌便派参军崔庆远前去应对。崔庆远质问北魏出师来犯的理由，魏孝文帝回答说："当然有原因。你想让我直接说呢，还是含含糊糊地说呢？"崔庆远说："我不明白来意，无须隐忍含垢！"魏孝文帝便问道："南齐君主为什么废立呢？"崔庆远答道："废去昏君，另立明主，这种事情古今常见，并非只有一桩，所以不知道有何不理解之处呢？"魏孝文帝问道："武帝的子孙们，现今都在哪儿？"崔庆远答道："七位藩王乱国同罪，已经和周朝的管叔和蔡叔一样被杀掉了，其余的二十多位藩王，有的在朝廷中担任清要职位，有的在外面担任州郡长官。"魏孝文帝又问道："你们现今的君主如果没有忘掉忠义，为什么不立近亲，如当年周公辅佐成王那样，而要自取皇位呢？"崔庆远回答："周成王有亚圣的品德，所以周公立他为君而自己辅佐之。可是，如今本朝前帝近亲中没有能比得上周成王这样的人物，所以不能嗣立。况且，汉代霍光也曾经舍弃汉武帝的近亲而立汉宣帝刘询，只是因为他贤德呀。"魏孝文帝问道："那么，霍光为什么不自立皇位呢？"崔庆远答道："不是同一类啊。本朝当今皇上正可比做汉宣帝刘询，怎么能拿他与霍光比呢？如果按照你说的那样，那么当年武王伐纣，没有立纣

（以上为第一段，写北魏主拓跋宏率领大军南下，抵达寿阳，南齐严阵以待，崔庆远与拓跋宏的对话，既显示拓跋宏的深厚的中原文化底蕴，也反映庆远的机智善辩。）

戊申，魏主循淮而东，民皆安堵，租运属路。丙辰，至钟离。

上遣左卫将军崔慧景、宁朔将军裴叔业救钟离。刘昶、王肃众号二十万，堑栅三重，并力攻义阳，城中负楯而立。王广之引兵救义阳，去城百余里，畏魏强，不敢进。城中益急，黄门侍郎萧衍请先进，广之分麾下精兵配之。衍间道夜发，与太子右率萧诔等径上贤首山，去魏军数里。魏人出不意，未测多少，不敢逼。黎明，城中望见援军至，萧诞遣长史王伯瑜出攻魏栅，因风纵火，衍等众军自外击之，魏不能支，解围去。己未，诞等追击，破之。诔，谌之弟也。

先是，上以义阳危急，诏都督青、冀二州诸军事张冲出军攻魏以分其兵势。冲遣军主桑系祖攻魏建陵、驿马、厚丘三城，又遣军主杜僧护攻魏虎坑、冯时、即丘三城，皆拔之。青、冀二州刺史王洪范遣军主崔延袭魏纪城，据之。

魏主欲南临江水，辛酉，发钟离。司徒长乐元懿公冯诞病，不能从，魏主与之泣诀，行五十里，闻诞卒。时崔慧景等军去魏主营不过百里，魏主轻将数千人夜还钟离，拊尸而哭，达旦，声泪不绝。壬戌，敕诸军罢临江之行，葬诞依晋齐献王故事。诞与帝同年，幼同砚席，尚帝妹乐安长公主。虽无学术，而资性淳笃，故特有宠。丁卯，魏主遣使临江，数上罪恶。

魏久攻钟离不克，士卒多死。三月，戊寅，魏主如邵阳，筑城于洲上，栅断水路，夹筑二城。萧坦之遣军主裴叔业攻二城，拔之。

王庶兄微子为君而自己辅佐之，也是贪求天下了吗？”魏孝文帝大笑着说道：“朕前来问罪，但是听了你所言，心里也就明白了。”崔庆远说：“‘见可而进，知难而退’，这样就是圣人之师。”魏孝文帝又问道：“您希望与我和睦友好呢，还是不希望？”崔庆远回答说：“相睦友好则两国互相庆贺，民众承受好处。否则两国关系恶化，生灵涂炭。能否和睦友好，完全由您来决定。”魏孝文帝赐赏崔庆远酒菜和衣服，送他回寿阳城。

二月初九日戊申，魏孝文帝沿着淮河而东下，所到之处，百姓安居，纳供粮草的民众挤满道路。二月十七日丙辰，到了钟离。

齐明帝派遣左卫将军崔慧景、宁朔将军裴叔业去援救钟离。刘昶、王肃号称二十万大军。安营驻扎，在营盘周围挖掘树立三层堑沟栅栏，合力攻打义阳城，守城兵士不得不以盾牌来蔽身。王广之引兵来援救义阳，但是到了离义阳城百余里的地方，因畏惧北魏兵力之强，不敢前进。城中频频告急，黄门侍郎萧衍请求先去增援，王广之把自己麾下的精兵分给萧衍一部分。萧衍抄小道连夜出发，与太子右率萧诔等人，径直登上贤首山，来到距北魏军队仅数里的地方。魏军在意料之外，不知道有多少兵力，不敢逼近。黎明时分，城中的守军望见援兵到了，士气大增。萧诞派遣长史王伯瑜出城攻进北魏栅栏，借大风放火焚烧，而萧衍等率领的士兵则从外围合击之，魏军不能抵抗，只好解围而去。二月二十日己未，萧诞等率兵追击北魏军队，破敌获胜。萧诔是萧谌的弟弟。

早先，因为义阳情况危急，齐明帝诏令都督青、冀二州诸军事张冲出兵攻打北魏，从而分散其兵力。张冲派遣军主桑系祖去攻打北魏的建陵、驿马、厚丘三城，又派遣军主杜僧护去攻打北魏的虎坑、冯时、即丘三城，都攻破占领了。青州和冀州刺史王洪范派遣军主崔延袭击北魏的纪城，也占领了。

魏孝文帝要南去观看长江，二月二十二日辛酉，从钟离出发。司徒长乐元懿公冯诞重病在身，不能随驾前往，孝文帝流泪与冯诞诀别，出发后走了约五十里，传来冯诞的死讯。这时崔慧景等路兵马离孝文帝的营地不过百里，孝文帝轻装率领数千人马连夜赶回钟离。拊尸大哭，一直哭到天亮，还声泪不绝。二月二十三日壬戌，命令各路兵马停止长江之行，依照晋代安葬齐献王的礼仪安葬了冯诞。冯诞与孝文帝同年而生，小时候一同学习，娶孝文帝的妹妹乐安长公主为妻，虽然没有学问才干，但是品性忠厚质朴，所以特别受到宠爱。二月二十八日丁卯，孝文帝派遣使节到达江边，指斥齐明帝的罪恶。

北魏久攻钟离不能取胜，兵卒伤亡惨重。三月初九日戊寅，魏孝文帝到达邵阳，在淮河中的洲岛上修筑城堡，又在南北两岸修筑了城堡，树立栅栏，断绝水陆，又

（以上为第二段，写北魏主拓跋宏率军南下，从寿阳到钟离，强攻不能取胜，又欲饮马长江，因发小冯诞去世而停止南进，又到邵阳洲，夹筑二城，也被南齐军攻下。）

魏主欲筑城置戍于淮南，以抚新附之民，赐相州刺史高闾玺书，具论其状。闾上表，以为："《兵法》'十则围之，五则攻之'。向者国家止为受降之计，发兵不多，东西辽阔，难以成功；今又欲置戍淮南，招抚新附。昔世祖以回山倒海之威，步骑数十万，南临瓜步，诸郡尽降，而盱眙小城，攻之不克。班师之日，兵不戍一城，土不辟一廛。夫岂无人？以为大镇未平，不可守小故也。夫壅水者先塞其原，伐木者先断其本；本原尚在而攻其末流，终无益也。寿阳、盱眙、淮阴，淮南之本原也；三镇不克其一，而留守孤城，其不能自全明矣。敌之大镇逼其外，长淮隔其内；少置兵则不足以自固，多置兵则粮运难通。大军既还，士心孤怯，夏水盛涨，救援甚难。以新击旧，以劳御逸，若果如此，必为敌擒，虽忠勇奋发，终何益哉！且安土恋本，人之常情。昔彭城之役，既克大镇，城戍已定，而不服思叛者犹逾数万。角城蕞尔，处在淮北，去淮阳十八里。五固之役，攻围历时，卒不能克。以今准昔，事兼数倍。天时尚热，雨水方降，愿陛下踵世祖之成规，旋辕返旆，经营洛邑，蓄力观衅，布德行化，中国既和，远人自服矣。"

尚书令陆叡上表，以为："长江浩荡，彼之巨防。又南土昏雾，暑气郁蒸，师人经夏，必多疾病。而迁鼎草创，庶事甫尔，台省无论政之馆，府寺靡听治之所，百僚居止，事等行路，沈雨炎阳，自成疠疫。且兵徭并举，圣王所难。今介胄之士，外攻寇仇，羸弱之夫，内勤土木，运给之费，日损千金。驱罢弊之兵，讨坚城之虏，将何以取胜乎！陛下去冬之举，正欲曜武江、汉耳；今自春几夏，理宜释甲。愿早还洛邑，使根本深固，圣怀无内顾之忧，兆民休斤板之役，然后命将出师，何忧不

在淮水南北两岸夹筑二城。萧坦之派遣军主裴叔业攻打两座城垒，都攻破摧毁。

孝文帝想在淮河南边修筑城堡，置兵戍守，以安抚新近归顺北魏的该地百姓。特意赐赏相州刺史高闾一封盖有玉玺印记的信，信中详细地讲述了自己对此事的看法。高闾上表认为："《孙子兵法》中讲：'如果有十倍于敌人的兵力就可以包围他，如果有五倍于敌人的兵力就可以进攻他。'起初朝廷仅仅从接受曹虎投降这一点来计划安排，发兵数量不多，然而东西战线拉得很长，故难以取得成功。如今，您又想在淮河南边筑城置守，以便招抚新归顺的百姓。过去，世祖皇帝以排山倒海之威势，率领步兵、骑兵数十万，南临瓜步，各州郡全都投降，然而唯有盱眙这个小城却久攻不下。最后班师回朝，没有留下兵马守护任何一座城市，也没有开辟一廛土地，难道是没有人力吗？不是！只是因为那些重镇要地还没有夺取到手，不可镇守那些不重要的小地方。堵水要先塞住水源，伐木要先断其根，如果本源尚在而只攻其末流，终究不会有什么成效的。寿阳、盱眙、淮阴，是淮南的根本源头，如果不攻克其中之一处，而留守孤城，不可能保全是显然的事情。在外围有敌人据要冲之地而相逼，而淮河又隔断在内，配置的兵力少了不足以自守，而兵力多了则粮食物品等又难以运到。大部队回去之后，士兵孤单、胆怯。夏天河水盛涨，救援起来非常困难。以新击旧，以劳御逸，情况真的如此的话，那么最后的结果一定会是守兵被擒捉，虽然将士们忠勇奋发，终究有何益处？况且，安土恋本乃是人之常情。过去，彭城之战我方获胜，夺得了重镇，稳固地戍守住了，可是后来淮北那些不乐意归附我朝而思念归属江南的民众竟有数万人之多。角城不过弹丸之地，况且还处于淮北，离淮阳不过十八里。五固之战，围攻了那么长时间，最终仍不能攻克。今昔对比一下，事务要超出过去好几倍。天气还热，雨季正要到来，盼望陛下沿袭过去世祖皇帝的成规，调转车辕，班师回朝，经营好都城洛阳，蓄积力量，静观机会，广布仁德，施行教化，中原地区安定平和了，远方自然会信服而归附的。"

尚书令陆叡上表认为："长江奔腾浩荡，是齐朝的防守天险。同时，江南之地淫雨多雾，暑气郁盛蒸热，我们的军队在此过夏，一定会发生疾病。而且，刚刚迁都不久，尚处于草创阶段，众多事务刚刚开始，朝廷中枢机构还没有议事之处，下面的部门也没有办公场所，文武百官虽说已经住下来了，但实际情况与行路露宿没有什么区别，雨淋日晒，时间久了，难免发生瘟疫。再者，既要出兵打仗，又要招募民夫，就是圣王也难以两者兼顾。如今，军队在外面攻敌作战，羸弱的民夫们在洛阳劳辛于土木之建，在外军队的后勤给养，每日耗损千金以上。驱使疲惫之兵，攻

服？”魏主纳其言。

崔慧景以魏人城邵阳，患之。张欣泰曰：“彼有去志，所以筑城者，外自夸大，惧我蹑其后耳。今若说之以两愿罢兵，彼无不听矣。”慧景从之，使欣泰诣城下语魏人，魏主乃还。

（以上为第三段，写北魏主拓跋宏率领大军南下，遭到南齐将士的顽强抵抗，没有讨到便宜，大臣高闾、陆叡等强力上书，请求撤兵，营建新都，以俟后举。）

济淮，余五将未济，齐人据渚邀断津路。魏主募能破中渚兵者以为直阁将军，军主代人奚康生应募，缚筏积柴，因风纵火，烧齐船舰，依烟直进，飞刀乱斫，中渚兵遂溃。魏主假康生直阁将军。

魏主使前将军杨播将步卒三千、骑五百为殿。时春水方长，齐兵大至，战舰塞川。播结陈于南岸以御之，诸军尽济。齐兵四集围播，播为圆陈以御之，身自搏战，所杀甚众。相拒再宿，军中食尽，围兵愈急。魏主在北岸望之，以水盛不能救，既而水稍减，播引精骑三百历齐舰大呼曰：“我今欲渡，能战者来！”遂拥众而济。播，椿之兄也。

魏军既退，邵阳洲上余兵万人，求输马五百匹，假道以归。崔慧景欲断路攻之，张欣泰曰：“归师勿遏，古人畏之，兵在死地，不可轻也。今胜之不足为武，不胜徒丧前功，不如许之。”慧景从之。萧坦之还，言于上曰：“邵阳洲有死贼万人，慧景、欣泰纵而不取。”由是皆不加赏。甲申，解严。

初，上闻魏主欲饮马于江，惧，敕广陵太守行南兖州事萧颖胄移居民入城，民惊恐，欲席卷南渡。颖胄以魏寇尚远，不即施行，魏兵竟不至。颖胄，太祖之从子也。

打据守着坚城的敌人，将以什么来取胜呢？陛下去年冬天的举动，正是想要炫耀武力于江汉之地，今年从春到夏这段时间，就理应罢兵。希望能早日撤兵返回洛阳，使根本强固，使圣上心中没有内顾之忧，等待百姓完成了筑建洛阳城的劳役，然后再遣兵调将出师，何愁不能征服呢？”魏孝文帝采纳了高闾的建议。

崔慧景见北魏修筑邵阳城，非常忧虑。张欣泰告诉他说：“魏军有撤退的想法，之所以还修筑邵阳城，只不过是在外表上夸耀其强大罢了，害怕我们跟脚追击他们。现今如果派人去游说，提出两相情愿罢兵休战的建议，他们不会不听从的。”崔慧景听从了这一主意，派遣张欣泰到邵阳城下与北魏交涉，魏孝文帝遂撤兵回国。

魏军渡淮河的时候，还有五个将领没有过河，南齐军队占据了河中间的沙洲，断绝了水路，使得余下的北魏兵将无法渡河。魏孝文帝发令谁能击败河洲上的南齐兵，就封谁为直阁将军。军主代京人奚康生应募而出，缚扎木筏，上面堆满柴草，顺风纵火，一起烧向南齐的船舰，后面紧跟而进的士兵们借烟火掩护，挥刀乱砍，拼命杀向敌人，河洲上的南齐兵于是纷纷溃逃。魏孝文帝非正式任命奚康生直阁将军的名号。

魏孝文帝命令前将军杨播率领步兵三千、骑兵五百断后。当时，正是春水方涨之际，南齐军大批赶来，战船挤塞河中。杨播在淮河南岸布下阵势抵抗，没有渡河的魏军全部渡了过去。南齐军从四面把杨播围住，杨播布出圆阵抵御，亲自搏战，所杀敌兵众多难计。一直抵抗到第三天，军中的食物已经吃光，而南齐围兵攻打得更厉害了。魏孝文帝在淮河北岸观望，由于河水太急而不能派兵去相救。过一会儿，水势稍稍减弱，杨播带领精骑三百冲过齐的战船，大声呼喊道：“我现今要渡河，有能战者请上来！”于是率领众兵渡过淮河。杨播是杨椿的哥哥。

魏军撤退之后，在邵阳洲上还余留有一万兵马，向南齐请求给五百匹马，借道返归。崔慧景想断其归路而攻打，张欣泰不同意：“回归的军队不要阻止，古人也非常忌讳，将士置身于死地，不可以轻视。追击取胜了也不足以说明勇武；万一不能获胜，则白白地丧失了前面的功劳。不如答应他们。”崔慧景听从了张欣泰的建议。萧坦之回朝以后，告诉齐明帝说：“邵阳洲有濒死贼人一万人，崔慧景和张欣泰二人听任他们逃走而不去追击。”因此，崔、张二人都没有得到朝廷的赏赐。三月十五日甲申，解除戒严。

当初齐明帝听说魏孝文帝要打到长江边上，非常害怕，特命令主管南兖州事务的广陵太守萧颖胄把居民都移入城内，居民们因此惊恐万分，纷纷打算收拾家产渡江南逃。萧颖胄认为北魏军队离得还很远，就没有立即执行旨令，后来北魏军队终

上遣尚书左仆射沈文季助丰城公遥昌守寿阳。文季入城，止游兵，不听出，洞开城门，严加守备。魏兵寻退。

魏之入寇也，卢昶等犹在建康，齐人恨之，饲以蒸豆。昶怖惧，食之，泪汗交横。谒者张思宁辞气不屈，死于馆下。及还，魏主让昶曰：“人谁不死，何至自同牛马，屈身辱国！纵不远惭苏武，独不近愧思宁乎！”乃黜为民。

戊子，魏太师京兆武公冯熙卒于平城。

乙未，魏主如下邳；夏，四月，庚子，如彭城；辛丑，为冯熙举哀。太傅、录尚书事平阳公丕不乐南迁，与陆叡表请魏主还临熙葬。帝曰：“开辟以来，安有天子远奔舅丧者乎！今经始洛邑，岂宜妄相诱引，陷君不义！令、仆以下，可付法官贬之。”仍诏迎熙及博陵长公主之柩，南葬洛阳，礼如晋安平献王故事。

（以上为第四段，写北魏军队撤退，猛将杨播断后，显现英雄本色；还有万人滞留江渚，南齐将领不愿出击，坐失良机；使臣卢昶被南齐羞辱，受到北魏主责备。）

魏主之在钟离，仇池镇都大将、梁州刺史拓跋英请以州兵会刘藻击汉中，魏主许之。梁州刺史萧懿遣部将尹绍祖、梁季群等将兵二万，据险，立五栅以拒之。英曰：“彼帅贱，莫相统壹。我选精卒并攻一营，彼必不相救；若克一营，四营皆走矣。”乃引兵急攻一营，拔之，四营俱溃，生擒梁季群，斩三千余级，俘七百余人，乘胜长驱，进逼南郑。懿又遣其将姜脩击英，英掩击，尽获之。将还，懿别军继至；将士皆已疲，不意其至，大惧，欲走。英故缓辔徐行，神色自若，登高望敌，东西指麾，状若处分，然后整列而前。懿军疑有伏兵，迁延引退，英追击，破之，遂围南郑。禁将士毋得侵暴，远近悦附，争供租运。懿婴城自守，军主范絜先将三千余人在外，还救南郑，英掩击，尽获之。围城数十日，城中恟惧。录事参军新野庾域封题空仓数十，指示将士曰：“此中粟皆满，足支二年，但努力固守！”众心乃安。

究没有到达那里。萧颖胄是高帝的侄子。

齐明帝派遣尚书左仆射沈文季去帮助丰城公萧遥昌防守寿阳城。沈文季到达寿阳城之后，禁止游兵随便出城，洞开城门，严加守备，北魏军队不久就撤退了。

北魏入侵时，北魏派去祝贺南齐海陵王即位的使节卢昶等人还在建康，南齐人非常仇恨他们，把豆子蒸熟让他们吃。卢昶十分恐惧，就吃了，汗泪交流。谒者张思宁辞气不屈，死在客馆之中。回到北魏之后，魏孝文帝责备卢昶说："人谁没有一死？何至于到了把自己等同于牛马的地步？你屈身辱国，即使不远愧于苏武，难道同眼前的张思宁比较不感到自羞吗？"革除了卢昶的官职，贬为平民。

三月十九日戊子，北魏太师京兆武公冯熙在平城去世。

三月二十六日乙未，魏孝文帝到达下邳；夏季，四月初二日庚子，到达彭城；初三日辛丑，为冯熙举行哀悼仪式。由于太傅、录尚书事平阳公拓跋丕不乐意南迁洛阳，与陆叡一起上表请求北魏太武帝返回平城参加冯熙的葬礼。孝文帝说："开天辟地以来，哪里有天子老远地赶去给舅舅送葬的事呢？如今刚刚开始营建洛阳，岂可以妄自以此事诱引朕，陷君于不义呢？凡是平城留守令、仆以下的官员，统统交付御史贬斥。"仍然发出诏令，迎接冯熙以及博陵长公主的灵柩南下，安葬于洛阳，葬礼依照晋代安葬安平献王司马孚的礼仪进行。

魏孝文帝在钟离时，仇池镇都大将、梁州刺史拓跋英请求率领州兵会同刘藻一起去袭击汉中，魏孝文帝准许了他的请求。齐梁州刺史萧懿派遣部下将领尹绍祖、梁季群等率领两万兵马，占据险要之处，构筑了五座营栅来抵抗。拓跋英说："他们的主帅出身低贱，不能统一协调作战，我如果挑选精兵集中力量攻打一个营垒，其他营垒一定不会来援救。如果攻克一个营垒，其余四个就都会不战而逃。"便率领强悍之兵对一个营垒发起了急攻，一举而攻克，其他四营见状，纷纷溃逃，生擒了梁季群，斩敌三千余名，俘虏七百余人，乘胜长驱直入，逼近南郑。萧懿又派遣部将姜脩抗击拓跋英，拓跋英以伏兵攻其不意，结果把姜脩及其部属全部擒获。拓跋英率部返回的时候，萧懿手下的其他军队相继赶到，由于拓跋英部下的将士已经十分疲惫，根本没有料到萧懿的人马会追逼上来，所以非常惧怕，就准备逃跑。拓跋英故意骑马缓行，登上高处瞭望敌情，东指指，西划划，做出一副指挥若定的样子，然后整顿好部队，列队前行。萧懿的军队见此情形，怀疑拓跋英设有伏兵，拖延而掉头回撤。拓跋英下令追击，破敌获胜，于是围困了南郑。拓跋英令部下将士不得侵犯、掠夺，周围的老百姓纷纷投附，争着纳供粮草。萧懿据城固守。萧懿属下的军主范絜先正率领三千多兵马在外面，赶回来援救南郑，被拓跋英以伏兵截击，全部被擒俘。南郑城被围困数十日，城中慌恐。录事参军新野人庾域把已经空了的数

会魏主召兵还，英使老弱先行，自将精兵为后拒，遣使与懿告别。懿以为诈，英去一日，犹不开门；二日，乃遣将追之。英与士卒下马交战，懿兵不敢逼，行四日四夜，懿兵乃返。英入斜谷，会天大雨，士卒截竹贮米，执炬火于马上炊之。先是，懿遣人诱说仇池诸氐，使起兵断英运道及归路。英勒兵奋击，且战且前，矢中英颊，卒全军还仇池，讨叛氐，平之。英，桢之子；懿，衍之兄也。

英之攻南郑也，魏主诏雍、泾、岐三州发兵六千人戍南郑，俟克城则遣之。侍中兼左仆射李冲表谏曰："秦川险厄，地接羌、夷。自西师出后，饷援连续，加氐、胡叛逆，所在奔命，运粮擐甲，迄兹未已。今复豫差戍卒，悬拟山外，虽加优复，恐犹惊骇。脱终攻不克，徒动民情，连胡结夷，事或难测。辄依旨密下刺史，待军克郑城，然后差遣。如臣愚见，犹谓未足。何者？西道险厄，单径千里，今欲深戍绝界之外，孤据群贼之中，敌攻不可猝援，食尽不可运粮。古人有言：'虽鞭之长，不及马腹。'南郑于国，实为马腹也。且魏境所掩，九州过八；民人所臣，十分而九；所未民者，唯漠北之与江外耳。羁之在近，岂汲汲于今日也！宜待疆宇既广，粮食既足，然后置邦树将，为吞并之举。今寿阳、钟离，密迩未拔；赭城、新野，跬步弗降。东道既未可以近力守，西藩宁可以远兵固！若果欲置者，臣恐终以资敌也。又，建都土中，地接寇壤，方须大收死士，平荡江会，若轻遣单寡，弃令陷没，恐后举之日，众以留守致惧，求其死效，未易可获。推此而论，不戍为上。"魏主从之。

（以上为第五段，写北魏勇将拓跋英于西线出兵攻打南齐梁州的情况，仅凭一支孤军，搅得风云四起，最后完军撤退；拓跋宏事先下令发出一支军队计算镇守南郑，被李冲谏止。）

十个粮仓贴上封条，并且指给将士们说："这些仓中都装满了粮食，足够支用两年，只管努力固守。"军心才得到安定。

这时，魏孝文帝却命令拓跋英撤兵返回，拓跋英安排军中老弱病伤先头而行，自己率领精壮兵力殿后，派使者去向萧懿告别。萧懿以为拓跋英在使诡诈之计，拓跋英撤走一天了，还不敢打开城门。到了第二天，萧懿才派遣部将去追击，拓跋英与将士们一起下马交战，萧懿的追兵不敢逼近，就这样尾随了拓跋英四天四夜，才返回。拓跋英率领部队进入斜谷，恰遇天降大雨，将士们斩截竹子，把米装在竹筒之中，在马上专持火把烹饪。这以前，萧懿派人去诱说仇池的各支氐人部落，让他们起兵截断拓跋英运送粮草的道路和后撤时所经之道。拓跋英统率部下奋力反击，边战边进，氐人发箭射中了拓跋英的面颊，最终率领全军回到仇池，并且讨伐平定了反叛的氐人部落。拓跋英是拓跋祯的儿子，萧懿是萧衍的哥哥。

拓跋英攻打南郑的时候，魏孝文帝诏令雍、泾、岐三州发兵六千人戍守南郑，等待拓跋英攻下南郑就派他们出发前去。侍中兼左仆射李冲上表劝谏说："秦川形势险恶难守，和羌夷部族接境。自从西征之军出发之后，连接不断地给其部运送军饷，十分不易，再加上氐胡部落反叛，所在之处疲于奔命，运送粮草的武装士兵还要穿戴盔甲，到今天未曾休息。如今，又准备预先差派戍守的兵卒，孤军远悬在山外，虽然优厚待遇，恐怕还是要担惊受怕的。万一最终不能攻克，那么就只会使当地民情产生动摇，与胡夷部族连接起来，串通一气，事情就难以预测了。现今依照圣旨秘密命令刺史，等待我军攻克南郑城之后，再派遣戍守人员出发。但是依臣之愚见，这样也不见得妥当。何以见得呢？因为西边的道路险恶万分，只能单车行走的路就有千里之遥，如今想要深入敌境而戍守绝境之外，孤立群敌之中，敌人发起进攻不可以马上增援，粮食吃尽了不能立即补给。古人说：'鞭子虽然长，但抽不到马肚子上去。'南郑对于我们而言，恰恰就是马肚子呀。况且魏国所占的疆域，天下九州已占了八个；已经臣服于我们的民众，达到了十分之九，还没有归顺于我朝的百姓，仅仅剩下大漠之北和长江以南了，束缚之绳在手，所以又何必急于今天呢？应该等待疆域拓展得更广，粮食准备得更加充足了，然后再设置邦国遣兵派将，实现并吞之举。如今，寿阳、钟离两地离得很近却还没有夺取，赭城、新野两地也不过半步之近却也没有投降。东边淮汉一带离得近但还不能完全守得住，西边隔得那么远又怎么可能派兵固守得住呢？如果一定要置兵戍守，臣担心最终会成为对敌方的资助。再者，迁都洛阳于天下之中，地域又与齐国接壤靠近，正应该大量招募敢死勇士，以平荡江南都会。如果现今轻率地派遣单薄少量的兵力去戍守，致使陷没，恐怕以后再派人去戍守的时候，众人因为担心留守不住而恐惧，责求他们以死相效，恐怕不能轻易办到了。根据上述种种情况，不派兵戍守南郑为上策。"孝文帝采纳了

癸丑，魏主如小沛；己未，如瑕丘；庚申，如鲁城，亲祠孔子；辛酉，拜孔氏四人、颜氏二人官，仍选诸孔宗子一人封崇圣侯，奉孔子祀，命兖州修孔子墓，更建碑铭。戊辰，魏主如碻磝，命谒者仆射成淹具舟楫，欲自泗入河，溯流还洛，淹谏，以为："河流悍猛，非万乘所宜乘。"帝曰："我以平城无漕运之路，故京邑民贫。今迁都洛阳，欲通四方之运，而民犹惮河流之险；故朕有此行，所以开百姓之心也。"

魏城阳王鸾等攻赭阳。诸将不相统壹，围守百余日，诸将欲按甲不战以疲之。李佐独昼夜攻击，士卒死者甚众，帝遣太子右卫率垣历生救之。诸将以众寡不敌，欲退，佐独帅骑二千逆战而败。卢渊等引去，历生追击，大破之。历生，荣祖之从弟也。南阳太守房伯玉等又败薛真度于沙堨。

鸾等见魏主于瑕丘。魏主责之曰："卿等沮辱威灵，罪当大辟；朕以新迁洛邑，特从宽典。"五月，己巳，降封鸾为定襄县王，削户五百；卢渊、李佐、韦珍皆削官爵为民，佐仍徙瀛州。以薛真度与其从兄安都有开徐方之功，听存其爵及荆州刺史，余皆削夺，曰："进足明功，退足彰罪矣。"

魏广川刚王谐卒。谐，略之子也。魏主曰："古者，大臣之丧有三临之礼；魏、晋以来，王公之丧，哭于东堂。自今诸王之丧，期亲三临；大功再临；小功、缌麻一临；罢东堂之哭。广川王于朕，大功也。"将大敛，素服、深衣往哭之。

甲戌，魏主如滑台；丙子，舍于石济；庚辰，太子出迎于平桃城。

赵郡王幹在洛阳，贪淫不法，御史中尉李彪私戒之，且曰："殿下不悛，不敢不以闻。"幹悠然不以为意。彪表弹之。魏主诏幹与北海王详

李冲的建议。

四月十五日癸丑，魏孝文帝到达小沛；四月二十一日己未，到达瑕丘；四月二十二日庚申，到达鲁城，并且亲自去孔子庙祭祀；四月二十三日辛酉，封孔子后代四人、颜渊后代两人官职，并且选择孔子的嫡系后代长子一人封为崇圣侯，奉掌祭祀孔子之务，又命令兖州修缮孔子的墓，重建碑铭。四月三十日戊辰，魏孝文帝到达碻磝，命令谒者仆射成淹准备舟船，想乘船从泗水进入黄河，溯流而上，返回洛阳。成淹劝谏说："黄河水流强悍凶猛，不是万乘之君适宜乘坐的。"孝文帝说："我以为平城没有漕运之路，所以京城的百姓贫穷。如今迁都洛阳，准备开通四方水路运输，但是百姓们犹害怕黄河水流之险。所以朕才准备此行，以此打消百姓心中的种种顾虑。"

北魏城阳王拓跋鸾等人进攻赭阳。各位将领之间不能统一行动，已经围攻了一百多日，但是还不能攻下，诸将领就准备不再攻城，而采取久围长困的办法使城内无法坚持下去而屈服。只有李佐独自率部昼夜攻城，将士死伤非常多。孝文帝派遣太子右卫率垣历生前去援救，北魏将领以为势寡不能胜敌，想要撤退，李佐独自率领二千骑兵迎战，大败。卢渊等人逃遁，垣历生乘胜追击，大获全胜。垣历生是垣荣祖的堂弟。南阳太守房伯玉等人又在沙堨打败了薛真度。

拓跋鸾等人在瑕丘晋见魏孝文帝，魏孝文帝指责说："你们畏敌败逃，辱我军威，罪该处死。但是，朕因新迁都洛阳之故，特宽恕你们不死。"五月初一日己巳，降封拓跋鸾为定襄县王，削夺禄户五百户，卢渊、李佐、韦珍等人皆被削职为民，并且迁徙李佐到瀛州。又因薛真度与他的堂兄薛安都有献彭城而投降北魏之功，保留他的爵位和荆州刺史之职，其余官职皆罢免，说："如此处理，进则足以表明功劳，退则足以彰示罪过。"

北魏广川刚王拓跋谐去世。拓跋谐是拓跋略的儿子。魏孝文帝说："古时候，大臣去世，君主有亲临三次之礼，魏晋以来，王公去世，国君哭于东堂。从今以后，凡诸王去世，凡按礼朕应服丧一年的亲属，朕要三次亲临；应服丧九个月的亲临两次；应服丧五个月或三个月的亲临一次。停止哭于东堂的礼节。朕对于广川王，应服期限为九个月丧的大功之礼。"在将要为广川王举行大殓之礼的时候，孝文帝着素服、深衣前去哭吊。

五月初六日甲戌，魏孝文帝到达滑台；五月初八日丙子，下榻于石济。五月十二日庚辰，太子出迎于平桃城。

赵郡王拓跋幹在洛阳贪婪淫乱，不守法令，御史中尉李彪私下劝诫他，并且对拓跋幹说："殿下不思悔改，所以我不敢不向上报告。"可是拓跋幹悠然自得不把此

俱从太子诣行在。既至，见详而不见幹，阴使左右察其意色，知无忧悔，乃亲数其罪，杖之一百，免官还第。

癸未，魏主还洛阳，告于太庙。甲申，减冗官之禄以助军国之用。乙酉，行饮至之礼。班赏有差。

（以上为第六段，写北魏主拓跋宏继续东行，从小沛到碻磝，于行在处分在南征中的战败之将拓跋鸾等，以及在洛阳贪淫不法的大臣拓跋幹等，从水道回洛阳。）

甲午，魏太子冠于庙。魏主欲变北俗，引见群臣，谓："卿等欲朕远追商、周，为欲不及汉、晋邪？"咸阳王禧对曰："群臣愿陛下度越前王耳。"帝曰："然则当变风易俗，当因循守故邪？"对曰："愿圣政日新。"帝曰："为止于一身，为欲传之子孙邪？"对曰："愿传之百世。"帝曰："然则必当改作，卿等不得违也。"对曰："上令下从，其谁敢违！"帝曰："夫'名不正，言不顺，则礼乐不可兴'。今欲断诸北语，一从正音。其年三十已上，习性已久，容不可猝革。三十已下，见在朝廷之人，语音不听仍旧，若有故为，当加降黜，各宜深戒！王公卿士以为然不？"对曰："实如圣旨。"帝曰："朕尝与李冲论此，冲曰：'四方之语，竟知谁是；帝者言之，即为正矣。'冲之此言，其罪当死！"因顾冲曰："卿负社稷，当令御史牵下！"冲免冠顿首谢。又责留守之官曰："昨望见妇女犹服夹领小袖，卿等何为不遵前诏！"皆谢罪。帝曰："朕言非是，卿等当庭争。如何入则顺旨，退则不从乎！"六月，己亥，下诏："不得为北俗之语于朝廷，违者免所居官。"

癸卯，魏主使太子如平城赴太师熙之丧。

癸丑，魏诏求遗书，秘阁所无，有益时用者，加以优赏。

魏有司奏："广川王妃葬于代都，未审以新尊从旧卑，以旧卑就新尊？"魏主曰："代人迁洛者，宜悉葬邙山。其先有夫死于代者，听妻还葬；夫死于洛者，不得还代就妻。其余州之人，自听从便。"丙辰，诏：

放在心上。李彪上表弹劾拓跋幹，魏孝文帝诏令拓跋幹和北海王拓跋详随同太子一起来行宫。到了之后，只召见了拓跋详而没有召见拓跋幹，暗中派人去察看拓跋幹反应如何，得知拓跋幹既无担忧之心，又无悔改之意，于是亲自数落他的罪行，打了一百杖，罢免了官职，令拓跋干回家去了。

五月十五日癸未，魏孝文帝驾还洛阳，在太庙中向祖先报告。五月十六日甲申，诏令减去散官的俸禄，以便资助军队开支。五月十七日乙酉，在太庙举行饮酒仪式，论功而行赏。

五月二十六日甲午，北魏太子在太庙举行了加冠之礼。魏孝文帝想要改变北方风俗，召见文武群臣，问他们："各位希望朕远追商周呢，还是想让朕连汉晋都比不上呢？"咸阳王拓跋禧回答说："群臣都盼愿陛下能超过前王。"孝文帝问："那么应当改变风俗习惯呢，还是因循守旧呢？"拔跋禧再回答："愿意皇上的政教日日更新。"又问："只是至于一身，还是希望传之于子孙后代呢？"回答说："愿意传之于百世万年。"孝文帝说："那么，朕下令改革，你们一定不得有违。"拓跋禧回答："上令而下从，有谁敢违抗呢？"孝文帝又说："'名不正，言不顺，则礼乐不可兴。'现今朕想要禁止使用鲜卑语，全部改用华音。年龄在三十岁以上的人，由于习性已久，可以宽容不能一下子就改换过来。但是，年龄在三十岁以下的人，凡在朝廷中任职者，语音不允许仍袭，如果有谁故意而为，应当降免其官职。所以，各位应当严加自戒。各位王公卿士认为这样对吗？"拓跋禧回答："无不遵从圣旨。"孝文帝讲道："朕曾经与李冲谈过这件事，李冲说：'四方言语不同，故不知应该以谁的为是；皇上说的，就是标准。'李冲此话，其罪行应当处死。"便看着李冲又说道："你有负于社稷，应当命令御史把你牵下去。"李冲摘下帽子磕头谢罪。孝文帝又指责出巡时留守洛阳的官员们："昨天，朕看到妇女还穿着夹领小袖衣服，你们为什么不遵行朕前头的诏令呢？"这些官员们都磕头谢罪不已。孝文帝继续讲道："如果朕讲得不对，你们可以当庭争辩，为什么上朝则顺从朕旨，退朝后就不听从呢？"六月初二日己亥，下令："在朝廷中不得讲鲜卑语，违者免去所任官职。"

六月初六日癸卯，魏孝文帝派遣太子到平城参加太师冯熙的丧礼。

六月十六日癸丑，北魏发布诏令，搜求民间藏书，凡是朝廷秘阁中所无而又有益于时用的书，献者加以赏赐。

北魏有关官吏上奏："广川王的妃子埋葬在代都，而广川王今天已去世，不知道是广川王随他的妻子回葬于平城呢，还是他妻子随广川王移葬于洛阳呢？"北魏孝文帝说："凡是代京人迁移来洛阳的，死后应该全部埋葬在邙山。如果丈夫先死在代

“迁洛之民死，葬河南，不得还北。”于是，代人南迁者悉为河南洛阳人。

戊午，魏改用长尺、大斗，其法依《汉志》为之。

（以上为第七段，写北魏主拓跋宏锐意改革，禁止使用鲜卑旧语，全部改用华夏正音；禁绝穿着鲜卑族的服装；度量标准按照《汉书·律历志》中的记载制定。）

上之废郁林王也，许萧谌以扬州，既而除领军将军、南徐州刺史。谌恚曰：“见炊饭，推以与人。”谌恃功，颇干预朝政，所欲选用，辄命尚书使为申论。上闻而忌之，以萧诞、萧诔方将兵拒魏，隐忍不发。壬戌，上游华林园，与谌及尚书令王晏等数人宴，尽欢；坐罢，留谌晚出，至华林阁，仗身执还省。上遣左右莫智明数谌曰：“隆昌之际，非卿无有今日。今一门二州，兄弟三封，朝廷相报，止可极此。卿恒怀怨望，乃云炊饭已熟，合甑与人邪！今赐卿死！”遂杀之，并其弟诔；以黄门郎萧衍为司州别驾，往执诞，杀之。谌好术数，吴兴沈文猷常语之曰：“君相不减高帝。”谌死，文猷亦伏诛。谌死之日，上又杀西阳王子明、南海王子罕、邵陵王子贞。

（以上为第八段，写南齐明帝萧鸾清算异己，清算异己，杀害诸王，内残不已。）

乙丑，以右卫将军萧坦之为领军将军。

魏高闾上言：“邺城密皇后庙颓圮，请更葺治；若谓已配飨太庙，即宜罢毁。”诏罢之。

魏拓跋英之寇汉中也，沮水氐杨馥之为齐击武兴氐杨集始，破之，秋，七月，辛卯，以馥之为北秦州刺史、仇池公。

八月，乙巳，魏选武勇之士十五万人为羽林、虎贲，以充宿卫。

魏金墉宫成，立国子、太学、四门小学于洛阳。

魏高祖游华林园，观故景阳山，黄门侍郎郭祚曰：“山水者，仁智之所乐，宜复修之。”帝曰：“魏明帝以奢失之于前，朕岂可袭之于后乎！”

京，那么妻子死后可以送回代京安葬；如果丈夫死在洛阳，不可以送回代京随他的妻子安葬。其他州的人，听从自便。”六月十九日丙辰，孝文帝颁布诏书：“迁移到洛阳的人死后，葬于洛阳地区，不得送回北边安葬。”这时从代京迁居到洛阳的人全部成为洛阳人。

六月二十一日戊午，北魏不再用长尺、大斗，其度量法度依照《汉书·律历志》中的记载制定。

齐明帝废除郁林王时，曾许诺萧谌为扬州刺史，但是事后却任命他为领军将军、南徐州刺史。萧谌怨恨说：“饭做熟了，却推给别人吃了。”萧谌恃功自傲，颇多干预朝政事务，想选用谁，就命令尚书为其说话。齐明帝知道之后非常忌讳，因为萧诞、萧诔正率兵抵抗北魏，所以隐藏在心头不发作出来。六月二十五日壬戌，齐明帝游赏华林园，与萧谌以及尚书令王晏等几个人一起宴饮，非常尽兴。宴席结束的时候，留下萧谌，让萧谌晚点离开。当萧谌到华林阁时，被执仗武装卫士拘捕，押至官署。齐明帝派左右莫智明去数说责备萧谌的罪行，讲道：“隆昌的时候，如果没有你，我不会有今天。现今你们兄弟三人都被封上爵位，有两人担任了州刺史，朝廷报答你，已经是到了极点。可是，你还是不满足，总是心怀怨恨，说什么饭做熟了，却推给别人吃了。现今特赐你死。”遂杀死了萧谌，萧谌的弟弟萧诔也被杀。又任命黄门郎萧衍为司州别驾，前去拘捕萧诞，杀了萧诞。萧谌爱好术数，吴兴人沈文猷经常对萧谌说：“您的命相不亚于高帝。”萧谌死后，沈文猷也被诛死。萧谌死的那天，齐明帝又杀了西阳王萧子明、南海王萧子罕、邵陵王萧子贞。

六月二十八日乙丑，南齐任命右卫将军萧坦之为领军将军。

北魏高闾上书说：“邺城密皇后庙已经坍塌，请求重新加以修缮。如果认为已经享祭于太庙了，不必再单供神位，那么就应当把庙毁掉。”朝廷诏令毁掉其庙。

北魏拓跋英侵犯汉中的时候，沮水的氐人部落首领杨馥之为南齐攻打武兴的氐人首领杨集始，打败了杨集始。秋季，七月二十四日辛卯，任命杨馥之为北秦州刺史，并封为仇池公。

八月初九日乙巳，北魏选拔勇猛的武士十五万人担任羽林、虎贲，以充实皇宫宿卫。

北魏的金墉宫修建完毕，设立国子、太学、四门小学于洛阳。

魏孝文帝游赏华林园，观览过去所筑的景阳山，黄门侍郎郭祚说道：“山水是仁者、智者所喜爱的，应该重新加以修复。”孝文帝说：“魏明帝因为奢侈失败于前，

帝好读书，手不释卷，在舆、据鞍，不忘讲道。善属文，多于马上口占，既成，不更一字。自太和十年以后，诏策皆自为之。好贤乐善，情如饥渴，所与游接，常寄以布素之意，如李冲、李彪、高闾、王肃、郭祚、宋弁、刘芳、崔光、邢峦之徒，皆以文雅见亲，贵显用事；制礼作乐，郁然可观，有太平之风焉。

治书侍御史薛聪，辩之曾孙也，弹劾不避强御，帝或欲宽贷者，聪辄争之。帝每曰："朕见薛聪，不能不惮，何况诸人也！"自是贵戚敛手。累迁直阁将军，兼给事黄门侍郎、散骑常侍，帝外以德器遇之，内以心膂为寄，亲卫禁兵，悉聪管领，故终太和之世，恒带直阁将军。群臣罢朝之后，聪恒陪侍帷幄，言兼昼夜，时政得失，动辄匡谏，事多听允；而重厚沈密，外莫窥其际。帝欲进以名位，辄苦让不受。帝亦雅相体悉，谓之曰："卿天爵自高，固非人爵所能荣也。"

（以上为第九段，写北魏主拓跋宏的励精图治，在新都洛阳设立国子、太学、四门小学；抑制奢侈之风，不同意修葺园林；重用贤才，直臣薛聪寄以心腹重任。）

九月，庚午，魏六宫、文武悉迁于洛阳。

丙戌，魏主如邺，屡至相州刺史高闾之馆，美其治效，赏赐甚厚。闾数请本州，诏曰："闾以悬车之年，方求衣锦，知进忘退，有尘谦德，可降号平北将军。朝之老成，宜遂情愿，徙授幽州刺史，令存劝两修，恩法并举。"以高阳王雍为相州刺史，戒之曰："作牧亦易亦难。'其身正，不令而行'，所以易；'其身不正，虽令不从，所以难。"

己丑，徙南平王宝攸为邵陵王，蜀郡王子文为西阳王，广汉王子峻为衡阳王，临海王昭秀为巴陵王，永嘉王昭粲为桂阳王。

乙未，魏主自邺还。冬，十月，丙辰，至洛阳。

壬戌，魏诏："诸州精品属官，考其得失为三等以闻。"又诏："徐、兖、光、南青、荆、洛六州，严纂戎备，应须赴集。"

朕怎么可以步其后尘呢？”孝文帝好读书，经常手不释卷，外出时在车中或者在马鞍之上仍不忘讲学论道。又擅长作文，常常在马上口授文章词句，不用更改一个字，自从太和十年之后，各种诏令、策书都是自己撰写。孝文帝还爱好贤才、善士，求贤心切，如饥似渴。凡是与孝文帝交往接近的，孝文帝总是与他们像普通人一样往来。比如李冲、李彪、高闾、王肃、郭祚、宋弁、刘芳、崔光、邢峦等人，都因资质文雅而得到亲近，并且担任了重要职位，在朝廷制礼作乐，成绩斐然，郁郁可观，有盛世之风。

治书侍御史薛聪是薛辩的曾孙，弹劾人不畏避强横之人，孝文帝有时想要宽容被弹劾者，薛聪就总是和他争辩，孝文帝经常说："朕见了薛聪，也不能不畏惮，何况其他人呢？”从此贵戚们不得不敛手敬畏。薛聪升至直阁将军，并兼给事黄门侍郎、散骑常侍。孝文帝对外表明是重用他的德行才气，而在内心则把他视为心腹，皇宫中的卫士禁兵，全部交给他来统管，所以太和年间一直担任直阁将军。每次上朝，群臣百官退朝之后，薛聪总是在内室奉陪，连日继夜，对于时事政治方面的得失利弊，薛聪动辄加以匡正劝谏，所见大多被采纳。为人做事厚重而谨慎，所以外界并不能窥见他内心里的详情。孝文帝想要升进薛聪的名分地位，薛聪总是苦苦辞让，不愿领受。孝文帝也能对薛聪的态度体贴理解，对他说道："您内禀仁义忠信之质，天爵自高，固然不是人爵所能荣身的了。”

九月初四日庚午，北魏六宫以及内外文武百官全部迁于洛阳。

九月二十日丙戌，魏孝文帝到达邺地。多次来到相州刺史高闾的官舍，赞美他治理本州的成绩，给予特别丰厚的赏赐。高闾数次请求回到本土幽州去做官，孝文帝发布诏令："高闾以悬车之年，方才要求衣锦还乡，只知进而不知退，实在有损于谦德，所以降其封号为平北将军。高闾是朝廷中年龄和资历都老的大臣，应当顺遂他的心愿，所以调任他为幽州刺史。这样降号存法和劝善施恩两者皆修。”任命高阳王拓跋雍为相州刺史，告诫说："做一州之长也容易，也难。‘自己言行端正，不用法令别人也会遵从’，如此就容易；‘自己立身不正，即使以法令强迫别人也不会听从’，所以说难。”

九月二十三日己丑，南齐调迁南平王萧宝攸为邵陵王、蜀郡王萧子文为西阳王、广汉王萧子峻为衡阳王、临海王萧昭秀为巴陵王、永嘉王萧昭粲为桂阳王。

九月二十九日乙未，魏孝文帝从城返还洛阳。冬季，十月二十一日丙辰，到达洛阳。

十月二十七日壬戌，北魏颁布诏书："各州认真考察官员们的政绩，根据得失，分为三等，上报朝廷。”又诏令："徐、兖、光、南青、荆、洛六州，加强战备，随

十一月，丁卯，诏罢世宗东田，毁兴光楼。

己卯，纳太子妃褚氏，大赦。妃，澄之女也。

庚午，魏主如委粟山，定圜丘。己卯，帝引诸儒议圜丘礼。秘书令李彪建言："鲁人将有事于上帝，必先有事于泮宫。请前一日告庙。"从之。甲申，魏主祀圜丘；丙戌，大赦。

十二月，乙未朔，魏主见群臣于光极堂，宣下品令，为大选之始。光禄勋于烈子登引例求迁官，烈上表曰："方今圣明之朝，理应廉让，而臣子登引人求进，是臣素无教训，乞行黜落！"魏主曰："此乃有识之言，不谓烈能办此！"乃引见登，谓曰："朕将流化天下，以卿父有谦逊之美、直士之风，故进卿为太子翊军校尉。"又加烈散骑常侍，封聊城县子。

魏主谓群臣曰："国家从来有一事可叹：臣下莫肯公言得失是也。夫人君患不能纳谏，人臣患不能尽忠。自今朕举一人，如有不可，卿等直言其失；若有才能而朕所不识，卿等亦当举之。如是，得人者有赏，不言者有罪，卿等当知之。"

丁酉，诏修晋帝诸陵，增置守卫。

甲子，魏主引见群臣于光极堂，颁赐冠服。

先是魏人未尝用钱，魏主始命铸太和五铢。是岁，鼓铸粗备，诏公私用之。

魏以光城蛮帅田益光为南司州刺史，所统守宰，听其铨置。后更于新蔡立东豫州，以益光为刺史。

氐王杨炅卒。

（以上为第十段，写北魏主拓跋宏的赏罚之道，对于老臣高闾要求还乡，既降其官职，又满足要求；对于于烈告发其子援例求官，既肯定其举，又升其子之官。）

三年（丙子，496 年）

春，正月，丁卯，以杨炅子崇祖为沙州刺史，封阴平王。

魏主下诏，以为："北人谓土为拓，后为跋。魏之先出于黄帝，以土

时赴召。”

十一月初二日丁卯，南齐诏令罢除文惠太子修治的东田，并拆毁兴光楼。

十一月十四日己卯，南齐为太子纳妃子褚氏，大赦天下。太子妃是褚澄的女儿。

十一月初五日庚午，魏孝文帝到达委粟山，确定祭天的圜丘。十一月十四日己卯，孝文帝召集群儒商议祭天之礼，秘书令李彪说：“古代鲁国人如果有事要祈告上帝，必定先在泮宫中祈祷，请提前一日祭告于太庙。”采纳了他的建议。十一月十九日甲申，魏孝文帝祭天于圜丘。十二月二十一日丙戌，大赦天下。

十二月初一日乙未朔，魏孝文帝在光极堂接见群臣，宣布在官员中实行九品之制，是大选群臣的开始。光禄勋于烈的儿子于登依照旧例请求升官，于烈上表说：“如今正值圣明之朝，做臣子的理应清廉谦让，但是臣的儿子于登却援引旧例而要求晋升，这是臣平素教训不严的结果，乞求朝廷罢黜官职。”孝文帝说：“这是有识之言，没有料到于烈能做到这样。”召见了于登，对他说：“朕将要广施教化于天下，因为你父亲有谦逊之美德、正直士人之品格，所以特晋升你为太子翊军校尉。”并且加任于烈为散骑常侍，封为聊城县子。

孝文帝对群臣说：“一个国家从来都有一件事情可叹，就是臣子们不肯公开地谈论得失是非。作为一国之君，患在不能采纳劝谏；作为臣子，患在不能尽忠竭力。从今以后朕推举一人，如有不妥之处，你们直言其失；如果有才能之士而朕不能发现，你们也应当加以举荐。这样，能举荐人才者有赏，知而不言者有罪，你们应当明白这一点。”

十二月初三日丁酉，南齐诏令修缮晋朝历代皇帝的陵墓，并且增置了守护陵墓的卫士。

十二月三十日甲子，魏孝文帝在光极堂召见群臣百官，颁赐冠服。

早先北魏人不使用钱币，从孝文帝开始才命令铸造太和五铢钱。到本年，已经铸造得大体齐备，诏令公私方面一律开始使用钱币。

北魏任命光城的蛮人首领田益光为南司州刺史，所属的郡守县令，听任他自己设置、铨选。后来又在新蔡设立东豫州，任命田益光为刺史。

氐人首领杨炅去世。

齐明帝建武三年（丙子，496年）

春季，正月初三日丁卯，南齐任命杨炅的儿子杨崇祖为沙州刺史，封为阴平王。

魏孝文帝发布诏令，认为：“北方人称土为拓，称后为跋。魏朝的祖先是黄帝的

德王，故为拓跋氏。夫土者，黄中之色，万物之元也，宜改姓元氏。诸功臣旧族自代来者，姓或重复，皆改之。”于是，始改拔拔氏为长孙氏，达奚氏为奚氏，乙旃氏为叔孙氏，丘穆陵氏为穆氏，步六孤氏为陆氏，贺赖氏为贺氏，独孤氏为刘氏，贺楼氏为楼氏，勿忸于氏为于氏，尉迟氏为尉氏。其余所改，不可胜纪。

魏主雅重门族，以范阳卢敏、清河崔宗伯、荥阳郑羲、太原王琼四姓，衣冠所推，咸纳其女以充后宫。陇西李冲以才识见任，当朝贵重，所结姻娅，莫非清望；帝亦以其女为夫人。诏黄门郎、司徒左长史宋弁定诸州士族，多所升降。又诏，以“代人先无姓族，虽功贤之胤，无异寒贱；故宦达者位极公卿，其功、衰之亲仍居猥任。其穆、陆、贺、刘、楼、于、嵇、尉八姓，自太祖已降，勋著当世，位尽王公，灼然可知者，且下司州、吏部，勿充猥官，一同四姓。自此以外，应班士流者，寻续别敕。其旧为部落大人，而皇始已来三世官在给事已上及品登王公者为姓；若本非大人，而皇始已来三世官在尚书已上及品登王公者亦为姓。其大人之后而官不显者为族；若本非大人而官显者亦为族。凡此姓族，皆应审核，勿容伪冒。令司空穆亮、尚书陆琇等详定，务令平允”。琇，馛之子也。

魏旧制：王国舍人皆应娶八族及清修之门。咸阳王禧娶隶户为之，帝深责之；因下诏为六弟聘室：“前者所纳，可为妾媵。咸阳王禧，可聘故颍川太守陇西李辅女；河南王幹，可聘故中散大夫代郡穆明乐女；广陵王羽，可聘骠骑谘议参军荥阳郑平城女；颍川王雍，可聘故中书博士范阳卢神宝女；始平王勰，可聘廷尉卿陇西李冲女；北海王详，可聘吏部郎中荥阳郑懿女。”懿，羲之子也。

时赵郡诸李，人物尤多，各盛家风，故世之言高华者，以五姓为首。

众议以薛氏为河东茂族。帝曰：“薛氏，蜀也，岂可入郡姓！”直阁薛宗起执戟在殿下，出次对曰：“臣之先人，汉末仕蜀，二世复归河东，今六世相袭，非蜀人也。伏以陛下黄帝之胤，受封北土，岂可亦谓之胡邪！今不预郡姓，何以生为！”乃碎戟于地。帝徐曰：“然则朕甲、卿乙

后代，以土德而称帝，所以为拓跋氏。土，乃黄中之色，万物之元，所以应该改姓为'元'。诸位功臣旧族中凡从代京迁来的，其姓氏字数多，要一律改变。"这时开始改拔拔氏为长孙氏、达奚氏为奚氏、乙旃氏为叔孙氏、丘穆陵氏为穆氏、步六孤氏为陆氏、贺赖氏为贺氏、独孤氏为刘氏、贺楼氏为楼氏、勿忸于氏为于氏、尉迟氏为尉氏，其余所改姓氏，不可胜数。

魏孝文帝一向看重门第、家族，因为范阳人卢敏、清河人崔宗伯、荥阳人郑羲、太原人王琼四姓门族，士大夫所推重，特意选他们的女儿进入后宫。陇西人李冲以才识受到任用，成为朝中显贵，他所结的姻亲，都是具有清白名望而为时人所敬重的高门，皇帝也以他的女儿为夫人。诏令黄门郎、司徒左长史宋弁审定各州的士族，地位多有升降。又诏令："代京人早先没有有声望的士族，虽然是功勋、贤士的后代，没有区别于寒贱出身者，所以，一些宦途通达者虽然位极公卿，但他们的亲族却依然担任着地位卑下的官职。其中穆、陆、贺、刘、楼、于、嵇、尉八姓，从太祖皇帝以来，功勋卓越，著称于世，位至王公，无人不知，通知司州和吏部，不要让他们充任卑微官职，而应当同卢、崔、郑、王四姓一样对待。除这些大族之外，其他还应该班列士族之列者，不久继续另外由朝廷下令加以确认。那些过去为部落首领，而从道武帝皇始年间以来三代官职在给事以上，以及爵位上至王公的，确定其姓；如果不是首领，而自皇始年间以来三代官职在尚书以上以及爵位上至王公的，也确定其姓。属头人之后代，但是官职不显要的确定其族，或者本非头人而官职显要的，也确定其族。凡此姓与族，都应该加以审核，不允许其中有伪冒者。命令司空穆亮、尚书陆琇等人详加审定，务必要做到公正合理。"陆琇是陆馛的儿子。

北魏过去的制度：各藩王的妃嫔都应选娶八大姓及有清望的门第人家之女。咸阳王拓跋禧娶隶户之女为妃嫔，孝文帝严厉地责备了元禧，因此颁布诏书为六个弟弟重新聘娶妻室，说："以前所纳娶的，可以改做小妾。咸阳王元禧，可以聘娶颍川太守陇西人李辅的女儿；河南王元幹，可以聘娶已故中散大夫代郡人穆明乐的女儿；广陵王元羽，可以聘娶骠骑谘议参军荥阳人郑平城的女儿；颍川王元雍，可以聘娶中书博士范阳人卢神宝的女儿；始平王元勰，可以聘娶廷尉卿陇西人李冲的女儿；北海王元详，可以聘娶吏部郎中荥阳人郑懿的女儿。"郑懿是郑羲的儿子。

当时，赵郡李姓诸门中，人物尤其多，都能发扬家风，所以世人谈论门第高贵，均推卢、崔、郑、王、李五姓为首。

众人议论以薛氏为河东的望族，孝文帝说："薛氏是蜀人，怎么可以成为一郡之大姓呢？"直阁薛宗起正执戟站在殿下，站出队列对答道："我的祖先于汉代末期在蜀地做官，两代之后又回到河东，如今已经六代相沿袭，不应该算作蜀人。恭敬地提问陛下是黄帝后代，而受封北方，难道也可以说是胡人吗？现今不承认为郡中大

乎？”乃入郡姓，仍曰：“卿非‘宗起’，乃‘起宗’也！”

（以上为第十一段，写北魏主拓跋宏锐意改革，将鲜卑姓氏改为中原姓氏；注重门第、家族，确定大姓望族，为六个弟弟选择士族女为妻室，将薛氏作为河东望族。）

帝与群臣论选调曰：“近世高卑出身，各有常分，此果如何？”李冲对曰：“未审上古以来，张官列位，为膏粱子弟乎，为致治乎？”帝曰：“欲为治耳。”冲曰：“然则陛下今日何为专取门品，不拔才能乎？”帝曰：“苟有过人之才，不患不知。然君子之门，借使无当世之用，要自德行纯笃，朕故用之。”冲曰：“傅说、吕望，岂可以门地得之！”帝曰：“非常之人，旷世乃有一二耳。”秘书令李彪曰：“陛下若专取门地，不审鲁之三卿，孰若四科？”著作佐郎韩显宗曰：“陛下岂可以贵袭贵，以贱袭贱！”帝曰：“必有高明卓然、出类拔萃者，朕亦不拘此制。”

顷之，刘昶入朝。帝谓昶曰：“或言唯能是寄，不必拘门，朕以为不尔。何者？清浊同流，混齐一等，君子小人，名器无别，此殊为不可。我今八族以上士人，品第有九；九品之外，小人之官复有七等。若有其人，可起家为三公。正恐贤才难得，不可止为一人浑我典制也。”

臣光曰：选举之法，先门第而后贤才，此魏、晋之深弊，而历代相因，莫之能改也。夫君子、小人，不在于世禄与侧微，以今日视之，愚智所同知也。当是之时，虽魏孝文之贤，犹不免斯蔽。故夫明辨是非而不惑于世俗者，诚鲜矣。

（以上为第十二段，写北魏主拓跋宏重视门第而轻贱贤才，被有识之士李冲、李彪、韩显宗等人予以批评，而拓跋宏不以为然；司马光抨击这种选用人才的制度。）

壬辰，魏徙始平王勰为彭城王，复定襄县王鸾为城阳王。

二月，壬寅，魏诏：“群臣自非金革，听终三年丧。”

姓，还有何脸面活下去呢？”把手中之戟摔碎于地。孝文帝慢悠悠地说道：“那么，朕为甲，你为乙吗？”于是同意列薛姓为郡之大姓，并同薛宗起戏言道：“你不是‘宗起’，而是‘起宗’呀！”

孝文帝与群臣议论选拔调派官员的事情，问道：“近世以来，出身高卑贵贱，各有一定的名分，这样划分如何呢？”李冲回答道：“不知道上古以来，分官列位，其目的是为了那些膏粱子弟们呢，还是为了治理国家呢？”孝文帝回答：“当然是为了治理天下。”李冲问：“那么陛下现今为何专门选取门第出身，而不注重才能方面的选拔吗？”孝文帝说：“如果其人有过人的才能，不怕不为人所知。然而，君子门第出身，即使没有为当世所用之才能，但终归在德行方面要纯洁笃实一些，朕所以选用他们。”李冲说道：“傅说、吕望可以凭门第出身得到吗？”孝文帝说：“非常的人才，旷世才有一二。”秘书令李彪说道：“陛下如果专以门第取士，不知道鲁国的三卿季孙、孟孙、叔孙氏与孔门四科人才，谁优秀些呢？”著作佐郎韩显宗说道：“陛下岂能使贵者世袭为贵，贱者永远为贱呢？”孝文帝回答：“如果遇有才识高明、卓然不凡、出类而拔萃者，朕也不拘泥于这一制度。”

一会儿，刘昶来到朝中，孝文帝对他说：“有人说选拔官员要唯才能是重，不必拘于门第出身，朕则以为不然。为什么呢？因为这样则会清浊同流，混淆为一，以致名器不分，使君子小人没有区别，这实在是不可以的。我们现今八族以上的士人，品第分为九个级别。九品之外，出身低贱而做官者又分为七等。如果其人有才能，有贡献，可以升为三公。朕正担心贤才难得，但是也不可以仅为一个人而混乱了我的典章制度。”

臣司马光评论说：选拔举荐人才的制度，先门第而后贤才，这是魏晋时期很大的弊端，然而历代因袭，莫能改变。君子与小人之别，不在于世代禄位与贫贱低微的区别，以今天的眼光来看，这是愚者和智者都能认识到的，然而在当时，虽然以魏孝文帝之贤能，犹不能免于这一偏见。所以，能明辨是非而不受世俗之见影响的人实在是稀少啊！

正月二十八日壬辰，北魏调迁始平王元勰为彭城王，恢复定襄县王元鸾为城阳王。

二月初九日壬寅，北魏颁布诏书：“群臣中如果不是武将，实行守丧三年的制度。”

丙午，魏诏："畿内七十已上，暮春赴京师行养老之礼。"三月，丙寅，宴群臣及国老、庶老于华林园。诏："国老，黄耇已上，假中散大夫、郡守；耆年已上，假给事中、县令。庶老，直假郡、县；各赐鸠杖、衣裳。"

丁丑，魏诏："诸州中正各举其乡之民望，年五十以上守素衡门者，授以令、长。"

壬午，诏："乘舆有金银饰校者，皆剔除之。"

上志慕节俭。太官尝进裹蒸，上曰："我食此不尽，可四破之，余充晚食。"又尝用皂荚，以余泺授左右曰："此可更用。"太官元日上寿，有银酒铃，上欲坏之。王晏等咸称盛德，卫尉萧颖胄曰："朝廷盛礼，莫若三元。此一器既是旧物，不足为侈。"上不悦。后预曲宴，银器满席。颖胄曰："陛下前欲坏酒铃，恐宜移在此器。"上甚惭。

上躬亲细务，纲目亦密。于是，郡县及六署、九府常行职事，莫不启闻，取决诏敕。文武勋旧，皆不归选部，亲戚凭藉，互相通进，人君之务过繁密。南康王侍郎颍川钟嵘上书言："古者，明君揆才颁政，量能授职，三公坐而论道，九卿作而成务，天子唯恭己南面而已。"书奏，上不怿，谓太中大夫顾皓曰："钟嵘何人，欲断朕机务！卿识之不？"对曰："嵘虽位末名卑，而所言或有可采。且繁碎职事，各有司存；今人主总而亲之，是人主愈劳而人臣愈逸，所谓'代庖人宰而为大匠斫'也。"上不顾而言他。

（以上为第十三段，写北魏主拓跋宏尊老，举行养老之礼；南齐皇帝萧鸾躬行节俭，几乎不近人情；事必躬亲，事无巨细亲自操劳。臣子钟嵘、顾皓不以为然。）

夏，四月，甲辰，魏广州刺史薛法护求降。

魏寇司州，栎城戍主魏僧珉拒破之。

五月，丙戌，魏营方泽于河阴。又诏汉、魏、晋诸帝陵，百步内禁樵苏。

丁亥，魏主有事于方泽。

二月十三日丙午，北魏颁布诏书："国都附近七十岁以上者，于暮春的时候到京师举行养老之礼。"三月初三日丙寅，在华林园宴请群臣以及告老辞官的卿大夫和士中的老者。北魏颁布诏书："告老辞官的卿大夫、黄发高寿以上者，给予中散大夫、郡守的名誉职位；年龄在六十岁以上者，给予给事中、县令的名誉职位。士中的老者，直接给予郡、县的虚职，分别赏赐以鸠鸟为饰的拐杖和衣裳。"

三月十四日丁丑，北魏颁布诏书："各州的中正各自举荐本乡有民望的人，年龄在五十岁以上而家境贫寒不曾做官的，授以令、长之职。"

三月十九日壬午，南齐颁布诏书："乘坐的车子上面有金银装饰的，全部去掉。"

齐明帝一心要做到节俭朴素，负责膳食的太官一次进献一种名叫裹蒸的食品，齐明帝对太官说："我一次吃不完这么一个，可以把它分成四块，剩下的晚上再吃。"还有一次使用皂荚洗浴，指着用过的皂荚水对身边近侍说："这个还可以再次使用。"太官在正月初一上寿，温酒时使用了一个用银子制作的酒铛，齐明帝要把它毁掉，王晏等人都称颂他品德高尚，卫尉萧颖胄说："朝廷中最隆重的节日，莫过正月初一，这个银制酒铛是旧物了，所以不足为奢侈。"齐明帝听了心中很不高兴。后来又在宫中设宴，席上有许多银制器皿，萧颖胄说道："陛下前次说要毁掉酒铛，恐怕应该移在眼前这些银器上。"齐明帝满面愧色。

齐明帝事无巨细，必须躬亲，无论概要细则均要细致周密，这时连郡县以及朝中六署、九府的日常事务，也必须全部向他报告，取得他的旨令才能办理。文武官员中功臣和旧臣的选拔、使用等，都不归于吏部管理，而是凭借亲戚关系互相提拔，以致使皇帝事务过于繁密。南康王侍郎颍川人钟嵘上书："古时候，圣明的国君根据下属的才干分派事情，量其能力授以官职，三公坐而论道，九卿具体分工执行，而天子只是谦恭修己、面朝南方罢了。"建议奏上，齐明帝心中不悦，问太中大夫顾暠："钟嵘何许人也？想顶替朕裁断事务，你认识他吗？"顾暠回答说："钟嵘虽然地位卑微，没有名气，但是他所讲的或许有可采纳之处。况且那些繁重琐碎的事务，都分别有职能部门来办理，现今陛下全部总领，亲自处理，陛下越是劳累，臣子们则越是清闲，正所谓'代替庖人宰割，代替大匠斫削'。"齐明帝不理睬顾暠所说，而另改换别的话题。

夏季，四月十一日甲辰，北魏广州刺史薛法护请求投降。

北魏侵犯司州，栎城戍主魏僧珉率兵抵抗，击败了来犯的军队。

五月二十四日丙戌，北魏在河阴掘筑方泽。诏令禁止在汉、魏、晋历代皇陵百步之内打柴割草。

五月二十五日丁亥，魏孝文帝在方泽祭地。

秋，七月，魏废皇后冯氏。初，文明太后欲其家贵重，简冯熙二女入掖庭：其一早卒；其一得幸于魏主，未几，有疾，还家为尼。及太后殂，帝立熙少女为皇后。既而其姊疾愈，帝思之，复迎入宫，拜左昭仪，后宠浸衰。昭仪自以年长，且先入宫，不率妾礼。后颇愧恨，昭仪因谮而废之。后素有德操，遂居瑶光寺为练行尼。

魏主以久旱，自癸未不食至于乙酉，群臣皆诣中书省请见。帝在崇虚楼，遣舍人辞焉，且问来故。豫州刺史王肃对曰："今四郊雨已沾洽，独京城微少。细民未乏一餐而陛下辍膳三日，臣下惶惶，无复情地。"帝使舍人应之曰："朕不食数日，犹无所感。比来中外贵贱，皆言四郊有雨，朕疑其欲相宽勉，未必有实。方将遣使视之，果如所言，即当进膳；如其不然，朕何以生为，当以身为万民塞咎耳！"是夕，大雨。

魏太子恂不好学；体素肥大，苦河南地热，常思北归。魏主赐之衣冠，恂常私著胡服。中庶子辽东高道悦数切谏，恂恶之。八月，戊戌，帝如嵩高，恂与左右密谋，召牧马，轻骑奔平城，手刃道悦于禁中。中领军元俨勒门防遏，入夜乃定。诘旦，尚书陆琇驰以启帝，帝大骇，秘其事，仍至汴口而还。甲寅，入宫，引见恂，数其罪，亲与咸阳王禧更代杖之百余下，扶曳出外，囚于城西，月余乃能起。

丁巳，魏相州刺史南安惠王桢卒。

九月，戊辰，魏主讲武于小平津；癸酉，还宫。

冬，十月，戊戌，魏诏："军士自代来者，皆以为羽林、虎贲。司州民十二夫调一，吏以供公私力役。"

魏吐京胡反，诏朔州刺史元彬行汾州事，帅并、肆之众以讨之。彬，桢之子也。彬遣统军奚康生击叛胡，破之，追至车突谷，又破之，俘杂畜以万数。诏以彬为汾州刺史。胡去居等六百余人保险不服，彬请兵

秋季，七月，北魏废黜皇后冯氏。起初，文明太后想让她的家族富贵显赫，选择冯熙的两个女儿进宫做妃嫔，其中一个早早去世，另一个得到魏孝文帝的宠幸，但是时间不久，身染疾病，只好回到家中削发为尼。等到文明太后去世，孝文帝又立冯熙的小女儿为皇后。不久，皇后的姐姐病好了，孝文帝非常思念她，就又把她迎进宫中，拜为左昭仪，从此皇后渐渐失去了宠爱。左昭仪自认为年长于皇后，并且比她先入宫，所以不对皇后实行妾礼。皇后对此很愧恨，左昭仪于是诬陷中伤她，使她被废掉。皇后素来有德操，被废之后就居住在瑶光寺中为尼，修炼戒行。

魏孝文帝因为久旱无雨，自五月二十一日癸未至五月二十三日乙酉停止进食，群臣都来到中书省请求接见。孝文帝在崇虚楼，派遣中书舍人去推辞，并且问请见的缘故。豫州刺史王肃说："现今郊外四周已经大雨连绵了，唯独京城之内下得很小。平民百姓们都没有少吃一餐，而陛下却绝食三天了，臣下对此惶惶不安，无可自处。"孝文帝派中书舍人回答说："朕几天不吃饭，没感到什么不适。近来朝廷内外无论贵贱之人，都说郊外四面有雨了，朕怀疑这样讲，为的是宽慰朕心，情况未必属实。现今准备派人去查看，如果如所言，就立即用膳；如果不然，朕还有何理由继续活下去呢？就用自己的身体替万民百姓承担老天爷的责咎。"这天晚上，天降大雨。

北魏太子元恂不喜欢学习，长得身肥体胖，熬受不了河南夏天的炎热，经常思念回到北方去。魏孝文帝赐予元恂衣服帽子，他却常常私下里穿着胡服。中庶子辽东人高道悦多次恳切地劝谏元恂，元恂非常厌恶他。八月初七日戊戌，孝文帝到达嵩高，元恂与心腹密谋策划，叫来马匹骑上直奔平城，亲手把高道悦杀死在宫殿之中。中领军元俨严守门禁以防遏，到了夜间才平定下来。第二天一早，尚书陆琇急忙骑马去向孝文帝汇报，孝文帝一听大吃一惊，但没有声张其事，仍然到了汴口，然后返回。八月二十三日甲寅，回宫，召见元恂，数说了他的罪过，亲自与咸阳王元禧轮番把元恂打了一百多棒，命人把他扶着拽出去，囚禁在城西，一个多月之后，元恂才可以起床。

八月二十六日丁巳，北魏相州刺史南安惠王元桢去世。

九月初八日戊辰，魏孝文帝在小平津演练武事。九月十三日癸酉，还宫。

冬季，十月初八日戊戌，北魏颁布诏令："士兵凡从代京迁来者，一律任用为羽林、虎贲。司州成年男子，十二个之中抽调一个，编为吏员，作为公家或私家的差役。"

北魏吐京胡反叛，诏令朔州刺史元彬代管汾州事务，统领并州、肆州的人马去讨伐。元彬是元桢的儿子。元彬派遣统军奚康生攻打反叛的胡人，打败了他们，又追击至车突谷，再次获胜，俘获各种牲畜上万头。诏令元彬为汾州刺史。胡人去居

二万以讨之，有司奏许之，魏主大怒曰："小寇何有发兵之理！可随宜讨治。若不能克，必须大兵者，则先斩刺史，然后发兵！"彬大惧，督帅州兵，身先将士，讨去居，平之。

魏主引见群臣于清徽堂，议废太子恂。太子太傅穆亮、少保李冲免冠顿首谢。帝曰："卿所谢者私也，我所议者国也。'大义灭亲'，古人所贵。今恂欲违父逃叛，跨据恒、朔，天下之恶孰大焉！若不去之，乃社稷之忧也。"闰月，丙寅，废恂为庶人，置于河阳无鼻城，以兵守之，服食所供，粗免饥寒而已。

戊辰，魏置常平仓。

（以上为第十四段，继续写南齐明帝建武三年的史事，主要写北魏主拓跋宏废食求雨，看到下雨才吃饭；太子元恂不习惯在洛阳的生活，趁其父外出，欲北奔平城，被废为庶人；北魏设置常平仓。）

戊寅，太子宝卷冠。

初，魏文明太后欲废魏主，穆泰切谏而止，由是有宠。及帝南迁洛阳，所亲任者多中州儒士，宗室及代人往往不乐。泰自尚书右仆射出为定州刺史，自陈久病，土湿则甚，乞为恒州；帝为之徙恒州刺史陆叡为定州，以泰代之。泰至，叡未发，遂相与谋作乱，阴结镇北大将军乐陆王思誉、安乐侯隆、抚冥镇将鲁郡侯业、骁骑将军超等，共推朔州刺史阳平王颐为主。思誉，天赐之子；业，丕之弟；隆、超，皆丕之子也。叡以为洛阳休明，劝泰缓之，泰由是未发。

颐伪许泰等以安其意，而密以状闻。行吏部尚书任城王澄有疾，帝召见于凝闲堂，谓之曰："穆泰谋为不轨，扇诱宗室。脱或必然，今迁都甫尔，北人恋旧，南北纷扰，朕洛阳不立也。此国家大事，非卿不能办。卿虽疾，强为我北行，审观其势。傥其微弱，直往擒之；若已强盛，可承制发并、肆兵击之。"对曰："泰等愚惑，正由恋旧，为此计耳，非有深谋远虑；臣虽驽怯，足以制之，愿陛下勿忧。虽有犬马之疾，何敢辞也！"帝笑曰："任城肯行，朕复何忧！"遂授澄节、铜虎、竹使符、御仗左右，仍行恒州事。

等六百多人据险而不服，元彬请求拨兵两万去讨伐，有关部门上奏请示批准，魏孝文帝勃然大怒，说：“小小的一股寇贼，哪有朝廷发兵去讨伐的道理呢？可以自己根据实际情况掌握时机进行讨伐。如果不能攻克，必须派大兵去讨伐，那就先斩了刺史，然后再发兵！”元彬非常害怕，亲自督率州兵，身先士卒，去讨伐去居，终于平定。

魏孝文帝在清徽堂召见群臣百官，商议废去太子元恂。太子太傅穆亮、少保李冲摘去帽子，伏地磕头谢罪。孝文帝说：“你们谢罪是出于私情，而我在这里所要商议的却是国家大事。‘大义灭亲’，为古人所看重。如今，元恂想要违抗父命而私自逃叛，跨据恒、朔两州，天底下还有比这更大的罪恶吗？如果不把他废掉，就会成为社稷的一大忧患。”闰十二月初八日丙寅，北魏废太子元恂为庶人，安置于河阳无鼻城，派兵看守，对其衣服饮食供应，大体上免于饥寒罢了。

闰十二月初十日戊辰，北魏设置常平仓。

闰十二月二十日戊寅，南齐太子萧宝卷举行加冠礼。

原先，北魏文明太后想要废去魏孝文帝，穆泰苦苦劝谏才得以中止，由此穆泰得到宠信。到了孝文帝南迁洛阳，其所亲近信任的大多是些中州的儒士，皇族内部以及代京人往往对此感到不高兴。穆泰从尚书右仆射出任定州刺史，自己陈述长期有病，在气候暖湿的地方则更加严重，请求到恒州去。孝文帝调恒州刺史陆叡为定州刺史，另任穆泰为恒州刺史。穆泰到达恒州之后，陆叡还没有前去定州，于是就与陆叡一起密谋反叛作乱，并且秘密勾结镇北大将军乐东陵王元思誉、安乐侯元隆、抚冥守将鲁郡侯元业、骁骑将军元超等人，共同推举朔州刺史阳平王元颐为主。元思誉是元天赐的儿子，元业是元丕的弟弟，元隆和元超俱为元丕的儿子。陆叡认为洛阳政治修明，劝说穆泰迟缓进行，因此穆泰暂时没有发动。

元颐假装同意穆泰等人，而秘密地把情况写成奏状上报朝廷。行吏部尚书任城王元澄有病在身，孝文帝召见于凝闲堂，对任城王元澄说：“穆泰图谋叛乱，煽动诱说宗室，策动叛乱。如果就是这样，如今迁都伊始，北方人恋旧，南北事务纷扰，朕的洛阳不能成立。这是国家大事，非您不能办理。您虽然有病在身，但是还得勉强为我北行一次，审观形势，假若穆泰的势力还不太强的话，就直接把穆泰擒拿了；如果穆泰的势力已经强盛，您就秉承我的旨意发并、肆两州之兵讨伐他们。”元澄回答说：“穆泰等人愚蠢至极，正是由于恋旧使然，他们叛乱完全是为了这个，并非有什么深谋远虑。臣虽然无能胆怯，但对付他们还是行的，完全可以制伏，希望陛下

行至雁门，雁门太守夜告云："泰已引兵西就阳平。"澄遽令进发。右丞孟斌曰："事未可量，宜依敕召并、肆兵，然后徐进。"澄曰："泰既谋乱，应据坚城；而更迎阳平，度其所为，当似势弱。泰既不相拒，无故发兵，非宜也。但速往镇之，民心自定。"遂倍道兼行。先遣治书侍御史李焕单骑入代，出其不意，晓谕泰党，示以祸福，皆莫为之用。泰计无所出，帅麾下数百人攻焕，不克，走出城西，追擒之。澄亦寻至，穷治党与，收陆叡等百余人，皆系狱。民间帖然。澄具状表闻，帝喜，召公卿，以表示之曰："任城可谓社稷臣也。观其狱辞，正复皋陶何以过之！"顾谓咸阳王禧等曰："汝曹当此，不能办也。"

魏主谋入寇，引见公卿于清徽堂，曰："朕卜宅土中，纲条粗举；唯南寇未平，安能效近世天子下帷于深宫之中乎！朕今南征决矣，但未知早晚之期。比来术者皆云，今往必克，此国之大事，宜君臣各尽所见，勿以朕先言而依违于前，同异于后也。"李冲对曰："凡用兵之法，宜先论人事，后察天道。今卜筮虽吉而人事未备，迁都尚新，秋谷不稔，未可以兴师旅。如臣所见，宜俟来秋。"帝曰："去十七年，朕拥兵二十万，此人事之盛也，而天时不利。今天时既从，复云'人事未备'，如仆射之言，是终无征伐之期也。寇戎咫尺，异日将为社稷之忧，朕何敢自安！若秋行不捷，诸君当尽付司寇，不可不尽怀也。"

魏主以有罪徙边者多逋亡，乃制一人逋亡，阖门充役。光州刺史博陵崔挺上书谏曰："天下善人少，恶人多。若一人有罪，延及阖门，则司马牛受桓魋之罚，柳下惠婴盗跖之诛，岂不哀哉！"帝善之，遂除其制。

（以上为第十五段，写北魏迁都洛阳，大臣穆泰、陆叡等恋旧，相与谋叛，被一举平定；孝文帝再次动议南下攻打南齐；北魏废除犯罪株连制度。）

不要忧虑。我虽然有病，但怎么敢推辞呢？”孝文帝笑着说道：“任城王愿意北行，朕还有什么忧愁的呢？”于是授予元澄节旄、铜虎、竹使符以及天子身边的卫兵，使其代理恒州事务。

元澄到达雁门时，雁门太守夜间来报告说：“穆泰已经带兵往西边投靠阳平王去了。”元澄立即命令出发，右丞孟斌说：“事情还难以估量，应该奉圣旨召集并州、肆州的兵力，然后再慢慢进发。”元澄说：“穆泰既然策谋叛乱，理应据守坚城，然而却去投奔阳平王，思量穆泰的行为，好像是势力不强。穆泰既然不与我们抗拒，那么无故发兵不太适宜了。只需迅速前去镇压，民心自然安定。”于是日夜兼行，前往阳平。元澄首先派遣治书侍御史李焕单人匹马进入平城，出其不意。李焕告谕穆泰的同伙，对他们讲明利害得失，结果这些人都不接受穆泰的指挥。穆泰无计可施，只得带领部下几百人攻打李焕，不能取胜，就从城西逃跑，李焕追上擒获了穆泰。很快元澄也到了，接着肃清了参与叛乱的同党，拘捕了陆叡等一百多人，全部投入监狱，而民间安定无事。元澄把穆泰等人的罪行一项项地列出，上表奏告孝文帝，孝文帝非常高兴，召集公卿，把元澄的上表出示给他们看，说道：“任城王可以说是社稷功臣啊！看他写的这些判决之辞，除了古时候的皋陶氏，谁能超过他呢？”回头看着咸阳王元禧等人说道：“如果让你们担当此事，一定办不到这样的。”

魏孝文帝策划入侵南齐，召集公卿到清徽堂，说道：“朕择地迁都洛阳，现今各方面基本就绪，唯有南方之寇没有平定，怎么能仿效近世以来的天子们安于深宫帷幕之中呢？现今朕南征已经决定，只是不知道时机的迟早。近来方术之士都说，当下就前往征伐，一定能够取胜，然而这是国家之大事，应该使君臣各抒己见，不要因为朕先说了，在朕前就模棱两可，下去以后又不同意。”李冲说：“凡是用兵之法，应该先论人事，然后再察验天道。现今占卜虽然为吉，但是人事准备没有妥当，刚迁都不久，秋谷收成不好，不可以兴师动旅，出外征战。依臣之见，应该等到来年秋天再行南征。”孝文帝说：“过去十七年，朕拥兵二十万，这是人事昌盛了，然而天时不利。如今既然天时有利，又说人事未备。那么，照仆射所说，该是永远没有征伐的时候了。寇戎近在咫尺，他日终将是江山社稷的一大忧患，朕怎么敢自安呢？如果明年秋天南征不能获捷取胜，就要把诸位全送到司寇那里治罪，所以你们不可不尽心尽力。”

魏孝文帝因为流放到边远地方的罪犯多有逃亡，就制定法令，规定凡一人逃亡，全家充当劳役。光州刺史博陵人崔挺上书劝谏说：“天底下善良的人少，恶人多。如果一人有罪而株连全家，那么司马牛就要因其兄桓魋而受到惩处，柳下惠也因其弟盗跖而牵连被杀，岂不悲哀吗！”孝文帝同意他的意见，废除了这一株连制度。

【点评】

北魏改变姓氏和婚俗推进民族融合。公元496年，魏孝文帝改帝室拓跋氏的姓氏为元氏，北魏太祖以来的各大著姓，都一律改为汉姓；在通婚方面，孝文帝下令禁止鲜卑同姓内部通婚的陋俗，决心改变鲜卑族的血统。移风易俗的阻力很大，孝文帝便自己带头积极倡导和推行鲜卑贵族与汉族大姓通婚，孝文帝自己即以范阳卢氏、清河崔氏、荥阳郑氏、太原王氏的女儿补充后宫，又以陇西李冲的女儿为夫人。孝文帝众多兄弟和一些鲜卑贵族也娶汉家女为妻为妾。

鲜卑人基本以部族名字为自己的姓氏，例如拓跋、慕容、乞伏、秃发、宇文等。北魏建立之初，诸部有九十九姓，至北齐魏收编纂《魏书》时，所记载其姓多达120个。姓氏既是出身的标志，又是文化习俗，也是深层次的社会心理，鲜卑与汉族姓氏不同，就是深刻的民族差异的浅表体现。作为鲜卑族建立的北魏政权，要想在以汉族为主的中原地区站稳住脚，必须缓解民族矛盾。保证鲜卑贵族原有的政治地位，又要联合汉族地主阶级，逐步吸收汉族制度和文化，孝文帝接受汉族地主建议，展开一系列改革，这样通过异族间的通婚关系，进一步推动民族融合，也使鲜卑贵族和汉人名望士族紧密地结合起来了，不仅消除了双方存在的民族矛盾，而且使二者血统达到融合，巩固了北魏封建政权的统治。

齐纪七

齐明帝建武四年至永泰元年（497　498 年）

【起强圉赤奋若（丁丑，497 年），尽著雍摄提格（戊寅，498 年），凡二年】

【大事提要】

本卷记事起自公元 497 年，至公元 498 年，凡二年，当齐明帝建武四年至齐明帝永泰元年。本卷所载大事，南朝齐两件大事，其一，皇室内乱不息，齐明帝生病，疑忌之心更重，将高帝、武帝的诸位皇子都杀害了。其二，王敬则以萧子恪的名义反叛，几乎将皇孙们都杀死。另外，高昌王马儒为部下所杀，立麹嘉为王。高昌麹氏政权始于此。北朝北魏一件大事，孝文帝凭借新招募的十五万武勇之士南伐南齐，取得了相当的战果，雍州的北部南阳诸郡并入北魏版图。

【原文】

高宗明皇帝下

建武四年（丁丑，497 年）

春，正月，大赦。

丙申，魏立皇子恪为太子。魏主宴于清徽堂，语及太子恂，李冲谢曰："臣忝师傅，不能辅导。"帝曰："朕尚不能化其恶，师傅何谢也！"

乙巳，魏主北巡。

初，尚书令王晏，为世祖所宠任；及上谋废郁林王，晏即欣然推奉。郁林王已废，上与晏宴于东府，语及时事，晏抵掌曰："公常言晏怯，今定何如？"上即位，晏自谓佐命新朝，常非薄世祖故事。既居朝端，事多专决，内外要职，并用所亲，每与上争用人。上虽以事际须晏，而心恶之。尝料简世祖中诏，得与晏手敕三百余纸，皆论国家事，又得晏启谏世祖以上领选事，以此愈猜薄之。始安王遥光劝上诛晏，上曰："晏于我有功，且未有罪。"遥光曰："晏尚不能为武帝，安能为陛下乎！"上默然。上遣腹心陈世范等出涂巷，采听异言。晏轻浅无防，意望开府，数呼相工自视，云当大贵；与宾客语，好屏人清闲。上闻之，疑晏欲反，遂有诛晏之意。

奉朝请鲜于文粲密探上旨，告晏有异志。世范又启上云："晏谋因四年南郊，与世祖故主帅于道中窃发。"会虎犯郊坛，上愈惧。未郊一日，有敕停行，先报晏及徐孝嗣。孝嗣奉旨，而晏陈"郊祀事大，必宜自力"。上益信世范之言。丙辰，召晏于华林省，诛之，并北中郎司马萧毅、台队主刘明达，及晏子德元、德和。下诏云："晏与毅、明达以河东王铉识用微弱，谋奉以为主，使守虚器。"晏弟诩为广州刺史，上遣南中郎司马萧季敞袭杀之。季敞，上之从祖弟也。萧毅奢豪，好弓马，为上所忌，故因事陷之。河东王铉先以年少才弱，故未为上所杀。铉朝见，常鞠躬俯偻，不敢平行直视。至是，年稍长，遂坐晏事免官，禁不得与

【语译】

高宗明皇帝下

齐明帝建武四年（丁丑，497年）

春季，正月，南齐大赦天下。

正月十一日丙申，北魏立皇子元恪为太子。孝文帝在清徽堂设宴，说到太子元恂，李冲谢罪说："我愧做太子的老师，没有能教导好他，实在有罪。"孝文帝说："朕尚且不能教化他的劣恶，你做老师的何必谢罪呢？"

正月十七日乙巳，魏孝文帝巡视北方。

早先，尚书令王晏深得齐武帝宠信，到了齐明帝谋划废去郁林王的时候，王晏又立即欣然赞同。郁林王被废去之后，齐明帝与王晏在东府宴饮，谈到时事的时候，王晏拍着手掌说道："公经常说我王晏胆怯，今天又认定我如何呢？"齐明帝即位，王晏自以为对新朝有佐命之功，经常菲薄世祖在世时候的事情。王晏担任了尚书令，居于朝臣中的最高地位，处理事情非常专横独断，朝廷内外的重要职位，都任用自己的亲信，经常与齐明帝在用人方面发生争执。齐明帝虽然因举事之际，不得不依赖王晏，但是内心却十分厌恶他。齐明帝曾经整理齐武帝的诏书文告等材料，得到齐武帝写给王晏的手敕三百多张，都是谈论国家的事情，又得知王晏劝谏齐武帝不让自己做吏部尚书的事，因此越发猜忌、冷淡王晏了。始安王萧遥光劝齐明帝杀掉王晏，齐明帝说："王晏于我有功劳，况且没有罪过。"萧遥光又说："王晏对武帝都不能忠心耿耿，怎么能忠于陛下呢？"明帝听了默然无言。齐明帝派遣心腹陈世范等人到街头小巷去搜集不利于自己统治的话。王晏轻率浅薄而没有防范，他心中向往开府仪同三司的尊荣，几次传叫方术之士来查看风水，说是会大富大贵。王晏与宾客谈话时，总是喜欢避开他人。齐明帝知道了这些情况之后，怀疑王晏想谋反，于是产生了杀掉王晏的念头。

奉朝请鲜于文粲暗中刺探了齐明帝的心思，就奏告王晏有异图。陈世范又启奏齐明帝："王晏密谋借四年南郊祭天之机，与世祖过去的主帅暗中起事。"正好遇上老虎闯入南郊祭坛，齐明帝愈加惧怕了。郊祭前一天，敕令不去南郊祭祀，派人先告诉了王晏和徐孝嗣。徐孝嗣奉旨不言，而王晏则陈述说："郊祀事关重大，圣上一定要亲自前去。"这样一来，齐明帝越加相信陈世范所说的话。正月二十八日丙辰，齐明帝在华林省召见王晏，杀了他，一同诛死的还有北中郎司马萧毅、台队主刘明达，以及王晏的儿子王德元、王德和。颁布诏书："王晏与萧毅、刘明达因为河东王萧铉见识低下、能力微弱，于是阴谋奉河东王萧铉为君主，让河东王萧铉做挂名皇帝。"王晏的弟弟王诩担任广州刺史，齐明帝派遣南中郎司马萧季敞去袭击杀掉了王

外人交通。

郁林王之将废也，晏从弟御史中丞思远谓晏曰：“兄荷世祖厚恩，今一旦赞人如此事；彼或可以权计相须，未知兄将来何以自立！若及此引决，犹可保全门户，不失后名。”晏曰：“方啖粥，未暇此事。”及拜骠骑将军，集会子弟，谓思远兄思徵曰：“隆昌之末，阿戎劝吾自裁；若从其语，岂有今日！”思远遽应曰：“如阿戎所见，今犹未晚也。”思远知上外待晏厚而内已疑异，乘间谓晏曰：“时事稍异，兄亦觉不？凡人多拙于自谋而巧于谋人。”晏不应。思远退，晏方叹曰：“世乃有劝人死者！”旬日而晏败。上闻思远言，故不之罪，仍迁侍中。

晏外弟尉氏阮孝绪亦知晏必败，晏屡至其门，逃匿不见。尝食酱美，问知得于晏家，吐而覆之。及晏败，人为之惧，孝绪曰：“亲而不党，何惧之有！”卒免于罪。

（以上为第一段，写南齐尚书令王晏为萧鸾的灭主篡位立下汗马功劳，自以为得意，而萧鸾即位后，就猜忌他，最终被设计杀害，并株连亲党。）

二月，壬戌，魏主至太原。

甲子，以左仆射徐孝嗣为尚书令，征虏将军萧季敞为广州刺史。

癸酉，魏主至平城，引见穆泰、陆叡之党问之，无一人称枉者；时人皆服任城王澄之明。穆泰及其亲党皆伏诛；赐陆叡死于狱，宥其妻子，徙辽西为民。

初，魏主迁都，变易旧俗，并州刺史新兴公丕皆所不乐。帝以其宗室耆旧，亦不之逼，但诱示大理，令其不生同异而已。及朝臣皆变衣冠，朱衣满坐，而丕独胡服于其间，晚乃稍加冠带，而不能修饰容仪，帝亦不强也。

诩。萧季敞是齐明帝的从祖弟。萧毅奢侈豪华，特别喜好弓箭、骏马，使齐明帝猜疑，因此借这件事陷害、杀害了萧毅。河东王萧铉在早先因年龄小、才力弱，所以没有被齐明帝杀掉。萧铉在朝见齐明帝时总是保持鞠躬姿势，弯腰低头，不敢平行直视。至此时，年龄渐长，于是受王晏的事情牵连治罪而被免官，被禁止与外面的人往来。

郁林王将被废黜之前，王晏的堂弟御史中丞王思远对王晏说："兄长承受世祖的厚恩，现今一旦帮助别人进行此事，那个人或许因为权宜之计暂时利用兄长，但不知兄长这样做了，将来何以自立呢？如果在现今能拿起刀子自刎而死，还可以保全门户，不失后世英名。"王晏说："我正在喝粥，无暇顾及此事。"等到王晏被拜为骠骑将军，他把子侄和诸兄弟召集在一起，对王思远的哥哥王思徵说："隆昌末年，阿戎劝我自裁，如果听从了阿戎的话语，哪里能有今天呢？"王思远随声应道："如按照小弟所说的那样去做，现今尚未为晚。"王思远知道齐明帝外表对待王晏十分优厚而内心则已经开始怀疑他了，就乘机对王晏说："眼下事情逐渐有异样，兄长觉察否？人们大多拙于自谋而巧于谋算别人。"王晏听后没有吭声。王思远走了之后，王晏才叹息着说："世上竟有劝人死的人。"十天之后，王晏被杀。齐明帝听说了王思远对王晏说过的话，所以没有定他的罪，并且升任王思远为侍中。

王晏的妻弟尉氏人阮孝绪也知道王晏必定会失败，王晏屡次到阮孝绪家门，他都躲而不见。一次，阮孝绪吃酱觉得味道很香，一问才知道是从王晏家得来的，立即呕吐了出来，并且把其余的全部倒掉。到了王晏被杀之后，人们都为阮孝绪担心，阮孝绪却不以为然，说："虽然是亲戚，但是并没有结党营私，有什么害怕的呢？"最后阮孝绪被免于定罪。

二月初五日壬戌，魏孝文帝到达太原。

二月初七日甲子，南齐任命左仆射徐孝嗣为尚书令，任命征虏将军萧季敞为广州刺史。

二月十六日癸酉，魏孝文帝到达平城，提审了穆泰、陆叡的党羽，他们没有一个人说自己冤屈。当时，人们都认为任城王元澄公正、明察。穆泰及其亲信党徒都伏法，陆叡被赐死狱中，陆叡的妻子得到宽宥，流放到辽西，成为平民。

早先，魏孝文帝迁都洛阳，改变旧的风俗习惯，并州刺史新兴公元丕一点也不高兴这样做，孝文帝因为元丕在家族中年辈较长，因此就不强行让他改换，但是用大道理加以诱导劝说，以使他不生他心。到了朝中大臣们都改换了衣服帽子，朱衣满座，但是唯独元丕还穿着胡服侧身其间，后来才慢慢加上了帽子和腰带，可是仍旧不修饰容仪，孝文帝也不强迫他。

太子恂自平城将迁洛阳，元隆与穆泰等密谋留恂，因举兵断关，规据陉北。丕在并州，隆等以其谋告之。丕外虑不成，口虽折难，心颇然之。及事觉，丕从帝至平城，帝每推问泰等，常令丕坐观。有司奏元业、元隆、元超罪当族，丕应从坐。帝以丕尝受诏许以不死，听免死为民，留其后妻、二子，与居于太原，杀隆、超、同产乙升，余子徙敦煌。

初，丕、叡与仆射李冲、领军于烈俱受不死之诏。叡既诛，帝赐冲、烈诏曰："叡反逆之志，自负幽冥；违誓在彼，不关朕也。反逆既异，余犯虽欲矜恕，如何可得？然犹不忘前言，听自死别府，免其孥戮。元丕二子、一弟，首为贼端，连坐应死，特恕为民。朕本期始终而彼自弃绝，违心乖念，一何可悲！故此别示，想无致怪。谋反之外，皎如白日耳。"冲、烈皆上表谢。

臣光曰：夫爵禄废置，杀生予夺，人君所以驭臣之大柄也。是故先王之制，虽有亲、故、贤、能、功、贵、勤、宾，苟有其罪，不直赦也；必议于槐棘之下，可赦则赦，可宥则宥，可刑则刑，可杀则杀；轻重视情，宽猛随时。故君得以施恩而不失其威，臣得以免罪而不敢自恃。及魏则不然，勋贵之臣，往往豫许之以不死；彼骄而触罪，又从而杀之。是以不信之令诱之使陷于死地也。刑政之失，无此为大焉！

是时，代乡旧族，多与泰等连谋，唯于烈无所染涉，帝由是益重之。帝以北方酋长及侍子畏暑，听秋朝洛阳，春还部落，时人谓之"雁臣"。

（以上为第二段，写北魏孝文帝曾赐陆叡不死金券，而又赐死，元丕、李冲、于烈等人也受过免死之诏，司马光认为这种免死金券制度，是政治上的一种失误。）

三月，己酉，魏主南至离石。叛胡请降，诏宥之。夏，四月，庚申，至龙门，遣使祀夏禹。癸亥，至蒲坂，祀虞舜。辛未，至长安。

北魏太子元恂将从平城迁往洛阳的时候，元隆同穆泰等人密谋策划，要把元恂留在平城，趁机出兵堵住雁门东陉、西陉二关，阴谋占据关北恒、朔二州。元丕在并州，元隆等人把自己的计划告诉了元丕，元丕表面上忧虑事情难以成功，口头上虽然责难，但是心里却深以为然。等到事情被发觉，元丕随从孝文帝到了平城，孝文帝每次审问穆泰等人时，常常让元丕坐在旁边观看。有的官员奏告元业、元隆、元超罪该满门诛斩，元丕也应该连坐治罪。孝文帝因为元丕曾经受诏令被允许不死，就免除元丕一死，黜为平民，让他的后妻和两个儿子陪伴他居住在太原，杀了元隆、元超及其同胞兄弟元乙升，其他的儿子流放敦煌。

原先，元丕、陆叡以及仆射李冲、领军于烈等人都受过皇帝的不死之诏。陆叡被杀之后，孝文帝在给李冲、于烈的诏书中说："陆叡叛逆谋反的阴谋，自己有负于鬼神，违背了曾经发过的誓言，所以陆叡的死与朕没有关系。陆叡叛乱谋反既不同于其他诸犯，即使想要宽恕他，又怎么可能呢？然而朕犹不忘先前说过的话，所以让陆叡自己在牢狱自尽，免去他妻子的死罪。元丕的两个儿子、一个弟弟，最早参与叛乱，理应连坐处死，朕特加恕免，特别黜为平民而已。朕本来期望与他们和衷共济，始终相善，但是他们自己弃绝情义，违背良心，产生不轨之念，多么令人感到可悲啊！所以，特意告诉，想必不会令你们奇怪吧？除了谋反之外，朕对他们的一片真心明亮如太阳，在在可鉴。"李冲、于烈都上表致谢。

臣司马光评论说：给予或剥夺爵位、俸禄，掌管生杀予夺之权力，这是人君驾驭臣下的大权柄，所以先王裁定的制度，虽然有亲、故、贤、能、功、贵、勤、宾等，但是如果犯有罪行，并不直接赦免，而一定要聚集公卿加以讨论，可以赦免则赦免，可以宽大则宽大，可以判刑则判刑，可以诛死则诛死，惩罚的轻与重根据实情而定，处理的宽与严随时机而有所不同。因此，国君得以施行仁恩而又不失其威严，臣子既可以得到免罪而又不敢以此自恃。到了北魏却不是这样了，功勋显贵的大臣，往往预先许诺以终生不被处死，其人自骄而触法犯罪，则又被处死。这正是以言而无信的允诺诱惑其人，使他陷于死地。刑法政治的失误，没有比这更大的了。

在这时候，平城的鲜卑族人多数与穆泰等人一起策划，唯独于烈没有参与，孝文帝对他更加器重了。孝文帝考虑到北方的酋长以及在身边侍奉自己的酋长王子们害怕暑热，所以就让他们秋天来到洛阳，春天再返回各自的部落去，当时的人们称他们为"雁臣"。

三月二十二日己酉，魏孝文帝到达离石，反叛的胡人请求投降，诏令宽恕了他们。夏季，四月初四日庚申，到达龙门，派遣使者去祭祀夏禹。四月初七日癸亥，

魏太子恂既废，颇自悔过。御史中尉李彪密表恂复与左右谋逆，魏主使中书侍郎邢峦与咸阳王禧奉诏赍椒酒诣河阳，赐恂死，敛以粗棺、常服，瘗于河阳。

癸未，魏大将军宋明王刘昶卒于彭城，葬以殊礼。

五月，己丑，魏主东还，泛渭入河。壬辰，遣使祀周文王于丰，武王于镐。六月，庚申，还洛阳。

壬戌，魏发冀、定、瀛、相、济五州兵二十万，将入寇。

魏穆泰之反也，中书监魏郡公穆罴与之通谋，赦后事发，削官爵为民。罴弟司空亮以府事付司马慕容契，上表自劾，魏主优诏不许；亮固请不已，癸亥，听亮逊位。

丁卯，魏分六师以定行留。

秋，七月，魏立昭仪冯氏为皇后。后欲母养太子恪；恪母高氏自代如洛阳，暴卒于共县。

戊辰，魏以穆亮为征北大将军、开府仪同三司、冀州刺史。

八月，丙辰，魏诏中外戒严。

壬戌，魏立皇子愉为京兆王，怿为清河王，怀为广平王。

追尊景皇所生王氏为恭太后。

甲戌，魏讲武于华林园；庚辰，军发洛阳。使吏部尚书任城王澄居守；以御史中丞李彪兼度支尚书，与仆射李冲参治留台事。假彭城王勰中军大将军，勰辞曰："亲疏并用，古之道也。臣独何人，频烦宠授！昔陈思求而不允，愚臣不请而得，何否泰之相远也！"魏主大笑，执勰手曰："二曹以才名相忌，吾与汝以道德相亲。"

上遣军主、直阁将军胡松助北襄城太守成公期戍赭阳，军主鲍举助西汝南、北义阳二郡太守黄瑶起戍舞阴。

魏以氐帅杨灵珍为南梁州刺史。灵珍举州来降，送其母及子于南郑以为质，遣其弟婆罗阿卜珍将步骑万余袭魏武兴王杨集始，杀其二弟集同、集众。集始窘急，请降。九月，丁酉，魏主以河南尹李崇为都督陇右诸军事，将兵数万讨之。

（以上为第三段，写北魏孝文帝元宏发动二十万大军南下攻打南齐；皇后冯氏极

到达蒲坂，祭祀虞舜。四月十五日辛未，到达长安。

北魏太子元恂在被废黜之后，颇为悔恨自己的过失。御史中尉李彪秘密上表，告发说元恂又与手下的人谋划叛逆，孝文帝派遣中书侍郎邢峦和咸阳王元禧奉旨带着椒酒去河阳，赐元恂自杀，用粗劣的棺材和平常衣服装殓，埋葬在河阳。

四月二十七日癸未，北魏的大将军宋明王刘昶死于彭城，以特别的礼仪安葬。

五月初三日己丑，魏孝文帝东行返回，乘船从渭河进入黄河。五月初六日壬辰，派遣使者分别在丰、镐两处祭祀周文王和周武王。六月初五日庚申，回到洛阳。

六月初七日壬戌，北魏发动冀、定、瀛、相、济五州的二十万大军，即将入侵。

北魏穆泰谋反的时候，中书监魏郡公穆罴曾与他一起策划，赦免之后事情被发现，削去官职和爵位，黜为平民。穆罴的弟弟穆亮担任司空，把府署中的事务交付给司马慕容契，上表自行弹劾，魏孝文帝颁布诏书抚慰，不许他辞职，穆亮再三请求，六月初八日癸亥，同意穆亮辞去官职。

六月十二日丁卯，北魏把军队分为六部分，以便决定哪些参战，哪些留守。

秋季，七月，北魏册立昭仪冯氏为皇后。冯皇后想亲自抚养太子元恪，元恪的生母高氏从代都来洛阳时，突然死于共县。

七月十三日戊辰，北魏任命穆亮为征北大将军、开府仪同三司、冀州刺史。

八月初一日丙辰，北魏宣布内外戒严。

八月初七日壬戌，北魏封立皇子元愉为京兆王，元怿为清河王，元怀为广平王。

南齐追尊景皇生母王氏为恭太后。

八月十九日甲戌，魏孝文帝在华林园讲习武事。八月二十五日庚辰，北魏从洛阳发兵。使吏部尚书任城王元澄留守洛阳，让御史中丞李彪兼任度支尚书，与仆射李冲一道参与掌管留守事宜。又非正式任命彭城王元勰中军大将军，元勰辞而不受说："亲疏远近一并用之，这是古代留下来的治国之道。我是何人呢？频繁地接受恩宠。过去陈思王上表而不被允许，愚臣不请而自得，与陈思王相比较，为何命运否泰相差如此远呢？"魏孝文帝大笑不已，拉着元勰的手说道："曹丕、曹植兄弟二人以才气而互相忌妒，我与你则以道德而互相亲密。"

齐明帝派遣军主、直阁将军胡松帮助北襄城太守成公期戍守赭阳，军主鲍举协助西汝南、北义阳二郡太守黄瑶起防守舞阴。

北魏任命氐人首领杨灵珍为南梁州刺史。杨灵珍率全州部众投降南齐，把母亲以及儿子送到南郑作为人质，又派遣弟弟杨婆罗阿卜珍带领步兵、骑兵一万余众袭击北魏武兴王杨集始，杀掉了杨集始的两个弟弟杨集同和杨集众，杨集始在危急无奈的情况之下请求投降。九月十三日丁酉，魏孝文帝任命河南尹李崇为都督陇右诸军事，命令李崇统领数万兵力讨伐。

端阴险，要亲自抚养太子，却杀掉太子生母，手段残忍。）

初，魏迁洛阳，荆州刺史薛真度劝魏主先取樊、邓。真度引兵寇南阳，太守房伯玉击败之。魏主怒，以南阳小郡，志必灭之，遂引兵向襄阳；彭城王勰等三十六军前后相继，众号百万，吹唇沸地。辛丑，魏主留诸将攻赭阳，自引兵南下；癸卯，至宛，夜袭其郛，克之。房伯玉婴内城拒守，魏主遣中书舍人孙延景谓伯玉曰："我今荡壹六合，非如向时冬来春去，不有所克，终不还北。卿此城当我六龙之首，无容不先攻取，远期一年，近止一月。封侯、枭首，事在俯仰，宜善图之！且卿有三罪，今令卿知：卿先事武帝，蒙殊常之宠，不能建忠致命而尽节于其仇，罪一也。顷年薛真度来，卿伤我偏师，罪二也。今鸾辂亲临，不面缚麾下，罪三也。"伯玉遣军副乐稚柔对曰："承欲攻围，期于必克。卑微常人，得抗大威，真可谓获其死所！外臣蒙武帝采拔，岂敢忘恩！但嗣君失德，主上光绍大宗，非唯副亿兆之深望，抑亦兼武皇之遗敕；是以区区尽节，不敢失坠。往者北师深入，寇扰边民，辄厉将士以修职业。反己而言，不应垂责。"

宛城东南隅沟上有桥，魏主引兵过之。伯玉使勇士数人，衣班衣，戴虎头帽，伏于窦下，突出击之，魏主人马俱惊，召善射者原灵度射之，应弦而毙，乃得免。

李崇槎山分道，出氐不意，表里袭之，群氐皆弃杨灵珍散归，灵珍之众减太半，崇进据赤土。灵珍遣从弟建屯龙门，自帅精勇一万屯鹫峡。龙门之北数十里中，伐树塞路；鹫硖之口，聚礌石，临崖下之，以拒魏兵。崇命统军慕容拒帅众五千从他路入，夜，袭龙门，破之。崇自攻鹫峡；灵珍连战败走，俘其妻子，遂克武兴，梁州刺史阴广宗、参军郑猷等将兵救灵珍；崇进击，大破之，斩杨婆罗阿卜珍，生擒猷等，灵珍奔还汉中。魏主闻之，喜曰："使朕无西顾之忧者，李崇也。"以崇为都督梁秦二州诸军事、梁州刺史，以安集其地。

当初，北魏迁都洛阳，荆州刺史薛真度劝魏孝文帝先占取樊、邓两地。薛真度率兵攻打南阳，南齐的南阳太守房伯玉击败了薛真度。魏孝文帝大怒，以为南阳不过区区一小郡，所以立志要灭掉它，于是率兵向襄阳进发，彭城王元勰等三十六路军马前后相继，号称百万大军，吹口哨的声音震动大地。九月十七日辛丑，孝文帝留下诸路将帅攻打赭阳，自己领兵南下；九月十九日癸卯，到达宛城，乘夜攻打宛城外城，一举而攻克。房伯玉环守内城而顽抗拒守，孝文帝派遣中书舍人孙延景去对房伯玉说："我如今要荡平统一天下，不会再像上一次那样冬天来春天去，如果不能克敌取胜，誓死不率师北返。你的这座城正在我的车驾前，不得不首先攻取，远则一年，近则一月，一定要占领。封侯加爵还是身首异处，俯仰之间即可决定，你应该好好地考虑一下。而且你有三条罪状，现今让你知道：你先前奉事武帝，得到特别的宠信，不能舍命尽忠而丧失节操，效力于他的仇人，这是罪状之一。近年薛真度奉我的旨令来讨伐，你创伤我全军的一部分，这是罪状之二。现今我御驾亲临，不自缚投降，反而负隅顽抗，这是罪状之三。"房伯玉派遣军副乐稚柔回答说："承蒙你们来围攻本城，期望一定攻克。我是一个地位卑微的平常之人，能得以与威严的陛下抗衡，真可以说是获得了一个理想的死亡之所。外臣我承蒙武帝提拔重用，岂敢忘记大恩呢？但是继位君主没有仁德，主上光大接续大宗，不但符合百姓之厚望，而且也兼合武皇之遗愿。所以我只能竭力尽忠，不敢有所失误。上次北方军队深入我边境，骚扰掠夺我边民，命令将士们加以抵抗，这也是尽职尽责完成任务，如果你能在我的立场上说，就不应该对我加以指责。"

宛城东南角的河沟上有一座桥，魏孝文帝率兵从桥上经过，房伯玉预先指使几个勇士，身穿带有斑纹的衣服，头戴虎头帽，埋伏在桥洞下，突然袭击，孝文帝人和马都大吃一惊，急忙叫射箭能手原灵度用箭射，箭无虚发，敌人无不应弦而毙，方才免于一难。

李崇在山上砍斫树木，开道而行，里外夹击，打了个措手不及，众氐人纷纷丢下杨灵珍而溃散逃命，杨灵珍的人马一下子减去了大半，于是李崇进而占领了赤土，杨灵珍派遣堂弟杨灵建驻守龙门，而自己则率领一万精锐屯驻鹫峡。龙门往北数十里之内砍伐大树，把路全堵了。而杨灵珍则在鹫峡口两边高崖上堆积了许多滚石，以防拒北魏军队通过。李崇命令统军慕容拒带领五千人马从另外一条路进去，夜袭龙门，破敌成功。李崇自己率众攻打鹫峡，杨灵珍连战而败，逃走活命，俘获了他的妻儿，于是攻克了武兴。梁州刺史阴广宗、参军郑猷等人率兵来援救杨灵珍，李崇迎击，大获全胜，杀死了杨婆罗阿卜珍，活捉了郑猷等人，杨灵珍逃回汉中。魏

（以上为第四段，写北魏南伐大军进攻南阳等地，北魏主元宏向南阳太守房伯玉兴师问罪，伯玉不卑不亢；名将李崇攻下龙门、武兴等，解除了南伐的西顾之忧。）

丁未，魏主发南阳，留太尉咸阳王禧等攻之。己酉，魏主至新野，新野太守刘思忌拒守。冬，十月，丁巳，魏军攻之不克，筑长围守之，遣人谓城中曰："房伯玉已降，汝何为独取糜碎！"思忌遣人对曰："城中兵食犹多，未暇从汝小虏语也！"魏右军府长史韩显宗将别军屯赭阳，成公期遣胡松引蛮兵攻其营，显宗力战，破之，斩其裨将高法援。显宗至新野，魏主谓曰："卿破贼斩将，殊益军势。朕方攻坚城，何为不作露布？"对曰："顷闻镇南将军王肃获贼二三人，驴马数匹，皆为露布；臣在东观，私常哂之。近虽仰凭威灵，得摧丑虏，兵寡力弱，擒斩不多。脱复高曳长缣，虚张功烈，尤而效之，其罪弥大。臣所以不敢为之，解上而已。"魏主益贤之。

上诏徐州刺史裴叔业引兵救雍州。叔业启称："北人不乐远行，唯乐钞掠。若侵虏境，则司、雍之寇自然分矣。"上从之。叔业引兵攻虹城，获男女四千余人。

甲戌，遣太子中庶子萧衍、右军司马张稷救雍州。十一月，甲午，前军将军韩秀方等十五将降于魏。丁酉，魏败齐兵于沔北，将军王伏保等为魏所获。

丙辰，以杨灵珍为北秦州刺史、仇池公、武都王。

新野人张賭帅万余家据栅拒魏，十二月，庚申，魏人攻拔之。雍州刺史曹虎与房伯玉不协，故缓救之，顿军樊城。

丁丑，诏遣度支尚书崔慧景救雍州，假慧景节，帅众二万、骑千匹向襄阳，雍州众军并受节度。

庚午，魏主南临沔水；戊寅，还新野。

将军王昙纷以万余人攻魏南青州黄郭戍，魏戍主崔僧渊破之，举军皆没。将军鲁康祚、赵公政将兵万人侵魏太仓口，魏豫州刺史王肃使长史清河傅永将甲士三千击之。康祚等军于淮南，永军于淮北，相去十余

孝文帝听到捷报，高兴地说："使朕解除西顾之忧的是李崇。"任命李崇为都督梁秦二州诸军事、梁州刺史，以便安定这个地方。

九月二十三日丁未，魏孝文帝从南阳出发，留下太尉咸阳王元禧等人继续攻打该处。九月二十五日己酉，魏孝文帝到达新野，新野太守刘思忌据城抵抗。冬季，十月初三日丁巳，魏军攻打新野，但是不能攻克，就修筑工事，加以围困，并且派人对城中说："房伯玉已经投降了，你们为什么还想粉身碎骨呢？"刘思忌派人回答说："城中的兵力和粮食还很多，现今我们还忙得没有时间跟你们这些小小的胡虏们说话。"北魏右军府长史韩显宗率领另外一支军队驻守在赭阳，北襄城太守成公期派遣胡松带领蛮兵去攻打韩显宗的营地，韩显宗率部力战，击败了胡松的进攻，杀了胡松的副将高法援。韩显宗到新野，魏孝文帝对他说："你击败贼敌，斩其将领，大长了我军的威风气势。朕正在攻打新野这座坚城，你为什么不写露布呢？"韩显宗回答说："过去听说镇南将军王肃才俘获敌贼二三人、驴马几匹，就露布高挂，我当时正在宫中任著作郎，私下里常常讥笑这一做法。现今，我虽然凭借圣上的威灵，摧折敌虏，但是由于兵力寡少、力量不足，擒捉和斩杀敌贼不多。如果也把本来不足道的小捷写于露布，以此虚张功劳，尤而效法，罪过则更大。臣所以不能那样做，只是告捷于圣上就行了。"魏孝文帝更加认定韩显宗忠诚贤明了。

南齐颁布诏书令徐州刺史裴叔业领兵去援救雍州，裴叔业启奏："北方人不乐意远道而行，而只乐意强取掠夺，所以如果入侵敌人境内，则司州、雍州的敌寇自然会撤退。"齐明帝听从了这一建议。于是裴叔业率兵攻打虹城，俘获男女四千多人。

十月二十日甲戌，南齐派遣太子中庶子萧衍、右军司马张稷去援救雍州。十一月十一日甲午，南齐前军将军韩秀方等十五个将领投降北魏。十一月十四日丁酉，北魏军队在沔北打败了南齐兵，将军王伏保等人被北魏俘获。

十二月初三丙辰，任命杨灵珍为北秦州刺史，封为仇池公、武都王。

新野人张睹率领一万余户人家据守栅垒抵拒北魏军队，十二月初七日庚申，北魏军队攻占栅垒。雍州刺史曹虎与房伯玉不合，所以迟迟不去援救他，驻扎在樊城按兵不动。

十二月二十四日丁丑，南齐颁布诏书命令度支尚书崔慧景去援救雍州，授予符节，崔慧景率领两万兵众、一千骑兵，直向襄阳奔去。雍州诸军全部受他指挥调度。

十二月十七日庚午，魏孝文帝南行到达沔水；十二月二十五日戊寅，回到新野。

王昙纷率领一万多兵众攻打北魏南青州黄郭戍，北魏戍军首领崔僧渊率兵抵抗，王昙纷全军覆没。将军鲁康祚、赵公政率兵一万入侵北魏太仓口，北魏豫州刺史王肃命令长史清河人傅永率甲兵三千去袭击。鲁康祚等驻扎在淮水之南，傅永驻扎在

里。永曰："南人好夜斫营，必于渡淮之所置火以记浅。"乃夜分兵为二部，伏于营外；又以瓠贮火，密使人过淮南岸，于深处置之，戒曰："见火起，则亦然之。"是夜，康祚等果引兵斫永营，伏兵夹击之。康祚等走趣淮水，火既竞起，不知所从，溺死及斩首数千级，生擒公政，获康祚之尸以归。豫州刺史裴叔业侵魏楚王戍，肃复令永击之。永将心腹一人驰诣楚王戍，令填外堑，夜伏战士千人于城外。晓而叔业等至城东，部分将置长围。永伏兵击其后军，破之。叔业留将佐守营，自将精兵数千救之。永登门楼，望叔业南行数里，即开门奋击，大破之，获叔业伞扇、鼓幕、甲仗万余。叔业进退失据，遂走，左右欲追之，永曰："吾弱卒不满三千，彼精甲犹盛，非力屈而败，自堕吾计中耳。既不测我之虚实，足使丧胆，俘此足矣，何更追之！"魏主遣谒者就拜永安远将军、汝南太守，封贝丘县男。永有勇力，好学能文。魏主常叹曰："上马能击贼，下马作露版，唯傅修期耳！"

曲江公遥欣好武事，上以诸子尚幼，内亲则仗遥欣兄弟，外亲则倚后弟西中郎长史彭城刘暄、内弟太子詹事江祏；故以始安王遥光为扬州刺史，居中用事；遥欣为都督荆雍等七州诸军事、荆州刺史，镇据西面。而遥欣在江陵，多招材勇，厚自封殖，上甚恶之。遥欣侮南郡太守刘季连，季连密表遥欣有异迹；上乃以季连为益州刺史，使据遥欣上流以制之。季连，思考之子也。

是岁，高昌王马儒遣司马王体玄入贡于魏，请兵迎接，求举国内徙；魏主遣明威将军韩安保迎之，割伊吾之地五百里以居儒众。儒遣左长史顾礼、右长史金城麹嘉将步骑一千五百迎安保，而安保不至；礼、嘉还高昌，安保亦还伊吾。安保遣其属朝兴安等使高昌，儒复遣顾礼将世子义舒迎安保，至白棘城，去高昌百六十里。高昌旧人恋土，不愿东迁，相与杀儒，立麹嘉为王，复臣于柔然。安保独与顾礼、马义舒还洛阳。

（以上为第五段，写北魏攻打南齐，围攻新野；南齐采取应对措施，既派将兵救

淮水之北，相距十多里。傅永对部下说："南方人喜欢夜间偷袭敌营，必定要在渡河的地方放置火把，以便指示何处水浅。"到了夜间，傅永便把手下的兵力分成两部分，让他们埋伏在营盘外面，又在葫芦里贮藏火种，派人秘密地渡过淮河到达南岸，把葫芦放置于水深之处，并告诫说："一见对岸火起，就点燃它。"这天夜里，鲁康祚等人果然率兵来破傅永的营盘，傅永的伏兵左右夹击，鲁康祚抵挡不住，慌忙回撤到淮河边上，火竞相而起，不知何处渡河，结果被淹死和斩首好几千人。活捉了赵公政，并且获得了鲁康祚的尸体，胜利而归。豫州刺史裴叔业入侵北魏楚王戍，王肃再次命令傅永去袭击。傅永带领心腹一人骑马疾奔楚王戍，命令他们填平戍所的外壕，夜里在城外埋伏下战士千人。天亮之后，裴叔业率部到了城东边，安排部署兵力，准备围城攻打。傅永的伏兵对裴叔业的后军展开了袭击，败敌获胜。裴叔业留下其他将领守护营盘，自己率领精兵数千去援救后军。傅永登上城门楼，望见裴叔业已经率兵往南走去数里地了，就命令打开城门，奋力出击，结果大败敌兵，缴获了裴叔业的伞扇、鼓幕，以及盔甲兵器一万余件。裴叔业进退都失去凭借，只好逃跑。傅永左右要去追击，傅永不许，他说："我们的弱兵不足三千，而他们的兵力还很强大，并不是因为力量不足而败逃，而是落入了我的计谋圈套。他们不知道我们的虚实，经这么一击，就足以使他们闻风丧胆了，俘获了这么多的人和物，就相当满足了，何必再追击呢？"魏孝文帝派遣谒者到豫州去授予傅永为安远将军、汝南太守，封为贝丘县男。傅永勇武有力，并且好学能文，孝文帝常常赞叹说："上马能击贼，下马作文章，只有傅修期才能这样啊！"

曲江公萧遥欣爱好武事，齐明帝因为各个儿子还年幼，所以在内亲中依靠萧遥欣兄弟俩，在外戚中则倚仗皇后之弟西中郎长史彭城人刘暄，以及表弟太子詹事江祏，所以任命始安王萧遥光为扬州刺史，居于建康用事；任命萧遥欣为都督荆雍等七州诸军事、荆州刺史，坐镇西面。而萧遥欣却在江陵大量招收勇士，聚敛财物，扩张自己的势力，齐明帝非常不满。萧遥欣又侮辱南郡太守刘季连，刘季连秘密上表说萧遥欣图谋不轨。齐明帝就任命刘季连为益州刺史，使刘季连据于萧遥欣的上游以便牵制他。刘季连是刘思考的儿子。

这一年，高昌王马儒派遣司马王体玄来向北魏上贡，请求北魏派兵迎接，要求带领全国人内迁。魏孝文帝派遣明威将军韩安保前去迎接，并且划划伊吾方圆五百里地，以供马儒及其部属居住。马儒派遣左长史顾礼、右长史金城人麹嘉率领步、骑兵一千五百人去迎接韩安保，但是韩安保没有到达；顾礼、麹嘉返回高昌，韩安保也返回伊吾。韩安保派遣属下朝兴安等人出使高昌，马儒又派遣顾礼率领世子马义舒到离高昌一百六十里的白棘城去迎接韩安保。高昌本地居民留恋故土，不愿意往东迁，就一起杀死了马儒，拥立麹嘉为王，仍旧称臣于柔然。韩安保只与顾礼、

援，也骚扰北魏，北魏将领傅永用计击败；高昌民众不愿内迁，杀马儒，立鞠嘉。）

永泰元年（戊寅，498年）

春，正月，癸未朔，大赦。

加中军大将军徐孝嗣开府仪同三司，孝嗣固辞。

魏统军李佐攻新野，丁亥，拔之，缚刘思忌，问之曰：“今欲降未？”思忌曰：“宁为南鬼，不为北臣！”乃杀之。于是沔北大震。戊子，湖阳戍主蔡道福；辛卯，赭阳戍主成公期；壬辰，舞阴戍主黄瑶起、南乡太守席谦相继南遁。瑶起为魏所获，魏主以赐王肃，肃脔而食之。乙巳，命太尉陈显达救雍州。

上有疾，以近亲寡弱，忌高、武子孙。时高、武子孙犹有十王，每朔望入朝，上还后宫，辄叹息曰：“我及司徒诸子皆不长，高、武子孙日益长大！”上欲尽除高、武之族，以微言问陈显达，对曰：“此等岂足介虑！”以问扬州刺史始安王遥光，遥光以为当以次施行。遥光有足疾，上常令乘舆自望贤门入，每与上屏人久语毕，上索香火，呜咽流涕，明日必有所诛。会上疾暴甚，绝而复苏，遥光遂行其策；丁未，杀河东王铉、临贺王子岳、西阳王子文、永阳王子峻、南康王子琳、衡阳王子珉、湘东王子建、南郡王子夏、桂阳王昭粲、巴陵王昭秀。于是太祖、世祖及世宗诸子皆尽矣。铉等已死，乃使公卿奏其罪状，请诛之，下诏不许；再奏，然后许之。南康侍读济阳江泌哭子琳，泪尽，继之以血，亲视殡葬毕，乃去。

（以上为第六段，写南齐明帝萧鸾病重，担心萧道成的子孙将来抢班夺权，于是与侄子萧遥光密谋，将萧道成、萧赜、萧长懋的十个儿子全部杀尽，惨绝人寰。）

庚戌，魏主如南阳。二月，癸丑，诏左卫将军萧惠休等救寿阳，甲子，魏人拔宛北城，房伯玉面缚出降。伯玉从父弟思安为魏中统军，数为伯玉泣请，魏主乃赦之。庚午，魏主如新野。辛巳，以彭城王勰为使持节、都督南征诸军事、中军大将军、开府仪同三司。

马义舒回到洛阳。

齐明帝永泰元年（戊寅，498年）

春季，正月初一日癸未朔，南齐大赦天下。

南齐加授中军大将军徐孝嗣为开府仪同三司，徐孝嗣再三辞而不受。

北魏统军李佐攻打新野，正月初五日丁亥，攻破新野城，活捉了刘思忌，李佐问他：“如今你想不想投降？”刘思忌回答：“宁可做南方的鬼，不愿当北方的臣子！”于是李佐就杀了刘思忌。这时沔水之北的守军大为震惊。正月初六日戊子，湖阳守军首领蔡道福；正月初九日辛卯，赭阳守军首领成公期；正月初十日壬辰，舞阳守军首领黄瑶起、南乡太守席谦等，相继南逃而去。黄瑶起被魏军抓获，魏孝文帝把黄瑶起赏赐王肃，王肃把他割成小片煮熟吃了。正月二十三日乙巳，南齐命令太尉陈显达去援救雍州。

齐明帝患有疾病，由于近支亲属人少力弱，所以特别防忌高帝和武帝的子孙。当时，高帝、武帝的子孙还有十个藩王，他们每月初一和十五都入朝，齐明帝见过他们回宫之后，常常叹息说：“我和弟弟萧缅的几个儿子都不大，而高帝和武帝的子孙却一天天地长大了。”齐明帝想把高帝和武帝的后代全部除掉，便拿这件事试探陈显达，陈显达回答说：“这些人何足以令圣上忧虑呢？”又问扬州刺史始安王萧遥光，萧遥光认为应当一个一个地逐步除杀。萧遥光是跛脚，齐明帝经常让其乘车舆从望贤门进入，每次齐明帝就和萧遥光在没有人的地方长久商谈。谈话毕，齐明帝要是焚烧香火，呜咽流涕，第二天必定有所诛杀。正好齐明帝病情突然加重，昏厥后又复苏过来，萧遥光就开始执行预先合谋好的计策，正月二十五日丁未，杀害了河东王萧铉、临贺王萧子岳、西阳王萧子文、永阳王萧子峻、南康王萧子琳、衡阳王萧子珉、湘东王萧子建、南郡王萧子夏、桂阳王萧昭粲、巴陵王萧昭秀，于是齐高帝、齐武帝以及文惠太子的儿子们全被杀害。萧铉等人死后，明帝才让公卿们奏告他们的罪状，并请求诛杀他们，齐明帝假意颁布诏书不允许；公卿再次奏请，然后批准。南康王的侍读济阳人江泌恸哭萧子琳，泪水哭干之后，又流出了血，亲自看着萧子琳殡葬完毕，方才离去。

正月二十八日庚戌，魏孝文帝到达南阳。二月初一日癸丑，诏令左卫将军萧惠休等人去援救南阳，二月十二日甲子，魏军攻破宛北城，房伯玉自缚出降。房伯玉的堂弟房思安是北魏的中统军，房思安数次哭泣着请求不要杀死房伯玉，魏孝文帝就赦免了房伯玉。二月十八日庚午，魏孝文帝到达新野。二月二十九日辛巳，任命彭城王元勰为使持节、都督南征诸军事、中军大将军、开府仪同三司。

三月，壬午朔，崔慧景、萧衍大败于邓城。时慧景至襄阳，五郡已陷没，慧景与衍及军主刘山阳、傅法宪等帅五千余人进行邓城，魏数万骑奄至，诸军登城拒守。时将士蓐食轻行，皆有饥惧之色。衍欲出战，慧景曰："虏不夜围人城，待日暮自当去。"既而魏众转至。慧景于南门拔军去，诸军不相知，相继皆遁。魏兵自北门入，刘山阳与部曲数百人断后死战，且战且却行。慧景过闹沟，军人相蹈藉，桥皆断坏。魏兵夹路射之，杀傅法宪，士卒赴沟死者相枕，山阳取袄仗填沟乘之，得免。魏主将大兵追之，晡时至沔。山阳据城苦战，至暮，魏兵乃退。诸军恐惧，是夕，皆下船还襄阳。庚寅，魏主将十万众，羽仪华盖，以围樊城，曹虎闭门自守。魏主临沔水，望襄阳岸，乃去，如湖阳；辛亥，如悬瓠。

魏镇南将军王肃攻义阳，裴叔业将兵五万围涡阳以救义阳。魏南兖州刺史济北孟表守涡阳，粮尽，食草木皮叶。叔业积所杀魏人高五丈以示城内；别遣军主萧璝等攻龙亢，魏广陵王羽救之。叔业引兵击羽，大破之，追获其节。魏主使安远将军傅永、征虏将军刘藻、假辅国将军高聪救涡阳，并受王肃节度。叔业进击，大破之，聪奔悬瓠，永收散卒徐还。叔业再战，凡斩首万级，俘三千余人，获器械杂畜财物以千万计。魏主命锁三将诣悬瓠；刘藻、高聪免死，徙平州；傅永夺官爵；黜王肃为平南将军。肃表请更遣军救涡阳，魏主报曰："观卿意，必以藻等新败，故难于更往。朕今少分兵则不足制敌，多分兵则禁旅有阙，卿审图之！义阳当止则止，当下则下；若失涡阳，卿之过也！"肃乃解义阳之围，与统军杨大眼、奚康生等步骑十余万救涡阳。叔业见魏兵盛，夜，引军退；明日，士众奔溃，魏人追之，杀伤不可胜数。叔业还保涡口。

（以上为第七段，写北魏大军围攻南齐邓城，南齐援军将领崔慧景吓得弃城逃跑，溃不成军；南齐将领裴叔业围攻北魏涡阳，先胜后败，未能拿下，退保涡口。）

初，魏中尉李彪，家世孤微，朝无亲援；初游代都，以清渊文穆公

三月初一日壬午朔，崔慧景和萧衍在邓城被魏军打得大败。当崔慧景到达襄阳的时候，五郡已经陷落，崔慧景与萧衍以及军主刘山阳、傅法宪等人率领五千多人马来到了邓城，北魏数万骑兵突然而至，只好登城防守。这时南方的将士们由于早晨匆忙吃饭，再加上轻装快走，人人面呈饥饿、恐惧的神色。萧衍要出战，崔慧景不同意，说："魏军从来不在夜间围城攻打，所以等天黑之后他们自然就会撤走的。"一会儿，北魏的大批军队辗转来到城下，崔慧景在城南门带着自己的队伍逃走了，其他的队伍不知道，也相继逃遁而去。魏军从北门入城，刘山阳与部曲数百人断后死战，边战边退。崔慧景带领队伍过闹沟，军士们互相拥挤踩踏，把桥都压断了。魏军乘势在路两旁发箭射杀，杀傅法宪，士卒们相继赴沟而死，尸体相枕。刘山阳用衣袄和甲仗填在沟中乘势通过，得以幸免。魏孝文帝率领大兵乘胜追击，午后申时追至沔水。刘山阳依据樊城拼力苦战，到天黑的时候，魏军才撤退。各路队伍都害怕了，当天晚上，全部坐船返回襄阳去了。三月初九日庚寅，魏孝文帝率领十万大军，羽仪华盖，浩浩荡荡地开来围攻樊城，曹虎闭门自守。魏孝文帝临近沔水，望了望对岸的襄阳，就离开了，然后到达湖阳。三月三十日辛亥，到了悬瓠。

北魏镇南将军王肃攻打义阳，裴叔业率兵五万围攻北魏涡阳来援救义阳。北魏南兖州刺史济北人孟表固守涡阳，粮食吃尽之后，吃野草和树皮、树叶。裴叔业把所杀死的北魏人堆积有五丈多高，让城中人观看，另外又派遣军主萧璝等人去攻打龙亢。北魏广陵王元羽前来救援，裴叔业领兵迎击，大败元羽，缴获了元羽的符节。北魏孝文帝又派遣安远将军傅永、征虏将军刘藻、代理辅国将军高聪等人援救涡阳，一并接受王肃的指挥调动。裴叔业迎头进击，大败前来的北魏援军，高聪撤逃到了悬瓠，傅永收容了失散的兵卒，徐徐而返。裴叔业再次进击，斩敌一万人，俘虏三千多名，缴获器械、杂畜和各种财物以千万计数。北魏命令把吃了败仗的三位将领囚起来押到悬瓠，刘藻、高聪免于处死，流放平州；傅永被夺去官职和爵位；王肃被降为平南将军。王肃上表孝文帝请求另外派遣军队去援救涡阳，魏孝文帝回答说："看你的意思，一定认为刘藻等人刚刚打败，所以难以再去援救涡阳。但是，朕若分少量兵力前去则不足以制敌取胜，若多分兵力前去则禁卫的兵力就出现了空缺，你仔细考虑一下。义阳如果能攻下来就攻，如果攻不下来就停止围攻。如果失掉了涡阳，将是你的罪过。"王肃就停止了攻打义阳，与统军杨大眼、奚康生等率步、骑兵十多万前去解救涡阳之危。裴叔业见魏军人多势众，就在夜间领兵撤退，到了第二天，裴叔业手下的士卒们蜂拥逃溃，魏军追击而进，杀伤不可胜数。裴叔业返回保卫涡口去了。

起先，北魏中尉李彪家世孤寒贫贱，在朝廷之中毫无亲援。李彪初次去代都，

李冲好士，倾心附之。冲亦重其材学，礼遇甚厚，荐于魏主，且为之延誉于朝，公私汲引。及为中尉，弹劾不避贵戚，魏主贤之，以比汲黯。彪自以结知人主，不复藉冲，稍稍疏之，唯公坐敛袂而已，无复宗敬之意，冲浸衔之。

及魏主南伐，彪与冲及任城王澄共掌留务。彪性刚豪，意议多所乖异，数与冲争辩，形于声色；自以身为法官，他人莫能纠劾，事多专恣。冲不胜忿，乃积其前后过恶，禁彪于尚书省，上表劾彪“违傲高亢，公行僭逸，坐舆禁省，私取官材，辄驾乘黄，无所惮慑。臣辄集尚书已下、令史已上于尚书都座，以彪所犯罪状告彪，讯其虚实，彪皆伏罪。请以见事免彪所居职，付廷尉治罪”。

冲又表称：“臣与彪相识以来，垂二十载。见其才优学博，议论刚正，愚意诚谓拔萃公清之人。后稍察其人酷急，犹谓益多损少。自大驾南行以来，彪兼尚书，日夕共事，始知其专恣无忌，尊身忽物；听其言如振古忠恕之贤，校其行实天下佞暴之贼。臣与任城卑躬曲己，若顺弟之奉暴兄，其所欲者，事虽非理，无不屈从。依事求实，悉有成验。如臣列得实，宜殛彪于北荒，以除乱政之奸；所引无证，宜投臣于四裔，以息青蝇之谮。”冲手自作表，家人不知。

帝览表，叹怅久之，曰：“不意留台乃至于此！”既而曰：“道固可谓溢矣，而仆射亦为满也。”黄门侍郎宋弁素怨冲，而与彪同州相善，阴左右之。有司处彪大辟，帝宥之，除名而已。

冲雅性温厚，及收彪之际，亲数彪前后过失，瞋目大呼，投折几案，御史皆泥首面缚。冲詈辱肆口，遂发病荒悸，言语错缪，时扼腕大骂，称“李彪小人”，医药皆不能疗，或以为肝裂，旬余而卒。帝哭之，悲不

得知清渊人文穆公李冲喜好才能之士，就一心一意地去投靠他。李冲十分重视李彪的才学，礼遇甚厚，将他推荐给孝文帝，还将他的声誉在朝廷同僚中广为宣传，从公私两方面提拔他。李彪担任中尉之后，弹劾时毫不避畏贵戚权臣，魏孝文帝认为他十分忠贤，将他比作汲黯。可是，李彪自以为得到了孝文帝的赏识，无须再依靠李冲了，就渐渐有所疏远，只是在公开场合遇见李冲时收敛一下衣袖，以示礼节，不再有遵从敬服之意了。因此，李冲渐渐地对他产生了怨恨之情。

到了魏孝文帝南伐的时候，李彪与李冲以及任城王元澄共同掌管留守事务。李彪性情刚强豪直，商议事情时所见常常与别人不同，数次同李冲发生争辩，并且形于颜色。李彪自以为身为御史中尉，他人不能举发、弹劾自己，所以行事非常专横。李冲不胜其忿，于是总计李彪的前后错误、罪恶，把他囚禁在尚书省，上表弹劾李彪"邪恶高傲，趾高气扬，贪图安逸，公然僭越纵逸，出入宫门不下车，私自拿取公家材料，常常驾用厩中御马，为所欲为，无有惧怕。我召集尚书以下、令史以上的官员于尚书省，把李彪所犯罪行告诉了他本人，并且审讯其虚实，李彪一一认罪。所以，请求圣上根据上述李彪所犯罪状免去其官职，交付廷尉治罪"。

李冲在上表中还说："我与李彪自相识以来，至今已二十年了。起初，我见他才干出众，学识渊博，议论不凡，刚正不阿，一时确实认为是出类拔萃、公正清廉的人才。后来，渐渐发现他急躁严酷，但是还认为益处多，坏处少。自从圣上大驾南行以来，李彪兼任尚书，早晚一起共事，方才知道他这人专断强横，无所忌惮，看重自己，忽略他人。如果听他的言论，好像是古代忠诚宽厚的贤士，检验行为，却实实在在是一个佞暴之贼徒。我与任城王卑躬屈己，对李彪就像温顺的弟弟侍奉残暴的兄长一样。他所要干的事情，虽然不在理，我们也不敢不屈从。以上所讲，事实确凿，无不可以得到验证。如果臣列举的事情属实，就应该把李彪诛杀于北方荒野之地，以便清除掉乱政之奸人。如果所列举的事情虚而无证，则可以把臣流放于极远之地，以停止奸佞之人所说的坏话。"李冲亲笔写了这一上表，家中人丝毫不知。

魏孝文帝看过李冲的上表之后，怅然叹息了很久，说道："没想到留守闹到如此地步。"接着又说道："李彪可以说是溢满了，然而仆射又何尝没有自满哪？"黄门侍郎宋弁素来对李冲有怨气，而与李彪同是相州人，关系很好，就私下里对如何处分李彪加以操纵。有关部门建议处李彪以死刑，孝文帝宽宥了他，最后只对他做了除名的处理。

李冲向来性情雅闲，温良敦厚，但是在拘押李彪的时候，却一反常态，亲自数落了李彪前前后后的过失；李冲怒不可遏，瞪目而视，大喊大叫，扔掷几案，吓得御史们个个以泥涂面，反绑自己的双手，来向李冲谢罪。李冲骂不绝口，精神失常，

自胜，赠司空。

冲勤敏强力，久处要剧，文案盈积，终日视事，未尝厌倦，职业修举，才四十而发白。兄弟六人，凡四母，少时每多忿竞。及冲贵，禄赐皆与共之，更成敦睦。然多援引族姻，私以官爵，一家岁禄万匹有余，时人以此少之。

（以上为第八段，写北魏文学之臣李彪与李冲相互争斗之事，李彪原来巴结已负盛名的李冲，后来疏远、冲顶；而李冲气不过，将其斗倒，自己也被活活气死。）

魏主以彭城王勰为宗师，诏使督察宗室，有不帅教者以闻。

夏，四月，甲寅，改元。

大司马会稽太守王敬则，自以高、武旧将，心不自安。上虽外礼甚厚，而内相疑备，数访问敬则饮食，体干堪宜。闻其衰老，且以居内地，故得少宽。前二岁，上遣领军将军萧坦之将斋仗五百人行武进陵，敬则诸子在都，忧怖无计。上知之，遣敬则世子仲雄入东安慰之。

仲雄善琴，上以蔡邕焦尾琴借之。仲雄于御前鼓琴作《懊侬歌》，曰："常叹负情侬，郎今果行许。"又曰："君行不净心，那得恶人题！"上愈猜愧。

上疾屡危，乃以光禄大夫张瓌为平东将军、吴郡太守，置兵佐以密防敬则。中外传言，当有异处分。敬则闻之，窃曰："东今有谁，只是欲平我耳；东亦何易可平！吾终不受金罂！"金罂，谓鸩也。

敬则女为徐州行事谢朓妻，敬则子太子洗马幼隆遣正员将军徐岳以情告朓："为计若同者，当往报敬则。"朓执岳，驰启以闻。敬则城局参军徐庶，家在京口，其子密以报庶，庶以告敬则五官掾王公林。公林，敬则族子也，常所委信。公林劝敬则急送启赐儿死，单舟星夜还都。敬则令司马张思祖草启，既而曰："若尔，诸郎在都，要应有信，且忍一夕。"

言语错乱，颠三倒四，时不时地扼腕大骂“李彪小人”，医药都不能治疗，有人认为他怒气伤肝，十多天后就死了。李冲死后，孝文帝落泪痛哭，悲不自胜，追赠他为司空。

李冲勤奋聪敏，处事努力。长期处于重要职位，平时公文案卷总是盈积案头，一天到晚处理公务，然而从来不感到厌倦。主管的事业都兴办得很完美，才四十岁就白了头发。李冲兄弟六人，系四个母亲所生，所以小时候弟兄之间常常怨恨争逐。然而，李冲富贵之后，却能把自己所得的俸禄、赏赐与兄弟们共同享受，从而兄弟和睦。但是，李冲大量提携家族和姻亲，私自授以官职、爵位，光他一家一年的食禄就超过了万匹绢，当时的人们以此责难他。

魏孝文帝任命彭城王元勰为宗师，命令他监督检查皇室成员，如有谁不听从教导，就向自己汇报。

夏季，四月初三日甲寅，南齐改年号。

大司马会稽太守王敬则因为自己是齐高帝、武帝的旧将，所以心中非常不安。齐明帝虽然表面上对王敬则礼遇优厚，但是内心却对他十分猜疑、提防，数次打听询问他饮食情况如何，身体能否胜任带兵打仗。听说王敬则衰老了，而且又待在内地，这才稍稍觉得心宽了一些。前两年，齐明帝派遣领军将军萧坦之率领斋阁侍卫武士五百人去武进县武帝等皇帝陵园，当时王敬则的儿子们都在京城，王敬则担心事情有变，儿子受累，所以心中忧恐万分，束手无措。齐明帝知道后，立即派遣王敬则的大儿子王仲雄从建康去会稽安慰。

王仲雄擅长弹琴，齐明帝把蔡邕焦尾琴借他一用。王仲雄就在御座前弹琴唱了一首《懊侬歌》，歌中唱道：“常常悲叹会辜负于我，如今郎君果然动身。”又唱道：“君行在外心不澄净，哪能厌恶别人题写！”齐明帝愈加猜疑、羞愧。

齐明帝屡次病危，于是任命光禄大夫张瓌为平东将军、吴郡太守，并且秘密布置兵力，以提防王敬则。朝廷内外传说纷纷，说一定又有特殊的部署了。王敬则听了传言之后，私下里说：“东边现今还有谁？只不过是要除掉我罢了。但是，我又何尝可以那么容易地除掉呢？我终究不会接受他的金罂的！”金罂，即指盛放毒酒的用器。

王敬则的女儿是徐州行事谢朓的妻子，王敬则的儿子太子洗马王幼隆派遣正员将军徐岳把情况告诉了谢朓，邀他一起举事，并且对谢朓说：“你如果同意的话，就去告诉王敬则。”谢朓非但不愿意，而且把徐岳抓起来，派人速去报告。王敬则手下的城局参军徐庶家住在京口，徐庶的儿子把王敬则儿子要举事、徐岳被抓的事情秘密告诉了父亲，徐庶又马上转告了王敬则手下的五官掾王公林。王公林是王敬则的

其夜，呼僚佐文武樗蒱，谓众曰："卿诸人欲令我作何计？"莫敢先答。防閤丁兴怀曰："官祇应作尔！"敬则不应。明旦，召山阴令王询、台传御史锺离祖愿，敬则横刀跂坐，问询等："发丁可得几人？库见有几钱物？"询称"县丁猝不可集"；祖愿称"库物多未输入"。敬则怒，将出斩之，王公林又谏曰："凡事皆可悔，唯此事不可悔；官讵不更思！"敬则唾其面曰："我作事，何关汝小子！"敬则举兵反，招集，配衣，二三日便发。

前中书令何胤，弃官隐居若邪山，敬则欲劫以为尚书令。长史王弄璋等谏曰："何令高蹈，必不从；不从，便应杀之。举大事先杀名贤，事必不济。"敬则乃止。胤，尚之之孙也。

庚午，魏发州郡兵二十万人，期八月中旬集悬瓠。魏赵郡灵王幹卒。

上闻王敬则反，收王幼隆及其兄员外郎世雄、记室参军季哲、其弟太子舍人少安等，皆杀之。长子黄门郎元迁将千人在徐州击魏，敕徐州刺史徐玄庆杀之。前吴郡太守南康侯子恪，嶷之子也，敬则起兵，以奉子恪为名；子恪亡走，未知所在。

始安王遥光劝上尽诛高、武子孙，于是悉召诸王侯入宫。晋安王宝义、江陵公宝览等处中书省，高、武诸孙处西省，敕人各从左右两人，过此依军法；孩幼者与乳母俱入。其夜，令太医煮椒二斛，都水办棺材数十具，须三更，当尽杀之。子恪徒跣自归，二更达建阳门，刺启。时刻已至，而上眠不起，中书舍人沈徽孚与上所亲左右单景隽共谋少留其事。须臾，上觉，景隽启子恪已至。上惊问曰："未邪？未邪？"景隽具以事对。上抚床曰："遥光几误人事！"乃赐王侯供馔，明日，悉遣还第。以子恪为太子中庶子。宝览，缅之子也。

族侄，深得王敬则信任，常常委以事务。王公林去劝说王敬则火速启奏齐明帝，赐自己的儿子一死。王公林就独自乘舟连夜赶回京城去了。王敬则命令司马张思祖起草奏折，一会儿又说："情况如果真的是这样的话，那么我的几个儿子都在京城，一定会来报信的，暂且再忍一晚上吧。"

当天夜里，王敬则把手下的文武僚属召集来一起博戏，对大伙说："你们大家想让我做何打算呢？"众人谁也不敢先说。防阁丁兴怀说道："长官您只应该做如此事。"王敬则没有表态。次日天刚亮，王敬则就把山阴令王询、台传御史锺离祖愿两人叫来，自己垂足而坐，向王询、锺离祖愿两人发问："如果要发兵可以有多少人？库中还有多少钱物？"王询言称"县里的壮丁一下子不能召集起来"，锺离祖愿则言称"该入库的财物大多还没有输入库中"。王敬则一听，勃然大怒，令人把他们二人推出斩首。王公林又劝谏王敬则说："所有的事情都可以反悔，唯独这种事不可以反悔，您为什么不再考虑一下呢？"王敬则听了非常生气，唾他一脸口水，并且恶狠狠地对他说："我做事情，与你小子有什么关系！"王敬则决定举兵造反，召集兵力，配给战袍兵器，二三日之内便出发了。

先前的中书令何胤，弃官而隐居在若邪山之中，王敬则想挟持他出任尚书令。长史王弄璋等人劝谏王敬则说："何大人隐居，必定不会依从；不依从的话，就应该杀掉他。然而，做大事情先杀害名贤高士，事情一定不会成功。"王敬则就停止了这一想法。何胤是何尚之的孙子。

四月十九日庚午，北魏征召各州郡之兵二十万人，约定于八月中旬会集在悬瓠。北魏赵郡灵王元幹去世。

齐明帝知道王敬则谋反了，就把王幼隆以及他的两个哥哥员外郎王世雄、记室参军王季哲，弟弟太子舍人王少安等人抓起来，全部杀掉了。王敬则的长子黄门郎王元迁率领一千兵马在徐州抗击魏军，下令徐州刺史徐玄庆杀了他。前吴郡太守南康王萧子恪是萧嶷的儿子，王敬则以拥立萧子恪为名义而起兵造反，但是，萧子恪吓得逃跑了，不知逃到了什么地方。

始安王萧遥光劝说齐明帝把高帝、武帝的子孙全部杀掉，这时齐明帝把诸位王侯全部召入宫中。让晋安王萧宝义、江陵公萧宝览等人等候在中书省，而高帝、武帝的孙子们等候在门下省，命令他们每人只可以带随从两人，超过了便要以军法处置。并且要求诸位王侯中幼小的孩子，由他们的乳母带进宫来。这天夜里，齐明帝命令宫中的太医煮了两斛花椒水，又命令都水官备署置办棺材数十具，准备到三更的时候，就把诸王侯全部杀掉。萧子恪自己一个人赤脚步行赶回来了，二更时分到达建阳门，萧子恪把自己的姓名和所要启陈的事写于纸上，让人转达于齐明帝。三更时分已到，但齐明帝还睡眠未起，中书舍人沈徽孚就与明帝所信任的心腹单景隽

（以上为第九段，写南齐勋臣王敬则为会稽太守，明帝萧鸾对其猜忌，明里暗里予以监视；王敬则气愤难忍，密谋起兵，其婿谢朓告发，箭在弦上，不得不发。）

敬则帅实甲万人过浙江。张瓌遣兵三千拒敬则于松江，闻敬则军鼓声，一时散走，瓌弃郡，逃民间。敬则以旧将举事，百姓担篙荷锸，随之者十余万众；至晋陵，南沙人范脩化杀县令公上延孙以应之。敬则至武进陵口，恸哭而过。乌程丘仲孚为曲阿令，敬则前锋奄至，仲孚谓吏民曰："贼乘胜虽锐，而乌合易离。今若收船舰，凿长冈埭，泻渎水以阻其路；得留数日，台军必至，如此，则大事济矣。"敬则军至，值渎涸，果顿兵不得进。

五月，诏前军司马左兴盛、后军将军崔恭祖、辅国将军刘山阳、龙骧将军马军主胡松筑垒于曲阿长冈；右仆射沈文季为持节都督，屯湖头，备京口路。恭祖，慧景之族也。敬则急攻兴盛、山阳二垒，台军不能敌，欲退，而围不开，各死战。胡松引骑兵突其后，白丁无器仗，皆惊散。敬则军大败，索马再上，不能得，崔恭祖刺之仆地，兴盛军客袁文旷斩之，乙酉，传首建康。

是时，上疾已笃，敬则仓猝东起，朝廷震惧。太子宝卷使人上屋，望见征虏亭失火，谓敬则至，急装欲走。敬则闻之，喜曰："檀公三十六策，走为上策，计汝父子唯有走耳！"盖时人讥檀道济避魏之语也。敬则之来，声势甚盛，裁少日而败。

台军讨贼党，晋陵民以附敬则应死者甚众。太守王瞻上言："愚民易动，不足穷法。"上许之，所全活以万数。瞻，弘之从孙也。

上赏谢朓之功，迁尚书吏部郎。朓上表三让，上不许。中书疑朓官

一起商议，决定先不采取行动。一会儿，齐明帝醒来了，单景隽就告诉他萧子恪已经来了。齐明帝一听，惊奇地问道："还没有动手吗？还没有动手吗？"单景隽就把事情详细陈述了一遍，齐明帝用手拍床说道："萧遥光差点坏了大事。"乃设宴招待诸王侯。第二天，让他们回到各自的府中去，并且还任命萧子恪为太子中庶子。萧宝览是萧缅的儿子。

王敬则率领一万甲兵渡过了浙江，张瓌调遣三千兵力在松江岸上抵挡他，一听到王敬则部队的军鼓声音，马上四处逃散，张瓌只好弃郡署于不顾，逃到民间躲起来了。王敬则以老将的身份起兵谋反，老百姓纷纷扛着竹竿，拿着锄头，前来投奔，追随的人有十万多。到晋陵时，南沙人范脩化杀了县令公上延孙来响应。经过武进高帝陵园所在地陵口的时候，放声恸哭。乌程人丘仲孚是曲阿县令，王敬则的前锋部队刚到，丘仲孚就对治下的吏役、民众说："反贼们虽然一路乘胜，气势嚣张，但是毕竟是乌合之众，容易离散。眼下如果把船舰收起来，并且把长冈水坝挖开，放出大水挡住去路，如果能让他们停留几天的话，朝廷军队一定可以到达，这样的话，必定大功告成。"王敬则军队到达之后，因河渠干涸，果然停止不能前行。

五月，齐明帝诏令前军司马左兴盛、后军将军崔恭祖、辅国将军刘山阳、龙骧将军马军主胡松在曲阿长冈修筑战垒工事。又委任右仆射沈文季为持节都督，屯驻湖头，守备京口大路。崔恭祖是崔慧景的同族。王敬则对左兴盛、刘山阳两处发起了猛烈攻击，朝廷军队不能抵挡，准备撤退，但是围不能打开，只好死战。胡松带领骑兵从背后发起攻击，民众手中没有武器，纷纷惊慌而逃。王敬则的军队一败涂地，但是他还要找一匹马骑上再战，可是找不到，结果被崔恭祖一枪刺倒在地，刘兴盛部下武士袁文旷立即上前将其斩首。五月初五日乙酉，将王敬则的首级送到了建康。

当时，齐明帝的病情已经非常严重，而王敬则猝然在东边起兵举事，因此朝廷内部一片震惊，人人恐慌不已。太子萧宝卷让人上屋顶，望见征虏亭失火，以为是王敬则到了，就急忙穿上戎装，想要逃走。王敬则知道此事之后，高兴地说："檀公三十六策，走为上策，我想你们父子也只有逃走这么一条路了。"所谓"檀公三十六策，走为上策"，是当时人们讥刺檀道济见了魏军只会逃跑的话语。王敬则起兵，其来头凶猛，声势甚大，但是在很短的时间内就以失败而告终。

南齐朝廷的军队讨伐王敬则及其同伙，晋陵的百姓因投附王敬则而应该处死者特别多，太守王瞻上奏齐明帝说："百姓愚蠢，易被煽动，所以不必严加追究。"齐明帝准许了这一建议，使数万人得以活命。王瞻是王弘之的侄孙。

齐明帝奖赏谢朓的功劳，升任为尚书吏部郎。谢朓三次上表辞让，齐明帝不准

未及让，国子祭酒沈约曰："近世小官不让，遂成恒俗。谢吏部今授超阶，让别有意。夫让出人情，岂关官之大小邪！"朓妻常怀刃欲杀朓，朓不敢相见。

（以上为第十段，写南齐老将王敬则愤而起兵，声势浩大，来势凶猛，朝廷震惧，但仓促起兵，很快以失败告终；其婿谢朓告发有功，升任吏部郎，再三辞让。）

秋，七月，魏彭城王勰表以一岁国秩、职俸、亲恤，裨军国之用。魏主诏曰："割身存国，理为远矣。职俸便停，亲、国听三分受一。"壬午，又诏损皇后私府之半，六宫嫔御、五服男女供恤亦减半，在军者三分省一，以给军赏。

癸卯，以太子中庶子萧衍为雍州刺史。

己酉，上殂于正福殿。遗诏："徐令可重申前命。沈文季可左仆射，江祏可右仆射，江祀可侍中，刘暄可卫尉。军政可委陈太尉；内外众事，无大小委徐孝嗣、遥光、坦之、江祏，其大事与沈文季、江祀、刘暄参怀。心膂之任可委刘悛、萧惠休、崔慧景。"

上性猜多虑，简于出入，竟不郊天。又深信巫觋，每出先占利害。东出云西，南出云北。初有疾，甚秘之，听览不辍。久之，敕台省文簿中求白鱼以为药，外始知之。太子即位。

（以上为第十一段，写北魏彭城王元勰提出捐献财物，以利国用，得到孝文帝元宏嘉奖，予以推广；南齐明帝萧鸾去世，立遗嘱，安排辅政，太子萧宝卷即位。）

八月，辛亥，魏太子自洛阳朝于悬瓠。

壬子，奉朝请邓学以齐兴郡降魏。

魏主之入寇也，遣使发高车兵。高车惮远役，奉袁纥树者为主，相帅北叛。魏主遣征北将军宇文福讨之，大败而还，福坐黜官。更命平北将军江阳王继都督北讨诸军事以讨之，自怀朔以东悉禀节度，仍摄镇平城。继，熙之曾孙也。

八月，葬明皇帝于兴安陵，庙号高宗。东昏侯恶灵在太极殿，欲速葬，徐孝嗣固争，得逾月。帝每当哭，辄云喉痛。太中大夫羊阐入临，

许。中书怀疑谢朓的官位还够不上辞让的等级，国子祭酒沈约却说："近世以来低级官员不辞让，这已经成为一种常例。但是，如今越级给谢吏部授官，他辞让出于人情世故的考虑，岂与官职大小有关？"谢朓的妻子经常怀中藏着刀子，要杀死谢朓，谢朓不敢与妻子相见。

秋季，七月，北魏彭城王元勰上表，提出献出自己一年的藩国食禄、朝职俸禄以及朝廷所给的恤亲财物，以助国家开支之用。北魏孝文帝为此而特发诏令："彭城王能舍弃自身利益而为国家安危着想，其意义是深远的。朝职俸禄就全部接受，但藩国食禄和恤亲财物则只接受三分之一。"七月初三日壬午，孝文帝又发诏令，减少皇后私人费用一半，六宫嫔妃、五服之内的男女的供给也减少一半，在军队中则减少三分之一，节约下来的全部用作给军队的赏赐。

七月二十四日癸卯，南齐任命太子中庶子萧衍为雍州刺史。

七月三十日己酉，齐明帝去世于正福殿。遗诏说："对于徐孝嗣可以重复前次命令。沈文季可以担任左仆射，江祏可以担任右仆射，江祀可以担任侍中，刘暄可以担任卫尉。军政大事可以委托于太尉陈显达，而朝廷内外众多事务，无论大小一并委托于徐孝嗣、萧遥光、萧坦之、江祏，其中重大事情与沈文季、江祀、刘暄三人商量决定。关键要害职务可以委托于刘悛、萧惠休、崔慧景。"

齐明帝性格猜疑多虑，深居简出，到底没有去南郊祭祀过上天。他深信不疑于筮占，每次出外都要先占卜吉凶利害。如果去东边，则说去西边；如果去南边，则告人说去北边。刚有病的时候，特别保密，听政、阅览公文也不停止。很久以后，齐明帝在下达给台省的文件中要白鱼来做药，外界这才知道他有病。太子萧宝卷登皇帝位。

八月初二日辛亥，北魏太子从洛阳到悬瓠朝见。

八月初三日壬子，南齐奉朝请邓学以齐兴郡投降北魏。

魏孝文帝入侵南齐时，派遣使者去向高车调兵，高车人害怕远途劳役，奉戴袁纥部一个名叫树者的人为头领，率众叛变向北。魏孝文帝派遣征北将军宇文福去讨伐，但是大败而回，宇文福因此而被黜官。又命令平北将军江阳王元继为都督北讨诸军事，去讨伐高车，自怀朔以东全部掌管调遣，并摄镇平城。元继是拓跋熙的曾孙。

八月，安葬齐明帝于兴安陵，庙号高宗。东昏侯萧宝卷不喜欢把灵柩停放在太极殿里，想快速安葬了事，因徐孝嗣一再坚持，才得以停放超过一月。东昏侯每当

无发，号恸俯仰，帻遂脱地，帝辍哭大笑，谓左右曰：“秃鹫啼来乎！”

九月，己亥，魏主闻高宗殂，下诏称“礼不伐丧”，引兵还。庚子，诏北伐高车。

魏主得疾甚笃，旬日不见侍臣，左右唯彭城王勰等数人而已。勰内侍医药，外总军国之务，远近肃然，人无异议。右军将军丹阳徐謇善医，时在洛阳，急召之。既至，勰涕泣执手谓曰：“君能已至尊之疾，当获意外之赏；不然，有不测之诛；非但荣辱，乃系存亡。”勰又密为坛于汝水之滨，依周公故事，告天地及显祖，乞以身代魏主。魏主疾有间，丙午，发悬瓠，舍于汝滨，集百官，坐徐謇于上席，称扬其功，除鸿胪卿，封金乡县伯，赐钱万缗；诸王别饷赉，各不减千匹。冬，十一月，辛巳，魏主如邺。

戊子，立妃褚氏为皇后。

魏江阳王继上言：“高车顽昧，避役遁逃，若悉追戮，恐遂扰乱。请遣使镇，别推检，斩魁首一人，自余加以慰抚。若悔悟从役者，即令赴军。”诏从之。于是叛者往往自归。继先遣人慰谕树者。树者亡入柔然，寻自悔，相帅出降。魏主善之，曰：“江阳可大任也。”十二月，甲寅，魏主自邺班师。

林邑王诸农入朝，海中值风，溺死，以其子文款为林邑王。

（以上为第十二段，写北魏主元宏得知南齐萧鸾去世，停止攻伐；元宏病重，彭城王元勰效周公故事，以身代之；高车叛逃柔然，江阳王元继予以抚慰，复降。）

该哭灵的时候，就说自己喉咙痛。太中大夫羊阐进殿哭灵，没有头发，号啕大哭，前仰后合，以致头巾都掉到了地上，东昏侯停止哭泣而放声大笑，对左右的人说："秃鹫来啼叫了。"

九月二十日己亥，魏孝文帝知道齐明帝去世，颁布诏书说："按照礼的规定，他国有丧事，不加讨伐。"于是率兵而还。九月二十一日庚子，孝文帝诏令北伐高车。

魏孝文帝病得非常严重，十来天不接见左右侍臣，只有彭城王元勰等几个人在身边照料。元勰既侍奉孝文帝看病吃药，同时又总管国家事务，内外用心，处理得非常周全，使得远近肃然，人无异议。右军将军丹阳人徐謇擅长医术，当时正在洛阳，元勰就急忙把他召来。到了之后，元勰拉着他的手哭泣着说："您如果能医治好圣上的病，应当获得意外的赏赐；不然，就会有不测之罪。这不但关系着荣辱，而且关系到生死存亡。"元勰又秘密地让人在汝水之滨筑了一座祭坛，依照当年周公所行那样，亲自去祷告天地及显祖在天之灵，乞请以自己的身体代替魏孝文帝。魏孝文帝的病稍有好转，九月二十八日丙午，从悬瓠出发，下榻于汝水之滨，并召集百官群臣，使徐謇坐在上席，赞扬了他的功劳，任命为鸿胪卿，并且封为金乡县伯，赏钱一万串。另外，对诸王侯的赏赐，每人也不少于一千匹帛。冬季，十一月初四日辛巳，魏孝文帝到达邺城。

十月十一日戊子，南齐立妃子褚氏为皇后。

北魏江阳王元继上书说："高车人愚蠢无知不化，逃避差役，反叛远遁，但是如果全部追究杀戮，恐怕要引起大的扰乱。所以，请朝廷为六镇各派遣一个使者，令其对本镇高车人加以整顿，只斩罪魁祸首一人，其余的加以抚慰，如果悔悟而愿意服役，那么就令其赶赴从军。"颁布诏书准许这一做法。这时反叛的高车人许多又自动回来了。元继先派遣人去抚慰和劝谕树者，树者逃往柔然，但是很快就后悔了，于是率众来投降。魏孝文帝说："江阳王可以委以大任呀。"十二月初七日甲寅，孝文帝从邺城班师返京。

林邑王范诸农入南齐觐见，海上遇到风暴，溺水而死；封其子范文款为林邑王。

【点评】

北魏二李势利之交。本卷所写的北魏李冲、李彪的交往可谓是“势利之交”，李彪得到李冲援手达到进阶官僚的目的之后便翻脸不认人，李冲的毫不逊让也是很厉害的了。李彪家世孤寒贫贱，在朝廷之中毫无亲援。后来投靠文穆公李冲，李冲十分重视李彪的才学，礼遇甚厚，还在朝廷同僚中广为宣传他的声誉，从公私两方面提携李彪。但是李彪担任中尉之后，自以为得到了孝文帝的赏识，无须再凭借李冲了，就渐渐和李冲有所疏远，不再有遵从敬服之意了。李冲渐渐地对李彪产生了怨恨之情。两人此后情分已绝，李彪除名，李冲气死，你死我活，两败俱伤。司马迁《史记·张耳陈馀列传》“太史公曰”谓张耳、陈馀“世所称贤，其宾客厮役皆天下俊桀，所居国无不取卿相者。及据国争权，卒相灭亡，何乡者慕用之诚，后相背之戾也！势利之交，古人羞之，盖谓是矣”，将司马迁揭示张耳、陈馀二人的关系变化以及评价，移用来形容李冲、李彪的交往可谓是入木三分了。

齐纪八

齐东昏侯永元元年（499年）

【屠维单阏（己卯，499年），凡一年】

【大事提要】

本卷记事公元499年，凡一年，当南齐东昏侯永元元年。本卷所载大事，南朝齐四件大事，其一，南齐东昏侯和苍梧王一样，凶狂乱杀，弄得臣属人人自危。为了稳定人心，诏令大赦天下，但是内乱却已经大起。其二，南齐太尉陈显达出击北魏，想要收复雍州诸郡，北魏派遣前将军元英前去抵抗。其三，始安王萧遥光、太尉陈显达与平西将军崔慧景先后起兵反对东昏侯，但是都兵败被杀。其四，后来梁朝的建立者萧衍，这时已经被任命为南齐的雍州刺史。北魏一件大事，即魏孝文帝元宏在一次南征的归途中去世，太子元恪继位，是为北魏世宗宣武帝。

【原文】

东昏侯上

永元元年（己卯，499 年）

春，正月，戊寅朔，大赦，改元。

太尉陈显达督平北将军崔慧景军四万击魏，欲复雍州诸郡；癸未，魏遣前将军元英拒之。

乙酉，魏主发邺。

辛卯，帝祀南郊。

戊戌，魏主至洛阳，过李冲冢。时卧疾，望之而泣；见留守官，语及冲，辄流涕。

魏主谓任城王澄曰："朕离京以来，旧俗少变不？"对曰："圣化日新。"帝曰："朕入城，见车上妇人犹戴帽、著小袄，何谓日新！"对曰："著者少，不著者多。"帝曰："任城，此何言也！必欲使满城尽著邪？"澄与留守官皆免冠谢。

甲辰，魏大赦。魏主之幸邺也，李彪迎拜于邺南，且谢罪。帝曰："朕欲用卿，思李仆射而止。"慰而遣之。会御史台令史龙文观告："太子恂被收之日，有手书自理，彪不以闻。"尚书表收彪赴洛阳。帝以为彪必不然；以牛车散载诣洛阳，会赦，得免。

魏太保齐郡灵王简卒。

二月，辛亥，魏以咸阳王禧为太尉。

（以上为第一段，写北魏主元宏自邺城返回洛阳，路过李冲的坟墓，禁不住热泪成行，感慨人才难得；心念改革，看到洛阳还有人穿戴旧式的衣帽，便大发雷霆，责备留守大臣。）

魏主连年在外，冯后私于宦者高菩萨。及帝在悬瓠病笃，后益肆意无所惮，中常侍双蒙等为之心腹。

彭城公主为宋王刘昶子妇，寡居。后为其母弟北平公冯夙求婚，帝许之；公主不愿，后强之。公主密与家僮冒雨诣悬瓠，诉于帝，且具道后所为。帝疑而秘之。后闻之，始惧，阴与母常氏使女巫厌祷，曰："帝

【语译】

东昏侯上

齐东昏侯永元元年（己卯，499 年）

春季，正月初一日戊寅朔，南齐大赦天下，改年号为永元。

太尉陈显达督率平北将军崔慧景四万大军出击北魏，想要收复雍州诸郡。正月初六日癸未，北魏派遣前将军元英抵抗。

正月初八日乙酉，魏孝文帝从邺城出发。

正月十四日辛卯，南齐东昏侯萧宝卷在南郊祀天。

正月二十一日戊戌，魏孝文帝回到洛阳，路过李冲的坟墓。当时，孝文帝因病而不能起身，望着哭泣。见到当时留守洛阳的官员，说到李冲，总是泪流满面。

魏孝文帝问任城王元澄："朕离开京城以来，旧的风俗习惯有多少改变没有？"元澄回答说："圣上的教化日新月异。"孝文帝又问："朕入城时，看见车上坐的妇女们还戴着帽子，穿着小袄，还是老习俗，怎么能说是日新月异呢？"元澄回答说："穿戴的人少，不穿戴的人多。"孝文帝道："任城王呀，这说的是什么话呀？一定想让满城妇女都戴帽、穿小袄吗？"元澄和其他留守官们都脱下帽冠谢罪。

正月二十七日甲辰，北魏大赦天下。魏孝文帝巡视邺城时，李彪在邺城南边迎拜，表示服罪。孝文帝对李彪说："朕想要重新起用你，但是一想起李仆射就打消念头了。"安慰后打发李彪走了。恰在这时，御史台令史龙文观报告说："太子元恂被拘收之日，有一封亲笔信为自己申辩，李彪私自压下没有上报。"尚书上表要求拘押李彪到洛阳来。孝文帝认为李彪一定不会那样做的，所以让他坐牛车来洛阳。正好遇上大赦天下，李彪得以幸免。

北魏太保齐郡灵王元简去世。

二月初五日辛亥，北魏任命咸阳王元禧为太尉。

魏孝文帝连年在外奔忙，冯皇后私通于宦官高菩萨。到了孝文帝在悬瓠病重的时候，冯皇后更加肆无忌惮，中常侍双蒙等人是她的心腹。

北魏彭城公主是宋王刘昶的儿媳妇，守寡而居。冯皇后为胞弟北平公冯夙求婚，孝文帝答应了。但是公主却不愿意，冯皇后就强迫她。公主秘密地与仆人冒雨赶到悬瓠，告诉孝文帝，并且还详尽地把冯皇后的所作所为都讲了。孝文帝心有疑端，

疾若不起，一旦得如文明太后辅少主称制者，当赏报不赀。”

帝还洛，收高菩萨、双蒙等，案问，具伏。帝在含温室，夜引后入，赐坐东楹，去御榻二丈余，命菩萨等陈状。既而召彭城王勰、北海王详入坐，曰：“昔为汝嫂，今是路人，但入勿避！”又曰：“此妪欲手刃吾胁！吾以文明太后家女，不能废，但虚置宫中，有心庶能自死；汝等勿谓吾犹有情也。”二王出，赐后辞诀；后再拜，稽首涕泣。入居后宫，诸嫔御奉之犹如后礼，唯命太子不复朝谒而已。

初，冯熙以文明太后之兄尚恭宗女博陵长公主。熙有三女，二为皇后，一为左昭仪，由是冯氏贵宠冠群臣，赏赐累巨万。公主生二子，诞，脩。熙为太保，诞为司徒，脩为侍中、尚书，庶子聿为黄门郎。黄门侍郎崔光与聿同直，谓聿曰：“君家富贵太盛，终必衰败。”聿曰：“我家何所负，而君无故诅我！”光曰：“不然。物盛必衰，此天地之常理。若以古事推之，不可不慎。”后岁余而脩败。脩性浮竞，诞屡戒之，不悛，乃白于太后及帝而杖之。脩由是恨诞，求药，使诞左右毒之。

事觉，帝欲诛之，诞自引咎，恳乞其生。帝亦以其父老，杖脩百余，黜为平城民。及诞、熙继卒，幽后寻废，聿亦摈弃，冯氏遂衰。

（以上为第二段，写北魏孝文帝处理宫闱丑事。冯皇后明目张胆地宠幸男宠，且诅咒皇上，孝文帝隐忍不发，只是不让太子元恪拜谒皇后，最终还是废了冯皇后，冯氏家族由此衰落。）

魏以彭城王勰为司徒。

陈显达与魏元英战，屡破之。攻马圈城四十日，城中食尽，啖死人肉及树皮。癸酉，魏人突围走，斩获千计。显达入城，将士竞取城中绢，遂不穷追。显达又遣军主庄丘黑进击南乡，拔之。

就秘而不宣。冯皇后知道风声之后，开始害怕了，暗中与母亲常氏在一起让女巫祈祷鬼神降灾，许愿说："皇帝的病如果好不了，一旦能像文明太后那样辅佐称制的话，应当重加赏报，不计其量。"

孝文帝回到洛阳之后，收拘了高菩萨、双蒙等人，加以审问，高菩萨等人全都招供认罪。孝文帝坐在含温室，到了夜间让冯皇后进去，赐坐在东边厅堂的前柱上，离自己的坐榻有两丈多远，命令高菩萨等人坦白交代。然后，把彭城王元勰、北海王元详两人召进去，让他们坐下，并且指着冯皇后对他们说："过去她是你们的嫂子，从今开始就是路人了，只管进来，无须回避。"接着又说："这个妇人想要拿刀刺我的肋上，我因她是文明太后家的女儿，不能废掉，只是把她虚置在宫中，如果有廉耻的话，或许能自取一死。所以，你们不要以为我还对她有什么情分。"二王出去了，让冯皇后辞别；冯皇后再次行拜礼，跪地磕头，涕泣不已。回到后宫幽居，诸嫔妃还照样对她施行皇后之礼，只是命令太子不再每天早晨去向她请安。

起初，冯熙以文明太后哥哥的身份娶恭宗太子的女儿博陵长公主。冯熙有三个女儿，两个为皇后，一个是左昭仪，因此冯氏家族宠信贵重冠于群臣之上，赏赐就累计在亿万之上。博陵长公主生了两个儿子，即冯诞和冯脩。冯熙任太保，冯诞任司徒，冯脩任侍中、尚书，妾所生儿子冯聿任黄门郎。黄门侍郎崔光与冯聿一同在禁中当值，对冯聿说："您家荣华富贵太盛，最后一定要衰败。"冯聿回答说："我家有何对不起您的地方，让您无缘无故地诅咒我呢？"崔光说："不是这样的。物盛而衰，这是天地的常理。如果以古事来推论，不可不慎重呀。"一年多之后，冯脩就出事垮台了。冯脩性情浮躁，好争好斗，冯诞屡次告诫他，然而终无悔改之迹，于是就上告文明太后和孝文帝，用棍杖狠狠教训他。冯脩因此对冯诞记恨在心，找来毒药，让冯诞左右的人下药毒死冯诞。

事情败露之后，孝文帝准备杀掉冯脩，冯诞引咎自责，恳切地乞求放他一条生路。孝文帝也考虑到他们的父亲年事已高，就只是打了冯脩一百多杖，贬为平城平民。等到冯诞、冯熙相继去世之后，不久冯皇后被废，冯聿也被摒弃不用，冯氏家族从此衰落。

［二月二十七日癸亥，］北魏任命彭城王元勰为司徒。

陈显达与北魏元英交战，陈显达屡胜元英。围攻马圈城四十天，城中粮食尽绝，只好吃死人肉和树皮。二月二十七日癸酉，北魏人突围逃走，斩获上千人。陈显达率部入城，将士们争相掠取城中的绢匹，因此没有去追击北魏逃兵。陈显达又派军主庄丘黑进击南乡，也攻取了。

魏主谓任城王澄曰："显达侵扰，朕不亲行，无以制之。"三月，庚辰，魏主发洛阳，命于烈居守，以右卫将军宋弁兼祠部尚书，摄七兵事以佐之。弁精勤吏治，恩遇亚于李冲。

癸未，魏主至梁城。崔慧景攻魏顺阳，顺阳太守清河张烈固守。甲申，魏主遣振威将军慕容平城将骑五千救之。

自魏主有疾，彭城王勰常居中侍医药，昼夜不离左右，饮食必先尝而后进，蓬首垢面，衣不解带。帝久疾多忿，近侍失指，动欲诛斩；勰承颜伺间，多所匡救。丙戌，以勰为使持节、都督中外诸军事。勰辞曰："臣侍疾无暇，安能治军！愿更请一王，使总军要，臣得专心医药。"帝曰："侍疾、治军，皆凭于汝。吾病如此，深虑不济；安六军、保社稷者，舍汝而谁！何容方更请人以违心寄乎！"

丁酉，魏主至马圈，命荆州刺史广阳王嘉断均口，邀齐兵归路。嘉，建之子也。

陈显达引兵渡水西，据鹰子山筑城；人情沮恐，与魏战，屡败。魏武卫将军元嵩免胄陷陈，将士随之，齐兵大败。嵩，澄之弟也。戊戌，军主崔恭祖、胡松以乌布幔盛显达，数人担之，间道自分碛山出均水口南走。己亥，魏收显达军资亿计，班赐将士，追奔至汉水而还。左军将军张千战死，士卒死者三万余人。

显达之北伐，军入汋均口。广平冯道根说显达曰："汋均水迅急，易进难退，魏若守隘，则首尾俱急。不如悉弃船于酂城，陆道步进，列营相次，鼓行而前，破之必矣。"显达不从。道根以私属从军，及显达夜走，军人不知山路，道根每及险要，辄停马指示之，众赖以全。诏以道根为汋均口戍副。显达素有威名，至是大损。御史中丞范岫奏免显达官，显达亦自表解职，皆不许，更以显达为江州刺史。崔慧景亦弃顺阳走还。

（以上为第三段，写南齐派大将陈显达率军北伐，初攻破马圈城，将士争夺财货，无心追敌；北魏孝文帝带病亲征；南齐将士遭受重创，狼狈逃回。）

魏孝文帝对任城王元澄说："陈显达侵扰，朕如果不亲自出征，就无法抵制住他。"三月初四日庚辰，魏孝文帝率兵从洛阳出发，命令于烈留守洛阳，任命右卫将军宋弁兼任祠部尚书，代理尚书七兵曹事以辅佐。宋弁精细勤劳于职责，孝文帝对他的恩遇仅次于李冲。

三月初七日癸未，魏孝文帝到达梁城。崔慧景进攻北魏顺阳，顺阳太守清河人张烈顽强固守。三月初八日甲申，魏孝文帝派遣振威将军慕容平城率领骑兵五千去援救。

自从魏孝文帝患病，彭城王元勰经常住在宫中，侍奉看病吃药，昼夜不离其左右，凡是饮食，他一定先尝然后才进上，如此日夜辛劳，以致蓬首垢面，衣不解带。孝文帝久病而脾气急躁，在身旁侍奉的人稍稍有不合他心意，动不动就想斩了，元勰趁孝文帝情绪好的时候好言相劝，救了不少人的命。三月初十日丙戌，任命元勰为使持节、都督中外诸军事，元勰辞而不受，说："我要侍奉护理圣上养病，没有闲暇，怎么还能治理军队呢？希望另外请一个藩王，让他来掌握军务之要，以便臣能专心医药。"孝文帝说："护理、掌管军队两样事情，全都依托于你。我病到这个样子，深感恐怕不能好了，而安定六军、保卫社稷者，除了你还能有谁呢？你哪能让我违背自己的心意而另外再请别人来担当此重托呢？"

三月二十一日丁酉，魏孝文帝到达马圈，命令荆州刺史广阳王元嘉截断均口，以阻拦南齐军队的退路。元嘉是元建的儿子。

陈显达领兵渡过均水，到达西岸，依据鹰子山修筑城堡。人人情绪沮丧恐惧，与北魏军队交战，屡次失败。北魏武卫将军元嵩除去甲胄，冲锋陷阵，其他将士们紧随而上，齐军大败。元嵩是元澄的弟弟。三月二十二日戊戌，军主崔恭祖、胡松用乌布幔把陈显达装进去，几个人抬着，抄小道从分碛山出均水口向南逃去。三月二十三日己亥，北魏收缴陈显达丢弃下的军用物资以亿计数，分赐给将士们，追击至汉水才返回。左军将军张千战死，士卒阵亡的有三万多人。

陈显达率部北伐时，军队进入沟均口，广平人冯道根劝说陈显达："沟均水水流湍急，前进容易，后退却难，魏军如果据守隘关，则首尾都会紧急。不如弃船于酂城，陆路步行而进，军营前后相次，击鼓前行，造成大的声势，一定能攻破对方。"陈显达没有采纳。冯道根是以陈显达的私属的身份随军，陈显达夜间逃跑，军人们不熟悉山路，每到险要地方，冯道根都要停下马来给他们指路，众人全凭他才得以生还。诏令冯道根为沟均口戍副。陈显达素有威名，这次却大有损伤。御史中丞范岫上奏罢免陈显达的官职，陈显达也自动上表请求解除职务，都没有得到批准，改任陈显达为江州刺史。崔慧景也丢弃顺阳逃跑回来。

庚子，魏主疾甚，北还，至谷塘原，谓司徒勰曰："后宫久乖阴德，吾死之后，可赐自尽，葬以后礼，庶免冯门之丑。"又曰："吾病益恶，殆必不起。虽摧破显达，而天下未平，嗣子幼弱，社稷所倚，唯在于汝。霍子孟、诸葛孔明以异姓，受顾托，况汝亲贤，可不勉之！"勰泣曰："布衣之士，犹为知己毕命；况臣托灵先帝，依陛下之末光乎！但臣以至亲，久参机要，宠灵辉赫，海内莫及；所以敢受而不辞，正恃陛下日月之明，恕臣忘退之过耳。今复任以元宰，总握机政；震主之声，取罪必矣。昔周公大圣，成王至明，犹不免疑，而况臣乎！如此，则陛下爱臣，更为未尽始终之美。"帝默然久之，曰："详思汝言，理实难夺。"乃手诏太子曰："汝叔父勰，清规懋赏，与白云俱洁；厌荣舍绂，以松竹为心。吾少与绸缪，未忍暌离。百年之后，其听勰辞蝉舍冕，遂其冲挹之性。"以侍中、护军将军北海王详为司空，镇南将军王肃为尚书令，镇南大将军广阳王嘉为左仆射，尚书宋弁为吏部尚书，与侍中太尉禧、尚书右仆射澄等六人辅政。夏，四月，丙午朔，殂于谷塘原。

高祖友爱诸弟，终始无间。尝从容谓咸阳王禧等曰："我后子孙邂逅不肖，汝等观望，可辅则辅之，不可辅则取之，勿为他人有也。"亲任贤能，从善如流，精勤庶务，朝夕不倦。常曰："人主患不能处心公平，推诚于物。能是二者，则胡、越之人皆可使如兄弟矣。"用法虽严，于大臣无所容贷，然人有小过，常多阔略。尝于食中得虫，又左右进羹误伤帝手，皆笑而赦之。天地五郊、宗庙二分之祭，未尝不身亲其礼。每出巡游及用兵，有司奏修道路，帝辄曰："粗修桥梁，通车马而已，勿去草划令平也。"在淮南行兵，如在境内。禁士卒无得践伤粟稻；或伐民树以供军用，皆留绢偿之。宫室非不得已不修，衣弊，浣濯而服之，鞍勒用铁木而已。幼多力善射，能以指弹碎羊骨，射禽兽无不命中；及年十五，遂不复畋猎。常谓史官曰："时事不可以不直书。人君威福在己，无能制之者；若史策复不书其恶，将何所畏忌邪！"

三月二十四日庚子，魏孝文帝病危，只好北还，到达谷塘原时，对司徒元勰说：“冯皇后长久以来有失皇后之德，我死之后，可以赐以自尽，以皇后之礼仪安葬，庶可免去冯门之丑。”又说道：“我的病越来越严重了，恐怕会一病不起。虽然摧破了陈显达，而天下并没有平定，继位的儿子又年纪幼小，江山社稷就全依靠你了。当年霍光、诸葛孔明都以外姓人的身份而分别受到顾托重任，况且你是骨肉之亲，能不勉力承担吗？”元勰哭着说道：“布衣之士，还能做到为知己而死，况且臣托灵于先帝，又依从陛下的末光呢！但是，我以至亲的身份，长期参与朝廷的机要大事，宠遇辉煌显耀，身重朝野，举国上下没有谁能比得上，之所以敢于接受而不推辞，正是有恃于陛下日月之圣明，宽恕臣知进忘退之过失。现今，圣上又委任为朝臣之首，总握军机朝政大权，使主畏惧的名声越上，获罪乃是必然。过去周公是大圣之人，周成王也是圣明之君，犹然不免疑心，何况是臣呢？这样的话，是陛下虽然爱我，可是并不能实现我善始善终的美好愿望。”孝文帝沉思良久，说：“细细思量你的话，道理上实在难以反驳。”乃亲手给太子颁布诏书：“你的叔父元勰，清逸高尚，如白云一样纯洁；厌弃荣华富贵，舍去荣华，不愿做官，以松柏翠竹为心。我自小与他一起相处，从来不忍心分离。我百年之后，你要准许元勰脱去官服，脱掉官帽，顺从他谦虚自抑的性格。”孝文帝又任侍中、护军将军北海王元详为司空，镇南将军王肃为尚书令，镇南大将军广阳王元嘉为左仆射，尚书宋弁为吏部尚书，令他们与侍中、太尉元禧以及尚书右仆射元澄等六人共同辅佐朝政。夏季，四月初一日丙午朔，孝文帝病逝于谷塘原。

孝文帝对他的几个弟弟非常友爱，始终没有隔阂。他曾从容地对咸阳王元禧等说：“朕死之后，子孙们如果碰上不肖，你们看情况而办，可以辅佐则辅佐，不可辅佐则取而代之，千万不要让江山为他人所有。”亲近任用贤能之士，从善如流，精勤于政治事务，朝夕不倦，常常说：“一国之主患在不能用心公平，推诚心于他人，能做到这两点，即使是胡越之人也可以使他们成为兄弟。”用法虽然严厉，对于大臣们无所宽容。但是，如果别人有小过失，又常能宽大而疏略。有一次，饭中发现了虫子，又有一次手下人进羹时不小心烫了孝文帝的手，他都笑着赦免。天地五郊、宗庙二分的祭祀，未曾不亲自参加。每次出外巡游以及用兵讨伐，有关官员奏告要修筑道路，孝文帝总是说：“简单修理一下桥梁，能通过车马就行了，不要铲除杂草、填修平整。”在淮南行军时，如在本国境内一样，严禁士卒践踏损坏稻谷作物，如果要砍伐百姓的树木以供军用，都留下绢帛作为抵偿。宫室不到万不得已的时候不许修理，衣服穿旧了，浆洗一下仍旧穿用，坐骑的鞍勒唯用铁木而已。少年时候力气大，善于射箭，能用手指头弹碎羊骨头，射猎禽兽没有不射中的。到了十五岁时，就不再射猎了，常常对史官说：“当朝时事，不可不如实记载，皇帝依恃特权，擅作

彭城王勰与任城王澄谋，以陈显达去尚未远，恐其覆相掩逼，乃秘不发丧，徙御卧舆，唯二王与左右数人知之。勰出入神色无异，奉膳，进药，可决外奏，一如平日。数日，至宛城，夜，进卧舆于郡听事，得加棺敛，还载卧舆内，外莫有知者。遣中书舍人张儒奉诏征太子；密以凶问告留守于烈。烈处分行留，举止无变。太子至鲁阳，遇梓宫，乃发丧；丁巳，即位，大赦。

彭城王勰跪授遗敕数纸。东宫官属多疑勰有异志，密防之，而勰推诚尽礼，卒无间隙。咸阳王禧至鲁阳，留城外以察其变，久之，乃入，谓勰曰："汝此行不唯勤劳，亦实危险。"勰曰："兄年长识高，故知有夷险；彦和握蛇骑虎，不觉艰难。"禧曰："汝恨吾后至耳。"

（以上为第四段，写北魏孝文帝一生操劳，最后病死在南伐途中，司徒元勰负责处理丧事，避免南齐军队反攻，先秘不发丧，待太子元恪赶来，在鲁阳发丧。）

勰等以高祖遗诏赐冯后死。北海王详使长秋卿白整入授后药，后走呼，不肯饮，曰："官岂有此，是诸王辈杀我耳！"整执持强之，乃饮药而卒。丧至洛城南，咸阳王禧等知后审死，相视曰："设无遗诏，我兄弟亦当决策去之；岂可令失行妇人宰制天下、杀我辈也！"谥曰幽皇后。

五月，癸亥，加抚军大将军始安王遥光开府仪同三司。

丙申，魏葬孝文帝于长陵，庙号高祖。

魏世宗欲以彭城王勰为相；勰屡陈遗旨，请遂素怀，帝对之悲恸。勰恳请不已，乃以勰为使持节、侍中、都督冀定等七州诸军事、骠骑大将军、开府仪同三司、定州刺史。勰犹固辞，帝不许，乃之官。

魏任城王澄以王肃羁旅，位加己上，意颇不平。会齐人降者严叔懋告肃谋逃还江南，澄辄禁止肃，表称谋叛，案验无实。咸阳王禧等奏澄擅禁宰辅，免官还第，寻出为雍州刺史。

威福，没有能制止他的，如果史官再不记录下他的恶行的话，那他还有什么可畏忌的呢？”

彭城王元勰与任城王元澄商谋，考虑到陈显达逃离还不太远，恐怕他回过头来攻击，所以秘不发丧，把遗体置于平时用的车舆之中赶路，只有彭城王、任城王以及左右的几个人知道实情。元勰出入神色如同平常，侍奉膳食，进药送汤，处理外面的各种启奏，一如平日那样。数日之后，到达宛城，乘着夜间，把载有遗体的车舆拉到郡署中庭，才把他装殓入棺材之中，然后仍将棺材载于车舆之中，外人没有知道实情的。又派遣中书舍人张儒奉旨召太子前来，并且秘密地把凶讯告知留守洛阳的于烈。于烈安排布置谁随同前去，谁留守洛阳，举止形态一如平常。太子到达鲁阳，遇上了灵柩，这才正式发丧。四月十二日丁巳，太子元恪即位，大赦天下。

彭城王元勰跪着交出写有遗诏的几页纸张。东宫属官们大都怀疑元勰有异心，因此严加防范，元勰推诚布公，礼数周到，终于消除了相互之间的嫌隙。咸阳王元禧到达鲁阳，没有进城，留在城外观察有无事变，很久之后，方才进入城内，对元勰说：“你此行不但操劳辛苦，而且实在危险。”元勰回答说：“兄长年纪大、见识高，所以知道有危险，我不啻于握蛇骑虎，然而不觉有多么艰难。”元禧说：“你这是怨恨我来晚了吧。”

元勰等人以孝文帝的诏令赐冯皇后死。北海王元详派长秋卿白整进去给冯皇后送毒药，冯皇后一边跑一边大声呼喊，不肯饮药，说道：“官家哪里会有这样的诏令，这是诸王之辈要谋杀我呀！”白整把她抓住，强迫她把毒药喝下去，即刻毙命。灵柩到达洛阳南郊，咸阳王元禧等人知道冯皇后确实已死，就互相对视着说道：“假如没有先帝的遗诏，我们兄弟几个人也要想方设法把她除掉，岂可以让这个失去贞操的妇人宰制天下、杀害我辈呢？”冯皇后谥号为幽皇后。

五月，癸亥，南齐加封抚军大将军、始安王萧遥光开府仪同三司。

五月二十一日丙申，北魏安葬孝文帝于长陵，庙号为高祖。

魏宣武帝元恪想任命彭城王元勰为宰相，元勰屡次陈述孝文帝的遗诏，请求能够顺遂自己平素的心愿，宣武帝对着他悲伤号哭。元勰一再恳切请求不担任朝廷任何职务，于是任命他为使持节、侍中、都督冀定等七州诸军事、骠骑大将军、开府仪同三司、定州刺史。元勰仍然一再推辞，世宗元恪不准许，只好去上任。

北魏任城王元澄认为王肃本为江南人士而投奔北魏，官位却在自己之上，心中颇为不平。正好由南齐投降过来的严叔懋告发王肃密谋逃回江南去，任城王元澄于是禁止王肃进入宫省，给皇帝上表揭发王肃密谋反叛。经过立案查验，并非属实。咸阳王元禧等人就上奏宣武帝，告发元澄擅自禁止宰辅的行动，元澄就被免官还府，

六月，戊辰，魏追尊皇妣高氏为文昭皇后，配飨高祖，增修旧冢，号终宁陵。追赐后父飏爵勃海公，谥曰敬，以其嫡孙猛袭爵；封后兄肇为平原公，肇弟显为澄城公；三人同日受封。魏主素未识诸舅，始赐衣帻引见，皆惶惧失措；数日之间，富贵赫奕。

秋，八月，戊申，魏用高祖遗诏，三夫人以下皆遣还家。

（以上为第五段，写北魏孝文帝去世后的后事处理，冯皇后被赐死，谥号幽皇后；元恪即位，元勰外放州镇，王肃位在元澄之上；高皇后之兄被封为公爵。）

帝自在东宫，不好学，唯嬉戏无度；性重涩少言。及即位，不与朝士相接，专亲信宦官及左右御刀、应敕等。

是时，扬州刺史始安王遥光、尚书令徐孝嗣、右仆射江祏、右将军萧坦之、侍中江祀、卫尉刘暄更直内省，分日帖敕。雍州刺史萧衍闻之，谓从舅录事参军范阳张弘策曰："一国三公犹不堪，况六贵同朝，势必相图，乱将作矣。避祸图福，无如此州。但诸弟在都，恐罹世患，当更与益州图之耳。"乃密与弘策修武备，他人皆不得预谋；招聚骁勇以万数，多伐材竹，沈之檀溪，积茅如冈阜，皆不之用。中兵参军东平吕僧珍觉其意，亦私具橹数百张。先是，僧珍为羽林监，徐孝嗣欲引置其府，僧珍知孝嗣不能久，固求从衍。是时，衍兄懿罢益州刺史还，仍行郢州事，衍使弘策说懿曰："今六贵比肩，人自画敕，争权睚眦，理相图灭。主上自东宫素无令誉，媟近左右，慓轻忍虐；安肯委政诸公，虚坐主诺！嫌忌积久，必大行诛戮。始安欲为赵王伦，形迹已见；然性猜量狭，徒为祸阶。萧坦之忌克陵人，徐孝嗣听人穿鼻，祏无断，刘暄暗弱；一朝祸发，中外土崩。吾兄弟幸守外藩，宜为身计；及今猜防未生，当悉召诸弟，恐异时拔足无路矣。郢州控带荆、湘，雍州士马精强，世治则竭诚本朝，世乱则足以匡济；与时进退，此万全之策也。若不早图，后悔无及。"弘策又自说懿曰："以卿兄弟英武，天下无敌，据郢、雍二州为百姓请命，废昏立明，易于反掌，此桓、文之业也；勿为竖子所欺，取笑身后。雍州揣之已熟，愿善图之！"懿不从。衍乃迎其弟骠骑外兵参军伟及西中郎外兵参军憺至襄阳。

（以上为第六段，写南齐萧宝卷即位后，不与朝臣接触往来，专门亲信宦官、侍

不久出任雍州刺史。

六月二十四日戊辰，北魏追封宣武帝的母亲高氏为文昭皇后，配飨孝文帝，并且增修其旧墓，号为终宁陵。又追赐皇后之父高飏爵号为勃海公，谥号为敬，让其嫡孙高猛袭爵位。封皇后之兄高肇为平原公，弟弟高显为澄城公，三个人同一天受封。北魏宣武帝从来没有见过几位舅舅，这次才赐赏他们衣服头巾，接见了三位舅舅，舅舅弟兄三人都不免惶惧失措。数日之间，三位舅舅已经富贵显赫一世。

秋季，八月初五日戊申，北魏依照孝文帝的遗诏，后宫中凡三夫人以下者全部遣送回家。

南齐东昏侯自从在东宫做太子时就不好学，只喜欢玩耍，嬉戏无度，性格沉闷寡言。即位之后，不与朝廷的大臣们接触往来，专门亲信宦官以及身边左右御刀和应敕等几个人。

这时候，扬州刺史始安王萧遥光、尚书令徐孝嗣、右仆射江祏、右将军萧坦之、侍中江祀、卫尉刘暄等六人轮流在朝中内省当值，分日在当天的敕令后面签署执行意见。雍州刺史萧衍知道了之后，对自己担任录事参军的堂舅、范阳人张弘策说："一国有三公已经不堪其乱，何况六贵同朝，势必要互相图谋，动乱将要发作了。要说避祸图福，哪里也比不上这个州，但是我的几个弟弟都在京城，恐怕会遭受乱世的祸患，所以另外还要与我在益州的哥哥萧懿有所计议。"便秘密地与张弘策加强武备，其他人则一律不得参与。又招聚骁勇之夫上万，大量砍伐树木、竹子，沉于檀溪之中，茅草堆积的如山冈一般，然而都不使用。中兵参军东平人吕僧珍觉察出了萧衍的用意，也私自准备了船橹数百张。早先的时候，吕僧珍任羽林监，徐孝嗣想让他参加自己的幕府，但是吕僧珍知道徐孝嗣不会长久，所以坚持请求跟随萧衍。这时候，萧衍的哥哥萧懿被免去益州刺史之职而返回，但仍然掌管郢州事务，萧衍派张弘策去游说萧懿："如今朝中六位权贵比肩而立，各自发出敕令，争权夺利，睚眦成仇，理当会相互图谋灭绝对方。而皇上则从做太子起就没有好声誉，亲近身边的人，轻急残忍，怎么肯把朝政委托于诸公，而自己只有虚位但做允诺呢？猜忌之心积久，必定要大行诛戮。始安王萧遥光想充当晋代赵王司马伦的角色，其形迹已经可以看得出来，然而其性格猜疑、气量狭小，只能白白地成为祸害的根由。萧坦之忌妒才能，处处想凌驾于别人之上，而徐孝嗣如牛一般，任人穿上鼻子受人使唤，江祏则没有决断，刘暄则昏暗软弱。有朝一日，祸乱爆发，内外土崩瓦解。我们兄弟幸好驻守外藩，应该为自身有所计谋。趁现今他们还没有开始猜忌提防，应当把几个弟弟全都叫到身边来，恐怕到那时候就会拔足无路了。郢州可以辖控荆、湘，

卫、应敕之人，六贵用事，萧衍已看到其中的深沉危机，积极采取应对之策。）

初，高宗虽顾命群公，而多寄腹心在江祏兄弟。二江更直殿内，动止关之。帝稍欲行意，徐孝嗣不能夺，萧坦之时有异同，而祏执制坚确，帝深忿之。帝左右会稽茹法珍、吴兴梅虫兒等，为帝所委任，祏常裁折之，法珍等切齿。徐孝嗣谓祏曰："主上稍有异同，讵可尽相乖反！"祏曰："但以见付，必无所忧。"

帝失德浸彰，祏议废帝，立江夏王宝玄。刘暄尝为宝玄郢州行事，执事过刻。有人献马，宝玄欲观之，暄曰："马何用观！"妃索煮肫，帐下谘暄，暄曰："旦已煮鹅，不烦复此。"宝玄恚曰："舅殊无渭阳情。"暄由是忌宝玄，不同祏议，更欲立建安王宝寅。祏密谋于始安王遥光，遥光自以年长，欲自取，以微旨动祏。祏弟祀亦以少主难保，劝祏立遥光。祏意回惑，以问萧坦之，坦之时居母丧，起复为领军将军，谓祏曰："明帝立，已非次，天下至今不服。若复为此，恐四方瓦解，我期不敢言耳。"遂还宅行丧。

祏、祀密谓吏部郎谢朓曰："江夏年少，脱不堪负荷，岂可复行废立！始安年长，入纂不乖物望。非以此要富贵，政是求安国家耳。"遥光又遣所亲丹阳丞南阳刘沨密致意于朓，欲引以为党，朓不答。顷之，遥光以朓兼知卫尉事，朓惧，即以祏谋告太子右卫率左兴盛，兴盛不敢发。朓又说刘暄曰："始安一旦南面，则刘沨、刘晏居卿今地，但以卿为反覆人耳。"晏者，遥光城局参军也。暄阳惊，驰告遥光及祏。遥光欲出朓为

雍州则兵马精干强壮，如果天下太平，就竭诚为朝廷效力；如果天下大乱，足以匡济天下；与事势相进退，这是确保万无一失的计策。如不及早打算，到时候后悔就来不及了。”张弘策又对萧懿说：“以你们兄弟二人的英武，天下没有人能够匹敌的，如果依据郢、雍二州为老百姓请命，废去昏庸之主，另立圣明之主，易如反掌，比得上齐桓公、晋文公所创立的业绩，不要被竖子所欺，以致在身后被人所取笑。萧衍已经考虑成熟，希望您也好好地思谋。”萧懿不听从。萧衍乃迎接弟弟骠骑外兵参军萧伟以及西中郎外兵参军萧憺到了襄阳。

起初，齐明帝虽然在遗诏中委托朝中诸大臣，但是最信任的是江祏兄弟二人。江氏兄弟二人轮流在殿内当值，东昏侯的一举一动都要经过他们的同意。东昏侯渐渐想要自行其意，徐孝嗣无法加以制止，萧坦之有时也表示不同意，而江祏则坚决限制，东昏侯对此非常愤恨。东昏侯左右心腹会稽人茹法珍、吴兴人梅虫兒等人，受皇帝委任办理一些事情，江祏常常裁剪、除去，茹法珍等人咬牙切齿。徐孝嗣就对江祏说：“皇上稍微有些自己的主张，这也是正常的，怎么可以一概加以反对阻拦呢？”江祏不以为然，说：“只要把事情交给我，没有什么可忧虑的。”

东昏侯失德作恶的情况越来越明显，江祏商议要废去他，而另立江夏王萧宝玄为帝。刘暄曾经做过萧宝玄的郢州行事，处理事情过于死板、苛刻。有人向萧宝玄献了一匹马，萧宝玄想去看一下，刘暄不准许他去，并说：“一匹马，有什么值得看呢？”萧宝玄的妃子要吃煮鸟肫，手下的人向刘暄请示，刘暄说：“早上已经吃了煮鹅，不必再麻烦做这个了。”气得萧宝玄骂道：“舅舅根本没有一点舅舅的情义了。”由此，刘暄对萧宝玄非常怨恨，所以就不同意江祏的主张，而想立建安王萧宝寅为帝。江祏与始安王萧遥光秘密计谋，萧遥光自以为年长，想把皇帝拿来自己做，就把这个意思隐约地向江祏表示了。江祏的弟弟江祀也认为年幼的皇帝难以保得住，劝说江祏立萧遥光为帝。江祏一时困惑，就去同萧坦之商量，萧坦之当时正为其母守丧，命他丧事期间担任领军将军。萧坦之对江祏说：“明帝自立为帝，已经是没有按照嗣立次序进行，至今天下还不服气。现今再来一次的话，恐怕四方瓦解，我不敢对此表示意见。”又回到家中为其母守丧去了。

江祏和江祀暗中对吏部郎谢朓说：“江夏王萧宝玄年龄幼小，如果不堪承负重任，岂能到时再行废立呢？始安王萧遥光年长，继承大统不会违背众望。我们并不是要以此来获得富贵，正是为了让国家获得安定。”萧遥光又派遣自己的亲信丹阳丞南阳人刘沨暗中向谢朓转达意思，想让谢作为同党，谢朓没有答应。不久，萧遥光任命谢朓兼管卫尉的事务，谢朓害怕了，就把江祏的阴谋报告了太子右卫率左兴盛，左兴盛不敢告发。谢朓又游说刘暄：“始安王萧遥光一旦南面称帝，则刘沨、刘晏就

东阳郡，朓常轻祏，祏固请除之。遥光乃收朓付廷尉，与孝嗣、祏、暄等连名启“朓扇动内外，妄贬乘舆，窃论宫禁，间谤亲贤，轻议朝宰”。朓遂死狱中。

暄以遥光若立，己失元舅之尊，不肯同祏议；故祏迟疑久不决；遥光大怒，遣左右黄昙庆刺暄于青溪桥。昙庆见暄部伍多，不敢发；暄觉之，遂发祏谋，帝命收祏兄弟。时祀直内殿，疑有异，遣信报祏曰：“刘暄似有异谋。今作何计？”祏曰：“政当静以镇之。”俄有诏召祏入见，停中书省。初，袁文旷以斩王敬则功当封，祏执不与；帝使文旷取祏，文旷以刀环筑其心，曰：“复能夺我封不！”并弟祀皆死。刘暄闻祏等死，眠中大惊，投出户外，问左右：“收至未？”良久，意定，还坐，大悲曰：“不念江，行自痛也！”

（以上为第七段，写南齐小皇帝萧宝卷失德，辅政大臣江祏等欲行废立之事，始安王萧遥光欲自立，刘暄告发，矛盾爆发，江祏兄弟被杀害，刘暄惶恐不安。）

帝自是无所忌惮，益得自恣，日夜与近习于后堂鼓叫戏马。常以五更就寝，至晡乃起。群臣节、朔朝见，晡后方前，或际暗遣出。台阁案奏，月数十日乃报，或不知所在；宦者以裹鱼肉还家，并是五省黄案。帝常习骑致适，顾谓左右曰：“江祏常禁吾乘马；小子若在，吾岂能得此！”因问：“祏亲戚余谁？”对曰：“江祥今在冶。”帝于马上作敕，赐祥死。

始安王遥光素有异志，与其弟荆州刺史遥欣密谋举兵据东府，使遥欣引兵自江陵急下，刻期将发，而遥欣病卒。江祏被诛，帝召遥光入殿，告以祏罪，遥光惧，还省，即阳狂号哭，遂称疾不复入台。先是，遥光弟豫州刺史遥昌卒，其部曲皆归遥光。及遥欣丧还，停东府前渚，荆州众力送者甚盛。帝既诛二江，虑遥光不自安，欲迁为司徒，使还第，召入谕旨。遥光恐见杀，乙卯晡时，收集二州部曲于东府东门，召刘沨、刘晏等谋举兵，以讨刘暄为名。夜，遣数百人破东冶，出囚，于尚方取仗。又召骁骑将军垣历生，历生随信而至。萧坦之宅在东府城东，遥光

会居于你如今的地位，而把你当作反复无常的人。”刘晏是萧遥光手下的城局参军。刘暄假装十分惊讶，飞马报告了萧遥光和江祏。萧遥光想把谢朓调到东阳郡，谢朓常常轻视江祏，江祏坚决请求把谢朓除掉。萧遥光就把谢朓抓起来送到了廷尉那里，并与徐孝嗣、江祏、刘暄等人联名上告“谢朓煽动内外，狂妄贬低皇帝，私自议论宫禁，诽谤亲贤，轻视议论朝中大臣”。谢朓于是死于狱中。

刘暄认为萧遥光如果被立为皇帝，自己就要失去皇舅之尊，所以不肯赞成江祏的意见，因此江祏也迟疑而久拖不决。萧遥光大怒，派遣手下人黄昙庆在青溪桥刺杀刘暄。黄昙庆因见刘暄的部下特别多，不敢前去，刘暄察觉了，告发了江祏的阴谋，东昏侯命令拘捕江祏兄弟俩。当时江祀正在内殿值守，怀疑有异常，派人报信给江祏说：“刘暄似乎有别的阴谋，现今有何计议呢？”江祏说：“正应该以静待不动而镇之。”一会儿，就有诏令传江祏入见，停在中书省等待。当初，袁文旷由于斩了王敬则有功，应当封官，但是江祏执意不给，东昏侯就派袁文旷去杀江祏。袁文旷用刀环砸击江祏的心口说：“你还能夺去我受封之官吗？”江祏连其弟弟江祀一并被杀。刘暄闻听江祏等人死，睡眠中大惊而起，奔出门外，问左右说：“抓捕我的人来了没有？”许久才定下心来，重新回到屋中坐下，十分悲哀地说：“我并非是怀念江氏弟兄，而是为自己而痛心啊！”

从此以后，东昏侯无所忌惮，越发自恣其意，日夜与亲近之人在后堂鼓吹叫闹戏马，常常五更时分才就寝，傍晚才起床。朝中群臣按例应于每月初一和其他固定的日子入朝参见，但是到傍晚方才进前，有时等到天黑被遣退而出。尚书们的文案奏告，一个月或者更长时间才上报一次，而报上去后有的竟然不知去向，原来是被宦官们用来包裹鱼肉拿回家去了。东昏侯以练习骑马来尽情欢适，回头对随从之人说道：“江祏经常禁止我骑马，这小子如果还在的话，我哪能像现今这样呢？”又问道：“江祏的亲属还剩下谁呢？”随从者回答说：“江祥现今还在东冶。”东昏侯立刻在马背上发出诏令，赐江祥自杀。

始安王萧遥光向来心怀异志，与他的弟弟荆州刺史萧遥欣密谋拥据东府，让萧遥欣率兵从江陵急速而下，规定日期将要出发的时候，萧遥欣却病死了。江祏被杀之后，东昏侯召萧遥光进殿，把江祏的罪行告诉了他。萧遥光惧怕了，回到中书省，就开始假装发疯，号哭狂闹，借口有病回到东府，从此不再入朝了。早先的时候，萧遥光的弟弟豫州刺史萧遥昌死了，其部曲全部归属于萧遥光。萧遥欣的灵柩从荆州运回来之后，停于东府前秦淮河的河边上，荆州方面来送灵的人力特别多。东昏侯杀了江祏兄弟之后，考虑到萧遥光心不自安，就准备把他升任为司徒，使他回到自己的府第，召他进朝宣谕这一旨令。萧遥光担心进朝后被杀，就于八月十二日乙

遣人掩取之，坦之露袒逾墙走向台。道逢游逻主颜端，执之，告以遥光反，不信；自往诇问，知实，乃以马与坦之，相随入台。遥光又掩取尚书左仆射沈文季于其宅，欲以为都督，会文季已入台。垣历生说遥光帅城内兵夜攻台，辇荻烧城门，曰："公但乘轝随后，反掌可克！"遥光狐疑不敢出。天稍晓，遥光戎服出听事，命上仗登城行赏赐。历生复劝出军，遥光不肯，冀台中自有变。及日出，台军稍至。台中始闻乱，众情惶惑。向晓，有诏召徐孝嗣，孝嗣入，人心乃安。左将军沈约闻变，驰入西掖门，或劝戎服，约曰："台中方扰攘，见我戎服，或者谓同遥光。"乃朱衣而入。

丙辰，诏曲赦建康，中外戒严。徐孝嗣以下屯卫宫城，萧坦之帅台军讨遥光。孝嗣内自疑惧，与沈文季戎服共坐南掖门上，欲与之共论世事，文季辄引以他辞，终不得及。萧坦之屯湘宫寺，左兴盛屯东篱门，镇军司马曹虎屯青溪大桥。众军围东城，三面烧司徒府。遥光遣垣历生从西门出战，台军屡败，杀军主桑天爱。

遥光之起兵也，问谘议参军萧畅，畅正色不从。戊午，畅与抚军长史沈昭略潜自南门出，诣台自归，众情大沮。畅，衍之弟；昭略，文季之兄子也。己未，垣历生从南门出战，因弃稍降曹虎，虎命斩之。遥光大怒，于床上自踊，使杀历生子。其晚，台军以火箭烧东北角楼。至夜，城溃，遥光还小斋帐中，著衣帢坐，秉烛自照，令人反拒，斋阁皆重关，左右并逾屋散出。台军主刘国宝等先入，遥光闻外兵至，灭烛扶匐床下。军人排阁入，于暗中牵出，斩之。台军入城，焚烧室屋且尽。刘沨走还家，为人所杀。荆州将潘绍闻遥光作乱，谋欲应之。西中郎司马夏侯详呼绍议事，因斩之，州府以安。

卯傍晚，召集从荆州和豫州来的部属到东府的东门之前，又叫来刘沨、刘晏等人一起谋划如何举兵起事，并决定以讨伐刘暄为名义。这天夜间，派遣几百人打进东冶，放出狱中的囚徒，从尚方那里取出兵械。同时，又召骁骑将军垣历生，垣历生见信后随即到达。萧坦之的宅第在东府城东面，萧遥光派人乘其不备而抓获他，萧坦之来不及戴上头巾，光着膀子，越墙而逃，跑向朝廷禁城，道上遇见了巡逻头目颜端，就抓住了他。萧坦之把萧遥光反叛的事情讲了，颜端不相信，就亲自前去刺探，知道所说情况属实，就把马给了萧坦之，相随去朝廷报告。萧遥光又派人出其不意地去尚书左仆射沈文季的府上抓他，想逼他做都督，恰巧沈文季已经到朝廷中去了。垣历生劝说萧遥光率领城内之兵乘夜攻打朝廷宫禁，用车拉来芦苇焚烧城门，垣历生对萧遥光说："大人您只管乘车随后而行，攻下禁城易如反掌。"萧遥光心中迟疑而不敢出军。天渐渐亮了，萧遥光穿着战服出来布置事情，命令安排仪仗，要登城对部下进行赏赐。垣历生再次劝说萧遥光出兵攻打禁城，但是他仍旧不肯，希望朝廷自身发生变故。到了日出的时候，朝廷军队逐渐到来。朝廷中刚听到萧遥光叛乱的消息时，大伙情绪惶惑，不知所措。天快亮的时候，东昏侯有旨召徐孝嗣，直到徐孝嗣进来后，人心才安定下来。左将军沈约听到事变消息之后，骑马奔入西掖门，有人劝他穿上战服，沈约说："朝廷中正乱成一窝蜂，要是看见我穿着战服进来，有人就会把我当作萧遥光的同伙呢！"沈约就穿着红色公服进朝。

八月十三日丙辰，南齐颁布诏书赦免建康的囚徒，朝廷内外戒严。徐孝嗣以下都驻扎护卫宫城，萧坦之率朝廷兵众讨伐萧遥光。徐孝嗣心中疑虑惧怕，穿着战服，同沈文季一起坐在南掖门上面。徐孝嗣想同沈文季一起议论时局，沈文季总是用别的话题岔开，最终也没有谈成。萧坦之驻扎在湘宫寺，左兴盛驻扎在东篱门，镇军司马曹虎驻扎在青溪大桥。众路军队把东城围住，三面用火烧司徒府。萧遥光派遣垣历生从西门出战，朝廷军队屡次失败，杀了军主桑天爱。

萧遥光起兵之前，曾经问过谘议参军萧畅，萧畅义正词严地坚决不从。八月十五日戊午，萧畅与抚军长史沈昭略偷偷地从南门出去，去往朝廷，自动投归，由此而众人的情绪一落千丈。萧畅是萧衍的弟弟，沈昭略是沈文季哥哥的儿子。八月十六日己未，垣历生从南门出战，丢弃长矛投降了曹虎，曹虎命令人把他斩了。萧遥光大怒，从坐榻上跳起来，让人把垣历生的儿子杀掉。这天晚上，朝廷军队射发火箭烧了城东北的角楼。到了夜间，城被攻破，萧遥光回到自己的小斋帐中，穿着衣服，戴着便帽，坐着不动，手里拿着点燃的蜡烛照明，命人抵抗朝廷军队，门全部加上了几道锁，左右的人跑出屋子而逃散了。朝廷军队军主刘国宝等人率先进入，萧遥光听到外面来兵了，熄灭蜡烛，俯伏床底下。士兵破门而入，黑暗中将其拉出来，立即斩首。朝廷军队进城之后，放火把房屋全部焚烧了。刘沨逃回家中，也被

己巳，以徐孝嗣为司空；加沈文季镇军将军，侍中、仆射如故；萧坦之为尚书右仆射、丹杨尹，右将军如故；刘暄为领军将军；曹虎为散骑常侍、右卫将军。皆赏平始安之功也。

（以上为第八段，写南齐小皇帝萧宝卷杀掉了江祏二兄弟，更加肆无忌惮，其叔萧遥光欲效仿其兄萧鸾，阴谋篡夺皇位，而以败亡告终。）

魏南徐州刺史沈陵来降。陵，文季之族子也。时魏徐州刺史京兆王愉年少，府事皆决于长史卢渊。渊知陵将叛，敕诸城潜为之备；屡以闻于魏朝，魏朝不听。陵遂杀将佐，帅宿预之众来奔，滨淮诸戍以有备得全。陵在边历年，阴结边州豪杰。陵既叛，郡县多捕送陵党，渊皆抚而赦之，唯归罪于陵，众心乃安。

闰月，丙子，立江陵公宝览为始安王，奉靖王后。

以沈陵为北徐州刺史。

江祏等既败，帝左右捉刀、应敕之徒皆恣横用事，时人谓之“刀敕”。萧坦之刚狠而专，嬖幸畏而憎之；遥光死二十余日，帝遣延明主帅黄文济将兵围坦之宅，杀之，并其子秘书郎赏。坦之从兄翼宗为海陵太守，未发，坦之谓文济曰：“从兄海陵宅故应无他。”文济曰：“海陵宅在何处？”坦之以告。文济白帝，帝仍遣收之；检其家，至贫，唯有质钱帖数百，还以启帝，原其死，系尚方。

茹法珍等谮刘暄有异志，帝曰：“暄是我舅，岂应有此？”直阁新蔡徐世标曰：“明帝乃武帝同堂，恩遇如此，犹灭武帝之后，舅焉可信邪！”遂杀之。

曹虎善于诱纳，日食荒客常数百人。晚节吝啬，罢雍州，有钱五千万，他物称是。帝疑虎旧将，且利其财，遂杀之。坦之、暄、虎所新除官，皆未及拜而死。

人所杀。荆州将领潘绍知道萧遥光叛乱的消息之后，也策划想要响应。西中郎司马夏侯详传叫潘绍前来议事，借此而斩了他，荆州西中郎府因此得以安定。

八月二十六日己巳，南齐任命徐孝嗣为司空。加任沈文季为镇军将军，原来所担任的侍中、仆射之职不变。任命萧坦之为尚书右仆射、丹杨尹，原来的右将军官职照旧不动。任命刘暄为领军将军，曹虎为散骑常侍、右卫将军。都是为了奖赏他们在平定始安王萧遥光叛乱中的功劳。

北魏南徐州刺史沈陵前来投降。沈陵是沈文季本家侄子。当时，北魏徐州刺史京兆王元愉年龄小，府中事情全部决定于长史卢渊。卢渊得知沈陵将要反叛，就告诫各城秘密加以防备，并且多次向朝廷报告，但是朝廷不听。于是沈陵杀了手下的将佐，带领宿预的部下投奔，北魏在淮河边上的各个戍所由于有所防备而得以保全。沈陵在边境多年，秘密交结了州中的许多豪杰。沈陵叛变之后，州中各郡县捕送来大量沈陵的党徒，卢渊对他们都加以抚慰而赦免，只归罪于沈陵一人，众人之心于是安定下来。

闰八月初三日丙子，南齐封立江陵公萧宝览为始安王，并过继为始安靖王的后代。

南齐任命沈陵为北徐州刺史。

江祏等人失败之后，东昏侯身边捉刀和应敕的一帮子人全都恣意用事，当时人们称其为“刀敕”。萧坦之刚愎自用，凶狠独断，东昏侯周围的宠信之徒因害怕而憎恨他，在萧遥光死后二十多天，东昏侯派遣延明殿主帅黄文济率兵包围了萧坦之的住宅，将其杀掉，还有他的儿子秘书郎萧赏一起被杀。萧坦之的堂兄萧翼宗做海陵太守，还没有去赴任，萧坦之对黄文济说：“我的堂兄在海陵的府中不应该有什么事吧？”黄文济问道：“他的住宅在什么地方？”萧坦之如实以告。黄文济报告东昏侯，东昏侯派遣黄文济去抓捕萧翼宗。搜查萧翼宗的家，发现穷得可怜，只有典当东西的质票数百张，回去报告皇帝东昏侯，批准免他不死，拘囚在尚方署中做苦工。

茹法珍等人诬陷刘暄有谋逆的意图，东昏侯说：“刘暄是我的舅舅，哪能如此呢？”直阁新蔡人徐世标说：“明帝与武帝乃是同祖兄弟，他受到武帝那样的恩待，但是还杀尽了武帝的后代，舅舅哪里值得信任呢？”于是杀掉了刘暄。

曹虎善于吸引招纳人才，每天供食几百个从蛮地或域外来的人。晚年的时候，却极其吝啬，罢任雍州时，有钱五千万，其他财物合价也有这么多。东昏侯怀疑曹虎是前朝老将，并且贪图他的财富，就杀了他。至此，萧坦之、刘暄、曹虎这几位新被任命的官员，都没有来得及上任就被杀害。

初，高宗殂，以隆昌事戒帝曰："作事不可在人后。"故帝数与近习谋诛大臣，皆发于仓猝，决意无疑，于是大臣人人莫能自保。

九月，丁未，以豫州刺史裴叔业为南兖州刺史，征虏长史张冲为豫州刺史。

壬戌，以频诛大臣，大赦。

丙戌，魏主谒长陵，欲引白衣左右吴人茹皓同车。皓奋衣将登，给事黄门侍郎元匡进谏，帝推之使下，皓失色而退。匡，新城之子也。

益州刺史刘季连闻帝失德，遂自骄恣，用刑严酷，蜀人怨之。是月，遣兵袭中水，不克。于是蜀人赵续伯等皆起兵作乱，季连不能制。

枝江文忠公徐孝嗣，以文士不显同异，故名位虽重，犹得久存。虎贲中郎将许准为孝嗣陈说事机，劝行废立。孝嗣持疑久之，谓必无用干戈之理；须帝出游，闭城门，召百官集议废之，虽有此怀，终不能决。诸嬖幸亦稍憎之。西丰忠宪侯沈文季自托老疾，不豫朝权，侍中沈昭略谓文季曰："叔父行年六十，为员外仆射，欲求自免，岂可得乎！"文季笑而不应。冬，十月，乙未，帝召孝嗣、文季、昭略入华林省。文季登车，顾曰："此行恐往而不反。"帝使外监茹法珍赐以药酒，昭略怒，骂孝嗣曰："废昏立明，古今令典；宰相无才，致有今日！"以瓯掷其面，曰："使作破面鬼！"孝嗣饮药酒至斗余，乃卒。孝嗣子演尚武康公主，况尚山阴公主，皆坐诛。昭略弟昭光闻收至，家人劝之逃。昭光不忍舍其母，入，执母手悲泣，收者杀之。昭光兄子昙亮逃，已得免，闻昭光死，叹曰："家门屠灭，何以生为！"绝吭而死。

（以上为第九段，写南齐小皇帝萧宝卷昏暴至极，不把大臣杀净不罢休，尚书令徐孝嗣本是坚定的支持派，老臣沈文季淡出朝野，但还是遭了毒手。）

初，太尉陈显达自以高、武旧将，当高宗之世，内怀危惧，深自贬损，常乘朽弊车，道从卤簿止用羸小者十数人。尝侍宴，酒酣，启高宗借枕，高宗令与之。显达抚枕曰："臣年衰老，富贵已足，唯欠枕枕死，特就陛下乞之。"高宗失色曰："公醉矣。"显达以年礼告退，高宗不

当初，齐明帝［临］去世的时候，以萧隆昌事件的教训告诫东昏侯：“做事行动不可以落在他人之后。”所以，东昏侯数次同身边亲近密谋诛杀大臣的事情，每次都突然行动，没有半点迟疑之心。这时大臣们人人自危，难能自我保全。

九月初五日丁未，南齐任命豫州刺史裴叔业为南兖州刺史，征虏长史张冲为豫州刺史。

九月二十日壬戌，南齐因频繁地诛杀大臣，诏令大赦天下。

丙戌，魏宣武帝谒拜长陵，想让身边没有任命官职的江南人茹皓与自己同车，茹皓高兴地撩起衣襟，准备上车，给事黄门侍郎元匡谏言不可，宣武帝推他让他下去，茹皓脸色都变了，只好退下。元匡是元新城的儿子。

益州刺史刘季连听闻东昏侯没有君主的德性，自己便也骄横恣纵起来了，滥用刑法，异常严酷，蜀人对他特别怨恨。当月，刘季连派兵去袭击中水，没有取胜。这时蜀人赵续伯等人纷纷起兵叛乱，刘季连没办法制服。

枝江文忠公徐孝嗣是个文士，依违顺从，不露棱角，因此官高名显，但犹得以久存。虎贲中郎将许准给徐孝嗣讲述时事要害，劝说废立东昏侯。徐孝嗣长久迟疑难决，以为一定不能动用干戈，等待东昏侯出游的机会，关闭城门，召集群臣百官在一起商议废掉。虽然有此想法，但是终究不能决断。东昏侯身边的那帮奸邪小人对徐孝嗣渐渐厌憎起来。西丰忠宪侯沈文季以年纪大且有病在身为由，不参与朝政，侍中沈昭略对文季说：“叔父你年近六十，身为员外仆射而想以此免祸自保，岂能办得到呢？”沈文季笑着不回应。冬季，十月二十三日乙未，东昏侯把徐孝嗣、沈文季、沈昭略三人召入华林省，沈文季上了车子，回过头来说：“此行恐怕有去无回了。”东昏侯指使外监茹法珍赐毒酒。沈昭略愤怒不已，骂徐孝嗣：“废掉昏君，另立明主。这是从古到今的宪章大法，宰相无才，以致有今日。”接着把酒瓯砸到徐孝嗣脸上说：“让你死了做一个破了面的鬼！”徐孝嗣喝药酒，喝了一斗多才死去。徐孝嗣的儿子徐演娶了武康公主为妻，徐况娶了山阴公主为妻，但是都受父亲牵连而被杀。沈昭略的弟弟沈昭光听说抓捕的人来了，家中人劝他逃走，他不忍心丢下自己的母亲，就进入屋中，拉着母亲的手悲声哭泣，抓捕者进来把他杀了。沈昭光哥哥的儿子沈昙亮逃走了，才得以幸免，但是听说沈昭光死了，叹息地说：“家门遭受如此屠灭，我还活着干什么呢？”扼断自己的喉咙而死。

当初，太尉陈显达因自己是齐高帝、齐武帝时候的旧将，所以在齐明帝的时候，心存危惧，使劲地压抑自己，经常乘坐一辆破破烂烂的车子，出外时扈从的仪仗队也只有又弱又小的十多个人。一次，陪侍宴饮，酒酣的时候，启奏明帝要借用一下枕头，明帝命令给了他。陈显达用手摸着枕头说：“臣年老体衰，享受的荣华富贵

许。及王敬则反，时显达将兵拒魏，始安王遥光疑之，启高宗欲追军还；会敬则平，乃止。及帝即位，显达弥不乐在建康，得江州，甚喜。尝有疾，不令治，既而自愈，意甚不悦。闻帝屡诛大臣，传云当遣兵袭江州，十一月，丙辰，显达举兵于寻阳，令长史庾弘远等与朝贵书，数帝罪恶，云“欲奉建安王为主，须京尘一静，西迎大驾”。

乙丑，以护军将军崔慧景为平南将军，督众军击显达；后军将军胡松、骁骑将军李叔献帅水军据梁山；左卫将军左兴盛督前锋军屯杜姥宅。

十二月，癸未，以前辅国将军杨集始为秦州刺史。

陈显达发寻阳，败胡松于采石，建康震恐。甲申，军于新林，左兴盛帅诸军拒之。显达多置屯火于岸侧，潜军夜渡，袭宫城。乙酉，显达以数千人登落星冈，新亭诸军闻之，奔还，宫城大骇，闭门设守。显达执马矟，从步兵数百，于西州前与台军战，再合，显达大胜，手杀数人，矟折；台军继至，显达不能抗，走，至西州后，骑官赵潭注刺显达坠马，斩之，诸子皆伏诛。长史庾弘远，炳之之子也，斩于朱雀航。将刑，索帽著之，曰：“子路结缨，吾不可以不冠而死。”谓观者曰：“吾非贼，乃是义兵，为诸军请命耳。陈公太轻事；若用吾言，天下将免涂炭。”弘远子子曜，抱父乞代命，并杀之。

（以上为第十段，写南齐老将陈显达年已七十，被逼造反，起兵寻阳，列数小皇帝萧宝卷诛杀大臣的罪恶，直趋建康，结果兵败被杀。）

帝既诛显达，益自骄恣，渐出游走，又不欲人见之，每出，先驱斥所过人家，唯置空宅。尉司击鼓蹋围，鼓声所闻，便应奔走，不暇衣履，犯禁者应手格杀。一月凡二十余出，出辄不言定所，东西南北，无处不驱。常以三四更中，鼓声四出，火光照天，幡戟横路。士民喧走相随，老小震惊，啼号塞路，处处禁断，不知所过。四民废业，樵苏路断，吉凶失时，乳母寄产，或舆病弃尸，不得殡葬。巷陌悬幔为高鄣，置仗人

已经足够了，只欠一个枕头枕着死去，所以特意向陛下乞求。”齐明帝不禁失色说：“您喝醉了。”陈显达以年届七十而请求辞官，齐明帝不予准许。在王敬则反叛时，陈显达正率兵抵抗北魏，始安王萧遥光怀疑陈显达，启奏高宗，想把陈显达的军队召回，恰好王敬则叛乱被平定，于是就停止。到了东昏侯即位之后，陈显达越发不愿意住在建康，被派做江州刺史，十分高兴。曾经得病，不让医治，不久自己好了，心中却非常不高兴。陈显达知道东昏侯多次诛杀大臣，并且听人传说朝廷肯定要派兵袭击江州，十一月十五日丙辰，陈显达在寻阳起兵，命令长史庾弘远等人给朝廷中权贵们送去一封信，列举东昏侯的罪恶行径，并且说道：“准备拥立建安王萧宝寅为帝，待京中尘灰落定，就西迎大驾。”

十一月二十四日乙丑，南齐任命护军将军崔慧景为平南将军，督率诸路军队攻击陈显达；后军将军胡松、骁骑将军李叔献统领水军占据梁山；左卫将军左兴盛督率前锋军队驻扎在杜姥宅。

十二月十二日癸未，南齐任命从前的辅国将军杨集始为秦州刺史。

陈显达从寻阳发兵，在采石打败了胡松，消息传到建康，朝中一片震惊惶恐。十二月十三日甲申，陈显达率部到了新林，左兴盛统率诸路军队抵挡。陈显达在长江岸边设置了许多火堆，夜间率军偷渡过江，去袭击宫城。十二月十四日乙酉，陈显达带领数千人马登上落星冈，驻守在新亭的诸路军队得知之后，拔腿往回跑，宫城之内大为恐惧，只好闭门设守。陈显达骑马执矛，带领几百名步兵，在西州与朝廷军队开战，两次交战，陈显达大胜，亲手斩杀好几人，手中的矛折断了。这时，朝廷军队开过来了，陈显达抵抗不住，只好逃跑。陈显达逃到西州之后，骑官赵潭用矛投刺他，陈显达中刺坠马，被赵潭斩首。陈显达的几个儿子也都伏法被斩。长史庾弘远是庾炳之的儿子，在朱雀航被斩。将要行刑的时候，庾弘远要来帽子戴上，说道：“子路把冠缨系好而死，我也不可以不戴帽子死去。”对观看的人说：“我不是反贼，而是起义军，为的是替诸军请命。陈显达太轻率了，如果采纳了我的意见，天下就可以免于陷入水火之中了。”庾弘远的儿子庾子曜，抱着他的父亲乞求代替父亲一死，父子一并被杀害。

东昏侯诛杀了陈显达之后，越发骄横恣意。渐渐出外游走，但又不想让人看见，每次出外，总是事先把所要经过地方所住的人家赶走，只留下空房子。东昏侯出游时，先由尉司敲着鼓沿途走一大圈，百姓听到鼓声，就应立即跑开，连衣服和鞋都来不及穿好，违反禁令的人就被随手格杀。一月之中，东昏侯要出去二十多次，而且从来不说个确定的去处，东西南北，无处不去。常常在夜间三四更时分出游，弄得鼓声四出，火光照天，幡仪兵戟横路。士人民众喧叫奔路，前后相随，老人小孩

防守，谓之“屏除”，亦谓之“长围”。尝至沈公城，有一妇人临产不去，因剖腹视其男女。又尝至定林寺，有沙门老病不能去，藏草间，命左右射之，百箭俱发。帝有膂力，牵弓至三斛五斗。又好担幢，白虎幢高七丈五尺，于齿上担之，折齿不倦。自制担幢校具，伎衣饰以金玉，侍卫满侧，逞诸变态，曾无愧色。学乘马于东冶营兵俞灵韵，常著织成裤褶，金薄帽，执七宝矟，急装缚裤，凌冒雨雪，不避坑阱。驰骋渴乏，辄下马，解取腰边蠡器，酌水饮之，复上马驰去。又选无赖小人善走者为逐马左右五百人，常以自随。或于市侧过亲幸家，环回宛转，周偏城邑。或出郊射雉，置射雉场二百九十六处，奔走往来，略不暇息。

王肃为魏制官品百司，皆如江南之制，凡九品，品各有二。侍中郭祚兼吏部尚书。祚清谨，重惜官位，每有铨授，虽得其人，必徘徊久之，然后下笔，曰：“此人便已贵矣。”人以是多怨之，然所用者无不称职。

（以上为第十一段，继续写南齐东昏侯永元元年的史事，主要写南齐小皇帝萧宝卷杀掉大臣后，更加肆无忌惮，为所欲为，变着法子游玩、嬉闹，扰民害民，乃至剖开孕妇腹部看胎儿男女，民怨沸腾。）

惊慌失措，哭喊堵塞道路，处处禁止通行，不知道何处可以通行。各业民众无法从业，打柴割草都无路可行，红白喜事不能按时进行，孕妇寄居远方，抱病躲逃，抛弃尸体在路上，不得殡葬。在小巷和田间小道悬挂布幔做高高的屏障，布置人手执兵器守护，称作是“屏除”，也叫作“长围”。有一次，来到沈公城，有一个妇人因临产而没有躲逃，于是东昏侯剖开产妇的腹部看胎儿是男孩还是女孩。又有一次，来到定林寺，有一个老和尚因年老患病不能离去，藏在草丛中，东昏侯命令随从用箭射，百名弓手一起发射。东昏侯臂力过人，能拉开三斛五斗力的弓。还喜好顶旗幡，白虎幢高七丈五尺，牙齿上顶着，把牙齿折断了也不厌倦。自己制作了顶旗幡的器械，表演时穿的服装上饰以金玉，每次表演侍卫站满两侧，使出各种技能把戏，从来不感到不好意思。跟东冶营兵俞灵韵学骑马，经常穿着编织的衣裤，不穿外服，头戴薄金制的帽子，手执七宝矛，戎装束裤，冒着雨雪，不躲避陷阱。纵马驰骋得渴了乏了，就从马上下来，解下腰侧挂的马杓，盛水饮取，又上马狂奔而去。又选择那些善于长跑的无赖痞子五百个，称为逐马左右，经常让他们随马而跑。或者在市中亲近宠幸的人家中游玩，从这家转到那家，来回转悠，能转遍全城。或者去郊外射野鸡，布置了射鸡场二百九十六处，奔走往来，从一处到另一处，忙得没有暇息的时候。

王肃为北魏制定官职品位和各种机构，全部按照江南的制度，共分九品，每一品又分正、从二品。侍中郭祚兼任吏部尚书。郭祚清廉谨慎，重惜官位，每次铨选授官，虽然发现有合适人选，一定还要反复考虑很久，然后才下笔签署，说道：“这个人便已经富贵了。”人们因此对他多有怨心，但是经他所录用的官员无有不称职者。

【点评】

东昏侯残虐。齐明帝萧鸾去世，太子萧宝卷继位，成为南朝齐第六位皇帝，即东昏侯。但是东昏侯自幼口吃，又不爱学习，整天只知道玩闹，父皇萧鸾临死的时候要萧宝卷果于诛杀，他对此倒是牢记在心。登基之后便杀害顾命大臣右仆射江祏、司空徐孝嗣、右将军萧坦之、领军将军刘暄等人。大臣们难以自保，导致始安王萧遥光、太尉陈显达与平西将军崔慧景先后起兵叛乱，但都兵败被杀。曾经有孕妇来不及躲避逃走，东昏侯便剖腹取婴看肚子里到底怀的是男是女，这一件事在中国历史上绝无仅有。东昏侯萧宝卷多行不义，终于促成了内外反对势力的联合，加速了他的垮台。中国历史上的昏君不少，但是他为何如此混账残酷灭绝人性，而又能够畅行无阻，倒是一个值得深思的问题。皇权至上导致皇帝可以胡作非为，无所顾忌，加之个性的不成熟，竟至于如此地步，实在是南齐皇室衰落的哀声。这倒是给萧衍铺垫了成功之路。

齐纪九

齐东昏侯永元二年（500 年）

【上章执徐（庚辰，500 年），凡一年】

【大事提要】

本卷记事公元 500 年，凡一年，当南齐东昏侯永元二年。本卷大事集中在南齐，有五件，其一，南齐平西将军崔慧景攻入建康，废东昏侯为吴王。其二，揭示南朝处于齐朝与梁朝交替的时候。其三，南齐的淮南被北魏占领，疆土日蹙。其四，雍州刺史萧衍在襄阳起兵。其五，祖冲之去世。

【原文】

东昏侯下

永元二年（庚辰，500 年）

春，正月，元会，帝食后方出；朝贺裁竟，即还殿西序寝。自巳至申，百僚陪位，皆僵仆饥甚。比起就会，匆遽而罢。

乙巳，魏大赦，改元景明。

豫州刺史裴叔业闻帝数诛大臣，心不自安，登寿阳城，北望肥水，谓部下曰："卿等欲富贵乎？我能办之！"及除南兖州，意不乐内徙。会陈显达反，叔业遣司马辽东李元护将兵救建康，实持两端。显达败而还。朝廷疑叔业有异志，叔业亦遣使参察建康消息，众论益疑之。叔业兄子植、飏、粲皆为直阁，在殿中，惧，弃母奔寿阳，说叔业以朝廷必相掩袭，宜早为计。徐世檦等以叔业在边，急则引魏自助，力未能制，白帝遣叔业宗人中书舍人长穆宣旨，许停本任。叔业犹忧畏，而植等说之不已。

叔业遣亲人马文范至襄阳，问萧衍以自安之计，曰："天下大势可知，恐无复自存之理。不若回面向北，不失作河南公。"衍报曰："群小用事，岂能及远！计虑回惑，自无所成，唯应送家还都以安慰之。若意外相逼，当勒马步二万直出横江，以断其后，则天下之事，一举可定。若欲北向，彼必遣人相代，以河北一州相处，河南公宁可复得邪！如此，则南归之望绝矣。"叔业沈疑未决，乃遣其子芬之入建康为质。亦遣信诣魏豫州刺史薛真度，问以入魏可不之宜。真度劝其早降，曰："若事迫而来，则功微赏薄矣。"数遣密信，往来相应和。建康人传叔业叛者不已，芬之惧，复奔寿阳。叔业遂遣芬之及兄女婿杜陵韦伯昕奉表降魏。丁未，魏遣骠骑大将军彭城王勰、车骑将军王肃帅步骑十万赴之，以叔业为使持节、都督豫雍等五州诸军事、征南将军、豫州刺史，封兰陵郡公。

【语译】

东昏侯下

齐东昏侯永元二年（庚辰，500年）

春季，正月，元旦朝见群臣，东昏侯直到吃过饭之后方才出来露面；朝贺之礼刚一完毕，便回殿内西厢屋就寝去了。从巳时到申时，群臣百僚站着等待皇帝前来，都站得僵直倒地，肚子也饿得咕咕直叫。等到东昏侯起来朝见大臣时，只是草草敷衍一通，匆匆收场。

正月初五日乙巳，北魏大赦天下，改年号为景明。

豫州刺史裴叔业得知东昏侯数番诛杀大臣，心中不安，登上寿阳城，朝北望着肥水，对部下说："你们想富贵吗？我能办到。"后来朝廷调裴叔业担任南兖州刺史，他心里不乐意内调。陈显达反叛，裴叔业派遣司马辽东人李元护率领兵马去解救建康，实际上态度左右不定，陈显达失败，李元护又回去了。朝廷怀疑裴叔业有异谋，裴叔业也派遣使者去建康观察消息动静，众人更加怀疑了。裴叔业哥哥的儿子裴植、裴飏、裴粲都任直阁，在朝廷殿内，为此而惧怕，就扔下母亲跑到了寿阳，告诉裴叔业朝廷必定要出其不意地前来袭击，宜于早做准备。朝中徐世檦等人认为裴叔业在边境上，紧急时会请北魏来帮助自己，致使朝廷之力不能制服他。就报告皇帝派遣裴叔业的同宗之人中书舍人裴长穆去宣告圣旨，准许裴叔业继续留任。但是，裴叔业仍然感到忧虑害怕，而裴植等人则劝说不已。

裴叔业派遣亲信马文范到襄阳，向萧衍讨问如何保全自己的计策，讲道："天下大势可知，恐怕再也不会有保得住自己的道理了，不如回头投靠北魏，这样还不失做河南公。"萧衍回答说："朝廷中这帮小人专权得势，岂能长远得了？反复考虑，无所成想，只是应当送家属回京都去，以便对你感到安心些。如果意外地相逼，就应率领步、骑兵两万直出横江，断掉后路，如此，则天下之事一举可以确定。如果向北，一定会派人代替你，而只把黄河北边的一个州给你，哪里还再能做河南公呢？这样一来，重新归回南方的希望就绝灭了。"裴叔业迟疑而不能决断，于是就遣送自己的儿子裴芬之到建康作为人质，又派人送信给北魏豫州刺史薛真度，询问他可否投奔北魏的事情。薛真度劝裴叔业及早投降过来，说："如果事情紧迫才来，那么功劳就小了，赏封也就不会有多重了。"数次派人传送密信，互相往来应和。建康的人纷纷传说裴叔业要反叛，裴芬之惧怕被杀，又跑回寿阳。裴叔业就派遣裴芬之以及他的哥哥的女婿杜陵人韦伯昕带着降书去投降北魏。正月初七日丁未，北魏派遣骠骑大将军彭城王元勰和车骑将军王肃统领步、骑兵十万前去，任命裴叔业为使持节、都督豫雍等五州诸军事、征南将军、豫州刺史，并封他为兰陵郡公。

庚午，下诏讨叔业。二月，丙戌，以卫尉萧懿为豫州刺史。戊戌，魏以彭城王勰为司徒，领扬州刺史，镇寿阳。魏人遣大将军李丑、杨大眼将二千骑入寿阳，又遣奚康生将羽林一千驰赴之。大眼，难当之孙也。

魏兵未渡淮，己亥，裴叔业病卒，僚佐多欲推司马李元护监州，一二日谋不定。前建安戍主安定席法友等以元护非其乡曲，恐有异志，共推裴植监州，秘叔业丧问，教命处分，皆出于植。奚康生至，植乃开门纳魏兵，城库管籥，悉付康生。康生集城内耆旧，宣诏抚赉之。魏以植为兖州刺史，李元护为齐州刺史，席法友为豫州刺史，军主京兆王世弼为南徐州刺史。

（以上为第一段，写南齐小皇帝萧宝卷越来越不得人心，豫州刺史裴叔业谋投北魏，南齐发兵讨伐，裴叔业病死，其兄子裴植监州，北魏派出强大阵容前来接管。）

巴西民雍道晞聚众万余逼郡城，巴西太守鲁休烈婴城自守。三月，刘季连遣中兵参军李奉伯帅众五千救之，与郡兵合击道晞，斩之。奉伯欲进讨郡东余贼，涪令李膺止之曰："卒惰将骄，乘胜履险，非完策也；不如少缓，更思后计。"奉伯不从，悉众入山，大败而还。

乙卯，遣平西将军崔慧景将水军讨寿阳，帝屏除，出琅邪城送之。帝戎服坐楼上，召慧景单骑进围内，无一人自随者。裁交数言，拜辞而去。慧景既得出，甚喜。

豫州刺史萧懿将步军三万屯小岘，交州刺史李叔献屯合肥。懿遣裨将胡松、李居士帅众万余屯死虎。骠骑司马陈伯之将水军溯淮而上，以逼寿阳，军于硖石。寿阳士民多谋应齐者。

魏奚康生防御内外，闭城一月，援军乃至。丙申，彭城王勰、王肃击松、伯之等，大破之，进攻合肥，生擒叔献。统军宇文福言于勰曰："建安，淮南重镇，彼此要冲；得之，则义阳可图；不得，则寿阳难保。"勰然之，使福攻建安，建安戍主胡景略面缚出降。

己亥，魏皇弟恌卒。

崔慧景之发建康也，其子觉为直阁将军，密与之约；慧景至广陵，觉走从之。慧景过广陵数十里，召会诸军主曰："吾荷三帝厚恩，当顾托

正月三十日庚午，东昏侯颁布诏书讨伐裴叔业。二月十六日丙戌，任命卫尉萧懿为豫州刺史。二月二十八日戊戌，北魏任命彭城王元勰为司徒，并且兼任扬州刺史，坐镇寿阳。北魏派遣大将军李丑、杨大眼率领两千骑兵入寿阳，又派遣奚康生率领羽林兵一千急驰赶赴寿阳。杨大眼是杨难当的孙子。

北魏军队没有渡过淮河，二月二十九日己亥，裴叔业病死，僚佐们多数要推举司马李元护管理州事，一两天议论不决。从前的建安戍主安定席法友等人认为李元护不是同乡，担心他有异心，所以一致推举由裴植监管州务，并且对裴叔业的死讯保密，一切命令和布置安排，都由裴植来决定。奚康生到了，裴植于是打开城门接纳北魏军队入城，把城内仓库的钥匙全部交给奚康生。奚康生进城之后，召集城内年高望重的老人，宣布了皇帝圣旨，安抚赏赐了他们。北魏任命裴植为兖州刺史，李元护为齐州刺史，席法友为豫州刺史，军主京兆人王世弼为南徐州刺史。

巴西平民雍道晞聚集了一万余民众逼攻郡城，巴西太守鲁休烈环城自守。三月，刘季连派遣中兵参军李奉伯率领五千人马去援救，与巴西郡的兵力合起来一道抗击雍道晞，斩了雍道晞。李奉伯还想进一步讨伐巴西郡东部的剩余之贼，涪县令李膺制止他说："兵卒懒惰，将领骄奢，乘胜而步入险地，不是全胜之策。不如稍缓一步，再思考下一步计略。"李奉伯不听从，带领全部人马入山，大败逃回。

三月十五日乙卯，南齐派遣平西将军崔慧景统率水军讨伐寿阳，东昏侯令人在所过之处两旁悬挂高幔，走出琅邪城为征讨军送行。东昏侯身着武服坐在楼上，传召崔慧景一人骑马进入长围之内，没有一人相随。才说了几句话，就拜辞而出。崔慧景能够出来，觉得非常欢喜。

豫州刺史萧懿统领步兵三万人屯驻小岘，交州刺史李叔献屯驻合肥。萧懿派遣裨将胡松、李居士率领一万多兵马驻守死虎。骠骑司马陈伯之统率水军溯淮河而上，以便逼近寿阳，驻扎在硖石。寿阳的民众大多数都计划如何接应齐军。

北魏奚康生内外防御，关闭城门一个多月，增援的军队才来到。三月丙申，彭城王元勰、王肃出击胡松、陈伯之等部，大获全胜，进攻合肥，活捉了李叔献。统军宇文福对元勰说："建安是淮南的军事重镇，是双方的要冲之地，如果能夺得此地，那么义阳就可以到手；如果夺不到，那么寿阳难以保住。"元勰同意这一看法，派宇文福去攻打建安，建安的戍主胡景略自缚出城投降。

四月三十日己亥，北魏皇弟元恍去世。

崔慧景从建康出发时，儿子崔觉任直阁将军，崔慧景与儿子秘密约定。当崔慧景到达广陵时，崔觉跑去追随了父亲。崔慧景在过了广陵几十里之后，召集各位军

之重。幼主昏狂，朝廷坏乱；危而不扶，责在今日。欲与诸君共建大功以安社稷，何如？”众皆响应。于是还军向广陵，司马崔恭祖守广陵城，开门纳之。帝闻变，壬子，假右卫将军左兴盛节，都督建康水陆诸军以讨之。慧景停广陵二日，即收众济江。

初，南徐、兖二州刺史江夏王宝玄娶徐孝嗣女为妃，孝嗣诛，诏令离婚，宝玄恨望。慧景遣使奉宝玄为主，宝玄斩其使，因发将吏守城，帝遣马军主戚平、外监黄林夫助镇京口。慧景将渡江，宝玄密与相应，杀司马孔矜、典签吕承绪及平、林夫，开门纳慧景，使长史沈佚之、谘议柳憕分部军众。宝玄乘八掆舆，手执绛麾，随慧景向建康。台遣骁骑将军张佛护、直阁将军徐元称等六将据竹里，为数城以拒之。宝玄遣信谓佛护曰：“身自还朝，君何意苦相断遏？”佛护对曰：“小人荷国重恩，使于此创立小戍。殿下还朝，但自直过，岂敢断遏！”遂射慧景军，因合战。崔觉、崔恭祖将前锋，皆荒伧善战，又轻行不爨食，以数舫缘江载酒食为军粮，每见台军城中烟火起，辄尽力攻之。台军不复得食，以此饥困。元称等议欲降，佛护不可。恭祖等进攻城，拔之，斩佛护；徐元称降，余四军主皆死。

乙卯，遣中领军王莹都督众军，据湖头筑垒，上带蒋山西岩实甲数万。莹，诞之从曾孙也。慧景至查硎，竹塘人万副兒说慧景曰：“今平路皆为台军所断，不可议进，唯宜从蒋山龙尾上，出其不意耳。”慧景从之，分遣千余人，鱼贯缘山，自西岩夜下，鼓叫临城中。台军惊恐，即时奔散。帝又遣右卫将军左兴盛帅台内三万人拒慧景于北篱门，兴盛望风退走。

甲子，慧景入乐游苑，崔恭祖帅轻骑十余突入北掖门，乃复出。宫门皆闭，慧景引众围之。于是东府、石头、白下、新亭诸城皆溃。左兴盛走，不得入宫，逃淮渚荻舫中，慧景擒杀之。宫中遣兵出荡，不克。慧景烧兰台府署为战场。守御尉萧畅屯南掖门，处分城内，随方应拒，众心稍安。慧景称宣德太后令，废帝为吴王。

主说："我承受前面三代皇帝的厚恩，担负着顾托的重任。年幼的皇帝昏庸狂妄，朝纲坏乱。国家危难而不加匡扶，责任就在今天。想要同诸君共同建立大功伟业，以便安定社稷江山，意下如何呢？"众人都一致响应。这时崔慧景挥师返回广陵，司马崔恭祖驻守广陵城，大开城门，接纳进城。东昏侯闻知事变，于三月十二日壬子，临时授予右卫将军左兴盛符节，让他督率建康水陆诸军讨伐。崔慧景在广陵停驻了两天之后，收集军队渡过长江。

当初，南徐州和兖州刺史江夏王萧宝玄娶徐孝嗣的女儿为妃，徐孝嗣被诛杀之后，诏令萧宝玄与徐孝嗣的女儿离婚，因此萧宝玄对东昏侯非常忌恨。崔慧景派遣使者奉立萧宝玄为皇帝，萧宝玄斩了使者，调发将士守城，东昏侯派遣马军主戚平、外监黄林夫协助镇守京口。崔慧景即将要渡江的时候，萧宝玄秘密与他呼应，杀了司马孔矜、典签吕承绪以及戚平、黄林夫，打开城门迎接崔慧景，并且使长史沈佚之、谘议柳憕调配布置军队。萧宝玄乘坐八人抬大轿，手执绛红色指挥旗，随着崔慧景向建康进发。朝廷派遣骁骑将军张佛护、直阁将军徐元称等六个将帅依据竹里，筑建好几个城堡以抵抗。萧宝玄派人送信给张佛护说："我自己回朝廷，你为何要如此苦苦地阻拦呢？"张佛护回答说："小人承蒙国家重恩，使我在此地设立小小的工事，殿下回朝，只管径直通过，岂敢加以阻截呢？"张佛护用箭射崔慧景的军队，双方交战。崔觉、崔恭祖率领的前锋部队，都是北方边远地方的人，十分英勇善战，又都轻装上阵，不带军粮做饭吃，用几只船沿着长江载送酒食为军粮。一看见朝廷军队的城堡升起烟火，就拼力攻击，朝廷士兵不再吃得上饭，饥肠辘辘而困穷。徐元称等人商议要投降，张佛护不允许。崔恭祖等人攻城，一举成功，斩了张佛护，徐元称投降，其余四个军主都战死。

三月十五日乙卯，南齐派遣中领军王莹统领众路军马，依据湖头修筑堡垒，同时上连蒋山西岩一带，充实甲兵数万人。王莹是王诞的堂曾孙。崔慧景到了查硎，竹塘人万副兒对崔慧景说："如今平坦大路全被朝廷军队拦断，不可进兵，只宜从蒋山的龙尾登上，以出其不意。"崔慧景采纳了他的意见，分派一千多人，一个接一个地上山，夜间从西岩而下，击鼓呐喊，降临城中。朝廷军队大为吃惊，惶恐万分，一时奔散。东昏侯又派遣右卫将军左兴盛统率台城内士兵三万人在北篱门抵挡，左兴盛望风败逃。

三月二十四日甲子，崔慧景开进了乐游苑，崔恭祖率领轻骑兵十多人突进北掖门，然后又退了出来。宫门都关闭，崔慧景带领部下包围。这时，东府、石头、白下、新亭几城溃散。左兴盛退逃，进不了宫城，只好逃进秦淮河边芦苇丛中的船里藏匿起来，被崔慧景擒获斩杀。宫中派遣兵力出城冲杀，没有获胜。崔慧景火烧了御史台府署，辟为战场。守御尉萧畅驻守南掖门，指挥布置城内兵力，根据战情，

（以上为第二段，写南齐平西将军崔慧景以废立为己任，攻入都城建康，朝野震动，借宣德太后名义，宣称废小皇帝为吴王。）

陈显达之反也，帝复召诸王入宫。巴陵王昭胄惩永泰之难，与弟永新侯昭颖诈为沙门，逃于江西。昭胄，子良之子也。及慧景举兵，昭胄兄弟出赴之。慧景意更向昭胄，犹豫未知所立。

竹里之捷，崔觉与崔恭祖争功，慧景不能决。恭祖劝慧景以火箭烧北掖楼。慧景以大事垂定，后若更造，费用功多，不从。慧景性好谈义，兼解佛理，顿法轮寺，对客高谈，恭祖深怀怨望。

时豫州刺史萧懿将兵在小岘，帝遣密使告之。懿方食，投箸而起，帅军主胡松、李居士等数千人自采石济江，顿越城举火，城中鼓叫称庆。恭祖先劝慧景遣二千人断西岸兵，令不得渡。慧景以城旦夕降，外救自然应散，不从。至是，恭祖请击懿军，又不许；独遣崔觉将精手数千人渡南岸。懿军昧旦进战，数合，士皆致死，觉大败，赴淮死者二千余人。觉单马退，开桁阻淮。恭祖掠得东宫女伎，觉逼夺之。恭祖积忿恨，其夜，与慧景骁将刘灵运诣城降，众心离坏。

夏，四月，癸酉，慧景将腹心数人潜去，欲北渡江；城北诸军不知，犹为拒战。城中出，荡杀数百人。懿军渡北岸，慧景余众皆走。慧景围城凡十二日而败，从者于道稍散，单骑至蟹浦，为渔人所斩，以头内鰌篮，担送建康。恭祖系尚方，少时杀之。觉亡命为道人，捕获，伏诛。

（以上为第三段，写南齐反叛首领崔慧景围攻宫城，放松警戒，高谈义理、佛理，属下争功而叛，加之萧懿大军前来，失败北逃，被渔夫杀死。）

宝玄初至建康，军于东城，士民多往投集。慧景败，收得朝野投宝玄及慧景人名，帝令烧之，曰："江夏尚尔，岂可复罪余人！"宝玄逃亡数日乃出。帝召入后堂，以步障裹之，令左右数十人鸣鼓角驰绕其外，遣人谓宝玄曰："汝近围我亦如此耳。"

调兵遣将，应对抵抗，这样人心才稍微安定了一些。崔慧景以宣德太后名义发令，废皇帝萧宝卷为吴王。

陈显达反叛时，东昏侯再次召集诸王进宫。巴陵王萧昭胄有鉴于永泰元年的事情，与弟弟永新侯萧昭颖装扮成和尚，逃往江西。萧昭胄是萧子良的儿子。到崔慧景起兵的时候，昭胄兄弟二人前去参加。崔慧景内心更倾向于立萧昭胄为帝，一直犹豫不决不知立谁为好。

竹里一战告捷，崔觉与崔恭祖互相争功，崔慧景不能决断。崔恭祖劝崔慧景用火箭射烧北掖楼，崔慧景以为大功即将告成，以后若要修复，得花费很多的人力物力，不予听从。崔慧景生性爱好谈论义理，兼通佛理，他停留在法轮寺中，对着客人高谈阔论，崔恭祖深怀不满。

这个时候，豫州刺史萧懿率兵屯驻在小岘，东昏侯派遣密使通知他。萧懿正在吃饭，扔下筷子站起来，立即率领军主胡松、李居士等几千人马，从采石渡过长江，驻扎在越城，燃起大火，台城中打鼓欢叫，拍手称庆。崔恭祖先劝说崔慧景派遣两千人马阻抵西岸之兵，让他们不能渡江。崔慧景却以为宫城早晚要投降，外来的救援之兵自然会散去，所以不予采纳。到这时，崔恭祖请求攻击萧懿的军队，又不同意，只派遣崔觉率领精锐兵力几千人渡到南岸。萧懿的军队在天快亮时发起进攻，大战几个回合，士兵们都英勇死战，崔觉一败涂地，跳进秦淮河里淹死的有两千多人。崔觉单人匹马逃退，打开朱雀桥上的浮桥，以秦淮河阻挡萧懿军队。崔恭祖掠抢到东宫的女乐，崔觉逼迫强夺了过来。崔恭祖愤恨，这天夜里，同崔慧景的骁将刘灵运来到城内投降，众心离散败坏。

夏季，四月初四日癸酉，崔慧景带领心腹数人偷偷离去，想北渡长江，城北的各路军马尚且不知道，还在拒战。城中兵力出来冲杀，杀死数百人。萧懿的军队渡过北岸，崔慧景余下的人马都逃走了。崔慧景围攻了宫城十二天，最后失败而逃，跟随崔慧景的人在道上逐渐散失，单骑逃至蟹浦，被渔夫斩首，把首级放在盛鱼的篮子中，担送到建康。崔恭祖拘囚在尚方省，不久即被杀。崔觉逃亡当了道人，被捕获，伏法被诛。

萧宝玄初到建康，驻扎在东府城，士人和民众纷纷前去投奔宝玄，聚集在东城府。崔慧景失败后，朝廷收集了朝野上下投靠萧宝玄以及崔慧景的人名，东昏侯命令烧掉，说："江夏王尚且还这样，岂可以再治罪他人呢？"萧宝玄逃亡了好几天才露面。东昏侯把萧宝玄召入后堂，用布帐裹起来，命令左右好几十人擂鼓吹号，环绕着在外边跑动，派人对宝玄说："你近来围攻我也如同这个样子。"

初，慧景欲交处士何点，点不顾。及围建康，逼召点；点往赴其军，终日谈义，不及军事。慧景败，帝欲杀点。萧畅谓茹法珍曰：“点若不诱贼共讲，未易可量。以此言之，乃应得封！”帝乃止。点，胤之兄也。

萧懿既去小岘，王肃亦还洛阳。荒人往来者妄云肃复谋归国。五月，乙巳，诏以肃为都督豫徐司三州诸军事、豫州刺史、西丰公。

己酉，江夏王宝玄伏诛。

壬子，大赦。

六月，丙子，魏彭城王勰进位大司马，领司徒；王肃加开府仪同三司。

太阳蛮田育丘等二万八千户附于魏，魏置四郡十八县。

乙丑，曲赦建康、南徐兖二州。先是，崔慧景既平，诏赦其党。而嬖幸用事，不依诏书，无罪而家富者，皆诬为贼党，杀而籍其赀；实附贼而贫者皆不问。或谓中书舍人王咺之云：“赦书无信，人情大恶。”咺之曰：“正当复有赦耳。”由是再赦。既而嬖幸诛纵亦如初。

是时，帝所宠左右凡三十一人，黄门十人。直阁、骁骑将军徐世檦素为帝所委任，凡有杀戮，皆在其手。及陈显达事起，加辅国将军；虽用护军崔慧景为都督，而兵权实在世檦。世檦亦知帝昏纵，密谓其党茹法珍、梅虫兒曰：“何世天子无要人，但侬货主恶耳！”法珍等与之争权，以白帝。帝稍恶其凶强，遣禁兵杀之，世檦拒战而死。自是法珍、虫兒用事，并为外监，口称诏敕；王咺之专掌文翰，与相唇齿。

帝呼所幸潘贵妃父宝庆及茹法珍为阿丈，梅虫兒、俞灵韵为阿兄。帝与法珍等俱诣宝庆家，躬自汲水，助厨人作膳。宝庆恃势作奸，富人悉诬以罪，田宅赀财，莫不启乞，一家被陷，祸及亲邻；又虑后患，尽杀其男口。

帝数往诸刀敕家游宴，有吉凶辄往庆吊。

奄人王宝孙，年十三四，号为“伥子”，最有宠，参预朝政，虽王咺

起初，崔慧景想结交隐居的士人何点，何点没有理睬他。到围攻建康时，崔慧景又强迫召集何点，何点只好往赴他的军营中，但是整日与崔慧景只是谈论义理，丝毫不涉及军事方面的事情。崔慧景失败之后，东昏侯要杀何点，萧畅就对茹法珍说："何点如果不诱使贼首崔慧景一起讲论义理，台城安危还很难预料。由此而言，应该封官。"东昏侯就不杀何点了。何点是何胤的哥哥。

萧懿离开小岘后，王萧也回洛阳去了。边境上的北方人传谣言说王肃又计谋要回归齐，五月初六日乙巳，北魏发出诏令，以王肃为都督豫徐司三州诸军事、豫州刺史、西丰公。

五月初十日己酉，南齐江夏王萧宝玄伏法被杀。

五月十三日壬子，南齐大赦天下。

六月初八日丙子，北魏彭城王元勰升任大司马，兼任司徒，王肃加授开府仪同三司。

太阳蛮人田育丘等两万八千户投附北魏，北魏设置四个郡十八个县。

六月乙丑，南齐特赦建康和南徐州、兖州二州。此前，崔慧景之乱被平定之后，诏令赦免崔慧景的同党。然而，宠幸们专权，不依皇帝诏书办事，一些本无罪过而家中富足的人，全被诬陷为贼党，杀掉后没收其财产，实际上投附了贼人，但家中贫穷者却都不予问罪。有人对中书舍人王咺之说："赦令没有信用，人们大有意见。"王咺之回答说："正应当再次赦免。"因此，又发了特赦令。但是特赦令发出之后，那伙宠幸之徒照旧滥杀无辜。

这时，东昏侯宠信的左右共有三十一人，黄门十人。直阁、骁骑将军徐世檦向来为东昏侯所信任，凡是有杀戮的事情，都交由他去执行。到陈显达举事的时候，又加任为辅国将军，虽然任用护军崔慧景为都督，然而朝廷兵权实际上掌握在徐世檦手中。徐世檦也知道东昏侯昏庸狂纵，暗中对茹法珍、梅虫兒二人说："哪一朝代的天子身边没有要人？但我这是出卖主上的恶行呀。"茹法珍等人与徐世檦争夺权力，把徐世檦的话报告给东昏侯，东昏侯就逐渐厌恶徐世檦的凶猛强悍，派遣宫中卫兵去杀他，徐世檦与卫兵们搏战而死。从此之后，茹法珍、梅虫兒专权，一并担任外监，口头宣布东昏侯的诏令，而王咺之则专掌文书，与茹、梅相互为唇齿。

东昏侯呼唤所宠幸潘贵妃的父亲潘宝庆以及茹法珍为阿丈，称梅虫兒、俞灵韵为阿兄。东昏侯同茹法珍等人一起去潘宝庆家中，亲自去打水，帮助厨子做饭。潘宝庆仗势作奸犯科，对于富有之人都以罪名诬陷，田产宅院以及财物，都要向皇帝启禀求乞。一家被陷害，还要祸及亲戚邻里，又害怕留有后患，把所有的男子杀掉。

东昏侯数次去捉刀应敕人的家中游玩吃喝，有红白喜事，都前去庆贺或吊唁。

阉人王宝孙，年龄十三四岁，外号叫"伥子"，最受宠幸，参与朝廷政事，就是

之、梅虫兒之徒亦下之，控制大臣，移易诏敕，乃至骑马入殿，诋诃天子；公卿见之，莫不慑息焉。

吐谷浑王伏连筹事魏尽礼，而居其国，置百官，皆如天子之制，称制于其邻国。魏主遣使责而宥之。

冠军将军、骠骑司马陈伯之再引兵攻寿阳，魏彭城王勰拒之。援军未至，汝阴太守傅永将郡兵三千救寿阳。伯之防淮口甚固，永去淮口二十余里，牵船上汝水南岸，以水牛挽之，直南趣淮，下船即渡；适上南岸，齐兵亦至。会夜，永潜入城，勰喜甚，曰："吾北望已久，恐洛阳难可复见；不意卿能至也。"勰令永引兵入城，永曰："永之此来，欲以却敌；若如教旨，乃是与殿下同受攻围，岂救援之意！"遂军于城外。秋，八月，乙酉，勰部分将士，与永并势，击伯之于肥口，大破之，斩首九千，俘获一万，伯之脱身遁还，淮南遂入于魏。

（以上为第四段，写南齐小皇帝萧宝卷逃过一劫，不思悔改，仍然任用小人，宠幸无赖；南齐将领陈伯之围困寿阳，北魏派名将傅永前来救援，打败南兵，解救寿阳，南齐淮南地尽失。）

魏遣镇南将军元英将兵救淮南，未至，伯之已败，魏主召勰还洛阳。勰累表辞大司马、领司徒，乞还中山；魏主不许。以元英行扬州事。寻以王肃为都督淮南诸军事、扬州刺史，持节代之。

甲辰，夜，后宫火。时帝出未还，宫内人不得出，外人不敢辄开；比及开，死者相枕，烧三十余间。

时嬖幸之徒皆号为鬼。有赵鬼者，能读《西京赋》，言于帝曰："柏梁既灾，建章是营。"帝乃大起芳乐、玉寿等诸殿，以麝香涂壁，刻画装饰，穷极绮丽。役者自夜达晓，犹不副速。

后宫服御，极选珍奇，府库旧物，不复周用。贵市民间金宝，价皆数倍。建康酒租皆折使输金，犹不能足。凿金为莲华以帖地，令潘妃行其上，曰："此步步生莲华也。"又订出雉头、鹤氅、白鹭缞。嬖幸因缘为奸利，课一输十。又各就州县求为人输，准取见直，不为输送，守宰皆不敢言，重更科敛。如此相仍，前后不息，百姓困尽，号泣道路。

王咺之、梅虫兒之辈也处于其下。控制大臣，篡改圣旨，甚至骑着马进入殿内，当面诋斥天子。公卿大臣们见了他，都吓得连大气也不敢出。

吐谷浑王伏连筹侍奉北魏能够尽藩臣之礼，但是在自己的国内，设置百官都同天子一模一样，以皇帝的身份凌驾于邻国之上。魏宣武帝派遣使节去指责这种做法，同时又予以宽恕。

冠军将军、骠骑司马陈伯之再次率兵攻打寿阳，北魏彭城王元勰抵抗。增援部队没有到来，汝阴太守傅永率领郡兵三千人援救寿阳。陈伯之守淮口很坚固，傅永离淮口二十多里，用水牛牵拉着船上了汝水南岸，直接往南前去淮河。下船立即渡河，刚上了淮河南岸，齐军队也到了。到了夜间，傅永偷偷进入寿阳城中，元勰高兴万分，说道："我一直向北边张望，唯恐不能再见到洛阳，实在没想到您能前来。"元勰命令傅永领兵进城，傅永说："傅永前来，为的是抵挡敌兵，若按照诸王的命令，乃是与殿下一同受围攻，哪里是来援救呢？"于是把部队驻扎在城外。秋季，八月十八日乙酉，元勰分派将士，同傅永协力作战，在肥口对陈伯之发起攻击，大获全胜，斩杀九千，俘虏一万，陈伯之脱身逃回去了。淮南遂被北魏占领。

北魏派遣镇南将军元英率兵援救淮南，还没有到达，陈伯之就失败了，北魏宣武帝诏令元勰返回洛阳。元勰屡次上表要辞去大司马兼司徒的官职，乞请回到中山去，宣武帝不予批准。任命元英代理扬州刺史，很快又任命王肃为都督淮南诸军事、扬州刺史，持朝廷所授符节取代了元英。

八月十七日甲辰，夜间，南齐后宫失火。当时，东昏侯去市里游走没有回宫，宫内之人不得出去，而外面的人又不敢擅自打开后宫门去救火，等到后宫门开了之后，烧死者的尸体垒在一起，烧毁房屋三十多间。

当时，东昏侯宠幸的人都号称为鬼，有一个叫赵鬼的，能读《西京赋》，对东昏侯说："柏梁台被烧，营造建章宫。"东昏侯就大兴土木，修建芳乐、玉寿等殿，并且用麝香涂在墙壁上，雕画装饰，富丽堂皇，豪华到了极点。劳役者夜以继日，还不能达到东昏侯所要求的速度。

东昏侯后宫中的衣服车马，都是尽意挑选的珍奇之品，府库中旧有的物品，不再能满足其用。用高价收买民间的金玉宝器，价格皆高于正常之价数倍。又让把建康的酒税全都折合成银钱交入官库，仍不能满足花用。东昏侯命人把金子雕刻成莲花贴在地上，让潘贵妃在上面行走，说："这是步步生莲花呀。"又分配各地进献上贡的锦鸡头、白鹤翎、白鹭缞，宠幸们借此机会大肆捞取，按应该交纳数目的十倍

（以上为第五段，写南齐小皇帝萧宝卷沉溺于奢侈享乐，玩出新花样：大起宫殿，穷极绮丽；宠幸潘妃，步步生莲华；搜集珍奇，课税繁重，百姓没有活路。）

军主吴子阳等出三关侵魏，九月，与魏东豫州刺史田益宗战于长风城，子阳等败还。

萧懿之入援也，萧衍驰使所亲虞安福说懿曰："诛贼之后，则有不赏之功。当明君贤主，尚或难立；况于乱朝，何以自免！若贼灭之后，仍勒兵入宫，行伊、霍故事，此万世一时。若不欲尔，便放表还历阳，托以外拒为事，则威振内外，谁敢不从！一朝放兵，受其厚爵，高而无民，必生后悔。"长史徐曜甫苦劝之，懿并不从。

崔慧景死，懿为尚书令。有弟九人：敷、衍、畅、融、宏、伟、秀、憺、恢。懿以元勋居朝右，畅为卫尉，掌管籥。时帝出入无度，或劝懿因其出门，举兵废之。懿不听。嬖臣茹法珍、王咺之等惮懿威权，说帝曰："懿将行隆昌故事，陛下命在晷刻。"帝然之。徐曜甫知之，密具舟江渚，劝懿西奔襄阳。懿曰："自古皆有死，岂有叛走尚书令邪！"懿弟侄咸为之备。冬，十月，己卯，帝赐懿药于省中。懿且死，曰："家弟在雍，深为朝廷忧之。"懿弟侄皆亡匿于里巷，无人发之者；唯融捕得，诛之。

（以上为第六段，写南齐平定崔慧景之乱，萧懿却因功高震主而被杀。）

丁亥，魏以彭城王勰为司徒，录尚书事。勰固辞，不免。勰雅好恬素，不乐势利。高祖重其事干，故委以权任，虽有遗诏，复为世宗所留。勰每乖情愿，常凄然叹息。为人美风仪，端严若神，折旋合度，出入言笑，观者忘疲。敦尚文史，物务之暇，披览不辍。小心谨慎，初无过失；虽闲居独处，亦无惰容。爱敬儒雅，倾心礼待。清正俭素，门无私谒。

十一月，己亥，魏东荆州刺史桓晖入寇，拔下笮戍，归之者，二千余户。晖，诞之子也。

加以索取。又分别到各州县强迫人们交纳，折合成现金马上收取，但是并不向上输送。太守和县令们都不敢吭声，就再次摊派敛取，如此翻来覆去地勒索征敛，没完没了，老百姓倾家荡产，没有活路，呼号哭泣于道路之中。

南齐军主吴子阳等人率兵出三关侵扰北魏，九月，同北魏东豫州刺史田益宗交战于长风城，吴子阳等人败逃而归。

萧懿入朝援助时，萧衍急忙派亲信虞安福去游说萧懿："诛杀贼人之后，无法赏赐你大功，遇上圣明贤仁的君主，尚且难以立得住脚，何况现今乱朝，将何以自免于难？如果反贼歼灭之后，再率兵进宫，如商代的伊尹、汉代的霍光那样，此乃千载难逢之良机。如果不愿意这样做，便以抵拒北魏为借口，上表求放还历阳，这样，则威震朝廷内外，谁敢不听从。一旦放弃了兵权，虽然地位很高，但手中没有民众，必生后悔。"长史徐曜甫也苦苦相劝，萧懿都不听从。

崔慧景死后，萧懿为尚书令。有九个弟弟：萧敷、萧衍、萧畅、萧融、萧宏、萧伟、萧秀、萧憺、萧恢。萧懿以朝廷元勋，位列朝班之首；萧畅任卫尉，掌握着宫门的钥匙。当时，皇帝出外游走无常，有人劝萧懿乘其出游之际，起兵废除，但是萧懿不听。宠臣茹法珍、王咺之等人忌惮萧懿的威望和权力，游说东昏侯："萧懿将要像隆昌年间废郁林王一样，陛下命在旦夕了。"东昏侯表示同意。徐曜甫知道这一情况之后，秘密准备了船只，停在长江边上，力劝萧懿西奔襄阳。萧懿说："自古以来，人谁无一死，岂有尚书令逃走的呢？"萧懿的弟弟和侄子们都做了准备。冬季，十月十三日己卯，皇帝派人到尚书省给萧懿赐送毒酒，萧懿临死之前说道："家弟萧衍在雍州，深为朝廷忧患。"萧懿死后，他的弟弟和侄子们全都逃亡藏匿于里巷之中，没有人加以告发，只有萧融被捕获杀害。

十月二十一日丁亥，北魏任命彭城王元勰为司徒、录尚书事。元勰坚决推辞，没有推辞掉。元勰平素喜欢恬淡安闲，不乐于追逐权势利益。孝文帝特别看重他处理事情的才干，委以重任，虽然在遗诏中同意他引退，但是仍被宣武帝留用。元勰因有违于自己的意愿，所以常常凄然叹息。他一表人才，风度甚佳，端庄肃穆，宛如神人，接人待物无不举止合宜，出入谈笑风生，观看到的人乐而忘疲。喜好文史，公务之余，批阅浏览，手不释卷。小心谨慎，很少有过失。即使闲居独处，也没有懒散的神态。爱惜敬重儒雅之士，倾心礼待。清廉公正，府上从来没有为私事而托情的来访者。

十一月初三日己亥，北魏东荆州刺史桓晖率兵入侵，攻取了下笮戍，归顺的有两千多户。史桓晖是史诞的儿子。

初，帝疑雍州刺史萧衍有异志。直后荥阳郑植弟绍叔为衍宁蛮长史，帝使植以候绍叔为名，往刺衍。绍叔知之，密以白衍，衍置酒绍叔家，戏植曰："朝廷遣卿见图，今日闲宴，是可取良会也。"宾主大笑。又令植历观城隍、府库、士马、器械、舟舰，植退，谓绍叔曰："雍州实力未易图也。"绍叔曰："兄还，具为天子言之：若取雍州，绍叔请以此众一战！"送植于南岘，相持恸哭而别。

及懿死，衍闻之，夜，召张弘策、吕僧珍、长史王茂、别驾柳庆远、功曹吉士瞻等入宅定议。茂，天生之子；庆远，元景之弟子也。

乙巳，衍集僚佐谓曰："昏主暴虐，恶逾于纣，当与卿等共除之！"是日，建牙集众，得甲士万余人，马千余匹，船三千艘。出檀溪竹木装舰，葺之以茅，事皆立办。诸将争橹，吕僧珍出先所具者，每船付二张，争者乃息。

（以上为第七段，写北魏彭城王元勰一心归隐，而元恪予以重用；南齐小皇帝萧宝卷忌功杀害萧懿，萧懿之弟雍州刺史萧衍谋划多年，借机决计起兵反叛。）

是时，南康王宝融为荆州刺史，西中郎长史萧颖胄行府州事，帝遣辅国将军、巴西梓潼二郡太守刘山阳将兵三千之官，就颖胄兵使袭襄阳。衍知其谋，遣参军王天虎诣江陵，徧与州府书，声云："山阳西上，并袭荆、雍。"衍因谓诸将佐曰："荆州素畏襄阳人，加以唇亡齿寒，宁不暗同邪！我合荆、雍之兵，鼓行而东，虽韩、白复生，不能为建康计；况以昏主役刀敕之徒哉！"颖胄得书，疑未能决；山阳至巴陵，衍复令天虎赍书与颖胄及其弟南康王友颖达。天虎既行，衍谓张弘策曰："用兵之道，攻心为上。近遣天虎往荆州，人皆有书。今段乘驿甚急，止有两函与行事兄弟，云'天虎口具'；及问天虎而口无所说，天虎是行事心膂，彼间必谓行事与天虎共隐其事，则人人生疑。山阳惑于众口，判相嫌贰，则行事进退无以自明，必入吾谋内。是持两空函定一州矣。"

起初，东昏侯怀疑雍州刺史萧衍有异谋。之后荥阳人郑植的弟弟郑绍叔担任了萧衍的宁蛮长史，皇帝就派郑植以探望弟弟郑绍叔为借口，去刺杀萧衍。郑绍叔知道了，秘密地报告了萧衍，萧衍在郑绍叔家中备办了酒席，以开玩笑的口吻对郑植说："朝廷派遣您来谋害我，今天我正得闲，与您宴饮，这正是下手的好机会呀！"说罢，宾主大笑不已。萧衍又让郑植把雍州的城墙壕沟、仓库、士兵、战马、器械、船舰等仔细观察一番，以便弄清自己的实力。郑植看过之后，对郑绍叔说："雍州实力无法轻易解决。"郑绍叔对他说："哥哥回到朝廷之后，请一字不差地对天子说：如果要攻取雍州的话，我郑绍叔要率众搏一死战！"郑植回朝去，郑绍叔把他送到南岘，兄弟二人执手相视，恸哭而别。

等到萧懿死了，萧衍听到消息，连夜召集张弘策、吕僧珍、长史王茂、别驾柳庆远、功曹吉士瞻等人到府第议定对策。王茂是王天生的儿子，柳庆远是柳元景弟弟的儿子。

十一月初九日乙巳，萧衍召集僚佐，对他们说："昏乱的君主残暴，罪恶超过了纣王。应当与你们一起除掉他！"这一天，树起大旗，召集兵马，共得到带甲兵士一万多人，战马一千多匹，船舰三千艘。搬出檀溪中的竹子木料，装到战舰之上，以上茅草覆盖，事情很快都办妥了。各将领争抢船橹，吕僧珍把自己原先准备好的拿出来，每只船发给两张，争抢者才停息。

这时，南康王萧宝融任荆州刺史，西中郎长史萧颖胄代理州府事务，东昏侯派遣辅国将军、巴西和梓潼两郡太守刘山阳率领三千兵士赴任，会同萧颖胄的兵力一起袭击襄阳。萧衍知道了这一计划，就派遣参军王天虎去江陵，给荆州和西中郎府的官员们每人送去一封书信，声言说："刘山阳率兵西上，要同时袭击荆州、雍州。"萧衍便对众位将佐说："荆州人向来害怕襄阳人，加上唇亡而齿寒，所以岂能不与我们暗中联络呢？我只要能会合荆州和雍州的兵力，大张旗鼓地东进，就是韩信、白起再生，也无法为建康想出什么好招来，何况以昏君差使着一帮提刀传敕之徒呢！"萧颖胄收到萧衍的信，心中迟疑而不能决断。刘山阳到了巴陵，萧衍再次命令王天虎送信与萧颖胄及其弟弟南康王萧宝融的僚友萧颖达。王天虎出发之后，萧衍对张弘策说："用兵之道，攻心为上。近日派遣王天虎去荆州，给每个人都送了信。近来驿使四处传信，忙个不停，但只有两封信给行事兄弟二人，信中只写'天虎口具'。他们问具体情况时，王天虎又一句也说不上来，因为我压根就没有向王天虎交代过一句。王天虎是萧颖胄信得过的人，所以荆州方面一定以为萧颖胄与王天虎一起隐瞒着事情，于是人人心中疑虑丛生。刘山阳疑惑于众人之言，就一定产生疑心，这

山阳至江安，迟回十余日，不上。颖胄大惧，计无所出，夜，呼西中郎城局参军安定席阐文、谘议参军柳忱，闭斋定议。阐文曰："萧雍州畜养士马，非复一日。江陵素畏襄阳人，又众寡不敌，取之必不可制；就能制之，岁寒复不为朝廷所容。今若杀山阳，与雍州举事，立天子以令诸侯，则霸业成矣。山阳持疑不进，是不信我。今斩送天虎，则彼疑可释。至而图之，罔不济矣。"忱曰："朝廷狂悖日滋，京师贵人莫不重足累息。今幸在远，得假日自安。雍州之事，且藉以相毙耳。独不见萧令君乎？以精兵数千，破崔氏十万众，竟为群邪所陷，祸酷相寻。'前事之不忘，后事之师也。'且雍州士锐粮多，萧使君雄姿冠世，必非山阳所能敌。若破山阳，荆州复受失律之责，进退无可，宜深虑之。"萧颖达亦劝颖胄从阐文等计。诘旦，颖胄谓天虎曰："卿与刘辅国相识，今不得不借卿头！"乃斩天虎送示山阳，发民车牛，声云起步军征襄阳。山阳大喜。甲寅，山阳至江津，单车白服，从左右数十人诣颖胄。颖胄使前汶阳太守刘孝庆等伏兵城内，山阳入门，即于车中斩之。副军主李元履收余众请降。

柳忱，世隆之子也。颖胄虑西中郎司马夏侯详不同，以告忱，忱曰："易耳！近详求婚，未之许也。"乃以女嫁详子夔，而告之谋，详从之。乙卯，以南康王宝融教纂严，又教赦囚徒，施惠泽，颁赏格。丙辰，以萧衍为使持节、都督前锋诸军事。丁巳，以萧颖胄为都督行留诸军事。颖胄有器局，既举大事，虚心委己，众情归之。以别驾南阳宗夬及同郡中兵参军刘坦、谘议参军乐蔼为州人所推信，军府经略，每事谘焉。颖胄、夬各献私钱谷及换借富赀以助军。长沙寺僧素富，铸黄金为金龙数千两，埋土中。颖胄取之，以资军费。

样的话，萧颖胄将进退两难，无论如何也解释不清自己，必定要落入我的圈套之中。这是用两封空信函定一州的妙计啊！”

刘山阳到了江安，迟疑了十多天，没有溯流上江陵。萧颖胄大为恐惧，然而又没有良策妙计，夜里，叫来西中郎城局参军安定人席阐文、谘议参军柳忱，关起门来商议对策。席阐文说：“萧衍雍州招兵买马，已经不是一天两天的事了。江陵人向来害怕襄阳人，又寡不敌众，取得了也不能制服，即使能制服，处于一朝的末世，不会为朝廷所容忍。如果杀了刘山阳，与雍州方面一起起兵举事，立天子以令诸侯，则霸业可成。刘山阳迟疑而不进，这是不相信我们。现今，如果斩了王天虎，把首级送给刘山阳，那么他的疑虑就可以消除。来了之后再收拾掉，没有不成功的。”柳忱说道：“朝廷的昏狂悖乱一天比一天严重，京城贵人惴惴不安，莫不重足而立大气不敢出。幸好远离朝廷，可以暂时安全。袭击雍州的事情，只不过借此而让双方互相残杀罢了。难道忘记了尚书令萧懿了吗？他以几千精兵，打败了崔慧景的十万大军，到最后被那帮邪恶的小人所陷害，很快就灾祸不断。‘前事不忘，后事之师也。’雍州兵力精锐，粮草充足，萧使君雄姿英发，谋略过人，罕有人能匹敌，刘山阳一定不是萧使君的对手。如果击破了刘山阳，荆州也会因没有执行朝廷之令而受到责难，进也不可，退也不可，所以应该认真加以考虑。”萧颖达也劝萧颖胄听从席阐文等人的计策。第二天早晨，萧颖胄对王天虎说：“您同刘辅国相识，现今不得不借您的头用一用。”斩了王天虎，将他的尸首送给刘山阳看，并且调用民众的车和牛，声称派遣步军去征讨襄阳。刘山阳大喜。十一月十八日甲寅，刘山阳到了江津，独自乘坐一辆车，穿着白色便服，只带了几十个随从，去见萧颖胄。萧颖胄指派曾经任过汶阳太守的刘孝庆等人在城内埋伏兵力，刘山阳进入城门之后，就在车中被斩了，副军主李元履收集余部，请求投降。

柳忱是柳世隆的儿子。萧颖胄顾虑西中郎司马夏侯详不同心，把心中之虑告诉了柳忱，柳忱说：“这再容易不过了。前不久，夏侯详来求婚，没有答应他。”柳忱就把女儿嫁给了夏侯详的儿子夏夔，并且把密谋告诉了夏侯详，夏侯详听从了。十一月十九日乙卯，萧颖胄以南康王萧宝融的名义发布戒严令，又赦放囚徒，施布恩惠，颁布奖赏标准。十一月二十九日丙辰，任命萧衍为使持节、都督前锋诸军事。十一月二十八日丁巳，任命萧颖胄为都督行留诸军事。萧颖胄有才识与度量，一旦谋举大业，虚心接人待物，处处委曲求全，所以众心都向着他。由于别驾南阳人宗夬，以及同郡中兵参军刘坦、谘议参军乐蔼深得州人的推崇信任，军府大事常常向他们谘问。萧颖胄和宗夬各自捐献自己的钱粮，并且转借了大量的资金，以便资助军用。长沙寺僧人向来富有，把黄金铸成金龙，约有数千两，埋藏在地下，萧颖胄取出来，用以资助军费开支。

颖胄遣使送刘山阳首于萧衍，且言年月未利，当须明年二月进兵。衍曰："举事之初，所藉者一时骁锐之心。事事相接，犹恐疑怠；若顿兵十旬，必生悔吝。且坐甲十万，粮用自竭；若童子立异，则大事不成。况处分已定，安可中息哉！昔武王伐纣，行逆太岁，岂复待年月乎？"

（以上为第八段，写南齐朝廷派辅国将军刘山阳出兵攻打萧衍，萧衍使用反间计，撺掇荆州行事萧颖胄亦反叛朝廷，谋划大获成功。）

戊午，衍上表劝南康王宝融称尊号，不许。十二月，颖胄与夏侯详移檄建康百官及州郡牧守，数帝及梅虫兒、茹法珍罪恶。颖胄遣冠军将军天水杨公则向湘州，西中郎参军南郡邓元起向夏口。军主王法度坐不进军免官。乙亥，荆州将佐复劝宝融称尊号，不许。夏侯详之子骁骑将军亶为殿中主帅，详密召之，亶自建康亡归。壬辰，至江陵，称奉宣德皇太后令："南康王宜纂承皇祚，方俟清宫，未即大号；可封十郡为宣城王、相国、荆州牧，加黄钺，选百官，西中郎府、南康国如故。须军次近路，主者备法驾奉迎。"

竟陵太守新野曹景宗遣亲人说萧衍，迎南康王都襄阳，先正尊号，然后进军，衍不从。王茂私谓张弘策曰："今以南康置人手中，彼挟天子以令诸侯，节下前进为人所使，此岂他日之长计乎！"弘策以告衍，衍曰："若前涂大事不捷，故自兰艾同焚；若其克捷，则威振四海，岂碌碌受人处分者邪！"

初，陈显达、崔慧景之乱，人心不安。或问时事于上庸太守杜陵韦叡，叡曰："陈虽旧将，非命世才；崔颇更事，懦而不武；其赤族宜矣。定天下者，殆必在吾州将乎？"乃遣二子自结于萧衍。及衍起兵，叡帅郡兵二千倍道赴之。华山太守蓝田康绚帅郡兵三千赴衍。冯道根时居母丧，帅乡人子弟胜兵者悉往赴之。梁、南秦二州刺史柳惔亦起兵应衍。惔，忱之兄也。

帝闻刘山阳死，发诏讨荆、雍。戊寅，以冠军长史刘浍为雍州刺史；遣骁骑将军薛元嗣、制局监暨荣伯将兵及运粮百四十余船送郢州刺史张

萧颖胄派遣使者把刘山阳的首级送给萧衍，并且说现在年月不吉利，应当等到明年二月再起兵出发。萧衍说："起兵之初，所凭借的就是一时骁勇锐利之心，事事相接，还担心出现懈怠，如果停兵等待一百天，必定会后悔和吝惜。何况聚集了十万大军，时间一长，粮食就要消耗光。如果东昏侯再提出什么不同意见，那么大事就难以成功。况且一切安排就绪，怎么能中途停息呢？过去周武王讨灭殷纣王，出发时间正好冲犯太岁星，岂能等待什么吉利的年月呢？"

十一月二十二日戊午，萧衍上表给南康王萧宝融，劝他称帝，萧宝融不答应。十二月，萧颖胄同夏侯详传送檄文给建康朝廷中的百官群臣以及各州郡的长官们，声讨东昏侯以及梅虫兒、茹法珍罪恶。萧颖胄派遣冠军将军天水人杨公则出发去湘州，派遣西中郎参军、南郡人邓元起向夏口进发。军主王法度因按兵不进而被免职。十二月初十日乙亥，荆州的将佐们再次劝萧宝融称帝，没有答应。夏侯详的儿子骁骑将军夏侯亶任殿中主帅，夏侯详秘密召他前来，夏侯详就从建康逃回来了。十二月二十七日壬辰，到达江陵，声称接奉宣德皇太后的命令："南康王萧宝融应当继承皇位，等待清除去宫中的昏君和奸臣，暂时不称帝，而封地十郡，为宣城王、相国、荆州牧，授予黄钺，可以挑选任命百官，原有的西中郎府和南康国照旧不变。等待军队到了附近的时候，由主管官员备办车驾前去奉迎。"

竟陵太守新野人曹景宗派遣亲属去游说萧衍，迎接南康王，以襄阳为都城，先称帝，然后再进军建康，萧衍没有采纳曹景宗的意见。王茂私下里对张弘策说："现今，南康王被掌握在他人手中，他挟天子以令诸侯，使持节大人前进受人驱使，这岂是来日长久之计？"张弘策把王茂的话告诉了萧衍，萧衍说："假若前途的大事不能成功，不论贵贱良莠，同归于尽；如果大事告成，则威震四海，[谁敢不听从，]岂能碌碌无为受他人摆布呢？"

当初，陈显达、崔慧景反乱的时候，人心不安定，有人向上庸太守杜陵人韦叡讨问时局问题，韦叡说："陈显达虽然是一员老将，但不是治世之才；崔慧景经事甚多，但懦怯而缺少英武之气，落个满门诛斩的下场会是应当的吧。平定天下的人，大概必定是我们的州将吧？"韦叡就派遣他的两个儿子自动前去结交萧衍。等到萧衍起兵的时候，韦叡率领郡兵两千兼程而行，前去参加。华山太守蓝田人康绚也率领郡兵三千名去投附萧衍。冯道根当时正在为母亲守丧，[听说萧衍起兵，]也率领乡亲的子弟中可以行军打仗者前去加入萧衍的军队。梁州和南秦州两州的刺史柳惔也起兵响应萧衍。柳惔是柳忱的哥哥。

东昏侯听说刘山阳死了，就发出诏书，命令讨伐荆州和雍州。十二月十三日戊寅，任命冠军长史刘浍为雍州刺史，派遣骁骑将军薛元嗣、制局监暨荣伯率兵以及

冲，使拒西师。元嗣等惩刘山阳之死，疑冲，不敢进，停夏口浦；闻西师将至，乃相帅入郢城。前竟陵太守房僧寄将还建康，至郢，帝敕僧寄留守鲁山，除骁骑将军。张冲与之结盟，遣军主孙乐祖将数千人助僧寄守鲁山。

萧颖胄与武宁太守邓元起书，招之。张冲待元起素厚，众皆劝其还郢，元起大言于众曰："朝廷暴虐，诛戮宰辅，群小用事，衣冠道尽。荆、雍二州同举大事，何患不克！且我老母在西，若事不成，正受戮昏朝，幸免不孝之罪。"即日治严上道，至江陵，为西中郎中兵参军。

湘州行事张宝积发兵自守，未知所附。杨公则克巴陵，进军白沙，宝积惧，请降，公则入长沙，抚纳之。

是岁，北秦州刺史杨集始将众万余自汉中北出，规复旧地。魏梁州刺史杨椿将步骑五千出顿下辩，遗集始书，开以利害，集始遂复将其部曲千余人降魏。魏人还其爵位，使归守武兴。

（以上为第九段，写南齐雍州、荆州共同起兵反叛，奉南康王萧宝融为帝；有人劝说萧衍迎奉萧宝融，被婉言拒绝；萧衍另有大计，一旦成功，则自立为帝。）

运粮一百四十余船，送给郢州刺史张冲，让张冲抵挡萧衍的军队。薛元嗣等人有鉴于刘山阳之死，对张冲有怀疑，所以不敢前进，停在夏口浦，听说萧衍的军队将要开过来了，方才率兵进入郢城。原先的竟陵太守房僧寄将要回建康，到了郢州时，东昏侯敕令房僧寄留守鲁山，任命他为骁骑将军。张冲与房僧寄结盟，派遣军主孙乐祖率领数千人帮助房僧寄守护鲁山。

萧颖胄给武宁太守邓元起去信，召他前来。张冲对待邓元起向来优厚，众人都劝邓元起回郢州去，邓元起大声对众人说："朝廷残暴肆虐，杀戮宰辅大臣，一帮小人们在朝中专权，士大夫前途穷尽。荆州和雍州共同谋举大事，何愁不能成功？况且我的老母亲在西边，如果事情不能成功，正好让昏庸的朝廷把我杀掉，侥幸免于不孝之罪。"邓元起当日整装上路，到达江陵，萧颖胄被任命为西中郎中兵参军。

湘州行事张宝积发兵自守，不知道该依附哪一方。杨公则攻克巴陵，进军白沙，张宝积害怕了，请求投降，杨公则率部进入长沙，安抚、招纳了张宝积。

这一年，北秦州刺史杨集始率领一万多人马从汉中向北出兵，要收复旧有的地盘。北魏梁州刺史杨椿率领步、骑兵五千驻扎于下辩，给杨集始送去书信，开导以利害，杨集始就率领部曲千余人投降了北魏。北魏恢复了杨集始的爵位，让他回去驻守武兴。

【点评】

萧衍代齐蓄势。东昏侯萧宝卷继位做了南齐皇帝，但他整天只知道玩闹，尽情挥霍，南朝皇帝大多奢侈腐靡，而萧宝卷尤甚，造成国家的财政困难，人心离散。这些正好为萧衍的崛起及建立梁朝准备了充分的条件。萧衍任雍州刺史，有了一块固定的根据地，为日后势力的发展奠定了基础，成为日后争夺南齐政权的资本。东昏侯怀疑萧衍有异心，派郑植前往刺探，不料郑植的弟弟，即在萧衍部下做宁蛮长史的郑绍叔已经将信息透露给了萧衍，郑植评价说："雍州实力无法轻易解决。"于是历史的天平偏向了萧衍。当东昏侯冤杀军功大臣、萧衍的兄长萧懿后，萧衍召集部下商议废掉萧宝卷。众人非常赞同，萧衍于是大力招兵，准备和萧宝卷决战。时局人心如何，上庸太守韦叡的预见最有代表性："陈显达虽然是一员老将，但不是治世之才；崔慧景经事甚多，但懦怯而缺少英武之气，落个满门诛斩的下场会是应当的吧。平定天下的人，大概必定是我们的州将吧？"州将就是萧衍，韦叡就派遣两个儿子自动前去结交萧衍。许多条件都具备了，萧衍还不敢贸然行动，为了增加号召力，萧衍联合了南康王萧宝融一起举兵，后来萧宝融即齐和帝在江陵即位。他们联合起来一起同萧宝卷争夺南齐的政权，这样便万无一失了。于此可见萧衍的老谋深算，取代南齐只是时间的问题了。

齐纪十

齐和帝中兴元年（501年）

【重光大荒落（辛巳，501年），凡一年】

【大事提要】

本卷记事公元501年，凡一年，当齐和帝中兴元年。本卷所载大事，南朝齐萧衍发兵攻打齐殇帝东昏侯萧宝卷，萧宝卷被杀，萧衍拥立14岁的萧宝融为皇帝，是为齐和帝。北朝北魏进行了权力更迭，北魏宣武帝元恪年纪不大，权力被近臣们滥用。北魏的政治开始走下坡路。

【原文】

和皇帝

中兴元年（辛巳，501年）

春，正月，丁酉，东昏侯以晋安王宝义为司徒，建安王宝寅为车骑将军、开府仪同三司。

乙巳，南康王宝融始称相国，大赦；以萧颖胄为左长史，萧衍为征东将军，杨公则为湘州刺史。戊申，萧衍发襄阳，留弟伟总府州事，憺守垒城，府司马庄丘黑守樊城。衍既行，州中兵及储偫皆虚。魏兴太守裴师仁、齐兴太守颜僧都并不受衍命，举兵欲袭襄阳，伟、憺遣兵邀击于始平，大破之，雍州乃安。

魏咸阳王禧为上相，不亲政务，骄奢贪淫，多为不法，魏主颇恶之。禧遣奴就领军于烈求旧羽林虎贲，执仗出入。烈曰："天子谅暗，事归宰辅。领军但知典掌宿卫，非有诏不敢违理从私。"禧奴惘然而返。禧复遣谓烈曰："我，天子之□□□叔父，身为元辅，有所求须，与诏何异！"烈厉色曰："烈非不知王之贵也，奈何使私奴索天子羽林！烈头可得，羽林不可得！"禧怒，以烈为恒州刺史。烈不愿出外，固辞，不许；遂称疾不出。

烈子左中郎将忠领直阁，常在魏主左右。烈使忠言于魏主曰："诸王专恣，意不可测，宜早罢之，自揽权纲。"北海王详亦密以禧过恶白帝，且言彭城王勰大得人情，不宜久辅政。帝然之。

时将礿祭，王公并齐于庙东坊。帝夜使于忠语烈："明旦入见，当有处分。"质明，烈至。帝命烈将直阁六十余人，宣旨召禧、勰、详，卫送至帝所。禧等入见于光极殿，帝曰："恪虽寡昧，忝承宝历。比缠尩疚，实凭诸父，苟延视息，奄涉三龄。诸父归逊殷勤，今便亲摄百揆，且还府司，当别处分。"又谓勰曰："顷来南北务殷，不容仰遂冲操。恪是何人，而敢久违先敕，今遂叔父高蹈之意。"勰谢曰："陛下孝恭，仰遵先诏，上成睿明之美，下遂微臣之志，感今惟往，悲喜交深。"庚戌，诏勰以王归第；禧进位太保；详为大将军、录尚书事。尚书清河张彝、邢

【语译】

和皇帝

齐和帝中兴元年（辛巳，501 年）

春季，正月初二日丁酉，东昏侯任命晋安王萧宝义为司徒，建安王萧宝寅为车骑将军、开府仪同三司。

正月初十日乙巳，南康王萧宝融开始称相国，发令大赦天下；任命萧颖胄为左长史，任命萧衍为征东将军，任命杨公则为湘州刺史。正月十三日戊申，萧衍从襄阳出发，留下弟弟萧伟总管府州事务，萧憺防守堡寨，府司马庄丘黑防守樊城。萧衍出发之后，州中兵力以及物资储备都很空虚。魏兴太守裴师仁、齐兴太守颜僧都都不受萧衍委命，率领兵马要袭击襄阳，萧伟和萧憺派遣部队在始平进行拦截阻击，大获全胜，雍州乃得以安定。

北魏咸阳王元禧为上相，不亲理政务，骄奢淫逸，贪得无厌，干了许多违法的事情，魏宣武帝对他很是痛恶。元禧派遣自己的奴仆到领军于烈那里请求魏宣武帝专用的羽林虎贲，出入的时候为自己执仗护卫。于烈说："皇上正在为先帝守丧，朝廷政事归于辅政大臣。领军只知道负责皇上的警卫事情，没有皇上的诏令，不敢违反规定私自给予。"元禧的奴仆失望地回去了。元禧再次派奴仆去转达于烈："我，天子的叔父，身为辅政大臣，有所需求，与皇上的诏令有什么两样呢？"于烈严厉地回答："于烈并非不知道王爷的高贵身份，怎么能指使自己的奴仆来索要天子的羽林！于烈的脑袋可以得到，羽林军不可得。"元禧恼羞成怒，任命于烈为恒州刺史，于烈不愿意到外地去，坚决推辞，不被准许；于是他借口有病躲在家中不出来了。

于烈的儿子左中郎将于忠兼任直阁，经常在魏宣武帝身边，于烈就让于忠对宣武帝说："各位王爷专横恣意，其内心不可测透，宜于早点罢黜，由圣上亲自临朝执政。"北海王元详也秘密地把元禧的罪过恶行告诉了宣武帝，并且说彭城王元勰深得人心，也不宜于长久地辅理朝政。宣武帝同意。

快到春季祭宗庙的时候，各位王公全都斋戒在宗庙的东坊。宣武帝夜里指派于忠去对于烈说："明天早晨进来见我，将有所处置。"第二天天刚亮，于烈到了，宣武帝命令于烈率领直阁六十多人，宣旨要召见元禧、元勰、元详，把他们护送到皇帝住所。元禧等人觐见于光极殿，宣武帝说："元恪虽然孤陋寡闻，继承国统，做了皇帝，近来患病之后，确实依靠几位叔父辅理朝政，苟延残喘，不知不觉过去了三年。三位叔父一再表示要归政，今天我就亲自执掌朝政。各位叔父暂且回到各自的府邸去吧，至于下一步如何，我当分别安排。"又对元勰说："近来南北事务繁多，使您不能实现虚静之志节。元恪是何人，怎么敢长久违背先帝的遗敕？今天，我就

峦闻处分非常，亡走，出洛阳城，为御史中尉中山甄琛所弹。诏书切责之。复以于烈为领军，仍加车骑大将军，自是长直禁中，军国大事，皆得参焉。

魏主时年十六，不能亲决庶务，委之左右。于是幸臣茹皓、赵郡王仲兴、上谷寇猛、赵郡赵脩、南阳赵邕及外戚高肇等始用事，魏政浸衰。赵脩尤亲幸，旬月间，累迁至光禄卿。每迁官，帝亲至其宅设宴，王公百官皆从。

（以上为第一段，写南齐征东将军萧衍率军东下；北魏咸阳王上相元禧索求皇宫侍卫，被领军将军于烈驳回，北魏宣武帝趁此收回诸王权力。）

辛亥，东昏侯祀南郊，大赦。

丁巳，魏主引见群臣于太极前殿，告以亲政之意。壬戌，以咸阳王禧领太尉，广陵王羽为司徒。魏主引羽入内，面授之。羽固辞曰："彦和本自不愿，而陛下强与之。今新去此官而以臣代之，必招物议。"乃以为司空。

二月，乙丑，南康王以冠军长史王茂为江州刺史，竟陵太守曹景宗为郢州刺史，邵陵王宝攸为荆州刺史。

甲戌，魏大赦。

壬午，东昏侯遣羽林兵击雍州，中外纂严。

甲申，萧衍至竟陵，命王茂、曹景宗为前军，以中兵参军张法安守竟陵城。茂等至汉口，诸将议欲并兵围郢，分兵袭西阳、武昌。衍曰："汉口不阔一里，箭道交至，房僧寄以重兵固守，与郢城为犄角；若悉众前进，僧寄必绝我军后，悔无所及。不若遣王、曹诸军济江，与荆州军合，以逼郢城；吾自围鲁山以通沔、汉，使郧城、竟陵之粟方舟而下，江陵、湘中之兵相继而至，兵多食足，何忧两城之不拔！天下之事，可以卧取之耳。"乃使茂等帅众济江，顿九里。张冲遣中兵参军陈光静开门迎战，茂等击破之，光静死，冲婴城自守。景宗遂据石桥浦，连军相续，下至加湖。

顺从了叔父高蹈避世的心意吧。”元勰听后，感谢宣武帝说：“陛下孝顺恭敬，仰遵先帝的遗诏，皇上承圣明之美，下遂了微臣志向，抚今思往，悲喜交织。”正月十五日庚戌，诏令元勰以王的身份回府静养，元禧位进太保，元详担任大将军、录尚书事。尚书清河人张彝、邢峦知道了处置很不正常，就逃出了洛阳城，被御史中尉中山人甄琛弹劾，诏书狠狠地斥责了他们两人。还是让于烈担任领军，又加封为车骑大将军，从此以后，常在皇宫内值班，国家军政大事，都得以参与。

魏宣武帝元恪当时十六岁，不能亲自处理断决众多事务，委托左右。这时佞幸之臣茹皓、赵郡人王仲兴、上谷人寇猛、赵郡人赵脩、南阳人赵邕以及外戚高肇等开始专权，北魏的朝政逐渐衰败。赵脩尤其受亲幸，一个月之内，就升至光禄卿。他每升一次官，宣武帝就亲自到他家去设宴，王公众臣也都要随同前往。

正月十六日辛亥，南齐东昏侯在南郊举行祀天仪式，大赦天下。

正月二十二日丁巳，魏宣武帝在太极前殿召见百官群臣，告诉他们自己要亲自执政的意见。正月二十七日壬戌，任命咸阳王元禧兼任太尉，广陵王元羽为司徒。宣武帝让元羽进入内殿，当面告诉了他这一任命。元羽坚决推辞说：“当初元勰自己本来不愿意担任司徒，而陛下却强使他担任。如今，刚免去了司徒官，而以臣代替，必定要遭到众人的议论。”便让元羽担任司空。

二月初一日乙丑，南齐南康王萧宝融任命冠军长史王茂为江州刺史，竟陵太守曹景宗为郢州刺史，邵陵王萧宝攸为荆州刺史。

二月初十日甲戌，北魏大赦天下。

二月十八日壬午，南齐东昏侯派遣羽林兵袭击雍州，内外戒严。

二月二十日甲申，萧衍到达竟陵，命令王茂、曹景宗为前军，以中兵参军张法安防守竟陵城。王茂等人到达汉口，众将领计议要合并兵力围攻郢，兵分两路袭击西阳、武昌。萧衍说：“汉口河道宽不到一里，两岸射箭交叉而至，房僧寄以重兵固守，与郢城成掎角之势，如果出动全部兵力前去，房僧寄必定要派兵去断绝我军后路，后悔也来不及了。不如派王茂、曹景宗的军队渡过长江，与荆州方面的兵力合作，逼近郢城，我亲自围攻鲁山，打通沔、汉水道，使郧城、竟陵的粮食能用舟船运下来，江陵和湘中的军队相继到来之后，兵多粮足，何愁攻不下这两座城池呢？天下的事情，可以躺着取下，轻而易举。”就指使王茂等人率兵渡江，驻扎在九里。张冲派遣中兵参军陈光静出城迎战，王茂等率部痛击，陈光静战死，张冲只好据城自守，不敢出战。曹景宗便占据石桥浦，军队相接，一路行军至加湖。

荆州遣冠军将军邓元起、军主王世兴、田安之将数千人会雍州兵于夏首。衍筑汉口城以守鲁山，命水军主义阳张惠绍等游遏江中，绝郢、鲁二城信使。杨公则举湘州之众会于夏口。萧颖胄命荆州诸军皆受公则节度，虽萧颖达亦隶焉。

府朝议欲遣人行湘州事而难其人，西中郎中兵参军刘坦谓众曰："湘土人情，易扰难信，用武士则侵渔百姓，用文士则威略不振；必欲镇静一州，军民足食，无逾老夫。"乃以坦为辅国长史、长沙太守，行湘州事。坦尝在湘州，多旧恩，迎者属路。下车，选堪事吏分诣十郡，发民运租米三十余万斛以助荆、雍之军，由是资粮不乏。

三月，萧衍使邓元起进据南堂西渚，田安之顿城北，王世兴顿曲水故城。丁酉，张冲病卒，骁骑将军薛元嗣与冲子孜及征虏长史江夏内史程茂共守郢城。

乙巳，南康王即皇帝位于江陵，改元，大赦，立宗庙、南北郊，州府城门悉依建康宫，置尚书五省，以南郡太守为尹，以萧颖胄为尚书令，萧衍为左仆射，晋安王宝义为司空，庐陵王宝源为车骑将军、开府仪同三司，建安王宝寅为徐州刺史，散骑常侍夏侯详为中领军，冠军将军萧伟为雍州刺史。丙午，诏封庶人宝卷为涪陵王，乙酉，以尚书令萧颖胄行荆州刺史，加萧衍征东大将军、都督征讨诸军事，假黄钺。时衍次杨口，和帝遣御史中丞宗夬劳军。宁朔将军新野庾域讽夬曰："黄钺未加，非所以总帅侯伯。"夬返西台，遂有是命。薛元嗣遣军主沈难当帅轻舸数千乱流来战，张惠绍等击擒之。

（以上为第二段，写南齐南康王萧宝融在荆州称帝，改元中兴，建立朝廷，封官许爵，史称"西台"，以萧颖胄为尚书令，萧衍为左仆射，假黄钺，率军东下。）

癸丑，东昏侯以豫州刺史陈伯之为江州刺史、假节、都督前锋诸军事，西击荆、雍。

夏，四月，萧衍出沔，命王茂、萧颖达等进军逼郢城；薛元嗣不敢出。诸将欲攻之，衍不许。

魏广陵惠王羽通于员外郎冯俊兴妻，夜往，为俊兴所击而匿之；五月，壬子，卒。

荆州派遣冠军将军邓元起，军主王世兴、田安之率领数千人在夏首与雍州方面的兵力会合。萧衍筑建汉口城以便守护鲁山，并且命令水军主义阳人张惠绍等人在长江中游动阻截，断绝郢城和鲁山之间的信使往来。杨公则率领湘州兵力与其他军队在夏口会合。萧颖胄命令荆州方面的各部兵力全都接受杨公则的指挥调遣，即使萧颖达也同样隶属。

相国府商议要派遣人去执管湘州，但是难于有合适人选，西中郎中兵参军刘坦对众人说："湘州的风土人情不同一般，那里的人容易骚乱，难以取信，派武将则会侵扰、鱼肉百姓，派文官去则威略不够，不容易镇得住。要想使湘州平定安稳，军民丰衣足食，无论派谁去也没有派老夫我去合适。"就任命刘坦为辅国长史、长沙太守，主管湘州事务。刘坦曾经在湘州，有许多老熟人，所以迎接他到来的人挤满了道路。刘坦下车之后，选派能干的吏员分赴十郡，发动民众运送租米三十多万斛，用以资助荆州和雍州的军队，因此粮食物资再也不缺乏了。

三月，萧衍派邓元起前去占据南堂西边的长江岸，田安之驻扎在城北，王世兴驻扎在曲水旧城。三月初三日丁酉，张冲病逝，骁骑将军薛元嗣与张冲的儿子张孜，以及征虏长史、江夏内史程茂共同守护郢城。

三月十一日乙巳，南康王称帝即位于江陵，改年号为中兴，大赦天下，并且建立宗庙、南北郊祭祀天地场所，州府城门则全部依照建康宫的规模而改建，设置尚书五省，任命南郡太守为尹，萧颖胄为尚书令，萧衍为左仆射，晋安王萧宝义为司空，庐陵王萧宝源为车骑将军、开府仪同三司，建安王萧宝寅为徐州刺史，散骑常侍夏侯详为中领军，冠军将军萧伟为雍州刺史。三月十二日丙午，诏书封庶人萧宝卷为涪陵王。三月乙酉（疑为三月十五日己酉），命令尚书令萧颖胄兼荆州刺史，又加封萧衍征东大将军、都督征讨诸军事，并且授予黄钺。当时，萧衍正在杨口，和帝萧宝融派遣御史中丞宗夬去犒劳军队，宁朔将军新野人庾域婉言对宗夬说："没有授予黄钺，无法统率各路军队。"宗夬返回告诉了齐和帝，于是就有了上述对萧衍的任命和授予黄钺一事。薛元嗣派遣军主沈难当率领轻舟数千艘穿越急流，前来交战，张惠绍等人迎战进击，擒获了沈难当。

三月十九日癸丑，南齐东昏侯委任豫州刺史陈伯之为江州刺史、假节、都督前锋诸军事，向西攻击荆、雍二州。

夏季，四月，萧衍率部出沔城，命令王茂、萧颖达等部进军逼近郢城；薛元嗣据守城内，不敢出战。众将领准备攻城，萧衍不允许。

北魏广陵惠王元羽与员外郎冯俊兴的妻子私通，夜里前去，被冯俊兴堵住痛打藏匿起来，五月十九日壬子，元羽死去。

魏主既亲政事，嬖幸擅权，王公希得进见。齐帅刘小苟屡言于禧云，闻天子左右人言欲诛禧，禧益惧，乃与妃兄给事黄门侍郎李伯尚、氐王杨集始、杨灵祐、乞伏马居等谋反。会帝出猎北邙，禧与其党会城西小宅，欲发兵袭帝，使长子通窃入河内举兵相应。乞伏马居说禧："还入洛城，勒兵闭门，天子必北走桑乾，殿下可断河桥，为河南天子。"众情前却不壹，禧心更缓，自旦至晡，犹豫不决，遂约不泄而散。杨集始既出，即驰至北邙告之。

直寝苻承祖、薛魏孙与禧通谋，是日，帝寝于浮图之阴，魏孙欲弑帝，承祖曰："吾闻杀天子者身当病癞。"魏孙乃止。俄而帝寤，集始亦至。帝左右皆四出逐禽，直卫无几，仓猝不知所出。左中郎将于忠曰："臣父领军留守京城，计防遏有备，必无所虑。"帝遣忠驰骑观之，于烈已分兵严备，使忠还奏曰："臣虽老，心力犹可用。此属猖狂，不足为虑，愿陛下清跸徐还，以安物望。"帝甚悦，自华林园还宫，抚于忠之背曰："卿差强人意！"

禧不知事露，与姬妾及左右宿洪池别墅，遣刘小苟奉启，云检行田收。小苟至北邙，已逢军人，怪小苟赤衣，欲杀之。小苟困迫，言欲告反，乃缓之。或谓禧曰："殿下集众图事，见意而停，恐必漏泄，今夕何宜自宽！"禧曰："吾有此身，应知自惜，岂待人言！"又曰："殿下长子已济河，两不相知，岂不可虑！"禧曰："吾已遣人追之，计今应还。"时通已入河内，列兵仗，放囚徒矣。于烈遣直阁叔孙侯将虎贲三百人收禧。禧闻之，自洪池东南走，僮仆不过数人，济洛，至柏谷坞，追兵至，擒之，送华林都亭。帝面诘其反状，壬戌，赐死于私第。同谋伏诛者十余人，诸子皆绝属籍，微给资产、奴婢，自余家财悉分赐高肇及赵脩之家，其余赐内外百官，逮于流外，多者百余匹，下至十匹。禧诸子乏衣食，独彭城王勰屡赈给之。河内太守陆琇闻禧败，斩送禧子通首。魏朝以琇于禧未败之前不收捕通，责其通情，征诣廷尉，死狱中。帝以禧无故而反，由是益疏忌宗室。

（以上为第三段，写北魏广陵王元羽与他人妻私通，被痛打而死；大臣元禧谋反事泄，失败被杀，牵连无辜，宣武帝元恪越发疏远、猜忌宗室。）

魏宣武帝亲政以来，倖幸之徒专权，王公大臣们很少有进见的机会。[咸阳王元禧内心十分恐惧，] 齐帅刘小苟多次告诉元禧，说他听皇上身边的人讲要杀掉元禧，元禧越发害怕了，于是就与妃子的哥哥、担任给事黄门侍郎的李伯尚，氐王杨集始、杨灵祐、乞伏马居等人谋反。恰逢皇帝去北邙打猎，元禧与同党在城西小宅内集会，准备发兵去袭击皇帝，派长子元通偷偷去河内起兵响应。乞伏马居劝说元禧："我立即回到洛阳城中去，率兵关闭城门，皇上必定会朝北向桑乾逃去，殿下可以把黄河桥拆断，割据一方，做黄河以南的天子。"是立即行动还是暂缓一步，众人意见不统一，元禧心里更不急，从早晨到下午，尚犹豫不决，于是约定谁也不能泄露出去，大伙就散了。杨集始刚出来，就立即骑马到北邙报告去了。

担任直寝的苻承祖、薛魏孙与元禧合谋，这一天，宣武帝在佛塔底下的阴凉处睡眠，薛魏孙想要弑杀宣武帝，苻承祖对他说："我听说杀皇帝的人身上要长恶疮。"薛魏孙就没有下手。不一会儿，宣武帝睡醒了，杨集始也赶到了。宣武帝左右的人都四处出动去追逐禽兽去了，身边没有几个卫士，仓猝之间不知如何是好。这时，左中郎将于忠说道："我父亲领军于烈留守在京城为了应付突然事变，必有所防备，一定不会有什么担忧的。"宣武帝派遣于忠快马去京城观察情况，见于烈已经分布兵力，严加守备，让于忠回去奏告宣武帝："我虽然年纪大了，但是心力犹可使用。这帮家伙虽然猖狂，不足为虑，希望陛下收拾车驾慢慢返宫，以便安定人心。"宣武帝十分喜悦，从华林园回到宫中，抚摸于忠的后背说："你比较令我满意。"

元禧不知道事情已经败露，同姬妾以及身边的人住宿在洪池别墅里，而派遣刘小苟去启告，说自己在前往检查田野收割情况。刘小苟到了北邙，随即遇上了士兵，士兵见刘小苟穿着红衣服，要杀刘小苟。刘小苟于困迫之中说自己要去报告谋反的事，士兵们才放缓而没有杀他。有人对元禧说："殿下召集众人图谋大事，事情已经显露却中途而止，恐怕必定泄露，今天晚上怎么可以如此宽心呢？"元禧说："我有这个身子，应该知道如何爱惜，难道还用得着别人来提醒吗？"这人又说："殿下的长子已经渡过黄河了，这样互相不知情，难道不值得忧虑吗？"元禧回答说："我已经派人去追长子去了，估计现今应该回来了。"这时元通已经到了河内，并且排列兵力武器，放出了囚徒。于烈派遣直阁叔孙侯率领虎贲三百名去抓捕元禧，元禧知道之后，从洪池东南逃跑，僮仆不过几人。渡过了洛水，到达柏谷坞时，后面的追兵也赶上来了，捉住了他，押送到华林都亭。魏宣武帝当面诘问元禧谋反经过，五月二十九日壬戌，赐元禧死于府中。元禧的同谋伏法被诛的有十多人，几个儿子都从皇族的名册中除去，留给他们少量的财产和奴婢，在此以外的部分家产赏赐给高肇以及赵脩家，其余的分赏给朝廷内外百官，甚至不入品的候补官员也得到了赏赐，多的有绢帛一百多匹，少的则十匹。元禧的儿子们缺衣少食，只有彭城王元勰屡屡

巴西太守鲁休烈、巴东太守萧惠训不从萧颖胄之命。惠训遣子璝将兵击颖胄，颖胄遣汶阳太守刘孝庆屯峡口，与巴东太守任漾之等拒之。

东昏侯遣军主吴子阳、陈虎牙等十三军救郢州，进屯巴口。虎牙，伯之之子也。

六月，西台遣卫尉席阐文劳萧衍军，赍萧颖胄等议谓衍曰："今顿兵两岸，不并军围郢，定西阳、武昌，取江州，此机已失；莫若请救于魏，与北连和，犹为上策。"衍曰："汉口路通荆、雍，控引秦、梁，粮运资储，仰此气息，所以兵压汉口，连结数州。今若并军围郢，又分兵前进，鲁山必沮沔路，扼吾咽喉；若粮运不通，自然离散，何谓持久？邓元起近欲以三千兵往取寻阳，彼若欢然知机，一说士足矣；脱距王师，固非三千兵所能下也。进退无据，未见其可。西阳、武昌，取之即得；然既得之，即应镇守。欲守两城，不减万人，粮储称是，卒无所出。脱东军有上者，以万人攻两城，两城势不得相救，若我分军应援，则首尾俱弱；如其不遣，孤城必陷，一城既没，诸城相次土崩，天下大事去矣。若郢州既拔，席卷沿流，西阳、武昌自然风靡。何遽分兵散众，自贻忧患乎！且丈夫举事欲清天步，况拥数州之兵以诛群小，悬河注火，奚有不灭！岂容北面请救戎狄，以示弱于天下！彼未必能信，徒取丑声，此乃下计，何谓上策！卿为我辈白镇军：前途攻取，但以见付，事在目中，无患不捷，但借镇军靖镇之耳。"

吴子阳等进军武口。衍命军主梁天惠等屯渔湖城，唐脩期等屯白阳垒，夹岸待之。子阳进军加湖。去郢三十里，傍山带水，筑垒自固。子阳举烽，城内亦举火应之；而内外各自保，不能相救。会房僧寄病卒，

接济他们。河内太守陆琇闻知元禧谋反失败，便斩了元禧的儿子元通，把首级送往朝廷。朝廷认为陆琇在元禧没有失败之前不拘捕元通，指责他与元通串通合谋，把他征召到京城，经廷尉审理，最后死在狱中。宣武帝由于元禧无缘无故谋反，因此越发疏远、猜忌宗室成员了。

巴西太守鲁休烈、巴东太守萧惠训不听从萧颖胄的命令，萧惠训还派遣自己的儿子萧璝带兵去袭击萧颖胄，萧颖胄派汶阳太守刘孝庆驻扎峡口，同巴东太守任漾之等人一起抵挡萧璝。

南齐东昏侯派遣军主吴子阳、陈虎牙等十三军去援救郢城，进驻屯守巴口。陈虎牙是陈伯之的儿子。

六月，西台派遣卫尉席阐文去犒劳萧衍的军队，带着萧颖胄等人的意见转达萧衍："如今兵力停在汉口两岸，而不合并诸军围攻郢城，平定西阳、武昌，夺取江州。这一机会已经失去了，不如求救于魏，与他们联合起来，尚且不失为上策。"萧衍回答道："汉口路通荆州、雍州，控制秦州、梁州，一切粮草物资的运输，资产储存，全凭这里的气息，所以兵压汉口，连接数州。现今如果合并各路军马围攻郢城，并且分兵前进，鲁山必定要阻断沔水水路，扼住我们的咽喉。如果粮运不通，自然会逃亡离散，这样的话，怎么说能持久呢？邓元起近来想带三千兵力去攻取寻阳，寻阳那边欣然悟知利害，派一个说客去就够了；或者要抗拒我们的军队，那可远非三千兵就可以取下的。进退无所依据，不见得可行。西阳、武昌，攻取就可以得到；攻下来了，就应当驻兵镇守。要想守住这两座城池，少于一万人是不行的，粮食物资储备也要与此相当，仓促之下难以筹措。如果东面的军队溯流而上，以一万人攻打这两座城，两城势必不能互相援救，如果我分派军队去援救，则首尾俱将削弱；如果不派遣，孤城必然陷落，一座城丢失了，其他城池也会相继土崩瓦解，天下大事也就去了。如果攻下郢州，沿江席卷而下，则西阳和武昌自然望风披靡。又何必急于分兵散众，自己给自己造成忧患呢？而且，大丈夫举事是为了清理国运，何况拥有数州的兵力来诛斩一帮小人，悬倒河水灌注灭火，哪里有不熄灭的道理呢？岂能求救于北方的戎狄，以致示弱于天下呢？他们也未必可以信任，求救于他们，白白地落下丑恶的名声，这实在是下计，怎么能说是上策呢？请您替我们转告镇军将军萧颖胄：下一步的攻取的事情，只管交付好了，事情明摆在眼前，不要忧虑不能取胜，只是要借镇军将军之威名来镇定军心罢了。"

吴子阳等人进军武口，萧衍命令军主梁天惠等人驻兵渔湖城，唐脩期等人驻兵白阳垒，夹持两岸，严阵以待。吴子阳把军队开进加湖，离郢城三十里，选择依山傍水之处修筑战垒，自我固守。吴子阳点燃烽火，郢城之内也点火相应，但是城内

众复推助防张乐祖代守鲁山。

萧颖胄之初起也，弟颖孚自建康出亡，庐陵民脩灵祐为之聚兵，得二千人，袭庐陵，克之，内史谢篹奔豫章。颖胄遣宁朔将军范僧简自湘州赴之，僧简拔安成，颖胄以僧简为安成太守，以颖孚为庐陵内史。东昏侯遣军主刘希祖将三千人击之，南康太守王丹以郡应希祖。颖孚败，奔长沙，寻病卒，谢篹复还郡。希祖攻拔安成，杀范僧简，东昏侯以希祖为安成内史。脩灵祐复合余众攻谢篹，篹败走。

（以上为第四段，写南齐名将萧衍率军东征，停兵汉口，西台尚书令萧颖胄劝其求救于北魏，萧衍严厉驳斥，坚持不要魏援，独立东进的主张。）

东昏侯作芳乐苑，山石皆涂以五采。望民家有好树、美竹，则毁墙撤屋而徙之；时方盛暑，随即枯萎，朝暮相继。又于苑中立市，使宫人、宦者共为裨贩，以潘贵妃为市令，东昏侯自为市录事，小有得失，妃则予杖；乃敕虎贲不得进大荆、实中荻。又开渠立埭，身自引船，或坐而屠肉。又好巫觋，左右朱光尚诈云见鬼。东昏入乐游苑，人马忽惊，以问光尚，对曰："向见先帝大嗔，不许数出。"东昏大怒，拔刀与光尚寻之。既不见，乃缚菰为高宗形，北向斩之，县首苑门。

崔慧景之败也，巴陵王昭胄、永新侯昭颖出投台军，各以王侯还第，心不自安。竟陵王子良故防阁桑偃为梅虫兒军副，与前巴西太守萧寅谋立昭胄，昭胄许事克用寅为尚书左仆射、护军。时军主胡松将兵屯新亭，寅遣人说之曰："须昏人出，寅等将兵奉昭胄入台，闭城号令。昏人必还就将军，但闭垒不应，则三公不足得也。"松许诺。会东昏新作芳乐苑，经月不出游。偃等议募健儿百余人，从万春门入，突取之，昭胄以为不可。偃同党王山沙虑事久无成，以事告御刀徐僧重。寅遣人杀山沙于路，吏于麝縢中得其事。昭胄兄弟与偃等皆伏诛。雍州刺史张欣泰与弟前始安内史欣时，密谋结胡松及前南谯太守王灵秀、直阁将军鸿选等诛诸嬖幸，废东昏。东昏遣中书舍人冯元嗣监军救郢。秋，七月，甲午，茹法珍、梅虫兒及太子右率李居士、制局监杨明泰送之中兴堂，欣泰等使人怀刀于座斫元嗣，头坠果柈中，又斫明泰，破其腹；虫兒伤数疮，手指皆堕；居士、法珍等散走还台。灵秀诣石头迎建康王宝寅，帅城中将吏

与城外只愿各自保命，不能互相援救。正在这时，房僧寄病死，众人又推选原来协助房僧寄守城的张［孙］乐祖代替他防守鲁山。

萧颖胄刚开始起兵的时候，弟弟萧颖孚从建康逃出，庐陵百姓脩灵祐为萧颖孚召集兵员，得到两千人，袭击庐陵，攻下了庐陵，内史谢篡跑到了豫章。萧颖胄派遣宁朔将军范僧简从湘州赶赴豫章，范僧简攻下了安成，萧颖胄任命范僧简为安成太守，萧颖孚为庐陵内史。东昏侯派遣军主刘希祖率领三千人攻击他，南康太守王丹率郡兵响应刘希祖。萧颖孚战败，跑到长沙，不久病死了，谢篹又回到了郡中。刘希祖攻打拔取了安成，杀了范僧简，东昏侯任命刘希祖为安成内史。脩灵祐重新集合剩余的人马攻打谢篹，谢篹败逃而去。

东昏侯修建了芳乐苑，山体石头全部涂上了五彩。远远望见民众家有好树和美竹，就毁掉院墙，拆掉房屋，把好树和美竹移走。当时正值盛暑，栽上就枯萎了，移徙树木美竹的人一天到晚不断。又在芳乐苑中建立一个集市，让宫人、宦官们充当小贩，让潘贵妃做市令，东昏侯自己任集市的录事，稍有过失，潘贵妃就杖责；命令虎贲不得进用大锤杖和实心的荻杆。又挖渠筑坝，自己亲自牵引船，或者做屠夫割肉。又喜好巫师，左右朱光尚诈称说能看见鬼。一次，东昏侯进入东游苑，人马突然受惊，就问朱光尚是怎么回事，朱光尚回答说："刚刚看见先帝非常生气，不许您频繁出游。"东昏侯勃然大怒，拔出刀子，同朱光尚一起寻找鬼魂。没有找着，就用菰草扎成高宗的形貌，向北立着，斩下脑袋，悬挂在苑门上。

崔慧景失败时，巴陵王萧昭胄、永新侯萧昭颖出来投降了朝廷军队，各自以王侯身份回到府第，心中不能安然。竟陵王萧子良过去的防阁桑偃现今是梅虫兒的军副，与从前的巴西太守萧寅合谋，要立萧昭胄为帝，萧昭胄许诺事成之后让萧寅做尚书左仆射、护军。这时，军主胡松率兵屯驻在新亭，萧寅派人去游说他："等待这个昏君外出的机会，萧寅等人带兵奉送萧昭胄进入宫中，然后关闭城门，发号施令。昏君必然回来投奔将军，只管关闭寨垒不理他。只要您按此办理，到时得三公之位不难。"胡松答应了。恰在这时，东昏侯刚建成芳乐苑，好几个月不出外游赏。桑偃等人就在一起商议招募壮士一百多人，从万春门进去，突然地夺取，萧昭胄认为这样不可行。桑偃的同党王山沙考虑事情拖得太久了不会成功，就去把这件事报告了御刀徐僧重。萧寅派人在路上刺杀了王山沙，官吏在王山沙的香囊中发现了纸条，知道了此事。萧昭胄兄弟以及桑偃等人都伏法被诛。雍州刺史张欣泰同弟弟前始安内史张欣时密谋策划，结交胡松以及从前的南谯太守王灵秀、直阁将军鸿选等人，诛杀东昏侯身边的宠幸之徒，废东昏侯。东昏侯派遣中书舍人冯元嗣监督军队去援

见力，去车轮，载宝寅，文武数百唱警跸，向台城，百姓数千人皆空手随之。欣泰闻事作，驰马入宫，冀法珍等在外，东昏尽以城中处分见委，表里相应。既而法珍得返，处分闭门上仗，不配欣泰兵，鸿选在殿内亦不敢发。宝寅至杜姥宅，日已暝，城门闭。城上人射外人，外人弃宝寅溃去。宝寅亦逃，三日，乃戎服诣草市尉，尉驰以启东昏。东昏召宝寅入宫问之，宝寅涕泣称：“尔日不知何人逼使上车，仍将去，制不自由。”东昏笑，复其爵位。张欣泰等事觉，与胡松皆伏诛。

（以上为第五段，写南齐小皇帝萧宝卷宠幸潘妃，造芳乐苑，置办市场，忙得不亦乐乎，把国家大事抛到脑后去了，而张欣泰密谋废帝，立萧宝寅，失败被杀。）

萧衍使征虏将军王茂、军主曹仲宗等乘水涨以舟师袭加湖，鼓噪攻之。丁酉，加湖溃，吴子阳等走免，将士杀溺死者万计，俘其余众而还。于是郢、鲁二城相视夺气。

乙巳，柔然犯魏边。

鲁山乏粮，军人于矶头捕细鱼供食，密治轻船，将奔夏口，萧衍遣偏军断其走路。丁巳，孙乐祖窘迫，以城降。

己未，东昏侯以程茂为郢州刺史，薛元嗣为雍州刺史。是日，茂、元嗣以郢城降。郢城之初围也，士民男女近十万口；闭门二百余日，疾疫流肿，死者什七八，积尸床下而寝其上，比屋皆满。茂、元嗣等议出降，使张孜为书与衍。张冲故吏青州治中房长瑜谓孜曰：“前使君忠贯昊天，郎君但当坐守画一以荷析薪。若天运不与，当幅巾待命，下从使君。今从诸人之计，非唯郢州士女失高山之望，亦恐彼所不取也。”孜不能用。萧衍以韦叡为江夏太守，行郢府事，收瘗死者而抚其生者，郢人遂安。

救郢城。秋季，七月初二日甲午，茹法珍、梅虫兒以及太子右率李居士、制局监杨明泰在中兴堂为冯元嗣送行，张欣泰等派人怀中藏刀在座席上砍杀了冯元嗣，冯元嗣的脑袋坠落在装水果的盘子中，接着又砍向杨明泰，砍破了他的腹部，梅虫兒几处中伤，手指头全被砍掉，李居士、茹法珍等人散开往宫中逃去。王灵秀去石头迎接建安王萧宝寅，率领着城中的将吏们展示兵力，去掉车轮，让萧宝寅坐在上面，命人抬着前行，文武官员数百名吆喝开道，向朝廷走去，数千名老百姓全都空着双手跟随在后面。张欣泰闻知已经开始行动了，急忙骑马入宫，希望乘茹法珍等人在外面的机会，东昏侯能把城中布置防御的事情完全委托给自己，里外相应。不久茹法珍从中兴堂逃回来了，命令关闭城门，配兵守护，但是没有配备给张欣泰武器，鸿选在殿内也不敢行动。萧宝寅到达杜姥宅时，天已昏暗，城门关闭。城上的人发箭射外面的人，外边的人丢下萧宝寅溃逃而去。萧宝寅也逃走了，三天之后，方才穿着武服来到草市尉处自首，草市尉驰马去报告东昏侯，东昏侯召萧宝寅进宫讯问他，萧宝寅痛哭流涕地说："那天不知道什么人逼使我上车，把我弄去了，实在是身不由己。"东昏侯笑了，恢复了他的爵位。张欣泰等人在事情败露之后，同胡松一起伏法被诛。

萧衍命令征虏将军王茂、军主曹仲宗等人乘水涨以水军袭击加湖，击鼓呼叫进攻。七月初五日丁酉，加湖溃败，吴子阳等人逃走免死，将士被杀或被淹死的以万计数，王茂、曹仲宗的水军俘虏了吴子阳的残余兵将归来。郢城和鲁山的守军顿时丧失胆气。

七月十三日乙巳，柔然进犯北魏边境。

鲁山缺乏粮食，军人们在矶头捕捞小鱼充当食物，秘密地准备好轻便的船只，将要逃奔夏口。萧衍派遣一支偏师切断了他们的逃路。七月二十五日丁巳，孙乐祖窘迫无奈，献城投降。

七月二十七日己未，东昏侯任命程茂为郢州刺史，薛元嗣为雍州刺史。这一天，程茂、薛元嗣以郢城投降。郢城刚被围困的时候，有士人百姓男女近十万人，关闭城门二百多天，城内瘟疫流行，人人因毒气流传而浮肿，每十个人之中就有七八个死去，尸体堆积在床底下，而活人睡在床上，家家户户都是这样。王茂、薛元嗣等人商议出城投降，让张孜写信给萧衍。张冲幕府中故吏青州治中房长瑜对张孜说："前使君忠心气贯长虹，郎君应当坐守画一，守而勿失，父君析薪，其子不克负荷。如果天运不济，只好穿戴幅巾，黄泉之下跟从使君大人。现今，听从其他人的计策，欲出城而降，这不但使郢州的男女老少失去高山景仰之情，也恐怕萧衍不会瞧得上你。"张孜没有听从房长瑜的劝谕。萧衍任命韦叡为江夏太守，代理郢府事务。韦叡

诸将欲顿军夏口；衍以为宜乘胜直指建康，车骑谘议参军张弘策、宁远将军庾域亦以为然。衍命众军即日上道。缘江至建康，凡矶、浦、村落，军行宿次、立顿处所，弘策逆为图画，如在目中。

辛酉，魏大赦。

魏安国宣简侯王肃卒于寿阳，赠侍中、司空。初，肃以父死非命，四年不除丧。高祖曰："三年之丧，贤者不敢过。"命肃以祥禫之礼除丧。然肃犹素服、不听乐终身。

汝南民胡文超起兵于溰阳以应萧衍，求取义阳、安陆等郡以自效；衍又遣军主唐脩期攻随郡，皆克之。司州刺史王僧景遣子为质于衍，司部悉平。

崔慧景之死也，其少子偃为始安内史，逃潜得免。及西台建，以偃为宁朔将军。偃诣公车门上书曰："臣窃惟高宗之孝子忠臣而昏主之乱臣贼子者，江夏王与陛下，先臣与镇军是也；虽成败异术而所由同方。陛下初登至尊，与天合符；天下纤芥之屈，尚望陛下申之，况先帝之子、陛下之兄所行之道，即陛下所由哉！此尚不恤，其余何冀！今不可幸小民之无识而罔之；若使晓然知其情节，相帅而逃，陛下将何以应之哉！"事寝不报。

偃又上疏曰："近冒陈江夏之冤，非敢以父子之亲而伤至公之义，诚不晓圣朝所以然之意。若以狂主虽狂，实是天子，江夏虽贤，实是人臣，先臣奉人臣逆人君为不可，未审今之严兵劲卒直指象魏者，其故何哉！臣所以不死，苟存视息，非有他故，所以待皇运之开泰，申忠魂之枉屈。今皇运已开泰矣，而死社稷者返为贼臣；臣何用此生于陛下之世矣！臣谨按镇军将军臣颖胄、中领军臣详，皆社稷之臣也，同知先臣股肱江夏，匡济王室，天命未遂，主亡与亡；而不为陛下瞥然一言。知而不言，不忠；不知而不言，不智也。如以先臣遣使，江夏斩之；则征东之驿使，何为见戮？陛下斩征东之使，实诈山阳；江夏违先臣之请，实谋孔矜。天命有归，故事业不遂耳。臣所言毕矣，乞就汤镬！然臣虽万没，犹愿陛下必申先臣。何则？恻怆而申之，则天下伏；不恻怆而申之，则天下叛。先臣之忠，有识所知，南、董之笔，千载可期，亦何待陛下屈申而

收埋死者，安抚活着的人，郢人得以安定。

诸位将领想要把军队驻扎在夏口，萧衍则认为应该乘胜而进，直驱建康，车骑谘议参军张弘策、宁远将军庾域也认为应当如此。萧衍命令众路军队当日就开拔上路。沿长江至建康，凡是矶、浦、村落，军队行走途中可以住宿、停留的地方，张弘策预先绘成地图，一目了然。

七月二十八日辛酉，北魏大赦天下。

北魏安国宣简侯王肃死于寿阳，赠侍中、司空。当初，王肃因为父亲死于非命，四年过去了还不脱去丧服，孝文帝对他说："守丧三年，贤者不敢超过呀。"命令王肃以祥禫之礼脱去丧服，然而王肃还是穿着白服，终生不听音乐。

汝南民众胡文超在滠阳起兵来响应萧衍，并且向萧衍请求攻取义阳、安陆等郡，用以表示效力。萧衍又派军主唐脩期攻打随郡，全都攻打下来了。司州刺史王僧景派遣儿子王贞孙到萧衍那里做人质，司州所辖各郡全部归顺萧衍。

崔慧景死的时候，小儿子崔偃任始安内史，潜逃而幸免于一死。西台政权建立之后，任命崔偃为宁朔将军。崔偃来到公车门，上书说："臣认为高宗的孝子忠臣，又是昏君的乱臣贼子，乃江夏王萧宝玄与陛下、先父崔慧景与镇军将军萧颖胄都是如此，虽然成功与失败的结局不同，但是举义兵、讨伐昏主的行为却是相同的。陛下刚刚登上至尊宝座，与上天相契符，天下微小的冤屈，还望陛下能为之洗雪，况且先帝之子，陛下之兄，他所走的路，陛下如今也正在走着。如果连他都不能得到体恤的话，其余的还有何希望呢？如今不可以寄希望于小民的无知无识而欺罔他们，假如使得一下子知道了事情的真相，并且带领他们逃亡的话，陛下将用什么办法来应付呢？"奏章被搁置，没有回答。

崔偃又上疏："近来冒昧上书陈说了江夏王的冤案，这并非是敢以父子之亲而伤害至上至公之道义，实在不知道圣朝为什么要这样做。如果认为狂恶的皇帝虽然狂恶，但毕竟是天子，江夏王虽然贤德，可终究是臣子，先臣拥戴作为臣子的江夏王，背叛了天子乃是不对的话，不明白如今以强兵勇卒直捣魏阙，其原因又是什么呢？臣之所以没有死去，苟且存活于人世，没有其他缘故，只是为了等待皇运开泰那一天，好替死去的忠魂申冤报屈。如今皇运已经开泰，可死于社稷者反倒成了贼臣，那么臣还为什么以此生寄存于陛下之世呢？臣谨按：镇军将军臣萧颖胄、中领军臣萧详，都是社稷之臣，都知道先父为江夏王之股肱，共同匡济王室。无奈天命不遂，先父随主而亡。他们两人不曾就此稍稍地对陛下说上一句话，知而不言，是为不忠；不知而不言，是为不智。如果认为先父派去的使者被江夏王斩了，就说先父并非见知于江夏王，那么征东将军的驿使王天虎又为何被杀戮呢？陛下斩征东使者，确实是为了欺骗刘山阳；而江夏王违背先父的请求，斩了先父派去的使者，实是为了谋

为褒贬！然小臣惓惓之愚，为陛下计耳。”诏报曰：“具知卿惋切之怀，今当显加赠谥。”偃寻下狱死。

（以上为第六段，写南齐大将萧衍攻下郢城后乘胜进军，直驱建康；崔偃几次上书西台，要为其父崔慧景平反，恢复名誉，言辞激烈，西台敷衍了事。）

八月，丁卯，东昏侯以辅国将军申胄监豫州事；辛未，以光禄大夫张瓌镇石头。

初，东昏侯遣陈伯之镇江州，以为吴子阳等声援。子阳等既败，萧衍谓诸将曰：“用兵未必须实力，所听威声耳。今陈虎牙狼狈奔归，寻阳人情理当忷惧，可传檄而定也。”乃命搜俘囚，得伯之幢主苏隆之，厚加赐与，使说伯之，许即用为安东将军、江州刺史。伯之遣隆之返命，虽许归附，而云“大军未须遽下”。衍曰：“伯之此言，意怀首鼠。及其犹豫，急往逼之，计无所出，势不得不降。”乃命邓元起引兵先下，杨公则径掩柴桑，衍与诸将以次进路。元起将至寻阳，伯之收兵退保湖口，留陈虎牙守湓城。选曹郎吴兴沈瑀说伯之迎衍。伯之泣曰：“余子在都，不能不爱。”瑀曰：“不然。人情匈匈，皆思改计；若不早图，众散难合。”丙子，衍至寻阳，伯之束甲请罪。初，新蔡太守席谦，父恭祖为镇西司马，为鱼复侯子响所杀。谦从伯之镇寻阳，闻衍东下，曰：“我家世忠贞，有殒不二。”伯之杀之。乙卯，以伯之为江州刺史，虎牙为徐州刺史。

鲁休烈、萧璝破刘孝庆等于峡口，任漾之战死。休烈等进至上明，江陵大震。萧颖胄恐，驰告萧衍，令遣杨公则还援根本。衍曰：“公则今溯流上江陵，虽至，何能及事！休烈等乌合之众，寻自退散，正须少时持重耳。良须兵力，两弟在雍，指遣往征，不为难至。”颖胄乃遣蔡道恭假节屯上明以拒萧璝。

辛巳，东昏侯以太子左率李居士总督西讨诸军事，屯新亭。

九月，乙未，诏萧衍若定京邑，得以便宜从事。衍留骁骑将军郑绍

取孔矜。天命有所归，所以江夏王与先父的事业没有成功罢了。臣所要陈说的说完了，冒昧言之，愿乞汤镬之罪。然而，即使臣死了，仍希望陛下一定为先父申冤。为什么呢？心中悲伤而申诉，则天下归心；不是内心沉痛而申诉，则天下反叛。先父的忠心，有识之士皆知，南史氏和董狐之笔，千载可期，先父之忠终会载入青史的，又何须劳烦陛下特意对他做出褒贬呢？然而，小臣我情切意急的愚诚，为陛下考虑罢了。”颁布诏书答复说：“完全知道了你的悲痛怨恨之心，现今应该特别赠给你父亲美好的谥号。”但崔偃很快就入狱而死。

八月初五日丁卯，东昏侯命令辅国将军申胄监理豫州事务；八月初九日辛未，命令光禄大夫张瓌镇守石头。

当初，东昏侯派遣陈伯之镇守江州，作为吴子阳等人的增援。吴子阳等人失败之后，萧衍对众位将领说：“用兵不一定靠实力，只是凭借威声罢了。如今陈虎牙狼狈逃奔而回，寻阳人情理当慌乱不安，只传一道檄文即可平定。”命令搜查被囚禁的俘虏，发现了陈伯之的幢主苏隆之，加以优厚的赏赐，派他去游说陈伯之，许诺任命为安东将军、江州刺史。陈伯之派苏隆之复命，虽然答应归附，但要求“大军不必要突然下来”。萧衍说：“陈伯之这话，说明他迟疑不定。趁其犹豫难决，急去逼他，束手无措，势不得不投降。”萧衍便命令邓元起领兵先下，杨公则抄近道袭取柴桑，萧衍自己则同其他将领前后而行。邓元起将要到达寻阳，陈伯之收兵退保湖口，留下陈虎牙防守湓城。选曹郎吴兴人沈瑀劝说陈伯之出迎萧衍，陈伯之哭着说：“我的儿子都在京都，不能不怜惜他们呀！”沈瑀说：“其实不然。人心惶惶，都想另找出路。如果不早点有所考虑的话，部下之众就溃散难于聚集了。”八月十四日丙子，萧衍到了寻阳，陈伯之投降请罪。当初，新蔡太守席谦的父亲席恭祖任镇西司马，被鱼复侯萧子响所杀。席谦跟随陈伯之镇守寻阳，闻知萧衍东下了，说道：“我家世世代代忠贞，至死不改变。”陈伯之杀了他。八月乙卯，任命陈伯之为江州刺史，陈虎牙为徐州刺史。

鲁休烈、萧璝打败刘孝庆于峡口，任漾之战死。鲁休烈等前进至上明，江陵震动。萧颖胄恐惧了，急告萧衍，令他派遣杨公则回来援救江陵根本。萧衍说：“杨公则如今溯江而上江陵，即使到了，如何能来得及呢？鲁休烈等是一群乌合之众，很快就会自己退散，您现今所需要的正是暂时稳定持重，不可慌乱。实在需要兵力增援，我的两个弟弟都在雍州，您指派人去征召他们，很容易就会到达。”萧颖胄就派遣蔡恭祖持符节屯兵上明，以抵抗萧璝的进攻。

八月十九日辛巳，东昏侯命令太子左率李居士总督西讨诸军事，驻兵新亭。

九月初四日乙未，南齐诏令萧衍如果平定京城，自己可以根据具体情况行事。

叔守寻阳，与陈伯之引兵东下，谓绍叔曰："卿，吾之萧何、寇恂也。前涂不捷，我当其咎；粮运不继，卿任其责。"绍叔流涕拜辞。比克建康，绍叔督江、湘粮运，未尝乏绝。

魏司州牧广阳王嘉请筑洛阳三百二十三坊，各方三百步，曰："虽有暂劳，奸盗永息。"丁酉，诏发畿内夫五万人筑之，四旬而罢。

己亥，魏立皇后于氏。后，征虏将军劲之女。劲，烈之弟也。自祖父栗䃅以来，累世贵盛，一皇后，四赠公，三领军，二尚书令，三开国公。

甲申，东昏侯以李居士为江州刺史，冠军将军王珍国为雍州刺史，建安王宝寅为荆州刺史，辅国将军申胄监郢州，龙骧将军扶风马仙琕监豫州，骁骑将军徐元称监徐州军事。珍国，广之之子也。

是日，萧衍前军至芜湖；申胄军二万人弃姑孰走，衍进军，据之。戊申，东昏侯以后军参军萧璝为司州刺史，前辅国将军鲁休烈为益州刺史。

萧衍之克江、郢也，东昏游骋如旧，谓茹法珍曰："须来至白门前，当一决。"衍至近道，乃聚兵为固守之计，简二尚方、二冶囚徒以配军；其不可活者，于朱雀门内日斩百余人。

（以上为第七段，写南齐萧衍攻下江州、郢州，收服降将陈伯之，一路势如破竹，打到建康周围，而小皇帝萧宝卷依然是我行我素，照样游骋玩乐。）

衍遣曹景宗等进顿江宁。丙辰，李居士自新亭选精骑一千至江宁。景宗始至，营垒未立，且师行日久，器甲穿弊。居士望而轻之，鼓噪直前薄之；景宗奋击，破之，因乘胜而前，径至皂荚桥。于是王茂、邓元起、吕僧珍进据赤鼻逻，新亭城主江道林引兵出战，众军擒之于陈。衍至新林，命王茂进据越城，邓元起据道士墩，陈伯之据篱门，吕僧珍据白板桥。李居士觇知僧珍众少，帅锐卒万人直来薄垒。僧珍曰："吾众少，不可逆战，可勿遥射，须至堑里，当并力破之。"俄而皆越堑拔栅。僧珍分人上城，矢石俱发，自帅马步三百人出其后，城上复逾城而下，内外奋击，居士败走，获其器甲不可胜计。居士请于东昏侯，烧南岸邑屋以开战场，自大航以西，新亭以北皆尽。衍诸弟皆自建康自拔赴军。

萧衍留下骁骑将军郑绍叔驻守寻阳，与陈伯之率兵东下，对郑绍叔说："您就是我的萧何和寇恂。如果前方战事不能取胜，我承担过失；如果粮草运输跟不上，你承担责任。"郑绍叔流涕向萧衍拜辞。一直到攻克建康，郑绍叔督管江、湘的粮食运送，从来没有断绝过。

北魏司州牧、广阳王元嘉建议请求在洛阳城内修筑三百二十三个坊，各自方三百步，说道："虽然有暂时的劳苦，奸盗永远止息。"九月初六日丁酉，诏令征京畿之内民夫五万人筑坊，四十天就修筑完毕。

九月初八日己亥，北魏立皇后于氏。于皇后是征虏将军于劲的女儿；于劲是于烈的弟弟。自从祖父于栗磾以来，于家几代显贵兴盛，一个皇后，四人公爵，三人任领军，两人任尚书令，还有三个人是开国公。

九月十三日甲辰，东昏侯以李居士为江州刺史，冠军将军王珍国为雍州刺史，建安王萧宝寅为荆州刺史，辅国将军申胄监管郢州，龙骧将军、扶风人马仙琕监管豫州，骁骑将军徐元称监徐州军事。王珍国是王广之的儿子。

这一天，萧衍的前军到达芜湖，申胄的军队两万人弃掉姑孰逃走，萧衍进军，占据了姑孰。九月十七日戊申，东昏侯委任后军参军萧璝为司州刺史，前辅国将军鲁休烈为益州刺史。

萧衍攻克江州、郢州之后，东昏侯照样游骋玩乐，对茹法珍说："等来到白门前时，应当决一死战。"萧衍到了建康附近，才召聚兵力，准备固守，他命人从建康的左、右尚方和东、西冶当中挑选囚徒充配军队，对不能让其活着的囚徒，在朱雀门内一日内就斩了百余人。

萧衍派遣曹景宗等人进驻江宁。九月二十五日丙辰，李居士从新亭挑选了精骑一千人到达江宁。曹景宗刚到时，营垒还没有来得及建立，而且由于行军日久，士兵们的甲衣都穿破了。李居士眺望敌人而轻视，击鼓呐喊直上前去逼近。曹景宗奋而反击，大败李居士，乘胜前进，一直到了皂荚桥。这时王茂、邓元起、吕僧珍进据赤鼻逻，新亭城主江道林领兵出战，众军在阵中生擒了江道林。萧衍到了新林，命令王茂向前推进占据越城，邓元起占据道士墩，陈伯之占据篱门，吕僧珍占据白板桥。李居士窥探到吕僧珍的兵力少，就率领精锐士卒一万人直向前来，逼近营垒。吕僧珍对部下讲道："我们的兵力少，不可出战，也不要远距离放箭，须待到了堑垒之中，再并力打败他们。"不一会儿，李居士的军队都越过堑壕，拔掉栅栏，吕僧珍分派人上城，箭石一齐发射，自己则亲率步、骑兵三百人绕到敌人背后，而城上的人又越城而下，这样内外奋力夹击，李居士溃败而逃，吕僧珍部缴获各种器甲不可

冬，十月，甲戌，东昏侯遣征虏将军王珍国、军主胡虎牙将精兵十万余人陈于朱雀航南，宦官王宝孙持白虎幡督战，开航背水，以绝归路。衍军小却，王茂下马，单刀直前，其甥韦欣庆执铁缠矟以翼之，冲击东军，应时而陷。曹景宗纵兵乘之，吕僧珍纵火焚其营，将士皆殊死战，鼓噪震天地。珍国等众军不能抗，王宝孙切骂诸将帅，直阁将军席豪发愤，突阵而死。豪，骁将也，既死，士卒土崩，赴淮死者无数，积尸与航等，后至者乘之而济。于是东昏侯诸军望之皆溃。衍军长驱至宣阳门，诸将移营稍前。

陈伯之屯西明门，每城中有降人出，伯之辄呼与耳语。衍恐其复怀翻覆，密语伯之曰："闻城中甚忿卿举江州降，欲遣刺客中卿，宜以为虑。"伯之未之信。会东昏侯将郑伯伦来降，衍使伯伦过伯之，谓曰："城中甚忿卿，欲遣信诱卿以封赏，须卿复降，当生割卿手足；卿若不降，复欲遣刺客杀卿。宜深为备。"伯之惧，自是始无异志。

戊寅，东昏宁朔将军徐元瑜以东府城降。青、冀二州刺史桓和入援，屯东宫。己卯，和诈东昏，云出战，因以其众来降。光禄大夫张瓌弃石头还宫。李居士以新亭降于衍，琅邪城主张木亦降。壬午，衍镇石头，命诸军攻六门。东昏烧门内营署、官府，驱逼士民，悉入宫城，闭门自守。衍命诸军筑长围守之。

杨公则屯领军府垒北楼，与南掖门相对，尝登楼望战。城中遥见麾盖，以神锋弩射之，矢贯胡床，左右失色。公则曰："几中吾脚！"谈笑如初。东昏夜选勇士攻公则栅，军中惊扰；公则坚卧不起，徐命击之，东昏兵乃退。公则所领皆湘州人，素号怯懦，城中轻之，每出荡，辄先犯公则垒；公则奖厉军士，克获更多。

先是，东昏遣军主左僧庆屯京口，常僧景屯广陵，李叔献屯瓜步；及申胄自姑孰奔归，使屯破墩，以为东北声援。至是，衍遣使晓谕，皆帅其众来降。衍遣弟辅国将军秀镇京口，辅国将军恢镇破墩，从弟宁朔

胜数。李居士请示东昏侯，要火烧长江南岸村舍的房屋以开辟战场，大航以西、新亭以北的房屋全被烧光。萧衍的几个弟弟都从建康自动脱身奔赴军队。

冬季，十月初三日甲戌，东昏侯派遣征虏将军王珍国、军主胡虎牙率领精兵十万多人布阵于朱雀航南边，宦官王宝孙持白虎幡督战，打开浮桥，断绝了后路，背水一战。萧衍的军队稍微后撤，王茂下了马，手持单刀，直向前去，外甥韦欣庆手执铁缠矛左右掩护，冲击东军，立刻冲陷。曹景宗乘机纵兵攻进，吕僧珍放火焚烧了营帐，将士们全部拼力死战，战鼓和杀喊之声震天动地。王珍国等众军抵抗不住，王宝孙狠骂诸位将帅，直阁将军席豪很是激愤，突阵而死。席豪是一员骁将，他阵亡之后，士卒们土崩瓦解，跳进秦淮河中死去的无以计数，尸体堆积与桥面一样高，后面来到的踏着尸体过河。这时东昏侯的各路军队望见这一情形，全都溃散而逃。萧衍的军队长驱直进，到了宣阳门，各位将领把营地渐向前移。

陈伯之驻扎在西明门，每当城中有人出来投降，他都要叫来附着耳朵说话，萧衍恐怕他再生反复之心，就偷偷地告诉陈伯之说："听说城内特别气愤您率领江州投降，想派刺客来刺杀您。所以您应该小心为妙。"但是陈伯之不相信。恰好东昏侯的将领郑伯伦来投降，萧衍指使郑伯伦去见陈伯之，对他说："城中特别愤恨您，要送信来，对您以封赏为引诱，待您又投降回去之后，就要活割掉您的手脚；您如果不投降，就要派遣刺客来杀您。要特别加以防备。"陈伯之害怕了，从此才开始没有异心了。

十月十七日戊寅，东昏侯的宁朔将军徐元瑜献出东府城投降。青、冀两州的刺史桓和入城增援，驻扎在东宫。十月十八日己卯，桓和欺骗东昏侯，声称出战，借机率部投降。光禄大夫张瓌放弃石头回宫。李居士献出新亭投降萧衍，琅邪城主张木也投降。十月二十一日壬午，萧衍坐镇石头，命令各路军队攻打六个城门。东昏侯放火烧了城内的营署、官府，驱逼士人和百姓全部进入宫城，关闭宫门自守。萧衍命令诸军修筑围墙防守。

杨公则驻扎在领军府垒北楼，与南掖门正好相对，曾经登楼观战，城中遥望见了他的麾盖，用神锋弩射他，箭头穿透了胡床，身边的人都惊恐失色，杨公则说道："差点儿射中我的脚。"谈笑如初。东昏侯在夜间挑选勇士攻打杨公则的栅垒，军中惊慌不已，杨公则一直躺在床上，慢慢地才命令攻击，东昏侯的兵才撤退走了。杨公则所率领的兵士全是湘州人，素来被认为怯懦，城中轻视他们，每次出来冲荡，总是首先进犯杨公则的营垒，杨公则奖励军士们，所以克敌获胜的次数转多。

在此之前，东昏侯派遣军主左僧庆驻扎京口，常僧景驻扎广陵，李叔献驻扎瓜步。到申胄从姑孰跑回宫中之后，东昏侯又让他去驻守破墩，以便声援东北。到这时，萧衍派遣使者去劝谕上述各守将，他们都率部来降。萧衍派遣弟弟、辅国将军

将军景镇广陵。

（以上为第八段，写兵临建康城下，南齐守城将士看到大势已去，纷纷选择投降。）

十一月，丙申，魏以骠骑大将军穆亮为司空。丁酉，以北海王详为太傅，领司徒。初，详欲夺彭城王勰司徒，故谮而黜之；既而畏人议己，故但为大将军，至是乃居之。详贵盛翕赫，将作大匠王遇多随详所欲，私以官物给之。司徒长史于忠责遇于详前曰："殿下，国之周公，阿衡王室，所须材用，自应关旨；何至阿谀附势，损公惠私也！"遇既踧踖，详亦惭谢。忠每以鲠直为详所忿，尝骂忠曰："我忧在前见尔死，不忧尔见我死时也！"忠曰："人生于世，自有定分；若应死于王手，避亦不免；若其不尔，王不能杀！"忠以讨咸阳王禧功，封魏郡公，迁散骑常侍，兼武卫将军。详因忠表让之际，密劝魏主以忠为列卿，令解左右，听其让爵。于是诏停其封，优进太府卿。

巴东献武公萧颖胄以萧璝与蔡道恭相持不决，忧愤成疾；壬午，卒。夏侯详秘之，使似其书者假为教命，密报萧衍，衍亦秘之。详征兵雍州，萧伟遣萧憺将兵赴之。璝等闻建康已危，众惧而溃，璝及鲁休烈皆降。乃发颖胄丧，赠侍中、丞相。于是众望尽归于衍。夏侯详请与萧憺共参军国，诏以详为侍中、尚书右仆射，寻除使持节、抚军将军、荆州刺史。详固让于憺。乃以憺行荆州府州军。

（以上为第九段，继续写南齐和帝中兴元年的史事，主要写北魏太傅元祥心术不正，排挤忠臣元勰，私用公家物资，大臣于忠不畏强权，坚决抵制；南朝宋西台权臣萧颖胄无能力御下，忧愤成疾而去世。）

魏改筑圜丘于伊水之阳；乙卯，始祀于其上。

魏镇南将军元英上书曰："萧宝卷荒纵日甚，虐害无辜。其雍州刺史萧衍东伐秣陵，扫土兴兵，顺流而下；唯有孤城，更无重卫，乃皇天授我之日，旷世一逢之秋。此而不乘，将欲何待！臣乞躬帅步骑三万，直指沔阴，据襄阳之城，断黑水之路。昏虐君臣，自相鱼肉；我居上流，威震遐迩。长驱南出，进拔江陵，则三楚之地一朝可收，岷、蜀之道自

萧秀镇守京口，辅国将军萧恢镇守破墩，堂弟、宁朔将军萧景镇守广陵。

十一月初六日丙申，北魏任命骠骑将军穆亮为司空。十一月初七日丁酉，任命北海王元详为太傅，兼任司徒。当初，元详想要夺取彭城王元勰的司徒位子，所以诬陷中伤元勰，罢黜了他。后来害怕别人议论自己，所以只担任大将军，到这时他才居于司徒之位。元详大贵显赫，将作大匠王遇经常随元详所欲，私自把官物供给他。司徒长史于忠当着元详面责备王遇，说道："殿下的身份，相当于周公，担负着辅导皇上、主持国政的重任，他需要什么东西，你自然应该得到圣上的旨令以后才给予，何至于如此阿谀附势，损公惠私呢？"王遇恭敬而不自安，元详也惭愧地承认过错。于忠经常因耿直使元详愤恨不已，元详曾经骂于忠："我担心先看见你的死，而不担心你看见我死！"于忠说："人生在世上，一切自有定分；如果应当死在王爷手中，逃避也不能幸免；如果不是如此，王爷也不能杀了我。"于忠因为讨伐咸阳王元禧有功，被封为魏郡公，升任散骑常侍，兼任武卫将军。元详借于忠上表辞让之际，就密劝魏宣武帝任命于忠为列卿，解除常在天子左右的官职，听任他辞让出爵位。这时诏令撤销对于忠的封赏，特升进拔他为太府卿。

巴东献武公萧颖胄因萧璝与蔡道恭相持不下，所以忧愤成疾，壬午日，病死。夏侯详封锁了萧颖胄的死讯，让笔迹相似的人假冒其名写成命令，秘密地送给萧衍，萧衍亦秘而不宣。夏侯详在雍州征兵，萧伟派遣萧憺率兵前去。萧璝闻知建康已经危在旦夕，部下惧怕而溃散，萧璝以及鲁休烈都投降了，这才给萧颖胄发丧，追赠他侍中、丞相，于是天下众望全归于萧衍。夏侯详请求与萧憺一起参与军国事务，诏令夏侯详为侍中、尚书右仆射，很快又任命为使持节、抚军将军、荆州刺史。夏侯详再三辞让给萧憺。就让萧憺兼摄荆州府州军务。

北魏把祭天的圜丘改筑在伊水的北面；十一月二十五日乙卯，首次在上面祭祀。

北魏镇南将军元英上书说："萧宝卷荒淫放纵一日甚于一日，虐杀残害无辜。其雍州刺史萧衍东伐秣陵，倾巢兴兵，顺流而下，如今襄阳唯有一座孤城，更无重兵守护，此乃是皇天授我好机会，旷世难逢之秋，不乘此机会，还等什么呢？臣请求亲自统率步、骑兵三万，直指沔南，占据襄阳城，切断黑水之路。昏虐君臣们自相鱼肉残杀，而我居于上流，威震遐迩。再长驱南出，进军攻拔江陵，那么三楚之地

成断绝。又命扬、徐二州声言俱举，建业穷蹙，鱼游釜中，可以齐文轨而大同，混天地而为一。伏惟陛下独决圣心，无取疑议；此期脱爽，并吞无日。”事寝不报。

车骑大将军源怀上言：“萧衍内侮，宝卷孤危，广陵、淮阴等戍皆观望得失。斯实天启之期，并吞之会；宜东西齐举，以成席卷之势。若使萧衍克济，上下同心，岂唯后图之难，亦恐扬州危逼。何则？寿春之去建康才七百里，山川水陆，皆彼所谙。彼若内外无虞，君臣分定，乘舟藉水，倏忽而至，未易当也。今宝卷都邑有土崩之忧，边城无继援之望，廓清江表，正在今日。”魏主乃以任城王澄为都督淮南诸军事、镇南大将军、开府仪同三司、扬州刺史，使为经略，既而不果。怀，贺之子也。

东豫州刺史田益宗上表曰：“萧氏乱常，君臣交争，江外州镇，中分为两，东西抗峙，已淹岁时。民庶穷于转输，甲兵疲于战斗，事救于目前，力尽于麾下，无暇外维州镇，纲纪庶方，藩城棋立，孤存而已。不乘机电扫，廓彼蛮疆，恐后之经略，未易于此。且寿春虽平，三面仍梗，镇守之宜，实须豫设。义阳差近淮源，利涉津要，朝廷行师，必由此道。若江南一平，有事淮外，须乘夏水泛长，列舟长淮；师赴寿春，须从义阳之北，便是居我喉要，在虑弥深。义阳之灭，今实时矣。度彼不过须精卒一万二千；然行师之法，贵张形势。请使两荆之众西拟随、雍，扬州之卒顿于建安，得捍三关之援；然后二豫之军直据南关，对抗延头，遣一都督总诸军节度，季冬进师，迄于春末，不过十旬，克之必矣。”

元英又奏称：“今宝卷骨肉相残，藩镇鼎立。义阳孤绝，密迩王土，内无兵储之固，外无粮援之期，此乃欲焚之鸟，不可去薪，授首之寇，岂容缓斧！若失此不取，岂唯后举难图，亦恐更为深患。今豫州刺史司马悦已戒严垂发，东豫州刺史田益宗兵守三关，请遣军司为之节度。”魏主乃遣直寝羊灵引为军司。益宗遂入寇。建宁太守黄天赐与益宗战于赤亭，天赐败绩。

（以上为第十段，写北魏大臣元英、源怀、田益宗上书趁南齐内乱大举出兵南

一朝可以得到，岷蜀的道路自然断绝了。再命令扬州和徐州方面声言一起举兵，建康穷蹙无路，如鱼游釜中，可以齐同文轨，统一天下。敬请陛下独自裁决于圣心，不要听取狐疑异议。这次机会错过的话，并吞再也没有时日了。”元英的上书被搁置，没有答复。

车骑大将军源怀进言：“萧衍在国内大举侵夺，萧宝卷孤危难保，广陵、淮阴等戍所都在观望得失。这实在是上天开启的机会，并吞天下的时机，应该东西两面一起发兵，形成席卷之势。如果使萧衍成功，其上下同心，不但以后图取困难，恐怕扬州也受到威逼。为什么呢？寿春离建康才七百里，其山川水陆形势，全是他们所熟悉的。他们如果内外无患、君臣之分定了之后，顺着水路乘舟突然而至，就不易抵挡得住。如今，萧宝卷的京都有土崩瓦解之忧，边城没有继续援救的希望，廓清长江以南，正在今日。”魏宣武帝任命任城王元澄为都督淮南诸军事、镇南大将军、开府仪同三司、扬州刺史，让他具体部署，但是最后这一计划没有结果。源怀是源贺的儿子。

东豫州刺史田益宗上表说：“萧氏违乱纲常，君臣之间互相交战，江南的州镇，分而为二，东西对峙，已经一年之久了。庶民百姓穷于输送转运粮草、物资，士兵们疲于征战斗杀，忙于应付目前的事情，力量竭尽于军营帐下，无暇顾及外面州镇的维系。治理众多地方，藩城棋布，只不过是孤立生存罢了。不乘机出征，如闪电般横扫，开拓蛮人疆域为我所有，恐怕以后再要筹划，不易达到如此的效果。而且，寿春虽然平定，三面仍然阻塞而不通，镇守事宜，确实需要预先安排妥当。义阳离淮源较近，是渡河的津要之地，朝廷军队的行进，必由此道经过。如果江南一旦平定，势必用兵淮河之外，必定乘夏天淮河涨水，列舟于长淮。军队赶赴寿春，须从义阳之北经过，便成为我方的咽喉要地，担虑更深。义阳之灭除，如今确是良机。估计不过只需要精兵一万二千罢了，但是用兵之道，贵在张大声势，所以请让荆州和东荆州的军队在西边佯攻随、雍，扬州的军队驻扎在建安，以便保卫三关的增援道路。然后豫州和东豫州的军队直接占据南关，对抗于延头。派遣一位都督统管各路军队的调遣部署，于冬末发兵，迄于春末，不过百日，一定能够取得胜利。”

元英又上奏说：“如今萧宝卷骨肉兄弟互相残杀，各藩镇鼎立对峙。义阳孤绝无援，又和我国紧相接壤，但是内部没有兵力储备用以固守，外部没有粮食援军的希望，这正是欲焚之鸟，不可去掉薪火；脑袋伸过来的贼寇，岂容迟缓下斧？如果失去此次机会而不取，岂止以后再攻取难以得手，而且恐怕更要成为今后的隐患。现今，豫州刺史司马悦已经戒严待发，东豫州刺史田益宗兵守三关，请派遣军司去具体调遣部署。”魏宣武帝派遣直寝羊灵引为军司。田益宗入侵南齐，建宁太守黄天赐在赤亭同田益宗交锋，黄天赐战败。

进，宣武帝动作迟缓，贻误战机。）

崔慧景之逼建康也，东昏侯拜蒋子文为假黄钺、使持节、相国、太宰、大将军、录尚书事、扬州牧、钟山王；及衍至，又尊子文为灵帝，迎神像入后堂，使巫祷祀求福。及城闭，城中军事悉委王珍国；兖州刺史张稷入卫京师，以稷为珍国之副。稷，瓌之弟也。

时城中实甲犹七万人，东昏素好军陈，与黄门、刀敕及宫人于华光殿前习战斗，诈作被创势，使人以板舁去，用为厌胜。常于殿中戎服、骑马出入，以金银为铠胄，具装饰以孔翠。昼眠夜起，一如平常。闻外鼓叫声，被大红袍，登景阳楼屋上望之，弩几中之。

始，东昏与左右谋，以为陈显达一战即败，崔慧景围城寻走，谓衍兵亦然，敕太官办樵、米为百日调而已。及大桁之败，众情凶惧。茹法珍等恐士民逃溃，故闭城不复出兵。既而长围已立，堑栅严固；然后出荡，屡战不捷。

东昏尤惜金钱，不肯赏赐，法珍叩头请之，东昏曰："贼来独取我耶！何为就我求物！"后堂储数百具榜，启为城防；东昏欲留作殿，竟不与。又督御府作三百人精仗，待围解以拟屏除，金银雕镂杂物，倍急于常。众皆怨怠，不为致力。外围既久，城中皆思早亡，莫敢先发。

茹法珍、梅虫兒说东昏曰："大臣不留意，使围不解，宜悉诛之。"王珍国、张稷惧祸，珍国密遣所亲献明镜于萧衍，衍断金以报之。兖州中兵参军张齐，稷之腹心也，珍国因齐密与稷谋，同弑东昏。齐夜引珍国就稷，造膝定计，齐自执烛；又以计告后閤舍人钱强。十二月，丙寅夜，强密令人开云龙门，珍国、稷引兵入殿，御刀丰勇之为内应。东昏在含德殿作笙歌，寝未熟，闻兵入，趋出北户，欲还后宫，门已闭。宦者黄泰平刀伤其膝，仆地，张齐斩之。稷召尚书右仆射王亮等列坐殿前西钟下，令百僚署笺，以黄油裹东昏首，遣国子博士范云等送诣石头。右卫将军王志叹曰："冠虽弊，何可加足！"取庭中树叶挼服之，伪闷，不署名。衍览笺无志名，心嘉之。亮，莹之从弟；志，僧虔之子也。

崔慧景攻逼建康的时候，东昏侯拜蒋子文为假黄钺、使持节、相国、太宰、大将军、录尚书事、扬州牧、钟山王。到萧衍率兵到来的时候，东昏侯又尊蒋子文为灵帝，迎接他的神像进入后堂，让巫师祈祷求福。到了城门关闭之后，东昏侯把城中的军事全部委托给王珍国。兖州刺史张稷来守卫京师，东昏侯又让张稷任王珍国的副手。张稷是张瓌的弟弟。

当时城中的兵卒还有七万人，东昏侯向来喜好军阵，与身边的黄门、刀敕以及宫人们在华光殿前演习战斗，假作受伤的样子，让人用木板抬去，用这种形式来驱凶化吉。东昏侯还经常在殿中着戎服，骑着马出入，用金银做成铠甲和头盔，全都装饰以翡翠。昼眠夜起，一如平常那样。他听到外面的击鼓呐喊之声，就披着大红袍，登上景阳楼的屋顶观望，差点被弩机射中。

开始的时候，东昏侯与左右心腹谋划，认为陈显达一战即败，崔慧景围城很快就逃走，萧衍的军队也会这样的，所以敕令太官备办柴火和粮米，够百日之用就行了。当大桁之败以后，城中民心慌乱，人人自危。茹法珍等人担心士人和百姓们逃溃，所以关闭城门而不再出战。等到萧衍的长围已经筑好，堑栅坚固之后，再派兵出城荡击，屡战屡败。

东昏侯尤其吝惜金钱，不肯赏赐，茹法珍磕头请求，东昏侯说："贼寇来只是为了取我一人吗？为什么向我要东西赏赐？"后堂之中储放了几百块木片，启奏要拿去做城防之用，东昏侯想留下来盖殿时使用，终究不给。又督促御府制作了三百人使用的精制兵器，等围困解除之后，出外游玩时，卫士们用以屏除驱赶士民。金银雕镂物品，也让赶制，急于往常。众人都心有怨气，消极懈怠，不愿出力。外面围困的时间已经很久，城中的人都希望能早点逃走，只是谁也不敢先发作罢了。

茹法珍和梅虫兒劝说东昏侯说："大臣们不用心，以致城围不能解除，应该把他们全部杀掉。"王珍国和张稷惧怕大祸临头，王珍国就派遣自己的亲信给萧衍献了一块明镜，以示自己的心意，萧衍用断金的行为表示信任王珍国。兖州中兵参军张齐是张稷的心腹，王珍国就通过张齐秘密地与张稷策谋，要一同杀掉东昏侯。张齐在夜间把王珍国带到张稷那里，两人凑在一起促膝而坐设定计谋，张齐亲自手执蜡烛。又把计策告诉了后阁舍人钱强。十二月初六日丙寅夜间，钱强秘密令人打开云龙门，王珍国和张稷带兵冲入殿中，御刀丰勇之做内应。这天晚上，东昏侯在含德殿笙歌弹唱，休息之后，还没有睡熟，听到兵进来了，就急忙从北门跑出去，想跑回后宫去，门已经关闭了。宦官黄泰平用刀砍伤了东昏侯的膝盖，东昏侯倒在了地上，张齐斩了他。张稷召集尚书右仆射王亮等人列坐在殿前西边的乐钟下，命令群僚签名，

衍与范云有旧，即留参帷幄。王亮在东昏朝，以依违取容。萧衍至新林，百僚皆间道送款，亮独不遣。东昏败，亮出见衍，衍曰："颠而不扶，安用彼相！"亮曰："若其可扶，明公岂有今日之举！"城中出者，或被劫剥。杨公则亲帅麾下陈于东掖门，卫送公卿士民，故出者多由公则营焉。衍使张弘策先入清宫，封府库及图籍。于时城内珍宝委积，弘策禁勒部曲，秋毫无犯。收潘妃及嬖臣茹法珍、梅虫兒、王咺之等四十一人皆属吏。

（以上为第十一段，写南齐萧衍的大军围困宫城，小皇帝萧宝卷被杀。）

初，海陵王之废也，王太后出居鄱阳王故第，号宣德宫。乙巳，萧衍以宣德太后令追废涪陵王为东昏侯，褚后及太子诵并为庶人。以衍为中书监、大司马、录尚书事、骠骑大将军、扬州刺史，封建安郡公，依晋武陵王遵承制故事，百僚致敬；以王亮为长史。壬申，更封建安王宝寅为鄱阳王。癸酉，以司徒、扬州刺史晋安王宝义为太尉，领司徒。

已卯，衍入屯阅武堂，下令大赦。又下令："凡昏制谬赋、淫刑滥役外，可详检前原，悉皆除荡，其主守散失诸所损耗，精立科条，咸从原例。"又下令："通检尚书众曹，东昏时诸诤讼失理及主者淹停不时施行者，精加讯辩，依事议奏。"又下令："收葬义师，瘗逆徒之死亡者。"潘妃有国色，衍欲留之，以问侍中、领军将军王茂，茂曰："亡齐者此物，留之恐贻外议。"乃缢杀于狱，并诛嬖臣茹法珍等。以宫女二千分赉将士。乙酉，以辅国将军萧宏为中护军。

（以上为第十二段，写南齐萧衍入主建康城，以宣德太后令行使皇帝权力，公布了一系列新的政令予以施行，至此南齐名存实亡。）

衍之东下也，豫州刺史马仙琕拥兵不附衍，衍使其故人姚仲宾说之，

又命令人在黄绢上涂油，裹住东昏侯的首级，然后派遣国子博士范云等人送到石头。右卫将军王志叹息着说道：“帽冠虽然破了，怎能用脚踩踏呢？”王志到庭中摘取树叶，用手搓成团吞服下去，假装闷过去了，不在册子上签名。萧衍阅看送来的百官群僚的签名册，见上面没有王志的名字，心里十分嘉许他。王亮是王莹的堂弟，王志是王僧虔的儿子。

萧衍与范云过去就有交情，于是就把他留下来加入了自己的幕僚。王亮在东昏侯执政的时候，靠耍两面派而取悦。萧衍到了新林，百官群僚都抄小道前去致意，唯独王亮没有派人去。东昏侯失败之后，王亮出来见萧衍，萧衍说：“颠覆而不加以匡扶，哪里用你这宰相？”王亮回答：“如果可以扶持的话，明公您哪里能有今日之举呢？”从宫城中出来的人，有的被抢劫。杨公则亲自率领部下列阵在东掖门，以便护送公卿士民们，所以出城者大多由杨公则的营地通过。萧衍派张弘策先进去清理宫中，封存了府库和图籍。其时，宫城中珍宝之物堆积，张弘策严加管束部曲，秋毫无犯。收押潘贵妃以及宠臣茹法珍、梅虫兒、王咺之等四十一人，交给主管官吏处理。

当初，海陵王被废之后，皇太后出宫居住在鄱阳王的旧宅中，号为宣德宫。乙巳，萧衍以宣德太后的名义，命令追封被废的涪陵王萧宝卷为东昏侯，褚后以及太子萧诵并黜为庶人。任命萧衍为中书监、大司马、录尚书事、骠骑大将军、扬州刺史，封为建安郡公，并且依照晋代武陵王司马遵承制令的先例，行使皇帝的权力，百官群僚向萧衍致敬。任命王亮为长史。十二月十二日壬申，改封建安王萧宝寅为鄱阳王。十二月十三日癸酉，以司徒、扬州刺史晋安王萧宝义为太尉，兼任司徒。

十二月十九日己卯，萧衍进驻阅武堂，下令大赦天下。又下令：“凡是错误的规章，荒谬的税赋，过分的刑罚和劳役，可以详细考察当初制订的原因，全部废除。地方官吏负责掌管而造成散失和损耗，应精细地设立科目条例，全部遵从原来的惯例。”又下令：“全部检查尚书省各部门的文案，东昏侯时对各种诉讼案件处理不公道的，以及主办人拖延不及时办理的，精加讯问辨查，根据事实论处并裁决上奏。”又下令：“收葬正义之师阵亡将士，掩埋东昏侯军队中的死亡者。”潘贵妃有倾国的容貌，萧衍想把她留下，拿这件事问侍中、领军将军王茂，王茂说：“使南齐亡掉的正是这个女人，留下来恐怕给别人留下话柄。”下令把潘贵妃勒死在狱中，并诛杀佞臣茹法珍等人。把两千宫女分赏给将士们。十二月二十五日乙酉，以辅国将军萧宏为中护军。

萧衍东下的时候，豫州刺史马仙琕拥兵自守，不归附萧衍，萧衍派他的老朋友

仙琕先为设酒，乃斩于军门以徇。衍又遣其族叔怀远说之，仙琕曰“大义灭亲”，又欲斩之，军中为请，乃得免。衍至新林，仙琕犹于江西日抄运船。衍围宫城，州郡皆遣使请降，吴兴太守袁昂独拒境不受命。昂，觊之子也。衍使驾部郎考城江革为书与昂曰：“根本既倾，枝叶安附？今竭力昏主，未足为忠；家门屠灭，非所谓孝。岂若翻然改图，自招多福！”昂复书曰：“三吴内地，非用兵之所；况以偏隅一郡，何能为役！自承麾旆届止，莫不膝袒军门。唯仆一人敢后至者，政以内揆庸素，文武无施，虽欲献心，不增大师之勇；置其愚默，宁沮众军之威。幸藉将军含弘之大，可得从容以礼。窃以一餐微施，尚复投殒；况食人之禄而顿忘一旦，非唯物议不可，亦恐明公鄙之，所以踌躇，未遑荐璧。”昂问时事于武康令北地傅暎，暎曰：“昔元嘉之末，开辟未有，故太尉杀身以明节。司徒当寄托之重，理无苟全，所以不顾夷险以徇名义。今嗣主昏虐，曾无悛改；荆、雍协举，乘据上流，天人之意可知。愿明府深虑，无取后悔。”及建康平，衍使豫州刺史李元履巡抚东土，敕元履曰：“袁昂道素之门，世有忠节，天下须共容之，勿以兵威陵辱。”元履至吴兴，宣衍旨；昂亦不请降，开门撤备而已。

仙琕闻台城不守，号泣谓将士曰：“我受人任寄，义不容降，君等皆有父母；我为忠臣，君为孝子，不亦可乎！”乃悉遣城内兵出降，余壮士数十，闭门独守。俄而兵入，围之数十重。仙琕令士皆持满，兵不敢近。日暮，仙琕乃投弓曰：“诸君但来见取，我义不降。”乃槛送石头。衍释之，使待袁昂至俱入，曰：“令天下见二义士。”衍谓仙琕曰：“射钩、斩袪，昔人所美。卿勿以杀使断运自嫌。”仙琕谢曰：“小人如失主犬，后主饲之，则复为用矣。”衍笑，皆厚遇之。丙戌，萧衍入镇殿中。

刘希祖既克安成，移檄湘部，始兴内史王僧粲应之。僧粲自称湘州刺史，引兵袭长沙。去城百余里，于是湘州郡县兵皆蜂起以应僧粲，唯

姚仲宾去游说他。马仙琕先为姚仲宾摆了酒席，然后把他斩于军门之前以向众人宣示。萧衍又派遣马仙琕的族叔马怀远去游说，马仙琕说："大义灭亲。"又要斩马怀远，军中替马怀远求情，才得以幸免。萧衍到达新林，马仙琕还在长江西边每日拦截萧衍运粮的船只。萧衍围困宫城，各州郡都派遣使者来请求投降，吴兴太守袁昂在境内抗拒而不投降。袁昂是袁顗的儿子。萧衍让驾部郎考城人江革给袁昂写信："树干已经倒了，枝叶还依附什么？现今你为昏君竭力效命，并非是忠；到时家门遭受屠灭，非所谓孝。不如幡然醒悟，另有所图，自招多福呢！"袁昂回信说："三吴邻近京畿，不是用兵的场所；况且以本郡如此偏隅之地，何能为麾下役使呢？自从承蒙麾下挥师前来之后，各州郡莫不遣使膝行肉袒于军门，请求投降。唯独在下一人敢于后至，正是因为内心感到庸碌平常，文武缺欠，虽然想要献心投诚，并不能为大军增勇，把愚默之人放在一边，难道会败坏军威？幸好将军气度宏大，才能让我从容地遵守礼仪。窃以为受他人一餐微薄的施舍，尚且需投命殒身相报；况且本人享受朝廷食禄，岂能忘记一旦之恩呢？不但要招来众议，亦恐怕明公也要鄙视。所以踌躇至今，没来得及衔璧而降。"袁昂向武康令北地人傅暎征求对时局的看法，傅暎说："从前元嘉末年的事，开天辟地以来所未有，所以太尉杀身以明节操。令尊司徒受重托之命，没有苟全之理，所以不顾夷险安危而殉命于道义名节。如今继位皇帝昏庸虐暴，毫无悔改之心，荆州和雍州共同举兵，占据着上游，天人之意由此而可知。愿明府深加思虑，不要他日而后悔。"建康平定之后，萧衍派豫州刺史李元履巡抚东南一带，命令李元履说："袁昂出身于有道的门第，世代有忠节，对于这样的名节之士，天下应当一起容纳，所以不要使用兵威凌辱他。"李元履到了吴兴，向袁昂宣读了萧衍的旨令，但袁昂还是不投降，只是打开城门，撤去守备而已。

马仙琕闻知皇城失守，哭泣着对将士们说："我受朝廷委命，义不容降，而你们皆有父母，不可不顾及。所以，我来做忠臣，你们做孝子，不也是可以的吗？"命令城内之兵全部出降，只留下壮士几十人，闭门而独守。不一会儿，外兵进来了，前后把他围了数十重，马仙琕命令壮士们都拉满弓箭，围兵们谁也不敢近前。日暮的时候，马仙琕才投下手中弓箭说："各位只管来抓捕我，我义不投降。"便将马仙琕关在囚车中，押送到石头。萧衍释放了他，让他等袁昂到后一起进来，说道："让天下人见到了两位义士。"萧衍又对马仙琕说："射钩、斩袪，为过去的人所赞美。您不要因杀了使者和阻断粮运而自己见外。"马仙琕谢罪道："小人就像失去主人的狗一样，被后来的主人所饲养，那么只好为新主人所用了。"萧衍笑了，对马仙琕和袁昂二人都给以优厚的待遇。十二月二十六日丙戌，萧衍进入镇守殿中。

刘希祖攻克安成之后，给湘州送了一道檄文，始兴内史王僧粲响应。王僧粲自称为湘州刺史，带兵去袭击长沙。离长沙城还有百余里，湘州各郡县都蜂拥而起，

临湘、湘阴、浏阳、罗四县尚全。长沙人皆欲泛舟走，行事刘坦悉聚其舟焚之，遣军主尹法略拒僧粲。战数不利，前湘州镇军锺玄绍潜结士民数百人，刻日翻城应僧粲。坦闻其谋，阳为不知，因理讼至夜，而城门遂不闭以疑之。玄绍未发，明旦，诣坦问其故。坦久留与语，密遣亲兵收其家书。玄绍在坐，而收兵已报，具得其文书本末。玄绍即首服，于坐斩之；焚其文书，余党悉无所问。众愧且服，州郡遂安。法略与僧粲相持累月。建康城平，杨公则还州。僧粲等散走。王丹为郡人所杀，刘希祖亦举郡降。公则克己廉慎，轻刑薄赋，顷之，湘州户口几复其旧。

（以上为第十三段，写南齐大司马萧衍主政，注意团结各方面的人才，马仙琕、袁昂二人，是原南齐朝廷的铁杆拥护者，萧衍予以善待；杨公则治理湘州。）

响应王僧粲，唯有临湘、湘阴、浏阳、罗四个县尚且自我保全。长沙人都想乘舟逃离，行事刘坦把船只全部收聚焚烧了，派遣军主尹法略去抵挡王僧粲。交战数次，都不能取胜，前湘州镇军锺玄绍偷偷地集结士人百姓数百人，约定日期翻城策应王僧粲。刘坦知道了这一密谋，假装不知道，由于审理讼事案件一直到夜间，而城门不关闭，因而疑惑他们。这天夜里，锺玄绍没有行动，第二天早晨，到刘坦那里去问不关城门的缘故。刘坦把锺玄绍留下，与他谈话，而秘密派遣亲兵到他家中去抄收文书。锺玄绍还坐在刘坦那里，而派去抄收的亲兵已经回来报告，知晓了文书全部细节。锺玄绍只好低头认罪，并被斩于座上。烧毁了文书，其他同党一概不予过问。众人既惭愧，又服膺，州郡得以安定。尹法略与王僧粲相持了好几个月。建康城平定之后，杨公则返回湘州，王僧粲等人四处散逃了。王丹被郡中人杀死，刘希祖也率郡投降。杨公则克己廉正，做事审慎，减轻刑罚，少收赋税，很快，湘州的户口数就差不多恢复到原来的数量了。

【点评】

萧衍的人格魅力。本卷展现了萧衍卓越的眼光、谋略与人格魅力。其一，其眼光锐利，识见高人一等。萧颖胄等建议萧衍北联北魏，被萧衍否决，谓“事在目中，无患不捷”，一副稳操胜券的样子。再就是，关于是否攻打鲁山一事与雍州诸将发生争论，萧衍力排众议坚决执行自己的主张，后来从雍州一直打到建康，一一应验了萧衍的预言。其二，善待马仙琕和袁昂二人则表现了萧衍的胸怀。萧衍东下的时候，豫州刺史马仙琕拥兵自守，不归附萧衍，萧衍派他的老朋友姚仲宾去游说马仙琕，马仙琕把姚仲宾斩于军门之前。萧衍又派遣马仙琕的族叔马怀远去游说，马仙琕又要大义灭亲，多亏军中替马怀远求情，才得以幸免。如此决绝的马仙琕自然是铁了心对抗萧衍。还有，吴兴太守袁昂在境内抵抗而不投降萧衍。建康平定之后，萧衍派豫州刺史李元履巡抚东南一带，命令李元履说：“袁昂出身于有道的门第，世代有忠节，对于这样的名节之士，天下须共容之，所以不要使用兵威凌辱他。”等到俘获二人之后，萧衍说明自己仰慕“射钩、斩袪”的美事，向天下人展示的是团结那些反对过自己的人的信心，自然会收得人心。人心所向，天下披靡。其三，执政能力的展示。萧衍在阅武堂所宣布的大政方针是在登上帝位之前的政治预演，展示了他的统治能力。其下令大赦天下，又下令：“凡是错误的规章，荒谬的税赋，过分的刑罚和劳役，可以详细考察当初制订的原因，全部废除。地方官吏负责掌管而造成散失和损耗，应精细地设立科目条例，全部遵从原来的惯例。”又下令：“全部检查尚书省各部门的文案，东昏侯时对各种诉讼案件处理不公道的，以及主办人拖延不及时办理的，精加讯问辨查，根据事实论处并裁决上奏。”又下令：“收葬正义之师阵亡将士，掩埋东昏侯军队中的死亡者。”这些都是当务之急，也都有利于收归民心。

梁纪一

梁武帝天监元年至三年（502—504年）

【起玄黓敦牂（壬午，502年），尽阏逢涒滩（甲申，504年），凡三年】

【大事提要】

本卷记事起自公元502年，至公元504年，凡三年，当梁武帝天监元年至天监三年。本卷所载大事，南朝萧梁大事两件，其一，公元502年，萧衍为梁公、梁王，杀齐明帝诸子，称帝，是为梁武帝，国号梁，南齐亡。梁武帝在位48年，是南朝执政时间最长的皇帝。其二，梁武帝总结南齐皇室失败的原因，能够善待高帝子弟。北魏大事一件，即逃奔北魏的萧宝寅和元澄请求南下，北魏调发六个州兵力，兵阻阜陵，撤军而回。

【原文】

高祖武皇帝一

天监元年（壬午，502 年）

春，正月，齐和帝遣兼侍中席阐文等慰劳建康。

大司马衍下令："凡东昏时浮费，自非可以习礼乐之容，缮甲兵之备者，余皆禁绝。"

戊戌，迎宣德太后入宫，临朝称制；衍解承制。

己亥，以宁朔将军萧昺监南兖州诸军事。昺，衍之从父弟也。

壬寅，进大司马衍都督中外诸军事，剑履上殿，赞拜不名。己酉，以大司马长史王亮为中书监、尚书令。

初，大司马与黄门侍郎范云、南清河太守沈约、司徒右长史任昉同在竟陵王西邸，意好敦密，至是，引云为大司马谘议参军、领录事，约为骠骑司马，昉为记室参军，与参谋议。前吴兴太守谢朏、国子祭酒何胤先皆弃官家居，衍奏征为军谘祭酒，朏、胤皆不至。

大司马内有受禅之志，沈约微扣其端，大司马不应；他日，又进曰："今与古异，不可以淳风期物。士大夫攀龙附凤，皆望有尺寸之功。今童儿牧竖皆知齐祚已终，明公当承其运，天文谶记又复炳然；天心不可违，人情不可失。苟历数所在，虽欲谦光，亦不可得已。"大司马曰："吾方思之。"约曰："公初建牙樊、沔，此时应思；今王业已成，何所复思！若不早定大业，脱有一人立异，即损威德。且人非金石，时事难保，岂可以建安之封遗之子孙！若天子还都，公卿在位，则君臣分定，无复异心，君明于上，臣忠于下，岂复有人方更同公作贼！"大司马然之。

约出，大司马召范云告之，云对略同约旨，大司马曰："智者乃尔暗同。卿明早将休文更来！"云出，语约，约曰："卿必待我！"云许诺，而约先期入。大司马命草具其事，约乃出怀中诏书并诸选置，大司马初无所改。俄而云自外来，至殿门，不得入，徘徊寿光阁外，但云"咄咄！"约出，问曰："何以见处？"约举手向左，云笑曰："不乖所望。"

【语译】

高祖武皇帝一

梁武帝天监元年（壬午，502年）

春季，正月，齐和帝萧宝融派遣兼侍中席阐文等人慰劳建康。

大司马萧衍下令："凡是东昏侯时超过规定的开支，如果不是用以操习礼乐法度、修缮军事装备者，其余一概禁绝。"

正月初九日戊戌，南齐迎宣德太后进宫，临朝称制。萧衍解除承受制令的权力。

正月初十日己亥，南齐任命宁朔将军萧昺监南兖州诸军事。萧昺是萧衍的堂弟。

正月十三日壬寅，南齐晋升大司马萧衍为都督中外诸军事，可以佩剑穿鞋上殿，朝见赞拜可以不报姓名。正月二十日己酉，南齐任命大司马长史王亮为中书监、尚书令。

当初，大司马萧衍与黄门侍郎范云、南清河太守沈约、司徒右长史任昉一同在竟陵王的西官邸，彼此情意甚笃，关系密切。到这时，萧衍引荐范云为大司马谘议参军、领录事，沈约为骠骑司马，任昉为记室参军，参与策谋计议。前吴兴太守谢朏、国子祭酒何胤先前都弃官回家，萧衍上奏征召他们为军谘祭酒，谢朏和何胤都没有来就任。

大司马萧衍心里有受禅登基的意图，沈约含蓄地叩问这件事，大司马没有吭声。有一天，又进言："如今与古代不同了，不可以期望用淳古之风期待当前的事，士大夫攀龙附凤，都希望能有尺寸之功劳。现今连小孩牧童都知道齐的国运已经终结了，明公应当承受其运命，天文星象的预示已经很清楚明白了。天意不可违抗，人心不可失去。假如天道如此，虽然想要谦逊礼让，实际上也是办不到的。"大司马说："我正在考虑。"沈约又说道："您刚开始在樊、沔兴兵举事，在那时应该思考，如今王业已经成功，还考虑什么呢？如果不早点完成大业，若有一人提出异议，就会有损于威德。况且人非金石，时事难以保全，难道可以把建安郡公这么一个封爵留给子孙后代吗？如果天子回到京城，公卿们各得其位，君臣之间的名分确定，不再有什么异心了，于是君主光明于上，臣子忠心于下，难道还会有人再一起当贼吗？"大司马深表同意。

沈约出去之后，大司马又叫范云进去，告诉了沈约的话，范云的回答与沈约所说的意思差不多，大司马说道："智者所见如此相同。你明天早晨带着沈休文再来这里。"范云出来，告诉了沈约，沈约说："您一定要等我呀！"范云答应了。但是，沈约提前去了，大司马命令沈约起草各项事宜，沈约从怀中取出已经写好的诏书以及人事安排名单，大司马基本没有改动。一会儿范云从外面来了，到了殿门口，不

有顷，大司马召云入，叹约才智纵横，且曰："我起兵于今三年矣，功臣诸将实有其劳，然成帝业者，卿二人也。"

（以上为第一段，写南齐沈约、范云策功萧衍称帝。）

甲寅，诏进大司马位相国，总百揆，扬州牧，封十郡为梁公，备九锡之礼，置梁百司，去录尚书之号，骠骑大将军如故。二月，辛酉，梁公始受命。

齐湘东王宝晊，安陆昭王缅之子也，颇好文学。东昏侯死，宝晊望物情归己，坐待法驾。既而王珍国等送首梁公，梁公以宝晊为太常，宝晊心不自安。壬戌，梁公称宝晊谋反，并其弟江陵公宝览、汝南公宝宏皆杀之。

丙寅，诏梁国选诸要职，悉依天朝之制。于是以沈约为吏部尚书兼右仆射，范云为侍中。

梁公纳东昏余妃，颇妨政事，范云以为言，梁公未之从。云与侍中、领军将军王茂同入见，云曰："昔沛公入关，妇女无所幸，此范增所以畏其志大也。今明公始定建康，海内想望风声，奈何袭乱亡之迹，以女德为累乎！"王茂起拜曰："范云言是也。公必以天下为念，无宜留此。"梁公默然。云即请以余氏赉王茂，梁公贤其意而许之。明日，赐云、茂钱各百万。

丙戌，诏梁公增封十郡，进爵为王。癸巳，受命，赦国内及府州殊死以下。

辛丑，杀齐邵陵王宝攸、晋熙王宝嵩、桂阳王宝贞。

梁王将杀齐诸王，防守犹未急。鄱阳王宝寅家阉人颜文智与左右麻拱等密谋穿墙夜出宝寅，具小船于江岸，著乌布襦，腰系千余钱，潜赴江侧，蹑屩徒步，足无完肤。防守者至明追之，宝寅诈为钓者，随流上下十余里，追者不疑。待散，乃渡西岸投民华文荣家，文荣与其族人天龙、惠连弃家将宝寅遁匿山涧，赁驴乘之，昼伏夜行，抵寿阳之东城。魏戍主杜元伦驰告扬州刺史任城王澄，以车马侍卫迎之。宝寅时年十六，徒步憔悴，见者以为掠卖生口。澄待以客礼，宝寅请丧君斩衰之服，澄遣人晓示情礼，以丧兄齐衰之服给之。澄帅官僚赴吊，宝寅居处有礼，

得进入，徘徊在寿光阁外，口中不停地发出“咄咄”的声音。沈约出来了，范云就问他：“怎么安排我？”沈约举起手来向左一指，范云笑着说：“和所希望的差不多。”过了一会儿，大司马传范云进去，他当着范云的面赞叹了一番沈约如何才智纵横，并且说道：“我起兵至今已经三年了，各位功臣将领确实出了不少力气，但是能帮我成就帝业的人，只有你们两人啊。”

正月二十五日甲寅，南齐诏令大司马萧衍位进相国、总百揆、扬州牧，并封赏十郡给梁公，备九锡之礼，在梁国设置各种官员，免去其录尚书的称号，骠骑大将军的官职不变。二月初二日辛酉，梁公萧衍方才接受诏命。

湘东王萧宝晊是安陆昭王萧缅的儿子，十分爱好文学。东昏侯死后，萧宝晊希望人心都向着自己，坐等法驾来接。到王珍国把东昏侯的首级送给梁公，梁公任命萧宝晊为太常，萧宝晊就心中不安了。二月初三日壬戌，梁公声称萧宝晊谋反，把萧宝晊以及其弟弟江陵公萧宝览、汝南公萧宝宏一起杀掉了。

二月初七日丙寅，南齐诏令梁国选任各种要职官员，全部依照南齐的制度。这时任命沈约为吏部尚书兼右仆射，范云为侍中。

梁公纳娶了东昏侯的妃子余氏，对政事有很多妨害，范云加以劝说，梁公没有听从。范云又与侍中、领军将军王茂一同入宫晋见，范云说：“过去沛公刘邦进关，妇女无所亲幸，这正是范增敬畏其志向远大之处。如今明公刚平定建康，海内之众向往景仰好的风气，您如何可以沿袭乱身亡国的行迹，为女色受牵累呢？”王茂起身下拜说：“范云说得极对。明公一定要以天下为念，不应该把余氏留在身边。”梁公默然无语。范云请求萧衍把余氏赏赐给王茂，梁公认为他们的意见正确，就同意把余氏赏给了他。次日，萧衍分别给范云、王茂赏赐了一百万钱。

二月二十七日丙戌，南齐诏令给梁公增封十郡，进爵位为王。三月初五日癸巳，接受了诏命，下令赦免梁国境内以及南齐所统各府州死刑以下的犯人。

二月十三日辛丑，杀了南齐邵陵王萧宝攸、晋熙王萧宝嵩、桂阳王萧宝贞。

梁王打算杀南齐诸位封王，监视看管还不甚严密。鄱阳王萧宝寅家中的阉人颜文智与左右心腹麻拱等人密谋，在夜间挖开墙壁，把萧宝寅送出去，在长江岸边准备了一只小船。穿着黑布短衣，腰里系着一千多钱，偷偷地跑到江边。穿着草鞋，徒步而行，以致两只脚全都磨破了。看管的人到天明去追赶，萧宝寅装作是钓鱼人，与追赶者一起在江中并舟而行了十多里，追赶者都没有对他产生怀疑。等到追赶的人离开之后，萧宝寅就在西边靠岸，投奔到百姓华文荣家中，华文荣与其同族人华天龙、华惠连丢弃家业，将萧宝寅藏到山涧里。租了毛驴骑着，昼伏而夜行，来到了寿阳的东城。驻守在这里的北魏戍主杜元伦急忙把情况报告了扬州刺史任城王元

一同极哀之节。寿阳多其义故，皆受慰唁，唯不见夏侯一族，以夏侯详从梁王故也，澄深器重之。

（以上为第二段，写南齐梁王萧衍，以谋反罪杀掉萧鸾一族的人，篡位之心暴露无遗，萧鸾之子鄱阳王萧宝寅历尽千辛万苦，逃到北魏，深受器重。）

齐和帝东归，以萧憺为都督荆湘等六州诸军事、荆州刺史。荆州军旅之后，公私空乏，憺厉精为治，广屯田，省力役，存问兵死之家，供其乏困。自以少年居重任，谓佐吏曰："政之不臧，士君子所宜共惜。吾今开怀，卿其无隐！"于是人人得尽意，民有讼者皆立前待符教，决于俄顷，曹无留事。荆人大悦。

齐和帝至姑孰，丙辰，下诏禅位于梁。

丁巳，庐陵王宝源卒。

鲁阳蛮鲁北燕等起兵攻魏颍州。

夏，四月，辛酉，宣德太后令曰："西诏至，帝宪章前代，敬禅神器于梁，明可临轩，遣使恭授玺绂，未亡人归于别宫。"壬戌，发策，遣兼太保、尚书令亮等奉皇帝玺绂诣梁宫。丙寅，梁王即皇帝位于南郊，大赦，改元。是日，追赠兄懿为丞相，封长沙王，谥曰宣武，葬礼依晋安平献王故事。

丁卯，奉和帝为巴陵王，宫于姑孰，优崇之礼，皆仿齐初。奉宣德太后为齐文帝妃，王皇后为巴陵王妃。齐世王、侯封爵，悉从降省，唯宋汝阴王不在除例。

追尊皇考为文皇帝，庙号太祖；皇妣为献皇后。追谥妃郗氏曰德皇后。封文武功臣车骑将军夏侯详等十五人为公、侯。立皇弟中护军宏为临川王，南徐州刺史秀为安成王，雍州刺史伟为建安王，左卫将军恢为鄱阳王，荆州刺史憺为始兴王；以宏为扬州刺史。

丁卯，以中书监王亮为尚书令，相国左长史王莹为中书监，吏部尚书沈约为尚书仆射，长兼侍中范云为散骑常侍、吏部尚书。

诏凡后宫、乐府、西解、暴室诸妇女，一皆放遣。

澄，元澄用车马侍卫迎接萧宝寅。当时，萧宝寅年纪十六岁，徒步而行，形容憔悴，见到的人还以为是被掠卖来的人口。元澄以招待客人的礼节对待萧宝寅，萧宝寅向元澄要为皇帝守丧而穿的生麻布制的丧服，元澄派人对萧宝寅晓示了一番情理，最后只给了萧宝寅为兄长守丧而穿的熟麻布制的丧服。元澄率领手下的官吏们亲赴萧宝寅住处去吊丧，萧宝寅的一举一动符合礼仪，元澄与手下官吏们表现得极其哀痛，如同自己君父之丧。寿阳有许多受过南齐旧恩的故旧，都来萧宝寅处吊唁，唯独不见夏侯详的人来，这是由于夏侯详跟从了梁王萧衍的缘故。元澄非常器重萧宝寅。

齐和帝萧宝融由荆州东归建康，任命萧憺为都督荆湘等六州诸军事、荆州刺史。荆州经过战争之后，公私财用都非常匮乏，萧憺励精图治，广开屯田，省免劳役，抚恤慰问当兵阵亡的人家，供应救济他们的困乏。自以为年纪轻而居于重位，对辅佐的官吏说："政事如果不善，士君子应该共同痛惜。我现今开诚布公，你们也不要有所隐瞒。"这样人人都能充分表达自己的心意，民众如有诉讼者站在一旁等待处理，很快就可以做出决定，官署中没有积压的事情。荆州人非常高兴。

齐和帝到达姑孰，于三月二十八日丙辰，颁布诏书禅让皇位于梁王。

二月二十九日丁巳，南齐庐陵王萧宝源去世。

鲁阳的蛮人鲁北燕等人起兵攻打北魏颍州。

夏季，四月初三日辛酉，南齐宣德太后发令："皇上的诏书已经到了，皇上效法前代，恭敬地将帝位禅让给梁王，明天早晨来到殿前，派使者向梁王恭授印玺，未亡人将回到别宫去居住。"四月初四日壬戌，发出策书，派遣兼太保、尚书令王亮等人奉送皇帝印玺到梁宫。四月初八日丙寅，梁王萧衍于南郊即位登基，大赦天下，改年号为天监。这一天，萧衍追赠其兄萧懿为丞相，封为长沙王，谥号为宣武，葬礼依照晋代安葬安平献王的先例。

四月初九日丁卯，奉齐和帝为巴陵王，建王宫于姑孰，待遇和尊奉之礼，都仿照南齐开国之初高帝尊奉宋顺帝的旧礼。奉宣德太后为齐文帝妃，王皇后为巴陵王妃。南齐诸王、侯全部降低一级爵位，除去封国，唯有刘宋汝阴王不在此例之内。

梁武帝追尊父亲为文皇帝，庙号太祖；母亲为献皇后。又追谥妃子郗氏为德皇后。封文武功臣车骑将军夏侯详等十五人为公、侯。立弟弟中护军萧宏为临川王，南徐州刺史萧秀为安成王，雍州刺史萧伟为建安王，左卫将军萧恢为鄱阳王，荆州刺史萧憺为始兴王；任命萧宏为扬州刺史。

四月初九日丁卯，梁武帝任命中书监王亮为尚书令，相国左长史王莹为中书监，吏部尚书沈约为尚书仆射，长兼侍中范云为散骑常侍、吏部尚书。

梁武帝诏令凡是后宫、乐府、西解、暴室中的妇女一概放还回家。

（以上为第三段，写南齐傀儡和帝萧宝融禅位于梁王萧衍，萧衍即位称帝，建立梁朝，史称梁武帝。）

戊辰，巴陵王卒。时上欲以南海郡为巴陵国，徙王居之。沈约曰："古今殊事，魏武所云：'不可慕虚名而受实祸。'"上颔之，乃遣所亲郑伯禽诣姑孰，以生金进王，王曰："我死不须金，醇酒足矣。"乃饮沈醉，伯禽就折杀之。

王之镇荆州也，琅邪颜见远为录事参军，及即位，为治书侍御史兼中丞，既禅位，见远不食数日而卒。上闻之曰："我自应天从人，何预天下士大夫事，而颜见远乃至于此！"

庚午，诏："有司依周、汉故事，议赎刑条格，凡在官身犯鞭杖之罪，悉入赎停罚，其台省令史、士卒欲赎者听之。"以谢沭县公宝义为巴陵王，奉齐祀。宝义幼有废疾，不能言，故独得全。

齐南康侯子恪及弟祁阳侯子范尝因事入见，上从容谓曰："天下公器，非可力取，苟无期运，虽项籍之力终亦败亡。宋孝武性猜忌，兄弟粗有令名者皆鸩之，朝臣以疑似枉死者相继。然或疑而不能去，或不疑而卒为患，如卿祖以材略见疑，而无如之何。湘东以庸愚不疑，而子孙皆死其手。我于时已生，彼岂知我应有今日！固知有天命者非人所害。我初平建康，人皆劝我除去卿辈以壹物心，我于时依而行之，谁谓不可！正以江左以来，代谢之际，必相屠灭，感伤和气，所以国祚不长。又，齐、梁虽云革命，事异前世，我与卿兄弟虽复绝服，宗属未远，齐业之初亦共甘苦，情同一家，岂可遽如行路之人！卿兄弟果有天命，非我所杀；若无天命，何忽行此！当足示无度量耳。且建武涂炭卿门，我起义兵，非唯自雪门耻，亦为卿兄弟报仇。卿若能在建武、永元之世拨乱反正，我岂得不释戈推奉邪！我自取天下于明帝家，非取之于卿家也。昔刘子舆自称成帝子，光武言：'假使成帝更生，天下亦不可复得，况子舆乎！'曹志，魏武帝之孙，为晋忠臣。况卿今日犹是宗室，我方坦然相期，卿无复怀自外之意！小待，当自知我寸心。"子恪兄弟凡十六人，皆仕梁，子恪、子范、子质、子显、子云、子晖并以才能知名，历官清显，各以寿终。

四月初十日戊辰，巴陵王萧宝融去世。当时梁武帝想以南海郡为巴陵国，迁巴陵王去居住，沈约说："古今不同，当年魏武帝说过'不可以慕虚名而受实祸'。"梁武帝点头同意，就派遣亲信郑伯禽到了姑孰，把生金子进献巴陵王，巴陵王说道："我死不须用金子，醇酒就足够了。"就给巴陵王酒喝，巴陵王烂醉时，郑伯禽上前将其杀死。

巴陵王镇守荆州的时候，琅邪人颜见远做他的录事参军，等他即位之后，又担任治书侍御史兼中丞。巴陵王让位之后，颜见远绝食数日而死。梁武帝闻知此事之后说："我受禅让而登基是顺应天心人愿，与天下士大夫们有什么关系呢？颜见远何乃至于如此地步！"

四月十二日庚午，梁武帝诏令："官吏们依照周、汉的先例，议定赎刑条例，凡是身居官位而犯有该受鞭杖之刑的人，全部可以出赎金而停止惩罚，各台省的令史以及士卒犯罪而愿意赎刑者，听任其便。"梁武帝封谢沭县公萧宝义为巴陵王，奉祀齐祖先。萧宝义幼时有残疾，是个哑巴，所以才得以保全。

齐南康侯萧子恪以及其弟祁阳侯萧子范曾经因事入见，梁武帝从容地说："天子之位为公器，人所共有，不可以用力气取得，假如没有气数，即使有项羽之力，终究还是要失败。宋孝武帝生性猜忌，兄弟中稍有些好名声的，都用鸩酒害死，朝廷中的臣子一个接一个地以似是而实非的原因死去。然而，有的虽然怀疑却不能把他除去，有的虽然不疑却终于成为后患，比如你们的祖父因才略而被猜疑，但是却拿他一点办法也没有。湘东王以平庸愚笨而未遭猜疑，但是子孙却最后都死在他手中。我在那时已经出生，他岂知我会有今天呢？因此可知有天命的人，是别人害不了的。我刚平定建康时，人们都劝我除掉你们以统一人心，我当时如果依照这一建议而行事，谁会说不可以呢？正是因为江南以来，每到改朝换代的时候，总是残杀屠灭，以致有伤和气，因此国运都不能长久。另外，由齐而梁，虽然说是朝代更替，但是事情与前代不同，我与你们兄弟虽然出了五服，宗属关系并不太远，南齐创业之初，也曾同甘共苦，情同一家，岂可以一下子就变成行路之人！你们兄弟如果有天命的话，就不是我所能杀得了的；如果没有天命，我又何必快速地那样做呢？应当只是向世人显示没有度量罢了。况且，建武年间涂炭你们家门，我起义兵，不但是自雪家耻，也是为你们兄弟报仇。你们如果能在建武、永元年间拨乱反正的话，我哪里能不放下干戈而推奉拥戴呢？我是自明帝家取来的天下，并非是从你们家取来的。过去，刘子舆自称是汉成帝的儿子，汉光武帝说：'假使汉成帝再生，天下也不可能

（以上为第四段，写南朝萧梁皇帝萧衍为巩固统治地位，将明帝萧鸾一族子孙尽数诛杀，而善待高帝萧道成子孙，故萧嶷十六个儿子尽数保全，且列官显要。）

诏征谢朏为左光禄大夫、开府仪同三司，何胤为右光禄大夫，何点为侍中；胤、点终不就。

癸酉，诏“公车府谤木、肺石傍各置一函，若肉食莫言，欲有横议，投谤木函；若以功劳才器冤沈莫达，投肺石函”。

上身服浣濯之衣，常膳唯以菜蔬。每简长吏，务选廉平，皆召见于前，勖以政道。擢尚书殿中郎到溉为建安内史，左户侍郎刘鬷为晋安太守，二人皆以廉洁著称。溉，彦之曾孙也。

又著令：“小县令有能，迁大县；大县有能，迁二千石。”以山阴令丘仲孚为长沙内史，武康令东海何远为宣城太守，由是廉能莫不知劝。

鲁阳蛮围魏湖阳，抚军将军李崇将兵击破之，斩鲁北燕；徙万余户于幽、并诸州及六镇，寻叛南走，所在追讨，比及河，杀之皆尽。

闰月，丁巳，魏顿丘匡公穆亮卒。

齐东昏侯嬖臣孙文明等，虽经赦令，犹不自安，五月，乙亥夜，帅其徒数百人，因运荻炬，束仗入南、北掖门作乱，烧神虎门、总章观，入卫尉府，杀卫尉洮阳愍侯张弘策。前军司马吕僧珍直殿内，以宿卫兵拒之，不能却。上戎服御前殿，曰：“贼夜来，是其众少，晓则走矣。”命击五鼓，领军将军王茂、骁骑将军张惠绍闻难，引兵赴救，盗乃散走，讨捕，悉诛之。

（以上为第五段，写南朝萧梁武帝萧衍设置谤木、肺石，放置木匣，鼓励投诉、上诉冤情；穿旧衣，食菜蔬，选择廉政公平者为官，平定孙文明叛乱。）

江州刺史陈伯之，目不识书，得文牒辞讼，唯作大诺而已，有事，典签传口语，与夺决于主者。豫章人邓缮、永兴人戴永忠有旧恩于伯之，伯之以缮为别驾，永忠为记室参军。河南褚緭居建康，素薄行，仕宦不

重新到手，何况刘子舆呢？’曹志是魏武帝的孙子，为晋朝的忠臣。更何况你们现今仍然是皇家宗室，我坦诚地讲了以上这些，你们不要再有见外之意。稍微等待，应当知道我的寸心了。”萧子恪兄弟一共十六人，都在梁朝做官，萧子恪、萧子范、萧子质、萧子显、萧子云、萧子晖一并以才能而知名，历任清高而显要的官职，各自得天年而寿终。

梁武帝颁布诏书，征谢朏为左光禄大夫、开府仪同三司，何胤为右光禄大夫，何点为侍中；何胤与何点到底也没有去就任。

四月十五日癸酉，梁武帝诏令："在公车府诽谤之木和肺石旁边各放置一个匣子，如果做官之人没有谈到，布衣处士想对朝政提出议论，投入谤木旁边的匣子里；如果因功劳或才识被冤沉而不能上通朝廷，如欲申诉，投入肺石旁边的匣子中。"

梁武帝身穿浣濯过的衣服，平时用的膳只是菜蔬之类。每次挑选高级官员，务必选择廉正公平者，都召到面前，勉励以治政之道。提拔尚书殿中郎到溉为建安内史，左户侍郎刘鬷为晋安太守，这两人都以廉洁著称。到溉是到彦之的曾孙。

又诏令："小县的县令如果有能力，就升到大县任县令，大县的县令有能力，升任二千石。"任命山阴县令丘仲孚为长沙内史，武康县令东海人何远为宣城太守，因此官吏们无不受到优待勉励。

鲁阳蛮围攻北魏湖阳，抚军将军李崇率兵击败了他们，斩了鲁北燕；北魏迁移一万余户当地的蛮人到幽、并等州以及六镇，不久这些蛮人又叛逃南归，他们所到之处都派兵追捕，追到黄河边时，将其全部杀掉。

闰四月三十日丁巳，北魏顿丘匡公穆亮去世。

南齐东昏侯的宠臣孙文明等人，虽然被赦免，但是仍然感到不安，于五月十八日乙亥夜间，带领同伙几百人，借运交芦苇火把之机，把兵器藏在芦柴中，乘机进入南、北掖门，暴动作乱，烧了神虎门、总章观，闯入卫尉府，杀了卫尉洮阳愍侯张弘策。前军司马吕僧珍在殿内当值，以宿卫兵抵抗，不能使之退却。梁武帝身穿戎服来到前殿，说道："反贼们乘夜间而来，是因为他们的人数少，天亮了就会逃跑。"命令击响五鼓，即东方青鼓、南方赤鼓、西方白鼓、北方黑鼓、中间黄鼓，鼓声一响，领军将军王茂、骁骑将军张惠绍知道有难，即刻带兵前来解救，贼盗们纷纷逃散，经过搜捕，将其全部诛杀。

江州刺史陈伯之目不识丁，收到文书、讼词，只会在文书上签字，表示同意，有何事情，通过典签口头来传达，予夺大权完全掌握在典签手中。豫章人邓缮、永兴人戴永忠过去有恩于陈伯之，陈伯之就委任邓缮为别驾，戴永忠为记室参军。河

得志，频造尚书范云，云不礼之。绢怒，私谓所亲曰：“建武以后，草泽下族悉化成贵人，吾何罪而见弃！今天下草创，饥馑不已，丧乱未可知。陈伯之拥强兵在江州，非主上旧臣，有自疑之意；且荧惑守南斗，讵非为我出邪！今者一行事若无成，入魏不失作河南郡守。”遂投伯之，大见亲狎。伯之又以乡人朱龙符为长流参军，并乘伯之愚暗，恣为奸利。

上闻之，使陈虎牙私戒伯之，又遣人代邓缮为别驾，伯之并不受命，表云：“龙符骁勇，邓缮有绩效；台所遣别驾，请以为治中。”缮于是日夜说伯之云：“台家府藏空竭，复无器仗，三仓无米，东境饥流，此万世一时也。机不可失！”绢、永忠共赞成之。伯之谓缮：“今启卿，若复不得，即与卿共反。”上敕伯之以部内一郡处缮，于是伯之集府州僚佐谓曰：“奉齐建安王教，帅江北义勇十万，已次六合，见使以江州见力运粮速下。我荷明帝厚恩，誓死以报。”即命纂严，使绢诈为萧宝寅书以示僚佐，于听事前为坛，歃血共盟。

绢说伯之曰：“今举大事，宜引众望。长史程元冲，不与人同心；临川内史王观，僧虔之孙，人身不恶，可召为长史以代元冲。”伯之从之，仍以绢为寻阳太守，永忠为辅义将军，龙符为豫州刺史。观不应命。豫章太守郑伯伦起郡兵拒守。程元冲既失职于家，合帅数百人，乘伯之无备，突入至听事前；伯之自出格斗，元冲不胜，逃入庐山。伯之密遣信报虎牙兄弟，皆逃奔盱眙。

戊子，诏以领军将军王茂为征南将军、江州刺史，帅众讨之。

魏扬州小岘戍主党法宗袭大岘戍，破之，虏龙骧将军邾菩萨。

陈伯之闻王茂来，谓褚绢等曰：“王观既不就命，郑伯伦又不肯从，便应空手受困。今先平豫章，开通南路，多发丁力，益运资粮，然后席卷北向，以扑饥疲之众，不忧不济。”六月，留乡人唐盖人守城，引兵趣豫章，攻伯伦，不能下。王茂军至，伯之表里受敌，遂败走，间道渡江，与虎牙等及褚绢俱奔魏。

南人褚緭住在建康，向来品行不端正，仕途很不得志，他就频繁地去拜访尚书范云，范云不礼遇他。褚緭很生气，私下里对亲近说："建武年间以来，身处草泽的低贱家族都变成了贵人，而我却因何罪被弃之不用呢？如今天下草创，饥荒不停，死亡祸乱也未可知。陈伯之拥有强大的兵权，坐镇江州，不是皇上的旧臣，所以有自疑的心理，况且荧惑星又出现今南斗位置上，岂知不是为我而出现的吗？如今，我们就去奔投陈伯之，今日一行事情假如不能成功，投靠北魏也能做河南郡守。"就去投靠了陈伯之，受到异常的亲近。陈伯之又委任同乡人朱龙符为长流参军，一起乘着陈伯之愚昧不明，肆意而为，恶行不断。

梁武帝知道了情况，让陈虎牙私下里告诫陈伯之，又派人取代邓缮为别驾，陈伯之一并不受命，上表说："朱龙符骁勇不凡，邓缮有成绩，朝廷所派遣来的别驾，特请任为治中。"邓缮日夜游说陈伯之说："朝廷中库藏空竭，也没有兵器，国家三个粮仓中没有米，东边一带又饥荒流行，这是万世难遇的一时良机，时机不可丧失！"褚緭和戴永忠也一同赞成。陈伯之对邓缮说："再次启奏你的事情，如果还是不行的话，就与你一起谋反。"梁武帝敕令陈伯之把邓缮安置在州内的一个郡中。这时陈伯之召集府州僚佐，对他们说："奉齐建安王的命令，率领长江之北的十万义勇，已经到了六合，见到使者之后，动用江州现有力量，速运送粮食东下。我承受明帝的厚恩，誓死相报。"命令戒严，让褚緭伪造萧宝寅的书信，出示给僚佐们看，并且在厅堂前设坛，歃血为盟。

褚緭游说陈伯之，说："如今举大事，宜争取民心。长史程元冲不与人同心，而临川内史王观是王僧虔的孙子，人品不坏，可以召他为长史以代替程元冲。"陈伯之听从，仍然委任褚緭为寻阳太守，戴永忠为辅义将军，朱龙符为豫州刺史。王观不应命前来。豫章太守郑伯伦发动郡兵抗拒。程元冲既然坐在家中丢掉了官职，就纠合率领数百人，乘陈伯之没有防备之际，突然攻到厅堂之前，陈伯之亲自出来搏斗，程元冲力不能胜，逃入庐山。陈伯之秘密地派人送信给陈虎牙兄弟，一起逃奔到盱眙。

六月初一日戊子，梁武帝诏令以领军将军王茂为征南将军、江州刺史，率兵讨伐。

北魏扬州小岘戍主党法宗袭击大岘戍，克敌获胜，俘虏了龙骧将军邾菩萨。

陈伯之闻知王茂前来讨伐，对褚緭等人说："王观不来就命，郑伯伦又不肯顺从，将会空手受困。现今先平定豫章，开通南边的道路，多发动役夫，增运粮食物资，然后席卷向北，直扑饥饿疲劳之众，不愁不得成功。"六月，陈伯之留下同乡人唐盖人防守寻阳城，自己领兵向豫章进发，攻打郑伯伦，不能攻下。王茂的军队到了，陈伯之里外受敌，力不能支，败逃而去，抄小道渡过了长江，与陈虎牙等人以及褚

（以上为第六段，写南朝萧梁江州刺史陈伯之是个反复无常之人，经不起褚缙等人的劝说，便举兵反叛，武帝萧衍派出领军将军王茂予以平定，陈伯之等逃往北魏。）

上遣左右陈建孙送刘季连子弟三人入蜀，使谕旨慰劳。季连受命，饬还装，益州刺史邓元起始得之官。

初，季连为南郡太守，不礼于元起。都录朱道琛有罪，季连欲杀之，逃匿得免。至是，道琛为元起典签，说元起曰："益州乱离已久，公私虚耗。刘益州临归，岂办远遣迎候！道琛请先使检校，缘路奉迎，不然，万里资粮，未易可得。"元起许之。道琛既至，言语不恭，又历造府州人士，见器物，辄夺之，有不获者，语曰："会当属人，何须苦惜！"于是军府大惧，谓元起必诛季连，祸及党与，竞言之于季连。季连亦以为然，且惧昔之不礼于元起，乃召兵算之，有精甲十万，叹曰："据天险之地，握此强兵，进可以匡社稷，退不失作刘备，舍此安之！"遂召佐史，矫称齐宣德太后令，聚兵复反，收朱道琛，杀之。召巴西太守朱士略及涪令李膺，并不受命。是月，元起至巴西，士略开门纳之。

先是，蜀民多逃亡，闻元起至，争出投附，皆称起义兵应朝廷，军士新故三万余人。元起在道久，粮食乏绝，或说之曰："蜀土政慢，民多诈疾，若检巴西一郡籍注，因而罚之，所获必厚。"元起然之。李膺谏曰："使君前有严敌，后无继援，山民始附，于我观德。若纠以刻薄，民必不堪，众心一离，虽悔无及。何必起疾可以济师！膺请出图之，不患资粮不足也。"元起曰："善。一以委卿！"膺退，帅富民上军资米，得三万斛。

（以上为第七段，写南朝萧梁平定益州之乱。）

秋，八月，丁未，命尚书删定郎济阳蔡法度损益王植之集注旧律，为《梁律》，仍命与尚书令王亮、侍中王莹、尚书仆射沈约、吏部尚书范云等九人同议定。

胥一起奔投北魏。

梁武帝派遣身边人陈建孙送刘季连子弟三人入蜀，让他们宣谕圣旨，加以慰劳。刘季连接受了使命，收拾准备返回的行装，因此，益州刺史邓元起始得去赴益州任职。

当初，刘季连任南郡太守，对邓元起不礼貌。都录朱道琛有罪，刘季连要杀他，逃匿而免于一死。到现今，朱道琛担任邓元起的典签，劝说邓元起："益州动乱已久，官方和私人的资财耗损。现今刘益州要回去了，当地岂能置办得起送远迎候的事情呢？我请求先遣核查，沿路奉迎，不然的话，万里长途所用的粮资，不可轻易得到。"邓元起准许了。朱道琛到达之后，言语非常不恭，又遍访府州人士，见到器物，就夺取拿来，不能获得时，就对人家说："反正你这东西迟早是应当归属别人，何必苦苦珍惜呢？"这时军府之中都很恐惧，说邓元起必定要杀刘季连，会祸及党羽，都竞相去告诉刘季连。刘季连也信以为然，并且担心以前有对邓元起失礼的事情，于是召集兵士，总计一下，共有精兵十万，叹息道："我据守天险之地，握有这十万强兵，进可以匡扶社稷江山，退不失做刘备，舍此而何往呢？"于是叫来佐史，假称齐宣德太后之令，聚兵造反，抓获了朱道琛，杀掉了他。刘季连又召巴西太守朱士略以及涪令李膺前来，两人没有受命。这月，邓元起到达巴西，朱士略打开城门，迎其入内。

在此之前，蜀地百姓大多逃亡了，听说邓元起来了，争相出来投附他，都言称要起义兵以便响应朝廷，因此邓元起新得的和原有的兵士加起来共有三万多人。邓元起在路途时间久了，粮食断绝，有人劝说他："蜀地的政情缓慢，老百姓大多欺诈，如果核查巴西一郡的户口，借此而加以处罚，所获一定非常丰厚。"邓元起同意了。李膺劝谏说："使君前面有强大的敌人，后面没有增援力量，在山中居住的蜀民刚刚投附，对我们加以观望，如果纠正以刻薄，民众一定不堪忍受，众心一旦离散，后悔也来不及了。何须纠正而使无法忍受，来补益目前军队的缺粮呢？李膺请求出面去解决这一问题，不愁粮食资用不足。"邓元起说道："好，一切委托您了。"李膺回去之后，带领富足之民给邓元起的军队送去大米，总共收得了三万斛。

秋季，八月二十二日丁未，梁武帝命令尚书删定郎济阳人蔡法度增删王植之集注的旧律，定为《梁律》，又命令其与尚书令王亮、侍中王莹、尚书仆射沈约、吏部尚书范云等九人一同议定。

上素善钟律，欲厘正雅乐，乃自制四器，名之为“通”。每通施三弦，黄钟弦用二百七十丝，长九尺，应钟弦用一百四十二丝，长四尺七寸四分差强，中间十律，以是为差。因以通声转推月气，悉无差违，而还得相中。又制十二笛，黄钟笛长三尺八寸，应钟笛长二尺三寸，中间十律以是为差，以写通声，饮古钟玉律，并皆不差。于是被以八音，施以七声，莫不和韵。先是，宫悬止有四镈钟，杂以编钟、编磬、衡钟，凡十六虡。上始命设十二镈钟，各有编钟、编磬，凡三十六虡，而去衡钟，四隅植建鼓。

魏高祖之丧，前太傅平阳公丕自晋阳来赴，遂留洛阳。丕年八十余，历事六世，位极公辅，而还为庶人。魏主以其宗室耆旧，矜而礼之。乙卯，以丕为三老。

魏扬州刺史任城王澄表请攻钟离，魏主使羽林监敦煌范绍诣寿阳，共量进止。澄曰：“当用兵十万，往来百日，乞朝廷速办粮仗。”绍曰：“今秋已向末，方欲调发，兵仗可集，粮何由致！有兵无粮，何以克敌！”澄沈思良久曰：“实如卿言。”乃止。

九月，丁巳，魏主如邺。冬，十月，庚子，还至怀，与宗室近侍射远，帝射三百五十余步，群臣刻铭以美之。甲辰，还洛阳。

十一月，己未，立小庙以祭太祖之母，每祭太庙毕，以一太牢祭之。

甲子，立皇子统为太子。

魏洛阳宫室始成。

十二月，将军张嚣之侵魏淮南，取木陵戍；魏任城王澄遣辅国将军成兴击之，嚣之败走，魏复取木陵。

刘季连遣其将李奉伯等拒邓元起，元起与战，互有胜负。久之，奉伯等败，还成都，元起进屯西平。季连驱略居民，闭城固守。元起进屯蒋桥，去成都二十里，留辎重于郫。奉伯等间道袭郫，陷之，军备尽没。元起舍郫，径围州城，城局参军江希之谋以城降，不克而死。

魏陈留公主寡居，仆射高肇、秦州刺史张彝皆欲尚之，公主许彝而不许肇。肇怒，谮彝于魏主，坐沈废累年。

梁武帝素来精通钟律，想要整理、订正雅乐，自己制作四件乐器，起名为“通”。每通施用三弦，黄钟弦用二百七十丝，长九尺；应钟弦用一百四十二丝，长四尺七寸四分多一点，中间的十律，以此为等差。于是用通声转过来推算节气，一点差错也没有，而反过来再一推算，也能相合。又制了十二笛，黄钟笛长三尺八寸，应钟笛长二尺三寸，中间的十律以此为等差，以十二笛之声对校于通声，并且酌对于古钟玉律，都互相符合没有差误。以此使用以金、石、丝、竹、匏、土、革、木八音，施以宫、商、角、徵、羽、变宫、变徵七声，无不合韵。早先的时候，四面只有四镈钟，杂以编钟、编磬、衡钟等共十六钩。梁武帝开始命令设置十二镈钟，各有编钟、编磬，总共三十六虡，而去掉衡钟，在四个角上安放建鼓。

魏孝文帝的丧礼，前太傅、平阳公元丕从晋阳来参加，于是留居在洛阳。元丕年届八十多岁，历事六朝，位极三公和辅相，而回家之后成为平民。魏宣武帝因元丕是宗室中的耆老，尊敬而礼待他。八月三十日乙卯，以元丕为三老。

北魏扬州刺史、任城王元澄上表请求攻打钟离，魏宣武帝派遣羽林监、敦煌人范绍到达寿阳，共同商量如何具体行动。元澄说：“应当用兵十万，来去一百天，请求朝廷迅速备办军粮和兵器。”范绍说：“今年的秋天已经快过去了，方才要征发兵粮，兵器可以收集得到，但是粮食上哪里去找呢？有兵无粮，如何克敌取胜呢？”元澄沉思了很久，说道：“确实如您讲的这样。”于是，就停止了这一行动。

九月初二日丁巳，魏宣武帝到达邺城。冬季，十月十六日庚子，返回到怀地，同宗室近侍比赛射箭远近，宣武帝射了三百五十多步远，群臣刻碑赞美这件事。十月二十日甲辰，回到洛阳。

十一月初五日己未，萧梁立小庙以祭祀太祖的母亲，每当在太庙祭祀完毕，均以牛、羊、猪三牲祭此小庙。

十一月十一日甲子，梁立皇子萧统为太子。

北魏洛阳的宫室方始建成。

十二月，梁将军张嚣之入侵北魏淮南，占领了木陵戍；北魏任城王元澄派遣辅国将军成兴去攻击，张嚣之败逃，北魏收复了木陵。

刘季连派遣其将领李奉伯等人抵御邓元起，邓元起与之交战，互有胜负。许久之后，李奉伯等人战败，回到成都，邓元起进驻西平。刘季连驱赶掠夺居民，闭城固守。邓元起进驻蒋桥，离成都二十里远近，把辎重物资留在郫城。李奉伯等人抄小道袭击郫城，攻陷了，邓元起的军备全部丧失。邓元起放弃郫城，径直去围攻州城，城局参军江希之打算献城投降，没有实现而死去。

北魏陈留公主守寡，仆射高肇和秦州刺史张彝都想娶她，公主答应了张彝而没答应高肇，高肇恼羞成怒，就在魏宣武帝面前陷害张彝，张彝因此被罢官免职好

是岁，江东大旱，米斗五千，民多饿死。

（以上为第八段，写南朝梁武帝萧衍志欲改革，令尚书删定郎制定刑法《梁律》，订正礼乐制度；北魏任城王元澄欲出兵攻打南朝钟离，因无法筹粮而作罢。）

二年（癸未，503年）

春，正月，乙卯，以尚书仆射沈约为左仆射，吏部尚书范云为右仆射，尚书令王亮为左光禄大夫。丙辰，亮坐正旦诈疾不登殿，削爵，废为庶人。

乙亥，魏主耕籍田。

魏梁州氐杨会叛，行梁州事杨椿等讨之。

成都城中食尽，升米三千，人相食。刘季连食粥累月，计无所出。上遣主书赵景悦宣诏受季连降，季连肉袒请罪。邓元起迁季连于城外，俄而造焉，待之以礼。季连谢曰："早知如此，岂有前日之事！"郫城亦降。元起诛李奉伯等，送季连诣建康。初，元起在道，惧事不集，无以为赏，士之至者皆许以辟命，于是受别驾、治中檄者将二千人。

季连至建康，入东掖门，数步一稽颡，以至上前。上笑曰："卿欲慕刘备，而曾不及公孙述，岂无卧龙之臣邪！"赦为庶人。

三月，己巳，魏皇后蚕于北郊。

庚辰，魏扬州刺史任城王澄遣长风城主奇道显入寇，取阴山、白藁二戍。

萧宝寅伏于魏阙之下，请兵伐梁，虽暴风大雨，终不暂移；会陈伯之降魏，亦请兵自效。魏主乃引八坐、门下入定议。

夏，四月，癸未朔，以宝寅为都督东扬等三州诸军事、镇东将军、扬州刺史、丹杨公、齐王，礼赐甚厚，配兵一万，令屯东城；以伯之为都督淮南诸军事、平南将军、江州刺史，屯阳石，俟秋冬大举。宝寅明当拜命，自夜恸哭至晨。魏人又听宝寅募四方壮勇，得数千人，以颜文智、华文荣等六人皆为将军、军主。宝寅志性雅重，过期犹绝酒肉，惨形悴色，蔬食粗衣，未尝嬉笑。

几年。

这一年，江东大旱成灾，一斗米卖到五千钱，百姓饿死了很多。

梁武帝天监二年（癸未，503年）

春季，正月初二日乙卯，梁任命尚书仆射沈约为左仆射，吏部尚书范云为右仆射，尚书令王亮为左光禄大夫。正月初三日丙辰，王亮因在正月初一假称有病不登殿而获罪，被削去爵位，黜为平民。

正月二十二日乙亥，魏宣武帝到籍田举行亲耕仪式。

北魏梁州氐人杨会反叛，行梁州事杨椿等人讨伐他。

成都城中的粮食吃光了，一升米三千钱，人们开始互相残食。刘季连连着几个月喝粥，没有一点办法。梁武帝派遣主书赵景悦宣谕诏令，接受刘季连投降。刘季连光着上身请罪。邓元起把刘季连移到城外，很快又去看刘季连，对他以礼相待。刘季连谢罪说："早知道这样的话，岂有前头的事情呢？"琕城也投降了。邓元起杀了李奉伯等人，送刘季连去建康。当初，邓元起在途中，担心事情不能成功，没有什么可以奖赏，凡是来投附的士人都许诺成功之后给封官，这时接受征召任命为别驾、治中檄文的将近有两千人。

刘季连到了建康，进入东掖门，几步就跪在地上磕头一次，一直到了梁武帝面前，梁武帝笑着对他说："你想追慕刘备，但是连公孙述都比不上，岂不是因为没有像诸葛亮这样的臣子吗？"刘季连被赦免为平民。

三月十七日己巳，北魏皇后在北郊举行养蚕仪式。

三月二十八日庚辰，北魏扬州刺史任城王元澄派遣长风城城主奇道显入侵，占取了阴山、白藁两个城堡。

萧宝寅跪伏在北魏朝廷阙门之下，请求出兵讨伐梁朝，虽然暴风大雨，终究不躲避一下。恰在这时，陈伯之投降了北魏，也请兵伐梁，愿为北魏效力。魏宣武帝就召集令、仆和诸曹尚书等八坐，以及侍中、散骑常侍等门下大臣议定其事。

夏季，四月初一日癸未朔，委任萧宝寅为都督东扬州等三州诸军事、镇东将军、扬州刺史、丹杨公、齐王，赏赐十分丰厚，并且配兵一万，令他驻守东城。委任陈伯之为都督淮南诸军事、平南将军、江州刺史，驻守阳石，等待到了秋冬时期就大举讨伐。萧宝寅在第二天早晨就要接受北魏的拜官封爵，从夜里一直恸哭到次日早晨。北魏人又允许萧宝寅招募四方的勇壮之士，得到数千人，颜文智和华文荣等六人都成了将军、军主。萧宝寅意志庄重，性情文雅，虽然过了服丧一年的期限，但

癸卯，蔡法度上《梁律》二十卷，《令》三十卷，《科》四十卷。诏班行之。

五月，丁巳，霄城文侯范云卒。

云尽心事上，知无不为，临繁处剧，精力过人。及卒，众谓沈约宜当枢管，上以约轻易，不如尚书左丞徐勉，乃以勉及右卫将军周舍同参国政。舍雅量不及勉，而清简过之，两人俱称贤相，常留省内，罕得休下。勉或时还宅，群犬惊吠；每有表奏，辄焚其稿。舍豫机密二十余年，未尝离左右，国史、诏诰、仪体、法律、军旅谋谟皆掌之，与人言谑，终日不绝，而竟不漏泄机事，众尤服之。

壬申，断诸郡县献奉二宫，惟诸州及会稽许贡任土，若非地产，亦不得贡。

甲戌，魏杨椿等大破叛氐，斩首数千级。

六月，壬午朔，魏立皇弟悦为汝南王。

魏扬州刺史任城王澄表称："萧衍频断东关，欲令濼湖泛溢以灌淮南诸戍。吴、楚便水，且灌且掠，淮南之地将非国有。寿阳去江五百余里，众庶惶惶，并惧水害，脱乘民之愿，攻敌之虚，豫勒诸州，纂集士马，首秋大集，应机经略，虽混壹不能必果，江西自是无虞矣。"丙戌，魏发冀、定、瀛、相、并、济六州二万人，马一千五百匹，令仲秋之中毕会淮南，并寿阳先兵三万，委澄经略；萧宝寅、陈伯之皆受澄节度。

（以上为第九段，写南梁益州叛首刘季连投降朝廷，叛乱平定；重用贤臣徐勉、周舍，参掌机枢；投奔北魏的萧宝寅、元澄请求南下，北魏调发六州兵力定于中秋中期会合淮南。）

谢朏轻舟出，诣阙，诏以为侍中、司徒、尚书令。朏辞脚疾不堪拜谒，角巾自舆诣云龙门谢。诏见于华林园，乘小车就席。明旦，上幸朏宅，宴语尽欢。朏固陈本志，不许；因请自还东迎母，许之。临发，上复临幸，赋诗饯别；王人送迎，相望于道。及还，诏起府于旧宅，礼遇优异。朏素惮烦，不省职事，众颇失望。

是犹然拒绝饮酒食肉，形容憔悴，饮食粗劣，身着粗布之衣，未曾嬉笑。

四月二十一日癸卯，梁蔡法度向朝廷献上《梁律》二十卷、《令》三十卷、《科》四十卷，诏令颁布实行。

五月初六日丁巳，梁霄城文侯范云去世。

范云全心全意地侍奉梁武帝，凡是所知道的事情没有不办理的，总处于繁忙而紧张之中，而精力过人。范云去世之后，众人认为应当由沈约来掌管朝廷枢要，梁武帝认为沈约办事轻率而不慎重，不如尚书左丞徐勉，于是就让徐勉和右卫将军周舍一同参理国政。周舍的雅量比不上徐勉，但是在清简方面却超过他，两人都被称为贤相，经常留在朝中理事，很少有下朝休息的时间。徐勉有时回自己的宅第，群犬惊叫狂吠；每次上表启奏，马上把初稿烧掉。周舍参与朝廷机密大事二十多年，从来没有离开武帝身边，凡国史、诏诰、仪礼、法律、军旅筹谋策划等，全都亲自掌管，同别人言谈逗笑，终日不停，但是终究不泄露一点机密，众人尤其佩服。

五月二十一日壬申，梁敕令停止各郡县为上宫和东宫贡献物品，只准许各州以及会稽郡可以根据本土的具体情况制定贡奉物品种类，不是本地所产的，也不得上贡。

五月二十三日甲戌，北魏杨椿等人挫败叛乱的氐族部落，斩首数千人。

六月初一日壬午朔，北魏立皇弟元悦为汝南王。

北魏扬州刺史、任城王元澄上表奏道："萧衍频频地阻断东关，想使巢湖泛滥，以便淹灌淮南的各个城堡。吴、楚之地适宜水战，一边淹灌，一边掠夺，淮河南边的地盘快要非我所有了。寿阳离长江五百多里，民众惶惶不安，都害怕水害，如果乘民众担心的机会，攻打敌人的虚弱，预先勒令各州，准备兵士和战马，到秋天汇齐集中，根据情况制定方案，虽然统一天下不一定成功，但是长江之西却从此没有什么可忧虑的了。"六月初五日丙戌，北魏调发冀、定、瀛、相、并、济六个州两万人，一千五百匹马，令于仲秋中期全部在淮南会合，加上寿阳原有的三万兵力，一并委于元澄指挥调遣，萧宝寅和陈伯之都受元澄指挥。

谢朏乘坐轻舟到朝廷去，梁武帝诏令为侍中、司徒、尚书令。谢朏推辞说有脚疾，不堪忍受拜谒的事情，头戴方巾，自己驾车，来到云龙门谢恩。颁布诏书在华林园召见，乘着小车去赴席。次日早晨，梁武帝临幸谢朏宅第，两人边饮边谈，非常欢快。谢朏再三陈述自己的心愿，不允许，谢朏请求回会稽去迎接母亲前来，然后再就任，同意了。谢朏临出发之前，梁武帝再次驾临，为他赋诗饯别。谢朏离京时，送行和迎接的使者络绎不绝，相望于道。回到建康之后，诏令起造新府于旧宅，

甲午，以中书监王莹为尚书右仆射。

秋，七月，乙卯，魏平阳平公丕卒。

魏既罢盐池之禁，而其利皆为富强所专。庚午，复收盐池利入公。

辛未，魏以彭城王勰为太师，勰固辞。魏主赐诏敦谕，又为家人书，祈请恳至；勰不得已，受命。

八月，庚子，魏以镇南将军元英都督征义阳诸军事。司州刺史蔡道恭闻魏军将至，遣骁骑将军杨由帅城外居民三千余家保贤首山，为三栅。冬，十月，元英勒诸军围贤首栅，栅民任马驹斩由降魏。

任城王澄命统军党法宗、傅竖眼、太原王神念等分兵寇东关、大岘、淮陵、九山，高祖珍将三千骑为游军，澄以大军继其后。竖眼，灵越之子也。魏人拔关要、颍川、大岘三城，白塔、牵城、清溪皆溃。徐州刺史司马明素将兵三千救九山，徐州长史潘伯邻救淮陵，宁朔将军王燮保焦城。党法宗等进拔焦城，破淮陵，十一月，壬午，擒明素，斩伯邻。

先是，南梁太守冯道根戍阜陵，初到，修城隍，远斥候，如敌将至，众颇笑之。道根曰："怯防勇战，此之谓也。"城未毕，党法宗等众二万奄至城下，众皆失色。道根命大开门，缓服登城，选精锐二百人出与魏兵战，破之。魏人见其意思闲暇，战又不利，遂引去。道根将百骑击高祖珍，破之。魏诸军粮运绝，引退。以道根为豫州刺史。

（以上为第十段，写南朝萧梁重用名士谢朏，而谢朏漫不经心；北魏南下之军，打下焦城，攻破淮陵，而在阜陵遇到顽强的阻击，粮运阻断，不得已撤军。）

武兴安王杨集始卒。己未，魏立其世子绍先为武兴王；绍先幼，国事决于二叔父集起、集义。

乙亥，尚书左仆射沈约以母忧去职。

魏既迁洛阳，北边荒远，因以饥馑，百姓困弊。魏主加尚书左仆射源怀侍中、行台，使持节巡行北边六镇、恒燕朔三州，赈给贫乏，考论殿最，事之得失皆先决后闻。怀通济有无，饥民赖之。沃野镇将于祚，皇后之世父，与怀通婚。时于劲方用事，势倾朝野，祚颇有受纳。怀将

礼遇优异于他人。谢朏向来害怕麻烦，对所任职务不经心，众人颇为失望。

六月十三日甲午，梁任命中书监王莹为尚书右仆射。

秋季，七月初五日乙卯，北魏平阳公元丕去世。

北魏撤销了盐池的禁令之后，利益都被富豪们夺去。七月二十日庚午，北魏重新收回盐池之利润入公家。

七月二十一日辛未，北魏任命彭城王元勰为太师，元勰坚决推辞。魏宣武帝赐给元勰诏书，谆谆劝谕，又以家中小辈身份给他写了家信，一再祈请，恳切至备，元勰不得已，只好受命。

八月二十日庚子，北魏委任镇南将军元英都督征义阳诸军事。司州刺史蔡道恭闻知北魏军队将要到了，派遣骁骑将军杨由率领城外的居民三千多家保守于贤首山，建立了三重栅垒。冬季，十月，元英统率各部兵马包围贤首栅，栅内的民众任马驹斩了杨由，投降北魏。

任城王元澄命令统军党法宗、傅竖眼、太原人王神念等人分别率领兵入侵东关、大岘、淮陵、九山，高祖珍率领三千骑兵为游动兵力，元澄统领大军紧继其后。傅竖眼是傅灵越的儿子。北魏军队攻破了关要、颍川、大岘三城，白塔、牵城、清溪都溃败了。徐州刺史司马明素率兵三千援救九山，徐州长史潘伯邻援救淮陵，宁朔将军王燮保卫焦城。党法宗等人进攻并打下焦城，攻破淮陵。十一月初三日壬午，擒获了司马明素，斩了潘伯邻。

在此之前，梁朝的南梁太守冯道根戍守阜陵，刚到的时候，修筑城壕，派侦察兵查探，好像敌人要到了一样，众人多讥笑他。冯道根说道："加强防守，好像害怕敌人，作战则很勇敢，说的正是这个呀。"城防还没有修筑完毕，党法宗等人就率兵两万突然来到城下，众人全都大惊失色。冯道根命令大开城门，穿着宽绰的便服登上城门，挑选二百名精锐兵士出城与魏兵交战，打败了敌手。北魏人见冯道根神情举止不慌乱，初次交锋又不顺利，便撤走了。冯道根率领百名骑兵袭击高祖珍，破敌获胜。北魏的各路军队粮食运送阻断，只好撤军而退。任命冯道根为豫州刺史。

北魏武兴安王杨集始去世。十一月十一日己未，北魏立杨集始的长子杨绍先为武兴王。杨绍先年龄幼小，封国中的事情都决定于他的两个叔父杨集起、杨集义。

十一月二十七日乙亥，梁尚书左仆射沈约因为母亲去世而离职。

北魏迁都洛阳之后，北边荒远的地方连年饥荒，老百姓生活困难。魏宣武帝加任尚书左仆射源怀侍中、行台，让他持符节巡视北方六镇以及恒、燕、朔三个州，救济贫困之民，考核官吏，事情之得失都由他先做处理，然后再上报。源怀到达之后，普济民众，饥民信赖。沃野镇的守将于祚是皇后的伯父，与源怀是亲家。当时

入镇，祚郊迎道左，怀不与语，即劾奏免官。怀朔镇将元尼须与怀旧交，贪秽狼籍，置酒请怀，谓怀曰："命之长短，系卿之口，岂可不相宽贷！"怀曰："今日源怀与故人饮酒之坐，非鞫狱之所也。明日，公庭始为使者检镇将罪状之处耳。"尼须挥泪无以对，竟按劾抵罪。怀又奏："边镇事少而置官猥多，沃野一镇自将以下八百余人，请一切五分损二。"魏主从之。

乙酉，将军吴子阳与魏元英战于白沙，子阳败绩。

魏东荆州蛮樊素安作乱，乙酉，以左卫将军李崇为镇南将军、都督征蛮诸军事，将步骑讨之。

冯翊吉翂父为原乡令，为奸吏所诬，逮诣廷尉，罪当死。翂年十五，挝登闻鼓，乞代父命。上以其幼，疑人教之，使廷尉卿蔡法度严加诱胁，取其款实。法度盛陈拷讯之具，诘翂曰："尔求代父，敕已相许，审能死不？且尔童騃，若为人所教，亦听悔异。"翂曰："囚虽愚幼，岂不知死之可惮！顾不忍见父极刑，故求代之。此非细故，奈何受人教邪！明诏听代，不异登仙，岂有回贰！"法度乃更和颜诱之曰："主上知尊侯无罪，行当得释，观君足为佳童，今若转辞，幸可父子同济。"翂曰："父挂深劾，必正刑书；囚瞑目引领，唯听大戮，无言复对。"时翂备加杻械，法度愍之，命更著小者，翂不听，曰："死罪之囚，唯宜益械，岂可减乎！"竟不脱。法度具以闻，上乃宥其父罪。

丹杨尹王志求其在廷尉事，并问乡里，欲于岁首举充纯孝。翂曰："异哉王尹，何量翂之薄乎！父辱子死，道固当然；若翂当此举乃是因父取名，何辱如之！"固拒而止。

（以上为第十一段，写北魏派遣尚书左仆射源怀巡视北方三州六镇，济贫惩贪；南朝萧梁十五岁的吉翂敲登闻鼓，为父鸣冤，代父赎罪，梁武帝萧衍宽恕其父罪过。）

魏主纳高肇兄偃之女为贵嫔。

于劲正当权，势倾朝野，而于祚多有受贿行为。源怀快到沃野镇时，于祚特意到郊外道左去迎接，但是源怀不与于祚搭话，当即就检举弹劾免去他的官职。怀朔镇的守将元尼须与源怀有旧交，他贪婪污秽，行为很不好，置办酒席宴请源怀，对源怀说："命的长短，取决于您的一句话，岂能不加以宽免呢？"源怀回答："今天源怀与过去的老相识饮酒的酒席，不是审讯犯人的地方。明天，公庭上才是检举揭发镇将罪状的地方呢。"元尼须挥泪不已，无言以对。最后查证抵罪。源怀又上奏朝廷："边镇事情不多而设置的官职过多，比如沃野一镇从镇将以下就有八百多人，请一概减去五分之二。"魏宣武帝听从了这一建议。

十二月初七日乙酉，梁朝将军吴子阳与北魏元英交战于白沙，吴子阳败北。

北魏东荆州蛮人樊素安作乱，十二月乙酉，北魏以左卫将军李崇为镇南将军、都督征蛮诸军事，率领步骑兵讨伐樊素安。

冯翊人吉翂的父亲为原乡县令，被奸吏所诬陷，逮捕押送到廷尉，罪当处死。吉翂时年十五岁，击响了朝堂外的登闻鼓，乞求代父亲一死。宣武帝见他年龄幼小，怀疑是别人教他这么干的，就让廷尉卿蔡法度对他严加诱胁，让他说出实情来。蔡法度把各种拷讯刑具都摆出来，诘问吉翂："你乞求为父抵命，圣旨已经准许了，现今就是看你是否真的愿意去死。况且你只不过是一个孩子，如果是别人教你，也允许反悔。"吉翂回答："囚犯虽然愚鲁年幼，但是岂能不知道死之可怕呢？完全是出于不忍心看父亲遭受极刑，所以乞求代他一死。这不是小事，怎么会受他人的教唆呢！圣明旨意准许代父而死，真是不异于登仙，岂有反悔之说呢？"蔡法度更加和颜悦色地诱导吉翂说："皇上知道令尊没有罪，很快就会释放，看你实在是一个好孩子，现今如果能改变所说的话，你们父子就可以一同活命。"吉翂回答："父亲被人严重弹劾，会以刑书论处。囚犯闭目伸头，听任大刑，没有什么要说的了。"当时，吉翂身上加满了手铐脚镣，蔡法度怜悯他，命令给他另换成小一些的刑具，吉翂却不让换，说："死罪犯人，只应加重刑具，岂可以减轻呢？"到底不肯脱去。蔡法度把详情上奏，宣武帝就宽恕了吉翂父亲的罪过。

丹杨尹王志了解了吉翂在廷尉审问中的事情，并且调查乡里，准备在下年初举荐吉翂为纯孝。吉翂说："奇怪呀，王尹！为什么要把吉翂看得如此之浅薄呢？父亲受辱，儿子代死，理当如此。如果吉翂接受这一举荐，就是凭借父亲而博取名声，还有什么耻辱可以比得上这个呢？"坚决加以拒绝而作罢。

魏宣武帝纳高肇哥哥高偃的女儿为贵嫔。

魏散骑常侍赵脩，寒贱暴贵，恃宠骄恣，陵轹王公，为众所疾。魏主为脩治第舍，拟于诸王，邻居献地者或超补大郡。脩请告归葬其父，凡财役所须，并从官给。脩在道淫纵，左右乘其出外，颇发其罪恶；及还，旧宠小衰。高肇密构成其罪，侍中、领御史中尉甄琛、黄门郎李凭、廷尉卿阳平王显，素皆谄附于脩，至是惧相连及，争助肇攻之。帝命尚书元绍检讯，下诏暴其奸恶，免死，鞭一百，徙敦煌为兵。而脩愚疏，初不之知，方在领军于劲第樗蒲，羽林数人称诏呼之，送诣领军府。甄琛、王显监罚，先具问事有力者五人，迭鞭之，欲令必死。脩素肥壮，堪忍楚毒，密加鞭至三百不死。即召驿马，促之上道，出城不自胜，举缚置鞍中，急驱之，行八十里，乃死。帝闻之，责元绍不重闻，绍曰："脩之佞幸，为国深蠹，臣不因衅除之，恐陛下受万世之谤。"帝以其言正，不罪也。绍出，广平王怀拜之曰："翁之直过于汲黯。"绍曰："但恨戮之稍晚，以为愧耳。"绍，素之孙也。明日，甄琛、李凭以脩党皆坐免官，左右与脩连坐死黜者二十余人。散骑常侍高聪与脩素亲狎，而又以宗人谄事高肇，故独得免。

（以上为第十二段，写北魏佞臣赵脩为所欲为，因归葬其父，被权臣高肇抓住机会，告发其罪，受到杖刑；谄事者甄琛等趁此将其鞭打致死，尚书元绍追究赵脩党羽，诛杀二十余人。）

三年（甲申，504 年）

春，正月，庚戌，征虏将军赵祖悦与魏江州刺史陈伯之战于东关，祖悦败绩。

癸丑，以尚书右仆射王莹为左仆射，太子詹事柳惔为右仆射。

丙辰，魏东荆州刺史杨大眼击叛蛮樊季安等，大破之。季安，素安之弟也。

丙寅，魏大赦，改元正始。

萧宝寅行及汝阴，东城已为梁所取，乃屯寿阳栖贤寺。二月，戊子，将军姜庆真乘魏任城王澄在外，袭寿阳，据其外郭。长史韦缵仓猝失图；任城太妃孟氏勒兵登陴，先守要便，激厉文武，安慰新旧，将士咸有奋志。太妃亲巡城守，不避矢石。萧宝寅引兵至，与州军合击之，自四鼓战至下晡，庆真败走。韦缵坐免官。

北魏散骑常侍赵脩，出身微贱而突然显贵，恃宠骄恣，欺压王公，被众人所忌恨。魏宣武帝为赵脩建造宅第，规制与诸王的一样。邻居向赵脩献出土地，有的破格任用而补到大郡去做郡守。赵脩请假回去埋葬父亲，凡是所用财物劳役，全部由官家提供。赵脩曾在路上放纵荒淫，身边的人乘他外出，告发了他的罪恶，他回京城之后，旧有的宠幸就比过去有所减少。高肇秘密罗列赵脩的罪状，侍中、领御史中尉甄琛、黄门郎李凭、廷尉卿阳平人王显等人，平时都巴结投靠赵脩，到这时害怕被牵连，争着帮助高肇打击赵脩。魏宣武帝命令尚书元绍核查审讯，颁布诏书公布了赵脩的奸恶行径，免去他死罪，鞭挞一百，贬谪到敦煌充军。而赵脩愚蠢粗心，开初一点也不知情，正在领军于劲的宅第中赌博，来了几个羽林奉圣旨叫他，送他到了领军府。甄琛和王显监督刑罚，两人事先准备了履行杖刑有力气的人，轮流鞭打他，一定要让他死。赵脩向来身体肥胖强壮，忍受得住痛打，所以暗中增加鞭挞到三百下，仍然不死。甄琛等立即叫来驿马，催促赵脩即刻上路充军。出城之后，马上坚持不住了，就举起用绳子捆绑在马鞍上，驱马急行，走了八十里路，赵脩就死了。宣武帝知道了，责备元绍不再次奏请，元绍回答说："赵脩的佞幸，对国家危害太大了，臣不乘机除掉，恐怕陛下要受万世之指责。"宣武帝觉得元绍的话正直不阿，没有加罪。元绍从殿中出来后，广平王元怀向他施礼说道："您老人家的刚直超过汲黯。"元绍回答："我只恨杀得稍微晚了一些，为此而感到惭愧。"元绍是元素的孙子。次日，甄琛和李凭因是赵脩的同党而被免去官职，左右因受赵脩牵连而被诛死或贬黜的有二十多人。散骑常侍高聪与赵脩向来关系亲密，但是他以同族人之身份讨好巴结高肇，所以独得幸免。

梁武帝天监三年（甲申，504年）

春季，正月初三日庚戌，梁征虏将军赵祖悦与北魏江州刺史陈伯之战于东关，赵祖悦战败。

正月初六日癸丑，梁任命尚书右仆射王莹为左仆射，太子詹事柳惔为右仆射。

正月初九日丙辰，北魏东荆州刺史杨大眼攻击反叛的蛮人樊季安等人，大获全胜。樊季安是樊素安的弟弟。

正月十九日丙寅，北魏大赦天下，改年号为正始。

萧宝寅行到汝阳的时候，东城已经被梁军占取了，于是就改驻在寿阳的栖贤寺。二月十一日戊子，将军姜庆真乘北魏任城王元澄在外，袭击寿阳，占据了外城。北魏长史韦缵仓促之中不知如何才好，任城太妃孟氏整军登上女墙，先据守了要害之处，勉励文武官员，安慰新投附来的寿阳兵民和旧有的将士，将士们都士气高昂。太妃亲自巡察城防，不避敌方飞箭流石。萧宝寅领兵到了，与州军合力奋战，从四

任城王澄攻钟离，上遣冠军将军张惠绍等将兵五千送粮诣钟离，澄遣平远将军刘思祖等邀之。丁酉，战于邵阳，大败梁兵，俘惠绍等十将，杀虏士卒殆尽。思祖，芳之从子也。尚书论思祖功，应封千户侯；侍中、领右卫将军元晖求二婢于思祖，不得，事遂寝。晖，素之孙也。

上遣平西将军曹景宗、后军王僧炳等帅步骑三万救义阳。僧炳将二万人据凿岘，景宗将万人为后继，元英遣冠军将军元逞等据樊城以拒之。三月，壬申，大破僧炳于樊城，俘斩四千余人。

魏诏任城王澄，以“四月淮水将涨，舟行无碍，南军得时，勿昧利以取后悔”。会大雨，淮水暴涨，澄引兵还寿阳。魏军还既狼狈，失亡四千余人。中书侍郎齐郡贾思伯为澄军司，居后为殿，澄以其儒者，谓之必死，及至，大喜曰：“‘仁者必有勇’，于军司见之矣。”思伯托以失道，不伐其功。有司奏夺澄开府，仍降三阶。上以所获魏将士请易张惠绍于魏，魏人归之。

（以上为第十三段，写南朝萧梁与北魏的攻斗，南朝将军姜庆真抓住元澄外出的机会，袭击大本营寿阳，双方增兵交战，淮水暴涨，北魏宣武帝下令撤兵。）

魏太傅、领司徒、录尚书北海王详，骄奢好声色，贪冒无厌，广营第舍，夺人居室，嬖昵左右，所在请托，中外嗟怨。魏主以其尊亲，恩礼无替，军国大事皆与参决，所奏请无不开允。魏主之初亲政也，以兵召诸叔，详与咸阳、彭城王共车而入，防卫严固。高太妃大惧，乘车随而哭之。既得免，谓详曰：“自今不愿富贵，但使母子相保，与汝扫市为生耳。”及详再执政，太妃不复念前事，专助详为贪虐。冠军将军茹皓，以巧思有宠于帝，常在左右，传可门下奏事，弄权纳贿，朝野惮之，详亦附焉。皓娶尚书令高肇从妹，皓妻之姊为详从父安定王燮之妃；详烝于燮妃，由是与皓益相昵狎。直阁将军刘胄，本详所引荐，殿中将军常季贤以善养马，陈扫静掌栉，皆得幸于帝，与皓相表里，卖权势。

更激战到夕阳西下的时候，姜庆真败逃而去。韦缵因临阵失措而被免去官职。

任城王元澄攻打钟离，梁武帝派遣冠军将军张惠绍等人率兵五千运送粮食到钟离，元澄派遣平远将军刘思祖等人去截击。二月二十日丁酉，在邵阳交战，大败梁军，俘虏了张惠绍等十个将领，斩杀或俘虏了几乎全部士卒。刘思祖是刘芳的侄子。尚书省议论刘思祖的功劳应当封为千户侯；侍中、领右卫将军元晖向刘思祖要两个婢女，没有得到，于是封赏刘思祖一事就搁置了。元晖是元素的孙子。

梁武帝派遣平西将军曹景宗、后军王僧炳等人统率步、骑兵三万援救义阳。王僧炳率领两万兵力据守凿岘，曹景宗率领一万兵力为后援，元英派遣冠军将军元逞等人据守樊城以抵挡。三月二十五日壬申，北魏军队在樊城大败王僧炳，俘虏和斩首四千多人。

北魏诏令任城王元澄："四月份淮河水将涨，船行无阻，南方军队得其天时，所以不要贪利益而后悔不及。"恰好天降大雨，淮水暴涨，元澄领兵回到寿阳。北魏军队回撤时十分狼狈，失踪和逃亡的有四千多人。中书侍郎、齐郡人贾思伯是元澄的军司，殿后而行，元澄因他是个儒生，以为他必死无疑，等他回来之后，元澄大喜过望，说道："'仁者必有勇'，在军司身上表现出来了。"贾思伯借口说迷路了，不愿意夸耀功劳。有关部门奏请朝廷夺去元澄开府之封，并降三级。梁朝向北魏请求用所俘获的北魏将士换回张惠绍，北魏人归还了张惠绍。

北魏太傅、领司徒、录尚书北海王元详，骄奢淫逸，喜好声色，贪图财利而永远没有满足的时候。到处营造私人宅第，夺占别人的房屋，宠幸身边的人，对于各种托请无不应允，结果闹得宫中廷外怨声载道。魏宣武帝因为他是长辈，恩德礼遇并没有衰减，军国大事都参与决策，各种奏请也无不答应。魏宣武帝刚开始亲政时，派兵去传召几位叔父，元详与咸阳王、彭城王乘一辆车入见宣武帝，里面防卫得特别严密坚固。高太妃恐惧万分，乘车跟随在后面啼哭了一路。三个人得以免罪之后，高太妃对元详说："从今以后不愿富贵，只要母子平安地在一起相互保全，与你一同扫取集市遗物也无不可。"等到元详再次执政之后，高太妃再也想不起以前的事情了，一味帮助元详做贪求、暴虐的事情。冠军将军茹皓因为巧思而得宠于宣武帝，经常在左右，传达和答复门下省的奏事，弄权作弊，收受贿赂，朝野上下畏惮他，元详也依附他。茹皓娶了尚书令高肇的堂妹，茹皓妻子的姐姐又是元详的堂叔安定王元燮的妃子，元详与元燮的妃子私通，因此元详与茹皓就越发亲近了。直阁将军刘胄本来是元详所引荐，殿中将军常季贤因为擅长养马，陈扫静则专掌梳头的事，三人都得宠于宣武帝，与茹皓相为表里，一起以权谋私利。

高肇本出高丽，时望轻之。帝既黜六辅，诛咸阳王禧，专委事于肇。肇以在朝亲族至少，乃邀结朋援，附之者旬月超擢，不附者陷以大罪。尤忌诸王，以详位居其上，欲去之，独执朝政，乃谮之于帝，云："详与皓、胄、季贤、扫静谋为逆乱。"夏，四月，帝夜召中尉崔亮入禁中，使弹奏详贪淫奢纵，及皓等四人怙权贪横，收皓等系南台，遣虎贲百人围守详第。又虑详惊惧逃逸，遣左右郭翼开金墉门驰出谕旨，示以中尉弹状，详曰："审如中尉所纠，何忧也！正恐更有大罪横至耳。人与我物，我实受之。"诘朝，有司奏处皓等罪，皆赐死。

帝引高阳王雍等五王入议详罪。详单车防卫，送华林园，母妻随入，给小奴弱婢数人，围守甚严，内外不通。五月，丁未朔，下诏宥详死，免为庶人。顷之，徙详于太府寺，围禁弥急，母妻皆还南第，五日一来视之。

初，详娶宋王刘昶女，待之疏薄。详既被禁，高太妃乃知安定高妃事，大怒曰："汝妻妾盛多如此，安用彼高丽婢，陷罪至此！"杖之百余，被创脓溃，旬余乃能立。又杖刘妃数十，曰："妇人皆妒，何独不妒！"刘妃笑而受罚，卒无所言。

详家奴数人阴结党辈，欲劫出详，密书姓名，托侍婢通于详。详始得执省，而门防主司遥见，突入就详手中揽得，奏之，详恸哭数声，暴卒。诏有司以礼殡葬。

（以上为第十四段，写北魏的宫廷斗争，太傅、北海王元详为所欲为，私欲膨胀，而外戚高肇欲专权，虎视眈眈，必欲除之，便诬告元详密谋叛乱，元祥败亡。）

先是，典事史元显献鸡雏，四翼四足，诏以问侍中崔光。光上表曰："汉元帝初元中，丞相府史家雌鸡伏子，渐化为雄，冠距鸣将。永光中，有献雄鸡生角，刘向以为：'鸡者小畜，主司时起居人，小臣执事为政之象也。竟宁元年，石显伏辜，此其效也。'灵帝光和元年，南宫寺雌鸡欲化为雄，但头冠未变，诏以问议郎蔡邕，对曰：'头为元首，人君之象也。

高肇本来出身于高句丽，一般人轻视他。宣武帝罢黜了六位辅政大臣，诛杀了咸阳王元禧之后，就把政事只委托于高肇一人。高肇在朝廷中的亲戚同宗甚少，于是招揽交结朋党，凡是投附的人，十天半月就可以破格提升，不愿投靠者则动辄陷以重罪。尤其忌妒各个藩王，由于元详地位在自己上面，就想把他除掉，自己独掌朝政。高肇便在宣武帝面前诬陷元详说："元详与茹皓、刘胄、常季贤、陈扫静等人密谋叛乱。"夏季，四月，宣武帝夜里召中尉崔亮进入宫中，让弹劾元详贪婪淫乱，奢侈放纵，以及茹皓等四人依仗权势，贪赃枉法。拘捕了茹皓等人，关押在御史台，又派遣一百名武士包围了元详的府第。又担心元详惊怕而逃脱，就派遣身边人郭翼打开金墉门，骑马出去向元详宣谕圣旨，出示中尉崔亮的弹劾状，元详说："确实如中尉所举发的那样，有什么可担心的呢？正害怕还有更大的罪从天而降呢。别人给我东西，我确实收下了。"天亮之后，有关部门奏请处置茹皓等人的罪行，四人全部被赐死。

魏宣武帝召集高阳王元雍等五个藩王进去商议元详罪行。元详乘单车，前后警卫，送入华林园，母亲和妻子也随他进入园中，只给了几个弱小的奴婢，围守得特别严密，与外面断绝了联系。五月初一日丁未朔，诏令宽宥元详不死，贬为平民。很快，元详就被移送到太府寺，看管得更加严紧了，母亲和妻子都回到南宅去了，每五天来看望他一次。

当初，元详娶了宋王刘昶的女儿，待她疏远薄情。元详被囚禁之后，高太妃才知道了安定王高妃的事，非常生气，骂元详说："你的妻妾成群，为何还要那个高丽婢女，以致被陷罪到这个地步呢？"打了一百多板，创伤流血化脓，十多天后才能站立起来。高太妃又令人打了刘妃几十下问："妇人家都妒忌，你为什么不妒忌呢？"刘妃笑着接受了惩罚，从头到尾没说一句话。

元详的几个家奴秘密勾结，想把元详从狱中抢劫出来，秘密书写了姓名，托侍婢交给元详。元详刚拿在手上要看，被看守头目老远地看见了，突然跑进来从元详手上抢夺过来看了，上奏给朝廷。元详恸哭了几声，突然死亡。诏令有关部门以礼殡葬了元详。

在此之前，典事史元显向魏宣武帝进献了一只鸡雏，四只翅膀，四条腿，就诏问侍中崔光，崔光上表说："汉元帝初元年间，丞相府史家的母鸡孵小鸡，渐渐地变成了公鸡，鸡冠和爪子后面的尖骨突出，开始打鸣，成了群中之帅。永光年间，有人进献了一只长角的公鸡，刘向认为：'鸡是小家禽，其职责是到时鸣叫，唤醒主人起床，这是地位低贱的下臣掌权当政的征兆。竟宁元年，石显服罪，就是其应验

今鸡一身已变，未至于头，而上知之，是将有其事而不遂成之象也。若应之不精，政无所改，头冠或成，为患滋大。’是后黄巾破坏四方，天下遂大乱。今之鸡状虽与汉不同，而其应颇相类，诚可畏也。臣以向、邕言推之，翼足众多，亦群下相扇助之象，雏而未大，足羽差小，亦其势尚微，易制御也。臣闻灾异之见，皆所以示吉凶，明君睹之而惧，乃能致福，暗主睹之而慢，所以致祸。或者今亦有自贱而贵，关预政事，如前世石显之比者邪！愿陛下进贤黜佞，则妖弭庆集矣。”后数日，皓等伏诛，帝愈重光。

高肇说帝，使宿卫队主帅羽林、虎贲守诸王第，殆同幽禁，彭城王勰切谏，不听。勰志尚高迈，不乐荣势，避事家居，而出无山水之适，处无知己之游，独对妻子，常郁郁不乐。

魏人围义阳，城中兵不满五千人，食才支半岁。魏军攻之，昼夜不息，刺史蔡道恭随方抗御，皆应手摧却，相持百余日，前后斩获不可胜计。魏军惮之，将退。会道恭疾笃，乃呼从弟骁骑将军灵恩，兄子尚书郎僧勰及诸将佐，谓曰："吾受国厚恩，不能攘灭寇贼，今所苦转笃，势不支久；汝等当以死固节，无令吾没有遗恨！”众皆流涕。道恭卒，灵恩摄行州事，代之城守。

六月，癸未，大赦。

魏大旱，散骑常侍兼尚书邢峦奏称："昔者明王重粟帛，轻金玉，何则？粟帛养民而安国，金玉无用而败德故也。先帝深鉴奢泰，务崇节俭，至以纸绢为帐扆，铜铁为辔勒，府藏之金，裁给而已，不复买积以费国资。逮景明之初，承升平之业，四境清晏，远迩来同，于是贡篚相继，商估交入，诸所献纳，倍多于常，金玉恒有余，国用恒不足。苟非为之分限，但恐岁计不充，自今请非要须者一切不受。”魏主纳之。

（以上为第十五段，写北魏权臣高肇专权，游说元恪围困诸王宅第，形同幽禁，贤臣元勰也无可奈何，郁郁寡欢；南朝萧梁名将蔡道恭多次打退北魏兵，而因病去世。）

呀。’汉灵帝光和元年，南宫寺的母鸡快变成公鸡了，只有头上的冠还没变，诏问议郎蔡邕，蔡邕回答说：‘头是元首，是皇帝的象征。如今鸡的全身都变了，只是头还没有变，而圣上知道了，这是天下将要出事而不会成功的征兆。倘若应对不妥当，朝政方面没有什么改善，头冠如果也变成了的话，为患就更加大了。’之后，黄巾贼破坏四方，天下因此大乱。现今这只鸡的形状虽然与汉代的不同，但是显示的预兆颇相类似，确实可怕呀。我用刘向、蔡邕的说法推论这件事：翅膀和脚众多，这是一群下贱小人互相勾结，鼓动生事的象征；雏小而未大，脚趾和羽翼尚小，说明群小的势力还微弱，易于制服。臣听说这种灾异现象的出现，都显示着吉凶之兆，圣明的君主见了引起警惕，于是能带来福气；而昏暗的君主见了骄慢，所以导致灾祸。或许如今也有从低贱而显贵的小人参与干涉政事，如前代石显那样呢？愿陛下引进贤才，黜免佞臣，如此则妖孽消失，吉庆降临啊。”其后几天，茹皓等人伏法被诛，宣武帝越发看重崔光了。

高肇游说宣武帝，让宿卫队的头领率领羽林虎贲监守各藩王的宅第，差不多相当于幽禁起来了，彭城王元勰再三劝谏不要这样做，宣武帝不听。元勰志向远大，不乐于荣华权势。避事住在家中，出外不游山玩水，在家中没有知己相陪伴，独自面对妻子儿子，常常郁郁寡欢。

魏军围攻义阳，城中的兵力不足五千人，粮食才够支持半年。北魏军队攻城，昼夜不停，刺史蔡道恭随机应变抵抗，出手得胜，相持了一百多天，前后斩获敌人不可数计。魏军害怕了，准备撤退。恰在这时，蔡道恭的病情严重了，呼唤担任骁骑将军的堂弟蔡灵恩、担任尚书郎的侄子蔡僧勰以及其他将佐，对他们说：“我受国家的厚恩，但不能抵御消灭寇贼，现今苦于病情转危，势必不会支持长久。你们应当以死来捍卫自己的名节，不要让我死有遗恨。”大家都伤心流泪。蔡道恭病逝，蔡灵恩代管州务，替蔡道恭去指挥守城。

六月初八日癸未，梁大赦天下。

北魏大旱，散骑常侍兼尚书邢峦上奏说：“过去的圣明天子重视粮食和布帛而轻视金子和玉石，为什么呢？粮食布帛可以养民而安国，金玉无用而败损道德。先帝深深地以奢侈安逸为鉴戒，努力推崇勤俭节约，以至于用纸绢做帷帐和屏风，铜铁做马的辔头和勒口，府库所藏之金，仅够维持开支而已，不再买物品积存起来而浪费国家的资金。到了景明之初，承继升平之业，四境安宁，远近都来归附，这时入贡之物一筐筐地相继而来，商贾们也纷纷前来，各种进献纳贡，倍于往常。金玉总是有余，国家财用却常常不足。假如不做出一定的限制，只恐怕年度预算不足，请从今开始，凡不是国家重要而必需的，一概不接受。”魏宣武帝采纳了这一建议。

秋，七月，癸丑，角城戍主柴庆宗以城降魏，魏徐州刺史元鉴遣淮阳太守吴秦生将千余人赴之，淮阴援军断其路，秦生屡战，破之，遂取角城。

甲子，立皇子综为豫章王。

魏李崇破东荆叛蛮，生擒樊素安，进讨西荆诸蛮，悉降之。

魏人闻蔡道恭卒，攻义阳益急，短兵日接。曹景宗顿凿岘不进，但耀兵游猎而已。上复遣宁朔将军马仙琕救义阳，仙琕转战而前，兵势甚锐。元英结垒于上雅山，分命诸将伏于四山，示之以弱。仙琕乘胜直抵长围，掩英营；英伪北以诱之，至平地，纵兵击之。统军傅永擐甲执槊，单骑先入，唯军主蔡三虎副之，突陈横过。梁兵射永，洞其左股，永拔箭复入。仙琕大败，一子战死，仙琕退走。英谓永曰："公伤矣，且还营。"永曰："昔汉高扪足不欲人知，下官虽微，国家一将，奈何使贼有伤将之名！"遂与诸军追之，尽夜而返。时年七十余矣，军中莫不壮之。仙琕复帅万余人进击英，英又破之，杀将军陈秀之。仙琕知义阳危急，尽锐决战，一日三交，皆大败而返。蔡灵恩势穷，八月，乙酉，降于魏。三关戍将闻之，辛酉，亦弃城走。

英使司马陆希道为露版，嫌其不精，命傅永改之。永不增文彩，直为之陈列军事处置形要而已，英深赏之，曰："观此经算，虽有金城汤池，不能守矣。"初，南安惠王以预穆泰之谋，追夺爵邑，及英克义阳，乃复立英为中山王。

御史中丞任昉奏弹曹景宗，上以其功臣，寝而不治。

卫尉郑绍叔忠于事上，外所闻知，纤豪无隐。每为上言事，善则推功于上，不善则引咎归己，上以是亲之。诏于南义阳置司州，移镇关南，以绍叔为刺史。绍叔立城隍，缮器械，广田积谷，招集流散，百姓安之。

魏置郢州于义阳，以司马悦为刺史。上遣马仙琕筑竹敦、麻阳二城于三关南，司马悦遣兵攻竹敦，拔之。

秋季，七月初八日癸丑，角城戍主柴庆宗献出城池投降北魏，北魏徐州刺史元鉴派遣淮阳太守吴秦生率领一千多人赶赴角城。淮阴增援军队阻断了去路，吴秦生屡次交战，打败了梁朝的援军，占取了角城。

七月十九日甲子，梁封立皇子萧综为豫章王。

北魏李崇攻破东荆州叛乱的蛮人，活捉了樊素安，进而讨伐西荆州各部蛮人，都投降归顺。

魏军知道蔡道恭死了，攻击义阳城更加紧急，每天短兵相接。曹景宗驻扎在凿岘按兵不动，只是炫耀兵力四处游猎而已。梁武帝又派遣宁朔将军马仙琕援救义阳，马仙琕转战而前，兵势十分勇锐。元英在上雅山修筑战垒，命令诸位将领分别埋伏在山的四周，显示出力量弱小的样子。马仙琕乘胜而进，直抵北魏军队的长围，袭击元英的营地。元英假装败逃，引诱敌方，到了平地，纵兵回击马仙琕。统军傅永身着铁甲，手执矛槊，单骑冲入，只有军主蔡三虎辅助，横穿敌阵而过。梁朝兵士用箭射傅永，射穿了左大腿，傅永拔出箭，再次冲入敌阵。马仙琕一败涂地，一个儿子阵亡，仙琕撤退逃走。元英对傅永说："您受伤了，且回营地去吧。"傅永不肯，说："昔日汉高祖刘邦伤胸，却用手捂脚，不想让人知道，以防动摇军心。下官虽然地位微贱，国家的一员将领，岂能让贼人有伤了我方一员将领的说辞呢？"就与部队一起去追击，天亮才返回。傅永当时已七十多岁，军中无人不敬仰为壮士。马仙琕又率领一万多人进攻元英，元英又打败了他，杀了将军陈秀之。马仙琕知道义阳危在旦夕，倾力决战，一日交锋三次，都大败而回。蔡灵恩势穷了，八月十一日乙酉，投降了北魏。三关的戍守将领听闻消息，八月十七日辛卯（原文作乙酉，误），也弃城而逃。

元英命令司马陆希道撰写报捷的文书，嫌版文不精，命令傅永修改。傅永并没有增加文章的文采，只是一一列举指挥作战的概要，元英非常欣赏说："看到这样的谋略措施，敌人的城池即使固若金汤，也守不住了。"当初，南安惠王因参与穆泰谋反，被追削爵位和封地，元英攻克义阳之后，又重新封元英为中山王。

御史中丞任昉弹劾曹景宗按兵不前，梁武帝因他是功臣，搁置没有治他的罪。

卫尉郑绍叔忠心耿耿侍奉梁武帝，凡在外面听到什么，毫无隐瞒地报告。每次给梁武帝汇报，如果是好事，就把功绩归结于皇上；如果不是好事，则把责任归结于自身，梁武帝因此特别亲近他。诏令在南义阳设置司州，州治所移于关南，任命郑绍叔为刺史。郑绍叔筑建城壕，修缮器械，增广农田，积储谷物，招集流散人口，百姓安居乐业。

北魏设置郢州于义阳，以司马悦为刺史。梁武帝派遣马仙琕在三关南边修筑了竹敦、麻阳两座城堡，司马悦派兵去攻打竹敦，拔取了它。

九月，壬子，以吐谷浑王伏连筹为西秦河二州刺史、河南王。

柔然侵魏之沃野及怀朔镇，诏车骑大将军源怀出行北边，指授方略，随须征发，皆以便宜从事。怀至云中，柔然遁去。怀以为用夏制夷，莫如城郭，还，至恒、代，按视诸镇左右要害之地，可以筑城置戍之处，欲东西为九城，及储粮积仗之宜，犬牙相救之势，凡五十八条，表上之，曰："今定鼎成周，去北遥远，代表诸国颇或外叛，仍遭旱饥，戎马甲兵十分阙八。谓宜准旧镇，东西相望，令形势相接，筑城置戍，分兵要害，劝农积粟，警急之日，随便翦讨。彼游骑之寇，终不敢攻城，亦不敢越城南出。如此，北方无忧矣。"魏主从之。

魏太和之十六年，高祖诏中书监高闾与给事中公孙崇考定雅乐，久之，未就。会高祖殂，高闾卒。景明中，崇为太乐令，上所调金石及书。至是，世宗始命八座已下议之。

冬，十一月，戊午，魏诏营缮国学。时魏平宁日久，学业大盛，燕、齐、赵、魏之间，教授者不可胜数，弟子著录多者千余人，少者犹数百，州举茂异，郡贡孝廉，每年逾众。

甲子，除以金赎罪之科。

十二月，丙子，魏诏殿中郎陈郡袁翻等议立律令，彭城王勰等监之。

己亥，魏主幸伊阙。

上雅好儒术，以东晋、宋、齐虽开置国学，不及十年辄废之，其存亦文具而已，无讲授之实。

（以上为第十六段，写南朝萧梁大将曹景宗坐山观虎斗，宁朔将军马仙琕力战而败，义阳归于北魏；北魏在北方修建九座城池，抵挡柔然游寇；北魏定雅乐，兴国学。）

九月初八日壬子，梁任命吐谷浑王慕容伏连筹为西秦州和河州刺史、河南王。

柔然入侵北魏的沃野和怀朔镇，诏令车骑大将军源怀出征北方，凡是指挥布置、军需物品的调发等，授权他全权处理。源怀到达云中，柔然人远遁而去。源怀认为用中原的方法制服蛮夷，最好是修建城池，返回后，到了恒代之地，视察了各镇周围的要害之地，可以修城筑寨之处，准备从东到西共修建九座城池，以及储备粮食兵器所适宜，呈犬牙交错可以互相援救的形势，共五十八条建议，表奏朝廷："现今定鼎于成周，距离北边遥远，代京以北的各部落多有反叛，连续遭受旱灾，出现饥荒，以致戎马甲兵十分中缺去八分。认为应该依照旧镇那样，东西相望，令形势相连，在此修筑城堡，分兵戍守，平时屯田积粮，紧急的时候，可以随时应战。柔然游骑之寇，终不敢攻城，也不敢越过城堡而南下。如此，北方就可以无忧了。"魏宣武帝同意了这一建议。

北魏太和十六年时，孝文帝诏令中书监高闾和给事中公孙崇考定雅乐，但很长时间还没有完成。恰恰孝文帝驾崩，高闾去世。景明年间，高崇担任了太乐令，向朝廷献上了所调金石乐器以及书，至此，宣武帝命令八座及以下的官员审议鉴定。

冬季，十一月十五日戊午，北魏诏令营建修缮国学。当时，北魏国内平静安宁日久，兴学之风大盛，燕、齐、赵、魏等地，讲学授业的人不可胜数，其弟子登记在册者多的有一千多人，少的也有几百名，州里举荐"茂材异等"的卓越人才，郡里举贡孝廉，人数一年比一年多。

十一月二十一日甲子，梁废除用钱赎罪的法令。

十二月初四日丙子，北魏诏令殿中郎陈郡人袁翻等人议定设立法规律令，彭城王元勰等人担任总监。

十二月二十七日己亥，魏宣武帝到达伊阙。

梁武帝一向喜好儒术，认为东晋、刘宋、南齐虽然开办了国学，但是不及十年都废止了，即使存在，也仅仅是形式而已，没有讲授之实。

【点评】

魏孝文帝和梁武帝推进礼乐文化。梁武帝和魏孝文帝都很重视礼乐制度。中国历史上像梁武帝这样精通音律的皇帝很少，他素来精通钟律，想要整理、订正雅乐，而且他能够自己制作乐器“通”。神奇的是，梁武帝用通声转过来推算节气，一点差错也没有，而反过来再一推算，也能相合。梁武帝又制作了十二笛，以十二笛的声音对校于通声，并且对于古钟玉律，都互相符合没有差误。这些都说明梁武帝自小就受到良好的音乐教育，并且能够充分认识到音乐艺术对于人文关怀、社会教育的重大作用，所以努力推行礼乐。北魏的情况就特殊一些，自魏孝文帝开始注意并引进中原的礼乐制度，在太和十六年颁布诏书要高闾与公孙崇考订雅乐，到了景明年间，公孙崇担任太乐令，旧事重提，朝廷重新议定。从此看来，北魏的汉化进行得非常顺利，孝文帝开创的改革道路被顺利地推进。与此相呼应的是北魏国学馆的兴盛，北魏境内，这时兴学之风大盛，燕、齐、赵、魏等地，讲学授业的人不可胜数，其弟子登记在册者多的有一千多人，少的也有几百名，州里举荐“茂才异等”，郡里举贡孝廉，人数一年比一年多。

梁纪二

梁武帝天监四年至六年（505—507 年）

【起旃蒙作噩（乙酉，505 年），尽强圉大渊献（丁亥，507 年），凡三年】

【大事提要】

本卷记事起自公元 505 年，至公元 507 年，凡三年，当梁武帝天监四年至天监六年。本卷所载大事，主要是梁魏南北对峙，发生了两次大规模的战争，都以发动者的失败而告终。第一次战争，公元 505 年，梁武帝任命其弟扬州刺史临川王萧宏都督北讨诸军事北伐魏，公元 506 年战败而归。第二次战争，公元 507 年，北魏十万大军南下，因不习惯水战，失败而回。

【原文】

高祖武皇帝二

天监四年（乙酉，505 年）

春，正月，癸卯朔，诏曰："二汉登贤，莫非经术，服膺雅道，名立行成。魏、晋浮荡，儒教沦歇，风节罔树，抑此之由。可置《五经》博士各一人，广开馆宇，招内后进！"于是以贺玚及平原明山宾、吴兴沈峻、建平严植之补博士，各主一馆，馆有数百生，给其饩廪，其射策通明者即除为吏。期年之间，怀经负笈者云会。玚，循之玄孙也。又选学生，往会稽云门山从何胤受业，命胤选门徒中经明行修者，具以名闻。分遣博士祭酒巡州郡立学。

初，谯国夏侯道迁以辅国将军从裴叔业镇寿阳，为南谯太守，与叔业有隙，单骑奔魏。魏以道迁为骁骑将军，从王肃镇寿阳，使道迁守合肥。肃卒，道迁弃戍来奔，从梁、秦二州刺史庄丘黑镇南郑，以道迁为长史，领汉中太守。黑卒，诏以都官尚书王珍国为刺史，未至，道迁阴与军主考城江忱之等谋降魏。

先是，魏仇池镇将杨灵珍叛魏来奔，朝廷以为征虏将军、假武都王，助戍汉中，有部曲六百人，道迁惮之。上遣左右吴公之等使南郑，道迁遂杀使者，发兵击灵珍父子，斩之，并使者首送于魏。白马戍主尹天宝闻之，引兵击道迁，败其将庞树，遂围南郑。道迁求救于氐王杨绍先、杨集起、杨集义，皆不应。集义弟集朗引兵救道迁，击天宝，杀之。魏以道迁为平南将军、豫州刺史、丰县侯。又以尚书邢峦为镇西将军、都督征梁汉诸军事，将兵赴之。道迁受平南，辞豫州，且求公爵，魏主不许。

辛亥，上祀南郊，大赦。

乙丑，魏以骠骑大将军高阳王雍为司空，加尚书令广阳王嘉仪同三司。

二月，丙子，魏以宕昌世子梁弥博为宕昌王。

上谋伐魏，壬午，遣卫尉卿杨公则将宿卫兵塞洛口。

【语译】

高祖武皇帝二

梁武帝天监四年（乙酉，505 年）

春季，正月初一日癸卯朔，梁发布诏令："两汉时期登贤入仕，莫不是通过经术的道路，服膺大雅之道，名可建立，业可成就。魏晋时浮华放荡，儒教衰歇，风节不树，经术不立是根本原因。可以设置《五经》博士各一人，广开馆宇，招纳后进。"这时以贺玚及平原人明山宾、吴兴人沈峻、建平人严植之补为博士，各主持一馆，每馆有好几百名学生，由朝廷供给口粮等生活资用，其中在射策考试时通达明晰者，即被任为官吏。一年之间，天下士子怀经负笈，云集而至。贺玚是贺循的玄孙。又挑选学生，送往会稽云门山跟从何胤接受学业，命令何胤选拔门徒中通晓经学、品行优秀者，姓名上报朝廷。分路遣博士祭酒巡视各州郡的立学情况。

当初，谯国人夏侯道迁以辅国将军的身份随从裴叔业镇守寿阳，任南谯太守，因与裴叔业不合，一个人骑马投奔了北魏。北魏任命夏侯道迁为骁骑将军，随从王肃镇守寿阳，派夏侯道迁驻守合肥。王肃去世，夏侯道迁丢下戍所来投靠南朝，随从梁、秦二州刺史庄丘黑镇守南郑，庄丘黑任命夏侯道迁为长史，兼汉中太守。庄丘黑死后，诏令都官尚书王珍国为刺史，没有到任，夏侯道迁便私下里与军主考城人江忱之等人密谋投降北魏。

在此之前，北魏仇池镇将杨灵珍反叛北魏来投奔，朝廷任命为征虏将军、假武都王，协助戍守汉中，手下共有部曲六百人，夏侯道迁很害怕他。梁武帝派遣左右心腹吴公之等人出使南郑，夏侯道迁便杀害了使者，发兵袭击杨灵珍父子，斩了他们，连同使者的首级一并送到北魏。白马的戍主尹天宝得知，带兵袭击夏侯道迁，打败了夏侯道迁的将领庞树，包围了南郑。夏侯道迁求救氐王杨绍先、杨集起、杨集义，都不回应，杨集义的弟弟杨集朗带兵援救夏侯道迁，向尹天宝发起了攻击，杀了他。北魏任命夏侯道迁为平南将军、豫州刺史、丰县侯。又任命尚书邢峦为镇西将军、都督梁汉诸军事，率兵前去赴任。夏侯道迁接受了平南将军一职，辞掉了豫州刺史之职，要求封为公爵，魏宣武帝不准许。

正月初九日辛亥，梁武帝在南郊祭祀，并诏令大赦天下。

正月二十三日乙丑，北魏任命骠骑大将军高阳王元雍为司空，加封尚书令广阳王元嘉仪同三司。

二月初五日丙子，北魏封宕昌世子梁弥博为宕昌王。

梁武帝策谋讨伐北魏，二月十一日壬午，派遣卫尉卿杨公则率领宿卫兵堵塞了洛口。

壬辰，交州刺史李凯据州反，长史李畟讨平之。

魏邢峦至汉中，击诸城戍，所向摧破。晋寿太守王景胤据石亭，峦遣统军李义珍击走之。魏以峦为梁、秦二州刺史。巴西太守庞景民据郡不下，郡民严玄思聚众自称巴州刺史，附于魏，攻景民，斩之。杨集起、集义闻魏克汉中而惧，闰月，帅群氐叛魏，断汉中粮道，峦屡遣军击破之。

夏，四月，丁巳，以行宕昌王梁弥博为河凉二州刺史、宕昌王。

冠军将军孔陵等将兵二万戍深杭，鲁方达戍南安，任僧褒等戍石同，以拒魏。邢峦遣统军王足将兵击之，所至皆捷，遂入剑阁。陵等退保梓潼，足又进击，破之。梁州十四郡地，东西七百里，南北千里，皆入于魏。

（以上为第一段，写南朝萧梁武帝萧衍下令设置《五经》博士，开办学校；北魏名将、梁秦二州刺史邢峦率军南下，一路势如破竹，梁州十四郡尽入北魏版图。）

初，益州刺史邓元起以母老乞归，诏征为右卫将军，以西昌侯渊藻代之。渊藻，懿之子也。夏侯道迁之叛也，尹天宝驰使报元起。及魏寇晋寿，王景胤等并遣告急，众劝元起急救之，元起曰："朝廷万里，军不猝至，若寇贼侵淫，方须扑讨，董督之任，非我而谁，何事匆匆救之！"诏假元起都督征讨诸军事，救汉中，而晋寿已陷。萧渊藻将至，元起营还装，粮储器械，取之无遗。渊藻入城，恨之；又求其良马，元起曰："年少郎子，何用马为！"渊藻恚，因醉，杀之。元起麾下围城，哭，且问故，渊藻曰："天子有诏。"众乃散。遂诬以反，上疑焉。元起故吏广汉罗研诣阙讼之，上曰："果如我所量也。"使让渊藻曰："元起为汝报仇，汝为仇报仇，忠孝之道如何！"乃贬渊藻号为冠军将军，赠元起征西将军，谥曰忠侯。

李延寿论曰：元起勤乃胥附，功惟辟土，劳之不图，祸机先陷。冠军之贬，于罚已轻，梁之政刑，于斯为失。私戚之端，自斯而启，年之不永，不亦宜乎！

二月二十一日壬辰，梁交州刺史李凯占据州城反叛，长史李畟平定了李凯的反叛。

北魏邢峦到达汉中，对各城堡发起了攻击，所向无敌，无坚不摧。晋寿太守王景胤占据石亭，邢峦派遣统军李义珍打跑了他。北魏任命邢峦为梁、秦二州刺史。巴西太守庞景民占据郡城，拒不投降，郡中平民严玄思聚集群众，自封为巴州刺史，投附于北魏，攻打庞景民并将他斩首。杨集起、杨集义得知北魏攻克汉中的消息之后害怕了，闰二月，率领氐族部落反叛了北魏，切断了汉中的粮道，邢峦多次派遣军队去袭击，打败了杨集起、杨集义。

夏季，四月十七日丁巳，梁任命行宕昌王梁弥博为河凉二州刺史、宕昌王。

冠军将军孔陵等人率兵两万戍守深杭，鲁方达戍守南安，任僧褒等人戍守石同，以便抵拒北魏。邢峦派遣统军王足带兵袭击，所到之处无不告捷，于是进入剑阁。孔陵等人只好退保梓潼，王足又进攻，击破了他们。梁州十四郡之地，东西七百里，南北一千里，全部归入北魏版图。

当初，益州刺史邓元起因母亲年老而乞求归还故里，颁布诏书征调为右卫将军，另以西昌侯萧渊藻取代他。萧渊藻是萧懿的儿子。夏侯道迁反叛的时候，尹天宝派使者驰告邓元起。等到北魏侵犯晋寿的时候，王景胤等人都遣使告急，众人劝说邓元起急速前去援救，邓元起说："朝廷万里之遥，军队不会很快就来到的，如果寇贼侵淫成势，方须前去讨伐夷荡，督帅的责任，除了我还有谁呢？何必现今就匆匆忙忙地前去救援呢？"朝廷诏令邓元起代理都督征讨诸军事，让他去援救汉中，而晋寿已经沦陷了。萧渊藻将要到达，邓元起准备回去的行装，粮资储备和各种器械兵仗搜罗一空，些微不剩。萧渊藻入城之后，怀恨在心。萧渊藻要邓元起的良马，邓元起说："你一个年少郎君，要马干什么呢？"萧渊藻无比愤怒，借邓元起酒醉的机会，杀了他。邓元起的部下把城围住，痛哭主帅，且问主帅被杀之缘故，萧渊藻说："天子有诏令。"众人才散去了。萧渊藻就诬告邓元起反叛，梁武帝疑而不信。邓元起的故吏广汉人罗研来到朝廷告状，梁武帝说："果然同我所思量的一样。"梁武帝派使者斥责萧渊藻说："邓元起为你报仇，你却为仇人而报仇，忠孝之道在哪里呢？"于是贬萧渊藻号为冠军将军，赠邓元起征西将军，谥号为忠侯。

李延寿评论说：邓元起勤勉于事，奉事朝廷，体贴下属，开辟疆土，功不可没，但是功劳没有受到赏赐，却先陷祸遇难。萧渊藻仅仅被贬为冠军将军，惩罚太轻了，梁朝的政治、刑律，在这件事上出现大的失误，偏袒亲族的弊

益州民焦僧护聚众作乱，萧渊藻年未弱冠，集僚佐议自击之。或陈不可，渊藻大怒，斩于阶侧。乃乘平肩舆巡行贼垒，贼弓乱射，矢下如雨，从者举楯御矢，渊藻命去之。由是人心大安，击僧护等，皆平之。

六月，庚戌，初立孔子庙。

豫州刺史王超宗将兵围魏小岘。丁卯，魏扬州刺史薛真度遣兼统军李叔仁等击之，超宗兵大败。

冠军将军王景胤、李畎、辅国将军鲁方达等与魏王足战，屡败，秋，七月，足进逼涪城。

八月，壬寅，魏中山王英寇雍州。

庚戌，秦、梁二州刺史鲁方达与魏王足统军纪洪雅、卢祖迁战，败，方达等十五将皆死。壬子，王景胤等又与祖迁战，败，景胤等二十四将皆死。

杨公则至洛口，与魏豫州长史石荣战，斩之。甲寅，将军姜庆真与魏战于羊石，不利，公则退屯马头。

雍州蛮沔东太守田青喜叛降魏。

魏有芝生于太极殿之西序，魏主以示侍中崔光，光上表，以为："此《庄子》所谓'气蒸成菌'者也。柔脆之物，生于墟落秽湿之地，不当生于殿堂高华之处；今忽有之，厥状扶疏，诚足异也。夫野木生朝，野鸟入庙，古人皆以为败亡之象，故太戊、中宗惧灾修德，殷道以昌，所谓'家利而怪先，国兴而妖豫'者也。今西南二方，兵革未息，郊甸之内，大旱逾时，民劳物悴，莫此之甚，承天育民者所宜矜恤；伏愿陛下侧躬耸意，惟新圣道，节夜饮之乐，养方富之年，则魏祚可以永隆，皇寿等于山岳矣。"于是魏主好宴乐，故光言及之。

九月，己巳，杨公则等与魏扬州刺史元嵩战，公则败绩。

冬，十月，丙午，上大举伐魏，以扬州刺史临川王宏都督北讨诸军事，尚书右仆射柳惔为副，王公以下各上国租及田谷以助军。宏军于洛口。

杨集起、集义立杨绍先为帝，自皆称王。十一月，戊辰朔，魏遣光禄大夫杨椿将兵讨之。

端，自此开启，传承年代不能久远，不也是应该的吗？

益州的百姓焦僧护聚众造反，萧渊藻年纪还不满二十岁，召集手下的僚佐们商议要亲自去歼击，有人说不可，萧渊藻勃然大怒，就把说话的人斩于庭阶的侧旁。乘坐着平肩舆轿，在叛民的营垒周围巡行，叛民用弓箭乱射，箭下如雨，随从们举着盾牌为他挡箭，命令把盾牌拿开。因此，人心大安，争相出击焦僧护等，都平定了。

六月十一日庚戌，梁朝开始设立孔庙。

豫州刺史王超宗率兵围攻北魏小岘。六月二十八日丁卯，北魏扬州刺史薛真度派遣兼统军李叔仁等人出击，王超宗的军队大败。

冠军将军王景胤、李畎，辅国将军鲁方达等同北魏的王足交战，屡次失败，秋季，七月，王足进逼涪城。

八月初四日壬寅，北魏中山王元英入侵雍州。

八月十二日庚戌，秦、梁二州刺史鲁方达与北魏王足手下的统军纪洪雅、卢祖迁交战，战败，鲁方达等十五员将领都战死。八月十四日壬子，王景胤等又与卢祖迁交战，战败，王景胤等二十四位将领全部战死。

杨公则到达洛口，与北魏豫州长史石荣交战，将石荣斩首。八月十六日甲寅，将军姜庆真与北魏军队在羊石交战，不利，杨公则退驻于马头。

雍州蛮人沔东太守田青喜反叛投降了北魏。

北魏有灵芝长在皇宫太极殿内的西墙下，魏宣武帝拿来给侍中崔光看，崔光上表认为："这只是《庄子》所讲的'气蒸成菌'罢了。这种柔脆的东西，生长在废墟角落污秽潮湿的地方，不应当生长在殿堂高贵华丽之处；如今忽然有了，而且其形状扶疏繁茂，实在是异常的事情。野木生于朝廷，野鸟飞入宗庙，古人都认为是败亡的征兆，所以商王太戊、中宗惧怕灾异而修德积善，殷朝国运得以复兴昌盛，这正是所谓'家族吉利而怪异先行，国家兴盛而妖异预见'。如今西方和南方兵戈未息，京郊周围大旱久时，百姓劳苦，万物憔悴，没有比这更甚的了。承受上天旨意养育万民者在此之际正应该加以体恤，恳请陛下亲身政务，使圣道维新，节制夜间饮酒的娱乐，保养正值年轻的身体，如此则大魏的国祚可以永远兴隆，皇寿与山岳等齐。"此时，魏宣武帝喜好宴饮欢乐，所以崔光在上表中特意提到。

九月初一日己巳，杨公则等人与北魏扬州刺史元嵩交战，杨公则败北。

冬季，十月初九日丙午，梁武帝发动军队大举征伐北魏，任命扬州刺史临川王萧宏都督北讨诸军事，尚书右仆射柳惔为副手，王公以下上交封国的收入和职田的收入用以资助军队。萧宏驻军于洛口。

杨集起、杨集义拥立杨绍先称帝，自己都称王。十一月初一日戊辰朔，北魏派遣光禄大夫杨椿率兵讨伐杨集起等。

（以上为第二段，南朝萧梁大臣邓元起功不可没，被迫乞归，又被萧渊藻杀之，诬以谋反，故吏罗研为其鸣冤；北魏侍中崔光善解太极殿内灵芝，寓含劝谏之意。）

魏王足围涪城，蜀人震恐，益州城戍降魏者什二三，民自上名籍者五万余户。邢峦表于魏主，请乘胜进取蜀，以为："建康、成都，相去万里，陆行既绝，惟资水路，水军西上，非周年不达，益州外无军援，一可图也。顷经刘季连反，邓元起攻围，资储空竭，吏民无复固守之志，二可图也。萧渊藻裙屐少年，未洽治务，宿昔名将，多见囚戮，今之所任，皆左右少年，三可图也。蜀之所恃，唯在剑阁，今既克南安，已夺其险，据彼竟内，三分已一；自南安向涪，方轨无碍，前军累败，后众丧魄，四可图也。渊藻是萧衍骨肉至亲，必无死理，若克涪城，渊藻安肯城中坐而受困，必将望风逃去；若其出斗，庸、蜀士卒驽怯，弓矢寡弱，五可图也。臣内省文吏，不习军旅，赖将士竭力，频有薄捷，既克重阻，民心怀服，瞻望涪、益，旦夕可图，正以兵少粮匮，未宜前出，今若不取，后图便难。况益州殷实，户口十万，比寿春、义阳，其利三倍。朝廷若欲进取，时不可失；若欲保境宁民，则臣居此无事，乞归侍养。"魏主诏以"平蜀之举，当更听后敕。寇难未夷，何得以养亲为辞"！

峦又表称："昔邓艾、锺会帅十八万众，倾中国资储，仅能平蜀，所以然者，斗实力也。况臣才非古人，何宜以二万之众而希平蜀！所以敢者，正以据得要险，士民慕义，此往则易，彼来则难，任力而行，理有可克。今王足已逼涪城，脱得涪，则益州乃成擒之物，但得之有早晚耳。且梓潼已附民户数万，朝廷岂可不守！又，剑阁天险，得而弃之，良可惜矣。臣诚知战伐危事，未易可为。自军度剑阁以来，鬓发中白，日夜战惧，何可为心！所以勉强者，既得此地而自退不守，恐负陛下之爵禄故也。且臣之意算，正欲先取涪城，以渐而进。若得涪城，则中分益州之地，断水陆之冲，彼外无援军，孤城自守，何能复持久哉！臣今欲使军军相次，声势连接，先为万全之计，然后图功，得之则大利，不得则

北魏王足围攻涪城，蜀人震惊、恐惧，益州的城堡有十分之二三投降了北魏，百姓自动报上名籍的有五万多户。邢峦上表魏宣武帝，请求乘胜进取蜀地，认为：“建康与成都万里之遥，陆路已经阻断，唯一依靠的就是水路，但是水军西上，没有一年的时间到不了，益州外无援军，这是第一点可图之处。蜀地前不久经历了刘季连反叛，邓元起攻打围困，物资储备空竭，官方和百姓都失去了固守的信心，这是第二点可图之处。萧渊藻下裳着裙屐，足下登木屐，乃衣装时髦而无真才实学的少年，完全不懂治理之道，过去的名将，大多数都被囚禁杀戮了，现今所任用的，都是身边左右的少年，这是可以图取的第三点理由。蜀地所依恃的只有剑阁，现今既攻克了南安，已经夺取了其险要之地，据此天险向内推进，已占取了境内三分之一的地方；从南安向涪陵，双车并行，前军屡战屡败，后头的闻风丧胆，这是可以图取的第四点理由。萧渊藻是萧衍的骨肉至亲，必定没有以死固守的道理，如果攻克涪城，萧渊藻怎肯待在城中坐而受困，必将望风而逃；他如果出战，无奈庸蜀之地的士卒才能低下而胆怯，弓箭缺少而无力，这是可以图取的第五点理由。臣本为内省文官，不熟悉军旅事务，幸而依赖将士们尽心竭力，以致频繁有小胜的消息传来。已经攻克重重险阻，民心归顺，观望涪、益两城，旦夕可图，只是因兵少粮缺，不宜于前去攻打，今天如不夺取，以后再攻打就难了。况且益州富足，有十万户人家，与寿春、义阳相比，其利益高出三倍。朝廷如果想要攻取，就不应失去这次机会；如果想要保护境内安宁百姓，则臣待在这里实无事可做，乞求归家侍养双亲。”魏宣武帝颁布诏令说：“关于平定蜀地之举，应当等着听取后面的敕令。现今寇难还没有平定，怎么能以侍养亲人为借口而引退呢？”

邢峦又上表说：“过去邓艾、锺会统领十八万大军，倾尽中原的资财储备，才能平定蜀地，之所以如此，是以实力相斗呀。何况臣的才能比不上古人，哪里可以靠两万兵力而希求平定蜀地呢？所以敢如此，正因为占据了险要之地，士人和百姓倾慕向往大义，由此而前进则容易，他们前来抵挡则难，根据力量而行事，理应攻克。现今王足已经逼近涪城，假如取得了涪陵，则益州就成了待擒之物，只是到手有早晚之别罢了。何况梓潼已经归附的民户有好几万，朝廷岂可以不加以镇守呢？还有，剑阁天险，如得而放弃，实在可惜。臣诚然知道征战讨伐是危险的事情，不可轻易进行。自从军队越过剑阁以来，鬓发已经斑白，日日夜夜焦虑恐惧，怎么可以使心平静下来呢？之所以勉强支撑着，是考虑到既然已经得到了该地而又自动撤退不加驻守，恐怕有负于陛下所给予的爵位俸禄。况且臣心中打算，正想先攻取涪城，然

自全。又，巴西、南郑，相距千四百里，去州迢遰，恒多扰动。昔在南之日，以其统绾势难，曾立巴州，镇静夷、獠，梁州藉利，因而表罢。彼土民望，严、蒲、何、杨，非唯一族，虽率居山谷，而豪右甚多，文学风流，亦为不少，但以去州既远，不获仕进，至于州纲，无由厕迹，是以郁怏，多生异图。比道迁建义之始，严玄思自号巴州刺史，克城以来，仍使行事。巴西广袤千里，户余四万，若于彼立州，镇摄华、獠，则大帖民情，从垫江已还，不劳征伐，自为国有。”魏主不从。

先是，魏主以王足行益州刺史。上遣天门太守张齐将兵救益州，未至，魏主更以梁州军司泰山羊祉为益州刺史。王足闻之，不悦，辄引兵还，遂不能定蜀。久之，足自魏来奔。邢峦在梁州，接豪右以礼，抚小民以惠，州人悦之。峦之克巴西也，使军主李仲迁守之。仲迁溺于酒色，费散兵储，公事谘承，无能见者。峦忿之切齿，仲迁惧，谋叛，城人斩其首，以城来降。

十二月，庚申，魏遣骠骑大将军源怀讨武兴氐，邢峦等并受节度。

司徒、尚书令谢朏以母忧去职。

是岁，大穰，米斛三十钱。

（以上为第三段，写北魏将领王足围攻涪城，蜀人震恐，上籍归服；邢峦几次上书宣武帝元恪，分析可图之由，请求一鼓作气，乘胜进取蜀地，元恪没有采纳。）

五年（丙戌，506年）

春，正月，丁卯朔，魏于后生子昌，大赦。

杨集义围魏关城，邢峦遣建武将军傅竖眼讨之，集义逆战，竖眼击破之，乘胜逐北，壬申，克武兴，执杨绍先，送洛阳。杨集起、杨集义亡走，遂灭其国，以为武兴镇，又改为东益州。

乙亥，以前司徒谢朏为中书监、司徒。

后渐次而进。如果得到涪城，就可以把蜀地分为两半，阻断水陆交通的要道，他们没有外面来的援军，以孤城而自守，怎么能够持久得了呢？臣现今想让各支队伍相次而进，声势连接，首先做到万无一失，然后图取大功，如能得到则有大利，不得则可以自我保全。另外，巴西与南郑相距一千四百里，离州城遥远，经常发生骚乱。过去属南朝占领的时候，由于统辖管理形势很难，曾经设立过巴州，以便镇领夷獠，而梁州图利，所以上表请求罢撤了该州。这个地方的声望之家有严、蒲、何、杨等姓，不仅仅是一族，虽然居住在山谷之中，可是豪强大族很多，文章风流之士也为数不少，但因离州城很远，因此不能获得仕进机会，甚至州里地位较高的佐吏，也无法侧身其中，因此愤愤不平，多生异图之心。到夏侯道迁建举大义之初，严玄思自称为巴州刺史，攻克州城以来，仍然让他任刺史之职。巴西这个地方广袤千里，户口还余下四万之多，如果在这里设置州，震慑华、獠，则可以大大地安定民心，从垫江以西，不用征伐，就自然为我国所有了。”魏宣武帝没有听从邢峦的建议。

在此之前，魏宣武帝任命王足兼益州刺史。宣武帝派遣天门太守张齐率兵援救益州，还没有到达，又改任梁州军司泰山人羊祉为益州刺史。王足知道这一消息之后，十分不悦，便带兵返回了，于是北魏没有能够平定蜀地。许久之后，王足从北魏投靠了梁朝。邢峦在梁州的时候，对当地的豪强大族以礼相接，对小民百姓抚之以恩惠，州人都很欢喜。邢峦攻克巴西，让军主李仲迁镇守。李仲迁沉溺于酒色，耗散军费，有关公事需要向他请示报告，却不能见到人。邢峦气得咬牙切齿，李仲迁害怕了，密谋反叛，城中的人将李仲迁斩首，献城前来投降。

十二月二十四日庚申，北魏派遣骠骑大将军源怀讨伐武兴的氐族部落，邢峦等人一并接受源怀的指挥调遣。

梁司徒、尚书令谢朏为母亲守丧而去职。

这一年，梁大丰收，米价每斛三十钱。

梁武帝天监五年（丙戌，506 年）

春季，正月初一日丁卯朔，北魏于皇后生下儿子元昌，大赦天下。

杨集义围攻北魏关城，邢峦派遣建武将军傅竖眼去讨伐，杨集义迎战，傅竖眼击败了杨集义，并乘胜追逐败军，正月初六日壬申，攻克了武兴，抓获了杨绍先，押送洛阳。杨集起、杨集义逃跑了，于是灭掉了他们所建之国，改为武兴镇，其后又改为东益州。

正月初九日乙亥，梁任命前司徒谢朏为中书监、司徒。

冀州刺史桓和击魏南青州，不克。

魏秦州屠各王法智聚众二千，推秦州主簿吕苟兒为主，改元建明，置百官，攻逼州郡。泾州民陈瞻亦聚众称王，改元圣明。

己卯，杨集起兄弟相帅降魏。

甲申，封皇子纲为晋安王。

二月，丙辰，魏主诏王公以下直言忠谏。治书侍御史阳固上表，以为："当今之务，宜亲宗室，勤庶政，贵农桑，贱工贾，绝谈虚穷微之论，简桑门无用之费，以救饥寒之苦。"时魏主委任高肇，疏薄宗室，好桑门之法，不亲政事，故固言及之。

戊午，魏遣右卫将军元丽都督诸军讨吕苟兒。丽，小新成之子也。

乙丑，徐州刺史历阳昌义之与魏平南将军陈伯之战于梁城，义之败绩。

将军萧昞将兵击魏徐州，围淮阳。

三月，丙寅朔，日有食之。

己卯，魏荆州刺史赵怡、平南将军奚康生救淮阳。

魏咸阳王禧之子翼，遇赦求葬其父，屡泣请于魏主，魏主不许。癸未，翼与其弟昌、晔来奔。上以翼为咸阳王，翼以晔嫡母李妃之子也，请以爵让之，上不许。

辅国将军刘思效败魏青州刺史元系于胶水。

临川王宏使记室吴兴丘迟为书遗陈伯之曰："寻君去就之际，非有他故，直以不能内审诸己，外受流言，沈迷猖蹶，以至于此。主上屈法申恩，吞舟是漏，将军松柏不翦，亲戚安居，高台未倾，爱妾尚在。而将军鱼游于沸鼎之中，燕巢于飞幕之上，不亦惑乎！想早励良图，自求多福。"庚寅，伯之自寿阳梁城拥众八千来降，魏人杀其子虎牙。诏复以伯之为西豫州刺史，未之任，复以为通直散骑常侍。久之，卒于家。

（以上为第四段，写北魏平定王法智、陈瞻的反叛；宣武帝元恪鼓励直谏，阳固直陈时弊；陈伯之投降北魏，文豪丘迟去信，伯之悔悟，又率军拥众从寿阳南下投降南朝萧梁。）

初，魏御史中尉甄琛表称："《周礼》，山林川泽有虞、衡之官，为

梁冀州刺史桓和攻打北魏的南青州，没有攻克。

北魏秦州匈奴屠各部落的王法智聚集两千人，推举秦州主簿吕苟兒为首领，改年号为建明，设置百官，进攻逼近州郡。泾州的百姓陈瞻也聚众称王，改年号为圣明。

正月十三日己卯，梁杨集起兄弟投降了北魏。

正月十八日甲申，梁封皇子萧纲为晋安王。

二月二十一日丙辰，魏宣武帝诏令王公以下的官员直言忠谏。诏书侍御史阳固上表，认为："当今所应做的是要亲近宗室，勤于庶政，重农桑，轻工商，杜绝一切不切合实际的谈论玄虚之理，缩减佛门无用的费用，用以救济饥寒之苦。"当时魏宣武帝把政事委任于高肇，疏远皇室宗亲，热衷于佛法，不亲自过问朝廷政事，所以阳固才有上述之言。

二月二十三日戊午，北魏派遣右卫将军元丽督率各路军队讨伐吕苟兒。元丽是小新成的儿子。

二月三十日乙丑，梁徐州刺史历阳人昌义之同北魏平南将军陈伯之在梁城交战，昌义之战败。

将军萧昞率兵攻打北魏徐州，包围淮阳。

三月初一日丙寅朔，发生日食。

三月十四日己卯，北魏荆州刺史赵怡、平南将军奚康生援救淮阳。

北魏咸阳王元禧的儿子元翼，遇到大赦后请求安葬父亲，数次在北魏太武帝面前哭着请求，魏宣武帝没有准许。三月十八日癸未，元翼同其弟弟元昌、元晔前来投奔。宣武帝封元翼为咸阳王，因为元晔是正室母亲李妃所生，所以元翼请求把爵位让给元晔，宣武帝没有准许。

梁辅国将军刘思效在胶水击败北魏青州刺史元系。

梁临川王萧宏让记室吴兴人丘迟写信送给陈伯之，信中说道："推想您离开与投降的时候，没有别的原因，只是因为内心不能审查自己，外受流言压抑，迷乱而猖狂，以至于到了这样的地步。皇上不惜委屈法律以申恩德，网漏吞舟之鱼，将军祖坟没有被毁，松柏茂盛；江南的亲戚安居自若；高台宅第没有受损；爱妾尚在，而将军如鱼儿游于沸鼎之中，如燕筑巢于飞动的幕布之上，这不是令人疑惑的事吗？希望早日替自己谋一条好的出路，自求多福。"三月二十五日庚寅，陈伯之从寿阳梁城率领八千人马来投降，北魏人杀了他的儿子陈虎牙。诏令仍以陈伯之为西豫州刺史，陈伯之还没有到任，又任命他为通直散骑常侍。很久以后，陈伯之在家中去世。

当初，北魏御史中尉甄琛上表说道："《周礼》山林川泽有山虞、林衡、川衡、

之厉禁，盖取之以时，不使戕贼而已，故虽置有司，实为民守之也。夫一家之长，必惠养子孙，天下之君，必惠养兆民，未有为人父母而吝其醯醢，富有群生而榷其一物者也。今县官鄣护河东盐池而收其利，是专奉口腹而不及四体也。盖天子富有四海，何患于贫！乞弛监禁，与民共之！”录尚书事勰、尚书邢峦奏，以为“琛之所陈，坐谈则理高，行之则事阙。窃惟古之善治民者，必污隆随时，丰俭称事，役养消息以成其性命。若任其自生，随其饮啄，乃是刍狗万物，何以君为！是故圣人敛山泽之货以宽田畴之赋，收关市之税以助什一之储，取此与彼，皆非为身，所谓资天地之产，惠天地之民也。今盐池之禁，为日已久，积而散之，以济军国，非专为供太官之膳羞，给后宫之服玩。既利不在己，则彼我一也。然自禁盐以来，有司多慢，出纳之间，或不如法。是使细民嗟怨，负贩轻议，此乃用之者无方，非作之者有失也。一旦罢之，恐乖本旨。一行一改，法若弈棋，参论理要，宜如旧式”。魏主卒从琛议，夏，四月，乙未，罢盐池禁。

庚戌，魏以中山王英为征南将军、都督扬徐二州诸军事，帅众十余万以拒梁军，指授诸节度，所至以便宜从事。

江州刺史王茂将兵数万侵魏荆州，诱魏边民及诸蛮更立宛州，遣其所署宛州刺史雷豹狼等袭取魏河南城。魏遣平南将军杨大眼都督诸军击茂，辛酉，茂战败，失亡二千余人。大眼进攻河南城，茂逃还；大眼追至汉水，攻拔五城。

魏征虏将军宇文福寇司州，俘千余口而去。

五月，辛未，太子右卫率张惠绍等侵魏徐州，拔宿预，执城主马成龙。乙亥，北徐州刺史昌义之拔梁城。

豫州刺史韦叡遣长史王超等攻小岘，未拔。叡行围栅，魏出数百人陈于门外，叡欲击之，诸将皆曰：“向者轻来，未有战备，徐还授甲，乃可进耳。”叡曰：“不然。魏城中二千余人，足以固守，今无故出人于外，必其骁勇者也，苟能挫之，其城自拔。”众犹迟疑，叡指其节曰：“朝廷授此，非以为饰，韦叡法不可犯也！”遂进击之，士皆殊死战，魏兵败走，因急攻之，中宿而拔，遂至合肥。

泽虞的官职，有严厉的禁令，顺应时令获取利益，而不让乱砍滥取，所以设置了相关官员，实际是百姓守护呢。一家之长，必须恩惠抚养子孙，天下之君，必须惠养万民，没有做人父母吝啬醋和肉酱、富有天下万物而专卖一物的。如今朝廷独霸河东的盐池而坐收其利，这是专奉口腹而不及四体啊。天子富有四海，何患于贫！乞请放松盐禁，与民共享其利。”录尚书事元勰和尚书邢峦上奏认为：“甄琛所讲的，坐着谈论则高明合理，实际执行则对国家大事有损害。我们认为古来善于治理百姓的，必定升降依时，丰俭随事，役使养育互为消长以成全其性命。如果任其自生，随其饮水啄食，那是把万物当作刍草狗畜，还要君主做什么呢？所以，圣人敛取山泽之货，用以宽缓田地赋税的不足，收取关市之税，来补助田亩什一之赋之不足，取来此处用到彼处，都不是为了自己，正所谓利用天地的出产，施惠于天下之民。如今盐池禁止私人采盐，很长时间了，集中其财富而使用，供应国家和军队的开支，并不是专门为了皇宫的饮食，供给后宫的服饰玩物。既然不是为了一人享乐，那么彼我都是一样的。然而，自从禁盐以来，官员们多有不经心的，收支出纳之间，或者有不遵照法令的。这才使老百姓抱怨在心，商贩们非议在口，只不过是管理者无方，并非是制定禁令的人有过失。一旦撤销盐池禁令，恐怕有违于本初之意。一行一改，没有定法，如弈棋者举棋不定，论理举要，应该维持过去的样子。”魏宣武帝最终采纳了甄琛的建议，夏季，四月初一日乙未，撤销了盐池禁令。

四月十六日庚戌，北魏任命中山王元英为征南将军、都督扬徐二州诸军事，统率十多万大军抵抗梁军，指挥各路军队，所到之处随机行事。

梁朝江州刺史王茂率兵数万入侵北魏荆州，诱使北魏边境上的民众以及各蛮族部落另立宛州，派遣自己所任命的宛州刺史雷豹狼等去袭取北魏河南城。北魏派遣平南将军杨大眼督率各路军马抗击王茂，四月二十七日辛酉，王茂战败，失散伤亡两千多人。杨大眼攻打河南城，王茂逃返，杨大眼追至汉水，攻占了五城。

北魏征虏将军宇文福侵犯司州，掠夺了一千多人口离去。

五月初七日辛未，梁太子右卫率张惠绍等人入侵北魏徐州，攻占宿预，抓住了城主马成龙。五月十一日乙亥，北徐州刺史昌义之攻占拔取了梁城。

豫州刺史韦叡派遣长史王超等去攻打小岘，没有攻下来。韦叡将要围栅栏，北魏派出数百人排阵在城门外，韦叡想要攻击他们，诸位将领都说：“方才轻装而来，没有战备，慢慢回去给士兵发授甲衣，乃可以进击。”韦叡说：“不对。北魏城中有两千多人，足以固守，现今无缘无故而把人马安排在外面，一定是特别骁勇善战者，如果能挫败他们，这座城自然能攻下来。”众人还迟疑不定，韦叡指着旄节说道：“朝廷授予此物，不是用来做装饰的，韦叡的军法是不容违反的。”于是向北魏的军队发起攻击，士兵们都殊死作战，北魏士兵败逃，趁机对小岘发起了猛烈攻击，次

先是，右军司马胡景略等攻合肥，久未下，叡按山川，夜，帅众堰肥水，顷之，堰成水通，舟舰继至。魏筑东、西小城夹合肥，叡先攻二城，魏将杨灵胤帅众五万奄至。众惧不敌，请奏益兵，叡笑曰："贼至城下，方求益兵，将何所及！且吾求益兵，彼亦益兵，兵贵用奇，岂在众也！"遂击灵胤，破之。叡使军主王怀静筑城于岸以守堰，魏攻拔之，城中千余人皆没。魏人乘胜至堤下，兵势甚盛，诸将欲退还濼湖，或欲保三叉，叡怒曰："宁有此邪！"命取伞扇麾幢，树之堤下，示无动志。魏人来凿堤，叡亲与之争，魏兵却，因筑垒于堤以自固。叡起斗舰，高与合肥城等，四面临之，城中人皆哭，守将杜元伦登城督战，中弩死。辛巳，城溃，俘斩万余级，获牛羊以万数。

叡体素羸，未尝跨马，每战，常乘板舆督厉将士，勇气无敌；昼接宾旅，夜半起，算军书，张灯达曙。抚循其众，常如不及，故投募之士争归之。所至顿舍，馆宇藩墙，皆应准绳。

诸军进至东陵，有诏班师，去魏城既近，诸将恐其追蹑，叡悉遣辎重居前，身乘小舆殿后，魏人服叡威名，望之不敢逼，全军而还。于是迁豫州治合肥。

（以上为第五段，写北魏主听从御史中尉甄琛建议，撤销盐池禁令；南朝萧梁儒臣韦叡看似文弱书生，但富有军事才能，出其不意，以少胜多，折服北魏，全军而还。）

壬午，魏遣尚书元遥南拒梁兵。

癸未，魏遣征西将军于劲节度秦、陇诸军。

丁亥，庐江太守闻喜裴邃克魏羊石城；庚寅，又克霍丘城。

六月，庚子，青、冀二州刺史桓和克朐山城。

乙巳，魏安西将军元丽击王法智，破之，斩首六千级。

张惠绍与假徐州刺史宋黑水陆俱进，趣彭城，围高冢戍，魏武卫将军奚康生将兵救之，丁未，惠绍兵不利，黑战死。

日夜间攻下了小岘，于是到达了合肥。

在此之前，右军司马胡景略等攻打合肥，久攻不下，韦叡巡视山川地理形势，夜间，率领众人修堤坝阻拦肥水，很快，堤坝筑成水路连通，舟船相继而至。北魏修筑了东、西小城夹护合肥，韦叡先攻下这两座小城，北魏将领杨灵胤率领五万军队忽然而至。众人害怕抵挡不住，请求上奏派兵增援，韦叡笑着说：“贼寇来到了城下，才请求增兵，哪里还来得及呢？况且我请求增兵，对方也增兵，用兵之法贵在出奇制胜，岂在人数众多呢？”于是出击杨灵胤，打败了他。韦叡派军主王怀静在岸边修筑城堡来守护堰坝，北魏攻占了城堡，城中一千多人全部覆没。北魏军队乘胜来到堤下，兵势特别凶猛，诸位将领想要退回到巢湖去，有人提出想回保三叉，韦叡大怒说：“哪里有这样的道理呢！”命令人取来自己的伞扇麾幢，竖立在堤下，以表示毫无退撤之意。北魏人来凿堤，韦叡亲自与其搏斗，北魏兵退却，韦叡于是又在堤上修筑了城垒，以便固守。韦叡把斗舰驾起来，其高低与合肥城相等，从四面临近合肥城，城里的人都哭了，守将杜元伦登城督战，弩机射中而身亡。五月十七日辛巳，合肥城溃破，俘虏和斩杀了一万多人，缴获的牛羊以万计数。

韦叡的体质向来羸弱，从来没有骑过马，每次战斗，都乘坐在板舆上监督激励将士们，勇气无敌；白天接待宾客来访者，夜半起来，谋算军事公文，掌灯直到清晨。抚慰关切部下，常恐不及，投奔他的人士争相前来。所到达之处住的地方，房屋围墙，都合乎法度。

各路军马抵达东陵，诏令传来让班师而返，众将领担心北魏军队随后追击，韦叡安排全部辎重在前而行，自己乘坐小车殿后，魏军慑服于韦叡的威名，眼望着却不敢逼近，军队全部安然而返。这时迁豫州治所到合肥。

五月十八日壬午，北魏派遣尚书元遥南下抵抗梁朝军队。

五月十九日癸未，北魏派遣征西将军于劲节度秦、陇之地的军队。

五月二十三日丁亥，梁庐江太守闻喜人裴邃攻克了北魏的羊石城；五月二十六日庚寅，又攻克了霍丘城。

六月初七日庚子，梁朝青、冀二州刺史桓和攻克了朐山城。

六月十二日乙巳，北魏安西将军元丽进攻王法智，打败了他，斩首六千多人。

张惠绍与代理徐州刺史的宋黑水陆并进，直抵彭城，围攻高冢戍，北魏武卫将军奚康生率兵援救，六月十四日丁未，张惠绍出兵失利，宋黑战死。

太子统生五岁，能遍诵《五经》；庚戌，始自禁中出居东宫。

丁巳，魏以度支尚书邢峦都督东讨诸军事。

魏骠骑大将军冯翊惠公源怀卒。怀性宽简，不喜烦碎，常曰："为贵人当举纲维，何必事事详细！譬如为屋，但外望高显，楹栋平正，基壁完牢，足矣，斧斤不平，斫削不密，非屋之病也。"

秋，七月，丙寅，桓和击魏兖州，拔固城。

吕苟兒率众十余万屯孤山，围逼秦州，元丽进击，大破之。行秦州事李韶掩击孤山，获其父母妻子，庚辰，苟兒帅其徒诣丽降。

兼太仆卿杨椿别讨陈瞻，瞻据险拒守。诸将或请伏兵山蹊，断其出入，待粮尽而攻之，或欲斩木焚山，然后进讨，椿曰："皆非计也。自官军之至，所向辄克，贼所以深窜，正避死耳。今约勒诸军，勿更侵掠，贼必谓我见险不前；待其无备，然后奋击，可一举平也。"乃止屯不进。贼果出抄掠，椿复以马畜饵之，不加讨逐。久之，阴简精卒，衔枚夜袭之，斩瞻，传首。秦、泾二州皆平。

（以上为第六段，写南朝出兵攻打北魏，互有胜负；太子萧统是个奇才，五岁能诵《五经》；北魏大将元丽、太仆杨椿分别出兵攻打秦、泾叛军首领，获胜。）

戊子，徐州刺史王伯敖与魏中山王英战于阴陵，伯敖兵败，失亡五千余人。

己丑，魏发定、冀、瀛、相、并、肆六州十万人以益南行之兵。上遣将军角念将兵一万屯蒙山，招纳兖州之民，降者甚众。是时，将军萧及屯固城，桓和屯孤山。魏邢峦遣统军樊鲁攻和，别将元恒攻及，统军毕祖朽攻念。壬寅，鲁大破和于孤山，恒拔固城，祖朽击念，走之。

己酉，魏诏平南将军安乐王诠督后发诸军赴淮南。诠，长乐之子也。

将军蓝怀恭与魏邢峦战于睢口，怀恭败绩，峦进围宿预。怀恭复于清南筑城，峦与平南将军杨大眼合攻之，九月，癸酉，拔之，斩怀恭，杀获万计。张惠绍弃宿预，萧昞弃淮阳，遁还。

梁太子萧统年才五岁，能完整地背诵《五经》；六月十七日庚戌，萧统开始从后宫中搬出入住东宫。

六月二十四日丁巳，北魏委派度支尚书邢峦都督东讨诸军事。

北魏骠骑大将军冯翊惠公源怀去世。源怀性格宽容简易，不喜欢烦琐事务，常说："做贵人应当举纲执要，何必事事详细呢？譬如建房屋，只要从外面望去高大突出，梁柱平正，地基和墙壁完好坚固，就足够了。刀斧所到之处不平，砍削不细，并非是房屋的毛病。"

秋季，七月初三日丙寅，梁朝桓和攻打北魏兖州，攻占了固城。

吕苟兒率领十多万人驻扎在孤山，围逼秦州，元丽进攻，大败吕苟兒。代理秦州刺史李韶偷袭孤山，抓获了吕苟兒的父母、妻子和儿女，七月十七日庚辰，吕苟兒率领部下向元丽投降。

兼太仆卿杨椿另外去讨伐陈瞻，陈瞻据险抗守。诸位将领中有人请求在山涧中埋藏伏兵，阻断出入之道，等待粮食耗尽之后再攻打，有人主张伐木烧山，然后再攻打，杨椿说："这都不是良策。自从官军所到，所向无不攻克，贼寇们之所以窜入深山之中，正是为了逃避死亡。现今约束命令各路军队，不要侵夺骚扰，贼寇们一定认为我们遇见险阻不前；乘其不备的时候，奋力攻击，可以一举平定。"便让部队驻扎下来，不再前进了。贼寇们果然出来抢掠，杨椿又以马匹牲口作为诱饵，不去追击。许久，暗中挑选精悍兵卒，口中衔着木棒乘夜偷袭陈瞻，斩了陈瞻，传送首级到洛阳。秦、泾两州都平定了。

七月二十五日戊子，徐州刺史王伯敖与北魏中山王元英在阴陵交战，王伯敖兵败，失踪伤亡五千多人。

七月二十六日己丑，北魏征发定、冀、瀛、相、并、肆六州十万人以增加南进之兵。宣武帝派遣将军角念率兵一万驻扎蒙山，招纳兖州的百姓，前来投降的人很多。这时，将军萧及驻守在固城，桓和驻守在孤山。北魏邢峦派遣统军樊鲁攻打桓和，别将元恒攻打萧及，统军毕祖朽攻打角念。八月初十日壬寅，樊鲁大败桓和于孤山，元恒攻下了固城，毕祖朽进攻角念，赶跑了他。

八月十七日己酉，北魏诏令平南将军安乐王元诠督率后出发的各路军队赶赴淮南。元诠是元长乐的儿子。

将军蓝怀恭与北魏邢峦在睢口交战，蓝怀恭战败，邢峦进而围攻宿预。蓝怀恭又在清水之南修筑城堡，邢峦与平南将军杨大眼合攻蓝怀恭，九月十一日癸酉，攻克城堡，斩了蓝怀恭，斩杀俘获以万计数。张惠绍放弃了宿预，萧昞放弃了淮阳，逃了回来。

临川王宏以帝弟将兵，器械精新，军容甚盛，北人以为百数十年所未之有。军次洛口，前军克梁城，诸将欲乘胜深入，宏性懦怯，部分乖方。魏诏邢峦引兵渡淮，与中山王英合攻梁城，宏闻之，惧，召诸将议旋师，吕僧珍曰："知难而退，不亦善乎！"宏曰："我亦以为然。"柳惔曰："自我大众所临，何城不服，何谓难乎！"裴邃曰："是行也，固敌是求，何难之避！"马仙琕曰："王安得亡国之言！天子扫境内以属王，有前死一尺，无却生一寸！"昌义之怒，须发尽磔，曰："吕僧珍可斩也！岂有百万之师出未逢敌，望风遽退，何面目得见圣主乎！"朱僧勇、胡辛生拔剑而退，曰："欲退自退，下官当前向取死。"议者罢出，僧珍谢诸将曰："殿下昨来风动，意不在军，深恐大致沮丧，故欲全师而返耳。"宏不敢遽违群议，停军不前。魏人知其不武，遗以巾帼，且歌之曰："不畏萧娘与吕姥，但畏合肥有韦虎。"虎，谓韦叡也。僧珍叹曰："使始兴、吴平为帅而佐之，岂有为敌人所侮如是乎！"欲遣裴邃分军取寿阳，大众停洛口，宏固执不听，令军中曰："人马有前行者斩！"于是将士人怀愤怒。魏奚康生驰遣杨大眼谓中山王英曰："梁人自克梁城已后，久不进军，其势可见，必畏我也。王若进据洛水，彼自奔败。"英曰："萧临川虽騃，其下有良将韦、裴之属，未可轻也。宜且观形势，勿与交锋。"

张惠绍号令严明，所至独克，军于下邳，下邳人多欲降者，惠绍谕之曰："我若得城，诸卿皆是国人，若不能克，徒使诸卿失乡里，非朝廷吊民之意也。今且安堵复业，勿妄自辛苦。"降人咸悦。

己丑，夜，洛口暴风雨，军中惊，临川王宏与数骑逃去。将士求宏不得，皆散归，弃甲投戈，填满水陆，捐弃病者及羸老，死者近五万人。宏乘小船济江，夜至白石垒，叩城门求入。临汝侯渊猷登城谓曰："百万之师，一朝鸟散，国之存亡，未可知也。恐奸人乘间为变，城不可夜开。"宏无以对，乃缒食馈之。渊猷，渊藻之弟。时昌义之军梁城，闻洛口败，与张惠绍皆引兵退。

（以上为第七段，写南朝萧梁临川王萧宏本是庸才，却被委以北讨重任，临阵

临川王萧宏以皇上弟弟的身份率兵出发，武器装备精良崭新，军容甚壮，北方人认为百十来年所没有见过。军队到达洛口，前军攻克了梁城，诸位将领想乘胜深入，萧宏生性懦怯，安排部署失当。北魏诏令邢峦领兵渡过淮河，同中山王元英合师攻打梁城，萧宏知道后，大为惊恐，召集各位将领商议回师，吕僧珍说道："知难而退，不是很好吗？"萧宏说："我也认为是这样的。"柳惔说："自从我大军所到之处，哪座城池不被征服，怎么能说难呢？"裴邃说道："这次出征，就是寻找敌人，有什么难可避呢？"马仙琕说："大王怎么能说出亡国之言呢？天子把扫平境内的重任托付给您，应该向前一尺死，不可退后一寸生！"昌义之怒不可遏，气得头发和胡须都张开来，叫道："吕僧珍应当斩首！哪里有百万之师出来还没有遇上敌人，就望风匆匆撤退，有什么脸面去见圣上呢？"朱僧勇、胡辛生两人拔剑而起，说道："谁要想撤退，自己撤退好了，下官当前进决一死战。"参加讨论的将领结束后退了出来，吕僧珍向诸将谢罪说："殿下从昨天开始心神不定，无意于战，深深担心战事失利，所以想让军队无损而返。"萧宏不敢立即违背众人的建议，只好按兵不动。北魏人知道萧宏缺乏英武之气，就给他送来了妇女用的头巾和发饰，并且编了一首歌唱道："不畏萧娘与吕姥，但畏合肥有韦虎。"歌中之"虎"指韦叡。吕僧珍叹息着说："如果让始兴王和吴平侯为统帅而辅佐他们，哪里会让敌人这样地侮辱呢？"吕僧珍想要派遣裴邃带领一部分兵力攻取寿阳，而让大部队停在洛口，萧宏固执不听，对军中下命令："凡是人马有前行者，一律斩首！"这时将士们人人满腔愤怒。北魏奚康生派杨大眼火速赶去对中山王元英说："梁朝人自从攻克梁城以后，久久不再进军，其情形可以看得清楚，必定是畏惧我们。大王如果进而占据洛水，他们一定会逃跑的。"元英说："萧临川虽然愚呆，但他手下却有良将韦叡、裴邃等人，不可以轻敌。应该先观察一下形势，不要交战。"

张惠绍号令严明，所到之处独自取胜，驻军于下邳，下邳人很多都想归顺他，张惠绍劝谕这些人说："我如果攻下了这座城，你们就自然都成了梁国人民，如果不能攻克，白白地使各位丧失家园，这不是朝廷怜悯百姓的本意呀。现今暂且安居乐业，不要妄自辛苦。"想要投降的人都心悦诚服。

九月二十七日己丑夜间，洛口有暴风雨，军中一片惊慌，临川王萧宏带着几个人骑马逃跑了，将士们四处找不着他，就分散逃归，所丢弃的盔甲兵器，水中和地上到处都是，有病者和年老体弱者都被扔下不顾，死亡近五万人。萧宏乘坐小船渡过长江，夜间到了白石垒，叩打城门请求入内。临汝侯萧渊猷登上城楼说："百万之师，一朝作鸟兽散，国家的生死存亡，还未可预料。担心奸邪之人乘机生变，所以不能在夜间打开城门。"萧宏无言以对。用绳子把食物从城上吊下去让萧宏吃了。萧渊猷是萧渊藻的弟弟。当时，昌义之驻军梁城，听说洛口方面失败，就与张惠绍领

脱逃，北伐大军作“鸟兽散”，死亡五万多人，萧宏逃到建康，临汝侯萧渊猷拒绝接纳。）

魏主诏中山王英乘胜平荡东南，遂北至马头，攻拔之，城中粮储，魏悉迁之归北。议者咸曰：“魏运米北归，当不复南向。”上曰：“不然，此必欲进兵，为诈计耳。”乃命修钟离城，敕昌义之为战守之备。

冬，十月，英进围钟离，魏主诏邢峦引兵会之。峦上表，以为：“南军虽野战非敌，而城守有余，今尽锐攻钟离，得之则所利无几，不得则亏损甚大。且介在淮外，借使束手归顺，犹恐无粮难守，况杀士卒以攻之乎！又，征南士卒从戎二时，疲弊死伤，不问可知。虽有乘胜之资，惧无可用之力。若臣愚见，谓宜修复旧戍，抚循诸州，以俟后举，江东之衅，不患其无。”诏曰：“济淮掎角，事如前敕，何容犹尔盘桓，方有此请！可速进军！”峦又表，以为：“今中山进军钟离，实所未解。若为得失之计，不顾万全，直袭广陵，出其不备，或未可知。若正欲以八十日粮取钟离城者，臣未之前闻也。彼坚城自守，不与人战，城堑水深，非可填塞，空坐至春，士卒自弊。若遣臣赴彼，从何致粮！夏来之兵，不赍冬服，脱遇冰雪，何方取济！臣宁荷怯懦不进之责，不受败损空行之罪。钟离天险，朝贵所具，若有内应，则所不知；如其无也，必无克状。若信臣言，愿赐臣停；若谓臣惮行求还，臣所领兵，乞尽付中山，任其处分，臣止以单骑随之东西。臣屡更为将，颇知可否，臣既谓难，何容强遣！”乃召峦还，更命镇东将军萧宝寅与英同围钟离。

侍中卢昶素恶峦，与侍中、领右卫将军元晖共谮之，使御史中尉崔亮弹峦在汉中掠人为奴婢。峦以汉中所得美女赂晖，晖言于魏主曰：“峦新有大功，不当以赦前小事案之。”魏主以为然，遂不问。

晖与卢昶皆有宠于魏主而贪纵，时人谓之“饿虎将军”“饥鹰侍中”。晖寻迁吏部尚书，用官皆有定价，大郡二千匹，次郡下郡递减其半，余

兵撤退了。

魏宣武帝诏令中山王元英乘胜平荡东南，元英一直追逐至马头，攻下了马头城，城中的粮食储备，全部被北魏人运回北方。人们都议论说："魏人运米北归，一定不再南下了。"梁武帝说："不对，这一定是他们还想进兵，做此伪诈之计。"于是命令修筑钟离城，命令昌义之做好守卫钟离城的准备。

冬季，十月，元英前进围攻钟离，魏宣武帝诏令邢峦带领部队与元英会合。邢峦上表，认为："南方军队虽然野战不是敌手，但在守城方面却有余，如今使出精锐力量攻打钟离，攻下来了所得到的好处没有多少，攻不下来则所受的损失是巨大的。况且钟离在淮水之外，假使束手归顺，尚且担心没有粮食难以驻守，更何况用众多士卒的生命来攻取呢！还有，南征士卒从夏到秋连续两个季度作战，疲惫伤亡情况，不问可知。虽有乘胜之勇，恐怕却无可用之力。依臣的愚见，应该修复旧的寨堡，安抚各州，以便等待下一步行动，江东的空子，不愁找不到。"诏令："渡过淮河，与元英形成夹攻之势，事情已如前次的命令所说，哪能再犹豫徘徊，方有此请求！应迅速进军！"邢峦又上表，认为："现今中山王进军钟离，实在不知其所以然。如果不从得失方面来考虑，不顾万全，直接奔袭广陵，出其不备，或许有未知。如果想以八十天为期攻取钟离城，臣前所未闻。他们坚城自守，不与人交战，城壕里水很深，不是可以填塞的，空坐到春天，士卒们不战而自己败溃。如果派遣臣前去那里，从何处获得粮食呢？夏天里来的军队，没有携带冬装，如果遇上冰雪，从什么地方得到冬衣御寒呢？臣宁可承担怯懦而不敢前进的责任，也不愿意领受失败损伤、白白行动一场的罪名。钟离地处天险，朝中大臣都知晓，如果有内部策应，说不定或许还可以得手；如果没有内应，则一定无法攻克。如果陛下相信臣的话，那么恩赐臣停止前进；如果认为臣害怕此行而要求返回，那么乞求把臣所领的军队全部交付给中山王，听任他指挥部署，而臣只以单骑随他东西奔走。臣多次率兵出征，颇知事情之可否，臣既然认为此行难成，何必还要强迫遣派呢？"于是北魏朝廷召邢峦返回，另命令镇东将军萧宝寅与元英一同围攻钟离。

侍中卢昶向来忌恨邢峦，与侍中、领右卫将军元晖乘机一道中伤邢峦，让御史中尉崔亮弹劾邢峦在汉中曾经抢掠当地人为奴婢。邢峦用在汉中所得的美女贿赂元晖，元晖就对魏宣武帝说："邢峦新近有大功，不应当以在正月生皇子大赦天下之前的小事来追查他。"魏宣武帝同意此言，于是不再追问了。

元晖与卢昶都因得宠于魏宣武帝而特别贪婪放纵，当时人称"饿虎将军""饥鹰侍中"。元晖很快升为吏部尚书，任用官员都有定价，大郡为二千匹绢帛，次郡、下

官各有等差，选者谓之“市曹”。

（以上为第八段，写北魏主元恪在中山王元英攻下马头城后，欲一鼓作气，攻取钟离城，便令大将邢峦配合，邢峦坚决反对，连上了两道表书，元恪将其召回。）

丁酉，梁兵围义阳者夜遁，魏郢州刺史娄悦追击，破之。

柔然库者可汗卒，子伏图立，号佗汗可汗，改元始平。戊申，佗汗遣使者纥奚勿六跋如魏请和。魏主不报其使，谓勿六跋曰：“蠕蠕远祖社仑，乃魏之叛臣，往者包容，暂听通使。今蠕蠕衰微，不及畴昔，大魏之德，方隆周、汉，正以江南未平，少宽北略，通和之事，未容相许。若修藩礼，款诚昭著者，当不尔孤也。”

魏京兆王愉、广平王怀国臣多骄纵，公行属请，魏主诏中尉崔亮穷治之，坐死者三十余人，其不死者悉除名为民。惟广平右常侍杨昱、文学崔楷以忠谏获免。昱，椿之子也。

十一月，乙丑，大赦。诏右卫将军曹景宗都督诸军二十万救钟离。上敕景宗顿道人洲，俟众军齐集俱进。景宗固启求先据邵阳洲尾，上不许。景宗欲专其功，违诏而进，值暴风猝起，颇有溺者，复还守先顿。上闻之曰：“景宗不进，盖天意也。若孤军独往，城不时立，必致狼狈，今破贼必矣。”

初，汉归义侯势之末，群獠始出，北自汉中，南至邛笮，布满山谷。势既亡，蜀民多东徙，山谷空地皆为獠所据。其近郡县与华民杂居者，颇输租赋，远在深山者，郡县不能制。梁、益二州岁伐獠以自润，公私利之。及邢峦为梁州，獠近者皆安堵乐业，远者不敢为寇。峦既罢去，魏以羊祉为梁州刺史，傅竖眼为益州刺史。祉性酷虐，不得物情。獠王赵清荆引梁兵入州境为寇，祉遣兵击破之。竖眼施恩布信，大得獠和。

十二月，癸卯，都亭靖侯谢朏卒。

魏人议乐，久不决。

（以上为第九段，写北魏与柔然彼消此长，柔然向北魏求和而北魏不应；南朝名将曹景宗率军救援钟离；北魏治理梁益，羊祉酷虐而民反，傅竖眼施恩而民和。）

郡递减其半，其余官位各有等差，选辟的人称为“市曹”。

十月初六日丁酉，梁朝围攻义阳的军队，听说洛口的军队夜晚溃逃，北魏郢州刺史娄悦追击，击破了梁兵。

柔然库者可汗去世，儿子伏图继立，号佗汗可汗，改年号为始平。十月十七日戊申，佗汗派遣使节纥奚勿六跋来到北魏求和。魏宣武帝没有派使节回访，对勿六跋说：“蠕蠕的远祖社仑，乃是北魏的叛臣，过去容纳它，暂时允许互通使节。现今蠕蠕衰落了，比不上从前了，而大魏的仁德，正和周朝、汉朝一样方兴未艾，只是因为江南尚未平定，所以对北方稍微有所宽容，相通和好的事情，是不会答应的。如果修行藩国之礼，明显地表示诚意，我们一定不会辜负你们的。”

北魏京兆王元愉、广平王元怀藩国中的臣子大多骄奢纵肆，公然地请托，魏宣武帝诏令中尉崔亮彻底整治他们，结果获罪而被处死的有三十多人，那些没有被处死的全部除名为民。唯有广平王的右常侍杨昱、文学崔楷因忠谏而获免。杨昱是杨椿的儿子。

十一月初三日乙丑，梁大赦天下。诏令右卫将军曹景宗督率各路军队二十万援救钟离。梁武帝命令曹景宗停在道人洲，等待各路军马汇集后一齐进发。曹景宗坚决启奏请求先据邵阳洲尾，梁武帝不准许。曹景宗想独得其功，违反诏令而独进，恰遇暴风骤起，许多人被淹死，又返回道人洲驻扎下来。梁武帝知道后说：“曹景宗没有前进，这是天意呀。如果孤军独往，城堡不能及时修筑起来，必定狼狈不堪。天意如此，现今击败寇贼是一定的了。”

当初，成汉国归义侯李势末年，獠人各部落开始扩展，北自汉中，南至邛笮，布满山谷。刘势死后，蜀地之民大多东迁，山谷空地全被獠人所占据。那些靠近郡县与汉族民众杂居的獠人，多交纳赋税，远住在深山之中的，郡县控制不到。梁、益两州每年都讨伐獠人，从中得到好处。邢峦做梁州刺史时，住在近处的獠人都安居乐业，住得远的也不敢出来抢掠。邢峦被罢任调走之后，北魏任命羊祉为梁州刺史，傅竖眼为益州刺史。羊祉性格残暴，不得人心。獠王赵清荆带梁兵进入州境侵掠，羊祉派兵击败了他们。傅竖眼广施恩惠，立信于众，与獠人取得了和解。

十二月十二日癸卯，梁都亭侯谢朏去世。

北魏人讨论乐律，久而不决。

六年（丁亥，507年）

春，正月，公孙崇请委卫军将军、尚书右仆射高肇监其事；魏主知肇不学，诏太常卿刘芳佐之。

魏中山王英与平东将军杨大眼等众数十万攻钟离。钟离城北阻淮水，魏人于邵阳洲两岸为桥，树栅数百步，跨淮通道。英据南岸攻城，大眼据北岸立城，以通粮运。城中众才三千人，昌义之督帅将士，随方抗御。魏人以车载土填堑，使其众负土随之，严骑蹙其后，人有未及回者，因以土迮之，俄而堑满。冲车所撞，城土辄颓，义之用泥补之，冲车虽入而不能坏。魏人昼夜苦攻，分番相代，坠而复升，莫有退者。一日战数十合，前后杀伤万计，魏人死者与城平。

二月，魏主召英使还，英表称："臣志殄逋寇，而月初已来，霖雨不止，若三月晴霁，城必可克，愿少赐宽假！"魏主复诏曰："彼土蒸湿，无宜久淹。势虽必取，乃将军之深计，兵久力殆，亦朝廷之所忧也。"英犹表称必克，魏主遣步兵校尉范绍诣英议攻取形势。绍见钟离城坚，劝英引还，英不从。

上命豫州刺史韦叡将兵救钟离，受曹景宗节度。叡自合肥取直道，由阴陵大泽行，值涧谷，辄飞桥以济师。人畏魏兵盛，多劝叡缓行，叡曰："钟离今凿穴而处，负户而汲，车驰卒奔，犹恐其后，而况缓乎！魏人已堕吾腹中，卿曹勿忧也。"旬日至邵阳，上豫敕曹景宗曰："韦叡，卿之乡望，宜善敬之！"景宗见叡，礼甚谨，上闻之曰："二将和，师必济矣。"

景宗与叡进顿邵阳洲，叡于景宗营前二十里夜掘长堑，树鹿角，截洲为城，去魏城百余步。南梁太守冯道根，能走马步地，计马足以赋功，比晓而营立。魏中山王英大惊，以杖击地曰："是何神也！"景宗等器甲精新，军容甚盛，魏人望之夺气。景宗虑城中危惧，募军士言文达等潜行水底，赍敕入城，城中始知有外援，勇气百倍。

杨大眼勇冠军中，将万余骑来战，所向皆靡。叡结车为陈，大眼聚

梁武帝天监六年（丁亥，507 年）

春季，正月，公孙崇奏请委任卫军将军、尚书右仆射高肇监督制定乐律的事情，魏宣武帝知道高肇不学无术，诏令太常卿刘芳辅佐高肇。

北魏中山王元英与平东将军杨大眼等数十万人马攻打钟离。钟离城北边有淮水为阻障，魏军在邵阳洲两岸架桥，树立栅栏数百步长，跨过淮水连通了道路。元英占据南岸攻城，杨大眼占据北岸修筑城堡，以便粮运畅通。钟离城中才有三千人，昌义之督率将士，随机应变地抗御。魏军用车载土填入城壕，让众人背着土跟随在车后，又派骑兵紧跟在后面，那些来不及返身的人，就被土埋进去了，不一会儿城壕就被填满了。魏军用冲车撞城墙，所撞之处城墙溃下来，昌义之用泥巴涂补，冲车虽然能撞入但不能撞毁城墙。魏军昼夜苦攻，轮番相替，从云梯上掉下去再上来，没有人后退。每天交战数十次，前后杀伤的人以万计数，魏军死者尸体堆得与城墙一般高。

二月，魏宣武帝诏令元英返回，元英上表说："臣矢志歼灭寇敌，然而月初以来，霖雨不止，如果三月天气放晴，钟离城就一定可以攻克，希望圣上恩赐，稍微宽限时日。"魏宣武帝又诏令元英："那里的地气蒸湿，不宜于久住长留。虽然势在必取，但这只是将军的深入考虑，用兵时间久长，力量耗尽，这也是朝廷所担忧的呀。"元英仍然上表称必定能攻克，魏宣武帝派遣步兵校尉范绍到达元英那里商议攻取的形势。范绍见钟离城非常坚固，劝说元英撤兵返回，但是元英不听从。

梁武帝命令豫州刺史韦叡率兵援救钟离，接受曹景宗的指挥。韦叡从合肥取直道，由阴陵大泽而行，遇上涧谷，就架起飞桥让部队过去。人们害怕北魏兵势强盛，很多人都劝说韦叡缓行，韦叡说："钟离城眼下正挖穴居住，背上门板去汲水，情况异常危急，就是车驰卒奔，还恐怕来不及，何况缓慢而行呢！魏军已经落入我的腹中了，各位不必担忧。"十日之间到达邵阳，梁武帝预先告诫曹景宗说："韦叡是你们乡里的望族，应该好好地敬重他。"曹景宗见了韦叡，礼节甚为恭谨，梁武帝得知后说："两个将领和好，军队一定能取胜。"

曹景宗与韦叡进驻邵阳洲，韦叡连夜在曹景宗营地前二十里之处挖掘长沟，树立鹿角，截断水洲筑城，离北魏军队的城堡仅百余步。南梁太守冯道根，能走马量地，计算马的步数而分配每人的工作量，天亮城垒就建成了。北魏中山王元英大吃一惊，用杖击打着地面说道："是何方神圣啊！"曹景宗等人的武器甲盔精新，军容特别强盛，魏军看见就气馁了。曹景宗忧虑城中危惧，招募军士言文达等人潜水而行，把圣旨送入城中，城中方才知道外面援军到了，因此勇气百倍。

杨大眼勇冠军中，率领一万多骑兵来交战，所向披靡。韦叡把战车连接起来组

骑围之，叡以强弩二千一时俱发，洞甲穿中，杀伤甚众。矢贯大眼右臂，大眼退走。明旦，英自帅众来战，叡乘素木舆，执白角如意以麾军，一日数合，英乃退。魏师复夜来攻城，飞矢雨集，叡子黯请下城以避箭，叡不许；军中惊，叡于城上厉声呵之，乃定。牧人过淮北伐刍藁者，皆为杨大眼所略；曹景宗募勇敢士千余人，于大眼城南数里筑垒，大眼来攻，景宗击却之。垒成，使别将赵草守之，有抄掠者，皆为草所获，是后始得纵刍牧。

上命景宗等豫装高舰，使与魏桥等，为火攻之计，令景宗与叡各攻一桥，叡攻其南，景宗攻其北。三月，淮水暴涨六七尺，叡使冯道根与庐江太守裴邃、秦郡太守李文钊等乘斗舰竞发，击魏洲上军尽殪。别以小船载草，灌之以膏，从而焚其桥，风怒火盛，烟尘晦冥，敢死之士，拔栅斫桥，水又漂疾，倏忽之间，桥栅俱尽。道根等皆身自搏战，军人奋勇，呼声动天地，无不一当百，魏军大溃。英见桥绝，脱身弃城走，大眼亦烧营去。诸垒相次土崩，悉弃其器甲，争投水，死者十余万，斩首亦如之。叡遣报昌义之，义之悲喜，不暇答语，但叫曰："更生，更生！"诸军逐北至濊水上，英单骑入梁城，缘淮百余里，尸相枕藉，生擒五万人，收其资粮、器械山积，牛马驴骡不可胜计。

义之德景宗及叡，请二人共会，设钱二十万，官赌之。景宗掷得雉；叡徐掷得卢，遽取一子反之，曰："异事！"遂作塞。景宗与群帅争先告捷，叡独居后，世尤以此贤之。诏增景宗、叡爵邑，义之等受赏各有差。

（以上为第十段，写北魏中山王元英铁了心要围攻钟离；南朝派遣右卫将军曹景宗、豫州刺史韦叡救援，两人通力合作，韦叡更是智勇兼备，取得钟离保卫战的胜利。）

夏，四月，己酉，以江州刺史王茂为尚书右仆射，安成王秀为江州刺史。秀将发，主者求坚船以为斋舫，秀曰："吾岂爱财而不爱士乎！"乃以坚者给参佐，下者载斋物，既而遭风，斋舫遂破。

丁巳，以临川王宏为骠骑将军、开府仪同三司，建安王伟为扬州刺

成阵势，杨大眼聚集骑兵围攻，韦叡用两千强弩一起发射，穿透铠甲射中人马，杀伤很多。箭射穿了杨大眼的右臂，杨大眼退走了。第二天早晨，元英亲自率部来交战，韦叡乘坐未加油饰的木车，手执白角如意来指挥，一日之内交战了数次，元英被迫撤退。魏军在夜里又来攻城，箭雨密集而至，韦叡的儿子韦黯请求下城墙去避箭，韦叡不准许，军中一片震惊，韦叡站在城墙上厉声呵叱，人心才安定下来。放牧人到淮河北岸去割蒿草，全被杨大眼掠抢走了。曹景宗招募勇敢之士一千余人，在杨大眼的城堡之南数里之处筑建堡垒，杨大眼来攻打，曹景宗打退了杨大眼。堡垒修成了，派别将赵草守卫，魏军再有抄掠者，全都被赵草抓获，从此之后方才可以随意放牧割草了。

梁武帝命令曹景宗等人事先装修高大船舰，使船舰与北魏的桥一样高，实行火攻，命令曹景宗和韦叡各攻一座桥，韦叡攻南桥，曹景宗攻北桥。三月，淮水暴涨六七尺，韦叡指派冯道根与庐江太守裴邃、秦郡太守李文钊等人乘战舰一时竞发，差不多把北魏在邵阳洲上的军队全部歼灭。另外用小船载草，草上灌上膏油，跟从者放火烧桥，风劲火盛，烟尘遮天蔽日，敢死之士拔栅砍桥，水流特别湍急，倏忽之间，桥和栅栏就全不见了。冯道根等人都亲自搏战，战士们人人奋勇争先，呼声震天动地，无不一以当百，锐不可挡，魏军崩溃。元英见桥断了，脱身弃城逃跑，杨大眼也烧了营盘而去。魏军的营垒相次土崩瓦解，都扔下器甲争相投水而逃，死的有十多万，被斩首的也有这么多。韦叡派人报告给昌义之，昌义之悲喜交加，激动得连话都说不上来，只是叫道："再生，再生！"各路军队追击魏军到涉水边上，元英单骑进入梁城，沿着淮水一百多里，尸体相互枕藉，生擒五万人，收缴其物资粮食以及各种器械堆得像山一样，牛马驴骡则不可胜计。

昌义之非常感激曹景宗和韦叡，请二人一起聚会，并且设下二十万钱，在徐州官厅上掷樗蒲赌博为戏。曹景宗掷得"雉"；韦叡慢慢地掷得"卢"，立即取一子翻过来，说道："怪事呀！"于是变成了"塞"。曹景宗同其他将帅争先告捷，只有韦叡独居其后，世人尤其因为这一点而赞扬韦叡。诏令增加曹景宗和韦叡的爵邑，昌义之等人所受赏赐各有多少不等。

夏季，四月二十日己酉，梁任命江州刺史王茂为尚书右仆射，安成王萧秀为江州刺史。萧秀将要出发赴任，管事的人要求用坚固船只装载库中财物，萧秀说："我怎么能爱财物而不爱士呢？"把坚固船只让给参佐人士乘坐，用差的船装载物资，途中遇上大风，装运物资的船只被击破沉没了。

四月二十八日丁巳，梁任命临川王萧宏为骠骑将军、开府仪同三司，建安王萧

史，右光禄大夫沈约为尚书左仆射，左仆射王莹为中军将军。

六月，丙午，冯翊等七郡叛降魏。

秋，七月，丁亥，以尚书右仆射王茂为中军将军。

八月，戊子，大赦。

魏有司奏：“中山王英经算失图，齐王萧宝寅等守桥不固，皆处以极法。”己亥，诏英、宝寅免死，除名为民，杨大眼徙营州为兵。以中护军李崇为征南将军、扬州刺史。崇多事产业，征南长史狄道辛琛屡谏不从，遂相纠举。诏并不问。崇因置酒谓琛曰：“长史后必为刺史，但不知得上佐何如人耳。”琛曰：“若万一叨忝，得一方正长史，朝夕闻过，是所愿也。”崇有惭色。

九月，己亥，魏以司空高阳王雍为太尉，尚书令广阳王嘉为司空。

甲子，魏开斜谷旧道。

冬，十月，壬寅，以五兵尚书徐勉为吏部尚书。勉精力过人，虽文案填积，坐客充满，应对如流，手不停笔。又该综百氏，皆为避讳。尝与门人夜集，客虞暠求詹事五官，勉正色曰：“今夕止可谈风月，不可及公事。”时人咸服其无私。

闰月，乙丑，以临川王宏为司徒、行太子太傅，尚书左仆射沈约为尚书令、行太子少傅，吏部尚书袁昂为右仆射。

丁卯，魏皇后于氏殂。是时高贵嫔有宠而妒，高肇势倾中外，后暴疾而殂，人皆归咎高氏，宫禁事秘，莫能详也。

甲申，以光禄大夫夏侯详为尚书左仆射。

乙酉，魏葬顺皇后于永泰陵。

十二月，丙辰，丰城景公夏侯详卒。

乙丑，魏淮阳镇都军主常邕和以城来降。

（以上为第十一段，写南朝江州刺史萧秀将坚船让给士人乘坐，免于灾难；逃跑将帅萧宏仍然身居高位；北魏处置败将元英；南朝能吏徐勉公私分明，毫无私心。）

伟为扬州刺史，右光禄大夫沈约为尚书左仆射，左仆射王莹为中军将军。

六月十八日丙午，冯翊等七郡反叛，投降了北魏。

秋季，七月三十日丁亥，梁任命尚书右仆射王茂为中军将军。

八月初一日戊子，梁大赦天下。

北魏主管官员上奏："中山王元英谋算失策，齐王萧宝寅等人守桥不固，都应处以极刑。"八月十二日己亥，诏令免元英、萧宝寅死，除名为民，杨大眼流放营州充军。任命中护军李崇为征南将军、扬州刺史。李崇购置的产业很多，征南长史狄道人辛琛屡次劝谏不听，于是便产生了纠葛，诏令对他们二人都不予追究。李崇因此而置办酒席，对辛琛说："长史你今后必定能升为刺史，但是不知道你选用什么样的人做长史呢？"辛琛回答说："如果有幸能承担此任，将选用一个刚直方正的长史，以便早晚能经常闻悉自己的过错，这就是所盼望的。"李崇有羞愧之色。

九月己亥，北魏以司空高阳王元雍为太尉，尚书令广阳王元嘉为司空。

九月初八日甲子，北魏开通了秦岭的斜谷旧道。

冬季，十月十六日壬寅，梁任命五兵尚书徐勉为吏部尚书。徐勉精力过人，虽然文案堆积，宾客满座，可以应对如流，手中的笔还不停止批阅。熟悉各个家族的情况，避免触犯他们的家讳。有一天夜里，徐勉与门人们会集在一起，客人虞暠向他请求詹事五官的职位，徐勉严肃地说道："今晚只可以谈论风月，不可以涉及公事。"当时的人都佩服他无私心。

闰十月初十日乙丑，梁任命临川王萧宏为司徒、行太子太傅，尚书左仆射沈约为尚书令、行太子少傅，吏部尚书袁昂为右仆射。

闰十月十二日丁卯，北魏皇后于氏去世。这时，高贵嫔得宠而妒心十足，高肇权倾朝廷内外，于皇后暴疾而死，人们都归咎于高氏，宫闱中的事情神秘，不能知道详情。

闰十月二十九日甲申，梁任命光禄大夫夏侯详为尚书左仆射。

闰十月三十日乙酉，北魏安葬顺皇后于永泰陵。

十二月初二日丙辰，梁丰城景公夏侯详去世。

十二月十一日乙丑，北魏淮阳镇都军主常邕和献城投降梁朝。

【点评】

南北朝对峙势均力敌。本卷所载南北两次大战，谁发动谁失败。第一次南朝发动，南朝失败。公元505年，梁武帝任命其弟扬州刺史临川王萧宏都督北讨诸军事，北伐北魏，公元506年战败而归。第二次，北朝发动，北朝失败。公元507年，北魏十万大军南下，水战中败退。到以后六镇起兵，北魏再也无力南侵。战争的失败，都因为双方君主用人不当。以梁而言，萧宏所领之兵是北方人眼中百数十年以来装备最好、军容最为整齐的军队。可是萧宏生性怯懦，指挥失当，最后一个人逃脱，军中谁也找不到他，岂不是怪事！再说北魏，围攻钟离，邢峦的建议是正确的，可是魏宣武帝却不能采纳，决策的失败说明了魏宣武帝判断失误。北魏与梁两次战争的结果，说明北魏与梁实力均等，谁都没有实力并吞对方，谁也无力战胜对方。

梁纪三

梁武帝天监七年至十三年（508—514年）

【起著雍困敦（戊子，508年），尽阏逢敦牂（甲午，514年），凡七年】

【大事提要】

本卷记事起自公元508年，至公元514年，凡七年，时当梁武帝天监七年至天监十三年。本卷所载大事，南朝萧梁的大事有三件，其一，梁武帝恢复百家士族的权力。其二，为安置各地搜荐人才，令定百官九品为十八班，以班多者为贵。容纳数量巨大的士族出身的人，以扩大统治的基础。其三，公元512年，梁朝境内有州二十三个，郡三百五十个，县一千零二十二个。这以后州名越来越多，废置离合，不可胜记。北魏也同样如此。北朝北魏大事有两件，其一，宣武帝元恪于公元500年开始南伐，战事直到公元508年才结束，占领了扬州、荆州、益州等地。其二，魏宣武帝崇尚佛教，佛教盛于洛阳，除僧人外，从西域来的和尚还有三千多名，到了延昌年间，州郡共有一万三千多所寺院。

【原文】

高祖武皇帝三

天监七年（戊子，508 年）

春，正月，魏颍川太守王神念来奔。

壬子，以卫尉吴平侯昺兼领军将军。

诏吏部尚书徐勉定百官九品为十八班，以班多者为贵。二月，乙丑，增置镇、卫将军以下为十品，凡二十四班；不登十品，别有八班。又置施外国将军二十四班，凡一百九号。

庚午，诏置州望、郡宗、乡豪各一人，专掌搜荐。

乙亥，以南兖州刺史吕僧珍为领军将军。领军掌内外兵要，宋孝建以来，制局用事，与领军分兵权，典事以上皆得呈奏，领军拱手而已。及吴平侯昺在职峻切，官曹肃然。制局监皆近幸，颇不堪命，以是不得久留中，丙子，出为雍州刺史。

三月，戊子，魏皇子昌卒，侍御师王显失于疗治，时人皆以为承高肇之意也。

夏，四月，乙卯，皇太子纳妃，大赦。

五月，己亥，诏复置宗正、太仆、大匠、鸿胪，又增太府、太舟，仍先为十二卿。

癸卯，以安成王秀为荆州刺史。先是，巴陵马营蛮缘江为寇，州郡不能讨，秀遣防阁文炽帅众燔其林木，蛮失其险，州境无寇。

秋，七月，甲午，魏立高贵嫔为皇后。尚书令高肇益贵重用事。肇多变更先朝旧制，减削封秩，抑黜勋人，由是怨声盈路。群臣、宗室皆卑下之，唯度支尚书元匡与肇抗衡，先自造棺置听事，欲舆棺诣阙论肇罪恶，自杀以切谏，肇闻而恶之。会匡与太常刘芳议权量事，肇主芳议，匡遂与肇喧竞，表肇指鹿为马。御史中尉王显奏弹匡诬毁宰相，有司处匡死刑；诏恕死，降为光禄大夫。

八月，癸丑，竟陵壮公曹景宗卒。

【语译】

高祖武皇帝三

梁武帝天监七年（戊子，508年）

春季，正月，北魏颍川太守王神念前来投奔。

正月二十八日壬子，梁任命卫尉、吴平侯萧昺兼领军将军。

梁诏令吏部尚书徐勉定百官九品为十八班，以等级多者为贵。二月十一日乙丑，增置镇、卫将军以下为十品，一共二十四班；不入十品之内的，另有八班。又设置用于外国的将军二十四班，一共一百零九号。

二月十六日庚午，梁诏令设置州望、郡宗、乡豪各一人，专门掌管搜求举荐才能者。

二月二十一日乙亥，梁以南兖州刺史吕僧珍为领军将军。领军掌握内外兵权，但自从刘宋孝建年间以来，制局专权，与领军分享兵权，典事以上皆得呈奏，而领军拱手接受成事。到了吴平侯萧昺担任领军一职，执法严厉，官曹肃然听命。制局监都是皇帝的宠幸之臣，受不了萧昺的那一套，因此萧昺不能久留于朝廷之中，二月二十二日丙子，出任雍州刺史。

三月初五日戊子，北魏皇子元昌去世，侍御师王显疗治有失，当时的人们都认为是秉承了高肇的旨意而行事。

夏季，四月初二日乙卯，梁皇太子纳太子妃，大赦天下。

五月十七日己亥，梁诏令又设置宗正、太仆、大匠、鸿胪，并增设太府、太舟，加上原先的共为十二卿。

五月二十一日癸卯，梁任命安成王萧秀为荆州刺史。原先，巴陵的马营蛮沿长江为寇，州郡无法讨平，萧秀派遣防阁文炽率领人马烧掉了江边的林木，蛮人失去了天险，州境内没有了寇患。

秋季，七月初三日甲午，北魏立高贵嫔为皇后。尚书令高肇因此越发贵重而专权了。高肇变更了许多先朝的旧制度，减削封地和俸禄，抑黜功勋之臣，因此而怨声载道。群臣宗室都俯首听命于高肇，唯有度支尚书元匡同高肇抗衡，先自己做了一副棺材置于听事之处，准备用车把棺材装上运到殿上去讲论高肇的罪恶，然后自杀以死谏。高肇知道之后非常憎恨元匡，恰遇元匡与太常刘芳议定度量衡的事情，高肇同意刘芳的意见，元匡便同高肇争执吵闹，把高肇比作是指鹿为马的赵高。御史中尉王显在奏章中弹劾元匡诋毁宰相高肇，有关部门判处元匡死刑。诏令恕免元匡不死，降为光禄大夫。

八月初二日癸丑，梁竟陵壮公曹景宗去世。

初，魏主为京兆王愉纳于后之妹为妃，愉不爱，爱妾李氏，生子宝月。于后召李氏入宫，棰之。愉骄奢贪纵，所为多不法。帝召愉入禁中推按，杖愉五十，出为冀州刺史。愉自以年长，而势位不及二弟，潜怀愧恨。又，身与妾屡被顿辱，高肇数谮愉兄弟，愉不胜忿；癸亥，杀长史羊灵引、司马李遵，诈称得清河王怿密疏，云“高肇弑逆”，遂为坛于信都之南，即皇帝位，大赦，改元建平，立李氏为皇后。法曹参军崔伯骥不从，愉杀之。在北州镇皆疑魏朝有变，定州刺史安乐王诠具以状告之，州镇乃安。乙丑，魏以尚书李平为都督北讨诸军，行冀州事以讨愉。平，崇之从父弟也。

丁卯，魏大赦，改元永平。

（以上为第一段，写南朝萧梁加强职官制度建设，增设太府、太舟，共为十二卿；北魏权臣高肇只手遮天，直臣元匡舆棺谏诤；京兆王元愉反叛北魏，称帝改元。）

魏京兆王愉遣使说平原太守清河房亮，亮斩其使；愉遣其将张灵和击之，为亮所败。李平军至经县，诸军大集，夜，有蛮兵数千斫平营，矢及平帐，平坚卧不动，俄而自定。九月，辛巳朔，愉逆战于城南草桥，平奋击，大破之，愉脱身走入城，平进围之。壬辰，安乐王诠破愉兵于城北。

癸巳，立皇子绩为南康王。

魏高后之立也，彭城武宣王勰固谏，魏主不听。高肇由是怨之，数谮勰于魏主，魏主不之信。勰荐其舅潘僧固为长乐太守，京兆王愉之反，胁僧固与之同，肇因诬勰北与愉通，南招蛮贼。彭城郎中令魏偃、前防阁高祖珍希肇提擢，构成其事。肇令侍中元晖以闻，晖不从，又令左卫元珍言之。帝以问晖，晖明勰不然；又以问肇，肇引魏偃、高祖珍为证，帝乃信之。戊戌，召勰及高阳王雍、广阳王嘉、清河王怿、广平王怀、高肇俱入宴。勰妃李氏方产，固辞不赴。中使相继召之，不得已，与妃诀而登车，入东掖门，度小桥，牛不肯进，击之良久，更有使者责勰来迟，乃去牛，人挽而进。宴于禁中，至夜，皆醉，各就别所消息。俄而元珍引武士赍毒酒而至，勰曰：“吾无罪，愿一见至尊，死无恨！”元珍

当初，魏宣武帝为京兆王元愉纳于皇后的妹妹为妃子，元愉不喜爱，而喜爱妾李氏，生下儿子宝月。于皇后把李氏召入宫中，用棒打她。元愉骄奢贪纵，所做的大多是不法之事。宣武帝把元愉召入宫中询问调查，打了五十大棍，让元愉外出任冀州刺史。元愉自以为年长，但权势位置都比不上两个弟弟，心中又愧又恨。同时，自己和爱妾屡次被责罚侮辱，高肇又数次谗言陷害自己兄弟，元愉内心不胜愤恨。八月十二日癸亥，元愉杀了长史羊灵引、司马李遵，假称获得清河王元怿的秘密奏疏，说“高肇杀君反叛”。于是就在信都的南郊筑坛祭天，登上皇帝之位，发出大赦令，改年号为建平，立李氏为皇后。法曹参军崔伯骥不顺从，元愉杀了他。北边的州镇都怀疑北魏朝廷有变故，定州刺史安乐王元诠把真实情况一一告诉他们，各州镇才安心了。八月十四日乙丑，北魏任命尚书李平为都督北讨诸军、行冀州事，讨伐元愉。李平是李崇叔父的弟弟。

八月十六日丁卯，北魏大赦天下，改年号为永平。

北魏京兆王元愉派遣使者去游说平原太守清河人房亮，房亮斩了来使；元愉派遣他的将领张灵和攻打房亮，被房亮打败。李平的军队到了经县，各路军队汇集一起，夜间，有数千名蛮兵来冲击李平的营地，飞箭射到了李平的帐内，李平坚卧不动，不一会儿就自行平定下来了。九月初一日辛巳朔，元愉在城南草桥迎战李平，李平奋力攻击，大败元愉，元愉脱身而逃入城中，李平进军围城。九月十二日壬辰，安乐王元诠在城北打败了元愉的军队。

九月十三日癸巳，梁立皇子萧绩为南康王。

北魏立高皇后的时候，彭城武宣王元勰再三劝谏不可，宣武帝不听。高肇由此而怨恨元勰，数次在魏宣武帝面前诋毁元勰，宣武帝不相信。元勰推荐自己的舅舅潘僧固为长乐太守，京兆王元愉反叛，胁迫潘僧固与他同伙，高肇因此而诬告元勰北与元愉勾结相通，南招蛮贼。彭城郎中令魏偃、先前的防阁高祖珍希望高肇提拔他们，就一起陷害元勰。高肇命令侍中元晖上报，元晖不从，又命令左卫元珍报告。宣武帝就此事询问元晖，元晖说明元勰不会如此；宣武帝又拿这件事问高肇，高肇叫来魏偃和高祖珍作证，宣武帝才相信了。九月十八日戊戌，召元勰以及高阳王元雍、广阳王元嘉、清河王元怿、广平王元怀、高肇一起入宴。元勰的妃子李氏正在生产，他再三推辞不去赴宴。中使相继来宣召，元勰万不得已，只好与李氏诀别，然后登车而去，进入东掖门，过小桥，拉车的牛不肯向前，打了它很久还是不向前

曰："至尊何可复见！"勰曰："至尊圣明，不应无事杀我，乞与告者一对曲直！"武士以刀镮筑之，勰大言曰："冤哉，皇天！忠而见杀。"武士又筑之，勰乃饮毒酒，武士就杀之，向晨，以褥裹尸载归其第，云王因醉而薨。李妃号哭大言曰："高肇枉理杀人，天道有灵，汝安得良死！"魏主举哀于东堂，赠官、葬礼皆优厚加等。在朝贵贱，莫不丧气，行路士女皆流涕，曰："高令公枉杀贤王。"由是中外恶之益甚。

京兆王愉不能守信都，癸卯，烧门，携李氏及其四子从百余骑突走。李平入信都，斩愉所置冀州牧韦超等，遣统军叔孙头追执愉，置信都，以闻。群臣请诛愉，魏主不许，命锁送洛阳，申以家人之训。行至野王，高肇密使人杀之。诸子至洛，魏主皆赦之。

魏主将屠李氏，中书令崔光谏曰："李氏方妊，刑至刳胎，乃桀、纣所为，酷而非法。请俟产毕，然后行刑。"从之。

李平捕愉余党千余人，将尽杀之，录事参军高颢曰："此皆胁从，前既许之原免矣，宜为表陈。"平从之，皆得免死。颢，祐之孙也。

济州刺史高植帅州军击愉，有功当封，植不受，曰："家荷重恩，为国致效，乃其常节，何敢求赏！"植，肇之子也。

加李平散骑常侍。高肇及中尉王显素恶平，显弹平在冀州隐截官口，肇奏除平名。

（以上为第二段，写北魏平定京兆王元愉的反叛；彭城王元勰刚直无私，固谏北魏主元恪立高氏为皇后，被权臣高肇构陷，冤杀而死，中外丧气。）

初，显祖之世，柔然万余口降魏，置之高平、薄骨律二镇，及太和之末，叛走略尽，唯千余户在。太中大夫王通请徙置淮北以绝其叛，诏太仆卿杨椿持节往徙之，椿上言："先朝处之边徼，所以招附殊俗，且别异华、戎也。今新附之户甚众，若旧者见徙，新者必不自安，是驱之使

迈进，又有使者责备元勰来迟了，于是只好去掉牛，由人把车拉进去。宴会在宫中举行，到了夜间，全都喝醉了，命令他们各就方便之处休息。不一会儿，元珍带着武士送毒酒来了，元勰说："我没有罪，希望能一见圣上，死而无恨！"元珍说："圣上怎么可以再见呢？"元勰说："皇上圣明，不应该无事就把我杀掉，乞求与诬告我的人对质曲直！"武士用刀环撞击元勰，元勰大声呼喊道："冤枉啊！老天爷！忠心反而被杀！"武士又撞击，元勰只好饮下毒酒，武士上前杀了元勰，天亮之后，用褥子裹了尸体装在车上送回府第，声称大王因酒醉而死去。李妃放声大哭，高声喊道："高肇冤枉杀人，伤天害理，老天爷有灵，你怎么能得到好死！"魏宣武帝在东堂为元勰举哀，赠官和葬礼莫不优厚加倍。朝廷之内的大小官员，莫不丧气，行路男女都流着眼泪说："高令公冤杀了贤德的彭城王。"从此中外对高肇更加憎恨得厉害。

京兆王元愉不能守住信都，于九月二十三日癸卯，烧掉城门，携带着李氏以及四个儿子，跟从一百多名骑兵突围而逃。李平进入信都，斩了元愉所设置的冀州牧韦超等人，派遣统军叔孙头去追捕，抓住了元愉，押在信都，报告朝廷。群臣请求诛杀元愉，魏宣武帝不同意，命令把他押送到洛阳，要以家法来训责他。走到野外时，高肇秘密派人杀掉了他。元愉的几个儿子到了洛阳，魏宣武帝全部赦免了他们。

魏宣武帝要杀李氏，中书令崔光劝谏说："李氏正怀有身孕，刳胎之刑，乃是桀纣所为，残酷而不合法。请等她生产完，然后再行刑。"听从了崔光的意见。

李平拘捕了元愉的余党一千多人，要全部杀掉，录事参军高颢说："这些人都是胁从，前头既然已经许诺免他们不死，就应该上表说明情况。"李平听从了高颢的意见，这些人都得以免死。高颢是高祐的孙子。

济洲刺史高植率领州军攻打元愉，有功劳应当加封，但是高植不接受，说："我家承受朝廷重恩，为国家致身而效死，乃是应尽的大节，哪里还敢求赏呢？"高植是高肇的儿子。

加李平为散骑常侍。高肇以及中尉王显向来忌恨李平，王显就弹劾李平在冀州偷偷地截留叛党家属，高肇上奏把李平从朝廷中除名。

当初，魏献文帝的时候，柔然有一万多户投降北魏，安置在高平、薄骨律二镇，到了太和年末期，叛逃殆尽，仅仅剩下了一千多户。太中大夫王通请示要把这些柔然人迁置到淮北去，以使他们再也无法叛逃，朝廷诏令太仆卿杨椿持节牌前往负责迁移他们，杨椿上表说："先朝之所以把这些柔然人安置在边境之地，是为了招附异

叛也。且此属衣毛食肉，乐冬便寒，南土湿热，往必歼尽。进失归附之心，退无藩卫之益，置之中夏，或生后患，非良策也。”不从，遂徙于济州，缘河处之。及京兆王愉之乱，皆浮河赴愉，所在抄掠，如椿之言。

庚子，魏郢州司马彭珍等叛魏，潜引梁兵趋义阳，三关戍主侯登等以城来降。郢州刺史娄悦婴城自守，魏以中山王英都督南征诸军事，将步骑三万出汝南以救之。

冬，十月，魏悬瓠军主白早生杀豫州刺史司马悦，自号平北将军，求救于司州马仙琕。时荆州刺史安成王秀为都督，仙琕签求应赴。参佐咸谓宜待台报，秀曰：“彼待我以自存，援之宜速，待敕虽旧，非应急也。”即遣兵赴之。上亦诏仙琕救早生。仙琕进顿楚王城，遣副将齐苟兒以兵二千助守悬瓠。诏以早生为司州刺史。

丙寅，以吴兴太守张稷为尚书左仆射。

魏以尚书邢峦行豫州事，将兵击白早生。魏主问之曰：“卿言，早生走也，守也？何时可平？”对曰：“早生非有深谋大智，正以司马悦暴虐，乘众怒而作乱，民迫于凶威，不得已而从之。纵使梁兵入城，水路不通，粮运不继，亦成禽耳。早生得梁之援，溺于利欲，必守而不走。若临以王师，士民必翻然归顺，不出今年，当传首京师。”魏主悦，命峦先发，使中山王英继之。

峦帅骑八百，倍道兼行，五日至鲍口。丙子，早生遣其大将胡孝智将兵七千，离城二百里逆战，峦奋击，大破之，乘胜长驱至悬瓠。早生出城逆战，又破之，因渡汝水，围其城。诏加峦都督南讨诸军事。

丁丑，魏镇东参军成景儁杀宿豫戍主严仲贤，以城来降。时魏郢、豫二州，自悬瓠以南至于安陆诸城皆没，唯义阳一城为魏坚守。蛮帅田益宗帅群蛮以附魏，魏以为东豫州刺史，上以车骑大将军、开府仪同三司、五千户郡公招之，益宗不从。

十一月，庚寅，魏遣安东将军杨椿将兵四万攻宿豫。

族，并且区别华戎。今天新归附的人口特别多，如果旧日归附的人被迁徙，新来的必定心不自安，这是驱赶着让他们叛逃。而且，这些人穿毛皮，食牛羊肉，喜欢冬天，适应寒冷，南方气候潮湿闷热，迁到那里会全部病死。这事如果实行的话，不但会失去境外的归附之心，而且也失去让他们在边地卫护的益处，再说把他们安置在中夏，或许会生后患，并非是良策。”杨椿的建议不被采纳，便迁移到济州，沿黄河边居住。京兆王元愉叛乱的时候，都渡过黄河投奔元愉，一路抢劫掠夺，如杨椿所预料的那样。

九月二十日庚子，北魏郢州司马彭珍等人反叛北魏，偷偷地带领梁军赶往义阳，三关戍的主将侯登等人献城投降了梁朝。郢州刺史娄悦环城自守，北魏以中山王元英为都督南征诸军事，统率步、骑兵三万出汝南前去援救。

冬季，十月，北魏悬瓠军主白早生杀了豫州刺史司马悦，自称为平北将军，求救于南梁司州［刺史］马仙琕。当时荆州刺史安成王萧秀为都督，马仙琕向典签报告请求急速支援白早生，参佐们都认为这事要上报朝廷批准，萧秀说：“他等着援救方可自存，援救应该火速，等待朝廷批准虽是旧的制度，但并非是应急之策。”便派兵前去救援。梁武帝也诏令马仙琕去援救白早生。马仙琕进驻楚王城，派遣副将齐苟兒带兵两千帮助守悬瓠。诏令任命白早生为司州刺史。

十月十六日丙寅，梁任命吴兴太守张稷为尚书左仆射。

北魏委任尚书邢峦兼管豫州事务，率兵攻打白早生。魏宣武帝问邢峦：“你说，白早生是逃跑还是留守呢？何时可以讨平？”邢峦回答：“白早生并没有深谋大智，正因司马悦暴虐残忍，利用众人愤怒而反叛作乱，百姓迫于他的凶威，不得已而顺从他。即使梁朝军队入城了，水路不通，粮运跟不上，也会被抓住的。白早生得到梁朝的援助，沉溺于利欲，必定死守而不逃。如果王师逼临，士民必定翻然归顺，不出今年，一定能把首级送到京师来。”魏宣武帝十分高兴，命令邢峦先出发，让中山王元英随后。

邢峦率领八百骑兵，日夜兼程，五天就到了鲍口，十月二十六日丙子，白早生派遣大将胡孝智率领七千兵卒，在离城二百里的地方迎战，邢峦奋勇出击，大败敌人，乘胜长驱直入，直抵悬瓠。白早生出城迎战，邢峦又打败了他，因此渡过汝水，围住了悬瓠城。诏令加邢峦为都督南讨诸军事。

十月二十七日丁丑，北魏镇东参军成景儁杀了宿豫戍主严仲贤，来献城投降。当时，北魏的郢、豫二州，从悬瓠以南直到安陆诸城全部陷落，只有义阳一城还为北魏坚守着。蛮族将帅田益宗率领群蛮投附北魏，北魏任命他为东豫州刺史，梁武帝以车骑大将军、开府仪同三司、五千户郡公的封赏招还田益宗，田益宗不接受。

十一月十一日庚寅，北魏派遣安东将军杨椿统率四万兵攻打宿豫。

魏主闻邢峦屡捷，命中山王英趣义阳，英以众少，累表请兵，弗许。英至悬瓠，辄与峦共攻之。十二月，己未，齐苟兒等开门出降，斩白早生及其党数十人。英乃引兵前趋义阳。宁朔将军张道凝先屯楚王城，癸亥，弃城走，英追击，斩之。

（以上为第三段，写北魏郢州司马彭珍反叛北魏，悬瓠军主白早生投靠南朝，南朝派兵救援，北魏派军前去攻打，很快平定了叛乱。）

魏义阳太守狄道辛祥与娄悦共守义阳，将军胡武城、陶平虏攻之，祥夜出袭其营，擒平虏，斩武城，由是州境获全。论功当赏，娄悦耻功出其下，间之于执政，赏遂不行。

壬申，魏东荆州表："桓晖之弟叔兴前后招抚太阳蛮，归附者万余户，请置郡十六，县五十。"诏前镇东府长史郦道元案行置之。道元，范之子也。

是岁，柔然佗汗可汗复遣纥奚勿六跋献貂裘于魏，魏主弗受，报之如前。

初，高车侯倍穷奇为嚈哒所杀，执其子弥俄突而去，其众分散，或奔魏，或奔柔然。魏主遣羽林监河南孟威抚纳降户，置于高平镇。高车王阿伏至罗残暴，国人杀之，立其宗人跋利延。嚈哒奉弥俄突以伐高车，国人杀跋利延，迎弥俄突而立之。弥俄突与佗汗可汗战于蒲类海，不胜，西走三百余里。佗汗军于伊吾北山。会高昌王麴嘉求内徙于魏，时孟威为龙骧将军，魏主遣威发凉州兵三千人迎之，至伊吾，佗汗见威军，怖而遁去。弥俄突闻其离骇，追击，大破之，杀佗汗于蒲类海北，割其发送于威，且遣使入贡于魏。魏主使东城子于亮报之，赐遗甚厚。高昌王嘉失期不至，威引兵还。

佗汗可汗子丑奴立，号豆罗伏跋豆伐可汗，改元建昌。

宋、齐旧仪，祀天皆服衮冕，兼著作郎高阳许懋请造大裘，从之。

上将有事太庙，诏以"斋日不乐，自今舆驾始出，鼓吹从而不作，还宫，如常仪"。

（以上为第四段，写柔然派遣使者向北魏进贡；高车国内震荡，立弥俄突为王，与高昌战，先败而后胜，杀死高昌王，亦派遣使者向北魏进贡。）

魏宣武帝得知邢峦屡屡获捷，命令中山王元英前去义阳，元英因兵少，多次上表请求增兵，朝廷不同意。元英到了悬瓠，就与邢峦一起攻城。十二月初十日己未，齐苟皃等人打开城门出降，斩了白早生及其党羽几十人。元英带兵前去义阳。宁朔将军张道凝原先驻扎在楚王城，十二月十四日癸亥，弃城逃跑，元英追击，斩了张道凝。

北魏义阳太守狄道人辛祥与娄悦共同防守义阳，将军胡武城、陶平虏攻打他们，辛祥夜间出来袭击胡、陶二人的营盘，擒获了陶平虏，斩了胡武城，从此州境获得完整。论功劳辛祥应当得赏，但是娄悦耻于自己的功劳在辛祥之下，便向高肇陷害辛祥，于是便没有奖赏辛祥。

十二月二十三日壬申，北魏东荆州上表称："桓晖的弟弟桓叔兴前后招抚太阳蛮，归附的有一万多户，请求设置十六个郡，五十个县。"朝廷诏令前镇东府长史郦道元实施设置。郦道元是郦范的儿子。

这一年，柔然佗汗可汗又派遣纥奚勿六跋向北魏进献貂裘，魏宣武帝不接受，仍如前次那样做了答复。

当初，高车侯倍穷奇被嚈哒杀死，抓了他的儿子弥俄突而离去，高车的部众分散开，有的投奔了北魏，有的投靠了柔然。魏宣武帝派遣羽林监河南人孟威接纳安抚前来投降的人口，安置在高平镇。高车王阿伏至罗十分残暴，高车人杀了他，立他的同族之人跋利延。嚈哒带上弥俄突讨伐高车，高车人杀了跋利延，迎接弥俄突回国并立为王。弥俄突与佗汗可汗交战于蒲类海，没有取胜，向西逃了三百多里远。佗汗驻军于伊吾北山。正好高昌王麴嘉请求内迁到北魏去，当时孟威为龙骧将军，魏宣武帝派遣孟威带领三千凉州兵去迎接，到达伊吾，佗汗见到孟威的军队，害怕得逃跑了。弥俄突知道佗汗吓跑了，立即追击，大败他，在蒲类海的北边杀了佗汗，割下他的头发送给孟威，并且派遣使者到北魏进贡。魏宣武帝指派东城子于亮回报使者，赐送特别丰厚。高昌王麴嘉没有在约定的时间到来，孟威带兵返回。

佗汗可汗的儿子丑奴继位而立，号为豆罗伏跋豆伐可汗，改年号为建昌。

刘宋、南齐旧有的仪式，祭天时都穿戴衮冕，梁兼著作郎高阳人许懋奏请裁制大裘，得到采纳。

梁武帝将要祭祀太庙，诏令："斋戒那一天禁止音乐，从现今开始舆驾出发，乐队跟从但不吹奏，还宫的时候，仍按平常的仪式鼓吹奏乐。"

八年（己丑，509年）

春，正月，辛巳，上祀南郊，大赦。时有请封会稽、禅国山者，上命诸儒草封禅仪，欲行之。许懋建议，以为："舜柴岱宗，是为巡狩。而郑引《孝经钩命决》云：'封于太山，考绩柴燎；禅乎梁甫，刻石纪号。'此纬书之曲说，非正经之通义也。舜五载一巡狩，春夏秋冬周徧四岳，若为封禅，何其数也！又如管夷吾所说七十二君，燧人之前，世质民淳，安得泥金检玉！结绳而治，安得镌文告成！夷吾又云：'唯受命之君然后得封禅。'周成王非受命之君，云何得封太山禅社首！神农即炎帝也，而夷吾分为二人，妄亦甚矣。若圣主，不须封禅；若凡主，不应封禅。盖齐桓公欲行此事，夷吾知其不可，故举怪物以屈之。秦始皇尝封太山，孙皓尝遣兼司空董朝至阳羡封禅国山，皆非盛德之事，不足为法。然则封禅之礼，皆道听所说，失其本文，由主好名于上，而臣阿旨于下也。古者祀天祭地，礼有常数，诚敬之道，尽此而备，至于封禅，非所敢闻。"上嘉纳之，因推演懋议，称制旨以答请者，由是遂止。

（以上为第五段，写南朝梁武帝萧衍欲行封禅礼，在会稽祭天，在国山祭地，儒学臣许懋谏止。）

魏中山王英至义阳，将取三关，先策之曰："三关相须如左右手，若克一关，两关不待攻而破；攻难不如攻易，宜先攻东关。"又恐其并力于东，乃使长史李华帅五统向西关，以分其兵势，自督诸军向东关。

先是，马仙琕使云骑将军马广屯长薄，军主胡文超屯松岘。丙申，英至长薄，戊戌，长薄溃，马广遁入武阳，英进围之。上遣冠军将军彭瓮生、骠骑将军徐元季将兵援武阳，英故纵之使入城，曰："吾观此城形势易取。"瓮生等既入，英促兵攻之，六日而拔，虏三将及士卒七千余人。进攻广岘，太子左卫率李元履弃城走；又攻西关，马仙琕亦弃城走。

上使南郡太守韦叡将兵救仙琕，叡至安陆，增筑城二丈余，更开大堑，起高楼。众颇讥其示怯，叡曰："不然，为将当有怯时，不可专勇。"中山王英急追马仙琕，将复邵阳之耻，闻叡至，乃退。上亦有诏罢兵。

梁武帝天监八年（己丑，509年）

春季，正月初三日辛巳，梁武帝在南郊祭天，大赦天下。当时有人奏请在会稽山祭天，在国山祭地，梁武帝命令诸儒生草拟封禅仪式，准备封禅。许懋提出建议，认为："舜帝在泰山烧柴祭天，是为了巡狩。而郑玄引《孝经钩命决》说：'在泰山举行封礼，烧柴祭天把政绩报告；在梁甫山祭地，刻石记载年号。'这是纬书的虚诞说法，不是经书的通义。舜帝五年巡狩一次，春夏秋冬巡遍四岳，如果为了封禅，为何这么频繁呢？又如管夷吾所说的七十二君，燧人氏之前，世风质朴百姓淳厚，怎么能够用金泥和玉版书写呢？当时结绳而治，怎么能够镌刻文字报告成功呢？管夷吾又说：'只有受命之君，然后才能封禅。'周成王不是受命之君，从何谈起封太山禅社首呢？神农即是炎帝，然而管夷吾却说成是两个人，虚妄太甚了。如果是圣主，无须封禅；如果是凡主，不应该封禅。大概齐桓公想进行这样的事，管夷吾知道不可以进行，所以有意列举许多奇异物象来折回他的念头。秦始皇曾经封禅太山，孙皓曾经派遣兼司空董朝到达阳美封禅国山，都不是盛德之事，不足以效法。那么封禅的礼仪，全都是道听途说的事，失去了其本来的意义，完全是因为君主喜好名声在上，而臣子们曲意逢迎在下啊。古代的祀祭天地，礼仪有常规，诚敬之道，至此而完备，至于封禅，实在未曾闻说。"梁武帝嘉许采纳，进一步扩充了许懋的建议，作为圣旨回答请求封禅的人，终止了这一计划。

北魏中山王元英抵达义阳，将要攻取三关，先进行策划说："三关相互依赖如左右手一般，如果攻克一关，其他两关不攻而自破；攻难不如攻易，应该先攻打东关。"又担心对方合并力量于东关，就指派长史李华率领五统军的兵力去西关，以便分散其兵力，元英自己则亲自督率各路军队去东关。

在此之前，马仙琕派云骑将军马广屯驻长薄，军主胡文超屯驻松岘。正月十八日丙申，元英到了长薄，正月二十日戊戌，长薄被攻破，马广逃到武阳，元英又进兵围住了该城。梁武帝派遣冠军将军彭瓮生、骠骑将军徐元孝率兵援救武阳，元英故意让他们入城，说："我察看这座城的形势，很容易攻取。"彭瓮生等人入城之后，元英便催促兵士发起急攻，六天就攻打下来了，俘虏了三个将领以及士卒七千多人。元英进攻广岘，太子左卫率李元履弃城逃跑；又攻打西关，马仙琕也弃城逃跑了。

梁武帝指派南郡太守韦叡率兵援救马仙琕，韦叡到达安陆，把城墙加高到两丈多，又挖了大壕沟，起造高楼。众人颇为讥笑这是显示怯懦，韦叡说："不对，做将领当有胆怯的时候，不可专恃勇敢。"中山王元英急追马仙琕，要雪邵阳之耻，听说韦叡到了，就撤退了。梁武帝也下达诏令罢兵。

初，魏主遣中书舍人鲖阳董绍慰劳叛城，白早生袭而囚之，送于建康。魏主既克悬瓠，命于齐苟兒等四将之中分遣二人，敕扬州为移，以易绍及司马悦首。移书未至，领军将军吕僧珍与绍言，爱其文义，言于上，上遣主书霍灵超谓绍曰："今听卿还，令卿通两家之好，彼此息民，岂不善也！"因召见，赐衣物，令舍人周舍慰劳之，且曰："战争多年，民物涂炭，吾是以不耻先言与魏朝通好，比亦有书全无报者，卿宜备申此意。今遣传诏霍灵秀送卿至国，迟有嘉问。"又谓绍曰："卿知所以得不死不？今者获卿，乃天意也。夫立君以为民也，凡在民上，岂可以不思此乎！若欲通好，今以宿豫还彼，彼当以汉中见归。"绍还魏言之，魏主不从。

（以上为第六段，写北魏中山王元英，采用各个击破方法，攻下义阳三关，南朝派韦叡救援，顿驻安陆，北魏退军；南梁提出用宿豫交换汉中，北魏不同意。）

三月，魏荆州刺史元志将兵七万寇潺沟，驱迫群蛮，群蛮悉渡汉水来降，雍州刺史吴平侯昺纳之。纲纪皆以蛮累为边患，不如因此除之，昺曰："穷来归我，诛之不祥。且魏人来侵，吾得蛮以为屏蔽，不亦善乎！"乃开樊城受其降，命司马朱思远等击志于潺沟，大破之，斩首万余级。志，齐之孙也。

夏，四月，戊申，以临川王宏为司空，加车骑将军王茂开府仪同三司。

丁卯，魏楚王城主李国兴以城降。

秋，七月，癸巳，巴陵王萧宝义卒。

九月，辛巳，魏封故北海王详子颢为北海王。

魏公孙崇造乐尺，以十二黍为寸；刘芳非之，更以十黍为寸。尚书令高肇等奏："崇所造八音之器及度量皆与经传不同，诘其所以然，云'必依经文，声则不协'。请更令芳依《周礼》造乐器，俟成集议并呈，从其善者。"诏从之。

冬，十月，癸丑，魏以司空广阳王嘉为司徒。

十一月，己丑，魏主于式乾殿为诸僧及朝臣讲《维摩诘经》。时魏主专尚释氏，不事经籍，中书侍郎河东裴延隽上疏，以为："汉光武、魏武帝，虽在戎马之间，未尝废书，先帝迁都行师，手不释卷，良以学问多

当初，魏宣武帝派遣中书舍人鲖阳人董绍招抚慰劳反叛的城池，白早生袭击并囚禁了他，送到了建康。北魏攻克悬瓠之后，命令从齐苟兒等四个将领之中分派两人，令扬州给梁朝移送文书，用这两人换回董绍和司马悦的首级。移文还没有到，领军将军吕僧珍与董绍谈话，爱慕他的文才，报告了梁武帝，梁武帝派主书霍灵超对董绍说："现今让你回去，令你沟通两家之好，彼此休生养民，岂不是好事一桩！"梁武帝便召见了董绍，赐给他衣物，又令舍人周舍慰劳他，并且说："战争多年，百姓生灵涂炭，财物毁坏，我因此不以先提出与魏朝和好为耻辱，近来也有信给贵国，但是一点答复也没有，您应该把我们的这个意思完整地转达一下。现今派遣传诏霍灵秀送您回国，等待您的好消息。"又对董绍说："您知道何以没有死吗？现今得到您，这是天意。拥立君主完全是为了百姓大众，凡在民众之上者，岂可以不想这个呢？如果想和好，就立即把宿豫还给你们，你们把汉中归还我们。"董绍回到北魏后把梁朝请求和好的意思转达了，魏宣武帝不同意。

三月，北魏荆州刺史元志统率七万大军入寇潺沟，驱赶威迫各蛮族，群蛮全都渡过汉水来投降，雍州刺史吴平侯萧昺接纳了他们。州郡里地位高的官员们都认为蛮人常常带来边患，不如乘此机会把他们除掉，萧昺说："走投无路来投归，我杀掉他们，实在是不祥的事情。况且北魏人来侵犯的时候，我有这些蛮人做屏障，不也是很好吗！"于是打开樊城城门接受前来投降的蛮人，命令司马朱思远等人在潺沟攻击元志，大获全胜，斩首一万多名。元志是元齐的孙子。

夏季，四月初一日戊申，梁任命临川王萧宏为司空，加封车骑将军王茂开府仪同三司。

四月二十日丁卯，北魏楚王城主将李国兴献城投降。

秋季，七月十七日癸巳，梁朝巴陵王萧宝义去世。

九月初六日辛巳，北魏封已故北海王元详的儿子元颢为北海王。

北魏公孙崇造乐尺，以十二颗黍为一寸的长度，刘芳认为这样不对，改成以十颗黍为一寸。尚书令高肇等人上奏："公孙崇所造的八音之器以及度量标准全都与经传所载不同，问他为什么这样，他说：'一定依照经文的话，声音就不协调。'请求另外命令刘芳依照《周礼》造乐器，待制成之后集体议论鉴定并上呈，采用其中最好的。"诏令同意。

冬季，十月初九日癸丑，北魏任命司空广阳王元嘉为司徒。

十一月十五日己丑，魏宣武帝在式乾殿为众僧以及朝臣们讲解《维摩诘经》。当时，魏宣武帝专门崇尚佛教，不读经籍，中书侍郎河东人裴延儁上疏，认为："汉光武帝、魏武帝，虽然在战争中，但未曾废弃书籍，先帝迁都行军，手不释卷，因为

益，不可暂辍故也。陛下升法座，亲讲大觉，凡在瞻听，尘蔽俱开。然《五经》，治世之模楷，应务之所先，伏愿经书互览，孔、释兼存，则内外俱周，真俗斯畅矣。”

时佛教盛于洛阳，沙门之外，自西域来者三千余人，魏主别为之立永明寺千余间以处之。处士南阳冯亮有巧思，魏主使与河南尹甄琛、沙门统僧暹择嵩山形胜之地立闲居寺，极岩壑土木之美。由是远近承风，无不事佛，比及延昌，州郡共有一万三千余寺。

是岁，魏宗正卿元树来奔，赐爵邺王。树，翼之弟也。时翼为青、冀二州刺史，镇郁洲，久之，翼谋举州降魏，事泄而死。

（以上为第七段，写北魏宣武帝元恪崇尚佛教，不读经籍，佛教盛于洛阳，除本地僧人，西域沙门来者三千多人，到了延昌年间，州郡共有寺院一万三千多所。）

九年（庚寅，510 年）

春，正月，乙亥，以尚书令沈约为左光禄大夫，右光禄大夫王莹为尚书令。约文学高一时，而贪冒荣利，用事十余年，政之得失，唯唯而已。自以久居端揆，有志台司，论者亦以为宜，而上终不用；及求外出，又不许。徐勉为之请三司之仪，上不许。

庚寅，新作缘淮塘，北岸起石头迄东冶，南岸起后渚篱门迄三桥。

三月，丙戌，魏皇子诩生。诩母胡充华，临泾人，父国珍袭武始伯。充华初选入掖庭，同列以故事祝之：“愿生诸王、公主，勿生太子。”充华曰：“妾之志异于诸人，奈何畏一身之死而使国家无嗣乎！”及有娠，同列劝去之，充华不可，私自誓曰：“若幸而生男，次第当长，男生身死，所不憾也。”既而生诩。

先是，魏主频丧皇子，年渐长，深加慎护，择良家宜子者以为乳保，养于别宫，皇后、充华皆不得近。

己丑，上幸国子学，亲临讲肄。乙未，诏皇太子以下及王侯之子年可从师者皆入学。

学问多有益处，不可以临时中断。陛下升上法座，亲自讲解大觉奥义，凡是在场瞻仰和聆听的人，心中的疑惑一扫而光。然而《五经》是治世的楷模，应以处理国务为要。恭敬地希望圣上佛经与儒书互读，孔学与佛教兼存，如此则内外都能周全，教义和世务都能通畅。”

当时佛教盛于洛阳，除僧人而外，从西域来的和尚还有三千多名，魏宣武帝另外建立了永明寺一千多间禅房，来安置他们。处士南阳人冯亮有巧思妙想，魏宣武帝指派他同河南尹甄深、沙门统僧暹选择嵩山地形好的地方建立了闲居寺，修建得非常好，极尽岩壑土木之美。由此远近受影响，无不信奉佛教，到了延昌的时候，州郡共有一万三千多处寺院。

这一年，北魏宗正卿元树来投奔，梁朝赐予他邺王的爵位。元树是元翼的弟弟。当时元翼是青、冀二州的刺史，坐镇郁洲，很久之后，元翼密谋率全州投降北魏，事情泄露而被杀。

梁武帝天监九年（庚寅，510 年）

春季，正月十二日乙亥，梁任命尚书令沈约为左光禄大夫，右光禄大夫王莹为尚书令。沈约的文章名高一时，然而贪求荣华之利，掌权十多年，政治方面的得失，口中只是称“唯唯”而已。沈约自以为久居相位，有意于三公的位置，人们的议论也认为这样才合适，但是梁武帝终究没任用他；沈约请求到外地去做官，梁武帝也不准许。徐勉为沈约请求开府仪同三司的官衔，梁武帝也不允许。

正月十七日庚寅，梁朝新筑缘淮塘，北岸从石头起到东冶，南岸从后渚篱门起到三桥。

三月十四日丙戌，魏宣武帝皇子元诩出生。[发布大赦令。] 元诩的母亲胡充华是临泾人，胡充华的父亲胡国珍袭爵位武始伯。胡充华初被选入后宫的时候，和她身份一样的嫔妃们照惯例替她祝告说：“愿生诸王、公主，不要生太子。”胡充华说：“我的志向与你们不同，岂能害怕一身之死而让国家没有继承人呢？”等她怀有身孕，嫔妃们劝她把胎儿打掉，她却不干，并私下里发誓说：“如果有幸生下男孩，排行应该是长子，儿子生下来后死去，没有丝毫遗憾之处。”很快就生下了元诩。

在此之前，魏宣武帝屡次丧失皇子，年纪渐渐大了，所以对元诩特别重视，谨慎保护，选择良家妇女中适宜的乳母，在别宫中哺养元诩，皇后和胡充华都不得接近。

三月十七日己丑，梁武帝临幸国子学，亲临讲堂视察。三月二十三日乙未，诏令皇太子以下以及王侯之子年龄可以从师学习的都入学。

旧制：尚书五都令史皆用寒流。夏，四月，丁巳，诏曰：“尚书五都，职参政要，非但总领众局，亦乃方轨二丞；可革用士流，秉此群目。”于是以都令史视奉朝请，用太学博士刘纳兼殿中都，司空法曹参军刘显兼吏部都，太学博士孔虔孙兼金部都，司空法曹参军萧轨兼左右户都，宣毅墨曹参军王颙兼中兵都，并以才地兼美，首膺其选。

（以上为第八段，写南朝萧梁重视教育，皇上萧衍亲临国子学讲学视察；改革人事制度，下令尚书五都令史都选用寒门出身的人，这是一项意义极为深远的重大改革。）

六月，宣城郡吏吴承伯挟妖术聚众，癸丑，攻郡杀太守朱僧勇，转屠旁县。闰月，己丑，承伯逾山，奄至吴兴。东土人素不习兵，吏民恇扰奔散，或劝太守蔡撙避之，撙不可，募勇敢闭门拒守。承伯尽锐攻之，撙帅众出战，大破之，临陈，斩承伯。撙，兴宗之子也。承伯余党入新安，攻陷黟、歙诸县，太守谢览遣兵拒之，不胜，逃奔会稽，台军讨贼，平之。览，瀹之子也。

冬，十月，魏中山献武王英卒。

上即位之三年，诏定新历，员外散骑侍郎祖暅奏其父冲之考古法为正，历不可改。至八年，诏太史课新旧二历，新历密，旧历疏，是岁，始行冲之《大明历》。

魏刘芳奏：“所造乐器及教文武二舞、登歌、鼓吹曲等已成，乞如前敕集公卿群儒议定，与旧乐参呈。若臣等所造，形制合古，击拊会节，请于来年元会用之。”诏：“舞可用新，余且仍旧。”

（以上为第九段，写南朝平定宣城郡吏吴承伯的聚众叛乱；启用祖冲之《大明历》；北魏确定元旦朝会所使用的乐舞，舞用新的文、武二舞，其余的沿袭旧制。）

十年（辛卯，511 年）

春，正月，辛丑，上祀南郊，大赦。

尚书左仆射张稷，自谓功大赏薄，尝侍宴乐寿殿，酒酣，怨望形于辞色。上曰：“卿兄杀郡守，弟杀其君，有何名称！”稷曰：“臣乃无名称，至于陛下，不得言无勋。东昏暴虐，义师亦来伐之，岂在臣而已！”上捋其须，曰：“张公可畏人！”稷既惧且恨，乃求出外，癸卯，以稷为青、冀二州刺史。

梁朝旧的制度规定：尚书五都令史全都选用寒门出身者担任。夏季，四月十六日丁巳，颁布诏书："尚书五都，是参与朝政的重要职位，不但总领全局，而且并驾左右丞相；可以改用士族门第出身的来担任，以总领众多部门。"这时以都令史的地位等同于奉朝请，任命太学博士刘纳兼殿中都，司空法曹参军刘显兼吏部都，太学博士孔虔孙兼金部都，司空法曹参军萧轨兼左右户都，宣毅将军府墨曹参军王颙兼中兵都，上述几人都因才能和门第俱属上流而首先被选中。

六月，宣城郡的吏员吴承伯以妖术聚集众人，六月十三日癸丑，攻进郡城杀了太守朱僧勇，转而又去屠灭旁边的县城。闰六月十九日己丑，吴承伯越过山岭，突然来到吴兴。东边的人向来不习武，官吏和老百姓都担惊受怕，四处奔散，有人劝太守蔡撙躲避一下，蔡撙不同意，招募勇敢者关闭城门坚决拒守。吴承伯竭尽全力攻城，蔡撙率众出战，大破承伯，亲自出阵，斩了吴承伯。蔡撙是蔡兴宗的儿子。吴承伯的残部进入新安，攻陷了黟、歙等县，太守谢览派兵抵抗，没有取胜，逃回会稽，朝廷军队前来讨伐贼寇，平定了。谢览是谢瀹的儿子。

冬季，十月，北魏中山献武王元英去世。

梁武帝即位三年时，诏定新的历法，员外散骑侍郎祖暅上奏称他的父亲祖冲之考定古法正确，历法不可以改动。到了八年的时候，梁武帝又诏令太史核定新旧两种历法，新历法密，旧历法疏，这一年，开始实行祖冲之的《大明历》。

北魏刘芳上奏："所制造的乐器以及教的文武二舞、登歌、鼓吹曲等已经完成，请求如以前圣旨所命令的那样召集公卿群儒议定，与旧乐一起上呈。如果臣等所制造的乐器，形式制度符合古式，敲奏符合节奏的话，请于来年元旦朝会的时候使用。"诏令："舞蹈可以采用新的，其余的暂且沿袭旧制。"

梁武帝天监十年（辛卯，511年）

春季，正月初四日辛丑，梁武帝在南郊祭天，大赦天下。

尚书左仆射张稷，自认为功劳大，奖赏却很少，一次侍宴于东寿殿，酒酣的时候，他的怨气不满表露于言语表情之中。梁武帝说："你的哥哥杀了郡太守，你的弟弟杀了他的君主，有什么值得称道的好名声呢？"张稷回答："臣确实是没什么名声好炫耀的，但是随从陛下以来，不能说没有功劳。东昏侯残暴肆虐，正义之师也来讨伐他，何况是为臣呢？"梁武帝捋着他的胡须，说："张公让人感到害怕呀！"张

王珍国亦怨望，罢梁、秦二州刺史还，酒后于坐启云："臣近入梁山便哭。"上大惊曰："卿若哭东昏，则已晚；若哭我，我复未死！"珍国起拜谢，竟不答，坐即散，因此疏退，久之，除都官尚书。

丁巳，魏汾州山胡刘龙驹聚众反，侵扰夏州，诏谏议大夫薛和发东秦、汾、华、夏四州之众以讨之。

辛酉，上祀明堂。

三月，琅邪民王万寿杀东莞、琅邪二郡太守刘晰，据朐山，召魏军。

壬戌，魏广阳懿烈王嘉卒。

魏徐州刺史卢昶遣郯城戍副张天惠、琅邪戍主傅文骥相继赴朐山，青、冀二州刺史张稷遣兵拒之，不胜。夏，四月，文骥等据朐山，诏振远将军马仙琕击之。魏又遣假安南将军萧宝寅、假平东将军天水赵遐将兵据朐山，受卢昶节度。

甲戌，魏薛和破刘龙驹，悉平其党，表置东夏州。

五月，丙辰，魏禁天文学。

以国子祭酒张充为尚书左仆射。充，绪之子也。

马仙琕围朐山，张稷权顿六里以督馈运，上数发兵助之。秋，魏卢昶上表请益兵六千、米十万石，魏主以兵四千给之。冬，十一月，己亥，魏主诏扬州刺史李崇等治兵寿阳，以分朐山之势。卢昶本儒生，不习军旅。朐山城中粮樵俱竭，傅文骥以城降；十二月，庚辰，昶引兵先遁，诸军相继皆溃，会大雪，军士冻死及堕手足者三分之二，仙琕追击，大破之。二百里间，僵尸相属，魏兵免者什一二，收其粮畜器械，不可胜数。昶单骑而走，弃其节传、仪卫俱尽；至郯城，借赵遐节以为军威。魏主命黄门侍郎甄琛驰驲锁昶，穷其败状，及赵遐皆免官。唯萧宝寅全军而归。

卢昶之在朐山也，御史中尉游肇言于魏主曰："朐山蕞尔，僻在海滨，卑湿难居，于我非急，于贼为利。为利，故必致死以争之；非急，故不得已而战；以不得已之众击必死之师，恐稽延岁月，所费甚大。假令得

稷心里既恐惧又怨恨，便请求外放，正月初六日癸卯，任命他为青、冀二州刺史。

王珍国也有怨气，被罢去梁、秦二州刺史还京后，酒后在座位上启奏说："臣前不久进入梁山便哭了。"梁武帝听了大吃一惊，说道："你如果哭东昏侯，则已经晚了；如果哭我，我还没有死！"王珍国站起来拜谢，竟然不回答，酒席当即就散了，因此被疏远了，很久之后，被任命为都官尚书。

正月二十日丁巳，北魏汾州山胡刘龙驹聚众造反，侵扰夏州，诏令谏议大夫薛和征调东秦、汾、华、夏四州的兵力去讨伐。

正月二十四日辛酉，梁武帝祭祀明堂。

三月，琅邪百姓王万寿杀了东莞、琅邪二郡太守刘晰，占据了朐山，召请北魏军队前来。

三月二十六日壬戌，北魏广阳懿烈王元嘉去世。

北魏徐州刺史卢昶派遣郯城的戍副张天惠、琅邪的戍主傅文骥相继赶赴朐山，青、冀二州刺史张稷派兵抗拒，没有取胜。夏季，四月，傅文骥等人占据了朐山，诏令振远将军马仙琕去攻击。北魏又派遣代理安南将军萧宝寅、代理平东将军天水人赵遐率兵据守朐山，接受卢昶的指挥调遣。

四月初九日甲戌，北魏薛和打败了刘龙驹，全部铲平他的党羽，并上表设置了东夏州。

五月二十一日丙辰，北魏禁止天文学。

梁任命国子祭酒张充为尚书左仆射。张充是张绪的儿子。

马仙琕包围了朐山，张稷临时驻扎六里以便监督粮运，梁武帝几次发兵协助他们。秋季，北魏卢昶上表请求增兵六千，米十万石，魏宣武帝给他增派了四千兵力。十一月初七日己亥，魏宣武帝诏令扬州刺史李崇等人在寿阳操练军队，以便分散朐山的兵势。卢昶本是一个儒生，不熟悉军旅事务。朐山城中的粮食和柴火全都用尽了，傅文骥献城投降；十二月十九日庚辰，卢昶带兵先逃跑了，其他各路军马都相继溃散，正好天下大雪，士兵冻死以及冻掉手脚的有三分之二，马仙琕追击，大获全胜。二百里之间，冻僵的尸体相连，魏兵卒幸免于难者仅十分之一二，收缴到的粮食、牲口以及各种器械，不可胜数。卢昶单人匹马逃跑，丢弃了全部的节传、仪卫之具。到了郯城，借用了赵遐的节传作为军威。魏宣武帝命令黄门侍郎甄琛骑驿马去把卢昶押解到洛阳，追根究底查问他惨败的状况，卢昶以及赵遐全被免官。只有萧宝寅把军队完整地带回。

卢昶在朐山的时候，御史中尉游肇对魏宣武帝说："朐山乃弹丸之地，偏处海滨，地势低下，异常潮湿，难以居住，对于我们不是急用之处，而对于贼人则有利。正因为有利，所以必定要拼死相争；不是急用之处，所以不得已而交战。以不得已

朐山，徒致交争，终难全守，所谓无用之田也。闻贼屡以宿豫求易朐山，若必如此，持此无用之地，复彼旧有之疆，兵役时解，其利为大。”魏主将从之，会昶败，迁肇侍中。肇，明根之子也。

马仙琕为将，能与士卒同劳逸，所衣不过布帛，所居无帏幕衾屏，饮食与厮养最下者同。其在边境，常单身潜入敌境，伺知壁垒村落险要处，所攻战多捷，士卒亦乐为之用。

（以上为第十段，写南朝琅邪民王万寿占据朐山反叛，杀掉郡守，召请北魏军；南朝令振远将军马仙琕率军反击，马仙琕与士卒同甘苦，于朐山大胜北魏，北魏军队狼狈逃奔。）

魏以甄琛为河南尹，琛表曰：“国家居代，患多盗窃，世祖发愤，广置主司、里宰，皆以下代令长及五等散男有经略者乃得为之。又多置吏士为其羽翼，崇而重之，始得禁止。今迁都已来，天下转广，四远赴会，事过代都，五方杂沓，寇盗公行，里正职轻任碎，多是下材，人怀苟且，不能督察。请取武官八品将军已下干用贞济者，以本官俸恤领里尉之任，高者领六部尉，中者领经途尉，下者领里正。不尔，请少高里尉之品，选下品中应迁者进而为之，督责有所，辇毂可清。”诏曰：“里正可进至勋品，经途从九品，六部尉正九品，诸职中简取，不必武人。”琛又奏以羽林为游军，于诸坊巷司察盗贼，于是洛城清静，后常踵焉。

是岁，梁之境内有州二十三，郡三百五十，县千二十二。是后州名浸多，废置离合，不可胜记。魏朝亦然。

上敦睦九族，优借朝士，有犯罪者，皆屈法申之。百姓有罪，则案之如法，其缘坐则老幼不免，一人逃亡，举家质作，民既穷窘，奸宄益深。尝因郊祀，有秣陵老人遮车驾言曰：“陛下为法，急于庶民，缓于权贵，非长久之道。诚能反是，天下幸甚。”上于是思有以宽之。

（以上为第十一段，写北魏河南尹甄琛治理洛阳得法，后世沿用；南朝增设州郡，达二十三州；又，南梁原来用法宽于亲族权贵，严于民众，武帝萧衍听取秣陵老人的建议而加以改进。）

之众抵抗拼命的军队，恐怕拖延时日，耗费甚大。假使能得到朐山，徒然地导致双方互相争夺，终将难以保全，正所谓无用之田。听说贼人屡次提出要以宿豫交换朐山，如果真是这样的话，用这块无用之地，换回来那块过去就属我们所有的疆域，兵戈之争顿时化解，利益为大。”宣武帝准备要照此行事，恰逢卢昶战败，就提升游肇为侍中。游肇是游明根的儿子。

马仙琕作为将帅，能同士卒们同甘共苦，穿的衣服不过布帛制成，住的地方没有帏幕衾屏，饮食与干杂活的仆役一样。他镇守边境，常常只身潜入敌境，侦察壁垒村落险要之处，打仗大多能获胜，士卒们也乐于为他卖力。

北魏任命甄琛为河南尹，甄琛上表说：“国家在代京建都的时候，忧患盗窃成灾，世祖皇帝为此而下决心广置主司、里宰，全都让代京令长以下及五等散男中有谋略者来担任。又多置吏士做他们的羽翼，崇敬而重视他们，盗贼方才得到禁止。自从迁都以来，国土扩大，四方来会，已经远远超过了代都，五方杂沓，寇盗公然行事，里正职位轻，事务琐碎，担任其职的大多是才能低下者，人人抱着苟且之心，不能督察。请求挑选武官中八品将军以下而又有才干且品行端正坚贞的人，以原来官职的俸禄和恤亲之禄而担任里尉的职务，高者领六部尉，中者领经途尉，下者领里正。不然的话，也可以稍微提高里尉的品级，选下品中应该提拔者晋升担任，只要有人专门负责督管，京城的治安即可好转。”宣武帝颁布诏书：“里正的品级可以升到勋官初品，经途尉为从九品，六部尉为正九品，从诸职中选拔，不必由军人来担任。”甄琛又上奏请把羽林军作为游军，在各坊巷中巡逻检查盗贼，于是洛阳城马上变得清静了，这种办法在后代也得到沿用。

这一年，梁朝境内有州二十三个，郡三百五十个，县一千零二十二个。这以后州名越来越多，废置离合，不可胜记。北魏也同样如此。

梁武帝对同姓的亲族亲近宽厚，对朝廷官员也非常优待爱护，有犯法的，都委屈法律而替他们开脱。而老百姓有罪，则一律按照法律处置，并且株连犯罪，不管老幼一概不免，一人逃亡，全家以身抵押服劳役，百姓既然困穷窘迫，犯法作乱就更严重了。有一次郊祀，有一个秣陵老者拦住御驾讲道：“陛下执法，对庶民太苛刻，对权贵则太宽松，这不是长久之道。如果能颠倒过来，则天下大幸呀。”梁武帝于是考虑对百姓执法加以宽宥。

十一年（壬辰，512 年）

春，正月，壬辰，诏："自今逋谪之家及罪应质作，若年有老小，可停将送。"

以临川王宏为太尉，骠骑将军王茂为司空、尚书令。

丙辰，魏以车骑大将军、尚书令高肇为司徒，清河王怿为司空，广平王怀进号骠骑大将军，加仪同三司。肇虽登三司，犹自以去要任，怏怏形于言色，见者嗤之。尚书右丞高绰、国子博士封轨，素以方直自业，及肇为司徒，绰送迎往来，轨竟不诣肇。绰顾不见轨，乃遽归，叹曰："吾平生自谓不失规矩，今日举措，不如封生远矣。"绰，允之孙；轨，懿之族孙也。

清河王怿有才学闻望，惩彭城之祸，因侍宴，谓肇曰："天子兄弟讵有几人，而翦之几尽！昔王莽头秃，藉渭阳之资，遂篡汉室。今君身曲，亦恐终成乱阶。"会大旱，肇擅录囚徒，欲以收众心。怿言于魏主曰："昔季氏旅于泰山，孔子疾之。诚以君臣之分，宜防微杜渐，不可渎也。减膳录囚，乃陛下之事；今司徒行之，岂人臣之义乎！明君失之于上，奸臣窃之于下，祸乱之基，于此在矣。"帝笑而不应。

夏，四月，魏诏尚书与群司鞫理狱讼，令饥民就谷燕、恒二州及六镇。

乙酉，魏大赦，改元延昌。

（以上为第十二段，写北魏权臣高肇由车骑大将军、尚书令升为司徒，认为是丢了要职，怏怏不乐；高肇擅自重新审理囚徒，想以此收买人心，却种下祸根。）

冬，十月，乙亥，魏立皇子诩为太子，始不杀其母。以尚书右仆射郭祚领太子少师。祚尝从魏主幸东宫，怀黄𤓰以奉太子；时应诏左右赵桃弓深为帝所信任，祚私事之，时人谓之"桃弓仆射""黄𤓰少师"。

十一月，乙未，以吴郡太守袁昂兼尚书右仆射。

初，齐太子步兵校尉平昌伏曼容表求制一代礼乐，世祖诏选学士十人修五礼，丹杨尹王俭总之。俭卒，以事付国子祭酒何胤。胤还东山，

梁武帝天监十一年（壬辰，512 年）

春季，正月初一日壬辰，梁朝颁布诏书：“自今开始，流放之家以及罪该以身抵押服劳役者，如果有老人或小孩，可以停止押送。”

梁以临川王萧宏为太尉，骠骑将军王茂为司空、尚书令。

正月二十五日丙辰，北魏任命车骑大将军、尚书令高肇为司徒，清河王元怿为司空，广平王元怀进封号为骠骑大将军，加封为仪同三司。高肇虽然位登三司，但犹自认为去掉了要职，心里的不快流露于言语表情之间，见到的人都嗤笑他。尚书左丞高绰、国子博士封轨，向来以方正刚直为事，到高肇当上司徒之后，高绰迎送往来行礼如仪，封轨不去拜见高肇。高绰回头不见封轨，马上起身返回，叹息着说道：“我平生自认为不失规矩，但是今天的举动，不如封生太远了。”高绰是高允的孙子，封轨是封懿的族孙。

清河王元怿有才学，声望不错，有鉴于彭城王元勰无罪而被杀之祸，一次借侍宴机会，对高肇说：“天子的兄弟能有几人，而差不多翦除尽了！过去王莽是个秃头，凭借渭阳的资本，篡夺了汉室的天下。现今你是个驼背，也恐怕最终会成为致乱的根由。”正遇大旱，高肇擅自重新审理囚徒，想以此收拢人心。元怿向魏宣武帝进言：“过去季氏超越名分在泰山祭祀，孔子对此非常疾恨。确实从君臣名分来考虑，应该防微杜渐，不可以轻视呀。减少膳食之费，重新审理囚徒，这是陛下的事情，现今司徒做了，岂是做人臣者的道理呢？明君失之于上，奸臣窃之于下，祸乱的根子，就在这里了。”宣武帝笑而不答。

夏季，四月，北魏朝廷命令尚书与各官署审理狱讼案件，又令饥民到燕、恒二州以及六镇去渡灾。

四月二十五日乙酉，北魏大赦天下，改年号为延昌。

冬季，十月十八日乙亥，北魏立皇子元诩为太子，开始了不杀太子生母的先例。以尚书右仆射郭祚兼任太子少师。郭祚一次随魏宣武帝临幸太子东宫，怀中特意装着黄䴏给太子吃；当时应诏左右赵桃弓深受宣武帝的信任，郭祚私下里巴结他，时人称他为“桃弓仆射”“黄䴏少师”。

十一月十九日乙未，梁任命吴郡太守袁昂兼尚书右仆射。

当初，南齐太子步兵校尉平昌人伏曼容上表请示制定一代的礼乐，世祖诏令挑选学士十人修定五礼，由丹杨尹王俭总负责。王俭去世之后，这件事情交付给了国

齐明帝敕尚书令徐孝嗣掌之。孝嗣诛，率多散逸，诏骠骑将军何佟之掌之。经齐末兵火，仅有在者。帝即位，佟之启审省置之宜，敕使外详。时尚书以为庶务权舆，宜俟隆平，欲且省礼局，并还尚书仪曹，诏曰："礼坏乐缺，实宜以时修定。但顷之修撰不得其人，所以历年不就，有名无实。此既经国所先，可即撰次。"于是尚书仆射沈约等奏："请五礼各置旧学士一人，令自举学古一人相助抄撰，其中疑者，依石渠、白虎故事，请制旨断决。"乃以右军记室明山宾等分掌五礼，佟之总其事。佟之卒，以镇北谘议参军伏暅代之。暅，曼容之子也。至是，《五礼》成，列上之，合八千一十九条，诏有司遵行。

己酉，临川王宏以公事左迁骠骑大将军。

是岁，魏以桓叔兴为南荆州刺史，治安昌，隶东荆州。

（以上为第十三段，写北魏立元诩为太子，始不杀其母；南朝武帝萧衍重视礼乐，开展修撰《五礼》的工作，历经几任主持，终于完成，诏令有关部门予以施行。）

十二年（癸巳，513 年）

春，正月，辛卯，上祀南郊，大赦。

二月，辛酉，以兼尚书右仆射袁昂为右仆射。

己卯，魏高阳王雍进位太保。

郁洲迫近魏境，其民多私与魏人交市，朐山之乱，或阴与魏通，朐山平，心不自安。青、冀二州刺史张稷不得志，政令宽弛，僚吏颇多侵渔。庚辰，郁洲民徐道角等夜袭州城，杀稷，送其首降魏，魏遣前南兖州刺史樊鲁将兵赴之。于是魏饥，民饿死者数万，侍中游肇谏，以为"朐山滨海，卑湿难居，郁洲又在海中，得之尤为无用。其地于贼要近，去此间远，以间远之兵攻要近之众，不可敌也。方今年饥民困，唯宜安静，而复劳以军旅，费以馈运，臣见其损，未见其益"。魏主不从，复遣平西将军奚康生将兵逆之。未发，北兖州刺史康绚遣司马霍奉伯讨平之。

子祭酒何胤。何胤隐居东山之后，齐明帝命令尚书令徐孝嗣掌管其事。徐孝嗣被诛之后，材料大多散失，又诏令骠骑将军何佟之掌管。经过齐末的兵火，留存下的是极少数。梁武帝即位之后，何佟之启奏请示礼局应该省去还是应该继续，旨令让下面先详细议定好再上报。当时，尚书认为开国伊始，诸多事务初创，应该等到升平的时候再制礼定乐，想要省去礼局，把事情退还给尚书仪曹，诏令说："礼坏乐缺，确实应该及时修定。但是原先没有合适的修撰人，所以历年没有完成，以致有名无实。礼乐之制是治国安邦的前提，应该立即开始修撰。"这时尚书仆射沈约等人上奏："请五礼各置旧学士一人，命令他们自己推荐学古一人相助抄撰，其中有疑惑者，依照汉代石渠阁、白虎观的旧例，由圣上断决。"乃让右军记室［参军］明山宾等人分掌五礼，何佟之全面负责此事。何佟之去世，又由镇北谘议参军伏暅代替他。伏暅是伏曼容的儿子。到了这时，《五礼》修成，分列上呈，合起来共有八千零一十九条，梁武帝诏令有关部门遵照施行。

十一月二十三日己酉，临川王萧宏因公事而降职为骠骑大将军。

这一年，北魏任命桓叔兴为南荆州刺史，治所在安昌，隶属于东荆州。

梁武帝天监十二年（癸巳，513 年）

春季，正月初六日辛卯，梁武帝在南郊祭天，大赦天下。

二月初六日辛酉，梁任命兼尚书右仆射袁昂为右仆射。

二月二十四日己卯，北魏高阳王元雍进位为太保。

梁朝的郁洲接近北魏边境，该地的民众大多私自同北魏人做买卖，朐山之乱时，有的人暗中与北魏勾结，朐山之乱平定之后，这些人心中非常不安。青、冀二州刺史张稷不得志，政令松弛，以致僚属多侵夺百姓。二月二十五日庚辰，郁洲百姓徐道角等人夜晚袭击州城，杀了张稷，送上他的首级投降了北魏，北魏派遣前南兖州刺史樊鲁率兵赶赴郁洲。此时，北魏发生饥荒，百姓饿死的有几万人，侍中游肇进谏认为："朐山靠近大海，地势低下潮湿，难以居住，郁洲更在海中，得到它尤其没有用处。该地对于梁朝既是海道要冲，又靠近江淮，而离此地非常遥远，且不是军事要地，以闲远之兵去攻打要冲近地的兵众，不可抵挡。方今饥荒，百姓困苦，只应安宁，但是又要烦劳军旅，耗费粮食，对于出兵之事，臣只看到它的损失，看不到它的益处。"魏宣武帝不听从，又派遣平西将军奚康生率兵去迎战。还没有出发，北兖州刺史康绚就派遣司马霍奉伯讨平了郁洲之乱。

辛巳，新作太极殿。

上尝与侍中、太子少傅建昌侯沈约各疏栗事，约少上三事，出，谓人曰："此公护前，不则羞死！"上闻之怒，欲治其罪，徐勉固谏而止。上有憾于张稷，从容与约语及之，约曰："左仆射出作边州，已往之事，何足复论！"上以约与稷昏家相为，怒曰："卿言如此，是忠臣邪！"乃辇归内殿。约惧，不觉上起，犹坐如初；及还，未至床而凭空，顿于户下，因病。梦齐和帝以剑断其舌，乃呼道士奏赤章于天，称"禅代之事，不由己出"。上遣主书黄穆之视疾，夕还，增损不即启闻，惧罪，乃白赤章事。上大怒，中使谴责者数四。约益惧，闰月，乙丑，卒。有司谥曰"文"，上曰："情怀不尽曰'隐'。"改谥隐侯。

（以上为第十四段，写南朝平定郁洲的民众起事；太子少傅沈约曾为萧衍篡夺南齐政权出谋划策，立下汗马功劳，隐私而被谴责，忧病而死。）

夏，五月，寿阳久雨，大水入城，庐舍皆没。魏扬州刺史李崇勒兵泊于城上，水增未已，乃乘船附于女墙，城不没者二板。将佐劝崇弃寿阳保北山，崇曰："吾忝守藩岳，德薄致灾，淮南万里，系于吾身，一旦动足，百姓瓦解，扬州之地，恐非国物，吾岂爱一身，取愧王尊！但怜此士民无辜同死，可结筏随高，人规自脱，吾必与此城俱没，幸诸君勿言！"

扬州治中裴绚帅城南民数千家泛舟南走，避水高原，谓崇还北，因自称豫州刺史，与别驾郑祖起等送任子来请降。马仙琕遣兵赴之。

崇闻绚叛，未测虚实，遣国侍郎韩方兴单舸召之。绚闻崇在，怅然惊恨，报曰："比因大水颠狈，为众所推。今大计已尔，势不可追，恐民非公民，吏非公吏，愿公早行，无犯将士。"崇遣从弟宁朔将军神等将水军讨之，绚战败，神追拔其营。绚走，为村民所执，还，至尉升湖，曰："吾何面见李公乎！"乃投水死。绚，叔业之兄孙也。郑祖起等皆伏诛。崇上表以水灾求解州任，魏主不许。

二月二十六日辛巳，梁兴建新的太极殿。

梁武帝曾经同侍中、太子少傅建昌侯沈约各自写出关于栗子的典故，沈约少写三点，出来之后对人说："此公自护其短，否则会羞死的！"梁武帝知道之后十分生气，要治沈约的罪，徐勉一再劝谏才止住。梁武帝对张稷心中怨恨，闲暇时与沈约谈到了张稷的事，沈约说："左仆射出任青、冀二州刺史已经是过去的事情了，何足再加议论！"梁武帝认为沈约与张稷是亲家，相互袒护，生气地说："你说出这样的话，是忠臣吗？"乘辇回内殿去了。沈约害怕，竟没有觉察到梁武帝已经起身走了，沈约还像原来那样坐着。回到家之后，沈约没有走到胡床跟前就坐下去，坐空了，摔倒在门下，于是就病了。沈约梦见齐和帝用剑割断了他的舌头，沈约就叫来道士用赤色奏章向天神祈祷，说："禅代的事情，不是自己的主意。"梁武帝派遣主书黄穆之来探视沈约的病情，天黑时返回了，病情的好坏没有立刻上报，但是又害怕因为隐瞒而获罪，最终还是把沈约让道士用赤章祈天的事情报告给梁武帝。梁武帝勃然大怒，多次派人去谴责沈约。沈约越发害怕了，于闰三月十一日乙丑病逝。有关部门给沈约的谥号为"文"，梁武帝说："心事埋藏着不全部显露叫作'隐'。"于是改沈约的谥号为隐侯。

夏季，五月，寿阳久雨成灾，大水冲入城内，房舍全被淹没了。北魏扬州刺史李崇整集军队停在城墙上，水上涨不停，于是又乘船爬到短墙上面，城墙只差两板宽没有被淹。将佐们劝李崇放弃寿阳而保北山，李崇说："我受朝廷之命镇守一方之地，由于仁德不足而致使天降大灾，淮南万里之地，安危系于我一身，一旦动一动脚，百姓就会瓦解奔散，扬州之地，恐怕就不属国家所有了，我岂能爱惜自己的身子，而有愧于王尊呢！只是怜悯士人百姓们要无辜与我一同去死，可以扎筏子随水前往高处，去求生路，我一定同这座城一起淹没，请各位不要再说了！"

扬州治中裴绚带领城南民众数千家划船往南逃跑，到高地上避水，他认为李崇一定回北方去了，因此就自称为豫州刺史，同别驾郑祖起等人送人质来请求投降。马仙琕派兵前去接应。

李崇听说裴绚叛变了，但不测虚实，就派遣国侍郎韩方兴单人乘船去召裴绚，裴绚知道李崇还在，怅然若失，惊慌悔恨，回答说："日前因大水困顿，受众人的推举，方有此举。现今大计已成，无可追回了，恐怕这里的百姓已经不是大人治下的百姓了，官吏也不是大人手下的官吏了，希望大人早日动身回去，不要冒犯我的将士们。"李崇派遣堂弟宁朔将军李神等人率领水军讨伐裴绚，裴绚战败，李神追击，占领了他的营盘。裴绚逃跑，被村民抓获，送回来时，到了尉升湖说："我有何脸面见李公呢！"便投水而死。裴绚是裴叔业哥哥的孙子。郑祖起等人都伏法被诛。李

崇沈深宽厚，有方略，得士众心，在寿春十年，常养壮士数千人，寇来无不摧破，邻敌谓之“卧虎”。上屡设反间以疑之，又授崇车骑大将军、开府仪同三司、万户郡公，诸子皆为县侯；而魏主素知其忠笃，委信不疑。

六月，癸巳，新作太庙。

秋，八月，戊午，以临川王宏为司空。

魏恒、肆二州地震、山鸣，逾年不已，民覆压死伤甚众。

魏主幸东宫，以中书监崔光为太子少傅，命太子拜之；光辞不敢当，帝不许。太子南面再拜，詹事王显启请从太子拜，于是宫臣皆拜；光北面立，不敢答，唯西面拜谢而出。

（以上为第十五段，写大水淹没寿阳城，北魏扬州刺史李崇坚持与寿阳城共存亡；治中裴绚率领民众投降南朝，被平定；李崇深得北魏主的信任，驻守寿春十年。）

十三年（甲午，514 年）

春，二月，丁亥，上耕藉田，大赦。宋、齐藉田皆用正月，至是始用二月，及致斋祀先农。

魏东豫州刺史田益宗衰老，与诸子孙聚敛无厌，部内苦之，咸言欲叛。魏主遣中书舍人刘桃符慰劳益宗，桃符还，启益宗侵扰之状。魏主赐诏曰：“桃符闻卿息鲁生在淮南贪暴，为尔不已，损卿诚效。可令鲁生赴阙，当加任使。”鲁生久未至，诏徙益宗为镇东将军、济州刺史；又虑其不受代，遣后将军李世哲与桃符帅众袭之，奄入广陵。鲁生与其弟鲁贤、超秀皆奔关南，招引梁兵，攻取光城已南诸戍。上以鲁生为北司州刺史，鲁贤为北豫州刺史，超秀为定州刺史。三月，魏李世哲击鲁生等，破之，复置郡戍。以益宗还洛阳，授征南将军、金紫光禄大夫。益宗上表称为桃符所谗，及言“鲁生等为桃符逼逐使叛，乞摄桃符与臣对辩虚实”。诏不许，曰：“既经大宥，不容方更为狱。”

秋，七月，乙亥，立皇子纶为邵陵王，绎为湘东王，纪为武陵王。

冬，十月，庚辰，魏主遣骁骑将军马义舒慰谕柔然。

崇上表朝廷因水灾而请求解除自己州刺史的职位，魏宣武帝不准许。

李崇深沉宽厚，有谋略，很得士庶之心，在寿春十年，经常养着几千壮士，贼寇来犯无不被摧破，邻近的敌手称他为“卧虎”。梁武帝多次设反间计以使北魏朝廷对李崇产生怀疑，授予他车骑大将军、开府仪同三司、万户郡公，几个儿子都被封为县侯。然而魏宣武帝素知李崇忠诚老实，对他非常信任而毫不怀疑。

六月初十日癸巳，梁新修太庙。

秋季，八月戊午（疑为九月初七日戊午），梁朝任命临川王萧宏为司空。

北魏恒、肆二州发生地震，山鸣，一年多还没停止，民众被埋压死伤的很多。

魏宣武帝临幸东宫，以中书监崔光为太子少傅，命令太子向崔光下拜。崔光辞让而不敢承当，宣武帝不许。太子面向南拜了两次，詹事王显启请圣上允许他跟随太子一起拜，于是东宫僚属一起下拜。崔光朝北面立着，不敢答礼，只朝西面拜谢后离去。

梁武帝天监十三年（甲午，514 年）

春季，二月初八日丁亥，梁武帝在籍田耕作，大赦天下。刘宋、南齐籍田都在正月，至此方改为二月，以及太牢祀神农炎帝也改在二月。

北魏东豫州刺史田益宗年老体衰，同儿子和孙子们聚敛无厌，部内深受其苦，都说要反叛。魏宣武帝派遣中书舍人刘桃符去慰劳田益宗，刘桃符回朝之后，启奏了田益宗侵扰当地的情状。魏宣武帝赐诏说：“刘桃符听说你的儿子田鲁生在淮水之南贪敛暴虐，这样下去不停止，会损害你对朝廷的诚意效忠。可令田鲁生前来朝廷，对他当另加任用。”田鲁生长久未至，诏令田益宗调任镇东将军、济州刺史；又考虑到他不会接受别人来代替自己，就派遣后将军李世哲与刘桃符率众去袭击，李世哲等人迅速地进入了广陵。田鲁生与弟弟鲁贤、超秀都奔到关南，招引梁军，攻取了光城以南的各个寨堡。梁武帝任命田鲁生为北司州刺史，鲁贤为北豫州刺史，超秀为定州刺史。三月，北魏李世哲进攻田鲁生等人，打败了他们，重新设置了郡戍。田益宗被命令回到洛阳，授予征南将军、金紫光禄大夫。田益宗上表言称被刘桃符谗言所陷，并说：“鲁生等人被刘桃符逼迫反叛，请求令刘桃符与我当面对质，以明虚实。”诏令不准许，说：“既然已经宽宥了你，不允许再打官司了。”

秋季，七月二十九日乙亥，梁立皇子萧纶为邵陵王，萧绎为湘东王，萧纪为武陵王。

冬季，十二月初五日庚辰，魏宣武帝派遣骁骑将军马义舒召慰宣谕柔然国。

魏王足之入寇也，上命宁州刺史涪人李略御之，许事平用为益州。足退，上不用，略怨望，有异谋，上杀之。其兄子苗奔魏，步兵校尉泰山淳于诞尝为益州主簿，自汉中入魏，二人共说魏主以取蜀之策，魏主信之。辛亥，以司徒高肇为大将军、平蜀大都督，将步骑十五万寇益州；命益州刺史傅竖眼出巴北，梁州刺史羊祉出庾城，安西将军奚康生出绵竹，抚军将军甄琛出剑阁；乙卯，以中护军元遥为征南将军，都督镇遏梁、楚。游肇谏，以为："今频年水旱，百姓不宜劳役。往昔开拓，皆因城主归款，故有征无战。今之陈计者真伪难分，或有怨于彼，不可全信。蜀地险隘，镇戍无隙，岂得虚承浮说而动大军！举不慎始，悔将何及！"不从，以淳于诞为骁骑将军，假李苗龙骧将军，皆领乡导统军。

魏降人王足陈计，求堰淮水以灌寿阳。上以为然，使水工陈承伯、材官将军祖晅视地形，咸谓"淮内沙土漂轻不坚实，功不可就"。上弗听，发徐、扬民率二十户取五丁以筑之，假太子右卫率康绚都督淮上诸军事，并护堰作于钟离。役人及战士合二十万，南起浮山，北抵巉石，依岸筑土，合脊于中流。

魏以前定州刺史杨津为华州刺史，津，椿之弟也。先是，官受调绢，尺度特长，任事因缘，共相进退，百姓苦之。津令悉依公尺，其输物尤善者，赐以杯酒；所输少劣，亦为受之，但无酒以示耻。于是人竞相劝，官调更胜旧日。

魏太子尚幼，每出入东宫，左右乳母而已，宫臣皆不知之。詹事杨昱上言："乞自今召太子必降手敕，令臣等翼从。"魏主从之，命宫臣在直者从至万岁门。

魏御史中尉王显谓治书侍御史阳固曰："吾作太府卿，府库充实，卿以为何如？"固曰："公收百官之禄四分之一，州郡赃赎，悉输京师，以此充府，未足为多。且'有聚敛之臣，宁有盗臣'，可不戒哉！"显不悦，因事奏免固官。

（以上为第十六段，写北魏宣武帝元恪听从南朝降将李苗、淳于诞的献策，出动大军攻蜀；南朝梁武帝萧衍听从北魏降将王足的献策，发兵筑坝拦堵淮水，以淹灌寿阳。）

北魏王足入侵的时候，梁武帝命令宁州刺史涪人李略抵抗，许诺事平之后任用他为益州刺史。王足撤退之后，梁武帝不用李略，李略颇有怨忿，存有异谋，梁武帝杀了他。李略哥哥的儿子李苗投奔北魏，步兵校尉泰山人淳于诞曾任益州主簿，从汉中投奔北魏，两人一起游说魏宣武帝攻取蜀地策略，魏宣武帝相信了。十一月初六日辛亥，北魏任命司徒高肇为大将军、平蜀大都督，统率步骑兵十五万人侵犯益州；又命令益州刺史傅竖眼出巴郡之北，梁州刺史羊祉兵发庾城，安西将军奚康生兵发绵竹，抚军将军甄琛兵发剑阁。十一月初十日乙卯，北魏任命中护军元遥为征南将军，都督镇遏梁、楚。游肇劝谏，认为："现今连年水涝旱灾，老百姓不宜于再劳役了。过去开拓疆域，都因为城主归顺投降，所以有大军远行却无战斗。现今出谋划策的人真伪难辨，或者是因为对梁朝有怨气，借我们出气，所以不可全信。蜀地险要狭隘，镇戍没有疏漏，怎么能听信他人的没有根据的说法而出动大军呢？举动不在开始时谨慎，后悔哪里来得及呢？"宣武帝没有听从游肇的建议，以淳于诞为骁骑将军，又让李苗代领龙骧将军，两人都兼任向导统军。

北魏降将王足献策，请求拦堵淮水以淹灌寿阳。梁武帝以为然，命令水工陈承伯、材官将军祖暅视察地形，都说："淮水中沙土漂轻不坚实，工程不可成就。"梁武帝不听，征调徐、扬之地的百姓，每二十户中征五丁，拦水筑堰，命令太子右卫率康绚兼领都督淮上诸军事，并且在钟离进行筑堰工程。筑堰的劳役和兵士共二十万人，南起浮山，北抵巉石，沿着两岸筑坝，大坝合龙于淮水中流。

北魏任命前定州刺史杨津为华州刺史，杨津是杨椿的弟弟。在此之前，官家征收调绢，所用的尺子很长，担任调绢之事的官吏乘机勾结为奸，有贿赂的人按公尺，实收的绢少，无贿赂的人按特长尺，实收的绢多，老百姓苦不堪言。杨津下令一律按照标准尺子来丈量，对于交送的物品质量好的人，赐以一杯酒；交送稍微差的，也收受，但没有酒，以示耻辱。这时人们竞相勉励，官家调赋收入胜于往日。

北魏皇太子还幼小，每次出入东宫，相伴的只有左右随从和乳母，东宫的臣子们都不知道。詹事杨昱上言："请求从今开始召见太子一定要亲自颁下手敕，命令臣等护从。"魏宣武帝采纳建议，命令东宫臣子中值班的护送到万岁门。

北魏御史中尉王显对治书侍御史阳固说："我当太府卿时，府库充实，您以为怎样呢？"阳固回答说："大人把百官的俸禄扣去四分之一，各州郡收缴的赃款和赎金，全部运到京师，以此来充府库，不足为多。况且有言说'敛臣害义，盗臣损财，害义不如损财'，可不借鉴吗！"王显不高兴，就借故上奏免除了阳固的官职。

【点评】

南北朝推进文化建设。这一时期相对稳定，南北都有文化建设。其一，梁实行祖冲之的《大明历》。员外散骑侍郎祖暅上奏称他的父亲祖冲之考定古法正确，历法不可以改。到了天监八年的时候，梁武帝又诏令太史核定新旧两种历法，新历法密，旧历法疏，于是，在这一年，开始实行祖冲之的《大明历》。另一件事，梁修订五礼（即吉、凶、军、宾、嘉）完成，共有八千零一十九条。诏令有司颁布施行。

其二，北魏制定了乐器标准。北魏刘芳上奏："所制造的乐器以及教的文武二舞、登歌、鼓吹曲等已经完成，请求如以前圣旨所命令的那样召集公卿群儒议定，与旧乐一起上呈。如果臣等所制造的乐器，形式制度符合古式，敲奏符合节奏的话，请于来年元旦朝会的时候使用。"诏令："舞蹈可以采用新的，其余的暂且沿袭旧制。"

梁纪四

梁武帝天监十四年至十七年（515—518年）

【起旃蒙协洽（乙未，515年），尽著雍阉茂（戊戌，518年），凡四年】

【大事提要】

本卷记事起自公元515年，至公元518年，凡四年，当梁武帝天监十四年至天监十七年。本卷所载大事，南朝萧梁修筑浮山堰城，引淮水灌寿阳。秋天，沿淮城戍村落十余万口漂流入海。公元515年，魏孝明帝立，胡太后临朝称制。魏宣武帝修建瑶光寺，没有能够建成。这一年，胡太后又修建永宁寺，都建在宫殿旁边。又修筑石窟寺在伊阙口，都穷尽了土木建筑的华美。而永宁寺尤其盛大。北魏胡太后派使者宋云和僧人惠生到西域去求取佛经。到达天竺，至正光二年（521）始还。此外，崔广上奏修补洛阳石经。

【原文】

高祖武皇帝四

天监十四年（乙未，515 年）

春，正月，乙巳朔，上冠太子于太极殿，大赦。

辛亥，上祀南郊。

甲寅，魏主有疾；丁巳，殂于式乾殿。侍中、中书监、太子少傅崔光，侍中、领军将军于忠，詹事王显，中庶子代人侯刚迎太子诩于东宫，至显阳殿。王显欲须明行即位礼，崔光曰："天位不可暂旷，何待至明！"显曰："须奏中宫。"光曰："帝崩，太子立，国之常典，何须中宫令也！"于是光等请太子止哭，立于东序，于忠与黄门郎元昭扶太子西面哭十余声止。光摄太尉，奉策进玺绶，太子跪受，服衮冕之服，御太极殿，即皇帝位。光等与夜直群官立庭中，北面稽首称万岁。昭，遵之曾孙也。

高后欲杀胡贵嫔，中给事谯郡刘腾以告侯刚，刚以告于忠。忠问计于崔光，光使置贵嫔于别所，严加守卫，由是贵嫔深德四人。戊午，魏大赦。己未，悉召西伐、东防兵。

骠骑大将军广平王怀扶疾入临，径至太极西庑，哀恸，呼侍中、领军、黄门、二卫，云："身欲上殿哭大行，又须入见主上。"众皆愕然相视，无敢对者。崔光攘衰振杖，引汉光武崩赵熹扶诸王下殿故事，声色甚厉，闻者莫不称善。怀声泪俱止，曰："侍中以古义裁我，我敢不服！"遂还，仍频遣左右致谢。

先是高肇擅权，尤忌宗室有时望者，太子太傅任城王澄数为肇所谮，惧不自全，乃终日酣饮，所为如狂，朝廷机要无所关豫。及世宗殂，肇拥兵于外，朝野不安。于忠与门下议，以肃宗幼，未能亲政，宜使太保高阳王雍入居西柏堂省决庶政，以任城王澄为尚书令，总摄百揆，奏皇后请即敕授。王显素有宠于世宗，恃势使威，为众所疾，恐不为澄等所容，与中常侍孙伏连等密谋寝门下之奏，矫皇后令，以高肇录尚书事，以显与勃海公高猛同为侍中。于忠等闻之，托以侍疗无效，执显于禁中，下诏削爵任。显临执呼冤，直阁以刀镮撞其掖下，送右卫府，一宿而死。

【语译】

高祖武皇帝四

梁武帝天监十四年（乙未，515 年）

春季，正月初一日乙巳朔，梁武帝在太极殿给太子举行冠礼，大赦天下。

正月初七日辛亥，梁武帝在南郊祭天。

正月初十日甲寅，魏宣武帝患病，正月十三日丁巳，在式乾殿病故。侍中、中书监、太子少傅崔光，侍中、领军将军于忠，詹事王显，中庶子代京人侯刚等人从东宫迎接太子元诩来到显阳殿。王显想等天亮以后再为太子举行即位仪式，崔光说："皇位不可以片刻空缺，为什么要等到天亮呢？"王显说："必须报告中宫皇后。"崔光说："皇上驾崩，太子继位，这是国家正常的规定，何必要等待中宫的旨令呢！"这时崔光等人请求太子停止哭泣，站在东面；于忠和黄门郎元昭搀扶太子面向西哭了十多声后停止了哭泣。崔光代理太尉的职务，捧着策书献上印玺和绶带，太子跪着接受了，穿上礼服，走上太极殿，即皇帝位。崔光等人和夜间值勤的官员站立在庭中，向北叩头高呼万岁。元昭是北魏略阳公元遵的重孙。

高后想杀掉胡贵嫔，中给事谯郡人刘腾把这件事告诉了侯刚，侯刚又告诉给于忠。于忠向崔光请教计策，崔光就让他将胡贵嫔搬到别的住所，严加守卫，因此胡贵嫔深深地感激这四个人。正月十四日戊午，北魏大赦天下。正月十五日己未，召回全部在西面讨伐和在东面防守的军队。

骠骑大将军、广平王元怀抱病入朝，径直来到太极殿的西殿，悲痛欲绝，叫来侍中、领军、黄门、左右二卫将军说："我要上殿哭悼大行皇帝，并要去见圣上。"众人都惊愕地相互看着，没有敢于答话的人。崔光撩起丧服举杖，引用汉光武帝死后赵熹扶持诸位藩王下殿的旧事，声色俱厉，听的人没有说不好的。元怀的喊声和眼泪都停了下来，说："侍中您用古代的事理来裁正我，我怎敢不服！"于是就回去了，回去后仍然多次派左右来谢罪。

此前高肇专权，特别忌恨宗室里面有名望的人，太子太傅任城王元澄多次被高肇诋毁陷害，元澄害怕不能保全自己，就整天纵酒，颇为疯狂，朝廷重要事务都不参与。等到宣武帝病故，高肇统兵在外，朝廷内外都很不安。于忠和门下省的官员们商议，由于孝明帝年幼，不能亲自执政，应该让太保高阳王元雍住进西柏堂处理各种政务，并且任命任城王元澄为尚书令，总管大小官员，而且上报皇后，请当即用手书授职。王显一向受世宗的宠信，凭借权势滥施淫威，被众人忌恨，恐怕不被元澄等人所容纳，就和中常侍孙伏连等人密谋搁置门下省的奏议，伪造皇后的命令，任命高肇录尚书事，任命王显和勃海公高猛等人共同担任侍中。于忠等人听到，假

庚申，下诏如门下所奏，百官总己听于二王，中外悦服。

二月，庚辰，尊皇后为皇太后。

魏主称名为书告哀于高肇，且召之还。肇承变忧惧，朝夕哭泣，至于羸悴，归至瀍涧，家人迎之，不与相见；辛巳，至阙下，衰服号哭，升太极殿尽哀。高阳王雍与于忠密谋，伏直寝邢豹等十余人于舍人省下，肇哭毕，引入西庑，清河诸王皆窃言目之。肇入省，豹等扼杀之，下诏暴其罪恶，称肇自尽，自余亲党悉无所问，削除职爵，葬以士礼；逮昏，于厕门出尸归其家。

（以上为第一段，写北魏宣武帝元恪去世，太子元诩即位，中书监崔光等人随机处理，处变不惊；召回权臣高肇，被扼死；元诩之母胡贵妃被保住性命，深深感怀于忠等大臣。）

魏之伐蜀也，军至晋寿，蜀人震恐。傅竖眼将步兵三万击巴北，上遣宁州刺史任太洪自阴平间道入其州，招诱氐、蜀，绝魏运路。会魏大军北还，太洪袭破魏东洛、除口二戍，声言梁兵继至，氐、蜀翕然从之。太洪进围关城，竖眼遣统军姜喜等击太洪，大破之，太洪弃关城走还。

癸未，魏以高阳王雍为太傅、领太尉，清河王怿为司徒，广平王怀为司空。

甲午，魏葬宣武皇帝于景陵，庙号世宗。己亥，尊胡贵嫔为皇太妃。三月，甲辰朔，以高太后为尼，徙居金墉瑶光寺，非大节庆，不得入宫。

魏左仆射郭祚表称："萧衍狂悖，谋断川渎，役苦民劳，危亡已兆，宜命将出师，长驱扑讨。"魏诏平南将军杨大眼督诸军镇荆山。

魏于忠既居门下，又总宿卫，遂专朝政，权倾一时。初，太和中，军国多事，高祖以用度不足，百官之禄四分减一，忠悉命归所减之禄。旧制：民税绢一匹别输绵八两，布一匹别输麻十五斤，忠悉罢之。乙丑，诏文武群官各进位一级。

借服侍皇上治疗无效的罪名，把王显抓入监牢，颁布诏书剥夺爵位、官职。王显在被抓时大声喊冤，直阁就用刀环撞击他的腋下，送到右卫府，一夜就丧了命。正月十六日庚申，颁布诏书批准了门下省的奏议，百官各安己职，听命于二位王爷，朝廷内外都衷心信服。

二月初七日庚辰，北魏尊封皇后为皇太后。

魏孝明帝自己称名写信给高肇报告丧事，并且召他回朝。高肇承受着这种变故非常忧伤惊惧，整日哭泣，以至于瘦弱憔悴，回到瀍涧时，家里人迎接他，却不与相见。二月初八日辛巳，来到宫阙下，穿着丧服号哭，登上太极殿极尽悲哀。高阳王元雍和于忠秘密商议，埋伏值寝邢豹等十多人在舍人省内，高肇哭完，引入西廊庑，清河王等众王都偷偷交谈观看着。高肇进了舍人省，邢豹等人扼杀了他，颁布诏书公布高肇的罪恶，称高肇是自杀，其余亲党都没有追究。剥夺了职务、爵位，用士大夫的礼节安葬。到了黄昏，从侧门把尸体运回家。

魏军攻打蜀地，大军到晋寿，蜀人非常恐惧。傅竖眼率领三万步兵攻打巴北，梁武帝派宁州刺史任太洪从阴平抄小路进入州城，招诱氐人、蜀人，断绝了魏军的运输线路。正赶上北魏大部队向北返回，任太洪袭击了北魏的东洛、除口两个戍地，并且声称梁朝军队紧接着就会到来，氐人、蜀人一致归顺了他。任太洪进军包围了关城，傅竖眼派统军姜喜等人攻击任太洪，大破他的部队，任太洪放弃关城逃了回来。

二月初十日癸未，北魏任命高阳王元雍担任太傅兼任太尉，清河王元怿为司徒，广平王元怀为司空。

二月二十一日甲午，北魏安葬宣武帝于景陵，庙号为世宗。二月二十六日己亥，尊胡贵嫔为皇太妃。三月初一日甲辰朔，使高太后做了尼姑，迁居到金墉瑶光寺，不是大的节日庆典，不许入宫。

北魏左仆射郭祚上表称："萧衍狂妄悖理，谋划切断山川沟渠，劳役苦重，百姓疲弊，危亡的苗头已经显露，应当派将出兵，长驱讨伐敌人。"北魏诏令平南将军杨大眼率领军队镇守荆山。

北魏的于忠既担任侍中，又总管禁卫事务，于是独揽朝政，权倾一时。当初，太和年中，军国多事，高祖因为用度不足，把百官的俸禄减少了四分之一。于忠下令全部恢复了减少的俸禄。旧法规定：百姓每织一匹绢要交八两绵，每织一匹布要交十五斤麻作为税收，于忠都加以免除。三月二十二日乙丑，诏令给文武百官每人

夏，四月，浮山堰成而复溃，或言蛟龙能乘风雨破堰，其性恶铁，乃运东、西冶铁器数千万斤沈之，亦不能合。乃伐树为井干，填以巨石，加土其上；缘淮百里内木石无巨细皆尽，负檐者肩上皆穿，夏日疾疫，死者相枕，蝇虫昼夜声合。

魏梁州刺史薛怀吉破叛氐于沮水。怀吉，真度之子也。五月，甲寅，南秦州刺史崔暹又破叛氐，解武兴之围。

六月，魏冀州沙门法庆以妖幻惑众，与勃海人李归伯作乱，推法庆为主。法庆以尼惠晖为妻，以归伯为十住菩萨、平魔军司、定汉王，自号大乘。又合狂药，令人服之，父子兄弟不复相识，唯以杀害为事。刺史萧宝寅遣兼长史崔伯驎击之，伯驎败死。贼众益盛，所在毁寺舍，斩僧尼，烧经像，云“新佛出世，除去众魔”。秋，七月，丁未，诏假右光禄大夫元遥征北大将军以讨之。

魏尚书裴植，自谓人门不后王肃，以朝廷处之不高，意常怏怏，表请解官隐嵩山，世宗不许，深怪之。及为尚书，志气骄满，每谓人曰：“非我须尚书，尚书亦须我。”每入参议论，好面讥毁群官，又表征南将军田益宗，言：“华、夷异类，不应在百世衣冠之上。”于忠、元昭见之切齿。

尚书左仆射郭祚，冒进不已，自以东宫师傅，望封侯、仪同，诏以祚为都督雍岐华三州诸军事、征西将军、雍州刺史。

祚与植皆恶于忠专横，密劝高阳王雍使出之。忠闻之，大怒，令有司诬奏其罪。尚书奏：“羊祉告植姑子皇甫仲达云：‘受植旨，诈称被诏，帅合部曲欲图于忠。’臣等穷治，辞不伏引；然众证明昞，准律当死。众证虽不见植，皆言‘仲达为植所使，植召仲达责问而不告列’。推论情状，不同之理不可分明，不得同之常狱，有所降减，计同仲达，处植死刑。植亲帅城众，附从王化，依律上议，乞赐裁处。”忠矫诏曰：“凶谋既尔，罪不当恕，虽有归化之诚，无容上议，亦不须待秋分。”八月，己亥，植与郭祚及都水使者杜陵韦儁皆赐死。儁，祚之婚家也。忠又欲杀高阳王雍，崔光固执不从，乃免雍官，以王还第。朝野冤愤，莫不切齿。

（以上为第二段，写北魏朝廷内斗惨烈，胡贵嫔为太妃，高太后被贬为尼，被幽闭；领军将军于忠控制皇宫，权倾朝野；尚书裴植、左仆射郭祚恶之，被处死。）

晋升一级。

夏季四月，浮山堰修成又崩溃了，有人说蛟龙能乘风雨破坏渠堰，但它本性厌恶铁，于是就运来东西两冶几千万斤铁器沉在江里，也没能使坝合龙。便砍伐树木交错捆绑成井干的形状，然后把大石头填进去，在上面加上土，沿着淮河一百里内的树木石头无论大小都被用光了，挑担的人肩膀都磨烂了，夏天里疾病成疫，死人互相倾压着，遍地都是，苍蝇蚊虫日夜轰鸣。

北魏梁州刺史薛怀吉在沮水打败了叛乱的氐人。薛怀吉是薛真度的儿子。五月十二日甲寅，南秦州刺史崔暹又大破叛乱的氐人，解除了对武兴的围困。

六月，北魏冀州僧人法庆用妖术迷惑百姓，与勃海人李归伯一同作乱，推举法庆做首领。法庆以尼姑惠晖为妻，李归伯当十住菩萨、平魔军司、定汉王。自己号称大乘。又配置狂药，让人服用，父子兄弟不再相认，只知道杀人害命。刺史萧宝寅派兼长史崔伯驎攻击，崔伯驎战败而死。叛贼气焰更加嚣张，所到之处毁坏寺庙，斩杀僧尼，烧毁经像，还说："新佛出世，除去众魔。"秋季，七月初六日丁未，诏令代理右光禄大夫元遥兼领征北大将军去讨伐。

北魏尚书裴植，自以为门第不比王肃低，但是朝廷给的官位不高，于是常常怏怏不快，就上书请求辞去官职隐居嵩山，宣武帝不同意，并且责备他。等他做了尚书，志高气傲，常常对人说："不是我想做尚书，是尚书要由我来做。"每次入朝议论政事时，喜欢当面讥讽伤害众位官员。上表征南将军田益宗，说道："汉人、夷人种类不同，不应当位在百世衣冠之上。"于忠和元昭看见他，都恨得咬牙切齿。

尚书左仆射郭祚，贪图晋升，自认为是东宫的师傅，希望封侯、开府仪同三司，诏令代理郭祚为都督雍岐华三州诸军事、征西将军、雍州刺史。

郭祚和裴植都讨厌于忠专权横行，暗中劝高阳王元雍让于忠离开朝廷。于忠听后大怒，命令有关部门诬告郭祚、裴植犯了罪。尚书诬告说："羊祉向裴植的表弟皇甫仲达报告说：'受了裴植的命令，假称受圣上旨令，率领部曲想要图谋于忠。'臣等已经审理完毕，供词虽然不认罪，但是证据清楚，按法律应判死刑。这些证据中虽没有直接证明是裴植的，但大家都说：'皇甫仲达是受裴植指使，裴植曾叫来皇甫仲达责问，但没有告发他。'按常理推算，看不出来他们之间有什么明显的区别，因此不能和其他案子一样有所减轻，一致认为对裴植处以和皇甫仲达一样的死刑。裴植曾经亲自率领全城的人马归顺王化，按法律条文按以上议处，乞请皇上做出裁决。"于忠假传圣旨说："凶险的谋划已经是这样了，罪恶不当宽恕；虽然也有过诚心归顺的行为，不必再经审理，也不用等到秋分。"八月，乙亥，裴植和郭祚以及都水使者杜陵、韦儁都被赐死。韦儁是郭祚的亲家。于忠又想杀高阳王元雍，崔光坚决不同意，于是罢免了元雍的官职，以亲王的身份回到了官邸。朝廷内外都含冤忍

丙子，魏尊胡太妃为皇太后，居崇训宫。于忠领崇训卫尉，刘腾为崇训太仆，加侍中，侯刚为侍中抚军将军。又以太后父国珍为光禄大夫。

庚辰，定州刺史田超秀帅众三千降魏。

戊子，魏大赦。

己丑，魏清河王怿进位太傅，领太尉，广平王怀为太保，领司徒，任城王澄为司空。庚寅，魏以车骑大将军于忠为尚书令，特进崔光为车骑大将军，并加开府仪同三司。

魏江阳王继，熙之曾孙也，先为青州刺史，坐以良人为婢夺爵。继子叉娶胡太后妹，壬辰，诏复继本封，以叉为通直散骑侍郎，叉妻为新平郡君，仍拜女侍中。

群臣奏请太后临朝称制，九月，乙未，灵太后始临朝听政，犹称令以行事，群臣上书称殿下。太后聪悟，颇好读书属文，射能中针孔，政事皆手笔自决。加胡国珍侍中，封安定公。

自郭祚等死，诏令生杀皆出于忠，王公畏之，重足胁息。太后既亲政，乃解忠侍中、领军、崇训卫尉，止为仪同三司、尚书令。后旬余，太后引门下侍官于崇训宫，问曰："忠在端揆，声望何如？"咸曰："不称厥任。"乃出忠为都督冀定瀛三州诸军事、征北大将军、冀州刺史；以司空澄领尚书令。澄奏："安定公宜出入禁中，参谘大务。"诏从之。

甲寅，魏元遥破大乘贼，擒法庆并渠帅百余人，传首洛阳。

左游击将军赵祖悦袭魏西硖石，据之以逼寿阳；更筑外城，徙缘淮之民以实城内。将军田道龙等散攻诸戍，魏扬州刺史李崇分遣诸将拒之。癸亥，魏遣假镇南将军崔亮攻西硖石，又遣镇东将军萧宝寅决淮堰。

冬，十月，乙酉，魏以胡国珍为中书监、仪同三司，侍中如故。

甲午，弘化太守杜桂举郡降魏。

愤，莫不咬牙切齿。

八月初六日丙子，北魏尊封胡太妃为皇太后，住进崇训宫。于忠担任崇训宫的卫尉，刘腾担任崇训宫的太仆，加官侍中，侯刚为侍中抚军将军。又封胡太后的父亲胡国珍为光禄大夫。

八月十一日庚辰，定州刺史田超秀率领三千兵马投降了北魏。

八月十八日戊子，北魏实行大赦。

八月十九日己丑，北魏清河王元怿晋升太傅，兼任太尉，广平王元怀为太保，兼任司徒，任城王元澄任司空。八月二十日庚寅，北魏任命车骑大将军于忠为尚书令，特进崔光为车骑大将军，并加封开府仪同三司。

北魏江阳王元继是元熙的曾孙。原来是青州刺史，因为犯罪把良民的女孩当作婢女，被剥夺了爵位。元继的儿子元义娶了胡太后的妹妹，八月二十二日壬辰，下令恢复了元继的原封位，让元义做了通直散骑侍郎。元义的妻子是新平郡君，仍拜为女侍中。

众大臣上书请求太后临朝，命令称为“制”。九月初五日乙未，太后开始临朝听政，但还是不称“制”而称“令”，大臣们上书仍称呼她为“殿下”。太后聪明机智，非常喜爱读书写作，射箭能射中针孔，政务都亲手批阅处理。加胡国珍为侍中，封为安定公。

自从郭祚等人死后，诏书、命令、生杀予夺之权都由于忠决定，王公们都畏惧他，两只脚重叠着站立，敛声屏气。太后亲政后，解除了于忠侍中、领军、崇训卫尉的职务，只让他担任仪同三司、尚书令的职位。过了十几天，太后把门下侍官叫到崇训宫，问道：“于忠在朝廷中为百官之首，声望如何？”众人都说：“不称职。”就让于忠出朝任都督冀定瀛三州诸军事、征北大将军、冀州刺史；让司空元澄兼任尚书令。元澄上书说：“安定公应当可以出入宫禁，参议重大事务。”诏令予以批准。

九月十四日甲寅，北魏将领元遥击败了大乘贼，擒获法庆和头领一百多人，将首级送往洛阳。

左游击将军赵祖悦在西硖石袭击了北魏军队，作为根据地而逼近寿阳，又筑起外城，将淮河周围的百姓迁徙来充实内城。将军田道龙等人分别去攻打各个寨堡，北魏扬州刺史李崇分别派遣众将领去抵抗。九月二十三日癸亥，北魏派遣代理镇南将军崔亮攻打西硖石，又派镇东将军萧宝寅掘开淮河堰。

冬季，十月十六日乙酉，北魏任命胡国珍为中书监、仪同三司，保留侍中的职务。

十月二十五日甲午，梁弘化太守杜桂率领全郡投降北魏。

初，魏于忠用事，自言世宗许其优转，太傅雍等皆不敢违，加忠车骑大将军。忠又自谓新故之际有定社稷之功，讽百僚令加己赏，雍等议封忠常山郡公。忠又难于独受，乃讽朝廷，同在门下者皆加封邑，雍等不得已复封崔光为博平县公，而尚书元昭等上诉不已。太后敕公卿再议，太傅怿等上言：“先帝升遐，奉迎乘舆，侍卫省闼，乃臣子常职，不容以此为功。臣等前议授忠茅土，正以畏其威权，苟免暴戾故也。若以功过相除，悉不应赏，请皆追夺。”崔光亦奉送章绶茅土，表十余上，太后从之。

高阳王雍上表自劾，称：“臣初入柏堂，见诏旨之行一由门下，臣出君行，深知其不可而不能禁；于忠专权，生杀自恣，而臣不能违。忠规欲杀臣，赖在事执拒；臣欲出忠于外，在心未行，返为忠废。忝官尸禄，孤负恩私，请返私门，伏听司败。”太后以忠有保护之功，不问其罪。十二月，辛丑，以忠为太师，领司州牧，寻复录尚书事，与太傅怿、太保怀、侍中胡国珍入居门下，同厘庶政。

（以上为第三段，写北魏的宫廷斗争，尊胡太妃为皇太后，临朝称制，掌控朝政，原来专权擅政的于忠外放为地方官，协同执政的元雍、崔光等，自我贬劾。）

己酉，魏崔亮至硖石，赵祖悦逆战而败，闭城自守，亮进围之。

丁卯，魏主及太后谒景陵。

是冬，寒甚，淮、泗尽冻，浮山堰士卒死者什七八。

魏益州刺史傅竖眼，性清素，民、獠怀之。龙骧将军元法僧代竖眼为益州刺史，素无治干，加以贪残；王、贾诸姓，本州士族，法僧皆召为兵。葭萌民任令宗因众心之患魏也，杀魏晋寿太守，以城来降，民、獠多应之。益州刺史鄱阳王恢遣巴西、梓潼二郡太守张齐将兵三万迎之。法僧，熙之曾孙也。

魏岐州刺史赵王谧，幹之子也，为政暴虐。一旦，闭城门大索，执人而掠之，楚毒备至，又无故斩六人，阖城凶惧；众遂大呼，屯门，谧登楼毁梯以自固。胡太后遣游击将军王靖驰驲谕城人，城人开门谢罪，奉送管籥，乃罢谧刺史。谧妃，太后从女也。至洛，除大司农卿。

当初，北魏的于忠掌权，自称宣武帝答应给他高迁，太傅元雍等人不敢违背圣旨，于是加封于忠为车骑大将军。于忠又自认为在新旧交替时有安定国家社稷的功劳，示意官员们上书建议给他增加奖赏，因此元雍等议封于忠为常山郡公。于忠却又不敢独享，就示意给在门下省的人一同增加封地。元雍等人不得已只好又封崔光为博平县公，而尚书元照等人不断地上书投诉。胡太后命令大臣们再次商议，太傅元怿等人上言："先帝仙逝后，迎接新主、保护防卫，本是作臣子的本分，不应当把这个当作功劳。臣等从前建议授予于忠封地，正因为畏惧他的威风和权势，不过想暂时免除残暴的行为。如果把功劳和过失相抵，全不应当奖赏，请求全部追还封赏。"崔光也送还封地和官爵，书表递上了十几份，太后采纳了。

高阳王元雍上书自我责备，说道："臣刚刚进入柏堂时，看到圣上的诏书旨令都由门下省做主，臣子做主，国君执行，深知这种事不该发生但却不能禁止。于忠独揽朝权，随意生杀予夺，臣不敢违抗。于忠谋划想杀掉臣，幸亏在位任事的坚持不允许。臣想把于忠逐出京外，心愿还没达到就被于忠破坏。这样不理政务空食俸禄，辜负了圣上的恩惠，请求免去职位遣返回家，心甘情愿地听从司寇的处置。"太后因为于忠有过保护她的功劳，没有查问他的罪过。十二月辛丑，任命于忠［元雍］为太师，兼任司州牧，不久又重任录尚书事，和太傅元怿、太保元怀、侍中胡国珍居于在门下省，一同治理朝政。

闰十二月十一日己酉，北魏崔亮来到硖石，梁将赵祖悦迎战失败，只好闭城坚守，崔亮进兵包围了他们。

闰十二月二十九日丁卯，魏孝明帝和胡太后参拜景陵。

这一年冬季，异常寒冷，淮河、泗水都结了冰，浮山堰的士兵死掉十分之七八。

北魏益州刺史傅竖眼，生性清淡简朴，百姓和獠人都依附他。龙骧将军元法僧代替傅竖眼做益州刺史，他一向缺乏政治才能，而且还非常贪婪残暴。姓王和姓贾的人，都是这个州的士族大户，元法僧都招来当兵。葭萌人任令宗因为众人心中都怨恨北魏，就杀了北魏晋寿太守，献城来投降，百姓、獠人大部分都响应他。益州刺史鄱阳王元恢派巴西、梓潼二郡太守张齐率领三万兵马迎战。元法僧是元熙的曾孙。

北魏岐州刺史赵王元谧，是元幹的儿子，为政暴虐无道。一天早晨，关闭城门，大肆搜捕，抓到人就拷打，酷刑无所不用其极，并且无故杀了六个人，全城惊恐万分。百姓就大声呼喊，攻占了城门，元谧登上城楼毁坏梯子来自卫。胡太后派游击将军王靖骑着驿马晓谕城中百姓，城中百姓打开城门请罪，奉还锁匙，于是罢免了元谧刺史的职务。元谧的妃子是胡太后的侄女。元谧到了洛阳，被任命为大司农。

太后以魏主尚幼，未能亲祭，欲代行祭事，礼官博议，以为不可。太后以问侍中崔光，光引汉和熹邓太后祭宗庙故事，太后大悦，遂摄行祭事。

魏南荆州刺史桓叔兴表请不隶东荆州，许之。

（以上为第四段，写北魏益州刺史傅竖眼清淡廉洁，得到民众拥护；齐州刺史元谥贪婪暴虐，被罢免；胡太后代幼主孝明帝祭祀。）

十五年（丙申，516 年）

春，正月，戊辰朔，魏大赦，改元熙平。

魏崔亮攻硖石未下，与李崇约水陆俱进，崇屡违期不至。胡太后以诸将不壹，乃以吏部尚书李平为使持节、镇军大将军兼尚书右仆射，将步骑二千赴寿阳，别为行台，节度诸军，如有乖异，以军法从事。萧宝寅遣轻车将军刘智文等渡淮，攻破三垒；二月，乙巳，又败将军垣孟孙等于淮北。李平至硖石，督李崇、崔亮等水陆进攻，无敢乖互，战屡有功。

上使左卫将军昌义之将兵救浮山，未至，康绚已击魏兵，却之。上使义之与直阁王神念溯淮救硖石。崔亮遣将军博陵崔延伯守下蔡，延伯与别将伊瓮生夹淮为营。延伯取车轮去辋，削锐其辐，两两接对，揉竹为絙，贯连相属，并十余道，横水为桥，两头施大鹿卢，出没随意，不可烧斫。既断赵祖悦走路，又令战舰不通，义之、神念屯梁城不得进。李平部分水陆攻硖石，克其外城；乙丑，祖悦出降，斩之，尽俘其众。

胡太后赐崔亮书，使乘胜深入。平部分诸将，水陆并进，攻浮山堰；亮违平节度，以疾请还，随表辄发。平奏处亮死刑，太后令曰："亮去留自擅，违我经略，虽有小捷，岂免大咎！但吾摄御万机，庶几恶杀，可听特以功补过。"魏师遂还。

（以上为第五段，写北魏攻打南朝浮山堰将心不齐，派李平为使持节，从中调度，大将崔亮私自回军，导致失败而归；胡太后既究其罪，又宽赦之，听任将功赎罪。）

魏中尉元匡奏弹于忠："幸国大灾，专擅朝命，裴、郭受冤，宰辅黜辱。又自矫旨为仪同三司、尚书令，领崇训卫尉，原其此意，欲以无上

胡太后因为魏孝明帝年龄尚幼，不能亲理朝政，便想代替他进行祭祀，礼官多方议论后认为不可。胡太后拿这事询问侍中崔光，崔光引用汉朝和熹邓太后祭宗庙的旧事，胡太后非常高兴，于是代行祭祀的事务。

北魏南荆州刺史桓叔兴上书请求不再隶属东荆州，被批准了。

梁武帝天监十五年（丙申，516年）

春季，正月初一日戊辰朔，北魏大赦天下，改年号为熙平。

北魏崔亮攻打硖石城没能攻下来，就和李崇约定水陆并进，李崇多次违反约定时间不到。胡太后因为众将不和，委任吏部尚书李平为使持节、镇军大将军兼尚书右仆射，率领步兵、骑兵二千人赶到寿阳，另立行台，指挥调遣各部队，如果有违抗便用军法来制裁。萧宝寅派轻军将军刘智文等人渡过淮河，攻破了三座营垒。二月初八日乙巳，又在淮北打败了将军垣孟孙等人。李平来到硖石，督促李崇、崔亮等军队［约定日期］水陆并进，没有人敢违背命令，屡次作战都获胜。

梁武帝派左卫将军昌义之领兵去解救浮山，还没有赶到，康绚已经开始攻打魏军，击退了他们。梁武帝派昌义之和直阁王神念溯淮河而上以援救硖石。崔亮派遣将军博陵人崔延伯驻守下蔡，崔延伯和副将伊瓮生夹着淮河两岸扎营。崔延伯把车轮的外周去掉，把轮辐削尖，每两辆车对接，用柔软的竹子做成大绳索，连贯并列起来，十多辆车并在一起，横在水上作为桥梁，两头设置大辘轳，使桥可以随意出没，不容易烧毁砍斫。既切断了赵祖悦的逃路，又使战船不能通行，昌义之、王神念驻扎在梁城不能前进。李平部署军队分水陆攻打硖石，攻克了外城。二月二十五日乙丑，赵祖悦出城投降，被斩，部下都被俘获。

胡太后赐给崔亮书信，命令乘胜深入。李平分派各将领从水陆两路并进，攻打浮山堰。崔亮违背李平的指挥，借口患病请求撤还，刚上奏表，不等回复就出发。李平上书建议判处崔亮死刑，胡太后下命令说："崔亮进退自作主张，违背了我的战略计划，虽然获得小的胜利，怎么能免除大的罪过！但是我日理万机，希望不要轻易杀戮，可以听任他将功赎罪。"魏军就返回了。

北魏中尉元匡上书揭发于忠："庆幸国家有难，独揽大权，裴植、郭祚蒙受冤屈，宰相贬黜受辱，又自己假造圣旨当了仪同三司、尚书令，还兼任崇训卫尉。追

自处。既事在恩后，宜加显戮，请遣御史一人就州行决。自去岁世宗晏驾以后，皇太后未亲览，以前诸不由阶级，或发门下诏书，或由中书宣敕，擅相拜授者，已经恩宥，正可免罪，并宜追夺。”太后令曰：“忠已蒙特原，无宜追罪，余如奏。”

匡又弹侍中侯刚掠杀羽林。刚本以善烹调为尚食典御，凡三十年，以有德于太后，颇专恣用事，王公皆畏附之。廷尉处刚大辟，太后曰：“刚因公事掠人，邂逅致死，于律不坐。”少卿陈郡袁翻曰：“‘邂逅’，谓情状已露，隐避不引，考讯以理者也。今此羽林，问则具首，刚口唱打杀，挝筑非理，安得谓之‘邂逅’！”太后乃削刚户三百，解尝食典御。

（以上为第六段，写北魏的宫廷斗争，御史中尉元匡上书弹劾曾经擅权用事的于忠以及尚食典御侯刚，欲处以极刑，胡太后念其活命之恩，和稀泥，免其过。）

三月，戊戌朔，日有食之。

魏论西硖石之功，辛未，以李崇为骠骑将军，加仪同三司，李平为尚书右仆射，崔亮进号镇北将军。亮与平争功于禁中，太后以亮为殿中尚书。

魏萧宝寅在淮堰，上为手书诱之，使袭彭城，许送其国庙及室家诸从还北，宝寅表上其书于魏朝。

夏，四月，淮堰成，长九里，下广一百四十丈，上广四十五丈，高二十丈，树以杞柳，军垒列居其上。

或谓康绚曰：“四渎，天所以节宣其气，不可久塞，若凿湫东注，则游波宽缓，堰得不坏。”绚乃开湫东注。又纵反间于魏曰：“梁人所惧开湫，不畏野战。”萧宝寅信之，凿山深五丈，开湫北注，水日夜分流犹不减，魏军竟罢归。水之所及，夹淮方数百里。李崇作浮桥于硖石戍间，又筑魏昌城于八公山东南，以备寿阳城坏，居民散就冈陇，其水清彻，俯视庐舍冢墓，了然在下。

初，堰起于徐州境内，刺史张豹子宣言，谓己必掌其事；既而康绚以他官来监作，豹子甚惭。俄而敕豹子受绚节度，豹子遂谮绚与魏交通，上虽不纳，犹以事毕征绚还。

（以上为第七段，写北魏将领崔亮、李平争功；南朝梁武帝萧衍招降萧宝寅，

究他的心意，是想自处至尊之位，既然事情发生在大赦之后，应当公开诛戮，请求派一位御史到州里去执行处决。自从去年世宗去世以后，皇太后未能亲理朝政，因此以前各种事不按等级办理，有的由门下省发出诏书，有的由中书省宣布敕令，擅自相互封任，已经受到皇恩宽恕的，正可免罪，一并应当追回封授。”胡太后命令：“于忠已经受到了特别的宽恕，不宜再追究罪责，其他的都准奏。”

元匡又弹劾侍中侯刚捕杀羽林卫士。侯刚本来凭着善于烹调做了尚食典御，共三十年。因为对胡太后有德，颇为专横霸道，王公大臣都害怕而依附他。廷尉判处侯刚死刑，胡太后说：“侯刚是为公事拷打人，偶然致人死命，按法律不应处死。”少卿陈郡人袁翻说：“‘偶然’是指罪证已经暴露，却掩藏起来不肯招认，就按法律拷问。现今这个羽林卫士，拷问就供认什么，侯刚却嘴里大叫打死他，无理拷打，怎能说是‘偶然’！”胡太后这才削除了侯刚三百户封邑，解除了尝［尚］食典御的职务。

三月初一日戊戌朔，出现日食。

北魏朝廷议论给西硖石之战中的将领行赏，三月初四日辛未，任命李崇为骠骑将军，加封仪同三司，李平为尚书右仆射，崔亮加镇北将军的封号。崔亮和李平在朝廷中争夺功劳，最后太后让崔亮做了殿中尚书。

北魏萧宝寅驻扎在淮河坝上，梁武帝写了亲笔信招诱他，让他攻打彭城，答应把他的国庙和妻妾弟兄子侄们送还到北方，萧宝寅把梁武帝的信呈交给北魏朝廷。

夏季，四月，梁淮河大坝修成，长九里，下宽一百四十丈，上宽四十五丈，高二十丈，种上了杞柳树，军营就驻扎在坝上。

有人对康绚说：“四条河流，是上天用来宣泄真气的，不能够长久地堵塞它，如果凿开梨水向东灌，那么流水宽缓，大坝才能不被破坏。”康绚就凿开梨水东灌。又对北魏使用反间计，说：“梁朝人怕的是掘开梨水，不怕攻城野战。”萧宝寅相信了，凿山五丈多深，掘开梨水向北灌注，梨水日夜分流仍然不见减少，魏军最终撤军回去了。梨水所到之处，沿淮河方圆数百里都成了泽国。李崇在硖石戍之间搭起浮桥，又在八公山东南筑起魏昌城，来防备寿阳城毁坏，居民们分散到山丘上。水流非常清澈，向下俯视，房屋墓穴都清晰地浮在水中。

当初，淮河坝从徐州境内建起，刺史张豹子宣称自己一定能掌管这件事，等到后来康绚以其他的官职来监督建坝，张豹子非常恼怒。不久，张豹子受令由康绚管辖，他就诬告康绚和北魏勾结，梁武帝虽然没有听信他的话，却用工程完毕为理由召回了康绚。

没有成功；淮河大坝建成，建营垒于坝上，而北魏开湫水，淮河方圆数百里成了泽国。）

魏胡太后追思于忠之功，曰：“岂宜以一谬弃其余勋！”复封忠为灵寿县公，亦封崔光为平恩县侯。

魏元法僧遣其子景隆将兵拒张齐，齐与战于葭萌，大破之，屠十余城，遂围武兴。法僧婴城自守，境内皆叛，法僧遣使间道告急于魏。魏驿召镇南军司傅竖眼于淮南，以为益州刺史、西征都督，将步骑三千以赴之。竖眼入境，转战三日，行二百余里，九遇皆捷。五月，竖眼击杀梁州刺史任太洪。民、獠闻竖眼至，皆喜，迎拜于路者相继。张齐退保白水，竖眼入州，白水以东民皆安业。

魏梓潼太守苟金龙领关城戍主，梁兵至，金龙疾病，不堪部分，其妻刘氏帅厉城民，乘城拒战，百有余日，士卒死伤过半。戍副高景谋叛，刘氏斩景及其党与数千人，自余将士，分衣减食，劳逸必同，莫不畏而怀之。井在城外，为梁兵所据，会天大雨，刘氏命出公私布绢及衣服悬之，绞而取水，城中所有杂物悉储之。竖眼至，梁兵乃退，魏人封其子为平昌县子。

六月，庚子，以尚书令王莹为左光禄大夫、开府仪同三司，尚书右仆射袁昂为左仆射，吏部尚书王暕为右仆射。暕，俭之子也。

张齐数出白水，侵魏葭萌，傅竖眼遣虎威将军强虬攻信义将军杨兴起，杀之，复取白水。宁朔将军王光昭又败于阴平，张齐亲帅骁勇二万余人与傅竖眼战，秋，七月，齐军大败，走还，小剑、大剑诸戍皆弃城走，东益州复入于魏。

八月，乙巳，魏以胡国珍为骠骑大将军、开府仪同三司、雍州刺史。国珍年老，太后实不欲令出，止欲示以方面之荣，竟不行。

康绚既还，张豹子不复修淮堰。九月，丁丑，淮水暴涨，堰坏，其声如雷，闻三百里，缘淮城戍村落十余万口皆漂入海。初，魏人患淮堰，以任城王澄为大将军、大都督南讨诸军事，勒众十万，将出徐州来攻堰，尚书右仆射李平以为“不假兵力，终当自坏”。及闻破，太后大喜，赏平甚厚，澄遂不行。

北魏胡太后追忆于忠的功劳，说："怎么能凭着一次错误就不承认他的其他功绩呢！"重新封于忠为灵寿县公，也封崔光为平恩县侯。

北魏元法僧派他的儿子元景隆带兵抗拒张齐，张齐与景隆在葭萌交战，大败景隆，屠杀十多个城市的人，便包围了武兴。元法僧闭城固守，境内都背叛了他，元法僧派使节从小路去向北魏告急。北魏用驿车从淮南召回镇南军司傅竖眼，让他做益州刺史、西征都督，率领步兵、骑兵三千人开赴武兴。傅竖眼进入境内，转战三天，走了二百多里，作战九次都取得胜利。五月，傅竖眼杀死了梁州刺史任太洪。百姓、獠人听说傅竖眼到来，都很高兴，在路上欢迎接待的人络绎不绝。张齐退回去保卫白水，傅竖眼进入武兴，白水城以东的百姓都安居乐业了。

北魏梓潼太守苟金龙兼任关城戍主，梁军来到时，苟金龙病重，不能指挥。他的妻子刘氏率领激励城中百姓，凭借城池抗击敌兵，一百多天，兵士死伤过半。副将高景阴谋叛变，刘氏杀掉高景以及他的同党几十人，剩下的将士，平分粮食和衣物，劳逸相同，众人莫不畏惧又依赖她。水井位于城外，被梁兵把守，正赶上天下大雨，刘氏命令拿出公家和私人的布、绢和衣服接雨，然后拧布取水，用城里所有的器具储存水。傅竖眼来到，梁兵才撤退，北魏封她的儿子为平昌县子。

六月初五日庚子，梁任命尚书令王莹为左光禄大夫、开府仪同三司，尚书右仆射袁昂为左仆射，吏部尚书王暕为右仆射。王暕是王俭的儿子。

张齐多次从白水出兵，侵犯北魏的葭萌，傅竖眼派虎威将军强虬攻打信义将军杨兴起，杀了他，重新夺取了白水。宁朔将军王光昭又在阴平被打败，张齐亲自率领二万多勇士和傅竖眼作战。秋季，七月，张齐的军队大败，逃了回去，小剑、大剑两地的驻军都弃城逃跑，东益州重新回归北魏。

八月十一日乙巳，北魏任命胡国珍为骠骑大将军、开府仪同三司、雍州刺史。胡国珍年老，太后实际上不想让他出行，只不过想给他统治一方的荣誉，所以最终也没有出行。

康绚回去之后，张豹子不再修建淮河堰。九月十三日丁丑，淮河水暴涨，河堰冲毁，决堤声像雷鸣一样，三百里以内都能听到。沿着淮河的城镇村庄有十多万人被漂入海中。当初，北魏人担心淮河堰的修建会造成危害，任命任城王元澄为大将军、大都督南讨诸军事，统率十万大军，即将从徐州出兵攻打淮河堰，尚书右仆射李平认为："不借用兵力，最终应当自己毁掉。"等到听说河堰已冲毁，太后非常高兴，赏赐李平很多东西，元澄于是也没有出兵。

壬辰，大赦。

魏胡太后数幸宗戚勋贵之家，侍中崔光表谏曰："《礼》，诸侯非问疾吊丧而入诸臣之家，谓之君臣为谑。不言王后夫人，明无适臣家之义。夫人，父母在有归宁，没则使卿宁。汉上官皇后将废昌邑，霍光，外祖也，亲为宰辅，后犹御武帐以接群臣，示男女之别也。今帝族方衍，勋贵增迁，祗请遂多，将成彝式。愿陛下简息游幸，则率土属赖，含生仰悦矣。"

任城王澄以北边镇将选举弥轻，恐贼虏窥边，山陵危迫，奏求重镇将之选，修警备之严，诏公卿议之。廷尉少卿袁翻议，以为"比缘边州郡，官不择人，唯论资级。或值贪污之人，广开戍逻，多置帅领，或用其左右姻亲，或受人货财请属，皆无防寇之心，唯有聚敛之意。其勇力之兵，驱令抄掠，若遇强敌，即为奴虏，如有执获，夺为己富。其羸弱老小之辈，微解金铁之工，少闲草木之作，无不搜营穷垒，苦役百端。自余或伐木深山，或芸草平陆，贩贸往还，相望道路。此等禄既不多，赀亦有限，皆收其实绢，给其虚粟，穷其力，薄其衣，用其功，节其食，绵冬历夏，加之疾苦，死于沟渎者什常七八。是以邻敌伺间，扰我疆埸，皆由边任不得其人故也。愚谓自今已后，南北边诸藩及所统郡县府佐、统军至于戍主，皆令朝臣王公已下各举所知，必选其才，不拘阶级；若称职及败官，并所举之人随事赏罚"。太后不能用。及正光之末，北边盗贼群起，遂逼旧都，犯山陵，如澄所虑。

（以上为第八段，写北魏刘氏英勇抗击百余日，守住白水关城；崔光用《礼仪》劝谏胡太后；胡太后不能采纳任城王元澄注重选派守边将领请求，终成祸患。）

冬，十一月，交州刺史李畟斩交州反者阮宗孝，传首建康。

初，魏世宗作瑶光寺，未就，是岁，胡太后又作永宁寺，皆在宫侧；又作石窟寺于伊阙口，皆极土木之美。而永宁尤盛，有金像高丈八者一，如中人者十，玉像二。为九层浮图，掘地筑基，下及黄泉；浮图高九十丈，上刹复高十丈，每夜静，铃铎声闻十里。佛殿如太极殿，南门如端

九月二十八日壬辰，梁大赦天下。

北魏胡太后多次驾临皇室贵戚以及功臣显贵的家中，侍中崔光上书劝谏说：“《礼记》上讲，诸侯不是为了慰问病人或追悼死人而进入大臣的家中的话，就叫作君臣之间失礼戏谑。没有提到王后夫人，表明没有去大臣家的道理。夫人在父母在时可以回家问候，父母不在就派大臣去问候。汉朝的上官皇后将要废掉昌邑王时，霍光是她的外祖父，担任宰相，皇后仍然悬挂武帐来接见众大臣，是为了表明男女要加以区分。今天皇族正当繁衍兴盛的时候，宗戚勋贵升官的很多，几有吉庆，都请太后光临，快要成为常规了。希望您减少和停止出游探视，如此则天下归心，众生仰戴。”

任城王元澄认为对北部边境的守将选择任用得太轻率，恐怕敌人会觊觎边境，使皇陵受到危害，上书请求注重守边将领的选派，严整防守的纪律，下令让百官商议。廷尉少卿袁翻认为：“近来边境州郡中，选用官吏不拔举人才，只是论资排辈。有时碰上贪污的官员，大量开设哨所逻卒，多设置将领，有的人重用他的亲属，有的人接受别人求官的贿赂请托，全无防范敌人的意识，只有聚敛钱财的贪心。那些勇猛有力的兵士，被驱赶着去抢劫掠夺，如果碰到强大的敌兵，就被俘虏，如果捕获到东西，就变成自己的财富。那些瘦弱年老和年少的人，稍微懂一些冶炼技艺以及熟悉木工手艺的，都被从营垒中搜寻出来，遭受百般的苦役。其余的人有的在深山中伐木，有的在平地锄草，来回贩运做买卖的人，道路上川流不息。这些人的钱饷不足，供给也有限，都收他们实绢，给的是空口的粟米，用尽他们的精力，单薄他们的衣物，使用他们的人工，限制他们的饮食，从冬到夏，再加上疾病劳苦，死在沟壑中的人十有七八。因此，境外的敌人寻找时机来侵扰我们边境，这都是由于边境官员的任用不能称职造成的。我认为从现今开始，南北边境各藩镇以及所管辖的各郡县府佐、统军到戍主，都命令朝廷大臣中王公以下的人举荐所了解的人，一定要选拔人才，不拘于出身等级，如果所推荐的人称职或渎职，就连同举荐的人一同赏罚。”胡太后不能采纳元澄的建议。到了正光末年，北部边郡的强盗蜂拥而起，于是逼近旧都，侵犯皇陵，正像元澄所担心的那样。

冬季，十一月，梁朝交州刺史李畟杀死了交州叛乱的阮宗孝，将他的首级送到了建康。

当初，魏宣武帝修建瑶光寺，没能建成。这一年，胡太后又修建永宁寺，都建在宫殿旁边。又修筑石窟寺在伊阙口，都穷尽了土木建筑的华美。而永宁寺尤其盛大，有金像高一丈八尺，有十个普通人高，玉像两座。还建了九层佛塔，挖筑地基时，把地下的泉水都挖出来了。佛塔高九十丈，顶上面的柱子又有十丈高，每当夜

门。僧房千间，珠玉锦绣，骇人心目。自佛法入中国，塔庙之盛，未之有也。扬州刺史李崇上表，以为："高祖迁都垂三十年，明堂未修，太学荒废，城阙府寺颇亦颓坏，非所以追隆堂构，仪刑万国者也。今国子虽有学官之名，而无教授之实，何异兔丝、燕麦，南箕、北斗！事不两兴，须有进退，宜罢尚方雕靡之作，省永宁土木之功，减瑶光材瓦之力，分石窟镌琢之劳，及诸事役非急者，于三时农隙修此数条，使国容严显，礼化兴行，不亦休哉！"太后优令答之，而不用其言。

太后好事佛，民多绝户为沙门，高阳王友李玚上言："三千之罪莫大于不孝，不孝之大无过于绝祀，岂得轻纵背礼之情，肆其向法之意，一身亲老，弃家绝养，缺当世之礼而求将来之益！孔子云：'未知生，焉知死？'安有弃堂堂之政而从鬼教乎！又，今南服未静，众役仍烦，百姓之情，实多避役，若复听之，恐捐弃孝慈，比屋皆为沙门矣。"都统僧暹等忿玚谓之"鬼教"，以为谤佛，泣诉于太后。太后责之，玚曰："天曰神，地曰祇，人曰鬼。《传》曰：'明则有礼乐，幽则有鬼神。'然则明者为堂堂，幽者为鬼教。佛本出于人，名之为鬼，愚谓非谤。"太后虽知玚言为允，难违暹等之意，罚玚金一两。

魏征南大将军田益宗求为东豫州刺史，以招二子，太后不许，竟卒于洛阳。

柔然伏跋可汗，壮健善用兵，是岁，西击高车，大破之，执其王弥俄突，系其足于驽马，顿曳杀之，漆其头为饮器。邻国先羁属柔然后叛去者，伏跋皆击灭之，其国复强。

（以上为第九段，写北魏胡太后崇信佛教，大修永宁寺、石窟寺，穷极侈靡；柔然伏跋可汗战胜高车，重新强大。）

十六年（丁酉，517年）

春，正月，辛未，上祀南郊。

魏大乘余贼复相聚，突入瀛州，刺史宇文福之子员外散骑侍郎延帅

深人静，塔上的风铃声十里以外都听得到。佛殿如同太极殿，南门如同端门。僧人住房一千间，珍珠玉石锦绣琳琅，惊骇人的心灵和眼睛。自从佛法传入中原，塔庙的兴盛从未有过。扬州刺史李崇上书，认为："高祖迁都将近三十年了，明堂没能修筑，太学荒废了，城楼府庙很多都残破了，这不是追踪光大祖宗基业的架构，表率万国的样子。现今国子监虽然有学官的名义，却没有教授的实际效用，哪里相异于不能纺织的菟丝、不能收获的燕麦、不能簸扬的南箕、不能盛酒的北斗呢？事物不能两头都兴盛壮大，应当有进有退，应当停止尚方署中雕镂这种奢靡的劳作，节减永宁寺土木修建的力量，减少瑶光寺木材砖瓦的费用，分散石窟雕琢的劳力，连同那些不急用的劳役一同都加以减省，于农闲时节再修建这些需要修缮的建筑，使国家威严显赫，礼仪教化大兴，不也是美好的事吗！"胡太后下令回复，没有采用李崇的意见。

胡太后喜欢佛事，有的人家里有一子，也出家当和尚，成为无子之家，高阳王的朋友李玚上书说："三千种罪过没有比不孝更大的，最大的不孝又没有超过断绝香火，岂得轻易纵容违反礼法之情，肆意遵奉佛法，一人亲近佛老，抛弃家庭，断绝供养，用残缺了现世的礼法去求得来世的善报呢！孔子说'不知生，怎么知道死？'哪里有放弃光明正大的礼政去听信鬼邪之教呢！并且，现今江南政权的兵戈还没有平息，各种劳役仍然不断，百姓的心思，实际是想逃避劳役，如果再听任这样下去，恐怕会丢弃孝道慈爱，家家户户都做和尚了。"都统僧暹等人气愤于李玚所说的"鬼教"，认为诽谤佛教，对胡太后哭泣着控诉他。太后责备李玚，李玚说："天叫神，地叫祇，人叫鬼。《传》中说：'明则有礼乐，幽则有鬼神。'因此明者称为堂堂，幽者称为鬼教。佛是由人变成的，叫它是鬼，我认为不能说是诽谤。"胡太后虽然明白李玚的话是允当的，却难以违背僧暹等人的心愿，罚了李玚一两黄金。

北魏征南大将军田益宗请求去做东豫州刺史，以便招降两个儿子，胡太后不允许，最后死在了洛阳。

柔然的伏跋可汗，壮健善于作战。这一年，向西攻击高车，攻破了，抓获高车王弥俄突，把他的脚拴在劣马上，拖死了他，还把他的头骨做了饮酒器皿。邻国中凡是从前归属柔然后来又叛变的，伏跋都消灭了，伏跋的国家重新强大起来。

梁武帝天监十六年（丁酉，517 年）

春季，正月初九日辛未，梁武帝在南郊祭天。

北魏大乘的流匪重新聚集起来，冲入瀛州，刺史宇文福的儿子员外散骑侍郎宇

奴客拒之。贼烧斋閤，延突火抱福出外，肌发皆焦，勒众苦战，贼遂散走，追讨，平之。

甲戌，魏大赦。

魏初，民间皆不用钱，高祖太和十九年，始铸太和五铢钱，遣钱工在所鼓铸；民有欲铸钱者，听就官炉，铜必精练，无得殽杂。世宗永平三年，又铸五铢钱，禁天下用钱不依准式者。既而洛阳及诸州镇所用钱各不同，商货不通。尚书令任城王澄上言，以为："不行之钱，律有明式，指谓鸡眼、镮凿，更无余禁。计河南诸州今所行悉非制限，昔来绳禁，愚窃惑焉。又河北既无新钱，复禁旧者，专以单丝之缣、疏缕之布，狭幅促度，不中常式，裂匹为尺，以济有无，徒成杼轴之劳，不免饥寒之苦，殆非所以救恤冻馁，子育黎元之意也。钱之为用，贯繦相属，不假度量，平均简易，济世之宜，谓为深允。乞并下诸方州镇，其太和与新铸五铢及古诸钱方俗所便用者，但内外全好，虽有大小之异，并得通行，贵贱之差，自依乡价。庶货环海内，公私无壅。其鸡眼、镮凿及盗铸、毁大为小、生新巧伪不如法者，据律罪之。"诏从之。然河北少钱，民犹用物交易，钱不入市。

魏人多窃冒军功，尚书左丞卢同阅吏部勋书，因加检核，得窃阶者三百余人，乃奏："乞集吏部、中兵二局勋簿，对句奏案，更造两通，一关吏部，一留兵局。又，在军斩首成一阶以上者，即令行台军司给券，当中竖裂，一支付勋人，一支送门下，以防伪巧。"太后从之。同，玄之族孙也。中尉元匡奏取景明元年已来，内外考簿、吏部除书、中兵勋案、并诸殿最，欲以案校窃阶盗官之人，太后许之。尚书令任城王澄表以为："法忌烦苛，治贵清约。御史之体，风闻是司，若闻有冒勋妄阶，止应摄其一簿，研检虚实，绳以典刑。岂有移一省之案，寻两纪之事，如此求过，谁堪其罪！斯实圣朝所宜重慎也。"太后乃止。又以匡所言数不从，虑其辞解，欲奖安之，乃加镇东将军。二月，丁未，立匡为东平王。

（以上为第十段，写北魏任城王元澄上书，指出钱币铸造出现的混乱，建议打击奸伪不法者；尚书左丞上书，建议彻底清查假冒军功的问题，二者都不能贯彻下去。）

文延率领手下的奴仆和佃客抗拒敌兵。流匪烧了斋门，宇文延冲入火中抱出宇文福，身体头发都被烧焦，督促众人苦战，流匪终于逃散，率兵追杀，消灭了流匪。

正月二十二日甲戌，北魏大赦天下。

北魏初建立时，民间都不使用钱币，孝文帝太和十九年时，开始铸造太和五铢钱，派钱工在工场铸造。百姓中有想铸钱的人，就让他们到国家的铸炉去铸造，铜一定要精炼，不能混杂。世宗永平三年，又铸造五铢钱，禁止天下使用不合标准的钱。后来由于洛阳和各州镇所用钱各不相同，商品货物不能交换流通。尚书令任城王元澄上书，认为："不通行的钱，法律有明文规定，指那些薄小、凿边的钱币，再没有其他的限禁。估计河南各州现今所通行的钱币都不是禁止行列里的，从前发生禁止的事，我感到很困惑。另外，河北既没有新钱，又禁止使用旧钱，只好专用单丝织成的细绢以及疏线织成的粗布，幅面狭窄，尺度也不足，不合常规。把一匹布分成几尺，来救济没有的人，白白地费了织布的劳苦，却不能避免饥寒的困扰，这大概不是救济扶助冻饿之人的办法，也不符合养育百姓的本意吧。钱的使用，用绳子穿起来，不用凭借度量工具，既公平又简易，是方便百姓的好办法，可以说是最为允当的了。请求同时命令各个州镇，不管是太和钱还是新铸的五铢钱，以及古时通行的钱币，凡是地方上一直使用的，只要里外都好，即使有大小的区别，也都一起通行，贵贱的差别，分别按乡里的物价折合。这样，货物在海内都可流通，公家私人没有拥堵。那些专铸薄小之钱、凿边之钱、盗铸钱币、将大钱化成小钱以及用各种花招造假钱的人，一律按法律制裁。"北魏朝廷下令同意元澄的意见。但是由于河北缺少钱币，百姓仍然以物易物，钱币不能在市面流通。

北魏很多人假冒军功，尚书左丞卢同查阅吏部的功绩簿，并加以审核，发现冒取官位的三百多个，于是上奏说："请求集中吏部、中兵二局的功劳簿，核对审查上报的文书，抄写二份，一份放在吏部、一份存放兵局。另外，在军队里杀敌可升一级以上的人，就命令行台军司颁发证券，从中间竖着分开，一份交给立功的人，一份送交门下省，以便防止作假。"胡太后听从了他的建议。卢同是卢玄的族孙。中尉元匡上书请求把景明元年以来内外考核的账簿、吏部任职的文书、中兵的功劳查询记录，以及历次考核中的最高等和最低等的名单都取出来，以便核查冒功盗官的人，胡太后批准了他的请求。尚书令任城王元澄上表认为："律法最怕烦杂苛刻，治政贵在清平简约。御史台的职责，在于司察风闻，如果听闻有冒取功劳官职的人，只须取一本簿籍，调查检验出虚实，绳之以法便可。岂能取尚书省的全部档案到御史台去审查，查找二十多年的旧账，像这样追查过失，谁能受得了这种罪责！这实在是贤圣的王朝应当慎重对待的事。"太后这才停止执行这一办法。又因为元匡的多次建议都没有被采纳，怕他提出辞官解职，想要奖励安慰他，就加封他为镇东将军。二

三月，丙子，敕织官，文锦不得为仙人鸟兽之形，为其裁翦，有乖仁恕。

丁亥，魏广平文穆王怀卒。

夏，四月，戊申，魏以中书监胡国珍为司徒。

诏以宗庙用牲，有累冥道，宜皆以面为之。于是朝野喧哗，以为宗庙去牲，乃是不复血食，帝竟不从。八坐乃议以大脯代一元大武。

秋，八月，丁未，诏魏太师高阳王雍入居门下，参决尚书奏事。

冬，十月，诏以宗庙犹用脯脩，更议代之，于是以大饼代大脯，其余尽用蔬果。又起至敬殿、景阳台，置七庙座，每月中再设净馔。

乙卯，魏诏，北京士民未迁者，悉听留居为永业。

十一月，甲子，巴州刺史牟汉宠叛，降魏。

十二月，柔然伏跋可汗遣俟斤尉比建等请和于魏，用敌国之礼。

是岁，以右卫将军冯道根为豫州刺史。道根谨厚木讷，行军能检敕士卒；诸将争功，道根独默然。为政清简，吏民怀之。上尝叹曰："道根所在，令朝廷不复忆有一州。"

魏尚书崔亮奏请于王屋等山采铜铸钱，从之。是后民多私铸，钱稍薄小，用之益轻。

（以上为第十一段，写南朝下令宗庙祭祀禁止用牲，用面粉代替；南朝豫州刺史冯道根为政清廉，无为而治。）

十七年（戊戌，518 年）

春，正月，甲子，魏以氐酋杨定为阴平王。

魏秦州羌反。

二月，癸巳，安成康王秀卒。秀虽与上布衣昆弟，及为君臣，小心畏敬过于疏贱，上益以此贤之。秀与弟始兴王憺尤相友爱，憺久为荆州，常中分其禄以给秀，秀称心受之，亦不辞多也。

月十六日丁未，又封元匡为东平王。

三月十五日丙子，梁武帝下令给织官，命令锦纹不能织仙人鸟兽的形状，因为这样剪裁起来，违背了仁爱宽恕。

三月二十六日丁亥，北魏广平文穆王元怀去世。

夏季，四月十八日戊申，北魏任命中书监胡国珍为司徒。

梁武帝诏书中认为宗庙中祭祀用牲畜，有损于鬼神之道，应当用面粉去替代。这时朝廷内外议论纷纷，认为宗庙中不用牲畜，就等于不再具有杀生祭神的意义。梁武帝终竟不肯听从。朝中的高级官员们就商议用大肉干代替牛。

秋季，八月十八日丁未，北魏诏令太师高阳王元雍入居门下省，参决尚书奏事。

冬季，十月，梁武帝颁布诏书因为宗庙仍然用肉干，商议替代之物，这时决定用大饼取代肉干，其余的都使用蔬菜水果。又修建至敬殿、景阳台，设置七庙中的神位，每月里又设置素食。

十月二十七日乙卯，北魏朝廷颁布诏书，凡在北方代都的没有迁徙的士民，都听任他们留作长久居民。

十一月初七日甲子，梁巴州刺史牟汉宠反叛，投降了北魏。

十二月，柔然国的伏跋可汗派俟斤尉比建等人向北魏求和。北魏用对等国家使节的礼节接待了柔然使者。

这一年，梁朝任命右卫将军冯道根为豫州刺史。冯道根憨厚口拙，行军作战能督促士兵；众将争夺功劳时，只有冯道根一个人不说话。他为政清廉，官吏、百姓都感激他。梁武帝曾经赞叹说："冯道根在的地方，让朝廷想不起来还有这个州。"

北魏尚书崔亮上书请求在王屋山等地采掘铜铸造钱币，建议被采纳。从此以后，百姓常常私自铸钱，钱币比较薄小，使用一段时间就更轻了。

梁武帝天监十七年（戊戌，518年）

春季，正月初八日甲子，北魏封氐人酋长杨定为阴平王。

北魏秦州的羌人造反。

二月初七日癸巳，安成康王萧秀去世。萧秀虽然和梁武帝在贫贱时是兄弟，等到成为君臣关系之后，谨慎小心、恭恭敬敬超过了朝中那些关系疏远、出身低贱的臣子，梁武帝也更因此而认为他贤良。萧秀和弟弟始兴王萧憺相互友爱，萧憺一直做荆州刺史，常常分一半俸禄给萧秀，萧秀实心实意地接受，也不认为给的太多而

甲辰，大赦。

己酉，魏大赦，改元神龟。

魏东益州氐反。

魏主引见柔然使者，让之以藩礼不备，议依汉待匈奴故事，遣使报之。司农少卿张伦上表，以为："太祖经启帝图，日有不暇，遂令竖子游魂一方，亦由中国多虞，急诸华而缓夷狄也。高祖方事南辕，未遑北伐。世宗遵述遗志，虏使之来，受而弗答。以为大明临御，国富兵强，抗敌之礼，何惮而为之，何求而行之！今虏虽慕德而来，亦欲观我强弱；若使王人衔命虏庭，与为昆弟，恐非祖宗之意也。苟事不获已，应为制诏，示以上下之仪，命宰臣致书，谕以归顺之道，观其从违，徐以恩威进退之，则王者之体正矣。岂可以戎狄兼并，而遽亏典礼乎！"不从。伦，白泽之子也。

三月，辛未，魏灵寿武敬公于忠卒。

魏南秦州氐反，遣龙骧将军崔袭持节谕之。

（以上为第十二段，写柔然逐渐强大，出使北魏，要求双方行对等之礼，北魏仍以宗主国自居，责备他们没有尽到臣节，而按汉朝对待匈奴的办法，派使者回复。）

夏，四月，丁酉，魏秦文宣公胡国珍卒，赠假黄钺、相国、都督中外诸军事、太师，号曰太上秦公，葬以殊礼，赠襚仪卫，事极优厚。又迎太后母皇甫氏之柩与国珍合葬，谓之太上秦孝穆君。谏议大夫常山张普惠以为前世后父无称"太上"者，"太上"之名不可施于人臣，诣阙上疏陈之，左右莫敢为通。会胡氏穿圹，下有磐石，乃密表，以为："天无二日，土无二王，'太上'者因'上'而生名也，皇太后称'令'以系'敕'下，盖取三从之道，远同文母列于十乱，今司徒为'太上'，恐乖系敕之意。孔子称'必也正名乎！'比克吉定兆，而以浅改卜，亦或天地神灵所以垂至戒、启圣情也。伏愿停逼上之号，以邀谦光之福。"太后乃亲至国珍宅，召集五品以上博议。王公皆希太后意，争诘难普惠；普惠应机辩析，无能屈者。太后使元叉宣令于普惠曰："朕之所行，孝子之志。卿之所陈，忠臣之道。群公已有成议，卿不得苦夺朕怀。后有所见，勿难言也。"

不受。

二月十八日甲辰，梁大赦天下。

二月二十三日己酉，北魏大赦天下，改年号为神龟。

北魏东益州的氐人造反。

魏孝明帝召见柔然使者，责备他们没有尽到藩国的礼节，商议按汉朝对待匈奴的办法，派使者回复他们。司农少卿张伦上表认为："太祖开辟国土，日日没有空暇，于是柔然的首领社仑在道武帝南侵时占领了漠北。这也是因为中国多事，急着对付华夏而放松了夷狄。高祖正应付南方的事，没来得及向北讨伐。世宗遵从先帝遗志，柔然的使节来到，只接受他们的进见却不回复他们的求和之请。这是因为圣人当政，国富兵强，两国对等的礼节，有什么可怕的呢？对他们有什么可求的呢？现今敌虏虽然仰慕德行前来进见，也是想看看我们强弱。如果让圣上的使者听命于敌虏，结成兄弟，恐怕不是祖宗的愿望。如果事情不能不这样，也应当下一道诏书，显示上下君臣间的礼仪，再命令宰相给他们写信，告诉他们归顺的道途，观察是听还是不听，慢慢地用恩威，王者的体统方能修正啊！怎能因为戎狄之间发生了吞并，就立刻亏损了礼节呢！"张伦的建议没有被采纳。张伦是张白泽的儿子。

三月十六日辛未，北魏灵寿武敬公于忠去世。

北魏南秦州的氐人造反，派龙骧将军崔袭持符节去晓谕他们。

夏季，四月十一日丁酉，北魏秦文宣公胡国珍去世，朝廷赠予他假黄钺、相国、都督中外诸军事、太师，号为太上秦公，用隆重的礼仪安葬了他，赠寿衣和仪仗卫士，丧事极为优厚。又迎来胡太后母亲皇甫氏的灵柩和胡国珍合葬，称作太上秦孝穆君。谏议大夫常山人张普惠认为前代皇后的父亲没有称作"太上"的，"太上"的名字不能加在臣子身上。就去朝殿上书陈述自己的看法，侍从们没人敢给他通报。正赶上为胡国珍挖墓穴时碰上了坚固的石头，于是张普惠秘密上表，认为："天无二日，国无二主，'太上'这个词是从'上'而产生的名称，皇太后称自己的命令为'令'而置于皇上的'敕'之下，是为了顺从'三从'之道理，上同于周武王时的文母以妇人而列入善于治理的十人之列。现今封司徒为'太上'，恐怕会有违于置'令'于'敕'之下的道理。孔子说：'一定要正名啊！'近日选好了吉利的墓地，又因墓穴浅而不得不改卜地点，也许是天地神灵以此来劝诫、启发圣人。希望能停止使用逼近帝王一样的封号，来博取因谦让而带来荣耀的福分。"胡太后就亲自来到胡国珍的住宅，召集五品以下的官员广泛讨论。王公大臣都顺从太后的心意，

太后为太上君造寺，壮丽埒于永宁。

尚书奏复征民绵麻之税，张普惠上疏，以为：“高祖废大斗，去长尺，改重称，以爱民薄赋。知军国须绵麻之用，故于绢增税绵八两，于布增税麻十五斤，民以称尺所减，不啻绵麻，故鼓舞供调。自兹以降，所税绢布，浸复长阔，百姓嗟怨，闻于朝野。宰辅不寻其本在于幅广度长，遽罢绵麻。既而尚书以国用不足，复欲征敛。去天下之大信，弃已行之成诏，追前之非，遂后之失。不思库中大有绵麻，而群臣共窃之也。何则？所输之物，或斤羡百铢，未闻有司依律以罪州郡；或小有滥恶，则坐户主，连及三长。是以在库绢布，逾制者多，群臣受俸，人求长阔厚重，无复准极，未闻以端幅有余还求输官者也。今欲复调绵麻，当先正称、尺，明立严禁。无得放溢，使天下知二圣之心爱民惜法如此，则太和之政复见于神龟矣。”

普惠又以魏主好游骋苑囿，不亲视朝，过崇佛法，郊庙之事多委有司，上疏切谏，以为：“殖不思之冥业，损巨费于生民，减禄削力，近供无事之僧，崇饰云殿，远邀未然之报，昧爽之臣稽首于外，玄寂之众遨游于内，愆礼忤时，人灵未穆。愚谓修朝夕之因，求祗劫之果，未若收万国之欢心以事其亲，使天下和平，灾害不生也。伏愿淑慎威仪，为万邦作式，躬致郊庙之虔，亲纡朔望之礼，释奠成均，竭心千亩，量撤僧寺不急之华，还复百官久折之秩，已造者务令简约速成，未造者一切不复更为，则孝弟可以通神明，德教可以光四海，节用爱人，法俗俱赖矣。”寻敕外议释奠之礼，又自是每月一陛见群臣，皆用普惠之言也。

普惠复表论时政得失，太后与帝引普惠于宣光殿，随事诘难。

（以上为第十三段，写北魏谏议大夫张惠普上书建言多被采纳，胡太后和魏孝明

争相指责张普惠，张普惠随机分辩，没有人能说服他。胡太后派元义向张普惠宣布命令说：“朕所做的，是孝子的心意。你所说的，是忠臣的道理。众大臣已经有了定议，你不能这么苦意剥夺朕的心怀。以后有什么见解，不要因此而难于言说。”

北魏胡太后给太上君建造了寺庙，雄伟华丽相当于永宁寺。

尚书奏请再向百姓收缴绵麻税，张普惠上书，认为：“高祖废弃了大斗，去掉长尺，修改了重秤，是为了爱护百姓，减轻赋税。知晓军队、国家需要绵麻用品，因此在绢税中增收八两绵，在布税中增收十五斤麻，百姓因为校定秤尺而减交的赋税不止于绵麻，因此踊跃交纳。但是从这以后，所收缴的绢和布，又重新增长增宽，百姓抱怨之声，传闻于朝野。宰相不寻查这个根本原因在于幅宽、度长，就罢免了绵麻税。接着尚书因为国家用度不够，又想重新征收。丢掉百姓的信任，放弃已经实行的命令，追随从前的错误，成就今后的过失。不去想想国库中绵麻很多，却正在被众臣盗为己有。为什么这么说？因为百姓交纳货物，有的一斤要多交一百铢，但没听说有关部门按法律惩处州郡官员；而质量稍微差一点，一家之主就被判罪，还株连地方三长。因此库中的绢布，超出规定尺寸的多，众大臣接受俸禄时，人人都愿要尺长幅宽、耐用结实的，再也没有发放的标准了，从没听说有谁因为尺幅多出而送回官府。现今如果要重新征收绵麻税，首先必须校准秤和尺子，明确规定严禁使用大秤大尺，不许放任，使天下人知道二位圣人爱护百姓、尊重法律的心意是这样的，那么太和年间的德政就又在神龟年间出现了。”

张普惠又因为孝明帝喜爱游猎玩乐园苑中，不亲自临朝施政，过分地尊崇佛法，郊庙祭祀的事情大多委派给有关部门，就上疏急切地劝诫，认为：“增添不可思的死后的事业，损耗百姓巨大的财物，减少臣子们的俸禄，剥夺人力，亲近供奉无所事事的僧人，崇高装饰寺庙宫殿，向远处邀求飘渺不实的回报，早晚上朝的大臣在宫外叩头，僧徒却在里面游玩，违背了礼教，抵牾了时势，人神都不能安宁。我认为修行早晚的因缘，乞求劫难之后的结果，不如收万国的欢心以奉养双亲，使天下和平，灾害不生。希望圣上好好地珍视自己的威仪，为万邦做出榜样，亲自向天地和祖先之灵献出虔诚的敬意，亲身参加效庙、朔望之礼，祭奠先圣先师，尽心耕种籍田，酌量撤掉不急需的僧庙的华丽之饰，恢复百官长久以来被削减了的俸禄，已经开始建造的寺庙一定要简单节省，快速建成，没有建造的一概不再修建了。这样孝悌可以通于神明，道德教化可以光耀天下。节省用度，爱护百姓，法令风俗都依赖于此啊！”不久，下令商议供奉先师的礼节，并从此每月接见大臣们一次，这都是采纳了张普惠的劝谏的结果。

张普惠又上书评论时政得失，胡太后和孝明帝将张普惠接入宣光殿，遇到事情就辩问诘难。

帝遇事亦向张普惠请教。）

临川王宏妾弟吴法寿杀人而匿于宏府中，上敕宏出之，即日伏辜。南司奏免宏官，上注曰：“爱宏者兄弟私亲，免宏者王者正法，所奏可。”五月，戊寅，司徒、骠骑大将军、扬州刺史、临川王宏免。

宏自洛口之败，常怀愧愤，都下每有窃发，辄以宏为名，屡为有司所奏，上每赦之。上幸光宅寺，有盗伏于骠骑航，待上夜出；上将行，心动，乃于朱雀航过。事发，称为宏所使，上泣谓宏曰：“我人才胜汝百倍，当此犹恐不堪，汝何为者？我非不能为汉文帝，念汝愚耳！”宏顿首称无之，故因匿法寿免宏官。

宏奢僭过度，殖货无厌。库屋垂百间，在内堂之后，关籥甚严，有疑是铠仗者，密以闻。上于友爱甚厚，殊不悦。他日，送盛馔与宏爱妾江氏曰：“当来就汝欢宴。”独携故人射声校尉丘佗卿往，与宏及江大饮，半醉后，谓曰：“我今欲履行汝后房。”即呼舆径往堂后，宏恐上见其货贿，颜色怖惧。上意益疑之，于是屋屋检视，每钱百万为一聚，黄榜标之，千万为一库，悬一紫标，如此三十余间。上与佗卿屈指计，见钱三亿余万，余屋贮布绢丝绵漆蜜纻蜡等杂货，但见满库，不知多少。上始知非仗，大悦，谓曰：“阿六，汝生计大可！”乃更剧饮至夜，举烛而还。兄弟方更敦睦。

宏都下有数十邸，出悬钱立券，每以田宅邸店悬上文契，期讫，便驱券主夺其宅，都下东土百姓，失业非一。上后知之，制悬券不得复驱夺，自此始。

侍中、领军将军吴平侯昺，雅有风力，为上所重，军国大事皆与议决，以为安右将军，监扬州。昺自以越亲居扬州，涕泣恳让，上不许。在州尤称明断，符教严整。

辛巳，以宏为中军将军、中书监，六月，乙酉，又以本号行司徒。

梁临川王萧宏小妾的弟弟吴法寿杀人之后藏在萧宏府内，梁武帝命令萧宏交出他，当天就把吴法寿依法治罪。南司奏请免去萧宏官职，梁武帝在奏折上批示：“怜爱萧宏是兄弟的私情，免除萧宏的官职是帝王的法律，所奏请批准。”五月二十四日戊寅，司徒、骠骑大将军、扬州刺史、临川王萧宏被免职。

萧宏自从兵败洛口之后，常常羞愧愤懑，京城中每当发生暗中发动的事情，都打着萧宏的名号，多次被有关部门汇报，梁武帝每次都宽恕了他。梁武帝临幸光宅寺，有强盗埋伏在骠骑航上，等待着梁武帝夜晚出来。梁武帝刚要出发，心中一动，便从朱雀航的桥上经过。事情暴露后，口称是受萧宏指使，梁武帝哭着对萧宏说：“我的才能胜过你百倍，但是处在皇位上还感到不堪承受，你想要做什么？我不是不能做汉文帝，而是可怜你愚蠢啊！”萧宏叩头说没有这事，所以因为藏匿吴法寿被免了官。

萧宏奢侈无度，暴敛财货从不满足。库房将近一百间，位于内堂的后面，锁钥管理非常严密，有人怀疑里面是铠甲兵杖，秘密上报。梁武帝对兄弟友爱看得很重，很不高兴。有一天，送给萧宏的爱妾江氏丰盛的酒菜，并说：“要来你家畅饮。”梁武帝只带了老部下射声校尉丘佗卿前去，和萧宏以及江氏开怀畅饮。半醉之后，就说：“我现今要去你的后房走走。”就坐轿一直来到后堂，萧宏害怕梁武帝看到他的财物，脸色十分惊恐。梁武帝心中更加怀疑他了，每间房子都检视了，每一百万钱堆为一处，用黄色木片作为标志，每一千万钱存在一间库房之中，挂一个紫色标志，像这样的共有三十多间。梁武帝和丘佗卿屈指计算，共有三亿多万钱，其他的房间贮存着布、绢、丝、绵、漆、蜜、麻、蜡等杂货，只见满库都是，不可计数。梁武帝这才知道库里放的不是兵器，非常高兴，说：“阿六，你的生计真可以啊！”于是再行痛饮直到深夜，举着蜡烛回宫。从此兄弟俩更加和睦。

萧宏在京城里有数十处府第，放债立债券时，总是让借债者把自己的田宅或店铺作为抵押写在文契之上，过了期，就把借债者驱赶走，从而夺取他们的住宅，京城和扬州百姓失去产业不止一家。梁武帝后来知道了这事，下令不得再以债券侵夺欠债者的产业，这一规定就是从这里开始的。

侍中、领军将军、吴平侯萧昺，向来有风度，有力气，被梁武帝所看重，军队、国家的大事都和他商量决定，让他做安右将军，监扬州。萧昺认为越过梁武帝同父的兄弟而驻守扬州不合适，流着泪恳切地推辞，梁武帝不允许。在扬州任上尤其称得上明察果断、政令严整。

五月二十一日辛巳，梁任命萧宏为中军将军、中书监，六月初一日乙酉，又以

臣光曰：宏为将则覆三军，为臣则涉大逆，高祖贷其死罪可矣。数旬之间，还为三公，于兄弟之恩诚厚矣，王者之法果安在哉！

（以上为第十四段，写南朝临川王萧宏是个庸才，率军北伐，全军覆没；而敛财却是好手，巧取豪夺三亿多钱，梁武帝萧衍却置国法不顾，处处维护，将其升官。）

初，洛阳有汉所立《三字石经》，虽屡经丧乱而初无损失。及魏，冯熙、常伯夫相继为洛州刺史，毁取以建浮图精舍，遂大致颓落，所存者委于榛莽，道俗随意取之。侍中、领国子祭酒崔光请遣官守视，命国子博士李郁等补其残缺，胡太后许之。会元乂、刘腾作乱，事遂寝。

秋，七月，魏河州羌却铁忽反，自称水池王；诏以主客郎源子恭为行台以讨之。子恭至河州，严勒州郡及诸军，毋得犯民一物，亦不得轻与贼战，然后示以威恩，使知悔惧。八月，铁忽等相帅诣子恭降，首尾不及二旬。子恭，怀之子也。

魏宦者刘腾，手不解书，而多奸谋，善揣人意。胡太后以其保护之功，累迁至侍中、右光禄大夫，遂干预政事，纳赂为人求官，无不效者。河间王琛，简之子也。为定州刺史，以贪纵著名，及罢州还，太后诏曰："琛在定州，唯不将中山宫来，自余无所不致，何可更复叙用！"遂废于家。琛乃求为腾养息，赂腾金宝巨万计。腾为之言于太后，得兼都官尚书，出为秦州刺史。会腾疾笃，太后欲及其生而贵之，九月，癸未朔，以腾为卫将军，加仪同三司。

魏胡太后以天文有变，欲以崇宪高太后当之。戊申夜，高太后暴卒；冬，十月，丁卯，以尼礼葬于北邙，谥曰顺皇后。百官单衣邪巾送至墓所，事讫而除。

（以上为第十五段，写北魏河州羌人反叛，主客郎源子恭用恩德感化，很快平定；胡太后重用宦官刘腾，刘腾专权放纵，为所欲为；因天象变化，害死高太后。）

乙亥，以临川王宏为司徒。

魏胡太后遣使者宋云与比丘惠生如西域求佛经。司空任城王澄奏："昔高祖迁都，制城内唯听置尼、寺各一，余皆置于城外；盖以道俗殊

中军将军的官号兼司徒。

臣司马光评论说：萧宏做将领则倾覆三军，做臣子则牵涉大逆不道，高祖饶恕他的死罪是可以的，但是几十天里，又重新让他位列三公，这从兄弟的恩情讲是非常诚厚的了，可是帝王的法度又在哪里呢？

当初，洛阳有汉朝立下的《三字石经》，虽然多次遭受战乱但没有受到损坏。到了北魏，冯熙、常伯夫先后任洛州刺史，破坏了石碑，用来修建佛塔寺庙，于是大体上碑体颓坏，所保留下来的丢弃在野草丛中，僧人或百姓可以随意拿走。侍中领国子祭酒崔光奏请朝廷派官吏去看守巡视，并让国子博士李郁等人补上残缺的部分，胡太后同意了。正赶上元义、刘腾谋反，事情便搁置了。

秋季，七月，北魏河州羌人却铁忽造反，自称为水池王。颁布诏书任命主客郎源子恭为行台去讨伐他。源子恭来到河州，严格命令州郡以及各路军队，不许侵占百姓一件东西，也不许轻易同敌兵作战，然后向叛军示以威力和恩德，使他们有所悔恨惧怕。八月，却铁忽等人来到源子恭处投降，前后不到二十天。源子恭是源怀的儿子。

北魏宦官刘腾，不会写字，多有奸计，善于揣摩别人的心意。胡太后因为他有保护功劳，多次升迁他，直到当了侍中、右光禄大夫，便开始干预政事，收取贿赂，替人求官，没有不成功的。河间王元琛是元简的儿子，做定州刺史，以贪婪放纵而闻名，卸任回来之后，胡太后诏令说："元琛在定州时，只没把中山宫带回来，其他没有不弄到手的，怎么可以再任用！"就把他废置在家。元琛就请求做了刘腾的养子，贿赂了刘腾上万的金子珠宝。刘腾替他在太后那里说情，能够兼任都官尚书，出京做了秦州刺史。恰在这时，刘腾病得很厉害，胡太后想在他活着时让他富贵，便于九月初一日癸未朔，让刘腾当了卫将军，加仪同三司。

北魏胡太后因为天象有变化，便想让崇宪高太后承担凶兆。九月二十六日戊申夜间，高太后暴死；冬季，十月十五日丁卯，用尼姑的礼节将她安葬在北邙山，谥号为顺皇后。百官都穿着单衣头上斜缠着头巾，送丧到墓地，丧事完毕之后，便改换了服装。

十月二十三日乙亥，梁任命临川王萧宏为司徒。

北魏胡太后派使者宋云和僧人惠生到西域去求取佛经。司空任城王元澄上书说："从前高祖迁都时，规定城内只允许设置僧、尼寺庙各一座，其余的都放在城外。主

归，欲其净居尘外故也。正始三年，沙门统惠深，始违前禁，自是卷诏不行，私谒弥众，都城之中，寺逾五百，占夺民居，三分且一，屠沽尘秽，连比杂居。往者代北有法秀之谋，冀州有大乘之变。太和、景明之制，非徒使缁素殊途，盖亦以防微杜渐。昔如来阐教，多依出林，今此僧徒，恋著城邑，正以诱于利欲，不能自已，此乃释氏之糟糠，法王之社鼠，内戒所不容，国典所共弃也。臣谓都城内寺未成可徙者，宜悉徙于郭外，僧不满五十者，并小从大；外州亦准此。”然卒不能行。

是岁，魏太师雍等奏：“盐池天藏，资育群生，先朝为之禁限，亦非苟与细民争利。但利起天池，取用无法，或豪贵封护，或近民吝守，贫弱远来，邈然绝望。因置主司，令其裁察，强弱相兼，务令得所。什一之税，自古有之，所务者远近齐平，公私两宜耳。及甄琛启求禁集，乃为绕池之民尉保光等擅自固护；语其障禁，倍于官司，取与自由，贵贱任口。请依先朝禁之为便。”诏从之。

（以上为第十六段，写北魏胡太后派使者宋云、惠生等到西域求经，满载而归；北魏僧人违犯前朝禁令，占据城邑，广建寺庙；重申对盐池的开采，实行前代的禁令。）

要因为僧人和世人不同，想使他们清静地居住在尘世之外。正始三年时，沙门统领惠深，开始违犯从前的禁令，从那以后诏令便不得实行，偷偷谒拜的人越来越多，都城里面，寺庙超过了五百座，侵占夺取民房，将近三分之一，屠房、酒肆等污秽之地紧挨混杂在一块。从前代北有法秀谋反，冀州有过大乘叛乱。太和、景明年间的规定，不只是为了使僧俗分开，同时也为了防微杜渐，以免再出现僧人之乱。从前如来佛阐发教义，大多依傍山林而居，现今的僧人却恋着城市，这正是因为被利欲诱惑，不能约束自己，这是释氏的糟粕、佛祖的败类，为佛教内部戒律所不容，国家制度所共同抛弃。我认为凡是都城里没修好、可以搬迁的寺庙，应该都迁到城外去，不足五十个僧人的寺庙，统统合并到寺庙去，小的依从大的，外地各州也照此办理。”［颁下诏书采纳元澄的建议，］但是到底却没有推行。

这一年，北魏太师元雍等人奏报：“盐池是上天的宝藏，养育众生，前代都为此制定禁令，并不是和下民争利。但是利益起于天池，取用没有法度，或者被豪门贵戚封占，或者被临近的百姓独自把守，贫弱之人和远道而来的人都望池兴叹而绝望。因此就设置了主管部门，令其裁决、督察采盐事务，使强弱都一样，务必使大众各得其所。十分之一的税收方法，自古以来就有，所要尽力的是使得远近平均，对公对私都有好处。等到甄琛启请解除了盐池禁令之后，就被绕池而住的百姓尉保光等人擅自霸占起来，口说采盐的禁条，加倍地超过了官府的限禁，是取是与由他们决定，盐价贵贱由他们口说。请求按前朝的做法对此加以限禁才好。”颁布诏书采纳了这一建议。

【点评】

北魏胡太后佞佛。胡太后临朝执政后，把北魏崇佛之风推向高潮。本卷所记相关两件大事，一件是孝明帝神龟元年（518）受胡太后派遣，宋云与僧人惠生前往西域求取佛经。宋云，敦煌人，曾为僧官。与惠生等西行取经，并宣扬国威，结好与国。正光年中返回。

另一件事是，胡太后于执政之初的熙平元年（516）便把在洛阳大兴佛事作为要务，修建了规模宏大的永宁寺，又在伊阙口修筑石窟寺，开工的那一天，胡太后亲自率领文武群臣“表基立刹”，表现了对修造该寺的重视。她所建的永宁寺影响深远，对北魏时期佛教在河洛地区的兴盛起了推波助澜的作用。《洛阳伽蓝记》卷一《城内》云：“永宁寺，熙平元年，灵太后胡氏所立也。”站上寺中的高塔“视宫中如掌内，临京师若家庭”。见过这座塔的人，都不由极力称道，“佛事精妙，不可思议。绣柱金铺，骇人心目。至于高风永夜，宝铎和鸣，铿锵之声闻及十余里”。

梁纪五

梁武帝天监十八年至普通四年（519—523年）

【起屠维大渊献（己亥，519年），尽昭阳单阏（癸卯，523年），凡五年】

【大事提要】

本卷记事起自公元519年，至公元523年，凡五年，当梁武帝天监十八年至普通四年。本卷所载大事，集中在北魏，有三件大事。其一，北魏柔玄镇平民杜洛周在上谷聚众造反，高欢等人都追随杜洛周。高欢事迹开始，高欢是一个极具政治眼光的人。其二，北魏的选拔任用官员制度出了问题：第一点，张仲瑀上书请求限制武将，不能列入士大夫的清品，因此被武将们打死，胡太后只杀掉闹事的首恶分子，其余就不再追究；第二点，从崔亮开始论资排辈这种办法，这些都预示着北魏种下了动乱的根子。其三，公元523年，破六韩拔陵率沃野镇兵民起义，杀镇将，六镇起义开始。

【原文】

高祖武皇帝五

天监十八年（己亥，519 年）

春，正月，甲申，以尚书左仆射袁昂为尚令，右仆射王暕为左仆射，太子詹事徐勉为右仆射。

丁亥，魏主下诏，称："太后临朝践极，岁将半纪，宜称'诏'以令宇内。"

辛卯，上祀南郊。

魏征西将军张彝之子仲瑀上封事，求铨削选格，排抑武人，不使豫清品。于是喧谤盈路，立榜大巷，克期会集，屠害其家。彝父子晏然，不以为意。二月，庚午，羽林、虎贲近千人，相帅至尚书省诟骂，求仲瑀兄左民郎中始均不获，以瓦石击省门；上下慑惧，莫敢禁讨。遂持火掠道中薪蒿，以杖石为兵器，直造其第，曳彝堂下，捶辱极意，焚其第舍。始均逾垣走，复还拜贼，请其父命，贼就殴击，生投之火中。仲瑀重伤走免，彝仅有余息，再宿而死。远近震骇。胡太后收掩羽林、虎贲凶强者八人斩之，其余不复穷治。乙亥，大赦以安之，因令武官得依资入选。识者知魏之将乱矣。

时官员既少，应选者多，吏部尚书李韶铨注不行，大致怨嗟；更以殿中尚书崔亮为吏部尚书。亮奏为格制，不问士之贤愚，专以停解月日为断，沈滞者皆称其能。亮甥司空谘议刘景安与亮书曰："殷、周以乡塾贡士，两汉由州郡荐才，魏、晋因循，又置中正，虽未尽美，应什收六七。而朝廷贡才，止求其文，不取其理，察孝廉唯论章句，不及治道；立中正不考才行，空辩氏姓，取士之途不博，沙汰之理未精。舅属当铨衡，宜改张易调，如何反为停年格以限之，天下士子谁复修厉名行哉！"亮复书曰："汝所言乃有深致。吾昨为此格，有由而然。古今不同，时宜须异。昔子产铸刑书以救弊，叔向讥之以正法，何异汝以古礼难权宜哉！"洛阳令代人薛琡上书言："黎元之命，系于长吏，若以选曹唯取年

【语译】

高祖武皇帝五

梁武帝天监十八年（己亥，519年）

春季，正月初四日甲申，梁任命尚书左仆射袁昂为尚书令，右仆射王暕为左仆射，太子詹事徐勉为右仆射。

正月初七日丁亥，魏孝明帝颁布诏令，宣布："太后临朝执政已经将近六年，应当用'诏'的名义来向全国发令。"

正月十一日辛卯，梁武帝在南郊祭天。

北魏征西将军张彝的儿子张仲瑀呈上密封的奏章，请求修订选拔征召官员的规定，限制武将，不让他们在朝中列入士大夫的清品。这时议论和抗议张仲瑀的声音遍布道路，张榜在大路上，反对的人约定集合时间，要去杀了张家全家。张彝父子却平静自如，不把这件事放在心上。二月初八日庚午，羽林、虎贲等武将有近一千人，一同来到尚书省叫骂，寻找张仲瑀的哥哥左民郎中张始均，没有找到，就用瓦片、石块砸了尚书省的大门。尚书省上下的人都很害怕，没有人敢去阻挡。于是这些武士们又手执火把引燃了路上的蒿草，用石头、木棍作为兵器，一直攻入张家住宅，将张彝拖到堂下，尽意地捶打污辱，[辱骂呼喊之声震天动地，]烧毁了他的住房。张始均从家中跳墙逃跑了，但又赶回来向贼兵求饶，请求他们饶父亲不死。贼兵们殴打他，将他活活地投到火里。张仲瑀受伤逃脱了，免除一死。张彝被打得只剩一丝游气，第二天夜里就死掉了。远近都被这件事震惊了。胡太后只抓了闹事的羽林、虎贲中的八个首恶分子，杀掉了他们，其他的就不再追究了。二月二十五日乙亥，又颁布大赦令来安抚，于是命令武官可以按资格入选。有识之士都感到北魏将要动乱了。

当时官员名额已经很少，应选的人很多，吏部尚书李韶却停止了选择录用工作，招致很多埋怨；便另外任命殿中尚书崔亮为吏部尚书。崔亮奏请制定了新的选官条例，不问应选的士人是贤是愚，只以他入选后等待的时间长短为依据，那些长时间待选的人都称赞崔亮有才能。崔亮的外甥司空谘议刘景安给崔亮写信说："商周由乡间学校贡举士人，两汉由州郡推荐人才，魏晋因循旧例，又设置了中正的职位，虽然不能尽善尽美，每十个人中间也有六七个人是应当入选的。然而当今朝廷选拔人才，只要求他们文采好，而不考察治理才能如何，考察孝廉只根据章句学问如何，而不看有无治理国家之道。设立中正官职不考察才能、品行，只辨识他们的姓氏，选取士人的路途不广，淘汰的办法不严密。舅舅被委任来主管选拔官员的事情，本来应该改弦换调，为什么反而以年资长短为任用的标准，天下的士人谁还会再注意

劳，不简能否，义均行雁，次若贯鱼，执簿呼名，一吏足矣，数人而用，何谓铨衡！”书奏，不报。后因请见，复奏“乞令王公贵臣荐贤以补郡县”，诏公卿议之，事亦寝。其后甄琛等继亮为吏部尚书，利其便己，踵而行之，魏之选举失人，自亮始也。

（以上为第一段，写北魏的官吏选拔，张仲瑀上书请求限制武将，被痛揍，武将依旧入选；崔亮为吏部尚书，论资排辈，后继者“依样画葫芦”，北魏由盛转衰。）

初，燕燕郡太守高湖奔魏，其子谧为侍御史，坐法徙怀朔镇，世居北边，遂习鲜卑之俗。谧孙欢，沈深有大志，家贫，执役在平城，富人娄氏女见而奇之，遂嫁焉。始有马，得给镇为函使，至洛阳，见张彝之死，还家，倾赀以结客。或问其故，欢曰：“宿卫相帅焚大臣之第，朝廷惧其乱而不问，为政如此，事可知矣，财物岂可常守邪！”欢与怀朔省事云中司马子如、秀容刘贵、中山贾显智、户曹史咸阳孙腾、外兵史怀朔侯景、狱掾善无尉景、广宁蔡儁特相友善，并以任侠雄于乡里。

夏，四月，丁巳，大赦。

五月，戊戌，魏以任城王澄为司徒，京兆王继为司空。

魏累世强盛，东夷、西域贡献不绝，又立互市以致南货，至是府库盈溢。胡太后尝幸绢藏，命王公嫔主从行者百余人各自负绢，称力取之，少者不减百余匹。尚书令、仪同三司李崇，章武王融，负绢过重，颠仆于地，崇伤腰，融损足，太后夺其绢，使空出，时人笑之。融，太洛之子也。侍中崔光止取两匹，太后怪其少，对曰：“臣两手唯堪两匹。”众皆愧之。

时魏宗室权幸之臣，竞为豪侈，高阳王雍，富贵冠一国，宫室园圃，

修励名节和品行呢！”崔亮回信说：“你所言确有深刻的道理，但是我新近采取的选取办法，也有它的来由，古今不同，时机合适时便应当加以变革。从前子产铸造青铜刑书来挽救时弊，但是叔向以先王的法制来讥刺他，这和你用古代礼法来责难随时变化有什么不同呢！”洛阳令代京人薛琡上书说：“百姓的性命，掌握在官吏的手上，如果选拔官吏只按他们的年资，而不问才能，像排队飞行的大雁一样按顺序来，或像穿在一起的鱼由先而后，拿着名册叫名字，只需一名官吏就足够了，按顺序用人，怎能叫作铨选人才呢！”薛琡的上书交上之后，没有得到答复。后来薛琡又因此而请求拜见孝明帝，再次上奏：“请求陛下命令王公大臣推荐贤才来补任郡县长官的职务。”孝明帝下令让大臣们议定这件事，但是没有下文。后来甄琛等人接替崔亮做了吏部尚书，因为论资排辈这种办法对自己有便利，就继续奉行，北魏的选拔任用官员不得当，是从崔亮开始的。

当初，燕国的燕郡太守高湖逃奔魏国，儿子高谧做了侍御史，因为犯了法被流放到怀朔镇，几代人居住在北部边疆，于是就养成了鲜卑人的风俗习惯。高谧的孙子高欢，深沉而有大志，家境贫困，在平城服役，富家娄氏的女儿看到高欢，认为他不同一般，便嫁给了他。高欢这才有了马匹，得以充当镇上的信使。到洛阳时，见到张彝被打死的情况，回到家以后，就倾尽家中的财物来结识宾客。有人问高欢为什么这样做，高欢说：“皇宫中的卫兵们结伙起来焚烧了大臣的住宅，朝廷却畏惧他们叛乱而不敢过问，治理国家到了这种地步，事态如何便可想而知了，家中的财物怎么能够死守呢？”高欢和怀朔省事云中人司马子如、秀容人刘贵、中山人贾显智、户曹史咸阳人孙腾、外兵史怀朔人侯景、狱掾善无人尉景、广宁人蔡儁等人，特别地友好亲密，他们都因为仗义任气而称雄于乡里。

夏季，四月初八日丁巳，梁大赦天下。

五月二十日戊戌，北魏任命任城王元澄为司徒，京兆王元继为司空。

北魏接连几代都很强盛，东夷、西域向北魏进贡从不断绝，又设立了互换物品的市场来取得南方的货物，到这时国库非常充实了。胡太后曾经临幸藏绢的仓库，命令随行的一百多个王公、妃嫔、公主各自取用绢匹，都按照自己的力气随便拿，拿得最少的也不下一百多匹。尚书令、仪同三司李崇和章武王元融因为扛的绢太重，跌倒在地，李崇扭伤了腰，元融伤了脚，胡太后夺下了他们的绢，让他们空手出去，当时的人们都把这件事当成了笑话。元融是元太洛的儿子。侍中崔光只取了两匹，胡太后奇怪他拿得少，崔光回答说：“我的两只手只拿得动两匹绢。”其他的人听了后都很惭愧。

当时北魏宗族中受宠爱掌权的大臣们都争相比赛奢侈豪华。高阳王元雍是全国

侔于禁苑，僮仆六千，伎女五百，出则仪卫塞道路，归则歌吹连日夜，一食直钱数万。李崇富埒于雍而性俭啬，尝谓人曰："高阳一食，敌我千日。"

河间王琛，每欲与雍争富，骏马十余匹，皆以银为槽，窗户之上，玉凤衔铃，金龙吐旆。尝会诸王宴饮，酒器有水精锋、马脑碗、赤玉卮，制作精巧，皆中国所无。又陈女乐、名马及诸奇宝，复引诸王历观府库，金钱、缯布，不可胜计，顾谓章武王融曰："不恨我不见石崇，恨石崇不见我。"融素以富自负，归而惋叹三日。京兆王继闻而省之，谓曰："卿之货财计不减于彼，何为愧羡乃尔？"融曰："始谓富于我者独高阳耳，不意复有河间！"继曰："卿似袁术在淮南，不知世间复有刘备耳。"融乃笑而起。

太后好佛，营建诸寺，无复穷已，令诸州各建五级浮图，民力疲弊。诸王、贵人、宦官、羽林各建寺于洛阳，相高以壮丽。太后数设斋会，施僧物动以万计，赏赐左右无节，所费不赀，而未尝施惠及民。府库渐虚，乃减削百官禄力。任城王澄上表，以为："萧衍常蓄窥觎之志，宜及国家强盛，将士旅力，早图混壹之功。比年以来，公私贫困，宜节省浮费以周急务。"太后虽不能用，常优礼之。

魏自永平以来。营明堂、辟雍，役者多不过千人，有司复借以修寺及供他役，十余年竟不能成。起部郎源子恭上书，以为："废经国之务，资不急之费，宜彻减诸役，早图就功，使祖宗有严配之期，苍生有礼乐之富。"诏从之，然亦不能成也。

（以上为第二段，写北齐奠基者高欢出场，深沉有大志，散财交友；导致南朝大乱的侯景也首次出现；北魏富盛一时，大臣竞相比富，遍修佛塔，百姓财匮，劳役不断。）

魏人陈仲儒请依京房立准以调八音。有司诘仲儒："京房律准，今虽有其器，晓之者鲜，仲儒所受何师，出何典籍？"仲儒对言："性颇爱琴，又尝读司马彪《续汉书》，见京房准术，成数昞然。遂竭愚思，钻研甚久，颇有所得。夫准者所以代律，取其分数，调校乐器。窃寻调声之体，

的首富，他的宫室园林和帝王的园囿不相上下，男仆有六千，艺伎有五百，出门时仪仗卫队充塞道路，回家后就整日整夜地吹拉弹唱，一顿饭价值几万钱。李崇与元雍同样富有但生性吝啬，曾对人说："高阳王的一顿饭，等于我一千日的费用。"

河间王元琛，总是想和元雍比赛富有，骏马有十多匹，马槽都是用银子做的，房屋的窗户之上，镶嵌的玉石凤凰衔着铃铛，金子制作的龙吐出旗帜。曾经召集众位王爷饮酒，所用酒器有水精锋、玛瑙碗、赤玉杯，制作精巧，都是中原所没有的。又陈列出艺伎、名马和各种珍奇宝贝，同时带领众位王爷一一参观府库，充实的金钱、布帛不可胜数，回头对章武王元融说："不恨我见不到石崇，只恨石崇看不到我。"元融一向以富有而自负，回府后却伤心叹息，［气得病倒卧床］三天。京兆王元继听说之后便去看望他，对他说："你的财物不比他的少多少，为什么羞愧艳羡到了这步田地呢？"元融说："开始我认为比我富的人只有高阳王，不曾想到竟然还有河间王！"元继说："你就像袁术在淮南，不知道世上还有个刘备呀！"元融这才笑着坐起来了。

胡太后喜好佛教，修建各种寺庙，没有尽头，下令各州分别修建五级佛塔，百姓疲惫不堪。众位王爷、权贵、宦官、羽林各自在洛阳修建寺庙，互相用寺庙的壮丽来炫耀。太后多次设立斋戒大会，给僧人的布施动辄以万来计数，又赏赐身边的人没有节度，耗费的财物不可计量，却不曾施恩惠给百姓。国家的府库渐渐空虚了，于是就削减众官员的俸禄和侍从。任城王元澄上书，认为："萧衍常蓄有窥觎的心志，应当趁着国家强盛的时候，将士努力，早日规划统一天下的大业。近年以来，国家和个人都很贫困，应当节省不必要的费用，以便周给紧急事务的需求。"胡太后虽然没有采用元澄的意见，常常用优待的礼遇对待他。

北魏从永平年间以来，修建了明堂和太学，服役的人最多不超过一千人，有关部门又把这些人借去修建寺庙和服其他劳役，因此十多年了明堂和太学仍然没能建成。起部郎源子恭为此而上书，认为："这是在废弃治国的大业，资助不急需的费用，应当撤销减少各种劳役，早日图取明堂和太学的完工，使祖宗配天而享受祭礼，百姓也可以富享礼乐。"朝廷下令采纳了他的建议，但明堂和太学仍然不能建成。

北魏陈仲儒请求按照京房所定的音律标准来校正八音。有关部门向陈仲儒质询说："京房的音律标准，今天虽然有那个标准的乐器存在，但是通晓的人很少了，陈仲儒你传授自什么老师，依据什么典籍？"陈仲儒回答说："我生性喜爱弹琴，又曾经读过司马彪的《续汉书》，见到京房的校准方法，其中折算的比率是很明白的。于

宫、商宜浊，徵、羽宜清。若依公孙崇，止以十二律声，而云还相为宫，清浊悉足。唯黄钟管最长，故以黄钟为宫，则往往相顺。若均之八音，犹须错采众音，配成其美。若以应钟为宫，蕤宾为徵，则徵浊而宫清，虽有其韵，不成音曲。若以中吕为宫，则十二律中全无所取。今依京房书，中吕为宫，乃以去灭为商，执始为徵，然后方韵。而崇乃以中吕为宫，犹用林钟为徵，何由可谐！但音声精微，史传简略，旧志准十三弦，隐间九尺，不言须柱以不。又，一寸之内有万九千六百八十三分，微细难明。仲儒私曾考验，准当施柱，但前却柱中，以约准分，则相生之韵已自应合。其中弦粗细，须与琴宫相类，施轸以调声，令与黄钟相合。中弦下依数画六十律清浊之节，其余十二弦须施柱如筝，即于中弦按尽一周之声，度著十二弦上。然后依相生之法，以次运行，取十二律之商、徵。商、徵既定，又依琴五调调声之法以均乐器，然后错采众声以文饰之，若事有乖此，声则不和。且燧人不师资而习火，延寿不束修以变律，故云知之者欲教而无从，心达者体知而无师，苟有一毫所得，皆关心抱，岂必要经师受然后为奇哉！”尚书萧宝寅奏仲儒学不师受，轻欲制作，不敢依许，事遂寝。

（以上为第三段，写北魏琴师陈仲儒关于制定音律的提案被否决。）

魏中尉东平王匡以论议数为任城王澄所夺，愤恚，复治其故棺，欲奏攻澄。澄因奏匡罪状三十余条，廷尉处以死刑。秋，八月，己未，诏免死，削除官爵，以车骑将军侯刚代领中尉。三公郎中辛雄奏理匡，以为“历奉三朝，骨鲠之迹，朝野具知，故高祖赐名曰匡。先帝既已容之于前，陛下亦宜宽之于后，若终贬黜，恐杜忠臣之口”。未几，复除匡平州刺史。雄，琛之族孙也。

九月，庚寅，胡太后游嵩高；癸巳，还宫。

是我就极尽愚钝的思考，钻研了很长时间，很有收获。音准之所以代替音律，就是取用它的分度比率来调校乐器。私下研究过调声的本体，宫、商两音应当低沉，徵、羽两音应当轻清。如果按公孙崇的说法，只用十二律声划分乐音，而又说旋相为宫调，清音浊音就齐备了。只有黄钟管最长，所以就用黄钟管作为宫音，则每每互相顺遂。如果平分成八个音，仍然需要分别采纳各种音声，来配成美妙的乐声。如果把应钟作为宫音，蕤宾作为徵音，这样一来则徵音浊沉而宫音轻清，虽然具有音韵了，但是却成不了曲调。如果用中吕当作宫音，那么十二音律中就全都无所可取了。现今按京房的乐书所定，把中吕当作宫音，然后用减弱的音为商音，用起始的音为徵音，然后才形成韵律。而公孙崇却把中吕作为宫音，仍然使用林钟为徵音，这怎么能够和谐呢？然而音声十分微妙、精密，史传所记都很简略，旧的志书记载律数的标准，共有十三弦，古琴的有效弦长是九尺，但是没有说明需要弦柱与否。而且，一寸音节中有一万九千六百八十三分，精微细密，难以分辨。仲儒曾经私下里试验过，准应当使用弦柱，只要向前调中间的弦柱，以此来确定音准的分度，这样产生出来的音韵就已经自然和谐了。中弦的粗细应当与琴宫相类，用转弦的轸来调音，使它与黄钟合拍。中弦以下按度数划分成六十音律来准率清浊的音节，其余十二弦应当如筝那样设立弦柱，就是将中弦上的一周的乐音，按度数标识在十二弦上，然后按照相生之法，按次序运行，取十二律的商、徵两音。商、徵二音一旦确定，再依照琴五调的调声方法来调均乐器，然后错采众音来修饰它，如果事情违背了这种方法，声音就不会和谐。况且燧人氏不向老师学习就掌握了用火的方法，焦延寿不曾交学费拜师就变革了音律，因此那些说有知识的人想要教别人却没有人跟从他学习，心地通达的人体会深知而没有老师，但凡有一毫的收获，都关联于心胸，难道一定要经过老师的指授才能有奇异的发现吗？”尚书萧宝寅上奏说陈仲儒的学问没有师承传授，就轻率地想制定音律，因此不敢予以认可，事情就被搁置了。

北魏中尉、东平王元匡因为建议多次被任城王元澄夺取，非常气愤，重新收拾好过去与高肇抗衡时所做下的那口棺材，准备再次以死相抗，来弹劾元澄。元澄也上奏了元匡的三十多条罪状，廷尉判处元匡死刑。秋季，八月十二日己未，下令免除元匡死罪，剥夺了他的官爵，以车骑将军侯刚代领中尉职务。三公郎中辛雄上奏处治元匡的意见，认为：“元匡曾经侍奉过三代皇帝，刚正不阿的事迹，朝廷内外都知道。所以高祖赐名元匡。先帝既然容忍在先，陛下也应当宽待在后，如果最后贬黜了元匡，恐怕会堵住忠臣的口。”不久之后，又任命元匡为平州刺史。辛雄是辛琛的族孙。

九月下四日庚寅，胡太后巡幸嵩高；九月初七日癸巳，回到宫中。

太后从容谓兼中书舍人杨昱曰："亲姻在外，不称人心，卿有闻，慎勿讳隐！"昱奏扬州刺史李崇五车载货、相州刺史杨钧造银食器饷领军元义。太后召义夫妻，泣而责之。义由是怨昱。昱叔父舒妻，武昌王和之妹也。和即义之从祖。舒卒，元氏频请别居，昱父椿泣责，不听，元氏恨之。会瀛州民刘宣明谋反，事觉，逃亡。义使和及元氏诬告昱藏匿宣明，且云："昱父定州刺史椿，叔父华州刺史津，并送甲仗三百具，谋为不逞。"义复构成之。遣御仗五百人夜围昱宅，收之，一无所获。太后问其状，昱具对为元氏所怨。太后解昱缚，处和及元氏死刑，既而义营救之，和直免官，元氏竟不坐。

冬，十二月，癸丑，魏任城文宣王澄卒。

庚申，魏大赦。

是岁，高句丽王云卒，世子安立。

魏以郎选不精，大加沙汰，唯朱元旭、辛雄、羊深、源子恭及范阳祖莹等八人以才用见留，余皆罢遣。深，祉之子也。

（以上为第四段，写北魏朝廷的权臣内斗，东平王元匡以死弹劾任城王元澄，差点被处死；中书舍人杨昱揭发领军将军元义收受贿赂，反被诬，差点丢了性命。）

普通元年（庚子，520 年）

春，正月，乙亥朔，改元，大赦。

丙子，日有食之。

己卯，以临川王宏为太尉、扬州刺史，金紫光禄大夫王份为尚书左仆射。份，奂之弟也。

左军将军豫宁威伯冯道根卒。是日上春，祠二庙，既出宫，有司以闻。上问中书舍人朱异曰："吉凶同日，今可行乎？"对曰："昔卫献公闻柳庄死，不释祭服而往。道根虽未为社稷之臣，亦有劳王室，临之，礼也。"上即幸其宅，哭之甚恸。

高句丽世子安遣使入贡。二月，癸丑，以安为宁东将军、高句丽王，遣使者江法盛授安衣冠剑佩。魏光州兵就海中执之，送洛阳。

魏太傅、侍中、清河文献王怿，美风仪，胡太后逼而幸之。然素有

胡太后闲聊时曾对兼中书舍人杨昱说："亲戚姻属在外面有不合心意的事，你听到了，千万别隐瞒。"杨昱上奏扬州刺史李崇用五车装载财物，相州刺史杨钧制作银质食具馈赠领军元义。胡太后就召来元义夫妻，哭泣着责备他们。元义因此怨恨杨昱。杨昱的叔父杨舒的妻子是武昌王元和的妹妹。元和是元义的从曾祖。杨舒死后，元氏多次请求搬到别的地方住，杨昱的父亲杨椿哭着斥责他，不肯听从，元氏很仇恨他们。正赶上瀛州人刘宣明图谋叛乱，事情被发觉，刘宣明逃亡。元义指使元和以及元氏诬告杨昱藏匿刘宣明，并且说："杨昱的父亲定州刺史杨椿，叔父华州刺史杨津，曾经一起给刘宣明送了三百件兵器，图谋不逞。"元义又构而成之，并派了五百御前卫兵在夜间包围了杨昱的住宅，进行搜查，抓了杨昱，但是一无所获。胡太后察问其事，杨昱报告了被元氏怨恨的事。胡太后为杨昱松了绑，判处元和以及元氏死刑。后来元义营救了他们，结果元和被免除官职抵罪，元氏终于也没有坐罪。

冬季，十二月初八日癸丑，北魏任城文宣王元澄去世。

十二月十五日庚申，北魏大赦天下。

这一年，高句丽王高云去世，世子高安继位。

北魏因为选拔官员过滥而不精，大加淘汰，只有朱元旭、辛雄、羊深、源子恭以及范阳人祖莹等八人因为有才能而留用，其他人都被罢职回家。羊深是羊祉的儿子。

梁武帝普通元年（庚子，520 年）

春季，正月初一日乙亥朔，改年号并大赦天下。

正月初二日丙子，梁发生日食。

正月初五日己卯，任命临川王萧宏为太尉、扬州刺史，金紫光禄大夫王份为尚书左仆射。王份是王奂的弟弟。

左军将军豫宁威伯冯道根去世。这一天是正月孟春，梁武帝要去祭祀太庙和小庙，已经出了宫，有关部门把冯道根去世的消息告诉了梁武帝。梁武帝问中书舍人朱异："吉和凶的事发生在同一天，现今能去吊唁吗？"朱异回答："从前卫献公听到柳庄的死讯，不脱掉祭服就前去吊唁。冯道根虽然算不上是社稷之臣，但对王室有过贡献，前去吊唁，是合乎礼仪的。"梁武帝就来到冯道根的住宅，哭得非常伤心。

高句丽的世子高安派遣使节前来向梁朝进贡。二月十五日癸丑，梁任命高安为宁东将军、高句丽王，并且派使节江法盛授给高安衣服、王冠和佩剑。北魏光州的军队在海中抓获了江法盛，把他送到了洛阳。

北魏太傅、侍中、清河文献王元怿，风度仪表俱佳，胡太后逼迫和他私通。但

才能，辅政多所匡益，好文学，礼敬士人，时望甚重。侍中、领军将军元义在门下，兼总禁兵，恃宠骄恣，志欲无极，怿每裁之以法，义由是怨之。卫将军、仪同三司刘腾，权倾内外，吏部希腾意，奏用腾弟为郡，人资乖越，怿抑而不奏，腾亦怨之。龙骧府长史宋维，弁之子也，怿荐为通直郎，浮薄无行。义许维以富贵，使告司染都尉韩文殊父子谋作乱立怿。怿坐禁止，按验，无反状，得释，维当反坐；义言于太后曰：“今诛维，后有真反者，人莫敢告。”乃黜维为昌平郡守。

义恐怿终为己害，乃与刘腾密谋，使主食中黄门胡定自列，云：“怿货定使毒魏主，若己得为帝，许定以富贵。”帝时年十一，信之。秋，七月，丙子，太后在嘉福殿，未御前殿，义奉帝御显阳殿，腾闭永巷门，太后不得出。怿入，遇义于含章殿后，义厉声不听怿入，怿曰：“汝欲反邪！”义曰：“义不反，正欲缚反者耳！”命宗士及直斋执怿衣袂，将入含章东省，使人防守之。腾称诏集公卿议，论怿大逆；众咸畏义，无敢异者，唯仆射新泰文贞公游肇抗言以为不可，终不下署。

义、腾持公卿议入，俄而得可，夜中杀怿。于是诈为太后诏，自称有疾，还政于帝。幽太后于北宫宣光殿，宫门昼夜长闭，内外断绝，腾自执管钥，帝亦不得省见，裁听传食而已。太后服膳俱废，不免饥寒，乃叹曰：“养虎得噬，我之谓矣。”又使中常侍贾粲侍帝书，密令防察动止。义遂与太师高阳王雍等同辅政，帝谓义为姨父。义与腾表里擅权，义为外御，腾为内防，常直禁省，共裁刑赏，政无巨细，决于二人，威振内外，百僚重迹。

朝野闻怿死，莫不丧气，胡夷为之剺面者数百人。游肇愤邑而卒。

（以上为第五段，写北魏权臣元义与刘腾专政，元义谋杀清河王元怿，以谋反的名义构陷，威逼群臣签字，唯有大臣游肇抗言；元义又幽禁胡太后，北魏进入了动乱的年代。）

是元怿素有才能，辅政多所匡益，又爱好文学，礼敬士人，声望很高。侍中、领军将军元义在门下省，又兼任统管禁卫之兵，倚仗宠信骄傲放肆，志向欲望无限，元怿常常按法律制裁他，元义因此怨恨他。卫将军、仪同三司刘腾的权势倾夺朝廷内外，吏部为了讨刘腾的欢心，奏请任命刘腾的弟弟为郡太守，但是因刘腾的弟弟才能和资历都不够格，元怿便压下来，不肯上奏，刘腾也怨恨他。龙骧府长史宋维是宋弁的儿子，元怿推荐他做了通直郎，轻薄没有操行。元义答应使宋维荣华富贵，让宋维告司染都尉韩文殊父子二人谋划叛乱，要立元怿为帝。元怿因此而被监禁，经过查验，没有发现谋反的行为，才被释放。宋维因诬告而应当以诬告治罪，元义对太后说："现今杀了宋维，以后有了真反叛的人，谁也不敢报告了。"于是贬黜宋维为昌平郡太守。

元义怕元怿最终成为自己的祸害，就和刘腾密谋，让主食中黄门胡定自己供认说："元怿贿赂胡定，让我毒死皇上，元怿许诺如果他做了皇上，一定让胡定荣华富贵。"北魏孝明帝当时只有十一岁，相信了胡定的诬陷。秋季，七月初四日丙子，胡太后在嘉福殿，没有到前殿来，元义奉侍孝明帝来到显阳殿，刘腾关闭了永巷门，胡太后不能出来。元怿入宫，在含章殿遇上了元义，元义厉声喝止，不许元怿进入，元怿说："你想造反吗？"元义说："我不造反，我正想抓要造反的人呢！"元义命令宗士和直斋揪住元怿的衣袖，把元怿送到含章东省，派人看守住他。刘腾称皇上的命令召集公卿们来议论，定论元怿谋反；大家都畏惧元义，没有人敢表示不同意见，只有仆射新泰文贞公游肇反驳说元怿不可能谋反，到底也没有下笔签名。

元义、刘腾拿着王公们的意见进宫，很快就得到批准，半夜时杀掉了元怿。这时又伪造胡太后的旨令，自称有了病，要将政权交还给孝明帝。当时囚禁胡太后在北宫的宣光殿，宫门昼夜都关闭着，内外隔断，刘腾自己掌管着钥匙，皇帝都不能探视，只允许递送食物。胡太后的衣服饮食都断绝了，不免忍饥受寒，于是她叹息道："养虎却被虎咬了，说的就是我呀。"又派中常侍贾粲陪侍孝明帝读书，暗中命令他提防监视皇帝的行动。元义便与太师高阳王元雍等人一同辅政，皇帝称元义为姨父。元义和刘腾内外专权，相互勾结，元义专管抵挡朝廷之外，刘腾为内部的防卫。常常在殿中值勤，一同决定赏罚，政事不论大小，都由他们两人决定，威震朝廷内外，百官不敢轻妄动足。

朝野之人听到元怿的死讯，莫不颓废丧气，胡夷中为此有好几百人划破了面孔表示悲哀。游肇因愤恨抑郁去世了。

己卯，江、淮、海并溢。

辛卯，魏主加元服，大赦，改元正光。

魏相州刺史中山文庄王熙，英之子也，与弟给事黄门侍郎略、司徒祭酒纂，皆为清河王怿所厚，闻怿死，起兵于邺，上表欲诛元义、刘腾，纂亡奔邺。后十日，长史柳元章等帅城人鼓噪而入，杀其左右，执熙、纂并诸子置于高楼。八月，甲寅，元义遣尚书左丞卢同就斩熙于邺街，并其子弟。

熙好文学，有风义，名士多与之游，将死，与故知书曰："吾与弟俱蒙皇太后知遇，兄据大州，弟则入侍，殷勤言色，恩同慈母。今皇太后见废北宫，太傅清河王横受屠酷，主上幼年，独在前殿。君亲如此，无以自安，故帅兵民欲建大义于天下。但智力浅短，旋见囚执，上惭朝廷，下愧相知。本以名义干心，不得不尔，流肠碎首，复何言哉！凡百君子，各敬尔仪，为国为身，善勖名节！"闻者怜之。熙首至洛阳，亲故莫敢视，前骁骑将军刁整独收其尸而藏之。整，雍之孙也。卢同希义意，穷治熙党与，锁济阴内史杨昱赴邺，考讯百日，乃得还任。义以同为黄门侍郎。

元略亡抵故人河内司马始宾，始宾与略缚荻筏夜渡孟津，诣屯留栗法光家，转依西河太守刁双，匿之经年。时购略甚急，略惧，求送出境，双曰："会有一死，所难遇者为知己死耳，愿不以为虑。"略固求南奔，双乃使从子昌送略渡江，遂来奔，上封略为中山王。双，雍之族孙也。义诬刁整送略，并其子弟收系之，御史王基等力为辩雪，乃得免。

（以上为第六段，写北魏相州刺史元熙等于相州起兵反对元义，被杀；其弟元略逃亡，西河太守刁双鼎力相助，辗转经年，投奔南朝。）

甲子，侍中、车骑将军永昌严侯韦叡卒。时上方崇释氏，士民无不从风而靡，独叡自以位居大臣，不欲与俗俯仰，所行略如平日。

九月，戊戌，魏以高阳王雍为丞相，总摄内外，与元义同决庶务。

初，柔然佗汗可汗纳伏名敦之妻候吕陵氏，生伏跋可汗及阿那瓌等六子。伏跋既立，忽亡其幼子祖惠，求募不能得。有巫地万言祖惠今在

七月初七日己卯，长江、淮河及海水一同暴涨。

七月十九日辛卯，北魏为孝明帝举行加冠礼，大赦天下，改年号为正光。

北魏相州刺史中山文庄王元熙是元英的儿子，和弟弟给事黄门侍郎元略、司徒祭酒元纂都得到清河王元怿的厚待，听到元怿的死讯之后，在邺城起兵，并且上表要求杀掉元义、刘腾，元纂逃跑到了邺城。十天之后，长史柳元章等人率领城中平民鼓噪入城，杀了他们的手下人，把元熙、元纂和他们的儿子一同抓到高楼上。八月十三日甲寅，元义派尚书左丞卢同前去在邺城街市上斩杀了元熙和他的子弟。

元熙爱好文学，有风度气量，当时的名士大多和他交游，临死时，给老朋友写信说："我和弟弟都蒙受皇太后的知遇之恩，哥哥镇守大州，弟弟则在宫内服务，对我们和蔼可亲，恩情如同慈母一般。现今皇太后被废在北宫里，太傅清河王又横遭杀害，圣上年幼，一个人在前殿。圣上亲人如此，我等无法安心，因此率领军队和百姓想在全国伸张正义。但是因智力浅短，不但贼人未除，反而身陷囹圄，真是上对朝廷有愧，下对知己无颜。本是忠义出之于心，不得不这么做，流肠碎首，尚复何言！众多友人，敬奉你们的道德标准，为国家为自己好好地激励名节。"听了此话的人没有不哀怜他的。元熙的首级被送到了洛阳，亲戚朋友都不敢去看，只有从前的骁骑将军刁整收了他的尸身藏起来。刁整是刁雍的孙子。卢同为了讨取元义欢心，严厉查办元熙的同党，济阳内史杨昱被锁枷囚送到邺城，审问拷打了一百天，才得以回去复任。元义让卢同做了黄门侍郎。

元略逃亡到老朋友河内人司马始宾那里，司马始宾同元略用苇杆扎成筏子在夜间渡过孟津，到屯留人栗法光的家中，很快又去投靠西河太守刁双，藏了一年多。当时悬赏通缉元略，风声很紧，元略很害怕，请求把他送出国境。刁双说："必定会有一死，所难得的是为知己而死，希望你不要因此而忧虑。"元略坚决请求南逃，刁双便派侄子刁昌送元略渡过长江，于是来奔梁朝，梁武帝封元略为中山王。刁双是刁雍的族孙。元义诬告刁整送走了元略，便把刁整连同他的子弟一同抓了起来，御史王基等人全力为刁整申辩，才得以幸免。

八月二十三日甲子，梁侍中、车骑将军、永昌严侯韦叡去世。当时梁武帝正尊崇佛教，士人百姓全都跟着信教，只有韦叡自以为位居大臣，不想与习俗一起俯仰，行事全和平时一样。

九月二十七日戊戌，北魏任命高阳王元雍为丞相，总管内外朝政，与元义一同处理日常事务。

当初，柔然佗汗可汗娶了伏名敦的妻子候吕陵氏，生下伏跋可汗以及阿那瓌等六个儿子。伏跋继立以后，忽然丢失了幼子即伏跋的小弟祖惠，查访悬赏都找不到。

天上，我能呼之，乃于大泽中施帐幄，祀天神，祖惠忽在帐中，自云恒在天上。伏跋大喜，号地万为圣女，纳为可贺敦。地万既挟左道，复有姿色，伏跋敬而爱之，信用其言，干乱国政。如是积岁，祖惠浸长，语其母曰：“我常在地万家，未尝上天，上天者地万教我也。”其母具以状告伏跋，伏跋曰：“地万能前知未然，勿为谗也。”既而地万惧，谮祖惠于伏跋而杀之。候吕陵氏遣其大臣具列等绞杀地万；伏跋怒，欲诛具列等。会阿至罗入寇，伏跋击之，兵败而还。候吕陵氏与大臣共杀伏跋，立其弟阿那瓌为可汗。阿那瓌立十日，其族兄示发帅众数万击之，阿那瓌战败，与其弟乙居伐轻骑奔魏。示发杀候吕陵氏及阿那瓌二弟。

魏清河王怿死，汝南王悦了无恨元义之意，以桑落酒候之，尽其私佞。义大喜，冬，十月，乙卯，以悦为侍中、太尉。悦就怿子亶求怿服玩，不时称旨，杖亶百下，几死。

柔然可汗阿那瓌将至魏，魏主使司空京兆王继、侍中崔光等相次迎之，赐劳甚厚。魏主引见阿那瓌于显阳殿，因置宴，置阿那瓌位于亲王之下。宴将罢，阿那瓌执启立于座后，诏引至御座前，阿那瓌再拜言曰：“臣以家难，轻来诣阙，本国臣民，皆已逃散。陛下恩隆天地，乞兵送还本国，诛翦叛逆，收集亡散，臣当统帅遗民，奉事陛下。言不能尽，别有启陈。”仍以启授中书舍人常景以闻。景，爽之孙也。

十一月，己亥，魏立阿那瓌为朔方公、蠕蠕王，赐以衣服、轺车，禄恤仪卫，一如亲王。时魏方强盛，于洛水桥南御道东作四馆，道西立四里：有自江南来降者处之金陵馆，三年之后赐宅于归正里；自北夷降者处燕然馆，赐宅于归德里；自东夷降者处扶桑馆，赐宅于慕化里；自西夷降者处崦嵫馆，赐宅于慕义里。及阿那瓌入朝，以燕然馆处之。阿那瓌屡求返国，朝议异同不决，阿那瓌以金百斤赂元义，遂听北归。十二月，壬子，魏敕怀朔都督简锐骑二千护送阿那瓌达境首，观机招纳。若彼迎候，宜赐缯帛车马礼饯而返；如不容受，听还阙庭。其行装资遣，付尚书量给。

有个巫婆叫地万说，祖惠现今在天上，我能呼唤他。便在大泽中搭起帐幕，祭祀天神，祖惠忽然在帐幕中，说自己一直在天上。伏跋非常高兴，称地万是圣女，把她娶为正妻。地万既有法术，又有姿色，伏跋对她既尊敬又宠爱，信任听用她的话，干扰国事。这样过了几年，祖惠慢慢长大了，告诉他的生母说："我曾经在地万家，没有上过天，上天的话是地万教我的。"他的母亲把这件事的真相告诉了伏跋，伏跋说："地万能够预见没发生的事，你不要说她的坏话。"不久地万害怕，就在伏跋面前陷害祖惠并杀了他。候吕陵氏派与她一心的大臣具列等人绞死了地万，伏跋大怒，要杀死具列等人。恰好在这时阿至罗入侵，伏跋带兵抗击，兵败而回。候吕陵氏和大臣一同杀掉了伏跋，立他的弟弟阿那瓌为可汗。阿那瓌立为可汗仅十天，他的族兄示发便率领几万人攻击他，阿那瓌战败，同他的弟弟乙居伐轻骑逃往北魏。示发杀了候吕陵氏和阿那瓌的两个弟弟。

北魏清河王元怿死后，汝南王元悦根本没有仇恨元义之心，反而用桑落酒讨好元义，极尽亲近讨好之能事。元义大喜，冬季，十月十五日乙卯，任命元悦为侍中、太尉。元悦向元怿的儿子元亶索取元怿的服饰和古玩，因为没有按时送去且所送的又不合元悦的心意，元悦就用大杖打了元亶一百下，差点打死元亶。

柔然国的可汗阿那瓌将要到北魏，魏孝明帝派司空京兆王元继、侍中崔光等人依次欢迎他，赏赐十分优厚。魏孝明帝在显阳殿接见了阿那瓌，便设置宴席，把阿那瓌的座位排在亲王之下。宴会即将结束时，阿那瓌手执书信站在座位后面，诏命把他引到御座之前来，阿那瓌拜了两拜说道："臣因为家中有难，轻装前来阙下，本国的臣民，全都逃散了。陛下的恩情大于天地，请派兵把我送回本国，诛灭造反的逆贼，收集起逃散的人马，臣一定会统率我的百姓，侍奉陛下。我的话难以表达净尽，另外有封信向陛下陈述。"就把书信交给中书舍人常景，让其上呈给孝明帝。常景是常爽的孙子。

十一月二十九日己亥，魏孝明帝立阿那瓌为朔方公、蠕蠕王，赐给衣物、服饰和轺车。俸禄和卫队，都和亲王的一样。当时北魏正是强盛的时期，在洛水桥南的御道之东修建了四座客馆，道西建起了四片街里：有从江南来投降的住在金陵馆，三年以后在归正里赏赐他一所住宅；从北夷来投降的住在燕然馆，在归德里赏赐住宅；从东夷来投降的在扶桑馆，然后在慕化里赏赐住宅；从西夷来投降的在崦嵫馆，然后在慕义里赏赐住宅。阿那瓌入朝，住在燕然馆中。阿那瓌多次请求回国。朝廷中的意见总是不一样，无法决定，阿那瓌用一百斤黄金贿赂元义，就允许向北回国了。十二月十三日壬子，北魏命令怀朔都督挑选二千精锐骑兵护送阿那瓌到达国境边上，观看时机而实行招纳。如果柔然迎候阿那瓌，就赐给阿那瓌丝绸布匹、车马，按礼节给他饯行，送他回去；如果柔然不容纳接受，就仍允许阿那瓌回到朝中来。

辛酉，魏以京兆王继为司徒。

魏遣使者刘善明来聘，始复通好。

（以上为第七段，写柔然可汗阿那瓌在内战中被打败，逃亡北魏，朝见魏孝明帝元诩，请求回国，派兵护送；北魏权臣元义之父元继晋升为司徒。）

二年（辛丑，521年）

春，正月，辛巳，上祀南郊。

置孤独园于建康，以收养穷民。

戊子，大赦。

魏南秦州氐反。

魏发近郡兵万五千人，使怀朔镇将杨钧将之，送柔然可汗阿那瓌返国。尚书左丞张普惠上疏，以为："蠕蠕久为边患，今兹天降丧乱，荼毒其心，盖欲使之知有道之可乐，革面稽首以奉大魏也。陛下宜安民恭己以悦服其心。阿那瓌束身归命，抚之可也；乃更先自劳扰，兴师郊甸之内，投诸荒裔之外，救累世之勍敌，资天亡之丑虏，臣愚未见其可也。此乃边将贪窃一时之功，不思兵为凶器，王者不得已而用之。况今旱暵方甚，圣慈降膳，乃以万五千人使杨钧为将，欲定蠕蠕，干时而动，其可济乎！脱有颠覆之变，杨钧之肉，其足食乎！宰辅专好小名，不图安危大计，此微臣所以寒心者也。且阿那瓌之不还，负何信义，臣贱不及议，文书所过，不敢不陈。"阿那瓌辞于西堂，诏赐以军器、衣被、杂采、粮畜，事事优厚，命侍中崔光等劳遣于外郭。

阿那瓌之南奔也，其从父兄婆罗门帅众数万人讨示发，破之，示发奔地豆干，地豆干杀之，国人推婆罗门为弥偶可社句可汗。杨钧表称："柔然已立君长，恐未肯以杀兄之人郊迎其弟。轻往虚返，徒损国威。自非广加兵众，无以送其入北。"二月，魏人使旧尝奉使柔然者牒云具仁，往谕婆罗门，使迎阿那瓌。

（以上为第八段，写北魏征调数万兵马，护送柔然可汗阿那瓌回国，尚书左丞张普惠提出异议，当政者未予采纳，并晓谕柔然现任可汗婆罗门，让他迎接阿那瓌。）

这次行动的行装费用，责成尚书省酌情供给。

十二月二十二日辛酉，北魏任命京兆王元继为司徒。

北魏派刘善明出使梁朝，两国又开始通问交好。

梁武帝普通二年（辛丑，521年）

春季，正月十一日辛巳，梁武帝在南郊祭天。

梁在建康设立孤独园，用来收养穷困百姓。

正月十九日戊子，梁大赦天下。

北魏南秦州的氐人造反。

北魏征调附近郡县的一万五千多兵力，由怀朔镇将杨钧统率，送柔然可汗阿那瓌回国。尚书左丞张普惠上书认为："蠕蠕国长期以来是边境上的祸患，现今老天降下灾害、战乱，让他们心灵受苦，这大概是为了让他们知道只有按天道行事才能安乐，让他们洗心革面跪拜大魏朝呀。陛下应当安抚百姓，端正自身以使天下百姓心悦诚服。阿那瓌束身来投奔，安抚他就可以了，却首先为此而劳扰天下，在京城内外兴师动众，指派到荒僻偏远之处，去救助几代以来我们的强敌，帮助老天爷都要使他灭亡的丑恶蛮虏，以臣之愚见实在看不出有这样做的必要。这不过是守边的将领贪图一时的功劳，却不去想想打仗是凶险的事，圣王不得已时才会使用。何况现今干旱正厉害，圣上出于慈心减少了膳食，却让杨钧带着一万五千人去安定蠕蠕，违背时势而行动，怎么能够成功呢？如果发生颠覆的变乱，到时把杨钧杀了吃掉，又有什么用！宰相大臣只顾追求个人的名声，不替国家的安危着想，这正是小臣我感到寒心之处。何况即使阿那瓌不能回国，辜负了什么信义？臣官职低贱不够评议的资格，但是文书都从臣的手上经过，因此不敢不说出意见。"［孝明帝没有采纳。］阿那瓌在西堂辞行，孝明帝下令赐给他军器、衣被、杂物、粮畜，样样都很优厚，命令侍中崔光等人在外城为他饯行送别。

阿那瓌向南方逃奔的时候，他的堂兄婆罗门率领几万人讨伐示发，打败了他。示发投奔了地豆干，地豆干人杀了他，柔然人推举婆罗门做了弥偶可社句可汗。杨钧上表说："柔然已经设立了国君，恐怕不会以杀死人家兄长的人在郊外迎接死者的弟弟。如此轻率前往，徒劳而返，将白白地损害国家的威望。因此如果不大举发兵，就没办法送阿那瓌北返。"二月，北魏派原来曾出使柔然的牒云具仁前去晓谕婆罗门，让他迎接阿那瓌。

辛丑，上祀明堂。

庚戌，魏使假抚军将军邴虬讨南秦叛氐。

魏元义、刘腾之幽胡太后也，右卫将军奚康生预其谋，义以康生为抚军大将军、河南尹，仍使之领左右。康生子难当娶侍中、左卫将军侯刚女，刚子，义之妹夫也，义以康生通姻，深相委托，三人率多俱宿禁中，时或迭出，以难当为千牛备身。康生性粗武，言气高下，义稍惮之，见于颜色，康生亦微惧不安。

甲午，魏主朝太后于西林园，文武侍坐，酒酣迭舞，康生乃为力士舞，及折旋之际，每顾视太后，举手、蹈足、瞋目、颔首，为执杀之势，太后解其意而不敢言。日暮，太后欲携帝宿宣光殿，侯刚曰："至尊已朝讫，嫔御在南，何必留宿！"康生曰："至尊，陛下之儿，随陛下将东西，更复访谁！"群臣莫敢应。太后自起援帝臂，下堂而去。康生大呼，唱万岁！帝前入阁，左右竞相排，阁不得闭。康生夺难当千牛刀，斫直后元思辅，乃得定。帝既升宣光殿，左右侍臣俱立西阶下。康生乘酒势将出处分，为义所执，锁于门下。光禄勋贾粲给太后曰："侍官怀恐不安，陛下宜亲安慰。"太后信之，适下殿，粲即扶帝出东序，前御显阳殿，闭太后于宣光殿。至晚，义不出，令侍中、黄门、仆射、尚书等十余人就康生所讯其事，处康生斩刑，难当绞刑。义与刚并在内，矫诏决之。康生如奏，难当恕死从流。难当哭辞父，康生慷慨不悲，曰："我不反死，汝何哭也？"时已昏暗，有司驱康生赴市，斩之；尚食典御奚混与康生同执刀入内，亦坐绞。难当以侯刚婿，得留百余日，竟流安州。久之，义使行台卢同就杀之。以刘腾为司空。八坐、九卿常旦造腾宅，参其颜色，然后赴省府，亦有终日不得见者。公私属请，唯视货多少，舟车之利，山泽之饶，所在榷固，刻剥六镇，交通互市，岁入利息以巨万万计，逼夺邻舍以广其居，远近苦之。

（以上为第九段，写北魏的宫廷斗争，权臣元义、侯刚以及奚康生参与幽闭胡太后的计划，奚康生与元义不和，渐生反悔，趁皇帝朝见太后之机发难，被执杀。）

二月初三日辛丑，梁武帝在明堂祭祖。

二月十二日庚戌，北魏派代理抚军将军邴虬讨伐南秦州反叛的氐人。

北魏元义、刘腾囚禁胡太后的时候，右卫将军奚康生参与了他们的计划，元义任命奚康生为抚军大将军、河南尹，仍然让奚康生统领左右。奚康生的儿子奚难当娶了侍中、左卫将军侯刚的女儿，侯刚的儿子是元义的妹夫，元义因为和奚康生有姻亲的关系，相互信任委托，三个人很多时间里全都住在宫城内，有时交替着出宫，让奚难当担任千牛备身。奚康生性情粗暴鲁莽，言谈气势随意高低，元义开始惧怕他，甚至表现在脸色上。奚康生也有些畏惧不安。

三月二十六日甲午，魏孝明帝朝见胡太后于西林园，文武百官陪同，酒酣的时候纷纷起舞，奚康生趁势表演力士舞，每到回旋、转身的时候，总是回头看着胡太后，举手、投足、瞪眼、点头，作捕杀的姿势，胡太后明白了奚康生的用意却不敢说话。傍晚，胡太后想携同孝明帝一同住在宣光殿，侯刚说："皇上已经朝见完毕了，他的嫔妃住在南宫，何必要留宿！"奚康生说："至尊是陛下的儿子，随陛下之意愿东愿西，还用问别人吗！"众大臣都不敢说话。胡太后自己站起来引着孝明帝的手臂下堂而去。奚康生大声呼喊："高唱万岁！"孝明帝前头进入阁门，左右互相拥推着，阁门关不上。奚康生夺过奚难当的千牛刀，砍杀了直后元思辅，才安定了。孝明帝到了宣光殿，左右侍臣都站立在西边台阶下。奚康生借着酒劲想要出来安排布置一番，却被元义抓住，锁在门下。光禄勋贾粲欺骗胡太后说："侍官们心里惶恐不安，陛下应当亲自去安慰。"胡太后信了他的话，刚走下殿来，贾粲便扶着孝明帝走出东厢房，往前住到了显阳殿，而把胡太后关在宣光殿内。到了晚上，元义还没有出宫，命令侍中、黄门、仆射、尚书等十多个人到奚康生被押的地方审问他，判处奚康生斩刑，奚难当绞刑。元义和侯刚都在内宫，伪造皇帝命令判决，同意判处奚康生斩刑，饶恕奚难当不死，改为流放。奚难当哭着去向父亲告别，奚康生却慷慨激昂，毫不悲伤，说道："我不为死而反悔，你哭什么？"当时天色已暗，官吏们驱赶着奚康生来到刑场，杀了他；尚食典御奚混因和奚康生一同拿着刀冲入宫中，也被判处了绞刑。奚难当因为是侯刚的女婿，得以停留了一百多天，最后被流放到了安州。很久之后，元义又派行台卢同去安州杀了奚难当。刘腾被任命为司空，因此而权倾一时。朝廷中的八坐、九卿常常在早晨到刘腾的住所拜访，观察了刘腾的脸色，然后再到官署去办公，也有一整天都见不到刘腾的官吏。不论公事还是私事，只看所送财物多少，无论是陆路交通之利，还是山川物产，所在之地全都独占，对六镇敲诈勒索，国家交往以及互市，每年的收入数以百亿。刘腾侵夺周围四邻的房屋来扩大自己的住宅，远近的人都被害苦了。

京兆王继自以父子权位太盛，固请以司徒让车骑大将军、仪同三司崔光。夏，四月，庚子，以继为太保，侍中如故，继固辞，不许，壬寅，以崔光为司徒，侍中、祭酒、著作如故。

魏牒云具仁至柔然，婆罗门殊骄慢，无逊避心，责具仁礼敬；具仁不屈，婆罗门乃遣大臣丘升头等将兵二千随具仁迎阿那瓌。五月，具仁还镇，具道其状，阿那瓌惧，不敢进，上表请还洛阳。

辛巳，魏南荆州刺史恒叔兴据所部来降。

六月，丁卯，义州刺史文僧明、边城太守田守德拥所部降魏，皆蛮酋也。魏以僧明为西豫州刺史，守德为义州刺史。

癸卯，琬琰殿火，延烧后宫三千间。

秋，七月，丁酉，以大匠卿裴邃为信武将军，假节，督众军讨义州，破魏义州刺史封寿于檀公岘，遂围其城；寿请降，复取义州。魏以尚书左丞张普惠为行台，将兵救之，不及。

以裴邃为豫州刺史，镇合肥。邃欲袭寿阳，阴结寿阳民李瓜花等为内应。邃已勒兵为期日，恐魏觉之，先移扬州云："魏始于马头置戍，如闻复欲修白捺故城，若尔，便相侵逼，此亦须营欧阳，设交境之备。今板卒已集，唯听信还。"扬州刺史长孙稚谋于僚佐，皆曰："此无修白捺之意，宜以实报之。"录事参军杨侃曰："白捺小城，本非形胜，邃好狡数，今集兵遣移，恐有他意。"稚大寤曰："录事可亟作移报之。"侃报移曰："彼之纂兵，想别有意，何为妄构白捺！'他人有心，予忖度之'，勿谓秦无人也。"邃得移，以为魏人已觉，即散其兵。瓜花等以失期，遂相告发，伏诛者十余家。稚，观之子；侃，播之子。

（以上为第十段，写北魏京兆王元继颇有自知之明，欲辞去要职避祸；柔然可汗阿那瓌回国不成，又返回洛阳；南朝将领裴邃欲袭击北魏寿阳，被发觉而放弃。）

初，高车王弥俄突死，其众悉归嚈哒；后数年，嚈哒遣弥俄突弟伊匐帅余众还国。伊匐击柔然可汗婆罗门，大破之，婆罗门帅十部落诣凉州，请降于魏。柔然余众数万相帅迎阿那瓌，阿那瓌表称："本国大乱，姓姓别居，迭相抄掠。当今北人鹄望待拯，乞依前恩，给臣精兵一万，

京兆王元继自认为他们父子的权势太盛，坚决请求把司徒的职位让给车骑大将军、仪同三司崔光。夏季，四月初三日庚子，任命元继为太保，保留侍中的职务，元继坚决推辞，不被允许。四月初五日壬寅，任命崔光为司徒，侍中、祭酒、著作郎等旧职不变。

北魏的使臣牒云具仁来到柔然，婆罗门非常傲慢，没有谦逊礼让的意思，责求牒云具仁礼敬。牒云具仁不肯屈从，婆罗门才派大臣丘升头等人率领二千人随牒云具仁一同去迎接阿那瓌。五月，牒云具仁回到怀朔镇，把这种情况都做了汇报，阿那瓌害怕，不敢前去，上表请求回到洛阳。

五月十四日辛巳，北魏南荆州刺史桓叔兴率领所部来投降。

六月初一日丁卯，梁的义州刺史文僧明、边城太守田守德率领部属投降北魏，都是蛮族首领。北魏任命文僧明为西豫州刺史，田守德为义州刺史。

六月癸卯，梁琬琰殿失火，火势蔓延，烧毁后宫三千间。

秋季，七月初一日丁酉，梁任命大匠卿裴邃为信武将军，授予符节，命令他督率众军去讨伐义州，在檀公岘打败了北魏义州刺史封寿，进而包围了城池。封寿请求投降，又夺取了义州。北魏委任尚书左丞张普惠为行台，率兵救援，但是没有来得及。

梁任命裴邃为豫州刺史，镇守合肥。裴邃想要袭击寿阳，便暗中结交了寿阳人李瓜花等人作为内应。裴邃部署好了军队并约定了时间，怕被北魏发觉，便先给北魏扬州刺史送去一封书信说："魏国原来在马头设置防卫，现今听说又要修筑白捺的旧城，如果这样的话，就要侵逼压迫，我方也需要修筑欧阳城，设置边境的守备，现今筑城的板干和兵士已集中了，只等回信了。"扬州刺史长孙稚谋划于幕僚，都说："我们没有修筑白捺城的意图，应当把实情告诉他们。"录事参军杨侃说："白捺是个小城，本来不是什么险要之地；裴邃这人很狡诈，现今集结调动部队，恐怕有别的用意。"长孙稚顿时醒悟过来了，说："录事马上写信回复。"杨侃移文说："贵方调集兵力，想是有其他用意，为什么反而胡说白捺城的事情呢？古话说：'他人有什么心思，我能忖度得出来'，不要以为秦国无人。"裴邃收到移文，认为北魏已经发觉了他的用意，就遣散了他的军队。李瓜花等人因为错过了约定时间，就互相告发检举，有十多家被处死。长孙稚是长孙观的儿子，杨侃是杨播的儿子。

当初，高车王弥俄突死后，手下人都投靠了嚈哒。几年以后，嚈哒派遣弥俄突的弟弟伊匐率领余部回国。伊匐攻打柔然可汗婆罗门，打败了婆罗门，婆罗门带领十个部落到凉州，请求向北魏投降。柔然国剩余的几万人一起来迎接阿那瓌。阿那瓌上表说："本国内部大乱，各姓部族分开居住，互相抢劫杀掠。现今北方人鹄立翘

送臣碛北，抚定荒民。”诏付中书、门下博议，凉州刺史袁翻以为：“自国家都洛以来，蠕蠕、高车迭相吞噬，始则蠕蠕授首，既而高车被擒。今高车自奋于衰微之中，克雪仇耻，诚由种类繁多，终不能相灭。自二虏交斗，边境无尘，数十年矣，此中国之利也。今蠕蠕两主相继归诚，虽戎狄禽兽，终无纯固之节，然存亡继绝，帝王本务。若弃而不受，则亏我大德；若纳而抚养，则损我资储；或全徙内地，则非直其情不愿，亦恐终为后患，刘、石是也。且蠕蠕尚存，则高车犹有内顾之忧，未暇窥窬上国；若其全灭，则高车跋扈之势，岂易可知！今蠕蠕虽乱而部落犹众，处处棋布，以望旧主，高车虽强，未能尽服也。愚谓蠕蠕二主并宜存之，居阿那瓌于东，处婆罗门于西，分其降民，各有攸属。阿那瓌所居非所经见，不敢臆度；婆罗门请修西海故城以处之。西海在酒泉之北，去高车所居金山千余里，实北虏往来之冲要，土地沃衍，大宜耕稼。宜遣一良将，配以兵仗，监护婆罗门，因令屯田，以省转输之劳。其北则临大碛，野兽所聚，使蠕蠕射猎，彼此相资，足以自固。外以辅蠕蠕之微弱，内亦防高车之畔援，此安边保塞之长计也。若婆罗门能收离聚散，复兴其国者，渐令北转，徙度流沙，则是我之外藩，高车勍敌，西北之虞可以无虑。如其奸回反覆，不过为逋逃之寇，于我何损哉？”朝议是之。

九月，柔然可汗俟匿伐诣怀朔镇请兵，且迎阿那瓌。俟匿伐，阿那瓌之兄也。冬，十月，录尚书事高阳王雍等奏：“怀朔镇北吐若奚泉，原野平沃，请置阿那瓌于吐若奚泉，婆罗门于故西海郡，令各帅部落，收集离散。阿那瓌所居既在境外，宜少优遣，婆罗门不得比之。其婆罗门未降以前蠕蠕归化者，悉令州镇部送怀朔镇以付阿那瓌。”诏从之。

十一月，癸丑，魏侍中、车骑大将军侯刚加仪同三司。

魏以东益、南秦氐皆反，庚辰，以秦州刺史河间王琛为行台以讨之。琛恃刘腾之势，贪暴无所畏忌，大为氐所败。中尉弹奏，会赦，除名，寻复王爵。

望拯救他们，乞求依照从前恩准，给臣一万精锐兵力，送臣到沙漠北部，安抚战乱中的百姓。”颁布诏书交付中书门下集体议定，凉州刺史袁翻认为：“自从我国定都洛阳以来，蠕蠕和高车相互吞并，开始是蠕蠕头领被杀，接着高车王又被抓。现今高车在衰败中奋起，力求报仇雪耻，实在由于种族繁多，终竟不能将敌国消灭。自从这两个敌虏之国交战以来，边境没有烟尘已经有几十年了，这是中原国家的益处。现今蠕蠕的两个王相继归顺，虽然戎狄之族野性难改，最后也不会有纯真坚固的节操，但是使危亡的国家幸存下去，使绝灭的种姓得以繁衍，是帝王的根本事务。如果放弃而不管，就会有损于我们的大德；如果收留并且抚养他们，就会损失我们的物资储备；或者全部迁到内地，则不但他们不情愿，怕最终也会成为祸患，刘渊、石勒之乱就是这样发生的。况且只要蠕蠕国还存在，那么高车就还有内顾之忧，没功夫觊觎我国；如果蠕蠕全部灭亡，那么高车蛮横霸道之势，岂是容易预料的！现今蠕蠕虽然大乱，但是部落还存在许多，星罗棋布，盼望着过去的主人，高车虽然强大，却没能全部征服。愚见认为蠕蠕的两个王应当并存，让阿那瓌住在东部，让婆罗门住在西面，把那些降民分给他俩，使他们各有所属。阿那瓌居住的地方不曾去过，不敢胡乱猜测；婆罗门，则请修筑西海旧城安置。西海城在酒泉的北部，距离高车所居住的金山一千多里，实在是北虏来往的要塞之地，那里土地肥沃广阔，很适宜于耕种。应当派遣一员良将，配备以兵力武器，监护婆罗门，又顺便去屯田，可以节省粮草运输的烦劳。其北面面临着大沙漠，是野兽聚集的地方，让蠕蠕们打猎，彼此互相资助，足以做到坚守自固。对外可以辅助弱小的蠕蠕，对内可以防御高车的强横，这是安定边境保卫要塞的长久之计。如果婆罗门能收集起离散的百姓，复兴他的国家，就逐渐让他转向北部、迁移过沙漠，便可成为我国的外藩，高车的强敌，于是西北一带的忧虑就可以解除了。如果奸诈反覆，则不过是外逃的流寇，对我国有什么损害呢？”朝廷讨论同意了他的意见。

九月，柔然可汗俟匿伐到怀朔镇请求救兵，并且迎接阿那瓌。俟匿伐是阿那瓌的哥哥。冬季，十月，录尚书事高阳王元雍等人上奏：“怀朔镇之北的吐若奚泉，原野平坦肥沃，请将阿那瓌安置在吐若奚泉，婆罗门安置在从前的西海郡，命令他们各自率领自己的部落，收集离散的百姓。阿那瓌的住地在境外，那么遣送他时便应当稍微优厚一点，婆罗门不可以和他相比。在婆罗门投降以前来投奔我国的蠕蠕人，都要让各州镇集中送到怀朔镇来交给阿那瓌。”颁布诏书批准。

十一月十九日癸丑，北魏侍中、车骑大将军侯刚加仪同三司。

北魏因为东益、南秦二州的氐人都反叛了，十二月十七日庚寅，任命秦州刺史、河间王元琛成立行台去讨伐。元琛倚仗刘腾的权势，贪婪残暴、肆无忌惮，被氐人打得大败。中尉弹劾了他，正赶上大赦，只被除名，不久又恢复了王爵。

魏以安西将军元洪超兼尚书行台，诣敦煌安置柔然婆罗门。

（以上为第十一段，写柔然现任可汗婆罗门被高车打败，也投奔北魏，而原来的可汗阿那瓌再次请求护送回国，北魏接受凉州刺史袁翻建议，将柔然二主分别安置。）

三年（壬寅，522 年）

春，正月，庚子，以尚书令袁昂为中书监，吴郡太守王暕为尚书左仆射。

辛亥，魏主耕籍田。

魏宋云与惠生自洛阳西行四千里，至赤岭，乃出魏境，又西行，再期，至乾罗国而还。二月，达洛阳，得佛经一百七十部。

高车王伊匐遣使入贡于魏。夏，四月，庚辰，魏以伊匐为镇西将军、西海郡公、高车王。久之，伊匐与柔然战败，其弟越居杀伊匐自立。

五月，壬辰朔，日有食之，既。

癸巳，大赦。

冬，十一月，甲午，领军将军始兴忠武王憺卒。

乙巳，魏主祀圜丘。

初，魏世祖以《玄始历》浸疏，命更造新历。至是，著作郎崔光表取荡寇将军张龙祥等九家所上历，候验得失，合为一历，以壬子为元，应魏之水德，命曰《正光历》。丙午，初行《正光历》，大赦。

（以上为第十二段，写北魏大臣宋云与和尚惠生到西域取经，历经数年，取得佛经回国；魏孝明帝元诩下令制定新的历法，以取代《玄始历》，经过验证得失，施行《正光历》。）

十二月，乙酉，魏以车骑大将军、尚书右仆射元钦为仪同三司，太保京兆王继为太傅，司徒崔光为太保。

初，太子统之未生也，上养临川王宏之子正德为子。正德少粗险，上即位，正德意望东宫。及太子统生，正德还本，赐爵西丰侯。正德怏怏不满意，常蓄异谋。是岁，正德自黄门侍郎为轻车将军，顷之，亡奔魏，自称废太子避祸而来。魏尚书左仆射萧宝寅上表曰："岂有伯为天子，父作扬州，弃彼密亲，远投他国！不如杀之。"由是魏人待之甚薄，正德

北魏任命安西将军元洪超兼任尚书行台，到敦煌去安置柔然的婆罗门。

梁武帝普通三年（壬寅，522年）

春季，正月初七日庚子，梁任命尚书令袁昂为中书监，吴郡太守王暕为尚书左仆射。

正月十八日辛亥，魏孝明帝举行耕种籍田仪式。

北魏宋云和惠生从洛阳出发，西行四千里，到达赤岭，才出了北魏国境，继续西行两年以后，到达乾罗后返回。这一年的二月回到了洛阳，一共得到一百七十部佛经。

高车王伊匐派使节向北魏进贡。夏季，四月十九日庚辰，北魏任命伊匐为镇西将军、西海郡公、高车王。很久以后，伊匐和柔然交战失败，他的弟弟越居杀了伊匐自立为王。

五月初一日壬辰朔，发生日全食，又恢复原状。

五月初二日癸巳，梁大赦天下。

冬季，十一月十六日甲午，梁领军将军、始兴忠武王萧憺去世。

十一月十一日乙巳，魏孝明帝在圜丘祭天。

当初，魏太武帝认为《玄始历》渐渐不准确了，下令另制新的历法。到这时，著作郎崔光选取荡寇将军张龙祥等九家所上呈的历法，经过验证得失，合并成一种历法，以壬子为起首，以便于与北魏以水德而王相应，命名为《正光历》。十一月十八日丙午，开始实行《正光历》，大赦天下。

十二月二十七日乙酉，北魏任命车骑大将军、尚书右仆射元钦为仪同三司，太保京兆王元继为太傅，司徒崔光为太保。

当初，太子萧统没有生下来的时候，梁武帝抚养了临川王萧宏之子萧正德为儿子。萧正德从小粗鲁阴险，梁武帝即位后，萧正德一心想成为东宫太子。太子萧统出生之后，萧正德被交还父母，赐爵西丰侯。萧正德心中闷闷不乐，一直藏有异谋。这一年，萧正德由黄门侍郎升为轻车将军，不久逃奔北魏，自称是被废弃的太子前来避祸。北魏尚书左仆射萧宝寅上表说："岂有伯父是皇帝，父亲是扬州刺史，却丢

乃杀一小儿，称为己子，远营葬地；魏人不疑，明年，复自魏逃归。上泣而诲之，复其封爵。

柔然阿那瓌求粟为种，魏与之万石。

婆罗门帅部落叛魏，亡归嚈哒。魏以平西府长史代人费穆兼尚书右丞西北道行台，将兵讨之，柔然遁去。穆谓诸将曰："戎狄之性，见敌即走，乘虚复出，若不使之破胆，终恐疲于奔命。"乃简练精骑，伏于山谷，以步兵之羸者为外营，柔然果至，奋击，大破之。婆罗门为凉州军所擒，送洛阳。

（以上为第十三段，写南朝梁武帝萧衍开始收养萧正德，后还本，正德意望东宫，闷闷不乐，投奔北魏，又返回；柔然原可汗婆罗门反叛北魏，被费穆打得大败。）

四年（癸卯，523 年）

春，正月，辛卯，上祀南郊，大赦。丙午，祀明堂。二月，乙亥，耕藉田。

柔然大饥，阿那瓌帅其众入魏境，表求赈给。己亥，魏以尚书左丞元孚为行台尚书，持节抚谕柔然。孚，谭之孙也。将行，表陈便宜，以为："蠕蠕久来强大，昔在代京，常为重备。今天祚大魏，使彼自乱亡，稽首请服。朝廷鸠其散亡，礼送令返，宜因此时善思远策。昔汉宣之世，呼韩款塞，汉遣董忠、韩昌领边郡士马送出朔方，因留卫助。又，光武时亦使中郎将段彬置安集掾史，随单于所在，参察动静。今宜略依旧事，借其闲地，听其田牧，粗置官属，示相慰抚。严戒边兵，因令防察，使亲不至矫诈，疏不容反叛，最策之得者也。"魏人不从。

柔然俟匿伐入朝于魏。

三月，魏司空刘腾卒。宦官为腾义息重服者四十余人，衰绖送葬者以百数，朝贵送葬者塞路满野。

夏，四月，魏元孚持白虎幡劳阿那瓌于柔玄、怀荒二镇之间。阿那瓌众号三十万，阴有异志，遂拘留孚，载以辒车。每集其众，坐孚东厢，

下亲人，远远地投奔他国的道理！不如杀了他。”因此北魏人对萧正德非常不客气，萧正德就杀了一个小孩，声言是自己的孩子，要远去修建墓地。北魏人没有怀疑他。第二年，萧正德又从北魏逃回国。梁武帝流着泪教诲萧正德，恢复了他的爵位。

柔然阿那瓌请求给他们谷子做种子，北魏给了一万石。

婆罗门率领部落反叛北魏，逃奔嚈哒。北魏委派平西府长史代都人费穆兼任尚书右丞西北道行台，率兵前去讨伐婆罗门，柔然人逃跑了。费穆对众将领说：“戎狄的本性是见敌就跑，乘虚又来，如果不吓破他们的胆了，恐怕最后会被他们折腾得疲于奔命。”于是挑选精锐骑兵埋伏在山谷中，另派瘦弱的步兵在外扎营，柔然人果然来了，费穆率军奋力进击，大败柔然。婆罗门被梁州军队抓获，送到了洛阳。

梁武帝普通四年（癸卯，523 年）

春季，正月初四日辛卯，梁武帝在南郊祭天，大赦天下。正月十九日丙午，在明堂祭祀。二月十八日乙亥，耕种籍田。

柔然发生严重饥荒，阿那瓌率领部众进入北魏境内，上表请求赈济。二月二十二日己亥，北魏任命尚书左丞元孚为行台尚书，持符节去安抚柔然。元孚是元谭的孙子。临行时，元孚上表陈述了对国家有利的建议，认为：“蠕蠕向来强大，从前在代京时，经常设置重兵防卫。现今老天爷降福于大魏，让他们自己发生败乱，叩头请求臣服。朝廷纠集他们失散逃亡的人，礼送他们回国，应当趁这一时机好好地考虑一下长久的计策。从前汉宣帝时，呼韩邪扣关表示忠诚，汉朝遣派董忠、韩昌带领边郡的兵马把他送出朔方城，并且留在那里保护、扶助。还有，汉光武帝时也派中郎将段彬设立安集掾史，跟随单于行动，观察他们的情况。现今应当大致按从前的办法去做，把闲置的土地借给他们，让他们去放牧，简单地设置官府，以表示对他们的关心爱护，同时在边境上严密布置兵力，命令防卫监视，使他们与我们亲近却不至于欺哄瞒骗我们，疏远却不允许到反叛的地步，这才是上上之策。”北魏没有采纳元孚的对策。

柔然的俟匿伐来北魏朝拜。

三月，北魏司空刘腾去世。宦官中刘腾的干儿子穿戴重丧服的有四十多人，穿丧服送葬的数以百计，送葬的朝中权贵充满了道路和田野。

夏季，四月，北魏元孚秉持白虎幡在柔玄、怀荒二镇之间慰问阿那瓌。阿那瓌手下共有三十万人马，暗中怀有反叛之意，就扣留了元孚，把他关在卧车之中。阿

称为行台，甚加礼敬。引兵而南，所过剽掠，至平城，乃听孚还。有司奏孚辱命，抵罪。甲申，魏遣尚书令李崇、左仆射元纂帅骑十万击柔然。阿那瓌闻之，驱良民二千、公私马牛羊数十万北遁，崇追之三千余里，不及而还。

纂使铠曹参军于谨帅骑二千追柔然，至郁对原，前后十七战，屡破之。谨，忠之从曾孙也，性深沈，有识量，涉猎经史。少时，屏居田里，不求仕进，或劝之仕，谨曰："州郡之职，昔人所鄙；台鼎之位，须待时来。"纂闻其名而辟之。后帅轻骑出塞觇候，属铁勒数千骑奄至，谨以众寡不敌，退必不免，乃散其众骑，使匿丛薄之间，又遣人升山指麾，若部分军众者。铁勒望见，虽疑有伏兵，自恃其众，进军逼谨。谨以常乘骏马，一紫一騧，铁勒所识，乃使二人各乘一马突阵而出，铁勒以为谨也，争逐之；谨帅余军击其追骑，铁勒遂走，谨因得入塞。

（以上为第十四段，写北魏派尚书左丞元孚持节安抚柔然，柔然可汗阿那瓌反叛，扣留元孚；北魏派出大军攻打，干将于谨十七战皆胜，阿那瓌北逃，于谨乘胜追击。）

李崇长史巨鹿魏兰根说崇曰："昔缘边初置诸镇，地广人稀，或征发中原强宗子弟，或国之肺腑，寄以爪牙。中年以来，有司号为'府户'，役同厮养，官婚班齿，致失清流，而本来族类，各居荣显，顾瞻彼此，理当愤怨。宜改镇立州，分置郡县，凡是府户，悉免为民，入仕次叙，一准其旧，文武兼用，威恩并施。此计若行，国家庶无北顾之虑矣。"崇为之奏闻，事寝，不报。

初，元义既幽胡太后，常入直于魏主所居殿侧，曲尽佞媚，帝由是宠信之。义出入禁中，恒令勇士持兵以自先后。时出休于千秋门外，施木栏楯，使腹心防守以备窃发，士民求见者，遥对之而已。其始执政之时，矫情自饰，以谦勤接物，时事得失，颇以关怀。既得志，遂自骄慢，嗜酒好色，贪吝宝贿，与夺任情，纪纲坏乱。父京兆王继尤贪纵，与其妻子各受赂遗，请属有司，莫敢违者。乃至郡县小吏亦不得公选，牧、守、令、长率皆贪污之人。由是百姓困穷，人人思乱。

那瓌每次集合他的部下，都让元孚坐在车厢中，称他为行台，特别地表示尊敬。阿那瓌率兵向南开进，所过之处横加掠劫，到了平城，才允许元孚回去。有关部门上奏元孚有辱使命，令他将功抵罪。四月二十八日甲申，北魏派尚书令李崇、左仆射元纂统率十万骑兵攻打柔然。阿那瓌听到消息，驱赶二千百姓，公家和私人的几十万头马牛羊，向北方逃窜而去，李崇追赶了三千多里，没有追上，只好撤回。

元纂派遣铠曹参军于谨率领二千多骑兵追击柔然人，到了郁原，先后打了十七仗，屡屡破敌获胜。于谨是于忠的从曾孙，性情深沉、有识见、有气量，广涉经典史传。少年时，隐居在乡间，不求仕进，有人劝他入仕做官，于谨说："州和郡的官职是从前的人所瞧不上的；台鼎的位置，必须等待时机来到才可以获得。"元纂听到他的名声就征召了他。后来率领轻骑部队出塞侦察，忽然遇上了几千名铁勒骑兵，于谨因为寡不敌众，后退一定难以幸免，于是便分散手下的骑兵，让他们藏到树丛之间，又派人到山上去指挥，好像在部署军队一样。铁勒人看到后，虽然疑心有埋伏，但是倚仗人多，进兵逼近于谨。于谨常常骑一紫一黄两匹骏马，铁勒人都认识，他就让二人各骑一匹马冲出战阵，铁勒人以为是于谨，争着去追赶；于谨率领剩下的军队攻打追击的骑兵，铁勒人逃跑了，于谨才回到关内。

李崇的长史钜鹿人魏兰根劝谏李崇说："从前沿着边境刚开始设置各镇时，地广人稀，或者征调中原豪强的子弟，或者派遣国家肺腑，寄托以爪牙之任。很多年后，当地官吏们称为'府户'，像对待奴隶那样役使他们，按年纪给他们婚配，以至于使他们失去清流的身份，然而当地原来的门族，各个都荣华显赫，比较一下，他们理应对此愤怨不满。应当把镇改成州，分别设置郡和县，凡是府户都释放为平民，在入仕和升迁方面都和从前一样，这样文武手段并用，威严、慈恩并施。如果这种策略实行了，国家几乎就可以解除北方的忧患了。"李崇替他上奏，但事情被搁置起来，没有回音。

当初，元义囚禁胡太后以后，常常入宫在魏孝明帝所住的殿堂旁边执勤，百般献媚，孝明帝因此宠信他。元义在宫禁中出入，常常让勇士手执兵器在他前后保护，有时出宫在千秋门外休息，就设置木栅栏，让心腹守护以防备突然事变，士人和百姓来求见他，只能离得远远的。他开始掌管朝政的时候，待人接物谦逊、殷勤，对于时事得失也十分关心，等到心意满足以后，就开始傲慢无礼，嗜酒好色，贪图财宝贿赂，随心所欲地处置事情，破坏了纲常法纪。他的父亲京兆王元继更加贪婪放肆，和他的妻子儿女都接受贿赂和礼品，操纵有关部门，没有人敢抗拒。以至于连郡县的小辟吏也不能公正任命，而牧、守、令、长等各级官吏全都是贪污受贿的人。

武卫将军于景，忠之弟也，谋废叉，叉黜为怀荒镇将。及柔然入寇，镇民请粮，景不肯给，镇民不胜忿，遂反，执景，杀之。未几，沃野镇民破六韩拔陵聚众反，杀镇将，改元真王。诸镇华、夷之民往往响应，拔陵引兵南侵，遣别帅卫可孤围武川镇，又攻怀朔镇。尖山贺拔度拔及其三子允、胜、岳皆有材勇，怀朔镇将杨钧擢度拔为统军，三子为军主以拒之。

魏景明之初，世宗命宦者白整为高祖及文昭高后凿二佛龛于龙门山，皆高百尺。永平中，刘腾复为世宗凿一龛，至是二十四年，凡用十八万二千余工而未成。

（以上为第十五段，写北魏北边六镇发生大规模起义，破六韩拔陵率兵南侵；北魏在龙门山开凿佛龛，即龙门石窟。）

秋，七月，辛亥，魏诏："见在朝官，依令七十合解者，可给本官半禄，以终其身。"

九月，魏诏侍中、太尉汝南王悦入居门下，与丞相高阳王雍参决尚书奏事。

冬，十月，庚午，以中书监、中卫将军袁昂为尚书令，即本号开府仪同三司。

魏平恩文宣公崔光疾笃，魏主亲抚视之，拜其子励为齐州刺史，为之撤乐，罢游眺。丁酉，光卒，帝临，哭之恸，为减常膳。

光宽和乐善，终日怡怡，未尝忿恚。于忠、元义用事，以光旧德，皆尊敬之，事多咨决，而不能救裴、郭、清河之死，时人比之张禹、胡广。

光且死，荐都官尚书贾思伯为侍讲。帝从思伯受《春秋》，思伯虽贵，倾身下士。或问思伯曰："公何以能不骄？"思伯曰："衰至便骄，何常之有！"当时以为雅谈。

十一月，癸未朔，日有食之。

甲辰，尚书左仆射王暕卒。

梁初唯扬、荆、郢、江、湘、梁、益七州用钱，交、广用金银，余

因此百姓贫困窘迫，人人都想造反。

武卫将军于景是于忠的弟弟，策划罢免元义，被元义贬为怀荒镇将。等到柔然入侵扰乱，镇中百姓请求发粮，于景不肯给，百姓压不住心头之忿，就造反，抓住了于景，杀了他。不久，沃野镇的平民破六韩拔陵聚众造反，杀了镇将，改年号为真王，各镇的汉族和夷族百姓纷纷响应，破六韩拔陵带兵向南侵犯，派偏将卫可孤包围了武川镇，又攻打怀朔镇。尖山人贺拔度拔和他的三个儿子贺拔允、贺拔胜、贺拔岳都有才干和勇气，怀朔镇将杨钧提拔贺拔度拔为统军，又提拔他的三个儿子为军主去抗击叛民。

北魏景明初年，孝明帝命令宦官白整给宣武帝和文昭高后在龙门山凿两个佛龛，佛龛全都高达百尺。永平年间，刘腾又替宣武帝凿了一个佛龛，到这时已经二十四年了，一共用了十八万二千多个工匠，却还没有完成。

秋季，七月二十七日辛亥，北魏颁布诏书："现今在朝中的官员，按年龄到了七十岁应当退仕解职的人，可以付给他原来官职一半的俸禄，一直到他终年。"

九月，北魏诏令侍中、太尉、汝南王元悦入居门下省，与丞相高阳王元雍一同参决尚书奏事。

冬季，十月十七日庚午，梁任命中书监、中卫将军袁昂为尚书令，并以中卫将军的身份开府仪同三司。

北魏平恩文宣公崔光病重，魏孝明帝亲自去看望他，拜他的儿子崔励为齐州刺史，并取消音乐，停止游玩。十一月十五日丁酉，崔光去世，孝明帝临丧，悲痛地哭悼，并且为此而减少饮食。

崔光宽厚和蔼，仁慈亲善，整天快乐平和，从不发怒生恨。于忠、元义专权，因为崔光德高望重，都尊敬他，凡事征求他的意见而后才做决定，没能挽救裴植、郭祚和清河王元怿之死，当时的人把他比作张禹、胡广。

崔光将要去世时，推荐都官尚书贾思伯为侍讲。孝明帝跟从贾思伯学习《春秋》。贾思伯虽然地位尊贵，但常礼贤下士。有人问贾思伯说："您为什么能做到不骄傲呢？"贾思伯说："衰落到来就会骄傲，如何能保持长久啊！"当时把它传为佳话。

十一月初一日癸未朔，发生日食。

十一月二十二日甲辰，梁朝尚书左仆射王暕去世。

梁朝开国之初只有扬州、荆州、郢州、江州、湘州、梁州、益州七个州使用钱

州杂以谷帛交易。上乃铸五铢钱，肉好周郭皆备。别铸无肉郭者，谓之“女钱”。民间私用女钱交易，禁之不能止，乃议尽罢铜钱。十二月，戊午，始铸铁钱。

魏以汝南王悦为太保。

（以上为第十六段，写南朝大臣袁昂是个干才，连年升迁；北魏儒臣崔光去世，崔光德高望重，但只求自保；南朝铸造五铢钱，后商议废用铜钱，开始铸造铁钱。）

币，交州、广州使用金银，其他的州夹杂使用谷物布帛进行交易。梁武帝就让铸造五铢钱，钱形的内郭、外郭以及周郭都齐备。又另外铸造了没有内郭的钱，称为“女钱”，民间私下里使用女钱进行交易，禁止不了，就商议全部废止使用铜钱。十二月初六日戊午，开始铸造铁钱。

北魏任命汝南王元悦为太保。

【点评】

柔然崛起为祸北魏。本卷所记载的北魏历史，如何面对北方的柔然和高车已经成为北魏非常重要的问题，朝廷为此进行了多次讨论。正光元年（520），柔然君主可汗丑奴被母亲和大臣杀死。丑奴的弟弟阿那瓌刚继位十来天，阿那瓌又被族兄示发战败，投归北魏，受到隆重迎接，位于藩王之下，安置于燕然馆，封之为朔方郡公、蠕蠕王。阿那瓌想要北归的时候，对于同意还是不同意，北魏朝廷多次讨论，没有统一的意见。阿那瓌贿赂权臣元义，遂得愿。北魏调发郡兵一万五千人护送回国。对此张普惠反对，上疏认为这是徒自劳扰的行为，于是停止护送。后来阿那瓌请求北魏借兵一万，送他到沙漠以北，抚定荒民。为此北魏朝廷讨论，袁翻指出面对当前形势，北魏应当采取保存柔然，分其势力，以牵制和抵御日益强盛的高车的策略。于是北魏把阿那瓌安置于怀朔镇（今内蒙古固阳西南）北的吐若奚泉，将婆罗门安置于居延海附近的故西海郡（治今内蒙古额济纳旗东南）。正光三年（522），婆罗门叛离北魏，抢掠凉州，欲投奔嚈哒，被北魏追擒归于洛阳。次年，柔然发生大饥荒，阿那瓌率领其众进入北魏境内，请求借粮。元孚向北魏朝廷上表提出对策：利用柔然天灾的机会，“大致按从前的办法去做，把闲置的土地借给他们，让他们去放牧，简单地设置官府，以表示对他们的关心爱护，同时在边境上严密布置兵力，命令防卫监视，使他们与我们亲近却不至于欺哄瞒骗我们，疏远却不允许到反叛的地步，这才是上上之策”。但是朝廷没有采纳元孚的建议。这一失误决策的后果是严重的。北魏元孚秉持白虎幡在柔玄、怀荒二镇之间慰问阿那瓌。阿那瓌手下共有三十万人马，他暗中怀有反叛之意，就扣留了元孚，阿那瓌率兵向南开进，所过之处横加掠劫，到了平城，才允许元孚回去。此时北魏派兵攻打柔然，阿那瓌听到消息，向北方逃窜而去，魏军追赶了三千多里，没有追上，只好撤回。北魏奸臣当道，丧失利用柔然内讧抚定的善策，让阿那瓌逃回，终为北魏祸患。

资治通鉴（文白对照本） 卷第一百五十

梁纪六

梁武帝普通五年至六年（524—525年）

【起阏逢执徐（甲辰，524年），尽旃蒙大荒落（乙巳，525年），凡二年】

【大事提要】

本卷记事起自公元524年，至公元525年，凡二年，当梁武帝普通五年至普通六年。本卷所载大事，南朝萧梁大事一件，梁武帝收纳东昏侯宠姬吴淑媛生子豫章王萧综，萧综得知身世后逃奔北魏，遂引出许多事情。北朝北魏大事有三件。其一，以六镇起义为主线。孝明帝时期，破六韩拔陵造反之后，高平镇起义，本卷的秦州莫折大提造反，死后儿子莫折念生为首，六镇接连起义，成为北魏政治的一条主线。广阳王元深上言准确地分析六镇起义发生的历史根源及高阙戍首义的原因。其二，胡太后复出临朝听政。其三，尔朱荣事迹开始。

【原文】

高祖武皇帝六

普通五年（甲辰，524 年）

春，正月，辛丑，魏主祀南郊。

三月，魏以临淮王彧都督北讨诸军事，讨破六韩拔陵。

夏，四月，高平镇民赫连恩等反，推敕勒酋长胡琛为高平王，攻高平镇以应拔陵。魏将卢祖迁击破之，琛北走。

卫可孤攻怀朔镇经年，外援不至，杨钧使贺拔胜诣临淮王彧告急。胜募敢死少年十余骑，夜伺隙溃围出，贼骑追及之，胜曰："我贺拔破胡也。"贼不敢逼。胜见彧于云中，说之曰："怀朔被围，旦夕沦陷，大王今顿兵不进；怀朔若陷，则武川亦危，贼之锐气百倍，虽有良、平，不能为大王计矣。"彧许为出师。胜还，复突围而入。钧复遣胜出觇武川，武川已陷。胜驰还，怀朔亦溃，胜父子俱为可孤所虏。

五月，临淮王彧与破六韩拔陵战于五原，兵败，彧坐削除官爵。安北将军陇西李叔仁又败于白道，贼势日盛。

魏主引丞相、令、仆、尚书、侍中、黄门于显阳殿，问之曰："今寇连恒、朔，逼近金陵，计将安出？"吏部尚书元脩义请遣重臣督军镇恒、朔以捍寇，帝曰："去岁阿那瓌叛乱，遣李崇北征，崇上表求改镇为州，朕以旧章难革，不从其请。寻崇此表，开镇户非冀之心，致有今日之患；但既往难追，聊复略论耳。然崇贵戚重望，器识英敏，意欲遣崇行，何如？"仆射萧宝寅等皆曰："如此，实合群望。"崇曰："臣以六镇遐僻，密迩寇戎，欲以慰悦彼心，岂敢导之为乱！臣罪当就死，陛下赦之；今更遣臣北行，正是报恩改过之秋。但臣年七十，加之疲病，不堪军旅，愿更择贤材。"帝不许。脩义，天赐之子也。

臣光曰：李崇之表，乃所以销祸于未萌，制胜于无形。魏肃宗既不能用，及乱生之后，曾无愧谢之言，乃更以为崇罪，彼不明之君，乌可与谋哉！《诗》云："听言则对，诵言如醉，匪用其良，覆俾我悖。"其是之谓矣。

【语译】

高祖武皇帝六

梁武帝普通五年（甲辰，524 年）

春季，正月二十日辛丑，魏孝明帝在南郊祭天。

三月，北魏委任临淮王元彧都督北讨诸军事，去讨伐破六韩拔陵。

夏季，四月，高平镇民赫连恩等人造反，推举敕勒酋长胡琛为高平王，攻打高平镇以响应破六韩拔陵。北魏将领卢祖迁击破了他们，胡琛北逃而去。

破六韩拔陵的偏将卫可孤攻打北魏的怀朔镇整整一年了，外面援军还不到来，杨钧指派贺拔胜到临淮王元彧那里告急。贺拔胜招募了十余名不怕死的少年骑兵，在夜间瞅机会突围而出，卫可孤的骑兵追上了他们，贺拔胜喊道："我是贺拔破胡。"追兵们便吓得不敢逼近。贺拔胜在云中见到了元彧，游说道："怀朔被围，旦夕之间就会沦陷，大王现今按兵不动。怀朔如果陷于敌手，武川也将告危，贼寇的锐气将百倍增加，即使有张良、陈平在，也无法为大王计议了。"元彧答应出兵援救怀朔。贺拔胜返回，又突围而入城。杨钧又派遣贺拔胜出城去侦察武川的情况，去之后，武川已经失陷。贺拔胜快马驰还，很快怀朔也被攻破，贺拔胜父子俱被卫可孤俘虏。

五月，临淮王元彧同破六韩拔陵在五原交战，战败，元彧获罪被削除官爵。安北将军陇西人李叔仁也在白道战败，贼兵的势力日益强盛。

魏孝明帝召集丞相、令、仆、尚书、侍中、黄门等到显阳殿，问他们："如今恒朔之地贼寇蜂起，逼近金陵，采取什么对策呢？"吏部尚书元脩义请求派遣朝廷重臣督领军队镇守恒朔，以抵御贼寇，孝明帝说："去年阿那瓌叛乱，派遣李崇北征，李崇上表请求改镇为州，朕因为旧的章程难以变更，便没有听从他的请求。寻思李崇这个上表，开启了镇上人家非分之想，以致有今日之患。但是过去的事情难以追回，这里只是顺便说一下罢了。然而李崇是皇亲贵戚，名望甚重，气量大，见识远，英武机敏，想派他前去，如何呢？"仆射萧宝寅等都说："这样决定，非常符合众望。"李崇说："臣考虑到六镇地处偏远，靠近贼寇，想要安慰取悦当地人之心，岂敢引导他们作乱呢？臣罪该万死，陛下赦免了我，如今更要派我北行，这对我正是一个报恩改过之秋。但是臣年已七十，加之疲病在身，不堪军旅之事了。希望能另外选择优秀人才。"孝明帝没有答应。元脩义是元天赐的儿子。

臣司马光评论说：李崇上表，是为了消除祸乱于未萌发的时候，制敌取胜于无形之中。魏孝明帝既不能采纳他的建议，到祸乱产生之后，不但没有半点惭愧道歉之言，反而更认为是李崇的罪过，那个不明智的君主，怎么可以同他谋事呢！《诗经》云："听到美言便应对，闻诵诗书则陶醉，不采用良善之言，

壬申，加崇使持节、开府仪同三司、北讨大都督，命抚军将军崔暹、镇军将军广阳王深皆受崇节度。深，嘉之子也。

六月，以豫州刺史裴邃督征讨诸军事以伐魏。

魏自破六韩拔陵之反，二夏、豳、凉，寇盗蜂起。秦州刺史李彦，政刑残虐，在下皆怨，是月，城内薛珍等聚党突入州门，擒彦，杀之，推其党莫折大提为帅，大提自称秦王。魏遣雍州刺史元志讨之。

初，南秦州豪右杨松柏兄弟，数为寇盗，刺史博陵崔游诱之使降，引为主簿，接以辞色，使说下群氐，既而因宴会尽收斩之，由是所部莫不猜惧。游闻李彦死，自知不安，欲逃去，未果；城民张长命、韩祖香、孙掩等攻游，杀之，以城应大提。大提遣其党卜胡袭高平，克之，杀镇将赫连略、行台高元荣。大提寻卒，子念生自称天子，置百官，改元天建。

丁酉，魏大赦。

秋，七月，甲寅，魏遣吏部尚书元脩义兼尚书仆射，为西道行台，帅诸将讨莫折念生。

（以上为第一段，写北魏六镇赋役沉重，边民不断反叛，大臣李崇提出改镇为州，减轻军镇赋役，销祸于未萌，魏孝明帝不予采纳，导致秦州莫折大提造反，称帝改元，魏孝明帝本末倒置，责备李崇提议引发反叛，受到司马光批评。北魏委任吏部尚书元脩义督诸将讨伐。）

崔暹违李崇节度，与破六韩拔陵战于白道，大败，单骑走还。拔陵并力攻崇，崇力战，不能御，引还云中，与之相持。

广阳王深上言："先朝都平城，以北边为重，盛简亲贤，拥麾作镇，配以高门子弟，以死防遏，非唯不废仕宦，乃更独得复除，当时人物，忻慕为之。太和中，仆射李冲用事，凉州土人悉免厮役；帝乡旧门，仍防边戍，自非得罪当世，莫肯与之为伍。本镇驱使，但为虞候、白直，一生推迁，不过军主；然其同族留京师者得上品通官，在镇者即为清途所隔，或多逃逸。乃峻边兵之格，镇人不听浮游在外，于是少年不得从师，长者不得游宦，独为匪人，言之流涕！自定鼎伊、洛，边任益轻，

反责我悖逆有罪。”说的正是这个吧。

五月二十三日壬申，北魏委任李崇为使持节、开府仪同三司、北讨大都督，命令抚军将军崔暹、镇军将军广阳王元深一并接受李崇指挥调遣。元深是元嘉的儿子。

六月，梁委任豫州刺史裴邃负责征讨诸军事，去讨伐北魏。

北魏自从破六韩拔陵造反以来，二夏、豳、凉等地寇盗蜂起。秦州刺史李彦施政严苛，刑罚残酷，下面的人都抱怨。这个月，城内薛珍等人结伙闯入州府门，抓住了李彦，杀了他，推举同党莫折大提为元帅，莫折大提自称为秦王。北魏派遣雍州刺史元志去讨伐。

当初，南秦州的豪强杨松柏兄弟几番为寇盗，刺史博陵人崔游引诱他投降，提拔做了主簿，以亲近的言语和态度接待了他，让他去游说下面的氐族部落，事成之后借宴会之机把他们全部抓起来斩了，因此部下无不猜忌惧怕。崔游得知李彦的死讯之后，自己知道难以安心，想逃走，但没有成功。城中百姓张长命、韩祖香、孙掩等人攻打崔游，杀了他，率全城百姓响应莫折大提。莫折大提派他的党徒卜胡袭击高平，攻克了，杀了镇将赫连略和行台高元荣。莫折大提很快便去世，他的儿子莫折念生自称为天子，设置百官，改年号为天建。

六月十八日丁酉，北魏大赦天下。

秋季，七月初六日甲寅，北魏委任吏部尚书元脩义兼尚书仆射，为西道行台，统率众将去讨伐莫折念生。

崔暹不服从李崇指挥，与破六韩拔陵在白道交战，一败涂地，单人匹马跑了回来。破六韩拔陵集中兵力攻打李崇，李崇全力迎战，但是抵挡不住，便带领部队回到云中，与破六韩拔陵相持。

广阳王元深上言：“先朝建都平城时，以北部边境为重，郑重挑选亲近贤能，竖立大旗，担任镇将，并且配备以高门子弟，拼死防止边患，不但不影响仕宦前途，反而更独得提升，当时的人们，都欣羡前去。太和年间，仆射李冲掌权，凉州的当地人全都免除服役，帝乡平城高门大姓，却仍然要去防守边关，如果不是得罪了当权者，谁也不愿意加入其列。受本镇将领驱使，只能担任虞侯、白直的卑下职务。一生升迁，最高也只做到军主。然而同姓中留在京城的那些人却能做到上品显官，于是身在边镇的那些人便由于升迁之路与己隔绝，大量逃散。朝廷便制定了严厉的

唯底滞凡才，乃出为镇将，转相模习，专事聚敛。或诸方奸吏，犯罪配边，为之指踪，政以贿立，边人无不切齿。及阿那瓌背恩纵掠，发奔命追之，十五万众度沙漠，不日而还。边人见此援师，遂自意轻中国。尚书令臣崇求改镇为州，抑亦先觉，朝廷未许。而高阙戍主御下失和，拔陵杀之，遂相帅为乱，攻城掠地，所过夷灭，王师屡北，贼党日盛。此段之举，指望销平；而崔暹只轮不返，臣崇与臣逡巡复路，相与还次云中，将士之情莫不解体。今日所虑，非止西北，将恐诸镇寻亦如此，天下之事，何易可量！”书奏，不省。

（以上为第二段，写北魏广阳王元深上言六镇不断反叛的历史根源，魏孝明帝元诩却连看都不看，致使事态不断扩大。）

诏征崔暹系廷尉，暹以女妓、田园赂元义，卒得不坐。

丁丑，莫折念生遣其都督杨伯年攻仇鸠、河池二戍，东益州刺史魏子建遣将军伊祥等击破之，斩首千余级。东益州本氐王杨绍先之国，将佐皆以城民劲勇，二秦反者皆其族类，请先收其器械，子建曰：“城民数经行阵，抚之足以为用，急之则腹背为患。”乃悉召城民，慰谕之，既而渐分其父兄子弟外戍诸郡，内外相顾，卒无叛者。子建，兰根之族兄也。

魏凉州幢帅于菩提等执刺史宋颖，据州反。

八月，庚寅，徐州刺史成景儁拔魏童城。

魏员外散骑侍郎李苗上书曰：“凡食少兵精，利于速战；粮多卒众，事宜持久。今陇贼猖狂，非有素蓄，虽据两城，本无德义，其势在于疾攻，日有降纳，迟则人情离沮，坐待崩溃。夫飙至风举，逆者求万一之功；高壁深垒，王师有全制之策。但天下久泰，人不晓兵，奔利不相待，逃难不相顾，将无法令，士非教习，不思长久之计，各有轻敌之心。如令陇东不守，汧军败散，则两秦遂强，三辅危弱，国之右臂于斯废矣。宜敕大将坚壁勿战，别命偏裨帅精兵数千出麦积崖以袭其后，则汧、陇之下，群妖自散。”

边兵制度，镇上的人不许浮游在外，这时少年人不能从师学习，成年人不能出外游宦，不被当作人看待，说起来心酸落泪！自从定鼎于伊洛以来，边防职任更看得轻了，只有那些长期不能升迁的庸碌之才，才出任镇将，这些人互相仿效，一心聚敛财物。或者各地方的奸吏，因犯罪而发配边关，指示踪迹，政治以贿赂而立，边民们无不切齿痛恨。到阿那瓌背弃恩德，纵掠反叛而去，发兵长途追击。十五万大军越过沙漠，但不到几天工夫就返回来了，不能除尽反贼，边民见到这样的援军，于是便打心眼里瞧不起中原之国。尚书令臣李崇请求改镇为州，或许是预先觉察到了，朝廷没有准许他的请求。高阙戍的主将管制下属上下失和，于是结伙叛乱，攻城掠地，所过之处夷灭无遗。朝廷军队屡屡败北，贼党日益兴盛。这一段时间里的行动，指望能铲平叛乱，早获安定；但是崔暹一辆车也未能返回，臣崇与臣徘徊旧路，一起回到云中，将士们的情绪分崩解体。现今的忧虑，不仅西北方面，恐怕各镇很快也会如此，天下之事，哪能容易地估计呢！”上书奏呈后，魏孝明帝没有省阅。

北魏下诏令召来崔暹后关押在廷尉，崔暹用女妓、田产庄园贿赂元义，最后没有被治罪。

七月二十九日丁丑，莫折念生派遣都督杨伯年攻打仇鸠、河池两个寨堡，东益州刺史魏子建派将军伊祥等人击败了杨伯年，斩首一千多人。东益州本来是氐王杨绍先的封国，将佐们都因为州城中的民众勇悍不驯，南秦州和秦州的反叛者都是杨绍先的同族之人，请求先没收城里人手中的兵器械杖，魏子建说：“城中民众数次经历行阵，安抚好足为我所用，逼得太急了则会腹背受敌。”于是把城中民众都召集起来，安抚晓谕他们，然后逐渐把他们父子兄弟分派到外地各郡去戍守，这样内外相顾，到底也没有出现反叛者。魏子建是魏兰根的族兄。

北魏凉州幢帅于菩提等人拘押了刺史宋颖，占据凉州造反。

八月十二日庚寅，梁徐州刺史成景儁拔取北魏的童城。

北魏员外散骑侍郎李苗上书说：“但凡粮少兵精，利于速战速决；粮多兵众，利于打持久之战。当今陇地贼寇猖狂，没有多少粮资储备，虽然占据了两座城，但本来没有德义，所以其势在于急攻，以使每日都有所收纳，迟缓了则会使人心离散，情绪颓丧，从而坐待崩溃。飚至风举，逆反者求的是万分之一的功效；高壁深垒，王师有完胜的策略。但是天下长久安泰，人们已经不知晓行伍征战了，都变得追逐利益，唯恐落后，逃灾避难，互不相顾，将帅没有法令，士兵未经过教习，不思长远之计，个个都有轻敌之心。如果使陇东失守，汧地的军队败散，那么秦州和南秦州的势力便会强大，三辅之地顿时就会变得危险脆弱，国家的右臂便废掉了。应该旨令大将坚壁不战，另外命令副帅偏将率领兵数千名出麦积崖袭击其后方，如此则

魏以苗为统军，与别将淳于诞俱出梁、益，未至，莫折念生遣其弟高阳王天生将兵下陇。甲午，都督元志与战于陇口，志兵败，弃众东保岐州。

东西部敕勒皆叛魏，附于破六韩拔陵，魏主始思李崇及广阳王深之言。丙申，下诏："诸州镇军贯非有罪配隶者，皆免为民。"改镇为州，以怀朔镇为朔州，更命朔州曰云州。遣兼黄门侍郎郦道元为大使，抚慰六镇。时六镇已尽叛，道元不果行。

先是，代人迁洛者，多为选部所抑，不得仕进。及六镇叛，元义乃用代来人为传诏以慰悦之。廷尉评代人山伟奏记，称义德美，义擢伟为尚书二千石郎。

（以上为第三段，写北魏官员李苗建言与叛军坚壁不战，以安陇东之策，而李苗为帅与叛军交战不利；东西部敕勒都背叛北魏，魏孝明帝元诩这才认识到李崇与元深所建之言才是良策，实行改镇为州。）

秀容人乞伏莫于聚众攻郡，杀太守；丁酉，南秀容牧子万于乞真杀太仆卿陆延，秀容酋长尔朱荣讨平之。荣，羽健之玄孙也。其祖代勤，尝出猎，部民射虎，误中其髀，代勤拔箭，不复推问，所部莫不感悦。官至肆州刺史，赐爵梁郡公，年九十余而卒；子新兴立。新兴时，畜牧尤蕃息，牛羊驼马，色别为群，弥漫川谷，不可胜数。魏每出师，新兴辄献马及资粮以助军，高祖嘉之。新兴老，请传爵于子荣，魏朝许之。荣神机明决，御众严整。时四方兵起，荣阴有大志，散其畜牧资财，招合骁勇，结纳豪桀，于是侯景、司马子如、贾显度及五原段荣、太安窦泰皆往依之。显度，显智之兄也。

戊戌，莫折念生遣都督窦双攻魏盘头郡，东益州刺史魏子建遣将军窦念祖击破之。

九月，戊申，成景儁拔魏睢陵。戊午，北兖州刺史赵景悦围荆山。裴邃帅骑三千袭寿阳，壬戌夜，斩关而入，克其外郭。魏扬州刺史长孙稚御之，一日九战，后军蔡秀成失道不至，邃引兵还。别将击魏淮阳，

汧陇之地群妖自会溃散。”

北魏任命李苗为统军，同别将淳于诞分别从梁州、益州出发，还没有到达目的地，莫折念生便派遣他的弟弟高阳王莫折天生率兵前来陇地。八月十六日甲午，都督元志在陇口交战，元志兵败，丢下部众跑到东边的岐州自守。

东部和西部的敕勒人都反叛了北魏，投附了破六韩拔陵，魏孝明帝这才开始想起李崇和广阳王元深曾经说过的话。八月十八日丙申诏令："各州镇在册的军人中凡不是因犯罪而被流放服役的，全都免为平民。”改镇为州，以怀朔镇为朔州，又改朔州为云州。派遣兼黄门侍郎郦道元为大使，让他去安抚宣慰六镇。当时六镇已经全部反叛，郦道元没有成行。

在此之前，从代京迁到洛阳的那些人，大多被吏部所压制，不能做官。到六镇反叛的时候，元义才使用从代京迁来的［非士族的寒］人担任传诏，以便安慰、取悦他们。廷尉评代京人山伟在奏记中称颂元义道德高尚，元义便晋升山伟为尚书二千石郎。

秀容人乞伏莫于聚众攻打郡城，杀了太守。八月十九日丁酉，南秀容的放牧人万于乞真［造反，］杀了太仆卿陆延，秀容酋长尔朱荣平定了这场叛乱。尔朱荣是尔朱羽健的玄孙。尔朱荣的祖父尔朱代勤，有一次外出打猎，部落中的一个人射虎，误中了他的大腿，代勤把箭拔出来，不再问罪，部落成员莫不对他心悦诚服。做官做到肆州刺史，赐爵位梁郡公，活了九十多岁去世。儿子尔朱新兴继承了爵位。尔朱新兴做酋长的时候，畜牧业尤其繁殖兴旺，牛、羊、骆驼和马，以毛色分群，弥漫于川谷之中，数量多得无法计算。北魏每到出兵的时候，尔朱新兴便献上马匹以及军资粮食等来帮助军队，高祖嘉奖他。尔朱新兴年老了，请求把爵位传给儿子尔朱荣，北魏朝廷准许了。尔朱荣心机神妙，明察而有决断，管理部属特别严格。当时四方兵起，烽火遍地，尔朱荣心中暗藏大志，把牲畜钱财散发众人，招募纠合骁勇之徒，结交招纳豪杰，这时侯景、司马子如、贾显度以及五原人段荣、太安人窦泰等人都去依附了他。贾显度是贾显智的哥哥。

八月二十日戊戌，莫折念生派遣都督窦双攻打北魏盘头郡，东益州刺史魏子建派遣将军窦念祖击败了窦双。

九月初一日戊申，成景儁拔取了北魏的睢陵。九月十一日戊午，北兖州刺史赵景悦包围荆山。裴邃率领三千骑兵袭击寿阳，于九月十五日壬戌夜，攻破城门，攻克了寿阳外城。北魏扬州刺史长孙稚抗击，一天交战了九次，后军蔡秀成迷路而没

魏使行台郦道元、都督河间王琛救寿阳，安乐王鉴救淮阳。鉴，诠之子也。

魏西道行台元脩义得风疾，不能治军。壬申，魏以尚书左仆射齐王萧宝寅为西道行台大都督，帅诸将讨莫折念生。

宋颖密求救于吐谷浑王伏连筹，伏连筹自将救凉州，于菩提弃城走，追斩之。城民赵天安等复推宋颖为刺史。

河间王琛军至西硖石，解涡阳围，复荆山戍。青、冀二州刺史王神念与战，为琛所败。冬，十月，戊寅，裴邃、元树攻魏建陵城，克之，辛巳，拔曲木；扫虏将军彭宝孙拔琅邪。

魏营州城民刘安定、就德兴执刺史李仲遵，据城反。城民王恶兒斩安定以降；德兴东走，自称燕王。

胡琛遣其将宿勤明达寇豳、夏、北华三州。魏遣都督北海王颢帅诸将讨之。颢，详之子也。

甲申，彭宝孙拔檀丘。辛卯，裴邃拔狄城；丙申，又拔甓城，进屯黎浆。壬寅，魏东海太守韦敬欣以司吾城降。定远将军曹世宗拔曲阳；甲辰，又拔秦墟，魏守将多弃城走。

魏使黄门侍郎卢同持节诣营州慰劳，就德兴降而复反。诏以同为幽州刺史兼尚书行台，同屡为德兴所败而还。

魏朔方胡反，围夏州刺史源子雍，城中食尽，煮马皮而食之，众无贰心。子雍欲自出求粮，留其子延伯守统万，将佐皆曰："今四方离叛，粮尽援绝，不若父子俱去。"子雍泣曰："吾世荷国恩，当毕命此城；但无食可守，故欲往东州为诸君营数月之食，若幸而得之，保全必矣。"乃帅羸弱诣东夏州运粮，延伯与将佐哭而送之。子雍行数日，胡帅曹阿各拔邀击，擒之。子雍潜遣人赍书，敕城中努力固守。阖城忧惧，延伯谕之曰："吾父吉凶未可知，方寸焦烂。但奉命守城，所为者重，不敢以私害公。诸君幸得此心。"于是众感其义，莫不奋励。子雍虽被擒，胡人常以民礼事之，子雍为陈祸福，劝阿各拔降。会阿各拔卒，其弟桑生竟帅其众随子雍降。子雍见行台北海王颢，具陈诸贼可灭之状，颢给子雍兵，令其先驱。时东夏州阖境皆反，所在屯结，子雍转斗而前，九旬之中，凡数十战，遂平东夏州，征税粟以馈统万，二夏由是获全。子雍，怀之子也。

（以上为第四段，写北魏秀容酋长平定南秀容放牧人的反叛；北方胡人反叛，夏

有赶到，裴邃领兵撤返。派遣别将攻打北魏淮阳，北魏派遣行台郦道元、都督河间王元琛去援救寿阳，安乐王元鉴去援救淮阳。元鉴是元诠的儿子。

北魏西道行台元脩义得了风疾，不能指挥军队了。九月二十五日壬申，北魏任命尚书左仆射、齐王萧宝寅为西道行台大都督，统率众将去讨攻莫折念生。

宋颖秘密地向吐谷浑王伏连筹求救，伏连筹亲自率兵援救凉州，于菩提弃城逃跑，伏连筹追上斩了他。城中百姓赵天安等人又推举宋颖为刺史。

河间王元琛率兵抵达西硖石，解了涡阳之围，收复了荆山戍。与青、冀二州刺史王神念交战，打败了他。冬季，十月初一日戊寅，裴邃、元树攻打北魏建陵城，攻克了该城。十月初四日辛巳，又攻拔了曲木，扫虏将军彭宝孙攻拔了琅邪。

北魏营州城的百姓刘安定、就德兴抓住了刺史李仲遵，占据州城造反。城中的百姓王恶兒斩了刘安定而投降，就德兴向东逃跑，自称燕王。

胡琛派遣将领宿勤明达侵扰豳、夏、北华三州。[十月初五壬午，]北魏派遣都督北海王元颢统率众将去讨伐。元颢是元详的儿子。

十月初七日甲申，彭宝孙攻下了檀丘。十月十四日辛卯，裴邃攻下了狄城；十月十九日丙申，又攻下了甓城，进驻黎将。十月二十五日壬寅，北魏东海太守韦敬欣献上司吾城投降。定远将军曹世宗攻拔了曲阳；十月二十七日甲辰，又攻下了秦墟，北魏的守将大多数弃城逃跑。

北魏派黄门侍郎卢同持符节去营州慰劳，就德兴投降后又反叛了。诏令任命卢同为幽州刺史兼尚书行台。卢同屡次被就德兴打败而撤回。

北魏朔方胡人反叛，围攻夏州刺史源子雍，夏州城中的粮食吃光了，就煮马皮吃，众人都没有二心。源子雍想亲自出城求粮，留下儿子源延伯守统万城，将佐们都说："如今四方反叛，粮食耗尽，外援阻绝，不如你们父子都去。"源子雍流着眼泪说道："我家世世代代承受国恩，应拼死守住这座城。但是没有粮食，无法守城，所以想到东州去，为各位筹措几个月的粮食，如果有幸能得到，就必定可以保住城池。"便率领羸弱之卒去东夏州运粮，源延伯与众将佐哭着为他送行。源子雍行走几日，胡人头领曹阿各拔拦击，被擒拿。源子雍暗中派人给统万城送信，命令城中军民努力固守。全城军民非常忧虑恐惧，源延伯晓谕他们说："我父亲的生死吉凶还不可得知，方寸焦灼。但是奉家父之命守城，责任重大，不敢因私损公而弃城不顾。请各位理解我的心情。"众人都被源延伯的节义所感动，无不奋发。源子雍虽然被擒，胡人一直以下民之礼奉事他，他对胡人陈述了祸福利弊，劝曹阿各拔投降。恰巧曹阿各拔去世，他的弟弟曹桑生最终率领部众随源子雍投降了。源子雍去见行台北海王元颢，一一讲陈了各路反贼可以被歼灭的情状，元颢给了源子雍兵力，令他作为先锋。当时东夏州全境都反叛了，到处贼寇聚集，源子雍转战而前，九十天之

州刺史源子雍父子坚守统万城，源子雍出城求援，留其子源延伯守卫夏州，父子两人奋命平定了叛乱，保全了两夏州。）

魏广阳王深上言："今六镇尽叛，高车二部亦与之同，以此疲兵击之，必无胜理。不若选练精兵守恒州诸要，更为后图。"遂与李崇引兵还平城。崇谓诸将曰："云中者，白道之冲，贼之咽喉，若此地不全，则并、肆危矣。当留一人镇之，谁可者？"众举费穆，崇乃请穆为朔州刺史。

贺拔度拔父子及武川宇文肱纠合乡里豪杰，共袭卫可孤，杀之。度拔寻与铁勒战死。肱，逸豆归之玄孙也。

李崇引国子博士祖莹为长史；广阳王深奏莹诈增首级，盗没军资，莹坐除名，崇亦免官削爵征还。深专总军政。

莫折天生进攻魏岐州，十一月，戊申，陷之，执都督元志及刺史裴芬之，送莫折念生杀之。念生又使卜胡等寇泾州，败光禄大夫薛峦于平凉东。峦，安都之孙也。

丙辰，彭宝孙拔魏东莞。壬戌，裴邃攻寿阳之安城，丙寅，马头、安城皆降。

高平人攻杀卜胡，共迎胡琛。

魏以黄门侍郎杨昱兼侍中，持节监北海王颢军，以救豳州，豳州围解。蜀贼张映龙、姜神达攻雍州，雍州刺史元脩义请援，一日一夜，书移九通。都督李叔仁迟疑不赴，昱曰："长安，关中基本，若长安不守，大军自然瓦散，留此何益？"遂与叔仁进击之，斩神达，余党散走。

十二月，戊寅，魏荆山降。

壬辰，魏以京兆王继为太师、大将军，都督西道诸军以讨莫折念生。

乙巳，武勇将军李国兴攻魏平靖关，辛丑，信威长史杨乾攻武阳关，壬寅，攻岘关，皆克之。国兴进围郢州，魏郢州刺史裴询与蛮酋西郢州刺史田朴特相表里以拒之。围城近百日，魏援军至，国兴引还。询，骏之孙也。

魏汾州诸胡反；以章武王融为大都督，将兵讨之。

内，经历了几十场战役，终于平定了东夏州，征收税粟送往统万城，夏州、东夏州因此而得到保全。源子雍是源怀的儿子。

北魏广阳王元深上书说："如今六镇全都反叛了，高车二部的情况也与六镇相同，以这样的疲劳之兵攻打他们，必定没有取胜的道理。不如挑选演练精兵把守恒州的各个要冲之地，再做以后的打算。"便与李崇领兵回到了平城。李崇对众将说："云中是白道的要冲，叛贼的咽喉要害，如果此地不能保全，那么并州和肆州就危险了。应当留下一个人镇守，谁来承当呢？"众人推举费穆，李崇便奏请任命费穆为朔州刺史。

贺拔度拔父子以及武川人宇文肱纠集乡里的豪杰，一同袭击卫可孤，杀了他；贺拔度拔不久又与敕勒交战而身亡。宇文肱是宇文逸豆归的玄孙。

李崇引荐国子博士祖莹为长史；广阳王元深弹劾祖莹谎报斩杀敌人的数量，侵吞军款，祖莹因而获罪被除名，李崇也被免去官职，削夺爵位而召回朝廷。元深一人独揽军政大权。

莫折天生进攻北魏岐州，十一月初二日戊申，攻陷了该城，抓获都督元志以及刺史裴芬之，送给莫折念生，莫折念生杀了他们。莫折念生又派卜胡等人入侵泾州，在平凉东边打败了光禄大夫薛峦。薛峦是薛安都的孙子。

十一月初十日丙辰，彭宝孙攻取了北魏的东莞。十一月十六日壬戌，裴邃攻打寿阳的安城，十一月二十日丙寅，马头和安城两处都投降了。

高平人攻打并杀死了卜胡，一起迎接胡琛。

北魏任命黄门侍郎杨昱兼侍中，持符节监督北海王元颢的军队，去援救豳州，豳州之围解除。迁入关中的蜀州贼人张映龙、姜神达攻打雍州，雍州刺史元脩义请求援救，一天一夜连发九信。都督李叔仁迟疑不去救援，杨昱说："长安是关中的根本，如果长安失守，则大军自然土崩瓦解，那么留在这里还有什么好处呢？"便与李叔仁进攻张映龙和姜神达，斩了姜神达，余党都跑散了。

十二月初二日戊寅，北魏的荆山城投降。

十二月十六日壬辰，北魏任命京兆王元继为太师、大将军，统率西路诸军讨伐莫折念生。

十二月二十九日乙巳，武勇将军李国兴攻打北魏平靖关，十二月二十五日辛丑，信威长史杨乾攻打武阳关，十二月二十六日壬寅，又攻打岘关，都攻下来了。李国兴进军围攻郢州，北魏郢州刺史裴询与蛮人酋长西郢州刺史田朴特里外应合抵抗李国兴。围城近一百天，北魏援军到了，李国兴领兵返回。裴询是裴骏的孙子。

北魏汾州的各部胡人反叛；委任章武王元融为大都督，率兵去讨伐。

魏魏子建招谕南秦诸氐，稍稍降附，遂复六郡十二戍，斩韩祖香。魏以子建兼尚书，为行台，刺史如故，梁、巴、二益、二秦诸州皆受节度。

莫折念生遣兵攻凉州，城民赵天安复执刺史以应之。

是岁，侍中、太子詹事周舍坐事免，散骑常侍钱唐朱异代掌机密，军旅谋议，方镇改易，朝仪诏敕皆典之。异好文义，多艺能，精力敏赡，上以是任之。

（以上为第五段，写北魏叛首莫折大提之子莫折念生派兵攻打岐州、凉州，所到之处从风而靡；南梁攻打北魏信阳三关，先夺之，后弃之；朱异得宠，代掌机密，参决政事。）

六年（乙巳，525年）

春，正月，丙午，雍州刺史晋安王纲遣安北长史柳浑破魏南乡郡；司马董当门破魏晋城，庚戌，又破马圈、雕阳二城。

辛亥，上祀南郊，大赦。

魏徐州刺史元法僧，素附元义，见义骄恣，恐祸及已，遂谋反。魏遣中书舍人张文伯至彭城，法僧谓曰："吾欲与汝去危就安，能从我乎？"文伯曰："我宁死见文陵松柏，安能去忠义而从叛逆乎！"法僧杀之。庚申，法僧杀行台高谅，称帝，改元天启，立诸子为王。魏发兵击之，法僧乃遣其子景仲来降。

安东长史元显和，丽之子也，举兵与法僧战。法僧擒之，执其手，命使共坐，显和不肯，曰："与翁皆出皇家，一朝以地外叛，独不畏良史乎！"法僧犹欲慰谕之，显和曰："我宁死为忠鬼，不能生为叛臣。"乃杀之。

上使散骑常侍朱异使于法僧，以宣城太守元略为大都督，与将军义兴陈庆之、胡龙牙、成景儁等将兵应接。

莫折天生军于黑水，兵势甚盛。魏以岐州刺史崔延伯为征西将军、西道都督，帅众五万讨之。延伯与行台萧宝寅军于马嵬。延伯素骁勇，宝寅趣之使战，延伯曰："明晨为公参贼勇怯。"乃选精兵数千西渡黑水，整陈向天生营；宝寅军于水东，遥为继援。延伯直抵天生营下，扬威胁之，徐引兵还。天生见延伯众少，争开营逐之，其众多于延伯十倍，蹙

北魏魏子建宣谕招降南秦州各氐人部落，稍稍有所归附，便恢复了六郡十二戍，斩了叛贼首领韩祖香。北魏以魏子建兼尚书，担任行台，刺史职务不变，梁、巴、二益、二秦各州都接受指挥调度。

莫折念生派兵攻打凉州，凉州城的百姓赵天安再次抓住了州刺史来响应。

这一年，侍中、太子詹事周舍因事获罪而被免职，散骑常侍钱唐人朱异代替掌管朝廷机密大事，军事方面的出谋划策，以及各州文武长官的任免和朝廷礼仪、诏令等事情也都掌管。朱异喜好文章、义理，多才多艺，思想敏捷而周密，梁武帝因此而信任他。

梁武帝普通六年（乙巳，525年）

春季，正月初一日丙午，梁雍州刺史、晋安王萧纲派遣安北长史柳浑攻陷了北魏的南乡郡；司马董当门攻陷了北魏的晋城，正月初五日庚戌，又攻陷了马圈、彫阳二城。

正月初六日辛亥，梁武帝在南郊祭天，大赦天下。

北魏徐州刺史元法僧，向来依附于元义，见元义骄横纵恣，害怕祸及己身，便想谋反。北魏派遣中书舍人张文伯到达彭城，元法僧对张文伯说："我想与你去危就安，你能从我吗？"张文伯回答说："我宁可死了去见文陵松柏，怎么能离弃忠义而跟从叛逆呢！"元法僧杀了他。正月十五日庚申，元法僧杀了行台高谅，自己称帝，改年号为天启，立几个儿子为王。北魏发兵讨伐，元法僧便派他的儿子元景仲来投降。

安东长史元显和是元丽的儿子，起兵与元法僧交战。元法僧擒拿了元显和，拉着元显和的手，令他和自己一起就座，元显和不肯，说："我同您老人家都出身于皇室，但是你现今却据地而外叛，就不害怕良史吗？"元法僧还想要抚慰劝谕元显和，元显和说道："我宁肯死而为忠义之鬼，不肯活着做叛逆之臣。"便杀了元显和。

梁武帝派散骑常侍朱异作为使者去见元法僧，又任命宣城太守元略为大都督，令元略与将军义兴人陈庆之、胡龙牙、成景儁等人率兵接应。

莫折天生驻军于黑水，兵势甚强。北魏任命岐州刺史崔延伯为征西将军、西道都督，统率五万大军讨伐他。崔延伯同行台萧宝寅驻军在马嵬。崔延伯向来骁勇，萧宝寅催促他出战，崔延伯说："明天早晨我为您去试探一下贼兵勇敢怯懦如何。"于是挑选精兵数千名西渡黑水，阵容齐整地向莫折天生的军营进发；萧宝寅驻扎在黑水东边，远远地作为增援。崔延伯直抵莫折天生的营前，耀武扬威威胁，然后领

延伯于水次，宝寅望之失色。延伯自为后殿，不与之战，使其众先渡，部伍严整，天生兵不敢击。须臾，渡毕，延伯徐渡，天生之众亦引还。宝寅喜曰："崔君之勇，关、张不如。"延伯曰："此贼非老奴敌也，明公但安坐，观老奴破之。"癸亥，延伯勒兵出，宝寅举军继其后。天生悉众逆战，延伯身先士卒，陷其前锋，将士尽锐竞进，大破之，俘斩十余万，追奔至小陇，岐、雍及陇东皆平。将士稽留采掠，天生遂塞陇道，由是诸军不能进。

宝寅破宛川，俘其民以为奴婢，以美女十人赏岐州刺史魏兰根，兰根辞曰："此县介于强寇，不能自立，故附从以救死。官军之至，宜矜而抚之，奈何助贼为虐，翦以为贱役乎！"悉求其父兄而归之。

（以上为第六段，写北魏徐州刺史元法僧反叛、称帝，朝廷派兵讨伐；骁将崔延伯战胜叛首莫折天生于黑水，却滞留抢掠；岐、雍、陇东皆定，岐州刺史魏兰根安抚乡民。）

乙巳，裴邃拔魏新蔡郡，诏侍中、领军将军西昌侯渊藻将众前驱，南兖州刺史豫章王综与诸将继进。癸酉，裴邃拔郑城，汝、颍之间，所在响应。

魏河间王琛等惮邃威名，军于城父，累月不进，魏朝遣廷尉少卿崔孝芬持节、赍斋库刀以趣之。孝芬，挺之子也。琛至寿阳，欲出兵决战。长孙稚以为久雨未可出，琛不听，引兵五万出城击邃。邃为四甄以待之，使直阁将军李祖怜先挑战而伪退；稚、琛悉众追之，四甄竞发，魏师大败，斩首万余级。琛走入城，稚勒兵而殿，遂闭门自固，不敢复出。

魏安乐王鉴将兵讨元法僧，击元略于彭城南，略大败，与数十骑走入城。鉴不设备，法僧出击，大破之，鉴单骑奔归。将军王希聃拔魏南阳平，执太守薛昙尚。昙尚，虎子之子也。甲戌，以法僧为司空，封始安郡公。

魏以安丰王延明为东道行台，临淮王彧为都督，以击彭城。

魏以京兆王继为太尉。

兵徐徐返回。莫折天生的士兵见崔延伯人马少，争相打开营门冲出来追赶，人数多出崔延伯的十倍，把崔延伯逼到了水边，萧宝寅望见不禁大惊失色。崔延伯亲自殿后，不与追兵交战，让部下先渡河，队伍整齐不乱，莫折天生的兵不敢进击。不一会儿，队伍全部渡过了河，崔延伯方才慢慢渡河，莫折天生的部下也返回了。萧宝寅高兴地说："崔君的勇武，关羽、张飞不如。"崔延伯说："这伙贼寇不是老奴的敌手，明公只需安稳而坐，看老奴击败他们。"正月初八日癸亥，崔延伯整集兵马出发，萧宝寅领兵继后。莫折天生倾巢出动迎战，崔延伯身先士卒，冲入敌阵，击败了敌军的前锋，将士们鼓足勇气，争先恐后地进击，大破敌军。共俘虏斩首十多万，一直追击到小陇，岐、雍以及陇东都平定了。将士们滞留采集抢掠，莫折天生便堵塞了陇道，因此各路军队无法再前进了。

萧宝寅击破宛川，俘获该地民众做奴婢，并把十个美女赏给岐州刺史魏兰根，魏兰根推辞不受，说："这个县处在贼寇之间，无法自立，所以百姓们不得不依附以便活命。官军到来之后，应该怜悯而安抚百姓，为什么反而助贼为虐，抓去做奴婢呢？"便把被俘的父老乡亲全都要回来，放他们回家。

乙巳，裴邃攻拔了北魏的新蔡郡，诏令侍中、领军将军西昌侯萧渊藻率领部队先驱而行，南兖州刺史豫章王萧综与众将后继而进。正月二十八日癸酉，裴邃攻占了郑城，汝颍一带纷纷响应。

北魏河间王元琛等人慑于裴邃的威名，驻扎在城父，几个月不敢前进，北魏朝廷派遣廷尉少卿崔孝芬持符节并带着千牛刀前去城父，催促元琛等人进兵。崔孝芬是崔挺的儿子。元琛到了寿阳，想出兵决战。长孙稚认为久雨不晴不可以出兵，元琛不听，率领五万兵士出城攻打裴邃。裴邃列出四翼的军阵等待，指派直阁将军李祖怜先去挑战，然后伪装败退；长孙稚和元琛出动全军追击李祖怜，裴邃的四翼军阵争相行动，北魏军队大败，一万多人被斩首。元琛逃跑进城，长孙稚领兵殿后，入城后便关门固守，再不敢出来。

北魏安乐王元鉴率兵讨伐元法僧，攻击元略于彭城南，元略大败，与几十名骑兵逃入城中。元鉴不加设防，元法僧出城攻击，大破元鉴，元鉴单人匹马逃跑回去了。将军王希聃攻取了北魏的南阳平，抓获了太守薛昙尚。薛昙尚是薛虎子的儿子。正月二十九日甲戌，任命元法僧为司空，封为始安郡公。

北魏任命安丰王元延明为东道行台，临淮王元彧为都督，去攻击彭城。

北魏任命京兆王元继为太尉。

二月，乙未，赵景悦拔魏龙亢。

初，魏刘腾既卒，胡太后及魏主左右防卫微缓。元义亦自宽，时出游于外，留连不返，其所亲谏，义不纳；太后察知之。去秋，太后对帝谓群臣曰："今隔绝我母子，不听往来，复何用我为！我当出家，修道于嵩山闲居寺耳。"因自欲下发，帝及群臣叩头泣涕，殷勤苦请，太后声色愈厉。帝乃宿于嘉福殿，积数日，遂与太后密谋黜义。然帝深匿形迹，太后有忿恚，欲得往来显阳之言，皆以告义；又对义流涕，叙太后欲出家，忧怖之心日有数四。义殊不以为疑，乃劝帝从太后所欲。于是太后数御显阳殿，二宫无复禁碍。义举元法僧为徐州，法僧反，太后数以为言，义深愧悔。

丞相高阳王雍，虽位居义上，而深畏惮之。会太后与帝游洛水，雍邀二宫幸其第。日晏，帝与太后至雍内室，从官皆不得入，遂相与定图义之计。于是太后谓义曰："元郎若忠于朝廷，无反心，何故不去领军，以余官辅政！"义甚惧，免冠求解领军。乃以义为骠骑大将军、开府仪同三司、尚书令、侍中、领左右。

戊戌，魏大赦。

壬辰，莫折念生遣都督杨鲊等攻仇池郡，行台魏子建击破之。

三月，己酉，上幸白下城，履行六军顿所。乙丑，命豫章王综权顿彭城，总督众军，并摄徐州府事。已巳，以元法僧之子景隆为衡州刺史，景仲为广州刺史。上召法僧及元略还建康，法僧驱彭城吏民万余人南渡。法僧至建康，上宠待甚厚；元略恶其为人，与之言，未尝笑。

（以上为第七段，写北魏徐州刺史元法僧反叛失败，投奔南朝，得到宠幸；北魏权臣元义渐渐放松对胡太后的控制，胡太后与魏孝明帝元诩共商除去元义，解除了其领军将军之职。）

魏诏京兆王继班师。

北凉州刺史锡休儒等自魏兴侵魏梁州，攻直城。魏梁州刺史傅竖眼遣其子敬绍击之，休儒等败还。

柔然王阿那瓌为魏讨破六韩拔陵，魏遣牒云具仁赍杂物劳赐之。阿

二月二十日乙未，梁赵景悦攻占了北魏的龙亢。

当初，北魏的刘腾死后，胡太后以及魏孝明帝身边的监视稍微有所松缓。元义也觉得宽心了不少，便时常出外游玩，留连忘返，亲信多次劝谏，元义不采纳；胡太后察知了这一情况。去年秋天，胡太后当着孝明帝问众臣子说："现今隔绝我们母子，不允许互相往来，那么我还有什么用处呢！我应当去出家，去嵩山闲居寺修行当尼姑。"便要自己剃发，孝明帝以及群臣磕头流泪，哀哀苦求，胡太后言语表情却更加严厉了。孝明帝便住在嘉福殿，一连住了好几天，同胡太后一起密谋要贬黜元义。然而，孝明帝故意深藏形迹，把胡太后愤恨的样子，向常来显阳殿见自己的话全告诉了元义；还对元义流着泪水讲叙了胡太后想出家当尼姑一事，忧惧之心一天之内便有四次。元义对此毫无所疑，便劝孝明帝顺从胡太后的要求。这时胡太后数次住宿于显阳殿，两宫之间不再有什么禁限了。元义推荐元法僧出任徐州刺史，元法僧反叛，胡太后数次提到此事，元义因此而深自愧悔。

北魏丞相高阳王元雍，虽然位居元义之上，然而特别惧怕元义。正好胡太后与孝明帝到洛水游玩，元雍便邀请他们临幸自己府上。日落的时候，孝明帝与胡太后进入元雍的内室，随从的官员们都不得进去，便一起制定了图取元义的计谋。这时胡太后对元义说："元郎如果忠于朝廷，没有反心的话，为什么不辞去领军之职，只担任其余的官职来辅政呢！"元义特别害怕，摘下帽子请求解除自己的领军一职。便任命元义为骠骑大将军、开府仪同三司、尚书令、侍中、领左右。

二月二十三日戊戌，北魏大赦天下。

二月十七日壬辰，莫折念生派遣都督杨鲊等人攻打仇池郡，行台魏子建击破了他。

三月初五日己酉，梁武帝巡视白下城，步行视察了六军驻守的地方。三月二十一日乙丑，命令豫章王萧综临时驻扎彭城，总督各路军队，并且兼管徐州府事。三月二十五日己巳，以元法僧的儿子元景隆为衡州刺史，元景仲为广州刺史。梁武帝召元法僧及元略回建康，元法僧驱赶彭城的官员和百姓一万多人南渡。元法僧到了建康，梁武帝特别宠待他。元略厌恶元法僧的为人，与他说话时，从来没有笑过。

北魏诏令京兆王元继班师回朝。

北凉州刺史锡休儒等人从魏兴入侵北魏梁州，攻打直城。北魏梁州刺史傅竖眼派儿子傅敬绍攻击，锡休儒等人败回。

柔然王阿那瓌替北魏征讨破六韩拔陵，北魏派遣牒云具仁送去各种物品慰劳赏

那瓌勒众十万，自武川西向沃野，屡破拔陵兵。夏，四月，魏主复遣中书舍人冯儁劳赐阿那瓌。阿那瓌部落浸强，自称敕连头兵豆伐可汗。

魏元义虽解兵权，犹总任内外，殊不自意有废黜之理。胡太后意犹豫未决，侍中穆绍劝太后速去之。绍，亮之子也。潘嫔有宠于魏主，宦官张景嵩说之云："义欲害嫔。"嫔泣诉于帝曰："义非独欲害妾，将不利于陛下。"帝信之，因义出宿，解义侍中。明旦，义将入宫，门者不纳。辛卯，太后复临朝摄政，下诏追削刘腾官爵，除义名为民。

清河国郎中令韩子熙上书为清河王怿讼冤，乞诛元义等曰："昔赵高柄秦，令关东鼎沸；今元义专魏，使四方云扰。开逆之端，起于宋维，成祸之末，良由刘腾，宜枭首洿宫，斩骸沈族，以明其罪。"太后命发刘腾之墓，露散其骨，籍没家赀，尽杀其养子。以子熙为中书舍人。子熙，麒麟之孙也。

初，宋维父弁常曰："维性疏险，必败吾家。"李崇、郭祚、游肇亦曰："伯绪凶疏，终倾宋氏，若得杀身，幸矣。"维阿附元义，超迁至洛州刺史，至是除名，寻赐死。

义之解领军也，太后以义党与尚强，未可猝制，乃以侯刚代义为领军以安其意。寻出刚为冀州刺史，加仪同三司，未至州，黜为征虏将军，卒于家。太后欲杀贾粲，以义党多，恐惊动内外，乃出粲为济州刺史，寻追杀之，籍没其家。唯义以妹夫，未忍行诛。

先是给事黄门侍郎元顺以刚直忤义意，出为齐州刺史，太后征还，为侍中。侍坐于太后，义妻在太后侧，顺指之曰："陛下奈何以一妹之故，不正元义之罪，使天下不得伸其冤愤！"太后嘿然。顺，澄之子也。他日，太后从容谓侍臣曰："刘腾、元义昔尝邀朕求铁券，冀得不死，朕赖不与。"韩子熙曰："事关生杀，岂系铁券！且陛下昔虽不与，何解今日不杀！"太后怃然。未几，有告"义及弟瓜谋诱六镇降户反于定州，又招鲁阳诸蛮侵扰伊阙，欲为内应"，得其手书，太后犹未忍杀之。群臣固执不已，魏主亦以为言，太后乃从之，赐义及弟瓜死于家，犹赠义骠骑大将军、仪同三司、尚书令。江阳王继废于家，病卒。前幽州刺史卢同坐

赐他们。阿那瓌率众十万，从武川出发，西进沃野，多次打败破六韩拔陵的军队。夏季，四月，魏孝明帝又派遣中书舍人冯儁去慰劳赏赐阿那瓌。阿那瓌的部落渐渐强大了起来，便自称为敕连头兵豆伐可汗。

北魏元义虽然被解除了兵权，还总管朝廷内外的事情，所以一点也不觉得有被废黜的道理。胡太后心里犹豫不决，侍中穆绍劝说胡太后迅速除去元义。穆绍是穆亮的儿子。孝明帝宠幸潘嫔，宦官张景嵩游说她，说："元义要谋害您。"潘嫔哭着向孝明帝诉说："元义不仅仅要害妾，还将不利于陛下。"孝明帝相信了，便借元义出宫住宿之机，解除了他的侍中之职。第二天早晨，元义将要进宫。守门的没有让他进去。四月十七日辛卯，胡太后再次临朝摄政。颁布诏书追削去刘腾的官爵，把元义贬为平民。

北魏清河国的郎中令韩子熙上书朝廷为清河王元怿鸣冤，请求诛死元义等人："昔日赵高掌柄秦国，令关东鼎沸；如今元义专权魏国，导致四方云绕。开启逆乱端绪，由宋维起，最终演变成祸难，实由刘腾而致。应该枭首示众，掘墓焚尸，鞭尸灭族，以向世人宣明他们的罪行。"胡太后命令人挖开了刘腾的坟墓，暴露抛散尸骨，没收家财，将他的养子全部杀尽。胡太后任命韩子熙为中书舍人。韩子熙是韩麒麟的孙子。

当初，宋维的父亲宋弁经常说："宋维生性粗疏险毒，一定会败了我家。"李崇、郭祚、游肇也说："伯绪凶狠粗疏，终究会倾覆宋家，如果只有自身被杀，则是万幸。"宋维阿谀投附元义，越级提升为洛州刺史，到这时被除名，很快被赐死。

元义被解除领军职务之后，胡太后因为元义党羽势力还强大，不能立即制服，便让侯刚代替元义担任领军，以便安稳住这些人。很快侯刚出任冀州刺史，加仪同三司，还没有去冀州上任，又被降为征虏将军，死在家中。太后想杀贾粲，但考虑到元义党徒众多，担心惊动内外，便让贾粲出任济州刺史，不久派人追杀了他，家产、人口全部没收入官府。只有元义因为是胡太后的妹夫，便没有忍心杀掉。

在此之前，给事黄门侍郎元顺因刚直不阿而抵牾了元义的心意，便把他贬出担任齐州刺史，胡太后召回了他，任命为侍中。元顺陪胡太后坐着，元义的妻子坐在胡太后一侧，元顺指着元义妻子说道："陛下为何因一个妹妹的缘故，不惩处元义的罪行，致使天下之人不能伸张其冤愤呢！"胡太后沉默没有讲话。元顺是元澄的儿子。有一天，胡太后闲暇时对侍臣们说："刘腾和元义过去曾经向我请求得到铁券，希望能不被处死，朕幸亏没有给。"韩子熙说："事关生杀，岂能决定于铁券！况且陛下过去虽然没有给，不明白今日为何不杀掉！"胡太后怅然不已。不久，有人上告："元义和弟弟元瓜密谋引诱六镇的降户在定州反叛，又招鲁阳的蛮族部落侵扰伊阙，准备做内应。"得到了亲笔信件，胡太后还不忍杀他。众臣坚持不已，魏孝明帝

义党除名。

（以上为第八段，写柔然王阿那瓌率军替北魏征讨叛军，多次打败叛军，其势渐强；北魏胡太后再次临朝听政，彻底清算元义诸党罪恶，元义被赐死，刘腾被开棺暴尸，余党除官。）

太后颇事妆饰，数出游幸，元顺面谏曰："《礼》，妇人夫没自称未亡人，首去珠玉，衣不文采。陛下母临天下，年垂不惑，修饰过甚，何以仪刑后世！"太后惭而还宫，召顺，责之曰："千里相征，岂欲众中见辱邪！"顺曰："陛下不畏天下之笑，而耻臣之一言乎！"

顺与穆绍同直，顺因醉入其寝所，绍拥被而起，正色让顺曰："身二十年侍中，与卿先君亟连职事，纵卿方进用，何宜相排突也！"遂谢事还家，诏谕久之，乃起。

初，郑羲之兄孙俨为司徒胡国珍行参军，私得幸于太后，人未之知。萧宝寅之西讨，以俨为开府属。太后再摄政，俨请奉使还朝，太后留之，拜谏议大夫、中书舍人，领尝食典御，昼夜禁中，每休沐，太后常遣宦者随之，俨见其妻，唯得言家事而已。中书舍人乐安徐纥，粗有文学，先以谄事赵脩；坐徙枹罕。后还，复除中书舍人，又谄事清河王怿；怿死，出为雁门太守。还洛，复谄事元义。义败，太后以纥为怿所厚，复召为中书舍人，纥又谄事郑俨。俨以纥有智数，仗为谋主；纥以俨有内宠，倾身承接，共相表里，势倾内外，号为徐、郑。

俨累迁至中书令、车骑将军；纥累迁至给事黄门侍郎，仍领舍人，总摄中书、门下之事，军国诏令莫不由之。纥有机辩强力，终日治事，略无休息，不以为劳。时有急诏，令数吏执笔，或行或卧，人别占之，造次俱成，不失事理。然无经国大体，专好小数，见人矫为恭谨，远近辐凑附之。

给事黄门侍郎袁翻、李神轨皆领中书舍人，为太后所信任，时人云神轨亦得幸于太后，众莫能明也。神轨求婚于散骑常侍卢义僖，义僖不许。黄门侍郎王诵谓义僖曰："昔人不以一女易众男，卿岂易之邪！"义

也说要杀，胡太后才听从，令元义和弟弟元瓜在家中自尽，但是还赠予元义骠骑大将军、仪同三司、尚书令。元义的父亲江阳王元继废黜在家，最后病死。前幽州刺史卢同因系元义同党获罪，除名。

胡太后颇为留意于妆饰打扮，数次出外游乐，元顺当面劝谏："《礼》中规定，妇人丈夫去世之后自称为未亡人，头上去掉珠玉，穿衣不加纹彩。陛下母仪天下，年近不惑，修饰过分，何以为后世做出榜样呢？"胡太后惭愧地回到宫中，召来元顺，斥责说："千里之外征召回来，难道就是为了让你当着众人之面羞辱吗？"元顺回答："陛下不害怕天下人讥笑，而只为臣的一句话感到羞耻吗？"

元顺与穆绍同在宫中值宿，元顺因喝醉酒而进入穆绍的寝室，穆绍拥被而起，严肃地责斥元顺说："我做了二十年的侍中，与你父亲屡次在一起共事，即使你刚刚得到重用，也不该如此唐突啊！"便辞职回家，颁布诏书劝谕了很长一阵子，才重新任职。

当初，郑羲哥哥的孙子郑俨担任司徒胡国珍的行参军，胡太后和郑俨私通，外人都不知道。萧宝寅西征的时候，郑俨为开府属。太后再次摄政之后，郑俨向萧宝寅请求奉命出使回朝，太后留下了郑俨，委任为谏议大夫、中书舍人，并兼尚食典御，昼夜住在宫中；每到放假之日，郑俨回家，胡太后经常派遣宦官跟随，郑俨见到妻子，只能说些家事。中书舍人乐安人徐纥，稍微有点文采，原先他靠谄媚追随赵脩，有罪后被贬迁到枹罕。后来回朝，重新任为中书舍人，又巴结投靠清河王元怿；元怿死后，出任雁门太守。回到洛阳后，又讨好投身于元义。元义垮台之后，胡太后因为徐纥是元怿厚待之人，又召任为中书舍人，因此，徐纥又攀附郑俨。郑俨因为徐纥有智术，便依靠他为自己出谋划策；徐纥因为郑俨有内宠，便曲身迎奉，两个相为表里，权倾朝野，人称为徐郑。

郑俨累次升迁到中书令、车骑将军。徐纥升到给事黄门侍郎，仍兼舍人，总管中书省、门下省的事务，军政方面的诏书命令都出自他手。徐纥有机智，辩才好，精力旺盛，整日处理事务，根本不休息，不认为辛劳。不时有紧急诏书，命令几个属吏执笔，或走动，或卧床，向各人口述，几篇诏书都写成了，不失事理。但是没有治理国家的大才，专门喜好小技，见到人则有意做出恭敬小心的样子，远近之人都辐辏来依附他。

给事黄门侍郎袁翻、李神轨都兼中书舍人，为胡太后所信任，当时的人们讲李神轨也和太后私通，众人不能辨明真假。李神轨求婚于散骑常侍卢义僖，卢义僖不答应。黄门侍郎王诵对卢义僖说："从前的人不用一个女儿换几个儿子，您岂会改变

僖曰："所以不从者，正为此耳。从之，恐祸大而速。"诵乃坚握义僖手曰："我闻有命，不敢以告人。"女遂适他族。临婚之夕，太后遣中使宣敕停之，内外惶怖，义僖夷然自若。神轨，崇之子；义僖，度世之孙也。

（以上为第九段，写北魏胡太后好打扮，直臣元顺当面劝谏；郑俨、徐纥、袁翻、李神轨等，都是趋炎附势之人，大都与胡太后暧昧不明，互相勾结，秽乱朝廷。）

胡琛据高平，遣其大将万俟丑奴、宿勤明达等寇魏泾州，将军卢祖迁、伊瓮生讨之，不克。萧宝寅、崔延伯既破莫折天生，引兵会祖迁等于安定，甲卒十二万，铁马八千，军威甚盛。丑奴军于安定西北七里，时以轻骑挑战，大兵未交，辄委走。延伯恃其勇，且新有功，遂唱议为先驱击之。别造大盾，内为锁柱，使壮士负以趋，谓之排城，置辎重于中，战士在外，自安定北缘原北上。将战，有贼数百骑诈持文书，云是降簿，且乞缓师。宝寅、延伯未及阅视，宿勤明达引兵自东北至，降贼自西竞下，覆背击之，延伯上马奋击，逐北径抵其营。贼皆轻骑，延伯军杂步卒，战久疲乏，贼乘间得入排城；延伯遂大败，死伤近二万人，宝寅收众，退保安定。延伯自耻其败，乃缮甲兵，募骁勇，复自安定西进，去贼七里结营。壬辰，不告宝寅，独出袭贼，大破之，俄顷，平其数栅。贼见军士采掠散乱，复还击之，魏兵大败，延伯中流矢卒，士卒死者万余人。时大寇未平，复失骁将，朝野为之忧恐。于是贼势愈盛，而群臣自外来者，太后问之，皆言贼弱，以求悦媚，由是将帅求益兵者往往不与。

五月，夷陵烈侯裴邃卒。邃深沈有思略，为政宽明，将吏爱而惮之。壬子，以中护军夏侯亶督寿阳诸军事，驰驿代邃。

益州刺史临汝侯渊猷遣其将樊文炽、萧世澄等将兵围魏益州长史和安于小剑，魏益州刺史邴虯遣统军河南胡小虎、崔珍宝将兵救之。文炽袭破其栅，皆擒之，使小虎于城下说和安令早降，小虎遥谓安曰："我栅失备，为贼所擒，观其兵力，殊不足言。努力坚守，魏行台、傅梁州援

呢！”卢义僖说：“我之所以没有答应，正是为的这个。听从了，恐怕灾祸既大且来得快。”王诵紧握住卢义僖的手说：“我听闻见教，不敢去告诉别人。”因此，女儿嫁给他姓之人。出嫁的前夜，胡太后派宫中使者宣旨让停止，卢家内外惶恐不安，卢义僖泰然自若。李神轨是李崇的儿子，卢义僖是卢度世的孙子。

胡琛占据高平，派遣他的大将万俟丑奴、宿勤明达等人入侵北魏的泾州，将军卢祖迁、伊瓮生讨伐，未能取胜。萧宝寅、崔延伯击败莫折天生之后，便领兵在安定同卢祖迁会合，兵卒十二万，甲马八千匹，军威甚壮。万俟丑奴驻扎在安定西北七里的地方，不时地派轻骑挑战，大部队还没有交锋，便撤退逃走。崔延伯依恃自己勇武，而且新近有功，于是便提议担任先锋去进攻万俟丑奴。崔延伯又另外造了大盾，里面置有锁柱，让壮士们抬着前进，叫作排城，辎重放在里面，战士们在外面，从安定北边沿着平坦宽阔的地方北上。将要开战时，有数百名敌人的骑兵诈持着文书，说是投降的名册，并且乞求暂缓进攻。萧宝寅、崔延伯还没有来得及阅看，宿勤明达便带兵从东北方向到了，而那些诈降的骑兵却从西边争相冲下来，覆背夹击。崔延伯跃身上马奋力拼杀，向北追击一直到敌人的营盘之下。敌人全是骑兵，而崔延伯的军队中却杂有不少步兵，作战时间长了人员疲乏，敌人便乘机进入了排城；崔延伯大败，死伤了近两万人，萧宝寅收拢残部，退守安定。崔延伯因失败感到耻辱，便修缮兵器，招募骁勇之士，再从安定向西进发，在离敌营七里的地方安营扎寨。四月十七日壬辰，崔延伯没有报告萧宝寅，独自出发袭击敌营，大败敌人，转眼之间，敌人的数座栅垒便被夷平。敌人见崔延伯的将士们抢掠财物乱作一团，又回过头来还击，魏军大败，崔延伯中了流箭而身亡，兵卒死者达一万多人。其时，强寇未平却失去了一员骁将，北魏朝野因此而忧恐不安。于是敌人的凶焰更加炽盛了，然而自外回到朝廷中的臣子，每当胡太后问到时，都说贼兵力量微弱，以此而讨好取悦，因此将帅们向朝廷请求增兵时往往不给。

五月，夷陵烈侯裴邃去世。裴邃深沉而有谋略，为政宽厚而明断，将吏们对他既爱又怕。五月初八日壬子，委派中护军夏侯亶督率寿阳军务，乘驿马前去代替裴邃。

益州刺史、临汝侯萧渊猷派遣将领樊文炽、萧世澄等人率兵包围北魏的益州长史和安于小剑，北魏益州刺史邴虬派遣统军河南人胡小虎、崔珍宝率兵援救。樊文炽袭击攻破了栅垒，都俘获了，指使胡小虎到城下游说和安，让他早日投降。胡小虎远远地对和安说：“我的栅垒失守，被贼人擒俘了。察看他们的兵力，实在不足称

兵已至。”语未终，军士以刀殴杀之。西南道军司淳于诞引兵救小剑，文炽置栅于龙须山上以防归路。戊辰，诞密募壮士夜登山烧其栅，梁军望见归路绝，皆恼惧，诞乘而击之，文炽大败，仅以身免，虏世澄等将吏十一人，斩获万计。魏子建以世澄购胡小虎之尸，得而葬之。

（以上为第十段，写北魏将领萧宝寅、崔延伯出兵讨伐叛首胡琛部将，被使用诈计，被打得大败；南朝益州刺史萧渊猷与北魏交战，被打得大败。）

魏魏昌武康伯李崇卒。

初，帝纳东昏侯宠姬吴淑媛，七月而生豫章王综，宫中多疑之。及淑媛宠衰怨望，密谓综曰："汝七月生儿，安得比诸皇子！然汝太子次弟，幸保富贵，勿泄也！"与综相抱而泣。综由是自疑，昼则谈谑如常，夜则于静室闭户，披发席稿，私于别室祭齐氏七庙。又微服至曲阿拜齐太宗陵，闻俗说割血沥骨，渗则为父子，遂潜发东昏侯冢，并自杀一男试之，皆验，由是常怀异志，专伺时变。综有勇力，能手制奔马；轻财好士，唯留附身故衣，余皆分施，恒致罄乏。屡上便宜，求为边任，上未之许。常于内斋布沙于地，终日跣行，足下生胝，日能行三百里。王、侯、妃、主及外人皆知其志，而上性严重，人莫敢言。又使通问于萧宝寅，谓之叔父。为南兖州刺史，不见宾客，辞讼隔帘听之，出则垂帷于舆，恶人识其面。

及在彭城，魏安丰王延明、临淮王彧将兵二万逼彭城，胜负久未决。上虑综败没，敕综引军还。综恐南归不复得至北边，乃密遣人送降款于彧；魏人皆不之信，彧募人入综军验其虚实，无敢行者。殿中侍御史济阴鹿悆为彧监军，请行，曰："若综有诚心，与之盟约；如其诈也，何惜一夫！"时两敌相对，内外严固，悆单骑间出，径趣彭城，为综军所执，问其来状，悆曰："临淮王使我来，欲有交易耳。"时元略已南还，综闻之，谓成景儁等曰："我常疑元略规欲反城，将验其虚实，故遣左右为略使，入魏军中，呼彼一人。今其人果来，可遣人诈为略有疾在深室，呼至户外，令人传言谢之。"综又遣腹心安定梁话迎悆，密以意状语之。悆薄暮入城，先引见胡龙牙，龙牙曰："元中山甚欲相见，故遣呼卿。"又

道。努力坚守，魏行台和傅梁州的援兵已经到了。”话还没有说完，周围的兵士便用刀砍杀了他。西南道军司淳于诞带兵援救小剑，樊文炽在龙须山上修筑栅垒防守退路。五月二十四日戊辰，淳于诞秘密招募壮士，在夜间登上龙须山，放火烧了樊文炽的栅垒，梁朝军队望见归路断绝，都惊惧不安，淳于诞乘机发起进攻，樊文炽大败，仅仅一个人逃脱，俘虏萧世澄等十一个将吏，被斩首的兵卒以万计算。魏子建用萧世澄换回了胡小虎的尸体，安葬了他。

北魏魏昌武康伯李崇去世。

当初，梁武帝收纳了东昏侯的宠姬吴淑媛，七个月之后便生下了豫章王萧综，宫中大多人都怀疑。到了吴淑媛失宠而心怀怨恨，秘密地对萧综说：“你七个月就生下来了，怎么能与其他皇子相比！然而你是太子的大弟弟，幸保富贵，不要泄露啊！”便与萧综抱头而哭。从此萧综便对自己的身世产生了怀疑，白天照旧言谈说笑，到了夜间则关门闭户独处静室，披散着头发在草席之上，私下里在别室中祭祀齐的七庙祖先。萧综又改换上平民服装到曲阿拜祭齐太宗陵，他听民间流传说，血滴在尸骨上，如果渗进骨头就说明滴血者与死者为父子关系，便偷偷地挖开了东昏侯的坟墓，并亲自杀死了一个男子来试验，结果都很灵验。因此他便起了异心，一心伺机而起事。萧综有猛力，能用手制服狂奔之马。萧综轻财好士，只留下自己穿的衣服，其他财物都分给他人，经常弄得手头很紧。多次上陈机宜，请求到边关去任职，梁武帝不予批准。萧综常常在内室的地上布满沙子，终日光着脚在沙子上面行走，脚底长满老茧，一天能行走三百里路。王、侯、妃、主以及外人都知道了萧综的心机，但是梁武帝性格严肃，没有人敢说出来。萧综又派使者与萧宝寅取得了联系，把萧宝寅认作叔父。萧综担任南兖州刺史，不接见宾客，审判案件时隔着帘子审问断决，外出时则在车前挂着布帷，讨厌人认识自己的面孔。

在彭城时，北魏安丰王元延明、临淮王元彧率领两万兵马逼攻彭城，双方胜负久而不决。梁武帝担心萧综战败被擒，便命令他带兵返回。萧综害怕南归之后不能再到北边来，便秘密派人给元彧送去降书；北魏人都不相信他，元彧招募人进入萧综的军中验明真假，但谁也不敢去。殿中侍御史济阳人鹿悆任元彧的监军，请求前去，说道：“如果萧综有诚意的话，便同他订立盟约；如果他是使诡诈之计的话，您又何必可惜一个普通人！”当时两军相对峙，军阵内外严加守固，鹿悆一个人骑马抄小道前行，径直来到彭城，被萧综的军队抓住。当问到前来的目的时，鹿悆回答：“临淮王让我前来，想有交易。”当时元略已经回到南边去了，萧综听闻之后对成景儁等人说：“我时常怀疑元略图谋率城反叛，将探明他的真假，所以派遣身边的人诈称是元略的使者，进入北魏军中，叫他们派一个人前来联系。现今果然派人来了，

曰：“安丰、临淮，将少弱卒，规复此城，容可得乎！”悆曰：“彭城，魏之东鄙，势在必争，得否在天，非人所测。”龙牙曰：“当如卿言。”又引见成景儁，景儁与坐，谓曰：“卿不为刺客邪？”悆曰：“今者奉使，欲返命本朝，相刺之事，更卜后图。”景儁为设饮食，乃引至一所，诈令一人自室中出，为元略致意曰：“我昔有以南向，且遣相呼，欲闻乡事；晚来疾作，不获相见。”悆曰：“早奉音旨，冒险祇赴，不得瞻见，内怀反侧。”遂辞退。诸将竞问魏士马多少，悆盛陈有劲兵数十万，诸将相谓曰：“此华辞耳！”悆曰：“崇朝可验，何华之有！”乃遣悆还。成景儁送之戏马台，北望城堑，谓曰：“险固如此，岂魏所能取！”悆曰：“攻守在人，何论险固！”悆还，于路复与梁话申固盟约。六月，庚辰，综与梁话及淮阴苗文宠夜出，步投魏军。及旦，斋内诸阁犹闭不开，众莫知所以，唯见城外魏军呼曰：“汝豫章王昨夜已来，在我军中，汝尚何为！”城中求王不获，军遂大溃。魏人入彭城，乘胜追击，复取诸城，至宿预而还，将佐士卒死没者什七八，唯陈庆之帅所部得还。

上闻之，惊骇，有司奏削综爵土，绝属籍，更其子直姓悖氏。未旬日，诏复属籍，封直为永新侯。

西丰侯正德自魏还，志行无悛，多聚亡命，夜剽掠于道，以轻车将军从综北伐，弃军辄还。上积其前后罪恶，免官削爵，徙临海；未至，追赦之。

综至洛阳，见魏主，还就馆，为齐东昏侯举哀，服斩衰三年。太后以下并就馆吊之，赏赐礼遇甚厚，拜司空，封高平郡公、丹杨王，更名赞。以苗文宠、梁话皆为光禄大夫；封鹿悆为定陶县子，除员外散骑

可以派一个人假装成元略，并称有病而待在深室之中，再把北魏派来的人叫到门外，令人假传元略的话感谢他。”萧综又派遣心腹安定人梁话去迎接鹿悆，并秘密地把萧综欲投降北魏以及与成景儁装模作样的一番安排告诉了鹿悆。鹿悆在薄暮时分进了城，先被带去见胡龙牙，胡龙牙说：“元中山王非常想见您，所以派我前来叫您。”又说：“安丰王和临淮王将少兵弱，企图攻下这座城市，岂可以得手吗？”鹿悆回答：“彭城是魏国的东部边境，势在必争，得到与否在于天命，非人力所能预料。”胡龙牙又说：“确实和您所说的一样。”梁话又带鹿悆去见成景儁，成景儁与鹿悆一起就座，对鹿悆说：“您不是来做刺客的吧？”鹿悆回答：“今天奉命出使，一心想的是回朝复命，行刺的事，日后再择机而行吧。”成景儁设酒席款待，引到一处地方，事先设计好让一个人从室内走出，替元略致意说：“我从前怀有目的来到南方，现今派人把你叫来，想听一听家乡的情况；但是夜来患病，不能与你相见了。”鹿悆回答道：“事先得到了您的通知，冒险前来，但是不能拜见您，内心实在不安。”于是便告辞而退了。众将领争着询问北魏兵卒和战马的数量，鹿悆夸耀说有精兵几十万，众将领互相说：“这是虚夸不实之言！”鹿悆说：“从天亮到吃早饭之间就会得到验证的，有何不实之处呢！”便打发鹿悆回去了。成景儁把鹿悆送到戏马台，北望城堑，对鹿悆说：“这样的险固，魏军哪里能够攻取呢？”鹿悆说：“攻守在于人，何曾论说地势的险固呢？”鹿悆返回，在路上又同梁话重申了彼此订立的盟约。四月初六日庚辰，萧综与梁话以及淮阳人苗文宠夜间出发，步行着投奔了魏军。到了天亮的时候，住所的几个门都还紧闭不开，众人都不知原因，只听见城外面魏军在高声叫喊：“你们的豫章王昨天夜里已经前来投奔，现在我们军中，你们不投降还等什么呢？”城中到处找不见萧综，于是军队彻底崩溃。魏军进入彭城，乘胜追击溃散的梁军。又攻占了几座城池，到了宿预才返回，将佐兵卒被杀被俘的有十之七八，只有陈庆之率领自己的部队返回。

梁武帝知道这一情况之后，惊异万分，有关部门奏请削夺萧综的爵位和封地，并从皇族名册中除名，改他的儿子萧直姓悖氏。但是没过十天，梁武帝又颁布诏书恢复了萧综在皇族名册中的名字，封萧直为永新侯。

西丰侯萧正德从北魏返回之后，志向操守没有一点悔改之意，大量召纳亡命之徒，夜间在道路上［杀人］越货，被任命为轻车将军跟随萧综北伐，丢下军队私自返回。梁武帝对萧正德前后的罪恶一起清算，免去了其官职，削夺了爵位，并流放临海；但是还没有到临海，梁武帝又派人追上赦免了他。

萧综到了洛阳，拜见了魏孝明帝之后，回头住在客馆中，为南齐东昏侯举哀，服斩衰之孝三年。太后以下的王公大臣全都到客馆吊唁，赏赐礼遇特别丰厚，将萧综拜为司空，封为高平郡公、丹杨王，并改名为萧赞。苗文宠和梁话都被任命为光

常侍。

综长史济阳江革、司马范阳祖暅之皆为魏所虏，安丰王延明闻其才名，厚遇之。革称足疾不拜。延明使暅之作《欹器漏刻铭》，革唾骂暅之曰："卿荷国厚恩，乃为虏立铭，孤负朝廷！"延明闻之，令革作《大小寺碑》《祭彭祖文》，革辞不为。延明将棰之，革厉色曰："江革行年六十，今日得死为幸，誓不为人执笔！"延明知不可屈，乃止；日给脱粟饭三升，仅全其生而已。

（以上为第十一段，写南朝梁武帝萧衍收纳南齐东昏侯萧宝卷的宠姬吴淑媛，七月而生子萧综，萧综得知身世后，谋到边关任职，遂逃奔北魏，南朝蒙受重大损失。）

上密召夏侯亶还，使休兵合肥，俟淮堰成复进。

癸未，魏大赦，改元孝昌。

破六韩拔陵围魏广阳王深于五原，军主贺拔胜募二百人开东门出战，斩首百余级，贼稍退。深拔军向朔州，胜常为殿。

云州刺史费穆，招抚离散，四面拒敌。时北境州镇皆没，唯云中一城独存。道路阻绝，援军不至，粮仗俱尽，穆弃城南奔尔朱荣于秀容，既而诣阙请罪，诏原之。

长流参军于谨言于广阳王深曰："今寇盗蜂起，未易专用武力胜也。谨请奉大王之威命，谕以祸福，庶几稍可离也。"深许之。谨兼通诸国语，乃单骑诣叛胡营，见其酋长，开示恩信，于是西部铁勒酋长乜列河等将三万余户南诣深降。深欲引兵至折敷岭迎之，谨曰："破六韩拔陵兵势甚盛，闻乜列河等来降，必引兵邀之，若先据险要，未易敌也。不若以乜列河饵之，而伏兵以待之，必可破也。"深从之，拔陵果引兵邀击乜列河，尽俘其众，伏兵发，拔陵大败，复得乜列河之众而还。

柔然头兵可汗大破破六韩拔陵，斩其将孔雀等。拔陵避柔然，南徙渡河。将军李叔仁以拔陵稍逼，求援于广阳王深，深帅众赴之。贼前后降附者二十万人，深与行台元纂表："乞于恒州北别立郡县，安置降户，随宜赈贷，息其乱心。"魏朝不从，诏黄门侍郎杨昱分处之冀、定、瀛三州就食。深谓纂曰："此辈复为乞活矣。"

（以上为第十二段，写北魏云州刺史费穆坚守云中，直至兵疲粮绝才弃城而去；

禄大夫；鹿悆被封为定陶县子，并任命为员外散骑常侍。

萧综的长史济阳人江革、司马范阳人祖暅之都被北魏俘虏，安丰王元延明听说了他们的才名，优厚地对待他们。江革借口脚有毛病而不下拜。元延明让祖暅之撰写《欹器漏刻铭》，江革唾骂祖暅之道："你承受国家的厚恩，却为敌虏撰写铭文，辜负了朝廷！"元延明知道了，便命令江革撰写《大小寺碑》《祭彭祖文》，江革推辞不干。元延明将要对江革用杖刑，江革声色俱厉地说："江革马上六十岁了，今日得死实为大幸，誓死不为人执笔！"元延明知道江革不可屈服，便停止了威逼；每天只给江革三升糙米饭，仅够维持生命而已。

梁武帝秘密召夏侯亶回朝，休兵于合肥，等待淮河堰堤修成之后再进攻。

六月初十日癸未，北魏大赦天下，改年号为孝昌。

破六韩拔陵在五原围攻北魏广阳王元深，军主贺拔胜招募了两百人打开东门出战，斩首一百余，敌人稍微退却。元深军队开赴朔州，贺拔胜经常担任后卫。

云州刺史费穆，招纳安抚离散之众，四面抵抗敌人。当时北魏北部边境上的州镇全都丢失了，只有云中一城还独存。道路阻绝，援军不到，粮食兵器全都用尽，费穆只好弃城向南到秀容投奔尔朱荣，很快又赴朝廷请罪，诏令宽宥了他。

长流参军于谨对广阳王元深说："如今盗寇蜂起，不容易专用武力来取胜。于谨请求奉大王的威命，晓以祸福利害，或许稍可以离间他们。"元深赞同。于谨兼通几个国家的语言，单人匹马地前去反叛了的胡人的营地，见到他们的酋长，许以恩惠，表示信义。这时西部的铁勒酋长乜列河等率领三万多户南下来到元深处投降。元深准备带兵到折敷岭迎接，于谨说："破六韩拔陵的兵势特别强大，他听到乜列河等人来投降，必定领兵阻截，如果先占据了险要地势，便不容易抵挡。不如用乜列河来作诱饵，而埋伏下兵力等待他来上钩，一定可以击破他。"元深听从了于谨的建议。破六韩拔陵果然带兵截击乜列河，全部俘获了乜列河的人马；元深的伏兵出击，破六韩拔陵大败，北魏伏兵重新得到了乜列河的部众而返回。

柔然头兵可汗大败破六韩拔陵，斩了他的将领孔雀等人。破六韩拔陵避开柔然军队，往南迁移渡过了北河。将军李叔仁因破六韩拔陵将要逼近，向广阳王元深求援，元深率众前去迎战，贼人前后投附的有二十万人，元深与行台元纂上表："请求在恒州之北另立郡县，安置来降的人家，根据情况加以救济，以便消除反乱之心。"北魏朝廷不同意，诏令黄门侍郎杨昱把这些降户分别安置在冀、定、瀛三州取食。元深对元纂说："这些人又将成为流民了！"

长流参军于谨，利用计谋，分化叛军，然后让叛军互攻，再予以袭击，大获全胜。）

秋，七月，壬戌，大赦。

八月，魏柔玄镇民杜洛周聚众反于上谷，改元真王，攻没郡县，高欢、蔡儁、尉景及段荣、安定彭乐皆从之。洛周围魏燕州刺史博陵崔秉，九月，丙辰，魏以幽州刺史常景兼尚书为行台，与幽州都督元谭讨之。景，爽之孙也。自卢龙塞至军都关，皆置兵守险，谭屯居庸关。

冬，十月，吐谷浑遣兵击赵天安，天安降，凉州复为魏。

平西将军高徽奉使嚈哒，还，至枹罕。会河州刺史元祚卒，前刺史梁钊之子景进引莫折念生兵围其城。长史元永等推徽行州事，勒兵固守；景进亦自行州事。徽请兵于吐谷浑，吐谷浑救之，景进败走。徽，湖之孙也。

魏方有事于西北，二荆、西郢群蛮皆反，断三鵶路，杀都督，寇掠北至襄城。汝水有冉氏、向氏、田氏，种落最盛，其余大者万家，小者千室，各称王侯，屯据险要，道路不通。十二月，壬午，魏主下诏曰："朕将亲御六师，扫荡逋秽，今先讨荆蛮，疆理南服。"时群蛮引梁将曹义宗等围魏荆州，魏都督崔暹将兵数万救之，至鲁阳，不敢进。魏更以临淮王彧为征南大将军，将兵讨鲁阳蛮，司空长史辛雄为行台左丞，东趣叶城。别遣征虏将军裴衍、恒农太守京兆王罴将兵一万，自武关出通三鵶路，以救荆州。

衍等未至，彧军已屯汝上，州郡被蛮寇者争来请救，彧以处分道别，不欲应之，辛雄曰："今裴衍未至，王士众已集，蛮左唐突，挠乱近畿，王秉麾阃外，见可而进，何论别道！"彧恐后有得失之责，邀雄符下，雄以群蛮闻魏主将自出，心必震动，可乘势破也，遂符彧军，令速赴击。群蛮闻之，果散走。

魏主欲自出讨贼，中书令袁翻谏而止。辛雄自军中上疏曰："凡人所以临陈忘身，触白刃而不惮者，一求荣名，二贪重赏，三畏刑罚，四避祸难，非此数者，虽圣王不能使其臣，慈父不能厉其子矣。明主深知其情，故赏必行，罚必信，使亲疏贵贱勇怯贤愚，闻钟鼓之声，见旌旗之列，莫不奋激，竞赴敌场，岂厌久生而乐速死哉？利害悬于前，欲罢不

秋季，七月十九日壬戌，梁大赦天下。

八月，北魏柔玄镇平民杜洛周在上谷聚众造反，改年号为真王，攻陷郡县，高欢、蔡儁、尉景以及段荣、安定人彭乐等人都追随杜洛周。杜洛周围攻北魏燕州刺史博陵人崔秉。九月十四日丙辰，北魏委任幽州刺史常景兼尚书为行台，与幽州都督元谭一起讨伐。常景是常爽的孙子。从卢龙塞到军都关，都布置兵力守住险要之处，元谭驻扎在居庸关。

冬季，十月，吐谷浑派兵攻打赵天安，赵天安投降，凉州复为北魏所有。

平西将军高徽奉命出使嚈哒，完成使命后返回，到了枹罕。恰逢河州刺史元祚去世，前刺史梁钊的儿子梁景进带领莫折念生的兵马围攻枹罕城。长史元永等人推举高徽代理州政，高徽指挥兵力固守；梁景进也代理州政。高徽向吐谷浑请兵，吐谷浑派兵前来援救，梁景进战败逃跑。高徽是高湖的孙子。

北魏正用兵西北，二荆、西郢的群蛮都反叛了，阻断了三鵶路，杀了都督，烧杀抢掠向北直至襄城。汝水有冉氏、向氏、田氏，部落最为强盛，其他的部落大的有一万户人家，小的有一千户，各自称王称侯，占据险要之处，以致道路不通。十二月十二日壬午，魏孝明帝诏令："朕将亲率六军，扫荡污秽，现今先讨伐荆蛮，治理南方。"当时群蛮带领梁朝将领曹义宗等人围攻北魏荆州，北魏都督崔暹率兵数万前去救援，到了鲁阳，不敢前进。北魏改换临淮王元彧为征南大将军，率兵讨伐鲁阳的蛮人，司空长史辛雄担任行台左丞，东赴叶城。另派征虏将军裴衍、恒农太守京兆人王罴率兵一万，从武关出发打通三鵶路，以援救荆州。

裴衍等人还没有到达，元彧的军队已经驻扎于汝水之上，各州郡凡被蛮人寇掠的都争着前来求救，元彧因为原来安排在另一条路上出兵，不想答应，辛雄说："现今裴衍还没有到来，而大王兵马已经聚集起来了，蛮左横冲直撞，扰乱到了京畿附近，大王挥旗统兵在外，有需要便进军，何必去管是否改变行军路线呢？"元彧恐怕会有所失而受到责处，便请求辛雄给自己下达一道尚书行台的符节。辛雄认为群蛮闻知魏孝明帝将亲自出征，众心必定受到震动，可以乘势击破，便给元彧的军队下了一道符令，命令速去攻打蛮贼。群蛮闻知元彧要来，果然散逃了。

魏孝明帝想要亲自出征讨贼，中书令袁翻劝谏阻止。辛雄从军中上疏说："凡是人们临阵而忘记自身，白刃触身而不畏惮，一是为了求取荣华之名，二是贪得重赏，三是害怕刑罚，四是逃避祸难，不是这几种原因，即便是圣人也不能指使臣子，慈父也不能激励儿子。圣明的君主深知这一情况，所以赏必行，罚必信，使亲近的、疏远的、尊贵的、卑贱的、勇敢的、怯弱的、贤德的、愚顽的，听到钟鼓之声，看

能耳。自秦、陇逆节，蛮左乱常，已历数载，三方之师，败多胜少，迹其所由，不明赏罚之故也。陛下虽降明诏，赏不移时，然将士之勋，历稔不决，亡军之卒，晏然在家，是使节士无所劝慕，庸人无所畏慑；进而击贼，死交而赏赊，退而逃散，身全而无罪，此其所以望敌奔沮，不肯尽力者也。陛下诚能号令必信，赏罚必行，则军威必张，盗贼必息矣。”疏奏，不省。

曹义宗等取顺阳、马圈，与裴衍等战于淅阳，义宗等败退。衍等复取顺阳，进围马圈。洛州刺史董绍以马圈城坚，衍等粮少，上书言其必败。未几，义宗击衍等，破之，复取顺阳。魏以王罴为荆州刺史。

（以上为第十三段，写北魏杜洛周在上谷聚众造反，二荆、西郢的群蛮也都反叛，北魏改换临淮王元彧从武关打通三鸦路，以救援荆州。）

邵陵王纶摄南徐州事，在州喜怒不恒，肆行非法。遨游市里，问卖䱇者曰：“刺史何如？”对言：“躁虐。”纶怒，令吞䱇而死，百姓惶骇，道路以目。尝逢丧车，夺孝子服而著之，匍匐号叫。签帅惧罪，密以闻。上始严责纶，而不能改，于是遣代。纶悖慢逾甚，乃取一老翁短瘦类上者，加以衮冕，置之高坐，朝以为君，自陈无罪；使就坐剥褫，捶之于庭。又作新棺，贮司马崔会意，以辒车挽歌为送葬之法，使妪乘车悲号。会意不能堪，轻骑还都以闻。上恐其奔逸，以禁兵取之，将于狱赐尽，太子统流涕固谏，得免，戊子，免纶官，削爵土。

魏山胡刘蠡升反，自称天子，置百官。

初，敕勒酋长斛律金事怀朔镇将杨钧为军主，行兵用匈奴法，望尘知马步多少，嗅地知军远近。及破六韩拔陵反，金拥众归之，拔陵署金为王。既而知拔陵终无所成，乃诣云州降，仍稍引其众南出黄瓜堆，为杜洛周所破，脱身归尔朱荣，荣以为别将。

（以上为第十四段，写南朝邵陵王萧纶代理南徐州事，在州中横行不法，被免职削爵。敕勒酋长斛律金起兵，先归附叛首破六韩拔陵，后归北魏。）

见旌旗之列，莫不奋发激厉，争赴敌阵，这难道是他们厌恶活得太久了而喜欢速死吗？利害摆在眼前，欲罢而不能哪。自从秦陇之地叛逆，蛮左破坏常纲，已经有几年之久了，近来军队讨伐，败多而胜少，查其原因，在于赏罚不明。陛下虽然颁下明诏，奖赏及时兑现，但是将士们的勋位，历年不决，败军的兵卒，安然住在家中，因而导致节义之士无所劝慕，庸碌之辈无所畏惧慑服；将士们前进而击贼，死亡近在眼前而奖赏遥不可见；后退而逃散，则保全自身而不承担罪责，这就是望见敌人便奔逃沮散，不肯尽力的原因。陛下如果能做到号令必信，赏罚必行，则军威必张，盗贼必定平息。”奏章呈上了，但是孝明帝没有省阅。

曹义宗等人攻取了顺阳、马圈，与裴衍在淅阳交战，曹义宗等人战败而退。裴衍等人收复了顺阳，进而围攻马圈。洛州刺史董绍因为马圈城防坚固，裴衍等人粮少，上书说裴衍等人必定失败。没过多久，曹义宗攻打裴衍等人，击破了，又占领了顺阳。北魏任命王罴为荆州刺史。

邵陵王萧纶代理南徐州事，在州中喜怒无常，横行非法。游荡街市上时，问卖黄鳝的人：“现今这个刺史怎么样？”回答说：“暴躁残虐。”萧纶大怒，命令这人吞吃黄鳝折磨到死，百姓惊恐万分，道路相逢时互相对视而不敢说话。有一次萧纶遇上了灵车，夺过孝子的衣服自己穿起来，匍匐在地上嚎叫。典签害怕自己跟着犯罪，秘密地报告了朝廷。梁武帝方才严厉斥责萧纶，但是萧纶不思悔改，梁武帝便派人代替他。萧纶更加悖逆傲慢了，找来一个矮短瘦小像梁武帝的老翁，给他加上衮服和王冠，让他坐在高处，将他当作君王来朝拜，并陈说自己无罪；又让老翁来到自己面前，剥去衣冠，在庭堂上鞭打自己。又制作了一口新棺材，将司马崔会意放在棺材里面，出动灵车，唱着挽歌，扮成送葬的阵势，使一些老妇人坐在车上悲声号啕。崔会意不堪忍受其辱，骑快马回到都城报告。梁武帝害怕萧纶逃跑，派禁卫兵把他抓回来，将要下狱赐死，太子萧统流着泪水再三劝谏，萧纶才得侥幸免于一死，十二月十八日戊子，萧纶被免去官职，削夺了爵位和封地。

北魏的山胡刘蠡升反叛，自称为天子，设置了百官。

当初，敕勒酋长斛律金侍奉怀朔镇主将杨钧做了军主，用匈奴人的兵法指挥作战，望见尘土便可以知道战马和步兵有多少，用鼻子闻一下地面就知道军队离得远近。破六韩拔陵反叛时，斛律金带领部众前去投附，破六韩拔陵任用斛律金为王。很快知道破六韩拔陵终究不会有什么成就，便到云州去投降，仍然带领了少量的部众南出黄瓜堆，结果被杜洛周击败，斛律金逃脱后归顺了尔朱荣，尔朱荣让他担任了别将。

【点评】

北魏六镇起义。对于北魏六镇起义的原因，北魏广阳王元深有着深入的探析。元深上言谓北方重镇戍守人选的选拔可以分为洛阳建都前后两期，前期的情况是："先朝建都平城时，以北部边境为重，郑重挑选亲近贤能，竖立大旗，担任镇将，并且配备以高门子弟，拼死防止边患，不但不影响仕宦前途，反而更独得提升，当时的人们，都欣然前去。"元深指出事情的变化在北魏迁都洛阳之后，边镇远离首都，其地位也随之变化："自从定鼎于伊洛以来，边防职任被看得轻了，只有那些长期不能升迁的庸碌之才，才出任镇将，这些人互相仿效，一心聚敛财物。或者各地方的奸吏，因犯罪而发配边关，边民们对此无不切齿痛恨。"广阳王元深认为转折点在阿那瓌之乱："阿那瓌背弃恩德，纵掠反叛而去，发兵长途追击。十五万大军越过沙漠，但不到几天工夫就返回来了，不能除尽反贼，边民见到这样的援军，于是便打心眼里瞧不起中原之国。"元深说这种情况不是没有人预见到，而是朝廷不予理睬："尚书令臣李崇请求改镇为州，或许是预先觉察到了，朝廷没有准许他的请求。"元深紧接着分析六镇之乱第一乱发生的原因："高阙戍的主将管制下属，上下失和，于是结伙叛乱，攻城略地，所过夷灭无遗。"沃野镇人破六韩拔陵因为"高阙戍主御下失和"，就杀掉戍主造反。元深毫不避讳地批评六镇之乱之所以愈演愈烈，与朝廷的处置有关："朝廷军队屡屡败北，贼党日益兴盛。这一段时间里的行动，原是指望能铲平叛乱，早获安定；但是崔暹不听指挥，全军覆灭，李崇与臣战不能前，犹豫许久，最后退守云中，将士人心离散。"元深仿佛预见到北魏政权兴亡与六镇起义之间的关系，从而表达了对天下大事深深的忧虑："现今的忧虑，不仅在于西北方面，恐怕各镇很快也会如此，天下之事，哪能容易地被预料呢！"最可惜的是，元深这样精辟的分析呈上之后被搁置起来，直到很久之后魏孝明帝才想起元深的奏折。北魏政权内部不是没有优秀的政治家，而是不被任用，意见不被采纳而已。

梁纪七

梁武帝普通七年至大通元年（526—527年）

【起柔兆敦牂（丙午，526年），尽强圉协洽（丁未，527年），凡二年】

【大事提要】

本卷记事起自公元526年，至公元527年，凡二年，当梁武帝普通七年至大通元年。本卷所载大事，南朝萧梁的大事一件：梁武帝建同泰寺，使得梁朝佛教到达一个高峰。北魏大事四件。其一，开卷即是北魏各地接连的造反。其二，北魏朝政到了更加混乱的一个节点。元徽外表上温和谨慎，而内心非常嫉妒别人的才能，在赏罚方面随心所欲，北魏的朝政因此更加混乱了。其三，葛荣自称天子。其四，尔朱荣已经不把北魏朝廷放在眼里。北魏安北将军、都督恒朔讨虏诸军事尔朱荣路过肆州，肆州刺史尉庆宾忌恨他，据城不出。尔朱荣发怒，领兵袭击肆州，抓住了尉庆宾，回到了秀容，让他的堂叔尔朱羽生代理肆州刺史，北魏朝廷不能制止。

【原文】

高祖武皇帝七

普通七年（丙午，526 年）

春，正月，辛丑朔，大赦。

壬子，魏以汝南王悦领太尉。

魏安州石离、穴城、斛盐三戍兵反，应杜洛周，众合二万，洛周自松岍赴之。行台常景使别将崔仲哲屯军都关以邀之，仲哲战没，元谭军夜溃，魏以别将李琚代谭为都督。仲哲，秉之子也。

初，魏广阳王深通于城阳王徽之妃。徽为尚书令，为胡太后所信任；会恒州人请深为刺史，徽言深心不可测。及杜洛周反，五原降户在恒州者谋奉深为主，深惧，上书求还洛阳。魏以左卫将军杨津代深为北道大都督，诏深为吏部尚书。徽，长寿之子也。

五原降户鲜于脩礼等帅北镇流民反于定州之左城，改元鲁兴，引兵向州城，州兵御之不利。杨津至灵丘，闻定州危迫，引兵救之，入据州城。脩礼至，津欲出击之，长史许被不听，津手剑击之，被走得免。津开门出战，斩首数百，贼退，人心少安。诏寻以津为定州刺史兼北道行台。魏以扬州刺史长孙稚为大都督北讨诸军事，与河间王琛共讨脩礼。

二月，甲戌，北伐众军解严。

魏西部敕勒斛律洛阳反于桑乾西，与费也头牧子相连结。三月，甲寅，游击将军尔朱荣击破洛阳于深井、牧子于河西。

夏，四月，乙酉，临川靖惠王宏卒。

魏大赦。

癸巳，魏以侍中、车骑大将军城阳王徽为仪同三司。徽与给事黄门侍郎徐纥共毁侍中元顺于太后，出为护军将军、太常卿。顺奉辞于西游园，纥侍侧，顺指之谓太后曰："此魏之宰嚭，魏国不亡，此终不死！"纥胁肩而出，顺抗声叱之曰："尔刀笔小才，止堪供几案之用，岂应污辱门下，斁我彝伦！"因振衣而起。太后默然。

魏朔州城民鲜于阿胡等据城反。

【语译】

高祖武皇帝七

梁武帝普通七年（丙午，526年）

春天，正月初一日辛丑朔，梁大赦天下。

正月十二日壬子，北魏命令汝南王元悦兼任太尉。

北魏安州的石离、穴城和斛盐三地戍守的军队哗变，响应杜洛周，聚合起来有两万之多，杜洛周从松岍出发赶赴去。行台常景指派别将崔仲哲驻扎在军都关截击，崔仲哲战败而全军覆没，元谭的军队在夜间崩溃，北魏委派别将李琚代替元谭担任都督。崔仲哲是崔秉的儿子。

当初，北魏广阳王元深同城阳王元徽的妃子通奸。元徽担任了尚书令，受到胡太后的信任。恰好恒州人请求元深担任刺史，元徽说元深城府太深，难以测知。到杜洛周反叛时，住在恒州五原的降户策划要拥戴元深为君主，元深害怕了，上书请求回洛阳。北魏委派左卫将军杨津代替元深担任北道大都督，诏令元深担任吏部尚书。元徽是元长寿的儿子。

五原的降户鲜于脩礼等人率领北镇流民在定州的左城造反，改年号为鲁兴，带兵向州城进发，州兵抵抗而失利。杨津到了灵丘，闻知定州情况危急，领兵前去援救，入据州城。鲜于脩礼到了，杨津准备出城迎击他，长史许被不允许，杨津手拿剑刃去刺许被，许被跑开了得以幸免。杨津打开城门出战，斩首数百，贼寇撤退了，人心才稍微安定下来。不久诏令杨津担任定州刺史兼北道行台。北魏任命扬州刺史长孙稚为大都督北讨诸军事，与河间王元琛共同讨伐鲜于脩礼。

二月二十一日甲戌，梁前往北伐的各路军队解除戒严。

北魏西部敕勒斛律洛阳造反于桑乾西边，与费也头牧子相互联结。三月十五日甲寅，游击将军尔朱荣打败斛律洛阳于深井，又在北河西打败了费也头牧子。

夏季，四月十七日乙酉，梁临川靖惠王萧宏去世。

北魏大赦天下。

四月二十五日癸巳，北魏任命侍中、车骑大将军城阳王元徽担任仪同三司。元徽与给事黄门侍郎徐纥一同在胡太后面前诋毁侍中元顺，使他外出为护军将军、太常卿。元顺在西游园向胡太后辞行，徐纥侍立在胡太后身侧，元顺指着徐纥对胡太后说："此人是魏国的宰嚭，魏国不亡，他终不死！"徐纥耸着肩膀出去了，元顺大声叱斥徐纥："你的那点书写的小才能，只堪供几案之用，岂可以在门下省做官，玷污了门下省，败坏我朝常道！"于是拂衣而起。胡太后默不作声。

北魏朔州城的平民鲜于阿胡等人占据州城造反。

杜洛周南出，钞掠蓟城，魏常景遣统军梁仲礼击破之。丁未，都督李琚与洛周战于蓟城之北，败没。常景帅众拒之，洛周引还上谷。

长孙稚行至邺，诏解大都督，以河间王琛代之。稚上言："向与琛同在淮南，琛败臣全，遂成私隙，今难以受其节度。"魏朝不听。前至呼沱，稚未欲战，琛不从。鲜于脩礼邀击稚于五鹿，琛不赴救，稚军大败，稚、琛并坐除名。

五月，丁未，魏主下诏将北讨，内外戒严，既而不行。

（以上为第一段，写北魏天下大乱，各地接连发生反叛事件，朝廷应接不暇，再加之胡太后宠用奸佞徐纥等人，魏孝明帝元诩无所作为，政事败坏，到了一发不可收拾的地步。）

衡州刺史元略，自至江南，晨夕哭泣，常如居丧。及魏元叉死，胡太后欲召之，知略因刁双获免，征双为光禄大夫，遣江革、祖暅之南还以求略。上备礼遣之，宠赠甚厚。略始济淮，魏拜略为侍中，赐爵义阳王，以司马始宾为给事中，栗法光为本县令，刁昌为东平太守，刁双为西兖州刺史。凡略所过，一餐一宿皆赏之。

魏以丞相高阳王雍为大司马。复以广阳王深为大都督，讨鲜于脩礼；章武王融为左都督，裴衍为右都督，并受深节度。

深以其子自随，城阳王徽言于太后曰："广阳王携其爱子，握兵在外，将有异志。"乃敕融、衍潜为之备。融、衍以敕示深，深惧，事无大小，不敢自决；太后使问其故，对曰："徽衔臣次骨，臣疏远在外，徽之构臣，无所不为。自徽执政以来，臣所表请，多不从允。徽非但害臣而已，从臣将士，有勋劳者皆见排抑，不得比他军，仍深被憎嫉，或因其有罪，加以深文，至于殊死，以是从臣行者，莫不悚惧。有言臣善者，视之如仇雠，言臣恶者，待之如亲戚。徽居中用事，朝夕欲陷臣于不测之诛，臣何以自安！陛下若使徽出临外州，臣无内顾之忧，庶可以毕命贼庭，展其忠力。"太后不听。

徽与中书舍人郑俨等更相阿党，外似柔谨，内实忌克，赏罚任情，魏政由是愈乱。

杜洛周南下，抢掠蓟城，北魏常景派遣梁仲礼击破了他。丁未，都督李琚与杜洛周在蓟城北边交战，李琚战败覆没。常景率众抵抗，杜洛周带着人马回到了上谷。

长孙稚走到邺地时，朝廷诏令解除了他的大都督职务，以河间王元琛代替。长孙稚上奏说："前次我与元琛同在淮南，元琛失败而我独以保全，于是便产生了私下恩怨，现今我实在难以接受他的指挥调遣。"北魏朝廷没有准许。前进到呼沱时，长孙稚不想出战，但元琛不许，强迫他出战。鲜于脩礼在五鹿截击了长孙稚，元琛没有前去援救，长孙稚的军队大败，长孙稚、元琛一并获罪而被除名。

五月初九日丁未，魏孝明帝颁布诏书将要北征，朝廷内外戒严，后来没有成行。

衡州刺史元略，自从到了江南以后，早晚哭泣，常常如居丧那样。到北魏元叉死后，胡太后想召元略回来，知道元略因刁双而获免，便征召刁双为光禄大夫，遣送江革、祖暅之返回南方以便换回元略。梁武帝以周到的礼节遣送元略回去，恩宠馈赠特别丰厚。元略刚渡过了淮河，北魏便委任他为侍中，赐爵位为义阳王。北魏任命司马始宾为给事中，栗法光为本县县令，刁昌为东平太守，刁双为西兖州刺史。凡是元略所经过的地方，一餐一宿都给予赏赐。

北魏任命丞相高阳王元雍为大司马。又任命广阳王元深为大都督，征讨鲜于脩礼。任命章武王元融为左都督，裴衍为右都督，两人俱接受元深的指挥调遣。

元深让自己的儿子随行，城阳王元徽告诉胡太后说："广阳王携带着爱子，掌握兵权在外，将会有异心。"胡太后便下令元融、裴衍暗中对元深加以防备。元融、裴衍把胡太后的旨令出示给元深，元深害怕了，因此事情不论大小，都不敢自己决定。胡太后派人问其中缘故，元深回答："元徽恨我恨得入骨，我远在外地，与朝廷关系疏远，元徽陷害我，无所不用。自从元徽执政以来，我的表奏请示，大多不能获准。元徽不但谋害臣而已，凡是跟随我的将士中有功劳的人都受到排挤压制，无法同别的军队相比，仍然备受仇恨、嫉妒，有的人稍有罪过，便苛求罗织，以至于被斩首，所以跟从我的人，无不恐惧不安。如果有谁说我好，元徽便对他视如仇敌，而对说我坏话的人，元徽便对待他如亲戚一般。元徽在朝中掌权，从早到晚想致我于不测之死罪，臣如何能够安心呢？陛下如果让元徽出朝到外州任职，臣没有了内顾之忧，庶几可以战死于贼庭，为朝廷效忠尽力。"胡太后没有准许。

元徽同中书舍人郑俨等人相互勾结，元徽外表上温和谨慎，而内心实际上非常嫉妒别人的才能，欲居他人之上，在赏罚方面随心所欲，北魏朝政因此而更加混

（以上为第二段，写北魏胡太后迎回在元义专权时因起兵而败逃南梁的元略；城阳王元徽与中书舍人郑俨相互勾结，排除异己，使朝政更加混乱不堪。）

戊申，魏燕州刺史崔秉帅众弃城奔定州。

乙丑，魏以安西将军宗正珍孙为都督，讨汾州反胡。

六月，魏绛蜀陈双炽聚众反，自号始建王。魏以假镇西将军长孙稚为讨蜀都督。别将河东薛脩义轻骑诣双炽垒下，晓以利害，双炽即降。诏以脩义为龙门镇将。

丙子，魏徙义阳王略为东平王，顷之，迁大将军、尚书令，为胡太后所委任，与城阳王徽相埒，然徐、郑用事，略亦不敢违也。

杜洛周遣都督王曹纥真等将兵掠蓟南，秋，七月，丙午，行台常景遣都督于荣等击之于栗园，大破之，斩曹纥真及将卒三千余级。洛周帅众南趣范阳，景与荣等又破之。

魏仆射元纂以行台镇恒州。鲜于阿胡拥朔州流民寇恒州，戊申，陷平城，纂奔冀州。

上闻淮堰水盛，寿阳城几没，复遣郢州刺史元树等自北道攻黎浆，豫州刺史夏侯亶等自南道攻寿阳。

八月，癸巳，贼帅元洪业斩鲜于脩礼，请降于魏；贼党葛荣复杀洪业自立。

魏安北将军、都督恒朔讨虏诸军事尔朱荣过肆州，肆州刺史尉庆宾忌之，据城不出。荣怒，举兵袭肆州，执庆宾，还秀容，署其从叔羽生为刺史，魏朝不能制。

初，贺拔允及弟胜、岳从元纂在恒州，平城之陷也，允兄弟相失；岳奔尔朱荣，胜奔肆州。荣克肆州，得胜，大喜曰："得卿兄弟，天下不足平也！"以为别将，军中大事多与之谋。

九月，己酉，鄱阳忠烈王恢卒。

葛荣既得杜洛周之众，北趣瀛州，魏广阳忠武王深自交津引兵蹑之。辛亥，荣至白牛逻，轻骑掩击章武庄武王融，杀之。荣自称天子，国号齐，改元广安。深闻融败，停军不进。侍中元晏密言于太后曰："广阳王盘桓不进，坐图非望。有于谨者，智略过人，为其谋主，风尘之际，恐

乱了。

五月初十日戊申，北魏燕州刺史崔秉率领众人弃城投奔定州。

五月二十七日乙丑，北魏任命安西将军宗正珍孙为都督，去讨伐汾州反叛了的胡人。

六月，北魏徙居绛郡的蜀人的陈双炽聚众造反，自称始建王。北魏任命代理镇西将军长孙稚为讨蜀都督。别将河东人薛脩义轻骑来到陈双炽的战垒前面，晓以利害，陈双炽便投降了。朝廷诏令任命薛脩义为龙门镇将。

六月初九日丙子，北魏改义阳王元略为东平王，不久之后，又提升为大将军、尚书令，深受胡太后的信任，与城阳王元徽受信任的程度等同，但是徐纥、郑俨专权，元略也不敢有所违抗。

杜洛周派遣都督曹纥真等人率兵掠夺蓟南，秋季，七月初九日丙午，行台常景派遣都督于荣等人在栗园攻击曹纥真等人，大破敌人，斩了曹纥真以及将卒三千多名。杜洛周率众南去范阳，常景同于荣等人又击败了杜洛周。

北魏仆射元纂以行台身份镇守恒州。鲜于阿胡率领朔州的流民侵犯恒州，七月十一日戊申，攻陷了平城，元纂奔投冀州。

梁武帝得知淮河堰堤水很大，寿阳城差不多淹没了，又派遣郢州刺史元树等人从北道攻打黎浆，派豫州刺史夏侯亶等人从南道攻打寿阳。

八月二十七日癸巳，强盗首领元洪业斩了鲜于脩礼，请求投降北魏。强盗同伙葛荣又杀了元洪业而自任头领。

北魏安北将军、都督恒朔讨虏诸军事尔朱荣路过肆州，肆州刺史尉庆宾忌恨他，据城不出。尔朱荣发怒，领兵袭击肆州，抓住了尉庆宾，回到了秀容，让堂叔尔朱羽生代理肆州刺史，北魏朝廷不能制止。

当初，贺拔允及其弟弟贺拔胜、贺拔岳跟随元纂在恒州，平城失陷之后，兄弟几人相互失散。贺拔岳投奔了尔朱荣，贺拔胜投奔了肆州。尔朱荣攻克肆州之后，得到了贺拔胜，十分高兴地说："得到了你们兄弟，天下不愁不能平定！"任命贺拔胜为别将，军中大事大多与贺拔胜商议。

九月十三日己酉，梁鄱阳忠烈王萧恢去世。

葛荣得到了杜洛周的部众之后，北去瀛州，北魏广阳忠武王元深从交津领兵追踪而进。九月十五日辛亥，葛荣到了白牛逻，率轻骑突袭章武王元融，杀了他。葛荣自称天子，国号为齐，改年号为广安。元深得知元融失败，便按兵不动。侍中元晏秘密地告诉胡太后："广阳王徘徊不进，坐图非分之想。有一个叫于谨的人，他智

非陛下之纯臣也。”太后深然之，诏榜尚书省门，募能获谨者有重赏。谨闻之，谓深曰：“今女主临朝，信用谗佞，苟不明白殿下素心，恐祸至无日。谨请束身诣阙，归罪有司。”遂径诣榜下，自称于谨，有司以闻。太后引见，大怒。谨备论深忠款，兼陈停军之状，太后意解，遂舍之。

深引军还，趣定州，定州刺史杨津亦疑深有异志；深闻之，止于州南佛寺。经二日，深召都督毛谥等数人，交臂为约，危难之际，期相拯恤。谥愈疑之，密告津，云深谋不轨。津遣谥讨深，深走出，谥呼噪逐深。深与左右间行至博陵界，逢葛荣游骑，劫之诣荣。贼徒见深，颇有喜者，荣新立，恶之，遂杀深。城阳王徽诬深降贼，录其妻子。深府佐宋游道为之诉理，乃得释。游道，繇之玄孙也。

（以上为第三段，写北魏叛军首领葛荣的势力不断壮大，自称天子，国号为齐；北魏任用奸佞，无端猜疑，广阳王元深送了性命；尔朱荣逐渐显露不臣之心。）

甲申，魏行台常景破杜洛周，斩其武川王贺拔文兴等，捕虏四百人。

就德兴陷魏平州，杀刺史王买奴。

天水民吕伯度，本莫折念生之党也，后更据显亲以拒念生；已而不胜，亡归胡琛，琛以为大都督、秦王，资以士马，使击念生。伯度屡破念生军，复据显亲，乃叛琛，东引魏军。念生窘迫，乞降于萧宝寅，宝寅使行台左丞崔士和据秦州。魏以伯度为泾州刺史，封平秦郡公。大都督元脩义停军陇口，久不进，念生复反，执士和送胡琛，于道杀之。久之，伯度为万俟丑奴所杀，贼势益盛，宝寅不能制。胡琛与莫折念生交通，事破六韩拔陵浸慢，拔陵遣其臣费律至高平，诱琛，斩之，丑奴尽并其众。

冬，十一月，庚辰，大赦。

丁贵嫔卒，太子水浆不入口，上使谓之曰：“毁不灭性，况我在邪！”乃进粥数合。太子体素肥壮，腰带十围，至是减削过半。

谋才略过人，担任元深的军师，在如今动荡不安的时候，恐怕不是陛下忠诚之臣。”胡太后深表同意，便张榜于尚书省门前，以重赏招募能抓住于谨的人。于谨得知这一情况之后，对元深说：“如今女主临朝，信任重用谗邪奸佞之徒，假如不明白殿下一片真心，恐怕灾祸很快就会降临。于谨请求捆绑自己赴朝廷，向有关官署投案服罪。”便径直来到尚书门前的榜文之下，自称是于谨，有关官署把情况报告了朝廷。胡太后召见于谨，勃然大怒。于谨详细地讲述了元深对朝廷的忠诚，同时说明了停兵不进的原因，胡太后怒气消去，放了于谨。

元深领兵返回，前往定州，定州刺史杨津也怀疑元深有异谋。元深知道情况之后，停在州城南边的南佛寺。两天之后，元深召来都督毛谧等人，结交而订立盟约，约定危难的时候互相援救。毛谧越发怀疑他了，便秘密地告诉杨津，说元深图谋不轨。杨津派遣毛谧讨伐元深，元深跑走了，毛谧呼喊着去追逐元深。元深同身边人抄小道到了博陵地界，遇上了葛荣的流动骑兵，抓获送到葛荣那里。寇贼们见了元深，喜欢他的人还不少，葛荣刚自立为王，对此很反感，便杀了元深。城阳王元徽诬陷元深投降了贼寇，逮捕了他的妻子、儿子。元深的府佐宋游道替他们申诉，才得以释放。宋游道是宋繇的玄孙。

十月十八日甲申，北魏行台常景击败了杜洛周，斩杀杜洛周手下的武川王贺拔文兴等人，捕获了四百人。

就德兴攻陷了北魏的平州，杀死刺史王买奴。

天水百姓吕伯度，本来是莫折念生的同党，后来又占据显亲这个地方抵抗莫折念生，接着因不能取胜，便跑去投靠了胡琛，胡琛任命他为大都督、秦王，资助了兵力战马，让吕伯度去攻打莫折念生。吕伯度多次打败莫折念生的军队，又占据了显亲，于是反叛了胡琛，从东边引来魏军。莫折念生穷途无路，向萧宝寅乞求投降，萧宝寅指使行台左丞崔士和占据了秦州。北魏任命吕伯度为泾州刺史，封为平秦郡公。大都督元叉把军队停在陇口，久而不进，莫折念生又反叛了，抓住崔士和送往胡琛那里，在路上杀了崔士和。之后，吕伯度被万俟丑奴杀了，贼寇的势力更加强大，萧宝寅无法制伏。胡琛与莫折念生相互勾通，对破六韩拔陵渐渐不恭起来，破六韩拔陵派遣臣子费律到了高平，诱惑胡琛，斩了胡琛，万俟丑奴把胡琛的部众全部兼并了。

冬季，十一月十五日庚辰，梁大赦天下。

丁贵嫔去世，太子滴水不进，梁武帝派人对他说：“哀伤不能毁了性命，何况我还在呢！”这才饮粥数合。太子身体向来肥壮，腰带有十围之长，可是到这时却消瘦过半。

夏侯亶等军入魏境，所向皆下。辛巳，魏扬州刺史李宪以寿阳降，宣猛将军陈庆之入据其城，凡降城五十二，获男女七万五千口。丁亥，纵李宪还魏，复以寿阳为豫州，改合肥为南豫州，以夏侯亶为豫、南豫二州刺史。寿阳久罹兵革，民多离散，亶轻刑薄赋，务农省役，顷之，民户充复。

杜洛周围范阳，戊戌，民执魏幽州刺史王延年、行台常景送洛周，开门纳之。

魏齐州平原民刘树等反，攻陷郡县，频败州军，刺史元欣以平原房士达为将，讨平之。

曹义宗据穰城以逼新野，魏遣都督魏承祖及尚书左丞、南道行台辛纂救之。义宗战不利，不敢进。纂，雄之从父兄也。

魏盗贼日滋，征讨不息，国用耗竭，豫征六年租调，犹不足，乃罢百官所给酒肉，又税入市者人一钱，及邸店皆有税，百姓嗟怨。吏部郎中辛雄上疏，以为："华夷之民相聚为乱，岂有余憾哉？正以守令不得其人，百姓不堪其命故也。宜及此时早加慰抚。但郡县选举，由来共轻，贵游俊才，莫肯居此。宜改其弊，分郡县为三等，清官选补之法，妙尽才望，如不可并，后地先才，不得拘以停年。三载黜陟，有称职者，补在京名官；如不历守令，不得为内职。则人思自勉，枉屈可申，强暴自息矣。"不听。

（以上为第四段，写北魏国内叛乱日益严重，征讨不断，国家财用耗竭，提前征收六年租调；郡县官吏选拔不被重视，辛雄上书，建议改革选拔办法，不被采纳。）

大通元年（丁未，527 年）

春，正月，乙丑，以尚书左仆射徐勉为仆射。

辛未，上祀南郊。

甲戌，魏以司空皇甫度为司徒，仪同三司萧宝寅为司空。

魏分定、相二州四郡置殷州，以北道行台博陵崔楷为刺史。楷表称："州今新立，尺刃斗粮，皆所未有，乞资以兵粮。"诏付外量闻，竟无所给。或劝楷留家，单骑之官，楷曰："吾闻食人之禄者忧人之忧，若吾独往，则将士谁肯固志哉！"遂举家之官。葛荣逼州城，或劝减弱小以避之，楷遣幼子及一女夜出，既而悔之，曰："人谓吾心不固，亏忠而全爱也。"遂命追还。贼至，强弱相悬，又无守御之具；楷抚勉将士以拒之，

夏侯亶等人的军队进入北魏境内，所向披靡。十一月十六日辛巳，北魏扬州刺史李宪献出寿阳投降，宣猛将军陈庆之入据该城，投降的有五十二城，俘获男女七万五千名。十一月二十二日丁亥，放李宪回北魏，又以寿阳为豫州，改合肥为南豫州，任命夏侯亶为豫、南豫二州刺史。寿阳久遭战乱，百姓大多离散，夏侯亶减轻刑罚，少收税赋，经营农业，减免劳役，很快民户又多起来了。

杜洛周围攻范阳，十二月初四日戊戌，范阳百姓抓住了北魏幽州刺史王延年、行台常景，送给杜洛周，杜洛周开门接纳了他们。

北魏齐州平原郡的百姓刘树等人造反，攻陷郡县，频频地击败州里的军队，刺史元欣任用平原人房士达为将领，讨平了叛乱。

梁将曹义宗占据了穰城以逼近新野，北魏派遣都督魏承祖以及尚书左丞、南道行台辛纂去援救。曹义宗交战失利，不敢前进。辛纂是辛雄的堂兄。

北魏国内盗贼日益增多，征讨不停，国家财用耗竭，提前征收了六年的租调，还不够用，于是停发了给百官的酒肉，又向每个进入集市的人征收一枚钱的税，以至投住旅店都要纳税，百姓无不嗟怨。吏部郎中辛雄上疏认为："华夷之民相聚生乱，难道还有别的什么遗憾的事情吗？正是由于太守、县令任用不当，百姓不堪他们的欺压的缘故。宜于现今对百姓趁早加以抚慰。但是对于郡守县令的选拔，向来都不重视，无官职的王公贵族和杰出人才，都不肯担任这些官职。应该改革这一弊端，把郡县分为三等，清官选补的办法，巧妙地竭尽其才能和门望两个方面，如果不能同时具备，后门望而先才能，不能拘泥于年资的长短。三年升降一次，有称职者，可以委任为京城中的官员；如果没有担任太守、县令的经历，便不能在朝廷内任职。如此一来，便人人思以自勉，百姓的枉屈可以申雪，天下强暴自然平息了。"没有被采纳。

梁武帝大通元年（丁未，527年）

春季，正月初一日乙丑，梁任命尚书左仆射徐勉为仆射。

正月初七日辛未，梁武帝在南郊祭天。

正月初十日甲戌，北魏任命司空皇甫度为司徒，仪同三司萧宝寅为司空。

北魏从定、相两个州中分出四个郡设置了殷州，任命北道行台博陵人崔楷为刺史。崔楷上表说："殷州如今刚刚设立，连一尺长的刀刃、一斗粮食都没有，乞求给予兵器和粮食。"诏令外台计算一下应该给的兵器和粮食的数量，然后上报批复，最后竟然一点儿也没给。有人劝崔楷留下家属，单人匹马去赴任，崔楷说："我听说食人的俸禄，分担人的忧愁，如果我单身独往，那么将士们谁还肯坚守其志呢！"便带着全家去上任。葛荣逼近州城，有人劝崔楷把家人中老弱幼小者送去别处避一下，

莫不争奋，皆曰：“崔公尚不惜百口，吾属何爱一身！”连战不息，死者相枕，终无叛志。辛未，城陷，楷执节不屈，荣杀之，遂围冀州。

萧宝寅出兵累年，将士疲弊。秦贼击之，宝寅大败于泾州，收散兵万余人，屯逍遥园，东秦州刺史潘义渊以汧城降贼。莫折念生进逼岐州，城人执刺史魏兰根应之。豳州刺史毕祖晖战没，行台辛深弃城走，北海王颢军亦败。贼帅胡引祖据北华州，叱干麒麟据豳州以应天生，关中大扰。雍州刺史杨椿募兵得七千余人，帅以拒守，诏加椿侍中兼尚书右仆射，为行台，节度关西诸将。北地功曹毛鸿宾引贼抄掠渭北，雍州录事参军杨侃将兵三千掩击之；鸿宾惧，请讨贼自效，遂擒送宿勤乌过仁。乌过仁者，明达之兄子也。莫折天生乘胜寇雍州，萧宝寅部将羊侃隐身堑中射之，应弦而毙，其众遂溃。侃，祉之子也。

（以上为第五段，写北魏设置殷州，刺史崔楷举全家赴任，一腔忠义，拼死战斗，城破家亡；关中大乱，羊侃射杀叛军首领莫折天生，叛众溃散。）

魏右民郎阳平路思令上疏，以为：“师出有功，在于将帅，得其人则六合唾掌可清，失其人则三河方为战地。窃以比年将帅多宠贵子孙，衔杯跃马，志逸气浮，轩眉扼腕，以攻战自许；及临大敌，忧怖交怀，雄图锐气，一朝顿尽。乃令羸弱在前以当寇，强壮居后以卫身，兼复器械不精，进止无节，以当负险之众，敌数战之虏，欲其不败，岂可得哉！是以兵知必败，始集而先逃；将帅畏敌，迁延而不进。国家谓官爵未满，屡加宠命；复疑赏赉之轻，日散金帛。帑藏空竭，民财殚尽，遂使贼徒益甚，生民凋弊，凡以此也。夫德可感义夫，恩可劝死士。今若黜陟幽明，赏罚善恶，简练士卒，缮修器械，先遣辩士晓以祸福，如其不悛，以顺讨逆，如此，则何异厉萧斧而伐朝菌，鼓洪炉而燎毛发哉！”弗听。

戊子，魏以皇甫度为太尉。

己丑，魏主以四方未平，诏内外戒严，将亲出讨，竟亦不行。

崔楷便在夜间把幼子以及一个女儿送出城，很快又后悔了，说："人们一定要说我的内心不坚定，亏损忠义而保全父爱。"又命令人把他们追了回来。贼寇到了，强弱悬殊，城中又没有防守抵御的器具。崔楷抚慰将士们，勉励他们抵抗敌人，大家无不奋勇争先，都说："崔公尚且不惜家中百口人的性命，我们又何能爱惜自身呢！"连战不停，死者相枕，但是大家终无叛逃之意。正月初七日辛未，州城失陷，崔楷执节而不屈服，葛荣杀了他，便又开始围攻冀州。

萧宝寅连年出兵，将士们疲惫不堪。秦地的贼寇攻打萧宝寅，宝寅在泾州一败涂地，事后收集散兵一万多人，驻扎在逍遥园，东秦州刺史潘义渊献出汧城投降了贼寇。莫折念生进逼岐州，城里的人抓住了刺史魏兰根来响应莫折念生。州刺史毕祖晖战败身亡，行台辛深弃城逃跑了，北海王元颢的军队也战败了。贼寇首领胡引祖占据北华州，叱干麒麟占据豳州来响应莫折天生，整个关中大乱。雍州刺史杨椿招募了七千多兵力，率领拒守，诏令加杨椿为侍中兼尚书右仆射，担任行台，指挥关中各位将领。北地功曹毛鸿宾带领贼寇抢掠渭北，雍州录事参军杨侃率兵三千袭击他们；毛鸿宾害怕了，请求讨伐贼寇将功赎罪，便擒获送来了宿勤乌过仁。宿勤乌过仁是宿勤明达哥哥的儿子。莫折天生乘胜侵犯雍州，萧宝寅的部将羊侃隐蔽在战壕之中用箭射莫折天生，莫折天生应弦而毙，其部众便溃散了。羊侃是羊祉的儿子。

北魏右民郎阳平人路思令上疏："军队出征有功绩，在于将帅，得到合适的人担任将帅则天下唾手可以廓清，选人不当则京都外也会成为战场。愚意以为多年来军中将帅大多由宠贵子孙担任，饮酒跑马，志气浮华，扬眉扼腕，以攻战而自我称许；面临强敌的时候，则忧恐交织于心，原先的雄图锐气，一朝消失殆尽。便命令羸弱者在前面为自己挡住敌寇，强壮者在后面为自己护身，加上武器不精良，前进与停止没有节度，以此抵挡据险而守的敌寇，屡经战阵的强敌，想让他们不败，岂能办得到呢！因此兵卒们知道战而必败，开始集结就纷纷逃散；将帅们畏惧敌人，拖延而不前进。国家则以为给他们的官爵低了，屡屡地给他们加官晋爵；还怀疑给的赏赐太轻了，便日日散发金帛。库藏空竭，民财殚尽，遂使贼徒越发多起来了，百姓凋敝，原因正在这里。德可以感动礼义之人，恩可以劝励敢死之士。现今朝廷如果能做到升降贤愚，赏罚善恶，精选训练士卒，缮修武器，先派善辩之士去对盗贼晓以祸福利害，如果不思悔改，便派兵去讨伐，以顺应讨伐叛逆，这样，何异于用利斧而伐朝菌，煽大火而燎毛发呢！"孝明帝没有听从。

正月二十四日戊子，北魏任命皇甫度为太尉。

正月二十五日己丑，魏孝明帝因为四方的叛乱没有平定，诏令内外戒严，将要

谯州刺史湛僧智围魏东豫州，将军彭群、王辩围琅邪，魏敕青、南青二州救琅邪。司州刺史夏侯夔帅壮武将军裴之礼等出义阳道，攻魏平静、穆陵、阴山三关，皆克之。夔，亶之弟；之礼，邃之子也。

魏东清河郡山贼群起，诏以齐州长史房景伯为东清河太守。郡民刘简虎尝无礼于景伯，举家亡去，景伯穷捕，禽之，署其子为西曹掾，令谕山贼。贼以景伯不念旧恶，皆相帅出降。

景伯母崔氏，通经，有明识。贝丘妇人列其子不孝，景伯以白其母，母曰："吾闻闻名不如见面，山民未知礼义，何足深责！"乃召其母，与之对榻共食，使其子侍立堂下，观景伯供食。未旬日，悔过求还。崔氏曰："此虽面惭，其心未也，且置之。"凡二十余日，其子叩头流血，母涕泣乞还，然后听之，卒以孝闻。景伯，法寿之族子也。

二月，秦贼据魏潼关。

庚申，魏东郡民赵显德反，杀太守裴烟，自号都督。

将军成景儁攻魏彭城，魏以前荆州刺史崔孝芬为徐州行台以御之。先是，孝芬坐元叉党与卢同等俱除名，及将赴徐州，入辞太后，太后谓孝芬曰："我与卿姻戚，奈何内头元叉车中，称'此老妪会须去之！'"孝芬曰："臣蒙国厚恩，实无斯语。假令有之，谁能得闻！若有闻者，此于元叉亲密过臣远矣。"太后意解，怅然有愧色。景儁欲堰泗水以灌彭城，孝芬与都督李叔仁等击之，景儁遁还。

三月，甲子，魏主诏将西讨，中外戒严。会秦贼西走，复得潼关，戊辰，诏回驾北讨。其实皆不行。

葛荣久围信都，魏以金紫光禄大夫源子邕为北讨大都督以救之。

初，上作同泰寺，又开大通门以对之，取其反语相协，上晨夕幸寺，皆出入是门。辛未，上幸寺舍身；甲戌，还宫，大赦，改元。

（以上为第六段，写北魏路思令上书言事，魏孝明帝根本听不进去；清河郡守房景伯以孝治政；南朝梁武帝修建同泰寺，舍身，改元大通，成了忠实的佛教徒。）

亲自出征讨伐，但是最后也未能成行。

谯州刺史湛僧智围攻北魏东豫州，将军彭群、王辩围攻琅邪，北魏朝廷命令青、南青两州援救琅邪。司州刺史夏侯夔率领壮武将军裴之礼等人出义阳道，攻打北魏的平静、穆陵、阴山三关，都攻克了。夏侯夔是夏侯亶的弟弟；裴之礼是裴邃的儿子。

北魏东清河郡山贼群起，诏令齐州长史房景伯担任东清河太守。东清河郡的百姓刘简虎曾经对房景伯无礼，举家逃亡，房景伯到处搜捕，抓获了他，任用他的儿子为西曹椽，令其去晓谕山贼。山贼们见房景伯不念旧恶，全都相继出来投降了。

房景伯的母亲崔氏，通晓经学，有见识。贝丘有一妇人诉说自己的儿子不孝，房景伯告诉了母亲，母亲说："我听说闻名不如见面，山民不知礼义，何以值得深加责难呢！"便召来这一妇人，同她对坐进食，让这个妇人的儿子待立在堂下，使他观看房景伯如何供奉母亲进食。不到十天，这个不孝的儿子悔过了，请求回去。崔氏说："他虽然在面子上觉得惭愧了，但心里却未必如此，还是继续留在这里吧。"又过了二十多天，这个妇人的儿子叩头流血，母亲流着泪水乞求回家，这才允许他们回去了，最后这个不孝之子以孝而闻名天下。房景伯是房法寿的族侄。

二月，秦地的贼寇占据了北魏的潼关。

二月二十七日庚申，北魏东郡的百姓赵显德造反，杀了太守裴烟，自称为都督。

将军成景儁攻打北魏彭城，北魏任命前荆州刺史崔孝芬为徐州行台去抗御。在此之前，崔孝芬因系元叉的同党而获罪，与卢同等人一起被除名。即将赴徐州上任，入宫向胡太后辞别，胡太后对他说："我同你是姻亲，为何要把头伸进元叉车中，说：'这个老婆子应该立即被赶跑。'"崔孝芬说："我承受国家的厚恩，确实没有说过这样的话。假使说过，谁又能听到过呢！如果有人听到过，那么他与元叉的亲密就远远地超过臣了。"胡太后怒气消了，怅然而面有愧色。成景儁准备拦截泗水来淹灌彭城，崔孝芬与都督李叔仁等人进攻成景儁，成景儁逃回去了。

三月初一日甲子，魏孝明帝诏告天下将要西征，朝廷内外戒严。正好秦地的盗贼向西逃跑，重新得到了潼关，三月初五日戊辰，诏告天下回驾北伐。其实，都没有出行。

葛荣长期包围信都，北魏任命金紫光禄大夫源子邕为北讨大都督援救信都。

当初，梁武帝修建了同泰寺，又开了大通门来与他门相对，取"同泰"与"大通"的反切的字音相协，梁武帝早晚临幸同泰寺，都出入这道门。三月初八日辛未，梁武帝来到同泰寺举行舍身仪式；三月十一日甲戌，回到宫中，颁发大赦令，改年号为大通。

魏齐州广川民刘钧聚众反，自署大行台；清河民房项自署大都督，屯据昌国城。

夏，四月，魏将元斌之讨东郡，斩赵显德。

己酉，柔然头兵可汗遣使入贡于魏，且请讨群贼。魏人畏其反覆，诏以盛暑，且俟后敕。

魏萧宝寅之败也，有司处以死刑，诏免为庶人。雍州刺史杨椿有疾求解，复以宝寅为都督雍泾等四州诸军事、征西将军、雍州刺史、开府仪同三司、西讨大都督，自关以西皆受节度。椿还乡里，其子昱将适洛阳，椿谓之曰："当今雍州刺史亦无逾于宝寅者，但其上佐，朝廷应遣心膂重臣，何得任其牒用！此乃圣朝百虑之一失也。且宝寅不藉刺史为荣，吾观其得州，喜悦特甚，至于赏罚云为，不依常宪，恐有异心。汝今赴京师，当以吾此意启二圣，并白宰辅，更遣长史、司马、防城都督，欲安关中，正须三人耳。如其不遣，必成深忧。"昱面启魏主及太后，皆不听。

五月，丙寅，成景儁攻魏临潼、竹邑，拔之。东宫直阁兰钦攻魏萧城、厥固，拔之，钦斩魏将曹龙牙。

六月，魏都督李叔仁讨刘钧，平之。

秋，七月，魏陈郡民刘获、郑辩反于西华，改元天授，与湛僧智通谋，魏以行东豫州刺史谯国曹世表为东南道行台以讨之，源子恭代世表为东豫州。诸将以贼众强，官军弱，且皆败散之余，不敢战，欲保城自固。世表方病背肿，舆出，呼统军是云宝谓曰："湛僧智所以敢深入为寇者，以获、辩皆州民之望，为之内应也。向闻获引兵欲迎僧智，去此八十里；今出其不意，一战可破，获破，则僧智自走矣。"乃选士马付宝，暮出城，比晓而至，击获，大破之，穷讨，余党悉平。僧智闻之，遁还。郑辩与子恭亲旧，亡匿子恭所，世表集将吏面责子恭，收辩，斩之。

魏相州刺史乐安王鉴与北道都督裴衍共救信都。鉴幸魏多故，阴有异志，遂据邺叛，降葛荣。

己丑，魏大赦。

初，侍御史辽东高道穆奉使相州，前刺史李世哲奢纵不法，道穆按之。世哲弟神轨用事，道穆兄谦之家奴诉良，神轨收谦之系廷尉。赦将

北魏齐州广川的平民刘钧聚众造反，自任大行台；清河的百姓房项自任大都督，占据了昌固城。

夏季，四月，北魏将领元斌之讨伐东郡，斩了赵显德。

四月十六日己酉，柔然头兵可汗派遣使者来向北魏进贡，并且请求帮助北魏讨伐群贼。北魏人害怕他反复无常，诏告因正当盛暑不宜出征，且待以后的圣旨。

北魏萧宝寅失败，有关部门判处他死刑，孝明帝诏令免死而黜为庶人。雍州刺史杨椿有病请求辞职，又任命萧宝寅为都督雍泾等四州诸军事、征西将军、雍州刺史、开府仪同三司、西讨大都督。从潼关以西都受他的指挥调遣。杨椿回到了乡里，他的儿子杨昱将去洛阳，杨椿对儿子说："当今雍州刺史的人选没有超过萧宝寅的，但他的高级官佐，朝廷应当派遣心腹大臣来担任，怎能由他自己来授任呢？这是圣朝百虑而一失之处呀。况且萧宝寅不必借担任刺史为荣，我看他得到了雍州刺史的官职，特别喜悦，至于赏罚言行，不依据常规，恐怕心有异谋。你现今去京师，应把我的这个意思启奏太后和皇上，并且报告宰相，另外派遣长史、司马、防城都督，想安定关中，正需这三个人哪！如果不派遣，萧宝寅必将成为朝廷的忧患。"杨昱把杨椿的建议面陈魏孝明帝和胡太后，但都不听从。

五月初四日丙寅，成景儁攻打北魏的临潼、竹邑，攻克了。东宫直阁兰钦攻打北魏的萧城、厥固，拔取了，兰钦斩了北魏将领曹龙牙。

六月，北魏都督李叔仁讨伐刘钧，平定了刘钧。

秋季，七月，北魏陈郡百姓刘获、郑辩在西华造反，改年号为天授，并与湛僧智合谋，北魏任命东豫州刺史谯国人曹世表为东南道行台去讨伐，源子恭代替曹世表担任东豫州刺史。众将领因为贼寇人多势强，官军兵力弱小，且全是些残兵败卒，不敢交战，想保城而自守。曹世表正患了背肿病，坐车出来，叫来统军是云宝，告诉说："湛僧智之所以敢深入内地为寇，因为刘获和郑辩都在州民中有名望，为他作内应。前不久听说刘获带兵想迎接湛僧智，离这里八十里远。现今出其不意而发动攻击，一战即可击破，刘获被击破，湛僧智自然就会逃跑。"于是挑选了士兵和战马交给是云宝，天黑时出了城，天刚亮到了，攻击刘获，大败刘获，穷追而不舍，余党全被铲平。湛僧智得知情况之后，逃回去了。郑辩同源子恭过去有交情，逃匿在源子恭那里，曹世表集合将吏当面斥责源子恭，收捕了郑辩，斩了他。

北魏相州刺史东安王元鉴与北道都督裴衍一同援救信都。元鉴庆幸北魏多事故，暗中藏有异谋，便占据邺地而反叛，投降了葛荣。

七月二十八日己丑，北魏大赦天下。

当初，侍御史辽东人高道穆奉命出使相州，前刺史李世哲奢侈放纵，不守法制，高道穆查办了他。李世哲的弟弟李神轨执政，高道穆的哥哥高谦之的家奴投诉高谦

出，神轨启太后先赐谦之死，朝士哀之。

彭群、王辩围琅邪，自夏及秋，魏青州刺史彭城王劭遣司马鹿悆，南青州刺史胡平遣长史刘仁之将兵击群、辩，破之，群战没。劭，勰之子也。

八月，魏遣都督源子邕、李神轨、裴衍攻邺。子邕行及汤阴，安乐王鉴遣弟斌之夜袭子邕营，不克；子邕乘胜进围邺城，丁未，拔之，斩鉴，传首洛阳，改姓拓跋氏。魏因遣子邕、裴衍讨葛荣。

九月，秦州城民杜粲杀莫折念生阖门皆尽，粲自行州事。南秦州城民辛琛亦自行州事，遣使诣萧宝寅请降。魏复以宝寅为尚书令，还其旧封。

（以上为第七段，写北魏各地反叛风起云涌，宗亲败类也乘机兴风作浪，萧宝寅战败后被贬为庶人，现官复原职；元鉴反叛，被平定。）

谯州刺史湛僧智围魏东豫州刺史元庆和于广陵，魏将军元显伯救之，司州刺史夏侯夔自武阳引兵助僧智。冬，十月，夔至城下，庆和举城降。夔以让僧智，僧智曰："庆和欲降公，不欲降僧智，今往，必乖其意。且僧智所将应募乌合之人，不可御以法；公持军素严，必无侵暴，受降纳附，深得其宜。"夔乃登城，拔魏帜，建梁帜；庆和束兵而出，吏民安堵，获男女四万余口。

臣光曰：湛僧智可谓君子矣！忘其积时攻战之劳，以授一朝新至之将，知己之短，不掩人之长，功成不取以济国事，忠且无私，可谓君子矣！

元显伯宵遁，诸军追之，斩获万计。诏以僧智领东豫州刺史，镇广陵。夔引军屯安阳，遣别将屠楚城，由是义阳北道遂与魏绝。

领军曹仲宗、东宫直阁陈庆之攻魏涡阳，诏寻阳太守韦放将兵会之。魏散骑常侍费穆引兵奄至，放营垒未立，麾下止有二百余人，放免胄下马，据胡床处分，士皆殊死战，莫不一当百，魏兵遂退。放，叡之子也。

之，李神轨拘捕了高谦之，交给廷尉治罪。大赦令将颁布，李神轨启奏胡太后先赐高谦之死，朝中人士无不可怜同情他。

彭群、王辩围攻琅邪，从夏天直到秋天，北魏青州刺史彭城王元劭派遣司马鹿念，南青州刺史胡平派遣长史刘仁之率兵攻击彭群、王辩，击破了，彭群战死。元劭是元勰的儿子。

八月，北魏派遣都督源子邕、李神轨、裴衍攻打邺城。源子邕行到汤阴时，安乐王元鉴派弟弟元斌之夜袭源子邕的营地，没有获胜。源子邕乘胜而围攻邺城，八月十七日丁未，攻克了邺城，斩了元鉴，将其首级传送到洛阳，改元鉴的姓为拓跋氏。北魏便派遣源子邕、裴衍讨伐葛荣。

九月，秦州城平民杜粲把莫折念生满门杀尽，杜粲自己执掌了州政。南秦州城平民辛琛也自理州政，派遣使者到萧宝寅处请求投降。北魏又任命萧宝寅为尚书令，并归还了过去的封地。

谯州刺史湛僧智在广陵围攻北魏东豫州刺史元庆和，北魏将军元显伯前去援救他，司州刺史夏侯夔从武阳带兵来援助湛僧智。冬季，十月，夏侯夔来到广陵城下，元庆和率全城投降。夏侯夔把受降功劳让给湛僧智，湛僧智说："元庆和要投降大人，不想投降湛僧智，我现今如果前去受降，必定与他的心意不符。况且我所率领的都是应募而来的乌合之徒，无法用法令来约束他们；大人向来治军严肃，必定不会发生侵暴事件，受降使其归附，再也合适不过了。"夏侯夔便登上城楼，拔去北魏的旗帜，竖立了梁朝的旗帜；元庆和放下兵器出城投降，全城吏民安居不乱，共俘获了男女四万多口。

臣司马光评论说：湛僧智可称是君子啊！能忘掉自己长期攻战的劳苦，让给梁朝新到的将领，知道自己的短处，不掩盖他人的长处，功成而不取以成就国家大事，忠而无私，可以称为君子啊！

元显伯在夜间逃遁，梁军追击他，斩俘人数以万计数。诏令任命湛僧智兼任东豫州刺史，镇守广陵。夏侯夔领兵屯驻安阳，派别将攻破了楚城并屠灭全城，从此义阳北道便同北魏断绝了。

领军曹仲宗、东宫直阁陈庆之攻打北魏涡阳，诏令寻阳太守韦放率兵去与曹仲宗等会合。北魏散骑常侍费穆带兵突然来到，韦放的营垒还没有建好，麾下只有二百余人，韦放脱掉盔甲而下马，坐在胡床上安排布置，士兵们都殊死奋战，人人以一当百，魏军便撤退了。韦放是韦叡的儿子。

魏又遣将军元昭等众五万救涡阳，前军至驼涧，去涡阳四十里。陈庆之欲逆战，韦放以魏之前锋必皆轻锐，不如勿击，待其来至，庆之曰："魏兵远来疲倦，去我既远，必不见疑，及其未集，须挫其气。诸君若疑，庆之请独取之。"于是帅麾下二百骑进击，破之，魏人惊骇。庆之乃还，与诸将连营而进，背涡阳城与魏军相持。自春至冬，数十百战，将士疲弊。闻魏人欲筑垒于军后，曹仲宗等恐腹背受敌，议引军还，庆之杖节军门曰："共来至此，涉历一岁，糜费极多。今诸君皆无斗心，唯谋退缩，岂是欲立功名，直聚为抄暴耳！吾闻置兵死地，乃可求生，须虏大合，然后与战。审欲班师，庆之别有密敕，今日犯者，当依敕行之！"仲宗等乃止。

魏人作十三城，欲以控制梁军。庆之衔枚夜出，陷其四城，涡阳城主王纬乞降。韦放简遣降者三十余人分报魏诸营，陈庆之陈其俘馘，鼓噪随之，九城皆溃，追击之，俘斩略尽，尸咽涡水，所降城中男女三万余口。

（以上为第八段，写南朝梁谯州刺史湛僧智谦让受降功劳，司马光誉为"君子"；东宫直阁陈庆之有勇有谋，在敌人连修十三座城堡的情况下，奋勇出击，攻下涡阳。）

萧宝寅之败于泾州也，或劝之归罪洛阳，或曰："不若留关中立功自效。"行台都令史河间冯景曰："拥兵不还，此罪将大。"宝寅不从，自念出师累年，糜费不赀，一旦覆败，内不自安；魏朝亦疑之。

中尉郦道元，素名严猛，司州牧汝南王悦嬖人丘念，弄权纵恣，道元收念付狱；悦请之于胡太后，太后欲赦之，道元杀之，并以劾悦。

时宝寅反状已露，悦乃奏以道元为关右大使。宝寅闻之，谓为取己，甚惧，长安轻薄子弟复劝使举兵。宝寅以问河东柳楷，楷曰："大王，齐明帝子，天下所属，今日之举，实允人望。且谣言'鸾生十子九子毈，一子不毈关中乱。'大王当治关中，何所疑！"道元至阴盘驿，宝寅遣其将郭子恢攻杀之，收殡其尸，表言白贼所害。又上表自理，称为杨椿父

北魏又派遣将军元昭等人率领五万人马援救涡阳，前军到了驼涧，离涡阳只四十里远。陈庆之准备前去迎战，韦放认为北魏的前锋部队必定都轻装而勇锐，不如不要进击，等他们来到以后再说。陈庆之说："魏兵远道而来，疲惫不堪，离我们远，必定不会怀疑，乘他们没有全部会集起来，必须挫伤他们的气势。诸位如果有疑虑，我陈庆之请求独自前去攻取他们。"他便率领麾下二百名骑兵出击，打败了对方，魏军大为惊恐。陈庆之便返回，同众将连营而进，背对涡阳城与魏军相持。从春天到冬天，共打了数十上百仗，将士非常疲惫。听说北魏人要在军队后面修筑战垒，曹仲宗等人担心腹背受敌，便商议带兵撤回去，陈庆之持节站在营门口说："大家一起来到这里，已经过去一年了，花费去的钱物极其多。如今各位都没有斗心，只是思谋退缩，这哪里是想建立功名，分明是聚在一起抄掠行暴罢了！我听说军队置之于死地，然后才可以求生，必须敌虏全部聚合在一块之后，再同他们决战。如果你们确想班师回去，我陈庆之另有皇上的秘密圣旨，今日如有触犯之人，我便要依照圣旨而处置他。"曹仲宗等人才不再想撤兵了。

魏军修建了十三座城堡，想以此而控制梁军。陈庆之带领人马口衔木棒，于夜间悄悄出城，攻陷了四座城堡，涡阳城主王纬乞求投降。韦放从投降的北魏士兵中挑选出三十多人，分别去给北魏各军营报信，陈庆之把生俘的敌人和被杀的敌人的左耳排列成阵，击鼓叫喊而跟随着，魏人九个城堡全都崩溃，穷追猛击，差不多把魏军俘虏斩杀干净，尸体把涡河都堵住了，城中的男女三万余口也归顺了。

萧宝寅在泾州兵败之后，有人劝他回洛阳认罪，也有人劝他："不如留在关中立功赎罪。"行台都令史河间人冯景说："拥有兵众却不回去，这罪就更大了。"萧宝寅没有听从冯景的意见，自认为出师多年，所浪费掉的财物无法计算，一旦倾覆失败，内心难以自安。北魏朝廷也怀疑他了。

中尉郦道元，向来有威严勇猛的名声，司州牧汝南王元悦所宠信的丘念玩弄权术放纵恣意，郦道元将他收捕下狱；元悦向胡太后求情，胡太后想要赦免丘念，郦道元杀了丘念，并以丘念的罪行而弹劾元悦。

当时萧宝寅谋反的情状已经显露，元悦便奏请任命郦道元为关右大使。萧宝寅得知，认为是来收拾自己，特别害怕，长安的轻浮浅薄的贵族子弟又劝说萧宝寅起兵。萧宝寅就此事询问河东人柳楷，柳楷说："大王是齐明帝的儿子，天下归心于您，如果现今起兵谋事，正顺应众望。况且民谣说：'鸾生十子九子毈不出鸟，一蛋是好卵关中必大乱。'大王该治理关中，有什么怀疑的呢！"郦道元到了阴盘驿，萧

子所谮。

宝寅行台郎中武功苏湛，卧病在家，宝寅令湛从母弟开府属天水姜俭说湛曰："元略受萧衍旨，欲见剿除，道元之来，事不可测，吾不能坐受死亡，今须为身计，不复作魏臣矣。死生荣辱，与卿共之。"湛闻之，举声大哭。俭遽止之曰："何得便尔！"湛曰："我百口今屠灭，云何不哭！"哭数十声，徐谓俭曰："为我白齐王，王本以穷鸟投人，赖朝廷假王羽翼，荣宠至此。属国步多虞，不能竭忠报德，乃欲乘人间隙，信惑行路无识之语，欲以羸败之兵守关问鼎。今魏德虽衰，天命未改。且王之恩义未洽于民，但见其败，未见有成，苏湛不能以百口为王族灭。"宝寅复使谓曰："我救死不得不尔，所以不先相白者，恐沮吾计耳。"湛曰："凡谋大事，当得天下奇才与之从事，今但与长安博徒谋之，此有成理不？湛恐荆棘必生于斋阁，愿赐骸骨归乡里，庶得病死，下见先人。"宝寅素重湛，且知其不为己用，听还武功。

甲寅，宝寅自称齐帝，改元隆绪，赦其所部，置百官。都督长史毛遐，鸿宾之兄也，与鸿宾帅氐、羌起兵于马祗栅以拒宝寅，宝寅遣大将军卢祖迁击之，为遐所杀。宝寅方祀南郊，行即位礼未毕，闻败，色变，不暇整部伍，狼狈而归。以姜俭为尚书左丞，委以心腹。文安周惠达为宝寅使，在洛阳，有司欲收之，惠达逃归长安。宝寅以惠达为光禄勋。

丹杨王萧赞闻宝寅反，惧而出走，趣白马山，至河桥，为人所获，魏主知其不预谋，释而慰之。行台郎封伟伯等与关中豪桀谋举兵诛宝寅，事泄而死。

魏以尚书仆射长孙稚为行台以讨宝寅。

（以上为第九段，写北魏齐王萧宝寅由于攻打叛军失败，萌生了谋反的念头，听信谣言，不听苏湛劝阻，派将领杀掉关右大使郦道元，称帝于长安，改元隆绪。）

正平民薛凤贤反，宗人薛脩义亦聚众河东，分据盐池，攻围蒲坂，东西连结以应宝寅。诏都督宗正珍孙讨之。

宝寅派手下的将领郭子恢去攻杀了他，收殓了尸体，然后上奏朝廷说是被秦地的白虏所杀害，又上表替自己申辩，说杨椿父子陷害自己。

萧宝寅的行台郎中武功人苏湛卧病在家，萧宝寅命令苏湛的姨表弟、开府属的天水人姜俭去游说苏湛，说："元略受萧衍的旨令，回来要除掉我，郦道元此次前来，事情不可预测，我不能坐以待毙，现今必须为自身考虑，不再作魏朝的臣子了。死生荣辱，与您共享。"苏湛听了之后，放声大哭。姜俭立即制止了苏湛，问道："为何这样呢？"苏湛回答说："我一家百口如今将遭屠灭，为何不哭呢！"又哭了几十声，才慢慢地对姜俭说："你替我报告齐王，大王本是穷途之鸟投入林中，依靠朝廷给了王羽翼，才得到了现今这样的荣宠。正值国家多事之秋，不能竭忠报恩，反而想乘人之危，听信于道听途说之言，想以羸弱残败之兵把守潼关而问鼎。如今魏的气运虽然衰败了，但天命还没有改变。况且大王恩义还没有遍及于民，所以只能看到齐王的失败，不会看见他的成功，苏湛我不能为了大王而使百口之家遭受屠灭。"萧宝寅又指使姜俭对苏湛说："我为了活命不得不这样，之所以没有提前告诉你，是害怕坏了我的计谋。"苏湛说："凡是图谋大事，应当得到天下奇才一起共事，如今你只同长安的那些赌徒们策划，这能有成功的道理吗？苏湛我担心荆棘定将生满殿堂之中，愿放我这把老骨头回乡里去，或许可以病死在家，地下见到先人。"萧宝寅向来看重苏湛，并且知道苏湛不会被自己所用，便允许他回武功去了。

十月二十五日甲寅，萧宝寅自称齐帝，改年号为隆绪，赦免了自己的部下，设置了各种官职。都督长史毛遐是毛鸿宾的哥哥，他同毛鸿宾率领氐羌部落在马祇栅起兵抗击萧宝寅，萧宝寅派遣大将军卢祖迁攻打，结果被毛遐杀了。萧宝寅正在南郊举行祭天仪式，登基的礼仪还没有完毕，得知卢祖迁失败，神色大变，来不及整顿好队伍，便狼狈而归。任命姜俭为尚书左丞，视为心腹。文安人周惠达是萧宝寅的使节，正在洛阳，有关官署要收捕他，周惠达逃回了长安。萧宝寅任命周惠达为光禄勋。

丹杨王萧赞得知萧宝寅谋反了，因为害怕而逃向白马山，到了河桥，被人抓获，魏孝明帝知道他没有参与策划，便释放并安慰他。行台郎封伟伯等人与关中地区的豪强密谋起兵杀掉萧宝寅，事情泄露而亡。

北魏任命尚书仆射长孙稚为行台去讨伐萧宝寅。

梁朝正平的百姓薛凤贤造反，族人薛脩义也聚众在河东，另外割据盐池，围攻蒲坂，东西连通来响应萧宝寅。朝廷诏令都督宗正珍孙去讨伐。

十一月，丁卯，以护军萧渊藻为北讨都督，镇涡阳。戊辰，以涡阳为西徐州。

葛荣围信都，自春及冬，冀州刺史元孚帅励将士，昼夜拒守，粮储既竭，外无救援，己丑，城陷；荣执孚，逐出居民，冻死者什六七。孚兄祐为防城都督，荣大集将士，议其生死。孚兄弟各自引咎，争相为死，都督潘绍等数百人，皆叩头请就法以活使君。荣曰："此皆魏之忠臣义士。"于是同禁者五百人皆得免。

魏以源子邕为冀州刺史，将兵讨荣；裴衍表请同行，诏许之。子邕上言："衍行，臣请留；臣行，请留衍。若逼使同行，败在旦夕。"不许。十二月，戊申，行至阳平东北漳水曲，荣帅众十万击之，子邕、衍俱败死。

相州吏民闻冀州已陷，子邕等败，人不自保。相州刺史恒农李神志气自若，抚勉将士，大小致力，葛荣尽锐攻之，卒不能克。

秦州民骆超杀杜粲，请降于魏。

（以上为第十段，写北魏信都被叛首葛荣围困失陷，刺史元孚与其兄元祐被俘，各自引咎争死，葛荣义而释之；朝廷派源子邕与裴衍攻打葛荣，双双败亡，冀州失陷。）

十一月初八日丁卯，梁任命护国将军萧渊藻为北讨都督，镇守涡阳。十一月初九日戊辰，以涡阳为西徐州。

葛荣围攻信都，从春天到冬天，冀州刺史元孚激励将士，昼夜拒守，粮储竭尽，外无救援。十一月三十日己丑，信都城失陷，葛荣抓住了元孚，把城中居民全部赶出去，冻死者十分之六七。元孚的哥哥元祐担任防城都督，葛荣把将士们全部召集起来，议定元孚兄弟二人的生死去留。元孚兄弟各自引咎，争着去死，都督潘绍等几百人都叩头请求愿意代元孚去死。葛荣说："这些人都是魏朝的忠臣义士啊！"元孚兄弟和被押的五百人都得到赦免。

北魏任命源子邕为冀州刺史，率兵讨伐葛荣；裴衍上表请求同行，诏令同意了。源子邕上奏："裴衍去，臣请求留下来；如果臣去，那么裴衍留下；如果强迫同行，则败在旦夕。"不同意。十二月二十日戊申，到达阳平东北的漳水曲，葛荣率领十万部众进攻他们，源子邕和裴衍都战败而亡。

相州的官民闻知冀州已经失陷，源子邕等人战败，人人无计自保。相州刺史恒农人李神镇定自若，神色不改，抚慰劝勉将士，大小致力，葛荣调集精锐攻打，最终不能攻克。

秦州百姓骆超杀了杜粲，请求投降北魏。

【点评】

北魏日衰。胡太后第二次摄政，任用郑俨、徐纥一帮佞臣，政事废弛，赏罚随心所欲，成为北魏朝政更加混乱的一个节点。加之国内叛乱日益增多，征讨不停，国家财用耗竭，提前征收了六年的租调，还不够用，于是停发了给百官的酒肉，又向每个进入集市的人征收一枚钱的税，以至于投住旅店都要纳税，百姓无不嗟怨。统治的基础动摇了。为之后尔朱荣之乱埋下伏线。

梁纪八

梁武帝大通二年（528 年）

【著雍涒滩（戊申，528 年），凡一年】

【大事提要】

本卷记事公元 528 年，凡一年，当梁武帝大通二年。本卷所载大事有四，均集中在北魏。其一，本卷所记大事主要以魏孝明帝与胡太后母子之间的矛盾为开端，以尔朱荣事迹为主线。胡太后鸩杀孝明帝，激起尔朱荣、元天穆等起兵入洛阳，尊奉元子攸为皇帝。尔朱荣杀了胡太后及幼主，尔朱荣的胡兵又杀朝廷官员两千余人，史称“河阴之变”。其二，天下纷扰，各自称雄，万俟丑奴自称天子。其三，尔朱荣杀葛荣，五州皆平。其四，尔朱荣发现高欢的政治才能，高欢便经常参与尔朱荣的军事谋划，自此崭露头角。

【原文】

高祖武皇帝八

大通二年（戊申，528 年）

春，正月，癸亥，魏以北海王颢为骠骑大将军、开府仪同三司、相州刺史。

魏北道行台杨津守定州城，居鲜于脩礼、杜洛周之间，迭来攻围；津蓄薪粮，治器械，随机拒击，贼不能克。津潜使人以铁券说贼党，贼党有应津者，遗津书曰："贼所以围城，正为取北人耳。城中北人，宜尽杀之，不然，必为患。"津悉收北人内子城中而不杀，众无不感其仁。

及葛荣代脩礼统众，使人说津，许以为司徒，津斩其使，固守三年。杜洛周围之，魏不能救。津遣其子遁突围出，诣柔然头兵可汗求救。遁日夜泣请，头兵遣其从祖吐豆发帅精骑一万南出；前锋至广昌，贼塞隘口，柔然遂还。乙丑，津长史李裔引贼入，执津，欲烹之，既而舍之。瀛州刺史元宁以城降洛周。

乙丑，魏潘嫔生女，胡太后诈言皇子；丙寅，大赦，改元武泰。

萧宝寅围冯翊，未下；长孙稚军至恒农，行台左丞杨侃谓稚曰："昔魏武与韩遂、马超据潼关相拒，遂、超之才，非魏武敌也，然而胜负久不决者，扼其险要故也。今贼守御已固，虽魏武复生，无以施其智勇。不如北取蒲反，渡河而西，入其腹心，置兵死地，则华州之围不战自解，潼关之守必内顾而走，支节既解，长安可坐取也。若愚计可取，愿为明公前驱。"稚曰："子之计则善矣，然今薛脩义围河东，薛凤贤据安邑，宗正珍孙守虞坂不得进，如何可往？"侃曰："珍孙行陈一夫，因缘为将，可为人使，安能使人！河东治在蒲反，西逼河濇，封疆多在郡东。脩义驱帅士民西围郡城，其父母妻子皆留旧村，一旦闻官军来至，皆有内顾之心，必望风自溃矣。"稚乃使其子子彦与侃帅骑兵自恒农北渡，据石锥壁，侃声言："今且停此以待步兵，且观民情向背。"命送降名者各自还村，"俟台军举三烽，当亦举烽相应；其无应烽者，乃贼党也，当进击屠之，以所获赏军"。于是村民转相告语，虽实未降者亦诈举烽，一宿之

【语译】

高祖武皇帝八

梁武帝大通二年（戊申，528年）

春季，正月初五日癸亥，北魏任命北海王元颢为骠骑大将军、开府仪同三司、相州刺史。

北魏北道行台杨津防守定州城，处于鲜于脩礼和杜洛周两支军队之间，都不断来围攻定州城。杨津积蓄柴草粮食，修治兵甲器械，相机抵御抗击，敌军不能攻克。杨津暗中派人手持铁券游说贼军，贼军中有响应杨津的人，给杨津写信说："贼军之所以包围定州城，只是为了得到城中北方人罢了，城中的北方人，应该全部杀掉，如果不这样的话，一定会成为后患。"杨津将定州城中的北方人全部集中于内城中，却并未杀掉，这些北方人对杨津的仁义之举无不感激。

等到葛荣代替鲜于脩礼统领军队后，派人向杨津游说，许诺做司徒。杨津杀掉了葛荣的使者，固守定州城三年。杜洛周包围着定州城，魏军不能来相救。杨津派自己的儿子杨遁突围出去，来到柔然向头兵可汗求救。杨遁日夜哭泣恳请，头兵可汗派他的堂祖父吐豆发率一万精锐骑兵南下救援。前锋行至广昌县时，贼兵扼守住了隘口，柔然军又退了回去。正月初七日乙丑，杨津的部下长史李裔引贼军入城，抓住了杨津，贼军打算烹了杨津，后来又放了他。瀛州刺史元宁率城投降了杜洛周。

正月初七日乙丑，北魏潘嫔生了一个女儿，胡太后诈称是皇子。正月初八日丙寅，北魏大赦天下，改元为武泰。

萧宝寅包围了冯翊，没有攻下。长孙稚的军队到了恒农，行台左丞杨侃对长孙稚说："从前魏武帝跟韩遂、马超在潼关交战，相持不下，韩遂、马超的才能，远不能与魏武帝相匹敌，但是却很长时间决不出胜负来，原因就在于扼守住了险要关口。现今敌人守备防御已经稳固，即使魏武帝再生，也施展不出智慧与勇敢。不如向北夺取蒲反城，渡过黄河向西，进入腹地，置军于必死之地。则华州之围会不战而自解，潼关守敌必定顾虑后方而逃走。周围的城池解决了，长安城便可坐而取之。如果我的计策可行的话，愿意为明公做前锋。"长孙稚说："您的计策倒是很好，但是现今薛脩义包围着河东，薛凤贤据守着安邑，宗正珍孙把守着虞坂无法前进，怎么能前往呢？"杨侃说："珍孙只不过是行阵上的武夫，因偶然的机缘得以成为将领，他只能被人驱使，哪能指挥得了别人！河东郡的治所在蒲反城，西边靠近黄河，所辖区域大部分在郡治所的东部。薛脩义率军队百姓向西包围了郡的治所蒲反城，他们的父母、妻子、儿女却还都留在原来的村庄，一旦听说官军到了，他们都会有内顾之忧的，一定会望见风声自己崩溃。"长孙稚于是便派儿子长孙子彦与杨侃一起率

间，火光遍数百里，贼围城者不测其故，各自散归；脩义亦逃还，与凤贤俱请降。丙子，稚克潼关，遂入河东。

会有诏废盐池税，稚上表以为："盐池天产之货，密迩京畿，唯应宝而守之，均赡以理。今四方多虞，府藏罄竭，冀、定扰攘，常调之绢不复可收，唯仰府库，有出无入。略论盐税，一年之中，准绢而言，不下三十万匹，乃是移冀、定二州置于畿甸；今若废之，事同再失。臣前仰违严旨，不先讨关贼，径解河东者，非缓长安而急蒲反，一失盐池，三军乏食。天助大魏，兹计不爽。昔高祖升平之年，无所乏少，犹创置盐官而加典护，非与物竞利，恐由利而乱俗也。况今国用不足，租征六年之粟，调折来岁之资，此皆夺人私财，事不获已。臣辄符同监将、尉，还帅所部，依常收税，更听后敕。"

萧宝寅遣其将侯终德击毛遐。会郭子恢等屡为魏军所败，终德因其势挫，还军袭宝寅；至白门，宝寅始觉，丁丑，与终德战，败，携其妻南阳公主及其少子帅麾下百余骑自后门出，奔万俟丑奴。丑奴以宝寅为太傅。

二月，魏以长孙稚为车骑大将军、开府仪同三司、雍州刺史、尚书仆射、西道行台。

（以上为第一段，写北魏北道行台杨津防守定州因无援而失陷；西道行台长孙稚攻克潼关，进入河东郡，反对废盐池税；齐王萧宝寅据关中反叛，很快被平定。）

群盗李洪攻烧巩西阙口以东，南结诸蛮；魏都督李神轨、武卫将军费穆讨之。穆败洪于阙口南，遂平之。

葛荣击杜洛周，杀之，并其众。

骑兵从恒农北渡黄河，占据了石锥壁。杨侃公开宣称说："现今暂时停在这里等待步兵，并且看一看民心所向。"于是命令那些送来投降者的名单的人各自回到村子，并且告诉他们："等到官军燃起三堆烽火时，应当也燃举烽火相呼应。那些不举烽火呼应的人，便是贼军的同党，要杀掉他们，将没收的财产犒赏军队。"这时村民们相互转告，即使内心不想投降的人也假装举起烽火，一夜之间，火光遍布数百里。围攻蒲反城的贼兵不知其中原委，各自溃散逃归。薛脩义也逃回老家，与薛凤贤一起请求投降。正月十八日丙子，长孙稚攻克了潼关，于是进入了河东郡。

这时候正赶上北魏朝廷颁布诏书要废除掉盐池税收，长孙稚便上表认为："盐池是天然物产，靠近京城，应该当作宝贝好好守护，均衡地补给百姓。当今，四方多忧患，国家府库空虚，冀州、定州侵扰纷攘，正常的户调绢帛无法收上来，一切全靠府库的储备，有出无入。大致估算一下盐税收入，一年之中，按绢的价值计算的话，不少于三十万匹绢的收入，这就犹同将冀州、定州这两个州置于京郊一样。现今如果废除，那可就是两次失计了。臣上次之所以敢违抗圣旨，没有先讨伐关内的贼兵，而是先径直解除了河东之围，这并不是以长安为缓而以蒲反为急，一旦失去盐池，则三军势必会缺乏粮食。上天助我大魏，这一计策果然是正确的。过去高祖皇帝太平之年，什么都不缺少，尚且创置盐官对盐池加以管理、保护，那样做的目的，并不是要跟老百姓争利，而是担心由于利益而扰乱社会风俗。何况当今国家财政不足，租税已经提前征收了六年，户调已经折合到明年，这些都是掠取百姓私财的措施，事情出于不得已。臣这就会同那些管理、保护盐池的将尉们，回去率领他们的部下，仍按往常一样征收盐税，是否废除，再听陛下以后的诏令。"

萧宝寅派部将侯终德攻击毛遐的部队。正值郭子恢等人屡次被魏军打败，侯终德趁着其势力受挫之际，回去袭击萧宝寅，到了白门的时候，萧宝寅才发觉。正月十九日丁丑，萧宝寅与侯终德交战，结果战败，携带妻子南阳公主和他们的小儿子，带着部下一百多名骑兵从后门逃出，投奔了万俟丑奴。万俟丑奴封萧宝寅为太傅。

二月，北魏任命长孙稚为车骑大将军、开府仪同三司、雍州刺史、尚书仆射、西道行台。

群盗李洪等攻取烧毁了巩县以西、伊阙口以东的大片地区，并与南方诸蛮族相互勾结。北魏都督李神轨、武卫将军费穆率军征讨。费穆在伊阙口南打败了李洪，于是平定了匪乱。

葛荣率军攻打杜洛周，杀了杜洛周，收编了他的部众。

魏灵太后再临朝以来，嬖幸用事，政事纵弛，恩威不立，盗贼蜂起，封疆日蹙。魏肃宗年浸长，太后自以所为不谨，恐左右闻之于帝，凡帝所爱信者，太后辄以事去之，务为壅蔽，不使帝知外事。通直散骑常侍昌黎谷士恢有宠于帝，使领左右；太后屡讽之，欲用为州，士恢怀宠，不愿出外，太后乃诬以罪而杀之。有蜜多道人，能胡语，帝常置左右，太后使人杀之于城南而悬赏购贼。由是母子之间，嫌隙日深。

（以上为第二段，写北魏胡太后再次临朝听政，政治日益败坏，自己行为不端，又怕传到儿子元诩耳中，便阻塞消息，又杀害元诩亲信，母子隔阂日益加深。）

是时，车骑将军、仪同三司、并肆汾广恒云六州讨虏大都督尔朱荣兵势强盛，魏朝惮之。高欢、段荣、尉景、蔡儁先在杜洛周党中，欲图洛周不果，逃奔葛荣，又亡归尔朱荣。刘贵先在尔朱荣所，屡荐欢于荣，荣见其憔悴，未之奇也。欢从荣之马厩，厩有悍马，荣命欢翦之，欢不加羁绊而翦之，竟不蹄啮，起，谓荣曰："御恶人亦犹是矣。"荣奇其言，坐欢于床下，屏左右，访以时事，欢曰："闻公有马十二谷，色别为群，畜此竟何用也？"荣曰："但言尔意！"欢曰："今天子暗弱，太后淫乱，嬖孽擅命，朝政不行。以明公雄武，乘时奋发，讨郑俨、徐纥之罪以清帝侧，霸业可举鞭而成，此贺六浑之意也。"荣大悦，语自日中至夜半乃出，自是每参军谋。

并州刺史元天穆，孤之五世孙也，与荣善，荣兄事之。荣常与天穆及帐下都督贺拔岳密谋，欲举兵入洛，内诛嬖幸，外清群盗，二人皆劝成之。

荣上书以"山东群盗方炽，冀、定覆没，官军屡败，请遣精骑三千东援相州"。太后疑之，报以"念生枭戮，宝寅就擒，丑奴请降，关、陇已定。费穆大破群蛮，绛蜀渐平。又，北海王颢帅众二万出镇相州，不须出兵"。荣复上书，以为："贼势虽衰，官军屡败，人情危怯，恐实难用。若不更思方略，无以万全。臣愚以为蠕蠕主阿那瓌荷国厚恩，未应忘报，宜遣发兵东趣下口以蹑其背，北海之军严加警备以当其前。臣麾下虽少，辄尽力命自井陉以北，滏口以西，分据险要，攻其肘腋。葛荣

北魏胡太后再次当政以来，宠信之徒横行专权，政事废弛，朝廷的恩德威信树立不起来，盗贼纷起，边界一天天缩小。孝明帝年纪渐渐长大，太后也认为自己的所作所为不够谨慎，担心左右会向孝明帝汇报，于是凡是孝明帝平时所宠信的人，太后便借某种事由除掉他们，竭力堵塞视听，不让孝明帝知道外面发生的事情。通直散骑常侍昌黎人谷士恢受皇帝宠信，命他统领宫中卫士。胡太后多次含蓄地暗示谷士恢，想把他调为地方官，但谷士恢受宠，不愿离开京城，胡太后便罗织罪名将他杀了。有一个密多道人，会说胡语，孝明帝经常让他在身边服侍。胡太后派人在城南杀了他，还［假装］悬赏缉拿罪犯。从此母子二人之间隔阂越来越深。

当时，车骑将军、仪同三司及并、肆、汾、广、恒、云六州讨虏大都督尔朱荣，兵势强盛，北魏朝廷很是害怕。高欢、段荣、尉景、蔡儁等人原先是杜洛周同党，本想图谋取代杜洛周，结果没成功，于是逃奔葛荣，接着又投奔尔朱荣。刘贵先前便在尔朱荣处做事，多次向尔朱荣推荐高欢，尔朱荣见高欢憔悴，并没有觉出什么出奇之处。一次高欢随尔朱荣来到马棚，马棚中有一匹强悍凶猛的马，尔朱荣令高欢剪马鬃。高欢不套笼头不捆马蹄便修剪起来，这匹马竟然也没踢没咬。高欢修剪完后站起身来，对尔朱荣说：“制服坏人也跟这是同一道理。”尔朱荣很惊奇他的话，于是请高欢坐在床下，屏退左右，向他征询当前的国家大事。高欢说道：“我听说您有十二座山谷的马，按颜色分成不同的马群，畜养来到底是要做什么用呢？”尔朱荣说：“只管说出你的看法！”高欢说：“现今皇上软弱，太后淫乱，奸佞小人专权，朝廷的政策不能贯彻执行。凭明公的雄才大略，若乘此时起兵，讨伐郑俨、徐纥的罪行，肃清皇上身边。那么您的霸业挥鞭之际便可成就，这就是贺六浑的心意。”尔朱荣听了非常高兴，二人从中午谈至半夜才出来。从此以后，高欢便经常参与尔朱荣的军事谋划。

并州刺史元天穆，是元孤的五世孙，跟尔朱荣关系密切，尔朱荣像对待哥哥一样待他。尔朱荣经常跟元天穆及部下都督贺拔岳密谋，打算发兵进入洛阳，对内诛杀奸佞之人，对外肃清各地匪盗，元天穆和贺拔岳二人都劝尔朱荣这样做。

尔朱荣向朝廷上书说：“山东群盗的活动正猖獗，冀州、定州已经失陷敌手，官军屡战屡败，我请求派遣三千精锐骑兵向东增援相州。”太后对此很是怀疑，便回答说：“莫折念生已被斩首，萧宝寅被活捉，万俟丑奴已请求投降，关陇地区的贼盗已经平定。费穆大破群蛮，绛蜀地区逐渐平定。再者，北海王元颢已率军二万出镇相州，不必再出兵增援了。”尔朱荣又上书认为：“贼兵的势力虽然衰落，但官军却屡次失败，军心畏惧，恐怕实际上很难起作用。如果不另想策略的话，无法万全。微臣愚见，蠕蠕国国王阿那瓌受我厚恩，不应忘记报答，应该让他发兵东至下口以攻

虽并洛周，威恩未著，人类差异，形势可分。”遂勒兵召集义勇，北捍马邑，东塞井陉。徐纥说太后以铁券间荣左右，荣闻而恨之。

（以上为第三段，写北魏尔朱荣兵势强盛，高欢借剪马鬃对其谏说，深得其赏识，并参与谋划军事；尔朱荣按捺不住野心，反复上书胡太后，意欲出兵平乱。）

魏肃宗亦恶俨、纥等，逼于太后，不能去，密诏荣举兵内向，欲以胁太后。荣以高欢为前锋，行至上党，帝复以私诏止之。俨、纥恐祸及己，阴与太后谋酖帝，癸丑，帝暴殂。甲寅，太后立皇女为帝，大赦。既而下诏称：“潘充华本实生女。故临洮王宝晖世子钊，体自高祖，宜膺大宝。百官文武加二阶，宿卫加三阶。”乙卯，钊即位。钊始生三岁，太后欲久专政，故贪其幼而立之。

尔朱荣闻之，大怒，谓元天穆曰：“主上晏驾，春秋十九，海内犹谓之幼君；况今奉未言之儿以临天下，欲求治安，其可得乎！吾欲帅铁骑赴哀山陵，翦除奸佞，更立长君，何如？”天穆曰：“此伊、霍复见于今矣。”乃抗表称：“大行皇帝背弃万方，海内咸称酖毒致祸。岂有天子不豫，初不召医，贵戚大臣皆不侍侧，安得不使远近怪愕！又以皇女为储两，虚行赦宥，上欺天地，下惑朝野。已乃选君于孩提之中，实使奸竖专朝，隳乱纲纪，此何异掩目捕雀，塞耳盗钟。今群盗沸腾，邻敌窥窬，而欲以未言之儿镇安天下，不亦难乎！愿听臣赴阙，参预大议，问侍臣帝崩之由，访侍卫不知之状，以徐、郑之徒付之司败，雪同天之耻，谢远近之怨，然后更择宗亲以承宝祚。”荣从弟世隆，时为直阁，太后遣诣晋阳慰谕荣；荣欲留之，世隆曰：“朝廷疑兄，故遣世隆来，今留世隆，使朝廷得预为之备，非计也。”乃遣之。

（以上为第四段，写北魏的宫廷斗争进入白热化，魏孝明帝元诩密诏尔朱荣出兵胁迫太后，太后则伙同奸佞郑俨、徐纥毒杀元诩，尔朱荣以此为口实，发出声讨令。）

三月，癸未，葛荣陷魏沧州，执刺史薛庆之，居民死者什八九。

击贼兵的背后，令北海王元颢的部队严加戒备以攻击贼兵的正面。臣的部队虽然很少，也要尽全力命他们从井陉以北，滏口以西，分路占据险要地区，攻击其肘腋。葛荣虽然吞并了杜洛周，但威信还未树立，部下并非一族，可以离散他们。”尔朱荣便命令部队征召义勇之人充军，向北守卫马邑城，向东堵塞井陉。徐纥劝胡太后派人持铁券离间尔朱荣的左右，尔朱荣听说后，很忌恨徐纥。

魏孝明帝也很厌恶郑俨、徐纥等人，碍于胡太后而不能除掉，秘密颁布诏书命尔朱荣发兵向内，想以此来胁迫胡太后。尔朱荣任命高欢为前锋，部队行至上党时，孝明帝又下密诏阻止了这一行动。郑俨、徐纥担心灾祸会降临到自己头上，便暗中与胡太后策划阴谋毒死孝明帝。二月二十五日癸丑，孝明帝暴病去世。二月二十六日甲寅，胡太后立皇女为皇帝，大赦天下。不久又颁布诏书宣称："潘充华实际上生的是女儿。原来的临洮王元宝晖的后代元钊，是高祖的嫡系后代，应该做皇帝。文武百官各进二级官位，宿卫进三级官位。"二月二十七日乙卯，元钊即位。元钊这时刚刚三岁，胡太后想长久地独揽大权，所以看中了元钊年纪小，才立他为帝。

尔朱荣听说这事，大怒，对元天穆说："主上去世了，年纪十九岁了，海内仍把他称作小皇帝，何况现今立一个还不会说话的幼儿来统治天下，想要求得国家长治久安，怎么可能呢？我打算率领铁骑兵奔赴哀悼皇帝，剪除奸佞之人，重立一位年纪大一点的皇帝，怎么样？"元天穆说："这真是伊尹、霍光今日再生啊！"于是尔朱荣直言上书陈述不同意见："大行皇帝背弃万方，海内都认为是毒酒招致祸害。哪儿有皇帝生病，开初不召医生看视，贵戚大臣都不服侍左右，这怎能不让天下之人奇怪、诧异呢！又立皇女为储君，虚假地大赦天下，上欺天地，对下迷惑朝野。接着又选立皇帝于孩童之中，实际上让奸臣竖子把持朝政，毁坏国家纲纪，这与掩目捕雀、塞耳盗铃有何区别？现今各地盗匪沸腾，邻国窥伺，却打算让一个还不会说话的孩子来镇抚安定天下，不是太难了吗！希望朝廷允许臣回到京城，参与商讨国家大计，向侍卫之臣询问皇帝驾崩的原因，访查侍卫们不知道的真实情况，将徐纥、郑俨之徒交给法官查办，以雪不共戴天之耻，答谢远近怨恨之情，然后重新选择一位皇族成员承继皇位。"尔朱荣的堂弟尔朱世隆，当时任直阁，太后派他到晋阳慰问安抚尔朱荣。尔朱荣打算留下尔朱世隆，尔朱世隆说道："朝廷现今怀疑兄长，所以才派我来，现今留下我，就会使得朝廷能够预先做好防备，不是好计策呀！"便让尔朱世隆回去了。

三月二十六日癸未，葛荣攻陷北魏的沧州，抓获了刺史薛庆之，居民死了十分之八九。

乙酉，魏葬孝明皇帝于定陵，庙号肃宗。

尔朱荣与元天穆议，以彭城武宣王有忠勋，其子长乐王子攸，素有令望，欲立之。又遣从子天光及亲信奚毅、仓头王相入洛，与尔朱世隆密议。天光见子攸，具论荣心，子攸许之。天光等还晋阳，荣犹疑之，乃以铜为显祖诸孙各铸像，唯长乐王像成。荣乃起兵发晋阳，世隆逃出，会荣于上党。灵太后闻之，甚惧，悉召王公等入议，宗室大臣皆疾太后所为，莫肯致言。徐纥独曰："尔朱荣小胡，敢称兵向阙，文武宿卫足以制之。但守险要以逸待劳，彼悬军千里，士马疲弊，破之必矣。"太后以为然，以黄门侍郎李神轨为大都督，帅众拒之，别将郑季明、郑先护将兵守河桥，武卫将军费穆屯小平津。先护，俨之从祖兄弟也。

荣至河内，复遣王相密至洛，迎长乐王子攸。夏，四月，丙申，子攸与兄彭城王劭、弟霸城公子正潜自高渚渡河，丁酉，会荣于河阳，将士咸称万岁。戊戌，济河，子攸即帝位，以劭为无上王，子正为始平王；以荣为侍中、都督中外诸军事、大将军、尚书令、领军将军、领左右，封太原王。

郑先护素与敬宗善，闻帝即位，与郑季明开城纳之。李神轨至河桥，闻北中不守，即遁还；费穆弃众先降于荣。徐纥矫诏夜开殿门，取骅骝厩御马十匹，东奔兖州，郑俨亦走还乡里。太后尽召肃宗后宫，皆令出家，太后亦自落发。荣召百官迎车驾，己亥，百官奉玺绶，备法驾，迎敬宗于河桥。庚子，荣遣骑执太后及幼主，送至河阴。太后对荣多所陈说，荣拂衣而起，沈太后及幼主于河。

费穆密说荣曰："公士马不出万人，今长驱向洛，前无横陈，既无战胜之威，群情素不厌服。以京师之众，百官之盛，知公虚实，有轻侮之心。若不大行诛罚，更树亲党，恐公还北之日，未渡太行而内变作矣。"荣心然之，谓所亲慕容绍宗曰："洛中人士繁盛，骄侈成俗，不加芟翦，终难制驭。吾欲因百官出迎，悉诛之，何如？"绍宗曰："太后荒淫失道，

三月二十八日乙酉，魏将孝明帝安葬于定陵，庙号为肃宗。

尔朱荣跟元天穆商议，认为彭城武宣王元勰忠诚有功勋，他的儿子长乐王元子攸平素声望很高，打算立元子攸为帝。又派侄子尔朱天光及亲信奚毅、仆人王相来到洛阳，与尔朱世隆秘密商议。尔朱天光见到元子攸后，向他详细地讲了尔朱荣的想法，元子攸答应了。尔朱天光等人回到晋阳，尔朱荣仍犹疑不定，于是便为显祖的子孙每人都铸铜像，结果只有长乐王元子攸的铜像铸成了。尔朱荣这才起兵从晋阳出发，尔朱世隆逃出京城，在上党与尔朱荣会合。胡太后听说后，非常恐惧，将王公大臣全部召入宫中商议对策。皇族宗室和大臣们都很痛恨胡太后平日的所作所为，没有人肯讲话。只有徐纥说："尔朱荣这个小胡人，竟敢起兵冒犯朝廷，文武禁卫军足以将他制伏。只要守住险要地区以逸待劳，尔朱荣的孤军千里而来，兵马疲惫不堪，击破他是一定的。"太后认为徐纥说得对，任命黄门侍郎李神轨为大都督，率兵迎击，副将郑季明、郑先护率兵守卫河桥，武卫将军费穆驻扎在小平津。郑先护是郑俨的堂祖父兄弟。

尔朱荣的军队到达河内后，尔朱荣又派王相秘密进入到洛阳城，迎接长乐王元子攸。夏季，四月初九日丙申，元子攸与他的哥哥彭城王元劭、弟弟霸城公元子正偷偷从高渚渡过黄河，四月初十日丁酉，在河阳跟尔朱荣见了面，将士们都高呼万岁。四月十一日戊戌，尔朱荣等渡过黄河，元子攸登上皇帝位，任命元劭为无上王，元子正为始平王；任命尔朱荣为侍中、都督中外诸军事、大将军、尚书令、领军将军、领左右，并封为太原王。

郑先护平素与孝庄帝元子攸的关系密切，听说他已经登临帝位，便与郑季明一起打开城门将尔朱荣的部队接进城中。李神轨来到河桥后，听说北中已经失守，便立即逃回；费穆丢下士兵自己先投降了尔朱荣。徐纥假传圣旨夜里打开宫殿大门，牵出养在骅骝厩中的十匹御马，向东逃奔到了兖州。郑俨也逃回了老家。太后将孝明帝的后宫嫔妇们召集在一起，命令她们都出家为尼，太后自己也削了发。尔朱荣召令文武百官迎接圣驾，四月十二日己亥，文武百官捧着皇帝的印玺、绶带，准备了车辇，迎孝庄帝元子攸于河桥。四月十三日庚子，尔朱荣派骑兵抓获了太后和小皇帝，将他们送到了河阴。太后对尔朱荣讲述了许多话，尔朱荣拂袖而起，将胡太后和小皇帝沉入了黄河。

费穆暗中劝尔朱荣说："您的兵马不足万人，现今长驱洛阳，前面没有任何抵抗，既没有什么战胜之威，平素人们心中对您又不畏服。以京城众多的军队，文武百官势力强盛，知道了公的虚实，便会对您有轻视侮辱之心。若不大行诛杀、惩治，另外培植亲信，恐怕您回到北方的时候，还未过太行山，内乱便会发生。"尔朱荣内心认为话很对，于是便对亲信慕容绍宗说："洛阳人口众多，骄侈成习，如不加以除

嬖倖弄权，淆乱四海，故明公兴义兵以清朝廷。今无故歼夷多士，不分忠佞，恐大失天下之望，非长策也。”荣不听，乃请帝循河西至淘渚，引百官于行宫西北，云欲祭天。百官既集，列胡骑围之，责以天下丧乱，肃宗暴崩，皆由朝臣贪虐，不能匡弼，因纵兵杀之，自丞相高阳王雍、司空元钦、仪同三司义阳王略以下，死者二千余人。前黄门郎王遵业兄弟居父丧，其母，敬宗之从母也，相帅出迎，俱死。遵业，慧龙之孙也，俊爽涉学，时人惜其才而讥其躁。有朝士百余人后至，荣复以胡骑围之，令曰：“有能为禅文者免死。”侍御史赵元则出应募，遂使为之。荣又令其军士言“元氏既灭，尔朱氏兴”，皆称万岁。荣又遣数十人拔刀向行宫，帝与无上王劭、始平王子正俱出帐外。荣先遣并州人郭罗刹、西部高车叱列杀鬼侍帝侧，诈言防卫，抱帝入帐，余人即杀劭及子正，又遣数十人迁帝于河桥，置之幕下。

（以上为第五段，写北魏太原王尔朱荣杀入洛阳，立元子攸为帝，于河阴将胡太后和小皇帝元钊沉入黄河，并大开杀戒，杀死朝臣两千多人，史称“河阴之变”。）

帝忧愤无计，使人谕旨于荣曰：“帝王迭兴，盛衰无常。今四方瓦解，将军奋袂而起，所向无前，此乃天意，非人力也。我本相投，志在全生，岂敢妄希天位！将军见逼，以至于此。若天命有归，将军宜时正尊号；若推而不居，存魏社稷，亦当更择亲贤而辅之。”时都督高欢劝荣称帝，左右多同之，荣疑未决。贺拔岳进曰：“将军首举义兵，志除奸逆，大勋未立，遽有此谋，正可速祸，未见其福。”荣乃自铸金为像，凡四铸，不成。功曹参军燕郡刘灵助善卜筮，荣信之，灵助言天时人事未可。荣曰：“若我不吉，当迎天穆立之。”灵助曰：“天穆亦不吉，唯长乐王有天命耳。”荣亦精神恍惚，不自支持，久而方寤，深思愧悔曰：“过误若是，唯当以死谢朝廷。”贺拔岳请杀高欢以谢天下，左右曰：“欢虽复愚疏，言不思难，今四方多事，须藉武将，请舍之，收其后效。”荣乃止。夜四更，复迎帝还营，荣望马首叩头请死。

灭，终究难以制服。我打算趁文武百官出迎之际，全部杀掉他们，你看怎样？”慕容绍宗说道：“太后荒淫无道，奸佞小人专权，将天下搞得混乱不堪，所以您才起义兵以整肃朝廷。现今却无故杀戮许多官员，不分忠臣奸臣，恐怕会使天下人大失所望，这不是上策。”尔朱荣不听，于是请孝庄帝沿黄河向西来到淘渚这个地方，尔朱荣率百官来到皇帝行宫的西北，说是要祭天。文武百官集中起来后，尔朱荣布置骑兵四面包围，指责这些文武百官说，天下动乱，孝明帝突然死去，都是由于朝廷大臣贪赃枉法，酷虐无忌，不能匡正辅弼，因此命令部队诛杀了他们。从丞相高阳王元雍、司空元钦、仪同三司义阳王元略以下，被杀的达两千多人。原黄门郎王遵业兄弟正在居父丧，王遵业的母亲是孝庄帝的伯母，他们一起出来迎接孝庄帝，结果也都被杀掉了。王遵业是王慧龙的孙子，聪明豪爽而又博学，人们一方面很怜惜他的才学，一方面又讥讽他过于躁进。有一百多名朝廷官员后来才到，尔朱荣又让骑兵包围了他们，对这些官员下令说：“如果谁能作一篇禅让皇位的文告，就可以免死。”侍御史赵元则站出来响应，于是便让他起草禅让文告。尔朱荣又命令士兵们高呼：“元氏既灭，尔朱氏兴！”士兵们一齐高呼万岁。尔朱荣又派数十人持刀来到行宫，孝庄帝与无上王元劭、始平王元子正一起来到帐外。尔朱荣先派并州人郭罗刹、西部高车人叱列杀鬼侍立在孝庄帝两侧，假装说是保护孝庄帝，将他抱入帐中，其余的人便杀了元劭和元子正。接着尔朱荣又派数十人将孝庄帝迁到了河桥，置于尔朱荣的帐下。

魏孝庄帝忧伤愤慨但是却无计可施，派人向尔朱荣传达旨意说：“帝王迭相兴起，盛衰没有常数。现今天下纷乱，将军奋袂起兵，所向无敌，这是天意，不是靠人的力量所能达到的。我原来投奔于你，只是希望能够活下来罢了，哪敢妄想登帝位！将军逼我做皇帝，我才到了现今这个地步。如果上天有意安排你做皇帝的话，将军你应选好时机正式称帝。如果你推辞而不做，想保存大魏的社稷，那么您也应该另选一位亲信而又贤明的人做皇帝来加以辅佐。”当时，都督高欢劝尔朱荣称帝，尔朱荣的部下大多赞同，尔朱荣犹疑未决。贺拔岳进言道：“将军您首先发起义兵，志在铲除奸逆，大功还未告成，便急着有这种打算，恐怕只能很快招来灾祸，看不出有什么好处。”尔朱荣于是便用黄金给自己铸像，共铸了四次，都没有成功。功曹参军燕郡人刘灵助善于占卜，尔朱荣对他很信任。刘灵助认为天时人事上看都不可以。尔朱荣说道：“如果我来做不吉利的话，便应当迎元天穆做皇帝。”刘灵助说：“元天穆也不吉利，只有长乐王元子攸符合天意。”尔朱荣也精神恍惚，支持不住了，过了很长时间才清醒过来，深感惭愧悔恨地说：“错到这个地步，只有以死来向朝廷谢罪了。”贺拔岳请求杀掉高欢来谢罪天下，尔朱荣的部下说：“高欢虽然愚蠢粗陋，

荣所从胡骑杀朝士既多，不敢入洛城，即欲向北为迁都之计。荣狐疑甚久，武卫将军泛礼固谏。辛丑，荣奉帝入城。帝御太极殿，下诏大赦，改元建义。从太原王将士，普加五阶，在京文官二阶，武官三阶，百姓复租役三年。时百官荡尽，存者皆窜匿不出，唯散骑常侍山伟一人拜赦于阙下。洛中士民草草，人怀异虑，或云荣欲纵兵大掠，或云欲迁都晋阳；富者弃宅，贫者襁负，率皆逃窜，什不存一二，直卫空虚，官守旷废。荣乃上书，称："大兵交际，难可齐壹，诸王朝贵，横死者众，臣今粉躯不足塞咎，乞追赠亡者，微申私责。无上王请追尊为无上皇帝，自余死于河阴者，王赠三司，三品赠令、仆，五品赠刺史，七品已下白民赠郡镇；死者无后听继，即授封爵。又遣使者循城劳问。"诏从之。于是朝士稍出，人心粗安。封无上王之子韶为彭城王。

荣犹执迁都之议，帝亦不能违；都官尚书元谌争之，以为不可，荣怒曰："何关君事，而固执也！且河阴之事，君应知之。"谌曰："天下事当与天下论之，奈何以河阴之酷而恐元谌！谌，国之宗室，位居常伯，生既无益，死复何损，正使今日碎首流肠，亦无所惧！"荣大怒，欲抵谌罪，尔朱世隆固谏，乃止。见者莫不震悚，谌颜色自若。后数日，帝与荣登高，见宫阙壮丽，列树成行，乃叹曰："臣昨愚暗，有北迁之意，今见皇居之盛，熟思元尚书言，深不可夺。"由是罢迁都之议。谌，谧之兄也。

癸卯，以江阳王继为太师，北海王颢为太傅；光禄大夫李延寔为太保，赐爵濮阳王；并州刺史元天穆为太尉，赐爵上党王；前侍中杨椿为司徒；车骑大将军穆绍为司空，领尚书令，进爵顿丘王；雍州刺史长孙稚为骠骑大将军、开府仪同三司，赐爵冯翊王；殿中尚书元谌为尚书右

说话没有考虑到会有灾难，但是现今天下混乱，还需依靠武将，请饶了他，收其后效。”尔朱荣这才作罢。夜里四更时，又迎请皇帝回到营帐，尔朱荣朝着孝庄帝的马头叩头请求死罪。

尔朱荣所率领的胡人骑兵因为杀死朝廷大臣太多，不敢进入洛阳城，便想将国都迁到北方。尔朱荣犹疑了很长时间，武卫将军泛礼坚决反对迁都。四月十四日辛丑，尔朱荣护送孝庄帝进入洛阳城。孝庄帝登上太极殿，颁布诏书大赦天下，改年号为建义。跟从太原王的将士，全部晋升为五级官阶，在京城中的文官晋升二级官阶，武官晋升三级，百姓免除租役三年。当时文武百官已荡然无存，即使活下来的也大都逃窜藏匿起来，不再露面，只有散骑常侍山伟一人拜见孝庄帝，接受赦免。洛阳城中的官员百姓都担惊受怕，人人都另有所虑，有的说尔朱荣要纵兵大肆掠取，有的说尔朱荣要迁都晋阳。富贵人家放弃了住宅，贫困人家携带包裹，都纷纷逃奔他乡，城中人口还剩下不到十分之一二，官府守备都空无一人。尔朱荣于是上书说：“大兵往来交战，很难整齐统一，朝廷中的王和大臣横遭杀戮的很多，臣现今即使粉身碎骨也不足以抵消所犯的罪责，请求圣上追封那些死去的大臣，以稍微弥补我的罪责。请求追封无上王为无上皇帝，其余在河阴被杀的人，凡原先是分封王的，追封三司，三品官员封赠令仆，五品官员封赠刺史，七品官员以下至布衣封赠郡守、镇将。死者如果没有后代听任另择继承人，立即授予封爵。另外，再派使者慰问城内的百姓。”孝庄帝颁布诏书同意了。这时朝廷官员才渐渐地出头露面，人心才稍微安定下来。追封无上王之子元韶为彭城王。

尔朱荣仍坚持迁都的主张，孝庄帝也不敢违背他的意愿。都官尚书元谌争辩迁都的事情，认为不能迁都，尔朱荣怒冲冲地说：“关你什么事，这么顽固！况且河阴的事情，你应该知道吧！”元谌说道：“天下大事应该让天下人共同议论，何必用在河阴的残酷杀戮来吓唬元谌呢！元谌是皇族宗室，位居尚书之职，既然活着也没什么益处，那么死了又能减少什么呢？使我今日碎首流肠，也没什么可畏惧的！”尔朱荣听了大怒，想治元谌的罪，尔朱世隆死死劝谏，尔朱荣这才作罢。当时在场见到这种情形的人没有不感到害怕的，元谌却神色如故。几天以后，孝庄帝与尔朱荣登高远眺，看到宫殿巍峨壮丽，树木成行，这才感叹地说：“臣过去太愚蠢糊涂了，竟会有向北迁都的想法，现今看到皇宫如此壮丽雄伟，仔细想一想元谌尚书的话，深深感到他说的对。”便打消了迁都的主张。元谌是元谧的哥哥。

四月十六日癸卯，北魏任命江阳王元继为太师，北海王元颢为太傅；任命光禄大夫李延寔为太保，赐爵濮阳王；任命并州刺史元天穆为太尉，赐爵上党王；任命前侍中杨椿为司徒；任命车骑大将军穆绍为司空，兼尚书令，进爵位顿丘王；任命雍州刺史长孙稚为骠骑大将军、开府仪同三司，赐爵冯翊王；任命殿中尚书元谌为

仆射，赐爵魏郡王；金紫光禄大夫广陵王恭加仪同三司；其余起家暴贵者，不可胜数。延寔，冲之子也，以帝舅故，得超拜。

徐纥弟献伯为北海太守，季产为青州长史，纥使人告之，皆将家属逃去，与纥俱奔泰山。郑俨与从兄荥阳太守仲明谋据郡起兵，为部下所杀。

丁未，诏内外解严。

（以上为第六段，写北魏尔朱荣放弃称帝；孝庄帝元子攸抚恤河阴之变惨死的朝臣；尔朱荣欲迁都，被都官尚书元谌谏止。）

魏郢州刺史元显达请降，诏郢州刺史元树迎之，夏侯夔亦自楚城往会之，遂留镇焉。改魏郢州为北司州，以夔为刺史，兼督司州。夔进攻毛城，逼新蔡；豫州刺史夏侯亶围南顿，攻陈项；魏行台源子恭拒之。

庚戌，魏赐尔朱荣子义罗爵梁郡王。

柔然头兵可汗数入贡于魏，魏诏头兵赞拜不名，上书不称臣。

魏汝南王悦及东道行台临淮王彧闻河阴之乱，皆来奔。先是，魏人降者皆称魏官为伪，彧表启独称魏临淮王；上亦体其雅素，不之责。魏北海王颢将之相州，至汲郡，闻葛荣南侵及尔朱荣纵暴，阴为自安之计，盘桓不进；以其舅殷州刺史范遵行相州事，代前刺史李神守邺。行台甄密知颢有异志，相帅废遵，复推李神摄州事，遣兵迎颢，且察其变。颢闻之，帅左右来奔。密，琛之从父弟也。北青州刺史元世儁、南荆州刺史李志皆举州来降。

五月，丁巳朔，魏加尔朱荣北道大行台。以尚书右仆射元罗为东道大使，光禄勋元欣副之，巡方黜陟，先行后闻。欣，羽之子也。

尔朱荣入见魏主于明光殿，重谢河桥之事，誓言无复贰心。帝自起止之，因复为荣誓，言无疑心。荣喜，因求酒饮之，熟醉；帝欲诛之，左右苦谏，乃止，即以床轝向中常侍省。荣夜半方寤，遂达旦不眠，自此不复禁中宿矣。

尚书右仆射，赐爵魏郡王；加封金紫光禄大夫广陵王元恭为仪同三司；其余突然从平民成为显贵官员的人，不计其数。李延寔是李冲的儿子，由于是孝庄帝舅舅的缘故，得以破格提拔。

徐纥的弟弟徐献伯是北海太守，徐季产是青州长史，徐纥派人通知了朝廷所发生的变故，他们兄弟二人都带着家眷逃离了，与徐纥一起投奔了泰山郡。郑俨和堂兄荥阳太守郑仲明图谋占领郡城起兵，结果被部下杀掉了。

四月二十日丁未，梁武帝诏令宣布解除京城内外的戒严。

北魏郢州刺史元显达请求投降，诏令郢州刺史元树迎接，夏侯夔也从楚城前往郢州与他们会面，便留下来镇守郢州。将北魏的郢州改为北司州，夏侯夔为北司州刺史，兼管司州。夏侯夔进攻北魏的毛城，逼近新蔡；豫州刺史夏侯亶包围了南顿，攻打陈项城；北魏行台源子恭据城抵抗。

四月二十三日庚戌，北魏赐封尔朱荣的儿子尔朱义罗为梁郡王。

柔然头兵可汗多次向北魏上贡，北魏诏令准许头兵可汗参拜时不称名，上书不用称臣。

北魏汝南王元悦和东道行台临淮王元彧听说河阴之变后，都来投奔。此前北魏投降的人都称自己在北魏的官职为伪官，元彧在上表时自称是北魏临淮王；梁武帝也很赞赏他的儒雅风度，并未加以责难。北魏北海王元颢将要前往相州上任，走到汲郡的时候，听说葛荣大肆南犯和尔朱荣残暴杀戮文武百官，便暗中做好了安全方面的考虑，故意在路上拖延推迟；又让他的舅舅殷州刺史范遵兼管相州的政事，代替原来的相州刺史李神守卫邺城。行台甄密知道元颢另有他谋，便联合废掉了范遵，仍推举李神管理相州的事务，并派兵迎接元颢，同时观察元颢的变化。元颢听说了之后，便率领部下前来投奔。甄密是甄琛的堂弟。北魏北青州刺史元世儁、南荆州刺史李志都率全州人马来投降。

五月初一日丁巳朔，北魏加封尔朱荣为北道大行台。任命尚书右仆射元罗为东道大使，光禄勋元欣做他的副手，巡视地方，凡赏罚升降之类的事情，可以全权处理，先斩后奏。元欣是元羽的儿子。

尔朱荣参见魏孝庄帝于明光殿，为河桥的事情谢罪，发誓决不会对朝廷有二心，孝庄帝起身亲自阻止他，同时又对尔朱荣发誓说决不会对他有疑心。尔朱荣非常高兴，便要来酒喝，结果喝得烂醉如泥。孝庄帝想趁机杀了他，左右大臣苦苦劝谏，这才作罢，便让人用床将尔朱荣抬到了中常侍省。尔朱荣半夜才醒过来，于是直到

荣女先为肃宗嫔，荣欲敬宗立以为后，帝疑未决，黄门侍郎祖莹曰："昔文公在秦，怀嬴入侍；事有反经合义，陛下独何疑焉！"帝遂从之，荣意甚悦。

荣举止轻脱，喜驰射，每入朝见，更无所为，唯戏上下马；于西林园宴射，恒请皇后出观，并召王公、妃主共在一堂。每见天子射中，辄自起舞叫，将相卿士悉皆盘旋，乃至妃主亦不免随之举袂。及酒酣耳热，必自匡坐唱虏歌；日暮罢归，与左右连手踏地唱《回波乐》而出。性甚严暴，喜愠无常，刀槊弓矢，不离于手，每有瞋嫌，辄行击射，左右恒有死忧。尝见沙弥重骑一马，荣即令相触，力穷不能复动，遂使傍人以头相击，死而后已。

（以上为第七段，写北魏政局不稳，权臣尔朱荣肆虐，宗室大臣以及州郡要员纷纷投奔南朝；尔朱荣为北道大行台，与孝庄帝元子攸达成政治交易，手舞足蹈。）

辛酉，荣还晋阳，帝饯之于邙阴。荣令元天穆入洛阳，加天穆侍中、录尚书事、京畿大都督兼领军将军，以行台郎中桑乾朱瑞为黄门侍郎兼中书舍人，朝廷要官，悉用其腹心为之。

丙寅，魏主诏："孝昌以来，凡有冤抑无诉者，悉集华林东门，当亲理之。"时承丧乱之后，仓廪虚竭，始诏"入粟八千石者赐爵散侯，白民输五百石者赐出身，沙门授本州统及郡县维那"。

尔朱荣之趣洛也，遣其都督樊子鹄取唐州，唐州刺史崔元珍、行台郦恽拒守不从。乙亥，子鹄拔平阳，斩元珍及恽。元珍，挺之从父弟也。

将军曹义宗围魏荆州，堰水灌城，不没者数板。时魏方多难，不能救，城中粮尽，刺史王罴煮粥与将士均分食之，每出战，不擐甲胄，仰天大呼曰："荆州城，孝文皇帝所置，天若不佑国家，令箭中王罴额；不尔，王罴必当破贼。"弥历三年，前后搏战甚众，亦不被伤。癸未，魏以中军将军费穆都督南征诸军事，将兵救之。

（以上为第八段，写北魏权臣尔朱荣回太原，留下元天穆掌管朝廷；孝庄帝元子

天亮也没有合上眼，从此以后尔朱荣再也不在宫城中留宿了。

尔朱荣的女儿过去是孝明帝的妃子，尔朱荣想让孝庄帝立她为皇后，孝庄帝犹疑不决。黄门侍郎祖莹说："从前晋文公在秦国避难的时候，怀嬴就侍候了他；事情有时会违背经典但合乎道义，陛下何必疑虑呢！"孝庄帝采纳了建议，尔朱荣心中十分高兴。

尔朱荣神态举止轻佻、放纵，喜欢骑马射箭，每次入朝参见，别的什么也不做，只是以骑马上下为游戏；在西林园设宴比赛射箭时，总要请皇后出来观看，并且将王公妃嫔、公主都召集到同一大堂。每次看到孝庄帝射中了，尔朱荣总要起舞狂叫，文武百官跟着纷纷起舞，就连妃嫔、公主们也不由得随之挥袖舞动。等到酒酣耳热的时候，一定要正襟危坐高唱胡歌；日暮黄昏罢宴回府时，尔朱荣与左右手拉着手，踏地为节拍，同唱《回波乐》曲离开皇宫。尔朱荣生性非常严酷残暴，喜怒无常，刀槊、弓箭总是不离身边。每当他对人发怒的时候，便要殴打射杀，左右总担心会死去。曾经有一次，尔朱荣看到两个沙弥骑在同一匹马上，便命令他们两个人互相触碰撞击，两个人没劲了不能动弹了，就让旁边的人拉着两人的头相撞，直到撞死为止。

五月初五日辛酉，尔朱荣准备回晋阳，孝庄帝在邙阴设宴为他送行。尔朱荣命令元天穆到洛阳，加封元天穆为侍中、录尚书事、京畿大都督兼领军将军，又任命行台郎中桑乾人朱瑞为黄门侍郎兼中书舍人。于是朝廷的重要官职，都由尔朱荣的心腹之人担任。

五月初十日丙寅，魏孝庄帝颁布诏书："自孝昌年间以来，凡是有冤屈无处投诉的，都集中到华林东门，朕要亲自审问。"当时正值动乱之后，国家仓库空虚，开始诏令："凡向国家交纳八千石粮食的人赐爵散侯；平民百姓交纳五百石的，赐给做官的资格，和尚则授予本州僧统或本郡县的维那。"

尔朱荣赴洛阳的时候，派遣其都督樊子鹄取唐州，唐州刺史崔元珍、行台郦恽拒守不从。五月十九日乙亥，樊子鹄攻占了平阳城，斩杀了崔元珍和郦恽。崔元珍是崔挺的堂弟。

将军曹义宗包围北魏的荆州，筑坝堵水，淹了荆州城，只差几板高荆州城就被淹没了。当时北魏正是多事之秋，不能派兵救援荆州，荆州城中粮食吃尽了，刺史王罴就跟将士们一起煮稀粥平均分着吃。每次出战的时候，不披铠甲，总是仰天大叫道："荆州城，乃是孝文皇帝所创置，上天如果不保佑国家，就让箭射中我王罴的额头吧；否则，王罴一定要打败敌人。"这样持续了三年，王罴前后出战多次，也并没有受过伤。五月二十七日癸未，北魏命令中军将军费穆负责南征的军事行动，率

攸亲自处理冤案，国库空虚，颁布交粮赐爵令；刺史王罴孤军坚守荆州城池三年。）

魏临淮王彧闻魏主定位，乃以母老求还，辞情恳至。上惜其才而不能违，六月，丁亥，遣彧还。魏以彧为侍中、骠骑大将军，加仪同三司。

魏员外散骑常侍高乾，祐之从子也，与弟敖曹、季式皆喜轻侠，与魏主有旧。尔朱荣之向洛也，逃奔齐州，闻河阴之乱，遂集流民起兵于河、济之间，受葛荣官爵，频破州军。魏主使元欣谕旨，乾等乃降，以乾为给事黄门侍郎兼武卫将军，敖曹为通直散骑侍郎。荣以乾兄弟前为叛乱，不应复居近要，魏主乃听解官归乡里。敖曹复行抄掠，荣诱执之，与薛脩义同拘于晋阳。敖曹名昂，以字行。

葛荣军乏食，遣其仆射任褒将兵南掠至沁水，魏以元天穆为大都督东北道诸军事，帅宗正珍孙等讨之。

前幽州平北府主簿河间邢杲帅河北流民十万余户反于青州之北海，自称汉王，改元天统。戊申，魏以征东将军李叔仁为车骑大将军、仪同三司，帅众讨之。

辛亥，魏主诏曰："朕当亲御六戎，扫静燕、代。"以大将军尔朱荣为左军，上党王天穆为前军，司徒杨椿为右军，司空穆绍为后军。葛荣退屯相州之北。

秋，七月，乙丑，魏加尔朱荣柱国大将军、录尚书事。

壬子，魏光州民刘举聚众反于濮阳，自称皇武大将军。

是月，万俟丑奴自称天子，置百官。会波斯国献师子于魏，丑奴留之，改元神兽。

（以上为第九段，写临淮王元彧听说元子攸即位，请求回归；万俟丑奴自称天子，置文武百官。）

魏泰山太守羊侃，以其祖规尝为宋高祖祭酒从事，常有南归之志。徐纥往依之，因劝侃起兵，侃从之。兖州刺史羊敦，侃之从兄也，密知之，据州拒侃。八月，侃引兵袭敦，弗克，筑十余城守之，且遣使来降，诏广晋县侯泰山羊鸦仁等将兵应接。魏以侃为骠骑大将军、泰山公、兖

兵救援荆州。

北魏临淮王元彧听说魏孝庄帝的地位已经确定，便以母亲年老为由请求回到北魏，言词极为恳切。梁武帝爱惜他的才能，却又不能违背他提出的请求，六月初一日丁亥，让元彧回到了北魏。北魏朝廷任命元彧为侍中、骠骑大将军，加封仪同三司。

北魏员外散骑常侍高乾是高祐的侄子，与弟弟高敖曹、高季式都是豪爽侠义之人，与魏孝庄帝有旧交。尔朱荣向洛阳的时候，逃奔到齐州，听说了河阴之变后，便聚集流民在黄河、济水之间起兵，接受了葛荣的官职爵位，多次打败北魏州郡的军队。魏孝庄帝派元欣前往宣布谕旨，高乾他们才归降，任命高乾为给事黄门侍郎，并兼武卫将军，又任命高敖曹为通直散骑侍郎。尔朱荣认为高乾兄弟以前曾背叛朝廷，发动叛乱，不应该担任重要官职，魏孝庄帝于是只好解除了高乾兄弟等人的官职，让他们回到家乡。高敖曹又干起了打家劫舍的勾当，被尔朱荣诱捕后，跟薛脩义一同拘押在晋阳。高敖曹名叫高昂，敖曹是字，人们一直以字称呼他。

葛荣的军队缺乏粮食，于是葛荣便派遣他的仆射任褒率兵向南侵犯到了沁水县。北魏任命元天穆为大都督东北道诸军事，率领宗正珍孙等将领讨伐。

北魏前幽州平北府主簿河间人邢杲率河北流民十几万户在青州北海郡起兵造反，自称汉王，改年号为天统。六月二十二日戊申，北魏任命征东将军李叔仁为车骑大将军、仪同三司，率军讨伐。

六月二十五日辛亥，魏孝庄帝颁布诏书："朕要亲自统领六军，扫除平定燕、代。"任命大将军尔朱荣率领左军，上党王元天穆率领前军，司徒杨椿为右军，司空穆绍率领后军。葛荣的军队退守相州城北。

秋季，七月初十日乙丑，北魏加封尔朱荣为柱国大将军、录尚书事。

七月壬子，北魏光州人刘举在濮阳聚众造反，自称皇武大将军。

这一月，万俟丑奴自称天子，设置文武百官。正赶上波斯向北魏献上狮子，万俟丑奴将狮子截留下来，改年号为神兽。

北魏泰山郡太守羊侃，因为祖父羊规曾做过刘宋高祖刘裕的祭酒从事，常常有向南归去的想法。徐纥投奔羊侃后，趁机劝羊侃起兵反叛北魏，羊侃听从了徐纥的建议。兖州刺史羊敦，是羊侃的堂兄，暗中知道了这件事，便凭据州城抗击羊侃。八月，羊侃率兵袭击羊敦，没能成功，便在兖州周围修筑了十几座城堡进行围困，

州刺史，侃斩其使者不受。

将军王弁侵魏徐州，蕃郡民续灵珍拥众万人攻蕃郡以应梁；魏徐州刺史杨昱击灵珍，斩之，弁引还。

甲辰，魏大都督宗正珍孙击刘举于濮阳，灭之。

葛荣引兵围邺，众号百万，游兵已过汲郡，所至残掠，尔朱荣启求讨之。九月，尔朱荣召从子肆州刺史天光留镇晋阳，曰：“我身不得至处，非汝无以称我心。”自帅精骑七千，马皆有副，倍道兼行，东出滏口，以侯景为前驱。葛荣为盗日久，横行河北，尔朱荣众寡非敌，议者谓无取胜之理。葛荣闻之，喜见于色，令其众曰：“此易与耳，诸人俱办长绳，至则缚取。”自邺以北，列陈数十里，箕张而进。尔朱荣潜军山谷，为奇兵，分督将已上三人为一处，处有数百骑，令所在扬尘鼓噪，使贼不测多少。又以人马逼战，刀不如棒，勒军士赍袖棒一枚，置于马侧，至战时虑废腾逐，不听斩级，以棒棒之而已。分命壮勇所向冲突，号令严明，战士同奋。尔朱荣身自陷陈，出于贼后，表里合击，大破之，于陈擒葛荣，余众悉降。以贼徒既众，若即分割，恐其疑惧，或更结聚，乃下令各从所乐，亲属相随，任所居止，于是群情大喜，登即四散，数十万众一朝散尽。待出百里之外，乃始分道押领，随便安置，咸得其宜。擢其渠帅，量才授任，新附者咸安，时人服其处分机速。以槛车送葛荣赴洛，冀、定、沧、瀛、殷五州皆平。时上党王天穆军于朝歌之南，穆绍、杨椿犹未发，而葛荣已灭，乃皆罢兵。

初，宇文肱从鲜于脩礼攻定州，战死于唐河。其子泰在脩礼军中，脩礼死，从葛荣；葛荣败，尔朱荣爱泰之才，以为统军。

乙亥，魏大赦，改元永安。

并派使者来请求投降。颁布诏书令广晋县侯泰山郡人羊鸦仁等率部接应。北魏则任命羊侃为骠骑大将军、泰山公、兖州刺史，羊侃斩杀了北魏派来的使者，没有接受北魏的任命。

将军王弁率兵侵犯北魏的徐州，蕃郡人续灵珍率万余人攻打蕃郡以响应梁军。北魏徐州刺史杨昱击溃了续灵珍的部队，斩杀了续灵珍，王弁率部返回。

八月十九日甲辰，北魏大都督宗正珍孙率兵在濮阳攻打刘举，消灭了刘举。

葛荣率军包围了邺城，军队号称一百万，流动作战的小股军队已经过了汲郡，所到之处大肆残杀掠夺。尔朱荣上表请求率军讨伐。九月，尔朱荣将侄子肆州刺史尔朱天光召来，留守晋阳，说道："我本人不能到的地方，不是你在就无法使我放心。"尔朱荣自己率七千精锐骑兵，各备两匹战马，以侯景为前锋，日夜兼程，向东出了滏口。葛荣叛乱为时已久，一直横行于黄河以北，尔朱荣的兵马少不能相敌，人们认为尔朱荣断无获胜的道理。葛荣听说后，喜形于色，命令他的部队说："这很好对付，诸位每人都准备一根长绳，到时候只管捆绑就是了。"从邺城往北，排成数十里的长阵，如张开的簸箕一样向前推进。尔朱荣将队伍埋伏在山谷之中，作为奇兵。分派督将以上的军官每三人为一处，每处有数百名骑兵，命令各处故意扬起尘土，擂起战鼓，大声喊叫，使敌人摸不清有多少人马。又考虑到人马近战时，用刀不如用棒，命令士兵每人带一根短棒，放在马肚的一侧，到交战时担心下马斩首会影响骑兵追逐，便不允许按照斩下首级计功，只用木棒击打就可以了。分别命令强壮英勇的士兵四路冲杀，号令严明，将士们同仇敌忾，个个奋勇争先。尔朱荣亲自冲锋陷阵，从敌人背后杀出，里应外合，内外夹击，大破贼兵，在阵前抓住了葛荣，其余的部众全部投降了。因贼军众多，如果马上将他们分开的话，恐怕会引起贼军的疑虑恐惧，说不定还会再次聚集起来，于是尔朱荣下令让他们各从所乐，亲属相随，任意在哪儿定居均可。投降的士兵人人欢喜，很快便四处逃散，几十万大军一早晨便遣散光了。等到已经走出百里之外，才开始去分路押解他们，随他们方便加以安置，各得所宜。又从葛荣的队伍中选拔了一批将领，根据他们的才能，分别授予适当的官职，新归附的安定下来，当时人对处置事情如此迅速果断都很佩服。派人用囚车将葛荣送到洛阳，这样，冀、定、沧、瀛、殷五州全部平定了。这时，上党王元天穆驻军于朝歌城南，穆绍、杨椿还未及发兵，而葛荣的军队便已经被尔朱荣消灭了，于是都停止发兵。

当初，宇文肱跟从鲜于脩礼攻打定州，在唐河战死。他的儿子宇文泰也在鲜于脩礼军中，鲜于脩礼死后，宇文泰又投奔了葛荣。葛荣兵败之后，尔朱荣爱惜宇文泰的才干，让他做了统军。

九月二十一日乙亥，北魏大赦天下，改年号为永安。

辛巳，以尔朱荣为大丞相、都督河北畿外诸军事，荣子平昌公文殊、昌乐公文畅并进爵为王，以杨椿为太保，城阳王徽为司徒。

冬，十月，丁亥，葛荣至洛，魏主御阊阖门引见，斩于都市。

（以上为第十段，写北魏太原王尔朱荣率领七千精锐骑兵，快马加鞭，一举消灭了葛荣的号称百万的军队，葛荣被押到都城洛阳斩首。）

帝以魏北海王颢为魏王，遣东宫直阁将军陈庆之将兵送之还北。

丙申，魏以太原王世子尔朱菩提为骠骑大将军、开府仪同三司。丁酉，以长乐等七郡各万户，通前十万户，为太原王荣国，戊戌，又加荣太师，皆赏擒葛荣之功也。

壬子，魏江阳武烈王继卒。

魏使征虏将军韩子熙招谕邢杲，杲诈降而复反。李叔仁击杲于惟水，失利而还。

魏费穆奄至荆州。曹义宗军败，为魏所擒，荆州之围始解。

元颢袭魏铚城而据之。

魏行台尚书左仆射于晖等兵数十万，击羊侃于瑕丘，徐纥恐事不济，说侃请乞师于梁，侃信之，纥遂来奔。晖等围侃十余重，栅中矢尽，南军不进。十一月，癸亥夜，侃溃围出，且战且行，一日一夜乃出魏境，至渣口，众尚万余人，马二千匹。士卒皆竟夜悲歌，侃乃谢曰：“卿等怀土，理不能相随，幸适去留，于此为别。”各拜辞而去。魏复取泰山。晖，劲之子也。

戊寅，魏以上党王天穆为大将军、开府仪同三司，世袭并州刺史。

十二月，庚子，魏诏于晖还师讨邢杲。

葛荣余党韩楼复据幽州反，北边被其患。尔朱荣以抚军将军贺拔胜为大都督，镇中山；楼畏胜威名，不敢南出。

（以上为第十一段，写北魏太原王尔朱荣平定葛荣叛军，加官进爵，封十万户；泰山太守羊侃反叛，被行台尚书于晖打败；葛荣余党韩楼据幽州反叛。）

九月二十七日辛巳，北魏任命尔朱荣为大丞相、都督河北畿外诸军事，尔朱荣的儿子平昌公尔朱文殊、昌乐公尔朱文畅也都晋升爵位为王。任命杨椿为太保，城阳王元徽为司徒。

冬季，十月初三日丁亥，葛荣被押至洛阳，魏孝庄帝亲临阊阖门，押来参见，在集市斩首。

梁武帝封北魏北海王元颢为魏王，并派东宫直阁将军陈庆之带兵护送他返回北方。

十月十二日丙申，北魏任命太原王尔朱荣的嫡长子尔朱菩提为骠骑大将军、开府仪同三司。十月十三日丁酉，将长乐等七郡各万户，连同先前已有的十万户，作为太原王的采邑。十月十四日戊戌，加封尔朱荣为太师。这些都是奖赏尔朱荣平定葛荣的功劳。

十月二十八日壬子，北魏江阳武烈王元继去世。

北魏派遣征虏将军韩子熙招降邢杲，邢杲诈降，随后又反叛了。李叔仁在惟水攻击邢杲，失利后退回了。

北魏费穆率军突然来到荆州。曹义宗战败了，被北魏俘获，荆州的围困才解除。

元颢率军袭击并占据了北魏的铚城。

北魏行台尚书左仆射于晖等率军几十万，在瑕丘攻击羊侃。徐纥担心大事不成，劝说羊侃允许他去向梁朝请求救兵，羊侃相信了，徐纥便前来梁投降。于晖等将羊侃里外包围了十几层，寨中的箭已用完，梁朝军队又未前进。十一月初十日癸亥夜里，羊侃率军突围而出，边战边走，一天一夜才逃出北魏国境，来到渣口，队伍还剩下一万多人，战马二千匹。士兵们彻夜放声悲歌，羊侃向将士们谢罪道："你们怀恋故土，按人之常情，我不能强迫大家跟从于我，请大家或去或留，就在这儿分手吧！"于是大家各自拜谢，告辞离去。北魏便又收复了泰山郡。于晖是于劲的儿子。

十一月二十五日戊寅，北魏任命上党王元天穆为大将军、开府仪同三司，世袭并州刺史。

十二月二十七日庚子，北魏诏令于晖回师讨伐邢杲。

葛荣的余党韩楼又占据幽州反叛了，北魏的北部地区承受祸患。尔朱荣任命抚军将军贺拔胜为大都督，镇守中山；韩楼畏惧贺拔胜的威名，不敢向南进犯。

【点评】

胡太后杀子自毙。权力是很可怕的东西，绝对的权力更是容易激发出人性最为残酷的一面，本卷中胡太后母子就是一个例子。北魏胡太后再次掌权，唯恐失去权柄，这时便不再有母子亲情，将魏孝明帝所亲信的人尽皆废黜，母子之间的嫌隙由是与日俱增。郑俨、徐纥恐祸将及己，劝太后废掉孝明帝。魏孝明帝旋即暴毙。任性的胡太后便立三岁幼儿即皇帝位。这样的事情自然引起公愤，有力者必然会有表示，掌握一方兵权的尔朱荣大怒，引兵向京城，收太后、幼主于河阴，沉入黄河。又拥立子攸为帝，尔朱荣的目的初步达到，权力到手。当人劝尔朱荣诛杀大臣立威时，无限膨胀的尔朱荣自然接受，召见北魏百官，两千多官员被捕杀，北魏政权的官僚基础遭受极大打击。北魏政治转折在胡太后，权力吞噬了她的母性，遂给人以可乘之机。

梁纪九

梁武帝中人通元年（529 年）

【屠维作噩（己酉，529 年），凡一年】

【大事提要】

本卷记事公元 529 年，凡一年，当梁武帝中大通元年。本卷所载大事，南朝萧梁的大事紧紧围绕梁武帝，中心又在他如何佞佛。梁武帝亲临同泰寺，两次设置四部无遮大会，亲自讲解《涅槃经》。参加的僧人、俗众有五万多人。历代皇帝喜好佛教的不少，但是像他这样全身心投入的不多，像他这样能够读得懂佛经的少之又少，能够讲解佛经的更是凤毛麟角。北魏大事两件。其一，北海王元颢投降萧梁，任用梁名将陈庆之为卫将军、徐州刺史，引兵向北魏京城洛阳，凡经四十七战，取城三十二座，所向皆克。其二，元颢猜忌陈庆之，致使陈庆之攻克洛阳后却不能守住，结果大败而归，回到建康。

【原文】

高祖武皇帝九

中大通元年（己酉，529 年）

春，正月，甲寅，魏于晖所部都督彭乐帅二千余骑叛奔韩楼，晖引还。

辛酉，上祀南郊，大赦。

甲子，魏汝南王悦求还国，许之。

辛巳，上祀明堂。

二月，甲午，魏主尊彭城武宣王为文穆皇帝，庙号肃祖；母李妃为文穆皇后。将迁神主于太庙，以高祖为伯考，大司马兼录尚书临淮王彧表谏，以为“汉高祖立太上皇庙于香街，光武祀南顿君于舂陵。元帝之于光武已疏绝服，犹身奉子道，入继大宗。高祖德洽寰中，道超无外，肃祖虽勋格宇宙，犹北面为臣。又，二后皆将配飨，乃是君臣并筵，嫂叔同室，窃谓不可”。吏部尚书李神儁亦谏，不听。彧又请去“帝”著“皇”，亦不听。

诏更定二百四十号将军为四十四班。

壬寅，魏诏济阴王晖业兼行台尚书，都督丘大千等镇梁国。晖业，小新成之曾孙也。

三月，壬戌，魏诏上党王天穆讨邢杲，以费穆为前锋大都督。

夏，四月，癸未，魏迁肃祖及文穆皇后神主于太庙，又追尊彭城王劭为孝宣皇帝。临淮王彧谏曰：“兹事古所未有，陛下作而不法，后世何观！”弗听。

魏元天穆将击邢杲，以北海王颢方入寇，集文武议之，众皆曰：“杲众强盛，宜以为先。”行台尚书薛琡曰：“邢杲兵众虽多，鼠窃狗偷，非有远志。颢，帝室近亲，来称义举，其势难测，宜先去之。”天穆以诸将多欲击杲，又魏朝亦以颢为孤弱不足虑，命天穆等先定齐地，还师击颢，遂引兵东出。

颢与陈庆之乘虚自铚城进拔荥城，遂至梁国。魏丘大千有众七万，分筑九城以拒之。庆之攻之，自旦至申，拔其三垒，大千请降。颢登坛燔燎，即帝位于睢阳城南，改元孝基。济阴王晖业帅羽林兵二万军考城，

【语译】

高祖武皇帝九

梁武帝中大通元年（己酉，529年）

春季，正月初二日甲寅，北魏于晖部下都督彭乐率领两千多名骑兵反叛，投奔韩楼，于晖回师。

正月初九日辛酉，梁武帝在南郊祭天，大赦天下。

正月十二日甲子，北魏汝南王元悦请求允许回到北魏，北魏答应了他的请求。

正月二十九日辛巳，梁武帝在明堂祭祀。

二月十二日甲午，北魏孝庄帝尊彭城武宣王为文穆皇帝，庙号为肃祖；尊母亲李妃为文穆皇后。打算将父母的牌位迁到太庙，尊奉孝文帝为伯考，大司马兼录尚书临淮王元彧上表劝谏，认为："汉高祖立太上皇庙于香街，光武帝将南顿君庙立在舂陵。汉元帝跟汉光武帝的关系早已超出了五服，仍然奉行后代子孙之道，入宗族继承大宗。高祖德合天下，道充环宇，肃祖虽然功盖宇宙，终究北面是臣子。再者，如果两位皇后也都要享有这种祭祀的礼遇，这就如同君臣共筵，叔嫂同室，私下以为不可。"吏部尚书李神儁也上表劝谏，但未被采纳。元彧又请求去掉"帝"而保留"皇"，也未被接受。

梁朝颁布诏书将二百四十种称号的将军重新确定为四十四班。

二月二十日壬寅，北魏颁布诏书任命济阴王元晖业兼任行台尚书，统领丘大千等人镇守梁国。元晖业是拓跋小新成的曾孙。

三月十一日壬戌，北魏诏令上党王元天穆讨伐邢杲，以费穆为前锋大都督。

夏季，四月初二日癸未，北魏迁肃祖及文穆皇后的神位至太庙，又追尊彭城王元劭为孝宣皇帝。临淮王元彧劝谏道："这种事自古从未有过，陛下这样做不合法度，后世之人会怎么看呢？"孝庄帝不听从。

北魏元天穆将要攻打邢杲，由于北海王元颢正在进犯北魏，召集文武官员商议此事。众人都认为："邢杲军力强盛，应该先讨伐。"行台尚书薛琡说："邢杲的军队数量虽多，但都是些偷鸡摸狗之徒，没有什么远大抱负。元颢是皇室的近亲，此番前来号称义举，其势难以推测，应该首先消灭他。"元天穆因为将领们大多都希望先讨伐邢杲，加之北魏朝廷也认为元颢势力孤单，力量微弱，不足为虑，命令元天穆等人先平定齐地，回师再攻打元颢，于是元天穆率军东进。

元颢与陈庆之乘北魏空虚之际，从铚城进发，率军攻占了荥城，随后便到了梁国城。北魏守将丘大千有军队七万人，分别构筑了九座城堡以抵抗。陈庆之率兵攻打，从早晨直至下午申时，攻下了三座堡垒，丘大千只好请求投降。元颢登坛烧柴

庆之攻拔其城，擒晖业。

（以上为第一段，写北魏孝庄皇帝元子攸将其父元勰迁到太庙祭祀，临淮王元彧上书，认为不合礼仪，被拒绝；北海王元颢借助南梁兵力，杀回北魏，即位睢阳。）

辛丑，魏上党王天穆及尔朱兆破邢杲于济南，杲降，送洛阳，斩之。兆，荣之从子也。

五月，丁巳，魏以东南道大都督杨昱镇荥阳，尚书仆射尔朱世隆镇虎牢，侍中尔朱世承镇崿岅。乙丑，内外戒严。

戊辰，北海王颢克梁国。颢以陈庆之为卫将军、徐州刺史，引兵而西。杨昱拥众七万，据荥阳，庆之攻之，未拔，颢遣人说昱使降，昱不从。天穆与骠骑将军尔朱吐没儿将大军前后继至，梁士卒皆恐，庆之解鞍秣马，谕将士曰："吾至此以来，屠城略地，实为不少；君等杀人父兄、掠人子女，亦无算矣；天穆之众，皆是仇雠。我辈众才七千，虏众三十余万，今日之事，唯有必死乃可得生耳。虏骑多，不可与之野战，当及其未尽至，急攻取其城而据之。诸君勿或狐疑，自取屠脍。"乃鼓之，使登城，将士即相帅蚁附而入，癸酉，拔荥阳，执杨昱。诸将三百余人伏颢帐前请曰："陛下渡江三千里，无遗镞之费，昨荥阳城下一朝杀伤五百余人，愿乞杨昱以快众意！"颢曰："我在江东闻梁主言，初举兵下都，袁昂为吴郡不降，每称其忠节。杨昱忠臣，奈何杀之！此外唯卿等所取。"于是斩昱所部统帅三十七人，皆刳其心而食之。俄而天穆等引兵围城，庆之帅骑三千背城力战，大破之，天穆、吐没儿皆走。庆之进击虎牢，尔朱世隆弃城走，获魏东中郎将辛纂。

魏主将出避颢，未知所之，或劝之长安，中书舍人高道穆曰："关中荒残，何可复往！颢士众不多，乘虚深入，由将帅不得其人，故能至此。陛下亲帅宿卫，高募重赏，背城一战，臣等竭其死力，破颢孤军必矣。或恐胜负难期，则车驾不若渡河，征大将军天穆、大丞相荣各使引兵来会，犄角进讨，旬月之间，必见成功，此万全之策也。"魏主从之。甲戌，魏主北行，夜，至河内郡北，命高道穆于烛下作诏书数十纸，布告

祷告，在睢阳城南登基即位，改年号为孝基。济阴王元晖业率领的两万羽林军驻扎在考城，陈庆之率军攻取考城，活捉了元晖业。

四月二十日辛丑，北魏上党王元天穆和尔朱兆在济南打败了邢杲，邢杲投降，被押送至洛阳斩首。尔朱兆是尔朱荣的侄子。

五月初六日丁巳，北魏命东南道大都督杨昱镇守荥阳，尚书仆射尔朱世隆镇守虎牢，侍中尔朱世承镇守崿岅。五月十四日乙丑，北魏京城内外戒严。

五月十七日戊辰，北海王元颢攻克梁国。元颢任命陈庆之为卫将军、徐州刺史，率军西进。杨昱拥有七万大军，据守荥阳，陈庆之前去攻打，没有能够攻克。元颢派人劝杨昱投降，杨昱没有听从。元天穆和骠骑大将军尔朱吐没儿率大军前后相继来到，梁军士卒都很恐惧，陈庆之解下马鞍，一边喂马一边告谕将士们："我们到这里以来，屠城夺地，确实已经不少了；你们杀戮人家的父兄，掠取人家的子女，也不计其数了，元天穆的部下，都已经是我们的仇敌。我军才七千人，而敌军则有三十余万之多，所以眼下之事，大家只有抱着必死之心才有可能免遭杀戮。敌人的骑兵多，我们不能同他们在野外作战，应当乘他们还没全部到来的时候，急速攻下荥阳城以作为据守的地方。各位不要再有什么疑虑了，否则就是选择了任人宰割的道路。"于是擂鼓助战，命将士登城攻坚，将士们当即蜂拥着攻入城中，五月二十二日癸酉，攻下了荥阳，抓住了杨昱。部将三百余人俯伏在元颢帐前请求道："陛下渡江三千里，连一支箭的花费都没有，但是昨日荥阳城下一个早晨，我军便伤亡五百余人，希望把杨昱交给我们处置，以解大家的心头之恨！"元颢说："我在江东听梁朝国主讲，当初举兵南下，到达建康时，吴郡太守袁昂便曾据城不降，常常称赞袁昂这种忠贞气节。杨昱是一位忠臣，为什么要杀掉他呢！除杨昱之外，其他人任你们处置。"于是斩杀了杨昱部将三十七人，把他们的心挖出来吃了。很快，元天穆等人率军包围了荥阳城，陈庆之率三千骑兵背靠荥阳城，奋勇拼搏，大败元天穆军，元天穆、尔朱吐没儿都逃走了。陈庆之进击虎牢城，尔朱世隆弃城逃走，抓获了北魏东中郎将辛纂。

魏孝庄帝打算离开京城躲避元颢大军，但不知该去哪里好。有人劝他到长安去，中书舍人高道穆说道："关中地区荒凉残破，怎么能再到那里去呢？元颢的军队不多，乘虚而入，这是由于选用将帅不当，所以才能攻到这里。陛下亲自率领禁卫军，以重金招募士兵，多加奖赏，背城一战，臣等竭尽全力，打败元颢的这支孤军是一定的。担心胜负难以预料的话，那么圣驾不如渡过黄河，命大将军元天穆、大丞相尔朱荣各自率军前来会合，构成掎角之势，进讨元颢的军队，十天一月之内，一定

远近，于是四方始知魏主所在。乙亥，魏主入河内。

临淮王彧，安丰王延明，帅百僚，封府库，备法驾迎颢。丙子，颢入洛阳宫，改元建武，大赦。以陈庆之为侍中、车骑大将军，增邑万户。杨椿在洛阳，椿弟顺为冀州刺史，兄子侃为北中郎将，从魏主在河北。颢意忌椿，而以其家世显重，恐失人望，未敢诛也。或劝椿出亡，椿曰："吾内外百口，何所逃匿！正当坐待天命耳。"

（以上为第二段，写南朝名将陈庆之护送元颢入洛，遇到数十倍的敌人，沉着迎战，将其打败；北孝庄帝元子攸逃奔河内，元颢进入北魏都城洛阳。）

颢后军都督侯暄守睢阳为后援，魏行台崔孝芬、大都督刁宣驰往围暄，昼夜急攻，戊寅，暄突走，擒斩之。

上党王天穆等帅众四万攻拔大梁，分遣费穆将兵二万攻虎牢，颢使陈庆之击之。天穆畏颢，将北渡河，谓行台郎中济阴温子昇曰："卿欲向洛，为随我北渡？"子昇曰："主上以虎牢失守，致此狼狈。元颢新入，人情未安，今往击之，无不克者。大王平定京邑，奉迎大驾，此桓、文之举也。舍此北渡，窃为大王惜之。"天穆善之而不能用，遂引兵渡河。费穆攻虎牢，将拔，闻天穆北渡，自以无后继，遂降于庆之。庆之进击大梁、梁国，皆下之。庆之以数千之众，自发铚县至洛阳，凡取三十二城；四十七战，所向皆克。

颢使黄门郎祖莹作书遗魏主曰："朕泣请梁朝，誓在复耻，正欲问罪于尔朱，出卿于桎梏。卿托命豺狼，委身虎口，假获民地，本是荣物，固非卿有。今国家隆替，在卿与我。若天道助顺，则皇魏再兴；脱或不然，在荣为福，于卿为祸。卿宜三复，富贵可保。"

颢既入洛，自河以南州郡多附之。齐州刺史沛郡王欣集文武议所从，曰："北海、长乐，俱帝室近亲，今宗祐不移，我欲受赦，诸君意何如？"

会取得胜利，这是万全之策。”孝庄帝采纳了这个意见。五月二十三日甲戌，魏孝庄帝一行向北进发，夜间，来到了河内郡郡城的北边。命令高道穆在烛光下起草了几十张诏书，公告远近，这时四方才知道魏孝庄帝的所在。五月二十四日乙亥，魏孝庄帝进入河内郡。

临淮王元彧和安丰王元延明，带领文武百官，封存府库，备好法驾迎接元颢。五月二十五日丙子，元颢进入洛阳宫，改年号为建武，大赦天下。任命陈庆之为侍中、车骑大将军，增加封邑一万户。杨椿在洛阳，他的弟弟杨顺是冀州刺史，侄子杨侃为北中郎将，正跟随魏孝庄帝在河北。元颢心里很忌恨杨椿，但由于杨椿家世显赫，担心失去众望，没有敢杀掉杨椿。有人劝说杨椿离开洛阳逃跑，但杨椿说：“我家老小上百口，能逃到哪儿去呢？正应当坐待天命。”

元颢的后军都督侯暄镇守睢阳作为后援，北魏行台崔孝芬、大都督刁宣急速前去包围了侯暄，昼夜猛攻睢阳城，五月二十七日戊寅，侯暄突围逃跑，但被抓住杀掉了。

上党王元天穆等率四万军队攻下了大梁，分别派遣费穆带两万人攻打虎牢城，元颢派陈庆之攻击费穆。元天穆畏惧元颢，打算北渡黄河，便对行台郎中济阴人温子昇说：“你想去洛阳，还是随我北渡黄河？”温子昇说：“主上因虎牢失守，才弄得如此窘迫。元颢新来，民心还未安定，现今前去攻击他，一定会成功。大王平定京邑后，再奉迎皇帝大驾，这乃是齐桓公、晋文公的举动啊！现今舍此而不为，却要北渡黄河，私下里真为您感到惋惜。”元天穆觉得意见很好却不能采纳，于是率军渡过了黄河。费穆攻打虎牢城，眼看就要取胜了，听说元天穆向北渡过了黄河，认为这样一来自己便没有了后继援兵，便投降了陈庆之。陈庆之率军进击大梁、梁国，都攻下了。陈庆之凭借数千的兵众，从铚城出发至洛阳，共攻占了三十二座城池，大小四十七战，所向披靡。

元颢命黄门郎祖莹起草了一封信给魏孝庄帝说：“朕哭泣恳请梁朝发兵，誓在报仇雪耻，正是要向尔朱荣问罪，解救您于桎梏之中。您托命于豺狼，委身于虎口，就是获取了一些百姓、土地，也本来是尔朱荣的东西，本来就不属于您所有。当今国家的兴隆废替，全在于你我二人。如果上天助顺天理者，那么皇魏又可再次中兴；若不能这样，那么对于尔朱荣来说便是福，而对于您则是祸。您应该三思，荣华富贵方可保住。”

元颢进入洛阳后，黄河以南的州郡大多归附了他。齐州刺史沛郡王元欣召集文武官员商议何去何从时说：“北海王和长乐王，都是皇室近亲，现今庙中藏主石室并

在坐莫不失色。军司崔光韶独抗言曰："元颢受制于梁，引寇仇之兵以覆宗国，此魏之乱臣贼子也；岂唯大王家事所宜切齿，下官等皆受朝眷，未敢仰从！"长史崔景茂等皆曰："军司议是。"欣乃斩颢使。光韶，亮之从父弟也。于是襄州刺史贾思同、广州刺史郑先护、南兖州刺史元暹亦不受颢命。思同，思伯之弟也。颢以冀州刺史元孚为东道行台、彭城郡王，孚封送其书于魏主。平阳王敬先起兵于河桥以讨颢，不克而死。

魏以侍中、车骑将军、尚书右仆射尔朱世隆为使持节、行台仆射、大将军、相州刺史，镇邺城。

魏主之出也，单骑而去，侍卫后宫皆按堵如故。颢一旦得之，号令己出，四方人情想其风政。而颢自谓天授，遽有骄怠之志，宿昔宾客近习，咸见宠待，干扰政事，日夜纵酒，不恤军国，所从南兵，陵暴市里，朝野失望。高道穆兄子儒自洛阳出从魏主，魏主问洛中事，子儒曰："颢败在旦夕，不足忧也。"

（以上为第三段，写南朝名将陈庆之一路攻城略地，所向披靡，攻占了洛阳；北海王元颢建立政权，令由己出，而骄奢淫逸，很快失去人心，州郡不附。）

尔朱荣闻魏主北出，即时驰传见魏主于长子，行，且部分。魏主即日南还，荣为前驱。旬日之间，兵众大集，资粮器仗，相继而至。六月，壬午，魏大赦。

荣既南下，并、肆不安，乃以尔朱天光为并、肆等九州行台，仍行并州事。天光至晋阳，部分约勒，所部皆安。

己丑，费穆至洛阳，颢引入，责以河阴之事而杀之。颢使都督宗正珍孙与河内太守元袭据河内；尔朱荣攻之，上党王天穆引兵会之，壬寅，拔其城，斩珍孙及袭。

辛亥，魏淮阴太守晋鸿以湖阳来降。

闰月，己未，南康简王绩卒。

魏北海王颢既得志，密与临淮王彧、安丰王延明谋叛梁；以事难未平，藉陈庆之兵力，故外同内异，言多猜忌。庆之亦密为之备，说颢曰："今远来至此，未服者尚多，彼若知吾虚实，连兵四合，将何以御之！宜

未迁移，我打算接受赦免，诸位认为如何？”在座的莫不大惊失色。军司崔光韶高声说：“元颢受梁朝节制，勾结仇敌的军队来颠覆自己的国家，这是大魏的乱臣贼子。难道仅是因为大王家中的事情应当对他切齿痛恨，下官均受朝廷的恩典，所以不敢听从您的意见！”长史崔景茂等人都说：“军司说得很对。”元欣便杀了元颢派来的使者。崔光韶是崔亮的堂弟。这样一来，襄州刺史贾思同、广州刺史郑先护、南兖州刺史元暹等，也都不接受元颢的任命。贾思同是贾思伯的弟弟。元颢封冀州刺史元孚为东道行台、彭城郡王，元孚将元颢的委任书封好，派人送给了魏孝庄帝。平阳王元敬先在河桥起兵讨伐元颢，没能成功而死去。

北魏以侍中、车骑将军、尚书右仆射尔朱世隆为使持节、行台仆射、大将军、相州刺史，镇守邺城。

魏孝庄帝出奔时，只是单骑一人离去，宫廷侍卫及后宫嫔妃都依旧安住在京城。元颢一旦取得了政权，各种号令全由元颢发出，四方百姓都希望他推行新风，清明政治，但是元颢自以为上天授予自己皇位，很快便产生了骄傲怠惰之心。过去的宾朋老友、亲近之人，都受到了宠爱、厚待，这些人干扰政事，日夜纵酒为乐，不体恤军国大事，从南朝带来的士兵，在城中欺凌百姓，朝野上下大失所望。高道穆的哥哥高子儒从洛阳逃出追随魏孝庄帝，魏孝庄帝问他洛阳城中事情，高子儒说：“元颢失败就在旦夕，不足忧虑。”

尔朱荣听说魏孝庄帝向北方出走了，立即乘传车见孝庄帝于长子，一边走一边部署部队。魏孝庄帝当天便开始南还，尔朱荣做前锋。十天之内，魏军便大批集结起来，粮食兵器等物资也陆续运到了。六月初二日壬午，北魏大赦天下。

尔朱荣南下，并州、肆州便不安定了，便任命尔朱天光为并、肆等九州行台，仍负责并州的事务。尔朱天光到晋阳后，安排布置，并制定约束措施，所属辖地都很稳定。

六月初九日乙丑，费穆来到洛阳，元颢将他带到朝中，把河阴杀害文武百官之事怪罪于他，杀了他。元颢派都督宗正珍孙和河内太守元袭据守河内；尔朱荣率军攻打河内，上党王元天穆率兵与尔朱荣会合，六月二十二日壬寅，攻取河内城，杀了宗正珍孙和元袭。

闰六月初一日辛亥，北魏淮阴太守晋鸿献出湖阳城向梁朝投降。

闰六月初九日己未，梁朝南康简王萧绩去世。

北魏北海王元颢得志以后，秘密跟临淮王元彧、安丰王元延明谋划反叛梁朝。由于混乱局面还没有平定，仍需借助陈庆之的兵力，所以表面上依然与之虚与委蛇，但言语之间多所猜忌。陈庆之也暗中做了防备，劝说元颢：“现今远道而至于此，不

启天子，更请精兵，并敕诸州，有南人没此者悉须部送。”颢欲从之，延明曰：“庆之兵不出数千，已自难制；今更增其众，宁肯复为人用乎！大权一去，动息由人，魏之宗庙，于斯坠矣。”颢乃不用庆之言。又虑庆之密启，乃表于上曰：“今河北、河南一时克定，唯尔朱荣尚敢跋扈，臣与庆之自能擒讨。州郡新服，正须绥抚，不宜更复加兵，摇动百姓。”上乃诏诸军继进者皆停于境上。

洛中南兵不满一万，而羌、胡之众十倍，军副马佛念为庆之曰：“将军威行河、洛，声震中原，功高势重，为魏所疑，一旦变生不测，可无虑乎！不若乘其无备，杀颢据洛，此千载一时也。”庆之不从。颢先以庆之为徐州刺史，因固求之镇，颢心惮之，不遣，曰：“主上以洛阳之地全相任委，忽闻舍此朝寄，欲往彭城，谓君遽取富贵，不为国计，非徒有损于君，恐仆并受其责。”庆之不敢复言。

（以上为第四段，写北魏孝庄帝元子攸以权臣尔朱荣为后盾南还；北海王元颢自我托大，猜忌南朝名将陈庆之，陈庆之暗中为备，元颢之败，已是早晚的事了。）

尔朱荣与颢相持于河上。庆之守北中城，颢自据南岸；庆之三日十一战，杀伤甚众。有夏州义士为颢守河中渚，阴与荣通谋，求破桥立效，荣引兵赴之。及桥破，荣应接不逮，颢悉屠之，荣怅然失望。又以安丰王延明缘河固守，而北军无船可渡，议欲还北，更图后举。黄门郎杨侃曰：“大王发并州之日，已知夏州义士之谋指来应之乎，为欲广施经略匡复帝室乎？夫用兵者，何尝不散而更合，疮愈更战；况今未有所损，岂可以一事不谐而众谋顿废乎！今四方颙颙，视公此举；若未有所成，遽复引归，民情失望，各怀去就，胜负所在，未可知也。不若征发民材，多为桴筏，间以舟楫缘河布列，数百里中，皆为渡势，首尾既远，使颢不知所防，一旦得渡，必立大功。”高道穆曰：“今乘舆飘荡，主忧臣辱。大王拥百万之众，辅天子而令诸侯，若分兵造筏，所在散渡，指掌可克；奈何舍之北归，使颢复得完聚，征兵天下！此所谓养虺成蛇，悔无及矣。”荣曰：“杨黄门已陈此策，当相与议之。”刘灵助言于荣曰：“不出十日，河南必平。”

服的人还很多，他们如果知道了我们的虚实，联合兵力，四面包围，将如何抵御呢？应该启奏梁朝天子，再增精兵，同时敕令各州，如果有梁朝人陷没在该地，必须全部送到我们这里来。”元颢打算采纳陈庆之的建议，元延明说：“陈庆之兵不过数千，已经很难驾驭了，现今再增加他的兵力，怎会为人所用呢？大权一旦失去，一举一动就都要由别人决定，大魏的宗庙从此也就要覆亡了。”元颢便没有采纳陈庆之的意见。又担心陈庆之暗中上表，便自己写了表文说：“现今河北、河南全部平定了，只有尔朱荣尚敢顽抗，我与陈庆之便能擒获他。目前各州郡刚刚归服，正需要安抚，不宜再增加兵力，使百姓惶恐不安。”梁武帝便诏令正在进军的各部队都停在边境上。

洛阳城中的南方军队不满一万，而羌、胡的军队却是南兵的十倍，军副马佛念为陈庆之出谋划策说：“将军威扬河、洛，声震中原，功高势强，被魏国所猜疑，一旦发生不测，能不担心吗？不如乘元颢还没有防备之际，杀掉元颢，占据洛阳，这是千载难逢的机会呀！”陈庆之没有采纳他的意见。元颢先任命陈庆之为徐州刺史，陈庆之坚决要去彭城，元颢心里很害怕，不派遣，说：“主上将洛阳全都委托给您负责，如果忽然听说离开魏朝寄托的洛阳而去彭城的话，便会认为您是想尽快求取功名富贵，而不为国家考虑。这不仅有损于您，恐怕我也会一起受到圣上的责难。”陈庆之便不敢再说什么了。

尔朱荣与元颢的军队相持于黄河上。陈庆之镇守北中城，元颢亲自据守河桥南岸。陈庆之三天之中打了十一仗，杀伤很多敌人。有一位夏州义士为元颢镇守河中渚，暗中与尔朱荣串通好，请求为尔朱荣破桥立功。尔朱荣率兵赶到河桥，等到桥破之后，尔朱荣的部队没有接应上，元颢将通敌的士兵全都杀了，尔朱荣怅然失望。元颢又派安丰王元延明沿黄河固守，北军无船渡河，便商议打算北撤，以后再想办法攻打元颢。黄门郎杨侃说：“大王从并州发兵的时候，是已经知道夏州义士会来给您做内应所以才来的呢，还是想广泛施展您的雄才大略匡复帝室才来的呢？用兵之事，何尝不是打散了再聚集起来，伤好了再继续战斗，何况现今并没有受到损失，怎么能由于这一件事没成功，便将所有的计划就都废弃了呢？当今天下百姓仰望，就看您这一次举动了。如果没有取得什么收获，您便很快又回师的话，百姓大失所望，各自考虑何去何从，谁胜谁负也就难说了。不如征调百姓的木材，多做一些木筏，间杂一些舟船，沿黄河排列开来，数百里中，都摆出渡河的架势，首尾既然相距很远，元颢不知道该防哪里为好，一旦我军渡过黄河，一定立下大功。”高道穆说：“当今圣驾飘荡，皇上忧虑，臣下羞辱。大王拥有百万大军，辅佐天子而命令诸侯，如果分兵制造木筏，各个分散渡河的话，破元颢的军队易如反掌，为何却舍此

伏波将军正平杨欗与其族居马渚，自言有小船数艘，求为乡导。戊辰，荣命车骑将军尔朱兆与大都督贺拔胜缚材为筏，自马渚西硖石夜渡，袭击颢子领军将军冠受，擒之；安丰王延明之众闻之，大溃。颢失据，帅麾下数百骑南走，庆之收步骑数千，结陈东还，颢所得诸城，一时复降于魏。尔朱荣自追陈庆之，会嵩高水涨，庆之军士死散略尽，乃削须发为沙门，间行出汝阴，还建康，犹以功除右卫将军，封永兴县侯。

中军大都督兼领军大将军杨津入宿殿中，扫洒宫庭，封闭府库，出迎魏主于北邙，流涕谢罪，帝慰劳之。庚午，帝入居华林园，大赦。以尔朱兆为车骑大将军、仪同三司，北来军士及随驾文武诸立义者加五级，河北报事之官及河南立义者加二级。壬申，加大丞相荣天柱大将军，增封通前二十万户。

北海王颢自轘辕南出至临颍，从骑分散，临颍县卒江丰斩之，癸酉，传首洛阳。临淮王彧复自归于魏主，安丰王延明携妻子来奔。

（以上为第五段，写北魏太原王尔朱荣率军勤王，与元颢军队战于黄河沿岸，将其消灭；陈庆之假扮成和尚，才得以逃脱；孝庄帝元子攸返回京都洛阳，大赏有功将士，元颢被斩，传首洛阳。）

陈庆之之入洛也，萧赞送启求还。时吴淑媛尚在，上使以赞幼时衣寄之，信未达而庆之败。庆之自魏还，特重北人，朱异怪而问之，庆之曰："吾始以为大江以北皆戎狄之乡，比至洛阳，乃知衣冠人物尽在中原，非江东所及也，奈何轻之？"

甲戌，魏以上党王天穆为太宰，城阳王徽为大司马兼太尉。乙亥，魏主宴劳尔朱荣、上党王天穆及北来督将于都亭，出宫人三百，缯锦杂彩数万匹，班赐有差，凡受元颢爵赏阶复者，悉追夺之。

而北归，使元颢又得以完善征集士卒呢？这真是如同养虺成蛇，后悔不及啊！”尔朱荣说：“杨黄门已经陈述这一计策，要一起商议一下。”刘灵助对尔朱荣说：“不出十天，黄河以南一定会平定。”

伏波将军正平郡人杨𣏌跟他的族人住在马渚，自己说家里有几艘小船，请求做向导。闰六月十八日戊辰，尔朱荣命令车骑大将军尔朱兆和大都督贺拔胜率军捆绑木材做木筏，从马渚西边的硖石这个地方夜渡黄河，袭击了元颢的儿子领军将军元冠受的部队，抓获了元冠受，安丰王元延明的士卒们知道了这一情况之后，溃散奔逃。元颢失去了依靠，率部下数百名骑兵向南逃走，陈庆之收拢步兵、骑兵共几千人，结队向东逃归。元颢原先攻取的那些城池，全都又投降了北魏。尔朱荣亲自率军追击陈庆之，正赶上嵩高河发大水，陈庆之的队伍死的死、逃的逃，差不多损失殆尽。陈庆之于是剃光头发胡须，打扮成僧人的模样，从小路逃出汝阴，回到了建康，梁朝仍按功授他为右卫将军，封永兴县侯。

中军大都督兼领军大将军杨津率军守卫在皇宫中，洒扫宫庭院落，封闭朝廷府库，到北邙迎请魏孝庄帝，痛哭流涕地谢罪，孝庄帝安慰犒赏了他。闰六月二十日庚午，孝庄帝入居华林园，大赦天下。任命尔朱兆为车骑大将军、仪同三司，从北方来的将士以及随侍的文武百官和那些未降元颢的加官五级，河北向朝廷报告敌情的官员和河南坚决未降元颢的官员加官二级。闰六月二十二日壬申，加封大丞相尔朱荣为天柱大将军，并增加封户，加上以前的封户，共二十万户。

北海王元颢从轘辕向南逃至临颍，随从骑兵各自逃散，临颍县吏江丰杀掉了元颢，闰六月二十三日癸酉，元颢的首级送到了洛阳。临淮王元彧又归附了魏孝庄帝，安丰王元延明携带妻子儿女前来投奔。

陈庆之攻入洛阳的时候，萧赞上书请求允许回到梁朝。当时吴淑媛还在，梁武帝让吴淑媛将萧赞幼时穿的衣服给萧赞送去，书信等还未传到，陈庆之便失败了。陈庆之从北魏回到梁朝后，特别看重北方人，朱异对此感到奇怪，问陈庆之为什么这样，陈庆之说道：“我当初认为长江以北地区都是戎狄之乡，等到了洛阳之后，才知道名门士族都在中原，不是江东所能企及的，有什么理由轻视北方人呢？”

闰六月二十四日甲戌，北魏任命上党王元天穆为太宰，城阳王元徽为大司马兼太尉。闰六月二十五日乙亥，魏孝庄帝在都亭设宴慰劳尔朱荣、上党王元天穆以及从北方来洛阳救援的将领们，出宫女三百人、绫罗锦缎几万匹，按功劳大小分别给予不同的赏赐。凡是受过元颢的爵位、奖赏、官职和免除赋役的人，对其所得全部

秋，七月，辛巳，魏主始入宫。

以高道穆为御史中尉。帝姊寿阳公主行犯清路，赤棒卒呵之，不止，道穆令卒击破其车。公主泣诉于帝，帝曰："高中尉清直之士，彼所行者公事，岂可以私责之也！"道穆见帝，帝曰："家姊行路相犯，极以为愧。"道穆免冠谢，帝曰："朕以愧卿，卿何谢也！"

于是魏多细钱，米斗几直一千，高道穆上表，以为："在市铜价，八十一钱得铜一斤，私造薄钱，斤赢二百。既示之以深利，又随之以重刑，抵罪虽多，奸铸弥众。今钱徒有五铢之名而无二铢之实，置之水上，殆欲不沈。此乃因循有渐，科防不切，朝廷失之，彼复何罪！宜改铸大钱，文载年号，以记其始，则一斤所成止七十钱，计私铸所费不能自润，直置无利，自应息心，况复严刑广设也！"金紫光禄大夫杨侃亦奏乞听民与官并铸五铢钱，使民乐为而弊自改。魏主从之，始铸永安五铢钱。

（以上为第六段，写南朝名将陈庆之当初进入洛阳颇有感触，认为衣冠人物尽在中原；北魏孝庄帝元子攸论功行赏，对尔朱氏一党的赏赐无以复加；铸造永安五铢钱。）

辛卯，魏以车骑将军杨津为司空。

初，魏以梁、益二州境土荒远，更立巴州以统诸獠，凡二十余万户，以巴酋严始欣为刺史；又立隆城镇，以始欣族子恺为镇将。始欣贪暴，孝昌初，诸獠反，围州城，行台魏子建抚谕之，乃散。始欣恐获罪，阴来请降，帝遣使以诏书、铁券、衣冠等赐之，为恺所获，以送子建。子建奏以隆城镇为南梁州，用恺为刺史，囚始欣于南郑。魏以唐永为东益州刺史代子建，以梁州刺史傅竖眼为行台。子建去东益而氐、蜀寻反，唐永弃城走，东益州遂没。

傅竖眼之初至梁州也，州人相贺，既而久病，不能亲政事。其子敬绍，奢淫贪暴，州人患之。严始欣重赂敬绍，得还巴州，遂举兵击严恺，灭之，以巴州来降，帝遣将军萧玩等援之。傅敬绍见魏室方乱，阴有保据南郑之志，使其妻兄唐昆仑于外扇诱山民，相与围城，欲为内应。围

追了回来。

秋季，七月初二日辛巳，魏孝庄帝开始进入宫中。

北魏任命高道穆为御史中尉。孝庄帝的姐姐寿阳公主在路上妨碍了高道穆清路开道，手持赤棒的清路卒大声呵斥，寿阳公主仍不停车，高道穆命士卒砸了寿阳公主的车子。寿阳公主哭诉于孝庄帝，孝庄帝说："高道穆是清直之人，他所干的是公事，我怎么能用私情而责怪他呢！"高道穆见孝庄帝，孝庄帝说："家姐在路上触犯了你，我对此深感惭愧。"高道穆摘下帽子谢罪，孝庄帝说："朕因为这件事而感到有愧于你，你何必要向我谢罪呢。"

这时候，北魏流通着很多分量不足的薄钱，一斗米几乎值一千钱。高道穆上表认为："现今市场上的铜价是八十一钱买一斤铜，私人铸造薄钱，每斤铜铸造出二百多钱尚有盈余。朝廷一方面向人们展示了私铸钱币的丰厚利润，随后又对私铸钱币的人施以重刑，这样有罪之人虽然很多，但偷铸钱币的人却也越来越多。现今的钱徒有五铢钱的名字，实际上连二铢的重量都不够，如果将其放在水上，恐怕都不会沉下水。这乃是日积月累，纠察督禁不够严厉，朝廷有失，那些私铸钱币之人又何罪之有！应该改铸大钱，刻上年号，记录开始的时间，如此则一斤铜只能铸七十钱，这样一来，私人铸钱的费用连成本尚不能赚取，不会有什么利润可言了，自然就会打消念头，更何况朝廷还有严峻的刑罚呢！"金紫光禄大夫杨侃也奏请允许百姓与官方都铸五铢钱，使百姓愿意这样做，弊端自然也就改正了。魏孝庄帝采纳了建议，从此开始铸永安五铢钱。

七月十二日辛卯，北魏任命车骑将军杨津为司空。

当初，北魏因梁、益两州疆域荒僻遥远，另行设置巴州用来统领獠人，共二十余万户，任命巴州当地的酋长严始欣为刺史；又设置了隆城镇，任命严始欣的同族侄子严恺为镇将。严始欣贪婪残暴，孝昌初年，各部獠人反叛，包围了州城，行台魏子建招抚晓谕，獠人这才解散。严始欣担心获罪，便暗中前来请求投降，皇帝派使者带着诏书、铁券、衣冠等赐予严始欣，结果被严恺所截获，将其送到魏子建处。魏子建奏请将隆城镇改为南梁州，任命严恺为刺史，将严始欣囚禁于南郑城。北魏任命唐永为东益州刺史以取代魏子建，任命梁州刺史傅竖眼为行台。魏子建离开东益州后，氐人和蜀人很快便反叛了，唐永弃城而逃，东益州便陷落了。

傅竖眼最初到梁州时，梁州人纷纷庆贺，不久，傅竖眼便长期患病，不能亲自处理政事。傅竖眼的儿子傅敬绍，骄奢淫逸，贪婪残暴，梁州人深以为患。严始欣重金贿赂傅敬绍，得以回到巴州，便举兵攻击严恺，消灭了严恺，率巴州民众来投降，梁武帝派遣将军萧玩等援助。傅敬绍看到北魏朝廷正混乱不堪，便暗中有了据

合而谋泄，城中将士共执敬绍，以白竖眼而杀之，竖眼耻恚而卒。

八月，己未，魏以太傅李延寔为司徒。甲戌，侍中、太保杨椿致仕。

九月，癸巳，上幸同泰寺，设四部无遮大会。上释御服，持法衣，行清净大舍，以便省为房，素床瓦器，乘小车，私人执役。甲子，升讲堂法座，为四部大众开《涅槃经》题。癸卯，群臣以钱一亿万祈白三宝，奉赎皇帝菩萨，僧众默许。乙巳，百辟诣寺东门，奉表请还临宸极，三请，乃许。上三答书，前后并称“顿首”。

魏尔朱荣使大都督尖山侯渊讨韩楼于蓟，配卒甚少，骑止七百，或以为言，荣曰：“侯渊临机设变，是其所长；若总大众，未必能用。今以此众击此贼，必能取之。”渊遂广张军声，多设供具，亲帅数百骑深入楼境。去蓟百余里，值贼帅陈周马步万余，渊潜伏以乘其背，大破之，虏其卒五千余人。寻还其马仗，纵令入城，左右谏曰：“既获贼众，何为复资遣之？”渊曰：“我兵既少，不可力战，须为奇计以离间之，乃可克也。”渊度其已至，遂帅骑夜进，昧旦，叩其城门。韩楼果疑降卒为渊内应，遂走，追擒之，幽州平。以渊为平州刺史镇范阳。

先是，魏使征东将军刘灵助兼尚书左仆射，慰劳幽州流民于濮阳顿丘，因帅流民北还，与侯渊共灭韩楼，仍以灵助行幽州事，加车骑将军，又为幽、平、营、安四州行台。

万俟丑奴攻魏东秦州，拔之，杀刺史高子朗。

冬，十月，己酉，上又设四部无遮大会，道、俗五万余人。会毕，上御金辂还宫，御太极殿，大赦，改元。

（以上为第七段，写北魏巴州刺史严始欣率州投降南朝；太原王尔朱荣派将领侯渊智攻破叛军首领韩楼；南朝梁武帝萧衍一心向佛，两设无遮大会，亲讲佛经。）

守南郑的打算，派他的妻兄唐昆仑在城外面煽动诱惑山民一起前来包围梁州城，傅敬绍打算做内应。梁州城被包围起来后，计划泄露，于是梁州城中的将士们一起抓住了傅敬绍，将傅敬绍的阴谋告知了傅竖眼并杀掉了傅敬绍，傅竖眼因感到耻辱和恼恨而去世。

八月初十日己未，北魏任命太傅李延寔为司徒。八月二十五日甲戌，侍中、太保杨椿退休。

九月十五日癸巳，梁武帝亲临同泰寺，设置四部无遮大会。梁武帝脱下御服，换上法衣，行清净大舍，以同泰寺中的便省为居所，室内设素床瓦器，乘小车，用家臣做仆人。九月十六日甲子，梁武帝升讲堂法座，为四部大众开讲《涅槃经》。九月二十五日癸卯，群臣用一亿万钱向佛、法、僧三宝祈求，用以赎回皇帝菩萨，僧众默许了。九月二十七日乙巳，百官来到同泰寺东门，上表请梁武帝回到北辰皇宫，请了三次，才同意。梁武帝三次复信，前后都用“顿首”的谦辞。

北魏尔朱荣派大都督、尖山县人侯渊到蓟州讨伐韩楼。尔朱荣给他的兵力很少，骑兵只有七百人，有人为此说话，尔朱荣说道：“侯渊善于临机应变，这是他的长处；如果统帅很多军队，反而未必能指挥调度。现今率领这些军队讨伐韩楼这叛贼，必定能取得胜利。”侯渊大张旗鼓、多多增设供军队使用的器具，亲自率几百名骑兵深入韩楼的境地。在离蓟州一百余里的地方，正遇上贼将陈周的一万余骑兵和步兵，侯渊潜伏下来从背后出击，大破陈周的人马，俘获五千余人。之后又很快归还了这些人的战马和兵器，放他们回蓟州城中，左右劝谏道：“既然已经俘获了贼军，为什么却又资助让回去呢？”侯渊说道：“我军兵力很少，不能力战死拼，必须设奇计以离间敌人，才能够打败敌人。”侯渊估计那些被放还的敌兵已经到了蓟州城，便率骑兵连夜前进，天亮的时候，到达蓟州城下，击打城门。韩楼果然怀疑那些被放还的降卒要作侯渊的内应，弃城而逃，侯渊追上并抓获了韩楼，幽州平定了。北魏任命侯渊为平州刺史，镇守州治范阳。

在此之前，北魏任命征东将军刘灵助兼尚书左仆射，到濮阳的顿丘去慰劳幽州的流民，刘灵助趁势率流民们回归北魏，与侯渊一道共同消灭韩楼，仍然命令刘灵助负责管理幽州的事务，加封他为车骑将军，同时又任幽、平、营、安四州的行台。

万俟丑奴攻击北魏东秦州，拔取了东秦州，杀了东秦州刺史高子朗。

冬季，十月初一日己酉，梁武帝又设四部无遮大会。参加的僧、俗有五万多人。大会之后，梁武帝乘金辂车回到皇宫中，登上太极殿，大赦天下，改年号为中大通。

魏以前司空萧赞为司徒。

十一月，己卯，就德兴请降于魏，营州平。

丙午，魏以城阳王徽为太保，丹杨王萧赞为太尉，雍州刺史长孙稚为司徒。

十二月，辛亥，兖州刺史张景邕、荆州刺史李灵起、雄信将军萧进明叛，降魏。

以陈庆之为北兖州刺史。有妖贼僧强，自称天子，土豪蔡伯龙起兵应之，众至三万，攻陷北徐州，庆之讨斩之。

魏以岐州刺史王罴行南秦州事，罴诱捕州境群盗，悉诛之。

（以上为第八段，写南朝僧强起兵造反，攻陷北徐州，名将陈庆之为北兖州刺史，率军前往平定；北魏岐州刺史王罴代理南秦州刺史，迅速平定了境内群盗。）

北魏任命前司空萧赞为司徒。

十一月初二日己卯，梁将就德兴向北魏请降，营州平定。

十一月二十九日丙午，北魏任命城阳王元徽为太保，丹扬王萧赞为太尉，雍州刺史长孙稚为司徒。

十二月初四日辛亥，梁朝兖州刺史张景邕、荆州刺史李灵起、雄信将军萧进明反叛，投降了北魏。

梁朝任命陈庆之为北兖州刺史。有一妖贼名叫僧强，自称天子，土豪蔡伯龙起兵响应他，士卒达三万人，攻陷了北徐州，陈庆之率兵前往征讨，斩杀了僧强、蔡伯龙等。

北魏委任岐州刺史王罴代理南秦州的军政事务，王罴诱捕南秦州境内的群盗，全部杀掉了。

【点评】

陈庆之识见不凡。本卷大起大落的人物应该是梁将陈庆之了。北魏北海王元颢投降了梁，任用梁的名将陈庆之为卫将军、徐州刺史，引兵向西。本年四月，乘虚自铚县到了梁国，击败拥兵七万、筑垒九座相拒的北魏将丘大千。不久又于考城大败北魏将元晖业两万人。五月，引兵西进，接连拔取荥阳、虎牢二城，荥阳一战，以七千人克元天穆三十余万之众，护送元颢入洛阳。陈庆之凡四十七战，取城三十二座，所向皆克，功绩显赫，威震中原。尔朱荣大兵南下，陈兵数百里，羌、胡之众十倍于洛阳。陈庆之守北中城，战败，化装成和尚，方才逃脱回建康。若不是元颢猜疑，陈庆之不会败得如此惨烈。

陈庆之不仅是一员武将，其政治眼光也了得。他自北魏回到梁，特别重视北方人。朱异对此感到奇怪，问陈庆之为什么这样，陈庆之说："我当初认为长江以北地区都是戎狄之乡，等到了洛阳之后，才知道衣冠人物都在中原，不是江东所能企及的，有什么理由轻视北方人呢？"这一观点颠覆了千百年来对北方人，具体而言是对"戎狄"这些北方少数民族的蔑视。陈庆之正眼看待他们，不仅仅是正视，而且是高看一眼了。陈庆之撇开民族偏见，公正地看待戎狄，算是十分难能可贵了。衣冠人物，本在中原，晋南渡之后，士人集聚建康。陈庆之从建康到了洛阳，有了比较，又有客观的态度，所以才会有客观的结论，并且大胆地讲出来，尤其令人敬仰。洛阳之所以吸引衣冠人物，实乃魏孝文帝的改革之功，促进民族融合，士人向往。

梁纪十

梁武帝中大通二年（530年）

【上章阉茂（庚戌，530年），凡一年】

【大事提要】

本卷记事公元530年，凡一年，当梁武帝中大通二年。本卷所载大事，南朝萧梁大事一件，即梁将陈庆之包围北魏悬瓠。北魏大事三件，都是围绕着尔朱氏展开。其一，魏孝庄帝元子攸不甘大权旁落尔朱氏手中，于是诈称皇太子出生，召尔朱荣入朝。孝庄帝横刀膝下，亲手杀死了尔朱荣。其二，尔朱荣死后，汾州刺史尔朱兆为了替死去的叔父报仇，发兵攻入京师洛阳，俘虏了魏孝庄帝元子攸。长广王元晔被尔朱兆拥立登上了帝位。尔朱兆满载着掠夺的财物回到晋阳，留下叔父尔朱世隆牵制元晔。其三，高欢开始显山露水。

【原文】

高祖武皇帝十

中大通二年（庚戌，530 年）

春，正月，己丑，魏益州刺史长孙寿、梁州刺史元儁等遣将击严始欣，斩之，萧玩等亦败死，失亡万余人。

辛亥，魏东徐州城民吕文欣等杀刺史元大宾，据城反，魏遣都官尚书平城樊子鹄讨之，二月，甲寅，斩文欣。

万俟丑奴侵扰关中，魏尔朱荣遣武卫将军贺拔岳讨之。岳私谓其兄胜曰："丑奴，勍敌也，今攻之不胜，固有罪，胜之，谗嫉将生。"胜曰："然则奈何？"岳曰："愿得尔朱氏一人为帅而佐之。"胜为之言于荣，荣悦，以尔朱天光为使持节、都督二雍二岐诸军事、骠骑大将军、雍州刺史，以岳为左大都督，又以征西将军代郡侯莫陈悦为右大都督，并为天光之副以讨之。

天光初行，唯配军士千人，发洛阳以西路次民马以给之。时赤水蜀贼断路，诏侍中杨侃先行慰谕，并税其马，贼持疑不下。军至潼关，天光不敢进，岳曰："蜀贼鼠窃，公尚迟疑，若遇大敌，将何以战！"天光曰："今日之事，一以相委。"岳遂进击蜀于渭北，破之，获马二千匹，简其壮健以充军士，又税民马合万余匹。以军士尚少，淹留未进。荣怒，遣骑兵参军刘贵乘驿至军中责天光，杖之一百，以军士二千人益之。

三月，丑奴自将其众围岐州，遣其大行台尉迟菩萨、仆射万俟仵自武功南渡渭，攻围趣栅，天光使贺拔岳将千骑救之。菩萨等已拔栅而还，岳故杀掠其吏民以挑之，菩萨率步骑二万至渭北。岳以轻骑数十自渭南与菩萨隔水而语，称扬国威，菩萨令省事传语，岳怒曰："我与菩萨语，卿何人也！"射杀之。明日，复引百余骑隔水与贼语，稍引而东，至水浅可涉之处，岳即驰马东出。贼以为走，乃弃步兵轻骑南渡渭追岳，岳依横冈设伏兵以待之，贼半渡冈东，岳还兵击之，贼兵败走。岳下令，贼下马者勿杀，贼悉投马，俄获三千人，马亦无遗，遂擒菩萨；仍渡渭北，降步卒万余，并收其辎重。丑奴闻之，弃岐州，北走安定，置栅于

【语译】

高祖武皇帝十

梁武帝中大通二年（庚戌，530年）

春季，正月十三日己丑，北魏益州刺史长孙寿、梁州刺史元儁等派将领攻打严始欣，将其斩首，萧玩等也战败而死，逃跑伤亡一万余人。

辛亥，北魏东徐州城百姓吕文欣等人杀死了刺史元大宾，占据东徐州城反叛，北魏派遣都官尚书平城人樊子鹄讨伐吕文欣。二月初八日甲寅，斩了吕文欣。

万俟丑奴侵扰关中，北魏尔朱荣派武卫将军贺拔岳讨伐。贺拔岳私下里对贺拔胜说："万俟丑奴是强敌，现今攻讨他不能取胜，固然有罪，但打败了他，谗佞嫉妒之言也会产生。"贺拔胜问道："那该怎么办呢？"贺拔岳说："希望让一位尔朱氏家族的人为统帅，我辅佐他。"贺拔胜向尔朱荣讲了贺拔岳的建议，尔朱荣很高兴，便任命尔朱天光为使持节、都督二雍二岐诸军事、骠骑大将军、雍州刺史。以贺拔岳为左大都督，任命征西将军代郡人侯莫陈悦为右大都督，贺拔岳、侯莫陈悦二人均作为尔朱天光的副手以征讨。

尔朱天光开始出发时，只配备了一千名士兵，依靠征发洛阳以西沿途百姓的马匹补给。当时，赤水的蜀贼切断了道路，北魏朝廷诏令侍中杨侃先去抚慰劝谕赤水蜀贼，并征集他们的马匹，叛贼将领犹疑不决。魏军到潼关后，尔朱天光不敢再前进了，贺拔岳说："蜀贼都是些鸡鸣鼠盗之辈，您尚且如此迟疑不决，如果遇到大敌的话，又将如何应敌呢！"尔朱天光说道："今天的事情，我就全部委托给你了。"贺拔岳便向渭水北岸的蜀贼进击，大破贼军，缴获战马两千匹，挑选贼军中健壮的士卒以充实魏军，又征集百姓的马匹合计一万多匹。由于兵力还比较少，因此部队停了下来没有继续前进。尔朱荣大怒，派骑兵参军刘贵乘驿马赶至军中，责备尔朱天光，将尔朱天光打了一百杖，又增兵两千人。

三月，万俟丑奴亲自率众包围了岐州，派遣其大行台尉迟菩萨、仆射万俟仵从武功南渡渭水，围攻营盘。尔朱天光先派贺拔岳率一千骑兵前往救援，尉迟菩萨等已拔起营盘返回了，贺拔岳故意大肆杀害掠夺万俟丑奴的官吏百姓，以此来激怒敌人，但是尉迟菩萨已率两万步兵和骑兵回到了渭水北岸。贺拔岳率数十轻骑在渭河南岸，与北岸的尉迟菩萨隔河对话，称扬北魏的国威。尉迟菩萨不亲自出面，只命令传话的使者向贺拔岳传话，贺拔岳大怒，说道："我跟尉迟菩萨说话，你算什么人！"于是用箭射杀了他。第二天，又带了一百多名骑兵隔着渭水跟贼军说话，渐渐地将贼军引向了东边，到了一处可以涉水而过的浅水地带，贺拔岳立即驰马向东跑去，贼军以为贺拔岳要逃跑，便抛下步兵，轻骑南渡渭水追击贺拔岳的部队，贺

平亭。天光方自雍至岐，与岳合。

夏，四月，天光至汧、渭之间，停军牧马，宣言："天时将热，未可行师，俟秋凉更图进止。"获丑奴觇候者，纵遣之。丑奴信之，散众耕于细川，使其太尉侯伏侯元进将兵五千，据险立栅，其余千人以下为栅者甚众。天光知其势分，晡时，密严诸军，相继俱发，黎明，围元进大栅，拔之，所得俘囚，一皆纵遣，诸栅闻之皆降。天光昼夜径进，抵安定城下，贼泾州刺史侯几长贵以城降。丑奴弃平亭走，欲趣高平，天光遣贺拔岳轻骑追之，丁卯，及于平凉。贼未成列，直阁代郡侯莫陈崇单骑入贼中，于马上生擒丑奴，因大呼，众皆披靡，无敢当者，后骑益集，贼众崩溃，遂大破之。天光进逼高平，城中执送萧宝寅以降。

壬申，以吐谷浑王佛辅为西秦、河二州刺史。

甲戌，魏以关中平，大赦。万俟丑奴、萧宝寅至洛阳，置阊阖门外都街之中，士女聚观凡三日。丹杨王萧赞表请宝寅之命，吏部尚书李神儁、黄门侍郎高道穆素与宝寅善，欲左右之，言于魏主曰："宝寅叛逆，事在前朝。"会应诏王道习自外至，帝问道习："在外何所闻？"对曰："惟闻李尚书、高黄门与萧宝寅周款，并居得言之地，必能全之。且二人谓宝寅叛逆在前朝，宝寅为丑奴太傅，岂非陛下时邪？贼臣不翦，法欲安施！"帝乃赐宝寅死于驼牛署，斩丑奴于都市。

（以上为第一段，写北魏叛军首领万俟丑奴侵扰关中，北魏将领尔朱天光率军讨伐，大获全胜，生擒丑奴，活捉其太傅萧宝寅，万俟丑奴被斩于洛阳闹市，萧宝寅被赐死。）

六月，丁巳，帝复以魏汝南王悦为魏王。

戊寅，魏诏胡氏亲属受爵于朝者皆黜为民。

拔岳已经在一条横向土冈背后设下伏兵等待贼军，等贼军一半人马刚渡过冈东，贺拔岳回兵反击，贼军败逃而去。贺拔岳下令，贼军凡下马者不杀，贼军纷纷下马，很快俘获三千人，马匹也没有丢掉，便捉获了尉迟菩萨。魏军仍渡过渭水北岸，贼军万余步兵投降，连同缴获其辎重。万俟丑奴听说了，放弃了岐州，向北逃至安定，在平亭设置了营栅。尔朱天光这才从雍州至岐州，跟贺拔岳会合。

夏季，四月，尔朱天光的部队来到了汧水和渭水之间，部队停下来，放养战马，并且放出话来说："天气就要变热了，不能行军作战，等到秋天凉爽了以后再考虑进军或退兵。"魏军抓获了万俟丑奴的侦察兵，又放回去。万俟丑奴相信了这些话，便解散部队，令部队在细川耕作，并派太尉侯伏侯元进率五千士兵，凭据险要设立营栅，其余一千人以下便设立营栅的很多。尔朱天光了解到万俟丑奴的兵势已经分散，傍晚时分，暗中督责各个部队，相继出发，黎明时分，包围并攻取了侯伏侯元进的大寨，所俘获的俘虏，全部放了回去，其他各营栅的贼军听说了之后，都投降了。尔朱天光昼夜前进，抵达安定城下，贼人的泾州刺史侯几长贵率城投降。万俟丑奴放弃平亭城出逃，想去高平城，尔朱天光派贺拔岳率轻骑追击，四月二十二日丁卯，在平凉追上了敌人。贼军还未列成阵势，直阁代郡人侯莫陈崇单骑闯入贼人营阵，从马上生擒了万俟丑奴，并趁势高呼，贼军都望风披靡，没有人敢阻挡侯莫陈崇，北魏的后续骑兵聚集得越来越多，贼军全线崩溃，于是大破贼军。尔朱天光又进逼高平，城中人抓住萧宝寅，将其送到魏军中请降。

四月二十七日壬申，梁朝任命吐谷浑王佛辅为西秦州、河州两州的刺史。

四月二十九日甲戌，北魏因关中已经平定，大赦天下。万俟丑奴、萧宝寅被押至洛阳，置于阊阖门外的大街上，洛阳城中的男女老少聚集围观了三天。丹扬王萧赞上表请求饶萧宝寅一命，吏部尚书李神儁、黄门侍郎高道穆平素与萧宝寅友善，也想帮萧宝寅求情，便对魏孝庄帝说："萧宝寅叛逆的事情，发生在前朝。"这时正赶上应诏王道习从外面进来，孝庄帝问王道习："你在外面听到了什么？"王道习回答说："只听到有人说李尚书、高黄门跟萧宝寅亲密友爱，这二人都处在便于进言的官位上，一定能够保全萧宝寅。而且这两个人说萧宝寅叛逆的事情发生在前朝，萧宝寅为万俟丑奴的太傅，难道不是在陛下的时候吗？贼臣如果不翦除掉，王法还能施加于谁呢！"孝庄帝便赐萧宝寅死于驼牛署，将万俟丑奴斩首于都市中。

六月十三日丁巳，梁武帝又加封原北魏汝南王元悦为魏王。

六月十四日戊寅，北魏颁布诏书，凡胡氏家族的亲属在朝廷受过爵位的一律罢黜为平民。

庚申，以魏降将范遵为安北将军、司州牧，从魏王悦北还。

万俟丑奴既败，自泾、豳以西至灵州，贼党皆降于魏，唯所署行台万俟道洛帅众六千逃入山中，不降。时高平大旱，尔朱天光以马乏草，退屯城东五十里，遣都督长孙邪利帅二百人行原州事以镇之。道洛潜与城民通谋，掩袭邪利，并其所部皆杀之。天光帅诸军赴之，道洛出战而败，帅其众西入牵屯山，据险自守。尔朱荣以天光失邪利，不获道洛，复遣使杖之一百，以诏书黜天光为抚军将军、雍州刺史，降爵为侯。

天光追击道洛于牵屯，道洛败走，入陇，归略阳贼帅王庆云。道洛骁果绝伦，庆云得之，甚喜，谓大事可济，遂称帝于水洛城，置百官，以道洛为大将军。

秋，七月，天光帅诸军入陇，至水洛城，庆云、道洛出战，天光射道洛中臂，失弓还走，拔其东城。贼并兵趣西城，城中无水，众渴乏，有降者言庆云、道洛欲突走。天光恐失之，乃遣人招谕庆云使早降，曰："若未能自决，当听诸人今夜共议，明晨早报。"庆云等冀得少缓，因待夜突出，乃报曰："请俟明日。"天光因使谓曰："知须水，今相为小退，任取涧水饮之。"贼众悦，无复走心。天光密使军士多作木枪，各长七尺，昏后，绕城布列，要路加厚，又伏人枪中，备其冲突，兼令密缚长梯于城北。其夜，庆云、道洛果驰马突出，遇枪，马各伤倒，伏兵起，即时擒之。军士缘梯入城，余众皆出城南，遇枪而止，穷窘乞降。丙子，天光悉收其仗而坑之，死者万七千人，分其家口。于是三秦、河、渭、瓜、凉、鄯州皆降。

天光顿军略阳。诏复天光官爵，寻加侍中、仪同三司。以贺拔岳为泾州刺史，侯莫陈悦为渭州刺史。秦州城民谋杀刺史骆超，南秦州城民谋杀刺史辛显，超、显皆觉之，走归天光，天光遣兵讨平之。

六月十六日庚申，梁朝任命北魏降将范遵为安北将军、司州牧，跟随魏王元悦北还。

万俟丑奴兵败后，从泾州、幽州以西直到灵州，贼党都归降了北魏，只有任命的行台万俟道洛率六千部众逃入深山之中，拒不投降。当时高平一带大旱，尔朱天光由于马匹缺少水草，退兵屯驻在高平城东五十里的地方，派都督长孙邪利率领二百人管理原州事务，镇守在高平城内。万俟道洛暗中跟高平城中百姓合谋，偷袭了长孙邪利，连同其部下都杀害了。尔朱天光率各路人马赶赴高平城救援，万俟道洛出城迎战，结果战败，率其部下向西逃进了牵屯山，据险自守。尔朱荣因尔朱天光损失了长孙邪利，还没有抓获万俟道洛，又派使者打了尔朱天光一百杖，以皇帝诏书的名义贬黜尔朱天光为抚军将军、雍州刺史，降爵位为侯。

尔朱天光率军至牵屯山追击万俟道洛，万俟道洛战败逃走，进入陇山，归附略阳的贼军首领王庆云。万俟道洛骁勇绝伦，王庆云非常高兴，以为这样一来大事可成，于是便在水洛城称帝，设置文武百官，任命万俟道洛为大将军。

秋季，七月，尔朱天光率诸军进入陇地，来到了水洛城。王庆云、万俟道洛出城迎战，尔朱天光用箭射中了万俟道洛的手臂，万俟道洛丢掉弓箭回马便走，尔朱天光趁势拔下了贼军的东城。贼军聚集起兵力退至西城，城中无水，士兵们又渴又乏，有投降北魏的士兵告诉尔朱天光说：王庆云、万俟道洛打算突围逃走。尔朱天光担心敌人逃掉，于是便派人招降王庆云，让他早日投降，并对他说："如果自己还不能决定的话，应该叫大家今夜共同商议一下，明天早晨回话。"王庆云等贼将希望能稍微缓解一下，以便等待夜间突围出逃，便回报说："请等到明天吧。"尔朱天光通过使者告诉王庆云等贼将说："我知道你们需要水，今天我的军队会稍微后退一些，任你们取山涧水饮用。"贼兵大喜，便不再有逃走之意。尔朱天光暗中让士兵们多做拒马枪，各长七尺，天黑后，环绕城边布置好，险要路口布置得更多一些，同时又让士兵埋伏在枪丛中，以防备敌人冲锋突围，还让人暗中在城北捆扎长梯子以备攻城之用。这天夜里，王庆云、万俟道洛果然驰马突围出逃，遇上拒马枪，战马各自受伤倒下，伏兵又起，当时便抓获了王庆云、万俟道洛二人。北魏士兵沿长梯登上城墙进入城内，其余贼军都从城南突围，遇上拒马枪后也被阻止住了，走投无路只好请降。七月初三日丙子，尔朱天光收缴了降兵的武器，将敌军全部活埋了，死者达一万七千人，又将他们的家属分别赏赐给将士。这时候，三秦、河、渭、瓜、凉、鄯等州也都投降了。

尔朱天光驻军略阳。皇上颁布诏书恢复了尔朱天光的官职、爵位，不久又加封为侍中、仪同三司。任命贺拔岳为泾州刺史，侯莫陈悦为渭州刺史。秦州城民图谋杀掉刺史骆超，南秦州城民图谋杀掉刺史辛显，被骆超、辛显发觉了，投奔了尔朱

（以上为第二段，写北魏王庆云称帝水洛城，被尔朱天光擒杀，三秦、河、渭、瓜、凉、鄯诸州的叛乱随之被平定。）

步兵校尉宇文泰从贺拔岳入关，以功迁征西将军，行原州事。时关、陇凋弊，泰抚以恩信，民皆感悦，曰："早遇宇文使君，吾辈岂从乱乎！"

八月，庚戌，上饯魏王悦于德阳堂，遣兵送至境上。

魏尔朱荣虽居外藩，遥制朝政，树置亲党，布列魏主左右，伺察动静，大小必知。魏主虽受制于荣，然性勤政事，朝夕不倦，数亲览辞讼，理冤狱，荣闻之，不悦。帝又与吏部尚书李神儁议清治选部，荣尝关补曲阳县令，神儁以阶悬，不奏，别更拟人。荣大怒，即遣所补者往夺其任；神儁惧而辞位，荣使尚书左仆射尔朱世隆摄选。荣启北人为河南诸州，帝未之许；太宰天穆入见面论，帝犹不许。天穆曰："天柱既有大功，为国宰相，若请普代天下官，恐陛下亦不得违之，如何启数人为州，遽不用也！"帝正色曰："天柱若不为人臣，朕亦须代；如其犹存臣节，无代天下百官之理。"荣闻之，大恚恨，曰："天子由谁得立！今乃不用我语！"

尔朱皇后性妒忌，屡致忿恚。帝遣尔朱世隆语以大理，后曰："天子由我家置立，今便如此；我父本即自作，今亦复决。"世隆曰："止自不为，若本自为之，臣今亦封王矣。"

帝既外逼于荣，内逼皇后，恒怏怏不以万乘为乐，唯幸寇盗未息，欲使与荣相持。及关、陇既定，告捷之日，乃不甚喜，谓尚书令临淮王彧曰："即今天下便是无贼。"彧见帝色不悦，曰："臣恐贼平之后，方劳圣虑。"帝畏余人怪之，还以他语乱之曰："然。抚宁荒余，弥成不易。"荣见四方无事，奏称"参军许周劝臣取九锡，臣恶其言，已斥遣令去"。荣时望得殊礼，故以意讽朝廷，帝实不欲与之，因称叹其忠。

（以上为第三段，写北魏权臣尔朱荣居处藩镇，却遥控朝政，与孝庄帝元子攸产生了不可调和的矛盾，正处于爆发的边缘。）

天光。尔朱天光派兵讨伐平定了秦州、南秦州的叛乱。

步兵校尉宇文泰跟从贺拔岳进入关内，因功劳升迁至征西将军，代理原州事务。当时关、陇地区经济凋敝，宇文泰以恩德信义抚慰百姓，当地百姓非常感激喜悦，都说："要是早点遇到宇文使君的话，我们怎会跟着参与叛乱呢！"

八月初七日庚戌，梁武帝在德阳堂为魏王元悦饯行，派兵送到边境上。

北魏尔朱荣虽居处京城之外的藩镇，却遥控朝政，广树党羽，布置于魏孝庄帝左右，以便窥伺观察朝中动静，朝中大事小事，他都知晓。魏孝庄帝虽然受到尔朱荣的控制，但他生性勤于政事，从早到晚处理政务也不疲倦，多次亲自察览诉状，审理冤案。尔朱荣听说后，很不高兴。魏孝庄帝又跟吏部尚书李神儁商议整顿官吏的选拔，尔朱荣过去曾补授过一位曲阳县令，李神儁以官阶相差太悬殊为由，没有批准，另选了别人。尔朱荣大怒，便派自己所补授的人前去曲阳县抢夺县令的职位。李神儁很恐惧，就辞了官职，尔朱荣便让尚书左仆射尔朱世隆主持吏部。尔朱荣启请他的亲党为河南各州的刺史，孝庄帝没有同意。太宰元天穆入见，当面请求批准，孝庄帝还是没有答应。元天穆说道："天柱将军既然对国家有大功，身为宰相，如果他要求调换全国的所有官员的话，恐怕陛下也不能违背他的意旨，为什么他启奏几个人为河南诸州的刺史，您竟然不允许呢？"孝庄帝严肃地说道："天柱将军如果不想做人臣的话，朕也可以被他取代；如果他还想保持臣节的话，就绝无更换天下百官的道理。"尔朱荣听说后，非常恼怒怨恨，说道："他的天子的位子是靠谁才坐上的，今天竟然不采纳我的意见了！"

尔朱皇后生性妒忌，多次向孝庄帝发泄怨恨不满之意。孝庄帝派尔朱世隆向她晓以大义，尔朱皇后说："天子是我家设立的，今天竟然这样，我父亲当初如果自己做皇帝的话，今天什么事情也就决定了。"尔朱世隆说道："正是由于自己没有做皇帝，如果当初自己做了，我现今也可封王了。"

魏孝庄帝外面受逼于尔朱荣，在内又受逼迫于尔朱皇后，因此总是怏怏不乐，并不因为自己是皇帝而感到快乐，唯一可庆幸的是寇盗尚未平息，希望寇盗与尔朱荣相抗衡。等到关、陇地区已经平定，捷报传到朝廷的时候，孝庄帝并没有很高兴，只是对尚书令临淮王元彧说道："从今以后天下便无贼寇了。"元彧见孝庄帝脸色不悦，说道："臣担心贼寇平定以后，才是圣上多费思虑之时。"孝庄帝怕其他人听到了感到奇怪，赶忙用别的话题打乱元彧道："是的，抚慰安定战乱后的余民，实在不容易。"尔朱荣见四方平定无事，上奏道："参军许周劝臣取得九锡的特殊荣宠，臣厌恶他说的话，已经斥责了他一通，让他离开了。"尔朱荣当时希望能够得到孝庄帝

荣好猎，不舍寒暑，列围而进，令士卒必齐壹，虽遇险阻，不得违避，一鹿逸出，必数人坐死。有一卒见虎而走，荣谓曰：“汝畏死邪！”即斩之，自是每猎，士卒如登战场。尝见虎在穷谷中，荣令十余人空手搏之，毋得损伤，死者数人，卒擒得之，以此为乐，其下甚苦之。太宰天穆从容谓荣曰：“大王勋业已盛，四方无事，唯宜修政养民，顺时蒐狩，何必盛夏驱逐，感伤和气？”荣攘袂曰：“灵后女主，不能自正，推奉天子，乃人臣常节。葛荣之徒，本皆奴才，乘时作乱，譬如奴走，擒获即已。顷来受国大恩，未能混壹海内，何得遽言勋业！如闻朝士犹自宽纵，今秋欲与兄戒勒士马，校猎嵩高，令贪污朝贵，入围搏虎。仍出鲁阳，历三荆，悉拥生蛮，北填六镇，回军之际，扫平汾胡。明年，简练精骑，分出江、淮，萧衍若降，乞万户侯；如其不降，以数千骑径渡缚取。然后与兄奉天子，巡四方，乃可称勋耳。今不频猎，兵士懈怠，安可复用也！”

城阳王徽之妃，帝之舅女；侍中李彧，延寔之子，帝之姊婿也。徽、彧欲得权宠，恶荣为己害，日毁荣于帝，劝帝除之。帝惩河阴之难，恐荣终难保，由是密有图荣之意，侍中杨侃、尚书右仆射元罗亦预其谋。

会荣请入朝，欲视皇后娩乳，徽等劝帝因其入，刺杀之。唯胶东侯李侃晞、济阴王晖业言：“荣若来，必当有备，恐不可图。”又欲杀其党与，发兵拒之。帝疑未定，而洛阳人怀忧惧，中书侍郎邢子才之徒已避之东出，荣乃遍与朝士书，相任去留。中书舍人温子昇以书呈帝，帝恒望其不来，及见书，以荣必来，色甚不悦。子才名劭，以字行，峦之族弟也。时人多以字行者，旧史皆因之。

特殊的礼遇，所以故意以此来委婉地向孝庄帝暗示自己的愿望，孝庄帝实在不想给尔朱荣以特殊礼遇，大加称赞了一番尔朱荣的忠诚之心。

尔朱荣喜好打猎，不管寒暑，列队四面围狩，命令士卒必须整齐划一，遇到艰难险阻也不得逃避。如果有一只鹿逃出去，必定会有几个人被处死。有一个士兵看到老虎后吓得逃开了，尔朱荣对他说道："你怕死吗？"当即便将那个士兵斩了，从此每次打猎，士卒们如同上了战场。有一次在一条幽僻的山谷中发现了老虎，尔朱荣命十几个人空手与老虎搏斗，而且不能损伤老虎，死了好几个人，最后才擒获了老虎。尔朱荣以此为乐，部下却吃尽了苦头。太宰元天穆闲暇时对尔朱荣说："大王功业非常兴盛，四方安定无事，正应该兴修德政，休养百姓，按着季节行围打猎，为什么一定要在盛夏时狩围打猎，伤害自然的和谐之气呢？"尔朱荣捋起袖子说："灵后女主，行为不正，推奉天子，乃是臣子的常节。葛荣之徒，本来都是些奴才之辈，乘时发动叛乱，好比是奴婢逃跑，擒获了就是了。近来受国家大恩，却还未能统一海内，怎能说是已经建立了功勋业绩！如果听到朝内官员还是松松垮垮，今年秋天想与你整顿兵马，到嵩山围猎，让那些贪官显贵到围子中与老虎搏斗。然后再出兵鲁阳，扫平三荆之地，一并擒获南方蛮贼，向北镇抚六镇之后，回军的时候，再铲除汾州界内的胡匪。明年，挑选精锐骑兵，分道出兵江、淮，萧衍如果投降的话，封一个万户侯；如果不投降，便率领数千骑兵直渡江、淮，将其缚取。然后与你侍奉天子，巡视四方，这才可以称得上是建立了功勋啊。现今如果不频频围猎的话，士兵们就会懈怠，怎么能够再用呢！"

城阳王元徽的妃子，是孝庄帝舅舅的女儿；侍中李彧，是李延寔的儿子，也是皇帝的姐夫。元徽、李彧想得到权力，获得皇帝的恩宠，担心尔朱荣是自己的祸害，终日在皇帝面前诋毁尔朱荣，劝皇帝除掉他。孝庄帝从河阴之难中吸取教训，担心尔朱荣最终难以驾驭，从此便萌生了除掉尔朱荣的想法。侍中杨侃、尚书右仆射元罗也参与了这一谋划。

正赶上尔朱荣请求入朝，想照看尔朱皇后分娩，元徽等人劝孝庄帝趁尔朱荣入朝之际刺杀他。只有胶东侯李侃晞、济阴王元晖业说道："尔朱荣如果来的话，一定会有所防备，恐怕不好对付。"元徽等人又想杀掉尔朱荣的党羽，派兵去对付尔朱荣。孝庄帝犹疑不定，洛阳城中官民忧虑害怕，中书侍郎邢子才之徒已经跑出洛阳城向东逃走了，尔朱荣于是给朝中每个大臣都写了一封信，表示各人可以随意去留。中书舍人温子昇将信呈给了孝庄帝，孝庄帝总希望尔朱荣不来，等到看了信后，知道尔朱荣一定要来，脸色很不高兴。邢子才名叫邢劭，以其字相称，他是邢峦的族弟。当时有很多人都是以字相称，所以旧史书都因袭下来称呼他的字。

武卫将军奚毅，建义初往来通命，帝每期之甚重，然犹以荣所亲信，不敢与之言情。毅曰："若必有变，臣宁死陛下，不能事契胡。"帝曰："朕保天柱无异心，亦不忘卿忠款。"

（以上为第四段，写北魏权臣尔朱荣不分寒暑出猎，既有爱好打猎，也有训练士兵以统一天下而建功的意思；尔朱荣欲入朝，孝庄帝元子攸与谋臣策划将其杀之。）

尔朱世隆疑帝欲为变，乃为匿名书自榜其门云："天子与杨侃、高道穆等为计，欲杀天柱。"取以呈荣。荣自恃其强，不以为意，手毁其书，唾地曰："世隆无胆。谁敢生心！"荣妻北乡长公主亦劝荣不行，荣不从。

是月，荣将四五千骑发并州，时人皆言"荣反"，又云"天子必当图荣"。九月，荣至洛阳，帝即欲杀之，以太宰天穆在并州，恐为后患，故忍未发，并召天穆。有人告荣云："帝欲图之。"荣即具奏，帝曰："外人亦言王欲害我，岂可信之！"于是荣不自疑，每入谒帝，从人不过数十，又皆挺身不持兵仗。帝欲止，城阳王徽曰："纵不反，亦何可耐，况不可保邪！"

先是，长星出中台，扫大角；恒州人高荣祖颇知天文，荣问之，对曰："除旧布新之象也。"荣甚悦。荣至洛阳，行台郎中李显和曰："天柱至，那无九锡，安须王自索也！亦是天子不见机。"都督郭罗察曰："今年真可作禅文，何但九锡！"参军褚光曰："人言并州城上有紫气，何虑天柱不应之！"荣下人皆陵侮帝左右，无所忌惮，故其事皆上闻。

奚毅又见帝，求间，帝即下明光殿与语，知其至诚，乃召城阳王徽及杨侃、李彧告以毅语。荣小女适帝兄子陈留王宽，荣尝指之曰："我终得此婿力。"徽以白帝，曰："荣虑陛下终为己患，脱有东宫，必贪立孩幼，若皇后不生太子，则立陈留耳。"帝梦手持刀自割落十指，恶之，告徽及杨侃，徽曰："蝮蛇螫手，壮士解腕，割指亦是其类，乃吉祥也。"

武卫将军奚毅，建义初年以来往返传达使命，孝庄帝对他期望看重，但又由于他是尔朱荣所亲信的人，因此不敢跟他说实情。奚毅对孝庄帝说："如果有什么变故的话，我宁肯为陛下而死，也不会去为契胡做事。"孝庄帝说道："朕保证天柱将军不会有什么异心，朕也不会忘记你的忠诚。"

尔朱世隆怀疑孝庄帝想要有所变动，便写了封匿名信贴在了自己家门上，信上称："天子与杨侃、高道穆等人策划，打算杀掉天柱将军尔朱荣。"尔朱世隆自己又取下这封信呈送给了尔朱荣。尔朱荣仗恃自己的力量强大，对此并不在意，亲手撕了这封信，朝地上唾了一口说道："尔朱世隆太没有胆量了，谁敢有这样的想法！"尔朱荣的妻子北乡长公主也劝尔朱荣不要入朝，尔朱荣不听。

当月，尔朱荣率四五千骑兵从并州出发，当时人们都说"尔朱荣要反叛"，又说："天子肯定图谋尔朱荣。"九月，尔朱荣到了洛阳，孝庄帝当时便想杀了他，由于太宰元天穆还在并州，担心成为后患，所以忍住未杀，同时召元天穆进京。有人告诉尔朱荣说："皇上想图谋您。"尔朱荣便将这话上奏了孝庄帝，孝庄帝说道："外边的人也传言说太原王想害了我，怎么可以相信呢！"这时尔朱荣便不再怀疑，每次入朝拜谒皇帝，随从也不过几十人，并且都赤手不带兵器。孝庄帝又打算放弃原来的想法，城阳王元徽说道："即使尔朱荣不反叛，又怎么能容忍他这样呢，何况不可保证他不反呢！"

在这以前，彗星出现在中台的位置，又扫过大角星。恒州人高荣祖对天文历象很通晓，尔朱荣问他，高荣祖回答说："这是除旧布新的预兆。"尔朱荣非常高兴。尔朱荣到了洛阳城后，行台郎中李显和说："天柱将军来到京城，怎么可以没有九锡，何须大王亲自索要！也是当今天子不辨情势。"都督郭罗察说："今年一定可以写作禅让的文章，何止加九锡呀！"参军褚光说："人们都说并州城上有紫气，何须忧虑天柱大将军不应此征兆！"尔朱荣的部下大加凌侮孝庄帝左右之人，肆无忌惮，所以这些事都传到了孝庄帝那里。

奚毅又入宫晋见孝庄帝，请求屏除左右，孝庄帝便走下明光殿与奚毅交谈，知道他非常忠诚，于是便召见城阳王元徽及杨侃、李彧等人，将奚毅的话告诉了他们。尔朱荣的小女儿嫁给孝庄帝的侄子陈留王元宽，尔朱荣有一次指着元宽说："我最终会得到这位女婿的帮助。"元徽将这事告诉了孝庄帝，说道："尔朱荣顾虑到陛下最终会成为自己的后患，如果有了东宫太子，他必然贪心立幼子为帝，如果皇后生的不是男孩，就会立陈留王。"孝庄帝做梦梦见自己持刀割掉了十个手指，很讨厌这个梦，告诉了元徽和杨侃，元徽说道："蝮蛇刺了手，壮士便要割断手腕，割掉手指跟

戊子，天穆至洛阳，帝出迎之。荣与天穆并从入西林园宴射，荣奏曰："近来侍官皆不习武，陛下宜将五百骑出猎，因省辞讼。"先是，奚毅言荣欲因猎挟天子移都，由是帝益疑之。

辛卯，帝召中书舍人温子昇，告以杀荣状，并问以杀董卓事，子昇具道本末。帝曰："王允若即赦凉州人，必不应至此。"良久，语子昇曰："朕之情理，卿所具知。死犹须为，况不必死，吾宁为高贵乡公死，不为常道乡公生！"帝谓杀荣、天穆，即赦其党，皆应不动。应诏王道习曰："尔朱世隆、司马子如、朱元龙特为荣所委任，具知天下虚实，谓不宜留。"徽及杨侃皆曰："若世隆不全，仲远、天光岂有来理！"帝亦以为然。徽曰："荣腰间常有刀，或能狼戾伤人，临事愿陛下起避之。"乃伏侃等十余人于明光殿东。其日，荣与天穆并入，坐食未讫，起出，侃等从东阶上殿，见荣、天穆已至中庭，事不果。

（以上为第五段，写北魏权臣尔朱荣来到都城洛阳，孝庄帝元子攸与心腹谋议诛除，第一次尝试没有成功。）

壬辰，帝忌日；癸巳，荣忌日。甲午，荣暂入，即诣陈留王家饮酒，极醉，遂言病动，频日不入。帝谋颇泄，世隆又以告荣，且劝其速发，荣轻帝，以为无能为，曰："何怱怱！"

预帝谋者皆惧，帝患之。城阳王徽曰："以生太子为辞，荣必入朝，因此毙之。"帝曰："后怀孕始九月，可乎？"徽曰："妇人不及期而产者多矣，彼必不疑。"帝从之。戊戌，帝伏兵于明光殿东序，声言皇子生，遣徽驰骑至荣第告之。荣方与上党王天穆博，徽脱荣帽，欢舞盘旋，兼殿内文武传声趣之，荣遂信之，与天穆俱入朝。帝闻荣来，不觉失色，中书舍人温子昇曰："陛下色变。"帝连索酒饮之。帝令子昇作赦文，既成，执以出，遇荣自外入，问："是何文书？"子昇颜色不变，曰"敕"，荣不取视而入。帝在东序下西向坐，荣、天穆在御榻西北南向坐。徽入，始一拜，荣见光禄少卿鲁安、典御李侃晞等抽刀从东户入，即起趋御座，

这同一道理，这是吉祥之兆啊！”

九月十五日戊子，元天穆到了洛阳，孝庄帝出宫迎接。尔朱荣与元天穆一起随孝庄帝来到西林园宴饮射猎，尔朱荣奏请道：“近来侍卫和臣子都不再习武，陛下应率五百骑兵到外面围猎，正好也可以解脱辞讼公务带来的劳苦。”在这之前，奚毅曾说尔朱荣打算趁围猎的时候胁迫天子迁都，因此孝庄帝更加怀疑了。

九月十八日辛卯，孝庄帝召见中书舍人温子昇，告诉了想杀尔朱荣的情况，并问温子昇当年王允杀董卓的事，温子昇从头至尾详细地讲述了那件事。孝庄帝说道：“王允当时若立即赦免凉州人的话，一定不会落到最后那种地步。”过了许久，孝庄帝又对温子昇说：“朕内心的真实情感和想法，你是都知道的。即使冒死也一定要做，何况还不一定死呢，我宁愿像高贵乡公曹髦那样死，也不愿像常道乡公曹奂那样活着！”孝庄帝认为杀掉尔朱荣、元天穆，然后立即赦免其党羽，那些党羽便一定都不会反叛了。应诏王道习说：“尔朱世隆、司马子如、朱元龙等人深受尔朱荣的信任，了解国家的虚实，不应留着他们。”元徽和杨侃都说：“如果尔朱世隆被杀，那么尔朱仲远和尔朱天光怎么还会来呢！”孝庄帝也认为他们两人说的对，元徽又说道：“尔朱荣腰间经常带着刀，也许困厄、窘迫的时候会伤人的，事发的时候希望陛下起身躲避一下。”杨侃等十余人便在明光殿东侧埋伏了下来。这一天，尔朱荣与元天穆一同入朝，坐下来还没吃完饭，便起身出去了，杨侃等人从东边的台阶上殿时，看到尔朱荣、元天穆已经到了中庭，这一次没能成功。

九月十九日壬辰，这一天是孝庄帝父母的忌日；九月二十日癸巳，这一天是尔朱荣父母的忌日。九月二十一日甲午，尔朱荣短暂上朝之后，便到陈留王家里饮酒去了，喝得大醉，于是便称说生病了，连日没有上朝。孝庄帝的计划大多被泄露出去了，尔朱世隆又将这些告诉了尔朱荣，并且劝尔朱荣赶快逃走，尔朱荣对孝庄帝很轻视，认为孝庄帝不能有所作为，说道：“何必这么着急呢！”

参与孝庄帝谋划的人都非常害怕，孝庄帝也很担心。城阳王元徽说：“用皇后生太子为借口，尔朱荣肯定会入朝，趁机便可杀了他。”孝庄帝说：“皇后怀孕才九个月，这样说行吗？”元徽说道：“女人怀孕不到分娩日期就生了孩子的很多，尔朱荣肯定不会怀疑的。”孝庄帝听从了元徽。九月二十五日戊戌，孝庄帝在明光殿东厢埋伏好武士，对外声言说皇后生了皇太子，派元徽飞马赶到尔朱荣的府第告诉消息。尔朱荣当时正跟上党王元天穆赌博，元徽摘下了尔朱荣的帽子，拿在手上欢舞盘旋，再加上殿内文武信使前来催促尔朱荣，尔朱荣便相信了，跟元天穆一起来到朝廷。孝庄帝听说尔朱荣来了，不禁惊慌失色，中书舍人温子昇说：“陛下脸色都变了。”孝庄帝赶忙要酒来喝。孝庄帝命温子昇起草赦文，写成之后，拿着走出宫殿，

帝先横刀膝下，遂手刃之，安等乱斫，荣与天穆同时俱死。荣子菩提及车骑将军尔朱阳覩等三十人从荣入宫，亦为伏兵所杀。帝得荣手版，上有数牒启，皆左右去留人名，非其腹心者悉在出限，帝曰："竖子若过今日，遂不可制。"于是内外喜噪，声满洛阳城。百僚入贺。帝登阊阖门，下诏大赦，遣武卫将军奚毅、前燕州刺史崔渊将兵镇北中。是夜，北乡长公主帅荣部曲，焚西阳门，出屯河阴。

（以上为第六段，写北魏孝庄帝元子攸假称皇后生子，哄骗尔朱荣入宫，亲手将其诛杀。）

卫将军贺拔胜与荣党田怡等闻荣死，奔赴荣第。时宫殿门犹未加严防，怡等议即攻门，胜止之曰："天子既行大事，必当有备，吾辈众少，何可轻尔！但得出城，更为他计。"怡乃止。

及世隆等走，胜遂不从，帝甚嘉之。朱瑞虽为荣所委，而善处朝廷之间，帝亦善遇之，故瑞从世隆走而中道逃还。

荣素厚金紫光禄大夫司马子如，荣死，子如自宫中突出，至荣第，弃家，随荣妻子走出城。世隆即欲还北，子如曰："兵不厌诈，今天下恟恟，唯强是视，当此之际，不可以弱示人，若亟北走，恐变生肘腋。不如分兵守河桥，还军向京师，出其不意，或可成功。假使不得所欲，亦足示有余力，使天下畏我之强，不敢叛散。"世隆从之。己亥，攻河桥，擒奚毅等，杀之，据北中城。魏朝大惧，遣前华阳太守段育慰谕之，世隆斩首以徇。

魏以雍州刺史尔朱天光为侍中、仪同三司。以司空杨津为都督并肆等九州诸军事、骠骑大将军、并州刺史，兼尚书令、北道行台，经略河、汾。

这时正遇上尔朱荣从外面进来，尔朱荣问道："这是什么文书？"温子昇神色不变，答道："这是皇上的诏书。"尔朱荣没有拿来看便走了进去。孝庄帝在东墙下西向坐，尔朱荣、元天穆在御榻西北面南向坐。元徽进来后，刚拜了一拜，尔朱荣便看见光禄少卿鲁安、典御李侃等人持刀从东门闯了进来，尔朱荣赶快起身，快步奔向孝庄帝的座位，孝庄帝预先将刀横在膝下，亲手杀了尔朱荣。鲁安等奔上前去一阵乱砍，尔朱荣与元天穆同时被杀死。尔朱荣的儿子尔朱菩提及车骑将军尔朱阳覩等三十名随尔朱荣入宫的人，也都被伏兵所杀。孝庄帝得到了尔朱荣的手版，上面有几张启奏书，记的都是些要除掉或留下的在孝庄帝左右的人名，不是尔朱荣心腹的人均在赶出之列。孝庄帝说道："这小子如果活过了今天，就难以制驭了。"当时朝廷内外一片欢呼之声，声音响彻洛阳城。文武百官纷纷入朝庆贺。孝庄帝登上阊阖门，颁布诏书宣布大赦天下，派武卫将军奚毅、前燕州刺史崔渊率兵镇守北中城。当夜，［尔朱世隆护卫着］北乡长公主率尔朱荣的部曲烧毁了西阳门，逃出洛阳城，屯驻于河阴。

卫将军贺拔胜与尔朱荣亲党田怡等人听说尔朱荣已死，急忙奔赴尔朱荣的府第。当时宫殿大门还未来得及严加防卫，田怡等商议立即攻打皇宫，贺拔胜制止说："天子既然做了如此重大的事，一定会早有防备，我们人马这么少，怎么能轻率从事呢？现在只能先逃出洛阳城，再想别的办法吧。"田悦这才作罢。

等到尔朱世隆逃走时，贺拔胜却没有跟从一起出逃，孝庄帝对贺拔胜很嘉奖。朱瑞虽然被尔朱荣所信任，但与朝廷大臣之间的关系处得很好，孝庄帝对他也很善待，所以朱瑞随尔朱世隆出逃后中途又逃了回来。

尔朱荣平素对金紫光禄大夫司马子如很器重，尔朱荣死后，司马子如从宫中逃了出来，来到了尔朱荣的府第，抛弃了家人，跟随尔朱荣的妻子和儿子逃出了洛阳城。尔朱世隆想马上回到北方，司马子如说道："兵不厌诈，当今天下一片混乱，只有强者才能号令天下，当此之际，不能以弱者姿态显示于人，如果急急忙忙向北逃去的话，恐怕内部就会发生不测的事情，不如分兵据守河桥，回军京师，出其不意，或许可以成功。即使不能成功，也足以显示还有余力，使天下的人畏惧我们的强大，不敢叛离。"尔朱世隆听从了。九月二十六日己亥，尔朱世隆的部队攻占了河桥，擒获了奚毅等人，将他们杀掉，占据了北中城。北魏朝廷大为惊恐，于是派遣前华阳太守段育前往慰问安抚，尔朱世隆将段育斩首示众。

北魏任命雍州刺史尔朱天光为侍中、仪同三司。任命司空杨津为都督并肆等九州诸军事、骠骑大将军、并州刺史，兼尚书令、北道行台，统辖河、汾地区。

荣之入洛也，以高敖曹自随，禁于驼牛署；荣死，帝引见，劳勉之。兄乾自东冀州驰赴洛阳，帝以乾为河北大使，敖曹为直阁将军，使归，招集乡曲为表里形援。帝亲送之于河桥，举酒指水曰："卿兄弟冀部豪杰，能令士卒致死，京城傥有变，可为朕河上一扬尘。"乾垂涕受诏，敖曹援剑起舞，誓以必死。

冬，十月，癸卯朔，世隆遣尔朱拂律归将胡骑一千，皆白服，来至郭下，索太原王尸。帝升大夏门望之，遣主书牛法尚谓之曰："太原王立功不终，阴图衅逆，王法无亲，已正刑书。罪止荣身，余皆不问。卿等若降，官爵如故。"拂律归曰："臣等随太原王入朝，忽致冤酷，今不忍空归。愿得太原王尸，生死无恨。"因涕泣，哀不自胜，群胡皆恸哭，声振城邑。帝亦为之怆然，遣侍中朱瑞赍铁券赐世隆。世隆谓瑞曰："太原王功格天地，赤心奉国，长乐不顾信誓，枉加屠害，今日两行铁字，何足可信！吾为太原王报仇，终无降理！"瑞还，白帝，帝即出库物置城西门外，募敢死之士以讨世隆，一日即得万人，与拂律归等战于郭外。拂律归等生长戎旅，洛阳之人不习战斗，屡战不克。甲辰，以前车骑大将军李叔仁为大都督，帅众讨世隆。

（以上为第七段，写北魏权臣尔朱荣被杀后，他的党羽部属纷纷反叛，孝庄帝与尔朱荣余党矛盾激化，欲用铁券笼络，而其余党不论生死，铁了心要报仇，一时乌云笼罩洛阳城。）

戊申，皇子生，大赦。以中书令魏兰根兼尚书左仆射，为河北行台，定、相、殷三州皆禀兰根节度。

尔朱氏兵犹在城下，帝集朝臣博议，皆恇惧不知所出。通直散骑常侍李苗奋衣起曰："今小贼唐突如此，朝廷有不测之忧，正是忠臣烈士效节之日。臣虽不武，请以一旅之众为陛下径断河桥。"城阳王徽、高道穆皆以为善，帝许之。乙卯，苗募人从马渚上流乘船夜下，去桥数里，纵火船焚河桥，倏忽而至。尔朱氏兵在南岸者，望之，争桥北渡，俄而桥绝，溺死者甚众。苗将百许人泊于小渚以待南援，官军不至，尔朱氏就击之，左右皆尽，苗赴水死。帝伤惜之，赠车骑大将军、仪同三司，封河阳侯，谥曰忠烈。世隆亦收兵北遁。丙辰，诏行台源子恭将步骑一万出西道，杨昱将募士八千出东道以讨之，子恭仍镇太行丹谷，筑垒以防

尔朱荣当初到洛阳的时候，将高敖曹带在身边，囚禁在驼牛署中。尔朱荣死后，孝庄帝召见高敖曹，慰问嘉勉了他。高敖曹的哥哥高乾从东冀州赶到了洛阳城，孝庄帝任命高乾为河北大使，高敖曹为直阁将军，让他们回去，召集乡勇作为朝廷的外援。孝庄帝亲自送高氏兄弟至河桥，举起酒杯，指着黄河水说："你们兄弟二人是冀部豪杰，能使士卒拼死效力，京城倘若有什么变故，你们可以为我作战。"高乾流着眼泪接受了诏命，高敖曹拔剑起舞，发誓以死报效。

冬季，十月初一日癸卯朔，尔朱世隆派尔朱拂律归率领胡骑一千名，都穿着白色孝服，来到洛阳城下，索要太原王尔朱荣的尸首。孝庄帝登上大夏门观望后，派主书牛法尚对尔朱拂律归说："太原王为国立功，但是没有能保住晚节，阴谋策划叛乱，国法不分亲疏，已经按照刑书处死。但是，罪行只限于尔朱荣一人，其余的人一概不予追究。你们如果投降的话，官职爵位一切照旧。"尔朱拂律归说道："臣等追随太原王入朝，太原王忽然蒙受如此奇冤，现今我们不忍心空手回去。希望得到太原王的尸首，也就死而无恨了。"说着便流下了眼泪，不胜悲哀，胡兵们也都大声恸哭，哭声震动了洛阳城。孝庄帝也不禁为之悲伤，派侍中朱瑞持铁券赐予尔朱世隆。尔朱世隆对朱瑞说："太原王功盖天地，忠心为国，长乐王尚且不顾信誓，枉加残害，今天这两行铁字，何足为信！我一定要为太原王报仇，决无投降之理！"朱瑞回来后，报告了孝庄帝。孝庄帝便取出府库中的财物放在洛阳城西门外，招募不怕死的壮士以讨伐尔朱世隆，一天便招募了一万人，与尔朱拂律归等在城外交战。尔朱拂律归等从小在军旅中长大，洛阳城内的人不熟悉作战，因此几次战斗都未能打败尔朱拂律归。十月初二日甲辰，孝庄帝任命前车骑大将军李叔仁为大都督，率军讨伐尔朱世隆。

十月初六日戊申，皇子出生，北魏大赦天下。任命中书令魏兰根兼任尚书左仆射，为河北行台。定、相、殷三州都受魏兰根统辖。

尔朱氏的军队仍然守在洛阳城下，孝庄帝召集朝廷大臣广泛商议，都恐慌得不知如何是好。通直散骑常侍李苗拂袖起身说："现今贼兵如此猖狂，朝廷面临不测之忧，这正是忠臣烈士报效尽忠之日。臣虽然不是武将，请求率一旅之师为陛下截断河桥。"城阳王元徽、高道穆都认为李苗的建议很好，孝庄帝便答应了。十月十二日乙卯，李苗募人从马渚的上游乘船在夜间顺流而下，离桥还有几里，放出火船焚烧河桥，瞬间到了桥边。南岸的尔朱世隆士兵，看到以后，争着涌上桥向北逃，不一会儿，桥便烧断了，溺死的人很多。李苗率一百多人停驻在水中小岛上等待南援之兵，但官军一直未到，尔朱氏的部队便向他们发动攻击，士兵全部战死，李苗自己也投水而死。孝庄帝对李苗之死很是伤心痛惜，追赠他为车骑大将军、仪同三司，

之。世隆至建州，刺史陆希质闭城拒守，世隆攻拔之，杀城中人无遗类，以肆其忿，唯希质走免。

诏以前东荆州刺史元显恭为晋州刺史，兼尚书左仆射、西道行台。

魏东徐州刺史广牧斛斯椿素依附尔朱荣，荣死，椿惧，闻汝南王悦在境上，乃帅部众弃州归悦。悦授椿侍中、大将军、司空，封灵丘郡公，又为大行台前驱都督。

汾州刺史尔朱兆闻荣死，自汾州帅骑据晋阳；世隆至长子，兆来会之。壬申，共推太原太守、行并州事长广王晔即皇帝位，大赦，改元建明。晔，英之弟子也。以兆为大将军，进爵为王；世隆为尚书令，赐爵乐平王，加太傅、司州牧；又以荣从弟度律为太尉，赐爵常山王；世隆兄天柱长史彦伯为侍中；徐州刺史仲远为车骑大将军，兼尚书左仆射、三徐州大行台。仲远亦起兵向洛阳。

尔朱天光之克平凉也，宿勤明达请降，既而复叛，北走，天光遣贺拔岳讨之，明达奔东夏。岳闻尔朱荣死，不复穷追，还泾州以待天光。天光与侯莫陈悦亦下陇，与岳谋引兵向洛。魏敬宗使朱瑞慰谕天光，天光与岳谋，欲令帝外奔而更立宗室，乃频启云：“臣实无异心，唯欲仰奉天颜，以申宗门之罪。”又使其下僚属启云：“天光密有异图，愿思胜算以防之。”

范阳太守卢文伟诱平州刺史侯渊出猎，闭门拒之。渊屯于郡南，为荣举哀，勒兵南向，进，至中山，行台仆射魏兰根邀击之，为渊所败。

敬宗以城阳王徽兼大司马、录尚书事，总统内外。徽意谓荣既死，枝叶自应散落，及尔朱世隆等兵四起，党众日盛，徽忧怖，不知所出。性多嫉忌，不欲人居己前，每独与帝谋议，群臣有献策者，徽辄劝帝不纳，且曰：“小贼何虑不平！”又靳惜财货，赏赐率皆薄少，或多而中减，

封河阳侯，谥号为忠烈。尔朱世隆也收兵北逃。十月十四日丙辰，孝庄帝颁布诏书命令行台源子恭率一万步兵和骑兵出西道，杨昱率招募来的八千士兵出东道以讨伐尔朱世隆。源子恭仍然镇守太行关的丹谷，修筑堡垒以防备贼军。尔朱世隆的部队来到建州，建州刺史陆希质紧闭城门坚守，尔朱世隆拔取建州城，屠杀了城中所有的人，以尽情发泄忿恨，只有陆希质逃走，免于一死。

魏孝庄帝颁布诏书任命前东荆州刺史元显恭为晋州刺史，兼尚书左仆射、西道行台。

北魏东徐州刺史广牧人斛斯椿一直依附于尔朱荣，尔朱荣死后，斛斯椿很恐惧，听说汝南王元悦在东徐州的边境上，于是便率领部众放弃了东徐州，投奔了元悦。元悦任命斛斯椿为侍中、大将军、司空，加封灵丘郡公，又任命其为大行台前驱都督。

汾州刺史尔朱兆听到尔朱荣死了，从汾州率骑兵占据了晋阳。尔朱世隆到了长子，尔朱兆前来与他会合。十月三十日壬申，共同推举太原太守、行并州事长广王元晔即皇帝位，大赦天下，改年号为建明。元晔是元英的侄子。任命尔朱兆为大将军，进爵为王；尔朱世隆为尚书令，赐爵乐平王，加封为太傅、司州牧；尔朱荣的堂弟尔朱拂律归为太尉，赐爵常山王；尔朱世隆的哥哥天柱大将军长史尔朱彦伯为侍中；徐州刺史尔朱仲远为车骑大将军，兼尚书左仆射、三徐州大行台。尔朱仲远这时也出兵指向洛阳。

尔朱天光当时攻克平凉的时候，宿勤明达请求投降，但不久又反叛了，向北逃走。尔朱天光派贺拔岳率兵讨伐，宿勤明达逃奔到东夏。贺拔岳听说尔朱荣已死，便不再穷追，回兵泾州以等待尔朱天光。尔朱天光与侯莫陈悦也南下陇地，跟贺拔岳商议率兵到洛阳。魏孝庄帝派朱瑞前去慰问晓谕尔朱天光，尔朱天光跟贺拔岳策划打算让孝庄帝外逃，然后再重新立一个皇族成员为皇帝。于是尔朱天光频频向孝庄帝上表称："臣确实没有异心，只是想见到皇上，当面申述尔朱氏的罪过。"同时又让他的部下向孝庄帝上表说："尔朱天光暗中早有异图，希望陛下想个足以制胜的计谋以防备尔朱天光。"

范阳太守卢文伟引诱平州刺史侯渊出城狩猎，乘机紧闭城门不许侯渊返回。侯渊率军驻扎在范阳郡的南面，为尔朱荣举哀悼念，整军向南进发，来到了中山，行台仆射魏兰根中道拦击侯渊，被侯渊打败。

魏孝庄帝任命城阳王元徽兼任大司马、录尚书事，负责朝廷内外的一切事务。元徽心里认为尔朱荣既然已经死了，枝叶自然也会四下分散了，等到尔朱世隆等人率兵四起，声势一天天兴盛后，元徽心中非常忧虑、恐惧，不知该如何是好。元徽生性嫉妒，不愿别人超过自己，常常独自与孝庄帝谋划商议，群臣中有献计献策的，

或与而复追，故徒有糜费而恩不感物。

（以上为第八段，写北魏权臣尔朱荣党羽尔朱世隆与尔朱兆会合于晋阳，拥戴长广王元晔即位；孝庄帝元子攸无计可施，重用庸才城阳王元徽，其败亡指日可待。）

十一月，癸酉朔，敬宗以车骑将军郑先护为大都督，与行台杨昱共讨尔朱仲远。

乙亥，以司徒长孙稚为太尉，临淮王彧为司徒。

丙子，进雍州刺史广宗公尔朱天光爵为王。长广王亦以天光为陇西王。

尔朱仲远攻西兖州，丁丑，拔之，擒刺史王衎。衎，肃之兄子也。癸未，敬宗以右卫将军贺拔胜为东征都督；壬辰，又以郑先护兼尚书左仆射为行台，与胜共讨仲远。戊戌，诏罢魏兰根行台，以定州刺史薛昙尚兼尚书，为北道行台。郑先护疑贺拔胜，置之营外。庚子，胜与仲远战于滑台东，兵败，降于仲远。

初，尔朱荣尝从容问左右曰："一日无我，谁可主军？"皆称尔朱兆。荣曰："兆虽勇于战斗，然所将不过三千骑，多则乱矣。堪代我者，唯贺六浑耳。"因戒兆曰："尔非其匹，终当为其穿鼻。"乃以高欢为晋州刺史。及兆引兵向洛，遣使召欢，欢遣长史孙腾诣兆，辞以"山蜀未平，今方攻讨，不可委去，致有后忧。定蜀之日，当隔河为掎角之势"。兆不悦，曰："还白高晋州，吾得吉梦，梦与吾先人登高丘，丘旁之地，耕之已熟，独余马蔺，先人命吾拔之，随手而尽。以此观之，往无不克。"腾还报，欢曰："兆狂愚如是，而敢为悖逆，吾势不得久事尔朱矣。"

（以上为第九段，写高欢原来投奔尔朱荣，尔朱荣对他非常赏识，青眼有加，认为他非尔朱兆等人所能比。）

十二月，壬寅朔，尔朱兆攻丹谷，都督崔伯凤战死，都督史仵龙开壁请降，源子恭退走。兆轻兵倍道兼行，从河桥西涉渡。先是，敬宗以大河深广，谓兆未能猝济，是日，水不没马腹。甲辰，暴风，黄尘涨天，兆骑叩宫门，宿卫乃觉，弯弓欲射，矢不得发，一时散走。华山王鸷，斤之玄孙也，素附尔朱氏。帝始闻兆南下，欲自帅诸军讨之，鸷说帝曰："黄河万仞，兆安得渡！"帝遂自安。及兆入宫，鸷复约止卫兵不使斗。

总是劝孝庄帝不要采纳，并且说："何必担心这些小贼寇不能平定！"元徽又很吝惜财货，对官兵的赏赐都很微薄，有时本来赏赐较多，但元徽却中途又克扣减少，有时已经赏给了却又追夺回来，所以徒费钱财但人们却感觉不到朝廷的恩泽。

十一月初一日癸酉朔，魏孝庄帝任命车骑将军郑先护为大都督，与行台杨昱一起讨伐尔朱仲远。

十一月初二日乙亥，魏孝庄帝任命司徒长孙稚为太尉，临淮王元彧为司徒。

十一月初四日丙子，魏孝庄帝将雍州刺史、广宗公尔朱天光进爵为王。长广王元晔也任命尔朱天光为陇西王。

尔朱仲远攻打西兖州，十一月初五日丁丑，攻下了西兖州，活捉了刺史王衎。王衎是王肃的侄子。十一月十一日癸未，魏孝庄帝任命右卫将军贺拔胜为东征都督，十一月二十日壬辰，任命郑先护兼尚书左仆射，为行台，与贺拔胜共同讨伐尔朱仲远。十一月二十六日戊戌，颁布诏书罢免了魏兰根的行台，任命定州刺史薛昙尚兼尚书，为北道行台。郑先护对贺拔胜有所怀疑，将其置于大营之外。十一月二十八日庚子，贺拔胜与尔朱仲远在滑台以东交战，贺拔胜战败，投降了尔朱仲远。

当初，尔朱荣曾在闲暇的时候问左右道："一旦没有了我，谁可以统领军队？"左右都说尔朱兆可以。尔朱荣说："尔朱兆虽然战斗勇猛，但他率领的部队至多不能超过三千骑，再多就会乱了。能够代替我的人，只有贺六浑（高欢）啊。"因此尔朱荣告诫尔朱兆说："你不是他的对手，最终要被他穿了牛鼻子。"便任命高欢为晋州刺史。等到尔朱兆率军向洛阳的时候，派人召请高欢，高欢派长史孙腾前去见尔朱兆，推辞说："山蜀的叛乱还没有平息，现今正在讨伐，不能放弃，以免招致后患。等到平定山蜀叛乱后，当隔黄河构成犄角之势。"尔朱兆很不高兴，对孙腾说道："你回去告诉高晋州，我做了一个好梦，梦见自己与先人登上高丘，高丘周围的土地，耕翻得已经很仔细了，却只剩下了马蔺草，先人命我将马蔺草拔除掉，我随手便将草拔除干净了。由此来看，一定会无往而不克的。"孙腾回去向高欢汇报，高欢说道："尔朱兆如此猖狂愚蠢，竟敢做叛乱之事，看来我是不能长久侍奉尔朱氏了。"

十二月初一日壬寅朔，尔朱兆攻打丹谷，都督崔伯凤战死，都督史仵龙打开营门向尔朱兆请降，源子恭溃退逃走。尔朱兆率轻装士兵倍道兼程，从河桥的西边渡过了黄河。在这之前，孝庄帝以为黄河又深又宽，尔朱兆不可能很快渡过黄河，但是这一天，黄河水还没不过马肚子。十二月初三日甲辰，狂风大作，黄尘漫天，直至尔朱兆的骑兵叩击皇宫的宫门，值宿的卫士才发觉，搭弓放箭，由于狂风，箭射不出去，便都四散奔逃。华山王元鸷，是元斤的玄孙，一直依附于尔朱氏。孝庄帝

帝步出云龙门外，遇城阳王徽乘马走，帝屡呼之，不顾而去。兆骑执帝，锁于永宁寺楼上，帝寒甚，就兆求头巾，不与。兆营于尚书省，用天子金鼓，设刻漏于庭；扑杀皇子，污辱嫔御妃主，纵兵大掠，杀司空临淮王彧、尚书左仆射范阳王诲、青州刺史李延寔等。

城阳王徽走至山南，抵前洛阳令寇祖仁家。祖仁一门三刺史，皆徽所引拔，以有旧恩，故投之。徽赍金百斤，马五十匹，祖仁利其财，外虽容纳，而私谓子弟曰："如闻尔朱兆购募城阳王，得之者封千户侯。今日富贵至矣！"乃怖徽云官捕将至，令其逃于他所，使人于路邀杀之，送首于兆；兆亦不加勋赏。兆梦徽谓己曰："我有金二百斤、马百匹在祖仁家，卿可取之。"兆既觉，意所梦为实，即掩捕祖仁，征其金、马。祖仁谓人密告，望风款服，云"实得金百斤、马五十匹"。兆疑其隐匿，依梦征之，祖仁家旧有金三十斤、马三十匹，尽以输兆。兆犹不信，发怒，执祖仁，悬首高树，大石坠足，捶之至死。

尔朱世隆至洛阳，兆自以为己功，责世隆曰："叔父在朝日久，耳目应广，如何令天柱受祸！"按剑瞋目，声色甚厉；世隆逊辞拜谢，然后得已，由是深恨之。尔朱仲远亦自滑台至洛。

（以上为第十段，写北魏尔朱兆率军攻入洛阳，囚禁孝庄帝元子攸；北魏前洛阳令寇祖仁贪财杀害恩人城阳王元徽，自己亦因财送命；尔朱世隆入洛与尔朱兆争功，产生嫌隙。）

戊申，魏长广王大赦。

尔朱荣之死也，敬宗诏河西贼帅纥豆陵步蕃使袭秀容。及兆入洛，步蕃南下，兵势甚盛，故兆不暇久留，亟还晋阳以御之，使尔朱世隆、度律、彦伯等留镇洛阳。甲寅，兆迁敬宗于晋阳，兆自于河梁监阅财资。高欢闻敬宗向晋阳，帅骑东巡，欲邀之，不及，因与兆书，为陈祸福，

开始听说尔朱兆南下的时候，想亲自统领六军讨伐，元鸷却对孝庄帝说：“黄河水宽万仞，尔朱兆怎么过得来呢！”孝庄帝自己也觉得很安全。等到尔朱兆的部队攻进了皇宫，元鸷又制止宫廷卫兵，不让他们与之交战。孝庄帝走出云龙门外，遇到城阳王元徽正骑马而逃，孝庄帝连声呼叫元徽，元徽却头也不回，径自逃去。尔朱兆的骑兵抓住了孝庄帝，将他锁在永宁寺的楼上，孝庄帝感到十分寒冷，向尔朱兆要头巾，尔朱兆没有给他。尔朱兆扎营于尚书省，用天子专用的金鼓，在庭中设刻漏。扑杀了皇子，对宫中的嫔御、妃子、公主大加污辱，纵兵大肆掠夺财物，杀了司空临淮王元彧、尚书左仆射范阳王元诲和青州刺史李延寔等。

城阳王元徽逃到山南，来到了前洛阳令寇祖仁家。寇祖仁一家出了三位刺史，都是由元徽引荐提拔的，由于有此旧恩，元徽前来投奔。元徽带有黄金百斤，马五十匹，寇祖仁贪图财物，表面上虽然留纳了元徽，私下里却对家人说：“听说尔朱兆正在悬赏捉拿城阳王元徽，抓到他的人封千户侯，今天富贵的日子到了！”寇祖仁便吓唬元徽，说官方抓捕他的人就要到了，让元徽赶快逃到别处去，派人在半路上杀了元徽，将元徽的人头送到了尔朱兆处，尔朱兆却并未对寇祖仁加以赏赐。尔朱兆梦见元徽对自己说：“我有二百斤黄金、一百匹马在寇祖仁家中，你可以派人去取。”尔朱兆梦中醒来后，认为自己刚才的梦是真的，于是便收捕了寇祖仁，向他索要黄金和马匹。寇祖仁以为别人已密告了尔朱兆，伺察风头招之认服罪，说：“实际得到的是一百斤黄金和五十匹马。”尔朱兆怀疑还有隐瞒，便按梦中所见所闻搜查寇祖仁家，寇祖仁家自己原有黄金三十斤、马三十匹，也全都送与了尔朱兆。尔朱兆仍不相信，一怒之下，拘捕了寇祖仁，把他脑袋悬挂在树上，用大石头坠在脚上，鞭打至死。

尔朱世隆来到洛阳，尔朱兆自认为是自己的功劳，责怪尔朱世隆说：“叔父您身在朝廷这么长时间，耳闻目见应该很广，为什么竟让天柱将军遭此大祸！”尔朱兆手按宝剑，怒目圆睁，声色俱厉。尔朱世隆说好话下拜谢罪，这才算完事，但从此尔朱世隆对尔朱兆深为怨恨。尔朱仲远也从滑台来到了洛阳。

十二月初七日戊申，北魏长广王元晔大赦天下。

尔朱荣死的时候，魏孝庄帝颁布诏书命令河西贼帅纥豆陵步蕃攻袭秀容郡。等到尔朱兆进入洛阳后，纥豆陵步蕃便挥军南下，兵势十分强盛，所以尔朱兆来不及在洛阳久留，赶忙回师晋阳去防御。尔朱兆让尔朱世隆、尔朱拂律归、尔朱彦伯等人留守洛阳。十二月十三日甲寅，尔朱兆将孝庄帝迁至晋阳。尔朱兆自己在河梁监

不宜害天子，受恶名；兆怒，不纳。尔朱天光轻骑入洛，见世隆等，即还雍州。

初，敬宗恐北军不利，欲为南走之计，托云征蛮，以高道穆为南道大行台，未及发而兆入洛。道穆托疾去，世隆杀之。主者请追李苗封赠，世隆曰："当时众议，更一二日即欲纵兵大掠，焚烧郭邑，赖苗之故，京师获全；天下之善一也，不宜复追。"

尔朱荣之死也，世隆等征兵于大宁太守代人房谟，谟不应，前后斩其三使，遣弟毓诣洛阳。及兆得志，其党建州刺史是兰安定执谟系州狱，郡中蜀人闻之，皆叛。安定给谟弱马，令军前慰劳，诸贼见谟，莫不遥拜。谟先所乘马，安定别给将士，战败，蜀人得之，谓谟遇害，莫不悲泣，善养其马，不听人乘之，儿童妇女竞投草粟，皆言此房公马也。尔朱世隆闻之，舍其罪，以为其府长史。

北道大行台杨津，以众少，留邺召募，欲自滏口入并州，会尔朱兆入洛，津乃散众，轻骑还朝。

尔朱世隆与兄弟密谋，虑长广王母卫氏干预朝政，伺其出行，遣数十骑如劫盗者于京巷杀之，寻悬榜以千万钱募贼。

甲子，尔朱兆缢敬宗于晋阳三级佛寺，并杀陈留王宽。

（以上为第十一段，写尔朱兆杀害北魏孝庄帝元子攸。）

是月，纥豆陵步蕃大破尔朱兆于秀容，南逼晋阳。兆惧，使人召高欢并力。僚属皆劝欢勿应召，欢曰："兆方急，保无他虑。"遂行。欢所亲贺拔焉过兒请缓行以弊之，欢往往逗留，辞以河无桥，不得渡。步蕃兵日盛，兆屡败，告急于欢，欢乃往从之。兆时避步蕃南出，步蕃至平乐郡，欢与兆进兵合击，大破之，斩步蕃于石鼓山，其众退走。兆德欢，相与誓为兄弟，将数十骑诣欢，通夜宴饮。

督掠取财货，高欢听说孝庄帝要被押至晋阳，便率骑兵东巡，打算截住，但未能赶上。便给尔朱兆写了一封信，向尔朱兆陈述利害，劝他不要伤害天子，承受恶名声。尔朱兆大怒，没有采纳高欢的劝谏。尔朱天光率轻骑来到洛阳，会见了尔朱世隆等人，之后便回到了雍州。

当初，孝庄帝担心源子恭镇守丹谷的军队会失败，便想做向南逃亡的打算，假托是要征讨蛮贼，任命高道穆为南道大行台，但是还未来得及出发，尔朱兆便攻入了洛阳城。高道穆假托有病逃离洛阳，被尔朱世隆所杀。主事之人请求追回对李苗的封赐，尔朱世隆说："当时大家商议，再过一两天便要纵兵大肆掠抢，焚烧掉洛阳城，多亏了李苗，京城才得以保全，天下之善是一样的，不应再追回李苗的封赐。"

尔朱荣死时，尔朱世隆等向泰宁太守代郡人房谟征调兵员，房谟没有答应，前后共斩杀了三位使者，同时派弟弟房毓前往洛阳。等到尔朱兆得志之后，尔朱兆党羽建州刺史是兰安定将房谟抓住囚禁于建州狱中，泰宁郡的蜀人听说后，便反叛了。是兰安定给房谟一匹瘦弱的马，让他前往军前慰劳安抚，反叛军见到房谟后，都远远叩拜。房谟原先乘的那匹马，被是兰安定给了别的将士，这名将士战败后，马被蜀人得到，蜀人以为房谟遇害了，都悲哭不已，精心饲养这匹马，不允许别人骑，儿童、妇女们争相给这匹马喂草料，都说这是房公的马。尔朱世隆听说之后，免掉了房谟的罪名，任命为自己府中的长史。

由于军队人数少，北道大行台杨津驻留在邺城招募新兵，打算从滏口进入并州，这时正赶上尔朱兆攻入洛阳，杨津便遣散了众人，只带了一些骑兵回到朝廷。

尔朱世隆同他的几个兄弟密谋，担心长广王的母亲卫氏会干预朝政，待到她出行在外的时候，便派了几十名骑兵装扮成强盗，在洛阳城一个小巷中杀了卫氏，很快又贴出告示悬赏千万钱捉拿凶手。

十二月二十三日甲子，尔朱兆将魏孝庄帝缢杀于晋阳的三级佛寺中，同时杀害了陈留王元宽。

这一月，纥豆陵步蕃在秀容大破尔朱兆，向南逼近晋阳。尔朱兆很害怕，派人召请高欢并力攻敌。僚属都劝高欢不要答应尔朱兆的召请，高欢说道："尔朱兆正处于危急之中，我保证他不会有其他方面的企图。"便率军出发了。高欢的亲信贺拔焉过兒请高欢缓慢行进，以使尔朱兆更加困顿，于是高欢便常常逗留，以汾河上没有桥，无法过河为托辞。纥豆陵步蕃的部队气势越来越盛，尔朱兆屡战屡败，向高欢告急，高欢这才前去增援。尔朱兆当时为避开纥豆陵步蕃而往南撤，纥豆陵步蕃来到平乐郡，高欢与尔朱兆进兵合击，大败纥豆陵步蕃军，在石鼓山斩杀了纥豆陵步蕃，其部众四散逃亡。尔朱兆很感激高欢，与高欢相互发誓结为兄弟，尔朱兆带数

初，葛荣部众流入并、肆者二十余万，为契胡凌暴，皆不聊生，大小二十六反，诛夷者半，犹谋乱不止。兆患之，问计于欢，欢曰："六镇反残，不可尽杀，宜选王腹心使统之，有犯者罪其帅，则所罪者寡矣。"兆曰："善！谁可使者？"贺拔允时在坐，请使欢领之。欢拳殴其口，折一齿，曰："平生天柱时，奴辈伏处分如鹰犬。今日天下事取舍在王，而阿鞠泥敢僭易妄言，请杀之！"兆以欢为诚，遂以其众委焉。欢以兆醉，恐醒而悔之，遂出，宣言："受委统州镇兵，可集汾东受号令。"乃建牙阳曲川，陈部分。军士素恶兆而乐属欢，莫不皆至。

（以上为第十二段，写北魏军队频频得胜，进逼晋阳，尔朱兆召请高欢并力攻打，高欢缓行，使其疲困，又设法获取信任，遂获得六镇残余兵马，后乘势而起。）

居无何，又使刘贵请兆，以"并、肆频岁霜旱，降户掘田鼠而食之，面无谷色，徒污人境内，请令就食山东，待温饱更受处分"。兆从其议。长史慕容绍宗谏曰："不可。方今四方纷扰，人怀异望，高公雄才盖世，复使握大兵于外，譬如借蛟龙以云雨，将不可制矣。"兆曰："有香火重誓，何虑邪！"绍宗曰："亲兄弟尚不可信，何论香火！"时兆左右已受欢金，因称绍宗与欢有旧隙，兆怒，囚绍宗，趣欢发。欢自晋阳出滏口，道逢北乡长公主自洛阳来，有马三百匹，尽夺而易之。兆闻之，乃释绍宗而问之，绍宗曰："此犹是掌握中物也。"兆乃自追欢，至襄垣，会漳水暴涨，桥坏，欢隔水拜曰："所以借公主马，非有他故，备山东盗耳。王信公主之谗，自来赐追，今不辞渡水而死，恐此众便叛。"兆自陈无此意，因轻马渡水，与欢坐幕下，授欢刀，引颈使欢斫之，欢大哭曰："自天柱之薨，贺六浑更何所仰！但愿大家千万岁，以申力用耳。今为旁人所构间，大家何忍复出此言！"兆投刀于地，复斩白马，与欢为誓，因留宿夜饮。尉景伏壮士欲执兆，欢啮臂止之，曰："今杀之，其党必奔归聚结，兵饥马瘦，不可与敌，若英雄乘之而起，则为害滋甚，不如且置之。兆虽骁勇，凶悍无谋，不足图也。"旦日，兆归营，复召欢，欢将上马诣之，孙腾牵欢衣，欢乃止。兆隔水肆骂，驰还晋阳。兆腹心念贤领降户家属别为营，欢伪与之善，观其佩刀，因取杀之。士众感悦，益愿附从。

十名骑兵来到高欢住所，通宵饮酒宴乐。

当初，葛荣的部下流入到并州、肆州的有二十多万人，深受胡人的欺凌，都无以为生，前后大大小小反叛了二十六次，被杀掉了一大半，仍然没有停止图谋叛乱。尔朱兆认为是个祸患，便问计于高欢。高欢说道："六镇之民反叛，不能全部杀掉，应该选一位您的心腹之人，让他统领六镇军民，如有反叛者，则惩处其首领，那样的话，受惩处的人就少了。"尔朱兆说："好主意！但派谁去合适呢？"贺拔允当时也在座，建议让高欢统领六镇军民。高欢扬拳便朝贺拔允的嘴巴打过去，打掉了一颗牙齿，说道："天柱大将军在世的时候，奴辈受其调遣如鹰犬一般，今日天下大事取舍全在大王，阿鞠泥怎敢僭越职权大胆妄言，请大王杀了他！"尔朱兆认为高欢对自己很忠诚，于是便将六镇军民交与高欢统领。高欢以为尔朱兆醉了，担心他酒醒之后又反悔，便赶快走出营帐，对将士们宣布说："我受大王委托统领州镇兵，你们到汾河东岸集合。"于是在阳曲川建立了幕府，列阵部署。士兵们平素憎恨尔朱兆而乐意做高欢的部下，纷纷前来投奔。

过了一些时候，高欢又派刘贵向尔朱兆请示，因为"并州、肆州连年霜旱，降户只好挖田鼠为食，面无谷色，这样只能白白玷污您的境内，请下令让他们到太行山东面乞讨食物，等到解决了温饱之后再做安排"。尔朱兆批准了这一建议。长史慕容绍宗劝谏道："不可以同意这一建议。当今天下纷乱，人人各怀异想，高欢雄才盖世，如果再让他握重兵在外，这好比是借云雨给蛟龙啊，将来就无法控制了。"尔朱兆说："我与高欢有香火重誓，何必过虑！"慕容绍宗道："亲兄弟尚且不能完全相信，何况香火结盟呢！"当时尔朱兆的左右部下已经接受了高欢的重金，于是便趁机称慕容绍宗跟高欢有旧仇，尔朱兆大怒，囚禁了慕容绍宗，催促高欢尽早出发。高欢从晋阳出滏口，中途遇上了从洛阳来的北乡长公主，北乡长公主带有三百匹好马，高欢将这些好马全部截夺下来，另用老马瘦马掉换了。尔朱兆听说了这件事后，便放出慕容绍宗，和他商议。慕容绍宗说道："高欢目前还未走远，仍是您的掌中之物呢。"尔朱兆亲自追赶高欢，追至襄垣县，正值漳河暴涨，桥梁被冲坏了。高欢隔着漳河遥拜尔朱兆道："我之所以借公主的马匹，并非有别的目的，只是为了防备山东的盗贼罢了。大王相信公主的谗言，亲自前来追赶，我不害怕渡过河来受死，但恐怕部下便要叛离了。"尔朱兆自己说没有这个意思，于是轻马渡过漳河，与高欢并坐在大帐前，将佩刀交给高欢，引颈让高欢斩杀。高欢痛哭着说："自从天柱将军去世后，贺六浑还有谁可以仰望！只愿您长命百岁，有处效力罢了。现今却被旁人挑拨离间，您怎忍心说出这种话呢！"尔朱兆将刀扔在地上，又杀了白马，与高欢盟誓，尔朱兆留下来与高欢通宵宴饮。尉景埋伏下士兵想捉捕尔朱兆，高欢咬破臂膀

（以上为第十三段，写高欢得到六镇残兵的统领权，又思考如何逃出虎口，便请求率军到太行山以东就食，尔朱兆有勇无谋，轻率答应，高欢从此犹龙入大海。）

齐州城民赵洛周闻尔朱兆入洛，逐刺史丹杨王萧赞，以城归兆。赞变形为沙门，逃入长白山，流转，卒于阳平。梁人或盗其柩以归，上犹以子礼葬于陵次。

魏荆州刺史李琰之，韶之族弟也。南阳太守赵脩延，以琰之敬宗外族，诬琰之欲奔梁，发兵袭州城，执琰之，自行州事。

魏王悦改元更兴，闻尔朱兆已入洛，自知不及事，遂南还。斛斯椿复弃悦奔魏。

是岁，诏以陈庆之为都督南北司等四州诸军事、南北司二州刺史。庆之引兵围魏悬瓠，破魏颍州刺史娄起等于溱水，又破行台孙腾等于楚城。罢义阳镇兵，停水陆漕运，江、湖诸州并得休息；开田六千顷，二年之后，仓廪充实。

（以上为第十四段，写南朝投奔北魏的齐州刺史萧赞被驱逐，辗转流亡而死；南朝名将陈庆之为南朝镇守北疆，兵围北魏悬瓠，罢除义阳镇兵，让当地民众休养生息，仓廪充实。）

制止了他，说：“现今如果杀了尔朱兆，他的党羽肯定会聚集起来并力来争，我们兵饥马瘦，不能与他匹敌，如果这时候有非凡的人乘机而发难，那么祸害就更大了。因此不如暂且放走他。尔朱兆虽然骁勇善战，但却凶悍无谋，不足为虑。”第二天，尔朱兆渡河回营，又召请高欢，高欢上马要前去会见尔朱兆，孙腾牵住高欢的衣服，高欢才止步。尔朱兆隔河责骂高欢，驰马回到晋阳。尔朱兆的心腹念贤率领降户家属另外安营，高欢假意与念贤友善，借口观赏念贤的佩刀，取来杀了他。士兵们欢欣鼓舞，更愿意归附依从高欢了。

齐州城的百姓赵洛周听说尔朱兆攻入洛阳，便赶走了齐州刺史丹杨王萧赞，率城归附了尔朱兆。萧赞化装成和尚，逃进长白山，辗转流亡，死于阳平县。梁朝有人将萧赞的棺柩盗出送回，梁武帝仍然按安葬儿子的礼仪将萧赞葬在皇族的陵地。

北魏荆州刺史李琰之，是李韶的族弟。南阳太守赵脩延，因李琰之是孝庄帝的外戚，便诬称李琰之想投奔梁朝，发兵袭击州城，抓获了李琰之，自己掌管州政事务。

魏王元悦改年号为更兴，听说尔朱兆已经进入洛阳城，自知无济于事，于是南还梁朝。斛斯椿又叛离元悦投奔了北魏。

这一年，梁武帝颁布诏书任命陈庆之为都督南北司等四州诸军事、南北司二州刺史。陈庆之率兵包围了北魏的悬瓠，在溱水大破北魏颍州刺史娄起等，又在楚城大破北魏行台孙腾等。罢除义阳镇兵，停止水陆漕运，长江、洞庭湖沿岸各州都得以休养生息；开垦田地六千顷，两年之后，仓廪充实。

【点评】

尔朱兆非高欢对手。高欢胜过尔朱兆，是在二人斗争中显现出来的。首先，文中借助尔朱荣之口评价高欢非等闲之辈。尔朱荣曾将尔朱兆与高欢相比较：“尔朱兆虽然战斗勇猛，但他率领的部队至多不能超过三千骑，再多就会乱了。能够代替我的人，只有贺六浑啊！”尔朱荣并因此告诫尔朱兆说：“你不是他的对手，最终要被他穿了牛鼻子。”此话一言成谶，尔朱兆最后果然死于高欢之手。（高欢派窦泰出击秀容郡，尔朱兆正在庭中宴会，突闻高欢军驰至，仓皇惊走，高欢军袭破尔朱兆于秀容城。尔朱兆遂杀死骑乘的白马，自缢在一棵树上，他的残部都投降了高欢。）尔朱兆与高欢相比较还有一事，当尔朱兆率军向洛阳的时候，派人召请高欢，高欢献上一计却不被采纳，尔朱兆口出狂言，使得高欢对其有了一个基本判断，对自己的所向所从有了明确的考虑：“尔朱兆如此猖狂愚蠢，竟敢做叛乱之事，看来我不能长久侍奉尔朱氏了。”

又一件事，尔朱兆将孝庄帝迁至晋阳，自己在河梁监督掠取财货，高欢听说孝庄帝要被押至晋阳，便率骑兵东巡，打算截住，但未能赶上，便给尔朱兆写了一封信，向尔朱兆陈述利害，劝他不要伤害天子，以免承受恶名。本是好计策，不料尔朱兆非但不听从，反而大怒。

再一件事，尔朱兆将六镇事务交于高欢，放虎归山，正好为高欢兴起创造了条件。最愚蠢的是，尔朱兆竟然不知道政治斗争的残酷性，不知道你死我活，不知道天下只能留一位枭雄的道理，只是信从兄弟结拜的牢靠，再一次放走了高欢，养虎遗患，自食恶果。

梁纪十一

梁武帝中大通三年至四年（531—532年）

【起重光大渊献（辛亥，531年），尽玄黓困敦（壬子，532年），凡二年】

【大事提要】

本卷记事起自公元531年，至公元532年，凡二年，当梁武帝中大通三年至中大通四年。本卷所载大事，南朝萧梁大事一件，公元531年，梁昭明太子萧统去世。其所编撰的《文选》对后世影响甚大。北魏大事三件。其一，公元531年，北魏尔朱世隆逼迫元晔禅位于曾装聋扮哑达八年之久的广陵王元恭。做了5个月皇帝的元晔，此后生死不明。其二，晋州刺史高欢以讨伐尔朱氏为名乘机攻占洛阳，立元朗为帝，是为后废帝。其三，公元532年，高欢废节闵帝及后废帝，立元脩为孝武帝，自为大丞相。

【原文】

高祖武皇帝十一

中大通三年（辛亥，531 年）

春，正月，辛巳，上祀南郊，大赦。

魏尚书右仆射郑先护闻洛阳不守，士众逃散，遂来奔。丙申，以先护为征北大将军。

二月，辛丑，上祀明堂。

魏自敬宗被囚，宫室空近百日。尔朱世隆镇洛阳，商旅流通，盗贼不作。世隆兄弟密议，以长广王疏远，又无人望，欲更立近亲。仪同三司广陵王恭，羽之子也，好学有志度，正光中领给事黄门侍郎，以元叉擅权，托喑病居龙华佛寺，无所交通。永安末，有白敬宗言王阳喑，将有异志，恭惧，逃于上洛山，洛州刺史执送之，系治久之，以无状获免。关西大行台郎中薛孝通说尔朱天光曰："广陵王，高祖犹子，夙有令望，沈晦不言，多历年所，若奉以为主，必天人允叶。"天光与世隆等谋之，疑其实喑，使尔朱彦伯潜往敦谕，且胁之，恭乃曰："天何言哉！"世隆等大喜。孝通，聪之子也。

己巳，长广王至邙山南，世隆等为之作禅文，使泰山太守辽西窦瑗执鞭独入，启长广王曰："天人之望，皆在广陵，愿行尧、舜之事。"遂署禅文。广陵王奉表三让，然后即位，大赦，改元普泰。黄门侍郎邢子才为赦文，叙敬宗枉杀太原王荣之状，节闵帝曰："永安手翦强臣，非为失德，直以天未厌乱，故逢成济之祸耳。"因顾左右取笔，自作赦文，直言："门下：朕以寡德，运属乐推，思与亿兆，同兹大庆，肆眚之科，一依常式。"帝闭口八年，至是乃言，中外欣然以为明主，望至太平。

庚午，诏以"三皇称'皇'，五帝称'帝'，三代称'王'，盖递为冲挹，自秦以来，竞称'皇帝'，予今但称'帝'，亦已褒矣"。加尔朱世隆仪同三司，赠尔朱荣相国、晋王，加九锡。世隆使百官议荣配飨，司直

【语译】

高祖武皇帝十一

梁武帝中大通三年（辛亥，531年）

春季，正月初十日辛巳，梁武帝在南郊祭天，大赦天下。

北魏尚书右仆射郑先护听说洛阳城失守，部众逃散，就前来投奔了梁。正月二十五日丙申，梁任命郑先护为征北大将军。

二月初一日辛丑，梁武帝祭祀明堂。

北魏自从孝庄帝被囚禁以后，宫室空虚已经将近百日。尔朱世隆镇守洛阳，商人行旅流通，盗贼不敢骚扰。尔朱世隆兄弟暗中商议，认为长广王与皇族嫡系比较疏远，又素来没有声望，打算重新立一位嫡系近亲做皇帝。仪同三司广陵王元恭是元羽的儿子，好学而又有远志气度，正光年间任给事黄门侍郎，因元叉专权，假托嗓子嘶哑，住到了龙华佛寺，不与外人交往。永安末年，有人向孝庄帝报告说广陵王装哑，将别有企图。元恭很害怕，逃到上洛山，洛州刺史将他抓住送到了洛阳，囚禁了很长一段时间，没有发现谋反的证据便释放了他。关西大行台郎中薛孝通对尔朱天光说："广陵王是高祖的侄子，向有好声望，泯灭无迹，沉默不言，已经多年，如果推奉为皇帝，一定会天人和谐。"尔朱天光跟尔朱世隆等商议立元恭为帝，怀疑他确实喑哑不能说话，便派尔朱彦伯秘密前去敦请元恭，并加以胁迫，元恭说出"天何言哉"四个字来，尔朱世隆等人大喜过望。薛孝通是薛聪的儿子。

二月二十九日己巳，长广王来到邙山南侧，尔朱世隆等人已经替他做好了禅让文告，派泰山太守辽西人窦瑗手持鞭子独自进入长广王的营帐中，向长广王启奏道："天意人心，都在广陵，希望您施行尧、舜那样禅让的事情。"便让长广王签署了禅让的文书。广陵王奉表辞让了三次，然后才登上皇帝宝座，大赦天下，改年号为普泰。黄门侍郎邢子才起草了赦文，文中记述了孝庄帝枉杀太原王尔朱荣的情况，魏节闵帝元恭说道："孝庄帝亲手翦灭强臣，并非为失德的举动，只是上天命定了战乱的局势，所以才重蹈成济那样的灾祸罢了。"回头命左右取来笔砚，亲自起草赦文，直截了当地写道："门下省：朕以寡德之身，时逢乐于推荐贤良的世道，愿与天下百姓，共同庆贺。宽赦罪人的法律，完全依照以往形成的常法。"节闵帝闭口不言长达八年之久，到这时才讲话，朝廷内外没有不欣然喜悦的，认为他是一位贤明之君，希望能够使天下太平。

二月三十日庚午，魏节闵帝颁布诏书说："三皇称'皇'，五帝称'帝'，三代称'王'，大致是越来越谦虚自抑，从秦朝以来，竞相称'皇帝'，我现今只称'帝'，就已经是很高的褒扬了。"加封尔朱世隆为仪同三司，追赠尔朱荣为相国、晋王，加

刘季明曰："若配世宗，于时无功；若配孝明，亲害其母；若配庄帝，为臣不终。以此论之，无所可配。"世隆怒曰："汝应死！"季明曰："下官既为议首，依礼而言，不合圣心，翦戮唯命！"世隆亦不之罪。以荣配高祖庙廷。又为荣立庙于首阳山，因周公旧庙而为之，以为荣功可比周公。庙成，寻为火所焚。

尔朱兆以不预废立之谋，大怒，欲攻世隆，世隆使尔朱彦伯往谕之，乃止。

（以上为第一段，写北魏尔朱氏原立长广王元晔为帝，感到没有利用价值，重立广陵王元恭；元恭在元义擅权时作哑，逃到寺庙、深山，冷观朝局变动，今出山为帝。）

初，敬宗使安东将军史仵龙、平北将军阳文义各领兵三千守太行岭，侍中源子恭镇河内；及尔朱兆南向，仵龙、文义帅众先降，由是子恭之军望风亦溃，兆遂乘胜直入洛阳。至是，尔朱世隆论仵龙、文义之功，各封千户侯，魏主曰："仵龙、文义，于王有功，于国无勋。"竟不许。尔朱仲远镇滑台，表用其下都督为西兖州刺史，先用后表，诏答曰："已能近补，何劳远闻！"尔朱天光之灭万俟丑奴也，始获波斯所献师子，送洛阳，及节闵帝即位，诏曰："禽兽囚之则违其性。"命送归本国。使者以波斯道远不可达，于路杀之而返，有司劾违旨，帝曰："岂可以兽而罪人！"遂赦之。

魏镇远将军清河崔祖螭等聚青州七郡之众围东阳，旬日之间，众十余万。刺史东莱王贵平帅城民固守，使太傅谘议参军崔光伯出城慰劳，其兄光韶曰："城民陵纵日久，众怒甚盛，非慰谕所能解，家弟往，必不全。"贵平强之，既出外，人射杀之。

幽、安、营、并四州行台刘灵助，自谓方术可以动人，又推算知尔朱氏将衰，乃起兵自称燕王、开府仪同三司、大行台，声言为敬宗复仇，

九锡。尔朱世隆让文武百官商议让尔朱荣配飨的事情，司直刘季明说：“如果配飨宣武帝的话，尔朱荣在那朝并无功勋；如果配飨孝明帝的话，尔朱荣又曾亲手杀害了其母亲；如果配飨庄帝的话，尔朱荣又为臣不终。由此看来，没有可以配飨的。”尔朱世隆恼怒地说道：“你罪该万死！”刘季明道：“下官既然身为谏议官之首，就应该依礼直陈意见，如有不合圣尊心意之处，是杀是剐，任听裁处！”尔朱世隆也没有加罪于刘季明。最后将尔朱荣配飨于高祖庙廷。又为尔朱荣在首阳山立了庙，在周公旧庙的基址上建成，以此表示尔朱荣的功绩可以跟周公相比。庙建成后，不久便被一场大火焚烧掉了。

尔朱兆因没能参与废立皇帝的谋划，大怒，打算攻打尔朱世隆。尔朱世隆连忙派尔朱彦伯前去劝说，尔朱兆才按兵没有发作。

当初，魏孝庄帝派安东将军史仵龙、平北将军阳文义各自率领三千士兵镇守太行岭，侍中源子恭镇守河内。等到尔朱兆大军南下，史仵龙、阳文义率军先投降了，因此源子恭的部队也望风而溃，尔朱兆才得以乘胜直入洛阳城。到现今，尔朱世隆为史仵龙、阳文义二人表功，要将他们二人都封为千户侯，魏节闵帝说道：“史仵龙、阳文义二人对您有功，但于国家却无功。”最终没有同意。尔朱仲远镇守滑台，上表朝廷请求批准其属下的一位都督为西兖州刺史，先任用之后才上表奏闻朝廷，颁布诏书答复说：“既然已经能够就近补用了，何劳远奏于朝廷！”尔朱天光灭万俟丑奴的时候，得到波斯国向北魏朝廷进献的狮子，于是派人将这头狮子送到了洛阳城。等到节闵帝即位后，颁布诏书说：“禽兽被囚禁，违背了它的天性。”便命人将狮子送还给波斯国。使者因波斯国路途遥远，难以到达，便于中途杀掉了狮子后返回朝廷，有关部门弹劾使者违背了圣上旨意，节闵帝说道：“怎么可以因为一头野兽而加罪于人呢！”便赦免了使者。

北魏镇远将军清河人崔祖螭等人聚集起青州七郡之众包围了州治东阳，十天之内，就聚集了十万多人。青州刺史东莱人王贵平率东阳城中的百姓固守城池，派太傅谘议参军崔光伯出城劝慰安抚崔祖螭。崔光伯的哥哥崔光韶说：“东阳城民欺凌其属郡百姓时日已久，众人怒气很盛，不是靠劝慰调停所能化解的，我弟弟此次前去，一定难以生还。”王贵平强迫崔光伯前往，崔光伯出城后，便被人射杀了。

幽、安、营、并四州行台刘灵助，自称有方术可以趋使人行动，又推算说尔朱氏将要衰败，便起兵自封为燕王、开府仪同三司、大行台，扬言要为孝庄帝报仇，

且妄述图谶，云："刘氏当王。"由是幽、瀛、沧、冀之民多从之，从之者夜举火为号，不举火者诸村共屠之。引兵南至博陵之安国城。

尔朱兆遣监军孙白鹞至冀州，托言调发民马，欲俟高乾兄弟送马而收之。乾等知之，与前河内太守封隆之等合谋，潜部勒壮士，袭据信都，杀白鹞，执刺史元嶷。乾等欲推其父翼行州事，翼曰："和集乡里，我不如封皮。"乃奉隆之行州事，为敬宗举哀，将士皆缟素，升坛誓众，移檄州郡，共讨尔朱氏，仍受刘灵助节度。隆之，磨奴之族孙也。

殷州刺史尔朱羽生将五千人袭信都，高敖曹不暇擐甲，将十余骑驰击之，乾在城中缒下五百人，追救未及，敖曹已交兵，羽生败走。敖曹马矟绝世，左右无不一当百，时人比之项籍。

高欢屯壶关大王山，六旬，乃引兵东出，声言讨信都。信都人皆惧，高乾曰："吾闻高晋州雄略盖世，其志不居人下。且尔朱无道，弑君虐民，正是英雄立功之会，今日之来，必有深谋，吾当轻马迎之，密参意旨，诸君勿惧也。"乃将十余骑与封隆之子子绘潜谒欢于滏口，说欢曰："尔朱酷逆，痛结人神，凡曰有知，孰不思奋！明公威德素著，天下倾心，若兵以义立，则屈强之徒不足为明公敌矣。鄗州虽小，户口不下十万，谷秸之税，足济军资，愿公熟思其计。"乾辞气慷慨，欢大悦，与之同帐寝。

（以上为第二段，写北魏广陵王元恭为帝，初步显示其智慧和才干，但最终败于不善韬光养晦；高欢驻军两个月后，率军东进，高乾洞晓高欢志向，轻马相迎，相见甚欢，劝高欢讨伐尔朱氏。）

初，河南太守赵郡李显甫，喜豪侠，集诸李数千家于殷州西山方五六十里居之。显甫卒，子元忠继之。家素富，多出贷求利，元忠悉焚券免责，乡人甚敬之。时盗贼蜂起，清河有五百人西戍，还，经赵郡，以路梗，共投元忠；元忠遣奴为导，曰："若逢贼，但道李元忠遣。"如言，贼皆舍避。及葛荣起，元忠帅宗党作垒以自保，坐大槲树下，前后斩违命者凡三百人，贼至，元忠辄击却之。葛荣曰："我自中山至此，连为赵李所破，何以能成大事！"乃悉众攻围，执元忠以随军。贼平，就

而且胡编了图谶，说“刘氏当王”。因此幽、瀛、沧、冀州的百姓很多前来投奔他。投奔的人以夜间举火把为号，不举火把的，各村就一起把他们杀光。刘灵助率军南下来到了博陵郡的安国城。

尔朱兆派监军孙白鹞到冀州，假托征调百姓的马匹，打算等高乾兄弟送马来的时候收捕他们。高乾等已知道孙白鹞的用意，便与前河内太守封隆之等人合谋，暗中部署部队，袭击并占据了信都，杀掉了孙白鹞，抓获了冀州刺史元嶷。高乾等想推举高乾的父亲高翼主持冀州的行政事务，高翼推辞道：“和协安抚乡里百姓，我不如封隆之。”于是推举封隆之代行州事，并为孝庄帝举哀，将士们都身穿孝服，升坛誓师，向各州郡发出檄文，共同讨伐尔朱氏，受刘灵助指挥。封隆之是封磨奴的族孙。

殷州刺史尔朱羽生率五千人马袭击信都，高敖曹来不及披挂铠甲，便率领十几个人骑马去迎击，高乾从城中用绳子送下来五百人，追救高敖曹，没能赶上，高敖曹已与尔朱羽生的部队交战，尔朱羽生大败而逃。高敖曹的槊术盖世无双，部下以一当百，当时人们将高敖曹比作项羽。

高欢驻军于壶关的大王山，六十天后才率兵东进，扬言讨伐信都。信都人都很恐惧，高乾说道：“我听说高晋州雄才武略盖世，他志向不肯久居人下。况且尔朱氏无道，上弑君主，下虐百姓，这正是英雄立功的机会，今日到信都来，肯定有更深的谋划，我应当轻骑前往迎接，暗中观察其意图，诸位不必恐惧。”高乾便率十余骑人马与封隆之的儿子封子绘一起秘密至滏口求见高欢，劝高欢说：“尔朱氏残暴叛逆，人神共怨，凡是明白事理的人，谁不想奋起讨伐！明公平素威德卓著，天下之人倾心归慕，若能据道义兴兵，则那些倔强之徒，不足以跟您相抗衡。鄙地冀州虽然很小，户数不下十万，赋税足够接济军资的，希望您深思熟虑。”高乾言辞慷慨激昂，高欢非常高兴，当夜与高乾在同一个帐篷睡觉。

当初，河南太守赵郡人李显甫，生性喜欢豪放行侠，集聚了数千户李姓人家居住于殷州西山方圆五六十里的地方。李显甫死后，儿子李元忠承继了家业。李家一直很富足，过去多将钱出借他人以获利息，李元忠将契约全部烧掉，免除了所有借钱人的债务，乡亲们都非常敬重他。当时盗贼四起，清河县有五百人西戍边关，回来时经过赵郡，因盗贼拦阻不通，便一同来投奔李元忠。李元忠派手下仆人为他们做向导，并对他们说：“如果遇上贼寇的话，只说是李元忠派来的。”这些人按照李元忠吩咐的话去说，那些贼寇果然都放行。等到葛荣起兵后，李元忠率领宗族亲党

拜南赵郡太守，好酒，无政绩。

及尔朱兆弑敬宗，元忠弃官归，谋举兵讨之。会高欢东出，元忠乘露车，载素筝浊酒以奉迎，欢闻其酒客，未即见之。元忠下车独坐，酌酒擘脯食之，谓门者曰："本言公招延俊杰，今闻国士到门，不吐哺辍洗，其人可知，还吾刺，勿通也！"门者以告，欢遽见之，引入，觞再行，元忠车上取筝鼓之，长歌慷慨，歌阕，谓欢曰："天下形势可见，明公犹事尔朱邪？"欢曰："富贵皆因彼所致，安敢不尽节！"元忠曰："非英雄也！高乾邕兄弟来未？"时乾已见欢，欢绐之曰："从叔辈粗，何肯来！"元忠曰："虽粗，并解事。"欢曰："赵郡醉矣。"使人扶出。元忠不肯起，孙腾进曰："此君天遣来，不可违也。"欢乃复留与语，元忠慷慨流涕，欢亦悲不自胜。元忠因进策曰："殷州小，无粮仗，不足以济大事。若向冀州，高乾邕兄弟必为明公主人，殷州便以赐委。冀、殷既合，沧、瀛、幽、定自然弭服，唯刘诞黠胡或当乖拒，然非明公之敌。"欢急握元忠手而谢焉。

欢至山东，约勒士卒，丝毫之物不听侵犯，每过麦地，欢辄步牵马，远近闻之，皆称高仪同将兵整肃，益归心焉。

欢求粮于相州刺史刘诞，诞不与；有车营租米，欢掠取之。进至信都，封隆之、高乾等开门纳之。高敖曹时在外略地，闻之，以乾为妇人，遗以布裙；欢使世子澄以子孙礼见之，敖曹乃与俱来。

（以上为第三段，写北魏赵郡李元忠向高欢献策，建议以信都为大本营；驻镇信都的高乾兄弟亦投靠高欢，开门迎接；高欢纪律严明，秋毫无犯，深得民心。）

癸酉，魏封长广王晔为东海王，以青州刺史鲁郡王肃为太师，淮阳王欣为太傅，尔朱世隆为太保，长孙稚为太尉，赵郡王谌为司空，徐州

修筑堡垒来御敌自卫，他亲自坐在大槲树下，前后共斩违抗命令者三百人。贼军前来时，李元忠每次都将他们击退。葛荣说道："我从中山到这里，连连被赵郡李氏打败，这样怎能成就大事！"于是出动全部军队围攻，抓获了李元忠，将他随军羁押。贼人被平定之后，任命李元忠为南赵郡太守，李元忠喜好饮酒，没有什么政绩。

等到尔朱兆弑杀孝庄帝以后，李元忠弃官回乡，策划兴兵讨伐尔朱兆。正赶上高欢出兵东进，李元忠便乘一辆敞篷车，车上载着素筝浊酒前来迎接。高欢听说李元忠是一位酒徒，便没有立即会见他。李元忠下车后独自坐下，斟酒撕肉，边饮边吃，对高欢的门卫说："本来说高公能招揽英雄豪杰，今天知道国士到了门前，却并不像周公吐哺、汉高祖停止洗发那样去迎接贤士，他这个人也可想而知了，请退还我的名帖，不必通报了。"门卫报告给高欢，高欢听后马上接见李元忠，引入大帐之中。两杯酒喝过，李元忠从车上取下筝弹奏起来，长歌一曲，慷慨激昂，唱完歌，对高欢说道："而今天下形势已昭然可见，明公您还要为尔朱氏效力吗？"高欢道："富贵都得之于彼人，怎敢不为尔朱氏尽节！"李元忠道："不是英雄啊！高乾邕兄弟来过没有？"当时高乾已经见过了高欢，高欢却哄骗李元忠说："高乾兄弟生性粗犷，怎肯前来！"李元忠道："虽然为人粗犷些，却非常明晓事理哪！"高欢说道："赵郡您真是喝醉了。"于是让人将李元忠扶出去。李元忠不肯起身，孙腾进言道："这个人乃是上天派来的，您不能违背了天意啊！"高欢于是又留下李元忠，与他交谈。李元忠陈述时事言辞慷慨，泪流满面，高欢也不禁悲从中来。李元忠趁机向高欢献计道："殷州太小，缺乏粮草兵器，不能成就大事。如果前往冀州，高乾邕兄弟定会成为明公的东道主，倾心事公，便把殷州委托高氏兄弟。冀州、殷州既已联为一体，那么沧州、瀛州、幽州、定州等自然顺服了，只有刘诞这个狡猾的胡人也许会抗拒，但他远不是明公的对手。"高欢听后紧紧握住李元忠的手，向他道歉。

高欢到了太行山东面，对士兵严加约束，不许侵犯百姓一丝一毫的东西。每次行军路过麦地，高欢总是牵马步行，远近之人听说以后，都称赞高仪同带兵有方，纪律严明，更加归心于他了。

高欢向相州刺史刘诞索要粮食，刘诞不给，这时恰有军营租米，高欢便派兵将米抢夺过来。部队前进至信都，封隆之、高乾等打开城门迎接高欢入城。高敖曹当时正在外面攻城略地，听说此事之后，认为高乾真是妇人之见，于是送给了他一件裙子。高欢特派长子高澄执子孙之礼往见高敖曹，高敖曹这才与高澄一起回到信都。

三月初三日癸酉，北魏封长广王元晔为东海王，任命青州刺史鲁郡王元肃为太师，淮阳王元欣为太傅，尔朱世隆为太保，长孙稚为太尉，赵郡王元谌为司空，徐

刺史尔朱仲远、雍州刺史尔朱天光并为大将军，并州刺史尔朱兆为天柱大将军；赐高欢爵勃海王，征使入朝。长孙稚固辞太尉，乃以为骠骑大将军、开府仪同三司。尔朱兆辞天柱，曰：“此叔父所终之官，我何敢受！”固辞，不拜，寻加都督十州诸军事，世袭并州刺史。高欢辞不就征。尔朱仲远徙镇大梁，复加兖州刺史。

尔朱世隆之初为仆射也，畏尔朱荣之威严，深自刻厉，留心几案，应接宾客，有开敏之名。及荣死，无所顾惮，为尚书令，家居视事，坐符台省，事无大小，不先白世隆，有司不敢行。使尚书郎宋游道、邢昕在其听事东西别坐，受纳辞讼，称命施行；公为贪淫，生杀自恣；又欲收军士之意，泛加阶级，皆为将军，无复员限，自是勋赏之官大致猥滥，人不复贵。是时，天光专制关右，兆奄有并、汾，仲远擅命徐、兖，世隆居中用事，竞为贪暴。而仲远尤甚，所部富室大族，多诬以谋反，籍没其妇女财物入私家，投其男子于河，如是者不可胜数。自荥阳已东，租税悉入其军，不送洛阳。东南州郡自牧守以下至士民，畏仲远如豺狼。由是四方之人皆恶尔朱氏，而惮其强，莫敢违也。

（以上为第四段，写北魏广陵王元恭即位后，尔朱氏当权，从中央到地方，尔朱世隆、尔朱天光、尔朱兆、尔朱仲远等各霸一方，贿赂公行，朝局乌烟瘴气，不得人心。）

己丑，魏以泾州刺史贺拔岳为岐州刺史，渭州刺史侯莫陈悦为秦州刺史，并加仪同三司。

魏使大都督侯渊、骠骑大将军代人叱列延庆讨刘灵助，至固城，渊畏其众，欲引兵西入，据关拒险以待其变，延庆曰：“灵助庸人，假妖术以惑众，大兵一临，彼皆恃其符厌，岂肯戮力致死，与吾兵争胜负哉！不如出营城外，诈言西归，灵助闻之必自宽纵，然后潜军击之，往则成擒矣。”渊从之。出顿城西，声云欲还，丙申，简精骑一千夜发，直抵灵助垒，灵助战败，斩之，传首洛阳。初，灵助起兵，自占胜负，曰：“三月之末，我必入定州，尔朱氏不久当灭。”及灵助首函入定州，果以是月之末。

州刺史尔朱仲远、雍州刺史尔朱天光二人并为大将军，并州刺史尔朱兆为天柱大将军；赐高欢爵位为勃海王，征召高欢入朝。长孙稚坚决要求辞去太尉之职，于是便任命他为骠骑大将军、开府仪同三司。尔朱兆推辞不受天柱大将军的官职，说道："这是叔父生前的最后官职，我怎敢接受呢！"坚决推辞，于是没有授予尔朱兆天柱大将军之职，不久又加封尔朱兆为都督十州诸军事，世袭并州刺史。高欢推辞不肯应召入朝。尔朱仲远改镇大梁，又加封为兖州刺史。

尔朱世隆当初担任尚书仆射的时候，畏惧尔朱荣的威严，谨慎小心，对尚书省文书也多留心处理，应对接洽宾客，有贤明敏达的名声。等到尔朱荣死后，尔朱世隆便再也没有什么顾虑害怕的了，身为尚书令，竟在家中处理公事，坐在家里治理尚书省的事，无论事情大小，若不先禀告尔朱世隆，有关部门便不敢执行。他让尚书郎宋游道、邢昕在其大厅东西两旁分坐，接受各种呈告诉讼文书，一切均要称尔朱世隆之命方能执行。公然贪赃枉法，他人生死全由其随意定夺；尔朱世隆还想收买军心，对将士滥加提拔，都提为将军，没有员额限制，从此授勋奖赏之官，大都很杂很滥，人们不再看重官爵。这时，尔朱天光专制关西，尔朱兆占有并州、汾州，尔朱仲远独擅徐、兖二州，尔朱世隆则身居朝中，大权独揽，此四人一个更比一个贪婪、残暴。其中尤以尔朱仲远为最，所辖境内的富家大族，大多被尔朱仲远诬陷为谋反，以公家的名义没收妇女及财产，收入尔朱仲远囊中，将男子投入河中，这类事情数不胜数。从荥阳以东，租税全部纳入军用，不向洛阳上交。东南各州郡自牧守以下到普通的士卒百姓，畏惧尔朱仲远如同畏惧豺狼一般。因此四方百姓都很憎恶尔朱氏，但畏惧尔朱氏的强大，不敢违抗罢了。

三月十九日己丑，北魏任命泾州刺史贺拔岳为岐州刺史，渭州刺史侯莫陈悦为秦州刺史，均加封仪同三司。

北魏派大都督侯渊、骠骑大将军代郡人叱列延庆率军讨伐刘灵助。到了固城，侯渊畏惧刘灵助兵力强盛，打算引兵往西入关，据关凭险以等待变化。叱列延庆对侯渊说："刘灵助乃是庸人，假借妖术迷惑众人，大兵一到，他们只想凭仗其符咒取胜，怎肯拼死厮杀跟我军决胜负呢！不如扎营城外，诈称要领兵往西回去，刘灵助听说后一定会戒备松懈，之后秘密出兵袭击敌人，定能擒获刘灵助。"侯渊采纳了叱列延庆的计策。出城驻扎于固城西面，声言要回师。三月二十六日丙申，挑选一千名精锐骑兵夜间出发，直抵刘灵助的营垒。刘灵助战败被杀，首级被传送至洛阳。当初，刘灵助起兵的时候，自己曾占卜胜负，说："三月底，我一定入定州，尔朱氏不久就要灭亡。"等到将刘灵助首级用匣子装着送到定州的时候，果真是这月的月末。

夏，四月，乙巳，昭明太子统卒。太子自加元服，上即使省录朝政，百司进事，填委于前，太子辩析诈谬，秋毫必睹，但令改正，不加按劾，平断法狱，多所全宥，宽和容众，喜愠不形于色。好读书属文，引接才俊，赏爱无倦；出宫二十余年，不畜声乐。每霖雨积雪，遣左右周行闾巷，视贫者赈之。天性孝谨，在东宫，虽燕居，坐起恒西向，或宿被召当入，危坐达旦。及寝疾，恐贻帝忧。敕参问，辄自力手书。及卒，朝野惋愕，建康男女，奔走宫门，号泣道路。

癸丑，魏以高欢为大都督、东道大行台、冀州刺史；又以安定王尔朱智虎为肆州刺史。

魏尔朱天光出夏州，遣将讨宿勤明达，癸亥，擒明达，送洛阳，斩之。

丙寅，魏以侍中、骠骑大将军尔朱彦伯为司徒。

魏诏有司不得复称伪梁。

五月，丙子，魏荆州城民斩赵脩延，复推李琰之行州事。

魏尔朱仲远使都督魏僧勖等讨崔祖螭于东阳，斩之。

初，昭明太子葬其母丁贵嫔，遣人求墓地之吉者。或赂宦者俞三副求卖地，云若得钱三百万，以百万与之。三副密启上，言："太子所得地不如今地于上为吉。"上年老多忌，即命市之。葬毕，有道士云："此地不利长子，若厌之，或可申延。"乃为蜡鹅及诸物埋于墓侧长子位。宫监鲍邈之、魏雅初皆有宠于太子，邈之晚见疏于雅，乃密启上云："雅为太子厌祷。"上遣检掘，果得鹅物，大惊，将穷其事，徐勉固谏而止，但诛道士。由是太子终身惭愤，不能自明。及卒，上征其长子南徐州刺史华容公欢至建康，欲立以为嗣，衔其前事，犹豫久之，卒不立，庚寅，遣还镇。

臣光曰：君子之于正道，不可少顷离也，不可跬步失也。以昭明太子之仁孝，武帝之慈爱，一染嫌疑之迹，身以忧死，罪及后昆，

夏季，四月初六日乙巳，梁昭明太子萧统去世。昭明太子自从举行冠礼以后，梁武帝开始让他处理朝政，各部门的官员前来奏事，都汇集到太子那里。昭明太子善于辨析真伪谬误，秋毫洞察，只是命有关部门改正，并不追究罪责。断案公正，对犯人往往多加保全宽宥，待人宽和，能容纳众人，喜怒不表形于脸色。喜欢读书撰写文章，引进接待才俊之士，赞赏爱重，毫无倦怠。出居东宫二十多年，不蓄养乐工歌伎。每当天降大雨或积雪不化的时候，派手下人巡视一番大街小巷，发现有穷苦之人则加以赈济。天性孝顺，居处东宫，即便是悠闲无事的时候，一起一坐，都要面朝西边，如事先接到诏令，召明日入宫，则正襟危坐直到天明。病重之后，唯恐皇帝担忧，每次派人送来问候的敕文，太子总是要自己勉强回信奏答。去世的时候，朝野上下都非常惊愕、惋惜，建康城中的男女老少，奔走宫门，沿途道路哭声不断。

四月十四日癸丑，北魏任命高欢为大都督、东道大行台、冀州刺史，又任命安定王尔朱智虎为肆州刺史。

北魏尔朱天光出兵夏州，调兵遣将征讨宿勤明达，四月二十四日癸亥，擒获了宿勤明达，送到洛阳后处斩。

四月二十七日丙寅，北魏任命侍中、骠骑大将军尔朱彦伯为司徒。

北魏颁布诏书要求有关部门不得再称梁为伪梁。

五月初七日丙子，北魏荆州城百姓斩了赵脩延，又推举李琰之代行州政。

北魏尔朱仲远派遣都督魏僧勖等到东阳去讨伐崔祖螭，将他斩首。

当初，梁昭明太子埋葬生母丁贵嫔的时候，曾派人四处求购风水宝地。有人向宦官俞三副行贿卖地，得到三百万钱的话，则将其中的一百万钱送给俞三副。俞三副于是便暗中启奏梁武帝说："太子所购之地不如现今这块土地对皇上更吉祥。"梁武帝年纪大了，忌讳很多，便命令将这块地买了下来。埋葬以后，有个道士说："这块地不利于长子，但如果镇一镇，或许还可以宽延。"于是便将蜡鹅及其他物品埋在了墓侧的长子之位。宫监鲍邈之、魏雅当初都很受昭明太子宠信，鲍邈之后来被魏雅疏远，便暗中向梁武帝启奏道："魏雅为了太子以巫术祈祷鬼神。"梁武帝派人去墓地检查挖掘，果然挖到了蜡鹅等物。大惊，要彻底追究这件事，徐勉竭力劝谏，只诛杀了道士。因为此事，太子终生惭愧忧愤，难以自明。太子去世后，梁武帝将太子的长子南徐州刺史华容公萧欢召到建康，想立为继承人，但心中仍记恨那件往事，犹豫了很长时间，最终还是没有立萧欢为继嗣。五月二十一日庚寅，又把萧欢打发回南徐州。

臣司马光评论说：君子对于正道，不能稍微有所偏离，也不能有半步错失啊。以昭明太子的仁孝，以梁武帝的慈爱，一旦产生了一点嫌疑，自身因忧郁

求吉得凶，不可湔涤，可不戒哉！是以诡诞之士，奇邪之术，君子远之。

（以上为第五段，写南朝太子萧统去世，令人唏嘘，司马光感慨，萧统一旦沾上嫌疑，终身难以自明，忧郁而死，甚至影响子孙，亲君子，远小人，可不慎哉！）

丙申，立太子母弟晋安王纲为皇太子。朝野多以为不顺，司议侍郎周弘正，尝为晋安王主簿，乃奏记曰："谦让道废，多历年所。伏惟明大王殿下，天挺将圣，四海归仁，是以皇上发德音，以大王为储副。意者愿闻殿下抗目夷上仁之义，执子臧大贤之节，逃玉舆而弗乘，弃万乘如脱屣，庶改浇竞之俗，以大吴国之风。古有其人，今闻其语，能行之者，非殿下而谁！使无为之化复生于遂古，让王之道不坠于来叶，岂不盛欤！"王不能从。弘正，舍之兄子也。

太子以侍读东海徐摛为家令，兼管记，寻带领直。摛文体轻丽，春坊尽学之，时人谓之宫体。上闻之，怒，召摛，欲加诮责。及见，应对明敏，辞义可观，意更释然，因问经史及释教，摛商较从横，应对如响，上甚加叹异，宠遇日隆。领军朱异不悦，谓所亲曰："徐叟出入两宫，渐来见逼，我须早为之所。"遂乘间白上曰："摛年老，又爱泉石，意在一郡自养。"上谓摛真欲之，乃召摛，谓曰："新安大好山水。"遂出为新安太守。

六月，癸丑，立华容公欢为豫章王，其弟枝江公誉为河东王，曲阿公詧为岳阳王。上以人言不息，故封欢兄弟以大郡，用慰其心。久之，鲍邈之坐诱掠人，罪不至死，太子纲追思昭明之冤，挥泪诛之。

（以上为第六段，写南朝昭明太子萧统同母弟萧纲被立为太子；其侍读徐摛的宫体诗受到梁武帝萧衍欣赏，形成雕琢、华靡的文风。）

魏高欢将起兵讨尔朱氏，镇南大将军斛律金、军主善无库狄干与欢妻弟娄昭、妻之姊夫段荣皆劝成之。欢乃诈为书，称尔朱兆将以六镇人配契胡为部曲，众皆忧惧。又为并州符，征兵讨步落稽，发万人，将遣

而致死，罪过延及后代子孙。求吉反而得凶，无法洗刷，能不引以为戒么！所以诡诈怪诞之徒，奇异邪佞之术，君子要远远地离开。

五月二十七日丙申，梁朝立昭明太子同母弟晋安王萧纲为皇太子。朝野之士多认为不符合正常的顺序，司议侍郎周弘正，曾做过晋安王萧纲的主簿，向萧纲上书道："谦让的道德不被保存，已经有很多年了。敬告大王殿下，天意推举圣者，四海归顺仁德君子，所以皇上传下德音，立大王于储副之位。真心希望您能像目夷那样崇尚仁义，不居皇位；像子臧那样固辞君位，坚守臣节；躲开王舆而不乘；抛万乘的尊位如弃敝屣，几乎可以一改浇薄竞争的风俗，发扬光大吴国的风气。古代有这样的人，今天还能听到他们说过的话，但是今天能够付诸行动的，除了殿下还有谁！使得往古无为之治的风气再现于今日，令谦让王位的举动流传后世，难道不是一件盛事么！"萧纲没有听从周弘正的劝谏。周弘正是周舍哥哥的儿子。

梁皇太子萧纲任命侍读东海人徐摛为家令，兼任管记，不久又任命为领直。徐摛的文章词赋，艳华轻丽，宫坊的文人都模仿他的风格，当时人们称之为"宫体"。梁武帝听说之后，很是恼怒，便将徐摛召来，打算好好讥诮责怪一番，等到见到后，发现徐摛应答得很机敏，言辞也富有文采，梁武帝内心的不快之意反而消释了。接着又向徐摛问了一些经史和佛教方面的问题，徐摛纵横比较，应对如流，梁武帝感叹惊异，越来越宠幸了。领军朱异很不高兴，对亲信的人说："徐叟出入两宫，深受宠幸，越来越构成威胁了，我必须早点找个安身之所。"朱异乘机向梁武帝进言道："徐摛年纪已大，又喜爱山水，希望能到一个郡中任职以自养闲逸。"梁武帝以为徐摛真的想这样做，便将徐摛召来，对他说道："新安郡山水景色非常优美。"于是便把徐摛调出京城任新安郡太守。

六月十五日癸丑，梁武帝立华容公萧欢为豫章王，弟弟枝江公萧誉为河东王，曲阿公萧詧为岳阳王。梁武帝因为社会舆论言说不顺，所以以大郡封赏萧欢兄弟，想用这个办法来安抚他们。过了很长一段时间，鲍邈之因诱骗抢人触犯刑法，罪行并不至于判处死刑，但太子萧纲想到昭明太子的冤屈，便挥泪将他处决了。

北魏高欢将起兵征讨尔朱氏，镇南大将军斛律金、军主善无库狄干与高欢的妻弟娄昭、高欢妻子的姐夫段荣等都力劝高欢成事。高欢于是假借尔朱兆的名义写了一封假信，对士兵们说尔朱兆要把六镇之人配给契胡为部曲，大家听后都很忧虑恐

之。孙腾与都督尉景为请留五日，如此者再，欢亲送之郊，雪涕执别，众皆号恸，声震原野。欢乃谕之曰："与尔俱为失乡客，义同一家，不意在上征发乃尔！今直西向，已当死；后军期，又当死；配国人，又当死，奈何？"众曰："唯有反耳！"欢曰："反乃急计，然当推一人为主，谁可者？"众共推欢，欢曰："尔乡里难制。不见葛荣乎？虽有百万之众，曾无法度，终自败灭。今以吾为主，当与前异，毋得陵汉人，犯军令，生死任吾则可；不然，不能为天下笑。"众皆顿颡曰："死生唯命！"欢乃椎牛飨士，庚申，起兵于信都，亦未敢显言叛尔朱氏也。

会李元忠举兵逼殷州，欢令高乾帅众救之。乾轻骑入见尔朱羽生，与指画军计，羽生与乾俱出，因擒斩之，持羽生首谒欢。欢抚膺曰："今日反决矣！"乃以元忠为殷州刺史，镇广阿。欢于是抗表罪状尔朱氏，尔朱世隆匿之不通。

（以上为第七段，写北魏高欢决意起兵讨尔朱氏，先用计谋，煽起士兵的反叛情绪，并制定约束律令；后让高乾谋杀尔朱氏干将尔朱羽生，而后正式宣布诛讨尔朱氏。）

魏杨播及弟椿、津皆有名德。播刚毅，椿、津谦恭，家世孝友，缌服同爨，男女百口，人无间言。椿、津皆至三公，一门七郡太守，三十二州刺史。敬宗之诛尔朱荣也，播子侃预其谋；城阳王徽、李彧，皆其姻戚也。尔朱兆入洛，侃逃归华阴，尔朱天光使侃妇父韦义远招之，与盟，许贳其罪。侃曰："彼虽食言，死者不过一人，犹冀全百口。"乃出应之，天光杀之。时椿致仕，与其子昱在华阴，椿弟冀州刺史顺、司空津、顺子东雍州刺史辨、正平太守仲宣皆在洛。秋，七月，尔朱世隆诬奏杨氏谋反，请收治之，魏主不许；世隆苦请，帝不得已，命有司检按以闻。壬申夜，世隆遣兵围津第，天光亦遣兵掩椿家于华阴，东西之族无少长皆杀之，籍没其家。世隆奏云："杨氏实反，与收兵相拒，已皆格杀。"帝惋怅久之，不言而已，朝野闻之，无不痛愤。津子逸为光州刺史，尔朱仲远遣使就杀之。唯津子愔于被收时适出在外，逃匿，获免，往见高欢于信都，泣诉家祸，因为言讨尔朱氏之策，欢甚重之，即署行

惧。高欢又伪造了一张并州的符令，要征调高欢军讨伐步落稽。高欢派了一万人马，正要出发，孙腾与都督尉景为六镇人请求高欢停留五天，这样停留了两次。高欢亲自将这支队伍送到郊外，流着眼泪与将士们告别，将士们都失声痛哭，声震原野。高欢于是又晓谕道："我与你们都是失去了故乡之人，情义如同一家人，没想到上面竟然如此征调我们！今天如果向西去并、汾讨伐步落稽，奔赴战场是死，延误了军期也是死，配属给契胡，还是要死，如何是好？"众人齐声说道："只有造反了！"高欢说："造反乃是急迫时候的办法，但是应该推举一个人为首领，谁可以呢？"众人共推高欢为首领，高欢说道："你们同乡难以治理。不见当初葛荣么。虽然拥有百万大军，但却全无法令制度，终究自己败亡了。现今推举我为首领，就应该跟以前有所不同，不能凌辱汉人，违犯军纪，生死任凭我才行；如果不可以，我不会上任而被天下人耻笑。"众人都叩头说："我们不论生死都听您号令！"高欢于是杀牛犒赏将士，六月二十二日庚申，高欢在信都起兵，但尚未敢公开声言反叛尔朱氏。

正值李元忠发兵逼近殷州，高欢命高乾率军前去援救。高乾轻骑入城会见刺史尔朱羽生，与尔朱羽生一起商议军事计划，尔朱羽生跟高乾一起出城，高乾趁机捕获并斩杀了尔朱羽生，带着尔朱羽生的人头前来拜见高欢。高欢摸着胸口说："今日只好决计造反了！"遂任命李元忠为殷州刺史，镇守广阿。高欢于是上表朝廷历举尔朱氏的罪状，尔朱世隆将此表私藏没有上报。

北魏杨播与其弟杨椿、杨津都素来有声望品德。杨播性情刚毅，杨椿、杨津性格谦恭。世代孝悌，缌服以内的亲属同灶而食，全家男女上百口，都没有异言。杨椿、杨津官位皆至三公，杨家一门出了七位郡太守，三十二位州刺史。孝庄帝诛杀尔朱荣的时候，杨播的儿子杨侃参与了谋划；城阳王元徽、李彧，都是杨家的姻亲。尔朱兆攻入洛阳后，杨侃逃回华阴故里，尔朱天光派杨侃的岳父韦义远召请杨侃，要与他盟誓，并答应赦免杨侃的罪行。杨侃说道："尔朱天光即使食言，死者也不过我一人，仍然希望保全一家百口。"于是就出来答应了，被尔朱天光所杀。当时杨椿已退休，跟儿子杨昱正在华阴，杨椿的弟弟冀州刺史杨顺、司空杨津、杨顺的儿子东雍州刺史杨辨、正平太守杨仲宣都在洛阳。秋季，七月，尔朱世隆诬奏杨氏家族谋反，请求收捕杨氏家族治罪，魏节闵帝没有同意。尔朱世隆苦苦奏表，节闵帝不得已，只好命令有关部门审查上报。七月初四日壬申深夜，尔朱世隆派兵包围了杨津的府第，尔朱天光也派兵至华阴逮捕了杨椿一家。这样杨家东、西两支不分老少都被杀了，家财籍没入官。尔朱世隆上奏说："杨氏确实想反叛，竟敢抗拒前往收捕

台郎中。

（以上为第八段，写北魏尔朱世隆等人上演最后的疯狂，丧心病狂地将杨播一族全部杀光，唯有杨愔一人逃过灾难。）

乙亥，上临轩策拜太子，大赦。

丙戌，魏司徒尔朱彦伯以旱逊位，戊子，以彦伯为侍中、开府仪同三司。彦伯于兄弟中差无过恶。尔朱世隆固让太保，魏主特置仪同三司之官，位次上公之下，庚寅，以世隆为之。斛斯椿谮朱瑞于世隆，世隆杀之。

庚寅，诏："凡宗戚有服属者，并可赐汤沐，食乡亭侯，随远近为差。"

壬辰，以吏部尚书何敬容为尚书右仆射。敬容，昌寓之子也。

魏尔朱仲远、度律等闻高欢起兵，恃其强，不以为虑，独尔朱世隆忧之。尔朱兆将步骑二万出井陉，趣殷州，李元忠弃城奔信都。八月，丙午，尔朱仲远、度律将兵讨高欢。九月，己卯，魏以仲远为太宰，庚辰，以尔朱天光为大司马。

癸巳，魏主追尊父广陵惠王为先帝，母王氏为先太妃，封弟永业为高密王，子恕为勃海王。

冬，十月，己酉，上幸同泰寺，升法坐，讲《涅槃经》，七日而罢。

乐山侯正则，先有罪徙郁林，招诱亡命，欲攻番禺，广州刺史元仲景讨斩之。正则，正德之弟也。

孙腾说高欢曰："今朝廷隔绝，号令无所禀，不权有所立，则众将沮散。"欢疑之，腾再三固请，乃立勃海太守元朗为帝。朗，融之子也。壬寅，朗即位于信都城西，改元中兴。以欢为侍中、丞相、都督中外诸军事、大将军、录尚书事、大行台，高乾为侍中、司空，高敖曹为骠骑大将军、仪同三司、冀州刺史，孙腾为尚书左仆射，河北行台魏兰根为右仆射。

的官军，现已全部杀掉。”节闵帝惋叹良久，什么话也没说，朝廷内外听闻此事，无不痛惜愤怒。杨津的儿子杨逸为光州刺史，尔朱仲远派人到光州斩杀了杨逸。只有杨津的儿子杨愔在全家被收捕时恰巧外出不在家中，逃走藏匿起来，才得以幸免，前往信都去见高欢，哭泣着诉说家中所遭受的灾祸，并趁机为讨伐尔朱氏出谋划策，高欢很器重杨愔，任命他为行台郎中。

七月初七日乙亥，梁武帝临御前殿册封太子，大赦天下。

七月十八日丙戌，北魏司徒尔朱彦伯因旱灾辞去司徒职务，七月二十日戊子，任命尔朱彦伯为侍中、开府仪同三司。尔朱彦伯在尔朱氏弟兄中没有什么过错罪恶。尔朱世隆坚决推辞太保之职，魏节闵帝特意设置仪同三师的官职，地位在上公之下，七月二十二日庚寅，任命尔朱世隆为仪同三司。斛斯椿向尔朱世隆诬告朱瑞谋反，尔朱世隆杀了朱瑞。

七月二十二日庚寅，梁朝颁布诏书：“凡皇宗外戚有缌麻以上服属关系的，妇女都可以赏赐汤沐邑，男子封乡侯或亭侯，按服属关系的远近为等差。”

七月二十四日壬辰，梁任命吏部尚书何敬容为尚书右仆射。何敬容是何昌寓的儿子。

北魏尔朱仲远、尔朱拂律归等听说高欢起兵反叛，自恃力量强盛，并不忧虑，只有尔朱世隆感到非常担心。尔朱兆率步兵和骑兵二万人马从井陉出发，直扑殷州，李元忠弃城逃奔信都。八月初九日丙午，尔朱仲远、尔朱拂律归等率兵讨伐高欢。九月十二日己卯，北魏任命尔朱仲远为太宰，九月十三日庚辰，任命尔朱天光为大司马。

九月二十六日癸巳，魏节闵帝追尊父亲广陵惠王元羽为先帝，母亲王氏为先太妃，封弟弟元永业为高密王，儿子元恕为勃海王。

冬季，十月十三日己酉，梁武帝亲临同泰寺，登上法座，向众人宣讲《涅槃经》，持续了七天才结束。

乐山侯萧正则，过去由于犯罪，被流放到了郁林，招纳亡命之徒，想攻打番禺。广州刺史元仲景讨伐杀掉了他。萧正则是萧正德的弟弟。

孙腾劝说高欢道：“今天与朝廷隔绝不通，号令无处禀告，如果不权且立一位皇帝的话，众人就会瓦解溃散。”高欢疑惑不定，在孙腾的一再请求下，才立勃海太守元朗为皇帝。元朗是元融的儿子。十月初六日壬寅，元朗在信都城西即皇帝位，改年号为中兴。任命高欢为侍中、丞相、都督中外诸军事、大将军、录尚书事、大行台，高乾为侍中、司空，高敖曹为骠骑大将军、仪同三司、冀州刺史，孙腾为尚书左仆射、河北行台，魏兰根为右仆射。

（以上为第九段，写北魏尔朱氏听说高欢起兵，不以为意，尔朱兆调度兵马前往讨伐；高欢在孙腾的再三劝说下，在信都拥立勃海太守元朗为帝，改元中兴。）

己酉，尔朱仲远、度律与骠骑大将军斛斯椿，车骑大将军、仪同三司贺拔胜、车骑大将军贾显智军于阳平。显智名智，以字行，显度之弟也。尔朱兆出井陉，军于广阿，众号十万。高欢纵反间，云："世隆兄弟谋杀兆。"复云："兆与欢同谋杀仲远等。"由是迭相猜贰，徘徊不进。仲远等屡使斛斯椿、贺拔胜往谕兆，兆帅轻骑三百来就仲远，同坐幕下，意色不平，手舞马鞭，长啸凝望，疑仲远等有变，遂趋出，驰还。仲远遣椿、胜等追，晓说之，兆执椿、胜还营，仲远、度律大惧，引兵南遁。兆数胜罪，将斩之，曰："尔杀卫可孤，罪一也。天柱薨，尔不与世隆等俱来，而东征仲远，罪二也。我欲杀尔久矣，今复何言？"胜曰："可孤为国巨患，胜父子诛之，其功不小，反以为罪乎？天柱被戮，以君诛臣，胜宁负王，不负朝廷。今日之事，生死在王。但寇贼密迩，骨肉构隙，自古及今，未有如是而不亡者。胜不惮死，恐王失策。"兆乃舍之。

高欢将与兆战，而畏其众强，以问亲信都督段韶，韶曰："所谓众者，得众人之死；所谓强者，得天下之心。尔朱氏上弑天子，中屠公卿，下暴百姓，王以顺讨逆，如汤沃雪，何众强之有！"欢曰："虽然，吾以小敌大，恐无天命不能济也。"韶曰："韶闻'小能敌大，小道大淫'。'皇天无亲，惟德是辅'。尔朱氏外乱天下，内失英雄心，智者不为谋，勇者不为斗，人心已去，天意安有不从者哉！"韶，荣之子也。辛亥，欢大破兆于广阿，俘其甲卒五千余人。

十一月，乙未，上幸同泰寺，讲《般若经》，七日而罢。庚辰，魏高欢引兵攻邺，相州刺史刘诞婴城固守。

是岁，魏南兖州城民王乞得劫刺史刘世明，举州来降。世明，芳之族子也。上以侍中元树为镇北将军、都督北讨诸军事，镇谯城。以世明

十月十三日己酉，尔朱仲远、尔朱拂律归与骠骑大将军斛斯椿，车骑大将军、仪同三司贺拔胜，车骑大将军贾显智等率军驻扎在阳平县。贾显智名字叫贾智，通常以字相称，是贾显度的弟弟。尔朱兆率军出兵井陉，驻扎于广阿，号称有十万人马。高欢施反间计，说“尔朱世隆兄弟要谋杀尔朱兆”，又说“尔朱兆与高欢共同谋划要杀掉尔朱仲远等人”，因此尔朱氏兄弟之间相互猜疑，徘徊不进。尔朱仲远等多次派斛斯椿、贺拔胜前往尔朱兆处告知劝解，尔朱兆率三百名轻骑来到尔朱仲远处，与尔朱仲远同坐大帐下。尔朱兆脸色有不平之气，手中挥舞着马鞭，长啸凝望远方。他怀疑尔朱仲远等人有变化，于是便赶快离开出来，飞驰而回。尔朱仲远派斛斯椿、贺拔胜等人追赶尔朱兆，对他进行劝说，尔朱兆将斛斯椿、贺拔胜抓了带回营中。尔朱仲远、尔朱拂律归闻知后非常恐惧，率军南逃。尔朱兆历数贺拔胜罪状，要将他处斩，说道：“你杀了卫可孤，这是第一条罪状。天柱大将军被杀后，不和尔朱世隆等人一起前来，却东征尔朱仲远，这是第二条罪状。我早就想杀你了，今天还有什么话说？”贺拔胜说道：“卫可孤是国家的大祸患，我父子将其诛杀，功劳巨大，却算作罪状么？天柱大将军被杀，是君弑臣，贺拔胜宁肯有负于大王，也不能负于朝廷。今天的事，我是活是死全在于大王。只是贼寇越来越近，兄弟骨肉之间却离心离德，从古至今，没有像这样而不灭亡的。贺拔胜并不怕死，只是恐怕大王失策了。”尔朱兆便宽赦了贺拔胜。

高欢将要与尔朱兆交战，但是畏惧尔朱兆的军队强大，便问计于亲信都督段韶，段韶说：“所谓众，乃是得到众人拼死效力；所谓强大，乃是得到天下的人心。尔朱氏上弑天子，中间屠杀公卿百官，对下凌残百姓，大王以顺讨逆，就如同以开水浇雪，有什么众多强大可言！”高欢说道：“虽然如此，我们以弱小对抗强大，如果得不到上天保佑，恐怕不能成功。”段韶说：“我听说‘小国能抵抗大国，必是小国有道，大国淫邪不正’。我还听说‘上天并无亲近疏远，只辅佐有德之人’。现今尔朱氏外乱天下，内失英雄之心，有智之人不为其出谋划策，勇武之人不为其拼死战斗，民心失去，天意怎会不顺从呢！”段韶是段荣的儿子。十月十五日辛亥，高欢在广阿大破尔朱兆，俘获军士五千余人。

十一月十九日乙未，梁武帝亲临同泰寺，向僧众宣讲《般若经》，持续了七天才结束。十一月十四日庚辰，北魏高欢率军攻打邺城，相州刺史刘诞据城固守。

这一年，北魏南兖州城百姓王乞得劫持刺史刘世明，率全州前来投降。刘世明是刘芳的同族兄弟之子。节闵帝任命侍中元树为镇北将军、都督北讨诸军事，镇守

为征西大将军、郢州刺史，加仪同三司。世明不受，固请北归，上许之。世明至洛阳，奉送所持节，归乡里，不仕而卒。

（以上为第十段，写北魏将领尔朱兆率军攻打高欢，气势汹汹；高欢采用反间计，大破尔朱兆于广阿；南兖州刺史刘世明被挟持到南朝，返回北魏洛阳，不再出仕。）

四年（壬子，532 年）

春，正月，丙寅，以南平王伟为大司马，元法僧为太尉，袁昂为司空。

立西丰侯正德为临贺王。正德自结于朱异，上既封昭明诸子，异言正德失职，故王之。

以太子右卫率薛法护为司州牧，卫送魏王悦入洛。

庚午，立太子纲之长子大器为宣城王。

魏高欢攻邺，为地道，施柱而焚之，城陷入地。壬午，拔邺，擒刘诞，以杨愔为行台右丞。时军国多事，文檄教令，皆出于愔及开府谘议参军崔㥄。㥄，逞之五世孙也。

二月，以太尉元法僧为东魏王，欲遣还北，兖州刺史羊侃为军司马，与法僧偕行。

扬州刺史邵陵王纶遣人就市赊买锦彩丝布数百匹，市人皆闭邸店不出；少府丞何智通依事启闻。纶被责还弟，乃遣防阁戴子高等以槊刺智通于都巷，刃出于背。智通识子高，取其血以指画车壁为“邵陵”字，乃绝，由是事觉。庚戌，纶坐免为庶人，锁之于弟，经二旬，乃脱锁，顷之复封爵。

辛亥，魏安定王追谥敬宗曰武怀皇帝，甲子，以高欢为丞相、柱国大将军、太师；三月，丙寅，以高澄为骠骑大将军。丁丑，安定王帅百官入居于邺。

尔朱兆与尔朱世隆等互相猜阻，世隆卑辞厚礼谕兆，欲使之赴洛，唯其所欲，又请节闵帝纳兆女为后；兆乃悦，并与天光、度律更立誓约，复相亲睦。

斛斯椿阴谓贺拔胜曰：“天下皆怨毒尔朱，而吾等为之用，亡无日矣，

谯城。任命刘世明为征西大将军、郢州刺史，加封仪同三司。刘世明不接受，坚决请求回到北朝，节闵帝答应了。刘世明到了洛阳后，向朝廷奉还了所持的符节，回到家乡，不再做官，直到去世。

梁武帝中大通四年（壬子，532年）

春季，正月初一日丙寅，梁任命南平王萧伟为大司马，元法僧为太尉，袁昂为司空。

梁朝立西丰侯萧正德为临贺王。萧正德自己交接于朱异，梁武帝既已加封了昭明太子等几个儿子，朱异进言说萧正德爵位太低，所以便将萧正德封为王。

梁朝任命太子右卫率薛法护为司州牧，派他护送魏王元悦到洛阳。

正月初五日庚午，梁朝立太子萧纲的长子萧大器为宣城王。

北魏高欢攻打邺城，挖好地道，将支撑地道顶部的柱子点火烧掉，于是城墙坍塌，陷入地中。正月十七日壬午，攻下了邺城，擒获了刘诞，任命杨愔为行台右丞。当时军国大事很多，文告檄文命令等，都出自杨愔和开府谘议参军崔悛之手。崔悛是崔逞的五世孙。

二月，梁武帝任命太尉元法僧为东魏王，想让他回到北朝，兖州刺史羊侃为军司马，与元法僧同行。

扬州刺史邵陵王萧纶派人到市场上赊购锦彩丝布几百匹，商人们都闭店不出；少府丞何智通将此事报告了朝廷。结果萧纶被责令回到府第，萧纶便派防阁戴子高等人在京城的巷子中用槊刺杀何智通，槊刃从何智通背部刺出。何智通认识戴子高，他用手指蘸着身上的血在车壁上写下“邵陵”二字之后才死去，因此这件事才被人发觉。二月十五日庚戌，萧纶因犯罪被黜为平民，锁禁于府第之中，过了二十天，才去掉锁链，很快又恢复了封爵。

二月十六日辛亥，北魏安定王元朗追谥孝庄帝为武怀皇帝。二月二十九日甲子，任命高欢为丞相、柱国大将军、太师。三月初二日丙寅，任命高澄为骠骑大将军。三月十三日丁丑，安定王率领文武百官入居邺城。

尔朱兆与尔朱世隆等人彼此相互猜疑、牵制，尔朱世隆低声下气，带着厚礼对尔朱兆劝解，想让尔朱兆到洛阳，然后一切都随所想。尔朱世隆又请节闵帝纳尔朱兆的女儿为皇后。尔朱兆这才高兴起来，并且和尔朱天光、尔朱拂律归等人又立下誓约，重新互相亲近和睦。

斛斯椿私下对贺拔胜说：“天下之人都痛恨尔朱氏，而我们却还在为他们所用，

不如图之。”胜曰：“天光与兆各据一方，欲尽去之甚难，去之不尽，必为后患，奈何？”椿曰：“此易致耳。”乃说世隆追天光等赴洛，共讨高欢。世隆屡征天光，天光不至，使椿自往邀之，曰：“高欢作乱，非王不能定，岂可坐视宗族夷灭邪！”天光不得已，将东出，问策于雍州刺史贺拔岳，岳曰：“王家跨据三方，士马殷盛，高欢乌合之众，岂能为敌！但能同心戮力，往无不捷。若骨肉相疑，则图存之不暇，安能制人！如下官所见，莫若且镇关中以固根本，分遣锐师与众军合势，进可以克敌，退可以自全。”天光不从。闰月，壬寅，天光自长安，兆自晋阳，度律自洛阳，仲远自东郡皆会于邺，众号二十万，夹洹水而军，节闵帝以长孙稚为大行台，总督之。

高欢令吏部尚书封隆之守邺，癸丑，出顿紫陌，大都督高敖曹将乡里部曲王桃汤等三千人以从。欢曰：“高都督所将皆汉兵，恐不足集事，欲割鲜卑兵千余人相杂用之，何如？”敖曹曰：“敖曹所将，练习已久，前后格斗，不减鲜卑。今若杂之，情不相洽，胜则争功，退则推罪，不烦更配也。”

庚申，尔朱兆帅轻骑三千夜袭邺城，叩西门，不克而退。壬戌，欢将战马不满二千，步兵不满三万，众寡不敌，乃于韩陵为圆陈，连系牛驴以塞归道，于是将士皆有死志。兆望见欢，遥责欢以叛己，欢曰：“本所以戮力者，共辅帝室。今天子何在？”兆曰：“永安枉害天柱，我报仇耳。”欢曰：“我昔闻天柱计，汝在户前立，岂得言不反邪！且以君杀臣，何报之有！今日义绝矣。”遂战。欢将中军，高敖曹将左军，欢从父弟岳将右军。欢战不利，兆等乘之，岳以五百骑冲其前，别将斛律敦收散卒蹑其后，敖曹以千骑自栗园出横击之，兆等大败，贺拔胜与徐州刺史杜德于陈降欢。兆对慕容绍宗抚膺曰：“不用公言，以至于此！”欲轻骑西走，绍宗反旗鸣角，收散卒成军而去。兆还晋阳，仲远奔东郡。尔朱彦伯闻度律等败，欲自将兵守河桥，世隆不从。

灭亡之日不远了，不如图谋他。”贺拔胜说：“尔朱天光与尔朱兆各自占据一方，要想全部除掉他们很难，如果不能全部除掉他们，一定成为后患，怎么办呢？”斛斯椿道：“这容易做到。”便劝说尔朱世隆督促尔朱天光等人到洛阳来，共同讨伐高欢。尔朱世隆多次征召尔朱天光，尔朱天光却不来，于是尔朱世隆便派斛斯椿亲自前往邀请尔朱天光，说道：“高欢作乱，除非大王才能平定，怎么能够坐视宗族遭受夷灭而不顾呢！”尔朱天光不得已，将要率军向东出发，问计于雍州刺史贺拔岳，贺拔岳说：“尔朱氏一家雄踞三方，兵马强盛，高欢乃乌合之众，怎能为敌！只要能够同心协力，将无往而不胜。如果骨肉之间相互猜疑，那么连存身自保尚且来不及，又怎能制服敌人呢！照下官看来，不如暂且镇守关中地区以稳固自己的根本，然后分路派遣精锐部队与其他部队联合，这样的话，进可以战胜敌人，退可以保全自己。”尔朱天光没有采纳。闰三月初八日壬寅，尔朱天光从长安出发，尔朱兆从晋阳出发，尔朱拂律归从洛阳出发，尔朱仲远从东郡出发，几路人马都会聚于邺城，军队号称二十万，沿洹水两岸驻扎下来。节闵帝任命长孙稚为大行台，总督各路大军。

高欢命吏部尚书封隆之镇守邺城，闰三月十九日癸丑，高欢率军出邺城驻扎于紫陌，大都督高敖曹率领乡里部曲王桃汤等三千人跟随。高欢说道：“高都督所统率的都是汉兵，恐怕不足以成事，我打算拨给你一千多名鲜卑兵，混杂在一起使用，你看怎么样？”高敖曹说：“敖曹所率领的部队，已训练了很长时间，前后几次格斗，并不比鲜卑兵弱。现今如果混杂起来，彼此感情会不融洽，打了胜仗都要争功，后退便会互相推罪于对方，所以不必混杂在一起。”

闰三月二十六日庚申，尔朱兆率三千轻骑夜袭邺城，攻打西门，没有成功，败退下来。闰三月二十七日壬戌，高欢率领不满二千的骑兵和不满三万的步兵，众寡不敌，便在韩陵布成了一个圆阵，将牛驴等牲畜用绳索连接起来堵塞了归路，这时将士们个个都有拼死战斗的意志。尔朱兆望见高欢，远远地责骂高欢背叛自己，高欢道：“我原来与你同心协力，是为了共同辅佐皇上，如今天子何在？”尔朱兆说道：“永安冤杀天柱大将军，我不过是为了报仇而已。”高欢道：“我过去听说了天柱大将军的计谋，你当时就在门前站着，怎能说不是反叛呢！况且君杀臣是天经地义的事，又有什么仇可报的？今日一切情义都断绝了。”于是交战。高欢统帅中军，高敖曹统帅左军，高欢的堂弟高岳统帅右军。高欢作战不利，尔朱兆等乘机进攻高军。高岳率五百名骑兵从正面冲击尔朱兆军，别将斛律敦将失散了的士卒聚集起来从后面打击尔朱兆军，高敖曹则率一千骑兵从栗园出发横击尔朱兆。尔朱兆等大败，贺拔胜和徐州刺史杜德于阵前投降了高欢。尔朱兆捶拍着胸口对慕容绍宗说道：“没有采纳您的建议，到了这个地步！”尔朱兆想率轻骑向西逃奔，慕容绍宗调转旗向，吹响号角，把逃散的士兵收聚成一支部队，带着他们逃跑了。尔朱兆逃回晋阳，尔

度律、天光将之洛阳，大都督斛斯椿谓都督贾显度、贾显智曰：“今不先执尔朱氏，吾属死无类矣。”乃夜于桑下盟，约倍道先还。世隆使其外兵参军阳叔渊驰赴北中，简阅败卒，以次内之。椿至，不得入城，乃诡说叔渊曰：“天光部下皆是西人，闻欲大掠洛邑，迁都长安，宜先内我以为之备。”叔渊信之。夏，四月，甲子朔，椿等入据河桥，尽杀尔朱氏之党。度律、天光欲攻之，会大雨昼夜不止，士马疲顿，弓矢不可施，遂西走，至灅陂津，为人所擒，送于椿所。椿使行台长孙稚诣洛阳奏状，别遣贾显智、张欢帅骑掩袭世隆，执之。彦伯时在禁直，长孙稚于神虎门启陈：“高欢义功既振，请诛尔朱氏。”节闵帝使舍人郭崇报彦伯，彦伯狼狈走出，为人所执，与世隆俱斩于阊阖门外，送其首并度律、天光于高欢。

节闵帝使中书舍人卢辩劳欢于邺，欢使之见安定王，辩抗辞不从，欢不能夺，乃舍之。辩，同之兄子也。

（以上为第十一段，写北魏尔朱氏集中兵力于邺城，被高欢击败，尔朱世隆被斛斯椿斩首于洛阳，尔朱彦伯亦被擒杀。）

辛未，骠骑大将军、行济州事侯景降于安定王，以景为尚书仆射、南道大行台、济州刺史。

尔朱仲远来奔。仲远帐下都督乔宁、张子期自滑台诣欢降。欢责之曰：“汝事仲远，擅其荣利，盟契百重，许同生死。前仲远自徐州为逆，汝为戎首；今仲远南走，汝复叛之。事天子则不忠，事仲远则无信，犬马尚识饲之者，汝曾犬马之不如！”遂斩之。

尔朱天光之东下也，留其弟显寿镇长安，召秦州刺史侯莫陈悦欲与之俱东。贺拔岳知天光必败，欲留悦共图显寿以应高欢，计未有所出。宇文泰谓岳曰：“今天光尚近，悦未必有贰心，若以此告之，恐其惊惧。然悦虽为主将，不能制物，若先说其众，必人有留心；悦进失尔朱之期，退恐人情变动，乘此说悦，事无不遂。”岳大喜，即令泰入悦军说之，悦

朱仲远逃奔东郡。尔朱彦伯闻知尔朱拂律归等战败，打算亲自率军镇守河桥，尔朱世隆不同意。

尔朱拂律归、尔朱天光将要前往洛阳，大都督斛斯椿对都督贾显度、贾显智说："今天不先抓获尔朱氏的话，我们这些人就要全都死光了。"于是几个人夜间便在桑树下盟誓，约定好兼程抢先返回洛阳。尔朱世隆派他的外兵参军阳叔渊飞马赶奔北中，选拔检阅那些败兵，分批进入洛阳城。斛斯椿赶到洛阳，未能进入城中，便哄骗阳叔渊说："尔朱天光的部下都是西部人，我听说他们打算要大肆掠抢洛阳城，之后迁都到长安，你应先让我进城，做好准备。"阳叔渊相信了他的话。夏季，四月初一日甲子朔，斛斯椿等占据河桥，将尔朱氏的党羽全部杀掉了。尔朱拂律归、尔朱天光想攻打河桥，赶上天下大雨，昼夜不停，兵马疲惫困顿，弓箭施展不开，于是只好向西逃去，逃到灅陂津时，被人擒获，送到了斛斯椿处。斛斯椿派行台长孙稚到洛阳向朝廷报告，另外又派贾显智、张欢率骑兵袭击尔朱世隆，将其抓获。尔朱彦伯当时正在宫中，长孙稚在神虎门启请道："高欢义军振起，请诛杀尔朱氏。"节闵帝派舍人郭崇通报了尔朱彦伯，尔朱彦伯狼狈逃出宫中，被人抓获，与尔朱世隆一起被斩首于阊阖门外，又将尔朱彦伯、尔朱世隆的首级连同尔朱拂律归、尔朱天光一起送到高欢处。

魏节闵帝派中书舍人卢辩到邺城慰劳高欢，高欢让卢辩见安定王，卢辩高声抗议不见安定王，高欢不能使卢辩屈服，只好放了他。卢辩是卢同哥哥的儿子。

四月初八日辛未，骠骑大将军、行济州事侯景投降了安定王，安定王任命侯景为尚书仆射、南道大行台、济州刺史。

尔朱仲远前来投降梁朝。尔朱仲远帐下的都督乔宁、张子期从滑台到高欢处请求投降。高欢斥责他们说："你们侍奉尔朱仲远，享尽了荣华富贵，盟誓旦旦，许诺同生共死。以前尔朱仲远在徐州叛乱，你们是军队主帅，现今尔朱仲远失势南逃，你们又背叛了尔朱仲远。你们侍奉天子时候是为不忠，侍奉尔朱仲远则不讲信义，犬马还认识饲养它的主人，你们竟然连犬马都不如！"便杀掉了乔宁和张子期。

尔朱天光率军东下的时候，留下了弟弟尔朱显寿镇守长安城，召请秦州刺史侯莫陈悦和自己一起东下洛阳。贺拔岳知道尔朱天光肯定失败，便想留住侯莫陈悦共同图谋尔朱显寿以响应高欢，但却想不出什么办法来。宇文泰对贺拔岳说道："现今尔朱天光尚且很近，侯莫陈悦未必会有二心，如果把这计划告诉了他，恐怕侯莫陈悦会惊慌恐惧。但侯莫陈悦虽然是主将，却不能辖治众人，如果先劝说他的部队，

遂与岳俱袭长安。泰帅轻骑为前驱，显寿弃城走，追至华阴，擒之。欢以岳为关西大行台，岳以泰为行台左丞，领府司马，事无巨细皆委之。

尔朱世隆之拒高欢也，使齐州行台尚书房谟募兵趣四渎，又使其弟青州刺史弼趣乱城，扬声北渡，为掎角之势。及韩陵既败，弼还东阳，闻世隆等死，欲来奔，数与左右割臂为盟。帐下都督冯绍隆，素为弼所信待，说弼曰："今方同契阔，宜更割心前之血以盟众。"弼从之，大集部下，披胸令绍隆割之，绍隆因推刃杀之，传首洛阳。

（以上为第十二段，写北魏尔朱氏兵败如山倒，势力接近消亡，尔朱仲远投降南朝；尔朱显寿被俘获，关西归于高欢；尔朱弼被杀，山东的地盘也归高欢。）

丙子，安东将军辛永以建州降于安定王。

辛巳，安定王至邙山。高欢以安定王疏远，使仆射魏兰根慰谕洛邑，且观节闵帝之为人，欲复奉之。兰根以帝神采高明，恐于后难制，与高乾兄弟及黄门侍郎崔㥄共劝欢废之。欢集百官问所宜立，莫有应者，太仆代人綦毋儁盛称节闵帝贤明，宜主社稷，欢欣然是之。㥄作色曰："若言贤明，自可待我高王，徐登大位。广陵既为逆胡所立，何得犹为天子！若从儁言，王师何名义举？"欢遂幽节闵帝于崇训佛寺。

欢入洛阳，斛斯椿谓贺拔胜曰："今天下事，在吾与君耳，若不先制人，将为人所制。高欢初至，图之不难。"胜曰："彼有功于时，害之不祥。比数夜与欢同宿，且序往昔之怀，兼荷兄恩意甚多，何苦惮之！"椿乃止。

欢以汝南王悦，高祖之子，召欲立之，闻其狂暴无常，乃止。

时诸王多逃匿，尚书左仆射平阳王脩，怀之子也，匿于田舍。欢欲立之，使斛斯椿求之。椿见脩所亲员外散骑侍郎太原王思政，问王所在，思政曰："须知问意。"椿曰："欲立为天子。"思政乃言之。椿从思政见脩，脩色变，谓思政曰："得无卖我邪？"曰："不也。"曰："敢保之乎？"

一定会是人人都有愿留下之心，侯莫陈悦东进误了尔朱天光约定的日期，后退则又担心人心浮动，发生变乱，乘这个时候劝说侯莫陈悦，事情没有不遂意的。”贺拔岳大喜，便命宇文泰到侯莫陈悦军中去劝说，侯莫陈悦便和贺拔岳一起袭击长安城。宇文泰率轻骑为前锋，尔朱显寿弃城而逃，追到华阴，被抓获。高欢任命贺拔岳为关西大行台，贺拔岳任命宇文泰为行台左丞、领府司马，无论大事小事都交与他处理。

尔朱世隆抵抗高欢的时候，派齐州行台尚书房谟招募士兵赴奔四渎，又派房谟的弟弟青州刺史房弼赶赴乱城，扬言要北渡黄河，构成掎角之势。等到韩陵失败后，房弼回到东阳，听说尔朱世隆等人已死，便打算前来投奔，多次与部下割臂盟誓。房弼的帐下都督冯绍隆，一直深受房弼信赖，劝说房弼："现今正是生死勤苦的时候，您应该进一步刺出胸前之血和众人盟誓。"房弼采纳了冯绍隆的建议，于是将部下召集起来，敞开前胸令冯绍隆刺血，冯绍隆趁机用刀杀了房弼，将他的首级送到了洛阳。

四月十三日丙子，安东将军辛永率领建州投降了安定王。

四月十八日辛巳，安定王到了邙山。高欢因安定王与皇族嫡系比较疏远，派仆射魏兰根前往洛阳慰问，同时观察一下节闵帝的为人，再推奉他为皇帝。魏兰根认为节闵帝神气高扬，担心以后难以驾驭，便与高乾兄弟及黄门侍郎崔㥄等一起劝高欢将节闵帝废掉。高欢召集百官向大家征询应该立谁为帝，没人作声，太仆代郡人綦毋儁盛赞节闵帝贤明，应该主持社稷，高欢很高兴，觉得綦毋儁说得很对。崔㥄正言厉色地说道："如果要说贤明，自然应该等待我们高王，慢慢登上皇位。广陵王既然是由叛乱的胡人所立，怎么还能做天子！如果听从了綦毋儁的话，大王队伍怎么称得上是义举？"高欢便将节闵帝幽禁在崇训佛寺中。

高欢进入洛阳的时候，斛斯椿对贺拔胜说道："当今天下的事情，全在于我和您了，如果不先发制人的话，将会被别人所制。高欢现今刚到洛阳，图谋他还不难。"贺拔胜说道："高欢有功于国家，杀害他不吉祥。近几夜我与高欢同住，叙谈往昔之情，再加上他受你的恩义很多，何苦要怕他呢！"斛斯椿这才作罢。

高欢因为汝南王元悦是孝文帝的儿子，将元悦召来，想立他为皇帝，但又听说元悦暴戾无常，便作罢。

当时北魏诸位亲王大多逃走藏匿了起来，尚书左仆射平阳王元脩，是元怀的儿子，躲藏在乡间田舍中。高欢想立元脩为帝，派斛斯椿去寻找。斛斯椿找到元脩所亲信的员外散骑侍郎太原人王思政，问元脩的所在，王思政说："要知道问的来意。"斛斯椿道："想立为天子。"王思政这才说出元脩在什么地方。斛斯椿随王思政去见

曰："变态百端，何可保也！"椿驰报欢。欢遣四百骑迎脩入毡帐，陈诚，泣下沾襟，脩让以寡德，欢再拜，脩亦拜。欢出备服御，进汤沐，达夜严警。昧爽，文武执鞭以朝，使斛斯椿奉劝进表。椿入帷门，磬折延首而不敢前，脩令思政取表视之，曰："便不得不称朕矣。"乃为安定王作诏策而禅位焉。

戊子，孝武帝即位于东郭之外，用代都旧制，以黑毡蒙七人，欢居其一，帝于毡上西向拜天毕，入御太极殿，群臣朝贺，升阊阖门大赦，改元太昌。以高欢为大丞相、天柱大将军、太师，世袭定州刺史。庚寅，加高澄侍中、开府仪同三司。

（以上为第十三段，写北魏立君王如同儿戏，元恭是尔朱氏所立，今高欢得势，便另立新帝，平阳王元脩被推上皇帝位，即魏孝武帝。）

初，欢起兵信都，尔朱世隆知司马子如与欢有旧，自侍中、骠骑大将军出为南岐州刺史。欢入洛，召子如为大行台尚书，朝夕左右，参知军国。广州刺史广宁韩贤，素为欢所善，欢入洛，凡尔朱氏所除官爵例皆削夺，唯贤如故。

以前御史中尉樊子鹄兼尚书左仆射，为东南道大行台，与徐州刺史杜德追尔朱仲远；仲远已出境，遂攻元树于谯。

丞相欢征贺拔岳为冀州刺史，岳畏欢，欲单马入朝。行台右丞薛孝通说岳曰："高王以数千鲜卑破尔朱百万之众，诚亦难敌。然诸将或素居其上，或与之等夷，屈首从之，势非获已。今或在京师，或据州镇，高王除之则失人望，留之则为腹心之疾。且吐万人虽复败走，犹在并州，高王方内抚群雄，外抗勍敌，安能去其巢穴，与公争关中之地乎！今关中豪俊皆属心于公，愿效其智力。公以华山为城，黄河为堑，进可以兼山东，退可以封函谷，奈何欲束手受制于人乎！"言未卒，岳执孝通手曰："君言是也。"乃逊辞为启而不就征。

壬辰，丞相欢还邺，送尔朱度律、天光于洛阳，斩之。

元脩，元脩见了他们脸色大变，对王思政说道：“是不是出卖我了？”王思政道：“当然不是。”元脩又说：“敢保证么？”王思政答道：“事情千变万化，怎么能保证呢！”斛斯椿飞马向高欢做了汇报，高欢派四百名骑兵将元脩接入毛毡大帐，向元脩表达了自己的诚挚之心，言谈之际泪落沾襟。元脩以寡德为由推让再三，高欢两拜，元脩也拜了一拜。高欢出帐，准备好皇帝的服装、用品让元脩沐浴整衣，彻夜严加警戒。第二天早晨，文武百官执鞭朝拜，高欢让斛斯椿进奉劝进表。斛斯椿进入帷门，弯腰施礼伸着头不敢进到元脩跟前，元脩命王思政接过劝进表，看过之后，说道：“我不得不即位称朕了。”高欢于是为安定王作诏书禅位于元脩。

四月二十五日戊子，魏孝武帝元脩在洛阳东郭外登上皇帝位，采用代都旧有的制度，将黑毡蒙在七个人身上，高欢便是其中一人。孝武帝在毡上向西拜过天之后，便入御太极殿，群臣朝贺。登上阊阖门，大赦天下，改年号为太昌。任命高欢为大丞相、天柱大将军、太师，世袭定州刺史。四月二十七日庚寅，加封高澄为侍中、开府仪同三司。

当初，高欢从信都起兵的时候，尔朱世隆知道司马子如跟高欢有老交情，将司马子如从侍中、骠骑大将军的职位上撤下，出任南岐州刺史。高欢进入洛阳后，征召司马子如为大行台尚书，从此司马子如朝夕在高欢身边，参与军国大事。广州刺史广宁郡人韩贤，一直很受高欢赏识，高欢进到洛阳后，凡是尔朱氏所任命的官职爵位都被撤销废除了，只有韩贤的官爵还和过去一样。

北魏任命前御史中尉樊子鹄兼任尚书左仆射，为东南道大行台，与徐州刺史杜德一起追击尔朱仲远，尔朱仲远已逃出境外，于是便到谯城攻打元树。

丞相高欢征召贺拔岳为冀州刺史，贺拔岳畏惧高欢，便打算单人匹马入朝接受任命。行台右丞薛孝通劝贺拔岳道：“高欢以几千鲜卑军队打败了尔朱氏的百万大军，确实很难与他相匹敌。但各位将领有的过去一直职位在他之上，有的跟他职位相等，俯首屈从于他，其势乃迫不得已。现今这些将领有的在京师洛阳，有的占据着州镇，高欢除掉他们则会失去人心，若留着他们则会成为他的心腹之患。况且尔朱兆虽然败逃，却仍在并州，高王正在内抚群雄，外抗强敌，怎能离开老窝，与您争夺关中之地呢！现今关中的英雄豪杰，都倾心于您，愿意为您效力。您若把华山当作城墙，把黄河当作沟堑，进可以兼并崤山以东的区域，退可以封锁函谷关，为什么要捆住自己的手脚，受制于别人呢！”话还未说完，贺拔岳便握住薛孝通的手说：“您说得对。”于是客气地给高欢写了封信加以推辞，未前去接受任命。

四月二十九日壬辰，丞相高欢回到邺城，将尔朱拂律归、尔朱天光送到洛阳杀

五月，丙申，魏主酖节闵帝于门下外省，诏百司会丧，葬用殊礼。

以沛郡王欣为太师，赵郡王谌为太保，南阳王宝炬为太尉，长孙稚为太傅。宝炬，愉之子也。丞相欢固辞天柱大将军，戊戌，许之。己酉，清河王亶为司徒。

侍中河南高隆之，本徐氏养子，丞相欢命以为弟，恃欢势骄公卿，南阳王宝炬殴之，曰：“镇兵何敢尔！”魏主以欢故，六月，丁卯，黜宝炬为骠骑大将军，归第。

魏主避广平武穆王之讳，改谥武怀皇帝曰孝庄皇帝，庙号敬宗。

秋，七月，庚子，魏复以南阳王宝炬为太尉。

壬寅，魏丞相欢引兵入滏口，大都督库狄干入井陉，击尔朱兆。庚戌，魏主使骠骑大将军、仪同三司高隆之帅步骑十万会丞相欢于太原，因以隆之为丞相军司。欢军于武乡，尔朱兆大掠晋阳，北走秀容。并州平。欢以晋阳四塞，乃建大丞相府而居之。

魏夏州迁民郭迁据青州反，刺史元嶷弃城走，诏行台侯景等讨之，拔其城。迁来奔。

魏东南道大行台樊子鹄围元树于谯城，分兵攻取蒙县等五城，以绝援兵之路。树请帅众南归，以地还魏，子鹄等许之，与之誓约。树众半出，子鹄击之，擒树及谯州刺史朱文开以归。羊侃行至官竹，闻树败而还。九月，树至洛阳，久之，复欲南奔，魏人杀之。

乙巳，以司空袁昂领尚书令。

冬，十一月，丁酉，日南至，魏主祀圜丘。

甲辰，魏杀安定王朗、东海王晔。

己酉，以汝南王悦为侍中、大司马。

魏葬灵太后胡氏。

上闻魏室已定，十二月，庚辰，复以太尉元法僧为郢州刺史。

掉了。

五月初二日丙申，魏孝武帝在门下省用药酒毒死了节闵帝，之后颁布诏书命令各部门举办丧事，用特别的葬礼埋葬。

北魏任命沛郡王元欣为太师，赵郡王元谌为太保，南阳王元宝炬为太尉，任命长孙稚为太傅。元宝炬是元愉的儿子。丞相高欢坚决推辞不当天柱大将军，五月初五日戊戌，孝武帝同意了他的请求。五月十六日己酉，任命清河王元亶为司徒。

侍中河南人高隆之，本是徐氏的养子，丞相高欢认他为弟，高隆之倚仗高欢的权势对公卿们的态度很骄横，南阳王元宝炬将他痛打了一顿，骂道："镇兵竟敢如此狂妄！"魏孝武帝因高欢的缘故，于六月初五日丁卯，将元宝炬贬黜为骠骑大将军，令其回到家中。

魏孝武帝为避广平武穆王的名讳，将武怀皇帝的谥号改为孝庄皇帝，庙号为敬宗。

秋季，七月初八日庚子，北魏又任命南阳王元宝炬为太尉。

七月初十日壬寅，北魏丞相高欢率兵入滏口，大都督库狄干率兵入井陉，攻打尔朱兆。七月十八日庚戌，魏孝武帝派骠骑大将军、仪同三司高隆之率步兵骑兵十万人与高欢在太原会师，于是任命高隆之为丞相军司。高欢驻军于武乡，尔朱兆大肆抢掠晋阳，向北逃奔秀容县。并州平定。高欢因晋阳四面环山，于是在晋阳建大丞相府，住在那里。

北魏夏州移民郭迁占据青州，反叛朝廷，青州刺史元嶷弃城而逃。朝廷诏令行台侯景等人讨伐，攻下了青州。郭迁前来投奔梁朝。

北魏东南道大行台樊子鹄在谯城包围了元树，分兵攻取了蒙县等五座县城，以断绝元树的援兵之路。元树向樊子鹄请求率军南归，将占据的地盘还给北魏，樊子鹄等同意了这一请求，并与元树订立了盟约。元树的部队一半人马刚出城，樊子鹄突然袭击，抓获了元树和谯州刺史朱文开，把他们带了回来。羊侃率军行至官竹这个地方时，听说元树已兵败，便又回去了。九月，元树被押送到了洛阳，过了一段时间，元树又打算南奔梁朝，北魏人杀了他。

九月十四日乙巳，梁武帝任命司空袁昂兼任尚书令。

冬季，十一月初七日丁酉，太阳到了最南端，魏孝武帝在圜丘祭天。

十一月十四日甲辰，北魏杀了安定王元朗和东海王元晔。

十一月十九日己酉，魏孝武帝任命汝南王元悦为侍中、大司马。

北魏安葬灵太后胡氏。

梁武帝听说北魏朝廷已经安定，十二月二十一日庚辰，又任命太尉元法僧为郢州刺史。

魏主以汝南王悦属近地尊，丁亥，杀之。

魏大赦，改元永兴，以与太宗同号，复改永熙。

魏主纳丞相欢女为后，命太常卿李元忠纳币于晋阳。欢与之宴，论及旧事，元忠曰：“昔日建义，轰轰大乐，比来寂寂无人问。”欢抚掌笑曰：“此人逼我起兵。”元忠戏曰：“若不与侍中，当更求建义处。”欢曰：“建义不虑无，止畏如此老翁不可遇耳。”元忠曰：“止为此翁难遇，所以不去。”因捋欢须大笑。欢悉其雅意，深重之。

尔朱兆既至秀容，分守险隘，出入寇抄。魏丞相欢扬声讨之，师出复止者数四,兆意怠。欢揣其岁首当宴会，遣都督窦泰以精骑驰之，一日一夜行三百里，欢以大军继之。

（以上为第十四段，写北魏孝武帝元脩不是“省油灯”，即位后，把三个傀儡皇帝都杀了，以绝后患；尔朱氏只剩下尔朱兆，高欢亲率大军奔袭。）

魏孝武帝因南王元悦与自己亲属关系近而且地位又高，十二月二十八日丁亥，杀了元悦。

北魏大赦天下，改年号为永兴，因为与太宗年号相同，便又改为永熙。

魏孝武帝娶丞相高欢的女儿为皇后，命太常卿李元忠将彩礼送至晋阳。高欢与李元忠宴饮，谈起往事，李元忠说道："昔日您兴兵起义的时候，热热闹闹，欢欢乐乐，近来却静悄悄的，没人来问候了。"高欢拍手大笑，说道："这人是在逼我起兵啊。"李元忠开玩笑地说："如果不把权力交给侍中，我就再找一处能够起兵的地方。"高欢道："起兵的人不用担心没有，只是恐怕像我这样的老头儿你不会再遇到了。"李元忠说道："正因为这老头儿难以遇到，所以不会离开的。"于是捋着高欢的胡须大笑起来。高欢知道李元忠平素的想法，因此很是看重他。

尔朱兆到了秀容县后，分兵把守险要隘口，四出侵犯抢掠。北魏丞相高欢扬言要讨伐尔朱兆，军队已经出发又停止讨伐，这样搞了三四次，尔朱兆便懈怠下来了。高欢估计尔朱兆在年初可能要举行宴会，于是便派都督窦泰率精锐骑兵飞速行军，一天一夜行军三百里，高欢率领大军随后进发。

【点评】

高欢称帝呼之欲出。尔朱氏在高欢穷追猛打之下，节节败退，溃不成军。高欢一心想做皇帝，但是遮遮掩掩，推出了一个又一个皇帝，就是不肯自己当皇帝。高欢的顾虑在天下人心。李元忠是高欢的老友，深知高欢的心事，他以开玩笑的方式挑明话题，说："如果不给我封侍中，我就另找一处起兵的地方了。"北朝侍中是皇帝身边典机密的侍从，常受遗诏辅政，有"小宰相"之称。高欢听了心领神会，也交心说："起兵的人不是没有，只是恐怕像我这样的老头儿你不会再遇到了。"意思是说，这皇帝早晚是我高欢的，你不用离开我，跟着干就是了。

高欢虽然出身卑微，但是他天生有政治头脑，魏孝武帝娶丞相高欢的女儿为皇后，这事肯定是高欢一手操办，为的是政治联姻。但是高欢主宰朝廷大权之后的种种表现，仍然显露出他的短板，高欢以不讲信义为由杀了乔宁和张子期，却不记得自己和尔朱兆的承诺，显然不能自圆其说；侍中河南人高隆之，本是徐氏的养子，高欢认他为弟，高隆之倚仗高欢的权势，对公卿们的态度很骄横，连皇帝也无可奈何，这只能解释为高欢的放纵。还没有坐天下，就已经不能自敛，高欢的轻佻，由此可见。

梁纪十二

梁武帝中大通五年至六年（533—534 年）

【起昭阳赤奋若（癸丑，533 年），尽阏逢摄提格（甲寅，534 年），凡二年】

【大事提要】

本卷记事起自公元 533 年，至公元 534 年，凡二年，当梁武帝中大通五年、六年和魏孝武帝永熙二年、三年。此时南朝承平，无事可述，而北魏发生政权更迭的大事变，故本卷内容集中记述北魏命丧权臣的短命皇帝孝武帝一朝的事变，然后详载北魏分裂为东魏和西魏的始末，为北齐和北周的兴起伏笔。

【原文】

高祖武皇帝十二

中大通五年（癸丑，533年）

春，正月，辛卯，上祀南郊，大赦。

魏窦泰奄至尔朱兆庭，军人因宴休惰，忽见泰军，惊走，追破之于赤䃭岭，众并降散。兆逃于穷山，命左右西河张亮及苍头陈山提斩己首以降，皆不忍；兆乃杀所乘白马，自缢于树。欢亲临，厚葬之。慕容绍宗携尔朱荣妻子及兆余众诣欢降，欢以义故，待之甚厚。兆之在秀容，左右皆密通款于欢，唯张亮无启疏，欢嘉之，以为丞相府参军。

魏罢诸行台。

辛亥，上祀明堂。

丁巳，魏主追尊其父为武穆帝，太妃冯氏为武穆后，母李氏为皇太妃。

劳州刺史曹凤、东荆州刺史雷能胜等举城降魏。

魏侍中斛斯椿闻乔宁、张子期之死，内不自安，与南阳王宝炬、武卫将军元毗、王思政密劝魏主图丞相欢。毗，遵之玄孙也。舍人元士弼又言欢受诏不敬，帝由是不悦。椿劝帝置阁内都督部曲，又增武直人数，自直阁已下，员别数百，皆选四方骁勇者充之。帝数出游幸，椿自部勒，别为行陈，由是朝政、军谋，帝专与椿决之。帝以关中大行台贺拔岳拥重兵，密与相结，又出侍中贺拔胜为都督三荆等七州诸军事，欲倚胜兄弟以敌欢，欢益不悦。

侍中、司空高乾之在信都也，遭父丧，不暇终服。及孝武帝即位，表请解职行丧，诏听解侍中，司空如故。乾虽求退，不谓遽见许，既去内侍，朝政多不关预，居常怏怏。帝既贰于欢，冀乾为己用，尝于华林园宴罢，独留乾，谓之曰："司空奕世忠良，今日复建殊效，相与虽则君臣，义同兄弟，宜共立盟约，以敦情契。"殷勤逼之。乾对曰："臣以身许国，何敢有贰。"时事出仓猝，且不谓帝有异图，遂不固辞，亦不以启

【语译】

高祖武皇十二

梁武帝中大通五年（癸丑，533年）

春季，正月初二日辛卯，梁武帝在京城南郊举行祭祀典礼，大赦天下。

北魏都督窦泰偷袭尔朱兆的驻地。尔朱兆的军队正处于岁首欢宴休假期间，防范松懈，突然发现魏军来袭，惊荒逃窜，在赤谼岭被追及，大败，全军溃散投降。尔朱兆逃入深山，吩咐部将西河人张亮和随身保镖陈山提割下自己的头颅去投降，但两人都不忍下手。尔朱兆于是杀了自己的坐骑白马，自己吊死在树下。北魏丞相高欢亲自送葬哭丧，用高规格的礼仪安葬了尔朱兆。慕容绍宗率领尔朱荣的妻子儿女以及尔朱兆的余部向高欢投降，高欢敬重他的忠义，所以待他很优厚。尔朱兆在秀容时，身边亲将差不多都秘密地与高欢通信，只有张亮没有这样做，高欢赞赏他的节操，任用他为丞相府参军。

北魏撤裁各地的行台机构。

正月二十二日辛亥，梁武帝在明堂举行祭祀典礼。

正月二十八日丁巳，魏孝武帝追尊他的父亲广平王元怀为武穆帝，王太妃冯氏为武穆后，生母李氏为皇太妃。

劳州刺史曹凤、东荆州刺史雷能胜等人率领全城军民投降北魏。

北魏侍中斛斯椿听说乔宁、张子期被处死，心中不安，因此与南阳王元宝炬、武卫将军元毗，以及王思政秘密劝说孝武帝除掉丞相高欢。元毗，就是常山王元遵的玄孙。中书舍人元士弼也进言说高欢在接受诏命时不恭敬，孝武帝因此很不高兴。斛斯椿建议孝武帝设置宫廷都督部曲，并增加守卫宫内的武士人数，从直阁以下，增员达数百人，都是从各地挑选的勇武刚健的人来充任。孝武帝多次外出巡视，都由斛斯椿亲自部署警卫，独立行动编队。从此，政务、军谋都是孝武帝专与斛斯椿商议决定。孝武帝因关中大行台贺拔岳拥有重兵，于是与贺拔岳秘密联结，又派出侍中贺拔胜担任三荆等七州诸军事的都督，想依靠贺拔胜、贺拔岳兄弟的力量来对抗高欢，高欢对此更加不满。

侍中、司空高乾先前在信都任职时，遇父亲去世，没等到服丧期满就去赴任。到孝武帝即位时，他上奏章请求辞职回家守丧尽孝。孝武帝下诏允许高乾辞去侍中，仍保留司空职位。高乾虽然请求解职，但没想到申请立即被批准，既然失去了内侍的职务，朝政大事多不能参与，因此高乾平日居家闷闷不乐。孝武帝已经与高欢离心离德，就希望高乾为己所用，曾经在宫内华林园饮宴散席之后，单独留下高乾，对高乾说："高家世代忠良，当今又建立了平定尔朱氏的特殊功勋，朕与卿名分为君

欢。及帝置部曲，乾乃私谓所亲曰：“主上不亲勋贤而招集群小，数遣元士弼、王思政往来关西与贺拔岳计议，又出贺拔胜为荆州，外示疏忌，内实树党，令其兄弟相近，冀据有西方。祸难将作，必及于我。”乃密启欢。欢召乾诣并州，面论时事，乾因劝欢受魏禅，欢以袖掩其口曰：“勿妄言！今令司空复为侍中，门下之事一以相委。”欢屡启请，帝不许。乾知变难将起，密启欢求为徐州；二月，辛酉，以乾为骠骑大将军、开府仪同三司、徐州刺史，以咸阳王坦为司空。

癸未，上幸同泰寺，讲《般若经》，七日而罢，会者数万人。

魏正光以前，阿至罗常附于魏。及中原多事，阿至罗亦叛，丞相欢招抚之，阿至罗复降，凡十万户。三月，辛卯，诏复以欢为大行台，使随宜裁处。欢与之粟帛，议者以为徒费无益，欢不从，及经略河西，大收其用。

高乾将之徐州，魏主闻其漏泄机事，乃诏丞相欢曰：“乾邕与朕私有盟约，今乃反覆两端。”欢闻其与帝盟，亦恶之，即取乾前后数启论时事者遣使封上，帝召乾，对欢使责之，乾曰：“陛下自立异图，乃谓臣为反覆，人主加罪，其可辞乎！”遂赐死。帝又密敕东徐州刺史潘绍业杀其弟敖曹，敖曹先闻乾死，伏壮士于路，执绍业，得敕书于袍领，遂将十余骑奔晋阳。欢抱其首哭曰：“天子枉害司空。”敖曹兄仲密为光州刺史，帝敕青州断其归路，仲密亦间行奔晋阳。仲密名慎，以字行。

魏太师鲁郡王肃卒。

丙辰南平元襄王伟卒。

臣，恩义如同兄弟，应当共同订立一个盟约，以便增进情谊。”孝武帝说完殷勤地逼迫高乾答应。高乾回答说：“臣以身许国，怎敢有二心。”当时事出突然，高乾也没多想，他哪里想到孝武帝别有用心，于是没有坚决推辞，也没把这件事报告给高欢。等到孝武帝组建宫中侍卫亲军，高乾对身边亲近的人说：“皇上不亲近功高贤能的大臣，反而召集信任一群小人，还多次派遣元士弼、王思政往来关西与贺拔岳密议，又派出贺拔胜出任荆州都督，表面上看似疏远猜疑群小，暗地里是培植党羽，让贺拔胜兄弟靠拢、亲近，希望贺氏兄弟控制西部地区。祸乱就要起来了，一定会波及我。”高乾于是秘密地报告给高欢。高欢立即把高乾召到并州，当面讨论时事，高乾趁机劝说高欢迫使孝武帝禅位，自己登基。高欢随即用衣袖掩住高乾的嘴说道：“不要胡说！现在就让你做侍中，门下省的事务全部委托给你了。”高欢多次上奏要高乾复职，孝武帝都不批准。高乾预料祸乱将要发生，就秘密致信高欢，请求外出到徐州任职。二月初三日辛酉，高乾被任命为骠骑大将军、开府仪同三司、徐州刺史，另外任命咸阳王元坦为司空。

二月二十五日癸未，梁武帝驾临同泰寺，讲解《般若经》，讲了七天才结束，与会听讲的人有数万之众。

在北魏正光年间以前，阿至罗部众经常依附北魏。等到中原战乱纷繁，阿至罗也乘机反叛，丞相高欢对他们进行招抚，阿至罗重新投降，总计十万户。三月初三日辛卯，孝武帝下诏再次任命高欢为大行台，授予他对阿至罗有随机处置之权。高欢于是决定给降民一批粮食和布帛，参与论事的人认为是白白耗费财物，没有什么益处，但高欢没有听从。等到讨伐河西时，这批降民发挥了极大的作用。

高乾即将到徐州上任，孝武帝得知他泄露了机密，于是下诏给丞相高欢说：“高乾恭敬地与朕私下订有盟誓，如今又在你面前搬弄是非，脚踏两只船。”高欢得知高乾与孝武帝私下订盟，就十分厌恶他，立即取出高乾前后写来的几封论及时政的书信密封后派人送给了孝武帝。孝武帝召见高乾，当着高欢使者的面斥责高乾。高乾说：“陛下自己别有图谋，却说我反复无常，皇上要加罪给一个人，他怎能推卸掉呢！”于是高乾被赐死。孝武帝又秘密地下手诏给东徐州刺史潘绍业杀死高乾的弟弟高敖曹。高敖曹在这之前得知高乾死讯，就埋伏壮士在途中，抓住了潘绍业，从他衣领里搜出了孝武帝的手书，仓皇率领十几个骑兵逃奔晋阳。高欢抱着高敖曹的头痛哭着说：“皇上枉杀了司空高乾。”高敖曹的哥哥高仲密任光州刺史，孝武帝敕令青州切断高仲密回晋阳的归路，高仲密就从小道逃回了晋阳。高仲密名慎，平时只用表字。

北魏太师鲁郡王元肃辞世。

三月二十八日丙辰，梁南平元襄王萧伟辞世。

丁巳，魏以赵郡王谌为太尉，南阳王宝炬为太保。

魏尔朱兆之入洛也，焚太常乐库，钟磬俱尽。节闵帝诏录尚书事长孙稚、太常卿祖莹等更造之，至是始成，命曰大成乐。

魏青州民耿翔聚众寇掠三齐，胶州刺史裴粲专事高谈，不为防御；夏，四月，翔掩袭州城。左右白贼至，粲曰："岂有此理！"左右又言已入州门，粲乃徐曰："耿王来，可引之听事，自余部众，且付城民。"翔斩之，送首来降。

五月，魏东徐州民王早等杀刺史崔庠，以下邳来降。

六月，壬申，魏以骠骑大将军樊子鹄为青、胶大使，督济州刺史蔡儁等讨耿翔。秋，七月，魏师至青州，翔弃城来奔，诏以为兖州刺史。

壬辰，魏以广陵王欣为大司马，赵郡王谌为太师，庚戌，以前司徒贺拔允为太尉。

初，贺拔岳遣行台郎冯景诣晋阳，丞相欢闻岳使至，甚喜，曰："贺拔公讵忆吾邪！"与景歃血，约与岳为兄弟。景还，言于岳曰："欢奸诈有余，不可信也。"府司马宇文泰自请使晋阳以观欢之为人，欢奇其状貌，曰："此儿视瞻非常。"将留之，泰固求复命；欢既遣而悔之，发驿急追，至关不及而返。

泰至长安，谓岳曰："高欢所以未篡者，正惮公兄弟耳；侯莫陈悦之徒，非所忌也。公但潜为之备，图欢不难。今费也头控弦之骑不下一万，夏州刺史斛拔弥俄突胜兵三千余人，灵州刺史曹泥、河西流民纥豆陵伊利等各拥部众，未知所属。公若引军近陇，扼其要害，震之以威，怀之以惠，可收其士马以资吾军。西辑氐、羌，北抚沙塞，还军长安，匡辅魏室，此桓、文之举也。"岳大悦，复遣泰诣洛阳请事，密陈其状。魏主喜，加泰武卫将军，使还报。八月，帝以岳为都督雍华等二十州诸军事、雍州刺史，又割心前血，遣使者赍以赐之。岳遂引兵西屯平凉，以牧马为名。斛拔弥俄突、纥豆陵伊利及费也头万俟受洛干、铁勒斛律沙门等皆附于岳，唯曹泥附于欢。秦、南秦、河、渭四州刺史同会平凉，受岳节度。岳以夏州被边要重，欲求良刺史以镇之，众举宇文泰，岳曰："宇

三月二十九日丁巳，北魏任用赵郡王元谌为太尉，南阳王元宝炬为太保。

北魏尔朱荣当初进兵洛阳的时候，烧毁了太常府的乐器库房，钟磬等乐器全被焚毁。节闵帝元恭下诏责令录尚书事长孙稚、太常卿祖莹等人重新制造，直到这时才完成，命名为大成乐。

北魏青州平民耿翔聚众攻掠三齐，胶州刺史裴粲只会高谈阔论，对变乱没有防备。夏季，四月，耿翔偷袭胶州城。裴粲亲信报告说贼来攻城了，裴粲说："岂有此理。"过了一会，亲信又报告说贼已经进城了。裴粲还不紧不慢地说："耿王来了，就把他带到公堂来，其他部众，交付城民处治。"结果，耿翔砍了裴粲的头，送到梁朝投降。

五月，北魏徐州平民王早等人杀了刺史崔痒，占领下邳城向梁朝投降。

六月十五日壬申，北魏任命骠骑大将军樊子鹄为青州、胶州大使，节制济州刺史蔡儁等进剿耿翔。秋季，七月，魏军攻到青州，耿翔放弃青州城，逃奔梁朝，梁武帝下诏任命他为兖州刺史。

七月初六日壬辰，北魏任命广陵王元欣为大司马，赵郡王元谌为太师。七月二十四日庚戌，任命前司徒贺拔允为太尉。

当初，贺拔岳委派行台郎冯景到晋阳，丞相高欢得知贺拔岳使者到来，非常高兴，说："贺拔公怎么还想得起我呀！"高欢于是与冯景歃血为盟，约定与贺拔岳结为兄弟。冯景回去后，对贺拔岳说："高欢奸诈有余，不可信任。"府司马宇文泰自告奋勇出使晋阳以便观察高欢的为人。高欢见了宇文泰，十分惊奇他的状貌，说："这个年轻人仪表非凡。"就想把他留下来。宇文泰坚决要求回去复命；高欢就放宇文泰走了，但很快又后悔起来，立即派驿使紧急追赶，驿使一直追到函谷关也没有追上，只好返回。

宇文泰回到长安，对贺拔岳说："高欢之所以还没篡夺帝位，他害怕的恰恰是您兄弟二人；侯莫陈悦这样的人，高欢并不畏惧。大人只要暗中做好准备，除掉高欢不是难事。现今费也头手下善射骑兵一万多人，夏州刺史斛拔弥俄突有精兵三千多人，灵州刺史曹泥、河西流民纥豆陵伊利等人都各自有一帮人马，他们都不知投归哪一边。您若进军陇右，扼守该地要害，用军威来震慑他们，再用恩惠来招抚他们，便可以收编他们的兵马来壮大我军的力量。向西和睦氐、羌，向北安抚大漠胡族，巩固要塞，然后回师长安，辅佐魏皇室，这样的举措是可以与齐桓公、晋文公相媲美啊。"贺拔岳非常高兴，又差遣宇文泰到洛阳办事，秘密地向孝武帝奏报情况。孝武帝大喜，加官宇文泰武卫将军，让他回去复命。八月，孝武帝任命贺拔岳为都督雍州华州等二十州诸军事、雍州刺史，又刺取心前的血，派使者送给贺拔岳。贺拔岳于是领兵西屯平凉，以放养军马为名。斛拔俄弥突、纥豆陵伊利以及费也头万俟

文左丞，吾左右手，何可废也！”沈吟累日，卒表用之。

九月，癸酉，魏丞相欢表让王爵，不许；请分封邑十万户颁授勋义，从之。

冬，十月，庚申，以尚书右仆射何敬容为左仆射，吏部尚书谢举为右仆射。

十一月，癸巳，魏以殷州刺史中山邸珍为徐州大都督、东道行台、仆射，以讨下邳。

十二月，丁巳，魏主狩于嵩高；己巳，幸温汤；丁丑，还宫。

魏荆州刺史贺拔胜寇雍州，拔下迮戍，扇动诸蛮；雍州刺史庐陵王续遣军击之，屡为所败，汉南震骇。胜又遣军攻冯翊、安定、沔阳、鄼城，皆拔之。续遣电威将军柳仲礼屯谷城以拒之，胜攻之，不克，乃还；于是沔北荡为丘墟矣。仲礼，庆远之孙也。

魏丞相欢患贺拔岳、侯莫陈悦之强，右丞翟嵩曰："嵩能间之，使其自相屠灭。"欢遣之。欢又使长史侯景招抚纥豆陵伊利，伊利不从。

（以上为第一段，写北魏孝武帝内愆高欢亲信高乾，外结贺拔岳、贺拔胜兄弟；高欢优抚阿至罗，拉拢与离间关中诸将，君臣双方明争暗斗，北魏政权危机四伏。）

六年（甲寅，534年）

春，正月，壬辰，魏丞相欢击伊利于河西，擒之，迁其部落于河东。魏主让之曰："伊利不侵不叛，为国纯臣，王忽伐之，讵有一介行人先请之乎！"

魏东梁州民夷作乱，二月，诏以行东雍州事丰阳泉企讨平之。企世为商、洛豪族，魏世祖以其曾祖景言为本县令，封丹水侯，使其子孙袭之。

壬戌，魏大赦。

癸亥，上耕藉田；大赦。

魏永宁浮图灾，观者皆哭，声振城阙。

受洛干、铁勒斛律沙门等都依附于贺拔岳。只有曹泥独自依附高欢。秦州、南秦州、河州、渭州等四州刺史同往平凉聚会，接受贺拔岳的节制。贺拔岳认为夏州是边防要地，想找一个能干的刺史来镇守，部众举荐宇文泰。贺拔岳说："宇文左丞是我的左右手，怎能让他离开！"贺拔岳沉默思考了好几天，最终还是上奏孝武帝，推荐宇文泰担任夏州刺史。

九月，癸酉日，北魏丞相高欢上奏辞去王爵，孝武帝没有允准，但高欢请求将自己的封邑十万户分赏给从信都追随他讨伐尔朱荣的有功人员，得到允准。

冬季，十月初五日庚申，梁朝任命尚书右仆射何敬容为左仆射，任命吏部尚书谢举为尚书右仆射。

十一月初九日癸巳，北魏任命殷州刺史中山人邸珍为徐州大都督、东道行台、仆射，由他率军进讨下邳。

十二月初三日丁巳，魏孝武帝狩猎于嵩高；十五日己巳，巡幸温泉洗浴；二十三日丁丑，回到宫中。

北魏荆州刺史贺拔胜进犯雍州，攻占了下迮戍哨所，煽动当地土著居民归附北魏；雍州刺史庐陵王萧续派兵出击，多次被贺拔胜打败，汉水以南地区震恐。贺拔胜又派兵攻打冯翊、安定、沔阳、酂城，全部占领。萧续派出电威将军柳仲礼驻守谷城，抗击魏军，贺拔胜进军围攻，没能取胜，这才撤退。这场浩劫使沔阳以北地区成为一片废墟。柳仲礼是柳庆远的孙子。

北魏丞相高欢忧虑贺拔岳、侯莫陈悦势力强大，尚书右丞翟嵩献计说："我能离间两人，让他们自相残杀。"高欢就派遣他去办这件事。高欢又派丞相长史侯景招抚纥豆陵伊利，但遭到拒绝。

梁武帝中大通六年（甲寅，534年）

春季，正月初九日壬辰，北魏丞相高欢在五原苦水河西攻灭纥豆陵伊利，迁徙他的部落到苦水河东。魏孝武帝斥责高欢说："纥豆陵伊利不侵扰不反叛，是魏朝的忠臣，你却突然攻伐，难道就不能派一个使者来请示吗？"

北魏东梁州土著民反叛，二月，孝武帝诏令东雍州代理刺史丰阳人泉企进讨，平定了叛乱。泉企世世代代都是商、洛两县的大豪族，北魏世祖拓跋焘任用泉企的曾祖泉景言为商洛县令，封为丹水侯，允许子孙世袭爵位。

二月初九日壬戌，北魏大赦。

二月初十日癸亥，梁武帝亲耕籍田；大赦天下。

北魏永宁寺佛塔失火烧毁，看到这场火灾的人无不痛哭，哭声震动整个都城。

魏贺拔岳将讨曹泥，使都督武川赵贵至夏州与宇文泰谋之，泰曰："曹泥孤城阻远，未足为忧。侯莫陈悦贪而无信，宜先图之。"岳不听，召悦会于高平，与共讨泥。悦既得翟嵩之言，乃谋取岳。岳数与悦宴语，长史武川雷绍谏，不听。岳使悦前行，至河曲，悦诱岳营坐，论军事，悦阳称腹痛而起，其婿元洪景拔刀斩岳。岳左右皆散走，悦遣人谕之云："我别受旨，止取一人，诸君勿怖。"众以为然，皆不敢动。而悦心犹豫，不即抚纳，乃还入陇，屯水洛城。岳众散还平凉，赵贵诣悦请岳尸葬之，悦许之。岳既死，悦军中皆相贺，行台郎中薛憕私谓所亲曰："悦才略素寡，辄害良将，吾属今为人虏矣，何贺之有！"憕，真度之从孙也。

岳众未有所属，诸将以都督武川寇洛年最长，推使总诸军；洛素无威略，不能齐众，乃自请避位。赵贵曰："宇文夏州英略冠世，远近归心，赏罚严明，士卒用命，若迎而奉之，大事济矣。"诸将或欲南召贺拔胜，或欲东告魏朝，犹豫不决。都督盛乐杜朔周曰："远水不救近火，今日之事，非宇文夏州无能济者，赵将军议是也。朔周请轻骑告哀，且迎之。"众乃使朔周驰至夏州召泰。

泰与将佐宾客共议去留，前太中大夫颍川韩褒曰："此天授也，又何疑乎！侯莫陈悦，井中蛙耳，使君往，必擒之。"众以为："悦在水洛，去平凉不远，若已有贺拔公之众，则图之实难，愿且留以观变。"泰曰："悦既害元帅，自应乘势直据平凉，而退据水洛，吾知其无能为也。夫难得易失者，时也。若不早赴，众心将离。"

夏州首望都督弥姐元进阴谋应悦，泰知之，与帐下都督高平蔡祐谋执之，祐曰："元进会当反噬，不如杀之。"泰曰："汝有大决。"乃召元进等入计事，泰曰："陇贼逆乱，当与诸人戮力讨之，诸人似有不同者，何也？"祐即被甲持刀直入，瞋目谓诸将曰："朝谋夕异，何以为人！今日必断奸人首！"举坐皆叩头曰："愿有所择。"祐乃叱元进，斩之，并诛其

北魏贺拔岳打算讨伐曹泥，派遣都督武川人赵贵到夏州征询宇文泰的意见。宇文泰说：“曹泥据守一座边远的孤城，不必忧虑。侯莫陈悦既贪婪又无信义，应当首先除掉他。”贺拔岳没有采纳，反而宣召侯莫陈悦到高平会合，共讨曹泥。侯莫陈悦此时已听信了翟嵩的谗言，正打算除掉贺拔岳。贺拔岳多次与侯莫陈悦宴会交谈，长史武川人雷绍进言劝说，贺拔岳没有听进去。贺拔岳派侯莫陈悦为先锋，进军到河曲。侯莫陈悦诱请贺拔岳到他的军营中商议军事，说话间侯莫陈悦假称肚子痛起身离去。这时，侯莫陈悦的女婿元洪景拔刀杀了贺拔岳。贺拔岳手下的人惊慌四散逃走，侯莫陈悦派人晓谕说：“我奉朝廷密令，只杀贺拔岳一个人，诸位不要害怕。”众人信以为真，都不敢妄动。但侯莫陈悦犹豫不决，没有及时安抚收编贺拔岳的部众，只率领本部人马回到陇州，驻军水洛城。贺拔岳的部众零散回到平凉，赵贵到侯莫陈悦驻地请求运回贺拔岳的遗体安葬，得到许可。贺拔岳死后，侯莫陈悦部属都互相庆贺，行台郎中薛憕却私下对亲近的人说：“侯莫陈悦才能谋略素来低下，就随便杀害了良将，我们这些人注定要成为人家的俘虏，有什么值得庆贺的。”薛憕，是薛真度的侄孙。

贺拔岳的部众没了头领，诸将认为都督武川的寇洛年龄最长，就推举他统帅诸军；寇洛一向没有威望谋略，不能凝聚部众，就自动请求让贤。赵贵说：“夏州刺史宇文泰，才略是当今第一，远近的人都归心于他，赏罚严明，士兵乐意效力，若果请他来做统帅，大事就能成功。”诸将有的主张从南方去请贺拔胜，有的想报告北魏朝廷，犹豫不决。都督盛乐人杜朔周说：“远水不救近火，今天的事，没有宇文泰就成不了事，赵贵将军的建议才是正确的。请允许我骑快马去向宇文泰告丧，同时请他来主持军务。”众人同意了杜朔周的建议。

宇文泰与部将宾客共同商议是否去平凉，前太中大夫颍川人韩褒说：“这是天赐良机，没什么可疑虑的。侯莫陈悦不过是个井底之蛙罢了，使君前往，一定能擒获他。”众将认为：“侯莫陈悦驻屯水洛城，距离平凉不远，如果他已收编了贺拔岳的部众，除掉他就很困难，希望暂时留在夏州等待时局的变化。”宇文泰说：“侯莫陈悦既然杀害了元帅，理应乘机占据平凉，而他却退据水洛城，我已料定他没有什么能耐。最难得到而容易丧失的就是时机，如果不赶快去接收，贺拔岳的部众将会人心涣散。”

夏州第一大户都督弥姐元进密谋响应侯莫陈悦，宇文泰洞察这一情况，于是与都督高平人蔡祐商量如何捉拿元进。蔡祐说：“元进肯定会反咬一口，不如干掉他。”宇文泰说：“你能决断大事。”于是召元进等人议事，宇文泰说：“陇州逆贼叛乱，我义不容辞与各位齐心合力讨伐，但在坐各位中好像有人不赞同，那就说一说你们的意见吧。”这时蔡祐身披铠甲，手执大刀，径直闯进议事公堂，瞪着眼睛对诸将说：

党，因与诸将同盟讨悦。泰谓祐曰："吾今以尔为子，尔其以我为父乎？"泰与帐下轻骑驰赴平凉，令杜朔周帅众先据弹筝峡。时民间惶惧，逃散者多，军士争欲掠之，朔周曰："宇文公方伐罪讨民，奈何助贼为虐乎！"抚而遣之，远近悦附；泰闻而嘉之。朔周本姓赫连，曾祖库多汗避难改焉，泰命复其旧姓，名之曰达。丞相欢使侯景招抚岳众，泰至安定遇之，谓曰："贺拔公虽死，宇文泰尚存，卿何为者！"景失色曰："我犹箭耳，唯人所射。"遂还。

泰至平凉，哭岳甚恸，将士皆悲喜。

欢复使侯景与散骑常侍代郡张华原、义宁太守太安王基劳泰，泰不受，欲劫留之，曰："留则共享富贵，不然，命在今日。"华原曰："明公欲胁使者以死亡，此非华原所惧也。"泰乃遣之。基还，言"泰雄杰，请及其未定击灭之"。欢曰："卿不见贺拔、侯莫陈乎！吾当以计拱手取之。"

魏主闻岳死，遣武卫将军元毗慰劳岳军，召还洛阳，并召侯莫陈悦。毗至平凉，军中已奉宇文泰为主；悦既附丞相欢，不肯应召。泰因元毗上表称："臣岳忽罹非命，都督寇洛等令臣权掌军事。奉诏召岳军入京，今高欢之众已至河东，侯莫陈悦犹在水洛，士卒多是西人，顾恋乡邑，若逼令赴阙，悦蹑其后，欢邀其前，恐败国殄民，所损更甚。乞少赐停缓，徐事诱导，渐就东引。"魏主乃以泰为大都督，即统岳军。

初，岳以东雍州刺史李虎为左厢大都督，岳死，虎奔荆州，说贺拔胜使收岳众，胜不从。虎闻宇文泰代岳统众，乃自荆州还赴之，至阌乡，为丞相欢别将所获，送洛阳。魏主方谋取关中，得虎甚喜，拜卫将军，厚赐之，使就泰。虎，歆之玄孙也。

泰与悦书，责以"贺拔公有大功于朝廷。君名微行薄，贺拔公荐君为陇右行台。又高氏专权，君与贺拔公同受密旨，屡结盟约；而君党附

“早上齐心谋划的事，傍晚就心生异端，还有什么脸面做人！今天一定要杀掉这个内奸。”在座的人都叩头说：“希望把此人揪出来。”蔡祐于是高声呵斥元进，举刀砍了他的头，消灭了其党羽，接着与诸将共同盟誓，齐心讨伐侯莫陈悦。宇文泰对蔡祐说：“从今以后，我把你当作儿子一样看待，你能把我当作父亲吗？”宇文泰与部属骑快马驰赴平凉，命令杜朔周率军抢先占据弹筝峡。当时平民百姓惶恐不安，纷纷逃离，士兵们趁机抢掠。杜朔周说：“宇文大人正在讨伐罪人，拯救百姓，身为军士怎能助贼为虐呢？”于是安抚惊慌逃窜的百姓，遣送他们回去，远近的人都真心归服。宇文泰得知这一情况，连声称赞。杜朔周，本姓赫连，曾祖因避难改姓杜，宇文泰让他恢复旧姓，取名赫连达。丞相高欢派侯景招抚贺拔岳的部众，宇文泰到达安定与侯景相遇。宇文泰对侯景说：“贺拔大人虽然死了，宇文泰还在，你来干什么！”侯景大惊失色说：“我好比是一支箭，听凭别人发射罢了。”于是掉头走了。

宇文泰到了平凉，非常悲痛地哭吊贺拔岳，将士们又悲又喜。

高欢又派侯景与散骑常侍代郡人张华原、义宁太守太安人王基慰劳宇文泰。宇文泰不肯接受，还想把这些人扣留下来，说：“留下来的共享富贵，否则，今天就是你们的忌日。”张华原说：“大人想用死来逼迫我们，我张华原对此并不害怕。”宇文泰只好让他们回去。王基回来对高欢说：“宇文泰是一位英雄豪杰，请赶快在他立足未稳时消灭他。”高欢说：“你难道没看到贺拔岳与侯莫陈悦火并的下场吗？我照样用计谋不费力气地取他的性命。”

魏孝武帝得知贺拔岳已死，派武卫将军元毗慰劳贺拔岳的军众，并带回洛阳，同时调回侯莫陈悦。元毗到了平凉，部众已推举宇文泰为主帅，侯莫陈悦已经依附丞相高欢，不听从调遣。宇文泰托元毗上奏孝武帝说：“大臣贺拔岳突然遭到谋杀，都督寇洛等将士让我代理军务。已接到诏书调贺拔岳军进京，而今高欢已率军到达河东，侯莫陈悦还驻扎在水洛城，贺拔岳的部众大多是当地苦水河西部人，留恋自己的故乡，若果真逼迫他们进京，侯莫陈悦在后追击，高欢在前面拦截，恐怕会祸乱国家，殃及百姓，遭受更大的损失。请求允准稍事停留整顿，慢慢开导，逐渐将部众拉向东部地区。”魏孝武帝就任命宇文泰为大都督，统率贺拔岳部众。

当初，贺拔岳任用东雍州刺史李虎为左厢大都督，贺拔岳死后，李虎逃奔荆州，劝说贺拔胜前去收编贺拔岳的部众，贺拔胜没有听从。李虎得知宇文泰代理贺拔岳统率部众，就从荆州返回前去投靠，路过阌乡县时被丞相高欢的部将抓获，用囚车送到洛阳。魏孝武帝正在谋划夺取关中，得到李虎非常高兴，授予卫将军之职，优厚赏赐，派他去协助宇文泰。李虎是李歆的玄孙。

宇文泰致书侯莫陈悦，斥责说：“贺拔岳大人曾经为国家立下大功。你名声小，德行薄，是贺拔岳大人推荐你为陇右行台。现今高欢专权，你与贺拔岳大人共受皇

国贼，共危宗庙，口血未干，匕首已发。今吾与君皆受诏还阙，今日进退，唯君是视：君若下陇东迈，吾亦自北道同归；若首鼠两端，吾则指日相见”！

魏主问泰以安秦、陇之策，泰表言：“宜召悦授以内官，或处以瓜、凉一藩，不然，终为后患。”

原州刺史史归，素为贺拔岳所亲任，河曲之变，反为悦守。悦遣其党王伯和、成次安将兵二千助归镇原州，泰遣都督侯莫陈崇帅轻骑一千袭之。崇乘夜将十骑直抵城下，余众皆伏于近路；归见骑少，不设备。崇即入，据城门，高平令陇西李贤及弟远穆在城中，为崇内应。于是中外鼓噪，伏兵悉起，遂擒归及次安、伯和等归于平凉。泰表崇行原州事。三月，泰引兵击悦，至原州，众军毕集。

夏，四月，癸丑朔，日有食之。

魏南秦州刺史陇西李弼说侯莫陈悦曰：“贺拔公无罪而公害之，又不抚纳其众，今奉宇文夏州以来，声言为主报仇，此其势不可敌也，宜解兵以谢之！不然，必及祸。”悦不从。

宇文泰引兵上陇，留兄子导为都督，镇原州。泰军令严肃，秋毫无犯，百姓大悦。军出木狭关，雪深二尺，泰倍道兼行，出其不意。悦闻之，退保略阳，留万人守水洛，泰至，水洛即降。泰遣轻骑数百趣略阳，悦退保上邽，召李弼与之拒泰。弼知悦必败，阴遣使诣泰，请为内应。悦弃州城，南保山险，弼谓所部曰：“侯莫陈公欲还秦州，汝辈何不装束！”弼妻，悦之姨也，众咸信之，争趣上邽。弼先据城门以安集之，遂举城降泰，泰即以弼为秦州刺史。其夜，悦出军将战，军自惊溃。悦性猜忌，既败，不听左右近己，与其二弟并子及谋杀岳者七八人弃军迸走，数日之中，盘桓往来，不知所趣。左右劝向灵州依曹泥，悦从之，自乘骡，令左右皆步从，欲自山中趣灵州。宇文泰使原州都督贺拔颖追之，悦望见追骑，缢死于野。

上密旨，多次相互订有盟约；而你却勾结国贼，危害宗庙，歃血盟誓还没完，嘴角沾的血都没干，杀人的匕首就出了手。现今我与你都奉命调回京城，今天是进还是退，完全由你自己决定。你如果撤离陇山，东归洛阳，我也从北边出发与你同回京城，假若你犹豫不决，心怀二意，我立即与你兵戎相见。”

魏孝武帝征询宇文泰安定秦陇地区的策略，宇文泰上奏章说：“应当召回侯莫陈悦改任朝官，要不然就委任他到瓜州、凉州一带做一个边将。不这样做的话，终将是祸患。”

原州刺史史归一向受到贺拔岳的信任，河曲事变发生后，反而倒向侯莫陈悦一边。侯莫陈悦派他的党羽王伯和、成次安两人率领两千人协助史归镇守原州。宇文泰派遣都督侯莫陈崇率领一千轻骑兵去袭击原州。侯莫陈崇趁夜色带领十个骑兵，直抵原州城下，命令其余部众都埋伏在附近。史归见来人很少，不设防备。侯莫陈崇当即入城，占领城门，高平县令陇西人李贤和他的弟弟李远穆在城内，为侯莫陈崇的内应。就这样里应外合，击鼓呐喊，伏兵全部奋起，很快抓获了史归以及王伯和、成次安等，回到平凉。宇文泰上奏推荐侯莫陈崇代理原州刺史。三月，宇文泰率军进攻侯莫陈悦，到达原州，各路部队齐集。

夏季，四月初一日癸丑朔，发生日食。

北魏南徐州刺史陇西人李弼规劝侯莫陈悦说：“贺拔岳大人没有罪过就被你杀害，却没有收编他的部众，现今宇文泰率领他们杀来，声言为主子报仇，这样的气势不可战胜，你应当交出兵权表示悔过，如果不这样，做一定会大祸临头。”侯莫陈悦没有听从。

宇文泰率军向陇山进发，留下侄儿宇文导为都督镇守原州。宇文泰军令严明，一路秋毫无犯，百姓非常高兴。军队出了木狭关后，雪厚二尺，宇文泰仍然日夜兼程，以便出其不意地发起进攻。侯莫陈悦得到消息，退守略阳，只留一万人守水洛城。宇文泰到达，水洛城立即投降。宇文泰派遣轻骑数百人奔袭略阳，侯莫陈悦再次退守上邽，调集李弼一同对抗宇文泰。李弼知道侯莫陈悦必败，暗中遣使与宇文泰联络，请求为内应。侯莫陈悦放弃上邽城，向南撤退扼守山中险要路口。李弼对自己所属部众说：“侯莫陈悦大人想要回到上邽，你们为何不整理行装！”李弼的妻子是侯莫陈悦的姨母，所以士兵们都听信李弼，纷纷回到上邽城。李弼抢先守住城门，安抚回城士兵，随后率领全城将士向宇文泰投降，宇文泰当即委任李弼为秦州刺史。当晚，侯莫陈悦率军出战，但军心惊骇，不战自溃。侯莫陈悦生性猜忌，又打了败仗，对手下亲近的人都怀疑，不让靠近，只和两个弟弟、自己的儿子以及谋杀贺拔岳的七八个人在一起，丢弃部众，落荒而逃。一连几天，在山中往来转圈，不知逃向哪里存身。手下亲信劝他逃向灵州依附曹泥，侯莫陈悦听从了，自己骑一

泰入上邽，引薛憕为记室参军。收悦府库，财物山积，泰秋毫不取，皆以赏士卒。左右窃一银瓮以归，泰知而罪之，即剖赐将士。

悦党豳州刺史孙定兒据州不下，有众数万，泰遣都督中山刘亮袭之。定兒以大军远，不为备；亮先竖一纛于近城高岭，自将二十骑驰入城。定兒方置酒，猝见亮至，骇愕，不知所为，亮麾兵斩定兒，遥指城外纛，命二骑曰："出召大军！"城中皆慑服，莫敢动。

先是，故氐王杨绍先乘魏乱逃归武兴，复称王。凉州刺史李叔仁为其民所执，氐、羌、吐谷浑所在蜂起，自南岐至瓜、鄯，跨州据郡者不可胜数。宇文泰令李弼镇原州，夏州刺史拔也恶蚝镇南秦州，渭州刺史可朱浑道元镇渭州，卫将军赵贵行秦州事，征豳、泾、东秦、岐四州之粟以给军。杨绍先惧，称藩送妻子为质。

夏州长史于谨言于泰曰："明公据关中险固之地，将士骁勇，土地膏腴。今天子在洛，迫于群凶，若陈明公之恳诚，算时事之利害，请都关右，挟天子以令诸侯，奉王命以讨叛乱，此桓、文之业，千载一时也！"泰善之。

丞相欢闻泰定秦、陇，遣使甘言厚礼以结之，泰不受，封其书，使都督济北张轨献于魏主。斛斯椿问轨曰："高欢逆谋，行路皆知之，人情所恃，唯在西方，未知宇文何如贺拔？"轨曰："宇文公文足经国，武能定乱。"椿曰："诚如君言，真可恃也。"

魏主命泰发二千骑镇东雍州，助为势援，仍命泰稍引军而东。泰以大都督武川梁御为雍州刺史，使将步骑五千前行。先是，丞相欢遣其都督太安韩轨将兵一万据蒲反以救侯莫陈悦，雍州刺史贾显度以舟迎之。梁御见显度，说使从泰，显度即出迎御，御入据长安。

魏主以泰为侍中、骠骑大将军、开府仪同三司、关西大都督、略阳县公，承制封拜。泰乃以寇洛为泾州刺史，李弼为秦州刺史，前略阳太

匹骡子，让手下的人步行跟随，想从山中小道去灵州。宇文泰派原州都督贺拔颖追击，侯莫陈悦望见追骑逼近，就在荒野上吊自杀。

宇文泰进入上邽城，任命薛憕为记室参军。接收侯莫陈悦的府库，财物堆积如山，宇文泰分毫不取，全部赏赐给士兵。手下亲信偷了一个银瓮回来，宇文泰知道后严惩了这个人，当即剖开银瓮分给了将士。

侯莫陈悦的党羽豳州刺史孙定兒据守州城不投降，有几万人马。宇文泰派遣中山人刘亮进击。孙定兒认为宇文泰的大军离州城尚远，没有防备。刘亮首先在靠近州城的高地上竖起一面大将旗帜，然后亲自带领二十个骑兵奔驰进城。孙定兒正在举行酒宴，突然看到刘亮到来，惊骇得不知所措。刘亮挥刀杀了孙定兒，遥指城外大旗，对两个骑兵命令说："出城叫大军进城！"城中守军胆战心惊，全都服服帖帖的。

先前，过去的氐王杨绍先趁北魏内乱时逃回武兴，重新称王。凉州刺史李叔仁被当地平民扣押，氐、羌、吐谷浑各族都在所居地起事，从南岐州到瓜州、鄯州，跨州据郡的反叛者不可胜数。宇文泰命令李弼镇守原州，夏州刺史拔也恶蚝镇守南秦州，渭州刺史可朱浑道元镇守渭州，卫将军赵贵代理秦州刺史，征调豳州、经州、东秦州、岐州等四州的粮饷供给军队。杨绍先害怕了，只好臣服北魏，主动送来妻子和儿子作人质。

夏州长史于谨进言宇文泰说："明公据有关中险固之地，将士骁勇，土地肥美。当今天子在洛阳，受到群凶的逼迫，如果陈述你对皇上的忠诚，讲明目前时局的利害，请求迁都关中，这样你就可以借重天子的威名来号令诸侯，打着皇帝的旗号讨伐叛乱，这就是齐桓公、晋文公的事业，千载难逢啊！"宇文泰非常赞同。

丞相高欢得知宇文泰平定了秦陇地区，派遣使者用甜言蜜语和赠送厚礼来结交，宇文泰不肯接受，密封了高欢发来的书信，派都督济北人张轨送给孝武帝。斛斯椿问张轨："高欢叛逆朝廷，路人皆知，所有的人都把希望寄托在西方，不知宇文泰比起贺拔岳来怎么样？"张轨回答说："宇文泰文能治国，武能定乱。"斛斯椿说："果真如你所说，那宇文泰确实是可以依靠的对象。"

魏孝武帝命令宇文泰派出两千骑兵镇守东雍州，作为援助力量，又命令宇文泰率领大军稍稍东移。宇文泰委派大都督武川人梁御为雍州刺史，率领步骑五千为前锋。在此之前，丞相高欢派遣他的都督太安人韩轨领兵一万人据守蒲坂救援侯莫陈悦，雍州刺史贾显度派船迎接。梁御见到贾显度，劝他追随宇文泰，贾显度当即出城迎接梁御，梁御就这样占领了长安。

魏孝武帝任用宇文泰为侍中、骠骑大将军、开府仪同三司、关西大都督，封略阳县公，可以皇帝名义任命官爵。宇文泰任命寇洛为泾州刺史，李弼为秦州刺史，

守张献为南岐州刺史。南岐州刺史卢待伯不受代，泰遣轻骑袭而擒之。

（以上为第二段，写宇文泰乘乱崛起，据有关中。）

侍中封隆之言于丞相欢曰："斛斯椿等今在京师，必构祸乱。"隆之与仆射孙腾争尚魏主妹平原公主，公主归隆之，腾泄其言于椿，椿以白帝。隆之惧，逃还乡里，欢召隆之诣晋阳。会腾带仗入省，擅杀御史，惧罪，亦逃就欢。领军娄昭辞疾归晋阳。帝以斛斯椿兼领军，改置都督及河南、关西诸刺史。华山王鸷在徐州，欢使大都督邸珍夺其管钥。建州刺史韩贤、济州刺史蔡儁，皆欢党也；帝省建州以去贤，使御史举儁罪，以汝阳王叔昭代之。欢上言："儁勋重，不可解夺；汝阳懿德，当受大藩；臣弟永宝，猥任定州，宜避贤路。"帝不听。五月，丙子，魏主增置勋府庶子，厢别六百人；又增骑官，厢别二百人。

魏主欲伐晋阳，辛卯，下诏戒严，云"欲自将伐梁"。发河南诸州兵，大阅于洛阳，南临洛水，北际邙山，帝戎服与斛斯椿临观之。六月，丁巳，魏主密诏丞相欢，称"宇文黑獭、贺拔胜颇有异志，故假称南伐，潜为之备；王亦宜共为形援。读讫燔之"。欢表以为"荆、雍将有逆谋，臣今潜勒兵马三万，自河东渡，又遣恒州刺史库狄干等将兵四万自来违津渡，领军将军娄昭等将兵五万以讨荆州，冀州刺史尉景等将山东兵七万、突骑五万以讨江左，皆勒所部，伏听处分"。帝知欢觉其变，乃出欢表，令群臣议之，欲止欢军。欢亦集并州僚佐共议，还以表闻，仍云："臣为嬖佞所间，陛下一旦赐疑。臣若敢负陛下，使身受天殃，子孙殄绝。陛下若垂信赤心，使干戈不动，佞臣一二人愿斟量废出。"

丁卯，帝使大都督源子恭守阳胡，汝阳王暹守石济，又以仪同三司贾显智为济州刺史，帅豫州刺史斛斯元寿东趣济州。元寿，椿之弟也。蔡儁不受代，帝愈怒。辛未，帝复录洛中文武议意以答欢，且使舍人温子昇为敕赐欢曰："朕不劳尺刃，坐为天子，所谓生我者父母，贵我者高王。今若无事背王，规相攻讨，则使身及子孙，还如王誓。近虑宇文为

前略阳太守张献为南岐州刺史。南岐州刺史卢待伯不向张献移交权力，宇文泰派遣轻骑袭击南岐州将卢待伯抓获。

京师侍中封隆之进言丞相高欢说："斛斯椿等现在在京师，一定会生出祸乱。"封隆之与仆射孙腾两人曾争着迎娶魏孝武帝的妹妹平原公主，公主嫁给了封隆之，孙腾就把封隆之对高欢说的话泄露给斛斯椿，斛斯椿告诉了魏孝武帝。封隆之害怕了，逃回乡里，高欢就召封隆之到晋阳。正好孙腾带了兵器进入台省，擅自杀死御史，害怕治罪，也逃到高欢那里。领军将军娄昭以生病为由辞职投奔晋阳。魏孝武帝任命斛斯椿兼任领军将军之职，又更替了都督以及河南、关西各州的刺史。华山王元鸷任徐州刺史，高欢派大都督邸珍强行夺取了城门钥匙。建州刺史韩贤、济州刺史蔡儁，都是高欢的党羽。魏孝武帝裁建州来撤掉韩贤；让御史揭发蔡儁的罪过，用汝阳王元叔昭取代蔡儁。高欢上奏说："蔡儁功勋卓著，不应当解除他的职务；汝阳王德高望重，应当委任他做一个大镇的重臣；臣的弟弟高永宝，忝任定州刺史，应该让位给贤才。"魏孝武帝不予采纳。五月［初五日丙戌］，魏孝武帝增设勋府庶子，左右厢各六百人；又增设骑官，左右厢各二百人。

魏孝武帝计划讨伐晋阳，五月初十日辛卯，下令戒严，说是"要亲自挂帅讨伐梁朝"。征伐河南各州的部队在洛阳进行盛大的阅兵仪式，列队南端临近洛水，北端靠近邙山，孝武帝一身戎装，在斛斯椿陪同下阅兵。六月初六日丁巳，孝武帝密令丞相高欢，假称"宇文黑獭、贺拔胜怀有野心，所以假称南伐，暗中做准备，你也应当一同行动，做好援助的形势。读罢诏令立即烧掉"。高欢上奏说："荆州贺拔胜、雍州宇文泰将要反叛，臣下即日暗中领兵三万，从河东西渡，另派恒州刺史库狄干等领兵四万从来违津渡河，领军将军娄昭等领兵五万讨伐荆州，冀州刺史尉景等率领山东兵七万、突骑五万讨伐江东，各路都已做好部署，恭候皇上吩咐。"孝武帝知道高欢已经觉察了自己的行动，于是公开高欢的奏章，交给群臣讨论，想阻止高欢的行动。高欢也召集并州僚属共同商议，还写成表章上奏，信誓旦旦地说："我高欢遭到小人的离间，以致陛下产生疑心。我如果辜负陛下，将受到上天的惩罚，还要断子绝孙。陛下如能信任我的赤胆忠心，免动干戈，希望您能把那一两位奸臣小人从您身边赶走。"

六月十六日丁卯，魏孝武帝令大都督源子恭守阳胡，汝阳王元暹守石济，又任命仪同三司贾显智为济州刺史，率领豫州刺史斛斯元寿东赴济州。斛斯元寿，是斛斯椿的弟弟。蔡儁拒绝交出权力，魏孝武帝更加震怒。六月二十日辛未，魏孝武帝再次命人抄录文武百官商议的意见回复高欢，同时命舍人温子昇拟写诏令给高欢，说："朕没有动用一件兵刃，坐享天子宝座，可以说生我的是父母，使我尊贵的是高

乱，贺拔应之，故戒严，欲与王俱为声援。今观其所为，更无异迹。东南不宾，为日已久，今天下户口减半，未宜穷兵极武。朕既暗昧，不知佞人为谁。顷高乾之死，岂独朕意！王忽对昂言兄枉死，人之耳目何易可轻！如闻库狄干语王云：‘本欲取懦弱者为主，无事立此长君，使其不可驾御。今但作十五日行，自可废之，更立余者。’如此议论，自是王间勋人，岂出佞臣之口！去岁封隆之叛，今年孙腾逃去，不罪不送，谁不怪王！王若事君尽诚，何不斩送二首！王虽启云‘西去’，而四道俱进，或欲南度洛阳，或欲东临江左，言之者犹应自怪，闻之者宁能不疑！王若晏然居北，在此虽有百万之众，终无图彼之心；王若举旗南指，纵无匹马只轮，犹欲奋空拳而争死。朕本寡德，王已立之，百姓无知，或谓实可。若为他人所图，则彰朕之恶；假令还为王杀，幽辱齑粉，了无遗恨！本望君臣一体，若合符契，不图今日分疏至此！”

中军将军王思政言于魏主曰：“高欢之心，昭然可知。洛阳非用武之地，宇文泰乃心王室，今往就之，还复旧京，何虑不克？”帝深然之，遣散骑侍郎河东柳庆见泰于高平，共论时事。泰请奉迎舆驾，庆复命，帝复私谓庆曰：“朕欲向荆州何如？”庆曰：“关中形胜，宇文泰才略可依。荆州地非要害，南迫梁寇，臣愚未见其可。”帝又问阁内都督宇文显和，显和亦劝帝西幸。时帝广征州郡兵，东郡太守河东裴侠帅所部诣洛阳，王思政问曰：“今权臣擅命，王室日卑，奈何？”侠曰：“宇文泰为三军所推，居百二之地，所谓已操戈矛，宁肯授人以柄！虽欲投之，恐无异避汤入火也。”思政曰：“然则如何而可？”侠曰：“图欢有立至之忧，西巡有将来之虑，且至关右徐思其宜耳。”思政然之，乃进侠于帝，授左中郎将。

初，丞相欢以洛阳久经丧乱，欲迁都于邺，帝曰：“高祖定鼎河、洛，为万世之基；王既功存社稷，宜遵太和旧事。”欢乃止。至是复谋迁都，

王您。现今如果是我无事生非背离你，打算与你相互攻伐，那就让我和子孙像你的誓词一样遭受上天的惩罚。近来担忧宇文泰作乱，贺拔胜呼应，所以戒严，想和你互为声援。现今观察宇文泰等人的行动，没有反叛迹象。东南方不顺服，由来已久，现今天下户口减半，不宜滥用武力。朕生性愚昧，不知道你说的奸臣是谁。不久前处死高乾，难道是朕一个人的意思！你突然对高昂说他哥哥死得冤枉，人的耳目哪能这样容易被蒙骗！朕还听到库狄干曾经对你说过这样的话：'本想立一个懦弱的人为皇上，却无意中立了这个年长的皇上，致使不可控制。现在只需出兵半月，就可废黜皇上，另外立一个。'像这样的议论，是从你身边的勋贵传出的，难道是出自我身边的奸臣之口！去年封隆之反叛，今年孙腾逃离，这两人到了你的身边，你不治罪，不送回，谁不责怪你！你若事君尽忠，为什么不杀掉这两人，将首级送到京城！你的上奏说是'西征'，可是四面俱进，有的想南渡指向洛阳，有的想东临江南，说话的人自己都感到不能自圆其说，听的人难道还能不怀疑！你如果安静地居住在晋阳，朕这里即使有百万大军，始终不会有算计你的心思。你若用兵南下，朕即使一匹马一辆车都没有，仍然要赤手空拳地抗争到死，朕本来德薄，但你已经拥立我为皇帝，百姓没有识见，有的还说朕不错。如果朕被别的人赶下台，那显然说明朕有罪过；如果朕是被你所杀，即使受尽侮辱，粉身碎骨，也丝毫没有怨恨。本来指望君臣一体，像合起来的符信契约一样，没料到今天竟疏远到如此地步。"

中军将军王思政进言魏孝武帝说："高欢的野心，昭然若揭。洛阳不是用武的地方，宇文泰心向王室，现今前往依靠他，日后再收复洛阳，何愁不成功呢？"魏孝武帝十分赞同，就派遣散骑侍郎河东人柳庆到高平会见宇文泰，共同商量时事。宇文泰请求迎接孝武帝，柳庆回京报告，孝武帝又私下对柳庆说："朕打算到荆州去依靠贺拔胜怎么样？"柳庆说："关中地形险要，宇文泰的才能和胆略可以依靠。荆州地形不是要害，南边受到梁朝的逼迫，臣下愚笨，看不到荆州的好处。"魏孝武帝又问阁内都督宇文显和。宇文显和也劝孝武帝西入关中。当时魏孝武帝征调州郡军队，东郡太守河东人裴侠率领部众到了洛阳，王思政问裴侠说："当今权臣专断，皇室威望一天天下降，怎么办呢？"裴侠说："宇文泰得到全军拥护，据有险固地利的地方，这好比是自己抓住了戈矛，怎么可以把刀把子交给别人呢？虽然想去靠他，恐怕是避开了沸水又落入了火坑。"王思政说："既然是这样，那怎么样才可以呢？"裴侠说："除掉高欢立马有祸患，西入关中有将来的忧虑，不如先到关中，慢慢考虑下一步怎么做。"王思政认为有道理，就把裴侠推荐给魏孝武帝，魏孝武帝授予他左中郎将的职位。

当初，丞相高欢认为洛阳久经战乱，想迁都到邺城。魏孝武帝说："高祖定都河、洛，为万世的根基；高王既然建立了稳定国家的大功，就应当遵守太和年间留

遣三千骑镇建兴，益河东及济州兵，拥诸州和籴粟，悉运入邺城。帝又敕欢曰：“王若厌伏人情，杜绝物议，唯有归河东之兵，罢建兴之戍，送相州之粟，追济州之军，使蔡儁受代，邸珍出徐，止戈散马，各事家业，脱须粮廪，别遣转输，则谗人结舌，疑悔不生，王高枕太原，朕垂拱京洛矣。王若马首南向，问鼎轻重，朕虽不武，为社稷宗庙之计，欲止不能。决在于王，非朕能定，为山止篑，相为惜之。”欢上表极言宇文泰、斛斯椿罪恶。

帝以广宁太守广宁任祥兼尚书左仆射加开府仪同三司，祥弃官走，渡河，据郡待欢。帝乃敕文武官北来者任其去留，遂下制书数欢咎恶，召贺拔胜赴行在所。胜以问太保掾范阳卢柔，柔曰：“高欢悖逆，公席卷赴都，与决胜负，生死以之，上策也。北阻鲁阳，南并旧楚，东连兖、豫，西引关中，带甲百万，观衅而动，中策也。举三荆之地，庇身于梁，功名皆去，下策也。”胜笑而不应。

帝以宇文泰兼尚书仆射，为关西大行台，许妻以冯翊长公主，谓泰帐内都督秦郡杨荐曰：“卿归语行台，遣骑迎我！”以荐为直阁将军。泰以前秦州刺史骆超为大都督，将轻骑一千赴洛，又遣荐与长史宇文侧出关候接。

丞相欢召其弟定州刺史琛使守晋阳，命长史崔暹佐之。暹，挺之子也。欢勒兵南出，告其众曰：“孤以尔朱擅命，建大义于海内，奉戴主上，诚贯幽明；横为斛斯椿谗构，以忠为逆，今者南迈，诛椿而已。”以高敖曹为前锋。宇文泰亦移檄州郡，数欢罪恶，自将大军发高平，前军屯弘农。贺拔胜军于汝水。

秋，七月，己丑，魏主亲勒兵十余万屯河桥，以斛斯椿为前驱，陈于邙山之北。椿请帅精骑二千夜渡河掩其劳弊，帝始然之；黄门侍郎杨宽说帝曰：“高欢以臣伐君，何所不至！今假兵于人，恐生他变。椿若渡河，万一有功，是灭一高欢，生一高欢矣。”帝遂敕椿停行，椿叹曰：“顷荧惑入南斗，今上信左右间构，不用吾计，岂天道乎！”宇文泰闻之，

下的规矩。”高欢这才作罢。到了这时，又重提迁都的事，派遣三千骑兵镇守建兴，增加了河东和济州的守军，把在各州征集的粮食，全部运进邺城。魏孝武帝颁下敕令对高欢说：“高王想要平息民愤，杜绝非议，只有调回河东的兵马，撤除建兴的防务，将邺城的粮食送到京师，追回济州的增援军队，让蔡儁接受调职命令，邸珍离开徐州，放下武器，解散兵马，各自经营自己的家事，缺少粮食，另外派人转运。这样，那些说你坏话的人就会闭嘴，怀疑和后悔都不会发生。高王就可在太原高枕无忧，朕也安心垂手京都了。高王如果挥兵南下，图谋篡位，朕虽然威武不足，为了保全国家和宗庙，就是想罢休也是不可能的。决定权在高王你的手上，不是朕能够决定的。这好比垒山，就差一筐土了，朕和你双方都会很遗憾。”高欢又上奏极力数说宇文泰、斛斯椿的罪恶。

魏孝武帝任用广宁太守广宁人任祥兼尚书左仆射加开府仪同三司，任祥弃官逃走，渡过黄河，占据广宁郡城等待高欢。魏孝武帝就发布敕令，凡来自北方的文武百官听凭自愿去留，并颁下布诏书列举高欢的罪状，调贺拔胜赴行在所。贺拔胜询问太保掾范阳人卢柔，卢柔说：“高欢叛逆，明公率领全部将士赶赴京都，与高欢决一胜负，即使献出生命也在所不辞，这是上策。北边据险鲁阳，南边吞并从前楚国的地方，东边连结兖州、豫州，西边结盟关中，动员百万大军，乘机而动，这是中策。以三荆地盘作资本，投降梁朝，功业与名誉全都没了，这是下策。”贺拔胜笑而不答。

魏孝武帝任命宇文泰兼尚书仆射，为关西大行台，许诺冯翊长公主嫁他为妻，对宇文泰账内都督秦郡人杨荐说：“卿回去对宇文行台说，派骑兵来迎接我！”任命杨荐为直阁将军。宇文泰任命前秦州刺史骆超为大都督，率领轻骑一千赶往洛阳，又派遣杨荐与长史宇文侧出关等候接驾。

丞相高欢召他的弟弟定州刺史高琛守卫晋阳，命长史崔暹为助手。崔暹，是崔挺的儿子。高欢整军向南进发，通告部众说：“孤因尔朱氏作乱，挺身而出伸张正义，拥立皇上，一颗真诚的忠心，一片赤诚之心，人神共知，可恨横遭斛斯椿谗言陷害，我的忠心被视为叛逆，现今向南进军，只不过是诛除斛斯椿罢了。”命高敖曹为先锋。宇文泰也向各州郡发布文告，列举高欢罪恶，亲自率领大军从高平出发，前锋屯驻弘农。贺拔胜驻军于汝水。

秋季，七月初九日己丑，魏孝武帝亲率十余万大军屯驻河桥，命斛斯椿为前锋，列阵于邙山之北。斛斯椿请求率领精锐骑兵两千人渡过黄河出其不意袭击疲惫的敌人，魏孝武帝起初赞同；黄门侍郎杨宽劝说孝武帝：“高欢以臣伐君，哪有不准备周全的。现在这个时候把兵权交给别人，恐怕发生其他变故。斛斯椿如果渡过河去，万一成功了，这是灭了一个高欢，又生出另一个高欢啊。”孝武帝于是敕令斛斯椿停

谓左右曰："高欢数日行八九百里，此兵家所忌，当乘便击之。而主上以万乘之重，不能渡河决战，方缘津据守。且长河万里，捍御为难，若一处得渡，大事去矣。"即以大都督赵贵为别道行台，自蒲反济，趣并州，遣大都督李贤将精骑一千赴洛阳。

帝使斛斯椿与行台长孙稚、大都督颍川王斌之镇虎牢，行台长孙子彦镇陕，贾显智、斛斯元寿镇滑台。斌之，鉴之弟；子彦，稚之子也。欢使相州刺史窦泰趣滑台，建州刺史韩贤趣石济。窦泰与显智遇于长寿津，显智阴约降于欢，引军退。军司元玄觉之，驰还，请益师，帝遣大都督侯几绍赴之，战于滑台东，显智以军降，绍战死。北中郎将田怙为欢内应，欢潜军至野王，帝知之，斩怙。欢至河北十余里，再遣使口申诚款；帝不报。丙午，欢引军渡河。

魏主问计于群臣，或欲奔梁，或云南依贺拔胜，或云西就关中，或云守洛口死战，计未决。元斌之与斛斯椿争权，弃椿还，绐帝云："高欢兵已至！"丁未，帝遣使召椿还，遂帅南阳王宝炬、清河王亶、广阳王湛以五千骑宿于瀍西，南阳王别舍沙门惠臻负玺持千牛刀以从。众知帝将西出，其夜，亡者过半，亶、湛亦逃归。湛，深之子也。武卫将军云中独孤信单骑追帝，帝叹曰："将军辞父母，捐妻子而来，'世乱识忠臣'，岂虚言也！"戊申，帝西奔长安，李贤遇帝于崤中。己酉，欢入洛阳，舍于永宁寺，遣领军娄昭等追帝，请帝东还。长孙子彦不能守陕，弃城走。高敖曹帅劲骑追帝至陕西，不及。帝鞭马长骛，糗浆乏绝，三二日间，从官唯饮涧水。至湖城，有王思村民以麦饭壶浆献帝，帝悦；复一村十年。至稠桑，潼关大都督毛鸿宾迎献酒食，从官始解饥渴。

八月，甲寅，丞相欢集百官谓曰："为臣奉主，匡救危乱，若处不谏争，出不陪从，缓则耽宠争荣，急则委之逃窜，臣节安在！"众莫能对，兼尚书左仆射辛雄曰："主上与近习图事，雄等不得预闻。及乘舆西

止行动。斛斯椿叹息说：“近来荧惑星进入南斗，现今皇上听信左右的谗言，不用我的计谋，难道是天意吗？”宇文泰得知这一消息，对左右的人说：“高欢数日之内行军八九百里，这是用兵最忌讳的，应当趁机袭击他。而皇上因为皇帝的尊贵，不能渡河决战，只好沿着黄河据守渡口。况且黄河万里，防守很难，如果有一处遭到突破得以渡河，大事就完了。”立即命大都督赵贵为别道行台，从蒲坂渡河，直扑并州高欢老巢，派遣大都督李贤率领精骑一千增援洛阳。

魏孝武帝派斛斯椿与行台长孙稚、大都督颍川王元斌之镇守虎牢关，行台长孙子彦镇守陕城，贾显智、斛斯元寿镇守滑台。元斌之是元鉴的弟弟；长孙子彦是长孙稚的儿子。高欢命相州刺史窦泰进军滑台，建州刺史韩贤进军石济。窦泰与贾显智在长寿津相遇。贾显智暗中与窦泰约定投降高欢，领兵后撤。军司元玄觉察了，立即飞马返回，请求增援，魏孝武帝派大都督侯几绍率军前往，与窦泰在滑台东面相遇交战，贾显智率军投降，侯几绍战死。北中郎将田怙为高欢内应，高欢悄悄率军前进至野王，魏孝武帝得知田怙为内奸，处死田怙。高欢进军到黄河北岸十几里的地方，再次派使者向魏孝武帝口头申诉他的忠心，魏孝武帝不理睬。七月二十六日丙午，高欢挥师渡河。

魏孝武帝向群臣征询对策，有的主张投奔梁朝，有的主张南下依靠贺拔胜，有的主张西入关中，有的主张守住洛口决一死战，拿不定主意。元斌之与斛斯椿争权，元斌之丢下斛斯椿跑了回来，欺骗魏孝武帝说：“高欢的军队已经到了。”七月二十七日丁未，魏孝武帝派使者召回斛斯椿，于是率领南阳王元宝炬、清河王元亶、广阳王元湛以及五千骑兵留宿在瀍水西岸，南阳王舍下的僧人惠臻拿着玉玺、手提大刀随从。大家都知道皇上即将向西出发前往关中，当夜，逃亡的人有一大半，元亶、元湛也跑回洛阳。元湛，是元深的儿子。武卫将军云中人独孤信单骑追随魏孝武帝，魏孝武帝叹息说：“将军告辞父母，丢下妻子赶来，‘世乱识忠臣’，这话一点不假。”七月二十八日戊申，魏孝武帝西奔长安，李贤在崤山中与魏孝武帝相遇。七月二十九日己酉，高欢进入洛阳宿于永宁寺，派遣领军将军娄昭等人追赶魏孝武帝，请他返回洛阳。长孙子彦没能守住陕城，弃城逃走。高敖曹率领精骑追魏孝武帝到了陕城西边，没有追上。魏孝武帝快马加鞭，长途跋涉，又饥又渴，连续两三天，随从官员只能喝点山涧泉水充饥。到达湖城，当地王思村村民献给魏孝武帝一些麦米饭和开水，魏孝武帝很高兴，宣布免除这个村庄十年的赋役。到了稠桑，潼关大都督毛鸿宾进献酒食，随从官员才解除了饥渴。

八月初四日甲寅，丞相高欢聚集百官说：“作为臣子，职责是辅佐君主，拯救危难，如果在朝不谏争，出巡不陪从，和平时争权夺利，危难时抛弃皇帝逃窜，为臣子的节操到哪里去了。”众人无言以对。兼尚书左仆射辛雄说：“皇上与宠信的近臣

幸，若即追随，恐迹同佞党；留待大王，又以不从蒙责，雄等进退无所逃罪。”欢曰：“卿等备位大臣，当以身报国，群佞用事，卿等尝有一言谏争乎？使国家之事一朝至此，罪欲何归！”乃收雄及开府仪同三司叱列延庆、兼吏部尚书崔孝芬、都官尚书刘廞、兼度支尚书天水杨机、散骑常侍元士弼，皆杀之。孝芬子司徒从事中郎猷间行入关，魏主使以本官奏门下事。欢推司徒清河王亶为大司马，承制决事，居尚书省。

宇文泰使赵贵、梁御帅甲骑二千奉迎，帝循河西行，谓御曰：“此水东流，而朕西上，若得复见洛阳，亲诣陵庙，卿等功也。”帝及左右皆流涕。泰备仪卫迎帝，谒见于东阳驿，免冠流涕曰：“臣不能式遏寇虐，使乘舆播迁，臣之罪也。”帝曰：“公之忠节，著于遐迩。朕以不德，负乘致寇，今日相见，深用厚颜。方以社稷委公，公其勉之！”将士皆呼万岁。遂入长安，以雍州廨舍为宫，大赦，以泰为大将军、雍州刺史，兼尚书令，军国之政，咸取决焉。别置二尚书，分掌机事，以行台尚书毛遐、周惠达为之。时军国草创，二人积粮储，治器械，简士马，魏朝赖之。泰尚冯翊长公主，拜驸马都尉。

先是，荧惑入南斗，去而复还，留止六旬。上以谚云“荧惑入南斗，天子下殿走”，乃跣而下殿以禳之，及闻魏主西奔，惭曰：“虏亦应天象邪！”

己未，武兴王杨绍先为秦、南秦二州刺史。

辛酉，魏丞相欢自追迎魏主。戊辰，清河王亶下制大赦。欢至弘农，九月，癸巳，使行台仆射元子思帅侍官迎帝；己酉，攻潼关，克之，擒毛鸿宾，进屯华阴长城，龙门都督薛崇礼以城降欢。

贺拔胜使长史元颖行荆州事，守南阳，自帅所部西赴关中。至淅阳，闻欢已屯华阴，欲还，行台左丞崔谦曰：“今帝室颠覆，主上蒙尘，公宜倍道兼行，朝于行在，然后与宇文行台同心戮力，唱举大义，天下孰不望风响应！今舍此而退，恐人人解体，一失事机，后悔何及！”胜不能用，遂还。

决定大事，像我辛雄这样的人无权过问，等到皇上离京西去，如果追随，恐怕被看作是奸臣同党，所以留下来等待大王，却又蒙受不随从的斥责，我们无论进退都无法逃避罪责。”高欢说：“卿等职任大臣，应当以身报国，那些奸臣专权的时候，卿等何曾说过一句诤谏皇上的话？造成国家政局败坏到这等地步，还想推脱罪责。”于是将辛雄，以及开府仪同三司叱列延庆、兼吏部尚书崔孝芬、都官尚书刘廞、兼度支尚书天水人杨机、散骑常侍元士弼等人收入死囚牢，全部处死。崔孝芬的儿子司徒从事中郎崔猷从小道逃入关中，魏孝武帝让他任原职在门下省办事。高欢推荐司徒清河王元亶为大司马，以皇上名义处理政事，在尚书省办公。

宇文泰派赵贵、梁御率领铁甲骑兵两千迎接圣驾，魏孝武帝沿着黄河西行，对梁御说：“这河水向东流，朕却往西走，如果有一天重返洛阳，朕亲自祭奠陵庙，这是卿等的功劳啊。”魏孝武帝及左右的人都流泪痛哭。宇文泰备好仪仗卫队迎接魏孝武帝，在东阳驿拜见皇上，宇文泰摘下顶戴流着眼泪说：“臣下没能遏制住叛贼肆虐，致使皇上颠沛流离，是臣下的罪过。”魏孝武帝说：“你的忠贞节操，远近皆知，由于朕寡德，招致贼寇横行，今天与你相见，十分惭愧。朕正要把国家大事托付给你，你要努力啊！”将士都高呼万岁。于是魏孝武帝进入长安，暂时以雍州官衙为宫殿。大赦天下。任命宇文泰为大将军、雍州刺史，兼尚书令，军国大政，都由宇文泰裁决。另设立两个尚书，分别掌管机要之事，由行台尚书毛遐、周惠达两人分任。当时军政庶务刚刚开办，两人储备粮食，修造兵器，精选士卒马匹，魏朝幸存仰赖于这。宇文泰取冯翊长公主为妻，被任命为驸马都尉。

先前，荧惑星进入南斗星区，离开了又回来，前后停留了六十天。梁武帝根据谚语所说的“荧惑入南斗，天子下殿走”，就光着脚走下宫殿用以消灾祈福，等到得知魏孝武帝西奔，就惭愧地说：“难道胡虏也配应验天象吗？”

八月初九日己未，武兴王杨绍先出任秦州、南秦州两州刺史。

八月十一日辛酉，北魏丞相高欢亲自率军赶去迎接孝武帝。八月十八日戊辰，清河王元亶下令大赦天下。高欢追到弘农。九月，癸巳［二十五日乙巳］，高欢派行台仆射元子思带领侍从官迎请孝武帝。九月二十九日己酉，高欢攻占潼关，生擒毛鸿宾，进军驻屯华阴长城，龙门都督薛崇礼举城投降高欢。

贺拔胜派长史元颖代理荆州事务，守卫南阳，亲自率领部队西赴关中。进军到淅阳，得知高欢已屯驻华阴，打算撤军，行台左丞崔谦说：“现今皇室颠覆，皇上出逃，明公应当日夜兼程，赶到皇上所在的地方朝见，然后与宇文行台同心协力，高举大义的旗帜，天下的人谁不闻风响应呢！如今要放弃这一义举而撤退，恐怕人人都会失望而离散，一旦失去这个大好机会，后悔就来不及了。”贺拔胜没有采纳，于是退还荆州。

欢退屯河东，使行台长史薛瑜守潼关，大都督库狄温守封陵，筑城于蒲津西岸，以薛绍宗为华州刺史，使守之，以高敖曹行豫州事。

欢自发晋阳，至是凡四十启，魏主皆不报。欢乃东还，遣行台侯景等引兵向荆州，荆州民邓诞等执元颖以应景。贺拔胜至，景逆击之，胜兵败，帅数百骑来奔。

魏主之在洛阳也，密遣阁内都督河南赵刚召东荆州刺史冯景昭帅兵入援，兵未及发，魏主西入关。景昭集府中文武议所从，司马冯道和请据州待北方处分。刚曰："公宜勒兵赴行在所。"久之，更无言者。刚抽刀投地曰："公若欲为忠臣，请斩道和；如欲从贼，可速见杀！"景昭感悟，即帅众赴关中。侯景引兵逼穰城，东荆州民杨祖欢等起兵，以其众邀景昭于路，景昭战败，刚没蛮中。

冬，十月，丞相欢至洛阳，又遣僧道荣奉表于孝武帝曰："陛下若远赐一制，许还京洛，臣当帅勒文武，式清宫禁。若返正无日，则七庙不可无主，万国须有所归，臣宁负陛下，不负社稷。"帝亦不答。欢乃集百官耆老，议所立，时清河王亶出入已称警跸，欢丑之，乃托以"孝昌以来，昭穆失序，永安以孝文为伯考，永熙迁孝明于夹室，业丧祚短，职此之由"。遂立清河王世子善见为帝，谓亶曰："欲立王，不如立王之子。"亶不自安，轻骑南走，欢追还之。丙寅，孝静帝即位于城东北，时年十一，大赦，改元天平。

魏宇文泰进军攻潼关，斩薛瑜，虏其卒七千人，还长安，进位大丞相。东魏行台薛脩义等渡河据杨氏壁；魏司空参军河东薛端纠帅村民击却东魏，复取杨氏，丞相泰遣南汾州刺史苏景恕镇之。

丁卯，以信武将军元庆和为镇北将军，帅众伐东魏。

初，魏孝武既与丞相欢有隙，齐州刺史侯渊、兖州刺史樊子鹄、青州刺史东莱王贵平阴相连结，以观时变；渊亦遣使通于欢所。及孝武帝入关，清河王亶承制，以汝阳王暹为齐州刺史。暹至城西，渊不时纳。

高欢率军退回河东驻扎，派行台长史薛瑜守潼关，大都督库狄温守封陵，在蒲坂津西岸筑城，任命薛绍宗为华州刺史，让他驻守这座新城，任命高敖曹代理豫州事务。

高欢自从晋阳率军出发，到这时总共已上书魏孝武帝四十封，魏孝武帝都没答复。高欢就向东撤退，派遣行台侯景等领兵攻向荆州，荆州平民邓诞等抓获元颖策应侯景。贺拔胜率军返回到达荆州，侯景截击，贺拔胜兵败，只率领了数百骑投奔梁朝。

魏孝武帝原先在洛阳时，曾秘密派遣阁内都督河南人赵刚征召东荆州刺史冯景昭率兵入援，兵还没有出发，魏孝武帝就西进关中。冯景昭聚集府中文武官员商议投靠谁，司马冯道和主张据守州城等待高欢处置。赵刚说："明公应当带兵赶往皇上所在的地方。"过了好一阵，再没有人说话。赵刚抽出战刀，丢在地上说："明公想要做忠臣，请求处死冯道和；如果想依附叛贼，就赶快杀我赵刚。"冯景昭深受感动，醒悟过来，立即率部赶往关中。侯景领兵逼近穰城，东荆州平民杨祖欢等拉起一支队伍，在要道上截击冯景昭，冯景昭战败，赵刚逃入南蛮之中。

冬季，十月，丞相高欢返回洛阳，又派僧人道荣上奏魏孝武帝说："陛下如果在关中远赐一份诏书给我，答应返回京都洛阳，臣当即率领文武百官，清扫干净宫殿。如果返回主持政务遥遥无期，那么七庙不能没有主人，天下诸侯必须有所归附，臣宁愿辜负陛下，也不能辜负国家。"魏孝武帝仍然不作答复。高欢就召集百官和元老，讨论应当拥立何人为新君。当时清河王元亶出入宫禁已经按皇帝的礼仪戒备，高欢厌恶并觉得很可笑，就找一个借口说："从孝昌年间以来，宗庙的辈分乱了秩序，永安孝庄帝在宗庙只把孝文帝当作伯父祭奠，永熙孝武帝因与孝明帝是兄弟辈分而把孝明帝灵位迁入宗庙侧室，这些年来皇业沦丧，皇上在位时间短暂，这都是皇位继承人辈分不对造成的。"于是拥立清河王元亶的嫡长子元善见为帝。高欢对元亶说："与其立你为帝，还不如立你儿子为帝。"元亶惶恐不安，私自轻装快马南逃，高欢派人把他追了回来。十月十七日丙寅，孝静帝元善见在洛阳城东北角筑坛即位，时年十一岁。大赦天下，改元天平。

西魏宇文泰进军攻打潼关，杀死薛瑜，俘获七千人，得胜返回长安，晋升为大丞相。东魏行台薛脩义等渡过黄河占领杨氏壁。西魏司空参军河东薛端率领村民击退东魏军，收复杨氏壁。丞相宇文泰派遣南汾州刺史苏景恕镇守杨氏壁。

十月十八日丁卯，梁武帝任命信武将军元庆和为镇北将军，率军讨伐东魏。

当初，魏孝武帝与丞相高欢发生矛盾以后，齐州刺史侯渊、兖州刺史樊子鹄、青州刺史东莱王元贵平暗中相结，以观时局变化。侯渊还派使者向高欢致意。等到魏孝武帝入关，清河王元亶代理朝政，派汝阳王元暹为齐州刺史，元暹到了齐州城

城民刘桃符等潜引暹入城，渊帅骑出走，妻子部曲悉为暹所虏。行及广里，会承制以渊行青州事。欢遗渊书曰："卿勿以部曲单少，惮于东行，齐人浇薄，唯利是从，齐州尚能迎汝阳王，青州岂不能开门待卿也。"渊乃复东，暹归其妻子部曲。贵平亦不受代，渊袭高阳郡，克之，置累重于城中，自帅轻骑游掠于外。贵平使其世子帅众攻高阳，渊夜趣东阳，见州民馈粮者，绐之曰："台军已至，杀戮殆尽。我，世子之人也，脱走还城，汝何为复往！"闻者皆弃粮走。比晓，复谓行人曰："台军昨夜已至高阳，我是前锋，今至此，不知侯公竟在何所！"城民恟惧，遂执贵平出降。戊辰，渊斩贵平，传首洛阳。

庚午，东魏以赵郡王谌为大司马，咸阳王坦为太尉，开府仪同三司高盛为司徒，高敖曹为司空。坦，树之弟也。

丞相欢以洛阳西逼西魏，南近梁境，乃议迁邺，书下三日即行。丙子，东魏主发洛阳，四十万户狼狈就道。收百官马，尚书丞郎已上非陪从者，尽令乘驴。欢留后部分，事毕，还晋阳。改司州为洛州，以尚书令元弼为洛州刺史，镇洛阳。以行台尚书司马子如为尚书左仆射，与右仆射高隆之、侍中高岳、孙腾留邺，共知朝政。诏以迁民赀产未立，出粟一百三十万石以赈之。

十一月，兖州刺史樊子鹄据瑕丘以拒东魏，南青州刺史大野拔帅众就之。

庚寅，东魏主至邺，居北城相州之廨，改相州刺史为司州牧，魏郡太守为魏尹。是时，六坊之众从孝武帝西行者不及万人，余皆北徙，并给常廪，春秋赐帛以供衣服，乃于常调之外，随丰稔之处，折绢籴粟以供国用。

十二月，魏丞相泰遣仪同李虎、李弼、赵贵击曹泥于灵州。

闰月，元庆和克濑乡而据之。

魏孝武帝闺门无礼，从妹不嫁者三人，皆封公主。平原公主明月，南阳王宝炬之同产也，从帝入关，丞相泰使元氏诸王取明月杀之；帝不

西，侯渊不允许进城。城民刘桃符等悄悄带领元暹进入城中，侯渊匆匆率领护卫骑兵逃走，侯渊的妻儿和部属都成了元暹的俘虏。侯渊走到广里，刚好碰到元亶以皇帝名义发来的制令，任命他为青州刺史。使者还带了一封高欢给侯渊的信，说："你不要因为手中兵少害怕东行，齐地的百姓风俗轻浮，唯利是图，齐州人能够迎接汝阳王，青州人岂能不开门迎接你呢！"侯渊回头东行，元暹归还他的妻儿部属。可是青州的元贵平不接受更替，侯渊就袭击高阳郡，占领了郡城，在城中安置好家室及辎重。侯渊自己则率领轻骑在城外巡逻游击。元贵平派他的长子领兵攻打高阳城，侯渊则在当夜进军东阳，看到一些州民正在运送军粮，就欺骗他们说："高欢的军队打过来了，把我们的青州兵差不多都杀完了。我是元贵平世子手下的人，侥幸逃了回来，你们还往前线去干什么！"听到这话的民夫信以为真，丢下粮食逃跑了。到天快亮时，侯渊又对进城的行人说："高欢的军队昨夜已进了高阳城，我们是前锋，现今到了这里，不知侯渊这人究竟在哪里！"东阳城民惶恐害怕，于是绑着元贵平出来投降。十月十九日戊辰，侯渊杀了元贵平，把他的人头送到洛阳。

十月二十一日庚午，东魏任命赵郡王元谌为大司马，咸阳王元坦为太尉，开府仪同三司高盛为司徒，高敖曹为司空，元坦，是元树的弟弟。

丞相高欢认为洛阳在西边靠近西魏，在南边紧靠梁朝，于是建议迁都邺城，命令下达才三天就立即行动。十月二十七日丙子，东魏孝静帝从洛阳出发，四十万户平民狼狈地上路。文武百官的马匹都被征用，尚书丞郎以上高官，不是陪侍皇上的人只能骑毛驴。高欢亲自留在后面指挥，迁都事毕，才返回晋阳。改司州为洛州，任命尚书令元弼为洛州刺史，镇守洛阳。任命行台尚书司马子如为尚书左仆射，与右仆射高隆之、侍中高岳、孙腾留在邺城，共掌朝政。孝静帝颁布诏书，从洛阳迁到邺城的平民家业还没有恢复，国家发放一百三十万石粮食救济他们。

十一月，兖州刺史樊子鹄占据瑕丘以抗拒东魏，南青州刺史大野拔率部投奔了他。

十一月十一日庚寅，东魏孝静帝到达邺城，居住在北城相州官衙，改相州刺史为司州牧，魏郡太守为魏尹。这时，六坊卫队随从孝武帝西行的人不到一万，其余的都迁到邺城，都给予常年的俸禄，春秋两季还要赏赐布帛供他们制作衣服，为了维持这些开支，就在法定的赋调之外，从年成丰收的地方用绸缎折价购买粮食供给国家使用。

十二月，西魏丞相宇文泰派遣仪同李虎、李弼、赵贵进军灵州，攻打曹泥。

闰十二月，梁将元庆和攻占了东魏濑乡。

西魏孝武帝在宫中失礼乱伦，有三个堂妹没有嫁人，都被封为公主。平原公主元明月，是南阳王元宝炬的同胞妹妹，跟随孝武帝入关，丞相宇文泰指使元氏诸王

悦，或时弯弓，或时椎案，由是复与泰有隙。癸巳，帝饮酒遇酖而殂。泰与群臣议所立，多举广平王赞。赞，孝武之兄子也。侍中濮阳王顺，于别室垂涕谓泰曰："高欢逼逐先帝，立幼主以专权，明公宜反其所为。广平冲幼，不如立长君而奉之。"泰乃奉太宰南阳王宝炬而立之。顺，素之曾孙也。殡孝武帝于草堂佛寺，谏议大夫宋球恸哭呕血，浆粒不入口者数日，泰以其名儒，不之罪也。

魏贺拔胜之在荆州也，表武卫将军独孤信为大都督。东魏既取荆州，魏以信为都督三荆州诸军事、尚书右仆射、东南道行台、大都督、荆州刺史以招怀之。

蛮酋樊五能攻破淅阳郡以应魏，东魏西荆州刺史辛纂欲讨之，行台郎中李广谏曰："淅阳四面无民，唯一城之地，山路深险，表里群蛮。今少遣兵，则不能制贼；多遣，则根本虚弱；脱不如意，大挫威名，人情一去，州城难保。"纂曰："岂可纵贼不讨！"广曰："今所忧在心腹，何暇治疥癣！闻台军不久应至，公但约勒属城，使完垒抚民以待之，虽失淅阳，不足惜也。"纂不从，遣兵攻之，兵败，诸将因亡不返。

城民密召独孤信。信至武陶，东魏遣恒农太守田八能帅群蛮拒信于淅阳，又遣都督张齐民以步骑三千出信之后。信谓其众曰："今士卒不满千人，首尾受敌，若还击齐民，则土民必谓我退走，必争来邀我；不如进击八能，破之，齐民自溃矣。"遂击破八能，乘胜袭穰城；辛纂勒兵出战，大败，还趣城。门未及阖，信令都督武川杨忠为前驱，忠叱门者曰："大军已至，城中有应，尔等求生，何不避走！"门者皆散。忠帅众入城，斩纂以徇，城中慑服。信分兵定三荆。居半岁，东魏高敖曹、侯景将兵奄至城下，信兵少不敌，与杨忠皆来奔。

（以上为第三段，写北魏分裂始末，孝武帝不武，灭狼未果，反落虎口，既丧性命，更葬送了北魏政权。）

把明月抓出宫来杀了；孝武帝心中不满，发脾气，有时弯弓射箭，有时敲打桌子，因此又与宇文泰产生了矛盾。十一月十五日癸巳，孝武帝喝酒被毒死。宇文泰与群臣商议拥立新皇帝，多数大臣举荐广平王元赞。元赞，是孝武帝哥哥的儿子，侍中濮阳王元顺，把宇文泰请到另一个房间流着眼泪说："高欢逼走先帝，拥立幼主以便专权，明公应当与高欢的做法相反才好。广平王年幼，不如拥立一个年长的皇上。"宇文泰于是拥立太宰南阳王元宝炬为皇帝。元顺，是元素的曾孙。孝武帝的灵柩被安放在草堂佛寺，谏议大夫宋球恸哭吐血，吃不下饭，喝不下水，绝食了好几天。宇文泰考虑到宋球是一位有名的儒士，就没有加罪于他。

先前，贺拔胜在荆州时，上奏章推荐卫将军独孤信为大都督。东魏攻占荆州后，西魏任命独孤信为都督三荆州诸军事、尚书右仆射、东南道行台、大都督、荆州刺史。以便他去招抚荆州军民。

荆州蛮族酋长樊五能攻破淅阳郡策应西魏军，东魏西荆州刺史辛纂打算征讨樊五能，行台郎中李广劝谏说："淅阳四面荒野没有居民，只有一座孤城，山路幽深艰险，山里山外都是蛮人，现今派兵少了，难以战胜蛮贼；派兵多了，那么州城空墟，万一不能成功，就要大损威名，人心一旦动摇，州城就难保了。"辛纂说："难道就让贼寇纵横不征讨吗？"李广说："现今忧虑的是心腹之患，哪有工夫去治皮毛疮疥！听说高欢的军队就要来援，明公只需责令所属各城，加强壁垒安抚民众等待援兵的到来，虽然丢了淅阳，不值得可惜。"辛纂不听，派兵攻打淅阳，果然兵败，诸将趁机逃亡，没有一个回来。

荆州城平民暗中派人去迎请独孤信。独孤信进军到武陶，东魏派遣恒农太守田八能率领蛮兵在淅阳阻挡独孤信，又派遣都督张齐民率领步骑三千绕出独孤信的后面。独孤信对部众说："现今我军不满千人，又腹背受敌，如果回过头来攻击张齐民，那么当地土民认为我军退走，一定反过来截击我军，还不如迎头进击樊八能，打败了樊八能，张齐民就会不战自溃。"于是进击，打败了樊八能，乘胜袭击穰城；辛纂整兵出战，又大败逃回州城。城门还来不及关上，独孤信令都督武川人杨忠为前锋，杨忠大声呵斥城门卫兵说："大军已到，城中有内应，你们要想活命，还不赶快逃走！"守门卫士全都逃散。杨忠率众进入城中，杀了辛纂，枭首示众。城中军民都吓得服服帖帖。独孤信兵分三路占领了三荆。过了半年，东魏高敖曹、侯景率军突然袭击州城，独孤信兵少不敌，和杨忠投降了梁朝。

【点评】

孝武帝败亡。高欢因发难平定尔朱氏之乱，拥立孝武帝，由一个边将一跃成为权臣，但根基不厚，只好保守晋阳根本，安插亲信遥控洛阳北魏政权。孝武帝不甘做一个傀儡皇帝，奋起抗争，虽然败亡，可歌可泣。当时，高欢军事力量和政治力量并不占优势，孝武帝不费吹灰之力就赶走了朝中高欢安插的亲信高乾、高隆之等人，振兴皇室显露出一丝曙光。可惜孝武帝才略平庸，猜忌任性，得不到良辅，策略失当，又急于求成，矛盾迅速激化，政权未稳而兵锋骤起，于是事不可为。孝武帝又不修内行，威仪扫地，人心涣散，只两年时间就在政争中结束了生命，葬送了北魏王朝，使自己成了一个可怜可叹的悲剧人物。

梁纪十三

梁武帝大同元年至三年（535—537年）

【起旃蒙单阏（乙卯，535年），尽强圉大荒落（丁巳，537年），凡三年】

【大事提要】

本卷记事起自公元535年，至公元537年，凡三年，当梁武帝大同元年、二年、三年，西魏文帝大统元年、二年、三年，东魏孝静帝天平二年、三年、四年。南朝梁武帝无所作为，南朝无事，修好北方。本卷主要载述北朝初分为东、西魏，权臣当政，各立新君傀儡，高欢与宇文泰各自内修政理，外示用武，两次大战形成势均力敌的局面。

【原文】

高祖武皇帝十三

大同元年（乙卯，535 年）

春，正月，戊申朔，大赦，改元。

是日，魏文帝即位于城西，大赦，改元大统，追尊父京兆王为文景皇帝，妣杨氏为皇后。

魏渭州刺史可朱浑道元先附侯莫陈悦，悦死，丞相泰攻之，不能克，与盟而罢。道元世居怀朔，与东魏丞相欢善，又母兄皆在邺，由是常与欢通。泰欲击之，道元帅所部三千户西北渡乌兰津抵灵州，灵州刺史曹泥资送至云州。欢闻之，遣资粮迎候，拜车骑大将军。

道元至晋阳，欢始闻孝武帝之丧，启请举哀制服。东魏主使群臣议之，太学博士潘崇和以为："君遇臣不以礼则无反服，是以汤之民不哭桀，周武之民不服纣。"国子博士卫既隆、李同轨议以为："高后于永熙离绝未彰，宜为之服。"东魏从之。

魏骁骑大将军、仪同三司李虎等招谕费也头之众，与之共攻灵州，凡四旬，曹泥请降。

己酉，魏进丞相略阳公泰为都督中外诸军、录尚书事、大行台，封安定王；泰固辞王爵及录尚书，乃封安定公。以尚书令斛斯椿为太保，广平王赞为司徒。

乙卯，魏主立妃乙弗氏为皇后，子钦为皇太子。后仁恕节俭，不妒忌，帝甚重之。

稽胡刘蠡升，自孝昌以来，自称天子，改元神嘉，居云阳谷；魏之边境常被其患，谓之"胡荒"。壬戌，东魏丞相欢袭击，大破之。

勃海世子澄通于欢妾郑氏，欢归，一婢告之，二婢为证；欢杖澄一百而幽之，娄妃亦隔绝不得见。欢纳魏敬宗之后尔朱氏，有宠，生子潋，欢欲立之。澄求救于司马子如。子如入见欢，伪为不知者，请见娄

【语译】

高祖武皇帝十三

梁武帝大同元年（乙卯，535 年）

春季，正月初一日戊申朔，梁武帝大赦天下，改年号为大同。

这一天，西魏文帝元宝炬在长安城西郊举行祭天典礼，即皇帝位，大赦天下，改年号为大统，追尊他的父亲京兆王元愉为文景皇帝，追尊已去世的母亲杨氏为皇后。

原北魏渭州刺史可朱浑道元原先依附侯莫陈悦，侯莫陈悦死后，西魏丞相宇文泰进攻道元，没有攻下渭州，只好与道元订立盟约而退军。可朱浑道元祖上世世代代居住在怀朔，道元与东魏丞相高欢交好，而且母亲、兄长都居住在邺城，因此经常与高欢联络。宇文泰总想攻击他，于是可朱浑道元率领部属三千户从西北方向的乌兰津渡过黄河进抵灵州，灵州刺史曹泥给他补充钱粮，护送到云州。高欢得到报告，派人带上钱粮前去迎接，授予道元为车骑大将军。

可朱浑道元到达晋阳，高欢才知道魏孝武帝的死讯，随即启奏请求为孝武帝举哀并穿孝服。东魏孝静帝召集群臣商议这件事，太学博士潘崇和认为："君主对臣下不以礼相待，那么已脱离君臣关系的臣子不必为旧君主服丧哀悼，因此，商汤的百姓不为夏桀哭丧，周武王的百姓不为纣王穿丧服。"国子博士卫既隆、李同轨商议后认为："高皇后与先帝分离，并没有公开断绝关系，还是应该为先帝服丧。"东魏孝静帝采纳了他们的意见。

西魏骁骑大将军、仪同三司李虎等招降了费也头的部众，与他们一同攻打灵州，总计持续了四十天，曹泥请求投降。

正月初二日己酉，西魏晋升丞相略阳公宇文泰为都督中外诸军事、录尚书事、大行台，又加封安定王。宇文泰坚决辞去王爵和录尚书事，于是封为安定公。晋升尚书令斛斯椿为太保，任命广平王元赞为司徒。

正月初八日乙卯，西魏文帝册立妃子乙弗氏为皇后，儿子元钦为皇太子。乙弗皇后仁慈宽厚，节约勤俭，没有妒忌之心，文帝非常敬重她。

稽胡人刘蠡升，自从孝昌年间以来，就自称天子，改年号叫神嘉，居住在云阳谷地区，东魏的边境经常遭受骚扰，人们称之为"胡荒"。正月十五日壬戌，东魏丞相高欢率兵袭击刘蠡升，大获全胜。

勃海王高欢的世子高澄与高欢的妾郑氏私通，高欢回来后，一个婢女向高欢告密，另外两个婢女作证，高欢把高澄打了一百棍，关押起来，高澄的生母娄妃也被软禁起来，不得与高欢相见。高欢收纳北魏敬宗的皇后尔朱氏，非常宠爱，生了儿

妃；欢告其故。子如曰："消难亦通子如妾，此事正可掩覆。妃是王结发妇，常以父母家财奉王；王在怀朔被杖，背无完皮，妃昼夜供侍；后避葛贼，同走并州，贫困，妃然马矢自作靴；恩义何可忘也！夫妇相宜，女配至尊，男承大业。且娄领军之勋，何宜摇动！一女子如草芥，况婢言不必信邪！"欢因使子如更鞫之。子如见澄，尤之曰："男儿何意畏威自诬！"因教二婢反其辞，胁告者自缢，乃启欢曰："果虚言也。"欢大悦，召娄妃及澄。妃遥见欢，一步一叩头，澄且拜且进，父子、夫妇相泣，复如初。欢置酒曰："全我父子者，司马子如也！"赐之黄金百三十斤。

甲子，魏以广陵王欣为太傅，仪同三司万俟寿洛干为司空。

己巳，东魏以丞相欢为相国，假黄钺，殊礼；固辞。

东魏大行台尚书司马子如帅大都督窦泰、太州刺史韩轨等攻潼关，魏丞相泰军于霸上。子如与轨回军，从蒲津宵济，攻华州。时修城未毕，梯倚城外，比晓，东魏人乘梯而入。刺史王罴卧尚未起，闻阁外匈匈有声，袒身露髻徒跣，持白梃大呼而出，东魏人见之惊却。罴逐至东门，左右稍集，合战，破之，子如等遂引去。

二月，辛巳，上祀明堂。

壬午，东魏以咸阳王坦为太傅，西河王悰为太尉。

东魏使尚书右仆射高隆之发十万夫撤洛阳宫殿，运其材入邺。

丁亥，上耕藉田。

东魏仪同三司娄昭等攻兖州，樊子鹄使前胶州刺史严思达守东平，昭攻拔之。遂引兵围瑕丘，久不下，昭以水灌城；己丑，大野拔见子鹄计事，因斩其首以降。始，子鹄以众少，悉驱老弱为兵，子鹄死，各散走。诸将劝娄昭尽捕诛之，昭曰："此州不幸，横被残贼，跂望官军以救

子高湝，高欢想把他立为世子。高澄向司马子如求救。司马子如进王府拜见高欢，装作什么也不知道，请求看望娄妃。高欢告诉了原委。司马子如说：“我的儿子司马消难也和我的妾私通，这种事只能掩盖。娄妃是大王的结发妻子，曾长期拿父母家的钱财资助大王，大王在怀朔时曾遭杖责，被打得体无完肤，娄妃日夜守护在你身边；后来躲避葛荣的祸乱，一起逃到并州，非常贫困，娄妃烧马粪，做饭，亲自制靴子，患难的恩义哪能忘记呢！你们夫妻天生一对，所生女儿为皇后，男儿应当继承大业。再说娄妃弟弟娄领军掌握禁军有很大的功勋，不宜动摇。一个女人就像一棵小草，何况一个婢女的话也不一定当真。”高欢就让司马子如重新审问。司马子如见到高澄，责备他说：“一个男子汉怎么可以因畏惧威严就给自己泼脏水呢！”司马子如又指使作证的两个婢女推翻自己的证词，威逼那个告发的婢女上吊自杀，司马子如这才向高欢报告说：“那件事果然是无中生有。”高欢非常高兴，召见娄妃和高澄。娄妃远远看见高欢，走一步叩一次头，高澄也是叩头前行，父子、夫妇相见哭成一团，从此和好如初。高欢摆酒宴招待司马子如，说：“成全我家父子关系的人，就是您司马子如啊！”赏赐司马子如黄金一百三十斤。

正月十七日甲子，西魏任命广陵王元欣为太傅，仪同三司万俟寿洛干为司徒。

正月二十二日己巳，东魏任命丞相高欢为相国，允许使用象征皇帝权威的用黄金装饰的大斧，赐给特殊的礼仪待遇；高欢坚决推辞没有接受。

东魏大行台尚书司马子如率领大都督窦泰、太州刺史韩轨等进攻潼关，西魏丞相宇文泰驻军于霸上。司马子如和韩轨领兵迂回，从蒲津夜渡黄河，进攻华州。当时，华州城正在修筑，还没有完工，梯子还倚靠在城墙外侧，天刚亮时，东魏士兵爬上梯子进入城内。刺史王罴睡觉还没有起床，听到官衙外人声嘈杂，来不及穿衣服，光着身子，赤着双脚，露着发髻，拿着一根木棍，大叫着冲了出来，东魏士兵见状，反倒惊慌失措，回头逃跑。王罴一直追到东城门，部下也渐渐集聚起来，双方交战，东魏军大败，司马子如等人率领败军撤退回去。

二月初四日辛巳，梁武帝在明堂举行祭祀典礼。

二月初五日壬午，东魏任命咸阳王元坦为太傅、西河王元悰为太尉。

东魏委派尚书右仆射高隆之征发十万民夫拆毁洛阳宫殿，将拆下的建筑材料运到邺城。

二月初十日丁亥，梁武帝举行亲耕籍田典礼。

东魏仪同三司娄昭等进攻兖州，樊子鹄派前任胶州刺史严思达镇守东平，娄昭攻克了东平。于是率军围攻瑕丘，但久攻不下，娄昭引水灌城；二月十二日己丑，大野拔进见樊子鹄商议事务，借机砍了樊子鹄的人头出降东魏。当初，樊子鹄因为部众寡少，驱赶全城百姓无论老少都为兵守城，樊子鹄死后，这些守城兵一哄而散。

涂炭，今复诛之，民将谁诉！”皆舍之。

戊戌，司州刺史陈庆之伐东魏，与豫州刺史尧雄战，不利而还。

三月，辛酉，东魏以高盛为太尉，高敖曹为司徒，济阴王晖业为司空。

东魏丞相欢伪与刘蠡升约和，许以女妻其太子。蠡升不设备，欢举兵袭之，辛酉，蠡升北部王斩蠡升首以降。余众复立其子南海王，欢进击，擒之，俘其皇后、诸王、公卿以下四百余人，华、夷五万余户。

壬申，欢入朝于邺，以孝武帝后妻彭城王韶。

魏丞相泰以军旅未息，吏民劳弊，命所司斟酌古今可以便时适治者，为二十四条新制，奏行之。

泰用武功苏绰为行台郎中，居岁余，泰未之知也，而台中皆称其能，有疑事皆就决之。泰与仆射周惠达论事，惠达不能对，请出议之。出，以告绰，绰为之区处，惠达入白之，泰称善，曰：“谁与卿为此议者？”惠达以绰对，且称绰有王佐之才，泰乃擢绰为著作郎。泰与公卿如昆明池观渔，行至汉故仓池，顾问左右，莫有知者。泰召绰问之，具以状对。泰悦，因问天地造化之始，历代兴亡之迹，绰应对如流。泰与绰并马徐行，至池，竟不设网罟而还。遂留绰至夜，问以政事，卧而听之；绰指陈为治之要，泰起，整衣危坐，不觉膝之前席，语遂达曙不厌。诘朝，谓周惠达曰：“苏绰真奇士，吾方任之以政。”即拜大行台左丞，参典机密，自是宠遇日隆。绰始制文案程式朱出、墨入及计帐、户籍之法，后人多遵用之。

东魏诸将劝娄昭将他们尽行抓捕正法。娄昭说：“这座州城已不幸，横遭摧残伤害，人们都踮起脚尖盼望官兵把他们从水深炎热中拯救出来，如今我们再诛杀他们，那老百姓真就哭诉无门了。”于是，诸将皆放弃了追杀。

二月二十一日戊戌，梁朝司州刺史陈庆之讨伐东魏，与东魏豫州刺史尧雄交战，失败而还。

三月十五日辛酉，东魏任命高盛为太尉，高敖曹为司徒，济阴王元晖业为司空。

东魏丞相高欢假意与稽胡王刘蠡升订盟讲和，答应把女儿嫁给刘蠡升的太子为妻。刘蠡升因此不设置防备，高欢发兵偷袭。三月十五日辛酉，刘蠡升的部下北部王砍了刘蠡升的人头投降高欢。刘蠡升的残部又立了他的儿子南海王为皇帝，高欢再次进兵攻击，俘获了南海王和皇后、诸王，以及公卿以下共四百多人，俘获的华、夷民众五万余户。

三月二十六日壬申，高欢到邺都朝见孝静帝，把自己女儿也就是之前孝武帝的皇后嫁给彭城王元韶为妻。

西魏丞相宇文泰考虑到战事未息，官民都疲劳穷困，就指示有关部门参考古今治国事例，找出适合于当今的政治措施，制订成二十四条新法令，上奏给文帝批准后执行。

宇文泰启用武功人苏绰为行台郎中，过了一年多，宇文泰还不了解苏绰，可是行台衙门中的人都称赞苏绰能干，凡有疑难的事都找苏绰决断。宇文泰与仆射周惠达商议大事，周惠达拿不出主意，就请求外出找人讨论。周惠达走出相府，把事情原委告诉了苏绰，苏绰为他做了分析解答，周惠达再进入相府向宇文泰报告，宇文泰说好。宇文泰又说：“是谁为你做出的解答？”周惠达就说是苏绰解答的，并且称赞苏绰有辅佐君王的才干，宇文泰就晋升苏绰为著作郎。宇文泰与公卿大臣到昆明池赏鱼，走到汉代的旧仓池时，宇文泰回头问左右的人，他们中没有人知道仓池的历史故事。宇文泰便召见苏绰询问，苏绰把仓池的兴衰情况一一做了回答。宇文泰非常高兴，接着询问天地万物的来历，以及历代兴亡的轨迹，苏绰对答如流。宇文泰与苏绰并马缓行，到了昆明池，居然没有撒网捕鱼就返回了。宇文泰便留下苏绰，向他征询军国大事，直到夜晚交谈继续进行，宇文泰躺在睡榻上听。苏绰分析陈述治理国家应抓住最紧要的大政方针，宇文泰禁不住起身，整理好衣冠，端坐听讲，不知不觉双膝移到了座席前端靠近了苏绰，两人一直交谈到天亮还兴致勃勃。第二天早上，宇文泰对周惠达说：“苏绰真是一个奇才，我决定委任他担任治国的重任。”立即任命苏绰为大行台左丞，参与机密，从这时起苏绰日益受到宇文泰的宠信。苏绰制定了文书案卷的程序格式，官府批文和下达的文书用红笔书写，下级上报的文

东魏以封延之为青州刺史，代侯渊。渊既失州任而惧，行及广川，遂反，夜袭青州南郭，劫掠郡县。夏，四月，丞相欢使济州刺史蔡儁讨之。渊部下多叛，渊欲南奔，于道为卖浆者所斩，送首于邺。

元庆和攻东魏城父，丞相欢遣高敖曹帅三万人趣项，窦泰帅三万人趣城父，侯景帅三万人趣彭城，以任祥为东南道行台仆射，节度诸军。

五月，魏加丞相泰柱国。

元庆和引兵逼东魏南兖州，东魏洛州刺史韩贤拒之。六月，庆和攻南顿，豫州刺史尧雄破之。

秋，七月，甲戌，魏以开府仪同三司念贤为太尉，万俟寿洛干为司徒，开府仪同三司越勒肱为司空。

益州刺史鄱阳王范、南梁州刺史樊文炽合兵围晋寿，魏东益州刺史傅敬和来降。范，恢之子；敬和，竖眼之子也。

魏下诏数高欢二十罪，且曰："朕将亲总六军，与丞相扫除凶丑。"欢亦移檄于魏，谓宇文黑獭、斛斯椿为逆徒，且言"今分命诸将，领兵百万，刻期西讨。"

东魏遣行台元晏击元庆和。

或告东魏司空济阴王晖业与七兵尚书薛琡贰于魏，八月，辛卯，执送晋阳，皆免官。

甲午，东魏发民七万六千人作新宫于邺，使仆射高隆之与司空胄曹参军辛术共营之，筑邺南城周二十五里。术，琛之子也。

赵刚自蛮中往见东魏东荆州刺史赵郡李愍，劝令附魏，愍从之，刚由是得至长安。丞相泰以刚为左光禄大夫。刚说泰召贺拔胜、独孤信等于梁，泰使刚来请之。

九月，丁巳，东魏以开府仪同三司襄城王旭为司空。

冬，十月，魏太师上党文宣王长孙稚卒。

魏秦州刺史王超世，丞相泰之内兄也，骄而黩货，泰奏请加法，诏赐死。

十一月，丁未，侍中、中卫将军徐勉卒。勉虽骨鲠不及范云，亦不

书用墨笔书写，以及记账、户籍等方面的法规，后继之人大多沿用苏绰制订的公文程式和法规。

东魏任命封延之为青州刺史，取代侯渊。侯渊失去刺史职位后心里害怕，他走到广州时决意造反，连夜袭击青州城南的外城，又抢劫掠夺附近的郡县。夏季，四月，丞相高欢派济州刺史蔡儁征讨侯渊。侯渊部下大多叛逃，侯渊想南逃梁朝，在半道上被一个卖酒的人杀死，把他的头送到了东魏京都邺城。

梁朝元庆和攻打东魏城父，丞相高欢派高敖曹率领三万人奔赴项城，窦泰率领三万人奔赴城父，侯景率领三万人奔赴彭城，任命任祥为东南道行台仆射，统一指挥这几支军队。

五月，西魏晋爵宇文泰为柱国。

梁朝元庆和率兵进逼东魏南兖州，东魏洛州刺史韩贤领兵抗击。六月，元庆和进攻南顿城，豫州刺史尧雄打败了他。

秋季，七月三十日甲戌，西魏任命开府仪同三司念贤为太尉，任命万俟寿洛干为司徒，任命开府仪同三司越勒肱为司空。

梁朝益州刺史鄱阳王萧范、南梁州刺史樊文炽合兵围攻西魏晋寿城，西魏东益州刺史傅敬和投降。萧范是萧恢的儿子；傅敬和是傅竖眼的儿子。

西魏文帝下诏书列举高欢二十条大罪，并且说："朕将亲自率领大军，与宇文泰丞相一起扫除凶恶的国贼。"高欢也向西魏发布讨伐的檄文，称宇文黑獭、斛斯椿为反叛凶徒，并且说："现今已分派各位将领，率兵百万，限定日期向西讨伐。"

东魏派行台元晏反击元庆和。

有人告发东魏司空济阴王元晖业与七兵尚书薛琡有二心，暗中与西魏勾结。八月十七日辛卯，两人被抓捕到晋阳，都被免职。

八月二十日甲午，东魏征发民夫七万六千人在邺城修建新皇宫，委派仆射高隆之与司空胄曹参军辛术共同负责营建，在邺城的南面修筑了周长二十五里的新城。辛术是辛琛的儿子。

赵刚从南蛮出发到东魏东荆州去见刺史赵郡人李愍，劝他归顺西魏，李愍听从了，赵刚因此得以到达长安。丞相宇文泰任命赵刚为左光禄大夫。赵刚劝说宇文泰召抚贺拔胜、独孤信等从梁朝返回，宇文泰就派赵刚出使梁朝召请两人。

九月十四日丁巳，东魏任命开府仪同三司襄城王元旭为司空。

冬季，十月，西魏太师上党文宣王长孙稚去世。

西魏秦州刺史王超世，是丞相宇文泰的妻兄，骄横贪污，宇文泰奏请治罪，西魏文帝下诏将其赐死。

十一月初五日丁未，梁朝侍中、中卫将军徐勉去世。徐勉虽然骨气敢言不如范

阿意苟合，故梁世言贤相者称范、徐云。

癸丑，东魏主祀圜丘。

甲午，东魏阊阖门灾。门之初成也，高隆之乘马远望，谓其匠曰："西南独高一寸。"量之果然。太府卿任忻集自矜其巧，不肯改。隆之恨之，至是谮于丞相欢曰："忻集潜通西魏，令人故烧之。"欢斩之。

北梁州刺史兰钦引兵攻南郑，魏梁州刺史元罗举州降。

东魏以丞相欢之子洋为骠骑大将军、开府仪同三司，封太原公。洋内明决而外如不慧，兄弟及众人皆嗤鄙之；独欢异之，谓长史薛琡曰："此儿识虑过吾。"幼时，欢尝欲观诸子意识，使各治乱丝，洋独抽刀斩之，曰："乱者必斩！"又各配兵四出，使都督彭乐帅甲骑伪攻之，兄澄等皆怖桡，洋独勒众与乐相格，乐免胄言情，犹擒之以献。

初，大行台右丞杨愔从兄岐州刺史幼卿，以直言为孝武帝所杀，愔同列郭秀害其能，恐之曰："高王欲送卿于帝所。"愔惧，变姓名逃于田横岛。久之，欢闻其尚在，召为太原公开府司马，顷之，复为大行台右丞。

十二月，甲午，东魏文武官量事给禄。

魏以念贤为太傅，河州刺史梁景叡为太尉。

是岁，鄱阳妖贼鲜于琛改元上愿，有众万余人。鄱阳内史吴郡陆襄讨擒之，按治党与，无滥死者。民歌之曰："鲜于平后善恶分，民无枉死赖陆君。"

柔然头兵可汗求婚于东魏，丞相欢以常山王妹为兰陵公主，妻之。柔然数侵魏，魏使中书舍人库狄峙奉使至柔然，与约和亲，由是柔然不复为寇。

（以上为第一段，写西魏、东魏巩固政权的军政措施。西魏宇文泰起用苏绰，东魏高欢起用次子高洋，并与柔然结约和亲以安宁北疆。这一年，东魏、西魏与梁朝三方交错发生边境磨擦，但无大的战事。）

云，但也从不阿谀奉承，所以在梁朝公认的贤相就只有范云、徐勉两人。

十一月十一日癸丑，东魏孝静帝在圜丘举行祭天典礼。

甲午日，东魏邺城皇宫阊阖门发生火灾。这座宫门刚建成的时候，高隆之骑马远望，对工匠说："门的西南角高出了一寸。"实际丈量果然是这样。太府卿任忻集认为这座建筑精巧，不肯改动。高隆之怀恨在心，当火灾发生后，高隆之向丞相高欢打小报告说："任忻集暗中勾结西魏，是他故意派人烧了宫门。"高欢就杀了任忻集。

梁朝北梁州刺史兰钦领兵攻打西魏南郑县城，西魏梁州刺史元罗率领州城军民投降。

东魏任命丞相高欢的儿子高洋为骠骑大将军、开府仪同三司，封爵太原公。高洋内心精明果断但外表迟钝，兄弟们以及许多人都嘲笑看不起他，只有高欢特别器重他，对丞相长史薛琡说："这孩子的见识和能力都超过了我。"在孩提时，高欢曾经想考察几个儿子的才干，就让他们各自整理一团乱丝，只有高洋拔出佩刀斩断乱丝，说："凡是混乱的就一定斩断。"高欢又给儿子们各自配备一支军队，拉出城去，暗中派都督彭乐带领铁甲骑兵假意围攻他们，高洋的哥哥高澄他们都惊慌失措，只有高洋率领部众与彭乐格斗，彭乐脱下甲胄说明情况，高洋仍然把他抓起来，进献高欢。

当初，大行台右丞杨愔的堂兄岐州刺史杨幼卿，因为直言进谏被孝武帝杀害，杨愔同僚郭秀妒忌他的才能，就恐吓杨愔说："高王想把你送到孝武帝身边。"杨愔害怕，就变姓埋名逃到田横岛。过了很久，高欢知道杨愔还健在，就把他召回任命为太原公开府司马，不久，重新任命他为大行台右丞。

十二月二十二日甲午，东魏文武百官依照任职的轻重给以相应的俸禄。

西魏任命念贤为太傅，任命河州刺史梁景叡为太尉。

这一年，梁朝盘踞鄱阳的妖贼鲜于琛改元上愿，有部众一万多人。鄱阳内史吴郡人陆襄征讨并擒获了他，惩治同党，没有滥杀一个人。老百姓作歌谣说："鲜于平后善恶分，民无枉死赖陆君。"

柔然头兵可汗向东魏求婚，丞相高欢封常山王元骘的妹妹为兰陵公主，嫁给头兵可汗为妻。柔然曾多次侵扰西魏边境，西魏派中书舍人库狄峙出使柔然结约和亲，从此柔然不再侵扰西魏。

二年（丙辰，536年）

春，正月，辛亥，魏祀南郊，改用神元皇帝配。

甲子，东魏丞相欢自将万骑袭魏夏州，身不火食，四日而至，缚矟为梯，夜入其城，擒刺史斛拔俄弥突，因而用之，留都督张琼将兵镇守，迁其部落五千户以归。

魏灵州刺史曹泥与其婿凉州刺史普乐刘丰复叛降东魏，魏人围之，水灌其城，不没者四尺。东魏丞相欢发阿至罗三万骑径度灵州，绕出魏师之后，魏师退。欢帅骑迎泥及丰，拔其遗户五千以归，以丰为南汾州刺史。

东魏加丞相欢九锡；固让而止。

上为文帝作皇基寺以追福，命有司求良材。曲阿弘氏自湘州买巨材东下，南津校尉孟少卿欲求媚于上，诬弘氏为劫而杀之，没其材以为寺。

二月，乙亥，上耕藉田。

东魏勃海世子澄，年十五，为大行台、并州刺史，求入邺辅朝政，丞相欢不许；丞相主簿乐安孙搴为之请，乃许之。丁酉，以澄为尚书令，加领军、京畿大都督。魏朝虽闻其器识，犹以年少期之；既至，用法严峻，事无凝滞，中外震肃。引并州别驾崔暹为左丞、吏部郎，亲任之。

司马子如、高季式召孙搴剧饮，醉甚而卒。丞相欢亲临其丧。子如叩头请罪，欢曰："卿折我右臂，为我求可代者！"子如举中书郎魏收，欢以收为主簿。收，子建之子也。他日，欢谓季式曰："卿饮杀我孙主簿，魏收治文书不如我意；司徒尝称一人谨密者为谁？"季式以司徒记室广宗陈元康对，曰："是能夜中暗书，快吏也。"召之，一见，即授大丞相功曹，掌机密，迁大行台都官郎。时军国多务，元康问无不知。欢或出，临行，留元康在后，马上有所号令九十余条，元康屈指数之，尽能记忆。与功曹平原赵彦深同知机密，时人谓之陈、赵。而元康势居赵前，性又柔谨，欢甚亲之，曰："如此人，诚难得，天赐我也。"彦深名隐，以字行。

梁武帝大同二年（丙辰，536 年）

春季，正月初九日辛亥，西魏在长安城南郊举行祭祀典礼，改用远祖神元皇帝拓跋力微配享宗庙。

正月二十二日甲子，东魏丞相高欢亲自率领一万骑兵偷袭西魏夏州，一路急行进兵，不生火做饭，四天时间就到达夏州城，把长矛捆绑起来，接成云梯，连夜攻入城中，俘虏了刺史斛拔俄弥突，继续留用他做州刺史，留下都督张琼带兵镇守，撤军时随军迁移了斛拔俄弥突的部落五千户民众。

西魏灵州刺史曹泥和他的女婿凉州刺史普乐人刘丰再次背叛西魏，投降东魏，受到西魏军队的围攻，西魏军队引水灌城，积水只差四尺就漫过城墙了。东魏丞相高欢派阿至罗率领三万骑兵越过灵州，绕到西魏军队的后路，西魏军被迫撤退。高欢亲自率领骑兵迎接曹泥和刘丰，将灵州剩下的五千户民众随东魏军迁走，得胜而归。高欢任命刘丰为南汾州刺史。

东魏给丞相高欢加封九锡的殊荣，因高欢坚决推辞而作罢。

梁武帝为父皇文帝的在天之灵建造皇基寺祈福，诏令有关部门收购上等木材。曲阿人弘氏从湘州采购了巨大的木材沿江东运，南津关校尉孟少卿想向梁武帝献媚，就诬陷弘氏抢劫，把他杀了，没收了这批木材，献给梁武帝建造寺庙。

二月初四日乙亥，梁武帝举行亲耕籍田典礼。

东魏勃海王世子高澄，只有十五岁，出任大行台、并州刺史，请求进入邺都辅佐朝政，丞相高欢不允许，丞相府主簿乐安人孙搴替高澄说情，高欢才同意了。二月二十六日丁酉，任命高澄为尚书令，加官领军将军、京畿大都督。东魏朝廷上下虽然早就听说他很有才能和识见，但仍然认为他还是个少年；没想到高澄到朝廷上任之后，用法严峻，办事敏捷，干净利落，朝廷内外震惊肃敬。高澄引荐并州别驾崔暹为左丞、吏部郎，非常亲近信任他。

司马子如、高季式邀请孙搴畅饮，结果孙搴大醉而死。丞相高欢亲临葬礼，司马子如叩头请罪，高欢说："你折断了我的右臂，要为我找一个可以代替孙搴的人！"司马子如就推荐中书郎魏收，高欢任命魏收为主簿。魏收，是魏子建的儿子。有一天，高欢对高季式说："你杀了我的孙主簿，魏收处理文书不合我的心意，司徒高敖曹曾经说过一个人办事谨慎细密，这个人是谁？"高季式回答说，这个人是高司徒的记室广宗人陈元康，并推荐说："这个人能在夜间摸黑写字，是一个办事快捷干练的官吏。"高欢立即召见陈元康，一见面，就授给他大丞相功曹之职，掌管机密事务，后来升迁为大行台都官郎。当时军国政务繁杂，陈元康有问必答，没有不知道的。有一次，高欢外出，临走时，让陈元康留守丞相府，高欢在马背上临时下达九十多条命令，陈元康听后屈指数来，一条一条全都凭记忆复述出来。陈元康和功

东魏丞相欢令阿至罗逼魏秦州刺史万俟普，欢以众应之。

三月，戊申，丹杨陶弘景卒。弘景博学多艺能，好养生之术。仕齐为奉朝请，弃官，隐居茅山。上早与之游，及即位，恩礼甚笃，每得其书，焚香虔受。屡以手敕招之，弘景不出。国家每有吉凶征讨大事，无不先谘之，月中尝有数信，时人谓之“山中宰相”。将没，为诗曰：“夷甫任散诞，平叔坐论空。岂悟昭阳殿，遂作单于宫”！时士大夫竞谈玄理，不习武事，故弘景诗及之。

甲寅，东魏以华山王鸷为大司马。

魏以凉州刺史李叔仁为司徒，万俟洛为太宰。

夏，四月，乙未，以骠骑大将军、开府同三司之仪元法僧为太尉。

尚书右丞考城江子四上封事，极言政治得失，五月，癸卯，诏曰：“古人有言：‘屋漏在上，知之在下。’朕有过失，不能自觉，江子四等封事所言，尚书可时加检括，于民有蠹患者，宜速详启！”

戊辰，东魏高盛卒。魏越勒肱卒。

魏秦州刺史万俟普与其子太宰洛、豳州刺史叱干宝乐、右卫将军破六韩常及督将三百人奔东魏，丞相泰轻骑追之，至河北千余里，不及而还。

秋七月，庚子，东魏大赦。

上待魏降将贺拔胜等甚厚，胜请讨高欢，上不许。胜等思归，前荆州大都督抚宁史宁谓胜曰：“朱异言于梁主无不从，请厚结之。”胜从之。上许胜、宁及卢柔皆北还，亲饯之于南苑。胜怀上恩，自是见禽兽南向者皆不射之。行至襄城，东魏丞相欢遣侯景以轻骑邀之，胜等弃舟自山路逃归，从者冻馁，道死者太半。既至长安，诣阙谢罪，魏主执胜手歔欷曰：“乘舆播越，天也，非卿之咎。”丞相泰引卢柔为从事中郎，与苏绰对掌机密。

曹平原人赵彦深共同掌管机密，当时人并称两人为陈、赵。而实际上陈元康的才能要高过赵彦深，他的个性又柔顺谨慎，高欢非常信任他，说：“像这样的人，真是难得，这是上天赐给我的啊。”赵彦深，名叫隐，以表字称呼于世。

东魏丞相高欢派阿至罗进逼西魏秦州刺史万俟普，另派一支军队策应阿至罗。

三月初七日戊申，梁朝丹杨人陶弘景去世。陶弘景学识渊博，多才多艺，更擅长养生之术。南齐时官至奉朝请，后来辞职，隐居在茅山。梁武帝早年与他交好，等到梁武帝当了皇帝，对待陶弘景的恩惠和礼遇非常优厚。梁武帝每次得到陶弘景的书信，都要焚香恭敬地拜读。多次亲笔写信请陶弘景到朝廷做官，陶弘景始终不出山。朝廷每当有吉凶和征讨的大事，没有不事先派人向陶弘景咨询的，往往一个月内要通好几次信，当时人称陶弘景为“山中宰相”。陶弘景临死时，作了一首诗，说：“夷甫任散诞，平叔坐论空。岂悟昭阳殿，遂作单于宫。”当时的士大夫都竞相谈论玄学性理，不讲练兵打仗的事，因此陶弘景的诗提出了批评警示。

三月十三日甲寅，东魏任命华山王元鸷为大司马。

西魏任命凉州刺史李叔仁为司徒，任命万俟洛为太宰。

夏季，四月二十五日乙未，梁朝任命骠骑大将军、开府仪同三司之仪元法僧为太尉。

梁尚书右丞考城人江子四向皇上奏上秘密谏章，详细论述国家政治的得失。五月初三日癸卯，梁武帝下诏说：“古人说过这样的话，叫‘屋漏在上，知之在下’，朕有过错，不能自己觉察，江子四等人上奏密章所说的情况，派尚书时时调查，凡是对百姓有害的事，都应该及时上报。”

五月二十八日戊辰，东魏高盛去世。西魏越勒肱去世。

西魏秦州刺史万俟普和他的儿子太宰万俟洛、豳州刺史叱干宝乐、右卫将军破六韩常，以及督将三百多人投奔东魏，丞相宇文泰率领轻装骑兵追赶，一直追到黄河以北一千多里，没有追上，只好返回。

秋季，七月初一日庚子，东魏大赦天下。

梁武帝对待北魏降将贺拔胜等人十分优厚，贺拔胜请求讨伐高欢，梁武帝不允许。贺拔胜等人想回到北方，前荆州大都督抚宁人史宁对贺拔胜说：“朱异说的话，皇上没有不听从的，请你好好结交他。”贺拔胜听从了。梁武帝允许贺拔胜、史宁以及卢柔等回到北方，亲自在南苑设宴送行，贺拔胜十分感激梁武帝的恩德，从此看到向南去的飞禽走兽都不放箭射杀。贺拔胜等人走到襄城，东魏丞相高欢派侯景率领轻骑兵截击，贺拔胜等人弃船上山，从小路逃归长安，跟随的人又冻又饿，在路上死了大半。到了长安，贺拔胜进宫请罪，西魏文帝拉着贺拔胜的手泣不成声，说：“皇帝逃难，这是天意，不是卿等的过错。”丞相宇文泰引用卢柔为从事郎中，与苏

九月，壬寅，东魏以定州刺史侯景兼尚书右仆射、南道行台，督诸将入寇。

魏以扶风王孚为司徒，斛斯椿为太傅。

冬，十月，乙亥，诏大举伐东魏。东魏侯景将兵七万寇楚州，虏刺史桓和；进军淮上，南、北司二州刺史陈庆之击破之，景弃辎重走。十一月，己亥，罢北伐之师。

魏复改始祖神元皇帝为太祖，道武皇帝为烈祖。

十二月，东魏以并州刺史尉景为太保。

壬申，东魏遣使请和，上许之。

东魏清河文宣王亶卒。

丁丑，东魏丞相欢督诸军伐魏，遣司徒高敖曹趣上洛，大都督窦泰趣潼关。

癸未，东魏以咸阳王坦为太师。

是岁，魏关中大饥，人相食，死者什七八。

（以上为第二段，写东魏高欢势力的勃兴，其大事有高欢用人、亲征西魏、世子高澄初露头角，以及加九锡的预演。南朝梁武帝优礼北方降人，以及梁与东魏的边境战事。）

三年（丁巳，537年）

春，正月，上祀南郊，大赦。

东魏丞相欢军蒲坂，造三浮桥，欲渡河。魏丞相泰军广阳，谓诸将曰："贼掎吾三面，作浮桥以示必渡，此欲缀吾军，使窦泰得西入耳。欢自起兵以来，窦泰常为前锋，其下多锐卒，屡胜而骄，今袭之，必克，克泰，则欢不战自走矣。"诸将皆曰："贼在近，舍而袭远，脱有蹉跌，悔何及也！不如分兵御之。"丞相泰曰："欢再攻潼关，吾军不出灞上，今大举而来，谓吾亦当自守，有轻我之心，乘此袭之，何患不克！贼虽作浮桥，未能径渡，不过五日，吾取窦泰必矣！"行台左丞苏绰、中兵参军代人达奚武亦以为然。庚戌，丞相泰还长安，诸将意犹异同。丞相泰隐其计，以问族子直事郎中深，深曰："窦泰，欢之骁将，今大军攻蒲坂，则欢拒守而泰救之，吾表里受敌，此危道也。不如选轻锐潜出小关，窦泰躁急，必来决战，欢持重未即救，我急击泰，必可擒也。擒泰则欢势自沮，回师击之，可以决胜。"丞相泰曰："此吾心也。"乃声言欲保陇右，

绰一同掌管机密。

九月初四日壬寅，东魏任命定州刺史侯景兼任尚书右仆射、南道行台，率领众将侵犯梁朝。

西魏任命扶风王元孚为司徒，斛斯椿为太傅。

冬季，十月初八日乙亥，梁武帝下诏大举讨伐东魏。东魏侯景领兵七万进犯楚州，俘获楚州刺史桓和；又进军淮上，梁朝南、北司二州刺史陈庆之打败侯景，侯景丢弃辎重逃走。十一月初二日己亥，梁朝撤回北伐之军。

西魏再次把始祖神元皇帝改称为太祖，把道武皇帝改称为烈祖。

十二月，东魏任命并州刺史尉景为太保。

十二月初六日壬申，东魏派使臣到梁朝请求和好，梁武帝同意了。

东魏清河文宣王元亶去世。

十二月十一日丁丑，东魏丞相高欢督率诸将讨伐西魏，又派司徒高敖曹进军上洛，大都督窦泰进军潼关。

十二月十七日癸未，东魏任命咸阳王元坦为太师。

这一年，西魏关中发生大饥荒，发生了人吃人的事件，饿死的人十之七八。

梁武帝大同三年（丁巳，537年）

春季，正月，梁武帝在南郊举行祭祀典礼，大赦天下。

东魏丞相高欢进军蒲坂，造了三座浮桥，摆出渡过黄河的样子。西魏丞相宇文泰率军进驻广阳，对诸将说：“敌人从三个方面牵制我们，建造浮桥表示渡过黄河的决心，这一定想从正面吸引我军沿河设防，以便窦泰从西面突破进攻我军。高欢自从起兵以来，窦泰经常充当前锋，他的部下有很多精锐的士兵，多次打胜仗而骄横，现今如果偷袭窦泰，一定能打败他，打败了窦泰，那么高欢就不战自退。”诸将都说：“敌人大军就在眼前，我军舍近求远，万一有了失误，后悔就来不及了，不如分兵抵挡。”丞相宇文泰说：“高欢前两次进攻潼关，我军没有离开灞上，而今大举而来，认为我军仍然自守，有轻视我军的心理，趁这个时机偷袭他，哪能不打胜仗呢！敌人虽然建造了浮桥，但还不能立即渡河，只须五天时间，我一定能抓获窦泰。”行台左丞苏绰、中兵参军代人达奚武也认为是这样。正月十四日庚戌，丞相宇文泰回到长安，诸将仍然意见不一致。丞相宇文泰隐瞒自己的计谋，故意询问宗族侄儿宇文深，宇文深说：“窦泰是高欢的一员勇将，现今我军如果大举进攻蒲坂，那

辛亥，谒魏主而潜军东出，癸丑旦，至小关。窦泰猝闻军至，自风陵渡，丞相泰出马牧泽，击窦泰，大破之，士众皆尽，窦泰自杀，传首长安。丞相欢以河冰薄，不得赴救，撤浮桥而退，仪同代人薛孤延为殿，一日斫十五刀折，乃得免。丞相泰亦引军还。

高敖曹自商山转斗而进，所向无前，遂攻上洛。郡人泉岳及弟猛略与顺阳人杜窋等谋翻城应之，洛州刺史泉企知之，杀岳及猛略。杜窋走归敖曹，敖曹以为乡导而攻之。敖曹被流矢，通中者三，殒绝良久，复上马，免胄巡城。企固守旬余，二子元礼、仲遵力战拒之，仲遵伤目，不堪复战，城遂陷。企见敖曹曰："吾力屈，非心服也。"敖曹以杜窋为洛州刺史。敖曹创甚，曰："恨不见季式作刺史。"丞相欢闻之，即以季式为济州刺史。

敖曹欲入蓝田关，欢使人告曰："窦泰军没，人心恐动，宜速还，路险贼盛，拔身可也。"敖曹不忍弃众，力战全军而还，以泉企、泉元礼自随，泉仲遵以伤重不行。企私戒二子曰："吾余生无几，汝曹才器足以立功，勿以吾在东，遂亏臣节。"元礼于路逃还。泉、杜虽皆为土豪，乡人轻杜而重泉。元礼、仲遵阴结豪右，袭窋，杀之，魏以元礼世袭洛州刺史。

二月，丁亥，上耕藉田。

己丑，以尚书左仆射何敬容为中权将军，护军将军萧渊藻为左仆射，右仆射谢举为右光禄大夫。

魏槐里获神玺，大赦。

三月，辛未，东魏迁七帝神主入新庙，大赦。

魏斛斯椿卒。

夏，五月，魏以广陵王欣为太宰，贺拔胜为太师。

么高欢必定坚守不出，而让窦泰救援，抄袭我军后路，我军腹背受敌，这是最危险的道路啊。不如挑选轻骑精兵暗中偷出小关，窦泰骄横急躁，一定来决战，高欢老成持重不会立即出兵救援，我军则迅速攻击窦泰，一定可以抓获他。抓获了窦泰，那么高欢的气势就要衰落，我军回头攻击他，定能取胜。”丞相宇文泰说：“这正是我的主意。”于是声言死守陇右。正月十五日辛亥，宇文泰拜辞了西魏文帝，然后率军悄悄从东面出发，正月十七日癸丑凌晨，到达小关。窦泰突然听说西魏军到来，立即从风陵渡过黄河，丞相宇文泰从马牧泽出击，进攻窦泰，大获全胜，窦泰因全军覆没而自杀，他的首级用驿马送到长安。丞相高欢认为河面冰薄，不便大军行动赴救，撤了浮桥退军，委派仪同代州人薛孤延担任后卫，与宇文泰的追兵展开激战，一天之内砍坏了十五把战刀，才得以逃脱。丞相宇文泰也率军返回长安。

高敖曹从商山一边战斗一边行进，所向无敌，直攻到上洛城下，城民泉岳和他弟弟泉猛略与顺阳人杜窋等商议打算翻出城去接应高敖曹，洛州刺史泉企知道这件事，就杀了泉岳和泉猛略。杜窋逃走归附了高敖曹。高敖曹用杜窋为向导进攻洛州。高敖曹多次被流箭射中，昏死了好长时间，苏醒后又上马出战，脱了甲胄巡视州城军队。泉企坚守攻城十多天，他的两个儿子泉元礼、泉仲遵奋力抵抗，泉仲遵眼睛受伤，无法继续战斗，州城被攻陷。泉企见到高敖曹说：“我兵力衰弱，但我并不服你。”高敖曹任命杜窋为洛州刺史。高敖曹伤势转重，说：“我放不下心的是我弟弟高季式没能做到刺史。”丞相高欢得知后，立即任用高季式为济州刺史。

高敖曹想攻入蓝田关，高欢派人告谕说：“窦泰全军覆没，我军人心动摇恐惧，应当迅速撤退，路途险阻，敌人众盛，你只要能脱身就可以了。”高敖曹不忍心丢下部队，奋力交战，全军而回，随军带着泉企和泉元礼，泉仲遵因为伤势太重而被留下了。泉企暗中告诫两个儿子说：“我这一辈子没有多少日子了，你们的才能器识足以建立功业，不要因为我在东魏，就丧失了做臣子的气节和操守。”泉元礼在半道逃回。泉、杜两姓都是上洛的豪门大族，但家乡人都看轻杜氏而敬重泉氏。泉元礼、泉仲遵暗中交结富豪大姓，袭击杜窋，并杀了他。西魏让泉元礼世袭洛州刺史。

二月二十二日丁亥，梁武帝举行亲耕籍田典礼。

二月二十四日己丑，梁朝任命尚书左仆射何敬容为中权将军，任命护军将军萧渊藻为左仆射，任命右仆射谢举为右光禄大夫。

西魏在槐里县发现一尊神玺，因而大赦天下。

三月，辛未［四月初六日辛未］，东魏把七位已故皇帝的灵位移进新庙，大赦天下。

西魏斛斯椿去世。

夏季，五月，西魏任命广陵王元欣为太宰，任命贺拔胜为太师。

六月，魏以扶风王孚为太保，梁景叡为太傅，广平王赞为太尉，开府仪同三司武川王盟为司空。

东魏丞相欢游汾阳之天池，得奇石，隐起成文曰“六王三川”。以问行台郎中阳休之，对曰：“六者，大王之字；王者，当王天下。河、洛、伊为三川，泾、渭、洛亦为三川。大王若受天命，终应奄有关、洛。”欢曰：“世人无事常言我反，况闻此乎！慎勿妄言！”休之，固之子也。行台郎中中山杜弼承间劝欢受禅，欢举杖击走之。

东魏遣兼散骑常侍李谐来聘，以吏部郎卢元明、通直侍郎李业兴副之。谐，平之孙；元明，昶之子也。秋，七月，谐等至建康，上引见，与语，应对如流。谐等出，上目送之，谓左右曰：“朕今日遇勍敌。卿辈尝言北间全无人物，此等何自而来！”是时邺下言风流者，以谐及陇西李神儁、范阳卢元明、北海王元景、弘农杨遵彦、清河崔赡为首。神儁名挺，宝之孙；元景名昕，宪之曾孙也；皆以字行。赡，悛之子也。

时南、北通好，务以俊乂相夸，衔命接客，必尽一时之选，无才地者不得与焉。每梁使至邺，邺下为之倾动，贵胜子弟盛饰聚观，礼赠优渥，馆门成市。宴日，高澄常使左右觇之，一言制胜，澄为之拊掌。魏使至建康亦然。

独孤信求还北，上许之。信父母皆在山东，上问信所适，信曰：“事君者不敢顾私亲而怀贰心。”上以为义，礼送甚厚。信与杨忠皆至长安，上书谢罪。魏以信有定三荆之功，迁骠骑大将军，加侍中、开府仪同三司，余官爵如故。丞相泰爱杨忠之勇，留置帐下。

魏宇文深劝丞相泰取恒农。八月，丁丑，泰帅李弼等十二将伐东魏，以北雍州刺史于谨为前锋，攻盘豆，拔之。戊子，至恒农，庚寅，拔之，擒东魏陕州刺史李徽伯，俘其战士八千。

时河北诸城多附东魏，左丞杨檦自言父猛尝为邵郡白水令，知其豪

六月，西魏任命扶风王元孚为太保，任命梁景叡为太傅，任命广平王元赞为太尉，任命开府仪同三司武川王元盟为司空。

东魏丞相高欢到汾阳的天池游乐，拣到一块奇石，上面隐隐约约显现文字“六王三川”。高欢询问行台郎中阳休之，阳休之回答说：“‘六’这个字就是大王的字，‘王’字是应当统治天下的意思。黄河、洛水、伊川为三川，泾水、渭水、洛水也是三川。大王如果承受了天命，最终将全部拥有关中、河洛之地。”高欢说：“当世的人无事生非经常说我反叛朝廷，何况听到你这一番话，你务必谨慎，不要乱说。”阳休之，是阳固的儿子。行台郎中中山人杜弼找机会劝高欢受禅，高欢举起手杖把他赶走。

东魏派遣兼散骑常侍李谐出使梁朝，任命吏部郎卢元明、通直侍郎李业兴二人为副使。李谐，是李平的孙子。卢元朗，是卢昶的儿子。秋季，七月，李谐一行到达建康，梁武帝接见，与他们说话，他们应答如流。李谐等走出朝堂，梁武帝目送他们远去后，对左右的人说：“朕今天算是遇上了强有力的对手了，你们经常说北方完全没有像样的人物，那么现在这几个人是从哪来的呢？”当时邺城数得上是风流人物的，说的就是李谐，以及陇西人李神儁、范阳人卢元明、北海人王元景、弘农人杨遵彦、清河人崔赡等。李神儁，名挺，是李宝的孙子；王元景，名昕，是王宪的曾孙；他们都以表字称呼于世。崔赡，是崔㥄的儿子。

当时，南朝与北朝讲和通好，双方竞相以拥有人才而夸耀，所以奉命出使和接待来客，一定要挑选当时最杰出的人才，没有才气和名望的人是沾不上边的。每当梁朝使者到了邺城，整个邺城都为之轰动，贵族子弟都打扮得珠光宝气，聚在一起围观，赠送给对方的礼品十分优厚，使者下榻的客馆，门前成了街市。在举行宴会的日子，高澄派出身边的人观察，如果有一句惊人妙语占了上风，高澄就亲自为他鼓掌叫好。东魏使者到了建康，也是这样的情况。

独孤信请求回到北方，梁武帝允准了。独孤信的父母都在东魏，梁武帝问独孤信回到北方哪一方，独孤信回答说：“事奉国君不敢顾及私亲而有二心。”梁武帝认为独孤信很有忠义之心，临行送给他很厚重的礼品。独孤信与杨忠都回到了长安，上奏书请罪。西魏认为独孤信有安定三荆的功劳，晋升他为骠骑大将军，加官侍中、开府仪同三司，以前担任的官爵照旧不变。丞相宇文泰深爱杨忠的勇敢，就把他留在自己手下。

西魏宇文深劝丞相宇文泰夺取恒农郡，八月十四日丁丑，宇文泰率领李弼等十二将讨伐东魏，任命北雍州刺史于谨为前锋，进攻盘豆城，占领了该城。八月二十五日戊子，进军到恒农，八月二十七日庚寅，占领恒农，俘虏东魏陕州刺史李徽伯，还俘虏了士兵八千人。

当时黄河北岸的多数州城都依附东魏，西魏丞相左丞杨檦自称他的父亲杨猛曾

杰，请往说之，以取邵郡；泰许之。檦乃与土豪王覆怜等举兵，收邵郡守程保及县令四人，斩之。表覆怜为郡守，遣谍说谕东魏城堡，旬月之间，归附甚众。东魏以东雍州刺史司马恭镇正平，司空从事中郎闻喜裴邃欲攻之，恭弃城走，泰以杨檦行正平郡事。

上修长干寺阿育王塔，出佛爪发舍利。辛卯，上幸寺，设无碍食，大赦。

九月，柔然为魏侵东魏三堆，丞相欢击之，柔然退走。

行台郎中杜弼以文武在位多贪污，言于丞相欢，请治之。欢曰："弼来，我语尔！天下贪污，习俗已久。今督将家属多在关西，宇文黑獭常相招诱，人情去留未定；江东复有吴翁萧衍，专事衣冠礼乐，中原士大夫望之以为正朔所在。我若急正纲纪，不相假借，恐督将尽归黑獭，士子悉奔萧衍，人物流散，何以为国！尔宜少待，吾不忘之。"欢将出兵拒魏，杜弼请先除内贼。欢问内贼为谁，弼曰："诸勋贵掠夺百姓者是也。"欢不应，使军士皆张弓注矢，举刀，按矟，夹道罗列，命弼冒出其间，弼战栗流汗。欢乃徐谕之曰："矢虽注不射，刀虽举不击，矟虽按不刺，尔犹亡魄失胆。诸勋人身犯锋镝，百死一生，虽或贪鄙，所取者大，岂可同之常人也！"弼乃顿首谢不及。

欢每号令军士，常令丞相属代郡张华原宣旨，其语鲜卑则曰："汉民是汝奴，夫为汝耕，妇为汝织，输汝粟帛，令汝温饱，汝何为陵之？"其语华人则曰："鲜卑是汝作客，得汝一斛粟、一匹绢，为汝击贼，令汝安宁，汝何为疾之？"

时鲜卑共轻华人，唯惮高敖曹；欢号令将士，常鲜卑语，敖曹在列，则为之华言。敖曹返自上洛，欢复以为军司、大都督，统七十六都督。以司空侯景为西道大行台，与敖曹及行台任祥、御史中尉刘贵、豫州刺史尧雄、冀州刺史万俟洛同治兵于虎牢。敖曹与北豫州刺史郑严祖握槊，贵召严祖，敖曹不时遣，枷其使者。使者曰："枷则易，脱则难。"敖曹以

经做过邵郡白水县县令，了解当地的豪杰，请求前往游说，以便夺取邵郡，宇文泰允许了。杨檦于是就与土豪王覆怜等拉起一支军队，攻打邵郡，抓获了郡守程保以及县令等四个长官，全都杀了。杨檦上表推荐王覆怜为邵郡郡守，四处派出间谍游说东魏的城堡，不到一月的时间，归附的人很多。东魏任命东雍州刺史司马恭镇守正平，西魏司空从事中郎闻喜人裴邃打算进攻司马恭，司马恭丢下州城逃走了，宇文泰任命杨檦为正平郡郡守。

梁武帝在修建长干寺阿育王塔时，出土了一些以往佛僧的指甲、头发和舍利。八月二十八日辛卯，梁武帝巡幸长干寺，举行无遮大会，大赦天下。

九月，柔然策应西魏，侵犯东魏的三堆，丞相高欢率军反击，柔然退兵。

东魏行台郎中杜弼认为现职文武大臣许多人贪污，向丞相高欢报告，请求惩治他们。高欢说："杜弼，你过来，我对你说，天下为官贪污，已成为习俗，由来很久了。现今带兵将领的家属大多在关西，宇文黑獭经常利用这些家属来引诱招降他们，人心的去留都没有安定下来；而江东又有一个老头儿萧衍，他成天叫喊衣冠礼乐文化，中原的士大夫人心想往，认为那一套才是正统。我们如果急于整肃法纪，毫不宽容，恐怕武将们都跑到宇文黑獭那里去，文臣士大夫们全都投奔萧衍，如果文武人才都流失了，哪里还有国家。你应当稍稍等待，我不会忘记这件事。"当高欢准备出兵抗击西魏的时候，杜弼请求先清除内贼。高欢问内贼是谁？杜弼回答说："那些掠夺百姓的各位功勋贵族就是内贼。"高欢没有接话茬，他让军士们都张满弓箭，举起战刀，拿起长矛，夹道排列，命令杜弼从中间穿过，杜弼浑身发抖，直冒冷汗。高欢这才慢慢开导他说："弓箭拉满但没有射出，战刀高举但没有砍下，长矛拿着但没有刺击，你就已经失魂落魄，没有胆量。各位功勋贵族，他们人人亲自冒犯锋镝，百死一生，虽然有的人贪婪鄙陋，与他们的功勋比较，可取之处是主要方面，岂能等同于平常的人。"杜弼这才叩头谢罪。

高欢每次向士兵们发布命令，经常让丞相属代郡人张华原传达，对鲜卑人讲话时说："汉人是你们的奴仆，男人替你们耕种，妇女替你们纺织，供给你们粮食布帛，让你们穿暖吃饱，你们为何还要欺凌他们呢？"对汉人讲话时说："鲜卑人是你们的客人，虽然得了你们一斛粮食，一匹绢帛，可是替你们打击贼寇，让你们得到安宁，你们为什么要仇恨他们呢？"

当时鲜卑人普遍看不起汉人，唯独敬畏高敖曹。高欢对将士发布命令，经常用鲜卑语，只要高敖曹在队列，就专门为他而改用汉语。高敖曹从上洛回来后，高欢仍任命他为军司、大都督，统领七十六个都督。任命司空侯景为西道大行台，与高敖曹、行台任祥、御史中尉刘贵、豫州刺史尧雄、冀州刺史万俟洛一起在虎牢训练军队。高敖曹与北豫州刺史郑严祖玩握槊游戏，这时刘贵派人来召唤郑严祖，高敖

刀就枷刎之，曰："又何难！"贵不敢校。明日，贵与敖曹坐，外白治河役夫多溺死，贵曰："一钱汉，随之死！"敖曹怒，拔刀斫贵；贵走出还营，敖曹鸣鼓会兵，欲攻之，侯景、万俟洛共解谕，久之乃止。敖曹尝诣相府，门者不纳，敖曹引弓射之，欢知而不责。

闰月，甲子，以武陵王纪为都督益梁等十三州诸军事、益州刺史。

东魏丞相欢将兵二十万自壶口趣蒲津，使高敖曹将兵三万出河南。时关中饥，魏丞相泰所将将士不满万人，馆谷于恒农五十余日，闻欢将济河，乃引兵入关，高敖曹遂围恒农。欢右长史薛琡言于欢曰："西贼连年饥馑，故冒死来入陕州，欲取仓粟。今敖曹已围陕城，粟不得出，但置兵诸道，勿与野战，比及麦秋，其民自应饿死，宝炬、黑獭何忧不降！愿勿渡河。"侯景曰："今兹举兵，形势极大，万一不捷，猝难收敛。不如分为二军，相继而进，前军若胜，后军全力；前军若败，后军承之。"欢不从，自蒲津济河。

丞相泰遣使戒华州刺史王罴，罴语使者曰："老罴当道卧，貉子那得过！"欢至冯翊城下，谓罴曰："何不早降！"罴大呼曰："此城是王罴冢，死生在此。欲死者来！"欢知不可攻，乃涉洛，军于许原西。

泰至渭南，征诸州兵，皆未会。欲进击欢，诸将以众寡不敌，请待欢更西以观其势。泰曰："欢若至长安，则人情大扰；今及其远来新至，可击也。"即造浮桥于渭，令军士赍三日粮，轻骑渡渭，辎重自渭南夹渭而西。冬，十月，壬辰，泰至沙苑，距东魏军六十里。诸将皆惧，宇文深独贺。泰问其故，对曰："欢镇抚河北，甚得众心，以此自守，未易可图。今悬师渡河，非众所欲，独欢耻失窦泰，愎谏而来，所谓忿兵，可一战擒也。事理昭然，何为不贺！愿假深一节，发王罴之兵邀其走路，使无遗类。"泰遣须昌县公达奚武觇欢军，武从三骑，皆效欢将士衣服，日暮，去营数百步下马，潜听得其军号，因上马历营，若警夜者，有不

曹不但没有及时让郑严祖应召离去，而且还用刑具木枷锁住刘贵派来的使者。使者说：“给我上枷容易，恐怕脱枷就难了。”高敖曹抽出战刀，挨着木枷砍掉使者的人头，口中还说：“这有什么难处！”刘贵不敢和高敖曹计较。第二天，刘贵与高敖曹共坐，这时从外边进来一人报告说修治黄河的民夫有许多被淹死，刘贵说：“不值一钱的汉人，死就死吧。”高敖曹大怒，拔出刀来向刘贵砍去；刘贵赶紧逃出躲进自己的军营，高敖曹击鼓聚集部队，打算进攻刘贵，侯景、万俟洛一起劝说，过了很长时间高傲曹才肯罢休。高敖曹曾经到相府，门卫不让进，高敖曹拉弓向门卫射箭，高欢知道了也没有责备他。

闰九月初二日甲子，梁朝任命武陵王萧纪为都督益梁等十三州诸军事、益州刺史。

东魏丞相高欢率军二十万从壶口直奔蒲坂津，派高敖曹率兵三万从洛阳出发西进。当时关中发生饥荒，西魏丞相宇文泰率领的将士不足一万人，在恒农就食五十多天，得知高欢将要渡过黄河，于是率兵回到关中，高敖曹趁势围攻恒农。高欢的右长史薛琡对高欢说：“西魏连年灾荒，所以冒死向东进入陕州，想夺取我方的库存粮食。如今高敖曹已经围困了陕城，粮食无法运出，只要我们在各处要道派兵防守，不要与西魏军在旷野作战，等到麦熟也不得收获，西魏民众就会饿死，元宝炬、宇文黑獭何愁他不来投降！希望不要渡过黄河。”侯景说：“这次出兵规模很大，万一打不了胜仗，匆忙中很难收拾局面，不如分为两军，相互照应，分批前进，前军如果取得胜利，后军全力追击；如果前军打了败仗，后军继续战斗。”高欢均不听从，从蒲坂津渡过黄河。

西魏丞相宇文泰派人告诫华州刺史王罴，王罴对使者说：“老罴横卧在路当中，狐貉哪能通得过！”高欢进军到冯翊城下，对王罴说：“为何不趁早投降？”王罴大喊着说：“这座城就是王罴的坟墓，是死是生在此一战，想死的就上来！”高欢知道难以进攻，就渡过洛水，进驻在许原西边。

宇文泰到达渭水南岸，征调各州兵马，还没有集中。宇文泰想对高欢发起进攻，众将认为寡不敌众，请求等高欢再往西进拉长战线后，观察形势再做决定。宇文泰说：“如果让高欢到达长安，那么就会造成人心惶惶；如今趁他们远道而来，立足未稳之际，正好发起进攻。”当天就在渭水造浮桥，下令军队带上三天干粮，轻装骑兵渡过渭水，粮草器械等辎重沿渭水南岸西进。冬季，十月初一日壬辰，宇文泰进军到沙苑，距离东魏军六十里。西魏军众将领都非常恐惧，只有宇文深一人庆贺。宇文泰问宇文深庆贺的原因，宇文深回答说：“高欢镇抚黄河以北，很得人心，凭着这一优势自保，不容易征服他。如今他孤军渡河，不是他部众想做的事，只不过是高欢以损失了窦泰为耻，听不进劝谏，刚愎自用，进兵而来，这正是在气头上出兵，

如法，往往挞之，具知敌之情状而还。

欢闻泰至，癸巳，引兵会之。候骑告欢军且至，泰召诸将谋之。开府仪同三司李弼曰："彼众我寡，不可平地置陈，此东十里有渭曲，可先据以待之。"泰从之，背水东西为陈，李弼为右拒，赵贵为左拒，命将士皆偃戈于苇中，约闻鼓声而起。晡时，东魏兵至渭曲，都督太安斛律羌举曰："黑獭举国而来，欲一死决，譬如猘狗，或能噬人；且渭曲苇深土泞，无所用力，不如缓与相持，密分精锐径掩长安，巢穴既倾，则黑獭不战成擒矣。"欢曰："纵火焚之，何如？"侯景曰："当生擒黑獭以示百姓，若众中烧死，谁复信之！"彭乐盛气请斗，曰："我众贼寡，百人擒一，何忧不克！"欢从之。东魏兵望见魏兵少，争进击之，无复行列。兵将交，丞相泰鸣鼓，士皆奋起，于谨等六军与之合战，李弼帅铁骑横击之，东魏兵中绝为二，遂大破之。李弼弟檦，身小而勇，每跃马陷阵，隐身鞍甲之中，敌见皆曰："避此小儿！"泰叹曰："胆决如此，何必八尺之躯！"征虏将军武川耿令贵杀伤多，甲裳尽赤，泰曰："观其甲裳，足知令贵之勇，何必数级！"彭乐乘醉深入魏陈，魏人刺之，肠出，内之复战。丞相欢欲收兵更战，使张华原以簿历营点兵，莫有应者，还，白欢曰："众尽去，营皆空矣！"欢犹未肯去。阜城侯斛律金曰："众心离散，不可复用，宜急向河东。"欢据鞍未动，金以鞭拂马，乃驰去，夜，渡河，船去岸远，欢跨橐驼就船，乃得渡，丧甲士八万人，弃铠仗十有八万。丞相泰追欢至河上，选留甲士二万余人，余悉纵归。都督李穆曰："高欢破胆矣，速追之，可获。"泰不听，还军渭南，所征之兵甫至，乃于战所人植柳一株以旌武功。

只要一战就可以活捉他。这是明摆着的道理，为什么不庆贺呢！希望丞相授我一个符节，我去征调王罴的军队，截断高欢的退路，可杀得他一个也不剩。”宇文泰派遣须昌县公达奚武侦察高欢军的动态，达奚武带领三个骑兵随从，穿上高欢军队的服装，到了太阳落山的时候，他们行进到离敌营数百步的地方下马，潜伏下来偷听到了敌人的口令，然后上马巡视敌军阵地，装作巡夜的人，遇上不守军规的敌方士兵，总要鞭打训斥一番，直到把敌情摸得一清二楚，才返回军营。

高欢得知宇文泰领兵到来，十月初二日癸巳，便领兵交战。侦察骑兵向宇文泰报告高欢军马上到来，宇文泰召集众将商议对策。开府仪同三司李弼说：“敌众我寡，不可以在平地布阵，离这里在东边十里有个地方叫渭曲，可抢先占据那个地方等待敌军到来。”宇文泰听从了，背靠渭水在渭曲一带沿东西方向展开，布下阵势，李弼率领右军拒敌，赵贵率领左军拒敌，命令将士都埋伏在芦苇中，约定听到鼓声就奋起杀敌。大约在黄昏时分，东魏军到达渭曲，都督太安人斛律羌举对高欢说：“宇文黑獭把西魏全国的兵力都集中起来，想决一死战，就像一条疯狗，有时也能咬人；况且渭曲这地方芦苇茂密，地上泥泞，无法施展力量，不如缓战与对方相持，秘密派出一支军队直接偷袭长安，一旦摧毁了敌人的巢穴，那么，不须战斗，就能抓获宇文黑獭。”高欢说：“用火攻焚烧芦苇，怎么样？”侯景说：“应当活捉宇文黑獭向老百姓示众，如果在乱中把他烧死了，谁还相信呢！”彭乐气盛，请求出战，说：“我军众多，敌人寡少，一百人抓一个，何愁不打胜仗！”高欢听从了。东魏兵看见西魏兵少，争先冲锋，乱了队形，双方士兵将要接触的时候，丞相宇文泰拼命擂鼓，埋伏在芦苇中的西魏士兵全都奋起战斗，于谨指挥全军会战，李弼率领铁骑拦腰攻击东魏兵，东魏兵被切断成为两队，于是大败东魏兵。李弼的弟弟李檦身材矮小而奋勇，每次跃马冲入敌阵，藏身在鞍甲之中，东魏兵见了他都说：“快躲开这小子。”宇文泰感叹说：“胆量和意志如此果敢，何必要八尺高的身躯！”征虏将军武川人耿令贵杀伤多人，全身甲胄衣裳都被血染红了。宇文泰说：“只要看一看甲胄衣裳，就足可以知道耿令贵的勇敢了，不必计算他杀敌首级的数量了。”彭乐醉醺醺冲入敌阵，被西魏军刺穿肚子，肠子流了出来，他把肠子塞进肚子继续战斗。丞相高欢想收拢部队重新攻击，派张华原拿着花名册到各营去清点士兵，没有一个应声的，他回来向高欢报告说：“兵众全跑了，营盘都空了！”高欢仍然不肯撤退。阜城侯斛律金说：“军心涣散，不可再战，应当尽快向河东撤离。”高欢仍然坐在马鞍上不动，斛律金用鞭打马，这才奔驰而去，连夜渡河，船靠不拢河岸，高欢用骆驼搭跳板才跨到船上，这才渡过了黄河。这一战，高欢损失甲士八万人，丢弃的铠甲兵杖十八万件。西魏丞相宇文泰追击高欢直到黄河岸边。他从俘虏中选留了甲士两万多人，其余的放回东魏。都督李穆说：“高欢已经吓破了胆，迅速追击，可以活捉

侯景言于欢曰："黑獭新胜而骄，必不为备，愿得精骑二万，径往取之。"欢以告娄妃，妃曰："设如其言，景岂有还理！得黑獭而失景，何利之有！"欢乃止。

魏加丞相泰柱国大将军，李弼十二将皆进爵增邑有差。

高敖曹闻欢败，释恒农，退保洛阳。

己酉，魏行台宫景寿等向洛阳，东魏洛州大都督韩贤击走之。州民韩木兰作乱，贤击破之。一贼匿尸间，贤自按检收铠仗，贼欻起斫之，断胫而卒。

魏复遣行台冯翊王季海与独孤信将步骑二万趣洛阳，洛州刺史李显趣三荆，贺拔胜、李弼围蒲坂。

东魏丞相欢之西伐也，蒲坂民敬珍谓其从祖兄祥曰："高欢迫逐乘舆，天下忠义之士皆欲剸刃于其腹；今又称兵西上，吾欲与兄起兵断其归路，此千载一时也。"祥从之，纠合乡里，数日，有众万余。会欢自沙苑败归，祥、珍帅众邀之，斩获甚众。贺拔胜、李弼至河东，祥、珍帅猗氏等六县十余万户归之，丞相泰以珍为平阳太守，祥为行台郎中。

东魏秦州刺史薛崇礼守蒲坂，别驾薛善，崇礼之族弟也，言于崇礼曰："高欢有逐君之罪，善与兄忝衣冠绪余，世荷国恩，今大军已临，而犹为高氏固守，一旦城陷，函首送长安，署为逆贼，死有余愧，及今归款，犹为愈也。"崇礼犹豫不决。善与族人斩关纳魏师，崇礼出走，追获之。丞相泰进军蒲坂，略定汾、绛，凡薛氏预开城之谋者，皆赐五等爵。善曰："背逆归顺，臣子常节，岂容阖门大小俱叨封邑！"与其弟慎固辞不受。

东魏行晋州事封祖业弃城走，仪同三司薛脩义追至洪洞，说祖业还守。祖业不从；脩义还据晋州，安集固守。魏仪同三司长孙子彦引兵至城下，脩义开门伏甲以待之；子彦不测虚实，遂退走。丞相欢以脩义为

他。”宇文泰没有听从，班师回到渭南，所征调的各州之兵才刚刚到达，于是命令将士在打仗的地方每人栽一棵柳树，用此表彰这次胜利。

侯景对高欢说：“宇文黑獭打了胜仗而骄傲，一定不加防备，我愿率领两万精锐骑兵，长驱直入可以活捉他。”高欢把侯景的话告诉了娄妃，娄妃说：“假如真像侯景说的那么容易，侯景得胜还能回来吗！得了宇文黑獭而丢了侯景，有什么好处呢！”高欢于是制止了侯景出兵。

西魏给宇文泰加封柱国大将军，李弼等十二个将领都或多或少地增加了封爵和食邑。

高敖曹得知高欢失败，从恒农解围撤退，回到洛阳。

十月十八日己酉，西魏行台宫景寿等向洛阳进攻，东魏洛州大都督韩贤打退了宫景寿。洛州城民韩木兰趁机反叛，韩贤镇压了这次叛乱。有一个叛乱者藏在尸体中，韩贤亲自在死尸中检查收拾铠仗，那个藏匿的人突然跳起砍杀韩贤，韩贤被砍断小腿而死。

西魏又派行台冯翊王元季海与独孤信两人率领步骑两万向洛阳进发，东魏洛州刺史李显杀向三荆，贺拔胜、李弼围攻蒲坂。

东魏丞相高欢讨伐西魏的时候，蒲坂平民敬珍对他的族兄敬祥说：“高欢赶走了皇帝，全天下有忠义之心的士人都想把刀子刺进他的肚子，如今他又向西魏大举进兵，我想和兄长共同起兵切断他的归路，这是千载难逢的机会啊。”敬祥听从了，两人结合乡里，几天后聚集了一万多人。正好高欢从沙苑败逃回来，敬祥、敬珍率领兵众截击，杀死和俘虏了高欢的许多将士。这时贺拔胜、李弼率兵追击到了河东，敬祥、敬珍率领猗氏等六县十余万户民众归降了西魏。丞相宇文泰任命敬珍为平阳太守，任用敬祥为行台郎中。

东魏秦州刺史薛崇礼镇守蒲坂。别驾薛善，是薛崇礼的堂弟。薛善对薛崇礼说：“高欢有驱逐皇帝的罪行，我薛善与兄长本是士族衣冠的后代，世代蒙受国家恩惠，如今西魏大军兵临城下，我们还在替高欢坚守城池，一旦城破，我们的头颅被砍下装在罪人的匣子里送往长安，定为叛国罪，就是死了也仍有惭愧，趁现在投降，还不算晚啊。”薛崇礼犹豫拿不定主意，薛善与族人夺取并打开了城门，请西魏军进城，薛崇礼出城逃跑，被追兵抓获。丞相宇文泰进兵蒲坂，平定了汾州、绛州等地，凡是参与打开城门的薛氏中人，都赐给五等爵。薛善说：“背叛反贼归顺朝廷，是臣子应有的节操，岂能全族大小都蒙受封邑！”他和弟弟薛慎坚决推辞，不肯接受。

东魏晋州代理刺史封祖业弃城逃走，仪同三司薛脩义追到洪洞县，劝说封祖业回到晋州守城。封祖业没有听从。薛脩义回到晋州，整顿兵马固守。西魏仪同三司长孙子彦领军到了城下，薛脩义打开城门埋伏甲士等待他，长孙子彦不知虚实，没

晋州刺史。

独孤信至新安，高敖曹引兵北渡河。信逼洛阳，洛州刺史广阳王湛弃城归邺，信遂据金墉城。孝武之西迁也，散骑常侍河东裴宽谓诸弟曰："天子既西，吾不可以东附高氏。"帅家属逃于大石岭；独孤信入洛，乃出见之。时洛阳荒废，人士流散，惟河东柳虬在阳城，裴诹之在颍川，信俱征之，以虬为行台郎中，诹之为开府属。

东魏颍州长史贺若统执刺史田迄，举城降魏，魏都督梁迥入据其城。前通直散骑侍郎郑伟起兵陈留，攻东魏梁州，执其刺史鹿永吉。前大司马从事中郎崔彦穆攻荥阳，执其太守苏淑，与广州长史刘志皆降于魏。伟，先护之子也。丞相泰以伟为北徐州刺史，彦穆为荥阳太守。

十一月，东魏行台任祥帅督将尧雄、赵育、是云宝攻颍川，丞相泰使大都督宇文贵、乐陵公辽西怡峰将步骑二千救之。军至阳翟，雄等军已去颍川三十里，祥帅众四万继其后。诸将咸以为"彼众我寡，不可争锋。"贵曰："雄等谓吾兵少，必不敢进。彼与任祥合兵攻颍川，城必危矣。若贺若统陷没，吾辈坐此何为！今进据颍川，有城可守，又出其不意，破之必矣。"遂疾趋，据颍川，背城为陈以待。雄等至，合战，大破之，雄走，赵育请降，俘其士卒万余人，悉纵遣之。任祥闻雄败，不敢进，贵与怡峰乘胜逼之，祥退保宛陵；贵追及，击之，祥军大败。是云宝杀其阳州刺史那椿，以州降魏。魏以贵为开府仪同三司，是云宝、赵育为车骑大将军。

都督杜陵韦孝宽攻东魏豫州，拔之，执其行台冯邕。孝宽名叔裕，以字行。

丙子，东魏以骠骑大将军、仪同三司万俟普为太尉。

司农张乐皋等聘于东魏。

十二月，魏行台杨白驹与东魏阳州刺史段粲战于蓼坞，魏师败绩。

魏荆州刺史郭鸾攻东魏东荆州刺史清都慕容俨，俨昼夜拒战，二百余日，乘间出击鸾，大破之。时河南诸州多失守，唯东荆获全。

河间邢磨纳、范阳卢仲礼、仲礼从弟仲裕等皆起兵海隅以应魏。

敢进城就撤退了。丞相高欢任命薛脩义为晋州刺史。

独孤信进军到新安时，高敖曹率兵渡过黄河向北撤退。独孤信逼近洛阳，洛州刺史广阳王元湛丢下洛阳逃回邺城，独孤信于是占领了金墉城。当初孝武帝向西逃入关中的时候，散骑常侍河东人裴宽对几个弟弟说："天子既然西逃，我们不可以留在东边依附高氏。"就带着家属逃到大石岭，独孤信进入洛阳，这才出来相见。当时洛阳一片废墟，名家士族都逃亡流散了，只有河东人柳虬留在阳城，裴诹之留在颍州，独孤信把他们都征召出来，任命柳虬为行台郎中，任命裴诹之为开府僚属。

东颍州长史贺若统抓捕了颍州刺史田迄，带领全城军民投降西魏，西魏都督梁迥率军进驻颍州，原通直散骑侍郎郑伟在陈留起兵，攻占了东魏的梁州，擒获了梁州刺史鹿永吉。原大司马从事中郎崔彦穆攻占荥阳，擒获了荥阳太守芳淑，与广州长史刘志一同投降西魏。郑伟，是郑先护的儿子。丞相宇文泰任命郑伟为北徐州刺史，任命崔彦穆为荥阳太守。

十一月，东魏行台任祥督率尧雄、赵育、是云宝等将领进攻颍川，丞相宇文泰派大都督宇文贵、乐陵公辽西人怡峰率领步骑两千人救援，宇文贵等进军到阳翟，东魏前锋尧雄已经离颍川只有三十里路，而任祥率领的四万大军紧随其后。西魏众将领都认为："敌众我寡，不可以正面迎敌交战。"宇文贵说："尧雄等人认为我军兵马不多，一定不敢前进。等到他与任祥合兵攻打颍川，颍川就危险了。如果贺若统因城破身亡，我们停留在这里有什么用！现今只有迅速进兵颍川，有城可守，又出其不意，一定可以打败东魏之兵。"于是急行军进驻颍川，背靠州城严阵以待。尧雄等到达颍川，两军交战，东魏军大败，尧雄等逃走，赵育请求投降，俘获东魏将士一万余人，把他们全部释放。任祥得知尧雄兵败，不敢向前进军，宇文贵与怡峰乘胜进逼任祥，任祥退兵保守宛陵；宇文贵追上了任祥，发起攻击，任祥大败。是云宝杀了阳州刺史那椿，带领阳州军民投降西魏。西魏晋升宇文贵为开府仪同三司，任用东魏降将是云宝、赵育为车骑大将军。

都督杜陵人韦孝宽攻打东魏豫州，占领了豫州，俘获了东魏行台冯邕。韦孝宽，名叔裕，以表字行世。

十一月十五日丙子，东魏任命骠骑大将军、仪同三司万俟普为太尉。

梁朝司农张乐皋等出使东魏。

十二月，西魏行台杨白驹与东魏阳州刺史段粲在蓼坞交战，西魏军大败。

西魏荆州刺史郭鸾攻打东魏东荆州刺史清都人慕容俨，慕容俨日夜坚守迎战，相持两百多天，慕容俨抓住机会出城攻击郭鸾，大败西魏军。当时东魏黄河以南各州城大多失守，只有东荆州得到保全。

河间人邢磨纳、范阳人卢仲礼、卢仲礼的堂弟卢仲裕等在沿海地区起兵响应

东魏济州刺史高季式有部曲千余人，马八百匹，铠仗皆备。濮阳民杜灵椿等为盗，聚众近万人，攻城剽野，季式遣骑三百，一战擒之，又击阳平贼路文徒等，悉平之，于是远近肃清。或谓季式曰："濮阳、阳平乃畿内之郡，不奉诏命，又不侵境，何急而使私军远战！万一失利，岂不获罪乎！"季式曰："君何言之不忠也！我与国家同安共危，岂有见贼而不讨乎！且贼知台军猝不能来，又不疑外州有兵击之，乘其无备，破之必矣。以此获罪，吾亦无恨。"

（以上为第三段，写东、西魏两次大规模会战，都是势强的东魏高欢先发制人，进讨西魏，但高欢恃众而骄，均未抓住战机而失败；西魏宇文泰筹策妙算，以弱胜强，以少胜众，积极应战而获胜。西魏扩张，东魏缩小，一涨一消而近于势均力敌。这一年，梁朝通好东魏。）

西魏。

东魏济州刺史高季式有亲兵一千多人，战马八百匹，铠甲兵器齐备。濮阳平民杜灵椿等人起事反叛东魏，聚众一万多人，攻占城池，剽掠乡野，高季式派三百名骑兵，一战就抓获了杜灵椿，又攻击阳平的叛乱者路文徒等，全部平定，这样一来，京畿远近都安定了下来。有人对高季式说："濮阳、阳平都是京畿所属的郡县，我们没有接到皇帝要讨伐反叛者的诏令，这些反叛者又没有侵犯我们济州境内，何必急急忙忙派出亲兵远出交战，万一打了败仗，岂不招来罪过！"高季式说："你怎么说出这样不忠的话啊！我和国家有福同享有难同当，哪有看到了反叛者而不征讨的道理！况且反叛者明知京城军队仓促间来不了，又认为外州的军队不来征讨，所以我趁其不备，一定可以打败他。即使我因此获罪，也没有什么遗憾的。"

【点评】

北朝分为东、西魏。东魏据有中原腹地，奄有北方天下三分之二，军力、经济力强于西魏，占有绝对优势。但东魏权臣高欢有逐君之累，西魏权臣宇文泰有救驾之功，人心归向西魏，政治上宇文泰占了上风。高欢虽为枭雄，但个人才智与临机果决逊于一时人杰宇文泰，两次大战，高欢败北，优势丧失，东、西魏终于势均力敌。于是北方分裂为二，与梁鼎足而立，其势不可逆转。

·文白对照本·

资治通鉴

（全十八册）

第十册

卷第一百五十八至卷第一百七十五（梁纪十四至陈纪九）

（宋）司马光　编著
张大可　语译

商务印书馆
创于1897 The Commercial Press

第十册目录

卷第一百五十八　梁纪十四
梁武帝大同四年至十年（538—544 年）………………………… 5621

卷第一百五十九　梁纪十五
梁武帝大同十一年至中大同元年（545—546 年）………………… 5659

卷第一百六十　梁纪十六
梁武帝太清元年（547 年）……………………………………… 5683

卷第一百六十一　梁纪十七
梁武帝太清二年（548 年）……………………………………… 5707

卷第一百六十二　梁纪十八
梁武帝太清三年（549 年）……………………………………… 5741

卷第一百六十三　梁纪十九
梁简文帝大宝元年（550 年）…………………………………… 5779

卷第一百六十四　梁纪二十
梁简文帝大宝二年至梁元帝承圣元年（551—552 年）………… 5807

卷第一百六十五　梁纪二十一
梁元帝承圣二年至三年（553—554 年）………………………… 5845

卷第一百六十六　梁纪二十二
梁敬帝绍泰元年至太平元年（555—556 年）…………………… 5877

卷第一百六十七　陈纪一
陈武帝永定元年至三年（557—559 年）…………………………… 5913

卷第一百六十八　陈纪二
陈文帝天嘉元年至三年（560—562 年）…………………………… 5953

卷第一百六十九　陈纪三
陈文帝天嘉四年至天康元年（563—566 年）……………………… 5991

卷第一百七十　陈纪四
陈临海王光大元年至陈宣帝太建三年（567—571 年）………… 6029

卷第一百七十一　陈纪五
陈宣帝太建四年至六年（572—574 年）…………………………… 6071

卷第一百七十二　陈纪六
陈宣帝太建七年至八年（575—576 年）…………………………… 6111

卷第一百七十三　陈纪七
陈宣帝太建九年至十一年（577—579 年）………………………… 6141

卷第一百七十四　陈纪八
陈宣帝太建十二年（580 年）………………………………………… 6175

卷第一百七十五　陈纪九
陈宣帝太建十三年至陈长城公至德元年（581—583 年）…… 6199

梁纪十四

梁武帝大同四年至十年（538—544 年）

【起著雍敦牂（戊午，538 年），尽阏逢困敦（甲子，544 年），凡七年】

【大事提要】

本卷载述公元 538 年至公元 544 年，凡七年间南北朝史事，时当梁武帝大同四年至十年，西魏文帝大统四年至十年，东魏孝静帝元象元年、兴和元年至四年及武定元年、二年。重点仍是写东、西魏争战，势均力敌，进一步巩固了北方的分裂形势。其间东、西魏着手整顿吏治，改革政治，检括户口，休养生息，出现了一些新气象。这一时期，梁朝无大事记述，梁武帝例行祭天、大赦、亲耕藉田，无所作为，政治腐败，对交趾小小豪民的边境反叛，不仅久征不下，而且颠倒是非，枉杀良将，梁朝呈现衰败势头。

【原文】

高祖武皇帝十四

大同四年（戊午，538 年）

春，正月，辛酉朔，日有食之。

东魏砀郡获巨象，送邺。丁卯，大赦，改元元象。

二月，己亥，上耕藉田。

东魏大都督善无贺拔仁攻魏南汾州，刺史韦子粲降之，丞相泰灭子粲之族。东魏大行台侯景等治兵于虎牢，将复河南诸州，魏梁迴、韦孝宽、赵继宗皆弃城西归。侯景攻广州，未拔，闻魏救兵将至，集诸将议之，行洛州事卢勇请进观形势。乃帅百骑至大隗山，遇魏师。日已暮，勇多置幡旗于树颠，夜，分骑为十队，鸣角直前，擒魏仪同三司程华，斩仪同三司王征蛮而还。广州守将骆超遂以城降东魏，丞相欢以勇行广州事。勇，辩之从弟也。于是南汾、颍、豫、广四州复入东魏。

初，柔然头兵可汗始得返国，事魏尽礼。及永安以后，雄据北方，礼渐骄倨，虽信使不绝，不复称臣。头兵尝至洛阳，心慕中国，乃置侍中、黄门等官；后得魏汝阳王典签淳于覃，亲宠任事，以为秘书监，使典文翰。及两魏分裂，头兵转不逊，数为边患。魏丞相泰以新都关中，方有事山东，欲结婚以抚之，以舍人元翌女为化政公主，妻头兵弟塔寒。又言于魏主，请废乙弗后，纳头兵之女。甲辰，以乙弗后为尼，使扶风王孚迎头兵女为后。头兵遂留东魏使者元整，不报其使。

三月，辛酉，东魏丞相欢以沙苑之败，请解大丞相，诏许之；顷之，复故。

柔然送悼后于魏，车七百乘，马万匹，驼二千头。至黑盐池，遇魏所遣卤簿仪卫。柔然营幕，户席皆东向，扶风王孚请正南面，后曰："我未见魏主，固柔然女也。魏仗南面，我自东向。"丙子，立皇后郁久闾氏。丁丑，大赦。以王盟为司徒。丞相泰朝于长安，还屯华州。

【语译】

高祖武皇帝十四

梁武帝大同四年（戊午，538年）

春季，正月初一日辛酉朔，发生日食。

东魏砀郡猎获一头体形高大的大象，送到邺城。正月初七日丁卯，大赦天下，改元元象。

二月初十日己亥，梁武帝举行亲耕藉田典礼。

东魏大都督善无人贺拔仁进攻西魏南汾州，南汾州刺史韦子粲投降。丞相宇文泰诛灭韦子粲全族。东魏大行台侯景等在虎牢训练军队，准备收复黄河以南各州。西魏梁迥、韦孝宽、赵继宗等将领都放弃镇守的州城，回到西魏。侯景进攻广州，还没有占领，得知西魏援军到来，召集众将商议，洛州代理刺史卢勇请求到前方侦察军情。他率领一百骑兵到达大隗山，遭遇西魏大军，太阳快要落山，卢勇在树梢上插了许多旗帜，到了夜间，他把骑兵分为十队，吹响号角向前冲锋，活捉了西魏仪同三司程华，砍杀仪同三司王征蛮，得胜而回。广州守将骆超于是献出州城投降了东魏，丞相高欢任命卢勇为广州代理刺史。卢勇，是卢辨的堂弟。这样一来，南汾州、颍州、豫州、广州等四州又重新回到东魏。

当初，柔然头兵可汗从北魏刚回到国内时，事奉北魏恪尽臣礼，到了北魏永安年间以后，势力逐渐强大，称雄北方，对北魏礼节疏远，日益傲慢，虽然双方使节不断，但不再称臣。头兵可汗曾经到过洛阳，心里仰慕中原文化，于是也设置侍中、黄门等职官，后来得到北魏汝阳王的典签淳于覃，头兵可汗对淳于覃非常亲近信任，任用为秘书监，让他掌管文书。到了东魏西魏分裂的时候，头兵可汗更是变得傲慢放肆，多次侵扰边境。西魏丞相宇文泰考虑到在关中刚刚建都，又正在与东魏交战，就想用和亲的方式来安抚头兵可汗，便将舍人元翌的女儿封为化政公主，嫁给头兵可汗的弟弟塔寒为妻，又劝说魏文帝，请求废掉乙弗皇后，娶头兵可汗的女儿为皇后。二月十五日甲辰，文帝让乙弗皇后削发为尼，派扶风王元孚迎接头兵可汗的女儿为皇后。头兵可汗于是扣留了东魏的使者元整，也不派使者回访东魏。

三月初二日辛酉，东魏丞相高欢因为在沙苑打了败仗，请求解除大丞相的职务，孝静帝准许；不久又恢复高欢的职务。

柔然头兵可汗嫁女儿悼后到西魏，陪嫁礼物有车子七百辆，马一万匹，骆驼两千头。送亲队伍到达黑盐池，碰上西魏派来的迎亲仪仗队和侍卫队伍。柔然人宿营帐篷的门户都朝向东边，扶风王元孚请求朝向正南，悼后说：“我还没见到魏朝皇上，现在仍然是柔然可汗的女儿。魏朝仪仗队伍的宿营门户向正南，我自然应当向

夏，四月，庚寅，东魏高欢朝于邺；壬辰，还晋阳。

五月，甲戌，东魏遣兼散骑常侍郑伯猷来聘。

秋，七月，东魏荆州刺史王则寇淮南。

癸亥，诏以东冶徒李胤之得如来舍利，大赦。

东魏侯景、高敖曹等围魏独孤信于金墉，太师欢帅大军继之；景悉烧洛阳内外官寺民居，存者什二三。魏主将如洛阳拜园陵，会信等告急，遂与丞相泰俱东，命尚书左仆射周惠达辅太子钦守长安，开府仪同三司李弼、车骑大将军达奚武帅千骑为前驱。

八月，庚寅，丞相泰至谷城，侯景等欲整陈以待其至，仪同三司太安莫多娄贷文请帅所部击其前锋，景等固止之。贷文勇而专，不受命，与可朱浑道元以千骑前进，夜，遇李弼、达奚武于孝水。弼命军士鼓噪，曳柴扬尘，贷文走，弼追斩之，道元单骑获免，悉俘其众送恒农。

泰进军瀍东，侯景等夜解围去。辛卯，泰帅轻骑追景至河上，景为陈，北据河桥，南属邙山，与泰合战。泰马中流矢惊逸，遂失所之。泰坠地，东魏兵追及之，左右皆散，都督李穆下马，以策抶泰背骂曰："笼东军士！尔曹王何在，而独留此？"追者不疑其贵人，舍之而过。穆以马授泰，与之俱逸。

魏兵复振，击东魏兵，大破之。东魏兵北走。京兆忠武公高敖曹，意轻泰，建旗盖以陵陈，魏人尽锐攻之，一军皆没，敖曹单骑走投河阳南城。守将北豫州刺史高永乐，欢之从祖兄子也，与敖曹有怨，闭门不受。敖曹仰呼求绳，不得，拔刀穿阖未彻而追兵至。敖曹伏桥下，追者见其从奴持金带，问敖曹所在，奴指示之。敖曹知不免，奋头曰："来！与汝开国公。"追者斩其首去。高欢闻之，如丧肝胆，杖高永乐二百，赠

东方。”三月十七日丙子，西魏文帝正式册封头兵可汗的女儿郁久闾氏为皇后。三月十八日丁丑，大赦天下。任命王盟为司徒。丞相宇文泰到长安朝见文帝，然后返回驻屯地华州。

夏季，四月初二日庚寅，东魏高欢到邺城朝见孝静帝；四月初四日壬辰，回到晋阳。

五月十六日甲戌，东魏派兼散骑常侍郑伯猷出使梁朝。

秋季，七月，东魏荆州刺史王则侵犯梁朝的淮南。

七月初六日癸亥，由于东冶县囚徒李胤之发现了如来的舍利，梁武帝下诏大赦天下。

东魏侯景、高敖曹在金墉城围攻西魏独孤信，太师高欢率领大军为后援；侯景放火烧了洛阳城内外所有的官御和民宅，残存的仅有十之二三。西魏文帝打算到洛阳去拜谒祖宗陵墓，恰好收到独孤信等人的告急文书，于是就和丞相宇文泰一起向东进发，任命尚书左仆射周惠达辅佐皇太子元钦镇守长安，命令开府仪同三司李弼、车骑将军达奚武率领一千名骑兵为前锋。

八月初三日庚寅，丞相宇文泰到达谷城，东魏侯景等人整顿军阵等待宇文泰来犯，仪同三司太安人莫多娄贷文请求率领本部人马前去攻击宇文泰的先锋部队，侯景等人坚决制止。但莫多娄贷文性情勇猛专横，不接受命令，他和可朱浑道元率领一千骑兵向前进发，夜间在孝水与宇文泰的先锋李弼、达奚武遭遇。李弼下令军士击鼓呐喊，用柴棒在地上拖曳扬起烟尘，莫多娄贷文掉头逃跑，李弼追上去杀了他，可朱浑道元丢下部队单人匹马逃了回去，东魏骑兵全部被俘获，押送到恒农。

宇文泰进军到瀍水以东，侯景等连夜撤围退走。八月初四日辛卯，宇文泰率领轻骑追击侯景到达黄河岸边，侯景布置军阵，北靠河桥，南接邙山，与宇文泰交战。宇文泰坐骑被流矢射中受惊狂奔，不见踪影。宇文泰坠落地上，东魏兵马恰好追了上来，宇文泰身边的卫队全都逃散了，都督李穆跳下马来，挥着鞭抽打宇文泰的后背，边打边骂说：“你这个怕死的士兵，你们的主帅在哪里，你怎么一个人留在这里。”东魏追兵看到这一情况，就没把宇文泰当作贵人，丢下他追过去了。李穆把坐骑交给宇文泰，并和宇文泰一起逃走了。

西魏兵经过组织重新振作起来，反击东魏兵，大获全胜。东魏兵向北逃跑。京兆忠武公高敖曹，看不起宇文泰，竖起自己的帅旗冲入西魏军阵，西魏集中所有精锐部队围攻高敖曹，高敖曹全军覆没，他单人匹马地冲出重围，逃向河阳南城。河阳南城守将北豫州刺史高永乐，他是高欢族兄的儿子，与高敖曹有仇恨，紧闭城门不让高敖曹进城。高敖曹仰着头叫喊让城上的人放下绳子，城上的人不予理睬。高敖曹拔刀凿门，还没打穿，西魏兵追了上来。高敖曹躲到桥下，追兵看到高敖曹的

敖曹太师、大司马、太尉。泰赏杀敖曹者布绢万段，岁岁稍与之，比及周亡，犹未能足。魏又杀东魏西兖州刺史宋显等，虏甲士万五千人，赴河死者以万数。

初，欢以万俟普尊老，特礼之，尝亲扶上马。其子洛免冠稽首曰："愿出死力以报深恩。"及邙山之战，诸军北渡桥，洛独勒兵不动，谓魏人曰："万俟受洛干在此，能来可来也！"魏人畏之而去，欢名其所营地为回洛。

是日，东、西魏置陈既大，首尾悬远，从旦至未，战数十合，氛雾四塞，莫能相知。魏独孤信、李远居右，赵贵、怡峰居左，战并不利；又未知魏主及丞相泰所在，皆弃其卒先归。

开府仪同三司李虎、念贤等为后军，见信等退，即与俱去。泰由是烧营而归，留仪同三司长孙子彦守金墉。

王思政下马，举长稍左右横击，一举辄踣数人。陷陈既深，从者尽死，思政被重创，闷绝，会日暮，敌亦收兵。思政每战常著破衣弊甲，敌不知其将帅，故得免。帐下督雷五安于战处哭求思政，会其已苏，割衣裹创，扶思政上马，夜久，始得还营。

平东将军蔡祐下马步斗，左右劝乘马以备仓猝，祐怒曰："丞相爱我如子，今日岂惜生乎！"帅左右十余人合声大呼，击东魏兵，杀伤甚众。东魏围之十余重，祐弯弓持满，四面拒之。东魏人募厚甲长刀者直进取之，去祐可三十步，左右劝射之，祐曰："吾曹之命，在此一矢，岂可虚发！"将至十步，祐乃射之，应弦而倒，东魏兵稍却，祐徐引还。

魏主至恒农，守将已弃城走，所虏降卒在恒农者相与闭门拒守，丞相泰攻拔之，诛其魁首数百人。

蔡祐追及泰于恒农，夜，见泰，泰曰："承先，尔来，吾无忧矣。"泰

随从奴仆拿着一条金带，问高敖曹在什么地方，奴仆指向桥下。高敖曹知道自己不能免于一死，就扬起头来说："来吧，送给你一个开国公。"追兵砍下他的头走了。高欢听到这一消息，好像丢了肝胆一样，打了高永乐二百板子，追赠高敖曹太师、大司马、太尉。宇文泰赏赐杀高敖曹的人一万段布匹和绢帛，每年发一部分，直到北周灭亡，还没有发完。西魏又杀了东魏西兖州刺史宋显等，俘虏甲士一万五千人，至于那些跳下黄河被淹死的东魏兵更是数以万计。

当初，高欢因为万俟普位尊年高，特别敬重他，曾经亲自扶他上马。万俟普的儿子万俟受洛干摘下帽子向高欢叩头说："我愿出死力报答你的大恩大德。"等到这次邙山大战，各支部队纷纷跨过河桥败逃，只有万俟受洛干坚守阵地不动，他对西魏兵说："我万俟受洛干在这里，敢拼命的就过来！"西魏兵感到害怕就撤退了，高欢就把万俟受洛干驻守的阵地命名为回洛。

这一天，东魏、西魏双方的阵势都摆得很大，军阵的头尾距离很远，从早晨一直到下午，大战数十个回合，烟雾和尘埃弥漫四方，互相看不清对方。西魏独孤信、李远在右方，赵贵、怡峰在左方，交战并不顺利；又不知西魏文帝和丞相宇文泰在什么地方，便丢下部队首先退回。

开府仪同三司李虎、念贤等为后备部队，他们看到独孤信等人撤退，立即也一起撤退。宇文泰因此烧了营帐撤兵，留下仪同三司长孙子彦镇守金墉城。

在这次交战中，西魏王思政跳下马来，举起长矛，左右横扫，一抬手就击倒几个人。他冲进敌阵很深，随从士兵全都战死，王思政也受了重伤，昏死过去，恰好已近黄昏，敌人也收了兵。王思政每一次交战，经常穿破衣服和旧盔甲，敌人不知道他是将领，所以才免于一死。他的帐下都督雷五安在战斗处哭喊找王思政，正赶上他已苏醒，雷子安割下衣服替王思政包扎好伤口，扶他上马，到了深夜，才回到军营。

西魏平东将军蔡祐，也是下马步战，身边的人劝他骑马战斗以便紧急时逃跑，蔡祐大怒说："宇文泰丞相待我如亲儿子，今天岂能爱惜生命！"率领亲兵十多人，一齐高声呐喊，砍杀东魏兵，杀死杀伤了许多敌人，东魏兵把他围了十几层。蔡祐拉弓搭箭，四面射箭。东魏军挑选一批士兵，穿着厚厚的铠甲，拿着长刀向前冲杀他。东魏兵离蔡祐有三十步远时，左右的人劝他射箭，蔡祐说："我们的生命系于这一箭，怎么能随便射出去！"东魏兵逼近只有十步远时，蔡祐才用力把箭射出，敌人随着箭声倒地，东魏兵渐渐退却，蔡祐也且战且退，回到营地。

西魏文帝到达恒农，守城将领已弃城逃走，留在恒农的被俘东魏兵闭门抵抗。丞相宇文泰攻占了恒农，诛杀了带头反叛的几百名俘虏兵。

蔡祐一直追到恒农，才与宇文泰会合。当夜，蔡祐见到了宇文泰。宇文泰说：

惊不得寝，枕祐股，然后安。祐每从泰战，常为士卒先，战还，诸将皆争功，祐终无所言。泰每叹曰："承先口不言勋，我当代其论叙。"泰留王思政镇恒农，除侍中、东道行台。

魏之东伐，关中留守兵少，前后所虏东魏士卒散在民间，闻魏兵败，谋作乱。李虎等至长安，计无所出，与太尉王盟、仆射周惠达等奉太子钦出屯渭北。百姓互相剽掠，关中大扰。于是沙苑所虏东魏都督赵青雀、雍州民于伏德等遂反，据长安子城，伏德保咸阳，与咸阳太守慕容思庆各收降卒以拒还兵。长安大城民相帅以拒青雀，日与之战。大都督侯莫陈顺击贼，屡破之，贼不敢出。顺，崇之兄也。

扶风公王罴镇河东，大开城门，悉召军士谓曰："今闻大军失利，青雀作乱，诸人莫有固志。王罴受委于此，以死报恩。有能同心者可共固守；必恐城陷，任自出城。"众感其言，皆无异志。

魏主留阌乡。丞相泰以士马疲弊，不可速进，且谓青雀等乌合，不能为患，曰："我至长安，以轻骑临之，必当面缚。"通直散骑常侍吴郡陆通谏曰："贼逆谋久定，必无迁善之心，蜂虿有毒，安可轻也！且贼诈言东寇将至，今若以轻骑临之，百姓谓为信然，益当惊扰。今军虽疲弊，精锐尚多，以明公之威，总大军以临之，何忧不克！"泰从之，引兵西入。父老见泰至，莫不悲喜，士女相贺。华州刺史宇文导引兵入咸阳，斩思庆，禽伏德，南渡渭，与泰会，攻青雀，破之。太保梁景叡以疾留长安，与青雀通谋，泰杀之。

东魏太师欢自晋阳将七千骑至孟津，未济，闻魏师已遁，遂济河，遣别将追魏师至崤，不及而还。欢攻金墉，长孙子彦弃城走，焚城中室屋俱尽，欢毁金墉而还。

东魏之迁邺也，主客郎中裴让之留洛阳；独孤信之败也，让之弟诹之随丞相泰入关，为大行台仓曹郎中。欢囚让之兄弟五人，让之曰："昔

“蔡承先，你来了，我就没有什么忧虑了。”宇文泰惊悸不能入睡，把头枕在蔡祐的大腿上才安然入睡。蔡祐每次跟随宇文泰作战，总是身先士卒，战斗结束后，各位将领争功请赏，蔡祐始终不说一句话。宇文泰感叹着说：“蔡承先不说自己的功劳，我应当替他评说。”宇文泰留下王思政镇守恒农，任命王思政为侍中、东道行台。

西魏这次东征，留守在关中的兵力不多，先前各次战斗俘获的东魏士兵流散在老百姓中间，他们听到西魏兵打了败仗，就密谋叛乱。李虎等人到了长安，没有想出好的办法。李虎与太尉王盟、仆射周惠达等请出太子元钦屯驻在渭水北岸。这一来，老百姓也纷纷互相剽掠，关中大乱。这时候，在沙苑之战中被俘虏的东魏都督赵青雀、雍州平民于伏德等趁机造反，赵青雀占据了长安北郊的集镇，于伏德占领了咸阳，与咸阳太守慕容思庆分头聚集东魏降兵以抵抗从战场上撤回来的西魏兵。长安大城的民众则相互组织起来抵抗赵青雀，天天和他交战，大都督侯莫陈顺率兵攻击叛乱者，多次打胜仗，叛乱者再也不敢出战。侯莫陈顺，是侯莫陈崇的哥哥。

扶风公王罴镇守河东，大开城门，集合起全部军队，发布命令说：“如今听说东片大军失利，赵青雀作乱，许多人丧失了信心。我王罴受命在这里，以死报国。同心同德的人留下来一道坚守州城，有人担心城池一定会陷落，请你们自便出城。”众将士被王罴的真诚话语感动，没有一个有二心的人。

西魏文帝留在阌乡。丞相宇文泰因为人马疲困，不能快速前进，况且认为赵青雀等不过是乌合之众，不可能构成大的威胁，说：“我到达长安，只需用轻骑兵攻击，一定会使赵青雀不战而降，自己束手向我请罪。”通直散骑常侍吴郡人陆通劝谏说：“叛乱者蓄谋已久，铁定了心，蜜蜂和蝎子尚且还有毒刺，怎么可以轻视呢？况且叛乱者造谣说东魏兵就要到来，现在如果只用轻骑兵去攻击，老百姓就会相信谣言，更加惊慌。当前我军虽然疲困，但精锐兵不少，凭着丞相的威望，统率大军攻击，何愁不打胜仗。”宇文泰采纳了这一建议，率领大军西进入关。父老百姓看到宇文泰回军，无不悲喜交加，男男女女相互庆贺，华州刺史宇文导带兵攻入咸阳，杀死慕容思庆，擒获于伏德，然后率军渡过渭水，在渭水南岸与宇文泰大军会合，攻打赵青雀，打败了叛乱者。太保梁景叡因病留在长安，他与赵青雀通谋，宇文泰杀了他。

东魏太师高欢从晋阳率领七千骑兵到达孟津，还没有渡河，得知西魏军已经撤退，于是渡过黄河，派出将领追击西魏军直到崤山，没有追上，就回师。高欢亲自进攻金墉城，长孙子彦弃城逃走，一把火把个金墉城的房屋差不多烧光了，高欢就拆毁金墉城的城墙，然后回师。

当东魏迁都邺城的时候，主客郎中裴让之留守在洛阳。当西魏独孤信从洛阳败退时，裴让之的弟弟裴诹之追跟西魏丞相宇文泰进入关中，被任用为大行台仓曹郎

诸葛亮兄弟，事吴、蜀各尽其心，况让之老母在此，不忠不孝，必不为也。明公推诚待物，物亦归心；若用猜忌，去霸业远矣。”欢皆释之。

九月，魏主入长安，丞相泰还屯华州。

东魏大都督贺拔仁击邢磨纳、卢仲礼等，平之。

卢景裕本儒生，太师欢释之，召馆于家，使教诸子。景裕讲论精微，难者或相诋诃，大声厉色，言至不逊，而景裕神采俨然，风调如一，从容往复，无际可寻。性清静，历官屡有进退，无得失之色；弊衣粗食，恬然自安，终日端严，如对宾客。

冬，十月，魏归高敖曹、窦泰、莫多娄贷文之首于东魏。

散骑常侍刘孝仪等聘于东魏。

十二月，魏是云宝袭洛阳，东魏洛州刺史王元轨弃城走。都督赵刚袭广州，拔之。于是自襄、广以西城镇复为魏。

魏自正光以后，四方多事，民避赋役，多为僧尼，至二百万人，寺有三万余区。至是，东魏始诏“牧守、令长，擅立寺者，计其功庸，以枉法论”。

初，魏伊川土豪李长寿为防蛮都督，积功至北华州刺史。孝武帝西迁，长寿帅其徒拒东魏，魏以长寿为广州刺史。侯景攻拔其壁，杀之。其子延孙复收集父兵以拒东魏，魏之贵臣广陵王欣、录尚书长孙稚等皆携家往依之，延孙资遣卫送，使达关中。东魏高欢患之，数遣兵攻延孙，不能克。魏以延孙为京南行台、节度河南诸军事、广州刺史。延孙以澄清伊、洛为己任，魏以延孙兵少，更以长寿之婿京兆韦法保为东洛州刺史，配兵数百以助之。法保名祐，以字行，既至，与延孙连兵置栅于伏流。独孤信之入洛阳也，欲缮修宫室，使外兵郎中天水权景宣帅徒兵三千出采运。会东魏兵至，河南皆叛，景宣间道西走，与李延孙相会，攻孔城，拔之，洛阳以南寻亦西附。丞相泰即留景宣守张白坞，节度东南诸军应关西者。是岁，延孙为其长史杨伯兰所杀，韦法保即引兵据延孙之栅。

中。高欢抓捕了裴让之的兄弟五人，裴让之对高欢说："从前诸葛亮兄弟，一个仕吴，一个仕蜀，各自尽职尽忠，况且我裴让之的老母在这里，决不会做不忠不孝的事。明公诚心对待人才，那么人心归附，如果随意猜忌人才，那就离开霸业很远了。"高欢于是把裴氏兄弟全都释放了。

九月，西魏文帝进入长安，丞相宇文泰回到华州驻守。

东魏大都督贺拔仁攻击邢磨纳、卢仲礼等，平定了叛乱。

卢景裕原本是一个儒生，太师高欢把他释放之后，请到家中开学馆，教育自己的几个儿子。卢景裕讲解精妙入微，诘难他的人，有的诋毁斥责，声色都很严厉，甚至出言不逊，而卢景裕仍然神情庄重，风度和声调依然如故，不紧不慢地回答，无懈可击。性情清淡安静，做官多次有升有降，从没有患得患失的心态，旧衣粗食，安然自得，整天端庄严肃的样子，如同对待客人的神态一样。

冬季，十月，西魏把高敖曹、窦泰、莫多娄贷文的首级归还东魏。

梁朝散骑常侍刘孝仪等出使东魏。

十二月，西魏是云宝进攻洛阳，东魏洛州刺史王元轨弃城逃走。西魏都督赵刚袭击广州，占领了州城。这样一来，从襄州、广州以西各城镇再次被西魏占领。

北魏从正光年间以后，到处发生变乱，平民百姓为了逃避赋税徭役，许多人出家做了和尚和尼姑，多达二百万人，寺庙有三万多座。到了这个时候，东魏孝静帝下诏："各州刺史、各县令长，再有擅自修建寺庙的人，就核算修建寺庙花费的劳工钱粮，按贪污论处。"

当初，北魏伊川的豪强李长寿任防蛮都督，积累功劳升迁到北华州刺史，孝武帝西迁时，李长寿率领部众抵拒东魏军，西魏任用李长寿为广州刺史。东魏侯景攻下了他的坞堡，杀了李长寿。李长寿的儿子李延孙重新聚集父亲遗留的旧部抗拒东魏，北魏的遗老贵臣广陵王元欣、录尚书长孙稚等人携家带口，投靠李延孙，李延孙出兵出钱把他们送进关中。东魏高欢非常忧虑，多次派兵攻打李延孙，不能取胜。西魏任用李延孙为西南行台，节度黄河以南诸军事、广州刺史。李延孙把平定伊、洛地区看作是自己的责任。西魏考虑李延孙兵马不多，加派李长寿的女婿京兆人韦法保为东洛州刺史，配备了几百名士兵来增援李延孙。韦法保名祐，以表字通行。韦法保到达后，与李延孙合兵，在伏流城安营扎寨，设置栅栏。不久，独孤信攻入洛阳，打算修缮洛阳宫殿，派出外兵郎中天水人权景宣率领三千步兵外出采购运送建筑材料。此时东魏反攻大军到来，河南各州城反叛，权景宣从小道西逃，与李延孙会合，攻打孔城，占领这座城，洛阳以南地区不久又归附西魏。丞相宇文泰当即留下权景宣驻守张白坞，让他统一指挥崤关东南地区各支军队中响应关西的人马。这一年，李延孙被他的长史杨伯兰所杀，韦法保立即率兵进占李延孙驻守的营栅。

东魏将段琛等据宜阳，遣阳州刺史牛道恒诱魏边民。魏南兖州刺史韦孝宽患之，乃诈为道恒与孝宽书，论归款之意，使谍人遗之于琛营，琛果疑道恒。孝宽乘其猜阻，出兵袭之，擒道恒及琛，崤、渑遂清。东道行台王思政以玉壁险要，请筑城自恒农徙镇之，诏加都督汾晋并州诸军事、并州刺史，行台如故。

东魏以高澄摄吏部尚书，始改崔亮年劳之制，铨擢贤能；又沙汰尚书郎，妙选人地以充之。凡才名之士，虽未荐擢，皆引致门下，与之游宴、讲论、赋诗，士大夫以是称之。

（以上为第一段，写东魏与西魏进行了最激烈长久的大战，基本奠定了东、西魏的疆域。东魏经过半年的整备，于七月进兵洛阳发起反击；西魏也积极备战，与北方柔然结和亲，无后顾之忧，集中全国兵力东伐，西魏文帝御驾亲征，两军在洛阳地区于七、八、九三个月大战。西魏军败退，东魏收复洛阳，也无力西进，渑池以西为西魏所有。梁朝仍与东魏通好。）

五年（己未，539 年）

春，正月，乙卯，以尚书左仆射萧渊藻为中卫将军，丹杨尹何敬容为尚书令，吏部尚书张缵为仆射。缵，弘策之子也。自晋、宋以来，宰相皆以文义自逸，敬容独勤簿领，日旰不休，为时俗所嗤鄙。自徐勉、周舍既卒，当权要者，外朝则何敬容，内省则朱异。敬容质悫无文，以纲维为己任；异文华敏洽，曲营世誉：二人行异而俱得幸于上。异善伺候人主意为阿谀，用事三十年，广纳货赂，欺罔视听，远近莫不忿疾。园宅、玩好、饮膳、声色穷一时之盛。每休下，车马填门，唯王承、王稚及褚翔不往。承、稚，暕之子；翔，渊之曾孙也。

丁巳，御史中丞参礼仪事贺琛奏："南、北二郊及藉田，往还并宜御辇，不复乘辂。"诏从之，祀宗庙仍乘玉辇。琛，玚之弟子也。

辛酉，东魏以尚书令孙腾为司徒。

辛未，上祀南郊。

魏丞相泰于行台置学，取丞郎、府佐德行明敏者充学生，悉令旦治公务，晚就讲习。

东魏将领段琛等攻占了宜阳，派出阳州刺史牛道恒招诱西魏的边民归附，西魏南兖州刺史韦孝宽十分忧虑，于是伪造了一封牛道恒给韦孝宽的信，谈论归降事宜，派间谍故意把信遗失在段琛的军营中，段琛果然怀疑牛道恒。韦孝宽趁段琛、牛道恒相互猜忌之时，出兵偷袭，活捉了牛道恒和段琛，崤山、渑池一带得到安定。西魏东道行台王思政认为玉壁城险要，请求在那里筑城，从恒农迁到玉壁镇守，西魏下诏给王思政加官都督汾晋并州诸军事、并州刺史，东道行台的职务照旧留任。

东魏任命高澄代理吏部尚书，他开始改变北魏崔亮制定的接任职年限升迁的制度，按照评定的品德和才能升迁，又精简尚书省郎官，精选有才德的人来补充。凡是有才能和有名望的士人，即使没有人推荐提拔，他都聘请到自己的门下，与他们交往宴会，谈论学问、赋诗唱和，士大夫们因此称颂他。

梁武帝大同五年（己未，539 年）

春季，正月初一日乙卯，梁朝任命尚书左仆射萧渊藻为中卫将军，任命丹杨尹何敬容为尚书令，任命吏部尚书张缵为仆射。张缵，是张宏策的儿子。自从晋、宋以来，南朝宰相都热衷于谈论诗文、义理，自得其乐，唯独何敬容埋头于公文簿籍，整天不休息，受到当时官场陋习的嗤笑和鄙视。梁朝自从徐勉、周舍死后，掌握实权的人，外朝要推何敬容，内朝要算朱异。何敬容性情忠厚而少文才，以维护国家法纪为己任；朱异才思敏捷而博闻，善于用各种手段迎合时尚获取声誉；两人品行不同，但都得到梁武帝的宠信。朱异善于迎逢，顺从皇上的心意阿谀奉承，掌权三十多年，大肆贪污。欺上瞒下，远近的人没有一个不恨他的。他的园林住宅、古玩珍宝、食饮膳馐、音乐美女，盛极一时。每当假日，车马盈门，只有王承、王稚，以及褚翔几个人不与朱异交往。王承、王稚都是王暕的儿子；褚翔是褚渊的曾孙。

正月初三日丁巳，梁朝御史中丞参礼仪事贺琛上奏说：“皇上到南郊、北郊祭祀天地，以及亲耕籍田典礼，往来都应乘坐御辇，不要再乘坐马车。”梁武帝下诏允准，但保留祭祀宗庙仍乘坐玉辇。贺琛，是贺玚弟弟的儿子。

正月初七日辛酉，东魏任命尚书令孙腾为司徒。

正月十七日辛未，梁武帝在京城南郊举行祭祀典礼。

西魏丞相宇文泰在行台府衙开办学馆，选拔丞郎、府佐中品德优秀、才思敏捷的人充当学生，让他们全都白天处理公务，晚上到学馆听讲学习。

东魏丞相欢，以徐州刺史房谟、广平太守羊敦、广宗太守窦瑗、平原太守许惇有政绩清能，与诸刺史书，褒称谟等以劝之。

夏，五月，甲戌，东魏立丞相欢女为皇后；乙亥，大赦。

魏以开府仪同三司李弼为司空。秋，七月，以扶风王孚为太尉。

九月，甲子，东魏发畿内十万人城邺，四十日罢。冬，十月，癸亥，以新宫成，大赦，改元兴和。

魏置纸笔于阳武门外以求得失。

十一月，乙亥，东魏使散骑常侍王元景、魏收来聘。

东魏人以《正光历》浸差，命校书郎李业兴更加修正，以甲子为元，号曰《兴光历》，既成，行之。

散骑常侍朱异奏："顷来置州稍广，而小大不伦，请分为五品，其位秩高卑，参僚多少，皆以是为差。"诏从之。于是上品二十州，次品十州，次品八州，次品二十三州，下品二十一州。时上方事征伐，恢拓境宇，北逾淮、汝，东距彭城，西开牂柯，南平俚洞，纷纶甚众，故异请分之。其下品皆异国之人，徒有州名而无土地，或因荒徼之民所居村落置州及郡县，刺史守令皆用彼人为之，尚书不能悉领，山川险远，职贡罕通。五品之外，又有二十余州不知处所。凡一百七州。又以边境镇戍，虽领民不多，欲重其将帅，皆建为郡，或一人领二三郡太守，州郡虽多而户口日耗矣。

魏自西迁以来，礼乐散逸，丞相泰命左仆射周惠达、吏部郎中北海唐瑾损益旧章，至是稍备。

（以上为第二段，写公元539年东、西魏与梁朝三方致力于内政，边境无战争。西魏宇文泰办府学，东魏嘉奖贤吏，梁朝整顿州郡建置。）

六年（庚申，540年）

春，正月，壬申，东魏以广平公库狄干为太保。

丁丑，东魏主入新宫，大赦。

魏扶风王孚卒。

东魏丞相高欢，认为徐州刺史房谟、广平太守羊敦、广宗太守窦瑗、平原太守许惇，政绩显著，清正廉直，通报各州刺史，嘉奖房谟等人，勉励各州刺史向他们学习。

夏季，五月二十二日甲戌，东魏孝静帝册立高欢之女为皇后。五月二十三日乙亥，大赦天下。

西魏任命开府仪同三司李弼为司空。秋季，七月，又任命扶风王元孚为太尉。

九月十四日甲子，东魏征发京畿内十万人修筑邺城，四十天完工。冬季，十月，癸亥［十一月四日癸亥］，东魏新宫殿建成，大赦天下，改元兴和。

西魏在长安阳武门外摆上纸和笔，征求人们对朝政得失的评议。

十一月二十六日乙亥，东魏派散骑常侍王元景、魏收出使梁朝。

东魏行用的《正光历》渐渐积累了误差，命校书郎李业兴进一步加以修正。新历以甲子为历元，称为《兴光历》，完成后，予以颁行。

梁朝散骑常侍朱异上奏说："近来设置的州郡逐渐多了起来，大小不一，请分为五品，长官俸禄的高低，参佐幕僚的多少，都要按等级来分别确定。"梁武帝下诏批准。于是上品有二十个州，次品十个州，三品八个州，第四等二十三个州，第五等二十一个州。当时梁武帝正要从事征伐，收复失地，拓展疆土，北边要跨过淮水、汝水，东边到达彭城，西边开发牂柯，南边平定五岭以南的俚洞人，州县错综复杂，所以朱异上奏建议整顿。其中第五等州县都是少数民族控制的地区，空有州县的名称，实际并没有拥有土地，有的仅仅是在蛮荒之地的居民村寨设置州县，刺史守令都让土著之民担任，尚书省没能把这些州县管理起来，由于山川险远，赋税贡品很难收到。在五等之外，还有二十多个州不知在哪里。总共一百零七个州。又考虑到边境地区的防守，虽然管理的民众不多，却有意抬高这些边地方的镇守将帅的地位，县级都建置为郡，有的一个人兼职两三个郡的太守，州郡数目增多而户口却日益减少。

自从西魏迁都关中以来，礼乐制度散失，丞相宇文泰任命左仆射周惠达、吏部郎中北海人唐瑾增减旧的规章制度，到这时才稍稍完备。

梁武帝大同六年（庚申，540 年）

春季，正月二十三日壬申，东魏任用广平公库狄干为太保。

正月二十八日丁丑，东魏孝静帝迁入新宫殿，大赦天下。

西魏扶风王元孚去世。

二月，己亥，上耕藉田。

魏铸五铢钱。

东魏大行台侯景出三鸦，将复荆州；魏丞相泰遣李弼、独孤信各将五千骑出武关，景乃还。

魏文后既为尼，居别宫，悼后犹忌之，乃以其子武都王戊为泰州刺史，使文后随之官。魏主虽限以大计，而恩好不忘，密令养发，有追还之意。会柔然举国渡河南侵，时颇有言柔然以悼后故兴师者，帝曰："岂有兴百万之众为一女子邪！虽然，致人此言，朕亦何颜以见将帅！"乃遣中常侍曹宠赍手敕赐文后自尽。文后泣谓宠曰："愿至尊千万岁，天下康宁，死无恨也！"遂自杀；凿麦积崖而葬之，号曰寂陵。

夏，丞相泰召诸军屯沙苑以备柔然。右仆射周惠达发士马守京城，堑诸街巷，召雍州刺史王罴议之，罴不应召，谓使者曰："若蠕蠕至渭北者，王罴自帅乡里破之，不烦国家兵马，何为天子城中作如此惊扰！由周家小儿恇怯致此。"柔然至夏州而退。未几，悼后遇疾殂。

五月，乙酉，魏行台宫延和、陕州刺史宫延庆降于东魏，东魏以河北马场为义州以处之。

东魏阳州武公高永乐卒。

闰月，丁丑朔，日有食之。

己丑，东魏封皇兄景植为宜阳王，皇弟威为清河王，谦为颍川王。

六月，壬子，东魏华山王鸷卒。

秋，七月，丁亥，东魏使兼散骑常侍李象等来聘。

八月，戊午，大赦。

九月，戊戌，司空袁昂卒，遗疏不受赠谥，敕诸子勿上行状及立铭志；上不许，赠本官，谥穆正公。

冬，十一月，魏太师念贤卒。

吐谷浑自莫折念生之乱，不通于魏。伏连筹卒，子夸吕立，始称可

二月二十一日己亥，梁武帝举行亲耕藉田典礼。

西魏铸币五铢钱。

东魏大行台侯景从三鵶出征，准备收复荆州。西魏丞相宇文泰派李弼、独孤信各领五千骑兵出武关救援，侯景这才退还。

西魏文皇后做了尼姑之后，居住在别宫之中，但柔然女悼后仍然妒忌她，就让文皇后所生的儿子武都王元戊出任秦州刺史，要文皇后随同儿子到任所。西魏文帝虽然迫于国家大局这样做了，但并没有忘怀与文皇后的恩爱，密令她蓄起头发，表示了要接她回朝的意思。这时正赶上柔然集中全国兵力渡过黄河南侵，当时有这样的流言，说柔然是因为悼后的缘故才出兵的。西魏文帝说："天下哪有为了一个女人而兴师百万大军的道理呢！虽然如此，但是为了一个女人导致这样的流言，朕也没有脸面见出征的将帅。"就派中常侍曹宠带上手令，赐文皇后自杀。文皇后哭着对曹宠说："祝愿皇上千万岁，天下百姓康乐安宁，我死了也没什么遗憾。"于是自尽。魏文帝派人在麦积崖凿了一个洞穴，把文皇后安葬了，命名为寂陵。

夏季，西魏丞相宇文泰调集各路兵马屯驻在沙苑用来防备柔然。右仆射周惠达调集兵马守卫京城，在京城大街小巷挖掘壕沟陷阱，征召雍州刺史王罴到京师商议对策，王罴不听征召，对使者说："如果柔然真的攻到渭水北岸，我王罴自会率领乡亲父老去打败敌人，不用烦劳国家的兵马，为什么要在天子城中搞得这样人心惶惶呢！这都是姓周的这小子胆怯畏缩造成的。"柔然侵扰到夏州就撤退了。没有多久，悼皇后也生病去世了。

五月，乙酉［初二日己酉］，西魏行台宫延和、陕州刺史宫延庆投降东魏，东魏在河北马场设置义州安置他们两人。

东魏阳州武公高永乐去世。

闰五月初一日丁丑朔，发生日食。

闰五月十三日己丑，东魏册封皇帝兄长元景植为宜阳王，册封皇帝弟弟元威为清河王、元谦为颍川王。

六月初六日壬子，东魏华山王元鸷去世。

秋季，七月十二日丁亥，东魏派兼散骑常侍李象等出使梁朝。

八月十三日戊午，梁朝大赦天下。

九月二十四日戊戌，梁朝司空袁昂去世，留下一份遗嘱，表示不接受朝廷追赠谥号，嘱咐几个儿子不要向朝廷呈送记载生平功德的行状，也不要立墓志铭。梁武帝不允许，还是赠送了袁昂原来担任的官职，谥号为穆正公。

冬季，十一月，西魏太师念贤去世。

吐谷浑自从发生莫折念生叛乱以来，不与北魏交通。伏连筹去世后，他的儿子

汗，居伏俟城。其地东西三千里，南北千余里，官有王、公、仆射、尚书、郎中、将军之号。是岁，始遣使假道柔然，聘于东魏。

（以上为第三段，写公元540年南北朝三方无大事，西魏与柔然因魏文帝悼后失宠发生一次边境战争，柔然与东魏通好。）

七年（辛酉，541年）

春，正月，辛巳，上祀南郊，大赦。辛丑，祀明堂。

宕昌王梁佡定为其下所杀，弟弥定立。二月，乙巳，以弥定为河梁二州刺史、宕昌王。

辛亥，上耕藉田。

魏幽州刺史顺阳王仲景坐事赐死。

三月，魏夏州刺史刘平伏据上郡反，大都督于谨讨禽之。

夏，五月，遣兼散骑常侍明少遐等聘于东魏。

秋，七月，己卯，东魏宜阳王景植卒。

魏以侍中宇文测为大都督、行汾州事。测，深之兄也，为政简惠，得士民心。地接东魏，东魏人数来寇抄，测擒获之，命解缚，引与相见，为设酒殽，待以客礼，并给粮饩，卫送出境。东魏人大惭，不复为寇，汾、晋之间遂通庆吊，时论称之。或告测交通境外者，丞相泰怒曰："测为我安边，我知其志，何得间我骨肉！"命斩之。

魏丞相泰欲革易时政，为强国富民之法，大行台度支尚书兼司农卿苏绰尽其智能，赞成其事，减官员，置二长，并置屯田以资军国。又为六条诏书，九月，始奏行之：一曰清心，二曰敦教化，三曰尽地利，四曰擢贤良，五曰恤狱讼，六曰均赋役。泰甚重之，尝置诸坐右，又令百司习诵之，其牧守令长非通六条及计帐，不得居官。

东魏诏群官于麟趾阁议定法制，谓之《麟趾格》，冬，十月，甲寅，颁行之。

乙巳，东魏发夫五万筑漳滨堰，三十五日罢。

十一月，丙戌，东魏以彭城王韶为太尉，度支尚书胡僧敬为司空。

夸吕继位，开始称可汗，居住在伏俟城。领地东西长三千里，南北宽一千多里，设置的百官有王、公、仆射、尚书、郎中、将军等称号。这一年，开始派出使者借道柔然，出使东魏。

梁武帝大同七年（辛酉，541 年）

春季，正月初九日辛巳，梁武帝在南郊祭天，大赦天下。正月二十九日辛丑，在明堂举行祭祀典礼。

宕昌王梁企定被部属杀害，他的弟弟梁弥定继位。二月初三日乙巳，梁朝任命梁弥定为河州、梁州两州刺史，册封他为宕昌王。

二月初九日辛亥，梁武帝举行藉田亲耕典礼。

西魏幽州刺史顺阳王元仲景因犯罪被文帝赐死。

三月，西魏夏州刺史刘平伏割据上郡反叛，大都督于谨征讨抓获了他。

夏季，五月，梁朝派兼散骑常侍明少遐等出使东魏。

秋季，七月初九日己卯，东魏宜阳王元景植去世。

西魏任命侍中宇文测为大都督，代理汾州事务。宇文测，是宇文深的哥哥，他处理政务简明仁爱，得到士大夫和平民的拥护。汾州与东魏相邻，东魏人多次来侵扰掠夺，宇文测把他们抓获了，命令解开绑绳，引进面见，摆下酒宴，待以客礼，还送给他们粮食，护送出境。东魏人十分惭愧，不再侵扰，西魏汾州与东魏晋州之间互通婚嫁吊丧，受到当时人的称赞。有人上告宇文测通敌，丞相宇文泰大怒说："宇文测替我安定了边境，我了解他的志向，你为何要离间我们的骨肉亲情！"命令将诬告的人斩首。

西魏丞相宇文泰想改革时政，推行有利于强国富民的政策法令，大行台度支尚书兼司农卿苏绰竭尽才智，辅助改革，裁减冗官，各部门只设置正副长官两员，又推行屯田政策，以补助国家政治与军事的开支。苏绰又起草了六条新政的诏书，于九月上奏开始推行。六条新政内容为：其一，纯洁心灵；其二，促进教化；其三，充分利用土地资源；其四，选拔人才；其五，公正判案；其六，公平征收赋税徭役。宇文泰十分重视，把六条新政放置在座位的右边，又命令百官学习背诵，并规定地方行政长官州牧郡守不精通六条和不懂计账，就不得任职。

东魏孝静帝下诏召集百官在麟趾阁讨论制定法制，叫《麟趾格》。冬季，十月，甲寅，新法开始颁布实行。

乙巳［十一月初一日乙巳］，东魏征发民夫五万人修筑漳滨堰，三十五天完工。

十一月十八日丙戌，东魏任命彭城王元韶为太尉，度支尚书胡僧敬为司空。胡

僧敬名虔，以字行，国珍之兄孙，东魏主之舅也。

十二月，东魏遣兼散骑常侍李骞来聘。

交趾李贲世为豪右，仕不得志。同郡有并韶者，富于词藻，诣选求官，吏部尚书蔡撙以并姓无前贤，除广阳门郎；韶耻之。贲与韶还乡里，会交州刺史武林侯谘以刻暴失众心，时贲监德州，因连结数州豪杰俱反；谘输贿于贲，奔还广州。上遣谘与高州刺史孙冏、新州刺史卢子雄将兵击之。谘，恢之子也。

是岁，魏又益新制十二条。

东魏丞相欢以诸州调绢不依旧式，民甚苦之，奏令悉以四十尺为匹。

魏自丧乱以来，农商失业，六镇之民相帅内徙，就食齐、晋，欢因之以成霸业。东西分裂，连年战争，河南州郡鞠为茂草，公私困竭，民多饿死。欢命诸州滨河及津、梁皆置仓积谷以相转漕，供军旅，备饥馑，又于幽、瀛、沧、青四州傍海煮盐，军国之费，粗得周赡。至是，东方连岁大稔，谷斛至九钱，山东之民稍复苏息矣。

东魏尚书令高澄尚静帝妹冯翊长公主，生子孝琬，朝贵贺之，澄曰："此至尊之甥，先贺至尊。"三日，帝幸其第，赐锦彩布绢万匹。于是诸贵竞致礼遗，货满十室。

东魏临淮王孝友表曰："令制百家为族，二十五家为闾，五家为比。百家之内有帅二十五，征发皆免，苦乐不均，羊少狼多，复有蚕食，此之为弊久矣。京邑诸坊，或七八百家唯一里正、二史，庶事无阙，而况外州乎！请依旧置三正之名不改，而每闾止为二比，计族省十一丁，赀绢、番兵，所益甚多。"事下尚书，寝不行。

安成望族刘敬躬以妖术惑众，人多信之。

（以上为第四段，写公元541年东、西魏调整内政，休息百姓，抚平连年的战争创伤，初见成效。西魏改革，推行有利民生的新政比东魏步子大，奠定了西魏强于

僧敬名虔，平时用字号称名，他是胡国珍哥哥的孙子，东魏孝静帝的舅舅。

十二月，东魏派遣兼散骑常侍李骞出使梁朝。

梁朝交趾人李贲出身世家豪族，在仕途上不得意。同郡有个叫并韶的人，擅长赋诗作文，到朝廷参加官吏的考选，吏部尚书蔡撙认为并姓没有出过名人，就选用他做广阳门郎的小官，并韶对此感到耻辱。李贲与并韶一同返回乡里，正好此时交州刺史武林侯萧谘因苛刻残暴失去人心，李贲就利用他正监理德州的权力，联合了几个州的豪族同时反叛；萧谘向李贲送了许多财物，才逃回广州。梁武帝委派萧谘与高州刺史孙冏、新州刺史卢子雄带兵进剿。萧谘，是萧恢的儿子。

这一年，西魏又增加了十二条新法令。

东魏丞相高欢发现各州绢的征收加重，没有按原来规定的制度办理，平民感到很痛苦，于是上奏孝静帝颁令一律以四十尺为一匹。

北魏自从孝昌年间发生动乱以来，农民、商人失业，北方六镇的居民相继向内地迁移，到齐州、晋州去谋生，高欢凭借这一机会成就了霸业。东魏、西魏的分裂，连年战争，黄河以南各州郡残破穷困，田野长满荒草，官民困顿没有一粒粮食，平民大多饿死。高欢命令各州在河岸、渡口、关隘等要道之处设置粮仓，储备粮食，便于水陆转运，供应军队，防备饥荒，又在幽州、瀛州、沧州、青州等四州的靠海地带煮盐，因此军政开支，初步得到保障。到了这时，东部地区连年丰收，谷物一斛只值九钱，东魏老百姓稍稍得到了休养生息。

东魏尚书令高澄娶孝静帝的妹妹冯翊长公主为妻，生了一个儿子名高孝琬，朝中显贵纷纷祝贺，高澄说："这是皇上的外甥，先祝贺皇上。"过了三天，孝静帝临幸高澄府上，赏赐彩绵绸缎一万匹。于是那些显贵们竞相攀比送重礼，钱财堆满了十间房子。

东魏临淮王元孝友上奏说："按现行制度，一百家为一族，二十五家为一闾，五家为一比，这样一百户人家中就有族帅一人、闾帅四人、比帅二十人，合计二十五帅，这些人的赋税徭役都免除了，造成百姓负担苦乐不均，羊少狼多，再加上压榨侵吞行为，这种由于制度造成的弊端已经很久了。都城的各个街坊，七八百户人家才有一个里正、两个史，各种事务都办得很圆满，何况地方州郡事务还要简单些呢！请求按照旧制设置三正的名称不变，每闾只设两个比帅，这样每族减少了十一个比帅，就增加了十一个纳税服役的丁户，国家就可以增收许多绸绢和兵员，所获甚多。"孝静帝把奏章批交尚书省，结果被搁置没有实行。

梁朝安成郡大族刘敬躬利用妖术迷惑民众，有许多人都相信他。

东魏的基础。）

八年（壬戌，542 年）

春，正月，敬躬据郡反，改元永汉，署官属，进攻庐陵，逼豫章。南方久不习兵，人情扰骇，豫章内史张绾募兵以拒之。绾，缵之弟也。二月，戊戌，江州刺史湘东王绎遣司马王僧辩、中兵曹子郢讨敬躬，受绾节度。三月，戊辰，擒敬躬，送建康，斩之。僧辩，神念之子也，该博辩捷，器宇肃然，虽射不穿札，而志气高远。

魏初置六军。

夏，四月，丙寅，东魏使兼散骑常侍李绘来聘。绘，元忠之从子也。

东魏丞相欢朝于邺。司徒孙腾坐事免；乙酉，以彭城王韶录尚书事，侍中广阳王湛为太尉，尚书右仆射高隆之为司徒。初，太尉尉景与丞相欢同归尔朱荣，其妻，欢之姊也，自恃勋戚，贪纵不法，为有司所劾，系狱；欢三诣阙泣请，乃得免死，丁亥，降为骠骑大将军、开府仪同三司。欢往造之，景卧不起，大叫曰："杀我时趣邪！"欢抚而拜谢之。辛卯，以库狄干为太傅，以领军将军娄昭为大司马，封祖裔为尚书右仆射。六月，甲辰，欢还晋阳。

八月，庚戌，东魏以开府仪同三司、吏部尚书侯景为兼尚书仆射、河南道大行台，随机防讨。

魏以王盟为太保。

东魏丞相欢击魏，入自汾、绛，连营四十里，丞相泰使王思政守玉壁以断其道。欢以书招思政曰："若降，当授以并州。"思政复书曰："可朱浑道元降，何以不得？"冬，十月，己亥，欢围玉壁，凡九日，遇大雪，士卒饥冻，多死者，遂解围去。魏遣太子钦镇蒲坂。丞相泰出军蒲坂，至皂荚，闻欢退渡汾，追之，不及。十一月，东魏以可朱浑道元为并州刺史。

十二月，魏主狩于华阴，大享将士，丞相泰帅诸将朝之。起万寿殿于沙苑北。

辛亥，东魏遣兼散骑常侍杨斐来聘。

梁武帝大同八年（壬戌，542年）

春季，正月，梁朝刘敬躬占据所在的州郡造反称帝，改年号永汉，建立官吏政权机构，进攻庐陵，逼近豫章。江南长久没有战乱，因此人心惊慌，豫章内史张绾招募军队抵抗。张绾，是张缵的弟弟。二月，戊戌，江州刺史、湘东王萧绎派遣司马王僧辩、中兵曹子郢讨伐刘敬躬，二人受张绾的指挥。二月，戊辰，活捉刘敬躬，押送建康斩首。王僧辩，是王神念的儿子，学问渊博，口才敏捷，仪表堂堂，端庄威严，虽然射箭穿不透铠甲，但心气甚高，志向远大。

西魏初次建置六军。

夏季，四月，丙寅日，东魏派兼散骑常侍李绘出使梁朝。李绘，是李元忠的侄儿。

东魏丞相高欢到邺城朝见孝静帝，司徒孙腾因犯罪被免官；五月二十日乙酉，任命彭城王元韶录尚书事，任命侍中广阳王元湛为太尉，任命尚书右仆射高隆之为司徒。当初，太尉尉景与丞相高欢一同归附尔朱荣，他的妻子是高欢的姐姐。他依仗自己是国家功臣的亲戚，贪赃枉法，遭到有关部门的弹劾，被捕下狱，高欢三次到朝廷流泪求请，才免去尉景死罪，五月二十二日丁亥，降职为骠骑大将军、开府仪同三司，高欢上门看望尉景，尉景卧床不起，大声说："想要杀我就快些来！"高欢安慰并向他道歉。五月二十六日辛卯，东魏任命库狄干为太傅，任命领军将军娄昭为大司马，任命封祖裔为尚书右仆射。六月初十日甲辰，高欢回到晋阳。

八月十六日庚戌，东魏任命开府仪同三司、吏部尚书侯景兼尚书仆射、河南道大行台，有权自行决定按实际情况进行防守或征讨。

西魏任命王盟为太保。

东魏丞相高欢进攻西魏，从汾州、绛州进入，营帐连绵四十里，丞相宇文泰派王思政据守玉壁阻挡高欢的进攻。高欢致函招诱王思政说："你只要投降，就授给你并州刺史。"王思政回信说："可朱浑道元投降，为何没有给他呢？"冬季，十月初六日己亥，高欢围攻玉壁，交战九天，碰上大雪，士兵又饿又冻，死者十之六七，高欢只好撤军退走。西魏派太子元钦镇守蒲坂。丞相宇文泰率军从蒲坂出发，行进到皂荚，得知高欢撤退，已渡过汾水，宇文泰追击，但没能赶上。十一月，东魏任命可朱浑道元为并州刺史。

十二月，西魏文帝狩猎华阴，设盛宴慰劳将士，丞相宇文泰带领诸将朝见魏文帝，在沙苑北面建造万寿殿。

十二月十九日辛亥，东魏派兼散骑常侍杨斐出使梁朝。

孙冏、卢子雄讨李贲，以春瘴方起，请待至秋；广州刺史新渝侯映不许，武林侯谘又趣之。冏等至合浦，死者什六七，众溃而归。映，憺之子也。武林侯谘奏冏及子雄与贼交通，逗留不进，敕于广州赐死。子雄弟子略、子烈、主帅广陵杜天合及弟僧明、新安周文育等帅子雄之众攻广州，欲杀映、谘，为子雄复冤。西江督护、高要太守吴兴陈霸先帅精甲三千救之，大破子略等，杀天合，擒僧明、文育。霸先以僧明、文育骁勇过人，释之，以为主帅。诏以霸先为直阁将军。

魏丞相泰妻冯翊公主，生子觉。

东魏以光州刺史李元忠为侍中。元忠虽处要任，不以物务干怀，唯饮酒自娱。丞相欢欲用为仆射，世子澄言其放达常醉，不可委以台阁。其子搔闻之，请节酒，元忠曰："我言作仆射不胜饮酒乐，尔爱仆射，宜勿饮酒。"

（以上为第五段，写梁朝刘敬躬反于内地。平叛交趾的将领卢子雄等蒙冤而死，激起兵变，虽然平息，却警示了梁朝政治的腐败。）

九年（癸亥，543年）

春，正月，壬戌，东魏大赦，改元武定。

东魏御史中尉高仲密取吏部郎崔暹之妹，既而弃之，由是与暹有隙。仲密选用御史，多其亲戚乡党，高澄奏令改选；暹方为澄所宠任，仲密疑其构己，愈恨之。仲密后妻李氏艳而慧，澄见而悦之，李氏不从，衣服皆裂，以告仲密，仲密益怨。寻出为北豫州刺史，阴谋外叛。丞相欢疑之，遣镇城奚寿兴典军事，仲密但知民务。仲密置酒延寿兴，伏壮士，执之。二月，壬申，以虎牢叛，降魏。魏以仲密为侍中、司徒。

欢以仲密之叛由崔暹，将杀之，高澄匿暹，为之固请，欢曰："我丐其命，须与苦手。"澄乃出暹，而谓大行台都官郎陈元康曰："卿使崔暹得杖，勿复相见。"元康为之言于欢曰："大王方以天下付大将军，大将军有一崔暹不能免其杖，父子尚尔，况于他人！"欢乃释之。

梁朝孙冏、卢子雄征讨李贲，考虑到正是春天瘴气升腾的季节，请求到秋天出兵；广州刺史新渝侯萧映不同意，武林侯萧谘又来催促。孙冏等人勉强出兵，行进到合浦，病死的人占到了六七成，部众不战而溃。萧映是萧憺的儿子。武林侯萧谘奏报说孙冏、卢子雄与叛贼勾结，拖延不进兵，梁武帝下令将孙冏、卢子雄在广州赐死。卢子雄的弟弟卢子略、卢子烈、主帅广陵人杜天合，以及他的弟弟杜僧明、新安人周文育等率领卢子雄的部众攻打广州，想要杀死萧映、萧谘，为卢子雄报仇。江西督护、高要太守吴兴人陈霸先率领精锐甲士三千人救援广州，大败卢子略等，杀了杜天合，活捉了杜僧明、周文育。陈霸先爱惜杜僧明、周文育骁勇过人，释放了他们，任用为主帅。梁武帝下诏任命陈霸先为直阁将军。

西魏丞相宇文泰妻子冯翊公主，生子宇文觉。

东魏任命光州刺史李元忠为侍中。李元忠虽然担任了显贵的要职，但豪放的胸怀从不被琐碎的事务牵累，整天喝酒自娱，丞相高欢想任命他为仆射，世子高澄说李元忠狂放酗酒，不宜担任掌枢要的尚书仆射。李元忠的儿子李搔听到这个话，就劝李元忠少喝酒。李元忠说："我认为做仆射没有喝酒快乐，你喜欢做仆射，就应当少喝酒。"

梁武帝大同九年（癸亥，543年）

春季，正月初一日壬戌，东魏大赦天下，改元武定。

东魏御史中尉高仲密娶吏部郎崔暹的妹妹为妻，不久又抛弃了她，因此与崔暹结下怨仇。高仲密选用御史，多任用他的亲戚同乡，高澄奏请孝静帝命令高仲密重新选用他人，当时崔暹正受到高澄的宠爱和信任，高仲密认为是崔暹在捣鬼陷害自己，更加怀恨。高仲密后娶的妻子李氏既漂亮又贤惠，高澄见了非常喜欢，想非礼她。李氏不顺从，以至于衣服都被扯破，李氏告诉了高仲密，高仲密愈加怨恨。不久，高仲密谋取出京去做北豫州刺史，密谋叛离东魏。丞相高欢产生了疑心，派镇城都督奚寿兴到北豫州掌管军事，高仲密只管理民政。高仲密设下酒宴请奚寿兴，埋伏武士把奚寿兴抓了起来。二月十二日壬申，高仲密献出虎牢，投降西魏。西魏任命高仲密为侍中、司徒。

高欢认为高仲密的叛逃是崔暹造成的，准备杀掉崔暹。高澄把崔暹藏了起来，替他在高欢面前再三求情，高欢说："我可以饶他一命，但必须痛打一顿。"高澄这才放出崔暹，却对大行台都官郎陈元康说："你如果让崔暹挨了板子，就不要再来见我。"陈元康为了这件事劝高欢说："大王正要把国家大事交给大将军，可是大将有一个崔暹免不了挨板子，父子之间尚且如此，何况其他人呢！"高欢这才放过了

高季式在永安戍，仲密遣信报之；季式走告欢，欢待之如旧。

魏丞相泰帅诸军以应仲密，以太子少傅李远为前驱，至洛阳，遣开府仪同三司于谨攻柏谷，拔之；三月，壬申，围河桥南城。

东魏丞相欢将兵十万至河北，泰退军瀍上，纵火船于上流以烧河桥；斛律金使行台郎中张亮以小艇百余载长锁，伺火船将至，以钉钉之，引锁向岸，桥遂获全。

欢渡河，据邙山为陈，不进者数日。泰留辎重于瀍曲，夜，登邙山以袭欢。候骑白欢曰："贼距此四十余里，蓐食干饭而来。"欢曰："自当渴死！"乃正阵以待之。戊申，黎明，泰军与欢军遇。东魏彭乐以数千骑为右甄，冲魏军之北垂，所向奔溃，遂驰入魏营。人告彭乐叛，欢甚怒。俄而西北尘起，乐使来告捷，虏魏侍中、开府仪同三司、大都督临洮王柬、蜀郡王荣宗、江夏王升、巨鹿王阐、谯郡王亮、詹事赵善及督将僚佐四十八人。诸将乘胜击魏，大破之，斩首三万余级。

欢使彭乐追泰，泰窘，谓乐曰："汝非彭乐邪？痴男子！今日无我，明日岂有汝邪！何不急还营，收汝金宝！"乐从其言，获泰金带一囊以归，言于欢曰："黑獭漏刃，破胆矣！"欢虽喜其胜而怒其失泰，令伏诸地，亲捽其头，连顿之，并数以沙苑之败，举刃将下者三，噤龂良久。乐曰："乞五千骑，复为王取之。"欢曰："汝纵之何意，而言复取邪？"命取绢三千匹压乐背，因以赐之。

明日，复战，泰为中军，中山公赵贵为左军，领军若于惠等为右军。中军、右军合击东魏，大破之，悉俘其步卒。欢失马，赫连阳顺下马以授欢。欢上马走，从者步骑七人，追兵至，亲信都督尉兴庆曰："王速去，兴庆腰有百箭，足杀百人。"欢曰："事济，以尔为怀州刺史；若死，用尔子。"兴庆曰："儿少，愿用兄。"欢许之。兴庆拒战，矢尽而死。

崔暹。

东魏高季式戍守永安，高仲密派人送信给他通报自己叛逃东魏。高季式立即亲自跑到晋阳向高欢报告，高欢像原先一样对待他。

西魏丞相宇文泰率领大军接应高仲密，任命太子少傅李远为前锋，到了洛阳，派开府仪同三司于谨进攻柏谷，并占领了柏谷。三月，壬申，西魏军围攻河桥南城。

东魏丞相高欢亲领十万大军到达河桥北城，宇文泰撤到瀍水岸边布防，放火船顺流而下，准备用来烧毁河桥。东魏斛律金派行台郎中张亮用一百多条小船载着长锁链，等待火船到达，用钉子钉在小船上，然后拉长链把火船靠向河岸，这才使河桥得以保全。

高欢渡过黄河，占据邙山布下兵阵，不向前推进，停留了好几天。宇文泰将辎重留在瀍曲，趁夜率军登上邙山偷袭高欢。侦察骑兵对高欢说："敌人距离这里有四十余里，西魏军在清早吃了一顿干粮就来了。"高欢说："他们当会渴死！"于是高欢摆开阵势等待西魏军来犯。三月十八日戊申，天黎明时分，宇文泰率军与高欢相遇。东魏彭乐率领几千骑兵为右翼，攻击西魏军的北面，所向无敌，于是冲入西魏军营。有人向高欢报告说，彭乐叛变，高欢震怒。不一会西北方尘土飞扬，彭乐派人来告捷，俘虏了西魏侍中、开府仪同三司、大都督临洮王元柬和蜀郡王元荣宗、江夏王元昇、巨鹿王元阐、谯郡王元亮、詹事赵善以及督将僚佐四十八人。东魏诸将乘胜全线出击西魏军，大获全胜，斩首三万余级。

高欢派彭乐追击宇文泰，宇文泰十分狼狈，对彭乐说："你是彭乐吗？你是个傻男子，今天没有我，明天难道会有你吗？何不赶快回营，收取金银财宝！"彭乐听了这话，得了宇文泰的一袋金带，返回营地对高欢说："宇文黑獭从我刀下逃走了，他已经吓破了胆。"高欢对彭乐获胜感到高兴，却又恼恨他放走了宇文泰，命令他趴在地上，亲手抓住彭乐的发髻往地上磕他的头，一连几下，还一边数落着说沙苑战败的情景，三次举刀要杀他，气得咬牙切齿好长一阵。彭乐说："请求给我五千骑兵，再替大王捉拿宇文泰。"高欢说："你有意放了他，怎么现在又说去捉拿他呢！"命手下人取来三千匹绸绢，压在彭乐背上，随后把这些绸绢赏给了他。

第二天，重新开战。宇文泰为中军，中山公赵贵为左军，领军将军若干惠等为右军。西魏军左右两翼合击，大败东魏军，俘获东魏军的全部步兵。高欢在战斗中丧失了坐骑，赫连阳顺立即下马，将自己的战马交给了高欢。高欢上马逃走，随从骑兵只有七个人，眼看西魏追兵就要赶上了，亲信都督尉兴庆说："大王快逃，我腰间还有一百支箭，是可以射杀一百人。"高欢说："事成之后，我一定任你为怀州刺史；你若死了，就任你的儿子。"兴庆说："儿子还小，就用我的哥哥吧！"高欢答应了。兴庆阻击追兵，一直到箭射完了战死。

东魏军士有逃奔魏者，告以欢所在，泰募勇敢三千人，皆执短兵，配大都督贺拔胜以攻之。胜识欢于行间，执槊与十三骑逐之，驰数里，槊刃垂及，因字之曰：“贺六浑，贺拔破胡必杀汝！”欢气殆绝，河州刺史刘洪徽从傍射胜，中其二骑，武卫将军段韶射胜马，毙之，比副马至，欢已逸去。胜叹曰：“今日不执弓矢，天也！”魏南郢州刺史耿令贵，大呼，独入敌中，锋刃乱下，人皆谓已死，俄奋刀而还。如是数四，当令贵前者死伤相继，乃谓左右曰：“吾岂乐杀人！壮士除贼，不得不尔。若不能杀贼，又不为贼所伤，何异逐坐人也！”左军赵贵等五将战不利，东魏兵复振，泰与战，又不利。会日暮，魏兵遂遁，东魏兵追之；独孤信、于谨收散卒自后击之，追兵惊扰，魏诸军由是得全。若于惠夜引去，东魏兵追之；惠徐下马，顾命厨人营食，食毕，谓左右曰：“长安死，此中死，有以异乎？”乃建旗鸣角，收散卒徐还，追骑疑有伏兵，不敢逼。泰遂入关，屯渭上。

欢进至陕，泰遣开府仪同三司达奚武等拒之。行台郎中封子绘言于欢曰：“混壹东西，正在今日。昔魏太祖平汉中，不乘胜取巴、蜀，失在迟疑，后悔无及。愿大王不以为疑。”欢深然之，集诸将议进止，咸以为“野无青草，人马疲瘦，不可远追”。陈元康曰：“两雄交争，岁月已久。今幸而大捷，天授我也，时不可失，当乘胜追之。”欢曰：“若遇伏兵，孤何以济？”元康曰：“王前沙苑失利，彼尚无伏；今奔败若此，何能远谋！若舍而不追，必成后患。”欢不从，使刘丰生将数千骑追泰，遂东归。

泰召王思政于玉壁，将使镇虎牢，未至而泰败，乃使守恒农。思政入城，令开门解衣而卧，慰勉将士，示不足畏。后数日，刘丰生至城下，惮之，不敢进，引军还。思政乃修城郭，起楼橹，营农田，积刍粟，由是恒农始有守御之备。

丞相泰求自贬，魏主不许。是役也，魏诸将皆无功，唯耿令贵与太

东魏军士有投降西魏的人，说出了高欢所在的地方，宇文泰招募勇士三千人，让他们手执短兵器，由大都督贺拔胜率领去攻击高欢。贺拔胜在敌军队伍中认出了高欢，手执长矛带领十三个骑兵追杀高欢，奔驰了数里，长矛的刀尖眼看就要刺上高欢了，这时贺拔胜叫着高欢的名字说："贺六浑，我贺拔破胡今天一定要杀死你！"高欢惊吓得差点儿背过气去，河州刺史刘洪徽从旁用箭射贺拔胜，射中了两个随从骑兵，武卫将军段韶射死了贺拔胜的坐骑，等到备用马牵来，高欢已逃远了。贺拔胜叹息说："今天没有带弓箭，这是天意啊！"西魏南郢州刺史耿令贵，单人独骑大喊着冲入敌阵，遭到刀刃乱砍，大家都认为他已经死了，不一会儿他又挥刀杀了出来，然后又杀入敌群，如此反复多次，凡是迎击他的敌人死伤一个接一个。耿令贵对身边的人说："我难道是乐意杀人吗？壮士杀敌，不得不这样。如果不能陷阵杀敌，又怕被敌人杀伤，这和坐而论道的文人有什么两样！"西魏左翼军赵贵等五位将领在战斗中失利，东魏士兵气再次振作，宇文泰率中军交战，也遭到失利。恰好太阳落山，西魏兵撤退，东魏兵追击，独孤信、于谨收拢一些逃散的士兵从追兵后面发起攻击，东魏追兵惊慌而停止了追击，西魏军才得以保全。若于惠连夜撤退，东魏兵追击。若于惠不慌不忙跳下了马，回头命令伙伕埋锅做饭，吃完饭，他对身边的人说："在长安死和在这里死难道有什么不同吗？"于是树起战旗，吹响号角，收聚逃散的士兵，有秩序地撤退，东魏追击的骑兵，害怕有埋伏，不敢逼近。宇文泰于是退回关中，屯驻渭河边上。

高欢进兵到达陕州，宇文泰派开府仪同三司达奚武等阻击高欢。行台郎中封子绘对高欢说："统一东、西魏，就在当今。从前魏太祖曹操平定汉中，没有乘胜进取巴蜀，失策就在犹豫不决，后悔就来不及了。希望大王不要迟疑。"高欢非常赞同，召集众将领商议是进军还是退兵，大家都认为"野无青草，人马疲瘦，不可远追"。陆元康说："两雄斗争，已经很久了，现今有幸大捷，上天给了我们机会，切莫错过时机，应当乘胜追击。"高欢说："如果遇上埋伏，我们有什么办法救助。"陆元康说："大王先前在沙苑战败，对方尚且没有埋伏，现在大败溃退，如此狼狈，哪能想得那么深远！如果丢掉机会不去追击，一定成为后患。"高欢没有听从，派刘丰生率领几千骑兵追击宇文泰，大军向东返回。

宇文泰从玉壁召回王思政，打算让他镇守虎牢，王思政还没上任，宇文泰战败，就让王思政守卫恒农。王思政进入恒农城，下令打开城门，自己脱衣就寝，鼓励将士示意不怕东魏追击。过了几天，东魏刘丰生来到城下，畏惧王思政，不敢进城，率军退走。王思政于是整修城郭，建起瞭望高台，开垦农田，积蓄刍草粮食，从此恒农才有了防卫设施。

丞相宇文泰请求降职处分，西魏文帝没有允准。这次战役，西魏诸将都没有立

子武卫率王胡仁、都督王文达力战功多。泰欲以雍、岐、北雍三州授之，以州有优劣，使探筹取之，仍赐胡仁名勇，令贵名豪，文达名杰，用彰其功。于是广募关、陇豪右以增军旅。

高仲密之将叛也，阴遣人扇动冀州豪杰，使为内应，东魏遣高隆之驰驿慰抚，由是得安。高澄密书与隆之曰："仲密枝党与之俱西者，宜悉收其家属，以惩将来。"隆之以为恩旨既行，理无追改，若复收治，示民不信，脱致惊扰，所亏不细，乃启丞相欢而罢之。

以太子詹事谢举为尚书仆射。

夏，四月，林邑王攻李贲，贲将范脩破林邑于九德。

清水氐酋李鼠仁乘魏之败，据险作乱；陇右大都督独孤信屡遣军击之，不克。丞相泰遣典签天水赵昶往谕之，诸酋长聚议，或从或否；其不从者欲加刃于昶，昶神色自若，辞气逾厉，鼠仁感悟，遂相帅降。氐酋梁道显叛，泰复遣昶谕降之，徙其豪帅四千余人并部落于华州。泰即以昶为都督，使领之。

泰使谍潜入虎牢，令守将魏光固守，侯景获之，改其书云："宜速去。"纵谍入城，光宵遁。景获高仲密妻子送邺，北豫、洛二州复入于东魏。五月，壬辰，东魏以克复虎牢，降死罪已下囚，唯不赦高仲密家。丞相欢以高乾有义勋，高昂死王事，季式先自告，皆为之请，免其从坐。仲密妻李氏当死，高澄盛服见之，曰："今日何如？"李氏默然，遂纳之。乙未，以侯景为司空。

秋，七月，魏大赦。以王盟为太傅，广平王赞为司空。

八月，乙丑，东魏以汾州刺史斛律金为大司马。

东魏遣兼散骑常侍李浑等来聘。

冬，十一月，甲午，东魏主狩于西山；乙巳，还宫。高澄启解侍中，东魏主以其弟并州刺史太原公洋代之。

功，只有耿令贵与太子武卫率王胡仁、都督王文达奋勇作战，功绩昭著。宇文泰想把雍、岐、北雍三个州分别授给他们三人。三个州有肥有瘦，宇文泰就让三个人用摸筹码的办法来决定，并给三人取了新名字，王胡仁叫王勇，耿令贵叫耿豪，王文达叫王杰，以此表彰他们的功劳。随后，西魏在关陇地区广泛招募豪强大族的子弟扩充军队。

东魏高仲密当初计划叛逃的时候，暗中派人煽动冀州的豪杰，让他们做内应。东魏派高隆之乘驿站快马赶到冀州安抚，因此冀州平安无事。高澄写了一封密信给高隆之说："高仲密的党徒中，凡是追随高仲密叛逃者的家属，应予全部逮捕，用以警示将来。"高隆之认为朝廷既然下达了不追究叛逃亲属的恩惠旨意，如果又将他们抓起来惩治，那就等于向百姓昭示朝廷没有信誉，导致人心惶惶，那损失就大了，于是向高欢报告，征得同意后，搁置了高澄的意见没有执行。

梁朝任命太子詹事谢举为尚书仆射。

夏季，四月，梁朝林邑王进攻李贲，李贲部将范脩在九德打败了林邑王。

清水县氐族酋长李鼠仁趁西魏大败的机会，占据险要发动叛乱；西魏陇右大都督独孤信多次派兵进讨，都没取胜。丞相宇文泰派典签天水人赵昶前往劝降，氐族众酋聚集商议，有的赞成，有的反对，反对的人想举刀杀死赵昶，赵昶神态脸色很自然，言辞更加严厉，李鼠仁深受感动而醒悟，于是和众酋长率领部众投降。氐族酋长梁道显反叛，宇文泰又派赵昶晓谕劝降，迁移氐族豪帅四千多人及其部落安置在华州。宇文泰任用赵昶为都督，管理这些氐族部落。

宇文泰派间谍潜入虎牢城，命令守将魏光坚守，被围城的东魏将领侯景抓获，把书信中"坚守"改为"应赶快撤退"，然后放间谍入城，魏光看到信后连夜逃走。侯景抓获了高仲密的妻子儿女，送到邺城，北豫州、洛州两州重新回到东魏。五月初三日壬辰，东魏因为收复了虎牢，下令死罪以下囚犯予以减刑，唯独不赦免高仲密家属。丞相高欢认为当年高乾在信都追随自己起事，高昂在河阳为国捐躯，高季式自首，事先告发高仲密叛逃，于是替这些人说情，请求不要株连他们。高仲密的妻子李氏应处死刑，高澄穿着华丽的服装去见李氏，说："今天怎么样？"李氏不吭声，高澄于是将她纳为妾。五月初六日乙未，东魏任命侯景为司空。

秋季，七月，西魏大赦天下。任命王盟为太傅，任命广平王元赞为司空。

八月初八日乙丑，东魏任命汾州刺史斛律金为大司马。

东魏派兼散骑常侍李浑等出使梁朝。

冬季，十一月初八日甲午，东魏孝静帝在西山狩猎；十一月十九日乙巳，回到宫殿。高澄上奏请求免去自己侍中的职务，东魏孝静帝任命高澄的弟弟并州刺史太原公高洋代替高澄。

丞相欢筑长城于肆州北山，西自马陵，东至土嶝，四十日罢。

魏诸牧守共谒丞相泰，泰命河北太守裴侠别立，谓诸牧守曰："裴侠清慎奉公，为天下最，有如侠者，可与俱立！"众默然，无敢应者。泰乃厚赐侠，朝野叹服，号为"独立君"。

（以上为第六段，写公元543年，因东魏高仲密叛降西魏引发东、西魏邙山大战，两军全力交战，高欢与宇文泰各自九死一生，东魏大胜而无力追击，东、西魏仍然势均力敌。）

十年（甲子，544年）

春，正月，李贲自称越帝，置百官，改元大德。

三月，癸巳，东魏丞相欢巡行冀、定二州，校河北户口损益，因朝于邺。

甲午，上幸兰陵，谒建宁陵，使太子入守京城；辛丑，谒修陵。

丙午，东魏以开府仪同三司孙腾为太保。

己酉，上幸京口城北固楼，更名北顾；庚戌，幸回宾亭，宴乡里故老及所经近县迎候者，少长数千人，各赉钱二千。

壬子，东魏以高澄为大将军、领中书监，元弼为录尚书事，左仆射司马子如为尚书令，侍中高洋为左仆射。

丞相欢多在晋阳，孙腾、司马子如、高岳、高隆之，皆欢之亲党也，委以朝政，邺中谓之四贵，其权势熏灼中外，率多专恣骄贪。欢欲损夺其权，故以澄为大将军、领中书监，移门下机事总归中书，文武赏罚皆禀于澄。

孙腾见澄，不肯尽敬，澄叱左右牵下于床，筑以刀环，立之门外。太原公洋于澄前拜高隆之，呼为叔父；澄怒，骂之。欢谓群公曰："儿子浸长，公宜避之。"于是公卿以下，见澄无不耸惧。库狄干，澄姑之婿也，自定州来谒，立于门外，三日乃得见。

澄欲置腹心于东魏主左右，擢中兵参军崔季舒为中书侍郎。澄每进书于帝，有所谏请，或文辞繁杂，季舒辄修饰通之。帝报澄父子之语，常与季舒论之，曰："崔中书，我乳母也。"季舒，挺之从子也。

丞相高欢在肆州北山上筑长城，西起马陵，东到土墱，前后四十天完工。

西魏各州郡长官一起谒见丞相宇文泰，宇文泰让河北太守裴侠单独站一边，对其他各州郡长官说：“裴侠为官清廉审慎，为天下第一，你们当中有像裴侠一样德行的人，就可以和他站在一起！”众人鸦雀无声，没有人敢回答。宇文泰于是重赏裴侠，朝内朝外的人都叹服，称裴侠为“独立君”。

梁武帝大同十年（甲子，544 年）

春季，正月，李贲自称越帝，建置百官，改年号为大德。

三月初九日癸巳，东魏丞相高欢巡察冀州、定州两州，检查河北户口增减情况，接着到邺城朝见东魏孝静帝。

三月初十日甲午，梁武帝巡幸兰陵，拜谒建宁陵，派太子进入京城镇守。三月十七日辛丑，梁武帝拜谒修陵。

三月二十二日丙午，东魏任命开府仪同三司孙腾为太保。

三月二十五日己酉，梁武帝巡幸京口城的北固楼，改名北顾楼。三月二十六日庚戌，梁武帝巡幸回宾亭，设宴招待家乡父老，以及巡幸所经过的附近县前来迎驾的人，男女长少数千人，每人赏铜钱两千。

三月二十八日壬子，东魏任命高澄为大将军、领中书监，任命元弼为录尚书事，任命左仆射司马子如为尚书令，任命侍中高洋为左仆射。

丞相高欢大多数的时间住在晋阳，孙腾、司马子如、高岳、高隆之，都是高欢的党羽，高欢委派四人执掌朝廷重任，邺城人称他们为“四贵”，他们的权势在朝廷内外炙手可热，专横跋扈，骄恣贪婪，高欢有意削减他们的权力，因此任命高澄为大将军、领中书监，将门下省的机要事务总归中书省，文武百官的赏罚都要向高澄报告。

孙腾见高澄，不肯尽礼，高澄喝令手下人把孙腾拉下坐床，用刀背击打他，让他站立在门外。太原公高洋在高澄面前拜见高隆之，称他为叔父，高澄大怒，痛骂高洋。高欢对朝中公卿说：“我这个儿子渐渐长大了，你们要回避，不要与他产生冲突。”于是公卿百官见了高澄，无不战栗恐惧。库狄干，是高澄姑姑的女婿，从定州来谒见高澄，在门外站了三天，才得到召见。

高澄想在孝静帝身边安插亲信，升任中兵参军崔季舒为中书侍郎。高澄每次上书给孝静帝，有所劝谏和请求，有时文辞繁琐杂乱，崔季舒总要加以润色以后才通报上呈。孝静帝给高欢、高澄父子的书信，总要事先与崔季舒讨论，孝静帝说：“崔

夏，四月，乙卯，上还自兰陵。

五月，甲申朔，魏丞相泰朝于长安。

甲午，东魏遣散骑常侍魏季景来聘。季景，收之族叔也。

尚书令何敬容妾弟盗官米，以书属领军河东王誉。丁酉，敬容坐免官。

东魏广阳王湛卒。

魏琅琊贞献公贺拔胜诸子在东者，丞相欢尽杀之，胜愤恨发疾而卒。丞相泰常谓人曰：“诸将对敌神色皆动，唯贺拔公临陈如平时，真大勇也！”

秋，七月，魏更权衡度量，命尚书苏绰损益三十六条之制，总为五卷，颁行之。搜简贤才为牧守令长，皆依新制而遣焉。数年之间，百姓便之。

魏自正光以后，政刑弛纵，在位多贪污。丞相欢启以司州中从事宋游道为御史中尉，澄固请以吏部郎崔暹为之，以游道为尚书左丞。澄谓暹、游道曰：“卿一人处南台，一人处北省，当使天下肃然。”暹选毕义云等为御史，时称得人。义云，众敬之曾孙也。

澄欲假暹威势，诸公在坐，令暹后至，通名，高视徐步，两人挈裾而入；澄分庭对揖，暹不让而坐，觞再行，即辞去。澄留之食，暹曰：“适受敕在台检校。”遂不待食而去，澄降阶送之。他日，澄与诸公出，之东山，遇暹于道，前驱为赤棒所击，澄回马避之。

尚书令司马子如以丞相欢故人，当重任，意气自高，与太师咸阳王坦黩货无厌；暹前后弹子如、坦及并州刺史可朱浑道元等罪状，无不极笔。宋游道亦劾子如、坦及太保孙腾、司徒高隆之、司空侯景、尚书元羡等。澄收子如系狱，一宿，发尽白，辞曰：“司马子如从夏州策杖投相王，王给露车一乘，犄牸牛犊，犊在道死，唯犄角存，此外皆取之于人。”丞相欢以书敕澄曰：“司马令，吾之故旧，汝宜宽之。”澄驻马行街，出子如，脱其锁；子如惧曰：“非作事邪？”八月，癸酉，削子如官爵。九月，甲申，以济阴王晖业为太尉；太师咸阳王坦以王还第，元羡等皆免官，其余死黜者甚众。久之，欢见子如，哀其憔悴，以膝承其首，亲

中书就像是我的乳母。”崔季舒，是崔挺的侄儿。

夏季，四月初一日乙卯，梁武帝从兰陵回宫。

五月初一日甲申朔，西魏丞相宇文泰到长安朝见魏文帝。

五月十一日甲午，东魏派散骑常侍魏季景出使梁朝。魏季景，是魏收的堂叔。

梁朝尚书令何敬容小妾的弟弟盗窃公家大米，何敬容写信给领军河东王萧誉说情。五月十四日丁酉，何敬容受牵连被免职。

东魏广阳王元湛去世。

西魏琅琊贞献公贺拔胜留在东魏的几个儿子，被丞相高欢全部杀死，贺拔胜愤恨成疾而去世。丞相宇文泰经常对人说：“众将对敌交战时，神色都有变化，只有贺拔胜临阵对敌和平时一样。真是英勇无比。”

秋季，七月，西魏更改度量衡制度，命令尚书苏绰增减原来的制度，制定成三十六条，总括为五卷，在全国颁布施行。挑选贤能的人为州郡县的长官，都按新制度派遣，几年以后，老百姓都觉得方便。

北魏从正光年间以来，行政法规弛废，在位的人大多贪污。东魏丞相高欢上奏推荐司州中从事宋游道为御史中尉，高澄坚持任用吏部郎崔暹为御史中尉，任用宋游道为尚书左丞。高澄对崔暹、宋游道说：“你们一人在南台御史府，一人在北台尚书省，定要使全天下整肃。”崔暹挑选毕云义等为御史，当时舆论称赞崔暹用人得当。毕云义，是毕众敬的曾孙。

高澄想提高崔暹的权威，就利用朝廷显贵聚会宴饮的机会，让崔暹后到，崔暹通报姓名后，昂头慢步前行，这时高澄迎上去，两人携手进入厅堂，两人就座时对拜行礼，崔暹毫不客气地先行入座。当饮酒才两轮以后，崔暹就起身告辞要离去。高澄挽留吃饭，崔暹说：“刚刚收到皇上敕令，让我回御史台办公。”于是不等开饭就走了，高澄亲自送他走下厅堂台阶。又有一天，高澄与公卿外出到东山，在路上遇见了崔暹，高澄一行的前卫遭到崔暹开路卫士的红棒击打，高澄就回转马头让路。

尚书令司马子如是高欢的老朋友，又身居要职，傲慢自大，与太师咸阳王元坦两人贪污钱财，没有满足的时候；崔暹前后多次弹劾司马子如、元坦，以及太保孙腾、司徒高隆之、司空侯景、尚书元羡等。高澄抓捕司马子如，打入监狱，过了一夜，司马子如的头发全白了，终于招供说：“我司马子如从在夏州举杖跋涉追随大王，大王赏给我一辆没有篷盖的牛车，卷角的母牛犊一头，牛犊在路上死了，只把弯牛角留了下来，此外，一切财物都是从别人那里取来的。”丞相高欢写亲笔信给高澄说：“尚书令司马子如，是我的老朋友，你应当对他从宽处置。”高澄用囚车把司马子如拉到街上，停下马来，当街释放，给他打开了枷锁。司马子如惶恐地说：“不是要杀我吗？”八月二十一日癸酉，削夺了司马子如的官爵。九月初三日甲申，任

为择虱，赐酒百瓶，羊五百口，米五百石。

高澄对诸贵极言褒美崔暹，且戒属之。丞相欢书与邺下诸贵曰："崔暹居宪台，咸阳王、司马令皆吾布衣之旧，尊贵亲昵，无过二人，同时获罪，吾不能救，诸君其慎之！"

宋游道奏驳尚书违失数百条，省中豪吏王儒之徒并鞭斥之，令、仆已下皆侧目。高隆之诬游道有不臣之言，罪当死。给事黄门侍郎杨愔曰："畜狗求吠；今以数吠杀之，恐将来无复吠狗。"游道竟坐除名。澄谓游道曰："卿早从我向并州，不尔，彼经略杀卿。"游道从澄至晋阳，以为大行台吏部。

己丑，大赦。

东魏以丧乱之后，户口失实，徭赋不均，冬，十月，丁巳，以太保孙腾、大司徒高隆之为括户大使，分行诸州，得无籍之户六十余万，侨居者皆勒还本属。十一月，甲申，以高隆之录尚书事，以前大司马娄昭为司徒。

庚子，东魏主祀圜丘。

东魏丞相欢袭击山胡，破之，俘万余户，分配诸州。

是岁，东魏以散骑常侍魏收兼中书侍郎，修国史。自梁、魏通好，魏书每云："想彼境内宁静，此率土安和。"上复书，去"彼"字而已。收始定书云："想境内清晏，今万里安和。"上亦效之。

（以上为第七段，写东魏整顿吏治，检括户口，加重高澄权威。）

命济阴王元晖业为太尉，太师咸阳王以王爵回到府第养老，元美等全都免官，其他被罢官和杀头的人很多。过了很久，高欢见到司马子如，可怜他形容憔悴，用自己的大腿枕住司马子如的头，亲自给他抓虱子，赏赐酒百瓶、羊五百头、米五百石。

高澄对朝中公卿显贵极力称赞崔暹，并且告诫他们要接受崔暹的监督。高欢写信给京都邺城的公卿显贵们说："崔暹任职御史台，咸阳王、司马子如两人都是我的患难之友，要说尊贵以及和我的亲密关系没人可比，他们两人同时犯了罪，我救不了他俩，各位要谨慎啊。"

宋游道上奏列举尚书省法令规章有几百条失误，尚书省中高官王儒等人遭到鞭打斥责，尚书令、尚书仆射以下官员对宋游道侧目而视。高隆之诬告宋游道说了大逆不道的话，论罪应当处死。给事黄门侍郎杨愔说："养狗就是要它吠叫，现今叫了几声就要杀狗，恐怕将来再没有吠叫的狗了。"宋游道最终还是被罢了官。高澄对宋游道说："你赶快和我一起到并州，不然，他们算计早晚要杀死你。"宋游道跟随高澄到了晋阳，任命他为大行台吏部。

九月初八日己丑，梁武帝大赦天下。

东魏考虑大乱之后，户口统计不确实，徭役赋税不均衡。冬季，十月初六日丁巳，任命太保孙腾、大司徒高隆之为括户大使，分别到各州去检查，查出无户籍的户口六十余万，侨居他乡的户口勒令回到原籍。十一月初四日甲申，任命高隆之录尚书事，任命前大司马娄昭为司徒。

十一月二十日庚子，东魏孝静帝到圜丘祭祀。

东魏丞相高欢袭击山胡部落，大胜，俘虏山胡一万多户，分配到各州充实户口。

这一年，东魏任命散骑常侍魏收兼中书侍郎，修撰国史。自从梁朝与东魏讲和通使以后，魏国的国书总是说："想彼境内宁静，此率土安和。"梁武帝回书只去掉一个"彼"字而已，内容相同。魏收这才开始定下国书的用语说："想境内清晏，今万里安和。"梁武帝回信也照样写。

【点评】

七年大争斗，东、西魏仍然势均力敌。七年间，东、西魏发生两次最大规模的决战。大同四年争夺洛阳之战，大同九年邙山之战，东、西魏都是扫境征兵，倾巢出动，全力争斗，结果双方损失惨重，势均力敌，进一步确立了东、西魏与梁并存的鼎立之局。

梁纪十五

梁武帝大同十一年至中大同元年（545—546年）

【起旃蒙赤奋若（乙丑，545年），尽柔兆摄提格（丙寅，546年），凡二年】

【大事提要】

本卷记事起公元545年，至公元546年，凡两年，时当梁朝梁武帝大同十一年至中大同元年，西魏文帝大统十一年至十二年，东魏孝静帝武定三年至四年。东魏高欢委曲求全与柔然和亲，发动了他生前最后一次讨伐西魏的玉壁大战，兵败成疾，走到了他政治生涯的终点。梁武帝昏庸治国，拒谏饰非，刑法弛废，边境不宁，物价飞涨，民不聊生，国势衰微。

【原文】

高祖武皇帝十五

大同十一年（乙丑，545 年）

春，正月，丙申，东魏遣兼散骑常侍李奖来聘。

东魏仪同尔朱文畅与丞相司马任胄、都督郑仲礼等，谋因正月望夜观打簇戏作乱，杀丞相欢，奉文畅为主；事泄，皆死。文畅，荣之子也；其姊，敬宗之后，及仲礼姊大车，皆为欢妾，有宠，故其兄弟皆不坐。

欢上书言："并州，军器所聚，动须女功，请置宫以处配没之口；又纳吐谷浑之女以招怀之。"丁未，置晋阳宫。二月，庚申，东魏主纳吐谷浑可汗从妹为容华。

魏丞相泰遣酒泉胡安诺槃陀始通使于突厥。突厥本西方小国，姓阿史那氏，世居金山之阳，为柔然铁工。至其酋长土门，始强大，颇侵魏西边。安诺槃陀至，其国人皆喜曰："大国使者至，吾国其将兴矣。"

三月，乙未，东魏丞相欢入朝于邺，百官迎于紫陌。欢握崔暹手而劳之曰："往日朝廷岂无法官，莫肯举劾。中尉尽心徇国，不避豪强，遂使远迩肃清。冲锋陷阵，大有其人；当官正色，今始见之。富贵乃中尉自取，高欢父子无以相报。"赐暹良马。暹拜，马惊走，欢亲拥之，授以辔。东魏主宴于华林园，使欢择朝廷公直者劝之酒；欢降阶跪曰："唯暹一人可劝，并请以臣所射赐物千段赐之。"高澄退，谓暹曰："我尚畏羡，何况余人！"

然暹中怀颇挟巧诈。初，魏高阳王斌有庶妹玉仪，不为其家所齿，为孙腾妓，腾又弃之；高澄遇诸涂，悦而纳之，遂有殊宠，封琅邪公主。澄谓崔季舒曰："崔暹必造直谏，我亦有以待之。"及暹谘事，澄不复假以颜色。居三日，暹怀刺坠之于前，澄问："何用此为？"暹悚然曰："未得通公主。"澄大悦，把暹臂，入见之。季舒语人曰："崔暹常忿吾佞，在大将军前，每言叔父可杀；及其自作，乃过于吾。"

【语译】

高祖武皇帝十五

梁武帝大同十一年（乙丑，545 年）

春季，正月十七日丙申，东魏派遣兼散骑常侍李奖出使梁朝。

东魏仪同尔朱文畅与丞相司马任胄、都督郑仲礼等，谋划趁正月十五日夜晚观看打簇戏的机会叛乱，杀丞相高欢，推举尔朱文畅为主上，事情败露，全被处死。尔朱文畅，是尔朱荣的儿子。尔朱文畅的姐姐，曾是敬宗皇后，现在与郑仲礼的姐姐郑大车两人都是高欢的小妾，受到宠爱，所以她们的兄弟没有受到株连。

高欢上奏孝静帝说："并州是储备军需武器的地方，经常需要女工劳作，请求建造一座宫殿，用来安置那些被发配和没入官府的女奴；同时皇上应娶吐谷浑的女子入宫，以便招降吐谷浑。"正月二十八日丁未，建置晋阳宫。二月十一日庚申，东魏孝静帝娶吐谷浑可汗堂妹为容华。

西魏丞相宇文泰派遣酒泉胡人安诺槃陀第一次出使突厥。突厥原本是西方的一个小国，姓阿史那氏，世世代代居住在金山南麓，为柔然充当打铁工。到了土门当首长时，开始强大，时常侵扰西魏边境。安诺槃陀到达突厥，突厥人非常高兴地说："大国使臣到来，我们国家将要强大起来。"

三月十六日乙未，东魏丞相高欢到邺城朝见孝静帝，公卿百官到城郊紫陌迎接。高欢握着崔暹的手慰劳他说："从前朝廷里不是没有执法官，而是没人出头举报弹劾。中尉今日尽忠报国，不回避豪强，这才使四方远近吏治严肃清正。在战场上冲锋陷阵有很多的人；当官刚正不阿的人，今天才从中尉身上看到。你的荣华富贵是自己奋斗取得的，我高欢父子没有什么可报答你的。"高欢赏给崔暹一匹好马。崔暹向高欢拜谢，那匹马受惊逃跑，高欢亲自拦住惊马，把缰绳交给崔暹。东魏孝静帝在华林园设宴款待百官，让高欢选择朝廷中公正廉直的官员劝酒，高欢走下台阶跪拜孝静帝说："只有崔暹一人可以劝酒，请皇上把臣在宴会上射箭得来的一千段绸绢转赐给崔暹。"宴会结束后，高澄对崔暹说："连我都有些敬畏和羡慕你的荣誉，何况其他的人呢！"

然而崔暹内心却很奸诈。当初，北魏高阳王元斌有一个庶出的妹妹元玉仪，在家里受到歧视，给孙腾做了歌伎，孙腾又抛弃了她。一天高澄在路上遇见了她，十分喜爱就娶了她，并受到特殊的宠爱，封为琅邪公主。高澄对崔季舒说："崔暹一定会为这件事来劝阻我，我也想好了对付他的办法。"等到崔暹向他请示政事，高澄不再和颜悦色地说话。过了三天，崔暹来见高澄，故意从怀中掉下名帖，高澄问："带上这个干什么？"崔暹胆怯地说："我还没见过公主。"高澄非常高兴，挽着崔暹

夏，五月，甲辰，东魏大赦。

魏王盟卒。

晋氏以来，文章竞为浮华，魏丞相泰欲革其弊。六月，丁巳，魏主飨太庙。泰命大行台度支尚书、领著作苏绰作《大诰》，宣示群臣，戒以政事；仍命“自今文章皆依此体”。

上遣交州刺史杨瞟讨李贲，以陈霸先为司马；命定州刺史萧勃会瞟于西江。勃知军士惮远役，因诡说留瞟。瞟集诸将问计，霸先曰：“交趾叛换，罪由宗室，遂使溷乱数州，逋诛累岁。定州欲偷安目前，不顾大计；节下奉辞伐罪，当死生以之，岂可逗桡不进，长寇沮众也！”遂勒兵先发。瞟以霸先为前锋。至交州，贲帅众三万拒之，败于朱鸢，又败于苏历江口，贲奔嘉宁城，诸军围之。勃，昺之子也。

魏与柔然头兵可汗谋连兵伐东魏，丞相欢患之，遣行台郎中杜弼使于柔然，为世子澄求婚。头兵曰：“高王自娶则可。”欢犹豫未决。娄妃曰：“国家大计，愿勿疑也。”世子澄、尉景亦劝之。欢乃遣镇南将军慕容俨往聘之，号曰蠕蠕公主。秋，八月，欢亲迎于下馆。公主至，娄妃避正室以处之；欢跪而拜谢，妃曰：“彼将觉之，愿绝勿顾。”头兵使其弟秃突佳来送女，且报聘，仍戒曰：“待见外孙乃归。”公主性严毅，终身不肯华言。欢尝病，不得往，秃突佳怨恚，欢舆疾就之。

冬，十月，乙未，诏有罪者复听入赎。

东魏遣中书舍人尉瑾来聘。

乙未，东魏丞相欢请释邙山俘囚桎梏，配以民间寡妇。

十二月，东魏以侯景为司徒，中书令韩轨为司空；戊子，以孙腾录尚书事。

的手，进入内室拜见琅邪公主。崔季舒对人说：“崔暹时常愤恨我是个阿谀的小人，在大将军面前，每每说我这个叔父该杀；而现在他的所作所为，比我有过之而无不及。”

夏季，五月二十六日甲辰，东魏大赦天下。

西魏王盟去世。

自从晋朝以来，人们写文章竞相追求浮华，西魏丞相宇文泰想革除这个弊端，六月初十丁巳，西魏文帝祭祀太庙。宇文泰命大行台度支尚书、领著作郎苏绰撰写一篇《大诰》，公示百官公卿传阅，劝诫大臣们尽心国事，并且下令“从今以后文章都要按照这种体裁撰写”。

梁武帝派遣交州刺史杨瞟征讨李贲，任命陈霸先为司马；命定州刺史萧勃领兵在西江与杨瞟会合。萧勃知道士兵们害怕出远门作战，就诡诈地劝说杨瞟按兵不动。杨瞟召集诸将讨论办法，陈霸先说：“交趾叛乱涣散，根源是萧谘等宗室王侯苛酷造成的，导致几个州叛乱，讨伐好几年了，刺史萧勃想偷安于现状，不顾全大局，将军奉命征讨叛逆，应当不顾生死，怎么可以拖延战机而不前进呢！这是长敌人威风，灭了自家士气啊。”于是杨瞟整兵不等萧勃就提前进兵。杨瞟派陈霸先为先锋。到了交州，李贲率众三万抵抗，在朱鸢吃了败仗，又在苏历江口战败。李贲逃到嘉宁城，各路军队齐集将他团团围住。萧勃，是萧昺的儿子。

西魏与柔然头兵可汗密谋联合讨伐东魏，丞相高欢十分忧虑，就派遣行台郎中杜弼出使柔然，替世子高澄求婚。头兵可汗说：“高王本人娶亲才可以。”高欢犹豫不决。娄妃劝说：“为了国家大局，希望您不要迟疑。”世子高澄、尉景也劝说高欢。高欢于是派遣镇南将军慕容俨出使柔然，迎娶头兵可汗的女儿，称为蠕蠕公主。秋季，八月，高欢亲到下馆迎接公主。公主到来后，娄妃让出正室安置公主；高欢向娄妃下跪拜谢，娄妃说：“公主会觉察到我们的关系，希望你和我断绝关系，不要顾及我。”头兵可汗派他的弟弟秃突佳护送女儿，并且作为回聘使者，还告诫秃突佳说：“要等到外孙出生后才返回。”蠕蠕公主性格严肃刚毅，终身不肯说汉语。高欢曾有一次生病，不能到公主那里去，秃突佳就气愤怨恨，高欢抱病登车前往公主住处。

冬季，十月，乙未，梁武帝下诏，恢复罪人用钱赎罪的制度。

东魏派遣中书舍人尉瑾出使梁朝。

闰十月二十日乙未，东魏丞相高欢上奏请求释放邙山战役的俘虏，把民间寡妇许配给他们。

十二月，东魏任命侯景为司徒，任命中书令韩轨为司空；十二月十四日戊子，任命孙腾录尚书事。

魏筑圜丘于城南。

（以上为第一段，写东魏高欢委曲求全与柔然和亲以备西魏。）

散骑常侍贺琛启陈四事：其一，以为“今北边稽服，正是生聚教训之时，而天下户口减落，关外弥甚。郡不堪州之控总，县不堪郡之裒削，更相呼扰，惟事征敛，民不堪命，各务流移，此岂非牧守之过欤！东境户口空虚，皆由使命繁数，穷幽极远，无不皆至，每有一使，所属搔扰；驽困守宰，则拱手听其渔猎，桀黠长吏，又因之重为贪残，纵有廉平，郡犹掣肘。如此，虽年降复业之诏，屡下蠲赋之恩，而民不得反其居也”。其二，以为“今天下所以贪残，良由风俗侈靡使之然也。今之燕喜，相竞夸豪，积果如丘陵，列肴同绮绣，露台之产，不周一燕之资，而宾主之间，裁取满腹，未及下堂，已同臭腐。又，畜妓之夫，无有等秩，为吏牧民者，致赀巨亿，罢归之日，不支数年，率皆尽于燕饮之物、歌谣之具。所费事等丘山，为欢止在俄顷，乃更追恨向所取之少；如复傅翼，增其搏噬，一何悖哉！其余淫侈，著之凡百，习以成俗，日见滋甚，欲使人守廉白，安可得邪！诚宜严为禁制，道以节俭，纠奏浮华，变其耳目。夫失节之嗟，亦民所自患，正耻不能及群，故勉强而为之；苟以纯素为先，足正彫流之弊矣”。其三，以为“陛下忧念四海，不惮勤劳，至于百司，莫不奏事。但斗筲之人，既得伏奏帷扆，便欲诡竞求进，不论国之大体，心存明恕；惟务吹毛求疵，擘肌分理，以深刻为能，以绳逐为务。迹虽似于奉公，事更成其威福，犯罪者多，巧避滋甚，长弊增奸，寔由于此。诚愿责其公平之效，黜其谗慝之心，则下安上谧，无徼幸之患矣”。其四，以为“今天下无事，而犹日不暇给，宜省事、息费，事省则民养，费息则财聚。应内省职掌各检所部：凡京师治、署、邸、肆及国容、戎备，四方屯、传、邸治，有所宜除，除之，有所宜减，减之；兴造有非急者，征求有可缓者，皆宜停省，以息费休民。故畜其财者，所以大用之也；养其民者，所以大役之也。若言小事不足害财，则终年不息矣；以小役不足妨民，则终年不止矣。如此，则难可以语富强而图远大矣”。

西魏在长安城南建筑祭天的圜丘。

梁朝散骑常侍贺琛上奏，陈述了四条建议。其一，认为“现今北方东魏已经降服，这正是让百姓生育后代，积蓄物资的好时候，可是全国的户口却减少了，边关之外户口减少得更多。郡不能忍受州的控制，县不能忍受郡的盘剥，州郡轮番下令，骚扰地方，只知搜刮百姓，平民百姓忍受不了这样的重压，纷纷流离失所，这难道不是地方长官的过错吗？国家东部地区户口空虚，都是由于征敛使者频繁派出的缘故，甚至深入到荒僻偏远之乡，没有到不了的地方，每派一个使者下到地方，所到之处一定受到骚扰；无能愚笨的地方长官，只会拱手听命，任由使者搜刮，而强横狡猾的地方长官，又趁机加重搜刮，贪婪残暴，即使有个把廉洁公正的官员，也会受到郡守的阻挠和牵制。由于这样，尽管皇上年年下诏恢复生产，三令五申减免赋税，而许多平民百姓仍然无法返回原籍居住”。其二，认为“现今全国地方守令长官之所以贪婪残暴，的确是由于奢侈糜烂的风气造成的。当今的喜庆之宴，人们互相攀比，果品堆积如山，摆在桌上的佳肴美味像绸缎一样华丽，修建一座露台的百两黄金，还不够一次宴请，而宾客和主人只不过是装满一肚子，还没走下饭桌，剩余的饭菜就如同腐臭的垃圾被抛弃掉。蓄养歌伎的人，没有等级的限制。管理平民百姓的官吏，聚敛亿万的财富，离任回家之后，也开支不了几年，大都花费在吃喝之中，耗尽在歌舞之间。破费的钱财可堆积成山，只求得一时短暂的快乐，甚至后恨当年搜刮得太少，如果再次做官，就更要加倍攫取民脂民膏，竟是这样的违背道义！其他荒淫奢侈现象，说也说不完。这些已积久成为风气，一天一天更加严重，想要使人保持廉正清白，怎能办得到呢！确实应当严厉禁止，提倡节俭，纠正浮华，改变社会风气。我对当前失去节制风气的叹息，也是平民百姓所深恶痛绝的；正因为不能免俗，耻于赶不上人家的排场，所以才勉强这样做；假如大力提倡淳朴节俭，就足以纠正这些奢靡的陋俗”。其三，认为“皇上忧国忧民，不辞劳苦，以至于百官各个部门，无不直接向皇上奏事。但那些见识短浅的小人，既然得以进入宫帷奏事，使用各种诡诈手段骗取皇上信任以求得升迁，他们不顾国家的大局，也不心存仁厚，明察宽大；却一味吹毛求疵，擘肌分理，以严酷苛刻为能事，以抓人把柄斥责为要务。表面上看是为国为公，实际上是作威作福，结果是犯罪的越来越多，徇私舞弊更加严重。弊端日益增长，奸诈不断增加，的确是由于这种原因。真诚希望朝廷能责成官员办事公正，考察实效，排除官员们奸诈邪恶的用心，那么就会上下安宁，没有侥幸取巧的祸患发生”。其四，认为“当今天下太平，本应宁静而皇上却整天没有闲暇，应当减少事务，减少开支，因为减少事务百姓得到休养，减少开支国家财

启奏，上大怒，召主书于前，口授敕书以责琛。大指以为：“朕有天下四十余年，公车谠言，日关听览，所陈之事，与卿不异，每苦倥偬，更增惽惑。卿不宜自同阘茸，止取名字，宣之行路，言‘我能上事，恨朝廷之不用’。何不分别显言：某刺史横暴，某太守贪残，尚书、兰台某人奸猾，使者渔猎，并何姓名？取与者谁？明言其事，得以诛黜，更择材良。又，士民饮食过差，若加严禁，密房曲屋，云何可知？傥家家搜检，恐益增苛扰。若指朝廷，我无此事。昔之牲牢，久不宰杀，朝中会同，菜蔬而已；若复减此，必有《蟋蟀》之讥。若以为功德事者，皆是园中之物，变一瓜为数十种，治一菜为数十味；以变故多，何损于事！我自非公宴，不食国家之食，多历年所；乃至宫人，亦不食国家之食。凡所营造，不关材官及以国匠，皆资雇借以成其事。勇怯不同，贪廉各用，亦非朝廷为之傅翼。卿以朝廷为悖，乃自甘之，当思致悖所以！卿云‘宜导之以节俭’，朕绝房室三十余年，至于居处不过一床之地，雕饰之物不入于宫；受生不饮酒，不好音声，所以朝中曲宴，未尝奏乐，此群贤之所见也。朕三更出治事，随事多少，事少午前得竟，事多日昃方食，日常一食，若昼若夜；昔要腹过于十围，今之瘦削才二尺余，旧带犹存，非为妄说。为谁为之？救物故也。卿又曰‘百司莫不奏事，诡竞求进’，今不使外人呈事，谁尸其任！专委之人，云何可得？古人云：‘专听生奸，独任成乱。’二世之委赵高，元后之付王莽，呼鹿为马，又可法欤？卿云‘吹毛求疵’，复是何人？‘擘肌分理’，复是何事？治、署、邸、肆等，何者宜除？何者宜减？何处兴造非急？何处征求可缓？各出其事，具以奏闻！富国强兵之术，息民省役之宜，并宜具列！若不具列，则是欺罔朝廷。倚闻重奏，当复省览，付之尚书，班下海内，庶惟新之美，复见今日。”琛但谢过而已，不敢复言。

政好转。朝廷开展一次各部门自己检察职权范围的事务：凡是京城的治、署、邸、肆，以及国容、军备，地方上的屯、传、邸治，应当裁撤的就裁撤，应当精减的就精减；兴造的工程凡是不急迫的，征求的赋税徭役凡是可以缓办的，都一律停下来，以便节省开支，休养民生。因为积蓄财富，是为了派上大用场；休养民生，是为了重要劳役。如果认为办点小事花不了多少钱，那么整年都不会节省；认为小劳役不足以妨碍老百姓生活，那么整年都不会停止。这样一来，那么就很难谈得上国家富强而图谋长远了”。

梁武帝看了贺琛的奏章，勃然大怒，把草拟诏书的主书令召到跟前，口授一道敕令斥责贺琛。大意是说："朕有天下在位四十余年，每天都耳闻目睹公车府呈上的臣民直言，他们陈奏的事情，与你说的没有两样，总是因为事务繁忙，增添朕的疑惑。你不应当把自己混同于像草芥般低下的小民，只图虚名，好向路人炫耀，说：'我很能干，上了奏章，只恨朝廷没有采纳。'为什么不分别具体说明：某刺史横行不法，某太守贪婪残暴，尚书、兰台某人奸诈刁滑，某个钦差使者鱼肉百姓，他们姓甚名谁，从谁的手中掠夺，又给予了谁，明白地说清楚事情，以便朝廷诛杀罢免，另选贤能的人才。再说，官吏百姓饮食豪华过度，如果要严加禁止，高墙深院，怎能得知？假如挨家挨户地去搜查，恐怕更增加对老百姓的骚扰。如果指的是朝廷，朕没有这样的事。从前国君膳食讲究六牲，已经很久没有宰杀了，朝廷赐宴百官，素食而已；如果还要节省，一定会被讥讽为《诗经·蟋蟀》中所讽刺的晋僖公那样的人。如果指的是供僧供佛的功德事宜，所用都是菜园中出产的东西，一种瓜做出几十样菜，一种菜做成几十种风味，只不过是变的花样多，没有铺张，有何妨害。朕除了出席公宴外，平常不吃国家的酒席，已有很多年了。至于后宫的人，也不吃用国家的钱粮。凡是营造塔寺，既没用公家的材料，也没用国家的工匠，都是花钱雇用人工完成的。文武百官，有的勇敢，有的怕死，有的廉洁，有的贪婪，并不是朝廷要他们这样的。你指责是朝廷的过错，不过是你一厢情愿的结论，你应当认真想想导致过错的原因。你说'应当提倡节俭'，朕断绝房室建造已有三十多年，至于居住不过一张床的地方，雕镂装饰之物不允许进入宫中；朕平生不好饮酒，不听音乐，因此宫中私宴，从没有演奏过音乐，这是许多贤士亲眼所见的。朕三更就早起上朝处理政务，按每天政事的多少，事少的时候中午前办完，事多的时候到太阳偏西才吃饭，经常是每天只吃一顿饭，干起事来没有白天、黑夜之分；先前朕的腰腹胖得有十围，如今瘦削只剩了二尺多，旧的腰带还保存着，这不是胡说。到底是为了谁而这样做呢？还不是为了挽救国事维艰。你又说'各部门无不向皇上奏事，使用各种诡诈手段骗取信任以求得升迁'，如果不让臣民上奏言事，那么由谁来主持沟通民情的责任！如果言事只委托给专门的人，到哪里去找这样的人呢？古人说过：

上为人孝慈恭俭，博学能文，阴阳、卜筮、骑射、声律、草隶、围棋，无不精妙。勤于政务，冬月四更竟，即起视事，执笔触寒，手为皴裂。自天监中用释氏法，长斋断鱼肉，日止一食，惟菜羹、粝饭而已，或遇事繁，日移中则嗽口以过。身衣布衣，木绵皂帐，一冠三载，一衾二年，后宫贵妃以下，衣不曳地。性不饮酒，非宗庙祭祀、大飨宴及诸法事，未尝作乐。虽居暗室，恒理衣冠，小坐、盛暑，未尝褰袒，对内竖小臣，如遇大宾。然优假士人太过，牧守多浸渔百姓，使者干扰郡县。又好亲任小人，颇伤苛察；多造塔庙，公私费损。江南久安，风俗奢靡，故琛启及之。上恶其触实，故怒。

臣光曰：梁高祖之不终也，宜哉！夫人君听纳之失，在于丛脞；人臣献替之病，在于烦碎。是以明主守要道以御万机之本，忠臣陈大体以格君心之非，故身不劳而收功远，言至约而为益大也。观夫贺琛之谏未至于切直，而高祖已赫然震怒，护其所短，矜其所长；诘贪暴之主名，问劳费之条目，困以难对之状，责以必穷之辞。自以蔬食之俭为盛德，日昃之勤为至治，君道已备，无复可加，群臣箴规，举不足听。如此，则自余切直之言过于琛者，谁敢进哉！由是奸佞居前而不见，大谋颠错而不知，名辱身危，覆邦绝祀，为千古所闵笑，岂不哀哉！

‘专听一面之词，就要产生奸臣；专委托一人办事，就要酿祸乱。’秦二世宠信赵高一个人，汉元帝皇后只依靠王莽一个人，终于导致赵高指鹿为马，颠倒是非，难道可以效法吗？你又说‘吹毛求疵’，指的是何人？还有‘擘肌分理’，指的是什么事？治、署、邸、肆等，哪样该裁撤，哪样该精简，哪一样工程不是急需，哪一样征收应当缓办，你要分别举出事实，详细奏报给朕听！有关富国强兵的措施，有关减省劳役、与民休息的办法，也要具体列出。如不能具体列出，那就是蒙蔽朝廷。我倚门期待你的再次上奏，朕应当认真审读，交付给尚书，颁布天下，差不多可以除旧布新，兴隆气象重现于今世。”贺琛接到诏书，只是向梁武帝认错道歉，不敢再说什么。

梁武帝为人重孝道、慈悲、谨慎、俭朴，博学多才，善写文章，阴阳、卜筮、骑射、音乐、书法、围棋，样样精妙。不辞劳苦处理政务，冬天四更刚过，就起来办事，由于天寒，执笔写字的右手冻开了口子，自从天监年间开始信奉佛法，长期吃斋，不吃鱼肉，每天只吃一顿饭，不过蔬菜清汤、粗粮米饭罢了。有时事务繁多，忙得午后漱漱口就算吃了饭。身穿布衣，床罩木棉蚊帐，一顶帽子戴了三年，一床被子用了两年，后宫嫔妃，贵妃以下，不穿拖地的衣裙。梁武帝生性不饮酒，除非举行宗庙祭祀，大宴群臣和举办佛法大会，也从不奏乐。即使处在幽暗房间，也是衣冠楚楚，在宫中平时便坐，以及炎热夏季，也从不袒露胸怀，对待宦官小臣，也像对待宾客一样彬彬有礼。然而对待士大夫过于宽松，以至地方州郡长官大都鱼肉百姓，朝廷使者横行霸道干扰地方。又十分亲信小人，办事往往苛酷失察，又多造佛塔寺庙，耗费了大量国家和民众的财物。江南承平日久，形成了奢侈的生活习俗，所以贺琛上奏揭了盖子。梁武帝恼恨贺琛说了实话，所以大怒。

臣司马光评论说：梁武帝不得善终是应当的啊。帝王听取意见，最易失误的地方，就是只注意琐碎的小事而丢了大事；臣下上书劝谏容易犯的毛病，也在于繁琐零碎。因此，英明的君主就是要抓住关键与要害来指导各种事务；忠贞的大臣就要指明国家的大局来纠正君主的错误，这样，往往无须劳碌而收到长远的功效，说话不多而益处很大。综观贺琛的谏章，语言真切直率并不过分，而梁武帝高祖就变脸色震怒，回护自己的短处，夸耀自己的长处；诘问贪婪残暴官吏的姓名，追问徭役过重、费用铺张的具体数目，用难以回答的问题来刁难臣下，甚至要求臣下写出无法写出的奏章。自以为吃素食的节俭为最大的美德，每天忙到太阳偏西才吃午饭就是最好的治国办法，为君之道已经完美，再不需要增加什么了，臣下的劝谏，全都不值得听，这样一来，那些比贺琛更切中时弊的直言进谏者，谁还敢说话！因此，奸佞之臣就在眼前也看不见，重大决策颠倒错误也不知，最后落得身败名裂，国家败亡，宗庙祭祀断

上敦尚文雅，疏简刑法，自公卿大臣，咸不以鞫狱为意。奸吏招权弄法，货赂成市，枉滥者多。大率二岁刑已上岁至五千人；徒居作者具五任，其无任者著升械；若疾病，权解之，是后囚徒或有优、剧。时王侯子弟，多骄淫不法。上年老，厌于万几。又专精佛戒，每断重罪，则终日不怿；或谋反逆，事觉，亦泣而宥之。由是王侯益横，或白昼杀人于都街，或暮夜公行剽劫，有罪亡命者，匿于王家，有司不敢搜捕。上深知其弊，溺于慈爱，不能禁也。

魏东阳王荣为瓜州刺史，与其婿邓彦偕行。荣卒，瓜州首望表荣子康为刺史，彦杀康而夺其位；魏不能讨，因以彦为刺史，屡征不至，又南通吐谷浑。丞相泰以道远难于动众，欲以计取之，以给事黄门侍郎申徽为河西大使，密令图彦。

徽以五十骑行，既至，止于宾馆；彦见徽单使，不以为疑。徽遣人微劝彦归朝，彦不从；徽又使赞成其留计；彦信之，遂来至馆。徽先与州主簿敦煌令狐整等密谋，执彦于坐，责而缚之；因宣诏慰谕吏民，且云“大军续至”，城中无敢动者，遂送彦于长安。泰以徽为都官尚书。

（以上为第二段，写梁朝贺琛奏事始末，此为梁朝的一个大事件。贺琛谏奏揭示梁朝政治极端腐败的事实。赋徭沉重，户口日减，官吏贪残，浮华成风，刑法松弛而平民犯禁者众。梁武帝拒谏饰非，各种弊端病入膏肓，梁朝走向衰败不可逆转。）

中大同元年（丙寅，546 年）

春，正月，癸丑，杨瞟等克嘉宁城，李贲奔新昌獠中，诸军顿于江口。

二月，魏以义州刺史史宁为凉州刺史；前刺史宇文仲和据州，不受代，瓜州民张保杀刺史成庆以应之，晋昌民吕兴杀太守郭肆，以郡应保。丞相泰遣太子太保独孤信、开府仪同三司怡峰与史宁讨之。

三月，乙巳，大赦。

庚戌，上幸同泰寺，遂停寺省，讲《三慧经》。夏，四月，丙戌，解

绝，成为千古被人怜悯与耻笑的对象，真是可悲！

梁武帝十分崇尚文章礼乐，对刑法疏远忽视，以至于公卿大臣都不重视审判案件，导致奸猾的官吏擅权枉法，贪污成风，冤假错案很多。大致判处两年以上徒刑的人每年多达五千人；判罚劳役的人按各人的手艺分为五类，没有技艺的刑徒就要戴上枷锁；如果生了重病，暂时打开枷锁，后来演变为有钱行贿的囚徒就不戴枷锁，无钱的囚徒加倍痛苦，当时王侯子弟，大多骄横淫逸，不守法度。梁武帝年老以后，厌倦处理政务，又专心佛法戒律，每当判决重刑罪犯时，就整天不高兴；有人谋反大逆，事情败露，梁武帝也只是哭泣叹息，然后宽大处理。因此，王侯们更加专横不法，有的大白天在街市中杀人，有的在夜间公开抢劫，有的犯罪逃亡，躲藏在王侯家中，主管部门不敢搜查逮捕。梁武帝深知这些弊端，但沉迷于佛教的慈悲为怀，不能禁止。

西魏东阳王元荣为瓜州刺史，他带着女婿邓彦一起赴任。元荣死后，瓜州名门大族上奏推荐元荣的儿子元康继任瓜州刺史，邓彦杀了元康，夺了刺史之位，西魏无力征讨，就任命邓彦为瓜州刺史，多次征召，邓彦都不进京，又与南面吐谷浑勾结。丞相宇文泰认为路途遥远，难于发动大军征讨，想用计谋智擒邓彦，就任命给事黄门侍郎申徽为河西大使，密令他除掉邓彦。

申徽带领五十个骑兵前行，到达瓜州后，住宿在宾馆。邓彦看到申徽人单势孤，没有产生怀疑。申徽派人委婉地劝说邓彦进京朝见，邓彦不听；申徽于是改变主意，赞成邓彦留在瓜州做刺史；邓彦相信了，于是到宾馆来晋见。申徽先与州主簿敦煌人令狐整密谋，在邓彦晋见时，逮捕他，斥责他的罪过，然后捆绑起来；随后宣读诏书，安抚官吏和百姓，并声称“大军随后就到”，瓜州城中没人敢反抗，于是把邓彦押送长安。宇文泰任命申徽为都官尚书。

梁武帝中大同元年（丙寅，546 年）

春季，正月初十日癸丑，杨瞟等攻克嘉宁城，李贲逃奔到新昌獠人中，杨瞟率领的各路兵马停驻在江口。

二月，西魏任命义州刺史史宁为凉州刺史。前凉州刺史宇文仲和占据州城不肯交权。瓜州平民张保杀了瓜州刺史成庆响应宇文仲和；晋昌平民吕兴杀了太守郭肆，占领郡城响应张保。丞相宇文泰派遣太子太保独孤信、开府仪同三司怡峰与史宁前往征讨。

三月初三日乙巳，梁朝大赦天下。

三月初八日庚戌，梁武帝巡幸同泰寺，住在寺中专为梁武帝修建的便殿里，讲

讲，大赦，改元。是夜，同泰寺浮图灾，上曰："此魔也，宜广为法事。"群臣皆称善。乃下诏曰："道高魔盛，行善鄣生，当穷兹土木，倍增往日。"遂起十二层浮图；将成，值侯景乱而止。

魏史宁晓谕凉州吏民，率皆归附，独宇文仲和据城不下。五月，独孤信使诸将夜攻其东北，自帅壮士袭其西南，迟明，克之，遂擒仲和。

初，张保欲杀州主簿令狐整，以其人望，恐失众心，虽外相敬，内甚忌之。整阳为亲附，因使人说保曰："今东军渐逼凉州，彼势孤危，恐不能敌，宜急分精锐以救之。然成败在于将领，令狐延保，兼资文武，使将兵以往，蔑不济矣！"保从之。

整行及玉门，召豪杰述保罪状，驰还袭之。先克晋昌，斩吕兴；进击瓜州，州人素信服整，皆弃保来降。保奔吐谷浑。

众议推整为刺史，整曰："吾属以张保逆乱，恐阖州之人俱陷不义，故相与讨诛之；今复见推，是效尤也。"乃推魏所遣使波斯者张道义行州事，具以状闻。丞相泰以申徽为瓜州刺史。召整为寿昌太守，封襄武男。整帅宗族乡里三千余人入朝，从泰征讨，累迁骠骑大将军、开府仪同三司，加侍中。

六月，庚子，东魏以司徒侯景为河南大将军、大行台。

秋，七月，壬寅，东魏遣散骑常侍元廓来聘。

甲子，诏："犯罪非大逆，父母、祖父母不坐。"

先是，江东唯建康及三吴、荆、郢、江、湘、梁、益用钱，其余州郡杂以谷帛，交、广专以金银为货。上自铸五铢及女钱，二品并行，禁诸古钱。普通中，更铸铁钱。由是民私铸者多，物价腾踊，交易者至以车载钱，不复计数。又自破岭以东，八十为百，名曰"东钱"；江、郢以上，七十为百，名曰"西钱"；建康以九十为百，名曰"长钱"。丙寅，诏曰："朝四暮三，众狙皆喜，名实未亏而喜怒为用。顷闻外间多用九陌钱，陌减则物贵，陌足则物贱，非物有贵贱，乃心有颠倒。至于远方，

解《三慧经》。夏季，四月十四日丙戌，结束讲解，大赦天下，改年号为中大同。这一夜，同泰寺佛塔发生火灾，梁武帝说："这是妖魔作怪，应当大做法事。"百官群臣赞同。于是下诏书说："道法虽高，但妖魔昌盛，行善遇到了障碍，应当大兴土木，佛塔建得比先前更高大一倍。"于是计划建造十二层佛塔；快要建成时，赶上侯景叛乱而停止。

西魏史宁安抚慰问凉州吏民，大多人归顺了朝廷，只有宇文仲和占据州城不投降。五月，独孤信派出众将在夜里攻打州城的东北部，亲自率领精壮的士兵偷袭州城的西南部。天亮时分，攻占了州城，活捉了宇文仲和。

当初，张保想杀掉瓜州主簿令狐整，但考虑到令狐整声望很高，担心失掉民心，虽然表面上恭敬，而内心中非常忌恨。令狐整佯装亲附，指派人去劝说张保，说："如今东方的大军逐渐逼近凉州，凉州孤立无援，恐怕难以抵挡，应赶紧分出精兵去救援，然而成败在于带兵的将领，令狐延保文武双全，派他带兵去救，没有不成功的。"张保听从了。

令狐整前进到玉门，召集地方豪杰列举张保的罪过，迅速回军袭击张保，首先攻克了晋昌，杀了吕兴，然后进攻瓜州。瓜州人一向敬服令狐整，因此都叛离张保归降令狐整。张保逃奔吐谷浑。

大家商议推举令狐整为瓜州刺史，令狐整说："我们因为张保叛乱，忧虑全州的人陷于不义，所以相互联合起来讨伐他，如今又自行推举刺史，岂不是效法张保吗？"于是推举西魏派遣出使波斯的张道义代理刺史，并原原本本的把这件事上报朝廷，宇文泰任命申徽为瓜州刺史，召见令狐整改任寿昌太守，封为襄武男。令狐整率领宗族乡里三千多人进京朝请，追随宇文泰征讨，积累功劳升迁骠骑大将军、开府仪同三司，加官侍中。

六月二十九日庚子，东魏任命司徒侯景为河南大将军、大行台。

秋季，七月初一日壬寅，东魏派遣散骑常侍元廓出使梁朝。

七月二十三日甲子，梁武帝下诏："凡是没有犯大逆不道之罪的罪犯，其父母、祖父母不受株连。"

先前，梁朝只有京城建康以及三吴、荆州、郢州、江州、湘州、梁州、益州使用铜钱，其他各州郡夹杂谷物布帛交易。交州、广州只用金银为货币。梁武帝自行铸造了五铢钱和女钱，两种铜钱同时使用，禁止使用前朝留下来的各种古钱，普通年间，改铸铁钱。从此，民间私自铸钱的多了起来，物价飞涨，交易的人往往用车载钱，不细点钱的多少。此外，从破岭以东地区，八十文为一百，称为"东钱"；江州、郢州以上，七十文为一百，称为"西钱"；建康地区九十文为一百，称为"长钱"。七月二十五日丙寅，梁武帝下诏说："朝四暮三，众猕猴都高兴，实际没有增

日更滋甚，徒乱王制，无益民财。自今可通用足陌钱！令书行后，百日为期，若犹有犯，男子谪运，女子质作，并同三年。”诏下而人不从，钱陌益少；至于季年，遂以三十五为百云。

上年高，诸子心不相下，邵陵王纶为丹杨尹，湘东王绎在江州，武陵王纪在益州，皆权侔人主；太子纲恶之，常选精兵以卫东宫。八月，以纶为南徐州刺史。

东魏丞相欢如邺。高澄迁洛阳《石经》五十二碑于邺。

魏徙并州刺史王思政为荆州刺史，使之举诸将可代镇玉壁者。思政举晋州刺史韦孝宽，丞相泰从之。东魏丞相欢悉举山东之众，将伐魏；癸巳，自邺会兵于晋阳；九月，至玉壁，围之。以挑西师，西师不出。

李贲复帅众二万自獠中出，屯典澈湖，大造船舰，充塞湖中。众军惮之，顿湖口，不敢进。陈霸先谓诸将曰：“我师已老，将士疲劳；且孤军无援，入人心腹，若一战不捷，岂望生全！今藉其屡奔，人情未固，夷、獠乌合，易为摧殄。正当共出百死，决力取之；无故停留，时事去矣！”诸将皆默然莫应。是夜，江水暴起七丈，注湖中。霸先勒所部兵乘流先进，众军鼓噪俱前；贲众大溃，窜入屈獠洞中。

冬，十月，乙亥，以前东扬州刺史岳阳王詧为雍州刺史。上舍詧兄弟而立太子纲，内常愧之，宠亚诸子。以会稽人物殷阜，故用詧兄弟迭为东扬州以慰其心。詧兄弟亦内怀不平。詧以上衰老，朝多秕政，遂蓄聚货财，折节下士，招募勇敢，左右至数千人。以襄阳形胜之地，梁业所基，遇乱可以图大功。乃克己为政，抚循士民，数施恩惠，延纳规谏，所部称治。

减，只是说法不同，产生的喜怒却不一样。近来听说市场上多使用九陌钱，陌钱轻分量不够，物价就贵；陌钱重分量足，物价就贱，不是物价有贵贱，而是心神颠倒。至于边远地区，这种情况日益严重，这只能扰乱国家的制度，一点也增加不了老百姓的财富。从今以后，只通用分量足的陌钱！命令颁行以后，以一百天为期限，如果还有犯禁的，男子要判罚为转运的劳役，女人以身抵押服役，刑期都是三年。”诏书颁行以后，人们并不遵行，陌钱一天天减少，直到末年，甚至以三十五文为一百钱。

梁武帝年事已高，几个儿子互不服气，邵陵王萧纶为丹杨尹，湘东王萧绎任职江州，武陵王萧纪任职益州，均手握重兵，权力与梁武帝相等，太子萧纲心里很忌恨他们，经常挑选一批精兵守卫东宫。八月，梁武帝任命萧纶为南徐州刺史。

东魏丞相高欢到邺城。高澄把洛阳《石经》共五十二碑迁移到邺城。

西魏调动并州刺史王思政改任荆州刺史，并让王思政推荐一个可以代替他镇守玉壁城的人任并州刺史。王思政推荐晋州刺史韦孝宽，丞相宇文泰采纳了。东魏丞相高欢调动东魏的全部兵力，准备讨伐西魏。八月二十三日癸巳，高欢从邺城率领军队出发到晋州与诸将会合。九月，东魏军到达玉壁，包围了玉壁城，以挑战西魏军，但西魏大军没有东出。

李贲再次率领军队二万人从獠人居住区杀出，驻扎在典澈湖，大造战船，布满湖面。进讨李贲的各支梁朝军队畏敌不前，屯驻在湖口，不敢交战。陈霸先对诸将说：“我军士气低落，将士疲劳，又是孤军深入，进入了敌人的腹地，后无援军，如果交战失败，就不要想活着回去。现今趁着敌人李贲多次失利，军心不稳，士兵又是夷人、獠人拼凑起来的乌合之众，迅速攻击就容易摧毁消灭他们。现在正是大家一起同心协力，以绝死之心奋力攻击，去夺取胜利，如果无故停留，取胜的机会就要丢失。”各位将领没有一个人吭声。当天夜里，江水暴涨七丈，注入湖中。陈霸先集合自己所领的部众趁着涨水顺势率先进兵，众将军也击鼓呐喊一起向前，李贲的兵马被彻底击溃，李贲逃窜到屈獠洞中藏了起来。

冬季，十月初六日乙亥，梁朝任命前东扬州刺史岳阳王萧詧为雍州刺史。梁武帝舍弃萧詧兄弟而立萧纲为太子，内心惭愧，因此对萧詧兄弟宠爱有加，地位仅仅次于自己的几个皇子。因为会稽地区户口多物产丰，所以特意任用萧詧兄弟轮流做东扬州刺史，以此慰藉萧詧兄弟的心。但萧詧兄弟依然心怀不满。萧詧认为皇上年老，朝政失误良多，于是蓄积钱财，礼贤下士，招募勇士，身边聚集了几千人。萧詧认为襄阳地处冲要，地势优越，是梁朝兴起的根基，遇到乱世可以建功立业。于是克制自己欲望，兢兢业业地处理政事，安抚士大夫和百姓，多次普施恩惠，听取劝谏，所辖地区治理得井井有条。

东魏丞相欢攻玉壁，昼夜不息，魏韦孝宽随机拒之。城中无水，汲于汾，欢使移汾，一夕而毕。欢于城南起土山，欲乘之以入。城上先有二楼，孝宽缚木接之，令常高于土山以御之。欢使告之曰："虽尔缚楼至天，我当穿地取尔。"乃凿地为十道，又用术士李业兴《孤虚法》，聚攻其北，北，天险也。孝宽掘长堑，邀其地道，选战士屯堑上；每穿至堑，战士辄禽杀之。又于堑外积柴贮火，敌有在地道内者，塞柴投火，以皮排吹之，一鼓皆焦烂。敌以攻车撞城，车之所及，莫不摧毁，无能御者。孝宽缝布为幔，随其所向张之，布既悬空，车不能坏。敌又缚松、麻于竿，灌油加火以烧布，并欲焚楼。孝宽作长钩，利其刃，火竿将至，以钩遥割之，松、麻俱落。敌又于城四面穿地为二十道，其中施梁柱，纵火烧之，柱折，城崩。孝宽于崩处竖木栅以扞之，敌不得入。城外尽攻击之术，而城中守御有余。孝宽又夺据其土山。欢无如之何，乃使仓曹参军祖珽说之曰："君独守孤城而西方无救，恐终不能全，何不降也？"孝宽报曰："我城池严固，兵食有余。攻者自劳，守者常逸，岂有旬朔之间已须救援！适忧尔众有不返之危。孝宽关西男子，必不为降将军也！"珽复谓城中人曰："韦城主受彼荣禄，或复可尔；自外军民，何事相随入汤火中！"乃射募格于城中云："能斩城主降者，拜太尉，封开国郡公，赏帛万匹。"孝宽手题书背，返射城外云："能斩高欢者准此。"珽，莹之子也。东魏苦攻凡五十日，士卒战及病死者共七万人，共为一冢。欢智力皆困，因而发疾。有星坠欢营中，士卒惊惧。十一月，庚子，解围去。

先是，欢别使侯景将兵趣齐子岭，魏建州刺史杨檦镇车厢，恐其寇邵郡，帅骑御之。景闻檦至，斫木断路六十余里，犹惊而不安，遂还河阳。

庚戌，欢使段韶从太原公洋镇邺。辛亥，征世子澄会晋阳。

东魏丞相高欢围攻玉壁城，昼夜不停，西魏守将韦孝宽随机应变，坚守城池。玉壁城中井水干涸了，就从汾河中取水，高欢改变汾水河道，一夜完成。高欢又在城南垒起土山，想从土山上攻入城中。玉壁南门城墙上原先有两座城楼，韦孝宽在城楼绑接木头，加高城楼，让它总是高于东魏兵垒起的土山，用以抵抗东魏兵的进攻。高欢派人喊话韦孝宽说："即使你把木头接上天，我挖地道来捉拿你。"于是挖了十条地道，又用术士李业兴的《孤虚法》，集中兵力进攻北城。城北十分险要。韦孝宽在地上深挖壕沟，截断地道，挑选精勇战士守在壕沟里，每当东魏兵挖地道挖到壕沟时，就被守壕士兵抓获杀死。西魏军又在壕沟内堆积柴火，东魏兵停留在地道内的，守壕士兵就向地道口塞进柴草点燃，用皮排鼓风，一经皮排鼓风，地道里的东魏兵就被烧得焦头烂额。东魏兵又用攻城冲车撞城墙，所过之处无坚不摧，没有武器能够阻挡冲车。韦孝宽缝布制成很大的帐幔，迎着冲车的撞击点张开，布帐悬空，冲车没法撞坏它。东魏兵在长竹竿上绑上松枝、麻毛之类的易燃物，再浇上油，点燃后用来烧帐幔，并想烧毁城墙上的敌楼。韦孝宽制作长钩，把长钩的刀刃磨得非常锋利，等到敌人的火燃竹竿刚要接触帐幔的时候，就用长钩远远地割断火头，松枝、麻毛散落。东魏兵又在城墙四周挖地道二十条，地道挖至城墙下面时加上顶木柱，然后放火烧木柱，柱断城坏。韦孝宽在城墙倒塌的缺口处竖立木栅抵御，敌人还是进不了城。城外敌人想尽了办法攻城，而城中守卫的方法绰绰有余。韦孝宽还出其不意地攻占东魏军在城外垒起的土山，高欢一点办法也没有。高欢派仓曹参军祖珽劝降韦孝宽说："你独力防守一座孤城，西边没有派救兵，恐怕终究不能保全城池，为什么不投降！"韦孝宽说："我这座城坚固严实，兵员和粮食都充足有余。进攻的人自然劳苦，防守的人却是以逸待劳，哪有守个十天一月之间就要救兵呢？我正担心你们有回不去的危险，我韦孝宽堂堂关西男子汉，绝不会做一个投降的将军！"祖珽又对城中军民说："韦将军接受宇文泰的官爵和俸禄，他不投降可以理解，自他以外的军民，你们何苦跟随他赴汤蹈火呢！"于是写了一道悬赏提拿韦孝宽的告示，用箭射入城中，说："凡是能够斩杀韦孝宽来投降的，拜太尉，封开国郡公，赏帛万匹。"韦孝宽亲手在悬赏告示的背面写上："能斩高欢的人照此办理。"用箭射回东魏兵。祖珽，是祖莹的儿子。东魏军艰苦进攻了五十天，士兵战死和病死的达七万人，都埋在一个大坟墓里。高欢精疲力竭，积劳成疾。当时，有一颗流星坠落在高欢营帐中，士兵们又惊又怕。十一月一日庚子，高欢解围退兵。

高欢在围攻玉壁之前，另派侯景领兵快速向齐子岭推进，西魏建州刺史杨檦镇守车厢城，他忧虑东魏军攻打邵郡，率领骑兵抵御，侯景得知杨檦到来，砍伐树木阻断道路六十里，仍然惊慌不安，于是退还河阳。

十一月十一日庚戌，高欢派段韶随从太原公高洋镇守邺城。十一月十二日辛亥，

魏以韦孝宽为骠骑大将军、开府仪同三司，进爵建忠公。时人以王思政为知人。

十一月，己卯，欢以无功，表解都督中外诸军，东魏主许之。

欢之自玉壁归也，军中讹言韦孝宽以定功弩射杀丞相；魏人闻之，因下令曰："劲弩一发，凶身自陨。"欢闻之，勉坐见诸贵，使斛律金作《敕勒歌》，欢自和之，哀感流涕。

魏大行台度支尚书、司农卿苏绰，性忠俭，常以丧乱未平为己任，纪纲庶政；丞相泰推心任之，人莫能间。或出游，常预署空纸以授绰；有须处分，随事施行，及还，启知而已。绰常谓"为国之道，当爱人如慈父，训人如严师"。每与公卿论议，自昼达夜，事无巨细，若指诸掌，积劳成疾而卒。泰深痛惜之，谓公卿曰："苏尚书平生廉让，吾欲全其素志，恐悠悠之徒有所未达；如厚加赠谥，又乖宿昔相知之心；何为而可？"尚书令史麻瑶越次进曰："俭约，所以彰其美也。"泰从之。归葬武功，载以布车一乘，泰与群公步送出同州郭外。泰于车后酹酒言曰："尚书平生为事，妻子、兄弟所不知者，吾皆知之。唯尔知吾心，吾知尔志，方与共定天下，遽舍吾去，奈何！"因举声恸哭，不觉卮落于手。

东魏司徒、河南大将军、大行台侯景，右足偏短，弓马非其长，而多谋算。诸将高敖曹、彭乐等皆勇冠一时，景常轻之，曰："此属皆如豕突，势何所至！"景尝言于丞相欢："愿得兵三万，横行天下，要须济江缚取萧衍老公，以为太平寺主。"欢使将兵十万，专制河南，杖任若己之半体。

景素轻高澄，尝谓司马子如曰："高王在，吾不敢有异；王没，吾不能与鲜卑小儿共事！"子如掩其口。及欢疾笃，澄诈为欢书以召景。先是，景与欢约曰："今握兵在远，人易为诈，所赐书皆请加微点。"欢从

高欢征召世子高澄到晋阳。

西魏任命韦孝宽为骠骑大将军、开府仪同三司，晋爵建忠公。当时的人都称赞王思政慧眼识人才。

十一月，己卯，高欢因为出征无功，上表请求解除都督中外诸军事，东魏孝静帝允准。

高欢从玉壁城撤退回军后，军中传言韦孝宽用定功弩射死了丞相高欢。西魏朝廷听到后，下了一道布告令说："劲弩一发，元凶毙命。"高欢听到后，勉强打起精神召见各个贵族，让斛律金作《敕勒歌》，高欢亲自随声唱和，伴随苍凉的歌声，禁不住悲哀流泪。

西魏大行台度支尚书、司农卿苏绰，生性忠厚俭朴，常常把治平天下祸乱视为自己的责任，依法处理各种政务，丞相宇文泰对他推心置腹，十分信任，无人能够挑拨离间。宇文泰有时出游，经常预先在空白公函上签署名字交给苏绰，有紧急事处理，随时根据情况先行办理，宇文泰回来后，只需向他汇报。苏绰经常说："治国之道，应当像慈父爱护儿子那样去爱护百姓，像严师教育学生那样去训导百姓。"每次与公卿商议政事，整天整夜不停息，事无巨细，了如指掌，最终苏绰积劳成疾去世。宇文泰深深悲痛和惋惜，对公卿们说："苏绰尚书一生廉洁谦让，我想成全他一向俭朴的意愿办理丧事，恐怕平庸的人不理解；如果厚葬加高官美谥的荣誉，又违背我和他相知深厚的情意，真是两难，该怎么办呢？"尚书令史麻瑶，越过班次上前说："节俭而简约地办理苏绰的丧事，恰恰是表彰他美德的最好方式。"宇文泰接受了这个建议。用布车一辆运载苏绰的遗体，送回老家武功安葬，宇文泰与公卿大臣一直步行护送苏绰遗体到达同州外城。宇文泰在丧车后面洒酒说："苏绰尚书生平做的事，他的夫人、儿子、兄弟所不知道的，我都知道。只有你苏绰理解我的心意，也只有我宇文泰了解你的志向。我正要与你共同平定天下，你却突然舍我而去，怎么办啊！"宇文泰边说边放声痛哭，不知不觉酒杯掉在了地上。

东魏司徒、河南大将军、大行台侯景，右脚偏短一点，骑马射箭不是他的长处，但足智多谋。众将中高敖曹、彭乐等勇猛无比，侯景却常常看不起他们，说："这些人就像野猪一样乱撞乱冲，能有多大能耐呢？"侯景曾经对高欢说："我希望领兵三万，就可横行天下，要么就渡过长江把萧衍那老头儿捆绑过来做太平寺的寺主。"高欢让他领兵十万，全权管理黄河以南广大地区，对侯景的倚仗和信任，好像是自己的半个身体。

侯景一向看不起高澄，曾经对司马子如说："大王在，我不敢有二心；大王去世，我不能和一个鲜卑小儿共事。"司马子如赶紧掩住他的口。等到高欢病重，高澄伪造高欢的书信宣召侯景。早先，侯景与高欢相约，说："现今我掌领兵权在远方，

之。景得书无点，辞不至；又闻欢疾笃，用其行台郎颍川王伟计，遂拥兵自固。

欢谓澄曰："我虽病，汝面更有余忧，何也？"澄未及对，欢曰："岂非忧侯景叛邪？"对曰："然。"欢曰："景专制河南，十四年矣，常有飞扬跋扈之志，顾我能畜养，非汝所能驾御也。今四方未定，勿遽发哀。库狄干鲜卑老公，斛律金敕勒老公，并性遒直，终不负汝。可朱浑道元、刘丰生，远来投我，必无异心。潘相乐本作道人，心和厚，汝兄弟当得其力。韩轨少戆，宜宽借之。彭乐心腹难得，宜防护之。堪敌侯景者，唯有慕容绍宗，我故不贵之，留以遗汝。"又曰："段孝先忠亮仁厚，智勇兼备，亲戚之中，唯有此子，军旅大事，宜共筹之。"又曰："邙山之战，吾不用陈元康之言，留患遗汝，死不瞑目。"相乐，广宁人也。

（以上为第三段，写公元546年东魏高欢率大军西讨，志在必得而兵挫于西魏边将之手，忧劳羞愧成疾，嘱托后事，走到了他的政治终点。南朝梁武帝年老昏耄，诸子不协，边境未宁，物价飞涨，国势日衰。）

人们容易捣鬼造假，大王给我写书信，请在每个字旁加小墨点。”高欢答应了。侯景收到书信，没有看到墨点，便推托不来。又听说高欢病情严重，就听从行台郎颍川人王伟的计谋，于是加强对军队的控制，用以巩固自己的地位。

高欢对高澄说：“我已病重，你将大权独揽而面有忧色，是什么道理呢？”高澄还没有来得及回答，高欢说：“难道是担心侯景造反吗？”高澄回答说：“是的。”高欢说：“侯景全权掌管河南十四年了，时常怀有飞扬跋扈夺取最高位的野心，只有我还能控制他，不是你能驾驭的。如今天下没有安定，我死后不要急忙发丧。库狄干是鲜卑的老人，斛律金是敕勒的老人，这两位老人生性耿直，始终不会辜负你。可朱浑道元、刘丰生，从边远地区来投靠我，一定没有二心。潘相乐原本是个道人，心地善良忠厚，你们兄弟会得到他的有力帮助，韩轨有些木讷愚直，对他应当宽容厚道些。彭乐的心机很难猜测，应当提防他。能够匹敌侯景的人，只有慕容绍宗，我故意不给他优厚待遇，留给你来用他。”高欢接着说：“段孝先这个人忠厚仁慈，智勇双全，亲戚当中，只有他是个人才。凡是军机大事，应当和他共同商量。”又说：“邙山之战，我没有听从陈元康的话，给你留下了祸患，我死不瞑目。”潘相乐是广宁人。

【点评】

高欢老年昏庸，集全国之兵败于西魏边城。东魏高欢集中全国兵力，大规模西征，受阻于西魏小小边城玉壁城下，攻围两月不克。因连年征战，东魏兵疲民困，高欢年老，急于求成，匆匆发动，筹谋未精，气势汹汹，师老气竭，故西魏不出大军，依赖有备之坚城与预选之良将，以逸待劳，拖垮了东魏大军。

梁纪十六

梁武帝太清元年（547年）

【强圉单阏（丁卯，547年），凡一年】

【大事提要】

本卷记事公元547年，凡一年，当梁武帝太清元年，西魏文帝大统十三年，东魏孝静帝武定五年。本年着重记述东魏丞相高欢去世，侯景反叛东魏引发的事变。侯景先投奔西魏，又归顺于梁朝。东魏伐叛，西魏、梁朝救援，加上叛军侯景，共四方争战于河南。

【原文】

高祖武皇帝十六

太清元年（丁卯，547 年）

春，正月朔，日有食之，不尽如钩。

壬寅，荆州刺史庐陵威王续卒。以湘东王绎为都督荆雍等九州诸军事、荆州刺史。续素贪婪，临终，有启遣中录事参军谢宣融献金银器千余件，上方知其富，因问宣融曰："王之金尽此乎？"宣融曰："此之谓多，安可加也！大王之过如日月之食，欲令陛下知之，故终而不隐。"上意乃解。

初，湘东王绎为荆州刺史，有微过，续代之，以状闻，自此二王不通书问。绎闻其死，入阁而跃，屟为之破。

丙午，东魏勃海献武王欢卒。欢性深密，终日俨然，人不能测，机权之际，变化若神。制驭军旅，法令严肃。听断明察，不可欺犯。擢人受任，在于得才，苟其所堪，无问厮养；有虚声无实者，皆不任用。雅尚俭素，刀剑鞍勒无金玉之饰。少能剧饮，自当大任，不过三爵。知人好士，全护勋旧；每获敌国尽节之臣，多不之罪。由是文武乐为之用。世子澄秘不发丧，唯行台左丞陈元康知之。

侯景自念己与高氏有隙，内不自安。辛亥，据河南叛，归于魏，颍州刺史司马世云以城应之。景诱执豫州刺史高元成、襄州刺史李密、广州刺史怀朔暴显等。遣军士二百人载仗暮入西兖州，欲袭取之，刺史邢子才觉之，掩捕，尽获之，因散檄东方诸州，各为之备，由是景不能取。

诸将皆以景之叛由崔暹，澄不得已，欲杀暹以谢景。陈元康谏曰："今虽四海未清，纲纪已定；若以数将在外，苟悦其心，枉杀无辜，亏废刑典，岂直上负天神，何以下安黎庶！晁错前事，愿公慎之。"澄乃止。遣司空韩轨督诸军讨景。

【语译】

高祖武皇帝十六

梁武帝太清元年（丁卯，547 年）

春季，正月初一，发生日偏食，没被阴影遮住的部分只剩一个弯钩。

正月初四日壬寅，梁朝荆州刺史庐陵威王萧续去世，任命湘东王萧绎为都督荆雍等九州诸军事、荆州刺史。萧续一向贪婪，临死前，写了一道表章，派中录事参军谢宣融献给梁武帝金银器皿一千多件，皇上这才知道萧续如此富有，于是问谢宣融说："庐陵王的金银就这么多吗？"谢宣融说："这已经够多的了，哪能还有更多的呢？大王的过错就像日食月食一样有目共睹，他想让皇上了解一切，所以临死没有隐瞒皇上。"梁武帝这才消除了不满。

当初，湘东王萧绎任荆州刺史时，有些小过失，萧续接任荆州刺史后，向皇上报告了萧绎的过失，从此两人互不通书信。萧绎听到萧续死了，高兴得跳了起来，在进卧室跨过门槛的时候，连木鞋下的木齿都被撞断了。

正月初八日丙午，东魏勃海献武王高欢去世。高欢性格深沉寡言，整天神情庄重，令人莫测高深，当机遇到来的时候，应对变化有如神明。治理军队，法令严明，听取意见，决断事务，明察秋毫，谁也无法欺瞒他。提拔委任，务求人才，只要才能胜任，不问他的出身门第。有虚名而无真才的人，一律不用。一向爱好节俭朴素，他所用的刀剑、马鞍、缰绳等物都没有用金玉装饰。高欢年轻时酒量很大，自从担任要职以后，饮酒不过三杯。明察人才，喜好士人，保全和维护功臣和老部下，每次活捉敌方的尽职尽忠之臣，一般不给处罚。因此，文臣武将都乐意为他效劳。世子高澄秘不发丧，只有行台左丞陈元康知道。

侯景自己认为已经与高氏有了嫌隙，内心不安。正月十三日辛亥，占据河南叛离东魏，归向西魏，颍州刺史司马世云也占据州城响应。侯景诱捕了豫州刺史高元成、襄州刺史李密、广州刺史怀朔人暴显等，侯景又派军士二百人用车拉着兵器在日落时进入西兖州，想偷袭占领，刺史邢子才察觉这一行动，派兵围捕，二百人全被抓获。邢子才立即向东方各州发出檄文，各州加强戒备，因此侯景才没有取得这些地方。

东魏各将领怀恨崔暹，把侯景的叛变归罪于他，高澄不得已，想杀掉崔暹向侯景道歉。陈元康劝谏说："现在虽然天下还没安定，但国家法纪已经确立。如果因为几个将领反叛，为了讨好他们高兴，就枉杀无辜，破坏刑律，不只是上负天帝神灵，甚至无法安抚黎民百姓！西汉晁错被枉杀的前车之鉴，希望大人慎之又慎。"高澄这才放弃了杀掉崔暹的念头。接着派遣司空韩轨督率诸军去讨伐侯景。

辛酉，上祀南郊，大赦；甲子，祀明堂。

三月，魏诏："自今应宫刑者，直没官，勿刑。"

魏以开府仪同三司若干惠为司空，侯景为太傅、河南道行台、上谷公。

庚辰，景又遣其行台郎中丁和来，上表言："臣与高澄有隙，请举函谷以东，瑕丘以西，豫、广、郢、荆、襄、兖、南兖、济、东豫、洛、阳、北荆、北扬等十三州内附，惟青、徐数州，仅须折简。且黄河以南，皆臣所职，易同反掌。若齐、宋一平，徐事燕、赵。"上召群臣廷议。尚书仆射谢举等皆曰："顷岁与魏通和，边境无事，今纳其叛臣，窃谓非宜。"上曰："虽然，得景则塞北可清；机会难得，岂宜胶柱。"

是岁，正月，乙卯，上梦中原牧守皆以其地来降，举朝称庆。旦，见中书舍人朱异，告之，且曰："吾为人少梦，若有梦必实。"异曰："此乃宇宙混壹之兆也"。及丁和至，称景定计以正月乙卯，上愈神之。然意犹未决，尝独言："我国家如金瓯，无一伤缺，今忽受景地，讵是事宜？脱致纷纭，悔之何及？"朱异揣知上意，对曰："圣明御宇，南北归仰，正以事无机会，未达其心。今侯景分魏土之半以来，自非天诱其衷，人赞其谋，何以至此！若拒而不内，恐绝后来之望。此诚易见，愿陛下无疑。"上乃定议纳景。

壬午，以景为大将军，封河南王，都督河南北诸军事、大行台，承制如邓禹故事。平西谘议参军周弘正，善占候，前此谓人曰："国家数年后当有兵起。"及闻纳景，曰："乱阶在此矣！"

丁亥，上耕藉田。

三月，庚子，上幸同泰寺，舍身如大通故事。

甲辰，遣司州刺史羊鸦仁督兖州刺史桓和、仁州刺史湛海珍等，将兵三万趣悬瓠，运粮食应接侯景。

正月二十三日辛酉，梁武帝在南郊举行祭天典礼，大赦天下。正月二十六日甲子，在明堂祭祀。

三月［二月］，西魏文帝下诏说：“从现在开始，凡是判处宫刑的人，直接收入官府为奴，不再用刑。”

西魏任命开府仪同三司若干惠为司空，任命侯景为太傅、河南道行台、上谷公。

二月十三日庚辰，侯景又派行台郎中丁和到梁朝，向梁武帝上表说：“臣与高澄有嫌隙，请求奉上函谷关以东，瑕丘以西，包括豫州、广州、郢州、荆州、襄州、兖州、南兖州、济州、东豫州、洛州、阳州、北荆州、北扬州等十三个州归附梁朝，只有青州、徐州等几个州，还要写信劝降。况且黄河以南地区，都是臣的管辖范围，劝降易如反掌。如果青州、徐州一旦平定，便可逐步攻取河北燕赵地区。”梁武帝召集群臣商议。尚书仆射谢举等说：“最近几年与东魏通好，边境没有战事，现在接纳东魏叛臣，我个人认为不合时宜。”梁武帝说：“尽管如此，但得到侯景，塞北可以收复，机会难得，怎能拘泥不知变通呢？”

这一年正月十四日乙卯，梁武帝梦见中原的州郡地方长官都奉献土地来投降，满朝文武庆贺。天亮后，梁武帝见到中书舍人朱异，告诉他梦中景象，并且说：“我一生很少做梦，只要做梦一定应验。”朱异说：“这是全天下统一的征兆啊。”等到侯景使者丁和来到梁朝，说侯景归附梁朝是在正月十四日乙卯那一天下定决心的，梁武帝更加觉他的梦境神奇。这时梁武帝心意犹豫不决，曾经自言自语说：“我的国家如同金瓯，没有一点伤缺，如今突然接受侯景送上的土地，难道是合乎事理的吗？万一因此招来祸患，后悔就来不及了。”朱异猜透了梁武帝的心意，回答说：“陛下圣明无比，统治天下，南北人心都归附仰慕，只是找不到机会来表达他们的心愿。如今侯景分了东魏一半的土地送来，如果不是天意引导他的内心，只靠人谋，哪能到达这个地步！如果拒绝侯景而不接纳，恐怕要阻断以后归降人的希望。这是明摆着的道理，希望陛下不要再犹豫。”梁武帝就下定决心接纳侯景。

二月十五日壬午，梁武帝任命侯景为大将军，封河南王，都督河南河北诸军事、大行台，并授权他像东汉邓禹那样以皇帝名义直接处理在管辖区内的事务。平西谘议参军周弘正，擅长占候，在这之前曾对人说：“国家几年以后会有战乱发生。”等到他听说接纳侯景，说：“祸乱的发生就在这里。”

二月二十日丁亥，梁武帝举行亲耕藉田的典礼。

三月初三日庚子，梁武帝巡幸同泰寺，像大通元年那样，再次出家当和尚。

三月初七日甲辰，委派司州刺史羊鸦仁督率兖州刺史桓和、仁州刺史湛海珍等，率领三万军队向悬瓠进发，运送粮食接应侯景。

魏大赦。

东魏高澄虑诸州有变，乃自出巡抚。留段韶守晋阳，委以军事；以丞相功曹赵彦深为大行台都官郎中。使陈元康豫作丞相欢条教数十纸付韶及彦深，在后以次行之。临发，握彦深手泣曰："以母、弟相托，幸明此心！"夏，四月，壬申，澄入朝于邺。东魏主与之宴，澄起舞，识者知其不终。

丙子，群臣奉赎。丁亥，上还宫，大赦，改元，如大通故事。

甲午，东魏遣兼散骑常侍李系来聘。系，绘之弟也。

五月，丁酉朔，东魏大赦。

戊戌，东魏以襄城王旭为太尉。

高澄遣武卫将军元柱等将数万众昼夜兼行以袭侯景，遇景于颍川北，柱等大败。景以羊鸦仁等军犹未至，乃退保颍川。

甲辰，东魏以开府仪同三司库狄干为太师，录尚书事孙腾为太傅，汾州刺史贺拔仁为太保，司徒高隆之录尚书事，司空韩轨为司徒，青州刺史尉景为大司马，领军将军可朱浑道元为司空，仆射高洋为尚书令、领中书监，徐州刺史慕容绍宗为尚书左仆射，高阳王斌为右仆射。戊午，尉景卒。

韩轨等围侯景于颍川。景惧，割东荆、北兖州、鲁阳、长社四城赂魏以求救。尚书左仆射于谨曰："景少习兵，奸诈难测，不如厚其爵位以观其变，未可遣兵也。"荆州刺史王思政以为："若不因机进取，后悔无及。"即以荆州步骑万余从鲁阳关向阳翟。丞相泰闻之，加景大将军兼尚书令，遣太尉李弼、仪同三司赵贵将兵一万赴颍川。

景恐上责之，遣中兵参军柳昕奉启于上，以为："王旅未接，死亡交急，遂求援关中，自救目前。臣既不安于高氏，岂见容于宇文！但螫手解腕，事不得已，本图为国，愿不赐咎！臣获其力，不容即弃，今以四州之地为饵敌之资，已令宇文遣人入守。自豫州以东，齐海以西，悉臣控压；见有之地，尽归圣朝，悬瓠、项城、徐州、南兖，事须迎纳。愿陛下速敕境上，各置重兵，与臣影响，不使差互！"上报之曰："大夫出境，尚有所专；况始创奇谋，将建大业，理须适事而行，随方以应。卿

西魏大赦天下。

东魏高澄担心各州反叛，便亲自巡视各地，安抚地方。留段韶镇守晋阳，委托他处理军事，任命丞相功曹赵彦深为大行台都官郎中。让陈元康预先写出丞相高欢处理军政事务的条例几十条交给段韶和赵彦深，让他们随后次第施行。高澄临行时紧握赵彦深的手流着眼泪说："我的母亲、兄弟托付给你了，希望你明白我的心思。"夏季，四月初六日壬申，高澄到邺城朝见东魏孝静帝。孝静帝设宴款待高澄，高澄竟在宴会进行中翩翩起舞，有见识的人认为高澄父亲刚死就乐而忘哀，由此推知他没有好下场。

四月十一日丙子，梁朝群臣出钱替梁武帝赎身。四月二十二日丁亥，梁武帝回到皇宫，大赦天下，改年号为太清，像大通元年那次一样。

四月二十九日甲午，东魏派遣兼散骑常侍李系出使梁朝。李系，是李绘的弟弟。

五月初一日丁酉朔，东魏大赦天下。

五月初二日戊戌，东魏任命襄城王元旭为太尉。

高澄派遣武卫将军元柱等率领数万军队日夜兼程袭击侯景，在颍川北与侯景遭遇，元柱等大败。侯景考虑到梁朝羊鸦仁等军还没到达，于是退回颍川据守。

五月初八日甲辰，东魏任命开府仪同三司库狄干为太师，任命录尚书事孙腾为太傅，任命汾州刺史贺拔仁为太保，任命司徒高隆之为录尚书事，任命司空韩轨为司徒，任命仆射高洋为尚书令、领中书监，任命徐州刺史慕容绍宗为尚书左仆射，任命高阳王元斌为尚书右仆射。五月二十二日戊午，尉景去世。

东魏韩轨等把侯景包围在颍川。侯景害怕了，他割让东荆州、北兖州、鲁阳、长社等四座城给西魏，请求救援。西魏尚书左仆射于谨说："侯景年少时就熟习军事，为人奸诈，阴险难测，可以加给他高官爵禄，观察他的行动，还不到派兵救援的时候。"荆州刺史王思政认为："如果不趁机进兵取地，后悔就来不及了。"随即派出荆州的步骑一万多人马，从鲁阳关出，向阳翟进发。丞相宇文泰得到消息，给侯景加封大将军兼尚书令，派太尉李弼、仪同三思赵贵率领一万军队开往颍川。

侯景担心梁武帝责备他投靠西魏，就派中兵参军柳昕奉表启奏梁武帝说："接应的王师没到来，因生死攸关，情势危急，于是向关中求援，先救眼前的困难。臣既然在高氏手下不能安身，又怎能为宇文氏所容纳；手被毒蛇咬了要断掉手腕，这是迫不得已的事。臣本意是为国效力，希望陛下不要责怪我。臣得到了西魏的帮助，不能马上背弃，现今用四个州的地方作为诱饵割给他们，已经让宇文泰派人接收。从豫州以东，沿海以西，都在臣的控制之中，现有的地方，全部归附梁朝，悬瓠、项城、徐州、南兖州，须要立即接管。希望陛下迅速向各边境地区发布命令，各自

诚心有本，何假词费！”

魏以开府仪同三司独孤信为大司马。

六月，戊辰，以鄱阳王范为征北将军，总督汉北征讨诸军事，击穰城。

东魏韩轨等围颍川，闻魏李弼、赵贵等将至，乙巳，引兵还邺。侯景欲因会执弼与贵，夺其军；贵疑之，不往。贵欲诱景入营而执之，弼止之。羊鸦仁遣长史邓鸿将兵至汝水，弼引兵还长安。王思政入据颍川。景阳称略地，引兵出屯悬瓠。

景复乞兵于魏，丞相泰使同轨防主韦法保及都督贺兰愿德等将兵助之。大行台左丞蓝田王悦言于泰曰：“侯景之于高欢，始敦乡党之情，终定君臣之契，任居上将，位重台司；今欢始死，景遽外叛，盖所图甚大，终不为人下故也。且彼能背德于高氏，岂肯尽节于朝廷！今益之以势，援之以兵，窃恐贻笑将来也。”泰乃召景入朝。

景阴谋叛魏，事计未成，厚抚韦法保等，冀为己用，外示亲密无猜间。每往来诸军间，侍从至少，魏军中名将，皆身自造诣。同轨防长史裴宽谓法保曰：“侯景狡诈，必不肯入关，欲托款于公，恐未可信。若伏兵斩之，此亦一时之功也。如其不尔，即应深为之防，不得信其诳诱，自贻后悔。”法保深然之，不敢图景，但自为备而已；寻辞还所镇。王思政亦觉其诈，密召贺兰愿德等还，分布诸军，据景七州、十二镇。景果辞不入朝，遗丞相泰书曰：“吾耻与高澄雁行，安能比肩大弟！”泰乃遣行台郎中赵士宪悉召前后所遣诸军援景者。景遂决意来降。魏将任约以所部千余人降于景。

泰以所授景使持节、太傅、大将军、兼尚书令、河南大行台、都督河南诸军事回授王思政，思政并让不受；频使敦谕，唯受都督河南诸军事。

高澄将如晋阳，以弟洋为京畿大都督，留守于邺，使黄门侍郎高德

配备重兵，与臣呼应，不要发生差错。”梁武帝回复说：“古时大夫出境，尚有自主决断的权力，何况你首创奇谋，要建立伟大的基业，理应根据实际情况处置，随机应变。你对国家一片忠诚，何必解释。”

西魏任命开府仪同三司独孤信为大司马。

六月初三日戊辰，梁朝任命鄱阳王萧范为征北将军，总督汉水以北征讨诸军事，率军进攻穰城。

东魏韩轨等人围攻颍川，得知西魏李弼、赵贵等人即将到来，乙巳［六月初四日己巳］，率领军队撤回邺城。侯景想在两军会合时劫持李弼、赵贵，夺取他们的军队。赵贵起了疑心，不去赴会。赵贵想召诱侯景到自己的军营抓捕侯景，李弼制止了。梁将羊鸦仁派出长史邓鸿率兵到达汝水，李弼率领西魏军回到长安。王思政进军占领颍川。侯景假称要攻占东魏之地，率兵退出颍川城，驻屯悬瓠。

侯景再次向西魏求援，丞相宇文泰派同轨郡的防务长官韦法保和都督贺兰愿德等领兵救援，大行台左丞蓝田人王悦进言宇文泰说：“侯景与高欢的关系，起初是亲密的同乡关系，后来形成君臣的名分，任职上将，位重台司，如今高欢刚死，侯景就立即背叛，原因是他野心很大，终究不甘居别人之下。再说他能背叛高氏，怎能效忠朝廷！如今壮大他的势力，援助以兵力，私下认为这样做会让后人笑话。”宇文泰于是召侯景入朝。

侯景暗中谋划背叛西魏，事情还没有考虑成熟，便优厚地抚慰韦法保等人，希望为自己所用，表面上显示出亲密无间的样子。每次来往于各支军队之间，带的侍从很少，西魏军中的各将，都亲自去拜访。同轨郡防务长史裴宽对韦法保说：“侯景狡诈，他一定不会应召入关，他放下架子与你亲近，恐怕不可相信。如果埋伏士兵杀掉他，这是当今的一件大功劳。如果不这样做，就应当严密提防他，不要相信他的欺骗和诱惑，以免给自己带来悔恨。”韦法保很是赞成，但不敢除掉侯景，只是自己加强了防范而已。不久，找一个借口撤兵回到自己的镇守地同轨。王思政也觉察了侯景的欺诈，密令贺兰愿德等人率军撤回，并部署各路军队占领了侯景所属的七个州、十二个镇。侯景果然找借口不入朝，他送给丞相宇文泰一封信，说：“我耻于和高澄同列，又哪敢与您平起平坐。”宇文泰于是派行台郎中赵士宪召还先后派出救援侯景的各支部队。侯景于是决心投降梁朝。西魏将领任约带领所属一千余人投降了侯景。

宇文泰将授给侯景的使持节、太傅、大将军、兼尚书令、河南大行台、都督河南诸军事等职转授王思政，王思政一概推辞不接受，宇文泰多次派出使者敦促劝说，王思政最后只接受了都督河南诸军事的职位。

高澄要去晋阳，行前任命弟弟高洋为京畿大都督，留守邺城，高澄又任命黄门

政佐之。德政，颢之子也。丁丑，澄还晋阳，始发丧。

秋，七月，魏长乐武烈公若干惠卒。

丁酉，东魏主为丞相欢举哀，服缌缞，凶礼依汉霍光故事，赠相国、齐王，备九锡殊礼。戊戌，以高澄为使持节、大丞相、都督中外诸军、录尚书事、大行台、勃海王；澄启辞爵位。壬寅，诏太原公洋摄理军国，遣中使敦谕澄。

庚申，羊鸦仁入悬瓠城。甲子，诏更以悬瓠为豫州，寿春为南豫州，改合肥为合州。以鸦仁为司、豫二州刺史，镇悬瓠；西阳太守羊思达为殷州刺史，镇项城。

八月，乙丑，下诏大举伐东魏。遣南豫州刺史贞阳侯渊明、南兖州刺史南康王会理分督诸将。渊明，懿之子；会理，续之子也。始，上欲以鄱阳王范为元帅；朱异取急在外，闻之，遽入曰："鄱阳雄豪盖世，得人死力，然所至残暴，非吊民之材。且陛下昔登北顾亭以望，谓江右有反气，骨肉为戎首，今日之事，尤宜详择。"上默然，曰："会理何如？"对曰："陛下得之矣。"会理懦而无谋，所乘襻舆，施板屋，冠以牛皮。上闻，不悦。贞阳侯渊明时镇寿阳，屡请行，上许之。会理自以皇孙，复为都督，自渊明已下，殆不对接。渊明与诸将密告朱异，追会理还，遂以渊明为都督。

辛未，高澄入朝于邺，固辞大丞相；诏为大将军如故，余如前命。

甲申，虚葬齐献武王于漳水之西；潜凿成安鼓山石窟佛寺之旁为穴，纳其柩而塞之，杀其群匠。及齐之亡也，一匠之子知之，发石取金而逃。

戊子，武州刺史萧弄璋攻东魏碛泉、吕梁二戍，拔之。

或告东魏大将军澄云："侯景有北归之志。"会景将蔡道遵北归，言"景颇知悔过"。景母及妻子皆在邺，澄乃以书谕之，语以阖门无恙，若还，许以豫州刺史终其身，还其宠妻、爱子，所部文武，更不追摄。景使王伟复书曰："今已引二邦，扬旌北讨，熊豹齐奋；克复中原，幸自取

侍郎高德政辅佐高洋。高德政，是高颢的儿子。六月十二日丁丑，高澄从邺城回到晋阳，才正式发布高欢去世的消息，举行葬礼。

秋季，七月，西魏长乐武烈公若干惠去世。

七月初二日丁酉，东魏孝静帝为丞相高欢举行吊唁仪式，穿上缌缞丧服，丧礼按照西汉霍光的规格办理，追赠高欢为相国、齐王，给予九锡的特殊礼遇。七月初三日戊戌，任命高澄为使持节、大丞相、都督中外诸军事、录尚书事、大行台、勃海王；高澄上表辞去勃海王的爵位。七月初七日壬寅，孝静帝下诏任命太原公高洋代理军国政务，同时派出宫中使者到太原敦促告谕高澄尽快上任。

七月二十五日庚申，梁将羊鸦仁领兵进入悬瓠城。七月二十九日甲子，梁武帝下诏以悬瓠为豫州，寿春为南豫州，改合肥为合州。任命羊鸦仁为司、豫二州刺史，镇守悬瓠城。任命西阳太守羊思达为殷州刺史，镇守项城。

八月初一日乙丑，梁武帝下诏大举讨伐东魏。梁朝委派南豫州刺史贞阳侯萧渊明、南兖州刺史南康王萧会理分别督率各位将领。萧渊明，是萧懿的儿子；萧会理，是萧续的儿子。起初，梁武帝想让鄱阳王萧范为元帅，朱异正在外休假，听到消息，急忙入宫启奏梁武帝说："鄱阳王萧范雄略豪迈，举世无外，部下愿效死力，但所到之处残暴不仁，不是一个安抚百姓的人才。何况陛下先前曾登上北顾亭远望，说过江西地区有反叛之气，让骨肉至亲为元帅，这件事要十分谨慎选择。"梁武帝沉默了一阵，说："萧会理怎么样？"朱异回答说："陛下这才选对了。"萧会理懦弱无谋，他乘坐的轿子，用木板做轿身，用牛皮做轿顶。梁武帝得知后，很不高兴。贞阳侯萧渊明当时镇守寿阳，多次要求出征，梁武帝答应了。萧会理自认为是皇孙，又担任了大都督，自萧渊明以下的人，不屑一顾，差不多都不来往。萧渊明和各位将领把情况秘密通报了朱异，梁武帝派人把萧会理追回，于是以萧渊明为都督。

八月初七日辛未，高澄到邺城朝见孝静帝，坚决辞去大丞相的职任，孝静帝下诏，高澄任大将军等职位不变，其他职衔保留原来的任命。

八月二十日甲申，东魏在漳水之西造了一座齐献武王高欢的假墓，暗中在成安县鼓山石窟佛寺的旁边开凿了一个墓穴，把高欢的灵柩安放在墓穴中封闭起来，杀死凿穴的一群工匠。等到北齐灭亡后，有一个工匠的儿子知道高欢墓穴位置，打开石洞，取了随葬金器逃走了。

八月二十四日戊子，梁朝武州刺史萧弄璋攻占了东魏碛泉、吕梁两个哨所城堡。

有人告诉东魏大将军高澄说："侯景有重新回归的心意。"恰好这时候景的部将蔡道遵回到东魏，说："侯景很想悔过。"侯景的母亲、老婆、儿女都在邺城，高澄就写信晓谕侯景，信中说侯景全家都安然无恙，只要侯景回头，就承诺侯景终身为豫州刺史，归还他的宠妻和爱子，所统部属文武官员概不追究。侯景让王伟写了一

之，何劳恩赐！昔王陵附汉，母在不归，太上囚楚，乞羹自若，矧伊妻子，而可介意！脱谓诛之有益，欲止不能，杀之无损，徒复坑戮，家累在君，何关仆也！”

戊子，诏以景录行台尚书事。

（以上为第一段，写东魏高欢去世，侯景反叛，西结援西魏，南连梁朝。东魏讨叛，一至八月，以侯景为中心，东、西魏及梁朝卷入，四方兵连祸结，争逐河南。）

东魏静帝，美容仪，旅力过人，能挟石师子逾宫墙，射无不中；好文学，从容沈雅。时人以为有孝文风烈，大将军澄深忌之。始，献武王自病逐君之丑，事静帝礼甚恭，事无大小必以闻，可否听旨。每侍宴，俯伏上寿；帝设法会，乘辇行香，欢执香炉步从，鞠躬屏气，承望颜色，故其下奉帝莫敢不恭。

及澄当国，倨慢顿甚，使中书黄门郎崔季舒察帝动静，大小皆令季舒知之。澄与季舒书曰：“痴人比复何似？痴势小差未？宜用心检校。”帝尝猎于邺东，驰逐如飞，监卫都督乌那罗受工伐从后呼曰：“天子勿走马，大将军嗔！”澄尝侍饮酒，举大觞属帝曰：“臣澄劝陛下酒。”帝不胜忿，曰：“自古无不亡之国，朕亦何用此生为！”澄怒曰：“朕？朕？狗脚朕！”使崔季舒殴帝三拳，奋衣而出。明日，澄使季舒入劳帝，帝亦谢焉，赐季舒绢百匹。

帝不堪忧辱，咏谢灵运诗曰：“韩亡子房奋，秦帝仲连耻。本自江海人，忠义动君子。”常侍、侍讲颍川荀济知帝意，乃与祠部郎中元瑾、长秋卿刘思逸、华山王大器、淮南王宣洪、济北王徽等谋诛澄。大器，鸷之子也。帝谬为敕问济曰：“欲以何日开讲？”乃诈于宫中作土山，开地道向北城。至千秋门，门者觉地下响，以告澄。澄勒兵入宫，见帝，不拜而坐，曰：“陛下何意反？臣父子功存社稷，何负陛下邪！此必左右妃嫔辈所为。”欲杀胡夫人及李嫔。帝正色曰：“自古唯闻臣反君，不闻君反

封回信说：“如今已联合了西魏、梁两国，举旗北伐，如熊似豹的精兵猛将，士气高昂，收复中原，我希望用自己的力量来夺取，无须你来恩赐！从前王陵归汉，项羽扣留了王陵的母亲，王陵并没有回到项王那里；项羽囚禁了刘邦父亲用烹杀来要挟，汉王安然自若地要分一杯羹。至于妻子儿女，那就更不在意了。如果说杀灭我全家对你有好处，我想阻止也没这个能力；杀了我的家属没有什么益处，只是白白地草菅人命。反正我的家属在你的手里，怎么处置与我有什么关系。”

八月二十四日戊子，梁武帝下诏任命侯景为录行台尚书事。

东魏孝静帝一表人才，体力超过平常人，能把石狮子挟在胳膊下跳越宫墙，射箭百发百中；喜好文学，举止庄重文雅。当时人认为他有孝文帝的风范，大将军高澄非常忌惮他。起初，献武王高欢感到驱逐孝武帝有损名声，因此侍奉孝静帝非常谦恭有礼，事无大小都要上奏，办与不办都听从孝静帝的旨意。高欢每次陪同孝静帝出席宴会，他都弯腰向皇上祝寿；孝静帝举办法会，乘坐车子去进香，高欢总是手持香炉步行跟从，弯腰鞠躬，屏声静气，看皇上脸色行事，因此高欢以下的人侍奉孝静帝没人敢不恭敬。

等到高澄当权，傲慢自大很过分，派中书黄门郎崔季舒监视孝静帝的动静，大小事都要让崔季舒知道。高澄写信给崔季舒说：“皇上那呆子比以前怎么样？他的癫狂病好些没有？你要细心地看好。”孝静帝曾经在邺城东郊打猎，骑马逐兽如飞，监卫都督乌那罗受工伐在后面高声叫喊说：“皇上不要让马跑起来，大将军会生气的。”高澄曾经陪孝静帝饮酒，故意用大酒杯灌孝静帝，说：“臣高澄给陛下敬酒。”孝静帝不胜愤怒地说：“自古以来没有不灭亡的国家，朕要这条命有什么用！”高澄发怒说：“什么朕不朕，我看是一条长狗脚的朕。”高澄命令崔季舒打了孝静帝三拳，便甩着衣袖走出了宫。第二天，高澄派崔季舒入宫慰问孝静帝，孝静帝也表示了歉意，赏赐崔季舒一百匹绢。

孝静帝不堪忍受这样的凌辱，吟咏谢灵运的诗来抒发胸臆，说：“韩亡子房奋，秦帝仲连耻。本自江海人，忠义动君子。”常侍、侍讲颍川人荀济猜到了皇上的心意，便与祠部郎中元瑾、长秋卿刘思逸、华山王元大器、淮南王元宣洪、济北王元徽等密谋杀高澄。元大器是元鸷的儿子。孝静帝假意下了一道手谕问荀济，说：“打算什么时候讲课。”就假装在宫中造土山，暗中挖地道通向北城。地道挖到千秋门时，守门人觉察地下有响声，把情况向高澄报告。高澄立即带兵进入皇宫，看见孝静帝，不行跪拜礼坐了下来，问孝静帝说：“陛下为什么要造反？臣父子两代有保全

臣。王自欲反，何乃责我！我杀王则社稷安，不杀则灭亡无日，我身且不暇惜，况于妃嫔！必欲弑逆，缓速在王！”澄乃下床叩头，大啼谢罪。于是酣饮，夜久乃出。居三日，幽帝于含章堂。壬辰，烹济等于市。

初，济少居江东，博学能文。与上有布衣之旧，知上有大志，然负气不服，常谓人曰“会于盾鼻上磨墨檄之”。上甚不平。及即位，或荐之于上，上曰：“人虽有才，乱俗好反，不可用也。”济上书谏上崇信佛法、为塔寺奢费，上大怒，欲集朝众斩之；朱异密告之，济逃奔东魏。澄为中书监，欲用济为侍读，献武王曰：“我爱济，欲全之，故不用济。济入宫，必败。”澄固请，乃许之。及败，侍中杨遵彦谓之曰：“衰暮何苦复尔？”济曰：“壮气在耳！”因下辨曰：“自伤年纪摧颓，功名不立，故欲挟天子，诛权臣。”澄欲宥其死，亲问之曰：“荀公何意反？”济曰：“奉诏诛高澄，何谓反！”有司以济老病，鹿车载诣东市，并焚之。

澄疑谘议温子昇知瑾等谋，方使之作《献武王碑》，既成，饿于晋阳狱，食弊襦而死。弃尸路隅，没其家口，太尉长史宋游道收葬之。澄谓游道曰：“吾近书与京师诸贵论及朝士，以卿僻于朋党，将为一病；今乃知卿真是重故旧、尚节义之人，天下人代卿怖者，是不知吾心也。”九月，辛丑，澄还晋阳。

（以上为第二段，写东魏高澄逼辱孝静帝以树威，八月在邺城用酷刑烧杀反对派荀济等人于闹市。）

上命萧渊明堰泗水于寒山以灌彭城，俟得彭城，乃进军与侯景掎角。癸卯，渊明军于寒山，去彭城十八里，断流立堰。侍中羊侃监作堰，再旬而成。东魏徐州刺史太原王则婴城固守，侃劝渊明乘水攻彭城，不从。诸将与渊明议军事，渊明不能对，但云“临时制宜”。

冬，十一月，魏丞相泰从魏主狩于岐阳。

社稷的大功，有哪点对不起陛下！这件事一定是陛下左右的嫔妃们干的。”想杀掉胡夫人和李嫔。孝静帝严肃地说：“从古以来只听说臣下反叛皇上，不曾听说皇上反叛臣下。大王自己想造反，怎么反来责怪我！我杀了大王则社稷安定，不杀大王国家不知哪一天要灭亡，我连自己的生命都保不住，何况嫔妃呢？你一定要弑朕谋篡，早晚都在你手上！”高澄只好下床叩头，大哭着向孝静帝谢罪。然后君臣两人一起喝酒，高澄一直到深夜才出宫。过了三天，高澄把孝静帝囚禁在含章堂。八月二十八日，荀济等人在闹市中被烹杀。

当初，荀济年轻时居住在江东，知识渊博，善写文章，与梁武帝结为布衣之友。荀济知道梁武帝有野心，但赌气不服，经常对人说：“萧衍敢造反，我就立即在盾牌的把手上磨墨作檄文讨伐他。”萧衍愤恨不平。等到登上帝位，有人向梁武帝推荐荀济，梁武帝说：“这人虽然有点才华，但违犯礼俗，爱唱反调，不可任用。”荀济又上书劝谏梁武帝不该崇信佛法，建造塔寺，奢侈浪费。梁武帝大怒，想召集朝官，当众处死荀济。朱异暗通消息，荀济逃到东魏。高澄任用荀济为侍读，献武王高欢说：“我爱惜荀济，想保全他，所以不重用荀济。荀济进宫，一定要坏事。”高澄坚持任用，高欢才允许。等到荀济事情败露，侍中杨遵彦对荀济说：“你都大把年纪了何苦呢！”荀济说：“雄心壮志还在。”接着在供词中说：“自己慨叹年纪衰老，功名没有建立，因此想凭借皇上的威力，诛杀专权的臣子。”高澄想宽大他，亲自审问，对荀济说：“荀公为何要反叛？”荀济说：“我奉皇上之命诛杀高澄，怎么叫反叛呢？”主管部门因为荀济年老有病，用小车把他押送到刑场，连同小车一起焚烧。

高澄怀疑谘议温子昇知道元瑾等人的阴谋，当时正让他撰写《献武王碑》，碑文完成后，便把温子昇投入晋阳监狱不给饭吃，温子昇吞吃破短袄，最后活活饿死，弃尸路边，一家老小都被罚没为官奴婢，太尉长史宋游道收尸埋葬了温子昇。高澄对宋游道说：“我最近写信给朝中的当权诸公，讨论朝官士大夫，认为你喜欢拉帮结派，是一大缺点，如今才知道你是一个注重旧情、崇尚节义的人，那些因为你为温子昇收尸而担心害怕的人，根本不了解我的心意。”九月初七日辛丑，高澄回到晋阳。

梁武帝命令萧渊明在泗水寒山地段筑坝引水灌彭城，等到占领彭城，就进军与侯景形成犄角互援的形势。九月初九日癸卯，萧渊明驻军寒山，离彭城十八里，筑坝断流。侍中羊侃监督筑坝，用了二十天完成。东魏徐州刺史太原人王则环城固守，羊侃劝萧渊明趁水淹城时发动进攻，萧渊明不听。众将领与萧渊明讨论军事，萧渊明回答不了将领的提议，只是说：“到时候按具体情况采取措施。”

冬季，十一月，西魏丞相宇文泰随从魏文帝在岐阳狩猎。

东魏大将军澄使大都督高岳救彭城，欲以金门郡公潘乐为副。陈元康曰："乐缓于机变，不如慕容绍宗；且先王之命也。公但推赤心于斯人，景不足忧也。"时绍宗在外，澄欲召见之，恐其惊叛；元康曰："绍宗知元康特蒙顾待，新使人来饷金；元康欲安其意，受之而厚答其书，保无异也。"乙酉，以绍宗为东南道行台，与岳、乐偕行。初，景闻韩轨来，曰："啖猪肠儿何能为！"闻高岳来，曰："兵精人凡。"诸将无不为所轻者。及闻绍宗来，叩鞍有惧色，曰："谁教鲜卑儿解遣绍宗来！若然，高王定未死邪？"

澄以廷尉卿杜弼为军司，摄行台左丞，临发，问以政事之要、可为戒者，使录一二条。弼请口陈之，曰："天下大务，莫过赏罚。赏一人使天下之人喜，罚一人使天下之人惧，苟二事不失，自然尽美。"澄大悦，曰："言虽不多，于理甚要。"

绍宗帅众十万据橐驼岘。羊侃劝贞阳侯渊明乘其远来击之，不从，旦日，又劝出战，亦不从；侃乃帅所领出屯堰上。

丙午，绍宗至城下，引步骑万人攻潼州刺史郭凤营，矢下如雨。渊明醉，不能起，命诸将救之，皆不敢出。北兖州刺史胡贵孙谓谯州刺史赵伯超曰："吾属将兵而来，本欲何为，今遇敌而不战乎？"伯超不能对。贵孙独帅麾下与东魏战，斩首二百级。伯超拥众数千不敢救，谓其下曰："虏盛如此，与战必败，不如全军早归。"皆曰"善！"遂遁还。

初，侯景常戒梁人曰："逐北不过二里。"绍宗将战，以梁人轻悍，恐其众不能支，一一引将卒谓之曰："我当阳退，诱吴儿使前，尔击其背。"东魏兵实败走，梁人不用景言，乘胜深入。魏将卒以绍宗之言为信，争共掩击之，梁兵大败，贞阳侯渊明及胡贵孙、赵伯超等皆为东魏所虏，失亡士卒数万人。羊侃结陈徐还。

上方昼寝，宦者张僧胤白朱异启事，上骇之，遽起升舆，至文德殿阁。异曰："韩山失律。"上闻之，恍然将坠床。僧胤扶而就坐，乃叹曰："吾得无复为晋家乎！"

东魏大将军高澄派大都督高岳救彭城，想任用金门郡公潘乐为副将。陈元康说：“潘乐对于把握时机变化反应迟钝，不如慕容绍宗，何况先王有遗命推荐。你只要推心置腹地信任这个人，侯景不值得忧虑。”当时慕容绍宗出任地方官，高澄想召见他，又担心他疑心害怕造反。陈元康说：“慕容绍宗知道我受你的照顾和信任，不久派人来送金钱，我想安定他的心意，就收下了送来的金钱，写了一封诚恳的回信安慰他，我担保他没有二心。”乙酉［十一月初四日丁酉］，任命慕容绍宗为东南道行台，与高岳、潘乐一同出征。当初，侯景听到韩轨来讨伐，说：“这个只会吃猪肠的小子有什么能耐！”又听到高岳来讨伐，说：“兵马精良但带兵的人很一般。”对东魏诸将，侯景一个也看不上。等到听说慕容绍宗来征讨，便敲打着马鞍露出了忧虑的神色说：“哪一个教唆鲜卑小儿派慕容绍宗来。真是这样，大王一定还没死。”

高澄任命廷尉卿杜弼为军司，代理行台左丞，出发之前，高澄问他为政的关键，以及应警惕的事务，让他写出几条来。杜弼请求口述，说：“治理天下最要紧的，那就是赏罚。奖赏一个人让全国的人都高兴，惩罚一个人让全国的人都惧怕，如果抓住这两条，一切政务自然就尽善尽美了。”高澄非常高兴，说：“话说得不多，道理却讲得很透。”

慕容绍宗率领十万大军控制了橐驼岘。羊侃劝贞阳侯萧渊明趁东魏军远道而来兵困马走之时发起攻击，萧渊明不听。第二天早晨，羊侃又请求出战，萧渊明仍然不听，羊侃只好带领自己所属的部队离开萧渊明，驻屯在堤堰上。

十一月十三日丙午，慕容绍宗进兵到彭城城下，率领步骑兵一万人攻击潼州刺史郭凤的军营，箭矢如雨。萧渊明喝得大醉，卧床不起，命令诸将救援，都不敢出战。北兖州刺史胡贵孙对谯州刺史赵伯超说：“我们领兵到这里来是干什么呢？今天碰上了敌人能不出战吗？”赵伯超沉默不回答。胡贵孙独自一人率领本部人马与东魏军队交战，杀敌二百多人。赵伯超统领数千人马不敢出战，对部下说：“敌人众多，交战一定失败，不如保存全军早点撤退。”大家都说：“好。”于是逃还。

当初，侯景一再告诫梁军说：“追击东魏败逃之兵不要超过两里。”慕容绍宗即将交战时，考虑到梁军轻捷强悍，担心自己的军队承受不住攻击，就把将士一一叫到跟前对他们说：“交战时我假装败退，引诱梁军深入，你们从背后攻击。”东魏兵实际打了败仗，梁军不听侯景的告诫，乘胜穷追，东魏将士相信了慕容绍宗的话，同心协力，争相从背后攻击，梁军大败，贞阳侯萧渊明以及胡贵孙、赵伯超等都被东魏军活捉，死伤和逃散士兵数万人。羊侃率部下列队有序地退还。

梁武帝正在睡午觉，宦官张僧胤叫醒梁武帝说朱异有紧急事启奏，梁武帝大惊，迅即起床上轿，赶到文德殿。朱异说：“韩山打了败仗。”梁武帝听了，恍恍惚惚地差点从床上倒下。张僧胤扶住梁武帝坐稳，梁武帝叹息说：“我难道要重蹈晋朝覆

郭凤退保潼州，慕容绍宗进围之。十二月，甲子朔，凤弃城走。

东魏使军司杜弼作檄移梁朝曰："皇家垂统，光配彼天，唯彼吴、越，独阻声教。元首怀止戈之心，上宰薄兵车之命，遂解絷南冠，喻以好睦。虽嘉谋长算，爰自我始，罢战息民，彼获其利。侯景竖子，自生猜贰，远托关、陇，依凭奸伪，逆主定君臣之分，伪相结兄弟之亲，岂曰无恩，终成难养，俄而易虑，亲寻干戈。衅暴恶盈，侧首无托，以金陵逋逃之薮，江南流寓之地，甘辞卑礼，进孰图身，诡言浮说，抑可知矣。而伪朝大小，幸灾忘义，主荒于上，臣蔽于下，连结奸恶，断绝邻好，征兵保境，纵盗侵国。盖物无定方，事无定势，或乘利而受害，或因得而更失。是以吴侵齐境，遂得句践之师，赵纳韩地，终有长平之役。矧乃鞭挞疲民，侵轶徐部，筑垒拥川，舍舟徼利。是以援枹秉麾之将，拔距投石之士，含怒作色，如赴私仇。彼连营拥众，依山傍水，举螳螂之斧，被蛣蜣之甲，当穷辙以待轮，坐积薪而候燎。及锋刃才交，埃尘且接，已亡戟弃戈，土崩瓦解，掬指舟中，衿甲鼓下，同宗异姓，缧绁相望。曲直既殊，强弱不等，获一人而失一国，见黄雀而忘深阱，智者所不为，仁者所不向。诚既往之难逮，犹将来之可追。侯景以鄙俚之夫，遭风云之会，位班三事，邑启万家，揣身量分，久当止足。而周章向背，离披不已，夫岂徒然，意亦可见。彼乃授之以利器，诲之以慢藏，使其势得容奸，时堪乘便。今见南风不竞，天亡有征，老贼奸谋，将复作矣。然推坚强者难为功，摧枯朽者易为力，计其虽非孙、吴猛将，燕、赵精兵，犹是久涉行陈，曾习军旅，岂同剽轻之师，不比危脆之众。拒此则作气不足，攻彼则为势有余，终恐尾大于身，踵粗于股，倔强不掉，狼戾难驯，呼之则反速而衅小，不征则叛迟而祸大。会应遥望廷尉，不肯为臣，自据淮南，亦欲称帝。但恐楚国亡猿，祸延林木，城门失火，殃及池鱼，横使江、淮士子，荆、扬人物，死亡矢石之下，夭折雾露之中。彼梁主者，操行无闻，轻险有素，射雀论功，荡舟称力，年既老矣，耄又及之，政散民流，礼崩乐坏。加以用舍乖方，废立失所，矫情动俗，饰智惊愚，毒螫满怀，妄敦戒业，躁竞盈胸，谬治清净。灾异降于上，怨讟兴于下，人人厌苦，家家思乱，履霜有渐，坚冰且至。传险躁之风俗，任轻薄之子孙，朋党路开，兵权在外。必将祸生骨肉，衅起腹心，强弩冲城，长戈指阙；徒探雀鷇，无救府藏之虚，空请熊蹯，讵延晷刻之命。外崩中溃，今实其时，鹬蚌相持，我乘其弊。方使骏骑追风，精甲辉日，四七

辙吗？”

郭凤撤退保守潼州，慕容绍宗进军攻围。十二月初一日甲子朔，郭凤弃城逃走。

东魏命军司杜弼写了一道檄文送到梁朝，说：“我魏国皇家统治天下，光辉比同日月，只有你们吴越之地，阻碍朝廷旨意，不服教化。我魏国皇上有心停止干戈，大丞相也厌恶下达进兵的命令，于是释放南国俘虏，表示睦邻友好。虽然美好的主张，长远的打算，是我们首先倡议的，但停止战争，休息民众，你们获得实利。侯景这个竖子，自己胡乱猜疑，产生二心，投靠边远的关陇，依托奸伪，叛逆的西魏之主与侯景定下君臣的名分，僭伪朝廷的丞相宇文泰与侯景约为兄弟，难道说这不是给予侯景的恩惠吗？但侯景终归是一个难以收养的叛逆小人，果然不久就改变了主意，亲手挑起了战端。这个天生叛逆的人，残暴无比，恶贯满盈，令人侧目，无处存身。由于金陵是逃犯汇聚的渊薮，江南是流放罪人的地方，侯景便甜言蜜语，卑躬屈膝，奉献动听的言辞，找一个安身的地方，一派虚假浮夸谎言，显而易见。可是你们僭伪的梁朝，上上下下都幸灾乐祸，见利忘义，君主在上荒淫无道，臣子在下蒙蔽作恶，勾结侯景这个奸诈作恶之徒，断绝与我邻睦的友好，调集兵力，屯驻边境，纵容盗贼侵犯我国疆土。天下万事万物，并不是一成不变，有时看似好的利益反而受害，有时看似有得反而丢失。因此，从前吴国侵犯齐国边境，却引来越王句践之师的乘虚而入，赵国接收了韩国的土地，终于招致长平之战的大败。何况你们驱赶的是疲惫之民，侵犯我徐州之地，筑起堤坝堵塞河川，丢弃了舟船运输的利益。因此，击鼓掌旗的指挥将领，跳远投石的勇敢士兵，人人义愤填膺，怒形于色，如同奔赴给自己报仇一样。你们梁军连营扎寨，依山傍水，举着像螳螂前背似的大斧，穿着像蜣螂虫一样的铠甲，挡在必经的车辙路上等待车轮辗过，坐在堆积的柴草上等待大火燃烧。等到两军刚刚交战，征尘才起，你们梁军就丢戟弃戈，土崩瓦解，船中砍断的手指多得可以捧起来，穿着甲胄双手反绑着被俘，同宗的和异姓的，绳绑索捆，在路上络绎不绝。是非分明，强弱悬殊，得到一个叛臣，却失去一个与国，只看到头顶上的黄雀，却忘了脚步底下的陷阱，这是聪明的人所不做，仁爱的人所不为的。过去的事的确难以挽回，但将来的事还可以谋求。侯景出身卑贱，是一个乡野匹夫，碰上风云变幻的岁月，因而青云直上，位列三公，食邑万户，如果能够自己掂量分量，早就应当满足，可是他钻营求索，忙忙碌碌，反复无常，这难道是白忙活的吗？他的用心，不是显而易见的吗？你们却授给他大权重兵没有予以警惕，使他觉得形势有利于实现他的奸计，时机有利于实现他的野心。现今侯景看到你们梁朝国势衰微，已出现灭亡的征兆，这个老贼的奸谋，恐怕又要重演。而且，推翻坚固强大的东西很难见效，可是摧毁枯萎腐朽的东西却容易发挥效力，度量一下侯景这个人，虽然不是孙武、吴起那样的猛将，手下也没有燕国、赵

并列，百万为群，以转石之形，为破竹之势。当使钟山渡江，青盖入洛，荆棘生于建业之宫，麋鹿游于姑苏之馆。但恐革车之所轥轹，剑骑之所蹂践，杞梓于焉倾折，竹箭以此摧残。若吴之王孙，蜀之公子，归款军门，委命下吏，当即授客卿之秩，特加骠骑之号。凡百君子，勉求多福。”其后梁室祸败，皆如弼言。

（以上为第三段，写梁朝军队救援侯景，讨伐东魏，将懦兵骄，大败于寒山，招致东魏轻视，移檄声讨，国家体面丧尽。）

侯景围谯城不下，退攻城父，拔之。壬申，遣其行台左丞王伟等诣建康说上曰：“邺中文武合谋，召臣共讨高澄，事泄，澄幽元善见于金墉，杀诸元六十余人。河北物情，俱念其主，请立元氏一人以从人望，如此，则陛下有继绝之名，臣景有立功之效，河之南北，为圣朝之邾、莒，国之男女，为大梁之臣妾。”上以为然，乙亥，下诏以太子舍人元贞为咸阳王，资以兵力，使还北主魏，须渡江，许即位，仪卫以乘舆之副给之。

国那样的精兵，但他毕竟是久历战场，曾经研习军事，既不是剽悍冒进之师，也不是脆弱危亡的乌合之众，抗拒我们显然力量不足，攻击你们力量有余，恐怕终究是尾大于身，小腿粗于大腿，倔强而不听调遣，凶狠暴戾难以驯服，如果召他回朝，他就反叛得早而为祸小，不征召他，那么他反叛得迟而祸大。也许会像东晋苏峻那样遥望廷尉不服惩治，也可能会像西汉黥布那样不肯为臣，割据淮南，也想称帝。恐怕会重演楚国亡猿，祸延林木，城门失火，殃及池鱼的悲剧，那么江淮士子，荆扬人才，却要横死在矢石之下，丧命于雾露之中。你们梁朝君主，没听说有美好的德行，倒是一向轻薄阴险，如同晋平公那样自己射不中一只鹞鸟而要杀掉侍从，又似齐桓公那样经不住蔡姬在舟中晃荡就休弃了她，如今年老昏耄，政治松散，民众流失，礼坏乐崩。加之用人不当，废立太子失序，装模作样违背礼俗，弄巧设诈惊吓愚人，满肚子毒螫般的坏主意，却妄称笃信佛法戒律，权势的欲望充满胸膛，却胡说崇尚清静无为。上天降下灾异以示警告，下民怨声载道，人人叫苦，家家思乱，脚下出现霜露，坚冰就要到来。倡导浮躁邪异的风俗，放任轻薄无行的子孙，纵容结党营私，外人操纵兵权。这样，一定会导致骨肉中产生祸患，心腹之人出现事端，以至长弩射向京城，长戈指向宫殿，那时一定会像赵武灵王那样，徒劳地捕捉雏鸟充饥，不能解救府藏的空虚而被饿死；也会像楚成王那样，空想乞求吃熊掌而死，没有实现，延长片刻生命的愿望。你们梁朝内外分崩离析，这正是当今的现实。你们鹬蚌相争，我们将乘机取利。我们正在派出追风般的骏马劲骑，精良的铁甲与太阳争辉，良将并列成排，士兵百万为群，如同高山滚石之形，呈现破竹之势，驰骋南下。一定会从钟山渡江，梁主将像当年吴王孙皓梦想入洛一样成为囚虏，建业的宫殿长满荆棘，如同吴王夫差的姑苏之宫成为麋鹿游荡之所。只是担心战车所到之处辗压一切，刀剑铁骑所过之地践踏万物，杞梓此时遭到折断，竹箭这时遭到摧残。如果梁朝的文武百官、王孙公子，能够到军前投降，听命于我们的下级官吏，定会授予如同李斯入秦取得客卿的俸禄，孙秀投晋特加骠骑将军的称号一样，得到同官厚禄。各位君子，努力争取丰厚福禄。”后来梁朝发生的祸乱和败亡，完全像杜弼所说的那样。

侯景围攻谯城无法破城，撤退转攻城父，占领了该城。十二月初九日壬申，派行台左丞王伟等到建康游说梁武帝，说：“邺城朝中文武官员共同谋划，约臣共同讨伐高澄，事情泄露，高澄把元善见幽闭在金墉城，杀皇室六十余人。河北广大地区的人心都怀念元氏君主，请求奉立一个元氏宗室的人为国主，以便顺从民心，如果这样，那么陛下有继绝的名声，臣侯景有立功建勋的机会，黄河以南以北的地方，都是梁朝的附庸，那里的男女老少，都是大梁的臣民婢妾。”梁武帝认为这话很对。

贞，树之子也。

萧渊明至邺，东魏主升阊阖门受俘，让而释之，送于晋阳，大将军澄待之甚厚。

慕容绍宗引军击侯景，景辎重数千两，马数千匹，士卒四万人，退保涡阳。绍宗士卒十万，旗甲耀日，鸣鼓长驱而进。景使谓之曰："公等为欲送客，为欲定雌雄邪？"绍宗曰："欲与公决胜负。"遂顺风布陈。景闭垒，俟风止乃出。绍宗曰："侯景多诡计，好乘人背。"使备之，果如其言。景命战士皆被短甲，执短刀，入东魏陈，但低视，斫人胫马足。东魏兵遂败，绍宗坠马，仪同三司刘丰生被伤，显州刺史张遵业为景所擒。

绍宗、丰生俱奔谯城，裨将斛律光、张恃显尤之，绍宗曰："吾战多矣，未见如景之难克者也。君辈试犯之！"光等被甲将出，绍宗戒之曰："勿渡涡水。"二人军于水北，光轻骑射之。景临涡水谓光曰："尔求勋而来，我惧死而去。我，汝之父友，何为射我？汝岂自解不渡水南，慕容绍宗教汝也。"光无以应。景使其徒田迁射光马，洞胸；光易马隐树，又中之，退入于军。景擒恃显，既而舍之。光走入谯城，绍宗曰："今定何如，而尤我也！"光，金之子也。

开府仪同三司段韶夹涡而军，潜于上风纵火，景帅骑入水，出而却走，草湿，火不复然。

魏岐州久经丧乱，刺史郑穆初到，有户三千，穆抚循安集，数年之间，至四万余户，考绩为诸州之最；丞相泰擢穆为京兆尹。

侯景与东魏慕容绍宗相持数月，景食尽，司马世云降于绍宗。

（以上为第四段，写东魏慕容绍宗征讨侯景，相持数月，侯景军粮尽，士气衰落。）

十二月十二日乙亥，梁武帝下诏任命太子舍人元贞为咸阳王，给配备军队，让他回到北方去统治魏国，等到渡江后允许他即皇帝位，仪仗卫队，按照仅次于梁朝皇帝的规格配备。元贞是元树的儿子。

萧渊明被押送到邺城，东魏孝静帝登上皇城的阊阖门接受战俘，斥责一番之后释放了萧渊明，把他送到晋阳，大将军高澄待他很优厚。

慕容绍宗领兵攻击侯景，侯景辎重数千辆，马数千匹，士卒四万人，退守涡阳。慕容绍宗士卒十万，旌旗铠甲在阳光下闪耀，擂着战鼓长驱直进，侯景派人对慕容绍宗说："你们是欢送客人，还是要分个胜负呢？"慕容绍宗说："要和你决一胜负。"于是顺着风向摆开阵势。侯景紧闭营垒大门，等到风停止了才出来。慕容绍宗说："侯景诡计多端，喜欢从人的背后进攻。"让部下做好防备，果然是这样。侯景命令士兵都穿短甲，手执短刀，攻入东魏兵阵地，只朝地下看，专砍人的小腿和马足。东魏兵打了败仗，慕容绍宗落下马来，仪同三司刘丰生受了伤，显州刺史张遵业被侯景活捉。

慕容绍宗、刘丰生逃奔到谯城，副将斛律光、张恃显责怪慕容绍宗。慕容绍宗说："我打过多少次大战，还没见到像侯景那样难对付的，你们试一试看。"斛律光等人穿着铠甲将要出战，慕容绍宗告诫说："不要渡过涡水。"二人驻军在涡水北岸，斛律光轻装跃马，用弓箭射侯景。侯景到涡水河边，隔河喊话说："你们为立功而来，我为保命离去。我是你父亲的朋友，为什么用箭射我？你哪懂得不要渡过涡水，是慕容绍宗教给你的。"斛律光无言以对。侯景派他的部下田迁用箭射斛律光的马，穿透了马的胸膛；斛律光换了一匹马藏在大树后面，战马又被射中，退入军中。侯景擒获了张恃显，不久就把他释放了。斛律光逃回谯城，慕容绍宗说："今日交战怎么样，还来责备我。"斛律光是斛律金的儿子。

开府仪同三司段韶驻军于涡水两岸，暗中顺风放火，侯景率领骑兵进入河中，从水中出来后再向后撤退，由于草湿，火不再燃烧。

西魏岐州经历长久战乱，刺史郑穆刚上任时只有三千户，郑穆安抚百姓，休养生息，让他们聚集而居，数年以后，达到四万余户，考核政绩他在各州之中名列第一，丞相宇文泰提拔他为京兆尹。

侯景与慕容绍宗相持了几个月，侯景军粮食用完，他的部将司马世云投降了慕容绍宗。

【点评】

侯景祸乱三方。侯景狡诈，为祸三方。东魏讨叛而义正，师出不可挡。西魏识诈，以救援为名，收取大片土地而止军。唯有梁朝，主上昏耄，贪利纳景，臣下争功，庸将领军，寒山大败，咎由自取。“荆棘生于建业之宫，麋鹿游于姑苏之台”，梁朝祸乱，为期不远，恰如东魏杜弼之言。

梁纪十七

梁武帝太清二年（548 年）

【著雍执徐（戊辰，548 年），凡一年】

【大事提要】

本卷记事公元 548 年，凡一年，当梁武帝太清二年，西魏文帝大统十四年，东魏孝静帝武定六年。本年，北朝东西魏无大事，南朝梁武帝接纳奸人东魏叛将侯景，安置于腹心之地，引狼入室，酿成祸乱，史称“太清之祸”。

【原文】

高祖武皇帝十七

太清二年（戊辰，548年）

春，正月，己亥，慕容绍宗以铁骑五千夹击侯景，景诳其众曰："汝辈家属，已为高澄所杀。"众信之。绍宗遥呼曰："汝辈家属并完，若归，官勋如旧。"被发向北斗为誓。景士卒不乐南渡，其将暴显等各帅所部降于绍宗。景众大溃，争赴涡水，水为之不流。景与腹心数骑自硖石济淮，稍收散卒，得步骑八百人，南过小城，人登陴诟之曰："跛奴！欲何为邪！"景怒，破城，杀诟者而去。昼夜兼行，追军不敢逼。使谓绍宗曰："景若就擒，公复何用！"绍宗乃纵之。

辛丑，以尚书仆射谢举为尚书令，守吏部尚书王克为仆射。

甲辰，豫州刺史羊鸦仁以东魏军渐逼，称粮运不继，弃悬瓠，还义阳；殷州刺史羊思达亦弃项城走；东魏人皆据之。上怒，责让鸦仁；鸦仁惧，启申后期，顿军淮上。

侯景既败，不知所适，时鄱阳王范除南豫州刺史，未至。马头戍主刘神茂，素为监州事韦黯所不容，闻景至，故往候之，景问曰："寿阳去此不远，城池险固，欲往投之，韦黯其纳我乎？"神茂曰："黯虽据城，是监州耳。王若驰至近郊，彼必出迎，因而执之，可以集事。得城之后，徐以启闻，朝廷喜王南归，必不责也。"景执其手曰："天教也。"神茂请帅步骑百人先为向导。壬子，景夜至寿阳城下；韦黯以为贼也，授甲登陴。景遣其徒告曰："河南王战败来投此镇，愿速开门！"黯曰："既不奉敕，不敢闻命。"景谓神茂曰："事不谐矣。"神茂曰："黯懦而寡智，可说下也。"乃遣寿阳徐思玉入见黯曰："河南王，朝廷所重，君所知也。今失利来投，何得不受？"黯曰："吾之受命，唯知守城；河南自败，何预吾事！"思玉曰："国家付君以阃外之略，今君不肯开城，若魏兵来至，河南为魏所杀，君岂能独存！何颜以见朝廷？"黯然之。思玉出报，景大悦曰："活我者，卿也。"癸丑，黯开门纳景，景遣其将分守四门，诘责

【语译】

高祖武皇帝十七

梁武帝太清二年（戊辰，548年）

春季，正月初七己亥，慕容绍宗以铁骑五千夹击侯景，侯景欺骗部下说："你们的家属已经被高澄杀害了。"大家都信以为真。慕容绍宗远远地喊话，说："你们的家属全都安然无恙，如果你们回来，官爵仍然和以前一样。"他披散着头发向北斗星发誓。侯景的部众不愿意渡过淮河到南方去，他的部将暴显等各自率领所部人马投降慕容绍宗。侯景的军队大败溃散，争渡涡水，以至于河水被阻断不流。侯景与几个心腹亲将骑马从硖石渡过淮河，渐渐收集逃散的士卒，共有步骑八百人，往南经过一个小城时，有人登上城墙的女儿墙辱骂侯景，说："你这个跛脚奴才，看你还想干什么！"侯景大怒，攻破小城，杀了那个辱骂他的人然后离去。他们昼夜兼程逃跑，东魏追兵不敢逼近。侯景派人对慕容绍宗说："我侯景如果被擒，你就没什么用处了。"慕容绍宗于是放过了侯景。

正月初九日辛丑，梁武帝任命尚书仆射谢举为尚书令，任命代理吏部尚书王克为尚书仆射。

正月十二日甲辰，豫州刺史羊鸦仁因为东魏军逼近，就借口军粮运输供应不上，丢弃了悬瓠城，撤退到义阳；殷州刺史羊思达也丢弃了项城撤退；东魏兵争相占据了这两座城。梁武帝大怒，斥责羊鸦仁；羊鸦仁恐惧，上奏请求宽限时日收回失地，并把军队驻扎在淮河岸上。

侯景打了败仗，不知道到哪里为好，当时鄱阳王萧范被任命为南豫州刺史，还没有到任。马头戍的军主刘神茂，一向遭到南豫州监事韦黯的排斥，他听到侯景来到，就有意前去迎接，侯景问他说："寿阳离这里不远，城池险固，想去投靠，韦黯能接纳我吗？"刘神茂说："韦黯虽然守着寿阳城，他只不过是个监州罢了。大王如果奔到近郊，他一定出迎，趁机抓住他，事情就可以成功。得了寿阳城之后，慢慢启奏皇上，朝廷高兴大王南归，一定不会责怪你的。"侯景握住刘神茂的手说："这真是上天在开导我啊。"刘神茂请求率领步骑一万人为先行向导。正月二十日壬子，侯景夜间到达寿阳城下，韦黯以为是盗寇攻城，就披上铠甲登上城墙。侯景派他的手下人告诉韦黯，说："河南王战败投奔到这里，希望尽快打开城门。"韦黯说："我既然没有接到敕命，不敢答应你的要求。"侯景对刘神茂说："这件事办不成了。"刘神茂说："韦黯懦弱又缺少智谋，可以劝说他打开城门。"于是派寿阳人徐思玉进城见韦黯，说："河南王是朝廷看重的人，你是知道的。如今战败来投奔，怎么能不接受呢？"韦黯说："我的使命，只知道守城，河南王自己打了败仗，与我有何相干。"

黯，将斩之；既而抚手大笑，置酒极欢。黯，叡之子也。

朝廷闻景败，未得审问；或云："景与将士尽没。"上下咸以为忧。侍中、太子詹事何敬容诣东宫，太子曰："淮北始更有信，侯景定得身免，不如所传。"敬容曰："得景遂死，深为朝廷之福。"太子失色，问其故，敬容曰："景翻覆叛臣，终当乱国。"太子于玄圃自讲《老》、《庄》，敬容谓学士吴孜曰："昔西晋祖尚玄虚，使中原沦于胡、羯。今东宫复尔，江南亦将为戎乎！"。

甲寅，景遣仪同三司于子悦驰以败闻，并自求贬削；优诏不许。景复求资给，上以景兵新破，未忍移易。乙卯，即以景为南豫州牧，本官如故；更以鄱阳王范为合州刺史，镇合肥。光禄大夫萧介上表谏曰："窃闻侯景以涡阳败绩，只马归命，陛下不悔前祸，复敕容纳。臣闻凶人之性不移，天下之恶一也。昔吕布杀丁原以事董卓，终诛董而为贼；刘牢反王恭以归晋，还背晋以构妖。何者？狼子野心，终无驯狎之性，养虎之喻，必见饥噬之祸矣。侯景以凶狡之才，荷高欢卵翼之遇，位忝台司，任居方伯，然而高欢坟土未干，即还反噬。逆力不逮，乃复逃死关西；宇文不容，故复投身于我。陛下前者所以不逆细流，正欲比属国降胡以讨匈奴，冀获一战之效耳；今既亡师失地，直是境上之匹夫，陛下爱匹夫而弃与国。若国家犹待其更鸣之辰，岁暮之效，臣窃惟侯景必非岁暮之臣；弃乡国如脱屣，背君亲如遗芥，岂知远慕圣德，为江、淮之纯臣乎！事迹显然，无可致惑。臣朽老疾侵，不应干预朝政；但楚囊将死，有城郢之忠，卫鱼临亡，亦有尸谏之节。臣忝为宗室遗老，敢忘刘向之心！"上叹息其忠，然不能用。介，思话之孙也。

徐思玉说："国家交给守卫国门的重任，如今你不肯打开城门，如果东魏兵杀来，河南王被杀，你难道能独自活下来？即使活下来，又有什么脸面去见朝廷呢？"韦黯认为说得对。徐思玉出城通报，侯景非常高兴说："让我活下来的是你啊。"正月二十一日癸丑，韦黯打开城门接纳侯景。侯景派遣部将分别控制了四个城门，讯问斥责了韦黯一番，想杀掉他；过了一会儿又拍手大笑，摆下酒宴，尽情欢乐。韦黯，是韦叡的儿子。

梁朝听到侯景失败，还未得到详细消息；有人说："侯景和他的将士全军覆没。"朝廷上下都感到忧虑。侍中、太子詹事何敬容到东宫，太子问道："淮北刚传来新的消息，说侯景肯定身免于难，不像传言的那样。"何敬容说："如果侯景真的死了，那倒是国家之福。"太子大惊失色，问是什么原因。何敬容说："侯景是个反复无常的叛臣，他终究要危害国家。"太子在玄圃亲自讲解《老子》、《庄子》，何敬容对学士吴孜说："从前西晋崇尚玄学，导致中原沦陷在胡人、羯人手中。如今东宫重蹈覆辙，江南怕也要沦陷在戎人手中。"

正月二十二日甲寅，侯景派仪同三司于子悦飞马向梁朝报告失败的消息，并且自己请求降职处分；梁武帝下诏安慰不允许降职。侯景又一次上奏请求供给物资，梁武帝考虑侯景刚刚打了败仗，不忍心让他移动驻地。正月二十三日乙卯，当即任命侯景为南豫州牧，原有的官职不变；改任鄱阳王萧范为合州刺史，镇守合肥。光禄大夫萧介上表劝谏说："我个人听说侯景在涡阳大败，单人匹马来归顺，陛下不仅不后悔前一阵接纳侯景带来的祸患，而且又下令接纳他。臣听说凶恶的人的本性不会改变，天下的恶人都一样。从前吕布杀了主人丁原而侍奉董卓，到头来又杀了董卓，成为叛贼；刘牢之反叛王恭归附晋朝，后又背叛晋朝，制造祸乱。为什么呢？狼子野心，始终不会驯顺，养虎为患的比喻，说的是养虎一定会被饥饿的虎吃掉。侯景凭他凶狠狡猾的才能，得遇高欢的保护和重用，位至三公，职任诸侯，然而高欢死后，坟土还没干，侯景就立马反咬一口。只因他叛逆的力量不足，于是投靠西魏，宇文泰不收容他，所以才转身投靠我朝。陛下前一阵不嫌弃涓涓细流，正是想像汉代设置属国收纳降人对抗匈奴一样，希望利用侯景来打击东魏收取功效罢了；如今侯景丧失了军队，丢失土地，只不过是边境上的一个匹夫，陛下爱一个匹夫而放弃与邻国的和好。如果国家还寄希望于侯景改过自新，得到他晚年的效力，臣个人认为侯景肯定不是晚年效忠的人；侯景背弃家国就像脱掉鞋子一样轻易，反叛君主、亲人如同丢掉草芥一样随便，怎么会不远千里地仰慕陛下的圣德，做一个梁朝的忠臣呢！这是明摆着的事实，没什么可疑惑的。臣老朽抱病，不应当过问朝政；但是前人楚国令尹子囊临死不忘进献忠言，加固郢都的城墙，卫国史鱼将死，嘱咐儿子用自己的尸体劝谏卫灵公以尽臣节。臣不肖，身为皇室遗老，怎么敢忘记汉代

己未，东魏大将军澄朝于邺。

魏以开府仪同三司赵贵为司空。

魏皇孙生，大赦。

二月，东魏杀其南兖州刺史石长宣，讨侯景之党也；其余为景所胁从者，皆赦之。

东魏既得悬瓠、项城，悉复旧境。大将军澄数遣书移，复求通好；朝廷未之许。澄谓贞阳侯渊明曰："先王与梁主和好，十有余年。闻彼礼佛文云'奉为魏主，并及先王'，此乃梁主厚意；不谓一朝失信，致此纷扰，知非梁主本心，当是侯景扇动耳，宜遣使咨论。若梁主不忘旧好，吾亦不敢违先王之意，诸人并即遣还，侯景家属亦当同遣。"渊明乃遣省事夏侯僧辩奉启于上，称"勃海王弘厚长者，若更通好，当听渊明还"。上得启，流涕，与朝臣议之。右卫将军朱异、御史中丞张绾等皆曰："静寇息民，和实为便。"司农卿傅岐独曰："高澄何事须和？必是设间，故命贞阳遣使，欲令侯景自疑；景意不安，必图祸乱。若许通好，正堕其计中。"异等固执宜和，上亦厌用兵，乃从异言，赐渊明书曰："知高大将军礼汝不薄，省启，甚以慰怀。当别遣行人，重敦邻睦。"

僧辩还，过寿阳，侯景窃访知之，摄问，具服。乃写答渊明之书，陈启于上曰："高氏心怀鸩毒，怨盈北土，人愿天从，欢身殒越。子澄嗣恶，计灭待时，所以昧此一胜者，盖天荡澄心以盈凶毒耳。澄苟行合天心，腹心无疾，又何急急奉璧求和？岂不以秦兵扼其喉，胡骑迫其背，故甘辞厚币，取安大国。臣闻'一日纵敌，数世之患'，何惜高澄一竖，以弃亿兆之心！窃以北魏安强，莫过天监之始，钟离之役，匹马不归。当其强也，陛下尚伐而取之；及其弱也，反虑而和之。舍已成之功，纵垂死之虏，使其假命强梁，以遗后世，非直愚臣扼腕，实亦志士痛心。昔伍相奔吴，楚邦卒灭；陈平去项，刘氏用兴；臣虽才劣古人，心同往事。诚知高澄忌贾在翟，恶会居秦，求盟请和，冀除其患。若臣死有益，万殒无辞；唯恐千载，有秽良史。"景又致书于朱异，饷金三百两；异纳金而不通其启。

皇室刘向那样的一片忠心。”梁武帝感叹他的忠心，但终究没有采纳他的建议。萧介，是萧思话的孙子。

正月二十七日己未，东魏大将军高澄到邺朝见孝静帝。

西魏任命开府仪同三司赵贵为司空。

西魏文帝的孙子诞生，大赦天下。

二月，东魏诛杀了南兖州刺史石长宣，表示惩罚侯景的同党，其他被侯景胁迫跟随反叛的人，一律赦免。

东魏占领悬瓠、项城后，全部收复了原有的土地。大将军高澄多次派使者致书梁朝，要求重新通好；梁朝没有答应。高澄对贞阳侯萧渊明说：“先王与梁朝皇帝和好，有十多年了，听说梁朝皇上在礼佛文书中替我魏国皇上祈福，还带上了先王，这才是梁朝皇上的一片好心；想不到一旦失了信任，造成现在这样纷扰的局面，我知道不是梁朝皇上的本意，一定是侯景煽动的，应当派使者来商议。如果梁朝皇上不忘旧时的和好，我也不敢违背先王的旨意，立马送各位回国，包括侯景的家属一同送归。”萧渊明便派遣省事夏侯僧辩奉表启奏梁武帝，声称：“勃海王高澄是一个宽宏大量的长者，如果重新通好，允许我萧渊明回国。”梁武帝得到奏表，流下眼泪，与朝中大臣商议这件事。右卫将军朱异、御史中丞张绾等都说：“平息寇乱，休养百姓，和好实属有利。”司农卿傅岐独持异议，说：“高澄哪里是要和好，一定是设下的离间计，故意让贞阳侯派使者回朝，想使侯景自己产生猜疑；侯景想到自己不安全，一定图谋叛乱。如果答应通好，恰恰中了奸计。”朱异等人坚持通好，梁武帝也厌倦用兵，就听从了朱异的意见，给萧渊明回信说：“得知高大将军待你不错，看了你的来信，心里很宽慰。当另派使者到魏国去，重新建立睦邻关系。”

夏侯僧辩回去时，路过寿阳，侯景私下查访到这件事，把夏侯僧辩抓来审问，夏侯僧辩全部供出了真情。于是侯景另写了一封给萧渊明的回信，另上表启奏梁武帝说：“高氏心怀狠毒，北方百姓怨恨至极，天从人愿，高欢终于死了。他的儿子高澄继承了恶毒，他的灭亡指日可待，我违心地让高澄取得涡阳战役的胜利，也许是上天要动荡他的心意，使他恶贯满盈罢了。高澄的行为如果符合天意，内部稳定没有危机，他又何必急匆匆奉璧求和呢？还不是因为西魏军队卡住了他的咽侯，柔然铁骑在他的背后紧逼，所以才用甜言蜜语、丰厚的钱物来换取与大国梁朝的和平安定关系。臣听说‘一日纵敌，数世之患’。陛下何必要爱惜高澄一个竖子，而违背了亿兆百姓的心愿呢？臣个人认为，北魏安定强大的时期，莫过于天监初年，但钟离之战后，一败涂地，连一匹马都没有回去。魏国强大时，陛下尚且讨伐夺取他的土地；等到现今弱小时，反而顾虑重重，与其和好，舍弃已经取得的成功，纵容垂死的敌人，让他们借助凶横苟延残喘，给后世留下祸患，不仅使我个人扼腕叹息，实

己卯，上遣使吊澄。景又启曰："臣与高氏，衅隙已深，仰凭威灵，期雪仇耻；今陛下复与高氏连和，使臣何地自处！乞申后战，宣畅皇威！"上报之曰："朕与公大义已定，岂有成而相纳，败而相弃乎！今高氏有使求和，朕亦更思偃武。进退之宜，国有常制，公但清静自居，无劳虑也！"景又启曰："臣今蓄粮聚众，秣马潜戈，指日计期，克清赵、魏，不容军出无名，故愿以陛下为主耳。今陛下弃臣遐外，南北复通，将恐微臣之身，不免高氏之手。"上又报曰："朕为万乘之主，岂可失信于一物！想公深得此心，不劳复有启也。"

景乃诈为邺中书，求以贞阳侯易景，上将许之。舍人傅岐曰："侯景以穷归义，弃之不祥；且百战之余，宁肯束手就絷！"谢举、朱异曰："景奔败之将，一使之力耳。"上从之，复书曰："贞阳旦至，侯景夕返。"景谓左右曰："我固知吴老公薄心肠！"王伟说景曰："今坐听亦死，举大事亦死，唯王图之！"于是始为反计：属城居民，悉召募为军士，辄停责市估及田租，百姓子女，悉以配将士。

三月，癸巳，东魏以太尉襄城王旭为大司马，开府仪同三司高岳为太尉。辛亥，大将军澄南临黎阳，自虎牢济河至洛阳。魏同轨防长史裴宽与东魏将彭乐等战，为乐所擒，澄礼遇甚厚，宽得间逃归。澄由太行返晋阳。

屈獠洞斩李贲，传首建康。贲兄天宝遁入九真，收余兵二万围爱州，交州司马陈霸先帅众讨平之。诏以霸先为西江督护、高要太守、督七郡诸军事。

夏，四月，甲子，东魏吏部令史张永和等伪假人官，事觉，纠检、首者六万余人。

在也使有识之士痛心。从前伍子胥逃到吴国，楚国遭破败；陈平离开项羽，刘邦任用而兴旺；臣下虽然才能赶不上这些古人，但心思和他们是一样的。我深知高澄就像晋人忌恨贾季逃往翟国、随会逃到秦国，向陛下请求结盟讲和，希望除掉他的后患。如果臣下死亡对梁国有益，我侯景万死不辞；只怕正好相反，留下千秋笑柄，有污良史。”侯景又写信给朱异，还送了三百两黄金；朱异收下了黄金，却没有把侯景的这道奏章进呈梁武帝。

二月十七日己卯，梁武帝派使者到东魏去吊唁高欢，慰问高澄。侯景又上书说：“臣与高氏，怨隙已深，只有仰赖陛下的威望和福气，希望能够报仇雪恨；如今陛下重新与高氏和好，叫我如何做人，乞求让我再次出战，宣扬光大皇威！”梁武帝答复说：“朕与你已经确定君臣关系，哪有成功了就接纳你，失败了就抛弃你呢？如今高氏遣使求和，朕也打算重新考虑不要用武，是进是退，国家自有制度，你只管清静养身，不必辛劳忧虑。”侯景又上书说：“臣今蓄积粮草，聚集兵力，喂养战马，修造兵器，制定了进兵的计划和日期，攻克东魏，但不能擅自行动，师出无名，所以希望陛下做主发布出征的命令。想不到如今陛下把臣抛在一边，南北重新通好，将来只怕臣的小命难逃高氏的手心啊。”梁武帝又答复说：“朕为万乘大国的君主，怎么会为了一件事就会丢弃信义呢？朕想你能理解我的心意，不要再上书了。”

侯景伪造了一封从邺都来的信，要求用贞阳侯萧渊明交换侯景，梁武帝打算同意。舍人傅岐说：“侯景走投无路前来归附，丢弃他是不吉利的；再说侯景是身经百战存活下来的人，岂肯束手就擒。”谢举、朱异说：“侯景是一个败逃之将，只派一个使臣就可把他抓来。”梁武帝采纳了，就写回信说：“贞阳侯萧渊明早晨回到梁朝，侯景晚上就遣返回魏国。”侯景对左右亲信说：“我本来就知道吴老头萧衍是个没情义的人。”王伟劝说侯景：“如今坐等是死，造反干一番大事同样是死，由大王决定吧。”于是开始实施造反计划。全城居民，全部征召为军士，立即停止征收商税和田租，老百姓的子女，全都分配给众将士。

三月初二日癸巳，东魏任命太尉襄城王元旭为大司马，任命开府仪同三司高岳为太尉。三月二十日辛亥，大将军高澄南巡到黎阳，从虎牢渡河到洛阳。西魏同轨防长史裴宽与东魏将彭乐等交战，兵败被彭乐抓获。高澄对待他很优厚，裴宽找了一个机会逃回西魏。高澄取道太行山返回晋阳。

屈獠洞民众杀了李贲，他的首级被送到建康。李贲的哥哥李天宝逃到九真，收聚了余众二万人围攻爱州，交州司马陈霸先率领军队平定了李天宝。梁武帝下诏书任命陈霸先为西江督护、高要太守、督七郡诸军事。

夏季，四月初三日甲子，东魏吏部令史张永和等人伪造任命官吏的委任状授人官职，事情败露，清查检举以及自首的共达六万多人。

甲戌，东魏遣太尉高岳、行台慕容绍宗、大都督刘丰生等将步骑十万攻魏王思政于颍川。思政命卧鼓偃旗，若无人者。岳恃其众，四面陵城。思政选骁勇开门出战，岳兵败走。岳更筑土山，昼夜攻之，思政随方拒守，夺其土山，置楼堞以助防守。

五月，魏以丞相泰为太师，广陵王欣为太傅，李弼为大宗伯，赵贵为大司寇，于谨为大司空。太师泰奉太子巡抚西境，登陇，至原州，历北长城，东趣五原，至蒲州，闻魏主不豫而还。及至，已愈，泰还华州。

上遣建康令谢挺、散骑常侍徐陵等聘于东魏，复修前好。陵，摛之子也。

六月，东魏大将军澄巡北边。

秋，七月，庚寅朔，日有食之。

乙卯，东魏大将军澄朝于邺。以道士多伪滥，始罢南郊道坛。八月，庚寅，澄还晋阳，遣尚书辛术帅诸将略江、淮之北，凡获二十三州。

侯景自至寿阳，征求无已，朝廷未尝拒绝。景请娶于王、谢，上曰："王、谢门高非偶，可于朱、张以下访之。"景恚曰："会将吴儿女配奴！"又启求锦万匹为军人作袍，中领军朱异议以青布给之。又以台所给仗多不能精，启请东冶锻工，欲更营造。景以安北将军夏侯夔之子譒为长史，徐思玉为司马，譒遂去"夏"称"侯"，托为族子。

上既不用景言，与东魏和亲，是后景表疏稍稍悖慢；又闻徐陵等使魏，反谋益甚。元贞知景有异志，累启还朝。景谓曰："河北事虽不果，江南何虑失之，何不小忍！"贞惧，逃归建康，具以事闻；上以贞为始兴内史，亦不问景。

（以上为第一段，写梁武帝接纳侯景而与东魏交恶，丧师失众后重修旧好，却又厚待侯景，把他安置在腹心地寿阳，引狼入室，昏耄之至。）

临贺王正德，所至贪暴不法，屡得罪于上，由是愤恨，阴养死士，储米积货，幸国家有变；景知之。正德在北与徐思玉相知，景遣思玉致笺于正德曰："今天子年尊，奸臣乱国，以景观之，计日祸败。大王属当

四月十四日甲戌，东魏派太尉高岳、行台慕容绍宗、大都督刘丰生等率领步骑十万进兵颍川，攻击西魏王思政。王思政命令军队偃旗息鼓，好像没人一样。高岳仗恃兵多，四面攻城。王思政挑选一批骁勇善战的敢死队突然开门出战，杀得高岳败逃。高岳改变攻城战术，筑土山逼近城墙，白天黑夜轮番围攻。王思政随机应变，守城拒敌，夺占土山，并在土山上设置岗楼和短墙，以辅助防守。

五月，西魏任命丞相宇文泰为太师，任命广陵王元欣为太傅，任命李弼为大宗伯，任命赵贵为大司寇，任命于谨为大司空。太师宇文泰侍奉太子巡抚西魏的西部疆土，登上陇山，到达原州，巡经北长城，东到五原，又至蒲州，听到魏文帝身体欠佳的消息，返回长安。到达长安时，魏文帝病愈，宇文泰回到华州。

梁武帝派建康令谢挺、散骑常侍徐陵等出使东魏，恢复先前的友好关系。徐陵，是徐摛的儿子。

六月，东魏大将军高澄巡察北方边境。

秋季，七月初一日庚寅，发生日食。

七月二十六日乙卯，东魏大将军高澄到邺城朝见孝静帝。高澄认为道士太多，而且许多是假冒的，开始撤除南郊的道坛。八月初二日庚寅，高澄回到晋阳，派尚书辛术率领诸将侵犯江淮以北地区，一共占领了二十三个州。

侯景自从来到了寿阳，不断向朝廷提出要求，朝廷从没有拒绝。侯景请求娶王家、谢家之女为妻，梁武帝说："王、谢两家门第高贵，不适合你求婚，可以在朱张两家选配偶。"侯景十分恼怒地说："将来我要把萧衍的女儿配给奴仆。"又上书要求拨发绸缎一万匹给军士做战袍。中领军朱异提议供给青布。侯景又借口主管部门供给的兵器不精良，上书要求调配东冶的锻造工匠，自己另外营造。侯景任命安北将军夏侯夔的儿子夏侯譒为长史，任命徐思玉为司马。夏侯譒把姓氏去掉"夏"字，改为侯譒，假托为侯景的同宗侄子。

梁武帝没有采纳侯景的意见，与东魏通好，此后侯景的表疏渐渐傲慢无礼；侯景又听到徐陵等人出使东魏，反叛的想法更加强烈。元贞看出侯景的野心，多次上书梁武帝，请求回到朝廷。侯景对他说："扫荡河北虽然没有成功，江南地方何必担心失去，为什么不稍微忍耐一下。"元贞害怕，逃回建康，把侯景反叛的事详细报告给朝廷，梁武帝任命元贞为始兴内史，也不过问侯景。

临贺王萧正德，无论到哪里都贪婪残暴，不守法度，多次受到梁武帝的斥责，因此怀恨在心，暗中蓄养效忠他的死士，储备粮食，聚积财货，希望国家发生变乱；侯景探得这些消息。萧正德逃奔北魏时与徐思玉相交，侯景派徐思玉写信给萧正德

储贰，中被废黜，四海业业，归心大王。景虽不敏，实思自效，愿王允副苍生，鉴斯诚款！”正德大喜曰：“侯公之意，暗与吾同，天授我也！”报之曰：“朝廷之事，如公所言。仆之有心，为日久矣。今仆为其内，公为其外，何有不济！机事在速，今其时矣。”

鄱阳王范密启景谋反。时上以边事专委朱异，动静皆关之，异以为必无此理。上报范曰：“景孤危寄命，譬如婴儿仰人乳哺，以此事势，安能反乎！”范重陈之曰：“不早翦扑，祸及生民。”上曰：“朝廷自有处分，不须汝深忧也。”范复请以合肥之众讨之，上不许。朱异谓范使曰：“鄱阳王遂不许朝廷有一客！”自是范启，异不复为通。

景邀羊鸦仁同反，鸦仁执其使以闻。异曰：“景数百叛虏，何能为！”敕以使者付建康狱，俄解遣之。景益无所惮，启上曰：“若臣事是实，应罹国宪；如蒙照察，请戮鸦仁！”景又言：“高澄狡猾，宁可全信！陛下纳其诡语，求与连和，臣亦窃所笑也。臣宁堪粉骨，投命仇门，乞江西一境，受臣控督。如其不许，即帅甲骑，临江上，向闽、越，非唯朝廷自耻，亦是三公旰食。”上使朱异宣语答景使曰：“譬如贫家，畜十客、五客，尚能得意；朕唯有一客，致有忿言，亦朕之失也。”益加赏赐锦彩钱布，信使相望。

戊戌，景反于寿阳，以诛中领军朱异、少府卿徐驎、太子右卫率陆验、制局监周石珍为名。异等皆以奸佞骄贪，蔽主弄权，为时人所疾，故景托以兴兵。驎、验，吴郡人；石珍，丹杨人。驎、验迭为少府丞，以苛刻为务，百贾怨之，异尤与之昵，世人谓之“三蠹”。

司农卿傅岐，梗直士也，尝谓异曰：“卿任参国钧，荣宠如此。比日所闻，鄙秽狼藉，若使圣主发悟，欲免得乎！”异曰：“外间谤黩，知之久矣。心苟无愧，何恤人言！”岐谓人曰：“朱彦和将死矣。恃谄以求容，肆辩以拒谏，闻难而不惧，知恶而不改，天夺之鉴，其能久乎！”

说："如今皇上年老，奸臣祸乱国家，依侯景看来，不久就要败亡。大王应留为储君，中途被废黜，四面八方的老百姓，都虔诚地拥护你。侯景虽然敏捷，却真心诚意愿为你效劳，希望大王不要辜负天下黎民的心愿，理解我的一片诚心。"萧正德非常高兴，说："侯公的想法，与我的心愿不谋而合，这真是上天送给我的助手啊！"萧正德回信侯景说："朝廷的事，就像你说的一样。我有这种心思，已经很久了。如今我为内应，你在外发动，何愁不成功。抓住机会要快，现在正是时候。"

鄱阳王萧范秘密上奏，报告侯景谋反。当时梁武帝把边防事务专门委任朱异，事无大小都要问朱异。朱异认为一定不会有这事。梁武帝回信萧范说："侯景孤单命危，投靠我朝，好比是一个婴儿一样靠人喂养，形势如此，哪能造反呢？"萧范再次上书说："不趁早铲除侯景，就会祸害百姓。"梁武帝说："朝廷自有处分，无须你深忧。"萧范再次上书请求调用合肥的军队讨伐侯景，梁武帝没有准许。朱异对萧范使者说："鄱阳王难道不允许朝廷收留一个客人吗？"从此萧范上奏，朱异不再呈报。

侯景相约羊鸦仁一同造反，羊鸦仁逮捕了侯景的使者上报朝廷。朱异说："侯景只有几百个叛兵，能干什么呢？"下令把使者投入建康监狱，不久又释放了。侯景更加肆无忌惮，上书说："如果臣反叛是实，应当受国家法律惩处，如果皇上查明冤屈，请求诛杀羊鸦仁。"侯景又说："高澄狡猾，怎么可以完全相信他的话。陛下听信了他的谎言，谋求与他和好，我个人也觉得可笑。臣宁愿粉身碎骨，把命交给仇人高澄，请求把江西地区给我掌管。如果不同意我的要求，我将率领铁甲骑兵，渡过长江，杀向闽越，不仅朝廷蒙受耻辱，也会使王公大臣们寝食不安。"梁武帝让朱异明确地对侯景的使者说："即使一个贫穷的家庭，养十个、五个客人，还是能够维持；朕只有一个客人，却招来这么多的怨言，也有朕的不是。"增加绸缎钱币的赏赐，使者往来不断。

八月初十日戊戌，侯景在寿阳反叛，他以诛杀中领军朱异、少府卿徐驎、太子右卫率陆验、制局监周石珍为借口。朱异等人确实奸诈骄横，蒙蔽皇上，玩弄权术，被当时人痛恨，所以侯景借口起兵。徐驎、陆验，都是吴郡人；石珍，丹杨人。徐驎、陆验，相继为少丞，为政务求苛酷，所有商家都怨恨他们，朱异与他们的关系特别亲密，当时人称他们为"三蠹"。

司农卿傅岐，是一个耿直刚正的人，曾经对朱异说："你掌管了国家的核心政权，得到无上的荣誉和宠信。近来听到关于你的传闻，都是些卑鄙龌龊、乱七八糟的事，如果让英明的皇上发现，你能解脱吗？"朱异说："外人诽谤，我早就知道了。我问心无愧，还怕别人议论。"傅岐对人说："朱异死到临头了。他依靠巴结奉承求得皇上信任，百般巧辩地拒绝别人的劝告，听到灾难还不惊心，知道自己的罪

景西攻马头，遣其将宋子仙东攻木栅，执戍主曹璆等。上闻之，笑曰：“是何能为！吾折棰笞之。”敕购斩景者，封三千户公，除州刺史。甲辰，诏以合州刺史鄱阳王范为南道都督，北徐州刺史封山侯正表为北道都督，司州刺史柳仲礼为西道都督，通直散骑常侍裴之高为东道都督，以侍中开府仪同三司邵陵王纶持节董督众军以讨景。正表，宏之子；仲礼，庆远之孙；之高，邃之兄子也。

九月，东魏濮阳武公娄昭卒。

侯景闻台军讨之，问策于王伟，伟曰：“邵陵若至，彼众我寡，必为所困。不如弃淮南，决志东向，帅轻骑直掩建康；临贺反其内，大王攻其外，天下不足定也。兵贵拙速，宜即进路。”景乃留外弟中军大都督王显贵守寿阳；癸未，诈称游猎，出寿阳，人不之觉。冬，十月，庚寅，景扬声趣合肥，而实袭谯州，助防董绍先开城降之。执刺史丰城侯泰。泰，范之弟也；先为中书舍人，倾财以事时要，超授谯州刺史。至州，遍发民丁，使担腰舆、扇、伞等物，不限士庶；耻为之者，重加杖责，多输财者，即纵免之，由是人皆思乱。及侯景至，人无战心，故败。

庚子，诏遣宁远将军王质帅众三千巡江防遏。景攻历阳太守庄铁，丁未，铁以城降。因说景曰：“国家承平岁久，人不习战，闻大王举兵，内外震骇，宜乘此际速趋建康，可兵不血刃而成大功。若使朝廷徐得为备，内外小安，遣羸兵千人直据采石，大王虽有精甲百万，不得济矣。”景乃留仪同三司田英、郭骆守历阳，以铁为导，引兵临江。江上镇戍相次启闻。上问讨景之策于都官尚书羊侃，侃请“以二千人急据采石，令邵陵王袭取寿阳；使景进不得前，退失巢穴，乌合之众，自然瓦解。”朱异曰：“景必无渡江之志。”遂寝其议。侃曰：“今兹败矣！”

戊申，以临贺王正德为平北将军，都督京师诸军事，屯丹杨郡。正德遣大船数十艘，诈称载荻，密以济景。景将济，虑王质为梗，使谍视

恶不思悔改，上天夺走了他的分辨力，难道他还能活得长久吗？”

侯景西攻马头，派他的将领宋子仙东攻木栅，俘获了戍主曹璆等人。梁武帝听到后笑道：“这有什么了不起，我折断一根棍子来抽他一顿。”下令悬赏谁能砍掉侯景的头颅，封三千户公，出任州刺史。八月十六日甲辰，下诏任命合州刺史萧范为南道都督，北徐州刺史封山侯萧正表为北道都督，司州刺史柳仲礼为西道都督，通直散骑常侍裴之高为东道都督，侍中、开府仪同三司邵陵王萧纶持节总统众军讨伐侯景。萧正表，是萧宏的儿子；柳仲礼，是柳庆远的儿子；裴之高，是裴邃哥哥的儿子。

九月，东魏濮阳公娄昭去世。

侯景听到朝廷军队讨伐他，问计于王伟，王伟说：“邵陵王萧纶到达，他的兵多，我们的兵少，一定受到包围。不如放弃淮南，下定决心向东进击，率领轻骑直扑建康；临贺王萧正德在京城内造反，大王在外进攻，天下不难平定。兵贵神速，应当立即行动。”侯景于是留下表弟中军大都督王显贵守寿阳；九月二十五日癸未，假称到外面打猎，率军出寿阳，人们都未发觉。冬季，十月初三日庚寅，侯景声言进攻合肥，而实际偷袭谯州，谯州助理防务董绍先打开城门投降侯景。活捉了谯州刺史丰成侯萧泰。萧泰，是萧范的弟弟；萧泰原任中书舍人，拿出全部家财来贿赂当时的权臣，被破格任命为谯州刺史。到任后，到处征发民夫，让这些人给他抬轿子，运送扇子、雨伞等物品，不论是士人还是普通百姓；耻于做这些事就要遭到棍棒痛打，送钱财多的人，就可免除徭役，因此人人思乱。等到侯景杀来，无人抵抗，所以城破战败。

十月十三日庚子，梁武帝下诏派宁远将军王质率领三千名士兵沿江设防，阻击叛军。侯景进攻历阳太守庄铁，十月二十日丁未，庄铁献出城池投降。庄铁向侯景献计说：“梁朝承平多年，人们不熟习作战，听说大王起兵，朝廷内外惊骇，应当趁此机会迅速进兵建康，可以不用交战成就大功。若果让朝廷有时间做好防备，内外人心安定下来，只需派出老弱士兵一千人径直据守采石渡口，大王即使有精兵铁甲一百万，也渡不了长江。”侯景于是留下仪同三司田英、郭骆守历阳，用庄铁作向导，挥师直临长江。长江沿岸哨所据点，一个接一个地奏报。梁武帝向都官尚书羊侃询问征讨侯景的计策，羊侃说：“我请求率领两千士兵紧急据守采石，令邵陵王萧纶袭击并占领寿阳，使侯景不得前走一步，后退又没了巢穴，他的乌合之众，自然瓦解。”朱异说：“侯景绝没有渡江的打算。”于是搁置了羊侃的计谋。羊侃说：“如此则梁朝就要败亡了。”

十月二十一日戊申，任命临贺王萧正德为平北将军，都督京师诸军事，屯驻丹杨郡。萧正德派大船数十艘，谎称运载荻草，秘密载运侯景军队渡江。侯景将要渡

之。会临川大守陈昕启称："采石急须重镇，王质水军轻弱，恐不能济。"上以昕为云旗将军，代质戍采石，征质知丹杨尹事。昕，庆之之子也。质去采石，而昕犹未下渚。谍告景云："质已退。"景使折江东树枝为验，谍如言而返，景大喜曰："吾事办矣！"己酉，自横江济于采石，有马数百匹，兵八千人。是夕，朝廷始命戒严。

景分兵袭姑孰，执淮南太守文成侯宁。南津校尉江子一帅舟师千余人，欲于下流邀景；其副董桃生，家在江北，与其徒先溃走。子一收余众，步还建康。子一，子四之兄也。

（以上为第二段，写侯景反叛，皇室萧正德内应，侯景兵锋南指，顺利渡江。）

太子见事急，戎服入见上，禀受方略，上曰："此自汝事，何更问为！内外军事，悉以付汝。"太子乃停中书省，指授军事，物情惶骇，莫有应募者。朝廷犹不知临贺王正德之情，命正德屯朱雀门，宁国公大临屯新亭，大府卿韦黯屯六门，缮修宫城，为受敌之备。大临，大器之弟也。

已酉，景至慈湖。建康大骇，御街人更相劫掠，不复通行。赦东西冶、尚方钱署及建康系囚，以扬州刺史宣城王大器都督城内诸军事，以羊侃为军师将军副之，南浦侯推守东府，西丰公大春守石头，轻车长史谢禧、始兴太守元贞守白下，韦黯与右卫将军柳津等分守宫城诸门及朝堂。推，秀之子；大春，大临之弟；津，仲礼之父也。摄诸寺库公藏钱，聚之德阳堂，以充军实。

庚戌，侯景至板桥，遣徐思玉来求见上，实欲观城中虚实。上召问之。思玉诈称叛景请间陈事，上将屏左右，舍人高善宝曰："思玉从贼中来，情伪难测，安可使独在殿上！"朱异侍坐，曰："徐思玉岂刺客邪！"思玉出景启，言"异等弄权，乞带甲入朝，除君侧之恶"。异甚惭悚。景又请遣了事舍人出相领解，上遣中书舍人贺季、主书郭宝亮随思玉劳景于板桥。景北面受敕，季曰："今者之举何名？"景曰："欲为帝也！"王伟进曰："朱异等乱政，除奸臣耳。"景既出恶言，遂留季，独遣宝亮还宫。

江，忧虑王质从中作梗，派出间谍侦察。正巧这时临川太守陈昕上奏说：“采石急需重兵把守，王质所领水军人少势弱，恐怕完不成守江任务。”梁武帝任命陈昕为云旗将军，代理王质戍守采石，征调王质为丹杨尹。陈昕，是陈庆之的儿子。王质离开了采石，而陈昕却没有去采石接防。间谍向侯景报告说：“王质已经退走。”侯景让间谍折断长江南岸的树枝为凭证，间谍按照侯景的吩咐折了江南的树枝返回，侯景大喜说：“我的大事办妥了。”十月二十二日己酉，侯景从横江渡江到了采石，有马数百匹，士兵八千人。当夜，朝廷开始戒严。

侯景分兵偷袭姑孰，活捉淮南太守文成侯萧宁。南津校尉江子一率领水军一千余人，想在下游截击侯景；他的副将董桃生家在江北，董桃生和他的部属首先逃走。江子一收集余众，步行逃回建康。江子一，是江子四的哥哥。

皇太子眼看形势危急，穿着戎服进宫见梁武帝，禀报局势，接受指示。梁武帝说：“这是你自个的事，还请示干什么！内外军事，全都交给你了。”皇太子就停留在中书省，指挥部署军事行动。人心惶惶，没有人应召杀敌。朝廷还不知道萧正德与侯景勾结的事情，命令他屯守朱雀门，宁国公萧大临屯守新亭，太府卿韦黯屯守六门，同时修缮皇城，做好与敌交战的准备。萧大临，是萧大器的弟弟。

十月二十二日己酉，侯景到达慈湖，建康惊恐，皇城御街上的行人互相抢劫，阻断了交通。朝廷赦免东冶、西冶、尚方钱署的囚徒劳工，以及建康监狱所有的罪犯，任命扬州刺史宣城王萧大器都督京城内诸军事，羊侃以军师将军为副职，南浦侯萧推守东府，西丰公萧大春守石头城，轻车长史谢禧、始兴太守元贞守卫白下，韦黯与右卫将军柳津等人分别守卫皇宫诸门及朝堂。萧推，是萧秀的儿子；萧大春，是萧大临的弟弟；柳津，是柳仲礼的父亲。调集各个府寺仓库的国家积蓄的钱财，集中到德阳堂，用以供应军备。

十二月二十三日庚戌，侯景进军到板桥，派徐思玉求见梁武帝，实际是打探城中虚实。梁武帝召见了徐思玉。徐思玉谎称他背叛了侯景要来单独向皇上报告秘密情况，梁武帝要左右的人退下，舍人高善宝说：“徐思玉从反贼中来，真假难辨，怎么可以让他一个人在殿上。”朱异当时在座，说：“徐思玉难道是刺客吗？”徐思玉拿出侯景的书信说：“朱异等人玩弄权术，臣侯景要求带兵入朝，除掉皇上旁边的恶人。”朱异非常惭愧害怕。侯景又请求派明白事理的舍人去了解情况。梁武帝派中书舍人贺季、主书郭宝亮随着徐思玉到板桥慰劳侯景。侯景面向北跪接了皇上诏书。贺季说：“你今天兴兵有什么名义。”侯景说：“想当皇帝。”王伟走上前说：“朱异等人搞乱朝政，只不过是除掉奸臣罢了。”侯景既然口出狂言，于是扣留了贺季，只让

百姓闻景至，竞入城，公私混乱，无复次第，羊侃区分防拟，皆以宗室间之。军人争入武库，自取器甲，所司不能禁，侃命斩数人，方止。是时，梁兴四十七年，境内无事，公卿在位及闾里士大夫罕见兵甲，贼至猝迫，公私骇震。宿将已尽，后进少年并出在外，军旅指扮，一决于侃，侃胆力俱壮，太子深仗之。

辛亥，景至朱雀桁南，太子以临贺王正德守宣阳门，东宫学士新野庾信守朱雀门，帅宫中文武三千余人营桁北。太子命信开大桁以挫其锋，正德曰："百姓见开桁，必大惊骇，可且安物情。"太子从之。俄而景至，信帅众开桁，始除一舶，见景军皆着铁面，退隐于门。信方食甘蔗，有飞箭中门柱，信手甘蔗，应弦而落，遂弃军走。南塘游军沈子睦，临贺王正德之党也，复闭桁渡景。太子使王质将精兵三千援信，至领军府，遇贼，未陈而走。正德帅众于张侯桥迎景，马上交揖，既入宣阳门，望阙而拜，歔欷流涕，随景渡淮。景军皆着青袍，正德军并着绛袍，碧里，既与景合，悉反其袍。景乘胜至阙下，城中恟惧，羊侃诈称得射书云："邵陵王、西昌侯援兵已至近路。"众乃小安。西丰公大春弃石头，奔京口；谢禧、元贞弃白下走；津主彭文粲等以石头城降景，景遣其仪同三司于子悦守之。

（以上为第三段，写萧正德驻防朱雀门，开门揖盗，侯景兵不血刃破建康。）

壬子，景列兵绕台城，幡旗皆黑，射启于城中曰："朱异等蔑弄朝权，轻作威福，臣为所陷，欲加屠戮。陛下若诛朱异等，臣则敛辔北归。"上问太子："有是乎？"对曰："然。"上将诛之。太子曰："贼以异等为名耳，今日杀之，无救于急，适足贻笑将来，俟贼平诛之未晚。"上乃止。

景绕城既匝，百道俱攻，鸣鼓吹唇，喧声震地。纵火烧大司马、东、西华诸门。羊侃使凿门上为窍，下水沃火；太子自捧银鞍，往赏战士；直阁将军朱思帅战士数人逾城出外洒水，久之方灭。贼又以长柯斧斫东

郭宝亮一人回宫。

老百姓听说侯景兵到，竞相进城，公私混乱，不再有秩序，羊侃部署城区防务，每处都派皇室成员来监督。军士争相进入武库，自行拿走兵器铠甲，主管部门不能禁止，羊侃下令杀了几个人，才制止了混乱。梁朝建立四十七年，境内没有战事，公卿大臣以及乡间士大夫很少见过战争，现在叛贼突然来到，朝野惊骇。开国老将已经没有了，后起的年轻将领防守在外，军事指挥策划，全靠羊侃决断。羊侃有胆有识，身体强壮，皇太子仰仗了他。

十月二十四日辛亥，侯景进军到朱雀门浮桥的南面，皇太子任命临贺王萧正德守宣阳门，东宫学士新野人庾信守朱雀门，统领皇宫中文武将士三千多人在浮桥北扎营。皇太子命令庾信撤除浮桥阻挫敌人的前锋，萧正德说："老百姓看见撤除浮桥，一定惊慌，可以暂时不撤以稳定人心。"皇太子听从了。不一会儿，侯景的军队冲了过来，庾信立即带领士兵撤除浮桥，刚拉开了一条船，看到侯景的士兵都戴着铁面具，庾信赶快后退躲到城门下。庾信正在吃甘蔗，一只飞箭射中门柱，庾信手中的甘蔗随着飞箭的声响惊落在地上，庾信吓得丢弃军队逃走。南塘游军沈子睦是临贺王萧正德的同党，趁机带领士兵前去重新闭合了浮桥，让侯景的军队过河。皇太子派王质率领三千精兵救援庾信，刚走到领军府，就碰上了侯景的叛军，没有摆开阵势就逃散了。萧正德率领部众在张侯桥迎接侯景，两人在马背上互相拱手作揖，进入了宣阳门。萧正德望着宫门叩拜，哽咽流泪，然后跟随侯景渡过秦淮河。侯景的军队穿青色战袍，萧正德军队穿深红色战袍，里子是青绿色，两军会合后，萧正德命令军士反穿战袍。侯景乘胜攻到台城下，台城人心惊慌，羊侃假称得到用箭射来的书信，说："邵陵王萧纶、西昌侯萧渊藻率领的援兵就在附近。"大家这才稍微安定下来。西丰公萧大春丢弃了石头城，逃到京口，谢禧、元贞也丢了手下逃走，津主彭文粲等献出石头城投降了侯景，侯景派他的仪同三司于子悦守卫石头城。

十月二十五日壬子，侯景让士兵列队包围了台城，军旗都用黑色，用箭射了一封书信到台城中，说："朱异等人藐视皇上，玩弄权术，肆意作威作福，臣等遭到他的诬陷，想杀害臣等。皇上如果杀了朱异等人，臣等就掉转马头北归。"梁武帝问皇太子："有这回事吗？"回答说："是这样的。"梁武帝想诛杀朱异等人。皇太子说："叛贼只不过拿朱异为借口，今天杀了他，也救不了急，只会被后人耻笑，等到平定了叛贼再诛杀奸臣也不算晚。"梁武帝这才作罢。

侯景严严实实包围了台城，各处一同攻城，喊杀声震地。叛军放火烧大司马门、东华门、西华门等各道城门。羊侃让人在门上凿洞，从中灌水灭火；皇太子亲自捧着银制的马鞍去奖赏战士；直阁将军朱思率领几个战士翻过城墙到城门外洒水，过

掖门，门将开，羊侃凿扇为孔，以槊刺杀二人，斫者乃退。景据公车府，正德据左卫府，景党宋子仙据东宫，范桃棒据同泰寺。景取东宫妓数百，分给军士。东宫近城，景众登其墙射城内。至夜，景于东宫置酒奏乐，太子遣人焚之，台殿及所聚图书皆尽。景又烧乘黄厩、士林馆、太府寺。癸丑，景作木驴数百攻城，城上投石碎之。景更作尖顶木驴，石不能破。羊侃使作雉尾炬，灌以膏蜡，丛掷焚之，俄尽。景又作登城楼，高十余丈，欲临射城中。侃曰："车高堑虚，彼来必倒，可卧而观之。"及车动，果倒。

景攻既不克，士卒死伤多，乃筑长围以绝内外，又启求诛朱异等。城中亦射赏格出外曰："有能送景首者，授以景位，并钱一亿万，布绢各万匹。"朱异、张绾议出兵击之，问羊侃，侃曰："不可。今出人若少，不足破贼，徒挫锐气；若多，则一旦失利，门隘桥小，必大致失亡。"异等不从，使千余人出战；锋未及交，退走，争桥赴水死者大半。

侃子鷟，为景所获，执至城下，以示侃，侃曰："我倾宗报主，犹恨不足，岂计一子，幸早杀之！"数日，复持来，侃谓鷟曰："久以汝为死矣，犹在邪！"引弓射之。景以其忠义，亦不之杀。

庄铁虑景不克，托称迎母，与左右数十人趣历阳，先遣书给田英、郭骆曰："侯王已为台军所杀，国家使我归镇。"骆等大惧，弃城奔寿阳，铁入城，不敢守，奉其母奔寻阳。

十一月，戊午朔，刑白马，祀蚩尤于太极殿前。

临贺王正德即帝位于仪贤堂，下诏称："普通以来，奸邪乱政，上久不豫，社稷将危。河南王景，释位来朝，猥用朕躬，绍兹宝位，可大赦，改元正平。"立其世子见理为皇太子，以景为丞相，妻以女，并出家之宝货悉助军费。

于是景营于阙前，分其兵二千人攻东府；南浦侯推拒之，三日，不克。景自往攻之，矢石雨下，宣城王防阁许伯众潜引景众登城。辛酉，

了好久才把火扑灭。叛军又用长柄斧砍东掖门，眼看城门就要被砍开，羊侃让士兵在门扇上凿孔，用长槊刺死了两个敌兵，砍门的敌人才退了下去。侯景占据公车府，萧正德占据左卫府，侯景的党羽宋子仙占据东宫，范桃棒占据同泰寺。侯景把几百名东宫的歌女分配给士兵。东宫靠近台城，侯景部众登上东宫墙上用箭射台城。到了夜晚，侯景在东宫摆酒宴奏乐，皇太子派人放火，台殿以及殿内收藏的图书全都被烧光。侯景放火烧了乘黄厩、士林馆、太府寺。十月二十六日癸丑，侯景制作木驴数百攻台城，城上投下巨石砸碎了木驴。侯景制作尖顶木驴，石头砸不破木驴。羊侃就叫人制作雉尾火炬，灌上油脂、白蜡，然后将成捆的火炬点燃投掷下去，不一会儿尖顶木驴被烧光。侯景又造登城楼，高十多丈，想居高临下用箭射台城。羊侃说："这种楼车太高，地上壕沟地面有软有硬，楼车过来会自动倒塌，我们躺在城墙上看好戏。"等到楼车行动起来，果然倒塌。

侯景没有攻破台城，士兵死伤很多，于是筑起一道长长的围墙来隔绝台城与外面的交通，又再次上书请求诛杀朱异等人。台城中也用箭射出悬赏规格，说："有人能够送上侯景的人头，就把侯景的职位封给他，外加赏钱一亿万，布绢各一万匹。"朱异、张绾商议出兵攻击侯景，询问羊侃，羊侃说："不行。出兵少了，不能破贼，白白挫了士气；如果出兵多了，一旦失利，城门狭小，桥面过窄，一定造成大量伤亡。"朱异等不听，派出一千多人出战，还没有交战就退回，士兵争桥落水，死了一大半。

羊侃的儿子羊鷟，被侯景抓获，绑押到城下，展示给羊侃看。羊侃说："我羊氏豁出整个宗族报答皇上，尚嫌不够，难道吝惜一个儿子，希望你们早点把他杀了。"过了几天，又把羊鷟押到城下，羊侃对羊鷟说："我早就认为你死了，你竟然还活着。"羊侃拉弓用箭射羊鷟。侯景认为羊侃是一个忠义的人，也没有杀羊鷟。

庄铁担心侯景破不了台城，假托要迎接母亲，与手下几十个亲信赶到历阳，预先派人送信给田英、郭骆说："侯景大王已经被禁卫军杀死，朝廷派我回来镇守历阳。"郭骆等人十分惊骇，丢下历阳城逃奔寿阳。庄铁进入历阳城，不敢镇守，带着母亲投奔寻阳。

十一月初一日戊午，梁武帝在太极殿前杀白马祭祀蚩尤神。

临贺王萧正德在仪贤堂登上帝位，下诏书说："自从普通年间以来，奸邪之臣混乱朝政，皇上长期患病，国家面临危亡。河南王侯景，放弃在东魏的爵位来到朝廷效力，辅助我继承大位，可以大赦天下，改元年号正平。"立世子萧见理为皇太子，任命侯景为丞相，将女儿许配侯景为妻，并且拿出全部家中的珍宝钱财资助军费。

这时侯景在台城宫门外扎营，分兵两千人攻击东府；南浦侯萧推领兵抵抗，交战三天，侯景军队没能攻占东府。侯景亲自去督战，箭矢滚石如雨点般地密集落下，

克之；杀南浦侯推及城中战士三千人，载其尸聚于杜姥宅，遥语城中人曰：“若不早降，正当如此！”

景声言上已晏驾，虽城中亦以为然。壬戌，太子请上巡城，上幸大司马门，城上闻跸声，皆鼓噪流涕，众心粗安。

江子一之败还也，上责之。子一拜谢曰：“臣以身许国，常恐不得其死；今所部皆弃臣去，臣以一夫安能击贼！若贼遂能至此，臣誓当碎首以赎前罪，不死阙前，当死阙后。”乙亥，子一启太子，与弟尚书左丞子四、东宫主帅子五帅所领百余人开承明门出战。子一直抵贼营，贼伏兵不动。子一呼曰：“贼辈何不速出！”久之，贼骑出，夹攻之。子一径前，引槊刺贼；从者莫敢继，贼解其肩而死。子四、子五相谓曰：“与兄俱出，何面独旋！”皆免胄赴贼。子四中矟，洞胸而死；子五伤脰，还至堑，一恸而绝。

景初至建康，谓朝夕可拔，号令严整，士卒不敢侵暴。及屡攻不克，人心离沮。景恐援兵四集，一旦溃去；又食石头常平诸仓既尽，军中乏食；乃纵士卒掠夺民米及金帛子女。是后米一升至七八万钱，人相食，饿死者什五六。

乙丑，景于城东、西起土山，驱迫士民，不限贵贱，乱加殴捶，疲羸者因杀以填山，号哭动地。民不敢窜匿，并出从之，旬日间，众至数万。城中亦筑土山以应之。太子、宣城王已下，皆亲负土，执畚锸，于山上起芙蓉层楼，高四丈，饰以锦罽，募敢死士二千人，厚衣袍铠，谓之“僧腾客”，分配二山，昼夜交战不息。会大雨，城内土山崩；贼乘之，垂入，苦战不能禁。羊侃令多掷火，为火城以断其路，徐于内筑城，贼不能进。

景募人奴降者，悉免为良；得朱异奴，以为仪同三司，异家赀产悉与之。奴乘良马，衣锦袍，于城下仰诟异曰：“汝五十年仕宦，方得中领

宣城王萧大器的防阁将军许伯众暗中引导侯景的军队登上城墙。十一月初四日辛酉，攻占了东府；杀南浦侯萧推以及城中战士三千人，把尸体堆积在杜姥宅，远远向台城中的人喊话说："如果不早早投降，就是这样的下场。"

侯景声称梁武帝已经去世，台城中的将士也以为这是真的。十一月五日壬戌，皇太子请求皇上巡视全城，当梁武帝登上大司马门时，城墙上守军听到銮驾仪仗的吆喝声，全都欢呼流泪，军民人心才稍为安定下来。

江子一战败回到建康，梁武帝责备他。江子一叩头请罪说："我决心以身报国，时常担心不能为国捐躯；现今我率领的部众丢下我逃跑了，臣一个人怎么能够攻击敌人！如果敌人到了建康，臣发誓打碎脑袋以赎前罪，不是战死在皇宫前边，就是战死在皇宫后面。"［十一月初六日癸亥］，江子一向皇太子请求，与弟弟尚书左丞江子四、东宫主帅江子五率领一百余人开承明门出战，江子一直冲到叛兵营中，埋伏的叛兵暂不行动。江子一大声叫喊："叛兵们为何不出来交战。"过了很长时间，敌人骑兵冲过来夹攻江子一。江子一径直向前，举槊刺杀敌人；跟随的人没有一个紧跟上去，敌人破断了江子一的肩膀，把他杀死。江子四、江子五相互说："与哥哥一起出战，有何脸面独自活着回去！"都脱下铠甲冲入敌群。江子四被矛刺中，穿透了胸膛而死；江子五脖颈受伤，退回到防城堑壕边时，悲痛地大叫一声死去。

侯景刚攻进建康时，认为早晚之间就能攻下台城，因此号令严肃军纪整齐，士兵不敢侵暴百姓。等到多次攻战都没有占领台城，军心离散沮丧。侯景害怕援兵四面聚集，早晚有溃散的一天；加之石头城、常平仓积储的粮食已经吃完，军队开始缺粮；于是放纵士兵掠夺平民口粮以及金钱子女。此后，一升米卖到七八万钱，人吃人，饿死的人占十之五六。

十一月初八日乙丑，侯景在台城东面和西面垒起了土山，驱赶士人平民去劳动，不分贵贱，都随意捶打拳击，那些疲惫不堪和身体瘦弱的人，就地杀死，埋入土山，民众的哭喊嚎叫，惊天动地。民众不敢逃亡躲藏，全都被驱赶出来垒土山，十天之内，众达数万。台城中也堆土山来对抗。皇太子、宣城王以下都亲自挑土，拿锹镐和撮箕，在土山上筑起几层荷花状的城楼，高四丈，用彩帛和毛布遮饰起来，招募了两千多敢死士兵，穿上厚厚的战袍和铠甲，称之为"僧腾客"，部署在东西两座土山城楼上，日夜不停地与叛军交战。这时天下起了大雨，城内的土山被雨水冲塌；敌军乘机攻击，眼看就要攻进来，城内将士艰苦死战也阻挡不住敌人进攻的势头。羊侃命令士兵多扔火把，形成一片火墙阻断敌人进攻的路口，同时在城内筑起了新的防御墙，敌军才没有攻进来。

侯景招募那些过去身为奴婢后来又投降他的人，全都免除了他们的奴婢身份成为良民；侯景募得朱异的奴婢，任命为仪同三司，朱异的家财也全部赏给他。这个

军；我始事侯王，已为仪同矣！”于是三日之中，群奴出就景者以千数，景皆厚抚以配军，人人感恩，为之致死。

荆州刺史湘东王绎闻景围台城，丙寅，戒严，移檄所督湘州刺史河东王誉、雍州刺史岳阳王詧、江州刺史当阳公大心、郢州刺史南平王恪等，发兵入援。大心，大器之弟；恪，伟之子也。

朱异遗景书，为陈祸福。景报书，并告城中士民，以为:“梁自近岁以来，权幸用事，割剥齐民，以供嗜欲。如曰不然，公等试观：今日国家池苑，王公第宅，僧尼寺塔；及在位庶僚，姬姜百室，仆从数千，不耕不织，锦衣玉食；不夺百姓，从何得之！仆所以趋赴阙庭，指诛权佞，非倾社稷。今城中指望四方入援，吾观王侯、诸将，志在全身，谁能竭力致死，与吾争胜负哉！长江天险，二曹所叹，吾一苇航之，日明气净。自非天人允协，何能如是！幸各三思，自求元吉！”

景又奉启于东魏主，称:“臣进取寿春，暂欲停憩。而萧衍识此运终，自辞宝位；臣军未入其国，已投同泰舍身。去月二十九日，届此建康。江海未苏，干戈暂止，永言故乡，人马同恋。寻当整辔，以奉圣颜。臣之母、弟，久谓屠灭，近奉明敕，始承犹在。斯乃陛下宽仁，大将军恩念，臣之弱劣，知何仰报！今辄赍启迎臣母、弟、妻、儿，伏愿圣慈，特赐裁放！”

己巳，湘东王绎遣司马吴晔、天门太守樊文皎等将兵发江陵。

陈昕为景所擒，景与之极饮，使昕收集部曲，欲用之。昕不可，景使其仪同三司范桃棒囚之。昕因说桃棒，使帅所部袭杀王伟、宋子仙，诣城降。桃棒从之，潜遣昕夜缒入城。上大喜，敕镌银券赐桃棒曰:“事定之日，封汝河南王，即有景众，并给金帛女乐。”太子恐其诈，犹豫不决，上怒曰:“受降常理，何忽致疑！”太子召公卿会议，朱异、傅岐曰:

奴婢骑良马，穿锦袍，到台城下仰头骂朱异说：“你五十年做官，才得了个中领军，我刚侍奉侯景大王，便做到了仪同三司。”这样一来，三天之中，众多奴婢都出来投靠侯景，数以千计，侯景都给他们优厚的赏赐安抚，补充到军队中去，人人感恩戴德，都替侯景效死力。

荆州刺史湘东王萧绎听说侯景围攻皇城，十一月九日丙寅，戒严，发檄文给所辖湘州刺史河东王萧誉、雍州刺史岳阳王萧詧、江州刺史当阳公萧大心、郢州刺史南平王萧恪等，发兵进入建康救援。萧大心，是萧大器的弟弟；萧恪，是萧伟的儿子。

朱异写信给侯景，为他分析祸福与利害，侯景回信，煽动皇城中官吏百姓，说：“梁朝近几年来，奸臣当权，搜刮平民，以满足他们的贪欲嗜好。如果不是这样，那就请你看一看事实吧。如今朝廷的园池苑囿，王公的宅第居室，僧尼的佛塔寺庙；以及在位的百官，他们妻妾成群，奴仆数千，这些人不耕不织，锦衣玉食；不从百姓中夺取，请问是从哪里来的！我之所以兴兵冒犯朝廷，只想杀掉那些专权的奸佞之臣，不是要颠覆国家。如今城中指望四方勤王之兵来救援，依我看，那些王侯众将，一个个只顾保全自家性命，没有人竭力死拼，来和我争胜负。长江天险，连曹操、曹丕也感叹不能跨越，我用一片苇叶就渡过了大江，而且是在天气晴好的情况下做到的，如果不是上应天意下顺民心，哪能是这样呢？希望各位三思，为自己谋求吉祥的大路。”

侯景又上书东魏孝静帝，说：“我进军夺取寿春，想暂时休息一下。但萧衍知道他的皇运已经到头，自己辞去了大位；臣的军队还没有进入建康，他已舍身同泰寺。上月二十九日，我军抵达建康。虽然天下还没有安定，而战争总算暂时停止，说起故乡，人与马都同样依恋。不久，我要整顿队伍，回到北方朝拜陛下的圣颜。原以为臣的母亲、弟弟早就被杀灭，最近收到皇上敕令，才得知他们还活在世上。这全是陛下的宽大仁爱，大将军的恩泽照顾，臣的能力弱小拙劣，不知怎样来报答！如今特别送上书信，恳请迎接臣的母亲、弟弟、妻子、儿女，我伏地请求皇上慈悲，特许释放他们。”

十一月十二日己巳，湘东王萧绎派司马吴晔、天门太守樊文皎等率领将士从江陵出发。

陈昕被侯景擒获，侯景设宴和陈昕开怀畅饮，想收服任用他。陈昕不投降，侯景让仪同三司范桃棒囚禁陈昕。陈昕趁机反劝范桃棒，让他率领本部人马袭杀王伟、宋子仙，到台城投降。范桃棒听从了，暗中派陈昕趁夜色用绳子吊上台城。梁武帝大喜，敕令赐银券给范桃棒说：“事成之后，封你为河南王，拥有侯景的部众，并赏赐金帛女乐。”皇太子担心范桃棒诈降，犹豫不决，梁武帝大怒说：“接受投降是常

“桃棒降必非谬。桃棒既降，贼景必惊，乘此击之，可大破也。”太子曰：“吾坚城自守以俟外援，援兵既至，贼岂足平！此万全策也。今开门纳桃棒，桃棒之情，何易可知！万一为变，悔无所及；社稷事重，须更详之。”异曰：“殿下若以社稷之急，宜纳桃棒；如其犹豫，非异所知。”太子终不能决。桃棒又使昕启曰：“今止将所领五百人，若至城门，皆自脱甲，乞朝廷开门赐容。事济之后，保擒侯景。”太子见其恳切，愈疑之。朱异抚膺曰：“失此，社稷事去矣！”俄而桃棒为部下所告，景拉杀之。陈昕不知，如期而出，景邀得之，逼使射书城中曰：“桃棒且轻将数十人先入。”景欲衷甲随之，昕不肯，期以必死，乃杀之。

景使萧见理与仪同三司卢晖略戍东府。见理凶险，夜，与群盗剽劫于大桁，中流矢而死。

（以上为第四段，写侯景重兵攻围皇城，梁将羊侃指挥有方，应对有度，激战两月余，直到年底，叛军未能攻克皇城。）

邵陵王纶行至钟离，闻侯景已渡采石，纶昼夜兼道，旋军入援，济江，中流风起，人马溺者什一二。遂帅宁远将军西丰公大春、新淦公大成、永安侯确、安南侯骏、前谯州刺史赵伯超、武州刺史萧弄璋等，步骑三万自京口西上。大成，大春之弟；确，纶之子；骏，懿之孙也。

景遣军至江乘拒纶军。赵伯超曰：“若从黄城大路，必与贼遇，不如径指钟山，突据广莫门，出贼不意，城围必解矣。”纶从之，夜行失道，迂二十余里，庚辰旦，营于蒋山。景见之大骇，悉送所掠妇女、珍货于石头，具舟欲走。分兵三道攻纶，纶与战，破之。时山巅寒雪，乃引军下爱敬寺。景陈兵于覆舟山北，乙酉，纶进军玄武湖侧，与景对陈，不战。至暮，景更约明日会战，纶许之。安南侯骏见景军退，以为走，即与壮士逐之；景旋军击之，骏败走，趣纶军。赵伯超望见，亦引兵走，景乘胜追击之，诸军皆溃。纶收余兵近千人，入天保寺；景追之，纵火烧寺。纶奔朱方，士卒践冰雪，往往堕足。景悉收纶辎重，生擒西丰公大春、安前司马庄丘慧、主帅霍俊等而还。丙戌，景陈所获纶军首虏铠仗及大春等于城下，使言曰：“邵陵王已为乱兵所杀。”霍俊独曰：“王小

理，为何疑虑重重。”皇太子召集公卿商议，朱异、傅岐说：“范桃棒投降一定不是假的，范桃棒投降后，侯景一定惊慌，趁此机会攻击他，可以大获全胜。”皇太子说：“我们坚守城池，等待外援，援兵一到，叛贼何愁不平！这是万全之策。如今开门接纳范桃棒，范桃棒的情况，怎么知道呢？万一有变，后悔莫及；国家存亡事情重大，必须细细考量。”朱异说：“殿下真以国家大事为重，就应该接纳范桃棒，如果犹豫不决，那后果就不是朱异所知道的了。”皇太子始终下不了决心。范桃棒又派陈昕上书说：“如今只率领我的五百人来，到了城门，各自都脱了铠甲，请求朝廷开门接纳。事成之后，保证擒拿侯景。”皇太子看到范桃棒这么恳切，更加怀疑。朱异捶胸感叹说：“失掉这次机会，国家就完蛋了。”不久，范桃棒被部下告发，侯景把他分尸处死。陈昕不知道，按约定的时间出城，侯景拦截逮捕了他，逼他写一封信，内容为“范桃棒将轻装带着几十个人先进城”，侯景想趁机派穿甲战士尾随进城，陈昕拒绝，决心一死，侯景就杀了他。

侯景派萧见理与仪同三司卢晖略戍守东府。萧见理为人凶险，夜里他和几十个强盗到浮桥上去偷窃抢劫，被乱箭射死。

邵陵王萧纶进军到钟离，听到侯景已渡过采石，萧纶昼夜兼程，率领军队转向建康救援，渡长江时，到了江中起了大风，人马被淹死了两成。于是率领宁远将军西丰公萧大春、新淦公萧大成、永安侯萧确、安南侯萧骏、前豫州刺史赵伯超、武州刺史萧弄璋等，步骑三万从京口西上。萧大成，是萧大春的弟弟；萧确，是萧纶的儿子；萧骏，是萧懿的孙子。

侯景派兵到江乘抗拒萧纶军。赵伯超说：“如果走黄城大路，一定与叛兵遭遇，不如走小道进兵钟山，突击占据广莫门，出其不意地出现在敌人面前，一定能解台城之围。”萧纶采纳了，偏偏夜晚行军迷了路，迂回了二十余里。十一月二十三日早晨，到达蒋山安营扎寨。侯景见了非常惊骇，把所抢掠的妇女珍宝全部送到石头城，准备舟船，打算逃走。侯景分兵三路攻击萧纶，萧纶交战大败侯景军。当时山顶上有寒冷的冰雪，就指挥军队移营山下爱敬寺。侯景把军队驻扎在覆舟山北面。十一月二十八日乙酉，萧纶进军玄武湖旁，与侯景对阵，没有交战。到了天黑时，侯景约期明日交战，萧纶答应了。安南侯萧骏看见侯景军后退，认为是败逃，立即率领精锐兵追击；侯景回头攻击，萧骏败逃，奔向萧纶的军营。赵伯超远远望见，也带兵逃走，侯景乘胜追击，萧纶的各路军队都打了败仗。萧纶收集余兵一千余人，进入天保寺；侯景追了上来，放火烧寺。萧纶逃往朱方，士兵脚踏冰雪，不少人冻坏

失利，已全军还京口。城中但坚守，援军寻至。”贼以刀殴其背，俊辞色弥厉；景义而释之，临贺王正德杀之。

（以上为第五段，写邵陵王萧纶首率勤王之师，进兵建康救援，兵败蒋山。）

是日晚，鄱阳王范遣其世子嗣与西豫州刺史裴之高、建安太守赵凤举各将兵入援，军于蔡洲，以待上流诸军，范以之高督江右援军事。景悉驱南岸居民于水北，焚其庐舍，大街已西，扫地俱尽。

北徐州刺史封山侯正表镇钟离，上召之入援，正表托以船粮未集，不进。景以正表为南兖州刺史，封南郡王。正表乃于欧阳立栅以断援军，帅众一万，声言入援，实欲袭广陵。密书诱广陵令刘询，使烧城为应，询以告南兖州刺史南康王会理。十二月，会理使询帅步骑千人夜袭正表，大破之；正表走还钟离。询收其兵粮，归就会理，与之入援。

癸巳，侍中、都官尚书羊侃卒，城中益惧。侯景大造攻具，陈于阙前，大车高数丈，一车二十轮，丁酉，复进攻城，以虾蟆车运土填堑。

湘东王绎遣世子方等将步骑一万入援建康，庚子，发公安。绎又遣竟陵太守王僧辩将舟师万人，出自汉川，载粮东下。方等有俊才，善骑射，每战，亲犯矢石，以死节自任。

壬寅，侯景以火车焚台城东南楼。材官吴景有巧思，于城内构地为楼，火才灭，新楼即立，贼以为神。景因火起，潜遣人于其下穿城。城将崩，乃觉之；吴景于城内更筑迂城，状如却月以拟之，兼掷火，焚其攻具，贼乃退走。

太子遣洗马元孟恭将千人自大司马门出荡，孟恭与左右奔降于景。

己酉，景土山稍逼城楼，柳津命作地道以取其土，外山崩，压贼且

了脚。侯景缴获了萧纶的辎重，活捉了西丰公萧大春、安前司马庄丘慧、主帅霍俊等人，收兵回营。十一月二十九日丙戌，侯景把缴获萧纶军的铠甲兵器以及砍下的首级和俘虏的萧大春等陈列在台城城下，派人喊话说："邵陵王萧纶已经被乱兵杀死。"霍俊独自对台城守兵说："邵陵王只是小小的失利，已全军退到京口。城中只管坚守，援军不久就到来。"敌兵用刀击打霍俊后背，霍俊声音更加激昂；侯景被他的忠义感动，释放了他，临贺王萧正德却杀了他。

当天夜晚，鄱阳王萧范派他的世子萧嗣与西豫州刺史裴之高、建安太安赵凤举各自领兵进京救援，驻扎在蔡州，等待长江上游东下的各路援军。萧范派裴之高协调江西各路援军的军务。侯景驱赶建康城南部的所有居民到秦淮河北岸，把他们的住房全部烧毁，大街以西一片焦土。

北徐州刺史封山侯萧正表镇守钟离，梁武帝征召他救援，萧正表借口舟船粮食没有准备好，按兵不动。侯景任命萧正表为南兖州刺史，封南郡王。萧正表在欧阳设立栅寨阻止其他援军，他自己率领一万人马，宣称进京救援，实际是要偷袭广陵。他写了一封信暗中送给广陵县令刘询，要刘询在城内放火接应他，刘询向南兖州刺史南康王萧会理报告了萧正表的阴谋。十二月，萧会理派刘询率领步骑一千人在夜里偷袭萧正表，把萧正表打得大败；萧正表逃回钟离。刘询收缴了萧正表的士兵和粮食，归属萧会理，和他一起进京救援。

十二月初七日癸巳，侍中、都官尚书羊侃去世，台城中更加恐惧。侯景大造攻城器具，摆放在宫门前面，大车高达数丈，一辆大车有二十个轮子。十二月十一日丁酉，重新发动攻城，用虾蟆车运土填塞护城河。

湘东王萧绎派世子萧方等率领步骑一万人救援建康。十二月十四日庚子，从公安出发。萧绎又派竟陵太守王僧辩率领水军一万人，从汉川出发，载运粮食东下。萧方等才智过人，擅长骑马射箭，每次战斗，亲自冲锋陷阵，以献身于职责节义为己任。

十二月十六日壬寅，侯景用火车烧毁了台城的东南城楼。材官将军吴景心灵手巧，在城内地面上搭起了一座城楼，火刚刚熄灭，新楼立即立起，叛军认为有神灵相助。侯景趁焚烧城楼的时候，暗中派人在城楼下挖掘城墙。城墙快要崩塌时，城内才发觉；吴景在城内另筑一道弯曲的城墙，就像一轮弯月，又扔火把烧毁了叛军的攻城器械，叛军才退走。

皇太子派洗马元孟恭率领一千人从大司马门出击叛军，元孟恭却带领部众投降了侯景。

十二月二十三日己酉，侯景的土山逼近城楼，柳津命令挖地道来掏空城外的土

尽。又于城内作飞桥，悬罩二土山。景众见飞桥迴出，崩腾而走；城内掷雉尾炬，焚其东山，楼栅荡尽，贼积死于城下。乃弃土山不复修，自焚其攻具。材官将军宋嶷降于景，教之引玄武湖水以灌台城，阙前皆为洪流。

上征衡州刺史韦粲为散骑常侍，以都督长沙欧阳頠监州事。粲，放之子也，还，至庐陵，闻侯景乱，粲简阅部下，得精兵五千，倍道赴援。至豫章，闻景已出横江，粲就内史刘孝仪谋之，孝仪曰："必如此，当有敕。岂可轻信人言，妄相惊动！或恐不然。"时孝仪置酒，粲怒，以杯抵地曰："贼已渡江，便逼宫阙，水陆俱断，何暇有报！假令无敕，岂得自安！韦粲今日何情饮酒！"即驰马出部分。将发，会江州刺史当阳公大心遣使邀粲，粲乃驰往见大心曰："上游藩镇，江州去京最近，殿下情计诚宜在前。但中流任重，当须应接，不可阙镇。今宜且张声势，移镇湓城，遣偏将赐随，于事便足。"大心然之，遣中兵柳昕帅兵二千人随粲，粲至南洲，外弟司州刺史柳仲礼亦帅步骑万余人至横江，粲即送粮仗赡给之，并散私金帛以赏其战士。

西豫州刺史裴之高自张公洲遣船渡仲礼，丙辰夜，粲、仲礼及宣猛将军李孝钦、前司州刺史羊鸦仁、南陵太守陈文彻，合军屯新林王游苑。粲议推仲礼为大都督，报下流众军；裴之高自以年位，耻居其下，议累日不决，粲抗言于众曰："今者同赴国难，义在除贼。所以推柳司州者，正以久捍边疆，先为侯景所惮；且士马精锐，无出其前。若论位次，柳在粲下，语其年齿，亦少于粲，直以社稷之计，不得复论。今日形势，贵在将和，若人心不同，大事去矣。裴公朝之旧德，岂应复挟私情以沮大计！粲请为诸军解之。"乃单舸至之高营，切让之曰："今二宫危逼，猾寇滔天，臣子当戮力同心，岂可自相矛盾！豫州必欲立异，锋镝便有所归。"之高垂泣致谢，遂推仲礼为大都督。

山，城外的土山崩塌，攻城叛军几乎全部被掩埋。柳津又在城内制作飞桥，架在城外叛军筑垒的两座土山上。侯景的士兵看见飞桥高高地从城内墙上伸出来，吓得如同山崩一样飞快地逃走；城内抛掷雉尾火炬，焚烧叛军城东面的土山，把土山上的城楼和栅栏烧得干干净净，叛军的尸体在城墙下堆积如山。叛车丢弃了土山不再重修，自己烧毁了剩下的攻城器具。材官将军宋嶷投降了侯景，指教侯景引玄武湖水淹没台城，宫门前一片洪水。

梁武帝征召衡州刺史韦粲为散骑常侍，任命都督长沙人欧阳𬱟为衡州监州事。韦粲，是韦放的儿子。韦粲在回京赴任到达庐陵时，听说侯景叛乱，整顿军队，有五千人，急行赶赴建康救援。到达豫章时，听说侯景已出动到了横江，韦粲造访内史刘孝仪商议大事，刘孝仪说："果真是这样，应当有皇帝敕令，怎么可以轻信传言，轻举妄动，自相惊扰呢？恐怕事态没这么严重。"当时刘孝仪正摆下酒宴。韦粲大怒，把酒杯扔到地上，说："叛军已经渡江，直扑宫阙，水陆交通都已断绝，朝廷哪有时间向我们通报情况，如果没有皇上敕令，你就心安理得吗？韦粲今天哪有心情饮酒。"韦粲说完立即飞马出来部署救援军务。将要出发时，正碰上江州刺史当阳公萧大心派出邀请韦粲的使者，韦粲就飞马去见萧大心，说："长江上游的藩镇，江州离京城最近，按情理，殿下应当进军在前头。但地处中游的江州位置很重要，应当上接下应，不能不留守。现今你应当大张声势出兵救援，实际上是移镇湓城，派副将随我救援建康，这就足够了。"萧大心十分赞同，派中兵参军柳昕率领二千士兵随同韦粲，韦粲行进到南洲，表弟司州刺史柳仲礼也率领步骑一万人到达横江，韦粲立即派人送粮食器械供给军队，还把个人的金帛也拿出来赏赐柳仲礼的士兵。

西豫州刺史裴之高从张公洲派舟船运渡柳仲礼的军队。十二月三十日丙辰夜，韦粲、柳仲礼，以及宣猛将军李孝钦、前司州刺史羊鸦仁、南陵太守陈文彻，各军会合屯驻在新林王游苑。韦粲提议柳仲礼为大都督，通报下游的各支军队；裴之高认为自己年长位高，耻于在柳仲礼之下，商议整整一天决定不下来。韦粲激昂地对各将领说："如今我们是共同去解救国家的危难，大义在于消灭叛贼。我之所以推举柳司州，因为他长久捍卫边疆，以前曾让侯景害怕；况且他的兵马精锐，没有人超过他。如果讲他地位，柳仲礼在我韦粲之下，讲年岁，柳仲礼也小于我韦粲，只是为了国家的大局，就不能计较这些了。今天的形势，最要紧的是我们众将领齐心协力，如果人心不和，国家就危险了。裴公是朝中德高望重的老臣，怎能以个人的私心败坏解除国难的大计呢？我韦粲请求为众将军去劝解裴公。"于是韦粲乘一只单舟到裴之高军营，坦率地责备裴之高说："如今皇上、太子两宫危在旦夕，狡猾凶恶的敌人罪恶滔天，当臣子的应当合力同心，怎能自相闹矛盾！裴豫州一定要不顾大局，另搞一套，我们的刀锋弓箭可就要对准你了。"裴之高流泪道歉，于是推举柳仲礼为

宣城内史杨白华遣其子雄将郡兵继至，援军大集，众十余万，缘淮树栅，景亦于北岸树栅以应之。

裴之高与弟之横以舟师一万屯张公洲。景囚之高弟、侄、子、孙，临水陈兵，连锁列于陈前，以鼎镬、刀锯随其后，谓曰："裴公不降，今即烹之。"之高召善射者使射其子，再发，皆不中。

景帅步骑万人于后渚挑战，仲礼欲出击之。韦粲曰："日晚我劳，未可战也。"仲礼乃坚壁不出，景亦引退。

湘东王绎将锐卒三万发江陵，留其子绥宁侯方诸居守，谘议参军刘之迡等三上笺请留，答教不许。

鄱阳王范遣其将梅伯龙攻王显贵于寿阳，克其罗城；攻中城，不克而退，范益其众，使复攻之。

东魏大将军澄患民钱滥恶，议不禁民私铸；但悬称市门，钱不重五铢，毋得入市。朝议以为年谷不登，请俟他年，乃止。

魏太师泰杀安定国臣王茂而非其罪。尚书左丞柳庆谏，泰怒曰："卿党罪人，亦当坐！"执庆于前。庆辞色不挠，曰："庆闻君蔽于事为不明，臣知而不争为不忠。庆既竭忠，不敢爱死，但惧公为不明耳。"泰寤，亟使赦茂，不及，乃赐茂家钱帛，曰："以旌吾过。"

丙辰晦，柳仲礼夜入韦粲营，部分众军。旦日，会战，诸将各有据守，令粲顿青塘。粲以青塘当石头中路，贼必争之，颇惮之。仲礼曰："青塘要地，非兄不可；若疑兵少，当更遣军相助。"乃使直阁将军刘叔胤助之。

（以上为第五段，写梁朝勤王之师大集，众推柳仲礼为大都督，结营秦淮河。）

大都督。

宣城内史杨白华派他的儿子率领宣城郡的军队随后赶到，各路救援大军齐集，众达十余万。援军沿秦淮河竖起栅栏，侯景也在北岸竖起栅栏对抗。

裴之高和他弟弟裴之横派出水军一万人屯驻张公洲。侯景抓到了裴之高的弟弟、侄儿、儿子、孙子，连锁成一串，排列在水边，后边放着刀锯、鼎镬，侯景的军队也临水布阵，对裴之高喊话说："裴公要是不投降，就立马烹杀你的亲人。"裴之高召来善射的弓箭手，让他先射自己的儿子，连发两箭都不中。

侯景率领步骑一万人在后渚挑战，柳仲礼打算出兵攻击。韦粲说："天黑了，我军疲惫，不是交战的时机。"柳仲礼坚壁不战，侯景也撤走了军队。

湘东王萧绎率领精锐兵力从江陵出发，留下儿子绥宁侯萧方诸镇守江陵，谘议参军刘之遴等人三次上书请求萧绎留守，萧绎回复表示拒绝。

鄱阳王萧范派他的将领梅伯龙围攻为侯景留守寿阳的王显贵，攻占了外城；然后攻打内城，没有成功就退还，萧范增派了军队，让他再次去攻打。

东魏大将军高澄忧虑民间私铸的铜钱粗糙泛滥，提议不禁止民间私铸铜钱；但是要在城镇市场门口悬挂公平秤，铜钱重量不足五铢，不得进入市场。朝廷大臣商议的结果，认为当年谷物歉收，建议下一年实行，于是没有执行。

西魏太师宇文泰杀安定国臣王茂，罪名不当，尚书左丞柳庆劝谏，宇文泰大怒，说："你袒护罪人，也应有罪！"当即逮捕柳庆。柳庆神色不变，说话仍然耿直，说："柳庆听说，国君被事务蒙蔽叫不明，臣子知道事情的真相而不争叫不忠。柳庆既然要竭尽忠心，就不敢爱惜生命。只是担心太师不明罢了。"宇文泰醒悟，赶紧派人去赦免王茂，但没有赶上，王茂就已经被处死了。便赏赐王茂家钱帛，说："只能用这种方式来表明我的过失。"

十二月三十日丙辰，柳仲礼夜晚进入韦粲军营，商议如何部署各路援军。第二天早晨与侯景会战，诸将各自据守阵地，令韦粲屯驻青塘。韦粲认为青塘正当石头城中路，叛军一定要争夺，颇有些畏惧。柳仲礼说："青塘要地，非兄长去驻防不可；如果疑虑兵少，我将增兵相助。"于是派直阁将军刘叔胤协助韦粲。

【点评】

侯景反叛。侯景一入梁境，即以残兵据寿阳，智者已识其为祸端矣。惜乎梁朝主上昏耄，贼臣专权，君与臣俱姑息养奸，乃至侯景反形已露，朝廷仍一味姑息。忠言一概不听，奸言受之如饴。元贞报警，羊鸦仁切谏，事实昭著，梁主武帝，权臣朱异，仍置之脑后。由是叛贼胆壮，侯景上书戏侮君前，昏主竟优诏答之。于是宗室潜疑，萧正德卖国求荣，通敌外叛，侯景以一旅之众，入腹心，渡长江，并非破竹之势，乃是入无人之境，遂长驱直指京师矣。

梁纪十八

梁武帝太清三年（549年）

【屠维大荒落（己巳，549年），凡一年】

【大事提要】

本卷记事公元549年，凡一年，当梁武帝太清三年，西魏文帝大统十五年，东魏孝静帝武定七年。是年，北朝东魏势力扩张，高澄乘梁朝内乱，蚕食梁朝淮南各州镇，又西败西魏名将王思政，收复因侯景反叛而丢失的全部河南疆土。本卷重点仍载述侯景叛乱的太清之祸。侯景兵围台城，四方勤王之师集于建康，繁华帝京，成为烽烟连绵的大战场，一百余日的激烈大战，建康士民死伤十之八九，数十万生灵遭涂炭，十里长街片瓦不存，变为废墟。台城破，梁武帝死，宗室诸王不思协力报君国之仇，反而各怀私心，互相攻伐，既使侯景苟延性命于内，又使大片国土丧失于外。梁朝纲纪不张，政治腐败，于兹可见。

【原文】

高祖武皇帝十八

太清三年（己巳，549年）

春，正月，丁巳朔，柳仲礼自新亭徙营大桁。会大雾，韦粲军迷失道，比及青塘，夜已过半，立栅未合，侯景望见之，亟帅锐卒攻粲。粲使军主郑逸逆击之，命刘叔胤以舟师截其后，叔胤畏懦不敢进，逸遂败。景乘胜入粲营，左右牵粲避贼，粲不动，叱子弟力战，遂与子尼及三弟助、警、构、从弟昂皆战死，亲戚死者数百人。仲礼方食，投箸被甲，与其麾下百骑驰往救之，与景战于青塘，大破之，斩首数百级，沉淮水死者千余人。仲礼矟将及景，而贼将支伯仁自后斫仲礼中肩，马陷于淖，贼聚矟刺之，骑将郭山石救之，得免。仲礼被重疮，会稽人惠臶吮疮断血，故得不死。自是景不敢复济南岸，仲礼亦气索，不复言战矣。

邵陵王纶复收散卒，与东扬州刺史临城公大连、新淦公大成等自东道并至；庚申，列营于桁南，亦推柳仲礼为大都督。大连，大临之弟也。

朝野以侯景之祸共尤朱异，异惭愤发疾，庚申，卒。故事：尚书官不以为赠，上痛惜异，特赠尚书右仆射。

甲子，湘东世子方等及王僧辩军至。

戊辰，封山侯正表以北徐州降东魏，东魏徐州刺史高归彦遣兵赴之。归彦，欢之族弟也。

己巳，太子迁居永福省。高州刺史李迁仕、天门太守樊文皎将援兵万余人至城下。台城与援军信命久绝，有羊车儿献策，作纸鸱，系以长绳，写敕于内，放以从风，冀达众军，题云："得鸱送援军，赏银百两。"太子自出太极殿前乘西北风纵之，贼怪之，以为厌胜，射而下之。援军募人能入城送启者，鄱阳世子嗣左右李朗请先受鞭，诈为得罪，叛投贼，因得入城，城中方知援兵四集，举城鼓噪。上以朗为直阁将军，赐金遣之。朗缘钟山之后，宵行昼伏，积日乃达。

【语译】

高祖武皇帝十八

梁武帝太清三年（己巳，549 年）

春季，正月初一日丁巳，柳仲礼从新亭移军屯驻大桁。正碰上大雾，韦粲的部队迷了路，等到达青塘，夜已过半，树立营房的栅栏还没有合拢，侯景侦察到了这个情况，立即亲自率领精锐士兵攻击韦粲。韦粲派军主郑逸还击，命刘叔胤率领水军袭击侯景的背后，刘叔胤胆却懦弱，不敢向侯景发起进攻，郑逸于是战败。侯景乘胜攻入韦粲军营，韦粲身边的亲兵拉着韦粲躲避敌人，韦粲坚守不动，喝令儿子、弟弟率军全力死战，于是韦粲和儿子韦尼，以及三个弟弟韦助、韦警、韦构，还有堂弟韦昂全都战死，同时遇难的亲戚有几百人。柳仲礼正在吃饭，立即丢下筷子穿上铠甲，率领部下一百多骑兵飞奔救援，与侯景在青塘大战，大败侯景，杀死敌人数百人，被赶下秦淮河淹死的敌人千多人。柳仲礼的长矛正要刺向侯景，这时侯景的部将支伯仁赶到，从背后砍了柳仲礼一刀，正中肩膀，战马也陷到了泥潭中，敌军围上来几把长矛一齐刺向柳仲礼，幸好骑将郭山石冲了上来，这才救出了柳仲礼。柳仲礼受了重伤，会稽人惠蹐为他吸吮伤口止血，才得以死里逃生。从此以后，侯景不敢渡过秦淮河到南岸，柳仲礼也丧失了斗志，不再提交战的事。

邵陵王萧纶重新集合溃散的士兵，与东扬州刺史临城公萧大连、新淦公萧大成等从东路一起进军到了建康；正月初四日庚申，在大桁南岸扎营，也推举柳仲礼为大都督。萧大连，是萧大临的弟弟。

朝廷内外都认为是朱异招来了侯景之祸，大家一致谴责朱异，朱异又惭愧又愤恨，因而生病，于正月初四日庚申死去。按照惯例，尚书官衔不能用来赠给死者，梁武帝痛失朱异，特别破例赠官朱异为尚书右仆射。

正月初八日甲子，湘东王世子萧方等，以及王僧辩率军到达建康。

正月十二日戊辰，封山侯萧正表献出北徐州投降东魏，东魏徐州刺史高归彦派兵接收了北徐州。高归彦，是高欢的同宗弟弟。

正月十三日己巳，皇太子迁居永福省。高州刺史李迁仕、天门太守樊文皎率领救援军队一万多人到达皇城附近。台城内与城外援军好长时间没有通信息，台城内有个叫羊车儿的军士想出一个主意，他制作了一个鸱鸟形状的风筝，系上长绳，风筝内藏有一条写好的敕令，顺风放出，希望它飞到援军那里。敕命说："得鸱鸟送给援军，赏银百两。"皇太子亲自走出太极殿，在前廷趁着西北风放出风筝，叛军见了感到很奇怪，认为是诅咒用的厌胜物品，用箭射了下来。城外援军招募能够送信进台城的人，鄱阳王世子萧嗣的亲兵李朗应招，他请求先把自己打一顿，装扮成犯了

癸未，鄱阳世子嗣、永安侯确、庄铁、羊鸦仁、柳敬礼、李迁仕、樊文皎将兵渡淮，攻东府前栅，焚之；侯景退。众军营于青溪之东，迁仕、文皎帅锐卒五千独进深入，所向摧靡。至菰首桥东，景将宋子仙伏兵击之，文皎战死，迁仕遁还。敬礼，仲礼之弟也。

仲礼神情傲狠，陵蔑诸将，邵陵王纶每日执鞭至门，亦移时弗见，由是与纶及临城公大连深相仇怨。大连又与永安侯确有隙，诸军互相猜阻，莫有战心。援军初至，建康士民扶老携幼以候之，才过淮，即纵兵剽掠。由是士民失望，贼中有谋应官军者，闻之，亦止。

王显贵以寿阳降东魏。

（以上为第一段，写梁朝勤王之师四集，初战不利后的形势。太清三年正月，勤王之师初战失利，韦粲死，军魂夺。援军大都督柳仲礼初战受创，死里逃生而胆寒，坚壁不敢言战，傲慢乖张以树威，诸将离心，士气不振。）

临贺王记室吴郡顾野王起兵讨侯景，二月，己丑，引兵来至。初，台城之闭也，公卿以食为念，男女贵贱并出负米，得四十万斛，收诸府藏钱帛五十万亿，并聚德阳堂，而不备薪刍、鱼盐。至是，坏尚书省为薪。撤荐，锉以饲马，荐尽，又食以饭。军士无膎，或煮铠、熏鼠、捕雀而食之。御甘露厨有干苔，味酸咸，分给战士。军人屠马于殿省间，杂以人肉，食者必病。侯景众亦饥，抄掠无所获；东城有米，可支一年，援军断其路。又闻荆州兵将至，景甚患之。王伟曰："今台城不可猝拔，援兵日盛；吾军乏食，若伪求和以缓其势，东城之米，足支一年，因求和之际，运米入石头，援军必不得动，然后休士息马，缮修器械，伺其懈怠击之，一举可取也。"景从之，遣其将任约、于子悦至城下，拜表求和，乞复先镇。太子以城中穷困，白上，请许之。上怒曰："和不如死！"太子固请曰："侯景围逼已久，援军相仗不战，宜且许其和，更为后图。"上迟回久之，乃曰："汝自图之，勿令取笑千载。"遂报许之。景乞割江右四州之地，并求宣城王大器出送，然后济江。中领军傅岐固争曰："岂

过失的罪人，叛逃出去投降叛军，因此得以进入台城。城内的人才知道援兵四面八方聚集过来，全台城内的人欢欣鼓舞。梁武帝任命李朗为直阁将军，赏赐黄金，然后送他出城回报。李朗顺着钟山后坡，昼伏夜行，绕行了几天才回到军营。

正月二十七日癸未，鄱阳王世子萧嗣、永安侯萧确、庄铁、羊鸦仁、柳敬礼、李迁仕、樊文皎等人率领军队渡过秦淮河，攻击东府前面的栅寨，并放火烧了它；侯景往后撤退。各路军队在青溪东西扎营。李迁仕、樊文皎率领精锐士兵五千人孤军深入叛军营内，所到之处，敌人溃散。援军追击到菰首桥东面时，侯景将领宋子仙率领伏兵杀出，樊文皎战死，李迁仕逃回。柳敬礼，是柳仲礼的弟弟。

柳仲礼表情傲慢而凶狠，经常高高在上，蔑视诸将，邵陵王萧纶每天策马来到他的军营前，也要等半天才能进见，因此柳仲礼与萧纶以及临城公萧大连结下很深的仇怨。萧大连又与永安侯萧确有隔阂，各路援军互相猜忌，谁都没有心思作战。援军刚到建康，城中士民携老扶幼等候欢迎，可是援军刚过秦淮河，就放纵士兵抢劫掠夺。由于这样，城中百姓失望，叛军中有人谋划响应官军，听到这种情况，也就打消了响应的念头。

侯景部将王显贵，献出寿阳向东魏投降。

临贺王萧正德的记室参军吴郡人顾野王起兵讨伐侯景。二月初三日己丑，率领军队到达建康。当初，台城关闭城门时，公卿百官考虑到了粮食问题，无论男女老少和贵贱都出城运米，一共运了四十万斛，收集各部门库存的钱帛共五十万亿，都集中在德阳堂保管，可是没考虑到储备柴火、饲草、鱼肉、食盐。到了这时，只好拆毁尚书省房屋的木料当柴烧。剁碎垫席当马料，垫席吃完，只好用米饭喂马。士兵们没有肉吃，有的煮铠甲，有的熏老鼠、捕鸟来吃。御厨房有一些干海带，有酸咸味，就分给士兵当盐吃。士兵们在宫殿和省台官衙中屠宰马，掺杂人肉，吃的人没有不得病的。侯景的兵众也一样饥饿，抢掠没有收获；东城储有粮米，可供一年，被援军切断了通路。又听到荆州的援兵就要到达，侯景十分忧虑。王伟说："现今台城不能很快攻下，援兵一天天增加；我军又没有粮食，如果假装求和，拖延对方的攻势，东城的粮米，可够一年，趁求和的时机，把粮米运到石头城，援军一定不会采取行动。然后休整部队，养肥战马，修造好兵器，等待对方松懈的机会发起攻击，可以一战成功。"侯景听从了，派他的将领任约、于子悦到台城下，拜送表章求和，要求回到原先镇守的地方。皇太子考虑到台城处境穷困，就向梁武帝报告，请求答

有贼举兵围宫阙而更与之和乎！此特欲却援军耳。戎狄兽心，必不可信。且宣城嫡嗣之重，国命所系，岂可为质！”上乃以大器之弟石城公大款为侍中，出质于景。又敕诸军不得复进，下诏曰：“善兵不战，止戈为武。可以景为大丞相，都督江西四州诸军事，豫州牧、河南王如故。”己亥，设坛于西华门外，遣仆射王克、上甲侯韶、吏部郎萧瑳与于子悦、任约、王伟登坛共盟。太子詹事柳津出西华门，景出栅门，遥相对，更杀牲歃血为盟。既盟，而景长围不解，专修铠仗，托云“无船，不得即发”，又云“恐南军见蹑”，遣石城公还台，求宣城王出送；邀求稍广，了无去志。太子知其诈言，犹羁縻不绝。韶，懿之孙也。

庚子，前南兖州刺史南康王会理、前青、冀二州刺史湘潭侯退、西昌侯世子彧众合三万，至于马卬洲，景虑其自白下而上，启云：“请北军聚还南岸，不尔，妨臣济江。”太子即勒会理自白下城移军江潭苑。退，恢之子也。

辛丑，以邵陵王纶为司空，鄱阳王范为征北将军，柳仲礼为侍中、尚书右仆射。景以于子悦、任约、傅士悊皆为仪同三司，夏侯譒为豫州刺史，董绍先为东徐州刺史，徐思玉为北徐州刺史，王伟为散骑常侍。上以伟为侍中。

乙卯，景又启曰：“适有西岸信至，高澄已得寿阳、钟离，臣今无所投足，求借广陵并谯州，俟得寿阳，即奉还朝廷。”又云：“援军既在南岸，须于京口渡江。”太子并答许之。

癸卯，大赦。

庚戌，景又启曰：“永安侯确、直阁赵威方频隔栅见诟云：‘天子自与汝盟，我终当破汝。’乞召侯及威方入，即当引路。”上遣吏部尚书张绾召确，辛亥，以确为广州刺史，威方为盱眙太守。确累启固辞，不入，

应侯景求和。梁武帝大怒说："与其与侯景讲和，还不如死。"皇太子坚持讲和，说："侯景围城逼迫已经很久，城外援军互相推托不肯出战，应当暂且允许讲和，再想后面的办法。"梁武帝沉吟很久，才说道："你自己做主吧，只是不要被取笑千载。"于是同意讲和。侯景要求把江西南豫州、西豫州、合州、光州等四个州割让给他，还提出要宣城王萧大器出台城来护送他，然后才能渡过长江。中领军傅岐坚决抗争说："哪有叛贼领兵围攻宫阙，反而与他讲和的道理！这完全是想借此让援军退出的伎俩罢了，戎狄人面兽心，一定不可相信。况且宣城王是皇上嫡亲后嗣，关系国家命运，岂能作为人质！"梁武帝就任命萧大器的弟弟石城公萧大款为侍中，出台城到侯景军中作人质。又敕令各支援军不得再前进一步。梁武帝下诏说："善于用兵的人不用交战决定胜负，'武'字是由'止戈'两字合成。可委任侯景为大丞相，都督江西四州诸军事，原职豫州牧、河南王照旧。"二月十三日己亥，在西华门外筑坛，派仆射王克、上甲侯萧韶、吏部郎萧瑳与侯景的部将于子悦、任约、王伟登坛共同订立盟约。太子詹事柳津走出西华门、侯景走出包围台城的栅栏门，两人远远相对，随后宰杀牲畜，歃血盟誓。盟誓以后，侯景不撤除包围圈，全力修造铠甲兵器，借口"没有船，不能立即撤走"。又说"害怕援军追击"，打发石城公萧大款回到台城，要求宣城王萧大器出宫护送，提出的要求越来越多，根本没有撤离的意思。皇太子也知道侯景在说谎，但仍然不断地笼络侯景。萧韶，是萧懿的孙子。

二月十四日庚子，前南兖州刺史南康王萧会理、前青州、冀州两州刺史湘潭侯萧退、西昌侯世子萧彧合兵三万人，进兵到达马印洲，侯景担心这支援军从白下沿江而上，上奏要求说："请将驻屯马印洲的援军撤到南岸，否则妨碍臣过江。"皇太子立即严令萧会理从白下城移军到南岸的江谭苑。萧退，是萧恢的儿子。

二月十五日辛丑，梁朝任命邵陵王萧纶为司空，任命鄱阳王萧范为征北将军，任命柳仲礼为侍中、尚书右仆射。侯景任命于子悦、任约、傅士悊都为仪同三司，任命夏侯譒为豫州刺史，任命董绍先为东徐州刺史，任命徐思玉为北徐州刺史，任命王伟为散骑常侍。梁武帝任命王伟为侍中。

二月十九日乙卯，侯景又上奏说："近日我接到江西来信说，高澄已经夺走了寿阳、钟离，臣现在没有立脚的地方，请求暂借广陵的谯州，等臣收复了寿阳，立即奉还朝廷。"又说："援军既然驻扎在南岸，必须让出京口让我渡江。"皇太子一概答应。

二月十七日癸卯，大赦天下。

二月二十四日庚戌，侯景又上奏说："永安侯萧确、直阁将军赵威方不断隔着栅栏诟骂说：'皇上和你订了盟约，我们最终要打败你。'请求皇上宣召萧确和赵威方回到台城，臣立即撤军上路。"梁武帝派吏部尚书张绾去召回萧确。二月二十五日辛

上不许。确先遣威方入城，因欲南奔。邵陵王纶泣谓确曰：“围城既久，圣上忧危，臣子之情，切于汤火，故欲且盟而遣之，更申后计。成命已决，何得拒违！”时台使周石珍、东宫主书左法生在纶所，确谓之曰：“侯景虽云欲去而不解长围，意可见也。今召仆入城，何益于事！”石珍曰：“敕旨如此，郎那得辞！”确意尚坚，纶大怒，谓赵伯超曰：“谯州为我斩之！持其首去！”伯超挥刃眄确曰：“伯超识君侯，刀不识也。”确乃流涕入城。

上常蔬食，及围城日久，上厨蔬茹皆绝，乃食鸡子。纶因使者暂通，上鸡子数百枚，上手自料简，歔欷哽咽。

湘东王绎军于郢州之武城，湘州刺史河东王誉军于青草湖，信州刺史桂阳王慥军于西峡口，托云俟四方援兵，淹留不进。中记室参军萧贲，骨鲠士也，以绎不早下，心非之，尝与绎双六，食子未下，贲曰：“殿下都无下意。”绎深衔之。及得上敕，绎欲旋师，贲曰：“景以人臣举兵向阙，今若放兵，未及渡江，童子能斩之矣，必不为也。大王以十万之众，未见贼而退，奈何！”绎不悦，未几，因事杀之。慥，懿之孙也。

东魏河内民四千余家，以魏北徐州刺史司马裔，其乡里也，相帅归之。丞相泰欲封裔，裔固辞曰：“士大夫远归皇化，裔岂能帅之！卖义士以求荣，非所愿也。”

侯景运东府米入石头，既毕，王伟闻荆州军退，援军虽多，不相统一，乃说景曰：“王以人臣举兵，围守宫阙，逼辱妃主，残秽宗庙，擢王之发，不足数罪。今日持此，欲安所容身乎！背盟而捷，自古多矣，愿且观其变。”临贺王正德亦谓景曰：“大功垂就，岂可弃去！”景遂上启，陈帝十失，且曰：“臣方事暌违，所以冒陈谠直。陛下崇饰虚诞，恶闻实录，以妖怪为嘉祯，以天谴为无咎。敷演六艺，排摈前儒，王莽之法也。以铁为货，轻重无常，公孙之制也。烂羊镌印，朝章鄙杂，更始、赵伦

亥，任命萧确为广州刺史，任命赵威方为盱眙太守。萧确几次上书坚决辞去广州刺史的职务，不入台城，梁武帝没有允许。萧确先派赵威方进入台城，自己打算南逃广州。邵陵王萧纶流着眼泪说：“台城被包围了很久，皇上危险堪忧，作为臣子的心情，急切如同身陷沸水与大火之中，所以才想到订盟让叛贼快走，日后再做打算。命令已经下达，怎么能抗拒呢！”当时台城使者周石珍、东宫主书左法生正在萧纶跟前，萧确对两人说：“侯景嘴上说要走，却不撤除对台城的包围，他的意图是明摆着的，如今把我召入台城，无济于事。”周石珍说：“皇上的命令既然是这样，萧郎怎么能够推辞呢！”萧确意志仍然十分坚定，萧纶大怒，对赵伯超说：“赵谯州替我杀了他，让使者带脑袋去回皇上。”赵伯超举刀看着萧确说：“我赵伯超认识君侯，可这把刀不认识你。”萧确不得已，流着眼泪进入台城。

梁武帝平时素食多吃蔬菜，等到台城被包围时间长了，御厨房的蔬菜完了，就吃鸡蛋。萧纶趁使者进出的机会，带进去几百个鸡蛋，梁武帝亲自捡鸡蛋，边捡边流泪叹息。

湘东王萧绎率领军队驻扎在郢州的武城，湘州刺史河东王萧誉率领军队驻扎在青草湖，信州刺史桂阳王萧慥率领军队驻扎在西峡口，他们都借口等待四方援军，滞留原地，不向前进军。湘东王萧绎的中记室参军萧贲是一个刚直的人，见萧绎没有快速进军东下，内心很不满意，曾经和萧绎两人玩双陆，萧绎举棋不定，萧贲借机挖苦说：“殿下怎么全没有下棋的心思。”萧绎深深怀恨在心，等到得了梁武帝不进兵的诏令，萧绎就想退军回去。萧贲说：“侯景以臣犯君用兵包围台城，如果侯景放弃兵权，等不到他渡江，一个小孩子就能杀掉他，因此侯景肯定是不收兵的。大王手握十万雄兵，没有看到叛贼就退回去，这怎么可以呢！”萧绎很不高兴，不久，就找借口杀了萧贲。萧慥，是萧懿的孙子。

东魏河内郡有四千多户平民，因为西魏北徐州刺史司马裔是他们的同乡，就相约一起归附了司马裔。丞相宇文泰想封赏给司马裔，司马裔坚决推辞说：“我的乡亲父老从远道来归附皇朝的教化，我怎能统帅他们！出卖义士以求取荣誉，这不是我愿做的。”

侯景把东府的粮米运到石头城，已经完毕，王伟又听到荆州援军已经撤回，建康城里的援军虽然很多，但彼此不能统一行动。于是劝说侯景，说：“大王你身为人臣，却率军攻围台城，逼迫侮辱嫔妃皇上，摧残玷污宗庙，犯下的罪过擢发难数。今天你待在这里，想就这样在此安身吗？背弃盟约而获得成功，自古以来有很多，希望你要看势态的发展采取行动。”临贺王萧正德也对侯景说：“大功眼看就要告成，怎能丢掉离开。”侯景于是上书，列举梁武帝十大过错：“臣正在做撤离的准备，所以冒昧地陈述忠直之言。陛下崇尚虚无荒诞，不喜欢听到真实的记载，把反常怪异

之化也。豫章以所天为血仇，邵陵以父存而冠布，石虎之风也。修建浮图，百度糜费，使四民饥馁，笮融、姚兴之代也。”又言：“建康宫室崇侈，陛下唯与主书参断万机，政以贿成，诸阉豪盛，众僧殷实。皇太子珠玉是好，酒色是耽，吐言止于轻薄，赋咏不出《桑中》；邵陵所在残破；湘东群下贪纵；南康、定襄之属，皆如沐猴而冠耳。亲为孙侄，位则藩屏，臣至百日，谁肯勤王！此而灵长，未之有也。昔鬻拳兵谏，王卒改善，今日之举，复奚罪乎！伏愿陛下小惩大戒，放谗纳忠，使臣无再举之忧，陛下无婴城之辱，则万姓幸甚！”

上览启，且惭且怒。三月，丙辰朔，立坛于太极殿前，告天地，以景违盟，举烽鼓噪。初，闭城之日，男女十余万，擐甲者二万余人；被围既久，人多身肿气急，死者什八九，乘城者不满四千人，率皆羸喘。横尸满路，不可瘗埋，烂汁满沟。而众心犹望外援。柳仲礼唯聚妓妾，置酒作乐，诸将日往请战，仲礼不许。安南侯骏说邵陵王纶曰：“城危如此，而都督不救，若万一不虞，殿下何颜自立于世！今宜分军为三道，出贼不意攻之，可以得志。”纶不从。柳津登城谓仲礼曰：“汝君父在难，不能竭力，百世之后，谓汝为何！”仲礼亦不以为意。上问策于津，对曰：“陛下有邵陵，臣有仲礼，不忠不孝，贼何由平！”

戊午，南康王会理与羊鸦仁、赵伯超等进营于东府城北，约夜渡军。既而鸦仁等晓犹未至，景众觉之，营未立，景使宋子仙击之，赵伯超望风退走。会理等兵大败，战及溺死者五千人。景积其首于阙下，以示城中。

景又使于子悦求和，上使御史中丞沈浚至景所。景实无去志，谓浚曰：“今天时方热，军未可动，乞且留京师立效。”浚发愤责之，景不对，横刀叱之。浚曰：“负恩忘义，违弃诅盟，固天地所不容！沈浚五十之年，

当作吉祥的象征，把上天的谴告说成没有过错。你附会推演六艺，排斥前贤的学说，这是王莽的做法。你用铁铸造货币，轻重没有标准，这是公孙述的币制。你滥封官职，乱刻官印，朝廷制度鄙陋混杂，这是与更始皇帝刘玄、赵王司马伦同类。豫章王萧综和你有血仇，邵陵王萧纶在你作为生父健在时，却穿了别人的丧服当街痛哭，这是石虎伤风败俗的行为。你修建佛塔寺院，百般奢侈浪费，造成四方平民饥饿无食，这是笮融、姚兴的把戏。”又说：“建康宫室奢侈豪华，陛下只与主书朱异决断军国大事，凡事要有贿赂才能办成，宦官们钱财丰盛，和尚们富裕充实。皇太子爱好珍珠宝玉，沉湎于饮酒女色，说话轻薄，吟咏跳不出《桑中》淫诗；邵陵王所到之处，百姓遭受残害；湘东王的部众，个个贪婪放纵；南康王和定襄侯之流，都沐猴而冠，有人样而无人性。这些人，是你的儿孙亲侄，职位是手握重兵的藩臣，臣到京城已有一百天，哪一个肯真的来保卫王室？这个样子还想国家长久，从未有过。从前鬻拳兵谏楚王，楚王终于改恶从善，我今天只不过是效法，难道有什么罪过吗？恳切地希望陛下通过这次小小的惩罚而获得深刻的教训，放逐进谗言的小人，接纳敢直言的忠臣，不要有使臣再次发动兵谏的忧虑，陛下也不会有缩在城中被围困的耻辱，那么也是老百姓的幸运啊。”

梁武帝看了侯景的奏书，又惭愧又愤怒。三月初一日丙辰，在太极殿前筑坛祭告天地，宣布侯景违背盟誓，点燃烽火，擂鼓呐喊。当初，关闭城门的时候，台城有男女十余万口，披甲战士两万多人；被围日久，人多浮肿气喘，死亡十之八九，能登城抵抗的人不满四千人，大都瘦弱气喘。尸体横卧路上，来不及掩埋，尸体腐烂的液体流满沟渠。然而众人还把希望寄托在外援上。柳仲礼只知和成群的伎妾摆酒寻欢，各路将领每天到他那里请求交战，柳仲礼都不允准。安南侯萧骏劝说邵陵王萧纶说：“台城危急万分，大都督不救援，如果万一事出意外，殿下有什么脸面活在世上！如今应分军为三路，出其不意地攻击叛军，可以获胜。”萧纶不听。柳津登城对柳仲礼说：“你的皇上、父亲都在危难中，你却不尽力，百世之后，怎么评价你！”柳仲礼也不放在心上。梁武帝问柳津有什么破敌的计谋，柳津回答说：“陛下有邵陵王这样的儿子，臣有柳仲礼这样的东西，不忠不孝，怎么可能平定叛军呢！”

三月初三日戊午，南康王萧会理与羊鸦仁、赵伯超等计划移前军营到东府城北，相约夜里军队渡河。约定后，羊鸦仁等人天亮后还没有到达，侯景的军队发现了。援军还没有扎下军营，侯景派宋子仙出击，赵伯超远远望见就退走，萧会理等人被打得大败，战死和淹死的有五千人。侯景把首级堆在宫门前，向城内的人警告。

侯景又派于子悦求和，梁武帝派御史中丞沈浚到侯景的驻地。侯景根本就没有撤离的意思，对沈浚说：“如今天气正热，军队不宜行动，请求留在京师效力。”沈浚气愤地斥责侯景，侯景不回答，却举刀呵斥。沈浚说：“你忘恩负义，违背盟约，

常恐不得死所，何为以死相惧邪！”因径去不顾。景以其忠直，舍之。

于是景决石阙前水，百道攻城，昼夜不息。邵陵世子坚屯太阳门，终日蒱饮，不恤吏士，其书佐董勋、熊昙朗恨之。丁卯，夜向晓，勋、昙朗于城西北楼引景众登城，永安侯确力战，不能却，乃排闼入启上云：“城已陷。”上安卧不动，曰：“犹可一战乎？”确曰：“不可。”上叹曰：“自我得之，自我失之，亦复何恨！”因谓确曰：“汝速去，语汝父：勿以二宫为念。”因使慰劳在外诸军。

俄而景遣王伟入文德殿奉谒，上命褰帘开户引伟入，伟拜呈景启，称：“为奸佞所蔽，领众入朝，惊动圣躬，今诣阙待罪。”上问：“景何在？可召来。”景入见于太极东堂，以甲士五百人自卫。景稽颡殿下，典仪引就三公榻。上神色不变，问曰：“卿在军中日久，无乃为劳！”景不敢仰视，汗流被面。又曰：“卿何州人，而敢至此，妻子犹在北邪？”景皆不能对。任约从旁代对曰：“臣景妻子皆为高氏所屠，唯以一身归陛下。”上又问：“初渡江有几人？”景曰：“千人。”“围台城几人？”曰：“十万。”“今有几人？”曰：“率土之内，莫非己有。”上俯首不言。

景复至永福省见太子，太子亦无惧容。侍卫皆惊散，唯中庶子徐摛、通事舍人陈郡殷不害侧侍。摛谓景曰：“侯王当以礼见，何得如此！”景乃拜。太子与言，又不能对。

景退，谓其厢公王僧贵曰：“吾常跨鞍对陈，矢刃交下，而意气安缓，了无怖心；今见萧公，使人自慑，岂非天威难犯！吾不可以再见之。”于是悉撤两宫侍卫，纵兵掠乘舆、服御、宫人皆尽。收朝士、王侯送永福省，使王伟守武德殿，于子悦屯太极东堂。矫诏大赦，自加大都督中外诸军、录尚书事。

建康士民逃难四出。太子洗马萧允至京口，端居不行，曰：“死生有命，如何可逃！祸之所来，皆生于利；苟不求利，祸从何生！”己巳，景

本是天地所不容的！我沈浚活了五十岁了，常常担心死不得其所，你别拿死来威胁我！”说完头也不回地径直走出去。侯景认为沈浚忠贞正直，放过了他。

于是，侯景挖开玄武湖堤防，引水灌台城，从四面八方加紧攻城，昼夜不停。邵陵王世子萧坚屯驻太阳门，整天赌博饮酒，不爱惜将士，他的书佐董勋、熊昙朗十分憎恨。三月十二日丁卯，下半夜，董勋、熊昙朗在皇城西北楼引导侯景的军队登城，永安侯萧确奋力作战，没能杀退敌人，于是推开殿门径直启奏梁武帝说：“台城已经陷落。”梁武帝卧床不动，说：“还可以最后一战吗？”萧确说：“不能了。”梁武帝叹息说：“天下是我亲手取得的，也是我亲手丢失的，没什么遗憾！”便对萧确说：“你赶快离开，告诉你父亲，不要挂念皇上和太子。”并让萧确代为慰劳在城外的各路援军。

不一会儿，侯景派王伟进入文德殿去拜见梁武帝，梁武帝命令左右揭开帘幕，打开殿门引导王伟进入，王伟拜见并呈上侯景的奏书，说：“臣被朝中奸佞陷害，只好带兵入朝，惊动皇上，如今到宫门请罪。”梁武帝问：“侯景在哪里，可召他进来。”侯景进宫在太极殿东堂拜见皇上，身边带了五百个甲士保护。侯景在殿下叩头，典礼司仪带侯景到三公的坐榻就座。梁武帝神色不变，问侯景说：“你带军队在建康这么久，怕是很劳苦吧！”侯景不敢仰视，汗流满面。梁武帝又问：“卿是哪个州的人，竟敢到这里来，妻子儿女还在北方吗？”侯景都回答不上来。任约在旁边代为回答说：“臣侯景的妻子儿女都被高氏杀害了，只剩一个人投归陛下。”梁武帝又问：“你刚渡江时有多少人？”侯景说：“一千人。”梁武帝又问：“包围台城有多少人？”侯景回答：“十万人。”梁武帝又问：“现在有多少人？”侯景回答说：“全天下的人，都归我所有。”梁武帝低头不再说话。

侯景又到永福省去见太子萧纲，太子也丝毫没恐慌的脸色。侍卫们都害怕逃散了，只有中庶子徐摛、通事舍人陈郡人殷不害陪伴在旁边。徐摛对侯景说：“侯景大王您拜见太子要有礼节，这像什么样子。”侯景这才跪拜太子。太子与侯景说话，侯景还是不能回答。

侯景离宫退出后，对他的厢公王僧贵说：“我经常骑马对阵，面对刀丛箭雨，心情平稳安定，一点害怕都没有；今天拜见萧衍这个老头，使人提心吊胆，难道真是天威难犯吗？我再也不敢见了。”于是全部撤离梁武帝、太子萧纲原有的侍卫，放纵士兵抢掠皇上的车驾、服饰、宫女，洗掠一空。把朝中文武大臣、王侯们全都抓起来关押在永福省，派王伟守卫武德殿，派于子悦驻守太极殿东堂，假传皇上诏令，大赦天下，给自己加官大都督中外诸军事、录尚书事。

建康的官吏平民出城四面八方逃难。太子洗马萧允逃到京口，留下来不走了，说：“生与死是命中注定的，怎么能逃得掉呢？灾祸之所以到来，都是因为贪利；如

遣石城公大款以诏命解外援军。柳仲礼召诸将议之，邵陵王纶曰：“今日之命，委之将军。”仲礼熟视不对。裴之高、王僧辩曰：“将军拥众百万，致宫阙沦没，正当悉力决战，何所多言！”仲礼竟无一言，诸军乃随方各散。南兖州刺史临成公大连、湘东世子方等、鄱阳世子嗣、北兖州刺史湘潭侯退、吴郡太守袁君正、晋陵太守陆经等各还本镇。君正，昂之子也。

邵陵王纶奔会稽。仲礼及弟敬礼、羊鸦仁、王僧辩、赵伯超并开营降，军士莫不叹愤。仲礼等入城，先拜景而后见上；上不与言。仲礼见父津，津恸哭曰：“汝非我子，何劳相见！”

湘东王绎使全威将军会稽王琳送米二十万石以馈军，至姑孰，闻台城陷，沉米于江而还。

景命烧台内积尸，病笃未绝者亦聚而焚之。

（以上为第二段，梁皇太子懦弱畏敌，在勤王之师大集的形势下，中叛贼奸计许和，丧失战机，灭了自己勤王之师的士气，助长了贼人的威风，导致将士寒心，闻警坐观，皇城于是不守。）

庚午，诏征镇牧守可复本任。景留柳敬礼、羊鸦仁，而遣柳仲礼归司州，王僧辩归竟陵。初，临贺王正德与景约，平城之日，不得全二宫。及城开，正德帅众挥刀欲入，景先使其徒守门，故正德不果入。景更以正德为侍中、大司马，百官皆复旧职。正德入见上，拜且泣。上曰：“啜其泣矣，何嗟及矣！”

秦郡、阳平、盱眙三郡皆降景，景改阳平为北沧州，改秦郡为西兖州。

东徐州刺史湛海珍、北青州刺史王奉伯并以地降东魏。青州刺史明少遐、山阳太守萧邻弃城走，东魏据其地。

侯景以仪同三司萧邕为南徐州刺史，代西昌侯渊藻镇京口。又遣其将徐相攻晋陵，陆经以郡降之。

初，上以河东王誉为湘州刺史，徙湘州刺史张缵为雍州刺史，代岳阳王詧。缵恃其才望，轻誉少年，迎候有阙。誉至，检括州府付度事，留缵不遣；闻侯景作乱，颇陵蹙缵。缵恐为所害，轻舟夜遁，将之雍

果不贪利，灾祸怎么会发生！”三月十四日己巳，侯景派石城公萧大款带上梁武帝的诏令去解散各路援军。柳仲礼召集各路将领商议，邵陵王萧纶说：“今天的命运，就全交给将军了。”柳仲礼注目细看萧纶不作回答。裴之高、王僧辩说：“将军你拥有百万大军，却致使皇宫陷落，眼下应当全力决战，没什么可说的。”柳仲礼始终不说一句话，于是各路援军随即解散，回到各地。南兖州刺史临成公萧大连、湘东王世子萧方等、鄱阳王世子萧嗣、北兖州刺史湘潭侯萧退、吴郡太守袁君正、晋陵太守陆经等人各还本镇。袁君正，是袁昂的儿子。

邵陵王萧纶逃到会稽。柳仲礼和他弟弟柳敬礼、羊鸦仁、王僧辩、赵伯超都打开营门投降，士兵们没有不叹息愤怒的。柳仲礼等人进入台城，先拜见侯景，然后去见梁武帝；梁武帝不和他们说话。柳仲礼去见父亲柳津，柳津痛哭说：“你不是我的儿子，何必劳驾来看我！”

湘东王萧绎派全威将军会稽王萧琳送米二十万石供给援军，到达姑孰，听说台城陷落，就把米沉入长江回去了。

侯景下令焚烧台城内堆积的尸体，连病重还没断气的人也堆在一起活活烧死。

三月十五日庚午，朝廷下诏各州郡镇守长官可以恢复原职。侯景留下柳敬礼、羊鸦仁，派遣柳仲礼回到司州，王僧辩回到竟陵。当初临贺王萧正德与侯景相约，攻破台城之日，不得保全皇上、皇太子。等到打开了台城，萧正德率领兵众带着刀想进入台城，侯景派他的人守住宫门，萧正德没能如愿进入，侯景改任萧正德为侍中、大司马，文武百官都恢复原职。萧正德进宫拜见梁武帝，边拜边流泪。梁武帝说：“哭了又哭，后悔来不及了。”

秦郡、阳平、盱眙三郡投降了侯景，侯景改阳平郡为北沧州，改秦郡为西兖州。

东徐州刺史湛海珍、北青州刺史王奉伯都献出土地投降了东魏。青州刺史明少遐、山阳太守萧邻丢弃城池逃走，东魏占领了这些地方。

侯景任命仪同三司萧邕为南徐州刺史，代替西昌侯萧渊藻镇守京口。又派他的部将徐相攻击晋陵，陆经率郡投降。

当初，梁武帝任命河东王萧誉为湘州刺史，调任湘州刺史张缵为雍州刺史，取代岳阳王萧詧。张缵依仗自己的才能和威望，轻视萧誉年少，在迎接时礼节不周。萧誉到任后，检查州府事务，办完移交，扣留张缵不让他走；萧誉听说侯景作乱后，

部，复虑詧拒之。缵与湘东王绎有旧，欲因之以杀誉兄弟，乃如江陵。及台城陷，诸王各还州镇，誉自湖口归湘州。桂阳王慥以荆州督府留军江陵，欲待绎至拜谒，乃还信州。缵遗绎书曰：“河东戴樯上水，欲袭江陵，岳阳在雍，共谋不逞。”江陵游军主朱荣亦遣使告绎云：“桂阳留此，欲应誉、詧。”绎惧，凿船，沉米，斩缆，自蛮中步道驰归江陵，囚慥，杀之。

侯景以前临江太守董绍先为江北行台，使赍上手敕，召南兖州刺史南康王会理。壬午，绍先至广陵，众不满二百，皆积日饥疲，会理士马甚盛，僚佐说会理曰：“景已陷京邑，欲先除诸藩，然后篡位。若四方拒绝，立当溃败，奈何委全州之地以资寇手！不如杀绍先，发兵固守，与魏连和，以待其变。”会理素懦，即以城授之。绍先既入，众莫敢动。会理弟通理请先还建康，谓其姊曰：“事既如此，岂可阖家受毙！前途亦思立效，但未知天命如何耳。”绍先悉收广陵文武部曲、铠仗、金帛，遣会理单马还建康。

湘潭侯退与北兖州刺史定襄侯祗出奔东魏。侯景以萧弄璋为北兖州刺史，州民发兵拒之；景遣直阁将军羊海将兵助之，海以其众降东魏，东魏遂据淮阴。祗，伟之子也。

癸未，侯景遣于子悦等将羸兵数百东略吴郡。新城戍主戴僧逷有精甲五千，说太守袁君正曰：“贼今乏食，台中所得，不支一旬，若闭关拒守，立可饿死。”土豪陆映公恐不能胜而资产被掠，皆劝君正迎之。君正素怯，载米及牛酒郊迎。子悦执君正，掠夺财物、子女，东人皆立堡拒之。景又以任约为南道行台，镇姑孰。

夏，四月，湘东世子方等至江陵，湘东王绎始知台城不守，命于江陵四旁七里树木为栅，掘堑三重而守之。

（以上为第三段，写侯景攻破皇城，勤王之师四散，梁境内藩镇州牧郡守，皆无斗志，侯景遣将四处略地，扩大战果。）

东魏高岳等攻魏颍川，不克。大将军澄益兵助之，道路相继，逾年

便经常凌辱张缵。张缵害怕遭杀害。在一个夜晚驾轻舟逃走，将要到达雍州境内时，又担心萧詧拒绝他。张缵与湘东王萧绎有交情，想借他的力量杀掉萧誉兄弟，于是到了江陵。等到台城陷落，诸王回到各自的州镇，萧誉从湖口回到湘州。桂阳王萧慥因为荆州是督府所在地的重镇，便率领军队在江陵停留下来，想等待萧绎回来时拜见，然后再回信州。张缵写信给萧绎说："河东王萧誉乘船沿江而上想偷袭江陵，岳阳王萧詧在雍州呼应，共谋叛乱。"江陵巡江军主朱荣也派人报告萧绎说："桂阳王萧慥留在江陵，打算接应萧誉、萧詧。"萧绎害怕，凿船沉米，砍断缆绳，改走陆路，从蛮中步行，匆忙回到江陵，把萧慥抓起来杀了。

侯景任命前临江太守董绍先为江北行台，让他带上手敕，召回南兖州刺史南康王萧会理，三月二十七日壬午，董绍先到达广陵，他的部众不到二百人，都是多天挨饿疲惫不堪，萧会理甲士战马众盛，幕僚部下劝萧会理说："侯景已经攻破京都，首先想的是除掉皇室诸王，然后篡夺皇位。如果四面八方都起来反抗拒绝，侯景就会立即溃散败亡，怎么可以把一个州的土地交给叛贼呢？不如杀了董绍先，派兵防守，与东魏联合，以等待时局的变化。"萧会理一向懦弱，立即把州城交给了董绍先。董绍先进入了州城以后，众人都不敢轻举妄动。萧会理的弟弟萧通理请求先回到建康，对他的姐姐说："事情既然到了这个地步，怎么可以全家坐着等死！如果考虑前途的话，我也想立功效力，只是不知道天命怎么样。"董绍先全部接收和整编了广陵的文武官吏与部众、铠甲兵器、府库财物，派萧会理单人匹马地回到建康。

湘潭侯萧退与北兖州刺史定襄侯萧祗出逃到东魏。侯景任命萧弄璋为北兖州刺史，州城民众起来以武力拒绝萧弄璋进城，侯景派直阁将军羊海领兵支援，羊海率领部众投降了东魏，东魏于是占领了淮阴。萧祗，是萧伟的儿子。

三月二十八日癸未，侯景派于子悦等率领几百个老弱兵攻占吴郡。新城戍主戴僧逷有精锐甲士五千人，劝说太守袁君正，说："叛贼如今缺乏粮食，缴获的台城粮食不足供给十天，如果闭关拒守，叛贼立即被饿死。"地方豪绅陆映公等担心不能取胜，反而家财被掠夺，纷纷劝袁君正迎接于子悦。袁君正素来胆小，载着米、牛、酒，出城郊迎。于子悦扣押了袁君正，抢掠财物、子女，江东民众建立栅塞城堡抗拒于子悦。侯景又任命任约为南道行台，出镇姑孰。

夏季，四月，湘东王世子萧方等回到江陵，湘东王萧绎才知道台城陷落，就下令在江陵四周七里之内竖立木栅，挖了三道壕沟以加强守备。

东魏高岳等攻围西魏颍川郡，没有攻克。大将军高澄不断增兵援助高岳，在通

犹不下。山鹿忠武公刘丰生建策，堰洧水以灌之，城多崩颓，岳悉众分休迭进。王思政身当矢石，与士卒同劳苦，城中泉涌，悬釜而炊。太师泰遣大将军赵贵督东南诸州兵救之，自长社以北，皆为陂泽，兵至穰，不得前。东魏使善射者乘大舰临城射之，城垂陷；燕郡景惠公慕容绍宗与刘丰生临堰视之，见东北尘起，同入舰坐避之。俄而暴风至，远近晦冥，缆断，飘船径向城；城上人以长钩牵船，弓弩乱发，绍宗赴水溺死，丰生游上，向土山，城上人射杀之。

甲辰，东魏进大将军勃海王澄位相国，封齐王，加殊礼。

丁未，澄入朝于邺，固辞；不许。澄召将佐密议之，皆劝澄宜膺朝命；独散骑常侍陈元康以为未可，澄由是嫌之，崔暹乃荐陆元规为大行台郎以分元康之权。

湘东王绎之入援也，令所督诸州皆发兵，雍州刺史岳阳王詧遣府司马刘方贵将兵出汉口；绎召詧使自行，詧不从。方贵潜与绎相知，谋袭襄阳，未发；会詧以他事召方贵，方贵以为谋泄，遂据樊城拒命，詧遣军攻之。绎厚资遣张缵使赴镇，缵至大堤，詧已拔樊城，斩方贵。缵至襄阳，詧推迁未去，但以城西白马寺处之；詧犹总军府之政，闻台城陷，遂不受代。助防杜岸绐缵曰："观岳阳势不容使君，不如且往西山以避祸。"岸既襄阳豪族，兄弟九人，皆以骁勇著名。缵乃与岸结盟，著妇人衣，乘青布舆，逃入西山。詧使岸将兵追擒之，缵乞为沙门，更名法缵，詧许之。

荆州长史王冲等上笺于湘东王绎，请以太尉、都督中外诸军事承制主盟；绎不许。丙辰，又请以司空主盟；亦不许。

上虽外为侯景所制，而内甚不平。景欲以宋子仙为司空，上曰："调和阴阳，安用此物！"景又请以其党二人为便殿主帅，上不许。景不能强，心甚惮之。太子入，泣谏，上曰："谁令汝来！若社稷有灵，犹当克

往颍川的道路上，一批又一批的增援军队，络绎不绝。过了一年还没攻下颍川。东魏将领山鹿中武公刘丰生献计高岳，在洧水上筑堤坝蓄水灌城，颍川城的城墙多处崩塌，高岳全军分成几支，轮番休整，不停地发起攻击。王思政亲自登城冒着飞石箭雨，与士兵同甘共苦，城内积水如泉涌，就把饭锅吊起来做饭。西魏太师宇文泰派大将军赵贵督东南各州的军队救援王思政，但长社以北广大地区都成了沼泽，援军行进到了穰城，无法继续前进。东魏派出善射的弓箭手坐着大船驰进城边向城内放箭，颍川城即将陷落；东魏大将燕郡景惠公慕容绍宗与刘丰生两人到堤坝上视察，看到东北方尘烟飞起，两人一起进入船舱避风。不一会儿暴风吹来，远近一片昏暗，系船的缆绳被扯断，船随波涛顺风飘荡，直接漂向颍川城；城上守军用长钩牵住船，弓箭乱射，慕容绍宗投水溺死，刘丰生游向攻城的土山，被城上的人乱箭射死。

四月十九日甲辰，东魏加官大将军勃海王高澄为相国，封齐王，还给予他特殊的礼遇。

四月二十二日丁未，高澄到邺城朝见孝静帝，再三推辞加封的爵位；孝静帝不允许。高澄召集亲密将领僚属秘密商议，都劝高澄应该服从朝廷的诏命；只有散骑常侍陈元康认为不宜接受，高澄因此怀恨陈元康。崔暹便推荐陆元规为大行台郎，用他来削弱陈元康的权力。

湘东王萧绎救援建康时，命令所督各州都要发兵，雍州刺史岳阳王萧詧派府司马刘方贵领兵顺汉水前出到汉口；萧绎宣召萧詧要他亲自带兵助主，萧詧没有听从。刘方贵暗中与萧绎交好，密谋偷袭襄阳，还没有出发；正好这时萧詧因为别的事情召回刘方贵，刘方贵以为密谋泄露，于是占据樊城抗拒命令，萧詧派兵攻击。萧绎给予张缵丰厚的资助派他去赴任。张缵到达大堤时，萧詧已经攻占了樊城，杀死了刘方贵。张缵到达襄阳，萧詧借故推延，不肯离开襄阳，只把张缵安置在襄阳城西的白马寺；萧詧还掌管着军府的政务，听到台城陷落的消息后，于是拒绝让张缵取代自己。雍州助防杜岸骗张缵说："看来岳阳王的架势容不下张使君，还不如暂且到西山避开灾祸。"杜岸是襄阳的大豪族，兄弟有九个，个个骁勇而闻名。张缵于是与杜岸结盟，男扮女装，乘坐一辆有青布车帘的车子，逃进西山。萧詧派杜岸带兵追上，抓了起来，张缵请求出家为和尚，改名为法缵，萧詧同意了。

荆州长史王冲等人写信给湘东王萧绎，请求他以太尉、都督中外诸军事的身份借皇帝旨意的名义主持会盟；萧绎不同意。五月初二日丙辰，王冲等人又请求萧绎以司空身份主持会盟；萧绎仍然不同意。

梁武帝表面上接受侯景的控制，而内心不服。侯景想任命宋子仙为司空，梁武帝说："调和阴阳的三公职位，怎么能任用这种人。"侯景又请求任命他的两个党羽为便殿的主帅，梁武帝不同意，侯景也不能强迫，他心里很畏惧皇上。太子萧纲入

复；如其不然，何事流涕！”景使其军士入直省中，或驱驴马，带弓刀，出入宫庭，上怪而问之，直阁将军周石珍对曰：“侯丞相甲士。”上大怒，叱石珍曰：“是侯景，何谓丞相！”左右皆惧。是后上所求多不遂志，饮膳亦为所裁节，忧愤成疾。太子以幼子大圜属湘东王绎，并剪爪发以寄之。五月，丙辰，上卧净居殿，口苦，索蜜不得，再曰“荷！荷！”遂殂。年八十六。景秘不发丧，迁殡于昭阳殿，迎太子于永福省，使如常入朝。王伟、陈庆皆侍太子，太子呜咽流涕，不敢泄声，殿外文武皆莫之知。

东魏高岳既失慕容绍宗等，志气沮丧，不敢复逼长社城。陈元康言于大将军澄曰：“王自辅政以来，未有殊功，虽破侯景，本非外贼。今颍川垂陷，愿王自以为功。”澄从之。戊寅，自将步骑十万攻长社，亲临作堰，堰三决，澄怒，推负土者及囊并塞之。

辛巳，发高祖丧，升梓宫于太极殿。是日，太子即皇帝位，大赦，侯景出屯朝堂，分兵守卫。

壬午，诏北人在南为奴婢者，皆免之，所免万计；景或更加超擢，冀收其力。

高祖之末，建康士民服食、器用，争尚豪华，粮无半年之储，常资四方委输。自景作乱，道路断绝，数月之间，人至相食，犹不免饿死，存者百无一二。贵戚、豪族皆自出采稆，填委沟壑，不可胜纪。

癸未，景遣仪同三司来亮入宛陵，宣城太守杨白华诱而斩之。甲申，景遣其将李贤明攻之，不克。景又遣中军侯子鉴入吴郡，以厢公苏单于为吴郡太守，遣仪同宋子仙等将兵东屯钱塘，新城戍主戴僧遏拒之。御史中丞沈浚避难东归，至吴兴，太守张嵊与之合谋，举兵讨景。嵊，稷之子也。东扬州刺史临城公大连，亦据州不受景命。景号令所行，唯吴郡以西、南陵以北而已。

（以上为第四段，写侯景逼死梁武帝，士民离心，梁境内讨逆之声渐起，侯景的

宫流着眼泪劝谏，梁武帝说："谁让你来的！如果还有神灵保护国家，梁朝还能重建，如果不是这样，流泪有什么用。"侯景派他的士兵进入朝廷各官衙守卫，有的赶着驴马，带着弓箭战刀，进出宫殿，梁武帝很诧异地问是怎么回事，直阁将军周石珍回答说："这是侯景丞相的士兵。"梁武帝大怒，骂周石珍说："是侯景，怎么叫丞相！"梁武帝身边的人都非常害怕。从此以后，梁武帝所要的东西侯景多半不给，饮食也减少了许多，于是忧愁愤恨生了病。太子萧纲把小儿子萧大圜托付给湘东王萧绎，并剪下指甲、头发送给他。五月初二日丙辰，梁武帝躺在净居殿，口中很苦，想喝蜂蜜水也得不到，喊了两声："荷！荷！"便断了气，享年八十六岁。侯景秘不发丧，把灵柩移到昭阳殿，从永福省迎来皇太子，让他像往常一样入朝，王伟、陈庆陪在皇太子旁边监视，皇太子呜咽抽泣，泪流满面，不敢出声，殿外文武百官都不知道这件事。

东魏高岳丧失了慕容绍宗等名将，神情沮丧，士气低落，不敢再逼近长社城。陈元康对大将军高澄说："大王自从执掌辅政大权以来，还没有建立特殊的功勋，虽然打败了侯景，但侯景不是外部敌人。如今颍川马上就要陷落，希望大王亲自建立这份功劳。"高澄听从了。五月二十四日戊寅，亲自率领步骑十万攻打长社，又亲临堤堰视察，堤堰三次决口，高澄大怒，下令把挑土的人和土袋一起推下河里堵塞缺口。

五月二十七日辛巳，为梁武帝发丧，把灵柩停放在太极殿。这一天，太子萧纲即皇帝位，大赦天下。侯景退出昭阳殿，驻军朝堂监视，分兵守卫各处。

五月二十八日壬午，梁朝下诏宣布在南方为奴婢的北方人，全部免除奴婢身份，获免的奴婢数以万计；侯景还从中破格任用了一些人，希望笼络他们替自己效力。

梁武帝的晚年，建康官民在服饰、饮食、器用各个方面，互相攀比，崇尚奢侈豪华，粮食没有半年的储备，经常靠各地向京师输送物资。自从侯景作乱以来，交通断绝，几个月之后，就发生了人吃人的情况，仍然有人饿死，活下来的人只有百分之一二。皇亲贵戚、大户人家都要亲自出城采集野生稻谷，因而死在野地荒郊填满沟壑的人，不知有多少。

五月二十九日癸未，侯景派仪同三司萧来亮进入宛陵县，宣城太守杨白华诱捕萧来亮，杀了他。五月三十日甲申，侯景派部将李贤明进攻宣城，没有攻克。侯景又派中军侯子鉴进入吴郡，任命厢公苏单于为吴郡太守，派仪同宋子仙等领兵东出屯在钱塘，新城戍主戴僧遏率军抵抗。御史中丞沈浚逃避灾难回到东部，到达了吴兴，吴兴太守张嵊与他合谋，起兵讨伐侯景。张嵊，是张稷的儿子。东扬州刺史临城公萧大连，也占据州城不接受侯景的命令。能够执行侯景号令的地方，只有吴郡以西、南陵以北的狭小区域罢了。

号令只在吴郡以西，南陵以北狭小地区施行。）

魏诏："太和中代人改姓者皆复其旧。"

六月，丙戌，以南康王会理为侍中、司空。

丁亥，立宣城王大器为皇太子。

初，侯景将使太常卿南阳刘之遴授临贺王正德玺绶，之遴剃发僧服而逃之。之遴博学能文，尝为湘东王绎长史；将归江陵，绎素嫉其才，己丑，之遴至夏口，绎密送药杀之，而自为志铭，厚其赙赠。

壬辰，封皇子大心为寻阳王，大款为江陵王，大临为南海王，大连为南郡王，大春为安陆王，大成为山阳王，大封为宜都王。

长社城中无盐，人病挛肿，死者什八九。大风从西北起，吹水入城，城坏。东魏大将军澄令城中曰："有能生致王大将军者封侯；若大将军身有损伤，亲近左右皆斩。"王思政帅众据土山，告之曰："吾力屈计穷，唯当以死谢国。"因仰天大哭，西向再拜，欲自刎，都督骆训曰："公常语训等：'汝赍我头出降，非但得富贵，亦完一城人。'今高相既有此令，公独不哀士卒之死乎！"众共执之，不得引决。澄遣通直散骑赵彦深就土山遗以白羽扇，执手申意，牵之以下。澄不令拜，延而礼之。思政初入颍川，将士八千人，及城陷，才三千人，卒无叛者。澄悉散配其将卒于远方，改颍州为郑州，礼遇思政甚重。西阁祭酒卢潜曰："思政不能死节，何足可重！"澄谓左右曰："我有卢潜，乃是更得一王思政。"潜，度世之曾孙也。

初，思政屯襄城，欲以长社为行台治所，遣使者魏仲启陈于太师泰，并致书于淅州刺史崔猷，猷复书曰："襄城控带京、洛，实当今之要地，如有动静，易相应接。颍川既邻寇境，又无山川之固，贼若潜来，径至城下。莫若顿兵襄城，为行台之所；颍川置州，遣良将镇守，则表里胶固，人心易安，纵有不虞，岂能为患！"仲见泰，具以启闻。泰令依猷策。思政固请，且约："贼水攻期年、陆攻三年之内，朝廷不烦赴救。"泰

西魏发布诏令："太和年间，代郡人改汉姓的，都可以恢复旧姓。"

六月初二日丙戌，梁朝任命南康王萧会理为侍中、司空。

六月初三日丁亥，梁朝立宣城王萧大器为皇太子。

当初，侯景派太常卿南阳人刘之遴为授予临贺王萧正德皇帝印章的礼仪官，刘之遴剃了头发打扮成和尚逃走了。刘之遴学识渊博，写得一手好文章，曾经为湘东王萧绎的长史；他想到江陵回到萧绎那里去，萧绎一向嫉妒他的才能。六月初五日己丑，刘之遴到达夏口，萧绎暗中派人送药毒死了刘之遴，然后亲自给刘之遴写了墓志铭，给刘之遴的家属送了很厚重的丧礼。

六月初八日壬辰，梁朝封皇子萧大心为寻阳王，封萧大款为江陵王，封萧大临为南海王，封萧大连为南郡王，封萧大春为安陆王，封萧大成为山阳王，封萧大封为宜都王。

被围困的西魏长社城中没有食盐，军民很多人得了痉挛浮肿病，十之八九的人都死了。不幸，从西北刮起了大风，洪水被吹得波涛汹涌，灌入城中，城墙彻底崩毁。东魏大将军高澄下令警告城中的人说："有能活捉王思政大将军的人封为侯；如果大将军的身体有损伤，左右亲近的人全都杀头。"王思政率领部众占据了土山，告诉东魏人说："我力屈计穷，只有以死报国。"说完仰天大哭，向西跪拜了两次，要拔刀自杀。都督骆训对他说："你经常对我们说：'你们可以拿着我的头出城投降，不但可得到富贵，还可以保全一城人的生命。'如今高澄丞相发布了要你活下来的命令，你就不痛惜士兵们的生命吗？"众人一起抓住王思政，使他无法自杀，高澄派通直散骑赵彦深到土山送给王思政一把白色羽毛扇子，握住他的手，表示投降的意思，然后牵着王思政的手走下土山来见高澄。高澄不让王思政下拜，以礼相待。王思政当初进入颍川，带领的将士有八千人，等到城破时，只剩三千人，士兵没有一个人背叛。高澄把西魏投降的将士全都发配到远方，改颍川为郑州，对王思政甚为厚重。西阁祭酒卢潜说："王思政不能以死殉职，哪里值得如此看重！"高澄对身边亲将们说："我有卢潜，可以说又得了一个王思政。"卢潜，是卢度世的曾孙。

当初，王思政屯驻在襄城，想把长社作为行台治所，派使者魏仲向太师宇文泰报告，又写信给淅州刺史崔猷征询意见。崔猷回信说："襄城是控制连接长安、洛阳的交通枢纽，的确是最要紧的重镇，如果有事，很容易接应。颍川既靠近敌人边境，又没有山川的险固，敌人如果偷袭，可直接抵达城下。还是驻兵襄城，为行台治所；在颍川设置州治所，派良将镇守，那样就可以内外联防很坚固，民心也容易安定，即使有预料不到的事发生，也不会造成祸害。"魏仲见到宇文泰，把两个方案

乃许之。及长社不守，泰深悔之。猷，孝芬之子也。

侯景之南叛也，丞相泰恐东魏复取景所部地，使诸将分守诸城。及颍川陷，泰以诸城道路阻绝，皆令拔军还。

（以上为第五段，写东魏趁南朝混乱，专力对抗西魏，颍川争夺战，擒西魏名将王思政，收复了因侯景反叛丢失于西魏的全部河南疆土。）

上甲侯韶自建康出奔江陵，称受高祖密诏征兵，以湘东王绎为侍中、假黄钺、大都督中外诸军事、司徒、承制，自余藩镇并加位号。

宋子仙围戴僧逷，不克。丙午，吴盗陆缉等起兵袭吴郡，杀苏单于，推前淮南太守文成侯宁为主。

临贺王正德怨侯景卖己，密书召鄱阳王范，使以兵入；景遮得其书，癸丑，缢杀正德。景以仪同三司郭元建为尚书仆射、北道行台、总江北诸军事，镇新秦；封元罗等诸元十余人皆为王。景爱永安侯确之勇，常置左右。邵陵王纶潜遣人呼之，确曰："景轻佻，一夫力耳，我欲手刃之，正恨未得其便。卿还启家王，勿以确为念。"景与确游钟山，引弓射鸟，因欲射景，弦断，不发，景觉而杀之。

湘东王绎娶徐孝嗣孙女为妃，生世子方等。妃丑而妒，又多失行，绎二三年一至其室。妃闻绎当至，以绎目眇，为半面妆以待之，绎怒而出，故方等亦无宠。及自建康还江陵，绎见其御军和整，始叹其能，入告徐妃，妃不对，垂泣而退。绎怒，疏其秽行，榜于大阁，方等见之，益惧。湘州刺史河东王誉，骁勇得士心，绎将讨侯景，遣使督其粮众，誉曰："各自军府，何忽隶人！"使者三返，誉不与。方等请讨之，绎乃以少子安南侯方矩为湘州刺史，使方等将精卒二万送之。方等将行，谓所亲曰："是行也，吾必死之；死得其所，吾复奚恨！"侯景以赵威方为豫章太守，江州刺史寻阳王大心遣军拒之，擒威方，系州狱，威方逃还建康。

都做了汇报，宇文泰命令采纳崔猷的方案，王思政坚决请求在颍川设置行台，并且立下军令状说："敌人用水攻坚守一年，敌人陆战坚守三年，在这期限之内，不需要朝廷救援。"宇文泰这才同意了。等到长社城破，宇文泰深感后悔。崔猷，是崔孝芬的儿子。

侯景叛逃梁朝之后，丞相宇文泰担心东魏重新攻取侯景原来管辖的地方，派诸将分别镇守各城。等到颍川陷落，宇文泰认为那几座城池与关中的交通已被切断，就命令各城守军撤退回到关中。

梁朝上甲侯萧韶从建康逃往江陵，宣称得到梁武帝密诏征调兵马，任命湘东王萧绎为侍中、假黄钺、大都督中外诸军事、司徒、承制，其他藩镇都增加了职位名号。

侯景部将宋子仙率军攻击戴僧逷，没有取胜。六月二十二日丙午，吴郡大盗陆缉等人起兵，袭击吴郡，杀了苏单于，推举前淮南太守文成侯萧宁为主帅。

临贺王萧正德怨恨侯景出卖了自己，写了一封密信给鄱阳王萧范，让他带兵攻入建康；侯景截住了这封信，六月二十九日癸丑勒死了萧正德。侯景任命仪同三司郭元建为尚书仆射、北道行台、总督江北诸军事，驻守在新秦，又封元罗等诸元氏十多人为王。侯景爱惜永安侯萧确勇敢，经常把他带在身边，邵陵王萧纶暗中派人叫萧确离开侯景，萧确说："侯景举止轻佻，只不过是一个匹夫，我想亲手杀死他，只恨还没找到下手的机会，你回去对我家王爷说，不要挂念我。"侯景带着萧确游钟山。萧确拉弓射鸟，趁机射侯景，不料弓弦拉断，箭没有射出去，侯景发觉了萧确的意图，就杀死了他。

湘东王萧绎娶了徐孝嗣的孙女为妃，生了世子萧方等。徐妃相貌丑陋，而且生性嫉妒，行为又常常失于检点，萧绎两三年才到徐妃房中一次。有一次，徐妃听说萧绎要来，因为萧绎有一只眼睛瞎了，徐妃只在半边脸上化了妆等候，萧绎见了，恼恨地退了出来，所以萧方等得不到宠爱。等到萧方等从建康勤王回到江陵，萧绎看到萧方等治军和穆严整，开始称赞他有才能。萧绎进入徐妃房间告诉她这件事，徐妃不答话，流着眼泪出了房间。萧绎大怒，就条列徐妃平时的丑闻，在大堂中张贴出来，萧方等看了，更加恐惧。湘州刺史河东王萧誉，骁勇善战，深得士兵拥护，萧绎将要讨伐侯景，派人去催促萧誉出兵出粮，萧誉说："彼此都是军府，怎么忽然管起我来了。"使者往返数次，萧誉就是不给。萧方等请求讨伐萧誉，萧绎就任命小儿子安南侯萧方矩为湘州刺史，派萧方等率领精兵两万人护送萧方矩上任。萧方等将要出发时，对亲信说："这次进兵，一定是我的死期；但是死得其所，我也没有遗

湘东世子方等军至麻溪，河东王誉将七千人击之，方等军败，溺死。安南侯方矩收余众还江陵，湘东王绎无戚容。绎宠姬王氏，生子方诸。王氏卒，绎疑徐妃为之，逼令自杀，妃赴井死，葬以庶人礼，不听诸子制服。

西江督护陈霸先欲起兵讨侯景，景使人诱广州刺史元景仲，许奉以为主，景仲由是附景，阴图霸先。霸先知之，与成州刺史王怀明等集兵南海，驰檄以讨景仲曰："元景仲与贼合从，朝廷遣曲阳侯勃为刺史，军已顿朝亭。"景仲所部闻之，皆弃景仲而散。秋，七月，甲寅，景仲缢于阁下。霸先迎定州刺史萧勃镇广州。

前高州刺史兰裕，钦之弟也，与其诸弟扇诱始兴等十郡，攻监衡州事欧阳頠。勃使霸先救之，悉擒裕等，勃因以霸先监始兴郡事。

湘东王绎遣竟陵太守王僧辩、信州刺史东海鲍泉击湘州，分给兵粮，刻日就道。僧辩以竟陵部下未尽至，欲俟众集然后行，与泉入白绎，求申期。绎疑僧辩观望，按剑厉声曰："卿惮行拒命，欲同贼邪？今日唯有死耳！"因斫僧辩，中其左髀，闷绝，久之方苏，即送狱。泉震怖，不敢言。僧辩母徒行流涕入谢，自陈无训，绎意解，赐以良药，故得不死。丁卯，鲍泉独将兵伐湘州。

陆缉等竞为暴掠，吴人不附，宋子仙自钱塘旋军击之。壬戌，缉弃城奔海盐，子仙复据吴郡。戊辰，侯景置吴州于吴郡，以安陆王大春为刺史。

庚午，以南康王会理兼尚书令。

鄱阳王范闻建康不守，戒严，欲入，僚佐或说之曰："今魏人已据寿阳，大王移足，则虏骑必窥合肥。前贼未平，后城失守，将若之何！不如待四方兵集，使良将将精卒赴之，进不失勤王，退可固本根。"范乃止。会东魏大将军澄遣西兖州刺史李伯穆逼合肥，又使魏收为书谕范。范方谋讨侯景，借东魏为援，乃帅战士二万出东关，以合州输伯穆，并

憾。”侯景任命赵威方为豫章太守，江州刺史寻阳王萧大心派兵抗拒，活捉了赵威方，关在州城的监狱里，赵威方找机会逃回了建康。

湘东王世子萧方等进军到达麻溪，河东王萧誉率军七千人出击，萧方等战败，落水而死。安南侯萧方矩收集残兵回江陵，湘东王萧绎没有一点忧伤的面容。萧绎爱妃王氏，生的儿子叫萧方诸。王氏死了，萧绎疑心是徐妃干的，就逼迫徐妃自杀，徐妃投井而死，按平民礼仪安葬，还不让儿子们穿丧服。

西江督护陈霸先打算起兵讨伐侯景，侯景派人诱使广州刺史元景仲，许诺奉他为皇帝，元景仲因此归附侯景，阴谋除掉陈霸先。陈霸先得到消息，与成州刺史王怀明等人在南海集中兵力，飞马发布檄文声讨元景仲，说：“元景仲与叛贼联合，朝廷派曲阳侯萧勃为广州刺史，军队已经停驻在朝亭。”元景仲率领的军队，听到这个消息，纷纷背弃元景仲逃散。秋季，七月初一日甲寅，元景仲吊死在府衙堂下。陈霸先迎接定州刺史萧勃镇守广州。

前高州刺史兰裕，是兰钦的弟弟，他和他的几个弟弟煽动诱骗始兴郡等十个郡的兵马，攻击监衡州事欧阳颀。萧勃派陈霸先救援，把兰裕等人全部抓获，萧勃就委任陈霸先监始兴郡事。

湘东王萧绎派竟陵太守王僧辩、信州刺史东海郡人鲍泉领兵攻击湘州，分配给他们兵马和粮食，立即出发。王僧辩考虑到竟陵的部队还没有完全到达集中，想等到部队完全集结以后出发，他和鲍泉一起进入府衙向萧绎报告，请求宽限日期。萧绎疑心王僧辩滞留观望，就握着剑柄厉声斥责说：“你害怕出征，抗拒命令，想和叛贼结成一伙吗？今天你只有死路一条。”说着就向王僧辩砍去一剑，砍中了他的左大腿，王僧辩昏死过去，好长一阵时间才苏醒，立即被送进监狱。鲍泉吓得心跳不止，浑身发抖，不敢说话。王僧辩的母亲流着泪步行到萧绎府中赔罪，说自己教子无方，萧绎怒气才缓和下来，便送上良药，王僧辩才没有死。七月十四日丁卯，鲍泉独自领兵讨伐湘州。

陆缉等人竞相横暴掠夺，吴郡民众不拥护他，侯景部将从钱塘回军攻击他。七月初九日壬戌，陆缉丢弃了郡城逃到海盐，宋子仙重新占据了吴郡。七月十五日戊辰，侯景设置吴州，以吴郡城为治所，任命安陆王萧大春为刺史。

七月十七日庚午，梁朝任命南康王萧会理兼尚书令。

鄱阳王萧范听到建康失守，而且戒严，想带兵进入建康，有个僚佐劝谏萧范说：“如今东魏已经占据了寿阳，大王一旦离开，那么东魏骑兵必然窥伺合肥，前面的叛贼没有讨平，后面的城池失守，那将怎么办呢！还不如等待各路兵马会齐，派一员良将率领精兵前往，前进不误勤王大义，后退可以保住根基。”萧范才停止了进军，恰好这时东魏大将军高澄派西兖州刺史李伯穆逼近合肥，又派魏收写信给萧范劝降。

遣谘议刘灵议送二子勤、广为质于东魏以乞师。范屯濡须以待上游之军，遣世子嗣将千余人守安乐栅，上游诸军皆不下，范粮乏，采菰稗、菱藕以自给。勤、广至邺，东魏人竟不为出师。范进退无计，乃溯流西上，军于枞阳。景出屯姑孰，范将裴之悌以众降之。之悌，之高之弟也。

东魏大将军澄诣邺，辞爵位殊礼，且请立太子。澄谓济阴王晖业曰："比读何书？"晖业曰："数寻伊、霍之传，不读曹、马之书。"

八月，甲申朔，侯景遣其中军都督侯子鉴等击吴兴。

己亥，鲍泉军于石椁寺，河东王誉逆战而败；辛丑，又败于橘洲，战及溺死者万余人。誉退保长沙，众引军围之。

辛卯，东魏立皇子长仁为太子。

勃海文襄王澄以其弟太原公洋次长，意常忌之。洋深自晦匿，言不出口，常自贬退，与澄言，无不顺从。澄轻之，常曰："此人亦得富贵，相书亦何可解！"洋为其夫人赵郡李氏营服玩小佳，澄辄夺取之；夫人或恚未与，洋笑曰："此物犹应可求，兄须何容吝惜！"澄或愧不取，洋即受之，亦无饰让。每退朝还第，辄闭阁静坐，虽对妻子，能竟日不言。或时袒跣奔跃，夫人问其故，洋曰："为尔漫戏。"其实盖欲习劳也。

澄获徐州刺史兰钦子京，以为膳奴，钦请赎之，不许；京屡自诉，澄杖之，曰："更诉，当杀汝！"京与其党六人谋作乱。澄在邺，居北城东柏堂，嬖琅邪公主，欲其往来无间，侍卫者常遣出外。辛卯，澄与散骑常侍陈元康、吏部尚书侍中杨愔、黄门侍郎崔季舒屏左右，谋受魏禅，署拟百官。兰京进食，澄却之，谓诸人曰："昨夜梦此奴斫我，当急杀之。"京闻之，置刀盘下，冒言进食，澄怒曰："我未索食，何为遽来！"京挥刀曰："来杀汝！"澄自投伤足，入于床下，贼去床，弑之。愔狼狈走，遗一靴；季舒匿于厕中；元康以身蔽澄，与贼争刀被伤，肠出；库直王纮冒刃御贼；纥奚舍乐斗死。时变起仓猝，内外震骇。太原公洋在城东双堂，闻之，颜色不变，指挥部分，入讨群贼，斩而脔之，徐出，

萧范正在谋划讨伐侯景，想借东魏为后援，于是率领将士两万人离开合肥出东关，把合肥城交给了李伯穆，并派谘议刘灵仪送自己的两个儿子萧助、萧广到东魏为人质，请求借兵。萧范屯驻濡须等待长江上游的勤王军队，派世子萧嗣领兵一千人驻守安乐栅，长江上游各路兵马都迟迟未下，萧范军队缺粮，只好采集菰米、稗子、菱角、莲藕来充饥。萧助、萧广到了邺城，东魏违约，不为萧范出兵。萧范进退没了主意，勉强沿江西上，驻军在枞阳。侯景出兵屯驻在姑孰，萧范的部将裴之悌带领自己的部众投降了侯景。裴之悌，是裴之高的弟弟。

东魏大将高澄到邺城，向孝静帝辞让新加封的爵位和殊礼，并且请求册立皇太子。高澄对济阳王元晖业说："近来在读什么书？"元晖业说："多次阅读伊尹、霍光的传记，不读曹操、司马懿的传记。"

八月初一日甲申，侯景派他的中军都督侯子鉴等进攻吴兴。

八月十六日己亥，鲍泉驻军在石椁寺，河东王萧誉迎战遭到失败；八月十八日辛丑，萧誉又在橘洲战败，战死以及落水而死的有一万多人。萧誉败退保守长沙，鲍泉进兵包围长沙。

八月初八日辛卯，东魏册立皇子元长仁为皇太子。

东魏勃海文襄王高澄认为他的弟弟太原公高洋在诸弟中年长，仅次于自己，内心时时提防他。高洋格外小心韬晦，沉默不言，常常自我贬退，与高澄说话时，百依百顺。高澄看不起他，常常说："这样的人也得到了富贵，按照相书没法解释。"高洋给自己的夫人赵郡人李氏制作了一些时尚的衣服和小玩意，高澄看到了总要夺走；高洋夫人有时气愤不给，高洋笑着说："这些东西可以重新制作，兄长要用何必那么小气。"高澄有时也感到惭愧不要了，高洋就接过来，也不谦让。每次退朝回家，总是闭门静坐，即使对妻子儿女，也能整天不说话。有时袒胸光脚又跑又跳，夫人问他为何这样，高洋说："和你游戏玩耍。"其实是掩盖锻炼身体。

高澄抓获了徐州刺史兰钦的儿子兰京，把他当作膳食奴仆，兰钦请求用钱为儿子赎身，高澄不允许；兰京多次自己请求，遭到高澄一顿杖责，高澄说："再来请求，我就杀了你。"兰京和他的同伙共六个人商议作乱。高澄在邺城时，住在北城东边的柏堂，宠爱琅邪公主，为了来往方便，经常把侍卫支出门外。八月初八日辛卯，高澄与散骑常侍陈元康、吏部尚书侍中杨愔、黄门侍郎崔季舒密谋禅让登位，安排文武百官的人选和职位，让身边的侍卫回避。兰京送饭进屋，高澄叫他退下，对在座的几个人说："昨天夜里我梦见这个人用刀砍我，应当赶快杀了他。"兰京听到这话，在菜盘下放了一把刀，又假装说送饭菜进屋，高澄大怒说："我没有让你送饭，你怎么又突然闯进来？"兰京举刀说："来杀你！"高澄跳下床摔伤了脚，躲到床底下，兰京掀开坐床，杀了高澄。杨愔狼狈逃走，掉了一只靴子；崔季舒藏身厕所；

曰："奴反，大将军被伤，无大苦也。"内外莫不惊异。洋秘不发丧。陈元康手书辞母，口占使功曹参军祖珽作书陈便宜，至夜而卒；洋殡之第中，诈云出使，虚除元康中书令。以王纮为领左右都督。纮，基之子也。

勋贵以重兵皆在并州，劝洋早如晋阳，洋从之。夜，召大将军督护太原唐邕，使部分将士，镇遏四方；邕支配须臾而毕，洋由是重之。

癸巳，洋讽东魏主以立太子大赦。澄死问渐露，东魏主窃谓左右曰："大将军今死，似是天意，威权当复归帝室矣！"洋留太尉高岳、太保高隆之、开府仪同三司司马子如、侍中杨愔守邺，余勋贵皆自随。甲午，入谒东魏主于昭阳殿，从甲士八千人，登阶者二百余人，皆攘袂扣刃，若对严敌。令主者传奏曰："臣有家事，须诣晋阳。"再拜而出。东魏主失色，目送之曰："此人又似不相容，朕不知死在何日！"晋阳旧臣、宿将素轻洋；及至，大会文武，神采英畅，言辞敏洽，众皆大惊。澄政令有不便者，洋皆改之。高隆之、司马子如等恶度支尚书崔暹，奏暹及崔季舒过恶，鞭二百徙边。

侯景以宋子仙为司徒、郭子建为尚书左仆射，与领军任约等四十人并开府仪同三司，仍诏："自今开府仪同不须更加将军。"是后开府仪同至多，不可复记矣。

鄱阳王范自枞阳遣信告江州刺史寻阳王大心，大心遣信邀之。范引兵诣江州，大心以湓城处之。

吴兴兵力寡弱，张嵊书生，不闲军旅；或劝嵊效袁君正以郡迎侯子鉴。嵊叹曰："袁氏世济忠贞，不意君正一旦隳之。吾岂不知吴郡既没，吴兴势难久全；但以身许国，有死无贰耳！"九月，癸丑朔，子鉴军至吴兴，嵊战败，还府，整服安坐，子鉴执送建康。侯景嘉其守节，欲活

陈元康用身子掩护高澄，与兰京争夺刀子，被刺破肚子，肠子流了出来；库直王纮迎着刀刃与兰京搏斗；纥奚舍乐在搏斗中被杀死。当时，事发突然，朝廷内外惊骇。太原公高洋在宫城东边的双堂，听到消息，神色不变，指挥部署，进入北城东边的柏堂诛讨叛贼，把他们杀死后剁成肉块，然后不慌不忙地走出来说："奴仆造反，大将军受了伤，伤势不重，没大的痛苦。"朝廷内外，无不感到惊恐奇怪。高洋隐瞒高澄死讯。陈元康亲笔写信向母亲诀别，又口述让功曹参军祖珽记录下来一些当务之急的国事、文书应当如何处理，到了半夜死去；高洋把陈元康的灵柩停放在高澄府第中，谎称他被派到外面办事去了，还故意任命陈元康为中书令。任命王纮为领左右都督。王纮，是王基的儿子。

功臣贵戚们考虑到重兵驻扎在并州，劝高洋尽快到晋阳，高洋听从了。当天夜里，高洋请来将军督护太原人唐邕，让他部署部分将士去各地重镇；唐邕不一会儿就分派完毕，高洋从此十分器重他。

八月初十日癸巳，高洋暗示孝静帝以册立皇太子的名义发布大赦令。高澄死亡的消息慢慢透露了出来，孝静帝偷偷地对亲近的人说："大将军高澄如今死了，好像是天意，权威应当重新回到皇室了。"高洋留下太尉高岳、太保高隆之、开府仪同三司司马子如、侍中杨愔守护邺城，其余功臣贵戚全都随从高洋到晋阳。八月十一日甲午，高洋进宫，在昭阳殿谒见孝静帝，随从甲士八千人，登上殿堂台阶的有二百人，全都挽起袖子，提着刀子，如临大敌。高洋让朝中礼仪官传达奏章，说："臣有点家务事，必须走一趟晋阳。"然后跪拜了两次，退出朝堂。孝静帝变了脸色，目送高洋走出朝堂，说："这人又像一个容不下朕的人，朕不知道死在哪一天。"晋阳的旧臣宿将，一向看不起高洋；等到高洋来到晋阳，大会文武官员，神采奕奕，英气勃勃，说话敏捷和谐，大家感到吃惊。高澄以往制定的政令有不合时宜的地方，全都改变，除旧更新。高隆之、司马子如等厌恶度支尚书崔暹，上奏揭发崔暹和崔季舒的过失，鞭打两百，发配边疆。

侯景任命宋子仙为司徒，任命郭子建为尚书左仆射，与领军任约等四十人同时授予开府仪同三司，并下诏书说："从今以后，开府仪同不须再加将军职衔。"此后，开府仪同三司多得数不胜数。

鄱阳王萧范从枞阳写信给江州刺史寻阳王萧大心，告诉他有关情况，萧大心派人带着信邀请萧范。萧范领军到江州，萧大心让出湓城安置萧范。

吴兴兵力不多，张嵊又是一个书生，不通晓军事；有人劝张嵊效法袁君正让出郡城迎接侯子鉴。张嵊叹息说："袁氏世代忠良坚贞，想不到袁君正一天就把它毁了。我难道不知道吴郡陷落后，吴兴郡难以长久保存的道理吗；但是，我要以身殉国，决心一死，没有二心。"九月初一日癸丑，侯子鉴进军到了吴兴，张嵊战败，回

之，嵊曰："吾忝任专城，朝廷倾危，不能匡复，今日速死为幸。"景犹欲全其一子，嵊曰："吾一门已在鬼录，不就尔虏求恩！"景怒，尽杀之；并杀沈浚。

河东王誉告急于岳阳王詧，詧留谘议参军济阳蔡大宝守襄阳，帅众二万、骑二千伐江陵以救湘州。湘东王绎大惧，遣左右就狱中问计于王僧辩，僧辩具陈方略，绎乃赦之，以为城中都督。乙卯，詧至江陵，作十三营以攻之；会大雨，平地水深四尺，詧军气沮。绎与新兴太守杜崱有旧，密邀之。乙丑，崱与兄岌、岸、弟幼安、兄子龛各帅所部降于绎。岸请以五百骑袭襄阳，昼夜兼行；去襄阳三十里，城中觉之，蔡大宝奉詧母龚保林登城拒战。詧闻之，夜遁，弃粮食、金帛、铠仗于湕水，不可胜纪。张缵病足，詧载以随军；及败走，守者恐为追兵所及，杀之，弃尸而去。詧至襄阳，岸奔广平，依其兄南阳太守巘。

湘东王绎以鲍泉围长沙久不克，怒之，以平南将军王僧辩代为都督，数泉十罪，命舍人罗重欢与僧辩偕行。泉闻僧辩来，愕然曰："得王竟陵来助我，贼不足平。"拂席待之。僧辩入，背泉而坐，曰："鲍郎，卿有罪，令旨使我锁卿，卿勿以故意见期。"使重欢宣令，锁之床侧。泉为启自申，且谢淹缓之罪，绎怒解，遂释之。

冬，十月，癸未朔，东魏以开府仪同三司潘相乐为司空。

初，历阳太守庄铁帅众归寻阳王大心，大心以为豫章内史。铁至郡即叛，推观宁侯永为主。永，范之弟也。丁酉，铁引兵袭寻阳，大心遣其将徐嗣徽逆击，破之。铁走，至建昌，光远将军韦构邀击之，铁失其母弟妻子，单骑还南昌，大心遣构将兵追讨之。

宋子仙自吴郡趣钱塘，刘神茂自吴兴趣富阳，前武州刺史富阳孙国恩以城降之。

十一月，乙卯，葬武皇帝于修陵，庙号高祖。

到郡府，穿好衣冠安静地坐着等待，侯子鉴把他押送到建康。侯景看重他有节操，不想杀他，张嵊说："我有辱专任一方的郡守，在朝廷危亡倒塌的时候，我没能力扶正恢复皇业，今天只想尽快一死，乃是幸事。"侯景还想保全他一个儿子，张嵊说："我全家都登记在鬼簿上，不向你这个胡虏乞求恩典。"侯景大怒，杀了张嵊全家；一并杀了沈浚。

河东王萧誉向岳阳王萧詧告急求救，萧詧留下谘议参军济阳人蔡大宝守襄阳城，自己率领两万步兵、骑兵两千讨伐江陵以便救援湘州。湘东王萧绎非常害怕，派亲信到狱中向王僧辩请教办法，王僧辩详细地陈述了用兵的策略，萧绎释放了王僧辩，任命他为守城都督。九月初三日乙卯，萧詧进兵到达江陵，分兵为十三营进攻江陵城；正碰上大雨，平地水深四尺，萧詧军队士气低落。萧绎与新兴太守杜崱有交情，秘密邀请他出兵相助。九月十三日乙丑，杜崱和他哥哥杜岌、杜岸、弟弟杜幼安、侄儿杜龛各自率领部属背叛萧詧投降了萧绎。杜岸请求率领五百骑兵偷袭襄阳，昼夜兼程；离襄阳还有三十里，被襄阳城守军发觉，蔡大宝请出萧詧母亲龚保林登上城头抵抗作战。萧詧听到消息，连夜逃走，把粮食、金帛、兵器丢弃在湕水河中，多得无法计算。张缵脚上有病，萧詧用车拉着他随军行动；等到败逃时，看守他的人害怕被对方追上，杀了张缵，丢下尸体逃走。萧詧回到襄阳，杜岸逃到广平，依附他的哥哥南阳太守杜岌。

湘东王萧绎因为鲍泉围攻长沙，很久不能攻克，对他非常愤怒，任命平南将军取代他为都督，列数鲍泉十条罪状，派舍人罗重欢与王僧辩同行。鲍泉听到王僧辩到来，惊愕地说："得到王竟陵的帮助，贼军不愁不平定。"打扫干净坐席等待王僧辩。王僧辩进入，背对鲍泉而坐，说："鲍郎，你有罪，我奉令抓捕你，你不要期待我们有旧交就情放过你。"说完让罗重欢宣读逮捕令，把鲍泉铐起来放在坐床旁边。鲍泉自己写了申诉状，对贻误军机认了罪，萧绎的怒气才平息下来，终于释放了鲍泉。

冬季，十月初一日癸未，东魏任命开府仪同三司潘相乐为司空。

当初，历阳太守庄铁领兵归附寻阳王萧大心，萧大心任命他为豫章内史。庄铁到达郡城后立即叛变，拥护观宁侯萧永为主帅。萧永，是萧范的弟弟。十月十五日丁酉，庄铁领兵偷袭寻阳，萧大心派部将徐嗣徽迎战，打败了庄铁，庄铁逃走，到了建昌，光远将军韦构截击庄铁，庄铁失去了母亲、弟弟、妻子、儿女，单人独骑逃回了南昌，萧大心派韦构领兵追击他。

侯景部将宋子仙从吴郡进军钱塘，刘神茂从吴兴进军富阳，前武州刺史富阳人孙国恩献城投降。

十一月初四日乙卯，安葬梁武帝于修陵，庙号高祖。

百济遣使入贡，见城关荒圮，异于向来，哭于端门；侯景怒，录送庄严寺，不听出。

壬戌，宋子仙急攻钱塘，戴僧遏降之。

岳阳王詧使将军薛晖攻广平，拔之，获杜岸，送襄阳。詧拔其舌，鞭其面，支解而烹之。又发其祖父墓，焚其骸而扬之，以其头为漆碗。

詧既与湘东王绎为敌，恐不能自存，遣使求援于魏，请为附庸。丞相泰令东阁祭酒荣权使于襄阳，绎使司州刺史柳仲礼镇竟陵以图詧，詧惧，遣其妃王氏及世子嶚为质于魏。丞相泰欲经略江、汉，以开府仪同三司杨忠都督三荆等十五州诸军事，镇穰城。仲礼至安陆，安陆太守柳勰以城降之。仲礼留长史马岫与其弟子礼守之，帅众一万趣襄阳，泰遣杨忠及行台仆射长孙俭将兵击仲礼以救詧。

宋子仙乘胜渡浙江，至会稽。邵陵王纶闻钱塘已败，出奔鄱阳，鄱阳内史开建侯蕃以兵拒之，范进击蕃，破之。

魏杨忠将至义阳，太守马伯符以下溠城降之，忠以伯符为向导。伯符，岫之子也。

南郡王大连为东扬州刺史。时会稽丰沃，胜兵数万，粮仗山积，东土人惩侯景残虐，咸乐为用，而大连朝夕酣饮，不恤军事；司马东阳留异凶狡残暴，为众所患，大连悉以军事委之。十二月，庚寅，宋子仙攻会稽，大连弃城走，异奔还乡里，寻以其众降于子仙。大连欲奔鄱阳，异为子仙向导，追及大连于信安，执送建康，帝闻之，引帷自蔽，掩袂而泣。于是三吴尽没于景，公侯在会稽者，俱南度岭。景以留异为东阳太守，收其妻子为质。

乙酉，东魏以并州刺史彭乐为司徒。

邵陵王纶进至九江，寻阳王大心以江州让之，纶不受，引兵西上。

始兴太守陈霸先结郡中豪杰欲讨侯景，郡人侯安都、张偲等各帅众千余人归之。霸先遣主帅杜僧明将二千人顿于岭上，广州刺史萧勃遣人止之曰："侯景骁雄，天下无敌，前者援军十万，士马精强，犹不能克，君以区区之众，将何所之！如闻岭北王侯又皆鼎沸，亲寻干戈，以君疏

百济派使臣入贡梁朝，看到建康城破败荒芜，和从前大不相同，在端门前大哭；侯景大怒，把百济使者押送庄严寺，不让他出来。

十一月十一日壬戌，宋子仙猛攻钱塘，戴僧逷投降。

岳阳王萧詧派将军薛晖进攻广平，打破了广平城，抓获了杜岸，押送襄阳。萧詧割断了杜岸的舌头，用鞭子抽他的脸面，剁成几大块下锅煮成肉酱。萧詧又挖开杜岸祖父的葬墓，焚烧了尸骨，抛洒骨灰，留下头盖骨作漆碗。

萧詧已经与湘东王萧绎为敌，担心不能自保，派使者向西魏求援，请求为西魏的附庸。丞相宇文泰派东阁祭酒荣权出使到襄阳，萧绎派司州刺史柳仲礼镇守竟陵图谋萧詧，萧詧害怕了，派他的妃子王氏以及世子萧嶚到西魏作人质。丞相宇文泰想占领江汉地区，委派开府仪同三司杨忠都督三荆等十五州诸军事，出镇穰城。柳仲礼到达安陆，安陆太守柳勰献出城池投降。柳仲礼留长史马岫与自己的弟弟柳子礼镇守安陆，自己率领一万人进军襄阳，宇文泰派杨忠及行台仆射长孙俭领兵抗击柳仲礼，以救援萧詧。

宋子仙乘胜渡过浙江，到达会稽。邵陵王萧纶听到钱塘已经丢失，就出逃到鄱阳，鄱阳内史开建侯萧蕃用兵拒绝，萧纶进兵攻击萧蕃，打败了萧蕃。

西魏杨忠进兵即将到达义阳，义阳太守马伯符献出下溠城投降了杨忠，杨忠让马伯符作向导。马伯符，是马岫的儿子。

南郡王萧大连任东扬州刺史。当时会稽郡物产丰富，有数万士兵，粮食兵器堆积如山，东部土著居民苦于侯景的凶残暴虐，都愿意为南郡王效力以保卫乡土。而萧大连一天到晚花天酒地，不关心军事部署；司马东阳人留异凶狡残暴，大家都痛恨他。萧大连把军务全部委托给他。十二月初九日庚寅，宋子仙攻打会稽，萧大连弃城逃走，留异逃回家乡，不久他率领部众投降了宋子仙。萧大连想逃到鄱阳，留异替宋子仙作向导，在信安追上了萧大连，把他抓起来送到建康。简文帝听到这个消息，拉起帷帐遮住自己，用袖子捂住脸哭泣。这时，三吴地区全部陷落于侯景之手。在会稽的公卿王侯都向南逃跑，翻过了五岭。侯景任命留异为东阳太守，把他的妻儿留下作人质。

十二月初四日乙酉，东魏任命并州刺史彭乐为司徒。

邵陵王萧纶进军到九江，寻阳王萧大心把江州城让给他，萧纶没有接受，领兵继续西上。

始兴太守陈霸先，结交郡中豪杰，打算讨伐侯景，郡人侯安都、张偲等各自率领一千人归附他。陈霸先派主帅杜僧明率领两千人屯驻在大庾岭上，广州刺史萧勃派人劝阻陈霸先说："侯景是一个枭雄，天下无人是他的对手，前些时，勤王援兵十万，兵精马肥，仍然没有战胜他，你率领的这么一丁点人马，能走到哪一步呢？

外，讵可暗投！未若且留始兴，遥张声势，保太山之安也。”霸先曰：“仆荷国恩，往闻侯景渡江，即欲赴援，遭值元、兰，梗我中道。今京都覆没，君辱臣死，谁敢爱命！君侯体则皇枝，任重方岳，遣仆一军，犹贤乎已，乃更止之乎！”乃遣使间道诣江陵，受湘东王绎节度。时南康土豪蔡路养起兵据郡，勃乃以腹心谭世远为曲江令，与路养相结，同遏霸先。

魏杨忠拔随郡，执太守桓和。

东魏使金门公潘乐等将兵五万袭司州，刺史夏侯强降之。于是东魏尽有淮南之地。

（以上为第六段，写东魏突发高澄被害事件，高洋执政掌权。梁朝全境混乱，萧梁诸王自相残杀，导致侯景控制了三吴地区，淮南土地丢失于东魏，江汉西境归于西魏。）

又听说岭北的王侯们闹得像开水锅，骨肉之间互相残杀，你怎么可以投向这帮昏暗之主呢？还不如暂且留在始兴，远远地张扬声势，可以保住我们岭南安如泰山。”陈霸先说：“我蒙受国家恩惠，先前听说侯景渡过长江，当时就想赶去救援，遭到元景仲、兰裕两人的阻拦，挡住了我的去路。如今京城覆没，国君受辱，臣子应当死难，谁还敢爱惜生命。君侯的身体是皇室血脉，担任一方的守土重任，派我这支军队去征讨侯景，总比无所作为好，怎么反而来阻止我呢？”于是派出使者从小道赶到江陵，愿意接受湘东王的调度。当时南康郡土豪蔡路养起兵占据郡城，萧勃就派出心腹亲将谭世远为曲江县令，与蔡路养联合，共同遏制陈霸先。

西魏杨忠攻占了随郡，抓获了太守桓和。

东魏派金门公潘乐等率领五万兵马袭击司州，司州刺史夏侯强投降潘乐。于是东魏占有了全部淮南土地。

【点评】

家族政权的闹剧。梁武帝安置皇室子弟布散四方全境为州郡牧守，又多置藩王封疆以屏卫国家，自以为江山永固。而国难到来之时，这些平日里作威作福于百姓的勋臣贵戚、藩王方镇，全无君辱臣死之心，数十万勤王之师观望皇城陷落后作鸟兽散，遇贼兵不战自溃，而自相残杀却如虎如罴。皇室子弟，娇生惯养，锦衣玉食，不文不武，人格猥琐，国家军政，尽委之于此辈，如同儿戏。萧梁政权，家族专攻，简直是一场闹剧，为害之大，甚于用人唯亲。此为太清之祸留给后人的最大反思。

梁纪十九

梁简文帝大宝元年（550 年）

【上章敦牂（庚午，550 年），凡一年】

【大事提要】

本卷载述公元 550 年南北朝史事，凡一年，时当梁简文帝大宝元年，西魏文帝大统十六年，北齐文宣帝天保元年。东魏禅位高氏，北齐建立。西魏蚕食梁朝西境。梁朝仍然全境混乱。侯景残虏，以杀人为戏，所统区域，民众反抗，日渐高涨。

【原文】

太祖简文皇帝上

大宝元年（庚午，550 年）

春，正月，辛亥朔，大赦，改元。

陈霸先发始兴，至大庾岭，蔡路养将二万人军于南野以拒之。路养妻侄兰陵萧摩诃，年十三，单骑出战，无敢当者。杜僧明马被伤，陈霸先救之，授以所乘马；僧明上马复战，众军因而乘之，路养大败，脱身走。霸先进军南康，湘东王绎承制授霸先明威将军、交州刺史。

戊辰，东魏进太原公高洋位丞相、都督中外诸军、录尚书事、大行台、齐郡王。

庚午，邵陵王纶至江夏，郢州刺史南康王恪郊迎，以州让之，纶不受；乃推纶为假黄钺，都督中外诸军事，承制置百官。

魏杨忠围安陆，柳仲礼驰归救之。诸将恐仲礼至则安陆难下，请急攻之，忠曰："攻守势殊，未可猝拔；若引日劳师，表里受敌，非计也。南人多习水军，不闲野战，仲礼师在近路，吾出其不意，以奇兵袭之，彼怠我奋，一举可克。克仲礼，则安陆不攻自拔，诸城可传檄定也。"乃选骑二千，衔枚夜进，败仲礼于漴头，获仲礼及其弟子礼，尽俘其众。马岫以安陆，别将王叔孙以竟陵，皆降于忠。于是汉东之地尽入于魏。

广陵人来嶷说前广陵太守祖皓曰："董绍先轻而无谋，人情不附，袭而杀之，此壮士之任也。今欲纠帅义勇，奉戴府君。若其克捷，可立桓、文之勋，必天未悔祸，犹足为梁室忠臣。"皓曰："此仆所愿也。"乃相与纠合勇士，得百余人。癸酉，袭广陵，斩南兖州刺史董绍先；据城，驰檄远近，推前太子舍人萧勔为刺史，仍结东魏为援。皓，暅之子；勔，勃之兄也。乙亥，景遣郭元建帅众奄至，皓婴城固守。

二月，魏杨忠乘胜至石城，欲进逼江陵，湘东王绎遣舍人庾恪说忠

【语译】

太宗简文皇帝上

梁简文帝大宝元年（庚午，550年）

春季，正月初一日辛亥，梁朝大赦天下，改年号为大宝。

陈霸先从始兴出发，进兵到大庾岭，蔡路养领兵二万人拦截陈霸先，屯驻在南野。蔡路养妻子的侄儿萧摩诃，只有十三岁，单枪匹马出战，无人能抵挡。杜僧明战马受伤，陈霸先把他救了回来，将自己的战马交给杜僧明；杜僧明上马再次交战，大队人马趁势冲了过去，蔡路养被打得大败，脱身逃走。陈霸先进军到南原，湘东王萧绎以皇帝旨意授命陈霸先为明威将军、交州刺史。

正月十八日戊辰，东魏进位太原公高洋为丞相、都督中外诸军事、录尚书事、大行台、齐郡王。

正月二十日庚午，邵陵王萧纶到达江夏，郢州刺史南康王萧恪郊迎，把州城让给他，萧纶没有接受；萧恪便推举萧纶假黄钺，都督中外诸军事，代行皇帝旨意设置百官。

西魏杨忠围攻安陆，柳仲礼急行回军救援。众将担心柳仲礼到达后安陆城更难攻下，就请求加紧攻城，杨忠说："进守势力悬殊，不可以很快攻克；如果拖延时日，部队精疲力竭，内外受敌，不是好办法。南方人善于水战，不熟悉陆地野战，柳仲礼军队就在不远的路上行进，我军出其不意，用一支奇兵偷袭，他们行军疲劳，我军士气高昂，一定可以打败他，打败了柳仲礼，那么安陆就不攻自破，其他各城只需一纸檄文就可平定。"于是精选两千骑兵，让战马口衔枚，静悄悄趁夜色行军，在漴头打败了柳仲礼，抓获了柳仲礼和他弟弟柳子礼，俘获了他的全部军队。马岫献出安陆，别将王叔孙献出竟陵，都投降杨忠。这样一来，汉水以东大片土地全部被西魏吞没。

广陵人来嶷劝说前广陵太守祖皓说："董绍先轻浮而无谋略，人心不服，偷袭杀掉他，这是大丈夫的责任。我正想纠集忠义勇敢之士，拥护你为首领，如果得胜，可以建立像齐桓公、晋文公一样的功勋，即使天意不让我们成功，也足以表明我们是梁朝的忠臣。"祖皓说："这正合我的心意。"于是共同纠合勇士，有一百多人。正月二十三日癸酉，偷袭广陵，杀了南兖州刺史董绍先，占据了州城，向远近各城镇发出檄文，推举前太子舍人萧勔为刺史，仍旧以东魏为后援。祖皓，是祖暅的儿子；萧勔，是萧勃的哥哥。正月二十五日乙亥，侯景派郭元建率领军队来攻击，祖皓闭城固守。

二月，西魏杨忠乘胜进兵到石城，想进逼江陵，湘东王萧绎派舍人庾恪劝说杨

曰：“詧来伐叔，而魏助之，何以使天下归心！”忠遂停湕北。绎遣舍人王孝祀等送子方略为质以求和，魏人许之。绎与忠盟曰：“魏以石城为封，梁以安陆为界，请同附庸，并送质子，贸迁有无，永敦邻睦。”忠乃还。

宕昌王梁弥定为其宗人獠甘所袭，弥定奔魏，獠甘自立。羌酋傍乞铁匆据渠株川，与渭州民郑五丑合诸羌以叛魏。丞相泰使大将军宇文贵、凉州刺史史宁讨之，擒斩铁匆、五丑。宁别击獠甘，破之，獠甘将百骑奔生羌巩廉玉。宁复纳弥定于宕昌，置岷州于渠株川，进击巩廉玉，斩獠甘，虏廉玉送长安。

侯景遣任约、于庆等帅众二万攻诸藩。

邵陵王纶欲救河东王誉而兵粮不足，乃致书于湘东王绎曰：“天时、地利，不及人和，况于手足肱支，岂可相害！今社稷危耻，创巨痛深，唯应剖心尝胆，泣血枕戈，其余小忿，或宜容贳。若外难未除，家祸仍构，料今访古，未或不亡。夫征战之理，唯求克胜；至于骨肉之战，愈胜愈酷，捷则非功，败则有丧，劳兵损义，亏失多矣。侯景之军所以未窥江外者，良为藩屏盘固，宗镇强密。弟若陷洞庭，不戢兵刃，雍州疑迫，何以自安，必引进魏军以求形援。弟若不安，家国去矣。必希解湘州之围，存社稷之计。”绎复书，陈誉过恶不赦，且曰：“詧引杨忠来相侵逼，颇遵谈笑，用却秦军，曲直有在，不复自陈。临湘旦平，暮便即路。”纶得书，投之于案，慷慨流涕曰：“天下之事，一至于斯，湘州若败，吾亡无日矣！”

侯景遣侯子鉴帅舟师八千，自帅徒兵一万，攻广陵，三日，克之，执祖皓，缚而射之，箭遍体，然后车裂以徇；城中无少长皆埋之于地，驰马射而杀之。以子鉴为南兖州刺史，镇广陵。景还建康。

丙戌，以安陆王大春为东扬州刺史。省吴州。

乙巳，以尚书仆射王克为左仆射。

忠，说："萧詧兴兵讨伐他的叔父，而你们西魏来帮助他，这怎么能让天下的人归服你们！"杨忠于是停止进攻，驻扎在湕水北岸。萧绎又派舍人王孝祀等护送自己的儿子萧方略为人质，向西魏求和，西魏答应了。萧绎与杨忠订立盟约，说："西魏以石城为边境，梁朝以安陆为边界，请求比照附庸国，并送儿子为人质，开展贸易，互通有无，永远保持睦邻友好。"杨忠便撤军退了回去。

宕昌王梁弥定受到同族人梁獠甘的袭击，梁弥定逃到西魏，梁獠甘自立为王。羌人酋长傍乞铁匆占据渠株川，与渭州豪民郑五醜联合各部羌人反叛西魏，丞相宇文泰派大将宇文贵、凉州刺史史宁征讨，抓获并处死了傍乞铁匆、郑五醜。史宁转攻梁獠甘，并打败了梁獠甘，梁獠甘只带了一百多骑兵逃到境外羌人部落巩廉玉那里。史宁重新接纳梁弥定回到宕昌，在渠株川设立岷州，然后进兵攻击巩廉玉，杀死了梁獠甘，活捉了巩廉玉押送到长安。

侯景派遣任约、于庆等率领两万大军攻击梁室各藩王。

邵陵王萧纶想救助河东王萧誉，可是兵粮不足，就写信给湘东王萧绎说："天时和地利，都不如人和，何况是手足之情的兄弟，难道可以互相加害？如今国家危难蒙受耻辱，创伤巨大，痛彻骨髓，只应推心置腹，卧薪尝胆，泣血枕戈以备战，其余的小小恩怨，应当互相容忍化解。如果外患还没解除，又制造家族残杀的灾祸，观今鉴古，没有不灭亡的。凡是战争，只求战胜对方；尤其是骨肉相残的战争，则愈是胜利愈是残酷，打赢了算不上功劳，失败了必遭灭亡，连累将士而损伤人伦道义，那丢失的东西就太多了。侯景叛军之所以不敢窥伺长江上游地区，实在是这些地区各位藩王互相屏卫，坚如磐石，同宗藩王众多而又强大的缘故啊。弟弟如果攻下湘州，仍不停止进兵，那么雍州就要怀疑你进逼，不能自安，就必然会引来西魏军队以为援助。这样弟弟也就不能安定，梁朝天下就彻底完了。恳切希望你解除对湘州的围攻，顾全国家生存的大局。"萧绎回信，列举萧誉罪恶，绝不饶他，还说："萧詧如果引来杨忠逼迫，我就效法鲁仲连在谈笑之间退了秦兵一样，退了杨忠的军队。谁是谁非，事实俱在，不要再作解释。湘州早上平定，我暮晚就撤军退回。"萧纶收到这封回信，气得扔在几案上，流着眼泪叹息说："天下的事，竟然败坏到这种地步，湘州如果败亡，我灭亡的日子也就到了。"

侯景派侯子鉴率领水军八千，亲自率领步兵一万，进攻广陵，交战三天，攻破了广陵，抓住了祖皓，绑起来用乱箭射杀，箭矢布满全身，然后车裂示众；城中无论男女老少全都活埋半身，再驰马射箭残忍杀害。任命侯子鉴为南兖州刺史，镇守广陵，侯景回到建康。

二月初六日丙戌，梁朝任命安陆王萧大春为东扬州刺史。撤销了吴州。

二月二十五日乙巳，梁朝任命尚书仆射王克为左仆射。

庚寅，东魏以尚书令高隆之为太保。

宣城内史杨白华进据安吴，侯景遣于子悦帅众攻之，不克。

东魏行台辛术将兵入寇，围阳平，不克。侯景纳上女溧阳公主，甚爱之。三月，甲申，景请上禊宴于乐游苑，帐饮三日。上还宫，景与公主共据御床，南面并坐，群臣文武列坐侍宴。

庚申，东魏进丞相洋爵为齐王。

临川内史始兴王毅等击庄铁，鄱阳王范遣其将巴西侯瑱救之，毅等败死。

鄱阳世子嗣与任约战于三章，约败走；嗣因徙镇三章，谓之安乐栅。

夏，四月，庚辰朔，湘东王绎以上甲侯韶为长沙王。

丙午，侯景请上幸西州，上御素辇，侍卫四百余人，景浴铁数千，翼卫左右。上闻丝竹，凄然泣下，命景起舞；景亦请上起舞。酒阑坐散，上抱景于床曰："我念丞相。"景曰："陛下如不念臣，臣何得至此！"逮夜乃罢。

时江南连年旱蝗，江、扬尤甚，百姓流亡，相与入山谷、江湖，采草根、木叶、菱芡而食之，所在皆尽，死者蔽野。富室无食，皆鸟面鹄形，衣罗绮，怀珠玉，俯伏床帷，待命听终。千里绝烟，人迹罕见，白骨成聚，如丘陇焉。

景性残酷，于石头立大碓，有犯法者捣杀之。常戒诸将曰："破栅平城，当净杀之，使天下知吾威名。"故诸将每战胜，专以焚掠为事，斩刈人如草芥，以资戏笑。由是百姓虽死，终不附之。又禁人偶语，犯者刑及外族。为其将帅者，悉称行台，来降附者，悉称开府，其亲寄隆重者曰左右厢公，勇力兼人者曰库直都督。

魏封皇子儒为燕王，公为吴王。

侯景召宋子仙还京口。

邵陵王纶在郢州，以听事为正阳殿，内外斋阁，悉加题署。其部下陵暴军府，郢州将佐莫不怨之。谘议参军江仲举，南平王恪之谋主也，

二月初十日庚寅，东魏任命尚书令高隆之为太保。

梁朝宣城内史杨白华进兵占据了安吴县，侯景派于子悦领兵攻击，没有取胜。

东魏行台辛术领兵进犯梁朝，围攻阳平，没有取胜。侯景娶简文帝之女溧阳公主为妻，十分宠爱。[三月初八日丁巳]，侯景请简文帝到乐游苑踏青，参加祓禊的宴会，搭起帐篷，宴饮了三天。简文帝回到宫中，侯景与溧阳公主并肩坐在御床上，面向南面，文武百官列坐两侧，陪侍宴饮。

三月十一日庚申，东魏晋爵丞相高洋为齐王。

梁朝临川内史始兴人王毅等进击庄铁，鄱阳王萧范派部将巴西侯瑱救援，王毅等兵败战死。

鄱阳王萧范的世子萧嗣与任约在三章交战，任约战败逃走；萧嗣乘胜移兵驻镇三章，称之为“安乐栅”。

夏季，四月初一日庚辰，湘东王萧绎任命上甲侯萧韶为长沙王。

四月二十七日丙午，侯景请梁简文帝巡幸西州，简文帝乘坐白色的车，侍卫四百人，侯景带铁甲卫士数千人分列左右保卫。简文帝听到丝竹歌声，凄然落泪，命侯景起舞；侯景也请皇上共舞。酒宴快结束，宾客半数已散，简文帝在坐床上抱住侯景说：“朕心里念着丞相。”侯景说：“陛下如果不念顾臣，臣怎么会有现在的地位呢？”直到夜色已深才罢宴。

当时江南连年发生旱灾、蝗灾，江州、扬州尤其严重，百姓逃荒流亡，互相牵扶进入山谷、江湖，采集草根、木叶、菱角和芡米充饥，饥民所到之处，这些东西被一扫而光，死人满山遍野。有钱人家也没有饭吃，一个个饿得鸟面鹄形，穿着绫罗绸缎，怀中抱着珍珠宝玉，俯卧床上等死。千里无炊烟，人迹罕见，白骨成堆，像座小山丘。

侯景生性残酷，在石头城设立大石碓，处置犯法的罪犯，就用大石碓捣成肉泥，常常告诫诸将说：“攻破栅寨，平定城池，应当杀个干干净净，让天下的人知道我的威名。”所以诸将每次打了胜仗，就专门做烧杀抢掠的事，杀人砍头如同割草芥，以此取笑欢乐。因此，百姓至死也不归附他。侯景还下令禁止两人以上交谈，犯令的人受刑罚还要株连母亲、妻子的娘家人等外族。侯景的部属将领，一律称为行台，来归降的人，一律称为开府，他所特别亲近和看重的人称左右厢公，勇力过人的人称库直都督。

西魏封皇子元儒为燕王，封元公为吴王。

侯景调宋子仙回到京口。

邵陵王萧纶在郢州，把州衙办公署称为正阳殿，把州衙内外斋堂阁楼一一加上省殿的题名。他的部属欺凌暴虐萧恪的将佐，郢州的原有将佐没有一个不怨恨的。

说恪图纶，恪惊曰："若我杀邵陵，宁静一镇，荆、益兄弟必皆内喜，海内若平，则以大义责我矣。且巨逆未枭，骨肉相残，自亡之道也。卿且息之。"仲举不从，部分诸将，刻日将发，谋泄，纶压杀之。恪狼狈往谢，纶曰："群小所作，非由兄也。凶党已毙，兄勿深忧！"

王僧辩急攻长沙，辛巳，克之。执河东王誉，斩之，传首江陵，湘东王绎反其首而葬之。初，世子方等之死，临蒸周铁虎功最多，誉委遇甚重。僧辩得铁虎，命烹之，呼曰："侯景未灭，奈何杀壮士！"僧辩奇其言而释之，还其麾下。绎以僧辩为左卫将军，加侍中、镇西长史。

绎自去岁闻高祖之丧，以长沙未下，故匿之。壬寅，始发丧，刻檀为高祖像，置于百福殿，事之甚谨，动静必咨焉。绎以为天子制于贼臣，不肯从大宝之号，犹称太清四年。丙午，绎下令大举讨侯景，移檄远近。

鄱阳王范至湓城，以晋熙为晋州，遣其世子嗣为刺史，江州郡县多辄改易。寻阳王大心，政令所行，不出一郡。大心遣兵击庄铁，嗣与铁素善，请发兵救之，范遣侯瑱帅精甲五千助铁。由是二镇互相猜忌，无复讨贼之志。大心使徐嗣徽帅众二千，筑垒稽亭以备范，市籴不通，范数万之众，无所得食，多饿死。范愤恚，疽发于背，五月，乙卯，卒。范众秘不发丧，奉范弟安南侯恬为主，有众数千人。

丙辰，侯景以元思虔为东道大行台，镇钱唐。丁巳，以侯子鉴为南兖州刺史。

（以上为第一段，写侯景倒行逆施，残虐百姓，所控长江下游三吴地区，人心不附。梁室诸王同室操戈，长江上游湘东王萧绎血战取胜，中游江州还在残杀。）

东魏齐王洋之为开府也，勃海高德政为管记，由是亲昵，言无不尽。金紫光禄大夫丹杨徐之才、北平太守广宗宋景业，皆善图谶，以为

谘议参军江仲举，是南平王萧恪的谋主，劝说萧恪除掉萧纶，萧恪大惊说：“我如果杀了邵陵王，可以使郢州一镇安定，并使得荆州的萧绎、益州的萧纪内心高兴，但天下平定以后，他们就要反过来用大义来追究我。况且大盗叛贼还没除掉，骨肉相残，是自取灭亡之路啊。卿暂且安静。”江仲举不听，部署诸将，已约定时间发动兵变，谋划泄露，萧纶抓捕江仲举压死了他。萧恪十分狼狈，前往谢罪。萧纶说：“这都是一群小人干的，不是兄长的过错。为首凶犯和他的党羽已经除掉，兄长不必忧虑。”

王僧辩加紧围攻长沙。四月初二日辛巳，攻破长沙，抓住了河东王萧誉，把他杀了，割下首级送到江陵，湘东王萧绎把萧誉首级送回长沙与躯体合葬。当初，萧绎世子萧方等战死的时候，萧誉部将临蒸人周铁虎最勇猛，萧誉信任和看重他。王僧辩抓获了周铁虎，下令烹杀他，周铁虎大声呼叫说：“侯景还没有消灭，为什么要杀害勇士！”王僧辩欣赏周铁虎的壮语，释放了他，还把周铁虎原有的部属交给了他。萧绎任命王僧辩为左卫将军，加官侍中、镇西长史。

萧绎头年就知道梁武帝去世的消息，因为长沙还没有攻下，就封锁了消息。四月二十三日壬寅，才公布梁武帝去世举办丧事，用檀木雕刻了高祖的形象，安放在百福殿，服侍朝拜十分恭谨，大事小事都要到像前请示一番。萧绎认为简文帝受制于侯景，不承认大宝的年号，仍用太清的年号，叫太清四年。四月二十七日丙午，萧绎下令大举讨伐侯景，同时向远近各地发出声讨檄文。

鄱阳王萧范到了湓城，改晋熙郡置晋州，派他的世子萧嗣为刺史，江州所属郡县多数被改名，长官被更换。寻阳王萧大心，其政令所行不出寻阳一郡之外。萧大心派兵攻击庄铁，庄铁与萧嗣一向交好，请求发兵救援，萧范派侯瑱率领精兵五千人援救庄铁。因此，这两个藩王互相猜忌，都没有讨伐叛贼侯景的心意。萧大心派徐嗣徽领兵两千，在稽亭筑起营垒防备萧范，阻断了萧范的粮食供应渠道，萧范的几万部队，没有了粮食，许多士兵被饿死。萧范非常气愤，背上长出毒疮，五月初七日乙卯，去世。萧范的部属秘不发丧，推举萧范的弟弟安南侯萧恬为军主，部队还剩下几千人。

五月初八日丙辰，侯景任命元思虔为东道大行台，镇守钱塘。五月初九日丁巳，任命侯子鉴为南兖州刺史。

东魏齐王高洋最初任职开府时，勃海人高德政任记室参军，因此两人十分亲密，无话不谈。金紫光禄大夫丹杨人徐之才、北平太守广宗人宋景业，都精通图谶占卜

太岁在午，当有革命，因德政以白洋，劝之受禅。洋以告娄太妃，太妃曰：“汝父如龙，兄如虎，犹以天位不可妄据，终身北面，汝独何人，欲行舜、禹之事乎！”洋以告之才，之才曰：“正为不及父兄，故宜早升尊位耳。”洋铸像卜之而成，乃使开府仪同三司段韶问肆州刺史斛律金，金来见洋，固言不可，以宋景业首陈符命，请杀之。洋与诸贵议于太妃前，太妃曰：“吾儿懦直，必无此心，高德政乐祸，教之耳。”洋以人心不壹，遣高德政如邺察公卿之意，未还；洋拥兵而东，至平都城，召诸勋贵议之，莫敢对。长史杜弼曰：“关西，国之勍敌，若受魏禅，恐彼挟天子，自称义兵而东向，王何以待之！”徐之才曰：“今与王争天下者，彼亦欲为王所为，纵其屈强，不过随我称帝耳。”弼无以应。高德政至邺，讽公卿，莫有应者。司马子如逆洋于辽阳，固言未可。洋欲还，仓丞李集曰：“王来为何事，而今欲还？”洋伪使于东门杀之，而别令赐绡十匹，遂还晋阳。自是居常不悦。徐之才、宋景业等日陈阴阳杂占，云宜早受命。高德政亦敦劝不已。洋使术士李密卜之，遇大横，曰：“汉文之卦也。”又使宋景业筮之，遇乾之鼎，曰：“乾，君也。鼎，五月卦也。宜以仲夏受禅。”或曰：“五月不可入官，犯之，终于其位。”景业曰：“王为天子，无复下期，岂得不终于其位乎！”洋大悦，乃发晋阳。

高德政录在邺诸事，条进于洋，洋令左右陈山提驰驿赍事条，并密书与杨愔。是月，山提至邺，杨愔即召太常卿邢邵议造仪注，秘书监魏收草九锡、禅让、劝进诸文；引魏宗室诸王入北宫，留于东斋。甲寅，东魏进洋位相国，总百揆，备九锡。洋行至前亭，所乘马忽倒，意甚恶之，至平都城，不复肯进。高德政、徐之才苦请曰：“山提先去，恐其漏泄。”即命司马子如、杜弼驰驿续入，观察物情。子如等至邺，众人以事势已决，无敢异言。洋至邺，召夫赍筑具集城南。高隆之请曰：“用此何为？”洋作色曰：“我自有事，君何问为！欲族灭邪！”隆之谢而退。于是作圜丘，备法物。

之术，认为太岁星运行到午年，应当革故鼎新，通过高德政转告高洋，劝他接受禅让。高洋告知母亲娄太妃。娄太妃说：“你的父亲是龙，你的哥哥是虎，尚且认为皇帝是天授的大位，不可妄自据有，终身北面为臣，你是什么样的人，竟想效法虞舜、大禹受禅登大位吗！”高洋把母亲的话告诉了徐之才，徐之才说：“正因为你赶不上父兄，所以更应当早日登上皇帝大位。”高洋铸了一个神像来占卜，是成功的吉兆，便派开府仪同三司段韶去征询肆州刺史斛律金的意见，斛律金来见高洋，坚持说不可，斛律金还认为宋景业挑头陈说符命，请求杀了他。高洋与各位勋臣贵族在娄太妃面前商议，娄太妃说：“我儿柔懦憨直，一定没有这个心思，高德政喜欢制造事端，是他教唆的。”高洋考虑人心不齐，派高德政到邺城察看公卿们的心意，还没等他回来高洋便率军东进，到达平都城，再次召集各位勋臣贵戚商议，没有一个人吭声。长史杜弼说：“关西的宇文泰，是我们的劲敌，如果接受东魏的禅让，恐怕他要挟持天子，自称忠义之师向东挺进，大王用什么办法来对付。”徐之才说：“现在和大王争天下的人，其实他们也想做大王要做的事，纵然他们不服气，不过也会追随我们一样称帝。”杜弼无言以对。高德政到邺城，向公卿们暗示要东魏孝静帝禅让，却没有一个人附和。司马子如迎接高洋，在辽阳碰上高洋，坚持说不可以。高洋打算回到晋阳，仓丞李集说：“大王来是干什么的，而今没有结果就回去呢！”高洋假意拉他到东门处死，而暗中传令赏赐他十四匹绢，于是回到晋阳。从这以后，高洋总是整天闷闷不乐。徐之才、宋景业等天天在耳边讲阴阳杂占有灵验的事，说应该及早接受天命。高德政也不断地敦促劝说，高洋让术士李密占卜这件事，得到卦兆是“大横”，李密说：“这是汉文帝登位卜得的卦兆。”又派宋景业用蓍草卜筮，得到乾卦向鼎卦变化的吉兆，宋景业说：“乾卦是象征国君，鼎卦是表示五月的卦，应当在五月接受禅位。”有人说：“五月不可以进升官位，如果违犯了，就要死在职位上。”宋景业说：“大王要做的事，是要当天子，天子没有免职的，这难道不就是要死在职位上吗？”高洋非常痛快，便下定决心，从晋阳出发了。

高德政草拟了到达邺城应当办理的各项事务，一条一条地写出来送给高洋过目，高洋派亲信陈山提乘驿站快马，带着高德政草拟的条目和一封秘密书信，紧急到邺城找杨愔。当月，陈山提到了邺城，杨愔立即召来太常卿邢邵商议制定关于禅让的礼仪制度，秘书监魏收撰写了九锡、禅让、劝进表等各种仪则文告；杨愔把东魏宗室诸王召集在北宫，扣留在东斋。五月初六日甲寅，东魏加官高洋为相国，总裁一切，配备九锡仪仗。高洋行进到前亭，他骑的马突然倒地，感到不吉利，到达平都城后，不想再往前走。高德政、徐之才苦苦请求说：“陈山提先已离开到达邺城，时间一长，恐怕泄露机密。”高洋立即派司马子如、杜弼乘驿站快马继陈山提之后进入邺城，观察事态人心。司马子如等到了邺城，公卿大臣等认为大局已定，没有人敢

丙辰，司空潘乐、侍中张亮、黄门郎赵彦深等求入启事，东魏孝静帝在昭阳殿见之。亮曰："五行递运，有始有终，齐王圣德钦明，万方归仰，愿陛下远法尧、舜。"帝敛容曰："此事推挹已久，谨当逊避。"又曰："若尔，须作制书。"中书郎崔劼、裴让之曰："制已作讫。"使侍中杨愔进之。东魏主既署，曰："居朕何所？"愔对曰："北城别有馆宇。"乃下御坐，步就东廊，咏范蔚宗《后汉书》赞曰："献生不辰，身播国屯，终我四百，永作虞宾。"所司请发，帝曰："古人念遗簪弊履，朕欲与六宫别，可乎？"高隆之曰："今日天下犹陛下之天下，况在六宫。"帝步入，与妃嫔已下别，举宫皆哭。赵国李嫔诵陈思王诗云："王其爱玉体，俱享黄发期。"直长赵道德以车一乘候于东阁，帝登车，道德超上抱之，帝叱之曰："朕自畏天顺人，何物奴敢逼人如此！"道德犹不下。出云龙门，王公百僚拜辞，高隆之洒泣。遂入北城，居司马子如南宅，遣太尉彭城王韶等奉玺绶，禅位于齐。

戊午，齐王即皇帝位于南郊，大赦，改元天保。自魏敬宗以来，百官绝禄，至是始复给之。己未，封东魏主为中山王，待以不臣之礼。追尊齐献武王为献武皇帝，庙号太祖，后改为高祖；文襄王为文襄皇帝，庙号世宗。辛酉，尊王太后娄氏为皇太后。乙丑，降魏朝封爵有差，其宣力霸朝及西、南投化者，不在降限。

文成侯宁起兵于吴，有众万人，己巳，进攻吴郡；行吴郡事侯子荣逆击，杀之。宁，范之弟也。子荣因纵兵大掠郡境。

自晋氏渡江，三吴最为富庶，贡赋商旅，皆出其地。及侯景之乱，

表示异议。高洋到达邺城，征调民夫带着建筑工具到邺城南郊集中。高隆之请问高洋，说："征调民夫干什么？"高洋变了脸色说："我征调民夫当然有事，你问这干什么？想要灭族吗？"高隆之连声道歉退走。于是建筑圜丘，备办登基大典所用的礼仪器物。

五月初八日丙辰，司空潘乐、侍中张亮、黄门郎赵彦深等人请求入宫奏事，东魏孝静帝在昭阳殿召见他们。张亮说："五行之德，循环运行，相生相克，有始就有终，齐王高洋圣明有德，万众钦仰，希望陛下效法远古的尧舜禅让帝位。"孝静帝收敛笑容庄重地说："这件事推延很久了，朕应当谨慎地遵守众议，逊位让贤。"又说："如果这样，必须撰写禅让诏书。"中书郎崔劼、裴让之说："禅让诏书已经写好了。"让侍中杨愔呈上诏书，孝静帝签署允准后问："把朕安排在哪里？"杨愔回答说："在北城已备下楼馆屋宇。"孝静帝便走下御坐，步行到东厢走廊，吟咏起范蔚宗写的《后汉书》中《献帝纪》的赞语，说："汉献帝生不逢时，身既播迁，国家遭难，终结了汉家四百年天下，永远像尧的儿子丹朱一样做虞舜的宾客。"主管的人请孝静帝动身离开宫殿，孝静帝说："古人尚且怀念掉下的一根簪子和旧鞋，朕想与六宫妃子告别，可以吗？"高隆之说："这时的天下仍然是陛下的天下，何况是六宫呢？"孝静帝步行进入后宫，与妃嫔以下告别，整个后宫都在哭泣。赵国人李嫔诵读陈思王曹植的诗，说："王其爱玉体，俱享黄发期。"直长赵道德备了一辆车等候在东阁门外，孝静帝上车，赵道德赶在前头先上了车搀扶孝静帝，孝静帝大声斥责他，说："朕自己畏天命，顺民意，你这奴才竟敢如此逼迫我！"赵道德仍然不下车。车子驰出云龙门，王公百官向孝静帝拜辞，高隆之流泪哭泣。随后车子进入北城，孝静帝居住在司马子如的南宅，派太尉彭城王元韶等人捧着玉玺印绶交给高洋，禅位给齐王。

五月初十日戊午，齐王高洋在南郊登上皇帝大位，大赦天下，改元天保。北魏自从敬宗以来，百官没有俸禄，到这时才恢复了百官的俸禄。五月十一日己未，封孝静帝为中山王，优待他不按臣下的礼仪。追尊齐献武王高欢为献武皇帝，庙号太祖，后改为高祖；追尊文襄王高澄为文襄皇帝，庙号世宗。五月十三日辛酉，尊王太后娄氏为皇太后。五月十七日乙丑，把原来东魏给予大臣们的封爵，按不同情况分别降级，那些为北齐政权建立做出贡献，以及从西魏、梁朝投降归附的人不在降爵之列。

梁朝文成侯萧宁在吴郡起兵，有一万多人。五月二十一日己巳，进攻吴郡；侯景委任的吴郡代理郡守侯子荣迎战，杀了萧宁。萧宁，是萧范的弟弟。侯子荣放纵士兵在全郡内大肆抢掠。

自从东晋司马氏渡江以来，三吴是最富庶的地区，朝廷贡品、租赋，以及客商

掠金帛既尽，乃掠人而食之，或卖于北境，遗民殆尽矣。

是时，唯荆、益所部尚完实，太尉、益州刺史武陵王纪移告征、镇，使世子圆照帅兵三万受湘东王节度。圆照军至巴水，绎授以信州刺史，令屯白帝，未许东下。

六月，辛巳，以南郡王大连行扬州事。

江夏王大款、山阳王大成、宜都王大封自信安间道奔江陵。

齐主封宗室高岳等十人、功臣库狄干等七人皆为王。癸未，封弟浚为永安王，淹为平阳王，浟为彭城王，演为常山王，涣为上党王，淯为襄城王，湛为长广王，湝为任城王，湜为高阳王，济为博陵王，凝为新平王，润为冯翊王，洽为汉阳王。

（以上为第二段，写东魏禅位高洋，北齐建立。）

鄱阳王范既卒，侯瑱往依庄铁，铁忌之。瑱不自安，丙戌，诈引铁谋事，因杀之，自据豫章。

寻阳王大心遣徐嗣徽夜袭湓城，安南侯恬、裴之横等击走之。

齐主娶赵郡李希宗之女，生子殷及绍德；又纳段韶之妹。及将建中宫，高隆之、高德政欲结勋贵之援，乃言“汉妇人不可为天下母，宜更择美配。”帝不从。丁亥，立李氏为皇后，以段氏为昭仪，子殷为皇太子。庚寅，以库狄干为太宰，彭乐为太尉，潘相乐为司徒，司马子如为司空。辛卯，以清河王岳为司州牧。

侯景以羊鸦仁为五兵尚书。庚子，鸦仁出奔江西，将赴江陵，至东莞，盗疑其怀金，邀杀之。

魏人欲令岳阳王詧发哀嗣位，詧辞，不受。丞相泰使荣权册命詧为梁王，始建台，置百官。

陈霸先修崎头古城，徙居之。

初，燕昭成帝奔高丽，使其族人冯业以三百人浮海奔宋，因留新会。自业至孙融，世为罗州刺史，融子宝为高凉太守。高凉冼氏，世为蛮酋，部落十余万家，有女，多筹略，善用兵，诸洞皆服其信义；融聘以为宝妇。融虽累世为方伯，非其土人，号令不行；冼氏约束本宗，使从民礼，

行旅，都出自这里。等到侯景作乱，金帛资财被乱兵抢掠干净，甚至无物可抢而抢夺人来吃，有的把人卖到北朝，剩下的百姓没有几个了。

这时，只有荆州、益州管辖的地区基本完好充实，梁朝太尉、益州刺史武陵王萧纪向四征、八镇将军发布檄文，派世子萧圆照率领士兵三万接受湘东王的调度，征讨侯景。萧圆照进军到巴水，萧绎任命他为信州刺史，让他驻军白帝城待命，不准他继续东下。

六月初三日辛巳，梁朝任命南郡王萧大连代理扬州刺史。

江夏王萧大款、山阳王萧大成、宜都王萧大封从信安走小道逃到了江陵。

北齐国主高洋封宗室高岳等十人、功臣库狄干等七人为王。六月初五日癸未，封弟弟高浚为永安王，高淹为平阳王，高湝为彭城王，高演为常山王，高涣为上党王，高淯为襄城王，高湛为长广王，高湝为任城王，高湜为高阳王，高济为博陵王，高凝为新平王，高润为冯翊王，高洽为汉阳王。

鄱阳王萧范死后，侯瑱投靠庄铁，庄铁对他十分戒备。侯瑱心里很不安，六月初八日丙戌，假称请庄铁商议事情，趁机杀了庄铁，自己占据了豫章郡。

寻阳王萧大心派徐嗣徽乘夜偷袭湓城，安南侯萧恬、裴之横等人抗击，赶走了徐嗣徽。

北齐国主高洋娶赵郡李希宗之女为妻，生了两个儿子高殷和高绍德；又娶了段韶的妹妹。等到高洋即将要立皇后时，高隆之、高德政想联结功臣贵戚为后援，说："汉人女子不能立为天下之母，应当另选美人婚配。"高洋不同意。六月初九日丁亥，册立李氏为皇后，段氏为昭仪，皇子高殷为皇太子。六月十二日庚寅，任命库狄干为太宰，任命彭乐为太尉，任命潘相乐为司徒，任命司马子如为司空。六月十三日辛卯，任命清河王高岳为司州牧。

侯景任命羊鸦仁为五兵尚书。六月二十二日庚子，羊鸦仁出逃到江西，打算到江陵，走到东莞，强盗怀疑他怀中有金子，拦劫并杀害了他。

西魏想让岳阳王萧詧为梁武帝发丧举哀，即皇帝位，萧詧推辞，不接受。丞相宇文泰派荣权册立萧詧为梁王，开始建立行台，设置百官。

陈霸先修缮崎头古城，把军队移驻在那里。

当初，北燕昭成帝冯弘逃到高句丽，冯弘派他的族人冯业带领三百人渡海逃到南朝刘宋，被安置在新会。从冯业到他的孙子冯融世袭罗州刺史，冯融儿子冯宝为高凉太守。高凉大姓冼氏，世代为蛮人首领，部落民众有十多万家。冼氏首领有一个女儿，足智多谋，善于用兵，各洞蛮人都归服，钦佩她的信义；冯融聘娶她给儿

每与宝参决辞讼，首领有犯，虽亲戚无所纵舍，由是冯氏始得行其政。

高州刺史李迁仕据大皋口，遣使召宝，宝欲往，冼氏止之曰：“刺史无故不应召太守，必欲诈君共反耳。”宝曰：“何以知之？”冼氏曰：“刺史被召援台，乃称有疾，铸兵聚众而后召君；此必欲质君以发君之兵也，愿且无往以观其变。”数日，迁仕果反，遣主帅杜平虏将兵入灨石，城鱼梁以逼南康，霸先使周文育击之。冼氏谓宝曰：“平虏，骁将也，今入灨石与官军相拒，势未得还，迁仕在州，无能为也。君若自往，必有战斗，宜遣使卑辞厚礼告之曰：‘身未敢出，欲遣妇参。’彼闻之，必喜而无备。我将千余人，步担杂物，唱言输赕，得至栅下，破之必矣。”宝从之。迁仕果不设备，冼氏袭击，大破之，迁仕走保宁都。文育亦击走平虏，据其城。冼氏与霸先会于灨石，还，谓宝曰：“陈都督非常人也，甚得众心，必能平贼，君宜厚资之。”湘东王绎以霸先为豫州刺史，领豫章内史。

辛丑，裴之横攻稽亭，徐嗣徽击走之。

秋，七月，辛亥，齐立世宗妃元氏为文襄皇后，宫曰静德。又封世宗子孝琬为河间王，孝瑜为河南王。乙卯，以尚书令封隆之录尚书事，尚书左仆射平阳王淹为尚书令。

辛酉，梁王詧入朝于魏。

初，东魏遣仪同武威牒云洛等迎鄱阳世子嗣，使镇皖城。嗣未及行，任约军至，洛等引去；嗣遂失援，出战，败死。约遂略地至湓城，寻阳王大心遣司马韦质出战而败，帐下犹有战士千余人，咸劝大心走保建州；大心不能用，戊辰，以江州降约。先是，大心使太子洗马韦臧镇建昌，有甲士五千，闻寻阳不守，欲帅众奔江陵，未发，为麾下所杀。臧，粲之子也。

于庆略地至豫章，侯瑱力屈，降之，庆送瑱于建康。景以瑱同姓，待之甚厚，留其妻子及弟为质，遣瑱随庆徇蠡南诸郡，以瑱为湘州刺史。

子冯宝为妻。冯融虽然世代为一州长官，因为他不是土著蛮人，所以他的号令不行；洗夫人嫁给冯宝后，约束本族，带头遵守朝廷颁布的平民礼俗制度，每次和冯宝一起审问案件，首领犯法，即使亲戚也绝不宽大放纵，因此冯氏的号令才得到执行。

高州刺史李迁仕占据大皋口，派使者宣召冯宝，冯宝打算前往，洗夫人制止他，说："刺史没有要事不能宣召太守，一定是骗你去要挟你共同造反。"冯宝说："何以知之？"洗夫人说："李刺史被征召带兵去救援台城，他却声称有病推辞，铸造兵器聚集部众，然后宣召你去；这一定是扣押你作人质要调动你的兵马，希望你等待暂不要去以观察变化。"几天以后，李迁仕果然造反，派主帅杜平虏领兵进入灨石，在鱼梁筑城逼近南康，陈霸先派周文育攻击他。洗夫人对冯宝说："杜平虏是一员勇将，现今进入灨石与官军对抗，看形势是回不来的，李迁仕在州城，没什么作为。你如果亲自前往，必然有一番战斗，应当派一个使者带着厚礼，用谦恭的言辞对他说：'我自己不敢离开郡城来助战，想派夫人前来参见。'李迁仕听了这个消息，一定很高兴不作防备。我带领一千多人，挑着各种物资，步行前往，声称输送财物以赎罪过，这样得以接近李迁仕的军营栅栏，一定能打败他。"冯宝听从了。李迁仕果然没做防备，洗夫人袭击，大败李迁仕，李迁仕退到宁都防守。周文育也打跑了杜平虏，占据了灨石城。洗夫人与陈霸先在灨石城会师，还军高凉。洗夫人对冯宝说："陈都督不是平常人，很得人心，一定能够平定叛贼，你应当全力资助他。"湘东王萧绎任命陈霸先为豫州刺史，领豫章内史。

六月二十三日辛丑，裴之横进攻稽亭，徐嗣徽反击，赶走了他。

秋季，七月初三日辛亥，北齐册立世宗的妃子元氏为文襄皇后，皇后宫叫静德殿。又封世宗的儿子高孝琬为河间王，封高孝瑜为河南王。七月初七日乙卯，任命尚书令封隆之录尚书事，任命尚书左仆射平阳王高淹为尚书令。

七月十三日辛酉，梁王萧詧进入西魏朝见魏文帝。

当初，东魏派仪同武威人牒云洛等迎接鄱阳王世子萧嗣，让他镇守皖城。萧嗣还没有进军，侯景部将任约的军队到了，牒云洛等退走；萧嗣失去了援军，出兵交战，战败被杀。任约于是攻城略地到达湓城，寻阳王萧大心派司马韦质出兵交战失败，但手下还有士兵一千多人，都劝萧大心退守建州；萧大心不听。七月二十一日戊辰，萧大心献出江州投降任约。在此之前，萧大心派太子洗马韦臧镇守建昌，有甲士五千人，听到寻阳失守的消息，想率领部众投奔江陵，被部下杀害。韦臧，是韦粲的儿子。

侯景部将于庆攻占土地到达豫章，侯瑱兵败力竭，投降了于庆，于庆把侯瑱送到建康。侯景因为侯瑱是同姓，所以待他很优厚，扣留他的妻儿和弟弟作人质，派侯瑱随同于庆攻打彭蠡湖以南各郡县，任命侯瑱为湘州刺史。

初，巴山人黄法氍，有勇力，侯景之乱，合徒众保乡里。太守贺诩下江州，命法氍监郡事。法氍屯新淦，于庆自豫章分兵袭新淦，法氍败之。陈霸先使周文育进军击庆，法氍引兵会之。

邵陵王纶闻任约将至，使司马蒋思安将精兵五千袭之，约众溃；思安不设备，约收兵袭之，思安败走。

湘东王绎改宜都为宜州，以王琳为刺史。

是月，以南郡王大连为江州刺史。

魏丞相泰以齐主称帝，帅诸军讨之。以齐王廓镇陇右，征秦州刺史宇文导为大将军、都督二十三州诸军事，屯咸阳，镇关中。

益州沙门孙天英帅徒数千人夜攻州城，武陵王纪与战，斩之。

邵陵王纶大修铠仗，将讨侯景。湘东王绎恶之，八月，甲午，遣左卫将军王僧辩、信州刺史鲍泉等帅舟师一万东趣江、郢。声言拒任约，且云迎邵陵王还江陵，授以湘州。

齐主初立，励精为治。赵道德以事属黎阳太守清河房超，超不发书，棓杀其使；齐主善之，命守宰各设棓以诛属请之使。久之，都官中郎宋轨奏曰："若受使请赇，犹致大戮，身为枉法，何以加罪！"乃罢之。

司都功曹张老上书请定齐律，诏右仆射薛琡等取魏《麟趾格》，更讨论损益之。

齐主简练六坊之人，每一人必当百人，任其临陈必死，然后取之，谓之"百保鲜卑"。又简华人之勇力绝伦者，谓之"勇士"，以备边要。

始立九等之户，富者税其钱，贫者役其力。

九月，丁巳，魏军发长安。

王僧辩军至鹦鹉洲，郢州司马刘龙虎等潜送质于僧辩，邵陵王纶闻之，遣其子威正侯礩将兵击之，龙虎败，奔于僧辩。

纶以书责僧辩曰："将军前年杀人之侄，今岁伐人之兄，以此求荣，恐天下不许！"僧辩送书于湘东王绎，绎命进军。辛酉，纶集其麾下于西园，涕泣言曰："我本无他，志在灭贼，湘东常谓与之争帝，遂尔见

当初，巴山郡黄法氍有勇力，侯景作乱时，他聚合民众保卫乡里。巴山郡太守贺诩领兵到江州，委派他监管郡中事务。黄法氍驻屯在新淦，于庆从豫章分兵袭击新淦，被黄法氍打败。陈霸先派周文育进军攻击于庆，黄法氍率军前去会合。

邵陵王萧纶听到任约将要到来，派司马蒋思安率领精兵五千袭击任约，任约败逃；蒋思安不做防备，任约收集散兵偷袭，蒋思安溃败逃走。

湘东王萧绎改宜都为宜州，任命王琳为刺史。

这一月，梁朝任命南郡王萧大连为江州刺史。

西魏丞相宇文泰因为北齐国主高洋称帝，率领各路兵马征讨。宇文泰任命齐王元廓镇守陇右，征调秦州刺史宇文导为大将军、都督二十三州诸军事，屯驻咸阳，镇守关中。

益州僧人孙天英率领僧众数千人在夜间攻打益州城，武陵王萧纪与他交战，杀了孙天英。

邵陵王萧纶大修铠甲仪仗，打算讨伐侯景，湘东王萧绎感到憎恨。八月十七日甲午，萧绎派左卫将军王僧辩、信州刺史鲍泉率领水军一万向东进兵江州、郢州，声称抗拒任约，并且说要迎接邵陵王回到江陵，把湘州授给他。

北齐国主高洋初登大位，励精图治。赵道德以个人私事请托黎阳太守清河人房超，房超不打开请托信，就用木棒打死来使；北齐国主高洋很欣赏房超的做法，命令各地州郡长官设置木棒诛杀请托的使者。过了很久，都官中郎宋轨上奏说："如果受长官指使去请托的人，尚且要遭到杀戮，那些本身贪赃枉法的指使者，怎样给他加罪呢？"高洋停止了这种做法。

司都功曹张老上书请求制订北齐的法令，朝廷下诏右仆射薛琡等人以北魏的《麟趾格》为基础，加以修订增减。

北齐国主高洋精选京师六坊的宿卫士兵，每个必须能抵挡一百人，接受任务敢于拼死命的人，才能入选，称为"百保鲜卑"。又精选汉人中勇力超凡绝伦的人，称为"勇士"，把他们配备到边防要地。

北齐开始推行九等户籍制度，有钱人交纳赋税，贫困的人出力服徭役。

九月初十日丁巳，西魏军队从长安出发。

王僧辩进军到达鹦鹉洲，郢州司马刘龙虎等暗中送礼给王僧辩表示愿为内应，邵陵王萧纶听到消息，派他的儿子威正侯萧硕领兵去攻击刘龙虎，刘龙虎失败，逃奔到王僧辩那里。

萧纶写信斥责王僧辩说："将军前年杀了人家的侄儿，今天又来讨伐人家的兄长，这样来邀功求荣，恐怕全天下的人都不能容忍。"王僧辩把信送给萧绎，萧绎命令他进军。九月十四日辛酉，萧纶在西园集合部队，流着眼泪说："我没有别的想

伐。今日欲守则交绝粮储，欲战则取笑千载，不容无事受缚，当于下流避之。”麾下壮士争请出战，纶不从，与硕自仓门登舟北出。僧辩入据郢州。绎以南平王恪为尚书令、开府仪同三司，世子方诸为郢州刺史，王僧辩为领军将军。

纶遇镇东将军裴之高于道，之高之子畿掠其军器，纶与左右轻舟奔武昌涧饮寺，僧法馨匿纶于岩穴之下。纶长史韦质、司马姜律等闻纶尚存，驰往迎之，说七栅流民以求粮仗。纶出营巴水，流民八九千人附之，稍收散卒，屯于齐昌。遣使请和于齐，齐以纶为梁王。

湘东王绎改封皇子大款为临川王，大成为桂阳王，大封为汝南王。

癸亥，魏军至潼关。

庚午，齐主如晋阳，命太子殷居凉风堂监国。

南郡王中兵参军张彪等起兵于若邪山，攻破浙东诸县，有众数万。吴郡人陆令公等说太守南海王大临往依之，大临曰：“彪若成功，不资我力；如其挠败，以我自解，不可往也。”

任约进寇西阳、武昌。初，宁州刺史彭城徐文盛募兵数万人讨侯景，湘东王绎以为秦州刺史，使将兵东下，与约遇于武昌。绎以庐陵王应为江州刺史，以文盛为长史行府州事，督诸将拒之。应，续之子也。邵陵王纶引齐兵未至，移营马栅，距西阳八十里，任约闻之，遣仪同叱罗子通等将铁骑二百袭之，纶不为备，策马亡走。时湘东王绎亦与齐连和，故齐人观望，不助纶。定州刺史田祖龙迎纶，纶以祖龙为绎所厚，惧为所执，复归齐昌。行至汝南，魏所署汝南城主李素，纶之故吏也，开城纳之，任约遂据西阳、武昌。

裴之高帅子弟部曲千余人至夏首，湘东王绎召之，以为新兴、永宁二郡太守。又以南平王恪为武州刺史，镇武陵。

初，邵陵王纶以衡阳王献为齐州刺史，镇齐昌，任约击擒之，送建康，杀之。献，畅之孙也。

乙亥，进侯景位相国，封二十郡，为汉王，加殊礼。

法，一心要消灭叛贼，湘东王常常认为我要与他争夺帝位，所以兴兵讨伐。今天想要保守城池，但粮食供应断绝，想要出战就要取笑千载，我不能无所作为地被俘受缚，我们向下游出发避战。”部下壮士争着请求出战，萧纶不同意，与萧硕从仓门乘船向北出逃。王僧辩进占郢州。萧绎任命南平王萧恪为尚书令、开府仪同三司，任命世子萧方诸为郢州刺史，任命王僧辩为领军将军。

萧纶在路上遇见镇东将军裴之高，裴之高的儿子裴畿抢掠了萧纶的兵器，萧纶与亲信乘快船逃奔到武昌涧饮寺，僧人法馨把萧纶藏在岩洞下面。萧纶长史韦质、司马姜律等听说萧纶还活着，便骑马驰往迎接萧纶，韦质等又劝说七栅的流民资助粮草兵器。萧纶出来在巴水扎营，流民八九千人来归附他，渐渐收聚散卒，屯驻在齐昌。派使者到北齐请求联合，北齐封萧纶为梁王。

湘东王萧绎改封皇子萧大款为临川王，萧大成为桂阳王，萧大封为汝南王。

九月十六日癸亥，西魏军到达潼关。

九月二十三日庚午，北齐国主高洋进入晋阳，命令皇太子高殷居住在凉风堂监国。

南郡王中兵参军张彪等在若邪山起兵，攻破浙东几座县城，有部众数万人。吴郡人陆令公等劝说太守南海王萧大临前往依附。萧大临说：“张彪如果能成功，不需要我这点兵力资助，如果失败了，就会拿我当替罪羊解脱自己，不可以前去依附他。”

任约进兵侵犯西阳、武昌。当初，宁州刺史彭城人徐文盛募兵数万人讨伐侯景，湘东王萧绎任命他为秦州刺史，派他领兵东下，与任约在武昌遭遇。萧绎任命庐陵王萧应为江州刺史，任命徐文盛为长史代理庐陵王管理军政事务，督诸将抗拒任约。萧应，是萧续的儿子。邵陵王萧纶招引的北齐军队还没到达，只得把兵力移营驻屯在马栅，距离西阳八十里，任约听到这个消息，派仪同叱罗子通等率领铁甲骑兵二百偷袭，萧纶没有防备，快马加鞭逃亡。当时湘东王萧绎也与北齐联合，所以北齐军队观望不前，没有援助萧纶。定州刺史田祖龙迎接萧纶，萧纶认为田祖龙与萧绎交情很好，害怕被他抓获，所以又返回齐昌。行进到汝南，西魏任命的汝南城长官李素，是萧纶的老部下，李素打开城门接纳萧纶，任约于是占据了西阳、武昌。

裴之高率领子弟部属一千多人到达夏首，湘东王萧绎召请他任新兴、永宁两郡的太守。萧绎又任命南平王萧恪为武州刺史，镇守武陵。

当初，邵陵王萧纶任命衡阳王萧献为齐州刺史，镇守齐昌，任约进击抓获了萧献，押送到建康处死。萧献是萧畅的孙子。

九月二十八日乙亥，梁朝进位侯景为相国，封赏二十郡，任命为汉王，给以殊礼待遇。

岳阳王督还襄阳。

黎州民攻刺史张贲，贲弃城走。州民引氐酋北益州刺史杨法琛据黎州，命王、贾二姓诣武陵王纪请法琛为刺史。纪深责之，囚法琛质子崇颙、崇虎。冬，十月，丁丑朔，法琛遣使附魏。

己卯，齐主至晋阳宫。广武王长弼与并州刺史段韶不协，齐主将如晋阳，长弼言于帝曰："韶拥强兵在彼，恐不如人意，岂可径往投之！"帝不听。既至，以长弼语告之，曰："如君忠诚，人犹有谗，况其余乎！"长弼，永乐之弟也。乙酉，以特进元韶为尚书左仆射，段韶为右仆射。

乙未，侯景自加宇宙大将军、都督六合诸军事，以诏文呈上。上惊曰："将军乃有宇宙之号乎！"

立皇子大钧为西阳王，大威为武宁王，大球为建安王，大昕为义安王，大挚为绥建王，大圜为乐梁王。

齐东徐州刺史行台辛术镇下邳。十一月，侯景征租入建康，术帅众渡淮断之，烧其谷百万石，遂围阳平，景行台郭元建引兵救之。壬戌，术略三千余家，还下邳。

武陵王纪帅诸军发成都，湘东王绎遣使以书止之曰："蜀人勇悍，易动难安，弟可镇之，吾自当灭贼。"又别纸曰："地拟孙、刘，各安境界；情深鲁、卫，书信恒通。"

甲子，南平王恪帅文武拜笺推湘东王绎为相国，总百揆；绎不许。

魏丞相泰自弘农为桥，济河，至建州。丙寅，齐主自将出顿东城。泰闻其军容严盛，叹曰："高欢不死矣！"会久雨，自秋及冬，魏军畜产多死，乃自蒲阪还。于是河南自洛阳，河北自平阳已东，皆入于齐。

丁卯，徐文盛军贝矶，任约帅水军逆战，文盛大破之，斩叱罗子通、赵威方，仍进军大举口。侯景遣宋子仙等将兵二万助约，以约守西阳，久不能进，自出屯晋熙。

南康王会理以建康空虚，与太子左卫将军柳敬礼、西乡侯劝、东乡

岳阳王萧詧回到襄阳。

黎州民众攻击刺史张贲，张贲丢下州城逃走。黎州民众请出氐人酋长北益州刺史杨法琛占据黎州，杨法琛派出王氏、贾氏两大姓到武陵王萧纪那里，请求任命杨法琛为黎州刺史。萧纪狠狠斥责使者，囚禁了杨法琛的质子杨崇颙、杨崇虎。冬季，十月初一日丁丑，杨法琛派使者到西魏请求归附。

十月初三日己卯，北齐国主高洋到达晋阳宫。广武王高长弼与并州刺史段韶不和，高洋将要去晋阳时，高长弼对他说："段韶在那里手握强兵，恐怕会发生意外，怎么能随便自投罗网。"高洋不听。到达晋阳以后，高洋把高长弼的话告诉了段韶，说："像您这样的忠诚臣子，还有人进谗言，何况别人呢！"高长弼，是高永乐的弟弟。十月初九日乙酉，高洋任命特进元韶为尚书左仆射，段韶为尚书右仆射。

十月十九日乙未，侯景给自己加官宇宙大将军、都督六合诸军事，他把任命的诏令文书呈奏给简文帝，简文帝吃惊地说："将军里竟有宇宙这样的称号吗！"

梁朝立皇子萧大钧为西阳王，萧大威为武宁王，萧大球为建安王，萧大昕为义安王，萧大挚为绥建王，萧大圜为乐梁王。

北齐东徐州刺史行台辛术镇守下邳。十一月，侯景征收租谷运入建康，辛术率领军队渡过淮水切断通道，烧毁租谷百万石，于是围攻阳平，侯景行台郭元建领兵救援。十一月十六日壬戌，辛术劫持三千多户民众，还军下邳。

武陵王萧纪率领诸军从成都出发，湘东王萧绎写信派使者告知萧纪，制止他进军，说："蜀地士兵英勇剽悍，易于行动难以安抚，弟只管镇守领地，我自有办法消灭叛贼。"又另写一封信说："我们两人的领地，就像当年孙权、刘备一样，各自安守境界；我们的情谊如同鲁国、卫国一样亲近，经常写信沟通感情。"

十一月十八日甲子，南平王萧恪率领文武官员共同签名上书，推举湘东王萧绎为相国，总管一切，萧绎不同意。

西魏丞相宇文泰在弘农造桥，渡过黄河，进军到达建州。十一月二十日丙寅，北齐国主高洋亲自率领军队屯驻东城。宇文泰听说高洋的军队军容严整强大，叹息说："高欢没死啊。"恰又赶上久雨不停，从秋天一直下到冬天，西魏军的牲畜死亡很多，宇文泰便从蒲阪回到长安。到这时，河南从洛阳以东，河北从平阳以东，全都归入了北齐。

十一月二十一日丁卯，徐文盛进军贝矶，任约率领水军迎战，徐文盛大败任约，杀了叱罗子通、赵威方，乘胜进军到大举口。侯景派宋子仙等率领二万兵马援助任约，委派任约守卫西阳，任约很久不能向前推进，侯景亲自率军走出建康，屯驻在晋熙。

南康王萧会理认为建康空虚，与太子左卫将军柳敬礼、西乡侯萧劝、东乡侯萧

侯勔谋起兵诛王伟。安乐侯乂理出奔长芦，集众得千余人。建安侯賁、中宿世子子邕知其谋，以告伟。伟收会理、敬礼、劝、勔及会理弟祁阳侯通理，俱杀之。乂理为左右所杀。钱塘褚冕，以会理故旧，捶掠千计，终无异言。会理隔壁谓之曰："褚郎，卿岂不为我致此？卿虽忍死明我，我心实欲杀贼！"冕竟不服，景乃宥之。劝，昺之子；賁，正德之弟子；子邕，憺之孙也。

帝自即位以来，景防卫甚严，外人莫得进见，唯武林侯谘及仆射王克、舍人殷不害，并以文弱得出入卧内，帝与之讲论而已。及会理死，克、不害惧祸，稍自疏。谘独不离帝，朝请无绝；景恶之，使其仇人刁戍刺杀咨于广莫门外。

帝之即位也，景与帝登重云殿，礼佛为誓云："自今君臣两无猜贰，臣固不负陛下，陛下亦不得负臣。"及会理谋泄，景疑帝知之，故杀谘。帝自知不久，指所居殿谓殷不害曰："庞涓当死此下。"

景自帅众讨杨白华于宣城，白华力屈而降，景以其北人，全之，以为左民尚书，诛其兄子彬以报来亮之怨。

十二月，丙子朔，景封建安侯賁为竟陵王，中宿世子子邕为随王，仍赐姓侯氏。

辛丑，齐主还邺。

邵陵王纶在汝南，修城池，集士卒，将图安陆。魏安州刺史马祐以告丞相泰，泰遣杨忠将万人救安陆。

武陵王纪遣潼州刺史杨乾运、南梁州刺史谯淹合兵二万讨杨法琛，法琛发兵据剑阁以拒之。

侯景还建康。

初，魏敬宗以尔朱荣为柱国大将军，位在丞相上；荣败，此官遂废。大统三年，文帝复以丞相泰为之。其后功参佐命，望实俱重者，亦居此官，凡八人，曰安定公宇文泰，广陵王欣，赵郡公李弼，陇西公李虎，河内公独孤信，南阳公赵贵，常山公于谨，彭城公侯莫陈崇，谓之八柱国。泰始籍民之才力者为府兵，身租庸调，一切蠲之，以农隙讲阅战陈，马畜粮备，六家供之；合为百府，每府一郎将主之，分属二十四军。泰

勔谋划起兵诛王伟。安东侯萧义理出逃到长芦，集结了一千多人的队伍。建安侯萧贲、中宿世子萧子邕知道萧会理等人的谋划，向王伟告发。王伟抓捕了萧会理、柳敬礼、萧劢、萧勔，以及萧会理的弟弟祁阳侯萧通理，全部杀死。萧会理被部下亲兵所杀。钱塘人褚冕，与萧会理有旧交情，他被王伟严刑拷打，始终不揭发萧会理的密谋。萧会理在隔壁房中对他说："褚郎，你被我连累到了这个地步，你虽然拼死为我开脱，但我的内心确实是想杀死叛贼。"褚冕始终不招供，侯景便宽大释放了他。萧劢，是萧昺的儿子；萧贲，是萧正德弟弟的儿子；萧子邕，是萧憺的孙子。

简文帝自从即位以来，侯景对他防卫非常严密，外人没有人能够进宫见到简文帝，只有武林侯萧谘，以及仆射王克、舍人殷不害三人，因为都是文弱书生，所以才能进出皇宫，而简文帝也只能与他们谈论文章细事而已。等到萧会理死后，王克、殷不害惧怕灾祸，稍稍与简文帝疏远。只有萧谘不离简文帝身旁，每天朝见请安没有断绝；侯景厌恶他，派萧谘的仇人刁戌在广莫门外杀害了萧谘。

简文帝刚即位时，侯景与简文帝曾经登上重云殿，向着佛祖叩拜发誓说："从今以后，我们君臣两人不要互相猜忌、怀有二心，臣一定不会辜负陛下，陛下也不要辜负臣。"等到萧会理谋划泄露，侯景怀疑简文帝参与了谋划，所以杀了萧谘。简文帝自己知道活不了多久，指着自己居住的宫殿对殷不害说："庞涓当死在这里。"

侯景亲自率领军队到宣城去征讨杨白华，杨白华兵败力竭，投降了侯景，侯景看重杨白华是北方人，保全了他，任命他为左民尚书，但把他哥哥的儿子杨彬杀了以报杨白华杀来亮之仇。

十二月初一日丙子，侯景封建安侯萧贲为竟陵王，封中宿世子萧子邕为随王，并赐给他们姓侯。

十二月二十六日辛丑，北齐国主高洋回到邺城。

邵陵王萧纶在汝南，修筑城池，集结军队，准备攻打安陆。西魏安州刺史马祐打报告给丞相宇文泰，宇文泰派杨忠率兵一万人救援安陆。

武陵王萧纪派潼州刺史杨乾运、南梁州刺史合兵两万讨伐杨法琛，杨法琛派兵据守剑阁来对抗他们。

侯景从宣城回到建康。

当初，北魏敬宗皇帝任命尔朱荣为柱国大将军，位在丞相之上。尔朱荣败亡后，废除了这个官职。大统三年，西魏文帝恢复柱国大将军职位，任命丞相宇文泰充当。从此以后，只要是辅佐皇帝登位，名望和功绩都很高的人，也担任这个官职，一共八个人，有安定公宇文泰，广陵王元欣，赵郡公李弼，陇西公李虎，河内公独孤信，南阳公赵贵，常山公于谨，彭城公侯莫陈崇，叫作八柱国。宇文泰这时创立府兵制，挑选平民中才智勇力出众的人另编户籍，他们本身的租庸调，全部免除，但入籍府

任总百揆，督中外诸军；欣以宗室宿望，从容禁闼而已。余六人各督二大将军，凡十二大将军，每大将军各统开府二人，开府各领一军。是后功臣位至柱国大将军、开府仪同三司、仪同三司者甚众，率为散官，无所统御，虽有继掌其事者，闻望皆出诸公之下云。

齐主命散骑侍郎宋景业造《天保历》，行之。

（以上为第三段，写南朝萧梁全境各方继续混战，湘东王萧绎在军阀混战中逐步取得优势；侯景辖区，反抗声浪日渐增高。北朝，西魏宇文泰发动大军声讨高洋称帝，结果兵败地削，北齐稳固。宇文泰创设府兵制。）

兵在农闲时要操练武功，学习战争阵法，所需要的马匹粮草，由六家平民户籍供应；共设有一百个府，每府设置一个郎将率领，一百个府分属于二十四个军。宇文泰为总统领，督中外诸军事；元欣作为宗室中名高望重的人物，也只不过能随意出入宫殿悠闲，不得参与府兵事。其余六个柱国，每人督率两个大将军，共十二个大将军，每一个大将军各统领两个开府，每一个开府统领一个军。从此以后，其他功臣职位到了柱国大将军、开府仪同三司、仪同三司的人很多，一律都是文官，没有统率军队的实权，即使有个别继续统率军队的，但声名威望都在八柱国之下。

北齐国主高洋命令散骑侍郎宋景业制定《天保历》，并颁布实行。

【点评】

西魏宇文氏崛起。梁朝萧氏诸王互相残杀，形成军阀混战，侯景得以苟延。北朝东魏高洋凭借父兄长期经营之资，顺利受禅，北齐建立。西魏宇文泰创设府兵制，增强国力，影响深远。

梁纪二十

梁简文帝大宝二年至梁元帝承圣元年（551—552年）

【起重光协洽（辛未，551年），尽玄默涒滩（壬申，552年），凡二年】

【大事提要】

本卷载述公元551年至公元552年南北朝史事，凡二年，时当梁简文帝大宝二年至梁元帝承圣元年，西魏文帝大统十七年、废帝元年，北齐文宣帝天保二年、三年。本卷重点详述侯景覆灭。

【原文】

太宗简文皇帝下

大宝二年（辛未，551 年）

春，正月，新吴余孝顷举兵拒侯景，景遣于庆攻之，不克。

庚戌，湘东王绎遣护军将军尹悦、安东将军杜幼安、巴州刺史王珣将兵二万自江夏趣武昌，受徐文盛节度。

杨乾运攻拔剑阁，杨法昌退保石门，乾运据南阴平。

辛亥，齐主祀圜丘。

张彪遣其将赵稜围钱塘，孙凤围富春，侯景遣仪同三司田迁、赵伯超救之，稜、凤败走。稜，伯超之兄子也。

癸亥，齐主耕藉田。乙丑，享太庙。

魏杨忠围汝南，李素战死。二月，乙亥，城陷，执邵陵携王纶，杀之，投尸江岸；岳阳王詧取而葬之。

或告齐太尉彭乐谋反；壬辰，乐坐诛。

齐遣散骑常侍曹文皎使于江陵，湘东王绎使兼散骑常侍王子敏报之。

侯景以王克为太师，宋子仙为太保，元罗为太傅，郭元建为太尉，张化仁为司徒，任约为司空，王伟为尚书左仆射，索超世为右仆射。景置三公官，动以十数，仪同尤多。以子仙、元建、化仁为佐命元功，伟、超世为谋主，于子悦、彭隽主击断，陈庆、吕季略、卢晖略、丁和等为爪牙。梁人为景用者，则故将军赵伯超，前制局监周石珍，内监严亶，邵陵王记室伏知命。自余王克、元罗及侍中殷不害、太常周弘正等，景从人望，加以尊位，非腹心之任也。

北兖州刺史萧邕谋降魏，侯景杀之。

杨乾运进据平兴，平兴者，杨法琛所治也。法琛退保鱼石洞，乾运焚平兴而归。

李迁仕收众还击南康，陈霸先遣其将杜僧明等拒之，生擒迁仕，斩之。湘东王绎使霸先进兵取江州，以为江州刺史。

三月，丙午，齐襄城王淯卒。

庚戌，魏文帝殂，太子钦立。

乙卯，徐文盛等克武昌，进军芦洲。

己未，齐以湘东王绎为梁相国，建梁台，总百揆，承制。

【语译】

太宗简文皇帝下

梁简文帝大宝二年（辛未，551 年）

春季，正月，新吴人余孝顷起兵抗击侯景，侯景派于庆攻讨，没能取胜。

正月初五日庚戌，湘东王萧绎派护军将军尹悦、安东将军杜幼安、巴州刺史王珣率军两万从江夏出发向武昌进军，接受徐文盛指挥。

杨乾运攻占了剑阁，杨法昌退守石门，杨乾运乘胜进兵，又攻占了南阴平。

正月初六日辛亥，北齐国主高洋在圜丘举行祭祀典礼。

张彪派他的将领赵稜围攻钱塘，孙凤围攻富春，侯景派仪同三司田迁、赵伯超救援，赵稜、孙凤战败退走。赵稜，是赵伯超哥哥的儿子。

正月十八日癸亥，北齐国主高洋举行亲耕藉田典礼。正月二十日乙丑，祭祀太庙。

西魏杨忠围攻汝南，梁将李素战死。二月初一日乙亥，汝南城陷落，邵陵王萧纶被抓获，处了死刑，抛尸江岸；岳阳王萧詧收尸埋葬。

有人状告北齐太尉彭乐谋反；二月十八日壬辰，彭乐获罪被杀。

北齐派散骑常侍曹文皎出使江陵，湘东王萧绎派兼散骑常侍王子敏回访。

侯景任命王克为太师、宋子仙为太保、元罗为太傅、郭元建为太尉、张化仁为司徒、任约为司空、王伟为尚书左仆射、索超世为右仆射。侯景设置三公官，动辄十几个，仪同更多。侯景对待宋子仙、郭元建、张化仁为辅佐王命的头等功臣，王伟、索超世为军师谋主，于子悦、彭隽主持军务攻战，陈庆、吕季略、卢晖略、丁和等为干将。被侯景重用的梁朝官员有：前将军赵伯超、前制局监周石珍、宦官严亶、邵陵王的记室参军伏知命。其他像王克、元罗，以及侍中殷不害、太常周弘正等人，侯景只是顺应众望，给他们高官，并不把他们当作心腹任用。

北兖州刺史萧邕谋划投降西魏，侯景杀了他。

杨乾运进兵占据平兴，平兴是杨法琛的北益州治所。杨法琛退守鱼石洞，杨乾运焚毁平兴城班师。

李迁仕收集散兵回军攻击南康，陈霸先派他的将领杜僧明等抗拒交战，活捉了李迁仕，杀了他。湘东王萧绎派陈霸先进兵攻取江州，任命他为江州刺史。

三月初二日丙午，北齐襄城王高淯去世。

三月初六日庚戌，西魏文帝元宝炬去世，太子元钦即皇帝位。

三月十一日乙卯，徐文盛等攻占武昌，进军芦洲。

三月十五日己未，北齐任命湘东王萧绎为梁朝相国，设置梁朝台省，总领百官，

齐司空司马子如自求封王，齐主怒，庚子，免子如官。

任约告急，侯景自帅众西上，携太子大器从军以为质，留王伟居守。闰月，景发建康，自石头至新林，舳舻相接。约分兵袭破定州刺史田龙祖于齐安。壬寅，景军至西阳，与徐文盛夹江筑垒。癸卯，文盛击破之，射其右丞厍狄式和，坠水死，景遁走还营。

夏，四月，甲辰，魏葬文帝于永陵。

郢州刺史萧方诸，年十五，以行事鲍泉和弱，常侮易之，或使伏床，骑背为马；恃徐文盛军在近，不复设备，日以蒱酒为乐。侯景闻江夏空虚，乙巳，使宋子仙、任约帅精骑四百，由淮内袭郢州。丙午，大风疾雨，天色晦冥，有登陴望见贼者，告泉曰："虏骑至矣！"泉曰："徐文盛大军在下，贼何由得至！当是王珣军人还耳。"既而走告者稍众，始命闭门，子仙等已入城。方诸方踞泉腹，以五色彩辫其髯；见子仙至，方诸迎拜，泉匿于床下；子仙俯窥见泉素髯间彩，惊愕，遂擒之，及司马虞豫，送于景所。景因便风，中江举帆，遂越文盛等军，丁未，入江夏。文盛众惧而溃，与长沙王韶等逃归江陵。王珣、杜幼安以家在江夏，遂降于景。

湘东王绎以王僧辩为大都督，帅巴州刺史丹杨淳于量、定州刺史杜龛、宜州刺史王琳、郴州刺史裴之横东击景，徐文盛以下并受节度。戊申，僧辩等军至巴陵，闻郢州已陷，因留戍之。绎遗僧辩书曰："贼既乘胜，必将西下，不劳远击；但守巴丘，以逸待劳，无虑不克。"又谓将佐曰："贼若水步两道，直指江陵，此上策也。据夏首，积兵粮，中策也。悉力攻巴陵，下策也。巴陵城小而固，僧辩足可委任。景攻城不拔，野无所掠，暑疫时起，食尽兵疲，破之必矣。"乃命罗州刺史徐嗣徽自岳阳，武州刺史杜崱自武陵引兵会僧辩。

景使丁和将兵五千守夏首，宋子仙将兵一万为前驱，趣巴陵，分遣

代行皇帝颁旨。

北齐司空司马子如自己要求封王，北齐国主高洋大怒，闰三月二十七日庚子，罢免了司马子如的官职。

任约向侯景告急求救，侯景亲自率领大军西上，随军带着皇太子萧大器作为人质，留王伟守建康。闰三月，侯景从建康出发，从石头城到新林，兵船首尾相接。任约分兵偷袭定州刺史田祖龙，攻破齐安城。闰三月二十九日壬寅，侯景军到达西阳，与徐文盛的军队隔着长江修筑营垒。闰三月三十日癸卯，徐文盛攻击打败了侯景，用箭射中了侯景的军府右丞库狄式和，库狄式和落水而死。侯景逃回军营。

夏季，四月初一日甲辰，西魏在永陵安葬了魏文帝。

梁朝郢州刺史萧方诸，年十五岁，因为行事鲍泉生性平和懦弱，所以经常被萧方诸欺负，有时让鲍泉趴在床上，当作马骑；萧方诸依仗徐文盛大军在近旁，不做防备，每天以赌博饮酒为快乐。侯景听说江夏空虚，四月初二日乙巳，派宋子仙、任约率领精锐骑兵四百人，从长江北岸抄近路偷袭郢州。四月初三日丙午，刮大风下暴雨，天色昏暗，有士兵登上州城女墙望见敌军冲过来，向鲍泉报告，说："敌人骑兵冲过来了。"鲍泉说："徐文盛大军挡在下面，敌人怎么能够到这里来，应当是王珣巡逻的军队回来了。"不一会儿，接二连三地有人跑来报告，这才下令闭城门，但已经来不及了，宋子仙等已冲进了城门。萧方诸骑在鲍泉肚子上，用五色丝线编织鲍泉的胡子；萧方诸看到宋子仙到来，跪地迎拜，鲍泉躲到床底下藏起来；宋子仙弯腰看见鲍泉的白胡子上挂着彩丝，十分惊讶，擒获了他。宋子仙把鲍泉以及司马虞豫押送到侯景那里。侯景趁着顺风，在长江中张起船帆，于是越过徐文盛等人的军营。四月初四日丁未，侯景进入江夏城，徐文盛军队众心惶惶一下子就溃散了，徐文盛与长沙王萧韶等逃回江陵。王珣、杜幼安因为家在江夏，于是投降了侯景。

湘东王萧绎任命王僧辩为大都督，率领巴州刺史丹杨人淳于量、定州刺史杜龛、宜州刺史王琳、郴州刺史裴之横等东进抗击侯景，徐文盛以下都接受王僧辩指挥。四月初五日戊申，王僧辩等人进军到达巴陵，听到郢州已经陷落，就留在巴陵镇守。萧绎送信给王僧辩说："敌人凭借胜利的气势，一定沿长江西进攻巴陵，你不要劳师远出；只是守在巴丘，以逸待劳，不愁不打胜仗。"萧绎又对将领们说："敌贼如果水陆两路，直指江陵，这是上策；如果据守夏首，囤积兵粮，这是中策；如果全力进攻巴陵，这是下策。巴陵城小却十分坚固，王僧辩足可以胜任。侯景攻城不能占领，四野抢掠找不到粮食，盛暑疾病兴起，敌人粮食用尽，士兵疲惫，打败他是必然的。"于是命令罗州刺史徐嗣徽从岳阳、武州刺史杜崱从武陵领兵到巴陵与王僧辩会合。

侯景派丁和领兵五千人守卫夏首，让宋子仙领兵一万为前锋，进军巴陵，另派

任约直指江陵，景帅大兵水步继进。于是缘江戍逻，望风请服，景拓逻至于隐矶。僧辩乘城固守，偃旗卧鼓，安若无人。壬戌，景众济江，遣轻骑至城下，问："城内为谁？"答曰："王领军。"骑曰："何不早降？"僧辩曰："大军但向荆州，此城自当非碍。"骑去。顷之，执王珣等至城下，使说其弟琳。琳曰："兄受命讨贼，不能死难，曾不内惭，翻欲赐诱！"取弓射之，珣惭而退。景肉薄百道攻城，城中鼓噪，矢石雨下，景士卒死者甚众，乃退。僧辩遣轻兵出战，凡十余返，皆捷。景被甲在城下督战，僧辩著绶、乘舆、奏鼓吹巡城，景望之，服其胆勇。

岳阳王詧闻侯景克郢州，遣蔡大宝将兵一万进据武宁，遣使至江陵，诈称赴援。众议欲答以侯景已破，令其退军。湘东王绎曰："今语以退军，是趣之令进也。"乃使谓大宝曰："岳阳累启连和，不相侵犯，卿那忽据武宁？今当遣天门太守胡僧祐精甲二万、铁马五千顿湕水，待时进军。"詧闻之，召其军还。僧祐，南阳人也。

五月，魏陇西襄公李虎卒。

侯景昼夜攻巴陵，不克，军中食尽，疾疫死伤太半。湘东王绎遣晋州刺史萧惠正将兵援巴陵，惠正辞不堪，举胡僧祐自代。僧祐时坐谋议忤旨系狱，绎即出之，拜武猛将军，令赴援，戒之曰："贼若水战，但以大舰临之，必克。若欲步战，自可鼓棹直就巴丘，不须交锋也。"僧祐至湘浦，景遣任约帅锐卒五千据白塉以待之。僧祐由他路西上，约谓其畏己，急追之，及于芊口，呼僧祐曰："吴儿，何不早降，走何所之！"僧祐不应，潜引兵至赤沙亭；会信州刺史陆法和至，与之合军。法和有异术，隐于江陵百里洲，衣食居处，一如苦行沙门，或豫言吉凶，多中，人莫能测。侯景之围台城也，或问之曰："事将何如？"法和曰："凡人取果，宜待熟时，不撩自落。"固问之，法和曰："亦克亦不克。"及任约向江陵，法和自请击之，绎许之。

任约直指江陵，侯景自己率领大军水陆随后前进。这时，沿长江两岸的戍所及巡江士兵，随风归降侯景。侯景展开巡逻警戒的范围扩大到隐矶。王僧辩登城坚守，偃旗息鼓，安静得好像没有人一样。四月十九日壬戌，侯景大军渡过长江，派遣轻骑兵到巴陵城下，问道："城内守将是哪一个？"回答说："是王领军。"侯景的轻骑兵说："为何不早早投降？"王僧辩回答说："大军只管向江陵，这座小城理应不碍事。"轻骑兵离开了。不一会儿，抓来王珣等到巴陵城下，让他劝说他的弟弟王琳。王琳说："兄长接受命令讨伐叛贼，不能在危难时战死，你不感到惭愧，倒有脸来劝诱我投敌。"说着取出弓箭射向王珣，王珣羞愧退了下去。侯景指挥部队赤膊上阵，从四面八方同时攻城，城中击鼓呐喊，箭头石块如雨点般落下，侯景士兵死伤惨重，只好后退。王僧辩也派出轻骑兵出城反击，一共十多批，全都打了胜仗。侯景穿上铠甲在城下督战，王僧辩佩带印绶，坐在轿子上，仪仗队吹奏起鼓乐，在城墙上巡视，侯景望见，佩服王僧辩的胆量和勇敢。

岳阳王萧詧听说侯景攻占了郢州，派蔡大宝领兵一万进兵占据了武宁，遣使到江陵，诡称派兵救援。众人商议回答使者说，侯景已被打败，让萧詧回军，湘东王萧绎说："如今回答让他们退军，恰恰是催促他们进军。"便派使者对蔡大宝说："岳阳王多次来信要求和好，互不侵犯，你怎么无缘无故占据了武宁？现正在委派天门太守胡僧佑率领精甲二万，铁马五千屯驻湕水，待机进军。"萧詧听了，召回了蔡大宝。胡僧佑，是南阳郡人。

五月，西魏陇西襄公李虎去世。

侯景昼夜进攻巴陵城，没有攻破，军中粮食用完，因为疾病和交战，人马死伤了一大半，湘东王萧绎派晋州刺史萧惠正领兵援救巴陵，萧惠正以不能胜任为由推辞，推荐胡僧佑代替自己。胡僧佑当时因为冒犯了萧绎旨意被关在狱中，萧绎立即把他释放出来，拜为武猛将军，派他领兵救援巴陵，告诫他说："叛军如果用水战，只需用大战船对抗，就一定能战胜。如果叛军用步战，你就径直鼓帆抵巴陵，不和叛军在陆地交战。"胡僧佑军抵湘浦，侯景派任约率领精锐士兵五千人据守白塉阻击。胡僧佑改道西上，任约认为胡僧佑害怕自己，急速追赶，追到芊口咬上胡僧佑，任约呼叫胡僧佑说："吴儿，何不快快投降，想到哪里去！"胡僧佑不回答，暗中进兵到赤沙亭；刚好信州刺史陆法和到达这里，两军会合。陆法和有特别的法术，隐居在江陵的百里洲，衣食居住像一个苦行僧，他能预言吉凶祸福，多能应验，没有人摸得透他。侯景围攻台城的时候，有人问他说："事态将怎样发展？"陆法和说："凡是人要摘取果实，总是等到果子成熟的时候，不用打就自动脱落。"再三追问想问个明白，陆法和就说："可能成功，也可能不成功。"等到任约向江陵进军，陆法和自己请求领兵击贼，萧绎同意了。

壬寅，约至赤亭。六月，甲辰，僧祐、法和纵兵击之，约兵大溃，杀溺死者甚众，擒约送江陵。景闻之，乙巳，焚营宵遁。以丁和为郢州刺史，留宋子仙等，众号二万，戍郢城；别将支化仁镇鲁山，范希荣行江州事，仪同三司任延和、晋州刺史夏侯威生守晋州。景与麾下兵数千，顺流而下。丁和以大石磕杀鲍泉及虞预，沉于黄鹤矶。任约至江陵，绎赦之。徐文盛坐怨望，下狱死。巴州刺史余孝顷遣兄子僧重将兵救鄱阳，于庆退走。

绎以王僧辩为征东将军、尚书令，胡僧祐等皆进位号，使引兵东下。陆法和请还，既至，谓绎曰："侯景自然平矣，蜀贼将至，请守险以待之。"乃引兵屯峡口。庚申，王僧辩至汉口，先攻鲁山，擒支化仁送江陵。辛酉，攻郢州，克其罗城，斩首千级。宋子仙退据金城，僧辩四面起土山，攻之。

豫州刺史荀朗自巢湖出濡须邀景，破其后军，景奔归，船前后相失。太子船入枞阳浦，船中腹心皆劝太子因此入北，太子曰："自国家丧败，志不图生，主上蒙尘，宁忍违离左右！吾今若去，是乃叛父，非避贼也。"因涕泗呜咽，即命前进。

甲子，宋子仙等困蹙，乞输郢城，身还就景；王僧辩伪许之，命给船百艘以安其意。子仙谓为信然，浮舟将发，僧辩命杜龛帅精勇千人攀堞而上，鼓噪奄进，水军主宋遥帅楼船，暗江云合。子仙且战且走，至白杨浦，大破之，周铁虎生擒子仙及丁和，送江陵，杀之。

庚午，齐主以司马子如，高祖之旧，复以为太尉。

江安侯圆正为西阳太守，宽和好施，归附者众，有兵一万。湘东王绎欲图之，署为平南将军。及至，弗见，使南平王恪与之饮。醉，因囚之内省，分其部曲，使人告其罪。荆、益之衅自此起矣。

陈霸先引兵发南康，赣石旧有二十四滩，会水暴涨数丈，三百里间，巨石皆没，霸先进顿西昌。

铁勒将伐柔然，突厥酋长土门邀击，破之，尽降其众五万余落。土

五月三十日壬寅，任约兵进赤亭。六月初二日甲辰，胡僧佑、陆法和发动总攻，任约兵大败溃散，被杀死和落水淹死的人很多，活捉了任约押送到江陵。侯景听说败讯，在六月初三日乙巳，烧了营垒连夜逃走。侯景任命丁和为郢州刺史，留下宋子仙等，号称有众二万，戍守郢州；别将支化仁镇守鲁山，范希荣代理江州刺史，仪同三司任延和、晋州刺史夏侯威生守卫晋州。侯景与部下数千士兵，顺流而下。丁和用大石头砸死鲍泉和虞预，沉尸于黄鹤矶。任约到江陵，萧绎释放了他。徐文盛因为发牢骚，被下狱处死。巴州刺史余孝顷派哥哥的儿子余僧重领兵救援鄱阳，于庆退兵逃走。

萧绎任命王僧辩为征东将军、尚书令，胡僧佑等都晋升了官职和爵位，并命令他们领兵东下长江。陆法和请求回江陵，到达江陵后对萧绎说："侯景肯定可以平定了，巴蜀贼兵马上就要到来，我请求去守住险要地方，等待贼兵来犯。"便领兵驻守在峡口。六月十八日庚申，王僧辩进军到汉口，首先进攻鲁山，抓获了支化仁押送到江陵。六月十九日辛酉，进攻郢州，攻破了外城，杀敌一千余人。宋子仙退守内城，王僧辩四面围城，筑起土山，猛烈进攻。

豫州刺史荀朗从巢湖出兵到濡须截击侯景，打败了侯景的后卫部队，侯景逃回建康，战船前后失去联系。皇太子萧大器的坐船驶入枞阳浦，船中的亲信都劝太子趁机会逃出，北上投奔北齐，太子说："自从国家破败大丧以来，就没想过苟且偷生，皇上蒙难，怎能忍心离开他的身边？我今天离去，是背叛父亲，不是逃避贼寇。"说完呜咽流泪，立即命令开船前进。

六月十二日甲子，宋子仙等穷困力竭，请求交出郢州城，放他回到侯景那里去；王僧辩假装同意，命令给宋子仙一百条战船稳住他的情绪。宋子仙认为真的要放他走，乘上船正准备出发，王僧辩命杜龛率领精锐勇敢的士兵一千人爬上城墙，擂鼓呐喊冲杀过来，水军主帅宋遥指挥楼船暗中从江上四面八方地围上来，宋子仙且战且退，到达白杨浦，遭到惨败，周铁虎活捉了宋子仙和丁和，押送到江陵处死。

六月二十八日庚午，北齐国主高洋考虑司马子如是高祖高欢的老朋友，恢复了他的太尉官职。

江安侯萧圆正为西阳太守，宽厚和气，乐于施舍，归附他的人很多，有兵一万人，湘东王萧绎想除掉他，任命他为平南将军。等他到了江陵，萧绎不接见，派平南王萧恪陪他饮酒，趁他醉后，囚禁在内省，收编了他的兵众，派人告他有罪。荆州、益州的战争从此挑起。

陈霸先领兵从南康出发，赣石原本有二十四个滩，正赶上江水在三百里长的河段暴涨数丈，江中巨石都被淹没，陈霸先进军驻屯在西昌。

铁勒将要讨伐柔然，突厥酋长土门截击，打败了铁勒，收降铁勒人五万多户。

门恃其强盛，求婚于柔然，柔然头兵可汗大怒，使人詈辱之曰："尔，我之锻奴也，何敢发是言！"土门亦怒，杀其使者，遂与之绝，而求婚于魏；魏丞相泰以长乐公主妻之。

秋，七月，乙亥，湘东王绎以长沙王韶监郢州事。丁亥，侯景还至建康。于庆自鄱阳还豫章，侯瑱闭门拒之，庆走江州，据郭默城。绎以瑱为兖州刺史。景悉杀瑱子弟。

辛丑，王僧辩乘胜下湓城，陈霸先帅所部三万人将会之，屯于巴丘。西军乏食，霸先有粮五十万石，分三十万石以资之。八月，壬寅朔，王僧辩前军袭于庆，庆弃郭默城走，范希荣亦弃寻阳城走。晋熙王僧振等起兵围郡城，僧辩遣沙州刺史丁道贵助之，任延和等弃城走。湘东王绎命僧辩且顿寻阳以待诸军之集。

初，景既克建康，常言吴儿怯弱，易以掩取，当须拓定中原，然后为帝。景尚帝女溧阳公主，嬖之，妨于政事，王伟屡谏景，景以告主，主有恶言，伟恐为所谗，因说景除帝。及景自巴陵败归，猛将多死，自恐不能久存，欲早登大位。王伟曰："自古移鼎，必须废立，既示我威权，且绝彼民望。"景从之。使前寿光殿学士谢昊为诏书，以为"弟侄争立，星辰失次，皆由朕非正绪，召乱致灾。宜禅位于豫章王栋。"使吕季略赍入，逼帝书之。栋，欢之子也。

戊午，景遣卫尉卿彭隽等帅兵入殿，废帝为晋安王，幽于永福省，悉撤内外侍卫，使突骑左右守之，墙垣悉布枳棘。庚申，下诏迎豫章王栋。栋时幽拘，廪饩甚薄，仰蔬茹为食。方与妃张氏锄葵，法驾奄至，栋惊，不知所为，泣而升辇。

景杀哀太子大器、寻阳王大心、西阳王大钧、建平王大球、义安王大昕及王侯在建康者二十余人。太子神明端嶷，于景党未尝屈意，所亲窃问之，太子曰："贼若于事义，未须见杀，吾虽陵慢呵叱，终不敢言。若见杀时至，虽一日百拜，亦无所益。"又曰："殿下今居困厄，而神貌怡然，不贬平日，何也？"太子曰："吾自度死日必在贼前，若诸叔能灭贼，贼必先见杀，然后就死。若其不然，贼亦杀我以取富贵，安能以必死之

土门酋长依仗他的强盛，向柔然求婚，柔然头兵可汗大怒，派人去辱骂土门说：“你本是我的打铁奴隶，怎敢说出求婚的话！”土门也发了怒，杀了柔然的来使，于是土门与柔然断绝了关系，转而向西魏求婚，西魏丞相宇文泰将皇室宗亲长乐公主嫁给土门为妻。

秋季，七月初四日乙亥，湘东王萧绎任命长沙王萧韶监理郢州事务。七月十六日丁亥，侯景回到建康。于庆从鄱阳回到豫章，侯瑱关闭城门拒绝于庆入城，于庆逃到江州，占据郭默城。萧绎任命侯瑱为兖州刺史。侯景把侯瑱的儿子、弟弟全都处死。

六月三十日辛丑，王僧辩乘胜攻下湓城，陈霸先率领所部三万人打算与王僧辩会合，驻屯在巴丘。王僧辩缺少军粮，陈霸先有粮五十万石，分出三十万石资助王僧辩。八月初一日壬寅，王僧辩的先锋部队攻击于庆，于庆丢弃郭默城逃走，范希荣也丢弃寻阳城逃走。晋熙王僧振等起兵围攻晋熙城，王僧辩派沙州刺史丁道贵增援，任延和等也弃城逃走。湘东王萧绎命王僧辩暂时驻屯寻阳等待各路兵马会集。

当初，侯景攻下建康后，常常说吴人胆怯懦弱，容易掩袭攻取，应当在平定中原后再称帝。侯景娶简文帝女儿溧阳公主，十分宠爱，影响处理政事，王伟多次劝谏侯景，侯景转告公主，公主口出恶言，王伟害怕公主进谗言，便劝说侯景除掉简文帝。等到侯景从巴陵战败逃回，猛将大多战死，自己担心在世日子不多了，想赶快登上皇位。王伟说：“从古以来，改朝换代，必须废黜当今皇帝，既显示我们的威权，又杜绝对方民众的希望。”侯景听从了。派前寿光殿学士谢昊撰写诏书，大意说：“兄弟侄儿互相争夺帝位，天上星辰运行失去正常秩序，都因为朕不是嫡传继承人，导致了祸乱和灾害。应当禅位给豫章王萧栋。”派吕季略带入宫中，逼迫简文帝签署。萧栋，是萧欢的儿子。

八月十七日戊午，侯景派卫尉卿彭儁等率兵进入皇宫，废简文帝为晋安王，关押在永福省，全部撤走原有的侍卫，派出强悍骑兵守卫在周围，墙头上都布下荆棘。八月十九日庚申，下诏迎立豫章王萧栋。萧栋当时被禁闭，供给的食品很少，靠吃蔬葵过日子。一天，萧栋正在与妃子张氏挖蔬菜，皇帝车驾突然来迎接他，萧栋大惊，不知所措，流着眼泪上了车子。

侯景杀哀太子萧大器、寻阳王萧大心、西阳王萧大均、建平王萧大球、义安王萧大昕，以及在建康的宗室王侯二十多人。太子萧大器平时神色庄重，从不迎合侯景的党羽，他亲近的人偷偷问他，太子说：“叛贼如果行事顾全大义，就不需杀我，我即使对他们轻慢辱骂，他们也不敢吭气。如果需要杀我的时候到了，即使一天拜他一百次，也无补于事。”左右亲近又说：“殿下现今处在艰苦危难之中，而神色泰然自若，不比平日差，为什么？”太子说：“吾自料到死的日子一定在叛贼的前头，

命为无益之愁乎！”及难，太子颜色不变。徐曰：“久知此事，嗟其晚耳！”刑者将以衣带绞之，太子曰：“此不能见杀”，命取帐绳绞之而绝。

壬戌，栋即帝位。大赦，改元天正。太尉郭元建闻之，自秦郡驰还，谓景曰：“主上先帝太子，既无愆失，何得废之！”景曰：“王伟劝吾，云‘早除民望’。吾故从之以安天下。”元建曰：“吾挟天子，令诸侯，犹惧不济，无故废之，乃所以自危，何安之有！”景欲迎帝复位，以栋为太孙。王伟曰：“废立大事，岂可数改邪！”乃止。

乙丑，景又使杀南海王大临于吴郡，南郡王大连于姑孰，安陆王大春于会稽，高唐王大壮于京口。以太子妃赐郭元建，元建曰：“岂有皇太子妃乃为人妾乎！”竟不与相见，听使入道。

丙寅，追尊昭明太子为昭明皇帝，豫章安王为安皇帝，金华敬妃为敬太皇太后，豫章太妃王氏为皇太后，妃张氏为皇后。以刘神茂为司空。

九月，癸巳，齐主如赵、定二州，遂如晋阳。

己亥，湘东王绎以尚书令王僧辩为江州刺史，江州刺史陈霸先为东扬州刺史。

王伟说侯景弑太宗以绝众心，景从之。冬，十月，壬寅夜，伟与左卫将军彭隽、王修纂进酒于太宗曰：“丞相以陛下幽忧既久，使臣等来上寿。”太宗笑曰：“已禅帝位，何得言陛下！此寿酒，将不尽此乎！”于是隽等赍曲项琵琶，与太宗极饮。太宗知将见杀，因尽醉，曰：“不图为乐之至于斯也！”既醉而寝。伟乃出，隽进土囊，修纂坐其上而殂。伟撤门扉为棺，迁殡于城北酒库中。太宗自幽縶之后，无复侍者及纸，乃书壁及板障，为诗及文数百篇，辞甚凄怆。景谥曰明皇帝，庙号高宗。

侯景之逼江陵也，湘东王绎求援于魏，命梁、秦二州刺史宜丰侯循以南郑与魏，召循还江陵。循以无故输城，非忠臣之节，报曰：“请待改

如果各位叔父能够消灭叛贼，叛贼一定先杀了我，然后叛贼被消灭。如果不是这样，叛贼也会杀死我取得帝王的富贵，我怎能以必死的生命去做无益的忧愁呢！”等到遇害时，太子神色不变，平缓地说：“早知有这样的事，我叹息它来得太晚了。”行刑的人打算用衣带绞杀太子，太子说：“这东西杀不死我。”命人取帐绳来绞死自己。

八月二十一日壬戌，萧栋即帝位，大赦天下，改元天正。太尉郭元建听到消息，从秦郡快马回到建康，对侯景说：“皇上是先帝的太子，既然没有过失，为什么要废掉他！”侯景说：“王伟劝告我这样做，说是‘早点断绝百姓对旧朝的希望’。我之所以听从是为了安定天下。”郭元建说：“我们挟天子以令诸侯，仍担心不成功，无故废立皇帝，这恰恰是自取灭亡，有什么安定可言！”侯景想迎接简文帝复位，让萧栋做皇太孙。王伟说：“废立皇帝是国家大事，哪能来回改变呢！”侯景只好作罢。

八月二十四日乙丑，侯景派出使者杀南海王萧大临于吴郡，杀南郡王萧大连于姑孰，杀安陆王萧大春于会稽，杀高唐王萧大壮于京口。侯景把太子妃赐给郭元建，郭元建说：“哪有把太子妃送给人做侍妾的道理！”竟不和太子妃见面，听凭她入观当道姑。

八月二十五日丙寅，萧栋追尊昭明太子萧统为昭明皇帝，追尊豫章安王萧欢为安皇帝，追尊金华敬妃为敬太皇太后，追尊豫章太妃王氏为皇太后，册立自己的妃子张氏为皇后。任命刘神茂为司空。

九月二十三日癸巳，北齐国主高洋巡视赵州、定州，随后来到晋阳。

九月二十九日己亥，湘东王萧绎任命尚书令王僧辩为江州刺史，改任江州刺史陈霸先为东扬州刺史。

王伟劝说侯景弑梁太宗简文帝以断绝众人的希望，侯景听从了。冬季，十月初二日壬寅，当夜，王伟与左卫将军彭隽、王修纂进酒给简文帝，说：“丞相考虑陛下幽居在这里忧愁很久，派臣等来祝寿敬酒。”简文帝笑着说：“我已禅让了帝位，怎么还称陛下！这杯祝寿酒，怕是要我的性命吧！”于是彭隽等拿出曲颈琵琶弹起曲子，与简文帝尽情痛饮。简文帝知道自己将被杀害，因此尽情醉酒，说：“想不到今天喝酒的快乐是这样的美好。”醉倒后就入睡了。王伟退了出去，彭隽把一个装满土的袋子压在简文帝身上，王修纂坐在土袋子上，活活闷死了简文帝。王伟拆下门板当棺材，把尸体移到城北的酒库中停放。简文帝在幽闭之后，没有陪侍的人和纸，就在墙壁和木隔板上写字，留下诗和文章数百篇，文辞非常凄惨悲怆。侯景给简文帝的谥号叫明皇帝，庙号高宗。

侯景逼近江陵的时候，湘东王萧绎向西魏求援，命令梁州、秦州两州刺史宜丰侯萧循把南郑割让给西魏，召萧循还江陵。萧循认为无故割让城池土地，没守住忠

命。”魏太师泰遣大将军达奚武将兵三万取汉中，又遣大将军王雄出子午谷，攻上津。循遣记室参军沛人刘璠求援于武陵王纪，纪遣潼州刺史杨乾运救之。循，恢之子也。

王僧辩等闻太宗殂，丙辰，启湘东王绎，请上尊号，绎弗许。

司空、东道行台刘神茂闻侯景自巴丘败还，阴谋叛景，吴中士大夫咸劝之；乃与仪同三司尹思合、刘归义、王晔、云麾将军元頵等据东阳以应江陵，遣頵及别将李占下据建德江口。张彪攻永嘉，克之。新安民程灵洗起兵据郡以应神茂。于是浙江以东皆附江陵。湘东王绎以灵洗为谯州刺史，领新安太守。

十一月，乙亥，王僧辩等复上表劝进，湘东王绎不许。戊寅，绎以湘州刺史安南侯方矩为中卫将军以自副。方矩，方诸之弟也。以南平王恪为湘州刺史。侯景以赵伯超为东道行台，据钱塘；以田迁为军司，据富春；以李庆绪为中军都督，谢答仁为右厢都督，李遵为左厢都督，以讨刘神茂。

己卯，加侯景九锡，汉国置丞相以下官。己丑，豫章王栋禅位于景，景即皇帝位于南郊。还，登太极殿，其党数万，皆吹唇呼噪而上。大赦，改元太始。封栋为淮阴王，并其二弟桥、樛同锁于密室。

王伟请立七庙，景曰：“何谓七庙？”伟曰：“天子祭七世祖考。”并请七世讳，景曰：“前世吾不复记，唯记我父名标；且彼在朔州，那得来啖此！”众咸笑之。景党有知景祖名乙羽周者；自外皆王伟制其名位，追尊父标为元皇帝。

景之作相也，以西州为府，文武无尊卑皆引接；及居禁中，非故旧不得见，由是诸将多怨望。景好独乘小马，弹射飞鸟，王伟每禁止之，不许轻出。景郁郁不乐，更成失志，曰：“吾无事为帝，与受摈不殊。”壬辰，湘东王以长沙王韶为郢州刺史。

益州长史刘孝胜等劝武陵王纪称帝，纪虽未许，而大造乘舆车服。

十二月，丁未，谢答仁、李庆绪攻建德，擒元頵、李占送建康，景

臣的节操，回报说："请求改变命令。"西魏太师宇文泰派大将军达奚武领兵三万攻取汉中，又派大将王雄出兵子午谷，攻打上津。萧循派记室参军沛郡人刘璠向武陵王萧纪求援，萧纪派潼州刺史杨乾运救援。萧循，是萧恢的儿子。

王僧辩等听到简文帝的死讯，就在十月十六日丙辰，上书湘东王萧绎，请求他加尊号即皇帝位，萧绎没有允许。

司空、东道行台刘神茂听到侯景从巴丘战败回到建康的消息，暗中谋划反叛侯景，吴中士大夫都劝他这样做；刘神茂于是与仪同三司尹思合、刘归义、王晔、云麾将军元頵等据守东阳策应江陵，派元頵及别将李占进军下游占据建德江口。张彪进攻永嘉，占领了永嘉城。新安豪民程灵洗起兵占据了郡城响应刘神茂。这时浙江以东地区全都归附江陵。湘东王萧绎任命程灵洗为谯州刺史，领新安太守。

十一月初五日乙亥，王僧辩等人再次上表劝进，湘东王萧绎没有允许。十一月初八日戊寅，萧绎任命湘州刺史安南侯萧方矩为中卫将军作为自己的副手。萧方矩，是萧方诸的弟弟。任命南平王萧恪为湘州刺史。侯景任命赵伯超为东道行台，据守钱塘；任命田迁为军司，据守富春；任命李庆绪为中军都督，谢答仁为右厢都督，李遵为左厢都督，命他们率军讨伐刘神茂。

十一月初九日己卯，梁朝给侯景加九锡，侯景的封国汉国可以设置丞相以下文武百官。十一月十九日己丑，豫章王萧栋禅让皇帝位给侯景，侯景在南郊即皇帝位。侯景回宫，登上太极殿，他的部属党羽几万人，都吹着口哨，呼喊着拥上去。大赦天下，改年号为太始。封萧栋为淮阴王，把萧栋及其两个弟弟萧桥、萧樛一同关押在密室中。

王伟请求设立七庙，侯景说："什么叫七庙？"王伟说："七庙是天子祭祀的七位祖先。"并请求侯景告诉七代祖先的名字。侯景说："前几代的祖先我记不得，只记得我父亲的名字叫侯标；况且他在朔州，哪能到这里来吃饭。"众人都笑起来。侯景的党羽有一个人知道侯景的祖父叫侯乙羽周；此外的几代都由王伟给他们起上名字，追尊父亲侯标为元皇帝。

侯景做丞相时，相府设立在西州，文武百官无论尊卑他都接见；等到即帝位住在宫殿中，不是故旧不得相见，因此各位将领多有怨言。侯景喜欢独自骑一匹小马，弹射飞鸟，王伟总是禁止他，不让他随便出宫。侯景闷闷不乐，更加重了失望情绪，说："我没事干当了皇帝，和被人抛弃有什么两样。"十一月二十二日壬辰，湘东王萧绎任命长沙王萧韶为郢州刺史。

益州长史刘孝胜等劝武陵王萧纪称帝，萧纪虽然没有允许，却大肆制造皇帝专用的车驾服饰。

十二月初八日丁未，谢答仁、李庆绪进攻建德，抓获了元頵、李占，押送到建

截其手足以徇，经日乃死。

齐主每出入，常以中山王自随，王妃太原公主恒为之饮食，护视之。是月，齐主饮公主酒，使人鸩中山王，杀之，并其三子，谥王曰魏孝静皇帝，葬于邺西漳北。其后齐主忽掘其陵，投梓宫于漳水。齐主初受禅，魏神主悉寄于七帝寺，至是，亦取焚之。

彭城公元韶以高氏婿，宠遇异于诸元。开府仪同三司美阳公元晖业以位望隆重，又志气不伦，尤为齐主所忌，从齐主在晋阳。晖业于宫门外骂韶曰："尔不及一老妪，负玺与人。何不击碎之！我出此言，知即死，尔亦讵得几时！"齐主闻而杀之，及临淮公元孝友，皆凿汾水冰，沉其尸。孝友，彧之弟也。齐主尝剃元韶鬓须，加之粉黛以自随，曰："吾以彭城为嫔御。"言其懦弱如妇人也。

（以上为第一段，写侯景兵败，废帝自立，垂死挣扎的心态暴露无遗。北齐国主高洋，弑杀东魏孝静帝，凌辱北魏宗庙神主，残暴猜忌之主的品性，初露端倪。）

世祖孝元皇帝上

承圣元年（壬申，552年）

春，正月，湘东王以南平内史王褒为吏部尚书。褒，骞之孙也。

齐人屡侵侯景边地，甲戌，景遣郭元建帅步军趣小岘，侯子鉴帅舟师向濡须，己卯，至合肥；齐人闭门不出，乃引还。

丙申，齐主伐库莫奚，大破之，俘获四千人，杂畜十余万。

齐主连年出塞，给事中兼中书舍人唐邕练习军书，自督将以降劳效本末及四方军士强弱多少，番代往还，器械精粗，粮储虚实，靡不谙悉。或于帝前简阅，虽数千人，不执文簿，唱其姓名，未尝谬误。帝常曰："唐邕强干，一人当千。"又曰："邕每有军事，手作文书，口且处分，耳又听受，实异人也！"宠待赏赐，群臣莫及。

魏将王雄取上津、魏兴，东梁州刺史安康李迁哲军败，降之。

康，侯景砍断他们手脚示众，过了一整天才死。

北齐国主高洋每次出巡，总是带上中山王元宝炬（原东魏孝静帝）随从，中山王妃太原公主高氏坚持亲自做饭，以便保护照顾他。这一月，高洋请公主饮酒，派人用鸩酒毒死中山王以及他的三个儿子，给中山王加谥号叫魏孝静皇帝，葬在邺城西边漳水的北岸。过后，高洋突然又挖开孝静帝的陵墓，把棺材扔进漳水里。高洋初受禅时，把北魏七庙的神主灵位寄放在七帝寺，到这时，也全部取出烧毁。

彭城公元韶因为是高氏的女婿，受到优于其他元氏皇室成员的待遇。开府仪同三司美阳公元晖业因为位高望重，而且志气不凡，特别受到高洋的猜忌，他随从高洋在晋阳。有一天，元晖业在宫门外骂元韶说："你不如一个老妪，竟亲手捧着玉玺送给别人，为什么不把它打碎。我说出这话，知道会立即被处死，但你又能苟且偷生多活得了几天。"北齐国主高洋听到这话就杀了元晖业以及临淮公元孝友，派人凿开汾水河面冰块，把他们的尸体沉在河中。元孝友，是元彧的弟弟。北齐国主高洋曾经剃光了元韶的鬓角及胡须，给他涂脂抹粉描画一番带在身边，说："我把彭城公当作嫔妃对待。"意思是说元韶懦弱得像一个妇人。

世祖孝元皇帝上

梁元帝承圣元年（壬申，552 年）

春季，正月，梁湘东王萧绎任命南平内史王褒为吏部尚书。王褒，是王骞的孙子。

北齐多次侵犯侯景掌控的边境地区。正月初五日甲戌，侯景派郭元建率领步兵挺进小岘，侯子鉴率领水军向濡须进发，正月初十日己卯，进军到达合肥；北齐军闭门不出战，便引军退还。

正月二十七日丙申，北齐国主高洋讨伐库莫奚，大获全胜，俘虏四千人，缴获杂畜十余万头。

北齐国主高洋连年出塞作战，给事中兼中书舍人唐邕熟悉军事文书，从督将以下在军中效力建功的始末，以及各地驻防士兵的强弱多少，轮番驻防调动，兵器好坏，粮储多少，没有不熟悉的。有时在国主高洋面前检阅军队，即使有几千人，手不拿花名册，高声点名，也没有一丝差错。高洋常常说："唐邕精力充沛，一人顶千人。"又说："唐邕每当有紧急军事时，他能一边手写文书，一边口头布置任务，耳朵还在听别人讲话，真是一个奇异的人。"因此，唐邕受到的宠信和赏赐，群臣没有能赶得上。

西魏将军王雄攻占了上津、魏兴，东梁州刺史安康人李迁哲兵败，投降了王雄。

突厥土门袭击柔然，大破之。柔然头兵可汗自杀，其太子庵罗辰及阿那瑰从弟登注俟利、登注子库提并帅众奔齐，余众复立登注次子铁伐为主。土门自号伊利可汗，号其妻为可贺敦，子弟谓之特勒，别将兵者皆谓之设。

湘东王命王僧辩等东击侯景，二月，庚子，诸军发寻阳，舳舻数百里。陈霸先帅甲士三万，舟舰二千，自南江出湓口，会僧辩于白茅湾，筑坛歃血，共读盟文，流涕慷慨。癸卯，僧辩使侯瑱袭南陵、鹊头二戍，克之。戊申，僧辩等军于大雷；丙辰，发鹊头。戊午，侯子鉴还至战鸟，西军奄至，子鉴惊惧，奔还淮南。

侯景仪同三司谢答仁攻刘神茂于东阳，程灵洗、张彪皆勒兵将救之，神茂欲专其功，不许，营于下淮。或谓神茂曰："贼长于野战，下淮地平，四面受敌，不如据七里濑。贼必不能进。"不从。神茂偏裨多北人，不与神茂同心，别将王晔、郦通并据外营，降于答仁，刘归义、尹思合等弃城走。神茂孤危，辛未，亦降于答仁，答仁送之建康。

癸酉，王僧辩等至芜湖，侯景守将张黑弃城走。景闻之，甚惧，下诏赦湘东王绎、王僧辩之罪，众咸笑之。侯子鉴据姑孰南洲以拒西师，景遣其党史安和等将兵二千助之。三月，己巳朔，景下诏欲自至姑孰，又遣人戒子鉴曰："西人善水战，勿与争锋；往年任约之败，良为此也。若得步骑一交，必当可破，汝但结营岸上，引船入浦以待之。"子鉴乃舍舟登岸，闭营不出。僧辩等停军芜湖十余日，景党大喜，告景曰："西师畏吾之强，势将遁矣，不击，且失之。"景乃复命子鉴为水战之备。

丁丑，僧辩至姑孰，子鉴帅步骑万余人渡洲，于岸挑战，又以鸼舸千艘载战士。僧辩麾细船皆令退缩，留大舰夹泊两岸。子鉴之众谓水军欲退，争出趋之；大舰断其归路，鼓噪大呼，合战中江，子鉴大败，士卒赴水死者数千人。子鉴仅以身免，收散卒走还建康，据东府。僧辩留虎臣将军庄丘慧达镇姑孰，引军而前，历阳戍迎降。景闻子鉴败，大惧，涕下覆面，引衾而卧，良久方起，叹曰："误杀乃公！"

突厥土门袭击柔然，大破柔然兵。柔然头兵可汗自杀，头兵可汗的太子庵罗辰，以及阿那瓌从弟登注俟利、登注的儿子库提，一起率领部众投奔北齐，其余部众又拥立登注俟利次子铁伐为首领。土门自称伊利可汗，给其妻的称号是可贺敦，子弟们叫作特勤，其他带兵将领叫作设。

湘东王萧绎命令王僧辩等向东进军攻击侯景。二月初二日庚子，各路军队从寻阳出发，兵船首尾相接数百里。陈霸先率领甲士三万人，兵船二千艘，从南江出发指向湓口，在白茅湾与王僧辩会师，筑坛歃血订盟，共同宣读盟文，慷慨激昂，声泪俱下。二月初五日癸卯，王僧辩派侯瑱袭击占领了南陵、鹊头两个哨所。二月初十日戊申，王僧辩等进军驻屯在大雷；二月十八日丙辰，各军从鹊头出发。二月二十日戊午，侯景部将侯子鉴退军驻停在战鸟山，看到王僧辩的大军突然杀来，惊恐万分，逃回淮南。

侯景的仪同三司谢答仁在东阳攻击刘神茂，程灵洗、张彪都整兵准备救援，刘神茂想独占大功不允许他们救援，自己进军在下淮扎营。有人对刘神茂说："叛军善于在旷野作战，下淮地势平坦，四面受敌，难于防守而易于进攻，不如占据七里濑，叛军不敢进逼。"刘神茂不听。刘神茂的手下将官，大多数是北方人，不与刘神茂同心协力，其他将领王晔、郦通据守外营，投降了谢答仁；刘归义、尹思合等丢下东阳城逃走，刘神茂势孤力弱，辛未日，出降谢答仁，谢答仁把他押送建康。

三月初五日癸酉，王僧辩等进军到达芜湖，侯景的守将张黑丢下城池逃走，侯景听到消息，十分害怕，下诏赦免湘东王萧绎、王僧辩的罪过，大家都觉得很可笑。侯子鉴据守姑孰南洲抵抗王僧辩，侯景派他的党羽史安和领兵二千增援。三月初一日己巳，侯景下诏打算亲自领兵到姑孰，又派人告诫侯子鉴说："荆州军善于水战，不要在水上交锋；去年任约打了败仗，原因在此。如果在陆地上用步兵骑兵交战，一定可以打败荆州军。你只在岸上扎营，把战船摆在水边等待对方到来。"侯子鉴于是放下舟船，在河岸上扎营，闭营不在水上出战。王僧辩在芜湖停留十多天没有行动，侯景党羽十分高兴，向侯景报告说："荆州军害怕我军强大，看样子要逃跑，如果不攻击他，将失掉战机。"侯景又重新命令侯子鉴做好水战的准备。

三月初九日丁丑，王僧辩进军至姑孰，侯子鉴率领步骑一万多人渡过南洲，在岸上挑战，又用快船千艘满载士兵待发。王僧辩下令小船退到后边，留下大兵船在两岸夹江停泊。侯子鉴的部队误认荆州水军想逃跑，就争相追击；王僧辩指挥两岸大兵船出动，切断敌军的归路，击鼓呐喊，合击敌人在长江中心，侯子鉴大败，士兵跳入江中淹死的有几千人。侯子鉴只身逃走，收集一些散兵逃回建康，据守东府。王僧辩留下虎臣将军庄丘慧达镇守姑孰，领兵向前推进，历阳哨所的守敌望风投降。侯景听到侯子鉴战败，惊恐万分，泪流满面，盖着被子躺在床上，过了很长时间才

庚辰，僧辩督诸军至张公洲，辛巳，乘潮入淮，进至禅灵寺前。景召石头津主张宾，使引淮中舣舫及海艟，以石缒之，塞淮口；缘淮作城，自石头至于朱雀街，十余里中，楼堞相接。僧辩问计于陈霸先，霸先曰："前柳仲礼数十万兵隔水而坐，韦粲在青溪，竟不渡岸，贼登高望之，表里俱尽，故能覆我师徒。今围石头，须渡北岸。诸将若不能当锋，霸先请先往立栅。"壬午，霸先于石头西落星山筑栅，众军次连八城，直出石头西北。景恐西州路绝，自帅侯子鉴等亦于石头东北筑五城以遏大路。景使王伟守台城。乙酉，景杀湘东王世子方诸、前平东将军杜幼安。

刘神茂至建康，丙戌，景命为大剉碓，先进其足，寸寸斩之，以至于头。留异外同神茂而潜通于景，故得免祸。

丁亥，王僧辩进军招提寺北，侯景帅众万余人、铁骑八百余匹陈于西州之西。陈霸先曰："我众贼寡，应分其兵势，以强制弱；何故聚其锋锐，令致死于我！"乃命诸将分处置兵。景冲将军王僧志陈，僧志小缩，霸先遣将军安陆徐度将弩手二千横截其后，景兵乃却。霸先与王琳、杜龛等以铁骑乘之，僧辩以大兵继进，景兵败退，据其栅。龛，岸之兄子也。景仪同三司卢晖略守石头城，开北门降，僧辩入据之。景与霸先殊死战，景帅百余骑，弃矟执刀，左右冲陈；陈不动，众遂大溃，诸军逐北至西明门。

景至阙下，不敢入台，召王伟责之曰："尔令我为帝，今日误我！"伟不能对，绕阙而藏。景欲走，伟执鞚谏曰："自古岂有叛天子邪！宫中卫士，犹足一战，弃此，将欲安之！"景曰："我昔败贺拔胜，破葛荣，扬名河、朔，渡江平台城，降柳仲礼如反掌；今日天亡我也！"因仰观石阙，叹息久之。以皮囊盛其江东所生二子，挂之鞍后，与房世贵等百余骑东走，欲就谢答仁于吴。侯子鉴、王伟、陈庆奔朱方。

起床，感叹地说：“这一场错误的交战可要老子的命了。”

三月十二日庚辰，王僧辩率领各路兵马进军到张公洲。三月十三日辛巳，趁着涨潮，兵船进入秦淮河，抵达禅灵寺前。侯景召见石头津军主张宾，派他把秦淮河中的小船和海船集中起来，用大石块装船沉入水中，堵塞秦淮河口；沿秦淮河筑墙，从石头城直到朱雀街，在十多里长的沿河岸城墙上碉楼和堞垛相连。王僧辩向陈霸先询问破敌的计谋，陈霸先说：“先前柳仲礼数十万兵力隔水观望，韦粲驻守在青溪，始终不敢渡过秦淮河，叛贼登高观望，军营里里外外看得一清二楚，所以就打败了我军。今天兵围石头城，必须渡河到北岸。各路军队，如果没有人首当其冲，我陈霸先请求渡河在北岸扎营。”三月十四日壬午，陈霸先在石头城西落星山修筑栅栏扎营，各路军队次第在北岸扎营筑垒，前后相接共八座军营，一直延伸到石头城西北面。侯景害怕西州退路被切断，亲自率领侯子鉴等在石头城的东北面筑城五座，用以阻断大路。侯景派王伟守皇城。三月十七日乙酉，侯景杀了湘东王世子萧方诸，又杀了前平东将军杜幼安。

刘神茂被押送到建康。三月十八日丙戌，侯景下令造了一件大剉刀，先把刘神茂的脚放进去，一寸一寸地切断，最后到头顶。留异表面上与刘神茂同谋，暗中又与侯景勾结，所以避免了杀身之祸。

三月十九日丁亥，王僧辩进军到招提寺北面，侯景率领一万余人，铁甲骑兵八百多列陈在西州的两面。陈霸先说：“我军众多，敌人寡少，应当再分散敌人的兵力，便可以强击弱；不能让敌人把精锐兵力集中在一起，使得他们与我军拼命死战杀伤我们呢！”于是命令各路将领分几处部署军队。侯景冲击将军王僧志的军营，王僧志的军队略略后退，陈霸先派将军安陆人徐度带领弓箭手两千人从背后拦腰攻击侯景的部队，敌人这才稍稍后退。陈霸先与王琳、杜龛等趁势用铁甲骑兵追击，王僧辩率领大军随后跟进，侯景的军队战败退入军营据守。杜龛，是杜岸哥哥的儿子。侯景的仪同三司卢晖略据守石头城，打开北门投降，王僧辩进军占据了石头城。侯景与陈霸先拼命死战，侯景率领一百多名骑兵，丢了长矛，用短刀左冲右突地攻击陈霸先的军阵；但陈霸先的军阵稳稳不动，侯景部队全面崩溃，各路军队趁势追击抵达西明门。

侯景退到台城下面，不敢进城，召见王伟斥责说：“你劝我做皇帝，看看今天，误了我大事。”王伟无言以答，绕着宫墙躲藏。侯景想逃走，王伟拉住他的马笼头说：“从古以来，哪有天子叛逃的呢！宫中卫士，足可以决一死战，丢了台城，你想到哪里去安身呢？”侯景说：“我从前打败贺拔胜、战胜葛荣，扬名河朔大地，渡江平定台城，收降柳仲礼，易如反掌，今日是天要灭亡我。”随后抬头仰望着石阙，叹息了好一阵。再后侯景用皮袋子装上他在江东生下的两个儿子，挂在马鞍后头，与

僧辩命裴之横、杜龛屯杜姥宅，杜崱入据台城。僧辩不戢军士，剽掠居民。男女裸露，自石头至于东城，号泣满道。是夜，军士遗火，焚太极殿及东西堂，宝器、羽仪、辇辂无遗。

戊子，僧辩命侯瑱等帅精甲五千追景。王克、元罗等帅台内旧臣迎僧辩于道，僧辩劳克曰："甚苦，事夷狄之君。"克不能对。又问："玺绂何在？"克良久曰："赵平原持去。"僧辩曰："王氏百世卿族，一朝而坠。"僧辩迎太宗梓宫升朝堂，帅百官哭踊如礼。

己丑，僧辩等上表劝进，且迎都建业。湘东王答曰："淮海长鲸，虽云授首；襄阳短狐，未全革面。太平玉烛，尔乃议之。"

庚寅，南兖州刺史郭元建、秦郡戍主郭正买、阳平戍主鲁伯和、行南徐州事郭子仲，并据城降。

僧辩之发江陵也，启湘东王曰："平贼之后，嗣君万福，未审何以为礼？"王曰："六门之内，自极兵威"。僧辩曰："讨贼之谋，臣为己任，成济之事，请别举人。"王乃密谕宣猛将军朱买臣，使为之所。及景败，太宗已殂，豫章王栋及二弟桥、樛相扶出于密室，逢杜崱于道，为去其锁。二弟曰："今日始免横死矣！"栋曰："倚伏难知，吾犹有惧！"辛卯，遇朱买臣，呼之就船共饮，未竟，并沉于水。

僧辩遣陈霸先将兵向广陵受郭元建等降，又遣使者往安慰之。诸将多私使别索马仗，会侯子鉴渡江至广陵，谓元建等曰："我曹，梁之深仇，何颜复见其主！不若投北，可得还乡。"遂皆降齐。霸先至欧阳，齐行台辛术已据广陵。

王伟与侯子鉴相失，直渎戍主黄公喜获之，送建康。王僧辩问曰："卿为贼相，不能死节，而求活草间邪？"伟曰："废兴，命也。使汉帝早从伟言，明公岂有今日！"尚书左丞虞骘尝为伟所辱，乃唾其面。伟曰：

房世贵等一百余骑向东逃走，想到吴郡去投靠谢答仁。侯子鉴、王伟、陈庆逃到朱方。

王僧辩命裴之横、杜龛屯驻杜姥宅，命杜崱进入占领台城。王僧辩不约束士兵，放纵士兵抢掠建康居民。城中男女赤身裸体，从石头城到东城，一路上到处是哭喊声。这一夜，因军士失火，烧毁了太极殿和东西堂，宫殿的珍宝神器、仪仗羽饰、车辆等物品全部烧光。

三月二十日戊子，王僧辩命令侯瑱等率领精兵五千人追击侯景。王克、元罗等率领皇城中旧臣在大道上迎接王僧辩，王僧辩慰劳王克说："侍奉夷狄之君，辛苦你了。"王克无言以对。王僧辩又问："皇帝玉玺在什么地方？"王克过了很久才回答说："平原太守赵思贤拿走了。"王僧辩说："王氏家族，世世代代做公卿贵族，今天到你这里算是完了。"王僧辩把简文帝的灵柩迎到朝堂上，率领百官按丧礼哭拜祭奠。

三月二十一日己丑，王僧辩等人上表劝湘东王萧绎登基，并迎接他到建康定都。湘东王萧绎回答说："占据秦淮河的大鲸鱼侯景虽然要掉脑袋，但占据襄阳的短尾巴狐狸萧詧还没有改过自新。等到天下太平，四时调和，那时你再来谈论这件事吧。"

三月二十二日庚寅，南兖州刺史郭元建、秦郡军主郭正实、阳平戍军主鲁伯和、代理南徐州刺史郭子仲等，都献出城池投降。

王僧辩从江陵出发时，上书湘东王说："平定叛贼之后，如果嗣君还活着，不知该用什么礼节对待。"湘东王说："台城六门之内，一律按军法从事。"王僧辩说："讨灭叛贼的谋划，臣已经担当，像三国时曹魏成济所做的事，请大王另派人来干。"湘东王萧绎就密令宣猛将军朱买臣，让他去送侯景所立的傀儡皇帝最后一程路。等到侯景失败，太宗简文帝已死，豫章王萧栋和他的两个弟弟萧桥、萧樛互相搀扶着走出幽闭的密室，在路上碰到杜崱，替他们打开了锁链。两个弟弟说："今天算是避免了横死的灾祸。"萧栋说："是福是祸还很难说，我仍然恐惧！"三月二十三日辛卯，遇到朱买臣，招呼他们上船饮酒，席还没有散，就把他们兄弟三人一起沉入了长江。

王僧辩委派陈霸先领兵到广陵接受郭元建等人投降，又派出使者前往安慰。各路将领多人私下派出使者去向郭元建索要兵器马匹，正好这时侯子鉴渡江到了广陵，对郭元建说："我们都是梁朝最痛恨的仇人，有什么脸面再去见他们的君主，不如投降北朝，还可以回到故乡。"于是都投降了北齐。陈霸先进军到欧阳，北齐行台辛术已经占据了广陵。

王伟与侯子鉴失去了联系，被直渎戍军主黄公喜抓获，押送到建康。王僧辩问王伟说："你是叛贼的丞相，不能殉职死节，还想在民间苟且偷生吗？"王伟说："失败与成功，这是命中注定，假如汉帝侯景听从我的话，明公能有今天吗！"尚书左

"君不读书，不足与语。"鹭惭而退。僧辩命罗州刺史徐嗣徽镇朱方。

壬辰，侯景至晋陵，得田迁余兵，因驱掠居民，东趋吴郡。

夏，四月，齐主使大都督潘乐与郭元建将兵五万攻阳平，拔之。

王僧辩启陈霸先镇京口。

益州刺史、太尉武陵王纪，颇有武略，在蜀十七年，南开宁州、越嶲，西通资陵、吐谷浑，内修耕桑盐铁之政，外通商贾远方之利，故能殖其财用，器甲殷积，有马八千匹。闻侯景陷台城，湘东王将讨之，谓僚佐曰："七官文士，岂能匡济！"内寝柏殿柱绕节生花，纪以为己瑞。乙巳，即皇帝位，改元天正，立子圆照为皇太子，圆正为西阳王，圆满为竟陵王，圆普为谯王，圆肃为宜都王。以巴西、梓潼二郡太守永丰侯㧑为征西大将军、益州刺史，封秦郡王。司马王僧略、直兵参军徐怦固谏，不从。僧略，僧辩之弟；怦，勉之从子也。

初，台城之围，怦劝纪速入援，纪意不欲行，内衔之。会蜀人费合告怦反，怦有与将帅书云："事事往人口具。"纪即以为反征，谓怦曰："以卿旧情，当使诸子无恙。"对曰："生儿悉如殿下，留之何益！"纪乃尽诛之，枭首于市，亦杀王僧略。永丰侯㧑叹曰："王事不成矣！善人，国之基也，今先杀之，不亡何待！"

纪征宜丰侯谘议参军刘璠为中书侍郎，使者八反，乃至。纪令刘孝胜深布腹心，璠苦求还。中记室韦登私谓璠曰："殿下忍而蓄憾，足下不留，将致大祸，孰若共构大夏，使身名俱美哉！"璠正色曰："卿欲缓颊于我邪？我与府侯分义已定，岂以夷险易其心乎！殿下方布大义于天下，终不逞志于一夫。"纪知必不为己用，乃厚礼遣之。以宜丰侯循为益州刺史，封随郡王，以璠为循府长史、蜀郡太守。

谢答仁讨刘神茂还，至富阳，闻侯景败走，帅万人欲北出候之，赵

丞虞骘曾经受过王伟的侮辱，就向他脸上吐唾沫。王伟说："你不学无术，不配和我说话。"虞骘惭愧地退了下去。王僧辩命令罗州刺史徐嗣徽镇守朱方。

三月二十四日壬辰，侯景逃到晋陵，收编了田迁手下的残兵，使用这支队伍驱赶掠夺居民，向东逃往吴郡。

夏季，四月，北齐国主高洋派大都督潘乐与郭元建领兵五万进攻阳平，占领了阳平城。

王僧辩上书湘东王萧绎，命令陈霸先镇守京口。

益州刺史、太尉武陵王萧纪，有几分军事才略，治理巴蜀十七年，南边开拓了宁州、越巂，西边与资陵、吐谷浑交通，对内努力发展耕桑与盐铁的生产，对外发展商业，与远方互通有无，所以能增殖财富，积蓄兵器铠甲，有战马八千匹。当萧纪听到侯景攻陷皇城，湘东王萧绎准备讨伐侯景的消息时，对僚佐说："老七是个文士，怎能匡扶国家，拯救黎民？"这时，萧纪卧室中的柏木梁柱环绕着树节开了花，萧纪认为是自己得到的祥瑞。四月初八日乙巳，即皇帝位，改年号为天正，册立儿子萧圆照为皇太子，封儿子萧圆正为西阳王、萧圆满为竟陵王、萧圆普为谯王、萧圆肃为宜都王。任命巴西、梓潼两郡太守永丰侯萧㧑为征西大将军、益州刺史，封为秦郡王。司马王僧略、直兵参军徐怦竭力劝谏，萧纪听不进去。王僧略，是王僧辩的弟弟；徐怦，是徐勉的侄儿。

当初，台城被围困的时候，徐怦劝萧纪迅速进兵救援，萧纪本意不想出兵，所以内心忌恨徐怦。这时蜀郡人费合告发徐怦谋反，徐怦在给将帅的一封信中说："不论什么事情，即便过去了也会在人们的口碑中记录下来。"萧纪就把这句话作为徐怦造反的证据，对徐怦说："凭着你我的交情，会保全你的儿子。"徐怦说："如果我生的儿子和你一个样，留下他们有什么用。"萧纪诛杀了徐怦全家，枭首示众，同时杀了王僧略。永丰侯萧㧑叹息说："大王的事不会成功。善良正直的人，是立国的根基，如今先杀了这些人，不灭亡还等到什么时候呢！"

萧纪征召宜丰侯谘议参军刘璠为中书侍郎，使者派出了八次，刘璠才来，萧纪派刘孝胜去向刘璠表达萧纪思贤若渴要待他为心腹的心意，刘璠还是苦苦要求回去。中记室韦登私下对刘璠说："武陵王殿下这个人残忍而记仇，你如果不留下来，将要大祸临头，不如留下来共建帝业，也使自己身贵名扬啊。"刘璠严肃地说："你想婉转劝说我吗？我与宜丰侯的名分情义已经确定，岂能因为有安危祸福而变心吗？武陵王殿下正在向全天下的人施行仁义，总不至于在我这个人身上显示他的权威吧。"萧纪知道刘璠铁了心会不给自己效劳，只好送给他厚礼，打发他回去。萧纪任命宜丰侯萧循为益州刺史，封随郡王，任命刘璠为萧循府长史、蜀郡太守。

谢答仁讨伐刘神茂还军到达富阳，听到侯景败逃，领兵万人想北上迎候侯景，

伯超据钱塘拒之。侯景进至嘉兴，闻伯超叛之，乃退据吴。己酉，侯瑱追及景于松江，景犹有船二百艘，众数千人，瑱进击，败之，擒彭隽、田迁、房世贵、蔡寿乐、王伯丑。瑱生剖隽腹，抽其肠，隽犹不死，手自收之，乃斩之。

景与腹心数十人单舸走，推堕二子于水，将入海，瑱遣副将焦僧度追之。景纳羊侃之女为小妻，以其兄鹍为库直都督，待之甚厚；鹍随景东走，与景所亲王元礼、谢葳蕤密图之。葳蕤，答仁之弟也。景下海，欲向蒙山，己卯，景昼寝；鹍语海师："此中何处有蒙山，汝但听我处分。"遂直向京口。至胡豆洲，景觉，大惊；问岸上人，云"郭元建犹在广陵"，景大喜，将依之。鹍拔刀，叱海师向京口，因谓景曰："吾等为王效力多矣，今至于此，终无所成，欲就乞头以取富贵。"景未及答，白刃交下。景欲投水，鹍以刀斫之。景走入船中，以佩刀抉船底，鹍以稍刺杀之。尚书右仆射索超世在别船，葳蕤以景命召而执之。南徐州刺史徐嗣徽斩超世，以盐内景腹中，送其尸于建康。僧辩传首江陵，截其手，使谢葳蕤送于齐；暴景尸于市，士民争取食之，并骨皆尽；溧阳公主亦预食焉。初，景之五子在北齐，世宗剥其长子面而烹之，幼者皆下蚕室。齐显祖即位，梦猕猴坐其御床，乃尽烹之。赵伯超、谢答仁皆降于侯瑱，瑱并田迁等送建康。王僧辩斩房世贵于市，送王伟、吕季略、周石珍、严亶、赵伯超、伏知命于江陵。

丁巳，湘东王下令解严。

乙丑，葬简文帝于庄陵，庙号太宗。

侯景之败也，以传国玺自随，使其侍中兼平原太守赵思贤掌之，曰："若我死，宜沉于江，勿令吴儿复得之。"思贤自京口济江，遇盗，从者弃之草间，至广陵，以告郭元建。元建取之，以与辛术，壬申，术送之至邺。

甲申，齐以吏部尚书杨愔为右仆射，以太原公主妻之。公主，即魏孝静帝之后也。

杨乾运至剑北，魏达奚武逆击之，大破乾运于白马，陈其俘馘于南

赵伯超占据钱塘阻挡他。侯景逃窜到达嘉兴，听说赵伯超反叛，便退回占据吴郡。四月十二日己酉，侯瑱在松江追上侯景，侯景仍有战船二百艘，兵众数千人。侯瑱进攻，打败了侯景，活捉了彭儁、田迁、房世贵、蔡寿乐、王伯丑。侯瑱剖开彭儁的肚子，抽出了肠子，彭儁还没有死，亲手收回肠子，侯瑱这才砍了彭儁的头。

侯景与亲信几十个人乘了一条船逃走，人多船小，他就把自己的两个儿子推入江中，打算进入大海，侯瑱派副将焦僧度追击侯景。侯景娶羊侃之女为妾，任命她的哥哥羊鹍为库直都督，待他很优厚；羊鹍随着侯景东逃，与侯景的亲信王元礼、谢葳蕤密谋除掉侯景。谢葳蕤，是谢答仁的弟弟。侯景下海后，想逃向蒙山。[四月十八日乙卯]，侯景睡午觉；羊鹍对舵手说："海上哪里有蒙山，你只管听我的吩咐就行。"便指挥船只向京口驶去。船到胡豆洲，侯景发觉，大吃一惊；问岸上的人，岸上的人说"郭元建还在广陵"。侯景非常高兴，打算去依附他。羊鹍拔出刀来，喝令舵手向京口驶去，接着对侯景说："我们替大王效力不少，如今到了这个地步，终究不会成功，我们借你的人头去取得富贵。"侯景还没有来得及答话，白晃晃的刀剑乱砍下来。侯景想跳入江中，羊鹍举刀砍去，侯景逃进船舱，用佩刀挖船底，羊鹍用长矛刺死了侯景。尚书右仆射索超世在另一只船上，谢葳蕤假借侯景的命令召他过来活捉了他。南徐州刺史徐嗣徽杀了索超世，又把盐塞进侯景的肚子中，把尸体送到建康。王僧辩割下侯景首级送到江陵，砍下侯景双手，派谢葳蕤送到北齐；然后把侯景的尸体暴露在闹市中，士民争着吃他的肉，连骨头都被分割抢光了。溧阳公主也参与分吃侯景的肉。当初，侯景的五个儿子在北齐，世宗高澄剥了侯景长子的脸皮然后烹死，把几个年幼的儿子都阉割了。显祖高洋即位后，梦见一群猕猴坐在他的御床上，便把侯景的几个儿子全部烹死。赵伯超、谢答仁都投降了侯瑱，侯瑱把他们和田迁等一并送到建康，王僧辩在闹市上杀了房世贵，把王伟、吕季略、周石珍、严亶、赵伯超、伏知命等人押送到江陵。

四月二十日丁巳，湘东王萧绎下令解除戒严。

四月二十八日乙丑，在庄陵安葬了简文帝，庙号太宗。

侯景失败后，把传国玉玺带在身边，让他的侍中兼平原太守赵思贤掌管。侯景交代说："我如果死了，应当把它沉到江中，不要让吴儿重新得到它。"赵思贤从京口渡江，碰上强盗，他的掌玺随从就把玉玺丢弃在草丛中，赵思贤到达广陵后，把这事告诉了郭元建。郭元建把玉玺找回来，献给了北齐将领辛术，壬申日，辛术把玉玺送到邺城。

甲申日，北齐任命吏部尚书杨愔为右仆射，把太原公主嫁给他为妻。太原公主高氏是孝静帝的皇后。

杨乾运进兵到剑阁北面，西魏达奚武迎击，在白马大败杨乾运。达奚武割下被

郑城下，且遣人辱宜丰侯循。循怒，出兵与战，都督杨绍伏兵击之，杀伤殆尽。刘璠还至白马西，为武所获，送长安。太师泰素闻其名，待之如旧交。时南郑久不下，武请屠之，泰将许之。璠请之于朝，泰怒，不许；璠泣请不已，泰曰："事人当如是。"乃从其请。

五月，庚午，司空南平王恪等复劝进，湘东王犹不受，遣侍中丰城侯泰谒山陵，修复庙社。

戊寅，侯景首至江陵，枭之于市三日，煮而漆之，以付武库。庚辰，以南平王恪为扬州刺史。甲申，以王僧辩为司徒、镇卫将军，封长宁公。陈霸先为征虏将军、开府仪同三司，封长城县侯。

乙酉，诛侯景所署尚书仆射王伟、左民尚书吕季略、少府周石珍、舍人严亶于市。赵伯超、伏知命饿死于狱。以谢答仁不失礼于太宗，特宥之。王伟于狱中上五百言诗，湘东王爱其才，欲宥之；有嫉之者，言于王曰："前日伟作檄文甚佳。"王求而视之，檄云："项羽重瞳，尚有乌江之败；湘东一目，宁为赤县所归！"王大怒，钉其舌于柱，剜腹、脔肉而杀之。

丙戌，齐合州刺史斛斯昭攻历阳，拔之。

丁亥，下令，以："王伟等既死，自余衣冠旧贵，被逼偷生，猛士勋豪，和光苟免者，皆不问。"

扶风民鲁悉达，纠合乡人以保新蔡，力田蓄谷。时江东饥乱，饿死者什八九，遗民携老幼归之。悉达分给粮廪，全济甚众，招集晋熙等五郡，尽有其地。使其弟广达将兵从王僧辩讨侯景，景平，以悉达为北江州刺史。

（以上为第二段，详载湘东王萧绎平定祸乱，惩治国贼侯景及其党羽的经过。在讨贼征战中，陈霸先异军突起。）

齐主使其散骑常侍曹文皎等来聘，湘东王使散骑常侍柳晖等报之，且告平侯景；亦遣舍人魏彦告于魏。

齐主使潘乐、郭元建将兵围秦郡，行台尚书辛术谏曰："朝廷与湘东

杀敌人的首级陈列在南郑城墙下，并且派人侮辱宜丰侯萧循。萧循被激怒了，出兵与敌人交战，都督杨绍埋下伏兵袭击，萧循的士兵死伤殆尽。刘璠返回走到白马西边，被达奚武抓获，押送到长安。太师宇文泰早就知道刘璠的名声，对待他如同老朋友。当时南郑很久没有攻下，达奚武请求城破后屠杀全城军民，宇文泰答应了，刘璠在朝堂上谏阻这样做，宇文泰大怒，不允许；刘璠流泪请求不停止，宇文泰感叹地说："臣子侍奉主子就应该这样。"便答应了刘璠的请求。

五月初三日庚午，司空南平王萧恪等再次劝萧绎登上皇位，湘东王萧绎仍然不接受，派侍中丰城侯萧泰去祭奠祖宗陵墓，修复宗庙祭坛。

五月十一日戊寅，侯景首级被送到江陵，在闹市枭首示众三日，把它煮烂，留下头骨涂漆后收藏在武库。五月十三日庚辰，任命南平王萧恪为扬州刺史。五月十七日，任命王僧辩为司徒、镇卫将军，封长宁公。任命陈霸先为征虏将军、开府仪同三司，封长城县侯。

五月十八日乙酉，处决侯景所署尚书仆射王伟、左民尚书吕季略、少府周石珍、舍人严亶等人，斩于闹市。赵伯超、伏知命饿死在监狱中。由于谢答仁按臣子礼节侍奉太宗皇帝，赦免了他的死罪。王伟在狱中献上了一首五百字的长诗，湘东王萧绎爱惜他的才华，想宽免他的死罪，有嫉恨王伟的人对湘东王萧绎说："前些时候王伟写的讨梁檄文也很有文采。"湘东王萧绎找来一读，檄文有"项羽是重瞳子，尚且有乌江的惨败，湘东王只有一只眼，怎么能赢得天下的人归服！"萧绎大怒，把王伟的舌头钉在柱子上，剖开他的肚子，一块一块地割他身上的肉，处死了王伟。

五月十九日丙戌，北齐合州刺史斛斯昭进攻历阳，攻下了历阳城。

五月二十日丁亥，下令说："王伟等元凶已经正了国法，其余原先的达官显贵，因被逼迫偷生，还有那些勇士豪杰，以及随波逐流求活的人，一概赦免，不再追究。"

扶风豪民鲁悉达，纠集聚合乡里平民保卫新蔡，努力耕种，积蓄粮草。当时江东饥荒动乱，百姓饿死的有十之八九，幸存的百姓携老扶幼归附鲁悉达。鲁悉达分给他们粮食，救活了许多人，这样安抚了晋熙等五郡的民众，从而控制了五郡的土地。鲁悉达派他的弟弟鲁广达领兵随从王僧辩征讨侯景，侯景被平定后，湘东王萧绎任命鲁悉达为北江州刺史。

北齐国主高洋派他的散骑常侍曹文皎等出使江陵，湘东王萧绎派散骑常侍柳晖等回访北齐，并且通告平定了侯景；同时派舍人魏彦报告西魏。

北齐国主高洋派潘乐、郭元建领兵围攻秦郡，行台尚书辛术劝谏说："朝廷与湘

王信使不绝。阳平，侯景之土，取之可也；今王僧辩已遣严超达守秦郡，于义何得复争之！且水潦方降，不如班师。”弗从。陈霸先命别将徐度引兵助秦郡固守。齐众七万，攻之甚急。王僧辩使左卫将军杜崱救之，霸先亦自欧阳来会；与元建大战于士林，大破之，斩首万余级，生擒千余人。元建收余众北遁；犹以通好，不穷追也。

辛术迁吏部尚书。自魏迁邺以后，大选之职，知名者数人，互有得失：齐世宗少年高朗，所弊者疏；袁叔德沉密谨厚，所伤者细；杨愔风流辩给，取士失于浮华。唯术性尚贞明，取士必以才器，循名责实，新旧参举，管库必擢，门阀不遗，考之前后，最为折衷。

魏达奚武遣尚书左丞柳带韦入南郑，说宜丰侯循曰：“足下所固者险，所恃者援，所保者民。今王旅深入，所凭之险不足固也；白马破走，酋豪不进，所望之援不可恃也；长围四合，所部之民不可保也。且足下本朝丧乱，社稷无主，欲谁为为忠乎？岂若转祸为福，使庆流子孙邪！”循乃请降。带韦，庆之子也。开府仪同三司贺兰德愿闻城中食尽，请攻之，大都督赫连达曰：“不战而获城，策之上者，岂可利其子女，贪其货财，而不爱民命乎！且观其士马犹强，城池尚固，攻之纵克，则彼此俱伤；如困兽犹斗，则成败未可知也。”武曰：“公言是也。”乃受循降，获男女二万口而还，于是剑北皆入于魏。

六月，丁未，齐主还邺；乙卯，复如晋阳。

庚寅，立安南侯方矩为王太子。

齐遣散骑常侍谢季卿来贺平侯景。

衡州刺史王怀明作乱，广州刺史萧勃讨平之。

齐政烦赋重，江北之民不乐属齐，其豪杰数请兵于王僧辩，僧辩以与齐通好，皆不许。秋，七月，广陵侨人朱盛等潜聚党数千人，谋袭杀齐刺史温仲邕，遣使求援于陈霸先，云已克其外城。霸先使告僧辩，僧辩曰：“人之情伪，未易可测，若审克外城，亟须应援，如其不尔，无烦进军。”使未报，霸先已济江，僧辩乃命武州刺史杜崱等助之。会盛等谋

东王不断互派使者，目的是友好往来。阳平郡，原先是侯景控制的土地，夺取它是可以的；现今王僧辩已经派严超达接管了秦郡，从友好道义上怎么能再去争夺呢？况且雨季正在来临，不如乘胜休兵回师。”高洋不听从。陈霸先命令将军徐度领兵救援秦郡坚守。北齐军队七万人，攻城很猛烈。王僧辩派左卫将军杜崱领兵去救援，陈霸先也从欧阳出兵来会合；与郭元建在士林展开大会战，大破北齐军队，斩首一万余级，俘虏一千多人。郭元建收拾残兵向北逃跑；南军因为双方正在交好，没有穷追。

辛术升迁为北齐吏部尚书。自从东魏迁都邺城以后，负责选举的吏部尚书，知名的已有好几个人，各有千秋。北齐世宗高澄年少有为，志气高远，不足之处是有些粗疏；袁叔德沉稳严密，谨慎宽厚，不足之处太过于琐细；杨愔风流倜傥，口齿伶俐，不足之处取士浮华。只有辛术生性崇尚忠贞清明，取士一定要求有才能，循名责实，无论新人与旧臣，按才能兼用，即使是管库房的小吏，有才就得到提拔，门阀世族也不遗漏。与前面几任吏部尚书相比，辛术最为公正。

西魏达奚武派尚书左丞柳带韦进入南郑，劝说宜丰侯萧循，说："足下坚守，依靠险要的地势巩固根本，凭借援军来取胜，依耐民众保持长久。如今我们王道之师已经深入腹地，你依靠的险要地势全部丧失；杨乾运在白马战败逃走，所凭借的援兵没有了；你的城池已被四面围攻住，你的辖区的民众不能依靠了。再说足下的朝廷遭遇丧乱，国家无主，你想替谁效忠呢？还不如顺时势可以转祸为福，也使子孙后代受惠。"萧循这才决定投降。柳带韦，是柳庆的儿子。开府仪同三司贺兰德愿听说城中粮尽，请求攻城，大都督赫连达说："不战而得城，这是上策，怎么能贪图掠人子女，收其财物，而不爱惜生命呢？再说对方兵马仍然强盛，城池仍然坚固，进攻即使能够破城，两方都要伤亡；如果城内来个困兽犹斗，那么胜败还很难说。"达奚武说："你的分析很有道理。"于是接受萧循投降，俘获男女二万人返回，这一来剑阁以北土地归入西魏。

六月十一日丁未，北齐国主高洋回到邺城；六月十九日乙卯，高洋又巡幸晋阳。

庚寅日，湘东王萧绎立安南侯萧方矩为王太子。

北齐派散骑常侍谢季卿出使江陵祝贺平定侯景。

衡州刺史王怀明叛乱，广州刺史萧勃讨平了叛乱。

北齐政令繁多，赋税苛重，江北的平民不愿意做北齐臣民，当地豪杰多次请求王僧辩出兵，王僧辩认为正在与北齐通好，一直没有答应。秋季，七月，侨居广陵的北方人朱盛等暗中聚集了数千人，谋划偷袭杀掉北齐刺史温仲邕，派使者向陈霸先求援，说已经攻破了外城。陈霸先派人通报王僧辩，王僧辩说："人心真伪，不容易看透，如果确实攻破了外城，就尽快救援；如果不是这样，就别劳师动众了。"没

泄，霸先因进军围广陵。

八月，魏安康人黄众宝反，攻魏兴，执太守柳桧，进围东梁州。令桧诱说城中，桧不从而死。桧，虬之弟也。太师泰遣王雄与骠骑大将军武川宇文虬讨之。

武陵王纪举兵由外水东下，以永丰侯捴为益州刺史，守成都，使其子宜都王圆肃副之。

九月，甲戌，司空南平王恪卒。甲申，以王僧辩为扬州刺史。

齐主使告王僧辩、陈霸先曰："请释广陵之围，必归广陵、历阳两城。"霸先引兵还京口，江北之民从霸先济江者万余口。湘东王以霸先为征北大将军、开府仪同三司、南徐州刺史，征霸先世子昌及兄子顼诣江陵，以昌为散骑常侍，顼为领直。

宜丰侯循之降魏也，丞相泰许其南还，久而未遣，从容问刘璠曰："我于古谁比？"对曰："璠常以公为汤、武，今日所见，曾桓、文之不如！"泰曰："我安敢比汤、武，庶几望伊、周，何至不如桓、文！"对曰："齐桓存三亡国，晋文公不失信于伐原。"语未竟，泰抚掌曰："我解尔意，欲激我耳。"乃谓循曰："王欲之荆，为之益？"循请还江陵，泰厚礼遣之。循以文武千家自随，湘东王疑之，遣使觇察，相望于道；始至之夕，命劫窃其财，及旦，循启输马仗，王乃安之，引入，对泣，以循为侍中、骠骑将军、开府仪同三司。

冬，十月，齐主自晋阳如离石，自黄栌岭起长城，北至社平戍，四百余里，置三十六戍。

戊申，湘东王执湘州刺史王琳于殿中，杀其副将殷晏。

琳本会稽兵家，其姊妹皆入王宫，故琳少在王左右。琳好勇，王以为将帅。琳倾身下士，所得赏赐，不以入家。麾下万人，多江、淮群盗，从王僧辩平侯景，与杜龛功居第一。在建康，恃宠纵暴，僧辩不能禁。僧辩以宫殿之烧，恐得罪，欲以琳塞责，乃密启王，请诛琳。王以琳为湘州，琳自疑及祸，使长史陆纳帅部曲赴湘州，身诣江陵陈谢，谓纳等

等王僧辩回音，陈霸先已经领兵渡江，王僧辩就命令武州刺史杜崱等率军助战。这时朱盛等人的计谋泄露，陈霸先就借机进兵围攻广陵。

八月，西魏安康人黄众宝反叛，进攻魏兴郡，活捉了太守柳桧。黄众宝乘胜进兵围攻东梁州，命令柳桧进城劝说投降，柳桧坚决不听从被杀死。柳桧，是柳虬的弟弟。太师宇文泰派王雄与骠骑大将军武川人宇文虬征讨黄众宝。

武陵王萧纪率军从岷江沿江东下，任命永丰侯萧㧑为益州刺史，镇守成都，派自己的儿子萧圆肃为萧㧑的副手。

九月初九日甲戌，湘东王司空南平王萧恪去世。九月十九日甲申，湘东王萧绎任命王僧辩为扬州刺史。

北齐国主高洋派使者通告王僧辩、陈霸先，说："请你们解除对广陵的包围，我们一定归还广陵、历阳两座城。"陈霸先领军退回京口，江北民众随从陈霸先渡江的有一万余人。湘东王萧绎任命陈霸先为征北大将军、开府仪同三司、南徐州刺史，征调陈霸先世子陈昌和他哥哥的儿子陈顼到江陵，任命陈昌为散骑常侍，任命陈顼为领直。

宜丰侯萧循投降西魏，丞相宇文泰承诺允许他回到南朝，拖延很久仍没有放他南还。有一次宇文泰从容地问刘璠说："我能和古代哪个人相比？"刘璠回答说："我常把你比作商汤王、周武王，照今天看来，恐怕还比不上齐桓公、晋文公！"宇文泰说："我哪能比得上商汤王、周武王，应该和伊尹、周公差不多吧，何至于连齐桓公、晋文公都不如呢！"刘璠回答说："齐桓公保存了鲁、卫、邢三个快要灭亡的国家，晋文公不失信于讨伐原国。"话还没有说完，宇文泰拍着手说："我知道你的心意，想激我罢了。"便对萧循说："萧王你想去荆州，还是益州？"萧循请求回到江陵，宇文泰赠厚礼打发他上路。萧循带了旧部文武一千多家跟随，湘东王起了疑心，派使者暗中观察，一个接一个奔走在路上；萧循到达江陵，当天夜晚，萧绎派人劫掠了萧循的财物，等到天一亮，萧循呈上献出兵器马匹的清单，湘东王萧绎才放下心来，召他进入相见，相对而泣，任命萧循为侍中、骠骑将军、开府仪同三司。

冬季，十月，北齐国主高洋从晋阳到离石，下令从黄栌岭起修筑长城，向北延伸到杜平戍，四百余里长，沿线设置三十六个防守据点。

十月十四日戊申，湘东王萧绎在殿上抓捕了湘州刺史王琳，杀了他的副将殷晏。

王琳出身会稽将门之家，他的姐妹都被选入湘东王宫中，因此王琳从小在湘东王左右。王琳勇武好斗，湘东王萧绎用他做了将帅。王琳礼贤下士，得到的赏赐都分给部下，从不拿回家，部属一万人，大多是江、淮一带的绿林强盗。王琳跟随王僧辩平定侯景，与杜龛两人功劳并列第一。王琳在建康，他仗侍自己受到湘东王的宠爱而纵容士兵抢掠，不听从王僧辩的禁令。王僧辩因为宫殿失火，害怕获罪，想

曰："吾若不返，子将安之？"咸曰："请死之。"相泣而别。至江陵，王下琳吏。

辛酉，以王子方略为湘州刺史，又以廷尉黄罗汉为长史，使与太舟卿张载至巴陵，先据琳军。载有宠于王，而御下峻刻，荆州人疾之如仇。罗汉等至琳军，陆纳及士卒并哭，不肯受命，执罗汉及载。王遣宦者陈旻往谕之，纳对旻刳载腹，抽肠以系马足，使绕而走，肠尽气绝。又脔割，出其心，向之抃舞，焚其余骨。以黄罗汉清谨而免之。纳与诸将引兵袭湘州，时州中无主，纳遂据之。

公卿藩镇数劝进于湘东王，十一月，丙子，世祖即皇帝位于江陵，改元，大赦。是日，帝不升正殿，公卿陪列而已。

丁丑，以宜丰侯循为湘州刺史。

己卯，立王太子方矩为皇太子，更名元良。皇子方智为晋安王，方略为始安王，方等之子庄为永嘉王。追尊母阮修容为文宣皇后。

侯景之乱，州郡太半入魏，自巴陵以下至建康，以长江为限，荆州界北尽武宁，西拒硖口，岭南复为萧勃所据，诏令所行，千里而近，民户著籍，不盈三万而已。

陆纳袭击衡州刺史丁道贵于渌口，破之。道贵奔零陵，其众悉降于纳。上闻之，遣使征司徒王僧辩、右卫将军杜崱、平北将军裴之横与宜丰侯循共讨纳，循军巴陵以待之。侯景之乱，零陵人李洪雅据其郡，上即以为营州刺史。洪雅请讨陆纳，上许之。丁道贵收余众与之俱。纳遣其将吴藏袭击，破之，洪雅等退保空云城，藏引兵围之。顷之，纳请降，求送妻子。上遣陈旻至纳所，纳众皆泣，曰："王郎被囚，故我曹逃罪于湘州，非有他志也。"乃出妻子付旻。旻至巴陵，循曰："此诈也，必将袭我。"乃密为之备。纳果夜以轻兵继旻后，约至城下鼓噪。十二月，壬午晨，去巴陵十里，众谓已至，即鼓噪，军中皆惊。循坐胡床，于垒门望之，纳乘水来攻，矢下如雨，循方食甘蔗，略无惧色，徐部分将士击之，获其一舰；纳退保长沙。

推出王琳搪塞责任，就秘密地向湘东王启了一本，请求诛杀王琳。湘东王萧绎任命王琳为湘州刺史，王琳自己也疑心会有祸事，派长史陆纳率领部队去湘州，自己则去江陵解释请罪，临别时对陆纳等人说：“我如果回不来，你们将到哪里去？”都说：“和你一起死。”互相流泪而别。王琳到了江陵，湘东王萧绎把他逮捕下狱。

十二月二十七日辛酉，湘东王萧绎任命王子萧方略为湘州刺史，又任命廷尉黄罗汉为长史，派他与太舟卿张载一同去巴陵，先控制王琳的军队。张载得到湘东王的宠信，因此对待下属严厉苛刻，荆州人痛恨他如同仇敌。黄罗汉等人到了王琳的军营，陆纳和士兵们一起大哭，不肯接受命令，把黄罗汉和张载都抓了起来。湘东王萧绎派宦官陈旻前去开导军人，陆纳当着陈旻的面把张载剖腹抽肠，系在马足上，拍马绕着走，直到抽完肠子张载才断气而死。又用刀割张载的肉，挖出心脏，对着陈旻拍手跳舞，再把剩下的骨头烧毁。因为黄罗汉为人清廉谨慎，免其一死。陆纳与诸将举兵袭击湘州，当时湘州城中无主，陆纳等占领了州城。

公卿藩镇多次上书劝湘东王萧绎登上帝位。十一月十二日丙子，梁世祖萧绎在江陵即皇帝位，改元年号为承圣，大赦天下。这一天，皇帝不登正殿，公卿只是陪同在左右而已。

十一月十三日丁丑，梁元帝任命宜丰侯萧循为湘州刺史。

十一月十五日己卯，册立王太子萧方矩为皇太子，改名萧元良，封皇子萧方智为晋安王，萧方略为始安王，封萧方等的儿子萧庄为永嘉王。梁元帝追尊母亲阮修容为文宣皇后。

侯景叛乱，梁朝州郡大半被西魏吞并，从巴陵以下到建康，以长江为限，荆州北界到武宁，西界到三峡之口，岭南被萧勃占据，梁元帝诏令到达的地方，不过千里以内，登记户籍的民户不到三万户。

陆纳在渌口袭击衡州刺史丁道贵，打败了丁道贵，丁道贵逃到零陵，他的部众投降了陆纳。孝元帝听到消息，遣使征召王僧辩、右卫将军杜崱、平北将军裴之横与宜丰侯萧循共同征讨陆纳，萧循驻军在巴陵等待。侯景叛乱，零陵人李洪雅占据郡城，梁元帝任命李洪雅为营州刺史。李洪雅请求征讨陆纳，孝元帝允准了。丁道贵收集散兵与李洪雅一起出发。陆纳派出将领吴藏袭击，打败了李洪雅，李洪雅等退保空云城，吴藏率兵围城。不久，陆纳请求投降，愿意送妻儿为人质。孝元帝派陈旻到陆纳驻地，陆纳兵都哭着说：“王将军被囚禁，所以我们逃到湘州避难，没有别的野心。”于是送出妻儿交给了陈旻。陈旻到了巴陵，萧循说：“这是诈降，陆纳一定来偷袭我。”于是秘密部署了防御。陆纳果然在夜晚用轻兵紧跟在陈旻后面，约定到了巴陵城下就击鼓呐喊。十二月，壬午日早晨，离巴陵还有十里，大家认为已到城下，立即击鼓呐喊，发起冲锋，萧循的部队惊恐万分。萧循坐在胡床上，从

壬午，齐主还邺；戊午，复如晋阳。

（以上为第三段，写北齐国主高洋经略北方，南面与梁修好。湘东王萧绎在战乱初平后即皇帝位，刚愎自用，外失汉中地于西魏，内激陆纳反叛于湘州。）

垒门向外瞭望，看到陆纳的军队从水路攻了上来，箭矢如雨，萧循正在吃甘蔗，没有一点害怕的神色。萧循不慌不忙地部署将士反击，缴获了一艘战船，陆纳退守长沙。

壬午日，北齐国主高洋回到邺城。十二月二十五日戊午，高洋又到晋阳。

【点评】

萧梁失地过半。侯景叛乱，残忍暴虐，天怒人怨，一旅之众，即可平息。由于萧梁诸王各怀异心，内讧不已，才使得平叛如是之难。湘东王萧绎，借兵西魏，意在防蜀，引狼入汉中，丧失大片国土。侯景灭，萧绎遂，而梁朝近半国土——长江以北、三峡以西尽没于敌国。梁元帝光复之功与失地之过，孰大孰小，供千秋评说。

梁纪二十一

梁元帝承圣二年至三年（553—554年）

【起昭阳作噩（癸酉，553年），尽阏逢阉茂（甲戌，554年），凡二年】

【大事提要】

本卷载述公元553年至公元554年南北朝史事，凡二年，时当梁元帝承圣二年、三年，西魏废帝二年、三年，北齐文宣帝天保四年、五年。本卷三方穿插记事。北朝西魏扩张，吞巴蜀，破江陵，至是其疆域与北齐等。北齐国主高洋，为政苛酷，庶民多怨，而经略北方，身冒矢石；一个高洋，身兼两重性，既为残虐之主，而又有雄主之风。梁元帝萧绎，系本卷重点所在，却无一长可称；所述为兄弟相残，覆败亡国，骤兴骤亡之始末。

【原文】

世祖孝元皇帝下

承圣二年（癸酉，553 年）

春，正月，王僧辩发建康，承制使陈霸先代镇扬州。

丙子，山胡围齐离石。戊寅，齐主讨之，未至，胡已走，因巡三堆，大猎而归。

以吏部尚书王褒为左仆射。

己丑，齐改铸钱，文曰“常平五铢”。

二月，庚子，李洪雅力屈，以空云城降陆纳。纳囚洪雅，杀丁道贵。纳以沙门宝志诗谶有“十八子”，以为李氏当王，甲辰，推洪雅为主，号大将军，使乘平肩舆，列鼓吹，纳帅众数千，左右翼从。

魏太师泰去丞相、大行台，为都督中外诸军事。

王雄至东梁州，黄众宝帅众降。太师泰赦之，迁其豪帅于雍州。

齐主送柔然可汗铁伐之父登注及兄库提还其国。铁伐寻为契丹所杀，国人立登注为可汗。登注复为其大人阿富提所杀，国人立库提。

突厥伊利可汗卒，子科罗立，号乙息记可汗；三月，遣使献马五万于魏。柔然别部又立阿那瓌叔父邓叔子为可汗；乙息记击破邓叔子于沃野北木赖山。乙息记卒，舍其子摄图而立其弟俟斤，号木杆可汗。木杆状貌奇异，性刚勇，多智略，善用兵，邻国畏之。

上闻武陵王纪东下，使方士画版为纪像，亲钉支体以厌之，又执侯景之俘以报纪。初，纪之举兵，皆太子圆照之谋也。圆照时镇巴东，执留使者，启纪云：“侯景未平，宜急进讨；已闻荆镇为景所破。”纪信之，趣兵东下。

上甚惧，与魏书曰：“子纠，亲也，请君讨之。”太师泰曰：“取蜀制梁，在兹一举。”诸将咸难之。大将军代人尉迟迥，泰之甥也，独以为可克。泰问以方略，迥曰：“蜀与中国隔绝百有余年，恃其险，不虞我至，若以铁骑兼行袭之，无不克矣。”泰乃遣迥督开府仪同三司原珍等六军，

【语译】

世祖孝元皇帝下

梁元帝承圣二年（癸酉，553 年）

春季，正月，王僧辩率军从建康出发，承制让陈霸先代理王僧辩镇守扬州。

正月十三日丙子，山胡人围攻北齐离石。正月十五日戊寅，北齐国主高洋举兵讨伐，还没到达离石，山胡人退走，高洋便巡幸三堆，大规模狩猎后回军。

梁朝任命吏部尚书王褒为左仆射。

正月二十六日己丑，北齐改铸新钱，上面镌文为“常平五铢”。

二月初七日庚子，李洪雅战败力竭，献出空云城投降陆纳。陆纳囚禁了李洪雅，杀了丁道贵。陆纳看到僧人宝志的谶语诗有“十八子”三个字，认为是李氏要当皇帝的征兆。二月二十一日甲辰，陆纳拥戴李洪雅为首领，仍称为大将军，让李洪雅乘坐平肩舆，陈列仪仗鼓吹，陆纳率领数千人，左右护卫。

西魏太师宇文泰辞去丞相、大行台，只保留都督中外诸军事的职务。

西魏王雄领兵到达东梁州后，黄众宝领兵投降。太师宇文泰赦免了黄众宝的死罪，但把他的部众豪帅迁移到雍州安置。

北齐国主高洋遣送柔然可汗铁伐的父亲登注以及登注的哥哥库提回国。铁伐不久被契丹人杀掉，柔然人拥立登注为可汗，登注又被柔然大人阿富提杀死，柔然人就拥立库提为可汗。

突厥伊利可汗去世，他的儿子科罗继立为可汗，称乙息记可汗；三月，派使者向西魏进贡五万匹马。柔然另一部落又立阿那瓌叔父邓叔子为可汗；乙息记可汗在沃野北木赖山打败了邓叔子。乙息记可汗死时，没有让自己的儿子摄图继位而让弟弟俟斤继位，称木杆可汗。木杆可汗相貌奇异，性情刚强勇猛，足智多谋，善于用兵，邻国都害怕他。

梁元帝听说武陵王萧纪领兵东下，派方士在木板上画出萧纪的相貌，亲自在萧纪像上钉满钉子，身体和四肢都着钉，念咒语诅咒他不得好死，又派人把侯景的俘虏押送给萧纪。当初，萧纪举兵东进，都是太子萧圆照策划的。萧圆照当时镇守巴东，他把萧绎的使者扣押起来，向萧纪报告说：“侯景还没有平定，应当急速进军讨伐；已经听到荆镇被侯景攻破。”萧纪相信了，便集中兵力迅速东下。

梁元帝很害怕，给西魏写信求助说：“萧纪好比是春秋时齐国的公子纠，是我的亲族，请你们去讨伐他。”太师宇文泰说：“夺取巴蜀，控制梁朝，在此一举。”众将领都认为这次行动很艰难。大将军代郡人尉迟迥，是宇文泰的外甥，只有他认为可以取胜。宇文泰向他询问用兵策略，尉迟迥说：“巴蜀与中原隔绝一百多年了，依凭

甲士万二千，骑万匹，自散关伐蜀。

陆纳遣其将吴藏、潘乌黑、李贤明等下据车轮。王僧辩至巴陵，宜丰侯循让都督于僧辩，僧辩弗受。上乃以僧辩、循为东、西都督。夏，四月，丙申，僧辩军于车轮。

吐谷浑可汗夸吕，虽通使于魏而寇抄不息，宇文泰将骑三万逾陇，至姑臧，讨之。夸吕惧，请服；既而复通使于齐。凉州刺史史宁觇知其还，袭之于赤泉，获其仆射乞伏触状。

陆纳夹岸为城，以拒王僧辩。纳士卒皆百战之余，僧辩惮之，不敢轻进，稍作连城以逼之。纳以僧辩为怯，不设备；五月，甲子，僧辩命诸军水陆齐进，急攻之，僧辩亲执旗鼓，宜丰侯循亲受矢石，拔其二城；纳众大败，步走，保长沙。乙丑，僧辩进围之。僧辩坐垄上视筑围垒，吴藏、李贤明帅锐卒千人开门突出，蒙楯直进，趋僧辩。时杜崱、杜龛并侍左右，甲士卫者止百余人，力战拒之。僧辩据胡床不动，裴之横从旁击藏等，藏等败退，贤明死，藏脱走入城。

武陵王纪至巴郡，闻有魏兵，遣前梁州刺史巴西谯淹还军救蜀。初，杨乾运求为梁州刺史，纪以为潼州刺史；杨法琛求为黎州刺史，以为沙州：二人皆不悦。乾运兄子略说乾运曰："今侯景初平，宜同心戮力，保国宁民，而兄弟寻戈，此自亡之道也。夫木朽不雕，世衰难佐，不如送款关中，可以功名两全。"乾运然之，令略将二千人镇剑阁，又遣其婿乐广镇安州，与法琛皆潜通于魏。魏太师泰密赐乾运铁券，授骠骑大将军、开府仪同三司、梁州刺史。尉迟迥以开府仪同三司侯吕陵始为前军，至剑阁，略退就乐广，翻城应始，始入据安州。甲戌，迥至涪水，乾运以州降。迥分军守之，进袭成都。时成都见兵不满万人，仓库空竭，永丰侯㧑婴城自守，迥围之。谯淹遣江州刺史景欣、幽州刺史赵拔扈援成都，迥使原珍等击走之。

武陵王纪至巴东，闻侯景已平，乃自悔，召太子圆照责之，对曰：

的是形势险要，不担心我军会去攻打，如果用铁骑精兵倍道兼程偷袭，没有不成功的。”宇文泰就派尉迟迥督统开府仪同三司原珍等六军，共有甲士一万二千人，马一万匹，从散关进兵攻打巴蜀。

陆纳派他的将领吴藏、潘乌黑、李贤明等控制湘江下游的车轮。王僧辩进军到巴陵，宜丰侯萧循让王僧辩任大都督，王僧辩不接受。梁元帝任命王僧辩、萧循为东西都督。夏季，四月初四日丙申，王僧辩进军屯驻车轮。

吐谷浑可汗夸吕，虽然和西魏往来交好，却仍然不断侵扰西魏边境，宇文泰率领三万骑兵越过陇山，进军到达姑藏，讨伐吐谷浑。夸吕害怕了，请求臣服；不久又派使者与北齐交好。凉州刺史史宁探知吐谷浑使者返回的路线与时间，在赤泉伏兵袭击，俘获了吐谷浑的仆射乞伏触状。

陆纳夹湘江两岸筑城，抗击王僧辩。陆纳的士兵都是身经百战的勇士，王僧辩有些忌惮，不敢贸然进攻，便步步连营筑城，慢慢逼近。陆纳认为王僧辩胆怯，没有提防。五月初三日甲子，王僧辩命令各路人马水陆齐进，猛攻陆纳，王僧辩亲自举旗击鼓，宜丰侯萧循也亲自冲锋陷阵，攻占了陆纳阵地的两个城堡；陆纳大败，步行逃走，退守长沙。五月初四日乙丑，王僧辩进兵围攻长沙。王僧辩坐在田埂上注视士兵们修筑围城土山，陆纳的将领吴藏、李贤明率领精锐士兵一千多人打开城门，突然冲出，手执盾牌，直接扑向王僧辩。当时杜崱、杜龛陪坐在王僧辩身旁，警卫士兵只有一百多人，奋力战斗抵挡。王僧辩端坐胡床不动，裴之横从斜刺杀出，攻击吴藏等人，吴藏等人败退，李贤明战死，吴藏逃脱回到城中。

武陵王萧纪进军到巴郡，听到西魏进兵，派前梁州刺史巴西人谯淹回军救蜀。当初，杨乾运请求为梁州刺史，萧纪任命他为潼州刺史；杨法琛请求为黎州刺史，萧纪任命他为沙州刺史，两人都不满意。杨乾运哥哥的儿子杨略劝说杨乾运，说：“如今侯景刚刚平定，应当同心合力，保卫国家，休养黎民，而兄弟之间却互相残杀，这是自取灭亡的道路。朽木不可以雕饰，世道衰微就难以辅佐，不如归附西魏，可以建功立名两者保全。”杨乾运赞同，便命令杨略领兵两千镇守剑阁，又派他的女婿乐广镇守安州，与杨法琛两人都归附西魏。西魏太师宇文泰秘密赐给杨乾运铁券，授予骠骑大将军、开府仪同三司、梁州刺史。尉迟迥命令开府仪同三司侯吕陵始为先锋，进军到剑阁，杨略退军与乐广靠陇，出城接应侯吕陵始，侯吕陵始入城占据了安州。五月十三日甲戌，尉迟迥进军到涪水，杨乾运献出州城投降。尉迟迥分兵守城，主力进军袭击成都。当时成都全部兵力不足万人，仓库空虚，永丰侯萧㧑闭城坚守，尉迟迥四面包围。谯淹派江州刺史景欣、幽州刺史赵拔扈援救成都，尉迟迥派原珍等人击退了景欣等人的援军。

武陵王萧纪抵达巴东，听到侯景已经平定，十分后悔，召见太子萧圆照并斥责

“侯景虽平，江陵未服。”纪亦以既称尊号，不可复为人下，欲遂东进。将卒日夜思归，其江州刺史王开业以为宜还救根本，更思后图；诸将皆以为然。圆照及刘孝胜固言不可，纪从之，宣言于众曰：“敢谏者死！”己丑，纪至西陵，军势甚盛，舳舻翳川。护军陆法和筑二城于峡口两岸，运石填江，铁锁断之。

帝拔任约于狱，以为晋安王司马，使助法和拒纪，谓之曰：“汝罪不容诛，我不杀，本为今日！”因撤禁兵以配之，仍许妻以庐陵王续之女，使宣猛将军刘棻与之俱。

庚辰，巴州刺史余孝顷将兵万人会王僧辩于长沙。

豫章太守观宁侯永，昏而少断，左右武蛮奴用事，军主文重疾之。永将兵讨陆纳，至宫亭湖，重杀蛮奴，永军溃，奔江陵。重将其众奔开建侯蕃，蕃杀之而有其众。

六月，壬辰，武陵王纪筑连城，攻绝铁锁，陆法和告急相继。上复拔谢答仁于狱，以为步兵校尉，配兵使助法和；又遣使送王琳，令说谕陆纳。乙未，琳至长沙，僧辩使送示之，纳众悉拜且泣，使谓僧辩曰：“朝廷若赦王郎，乞听入城。”僧辩不许，复送江陵。陆法和求救不已，上欲召长沙兵，恐失陆纳，乃复遣琳许其入城。琳既入，纳遂降，湘州平。上复琳官爵，使将兵西援峡口。

甲辰，齐章武景王库狄干卒。

武陵王纪遣将军侯叡将众七千筑垒与陆法和相拒。上遣使与纪书，许其还蜀，专制一方；纪不从，报书如家人礼。陆纳既平，湘州诸军相继西上，上复与纪书曰：“吾年为一日之长，属有平乱之功，膺此乐推，事归当璧。傥遣使乎，良所迟也。如曰不然，于此投笔。友于兄弟，分形共气，兄肥弟瘦，无复相见之期，让枣推梨，永罢欢愉之日。心乎爱矣，书不尽言。”纪顿兵日久，频战不利，又闻魏寇深入，成都孤危，忧懑不知所为。乃遣其度支尚书乐奉业诣江陵求和，请依前旨还蜀。奉业知纪必败，启上曰：“蜀军乏粮，士卒多死，危亡可待。”上遂不许其和。

他，太子回答："侯景虽然平定，江陵还没有服从。"萧纪也认为已经称帝，就不可以再屈服于人，想继续东进。可是部下将士日夜思念回到故乡成都。江州刺史王开业认为应当还军救援成都保住根本，再考虑以后进取；众将领都认为说得对。萧圆照和刘孝胜坚持不能退军，萧纪听从了，在军中下令说："敢再来说退兵的话就要处死。"五月二十日己丑，萧纪进军到西陵，军队兵马众多，气势旺盛，战船浮满江面。湘东王护军陆法和在峡口两岸各筑一城，运石填江，用铁链封锁江面。

梁元帝从监狱中放出任约，任命他为晋安王司马，派他援助陆法和抗拒萧纪。梁元帝对任约说："你的大罪不能宽容，我没有杀你，就是为了今天用你。"梁元帝把宫卫禁军撤出交给任约，还承诺把庐陵王萧续的女儿嫁给他为妻，派宣猛将军刘棻与他一起领兵。

五月十九日庚辰，巴州刺史余孝顷领兵一万抵达长沙与王僧辩会师。

豫章太守观宁侯萧永，遇事糊涂又无决断能力，亲信武蛮奴专断用事，军主文重十分痛恨武蛮奴。萧永领兵讨伐陆纳，到达宫亭湖，文重杀了武蛮奴，萧永的军队溃散，萧永逃回江陵。文重收聚散兵，投靠开建侯萧蕃，萧蕃杀了文重，收编了他的军队。

六月初一日壬辰，武陵王萧纪修筑连城，攻断铁索，陆法和告急，使者接二连三到达江陵。梁元帝又把谢答仁从监狱中放出，任命为步兵校尉，让他带兵救援陆法和；又派使者送王琳到长沙，让他说服陆纳投降。六月初一日乙未，王琳到长沙，王僧辩派人送王琳到城下向城中示意，陆纳和部众全体向王琳跪拜哭泣。陆纳派使者对王僧辩说："朝廷如果赦免王郎，就恳求让他进城。"王僧辩不允许，又把王琳送回江陵。陆法和不断派人求救，梁元帝想召回长沙的军队，又怕陆纳逃走，于是再次送王琳到长沙，允许王琳进城。王琳进城以后，陆纳投降，湘州平定。梁元帝恢复王琳官职，让他带兵西援峡口。

六月十三日甲辰，北齐章武景王库狄干去世。

武陵王萧纪派将军侯叡领兵七千修筑营垒与陆法和对抗。梁元帝派使者送信给萧纪，允许他回到巴蜀，专制一方；萧纪不答应，以兄弟相称给梁元帝写了回信。陆纳被平定后，在湘州的各路军队相继西上，梁元帝再次写信给萧纪说："论年龄，我比你年长，又有平定侯景之乱的功劳，因此顺应大众的推举继承了帝位，顺理成章。本应派一使者与你商量，实在是来不及。如果你不相信，从此搁笔，断绝关系。兄弟之间本应友爱，形体分离却心心相印，如果刀兵相见，我强你弱，恐怕我们再没有相见的日期，那么兄弟之间让枣推梨的欢乐情怀就一去不复返了。兄弟之爱在我心中，不是一封信所能表达完的。"萧纪屯兵日久，屡战不利，又听到西魏兵已经深入，成都孤立无援危险万分，忧愁气愤得不知道怎么办才好。于是派出度支尚书

纪以黄金一斤为饼，饼百为篋，至有百篋，银五倍于金，锦罽、缯彩称是，每战，悬示将士，不以为赏。宁州刺史陈智祖请散之以募勇士，弗听，智祖哭而死。有请事者，纪称疾不见，由是将卒解体。

秋，七月，辛未，巴东民苻昇等斩峡口城主公孙晃，降于王琳。谢答仁、任约进攻侯叡，破之，拔其三垒。于是两岸十四城俱降。纪不获退，顺流东下，游击将军樊猛追击之，纪众大溃，赴水死者八千余人，猛围而守之。上密敕猛曰："生还，不成功也。"猛引兵至纪所，纪在舟中绕床而走，以金囊掷猛曰："以此雇卿，送我一见七官。"猛曰："天子何由可见！杀足下，金将安之！"遂斩纪及其幼子圆满。陆法和收太子圆照兄弟三人送江陵。上绝纪属籍，赐姓饕餮氏。下刘孝胜狱，已而释之。上使谓江安侯圆正曰："西军已败，汝父不知存亡。"意欲使其自裁。圆正闻之号哭，称世子不绝声。上频使觇之，知不能死，移送廷尉狱，见圆照，曰："兄何乃乱人骨肉，使痛酷如此！"圆照唯云"计误"。上并命绝食于狱，至啮臂啖之，十三日而死，远近闻而悲之。

乙未，王僧辩还江陵。诏诸军各还所镇。

（以上为第一段，详载梁朝荆益兄弟相残始末，武陵王萧纪，自矜勇武，狂愚而贪，违时而动，导致阖门遭屠。）

魏尉迟迥围成都五旬，永丰侯㧑屡出战，皆败，乃请降。诸将欲不许，迥曰："降之则将士全，远人悦；攻之则将士伤，远人惧。"遂受之。八月，戊戌，㧑与宜都王圆肃帅文武诣军门降，迥以礼接之，与盟于益州城北。吏民皆复其业，唯收奴婢及储积以赏将士，军无私焉。魏以㧑及圆肃并为开府仪同三司，以迥为大都督益、潼等十二州诸军事、益州刺史。

乐奉业到江陵求和，请求按照前一封信说让他回到巴蜀。乐奉业知道萧纪一定会失败，就上表梁元帝说："蜀军粮食吃完，士兵死亡很多，败亡的日子随时到来。"梁元帝于是不许萧纪求和。

萧纪用一斤黄金做成一个圆饼，一百个金饼装一箱，共有一百箱，银子五倍于金饼，其他的锦缎、缯彩很多，其价值与金饼银饼相当。每次战斗，都把这些东西悬赏给士兵们看，可是一个子儿也不给。宁州刺史陈智祖请求拿出来散发给将士招募勇士，萧纪不听，陈智祖痛哭而死。部下有事求见萧纪，他称病不见，因此将士离心离德，逐渐解体。

秋季，七月十一日辛未，巴东豪民符昇等杀了峡口军垒城守将公孙晃，投降了王琳。谢答仁、任约进兵攻击侯叡，打败了侯叡，夺取了三座军垒，于是两岸蜀军的十四座军垒全线崩溃投降。萧纪没有了退路，顺流东下，游击将军樊猛领兵追击，萧纪的部众土崩瓦解，投水而死的有八千多人，樊猛把萧纪团团围住。梁元帝密令樊猛说："如果萧纪活着来见我，你的功劳就全没了。"樊猛带兵攻上萧纪的船只，萧纪在船上绕着床躲避，他把金囊投向樊猛说："拿这些金银雇请你，送我去和七官兄长见一面。"樊猛说："天子怎么能随便见到！杀了你，金银还能跑吗！"于是杀了萧纪和他的小儿子萧圆满。陆法和抓获了太子萧圆照兄弟三人押送到江陵，梁元帝取消萧纪的族籍，给他赐姓饕餮氏。把刘孝胜关入牢中，不久又释放了他。梁元帝派人对江安侯萧圆正说："巴蜀军队已经战败，你父亲不知是死是活。"意思是让萧圆正自杀。萧圆正听到后只是号哭，不停地抱怨大哥萧圆照的名字。梁元帝不断派人去窥视，看到他没有自杀的意思，就把他移交给廷尉，下到狱中。萧圆正见到萧圆照，说："兄长你为什么挑动父亲他们相残，落下今天这样一个悲惨的结局。"萧圆照只是说："谋划错误。"梁元帝下令停止供给狱中萧圆正兄弟的食物，他们饿得啃自己的臂膀，过了十三天才被饿死，远近的人听说后都为他们感到悲哀。

乙未日，王僧辩还军江陵。梁元帝下诏，各路军队回到原来镇守的地方。

西魏尉迟迥围攻成都五十天，永丰侯萧㧑多次出战，都遭到失败。萧㧑请求投降，西魏众将领不想接受投降。尉迟迥说："接受投降，我军将士不受损伤，归降的远方百姓也高兴。强行进攻，那么将士要受伤亡，百姓归服也担惊受怕。"便接受了萧㧑的投降。八月初八日戊戌，萧㧑与宜都王萧圆肃率领文武官员到西魏军营门投降，尉迟迥以礼相待，与萧㧑等人在成都城北面订立受降盟约。官民都恢复原来的职位和生业，只收缴奴婢和仓储用来奖赏战士，全军将士没有私自抢掠的。西魏任

庚子，下诏将还建康，领军将军胡僧祐、太府卿黄罗汉、吏部尚书宗懔、御史中丞刘瑴谏曰：“建业王气已尽，与虏正隔一江，若有不虞，悔无及也！且古老相承云：‘荆州洲数满百，当出天子。’今枝江生洲，百数已满，陛下龙飞，是其应也。”上令朝臣议之。黄门侍郎周弘正、尚书右仆射王褒曰：“今百姓未见舆驾入建康，谓是列国诸王；愿陛下从四海之望。”时群臣多荆州人，皆曰：“弘正等东人也，志愿东下，恐非良计。”弘正面折之曰：“东人劝东，谓非良计；西人欲西，岂成长策？”上笑。又议于后堂，会者五百人，上问之曰：“吾欲还建康，诸卿以为如何？”众莫敢先对。上曰：“劝吾去者左袒。”左袒者过半。武昌太守朱买臣言于上曰：“建康旧都，山陵所在；荆镇边疆，非王者之宅。愿陛下勿疑，以致后悔。臣家在荆州，岂不愿陛下居此，但恐是臣富贵，非陛下富贵耳！”上使术士杜景豪卜之，不吉，对上曰：“未去。”退而言曰：“此兆为鬼贼所留也。”上以建康凋残，江陵全盛，意亦安之，卒从僧祐等议。

以湘州刺史王琳为衡州刺史。

九月，庚午，诏王僧辩还镇建康，陈霸先复还京口。丙子，以护军将军陆法和为郢州刺史。法和为政，不用刑狱，专以沙门法及西域幻术教化，部曲数千人，通谓之弟子。

契丹寇齐边。壬午，齐主北巡冀、定、幽、安，遂伐契丹。

齐主使郭元建治水军二万余人于合肥，将袭建康，纳湘潭侯退，又遣将军邢景远、步大汗萨帅众继之。陈霸先在建康闻之，白上；上诏王僧辩镇姑孰以御之。

冬，十月，丁酉，齐主至平州，从西道趣长堑，使司徒潘相乐帅精骑五千自东道趣青山。辛丑，至白狼城；壬寅，至昌黎城，使安德王韩轨帅精骑四千东断契丹走路；癸卯，至阳师水，倍道兼行，掩袭契丹。齐主露髻肉袒，昼夜不息，行千余里，逾越山岭，为士卒先，唯食肉饮

命萧㧑和萧圆肃均为开府仪同三司，任命尉迟迥为大都督益州、潼州等十二州诸军事、益州刺史。

八月初十日庚子，梁元帝下诏准备回到建康，领军将军胡僧佑、太府卿黄罗汉、吏部尚书宗懔、御史中丞刘瑴劝谏说："建业的帝王气数已尽，与北齐只隔着一条江，万一有不测，后悔就来不及了。况且这里自古以来就传说：'荆州江面的沙洲满了一百个，就会出皇帝。'如今枝江生出了新的沙洲，数量满了一百个，陛下登上皇位，正是应验了这个说法。"梁元帝让朝臣们讨论。黄门侍郎周弘正、尚书右仆射王褒说："如今百姓没看到皇帝车驾进入建康，会把江陵看成列国诸侯王；希望陛下顺从天下百姓的心愿定都建康。"当时群臣大多数是荆州人，都说："周弘正等是江东人，当然一心想回建康，恐怕不是好的谋划。"周弘正当面驳斥说："江东人主张建都建康，你们说不是好的谋划；你们荆州人主张定都荆州，难道就是好计谋吗？"梁元帝大笑。又转到后堂再次讨论，参加会议的有五百人，梁元帝问："我想回到建康，你们认为怎么样？"与会的人没有人敢先说话。梁元帝说："劝我离开这里的人露出左臂来。"结果，露出左臂的人过了半数。武昌太守朱买臣对梁元帝说："建康是旧时都城，皇上祖宗陵墓都在那里；荆州江陵地处边疆，不是帝王所居住的地方。希望陛下不要犹豫，以至将来后悔。臣家在荆州，怎能不希望陛下在这里。这样做，只怕是我这个臣子享受了富贵，而不是皇上你在享受富贵。"梁元帝让术士杜景豪卜问鬼神，离开这里不吉利，杜景豪对梁元帝说："不要离开。"杜景豪退朝后私下对人说："这次占卜的征兆表明皇上被鬼贼留住了。"梁元帝认为建康破败，江陵正处于全盛，内心想在江陵，终于听从了胡僧佑等人的意见。

梁元帝任命湘州刺史王琳为衡州刺史。

九月十一日庚午，梁元帝下诏王僧辩回到建康镇守，陈霸先回到京口。九月十七日丙子任命护军将军陆法和为郢州刺史。陆法和处理政务，不用刑法监狱，专门用佛法和西域幻术进行教化，部下几千人，全都称为弟子。

契丹侵犯北齐边境。九月二十三日壬午，北齐国主高洋巡幸北边冀、定、幽、安四州，进兵讨伐契丹。

北齐文宣帝高洋派郭元建在合肥训练水军两万，打算袭击建康，送湘潭侯萧退到建康做皇帝，又派出将军邢景远、步大汗率军随后接应。陈霸先在建康听到消息，报告梁元帝；梁元帝命令王僧辩镇守姑孰以防备北齐来犯。

冬季，十月初八日丁酉，北齐国主高洋讨伐契丹，进兵到达平州，从西路向长堑进军。十月十二日辛丑，高洋到达白羊城；十月十三日壬寅，推进到昌黎城，派安德王韩轨率领精锐骑兵四千切断契丹向东逃跑的退路；十月十四日癸卯，北齐大军进抵阳师水，倍道兼程，奔袭契丹。北齐国主高洋披发露胸，昼夜不停，行军

水，壮气弥厉。甲辰，与契丹遇，奋击，大破之，虏获十余万口，杂畜数百万头。潘相乐又于青山破契丹别部。丁未，齐主还至营州。

己酉，王僧辩至姑孰，遣婺州刺史侯瑱、吴郡太守张彪、吴兴太守裴之横筑垒东关，以待齐师。

丁巳，齐主登碣石山，临沧海，遂如晋阳。以肆州刺史斛律金为太师，乃还晋阳，拜其子丰乐为武卫大将军，命其孙武都尚义宁公主，宠待之厚，群臣莫及。

闰月，丁丑，南豫州刺史侯瑱与郭元建战于东关，齐师大败，溺死者万计。湘潭侯退复归于邺，王僧辩还建康。

吴州刺史开建侯蕃，恃其兵强，贡献不入，上密令其将徐佛受图之。佛受使其徒诈为讼者，诣蕃，遂执之。上以佛受为建安太守，以侍中王质为吴州刺史。质至鄱阳，佛受置之金城，自据罗城，掌门管，缮治舟舰甲兵，质不敢与争。故开建侯部曲数千人攻佛受，佛受奔南豫州，侯瑱杀之，质始得行州事。

十一月，戊戌，以尚书右仆射王褒为左仆射，湘东太守张绾为右仆射。

己未，突厥复攻柔然，柔然举国奔齐。

癸亥，齐主自晋阳北击突厥，迎纳柔然，废其可汗库提，立阿那瓌子庵罗辰为可汗，置之马邑川，给其廪饩缯帛；亲追突厥于朔州，突厥请降，许之而还。自是贡献相继。

魏尚书元烈谋杀宇文泰，事泄，泰杀之。

丙寅，上使侍中王琛使于魏。太师泰阴有图江陵之志，梁王詧闻之，益重其贡献。

十二月，齐宿预民东方白额以城降，江西州郡皆起兵应之。

（以上为第二段，写梁朝巴蜀地陷西魏，梁元帝建都江陵，北齐国主高洋威服北方柔然、突厥之民。）

三年（甲戌，554 年）

春，正月，癸巳，齐主自离石道讨山胡，遣斛律金从显州道，常山

一千余里，翻山越岭，身先士卒，一路只是吃肉喝水，胆壮志气，越来越高昂。十月十五日甲辰，与契丹相遇，奋勇打击，大获全胜，虏获十余万口，杂畜数百万头。潘相乐又在青山打败另一支契丹部落。十月十八日丁未，北齐国主高洋回到营州。

十月二十日己酉，王僧辩领兵到达姑孰，派婺州刺史侯瑱、吴郡太守张彪、吴兴太守裴之横在东关修筑城垒，防备北齐军队来犯。

十月二十八日丁巳，北齐国主高洋登上碣石山，观临大海，然后回到晋阳。高洋任命肆州刺史斛律金为太师，把他调回晋阳。封他的儿子斛律丰乐为武卫大将军，命令他的孙子斛律武都娶义宁公主为妻。高洋对斛律丰乐和斛律武都的宠信优待，文武百官没有人能相比。

闰十一月十九日丁丑，南豫州刺史侯瑱在东关与郭元建交战，北齐军队大败，淹死的人以万计。湘潭侯萧退回到邺城，王僧辩回到建康。

吴州刺史开建侯萧蕃，依仗自己兵马盛强，不向朝廷进贡，梁元帝密令萧蕃的部将徐佛受除掉萧蕃。徐佛受派他的手下人装作打官司，到萧蕃府中告状，趁机抓住了萧蕃。梁元帝任命徐佛受为建安太守，任命侍中王质为吴州刺史。王质到了鄱阳，徐佛受把他安置在内城州衙中，自己据守在外城，掌管城门钥匙，修缮船只，训练士兵，王质不敢与他相争。原开建侯萧蕃的部属数千人攻击徐佛受，徐佛受逃到南豫州，侯瑱杀了他，王质才掌管了吴州的政务。

十一月初十日戊戌，梁朝任命尚书右仆射王褒为左仆射，任命湘东太守张绾为右仆射。

十一月初一日己未，突厥再次进攻柔然，柔然举国投奔北齐。

十一月初五日癸亥，北齐国主高洋从晋阳出兵北面攻击突厥，迎接柔然，废了柔然的库提可汗，立阿那瓌的儿子庵罗辰为可汗，安置在马邑川，供给粮食缯帛；亲自领兵追击突厥直到朔州，突厥请求投降，高洋答应了，胜利班师。从此，突厥年年向北齐进贡。

西魏尚书元烈密谋杀害宇文泰，走漏消息，宇文泰杀了元烈。

十一月初八日丙寅，梁元帝派侍中王琛出使西魏。西魏太师宇文泰暗中怀有夺取江陵的打算，梁王萧詧得到消息，更加重了对西魏的进贡。

十二月，北齐宿预县民东方白额献出县城投降梁朝，江北淮南各州郡纷纷起兵响应。

梁元帝承圣三年（甲戌，554年）

春季，正月初六日癸巳，北齐国主高洋从离石道出兵讨伐山胡，派斛律金从显

王演从晋州道夹攻，大破之，男子十三以上皆斩，女子及幼弱以赏军，遂平石楼。石楼绝险，自魏世所不能至，于是远近山胡莫不慑服。有都督战伤，其什长路晖礼不能救，帝命刳其五藏，令九人食之，肉及秽恶皆尽。自是始为威虐。

陈霸先自丹徒济江，围齐广陵，秦州刺史严超达自秦郡进围泾州，南豫州刺史侯瑱、吴郡太守张彪皆出石梁，为之声援。辛丑，使晋陵太守杜僧明帅三千人助东方白额。

魏太师泰始作九命之典，以叙内外官爵，改流外品为九秩。

魏主自元烈之死，有怨言，密谋诛太师泰；临淮王育、广平王赞垂涕切谏，不听。泰诸子皆幼，兄子章武公导、中山公护皆出镇，唯以诸婿为心膂，大都督清河公李基、义城公李晖、常山公于翼俱为武卫将军，分掌禁兵。基，远之子；晖，弼之子；翼，谨之子也。由是魏主谋泄，泰废魏主，置之雍州，立其弟齐王廓，去年号，称元年，复姓拓跋氏，九十九姓改为单者，皆复其旧。魏初统国三十六，大姓九十九，后多灭绝。泰乃以诸将功高者为三十六姓，次者为九十九姓，所将士卒亦改从其姓。

三月，丁亥，长沙王韶取巴郡。

甲辰，以王僧辩为太尉、车骑大将军。

丁未，齐将王球攻宿预，杜僧明出击，大破之，球归彭城。

郢州刺史陆法和上启自称司徒，上怪之。王褒曰："法和既有道术，容或先知。"戊申，上就拜法和为司徒。

己酉，魏侍中宇文仁恕来聘。会齐使者亦至江陵，帝接仁恕不及齐使，仁恕归，以告太师泰。帝又请据旧图定疆境，辞颇不逊，泰曰："古人有言，'天之所弃，谁能兴之'，其萧绎之谓乎！"荆州刺史长孙俭屡陈攻取之策，泰征俭入朝，问以经略，复命还镇，密为之备。马伯符密使告帝，帝弗之信。

州道出兵，常山王高演从晋州出兵夹攻山胡，大败山胡人，男子十三岁以上都被杀死，女子和小孩用来赏赐军人，终于平定了石楼。石楼地势极为险要，自从北魏开国以来历代皇帝都到不了这个地方，于是远近山胡没有不被慑服的。北齐有个都督作战受了伤，护卫他的部属什长路晖礼没有救他，高洋命令剖开路晖礼的肚子，掏出他的五脏，让其他九个人分了吃，把肉和内脏污秽的东西都吃光。从这以后，高洋就开始酷虐逞威。

陈霸先领兵从丹徒渡江，围攻广陵，秦州刺史严超达从秦郡进兵围攻泾州，南豫州刺史侯瑱、吴郡太守张彪，都同时出兵石梁，声援陈霸先。正月十四日辛丑，梁朝派晋陵太守杜僧明率领三千人增援东方白额。

西魏太师宇文泰开始制作九命典章，用来区分朝廷内外不同等级的官爵，改订了不入品级的小吏也为九级。

西魏国主元钦，自从元烈死后，颇有怨言，密谋诛杀太师宇文泰，临淮王元育、广平王元赞流泪苦谏，元钦不听。宇文泰的几个儿子都年幼，他哥哥的儿子章武公宇文导、中山公宇文护都在外担任重镇守将，在京师长安只有他的几个女婿是得力心腹，大都督清河公李基、义城公李晖、常山公于翼都担任武卫将军，分别掌管禁卫军。李基，是李远的儿子；李晖，是李弼的儿子；于翼，是于谨的儿子。因此西魏主元钦的谋划泄露，宇文泰废了元钦，安置在雍州，立他的弟弟齐王元廓为国主，除去年号，称元年，恢复姓氏为拓跋氏，凡改为单姓的九十九个鲜卑姓氏，全部恢复为原来的复姓。北魏立国之初，统辖三十六个小王国，鲜卑大姓部落有九十九个，其后大多被灭绝。宇文泰让各位将领中功劳最大的列出三十六个姓，次一等的列出了九十九个姓，各个将领所统属的士兵都改用主将的姓氏。

三月初一日丁亥，梁长沙王萧韶攻取巴郡。

三月十八日甲辰，梁朝任命王僧辩为太尉、车骑大将军。

三月二十一日丁未，北齐将领王球进攻宿预，杜僧明出击，大败王球，王球退回彭城。

郢州刺史陆法和在上表中自称司徒，梁元帝感到奇怪。王褒说：“陆法和既然有道术，也许是他预先知道要晋升司徒。”三月二十二日戊申，梁元帝就拜陆法和为司徒。

三月二十三日己酉，西魏侍中宇文仁恕出使梁朝，刚好碰上北齐使者也到了江陵，梁元帝接待宇文仁恕不如接待北齐使者隆重。宇文仁恕回到西魏，告诉了太师宇文泰。梁元帝又请求按旧时版图划定疆界，使用的措辞有些傲慢，宇文泰说：“古人说过，‘上天要抛弃的那个人，谁也不能把他扶起来’，说的就是萧绎这种人吧！”荆州刺史长孙俭多次上奏攻取江陵的策略，宇文泰把他召回朝廷询问执行的方略，

柔然可汗庵罗辰叛齐，齐主自将出击，大破之，庵罗辰父子北走。

太保安定王贺拔仁献马不甚骏，齐主拔其发，免为庶人，输晋阳负炭。

齐中书令魏收撰《魏书》，颇用爱憎为褒贬，每谓人曰："何物小子，敢与魏收作色！举之则使升天，按之则使入地！"既成，中书舍人卢潜奏"收诬罔一代，罪当诛"。尚书左丞卢斐、顿丘李庶皆言《魏史》不直。收启齐主云："臣既结怨强宗，将为刺客所杀。"帝怒，于是斐、庶及尚书郎中王松年皆坐谤史，鞭二百，配甲坊。斐、庶死于狱中，潜亦坐系狱。然时人终不服，谓之"秽史"。潜，度世之曾孙；斐，同之子；松年，遵业之子也。

夏，四月，柔然寇齐肆州，齐主自晋阳讨之，至恒州，柔然散走。帝以二千余骑为殿，宿黄瓜堆。柔然别部数万骑奄至，帝安卧，平明乃起，神色自若，指画形势，纵兵奋击；柔然披靡，因溃围而出。柔然走，追击之，伏尸二十余里，获庵罗辰妻子，虏三万余口，令都督善无高阿那肱帅骑数千塞其走路。时柔然军犹盛，阿那肱以兵少，请益，帝更减其半。阿那肱奋击，大破之。庵罗辰超越岩谷，仅以身免。

丙寅，上使散骑常侍庾信等聘于魏。

癸酉，以陈霸先为司空。

丁未，齐主复自击柔然，大破之。

庚戌，魏太师泰鸩杀废帝。

五月，魏直州人乐炽、洋州人黄国等作乱，开府仪同三司高平田弘、河南贺若敦讨之，不克。太师泰命车骑大将军李迁哲与敦共讨炽等，平之。仍与敦南出，徇地至巴州，巴州刺史牟安民降之，巴、濮之民皆附于魏。蛮酋向五子王陷白帝，迁哲击之，五子王遁去，迁哲追击，破之。泰以迁哲为信州刺史，镇白帝。信州先无储蓄，迁哲与军士共采葛根为粮，时有异味，辄分尝之，军士感悦。屡击叛蛮，破之，群蛮慑服，皆送粮饩，遣子弟入质。由是州境安息，军储亦赡。

然后让他回到原地镇守，命令他秘密做好出兵的准备。留在长安的梁朝旧臣马伯符秘密派人告诉了梁元帝，梁元帝却不相信。

柔然可汗庵罗辰反叛北齐，北齐国主高洋亲自出兵攻击，大败柔然，庵罗辰父子向北逃窜。

北齐太保安定王贺拔仁献给朝廷的马匹不太强壮，高洋拔掉他的头发，免去官职，发配到晋阳去做运炭的苦工。

北齐中书令魏收撰写的《魏书》，喜欢凭个人的爱恨来褒贬人物，常常对人说："你小子是什么东西，敢给我魏收脸色看！我一抬手使你上天，按一下让你入地！"《魏书》写完后，中书舍人卢潜上奏指控说："魏收写史书诬蔑了一代人，其罪该杀。"尚书左丞卢斐、顿丘人李庶都说魏收的《魏书》写得不公正。魏收上奏北齐国主高洋分辩说："我因为写史得罪了达官显贵，将遭到刺客谋杀。"高洋大怒，于是卢斐、李庶，以及尚书郎中王松年都以诽谤史书被判罪鞭打二百，发配到甲坊做苦工。卢斐、李庶死在狱中，卢潜也被判罪坐牢。然而当时的人都不服，称之为"秽史"。卢潜，是卢度世的曾孙；卢斐，是卢同的儿子；王松年，是王遵业的儿子。

夏季，四月，柔然侵扰北齐肆州，北齐国主高洋亲自从晋阳出兵讨伐，到达恒州，柔然溃散逃走。高洋率领两千多骑殿后，宿营在黄瓜堆。柔然的另一部落有几万骑兵突然袭来，高洋安稳卧床，天亮才起，神色自然，指挥部署，放开士兵奋勇攻击；柔然全线败退，高洋趁机突出重围。柔然败逃，高洋追击，柔然沿途丢下的尸体长达二十余里，俘获庵罗辰的妻儿，抓了三万多俘虏。高洋又命令都督善无人高阿那肱率领数千骑兵阻塞柔然人的退路，当时柔然的军队还很强盛，阿那肱认为自己兵少，请求增加兵力，高洋反而减了一半。阿那肱奋力出击，大败柔然。庵罗辰翻越岩谷，只身逃走。

四月十一日丙寅，梁元帝派散骑常侍庾信等出使西魏。

四月十八日癸酉，梁元帝任命陈霸先为司空。

丁未日，北齐国主高洋再次出击柔然，大败柔然。

五月二十五日庚戌，西魏太师宇文泰用鸩酒毒杀了废帝元钦。

五月，西魏直州人乐炽、洋州人黄国等人反叛，开府仪同三司高平人田弘、河南贺若敦率军征讨，不能取胜。太师宇文泰命令车骑大将军李迁哲增援贺若敦共同讨伐乐炽，平定了叛乱。李迁哲与贺若敦乘胜向南进军，攻城略地直到巴州，巴州刺史牟安民投降了西魏，巴、濮民众都归附了西魏。蛮人首长向五子王攻占了白帝城，李迁哲进兵攻击，五子王逃走，李迁哲追击，打败了五子王。宇文泰任命李迁哲为信州刺史，镇守白帝城。信州原来没有存粮，李迁哲与士兵一同采集葛根作食粮，偶然得到好一点的食物，就拿来分给士兵一同享用，士兵都很感动，乐为所用。

柔然乙旃达官寇魏广武，柱国李弼遣击，破之。

广州刺史曲江侯勃，自以非上所授，内不自安；上亦疑之。勃启求入朝；五月，乙巳，上以王琳为广州刺史，勃为晋州刺史。上以琳部众强盛，又得众心，故欲远之。琳与主书广汉李膺厚善，私谓膺曰：“琳，小人也，蒙官拔擢至此。今天下未定，迁琳岭南，如有不虞，安得琳力！窃揆官意不过疑琳，琳分望有限，岂与官争为帝乎！何不以琳为雍州刺史，镇武宁，琳自放兵作田，为国御捍。”膺然其言而弗敢启。

散骑郎新野庾季才言于上曰：“去年八月丙申，月犯心中星，今月丙戌，赤气干北斗。心为天王，丙主楚分，臣恐建子之月有大兵入江陵，陛下宜留重臣镇江陵，整旆还都以避其患。假令魏虏侵蹙，止失荆、湘，在于社稷，犹得无虑。”上亦晓天文，知楚有灾，叹曰：“祸福在天，避之何益！”

六月，壬午，齐步大汗萨将兵四万趣泾州，王僧辩使侯瑱、张彪自石梁引兵助严超达拒之，瑱、彪迟留不进。将军尹令思将万余人谋袭盱眙。齐冀州刺史段韶将兵讨东方白额于宿预，广陵、泾州皆来告急，诸将患之。韶曰：“梁氏丧乱，国无定主，人怀去就，强者从之。霸先等外托同德，内有离心，诸君不足忧，吾揣之熟矣！”乃留仪同三司敬显携等围宿预，自引兵倍道趣泾州，途出盱眙。令思不意齐师猝至，望风退走。韶进击超达，破之，回趣广陵，陈霸先解围走。杜僧明还丹徒，侯瑱、张彪还秦郡。吴明徹围海西，镇将中山郎基固守，削木为箭，翦纸为羽，围之十旬，卒不能克而还。

柔然帅余众东徙，且欲南寇，齐主帅轻骑邀之于金川。柔然闻之，远遁，营州刺史灵丘王峻设伏击之，获其名王数十人。

邓至羌檐桁失国，奔魏，太师泰使秦州刺史宇文导将兵纳之。

齐段韶还至宿预，使辩士说东方白额，白额开门请盟，因执而斩之。

因此每次攻击反叛的蛮人，都能打胜仗，各部落的蛮人都降服了，纷纷送来粮食，派来子弟作人质。州境因而安定下来，军粮储备也丰富起来。

柔然乙旃达官侵扰西魏广武，柱国李弼出兵追击，大败柔然。

广州刺史曲江侯萧勃，认为自己不是梁元帝任命的刺史，内心很不安定；梁元帝也猜疑他。萧勃上表请求入朝；五月二十日乙巳，梁元帝任命王琳为广州刺史，萧勃为晋州刺史。梁元帝因为王琳部众强盛，王琳又很得军心，所以想把他打发到远远的边地。王琳与梁元帝主书广汉人李膺关系亲密，他就私下对李膺说："我王琳是个小人物，承蒙皇上提拔有了今天的地位。如今天下还没有平定，迁移我到岭南，如有不测，怎能得到我效力呢？我个人揣测不过是皇上疑心我，我的名分和声望有限，怎么敢与皇上争夺帝位呢？何不任用我为雍州刺史，镇守武宁，我安排士兵耕田，为国家守卫边疆。"李膺认为王琳说得对，但没敢启奏梁元帝。

散骑郎新野人庾季才进言梁元帝说："去年八月初六日丙申，月亮穿过心宿中星，本月丙戌五月初一日有赤气犯北斗。心宿是天帝的正位，天干中的丙主管楚地的分野，臣担心十一月会有大兵侵犯江陵，陛下应当留一位重臣镇守江陵，自己整顿仪仗军队回到建康都城回避灾难。假如西魏军队侵犯逼迫，失掉只是荆湘，对于国家，还不是什么大的忧虑。"梁元帝也通晓天文，知道楚地有兵灾，叹息说："祸福既然由天定，躲避它有什么用呢。"

六月二十七日壬午，北齐步大汗萨领兵四万进军泾州，王僧辩派侯瑱、张彪从石梁出发，援助严超达抗拒北齐兵。侯瑱、张彪拖延不进兵。梁将尹令思领兵万余人策划袭击盱眙。北齐冀州刺史段韶率军到宿预攻打东方白额，广州、泾州守将都来告急，诸将都很忧虑。段韶说："梁朝动乱衰败，国家没有确定的君主，人人心怀二意，谁强大就依附谁。陈霸先等表面上同心同德，内里却离心离德，诸位将领不用忧虑，我对梁朝局势揣摸透了。"于是留下仪同三司敬显携等围攻宿预，亲自领兵倍道兼程奔赴泾州，途经盱眙。尹令思没想到北齐军队突然杀来，望风退走。段韶进兵攻击严超达，打败了严超达，然后回军指向广陵，陈霸先解围退走。杜僧明还军丹徒，侯瑱、张彪回到秦郡。梁将吴明徹围攻海西县，镇将中山人郎基坚守，削木为箭，剪纸为羽，围攻了一百天，始终没有攻克，只好退兵。

柔然首领率领残余部众向东迁移，找机会向南侵犯。北齐国主高洋率领轻骑在金川截击，柔然听到消息，远远逃窜，营州刺史灵丘人王峻设下埋伏袭击柔然，俘获柔然名王数十人。

邓至羌人檐桁失掉了国家政权，逃奔西魏，太师宇文泰派秦州刺史宇文导领兵接纳了檐桁。

北齐段韶回师宿预，派了一位能言之士劝说东方白额，东方白额打开城门订立

秋，七月，庚戌，齐主还邺。

魏太师泰西巡，至原州。

八月，壬辰，齐以司州牧清河王岳为太保，司空尉粲为司徒，太子太师侯莫陈相为司空，尚书令平阳王淹录尚书事，常山王演为尚书令，中书令上党王涣为左仆射。

乙亥，齐仪同三司元旭坐事赐死。丁丑，齐主如晋阳。齐主之未为魏相也，太保、录尚书事平原王高隆之常侮之，及将受禅，隆之复以为不可，齐主由是衔之。崔季舒谮“隆之每见诉讼者辄加哀矜之意，以示非己能裁”。帝禁之尚书省。隆之尝与元旭饮，谓旭曰：“与王交，当生死不相负。”人有密言之者，帝由是发怒，令壮士筑百余拳而舍之，辛巳，卒于路。久之，帝追忿隆之，执其子慧登等二十人于前，帝以鞭叩鞍，一时头绝，并投尸漳水；又发隆之冢，出其尸，斩截骸骨焚之，弃于漳水。

齐主使常山王演、上党王涣、清河王岳、平原王段韶帅众于洛阳西南筑伐恶城、新城、严城、河南城。九月，齐主巡四城，欲以致魏师，魏师不出，乃如晋阳。

魏宇文泰命侍中崔猷开回车路以通汉中。

（以上为第三段，写南北朝三国政务。梁元帝志大才疏，残刻猜忌，内外政务皆误：内忌良将王琳疏之于边，外交密于北齐而疏于西魏，既结怨近邻又错失收复江北失地的良机。西魏宇文泰西巡安定后方，而备战向南。北齐高洋有雄主之风，身临战阵，威服北疆，破柔然，降山胡，而内政酷烈，屠功臣，剥黎民，故而梁朝虽衰乱，而齐境江北之民仍心系梁朝。）

帝好玄谈，辛卯，于龙光殿讲《老子》。

曲江侯勃迁居始兴，王琳使副将孙玚先行据番禺。

乙巳，魏遣柱国常山公于谨、中山公宇文护、大将军杨忠将兵五万入寇，冬，十月，壬戌，发长安。长孙俭问谨曰：“为萧绎之计，将如之何？”谨曰：“耀兵汉、沔，席卷渡江，直据丹杨，上策也；移郭内居民退保子城，峻其陴堞，以待援军，中策也；若难于移动，据守罗郭，下

投降盟约，段韶趁机抓获东方白额，把他杀了。

秋季，七月二十日庚戌，北齐国主高洋回到邺城。

西魏太师宇文泰巡视国境西部，到达原州。

八月，壬辰日，北齐任命司州牧清河王高岳为太保、司空尉粲为司徒、太子太师侯莫陈相为司空、尚书令平原王高淹录尚书事、常山王高演为尚书令、中书令上党王高涣为左仆射。

[八月十六日庚午]，北齐仪同三司元旭因罪被赐死。八月二十三日丁丑，北齐国主高洋到晋阳。当高洋还没做东魏丞相的时候，太保、录尚书事平原王高隆之时常欺负他，等高洋受禅登帝位的时候高隆之又认为不可以，高洋心里十分怀恨高隆之。崔季舒乘机打小报告说高隆之的坏话。崔季舒说："高隆之每次审问案件，都对被告表现出同情体恤的样子，暗示这不是自己能够裁决的。"高洋就把高隆之抓起来关闭在尚书省。高隆之曾经与元旭一起饮酒，对元旭说："与大王您交往，我生死都不会辜负你。"有人把这话告诉了高洋，高洋更加大怒，派武士狠狠打了高隆之一百多拳，放了他。八月二十七日辛巳，高隆之死在路上。过了很久，高洋还在追恨高隆之，把高隆之的儿子高慧登兄弟二十人抓到跟前，高洋用鞭子打马鞍为号令，当时把他们全都杀死，投尸到漳水中；又挖开高隆之的坟墓，取出尸骨，剁成骨块用火焚烧，把骨灰洒在漳水中。

北齐文宣帝高洋派常山王高演、上党王高涣、清河王高岳、平原王段韶等人率领军队在洛阳城西南修筑了伐恶城、新城、严城、河南城等四个军戍城堡。九月，高洋巡视四城，想引诱西魏出兵来攻击，西魏没有出兵，高洋便到了晋阳。

西魏宇文泰命令侍中崔猷开拓两车并行的双车大道通往汉中。

梁元帝爱好玄学清谈。九月初八日辛卯，在龙光殿讲《老子》。

梁曲江侯萧勃奉命迁居始兴，王琳派副将孙玚为先锋接收番禺。

九月二十二日乙巳，西魏派柱国常山公于谨、中山公宇文护、大将军杨忠等人领兵五万侵犯梁朝。十月初九日壬戌，西魏兵从长安出发。长孙俭问于谨说："假如站在萧绎的立场，应当用什么计谋来对付？"于谨说："如果萧绎陈兵在汉水、沔水一带布防，从江陵收拾行装渡过长江，径直占据丹杨，这是上策；把江陵外城军民

策也。”俭曰：“揣绎定出何策？”谨曰：“下策。”俭曰：“何故？”谨曰：“萧氏保据江南，绵历数纪，属中原多故，未遑外略；又以我有齐氏之患，必谓力不能分。且绎懦而无谋，多疑少断，愚民难与虑始，皆恋邑居，所以知其用下策也！”

癸亥，武宁太守宗均告魏兵且至，帝召公卿议之。领军胡僧祐、太府卿黄罗汉曰：“二国通好，未有嫌隙，必应不尔。”侍中王琛曰：“臣揣宇文容色，必无此理。”乃复使琛使魏。丙寅，于谨至樊、邓，梁王詧帅众会之。辛卯，帝停讲，内外戒严。王琛至石梵，未见魏军，驰书报黄罗汉曰：“吾至石梵，境上帖然，前言皆儿戏耳。”帝闻而疑之。庚午，复讲，百官戎服以听。

辛未，帝使主书李膺至建康，征王僧辩为大都督、荆州刺史，命陈霸先徙镇扬州。僧辩遣豫州刺史侯瑱帅程灵洗等为前军，兖州刺史杜僧明帅吴明彻等为后军。甲戌，帝夜登凤皇阁，徙倚叹息曰：“客星入翼、轸，今必败矣！”嫔御皆泣。

陆法和闻魏师至，自郢州入汉口，将赴江陵。帝使逆之曰：“此自能破贼，但镇郢州，不须动也！”法和还州，垩其城门，著衰绖，坐苇席，终日，乃脱之。

十一月，帝大阅于津阳门外，遇北风暴雨，轻辇还宫。癸未，魏军济汉，于谨令宇文护、杨忠帅精骑先据江津，断东路。甲申，护克武宁，执宗均。是日，帝乘马出城行栅，插木为之，周围六十余里。以领军将军胡僧祐都督城东诸军事，尚书右仆射张绾为之副，左仆射王褒都督城西诸军事，四厢领直元景亮为之副；王公已下各有所守。丙戌，命太子巡行城楼，令居人助运木石。夜，魏军至黄华，去江陵四十里，丁亥，至栅下。戊子，嶲州刺史裴畿、畿弟新兴太守机、武昌太守朱买臣、衡阳太守谢答仁开枇杷门出战，裴机杀魏仪同三司胡文伐。畿，之高之子也。

集中到内城防守，修缮加高内城的城墙碉楼，等待援军，这是中策。如果不想移动，在外城防守，这是下策。”长孙俭说：“你估量萧绎采用上中下哪一条计策？”于谨说：“下策。”长孙俭说：“为什么？”于谨说：“萧氏梁朝割据江南，已经延续了几十年，正好这时中原多事，没来得及向外扩张；现今萧绎认为我们有北齐为患，一定不会分兵去打他的主意。再说，萧绎懦弱没有谋略，疑心重少决断，百姓没有智慧为国家深谋远虑，只会一味地留恋故乡旧居，所以推知他们会采用下策！”

十月初十日癸亥，武宁太守报告梁元帝，西魏兵即将到来，梁元帝召集公卿大臣讨论这个情况。领军胡僧佑、太府卿黄罗汉说：“两国往来友好，没有嫌隙，应该不会这样。”侍中王琛说：“臣下在长安观察宇文泰的神色，没看出他有出兵犯境的意思。”便再次派王琛出使西魏打探。十月十三日丙寅，于谨进兵到达樊城、邓县，梁王萧詧领兵会合。[十月十四日丁卯]，梁元帝停讲《老子》，发布都城内外的戒严令。王琛到了石梵，没有发现西魏军，快马向黄罗汉通报说：“我已到达石梵，境上十分安静，前些日说西魏军侵犯简直是儿戏。”梁元帝听了半信半疑。十月十七日，重新开讲《老子》，文武百官穿着戎装听讲。

十月十八日辛未，梁元帝派主书李膺到建康，征召王僧辩为大都督、荆州刺史，命陈霸先移军到扬州镇守。王僧辩派豫州刺史侯瑱率领程灵洗等将领为先锋，兖州刺史杜僧明率领吴明徹等将领为后军。十月二十一日甲戌，梁元帝夜里登上凤凰阁，来回踱步，叹息说：“客星侵犯翼宿、轸宿，这次注定要失败。”嫔妃禁卫都在哭泣。

陆法和听到西魏军来犯，从郢州进兵到汉口，打算赶赴江陵。梁元帝派使者拦住他说：“江陵这里自己有能力打败敌人，你只须镇守郢州，不要兴师动众。”陆法和回到郢州，用白色涂在墙门上，自己穿上丧服，坐在苇席，过了整整一天，才又脱了。

十一月，梁元帝在津阳门外大阅兵，碰上刮北风，下暴雨，只好乘坐轻便车回到宫里。十一月初一日癸未，西魏军渡过汉水，于谨命令宇文护、杨忠率领精锐骑兵先行占据汉水上的渡口，切断梁元帝向东的退路。十一月初二日甲申，宇文护攻占武宁，抓获了宗均。这一天，梁元帝乘马出城布置栅栏，插木修建，环绕江陵城达六十余里。命令领军将军胡僧佑都督城东诸军事，尚书右仆射张绾为副将；命令左仆射王褒都督城西诸军事，四厢领直元景亮为副将；王公以下都分配有守备任务。十一月初四日丙戌，命令太子巡行城楼，命令城内居民协助军队搬运木石。当夜，西魏军行进到黄华，离江陵四十里。十一月初五日丁亥，西魏军抵达梁军栅寨。十一月初六日戊子，巂州刺史裴畿、畿弟新兴太守裴机、武昌太守朱买臣、衡阳太守谢答仁打开枇杷门出兵交战，裴机杀死西魏仪同三司胡文伐。裴畿，是裴之高的儿子。

帝征广州刺史王琳为湘东刺史，使引兵入援。丁酉，栅内火，焚数千家及城楼二十五，帝临所焚楼，望魏军济江，四顾叹息。是夜，遂止宫外，宿民家，己亥，移居祇洹寺。于谨令筑长围，中外信命始绝。

庚子，信州刺史徐世谱、晋安王司马任约等筑垒于马头，遥为声援。是夜，帝巡城，犹口占为诗，群臣亦有和者。帝裂帛为书，趣王僧辩曰："吾忍死待公，可以至矣！"壬寅，还宫；癸卯，出长沙寺。戊申，王褒、胡僧祐、朱买臣、谢答仁等开门出战，皆败还。己酉，帝移居天居寺；癸丑，移居长沙寺。朱买臣按剑进曰："唯斩宗懔、黄罗汉，可以谢天下！"帝曰："曩实吾意，宗、黄何罪！"二人退入众中。

王琳军至长沙，镇南府长史裴政请间道先报江陵，至百里洲，为魏人所获。梁王詧谓政曰："我，武皇帝之孙也，不可为尔君乎？若从我计，贵及子孙；如或不然，腰领分矣。"政诡对曰："唯命。"詧锁之至城下，使言曰："王僧辩闻台城被围，已自为帝。王琳孤弱，不能复来。"政告城中曰："援兵大至，各思自勉。吾以间使被擒，当碎身报国。"监者击其口，詧怒，使速杀之。西中郎参军蔡大业谏曰："此民望也，杀之，则荆州不可下矣。"乃释之。政，之礼之子；大业，大宝之弟也。

时征兵四方，皆未至。甲寅，魏人百道攻城，城中负户蒙楯，胡僧祐亲当矢石，昼夜督战，奖励将士，明行赏罚，众咸致死，所向摧殄，魏不得前。俄而僧祐中流矢死，内外大骇。魏悉众攻栅，反者开西门纳魏师，帝与太子、王褒、谢答仁、朱买臣退保金城，令汝南王大封、晋熙王大圆质于于谨以请和。魏军之初至也，众以王僧辩子侍中顗可为都督，帝不用，更夺其兵，使与左右十人入守殿中；及胡僧祐死，乃用为都督城中诸军事。裴畿、裴机、历阳侯峻皆出降。于谨以机手杀胡文伐，并畿杀之。峻，渊猷之子也。时城南虽破，而城北诸将犹苦战，日暝，闻城陷，乃散。

梁元帝征调广州刺史王琳为湘东刺史，让他带兵救援。十一月十五日丁酉，栅栏内失火，烧毁了几千家民房和城墙上敌楼二十五座。梁元帝登上被烧毁的敌楼上，眼看着西魏军渡江，环顾四周叹息。当夜，梁元帝没有回宫，住宿在百姓家中。十一月十七日己亥，梁元帝移居祇洹寺。于谨下令在江陵四周修筑围墙，切断了江陵城内外的联系。

十一月十八日庚子，信州刺史徐世谱、晋安王司马任约等在马头修筑营垒，远远地声援。当夜梁元帝巡视城楼，还随口作诗，随从群臣中有人应和。梁元帝撕下衣帛写了一道诏书，催促王僧辩说："我忍着死亡的煎熬等待你，现在援兵应该到了啊！"十一月二十日壬寅，梁元帝回到宫中；十一月二十一日癸卯，梁元帝出宫到长沙寺。十一月二十六日戊申，王褒、胡僧佑、朱买臣、谢答仁等打开城门出战，全都战败回城。十一月二十七日己酉，梁元帝移居天居寺；十二月初一日癸丑，移居长沙寺。朱买臣提着剑进言梁元帝说："只有杀了宗懔、黄罗汉，才可以谢罪天下。"梁元帝说："先前定都江陵，实在是朕的心意，宗懔、黄罗汉有何罪过！"两人躲避退到群臣中。

王琳军进至长沙，镇南府长史裴政请求从小路先行报告江陵，到了百里洲，被西魏人抓获。梁王萧詧对裴政说："我是梁武帝的孙子，难道不可以作你的君主吗?听从我的计谋，使你的尊贵延及子孙；如果不同意，你的头颅要搬家。"裴政谎称："遵命。"萧詧把他铐起来，带到江陵城下，让他喊话，说："王僧辩听到皇城被包围，已经自己称了帝，王琳势单力薄，不敢来救。"裴政却告知城中军民说："援兵四面八方涌来，你们自己要奋力作战。我是来报信的密使被抓获，我应当粉身碎骨报效国家。"在旁监看他的人打他的嘴巴，萧詧大怒，喝令赶快杀死他。西中郎参军蔡大业谏阻说："这是民众敬仰的人，杀了他，那么荆州就难以攻下了。"便释放了他。裴政，是裴之礼的儿子；蔡大业，是蔡大宝的弟弟。

当时征调四方兵马，都没有到达。十二月初二日甲寅，西魏军从四面八方全线攻城，城中将士背负门板作楯牌，胡僧佑身先士卒，昼夜督战，奖励战士，赏罚分明，将士们都拼死作战，所向披靡，西魏军不能破城。不久，胡僧佑被乱箭射死，内外城军民都惊慌失措。西魏全军攻城，有反叛的人打开西门放进敌军，梁元帝与太子、王褒、谢答仁、朱买臣等人退入内城坚守，派汝南王萧大封、晋熙王萧大圆到于谨军中作人质，请求讲和。西魏军初到时，大家以为王僧辩的儿子侍中王颁可以出任都督，梁元帝没有任用他，反而削夺了他的兵力，让他带领十个人守卫皇宫；等到胡僧佑死后，才任命他为城中都督诸军事。裴畿、裴机、历阳侯萧峻等都出城投降。于谨因为裴机亲手杀了胡文伐，他就把裴机，以及裴畿一起杀死。萧峻，是萧渊猷的儿子。当时南城虽然被攻破，而北城诸将仍在苦战，当太阳落山时，听说

帝入东阁竹殿，命舍人高善宝焚古今图书十四万卷，将自赴火，宫人左右共止之。又以宝剑斫柱令折，叹曰："文武之道，今夜尽矣！"乃使御史中丞王孝祀作降文。谢答仁、朱买臣谏曰："城中兵众犹强，乘暗突围而出，贼必惊，因而薄之，可渡江就任约。"帝素不便走马，曰："事必无成，只增辱耳！"答仁求自扶，帝以问王褒，褒曰："答仁，侯景之党，岂足可信！成彼之勋，不如降也。"答仁又请守子城，收兵可得五千人，帝然之，即授城中大都督，配以公主。既而召王褒谋之，以为不可。答仁请入不得，欧血而去。于谨征太子为质，帝使王褒送之。谨子以褒善书，给之纸笔，乃书曰："柱国常山公家奴王褒。"有顷，黄门郎裴政犯门而出。帝遂去羽仪文物，白马素衣出东门，抽剑击阖曰："萧世诚一至此乎！"魏军士度堑牵其辔，至白马寺北，夺其所乘骏马，以驽马代之，遣长壮胡人手扼其背以行，逢于谨，胡人牵帝使拜。梁王詧使铁骑拥帝入营，囚于乌幔之下，甚为詧所诘辱。乙卯，于谨令开府仪同三司长孙俭入据金城。帝绐俭云："城中埋金千斤，欲以相赠。"俭乃将帝入城。帝因述詧见辱之状，谓俭曰："向聊相绐，欲言此耳，岂有天子自埋金乎！"俭乃留帝于主衣库。

帝性残忍，且惩高祖宽纵之弊，故为政尚严。及魏师围城，狱中死囚且数千人，有司请释之以充战士；帝不许，悉令棓杀之，事未成而城陷。

中书郎殷不害先于别所督战，城陷，失其母，时冰雪交积，冻死者填满沟堑，不害行哭于道，求其母尸，无所不至，见沟中死人，辄投下捧视，举体冻湿，水浆不入口，号哭不辍声，如是七日，乃得之。

十二月，丙辰，徐世谱、任约退戍巴陵。于谨逼帝使为书召王僧辩，帝不可。使者曰："王今岂得自由？"帝曰："我既不自由，僧辩亦不由我。"又从长孙俭求宫人王氏、荀氏及幼子犀首，俭并还之。或问："何意

南城被攻破，这才溃散。

梁元帝进入东阁竹殿，命令舍人高善宝烧毁了所藏古今图书共十四万卷，自己想投入火中，被身边的宫人拉住了。梁元帝又用宝剑坎石柱使宝剑折断，说："文武之道，今夜全完。"于是让御史中丞王孝祀写投降书。谢答仁、朱买臣劝谏说："城中兵力还很强大，趁夜色突围出去，敌人必然惊恐，趁势冲杀敌人，可以渡江去与任约会合。"梁元帝不会骑马，说："事情一定不会成功，只是白白地增加羞辱。"谢答仁请求亲自保护梁元帝出走，梁元帝把这事询问王褒，王褒说："谢答仁是侯景的同党，怎么能相信他。与其成全他的功劳，不如主动去求降。"谢答仁，又请求入皇宫守卫，收集散兵可得五千人，梁元帝同意了，立即授给他城中大都督，还答应把公主配给他为妻。过了一会儿，梁元帝召见王褒商议这件事，认为不可以。谢答仁请求入宫守卫最后没得到允许，气得吐血离开了。于谨征召太子为人质，梁元帝派王褒护送太子。于谨的儿子知道王褒写得一手好字，给他纸和笔，让他写道："柱国常山公家奴王褒。"过了一会儿，黄门郎裴政也开门逃走。梁元帝便撤去了皇帝仪仗、服饰，穿上一身白色衣服，乘着白马走出东门，拔出宝剑猛砍门框，说："我萧世诚竟然落到这个样子。"西魏士兵跨过壕堑去牵着梁元帝的马缰，走到白马寺的北边，抢走了梁元帝骑的骏马，换了一匹劣马，派了一个又高又壮的胡人抓住梁元帝的后背押着他走，路上碰到于谨，胡人拉着梁元帝让他向于谨行跪拜礼。梁王萧詧派铁甲骑士把梁元帝押送到自己的军营，被关闭在黑色帐幔中，承受萧詧的辱骂折磨。十二月十三日乙卯，于谨派开府仪同三司长孙俭进兵占据内城。梁元帝骗长孙俭说："城中埋了一千斤黄金，想要送给他。"长孙俭带着梁元帝进入内城。梁元帝这才告诉实情，不能忍受萧詧的诟辱，又说："刚才骗你，目的就是要向你说这些话，哪有天子自己埋金子的事啊。"长孙俭就把梁元帝安置在原藏衣的库房里。

梁元帝性情残忍，又鉴于梁武帝为政宽缓的弊病，所以为政严厉。等到西魏师围城时，狱中关押的死罪囚徒，有几千人，主管部门请求释放他们为士兵；梁元帝不允许，下令把他们全部用棍棒打死，这事还没来得及办而江陵城已被攻破。

中书郎殷不害原先在另一个地方督战，城破以后，不见了母亲，当时冰天雪地，冻死的人填满城内大小壕沟，殷不害一边哭，一边走，在路上找他母亲的尸体，所有的地方都找遍了，只要见到沟中有死人，他都要跳下去用木棒一个一个地翻看，他全身都湿透了，连一口水都不喝，悲哀痛哭不停止，这样找了七天，终于找到了母亲的尸体。

十二月十四日丙辰，徐世谱、任约退守巴陵。于谨逼迫梁元帝写信招降王僧辩，梁元帝不同意。逼迫梁元帝的使者说："大王现今哪里还有自由？"梁元帝说："我既然失去了自由，王僧辩也就不会听我的话。"梁元帝向长孙俭请求要宫人王氏、荀氏

焚书？”帝曰：“读书万卷，犹有今日，故焚之！”

庚申，齐主北巡，至达速岭，行视山川险要，将起长城。

辛未，帝为魏人所杀。梁王詧遣尚书傅准监刑，以土囊陨之。詧使以布帕缠尸，敛以蒲席，束以白茅，葬于津阳门外。并杀愍怀太子元良、始安王方略、桂阳王大成等。世祖性好书，常令左右读书，昼夜不绝，虽熟睡，卷犹不释，或差误及欺之，帝辄惊寤。作文章，援笔立就。常言：“我韬于文士，愧于武夫。”论者以为得言。

魏立梁王詧为梁主，资以荆州之地，延袤三百里，仍取其雍州之地。詧居江陵东城，魏置防主，将兵居西城，名曰助防，外示助詧备御，内实防之。以前仪同三司王悦留镇江陵。于谨收府库珍宝及宋浑天仪、梁铜晷表、大玉径四尺及诸法物；尽俘王公以下及选百姓男女数万口为奴婢，分赏三军，驱归长安，小弱者皆杀之。得免者三百余家，而人马所践及冻死者什二三。

魏师之在江陵也，梁王詧将尹德毅说詧曰：“魏虏贪婪，肆其残忍，杀掠士民，不可胜纪。江东之人涂炭至此，咸谓殿下为之。殿下既杀人父兄，孤人子弟，人尽仇也，谁与为国！今魏之精锐尽萃于此，若殿下为设享会，请于谨等为欢，预伏武士，因而毙之，分命诸将，掩其营垒，大歼群丑，俾无遗类。收江陵百姓，抚而安之，文武群寮，随材铨授。魏人慑息，未敢送死，王僧辩之徒，折简可致。然后朝服济江，入践皇极，晷刻之间，大功可立。古人云：‘天与不取，反受其咎。’愿殿下恢弘远略，勿怀匹夫之行。”詧曰：“卿此策非不善也，然魏人待我厚，未可背德。若遽为卿计，人将不食吾余。”既而阖城长幼被虏，又失襄阳，詧乃叹曰：“恨不用尹德毅之言！”王僧辩、陈霸先等共奉江州刺史晋安王方智为太宰，承制。

王褒、王克、刘瑴、宗懔、殷不害及尚书右丞吴兴沈炯至长安，太师泰皆厚礼之。泰亲至于谨第，宴劳极欢，赏谨奴婢千口及梁之宝物并

和小儿子萧犀首，长孙俭都给了梁元帝。有人问梁元帝："为什么要烧书？"梁元帝回答说："读了万卷书，仍落得现在这样的结局，所以烧了它。"

十二月十八日庚申，北齐国主高洋巡视北方，到了达速岭，在行进中察看山川险要，打算修筑长城。

十二月二十九日辛未，梁元帝被西魏人杀害。梁王萧詧派尚书傅准监督行刑，用装土的袋子把梁元帝压死。萧詧用布手巾缠尸，裹在蒲席里，再包上白茅草，埋葬在津阳门外。萧詧又杀了愍怀太子萧元良、始安王萧方略、桂阳王萧大成等。梁元帝生性爱好图书，经常让亲近的人给他读书，夜以继日，即使熟睡了，读书仍然不停，有时读错了，或者有意跳过去读，梁元帝随即惊醒。梁元帝写文章，拿起笔一挥而就，常常说："我是一个满腹经纶的文人，作为武人就十分惭愧。"评论他的人都说这个自我评价说得很恰当。

西魏立梁王萧詧为梁朝皇帝，把荆州地方割给他治理，方圆三百里，他原来占有的雍州襄樊地方则被换走。萧詧居住在江陵东城，西魏安置的城防军主居住在西城，叫作助防，其实名义上是说协助防守，实际是监视萧詧。西魏留下前仪同三司王悦镇守江陵。于谨没收了梁朝府库中的珍珠宝玉，以及刘宋制造的浑天仪、梁朝制造的铜晷表、四尺直径的大玉和其他器物；把王公以下的百官和挑选出来的男女平民数万口作为奴婢，分配奖励给西魏军人，驱赶他们随军士回到长安，幼小瘦弱的人，全部杀死。幸免于难的只有三百多家，却又被兵马践踏和冻死的占了两三成。

西魏兵停留在江陵的时候，梁王萧詧的部将尹德毅劝说萧詧："西魏兵贪得无厌，肆意滥杀无辜，抢掠士民，无法计数。江东民众，遭此劫难，都怪罪殿下。殿下既然杀了人家的父兄，使人家的子女成了孤儿，人人都仇恨你，还有谁来与你的国家效力。如今西魏的精锐都集中在这里，如果殿下摆下庆功宴会，请于谨等人来赴宴，预先埋伏勇士，趁机诛杀他们。分兵各位将领，袭击西魏军营，全歼敌军，不放走一个。收聚江陵百姓，抚慰安置，原有的文武百官，量才录用。西魏一定被震慑屏息，不敢轻易兴兵送死。王僧辩这些人，写一封信就可以招附。然后穿着朝服，渡过长江，进入建康，登上皇帝位，顷刻之间，大业就可告成。古人说：'天与不取，反受其咎。'希望殿下高瞻远瞩，不要满足于一个普通人看重的眼前利益。"萧詧说："你的策略不是不好，但是西魏待我很优厚，我不能忘恩负义。如果突然按你计谋行事，人们会唾弃我以至于连我的肉他们都不会吃。"不久，江陵全城老幼遭到掳掠，又丢了襄阳。萧詧才深深地叹息说："悔恨没有采用尹德毅的话。"王僧辩、陈霸先等人共同拥立江州刺史晋安王萧方智为太宰，承制。

王褒、王克、刘縠、宗懔、殷不害，以及尚书右丞吴兴人沈炯等人到了长安，太师宇文泰都以厚礼相待。宇文泰亲自到于谨的府第去，设宴慰劳，极度欢乐，赏

雅乐一部，别封新野公；谨固辞，不许。谨自以久居重任，功名既立，欲保优闲，乃上先所乘骏马及所著铠甲等。泰识其意，曰："今巨猾未平，公岂得遽尔独善！"遂不受。

是岁，魏秦州刺史章武孝公宇文导卒。

魏加益州刺史尉迟迥督六州，通前十八州，自剑阁以南，得承制封拜及黜陟。迥明赏罚，布威恩，绥辑新民，经略未附，华、夷怀之。

（以上为第四段，详载西魏覆灭梁朝江陵政权，掳获梁元帝事件始末。）

赐于谨一千口奴婢，以及梁朝宝物和雅乐一部，另加封新野公；于谨坚决推辞，不接受。于谨自以为长期担任要职，功名已经成就，想给自己剩一点悠闲的时间，就把自己原先骑的骏马，以及所用的铠甲等物献给了朝廷。宇文泰了解他的心意，说：“现今北齐这个大敌还没有平定，你怎么能突然去独享清福呢！”于是没有接受于谨的辞职。

这一年，西魏秦州刺史章武孝公宇文导去世。

西魏加官益州刺史尉迟迥都督六州，加上以前共十八州，从剑阁以南的地区，他可以承制自行封拜官爵，以及升迁降职。尉迟迥赏罚分明，布施恩惠，安抚归附的新增民众，开拓疆土招徕未附的民众，因此华夷各族都拥护他。

【点评】

梁元帝兄弟相残。梁元帝萧绎，克平侯景之乱，惩其恶而收降其将为己用，至于与其弟武陵王萧纪骨肉相残，得胜而灭其满门，盖两国相争尚可妥协，而内部相斗必分胜负，一山不能容二虎故也。自古以来，内讧残杀，其为祸也酷于敌国相争，唯此为最。

梁纪二十二

梁敬帝绍泰元年至太平元年（555—556年）

【起旃蒙大渊献（乙亥，555年），尽柔兆困敦（丙子，556年），凡二年】

【大事提要】

本卷载述公元555年至公元556年南北朝史事，凡二年，时当梁敬帝绍泰元年、太平元年，西魏恭帝二年、三年，北齐文宣帝天保六年、七年。梁朝再度发生政变，江南又一次全境陷入军阀混战，陈霸先在建康两次挫败北齐入侵，重建萧梁政权，大权独揽。西魏宇文氏受禅建立北周。北齐国势鼎盛，因国主高洋荒淫残暴，国势开始衰落。

【原文】

敬皇帝

绍泰元年（乙亥，555 年）

春，正月，壬午朔，邵陵太守刘棻将兵援江陵，至三百里滩，部曲宋文徹杀之，帅其众还据邵陵。

梁王詧即皇帝位于江陵，改元大定；追尊昭明太子为昭明皇帝，庙号高宗，妃蔡氏为昭德皇后；尊其母龚氏为皇太后，立妻王氏为皇后，子岿为皇太子。赏刑制度并同王者，唯上疏于魏则称臣，奉其正朔。至于官爵其下，亦依梁氏之旧，其勋级则兼用柱国等名。以谘议参军蔡大宝为侍中、尚书令，参掌选事；外兵参军太原王操为五兵尚书。大宝严整有智谋，雅达政事，文辞赡速，后梁主推心任之，以为谋主，比之诸葛孔明；操亦亚之。追赠邵陵王纶太宰，谥曰壮武；河东王誉丞相，谥曰武桓。以莫勇为武州刺史，魏永寿为巴州刺史。

湘州刺史王琳将兵自小桂北下，至蒸城，闻江陵已陷，为世祖发哀，三军缟素，遣别将侯平帅舟师攻后梁。琳屯兵长沙，传檄州郡，为进取之计。长沙王韶及上游诸将皆推琳为盟主。

齐主使清河王岳将兵攻魏安州，以救江陵。岳至义阳，江陵陷，因进军临江，郢州刺史陆法和及仪同三司宋莅举州降之；长史江夏太守王珉不从，杀之。甲午，齐召岳还，使仪同三司清都慕容俨戍郢州。王僧辩遣江州刺史侯瑱攻郢州，任约、徐世谱、宜丰侯循皆引兵会之。

辛丑，齐立贞阳侯渊明为梁主，使其上党王涣将兵送之，徐陵、湛海珍等皆听从渊明归。

二月，癸丑，晋安王至自寻阳，入居朝堂，即梁王位，时年十三。以太尉王僧辩为中书监、录尚书、骠骑大将军、都督中外诸军事，加陈霸先征西大将军，以南豫州刺史侯瑱为江州刺史，湘州刺史萧循为太尉，广州刺史萧勃为司徒，镇东将军张彪为郢州刺史。

齐主先使殿中尚书邢子才驰传诣建康，与王僧辩书，以为："嗣主冲藐，未堪负荷。彼贞阳侯，梁武犹子，长沙之胤，以年以望，堪保金陵，故置为梁主，纳于彼国。卿宜部分舟舰，迎接今主，并心一力，善建良

【语译】

敬皇帝

梁敬帝绍泰元年（乙亥，555 年）

春季，正月初一日壬午，梁邵陵太守刘棻领兵救援江陵，到达三百里滩，部将宋文徹杀了他，把军队带回邵陵占地自守。

梁王萧詧在江陵即皇帝位，改年号为大定；追尊昭明太子为昭明皇帝，庙号高宗，昭明太子妃蔡氏为昭德皇后；追尊自己的母亲龚氏为皇太后，册立妻王氏为皇后，立儿子萧岿为皇太子。赏罚制度按照帝王体制，只有上疏西魏朝廷时才称臣，使用西魏历法。官爵制度，则沿袭梁朝的旧制度，其中的功勋等级也兼用柱国等名号。任用谘议参军蔡大宝为侍中、尚书令，参与掌管吏部选拔用人事务，任命外兵参军太原人王操为五兵尚书。蔡大宝为人严谨清正，又有智谋，精通政务，文辞渊博敏捷，萧詧信任他，推心置腹，用他为谋主，把他比作诸葛孔明。王操精明能干，仅次于蔡大宝。追赠邵陵王萧纶为太宰，谥号为壮武；追赠河东王萧誉为丞相，谥号为武桓。任用莫勇为武州刺史，任用魏永寿为巴州刺史。

湘州刺史王琳领兵从小桂出发北下，到达蒸城时，听说江陵已被攻破，于是为世祖萧绎发丧举哀，三军将士身穿白色丧服，派一别将率领水军攻击后梁。王琳屯兵长沙，向各州郡发布檄文，着手制定攻取江陵的计划。长沙王萧韶，以及上游各州郡将领共推王琳为盟主。

北齐派清河王高岳领兵攻打西魏安州，用以救援江陵。高岳进兵到义阳，江陵城破，便进军到长江边。郢州刺史陆法和，以及仪同三司宋莅献出州城投降；郢州长史王珉不听从投降，被杀。正月十三日甲午，北齐召高岳回军，派仪同三司清都人慕容俨镇守郢州。王僧辩派江州刺史侯瑱攻击郢州，任约、徐世谱、宜丰侯萧循都领兵会合。

正月二十日辛丑，北齐立贞阳侯萧渊明为梁朝皇帝，派上党王高涣领兵护送萧渊明，徐陵、湛海珍等人都拥护萧渊明回归。

二月初二日癸丑，梁晋安王萧方智从寻阳抵达建康，进入朝堂，登上梁王王位，当时只有十三岁。梁王任命王僧辩为中书监、录尚书、骠骑大将军、都督中外诸军事，加官陈霸先为征西大将军，任命南徐州刺史侯瑱为江州刺史，任命湘州刺史萧循为太尉，任命广州刺史萧勃为司徒，任命镇东将军张彪为郢州刺史。

北齐国主高洋先派殿中尚书邢子才乘驿车到建康，送给王僧辩一封信，大意说："你们所立的皇帝继承人年幼，担不起治国重任。而贞阳侯萧渊明，是梁武帝的侄儿，梁武帝哥哥长沙王萧懿的儿子，无论是年龄和声望，都足以为继承人，有能力

图。”乙卯，贞阳侯渊明亦与僧辩书求迎。僧辩复书曰：“嗣主体自宸极，受于文祖。明公傥能入朝，同奖王室，伊、吕之任，佥曰仰归；意在主盟，不敢闻命。”甲子，齐以陆法和为都督荆、雍等十州诸军事、太尉、大都督、西南道大行台，又以宋莅为郢州刺史，莅弟簉为湘州刺史。甲戌，上党王涣克谯郡。己卯，渊明又与僧辩书，僧辩不从。

魏以右仆射申徽为襄州刺史。

侯平攻后梁巴、武二州，故刘棻主帅赵朗杀宋文徹，以邵陵归于王琳。

三月，贞阳侯渊明至东关，散骑常侍裴之横御之。齐军司尉瑾、仪同三司萧轨南侵皖城，晋州刺史萧惠以州降之。齐改晋熙为江州，以尉瑾为刺史。丙戌，齐克东关，斩裴之横，俘数千人；王僧辩大惧，出屯姑孰，谋纳渊明。

丙申，齐主还邺，封世宗二子孝珩为广宁王，延宗为安德王。

孙玚闻江陵陷，弃广州还，曲江侯勃复据有之。

魏太师泰遣王克、沈炯等还江南。泰得庾季才，厚遇之，令参掌太史。季才散私财，购亲旧之为奴婢者，泰问：“何能如是？”对曰：“仆闻克国礼贤，古之道也。今郢都覆没，其君信有罪矣，搢绅何咎，皆为皂隶！鄙人羁旅，不敢献言，诚窃哀之，故私购之耳。”泰乃悟曰：“吾之过也！微君，遂失天下之望！”因出令，免梁俘为奴婢者数千口。

夏，四月，庚申，齐主如晋阳。

五月，庚辰，侯平等擒莫勇、魏永寿。江陵之陷也，永嘉王庄生七年矣，尼法慕匿之，王琳迎庄，送之建康。

庚寅，齐主还邺。

王僧辩遣使奉启于贞阳侯渊明，定君臣之礼，又遣别使奉表于齐，以子显及显母刘氏、弟子世珍为质于渊明，遣左民尚书周弘正至历阳奉

保卫金陵，所以把他立为梁朝国主，送回他的国家，你们应该安排舟船，迎接现任的国主，同心协力，建设美好的未来。”二月初四日乙卯，贞阳侯萧渊明也写信给王僧辩，要求他迎接自己回国。王僧辩回信说：“皇位继承人晋安王是元帝的儿子，已经在文祖庙接受了帝位。你如果愿意回来，共同匡扶皇室，那么，商代的伊尹、周代的吕尚，他们所担任的丞相位置非你莫属；如果你回来的心意是做国主，我不敢听从你的命令。”二月十三日甲子，北齐任命陆法和为都督荆、雍等十州诸军事、太尉、大都督、西南道大行台，又任命宋莅为郢州刺史，任命宋莅的弟弟宋簉为湘州刺史。二月二十三日甲戌，北齐上党王高涣攻占了谯郡。二月二十八日己卯，萧渊明再次写信给王僧辩，王僧辩没有听从。

西魏任命右仆射申徽为襄州刺史。

侯平进攻后梁巴、武两州，已故刘棻的主帅赵朗杀了宋文彻，献出邵陵城归附王琳。

三月，贞阳侯萧渊明到达东关，梁朝散骑常侍裴之横抗拒迎击。北齐军司尉瑾、仪同三司萧轨向南进犯皖城，晋州刺史萧惠献出州城投降。北齐改晋州为江州，任命尉谨为刺史。三月初六日丙戌，北齐攻占了东关，杀了裴之横，俘获数千人；王僧辩非常恐慌，亲自带兵出都驻屯姑孰，考虑接纳萧渊明。

三月十六日丙申，北齐国主高洋回到邺城，封世宗高澄的两个儿子高孝珩为广宁王，高延宗为安德王。

孙玚听说江陵陷落，便放弃广州，回到湘州，曲江侯萧勃重新占据了广州。

西魏太师宇文泰派王克、沈炯等人回到江南。宇文泰得到庾季才，优礼相待，让他参掌太史。庾季才用自己的个人财产，赎回原先梁朝自己的被沦为奴婢的亲朋或同僚为自己的奴婢。宇文泰问：“为什么这样做？”庾季才回答说：“我听说灭人之国要礼遇被灭国的贤人，这是自古以来的道理。如今江陵沦陷，是国君的过失，士大夫有什么过错，全都沦为奴婢，我作客他乡，不敢说什么，我心里确实悲痛他们的不幸，所以私下拿钱赎他们。”宇文泰听了醒悟过来，说：“这是我的错误，没你这个明白的人提醒，就要失去天下的人心。”因此下令免除几千个梁朝俘虏的奴隶身份。

夏季，四月，北齐国主高洋到晋阳。

五月初一日庚辰，侯平等人俘获了后梁的莫勇、魏永寿。江陵沦陷时，梁朝永嘉王萧庄已经七岁了，尼姑法慕把他藏了起来，这时王琳接走萧庄送到建康。

五月十一日庚寅，北齐国主高洋回到邺城。

王僧辩派使者送信给贞阳侯萧渊明，明确了双方的君臣关系，另派使者送表章给北齐，把自己的儿子王显，以及王显的母亲刘氏、自己弟弟的儿子王世珍交给萧

迎，因求以晋安王为皇太子；渊明许之。渊明求度卫士三千，僧辩虑其为变，止受散卒千人。庚子，遣龙舟法驾迎之。渊明与齐上党王涣盟于江北，辛丑，自采石济江。于是梁舆南渡，齐师北返。僧辩疑齐，拥楫中流，不敢就西岸。齐侍中裴英起卫送渊明，与僧辩会于江宁。癸卯，渊明入建康，望朱雀门而哭，逆者以哭对。丙午，即皇帝位，改元天成，以晋安王为皇太子，王僧辩为大司马，陈霸先为侍中。

六月，庚戌朔，齐发民一百八十万筑长城，自幽州夏口西至恒州九百余里，命定州刺史赵郡王叡将兵监之。叡，琛之子也。

齐慕容俨始入郢州而侯瑱等奄至城下，俨随方备御，瑱等不能克；乘间出击瑱等军，大破之。城中食尽，煮草木根叶及靴皮带角食之，与士卒分甘共苦，坚守半岁，人无异志。贞阳侯渊明立，乃命瑱等解围，瑱还镇豫章。齐人以城在江外难守，因割以还梁。俨归，望齐主，悲不自胜。齐主呼前，执其手，脱帽看发，叹息久之。

吴兴太守杜龛，王僧辩之婿也。僧辩以吴兴为震州，用龛为刺史，又以其弟侍中僧愔为豫章太守。

壬子，齐主以梁国称藩，诏凡梁民悉遣南还。

丁卯，齐主如晋阳；壬申，自将击柔然。秋，七月，己卯，至白道，留辎重，帅轻骑五千追柔然，壬午，及之于怀朔镇。齐主亲犯矢石，频战，大破之，至于沃野，获其酋长及生口二万余，牛羊数十万。壬申，还晋阳。

八月，辛巳，王琳自蒸城还长沙。

齐主还邺，以佛、道二教不同，欲去其一，集二家论难于前，遂敕道士皆剃发为沙门；有不从者，杀四人，乃奉命。于是齐境皆无道士。

渊明作人质，派左民尚书周弘正到历阳迎接萧渊明，并要求立晋安王萧方智为皇太子，萧渊明同意了。萧渊明请求随身带领北方南下的三千名卫士，王僧辩考虑这么多人会生变乱，只接受一千名编外散兵为卫队。五月二十一日庚子，王僧辩派出龙船和皇帝仪仗迎接萧渊明。萧渊明与北齐上党王高涣在江北签订了盟约。五月二十二日辛丑，萧渊明从采石渡江。于是梁朝的皇帝车辆载着萧渊明南渡长江，北齐的军队回到北方。王僧辩怀疑北齐的诚意，把迎接的船只停在长江中流，不敢靠近西岸。北齐侍中裴英起护送萧渊明，在江宁与王僧辩会见。五月二十四日癸卯，萧渊明进入建康，望着朱雀门痛哭，迎接他的人也陪同他哭泣。五月二十七日丙午，萧渊明即皇帝位，改年号为天成，立晋安王为皇太子，任命王僧辩为大司马，陈霸先为侍中。

六月初一日庚戌，北齐征发民夫一百八十万修筑长城，从幽州夏口西起到恒州共九百多里，命令定州刺史赵郡王高叡领兵监督工程。高叡，是高琛的儿子。

北齐慕容俨刚刚进入郢州，而梁朝将领侯瑱等就攻杀到城下，慕容俨随机应变进行周密的防御，侯瑱等无法攻克；慕容俨抓住机会开门出击侯瑱，打败了侯瑱。城中粮食吃完，煮草木根叶，以及靴子的皮、皮带、牛角等为食物，慕容俨与士兵同甘共苦，坚守了半年，没有一个人怀有二心。贞阳侯萧渊明即位后，便命令侯瑱等解围，侯瑱回到豫章镇守。北齐考虑郢州在长江南岸很难守住，便割还给梁朝。慕容俨回到邺城，望着北齐国主高洋，痛哭不止。高洋把他叫到跟前，拉着他的手，摘下他的帽子看到他那稀疏的头发，叹息了很久。

梁朝吴兴太守杜龛，是王僧辩的女婿。王僧辩改吴兴郡为震州，任用杜龛为刺史，又任用自己的弟弟侍中王僧愔为豫章太守。

六月初三日壬子，北齐国主高洋考虑梁朝已经是北齐的藩国，于是下诏，凡是流落在北方的梁朝平民全都遣送回国。

六月十八日丁卯，北齐国主高洋到晋阳；六月二十三日壬申，高洋亲自率领军队出击柔然。秋季，七月初一日己卯，高洋进军到白道，留下辎重，率领轻骑五千追击柔然。七月初四日壬午，在怀朔镇追上了柔然，高洋身先士卒，连续发起攻击，大败柔然，又追击到沃野镇，俘获了柔然酋长和两万多民众，牛羊数十万头。[七月十四日壬辰]，回到晋阳。

八月，辛巳日，梁将王琳从蒸城率军回到长沙。

北齐文宣帝高洋回到邺城，考虑佛教与道教两教教义、教规都不相同，想排除其中的一个教，于是召集两教的学者当面辩论，然后下令所有道士都剃发当和尚；有不听从的，接连杀了四个人，道士们才接受了命令。这样一来，北齐境内没有道士了。

初，王僧辩与陈霸先共灭侯景，情好甚笃，僧辩为子頠娶霸先女，会僧辩有母丧，未成婚。僧辩居石头城，霸先在京口，僧辩推心待之，頠兄顗屡谏，不听。及僧辩纳贞阳侯渊明，霸先遣使苦争之，往返数四，僧辩不从。霸先窃叹，谓所亲曰："武帝子孙甚多，唯孝元能复仇雪耻，其子何罪，而忽废之！吾与王公并处托孤之地，而王公一旦改图，外依戎狄，援立非次，其志欲何所为乎！"乃密具袍数千领及锦彩金银为赏赐之具。

会有告齐师大举至寿春将入寇者，僧辩遣记室江旰告霸先，使为之备。霸先因是留旰于京口，举兵袭僧辩。九月，壬寅，召部将侯安都、周文育及安陆徐度、钱塘杜稜谋之。稜以为难，霸先惧其谋泄，以手巾绞稜，闷绝于地，因闭于别室。部分将士，分赐金帛，以弟子著作郎昙朗镇京口，知留府事，使徐度、侯安都帅水军趋石头，霸先帅马步自江乘罗落会之，是夜，皆发，召杜稜与同行。知其谋者，唯安都等四将，外人皆以为江旰征兵御齐，不之怪也。

甲辰，安都引舟舰将趣石头，霸先控马未进，安都大惧，追霸先骂曰："今日作贼，事势已成，生死须决，在后欲何所望！若败，俱死，后期得免斫头邪？"霸先曰："安都嗔我！"乃进。安都至石头城北，弃舟登岸。石头城北接冈阜，不甚危峻，安都被甲带长刀，军人捧之，投于女垣内，众随而入，进及僧辩卧室；霸先兵亦自南门入。僧辩方视事，外白有兵，俄而兵自内出。僧辩遽走，遇子頠，与俱出阁，帅左右数十人苦战于听事前，力不敌，走登南门楼，拜请求哀。霸先欲纵火焚之，僧辩与頠俱下就执。霸先曰："我有何辜，公欲与齐师赐讨？"且曰："何意全无备？"僧辩曰："委公北门，何谓无备？"是夜，霸先缢杀僧辩父子。既而竟无齐兵，亦非霸先之谲也。前青州刺史新安程灵洗帅所领救僧辩，力战于石头西门，军败；霸先遣使招谕，久之乃降。霸先深义之，以为兰陵太守，使助防京口。乙巳，霸先为檄布告中外，列僧辩罪状，且曰："资斧所指，唯王僧辩父子兄弟，其余亲党，一无所问。"

当初，王僧辩与陈霸先共同灭了侯景，两人交情深厚，王僧辩替儿子王頠聘陈霸先的女儿为妻，正赶上王僧辩母亲去世服丧，没有娶过来。王僧辩居住在石头城，陈霸先居住在京口，王僧辩推心置腹地对待陈霸先，王頠的哥哥王顗多次劝谏父亲要提防陈霸先，王僧辩没有听从。等到王僧辩接纳贞阳侯萧渊明，陈霸先派使者竭力争辩，往返多次，王僧辩不听。陈霸先私下叹息，对亲信说："梁武帝的子孙很多，只有孝元帝萧绎能报仇雪恨灭了侯景，他的儿子有什么罪过，却突然被废！我与王公一同接受了托孤的重任，而王公却一下子改变了主意，依靠外面的夷狄之邦，不依次序立了一个不该立的皇帝。"便暗中准备了锦袍数千件和锦缎金银等赏赐物品，准备起事。

正好这时有人报告北齐军队大批集中到达寿春将要侵犯梁朝，王僧辩派记室江旰通告陈霸先，让他做好准备。陈霸先借此机会把江旰扣留在京口，带兵袭击王僧辩。九月二十五日壬寅，陈霸先召集部将侯安都、周文育，以及安陆人徐度、钱塘人杜稜商议这件事。杜稜认为很困难，陈霸先害怕谋划泄露，用手巾勒杜稜的脖子，杜稜昏死在地上，就把他关闭在另一间房里。陈霸先部署将士，赏给他们金银和锦缎，派弟弟的儿子著作朗陈昙朗镇守京口，代管州府事务，派徐度、侯安都率领水军奔赴石头城，陈霸先率领骑兵和步兵到江乘县罗落桥会合。当天夜里，全军出发，陈霸先把杜稜带在身边一同行动。知道这次秘密行动的人，只有侯安都等四个将领，此外的人都认为是江旰来征调兵马去抵抗北齐，因此不感到奇怪。

九月二十七日甲辰，侯安都带领舟船准备奔赴石头城，陈霸先拉住马缰绳没有前行，侯安都大吃一惊，追到陈霸先跟前骂他说："今天谋叛，已经生米煮成熟饭，是生是死，必须立即做出决断，你落在后边指望什么！如果失败了，全都要死，你落在后边想保住脑袋吗？"陈霸先说："侯安都责怪我了！"于是策马带兵前进。侯安都到了石头城北面，下船上岸。石头城北边连着山冈高坡，不怎么高峻。侯安都穿着铠甲，手执长刀，由士兵们用手托着，抛到城墙的女墙内，士兵们随后跟进，进入城中摸到了王僧辩的卧室；陈霸先的军队也从南门进入石头城。王僧辩正在厅堂上办事，外面有人喊军队进城了，不一会儿有士兵从卧室冲了出来，王僧辩慌张地外逃，碰上儿子王頠，两人一起冲出阁门，带领几十个亲兵卫士在厅堂外庭院里与陈霸先的士兵苦战，寡不敌众，只好逃到南城墙的城楼上向陈霸先跪拜哀求。陈霸先打算放火烧城楼，王僧辩与儿子王頠只好走下城楼来束手就擒。陈霸先说："我有什么罪，你却要和北齐军一起讨伐我。"接着又说："既然北齐要兴兵进犯，你怎么一点防备都没有？"王僧辩说："我委任你防守北大门，怎么说没有防备？"当夜，陈霸先绞死了王僧辩父子。这事过后，竟然没有北齐军队犯境，报警的事也的确不是陈霸先耍的花招。前青州刺史新安人程灵洗率领本部兵来救王僧辩，在石头

丙午，贞阳侯渊明逊位，出就邸，百僚上晋安王表，劝进。冬，十月，己酉，晋安王即皇帝位，大赦，改元，中外文武赐位一等。以贞阳侯渊明为司徒，封建安公。告齐云："僧辩阴图篡逆，故诛之。"仍请称臣于齐，永为藩国。齐遣行台司马恭与梁人盟于历阳。

辛亥，齐主如晋阳。

（以上为第一段，写梁朝陈霸先借口王僧辩接纳萧渊明发动兵变，诛杀了梁朝中兴功臣王僧辩，更立梁朝皇帝，控制了梁朝政权，替自己篡位受禅奠定基石。）

壬子，加陈霸先尚书令、都督中外诸军事、车骑将军、扬、南徐二州刺史。癸丑，以宜丰侯循为太保，建安公渊明为太傅，曲江侯勃为太尉，王琳为车骑将军、开府仪同三司。

戊午，尊帝所生夏贵妃为皇太后，立妃王氏为皇后。

杜龛恃王僧辩之势，素不礼于陈霸先，在吴兴，每以法绳其宗族，霸先深怨之。及将图僧辩，密使兄子蒨还长城，立栅以备龛。僧辩死，龛据吴兴拒霸先，义兴太守韦载以郡应之。吴郡太守王僧智，僧辩之弟也，亦据城拒守。陈蒨至长城，收兵才数百人，杜龛遣其将杜泰将精兵五千奄至，将士相视失色。蒨言笑自若，部分益明，众心乃定。泰昼夜苦攻，数旬，不克而退。霸先使周文育攻义兴，义兴属县卒皆霸先旧兵，善用弩，韦载收得数十人，系以长锁，命所亲监之，使射文育军，约曰："十射不两中者死。"故每发辄毙一人，文育军稍却。载因于城外据水立栅，相持数旬。杜龛遣其从弟北叟将兵拒战，北叟败，归于义兴。霸先闻文育军不利，辛未，自表东讨，留高州刺史侯安都、石州刺史杜稜宿卫台省。甲戌，军至义兴，丙子，拔其水栅。

城西门奋力作战，结果战败；陈霸先派人劝他投降，过了好久才投降。陈霸先深深赞赏他的义举，任命他为兰陵太守，派他助防京口。九月二十八日乙巳，陈霸先向京师及各地州郡发布檄文，条列王僧辩的罪状，并且说：“刀兵指向，只是王僧辩父子兄弟几个人，其余亲朋党羽，一概不予追究。”

九月二十九日丙午，贞阳侯萧渊明退位，迁出皇宫住进官邸，文武百官上表劝晋安王萧方智即皇帝位。冬季，十月初二日己酉，晋安王萧方智即皇帝位，大赦天下，改年号为绍泰，文武百官加爵位一级。任命贞阳侯萧渊明为司徒，封建安公。遣使通告北齐，说：“王僧辩图谋篡位，所以杀了他。”仍然请求称臣于北齐，永为藩国。北齐派行台司马恭出使梁朝，双方在历阳签订了友好和约。

十月初四日辛亥，北齐国主高洋到晋阳。

十月初五日壬子，梁朝加官陈霸先尚书令、都督中外诸军事、车骑将军、扬州、南徐州二州刺史。十月初六日，任命宜丰侯萧循为太保，建安公萧渊明为太傅，曲江侯萧勃为太尉，王琳为车骑将军、开府仪同三司。

十月十一日戊午，梁敬帝萧方智尊自己的生母夏贵妃为皇太后，册立自己的妃子王氏为皇后。

杜龛依仗王僧辩的权势，一向对陈霸先无礼。杜龛在吴任职，他经常法办陈霸先的族人，陈霸先深深怀恨杜龛。等到将袭击王僧辩时，陈霸先秘密派哥哥的儿子陈蒨回到长城，修筑起栅栏防备杜龛。王僧辩死后，杜龛占据吴兴拒抗陈霸先，义兴太守韦载割据义兴响应杜龛。吴郡太守王僧智，是王僧辩的弟弟，也占据吴郡抗拒陈霸先。陈蒨到达长城，收集士兵才数百人，杜龛派他的将领杜泰领精兵五千人迅猛杀来，长城中的将士面面相觑，大惊失色。陈蒨谈笑风生，部署将士更为精明，军心才安定下来。杜泰日夜攻城，苦战了几十天，无法攻克。陈霸先派周文育攻义兴，义兴各县的守卫士兵，都是陈霸先的旧部，善于用箭，韦载召集了几十个人，用长铁链把们锁起来，韦载的亲信在旁监视，命令他们用弓箭射周文育的军队，规定：“射十支箭若不射中两人的人就被处死。”所以每射一箭差不多就要射死一个人，周文育的军队稍稍向后退却。韦载趁机在城外沿水壕岸竖立栅栏，相持了几十天。杜龛派他的堂弟杜北叟领兵抗击，结果战败，杜北叟逃回义兴。陈霸先听到周文育的军队作战失利，十月二十四日辛未，亲自上表领兵东征，留下高州刺史侯安都、石州刺史杜稜守卫皇城。十月二十七日甲戌，陈霸先进军到达义兴，十月二十九日，攻破了韦载的水上栅栏。

谯、秦二州刺史徐嗣徽从弟嗣先，僧辩之甥也。僧辩死，嗣先亡就嗣徽，嗣徽以州入于齐。及陈霸先东讨义兴，嗣徽密结南豫州刺史任约，将精兵五千乘虚袭建康，是日，袭据石头，游骑至阙下。侯安都闭门藏旗帜，示之以弱，令城中曰："登陴窥贼者斩！"及夕，嗣徽等收兵还石头。安都夜为战备，将旦，嗣徽等又至，安都帅甲士三百开东、西掖门出战，大破之，嗣徽等奔还石头，不敢复逼台城。

陈霸先遣韦载族弟翙赍书谕载，丁丑，载及杜北叟皆降，霸先厚抚之，以翙监义兴郡，引载置左右，与之谋议。霸先卷甲还建康，使周文育讨杜龛，救长城。

将军黄他攻王僧智于吴郡，不克，霸先使宁远将军裴忌助之。忌选所部精兵轻行倍道，自钱塘直趣吴郡，夜，至城下，鼓噪薄之。僧智以为大军至，轻舟奔吴兴。忌入据吴郡，因以忌为太守。

十一月，己卯，齐遣兵五千渡江据姑孰，以应徐嗣徽、任约。陈霸先使合州刺史徐度立栅于冶城。庚寅，齐又遣安州刺史翟子崇、楚州刺史刘士荣、淮州刺史柳达摩将兵万人于胡墅度米三万石、马千匹入石头。霸先问计于韦载，载曰："齐师若分兵先据三吴之路，略地东境，则时事去矣。今可急于淮南因侯景故垒筑城，以通东道转输，分兵绝彼之粮运，则齐将之首旬日可致。"霸先从之。癸未，使侯安都夜袭胡墅，烧齐船千余艘；仁威将军周铁虎断齐运输，擒其北徐州刺史张领州；仍遣韦载于大航筑侯景故垒，使杜稜守之。齐人于仓门、水南立二栅，与梁兵相拒。壬辰，齐大都督萧轨将兵屯江北。

初，齐平秦王归彦幼孤，高祖令清河昭武王岳养之，岳情礼甚薄，归彦心衔之。及显祖即位，归彦为领军大将军，大被宠遇；岳谓其德己，更倚赖之。岳屡将兵立功，有威名，而性豪侈，好酒色，起第于城南，听事后开巷。归彦谮之于帝曰："清河僭拟宫禁，制为永巷，但无阙耳。"帝由是恶之。帝纳倡妇薛氏于后宫，岳先尝因其姊迎之至第。帝夜

谯州、秦州两州刺史徐嗣徽的堂弟徐嗣先，是王僧辩的外甥。王僧辩死后，徐嗣先逃到徐嗣徽那里，徐嗣徽带着两州投降北齐。等到陈霸先东征讨伐义兴，徐嗣徽暗中联结南豫州刺史任约，领精兵五千趁着建康空虚乘机偷袭，当天攻占了石头城，巡游的骑兵直到台城下。侯安都关闭城门，收藏旗帜，表现出虚弱无备的样子，下令城中将士说："登上城楼侦察敌情的人处死！"太阳落山的时候，徐嗣徽收缩部队回到石头城。侯安都连夜做好出战的准备，天将亮时，徐嗣徽等人率领士兵来到台城跟前，侯安都还没等敌人攻城，率领精选甲士三百人，突然打开东西掖门出击，大败徐嗣徽军队，徐嗣徽等逃回石头城，不敢再逼近台城。

陈霸先派韦载的族弟韦翙带着信去劝说韦载。十一月三十日丁丑，韦载和杜北叟都投降了陈霸先，陈霸先优厚地招抚他们，任命韦翙监督义兴郡，把韦载留在身边，与他商议谋划军事。陈霸先率领全军迅速回到建康，派周文育征讨杜龛，救援长城。

陈霸先派将军黄他攻击吴郡的王僧智，没能攻下，陈霸先派宁远将军裴忌增援黄他。裴忌挑选自己部属的精兵倍道兼程，轻装行进，从钱塘直扑吴郡，在夜间到达吴郡城下，击鼓呐喊逼近诚墙。王僧智认为来了征讨大军，慌忙乘坐快船逃奔吴兴。裴忌进城占据了吴郡，陈霸先便任命裴忌为吴郡太守。

十一月初二日己卯，北齐派兵五千渡过长江占据姑孰，声援徐嗣徽、任约。陈霸先派合州刺史徐度在冶城竖立栅栏。[十一月初三日庚辰]，北齐又派安州刺史翟子泰、楚州刺史刘士荣、淮州刺史柳达摩等人领兵一万人从胡墅运米三万石、马一千匹进入石头城。陈霸先询问韦载破敌的计谋，韦载说："北齐军队如果分兵首先占据三吴的交通要道，向东扩展控制三吴地区，那么，大局就完了。当今应当迅速在淮南侯景过去驻军营垒的基础上，修缮筑城，控制交通要道，保证东边粮食运输的畅通，然后分兵切断敌人的运输粮道，那么，北齐将领的人头，只需十天就可砍下。"陈霸先采纳了这个策略。十一月初五日癸未，派侯安都在夜里攻击胡墅，烧毁北齐战船一千多艘；又派仁威将周铁虎切断了北齐军队的运输道路，俘获了北齐北徐州刺史张领州；再派出韦载到大航修复侯景原来的驻军营垒，派杜稜守护。北齐军队在尼门和秦淮河南岸建立了两座栅栏与梁军对抗。十一月十四日壬辰，北齐大都督萧轨率军进驻长江北岸。

当初，北齐平秦王高归彦从小是孤儿，北齐高祖高欢让清河昭武王高岳抚养，高岳对他薄情寡恩，高归彦怀恨在心。等到显祖高洋即皇帝位，高归彦当了领军大将军，深受宠爱和重用；高岳认为高归彦应当感戴自己，也更加依赖高归彦。高岳多次出战立功，有显赫的名声，但他性情豪爽奢侈，爱好酒色，在邺城南修建大宅第，厅堂后面开了一道长巷子。高归彦在高洋面前进谗言，他说："清河王高岳私自

游于薛氏家，其姊为其父乞司徒。帝大怒，悬其姊，锯杀之。让岳以奸，岳不服，帝益怒，乙亥，使归彦鸩岳。岳自诉无罪，归彦曰："饮之则家全。"饮之而卒，葬赠如礼。

薛嫔有宠于帝，久之，帝忽思其与岳通，无故斩首，藏之于怀，出东山宴饮。劝酬始合，忽探出其首，投于柈上，支解其尸，弄其髀为琵琶，一座大惊。帝方收取，对之流涕曰："佳人难再得！"载尸以出，被发步哭而随之。

甲辰，徐嗣徽等攻冶城栅，陈霸先将精甲自西明门出击之，嗣徽等大败，留柳达摩等守城，自往采石迎齐援。

以郢州刺史宜丰侯循为太保，广州刺史曲江侯勃为司空，并征入侍。循受太保而辞不入。勃方谋举兵，遂不受命。

镇南将军王琳侵魏，魏大将军豆卢宁御之。

十二月，癸丑，侯安都袭秦郡，破徐嗣徽栅，俘数百人。收其家，得其琵琶及鹰，遣使送之曰："昨至弟处得此，今以相还。"嗣徽大惧。丙辰，陈霸先对冶城立航，悉渡众军，攻其水南二栅。柳达摩等渡淮置陈，霸先督兵疾战，纵火烧栅，齐兵大败，争舟相挤，溺水者以千数，呼声震天地，尽收其船舰。是日，嗣徽与任约引齐兵水步万余人还据石头，霸先遣兵诣江宁，据要险。嗣徽等水步不敢进，顿江宁浦口，霸先遣侯安都将水军袭破之，嗣徽等单舸脱走，尽收其军资器械。

己未，霸先四面攻石头，城中无水，升水直绢一匹。庚申，达摩遣使请和于霸先，且求质子。时建康虚弱，粮运不继，朝臣皆欲与齐和，

模仿皇宫样式修了一条长巷，只差没有修建宫门了。”高洋从此憎恶高岳。高洋接纳倡妇薛氏到后宫，在这之前，高岳曾经通过薛氏的姐姐把薛氏接到府第过夜。高洋到薛氏家里过夜，薛氏的姐姐替她的父亲要官做司徒。高洋大怒，把薛氏的姐姐吊起来，锯为两截，杀了薛氏的姐姐。高洋斥责高岳奸淫薛氏，高岳不服，高洋更加愤怒。[十一月十一日己亥]，高洋派高归彦用鸩酒毒杀高岳，高岳申诉自己没有罪过，高归彦说：“你喝了这杯毒酒，才能保全你的家人。”高岳饮酒死亡，朝廷按藩王的葬仪安葬了他。

薛氏入宫做了妃子，很受高洋宠爱，过了很长一段时间。高洋忽然想起薛氏与高岳通奸，就无缘无故地砍了薛氏的人头，藏在自己的怀中，出城到东山宴饮。大家入席劝酒应酬正高兴的时候，高洋忽然从怀中取出人头，扔在菜盘子上，又把薛氏的尸体切成几大块，又把薛氏的盆骨当作琵琶弹弄，宴席的人都大为震恐。这时高洋又把薛氏的尸块收拢起来，对着尸骨流眼泪，说：“佳人难得。”让人用车子把薛氏尸体运出去，高洋披头散发，痛哭流涕，步行着跟在后边。

十一月十六日甲辰，徐嗣徽等人攻击梁军的冶城栅，陈霸先率领精锐甲士从西明门出击，大败徐嗣徽，徐嗣徽留下柳达摩守石头城，自己前往采石迎接北齐的援兵。

梁朝任命郢州刺史宜丰侯萧循为太保，广州刺史曲江侯萧勃为司空，同时征调两人到朝廷侍奉皇上。萧循接受了太保的职务，但找借口不到朝廷。萧勃正要起兵，所以没有接受任命。

梁朝镇南将军王琳侵扰西魏，西魏大将军豆卢宁领兵抗击。

十二月初七日癸丑，侯安都袭击秦郡打破了徐嗣徽的军营栅栏，俘获了几百人。侯安都抄了徐嗣徽的家，缴获了徐嗣徽玩弄的琵琶和老鹰，派使者送给徐嗣徽说：“昨天我到弟弟你家中，得了这些物件，今天把它们送还给你。”徐嗣徽非常恐惧。十二月初十日丙辰，陈霸先对着冶城搭了一座浮桥，全军渡过秦淮河，攻击徐嗣徽在秦淮河南岸控制大路口的两座栅栏。柳达摩等人也挥师渡过秦淮河摆开阵势迎战，陈霸先亲自督军猛烈进攻，放火烧栅栏，北齐兵大败，抢夺船只争相拥挤，落水淹死的人以千数计，喊杀声震天动地，北齐军的船只全部被缴获。当天，徐嗣徽与任约率领北齐水军和步兵一万多人从采石回到石头城据守。陈霸先派兵到江宁，占据了险要地势。徐嗣徽等人的一万多名水军和步兵不敢前进，屯驻在江宁的浦口。陈霸先派侯安都率领水军攻破了浦口的北齐军营，徐嗣徽等人乘了一只快船逃走，他的全部军资器械都被缴获。

十二月十三日己未，陈霸先从四面八方围攻石头城，城中缺水，达到一升水售价绢一匹。十二月十四日庚申，柳达摩派人向陈霸先请求讲和，要求陈霸先送儿子

请以霸先从子昙朗为质。霸先曰："今在位诸贤欲息肩于齐，若违众议，谓孤爱昙朗，不恤国家，今决遣昙朗，弃之寇庭。齐人无信，谓我微弱，必当背盟。齐寇若来，诸君须为孤力斗也！"乃与昙朗及永嘉王庄、丹杨尹王冲之子珉为质，与齐人盟于城外，将士恣其南北。辛酉，霸先陈兵石头南门，送齐人归北，徐嗣徽、任约皆奔齐。收齐马仗船米，不可胜计。齐主诛柳达摩。壬戌，齐和州长史乌丸远自南州奔还历阳。

江宁令陈嗣、黄门侍郎曹朗据姑孰反，霸先命侯安都等讨平之。霸先恐陈昙朗亡窜，自帅步骑至京口迎之。

交州刺史刘元偃帅其属数千人归王琳。

魏以侍中李远为尚书左仆射。

魏益州刺史宇文贵使谯淹从子子嗣诱说淹，以为大将军，淹不从，斩子嗣。贵怒，攻之，淹自东遂宁徙屯垫江。

初，晋安民陈羽，世为闽中豪姓，其子宝应多权诈，郡中畏服。侯景之乱，晋安太守宾化侯云以郡让羽，羽老，但治郡事，令宝应典兵。时东境荒馑，而晋安独丰衍，宝应数自海道出，寇抄临安、永嘉、会稽，或载米粟与之贸易，由是能致富强。侯景平，世祖因以羽为晋安太守。及陈霸先辅政，羽求传位于宝应，霸先许之。

是岁，魏宇文泰讽淮安王育上表请如古制降爵为公，于是宗室诸王皆降为公。

突厥木杆可汗击柔然邓叔子，灭之，叔子收其余烬奔魏。木杆西破哌哒，东走契丹，北并契骨，威服塞外诸国。其地东自辽海，西至西海，长万里，南自沙漠以北五六千里皆属焉。木杆恃其强，请尽诛邓叔子等于魏，使者相继于道；太师泰收叔子以下三千余人付其使者，尽杀之于青门外。

初，魏太师泰以汉、魏官繁，命苏绰及尚书令卢辩依《周礼》更定六官。

为人质。当时建康城内虚弱，粮食运输跟不上，公卿众臣都想与北齐和好，请求陈霸先派他的侄儿陈昙朗为质子。陈霸先说："今天在座各位大臣都想放下肩上的担子与北齐讲和，如果我违背大家的意愿，还认为是我爱惜陈昙朗，不顾国家大局。今天我下决心送陈昙朗为质，即便是丢弃给了敌人也在所不惜。北齐人不讲信义，认为我们人少力弱，一定会违背盟约。如果北齐敌人再来，那时诸位可就要为我拼死战斗。"陈霸先就送陈昙朗，以及永嘉王萧庄、丹杨尹王冲的儿子王珉等人去作人质。陈霸先和北齐人在石头城外订立盟约，双方任凭将士们投奔南方或北方。徐嗣徽、任约都投奔北齐。陈霸先收缴了北齐的战马、器械、舟船、粮米，不计其数。北齐国主高洋杀了柳达摩。十二月十六日壬戌，北齐和州长史乌丸远从南州逃回历阳。

梁朝江宁县令陈嗣、黄门侍郎曹朗占据姑孰反叛，陈霸先命令侯安都等人讨伐，平定了姑孰。陈霸先担心陈昙朗从北齐军中逃回，亲自率领步骑到京口迎接。

交州刺史刘元偃率领部属数千人归附王琳。

西魏任命尚书李远为尚书左仆射。

西魏益州刺史宇文贵派谯淹的侄子谯子嗣去劝说谯淹出任大将军，谯淹没有听从，杀了谯子嗣。宇文贵大怒，领兵攻击谯淹，谯淹被迫从遂宁向东迁移屯驻垫江。

当初，晋安郡豪民陈羽，世代都是闽中的豪门大族，他的儿子陈宝应为人奸诈，善于耍手腕，郡中人都害怕服从他。侯景叛乱，晋安太守宾化侯萧云把太守职位让给陈羽。陈羽年老，只管理郡中行政事务，让儿子陈宝应掌管军队。当时，梁朝东部边境正闹饥荒，但晋安郡却丰收有余粮，而陈宝应多次亲自从海路出兵去抢劫临安、永嘉、会稽等郡的财物，有时载着米粮去交易卖高价，因此晋安郡得以富强。侯景叛乱被平定后，世祖梁元帝萧绎任命陈羽为晋安太守。等到陈霸先辅政，陈羽请求把晋安太守的职位传给儿子陈宝应，陈霸先同意了。

这一年，西魏宇文泰暗示淮安王萧育主动上表请求按古代制度把王位封爵降为公爵，于是西魏皇室诸王都效法降为公爵。

突厥木杆可汗进攻柔然邓叔子，灭了柔然。邓叔子收集残余民众投奔西魏。木杆可汗又在西边攻破哌哒部落，东边打跑了契丹人，北边吞并了契骨部落，征服了塞外各个小国。突厥的国土，东边到达大海，西边到达西海，东西长万里，南边从大漠以北五六千里，这片广大的土地，都属于突厥控制。木杆可汗仗势国力强大，请求西魏杀灭邓叔子全部柔然民众，使者一个接一个地到西魏；宇文泰迫于压力便抓捕邓叔子以下三千多人交给突厥使者，全部杀害在青门外。

当初，西魏太师宇文泰认为汉朝、北魏的官制太繁杂，命令苏绰，以及尚书令卢辩按照《周礼》重新制订了设置六官的体制。

（以上为第二段，写陈霸先清剿王僧辩余党，梁朝东部全境陷入军阀大混战。北齐国主高洋威服北疆后，治政残暴，行止荒淫，对外亦不武。高洋未能抓住一鼓作气下江南的机会，北齐兵败建康，陈霸先站稳于江南。）

太平元年（丙子，556 年）

春，正月，丁丑，魏初建六官，以宇文泰为太师、大冢宰，柱国李弼为太傅、大司徒，赵贵为太保、大宗伯，独孤信为大司马，于谨为大司寇，侯莫陈崇为大司空。自余百官，皆仿《周礼》。

戊寅，大赦，其与任约、徐嗣徽同谋者，一无所问。癸未，陈霸先使从事中郎江旰说徐嗣徽使南归，嗣徽执旰送齐。

陈蒨、周文育合军攻杜龛于吴兴。龛勇而无谋，嗜酒常醉，其将杜泰阴与蒨等通。龛与蒨等战败，泰因说龛使降，龛然之。其妻王氏曰："霸先仇隙如此，何可求和！"因出私财赏募，复击蒨等，大破之。既而杜泰降于蒨，龛尚醉未觉，蒨遣人负出，于项王寺前斩之。王僧智与其弟豫章太守僧愔俱奔齐。

东扬州刺史张彪素为王僧辩所厚，不附霸先，二月，庚戌，陈蒨、周文育轻兵袭会稽，彪兵败，走入若邪山中，蒨遣其将吴兴章昭达追斩之。东阳太守留异馈蒨粮食，霸先以异为缙州刺史。

江州刺史侯瑱本事王僧辩，亦拥兵据豫章及江州，不附霸先。霸先以周文育为南豫州刺史，使将兵击湓城，庚申，又遣侯安都、周铁虎将舟师立栅于梁山，以备江州。

癸亥，徐嗣徽、任约袭采石，执戍主明州刺史张怀钧送于齐。

后梁主击侯平于公安，平与长沙王韶引兵还长沙。王琳遣平镇巴州。

三月，壬午，诏杂用古今钱。

戊戌，齐遣仪同三司萧轨、库狄伏连、尧难宗、东方老等与任约、徐嗣徽合兵十万入寇，出栅口，向梁山。陈霸先帐内荡主黄丛逆击，破之，齐师退保芜湖。霸先遣定州刺史沈泰等就侯安都，共据梁山以御之。周文育攻湓城，未克，召之还。夏，四月，丁巳，霸先如梁山巡抚诸军。

梁敬帝太平元年（丙子，556 年）

春季，正月初一日丁丑，西魏开始实行六官制度，任命宇文泰为太师、大冢宰，柱国李弼为太傅、大司徒，赵贵为太保、大宗伯，独孤信为大司马，于谨为大司寇，侯莫陈崇为大司空。其余百官，都按照《周礼》。

正月初二日戊寅，梁朝大赦天下，那些与任约、徐嗣徽同谋的人，一律不再追究。正月初七日癸未，陈霸先派从事中郎江旰劝说徐嗣徽回到南方，徐嗣徽抓捕了江旰，押送到北齐。

陈蒨、周文育在吴兴合兵攻击杜龛。杜龛勇猛而少谋略，嗜酒经常大醉，他的部将杜泰暗中与陈蒨等沟通。杜龛与陈蒨交战失败，杜泰趁机劝说杜龛投降，杜龛同意了。杜龛的妻子王氏说："你和陈霸先仇恨已深，怎么可以求和呢！"王氏随即拿出私人钱财赏赐招募勇士，再次出战攻击陈蒨等，大败了陈蒨。不久，杜泰开门投降了陈蒨，这时杜龛醉酒还没有醒过来。陈蒨派人把杜龛背出了城，在项王寺门前杀了他。王僧智和他的弟弟豫章太守王僧愔一起逃奔到北齐。

东扬州刺史张彪一向受到王僧辩的重用，不依附陈霸先。二月初五日庚戌，陈蒨、周文育率领轻装士兵偷袭会稽，张彪兵败，张彪逃进若邪山，陈蒨派部将吴兴人章昭达追击杀了他。东阳太守留异赠送粮食给陈蒨军队，陈霸先任命留异为缙州刺史。

江州刺史侯瑱原本追随王僧辩，也率军占据了豫章和江州，不依附陈霸先。陈霸先任命周文育为南豫州刺史，派他领兵攻击湓城。二月十五日庚申，又派侯安都、周铁虎率领水军在梁山竖立栅寨，用来防备江州。

二月十八日癸亥，徐嗣徽、任约袭击采石，抓获了采石军主明州刺史张怀钧押送到北齐。

后梁国主萧詧派兵在公安攻击侯平，侯平与长沙王萧韶率兵回到长沙。王琳派侯平镇守巴州。

三月初七日壬午，梁朝下诏兼用古今铜钱。

三月二十三日戊戌，北齐派仪同三司萧轨、库狄伏连、尧难宗、东方老等人与任约、徐嗣徽合兵十万进犯梁朝，从栅口出动，向梁山进军。陈霸先帐下荡主黄丛迎战，大败北齐军，北齐军退守芜湖。陈霸先派定州刺史沈泰等靠拢侯安都，共同据守梁山抗击北齐军。周文育进攻湓城，未能攻克，被征调回军。夏季，四月十三

乙丑，齐仪同三司娄叡讨鲁阳蛮，破之。

侯安都轻兵袭齐行台司马恭于历阳，大破之，俘获万计。

魏太师泰尚孝武妹冯翊公主，生略阳公觉；姚夫人生宁都公毓。毓于诸子最长，娶大司马独孤信女。泰将立嗣，谓公卿曰："孤欲立子以嫡，恐大司马有疑，如何？"众默然，未有言者。尚书左仆射李远曰："夫立子以嫡不以长，略阳公为世子，公何所疑！若以信为嫌，请先斩之。"遂拔刀而起。泰亦起，曰："何至于是！"信又自陈解，远乃止。于是群公并从远议。远出外，拜谢信曰："临大事不得不尔！"信亦谢远曰："今日赖公决此大议。"遂立觉为世子。

太师泰北巡。

五月，齐人召建安公渊明，诈许退师，陈霸先具舟送之。癸未，渊明疽发背卒。甲申，齐兵发芜湖，庚寅，入丹杨县，丙申，至秣稜故治。陈霸先遣周文育屯方山，徐度顿马牧，杜稜顿大航南以御之。

齐汉阳敬怀王洽卒。

辛丑，齐人跨淮立桥栅渡兵，夜至方山，徐嗣徽等列舰于青墩，至于七矶，以断周文育归路。文育鼓噪而发，嗣徽等不能制；至旦，反攻嗣徽。嗣徽骁将鲍砰独以小舰殿军，文育乘单舴艋与战，跳入舰中，斩砰，仍牵其舰而还。嗣徽众大骇，因留船芜湖，自丹杨步上。陈霸先追侯安都、徐度皆还。

癸卯，齐兵自方山进及倪塘，游骑至台，建康震骇，帝总禁兵出顿长乐寺，内外纂严。霸先拒嗣徽等于白城，适与周文育会。将战，风急，霸先曰："兵不逆风。"文育曰："事急矣，何用古法！"抽槊上马先进，风亦寻转，杀伤数百人。侯安都与嗣徽等战于耕坛南，安都帅十二骑突其陈，破之，生擒齐仪同三司乞伏无劳。霸先潜撤精卒三千配沈泰渡江，袭齐行台赵彦深于瓜步，获舰百余艘，粟万斛。

日丁巳，陈霸先到梁山视察安抚各路军队。

四月二十一日乙丑，北齐仪同三司娄叡征讨鲁阳蛮人，大获全胜。

侯安都率领轻装士兵进军历阳偷袭北齐行台司马恭，大败北齐军，俘获以万计。

西魏太师宇文泰娶孝武帝妹妹冯翊公主，生略阳公宇文觉；宇文泰的姚夫人生宁都公宇文毓。宇文毓在宇文泰的几个儿子中最年长，娶大司马独孤信的女儿为妻。宇文泰打算立嗣，对公卿大臣们说："我想立嫡子为继承人，担心大司马有意见，怎么办？"大臣们都沉默，没有说话。尚书左仆射李远说："确立继承人以嫡不以长，立略阳公为世子，你有什么疑虑！如果担心独孤信有意见，请先杀了他。"李远于是拔刀站了起来。宇文泰也站了起来，说："何至于这样呢！"独孤信随后表态，他没有为女婿宇文毓争立世子的想法，李远这才罢休。这时大家都赞同李远的建议。朝会散后，李远在外面向独孤信行礼道歉，说："面临大事的决断不能不这样。"独孤信也行礼道歉说："今天多亏你决定了这件大事。"宇文泰于是立宇文觉为世子。

西魏太师宇文泰巡视北边。

五月，北齐人召建安公萧渊明去会见，假称可以退兵。陈霸先准备了船只护送萧渊明。五月初九日癸未，萧渊明背上长出毒疮去世。五月初十日甲申，北齐军从芜湖出发；五月十六日庚寅，北齐军进入丹杨；五月二十二日丙申，北齐军到达秣稜旧县治所。陈霸先派周文育在方山扎营，徐度在马牧扎营，杜稜守卫大航南岸，等待北齐军来犯。

北齐汉阳敬怀王高洽去世。

五月二十七日辛丑，北齐军队横跨秦淮河两岸建造桥栅渡过兵卒，夜里到达方山，徐嗣徽等在长江水上排列兵船从表墩到七矶，切断周文育的退路。周文育击鼓呐喊进军，徐嗣徽等没有能力阻挡；到了天亮时分，周文育反攻徐嗣徽，徐嗣徽手下勇将鲍砰独自乘坐一只小船担任后卫，周文育也乘一只单人快船追上去与鲍砰交战，周文育一个箭步跳到鲍砰的船上杀死了鲍砰，接着把鲍砰的小船当作战利品捡了回去。徐嗣徽兵众看见后十分惊骇，只好把战船丢弃在芜湖，从丹杨上岸步行。陈霸先把侯安都、徐度两支军队追调回来抗击北齐军队。

五月二十九日癸卯，北齐军队从方山进军到倪塘，巡游骑兵前出到了台城墙下。建康城惊慌万分，梁敬帝统领宫廷禁卫军出皇宫进驻长乐寺，内外戒严。陈霸先率军在白城抵抗徐嗣徽等人，恰好与周文育会合。正要交战，骤起剧烈大风。陈霸先说："军队不能逆风作战。"周文育说："事情紧急，怎么能拘守古法？"说罢周文育便拿起一把槊跃上马背身先士卒冲上去，不一会儿大风转了向，周文育率领士兵杀死了几百个敌人。侯安都与徐嗣徽在耕坛南边交战，侯安都率领十二个骑兵冲入敌阵，打败了敌人，活捉了北齐仪同三司乞伏无劳。陈霸先暗中从战场上撤下三千名

六月，甲辰，齐兵潜至钟山，侯安都与齐将王敬宝战于龙尾，军主张纂战死。丁未，齐师至幕府山，霸先遣别将钱明将水军出江乘，邀击齐人粮运，尽获其船米。齐军乏食，杀马驴食之。庚戌，齐军逾钟山，霸先与众军分顿乐游苑东及覆舟山北，断其冲要。壬子，齐军至玄武湖西北，将据北郊坛，众军自覆舟东移顿坛北，与齐人相对。

会连日大雨，平地水丈余，齐军昼夜坐立泥中，足指皆烂，悬鬲以爨，而台中及潮沟北路燥，梁军每得番易。时四方壅隔，粮运不至，建康户口流散，征求无所。甲寅，少霁，霸先将战，调市人得麦饭，分给军士，士皆饥疲。会陈蒨馈米三千斛、鸭千头，霸先命炊米煮鸭，人人以荷叶裹饭，娓以鸭肉数脔，乙卯，未明，蓐食，比晓，霸先帅麾下出莫府山。侯安都谓其部将萧摩诃曰："卿骁勇有名，千闻不如一见。"摩诃对曰："今日令公见之。"及战，安都坠马，齐人围之，摩诃单骑大呼，直冲齐军，齐军披靡，安都乃免。霸先与吴明彻、沈泰等众军首尾齐举，纵兵大战，安都自白下引兵横出其后，齐师大溃，斩获数千人，相蹂践而死者不可胜计，生擒徐嗣徽及弟嗣宗，斩之以徇，追奔至于临沂。其江乘、摄山、钟山等诸军相次克捷，虏萧轨、东方老、王敬宝等将帅凡四十六人。其军士得窜至江者，缚荻筏以济，中江而溺，流尸至京口，翳水弥岸；唯任约、王僧愔得免。丁巳，众军出南州，烧齐舟舰。

戊午，大赦。己未，解严。军士以赏俘贸酒，一人裁得一醉。庚申，斩齐将萧轨等，齐人闻之，亦杀陈昙朗。霸先启解南徐州以授侯安都。

侯平频破后梁军，以王琳兵威不接，更不受指麾；琳遣将讨之。平杀巴州助防吕旬，收其众，奔江州，侯瑱与之结为兄弟。琳军势益衰，乙丑，遣使奉表诣齐，并献驯象。江陵之陷也，琳妻蔡氏、世子毅皆没于魏，琳又献款于魏以求妻子；亦称臣于梁。

精锐士兵，由沈泰率领渡过长江，偷袭瓜步北齐行台赵彦深，缴获敌人战船一百艘，粮食一万斛。

六月初一日甲辰，北齐兵偷偷摸到钟山，侯安都与北齐将领王敬宝在龙尾交战，军主张纂战死。六月初四日丁未，北齐军队突进到幕府山，陈霸先派别将钱明率领水军从江乘出发，截击北齐军的粮道，缴获了敌人全部装满大米的船只。北齐军队缺少粮食，杀战马和驴充饥。六月初七日庚戌，北齐军翻过钟山，陈霸先和与诸军分别扼守在乐游苑东边和覆舟山的北边，控制了交通要道。六月初九日壬子，北齐军突进到玄武湖西北，打算占据北郊坛，梁朝各支军队则从覆舟山东边移驻北郊坛北边，与北齐军对抗。

赶上连日大雨，平地水深一丈多，北齐军队白天黑夜都坐在泥水中，手指脚趾都烂了，把锅吊起来烧饭，而皇城内，以及潮沟北边的道路却很干燥，梁朝军队可以经常更换轮替。当时，四方交通阻塞，粮食运输供不上，建康城中民户流亡散失，无法征收粮食。六月十一日甲寅，天气稍稍晴朗，陈霸先准备交战，从商人手中买了些麦饭，分给士兵，士兵们都十分饥饿。正好陈蒨送来大米三千斛、鸭一千只，陈霸先命令烧饭煮鸭，每个人用荷叶裹饭，夹上几块鸭肉，用餐。六月十二日乙卯，天还没亮，士兵就早早坐在睡席上用餐，等到天刚亮，陈霸先就率领部下从莫府山出发。侯安都对部将萧摩诃说："你勇敢善战出了名，这回可是千闻不如一见。"萧摩诃回答说："今天我让你好好看一看。"等到交战后，侯安都从马上掉了下来，北齐兵包围上来，萧摩诃单人独骑大喊着冲入包围圈，左右砍杀，北齐兵退散，侯安都才幸免于难。陈霸先与吴明徹、沈泰等各路军首尾相连，全线进攻，激烈交战，侯安都从白下领兵绕到北齐军的背后横冲过来，北齐兵大败，被斩杀的有几千人，互相践踏踩死的不知有多少，活捉了徐嗣徽和他的弟弟徐嗣宗，杀了示众，追杀北齐败逃之兵直到临沂。其他战场，江乘、摄山、钟山等各路军接二连三打了胜仗，抓获萧轨、东方老、王敬宝等北齐将帅共计四十六人。北齐败兵逃到江边，捆缚芦荻筏子渡江，在江中沉落水中被淹死的尸体，冲到京口，盖满了水面；只有任约、王僧愔逃脱。六月十四日丁巳，梁朝各路军队离开南州，烧毁了北齐的舟船。

六月十五日戊午，梁朝大赦天下。六月十六日己未，解除戒严令。军士拿赏赐的俘虏换酒，一个战俘换到的酒只够醉一次。六月十七日庚申，处死齐将萧轨等，北齐听说了，也杀了陈昙朗。陈霸先奏请把南徐州授给侯安都。

侯平多次打败后梁军队，认为王琳军势衰弱没能力援助自己，就不接受王琳的指挥。王琳派出将领征讨侯平。侯平杀了巴州助防吕旬，收编他的部众，逃到江州，侯瑱和侯平结拜为兄弟。王琳军势更加衰弱。六月二十二日乙丑，王琳派使者送表章向北齐投降，并贡献驯养的大象。江陵陷落，王琳妻子蔡氏、世子王毅都被西魏

（以上为第三段，写陈霸先征讨王僧辩残余势力，鏖战三吴，北齐趁机发兵十万南下侵犯梁朝，救援王氏残余。建康一度告急，陈霸先全军奋力死战，北齐大军全军覆没，梁朝政权始得稳固。）

齐发丁匠三十余万修广三台宫殿。

齐显祖之初立也，留心政术，务存简靖，坦于任使，人得尽力。又能以法驭下，或有违犯，不容勋戚，内外莫不肃然。至于军国机策，独决怀抱；每临行陈，亲当矢石，所向有功。数年之后，渐以功业自矜，遂嗜酒淫泆，肆行狂暴；或身自歌舞，尽日通宵；或散发胡服，杂衣锦彩；或袒露形体，涂傅粉黛；或乘驴、牛、橐驼、白象，不施鞍勒；或令崔季舒、刘桃枝负之而行，担胡鼓拍之；勋戚之第，朝夕临幸，游行市里，街坐巷宿；或盛夏日中暴身，或隆冬去衣驰走；从者不堪，帝居之自若。三台构木高二十七丈，两栋相距二百余尺，工匠危怯，皆系绳自防，帝登脊疾走，殊无怖畏；时复雅儛，折旋中节，傍人见者莫不寒心。尝于道上问妇人曰："天子何如？"曰："颠颠痴痴，何成天子！"帝杀之。

娄太后以帝酒狂，举杖击之曰："如此父生如此儿！"帝曰："即当嫁此老母与胡。"太后大怒，遂不言笑。帝欲太后笑，自匍匐以身举床，坠太后于地，颇有所伤。既醒，大惭恨，使积柴炽火，欲入其中。太后惊惧，亲自持挽，强为之笑，曰："向汝醉耳！"帝乃设地席，命平秦王归彦执杖，口自责数，脱背就罚，谓归彦曰："杖不出血，当斩汝。"太后前自抱之，帝流涕苦请，乃笞脚五十，然后衣冠拜射，悲不自胜。因是戒酒，一旬，又复如初。

帝幸李后家，以鸣镝射后母崔氏，骂曰："吾醉时尚不识太后，老婢何事！"马鞭乱击一百有余。虽以杨愔为相，使进厕筹，以马鞭鞭其背，

军抓走；王琳又向西魏讨好，以便要回妻儿，同时也向梁朝称臣。

北齐征发民夫工匠三十余万人扩建三台宫殿。

北齐显祖高洋初即位时，很留心施政方法，一切政务，致力于简要安稳，对被用和派遣的人，坦诚信任，人人都乐意竭力效忠。又以法律为准绳驾驭臣下，如果有人犯法，依法惩处，即使是勋臣贵戚，一律不宽容，所以朝廷内外肃静。至于国家军政大计，则由自己独断；每次作战，总是亲临战阵，身先士卒，所到之处战功卓著。几年之后逐渐骄傲自矜建立了伟大的功业，于是酗酒淫逸，滥施暴虐；有时亲自歌舞，整日整夜没个完；有时披头散发，穿上胡人服装，挂红着绿；有时裸露身体，涂脂抹粉；有时则骑着驴子、牛、骆驼、白象，不加鞍子；有时命令崔季舒、刘桃枝背着自己走，自己则挑着胡鼓用手拍打；勋臣贵戚的府第，不分白天黑夜随便临幸；有时串街走巷，还在街头巷尾露宿；有时在盛夏的阳光下光着身子，有时又在隆冬的季节脱去衣服跑步；侍从都忍受不了，高洋却处之泰然自若。三台宫的柱架结构，高达二十七丈，两根梁柱之间相距二百多尺，工匠都感到危险恐惧，工作时都系上保险绳，以防不测，高洋却登上梁脊快跑，一点也不害怕；当时恢复了宫廷典雅乐舞，高洋站在高高的梁脊上来回折返，手舞足蹈，完全符合音乐的节拍，旁边看的人没有不心惊胆战的。高洋曾经在路上问一个妇人，说：“当今天子是什么样的人？”妇人回答说：“疯疯癫癫，哪里像个天子的样子。”高洋听了便把那个妇人杀了。

娄太后看到高洋经常酗酒发狂，举起拐杖打他，说：“这样一个英雄的父亲生了一个这样混账的儿子。”高洋说：“应当立即把这个老母嫁给胡人。”娄太后愤怒极了，不再说笑。高洋想要母亲快乐有笑容，亲自趴在地上用背举起坐床，结果把坐在床上的太后翻滚到地上，还受了伤。酒醒以后，高洋深感羞愧悔恨，派人堆积柴草点上火，想投火自焚。娄太后又惊又怕，亲自去拉住高洋，强装出笑脸说：“刚才你喝醉了，我不怪罪你。”高洋于是命令在地上铺了席子，让平秦王高归彦拿着刑杖，口里自个斥责自己的罪过，脱去衣服露出后背，接受杖刑，并对高归彦说：“打不出血来，我就杀了你。”娄太后上去亲自抱住他，高洋苦苦请求，才在脚上打了五十棍，然后穿戴好衣服向娄太后叩头道歉，悲痛欲绝。从这一天起，高洋戒酒，过了十天，又像先前那样喝起酒来。

高洋临幸李后娘家，用响箭射李后母亲崔氏，口中骂道：“我醉酒时连太后都不认识，你这个老奴婢算什么东西！”用马鞭乱抽了她一百多下。虽然杨愔做了丞相，

流血浃袍。尝欲以小刀剺其腹，崔季舒托俳言曰："老小公子恶戏。"因掣刀去之。又置愔于棺中，载以辒车。又尝持槊走马，以拟左丞相斛律金之胸者三，金立不动，乃赐帛千段。

高氏妇女，不问亲疏，多与之乱，或以赐左右，又多方苦辱之。彭城王浟太妃尔朱氏，魏敬宗之后也，帝欲蒸之，不从，手刃杀之。故魏乐安王元昂，李后之姊婿也，其妻有色，帝数幸之，欲纳为昭仪。召昂，令伏，以鸣镝射之百余下，凝血垂将一石，竟至于死。后啼不食，乞让位于姊，太后又以为言，帝乃止。

又尝于众中召都督韩哲，无罪，斩之。作大镬、长锯、剉、碓之属，陈之于庭，每醉，辄手杀人，以为戏乐。所杀者多令支解，或焚之于火，或投之于水。杨愔乃简邺下死囚，置之仗内，谓之供御囚，帝欲杀人，辄执以应命，三月不杀，则宥之。

开府参军裴谓之上书极谏，帝谓杨愔曰："此愚人，何敢如是！"对曰："彼欲陛下杀之，以成名于后世耳。"帝曰："小人，我且不杀，尔焉得名！"帝与左右饮酒，曰："乐哉！"都督王纮曰："有大乐，亦有大苦。"帝曰："何谓也？"对曰："长夜之饮，不寤国亡身陨，所谓大苦！"帝缚纮，欲斩之，思其有救世宗之功，乃舍之。

帝游宴东山，以关、陇未平，投杯震怒，召魏收于前，立为诏书，宣示远近，将事西行。魏人震恐，常为度陇之计。然实未行。一日，泣谓群臣曰："黑獭不受我命，奈何？"都督刘桃枝曰："臣得三千骑，请就长安擒之以来。"帝壮之，赐帛千匹。赵道德进曰："东西两国，强弱力均，彼可擒之以来，此亦可擒之以往。桃枝妄言应诛，陛下奈何滥赏！"帝曰："道德言是。"回绢赐之。帝乘马欲下峻岸入于漳，道德揽辔回之；帝怒，将斩之。道德曰："臣死不恨，当于地下启先帝，论此儿酣酗颠狂，不可教训。"帝默然而止。他日，帝谓道德曰："我饮酒过，须痛杖我。"道德扶之，帝走。道德逐之曰："何物人，为此举止！"

高洋却让他陪着自己上厕所议事，还用马鞭抽他的背，流出的血浸透了衣袍。高洋曾经想用小刀剖开杨愔的肚子，崔季舒装出一具小丑的模样，嬉笑着说："一个老公子与一个小公子闹恶作剧呢！"说着伸手夺下了高洋手中的小刀。又把杨愔安放在棺材中，用丧车拉着走。又曾经手执槊矛骑在马上奔跑，来回三次刺向左丞相斛律金的胸膛，斛律金站立不动，高洋就赏赐一千段锦帛给斛律金。

高氏本家的妇女，不管亲疏，高洋就随便拉来奸淫，有时赏赐给手下人，想方设法羞辱她们。彭城王高浟的太妃尔朱氏，是魏敬宗的皇后，高洋想奸淫她，她坚决不从，高洋随手拿起刀子杀了她，原魏安乐王元昂，是李皇后的姐夫，他的妻子即李后姐姐长得很漂亮，高洋多次到家通奸，最后想把她纳入宫中做昭仪，就把元昂叫来，让他趴在地上，用响箭射了他一百多支，流血将近一石，一直到死。李后悲痛啼哭，不思茶饭，请求把皇后让给姐姐，娄太后出面说了话，高洋方才作罢。

高洋又曾经在群臣面前突然召见都督韩哲，没有罪过，把他杀了。制造大锅、长锯、剉碓等刑具，摆在朝廷殿上，每当喝醉了酒，就要亲手杀人取乐。被杀害的人还要砍成碎块，有时用火焚烧，有时投到水中。杨愔就把邺城监狱中的死囚挑出来，安置在宫中仪仗队里，称之为"供御囚"，高洋想杀人的时候，就把他们抓出来听从命令，如果三个月没有被杀，就宽大释放。

开府参军裴谓之上书极力劝谏，高洋对杨愔说："这个蠢人，多大的胆子敢这样！"杨愔回答说："他想让陛下杀他，想扬名于后世罢了。"高洋说："如此小人，我偏不杀你，你怎么能成名。"高洋与左右的亲信饮酒，说："真的快乐啊！"都督王纮说："有大乐，就有大苦。"高洋说："怎么讲？"王纮回答说："日夜不停地饮酒作乐，酒还没醒过来就国亡身死，这就叫大苦。"高洋叫人把王纮捆起来，想杀死他，又想起来王纮救过高澄，终于把他释放了。

高洋到东山游乐宴饮，突然想起西魏还没平定，把酒杯扔到地上，非常震怒，宣召魏收到跟前，立即起草诏书，向远近四方宣告，将率领大军讨平西魏。西魏听到消息，全国上下恐慌，并着手制订把国都迁到陇西的计划。但是高洋没有付诸行动。有一天，高洋流着泪对群臣说："宇文黑獭不听从我的命令，怎么办？"都督刘桃枝说："给我三千骑兵，我立即到长安把他抓来就是。"高洋欣赏他的勇气，赏赐给刘桃枝锦帛一千匹。赵道德进言说："齐和魏是一东一西两个国家，强弱相等，如果我们可以把西魏的人抓过来，那么他们也可以把我们的人抓过去。刘桃枝胡说该杀，陛下为何滥赏？"高洋说："赵道德说得很对。"把赏赐给刘桃枝的绢帛要回来赏赐给了赵道德。高洋骑着马想从悬崖陡岸上跳下漳水，赵道德抓住他的马笼头往回拽，高洋大怒，想杀死赵道德。赵道德说："我死了也不怨恨你，但我在黄泉地下要向先帝启奏，说这个儿子酗酒癫狂，不可以教训。"高洋沉默不语，停止了拍马

典御丞李集面谏，比帝于桀、纣。帝令缚置流中，沉没久之，复令引出，谓曰："吾何如桀、纣？"集曰："向来弥不及矣！"帝又令沈之，引出，更问，如此数四，集对如初。帝大笑曰："天下有如此痴人，方知龙逄、比干未是俊物！"遂释之。顷之，又被引入见，似有所谏，帝令将出要斩。其或斩或赦，莫能测焉。内外憯憯，各怀怨毒；而素能默识强记，加以严断，群下战栗，不敢为非。又能委政杨愔，愔总摄机衡，百度修敕，故时人皆言主昏于上，政清于下。

愔风表鉴裁，为朝野所重，少历屯厄，及得志，有一餐之惠者必重报之，虽先尝欲杀己者亦不问；典选二十余年，以奖拔贤才为己任。性复强记，一见皆不忘其姓名，选人鲁漫汉自言猥贱独不见识，愔曰："卿前在元子思坊，乘短尾牝驴，见我不下，以方麴障面，我何为不识卿！"漫汉惊服。

（以上为第四段，写北齐国主高洋，酗酒残暴，荒淫无度，甚于桀纣，而任属贤相杨愔，天下称治。北齐主昏臣明，是以不亡。）

秋，七月，甲戌，前天门太守樊毅袭武陵，杀武州刺史衡阳王护，王琳使司马潘忠击之，执毅以归。护，畅之孙也。

丙子，以陈霸先为中书监、司徒、扬州刺史，进爵长城公，余如故。

初，余孝顷为豫章太守，侯瑱镇豫章，孝顷于新吴县别立城栅，与瑱相拒。瑱使其从弟奫守豫章，悉众攻孝顷，久不克，筑长围守之。癸酉，侯平发兵攻奫，大掠豫章，焚之，奔于建康。瑱众溃，奔溢城，依其将焦僧度。僧度劝之奔齐，会霸先使记室济阳蔡景历南上，说瑱令降，瑱乃诣阙归罪，霸先为之诛侯平。丁亥，以瑱为司空。

跳河岸的行为。又一天，高洋对赵道德说：“我饮酒过度，你必须拿鞭子狠狠抽我。”赵道德果真动手打他，高洋逃跑，赵道德追着打，口中说：“你还像个人吗，又在酗酒闹事。”

典御丞李集当面劝谏高洋，把他比作桀、纣。高洋命令把他捆起来放在流水中，沉下水里淹了好长一阵，又把他拉出来，问他：“我与桀、纣相比，究竟怎么样？”李集说：“看来你还不如桀、纣。”高洋又命人把李集沉入水中，然后拉出来再问，像这样反复了三四次，李集的回答一点也不改口。高洋大笑起来，说：“天下有这样的呆子，正让我明白了关龙逢、比干就是这样的蠢物，一点也不聪明。”于是把李集放了。过了不久，李集又被召见，他似乎又要劝谏，高洋命令把他拉出去腰斩了。高洋要杀还是要赦，变化莫测。朝廷内人人对高洋都恨得咬牙切齿，但高洋一向能够把各种情况牢牢地记在心里，加上他严苛果断，文武百官胆战心惊，不敢作乱。高洋还把政事完全委托给杨愔，杨愔总揽国家大权，尽心尽力地治理国家，所以当时的人都说，高高在上的皇帝昏聩糊涂，而下面的政治却非常清明。

丞相杨愔，仪表端庄，风度高雅，受到朝野各方面人士的敬重。他青年时经历过许多磨难，等到他身居高位，凡有一餐饭的恩惠的人，也一定重重回报，即使是原先想杀害他的人他也不追究，他在吏部掌管官吏的选举二十多年，一向以奖励提拔人才为己任。杨愔天生的记忆力很好，只要见过一面，就不会忘记对方的姓名。有一个被杨愔选拔名叫鲁漫汉的人，他主动对杨愔说自己的身份低贱，认为他不会认识自己。杨愔说：“你先前在元子思坊任职，有一天你乘坐一只短尾田驴，见到我没有下来，用一把竹扇遮住脸，我怎么会不认识你呢？”鲁漫汉大吃一惊，极为佩服。

秋季，七月初一日甲戌，梁朝前天门太守樊毅袭击武陵，杀了武州刺史衡阳王萧护，王琳派司马潘忠攻击樊毅，司马潘忠活捉了樊毅得胜回来。萧护，是萧畅的孙子。

七月初三日丙子，梁朝任命陈霸先为中书监、司徒、扬州刺史，晋爵长城公，其他原有官职照旧。

当初，梁朝余孝顷为豫章太守，侯瑱镇守豫章，余孝顷在新吴县另外竖立城栅，与侯瑱对抗。侯瑱派他的堂弟侯奫留守豫章，自己率领全部军队攻击余孝顷，打了很久没有攻下新吴县，就修筑长墙包围余孝顷。[七月初十日癸未]，侯平发兵攻击侯奫，在豫章大肆抢掠一番，并放火烧城，然后逃到建康。于是侯瑱的军队溃散，侯瑱逃到湓城，投靠他的部将焦僧度。焦僧度劝侯瑱投降北齐，这时正好碰上陈霸先派记室济阳人蔡景历溯江南来劝说侯瑱投降，侯瑱就回到朝廷请罪，陈霸先为侯

南昌民熊昙朗，世为郡著姓。昙朗有勇力，侯景之乱，聚众据丰城为栅，世祖以为巴山太守。江陵陷，昙朗兵力浸强，侵掠邻县。侯瑱在豫章，昙朗外示服从而阴图之，及瑱败走，昙朗获其马仗。

己亥，齐大赦。

魏太师泰遣安州长史钳耳康买使于王琳，琳遣长史席豁报之，且请归世祖及愍怀太子之柩；泰许之。

八月，己酉，鄱阳王循卒于江夏，弟丰城侯泰监郢州事。王琳使兖州刺史吴藏攻江夏，不克而死。

魏太师泰北渡河。

魏以王琳为大将军、长沙郡公。

魏江州刺史陆腾讨陵州叛獠，獠因山为城，攻之难拔。腾乃陈伎乐于城下一面，獠弃兵，携妻子临城观之，腾潜师三面俱上，斩首万五千级，遂平之。腾，俟之玄孙也。

庚申，齐主将西巡，百官辞于紫陌，帝使稍骑围之，曰："我举鞭，即杀之。"日晏，帝醉不能起。黄门郎是连子畅曰："陛下如此，群臣不胜恐怖。"帝曰："大怖邪！若然，勿杀。"遂如晋阳。

九月，壬寅，改元，大赦。以陈霸先为丞相、录尚书事、镇卫大将军、扬州牧、义兴公。以吏部尚书王通为右仆射。

突厥木杆可汗假道于凉州以袭吐谷浑，魏太师泰使凉州刺史史宁帅骑随之，至番禾，吐谷浑觉之，奔南山。木杆将分兵追之，宁曰："树敦、贺真二城，吐谷浑之巢穴也，拔其本根，余众自散。"木杆从之。木杆从北道趣贺真，宁从南道趣树敦。吐谷浑可汗在贺真，使其征南王将数千人守树敦。木杆破贺真，获夸吕妻子；宁破树敦，虏征南王；还，与木杆会于青海，木杆叹宁勇决，赠遗甚厚。

甲子，王琳以舟师袭江夏；冬，十月，壬申，丰城侯泰以州降之。

齐发山东寡妇二千六百人以配军，有夫而滥夺者什二三。

魏安定文公宇文泰还至牵屯山而病，驿召中山公护。护至泾州，见

瑱杀了侯平。七月十四日丁亥，陈霸先任命侯瑱为司空。

南昌豪民熊昙朗，世世代代为豫章郡大姓。熊昙朗勇武有力，侯景叛乱，熊昙朗纠结部众占据丰城，修建营栅自卫，梁世祖萧绎任命他为巴山太守。江陵城破时，熊昙朗的势力逐渐强大，侵犯抢掠邻县。侯瑱据有豫章，熊昙朗表面上服从侯瑱，而暗中打算除掉侯瑱，等到侯瑱失败逃走，熊昙朗缴获了侯瑱的马匹军械。

七月二十六日己亥，北齐大赦天下。

西魏太师宇文泰派安州长史钳耳康买出使王琳，王琳派长史席豁出使西魏回访，并且请求宇文泰归还梁世祖萧绎和愍怀太子的灵柩；宇文泰同意了。

八月初七日己酉，梁朝鄱阳王萧循在江夏去世，他的弟弟丰城侯萧泰代理郢州事务。王琳派兖州刺史吴藏进攻江夏，失败战死。

西魏太师宇文泰巡视北部边境渡过黄河。

西魏任命王琳为大将军、长沙郡公。

西魏江州刺史陆腾讨伐陵州獠人的叛乱，獠人依山筑城，易守难攻。陆腾在城下一面演奏歌伎乐舞，獠人放下兵器，带着妻儿登上城楼观看，陆腾暗中派兵三面登城，斩首一万五千多人，平定了獠人的叛乱。陆腾，是陆俟的玄孙。

八月十八日庚申，北齐国主高洋要到西部巡视，公卿百官到紫陌殿送行，高洋派手执长矟的骑兵把官员们包围起来，醉醺醺地说："只要我一举鞭，立即杀死百官。"直到太阳落山，高洋醉酒还没醒过来。黄门郎是连子畅说："陛下这样做，群臣害怕极了。"高洋说："是极其害怕吗？如果是这样，就不杀了。"便行军到晋阳。

九月初一日壬寅，梁朝改年号为太平元年，大赦天下。梁朝任命陈霸先为丞相、录尚书事、镇卫大将军、扬州牧、义兴公。任命吏部尚书王通为右仆射。

突厥木杆可汗借道西魏凉州袭击吐谷浑，西魏太师宇文泰派凉州刺史史宁率领骑兵跟在后面，进军到番禾，吐谷浑觉察了，逃到南山。木杆可汗打算分兵追击，史宁说："树敦、贺真两座城是吐谷浑的巢穴，我们攻破他的根本，其他部众不战自溃。"木杆可汗听从了。木杆可汗从北路进攻贺真，史宁从南道进攻树敦。吐谷浑可汗在贺真，派他的征南王领兵数千人守卫树敦。木杆可汗攻破贺真城，抓获了夸吕的妻子儿女；史宁攻破了树敦城，抓获了征南王；史宁回军在青海与木杆可汗会合，木杆可汗赞叹史宁的勇敢与果决，赠送他很丰厚的礼品。

九月二十三日甲子，王琳率水军袭击江夏。冬季，十月初一日壬申，丰城侯萧泰献出城池投降。

北齐征发山东寡妇两千六百人，分配给士兵，其中有两三成妇女是有丈夫的，被强行当作寡妇抓来的。

西魏安定公宇文泰还军到牵屯山时病倒，派驿马传令召中山公宇文护前来。宇

泰，泰谓护曰：“吾诸子皆幼，外寇方强，天下之事，属之于汝，宜努力以成吾志。”乙亥，卒于云阳。护还长安，发丧。泰能驾御英豪，得其力用，性好质素，不尚虚饰，明达政事，崇儒好古，凡所施设，皆依仿三代而为之。丙子，世子觉嗣位，为太师、柱国、大冢宰，出镇同州，时年十五。

中山公护，名位素卑，虽为泰所属，而群公各图执政，莫肯服从。护问计于大司寇于谨，谨曰：“谨早蒙先公非常之知，恩深骨肉，今日之事，必以死争之。若对众定策，公必不得让。”明日，群公会议，谨曰：“昔帝室倾危，非安定公无复今日。今公一旦违世，嗣子虽幼，中山公亲其兄子，兼受顾托，军国之事，理须归之。”辞色抗厉，众皆悚动。护曰：“此乃家事，护虽庸昧，何敢有辞。”谨素与泰等夷，护常拜之，至是，谨起而言曰：“公若统理军国，谨等皆有所依。”遂再拜。群公迫于谨，亦再拜，于是众议始定。护纲纪内外，抚循文武，人心遂安。

十一月，辛丑，丰城侯泰奔齐，齐以为永州刺史。诏征王琳为司空，琳辞不至，留其将潘纯陀监郢州，身还长沙。魏人归其妻子。

壬子，齐主诏以“魏末豪杰纠合乡部，因缘请托，各立州郡，离大合小，公私烦费，丁口减于畴日，守令倍于昔时。且要荒向化，旧多浮伪，百室之邑，遽立州名，三户之民，空张郡目，循名责实，事归焉有。”于是并省三州，一百五十三郡。

诏分江州四郡置高州。以明威将军黄法氍为刺史，镇巴山。

十二月，壬申，以曲江侯勃为太保。
甲申，魏葬安定文公。丁亥，以岐阳之地封世子觉为周公。

文护到达泾州，见到宇文泰，宇文泰对宇文护说："我的几个儿子都年幼，外敌正强盛，国家大事就交给了你，你要努力完成我的愿望。"十月初四日乙亥，宇文泰死在云阳。宇文护回到长安，为宇文泰举办丧事。宇文泰生前能够驾驭英雄豪杰，得到他们的效力，性情善良朴实，不崇尚虚荣修饰，处理政事精明能干，崇尚儒学，喜欢古代传统文化，他所创设实施的制度，都效法夏商周三代。十月初五日丙子，宇文泰世子宇文觉继承爵位，任太师、柱国、大冢宰，出都到同州镇守，当时只有十五岁。

西魏中山公宇文护，他的威望和地位一向低下，虽然受到宇文泰的嘱托，但是一群公卿元老，个个都想执掌大权，没有人肯服从他。宇文护向大司寇于谨询问办法，于谨说："我于谨早就蒙受先公宇文泰的器重，深厚的恩情如同骨肉至亲，今天的国家大事，我拼死也要维护宇文泰先公的决定。如果要与公卿大臣商议国家大政，你一定不要推让。"第二天，公卿大臣聚会商议，于谨说："先前皇室陷入覆灭的危险境地，没有安定公宇文泰挽救危局，就没有今天的安定。如今安定公突然辞世，嗣子虽然年幼，中山公宇文护是安定公亲哥哥的儿子，又受到安定公的托孤重任，军国大政，顺理成章归他掌管。"于谨说话声色严厉，众人都很紧张。宇文护说："这是我们的家事，我宇文护虽然平庸愚昧，怎敢推辞重任？"于谨地位一向与宇文泰平起平坐，宇文护经常向于谨行跪拜礼。这时，于谨起身，接着宇文护的话："你如果站出来管理军国大政，我们这些人就有依靠了。"于是于谨向宇文护拜了两次。公卿大臣迫于于谨的威望，也都拜了两次，这样公卿大臣的意见都统一起来了。宇文护整顿内外纲纪，安抚文武大臣，人心才安定了下来。

十一月初一日辛丑，梁朝丰城侯萧泰逃奔北齐，北齐任命他为永州刺史。梁朝下诏征召王琳为司空，王琳不接受任命没有到建康，留下部将潘纯陀代理郢州政务，自己回到长沙。西魏送还了王琳的妻子儿女。

十一月十二日壬子，北齐国主高洋下诏说："魏朝末年，地方豪民纠合乡里，依靠各种关系请求托付，擅自建立州郡，分割大州郡，聚合成小州郡，造成公私政务烦琐，浪费资财，比起先前，州郡多了，人口反而少了，地方郡守县令多了一倍。而且虚报边远地区归服，不是浮夸，就是虚假，百来户人口的小邑，突然变成了一个州的名字；只有三户人口，浮夸设立了一个新郡。实际核查，许多州郡是子虚乌有。"于是裁撤了三个州，合并确立了一百五十三个郡。

梁朝下诏分江州的四个郡另建置高州，任命明威将军黄法氍为高州刺史，镇守巴山。

十二月初二日壬申，梁朝任命曲江侯萧勃为太保。

十二月十四日甲申，西魏安葬了安定公宇文泰。十二月十七日丁亥，西魏把岐

初，侯景之乱，临川民周续起兵郡中，始兴王毅以郡让之而去。续部将皆郡中豪族，多骄横，续裁制之，诸将皆怨，相与杀之。续宗人迪，勇冠军中，众推为主。迪素寒微，恐郡人不服，以同郡周敷族望高显，折节交之，敷亦事迪甚谨。迪据上塘，敷据故郡，朝廷以迪为衡州刺史，领临川内史。时民遭侯景之乱，皆弃农业，群聚为盗，唯迪所部独务农桑，各有赢储，政教严明，征敛必至，余郡乏绝者皆仰以取给。迪性质朴，不事威仪，居常徒跣，虽外列兵卫，内有女伎，挼绳破篾，傍若无人，讷于言语而襟怀信实，临川人皆附之。

齐自西河总秦戍筑长城，东至于海，前后所筑东西凡三千余里，率十里一戍，其要害置州镇，凡二十五所。

魏宇文护以周公幼弱，欲早使正位以定人心，庚子，以魏恭帝诏禅位于周，使大宗伯赵贵持节奉册，济北公迪致皇帝玺绂。恭帝出居大司马府。

（以上为第五段，写西魏太师宇文泰去世，政权平稳过渡，宇文泰之子宇文觉受魏恭帝禅位，北周建立。梁朝境内渐平，陈霸先改年号，任丞相，大权独揽。）

山南麓封给宇文泰世子宇文觉为周公。

当初，侯景叛乱，临川郡豪民周续在郡中起兵讨伐侯景，始兴王萧毅把临川郡太守之职让给了周续而自己离开了。周续的部将都是临川郡的大族，大多骄恣横暴，周续依法制裁节制他们，众将领都怨恨他，互相商量要杀掉周续。周续的族人周迪，他的勇敢在众将中数第一，大家推举他为首领。周迪一向贫寒低微，担心郡民不听从他指挥，考虑同郡周敷族大名望高，就放下架子谦恭地与周敷交好，周敷也非常客气恭敬地对待周迪。周迪占据上塘，周敷占据原郡城南城县，梁朝任命周迪为衡州刺史，兼任临郡内史。当时，民众遭受侯景叛乱的祸患，都放弃了耕稼，成群地聚集为盗贼，只有周迪管辖的地区在经营农桑，各家各户都有些余粮，政令和教化都严肃清明，官府征收赋税徭役，均能按期完成，其他各郡缺少粮食的郡县，都依靠周迪供给。周迪生性质朴，不讲排场节省资财，他居住的地方空荡荡的，自己经常光着脚，虽然室外有卫兵，室内有歌伎舞乐，周迪仍自己劈竹起篾，揉搓绳索，专心致志，旁若无人。周迪不善言辞，但胸襟坦诚，临川郡民众都拥护他。

北齐从西河起把原来秦朝在长城沿线所设置的戍所重新修复，向东延伸直到大海，前前后后修筑的长城，东西长总计三千多里，大约每十里远就设置一个戍所，在交通枢纽的要害地段则设置州郡，总计长城全线有二十五个军事戍所。

西魏宇文护认为周公宇文觉年小势弱，想早一点让他即皇帝位，以安定人心。十二月三十日庚子，让西魏恭帝下诏禅位于周公，派大宗伯赵贵持礼仪典礼仪仗，奏上表章，派济北公元迪捧上玉玺印绶献给新皇帝。西魏恭帝出宫居住在大司马府第。

【点评】

北齐主高洋借父兄之势骤兴。当南朝萧梁政权四分五裂，全境军阀混战之际，北齐兵送萧渊明南还争帝位，北齐正处于鼎盛，高洋若以征讨柔然、突厥之余勇，大举南伐，本可一举下江南。这时西魏宇文泰已年事迟暮，畏齐如虎，故频繁巡视疆土以虚张其势，不久病逝。而此时高洋，恰似小人得志，统一大业未就而自矜功伐，酗酒成癖，整日疯癫，不成君统，荒淫残暴，群臣惊恐，所以北齐大军南下无功，更不敢西进一步，是北齐国主高洋自己葬送了将成之功，于是鼎足而立的局面得以继续。

陈纪一

陈武帝永定元年至三年（557—559 年）

【起强圉赤奋若（丁丑，557 年），尽屠维单阏（己卯，559 年），凡三年】

【大事提要】

本卷载述公元 557 年至公元 559 年南北朝史事，凡三年，时当陈武帝永定元年、二年、三年，北周孝闵帝元年，明帝元年、二年、三年，北齐文宣帝天保八年、九年、十年。南朝政权更迭，陈朝建立，境内粗安而陈武帝谢世。北朝西魏禅让宇文氏，北周建立。本卷重点记载北齐国主高洋酗酒乱性，荒淫无耻，登峰造极，滥杀朝臣，暴虐无比。

【原文】

高祖武皇帝

永定元年（丁丑，557 年）

春，正月，辛丑，周公即天王位，柴燎告天，朝百官于露门；追尊王考文公为文王，妣为文后；大赦。封魏恭帝为宋公。以木德承魏水，行夏之时，服色尚黑。以李弼为太师，赵贵为太傅、大冢宰，独孤信为太保、大宗伯，中山公护为大司马。

诏以王琳为司空、骠骑大将军，以尚书右仆射王通为左仆射。

周王祀圜丘，自谓先世出于神农，以神农配二丘，始祖献侯配南北郊，文王配明堂，庙号太祖。癸卯，祀方丘。甲辰，祭大社。除市门税。乙巳，享太庙，仍用郑玄义，立太祖与二昭、二穆为五庙，其有德者别为祧庙，不毁。辛亥，祀南郊。壬子，立王后元氏。后，魏文帝之女晋安公主也。

齐南安城主冯显请降于周，周柱国宇文贵使丰州刺史太原郭彦将兵迎之，遂据南安。

吐谷浑为寇于周，攻凉、鄯、河三州。秦州都督遣渭州刺史于翼赴援，翼不从。僚属咸以为言，翼曰："攻取之术，非夷俗所长。此寇之来，不过抄掠边牧，掠而无获，势将自走。劳师而往，必无所及。翼揣之已了，幸勿复言。"数日，问至，果如翼所策。

初，梁世祖以始兴郡为东衡州，以欧阳頠为刺史。久之，徙頠为郢州刺史，萧勃留頠不遣。世祖以王琳代勃为广州刺史，勃遣其将孙瑒监广州，尽帅所部屯始兴以避之。頠别据一城，不往谒，闭门自守。勃怒，遣兵袭之，尽收其货财马仗；寻赦之，使复其所，与之结盟。江陵陷，頠遂事勃。二月，庚午，勃起兵于广州，遣頠及其将傅泰、萧孜为前军。孜，勃之从子也。南江州刺史余孝顷以兵会之。诏平西将军周文育帅诸军讨之。

【语译】

高祖武皇帝

陈武帝永定元年（丁丑，557 年）

春季，正月初一日辛丑，周公宇文觉即位为天王，举行柴燎告天大典，并在露门接受百官朝拜；下诏追封先父文公宇文泰为文王，先母元氏为文王王后；大赦天下。封逊位的魏恭帝为宋公。以周为木德，承接魏的水德，改行夏历，车骑服饰用黑色。任命李弼为太师，赵贵为太傅、大冢宰，独孤信为太保、大宗伯，中山公宇文护为大司马。

梁朝下诏任命王琳为司空、骠骑大将军，任命尚书右仆射王通为左仆射。

北周天王宇文觉在圜丘祭天，自称祖先是神农氏的后代，所以修建神农祠与祭天的圜丘和祭地的方丘相配，又修建始祖献侯莫那神坛与南郊天坛和北郊地坛相配，文王宇文泰的灵位设在明堂，庙号太祖。正月初三日癸卯，在方丘祭地，正月初四日甲辰，大社祭祀土地神。随后，下令废除市门税。正月初五日乙巳，在太庙祭拜祖先，按照东汉郑玄《礼记注》的释义，建立太祖庙，与两昭庙、两穆庙，共为五庙的太庙制度。此外，有功德的祖宗神主，另修建祧庙祭享，永不迁毁。正月十一日辛亥，在南郊祭天。正月十二日壬子，册立元氏为王后。王后元氏，是西魏文帝的女儿晋安公主。

北齐南安城军主冯显请求投降北周，北周柱国宇文贵派丰州刺史太原人郭彦领兵迎接，北周于是占据了南安城。

吐谷浑侵犯北周，进攻凉州、鄯州、河州等三州。秦州都督派渭州刺史于翼领兵前去增援，于翼不接受命令。于翼的部属都劝谏于翼，于翼说："攻城略地的战术，不是夷狄擅长的。这次吐谷浑进犯，只不过是到边境抢掠一番，如果抢掠得不到收获，势必自己退走。如果劳师而往，一定追不上他们，也没有什么收获。我于翼对吐谷浑的这次犯边行动，揣测得十分明白，你们不要再说什么。"几天以后，打探消息的人回来报告说，正如于翼所料的那样，吐谷浑果然退走了。

当初，梁世祖萧绎以始兴郡建置为东衡州，任命欧阳颜为刺史。过了一阵，迁调欧阳颜为郢州刺史，萧勃扣留欧阳颜，不让他到郢州上任。世祖萧绎就任命王琳取代萧勃为广州刺史，萧勃派他的部将孙瑒镇守广州，自己带领所属的全部人马屯驻在始兴回避王琳。欧阳颜在始兴另修建军营城，不前去拜谒萧勃，闭门坚守。萧勃大怒，派兵攻击欧阳颜，收缴了他全部的兵马器械。不久。萧勃释放了欧阳颜，与他订立盟约。江陵城破，欧阳颜投降了萧勃。二月初一日庚午，在广州起兵，派欧阳颜和部将傅泰、萧孜为前锋。萧孜，是萧勃的侄子。南江州刺史余孝顷领兵会

癸酉，周王朝日于东郊；戊寅，祭太社。

周楚公赵贵、卫公独孤信故皆与太祖等夷，及晋公护专政，皆怏怏不服。贵谋杀护，信止之；开府仪同三司宇文盛告之。丁亥，贵入朝，护执而杀之，免信官。

领军将军徐度出东关侵齐，戊子，至合肥，烧齐船三千艘。

欧阳頠等出南康。頠屯豫章之苦竹滩，傅泰据蹠口城，余孝顷遣其弟孝励守郡城，自出豫章据石头。巴山太守熊昙朗诱頠共袭高州刺史黄法氍；又语法氍，约共破頠，且曰："事捷，与我马仗。"遂出军，与頠俱进。至法氍城下，昙朗阳败走，法氍乘之，頠失援而走，昙朗取其马仗，归于巴山。

周文育军少船，余孝顷有船在上牢，文育遣军主焦僧度袭之，尽取以归，仍于豫章立栅。军中食尽，诸将欲退，文育不许，使人间行遗周迪书，约为兄弟。迪得书甚喜，许馈以粮。于是文育分遣老弱乘故船沿流俱下，烧豫章栅，伪若遁去者。孝顷望之，大喜，不复设备。文育由间道兼行，据芉韶，芉韶上流则欧阳頠、萧孜，下流则傅泰、余孝顷营，文育据其中间，筑城飨士，頠等大骇。頠退入泥溪，文育遣严威将军周铁虎等袭頠，癸巳，擒之。文育盛陈兵甲，与頠乘舟而宴，巡蹠口城下，使其将丁法洪攻泰，擒之。孜、孝顷退走。

甲午，周以于谨为太傅，大宗伯侯莫陈崇为太保，晋公护为大冢宰，柱国武川贺兰祥为大司马，高阳公达奚武为大司寇。

周人杀魏恭帝。

三月，庚子，周文育送欧阳頠、傅泰于建康。丞相霸先与頠有旧，释而厚待之。

周晋公护以赵景公独孤信名重，不欲显诛之，己酉，逼令自杀。

合。梁朝下诏命令平西将军周文育调集各路兵马前去讨伐。

二月初四日癸酉，周王宇文觉在东郊举行迎拜太阳的典礼；二月初九日戊寅，祭祀太社。

北周楚国公赵贵、卫国公独孤信先前与北周太祖宇文泰平起平坐，等到晋国公宇文护执掌朝政，两人心里怏怏不乐，极不服气。赵贵密谋杀害宇文护，独孤信制止了他；开府仪同三司宇文盛告发了这件事。二月十八日丁亥，赵贵入朝。宇文护逮捕赵贵并杀了他，独孤信被罢官。

梁朝领军将军徐度从东关出兵侵犯北齐。二月十九日戊子，进军到合肥，烧毁北齐兵船三千艘。

欧阳頠等从南康出兵到达豫章，驻扎在苦竹滩，傅泰占据了蹠口城，余孝顷派他的弟弟余孝劢留守豫章郡城，自己领兵从豫章郡出发进兵占据石头渚。巴山太守熊昙朗诱骗欧阳頠共同袭击高州刺史黄法𣰋；同时又暗中通知黄法𣰋，约他一同攻打欧阳頠，还说："告捷之后，分给我马匹和铠仗。"熊昙朗于是出兵与欧阳頠一同进军，前出到黄法𣰋城下，熊昙朗与黄法𣰋交战，故意败逃，黄法𣰋乘胜攻击欧阳頠，欧阳頠失去友军支援，慌乱败逃，熊昙朗收取欧阳頠丢弃的马匹铠仗，回到巴山。

周文育统兵南讨，缺少舟船，探知余孝顷在上牢有船，周文育派军主焦僧度偷袭，缴获了全部船只得胜回军，仍在豫章扎营。这时军中粮食耗尽，诸将想要退兵，周文育不同意，派人从小道送信给周迪，相约结为兄弟。周迪得信非常高兴，许诺赠送粮食。周文育得到补充后，他分兵为二，让老弱乘坐原来的船只顺水东下，烧毁在豫章驻扎的军营，装着逃走的样子。余孝顷远远望见，十分高兴，不再设防。周文育带领精兵，从小路兼程速进，出其不意占据芊韶。芊韶上流有欧阳頠、萧孜，下流有傅泰、余孝顷，周文育从中间切断，修建军营，宴飨军士，欧阳頠等非常恐慌。欧阳頠首先撤退，据守泥溪。周文育派严威将军周铁虎等紧紧追击。二月二十四日癸巳，擒获欧阳頠。周文育乘胜大举进兵，在舟船上盛列甲兵，把欧阳頠带在船上设宴共饮，顺流而下直达蹠口城。周文育派部将丁法洪攻击傅泰，得胜擒获了傅泰。萧孜、余孝顷于是败走。

二月二十五日甲午，周王宇文觉任命于谨为太傅，大宗伯侯莫陈崇为太保，晋公宇文护为大冢宰，柱国武川人贺兰祥为大司马，高阳公达奚武为大司寇。

北周人杀害已逊位的魏恭帝。

三月初一日庚子，周文育把欧阳頠、傅泰送到建康。丞相陈霸先与欧阳頠是老朋友，陈霸先释放了欧阳頠并优厚地对待他。

北周晋公宇文护考虑赵景公独孤信名高望重，没有公开杀他，三月初十日己酉，逼迫他自杀。

甲辰，以司空王琳为湘、郢二州刺史。

曲江侯勃在南康，闻欧阳𬱟等败，军中恟惧。甲寅，德州刺史陈法武、前衡州刺史谭世远攻勃，杀之。

夏，四月，己卯，铸四柱钱，一当二十。

齐遣使请和。

壬午，周王谒成陵；乙酉，还宫。

齐以太师斛律金为右丞相，前大将军可朱浑道元为太傅，开府仪同三司贺拔仁为太保，尚书令常山王演为司空，录尚书事长广王湛为尚书令，右仆射杨愔为左仆射，仍加开府仪同三司。并省尚书右仆射崔暹为左仆射，上党王涣录尚书事。

丁亥，周王享太庙。

壬辰，改四柱钱一当十；丙申，复闭细钱。

故曲江侯勃主帅兰敳袭杀谭世远，军主夏侯明徹杀敳，持勃首降。勃故记室李宝藏奉怀安侯任据广州。萧孜、余孝顷犹据石头，为两城，各据其一，多设船舰，夹水而陈。丞相霸先遣平南将军侯安都助周文育击之。戊戌，安都潜师夜烧其船舰，文育帅水军、安都帅步军进攻之；萧孜出降，孝顷逃归新吴，文育等引兵还。丞相霸先以欧阳𬱟声著南土，复以𬱟为衡州刺史，使讨岭南，未至，其子纥已克始兴，𬱟至岭南，诸郡皆降，遂克广州，岭南悉平。

周仪同三司齐轨谓御正中大夫薛善曰："军国之政，当归天子，何得犹在权门！"善以告晋公护，护杀之，以善为中外府司马。

五月，戊辰，余孝顷遣使诣丞相府乞降。

王琳既不就征，大治舟舰，将攻陈霸先；六月，戊寅，霸先以开府仪同三司侯安都为西道都督，周文育为南道都督，将舟师二万会武昌以击之。

秋，七月，辛亥，周王享太庙。

河南、北大蝗。齐主问魏郡丞崔叔瓒曰："何故致蝗？"对曰："《五

三月初五日甲辰，梁朝任命司空王琳为湘州、郢州两州刺史。

曲江侯萧勃驻军南康，听到欧阳頠等战败，军中人心惶惶。三月十五日甲寅，德州刺史陈法虎、前衡州刺史谭世远倒戈攻击萧勃，萧勃兵败被杀死。

夏季，四月十一日己卯，梁朝铸造四柱钱，一枚四柱钱兑换二十枚民间私铸的小钱。

北齐派使者到梁朝请求和好。

四月十四日壬午，周主宇文觉到成陵祭拜周太祖；四月十七日乙酉，回到长安宫。

北齐任命太师斛律金为右丞相，前大将可朱浑道元为太傅，开府仪同三司贺拔仁为太保，尚书令常山王高演为司空，录尚书事长广王高湛为尚书令，右仆射杨愔为左仆射，仍保留原加官开府仪同三司。并省尚书右仆射崔暹为左仆射，上党王高涣录尚书事。

四月十九日丁亥，周王宇文觉祭祀太庙。

四月二十四日壬辰，梁朝改四柱钱一枚兑换十枚小钱；四月二十八日丙申，再次禁止民间私铸小钱。

原曲江侯萧勃部下主帅兰敳偷袭杀了谭世远，谭世远的部属军主夏侯明徹杀了兰敳并持萧勃首级投降了周文育。萧勃的原记室李宝藏拥护怀安侯萧任据守广州。萧孜、余孝顷还占据着石头渚，建了两座军垒城，两人各据一城，又多置船舰，夹水列阵。丞相陈霸先派平南将军侯安都增援周文育进兵攻击。四月三十日戊戌，侯安都秘密行军，放火烧了余孝顷的舟船，周文育率领水军，侯安都率领步兵从水上陆上两面攻击；萧孜出营投降，余孝顷逃回新吴，周文育等领兵回到建康。丞相陈霸先认为欧阳頠在南方有很高的声望，再次任命他为衡州刺史，派他征讨岭南。欧阳頠还没到达任上，他的儿子欧阳纥已经攻克了始兴，欧阳頠到达岭南，各郡都归降，于是攻克了广州，岭南全境平定。

北周仪同三司齐轨对御正中大夫薛善说："军政国事大权，应当回到天子手中，怎么还被权贵掌握。"薛善把齐轨的话向晋国公宇文护密告了，宇文护杀了齐轨，任命薛善为中外府司马。

［六月］初一日戊辰，余孝顷派人到丞相府向陈霸先请求投降。

王琳拒绝了朝廷的征召，于是大量制造舟船，计划进攻陈霸先；六月十一日戊寅，陈霸先任命开府仪同三司侯安都为西道都督，周文育为南道都督，率领水军两万到达武昌会合，进讨王琳。

秋季，七月初四日辛亥，北周天王宇文觉祭祀太庙。

北齐河南、河北同时发生大范围蝗虫灾害。北齐国主高洋询问魏郡郡丞崔叔瓒

行志》：'土功不时，蝗虫为灾'。今外筑长城，内兴三台，殆以此乎！"齐主怒，使左右殴之，擢其发，以溷沃其头，曳足以出。叔瓒，季舒之兄也。

八月，丁卯，周人归梁世祖之柩及诸将家属千余人于王琳。

戊辰，周王祭太社。

甲午，进丞相霸先位太傅，加黄钺、殊礼，赞拜不名。九月，辛丑，进丞相为相国，总百揆，封陈公，备九锡，陈国置百司。

周孝愍帝性刚果，恶晋公护之专权。司会李植自太祖时为相府司录，参掌朝政，军司马孙恒亦久居权要，及护执政，植、恒恐不见容，乃与宫伯乙弗凤、贺拔提等共谮之于周王。植、恒曰："护自诛赵贵以来，威权日盛，谋臣宿将，争往附之，大小之政，皆决于护。以臣观之，将不守臣节，愿陛下早图之！"王以为然。凤、提曰："以先王之明，犹委植、恒以朝政，今以事付二人，何患不成！且护常自比周公，臣闻周公摄政七年，陛下安能七年邑邑如此乎！"王愈信之，数引武士于后园讲习，为执缚之势。植等又引宫伯张光洛同谋，光洛以告护。护乃出植为梁州刺史，恒为潼州刺史，欲散其谋。后王思植等，每欲召之，护泣谏曰："天下至亲，无过兄弟，若兄弟尚相疑，他人谁可信者！太祖以陛下富于春秋，属臣后事，臣情兼家国，实愿竭其股肱。若陛下亲览万机，威加四海，臣死之日，犹生之年。但恐除臣之后，奸回得志，非唯不利陛下，亦将倾覆社稷，使臣无面目见太祖于九泉。且臣既为天子之兄，位至宰相，尚复何求！愿陛下勿信谗臣之言，疏弃骨肉。"王乃止不召，而心犹疑之。

凤等益惧，密谋滋甚，刻日召群公入宴，因执护诛之；张光洛又以告护。护乃召柱国贺兰祥、领军尉迟纲等谋之，祥等劝护废立。时纲总领禁兵，护遣纲入宫召凤等议事，及至，以次执送护第，因罢散宿卫兵。王方悟，独在内殿，令宫人执兵自守。护遣贺兰祥逼王逊位，幽于旧第。

说："是什么原因造成蝗灾？"崔叔瓒回答说："《五行志》记载说：不合时宜地大兴土木，就要闹蝗灾。如今对外修筑长城，对内兴建三台，大概蝗灾就是这样造成的。"高洋大怒，让身边的人殴打崔叔瓒，揪他的头发，用脏水浇他的头，抓住他的脚倒拖出去。崔叔瓒，是崔季舒的哥哥。

八月初一日丁卯，北周归还了梁世祖萧绎的灵柩，以及诸将被俘的家属一千多人交给王琳。

八月初二日戊辰，北周天王宇文觉祭祀太社。

八月二十八日甲午，梁朝进位丞相陈霸先为太傅，加黄钺、殊礼，入朝拜见天子，不必唱名。九月初五日辛丑，进位丞相陈霸先为相国，统领百官，封陈国公，备加九锡，允许陈国设置百官。

北周孝愍帝宇文觉性情刚直果敢，厌恶晋国公宇文护大权独揽。司会李植从太祖宇文泰时任职丞相府司录，就已经参掌朝政，军司马孙恒也长期身任要职，等到宇文护执政，李植、孙恒两人担心宇文护容不下他们，就与宫伯乙弗凤、贺拔提等一起在孝愍帝王面前说宇文护的坏话。李植、孙恒说："宇文护自从诛杀赵贵以后，威望权力一天更比一天加重，谋臣老将，一个接一个争着依附他，大大小小的政事，全都取决于宇文护。依臣看来，宇文护将不遵守为臣之道。希望陛下早点除掉他。"孝愍帝认为说得对。乙弗凤、贺拔提说："先王多么英明，还把朝政委托给李植、孙恒，现今把大事交给他两人，不愁事情不成功。况且宇文护经常自比周公，臣听说周公摄政七年，陛下哪能愁眉苦脸地等待七年！"孝愍帝更加相信，因此多次召集武士到皇宫后花园训练，演习捉拿人的技艺。李植等人又引荐宫伯张光洛共谋，张光洛把密谋告诉了宇文护。宇文护把李植调出朝廷任梁州刺史，孙恒为潼州刺史，想拆散他们的计谋。过后孝愍帝想念李植等人，总想召他们回朝，宇文护流着眼泪劝谏，说："天下最亲的人，莫过于兄弟关系；如果兄弟之间还要互相猜疑，外人谁能相信呢？太祖考虑陛下年轻，把后事委托给臣，臣与陛下论私有兄弟骨肉之亲，论公有君臣之义，实在是想竭尽我的忠诚做好辅佐。如果陛下亲自日理万机，声威传布四海，臣死之日，犹是在生之年。臣只是担心，除掉臣之后，奸巧佞人得遂心愿，不但对陛下不利，而且危害社稷，使臣没有面目在九泉之下见太祖。况且臣是天子的兄长，位至宰相，还想要什么呢？希望陛下不要听信奸臣的谗言，疏远了骨肉亲情。"孝愍帝这才停止宣召李植等人回朝，但内心仍然猜疑宇文护。

乙弗凤等更加害怕，密谋加紧进行，定下日期召集公卿宴饮，想趁机逮捕宇文护处斩；张光洛又把密谋通报了宇文护。宇文护便召集柱国贺兰祥、领军尉迟纲等商议，贺兰祥等劝说宇文护废了孝愍帝另立新君。当时尉迟纲统领禁卫军，宇文护派尉迟纲入宫召乙弗凤等议事。乙弗凤等一到，就把他们一个一个拿下，押送到宇

悉召公卿会议，废王为略阳公，迎立岐州刺史宁都公毓。公卿皆曰："此公之家事，敢不唯命是听！"乃斩凤等于门外，孙恒亦伏诛。

时李植父柱国大将军远镇弘农，护召远及植还朝，远疑有变，沈吟久之，乃曰："大丈夫宁为忠鬼，安可作叛臣邪！"遂就征。既至长安，护以远功名素重，犹欲全之，引与相见，谓之曰："公儿遂有异谋，非止屠戮护身，乃是倾危宗社。叛臣贼子，理宜同疾，公可早为之所。"乃以植付远。远素爱植，植又口辩，自陈初无此谋。远谓植信然，诘朝，将植谒护。护谓植已死，左右白植亦在门。护大怒曰："阳平公不信我！"乃召入，仍命远同坐，令略阳公与植相质于远前。植辞穷，谓略阳曰："本为此谋，欲安社稷，利至尊耳！今日至此，何事云云！"远闻之，自投于床曰："若尔，诚合万死！"于是护乃害植，并逼远令自杀。植弟叔诣、叔谦、叔让亦死，余子以幼得免。初，远弟开府仪同三司穆知植非保家之主，每劝远除之，远不能用。及远临刑，泣谓穆曰："吾不用汝言以至此！"穆当从坐，以前言获免，除名为民，及其子弟亦免官。植弟淅州刺史基，尚义归公主，当从坐，穆请以二子代基命，护两释之。

后月余，护弑略阳公，黜王后元氏为尼。

癸亥，宁都公自岐州至长安，甲子，即天王位，大赦。

冬，十月，戊辰，进陈公爵为王。辛未，梁敬帝禅位于陈。

癸酉，周魏武公李弼卒。

陈王使中书舍人刘师知引宣猛将军沈恪勒兵入宫，卫送梁主如别宫，恪排闼见王，叩头谢曰："恪身经事萧氏，今日不忍见此。分受死耳，决不奉命！"王嘉其意，不复逼，更以荡主王僧志代之。乙亥，王即皇帝位于南郊，还宫，大赦，改元。奉梁敬帝为江阴王，梁太后为太妃，皇

文护的府第，接着又解散当值的禁卫军。孝愍帝宇文觉这才醒悟，独自一人在内殿，急令宫人各执兵器，守卫殿门。宇文护派贺兰祥逼迫孝愍帝让位，把他禁闭在原先封略阳公时的旧宅。随后，宇文护召集百官公卿议事，废孝愍帝宇文觉为略阳公，迎立岐州刺史宁都公宇文毓立为周王。公卿们都说："这是你的家事，你的决定，谁敢不唯命是从。"于是把乙弗凤等推出宫外斩首，孙恒也被诛杀。

当时李植父亲柱国大将军李远镇守弘农，宇文护召李远和李植回到朝廷，李远疑心有变故，沉吟许久，然后说："大丈夫宁愿做一个尽忠的鬼，也不做一个反叛的臣。"于是应征上路。到了长安，宇文护考虑李远功高名重，还想保全他，特地引他入内相见，对他说："你的儿子李植阴谋造反，不止是要加害我宇文护，还要危害宗庙社稷。叛臣贼子，理应共恨，你尽早给他安排去处。"便把李植交给了李远。李远一向亲爱李植，李植又善于诡辩，竭力开脱说自己没有参与密谋。李远相信了李植的话。第二天早上，李远带着李植拜见宇文护。宇文护以为李植已死，身边的人告诉宇文护说李植也在门外。宇文护大怒说："阳平公李远不信任我。"便召李远父子入内，仍招呼李远与自己同坐，让略阳公宇文觉与李植两人在李远面前对证。李植理屈词穷，对略阳公说："当初设计的谋划，想安定社稷，有利于至尊。今天事已至此，不必多说了。"李远听了这话，自己瘫倒在坐床上，说："如果是这样，满门都该万死。"于是宇文护杀了李植，并且逼令李远自杀。李植弟弟李叔诣、李叔谦、李叔让也都被处死，其余的儿子因年幼免死。当初，李远弟弟开府仪同三司李穆知道李植不是一个保全家庭的人，常劝李远除掉李植，李远没有采纳。等到李远临受刑之前，哭着对李穆说："我没有听你的话落得今天的下场。"李穆应当株连受罪，因先前有规劝之言，得以免死，被罢官为民，他的子弟也都罢官为民。李植弟弟淅州刺史李基，娶义阳公主为妻，应当连坐，李穆请求拿自己的两个儿子代替李基，宇文护把李基和李穆的两个儿子全都赦免。

一个多月后，宇文护杀了略阳公宇文觉，废黜王后元氏，让她出家为尼。

九月二十七日癸亥，宁都公宇文毓从岐州到达长安，九月二十八日甲子，即天王位，大赦天下。

冬季，十月初三日戊辰，梁朝进位陈公陈霸先为陈王。十月初六日辛未，梁敬帝禅帝位给陈王。

十月初八日癸酉，北周魏武公李弼去世。

陈王陈霸先派中书舍人刘师知引导宣猛将军沈恪带兵进入宫中，押送梁朝国主萧方智出居别宫。沈恪推开阁门拜见陈王，叩头推辞说："我沈恪臣事萧氏，今天不忠心，做这样的事，我愿意接受处死，也不办这差事。"陈王欣赏他的这份尽忠心意，就不再逼他，另派荡主王僧志代沈恪去执行。十月初十日乙亥，陈王陈霸先在

后为妃。

以给事黄门侍郎蔡景历为秘书监、兼中书通事舍人。是时政事皆由中书省，置二十一局，各当尚书诸曹，总国机要，尚书唯听受而已。

丙子，上幸钟山，祠蒋帝庙。庚辰，上出佛牙于杜姥宅，设无遮大会，帝亲出阙前膜拜。

辛巳，追尊皇考文赞为景皇帝，庙号太祖，皇妣董氏曰安皇后，追立前夫人钱氏为昭皇后，世子克为孝怀太子，立夫人章氏为皇后。章后，乌程人也。

置删定郎，治律令。

乙酉，周王祀圜丘；丙戌，祀方丘；甲午，祭太社。

戊子，太祖神主祔太庙，七庙始共用一太牢，始祖荐首，余皆骨体。

侯安都至武昌，王琳将樊猛弃城走，周文育自豫章会之。安都闻上受禅，叹曰："吾今兹必败，战无名矣！"时两将俱行，不相统摄，部下交争，稍不相平。军至郢州，琳将潘纯陀于城中遥射官军，安都怒，进军围之；未克，而王琳至弇口，安都乃释郢州，悉众诣沌口，留沈泰一军守汉曲。安都遇风不得进，琳据东岸，安都据西岸，相持数日，乃合战，安都等大败。安都、文育及裨将徐敬成、周铁虎、程灵洗皆为琳所擒，沈泰引军奔归。琳引见诸将与语，周铁虎辞气不屈，琳杀铁虎而囚安都等，总以一长锁系之，置琳所坐艑下，令所亲宦者王子晋掌视之。琳乃移湘州军府就郢城，又遣其将樊猛袭据江州。

十一月，丙申，上立兄子蒨为临川王，顼为始兴王；弟子昙朗已死而上未知，遥立为南康王。

庚子，周王享太庙；丁未，祀圜丘；十二月，庚午，谒成陵；癸酉，还宫。

谯淹帅水军七千、老弱三万自蜀江东下，欲就王琳，周使开府仪同三司贺若敦、叱罗晖等击之，斩淹，悉俘其众。

是岁，诏给事黄门侍郎萧乾招谕闽中。时熊昙朗在豫章，周迪在临

南郊即皇帝位，然后回到宫殿，大赦天下，改元年号为永定元年。废梁敬帝萧方智为江阴王，梁朝太后为江阴王太妃，梁朝皇后为江阴王妃。

陈朝任命给事黄门侍郎蔡景历为秘书监、兼中书通事舍人。这时陈朝政事都出自中书省，设置二十一个局，各与尚书诸曹对应，统理国家机要，尚书只是签字画押听命执行。

十一月十一日丙子，陈武帝巡幸钟山，祭祀蒋帝庙。十月十五日庚辰，陈武帝派人从杜姥宅取出佛牙，举办无遮大会，陈武帝亲自出宫前往膜拜。

十月十六日辛巳，陈朝追尊皇考陈文讚为景皇帝，庙号太祖，追尊皇妣董氏为安皇后，追立前夫人钱氏为昭皇后，立世子陈克为孝怀太子，立夫人章氏为皇后。章皇后，是乌程人。

陈朝在尚书省增置删定郎，专主制定律令。

十月二十日乙酉，北周天王宇文毓在圜丘祭天；十月二十一日丙戌，在方丘祭地；十月二十九日甲午，祭祀太社。

十月二十三日戊子，陈朝迁太祖景皇帝神主附于太庙，开始共用一个太牢祭祀七庙，始祖庙用牛、羊、猪的头祭祀，其余的六庙用三牲的肢体祭祀。

侯安都进军到武昌，王琳部将樊猛弃城逃走，周文育从豫章进军会合。侯安都听到陈霸先接受禅让的皇帝位，深深叹息说："我军这次一定失败，师出无名啊！"当时侯安都与周文育两人同时进兵，互不统属，部下互相争执，渐渐有些不和。大军进到郢州，王琳部将潘纯陀在城中远远地用箭射击官军，侯安都大怒，进兵包围郢州；官军还没攻克郢州，王琳领兵到达弇口，侯安都放弃对郢州的包围，指挥全军到达沌口，留下沈泰一军守卫汉曲。侯安都行军舟船碰上逆风，无法前进，王琳占据了东岸，侯安都占据西岸，相持了几天，两军才交战，侯安都等大败。侯安都、周文育，以及裨将徐敬成、周铁虎、程灵洗都被王琳活捉，沈泰领兵逃回建康。王琳召见被俘各位将领说话，只有周铁虎刚强不屈，王琳杀了周铁虎，把侯安都等人囚禁起来，用一根长链锁在一起，安置在王琳坐船的底舱，派一名亲信宦官王子晋监管。王琳把军府从湘州迁移到郢州城，又派他的部将樊猛攻占了江州。

十一月初一日丙申，陈武帝册立哥哥的儿子陈蒨为临川王、陈顼为始兴王；弟弟的儿子陈昙朗已经死亡但陈武帝还不知道，遥立为南康王。

十一月初五日庚子，周王宇文毓祭祀太庙；十一月十二日丁未，在圜丘祭天；十二月初六日庚午，拜谒成陵；十二月初九日癸酉，回到长安宫殿。

巴西人谯淹率领水军七千人、老弱三万口沿蜀江顺流东下，想投靠王琳，北周派开府仪同三司贺若敦、叱罗晖等拦击，杀了谯淹，他的部众全部被俘。

这一年，陈朝下诏给事黄门侍郎萧乾到闽中招安。当时，熊昙朗占据豫章，周

川，留异在东阳，陈宝应在晋安，共相连结，闽中豪帅往往立砦以自保。上患之，使乾谕以祸福，豪帅皆帅众请降，即以乾为建安太守。乾，子范之子也。

初，梁兴州刺史席固以州降魏，周太祖以固为丰州刺史。久之，固犹习梁法，不遵北方制度，周人密欲代之，而难其人，乃以司宪中大夫令狐整权镇丰州，委以代固之略。整广布威恩，倾身抚接，数月之间，化洽州府。于是除整丰州刺史，以固为湖州刺史。整迁丰州于武当，旬日之间，城府周备，迁者如归。固之去也，其部曲多愿留为整左右，整谕以朝制，弗许，莫不流涕而去。

齐人于长城内筑重城，自库洛枝东至鸿纥戍，凡四百余里。

初，齐有术士言“亡高者黑衣”，故高祖每出，不欲见沙门。显祖在晋阳，问左右：“何物最黑？”对曰：“无过于漆。”帝以上党王涣于兄弟第七，使库直都督破六韩伯升之邺征涣。涣至紫陌桥，杀伯升而逃，浮河南渡；至济州，为人所执，送邺。

帝之为太原公也，与永安王浚皆见世宗，帝有时洟出，浚责帝左右曰：“何不为二兄拭鼻！”帝深衔之。及即位，浚为青州刺史，聪明矜恕，吏民悦之。浚以帝嗜酒，私谓亲近曰：“二兄因酒败德，朝臣无敢谏者，大敌未灭，吾甚以为忧。欲乘驿至邺面谏，不知用吾不。”或密以白帝，帝益衔之。浚入朝，从幸东山，帝裸裎为乐。浚进谏曰：“此非人主所宜！”帝不悦。浚又于屏处召杨愔，讥其不谏。帝时不欲大臣与诸王交通，愔惧，奏之。帝大怒曰：“小人由来难忍！”遂罢酒，还宫。浚寻还州，又上书切谏，诏征浚。浚惧祸，谢疾不至，帝遣驰驿收浚，老幼泣送者数千人。至邺，与上党王涣皆盛以铁笼，置于北城地牢，饮食溲秽，共在一所。

（以上为第一段，交叉写公元557年南北朝史事。是年，南北朝均发生政权更迭。南朝萧梁禅位，陈朝建立；北朝西魏禅位，北周建立。北齐国主高洋暴虐不仁，祸及兄弟。）

迪占据临川，留异占据东阳，陈宝应占据晋安，互相勾结，闽中土著豪帅也往往立寨树栅自保。陈武帝深深忧虑，派萧乾去安抚，晓谕顺从是福叛逆是祸的道理，豪帅们都愿意率领部众投降，陈朝就任命萧乾为建安太守。萧乾，是萧子范的儿子。

当初，梁朝的兴州刺史席固举州投降西魏，周太祖宇文泰任命席固为丰州刺史。席固任职很长时间，仍然沿用梁朝的旧法办事，不遵守北方制度，北周建立后想找人代替席固，还没有合适的人选。最后决定任命司空中大夫令狐整暂时代理镇守丰州，并授予他代理席固的方略。令狐整对州城吏民广布恩惠和树立威信，诚心安抚接待，几个月以后，恩化大行州府，各方十分融洽。于是正式委任令狐整为丰州刺史，任命席固为湖州刺史。令狐整把州治所迁移到武当县，十日之内，州城府衙一切安排妥当，被迁移的人如同回到了家一样。席固离开的时候，他的很多部属愿意留在令狐整身边，令狐整晓谕朝廷制度，不允许留下，没有一个不是流着眼泪离开的。

北齐人在新筑的长城里面又筑一道内城，西起库洛枝，东到鸡［坞］纥戍，全长总计四百里。

当初，北齐有个术士预言："亡高者黑衣。"所以高祖高澄每次出行，不愿见到沙门。显祖高洋在晋阳时，问身边的人："什么东西最黑？"回答说："漆最黑。"高洋认为上党王高涣在兄弟中排行第七，于是派库直都督破六韩伯升到邺城征召高涣。高涣到达紫陌桥，杀了破六韩伯升，渡河南逃；到了济州，被人抓获，押送回邺城。

北齐文宣帝高洋还在太原公任上时，曾经和永安王高浚一起去见世宗高澄，高洋有时流出鼻涕，高浚斥责高洋身边的人说："为什么不给二哥擦干净鼻涕？"高洋怀恨在心。等到高洋即了帝位，高浚任青州刺史，人很聪明，又体恤部属，青州吏民都很喜欢高浚。高浚因高洋爱酗酒，私下对亲近的人说："二哥因为酗酒而败坏了道德，朝廷没有敢直言进谏的人，现在大敌未灭，我非常担忧。我想乘驿车到邺都劝谏，不知二哥听不听我的话。"有人向高洋告密，高洋更加怀恨高浚。高浚入朝，随高洋巡幸东山，高洋赤身裸体取乐。高浚上前劝谏说："这不是当皇上的样子。"高洋很不高兴。高浚又屏退左右，单独召见丞相杨愔，责备他没有劝谏国君。当时高洋有诏令，不允许大臣与诸王交通，杨愔害怕，就把高浚召见的事上奏高洋。高洋大怒说："这个小人一直就让人难以忍受。"高洋于是罢宴回宫。高浚不久也回到了青州，又上书恳切劝谏，高洋便下诏征召高浚回都。高浚害怕大祸临头，托疾不回都。高洋派人驿传快马去抓捕高浚，男女老少流着眼泪送行的人有几千。到达邺城，高洋把高浚与上党王高涣都装在铁笼里，放在北城的地牢中，饮食与大小便都在一间屋子里。

二年（戊寅，558 年）

春，正月，王琳引兵下，至湓城，屯于白水浦，带甲十万。琳以北江州刺史鲁悉达为镇北将军，上亦以悉达为征西将军，各送鼓吹女乐。悉达两受之，迁延顾望，皆不就；上遣安西将军沈泰袭之，不克。琳欲引军东下，而悉达制其中流，琳遣使说诱，终不从。己亥，琳遣记室宗虩求援于齐，且请纳梁永嘉王庄以主梁祀。衡州刺史周迪欲自据南川，乃总召所部八郡守宰结盟，齐言入赴；上恐其为变，厚慰抚之。

新吴洞主余孝顷遣沙门道林说琳曰："周迪、黄法氍皆依附金陵，阴窥间隙，大军若下，必为后患；不如先定南川，然后东下，孝顷请席卷所部以从下吏。"琳乃遣轻车将军樊猛、平南将军李孝钦、平东将军刘广德将兵八千赴之，使孝顷总督三将，屯于临川故郡，征兵粮于迪，以观其所为。

以开府仪同三司侯瑱为司空，衡州刺史欧阳頠为都督交、广等十九州诸军事、广州刺史。

周以晋公护为太师。

辛丑，上祀南郊，大赦；乙巳，祀北郊。

辛亥，周王耕藉田。

癸丑，周立王后独孤氏。

戊午，上祀明堂。

二月，壬申，南豫州刺史沈泰奔齐。

齐北豫州刺史司马消难，以齐主昏虐滋甚，阴为自全之计，曲意抚循所部。消难尚高祖女，情好不睦，公主诉之。上党王涣之亡也，邺中大扰，疑其赴成皋。消难从弟子瑞为尚书左丞，与御史中丞毕义云有隙，义云遣御史张子阶诣北豫州采风闻，先禁消难典签家客等。消难惧，密令所亲中兵参军裴藻托以私假，间行入关，请降于周。

三月，甲午，周遣柱国达奚武、大将军杨忠帅骑士五千迎消难，从间道驰入齐境五百里，前后三遣使报消难，皆不报。去虎牢三十里，武疑有变，欲还，忠曰："有进死，无退生！"独以千骑夜趣城下。城四面

陈武帝永定二年（戊寅，558 年）

春季，正月，王琳领兵东下，到达湓城，屯驻在白水浦，甲士有十万之众。王琳任命北江州刺史鲁悉达为镇北将军，陈武帝也任命鲁悉达为征西将军，双方都送给鲁悉达鼓吹女乐。鲁悉达两边都接受，拖延观望，两边都不协助；陈武帝派安西将军沈泰袭击鲁悉达，没有取胜。王琳想领兵东下，而鲁悉达控制了中流，王琳派使者劝说招诱，鲁悉达总不听从。正月初五日己亥，王琳派记室宗虩到北齐求援，并且请求接纳在北齐的梁朝永嘉王萧庄回来继承梁朝皇位。衡州刺史周迪想占据南川地区，于是召集所属八个郡的守宰缔结盟约，一致声明要入京赴援；陈武帝担心他们叛变，派人特谕制止，并且厚加抚慰。

新吴洞主余孝顷派沙门道林劝说王琳说："周迪、黄法氍都依附金陵，暗中窥伺你的空子，大军如果东下，一定成为后患；不如先平定南川，然后东下，余孝顷请求率领所属全部人马追随将军效劳。"王琳派出轻车将军樊猛、平南将军李孝钦、平东将军刘广德领兵八千与余孝顷会合，让余孝顷统率三将，屯驻在临川原先的治所，向周迪征兵征粮，用来观察他的动向。

陈朝任命开府仪同三司侯瑱为司空，任命衡州刺史欧阳頠为都督交州广州等十九州诸军事、广州刺史。

北周任命晋公宇文护为太师。

正月初七日辛丑，陈武帝在南郊祭天，大赦天下；正月十一日乙巳，在北郊祭地。

正月十七日辛亥，北周天王宇文毓亲耕藉田。

正月十九日癸丑，北周天王宇文毓册立夫人独孤氏为王后。

正月二十四日戊午，陈武帝亲临明堂祭祀。

二月初九日壬申，陈朝南豫州刺史沈泰逃奔北齐。

北齐北豫州刺史司马消难，考虑到北齐国主高洋昏庸残暴，越来越严重，暗中策划保全自己的办法，放下架子抚慰部属。司马消难娶齐高祖高欢的女儿，夫妻感情不好，公主回宫诉说委屈。上党王高涣逃亡，邺城一片惊慌，朝廷怀疑他逃往成皋，司马消难堂弟司马子瑞任尚书左丞，与御史中丞毕义云有仇怨，毕义云派御史张子阶到北豫州采集有关吏治的民谣民风。张子阶一到北豫州，首先禁止司马消难州府典签和家客的行动自由。司马消难恐惧，秘密派遣亲信中兵参军裴藻假托休假回家，从小路进入关中，请求投降北周。

三月初一日甲午，北周派柱国达奚武、大将军杨忠率骑兵五千人迎接司马消难，从小道奔驰进入北齐境内达五百里，前后派出三批使者通报司马消难，都没有回信。距离虎牢三十里，达奚武怀疑情况有变化，想退还，杨忠说："军人只有冒死前进，

峭绝，但闻击柝声。武亲来，麾数百骑西去，忠勒余骑不动，俟门开而入，驰遣召武。齐镇城伏敬远勒甲士二千人据东城，举烽严警。武惮之，不欲保城，乃多取财物，以消难及其属先归，忠以三千骑为殿。至洛南，皆解鞍而卧。齐众来追，至洛北，忠谓将士曰：“但饱食，今在死地，贼必不敢渡水！”已而果然，乃徐引还。武叹曰：“达奚武自谓天下健儿，今日服矣！”周以消难为小司徒。

丁酉，齐主自晋阳还邺。

齐发兵援送梁永嘉王庄于江南，册拜王琳为梁丞相、都督中外诸军、录尚书事。琳遣兄子叔宝帅所部十州刺史子弟赴邺。琳奉庄即皇帝位，改元天启。追谥建安公渊明曰闵皇帝。庄以琳为侍中、大将军、中书监，余依齐朝之命。

夏，四月，甲子，上享太庙。

乙丑，上使人害梁敬帝，立梁武林侯谘之子季卿为江阴王。

己巳，周以太师护为雍州牧。

甲戌，周王后独孤氏殂。

辛巳，齐大赦。

齐主以旱祈雨于西门豹祠，不应，毁之，并掘其冢。

五月，癸巳，余孝顷等屯二万军于工塘，连八城以逼周迪。迪惧，请和，并送兵粮。樊猛等欲受盟而还，孝顷贪其利，不许，树栅围之。由是猛等与孝顷不协。

周以大司空侯莫陈崇为大宗伯。

癸丑，齐广陵南城主张显和、长史张僧那各帅所部来降。

辛丑，齐以尚书令长广王湛录尚书事，骠骑大将军平秦王归彦为尚书左仆射。甲辰，以前左仆射杨愔为尚书令。

辛酉，上幸大庄严寺舍身；壬戌，群臣表请还宫。

没有后退求生的。”独自率领一千骑兵乘夜突进到城下。虎牢城四面陡峭悬绝，无法攀登，但只听到打更的声音，没有军士守城。这时达奚武亲自赶来，又指挥带走了几百骑兵西驰而去，杨忠约束其余只有几百骑兵埋伏不动，等待开门时突入。杨忠得手，派骑兵飞报达奚武并召他回来。这时，北齐守城军主伏敬远部署甲士两千人占据了东城，举烽火报警。达奚武害怕，不想占据虎牢城，就多取财物，让司马消难和他的部属先行撤离，向关中进发，杨忠率领三千骑兵殿后。行进到洛水南岸，下马解鞍，就地卧下休息。这时北齐追兵到达洛水北岸，杨忠对将士们说：“只管吃饱饭，我们现在处于死战求生的绝境，敌人一定不敢渡水到南岸。”过了一阵，果然如杨忠所料，北齐兵没敢渡水，杨忠这才慢慢率军返回。达奚武感叹地说：“我达奚武自认为是天下健儿，今天我算是服了。”北周任命司马消难为小司徒。

三月初四日丁酉，北齐国主高洋从晋阳回到邺城。

北齐发援兵护送梁朝永嘉王萧庄回到江南，册拜王琳为梁朝丞相、都督中外诸军事、录尚书事。王琳派哥哥的儿子王叔宝率领所属十州刺史子弟到邺城。王琳奉萧庄即皇帝位，改元年号为天启。追谥建安公萧渊明为闵皇帝。萧庄任命王琳为侍中、大将军、中书监，其余仍依北齐原先的任命。

夏，四月初二日甲子，陈武帝祭祀太庙。

四月初三日乙丑，陈武帝派人杀害梁敬帝萧方智，另立梁武林侯萧谘的儿子萧季卿为江阳王。

四月初七日己巳，北周任命太师宇文护为雍州牧。

四月十二日甲戌，北周王后独孤氏去世。

四月十九日辛巳，北齐大赦天下。

北齐国主高洋因为干旱，在西门豹祠求雨，没有应验，就下令毁了西门豹祠，还挖了他的坟墓。

五月初一日癸巳，余孝顷等在江塘屯驻军队二万人，建立八座军营逼近周迪。周迪害怕，请求和好，并送兵送粮。樊猛等想结盟退军，但余孝顷贪图利益，不同意订盟，树立栅栏围住他们。因此樊猛等与余孝顷离心离德。

北周任命大司空侯莫陈崇为大宗伯。

五月二十一日癸丑，北齐广陵南城主张显和、长史张僧那各自率领所属部众投降陈朝。

五月初九日辛丑，北齐任命尚书令长广王高湛录尚书事，骠骑大将军平秦王高归彦为尚书左仆射。五月十二日甲辰，任命前左仆射杨愔为尚书令。

五月二十九日辛酉，陈武帝巡幸大庄严寺，舍身出家；五月三十日壬戌，群臣表请陈武帝回宫。

六月，乙丑，齐主北巡，以太子殷监国，因立大都督府与尚书省分理众务，仍开府置佐。齐主特崇其选，以赵郡王叡为侍中、摄大都督府长史。

己巳，诏司空侯瑱与领军将军徐度帅舟师为前军以讨王琳。

齐主至祁连池；戊寅，还晋阳。

秋，戊戌，上幸石头，送侯瑱等。

高州刺史黄法氍、吴兴太守沈恪、宁州刺史周敷合兵救周迪。敷自临川故郡断江口，分兵攻余孝顷别城。樊猛等不救而没；刘广德乘流先下，故获全。孝顷等皆弃舟引兵步走，迪追击，尽擒之，送孝顷及李孝钦于建康，归樊猛于王琳。

甲辰，上遣吏部尚书谢哲往谕王琳。哲，朏之孙也。

八月，甲子，周大赦。

乙丑，齐主还邺。

辛未，诏临川王蒨西讨，以舟师五万发建康，上幸冶城寺送之。

甲戌，齐主如晋阳。

王琳在白水浦，周文育、侯安都、徐敬成许王子晋以厚赂，子晋乃伪以小船依艑而钓，夜，载之上岸，入深草中，步投陈军，还建康自劾；上引见，并宥之，戊寅，复其本官。

谢哲返命，王琳请还湘州，诏追众军还。癸未，众军至自大雷。

九月，甲申，周封少师元罗为韩国公以绍魏后。

丁未，周王如同州；冬，十月，辛酉，还长安。

余孝顷之弟孝劢及子公飏犹据旧栅不下；庚午，诏开府仪同三司周文育都督众军出豫章讨之。

（以上为第二段，重点写南朝王琳兵败，与陈朝订盟还湘州，陈朝大局已定，全境粗安。）

齐三台成，更名铜爵曰金凤，金虎曰圣应，冰井曰崇光。十一月，甲午，齐主至邺，大赦。齐主游三台，戏以槊刺都督尉子辉，应手而毙。

六月初三日乙丑，北齐国主高洋巡视北方，命令太子高殷监国，特为太子设立大都督府与尚书省分管事务，在大都督府设置府衙，选置僚佐。北齐国主高洋特别重视僚佐的人选，任命赵郡王高叡为侍中、代理大都督府长史。

六月初七日己巳，陈朝下诏司空侯瑱与领军将军徐度率领水军为前锋讨伐王琳。

北齐国主高洋到达祁连池；六月十六日戊寅，回到晋阳。

秋季，七月初七日戊戌，陈武帝亲临石头城，送侯瑱等出征。

高州刺史黄法氍、吴兴太守沈恪、宁州刺史周敷会合兵力救援周迪。周敷从临川故郡出兵，控制江口，切断水运通道，分兵进攻余孝顷所连营栅。樊猛等人坐视不救，各营全被攻陷；刘广德乘船抢先顺流而下，所以没被擒获。余孝顷等都弃船领兵在陆上步行逃跑，周迪追击，全部抓获。余孝顷及李孝钦被押送到建康，樊猛被送还王琳。

七月十三日甲辰，陈武帝派吏部尚书谢哲前往湓城晓谕王琳。谢哲，是谢朏的孙子。

八月初三日甲子，北周大赦天下。

八月初四日乙丑，北齐国主高洋回到邺城。

八月初十日辛未，陈武帝下诏临川王陈蒨西讨王琳，率领水军上万从建康出发，陈武帝临幸冶城寺送行。

八月十三日甲戌，北齐国主高洋到晋阳。

王琳住在白水浦，周文育、侯安都、徐敬成许诺送给王子晋厚礼，王子晋划一只小船靠在王琳主舰旁边假装垂钓，到了深夜，偷载周文育等上岸，躲在深草中，步行奔回陈军营垒，回到建康自首请罪；陈武帝召见，全部宽恕，八月十七日戊寅，恢复他们原有的官职。

谢哲返回建康复命，王琳请求回到湘州，陈武帝下诏急令西征各路兵马退还建康。八月二十二日癸未，西征各路兵马回到大雷，并从那里出发到建康。

九月［十四日甲辰］，北周封少师元罗为韩国公，用以继承北魏后裔。

九月十七日丁未，北周天王宇文毓到同州；冬季，十月初一日辛酉，回到长安。

余孝顷的弟弟余孝劢和他的儿子余公飏仍然占据新吴旧栅不肯归降；十月初十日庚午，陈武帝下诏开府仪同三司周文育都督众军，从豫章出兵进讨。

北齐的三台修建完成，更改名称，铜爵台改名金凤台；金虎台改名圣应台；冰井台改名崇光台。十一月初五日甲午，北齐国主高洋回到邺城。高洋游幸三台，开

常山王演以帝沈湎，忧愤形于颜色。帝觉之，曰："但令汝在，我何为不纵乐！"演唯涕泣拜伏，竟无所言。帝亦大悲，抵杯于地曰："汝似嫌我如是，自今敢进酒者斩之！"因取所御杯尽坏弃。未几，沈湎益甚，或于诸贵戚家角力批拉，不限贵贱，唯演至，则内外肃然。演又密撰事条，将谏，其友王晞以为不可；演不从，因间极言，遂逢大怒。演性颇严，尚书郎中剖断有失，辄加捶楚，令史奸慝即考竟。帝乃立演于前，以刀镮拟胁，召被演罚者，临以白刃，求演之短；咸无所陈，乃释之。晞，昕之弟也。帝疑演假辞于晞以谏，欲杀之。王私谓晞曰："王博士，明日当作一条事，为欲相活，亦图自全，宜深体勿怪。"乃于众中杖晞二十。帝寻发怒，闻晞得杖，以故不杀，髡鞭配甲坊。居三年，演又因谏争，大被殴挞，闭口不食。太后日夜涕泣，帝不知所为，曰："傥小儿死，奈我老母何！"于是数往问演疾，谓曰："努力强食，当以王晞还汝。"乃释晞，令诣演。演抱晞曰："吾气息惙然，恐不复相见！"晞流涕曰："天道神明，岂令殿下遂毙此舍！至尊亲为人兄，尊为人主，安可与计！殿下不食，太后亦不食，殿下纵不自惜，独不念太后乎！"言未卒，演强坐而饭。晞由是免徒，还为王友。及演录尚书事，除官者皆诣演谢，去必辞。晞言于演曰："受爵天朝，拜恩私第，自古以为不可，宜一切约绝。"演从之。久之，演从容谓晞曰："主上起居不恒，卿宜耳目所具，吾岂可以前逢一怒，遂尔结舌。卿宜为撰谏草，吾当伺便极谏。"晞遂条十余事以呈，因谓演曰："今朝廷所恃者惟殿下，乃欲学匹夫耿介，轻一朝之命！狂药令人不自觉，刀箭岂复识亲疏，一旦祸出理外，将奈殿下家业何，奈皇太后何！"演歔欷不自胜，曰："乃至是乎！"明日，见晞曰："吾长夜久思，今遂息意。"即命火，对晞焚之。后复承间苦谏，帝使力士反接，拔白刃注颈，骂曰："小子何知，是谁教汝？"演曰："天下噤口，非臣谁敢有言！"帝趣杖，乱捶之数十；会醉卧，得解。帝亵黩之游，遍于宗戚，所往留连；唯至常山第，多无适而去。尚书左仆射崔暹屡谏，演谓暹曰："今太后不敢言，吾兄弟杜口，仆射独能犯颜，内外深相感愧。"

玩笑用长槊击刺都督尉子辉，只一下就把尉子辉刺死。

常山王高演因文宣帝高洋沉迷酗酒，忧愤之情溢于脸面，高洋觉察了，说：“只要你在世上，我为什么不纵酒为乐？”高演只是泪流满面拜伏在地，竟然没有说一句话。高洋也十分伤心，把酒杯摔在地上说：“你恨我多喝酒到如此地步，从今以后，敢再进酒的人一定斩首。”当即取下自己所用的酒杯全部砸毁。但是没过多久，沉醉酗酒更加放肆，有时闯进到一些贵戚家里跟人徒手比武，对手不分贵贱，只有高演一到，内外庄严肃静。高演又暗中撰写事务列陈条款，打算进谏。高演的友人王晞认为不可以，高演不听，找到一个机会，直切劝谏，果然引起高洋大怒。高演个性端严，他手下的尚书郎中处理事务分析判断一有失误，高演就要处以刑杖，令史如果作奸犯法，立即拷打审问。此时高洋命令高演站在跟前，用刀尖对准高演的胸肋，另外召来被高演惩罚过的人，用刀口架在他们身上，逼迫他们说出高演的过失；被逼迫的人全都没说高演有什么过失，这才放了高演。王晞，是王昕的弟弟。高洋怀疑是王晞撰写了条陈假借高演来进谏，就想杀掉王晞。常山王高演私下对王晞说：“王博士，明天要做一件事，是为了要救你，也是保全我自己，请你多加体谅，不要见怪。”第二天常山王高演当众打了王晞二十大板。高洋正要迁怒王晞，听说他挨了板子，所以没有杀他，但却剃光他的头发，又打了一顿板子，发配到甲坊做苦工。过了三年，高演又因苦苦劝谏，被毒打了一顿，高演绝食不吃饭。娄太后日夜啼哭，高洋手足无措，说：“倘若这小儿真死了，让我如何向老母交代。”于是多次前往探视高演病情，对高演说：“你要打起精神吃饭，我把王晞还给你。”于是释放了王晞，让他去看高演。高演抱着王晞说：“我气息奄奄，担心再也见不到你了。”王晞流着眼泪说：“天道神明，怎么会让殿下死在这里呢？皇上至尊。论亲情是你的哥哥，论地位是你的君王，怎能与皇上计较是非！殿下不吃饭，太后也不吃饭，殿下纵然不爱惜自己，难道不顾念太后吗？”王晞话还没说完，高演勉强坐起来吃饭。王晞因此免了做苦工，回到王府仍做高演的朋友。等到高演任职录尚书事，升官的人都到高演跟前谢恩，离开京城去上任的时候都来辞行。王晞对高演说：“朝臣受爵于天子，谢恩到私宅，自古以来都不可以，应当一切谢绝。”高演听从了。又过了很长一段时间，高演从容不迫地对王晞说：“皇上起居无常，你的耳目听到和看到的事要详细写出来，我怎么可以因为皇上发怒，就突然闭口不说话呢？你应当再写一份谏疏，我当找机会恳切极谏。”王晞于是条列了十多件事进呈给高演，一面又劝阻高演说：“当今朝廷依赖的只有你殿下，可是殿下却要效法一个匹夫的正直，看轻危在旦夕的性命。如同猛药一样的酒会使人失去理智，刀箭认不得亲疏，一旦发生意外之祸，殿下的家业怎么办！皇太后怎么办？”高演悲恸欲绝，说：“有这么严重吗？”第二天，高演见到王晞，说“我昨夜整夜思考，今天打消了进谏的主意。”

太子殷，自幼温裕开朗，礼士好学，关览时政，甚有美名。帝尝嫌太子“得汉家性质，不似我”，欲废之。帝登金凤台召太子，使手刃囚，太子恻然有难色，再三，不断其首。帝大怒，亲以马鞭撞之，太子由是气悸语吃，精神昏扰。帝因酣宴，屡云：“太子性懦，社稷事重，终当传位常山。”太子少傅魏收谓杨愔曰：“太子，国之根本，不可动摇。至尊三爵之后，每言传位常山，令臣下疑贰。若其实也，当决行之。此言非所以为戏，恐徒使国家不安。”愔以收言白帝，帝乃止。

帝既残忍，有司讯囚，莫不严酷，或烧犁耳，使立其上，或烧车釭，使以臂贯之，既不胜苦，皆至诬伏。唯三公郎中武强苏琼，历职中外，所至皆以宽平为治。时赵州及清河屡有人告谋反者，前后皆付琼推检，事多申雪。尚书崔昂谓琼曰：“若欲立功名，当更思余理；数雪反逆，身命何轻！”琼正色曰：“所雪者冤枉耳，不纵反逆也。”昂大惭。

帝怒临漳令嵇晔、舍人李文思，以赐臣下为奴。中书侍郎彭城郑颐私诱祠部尚书王昕曰：“自古无朝士为奴者。”昕曰：“箕子为之奴。”颐以白帝曰：“王元景比陛下于纣。”帝衔之。顷之，帝与朝臣酣饮，昕称疾不至，帝遣骑执之，见方摇膝吟咏，遂斩于殿前，投尸漳水。

齐主北筑长城，南助萧庄，士马死者以数十万计。重以修筑台殿，赐与无节，府藏之积，不足以供，乃减百官之禄，撤军人常廪，并省州郡县镇戍之职，以节费用焉。

当即命人点火，当着王晞的面烧了谏疏。过后，高演又找机会苦苦进谏，高洋让大力士把高演反绑起来，拔出佩剑，用刀刃对准高演的脖子，骂他说：“你小子懂什么，是谁教你的？”高演说：“全天下的人都闭起了嘴巴，除了我谁还敢说话！”高洋下令快打板子，高演被乱打了几十板；正好高洋醉倒昏昏睡着了，高演才脱了身。高洋亵狎荒唐地游荡，遍及宗室亲戚之家，到了哪里就住在哪里，流连忘返；唯有到了常山王高演家，多半是没有尽兴，只好离开了。尚书左仆射崔暹多次劝谏，高演对崔暹说：“如今太后不敢讲话，我们兄弟闭起了口，仆射独能犯颜，宫廷内外的人都深感惭愧。”

太子高殷，从小温和开朗，尊礼士人，爱好学习，留心时政，有很好的声誉。高洋却嫌太子“像个汉人子弟，不像自己”，想把他废掉。高洋登金凤台召见太子，让他亲手杀死囚犯，太子同情面露难色，他砍了三次，也没砍下囚犯的头颅。高洋大怒，亲手拿马鞭抽打太子，太子因此受到惊吓，从此说话口吃，精神恍惚。高洋每次宴会酒足之后，多次说：“太子性情懦弱，社稷事重，终究当传位给常山王。”太子少傅魏收对杨愔说：“太子是国家的根本，不可动摇。皇上酒过三巡之后，多次说要传位给常山王，令臣下半信半疑。如果属实，就应当机立断决定下来。这话不能当儿戏，恐怕给国家带来不安。”杨愔把魏收的话告诉了高洋，高洋才不再说了。

高洋性情残忍，主管部门审讯囚犯，主审法官没有一个不是苛刻严酷的。有的烧热犁耳，让囚犯站在上边，有的用烧红了的车釭，套在囚犯的手臂上。受审的囚犯受不了这种酷刑，只好屈打成招。只有三公郎中武强人苏琼，历任朝廷和地方官职，他所到之处都能平和公正地判案。当时赵州和清河郡，多次有人告发谋反的人，前后一个又一个案件交给苏琼调查审理，许多被诬告的人都得申理。尚书崔昂对苏琼说：“若想建立功名，应当另想别的办法；你多次昭雪反叛的人，未免看轻了自己的身家性命吧！”苏琼严肃地说：“所昭雪的都是受冤枉的人，并不是放纵造反的人。”崔昂非常惭愧。

北齐文宣帝高洋憎恶临漳县令嵇晔、舍人李文思，把他两人赐给臣下为奴。中书侍郎彭城人郑颐设下圈套，私下对祠部尚书王昕说：“从古以来没有让朝廷命官当奴仆的。”王昕说：“殷朝箕子就为奴仆。”郑颐向高洋打小报告说：“王元景把陛下比做殷纣王。”高洋怀恨在心。不久，高洋与朝臣欢宴饮酒，王昕推托有病不参加，高洋派骑兵去抓王昕，见他正在摆腿吟诗，于是把他抓来在殿门前杀了，并抛尸在漳水中。

北齐文宣帝高洋在北边修筑长城，在南边护送萧庄回国，兵马死亡达数十万。加上修筑三台与宫殿，随意赏赐没有节制，府库的积蓄，不足以供应。于是减少百官的俸禄，克扣军人正常的粮食供给，并且裁撤了一些州郡县镇戍的职官员额，以

十二月，庚寅，齐以可朱浑道元为太师，尉粲为太尉，冀州刺史段韶为司空，常山王演为大司马，长广王湛为司徒。

壬午，周大赦。

齐主如北城，因视永安简平王浚、上党刚肃王涣于地牢。帝临穴讴歌，令浚等和之，浚等惶怖且悲，不觉声颤；帝怆然，为之下泣，将赦之。长广王湛素与浚不睦，进曰："猛虎安可出穴！"帝默然。浚等闻之，呼湛小字曰："步落稽，皇天见汝！"帝亦以浚与涣皆有雄略，恐为后害，乃自刺涣，又使壮士刘桃枝就笼乱刺。槊每下，浚、涣辄以手拉折之，号哭呼天，于是薪火乱投，烧杀之，填以土石。后出之，皮发皆尽，尸色如炭，远近为之痛愤。帝以仪同三司刘郁捷杀浚，以浚妃陆氏赐之；冯文洛杀涣，以涣妃李氏赐之，二人皆帝家旧奴也。陆氏寻以无宠于浚，得免。

高凉太守冯宝卒，海隅扰乱。宝妻冼氏怀集部落，数州晏然。其子仆，生九年，是岁，遣仆帅诸酋长入朝，诏以仆为阳春太守。

后梁主遣其大将军王操将兵略取王琳之长沙、武陵、南平等郡。

（以上为第三段，重点写北齐文宣帝高洋残虐、拒谏，滥杀大臣，祸及骨肉兄弟。）

三年（己卯，559 年）

春，正月，己酉，周太师护上表归政，周王始亲万机；军旅之事，护犹总之。初改都督州军事为总管。

王琳召桂州刺史淳于量。量虽与琳合而潜通于陈；二月，辛酉，以量为开府仪同三司。

壬午，侯瑱引兵焚齐舟舰于合肥。

丙戌，齐主于甘露寺禅居深观，唯军国大事乃以闻。尚书左仆射崔暹卒，齐主幸其第哭之，谓其妻李氏曰："颇思暹乎？"对曰："思之。"帝曰："然则自往省之。"因手斩其妻，掷首墙外。

节省费用。

十二月［十九日戊寅］，北齐任命可朱浑道元为太师，尉粲为太尉，冀州刺史段韶为司空，常山王高演为大司马，长广王高湛为司徒。

十二月二十三日壬午，北周大赦天下。

北齐国主高洋到北城，趁便到地牢巡看永安简平王高浚、上党刚肃王高涣。高洋临视地牢放声唱歌，命令高浚、高涣和唱，高浚、高涣既胆战心惊，又悲痛欲绝，不知不觉歌声颤抖；高洋也伤感流泪，打算赦免两人。长广王高湛一向与高浚不和，上前到高洋面前说："怎么可以把猛虎放出洞呢？"高洋沉默不语。高浚、高涣听见了，大叫着高湛的小名说："步落稽，皇天看着你。"高洋也认为高浚、高涣都有雄略大才，害怕为后患，就亲自用长矛刺击高涣，又派壮士刘桃枝向笼中乱刺，每当长矛刺下，高浚、高涣就用手拉住长矛用力折弯，号哭声震天地。高洋命令把柴火纷纷投入笼中，把高浚、高涣烧死，将地牢填上土石。过后又把两人尸体挖出来，皮肤头发都烧完了，只剩一堆骨炭，远近的人都为之悲痛愤恨。高洋因为刘郁捷杀死了高浚，就把高浚的妃子陆氏赏赐给他；冯文洛杀死了高涣，就把高涣的妃子李氏赏赐给他。刘郁捷、冯文洛两人都是高洋旧时的家奴。由于陆氏没得到高浚的宠爱，高洋才放过了她，没把她赏赐给刘郁捷。

陈朝高凉太守冯宝去世，岭南沿海地区发生骚乱。冯宝的妻子冼氏安抚部众，沿海各州又安定下来。她的儿子冯仆，年才九岁。就在这一年，冼夫人派冯仆带领各部酋长到建康入朝进贡，陈武帝下诏任命冯仆为阳春太守。

后梁国主萧詧派大将王操领兵攻取王琳的长沙、武陵、南平等郡。

陈武帝永定三年（己卯，559 年）

春季，正月二十一日己酉，北周太师宇文护上表归还政权，北周天王宇文毓开始亲自掌理政务；但军政事务，仍由宇文护全权掌管。北周开始把都督州军事这一长官名称改为总管。

王琳征召桂州刺史淳于量。淳于量表面上与王琳合作，而暗中交通陈朝；二月初三日辛酉，陈朝任命淳于量为开府仪同三司。

二月二十四日壬午，侯瑱领兵到合肥，烧毁北齐战船。

二月二十八日丙戌，北齐国主高洋在甘露寺坐禅参悟佛理，只有军国大事才能向他进奏。尚书左仆射崔暹去世，高洋幸临崔暹府第哭祭，对崔暹的妻子李氏说："你想念崔暹吗？"崔暹妻子回答说："当然想念。"高洋说："既然想念，那你就亲自

齐斛律光将骑一万击周开府仪同三司曹回公，斩之。柏谷城主薛禹生弃城走，遂取文侯镇，立戍置栅而还。

三月，戊戌，齐以高德政为尚书右仆射。

吐谷浑寇周边；庚戌，周遣大司马贺兰祥击之。

丙辰，齐主至邺。

梁永嘉王庄至郢州，遣使入贡于齐。王琳遣其将雷文策袭后梁监利太守蔡大有，杀之。

齐主之为魏相也，胶州刺史定阳文肃侯杜弼为长史，帝将受禅，弼谏止之。帝问："治国当用何人？"对曰："鲜卑车马客，会须用中国人。"帝以为讥己，衔之。高德政用事，弼不为之下，尝于众前面折德政；德政数言其短于帝，弼恃旧，不自疑。夏，帝因饮酒，积其愆失，遣使就州斩之；既而悔之，驿追不及。

闰四月，戊子，周命有司更定新历。

丁酉，遣镇北将军徐度将兵城南皖口。

齐高德政与杨愔同为相，愔常忌之。齐主酣饮，德政数强谏，齐主不悦，谓左右曰："高德政恒以精神凌逼人。"德政惧，称疾，欲自退。帝谓杨愔曰："我大忧德政病。"对曰："陛下若用为冀州刺史，病当自差。"帝从之。德政见除书，即起。帝大怒，召德政谓曰："闻尔病，我为尔针。"亲以小刀刺之，血流沾地。又使曳下斩去其足，刘桃枝执刀不敢下，帝责桃枝曰："尔头即堕地！"桃枝乃斩其足之三指。帝怒不解，囚德政于门下，其夜，以毡舆送还家。明旦，德政妻出珍宝满四床，欲以寄人，帝奄至其宅，见之，怒曰："我御府犹无是物！"诘其所从得，皆诸元赂之，遂曳出，斩之。妻出拜，又斩之，并其子伯坚。以司州牧彭城王浟为司徒，侍中高阳王湜为尚书右仆射；乙巳，以浟兼太尉。

去看望他。”高洋一边说一边随手抽出刀来，杀死了崔暹妻子，还砍下她的脑袋，扔到墙外。

北齐斛律光率领一万骑兵攻击北周开府仪同三司曹回公，并杀了曹回公。柏谷城驻防军主薛禹生丢下城池逃走。于是斛律光夺取了文侯镇，设立戍楼围栅，得胜回军。

三月十一日戊戌，北齐任命高德政为尚书右仆射。

吐谷浑侵扰北周边防；三月二十三日庚戌，北周派大司马贺兰祥征讨吐谷浑。

三月二十九日丙辰，北齐国主高洋回到邺城。

梁朝永嘉王萧庄到了郢州，派使者向北齐进贡。王琳派部将雷文策袭击后梁监利太守蔡大有，杀了他。

北齐文宣帝高洋，在当东魏丞相时，胶州刺史定阳人文肃侯杜弼为长史，高洋即将受禅称帝，杜弼曾劝谏他不要受禅。高洋问：“治理国家应当用什么人？”杜弼回答说：“鲜卑人只会骑马乘车，治理国家应当用汉人。”高洋认为是讽刺他，怀恨在心。后来，高德政为相，杜弼不满意职位在他下面，曾经当众羞辱过高德政；这样，高德政就多次在高洋面前说杜弼的坏话，杜弼依恃自己是高洋的旧部下，从没想过高洋会加害自己。这年夏天，高洋因饮酒闷闷不乐，把积郁在心中怀恨杜弼的事想了又想，突然派一个使者到胶州就地斩杀杜弼；不一会儿又后悔了，派出赦免杜弼死刑的使者乘驿车去追赶，但没有追上，杜弼被处死。

闰四月初二日戊子，北周命令主管部门重新修订历法。

闰四月十一日丁酉，陈武帝派镇北将军徐度领兵在南皖口筑城。

北齐高德政与杨愔同为丞相，杨愔常妒忌高德政。北齐国主高洋嗜酒无度，高德政多次劝谏，高洋很不高兴，对亲信说：“高德政经常用眼色逼视我。”高德政害怕了，推托有病，想就此引退。高洋对杨愔说：“我很忧虑高德政的病。”杨愔说：“陛下如果任用高德政为冀州刺史，他的病立即就好了。”高洋听从了。高德政看到了任命书，立即起床。高洋大怒，召见高德政，对他说：“听说你有病，我替你针灸。”亲手用小刀刺他，使他遍体鳞伤，血流满地。高洋喝令拖下去砍断他的脚，刽子手刘桃枝拿着刀不敢砍下，高洋责骂他说：“不砍，就让你的人头落地。”刘桃枝这才砍下高德政的三个脚趾头。高洋的怒气还没有消解，把高德政囚禁在门下省，到了夜晚，才用铺着毛毡的车子送他回家。第二天早上，高德政的妻子取出珍宝摆满了四床，想转移寄放在别人家。不料高洋突然来到高德政家，看到了满床珍宝，大怒说：“我皇宫的府库还没有这些东西呢！”高洋追问这些珍宝从哪里来的，高德政说是元魏皇室诸王贿赂的。于是把高德政拖去就地杀了。高德政的妻子出来求饶跪拜，也杀了，还一并杀了高德政的儿子高伯坚。高洋任命司州牧彭城王高浟为司

齐主封子绍廉为长安王。

辛亥，周以侯莫陈崇为大司徒，达奚武为大宗伯，武阳公豆卢宁为大司寇，柱国辅城公邕为大司空。

乙卯，周诏：“有司无得纠赦前事；唯厩库仓廪与海内所共，若有侵盗，虽经赦宥免其罪，征备如法。”周贺兰祥与吐谷浑战，破之，拔其洮阳、洪和二城，以其地为洮州。

五月，丙辰朔，日有食之。

齐太史奏，今年当除旧布新。齐主问于特进彭城公元韶曰：“汉光武何故中兴？”对曰：“为诛诸刘不尽。”于是齐主悉杀诸元以厌之。癸未，诛始平公元世哲等二十五家，囚韶等十九家。韶幽于地牢，绝食，啖衣袖而死。

周文育、周迪、黄法𣰋共讨余公飏，豫章太守熊昙朗引兵会之，众且万人。文育军于金口，公飏诈降，谋执文育，文育觉之，囚送建康。文育进屯三陂。王琳遣其将曹庆帅二千人救余孝劢，庆分遣主帅常众爱与文育相拒，自帅其众攻周迪及安南将军吴明徹，迪等败，文育退据金口。熊昙朗因其失利，谋杀文育以应众爱，监军孙白象闻其谋，劝文育先之，文育不从。时周迪弃船走，不知所在，乙酉，文育得迪书，自赍以示昙朗，昙朗杀之于坐而并其众，因据新淦城。昙朗将兵万人袭周敷，敷击破之，昙朗单骑奔巴山。

鲁悉达部将梅天养等引齐军入城。悉达帅麾下数千人济江自归，拜平南将军、北江州刺史。

六月，戊子，周以霖雨，诏群臣上封事极谏。左光禄大夫猗氏乐逊上言四事：其一，以为：“比来守令代期既促，责其成效，专务威猛；今关东之民沦陷涂炭，若不布政优优，闻诸境外，何以使彼劳民，归就乐土！”其二，以为：“顷者魏都洛阳，一时殷盛，贵势之家，竞为侈靡，终使祸乱交兴，天下丧败；比来朝贵器服稍华，百工造作务尽奇巧，臣诚恐物逐好移，有损政俗。”其三，以为：“选曹补拟，宜与众共之；今州郡选置，犹集乡闾，况天下铨衡，不取物望，既非机事，何足可密！其

徒，侍中高阳王高湜为尚书右仆射；闰四月十九日乙巳，任命高湝兼太尉。

北齐文宣帝高洋封皇子高绍廉为长安王。

闰四月二十五日辛亥，北周任命侯莫陈崇为大司徒，达奚武为大宗伯，武阳公豆卢宁为大司寇，柱国辅城公宇文邕为大司空。

闰四月二十九日乙卯，北周天王下诏："主管纠察的官员，不得纠举大赦以前的事；只有厩舍、府库、仓廪中的马匹、钱财、粮食是国家所有，如果被侵占盗取，即使是赦免了他的罪刑，但侵占的财物必须如数追还。"北周大将贺兰祥与吐谷浑交战，打败了吐谷浑，占领了洮阳、洪和两座城，北周在这些地方设置了洮州。

五月初一日丙辰，发生日食。

北齐太史上奏，今年应当除旧布新。北齐国主高洋询问特进彭城公元韶，说："汉光武帝为什么能够中兴汉朝？"元韶回答说："是因为王莽没有把刘姓的人杀光。"于是高洋下令杀尽元魏宗室，用来压制可能出现的灾祸，表示除旧布新。五月二十八日癸未，诛杀始平公元世哲等二十五家，囚禁元韶等十九家。元韶被关进地牢，断绝饮食，只好吃自己的衣袖来充饥，被活活饿死。

陈朝周文育、周迪、黄法𣰋共同讨伐徐公飏，豫章太守熊昙朗领兵会合，总计兵力一万人。周文育驻军在金口，徐公飏假投降，阴谋捉拿周文育，但被周文育觉察，徐公飏反而被抓获，押送到建康。周文育进军屯驻三陂。王琳派他的大将曹庆率领两个人救援余孝劢。曹庆分兵派副将常众爱领兵去抵抗周文育，亲自领兵攻击周迪和安南将军吴明徹，周迪等战败，周文育退守金口。熊昙朗见周文育等失利，想趁机杀了周文育响应常众爱。周文育的监军孙白象识破了熊昙朗的阴谋，劝周文育先下手，周文育没有听从。当时，周迪丢弃船只逃走，不知道在什么地方。五月三十日乙酉，周文育得到周迪的书信，亲自拿着去见熊昙朗，熊昙朗抓住机会在宴席座位上杀了周文育，收编了周文育的部众，并进军占据新淦城。熊昙朗领兵一万人袭击周敷，反被周敷打败，熊昙朗全军覆没，单人独骑逃回巴山。

鲁悉达部将梅天养等勾引北齐军队进入北江州城，鲁悉达率领部众数千人渡过长江归附陈朝，陈武帝任命他为平南将军、北江州刺史。

六月初三日戊子，北周天王宇文毓因为境内久雨不止，下诏群臣秘密进谏。左光禄大夫猗氏人乐逊上书陈列四事：其一，认为"近来郡守县令任期短，更换太频繁，上方考核责令他们有政绩，于是他们专行威猛苛严的政令；如今关东的民众，沦陷在北齐苛政下面，生灵涂炭，如果我们不施行优惠爱民的政令，传布到国境外面，怎么能使那些困苦民众倾心归附我们呢？"其二，认为"近世元魏迁都洛阳，一度繁荣昌盛，那些权贵有钱有势的大家，争着攀比过奢侈的生活，结果导致灾祸和战乱交替到来，天下也因之分崩离析；近来，我朝权贵的器用服饰也日渐华贵，

选置之日，宜令众心明白，然后呈奏。”其四，以为：“高洋据有山东，未易猝制，譬犹棋劫相持，争行先后，若一行不当，或成彼利，诚应舍小营大，先保封域，不宜贪利边陲，轻为举动。”

周处士韦夐，孝宽之兄也，志尚夷简，魏、周之际，十征不屈。周太祖甚重之，不夺其志，世宗礼敬尤厚，号曰“逍遥公”。晋公护延之至第，访以政事；护盛修第舍，夐仰视堂，叹曰：“酣酒嗜音，峻宇彫墙，有一于此，未或不亡。”护不悦。

骠骑大将军、开府仪同三司寇俊，赞之孙也，少有学行。家人常卖物，多得绢五匹，俊于后知之，曰：“得财失行，吾所不取。”访主还之。敦睦宗族，与同丰约，教训子孙，必先礼义。自大统中，称老疾，不朝谒；世宗虚心欲见之，俊不得已入见。王引之同席而坐，问以魏朝旧事；载以御舆，令于王前乘之以出，顾谓左右曰：“如此之事，唯积善者可以致之。”

周文育之讨余孝劢也，帝令南豫州刺史侯安都继之。文育死，安都还，遇王琳将周炅、周协南归，与战，擒之。孝劢弟孝猷帅所部四千家诣安都降。安都进军至左里，击曹庆、常众爱，破之。众爱奔庐山，庚寅，庐山民斩之，传首。

诏临川王蒨于南皖口置城，使东徐州刺史吴兴钱道戢守之。

丁酉，上不豫，丙午，殂。上临戎制胜，英谋独运，而为政务崇宽简，非军旅急务，不轻调发。性俭素，常膳不过数品，私宴用瓦器、蚌盘，殽核充事而已；后宫无金翠之饰，不设女乐。

时皇子昌在长安，内无嫡嗣，外有强敌，宿将皆将兵在外，朝无重

各类工匠制作的物品，都穷极精巧奇异，臣实在担心玩物丧志，将损害良好的政治和纯朴的民风”。其三，认为“主管选拔人才的官吏，授职补缺，应当与大家共同商议；如今州郡选置官吏，尚且召集乡闾的人共同商议，何况作为朝廷选拔人才的部门，怎能不与天下人共同选取众望所归的人才呢？选拔人才不是机密的事，为什么要秘密进行呢？希望今后选置官吏的时候，应当透明让大家明白，然后上报”。其四，认为“高洋占据山东，不容易很快制伏，好比下围棋劫争死活，争行落子先后，如果一步落子不当，或许就会造成对方获胜，所以确实应当舍小求大，首先保住现有疆域，不要贪图边境小利，轻率行动”。

北周处士韦敻，是韦孝宽的哥哥，生性情趣崇尚淡泊简朴，当魏周禅代之际，十次征召，不肯辱志出来做官。周太祖宇文泰非常尊重他，不强求改变他的情志，周世宗宇文毓，对他礼敬尤其厚重，称他为“逍遥公”。晋国公宇文护礼请他到府第，询问他军国大政；宇文护贵为执政，他的府第极为豪华，韦敻仰视厅堂，叹息说：“酗酒纵饮，嗜爱音乐，屋宇高大，墙垣雕绘，只要有其中一样，就要覆家亡国。”宇文护很不高兴。

北周骠骑大将军、开府仪同三司寇俊，是寇讚的孙子。寇俊少年时就有很好的学识和品行。他的家人曾经卖物品给别人，多赚了五匹绢，寇俊后来知道了这件事，说：“得了钱财，丢了品行，我不屑这样做。”于是寻访买主，退还了五匹绢。寇俊厚待宗亲，和睦族人，衣食丰俭，与族人相同。教育子孙，最重礼义。从西魏文帝大统年间，就称疾告老退休，不再上朝参见天子；周世宗宇文毓虚心，想见他一面，寇俊不得已入朝参见。周世宗请寇俊同席而坐，询问魏朝旧事；寇俊告辞，周世宗特地把自己的坐车让他坐，并从自己的跟前启驾出宫。周世宗对身边的人说：“这样的礼遇，只有积善的人才能得到。”

陈朝周文育讨伐余孝劢时，陈武帝命令南豫州刺史侯安都后继增援。周文育死后，侯安都领兵退还，途中遭遇王琳部将周炅、周协回归南方，侯安都进兵交战，擒获了周炅、周协。余孝劢弟弟余孝猷率领所属部众四千家投降侯安都。侯安都进军到左里，攻击曹庆、常众爱，打败了他们。常众爱逃奔庐山，六月初五日庚寅，庐山居民杀了常众爱，把他的首级送到建康。

陈武帝下诏临川王陈蒨在南皖口筑城，派东徐州刺史吴兴人钱道戢镇守。

六月十二日丁酉，陈武帝得病，六月二十一日丙午，崩殂。陈武帝临战取胜，雄略谋计精明过人，而治理政事务求宽松简约，不是征战急需，绝不轻易征调发动。生性节俭朴素，平常用餐只有几样菜，私设小宴，只用陶器、蚌盘，菜肴果品，只够吃饱而已；后宫嫔妃，没有披金戴翠的装饰，不设歌伎乐舞。

当时皇子陈昌在北周长安作人质，朝内没有嫡子继承人，朝外有强敌，功臣宿

臣，唯中领军杜棱典宿卫兵在建康。章皇后召棱及中书侍郎蔡景历入禁中定议，秘不发丧，急召临川王蒨于南皖。景历亲与宦者、宫人密营敛具。时天暑，须治梓宫，恐斤斧之声闻于外，乃以蜡为秘器，文书诏敕，依旧宣行。

侯安都军还，适至南皖，与临川王俱还朝。甲寅，王至建康，入居中书省，安都与群臣定议，奉王嗣位，王谦让不敢当。皇后以昌故，未肯下令，群臣犹豫不能决。安都曰："今四方未定，何暇及远！临川王有大功于天下，须共立之。今日之事，后应者斩！"即按剑上殿，白皇后出玺，又手解蒨发，推就丧次，迁殡大行于太极西阶。皇后乃下令，以蒨纂承大统。是日，即皇帝位，大赦。秋，七月，丙辰，尊皇后为皇太后。辛酉，以侯瑱为太尉，侯安都为司空。

齐显祖将如晋阳，乃尽诛诸元，或祖父为王，或身尝贵显，皆斩于东市，其婴儿投于空中，承之以矟。前后死者凡七百二十一人，悉弃尸漳水，剖鱼者往往得人爪甲，邺下为之久不食鱼。使元黄头与诸囚自金凤台各乘纸鸱以飞，黄头独能至紫陌乃堕，仍付御史中丞毕义云饿杀之。唯开府仪同三司元蛮、祠部郎中元文遥等数家获免。蛮，继之子，常山王演之妃父；文遥，遵之五世孙也。定襄令元景安，虔之玄孙也，欲请改姓高氏，其从兄景皓曰："安有弃其本宗而从人之姓者乎！丈夫宁可玉碎，何能瓦全！"景安以其言白帝，帝收景皓，诛之；赐景安姓高氏。

八月，甲申，葬武皇帝于万安陵，庙号高祖。

戊戌，齐封皇子绍义为广阳王；以尚书右仆射河间王孝琬为左仆射，都官尚书崔昂为右仆射。

周御正中大夫崔猷建议，以为："圣人沿革，因时制宜。今天子称王，不足以威天下，请遵秦、汉旧制称皇帝，建年号。"

乙亥，周王始称皇帝，追尊文王曰文皇帝，改元武成。

癸卯，齐诏："民间或有父祖冒姓元氏，或假托携养者，不问世数远

将都领兵在外，朝内没有重臣，只有中领军杜稜掌领的宿卫兵在建康。章皇后宣召杜稜和中书侍郎蔡景历进入皇宫商议决定大事，秘不发丧，紧急从南皖召回临川王陈蒨。蔡景历亲自和宦官、宫女秘密制造入殓器具。当时天热，必须制作棺材，又怕斧斤之声传到外面，于是用蜡制做棺材，宫中诏敕公文，照常颁布施行。

侯安都从江西领兵还建康，正好到达南皖口，于是与临川王陈蒨一同回朝。六月二十九日甲寅，临川王陈蒨到达建康，入居中书省，侯安都和群臣议定，拥护临川王继承皇帝位，临川王谦让不敢当此大任，章皇后因为有陈昌的缘故，不肯下懿旨。群臣犹豫下不了决心。侯安都说："如今四方都没有安静，没有功夫远迎皇子陈昌，临川王陈蒨对朝廷有大功，大家应该立他为君。今天的事，哪个敢迟迟不吭声的，我就杀了他。"立即提着宝剑，走上殿去禀告章皇后交出玉玺，又亲手解开陈蒨的发结，推他就丧主的位置，把大行皇帝的灵柩移到太极殿西阶。章皇后只好下令，由陈蒨继承皇帝位。就在当天，陈蒨即皇帝位，大赦天下。秋季，七月初一日丙辰，尊章皇后为皇太后。七月初六日辛酉，任命侯瑱为太尉，侯安都为司空。

北齐显祖高洋将到晋阳，临行前下令杀尽元魏宗室，凡是祖父、父亲封王，或是自身曾显贵的，全家都被押到东市刑场处斩，其中幼小的婴儿抛向空中，落下时用长矛朝上刺死。前后杀死的人总计七百二十一人，全部抛尸漳水中，老百姓剖鱼时常常从鱼肚子中得到人的指甲，因此，邺都的人很久都不敢吃鱼。高洋还下令元黄头和一些囚犯，从金凤台各自乘骑纸鸱风筝飞下，摔不死的免罪，只有元黄头一人飞到紫陌才掉下来，没有摔死，仍然交给御史中丞毕义云，活活饿死了他。只有开府仪同三司元蛮，祠部郎中元文遥等几家侥幸免死。元蛮，是元继的儿子，常山王高演妃子的父亲。元文遥，是元遵的第五代孙。定襄县令元景安，是元虔的玄孙，想请求改姓高氏，他的堂兄元景皓说："哪有放弃本宗而改从他人之姓呢？大丈夫宁可玉碎，不求瓦全。"元景安把这话报告给了高洋，高洋收捕元景皓，杀了他；赐元景安姓高氏。

八月［十二日丙申］，安葬陈武帝在万安陵，庙号高祖。

八月十四日戊戌，北齐封皇子高绍义为广阳王，任命尚书右仆射河间王高孝琬为左仆射，都官尚书崔昂为右仆射。

北周御正中大夫崔猷建议，认为："圣人建立制度或沿革损益，都是按照时代的需要而做出合适的选择。如今天子称王，不足以威令天下，请求遵用秦汉旧时制度号皇帝，建立年号。"

八月［十五日己亥］，北周天王始称皇帝，并追尊文王叫文皇帝，改元年号叫武成。

八月十九日癸卯，北齐下诏："民间有的父亲、祖父本不姓元，而冒充姓元，有

近，悉听改复本姓！”初，高祖追谥兄道谭为始兴昭烈王，以其次子顼袭封。及世祖即位，顼在长安未还，上以本宗乏飨，戊戌，诏徙封顼为安成王，皇子伯茂为始兴王。

初，周太祖平蜀，以其形胜之地，不欲使宿将居之，问诸子：“谁可往者？”皆不对。少子安成公宪请行，太祖以其幼，不许。壬子，周人以宪为益州总管，时年十六，善于抚绥，留心政术，蜀人悦之。九月，乙卯，以大将军天水公广为梁州总管。广，导之子也。

辛酉，立皇子伯宗为太子。

己巳，齐主如晋阳。

辛未，周主封其弟辅城公邕为鲁公，安成公宪为齐公，纯为陈公，盛为越公，达为代公，通为冀公，逌为滕公。

乙亥，立太子母吴兴沈妃为皇后。

周少保怀宁庄公蔡祐卒。

齐显祖嗜酒成疾，不复能食，自知不能久，谓李后曰：“人生必有死，何足致惜！但怜正道尚幼，人将夺之耳！”又谓常山王演曰：“夺则任汝，慎勿杀也！”尚书令开封王杨愔、领军大将军平秦王归彦、侍中广汉燕子献、黄门侍郎郑颐皆受遗诏辅政。冬，十月，甲午，殂。癸卯，发丧，群臣号哭，无下泣者，唯杨愔涕泗呜咽。太子殷即位，大赦。庚戌，尊皇太后为太皇太后，皇后为皇太后；诏诸土木金铁杂作一切停罢。

王琳闻高祖殂，乃以少府卿吴郡孙玚为郢州刺史，总留任，奉梁永嘉王庄出屯濡须口，齐扬州道行台慕容俨帅众临江，为之声援。十一月，乙卯，琳寇大雷，诏侯瑱、侯安都及仪同徐度将兵御之。安州刺史吴明徹夜袭湓城，琳遣巴陵太守任忠击明徹，大破之，明徹仅以身免。琳因引兵东下。

齐以右丞相斛律金为左丞相，常山王演为太傅，长广王湛为太尉，段韶为司徒，平原王淹为司空，高阳王湜为尚书左仆射，河间王孝琬为司州牧，侍中燕子献为右仆射。

的假托是元氏认养而姓元的人，不管辈分远近，一概允许改复本姓。”当初，高祖陈霸先追谥他的哥哥陈道谭为始兴昭烈王，让他的次子陈顼继承封爵。等到世祖陈蒨即位，陈顼在长安还没有回来，皇上陈蒨考虑本宗没有烧香火的人，于是，在八月十四日戊戌，下诏徙封陈顼为安成王，封皇子陈伯茂为始兴王。

当初，北周太祖宇文泰平定蜀地，认为这是一块险要形胜的地方，不想让功臣宿将去镇守，询问诸子，说：“谁能到蜀地去镇守？”几个年长的儿子都不吭声，只有小儿子安成公宇文宪请求前往，宇文泰认为他年幼，不允许。八月二十八日壬子，北周明帝任命宇文宪为益州总管，当时十六岁。宇文宪到任，善于安抚民众，又能留心治术，益州人非常喜欢他。九月初一日乙卯，任命大将军天水公宇文广为梁州总管，宇文广，是宇文导的儿子。

九月初七日辛酉，陈文帝册立皇子陈伯宗为太子。

九月十五日己巳，北齐国主高洋到晋阳。

九月十七日辛未，北周国主宇文毓封他的弟弟辅城公宇文邕为鲁国公，安成公宇文宪为齐国公，宇文纯为陈国公，宇文盛为越国公，宇文达为代国公，宇文通为冀国公，宇文逌为滕国公。

九月二十一日乙亥，陈文帝册立太子母吴兴人沈妃为皇后。

北周少保怀宁庄公蔡祐去世。

北齐显祖高洋嗜酒成疾，已经到了不能进食的地步，自己知道活不了多久，对李皇后说：“人活着就一定会死，不必惋惜！只可怜嗣子高正道年龄还小，别人将会夺他的皇位。”又对常山王高演说：“你要夺取皇位可以，但不要杀他。”尚书令开封王杨愔、领军大将军平秦王高归彦、侍中广汉人燕子献、黄门侍郎郑颐都受遗诏辅政。冬季，十月初十日甲午，北齐显祖高洋崩殂。十月十九日癸卯，举行丧礼，群臣大声号哭，只有声音，没有一个人流眼泪，只有杨愔一个人涕泪交加，抽泣呜咽。太子高殷即皇帝位，大赦天下。十一月二十六日庚戌，尊皇太后为太皇太后，皇后为皇太后；又下诏：凡先帝生前经营的土、木、金、铁等各种制造，一律停下来。

王琳得知陈武帝去世，便任命少府卿吴郡人孙玚为郢州刺史，总理留守事务，王琳自己奉梁朝永嘉王萧庄出兵屯驻濡须口，北齐扬州道行台慕容俨率领部众临近长江岸边，为王琳声援。十一月初二日乙卯，王琳进犯大雷，陈文帝诏令太尉侯瑱、司空侯安都，以及仪同三司徐度等，领兵抵抗。安州刺史吴明徹深夜偷袭湓城，王琳派巴陵太守任忠迎击吴明徹，大获全胜，吴明徹只身逃命。王琳乘胜领兵东下。

北齐任命右丞相斛律金为左丞相，常山王高演为太傅，长广王高湛为太尉，段韶为司徒，平原王高淹为司空，高阳王高湜为尚书左仆射，河间王高孝琬为司州牧，侍中燕子献为右仆射。

辛未，齐显祖之丧至邺。

十二月，戊戌，齐徙上党王绍仁为渔阳王，广阳王绍义为范阳王，长乐王绍广为陇西王。

（以上为第四段，写陈朝武帝削平诸侯而谢世，故能平稳交接政权。北齐国主高洋因酗酒乱性而酷虐，晚年尤甚，竟因酗酒致疾而亡身。北周天王宇文毓亲政，礼贤下士，重用贤良，周境政清。）

十一月十八日辛未，齐显祖高洋的灵柩到达邺城。

十二月十五日戊戌，北齐迁上党王高绍仁为渔阳王，广阳王高绍义为范阳王，长乐王高绍广为陇西王。

【点评】

北齐主昏于上，政清于下。北齐文宣帝高洋，残虐之行，甚于殷纣，荒淫秽行，与禽兽无异。又处于四面强敌包围之中，却可偏安一隅，而没有覆国亡身，何其幸也！盖高洋雄略，一时之杰，身临战阵，立功树威，人臣慑服。又其为虐，乃酗酒使性，并非奸佞所使，故为祸仅限于朝臣宗亲，未及黎庶；况高洋拒谏，昏于嗜酒，而酒醒尚清，故能重用良臣，杨愔、高演等励精图治，缓解了各方社会矛盾。所谓北齐之政，主昏于上，政清于下，是以终高洋之世，南北三分，北齐仍能称雄，盛强为最。

陈纪二

陈文帝天嘉元年至三年（560—562年）

【起上章执徐（庚辰，560年），尽玄默敦牂（壬午，562年），凡三年】

【大事提要】

本卷载述公元560年至公元562年南北朝史事，凡三年，时当陈文帝天嘉元年、二年、三年，北周明帝武成二年，武帝保定元年、二年，北齐废帝乾明元年，孝昭帝皇建元年、二年，武成帝太宁元年、二年。这一时期南北朝三方北周、北齐、陈朝三国内政动荡不已，同时宫廷政变迭起，以北齐为最。高演废帝自立，中断北齐帝位父子相继，变成兄终弟及，以力相夺。三国之间无大战，而边境摩擦不断，最终陈文帝通好北周、北齐，南北鼎足三分，暂趋平静。

【原文】

世祖文皇帝上

天嘉元年（庚辰，560 年）

春，正月，癸丑朔，大赦，改元。

齐大赦，改元乾明。

辛酉，上祀南郊。

齐高阳王湜以滑稽便辟有宠于显祖，常在左右，执杖以挞诸王，太皇太后深衔之。及显祖殂，湜有罪，太皇太后杖之百余；癸亥，卒。

辛未，上祀北郊。

齐主自晋阳还至邺。

二月，乙未，高州刺史纪机自军所逃还宣城，据郡应王琳，泾令贺当迁讨平之。

王琳至栅口，侯瑱督诸军出屯芜湖，相持百余日。东关春水稍长，舟舰得通，琳引合肥漅湖之众，舳舻相次而下，军势甚盛。瑱进军虎槛洲，琳亦出船列于江西，隔洲而泊。明日，合战，琳军少却，退保西岸。及夕，东北风大起，吹其舟舰并坏，没于沙中，浪大，不得还浦。及旦，风静，琳入浦治船，瑱等亦引军退入芜湖。

周人闻琳东下，遣都督荆、襄等五十二州诸军事、荆州刺史史宁将兵数万乘虚袭郢州，孙玚婴城自守。琳闻之，恐其众溃，乃帅舟师东下，去芜湖十里而泊，击柝闻于陈军。齐仪同三司刘伯球将兵万余人助琳水战，行台慕容恃德之子子会将铁骑二千屯芜湖西岸，为之声势。

丙申，瑱令军中晨炊蓐食以待之。时西南风急，琳自谓得天助，引兵直趣建康。瑱等徐出芜湖蹑其后，西南风翻为瑱用。琳掷火炬以烧陈船，皆反烧其船。瑱发拍以击琳舰，又以牛皮冒蒙冲小船以触其舰，并镕铁洒之。琳军大败，军士溺死者什二三，余皆弃船登岸，为陈军所杀殆尽。齐步军在西岸者，自相蹂践，并陷于芦荻泥淖中；骑皆弃马脱走，得免者什二三。擒刘伯球、慕容子会，斩获万计，尽收梁、齐军资器械。琳乘舴艋冒陈走，至湓城，欲收合离散，众无附者，乃与妻妾左右十余人奔齐。

【语译】

世祖文皇帝上

陈文帝天嘉元年（庚辰，560年）

春季，正月初一日癸丑，陈朝大赦天下，改元年号永定为天嘉。

北齐大赦天下，改元年号武平为乾明。

正月初九日辛酉，陈文帝到南郊祭天。

北齐高阳王高湜，言辞敏捷诙谐，又善于迎逢献媚，受到显祖高洋的宠爱，经常侍从在高洋身边，他手执大木棍，杖打诸王，太皇太后娄氏非常痛恨他。等到高洋死了，高湜获罪，太皇太后命人打了他一百多棍；正月十一日癸亥，高湜去世。

正月十九日辛未，陈文帝到北郊祭地。

北齐废帝高殷从晋阳回到邺城。

二月十三日乙未，陈朝高州刺史纪机从前线军所逃回宣城，占据郡城响应王琳，泾县令贺当迁出兵讨平了纪机的叛乱。

王琳进军到栅口，侯瑱都督诸军出屯芜湖，双方相持了一百多天。东关春汛水位渐涨，舟船得以通航，王琳率领合肥、巢湖的水军，前后舰尾相接，依次顺流而下，声势浩大。侯瑱进军到虎槛洲，王琳也列出兵船在大江西岸，与侯瑱隔虎槛洲对峙。第二天，两军交战，王琳稍稍后退，保守大江西岸。到了晚上，东北风越来越大，吹坏了不少王琳军的舟船，有的陷入沙中，江水风浪又大，舟船回不了浦口。等到天亮时，风才平静下来，王琳把舟船开入浦口整修，侯瑱等也率军退入芜湖。

北周听说王琳率军东下，派都督荆州、襄州等五十二州诸军事、荆州刺史史宁领兵数万乘虚袭击郢州，孙玚环城设防固守。王琳得到消息，担心军心动摇溃散，便率领舟师顺水东下，离芜湖十五里停泊列阵，夜里击柝的声音，可以传到隔江不远的陈军营中。北齐仪同三司刘伯球领兵一万余人援助王琳水战，行台慕容恃德之子慕容子会率领两千铁骑屯驻在芜湖西岸，为王琳声援。

二月十四日丙申，侯瑱传令军中，早饭要早早地，刚起床时就饱餐，等待与王琳军交战。当时，西南风吹得很急，王琳自认为得到了天助，率军直趋建康。侯瑱等有组织地开船出芜湖，紧紧咬在王琳军的背后，西南风反而被侯瑱利用，王琳掷火炬用来烧陈军战船，火炬顺风反烧王琳的兵船。侯瑱趁着风势发动拍竿，猛烈拍击王琳的兵船，又用牛皮遮挡在蒙冲快船上防箭矢，划动蒙冲快船撞击王琳的兵船，并用烧熔的铁水顺风浇王琳的战船，王琳军惨败，士兵落水淹死的有十分之二三，其余的士兵弃船登岸，被陈军杀灭殆尽。行进在西岸上的北齐步兵，自相践踏，又陷入在芦荻泥潭中，骑兵弃马逃走，生还的只有十之二三。陈军擒获了刘伯球、慕

先是，琳使侍中袁泌、御史中丞刘仲威侍卫永嘉王庄；及败，左右皆散，泌以轻舟送庄达于齐境，拜辞而还，遂来降；仲威奉庄奔齐。泌，昂之子也。樊猛及其兄毅帅部曲来降。

（以上为第一段，写南朝王琳军败没，陈文帝讨灭了萧梁残余势力，陈朝拥有江南全境。）

齐葬文宣皇帝于武宁陵，庙号高祖，后改曰显祖。

戊戌，诏："衣冠士族、将帅战兵陷在王琳党中者，皆赦之，随材铨叙。"

己亥，齐以常山王演为太师、录尚书事，以长广王湛为大司马、并省录尚书事，以尚书左仆射平秦王归彦为司空，赵郡王叡为尚书左仆射。

诏："诸元良口配没入官及赐人者并纵遣。"

乙巳，以太尉侯瑱都督湘、巴等五州诸军事，镇湓城。

齐显祖之丧，常山王演居禁中护丧事，娄太后欲立之而不果；太子即位，乃就朝列。以天子谅阴，诏演居东馆，欲奏之事，皆先咨决。杨愔等以演与长广王湛位地亲逼，恐不利于嗣主，心忌之。居顷之，演出归第，自是诏敕多不关预。

或谓演曰："鸷鸟离巢，必有探卵之患。今日王何宜屡出？"中山太守阳休之诣演，演不见。休之谓王友王晞曰："昔周公朝读百篇书，夕见七十士，犹恐不足。录王何所嫌疑，乃尔拒绝宾客！"

先是，显祖之世，群臣人不自保。及济南王立，演谓王晞曰："一人垂拱，吾曹亦保优闲。"因言："朝廷宽仁，真守文良主。"晞曰："先帝时，东宫委一胡人傅之。今春秋尚富，骤览万机，殿下宜朝夕先后，亲承音旨。而使他姓出纳诏命，大权必有所归，殿下虽欲守藩，其可得邪！借令得遂冲退，自审家祚得保灵长乎？"演默然久之，曰："何以处

容子会，杀死敌人与抓获的俘虏以万计，全部缴获了王琳军、北齐军的军资器械。王琳乘坐舴艋小船突围逃走，到达湓城，想收集散兵，他的部众没有一个跟随的，他只好与妻妾、亲信十余人逃奔到北齐。

早先，王琳派侍中袁泌、御史中丞刘仲威侍卫永嘉王萧庄；等到战败，身边警卫的人都跑散了，袁泌拜别萧庄回到南方，投降陈军；刘仲威继续护送萧庄逃奔北齐。袁泌，是袁昂的儿子。樊猛和他的哥哥樊毅率领部曲投降。

北齐在武宁陵安葬了文宣帝高洋，庙号高祖，后改为显祖。

二月十六日戊戌，陈文帝下诏，说："官宦世族，将帅战士，过去依附王琳的人，一律赦免，按照个人的才能安排任用。"

二月十七日己亥，北齐任命常山王高演为太师、录尚书事，任命长广王高湛为大司马、并省录尚书事，任命尚书左仆射平秦王高归彦为司空，任命赵郡王高叡为尚书左仆射。

北齐废帝高殷下诏："诸元魏宗室良家子女，罚没在官府为奴的，以及赏赐给人为奴的，一律释放回家。"

二月二十三日乙巳，陈朝任命太尉侯瑱都督湘州、巴州等五州诸军事，镇守湓城。

北齐显祖高洋的丧事，由常山王高演住在宫中主持，娄太后想立他为皇帝没有成功；太子高殷即位后，高演回到朝臣的位列。由于还在居丧期间，诏令高演住在昭阳殿东厢主持政务，朝臣想上奏，都要先通过高演决定。杨愔等认为高演和长广王高湛都位居亲近，权势重大，不利于继位的幼主，因此对他们二人心怀猜忌。过了不久，高演出宫回到王府宅第，从此宫内颁出的诏敕，高演便无法过问。

有人对高演说："猛禽离巢，一定会遭到有人到鸟窝取蛋的祸患。眼下形势，大王怎么多次出宫归第呢？"中山太守阳休之造访高演，高演不见。阳休之对高演的密友王晞说："从前周公早晨读百篇书，晚上还要见七十二个士人，仍然担心做得不好。录王有什么疑虑，如此这样拒绝宾客。"

先前，显祖高洋在位之时，群臣人人自危不保。等到济南王高殷即位，高演对王晞说："当今皇上垂衣拱手，我们也乐得悠闲。"又说："皇上宽厚仁慈，真是一位守法的英明君主。"王晞说："先帝在时，委一胡人辅导东宫。如今皇上年轻，突然日理万机，殿下应当早晚在皇上身边，亲自承接他的意旨，如果让异姓朝臣传达诏令，大权一定要旁落他人，殿下虽然只想保有藩王的地位，恐怕就难了。即使你要

我？”晞曰：“周公抱成王摄政七年，然后复子明辟，惟殿下虑之！”演曰：“我何敢自比周公！”晞曰：“殿下今日地望，欲不为周公，得邪？”演不应。显祖常遣胡人康虎儿保护太子，故晞言及之。

齐主将发晋阳，时议谓常山王必当留守根本之地；执政欲使常山王从帝之邺，留长广王镇晋阳；既而又疑之，乃敕二王俱从至邺。外朝闻之，莫不骇愕。又敕以王晞为并州长史。演既行，晞出郊送之。演恐有觇察，命晞还城，执晞手曰：“努力自慎！”跃马而去。

平秦王归彦总知禁卫，杨愔宣敕留从驾五千兵于西中，阴备非常；至邺数日，归彦乃知之，由是怨愔。

领军大将军可朱浑天和，道元之子也，尚帝姑东平公主，每曰：“若不诛二王，少主无自安之理。”燕子献谋处太皇太后于北宫，使归政皇太后。

又自天保八年已来，爵赏多滥，杨愔欲加澄汰，乃先自表解开府及开封王，诸叨窃恩荣者皆从黜免。由是嬖宠失职之徒，尽归心二叔。平秦王归彦初与杨、燕同心，既而中变，尽以疏忌之迹告二王。

侍中宋钦道，弁之孙也，显祖使在东宫，教太子以吏事。钦道面奏帝，称“二叔威权既重，宜速去之。”帝不许，曰：“可与令公共详其事。”

愔等议出二王为刺史，以帝慈仁，恐不可所奏，乃通启皇太后，具述安危。宫人李昌仪，高仲密之妻也，李太后以其同姓，甚相昵爱，以启示之；昌仪密启太皇太后。

愔等又议不可令二王俱出，乃奏以长广王湛镇晋阳，以常山王演录尚书事。二王既拜职，乙巳，于尚书省大会百僚。愔等将赴之，散骑常侍兼中书侍郎郑颐止之，曰：“事未可量，不宜轻脱。”愔曰：“吾等至诚体国，岂常山拜职有不赴之理！”

明哲保身，急流勇退，你自己忖度，高氏家祚能长久保得住吗？”高演沉默了好一阵，对王晞说：“你说说我该怎么自处呢？”王晞说：“周公抱着成王摄政七年，然后才归政成王，希望殿下认真考虑这个榜样。”高演说：“我哪里敢自比周公。”王晞说：“殿下今天的地位声望，想不做周公，行吗？”高演没有回答。显祖高洋派胡人康虎儿保护太子，所以王晞提及胡人师傅这件事。

北齐国主高殷，将从晋阳出发到邺城，当时群臣商议，以为常山王高演一定会留守晋阳这一根本之地。执政大臣想让常山王高演随从国主高殷到邺城，留长广王高湛留守晋阳；不久又疑心重重，便敕令两王都随从国主高殷到邺城。外朝群臣听到这一消息，莫不感到惊愕。国主高殷又敕令王晞为并州长史。高演动身之后，王晞出郊送他。高演害怕有密探，让王晞赶快回城，紧握王晞的手说：“努力，小心。”说完策马飞奔而去。

平秦王高归彦总管宫禁护卫，杨愔宣读敕令，把高归彦率领的从驾卫士留下五千人在晋阳，暗中防备非常事件；到达邺城数天之后，高归彦才知道了这件事，由此怨恨杨愔。

领军大将军可朱浑天和，是可朱浑道元的儿子，娶北齐国主高殷姑姑东平公主为妻，他常说：“如果不杀二王，少主绝无安稳的道理。”燕子献谋划把太皇太后安置在北宫，要把政权交给皇太后。

自从天保八年以来，朝廷的封爵赏赐太滥，杨愔想淘汰罢免一些，于是上表请求首先解除自己的开府仪同三司和开封王两个爵位，其他的人因蒙受国君恩赐荣宠而滥得爵位的也全都罢免，因此，一些原先受宠信而今却失去爵位的人，全都依附二王。平秦王高归彦，最初与杨愔、燕子献同心协力，不久中途变化，把杨愔等疏远和猜忌二王的事全都告知了二王。

侍中宋钦道，是宋弁的孙子。显祖高洋派他在东宫教授太子处理政事。宋钦道面奏皇上高殷，说：“两叔王权势太重，应当赶快除掉。”帝不允许，说：“可与尚书令杨愔共同仔细商议。”

杨愔等议定，外放二王为刺史，考虑皇上仁慈，担心上奏不会允许，就上奏皇太后，详细述说幼主的安危。宫人李昌仪，原是高仲密的妻子，李太后因为她是同姓，非常亲近她，就把奏折让她看；李昌仪秘密报告了太皇太后。

杨愔等又另作了考虑，不把二王同时外放任职，而是奏请任命长广王高湛镇守晋阳，任命常山王高演录尚书事。诏书颁下，二王也接受了新职。二月二十三日乙巳，在尚书省大会百官。杨愔等将要去赴会，散骑常侍兼中书侍郎郑颐止住杨愔说：“事情不可预料，不要贸然前去。”杨愔说：“我们一心一意公忠体国，岂有常山王拜受新职不去赴宴的道理。”

长广王湛，旦伏家僮数十人于录尚书后室，仍与席上勋贵贺拔仁、斛律金等数人相知约曰：“行酒至愔等，我各劝双杯，彼必致辞。我一曰‘执酒’，二曰‘执酒’，三曰‘何不执’，尔辈即执之！”及宴，如之。愔大言曰：“诸王反逆，欲杀忠良邪！尊天子，削诸侯，赤心奉国，何罪之有！”常山王演欲缓之。湛曰：“不可。”于是拳杖乱殴，愔及天和、钦道皆头面血流，各十人持之。燕子献多力，头又少发，狼狈排众走出门，斛律光逐而擒之。子献叹曰：“丈夫为计迟，遂至于此！”使太子太保薛孤延等执颐于尚药局。颐曰：“不用智者言至此，岂非命也！”

二王与平秦王归彦、贺拔仁、斛律金拥愔等唐突入云龙门，见都督叱利骚，招之，不进，使骑杀之。开府仪同三司成休宁抽刃呵演，演使归彦谕之，休宁厉声不从。归彦久为领军，素为军士所服，皆弛仗，休宁方叹息而罢。

演入，至昭阳殿，湛及归彦在朱华门外。帝与太皇太后并出，太皇太后坐殿上，皇太后及帝侧立。演以砖叩头，进言曰：“臣与陛下骨肉至亲，杨遵彦等欲独擅朝权，威福自己，自王公已下皆重足屏气；共相唇齿，以成乱阶，若不早图，必为宗社之害。臣与湛为国事重，贺拔仁、斛律金惜献武皇帝之业，共执遵彦等入宫，未敢刑戮。专辄之罪，诚当万死。”时庭中及两庑卫士二千余人，皆被甲待诏。武卫娥永乐，武力绝伦，素为显祖所厚，叩刀仰视，帝不睨之。帝素吃讷，仓猝不知所言。太皇太后令却仗，不退；又厉声曰：“奴辈即今头落！”乃退。永乐内刀而泣。

太皇太后因问：“杨郎何在？”贺拔仁曰：“一眼已出。”太皇太后怆然曰：“杨郎何所能为，留使岂不佳邪！”乃让帝曰：“此等怀逆，欲杀我二子，次将及我，尔何为纵之？”帝犹不能言。太皇太后怒且悲，曰：“岂可使我母子受汉老妪斟酌！”太后拜谢。太皇太后又为太后誓言：“演无异志，但欲去逼而已。”演叩头不止。太后谓帝：“何不安慰尔叔！”帝乃

长广王高湛，一大早就在录尚书休息的地方埋伏了几十个家僮，自己与席上勋贵贺拔仁、斛律金等几个人相知会，约定：“等我敬酒到杨愔他们面前时，我劝他们喝双杯，他们一定推辞不肯喝第二杯。我就劝说‘拿上酒杯’。第二次说‘拿上酒杯’。第三次说‘为何不拿酒杯’。你们这时就把他们抓起来。”等到开宴，果然按约定的做法，把杨愔等人抓了起来。杨愔高声说：“诸王反叛，想杀害忠良吗？尊崇天子，削弱诸侯，赤心为国，有什么罪过。”常山王高演想缓和冲突，高湛坚持不可，于是一阵拳打杖殴，把杨愔、可朱浑天和、宋钦道等人打得头破血流。十个人抓他们一个人，燕子献很有力气，头发又少，狼狈地推开抓他的人，冲逃出门，斛律光追上抓住了他。燕子献叹息说：“大丈夫谋事迟了一步，成了这个局面。”高湛又命太子太保薛孤延等去尚药局捉拿郑颐。郑颐也不禁叹息说：“不听智者劝告，弄到这步田地，难道不是命吗？”

常山王高演、长广王高湛和平秦王高归彦、贺拔仁、斛律金等押着杨愔等想要强行闯入云龙门。见到守门都督叱利骚，招呼他，他不让进，便派骑士把他杀了。开府仪同三司成休宁抽出佩刀，呵斥高演，高演让高归彦劝谕他，成休宁厉声辩驳，不肯听从。高归彦长久为领军，一向为军士所畏服，他们见到高归彦，都纷纷放下兵器，成休宁无可奈何地叹息，放下了佩刀，让众人进门。

高演进入宫中，到了昭阳殿，高湛和高归彦留在朱雀门外。皇上高殷和太皇太后娄氏一起走出，太皇太后娄氏坐在殿上，皇太后李氏和皇上高殷侍立两旁。高演跪拜太皇太后，叩头到砖地上，然后上奏说：“臣与陛下是至亲骨肉，杨遵彦等想独揽朝政，专擅威福，从王公以下都重足而立，不敢出大气；而他们互相勾结，造成了祸乱，如果不早早除掉，一定会危害宗庙社稷。臣与高湛以国事为主，贺拔仁、斛律金等顾惜献武皇帝创下的基业，共同抓了杨遵彦等进入宫中，未敢杀戮他们。自知这次专断的罪过，真该万死。”当时殿庭中以及两边厢廊的卫士有两千多人，都披甲待命。武卫将军娥永乐，武力超群，一向受到齐显祖高洋的厚待，他抽刀出鞘寸余，仰视皇帝，皇帝始终不给他眼色。国主高殷一向口吃，仓促之间更不知道说什么话。太皇太后喝令执杖卫士退下，可是娥永乐等不肯退下，太皇太后又厉声说：“奴才们不听我的话，马上教你们脑袋落地。”卫士们这才退下，娥永乐拍刀入鞘，黯然落泪。

太皇太后娄氏接着问：“杨郎何在？”贺拔仁说：“杨愔的一只眼珠已经被打落出来了。”太皇太后娄氏悲怆地说：“杨郎能做什么出轨的事呢？留下他效力难道不好吗？”太皇太后娄氏又责备国主高殷说：“这些叛臣想杀我的两个儿子，接下来还要害我，你为何纵容他们？”国主高殷更说不出话。太皇太后娄氏又愤怒又悲怆，说：“我们母子怎能让一个汉人老太婆摆布？”李太后赶紧拜伏谢罪。太皇太后娄氏又对

曰：“天子亦不敢为叔惜，况此汉辈！但丐儿命，儿自下殿去，此属任叔父处分。”遂皆斩之。

长广王湛以郑颐昔尝谗己，先拔其舌，截其手而杀之。演令平秦王归彦引侍卫之士向华林园，以京畿军士入守门阁，斩娥永乐于园。

太皇太后临愔丧，哭曰：“杨郎忠而获罪。”以御金为之一眼，亲内之，曰：“以表我意。”演亦悔杀之。于是下诏罪状愔等，且曰：“罪止一身，家属不问。”顷之，复簿录五家；王晞固谏，乃各没一房，孩幼尽死，兄弟皆除名。

以中书令赵彦深代杨愔总机务。鸿胪少卿阳休之私谓人曰：“将涉千里，杀骐骥而策蹇驴，可悲之甚也！”

戊申，演为大丞相、都督中外诸军、录尚书事，湛为太傅、京畿大都督，段韶为大将军，平阳王淹为太尉，平秦王归彦为司徒，彭城王浟为尚书令。

江陵之陷也，长城世子昌及中书侍郎项皆没于长安。高祖即位，屡请之于周，周人许而不遣。高祖殂，周人乃遣昌还，以王琳之难，居于安陆。琳败，昌发安陆，将济江，致书于上，辞甚不逊。上不怿，召侯安都从容谓曰：“太子将至，须别求一藩为归老之地。”安都曰：“自古岂有被代天子！臣愚，不敢奉诏。”因请自迎昌。于是群臣上表，请加昌爵命。庚戌，以昌为骠骑将军、湘州牧，封衡阳王。

齐大丞相演如晋阳，既至，谓王晞曰：“不用卿言，几至倾覆。今君侧虽清，终当何以处我？”晞曰：“殿下往时位地，犹可以名教出处；今日事势，遂关天时，非复人理所及。”演奏赵郡王叡为长史，王晞为司马。三月，甲寅，诏：“军国之政，皆申晋阳，禀大丞相规算。”

（以上为第二段，写北齐显祖高洋死后，常山王高演、长广王高湛联合发动宫廷政变。高演控制了政权，镇守晋阳。）

李太后发誓说："高演绝不会造反，他只是要除掉逼迫他的人罢了。"高演叩头不止。李太后对国主高殷说："还不安慰你的叔叔。"国主高殷说："天子也不敢求叔父怜惜，何况这几个汉臣。只求保全儿命，儿自己下殿离去，这些人交给叔父处分。"于是把杨愔等人都杀了。

长广王高湛，认为郑颐曾经诽谤过自己，先拔掉他的舌头，砍断他的双手然后才杀死他。高演命令平秦王高归彦领禁军卫士到华林园，用守卫京城的军士守卫皇宫，撤下原有的卫士，并在华林园就地杀了娥永乐等人。

太皇太后娄氏亲临丧礼，哭吊杨愔说："杨郎尽忠获罪。"用御府的金子为他做了一只眼珠，亲自放入眼窝，说："用这来表达我的心意。"高演也后悔杀了杨愔。于是下诏列举杨愔等人的罪状，并说："犯罪只处罚本人，家属一律不追究。"过了没多久，又重新登记审了杨愔、可朱浑天和、燕子献、宋钦道、郑颐五家宗亲；王晞极力劝阻，才只收审犯罪人这一房的家属，包括孩幼统统处死，他们的兄弟也全都罢官。

北齐任命中书令赵彦深代替杨愔总管机密事务。鸿胪少卿阳休之私下对人说："将要跋涉远行千里，却杀了麒麟而骑上跛足的蠢驴，真是可悲到极点。"

二月二十六日戊申，高演出任大丞相、都督中外诸军事、录尚书事，高湛出任太傅、京畿大都督，段韶为大将军，平阳王高淹出任太尉，平秦王高归彦出任司徒，彭城王高浟出任尚书令。

当初西魏攻破江陵的时候，长城公世子陈昌，以及中书侍郎陈顼都被俘虏押送到长安。陈高祖陈霸先即位后，多次向北周请求送还陈昌，北周同意了但迟迟没有行动。陈高祖死后，北周才遣送陈昌回国，又遇到王琳发难，陈昌停留在安陆。王琳战败，陈昌又从安陆出发，到达长江边准备渡江的时候，先送了一封书信给陈文帝，言辞有些不恭敬，陈文帝很不高兴。陈文帝召见侯安都，淡淡地说："太子就要到了，我需要另外找一个藩臣所居的地方，在那里养老终身。"侯安都说："自古以来，哪有天子被更换的道理。臣愚笨，不敢接受诏命。"但侯安都请求自己去迎接陈昌。于是朝臣上奏，请求给陈昌加封爵位。二月二十八日庚戌，任命陈昌为骠骑将军、湘州牧，封衡阳王。

北齐大丞相高演到晋阳，到达后对王晞说："没有听你的话，差点败亡。如今皇上身边的小人已被清除，我现在应当怎样自处？"王晞说："以殿下往日的地位，还可以按名分礼教处于臣子的地位；但是今天的地位形势，那就要看天时变化了，不是人情常理所能说清的了。"高演上奏请求任用赵郡王高叡为长史，王晞为司马。三月初三日甲寅，北齐国主高殷下诏："凡军国大政，都要向晋阳上报，禀呈大丞相高演经手规划。"

周军初至，郢州助防张世贵举外城以应之，所失军民三千余口。周人起土山、长梯，昼夜攻之，因风纵火，烧其内城南面五十余楼。孙玚兵不满千人，身自抚循，行酒赋食，士卒皆为之死战。周人不能克，乃授玚柱国、郢州刺史，封万户郡公；玚伪许以缓之，而潜修战守之备，一朝而具，乃复拒守。既而周人闻王琳败，陈兵将至，乃解围去。玚集将佐谓之曰："吾与王公同奖梁室，勤亦至矣；今时事如此，岂非天乎！"遂遣使奉表，举中流之地来降。

王琳之东下也，帝征南川兵，江州刺史周迪、高州刺史黄法𣰰帅舟师将赴之。熊昙朗据城列舰，塞其中路，迪等与周敷共围之。琳败，昙朗部众离心，迪攻拔其城，虏男女万余口。昙朗走入村中，村民斩之；丁巳，传首建康，尽灭其族。

齐军先守鲁山，戊午，弃城走，诏南豫州刺史程灵洗守之。

甲子，置沅州、武州，以右卫将军吴明徹为武州刺史，以孙玚为湘州刺史。玚怀不自安，固请入朝，征为中领军；未拜，除吴郡太守。

壬申，齐封世宗之子孝珩为广宁王，长恭为兰陵王。

甲戌，衡阳献王昌入境，诏主书、舍人缘道迎候；丙子，济江，中流，殒之，使以溺告。侯安都以功进爵清远公。

初，高祖遣荥阳毛喜从安成王顼诣江陵，梁世祖以喜为侍郎，没于长安，与昌俱还，因进和亲之策。上乃使侍中周弘正通好于周。

夏，四月，丁亥，立皇子伯信为衡阳王，奉献王祀。

周世宗明敏有识量，晋公护惮之，使膳部中大夫李安置毒于糖䭔而进之。帝颇觉之。庚子，大渐，口授遗诏五百余言，且曰："朕子年幼，未堪当国。鲁公，朕之介弟，宽仁大度，海内共闻；能弘我周家，必此子也。"辛丑，殂。

北周军队初到郢州，郢州助防张世贵献出外城响应北周军，损失了郢州防守军民三千多人。北周军垒起土山、架设长梯，日夜攻城，又顺风放火，烧毁了内城南面五十多座城楼。孙玚守军不满一千人，孙玚亲自巡视抚慰，给军士赐酒供食，军士个个昂扬奋发愿为孙玚拼死战斗。北周军无法攻克，便授给孙玚柱国、郢州刺史，封万户郡公；孙玚假意答应缓和了周军攻势，而暗中加紧修缮兵器增强防备，一旦完成了作战准备，便又顽强抵御防守。不久，北周军听说王琳战败，陈兵即将到来，只好解围离去。孙玚召集将佐，对他们说："我和王琳将军同心辅助梁朝，尽了最大的努力；现今时局到了这个地步，难道是天命吗？"于是派人送上表章，献出长江中流之地，投降了陈朝。

王琳东下进兵时，陈文帝征调南川的兵，江州刺史周迪、高州刺史黄法𣰰率领水军赶赴前线。熊昙朗占据豫章郡城，陈列战船，阻断中游水路，周迪等与周敷合兵围攻。王琳失败，熊昙朗部众军心涣散，周迪等攻破了豫章郡城，掳掠男女万余口。熊昙朗逃入民居村庄中，村民杀了他；三月初六日丁巳，熊昙朗的首级被传送到建康，他的宗族全部被杀。

北齐军原先据守鲁山，三月初七日戊午，北齐军丢弃城池逃走，陈文帝下诏南豫州刺史程灵洗前往镇守。

三月十三日甲子，陈朝设置沅州、武州，任命右卫将军吴明徹为武州刺史，任命孙玚为湘州刺史。孙玚内心不安，坚决请求入朝，征召为中领军；孙玚还没有领受新职，又改任为吴郡太守。

三月二十一日壬申，北齐封世宗高澄的儿子高孝珩为广宁王、高长恭为兰陵王。

三月二十三日甲戌，陈朝衡阳献王陈昌从北周进入陈朝境内，陈文帝下诏主书、舍人沿路迎接；三月二十五日丙子，渡长江，到了中流，突然死亡，使者回报，说他落水淹死。侯安都因此立功，晋爵清远公。

当初，陈武帝陈霸先派荥阳人毛喜随从安成王陈顼到江陵，梁世祖萧绎任命毛喜为侍郎，他和陈昌一起被俘虏到长安，这次和陈昌一起回到陈朝。毛喜进言陈朝与北周通好的策略。陈文帝派周弘正出使，与北周修好。

夏季，四月初六日丁亥，陈文帝立皇子陈伯方为衡阳王，祭祀衡阳献王陈昌，做他的后继人。

北周明帝宇文毓聪明敏捷，有宏识度量，晋国公宇文护很害怕他，唆使膳部中大夫李安在宇文毓吃的糖饼内下毒，宇文毓觉察是被人暗算。四月十九日庚子，周明帝宇文毓病危，口授遗诏五百多字，其中说："朕子年幼，不能执掌国政，鲁国公宇文邕，是朕的大弟，他为人宽厚仁慈，度量宏大，全国的人都知道；将来能弘扬周国的人，一定是这个人。"四月二十日辛丑，北周明帝宇文毓病逝。

鲁公幼有器质，特为世宗所亲爱，朝廷大事，多与之参议；性深沉，有远识，非因顾问，终不辄言。世宗每叹曰："夫人不言，言必有中。"壬寅，鲁公即皇帝位。大赦。

五月，壬子，齐以开府仪同三司刘洪徽为尚书右仆射。

侯安都父文捍为始兴内史，卒官。上迎其母还建康，母固求停乡里。乙卯，为置东衡州，以安都从弟晓为刺史；安都子秘，才九岁，上以为始兴内史，并令在乡侍养。

六月，壬辰，诏葬梁元帝于江宁，车旗礼章，悉用梁典。

齐人收永安、上党二王遗骨，葬之。敕上党王妃李氏还第。冯文洛尚以故意，修饰诣之。妃盛列左右，立文洛于阶下，数之曰："遭难流离，以至大辱，志操寡薄，不能自尽。幸蒙恩诏，得反藩闱，汝何物奴，犹欲见侮！"杖之一百，血流洒地。

秋，七月，丙辰，封皇子伯山为鄱阳王。

齐丞相演以王晞儒缓，恐不允武将之意，每夜载入，昼则不与语。尝进晞密室，谓曰："比王侯诸贵，每见敦迫，言我违天不祥，恐当或有变起；吾欲以法绳之，何如？"晞曰："朝廷比者疏远亲戚，殿下仓猝所行，非复人臣之事。芒刺在背，上下相疑，何由可久！殿下谦退，粃糠神器，实恐违上玄之意，坠先帝之基。"演曰："卿何敢发此言，须致卿于法！"晞曰："天时人事，皆无异谋，是以敢冒犯斧钺，抑亦神明所赞耳。"演曰："拯难匡时，方俟圣哲，吾何敢私议！幸勿多言！"丞相从事中郎陆杳将出使，握晞手，使之劝进。晞以杳言告演，演曰："若内外咸有此意，赵彦深朝夕左右，何故初无一言？"晞乃以事隙密问彦深，彦深曰："我比亦惊此声论，每欲陈闻，则口噤心悸。弟既发端，吾亦当昧死一披肝胆。"因共劝演。

鲁国公宇文邕，从小就有很好的器量和才质，受到北周明帝特别的亲爱。朝廷的重大事情，北周明帝很多时候都找他参谋议定；他生性沉稳，有远见卓识，如果不向他询问，他始终不说话。北周明帝经常赞叹说："这个人平常不大开口，他一开口就能切中要害。"四月二十一日壬寅，鲁国公宇文邕即皇帝位，大赦天下。

五月初二日壬子，北齐任命开府仪同三司刘洪徽为尚书右仆射。

陈朝侯安都父亲侯文捍任始兴内史，死在任上。陈文帝迎接侯安都母亲回到建康，侯安都母亲坚决要求留在故乡。五月初五日乙卯，陈朝重新设置东衡州，任命侯安都堂弟侯晓为刺史；侯安都的儿子侯秘，只有九岁，陈文帝任命他为始兴内史，并且命令他在故乡奉养母亲。

六月十二日壬辰，陈文帝下诏在江宁安葬梁元帝萧绎，送葬的车驾、旗帜等仪仗，完全按照梁朝的典章制度。

北齐朝廷收殓永安王高浚、上党王高涣二人的尸骨，加以安葬。皇上高殷敕令上党王妃李氏回到原来的府第。冯文洛还按照高洋赐李氏为妻的意向，特别打扮了一番来到李妃家里。李妃召集了许多家人排列在两边，让冯文洛站立在台阶下，责骂他说："遭遇灾难，流离失所，被逼改嫁受到奇耻大辱，只恨自己意志不坚，德薄失节，不能自尽。现今幸蒙恩诏，得以回到王府宫闱，你是什么东西，还想来侮辱我。"于是命人打他一百棍，血流满地。

秋季，七月初七日丙辰，陈文帝封皇子陈伯山为鄱阳王。

北齐丞相高演认为王晞柔懦迂缓，担心他不合武将们的心意，每天夜晚用车把他载入宫邸商议要事，白天则不和他说话。高演曾经让王晞进入密室，高演对王晞说："近来王侯贵戚，常常敦促我登大位，说我不这样是违背天意不吉祥，我担心会发生变故；想依法惩办说这些话的人，怎么样？"王晞说："皇上不久前疏远宗室，殿下突然下手除掉了杨愔等人，这不是臣子该做的事。皇上深感芒刺在背，君臣上下互相猜疑，这样的局面怎能维持长久！殿下想要谦让，把帝位看作糟糠，恐怕是有些违背天意，也会坠毁先帝创立的基业。"高演说："你怎么说出这种话，当用国法制裁你。"王晞说："天时人事，都已成熟，因此我才敢冒着受斧钺之诛的惩罚而说这些话，或许这正是神点拨我的。"高演说："拯救危难，匡正时弊，当等待圣贤，我怎敢私议这事，希望你不要再说了！"丞相从事中郎陆杳将出使离开晋阳，他握住王晞的手，让他劝说高演登帝位。王晞把陆杳的话告诉了高演，高演说："如果朝廷内外的人都有这个意思，赵彦深早晚都在我身边，为什么他竟始终没有说过一句话？"王晞就在办公间隙暗中问赵彦深，赵彦深说："我近来也惊讶这些传言议论，多次想告知丞相，一开口就心惊胆战。弟既然已开了头，我也应当冒死说出我的真心话。"因而赵彦深和王晞两人一起劝说高演称帝。

演遂言于太皇太后。赵道德曰："相王不效周公辅成王，而欲骨肉相夺，不畏后世谓之篡邪！"太皇太后曰："道德之言是也。"未几，演又启云："天下人心未定，恐奄忽变生，须早定名位。"太皇太后乃从之。

八月，壬午，太皇太后下令，废齐主为济南王，出居别宫。以常山王演入纂大统，且戒之曰："勿令济南有他也！"

肃宗即皇帝位于晋阳，大赦，改元皇建。太皇太后还称皇太后；皇太后称文宣皇后，宫曰昭信。

乙酉，诏绍封功臣，礼赐耆老，延访直言，褒赏死事，追赠名德。

帝谓王晞曰："卿何为自同外客，略不可见？自今假非局司，但有所怀，随宜作一牒，候少隙，即径进也。"因敕与尚书阳休之、鸿胪卿崔劼等三人，每日职务罢，并入东廊，共举录历代礼乐、职官及田市、征税，或不便于时而相承施用，或自古为利而于今废坠，或道德高俊，久在沉沦，或巧言眩俗，妖邪害政者，悉令详思，以渐条奏。朝晡给御食，毕景听还。

帝识度沈敏，少居台阁，明习吏事，即位尤自勤励，大革显祖之弊，时人服其明而讥其细。尝问舍人裴泽，在外议论得失。泽率尔对曰："陛下聪明至公，自可远侔古昔；而有识之士，咸言伤细，帝王之度，颇为未弘。"帝笑曰："诚如卿言。朕初临万机，虑不周悉，故致尔耳。此事安可久行，恐后又嫌疏漏。"泽由是被宠遇。

库狄显安侍坐，帝曰："显安，我姑之子；今序家人之礼，除君臣之敬，可言我之不逮。"显安曰："陛下多妄言。"帝曰："何故？"对曰："陛下昔见文宣以马鞭挞人，常以为非；今自行之，非妄言邪？"帝握其手谢之。又使直言，对曰："陛下太细，天子乃更似吏。"帝曰："朕甚知之。然无法日久，将整之以至无为耳。"又问王晞，晞曰："显安言是也。"显安，干之子也。群臣进言，帝皆从容受纳。

性至孝，太后不豫，帝行不能正履，容色贬悴，衣不解带，殆将四

高演便启奏太皇太后娄氏。侍中赵道德在旁说：“丞相王爷不效法周公辅成王，而要骨肉相夺，不怕后世人说你篡位吗？”太皇太后娄氏说：“赵道德的话对啊！”没多久，高演又上奏太皇太后娄氏说：“天下人心没有安定，恐怕突然发生变故，必须及早定下名分地位。”太皇太后娄氏这才听从了。

八月初三日壬午，太皇太后下令，废北齐国主高殷为济南王，出居别宫。命常山王高演入宫继承皇位，并且告诫高演说：“不能让济南王高殷有任何意外。”

北齐高演在晋阳即皇帝位，大赦天下，改元年号为皇建。太皇太后娄氏还称皇太后；皇太后李氏称文宣皇后，降居昭信宫。

八月初六日乙酉，北齐国主高演下诏续封佐命功臣的后代，尊礼赏赐护国老人，接见访问敢说话的正直人士，褒奖死难国事的人，追赠赐谥名高德重的人。

北齐孝昭帝高演对王晞说：“我即位后你怎么变成了一个外人，一天天疏远不来见我？从现在起，不是分内的公事，只要有意见，随时写下来，等到我有空，立即送给我。”便敕令王晞与尚书阳休之、鸿胪卿崔劼等三人，每天办完公事，一齐进入寝宫东厢房，共同条举摘录历代以来的礼乐、职官，以及田赋市租、征税，有的相承沿用至今而不合时宜的，有的在古代有利而在今天应当废弃的，或有道德、有大才而长久埋没在民间的，或巧言迷惑世人、妖邪妨碍政事的，全都要他们详细思索，逐渐条列奏上。早饭由御膳房供给王晞等人，直到日落以后才让他们回家。

北齐孝昭帝高演，见识广博，气度深沉，少时就掌领尚书省，熟悉行政事务，当了皇帝以后，更加勤奋处理政务，大肆改革高洋时代留下的弊政，当时的人钦佩他的精明，而批评他过于琐细。高演曾经询问中书舍人裴泽，外边有何议论。裴泽直率地回答说：“陛下聪明，处事又极公正，完全可比远古圣王，而有识之士，都说陛下管事太过于细碎，作为一个帝王的气度，还不够宏大。”高演笑道：“真像你说的那样。朕初掌国家大政，生怕考虑不周全，所以招此议论。这样的做法，哪能长久下去，改过来，只怕以后又有人要议论说我粗疏了。”裴泽直言，因此受到宠信。

有一天，库狄显安陪坐在北齐国主高演身边，高演说：“显安，你是我姑姑的儿子；今天我们只讲家庭礼节，免去君臣的礼敬，你要大胆说我的过错。”库狄显安回答说：“陛下说了很多不算数的话。”高演说：“有依据吗？”库狄显安说：“有。陛下先前看见文宣帝用马鞭打人，经常说这是不对的，现今你也这样做，这难道不是说话不算数吗？”高演赶紧握住库狄显安的手，表示道歉。还让他直言，库狄显安说：“陛下管事太细，天子成了一个管事员。”高演说：“朕知道这毛病，但不会长期这样，我将改进做到无为而治。”高演把这些话转告王晞，王晞说：“库狄显安说得对。”库狄显安，是库狄干的儿子。群臣进言，高演都很自然地接受。

高演生性极为孝顺，太后娄氏生了病，高演愁苦得连走路的鞋都无心穿正，脸

旬。太后疾小增，即寝伏阁外，食饮药物，皆手亲之。太后尝心痛不自堪，帝立侍帷前，以爪掐掌代痛，血流出袖。友爱诸弟，无君臣之隔。

戊子，以长广王湛为右丞相，平阳王淹为太傅，彭城王浟为大司马。

周军司马贺若敦，帅众一万，奄至武陵；武州刺史吴明徹不能拒，引军还巴陵。

江陵之陷也，巴、湘之地皆入于周，周使梁人守之。太尉侯瑱等将兵逼湘州。贺若敦将步骑救之，乘胜深入，军于湘川。

九月，乙卯，周将独孤盛将水军与敦俱进。辛酉，遣仪同三司徐度将兵会侯瑱于巴丘。会秋水泛溢，盛、敦粮援断绝，分军抄掠，以供资费。敦恐瑱知其粮少，乃于营内多为土聚，覆之以米，召旁村人，阳有访问，随即遣之。瑱闻之，良以为实。敦又增修营垒，造庐舍为久留之计，湘、罗之间遂废农业。瑱等无如之何。

先是土人亟乘轻船，载米粟鸡鸭以饷瑱军。敦患之，乃伪为土人装船，伏甲士于中。瑱军人望见，谓饷船之至，逆来争取，敦甲士出而擒之。又敦军数有叛人乘马投瑱者。敦乃别取一马，牵以趣船，令船中逆以鞭鞭之。如是者再三，马畏船不上。然后伏兵于江岸，使人乘畏船马以招瑱军，诈云投附。瑱遣兵迎接，竞来牵马，马既畏船不上，伏兵发，尽杀之。此后实有馈饷及亡降者，瑱犹谓之诈，并拒击之。

冬，十月，癸巳，瑱袭破独孤盛于杨叶洲，盛收兵登岸，筑城自保。丁酉，诏司空侯安都帅众会瑱南讨。

十一月，辛亥，齐主立妃元氏为皇后，世子百年为太子。百年时才五岁。

齐主征前开府长史卢叔虎为中庶子。叔虎，柔之从叔也。帝问时务于叔虎。叔虎请伐周，曰：“我强彼弱，我富彼贫，其势相悬。然干戈

色憔悴，他日夜服侍，近四十天没有松衣解带。太后娄氏的病稍加重，高演就睡在屋外，饮食药物都要亲自送上。太后娄氏曾经心口痛得很难受，高演站立在帐前，用指尖掐手心代替母亲的痛苦，直到血流了衣袖。平日友爱几个弟弟，没有君臣的隔阂。

八月初九日戊子，北齐任命长广王高湛为右丞相、平阳王高淹为太傅、彭城王高浟为大司马。

北周军司马贺若敦，领兵一万，突然进犯武陵；武州刺史吴明彻不能抵抗，率军退守巴陵。

江陵陷落的时候，巴州、湘州都被北周占领。北周武帝宇文邕派梁朝降将镇守。陈朝太尉侯瑱等领兵逼近湘州。贺若敦率领步骑救援，乘胜深入，进军到湘州驻扎。

九月初七日乙卯，北周将领独孤盛率领水军与贺若敦一同进军。九月十三日辛酉，陈文帝派仪同三司徐度领兵到巴丘与侯瑱会合。正当秋水泛滥，独孤盛、贺若敦粮援断绝，分兵抢掠，维持日用的军资。贺若敦害怕侯瑱知道他的军粮缺少，就在军营内堆了许多土山，上面覆盖粮米，召来军营旁边的村民，假装问一些事情，随后打发村民回去。侯瑱打探村民，真的认为北周军粮食充足。贺若敦又增修军营，摆出长期驻扎的样子。湘州、罗州地区因两军对峙，荒废了农作生产。侯瑱等拿北周军没有办法。

起先，当地人多次用轻便小船，载着米、粟、鸡、鸭馈饷侯瑱军。贺若敦很是忧虑，便伪装当地人装上馈饷物资，在船舱中埋伏甲士。侯瑱军士远远望见，又认为是馈饷船到了，迎上来争抢，贺若敦埋伏的甲士冲出船舱来抓获了侯瑱军士。又贺若敦的士兵有多次叛逃乘马投降侯瑱。贺若敦便另选了一匹马，牵着马上船，命令船上的人对着马用鞭子乱抽，这样反复多次，这匹马见船害怕不敢上。然后贺若敦在江岸埋伏甲士，派人骑上这匹害怕上船的马去招引侯瑱的士兵过来，说是要投降。侯瑱的士兵上来迎接，争着来牵马，这匹马害怕上船，怎么赶也不上，这时埋伏的甲士冲出来把侯瑱的兵全杀了。从这以后，真的有人来馈饷，或者来投降的人，侯瑱也认为是假的，一律拒绝，甚至加以攻击。

冬季，十月十五日癸巳，侯瑱在杨叶洲打败独孤盛，独孤盛收集败兵上岸，筑城自保。十月十九日丁酉，陈文帝下诏命令司空侯安都领兵会合侯瑱，南讨巴州、湘州。

十一月初四日辛亥，北齐孝昭帝高演册立妃元氏为皇后，立世子高百年为太子。这时太子才五岁。

北齐孝昭帝高演征召前开府长史卢叔虎为中庶子。卢叔虎，是卢柔的堂叔。高演向卢叔虎询问当今事务，卢叔虎请求讨伐北周。卢叔虎说：“我方强，对方弱；我

不息，未能并吞者，此失于不用强富也。轻兵野战，胜负难必，是胡骑之法，非万全之术也。宜立重镇于平阳，与彼蒲州相对，深沟高垒，运粮积甲。彼闭关不出，则稍蚕食其河东之地，日使穷蹙。若彼出兵，非十万以上，不足为我敌。所损粮食咸出关中。我军士年别一代，谷食丰饶。彼来求战，我则不应；彼若退去，我乘其弊。自长安以西，民疏城远，敌兵来往，实自艰难，与我相持，农业且废，不过三年，彼自破矣。”帝深善之。

齐主自将击库莫奚，至天池，库莫奚出长城北遁。齐主分兵追击，获牛羊七万而还。

十二月，乙未，诏：“自今孟春讫于夏首，大辟事已款者，宜且申停。”己亥，周巴陵城主尉迟宪降，遣巴州刺史侯安鼎守之。庚子，独孤盛将余众自杨叶洲潜遁。

丙午，齐主还晋阳。

齐主斩人于前，问王晞曰：“是人应死不？”晞曰：“应死，但恨死不得其地耳。臣闻‘刑人于市，与众弃之’。殿庭非行戮之所。”帝改容谢曰：“自今当为王公改之。”

帝欲以晞为侍郎，苦辞不受。或劝晞勿自疏。晞曰：“我少年以来，阅要人多矣，得志少时，鲜不颠覆。且吾性实疏缓，不堪时务，人主恩私，何由可保！万一披猖，求退无地。非不好作要官，但思之烂熟耳。”

初，齐显祖之末，谷籴踊贵。济南王即位，尚书左丞苏珍芝建议，修石鳖等屯，自是淮南军防足食。肃宗即位，平州刺史嵇晔建议，开督亢陂，置屯田，岁收稻粟数十万石，北境周赡。又于河内置怀义等屯，以给河南之费。由是稍止转输之劳。

（以上为第三段，写战乱之世，政权更迭频繁，充满血腥。公元560年，南北朝三方接连发生宫廷政变，骨肉相残。北周晋国公宇文护弑主周世宗宇文毓。北齐常山王高演废帝自立，诛杀大臣。陈朝文帝杀灭陈武帝太子，即堂弟陈昌于江中。）

方富，对方穷，两国国势悬殊。但是双方战争不断，就是没有吞并对方，失误在于我方没有充分利用国富兵强的优势。过去轻兵野战，胜负难以决定，这是胡人骑兵的战法，不是万全的取胜策略。应当在平阳建立重镇，与对方的蒲州相对应，深沟高垒，积蓄粮食和器械。对方闭关不出来作战，我方就蚕食对方的河东之地，一天天压迫使对方穷困。如果对方出兵来交战，不到十万以上，不是我方的对手。对方出兵消耗的资粮，全部来自关中。我军每年轮换一次，以逸待劳，军资储备充足。对方出兵来战，我方固守不出；对方退走，我方乘其疲惫追击。从长安以西，居民稀少，城邑相距遥远，对方来往调动兵力，非常困难，与我方相持打消耗战，他们的农业将荒废，这样不过三年，对方就会被拖垮。”高演深深佩服卢叔虎的精辟分析。

北齐孝昭帝高演亲自领兵攻击库莫奚，进军到天池，库莫奚走出长城向北逃遁。高演分兵追击，缴获牛羊七万头，得胜回军。

十二月十八日乙未，陈文帝下诏：“从今年孟春正月到夏首四月，死刑犯已经认罪的，暂停行刑，到秋后处决。”十二月二十二日己亥，北周巴陵城守城军主尉迟宪投降，陈文帝派巴州刺史侯安鼎镇守。十二月二十三日庚子，独孤盛率领残兵悄悄逃走。

十二月二十九日丙午，北齐孝昭帝高演回到晋阳。

北齐孝昭帝高演在宫殿前杀人，然后问王晞：“这个人该不该死？”王晞回答说：“应该死，但遗憾的是死得不是地方。臣听说‘死刑要在闹市中执行，让大家都知道他的罪恶，唾弃他’。宫殿庭院不是杀人的地方。”高演听了，面露愧色，向王晞道歉说：“从今以后，凭王公的面子我也要改正。”

北齐孝昭帝高演想任用王晞为侍郎，王晞坚决推辞不接受。有人劝王晞为何自己疏远皇上。王晞说：“我打从少年起，看到许多权贵，得意没有多久，很少有不垮台的。况且我生性粗疏又迂缓，不能胜任挑重担，人主的恩惠私宠，凭什么能长保呢！万一决裂，求退无门。我不是不想做大官，只是反复思考想透了道理。”

当初，齐显祖高洋晚年，谷价飞涨。济南王高殷即位，尚书左丞苏珍芝建议，整修石鳖等地的屯田，从此淮南地区的军防用粮充足。肃宗高演即位，平州刺史嵇晔建议，疏浚督亢地区的旧时陂地，设置屯田，每年收入稻谷数十万石，北方地区也得到了充足的补给。北齐又在河内地区设置怀义等屯田点，用来供应河南所需的粮食。从此，逐渐减轻了国内转运粮食的负担。

二年（辛巳，561 年）

春，正月，戊申，周改元保定。以大冢宰护为都督中外诸军事；令五府总于天官，事无巨细，皆先断后闻。

庚戌，大赦。

周主祀圜丘。辛亥，齐主祀圜丘；壬子，禘于太庙。

周主祀方丘；甲寅，祀感生帝于南郊；乙卯，祭太社。

齐主使王琳出合肥，召募伧楚，更图进取。合州刺史裴景徽，琳兄珉之婿也，请以私属为向导。齐主使琳与行台左丞卢潜将兵赴之，琳沉吟不决。景徽恐事泄，挺身奔齐。齐主以琳为骠骑大将军、开府仪同三司、扬州刺史，镇寿阳。

己巳，周主享太庙，班太祖所述六官之法。

辛未，周湘州城主殷亮降，湘州平。

侯瑱与贺若敦相持日久，瑱不能制，乃借船送敦等渡江；敦虑其诈，不许，报云："湘州我地，为尔侵逼；必须我归，可去我百里之外。"瑱留船江岸，引兵去之。敦乃自拔北归，军士病死者什五六。武陵、天门、南平、义阳、河东、宜都郡悉平。晋公护以敦失地无功，除名为民。

二月，甲午，周主朝日于东郊。

周人以小司徒韦孝宽尝立勋于玉壁，乃置勋州于玉壁，以孝宽为刺史。

孝宽有恩信，善用间谍，或齐人受孝宽金货，遥通书疏，故齐之动静，周人皆先知之。有主帅许盆，以所戍城降齐，孝宽遣谍取之，俄斩首而还。

离石以南，生胡数为抄掠，而居于齐境，不可诛讨。孝宽欲筑城于险要以制之，乃发河西役徒十万，甲士百人，遣开府仪同三司姚岳监筑之。岳以兵少，惧不敢前。孝宽曰："计此城十日可毕。城距晋州四百余里，吾一日创手，二日敌境始知。设使晋州征兵，三日方集，谋议之间，自稽二日，计其军行，二日不到，我之城隍，足得办矣。"乃令筑之。齐

陈文帝天嘉二年（辛巳，561年）

春季，正月初一日戊申，北周改元年号为保定。任命大冢宰宇文护为都督中外诸军事；命令王府总属于天官统领，事无分大小，都要报告宇文护裁断后上奏皇帝。

正月初三日庚戌，陈朝大赦天下。

这一天，北周武帝宇文邕到圜丘祭天。正月初四日辛亥，北齐国主到圜丘祭祀；正月初五日壬子，到太庙祭祀祖先，举行禘礼。

北周武帝宇文邕到方丘祭地；正月初七日甲寅，在南郊祭祀感生帝灵威仰；正月初八日乙卯，在太社祭祀土地神。

北齐孝昭帝高演派王琳到合肥，招募淮南楚地的武人，再次图谋向南发展。合州刺史裴景徽，是王琳哥哥王珉的女婿，请求以私人的部属为北齐军队的向导。北齐孝昭帝高演派王琳与行台左丞卢潜领兵前往策应，王琳犹豫不决。裴景徽害怕谋划泄露，便暴露身份出逃到北齐。北齐孝昭帝高演任命王琳为骠骑大将军、开府仪同三司、扬州刺史，镇守寿阳。

正月二十二日己巳，北周武帝宇文邕到太庙祭祀祖先，并在太祖宇文泰陵庙前颁布建置六官的新制度。

正月二十四日辛未，北周湘州城主殷亮投降陈，湘州被平定。

侯瑱与贺若敦相持了很长时间，侯瑱制伏不了他，便借船送贺若敦渡江离开；贺若敦怕其中有诈，不答应，回信说："湘州是我国的地方，被你们侵犯逼迫；一定要让我们离开，你们要离我在百里之外。"侯瑱留船在江岸，领兵离开，贺若敦才拔营北还，士兵病死十分之五六。武陵、天门、南平、义阳、河东、宜都等郡全都平定。晋国公宇文护认为贺若敦失地无功，将他罢官，削籍为平民。

二月十八日甲午，北周武帝宇文邕在东郊举行迎拜太阳的典礼。

北周认为小司徒韦孝宽曾经在玉壁抗拒东魏，立有大功，便在玉壁设置勋州，任命韦孝宽为刺史。

韦孝宽待部下有恩惠，讲信用，他善于用间谍侦察情报；有的北齐人接受了韦孝宽的金银财货，把北齐腹地的情况通报给他，所以北齐的动静，北周事先都知道。当时，北周军中有一个主帅叫许盆，他就献出自己镇守的军事据点投降北齐，韦孝宽派间谍去取他的人头，不多久就斩首而回。

离石以南，生胡多数侵犯北周边境，而生胡住在北齐境内，不能越境诛讨。韦孝宽想在生胡出入的险要路口修筑城堡来控制生胡，于是征发河西役夫囚徒十万，甲士一百人，派开府仪同三司姚岳监督筑城。姚岳认为兵少，害怕不敢前去。韦孝宽说："计算筑城需要十天时间。所筑的城距离晋阳四百多里，我方第一天动手筑城，敌人境内第二天才知道，假若敌人从晋阳出兵，征发动员需要两天时间，第三

人果至境上，疑有大军，停留不进。其夜，孝宽使汾水以南傍介山、稷山诸村纵火，齐人以为军营，收兵自固。岳卒城而还。

三月，乙卯，太尉零陵壮肃公侯瑱卒。

丙寅，周改八丁兵为十二丁兵，率岁一月而役。

夏，四月，丙子朔，日有食之。

周以少傅尉迟纲为大司空。

丙午，周封愍帝子康为纪国公，皇子赟为鲁公。赟，李后之子也。

六月，乙酉，周使御正殷不害来聘。

秋，七月，周更铸钱，文曰“布泉”，一当五，与五铢并行。

己酉，周追封皇伯父颢为邵国公，以晋公护之子会为嗣；颢弟连为杞国公，以章武公导之子亮为嗣；连弟洛生为莒国公，以护之子至为嗣；追封太祖之子武邑公震为宋公，以世宗之子实为嗣。

齐主之诛杨、燕也，许以长广王湛为太弟；既而立太子百年，湛心不平。帝在晋阳，湛居守于邺。散骑常侍高元海，高祖之从孙也，留典机密。帝以领军代人库狄伏连为幽州刺史，斛律光之弟羡为领军，以分湛权。湛留伏连，不听羡视事。

先是，济南闵悼王常在邺，望气者言：邺中有天子气。平秦王归彦恐济南复立，为己不利，劝帝除之。帝乃使归彦至邺，征济南王如晋阳。

湛内不自安，问计于高元海。元海曰：“皇太后万福，至尊孝友异常，殿下不须异虑。”湛曰：“此岂我推诚之意邪！”元海乞还省一夜思之，湛即留元海于后堂。元海达旦不眠，唯绕床徐步。夜漏未尽，湛遽出，曰：“神算如何？”元海曰：“有三策，恐不堪用耳。请殿下如梁孝王故事，从数骑入晋阳，先见太后求哀，后见主上，请去兵权，以死为限，不干朝

天才能完成集中部队，还要商议谋划又停留两天，再计算敌人进兵要两天多的时间，因此在敌人到达之前，我们要修筑的城墙和壕沟，就已全部完成。”于是下令筑城。北齐兵果然来到边境，疑心有大军埋伏，停留不敢前进。当天夜里，韦孝宽派人在汾水以南，依傍介山、稷山的村庄放火，北齐兵误认为是北周兵的军营，收紧兵力防守。姚岳如期完成筑城任务而回。

三月初九日乙卯，陈朝太尉零陵壮肃公侯瑱去世。

三月二十日丙寅，北周改变男丁八分征一为十二分征一，这样男丁服兵役，一年之间，只需一个月就被轮换。

夏季，四月初一日丙子，发生日食。

北周任命少傅尉迟纲为大司空。

五月初一日丙午，北周封愍帝宇文觉的儿子宇文康为纪国公，封皇子宇文赟为鲁国公。宇文赟，是李皇后生的儿子。

六月十一日乙酉，北周派御正殷不害出使陈朝。

秋季，七月，北周改铸新钱，钱文叫“布泉”，一枚布泉兑换民间细钱五枚，与五铢钱同时流通并用。

七月初五日己酉，北周追封皇上的伯父宇文颢为邵国公，让晋国公宇文护的儿子宇文会为继嗣受封；宇文颢的弟弟宇文连为杞国公，让章武公宇文导的儿子宇文亮为继嗣受封；宇文连的弟弟宇文洛生为莒国公，让宇文护的儿子宇文圣为继嗣受封；追封太祖宇文泰的儿子武邑公宇文震为宋国公，让宇文毓的儿子宇文实为继嗣受封。

北齐孝昭帝高演诛杀杨愔、燕子献的时候，承诺立长广王高湛为皇太弟，继承皇位；不久高演立了自己的儿子高百年为太子，高湛心里很不满。高演居住在晋阳，高湛留守在邺城。散骑常侍高元海，是高祖高欢的从孙，留在邺城掌管机密。皇上高演任命领军代郡人库狄伏连为幽州刺史，斛律光的弟弟斛律羡为领军，用来削弱高湛的权力。高湛留下库狄伏连，不让斛律羡到领军府任职。

原先，济南闵悼王高殷常住在邺城，观望云气的占星家上奏说：邺城中有天子气。平秦王高归彦担心济南王高殷复辟，对自己不利，劝说皇上高演把他除掉。高演就派高归彦到邺城，征召济南王高殷到晋阳。

高湛内心不安，向高元海询问安全的计谋。高元海说：“皇太后健在，皇上非常孝顺，又友爱兄弟，殿下不要慌张。”高湛说：“你这些话难道是我推心置腹要问的吗？”高元海请求回家考虑一个晚上再回答。高湛就留下高元海在自己后堂过夜。高元海一夜没合眼，只是一个劲儿绕着床踱步。天还没亮，高湛突然出现，迫不及待地问：“你思考的妙计怎么样了？”高元海说：“我思考了上中下三策，我担心是否

政，必保太山之安。此上策也。不然，当具表云，威权太盛，恐取谤众口，请青、齐二州刺史，沈靖自居，必不招物议。此中策也。”更问下策。曰：“发言即恐族诛。”固逼之。元海曰：“济南世嫡，主上假太后令而夺之。今集文武，示以征济南之敕，执斛律丰乐，斩高归彦，尊立济南，号令天下，以顺讨逆，此万世一时也。”湛大悦。然性怯，狐疑未能用，使术士郑道谦等卜之，皆曰：“不利举事，静则吉。”有林虑令潘子密，晓占候，潜谓湛曰：“宫车当晏驾，殿下为天下主。”湛拘之于内以候之。又令巫觋卜之，多云“不须举兵，自有大庆”。

湛乃奉诏，令数百骑送济南王至晋阳。九月，帝使人鸩之，济南王不从，乃扼杀之。帝寻亦悔之。

冬，十月，甲戌朔，日有食之。

丙子，齐以彭城王浟为太保，长乐王尉粲为太尉。

齐肃宗出畋，有兔惊马，坠地绝肋。娄太后视疾，问济南所在者三，齐主不对。太后怒曰：“杀之邪？不用吾言，死其宜矣！”遂去，不顾。

十一月，甲辰，诏以嗣子冲眇，可遣尚书右仆射赵郡王叡谕旨，征长广王湛统兹大宝。又与湛书曰：“百年无罪，汝可以乐处置之，勿效前人也。”是日，殂于晋阳宫。临终，言恨不见太后山陵。

颜之推论曰：“孝昭天性至孝，而不知忌讳，乃至于此，良由不学之所为也。”

赵郡王叡先使黄门侍郎王松年驰至邺，宣肃宗遗命。湛犹疑其诈，使所亲先诣殡所，发而视之。使者复命，湛喜，驰赴晋阳，使河南王孝瑜先入宫，改易禁卫。癸丑，世祖即皇帝位于南宫，大赦，改元太宁。

周人许归安成王顼，使司会上士杜杲来聘。上悦，即遣使报之，并

能适用。第一，请殿下按照西汉梁孝王的故事，带领几个随从进入晋阳，先见太后向她哀求，然后见皇上，请求解除兵权，到死为止，不再干预朝政，一定能够安如泰山，这是上策。第二，不这样做，就应当呈上一道表章，说是威权太盛，担心遭众人的诽谤，请求外放去担任青州、齐州两州刺史，沉静自处，免招众人议论，这是中策。”高湛问高元海下策。高元海说：“下策说出来恐怕要灭族。”高元海不肯讲，高湛坚决逼求，高元海只好说：“济南王高殷是真正的嫡传皇帝，今皇上高演假传皇太后的命令，夺了他的皇位而自立为君，现今殿下如果召集文武百官，将皇上宣召济南王敕令亮给百官看，杀了高归彦，尊立济南王，号令天下，以正义之师讨伐叛逆，这是千载难逢的一次良机。”高湛非常高兴。但他生性胆怯，犹豫不能采用，让方术士人郑道谦等人占卜断吉凶，都说：“不利于行动，安静吉利。”这时有一位林虑县令叫潘子岳，他通晓占候，偷偷地对高湛说：“皇上将要归天，殿下当为天子。”高湛把他囚禁在内室，用以等待验证。又召来巫师卜卦，巫师们多数说“不须起兵，自有大庆”。

高湛于是接受诏命，派数百骑兵送济南王高殷到晋阳。九月，北齐孝昭帝高演派人用鸩酒进献高殷，高殷拒绝饮毒酒自杀，派去的人就把高殷杀了。过了不久，高演又后悔了。

冬季，十月初一日甲戌，发生日食。

十月初三日丙子，北齐任命彭城王高湝为太保、长乐王尉粲为太尉。

北齐孝昭帝高演出外打猎，有野兔惊马，高演被摔到地上，摔断了肋骨。娄太后去看视高演的病情，问济南王高殷在哪里，一连问了几遍，高演都不回答。娄太后大怒说：“你把他杀了？不听我的话，你也该死。”说完，头也不回地走了。

十一月初二日甲辰，北齐孝昭帝高演下诏说，嗣子高百年幼小，可派遣尚书右仆射赵郡王高叡前往邺城宣旨，征召长广王高湛继承帝位。又另写一封信给高湛说：“高百年没有罪过，你可以找一个好地方安置他，不要学前人杀人孤儿。”这一天，高演死在晋阳。高演临死前说，很遗憾没能看到娄太后的陵墓。

颜之推评论说：“孝昭皇帝高演天性非常孝顺，可惜他不懂得忌讳，以至于干出杀害济南王高殷的事，实在是他不读书带来的后果。”

赵郡王高叡先派黄门侍郎王松年骑快马到邺城，宣示肃宗高演的遗命。高湛仍然怀疑有诈，派他的亲信先到晋阳找到停放高演灵柩的地方，开棺察看高演是不是真的死了。使者回报属实，高湛这才高兴地骑着快马到了晋阳，派河南王高孝瑜先进宫，改换了禁卫士兵。十一月十一日癸丑，高湛在南宫即皇帝位，大赦天下，改元年号为太宁。

北周答应放还安成王陈顼，派司会上士杜杲出使陈朝，陈文帝很高兴，当即派

赂以黔中地及鲁山郡。

齐以彭城王潋为太师、录尚书事，平秦王归彦为太傅，尉粲为太保，平阳王淹为太宰，博陵王济为太尉，段韶为大司马，丰州刺史娄叡为司空，赵郡王叡为尚书令，任城王湝为尚书左仆射，并州刺史斛律光为右仆射。娄叡，昭之兄子也。立太子百年为乐陵王。

丁巳，周主畋于岐阳；十二月，壬午，还长安。

太子中庶子余姚虞荔、御史中丞孔奂，以国用不足，奏立煮海盐赋及榷酤之科，诏从之。

初，高祖以帝女丰安公主妻留异之子贞臣，征异为南徐州刺史，异迁延不就。帝即位，复以异为缙州刺史，领东阳太守。异屡遣其长史王澌入朝，澌每言朝廷虚弱。异信之，虽外示臣节，恒怀两端，与王琳自鄱阳信安岭潜通使往来。琳败，上遣左卫将军沈恪代异，实以兵袭之。异出军下淮以拒恪。恪与战而败，退还钱塘。异复上表逊谢。时众军方事湘、郢，乃降诏书慰谕，且羁縻之。异知朝廷终将讨己，乃以兵戍下淮及建德以备江路。丙午，诏司空、南徐州刺史侯安都讨之。

（以上为第四段，写陈文帝从北周手中夺回原王琳所控制的湘州、郢州，两国通好，陈朝中兴了南方政权，全境平静。北齐肃宗高演上演谋杀废帝高殷的悲剧，结果为齐世祖高湛的登祚扫清了道路。）

三年（壬午，562 年）

春，正月，乙亥，齐主至邺；辛巳，祀南郊；壬午，享太庙；丙戌，立妃胡氏为皇后，子纬为皇太子。后，魏兖州刺史安定胡延之之女也。戊子，齐大赦。己亥，以冯翊王润为尚书左仆射。

周凉景公贺兰祥卒。

壬寅，周人凿河渠于蒲州，龙首渠于同州。丁未，周以安成王顼为柱国大将军，遣杜杲送之南归。

辛亥，上祀南郊，以胡公配天；二月，辛酉，祀北郊。

闰月，丁未，齐以太宰、平阳王淹为青州刺史，太傅、平秦王归彦为太宰、冀州刺史。

归彦为肃宗所厚，恃势骄盈，陵侮贵戚。世祖即位，侍中、开府仪

使回报，并割让黔中地和鲁山郡给北周。

北齐任命彭城王高浟为太师、录尚书事，平秦王高归彦为太傅，尉粲为太保，平阳王高淹为太宰，博陵王高济为太尉，段韶为大司马，丰州刺史娄叡为司空，赵郡王高叡为尚书令，任城王高湝为尚书左仆射，并州刺史斛律光为右仆射。娄叡，是娄昭哥哥的儿子。立孝昭帝高演的太子高百年为乐陵王。

十一月十五日丁巳，北周国主宇文邕到岐山之阳打猎；十二月十一日壬午，回到长安。

陈朝太子中庶子馀姚人虞荔、御史中丞孔奂，因为国库入不敷出，联名上奏请求制订征收煮盐赋税和酒由国家专卖的法令，陈文帝下诏允准。

当初，陈武帝陈霸先把陈文帝的女儿丰安公主许配给留异的儿子留贞臣为妻，征召留异为南徐州刺史，留异却拖延不上任。陈文帝即位，重新任命留异为缙州刺史，兼领东阳太守。留异多次派长史王澌入朝，王澌每次回报说朝廷虚弱。留异相信了，表面上臣服陈朝，实际上常怀二心，从鄱阳安岭与王琳暗通信使。王琳失败，陈文帝派左卫将军沈恪去替代留异职务，实际是举兵偷袭。留异出兵下淮抗拒沈恪。沈恪进兵交战失败了，退还钱塘。留异上表自责谢罪。当时，朝廷各路军队还留在湘州、郢州清剿，陈文帝就下诏特谕留异，并安抚他。留异也知道朝廷迟早要讨伐他，于是派兵扼守下淮和建德县，以防备水路。[十二月十五日丙戌]，陈文帝下诏司空、南徐州刺史侯安都领兵讨伐留异。

陈文帝天嘉三年（壬午，562年）

春季，正月初五日乙亥，北齐国主高湛到邺城；正月十一日辛巳，在南郊祭天；正月十二日壬午，到太阳庙祭祀祖先；正月十六日丙戌，册立妃子胡氏为皇后，立皇子高纬为皇太子。皇后胡氏，是魏兖州刺史安定人胡延之的女儿。正月十八日戊子，北齐大赦天下。正月二十九日己亥，任命冯翊王高润为尚书左仆射。

北周凉景公贺兰祥去世。

正月初一日壬寅，北周封陈文帝之弟安成王陈顼为柱国大将军，派杜杲送他回南朝。

正月初十日辛亥，陈文帝在南郊祭天，把陈姓始祖西周武王所封陈胡公用来配天享受祭礼；[正月二十日辛酉]，在北郊祭地。

闰二月初七日丁未，北齐任命太宰、平阳王高淹为青州刺史；任命太傅、平秦王高归彦为太宰、冀州刺史。

高归彦受到北齐孝昭帝高演的厚待，便仗恃权势，凌侮贵戚。北齐武成帝高湛

同三司高元海、御史中丞毕义云、黄门郎高乾和数言其短，且云："归彦威权震主，必为祸乱。"帝亦寻其反覆之迹，渐忌之，伺归彦还家，召魏收于帝前作诏草，除归彦冀州，使乾和缮写；昼日，仍敕门司不听归彦辄入宫。时归彦纵酒为乐，经宿不知。至明，欲参，至门知之，大惊而退。及通名谢，敕令早发，别赐钱帛等物甚厚，又敕督将悉送至清阳宫。拜辞而退，莫敢与语，唯赵郡王叡与之久语，时无闻者。

帝之为长广王也，清都和士开以善握槊、弹琵琶有宠，辟为开府行参军，及即位，累迁给事黄门侍郎。高元海、毕义云、高乾和皆疾之，将言其事。士开乃奏元海等交结朋党，欲擅威福，乾和由是被疏。义云纳赂于士开，得为兖州刺史。

帝征江州刺史周迪出镇湓城，又征其子入朝。迪趑且顾望，并不至。其余南江酋帅，私署令长，多不受召，朝廷未暇致讨，但羁縻之。豫章太守周敷独先入朝，进号安西将军，给鼓吹一部，赐以女妓、金帛，令还豫章。迪以敷素出己下，深不平之，乃阴与留异相结，遣其弟方兴袭敷；敷与战，破之。又遣其兄子伏甲船中，诈为贾人，欲袭湓城。未发，事觉，寻阳太守监江州事晋陵华皎遣兵逆击之，尽获其船仗。

上以闽州刺史陈宝应之父为光禄大夫，子女皆受封爵，命宗正编入属籍。而宝应以留异女为妻，阴与异合。

虞荔弟寄，流寓闽中，荔思之成疾，上为荔征之，宝应留不遣。寄尝从容讽以逆顺，宝应辄引他语以乱之。宝应尝使人读《汉书》，卧而听之，至蒯通说韩信曰："相君之背，贵不可言。"蹶然起坐，曰："可谓智士！"寄曰："通一说杀三士，何足称智！岂若班彪《王命》，识所归乎！"

寄知宝应不可谏，恐祸及己，乃著居士服，居东山寺，阳称足疾。宝应使人烧其屋，寄安卧不动。亲近将扶之出，寄曰："吾命有所悬，避

即位，侍中、开府仪同三司高元海、御史中丞毕义云、黄门郎高乾和等，多次在高湛面前说高归彦的坏话，又说："高归彦声威权势震动皇上，必然演变成反叛的祸乱。"国主高湛也正寻思他反复无常的种种经历，逐渐猜忌他。于是趁高归彦回家的机会，宣召魏收在皇上高湛面前草拟诏书，外放高归彦为冀州刺史，让高乾和缮写；并敕令掌管宫门的负责人，当日白天，高归彦返回时，不让他进宫门。当时高归彦在家酗酒为乐，过了一夜还不知道这件事。天亮以后，高归彦想入宫参见国主高湛，到了宫门才知道，大惊退回。高归彦赶紧通名帖谢罪，但敕令早已发出，另外赏赐了很多钱帛等物品，又敕令都督将军们为他送行，在清阳宫话别。都督将军们没敢和高归彦谈话，大家拜别就走散了。只有赵郡王高叡与高归彦说了很长时间的话，不知道说了些什么。

北齐武成帝高湛做长广王的时候，清都人和士开因为精通握槊赌博游戏，又善弹琵琶，深受宠信，任用为开府行参军，高湛即位后，提升为给事黄门侍郎。高元海、毕义云、高乾和等人非常妒忌和士开，想要弹劾他。和士开抢先一步上奏，说高元海等人结党营私，想作威作福，高乾和因此被疏远。毕义云贿赂和士开，获得了兖州刺史。

陈文帝征调江州刺史周迪出镇湓城，同时征召他的儿子入朝。周迪徘徊不前，他的儿子也不入朝。其余南江豪酋，私自署任的县令县长，多不接受朝廷的征召，朝廷顾不上征讨，先笼络住他们。豫章太守周敷独自首先入朝，进号安西将军，特赐鼓吹一部，又赐给他女乐、金帛，命令他回原任为豫章太守。周迪一向认为周敷名位在自己之下，内心愤愤不平，于是暗中与留异勾结，并派自己的弟弟周方兴偷袭周敷；周敷迎战，打败了周方兴。周迪又派他哥哥的儿子埋伏甲士在船上，假扮为商人，想偷袭湓城。还没行动，谋划败露，寻阳太守监江州事晋陵人华皎派兵还击，全部俘虏了周迪派去偷袭湓城的士兵和船只器械。

陈文帝任命固州刺史陈宝应的父亲为光禄大夫，子女都加封拜爵，命宗正编入陈氏皇族名籍。可是陈宝应因为娶了留异之女为妻，所以暗中与留异联合。

虞荔的弟弟虞寄，流落在闽中，虞荔思念弟弟得了病，陈文帝为虞荔征召虞寄，陈宝应扣留虞寄不让他走。虞寄曾经坦诚而含蓄地讲逆顺的道理，陈宝应总是用别的话头引开。陈宝应曾经命人读《汉书》，他躺在床上听，当读到蒯通游说韩信，蒯通说道"相君之背，贵不可言"时，陈宝应突然坐起，赞叹说："可以称得上是智士！"虞寄说："蒯通一次乱说，杀了三个贤士，他哪里能说得上智士！又怎能比得上班彪作的《王命》，懂得归向天子呢？"

虞寄知道陈宝应听不进规劝的话，恐怕灾祸降临到自己头上，于是穿上居士服，避居到东山寺，假装说患了足疾。陈宝应派人烧他的房屋，虞寄安安稳稳地睡在床

将安往！”纵火者自救之。

乙卯，齐以任城王湝为司徒。

齐扬州刺史行台王琳数欲南侵，尚书卢潜以为时事未可。上遣移书寿阳，欲与齐和亲。潜以其书奏齐朝，仍上启请且息兵。齐主许之，遣散骑常侍崔瞻来聘，且归南康愍王昙朗之丧。琳于是与潜有隙，更相表列。齐主征琳赴邺，以潜为扬州刺史，领行台尚书。瞻，㥄之子也。

梁末丧乱，铁钱不行，民间私用鹅眼钱。甲子，改铸五铢钱，一当鹅眼之十。

后梁主安于俭素，不好酒色，虽多猜忌，而抚将士有恩。以封疆褊隘，邑居残毁，干戈日用，郁郁不得志，疽发背而殂；葬平陵，谥曰宣皇帝，庙号中宗。太子岿即皇帝位，改元天保；尊龚太后为太皇太后，王后曰皇太后，母曹贵嫔为皇太妃。

二月，丙子，安成王顼至建康，诏以为中书监、中卫将军。

上谓杜杲曰："家弟今蒙礼遣，实周朝之惠；然鲁山不返，亦恐未能及此。”杲对曰："安成，长安一布衣耳，而陈之介弟也，其价岂止一城而已哉！本朝敦睦九族，恕己及物，上遵太祖遗旨，下思继好之义，是以遣之南归。今乃云以寻常之土易骨肉之亲，非使臣之所敢闻也。”上甚惭，曰："前言戏之耳。”待杲之礼有加焉。

顼妃柳氏及子叔宝犹在穰城，上复遣毛喜如周请之，周人皆归之。

丁丑，以安右将军吴明彻为江州刺史，督高州刺史黄法𣰋、豫章太守周敷共讨周迪。

甲申，大赦。

留异始谓台军必自钱塘上，既而侯安都步由诸暨出永康，异大惊，奔桃枝岭，于岩口竖栅以拒之。安都为流矢所中，血流至踝，乘舆指麾，容止不变。因其山势，迮而为堰，会潦水涨满，安都引船入堰，起楼舰与异城等，发拍碎其楼堞。异与其子忠臣脱身奔晋安，依陈宝应。安都虏其妻及余子，尽收铠仗而还。

上不动。他的亲信要扶他同去，虞寄说：“我的生命控在别人的手中，能到哪里去躲避呢？”放火的人只好自己去把火扑灭了。

二月十五日乙卯，北齐任命任城王高湝为司徒。

北齐扬州刺史行台王琳多次想侵扰南边的陈朝，尚书卢潜认为当时的形势讨伐陈朝条件还不够成熟。陈文帝派人送了一封写给北齐国主的信到寿阳，想与北齐和亲。卢潜把这封信转奏齐朝，自己也上奏请求停止战争。北齐国主高湛准允卢潜的上奏，派散骑常侍崔瞻出使陈朝，并且归还南康愍王陈昙朗的灵柩。王琳于是与卢潜有了仇怨，互相上表列举对方的过失。北齐国主高湛征召王琳还到邺城，任命卢潜为扬州刺史，兼领扬州行台尚书。崔瞻，是崔㥄的儿子。

陈朝初年，继梁朝末年的大乱之后，铁钱不再通行，民间私铸鹅眼钱流行。闰二月二十四日甲子，改铸五铢钱，一枚兑换十枚鹅眼钱。

后梁国主萧詧节俭朴素，不好饮酒与女色，虽然多疑与猜忌，但抚慰将士有恩。因为封疆褊狭，城邑与村落很多残破，战乱不止，心情郁郁不快乐，脊背生了毒疮而去世；安葬在平陵，谥号称宣皇帝，庙号叫中宗。太子萧岿即皇帝位，改元年号天保；尊龚太后为太皇太后，王后为皇太后，生母曹贵嫔为皇太妃。

［三月初七日］丙子，安成王陈顼从长安回到了建康，陈文帝下诏任命为中书监、中卫将军。

陈文帝对北周使者杜杲说：“家弟今蒙优礼送还，应当感谢周国的恩惠；但是如果不割让鲁山郡，恐怕回不来吧！”杜杲说：“安成王陈顼，在长安只是一个布衣，送回陈国，却是陛下的大弟，他的价值岂止是一座城呢？本朝和睦九族，以恕己之推及于人，上遵太祖的遗旨，下想恢复两国间的友好，因此才送安成王回归南国。而今竟然说是拿普通的土地换回骨肉至亲，这话不是我这个使臣愿意听到的。”陈文帝很惭愧，连忙说：“刚才的话是开个玩笑的。”对待杜杲更加有礼。

陈顼的妃子柳氏以及儿子陈叔宝还在穰城，陈文帝再次遣使毛喜到北周请求放还，北周都把他们送归陈朝。

三月初八日丁丑，陈文帝任命安右将军吴明徹为江州刺史，督高州刺史黄法𣰰、豫章太守周敷共同讨伐周迪。

三月十五日甲申，陈朝大赦天下。

留异原先以为官军讨伐一定会从钱塘江水路沿江而上进军，没料到侯安都率领步兵由诸暨经永康直奔过来，留异大惊，急忙逃到桃枝岭，在岩口树立栅栏抗拒官军。侯安都被流箭射伤，血流到脚跟，坐在轿子上指挥，容颜举止，镇定自若。官军顺着山岭形势，筑起土坝，遏水为堰，正赶上雨季，积水涨满，侯安都引船入堰，搭起楼船与留异的城高度相等，发动拍竿拍碎留异城上的矮墙。留异和他的儿子留

异党向文政据新安，上以贞毅将军程文季为新安太守，帅精甲三百轻往攻之。文政战败，遂降。文季，灵洗之子也。

夏，四月，辛丑，齐武明娄太后殂。齐主不改服，绯袍如故。未几，登三台，置酒作乐，宫女进白袍，帝投诸台下。散骑常侍和士开请止乐，帝怒，挞之。

乙巳，齐遣使来聘。

齐青州上言河水清，齐主遣使祭之，改元河清。

先是，周之君臣受封爵者皆未给租赋。癸亥，始诏柱国等贵臣邑户，听寄食他县。

五月，庚午，周大赦。

己丑，齐以右仆射斛律光为尚书令。

壬辰，周以柱国杨忠为大司空。六月，己亥，以柱国蜀国公尉迟迥为大司马。

秋，七月，己丑，纳太子妃王氏，金紫光禄大夫周之女也。

齐平秦王归彦至冀州，内不自安，欲待齐主如晋阳，乘虚入邺。其郎中令吕思礼告之。诏大司马段韶、司空娄叡讨之。归彦于南境置私驿，闻大军将至，即闭城拒守。长史宇文仲鸾等不从，皆杀之。归彦自称大丞相，有众四万。齐主以都官尚书封子绘，冀州人，祖父世为本州刺史，得人心，使乘传至信都，巡城，谕以祸福。吏民降者相继，城中动静，小大皆知之。

归彦登城大呼云："孝昭皇帝初崩，六军百万，悉在臣手，投身向邺，奉迎陛下。当时不反，今日岂反邪！正恨高元海、毕义云、高乾和诳惑圣上，疾忌忠良，但为杀此三人，即临城自刎。"既而城破，单骑北走，至交津，获之，锁送邺。乙未，载以露车，衔木面缚。刘桃枝临之以刃，击鼓随之，并其子孙十五人皆弃市。命封子绘行冀州事。

齐主知归彦前谮清河王岳，以归彦家良贱百口赐岳家，赠岳太师。

忠臣脱身逃往晋安，依附陈宝应。侯安都俘虏了留异的妻子和其他几个儿子，缴获了全部铠甲器仗回军。

留异党羽向文政据守新安，陈文帝派贞毅将军程文季为新安太守，率领精兵甲士三百人轻装前往攻击。向文政战败，于是投降官军。程文季，是程灵洗的儿子。

夏季，四月初二日辛丑，北齐武明娄太后去世。北齐国主高湛不穿丧服，仍穿平常的大红袍。没几天，又登上三台，置酒游乐，有宫女送进白袍，高湛扔到台下。散骑常侍和士开请求停止奏乐，高湛大怒，鞭打和士开。

四月初六日乙巳，北齐派人出使陈朝。

北齐青州刺史上书说黄河水变清，北齐国主高湛派人祭祀黄河，改年号叫河清。

原先，北周的文武百官受了封爵的人，朝廷没有给他们租赋。四月十四日癸亥，北周国主宇文邕首次下诏，允许柱国等勋戚重臣尽管辖有城邑户口，仍可以寄食于封邑之外的县。

五月初一日庚午，北周大赦天下。

五月二十日己丑，北齐任命右仆射斛律光为尚书令。

五月二十三日壬辰，北周任命柱国杨忠为大司空。六月初一日己亥，任命柱国蜀国公尉迟迥为大司马。

秋季，七月二十一日己丑，陈文帝聘王氏女为皇太子妃。王氏是金紫光禄大夫王固的女儿。

北齐平秦王高归彦到了冀州任上，内心不安，想等待北齐国主高湛到晋阳，乘虚入据邺城。他手下的郎中令吕思礼向朝廷告发了他。高湛下诏大司马段韶、司空娄叡领兵征讨。高归彦在冀州南境设置个人的情报驿站，他听到征讨大军就要到来，当即闭城拒守。长史宇文仲鸾等不听从，全都被诛杀。高归彦自称大丞相，有部众四万。北齐国主高湛认为都官尚书封子绘是冀州人，祖父、父亲世代任职为冀州刺史，很得人心，就派他乘驿车到信都，巡行城下，向州城军民宣讲顺逆祸福的道理。城内出来投降的官民，络绎不绝，因此城中的举动和大小事，官军知道得一清二楚。

高归彦登上城楼大声叫喊，说："孝昭皇帝刚死的时候，六军百万，都掌领在我的手中，我却投身到邺城，奉迎陛下，当时我没造反，难道我今天会造反吗？只恨高元海、毕义云、高乾和等人迷惑圣上，嫉妒忠良，只要杀了这三个人，我当即就在城头自杀。"不久城破，高归彦单人独骑向北逃跑，到了交津，被抓获，把手脚锁起来送到邺城。七月二十七日乙未，高归彦被载上露车，嘴内塞上木条，两手反绑。刘桃枝把刀架在他的脖子上，押入市曹，沿途击鼓示众，连同他的子孙共十五个人，全都斩首示众。任命封子绘代理冀州刺史。

北齐武成帝高湛知道高归彦先前谗言清河王高岳，于是把高归彦的亲属和奴婢

丁酉，以段韶为太傅，娄叡为司徒，平阳王淹为太宰，斛律光为司空，赵郡王叡为尚书令，河间王孝琬为左仆射。

癸亥，齐主如晋阳。

上遣使聘齐。

九月，戊辰朔，日有食之。

以侍中、都官尚书到仲举为尚书右仆射、丹杨尹。仲举，溉之弟子也。

吴明徹至临川攻周迪，不能克。丁亥，诏安成王顼代之。

冬，十月，戊戌，诏以军旅费广，百姓空虚，凡供乘舆饮食衣服及宫中调度，悉从减削；至于百司，宜亦思省约。

十一月，丁卯，周以赵国公招为益州总管。

丁丑，齐遣兼散骑常侍封孝琰来聘。

十二月，丙辰，齐主还邺。

齐主逼通昭信李后，曰："若不从我，我杀尔儿。"后惧，从之。既而有娠。太原王绍德至阁，不得见，愠曰："儿岂不知邪！姊腹大，故不见儿。"后大惭，由是生女不举。帝横刀诟曰："杀我女，我何得不杀尔儿！"对后以刀环筑杀绍德。后大哭。帝愈怒，裸后，乱挝之。后号天不已，帝命盛以绢囊，流血淋漉，投诸渠水，良久乃苏，犊车载送妙胜寺为尼。

（以上为第五段，写陈文帝通好北周、北齐，继续用兵讨伐地方势力，安定国境。北齐高湛以弟继位，初为政即荒淫暴虐，大类乃兄高洋。）

一百多口赏赐给了高岳家，又追赠高岳为太师。

七月二十九日丁酉，北齐任命段韶为太傅、娄叡为司徒、平阳王高淹为太宰、斛律光为司空、赵郡王高叡为尚书令、河间王高孝琬为左仆射。

八月初六日癸亥，北齐国主高湛到晋阳。

陈文帝派使臣到北齐。

九月初一日戊辰，发生日食。

陈文帝任命侍中、都官尚书到仲举为尚书右仆射、丹杨尹。到仲举，是到溉弟弟的儿子。

吴明徹进兵临州郡攻击周迪，没能攻破。九月二十日丁亥，陈文帝下诏任命安成王陈顼替代吴明徹。

冬季，十月初二日戊戌，陈文帝下诏："因军事费用大增，百姓财粮困乏，从今起，凡是供给朕的饮食、衣服以及宫中的一切开支，一概削减；至于文武百官，也应体念时势艰难，注意节约。"

十一月初一日丁卯，北周任命赵国公宇文招为益州总管。

十一月十一日丁丑，北齐兼散骑常侍封孝琰出使陈朝。

十二月二十一日丙辰，北齐国主高湛回到邺城。

北齐国主高湛逼迫奸淫昭信文宣皇后李氏，说："你不依从我，我就杀你的儿子。"李后害怕，依从了。不久李后怀了孕。太原王高绍德到昭信宫见母亲，李后不敢见，太原王生气地说："儿子难道不知道吗？母亲肚子大了，所以不敢见儿子。"李后非常羞愧，因此生下一个女儿，便杀死了她。高湛提着刀骂李后说："你杀了我的女儿，我为什么不杀你的儿子！"高湛当着李后的面用刀背砍杀了高绍德。李后大哭，高湛更加愤怒，扒光李后的衣裤，在她赤裸的身上乱打。李后呼嚎不止，昏迷过去，高湛命令用绢袋将她裹起来，鲜血从绢袋子渗出来，一片模糊，投到渠水中，过了很长时间才苏醒过来，用牛犊车载着她，送到妙胜寺当尼姑。

【点评】

北齐主高演背约猜忌，英年早逝。北齐高演号称贤王，继帝位后欲展英才，励精图治，观其与卢叔虎之君臣问答，未尝没有混一天下之意。惜其不学无术，既背与长广王高湛相约兄终弟及之誓言，又杀无辜仁爱之废帝高殷，于是心愧而坠马，为母后娄氏深责而气短，心疾既重，外疾不治，英年早逝，北齐中兴的一线曙光转瞬消失，惜哉！

陈纪三

陈文帝天嘉四年至天康元年（563—566年）

【起昭阳协洽（癸未，563年），尽柔兆阉茂（丙戌，566年），凡四年】

【大事提要】

本卷载述公元563年至公元566年南北朝史事，凡四年，时当陈文帝天嘉四年至六年、天康元年，北周武帝保定三年至五年、天和元年至二年，北齐武成帝太宁三年、四年和后主天统元年、二年。陈文帝讨灭江南群雄反叛，通好北周，励精图治，数年之间，重新恢复了江南的社会秩序，陈朝获得了稳定。北周君臣协同，最为称治。北齐接连发生宫廷政变，内讧减杀国力。高湛即位，步高洋后尘，酗酒信谗，残虐骨肉，招致北周两次大规模征讨，差点断送了国祚。

【原文】

世祖文皇帝下

天嘉四年（癸未，563年）

春，正月，齐以太子少傅魏收兼尚书右仆射。时齐主终日酣饮，朝事专委侍中高元海。元海庸俗，帝亦轻之；以收才名素盛，故用之。而收畏懦避事，寻坐阿纵，除名。

兖州刺史毕义云作书与高元海，论叙时事，元海入宫，不觉遗之。给事中李孝贞得而奏之，帝由是疏元海，以孝贞兼中书舍人，征义云还朝。和士开复谮元海，帝以马鞭箠元海六十，责曰："汝昔教我反，以弟反兄，几许不义！以邺城兵抗并州，几许无智！"出为兖州刺史。

甲申，周迪众溃，脱身逾岭，奔晋安，依陈宝应。官军克临川，获迪妻子。宝应以兵资迪，留异又遣子忠臣随之。

虞寄与宝应书，以十事谏之曰："自天厌梁德，英雄互起，人人自以为得之，然夷凶翦乱，四海乐推者，陈氏也；岂非历数有在，惟天所授乎！一也。以王琳之强，侯瑱之力，进足以摇荡中原，争衡天下，退足以屈强江外，雄张偏隅；然或命一旅之师，或资一士之说，琳则瓦解冰泮，投身异域，瑱则厥角稽颡，委命阙庭，斯又天假其威而除其患。二也。今将军以藩戚之重，东南之众，尽忠奉上，戮力勤王，岂不勋高窦融，宠过吴芮，析珪判野，南面称孤乎！三也。圣朝弃瑕忘过，宽厚得人，至于余孝顷、潘纯陀、李孝钦、欧阳頠等，悉委以心腹，任以爪牙，胸中豁然，曾无纤芥。况将军衅非张绣，罪异毕谌，当何虑于危亡，何失于富贵！四也。方今周、齐邻睦，境外无虞，并兵一向，匪朝伊夕，非刘、项竞逐之机，楚、赵连从之势；何得雍容高拱，坐论西伯哉！五也。且留将军狼顾一隅，亟经摧衄，声实亏丧，胆气衰沮。其将帅首鼠两端，唯利是视，孰能被坚执锐，长驱深入，系马埋轮，奋不顾命，以先士卒者乎！六也。将军之强，孰如侯景？将军之众，孰如王琳？武皇灭侯景于前，今上摧王琳于后，此乃天时，非复人力。且兵革已后，民皆厌乱，其孰能弃坟墓，捐妻子，出万死不顾之计，从将军于白刃之间乎！七也。历观前古，子阳、季孟，颠覆相寻；余善、右渠，危亡继及。

【语译】

世祖文皇帝下

陈文帝天嘉四年（癸未，563年）

春季，正月，北齐任命太子少傅魏收兼尚书右仆射。这时北齐国主整天尽情喝酒，朝廷事务专门委任侍中高元海。高元海庸俗粗疏，皇上高湛也看不起他，认为魏收的才能名望一向很高，所以任用他。但是魏收胆小懦弱，遇事推诿，不久便因徇私舞弊、包庇纵容而被罢官。

兖州刺史毕义云写信给高元海，评说时政，高元海进宫朝见北齐武成帝，不慎丢了这封信。给事中李孝贞捡到这封信上奏给皇帝，高湛因此疏远了高元海，升迁李孝贞兼中书舍人，征召毕义云回到朝廷，和士开又趁机讲高元海的坏话，北齐武成帝用马鞭打了高元海六十鞭，斥责他说："你先前教唆我造反，以弟反兄，差点儿陷我于不义！用邺城的兵对抗并州，多么愚蠢。"外放高元海为兖州刺史。

正月十九日甲申，周迪部众溃散，周迪只身逃走，翻山越岭，逃到晋安，依附陈宝应。官军攻克临州，抓获周迪的妻子儿女。陈宝应派军队资助周迪，留异也派他的儿子留中臣跟随周迪。

虞寄写信给陈宝应，劝谏他十件事，说："自从上天抛弃梁朝，一时英雄并起，人人都认为自己能得天命，但是平定凶暴，铲除祸乱，四海共同拥护的人，是陈氏，难道不是天命自有定数，陈朝是上天授给的啊，这是一。凭着王琳的强大，侯瑱的实力，他们进足可以震动中原，与天下争衡，退足可以称强在长江之外，雄霸一方，然而朝廷或命一旅之师征讨，或派一介之使游说，王琳就瓦解冰消，投身异国，侯瑱的尖角折断，叩头归附，臣服朝廷，这又是上天给了陈氏威严，助他铲除祸患，这是二。如今将军凭借藩侯宗亲的尊贵，拥有东南的土地与民众，尽忠竭力侍奉皇上，努力为王室效劳，岂不是功勋超过东汉窦融，尊宠超过西汉吴芮，分颁玉珪，划野封土，南面称孤了吗？这是三。圣朝皇上不计较人的过失和缺点，宽厚待人，至于像余孝顷、潘纯陀、李孝钦、欧阳颜等，都被当作心腹加以重用，胸中豁达开朗，没有一点芥蒂。何况将军没有张绣那样杀曹操之子的罪过，也没有毕堪那样背叛的行为，不应当顾虑危亡，更不用担心失去富贵荣华，这是四。如今朝廷与周、齐两国和睦友好，边境没有祸患，集中兵力用在一方，这是早晚的事，目前形势，既不是刘邦、项羽角逐的时候，也不是楚赵合纵抗秦的态势，哪能容得你优闲拱手，座谈西伯割据一方呢？这是五。况且留异将军偏安一隅，心存后顾之忧，屡次遭受失败，声威实力大受亏损，胆量勇气衰竭沮丧，他的将帅都怀有二心，等待观望，只图个人的利益，谁能替他披坚甲执利兵，长驱深入，系马埋轮，拼命死

天命可畏，山川难恃。况将军欲以数郡之地当天下之兵，以诸侯之资拒天子之命，强弱逆顺，可得侔乎！八也。且非我族类，其心必异；不爱其亲，岂能及物！留将军身縻国爵，子尚王姬，犹且弃天属而不顾，背明君而孤立，危急之日，岂能同忧共患，不背将军者乎！至于师老力屈，惧诛利赏，必有韩、智晋阳之谋，张、陈井陉之势。九也。北军万里远斗，锋不可当。将军自战其地，人多顾后；众寡不敌，将帅不侔。师以无名而出，事以无机而动，以此称兵，未知其利。十也。为将军计，莫若绝亲留氏，释甲偃兵，一遵诏旨。方今藩维尚少，皇子幼冲，凡豫宗族，皆蒙宠树。况以将军之地，将军之才，将军之名，将军之势，而克修藩服，北面称臣，宁与刘泽同年而语其功业哉！寄感恩怀德，不觉狂言，斧钺之诛，其甘如荠。”宝应览书大怒。或谓宝应曰：“虞公病势稍笃，言多错谬。”宝应意乃小释，亦以寄民望，故优容之。

（以上为第一段，写陈朝虞寄致书陈宝应，劝其弃割据，就臣职。虞寄陈祸福顺逆，喻之以理，动之以情，剖判透澈。无奈乱世军阀，自矜功伐，心存侥幸，不以民众生息为意，务求一逞，不到灭宗亡族而不止，悲夫！）

周梁躁公侯莫陈崇从周主如原州。帝夜还长安，人窃怪其故，崇谓所亲曰：“吾比闻术者言，晋公今年不利，车驾今忽夜还，不过晋公死耳。”或发其事。乙酉，帝召诸公于大德殿，面责崇，崇惶恐谢罪。其夜，冢宰护遣使将兵就崇第，逼令自杀，葬如常仪。

壬辰，以高州刺史黄法𣰰为南徐州刺史，临川太守周敷为南豫州刺史。

周主命司宪大夫拓跋迪造《大律》十五篇。其制罪：一曰杖刑，自十至五十；二曰鞭刑，自六十至百；三曰徒刑，自一年至五年；四曰流

战，身先士卒去杀敌呢？这是六。将军的强大，能和侯景相比吗？将军的部众，能与王琳相较吗？陈武皇帝消灭侯景于前，今上皇帝摧毁王琳于后，这是天时，不是人力所能办得到的。况且战乱之后，人心厌战，谁愿意背离家乡祖坟，抛弃妻子儿女，万死不辞，跟随将军在刀丛之中南征北战呢？这是七。观察古代新莽之后割据一方的公孙述子阳、隗嚣季孟，相继颠仆灭亡；余善、右渠，他们背叛之后紧接着灭亡，天命使人敬畏，山川险阻难以依靠。何况将军想拿几个郡的地方与天下之兵抗衡，用一个诸侯的资本与天子之命赌博，强与弱，逆与顺，能够相等吗？这是八。再说，不是我的同类，他就不会与我同心；不爱自己的亲属，怎能去爱别人。留异将军身受国家爵禄，儿子娶了公主为妻，尚且抛弃与天子的亲情毫无顾忌，背叛圣明天子，而在孤立危急时，他又怎么能与将军共患难，而不背叛呢？到了征战出现士气低落，力量衰竭，害怕被俘虏杀头而贪图悬赏的利益时，一定会有韩赵魏反过来联合消灭智伯的晋阳之谋发生，张耳斩杀陈馀的井陉之战事件再现啊，这是九。北来官军在万里之外远斗，锐不可当；将军你在封地内作战，兵众有后顾之忧。再有，将军你寡不敌众，将帅也不能与官军相比。既没有出兵的理由，也没有适当的举事时机，这种情况下起兵，绝不会有利，这是十。替将军打算，断绝与留异的亲戚关系，解甲息兵，完全遵照朝廷旨意行事。如今皇室的屏卫藩臣不多，皇子年幼，凡是皇室宗族，都受到恩宠封爵。况且，凭着将军的辖地、才能、名望、权势，如果能够尽职藩臣而臣服，北面称臣，岂是仅仅与西汉刘泽相提并论吗？我虞寄感恩戴德，不知不觉讲了这许多狂妄的话，即使受到斧钺的惩处，我也觉得像吃荠菜一样甘甜。”陈宝应读完这封信，十分震怒。有人对陈宝应说：“虞公病势转重，说话多错谬。”陈宝应才稍为消了气，也考虑到虞寄有很高的声望，留下他维系民心，因此才对他宽大。

北周梁躁公侯莫陈崇随从北周国主宇文邕到原州。北周武帝当夜回到长安，人们私下惊疑其中的原因。侯莫陈崇对亲近的人说：“我近来听占卜的人说，晋国公宇文护今年时运不利，皇上今天突然连夜回京，不过是晋国公宇文护快到死期的原因吧！”有人揭发了这件事。正月二十日乙酉，北周武帝在大德殿召集公卿会议，当面斥责侯莫陈崇，侯莫陈崇惶恐谢罪。当夜，大冢宰宇文护派人领兵到侯莫陈崇的府第，逼迫他自杀，他的葬礼按正常规定举办。

正月二十七日壬辰，陈文帝任命高州刺史黄法氍为南徐州刺史，临川太守周敷为南豫州刺史。

北周武帝主命令司宽大夫拓跋迪制定《大律》十五篇。律令规定判罪处刑标准为“一是杖刑，从十杖到五十杖；二曰鞭刑，从六十鞭到一百鞭；三曰徒刑，从一

刑，自二千五百里至四千五百里；五曰死刑，罄、绞、斩、枭、裂；凡二十五等。

庚戌，以司空南徐州刺史侯安都为江州刺史。

辛酉，周诏："大冢宰晋国公，亲则懿昆，任当元辅，自今诏诰及百司文书，并不得称公名。"护抗表固让。

三月，乙丑朔，日有食之。

齐诏司空斛律光督步骑二万，筑勋掌城于轵关；仍筑长城二百里，置十二戍。

丙戌，齐以兼尚书右仆射赵彦深为左仆射。

夏，四月，乙未，周以柱国达奚武为太保。

周主将视学，以太傅燕国公于谨为三老。谨上表固辞，不许，仍赐以延年杖。戊午，帝幸太学。谨入门，帝迎拜于门屏之间，谨答拜。有司设三老席于中楹，南向。太师护升阶，设几，谨升席，南面凭几而坐。大司马豆卢宁升阶，正舄。帝升阶，立于斧扆之前，西面。有司进馔，帝跪设酱豆，亲为之袒割。谨食毕，帝亲跪授爵以酳。有司撤讫，帝北面立而访道。谨起，立于席后，对曰："木受绳则正，后从谏则圣。明王虚心纳谏以知得失，天下乃安。"又曰："去食去兵，信不可去；愿陛下守信勿失。"又曰："有功必赏，有罪必罚，则为善者日进，为恶者日止。"又曰："言行者，立身之基，愿陛下三思而言，九虑而行，勿使有过。天子之过，如日月之食，人莫不知，愿陛下慎之。"帝再拜受言，谨答拜。礼成而出。

（以上为第二段，写北周国主宇文邕重教化，敬三老，行古礼，兴太学。）

司空侯安都恃功骄横，数聚文武之士骑射赋诗，斋中宾客，动至千人。部下将帅，多不遵法度，检问收摄，辄奔归安都。上性严整，内衔之，安都弗之觉。每有表启，封讫，有事未尽，开封自书之云："又启某事。"及侍宴，酒酣，或箕踞倾倚。常陪乐游园褉饮，谓上曰："何如作临川王时？"上不应。安都再三言之。上曰："此虽天命，抑亦明公之力。"

年刑到五年刑；四曰流刑，从二千五百里到四千五百里；五曰死刑，有悬缢、绞杀、砍头、枭首、车裂等五种，共二十五等”。

二月十五日庚戌，陈文帝任命司空南徐州刺史侯安都为江州刺史。

二月二十六日辛酉，北周下诏：“大冢宰晋国公宇文护，论亲情是朕的堂兄，论职任是朝廷冢宰，从今起诏书诰命，以及各官署的文书，都不得称举晋国公的名字。”宇文护上表坚决辞让。

三月初一日乙丑，发生日食。

北齐下诏命令司空斛律光督率步骑两万，在轵关修筑勋掌城，以此为起点筑长城二百里，设置十二座镇戍据点。

三月二十二日丙戌，北齐任命兼尚书右仆射赵彦深为左仆射。

夏季，四月初二日乙未，北周任命柱国达奚武为太保。

北周武帝宇文邕要视察太学，任命太傅燕国公于谨为三老。于谨上表坚决辞谢，不允准，仍然赐给于谨延年手杖。四月二十五日戊午，北周武帝巡幸太学，于谨进门，北周武帝亲自在大门与屏风之间拜迎，于谨回礼答拜。礼仪官在厅堂的正中央设置三老席位，座位南向。太师宇文护登上堂阶，在三老席子上摆了一个小几案，于谨升堂入席面向南靠着小几案坐定。大司马豆卢宁登上堂阶，把于谨的鞋子放正。然后北周武帝登上堂阶，站立在画有斧形的屏风前边，面向西。膳食官送上饭菜，北周武帝亲自端着酱盘，跪着向于谨献食，又亲自为于谨割肉。于谨吃完饭，北周武帝又亲自跪着送上漱口的酒给他。膳食官撤去酒席之后，北周武帝站着面向北询问治国之道。于谨起身，站在席后回答说：“木材受绳墨矫正，就变得端正；帝王接纳劝谏，就会圣明。英明的帝王虚心纳谏才能知道得与失，天下便安定。”又说：“粮食可以弃掉，兵备可以弃掉，而信用绝不能弃掉。希望陛下谨守信用不要丢失。”又说：“有功的一定要赏赐，有罪的一定要惩罚，那样，为善的人就一天比一天多，为恶的人就一天比一天少。”又说：“言和行，是立身处世的根本，希望陛下三思而后说话，九次考虑而后行动，不要犯错误。天子有了错误，就像日食月食一样，没有人不会不知道的，希望陛下谨慎。”北周武帝再次跪拜，接受教诲，于谨回拜答礼。礼仪行完，北周武帝才离开太学。

陈朝司空侯安都居功自傲，骄横放纵，多次聚集文人武士骑马射箭，吟诗作赋，府中宾客动辄上千人。部下将帅，大多不遵守法度，他们遇到官府审察抓捕，就逃到侯安都府上躲避。陈文帝性格严厉认真，心内早已怀恨，而侯安都仍未觉察。每有上表启奏，已经封好，突然想到某事还没有讲完，他便又打开封口补写后奏说：“又启奏某事。”有时入宫陪陈文帝宴饮，每当酒喝多了，就伸腿而坐，有时又靠在

宴讫，启借供帐水饰，欲载妻妾于御堂宴饮。上虽许之，意甚不怿。明日，安都坐于御座，宾客居群臣位，称觞上寿。会重云殿灾，安都帅将士带甲入殿，上甚恶之，阴为之备。及周迪反，朝议谓当使安都讨之，而上更使吴明徹。又数遣台使按问安都部下，检括亡叛。安都遣其别驾周弘实自托于舍人蔡景历，并问省中事。景历录其状，具奏之，因希旨称安都谋反。上虑其不受召，故用为江州。

五月，安都自京口还建康，部伍入于石头。六月，帝引安都宴于嘉德殿，又集其部下将帅会于尚书朝堂，于坐收安都，囚于嘉德西省，又收其将帅，尽夺马仗而释之。因出蔡景历表，以示于朝，乃下诏暴其罪恶，明日，赐死，宥其妻子，资给其丧。

初，高祖在京口，尝与诸将宴，杜僧明、周文育、侯安都为寿，各称功伐。高祖曰："卿等悉良将也，而并有所短。杜公志大而识暗，狎于下而骄于上；周侯交不择人，而推心过差；侯郎慠诞而无厌，轻佻而肆志；并非全身之道。"卒皆如其言。

（以上为第三段，写陈朝侯安都居功自傲，纵下凌上，身犯大不敬之罪而不自知，赳赳武夫，不学之过也。陈霸先识人、知人，而能驾驭狂夫为己用，代萧氏而有天下，良有以也。）

乙卯，齐主使兼散骑常侍崔子武来聘。

齐侍中、开府仪同三司和士开有宠于齐主，齐主外朝视事，或在内宴赏，须臾之间，不得不与士开相见，或累日不归，一日数入；或放还之后，俄顷即追，未至之间，连骑督趣。奸谄百端，宠爱日隆，前后赏赐，不可胜纪。每侍左右，言辞容止，极诸鄙亵；以夜继昼，无复君臣之礼。常谓帝曰："自古帝王，尽为灰土，尧舜、桀纣，竟复何异！陛下宜及少壮，极意为乐，纵横行之。一日取快，可敌千年。国事尽付大臣，何虑不办，无为自勤约也！"帝大悦。于是委赵彦深掌官爵，元文遥掌财用，唐邕掌外、骑兵，信都冯子琮、胡长粲掌东宫。帝三四日一视朝，

柱子上歪着身子。他经常陪着陈文帝在乐游园野餐，饮宴中竟然对陈文帝说："现时比起做临川王时怎么样？"陈文帝没有回答，侯安都再三逼问。陈文帝说："这虽然是天命，也是仰赖明公的力量。"饮宴结束后，侯安都启奏陈文帝要借用皇上的帷帐和装饰华丽的游船，想接他的妻妾到御堂上宴饮。陈文帝虽然答应了，内心却很不高兴。第二天，侯安都坐在陈文帝的座位上，宾客们坐在群臣的位置上，给他举杯祝寿。正好重云殿失火，侯安都率领将士穿着铠甲带着兵器上殿，陈文帝十分厌恶，暗中进行防备。等到周迪反叛，公卿朝议应当让侯安都领兵平叛，陈文帝却改派吴明徹去征讨，陈文帝多次派御史台的官员审讯侯安都的部属，考查他们接纳逃亡叛乱罪犯的情况。侯安都派他的别驾周弘实投靠中书舍人蔡景历，打探中书省的机密。蔡景历详细记录了侯安都的这些行动，一五一十地报告给陈文帝，并迎合陈文帝的旨意写上侯安都谋反。陈文帝担心侯安都不接受征召，便任命他为江州刺史。

五月，侯安都从京口回到建康，部队开进石头城。六月，陈文帝宣召侯安都到嘉德殿与群臣宴饮，又敕令侯安都的部属将帅在尚书省朝堂集中宴饮，于是在宴席上抓捕了侯安都，囚禁在嘉德殿的西厢房，又抓捕了侯安都的部属将帅，全部收缴了他的马匹兵器然后释放。这时才拿出蔡景历的奏表，向朝臣们展示，于是下诏公布侯安都的罪过，第二天，赐死，宽恕了他的妻子儿女，拨款给他们办丧事。

当初，陈武帝驻防京口时，曾经与诸将一起宴饮，杜僧明、周文育、侯安都向陈霸先敬酒，各自夸耀战功。陈霸先说："卿等都是良将，但都有短处。杜公志向远大但见识不远，对下属亲爱不庄重，对上级骄傲不谦虚；周侯交友不选择，对人太坦诚；侯郎傲慢放纵而贪得无厌，举止轻浮而肆意妄为，这都不是保全生命的行为。"这几个人的后果全都被陈霸先不幸而言中。

六月二十三日乙卯，北齐国主派兼散骑常侍崔子武出使陈朝。

北齐侍中、开府仪同三司和士开受到恩宠，北齐武成帝不论是在宫外朝堂上处理政事，还是在宫内宴饮玩赏，每时每刻都离不开和士开，有时整天不让和士开回家，有时一天之内多次召他进宫，有时放和士开回家，不一会儿派人去把他追回来，在和士开还没有到来的时候，接二连三派人策马去催促。和士开偏偏有各种奸诈谄媚的伎俩，使得北齐武成帝对他的宠爱一天比一天隆盛，前前后后的赏赐，多得不可计数。每当他在皇上身边侍候时，言辞举止，极其龌龊，两人夜以继日地在一起，没大没小，全无君臣之礼。他常常对北齐武成帝说："从古以来的帝王，全都成了灰土，尧舜与桀纣，没有两样！陛下应当趁年轻体壮，极意行乐，要毫无拘束地放纵。

书数字而已，略无所言，须臾罢入。长粲，僧敬之子也。

帝使士开与胡后握槊。河南康献王孝瑜谏曰："皇后天下之母，岂可与臣下接手！"孝瑜又言："赵郡王叡，其父死于非命，不可亲近。"由是叡及士开共谮之。士开言孝瑜奢僭，叡言："山东唯闻河南王，不闻有陛下。"帝由是忌之。孝瑜窃与尔朱御女言，帝闻之，大怒。庚申，顿饮孝瑜酒三十七杯。孝瑜体肥大，腰带十围，帝使左右娄子彦载以出，鸩之于车，至西华门，烦躁投水而绝。赠太尉、录尚书事。诸侯在宫中者，莫敢举声，唯河间王孝琬大哭而出。

秋，七月，戊辰，周主幸原州。

八月，辛丑，齐以三台宫为大兴圣寺。

九月，壬戌，广州刺史阳山穆公欧阳頠卒，诏子纥袭父爵位。

甲子，周主自原州登陇。

周迪复越东兴岭为寇，辛未，诏护军章昭达将兵讨之。

丙戌，周主如同州。

初，周人欲与突厥木杆可汗连兵伐齐，许纳其女为后，遣御伯大夫杨荐及左武伯太原王庆往结之。齐人闻之惧，亦遣使求婚于突厥，赂遗甚厚。木杆贪齐币重，欲执荐等送齐。荐知之，责木杆曰："太祖昔与可汗共敦邻好，蠕蠕部落数千来降，太祖悉以付可汗使者，以快可汗之意，如何今日遽欲背恩忘义，独不愧鬼神乎？"木杆惨然良久曰："君言是也。吾意决矣，当相与共平东贼，然后遣女。"荐等复命。

公卿请发十万人击齐，柱国杨忠独以为得万骑足矣。戊子，遣忠将步骑一万，与突厥自北道伐齐，又遣大将军达奚武帅步骑三万，自南道出平阳，期会于晋阳。

如此快乐一天，比活一千年还值得。国家事务全都交给大臣，何忧办不好，为什么还要劳苦自己，勤俭节约呢！”北齐武成帝听了很是快乐。于是委托赵彦深掌管封官授爵，元文遥掌管国库收支，唐邕掌管外兵与骑兵，信都人冯子珍、胡长粲掌理东宫。北齐武成帝三四天才上一次朝，只写了几个字的批语，也不多说话，一小会儿就罢朝入宫。胡长粲，是胡僧敬的儿子。

北齐武成帝高湛要和士开与胡皇后一起玩握槊赌博的游戏，河南康献王高孝瑜规谏说：“皇后是天下之母，怎可以与臣下玩耍碰手！”高孝瑜又说：“赵郡王高叡，他的父亲死于非命，不可亲近他。”因此，高叡与和士开两人共同说高孝瑜的坏话，高叡说：“山东只听说有河南王，不听说有陛下。”高湛因此猜忌高孝瑜。高孝瑜与尔朱御女说私房话，报告到高湛那里，高湛震怒。六月二十八日庚申，高湛逼迫高孝瑜一口气喝了三十七杯酒。高孝瑜身体肥胖，腰带十围，北齐武成帝派亲信娄子彦用车拉高孝瑜出宫，命令娄子彦在车上用鸩酒灌高孝瑜，到了西华门，鸩毒发作，高孝瑜燥热难耐，投水而死。追赠高孝瑜太尉、录尚书事。当时留在宫中的诸侯王，没有一个敢放声哭泣，只有河间王高孝琬大声痛哭出了皇宫。

秋季，七月初六日戊辰，北周武帝巡幸原州。

八月初十日辛丑，北齐改名三台宫为大兴圣寺。

九月初一日壬戌，陈朝广州刺史阳山穆公欧阳頠去世，下诏他的儿子欧阳纥继承父亲的爵位。

九月初六日甲子，北周武帝从原州登上陇山。

陈朝周迪翻过东兴岭扰乱陈朝边境为寇。九月十三日辛未，陈文帝下诏护军章昭达领兵征讨。

九月二十五日丙戌，北周武帝到达同州。

当初，北周想联合突厥木杆可汗讨伐北齐，承诺聘娶木杆可汗女儿为皇后，派御伯大夫杨荐和左武伯太原人王庆前往联系。北齐听到消息十分恐惧，也派使者向突厥求婚，赠送的礼品很丰厚。木杆可汗贪图北齐财礼厚重，想把杨荐等人抓起来送给北齐。杨荐知道了，责备木杆可汗说：“周太祖先前与突厥共同敦守睦邻友好，蠕蠕部落几千家来投降，太祖全部交付给可汗的使者，以满足可汗的心愿，为什么今天突然背恩忘义，难道就不怕愧对鬼神吗？”木杆可汗垂头丧气，过了好一阵才说：“你的话是对的，我下定决心，应当和你们共同讨平东贼，然后送女出嫁。”杨荐等回国复命。

北周公卿请求出兵十万攻打北齐，柱国杨忠认为有一万骑兵就足够了。九月二十七日戊子，派杨忠率领步骑一万，会同突厥从北路进攻北齐。又派大将军达奚武率领步骑三万，从南路由平阳出发，约期在晋阳会师。

冬，十一月，辛酉，章昭达大破周迪。迪脱身潜窜山谷，民相与匿之，虽加诛戮，无肯言者。

十二月，辛卯，周主还长安。

丙申，大赦。

章昭达进军，度岭，趣建安，讨陈宝应，诏益州刺史余孝顷督会稽、东阳、临海、永嘉诸军自东道会之。

是岁，初祭始兴昭烈王于建康，用天子礼。

周杨忠拔齐二十余城。齐人守陉岭之隘，忠击破之。突厥木杆、地头、步离三可汗以十万骑会之。己酉，自恒州三道俱入。时大雪数旬，南北千余里，平地数尺。齐主自邺倍道赴之，戊午，至晋阳。斛律光将步兵三万屯平阳。己未，周师及突厥逼晋阳。齐主畏其强，戎服帅宫人欲东走避之。赵郡王叡、河间王孝琬叩马谏。孝琬请委叡部分，必得严整。帝从之，命六军进止皆取叡节度，而使并州刺史段韶总之。

（以上为第四段，写北齐国主高湛荒怠政事，招致北周大规模征讨。）

五年（甲申，564 年）

春，正月，庚申朔，齐主登北城，军容甚整。突厥咎周人曰："尔言齐乱，故来伐之。今齐人眼中亦有铁，何可当邪！"

周人以步卒为前锋，从西山下去城二里许。诸将咸欲逆击之，段韶曰："步卒力势，自当有限。今积雪既厚，逆战非便，不如陈以待之。彼劳我逸，破之必矣。"既至，齐悉其锐师鼓噪而出。突厥震骇，引上西山，不肯战，周师大败而还。突厥引兵出塞，纵兵大掠，自晋阳以往七百余里，人畜无遗。段韶追之，不敢逼。突厥还至陉岭，冻滑，乃铺毡以度，胡马寒瘦，膝已下皆无毛；比至长城，马死且尽，截稍杖之以归。

达奚武至平阳，未知忠退。斛律光与书曰："鸿鹄已翔于寥廓，罗者犹视于沮泽。"武得书，亦还。光逐之，入周境，获二千余口而还。

光见帝于晋阳，帝以新遭大寇，抱光头而哭。任城王湝进曰："何至于此！"乃止。

冬季，十一月初一日辛酉，陈朝章昭达大败周迪。周迪独身逃走，流窜在山谷中，民众互相合力保护周迪，虽然诛杀了老百姓，但仍没有人举报周迪藏在哪里。

十二月初一日辛卯，北周武帝回到长安。

十二月初六日丙申，陈朝大赦天下。

章昭达进军，翻过东兴岭，向建安急进，讨伐陈宝应。陈文帝又下诏益州刺史余孝顷督率会稽、东阳、临海、永嘉各路军队从东路进军，会合章昭达。

这一年，陈文帝在建康第一次祭祀高祖之兄始兴昭烈王陈道谭，用天子的礼仪。

北周杨忠攻占北齐二十多座城邑，北齐扼守险岭要塞，也被杨忠攻破了。突厥木杆、地头、步离三可汗合兵十万骑会合。十二月十九日己酉，从恒州分兵三路进入北齐境内。当时一连几十天下大雪，南北一千多里，平地积雪数尺。北齐国主高湛从邺城倍道兼程赶往前线。十二月二十八日戊午，到达晋阳。斛律光率领步兵三万屯驻平阳。十二月二十九日己未，北周军队和突厥骑兵逼近晋阳。北齐武成帝高湛见对方强大感到害怕，身着戎装，带领宫人想往东逃跑躲避。赵郡王高叡、河间王高孝琬勒住高湛的马头劝谏。高孝琬请求交付高叡调度军队，一定能够整肃严明。高湛听从了，下令全军进退都听从高叡的调度，并派并州刺史段韶总领军事。

陈文帝天嘉五年（甲申，564 年）

春季，正月初一日庚申，北齐武成帝高湛登上北城，看到军容非常整齐。突厥可汗责怪北周军统帅说："你们说北齐混乱，所以来讨伐。现今北齐军心牢固，戒备森严到眼中有铁，怎么抵挡！"

北周军以步兵为前锋，从西山下来，离晋阳城两里左右。北齐众将都要出阵攻击，段韶说："步兵的力量有限，如今积雪很厚，迎战并不便宜，不如严阵以待，对方疲劳，我方安逸，一定能打败敌人。"北周军攻到了阵前，北齐的全部精锐击鼓呐喊冲出，突厥兵被震惊，退上西山，不肯交战，北周兵力孤单，大败退回。突厥可汗领兵退走出塞，纵兵大肆抢掠，从晋阳往北七百余里，人畜全被抢光。段韶追击，也不敢逼近。突厥退回到陉岭，地冻路滑，只得在路上铺了毛毡行军，胡马在冬天瘦弱，膝部以下都没有毛，等到走到长城，马都快死光了，士兵把长矛折断当拐杖拄着走回去。

达奚武进军到平阳，不知道杨忠已经退走。斛律光写信送给达奚武说："天鹅已经冲天飞上长空，张网的人还死死盯住地上的沼泽。"达奚武收到信，也引兵退还。斛律光紧紧追击，侵入北周境内，俘获了两千多人而回。

斛律光在晋阳朝见北齐武成帝，北齐武成帝因新遭大军压境，抱着斛律光的头痛哭。任城王高湝上前说："还没到这样伤心的地步吧。"北齐武成帝才止住了痛哭。

初，齐显祖之世，周人常惧齐兵西渡，每至冬月，守河椎冰。及世祖即位，嬖幸用事，朝政渐紊，齐人椎冰以备周兵之逼。斛律光忧之，曰：“国家常有吞关、陇之志，今日至此，而唯玩声色乎！”

辛巳，上祀南郊。

二月，庚寅朔，日有食之。

初，齐显祖命群官刊定魏《麟趾格》为《齐律》，久而不成。时军国多事，决狱罕依律文，相承谓之“变法从事”。世祖即位，思革其弊，乃督修律令者，至是而成，《律》十二篇，《令》四十卷。其刑名有五：一曰死，重者轘之，次枭首，次斩，次绞；二曰流，投边裔为兵；三曰刑，自五岁至一岁；四曰鞭，自百至四十；五曰杖，自三十至十；凡十五等。其流外官及老、小、阉、痴并过失应赎者，皆以绢代金。三月，辛酉，班行之，因大赦。是后为吏者始守法令。又敕仕门子弟常讲习之，故齐人多晓法。

又令民十八受田输租调；二十充兵，六十免力役，六十六还田，免租调。一夫受露田八十亩，妇人四十亩，奴婢依良人，牛受六十亩。大率一夫一妇调绢一匹，绵八两，垦租二石，义租五斗；奴婢准良人之半；牛调二尺，垦租一斗，义租五升。垦租送台，义租纳郡以备水旱。

己巳，齐群盗田子礼等数十人，共劫太师彭城景思王浟为主，诈称使者，径向浟第，至内室，称敕，牵浟上马，临以白刃，欲引向南殿。浟大呼不从，盗杀之。

庚辰，周初令百官执笏。

齐以斛律光为司徒，武兴王普为尚书左仆射。普，归彦之兄子也。甲申，以冯翊王润为司空。

夏，四月，辛卯，齐主使兼散骑常侍皇甫亮来聘。

庚子，周主遣使来聘。

癸卯，周以邓公河南窦炽为大宗伯。五月，壬戌，封世宗之子贤为毕公。

甲子，齐主还邺。

当初，齐显祖在时，北周非常担忧齐军向西渡过黄河，每到冬天，守在河边砸冰，等到齐世祖高湛即位，奸佞小人当权，朝政一天天败坏，反过来是北齐人守河砸冰以防备周兵渡河入侵了。斛律光感到忧虑，说："国家先前常有吞并关陇的壮志，今天落到这种地步，而皇上仍只顾沉迷在声色之中。"

正月二十二日辛巳，陈文帝在南郊祭天。

二月初一日庚寅，发生日食。

当初，北齐显祖高洋命群臣刊定北魏的《麟趾格》作为齐律，拖延很久，还没有完成。当时军国事务繁多，判案很少依照法律条文，相沿成习惯，称为"变法从事"，即改变法律依从事实，实际是随意判案，北齐武成帝即位后，想变革这种弊政，便督促修订法律的官员，直到这时得以完成，有《律》十二篇，《令》四十卷。刑法的名目有五种：一曰死刑，最重的是车裂死刑，其次是枭首示众，再次是砍头，再是绞杀；二曰流放，最重的发配到边疆充军；三曰徒刑，从五年刑期到一年刑期；四曰鞭刑，从一百鞭到四十鞭；五曰杖刑，从三十棍到十棍；从死刑到杖刑，总共十五等。凡是从一品到九品的流内官，以及老人、幼童、太监、痴呆，或因过失犯罪的人，都可罚款赎罪，一律用绢代钱。三月初三日辛酉，颁布施行，所以北齐人都了解法律。

又规定男子满十八岁即授田缴纳租调，二十岁要服兵役，到六十岁免除徭役，六十六岁交还田地，免除租调。一个男丁授露田八十亩，妇人四十亩，奴婢授田同平民一样，养一头耕牛授田六十亩，大体上一夫一妇缴纳调绢一匹，绵八两，交纳田租两石粟，附加租税五斗粟，奴婢按平民的半数交纳，一头牛征税调二尺绢，租一斗粟，附加税五升粟。田租正税入国库，附加税租交给地方郡县以防备水旱天灾。

二月十一日己巳，北齐的田子礼等几十个盗贼，共同劫持了太师彭城景思王高浟为首领。这群盗贼诈称是使者，径直进入高浟的宅第，走进内室，宣示敕令，强拉高浟上马，用刀逼迫，要他领着到皇宫的南殿。高浟大声呼喊不听从，群盗杀了他。

二月二十七日庚辰，北周武帝第一次下令要求百官上朝手执笏板。

北齐任命斛律光为司徒，武兴王高普为尚书左仆射。高普，是高归彦哥哥的儿子。二月二十六日甲申，任命冯翊王高润为司空。

夏季，四月初三日辛卯，北齐武成帝派兼散骑常侍皇甫亮出使陈朝。

四月十二日庚子，北周国主宇文邕派使者出使陈朝。

四月十五日癸卯，北周任命邓国公河南人窦炽为大宗伯。五月初五日壬戌，封世宗宇文毓的长子宇文贤为毕国公。

五月初七日甲子，北齐武成帝回到邺城。

壬午，齐以赵郡王叡为录尚书事，前司徒娄叡为太尉。甲申，以段韶为太师。丁亥，以任城王湝为大将军。

壬辰，齐主如晋阳。

周以太保达奚武为同州刺史。

六月，齐主杀乐陵王百年。时白虹晕日两重；又横贯而不达，赤星见，齐主欲以百年厌之。会博陵人贾德胄教百年书，百年尝作数敕字，德胄封以奏之。帝发怒，使召百年。百年自知不免，割带玦留与其妃斛律氏，见帝于凉风堂。使百年书敕字，验与德胄所奏相似，遣左右乱捶之，又令曳之绕堂行且捶，所过血皆遍地，气息将尽，乃斩之，弃诸池，池水尽赤。妃把玦哀号不食，月余亦卒，玦犹在手，拳不可开；其父光自擘之，乃开。

庚寅，周改御伯为纳言。

初，周太祖之从贺拔岳在关中也，遣人迎晋公护于晋阳。护母阎氏及周主之姑皆留晋阳，齐人以配中山宫。及护用事，遣间使入齐求之，莫知音息。齐遣使者至玉壁，求通互市。护欲访求母、姑，使司马下大夫尹公正至玉壁，与之言，使者甚悦。勋州刺史韦孝宽获关东人，复纵之，因致书为言西朝欲通好之意。是时，周人以前攻晋阳不得志，谋与突厥再伐齐。齐主闻之，大惧，许遣护母西归，且求通好，先遣其姑归。

秋，八月，丁亥朔，日有食之。

周遣柱国杨忠会突厥伐齐，至北河而还。

戊子，周以齐公宪为雍州牧，宇文贵为大司徒。九月，丁巳，以卫公直为大司空。追录佐命元功，封开府仪同三司陇西公李昞为唐公，太驭中大夫长乐公若干凤为徐公。昞，虎之子；凤，惠之子也。

乙丑，齐主封其子绰为南阳王，俨为东平王。俨，太子之母弟也。

突厥寇齐幽州，众十余万，入长城，大掠而还。

周皇姑之归也，齐主遣人为晋公护母作书，言护幼时数事，又寄其

五月二十五日壬午，北齐任命赵郡王高叡为录尚书事，前司徒娄叡为太尉。五月二十七日甲申，任命段韶为太师。五月三十日丁亥，任命任城王高湝为大将军。

［六月初五日］壬辰，北齐武成帝到晋阳。

北周任命太保达奚武为同州刺史。

六月，北齐武成帝杀乐陵王高百年。当时，太阳周围出现两道白虹，横贯而不相通，红星出现，北齐武成帝想用高百年来防止灾变。适逢博陵人贾德胄教高百年写字，高百年写了好几个“敕”字，贾德胄密封后上奏高湛。齐武成帝大怒，派人宣召高百年。高百年自知不免一死，割下腰带上的佩玉留给妃子斛律氏。高百年在凉风堂参见齐武成帝。齐武成帝让高百年写“敕”字，查验果然与贾德胄上奏的“敕”字相似。齐武成帝喝令身边的人乱打高百年，又命人拖着高百年绕凉风亭边走边打，所过之处遍地是血，快要断气，砍了他的头，丢到水池里，池水全被血染红。高百年的妃子拿着玉玦哀哭不吃饭，一个多月后也死了，玉玦还握在手上，紧紧收拢成一拳，掰不开，她的父亲斛律光亲自用手掰，才掰开了。

六月初三日庚寅，北周改御伯官名叫纳言。

当初，宇文泰在关中跟随贺拔岳的时候，派人从晋阳迎接回来晋国公宇文护。宇文护的母亲阎氏，以及当时在位的北周明帝宇文毓的姑姑都留在晋阳，北齐把她们发配在中山宫。等到宇文护掌权，首次派密使到北齐寻找她们，没人知道她们的信息。北齐派人到玉壁，要求开通两国间边贸往来。宇文护想访求他的母亲和姑姑，就派司马下大夫尹公正到玉壁，同北齐使者商谈，北齐使者非常高兴。勋州刺史韦孝宽抓获了北齐的人，又把他们放了，顺便让他们带信到北齐，信中表示北周愿意与北齐和好通商。这时，北周因为前次攻打晋阳没有取胜，准备再次联合突厥讨伐北齐。北齐武成帝听说，非常害怕，于是答应送还宇文护的母亲回到北周，并且要求两国友好，先送宇文护的姑姑回国。

秋季，八月初一日丁亥，发生日食。

北周派柱国杨忠会合突厥讨伐北齐，进军到北河退回。

八月初二日戊子，北周任命齐国公宇文宪为雍州牧、宇文贵为大司徒。九月初二日丁巳，任命卫国公宇文直为大司空，并追录辅佐帝业的开国元勋，封开府仪同三司陇西公李昞为唐国公、太驭中大夫长乐公若干凤为徐国公。李昞，是李虎的儿子。若干凤，是若干惠的儿子。

八月初十日乙丑，北齐国主高湛封皇子高绰为南阳王、高俨为东平王。高俨，是太子高纬的同母弟。

突厥进犯北齐幽州，部众十多万，进入长城，大肆劫掠后退走。

北周皇姑回来后，北齐武成帝让人替宇文护母亲写信，信中提到宇文护幼小时

所著锦袍，以为信验。且曰："吾属千载之运，蒙大齐之德，矜老开恩，许得相见。禽兽草木，母子相依。吾有何罪，与汝分离！今复何福，还望见汝！言此悲喜，死而更苏。世间所有，求皆可得，母子异国，何处可求！假汝贵极王公，富过山海，有一老母，八十之年，飘然千里，死亡旦夕，不得一朝蹔见，不得一日同处，寒不得汝衣，饥不得汝食，汝虽穷荣极盛，光耀世间，于吾何益！吾今日之前，汝既不得申其供养，事往何论，今日以后，吾之残命，唯系于汝尔。戴天履地，中有鬼神，勿云冥昧，而可欺负！"

护得书，悲不自胜。复书曰："区宇分崩，遭遇灾祸，违离膝下，三十五年。受生禀气，皆知母子，谁同萨保，如此不孝！子为公侯，母为俘隶，暑不见母暑，寒不见母寒，衣不知有无，食不知饥饱，泯如天地之外，无由暂闻。分怀冤酷，终此一生，死若有知，冀奉见于泉下耳！不谓齐朝解网，惠以德音，磨敦、四姑，并许矜放。初闻此旨，魂爽飞越，号天叩地，不能自胜。齐朝霈然之恩，既已沾洽，有家有国，信义为本，伏度来期，已应有日。一得奉见慈颜，永毕生愿。生死肉骨，岂过今恩；负山戴岳，未足胜荷。"

齐人留护母，使更与护书，邀护重报，往返再三。时段韶拒突厥军于塞下，齐主使黄门徐世荣乘传赍周书问韶。韶以"周人反复，本无信义，比晋阳之役，其事可知。护外托为相，其实主也。既为母请和，不遣一介之使。若据移书，即送其母，恐示之以弱。不如且外许之，待和亲坚定，然后遣之未晚"。齐主不听，即遣之。

阎氏至周，举朝称庆，周主为之大赦。凡所资奉，穷极华盛。每四时伏腊，周主帅诸亲戚行家人之礼，称觞上寿。

突厥自幽州还，留屯塞北，更集诸部兵，遣使告周，欲与共击齐如前约。闰月，乙巳，突厥寇齐幽州。

的几件事，又寄出自己穿的锦袍作为证物。信中还说："我碰上了千载难逢的良机，蒙受大齐的恩惠，怜惜我年老，开恩允许我与你相见。即使是禽兽草木，也是母子相依为命。我有什么罪过，竟会与你分离！如今不知哪来的福分，还有希望与你见面。说到这里又悲又喜，如同死而复生。世间的一切，只要追求都能得到，母子分离两国，怎样才能求得团聚！即使你尊贵超过王公，富有超过山海，还有一个老母，八十高龄，仍然飘零在千里之外，死亡危在旦夕，得不到看一眼的短暂相见，得不到哪怕只有一天的团聚，冷了得不到你的一件衣裳，饿了得不到你的一碗饭，你虽然享尽荣华富贵，光彩照耀人间，对我有什么好处！在今天以前，你没尽供养我的责任，过去的事就不提了，从今以后，我的余生就靠你了。上有天，下有地，天地之间有鬼神，不要认为天地间鬼神飘渺，就可以欺诈负心。"

宇文护得到书信，悲伤得不能克制。写了一封回信说："天下四分五裂，遭遇灾祸，远离母亲膝下，已经三十五年了。天地间凡是得到生命和禀受精气的人，都知道有母子亲情，可谁像我宇文萨保如此不孝！儿子贵为公侯，母亲却为俘虏奴隶，热天看不到母亲受暑，冬天看不见母亲受冻，不知母亲有无衣穿，能不能吃上饱饭，消息不通有如天外，绝望使我心中十分痛苦。原以为就这样终此一生，死后如果有知，希望能侍奉您于九泉之下罢了。想不到齐朝网开一面，送来好消息，磨敦、四姑，都蒙哀矜，一起放还。刚听到这一诏音，魂魄好像飞越千里之外，不由得呼天抢地，狂喜得不由自己。现今受到齐朝甘露般的恩泽，既已滋润，有家有国，一定以信义为本，我拜伏估算母亲回来的日期，已经有盼望的一天。一看到母亲归来，便最终了却我毕生的愿望。即使是死者复生，白骨长肉，也超不过今天齐朝放还母亲的深恩；就是背负高山，头顶大岳，也比不上我感受齐朝厚恩大德的分量。"

北齐仍然留下宇文护的母亲，让她再给宇文护写信，想求得重报，这样往返了几次。当时段韶在边塞抗拒突厥，北齐武成帝派黄门徐世荣乘驿车带了北周的书信去征求段韶的意见。段韶认为"北周反复无常，本来没有信义，最近晋阳之战，就是明证。宇文护表面上是一个丞相，实际大权是一国之君。他既然为了母亲讲和，不派一个正式使臣谈判，如果只凭写几封信，就放还他的母亲，只怕会显示我们的软弱。不如暂且表面上答应他，等待和好的基础坚定，然后放还他母亲也不晚"。北齐国主高湛没听从，立即遣送宇文护母亲回国。

阎氏回到北周，满朝欢呼，北周国主宇文邕特为此发布大赦令。总计供奉给阎氏的财礼，美好丰盛到了极点。每年的四季节日和伏日猎日，北周国主宇文邕都要带领各位亲戚向阎氏行家人礼，举杯敬酒，祝她长寿。

突厥从幽州退还，仍留屯在塞北，重新召聚各部兵马，派使者通告周朝，想联合一同大举攻击北齐，实现先前的约定。北周历闰九月二十日乙巳，突厥深入北齐

晋公护新得其母，未欲伐齐；恐负突厥约，更生边患，不得已，征二十四军及左右厢散隶秦、陇、巴、蜀之兵并羌、胡内附者，凡二十万人。冬，十月，甲子，周主授护斧钺于庙庭；丁卯，亲劳军于沙苑；癸酉，还宫。

护军至潼关，遣柱国尉迟迥帅精兵十万为前锋，趣洛阳，大将军权景宣帅山南之兵趣悬瓠，少师杨檦出轵关。

周迪复出东兴，宣城太守钱肃镇东兴，以城降迪。吴州刺史陈详将兵击之，详兵大败，迪众复振。

南豫州刺史西丰脱侯周敷帅所部击之，至定川，与迪对垒。迪绐敷曰："吾昔与弟戮力同心，岂规相害！今愿伏罪还朝，因弟披露心腑，先乞挺身共盟。"敷许之，方登坛，为迪所杀。

陈宝应据晋安、建安二郡，水陆为栅，以拒章昭达。昭达与战，不利，因据上流，命军士伐木为筏，施拍其上。会大雨江涨，昭达放筏冲宝应水栅，尽坏之，又出兵攻其步军。方合战，上遣将军余孝顷自海道适至，并力乘之。十一月，己丑，宝应大败，逃至莆口，谓其子曰："早从虞公计，不至今日。"昭达追擒之，并擒留异及其族党，送建康，斩之。异子贞臣以尚主得免；宝应宾客皆死。

上闻虞寄尝谏宝应，命昭达礼遣诣建康。既见，劳之曰："管宁无恙。"以为衡阳王掌书记。

周晋公护进屯弘农。尉迟迥围洛阳，雍州牧齐公宪、同州刺史达奚武、泾州总管王雄军于邙山。

戊戌，齐主遣兼散骑常侍刘逖来聘。

初，周杨檦为邵州刺史，镇捍东境二十余年，数与齐战，未尝不捷，由是轻之。既出轵关，独引兵深入，又不设备。甲辰，齐太尉娄叡将兵奄至，大破檦军，檦遂降齐。

权景宣围悬瓠，十二月，齐豫州道行台、豫州刺史太原王士良、永州刺史萧世怡并以城降之。景宣使开府郭彦守豫州，谢徹守永州，送士良、世怡及降卒千人于长安。

幽州。

晋国公宇文护刚迎回母亲，不想讨伐北齐，又担心背负与突厥的盟约，反而引起边患，迫不得已，征召府兵二十四军，以及相府所属左右厢禁军、秦、陇、巴、蜀等地方军队，此外还有内附北周的羌、胡等蕃兵，总计二十万人，冬季，十月初十日甲子，北周武帝在太庙授予宇文护斧钺；十月十三日丁卯，北周武帝亲自到沙苑慰劳出征将士；十月十九日癸酉，返回宫殿。

宇文护进军到潼关，派柱国尉迟迥率领精兵十万为前锋，直扑洛阳，大将军权景宣率领山南各州之兵向悬弧进发，少师杨檦从轵关出兵。

陈朝叛将周迪重整旗鼓进犯东兴，宣城太守钱肃镇守东兴。钱肃献出城池投降周迪。吴州刺史陈洋领兵进击周迪，陈洋大败，周迪部众士气高涨。

南豫州刺史西丰脱侯周敷率领所属部队进击周迪，行军到定州，两军对垒。周迪欺骗周敷说："我以前与弟同心协力并肩作战，岂能加害于你！如今我想向朝廷谢罪，通过弟代我向朝廷表达我归服的肺腑之言，先请你前来盟誓。"周敷答应，刚登上盟誓的土台，就被周迪杀害了。

陈宝应占据晋安、建安两郡，水路、陆路都修起栅栏对抗章昭达。章昭达与陈宝应交战，没能取胜，便占据上游，命令军士砍树制造木筏，在木筏上安置拍竿。正赶上大雨，江水大涨，章昭达放筏冲撞陈宝应的栅栏，栅栏全被冲毁。章昭达又出兵攻击陈宝应陆上步兵。双方正在交战，陈文帝派将军余孝顷从海上赶来增援，这时恰好赶到，两支官军合力攻击。十一月初五日己丑，陈宝应大败，逃到莆口，对他的儿子说："早先如果听从虞公的计谋，就不会有今天。"章昭达追击擒获了陈宝应，还抓获了留异及其亲族党羽，全部押送建康，杀了他们。留异的儿子留贞臣，因娶公主为妻，得免一死。陈宝应的宾客全被正法。

陈文帝听到虞寄曾经劝谏陈宝应，命令章昭达礼送虞寄到建康。陈文帝召见之后，慰劳虞寄说："管宁尚安然无恙。"任用他为衡阳王陈伯言的军府掌书记。

北周晋国公宇文护进军屯驻在弘农。尉迟迥攻围洛阳，雍州牧齐国公宇文宪、同州刺史达奚武、泾州总管王雄在邙山扎营。

十一月十四日戊戌，北齐武成帝派兼散骑常侍刘逖出使陈朝。

当初，北周杨檦为邵州刺史，在北周东境镇守了二十多年，多次与北齐交战，每次都打胜仗，因此轻视北齐。这次杨檦从轵关出兵，独自领兵深入，又不加防备。十一月二十日甲辰，北齐太尉娄叡领兵突然杀来，大败杨檦军，杨檦投降了北齐。

权景宣围攻悬弧，十二月，北齐豫州道行台、豫州刺史太原人王士良、永州刺史萧世怡都献城投降北周军。权景宣派开府郭彦守豫州、谢徹守永州，送王士良、萧世怡以及降兵一千人到长安。

周人为土山、地道以攻洛阳，三旬不克。晋公护命诸将堑断河阳路，遏齐救兵，然后同攻洛阳；诸将以为齐兵必不敢出，唯张斥候而已。

齐遣兰陵王长恭、大将军斛律光救洛阳，畏周兵之强，未敢进。齐主召并州刺史段韶，谓曰："洛阳危急，今欲遣王救之。突厥在北，复须镇御，如何？"对曰："北虏侵边，事等疥癣。今西邻窥逼，乃腹心之病，请奉诏南行。"齐主曰："朕意亦尔。"乃令韶督精骑一千发晋阳。丁巳，齐主亦自晋阳赴洛阳。

己未，齐太宰平原靖翼王淹卒。

段韶自晋阳行，五日济河，会连日阴雾，壬戌，韶至洛阳，帅帐下三百骑，与诸将登邙阪，观周军形势。至太和谷，与周军遇，韶即驰告诸营，追集骑士，结陈以待之。韶为左军，兰陵王长恭为中军，斛律光为右军。周人不意其至，皆恼惧。韶遥谓周人曰："汝宇文护才得其母，遽来为寇，何也？"周人曰："天遣我来，有何可问！"韶曰："天道赏善罚恶，当遣汝送死来耳！"周人以步兵在前，上山逆战。韶且战且却以诱之；待其力弊，然后下马击之。周师大败，一时瓦解，投坠溪谷死者甚众。

兰陵王长恭以五百骑突入周军，遂至金墉城下。城上人弗识，长恭免胄示之面，乃下弩手救之。周师在城下者亦解围遁去，委弃营幕，自邙山至谷水，三十里中，军资器械，弥满川泽。唯齐公宪、达奚武及庸忠公王雄在后，勒兵拒战。

王雄驰马冲斛律光陈，光退走，雄追之。光左右皆散，唯余一奴一矢。雄按矟不及光者丈余，谓光曰："吾惜尔不杀，当生将尔见天子。"光射雄中额，雄抱马走，至营而卒。军中益惧。

齐公宪拊循督励，众心小安。至夜，收军，宪欲待明更战。达奚武曰："洛阳军散，人情震骇，若不因夜速还，明日欲归不得。武在军久，备见形势；公少年未经事，岂可以数营士卒委之虎口乎！"乃还。权景宣亦弃豫州走。

北周军修筑土山、地道进攻洛阳，三十天还没攻下来。晋国公宇文护命令诸将挖濠沟切断河阳的道路，阻遏北齐的救兵，然后集中兵力进攻洛阳，北周众将认为北齐一定不敢派兵救援，只派出侦察兵监视而已。

北齐派出兰陵王高长恭、大将军斛律光率兵救洛阳，因为害怕周军的强大，不敢向前进军。北齐武成帝征召并州刺史段韶，对他说："洛阳危在旦夕，如今想派你去救援，突厥在北方，也需要你镇守防御，怎么办呢？"段韶回答说："北虏侵边，只不过像身上长了疥疮皮癣。现在西边邻国的窥视进逼，才是腹心大患，我请求奉诏向南进军。"北齐武成帝说："朕的意思也是这样。"便下令段韶率领一千精骑从晋阳出发。十二月初三日丁巳，北齐武成帝也从晋阳出发前往洛阳。

十二月初五日己未，北齐太宰平原靖翼王高淹去世。

段韶从晋阳出发，五天后渡过黄河，正碰上连日阴雾。十二月初八日壬戌，段韶到洛阳，率领帐下骑兵三百人和诸将登上邙坂，察看北周军形势，行进到太和谷与北周军相遇，段韶派人快马通报各营，集结各营骑兵，严阵以待。段韶为左路军，兰陵王高长恭为中路军，斛律光为右路军，北周军没想到北齐军出其不意突然来到，都十分震动恐惧。段韶远远地对北周军说："你们的宇文护刚刚得到母亲，这么快就来侵犯，为什么？"北周军回答说："上天派我们来，有什么好问的。"段韶说："上天之道是赏善罚恶，应当是派你们来送死的。"北周军以步兵在前面，登上北邙山迎战北齐兵。段韶边战边退，诱敌深入，等待对方精疲力尽，然后下马交战，北周军大败，一下子土崩瓦解，许多人坠落山涧溪谷而死。

兰陵王高长恭带领五百骑兵冲入北周围城军队的阵营，一直穿透包围圈杀到金墉城下。城墙上的守军不知道是援军，高长恭脱下头盔露出自己的面孔，城上才派出弓箭手救他。围城的北周军也解围逃走，丢下营帐，从邙山到谷水，沿途三十里，到处都是北周军丢下的兵器辎重，盖满了川泽。只有齐国公宇文宪、达奚武，以及庸忠公王雄在后面掩护，组织军队抵御。

王雄策马冲进斛律光军阵，斛律光退走，王雄追击，斛律光身边的人都跑散了，只剩下一个奴仆一支箭。王雄手握长矛离斛律光还有一丈多远，对斛律光说："我爱惜你不杀，要活捉你去见天子。"斛律光用这最后一支箭射向王雄，射中额头，王雄抱着马逃跑，到了军营就死了。北周军更加恐惧。

齐国公宇文宪巡行抚慰，督导鼓励，军心才安定下来。到了夜晚，收缩军队，宇文宪想等到天明再交战。达奚武说："洛阳城下，大军溃散，人心惶惶，如果不趁夜迅速撤退，明天想走来不及了。我达奚武在军中时间长，见过各种形势；国公年轻经事不多，怎能把几个营的士兵送进虎口里呢？"于是退还。权景宣也放弃豫州撤走。

丁卯，齐主至洛阳。己巳，以段韶为太宰，斛律光为太尉，兰陵王长恭为尚书令。壬申，齐主如虎牢，遂自滑台如黎阳，丙子，至邺。

杨忠引兵出沃野，应接突厥，军粮不给，诸军忧之，计无所出。忠乃招诱稽胡酋长咸在坐，诈使河州刺史王杰勒兵鸣鼓而至，曰："大冢宰已平洛阳，欲与突厥共讨稽胡之不服者。"坐者皆惧，忠慰谕而遣之。于是诸胡相帅馈输，军粮填积。属周师罢归，忠亦还。

晋公护本无将略，是行也，又非本心，故无功，与诸将稽首谢罪。周主慰劳罢之。

是岁，齐山东大水，饥死者不可胜计。

宕昌王梁弥定屡寇周边，周大将军田弘讨灭之，以其地置宕州。

（以上为第五段，写北齐高湛当政引来北周两次大规模征讨，北周与突厥合兵三十余万，由于北周大冢宰宇文护将略为短，而师出不仅无名，而且不义，且又准备不足，遭受北周建国以来最沉重的惨败。）

六年（乙酉，565 年）

春，正月，癸卯，齐以任城王湝为大司马。

齐主如晋阳。

二月，辛丑，周遣陈公纯、许公贵、神武公窦毅、南阳公杨荐等备皇后仪卫行殿，并六宫百二十人，诣突厥可汗牙帐逆女。毅，炽之兄子也。

丙寅，周以柱国安武公李穆为大司空，绥德公陆通为大司寇。

壬申，周主如岐州。

夏，四月，甲寅，以安成王顼为司空。

顼以帝弟之重，势倾朝野。直兵鲍僧叡，恃顼势为不法，御史中丞徐陵为奏弹之，从南台官属引奏案而入。上见陵章服严肃，为敛容正坐。陵进读奏版，时顼在殿上侍立，仰视上，流汗失色。陵遣殿中御史引顼下殿。上为之免顼侍中、中书监。朝廷肃然。

丙午，齐大将军东安王娄叡坐事免。

齐著作郎祖珽，有文学，多技艺，而疏率无行。尝为高祖中外府功

十二月十三日丁卯，北齐武成帝到洛阳。十二月十五日己巳，北齐武成帝任命段韶为太宰、斛律光为太尉、兰陵王高长恭为尚书令。十二月十八日壬申，北齐武成帝前往虎牢，于是取道滑台前往黎阳，十二月二十二日丙子，回到邺城。

杨忠率军指向北齐沃野镇，接应突厥，由于粮食匮乏，各军感到忧虑，也没好的计策。杨忠便招诱稽胡部落的酋长坐在一起商议。杨忠安排河州刺史王杰整理军队击鼓起来，诈称"大冢宰已经平定洛阳，打算与突厥共同讨伐还没臣服的稽胡"。在座的酋长都很害怕，杨忠开导他们然后送走，于是稽胡各部落相继送来粮草，一时间军粮源源不断。这时班师的命令下来，杨忠退回。

晋国公宇文护本来没有将才谋略，这次出征又不是他的本意，所以没有成功，他和众将叩头谢罪，北周武帝慰劳他们，并令其休息。

这一年，北齐东部发生大水灾，饿死的人不知有多少。

宕昌王梁弥定多次侵犯北周边境，北周大将军田弘讨灭了宕昌王，在所属地设置了宕州。

陈文帝天嘉六年（乙酉，565年）

春季，正月二十日癸卯，北齐任命任城王高湝为大司马。

北齐武成帝到晋阳。

二月初八日辛丑，北周派陈国公宇文纯、许国公宇文贵、神武公窦毅、南阳公杨荐等，按皇后出行的仪仗、侍卫、行殿的规模备办礼仪，以及六宫一百二十人，前往突厥可汗牙帐迎聘可汗的女儿为皇后。窦毅，是窦炽的哥哥的儿子。

二月十三日丙寅，北周任命柱国安武公李穆为大司空、绥德公陆通为大司寇。

二月十九日壬申，北周武帝到岐州。

夏季，四月初二日甲寅，陈朝任命安成王陈顼为司空。

陈顼借重自己是皇上弟弟的身份，权势超越朝野。直兵鲍僧叡，依靠陈顼的势力不遵法度，御史中丞徐陵上奏弹劾他。徐陵跟着御史台的官员捧着弹劾奏版进入殿堂，陈文帝看见徐陵穿着朝服庄严肃穆，不由得也改变容颜肃穆端坐。徐陵上前宣读奏版，当时陈顼也在一边侍立，抬头看着皇上，不禁大惊失色，汗流浃背，徐陵派殿中御史引陈顼下殿，陈文帝因此免去陈顼侍中、中书监的职务。文武百官，一片肃穆。

[四月初六日戊午]，北齐大将军东安王娄叡因犯罪被免职。

北齐著作郎祖珽，有文才，多技艺，但是为人轻率少礼，品行不好。他曾经是

曹，因宴失金叵罗，于珽髻上得之；又坐诈盗官粟三千石，鞭二百，配甲坊。显祖时，珽为秘书丞，盗《华林遍略》，及有他赃，当绞，除名为民。显祖虽憎其数犯法，而爱其才伎，令直中书省。

世祖为长广王，珽为胡桃油献之，因言："殿下有非常骨法。孝徵梦殿下乘龙上天。"王曰："若然，当使兄大富贵。"及即位，擢拜中书侍郎，迁散骑常侍。与和士开共为奸谄。

珽私说士开曰："君之宠幸，振古无比。宫车一日晚驾，欲何以克终？"士开因从问计。珽曰："宜说主上云：'文襄、文宣、孝昭之子，俱不得立，今宜令皇太子早践大位，以定君臣之分。'若事成，中宫、少主必皆德君，此万全计也。请君微说主上令粗解，珽当自外上表论之。"士开许诺。

会有彗星见。太史奏云："彗，除旧布新之象，当有易主。"珽于是上书言："陛下虽为天子，未为极贵，宜传位东宫，且以上应天道。"并上魏显祖禅子故事。齐主从之。

丙子，使太宰段韶持节奉皇帝玺绶，传位于太子纬。太子即皇帝位于晋阳宫，大赦，改元天统。又诏以太子妃斛律氏为皇后。于是群公上世祖尊号为太上皇帝，军国大事咸以闻。使黄门侍郎冯子琮、尚书左丞胡长粲辅导少主，出入禁中，专典敷奏。子琮，胡后之妹夫也。

祖珽拜秘书监，加仪同三司，大被亲宠，见重二宫。

丁丑，齐以贺拔仁为太师，侯莫陈相为太保，冯翊王润为司徒，赵郡王叡为司空，河南王孝琬为尚书令。戊寅，以瀛州刺史尉粲为太尉，斛律光为大将军，东安王娄叡为太尉，尚书仆射赵彦深为左仆射。

五月，突厥遣使至齐，始与齐通。

六月，己巳，齐主使兼散骑常侍王季高来聘。

秋，七月，辛巳朔，日有食之。

上遣都督程灵洗自鄱阳别道击周迪，破之。迪与麾下十余人窜于山穴中，日月浸久，从者亦稍苦之。后遣人潜出临川市鱼鲑，临川太守骆

齐高祖高欢任都督中外诸军事府的功曹。因为有一次宴会丢失金酒杯，在祖珽的发髻中找到；又曾经因盗窃官粟三千石被受鞭刑，挨了二百鞭，被发配到甲坊服苦役。齐显祖时，祖珽任秘书丞，盗窃《华林遍略》一书，以及其他受贿行为，应当判处绞刑，改判为削职为民。齐显祖虽然憎恨他多次犯法，但因爱惜他的才华技艺，后来又任用他入职中书省。

北齐武成帝为长广王时，祖珽制作胡桃油送给北齐武成帝，并趁机献媚说："殿下的骨相非同异常，我曾经做梦看见殿下乘龙上天。"高湛说："真是这样，一定让你荣华富贵。"等到高湛即位，破格升迁祖珽为中书侍郎，不久又升任为散骑常侍。祖珽与和士开两人极力献媚讨好皇上高湛，是一对奸佞。

祖珽私下对和士开说："你受到的恩宠，从古没有。一旦皇上升天，你想过没有，怎么样才能保证善终？"和士开忙问计策。祖珽说："你应当劝说皇上，说：'文襄帝、文宣帝、孝昭帝他们的儿子，都没能立为皇帝，现今应当让皇太子早登大位，以定下君臣的名分。'如果事情成功，皇后、少主都感谢你，这是万全之计。你要委婉地细细吹风，让皇上心领神会，粗粗了解。我祖珽自会在外边与你配合。"和士开答应了。

这时正好出现了彗星，太史上奏说："彗星，是除旧布新的天象，当要发生国君更换的大事。"祖珽趁机上书说："陛下虽然是天子，但还不是尊贵的顶点，应当传位皇太子，做太上皇，又顺应了天意。"祖珽还引用北魏显祖献文帝禅位给少子孝文帝的故事做例证。北齐武成帝听从了。

四月二十四日丙子，北齐武成帝派太宰段韶持节，拿着皇帝玺绶，传位给皇太子高纬。太子在晋阳宫即皇帝位，大赦天下，改元年号为天统。又下诏册立太子妃斛律氏为皇后，于是王公大臣进奉武成帝尊号为太上皇帝，军国大事向太上皇奏报。派黄门侍郎冯子琮、尚书左丞相胡长粲辅导少主，出入禁中，专门职掌向少主转述朝政的事宜。冯子琮，是胡皇后的妹夫。

祖珽进位秘书监，加官仪同三司，大受恩宠，深得皇帝、皇后两宫的器重。

四月二十五丁丑，北齐任命贺拔仁为太师、侯莫陈相为太保、冯翊王高润为司徒、赵郡王高叡为司空、河南王高孝琬为尚书令。四月二十六日戊寅，任命瀛州刺史尉粲为太傅、斛律光为大将军、东安王娄叡为太尉、尚书仆射赵彦深为左仆射。

五月，突厥派使者到北齐，双方开始往来通好。

六月十八日己巳，北齐后主派兼散骑常侍王季高出使陈朝。

秋季，七月初一日辛巳，发生日食。

陈文帝派都督程灵洗从鄱阳另一路袭击周迪，打败了周迪。周迪与部下十多个人逃窜到山洞中，时间一长，追随的人渐渐感到困苦。稍后，周迪派人到临川买鱼，

牙执之，令取迪自效，因使腹心勇士随之入山。其人诱迪出猎，勇士伏于道傍，出斩之。丙戌，传首至建康。

庚寅，周主如秦州；八月，丙子，还长安。

己卯，立皇子伯固为新安王，伯恭为晋安王，伯仁为庐陵王，伯义为江夏王。

冬，十月，辛亥，周以函谷关城为通洛防，以金州刺史贺若敦为中州刺史，镇函谷。

敦恃才负气，顾其流辈皆为大将军，敦独未得，兼以湘州之役，全军而返，谓宜受赏，翻得除名，对台使出怨言。晋公护怒，征还，逼令自杀。临死，谓其子弼曰："吾志平江南，今而不果，汝必成吾志。吾以舌死，汝不可不思。"因引锥刺弼舌出血以诫之。

十一月，癸未，齐太上皇至邺。

齐世祖之为长广王也，数为显祖所捶，心常衔之。显祖每见祖珽，常呼为贼，故珽亦怨之；且欲求媚于世祖，乃说世祖曰："文宣狂暴，何得称'文'？既非创业，何得称'祖'？若文宣为祖，陛下万岁后当何所称？"帝从之。己丑，改谥太祖献武皇帝庙号高祖，献明皇后为武明皇后。令有司更议文宣谥号。

十二月，乙卯，封皇子伯礼为武陵王。

壬戌，齐上皇如晋阳。

庚午，齐改谥文宣皇帝为景烈皇帝，庙号威宗。

（以上为第六段，写祖珽与和士开为高湛宠信的两个奸佞臣，祖珽有文才，以文缘饰其奸，更为阴险。北齐国主高湛信谗退位为太上皇，仍总领国之军政。）

天康元年（丙戌，566 年）

春，正月，己卯，日有食之。

癸未，周大赦，改元天和。

辛卯，齐主祀圜丘；癸巳，祫太庙。

丙申，齐以吏部尚书尉瑾为右仆射。

己亥，周主耕藉田。

这人被临川太守骆牙抓获，骆牙让他回去捉拿周迪立功自新，并派心腹勇士跟在后头进了山。这个人引诱周迪出来打猎，埋伏在路边的勇士，一拥而出杀了周迪。七月初六日丙戌，周迪的首级被传送到建康。

七月初十日庚寅，北周武帝到秦州；八月二十六日丙子，回到长安。

八月二十九日己卯，陈文帝封立皇子陈伯固为新安王、陈伯恭为晋安王、陈伯仁为庐陵王、陈伯义为江夏王。

十月初二日辛亥，北周把函谷关的关城改名为通洛防，任命金州刺史贺若敦为中州刺史，镇守函谷关。

贺若敦才高气盛，看到跟自己一个辈分的人都做了大将军，只有自己没有得到，加上先前的湘州之战，全军撤回，他认为应当受到奖赏，反而被罢了官，于是对朝廷使者口出怨言。晋国公宇文护大怒，征召贺若敦回到长安，逼令他自杀。贺若敦临死前对儿子贺若弼说："我的志愿是平定江南，现今没有实现，你一定要完成我的遗愿。我因为口舌不慎乱讲话而死，你说话要三思。"他还拿锥子把儿子贺若弼的舌头扎出血来，引以为戒。

十一月初九日癸未，北齐太上皇回到邺城。

北齐太上皇高湛为长广王的时候，多次遭到显祖高洋的捶打，记恨在心里。显祖高洋每次见到祖珽就叫他为贼，所以祖珽也怨恨他，又因为要讨好太上皇，于是劝说太上皇，说："文宣帝高洋狂暴，怎么能称为'文'？他又不是创业之君，怎么能称为'祖'呢？如果文宣帝称为祖，陛下万岁后称什么呢？"国主高湛听从了。十一月十五日己丑，北齐太上皇下诏，改谥太祖献武皇帝高欢的庙号为高祖，献明皇后为武明皇后，又下令主管部门重新议定文宣皇帝高洋的谥号。

十二月初七日乙卯，陈文帝册封皇子陈伯礼为武陵王。

十二月十四日壬戌，北齐太上皇到晋阳。

十二月二十二日庚午，北齐改谥文宣皇帝的谥号为景烈皇帝，改庙号为威宗。

陈文帝天康元年（丙戌，566年）

春季，正月初二日己卯，发生日食。

正月初五日癸未，北周大赦天下，改元年号叫天和。

正月十四日辛卯，北齐后主到圜丘祭天；正月十六日癸巳，在太庙祫祭祖先。

正月十九日丙申，北齐任命吏部尚书尉瑾为右仆射。

正月二十一日己亥，北周武帝举行亲耕藉田典礼。

庚子，齐主如晋阳。

周遣小载师杜杲来聘。

二月，庚戌，齐上皇还邺。

丙子，大赦，改元。

三月，己卯，以安成王顼为尚书令。

丙午，周主祀南郊。夏，四月，辛亥，大雩。

上不豫，台阁众事，并令尚书仆射到仲举、五兵尚书孔奂共决之。奂，琇之之曾孙也。疾笃，奂，仲举与司空、尚书令、扬州刺史安成王顼，吏部尚书袁枢，中书舍人刘师知入侍医药。枢，君正之子也。太子伯宗柔弱，上忧其不能守位，谓顼曰："吾欲遵太伯之事。"顼拜伏泣涕，固辞。上又谓仲举、奂等曰："今三方鼎峙，四海事重，宜须长君。朕欲近则晋成，远隆殷法，卿等宜遵此意。"孔奂流涕对曰："陛下御膳违和，痊复非久。皇太子春秋鼎盛，圣德日跻。安成介弟之尊，足为周旦。若有废立之心，臣等愚诚，不敢闻诏。"上曰："古之遗直，复见于卿。"乃以奂为太子詹事。

臣光曰：夫人臣之事君，宜将顺其美，正救其恶。孔奂在陈，处腹心之重任，决社稷之大计，苟以世祖之言为不诚，则当如窦婴面辩，袁盎廷争，防微杜渐以绝觊觎之心。以为诚邪，则当请明下诏书，宣告中外，使世祖有宋宣之美，高宗无楚灵之恶。不然，谓太子嫡嗣，不可动摇，欲保辅而安全之，则当尽忠竭节，如晋之荀息，赵之肥义。奈何于君之存，则逆探其情而求合焉；及其既没，则权臣移国而不能救，嗣主失位而不能死！斯乃奸谀之尤者，而世祖谓之遗直，以托六尺之孤，岂不悖哉！

癸酉，上殂。

上起自艰难，知民疾苦。性明察俭约，每夜刺闺取外事分判者，前后相续。敕传更签于殿中者，必投签于阶石之上，令铊然有声，曰："吾虽眠，亦令惊觉。"

正月二十三日庚子，北齐后主到晋阳。

北周派小载师杜杲出使陈朝。

二月初三日庚戌，北齐太上皇回到邺城。

二月二十九日丙子，陈朝大赦天下，改元年号叫天康。

三月初三日己卯，陈文帝任命安成王陈顼为尚书令。

三月二十九日丙午，北周武帝在南郊祭天。夏季，四月初五日辛亥，北周举行求雨大典。

陈文帝生病，尚书省台阁等官署事务，特下诏命令尚书仆射到仲举、五兵尚书孔奂两人共同参议裁定。孔奂，是孔琇之的曾孙。陈文帝病情转重，孔奂，到仲举与司空、尚书令、扬州刺史安成王陈顼，吏部尚书袁枢，中书舍人刘师知等人入宫侍侯医药。袁枢，是袁君正的儿子。太子陈伯宗懦弱，陈文帝忧虑他守不住皇位，对陈顼说："我打算效法吴太伯传皇位给你。"陈顼伏地叩头，坚决推辞。陈文帝又对到仲举、孔奂等说："如今三方鼎立，天下事务繁重，应当立年长的人为国君，朕欲近效晋成帝立同母弟为嗣，远法殷代兄终弟及的做法，卿等要体谅我的旨意。"孔奂流着眼泪回答说："陛下饮食失调，不久即可康复。皇太子年纪还轻，他的盛德在日益进步，安成王有皇上大弟的尊贵，足可以效法周公旦摄政辅佐少帝。如果皇上废太子立新君，臣等效愚忠，不敢奉诏。"陈文帝说："古代直道而行的遗风，又体现在你们身上了。"便任命孔奂为太子詹事。

臣司马光说：说起人臣侍奉君王，应该顺从他做好事，要扶正来补救他的过失。孔奂在陈朝，担负心腹大臣的重任，决定国家安危的大计，如果认为陈世祖的话不真诚，那就应当像西汉窦婴那样当面辩论，效法袁盎那样在朝廷上争论，防微杜渐，用以杜绝安成王陈顼窥伺帝位的野心。如果认为陈世祖的话是真诚的，那就应当请求明明白白下达诏书，宣告于朝廷内外，使陈世祖拥有宋宣公舍子立弟的美名，而高宗陈顼也没有楚灵王篡弑的恶行。不然的话，既认为太子是嫡嗣国本，不可动摇，想保护他，辅佐他，使他没有危险，那就应当尽忠全节，像晋国的荀息，赵国的肥义一样。怎么可以在国君活着的时候探测他的心意来迎合，等到国君闭了眼，权臣篡国的时候，既没有能力挽救，又在嗣主失位时不能死节，这种人是奸佞阿谀中最恶劣的人，而陈世祖还说他有直道而行的遗风，把六尺之孤托付给他，难道不是很荒谬的吗？

四月二十七日癸酉，陈文帝去世。

陈文帝从艰难困苦中兴起，知道民间的疾苦，生性精明锐敏，崇尚节俭。每晚都要取来投在宫门的紧急奏报，连续不断地批阅处理。他下令夜间报更传递更签上殿的人，一定要把更签用力地投在台阶石头上，让它发出锵然的响声，说："即使我

太子即位，大赦。五月，己卯，尊皇太后曰太皇太后，皇后曰皇太后。

乙酉，齐以兼尚书左仆射武兴王普为尚书令。

吐谷浑龙涸王莫昌帅部落附于周，以其地为扶州。

庚寅，以安成王顼为骠骑大将军、司徒、录尚书、都督中外诸军事。丁酉，以中军大将军、开府仪同三司徐度为司空，以吏部尚书袁枢为左仆射，吴兴太守沈钦为右仆射，御史中丞徐陵为吏部尚书。

陵以梁末以来，选授多滥，乃为书示众曰："梁元帝承侯景之凶荒，王太尉接荆州之祸败，故使官方，穷此纷杂。永安之时，圣朝草创，白银难得，黄札易营，权以官阶，代于钱绢。致令员外、常侍，路上比肩，谘议、参军，市中无数，岂是朝章固应如此！今衣冠礼乐，日富年华，何可犹作旧意非理望也！"众咸服之。

己亥，齐立上皇子弘为齐安王，仁固为北平王，仁英为高平王，仁光为淮南王。

六月，齐遣兼散骑常侍韦道儒来聘。

丙寅，葬文皇帝于永宁陵，庙号世祖。

秋，七月，戊寅，周筑武功等诸城以置军士。

丁酉，立妃王氏为皇后。

八月，齐上皇如晋阳。

周信州蛮冉令贤、向五子王等据巴峡反，攻陷白帝，党与连结二千余里。周遣开府仪同三司元契、赵刚等前后讨之，终不克。九月，诏开府仪同三司陆腾督开府仪同三司王亮、司马裔讨之。

腾军于汤口，令贤于江南据险要，置十城，远结涔阳蛮为声援，自帅精卒固守水逻城。腾召诸将问计，皆欲先取水逻，后攻江南。腾曰："令贤内恃水逻金汤之固，外托涔阳辅车之援，资粮充实，器械精新。以我悬军，攻其严垒，脱一战不克，更成其气。不如顿军汤口，先取江南，翦其羽毛，然后进军水逻，此制胜之术也。"乃遣王亮帅众渡江，旬日，拔其八城，捕虏及纳降各千计。遂间募骁勇，数道进攻水逻。蛮帅冉伯犁、冉安西素与令贤有仇，腾说诱，赂以金帛，使为乡导。水逻之旁有石胜城，令贤使其兄子龙真据之。腾密诱龙真，龙真遂以城降。水逻众

睡了，这声音也能让我惊醒。”

太子陈伯宗即位，大赦天下。五月初三日己卯，尊皇太后为太皇太后，皇后为皇太后。

五月初九日乙酉，北齐任命兼尚书左仆射武兴王高普为尚书令。

吐谷浑龙涸王莫昌率领部落归附北周，北周将其地改置为扶州。

五月十四日庚寅，陈朝任命安成王陈顼为骠骑大将军、司徒、录尚书事、都督中外诸军事。五月二十一日丁酉，任命中军大将军、开府仪同三司徐度为司空、吏部尚书袁枢为左仆射、吴兴太守沈钦为右仆射、御史中丞徐陵为吏部尚书。

徐陵认为梁末以来，选官授职太滥，便写了一篇文书告谕大家，说：“梁元帝承继侯景之乱留下的残局，王太尉王僧辩接受江陵失陷后的烂摊子，以致造成选人做官的制度极其混乱复杂。本朝永定初年，陈朝刚刚建立，白银难得，但任命官职的诏书却容易求取，暂且用官阶换取钱银绢帛。导致员外郎、常侍满路都是，肩挨着肩；谘议、参军，闹市上的人群挨个都是，难道朝廷的典章本该如此吗？现在官员的衣冠礼乐，一天比一天富丽，一年比一年浮华，对这种景象熟视无睹，看作是与旧时制度一样，是没有道理的。”大家都极为叹服。

五月二十三日己亥，北齐册封太上皇的儿子高弘为齐安王、高仁固为北平王、高仁英为高平王、高仁光为淮南王。

六月，北齐派兼散骑常侍韦道儒出使陈朝。

六月二十一日丙寅，陈朝在永宁陵安葬陈文帝，庙号世祖。

秋季，七月初三日戊寅，北周筑武功等城来安置军队。

七月二十二日丁酉，陈朝册立王氏为皇后。

八月，北齐太上皇到晋阳。

北周信州蛮人冉令贤、向五子王等占据巴峡反叛，攻陷白帝城，党羽徒众串连两千多里，北周派开府仪同三司元契、赵刚等前后连续征讨，始终没有平定他们。九月，下诏开府仪同三司陆腾督率开府仪同三司王亮、司马裔进军征讨。

陆腾进军在汤口扎营，冉令贤在长江南岸控制险要，设置十座营垒，联合远方的涔阳蛮以为声援。冉令贤自己率领精兵固守水逻城，陆腾召集诸将商议破敌之策，都想先夺取水逻城，然后攻击长江南岸各城。陆腾说：“冉令贤内恃水逻城有金城汤池之固，外托涔阳蛮有唇齿相依之援，军资粮食充足，器械精良。拿我们这支孤立深入的军队去攻击对方的坚固营垒，万一交战不利，更加助长敌人的士气。不如屯驻在汤口作为根据地，先攻取江南各营垒，翦除冉令贤的羽翼，然后进军攻击水逻城，这才是取胜的上策。”于是派王亮领兵渡过长江，十天之中，攻占了八座营垒，捕获以及接受投降的蛮人以千计。于是选拔招募骁勇善战的士兵，多道进攻水逻城。

溃，斩首万余级，捕虏万余口。令贤走，追获，斩之。腾积骸于水逻城侧为京观。是后群蛮望之，辄大哭，不敢复叛。

向五子王据石墨城，使其子宝胜据双城。水逻既平，腾频遣谕之，犹不下。进击，皆擒之，尽斩诸向酋长，捕虏万余口。

信州旧治白帝，腾徙之于八陈滩北，以司马裔为信州刺史。

小吏部陇西辛昂，奉使梁、益；且为腾督军粮。时临、信、楚、合等州，民多从乱，昂谕以祸福，赴者如归。乃令老弱负粮，壮夫拒战，咸乐为用。使还，会巴州万荣郡民反，攻围郡城，遏绝山路。昂谓其徒曰："凶狡猖狂，若待上闻，孤城必陷。苟利百姓，专之可也。"遂募通、开二州，得三千人。倍道兼行，出其不意，直趣贼垒。贼以为大军至，望风瓦解，一郡获全。周朝嘉之，以为渠州刺史。

冬，十月，齐以侯莫陈相为太傅，任城王湝为太保，娄叡为大司马，冯翊王润为太尉，开府仪同三司韩祖念为司徒。

庚申，帝享太庙。

十一月，乙亥，周遣使来吊。

丙戌，周主行视武功等新城；十二月，庚申，还长安。

齐河间王孝琬怨执政，为草人而射之。和士开、祖珽谮之于上皇曰："草人以拟圣躬也。又，前突厥至并州，孝琬脱兜鍪抵地，云：'我岂老妪，须著此物！'此言属大家也。又，魏世谣言：'河南种谷河北生，白杨树上金鸡鸣。'河南、北者，河间也。孝琬将建金鸡大赦耳。"上皇颇惑之。

会孝琬得佛牙，置第内，夜有光。上皇闻之，使搜之，得填库矟幡数百，上皇以为反具，收讯。诸姬有陈氏者，无宠，诬孝琬云："孝琬常画陛下像而哭之"，其实世宗像也。上皇怒，使武卫赫连辅玄倒鞭挝之。孝琬呼叔。上皇曰："何敢呼我为叔！"孝琬曰："臣神武皇帝嫡孙，文襄皇帝嫡子，魏孝静皇帝之甥，何为不得呼叔！"上皇愈怒，折其两胫而死。

蛮帅冉伯犁、冉安西一向与冉令贤有仇怨，陆腾派人劝说利诱，送他们很多金钱绢帛，让他们作向导。水逻城的旁边有一座石胜城，冉令贤派他哥哥的儿子冉龙真据守。陆腾暗中招诱冉龙真，冉龙真于是献城投降。水逻城蛮兵溃散，斩杀一万多人，捕获一万多人。冉令贤逃走，追击抓获，杀了他。陆腾聚积尸骨在水逻城旁堆成高丘，作为京观。此后，群蛮望见这堆万人冢，总是痛哭不止，再也不敢反叛。

向五子王据守石墨城，他派自己的儿子向宝胜据守双城。水逻城被攻破后，陆腾多次派人晓谕向五子王，仍然不投降。陆腾进兵攻击，把他们全都活捉杀头，凡姓向的酋长全都杀光，捕获万余人。

信州旧治在白帝城，陆腾迁移治所到八阵滩的北边，任命司马裔为信州刺史。

小吏部陇西人辛昂，奉命出使梁州、盖州，并且为陆腾督送军粮。当时，临、信、楚、合等州，民众很多追随反叛，辛昂晓谕祸福利害，他们都纷纷归附。辛昂组织他们中的年老力弱的背负粮食，年轻力壮的参与作战，都愿意为辛昂效力。辛昂完成使命，准备回朝复命时，又赶上巴州万荣郡平民反叛，攻围郡城，阻断山路。辛昂对随行人员说：“乱民凶恶猖狂，如果等待上报朝廷的回音，孤城就一定会陷落。如果只要对百姓有利，自己做主是可以的。”于是招募通州、开州两州的勇士，有三千人，倍道兼程，出其不意，直奔叛贼营垒攻击，叛贼以为大军到了，就望风瓦解，整个万荣郡得到了保全。北周朝廷嘉奖，任用辛昂为渠州刺史。

冬季，十月，北齐任命侯莫陈相为太傅，任城王高湝为太保，娄叡为大司马，冯翊王高润为太尉，开府仪同三司韩祖念为司徒。

十月十七日庚申，陈废帝在太庙祭祀祖先。

十一月初二日乙亥，北周遣使到陈朝吊丧。

十一月十三日丙戌，北周武帝巡视武功等新城；十二月十八日庚申，回到长安。

北齐河间王高孝琬怨恨太上皇帝，扎了草人用箭射它。和士开、祖珽在太上皇面前说高孝琬的坏话，说：“草人是模拟皇上的。再有，先前突厥寇犯并州，高孝琬摘下头盔扔在地上说：‘我难道是老太婆，要戴这种东西。’这个话也是针对皇上您的。还有，北魏时流行一个谣言，说：‘河南种谷河北生，白杨树上金鸡鸣。’河南与河北者，就是河间的意思。高孝琬是河间王，将设金鸡，即帝位而大赦啊。”太上皇受到蛊惑，对高孝琬很不放心。

正好高孝琬得到了一颗佛牙，安放在宅第内，佛牙在夜间发光。太上皇听说了，派人搜查，搜到几百件镇库的长矛和旗幡，太上皇认为这是谋反的器具，便逮捕审讯高孝琬。高孝琬的妻妾中有一个姓陈的女子，没受到宠爱，就诬告高孝琬，说：“高孝琬经常画了陛下的肖像对着哭。”实际上是世宗的像，世宗是高孝琬的父亲。太上皇大怒，让武卫赫连辅玄倒拿着鞭子用粗的一头捶打高孝琬。高孝琬高喊叔叔。

安德王延宗哭之，泪赤。又为草人，鞭而讯之曰："何故杀我兄？"奴告之，上皇覆延宗于地，马鞭鞭之二百，几死。

是岁，齐赐侍中、中书监元文遥姓高氏，顷之，迁尚书左仆射。

魏末以来，县令多用厮役，由是士流耻为之。文遥以为县令治民之本，遂请革选，密择贵游子弟，发敕用之；犹恐其披诉，悉召之集神武门，令赵郡王叡宣旨唱名，厚加尉谕而遣之。齐之士人为县自此始。

（以上为第七段，写陈文帝托孤，所委非人。北周扫平边乱。北齐太上皇高湛信谗而残灭骨肉。）

太上皇说:“你怎敢喊我为叔。”高孝琬说:“臣是神武皇帝的嫡孙、文襄皇帝的嫡子、魏孝静皇帝的外甥,为什么不能叫你为叔。”太上皇更加愤怒,打断他的小腿,把他打死了。

安德王高延宗痛哭高孝琬,眼睛流血。又制作草人,一边鞭打,一边审问:“为什么杀我的哥哥?”家奴告发了这件事,太上皇把高延宗按倒在地上打了二百鞭,差点儿把他打死。

这一年,北齐赐侍中、中书监元文遥姓高氏,不久就升迁他为尚书左仆射。

北魏末年,县令多用奴仆担任,因此士人们都以任职县令为耻辱。元文遥认为县令是治理民众的根本,请求革除弊端,澄清选举,暗中选择没有官职的王公贵族子弟,发布敕令,委职任用,但担心他们申诉推辞,便把他们都召集到神武门,让赵郡王高叡宣布皇帝诏命,高声点名,大加劝导,派他们上任。北齐士人做县令,就是从这时开始的。

【点评】

北齐在南北鼎立之形中最强而最先灭。北齐在南北三国鼎立之中，占地最广，人口最多，国势最强盛。由于执政高氏不学无术，宗族子弟大多生性凶残，未脱游牧习气，故其国主昏暴相继。高洋借父兄之余威，尚能称雄一时，至高湛国势渐衰，特别是招致北周两次大规模讨伐，北齐虽然侥幸取胜然而胆气已丧，加之国主仍执迷不悟，信谗养奸，国势衰亡之局于是不可逆转。最强国却最先亡，祸起高洋，势成高湛，北齐不可再兴矣。

陈纪四

陈临海王光大元年至陈宣帝太建三年（567—571年）

【起强圉大渊献（丁亥，567年），尽重光单阏（辛卯，571年），凡五年】

【大事提要】

本卷载述公元567年至公元571年南北朝史事，凡五年，时当陈临海王光大元年至陈宣帝太建三年，北周武帝天和二年至六年，北齐后主天统三年至武平二年。陈朝发生宫廷政变，引发陈朝西境动乱。陈霸先次子安成王陈顼，废帝自立，夺了侄儿陈伯宗的帝位，是为陈宣帝。北周政清、北齐政昏，两国为争夺宜阳与汾北地区发生大战，北齐兵强，宿将老臣尚在，取得军事胜利。北齐后主执政，继承乃父北齐武成帝高湛的昏庸信谗，权奸当国，宫廷政变接连不断。

【原文】

临海王

光大元年（丁亥，567 年）

春，正月，癸酉朔，日有食之。

尚书左仆射袁枢卒。

乙亥，大赦，改元。

辛卯，帝祀南郊。

壬辰，齐上皇还邺。

己亥，周主耕藉田。

二月，壬寅朔，齐主加元服，大赦。

初，高祖为梁相，用刘师知为中书舍人。师知涉学工文，练习仪体，历世祖朝，虽位宦不迁，而委任甚重，与扬州刺史安成王顼、尚书仆射到仲举同受遗诏辅政。师知、仲举恒居禁中，参决众事，顼与左右三百人入居尚书省。师知见顼地望权势为朝野所属，心忌之，与尚书左丞王暹等谋出顼于外。众犹豫，未敢先发。东宫通事舍人殷不佞，素以名节自任，又受委东宫，乃驰诣相府，矫敕谓顼曰："今四方无事，王可还东府经理州务。"

顼将出，中记室毛喜驰入见顼曰："陈有天下日浅，国祸继臻，中外危惧。太后深惟至计，令王入省共康庶绩，今日之言，必非太后之意。宗社之重，愿王三思，须更闻奏，无使奸人得肆其谋。今出外即受制于人，譬如曹爽，愿作富家翁，其可得邪！"顼遣喜与领军将军吴明徹筹之，明徹曰："嗣君谅暗，万机多阙。殿下亲实周、邵，当辅安社稷，愿留中勿疑。"

顼乃称疾，召刘师知，留之与语，使毛喜先入言于太后。太后曰："今伯宗幼弱，政事并委二郎。此非我意。"喜又言于帝。帝曰："此自师知等所为，朕不知也。"喜出，以报顼。顼因囚师知，自入见太后及帝，极陈师知之罪，仍自草敕请画，以师知付廷尉，其夜，于狱中赐死。以到仲举为金紫光禄大夫。王暹、殷不佞并付治。不佞，不害之弟也，少有孝行，顼雅重之，故独得不死，免官而已。王暹伏诛。自是国政尽归于顼。

【语译】

临海王

陈临海王光大元年（丁亥，567年）

春季，正月初一日癸酉，发生日食。

陈朝尚书左仆射袁枢去世。

正月初三日乙亥，陈朝大赦天下，改元年号叫光大。

正月十九日辛卯，陈废帝在南郊祭天。

正月二十日壬辰，北齐太上皇回到邺城。

正月二十七日己亥，北周武帝举行亲耕藉田典礼。

二月初一日壬寅，北齐后主举行成人加冠礼，大赦天下。

当初，陈武帝陈霸先担任梁朝丞相，用刘师知为中书舍人。刘师知学识渊博，善写文章，熟悉朝章国典，经历陈世祖文帝一朝，职位虽然没有升迁，但很受世祖信任和器重，与扬州刺史安成王陈顼、尚书仆射到仲举一同受遗诏辅政。刘师知、到仲举经常居留在宫中，参决政务。陈顼与亲信三百人入居尚书省。刘师知看到陈顼权倾朝野，心中嫉妒，与尚书左丞王暹等计划让陈顼出朝任外官。大家犹豫不决，没有人敢出头说话，东宫通事舍人殷不佞，一向以维护名望气节为己任，又任职东宫，便骑马到尚书省，假托皇帝敕令对陈顼说："如今四方太平无事，安成王可以回到扬州东府管理州务。"

陈顼正要离开尚书省，中记室参军毛喜快马赶来尚书省会见陈顼，说："陈朝有天下时间不长，国家接连有大丧，朝廷内外都担忧害怕。皇太后深思大计，才让安成王进入尚书省共同处理各种政务。今天所下的敕令，一定不是太后的旨意。这是关系宗庙社稷的大事，希望安成王要三思，必须另外向皇上和皇太后奏报，不要让奸邪小人的阴谋得逞。今天如果离开了尚书省，就要受制于人，譬如曹爽，想当一个富家翁，能行吗！"陈顼于是派毛喜与领军将军吴明徹等商议。吴明徹说："继位国君正在守丧，日常事务大多没有过问。殿下亲如周公、邵公，辅佐国家安定社稷当仁不让，希望留在中朝尚书省不要迟疑。"

陈顼于是称病，宣召刘师知，留下谈话，派毛喜先进宫奏报皇太后。皇太后说："现今皇上幼小，政事交给二郎安成王，让他外出不是我的意思。"毛喜又告知皇上，陈废帝说："这是刘师知等人干的，朕不知道。"毛喜出宫，把实情告知陈顼，陈顼便逮捕了刘师知，亲自入宫见皇太后和陈废帝，竭力陈述刘师知的罪恶，便亲自草拟了敕令，让陈废帝签署，把刘师知交付廷尉治罪，当夜，在狱中逼刘师知自杀。到仲举降职为金紫光禄大夫。王暹、殷不佞交付主管部门治罪。殷不佞，是殷不害

右卫将军会稽韩子高，镇领军府，在建康诸将中士马最盛，与仲举通谋。事未发。毛喜请简士马配子高，并赐铁炭，使修器甲。顼惊曰：“子高谋反，方欲收执，何为更如是邪？”喜曰：“山陵始毕，边寇尚多，而子高受委前朝，名为杖顺。若收之，恐不即授首，或能为人患。宜推心安诱，使不自疑，伺间图之，一壮士之力耳。”顼深然之。

仲举既废归私第，心不自安。子郁，尚世祖妹信义长公主，除南康内史，未之官。子高亦自危，求出为衡、广诸镇；郁每乘小舆，蒙妇人衣，与子高谋。会前上虞令陆昉及子高军主告其谋反。顼在尚书省，因召文武在位议立皇太子。平旦，仲举、子高入省，皆执之，并郁送廷尉，下诏，于狱赐死，余党一无所问。

辛亥，南豫州刺史余孝顷坐谋反诛。

癸丑，以东扬州刺史始兴王伯茂为中卫大将军、开府仪同三司。伯茂，帝之母弟也，刘师知、韩子高之谋，伯茂皆预之；司徒顼恐扇动内外，故以为中卫，专使之居禁中，与帝游处。

三月，甲午，以尚书右仆射沈钦为侍中、左仆射。

夏，四月，癸丑，齐遣散骑常侍司马幼之来聘。

湘州刺史华皎闻韩子高死，内不自安，缮甲聚徒，抚循所部，启求广州，以卜朝廷之意。司徒顼伪许之，而诏书未出。皎遣使潜引周兵，又自归于梁，以其子玄响为质。

五月，癸巳，顼以丹杨尹吴明徹为湘州刺史。

甲午，齐以东平王俨为尚书令。

司徒顼遣吴明徹帅舟师三万趣郢州，丙申，遣征南大将军淳于量帅舟师五万继之，又遣冠武将军杨文通从安成步道出茶陵，巴山太守黄法慧从宜阳出澧陵，共袭华皎，并与江州刺史章昭达、郢州刺史程灵洗合谋进讨。六月，壬寅，以司空徐度为车骑将军，总督建康诸军，步道趣湘州。

的弟弟，少小就很有孝行，陈顼一向看重他，所以将他免了死罪，只是罢了官，王暹依法杀头。从此，国家大政全部落在陈顼一个人手中。

右卫将军会稽人韩子高，坐镇领军府，在建康诸将中他的兵马最强，与到仲举联络共同谋划，这时还没有泄露。毛喜请求陈顼挑选士兵马匹配备给韩子高，还赐给他铁和炭，让他修造器甲。陈顼大惊说：“韩子高谋反，正要抓捕他，为什么反倒这样对待他？”毛喜说：“文帝刚安葬完毕，边境的盗寇还有很多，而韩子高受到前朝任用，他接受命令是名正言顺。如果抓捕他，恐怕他未必服罪，弄不好反倒成为祸患。应当表示推心置腹，使他安心不要自疑，找机会除掉他，只需一个壮士的力量就够了。”陈顼深表赞同。

到仲举被免职后，回到自己家里，内心很不安稳。他的儿子到郁，娶陈文帝的妹妹信义长公主为妻，授职南康内史，尚未赴任。韩子高自己也感到危险，请求出都调任衡州或广州刺史，到郁每次坐着小车，穿上妇人衣服，到韩子高处密谋。正好前上虞县令陆昉和韩子高的部属军主密告韩子高等人谋反。陈顼在尚书省主事，召集当朝文武百官商议立皇太子的事。第二天早晨，到仲举、韩子高到尚书省会议，都被抓了起来，以及到郁一并送交廷尉治罪，陈废帝下诏，在狱中赐死，其余党羽一概不予追究。

二月初十日辛亥，南豫州刺史余孝顷因谋反罪被杀。

二月十二日癸丑，任命东扬州刺史始兴王陈伯茂为中卫大将军、开府仪同三司。陈伯茂，是陈废帝陈伯宗的胞弟。刘师知、韩子高等人的谋划，陈伯茂参与了，司徒陈顼担心陈伯茂煽动朝廷内外，所以任用他为中卫，专门住在宫里，陪皇上玩耍。

三月二十三日甲午，任命尚书右仆射沈钦为侍中、左仆射。

夏季，四月十三日癸丑，北齐派散骑常侍司马幼之出使陈朝。

湘州刺史华皎听说韩子高死了，内心不安，修治兵器，聚结人马，抚慰部下，上奏请求出任广州刺史，用来试探朝廷的意向。司徒陈顼假意允准，但诏书还没有发出去，华皎就已经派使者暗中引来北周军队，又主动归附后梁，派自己的儿子华玄响到江陵作人质。

五月二十三日癸巳，陈顼任命丹杨尹吴明徹为湘州刺史。

五月二十五日甲午，北齐任命东平王高俨为尚书令。

陈朝司徒陈顼派吴明徹率领水军三万进军到郢州。五月二十七日丙申，又派征南大将军淳于量率领五万水军相继出发，又派冠武将军杨文通从安成陆路进击茶陵，巴山太守黄法慧从宜阳出兵进击澧陵，各路大军同时征讨华皎，还会同江州刺史章昭达、郢州刺史程灵洗。六月初三日壬寅，任命司空徐度为车骑将军，总督建康诸军，从陆路直逼湘州。

辛亥，周主尊其母叱奴氏为皇太后。

己未，齐封皇弟仁机为西河王，仁约为乐浪王，仁俭为颍川王，仁雅为安乐王，仁直为丹杨王，仁谦为东海王。

华皎使者至长安；梁王亦上书言状，且乞师；周人议出师应之。司会崔猷曰："前岁东征，死伤过半。比虽循抚，疮痍未复。今陈氏保境息民，共敦邻好，岂可利其土地，纳其叛臣，违盟约之信，兴无名之师乎！"晋公护不从。闰六月，戊寅，遣襄州总管卫公直督柱国陆通、大将军田弘、权景宣、元定等将兵助之。

辛巳，齐左丞相咸阳武王斛律金卒，年八十。长子光为大将军，次子羡及孙武都并开府仪同三司，出镇方岳，其余子孙封侯显贵者甚众。门中一皇后，二太子妃，三公主，事齐贵宠，三世无比。自肃宗以来，礼敬尤重，每朝见，常听乘步挽车至阶，或以羊车迎之。然金不以为喜，尝谓光曰："我虽不读书，闻古来外戚鲜有能保其族者。女若有宠，为诸贵所嫉；无宠，为天子所憎。我家直以勋劳致富贵，何必藉女宠也！"

壬午，齐以东平王俨录尚书事，以左仆射赵彦深为尚书令，并省尚书左仆射娄定远为左仆射，中书监徐之才为右仆射。定远，昭之子也。

秋，七月，戊申，立皇子至泽为太子。

八月，齐以任城王湝为太师，冯翊王润为大司马，段韶为左丞相，贺拔仁为右丞相，侯莫陈相为太宰，娄叡为太傅，斛律光为太保，韩祖念为大将军，赵郡王叡为太尉，东平王俨为司徒。

俨有宠于上皇及胡后，时兼京畿大都督、领军大将军，领御史中丞。魏朝故事：中丞出，与皇太子分路，王公皆遥驻车，去牛，顿轭于地，以待其过；其或迟违，则前驱以赤棒棒之。自迁邺以后，此仪废绝，上皇欲尊宠俨，命一遵旧制。俨初从北宫出，将上中丞，凡京畿步骑、领军官属、中丞威仪、司徒卤簿，莫不毕从。上皇与胡后张幕于华林园东门外而观之，遣中使骤马趣仗。不得入，自言奉敕，赤棒卒应声碎其鞍，马惊，人坠。上皇大笑，以为善，更敕驻车，劳问良久。观者倾邺城。

六月十一日辛亥，北周武帝尊自己的母亲叱奴氏为皇太后。

六月二十日己未，北齐后主立皇弟高仁机为西河王、高仁约为乐浪王、高仁俭为颍川王、高仁雅为安乐王、高仁直为丹杨王、高仁谦为东海王。

华皎的使者到达长安，后梁国主萧岿也上书说明情况，并且请求出兵。北周朝议主张出兵接应华皎。司会崔猷说："前年东征北齐，军队死伤过半，近来虽然安抚，所受创伤尚未恢复。如今陈朝保境休养平民，与我们友好往来，难道为了贪图土地，接纳叛臣，就可以违背友好盟约，兴起无名之师吗？"晋国公宇文护不听从。闰六月初九日戊寅，北周派襄州总管卫国公宇文直督率柱国陆通、大将军田弘、权景宣、元定等领兵救助华皎。

闰六月十二日辛巳，北齐左丞相咸阳王斛律金去世，享年八十岁。长子斛律光为大将军，次子斛律羡以及孙子斛律武都均任职开府仪同三司，出都镇守地方为大州刺史，其余子孙封侯显贵的人很多。斛律氏一族出了一个皇后，两个太子妃，娶了三个公主。斛律氏事奉北齐，三代显贵，无人可比。自从肃宗高演以来，北齐皇帝对斛律氏敬礼有加。斛律金每当朝见，被允许乘坐人力车直达宫殿台阶时才停止，或者用宫内小车迎接。但是，斛律金并没有特别高兴。斛律金曾经对大儿子斛律光说："我虽然没读过书，却知道从古以来的外戚很少有人能把全族安全保护下来。进宫的女儿如果受到恩宠，便遭到其他妃嫔的嫉妒；得不到宠爱，就要遭到天子的憎恨。我的家族是凭着功劳获得荣华富贵的，何必要依靠女儿受宠来求得富贵呢？"

闰六月十三日壬午，北齐任命东平王高俨录尚书事，任命左仆射赵彦深为尚书令、任命并州尚书左仆射娄定远为朝廷尚书左仆射，任命中书监徐之才为右仆射。娄定远，是娄昭的儿子。

秋季，七月初十日戊申，陈朝册立皇子陈至泽为太子。

八月，北齐任命任城王高湝为太师，冯翊王高润为大司马，段韶为左丞相，贺拔仁为右丞相，侯莫陈相为太宰，娄叡为太傅，斛律光为太保，韩祖念为大将军，赵郡王高叡为太尉，东平王高俨为司徒。

高俨得到太上皇和胡皇后的恩宠，为时兼任京畿大都督、领军大将军，领御史中丞。北魏旧制规定：御史中丞出行，与皇太子分道而行，王公大臣远远看见就要把车停下来，拉开驾车的牛，立即把车轭放在地上，等待御史中丞的车通过，如停车的动作稍为慢了一些，将受到御史中丞前驱开道人的红木棒殴打。自从迁都邺城后，这种仪制就废除了。太上皇想尊宠高俨，下令恢复旧制度。高俨按恢复的仪制第一次从宫殿北门出行，演示仪制给太上皇看，凡是京畿大都督的步骑、领军大将军的官属、御史中丞的仪仗、司徒府的随行礼仪队伍，全都浩浩荡荡地随从。太上皇和胡皇后在华林园东门外设置帷幕观看。太上皇派宫中使者策马冲向高俨的仪仗

俨恒在宫中，坐含光殿视事，诸父皆拜之。上皇或时如并州。俨恒居守。每送行，或半路，或至晋阳乃还。器玩服饰，皆与齐主同，所须悉官给。尝于南宫见新冰早李，还，怒曰：“尊兄已有，我何意无！”自是齐主或先得新奇，属官及工人必获罪。俨性刚决，尝言于上皇曰：“尊兄懦，何能帅左右！”上皇每称其才，有废立意，胡后亦劝之，既而中止。

华皎遣使诱章昭达，昭达执送建康。又诱程灵洗，灵洗斩之。皎以武州居其心腹，遣使诱都督陆子隆，子隆不从；遣兵攻之，不克。巴州刺史戴僧朔等并隶于皎，长沙太守曹庆等，本隶皎下，遂为之用。司徒顼恐上流守宰皆附之，乃曲赦湘、巴二州。九月，乙巳，悉诛皎家属。

梁以皎为司空，遣其柱国王操将兵二万助之。周权景宣将水军，元定将陆军，卫公直总之，与皎俱下。淳于量军夏口，直军鲁山，使元定以步骑数千围郢州。皎军于白螺，与吴明徹等相持。徐度、杨文通由岭路袭湘州，尽获其所留军士家属。

皎自巴陵与周、梁水军顺流乘风而下，军势甚盛，战于沌口。量、明徹募军中小舰，多赏金银，令先出当西军大舰受其拍；西军诸舰发拍皆尽，然后量等以大舰拍之，西军舰皆碎，没于中流。西军又以舰载薪，因风纵火，俄而风转，自焚，西军大败。皎与戴僧朔单舸走，过巴陵，不敢发岸，径奔江陵；卫公直亦奔江陵。

元定孤军，进退无路，斫竹开径，且战且引，欲趣巴陵。巴陵已为徐度等所据，度等遣使伪与结盟，许纵之还国；定信之，解仗就度，度执之，尽俘其众，并擒梁大将军李广。定愤恚而卒。

队伍，被御史中丞仪卫挡住，宫中使者口称奉有太上皇敕令，只见拿着红木棒的士兵不由分说一顿棒打，使者的马鞍被打碎了，乘马受惊，把使者摔了下来。太上皇大笑，认为有趣，再次下敕令，让御史中丞高俨停车，太上皇上前慰问了很久。邺城人倾城而出，观看这一场面。

高俨经常在宫中坐在含光殿处理政务，高氏同宗长辈伯伯叔叔都要来拜见，太上皇有时到并州，高俨常常留守在邺城宫中。每次高俨送行，有时送到半道，有时送到晋阳才回来。高俨使用的器物服饰，都和北齐后主相同，全部由官府供给。高俨曾经在南宫少主那里看到刚送上的冰镇早熟李子，回去后，生气地说："大哥有了新熟的李子，我为什么没有？"从此以后，北齐后主如果先得了新奇的东西，那么官库主管就要受到惩处。高俨性情刚愎自用，曾在太上皇面前说："大哥懦弱，怎么能驾驭臣工。"太上皇常常称赞他的才能，一度萌生废黜高纬另立高俨的想法，胡皇后也这样劝太上皇，不久又打消了这个念头。

陈朝华皎派使者劝诱章昭达，章昭达把使者押送建康。华皎又派使者劝诱程灵洗，程灵洗杀了使者。华皎认为武州处在自己的腹地，派使者去劝诱都督陆子隆，陆子隆没有听从，华皎派兵攻打，没有取得胜利。巴州刺史戴僧朔等原本隶属于华皎，长沙太守曹庆等直属华皎，所以肯替华皎效命。司徒陈顼担心长江上流各郡守宰都依附华皎，便违心赦免巴州、湘州两州被华皎胁迫造反的人。九月初七日乙巳，诛杀了华皎的全部家属。

后梁国主萧岿任命华皎为司空，派后梁柱国王操领兵两万救援华皎。北周权景宣率领水军，元定率领陆军，由卫国公宇文直总督，与华皎合兵东下。陈朝大将淳于量驻军在夏口。宇文直驻军在鲁山，派元定领兵步骑数千人攻围郢州。华皎驻军在白螺，与吴明徹等相持。徐度、杨文通翻越山岭偷袭湘州，全部俘获了华皎留在湘州的军队和家属。

华皎从巴陵与北周、后梁的水军会合，顺流东下，军势十分强大，在沌口交战。陈将淳于量、吴明徹集中军中的小船，颁下重奖，让小船首当其冲与西边联军的大船交战，接受西军大船拍竿的击打，等到西军各舰拍竿都快用完，这时陈军大船迎战，用拍竿击打西军大船，西军大船全都被击沉在长江中心。西军又用船载柴火，顺风放火烧陈军战船，不一会儿风向转向，火势回头烧了西军自家的战船。于是西军大败。华皎与戴僧朔乘坐一只小船逃走，过巴陵城不敢靠岸，直奔江陵，宇文直也逃奔江陵。

元定一支孤军，进退无路，只好砍伐竹林，开辟一条通道，且战且退，逃向巴陵。这时，巴陵已经被陈朝徐度等人占据，徐度派人与元定协商，假意讲和，放开大路允许元定带兵回国。元定信以为真，放下武器向徐度投降，徐度把他抓了起来，

皎党曹庆等四十余人并伏诛。唯以岳阳太守章昭裕，昭达之弟，桂阳太守曹宣，高祖旧臣，衡阳内史汝阴任忠，尝有密启，皆宥之。

吴明徹乘胜攻梁河东，拔之。

周卫公直归罪于梁柱国殷亮；梁主知非其罪，然不敢违，遂诛之。

周与陈既交恶，周沔州刺史裴宽白襄州总管，请益戍兵，并迁城于羊蹄山以避水。总管兵未至，程灵洗舟师奄至城下。会大雨，水暴涨，灵洗引大舰临城发拍，击楼堞皆碎，矢石昼夜攻之三十余日；陈人登城，宽犹帅众执短兵拒战；又二日，乃擒之。

丁巳，齐上皇如晋阳。山东水，饥，僵尸满道。

冬，十月，甲申，帝享太庙。

十一月，戊戌朔，日有食之。

丙午，齐大赦。

癸丑，周许穆公宇文贵自突厥还，卒于张掖。

齐上皇还邺。

十二月，周晋公护母卒，诏起，令视事。

齐秘书监祖珽，与黄门侍郎刘逖友善。珽欲求宰相，乃疏赵彦深、元文遥、和士开罪状，令逖奏之，逖不敢通；彦深等闻之，先诣上皇自陈。上皇大怒，执珽，诘之，珽因陈士开、文遥、彦深等朋党、弄权、卖官、鬻狱事。上皇曰：“尔乃诽谤我！”珽曰：“臣不敢诽谤，陛下取人女。”上皇曰：“我以其饥馑，收养之耳。”珽曰：“何不开仓振给，乃买入后宫乎？”上皇益怒，以刀环筑其口，鞭杖乱下，将扑杀之。珽呼曰：“陛下勿杀臣，臣为陛下合金丹。”遂得少宽。珽曰：“陛下有一范增不能用。”上皇又怒曰：“尔自比范增，以我为项羽邪？”珽曰：“项羽布衣，帅乌合之众，五年而成霸业。陛下借父兄之资，才得至此，臣以为项羽未易可轻。”上皇愈怒，令以土塞其口。珽且吐且言，乃鞭二百，配甲坊，寻徙光州，敕令牢掌。别驾张奉福曰：“牢者，地牢也。”乃置地牢

俘虏了全部周军，同时抓捕了后梁大将军李广。元定愤恨而死。

华皎的党羽曹庆等四十多人全部被杀头。只有岳阳太守章昭裕，是章昭达的弟弟，桂阳太守曹宣，是高祖陈霸先的旧部下，衡阳太守汝阴人任忠，曾经向朝廷打秘密报告，这几个人都被宽大释放。

吴明徹乘胜攻击后梁的河东郡，占有了它。

北周卫国公宇文直把失败的责任推给后梁的柱国殷亮，后梁国主萧岿知道殷亮没有罪，但是不敢违抗，于是杀了殷亮。

北周与陈朝关系破裂，北周沔州刺史裴宽报告襄州总管，请求增加沔州的防守兵力，并且把州城迁到羊蹄山避免一旦战事发生遭水淹。襄州总管派兵增援沔州，还没有到达，陈朝将领程灵洗的水军突然杀到城下。正赶上下大雨，洪水暴涨，程灵洗率领大战船驶到城边用拍竿拍击，城墙上的堞楼被击碎，弓箭石头昼夜不停，攻打了三十多天，陈军才登上城墙，裴宽带领守城周兵又与之短兵相接，抵抗了两天，才力竭被擒获。

九月二十日丁巳，北齐太上皇高湛到晋阳。山东各州郡发生大水灾，引起饥荒，饿死的人遍地都是。

冬季，十月十七日甲申，陈废帝到太庙祭祀祖先。

十一月初一日戊戌，发生日食。

十一月初九日丙午，北齐大赦天下。

十一月十六日癸丑，北周许穆公宇文贵从突厥回国，中途在张掖去世。

北齐太上皇回到邺城。

十二月，北周晋国公宇文护母亲去世，北周国主宇文邕下诏宇文护带丧复职，处理国家政务。

北齐秘书监祖珽，与黄门侍郎刘逖两人私交很好。祖珽想当宰相，便写了奏疏，告发赵彦深、元文遥、和士开等人罪状，让刘逖上奏，刘逖不敢上奏，赵彦深等听到消息，抢先到太上皇面前自陈无过。太上皇高湛大怒，逮捕了祖珽，审问他，祖珽揭发和士开、元文遥、赵彦深等人结党营私、专权卖官、办案受贿等事。太上皇说:“你是在诽谤朕！”祖珽回答说:“臣不敢诽谤，但陛下夺人女子入后宫。”太上皇说:“我可怜她们挨饿，放在后宫收养。”祖珽说:“那为什么不开仓赈灾，却把她们买入后宫呢？”太上皇更加愤怒，用刀把上的铁环捣他的嘴，鞭子木棍一齐乱打，想把祖珽打死。祖珽大喊:“陛下不要杀臣，臣替陛下炼金丹。”这才暂时免祖珽一死。祖珽说:“陛下只有一个范增却不能任用。”太上皇又大怒说:“你自比范增，是把我比作项羽吗？”祖珽说:“项羽起自布衣平民，率领乌合之众，五年成就了霸业。陛下依靠父兄的基业，才有今天，臣认为不可以小看项羽。”太上皇更加气愤，

中，桎梏不离身；夜，以芜菁子为烛，眼为所熏，由是失明。

齐七兵尚书毕义云，为治酷忍，非人理所及，于家尤甚。夜，为盗所杀，遗其刀，验之，其子善昭所佩刀也。有司执善昭，诛之。

（以上为第一段，写陈朝发生宫廷政变，司徒陈顼诛杀辅佐大臣，大权独揽，逼反湘州刺史华皎，引发北周与陈朝的一次大战。陈军获胜，既稳固了陈朝政权，也加强了陈顼权倾臣僚的地位。）

二年（戊子，568年）

春，正月，己亥，安成王顼进位太傅，领司徒，加殊礼。

辛丑，周主祀南郊。

癸亥，齐主使兼散骑常侍郑大护来聘。

湘东忠肃公徐度卒。

二月，丁卯，周主如武功。

突厥木杆可汗贰于周，更许齐人以婚，留陈公纯等数年不返。会大雷风，坏其穹庐，旬日不止。木杆惧，以为天谴，即备礼送其女于周，纯等奉之以归。三月，癸卯，至长安，周主行亲迎之礼。甲辰，周大赦。

乙巳，齐以东平王俨为大将军，南阳王绰为司徒，开府仪同三司徐显秀为司空，广宁王孝珩为尚书令。

戊午，周燕文公于谨卒。谨勋高位重，而事上益恭，每朝参，所从不过二三骑。朝廷有大事，多与谨谋之。谨尽忠补益，于功臣中特被亲信，礼遇隆重，始终无间；教训诸子，务存静退，而子孙蕃衍，率皆显达。

吴明徹乘胜进攻江陵，引水灌之。梁主出顿纪南以避之。周总管田弘从梁主，副总管高琳与梁仆射王操守江陵三城，昼夜拒战十旬。梁将马武、吉徹击明徹，败之。明徹退保公安，梁主乃得还。

派人用泥土塞他的嘴，祖珽一边吐泥还一边说话。祖珽挨了二百鞭子，被发配到制作兵器的作坊做苦工，不久又把祖珽转移到光州，敕令"牢掌"，把祖珽关进监牢严加看管。光州别驾张奉福解读"牢掌"说："牢者，就是地牢。"于是把祖珽关在地牢中，戴上手铐脚镣，夜晚用芜青的籽榨出的油点灯，祖珽的眼睛被油烟所熏，因此失明。

北齐七兵尚书毕义云，理政治下非常残忍，超出了人情常理，对自己家人尤其严厉。一天夜里，毕义云被强盗杀死，掉下了一把刀，查验这把刀，是毕义云儿子毕善昭的佩刀。主管部门逮捕了毕善昭，判了死刑。

陈临海王光大二年（戊子，568年）

春季，正月初二日己亥，陈朝安成王陈顼进位太傅，兼职司徒，特加优礼。

正月初五日辛丑，北周武帝在南郊祭天。

正月二十七日癸亥，北齐后主派兼散骑常侍郑大护出使陈朝。

陈朝湘东忠肃公徐度去世。

二月初二日丁卯，北周武帝到武功。

突厥木杆可汗背叛了与北周盟约，更答应与北齐联姻，扣留北周使者陈国公宇文纯等好几年，不让回国。正逢狂风暴雨毁坏了木杆可汗的帐幕，狂风刮了十天也不停止。木杆可汗害怕了，认为是上天在惩罚他，立即备上礼物把女儿送到北周，宇文纯等迎她回国。三月初八日癸卯，到达长安，北周武帝举行迎亲典礼。三月初九日甲辰，北周大赦天下。

三月初十日乙巳，北齐任命东平王高俨为大将军，南阳王高绰为司徒，开府仪同三司徐显秀为司空，广宁王高孝珩为尚书令。

三月二十三日戊午，北周燕文公于谨去世。于谨爵位高职位重，而侍奉皇上更加谦恭，每次上朝参拜，带领的随从只有二三个骑士。朝廷每有重要军国大事，多与他商议。于谨尽忠尽智，对皇上多有补益，在功臣中特别受到皇上的亲近信任，礼遇非常隆重，君臣间始终没有间隙。于谨教训几个儿子，为人处事务必恬静谦虚，于氏人丁兴旺，子孙众多，都很显贵。

陈朝大将吴明彻乘胜进攻江陵，引水灌城。后梁国主萧岿走出江陵到纪南城躲避大水。北周总管田弘扈从萧岿，副总管高琳与后梁仆射王操坚守江陵三城，昼夜拒战了十天。后梁将领马武、吉徹攻击吴明彻，打败了陈军，吴明彻退守公安，后梁国主萧岿才回到了江陵。

夏，四月，辛巳，周以达奚武为太傅，尉迟迥为太保，齐公宪为大司马。

齐上皇如晋阳。

齐尚书左仆射徐之才善医，上皇有疾，之才疗之，既愈；中书监和士开欲得次迁，乃出之才为兖州刺史。五月，癸卯，以尚书右仆射胡长仁为左仆射，士开为右仆射。长仁，太上皇后之兄也。

庚戌，周主享太庙；庚申，如醴泉宫。

壬戌，齐上皇还邺。

秋，七月，壬寅，周随桓公杨忠卒，子坚袭爵。坚为开府仪同三司、小宫伯，晋公护欲引以为腹心。坚以白忠，忠曰："两姑之间难为妇，汝其勿往！"坚乃辞之。

丙午，帝享太庙。

戊午，周主还长安。

壬戌，封皇弟伯智为永阳王，伯谋为桂阳王。

八月，齐请和于周，周遣军司马陆程聘于齐；九月，丙申，齐使侍中斛斯文略报之。

冬，十月，癸亥，周主享太庙。

庚午，帝享太庙。

辛巳，齐以广宁王孝珩录尚书事，左仆射胡长仁为尚书令，右仆射和士开为左仆射，中书监唐邕为右仆射。

十一月，壬辰朔，日有食之。

齐遣兼散骑常侍李谐来聘。

甲辰，周主如岐阳。

周遣开府仪同三司崔彦等聘于齐。

始兴王伯茂以安成王顼专政，意甚不平，屡肆恶言。甲寅，以太皇太后令诬帝，云与刘师知、华皎等通谋。且曰："文皇知子之鉴，事等帝尧，传弟之怀，又符太伯。今可还申曩志，崇立贤君。"遂废帝为临海王，以安成王入纂。又下令，黜伯茂为温麻侯，置诸别馆，安成王使盗邀之于道，杀之车中。

夏季，四月十六日辛巳，北周任命达奚武为太傅，尉迟迥为太保，齐国公宇文宪为大司马。

北齐太上皇到晋阳。

北齐尚书左仆射徐之才医术精良，太上皇生了病，徐之才为他治疗，太上皇康复。中书监和士开想依次升迁仆射职位，便将徐之才外放为兖州刺史。五月初九日癸卯，北齐任命尚书右仆射胡长仁为左仆射，和士开为右仆射。胡长仁，是太上皇胡皇后的哥哥。

五月十六日庚戌，北周武帝到太庙祭祀祖先；五月二十六日庚申，前往醴泉宫。

五月二十八日壬戌，北齐太上皇回到邺城。

秋季，七月初九日壬寅，北周随桓公杨忠去世，儿子杨坚继承了爵位。杨坚为开府仪同三司、小宫伯，晋国公宇文护想拉陇他为心腹。杨坚曾把这事告诉了父亲杨忠，杨忠说："夹在两个婆婆中间，这个媳妇难当啊，你不要投靠他。"杨坚便推辞了。

七月十三日丙午，陈废帝在太庙祭祀祖先。

七月二十五日戊午，北周武帝回到长安。

七月二十九日壬戌，陈废帝封弟弟陈伯智为永阳王，陈伯谋为桂阳王。

八月，北齐请求与北周和好，北周派军司马陆程出使北齐；九月初四日丙申，北齐派侍中斛斯文略回报北周。

冬季，十月初二日癸亥，北周武帝在太庙祭祀祖先。

十月初九日庚午，陈废帝在太庙祭祀祖先。

十月二十日辛巳，北齐任命广宁王高孝珩录尚书事，左仆射胡长仁为尚书令，右仆射和士开为左仆射，中书监唐邕为右仆射。

十一月初一日壬辰，发生日食。

北齐派兼散骑常侍李谐出使陈朝。

十一月十三日甲辰，北周武帝到岐阳。

北周派开府仪同三司崔彦等出使北齐。

陈朝始兴王陈伯茂认为安成王陈顼专擅朝政，内心很不平静，多次出恶言诋毁。十一月二十三日甲寅，陈顼奉太皇太后敕令诬告陈废帝，说他和刘师知、华皎等人是同谋犯，并且说："文帝有知子之明，就像尧帝知道自己儿子不能做继承人，有传位给弟弟的心意，这也和吴太伯让位给弟弟的事理相符。现在应当重申陈文帝以前的旨意，尊崇立一位贤君。"于是废帝为临海王，改由安成王陈顼入宫继承大位。又下令，废黜陈伯茂为温麻侯，安置在别馆，安成王陈顼秘密派人假扮成强盗在途中拦截，在车上杀死了陈伯茂。

齐上皇疾作，驿追徐之才，未至。辛未，疾亟，以后事属和士开，握其手曰："勿负我也！"遂殂于士开之手。明日，之才至，复遣还州。

士开秘丧三日不发。黄门侍郎冯子琮问其故，士开曰："神武、文襄之丧，皆秘不发。今至尊年少，恐王公有二心者，意欲尽追集于凉风堂，然后与公议之。"士开素忌太尉录尚书事赵郡王叡及领军娄定远，子琮恐其矫遗诏出叡于外，夺定远禁兵，乃说之曰："大行先已传位于今上，群臣富贵者，皆至尊父子之恩，但令在内贵臣一无改易，王公必无异志。世异事殊，岂得与霸朝相比！且公不出宫门已数日，升遐之事，行路皆传，久而不举，恐有他变。"士开乃发丧。

丙子，大赦。戊寅，尊太上皇后为皇太后。

侍中尚书左仆射元文遥，以冯子琮，胡太后之妹夫，恐其赞太后干预朝政，与赵郡王叡、和士开谋，出子琮为郑州刺史。

世祖骄奢淫泆，役繁赋重，吏民苦之。甲申，诏："所在百工细作，悉罢之。邺下、晋阳、中山宫人、官口之老病者，悉简放。诸家缘坐在流所者，听还。"

周梁州恒稜獠叛，总管长史南郑赵文表讨之。诸将欲四面进攻，文表曰："四面攻之，獠无生路，必尽死以拒我，未易可克。今吾示以威恩，为恶者诛之，从善者抚之。善恶既分，破之易矣。"遂以此意遍令军中。时有从军熟獠，多与恒稜亲识，即以实报之。恒稜犹豫未决，文表军已至其境。獠中先有二路，一平一险，有獠帅数人来见，请为向导。文表曰："此路宽平，不须为导。卿但先行慰谕子弟，使来降也。"乃遣之。文表谓诸将曰："獠帅谓吾从宽路而进，必设伏以邀我，当更出其不意。"乃引兵自险路入。乘高而望，果有伏兵。獠既失计，争帅众来降。文表皆慰抚之，仍征其租税，无敢违者。周人以文表为蓬州长史。

（以上为第二段，写北周最终与突厥完成和亲。陈朝发生政权更迭，安成王陈顼废了侄儿的帝位。北齐太上皇高湛病死，新君北齐后主高纬废去一些暴政。）

北齐太上皇疾病复发，发驿使追召徐之才回京看病，徐之才没能及时赶到。十二月辛未，太上皇病情加重，将后事托付给和士开，握着他的手说：“不要辜负我啊。”还没放开手就死了。第二天，徐之才赶到，再次叫他回兖州。

和士开隐瞒太上皇死讯，到了第三天还不发丧。黄门侍郎冯子琮询问原因，和士开说：“神武皇帝、文襄帝死后都秘不发丧。如今皇上年轻，恐怕王公中有对朝廷怀有二心的人，我的想法是先把他们都召集到凉风堂，然后与公卿大臣共同商议治丧的事。”和士开一向忌恨太尉录尚书事赵郡王高叡和领军娄定远，冯子琮担心和士开假传遗诏外放高叡，夺取娄定远统领禁军的兵权，便劝和士开说：“大行皇帝先前已经传位给今上皇帝，群臣能得到富贵，都是太上皇、皇上父子给的恩惠，只要使在朝贵臣的职位不改动，王公们一定不会有野心。时代变了，事情不同，发丧之事怎能和神武皇帝、文襄皇帝时霸朝相比呢？而且你已经有几天没出宫门了，太上皇升天的事，外边已经传开了，拖着还不发丧，怕会有其他变故发生。”和士开这才发丧。

十二月十五日丙子，北齐大赦天下。十二月十七日戊寅，尊太上皇后为皇太后。

侍中尚书左仆射元文遥，认为冯子琮是胡太后的妹夫，担心他帮助胡太后干预朝政，就和赵郡王高叡、和士开商议，外放冯子琮为郑州刺史。

北齐世祖高湛在位时骄奢淫逸，赋役繁重，官民苦不堪言。十二月二十三日甲申，北齐后主下诏：“所有皇室经办的各种营造工场撤裁，做工的匠人释放回家。邺宫、晋阳宫、中山宫的宫人，以及没入为官奴婢的人，把老弱挑选出来，也释放回家，凡是由于亲戚犯罪而被株连遭流放的人，允许他们回老家。”

北周梁州恒稜的獠人反叛，总管长史南郑人赵文表发兵征讨。众将领建议四面围攻，赵文表说：“四面围攻，獠人没有活路，一定拼死抵抗，不容易攻克。现在我们恩威并举，首恶的人一定要诛杀，对改恶向善的人进行安抚。善与恶分清了，打败反叛者就十分容易。”于是把这个原则传令全军。当时有归附北周的熟獠在军中服役的人，他们大多数都与恒稜的獠人有亲戚关系，当即把这个原则通报给亲人。恒稜的獠人半信半疑，还在犹豫不决，这时赵文表已经率领大军压境。獠人居住区有两条通路，一条平坦，一条险要。有个獠人头目带领几个獠人来叩见，请求为向导。赵文表说：“这条道路宽大平坦，不须向导，请你们先走一步回去劝谕乡亲子弟，出来投降最好。”便让他们回去。赵文表对众将领说：“獠帅认为我们从宽平路进军，一定设下埋伏截击我军，我军来个出其不意。”于是从险路进军。登高一看，果然有伏兵。獠人既已失算，争先恐后领众投降。赵文表全都进行安抚，仍然征收他们的租税，没人再敢造反。北周任命赵文表为蓬州长史。

高宗宣皇帝上之上

太建元年（己丑，569 年）

春，正月，辛卯朔，周主以齐世祖之丧罢朝会，遣司会李纶吊赙，且会葬。

甲午，安成王即皇帝位，改元，大赦。复太皇太后为皇太后，皇太后为文皇后；立妃柳氏为皇后，世子叔宝为太子；封皇子叔陵为始兴王，奉昭烈王祀。乙未，上谒太庙。丁酉，以尚书仆射沈钦为左仆射，度支尚书王劢为右仆射。劢，份之孙也。

辛丑，上祀南郊。壬寅，封皇子叔英为豫章王，叔坚为长沙王。

戊午，上享太庙。

齐博陵文简王济，世祖之母弟也，为定州刺史，语人曰："次叙当至我矣。"齐主闻之，阴使人就州杀之，葬赠如礼。

二月，乙亥，上耕藉田。

甲申，齐葬武成帝于永平陵，庙号世祖。

乙丑，齐徙东平王俨为琅邪王。

齐遣侍中叱列长叉聘于周。

齐以司空徐显秀为太尉，并省尚书令娄定远为司空。

初，侍中、尚书右仆射和士开，为世祖所亲狎，出入卧内，无复期度，遂得幸于胡后。及世祖殂，齐主以士开受顾托，深委任之，威权益盛；与娄定远及录尚书事赵彦深，侍中、尚书左仆射元文遥，开府仪同三司唐邕，领军綦连猛、高阿那肱，度支尚书胡长粲俱用事，时号"八贵"。太尉赵郡王叡、大司马冯翊王润、安德王延宗与娄定远、元文遥皆言于齐主，请出士开为外任。会胡太后觞朝贵于前殿，叡面陈士开罪失云："士开先帝弄臣，城狐社鼠，受纳货赂，秽乱宫掖。臣等义无杜口，冒死陈之。"太后曰："先帝在时，王等何不言？今日欲欺孤寡邪？且饮酒，勿多言！"叡等辞色愈厉。仪同三司安吐根曰："臣本商胡，得在诸贵行末，既受厚恩，岂敢惜死！不出士开，朝野不定。"太后曰："异日论之，王等且散！"叡等或投冠于地，或拂衣而起。明日，叡等复诣云龙门，令文遥入奏之，三返，太后不听。左丞相段韶使胡长粲传太后言曰：

高宗宣皇帝上之上

陈宣帝太建元年（己丑，569年）

春季，正月初一日辛卯，北周武帝因北齐太上皇高湛去世而罢朝，派司会李纶去吊丧，并参加葬礼。

正月初四日甲午，陈朝安成王陈顼即皇帝位，是为陈宣帝，改元年号为太建，大赦天下。恢复太皇太后为皇太后，皇太后为文皇后，立妃柳氏为皇后，立世子陈叔宝为皇太子，封皇子陈叔陵为始兴王，奉祀照烈王陈道谭。正月初五日乙未，陈宣帝晋谒太庙祭祖。正月初七日丁酉，任命尚书仆射沈钦为左仆射，度支尚书王劢为右仆射。王劢，是王份的孙子。

正月十一日辛丑，陈宣帝在南郊祭天。正月十二日壬寅，封皇子陈叔英为豫章王，陈叔坚为长沙王。

正月二十八日戊午，陈宣帝在太庙祭祖。

北齐博陵文简王高济，是世祖高湛的同母弟，为定州刺史，对人说："依次应当是我即皇帝位。"北齐后主听说了，暗中派人到定州杀了他，按照王礼安葬了高济，并赠予谥号。

二月十五日乙亥，陈宣帝举行亲耕藉田典礼。

二月二十四日甲申，北齐在永平陵安葬武成帝，庙号世祖。

［二月二十九日己丑］，北齐改封东平王高俨为琅邪王。

北齐派侍中叱列长叉出使北周。

北齐任命司空徐显秀为太尉，并省尚书令娄定远为司空。

当初，侍中、尚书右仆射和士开受到齐世祖高湛的宠信，自由出入世祖的卧室，不受任何限制，因而得到胡皇后的宠信。等到高湛死后，北齐后主认为和士开受世祖顾托之命，非常信任他，和士开的威势和权力更加日益显赫，与娄定远及录尚书事赵彦深、尚书左仆射元文遥、开府仪同三司唐邕、领军綦连猛、高阿那肱、度支尚书胡长粲共掌朝政，当时人称为"八贵"。太尉赵郡王高叡、大司马冯翊王高润、安德王高延宗与娄定远、元文遥都进言北齐后主，请求外放和士开到地方任职。刚巧胡太后在前殿宴请朝臣，高叡当面陈述和士开的罪行说："和士开是先帝的弄臣，好比是城墙上的狐狸、土地庙里的老鼠，收受贿赂，淫乱宫中。臣等维护大义不能闭嘴，冒死陈述。"胡太后说："先帝在时，赵郡王为何不说话？今天想要欺负孤儿寡妇吗？各位只管多饮酒，不要多讲了。"高叡等人言辞更加严厉。仪同三司安吐根说："臣本是一个经商的胡人，幸得陪伴在诸位贤臣之末，既然受到了朝廷的厚恩，岂能怕死不说话。不外放和士开，朝廷不安定。"胡太后说："改天再讨论，王公大

“梓宫在殡，事太匆匆，欲王等更思之！”叡等遂皆拜谢。长粲复命，太后曰：“成妹母子家者，兄之力也。”厚赐叡等，罢之。

太后及齐主召问士开，对曰：“先帝于群臣之中，待臣最厚。陛下谅暗始尔，大臣皆有觊觎。今若出臣，正是翦陛下羽翼。宜谓叡云：‘文遥与臣，俱受先帝任用，岂可一去一留！并可用为州，且出纳如旧。待过山陵，然后遣之。’叡等谓臣真出，心必喜之。”帝及太后然之，告叡等如其言。乃以士开为兖州刺史，文遥为西兖州刺史。葬毕，叡等促士开就路。太后欲留士开过百日，叡不许；数日之内，太后数以为言。有中人知太后密旨者，谓叡曰：“太后意既如此，殿下何宜苦违！”叡曰：“吾受委不轻。今嗣主幼冲，岂可使邪臣在侧！不守之以死，何面戴天！”遂更见太后，苦言之。太后令酌酒赐叡，叡正色曰：“今论国家大事，非为卮酒！”言讫，遽出。

士开载美女珠帘诣娄定远，谢曰：“诸贵欲杀士开，蒙王力，特全其命，用为方伯。今当奉别，谨上二女子，一珠帘。”定远喜，谓士开曰：“欲还入不？”士开曰：“在内久不自安，今得出，实遂本志，不愿更入。但乞王保护，长为大州刺史足矣。”定远信之。送至门，士开曰：“今当远出，愿得一辞觐二宫。”定远许之。士开由是得见太后及帝，进说曰：“先帝一旦登遐，臣愧不能自死。观朝贵意势，欲以陛下为乾明。臣出之后，必有大变，臣何面目见先帝于地下！”因恸哭。帝、太后皆泣，问：“计安出？”士开曰：“臣已得入，复何所虑，正须数行诏书耳。”于是诏出定远为青州刺史，责赵郡王叡以不臣之罪。

旦日，叡将复入谏，妻子咸止之，叡曰：“社稷事重，吾宁死事先皇，不忍见朝廷颠沛。”至殿门，又有人谓曰：“殿下勿入，恐有变。”叡曰：

臣们散席吧！”高叡等人气愤得有人把帽子扔在地上，有人拂袖而去。第二天，高叡等又到云龙门，让元文遥入宫启奏，进出三次，反复陈说，胡太后仍不听。左丞相段韶派胡长粲传达胡太后的话说：“先皇灵柩还没有安葬，你们启奏的事太仓促，请诸王再考虑一下。”高叡等于是拜谢离去。胡长粲回宫复命，胡太后说：“成全妹妹我母子的人，全靠大哥之力。”又厚赏高叡等人，事情暂且搁置。

胡太后和北齐后主召见和士开询问对策，和士开说：“先帝在群臣之中，对待臣最优厚。陛下居丧才刚刚开始，大臣们都有非分之想。今天如果让臣出宫，恰恰是他们在翦除陛下的羽翼。应当对高叡这样说：‘元文遥与和士开，同时受先帝任用，怎可以一个去，一个留呢？可以一起任命两人为州刺史，暂且照旧任原职办事。等待安葬了先帝，然后派他们外出任职。’高叡等人认为我真要外出任职，心里一定高兴。”皇上和胡太后赞同这个办法，就按和士开说的一套告诉了高叡。于是任命和士开为兖州刺史，元文遥为西兖州刺史。大行皇帝安葬毕，高叡催促和士开上路。胡太后要留和士开过了一百天再走，高叡不同意，几天之内，胡太后接连下了几次话。有一个知道胡太后密旨的宦官告诉高叡说：“太后的意思既然这样，殿下何必苦苦违拗！”高叡说：“我受先帝顾托责任重大，现今嗣主年幼，怎能让奸邪之臣在身旁，我如果不能拼死保护嗣主，有什么脸面活在世上！”于是再次朝见太后，苦苦劝谏。胡太后命人给高叡赐酒，高叡严肃地说：“今天是讨论国家大事，不是来喝酒。”说完，转身就出了宫。

和士开用车拉着美女珠帘到娄定远家，向他道谢，说：“那些权贵想杀和士开，承蒙大王你的帮助，才保全了我的性命，任用我为刺史。今特来向你辞行，恭敬地送上两个女子，一卷珠帘。”娄定远很高兴，对和士开说：“你还想调回朝廷吗？”和士开说：“我在朝廷内久了，心里不踏实，现今得以外放，其实是圆了我的志愿，不想再回到朝廷，只希望得到大王你的保护，让我长久地做一个大州刺史就够了。”娄定远相信了，送和士开到门口，和士开说：“现在要远出，希望得到一次向皇太后、皇上两宫辞行的机会。”娄定远答应了。和士开因此再次见到了胡太后和北齐后主，进言说：“先帝一朝仙逝，臣很惭愧没能一死陪伴先帝，看来朝廷权贵们的如意算盘，是想把陛下当作乾明年间的济南王那样来对待。臣出都之后，一定有大变故，我还有什么脸面到地下去见先帝呢？”于是痛哭不已。皇上、胡太后也陪着一块哭泣，并问和士开：“你想出办法了吗？”和士开说：“臣已入宫见了皇上、太后，没什么顾虑了，臣只想得到皇上几行字的诏书。”于是北齐后主写下诏书，命令娄定远外出任青州刺史，同时斥责赵郡王高叡不敬皇上丧失臣节的罪过。

第二天早晨，高叡打算进宫再次劝谏，妻子儿女全都阻止他。高叡说：“国家社稷事情重大，我宁可追随先皇去死，也不忍心看到朝廷动乱。”高叡到了殿门，又

"吾上不负天，死亦无恨。"入，见太后，太后复以为言，叡执之弥固。出，至永巷，遇兵，执送华林园雀离佛院，令刘桃枝拉杀之。叡久典朝政，清正自守，朝野冤惜之。复以士开为侍中、尚书左仆射。定远归士开所遗，加以余珍赂之。

三月，齐主如晋阳。夏，四月，甲子，以并州尚书省为大基圣寺，晋祠为大崇皇寺。乙丑，齐主还邺。

齐主年少，多嬖宠。武卫将军高阿那肱，素以谄佞为世祖及和士开所厚，世祖多令在东宫侍齐主，由是有宠；累迁并省尚书令，封淮阴王。

世祖简都督二十人，使侍卫东宫，昌黎韩长鸾预焉，齐主独亲爱长鸾。长鸾，名凤，以字行，累迁侍中、领军，总知内省机密。

宫婢陆令萱者，其夫汉阳骆超，坐谋叛诛，令萱配掖庭，子提婆，亦没为奴。齐主之在襁褓，令萱保养之。令萱巧黠，善取媚，有宠于胡太后，宫掖之中，独擅威福，封为郡君，和士开、高阿那肱皆为之养子。齐主以令萱为女侍中。令萱引提婆入侍齐主，朝夕戏狎，累迁至开府仪同三司、武卫大将军。宫人穆舍利者，斛律后之从婢也，有宠于齐主；令萱欲附之，乃为之养母，荐为弘德夫人，因令提婆冒姓穆氏。然和士开用事最久，诸幸臣皆依附之以固其宠。

齐主思祖珽，就流囚中除海州刺史。珽乃遗陆媪弟仪同三司悉达书曰："赵彦深心腹深沈，欲行伊、霍事，仪同姊弟岂得平安，何不早用智士邪！"和士开亦以珽有胆略，欲引为谋主，乃弃旧怨，虚心待之，与陆媪言于帝曰："襄、宣、昭三帝之子，皆不得立。今至尊独在帝位者，祖孝徵之力也。人有功，不可不报。孝徵心行虽薄，奇略出人，缓急可使。且其人已盲，必无反心，请呼取，问以筹策。"齐主从之，召入，为秘书监，加开府仪同三司。

士开谮尚书令陇东王胡长仁骄恣，出为齐州刺史。长仁怨愤，谋遣

有人劝他说："殿下不要进宫，恐怕有祸乱发生。"高叡说："我上不负天，死也无遗憾。"高叡入宫见了胡太后，胡太后再一次对高叡说，丧期过了一百天让和士开外任。高叡更加固执己见。高叡出殿，到了永巷，遭遇抓他的士兵，把他押送到华林园雀离佛院，命令刘桃枝勒死了他。高叡久掌朝正，清廉正直，有操守，朝野上下的人无不痛惜他蒙冤而死。北齐后主重新任命和士开为侍中、尚书左仆射，娄定远归还和士开送他的东西。另外加了好多自家的珍宝讨好和士开。

三月，北齐后主到晋阳。夏季，四月初五日甲子，北齐把并州尚书省改为大基圣寺，把晋祠改为大崇皇寺。四月初六日乙丑，北齐后主回到邺城。

北齐后主年纪很轻，有许多受宠爱的嬖妾和宠臣。武卫将军高阿那肱，一向以善于迎逢受到世祖高湛以及和士开的厚待，世祖常常让高阿那肱在东宫侍奉高纬，因此又有宠于高纬，一路升迁任职并省尚书令，封淮阴王。

世祖高湛选拔都督二十人，派他们侍卫东宫，昌黎人韩长鸾是其中之一，北齐后主只宠爱韩长鸾一个人。韩长鸾名凤，通常用表字，一路升迁到侍中、领军，总知内省机密。

有一个宫婢叫陆令萱，她的丈夫是汉阳人骆超，因谋反罪被诛杀，陆令萱被发配到宫中掖庭做奴婢，她的儿子骆提婆也没入官府为奴。北齐后主在婴儿时，让陆令萱当保姆。陆令萱乖巧狡猾，很会阿谀奉迎，受到胡太后的宠爱，在宫掖中，只有她作威作福，还被封为郡君。和士开、高阿那肱都是她的养子。北齐后主任用陆令萱为女侍中。陆令萱把她的儿子骆提婆引进宫中侍奉北齐国主，早晚在一起戏耍，一次次升迁到开府仪同三司、武卫大将军。宫人中有个叫穆舍利的人，她是斛律后的随从奴婢，也受到北齐后主的宠爱，陆令萱想依附她，给她当干妈，推荐她做弘德夫人，还让儿子骆提婆冒姓穆氏。由于和士开掌权的时间最久，那些受到北齐后主宠信的大臣都依附和士开，借以巩固北齐后主对自己的宠信。

北齐后主思念祖珽，就在他流放地任命他为海州刺史。祖珽便送信给陆令萱的弟弟仪同三司陆悉达说："赵彦深老谋深算，想效法伊尹、霍光那样行事，你们姐弟怎么能得到平安，为什么不早早起用智谋之士呢？"和士开认为祖珽有胆识谋略，想拉他做谋主，于是捐弃前嫌，虚心待他，便与陆令萱一起对北齐后主说："文襄、文宣、孝昭三帝的儿子，都没能继承君位。如今皇上独自能够继承帝位，是祖孝徵出的力啊。人家立了功，不可以不回报。祖孝徵心地行为虽然轻薄，但是奇谋过人，在紧急的时候是一个有用的人。况且这人眼睛已失明，不会有反叛之心。可以把他召回朝廷，让他出谋划策。"北齐后主听从了，便宣召祖珽回京在朝廷做秘书监，加官开府仪同三司。

和士开向北齐后主进谗言，说尚书令陇东王胡长仁骄横放肆，外放为齐州刺史。

刺客杀士开。事觉，士开与斑谋之，斑引汉文帝诛薄昭故事，遂遣使就州赐死。

五月，庚戌，周主如醴泉宫。

丁巳，以吏部尚书徐陵为左仆射。

秋，七月，辛卯，皇太子纳妃沈氏，吏部尚书君理之女也。

辛亥，周主还长安。

八月，庚辰，盗杀周孔城防主，以其地入齐。

九月，辛卯，周遣齐公宪与柱国李穆将兵趣宜阳，筑崇德等五城。

欧阳纥在广州十余年，威惠著于百越。自华皎之叛，帝心疑之，征为左卫将军。纥恐惧，其下多劝之反，遂举兵攻衡州刺史钱道戢。

帝遣中书侍郎徐俭持节谕旨。纥初见俭，盛仗卫，言辞不恭。俭曰："吕嘉之事，诚当已远，将军独不见周迪、陈宝应乎！转祸为福，未为晚也。"纥默然不应，置俭于孤园寺，累旬不得还。纥尝出见俭，俭谓之曰："将军业已举事，俭须还报天子。俭之性命，虽在将军，将军成败，不在于俭，幸不见留。"纥乃遣俭还。俭，陵之子也。

冬，十月，辛未，诏车骑将军章昭达讨纥。

壬午，上享太庙。

十一月，辛亥，周鄫文公长孙俭卒。

辛丑，齐以斛律光为太傅，冯翊王润为太保，琅邪王俨为大司马。十二月，庚午，以兰陵王长恭为尚书令。庚辰，以中书监魏收为左仆射。

周齐公宪等围齐宜阳，绝其粮道。

自华皎之乱，与周人绝，至是周遣御正大夫杜杲来聘，请复修旧好。上许之，遣使如周。

（以上为第三段，写北齐国主高纬当国，受制于胡太后，政事仍由奸佞把持。陈朝与北周复修旧好。）

胡长仁怀恨在心，派刺客杀和士开。事情被发觉，和士开与祖珽商议，祖珽引用西汉文帝诛杀薄昭的故事，让北齐后主派使者到齐州就地赐死胡长仁。

五月二十二日庚戌，北周武帝到醴泉宫。

五月二十九日丁巳，陈朝任命吏部尚书徐陵为左仆射。

秋季，七月初四日辛卯，陈朝太子陈叔宝娶沈氏为太子妃，她是吏部尚书沈君理的女儿。

七月二十四日辛亥，北周武帝回到长安。

八月二十三日庚辰，强盗杀死了北周孔城的防主，把孔城献给了北齐。

九月初四日辛卯，北周派齐国公宇文宪与柱国李穆领兵直赴宜阳，在那里修筑了崇德等五座城。

欧阳纥镇守广州十多年，声威和恩惠在百越地区广泛传播。自从华皎反叛，陈宣帝猜疑欧阳纥，征召他为左卫将军。欧阳纥害怕，他的部下大多数人劝他造反，于是起兵攻击衡州刺史钱道戢。

陈宣帝派中书侍郎徐俭持节前往，宣谕朝廷旨意。欧阳纥刚见徐俭时，广布仪仗卫士，言辞十分傲慢。徐俭说："吕嘉背叛汉朝这样的事已经很久没有了，将军难道没有看到周迪和陈宝应的下场吗？把灾祸转化为幸福，现在还来得及。"欧阳纥沉默没有回答，把徐俭安置在孤圆寺，几十天也不让徐俭回朝。欧阳纥曾经到孤圆寺看徐俭，徐俭对欧阳纥说："将军已经起兵，徐俭必须回朝廷见天子。徐俭的性命虽然控在将军手里，但将军的成败，并不取决于徐俭，希望不要把我扣留在这里。"欧阳纥于是释放徐俭回朝廷。徐俭，是徐陵的儿子。

冬季，十月十五日辛未，陈宣帝下诏命车骑将军章昭达征讨欧阳纥。

十月二十六日壬午，陈宣帝到太庙祭祖。

十一月二十六日辛亥，北周鄫文公长孙俭去世。

十一月十六日辛丑，北齐任命斛律光为太傅，冯翊王高润为太保，琅邪王高俨为大司马。十二月十五日庚午，任命兰陵王高长恭为尚书令。十二月二十五日庚辰，任命中书监魏收为尚书左仆射。

北周齐国公宇文宪围攻北齐宜阳城，切断北齐救援宜阳的粮食运输线。

华皎叛乱后，陈朝与北周中断了友好往来，这时北周派御正大夫杜杲出使陈朝，请求恢复友好关系，陈宣帝答应了，派遣使臣到北周。

二年（庚寅，570 年）

春，正月，乙酉朔，齐改元武平。

齐东安王娄叡卒。

丙午，上享太庙。

戊申，齐使兼散骑常侍裴谳之来聘。

齐太傅斛律光，将步骑三万救宜阳，屡破周军，筑统关、丰化二城而还。周军追之，光纵击，又破之，获其开府仪同三司宇文英、梁景兴。二月，己巳，齐以斛律光为右丞相、并州刺史，又以任城王湝为太师，贺拔仁录尚书事。

欧阳纥召阳春太守冯仆至南海，诱与同反。仆遣使告其母冼夫人。夫人曰："我为忠贞，经今两世，不能惜汝负国。"遂发兵拒境，帅诸酋长迎章昭达。

昭达倍道兼行，至始兴。纥闻昭达奄至，恇扰不知所为，出顿洭口，多聚沙石，盛以竹笼，置于水栅之外，用遏舟舰。昭达居上流，装舰造拍，令军人衔刀潜行水中，以斫笼，篾皆解，因纵大舰随流突之。纥众大败，生擒纥，送之；癸未，斩于建康市。

纥之反也，士人流寓在岭南者皆惶骇。前著作佐郎萧引独恬然，曰："管幼安、袁曜卿，亦但安坐耳。君子直己以行义，何忧惧乎！"纥平，上征为金部侍郎。引，允之弟也。

冯仆以其母功，封信都侯，迁石龙太守，遣使持节册命冼氏为石龙太夫人，赐绣幰油络驷马安车一乘，给鼓吹一部，并麾幢旌节，其卤簿一如刺史之仪。

三月，丙申，皇太后章氏殂。

戊戌，齐安定武王贺拔仁卒。

丁未，大赦。

夏，四月，甲寅，周以柱国宇文盛为大宗伯。

周主如醴泉宫。

辛酉，齐以开府仪同三司徐之才为尚书左仆射。

戊寅，葬武宣皇后于万安陵。

闰月，戊申，上谒太庙。

五月，壬午，齐遣使来吊。

陈宣帝太建二年（庚寅，570年）

春季，正月初一日乙酉，北齐改元年号为武平。

北齐东安王娄叡去世。

正月二十二日丙午，陈宣帝到太庙祭祖。

正月二十四日戊申，北齐派兼散骑常侍裴谳之出使陈朝。

北齐太傅斛律光率领步骑三万救宜阳，多次打败周军，修筑了统关、丰化两座城，然后收兵回去，北周军队追击，斛律光反击，又大败北周军，俘获了北周开府仪同三司宇文英、梁景兴。二月十五日己巳，北齐任命斛律光为右丞相、并州刺史，又任命任城王高湝为太师，贺拔仁录尚书事。

欧阳纥召阳春太守冯仆到南海，劝他一起谋反。冯仆派人告知其母洗夫人，洗夫人说："我们忠贞报国，已历两代，不能因为爱惜你而误了国家。"于是发兵在境内抵抗，率领各位酋长迎接章昭达军。

章昭达倍道兼程，进军到始兴。欧阳纥听到章昭达突然到来，恐惧慌张得不知怎么办，只得领兵屯驻洭口，堆积了大量沙子石块，装在竹篓里，投置在水军栅栏外，用来阻挡舟船通行。章昭达军队驻扎在上游，命人在船上装配拍竿，派习水的士兵带着刀子潜行水中，砍破竹篓，竹篓的篾片散开，随即摆开大船顺水进军，突入欧阳纥的营栅。欧阳纥军众大败溃散，欧阳纥被活捉，押送到建康。二月二十九日癸未，欧阳纥在建康闹市上被斩首示众。

欧阳纥造反，侨居在岭南的士大夫们很害怕。前著作佐郎萧引独自安然，他说："从前的管宁、袁涣，遇到变乱，也只是安坐静待。君子行为正直合于道义，有什么害怕的呢！"欧阳纥被平定后，陈宣帝征召萧引为金部侍郎。萧引，是萧允的弟弟。

冯仆由于母亲洗夫人有功，得封信都侯，升迁为石龙太守，陈宣帝派持节专使册封洗夫人为石龙太夫人，赐给配有彩色的帷幔，用四匹马拉的安车一辆，鼓钲萧笳等乐器一套，用羽毛装饰的仪仗旗帜一面，她外出时的导引保留刺史的仪制。

三月十三日丙申，陈朝皇太后章氏去世。

三月十五日戊戌，北齐安定武王贺拔仁去世。

三月二十四日丁未，陈朝大赦天下。

夏季，四月初一日甲寅，北周任命柱国宇文盛为大宗伯。

北周武帝到醴泉宫。

四月初八日辛酉，北齐任命开府仪同三司徐之才为尚书左仆射。

四月二十五日戊寅，陈朝安葬陈武帝宣皇后章氏在万安陵。

闰四月二十五日戊申，陈宣帝到太庙祭拜祖先。

五月三十日壬午，北齐派使臣到陈朝吊唁武宣皇后。

六月，乙酉，齐以广宁王孝珩为司空。

甲辰，齐穆夫人生子恒。齐主时未有男，为之大赦。陆令萱欲以恒为太子，恐斛律后恨怒，乃白齐主，使斛律后母养之。

己丑，齐以开府仪同三司唐邕为尚书右仆射。

秋，七月，齐立肃宗子彦基为城阳王，彦忠为梁郡王。甲寅，以尚书令兰陵王长恭为录尚书事，中领军和士开为尚书令，赐爵淮阳王。

士开威权日盛，朝士不知廉耻者，或为之假子，与富商大贾同在伯仲之列。尝有一人士参士开疾，值医云："王伤寒极重，应服黄龙汤。"士开有难色。人士曰："此物甚易服，王不须疑，请为王先尝之。"一举而尽。士开感其意，为之强服，遂得愈。

乙卯，周主还长安。

癸酉，齐以华山王凝为太傅。

司空章昭达攻梁，梁主与周总管陆腾拒之。周人于峡口南岸筑安蜀城，横引大索于江上，编苇为桥，以度军粮。昭达命军士为长戟，施于楼船上，仰割其索。索断，粮绝，因纵兵攻安蜀城，下之。

梁主告急于周襄州总管卫公直，直遣大将军李迁哲将兵救之。迁哲以其所部守江陵外城，自帅骑兵出南门，使步出北门，首尾邀击陈兵，陈兵多死。夜，陈兵窃于城西以梯登城，登者已数百人，迁哲与陆腾力战拒之，乃退。

昭达又决龙川宁朔堤，引水灌江陵。腾出战于西堤，昭达兵不利，乃引还。

八月，辛卯，齐主如晋阳。

九月，乙巳，齐立皇子恒为太子。

冬，十月，辛巳朔，日有食之。

齐以广宁王孝珩为司徒，上洛王思宗为司空。复以梁永嘉王庄为开府仪同三司、梁王，许以兴复，竟不果。及齐亡，庄愤邑，卒于邺。

乙酉，上享太庙。

己丑，齐复威宗谥曰文宣皇帝，庙号显祖。

六月初三日乙酉，北齐任命广宁王高孝珩为司空。

六月二十二日甲辰，北齐后主的穆夫人生下皇子高恒。北齐后主当时没有男孩，因此皇子诞生后特别大赦天下。陆令萱想立高恒为太子，担心斛律皇后愤怒，就奏请北齐后主，让斛律皇后为嫡母养育高恒。

［六月二十七日己酉］，北齐任命开府仪同三司唐邕为尚书右仆射。

秋季，七月［初二日癸丑］，北齐立肃宗高演的儿子高彦基为城阳王，高彦忠为梁郡王。七月初三日甲寅，任命尚书令兰陵王高长恭为录尚书事，中领军和士开为尚书令，赐爵淮阳王。

和士开声威权势一天天增强，朝廷大臣中不知廉耻的人，甘心做和士开的干儿子，就像一个唯利是图的富商一样。曾经有一个大臣去探问和士开的病情，正好医生开了药方，说："淮阳王得了极重的伤寒病，应当服用粪汁黄龙汤。"和士开难以下咽。这个大臣说："黄龙汤很好喝，大王不要疑虑，我请求替大王先尝一下。"举杯一饮而尽。和士开很感激他，也勉强喝了一杯，还真的把病治好了。

七月初四日乙卯，北周武帝回到长安。

七月二十二日癸酉，北齐任命华山王高凝为太傅。

陈朝司空章昭达进攻后梁，后梁国主萧岿与北周总管陆腾抵抗。周军在西陵峡口长江南岸修筑安蜀城，在长江上横跨拉了几道大绳索，在绳索上编织苇草，成为索桥，用来运送军粮。章昭达命令士兵打造长戟，安装在楼船上，驰到桥下仰割绳索，索断桥毁，北周兵粮食断绝，然后大举进攻安蜀城，攻下了这座城。

后梁国主萧岿向北周襄州总管卫国公宇文直紧急求救，宇文直派大将军李迁哲领兵救援。李迁哲派自己所属部队守卫江陵外城，自己亲率骑兵出江陵南门，又派步兵出江陵北门，两路一头一尾夹攻陈朝军队，陈军交战死伤很多。夜晚，陈军在江陵西城偷偷从云梯登上城墙，众达几百人，李迁哲与陆腾奋力死战，陈军才退走。

章昭达又挖开龙川宁朔的堤坝，引水灌江陵城，陆腾出兵在西堤攻击陈军，章昭达战败，这才撤退回军。

八月初十日辛卯，北齐后主到晋阳。

九月十九日乙巳，北齐立皇子高恒为太子。

冬季，十月初一日辛巳，发生日食。

北齐任命广宁王高孝珩为司徒，上洛王高思宗为司空。又任命梁朝的永嘉王萧庄为开府仪同三司、梁王，承诺为梁王恢复梁朝大业，始终没有成功。等到北齐灭亡，萧庄忧愤过度，死在邺城。

十月初五日乙酉，陈宣帝到太庙祭祀祖先。

十月初十日己丑，北齐恢复威宗高洋谥号为文宣皇帝，庙号显祖。

丁酉，周郑桓公达奚武卒。

十二月，丁亥，齐主还邺。

周大将军郑恪将兵平越巂，置西宁州。

周、齐争宜阳，久而不决。勋州刺史韦孝宽谓其下曰："宜阳一城之地，不足损益，两国争之，劳师弥年。彼岂无智谋之士，若弃崤东，来图汾北，我必失地。今宜速于华谷及长秋筑城以杜其意。脱其先我，图之实难。"乃画地形，具陈其状。晋公护谓使者曰："韦公子孙虽多，数不满百，汾北筑城，遣谁守之！"事遂不行。

齐斛律光果出晋州道，于汾北筑华谷、龙门二城。光至汾东，与孝宽相见，光曰："宜阳一城，久劳争战。今已舍彼，欲于汾北取偿，幸勿怪也。"孝宽曰："宜阳，彼之要冲，汾北，我之所弃。我弃彼取，其偿安在！君辅翼幼主，位望隆重，不抚循百姓而极武穷兵，苟贪寻常之地，涂炭疲弊之民，窃为君不取也！"

光进围定阳，筑南汾城以逼之。周人释宜阳之围以救汾北。晋公护问计于齐公宪，宪曰："兄宜暂出同州以为声势，宪请以精兵居前，随机攻取。"护从之。

（以上为第四段，写陈朝平定广州欧阳纥之乱，全境恢复平静。北周、北齐争夺宜阳与汾北之战，北周晋国公宇文护不纳韦孝宽之策，陷入被动。）

三年（辛卯，571 年）

春，正月，乙丑，以尚书右仆射徐陵为左仆射。

丁巳，齐使兼散骑常侍刘环俊来聘。

辛酉，上祀南郊；辛未，祀北郊。

齐斛律光筑十三城于西境，马上以鞭指画而成，拓地五百里，而未尝伐功。又与周韦孝宽战于汾北，破之。齐公宪督诸将东拒齐师。

二月，辛巳，上祀明堂。丁酉，耕藉田。

壬寅，齐以兰陵王长恭为太尉，赵彦深为司空，和士开录尚书事，徐之才为尚书令，唐邕为左仆射，吏部尚书冯子琮为右仆射，仍摄选。

十月十七日丁酉，北周郑桓公达奚武去世。

十二月初八日丁亥，北齐后主回到邺城。

北周大将军郑恪领兵平定越巂，设置西宁州。

北周、北齐争夺宜阳城，久战没有决出胜负。北周勋州刺史韦孝宽对部下说："宜阳一城之地，得失无关大局，两国争夺，兴师动众已有一年。对方难道没有足智多谋的人士，如果他们放弃宜阳，转而攻击我们的汾北地区，我们一定会丧失这些地方。如今应当尽快在华谷及长秋一带修筑城堡来杜绝对方侵犯的念头。假如他们行动在我们的前头，再来对付就困难了。"于是画出地形，具体标出应当筑城的位置上奏朝廷。晋国公宇文护对使者说："韦公虽然子孙众多，其数也不满一百，汾北地区筑城，派谁去守卫！"韦孝宽在汾北筑城的计划被搁置起来。

北齐斛律光果然从晋州道出兵，在汾水北岸筑华谷、龙门两座城。斛律光进兵到汾水东，与韦孝宽相见，说："宜阳一城，害得两国长久争夺交战。现今我们放弃了送给你们，想从汾北取得补偿，请不要见怪。"韦孝宽说："宜阳城是你们的边塞要冲，汾北地区是我们丢弃的地方。我们不要的地方你们拿去好了，哪里谈得上什么补偿。你辅佐北齐幼主，地位和声望都很高，不好好安抚百信而穷兵黩武，为了贪图一块普通的土地，不惜使国民陷于水深火热之中，我私下估量实在不值。"

斛律光进兵围攻定阳，修筑南汾城来威胁逼迫定阳。北周军队解除对宜阳的包围撤军，救援汾北地区。晋国公宇文护向齐国公宇文宪询问用兵计谋，宇文宪说："兄长应暂时出兵到同州以声张威势，我率领精兵为前锋，寻找战机攻取城池。"宇文护采纳了这一方略。

陈宣帝太建三年（辛卯，571 年）

春季，[正月初五日癸丑]，陈朝任命尚书右仆射徐陵为左仆射。

正月初九日丁巳，北齐派兼散骑常侍刘环俊出使陈朝。

正月十三日辛酉，陈宣帝在南郊祭天；正月二十三日，在北郊祭地。

北齐斛律光在西部边境汾北地区修筑了十三座军事城堡，斛律光在马背上用鞭子比画城堡的规模形制，便成了筑城的规划图，开拓土地纵深五百里，从不夸耀自己的功劳。斛律光与北周韦孝宽在汾北交战，打败了韦孝宽。北周齐国公宇文宪率领军队东出抗拒北齐军队。

二月初三日辛巳，陈宣帝到明堂祭祀。二月十九日，陈宣帝举行亲耕藉田典礼。

二月二十四日壬寅，北齐任命兰陵王高长恭为太尉，赵彦深为司空，和士开录尚书事，徐之才为尚书令，唐邕为左仆射，吏部尚书冯子琮为右仆射，仍然掌管吏

子琮素谄附士开，至是，自以太后亲属，且典选，颇擅引用人，不复启禀，由是与士开有隙。

三月，丁丑，大赦。

周齐公宪自龙门渡河，斛律光退保华谷，宪攻拔其新筑五城。齐太宰段韶、兰陵王长恭将兵御周师，攻柏谷城，拔之而还。

夏，四月，戊寅朔，日有食之。

壬午，齐以琅邪王俨为太保。

壬辰，齐遣使来聘。

周陈公纯取齐宜阳等九城，齐斛律光将步骑五万赴之。

五月，癸亥，周使纳言郑诩来聘。

周晋公护使中外府参军郭荣城于姚襄城南、定阳城西，齐段韶引兵袭周师，破之。六月，韶围定阳城，周汾州刺史杨敷固守不下。韶急攻之，屠其外城。时韶卧病，谓兰陵王长恭曰："此城三面重涧，皆无走路；唯虑东南一道耳，贼必从此出。宜简精兵专守之，此必成擒。"长恭乃令壮士千余人伏于东南涧口。城中粮尽，齐公宪总兵救之，惮韶，不敢进。敷帅见兵突围夜走，伏兵击擒之，尽俘其众。乙巳，齐取周汾州及姚襄城，唯郭荣所筑城独存。敷，愔之族子也。

敷子素，少多才艺，有大志，不拘小节，以其父守节陷齐，未蒙赠谥，上表申理。周主不许，至于再三，帝大怒，命左右斩之。素大言曰："臣事无道天子，死其分也！"帝壮其言，赠敷大将军，谥曰忠壮，以素为仪同三司，渐见礼遇。帝命素为诏书，下笔立成，词义兼美，帝曰："勉之，勿忧不富贵。"素曰："但恐富贵来逼臣，臣无心图富贵也。"

齐斛律光与周师战于宜阳城下，取周建安等四戍，捕虏千余人而还。军未至邺，齐主敕使散兵，光以军士多有功者，未得慰劳，乃密通表，请遣使宣旨，军仍且进，齐朝发使迟留。军还，将至紫陌，光乃驻营待使。帝闻光军已逼，心甚恶之，亟令舍人召光入见，然后宣劳散兵。

（以上为第五段，写北周与北齐汾北争夺战，以北齐获胜而告终。）

部选举事务。

冯子琮一向逢迎和士开，这时认为自己是太后的亲戚，又掌管选举事务，便擅自荐举任用官吏，不再向和士开报告，因此与和士开结怨。

三月三十日丁丑，陈朝大赦天下。

北周齐国公宇文宪从龙门渡过黄河，斛律光退守华谷城，宇文宪攻破斛律光新筑的五座军城。北齐太宰段韶、兰陵王高长恭领兵抗击周兵，攻占了柏谷城后回归。

夏季，四月初一日戊寅，发生日食。

四月初五日壬午，北齐任命琅邪王高俨为太保。

四月十五日壬辰，北齐派使臣访问陈朝。

北周陈国公宇文纯攻取北齐宜阳等九座城，北齐斛律光率领步骑五万前往抵御。

五月十六日癸亥，北周派纳言出使陈朝。

北周晋国公宇文护派中外府参军郭荣在姚襄城南边、定阳城西边修筑军城，北齐段韶领兵袭击北周军队，打败了北周军。六月，段韶围攻定阳城，北周汾州刺史杨敷坚守，没有攻下，段韶猛烈攻打，攻破外城进行大屠杀。当时段韶病倒在床，他对兰陵王高长恭说："这座城三面临近重重溪涧，没有退路，只有东南一条道路，敌人突围一定从这里出来，应当挑选精兵专门埋伏在这里等待，这样一定能抓获突围的敌人。"高长恭于是选派了一千多壮士埋伏在东南的涧水渡口。城中粮食用完，北周齐国公宇文宪统领军队来救，他害怕段韶，不敢进兵交战。杨敷率领城中残存部队乘夜突围逃走，遭遇北齐伏兵袭击，全部被抓获。五月二十九日乙巳，北齐攻占了北周汾州及姚襄城，只有郭荣所筑的一座城没有被攻破。杨敷，是北齐杨愔的族子。

杨敷的儿子杨素，年少很有才艺，胸成大志，不拘小节，认为父亲城破被北齐抓获守节不屈，却没有得到朝廷的赠官加谥，上奏申诉。北周武帝不理睬，杨素就多次上书理论，北周武帝大怒，命令手下人斩杀杨素。杨素高声说："臣侍奉无道天子，死得其所。"北周武帝很欣赏杨素临死说出豪言壮语，就免了杨素的死罪，给杨敷赠官大将军，谥号为忠壮，任命杨素为仪同三司，此后逐渐受到北周武帝礼遇。北周武帝命令杨素草拟诏书，下笔成文，文辞内容都华美。北周武帝说："好好努力，不要担心没有富贵。"杨素说："只怕富贵来逼臣，臣倒无心图富贵。"

北齐斛律光与北周军队在宜阳城下交战，夺取了北周建安等四座戍守军城，俘获了一千多周兵退回。北齐军还没到达邺城，北齐后主敕令解散军队，斛律光认为军士立功还没有受到慰劳，便秘密上表，请求北齐后主派使臣宣布慰劳的旨意。斛律光领兵继续前进，北齐朝廷的使者行动缓慢。军队快到紫陌，临近邺城才停止下来，斛律光扎营等待使者。北齐后主听到斛律光率军逼近都城，心里非常憎恶斛律

齐琅邪王俨以和士开、穆提婆等专横奢纵，意甚不平。二人相谓曰："琅邪王眼光奕奕，数步射人，向者暂对，不觉汗出；吾辈见天子奏事尚不然。"由是忌之，乃出俨居北宫，五日一朝，不得无时见太后。

俨之除太保也，余官悉解，犹带中丞及京畿。士开等以北城有武库，欲移俨于外，然后夺其兵权。治书侍御史王子宜，与俨所亲开府仪同三司高舍洛、中常侍刘辟彊说俨曰："殿下被疏，正由士开间构，何可出北宫入民间也！"俨谓侍中冯子琮曰："士开罪重，儿欲杀之，何如？"子琮心欲废帝而立俨，因劝成之。

俨令子宜表弹士开罪，请禁推。子琮杂他文书奏之，帝主不审省而可之。俨诳领军库狄伏连曰："奉敕，令领军收士开。"伏连以告子琮，且请复奏，子琮曰："琅邪受敕，何必更奏。"伏连信之，发京畿军士，伏于神虎门外，并戒门者不听士开入。秋，七月，庚午旦，士开依常早参，伏连前执士开手曰："今有一大好事。"王子宜授以一函，云："有敕，令王向台。"因遣军士护送。俨遣都督冯永洛就台斩之。

俨本意唯杀士开，其党因逼俨曰："事既然，不可中止。"俨遂帅京畿军士三千余人屯千秋门。帝使刘桃枝将禁兵八十人召俨，桃枝遥拜，俨命反缚，将斩之，禁兵散走。帝又使冯子琮召俨，俨辞曰："士开昔来实合万死，谋废至尊，剃家家发为尼，臣为是矫诏诛之。尊兄若欲杀臣，不敢逃罪。若赦臣，愿遣姊姊来迎，臣即入见。"姊姊，谓陆令萱也，俨欲诱出杀之。令萱执刀在帝后，闻之，战栗。

帝又使韩长鸾召俨，俨将入，刘辟彊牵衣谏曰："若不斩穆提婆母子，殿下无由得入。"广宁王孝珩、安德王延宗自西来，曰："何不入？"辟彊

光，赶快派舍人宣召斛律光入宫觐见，然后下令慰劳，遣散军队。

北齐琅邪王高俨认为和士开、穆提婆等专横跋扈，奢侈骄纵，心里感到愤愤不平。和士开与穆提婆两人商量说："琅邪王眼光发亮，几步之外看人，都感到逼人，不久前和他打了个照面，只说了几句话，不知不觉，出了一身冷汗，我们朝见天子奏事也没这样紧张。"因此忌恨高俨，便调高俨出宫居住在北宫，五天才朝见皇上一次，不能随时去见胡太后。

高俨升任太保，其他职务全都解除，仍然保留御史中丞和京畿大都督两职。和士开等认为北城有武库，想调高俨离开北宫外出后，削夺他的兵权。治书侍御史王子宜，与高俨的亲信开府仪同三司高舍洛、中常侍刘辟彊劝说高俨说："殿下被疏远，正是由于和士开离间构害造成的，你怎么可以离开北宫到民间呢！"高俨对侍中冯子琮说："和士开罪孽深重，孩儿想杀掉他，姨父意下如何？"冯子琮心里想要废了高纬拥立高俨登上帝位，趁便劝说高俨办成这件事。

高俨让王子宜上表弹劾和士开罪恶，请求拘捕审判他。冯子琮把这份奏章混杂在其他上奏的文书中，一起上奏，北齐后主没有仔细审阅就统统批准了。高俨欺骗领军库狄伏连说："奉皇上敕令，命令领军抓捕和士开。"库狄伏连向冯子琮报告，并且提出再向皇上奏请复核，冯子琮说："琅邪王接受的皇帝敕令，不必再奏请。"库狄伏连相信了，调发戍守京畿的部队，埋伏在神虎门外，并且告诫守门的宫廷卫士，不许和士开进入宫门。秋季，七月二十五日庚午，早晨，和士开按平时入宫时间进宫早朝，库狄伏连迎上握住和士开的手说："今天有一件大好事。"王子宜交给和士开一封信，说："有皇帝敕令，请淮阳王到尚书台议事。"库狄伏连派军士护送和士开到尚书台，高俨派都督冯永洛在尚书台就地斩了和士开。

高俨的本意是只杀和士开一个人，他的党羽却逼他说："事情到了这一步，不可半途而废。"高俨于是率领京畿军士三千人屯驻在在千秋门。北齐后主派刘桃枝带领八十名宫廷禁军去宣召高俨进宫，刘桃枝远远看到高俨就下拜行礼，高俨命令把刘桃枝两手反绑，下令处死他，禁军们吓得一哄而散。高纬又派冯子琮宣召高俨，高俨抗命推辞说："和士开的罪行早就应该万死，他企图废黜皇上，剃去亲生母亲的头发，逼她做尼姑，臣因此假传圣旨把他杀了。皇上兄长想要杀臣，臣不敢逃避罪责，如果赦臣无罪，请求派乳母来迎接，臣立即入宫参见皇上。"高俨所说的乳母就是陆令萱。高俨想把陆令萱骗出来杀掉。陆令萱提着刀站在北齐后主背后，听了消息，吓得直打哆嗦。

北齐后主又派韩长鸾去宣召高俨，高俨打算进宫，刘辟彊拉着高俨的衣服劝阻说："如果不杀掉穆提婆母子，殿下就不能进去。"广宁王高孝珩、安德王高延宗从

曰："兵少。"延宗顾众而言曰："孝昭帝杀杨遵彦，止八十人。今有数千，何谓少？"

帝泣启太后曰："有缘，复见家家；无缘，永别！"乃急召斛律光，俨亦召之。

光闻俨杀士开，抚掌大笑曰："龙子所为，固自不似凡人！"入，见帝于永巷。帝帅宿卫者步骑四百，授甲，将出战，光曰："小儿辈弄兵，与交手即乱。鄙谚云：'奴见大家心死。'至尊宜自至千秋门，琅邪必不敢动。"帝从之。

光步道，使人走出，曰："大家来。"俨徒骇散。帝驻马桥上遥呼之，俨犹立不进，光就谓曰："天子弟杀一夫，何所苦！"执其手，强引以前，请于帝曰："琅邪王年少，肠肥脑满，轻为举措，稍长自不复然，愿宽其罪。"帝拔俨所带刀环，乱筑辫头，良久，乃释之。

收库狄伏连、高舍洛、王子宜、刘辟彊、都督翟显贵，于后园支解，暴之都街。帝欲尽杀俨府文武职吏，光曰："此皆勋贵子弟，诛之，恐人心不安。"赵彦深亦曰："《春秋》责帅。"于是罪之各有差。

太后责问俨，俨曰："冯子琮教儿。"太后怒，遣使就内省以弓弦绞杀子琮，使内参以库车载尸归其家。自是太后常置俨于宫中，每食必自尝之。

（以上为第六段，写北齐琅邪王高俨诛杀奸邪权佞之臣和士开，引发一场未遂政变，一批忠良之臣遭杀害。）

八月，己亥，齐主如晋阳。

九月，辛亥，齐以任城王湝为太宰，冯翊王润为太师。

己未，齐平原忠武王段韶卒。韶有谋略，得将士死力，出总军旅，入参帏幄，功高望重，而雅性温慎，得宰相体。事后母孝，闺门雍肃，齐勋贵之家，无能及者。

齐祖珽说陆令萱，出赵彦深为兖州刺史。齐主以珽为侍中。

西边走来，说：“为何不进宫？”刘辟彊说：“兵员少。”高延宗回头看了看周围军士，说：“孝昭帝高演杀杨遵彦时，只有八十个人，现今有数千人，怎能说少？”

北齐后主启奏胡太后说：“如果还有缘分，还会见到母亲，如果没有缘分，就和母亲永别了。”便紧急宣召斛律光，高俨也宣召斛律光。

斛律光听说高俨杀了和士开，拍掌大笑说：“到底是龙子办事，本来就不同凡人。”斛律光入宫，在永巷见到北齐后主。高纬亲自率领宫殿卫士有步骑四百人，给他们发了兵器甲胄，准备出战，斛律光说：“小儿子们玩耍干戈，与他交战就是一片混乱。俗话说：‘奴仆见了皇上，心里就打颤。’皇上应该亲自到千秋门，琅邪王一定不敢行动。”北齐后主听从了。

斛律光步行在北齐后主前面，派人走出宫门说：“皇上来了。”高俨的党徒惊骇逃散。北齐后主停住马，在宫门外护城河桥上远远地呼喊高俨，高俨仍然站立不敢向前，斛律光对他说：“天子的弟弟杀了一个人，有什么可怕的。”斛律光抓着高俨的手，硬拉着他向前，代高俨向北齐后主求情说：“琅邪王年轻，脑满肠肥，做事轻率，慢慢长大了就不这样了，希望饶恕他的罪过。”北齐后主拉出高俨带的佩刀，用刀把乱打他的头，打了好一阵，才放了他。

北齐后主下令，抓捕库狄伏连、高舍洛、王子宜、刘辟彊、都督霍显贵，在宫中后花园将他们分尸杀死，扔到大街上示众。北齐后主想把高俨府中的文武下属全部杀光，斛律光说：“这都是勋贵的子弟，杀了，恐怕人心不安。”赵彦深也说：“《春秋》里写了，将士不服从命令，责任在主帅。”于是按职责大小判处不同等级的罪。

胡太后责问高俨，高俨说：“是冯子琮教唆孩子这样做。”胡太后大怒，派人在尚书省用弓弦勒死了冯子琮，让宦官用库车拉着冯子琮的尸体送回家。从此，胡太后经常把高俨安置在宫中，每次吃东西要亲自先尝。

八月二十四日己亥，北齐后主到晋阳。

九月初六日辛亥，北齐任命任城王高湝为太宰、冯翊王高润为太师。

九月十四日己未，北齐平原人忠武王段韶去世。段韶有智慧谋略，带兵能得到将士拼死效力，出朝能胜任主帅统兵打仗，入朝能参与重大决策，功劳高声望重，加上品性温和，说话谨慎，很有宰相器度，侍奉后母尽孝，满门和谐而庄重，北齐朝廷的勋贵之家，没人能和段韶相比。

北齐祖珽劝说陆令萱，让她进宫劝说皇上外放赵彦深为兖州刺史。北齐后主任命祖珽为侍中。

陆令萱说帝曰："人称琅邪王聪明雄勇，当今无敌；观其相表，殆非人臣。自专杀以来，常怀恐惧，宜早为之计。"幸臣何洪珍等亦请杀之。帝未决，以食舆密迎珽，问之。珽称"周公诛管叔，季友鸩庆父"。帝乃携俨之晋阳，使右卫大将军赵元侃诱俨执之，元侃曰："臣昔事先帝，见先帝爱王。今宁就死，不忍行此。"帝出元侃为豫州刺史。

庚午，帝启太后曰："明旦欲与仁威早出猎。"夜四鼓，帝召俨，俨疑之。陆令萱曰："兄呼，儿何为不去！"俨出，至永巷，刘桃枝反接其手。俨呼曰："乞见家家、尊兄。"桃枝以袖塞其口，反袍蒙头负出，至大明宫，鼻血满面，拉杀之，时年十四，裹之以席，埋于室内。帝使启太后，太后临哭，十余声，即拥入殿。遗腹四男，皆幽死。

冬，十月，罢京畿府，入领军。

壬午，周冀公通卒。

甲申，上享太庙。

乙未，周遣右武伯谷会琨等聘于齐。

齐胡太后出入不节，与沙门统昙献通，诸僧至有戏呼昙献为太上皇者。齐主闻太后不谨而未之信，后朝太后，见二尼，悦而召之，乃男子也。于是昙献事亦发，皆伏诛。

已亥，帝自晋阳奉太后还邺，至紫陌，遇大风。舍人魏僧伽习风角，奏言："即时当有暴逆事。"帝诈云"邺中有变"，弯弓缠弰，驰入南城，遣宦者邓长颙幽太后于北宫，仍敕内外诸亲皆不得与胡太后相见。太后或为帝设食，帝亦不敢尝。

庚戌，齐遣侍中赫连子悦聘于周。

十一月，丁巳，周主如散关。丙寅，齐以徐州行台广宁王孝珩录尚书事；庚午，又以为司徒。癸酉，以斛律光为左丞相。

陆令萱劝说北齐后主，说：“人人都说琅邪王高俨聪明有武略，当今无人可比，只要看看他的相貌，绝不是甘为人下的臣子。自从他独断专行杀了和士开，时时怀有恐惧之心，陛下应该及早想办法除掉他。”宠臣何洪珍等也请求北齐后主杀高俨。北齐后主还没下定决心，派人用装运食物的车子把祖珽秘密拉进皇宫，询问他的意见。祖珽称赞：“周公姬旦诛杀弟弟管叔姬鲜，鲁国季友用鸩酒毒死庆父。”高纬下了决心，带高俨到晋阳，命令右卫大将军赵元侃去诱捕高俨。赵元侃说：“臣早先事奉先帝，看到先帝很爱琅邪王。今天我宁愿被处死，也不忍心干这种事。”北齐后主就把赵元侃外放为豫州刺史。

九月二十五日庚午，北齐后主禀告胡太后说：“明天早上我带仁威出外打猎。”夜里四更时分，北齐后主宣召高俨，高俨有疑心。陆令萱说：“大哥叫你，孩子你为何不去！”高俨出宫，走到永巷，刘桃枝反绑了高俨的两只手。高俨喊叫，说：“让我去见母亲和大哥。”刘桃枝用衣袖塞住高俨的嘴，把高俨的衣服翻转到头上严严实实抱起来，将他背出永巷，走到大明宫，高俨鼻血喷流满面，刘桃枝用力将他压死，当时高俨只有十四岁。刘桃枝用草席裹了高俨的尸体，埋在宫中室内。北齐后主派人启奏胡太后，胡太后临丧痛哭，只哭了十几声，就被人簇拥回到殿内。高俨有四个遗腹子，后来都被囚禁而死。

冬季，十月，北齐裁撤京畿大都督府，并入领军府。

十月初八日壬午，北周冀国公宇文通去世。

十月初十日甲申，陈宣帝到太庙祭祀祖先。

十月二十一日乙未，北周派右武伯谷会琨等出使北齐。

北齐胡太后在宫内宫外都不守贞节，与僧人昙献私通，众僧人中甚至有人戏称昙献是太上皇。北齐后主听到胡太后私生活不检点，起初不相信。后来北齐后主朝见胡太后，看到两个尼姑，很喜爱她们，就宣召她们，这两个“尼姑”原来都是男人，于是昙献的事败露，全都被杀了头。

十月二十五日己亥，北齐后主从晋阳侍奉胡太后回到邺城，到达紫陌，遇上大风。舍人魏僧伽是精通占候预测吉凶的方术，上奏说：“当天要发生反叛的事。”北齐后主谎称“邺城中有变故”，说着，一方面拉足弓弦绷紧箭梢，驰马先进入邺城的南城，一方面派宦官邓长颙把胡太后幽禁在北宫。北齐后主下令，内外所有亲戚都不允许与胡太后相见。有时胡太后为北齐后主准备的食物，北齐后主也不敢吃。

十一月初六日庚戌，北齐派侍中赫连子悦出使北周。

十一月十三日丁巳，北周武帝到达散关。十一月二十二日丙寅，北齐任命徐州行台广宁王高孝珩录尚书事；十一月二十六日庚午，又任命高孝珩为司徒。十一月二十九日癸酉，北齐任命斛律光为左丞相。

十二月，己丑，周主还长安。

壬辰，邵陵公章昭达卒。

是岁，梁华皎将如周，过襄阳，说卫公直曰："梁主既失江南诸郡，民少国贫；朝廷兴亡继绝，理宜资赡，望借数州以资梁国。"直然之，遣使言状，周主诏以基、平、鄀三州与之。

（以上为第七段，写北齐国主高纬杀害弟弟琅邪王高俨，幽闭太后。）

十二月十六日己丑，北周武帝返回长安。

十二月十九日壬辰，陈朝邵陵公章昭达去世。

这一年，后梁华皎要到北周，路过襄阳，劝说卫国公宇文直说：“梁国国主丢失了长江南岸各郡，人民少，国家贫，北周以兴复亡国，接续绝代为己任，那么应当资助梁国，希望贵国能借几个州的土地资助梁国。”宇文直认为说得对，派出使者向北周朝廷报告详情，北周武帝下诏把基州、平州、鄀州三州土地交给了后梁。

【点评】

北周在鼎立格局中日益强盛。陈朝、北周、北齐三国，唯北周君臣一心，政治最清。北周、北齐对抗，周弱齐强，又因大冢宰宇文护不懂军事，使周军常常处于劣势。北齐政治在三国中最为昏暗，因开国元宿斛律金、斛律光、段韶等尚存，虽然在疆场争逐中处于优势，却因内政不稳而不能扩大战果，反而处于守势。北周及其继任者最终一统天下，北齐最先灭亡，良有以也。

陈纪五

陈宣帝太建四年至六年（572—574年）

【起玄默执徐（壬辰，572年），尽阏逢敦牂（甲午，574年），凡三年】

【大事提要】

本卷载述公元572年至公元574年南北朝史事，凡三年，时当陈宣帝太建四年至六年，北周武帝建德元年至三年，北齐后主武平三年至五年。陈宣帝内清叛逆，外伐北齐，恢复江北淮南之地，使南朝一度出现中兴之象，陈朝达于鼎盛。北周武帝亲政，灭佛。北齐后主亲小人，远贤臣，国势日衰。

【原文】

高宗宣皇帝上之下

太建四年（壬辰，572 年）

春，正月，丙午，以尚书仆射徐陵为左仆射，中书监王劢为右仆射。

己巳，齐主祀南郊。

庚午，上享太庙。

辛未，齐主赠琅邪王俨为楚恭哀帝以慰太后心，又以俨妃李氏为楚帝后。

二月，癸酉，周遣大将军昌城公深聘于突厥，司宾李除、小宾部贺遂礼聘于齐。深，护之子也。

己卯，齐以卫菩萨为太尉。辛巳，以并省吏部尚书高元海为尚书左仆射。

乙酉，封皇子叔卿为建安王。

庚寅，齐以尚书左仆射唐邕为尚书令，侍中祖珽为左仆射。初，胡太后既幽于北宫，珽欲以陆令萱为太后，为令萱言魏保太后故事。且谓人曰："陆虽妇人，然实雄杰，自女娲以来，未之有也。"令萱亦谓珽为"国师"、"国宝"，由是得仆射。

三月，癸卯朔，日有食之。

初，周太祖为魏相，立左右十二军，总属相府；太祖殂，皆受晋公护处分，凡所征发，非护书不行。护第屯兵侍卫，盛于宫阙。诸子、僚属皆贪残恣横，士民患之。周主深自晦匿，无所关预，人不测其浅深。

护问稍伯大夫庾季才曰："比日天道何如？"季才对曰："荷恩深厚，敢不尽言。顷上台有变，公宜归政天子，请老私门。此则享期颐之寿，受旦、奭之美，子孙常为藩屏。不然，非复所知。"护沉吟久之，曰："吾本志如此，但辞未获免耳。公既为王官，可依朝例，无烦别参寡人也。"自是疏之。

【语译】

高宗宣皇帝上之下

陈宣帝太建四年（壬辰，572 年）

春季，正月初三日丙午，陈朝任命尚书仆射徐陵为左仆射，中书监王劢为右仆射。

正月二十六日己巳，北齐后主在南郊祭天。

正月二十七日庚午，陈宣帝到太庙祭祀祖先。

正月二十八日辛未，北齐后主追赠琅邪王高俨为楚恭哀帝，用来安慰胡太后，又封高俨妃李氏为楚帝皇后。

二月初一日癸酉，北周派大将军昌城公宇文深出使突厥，司宾李除、小宾部贺遂礼出使北齐。宇文深，是宇文护的儿子。

二月初七日己卯，北齐任命卫菩萨为太尉，二月初九日辛巳，任命并省吏部尚书高元海为尚书左仆射。

二月十三日乙酉，陈朝封皇子陈叔卿为建安王。

二月十八日庚寅，北齐任命尚书左仆射唐邕为尚书令，侍中祖珽为左仆射。当初，胡太后被幽禁在北宫，祖珽想让陆令萱当太后，就替陆令萱在北齐后主面前讲说魏孝武帝拓跋焘尊立保姆窦氏为保太后的先例。并且对人说："陆令萱虽是一个妇人，但真是一个英雄，自从女娲以来，还没有第二个。"陆令萱也吹捧祖珽为"国师"、"国宝"，因此祖珽才得到仆射的职位。

三月初一日癸卯，发生日食。

当初，周太祖宇文泰当西魏丞相时，设立左右十二军，统属相府管理。宇文泰死后，十二军都归晋国公宇文护指挥，凡是军队的征发调动，没有宇文护的签名不得行动。宇文护的府第驻兵保卫，人数比皇宫禁卫还多。宇文护的几个儿子、僚属，贪婪残暴，为所欲为，士民认为是祸害。北周武帝看在眼里却隐忍退避，不加任何干涉，人们都预测不出深浅。

宇文护询问稍伯大夫庾季才，说："近日天象怎么样？"庾季才回答说："我受你大恩，怎能不尽情告诉你。最近上台两星在变异，不利宰相，晋国公应当还政给天子，请求告老回家，这才是安享晚年幸福的办法，像周公旦、召公奭那样得到美名，子子孙孙也都享有封邑为国藩篱。不这样，后果我就不知道了。"宇文护沉默了许久，才说："我本来的心意也是这样，但是多次推辞没得到恩准。公既是朝廷的官吏，可以按照朝仪去拜见天子，不麻烦你特别来拜见寡人了。"从此，宇文护疏远了庾季才。

卫公直，帝之母弟也，深昵于护；及沌口之败，坐免官，由是怨护，劝帝诛之，冀得其位。帝乃密与直及右宫伯中大夫宇文神举、内史下大夫太原王轨、右侍上士宇文孝伯谋之。神举，显和之子；孝伯，安化公深之子也。

帝每于禁中见护，常行家人礼，太后赐护坐，帝立侍于旁。丙辰，护自同州还长安，帝御文安殿见之。因引护入含仁殿谒太后，且谓之曰："太后春秋高，颇好饮酒，虽屡谏，未蒙垂纳。兄今入朝，愿更启请。"因出怀中《酒诰》授之，曰："以此谏太后。"护既入，如帝所戒读《酒诰》；未毕，帝以玉珽自后击之，护踣于地。帝令宦者何泉以御刀斫之，泉惶惧，斫不能伤。卫公直匿于户内，跃出，斩之。时神举等皆在外，更无知者。

帝召宫伯长孙览等，告以护已诛，令收护子柱国谭公会、大将军莒公至、崇业公静、正平公乾嘉及其弟乾基、乾光、乾蔚、乾祖、乾威并柱国北地侯龙恩、龙恩弟大将军万寿、大将军刘勇、中外府司录尹公正、袁杰、膳部下大夫李安等，于殿中杀之。览，稚之孙也。

初，护既杀赵贵等，侯龙恩为护所亲，其从弟开府仪同三司植谓龙恩曰："主上春秋既富，安危系于数公。若多所诛戮以自立威权，岂唯社稷有累卵之危，恐吾宗亦缘此而败，兄安得知而不言！"龙恩不能从。植又承间言于护曰："公以骨肉之亲，当社稷之寄，愿推诚王室，拟迹伊、周，则率土幸甚！"护曰："我誓以身报国，卿岂谓吾有他志邪！"又闻其先与龙恩言，阴忌之，植以忧卒。及护败，龙恩兄弟皆死，高祖以植为忠，特免其子孙。

大司马兼小冢宰、雍州牧齐公宪，素为护所亲任，赏罚之际，皆得参预，权势颇盛。护欲有所陈，多令宪闻奏，其间或有可不，宪虑主相嫌隙，每曲而畅之，帝亦察其心。及护死，召宪入，宪免冠拜谢；帝慰勉之，使诣护第收兵符及诸文籍。卫公直素忌宪，固请诛之，帝不许。

卫国公宇文直，是北周武帝的同母亲弟，与宇文护非常要好，等到沌口战败，受到惩罚罢了官，因此怨恨宇文护，转而劝谏北周武帝杀了宇文护，企图自己得到宇文护的职位。北周武帝于是秘密与宇文直，以及右宫伯中大夫宇文神举、内史下大夫太原人王轨、右侍上士宇文孝伯等人谋划。宇文神举，是宇文显和的儿子。宇文孝伯，是安化公宇文深的儿子。

北周武帝每次在皇宫中见宇文护，经常按照家庭尊卑长幼的礼节对待宇文护，太后给宇文护赐坐，北周武帝站立在旁边。三月十四日丙辰，宇文护从同州回到长安，北周武帝在文安殿召见宇文护。随后北周武帝带宇文护到含仁殿参见太后，并且对宇文护说："太后年事已高，很爱饮酒，虽然多次劝谏，她还是不听。兄长今天进宫朝见，希望你再劝一劝她。"说着便从怀中取出《酒诰》交给宇文护，说："拿这篇诰劝谏太后。"宇文护进入含仁殿，按照北周武帝的嘱咐向太后读《酒诰》，还没有读完，北周武帝用玉笏从宇文护的背后击打他的头，宇文护倒在了地上。北周武帝命令宦官何泉拿着自己的佩刀砍杀宇文护，何泉恐惧，没有砍中宇文护。卫国公宇文直早已躲在门背后，突然跳出，砍下了宇文护的头。这时宇文神举都还在宫门外，再无人知道里面发生的事。

北周武帝宣召宫伯长孙览等，通告宇文护已经被诛杀，下令抓捕宇文护的儿子柱国谭国公宇文会、大将军莒国公宇文至、崇业公宇文静、正平公宇文乾嘉及其弟弟宇文乾基、宇文乾光、宇文乾蔚、宇文乾祖、宇文乾威，连同宇文护的党羽柱国北地人侯龙恩、侯龙恩弟弟大将军侯万寿、大将军刘勇、中外府司录尹公正、袁杰、膳部下大夫李安等。长孙览，是长孙稚的孙子。

当初，宇文护杀了赵贵等人，侯龙恩成了宇文护的亲信，他的堂弟开府仪同三司侯植对侯龙恩说："皇上十分年轻，社稷安危仰仗几位王公大臣，若果靠诛杀来确立自己的声威权势，岂不是置社稷安危如累卵吗？恐怕我们宗族也会因此而败亡，堂兄怎么可以明明知道这个道理而不去劝谏晋国公呢？"侯龙恩不接受这个建议。侯植又找机会对宇文护说："晋国公凭借骨肉之亲，担当国家的重托，希望忠诚王室，遵循伊尹、周公的榜样，那么全国人士都将蒙受幸福！"宇文护说："我发誓以身报国，你怎么说我另有打算呢！"宇文护又听说侯植早先劝说过侯龙恩，便暗中猜忌侯植，侯植忧愁而死。等到宇文护败亡，侯龙恩兄弟都被杀，北周武帝认为侯植是忠臣，特别宽大赦免了他的子孙。

大司马兼小冢宰、雍州牧齐国公宇文宪，一向受到宇文护的宠信，凡是宇文护在决定赏罚这样重大的政务时，总有宇文宪的参与，所以宇文宪的权势也很重。宇文护想要上奏什么事，大多数是找宇文宪来上奏，其中皇上有同意或不同意的，宇文宪忧虑皇上与丞相不要因误会发生矛盾，常常婉转地加以协调疏通，北周武帝也

护世子训为蒲州刺史，是夜，帝遣柱国越公盛乘传征训，至同州，赐死。昌城公深使突厥未还，遣开府仪同三司宇文德赍玺书就杀之。护长史代郡叱罗协、司录弘农冯迁及所亲任者，皆除名。

丁巳，大赦，改元。

以宇文孝伯为车骑大将军，与王轨并加开府仪同三司。初，孝伯与帝同日生，太祖爱之，养于第中，幼与帝同学。及即位，欲引致左右，托言欲与孝伯讲习旧经，故护弗之疑也，以为右侍上士，出入卧内，预闻机务。孝伯为人，沉正忠谅，朝政得失，外间细事，无不使帝闻之。

帝阅护书记，有假托符命妄造异谋者，皆坐诛；唯得庾季才书两纸，盛言纬候灾祥，宜返政归权，帝赐季才粟三百石，帛二百段，迁太中大夫。

癸亥，以尉迟迥为太师，柱国窦炽为太傅，李穆为太保，齐公宪为大冢宰，卫公直为大司徒，陆通为大司马，柱国辛威为大司寇，赵公招为大司空。

时帝始亲览朝政，颇事威刑，虽骨肉无所宽借。齐公宪虽迁冢宰，实夺之权。又谓宪侍读裴文举曰："昔魏末不纲，太祖辅政；及周室受命，晋公复执大权；积习生常，愚者谓法应如是。岂有年三十天子而可为人所制乎！诗云：'夙夜匪懈，以事一人。'一人，谓天子耳。卿虽陪侍齐公，不得遽同为臣，欲死于所事。宜辅以正道，劝以义方，辑睦我君臣，协和我兄弟，勿令自致嫌疑。"文举咸以白宪，宪指心抚几曰："吾之夙心，公宁不知！但当尽忠竭节耳，知复何言。"

卫公直，性浮诡贪狠，意望大冢宰；既不得，殊怏怏；更请为大司马，欲据兵权。帝揣知其意，曰："汝兄弟长幼有序，岂可返居下列！"

看出了他的良苦用心。等到宇文护死后，北周武帝召宇文宪入宫，宇文宪摘下官帽，叩头谢罪。北周武帝安慰鼓励他，派他到宇文护家中收缴调兵的符节，以及其他各种文书。卫国公宇文直一向妒忌宇文宪，坚决请求杀了他，北周武帝不允许。

宇文护世子宇文训为蒲州刺史，当夜北周武帝派越国公宇文盛乘驿车征召宇文训，到了同州，赐死。昌城公宇文深出使突厥还没有回来，北周武帝派开府仪同三司宇文德带上诏书到突厥迎接宇文深，然后就地处决。宇文护长史代郡人叱罗协、司录弘农人冯迁，以及别的亲信，全部罢官。

三月十五日丁巳，北周发布大赦令，改元年号叫建德。

北周任命宇文孝伯为车骑大将军，与王轨同受开府仪同三司。当初，宇文孝伯与北周武帝同日降生，宇文泰十分喜爱，亲自把他养在府第里，幼时与北周武帝一起学习。等到北周武帝即帝位，想引为自己的亲信，便托言说自己要与宇文孝伯在一起讲读旧经，所以宇文护没有猜疑，让宇文孝伯担任右侍上士，可以出入北周武帝的卧室，参与宫中的机密事务。宇文孝伯为人沉静正直而又忠诚，凡是朝政的得失、外间的小事，想方设法全都让北周武帝知晓。

北周武帝翻阅宇文护的文书记录，发现有假托符命，企图制造异谋的人，全都杀头，只有庾季才写给宇文护的一封信，有两页纸，写的是谶纬星象象暗示的灾祥，劝宇文护应该尽快交权皇上，北周武帝下令赐给庾季才粟三百石，帛二百段，升迁庾季才为太中大夫。

三月二十一日癸亥，北周任命尉迟迥为太师，柱国窦炽为太傅，李穆为太保，齐国公宇文宪为大冢宰，卫国公宇文直为大司徒，陆通为大司马，柱国辛威为大司寇，赵国公宇文招为大司空。

当时，北周武帝刚开始亲理朝政，颇用严刑峻法，即使是骨肉至亲也不宽大饶恕。齐国公宇文宪虽然升迁大冢宰，实际是夺了他的实权。北周武帝又对宇文宪的侍读裴文举说："先前魏朝末年，国君不能掌握朝政大纲，因此才有太祖辅佐朝政，等到周朝建立，晋国公又执掌大权，积习成了常规，愚笨的人认为国法就应当是这样。哪有三十岁的天子还受人控制的道理！《诗经》里说：'白天黑夜都不敢懈怠，只为侍奉一个人。'这一个人，指的就是天子，你们虽然陪侍齐国公，不得把自己当作是他的臣属，只想到尽心尽职拼死效命，应当用正道去辅佐他，用大义去引导他，让我们君臣和睦，兄弟同心，不要让他自招嫌疑。"裴文举把这番话全都转告了宇文宪，宇文宪指着自己的心窝，拍着几案说："我生平的心愿，难道你还不知道！我只会尽忠贞之节报效国家，我不知道怎么讲才能表明心迹。"

卫国公宇文直，生性轻浮狡诈，又贪婪狠毒，一心向往大冢宰的职务，可是没有得到，心里特别不痛快。他便要求做大司马，想掌握兵权。北周武帝揣摩到他的

由是用为大司徒。

夏，四月，周遣工部成公建、小礼部辛彦之聘于齐。

庚寅，周追尊略阳公为孝闵皇帝。

癸巳，周立皇子鲁公赟为太子，大赦。

（以上为第一段，写北周权臣晋国公宇文护被杀，周武帝宇文邕亲政。）

五月，癸卯，王励卒。

齐尚书右仆射祖珽，势倾朝野，左丞相咸阳王斛律光恶之，遥见，辄骂曰："多事乞索小人，欲行何计！"又尝谓诸将曰："兵马处分，赵令恒与吾辈参论。盲人掌机密以来，全不与吾辈语，正恐误国家事耳。"光尝在朝堂垂帘坐，珽不知，乘马过其前，光怒曰："小人乃敢尔！"后珽在内省，言声高慢，光适过，闻之，又怒。珽觉之，私赂光从奴问之，奴曰："自公用事，相王每夜抱膝叹曰：'盲人入，国必破矣。'"

穆提婆求娶光庶女，不许。齐王赐提婆晋阳田，光言于朝曰："此田，神武帝以来常种禾，饲马数千匹，以拟寇敌。今赐提婆，无乃阙军务也！"由是祖、穆皆怨之。

斛律后无宠，珽因而间之。光弟羡，为都督、幽州刺史、行台尚书令，亦善治兵，士马精强，鄣候严整，突厥畏之，谓之"南可汗"。光长子武都，为开府仪同三司、梁兖二州刺史。

光虽贵极人臣，性节俭，不好声色，罕接宾客，杜绝馈饷，不贪权势。每朝廷会议，常独后言，言辄合理。或有表疏，令人执笔，口占之，务从省实。行兵仿其父金之法，营舍未定，终不入幕；或竟日不坐，身不脱介胄，常为士卒先。士卒有罪，唯大杖挝背，未尝妄杀，众皆争为之死。自结发从军，未尝败北，深为邻敌所惮。周勋州刺史韦孝宽密为谣言曰："百升飞上天，明月照长安。"又曰："高山不推自崩，槲木不扶自举。"令谍人传之于邺，邺中小儿歌之于路。珽因续之曰："盲老公背受大斧，饶舌老母不得语。"使其妻兄郑道盖奏之。帝以问珽，珽与陆令萱皆曰："实闻有之。"珽因解之曰："百升者，斛也。盲老公，谓臣也，与

心意，就说："你们兄弟长幼有序，怎么哥哥反而在弟弟的下位呢？"因此任命宇文直为大司徒。

夏四月，北周派工部成国公宇文建、小礼部辛彦之出使北齐。

四月十八日庚寅，北周追尊略阳公宇文觉为孝闵皇帝。

四月二十一日癸巳，北周立皇子鲁国公宇文赟为皇太子，大赦天下。

五月初二日癸卯，陈朝尚书右仆射王劢去世。

北齐尚书右仆射祖珽，势倾朝野，左丞相咸阳王斛律光心里厌恶他，远远看见，就骂他说："使得国家多事，贪得无厌的小人，又在想什么坏主意。"又曾经对各位将领说："军事兵马调动，尚书令赵彦深还要与我们讨论，自从瞎子职掌机密以后，从不告诉我们，只怕这样下去要误国家大事。"斛律光曾经坐在朝堂上帘子后面，祖珽不知道他在，乘马从前面经过，斛律光大怒说："这小人胆敢如此。"后来祖珽在门下省，说话声高气傲，斛律光恰好路过，听见了，又大怒。祖珽也察觉了，私下贿赂斛律光的随从奴仆，询问情况，奴仆说："自从你用事，相王每天夜里抱膝长叹，说：'瞎子入朝，国家完了。'"

穆提婆请求娶斛律光小妾生的女儿，没得到许可。北齐后主把晋阳田地赐给穆提婆，斛律光上朝时说："这些田地，自从神武帝以来，种割的是青苗，用来养马数千匹，是防备敌人的战备。如今赐给穆提婆，恐怕要损害国家的军务啊。"因此祖珽、穆提婆都怨恨斛律光。

斛律皇后失去了宠爱，祖珽乘机离间北齐国主与斛律光的关系。斛律光的弟弟斛律羡，任都督、幽州刺史、行台尚书令，善于治军，战士精良，马匹肥壮，边塞防御亭障，完善整严，突厥人非常害怕，称斛律羡为"南可汗"。斛律光长子斛律武都，任职开府仪同三司、梁州兖州两州刺史。

斛律光虽然地位达到朝臣的最高位置丞相，但生性节俭，不爱好声色，也很少结交宾客，不接收别人的送礼，不贪图权势。每次朝廷会议，斛律光总是最后发言，说的话也十分合理。有时有表疏上奏，令人执笔，他口述成章，务必简结实在。用兵依照父亲斛律金的办法，营舍没有安定，他就不入帐幕，有时一整天不坐下来，盔甲不离身，经常冲锋在士兵的前面。士兵犯了罪，只用大木棒打后背，从来不随便杀人，士兵都愿替他拼命作战。斛律光年轻时就从军，从没有打过败仗，深深地使邻国敌人害怕。北周勋州刺史韦孝宽秘密编造谣言说："百升飞上天，明月照长安。"又说："高山不推自崩，槲木不扶自举。"派间谍到邺城散布，让邺城中的儿童们在路上歌唱。祖珽又增加了一段，说："盲老公背受大斧，饶舌老母不得语。"派

国同忧。饶舌老母，似谓女侍中陆氏也。且斛律累世大将，明月声震关西，丰乐威行突厥，女为皇后，男尚公主，谣言甚可畏也。”帝以问韩长鸾，长鸾以为不可，事遂寝。

珽又见帝，请间，唯何洪珍在侧，帝曰：“前得公启，即欲施行，长鸾以为无此理。”珽未对，洪珍进曰：“若本无意则可；既有此意而不决行，万一泄露，如何？”帝曰：“洪珍言是也。”然犹未决。会丞相府佐封士让密启云：“光前西讨还，敕令散兵，光引兵逼帝城，将行不轨，事不果而止。家藏弩甲，僮奴千数，每遣使往丰乐、武都所，阴谋往来。若不早图，恐事不可测。”帝遂信之，谓何洪珍曰：“人心亦大灵，我前疑其欲反，果然。”帝性怯，恐即有变，令洪珍驰召祖珽告之：“欲召光，恐其不从命。”珽请：“遣使赐以骏马，语云：‘明日将游东山，王可乘此同行。’光必入谢，因而执之。”帝如其言。

六月，戊辰，光入，至凉风堂，刘桃枝自后扑之，不仆。顾曰：“桃枝常为如此事。我不负国家。”桃枝与三力士以弓弦罥其颈，拉而杀之，血流于地，刬之，迹终不灭。于是下诏称其欲反，并杀其子开府仪同三司世雄、仪同三司恒伽。

祖珽使二千石郎邢祖信簿录光家。珽于都省问所得物，祖信曰：“得弓十五，宴射箭百，刀七，赐矟二。”珽厉声曰：“更得何物？”曰：“得枣杖二十束，拟奴仆与人斗者，不问曲直，即杖之一百。”珽大惭，乃下声曰：“朝廷已加重刑，郎中何宜为雪！”及出，人尤其抗直，祖信慨然曰：“贤宰相尚死，我何惜余生！”

齐主遣使就州斩斛律武都，又遣中领军贺拔伏恩乘驿捕斛律羡，仍以洛州行台仆射中山独孤永业代羡，与大将军鲜于桃枝发定州骑卒续进。伏恩等至幽州，门者白：“使人衷甲，马有汗，宜闭城门。”羡曰：“敕使

他的妻子的哥哥郑道盖上奏北齐后主。北齐后主询问祖珽，祖珽与陆令萱都说：“确实听见了这些歌谣。”祖珽就解说这些歌谣的意思说：“百升，就是斛字。盲老公，说的是臣，与国家同忧。饶舌老母，好像是说女侍中陆氏。况且斛氏世代做大将，明月声震关西，斛律丰乐威震突厥，女儿为皇后，男孩娶公主，谣言所说着实让人担忧。”北齐后主又去问韩长鸾，韩长鸾认为捕风捉影的事不必追究，这事暂时搁置了起来。

祖珽又朝见北齐后主，请求单独说话，只有何洪珍在旁边。北齐后主说：“先前收到你的启奏，本来想要执行，韩长鸾认为没有这个道理。”祖珽还没有回答，何洪珍在旁说：“如果本来没有这件事也就算了，既然已经有了这件事，不去执行，万一泄露了，怎么办？”北齐后主说：“何洪珍说得很有道理。”但还是犹豫下不了决心。正好丞相府佐封士让送来密奏，说：“斛律光前次西征回来，敕令散兵，斛律光引兵逼近京城，以图不轨，事情只是没有办成终止了。斛律光家中藏有弓弩铠甲，奴仆上千，多次派人到斛律丰乐、斛律武都那里，阴谋往来，如果不及早除掉，恐怕事情难以预测。”北齐后主于是相信斛律光造反，对何洪珍说：“人心真是非常灵验，我早就怀疑斛律光谋反，果然这样。”北齐后主生性胆怯，恐怕激起事变，派何洪珍驰马召来祖珽，告诉他说：“我要召见斛律光，担心他不听从命令。”祖珽献计说：“派人赐给斛律光一匹骏马，就说：‘明天皇上要游乐东山，相王就乘这匹骏马陪同。’斛律光一定入朝谢恩，便可把他抓获。”北齐后主依计而行。

六月，戊辰日，斛律光入宫，走到凉风堂，刘桃枝从背后扑上去，斛律光没有跌倒，回头说：“刘桃枝你经常干这种事，我没有辜负国家。”刘桃枝和三个大力士用弓箭的弦绳缠绕斛律光的脖子，把他勒死了，血流满地，刮掉了这层地皮，但血迹始终留在地上。于是颁下诏书说斛律光想谋反，并杀掉他的儿子开府仪同三司斛律世雄、仪同三司斛律恒伽。

祖珽派二千石郎邢祖信抄没斛律光的家产造册登记。祖珽在尚书省问都有些什么财物，邢祖信说：“有弓十五张，聚宴习射的箭头一百枝，刀七把，皇上所赐长矛两根。”祖珽高声喝问道：“还有什么别的财物？”回答说：“还搜到枣木杖二十根，是准备用来惩罚奴仆的工具，如果奴仆与人斗殴，不问是非就打一百棍。”祖珽非常惭愧，便小声说：“朝廷已经对斛律光处了重刑，邢郎中你又何必替他申冤呢！”等到邢祖信从尚书省出来，有人责备他说，你心眼太直了。邢祖信感慨地说：“贤相尚且被处死，我何必爱惜余生呢。”

北齐后主派使者前往梁州、兖州就地杀了斛律武都，又派中领军贺拔伏恩乘驿车前去抓捕斛律羡，任命洛州行台仆射中山人独孤永业为洛州刺史代替斛律羡，与大将军鲜于桃枝调发定州骑兵紧随贺拔伏恩进发。贺拔伏恩等到达幽州，守门人报

岂可疑拒！”出见之。伏恩执而杀之。初，羡常以盛满为惧，表解所职，不许。临刑，叹曰：“富贵如此，女为皇后，公主满家，常使三百兵，何得不败！”及其五子伏护、世达、世迁、世辨、世酋皆死。

周主闻光死，为之大赦。

祖珽与侍中高元海共执齐政。元海妻，陆令萱之甥也，元海数以令萱密语告珽。珽求为领军，齐主许之，元海密言于帝曰：“孝徵汉人，两目又盲，岂可为领军！”因言珽与广宁王孝珩交结，由是中止。珽求见，自辨，且言：“臣与元海素嫌，必元海谮臣。”帝弱颜，不能讳，以实告之，珽因言元海与司农卿尹子华等结为朋党。又以元海所泄密语告令萱，令萱怒，出元海为郑州刺史。子华等皆被黜。

珽自是专主机衡，总知骑兵、外兵事，内外亲戚，皆得显位。帝常令中要人扶侍出入，直至永巷，每同御榻论决政事，委任之重，群臣莫比。

（以上为第二段，写北齐奸佞祖珽得势，权倾中外，谗害忠良，国主高纬杀死功臣斛律光满门，自毁长城。）

秋，七月，遣使如周。

八月，庚午，齐废皇后斛律氏为庶人。以任城王湝为右丞相，冯翊王润为太尉，兰陵王长恭为大司马，广宁王孝珩为大将军，安德王延宗为大司徒。

齐使领军封辅相聘于周。

辛未，周使司城中大夫杜杲来聘。上谓之曰：“若欲合从图齐，宜以樊、邓见与。”对曰：“合从图齐，岂弊邑之利！必须城镇，宜待得之于齐，先索汉南，使臣不敢闻命。”

初，齐胡太后自愧失德，欲求悦于齐主，乃饰其兄长仁之女置宫中，令帝见之，帝果悦，纳为昭仪。及斛律后废，陆令萱欲立穆夫人；太后欲立胡昭仪，力不能遂，乃卑辞厚礼以求令萱，结为姊妹。令萱亦以胡

告说："使者在衣服中穿有盔甲，驿马跑得急全身是汗，应当关闭城门。"斛律羡说："怎么可以猜疑皇上的使者而拒绝！"便出城见使者。贺拔伏恩抓捕了斛律羡就地杀了。当初，斛律羡常常因为一门贵盛而忧虑，上表请求辞职，没被批准。临刑时他长叹说："富贵像这样，女儿为皇后，男孩娶公主，平时使用兵丁三百人，怎么能不败亡！"他的五个儿子斛律伏护、斛律世达、斛律世迁、斛律世辨、斛律世酋，全都被处死。

北周武帝听说斛律光死了，非常高兴，特别颁布了大赦令。

祖珽与侍中高元海共同执掌北齐政务。高元海的妻子，是陆令萱的外甥女，高元海多次把陆令萱的密语告诉祖珽。祖珽请求当领军，北齐后主答应了，高元海暗中进言北齐后主说："祖孝徵是汉人，两目失明，怎么可以做领军！"同时进言祖珽与广宁王高孝珩结交，因此没有任命祖珽为领军。祖珽请求参见北齐后主，自我辩解，又说："臣与高元海一向有过节，一定是高元海说我的坏话。"北齐后主见人理短就害羞，沉不住气，就把高元海的话一五一十告诉了祖珽，祖珽因此说高元海与司农卿尹子华等结为朋党，又把高元海泄密陆令萱的话告诉了陆令萱，陆令萱很气愤，便外放高元海为郑州刺史，尹子华等人被罢了官。

祖珽从此独掌朝廷枢要机密，统领骑兵、外兵军务，他的内亲外亲都获得高官职位。北齐后主经常让亲信宦官搀扶着祖珽出入皇宫，直到永巷，还时常与祖珽同在御床同坐讨论决定朝政。祖珽所受到的宠信和重用，群臣百官没人能比。

秋季，七月，陈宣帝派使臣出使北周。

八月初一日庚午，北齐后主废斛律皇后为庶人。任命任城王高湝为右丞相，冯翊王高润为太尉，兰陵王高长恭为大司马，广宁王高孝珩为大将军，安德王高延宗为大司徒。

北齐派领军封辅相出使北周。

八月初二日辛未，北周派司城中大夫杜杲出使陈朝。陈宣帝对他说："如果联合攻打齐国，应当把樊城、邓县让给陈朝。"杜杲回答说："联合攻打齐国，难道只是我国一方有利？一定要有城镇的回报，那也应当打败齐国后，事先就要求得到汉南地区，我这个使臣不敢传达这个要求。"

当初，北齐胡太后因为自己不守贞节感到羞愧，想讨得北齐后主高纬的欢心，就把自己哥哥胡长仁的女儿安置在宫中，让高纬看见，高纬果然很喜欢，纳入后宫为昭仪。等到斛律皇后被废，陆令萱想立穆夫人为皇后，胡太后想立胡昭仪为皇后，

昭仪宠幸方隆，不得已，与祖珽白帝立之。戊子，立皇后胡氏。

己丑，齐以北平王仁坚为尚书令，特进许季良为左仆射，彭城王宝德为右仆射。

癸巳，齐主如晋阳。

九月，庚子朔，日有食之。

辛亥，大赦。

冬，十月，庚午，周诏："江陵所虏充官口者，悉免为民。"

辛未，周遣小匠师杨勰等来聘。

周绥德公陆通卒。

乙酉，上享太庙。

齐陆令萱欲立穆昭仪为皇后，私谓齐主曰："岂有男为皇太子而身为婢妾者！"胡后有宠于帝，不可离间，令萱乃使人行厌蛊之术，旬朔之间，胡后精神恍惚，言笑无恒，帝渐畏而恶之。令萱一旦忽以皇后服御衣被昭仪，又别造宝帐，爰及枕席器玩，莫非珍奇。坐昭仪于帐中，谓帝曰："有一圣女出，将大家看之。"及见昭仪，令萱乃曰："如此人不作皇后，遣何物人作！"帝纳其言。

甲午，立穆氏为右皇后，以胡氏为左皇后。

十一月，庚戌，周主行如羌桥，集长安以东诸军都督以上，颁赐有差。乙卯，还宫。以赵公招为大司马。壬申，周主如斜谷，集长安已西都督已上，颁赐有差。丙戌，还宫。

庚寅，周主游道会苑，以上善殿壮丽，焚之。

十二月，辛巳，周主祀南郊。

齐胡后之立，非陆令萱意，令萱一旦于太后前作色而言曰："何物亲侄，作如此语！"太后问其故，令萱曰："不可道。"固问之，乃曰："语大家云：'太后行多非法，不可以训。'"太后大怒，呼后出，立剃其发，送还家。辛丑，废胡后为庶人。然齐主犹思之，每致物以通意。

但力不从心，胡太后就低三下四地向陆令萱说好话，送厚礼，愿结为姐妹。陆令萱也因为胡昭仪宠信正隆，不得已才与祖珽一同向皇上高纬建议立胡昭仪为皇后。八月十九日戊子，正式册立胡昭仪为皇后。

八月二十日己丑，北齐任命北平王高仁坚为尚书令，特进许季良为左仆射，彭城王高宝德为右仆射。

八月二十四日癸巳，北齐后主到晋阳。

九月初一日庚子，发生日食。

九月十二日辛亥，陈朝大赦天下。

冬季，十月初一日庚午，北周下诏说："从前攻陷江陵被俘人口发配为官奴婢的，全部释放为平民。"

十月初二日辛未，北周派小匠师杨勰等出使陈朝。

北周绥德公陆通去世。

十月十七日乙酉，陈宣帝到太庙祭祀祖先。

北齐陆令萱想立穆昭仪为皇后，私下对北齐后主说："哪有儿子当了皇太子而母亲为婢妾的道理！"胡皇后受到北齐后主宠爱，无法离间，陆令萱就派人施行诅咒人的巫术，一个月之间，胡皇后神志不清，言笑失常，北齐后主逐渐害怕而讨厌她。有一天，陆令萱突然用胡皇后的衣饰把穆昭仪打扮起来，另外置办了华丽的帐具，以及一整套床上用品和玩耍之物，都是稀世珍品。陆令萱让穆昭仪坐在宝帐中，对北齐后主说："有一个圣女出现，请陛下去看一看。"等到北齐后主见到了穆昭仪，陆令萱说："如此美貌的女人不做皇后，还有什么人能做皇后呢？"北齐后主听从了陆令萱的话。

十月二十六日甲午，北齐后主立穆昭仪为右皇后，立胡昭仪为左皇后。

十一月十二日庚戌，北周武帝巡幸羌桥，召集长安以东军中都督以上的官员，皇上接见，按等级给予赏赐。十一月十七日乙卯，回到长安宫。任命赵国公宇文招为大司马。十二月初四日壬申，北周武帝巡幸斜谷，召见长安以西军中都督以上官员，按等级给予赏赐。十二月十八日，回到长安宫。

十二月二十二日庚寅，北周武帝到道会苑游玩，看到上善殿过于壮丽，下令烧毁。

[闰]十二月初四日辛巳，北周武帝在南郊祭天。

北齐后主册立胡皇后，不是陆令萱的心意，陆令萱有一天在胡太后面前神色生气地说："这是什么亲侄女，说出这种话。"胡太后问什么原因。陆令萱说："这事不能说。"胡太后强行要问，陆令萱才说："胡皇后对皇上说：'太后行为不规矩，不足为训。'"胡太后大怒，把胡皇后叫出来，立即把她剃了头发，送她回家。辛丑日，废胡皇后为庶人。但是北齐后主依然思念她，常常送东西给废皇后表达心意。

自是令萱与其子侍中穆提婆势倾内外，卖官鬻狱，聚敛无厌。每一赐与，动倾府藏。令萱则自太后以下，皆受其指麾；提婆则唐邕之徒，皆重足屏气；杀生予夺，唯意所欲。

乙巳，周以柱国田弘为大司空。

乙卯，周主享太庙。

是岁，突厥木杆可汗卒，复舍其子大逻便而立其弟，是为佗钵可汗。佗钵以摄图为尔伏可汗，统其东面；又以其弟褥但可汗之子为步离可汗，居西面。周人与之和亲，岁给缯絮锦彩十万段。突厥在长安者，衣锦食肉，常以千数。齐人亦畏其为寇，争厚赂之。佗钵益骄，谓其下曰："但使我在南两儿常孝，何忧于贫！"

阿史那后无宠于周主，神武公窦毅尚襄阳公主，生女尚幼，密言于帝曰："今齐、陈鼎峙，突厥方强，愿舅抑情慰抚，以生民为念！"帝深纳之。

（以上为第三段，写北周武帝宇文邕，对内循抚军人，对外联络陈国和突厥，志在吞齐；而北齐国主高纬仍内惑于女宠，荒怠政事。）

五年（癸巳，573 年）

春，正月，癸酉，以吏部尚书沈君理为右仆射。

戊寅，齐以并省尚书令高阿那肱录尚书事，总知外兵及内省机密，与侍中城阳王穆提婆、领军大将军昌黎王韩长鸾共处衡轴，号曰"三贵"，蠹国害民，日月滋甚。

长鸾弟万岁，子宝行、宝信，并开府仪同三司，万岁仍兼侍中，宝行、宝信皆尚公主。每群臣旦参，帝常先引长鸾顾访，出后，方引奏事官。若不视事，内省有急奏事，皆附长鸾奏闻，军国要密，无不经手。尤疾士人，朝夕宴私，唯事谮诉。常带刀走马，未尝安行，瞋目张拳，有啖人之势。朝士咨事，莫敢仰视，动致呵叱。每骂云："汉狗大不可耐，唯须杀之！"

庚辰，齐遣崔象来聘。

辛巳，上祀南郊；甲午，享太庙；二月，辛丑，祀明堂。

从此，陆令萱和她的儿子侍中穆提婆权势倾倒朝廷内外，卖官枉法，聚敛没有满足的时候。皇上每次赏赐的钱物，差不多搬空府库。陆令萱在宫内，胡太后以下的人，都得接受她的指使；穆提婆在朝堂上，连尚书令唐邕也不敢出大气，生杀予夺，全凭他们母子的心意。

［闰］十二月初八日乙巳（疑为“乙酉”），北周任命柱国田弘为大司空。

［闰］十二月十八日乙卯，北周国主到太庙祭祀祖先。

这一年，突厥木杆可汗去世，不立他的儿子大逻便，而立他的弟弟，是为佗钵可汗。佗钵立摄图为尔伏可汗，统领东部突厥；佗钵又立他的弟弟褥但可汗的儿子为步离可汗，统领西部突厥。北周与佗钵可汗和亲，每年送给十万缎丝绸锦缎。住在长安的突厥人，穿得好吃得好，经常有上千人。北齐也害怕突厥侵犯，争着送厚礼贿赂突厥。佗钵可汗更加骄横，对他的臣下说：“只要让我那两个在南边的儿子孝顺，哪还怕贫困呢！”

阿史那皇后得不到北周武帝的宠爱，神武公窦毅娶襄阳公主为妻，生了一个女儿还幼小，这个小女儿偷偷地对北周武帝说：“如今有齐、陈两国和我国三足鼎立对峙，突厥势力正强，希望舅舅抑制个人感情，对阿史那舅妈好一些，以国家苍生为念。”北周武帝认为这小外甥女的话说得对。

陈宣帝太建五年（癸巳，573年）

春季，正月初六日癸酉，陈朝任命吏部尚书沈君理为右仆射。

正月十一日戊寅，北齐任命并省尚书令高阿那肱录尚书事，统领外兵及内省机密，与侍中城阳王穆提婆、领军大将军昌黎王韩长鸾共掌朝政机密，号称“三贵”，祸国殃民，日盛一日。

韩长鸾的弟弟韩万岁，儿子韩宝行、韩宝信，都任职开府仪同三司，韩万岁还兼职侍中，韩宝行、韩宝信都娶公主为妻。每当群臣早朝，北齐后主都要先宣召韩长鸾询问，等韩长鸾告退后，才宣召奏事大臣上殿。北齐后主如果不上朝，内省又有急事上奏时，都由韩长鸾转交上奏。军机大事，无一不由他经手。韩长鸾特别忌恨士人，他早晚陪伴北齐后主私宴，不停地絮絮叨叨，就是专门说士人的坏话。韩长鸾经常带着刀跑马，从不缓步慢行，瞪着眼睛，张牙舞爪，好像要把人吞下一样。朝中士人与他商量事情，没人敢抬头看他，动辄受到呵斥，他经常谩骂：“汉狗无法让人忍耐，只配杀了他们。”

正月十三日庚辰，北齐派崔象出使陈朝。

正月十四日辛巳，陈宣帝到南郊祭天；正月二十七日甲午，到太庙祭祀祖先；

乙巳，齐立右皇后穆氏为皇后。穆后母名轻霄，本穆氏之婢也，面有黥字。后既以陆令萱为母，穆提婆为外家，号令萱曰“太姬”。太姬者，齐皇后母号也，视一品，班在长公主上。由是不复问轻霄。轻霄自疗面，欲求见后，太姬使禁掌之，竟不得见。

齐主颇好文学。丙午，祖珽奏置文林馆，多引文学之士以充之，谓之待诏；以中书侍郎博陵李德林、黄门侍郎琅邪颜之推同判馆事，又命共撰《修文殿御览》。

甲寅，周太子赟巡省西土。

乙卯，齐以北平王坚录尚书事。丁巳，齐主如晋阳。

壬戌，周遣司会侯莫陈凯等聘于齐。

庚辰，齐主还邺。

三月，己卯，周太子于岐州获二白鹿以献，周主诏曰：“在德不在瑞。”

帝谋伐齐，公卿各有异同，唯镇前将军吴明徹决策请行。帝谓公卿曰：“朕意已决，卿可共举元帅。”众议以中权将军淳于量位重，共署推之。尚书左仆射徐陵独曰：“吴明徹家在淮左，悉彼风俗；将略人才，当今亦无过者。”都官尚书河东裴忌曰：“臣同徐仆射。”陵应声曰：“非但明徹良将，裴忌即良副也。”壬午，分命众军，以明徹都督征讨诸军事，忌监军事，统众十万伐齐。明徹出秦郡，都督黄法𣰰出历阳。

夏，四月，己亥，周主享太庙。

癸卯，前巴州刺史鲁广达与齐师战于大岘，破之。

戊申，齐以兰陵王长恭为太保，南阳王绰为大司马，安德王延宗为太尉，武兴王普为司徒，开府仪同三司宜阳王赵彦深为司空。

齐人于秦郡置秦州，州前江浦通涂水，齐人以大木为栅于水中。辛亥，吴明徹遣豫章内史程文季将骁勇拔其栅，克之。文季，灵洗之子也。

齐人议御陈师，开府仪同三司王纮曰：“官军比屡失利，人情骚动。若复出顿江、淮，恐北狄、西寇，乘弊而来。莫若薄赋省徭，息民养士，

二月初五日辛丑，举行明堂的祭典。

二月初九日乙巳，北齐册立右皇后穆氏为皇后。穆皇后母亲名叫穆轻霄，原本是穆氏家的奴婢，脸上被刺了字。穆皇后认陆令萱为养母，把穆提婆当作娘家人，称陆令萱为“太姬”。太姬是北齐皇后母亲的称号，地位等同一品，地位在长公主之上。穆皇后因此不认自己的生母穆轻霄。穆轻霄医好脸上的疤痕，想求见穆皇后，太姬派人阻止，结果没能见面。

北齐后主一向爱好文学。二月初十日丙午，祖珽上奏请求设立文林馆，用以多多安置文学士人，称之为待诏，任命中书侍郎博陵人李德林和黄门侍郎琅邪人颜之推为同判馆事，又命令馆内文学之士集体修撰《修文殿御览》。

二月十八日甲寅，北周皇太子宇文赟巡视西部边疆。

二月十九日乙卯，北齐任命北平王高仁坚录尚书事。二月二十一日丁巳，北齐后主到晋阳。

二月二十六日壬戌，北周派司会侯莫陈凯等出使北齐。

三月十四日庚辰，北齐后主回到邺城。

三月十三日己卯，北周皇太子宇文赟在岐州猎获了两只白鹿献给朝廷，北周武帝下诏说：“治理国家在于有德，而不是有无祥瑞。”

陈宣帝打算讨伐北齐，公卿大臣，有的赞同，有的反对，只有镇前将军吴明徹坚决请求领兵北伐。陈宣帝对公卿大臣们说：“朕的主意已定，请大家推举元帅。”大家商议后认为中权将军淳于量地位高，大家共同署名推荐。唯独尚书左仆射徐陵反对，说：“吴明徹家在淮南，熟悉那里的风土人情，个人的将略才干，当今也没有人能超过他。”都官尚书河东人裴忌说：“臣赞同徐仆射。”徐陵随声说：“不但吴明徹是一位优秀将领，裴忌就是一个优秀的副帅。”三月十六日壬午，陈宣帝下令各路兵马集结北伐，任命吴明徹为都督征讨诸军事，裴忌为监军事，率领十万大军讨伐北齐。吴明徹指向秦郡，都督黄法氍指向历阳。

夏季，四月初四日乙亥，北周国主宇文邕到太庙祭祀祖先。

四月初八日癸卯，前巴州刺史鲁广达与北齐军队在大岘交战，打败了北齐军。

四月十三日戊申，北齐任命兰陵王高长恭为太保，南阳王高绰为大司马、安德王高延宗为太尉，武兴王高普为司徒，开府仪同三司宜阳王赵彦深为司空。

北齐在秦郡设置秦州，州城前边的江浦跟涂水相通，北齐军队用大木料在江浦中设置了栅栏。四月十六日辛亥，吴明徹派豫章内史程文季率领敢死队拔掉栅栏，打败了北齐水军。程文季，是程灵洗的儿子。

北齐群臣商议怎样抵御陈朝军队，开府仪同三司王纮说：“官军近来接连打败仗，人心骚动。如果出动大军屯驻江淮，恐怕北狄突厥、西寇周师，乘虚而来。不

使朝廷辑睦，遐迩归心。天下皆当肃清，岂直陈氏而已。”不从。遣军救历阳，庚申，黄法氍击破之。又遣开府仪同三司尉破胡、长孙洪略救秦州。

赵彦深私问计于秘书监源文宗曰：“吴贼侏张，遂至于此。弟往为秦、泾刺史，悉江、淮间情事，今何术以御之？”文宗曰：“朝廷精兵，必不肯多付诸将；数千已下，适足为吴人之饵。尉破胡人品，王之所知，败绩之事，匪朝伊夕。国家待遇淮南，失之同于蒿箭。如文宗计者，不过专委王琳，招募淮南三四万人，风俗相通，能得死力；兼令旧将将兵屯于淮北。且琳之于项，必不肯北面事之，明矣。窃谓此计之上者。若不推赤心于琳，更遣余人掣肘，复成速祸，弥不可为。”彦深叹曰：“弟此策诚足制胜千里，但口舌争之十日，已不见从。时事至此，安可尽言！”因相顾流涕。文宗名彪，以字行，子恭之子也。

文宗子师为左外兵郎中，摄祠部，尝白高阿那肱：“龙见当雩。”阿那肱惊曰：“何处龙见？其色如何？”师曰：“龙星初见，礼当雩祭，非真龙也。”阿那肱怒曰：“汉儿多事，强知星宿！”遂不祭。师出，窃叹曰：“礼既废矣，齐能久乎！”

齐师选长大有膂力者为前队，又有苍头、犀角、大力，其锋甚锐，又有西域胡，善射，弦无虚发，众军尤惮之。辛酉，战于吕梁。将战，吴明徹谓巴山太守萧摩诃曰：“若殪此胡，则彼军夺气，君才不减关羽矣。”摩诃曰：“愿示其状，当为公取之。”明徹乃召降人有识胡者，使指示之，自酌酒以饮摩诃。摩诃饮毕，驰马冲齐军。胡挺身出陈前十余步，彀弓未发，摩诃遥掷铣鋧，正中其额，应手而仆。齐军大力十余人出战，摩诃又斩之。于是齐军大败，尉破胡走，长孙洪略战死。

破胡之出师也，齐人使侍中王琳与之俱。谓破胡曰：“吴兵甚锐，宜以长策之，慎勿轻斗！”破胡不从而败。琳单骑仅免，还，至彭城，齐

如减轻赋税，节省劳役，让平民休养生息，善待士人，使朝廷上下和睦，远近的人都来归附。那么天下四海之内都得到肃静清平，岂止是陈朝而已。”北齐后主不听从。派兵救援历阳。四月二十五日庚申，黄法氍打败北齐救兵。北齐又派开府仪同三司尉破胡、长孙洪略领兵救援秦州。

赵彦深私下向秘书监源文宗询问计谋，说：“陈朝敌寇嚣张，如此放肆，弟先前出任秦州、泾州刺史，熟悉江淮间的情况，如今用什么办法抵御陈朝侵犯呢？”源文宗说：“朝廷的精兵，一定不肯多调拨些给南征的诸将，只派几千人，恰好成为陈军的饲饵。尉破胡的人品，你宜阳王是知道的，他遭到大败，只是早晚间的事。国家对待淮南，失去它如同丢弃篙箭一样。在我源文宗看来，只需专任王琳，由他去招募三四万淮南人，因为风俗习惯相通，这些人容易替王琳效力；同时命令以前的将领驻兵在淮北。况且王琳是绝对不会向陈宣帝陈顼俯首称臣的，这是明摆着的。我个人认为这是上策。如果不对王琳诚心相待，另派人牵制他，反而构成祸患，那么淮南的战事没什么前途了。”赵彦深叹息说：“弟的这一办法可以决胜千里，但我费尽口舌力争了十天，仍没有被采纳。时事到了这个地步，还有什么话好说呢！”赵彦深对着源文宗，两人相视流泪。源文宗，名彪，以字号行世，他是源子恭的儿子。

源文宗的儿子源师任左外兵郎中，兼任祠部郎中，曾经对高阿那肱说：“龙出现了，应当举行求雨的祭祀。”高阿那肱惊问：“什么地方出现了龙？是什么颜色？”源师说：“是龙的星宿刚刚出现，按照典礼应当举行求雨的祭祀，不是有真龙出现。”高阿那肱大怒说：“汉儿多事，打肿脸充胖子，懂什么星宿！”于是不举行祭祀。源师告退走出，私自感叹说：“典礼都不要了，齐国还能长久吗？”

北齐军队挑选身材高大有勇力的人为先锋，还有苍头、犀角、大力等骁勇分队，势不可当，还招募了西域胡兵，善于射箭，百发百中，陈朝各支部队都非常害怕。四月二十六日辛酉，两军将要在吕梁大战。开战前，吴明徹对巴山太守萧摩诃说：“如果你一下子就杀死胡兵，那么敌人的士气就会被压倒，你的才能不亚于关羽。”萧摩诃说：“希望告诉我胡兵的相貌，我一定替你消灭他。”吴明徹叫来认识胡兵的北齐降兵，让他指点给萧摩诃看，又亲自替萧摩诃斟酒，萧摩诃喝完酒，策马冲向北齐军阵。胡兵挺身出阵向前十余步，拉满弓向萧摩诃射箭，还没有来得及射出，萧摩诃远远地用手掷出小铁矛正中胡兵的额头，胡兵应声扑倒。北齐军阵中随后冲出十几个胡人大力士出战，全都被萧摩诃杀死，于是北齐军惨败，尉破胡逃走，长孙洪略战死。

尉破胡出兵，北齐派侍中王琳和他同行。王琳对尉破胡说：“陈朝军队士气很高，应当用好的计谋来取胜，一定不要轻率出战。”尉破胡不听，结果遭到惨败。王

人即使之赴寿阳召募以拒陈师，复以卢潜为扬州道行台尚书。

甲子，南谯太守徐槾克石梁城。五月，己巳，瓦梁城降。癸酉，阳平郡降。甲戌，徐槾克庐江城。历阳窘蹙乞降，黄法氍缓之，则又拒守。法氍怒，帅卒急攻，丙子，克之，尽杀戍卒。进军合肥，合肥望旗请降，法氍禁侵掠，抚劳戍卒，与之盟而纵之。

丁丑，周以柱国侯莫陈琼为大宗伯，荥阳公司马消难为大司寇，江陵总管陆腾为大司空。琼，崇之弟也。

己卯，齐北高唐郡降。辛巳，诏南豫州刺史黄法氍徙镇历阳。乙酉，南齐昌太守黄詠克齐昌外城。丙戌，庐陵内史任忠军于东关，克其东、西二城，进克蕲城；戊子，又克谯郡城。秦州城降。癸巳，瓜步、胡墅二城降。帝以秦郡，吴明徹之乡里，诏具太牢，令拜祠上冢，文武羽仪甚盛，乡人荣之。

（以上为第四段，写陈宣帝大举北伐北齐，初战告捷。）

齐自和士开用事以来，政体隳紊。及祖珽执政，颇收举才望，内外称美。珽复欲增损政务，沙汰人物，官号服章，并依故事。又欲黜诸阉竖及群小辈，为致治之方，陆令萱、穆提婆议颇同异。珽乃讽御史中丞丽伯律，令劾主书王子冲纳赂。知其事连提婆，欲使赃罪相及，望因此并坐及令萱。犹恐齐主溺于近习，欲引后党为援，乃请以胡后兄君瑜为侍中、中领军；又征君瑜兄梁州刺史君璧，欲以为御史中丞。令萱闻而怀怒，百方排毁，出君瑜为金紫光禄大夫，解中领军，君璧还镇梁州。胡后之废，颇亦由此。释王子冲不问。

珽日以益疏，诸宦者更共谮之。帝以问陆令萱，令萱悯默不对，三问，乃下床拜曰："老婢应死。老婢始闻和士开言孝徵多才博学，意谓善人，故举之。比来观之，大是奸臣。人寔难知，老婢应死。"帝令韩长鸾检按。长鸾素恶珽，得其诈出敕受赐等十余事。帝以尝与之重誓，故不

琳单骑突围逃脱，回到彭城，北齐立即派他到寿阳招募士兵来抵抗陈朝军队，又任命卢潜为扬州道行台尚书。

四月二十九日甲子，南谯州太守徐槾攻占石梁城。五月初四日己巳，瓦梁城投降陈军。五月初八日癸酉，阳平郡投降。五月初九日甲戌，徐槾攻占庐江城。历阳守军处于困境，要求投降，黄法𣰰减缓了攻势，历阳又顽强抵抗，黄法𣰰大怒，加紧攻击，五月十一日丙子，打破了历阳城，全部杀死了守城的北齐兵。接着，黄法𣰰进军合肥，合肥守军望见陈军旗帜就请求投降，黄法𣰰严令禁止士兵抢掠，安抚北齐的守城士兵，同他们盟誓以后释放了他们。

五月十二日丁丑，北周任命柱国侯莫陈琼为大宗伯，荥阳公司马消难为大司寇，江陵总管陆腾为大司空。侯莫陈琼，是侯莫陈崇的弟弟。

五月十四日己卯，北齐北高唐郡投降陈军。五月十六日辛巳，陈宣帝下诏，南豫州刺史黄法𣰰徙镇历阳。五月二十日乙酉，南齐昌郡太守黄咏攻破了北齐齐昌郡城的外城。五月二十一日丙戌，庐陵郡内史任忠进军东关，攻占了东西两城，又进军攻占了蕲城；五月二十三日戊子，又攻占了谯郡城。北齐秦州城投降。五月二十八日癸巳，瓜步、胡墅两城投降。陈宣帝认为秦郡是吴明彻的家乡，特别下诏由朝廷送上猪牛羊齐备的牺牲，让吴明彻去祭拜祖坟，文武羽仪非常隆盛，乡亲们感到十分光荣。

北齐和士开掌权以来，朝政体制一片混乱。等到祖珽执政，网罗了一批有才能和名望的人，得到了朝廷内外的一致称赞。祖珽想精简机构，淘汰冗官，把混乱繁多的官名以及象征等级的服饰，恢复为原来的旧制。祖珽还想罢免一批宫中的宦官及群小，作为治理朝政的大纲。陆令萱、穆提婆在商议时持反对意见。祖珽就示意御史中丞丽伯津，让他弹劾中书省主书王子冲贪污。祖珽知道，弹劾王子冲将牵连穆提婆，想使贪污罪涉及穆提婆，并希望株连陆令萱有罪。祖珽仍然担心北齐后主溺爱亲信，扳不倒陆令萱。祖珽想拉拢胡太后的一党作为自己的后援，于是奏请北齐后主任命胡太后的哥哥胡君瑜为侍中、中领军，又征召胡君瑜的哥哥梁州刺史胡君璧，想让他做御史中丞。陆令萱知道后十分愤怒，千方百计阻挠和诽谤，让胡君瑜出宫为金紫光禄大夫，罢了他的中领军职务，胡君璧仍回到梁州做刺史，后来胡太后被废，也由此而起。王子冲被释放，不再追究。

祖珽一天天被疏远，众宦官轮番说祖珽的坏话，北齐后主询问陆令萱，陆令萱装出一副忧伤沉默不敢说话的样子。北齐后主再三追问，陆令萱才下床叩拜说："老奴婢有罪该死。老奴婢听和士开说祖孝徵很有才学，心想他是一个好人，所以推举他。近来观察他，是一个大大的奸臣，真是人心难测，老奴婢该死。"北齐后主派韩

杀，解珽侍中、仆射，出为北徐州刺史。珽求见帝，长鸾不许，遣人推出柏阁，珽坐，不肯行，长鸾令牵曳而出。

癸巳，齐以领军穆提婆为尚书左仆射，侍中、中书监段孝言为右仆射。孝言，韶之弟也。初，祖珽执政，引孝言为助，除吏部尚书。孝言凡所进擢，非贿则旧，求仕者或于广会膝行跪伏，公自陈请，孝言颜色扬扬，以为己任，随事酬许。将作丞崔成忽于众中抗言曰："尚书，天下尚书，岂独段家尚书也！"孝言无辞以应，唯厉色遣下而已。既而与韩长鸾共构祖珽，逐而代之。

齐兰陵武王长恭，貌美而勇，以邙山之捷，威名大盛，武士歌之，为《兰陵王入陈曲》，齐主忌之。及代段韶督诸军攻定阳，颇务聚敛，其所亲尉相愿问之曰："王受朝寄，何得如此？"长恭未应。相愿曰："岂非以邙山之捷，欲自秽乎？"长恭曰："然。"相愿曰："朝廷若忌王，即当用此为罪，无乃避祸而更速之乎！"长恭涕泣前膝问计，相愿曰："王前既有功，今复告捷，威声太重。宜属疾在家，勿预时事。"长恭然其言，未能退。及江、淮用兵，恐复为将，叹曰："我去年面肿，今何不发！"自是有疾不疗。齐主遣使鸩杀之。

六月，郢州刺史李综克滠口城。乙巳，任忠克合州外城。庚戌，淮阳、沭阳郡皆弃城走。

（以上为第五段，写北齐祖珽乃一奸佞臣，见国势日非，尚思改革以苟延国运，而国主高纬昏然不悟，祖珽专务政事竟不能容。时值陈朝犯境，大敌当前齐主再次自毁长城，继斛律光之后又杀高长恭。淮南战事，无可挽回。）

壬子，周皇孙衍生。

齐主游南苑，从官暍死者六十人。以高阿那肱为司徒。

癸丑，程文季攻齐泾州，拔之。乙卯，宣毅司马湛陀克新蔡城。

长鸾查核真假。韩长鸾一向怀恨祖珽，查出祖珽假传敕令收取贿赂十多起。北齐后主曾经与祖珽发过重誓，所以不杀他，罢了他的侍中、仆射职务，外放为北徐州刺史。祖珽要求朝见皇上，韩长鸾不允许，派人把祖珽推出柏阁。祖珽坐着不走，韩长鸾派人把他强行拖了出去。

五月二十八日癸巳，北齐任命领军穆提婆为尚书左仆射，侍中、中书监段孝言为右仆射。段孝言，是段韶的弟弟。当初，祖珽执政，引荐段孝言为自己的助手，升任段孝言为吏部尚书。段孝言所任用提拔的人，不是行贿的就是他的故旧，求官的人有的甚至在大庭广众中向段孝言叩头，公开陈述要官，段孝言神色得意洋洋，以此作为己任，随心所欲酬答允诺。将作丞崔成有一次突然在众多人的面前高声说："吏部尚书，是国家的尚书，难道是你段家的尚书吗！"段孝言无言以对，只有高声喝令崔成退下。不久，段孝言就和韩长鸾勾结一起诬陷祖珽，把祖珽逐出尚书省，取而代之。

北齐兰陵武王高长恭，相貌英俊而又勇敢，邙山之战北齐军队大捷，高长恭威名大震，士兵们歌唱他，作了《兰陵王入陈曲》的歌舞，这使得北齐后主猜忌他。等到他代替段韶督率诸军攻打定阳，却大肆聚敛财物。高长恭的亲信尉相愿问他说："兰陵王接受朝命委托，怎么能这样做呢？"高长恭没有回答。尉相愿又说："难道是邙山大捷，功高震主，你想贪财自污吗？"高长恭说："是这个想法。"尉相愿说："朝廷如果猜忌大王，立即就用这个借口治你的罪，这不是逃避灾祸，反而引来了灾祸。"高长恭流着眼泪膝行向前询问避祸之计。尉相愿说："大王先前已经有大功，如今又打了胜仗，威望名声太重，应该称病在家，不要参与政事。"高长恭听了尉相愿的话，可惜没有引退。等到江淮战事又起，高长恭担心再次用他为将，叹息说："我去年脸上浮肿，如今为什么不复发！"从此有了病也不医治。北齐后主还是派人送毒酒杀死了高长恭。

[六月初六日庚子]，陈朝将领郢州刺史李综攻占滠口城。六月十一日乙巳，任忠又攻占合州外城。六月十六日庚戌，北齐淮阳、沭阳两郡郡守丢弃城池逃走。

六月十八日壬子，北周皇孙宇文衍降生。

北齐后主游幸南苑，随从官员被赐死的达六十一人。任命高阿那肱为司徒。

六月十九日癸丑，陈朝程文季攻打北齐泾州，占领了泾州。六月二十一日乙卯，宣毅司马湛陀攻占了新蔡城。

丙辰，齐使开府仪同三司王纮聘于周。

癸亥，黄法氍克合州。吴明徹进攻仁州，甲子，克之。

治明堂。

秋，七月，戊辰，齐遣尚书左丞陆骞将兵二万救齐昌，出自巴、蕲，遇西阳太守汝南周炅。炅留羸弱，设疑兵以当之，身帅精锐，由间道邀其后，大破之。己巳，征北大将军吴明徹军至峡口，克其北岸城；南岸守者弃城走。周炅克巴州。淮北、绛城及谷阳士民，并杀其戍主，以城降。

齐巴陵王王琳与扬州刺史王贵显保寿阳外郭，吴明徹以琳初入，众心未固，丙戌，乘夜攻之，城溃。齐兵退据相国城及金城。

八月，乙未，山阳城降。壬寅，盱眙城降。壬子，戎昭将军徐敬辩克海安城。青州东海城降。戊午，平固侯敬泰等克晋州。九月，甲子，阳平城降。壬申，高阳太守沈善庆克马头城。甲戌，齐安城降。丙子，左卫将军樊毅克广陵楚子城。

壬午，周太子赟纳妃杨氏。妃，大将军随公坚之女也。

太子好昵近小人，左宫正宇文孝伯言于周主曰："皇太子四海所属，而德声未闻，臣忝宫官，实当其责。且春秋尚少，志业未成，请妙选正人，为其师友，调护圣质，犹望日就月将。如或不然，悔无及矣。"帝敛容曰："卿世载鲠直，竭诚所事。观卿此言，有家风矣。"孝伯拜谢曰："非言之难，受之难也。"帝曰："正人岂复过卿！"于是以尉迟运为右宫正。运，迥之弟子也。

帝尝问万年县丞南阳乐运曰："卿言太子何如人？"对曰："中人。"帝顾谓齐公宪曰："百官佞我，皆称太子聪明睿智。唯运所言忠直耳。"因问运中人之状。对曰："如齐桓公是也：管仲相之则霸，竖貂辅之则乱，可与为善，可与为恶。"帝曰："我知之矣。"乃妙选宫官以辅之，仍擢运为京兆丞。太子闻之，意甚不悦。

六月二十二日丙辰，北齐派开府仪同三司王纮出使北周。

六月二十九日癸亥，黄法𣰰攻占合州。吴明徹进攻仁州，六月三十日甲子，占领了仁州。

陈朝整修明堂。

秋季，七月初四日戊辰，北齐派尚书左丞相陆骞领兵二万救援齐昌，从巴水、蕲水之间出兵，遭遇陈朝西阳太守汝南人周炅。周炅留下体弱的士兵，设置疑兵抵挡北齐军队，自己率领精锐士兵，由小道绕到北齐兵的背后攻击，大败齐兵。七月初五日己巳，陈朝征北大将吴明徹进军至峡口，攻占了北岸城，南岸城守军弃城逃走。周炅攻占了巴州。江北诸城和谷阳等士民杀了守城军主，献城投降。

北齐巴陵王王琳与扬州刺史王贵显保守寿阳外城，吴明徹认为王琳初到寿阳，军心不稳，七月二十二日丙戌，乘夜攻城，寿阳外城被攻破，北齐兵退守相国城和金城。

八月初二日乙未，北齐山阳城投降。八月初九日壬寅，盱眙城投降。八月十九日壬子，陈军戎昭将军徐敬辩攻占海安城。北齐青州东海城投降。八月二十五日戊午，平固侯敬泰等攻占晋州。九月初一日甲子，阳平城投降。九月初九日壬申，高阳太守沈善庆攻占马头城。九月十一日甲戌，齐安城投降。九月十三日丙子，左卫将军樊毅攻占广陵楚子城。

九月十九日壬午，北周太子宇文赟娶杨氏为太子妃。杨氏太子妃，是大将军随国公杨坚的女儿。

北周皇太子宇文赟喜欢亲近小人，左宫正宇文孝伯对北周武帝说："皇太子是天下所瞩目的人，但他的道德声望不显赫，臣愧任宫官，实际要承担责任。况且皇太子年纪还轻，志向和学业都没成熟，请求皇上好好选拔正直人士做皇太子的师友，调教培养皇太子的品德和素质，希望日有所得，月有所进，如果不这样，后悔就来不及了。"北周武帝神色肃穆地说："你家世代耿直，竭尽忠诚，听了你的这番话，可以想见你的家风。"宇文孝伯拜谢说："说这话并不难，难在接受这些话。"北周武帝说："正直的人没有超过你的。"于是任命尉迟运为右宫正。尉迟运，是尉迟迥弟弟的儿子。

北周武帝曾经向万年县丞南阳人乐运询问他对皇太子的看法，说："卿说一说皇太子是什么样的人。"乐运回答说："中等人。"北周武帝回头对齐国公宇文宪说："百官都花言巧语奉承我，都夸皇太子聪明有大智，只有乐运说的才是忠正之言。"北周武帝接着问中等人前途情况，乐运回答说："像齐桓公就是中等人，管仲辅佐他可以称霸，竖刁辅佐他就要乱国。中等人，可以为善，也可以为恶。"北周武帝说："我知道了。"于是认真选拔好的宫官辅导太子，并提升乐运为京兆丞。皇太子听说后，

癸未，沈君理卒。

壬辰晦，前鄱阳内史鲁天念克黄城。甲午，郭默城降。

己亥，以特进领国子祭酒周弘正为尚书右仆射。

齐国子祭酒张雕，以经授齐主为侍读，帝甚重之。雕与宠胡何洪珍相结，穆提婆、韩长鸾等恶之。洪珍荐雕为侍中，加开府仪同三司，奏度支事，大为帝所委信，常呼“博士”。雕自以出于微贱，致位大臣，欲立效以报恩，论议抑扬，无所回避，省宫掖不急之费，禁约左右骄纵之臣，数讥切宠要，献替帷幄，帝亦深倚仗之。雕遂以澄清为己任，意气甚高，贵倖皆侧目。

尚书左丞封孝琰，隆之之弟子，与侍中崔季舒，皆为祖珽所厚。孝琰尝谓珽曰：“公是衣冠宰相，异于余人。”近习闻之，大以为恨。

会齐主将如晋阳，季舒与张雕议，以为：“寿阳被围，大军出拒之，信使往还，须禀节度。且道路小人，或相惊恐，以为大驾向并州，畏避南寇。若不启谏，恐人情骇动。”遂与从驾文官连名进谏。时贵臣赵彦深、唐邕、段孝言等，意有异同，季舒与争，未决。长鸾遽言于帝曰：“诸汉官连名总署，声云谏幸并州，其实未必不反，宜加诛戮。”辛丑，齐主悉召已署名者集含章殿，斩季舒、雕、孝琰及散骑常侍刘逖、黄门侍郎裴泽、郭遵于殿庭，家属皆徙北边，妇女配奚官，幼男下蚕室，没入赀产。癸卯，遂如晋阳。

（以上为第六段，写北齐前线败报频传，而朝内仍内讧不已，国主高纬仍然沉迷不醒，是非不辨，善恶不分，昏聩之极，凶暴之极，亡国之主，心理扭曲，大体如是。）

吴明彻攻寿阳，堰肥水以灌城，城中多病肿泄，死者什六七。齐行台右仆射琅邪皮景和等救寿阳，以尉破胡新败，怯懦不敢前，屯于淮口，敕使屡促之。然始渡淮，众数十万，去寿阳三十里，顿军不进。诸将皆惧，曰：“坚城未拔，大援在近，将若之何？”明彻曰：“兵贵神速，而彼结营不进，自挫其锋，吾知其不敢战，明矣。”乙巳，躬擐甲胄，四面疾

心里很不高兴。

九月二十日癸未，陈朝尚书右仆射沈君理去世。

九月二十九日壬辰，陈朝前鄱阳内史鲁天念攻占黄城。十月初二日甲午，北齐郭默城投降。

十月初七日己亥，陈宣帝任命特进兼国子祭酒周弘正为尚书右仆射。

北齐国子祭酒张雕，担任为北齐后主讲授经书的侍读，高纬非常器重他。张雕与得宠的胡人何洪珍相勾结，穆提婆、韩长鸾等怀恨他。何洪珍推荐张雕任职侍中、加官开府仪同三司，让他奏报财赋统计和支调，很受北齐后主的信任，经常称他为“博士”。张雕自认为出身微贱，得位为大臣，很想尽快立功以报恩，所以议论时政，褒贬人物，都不作回避。他提出裁减宫中不必要的开支，制止和约束皇上周围那些放纵的大臣，多次讥讽和批评受宠的权要，向皇上进献可办与不可办的改革建议，北齐后主非常倚仗他，张雕于是把澄清政事为己任，意气很高昂，遭到权贵和宠佞们的侧目。

尚书左丞封孝琰，是封隆之弟弟的儿子，与侍中崔季舒，都受到祖珽的厚爱。封孝琰曾经对祖珽说：“你是由衣冠士族出任的宰相，和别的人不同。”北齐后主身边那些亲信听到了，深深怀恨他。

恰逢北齐后主要到晋阳，崔季舒与张雕商议，认为“寿阳被围攻，大军外出抵抗，信使来往，都要向皇上禀报军情请示节度。再说，皇上离开都城，路上小民见了，或许要惊慌失措，认为皇上到并州，是害怕南寇而逃跑。如果不启奏，恐怕人心惊慌”。于是与从驾文官联名上奏劝谏。当时权贵赵彦深、唐邕、段孝言等，表示反对，与崔季舒争论，没有最后决定。韩长鸾立即向北齐后主进言，说：“众汉官联名上奏，表面上是劝说皇上不要去并州，其实未必不是想谋反，对这一施压的举动，应当统统杀掉。”十月初九日辛丑，北齐后主把联名上奏的文官全部宣召集中到含章殿，将崔季舒、张雕、封孝琰和散骑常侍刘逖、黄门侍郎裴泽、郭遵等在殿廷就地处斩，家属全都流放到北边，妇女发配奚官署为官奴婢，小男孩受宫刑做宦官，家财没收入国库。十月十一日癸卯，北齐后主启程到晋阳。

陈军都督吴明徹围攻寿阳，筑堤蓄肥水灌城，城中很多人患上浮肿腹泻的疾病，死的人占十之六七。北齐行台右仆射琅邪人皮景和等救援寿阳，看到尉破胡刚吃了败仗，就胆怯不敢向前进军，屯驻在淮口，北齐后主敕使多次催促进兵，皮景和才渡过淮河，有众数十万，离寿阳城三十里，又驻扎下来不敢进军。陈朝众将都十分害怕，说：“坚城没有攻下来，大规模援军已经逼近，怎么办呢？”吴明徹说：“用兵

攻，一鼓拔之，生擒王琳、王贵显、卢潜及扶风王可朱浑道裕、尚书左丞李騊駼送建康。景和北遁，尽收其驼马辎重。

琳体貌闲雅，喜怒不形于色；强记内敏，军府佐吏千数，皆能识其姓名；刑罚不滥，轻财爱士，得将卒心；虽失地流寓在邺，齐人皆重其忠义。及被擒，故麾下将卒多在明徹军中，见者皆歔欷，不能仰视，争为之请命及致资给。明徹恐其为变，遣使追斩之于寿阳东二十里，哭者声如雷。有一叟以酒脯来祭，哭尽哀，收其血而去。田夫野老，知与不知，闻者莫不流涕。

齐穆提婆、韩长鸾闻寿阳陷，握槊不辍，曰："本是彼物，从其取去。"齐主闻之，颇以为忧，提婆等曰："假使国家尽失黄河以南，犹可作一龟兹国。更可怜人生如寄，唯当行乐，何用愁为！"左右嬖臣因共赞和之，帝即大喜，酣饮鼓舞，仍使于黎阳临河筑城戍。

丁未，齐遣兵万人至颍口，樊毅击走之。辛亥，遣兵援苍陵，又破之。齐主以皮景和全军而还，赏之，除尚书令。

丙辰，诏以寿阳复为豫州，以黄城为司州。以明徹为都督豫合等六州诸军事、车骑大将军、豫州刺史，遣谒者萧淳风就寿阳册命，于城南设坛，士卒二十万，陈旗鼓戈甲。明徹登坛拜受，成礼而退，将卒荣之。上置酒，举杯属徐陵曰："赏卿知人。"陵避席曰："定策圣衷，非臣力也。"以黄法氍为征西大将军、合州刺史。

戊午，湛陀克齐昌城。十一月，甲戌，淮阴城降。庚辰，威虏将军刘桃枝克朐山城。辛巳，樊毅克济阴城。己丑，鲁广达攻济南徐州，克之；以广达为北徐州刺史，镇其地。

贵在神速，而敌人援军驻扎不前，自己灭了士气，我已知道他不敢来交战，这是明摆着的。”十月十三日乙巳，吴明彻亲自身穿铠甲，头戴铁盔，指挥士兵四面猛烈攻城，一鼓作气地攻破了寿阳城，活捉了王琳、王贵显、卢潜，以及扶风王可朱浑道裕、尚书左丞李騊駼等人，押送到建康。皮景和向北逃走，丢下驼马辎重全被陈军缴获。

王琳体态容貌安详文雅，喜怒不形于色，记忆力强而思维敏捷，军府僚佐有上千人之多，他都能叫出姓名，不滥用刑罚，不爱钱财爱部下，得到将士的拥护，虽然丢了地方流寓在邺城，北齐人十分敬重他的忠义。等到被吴明彻抓获，王琳原有的部属很多在吴明彻军中，看到了王琳被擒无不哀伤流泪，不敢抬头看他，都争着替王琳讲情并送给财物用品。吴明彻担心在押送途中发生变故，派使者快马追上押送队伍，在寿阳城东边二十里处就地斩杀王琳，为王琳而哭的人声震如雷。有一个老头用酒和肉干来祭奠王琳，哭得十分悲伤，并收殓了王琳的血离开了。当地的农夫野老，认识的或不认识的，听到消息没有不流泪的。

北齐穆提婆、韩长鸾听到寿阳陷落，仍继续玩握槊赌博的游戏不停止，说：“本来就是南方朝廷的地方，由他取走吧！”北齐后主听到了寿阳失守，深深忧虑，穆提婆等说：“即使国家丢了黄河以南的所有地方，河北土地不比一个龟兹国差。最可怜的是人的生命短促，像是寄居人间，最应当做的事要及时行乐，愁它干什么！”北齐后主身边的宠臣亲信一致附和说好，高纬于是转忧为喜，豪饮起舞，鼓乐震天，便派使臣到黎阳沿着黄河筑城防守。

十月十五日丁未，北齐派兵一万到颍口，被陈将樊毅击退，十月十九日辛亥，北齐又派兵救援苍陵，又被打败。北齐后主认为皮景和带领全军退回，还给他重赏，提升为尚书令。

十月二十四日丙辰，陈宣帝下诏恢复寿阳为豫州，黄城为司州治所。任命吴明徹为都督豫州、合州等六州诸军事、车骑大将军、豫州刺史，派谒者萧淳风到寿阳去颁布册命，在城南设坛拜授，士卒二十万，披甲执戈，陈列旌旗战鼓。吴明徹登坛拜受了陈宣帝的册命，仪式结束，走下土坛，将士们将感到荣耀。京城陈宣帝设宴群臣，陈宣帝亲自举杯向徐陵敬酒，说：“这杯酒赏赐卿善于识人。”徐陵避席答礼说：“英明决策是皇上圣明，不是臣的力量。”任命黄法𣰋为征西大将军、合州刺史。

十月二十六日戊午，陈朝湛陀攻下齐昌城，十一月十二日甲戌，淮阴城投降。十一月十八日庚辰，威虏将军刘桃枝攻占朐山城。十一月十九日辛巳，樊毅攻占济阳城。十一月二十七日己丑，鲁广达进攻北齐南徐州，攻占南徐州，陈朝任命鲁广达为北徐州刺史，镇守这个地方。

齐北徐州民多起兵以应陈，逼其州城，祖珽命不闭城门，禁人不得出衢路，城中寂然。反者不测其故，疑人走城空，不设备。珽忽令鼓噪震天，反者皆惊走。既而复结陈向城，珽令录事参军王君植将兵拒之，自乘马临陈左右射。反者先闻其盲，谓其必不能出，忽见之，大惊。穆提婆欲令城陷，不遣援兵，珽且战且守，十余日，反者竟散走。

诏悬王琳首于建康市。故吏梁骠骑仓曹参军朱玚致书徐陵求其首，曰："窃以典午将灭，徐广为晋家遗老；当涂已谢，马孚称魏室忠臣。梁故建宁公琳，当离乱之辰，总方伯之任，天厌梁德，尚思匡继，徒蕴包胥之志，终遘苌弘之眚，至使身没九泉，头行千里。伏惟圣恩博厚，明诏爰发，赦王经之哭，许田横之葬。不使寿春城下，唯传报葛之人；沧洲岛上，独有悲田之客。"陵为之启上。十二月，壬辰朔，并熊昙朗等首皆还其亲属。玚瘗琳于八公山侧，义故会葬者数千人。玚间道奔齐，别议迎葬，寻有寿阳人茅智胜等五人，密送其柩于邺。齐赠琳开府仪同三司、录尚书事，谥曰忠武王，给辒辌车以葬之。

癸巳，周主集群臣及沙门、道士，帝自升高坐，辨三教先后，以儒为先，道为次，释为后。

乙未，谯城降。

乙巳，立皇子叔明为宜都王，叔献为河东王。

壬午，任忠克霍州。

诏征安州刺史周炅入朝。初，梁定州刺史田龙升以城降，诏仍旧任。及炅入朝，龙升以江北六州、七镇叛入于齐，齐遣历阳王景安将兵应之。诏以炅为江北道大都督，总众军以讨龙升，斩之。景安退走，尽复江北之地。

是岁，突厥求婚于齐。

（以上为第七段，写陈朝大败北齐，全部收复梁朝末年丢失的淮水以南长江北岸的淮南地方，国势此时达于鼎盛。）

北齐北徐州民众许多起兵响应陈朝军队，逼近州城。祖珽下令不闭城门，禁止人们在大街上行走，城中鸦雀无声。反叛的人不知深浅，正在怀疑是人走城空，不做防备的时候，祖珽忽然命令击鼓呐喊，如雷鸣般震天响，造反的人都惊散了。不久又结合成队伍向州城逼近，祖珽命令录事参军王君植领兵抵抗，自己乘马到阵前命左右的人放箭。反叛的人先前听说祖珽是一个瞎子，认为他绝不会出城，现在忽然看见了他，非常惊讶！穆提婆存心让这座城被攻破，故意不派援兵，祖珽且战且守，坚持了十几天，造反的人终于散走了。

陈宣帝下诏把王琳的头悬挂在建康闹市上示众。王琳的旧僚属原梁朝骠骑仓曹参军朱玚写信给徐陵，要求收殓王琳的首级，说："我私下认为，晋朝将要灭亡，徐广为晋室的遗老；曹魏亡国，司马孚保节为魏室忠臣。梁朝原建宁公王琳，生当纷乱的时代，担当一方诸侯的重任，老天要灭亡梁朝，他仍想匡扶延续梁朝，空怀申包胥乞兵复国的志愿，最终犯下了苌弘那样的错误，以至身死九泉之下，头颅却传送千里。拜伏祈求圣主广施恩德，颁示明诏，像司马昭那样宽恕向雄抱哭王经，像汉高祖刘邦那样允许安葬田横。不要使寿春城下，只流传诸葛诞的部下为主而死；沧州海岛上，只有悲悼田横的宾客。"徐陵将朱玚的请求上奏宣帝，十二月初一日壬辰，陈宣帝下诏，王琳以及熊昙朗等人的首级都交还他们的亲属。朱玚把王琳安葬在八公山旁，赶来参加会葬的故旧有几千人。朱玚从小路直奔北齐，另外商议迎葬的事。不久有寿阳人茅智胜等五人，秘密送王琳的灵柩到邺城。北齐追赠王琳开府仪同三司、录尚书事，谥号叫忠武王，特赐辒辌车安葬王琳。

十二月初二日癸巳，北周武帝召集群臣，以及沙门、道士，北周武帝自己登上高座，辨论三教高下，论定儒教为首，道教第二，佛教第三。

十二月初四日乙未，谯城投降。

十二月十四日乙巳，陈朝立皇子陈叔明为宜都王，陈叔献为河东王。

[十二月二十一日壬子]，任忠攻占霍州。

陈宣帝下诏征召安州刺史周炅入朝。当初，后梁定州刺史田龙升举城投降陈朝，陈宣帝诏令仍旧担任原职。等到周炅入朝，田龙升献出江北六州、七镇之地投降北齐，北齐派历阳王元景安领兵接应。陈宣帝下诏任命周炅为江北道大都督，统率众军征讨田龙升，将他斩首。元景安退走，陈朝全部恢复了江北地方。

这一年，突厥向北齐求婚。

六年（甲午，574 年）

春，正月，壬戌朔，周齐公宪等七人进爵为王。

己巳，周主享太庙；乙亥，耕藉田。

壬子，上享太庙。

甲申，广陵金城降。

二月，壬午朔，日有食之。

乙未，齐主还邺。

丁酉，周纪国公贤等六人进爵为王。

辛亥，上耕藉田。

齐朔州行台南安王思好，本高氏养子，骁勇，得边镇人心。齐主使嬖臣斫骨光弁至州，光弁不礼于思好，思好怒，遂反，云“欲入除君侧之恶”。进军至阳曲，自号大丞相。武卫将军赵海在晋阳，苍猝不暇奏，矫诏发兵拒之。帝闻变，使尚书令唐邕等驰之晋阳，辛丑，帝勒兵继进。未至，思好军败，投水死。其麾下二千人，刘桃枝围之，且杀且招，终不降，以至于尽。

先是有人告思好谋反，韩长鸾女适思好子，奏言：“是人诬告贵臣，不杀无以息后。”乃斩之。思好既诛，告者弟伏阙下求赠官，长鸾不为通。

丁未，齐主还邺。甲寅，以唐邕为录尚书事。

乙卯，周主如云阳宫。

丙辰，周大赦。

庚申，周叱奴太后有疾。三月，辛酉，周主还长安。癸酉，太后殂。帝居倚庐，朝夕进一溢米。群臣表请，累旬乃止。命太子总厘庶政。

卫王直谮齐王宪于帝曰：“宪饮酒食肉，无异平日。”帝曰：“吾与齐王异生，俱非正嫡，特以吾故，同袒括发。汝当愧之，何论得失！汝，亲太后之子，特承慈爱；但当自勉，无论他人。”

陈宣帝太建六年（甲午，574年）

春季，正月初一日壬戌，北周齐国公宇文宪等七人晋爵为王。

正月初八日己巳，北周武帝到太庙祭祀祖先；正月十四日，举行亲耕藉田典礼。

［正月二十一日壬午］，陈宣帝到太庙祭祀祖先。

正月二十三日甲申，广陵金城投降。

二月初一日壬午，发生日食。

二月初四日乙未，北齐后主高纬回到邺城。

二月初六日丁酉，北周纪国公宇文贤等六人晋爵为王。

二月二十一日辛亥，陈宣帝举行亲耕藉田典礼。

北齐朔州行台南安王高思好，原本是高氏养子，骁勇善战，深得边镇民心。北齐后主派宠臣斫骨光弁到朔州，他对高思好傲慢无礼，高思好大怒，于是反叛，打出口号说，“带兵进京除掉国君身边的坏人”。高思好进军到达阳曲，自称大丞相。武卫将军赵海在晋阳，匆忙之中来不及上奏，就假传诏令征调军队去抵抗。北齐后主听说发生兵变，派尚书令唐邕等策马到晋阳，二月十一日辛丑，北齐后主亲自领兵随后进发，还没到达晋阳，高思好兵败投水而死。高思好部众两千人被刘桃枝包围，一边杀一边招降，始终没有一个人投降，全部战死。

事发之前，有人报告高思好谋反，韩长鸾女儿是高思好的儿媳，他便启奏北齐后主说：“这人诬告贵臣，不杀掉他就不能制止诬告成风。”便杀了告发者。高思好被诛杀后，告发人的弟弟拜伏在皇宫门前请求给他的哥哥赠官，韩长鸾压着不向北齐后主通报。

二月十六日丁未，北齐后主回到邺城。二月二十三日甲寅，任命唐邕为录尚书事。

二月二十四日乙卯，北周武帝到云阳宫。

二月二十六日丙辰，北周发布大赦。

二月二十九日庚申，北周叱奴太后生病。三月初一日辛酉，北周武帝回到长安。三月十三日癸酉，叱奴太后去世。北周武帝居倚庐守丧，早晚只吃一勺米的饭。群臣上表请求北周武帝节哀，一连十几天上表后才停止住在倚庐，命令皇太子宇文赟总理各项政务。

北周卫王宇文直在北周武帝面前说齐王宇文宪的坏话，说：“宇文宪饮酒吃肉，跟平时一样。”北周武帝说：“朕与齐王宇文宪同父异母，都不是嫡子。只因我是国君的缘故，他也解衣露袒，用麻束发，为我母服丧。你应当感到羞愧，怎么反而去评论别人的是非。你是太后的亲生儿子，又特别受到太后的慈爱，你应当自己努力为母亲服丧尽孝，不要去议论别人的是非。”

夏，四月，乙卯，齐遣侍中薛孤康买吊于周，且会葬。

初，齐世祖为胡后造珠裙袴，所费不可胜计；为火所焚。至是，齐主复为穆后营之。使商胡赍锦彩三万，与吊使偕往市珠。周人不与，齐主竟自造之。及穆后爱衰，其侍婢冯小怜大幸，拜为淑妃；与齐主坐则同席，出则并马，誓同生死。

五月，庚申，周葬文宣皇后于永固陵，周主跣行至陵所。辛酉，诏曰："三年之丧，达于天子。但军国务重，须自听朝。衰麻之节，苫庐之礼，率遵前典，以申罔极。百僚宜依遗令，既葬而除。"公卿固请依权制，帝不许，卒申三年之制。五服之内，亦令依礼。

庚午，齐大赦。

齐人恐陈师渡淮，使皮景和屯西兖州以备之。

丙子，周禁佛、道二教，经、像悉毁，罢沙门、道士，并令还俗。并禁诸淫祀，非祀典所载者尽除之。

六月，壬辰，周弘正卒。

壬子，周更铸五行大布钱，一当十，与布泉并行。

戊午，周立通道观以壹圣贤之教。

秋，七月，庚申，周主如云阳，以右宫正尉迟运兼司武，与薛公长孙览辅太子守长安。

初，帝取卫王直第为东宫，使直自择所居。直历观府署，无如意者；末取废陟屺寺，欲居之。齐王宪谓直曰："弟子孙多，此无乃褊小？"直曰："一身尚不自容，何论子孙！"直尝从帝校猎而乱行，帝对众挞之，直积怨愤，因帝在外，遂作乱。乙酉，帅其党袭肃章门。长孙览惧，奔诣帝所。尉迟运偶在门中，直兵奄至，手自阖门。直党与运争门，斫伤运指，仅而得闭。直不得入，纵火焚门。运恐火尽，直党得进，取宫中材木及床榻以益火，膏油灌之，火转炽。久之，直不得进，乃退。运帅留守兵，因其退而击之，直大败，帅百余骑奔荆州。戊子，帝还长安。八月，辛卯，擒直，废为庶人，囚于别宫，寻杀之。以尉迟运为大将军，赐赉甚厚。

夏季，四月二十五日乙卯，北齐派侍中薛孤康买出使北周吊唁，并参加太后的葬礼。

当初，北齐世祖高湛为胡皇后制作珍珠裙裤，花费钱财不计其数，失火烧毁。这时，北齐后主又想给穆皇后做一件珍珠裙裤。北齐后主派胡商载运三万匹彩色绸缎，与吊唁使者一起到北周去购买珍珠。北周人不卖给珍珠，北齐后主竟然想方设法制作了一件珍珠裙裤。等到穆皇后失宠，而穆皇后的侍女冯小怜大受恩宠，被册封为淑妃，与北齐后主坐则同席，出则并马，发誓要同生共死。

五月初一日庚申，北周在永固陵安葬文宣皇后叱奴氏，北周武帝赤着脚走到陵前。五月初二日辛酉，北周武帝下诏说："为父母守三年之丧，从庶民到天子都应当一样。但是军国事务繁重，皇上要临朝听政。至于身穿孝服，头戴孝麻的服制，苫庐的礼节，一一遵守古代礼制的规定，用来报答母亲的养育之恩，文武百官应遵守太后遗命，在她安葬之后，就可以除去孝服。"公卿大臣一再上表请求皇上依照改订后的灵活守丧的制度，北周武帝不同意，始终遵守了三年守丧的礼制，凡皇室五服之内的亲属也一律依照古礼。

五月十一日庚午，北齐大赦天下。

北齐害怕陈朝军队渡过淮河，派皮景和屯驻西兖州，防备陈朝军队的进犯。

五月十七日丙子，北周禁止佛教、道教，把佛道两教的经典和偶像全部销毁，取缔和尚、道士，勒令他们还俗。并禁止一切不符合礼制的祭祀，凡不是礼仪典礼规定的祭祀一律废除。

六月初三日壬辰，陈朝周弘正去世。

六月二十三日壬子，北周改铸五行大布钱，一个五行大布钱兑换民间私铸的十个细钱，与布泉钱一起流通。

六月二十九日戊午，北周建立通道观用来统一圣贤的政教。

秋季，七月初六日庚申，北周武帝到云阳，任命右宫正尉迟运兼职司武，与薛国公长孙览辅佐太子镇守长安。

当初，北周武帝征用卫王宇文直的府第为东宫，让宇文直自己另外选择一处住所。宇文直一一察看了所有的府署衙门，没有一处满意的，最后选定了荒废的陟屺寺，想居住在那里。齐王宇文宪对宇文直说："弟弟你子孙众多，这地方恐怕太小了吧！"宇文直说："我自己一个身子尚且不能见容，哪顾得上子孙！"宇文直曾经随从北周武帝围猎而扰乱了队列，北周武帝当众鞭打他，宇文直便积下怨愤，趁北周武帝外出，于是在长安起兵作乱。七月二十七日乙酉，率领他的党羽袭击肃章门。长孙览害怕，逃到北周武帝的行在所。尉迟运正巧在肃章门内，宇文直领兵突然来夺门，尉迟运亲手关门。宇文直的党羽与尉迟运争门，尉迟运的手指被砍伤，勉强把门关上了。宇文直进不了皇宫，就放火烧门。尉迟运担心火灭了，宇文直的党羽

丙申，周主复如云阳。

癸丑，齐主如晋阳。甲辰，齐以高劢为尚书右仆射。

九月，庚申，周主如同州。

冬，十月，丙申，周遣御正弘农杨尚希、礼部卢恺来聘。恺，柔之子也。

甲寅，周主如蒲州；丙辰，如同州；十一月，甲戌，还长安。

十二月，戊戌，以吏部尚书王玚为右仆射，度支尚书孔奂为吏部尚书。玚，冲之子也。

时新复淮、泗，攻战、降附，功赏纷纭。奂识鉴精敏，不受请托，事无凝滞，人皆悦服。湘州刺史始兴王叔陵，屡讽有司，求为三公。奂曰："衮章之职，本以德举，未必皇枝。"因以白帝。帝曰："始兴那忽望公！且朕儿为公，须在鄱阳王后。"奂曰："臣之所见，亦如圣旨。"

齐定州刺史南阳王绰，喜为残虐，尝出行，见妇人抱儿，夺以饲狗。妇人号哭，绰怒，以儿血涂妇人，纵狗使食之。常云："我学文宣伯之为人。"齐主闻之，锁诣行在，至而宥之。问："在州何事最乐？"对曰："多聚蝎于器，置狙其中，观之极乐。"帝即命夜索蝎一斗，比晓，得三二升，置浴斛，使人裸卧斛中，号叫宛转。帝与绰临观，喜噱不已。因让绰曰："如此乐事，何不驰驿奏闻！"由是有宠，拜大将军，朝夕同戏。韩长鸾疾之，是岁，出为齐州刺史。将发，使人诬告其反，奏云："此犯国法，不可赦！"帝不忍明诛，使宠胡何猥萨与之手搏，搤而杀之。

（以上为第八段，写陈朝收复江北淮南之地，庆功封赏。北周武帝亲政、灭佛。北齐国主高纬残虐无道，变本加厉，国势日衰。）

冲进宫来，便命令宫中的人搬来木材和床榻等物投入火中加大火势，又用油脂灌浇，火势转大，燃烧久久不灭，宇文直进不了宫，才退走，尉迟运率领留守的士兵，趁宇文直退走时追击，宇文直大败，率领一百余骑逃奔荆州。七月三十日戊子，北周武帝回到长安。八月初三日辛卯，抓获宇文直，废为庶人，禁闭在别宫，不久又杀了他。任命尉迟运为大将军，赏赐非常优厚。

八月初八日丙申，北周武帝再次巡幸云阳。

八月十五日癸丑，北齐后主到晋阳。八月十六日甲辰，北齐任命高劢为尚书右仆射。

九月初三庚申，北周武帝到同州。

冬季，十月初九日丙申，北周派御正弘农杨尚希、礼部卢恺出使陈朝。卢恺，是卢柔的儿子。

十月二十七日甲寅，北周武帝巡幸蒲州；十月二十九日丙辰，巡幸同州；十一月十七日甲戌，回到长安。

十二月十二日戊戌，陈宣帝任命吏部尚书王玚为右仆射，度支尚书孔奂为吏部尚书。王玚，是王冲的儿子。

这时陈朝刚收复淮泗地区，攻战叙其功，降附行其赏，事情千头万绪。孔奂识见判断，精细敏捷，不接受人情请托，办事效率极高，人们心悦诚服。湘州刺史始兴王陈叔陵，多次暗示主管部门，请求任三公之职。孔奂说："三公的职位，是依照德行来选拔的，未必皇室宗亲就够格三公。"并把这事报告给陈宣帝。陈宣帝说："始兴王怎么突然想要作三公？再说朕的儿子要作三公，也得在鄱阳王之后。"孔奂说："臣的看法，也正和皇上的意思一样。"

北齐定州刺史南阳王高绰，生性爱好残暴的行为。他曾外出看到一个妇人抱了一个婴儿，就夺过婴儿喂狗。这个妇人号哭，高绰大怒，把这个婴儿的血涂在妇人身上，放狗去咬这个妇人。他常常说："我以伯父文宣帝为榜样学习做人。"北齐后主听说了，命人把高绰锁住押往行在所，等到高绰被押送到了，又把他放了。高纬问高绰："在州城里做什么事最快乐？"高绰回答说："捕捉许多蝎子放在一个容器中，再放进一个猴子，看蝎子白蜇猴子最快乐。"北齐后主听了，立即派人连夜去捉蝎子，要有一斗，到了天明时，只抓了两三升，放在澡盆中，派一个人裸体躺在澡盆中，那人被蝎子蜇得团团打滚，号叫不已。高纬与高绰临盆观看，大笑不止。北齐后主责备高绰说："这么好玩的事，为什么不用快马驿传奏上！"因此高绰受到宠信，升迁为大将军，两人从早到晚在一起嬉戏。韩长鸾十分憎恨高绰。这一年，外放高绰为齐州刺史，将要启程赴任，韩长鸾派人诬告高绰谋反，随即上奏说："这是犯了国法，不能赦免。"北齐后主不忍将高绰明正典刑，让宠信的胡人何猥萨与高绰徒手搏斗，扼死了高绰。

【点评】

北周武帝功过参半。北周武帝宇文邕，殚精治国，察纳雅言，有贤君之气象。然其亲政，虐杀晋国公宇文护；又忌胞弟卫王宇文直之武略，夺其府第，逼其反叛，而后诛之，又何其忍也！得人心者得天下也。北周武帝以血腥维护政权，而政权亦不久存，岂非始料所及欤？

陈纪六

陈宣帝太建七年至八年（575—576年）

【起旃蒙协洽（乙未，575年），尽柔兆涒滩（丙申，576年），凡二年】

【大事提要】

本卷记述公元575年至公元576年南北朝史事，凡两年，时当陈宣帝太建七年、八年，北周武帝建德四年、五年，北齐后主高纬武平六年、隆化元年。重点记述北周武帝连年用兵讨伐北齐的事件。北周武帝第一次伐北齐，出兵指向北齐重点防御的洛阳，无功而返；及时总结教训，再次伐北齐，直指并州，一举端掉高氏起家的晋阳，奠定了灭亡北齐的基础。

【原文】

高宗宣皇帝中之上

太建七年（乙未，575年）

春，正月，辛未，上祀南郊。

癸酉，周主如同州。

乙亥，左卫将军樊毅克潼州。

齐主还邺。

辛巳，上祀北郊。

二月，丙戌朔，日有食之。

戊申，樊毅克下邳、高栅等六城。

齐主言语涩呐，不喜见朝士，自非宠私昵狎，未尝交语。性懦，不堪人视，虽三公、令、录奏事，莫得仰视，皆略陈大指，惊走而出。承世祖奢泰之余，以为帝王当然，后宫皆宝衣玉食，一裙之费，至直万匹，竞为新巧，朝衣夕弊。盛修宫苑，穷极壮丽；所好不常，数毁又复。百工土木，无时休息，夜则然火照作，寒则以汤为泥。凿晋阳西山为大像，一夜然油万盆，光照宫中。每有灾异寇盗，不自贬损，唯多设斋，以为修德。好自弹琵琶，为《无愁》之曲，近侍和之者以百数，民间谓之“无愁天子”。于华林园立贫儿村，帝自衣蓝缕之服，行乞其间以为乐。又写筑西鄙诸城，使人衣黑衣攻之，帝自帅内参拒斗。

宠任陆令萱、穆提婆、高阿那肱、韩长鸾等宰制朝政，宦官邓长颙、陈德信、胡儿何洪珍等并参预机权，各引亲党，超居显位。官由财进，狱以贿成，竞为奸谄，蠹政害民。旧苍头刘桃枝等皆开府封王，其余宦官、胡儿、歌舞人、见鬼人、官奴婢等滥得富贵者，殆将万数，庶姓封王者以百数，开府千余人，仪同无数，领军一时至二十人，侍中、中常侍数十人，乃至狗、马及鹰亦有仪同、郡君之号，有斗鸡，号开府，皆食其干禄。诸嬖幸朝夕娱侍左右，一戏之费，动逾巨万。既而府藏空竭，乃赐二三郡或六七县，使之卖官取直。由是为守令者，率皆富商大贾，

【语译】

高宗宣皇帝中之上

陈宣帝太建七年（乙未，575年）

春季，正月十六日辛未，陈宣帝在南郊祭天。

正月十八日癸酉，北周武帝到同州。

正月二十日乙亥，陈朝左卫将军樊毅攻克潼州。

北齐后主回到邺城。

正月二十六日辛巳，陈宣帝在北郊祭地。

二月初一日丙戌，发生日食。

二月二十三日戊申，樊毅攻克下邳、高栅等六城。

北齐后主高纬说话迟钝口吃，不喜欢接见朝廷官员，如果不是宠爱亲近的人，从不与之交谈。个性怯懦，不能忍受别人的注视，即使是朝廷三公、尚书令、录尚书事向他奏事，谁也不能抬头看他，都是说个大概和要点，便惊恐地退出。北齐后主沾染他父亲世祖高湛奢侈华靡的风气，认为皇帝就应该这样。后宫嫔妃都是锦衣玉食，一条裙子的费用，价值一万匹锦帛，竞相攀比新奇精巧，早上刚穿上的新衣，晚上就当作旧衣扔掉，大肆铺张修建宫室园林，雄伟华丽达到极点；爱好反复无常，一次又一次地毁坏了重新修建。从事土木建筑的各种工匠，没完没了地劳作，不能休息。夜晚点起火把照常工作，天冻了用热水和泥，在晋阳西山凿石窟修造大佛像，一个夜晚的照明要用掉一万盆燃油，亮光可以照到晋阳宫中。每当发生灾异或盗寇，北齐后主从不自我反省，只是多设斋饭施舍，认为这样就是修炼功德。喜欢亲自弹奏琵琶，谱了一首名叫《无愁》的乐曲，弹奏时要成百名近侍相随伴唱，民间戏称他为“无愁天子”。北齐后主在华林园设立贫儿村，亲自穿上破烂的衣衫，装扮成乞丐在村中乞讨以为乐。又仿造北齐西部的边境城市，派人穿上黑色戎装扮作北周军进攻，北齐后主亲自率领宫中的宦官在城内防守战斗。

北齐后主宠信任用陆令萱、穆提婆、高阿那肱、韩长鸾等主宰朝政，宦官邓长颙、陈德言、胡人何洪珍等都参决机密事务，各自招引亲戚朋党，破格升迁把持显要职位。官位升迁由钱财多少决定，刑狱判决以贿赂多少定案，个个都争着向北齐后主耍巧谄媚，败坏朝政并祸害百姓。先前充当奴仆的刘桃枝等都开府封王，其他宦官、胡人、歌舞艺人、巫师、官府奴婢等都滥得富贵，大约有上万人。平民姓氏被封王的有上百人，位居开府的有上千人，位居仪同三司的不计其数，被任职为领军将军的有时一次达二十人，侍中、中常侍数十人，甚至于狗、马和猎鹰等禽兽也有仪同、郡君的封号，有的斗鸡封为开府，这些有职位封号的禽兽，他们都享有相

竞为贪纵，民不聊生。

周高祖谋伐齐，命边镇益储偫，加戍卒；齐人闻之，亦增修守御。柱国于翼谏曰："疆埸相侵，互有胜负，徒损兵储，无益大计。不如解严继好，使彼懈而无备，然后乘间，出其不意，一举可取也。"周主从之。

韦孝宽上疏陈三策：

其一曰："臣在边积年，颇见间隙，不因际会，难以成功。是以往岁出军，徒有劳费，功绩不立，由失机会。何者？长淮之南，旧为沃土，陈氏以破亡余烬，犹能一举平之；齐人历年赴救，丧败而返。内离外叛，计尽力穷，仇敌有衅，不可失也。今大军若出轵关，方轨而进，兼与陈氏共为掎角，并令广州义旅出自三鸦，又募山南骁锐，沿河而下，复遣北山稽胡，绝其并、晋之路。凡此诸军，仍令各募关、河之外劲勇之士，厚其爵赏，使为前驱。岳动川移，雷骇电激，百道俱进，并趋虏庭。必当望旗奔溃，所向摧殄，一戎大定，寔在此机。"

其二曰："若国家更为后图，未即大举，宜与陈人分其兵势。三鸦以北，万春以南，广事屯田，预为贮积，募其骁悍，立为部伍。彼既东南有敌，戎马相持，我出奇兵，破其疆埸。彼若兴师赴援，我则坚壁清野，待其去远，还复出师。常以边外之军，引其腹心之众。我无宿舂之费，彼有奔命之劳，一二年中，必自离叛。且齐氏昏暴，政出多门，鬻狱卖官，唯利是视，荒淫酒色，忌害忠良，阖境嗷然，不胜其弊。以此而观，覆亡可待。然后乘间电扫，事等摧枯。"

其三曰："昔勾践亡吴，尚期十载；武王取纣，犹烦再举。今若更存遵养，且复相时，臣谓宜还崇邻好，申其盟约，安民和众，通商惠工，蓄锐养威，观衅而动。斯乃长策远驭，坐自兼并也。"

应等级的俸禄。一些受到宠幸的婢妾和近臣整天陪同在北齐后主的身旁，一次游戏的费用，动辄超过一万。不久国库空虚了，就赐给这些人两三个郡，或六七个县，让他们出卖官爵来获取钱财。因此，担任郡守县令的人，大多数都成了富商，竞相贪污放纵，弄得民不聊生。

北周武帝谋划讨伐北齐，命令边镇增加储备，加派守兵；北齐得知消息，也增加了守卫力量。北周柱国于翼劝谏说："周齐两国在边境互相侵犯，必然是互有胜负，白白地损耗兵力和储备，无补于大计。不如解除边境的戒严，继续维护两国和好，使对方松懈没有防备，然后寻找机会，出其不易，可以一举攻破敌国。"北周武帝听从了于翼的建议。

韦孝宽上疏北周武帝陈述三条计策。

第一条说："臣在边镇多年，多次看到敌国的空隙，若不抓住这个时机，仍然很难成功。所以往年出兵，白白地受累又破费，不能建立功勋，都是因为丧失了时机。为什么呢？长长的淮河之南，从前是肥沃的土地，陈朝承梁朝破亡之后，收拾残局，仍能一举讨平动乱；北齐连年派兵救援，都丧师败还。现在北齐内部离心，外有大军压境，计尽力穷，我们的仇敌既然有这样的空隙，不可丧失这大好时机。如今大军从轵关出击，两车并行推进，加上联合陈朝两面夹击，并命令广州义军从山鸦出兵，再招募山南骁勇精卒，沿着黄河东下，同时派遣北山稽胡，截断敌人并州、晋州的通道。以上各军，让他们自主招募潼关黄河之外即敌境之内的强劲勇敢之士，赐给他们优厚的官爵和奖赏，委派他们为前锋，这样出征，山动川移，雷惊电闪，百路齐进，直趋敌人都城。敌人一定望旗奔溃，我军则所向无敌，无坚不摧，将一举平定齐国，实实在在是一次良机。"

第二条说："如果国家另有往后灭齐的计划，当前还不大规模出兵，应当与陈朝共同分散齐国的兵势。在三鸦之北，万春以南，大规模屯田，预备军粮，召募骁勇凶悍的士兵，编制成部队。齐国既然与东南的陈国为敌，双方兵戎相争，我军突然出奇兵，攻破齐国边防，齐国如果派兵救援，我军则坚壁清野，等待他们撤离远去，我军重新出兵。我军经常用边境的守军，牵制齐人腹心要害地区的重兵。我军无须准备隔夜的粮草，对方却有疲于奔命的劳累。在一两年之内，齐人一定会众叛亲离。况且齐主昏庸暴虐，政出多门，鬻狱卖官，唯利是图，荒淫酒色，残害忠良，全国百姓愁苦哀号，不堪忍受这样的弊端。由此看来，齐国的灭亡指日可待。我军寻机发起闪电般的攻击，如同摧枯拉朽那样不费吹灰之力。"

第三条说："从前句践灭吴，尚且花了十年时间；周武王伐纣，还两度用兵。如今陛下要蓄养国力，再等待时机行动，臣认为如此就应恢复过去的睦邻友好，重申盟约，安定人民，和睦部众，互通贸易，让工匠得实惠，养精蓄锐，增强声势，看

书奏，周主引开府仪同三司伊娄谦入内殿，从容谓曰：“朕欲用兵，何者为先？”对曰：“齐氏沈溺倡优，耽昏曲蘖。其折冲之将斛律明月，已毙于谗口。上下离心，道路以目。此易取也。”帝大笑。三月，丙辰，使谦与小司寇元卫聘于齐以观衅。

丙寅，周主还长安。

夏，四月，甲午，上享太庙。

监豫州陈桃根得青牛，献之，诏遣还民。又表上织成罗文锦被各二百首，诏于云龙门外焚之。

庚子，齐以中书监阳休之为尚书右仆射。

六月，壬辰，以尚书右仆射王玚为左仆射。

甲戌，齐主如晋阳。

秋，七月，丙戌，周主如云阳宫。

大将军杨坚姿相奇伟。畿伯下大夫长安来和尝谓坚曰：“公眼如曙星，无所不照，当王有天下，愿忍诛杀。”

周主待坚素厚，齐王宪言于帝曰：“普六茹坚，相貌非常，臣每见之，不觉自失；恐非人下，请早除之！”帝亦疑之，以问来和。和诡对曰：“随公止是守节人，可镇一方；若为将领，陈无不破。”

丁卯，周主还长安。

先是周主独与齐王宪及内史王谊谋伐齐，又遣纳言卢韫乘驲三诣安州总管于翼问策，余人皆莫之知。丙子，始召大将军以上于大德殿告之。

丁丑，下诏伐齐，以柱国陈王纯、荥阳公司马消难、郑公达奚震为前三军总管，越王盛、周昌公侯莫陈崇、赵王招为后三军总管。齐王宪帅众二万趋黎阳，随公杨坚、广宁公薛迥将舟师三万自渭入河，梁公侯莫陈芮帅众二万守太行道，申公李穆帅众三万守河阳道，常山公于翼帅众二万出陈、汝。谊，盟之兄孙；震，武之子也。

周主将出河阳，内史上士宇文弢曰：“齐氏建国，于今累世；虽曰无道，藩镇之任，尚有其人。今之出师，要须择地。河阳冲要，精兵所聚，尽力攻围，恐难得志。如臣所见，出于汾曲，戍小山平，攻之易拔。用

准时机，采取行动。这样做便是长谋远略，水到渠成吞并齐国。”

韦孝宽的奏疏呈上以后，北周武帝召见开府仪同三司伊娄谦于内殿，从容地问伊娄谦说：“朕想用兵，先打齐国还是陈国呢？”伊娄谦回答：“齐主沉湎歌舞玩乐，嗜好饮酒，能够御敌的战将斛律明月，已被谗言杀害。君臣上下离心离德，路上行人以目示意，不敢说话，这种情况最容易攻取。”北周武帝大笑。三月初二日丙辰，北周武帝派伊娄谦与小司寇元卫出使北齐观看虚实。

三月十二日丙寅，北周武帝回到长安。

夏季，四月初十日甲午，陈宣帝到太庙祭祀祖先。

豫州监军陈桃根猎获一头青牛，献给朝廷，陈宣帝下诏退还给平民。陈桃根又上表贡献织成的罗纹锦被两种各二百件，陈宣帝下诏在云龙门外全部烧毁。

四月十六日庚子，北齐后主命中书监阳休之为尚书右仆射。

六月初九日壬辰，陈朝任命尚书右仆射王玚为左仆射。

甲戌日，北齐后主到晋阳。

秋季，七月，丙戌日，北周武帝到云阳宫。

大将军杨坚姿容相貌奇特伟大。畿伯下大夫长安人来和曾经对杨坚说：“您的眼睛如晨星闪烁，无所不照，应当称王于天下，希望你能克制诛杀。”

北周武帝一向厚待杨坚，齐王宇文宪对北周武帝说：“普六茹坚（杨坚），相貌不凡，臣每次见到他，很不自然，他恐怕不是一个久能为臣的人，应当及早除掉他。”北周武帝也有些猜疑，因此问来和，来和诡称：“随公杨坚是一个看重名节的人，可以让他镇守一方，如果用他为大将，攻无不胜，战无不克。”

七月十五日丁卯，北周武帝回到长安。

起先北周武帝只与齐王宇文宪以及内史王谊谋划讨伐北齐，又派纳言卢韫三次乘驿车到安州向总管于翼问计，其他的人都不知道。七月二十四日丙子，北周武帝第一次在大德殿召见大将军以上大臣通告伐齐的事。

七月二十五日丁丑，北周武帝颁下诏命讨伐北齐，任命柱国陈王宇文纯、荥阳公司马消难、郑公达奚震为前锋三军总管，任命越王宇文盛、周昌公侯莫陈崇、赵王宇文招为后三军总管。齐王宇文宪率领两万人马直趋黎阳，随公杨坚、广宁公薛迥率领水军三万从渭河进入黄河，梁公侯莫陈芮率军两万扼守太行道，申公李穆率军三万扼守河阳道，常山公于翼率领两万进军陈州、汝州。王谊，是王盟哥哥的孙子。达奚震，是达奚武的儿子。

北周武帝打算亲自出征河阳，内史上士宇文弢说：“北齐建国，至今传了几代，虽然说齐国君主无道，而守卫藩镇的人，尚能称职。如今我国出兵，最重要的是选择突破点，河阳是要冲之地，敌人屯聚精兵，我军努力攻围，恐怕也难以如愿。依

武之地，莫过于此。”民部中大夫天水赵煚曰：“河南、洛阳，四面受敌，纵得之，不可以守。请从河北直指太原，倾其巢穴，可一举而定。”遂伯下大夫鲍宏曰：“我强齐弱，我治齐乱，何忧不克！但先帝往日屡出洛阳，彼既有备，每有不捷。如臣计者，进兵汾、潞，直掩晋阳，出其不虞，似为上策。”周主皆不从。宏，泉之弟也。

壬午，周主帅众六万，直指河阴。杨素请帅其父麾下先驱，周主许之。

八月，癸卯，周遣使来聘。

周师入齐境，禁伐树践稼，犯者皆斩。丁未，周主攻河阴大城，拔之。齐王宪拔武济；进围洛口，拔东、西二城，纵火焚浮桥，桥绝。齐永桥大都督太安傅伏，自永桥夜入中潬城。周人既克南城，围中潬，二旬不下。洛州刺史独孤永业守金墉，周主自攻之，不克。永业通夜办马槽二千，周人闻之，以为大军且至而惮之。

九月，齐右丞高阿那肱自晋阳将兵拒周师。至河阳，会周主有疾，辛酉夜，引兵还。水军焚其舟舰。傅伏谓行台乞伏贵和曰：“周师疲弊，愿得精骑二千追击之，可破也。”贵和不许。

齐王宪、于翼、李穆，所向克捷，降拔三十余城，皆弃而不守。唯以王药城要害，令仪同三司韩正守之，正寻以城降齐。

戊寅，周主还长安。

庚辰，齐以赵彦深为司徒，斛阿列罗为司空。

闰月，车骑大将军吴明徹将兵击齐彭城；壬辰，败齐兵数万于吕梁。

甲午，周主如同州。

冬，十月，己巳，立皇子叔齐为新蔡王，叔文为晋熙王。

十二月，辛亥朔，日有食之。

壬戌，以王玚为尚书左仆射，太子詹事吴郡陆缮为右仆射。

庚午，周主还长安。

（以上为第一段，写公元575年史事，北周武帝宇文邕大规模伐齐，周武帝未采纳臣下正确建议，出兵洛阳而败还。但北齐腐朽之形已现，陈朝趁机北伐，取得大胜。）

臣的意见，出兵汾曲，那里守卫的敌人少，山势平坦，攻击容易占领。出征的地点，没有比这更好的了。”民部中大夫天水人赵煚说：“河南洛阳，四面受敌，即使得到了，也守不住，请从河北直指太原，捣毁敌人的巢穴，可以一战平定。”遂伯下大夫鲍宏说：“周强齐弱，周治齐乱，何愁不能攻克！只是先帝从前多次出兵洛阳，对方既然有了防备，所以每次不能取胜。依臣之计，进兵汾州、潞州，直接袭击晋阳，出其不意，才是上策。”北周武帝概不听从。鲍宏，是鲍泉的弟弟。

七月三十日壬午，北周武帝率军六万，直指河阴。杨素请求率领父亲遗留的部众为先锋，北周武帝同意了。

八月二十一日癸卯，北周派使者出使陈朝。

北周军队进入北齐境内，严禁砍伐树木践踏庄稼，犯令者杀头。八月二十五日丁未，北周武帝进攻河阴大城，攻占了它。齐王宇文宪占领了武济城，进兵包围洛口，攻占了东城和西城，放火焚烧了浮桥，断绝了齐人桥上交通。北齐永桥大都督太安人傅伏，从永桥乘夜进入中潬城。周军已经攻克了南城，围攻中潬城，二十天没有攻下来。洛州刺史独孤永业守卫金墉城，北周武帝亲自攻围，未能攻下。独孤永业连夜赶制两千只马槽，周军听说，以为北齐救援大军将要到达，感到恐惧。

九月，北齐右丞高阿那肱从晋阳领兵抵抗周军。到达河阳，赶上北周武帝有病，九月初九日辛酉夜，率军退还。北周水军烧毁了舟船。北齐傅伏对行台乞伏贵和说：“周军疲惫，我希望得到精骑两千乘胜追击，可以打败他们。”乞伏贵和不允许。

齐王宇文宪、于翼、李穆，所到之处都取得胜利，受降攻占达三十余城，全都放弃不留兵防守。只有王药城地处冲要，派仪同三司韩正留守，不久，韩正献城投降了北齐。

九月二十六日戊寅，北周武帝回到长安。

九月二十八日庚辰，北齐任用赵彦深为司徒，斛阿列罗为司空。

闰九月，陈朝车骑大将军吴明彻率军攻击北齐的彭城。闰九月十一日壬辰，吴明彻在吕梁打败了几万齐兵。

闰九月十三日甲午，北周武帝前往同州。

冬季，十月十八日己巳，陈宣帝册立皇子陈叔齐为新蔡王，陈叔文为晋熙王。

十二月初一日辛亥，发生日食。

十二月十二日壬戌，陈宣帝任命王玚为尚书左仆射，太子詹事吴郡人陆缮为尚书右仆射。

十二月二十日庚午，北周武帝回到长安。

八年（丙申，576年）

春，正月，癸未，周主如同州；辛卯，如河东涑川；甲午，复还同州。

甲寅，齐大赦。

乙卯，齐主还邺。

二月，辛酉，周主命太子巡抚西土，因伐吐谷浑，上开府仪同大将军王轨、宫正宇文孝伯从行。军中节度，皆委二人，太子仰成而已。

齐括杂户未嫁者悉集，有隐匿者，家长坐死。

壬申，以开府仪同三司吴明徹为司空。

三月，壬寅，周主还长安；夏，四月，乙卯，复如同州。

己未，上享太庙。

尚书左仆射王玚卒。

五月，壬辰，周主还长安。

六月，戊申朔，日有食之。

辛亥，周主享太庙。

初，太子叔宝欲以左户部尚书江总为詹事，令管记陆瑜言于吏部尚书孔奂。奂谓瑜曰："江有潘、陆之华而无园、绮之实，辅弼储宫，窃有所难。"太子深以为恨，自言于帝。帝将许之，奂奏曰："江总，文华之士。今皇太子文华不少，岂藉于总！如臣所见，愿选敦重之才，以居辅导之职。"帝曰："即如卿言，谁当居此？"奂曰："都官尚书王廓，世有懿德，识性敦敏，可以居之。"太子时在侧，乃曰："廓，王泰之子，不宜为太子詹事。"奂曰："宋朝范晔，即范泰之子，亦为太子詹事，前代不疑。"太子固争之，帝卒以总为詹事。总，斅之曾孙也。

甲寅，以尚书右仆射陆缮为左仆射。帝欲以孔奂代缮，诏已出，太子沮之而止；更以晋陵太守王克为右仆射。

顷之，总与太子为长夜之饮，养良娣陈氏为女；太子亟微行，游总

陈宣帝太建八年（丙申，576 年）

春季，正月初四日癸未，北周武帝到同州；正月十二日辛卯，到河东涑川；正月十五日甲午，返回同州。

二月初四日甲寅，北齐发布大赦令。

二月初五日乙卯，北齐后主高纬返回邺城。

二月十二日辛酉，北周武帝命太子宇文赟巡视安抚西部疆土，顺便讨伐吐谷浑，上开府仪同大将军王轨、宫正宇文孝伯随行。军中指挥调度，都委托两人办理，太子只是坐享其成罢了。

北齐检查被俘供役使的官奴婢户口中的未嫁女子，把她们全部集中起来，凡隐藏不报的人户，家长一律处死。

二月二十三日壬申，陈宣帝任命开府仪同三司吴明徹为司空。

三月二十四日壬寅，北周武帝回到长安；夏季，四月初七日乙卯，再次巡视到同州。

四月十一日己未，陈宣帝到太庙祭祀祖先。

陈朝尚书左仆射王玚去世。

五月十五日壬辰，北周武帝回到长安。

六月初一日戊申，发生日食。

六月初四日辛亥，北周武帝到太庙祭祀祖先。

当初，陈朝太子陈叔宝想任用左户部尚书江总为太子詹事，命令东宫管记陆瑜告诉吏部尚书孔奂。孔奂对陆瑜说："江总有潘岳、陆机那样的文采，却没有东园公、绮里季那样的实学，如果要用江总辅佐太子，我很为难。"太子对此很是恼火，他亲自去向陈宣帝请求。陈宣帝准备答应了，孔奂连忙上奏说："江总，是一个有文学才华的人，如今皇太子文学才华不少，难道还须借重江总吗？依臣的愚见，希望挑选一个敦厚稳重的人，来担任辅导皇太子的职务。"陈宣帝说："照卿的意见，谁能担当这个职务呢？"孔奂说："都官尚书王廓，世代有美德，他识见敏捷，品性敦厚，可以担任这个职务。"当时太子陈叔宝在旁边，便插话说："王廓是王泰的儿子，不适宜担任太子詹事。"孔奂说："宋朝范晔就是范泰的儿子，也曾担任太子詹事，前朝没有因避讳而疑惑。"太子坚持力争，陈宣帝最终还是任命江总为太子詹事。江总，是江敩的曾孙。

六月初七日甲寅，陈宣帝任命尚书右仆射陆缮为左仆射。陈宣帝想用孔奂接替陆缮，诏书已经发出，因太子陈叔宝的阻止而作罢；改用晋陵太守王克担任尚书右仆射。

不久，江总和皇太子陈叔宝通宵达旦地饮酒，收太子的良娣陈氏为养女；太子

家。上怒，免总官。

周利州刺史纪王康，骄矜无度，缮修戎器，阴有异谋。司录裴融谏止之，康杀融。丙辰，赐康死。

丁巳，周主如云阳。

庚申，齐宜阳王赵彦深卒。彦深历事累朝，常参机近，以温谨著称。既卒，朝贵典机密者，唯侍中、开府仪同三司斛律孝卿一人而已，其余皆嬖幸也。孝卿，羌举之子，比于余人，差不贪秽。

秋，八月，乙卯，周主还长安。

周太子伐吐谷浑，至伏俟城而还。

宫尹郑译、王端等皆有宠于太子。太子在军中多失德，译等皆预焉。军还，王轨等言之于周主。周主怒，杖太子及译等，仍除译等名，宫臣亲幸者咸被谴。太子复召译，戏狎如初。译因曰："殿下何时可得据天下？"太子悦，益昵之。译，俨之兄孙也。

周主遇太子甚严，每朝见，进止与群臣无异，虽隆寒盛暑，不得休息；以其耆酒，禁酒不得至东宫；有过，辄加捶挞。尝谓之曰："古来太子被废者几人？余儿岂不堪立邪！"乃敕东宫官属录太子言语动作，每月奏闻。太子畏帝威严，矫情修饰，由是过恶不上闻。

王轨尝与小内史贺若弼言："太子必不克负荷。"弼深以为然，劝轨陈之。轨后因侍坐，言于帝曰："皇太子仁孝无闻，恐不了陛下家事。愚臣短暗，不足可信。陛下恒以贺若弼有文武奇才，亦常以此为忧。"帝以问弼，对曰："皇太子养德春宫，未闻有过。"既退，轨让弼曰："平生言论，无所不道，今者对扬，何得乃尔反覆？"弼曰："此公之过也。太子，国之储副，岂易发言！事有蹉跌，便至灭族。本谓公密陈臧否，何得遂至昌言！"轨默然久之，乃曰："吾专心国家，遂不存私计。向者对众，良实非宜。"

后轨因内宴上寿，捋帝须曰："可爱好老公，但恨后嗣弱耳。"先是，帝问右宫伯宇文孝伯曰："吾儿比来何如？"对曰："太子比惧天威，更无过失。"罢酒，帝责孝伯曰："公常语我云：'太子无过。'今轨有此言，公

多次便装外出，跑到江总家游玩。陈宣帝大怒，罢免了江总的官职。

北周利州刺史纪王宇文康，骄横傲慢，不守法度，修整兵器，暗中图谋造反，司录裴融劝阻他，宇文康杀了裴融。六月初九日丙辰，北周武帝赐宇文康自尽。

六月初十日丁巳，北周武帝到云阳宫。

六月十三日庚申，北齐宜阳王赵彦深去世。赵彦深历经几代国君，经常参任职掌机密，以温和谨慎著称。赵彦深死后，掌管机密的朝中贵臣，只有侍中、开府仪同三司斛律孝卿一人而已，其他的人都是北齐后主的亲信。斛律孝卿，是斛律羌举的儿子，与其他人相比，不那么贪婪秽乱。

秋季，八月初九日乙卯，北周武帝回到长安。

北周太子宇文赟征讨吐谷浑，到达伏俟城退还。

北周太子宫尹郑译、王端等人受到太子的宠幸。太子在军中有许多败坏道德的行为，郑译等人都参与其中。军队回到长安，王轨等人上奏北周武帝。北周武帝大怒，对太子及郑译等都处以杖刑，便将郑译等革职除名，太子的宫臣和亲信都受到斥责。过后太子召回郑译，游玩亲近和先前一样。郑译因而对太子说：“殿下什么时候统治天下？”太子听了很高兴，更加亲昵。郑译，是郑俨哥哥的孙子。

北周武帝对待太子很严厉，每次朝见，进退礼节与群臣没有两样，即便是隆冬盛夏，也不能得到休息。因为太子爱好喝酒，禁止送酒到东宫。太子犯了过错，动辄鞭打。曾经对太子说：“自古以来废掉太子的有多少个？难道别的儿子就不能立为太子吗？”于是下令东宫官员记录太子的言语动作，每月上奏。太子害怕北周武帝的威严，便假意修饰自己的言行，因此北周武帝不知道太子的过失和恶行。

王轨曾经对小内史贺若弼说：“太子一定不能胜任治国重任。”贺若弼非常赞同，劝王轨向北周武帝陈说。王轨其后借陪坐在北周武帝身边的机会，对北周武帝说：“皇太子没有仁爱孝顺的名声，恐怕办不了陛下的家事。愚臣见识短看不明，不足为信，陛下一向认为贺若弼有文武奇才，也时常为这件事而忧愁。”北周武帝于是询问贺若弼，回答说：“皇太子在东宫修养品德，没听说有什么过失。”退朝以后，王轨责备贺若弼说：“你平日说话，知无不言，今天面对皇上回答询问，怎么是这样的反复无常？”贺若弼说：“这是你的不对啊。太子是国家的储君，怎能随便议论！事情稍有失误，就要灭族。原本是让你秘密单独向皇上陈奏太子的善恶，哪里是让你当众说破！”王轨沉默了好久，才说：“我一心为了国家，于是没有一点儿个人的考虑，刚才对着大众说，确实不妥当。”

过后，王轨借宫中宴会的机会，向皇上敬酒，用手捋着北周武帝的胡须说：“可爱的好老头，只是继承人太昏弱了。”早先，北周武帝问右宫伯宇文孝伯说：“我儿近来怎么样？”宇文孝伯回答说：“太子近来惧怕皇上，再没有犯什么过失。”宴会

为诳矣。”孝伯再拜曰：“父子之际，人所难言。臣知陛下不能割慈忍爱，遂尔结舌。”帝知其意，默然久之，乃曰：“朕已委公矣，公其勉之！”

王轨骤言于帝曰：“皇太子非社稷主。普六茹坚貌有反相。”帝不悦，曰：“必天命有在，将若之何！”杨坚闻之，甚惧，深自晦匿。

帝深以轨等言为然，但汉王赞次长，又不才，余子皆幼，故得不废。

丁卯，以司空吴明徹为南兖州刺史。

齐主如晋阳。营邯郸宫。

九月，戊戌，以皇子叔彪为淮南王。

（以上为第二段，重点载述北周武帝太子宇文赟和陈朝宣帝太子陈叔宝，均是不才储君。王轨谏周武帝暗示太子不才，为后来遭杀身之祸埋下伏笔。）

周主谓群臣曰：“朕去岁属有疾疢，遂不得克平逋寇。前入齐境，备见其情，彼之行师，殆同儿戏。况其朝廷昏乱，政由群小，百姓嗷然，朝不谋夕。天与不取，恐贻后悔。前出河外，直为拊背，未扼其喉。晋州本高欢所起之地，镇摄要重，今往攻之，彼必来援；吾严军以待，击之必克。然后乘破竹之势，鼓行而东，足以穷其巢穴，混同文轨。”诸将多不愿行。帝曰：“机不可失。有沮吾军者，当以军法裁之！”

冬，十月，己酉，周主自将伐齐，以越王盛、杞公亮、随公杨坚为右三军，谯王俭、大将军窦泰、广化公丘崇为左三军，齐王宪、陈王纯为前军。亮，导之子也。

丙辰，齐主猎于祁连池；癸亥，还晋阳。先是，晋州行台左丞张延隽公直勤敏，储偫有备，百姓安业，疆埸无虞。诸嬖幸恶而代之，由是公私烦扰。

周主至晋州，军于汾曲，遣齐王宪将兵二万守雀鼠谷，陈王纯步骑二万守千里径，郑公达奚震步骑一万守统军川，大将军韩明步骑五千守齐子岭，焉氏公尹升步骑五千守鼓钟镇，凉城公辛韶步骑五千守蒲津关，赵王招步骑一万自华谷攻齐汾州诸城，柱国宇文盛步骑一万守汾水关。

过后，北周武帝责备宇文孝伯说：“你经常对我说：‘太子没有过失。’今天王轨却这样说，可见你是在说谎话。”宇文孝伯拜了两拜说：“父子之间，别人难以说话。臣了解陛下不能舍弃慈爱，所以我闭嘴不敢多说话。”北周武帝知道宇文孝伯说话的意思，沉默了很久，才说：“朕既然把太子托付给你了，你就努力做好吧！”

王轨有一天突然对北周武帝说：“皇太子不适合做一国之主。普六茹坚长了一副反叛的相貌。”北周武帝很不高兴，说：“如果天命一定在他身上，我也没办法！”杨坚听到了这件事，非常害怕，竭力隐蔽自己，不出头露面。

北周武帝内心认为王轨等人的话有道理，但次子汉王宇文赞很不成器，其他儿子都年幼，所以没有废除皇太子。

八月二十一日丁卯，陈宣帝任命吴明徹为南兖州刺史。

北齐后主到晋阳。经营邯郸宫。

九月二十三日戊戌，陈宣帝册封皇子陈叔彪为淮南王。

北周武帝对群臣说：“朕去年出征，赶上有病，于是没能荡平敌寇。但上次进入齐境，详细了解了敌情，他们用兵打仗，简直如同儿戏。何况对方朝廷昏乱，政令出自一帮小人，百姓痛苦哀号，朝不保夕。上天赐给了机会不去夺取，恐怕要留下遗憾。上次出兵河外，直接打击他的后背，没能扼住他的咽喉。晋州原本是高欢兴起的地方，也是重镇要地，如今我们去攻击晋州，他们一定会派兵救援；我军严阵以待，攻击一定会取胜。然后乘破竹之势，勇往向东，完全可以直捣巢穴，一统天下。”诸将都不愿出征。北周武帝说：“机不可失。再有人阻止进军，就用军法制裁。”

冬季，十月初四日己酉，北周武帝亲自统兵讨伐北齐，任命越王宇文盛、杞公宇文亮、随公杨坚为右三军，谯王宇文俭、大将军窦泰、广化公丘崇为左三军，齐王宇文宪、陈王宇文纯为前锋。宇文亮，是宇文导的儿子。

十月十一日丙辰，北齐后主在祁连池围猎；十月十八日癸亥，回到晋阳。早先，晋州行台左丞张延隽公正勤敏，储备了充足的战备，百姓安居乐业，边境平静。但奸邪群小痛恨他，取代了他的职务，从此官家百姓烦扰不宁。

北周武帝进兵到达晋州，驻扎在汾曲，派出齐王宇文宪领兵二万守卫雀鼠谷，陈王宇文纯领步骑二万守卫千里径，郑公达奚震领兵步骑一万守卫统军川，大将军韩明领步骑五千守卫齐子岭，焉氏公尹升领兵步骑五千守卫鼓钟镇，凉城公辛韶领兵步骑五千守卫蒲津关，赵王宇文招领兵步骑一万从华谷出击北齐汾州诸城，柱国

遣内史王谊监诸军攻平阳城。齐行台仆射海昌王尉相贵婴城拒守。甲子，齐集兵晋祠。庚午，齐主自晋阳帅诸军趣晋州。周主日自汾曲至城下督战，城中窘急。庚午，行台左丞侯子钦出降于周。壬申，晋州刺史崔景嵩守北城，夜，遣使请降于周，王轨帅众应之。未明，周将北海段文振，杖槊与数十人先登，与景嵩同至尉相贵所，拔佩刀劫之。城上鼓噪，齐兵大溃，遂克晋州，虏相贵及甲士八千人。

齐主方与冯淑妃猎于天池，晋州告急者，自旦至午，驿马三至。右丞相高阿那肱曰："大家正为乐，边鄙小小交兵，乃是常事，何急奏闻！"至暮，使更至，云"平阳已陷"，乃奏之。齐主将还，淑妃请更杀一围，齐主从之。

周齐王宪攻拔洪洞、永安二城，更图进取。齐人焚桥守险，军不得进，乃屯永安。使永昌公椿屯鸡栖原，伐柏为庵以立营。椿，广之弟也。

癸酉，齐主分军万人向千里径，又分军出汾水关，自帅大军上鸡栖原。宇文盛遣人告急，齐王宪自救之。齐师退，盛追击，破之。俄而椿告齐师稍逼，宪复还救之。与齐对陈，至夜不战。会周主召宪还，宪引兵夜去。齐人见柏庵在，不之觉，明日，始知之。齐主使高阿那肱将前军先进，仍节度诸军。

甲戌，周以上开府仪同大将军安定梁士彦为晋州刺史，留精兵一万镇之。

十一月，己卯，齐主至平阳。周主以齐兵新集，声势甚盛，且欲西还以避其锋。开府仪同大将军宇文忻谏曰："以陛下之圣武，乘敌人之荒纵，何患不克！若使齐得令主，君臣协力，虽汤、武之势，未易平也。今主暗臣愚，士无斗志，虽有百万之众，实为陛下奉耳。"军正京兆王纮曰："齐失纪纲，于兹累世。天奖周室，一战而扼其喉。取乱侮亡，正在今日。释之而去，臣所未谕。"周主虽善其言，竟引军还。忻，贵之子也。

宇文盛领兵步骑一万守卫汾水关。

北周武帝又派内史王谊监督诸军攻打平阳城。北齐行台仆射海昌王尉相贵据城抵抗。十月十九日甲子，北齐调兵集结晋祠。十月二十五日庚午，北齐后主从晋阳率领诸军向晋州进发。北周武帝当天从汾曲赶到晋州城下督战，城内危急。同一天，晋州行台左丞侯子钦出城投降周军。十月二十七日壬申，晋州刺史崔景嵩守卫北城，入夜，派出使者请求投降周军，王轨领兵接应。天还没亮，北周将领北海人段文振，手持长矛和几十个人抢先登上城头，与崔景嵩一同到尉相贵处，拔出佩刀劫持了尉相贵。城上呐喊杀敌，北齐兵大败溃散，于是攻克了晋州，俘虏了尉相贵及其部属八千人。

北齐后主正与冯淑妃在天池围猎，从晋州来的告急求救人员，从早晨到中午，驿站快马来了三批。右丞相高阿那肱说："大家正在娱乐，边境上小小的交战，是家常便饭，有什么急事要奏报天子！"到了晚上，又一批使者到达，说："平阳已经丢失。"这才上奏。北齐后主打算回宫，冯淑妃请求再围猎一场，北齐后主听从了她。

北周齐王宇文宪攻占了洪洞、永安两城，还想扩大战果攻城略地。北齐军队烧毁桥梁，扼守险要，宇文宪进兵受阻，就屯驻在永安。派永昌公宇文椿屯驻鸡栖原，砍伐柏树营造庵屋为军营。宇文椿，是宇文广的弟弟。

十月二十八日癸酉，北齐后主分兵一万人向千里径进军，又分兵出汾水关，自己率领大军驻扎在上鸡栖原。宇文盛派人向北周武帝告急，齐王宇文宪亲自救援。北齐军队后退，宇文盛追击，打败了北齐军队。不久，宇文椿通报北齐军队逼近鸡栖原，宇文宪又回军救援。宇文宪列阵与北齐军对阵，直到天黑也不交战。正赶上北周武帝召宇文宪回军，宇文宪乘夜色退军，北齐军队看见庵屋还在，没有发觉周军撤退。第二天天亮后，才知道宇文宪撤走了。北齐后主派高阿那肱率领前军先行进发，仍调度诸军行动。

十月二十九日甲戌，北周委任上开府仪同大将军安定人梁士彦为晋州刺史，留下精兵一万镇守。

十一月初四日己卯，北齐后主进军到平阳，北周武帝认为北齐军队重新集结，士气很高，将要向西撤退避开锋芒。开府仪同大将宇文忻进谏说："凭着陛下的圣明武勇，趁敌人的荒淫放纵，何愁不能战胜！如果让北齐得到一位贤明的君主，君臣同心协力，即使有商汤王、周武王一样的威势，也未必能平定。如今北齐君主昏暗，臣下愚笨，士兵没有斗志，即使有百万之众，实际上都是贡献给陛下的礼物。"军正京兆人王纮说："北齐室丧失法纪政纲，至今已有好几代。这是上天奖励周室，可以一战就能扼住敌人的咽喉，攻取昏乱衰亡的乱国，今天正是机会，丢失这个良机离开，臣实在无法理解。"北周武帝认为说得对，但还是率军退还了。宇文忻，是宇文

周主留齐王宪为后拒，齐师追之，宪与宇文忻各将百骑与战，斩其骁将贺兰豹子等，齐师乃退。宪引军渡汾，追及周主于玉壁。

齐师遂围平阳，昼夜攻之。城中危急，楼堞皆尽，所存之城，寻仞而已。或短兵相接，或交马出入，外援不至，众皆震惧。梁士彦慷慨自若，谓将士曰："死在今日，吾为尔先。"于是勇烈齐奋，呼声动地，无不一当百。齐师少却，乃令妻妾、军民、妇女，昼夜修城，三日而就。周主使齐王宪将兵六万屯涑川，遥为平阳声援。齐人作地道攻平阳，城陷十余步，将士乘势欲入。齐主敕且止，召冯淑妃观之。淑妃妆点，不时至，周人以木拒塞之，城遂不下。旧俗相传，晋州城西石上有圣人迹，淑妃欲往观之。齐主恐弩矢及桥，乃抽攻城木造远桥。齐主与淑妃度桥，桥坏，至夜乃还。

癸巳，周主还长安。甲午，复下诏，以齐人围晋州，更帅诸军击之。丙申，纵齐降人使还。丁酉，周主发长安；壬寅，济河，与诸军合。十二月，丁未，周主至高显，遣齐王帅所部先向平阳。戊申，周主至平阳。庚戌，诸军总集，凡八万人，稍进，逼城置陈，东西二十余里。

先是，齐人恐周师猝至，于城南穿堑，自乔山属于汾水；齐主大出兵，陈于堑北，周主命齐王宪驰往观之。宪复命曰："易与耳，请破之而后食。"周主悦，曰："如汝言，吾无忧矣！"周主乘常御马，从数人巡陈，所至辄呼主帅姓名慰勉之。将士喜于见知，咸思自奋。将战，有司请换马。周主曰："朕独乘良马，欲何之！"周主欲薄齐师，碍堑而止，自旦至申，相持不决。

齐主谓高阿那肱曰："战是邪？不战是邪？"阿那肱曰："吾兵虽多，堪战不过十万，病伤及绕城樵爨者复三分居一。昔攻玉壁，援军来即退。今日将士，岂胜神武时邪！不如勿战，却守高梁桥。"安吐根曰："一撮许

贵的儿子。

北周武帝留齐王宇文宪断后，北齐军队追击，宇文宪和宇文忻各自率领一百骑兵阻击追兵，杀了北齐骁将贺兰豹子等人，北齐军队才退走。宇文宪领兵渡过汾河，在玉壁追上了周主。

北齐军队包围平阳，昼夜攻城。城内形势危急，城墙上的敌楼和矮垣都被毁坏，残存的城墙只有七八尺高。双方激战，有时短兵相接，有时骑兵交战，城外没有解救的援兵，全城军众都惊慌恐惧。梁士彦镇定自如，慷慨激昂地鼓励将士说："如果今天就战死，我一定死在你们的前头。"于是大家奋勇争先，喊声动地，无不以一当百，北齐军队稍微后退，便令妻妾、军民、妇女昼夜修城，三天修复了城墙。北周武帝派齐王宇文宪领兵六万驻屯在涑川，遥为平阳声援。北齐军队挖地道攻城，城墙倒塌了十多步宽，将士乘势将要攻入，北齐后主却下令阻止，宣召冯淑妃观看。冯淑妃梳妆打扮，没有及时到来，周军用木栅阻塞缺口，平阳城便没有攻下来。旧俗相传，晋州城西的石头上有圣人脚印，冯淑妃想去观看。北齐后主担心敌人的弓箭会射到桥上，于是抽走攻城的木料在离城较远的地方制造路桥，北齐后主与冯淑妃过桥，木桥损坏，到天黑时才还营。

十一月十八日癸巳，北周武帝回到长安。十一月十九日甲午，北周武帝重新下诏，因为北齐围攻晋州，再次亲率诸军征讨北齐。十一月二十一日丙申，释放北齐投降的人回去。十一月二十二日丁酉，北周武帝兵发长安。十一月二十七日壬寅，北周军队渡过黄河，与前线各军会合。十二月初三日丁未，北周武帝进军到达高显，派齐王宇文宪率领所部为前锋指向平阳。十二月初四日戊申，北周武帝到达平阳。十二月初六日庚戌，诸军完成集结，总计八万人，逐渐向前推进，逼近晋州城列成阵势，东西长达二十余里。

早先，北齐军队担心北周军队突然杀来，在晋州城南挖下深沟，从乔山一直通到汾水；北齐后主派出大批军队在浮沟的北面排列阵势，北周武帝派齐王宇文宪驰马前往侦察。宇文宪返回报告说："容易对付，请求打败了敌人再吃饭。"北周武帝非常高兴。说："真像你说的那样，我就没有什么忧虑了。"北周武帝骑上他平时常骑的那匹马，带了几个随从，巡视阵地，所到之处，叫出主帅姓名慰勉鼓励。将士看到皇帝叫上名字非常高兴，都愿拼命。即将交战，主管长官请求给周主换一匹马。北周武帝说："朕独自骑一匹好马，想到哪里去呢！"北周武帝想亲自逼近北齐军队，被深沟挡住了去路才停止。从早晨直到傍晚，两军相持，不分胜负。

北齐后主对高阿那肱说："是战好呢，还是不战好？"高阿那肱说："我军人数虽多，能够战斗的也只有十万人，伤病人员以及在城外打柴煮饭的人占去三分之一。从前攻打玉壁时，敌方援军一到我军就立即撤退。今天的将士，怎能和神武时

贼，马上刺取，掷著汾水中耳！”齐主意未决。诸内参曰：“彼亦天子，我亦天子。彼尚能远来，我何为守堑示弱！”齐主曰：“此言是也。”于是填堑南引。周主大喜，勒诸军击之。

兵才合，齐主与冯淑妃并骑观战。东偏少却，淑妃怖曰：“军败矣！”录尚书事城阳王穆提婆曰：“大家去！大家去！”齐主即以淑妃奔高梁桥。开府仪同三司奚长谏曰：“半进半退，战之常体。今兵众全整，未有亏伤，陛下舍此安之！马足一动，人情骇乱，不可复振。愿速还安慰之！”武卫张常山自后至，亦曰：“军寻收讫，甚完整。围城兵亦不动。至尊宜回。不信臣言，乞将内参往视。”齐主将从之。穆提婆引齐主肘曰：“此言难信。”齐主遂以淑妃北走。齐师大溃，死者万余人，军资器械，数百里间，委弃山积。安德王延宗独全军而还。

齐主至洪洞，淑妃方以粉镜自玩，后声乱，唱贼至，于是复走。先是齐主以淑妃为有功勋，将立为左皇后，遣内参诣晋阳取皇后服御袆翟等。至是，遇于中涂，齐主为按辔，命淑妃著之，然后去。

辛亥，周主入平阳。梁士彦见周主，持周主须而泣曰：“臣几不见陛下！”周主亦为之流涕。

周主以将士疲弊，欲引还。士彦叩马谏曰：“今齐师遁散，众心皆动，因其惧而攻之，其势必举。”周主从之，执其手曰：“余得晋州，为平齐之基，若不固守，则大事不成。朕无前忧，唯虑后变，汝善为我守之！”遂帅诸将追齐师。诸将固请西还，周主曰：“纵敌患生。卿等若疑，朕将独往。”诸将乃不敢言。癸丑，至汾水关。

齐主入晋阳，忧惧不知所之。甲寅，齐大赦。齐主问计于朝臣，皆曰：“宜省赋息役，以慰民心；收遗兵，背城死战，以安社稷。”齐主欲留安德王延宗、广宁王孝珩守晋阳，自向北朔州。若晋阳不守，则奔突厥，群臣皆以为不可，帝不从。

开府仪同三司贺拔伏恩等宿卫近臣三十余人西奔周军，周主封赏各

期相比！不如不战，退守高梁桥。”安吐根说：“不过一小撮贼兵，待我上马刺取过来，丢到汾水里去罢了。”北齐后主仍犹豫不决。一些宦官们说：“他是天子，我也是天子。他能远道来攻，我为什么要守着护城河示人以弱？”北齐后主说：“此话对啊！”于是填塞了护城河，指挥全军南进。北周武帝十分高兴，部署各路兵马迎击。

双方军队刚一交战，北齐后主与冯淑妃一同骑马观战。东西侧翼部队稍微后撤，冯淑妃就惊恐地说：“军队败了。”录尚书事城阳王穆提婆说：“皇上快跑，皇上快跑！”北齐后主当即带着冯淑妃逃向高梁桥。开府仪同三司奚长谏阻说：“半进半退，是打仗常有的事。如今我军完整无伤，陛下丢下他们要到哪里去呢？陛下马足一动，全军震骇，人心涣散，士气不可收失。希望赶快回到军中安慰士众。”武卫将军张常山从后赶到也说：“后退的侧翼部队已集中完毕，阵势完整，围城部队也安然不动。皇上赶快回去，如不信臣的话，请求带宦官前去察看。”北齐后主准备听从。穆提婆拉着北齐后主的胳膊说：“他的话难以相信。”北齐后主于是带着冯淑妃向北逃跑。北齐军队大败，死了一万多人，军资器械，沿路丢弃达几百里，堆积如山，只有安德王高延宗所部全军退回。

北齐后主逃到洪洞，冯淑妃正在梳妆，对镜自我欣赏，突然后面嘈杂声起，有人大喊敌兵追来了，北齐后主与冯淑妃又继续往北跑。起先，北齐后主认为冯淑妃有功，打算册立她为皇后，派宦官到晋阳取皇后服饰车马。这时，在中途相遇，北齐后主拉紧马缰绳停住了马，让冯淑妃穿好皇后服饰，然后继续往北逃跑。

十二月初七日辛亥，北周武帝进入平阳。梁士彦参见北周武帝，用手拉着北周武帝的胡须哭着说：“臣差点儿见不着陛下了。”北周武帝也为之流泪。

北周武帝认为将士疲惫，打算率军还朝。梁士彦拉着马劝谏说：“现在北齐军队逃散，众心动摇，趁敌方害怕之际攻击他，势必大获全胜。”北周武帝听从了，拉着梁士彦的手说：“我取得晋州，作为平定北齐的前沿基地，如果不能固守，那么大事不能成功，朕不担忧前面的战事，只是担心后面发生变化，你要好好替我守住啊！”于是率领各路人马追击北齐军队。各位将领一再请求回师长安，北周武帝说：“放跑了敌人要生后患，卿等害怕，朕一人独往。”众将领这才不敢说话。十二月初九癸丑，进军到汾水关。

北齐后主进入晋阳，忧愁恐惧得不知怎么办才好。十二月初十日甲寅，北齐大赦。北齐后主向朝臣询问计策，都说：“应当减少赋税，停止徭役，用此安慰民心；收合残存的兵力，背城决一死战，用此安定国家。”北齐后主想留下安德王高延宗、广宁王高孝珩守晋阳，自己向北逃往朔州，如果晋阳守不住，他就逃往突厥，群臣都认为不可以，北齐后主不听从。

开府仪同三司贺拔伏恩等宿卫近臣三十多人投奔周军，北周武帝对他们分别加

有差。

高阿那肱所部兵尚一万，守高壁，余众保洛女砦。周主引军向高壁，阿那肱望风退走。齐王宪攻洛女砦，拔之。有军士告阿那肱招引西军，齐主令侍中斛律孝卿检校，孝卿以为妄。还，至晋阳，阿那肱腹心复告阿那肱谋反，又以为妄，斩之。

乙卯，齐主诏安德王延宗、广宁王孝珩募兵。延宗入见，齐主告以欲向北朔州，延宗泣谏，不从，密遣左右先送皇太后、太子于北朔州。

丙辰，周主与齐王宪会于介休。齐开府仪同三司韩建业举城降，以为上柱国，封郇公。

是夜，齐主欲遁去，诸将不从。丁巳，周师至晋阳。齐主复大赦，改元隆化。以安德王延宗为相国、并州刺史，总山西兵，谓曰："并州兄自取之，儿今去矣！"延宗曰："陛下为社稷勿动。臣为陛下出死力战，必能破之。"穆提婆曰："至尊计已成，王不得辄沮！"齐主乃夜斩五龙门而出，欲奔突厥，从官多散。领军梅胜郎叩马谏，乃回向邺。时唯高阿那肱等十余骑从，广宁王孝珩、襄城王彦道继至，得数十人与俱。

穆提婆西奔周军，陆令萱自杀，家属皆诛没。周主以提婆为柱国、宜州刺史。下诏谕齐群臣曰："若妙尽人谋，深达天命，官荣爵赏，各有加隆。或我之将卒，逃逸彼朝，无问贵贱，皆从荡涤。"自是齐臣降者相继。

初，齐高祖为魏丞相，以唐邕典外兵曹，太原白建典骑兵曹，皆以善书计、工簿帐受委任。及齐受禅，诸司咸归尚书；唯二曹不废，更名二省。邕官至录尚书事，建官至中书令，常典二省，世称"唐、白"。邕兼领度支，与高阿那肱有隙，阿那肱谮之，齐主敕侍中斛律孝卿总知骑兵、度支。孝卿事多专决，不复询禀。邕自以宿习旧事，为孝卿所轻，意甚郁郁。及齐主还邺，邕遂留晋阳。并州将帅请于安德王延宗曰："王不为天子，诸人实不能为王出死力。"延宗不得已，戊午，即皇帝位。下诏曰："武平孱弱，政由宫竖，斩关夜遁，莫知所之。王公卿士，猥见推逼，今祇承宝位。"大赦，改元德昌。以晋昌王唐邕为宰相，齐昌王莫多娄敬显、沭阳王、右卫大将军段畅、开府仪同三司韩骨胡等为将帅。敬显，贷文之子也。众闻之，不召而至者，前后相属。延宗发府藏及后宫

以封赏。

高阿那肱所部有兵一万，守卫高壁，其余部队退守洛女砦。北周武帝领兵进击高壁，高阿那肱听到风声就退走。齐王宪攻占了洛女砦。有军士向齐主控告高阿那肱勾结周军，北齐后主派侍中斛律孝卿查证，斛律孝卿认为诬告。高阿那肱回到晋阳，又有他的亲信部属告他谋反，斛律孝卿仍认为是诬告，把告发人杀了。

十二月十一日乙卯，北齐后主下诏安德王高延宗、广宁王高孝珩招募士兵。高延宗进宫拜见齐主，北齐后主告诉高延宗想逃往朔州，高延宗哭着苦谏，北齐后主不听，秘密派遣亲信先送皇太后、皇太子到北边的朔州。

十二月十二日丙辰，北周武帝与齐王宇文宪会师介休。北齐开府仪同三司韩建业举城投降北周，被任命为上柱国，封为郇公。

当夜北齐后主想要逃走，众将领不肯服从。十二月十三日丁巳，北周军队进至晋阳。北齐后主再次大赦，改元隆化。北齐后主任命安德王高延宗为相国、并州刺史，总领山西兵马。北齐后主对高延宗说："并州请兄长自己去经营，我现今要离开了。"高延宗说："请陛下为了国家不要离开，臣替陛下拼死战斗，一定能够打败敌人。"穆提婆说："皇上计划已定，安德王不得阻止！"北齐后主当夜凿破五龙门逃出，想逃奔突厥，随从官员大多散走。领军将军梅胜郎拉住北齐后主的马缰劝谏，才回头转向邺城。当时只有高阿那肱等十几个人骑马随从，广宁王高孝珩、襄城王高彦道相继跟上，合在一起有几十个人同行。

穆提婆西逃投降周军，陆令萱自杀，家属全被诛杀。北周武帝任命穆提婆为柱国、宣州刺史。北周武帝下诏劝谕北齐群臣说："如果献出好的计谋，深明天命，官禄爵赏，按品级增加。如有我国的将士，逃奔齐国，不论贵贱，一律清除。"从此北齐官吏相继投降北周。

当初，北齐高祖高欢担任东魏丞相，任用唐邕掌理外兵曹，太原人白建掌理骑兵曹，两个都因精通会计，善于管理账目簿记而受到委任。等到北齐受禅，丞相府各司都归并到尚书省，只有外兵曹和骑兵曹没有裁撤，改名为外兵省和骑兵省。唐邕官至录尚书事，白建官至中书令，两人长久掌理这两个省，世人并称为"唐、白"。唐邕兼管度支省，他与高阿那肱有嫌隙，高阿那肱向北齐后主打小报告，北齐后主敕令侍中斛律孝卿总管骑兵省和度支省。斛律孝卿办事专断，不再向唐邕询问通报。唐邕自认为向来熟习外兵、度支事务，现在却被斛律孝卿看不起，心中郁闷不高兴。等到北齐后主回到邺城，唐邕于是留在晋阳。并州将帅请示安德王高延宗说："大王不当皇帝，众人就不会实心实意出死力。"高延宗迫不得已，在十二月十四日戊午，即位为皇帝，下诏书说："武平皇帝懦弱无能，朝政被宦官小人把持，夜晚破关逃跑，不知道到了哪里。王公卿士，强行推戴，如今只好继承皇位。"大赦

美女以赐将士，籍没内参十余家。齐主闻之，谓近臣曰："我宁使周得并州，不欲安德得之。"左右曰："理然。"延宗见士卒，皆亲执手称名，流涕呜咽，众争为死；童儿女子，亦乘屋攘袂，投砖石以御敌。

己未，周主至晋阳。庚申，齐主入邺。周师围晋阳，四合如黑云。安德王延宗命莫多娄敬显、韩骨胡拒城南，和阿干子、段畅拒城东，自帅众拒齐王宪于城北。延宗素肥，前如偃，后如伏，人常笑之。至是，奋大矟往来督战，劲捷若飞，所向无前。和阿干子、段畅以千骑奔周军。周主攻东门，际昏，遂入之，进焚佛寺。延宗、敬显自门入，夹击之，周师大乱，争门，相填压，塞路不得进。齐人从后斫刺，死者二千余人。周主左右略尽，自拔无路。承御上士张寿牵马首，贺拔伏恩以鞭拂其后，崎岖得出。齐人奋击，几中之。城东道阨曲，伏恩及降者皮子信导之，仅得免，时已四更。延宗谓周主为乱兵所杀，使于积尸中求长鬣者，不得。时齐人既捷，入坊饮酒，尽醉卧，延宗不复能整。

周主出城，饥甚，欲遁去，诸将亦多劝之还。宇文忻勃然进曰："陛下自克晋州，乘胜至此。今伪主奔波，关东响震，自古行兵，未有若斯之盛。昨日破城，将士轻敌，微有不利，何足为怀！丈夫当死中求生，败中取胜。今破竹之势已成，奈何弃之而去！"齐王宪、柱国王谊亦以为去必不免，段畅等又盛言城内空虚。周主乃驻马，鸣角收兵，俄顷复振。辛酉，旦，还攻东门，克之。延宗战力屈，走至城北，周人擒之。周主下马执其手，延宗辞曰："死人手，何敢迫至尊！"周主曰："两国天子，非有怨恶，直为百姓来耳。终不相害，勿怖也。"使复衣帽而礼之。唐邕等皆降于周。独莫多娄敬显奔邺，齐主以为司徒。

延宗初称尊号，遣使修启于瀛州刺史任城王湝，曰："至尊出奔，宗

天下，改元德昌。任命晋昌王唐邕为宰相，齐昌王莫多娄敬显、沭阳王右卫大将军段畅、开府仪同三司韩骨胡等为将帅。莫多娄敬显，是莫多娄贷文的儿子。大众听到消息，不召而来的人，前后相继不断。高延宗打开府库所藏和后宫美女赏赐给将士，抄没了十几家宦官的家产。北齐后主听到消息，对亲近的人说："我宁肯让周国得到并州，也不想让安德王得到。"左右亲信说："当然之理。"高延宗看见士兵，都亲自一一握手称呼姓名，众人感动得流泪抽泣，争相出死力；儿童妇女，也都登上屋顶卷起衣袖，投掷砖头石块打击敌人。

十二月十五日己未，北周武帝到晋阳。十二月十六日庚申，北周军队四面围困晋阳，周师的黑色戎装就像黑云聚合。安德王高延宗命令莫多娄敬显、韩骨胡在南城抵抗，和阿干子、段畅在东城抵抗，亲自率领兵众在北城抵抗北周齐王宇文宪，高延宗一向肥胖，前面看像仰面朝天，后面看像俯伏在地，人们常常笑话他。而今，他奋力挥舞长矛，往来督战，轻捷如飞，所向无敌。和阿干子、段畅率领一千骑兵奔向周军。北周武帝攻打东门，接近黄昏时分，北周军队攻入东城，放火焚烧了佛寺。高延宗、莫多娄敬显从东门外进入，夹击周军，周军大乱，纷纷夺门逃跑，互相挤压堵住了城门和道路，无法前进，北齐士兵从后砍杀，周军死了两千多人。北周武帝身边的人差不多战死，他自己也无路脱身。幸亏御前警卫上士张寿牵着马头，贺拔伏恩用鞭子从马后抽打，历尽艰辛才出了城。北齐军士奋勇追击，差点儿击中北周武帝。城东的道路崎岖险阻，贺拔伏恩和投降周军的皮子信引导，这才幸免于难，当时已到四更。高延宗认为周主已被乱兵所杀，派人在死尸中找长胡须的人，没有找到。当时北齐军队打了胜仗，纷纷闯入酒店饮酒，全都醉倒，高延宗无法集中军队扩大战果。

北周武帝出城以后，十分饥饿，想要撤退离开，众将领也大多劝北周武帝回军。宇文忻勃然变色进谏说："陛下自从攻占了晋州，乘胜到达晋阳。如今伪北齐后主奔逃，关东震动，自古用兵打仗，没有这样的隆盛。昨天攻破城池，将士轻敌，稍有不利，何必放在心上！大丈夫当在死中求生，败中取胜。如今是一种破竹的形势，怎么能够丢弃呢？"齐王宇文宪、柱国王谊也认为逃走避免不了打败仗，加上降将段畅等极力说城内空虚。北周武帝才停住了马，鸣角收兵，不久士气重新奋起。十二月十七日辛酉，清晨，北周军队返回攻打东门，终于攻下东门。高延宗力战兵败，逃到北城，被周军擒获。北周武帝下马握住他的手，高延宗推辞说："死人的手，哪敢碰天子的手。"北周武帝说："两国的天子，没有个人恩怨，原来是为了解救百姓才来的。我终究不会加害于你，请不要害怕。"让高延宗重新穿戴好衣帽以礼待之。唐邕等都投降周军。只有莫多娄敬显逃回邺城，北齐后主任命他为司徒。

高延宗当初称号皇帝，派使者带信给瀛州刺史任城王高湝，说："皇上出逃，宗

庙事重，群公劝迫，权主号令。事宁，终归叔父。”湝曰：“我人臣，何容受此启！”执使者送邺。

壬戌，周主大赦，削除齐制。收礼文武之士。

郧伊娄谦聘于齐，其参军高遵以情输于齐，齐人拘之于晋阳。周主既克晋阳，召谦，劳之。执遵付谦，任其报复。谦顿首，请赦之，周主曰：“卿可聚众唾面，使其知愧。”谦曰：“以遵之罪，又非唾面可责。”帝善其言而止。谦待遵如初。

臣光曰：赏有功，诛有罪，此人君之任也。高遵奉使异国，漏泄大谋，斯叛臣也；周高祖不自行戮，乃以赐谦，使之复怨，失政刑矣！孔子谓以德报怨者何以报德。为谦者，宜辞而不受，归诸有司，以正典刑。乃请而赦之以成其私名，美则美矣，亦非公义也。

齐主命立重赏以募战士，而竟不出物。广宁王孝珩请“使任城王湝将幽州道兵入土门，扬声趣并州，独孤永业将洛州道兵入潼关，扬声趣长安，臣请将京畿兵出滏口，鼓行逆战。敌闻南北有兵，自然逃溃”。又请出宫人珍宝赏将士。齐主不悦。斛律孝卿请齐主亲劳将士，为之撰辞，且曰：“宜慷慨流涕，以感激人心。”齐主既出，临众，将令之，不复记所受言，遂大笑，左右亦笑。将士怒曰：“身尚如此，吾辈何急！”皆无战心，于是自大丞相已下，太宰、三师、大司马、大将军、三公等官，并增员而授，或三或四，不可胜数。

朔州行台仆射高励将兵侍卫太后、太子，自土门道还邺。时宦官仪同三司苟子溢犹恃宠纵暴，民间鸡彘，纵鹰犬搏噬取之；励执以徇，将斩之；太后救之，得免。或谓励曰：“子溢之徒，言成祸福，独不虑后患邪？”励攘袂曰：“今西寇已据并州，达官率皆委叛，正坐此辈浊乱朝廷。若得今日斩之，明日受诛，亦无所恨！”励，岳之子也。甲子，齐太后至邺。

庙事关重大，群臣强行劝进，我暂时主持国政，等战事结束，我最终将皇位归还叔父。”高湝说：“我是臣子，怎敢接受这样的信！”把使者抓起来送到邺城。

十二月十八日壬戌，北周武帝大赦天下，废除北齐的制度，网罗文武贤才，加以优礼录用。

当初，北周的伊娄谦出使北齐，他的参军高遵把北周伐齐的情报泄露给了北齐，北齐后主下令把伊娄谦扣留在晋阳。北周武帝已经攻克了晋阳，召见伊娄谦，并慰劳他。北周武帝逮捕了高遵交给伊娄谦，听凭他报仇。伊娄谦叩头，请求赦免。北周武帝说：“卿可以召集众人，当面吐他口水，让他感到羞愧。”伊娄谦说：“高遵所犯的罪行，不是吐口水可以责罚的。”北周武帝认为伊娄谦说得好，便不再惩罚高遵。伊娄谦对待高遵和从前一样。

臣司马光认为：奖赏有功的人，诛杀有罪的人，这是君主的责任。高遵出使敌国，泄露大谋，这就是一个叛臣，北周高祖不自己下令处死高遵，却把他送给伊娄谦，让他去报复，这就有失政纲和刑法的严肃。孔子说要以德报怨，那么又用什么来报德呢？作为伊娄谦，应当推辞而不接受，把高遵送给主管部门定罪，明正典刑，维护国家法纪。但伊娄谦却请求北周武帝赦免高遵，成就了他个人宽宏的美名，美名当然很美，却不符合天下的公义。

北齐后主命令出重赏招募战士，但却不拿出财物来赏赐。广宁王高孝珩请求“派任城王高湝率领幽州兵进入土门关，声言进袭并州，独孤永业率领洛州之兵进入潼关，扬言进袭长安，臣请求率领京畿的兵马出滏口，前往迎敌。敌人听说南北有兵，自然逃走”。又请求放出宫女，拿出珍宝赏赐将士。北齐后主很不高兴。斛律孝卿请求北齐后主亲自慰劳将士，还替北齐后主写了演说辞，并且说：“应当慷慨激昂，动情流泪，用以感动激励人心。”北齐后主已经出宫，面对众将士，准备讲话，却记不住斛律孝卿写的文辞，于是大笑，身边的亲信也大笑。将士们愤怒地说：“国家危急，皇上自己却不在意，我们还急什么！”于是全无斗志。这时，从大丞相以下，太宰、三师、大司马、大将军、三公等官，都增加员额滥授官职，有的一官三人或四人，多得不可胜数。

朔州行台仆射高劢率领军队护送太后、太子，从土门关回到邺城。当时宦官仪同三司苟子溢仍仗着北齐后主的宠信横行霸道，放肆地用猎鹰猛犬去捕杀百姓养的鸡、狗，高劢抓起来审问，将要处死；太后出面说情，得以免死。有人对高劢说：“苟子溢这帮人，一句话就能让你大祸临头，难道不考虑后患吗？”高劢挽起袖子挥动手臂激昂地说：“如今西边的敌寇已经占领了并州，达官贵人大多弃官叛逃，正是这帮家伙专权乱政败坏了朝廷。如果今天能杀掉他们，我明天就被处死，也没有什么遗憾。”高劢，是高岳的儿子。十二月二十日甲子，北齐太后回到邺城。

丙寅，周主出齐宫中珍宝服玩及宫女二千人，班赐将士，加立功者官爵各有差。周主问高延宗以取邺之策，辞曰："此非亡国之臣所及。"强问之，乃曰："若任城王据邺，臣不能知。若今主自守，陛下兵不血刃。"癸酉，周师趣邺，命齐王宪先驱，以上柱国陈王纯为并州总管。

齐主引诸贵臣入朱雀门，赐酒食，问以御周之策，人人异议，齐主不知所从。是时人情恟惧，莫有斗心，朝士出降，昼夜相属。高劢曰："今之叛者，多是贵人，至于卒伍，犹未离心。请追五品已上家属，置之三台，因胁之以战，若不捷，则焚台。此曹顾惜妻子，必当死战。且王师频北，贼徒轻我，今背城一决，理必破之。"齐主不能用。望气者言，当有革易。齐主引尚书令高元海等议，依天统故事，禅位皇太子。

（以上为第三段，写公元576年北周武帝第二次大举讨伐北齐，夺取晋州平阳和晋阳的决定性胜利。）

十二月二十二日丙寅，北周武帝拿出北齐晋阳宫中的珍宝、鲜衣器物，以及两千多宫女，分赐将士。立了战功的人加官晋爵各有差等。北周武帝问高延宗攻取邺城的计策，高延宗推辞说：“这不是亡国之臣该说的话。”北周武帝再三强问，高延宗才说：“如果任城王占据了邺城，我不知道，如果是北齐后主自己守卫，陛下不用攻打就可拿下。”十二月二十九日癸酉，北周军队指向邺城，命齐王宇文宪为前锋，任命上柱国陈王宇文纯为并州总管。

北齐后主召聚朝臣显贵进入朱雀门，赏赐酒食，询问抵抗北周军队的计策，各人说法不同，北齐后主不知听从谁的好。这时人心惶惶，没有斗志，朝廷官员出城投降的日夜不断。高劢说：“如今背叛的人，多是显贵，至于士兵，还没有离心。请求强迫五品以上的家属，安置在三台，从此逼他们出战，如果不能取胜，就焚烧三台。这些达官显贵，要是爱惜自己的老婆孩子，一定会拼死作战。况且王师多次打了败仗，敌人素来又轻视我军，今天如果能背城决一死战，理应取胜。”北齐后主没有采纳。观察云气预言吉凶的人说，朝廷将会有革命和变易。北齐后主召集尚书令高元海等人商议，决定按照天统元年武成帝高湛禅位的旧例，把皇位禅让给皇太子高恒。

【点评】

周齐两主一明一暗。北周武帝伐北齐，两国实力相当，北齐军队数量还多于周军。北齐惨败，周军大胜。北齐败，不是北齐将士不善战，而是政治腐败。司马光着重在叙事之中突出了两国政治的一清一浊，两国君主的一明一暗。北周武帝宇文邕察纳忠言，任用贤能，政清赋平，君臣同心，志在灭齐。第一次周师出兵无功，北周武帝及时听取臣下善策，调整方案，改变用兵方向，由北面进军，直捣高氏兴起的老巢并州晋阳，一举成功。北齐后主高纬，整日花天酒地，听信奸佞，国事日非。当大军压境，还与宠妃围猎取乐，直把双方交战视为儿戏，带着宠姬冯淑妃观战，随后又惊慌逃跑，导致军心动摇而大败。周齐两国君主的圣明与昏暗的对比，十分鲜明，留下了深刻的历史教训。本卷还写了北周武帝太子宇文赟，陈宣帝太子陈叔宝，均不成器，为两国的覆亡留下伏笔。

陈纪七

陈宣帝太建九年至十一年（577—579 年）

【起强圉作噩（丁酉，577 年），尽屠维大渊献（己亥，579 年），凡三年】

【大事提要】

本卷记述公元 577 年至公元 579 年南北朝史事，凡三年，时当陈宣帝太建九年至十一年，北周武帝建德六年至周宣帝大成元年，北齐后主隆化元年，二年国灭。重点载述北周灭北齐，北周武帝在凯歌声中不幸早逝，宣帝继位，骄恣放纵，政治急剧衰落，已露败亡之征。陈朝宣帝昏庸，政治腐败，是一个衰世之君。

【原文】

高宗宣皇帝中之下

太建九年（丁酉，577年）

春，正月，乙亥朔，齐太子恒即皇帝位，生八年矣；改元承光，大赦。尊齐主为太上皇帝，皇太后为太皇太后，皇后为太上皇后。以广宁王孝珩为太宰。

司徒莫多娄敬显、领军大将军尉相愿谋伏兵千秋门，斩高阿那肱，立广宁王孝珩，会阿那肱自他路入朝，不果。孝珩求拒周师，谓阿那肱等曰："朝廷不赐遣击贼，岂不畏孝珩反邪？孝珩若破宇文邕，遂至长安，反亦何预国家事！以今日之急，犹如此猜忌邪！"高、韩恐其为变，出孝珩为沧州刺史。相愿拔佩刀斫柱，叹曰："大事去矣，知复何言！"

齐主使长乐王尉世辩帅千余骑觇周师，出滏口，登高阜西望，遥见群乌飞起，谓是西军旗帜，即驰还；比至紫陌桥，不敢回顾。世辩，粲之子也。于是黄门侍郎颜之推、中书侍郎薛道衡、侍中陈德信等劝上皇往河外募兵，更为经略；若不济，南投陈国。从之。道衡，孝通之子也。丁丑，太皇太后、太上皇后自邺先趣济州；癸未，幼主亦自邺东行。己丑，周师至紫陌桥。

辛卯，上祭北郊。

壬辰，周师至邺城下；癸巳，围之，烧城西门。齐人出战，周师奋击，大破之。

齐上皇从百骑东走，使武卫大将军慕容三藏守邺宫。周师入邺，齐王、公以下皆降。三藏犹拒战，周主引见，礼之，拜仪同大将军。三藏，绍宗之子也。领军大将军渔阳鲜于世荣，齐高祖旧将也。周主先以马脑酒钟遗之，世荣得即碎之。周师入邺，世荣在三台前鸣鼓不辍，周人执之；世荣不屈，乃杀之。

周主执莫多娄敬显，数之曰："汝有死罪三：前自晋阳走邺，携妾弃母，不孝也；外为伪朝戮力，内实通启于朕，不忠也；送款之后，犹持两端，不信也。用心如此，不死何待！"遂斩之。

【语译】

高宗宣皇帝中之下

陈宣帝太建九年（丁酉，577 年）

春季，正月初一日乙亥，北齐太子高恒即皇帝位，年八岁；改元承光，大赦天下。尊北齐后主高纬为太上皇帝，皇太后为太皇太后，皇后为太上皇后。册封广宁王高孝珩为太宰。

司徒莫多娄敬显、领军大将军尉相愿策划在千秋门埋伏武士，杀掉高阿那肱，立广宁王高孝珩为帝，赶巧高阿那肱从另一道门入朝，没能除掉他。高孝珩请求出兵抵抗北周军队，对高阿那肱等说："朝廷不派我去迎击敌人，难道是怕我反叛吗？我高孝珩如果打败了宇文邕，可以进军到长安，即使反叛了也对国家没有影响！现今形势这么危急，还这样猜忌呀！"高阿那肱、韩长鸾担心高孝珩发动政变，便派他出京去任沧州刺史。尉相愿抽出佩刀砍到屋柱子上，叹息说："大势已去，没有什么好说的了。"

北齐后主高纬派长乐王尉世辩率领一千余骑侦察北周军情，出了滏口，登上土山向西瞭望，远远看见一群飞鸟，以为是北周军队的旗帜，立即掉转马头飞奔回来，一直跑到紫陌桥，也没敢回头瞭望。尉世辩，是尉粲的儿子。于是北门侍郎颜之推、中书侍郎薛道衡、侍中陈德信等劝太上皇高纬到黄河以南地区去招兵，再谋划进取；如果不成功，就投奔陈朝。太上皇听从了。薛道衡，是薛孝通的儿子。正月初三日丁丑，太皇太后、太上皇后从邺城先行前往济州；正月初九日癸未，北齐幼主高恒也从邺城向东进发。正月十五日己丑，北周军队进至紫陌桥。

正月十七日辛卯，陈宣帝到北郊祭地。

正月十八日壬辰，北周军队到达邺城下；正月十九日癸巳，包围邺城，火烧邺城西门。北齐军队出城作战，北周军队奋力攻击，大败北齐军队。

北齐太上皇带领一百名骑兵向东逃跑，派武卫大将军慕容三藏守卫邺宫。北周军队进入邺城，北齐亲王、公卿以下全部官员投降。慕容三藏仍坚守邺宫抵抗，北周武帝召见慕容三藏，以礼相待，授予他仪同大将军的职位。慕容三藏是慕容绍宗的儿子。北齐领军大将军渔阳人鲜于世荣，早先是北齐高祖高欢的部将。北周武帝送给他玛瑙酒杯，鲜于世荣拿到了酒杯立即打碎。北周军队进入了邺城，鲜于世荣仍在三台前不停地敲鼓，被北周军队抓住，鲜于世荣不投降，被处死。

北周武帝抓获了莫多娄敬显，数落他说："你有三大死罪：先前从晋阳逃回邺城，带走小妾而丢弃母亲，这是不孝；表面上替伪齐效力，暗中投靠朕出卖情报，这是不忠；既然向朕表达了忠心，却仍然脚踏两只船，这是不诚。如此险恶用心，

使将军尉迟勤追齐主。

甲午，周主入邺。齐国子博士长乐熊安生，博通《五经》，闻周主入邺，遽令扫门。家人怪而问之，安生曰："周帝重道尊儒，必将见我。"俄而周主幸其家，不听拜，亲执其手，引与同坐；赏赐甚厚，给安车驷马以自随。又遣小司马唐道和就中书侍郎李德林宅宣旨慰谕，曰："平齐之利，唯在于尔。"引入宫，使内史宇文昂访问齐朝风俗政教，人物善恶。即留内省，三宿乃归。

乙未，齐上皇渡河入济州。是日，幼主禅位于大丞相任城王湝。又为湝诏：尊上皇为无上皇，幼主为宋国天王。令侍中斛律孝卿送禅文及玺绂于瀛州，孝卿即诣邺。

周主诏："去年大赦所未及之处，皆从赦例。"

齐洛州刺史独孤永业，有甲士三万，闻晋州陷，请出兵击周，奏寝不报；永业愤慨。又闻并州陷，乃遣子须达请降于周，周以永业为上柱国，封应公。

丙申，周以越王盛为相州总管。

齐上皇留胡太后于济州，使高阿那肱守济州关，觇候周师，自与穆后、冯淑妃、幼主、韩长鸾、邓长颙等数十人奔青州。使内参田鹏鸾西出，参伺动静，周师获之，问齐主何在，绐云："已去，计当出境。"周人疑其不信，捶之。每折一支，辞色愈厉，竟折四支而死。

上皇至青州，即欲入陈。而高阿那肱密召周师，约生致齐主，屡启云："周师尚远，已令烧断桥路。"上皇由是淹留自宽。周师至关，阿那肱即降之。周师奄至青州，上皇囊金，系于鞍，与后、妃、幼主等十余骑南走，己亥，至南邓村，尉迟勤追及，尽擒之，并胡太后送邺。

庚子，周主诏："故斛律光、崔季舒等，宜追加赠谥，并为改葬，子孙各随荫叙录，家口田宅没官者，并还之。"周主指斛律光名曰："此人

不处死你还留到什么时候！”于是杀了莫多娄敬显。

北周武帝派将军尉迟勤追赶北齐后主。

正月二十日甲午，北周武帝进入邺城。北齐国子博士长乐人熊安生，博通《五经》，听到北周武帝进入邺城，立即让家人打扫门庭。家人感到奇怪，就向他询问，熊安生说：“周国皇帝看重道德，尊崇儒学，一定会来看我。”不一会儿，北周武帝亲自临视熊家，不让熊安生跪拜，握住他的手，招呼他一同坐下，还赏赐了很重的礼物，并赐给安车驷马，让他坐着随同皇帝车辇入朝。又派小司马唐道和到北齐中书侍郎李德林家宣读圣旨慰劳告谕，说：“平定齐国而对社会有利，就看你了。”宣召李德林入宫，北周武帝派内史宇文昂向他询问齐国风俗、政令、教化，以及先前执政人物的好与坏。随后李德林在门下省住了三夜才让他回家。

正月二十一日乙未，北齐太上皇渡过黄河进入济州城。这一天，北齐幼主高恒把皇位禅让给大丞相任城王高湝。又以高湝的名义发布诏令，尊崇太上皇为无上皇帝，幼主为宋国天王。命令侍中斛律孝卿送禅让文书和系有丝带的受命玉玺给瀛州任城王高湝，斛律孝卿却立即赶到邺城把玉玺献给了北周武帝。

北周武帝下诏令说：“去年大赦令未能到达的地方，现在一律按大赦令例规执行。”

北齐洛州刺史独孤永业有带甲之士十三万，听说晋州陷落，请求出兵迎击周军，但奏章被搁置没有上报，独孤永业非常愤慨。又听说并州陷落，就派儿子独孤须达向北周请求投降，北周任命独孤永业为上柱国，封应公。

正月二十二日丙申，北周任命越王宇文盛为相州总管。

北齐太上皇让胡太后留在济州，派高阿那肱守卫济州关，侦察北周军情，自己与穆后、冯淑妃、幼主、韩长鸾、邓长颙等数十人逃奔常州。派宦官田鹏鸾去西部打探动静，被周军抓获，问他北齐后主在哪里，田鹏鸾欺骗周军说：“已经逃走，估计已经逃出了国境。”周军怀疑田鹏鸾说假话，就拷打他。每当打断他一根肢体，他的言辞和脸色更加严厉而愤怒，直到手脚四肢都被打断而死。

北齐太上皇到达青州，打算立即进入陈朝国境。然而高阿那肱一面暗中联络牵引周军，相约活捉北齐太上皇，一面不断启奏，称：“周军离我们还远，我已经下令烧毁桥梁，切断道路。”太上皇因此停留下来，自我安慰。北周军队到了济州关，高阿那肱就立即投降了周军。北周军队很快到了青州，北齐太上皇用口袋装了金子，系在马鞍上，和皇后、妃子、幼主等骑上十几匹马向南逃走。正月二十五日己亥，逃到南邓村，尉迟勤追上了他们，全部擒获，连同胡太后一起送回邺城。

正月二十六日庚子，北周武帝下诏令说：“已故的斛律光、崔季舒等，应当追加封赠和谥号，并妥善改葬，他们的子孙按照各自门荫的规定予以录用，家属奴婢田

在，朕安得至邺！”辛丑，诏：“齐之东山、南园、三台，并可毁撤。瓦木诸物，可用者悉以赐民。山园之田，各还其主。”

二月，壬午，上耕藉田。

丙午，周主宴从官将士于齐太极殿，颁赏有差。

丁未，高纬至邺，周主降阶，以宾礼见之。

齐广宁王孝珩至沧州，以五千人会任城王湝于信都，共谋匡复，召募得四万余人。周主使齐王宪、柱国杨坚击之。令高纬为手书招湝，湝不从。宪军至赵州，湝遣二谍觇之，候骑执以白宪。宪集齐旧将，遍示之，谓曰：“吾所争者大，不在汝曹。今纵汝还，仍充吾使。”乃与湝书曰：“足下谍者为候骑所拘，军中情实，具诸执事。战非上计，无待卜疑；守乃下策，或未相许。已勒诸军分道并进，相望非远，凭轼有期。‘不俟终日’，所望知机也！”

宪至信都，湝陈于城南以拒之。湝所署领军尉相愿诈出略陈，遂以众降。相愿，湝心腹也，众皆骇惧。湝杀相愿妻子。明日，复战，宪击破之，俘斩三万人，执湝及广宁王孝珩。宪谓湝曰：“任城王何苦至此！”湝曰：“下官神武皇帝之子，兄弟十五人，幸而独存。逢宗社颠覆，无愧坟陵。”宪壮之，命归其妻子。又亲为孝珩洗疮傅药，礼遇甚厚。孝珩叹曰：“自神武皇帝以外，吾诸父兄弟，无一人至四十者，命也。嗣君无独见之明，宰相非柱石之寄，恨不得握兵符，受斧钺，展我心力耳！”

齐王宪善用兵，多谋略，得将士心。齐人惮其威声，多望风沮溃。刍牧不扰，军无私焉。

地房屋被官家没收的，一律发还。”北周武帝指着斛律光的名字说：“这个人如果还在，朕怎能到达邺城呢！”正月二十七日辛丑，又下诏令说：“齐国的东山、南园、三台，都可以平毁撤除，屋瓦木材等物，可以再用的全部赏赐给平民。东山、南园所占的土地，各自还归原来的主人。”

二月壬午日，陈宣帝举行藉田典礼。

二月初三日丙午，北周武帝在北齐太极殿宴请随从官员和从征将士，并分别给予不同等级的赏赐。

二月初四日丁未，北齐后主被押送到邺城，北周武帝走下台阶，按宾客之礼接待了他。

北齐广宁王高孝珩到达沧州，带领五千人到信都与任城王高湝相会，共同商议复国大计，招募得到了四万人。北周武帝派齐王宇文宪、柱国杨坚攻击他们。命令高纬写亲笔信招降高湝，高湝没有听从。宇文宪的军队到达赵州，高湝派两名间谍前去侦察，却被周军的侦察骑兵抓获并报告宇文宪。宇文宪把军中归降的北齐将领全部召集起来，一一指示给这两个间谍看，对他们两个说：“我们所要争取的目标很大，不在乎你们。现在就把你们放回去，顺便替我们充当一下使者。”于是写了一封给高湝的信，说：“足下派的间谍被我方侦察骑兵抓获，我军的情况，你的间谍会做详细的报告。足下想要出战，绝不是好办法，用不着占卜就能知道；想要防守，更是下策，你或许不同意我的看法。我已统率各路大军分路向前推进，相见之日已经不远，我扶着战车的横木见你指日可待。‘君子要见机而作，不须等到天黑’，希望你能当机立断。”

宇文宪到了信都，高湝在城南摆开阵势对敌。高湝任命的领军将军尉相愿假装到阵前巡察，于是带领他的部属投降。尉相愿是高湝的心腹之将，大家为此感到惊恐害怕。高湝杀了尉相愿的老婆和儿子。第二天，再战，宇文宪打败了高湝，俘虏和杀死的有三万多人，抓获了高湝和广宁王高孝珩。宇文宪对高湝说：“任城王何苦死心眼。”高湝说：“下官是神武皇帝的儿子，兄弟十五人，幸而只有我还在世。赶上宗庙社稷倒塌倾覆，死后无愧于祖宗。”宇文宪敬重他的豪壮，下令归还高湝的老婆儿子。宇文宪又亲自替高孝珩洗创敷药，礼遇很重。高孝珩感叹地说：“除神武皇帝以外，我的父辈和兄弟，没有一个人活到四十岁，这是命中注定的。继位的国君缺乏远见，宰相又不是能承担重任的柱石，我遗憾的是手中没有兵权，不能担当征伐之任，无法施展我的谋略与勇力。”

齐王宇文宪善于用兵，很有谋略，得到将士的拥戴。北齐军队害怕他的威名，大多听到风声就溃散了。齐王宇文宪的军队，秋毫无犯，军队中也没有人敢勒索老百姓。

周主以齐降将封辅相为北朔州总管。北朔州，齐之重镇，士卒骁勇。前长史赵穆等谋执辅相迎任城王湝于瀛州，不果，乃迎定州刺史范阳王绍义。绍义至马邑，自肆州以北二百八十余城皆应之。绍义与灵州刺史袁洪猛引兵南出，欲取并州。至新兴，而肆州已为周守，前队二仪同以所部降周。周兵击显州，执刺史陆琼，复攻拔诸城。绍义还保北朔州。周东平公神举将兵逼马邑，绍义战败，北奔突厥，犹有众三千人。绍义令曰："欲还者从其意。"于是辞去者太半。突厥佗钵可汗常谓齐显祖为英雄天子，以绍义重踝，似之，甚见爱重；凡齐人在北者，悉以隶之。

于是齐之行台、州、镇，唯东雍州行台傅伏、营州刺史高宝宁不下，其余皆入于周。凡得州五十，郡一百六十二，县三百八十，户三百三万二千五百。高宝宁者，齐之疏属，有勇略，久镇和龙，甚得夷、夏之心。周主于河阳、幽、青、南兖、豫、徐、北朔、定置总管府，相、并二州各置宫及六府官。

（以上为第一段，写北周灭北齐的战斗过程。）

周师之克晋阳也，齐使开府仪同三司纥奚永安求救于突厥，比至，齐已亡。佗钵可汗处永安于吐谷浑使者之下，永安言于佗钵曰："今齐国已亡，永安何用余生！欲闭气自绝，恐天下谓大齐无死节之臣；乞赐一刀，以显示远近。"佗钵嘉之，赠马七十匹而归之。

梁主入朝于邺。自秦兼天下，无朝觐之礼，至是始命有司草具其事：致积，致饩，设九傧、九介，受享于庙，三公、三孤、六卿致食，劳宾，还贽，致享，皆如古礼。

周主与梁主宴，酒酣，周主自弹琵琶。梁主起舞，曰："陛下既亲抚五弦，臣何敢不同百兽！"周主大悦，赐赍甚厚。

乙卯，周主自邺西还。

三月，壬午，周诏："山东诸军，各举明经干治者二人；若奇才异术，卓尔不群者，不拘此数。"

北周武帝任用北齐降将封辅相为北朔州总管。北朔州是北齐的重镇，士兵骁勇善战。前长史赵穆等人密谋逮捕封辅相，迎请瀛州的任城王高湝为军主，没有成功，就改迎定州刺史范阳王高绍义。高绍义到达马邑，从朔州以北二百八十城都起来响应。高绍义与灵州刺史袁洪猛领兵向南进击，打算夺取并州。到达新兴郡时，朔州已被北周占领，前锋两仪同带领所部投降了北周。周兵进攻显州，抓获了刺史陆琼，接着又攻占了几座城。高绍义回军退守北朔州。北周东平公宇文神举领兵逼近马邑，高绍义出战失败，向北逃到了突厥，还有二千多人。高绍义下令说："想回去的人听凭自愿。"于是告辞离开的人有一多半，突厥佗钵可汗一向认为北齐显祖高洋是一位英雄天子，因为高绍义脚上两侧的踝骨各有两个，很像高洋，佗钵可汗非常亲爱敬重；凡是在突厥的北齐人，全都隶属于高绍义统管。

整个北齐的行台、州、镇，只有东雍州行台傅伏、营州刺史高宝宁坚守没有降服，其他全部并入北周。总计获得五十个州、一百六十二个郡、三百八十个县，三百零三万二千五百户。高宝宁是北齐皇室的远枝，有勇有谋，长久地镇守和龙，得到当地各民族和汉人的拥护。北周武帝在河阳、幽、青、南兖、豫、徐、北朔、定等州设置总管府，相、并两州分别设置行宫和六府官。

北周军队攻占晋阳时，北齐派开府仪同三司纥奚永安向突厥求救，等他到达突厥时，北齐已经亡国。佗钵可汗把纥奚永安安置在吐谷浑使者的下面，纥奚永安对佗钵可汗说："如今齐国已经灭亡，我永安何必求生！本想断气自杀，恐怕全天下的人会说大齐国没有一个死节的臣子；我请求你给我一刀，借此传示四方。"佗钵可汗赞赏他的壮烈，送给他七十匹马让他回去。

后梁国主萧岿到邺城朝见北周武帝。自从秦始皇统一天下后，朝廷没有诸侯朝见天子的礼仪。这时，北周武帝才下令有关部门起草诸侯朝觐的礼仪条文，包括馈送米粮肉食给梁主的标准，设九傧导引梁主礼仪，设九介替宾主传话，在宗庙中进献贡礼，三公、三孤、六卿馈送食品、慰劳宾客、还礼、宴请等一系列礼仪，都依照古礼。

北周武帝设宴款待后梁国主萧岿，酒喝到高兴的时候，北周武帝亲自弹起了琵琶。后梁国主起身跳舞，说："陛下既然弹奏琵琶，臣子萧岿怎敢不像百兽一样跳舞。"北周武帝非常高兴，赏赐了丰厚的礼物。

二月十二日乙卯，北周武帝从邺城西行回长安。

三月初九日壬午，北周下诏说："山东各路军队，分别推荐两名通晓经学能干的人；如果有特殊才能，超群出众的人，不受两个名额的限制。"

周主之擒尉相贵也，招齐东雍州刺史傅伏，伏不从。齐人以伏为行台右仆射。周主既克并州，复遣韦孝宽招之，令其子以上大将军、武乡公告身及金、马脑二酒钟赐伏为信。伏不受，谓孝宽曰："事君有死无贰。此儿为臣不能竭忠，为子不能尽孝，人所仇疾，愿速斩之以令天下！"周主自邺还，至晋州，遣高阿那肱等百余人临汾水召伏。伏出军，隔水见之，问："至尊今何在？"阿那肱曰："已被擒矣。"伏仰天大哭，帅众入城，于听事前北面哀号，良久，然后降。周主见之曰："何不早下？"伏流涕对曰："臣三世为齐臣，食齐禄，不能自死，羞见天地！"周主执其手曰："为臣当如此。"乃以所食羊肋骨赐伏曰："骨亲肉疏，所以相付。"遂引使宿卫，授上仪同大将军。敕之曰："若亟与公高官，恐归附者心动。努力事朕，勿忧富贵。"他日，又问："前救河阴得何赏？"对曰："蒙一转，授特进、永昌郡公。"周主谓高纬曰："朕三年教战，决取河阴。正为傅伏善守，城不可动，遂敛军而退。公当时赏功，何其薄也！"

夏，四月，乙巳，周主至长安，置高纬于前，列其王公于后，车舆、旗帜、器物，以次陈之。备大驾，布六军，奏凯乐，献俘于太庙。观者皆称万岁。戊申，封高纬为温公，齐之诸王三十余人，皆受封爵。周主与齐君臣饮酒，令温公起舞。高延宗悲不自持，屡欲仰药，其傅婢禁止之。

周主以李德林为内史上士，自是诏诰格式及用山东人物，并以委之。帝从容谓群臣曰："我常日唯闻李德林名，复见其为齐朝作诏书移檄，正谓是天上人；岂言今日得其驱使。"神武公纥豆陵毅对曰："臣闻麒麟凤皇，为王者瑞，可以德感，不可力致。麒麟凤皇，得之无用，岂如德林，为瑞且有用哉！"帝大笑曰："诚如公言。"

己巳，周主享太庙。

五月，丁丑，周以谯王俭为大冢宰。庚辰，以杞公亮为大司徒，郑公达奚震为大宗伯，梁公侯莫陈芮为大司马，应公独孤永业为大司寇，

北周武帝擒获尉相贵时，曾经招降齐国东雍州刺史傅伏，傅伏不听从。北齐任命傅伏为行台右仆射。北周武帝攻下并州后，再次派韦孝宽去招降傅伏，韦孝宽派傅伏的儿子送去大将军、武乡公的委任状，以及两个镶金玛瑙酒杯作为信物。傅伏没有接受，对韦孝宽说："人臣事君，临难只能死节，不能有二心。我这个儿子为臣不能尽忠，为子不能尽孝，这种人应受到人人的痛恨仇视，希望尽快杀了他以昭示天下。"北周武帝从邺城返回，到了晋州，派高阿那肱等一百多人到汾水边招降傅伏。傅伏率军出城，隔着汾水喊话："皇上现今在哪里？"高阿那肱说："已被抓获了。"傅伏仰天大哭，率领部队进城，在办公大厅前向北放声痛哭，哭了很久，然后投降。北周武帝见了他说："为何不早来投降？"傅伏流泪说："臣家三代为齐臣，食用齐国的俸禄，不能为国捐躯，愧见天地！"北周武帝握住傅伏的手说："为臣应当这样。"并且把自己享用的羊排骨赐给傅伏，说："骨头亲近，肌肉疏远，所以把骨头赐给你。"便派他宿卫宫廷，授任他为上仪同大将军。勉励他说："如果马上给你高官，恐怕归附的人心不服。只要你努力事朕，不愁富贵。"另有一天，北周武帝问傅伏，说："先前你救援河阴的那场战斗，得了什么赏赐。"傅伏回答说："升迁一级，任命特进，封永昌郡公。"北周武帝对高纬说："朕做了三年的练兵备战，决心攻下河阴。由于傅伏善于防守，城坚不可摧，于是收兵退回。你当时对傅伏功劳的赏赐，怎么那样微薄啊！"

夏季，四月初三日乙巳，北周武帝回到长安，把高纬安排在队伍的前边，北齐的王公臣子跟在后边，车辆、旗帜、器物，依次陈列。备好天子出行的大驾车队，排列六等队伍，奏上得胜音乐，到太庙举行献俘仪式。围观的人高呼万岁。四月初六日戊申，封高纬为温公，北齐诸王有三十多人得到封爵。北周武帝宴请北齐君臣饮酒，命令温公高纬起身跳舞。高延宗悲恸得无法控制自己，多次要吞药自杀，被他的侍婢劝止了。

北周武帝委任北齐旧臣李德林为内史上士，从此，诏诰文书和政府各部门的规章，以及任用山东北齐旧境的人士，一概托付李德林负责。北周武帝从容地对群臣说："我平日听到过李德林的名字，又曾见过他替齐朝写的诏书移檄等公文，总认为他是天上的人才；哪里想到他今天为我效力呢！"神武公纥豆陵毅回答说："臣听说麒麟凤凰，是王者的祥瑞，可以用圣德感召，不可以用强力获取。然而麒麟凤凰得到了也没有实用价值，哪里比得上李德林，既是祥瑞又有大用场。"北周武帝大笑着说："真是像你说的那样。"

四月二十七日己巳，北周武帝到太庙祭祖。

五月初五日丁丑，北周任命谯王宇文俭为大冢宰。五月初八日庚辰，任命杞公宇文亮为司徒，郑公达奚震为大宗伯，梁公侯莫陈芮为大司马，应公独孤永业为司

郑公韦孝宽为大司空。

己丑，周主祭方丘。诏以："路寝会义、崇信、含仁、云和、思齐诸殿，皆晋公护专政时所为，事穷壮丽，有逾清庙，悉可毁撤。雕斫之物，并赐贫民。缮造之宜，务从卑朴。"又诏："并、邺诸堂殿壮丽者准此。"

臣光曰：周高祖可谓善处胜矣！他人胜则益奢，高祖胜而愈俭。

六月，丁卯，周主东巡。秋，七月，丙戌，幸洛州。八月，壬寅，议定权衡度量，颁之于四方。

初，魏虏西凉之人，没为隶户，齐氏因之，仍供厮役。周主灭齐，欲施宽惠，诏曰："罪不及嗣，古有定科。杂役之徒，独异常宪，一从罪配，百代不免，罚既无穷，刑何以措！凡诸杂户，悉放为民。"自是无复杂户。

甲子，郑州获九尾狐，已死，献其骨。周主曰："瑞应之来，必彰有德。若五品时叙，四海和平，乃能致此。今无其时，恐非实录。"命焚之。

九月，戊寅，周制："庶人已上，唯听衣绸、绵绸、丝布、圆绫、纱、绢、绡、葛、布等九种，余悉禁之。朝祭之服，不拘此制。"

冬，十月，戊申，周主如邺。

上闻周人灭齐，欲争徐、兖，诏南兖州刺史、司空吴明彻督诸军伐之，以其世子戎昭、将军惠觉摄行州事。明彻军至吕梁，周徐州总管梁士彦帅众拒战，戊午，明彻击破之。士彦婴城自守，明彻围之。

帝锐意以为河南指麾可定。中书通事舍人蔡景历谏曰："师老将骄，不宜过穷远略。"帝怒，以为沮众，出为豫章内史。未行，有飞章劾景历在省赃污狼籍，坐免官，削爵土。

周改葬德皇帝于冀州，周主服缞，哭于太极殿；百官素服。

寇，郑公韦孝宽为大司空。

五月十七日己丑，北周武帝到方丘祭祀。下诏说："天子的正式会议，在崇信、含仁、云和、思齐几个殿召开，都是晋公宇文护专权时兴建的，营造非常壮丽，规格超过了宗庙，要全部拆除。拆下来的雕饰物件，全部赏赐给贫民。修缮建造事宜，一定要遵循简单朴素的原则。"又下一道诏书说："并州、邺城的各个宫殿，全都照此办理。"

臣司马光说：北周高祖宇文邕，可以说是处理大战胜利善后的高手！别的人胜利了会更加奢侈，周高祖胜利了更加节俭。

六月二十六日丁卯，北周武帝到东方巡视。秋季，七月十五日丙戌，巡幸洛州。八月初二日壬寅，审议度量衡制度，作为标准颁行全国。

当初，北魏俘获了西凉的人，设置了奴隶户籍，北齐沿袭这一制度，奴隶户仍然替官府服劳役。北周武帝灭了北齐，想施行宽大恩惠的政策，下诏说："判罪不应当波及子孙，古代有一定法律规定。从事杂役的犯人，却独与常法有区别，一旦犯罪发配，百代都得不到赦免，惩罚没有边，正常的刑法还怎么执行！所有各类杂户，一律释放为良民。"从此，再没有杂役户。

八月二十四日甲子，郑州猎获到一只九尾狐，已经死了，便把骨头献给北周武帝。北周武帝说："祥瑞到来，是表彰有德之君。如果五行和谐，四时风调雨顺，四海升平，才能导致祥瑞降临。如今不是这样的时势，恐怕不符合实际。"下令把九尾狐骨头烧毁。

九月初八日戊寅，北周颁布服饰制度："庶民以上，可以穿绸、绵绸、丝布、圆绫、纱、绢、绡、葛、麻布等九种质料的衣服，其余的一律禁止。上朝、祭祀时的服装，不受这项规定的限制。"

冬季，十月初九日戊申，北周武帝到邺城。

陈宣帝听到北周灭了北齐，想和北周争夺徐州、兖州，下诏南兖州刺史、司空吴明徹总督各路军队讨伐，任命吴明徹的大儿子吴戎昭、将军吴惠觉代理南兖州行政事务。吴明徹进军到达吕梁，北周徐州总管梁士彦领兵抗拒。十月十九日戊午，吴明徹打败了梁士彦。梁士彦固守城池，吴明徹围攻吕梁城。

陈宣帝一心认为黄河以南可以很快平定。中书通事舍人蔡景历劝谏说："军队疲惫，将帅骄矜，不宜穷兵远攻。"陈宣帝大怒，认为他灭了自己的威风，把他外放为豫章内史。还没有出发，有匿名信弹劾蔡景历在中书省贪污，名声很坏，判处免去官职，削除了爵位和封邑。

北周把德皇帝宇文肱迁葬到冀州，北周武帝穿了丧服，在太极殿上大哭；百官也都穿白色的丧服。

周人诬温公高纬与宜州刺史穆提婆谋反，并其宗族皆赐死。众人多自陈无之，高延宗独攘袂泣而不言，以椒塞口而死。唯纬弟仁英以清狂，仁雅以喑疾得免，徙于蜀。其馀亲属，不杀者散配西土，皆死于边裔。

周主以高湝妻卢氏赐其将斛斯徵。卢氏蓬首垢面，长斋，不言笑。徵放之，乃为尼。齐后、妃贫者，至以卖烛为业。

十一月，壬申，周立皇子衍为道王，兑为蔡王。

癸酉，周遣上大将军王轨将兵救徐州。

初，周人败齐师于晋州，乘胜逐北，齐人所弃甲仗，未暇收敛；稽胡乘间窃出，并盗而有之。仍立刘蠡升之孙没铎为主，号圣武皇帝，改元石平。

周人既克关东，将讨稽胡，议欲穷其巢穴，齐王宪曰："步落稽种类既多，又山谷险绝，王师一举，未可尽除。且当翦其魁首，余加慰抚。"周主从之，以宪为行军元帅，督诸军讨之。至马邑，分道俱进。没铎分遣其党天柱守河东，穆支守河西，据险以拒之。宪命谯王俭击天柱，滕王逌击穆支，并破之，斩首万余级。赵王招击没铎，禽之，余众皆降。

周诏："自永熙三年以来，东土之民掠为奴婢，及克江陵之日，良人没为奴婢者，并放为良。"又诏："后宫唯置妃二人，世妇三人，御妻三人，此外皆减之。"

周主性节俭，常服布袍，寝布被，后宫不过十余人；每行兵，亲在行陈，步涉山谷，人所不堪；抚将士有恩，而明察果断，用法严峻。由是将士畏威而乐为之死。

己亥晦，日有食之。

周初行《刑书要制》，群盗赃一匹，及正、长隐五丁、若地顷以上，皆死。

十二月，戊申，新作东宫成，太子徙居之。

庚申，周主如并州，徙并州军民四万户于关中。戊辰，废并州宫及六府。

高宝宁自黄龙上表劝进于高绍义，绍义遂称皇帝，改元武平，以宝宁为丞相。突厥佗钵可汗举兵助之。

北周诬告温公高纬与宜州刺史穆提婆谋反，包括他的宗族全都赐死。大家纷纷申辩没这回事，高延宗独自挽起衣袖哭泣不说话，用花椒堵住嘴死了。只有高纬的弟弟高仁英是一个白痴，高仁雅是个哑巴，两人才得以免死，流放到蜀地。其他亲眷，没被杀的全都分散流放到西部边远的地方，全都死在边远的荒地。

北周武帝把高湝的妻子卢氏赐给将领斛斯徵。卢氏蓬头垢面，长久吃素，不说话没笑脸。斛斯徵释放了她，出家为尼姑。北齐皇后、嫔妃贫困的人，甚至以卖烛为生。

十一月初三日壬申，北周册立皇子宇文衍为道王，宇文兑为蔡王。

十一月初四日癸酉，北周派上大将军王轨领兵救援徐州。

当初，北周军队在晋州打败北齐军队，乘胜追击，北齐军队丢弃大量盔甲兵器，北周军队没来得及收拾；稽胡趁机出来活动，偷盗占有了这些军备器械。稽胡人便拥立刘蠡升的孙子刘没铎为国主，称圣武皇帝，改元年号为石平。

北周平定关东后，将要讨伐稽胡，商议要直接深入捣毁稽胡的巢穴。齐王宇文宪说："步落稽种姓很多，又分散在山谷，地势险阻，朝廷军队大举征讨，不可能一次消灭干净。况且只应当除掉他们的首领，其余大众要进行安抚。"北周武帝听从了这个意见，委派齐王宇文宪为行军元帅，总督各军征讨。大军到达马邑，分路并进。刘没铎分兵抵抗，派党天柱守河东，穆支守河西，依靠险阻抵抗北周军队。宇文宪命谯王宇文俭攻击党天柱，滕王宇文逌攻击穆支。宇文逌打败了穆支，杀敌一万多人。赵王宇文招攻击刘没铎，活捉了他，其余稽胡全部投降。

北周下诏说："自从北魏永熙三年以后，东部被掳掠为奴婢的百姓，以及攻克梁朝江陵时，平民被俘为奴婢的人，全部释放为平民。"又下诏书说："后宫只设置嫔妃两人，世妇三人，御妻三人，此外，一律裁减。"

北周武帝生性节俭，经常穿麻布衣袍，盖麻布被褥，后宫只有十多个人。每次打仗，亲自在行伍之中，步行在山谷之中，一般人都受不了。他安抚将士，施给恩惠，明察果断，用法严格，因此，将士敬畏他的威严而又愿意为他效命。

十一月三十日己亥，发生日食。

北周开始推行《刑书要制》，凡是偷盗帛一匹，以及闾正、里正、族正、保长、党长隐瞒五个丁口、土地一百亩以上的，一律处死。

十二月初十日戊申，新建的东宫落成，皇太子迁居在那里。

十二月二十二日庚申，北周武帝到并州，迁移并州军民四万户到关中。十二月三十日戊辰，裁撤并州行宫以及六府。

高宝宁从黄龙上表劝高绍义登基，高绍义于是称皇帝，改元年号武平，委任高宝宁为丞相。突厥佗钵可汗领兵帮助高绍义。

（以上为第二段，写周武帝灭北齐后胜不骄，更加崇尚节俭，妥善安置降臣，录用北齐人才，而对北齐皇族大加杀戮，毫不手软。）

十年（戊戌，578 年）

春，正月，壬午，周主幸邺；辛卯，幸怀州；癸巳，幸洛州。置怀州宫。

二月，甲辰，周谯孝王俭卒。

丁巳，周主还长安。

吴明彻围周彭城，环列舟舰于城下，攻之甚急。王轨引兵轻行，据淮口，结长围，以铁锁贯车轮数百，沈之清水，以遏陈船归路；军中恟惧。谯州刺史萧摩诃言于明彻曰："闻王轨始锁下流，其两端筑城，今尚未立，公若见遣击之，彼必不敢相拒。水路未断，贼势不坚；彼城若立，则吾属必为虏矣。"明彻奋髯曰："搴旗陷陈，将军事也；长算远略，老夫事也。"摩诃失色而退。一旬之间，水路遂断。

周兵益至，诸将议破堰拔军，以舫载马而去，马主裴子烈曰："若破堰下船，船必倾倒，不如先遣马出。"时明彻苦背疾甚笃，萧摩诃复请曰："今求战不得，进退无路。若潜军突围，未足为耻。愿公帅步卒、乘马舆徐行，摩诃领铁骑数千驱驰前后，必当使公安达京邑。"明彻曰："弟之此策，乃良图也。然步军既多，吾为总督，必须身居其后，相帅兼行。弟马军宜速，在前，不可迟缓。"摩诃因帅马军夜发。甲子，明彻决堰，乘水势退军，冀以入淮。至清口，水势渐微，舟舰并碍车轮，不复得过。王轨引兵围而蹙之，众溃。明彻为周人所执，将士三万并器械辎重皆没于周。萧摩诃以精骑八十居前突围，众骑继之，比旦，达淮南，与将军任忠、周罗睺独全军得还。

初，帝谋取彭、汴，以问五兵尚书毛喜，对曰："淮左新平，边民未辑。周氏始吞齐国，难与争锋。且弃舟檝之工，践车骑之地，去长就短，非吴人所便。臣愚以为不若安民保境，寝兵结好，斯久长之术也。"及明彻败，帝谓喜曰："卿言验于今矣。"即日，召蔡景历，复以为征南谘议参军。

陈宣帝太建十年（戊戌，578年）

春季，正月十四日壬午，北周武帝巡幸邺城。正月二十三日辛卯，巡幸怀州；正月二十五日癸巳，巡幸洛州。建置怀州宫。

二月初七日甲辰，北周谯王宇文俭去世。

二月二十日丁巳，北周武帝回到长安。

陈将吴明彻四面包围彭城，将战船环绕城下，进攻十分猛烈。北周王轨领兵轻装行进，占据淮口，竖立木栅，结成长围，用铁链连接几百个车轮，沉在清水河里，用以切断陈朝兵船的归路。陈朝军队惊恐万分。谯州刺史萧摩诃对吴明彻说："听说王轨刚封锁下游，计划在河的两岸筑城，趁他现在还没有完成，您如果派我去攻击他，他一定不敢抵抗。水路还没有断绝，敌人阵势还不坚固；如果敌人筑城完成，那么我们一定会成为俘虏了。"吴明彻气得胡子都翘起来，说："夺取敌人的旗帜，带兵冲锋陷阵，是你将军的事；长远战略，深谋远虑，是我老夫的事。"萧摩诃脸色大变而退。十天之后，水路被切断。

北周援兵相继赶到，诸将商议掘堤拔营突围，用船载马撤离，骑兵军主裴子烈说："如果掘堤下船，船会倾倒，不如先派骑兵突围。"当时吴明彻脊背生疮，十分痛苦，萧摩诃再次请见说："如今求战不得，进退都没有路。如果暗中派兵突围，并不是羞耻。希望元帅率领步兵，乘坐马车慢慢走，我萧摩诃率领数千骑兵在前后保护，一定让你安全回到京都。"吴明彻说："将军的计策确实很好。但是我军步兵多，我是全军的总督，一定要亲自断后，率领步兵一起行动。将军率领骑兵赶快行动，作为前锋，不可迟缓。"萧摩诃于是率领骑兵当夜出发。二月二十七日甲子，吴明彻挖开堤坝，乘着水势撤军，希望进入淮河，到达清水入淮河口，水势低落，舟船被水下车轮阻碍，过不了河口。王轨率军攻击，收紧包围圈，陈朝军队崩溃。吴明彻被北周军队俘虏，将士三万连同军资器械，全部陷落周军之手。萧摩诃率领八十名骑兵冲在前边突围，其余骑兵紧随其后，到了天亮，到达淮水南岸，与将军任忠、周罗睺会合，全军返回。

当初，陈宣帝计划夺取彭州、汴州，询问五兵尚书毛喜，毛喜回答说："淮南刚刚平定，边地百姓还没有安居。周国刚刚吞并了齐国，难以和它争胜负。何况放下船舰水战的长处，到车马奔驰的平地打仗，避长就短，对我军不利。臣的愚见不如安境保民，停止用兵，与周结好，这才是长久保国的办法。"等到吴明彻打了败仗，陈宣帝对毛喜说："卿说的话今天应验了。"当天，陈宣帝召回蔡景历，重新启用，

周主封吴明徹为怀德公，位大将军。明徹忧愤而卒。

（以上为第三段，写陈朝与北周争彭城，陈军主将不明而遭惨败。）

乙丑，周以越王盛为大冢宰。

三月，戊辰，周于蒲州置宫，废同州及长春二宫。

甲戌，周主初服常冠，以皂纱全幅向后襆发，仍裁为四脚。

丙子，命中军大将军、开府仪同三司淳于量为大都督，总水陆诸军事，镇西将军孙玚都督荆、郢诸军，平北将军樊毅都督清口上至荆山缘淮诸军，宁远将军任忠都督寿阳、新蔡、霍州诸军，以备周。

乙酉，大赦。

壬辰，周改元宣政。

夏，四月，庚申，突厥寇周幽州，杀掠吏民。

戊午，樊毅遣军渡淮北，对清口筑城。壬戌，清口城不守。

五月，己丑，周高祖帅诸军伐突厥，遣柱国原公姬愿、东平公神举等将兵五道俱入。

癸巳，帝不豫，留止云阳宫；丙申，诏停诸军。驿召宗师宇文孝伯赴行在所，帝执其手曰："吾自量必无济理，以后事付君。"是夜，授孝伯司卫上大夫，总宿卫兵。又令驰驿入京镇守，以备非常。六月，丁酉朔，帝疾甚，还长安；是夕殂，年三十六。

戊戌，太子即位。尊皇后阿史那氏为皇太后。宣帝初立，即逞奢欲。大行在殡，曾无戚容，扪其杖痕，大骂曰："死晚矣！"阅视高祖宫人，逼为淫欲。超拜吏部下大夫郑译为开府仪同大将军、内史中大夫，委以朝政。

己未，葬武皇帝于孝陵，庙号高祖。既葬，诏内外公除，帝及六宫皆议即吉。京兆郡丞乐运上疏，以为"葬期既促，事讫即除，太为汲汲"。帝不从。

帝以齐炀王宪属尊望重，忌之。谓宇文孝伯曰："公能为朕图齐王，当以其官相授。"孝伯叩头曰："先帝遗诏，不许滥诛骨肉。齐王，陛下之叔父，功高德茂，社稷重臣。陛下若无故害之，则臣为不忠之臣，陛下

任命为征南谘议参军。

北周武帝封吴明徹为怀德公，位于大将军。吴明徹忧愁悲愤而死。

二月二十八日乙丑，北周委任越王宇文盛为大冢宰。

三月初一日戊辰，北周在蒲州建造行宫，废除同州和长春两处行宫。

三月初七日甲戌，北周武帝第一次戴平民的帽子，用整幅黑色纱巾从前向后缠头束发，裁剪四个帽脚。

三月初九日丙子，陈宣帝命令中军大将军，开府仪同三司淳于量为大都督，总领水陆诸军事，镇西将军孙玚都督荆州、郢州各军，平北将军樊毅都督清口以上至荆山缘淮各军，宁远将军任忠都督寿阳、新蔡、霍州诸军，用以防备周军。

三月十八日乙酉，陈朝大赦天下。

三月二十五日壬辰，北周改年号为宣政。

夏季，四月二十三日庚申，突厥进犯北周的幽州，杀害劫掠官吏与百姓。

四月二十一日戊午，樊毅派兵渡过淮水到北岸，在清口筑城。四月二十五壬戌，清口城失守。

五月二十三日己丑，北周高祖宇文邕率领各军讨伐突厥，派柱国原公宇文姬愿、东平公宇文神举等率领五路兵马同时进入突厥。

五月二十七日癸巳，北周武帝生病，停留在云阳宫；五月三十日丙申，下诏北伐各路兵马停止前进。用驿马宣召宗师宇文孝伯赶往行在所，北周武帝握住他的手说："我自己估量好不了啦，把后事托付给你。"当夜，任命宇文孝伯为司卫上大夫，总领宿卫兵。又命令宇文孝伯乘驿站快马入京师长安镇守，用此应对非常事件。六月初一日丁酉，北周武帝病情加重，回到长安；当夜崩殂，享年三十六岁。

六月初二日戊戌，北周皇太子宇文赟即皇帝位。尊皇后阿史那氏为皇太后。周宣帝刚即位，便奢侈纵欲。大行皇帝灵柩还没下葬，周宣帝没有半点伤心的样子，他摸着身上被杖责的伤疤，大声骂道："死得太晚了。"周宣帝巡视北周武帝后宫的嫔妃，逼迫她们满足自己的淫欲。越级提拔吏部下大夫郑译为开府仪同大将军，兼内史中大夫，把朝政委托给他。

六月二十三日己未，将北周武帝安葬在孝陵，庙号高祖。安葬完毕，下诏朝廷内外都除去丧服，宣帝和六宫也都议论改穿吉服。京兆郡丞乐运上疏，认为"下葬期已经短促，葬完就除去丧服，太匆忙了"。周宣帝不听。

周宣帝认为齐炀王宇文宪辈分高、名望重，便猜忌他。对宇文孝伯说："你能替朕除掉齐王，他的职位就授给你。"宇文孝伯叩头说："先帝留下遗诏，不得滥杀骨肉亲族。齐王是陛下的叔父，功劳大德行好，国家的重臣。眼下如果无故杀害他，

为不孝之子矣。”帝不怿，由是疏之。乃与开府仪同大将军于智、郑译等密谋之，使智就宅候宪，因告宪有异谋。

甲子，帝遣宇文孝伯语宪，欲以宪为太师，宪辞让。又使孝伯召宪，曰：“晚与诸王俱入。”既至殿门，宪独被引进。帝先伏壮士于别室，至，即执之。宪自辩理，帝使于智证宪，宪目光如炬，与智相质。或谓宪曰：“以王今日事势，何用多言！”宪曰：“死生有命，宁复图存！但老母在堂，恐留兹恨耳！”因掷笏于地。遂缢之。

帝召宪僚属，使证成宪罪。参军勃海李纲，誓之以死，终无桡辞。有司以露车载宪尸而出，故吏皆散，唯李纲抚棺号恸，躬自瘗之，哭拜而去。

又杀上大将军王兴，上开府仪同大将军独孤熊，开府仪同大将军豆卢绍，皆素与宪亲善者也。帝既诛宪而无名，乃云与兴等谋反，时人谓之“伴死”。

以于智为柱国，封齐公，以赏之。

闰月，乙亥，周主立妃杨氏为皇后。

辛巳，周以赵王招为太师，陈王纯为太傅。

齐范阳王绍义闻周高祖殂，以为得天助。幽州人卢昌期，起兵据范阳，迎绍义，绍义引突厥兵赴之。周遣柱国东平公神举将兵讨昌期。绍义闻幽州总管出兵在外，欲乘虚袭蓟，神举遣大将军宇文恩将四千人救之，半为绍义所杀。会神举克范阳，擒昌期，绍义闻之，素衣举哀，还入突厥。高宝宁帅夷、夏数万骑救范阳，至潞水，闻昌期死，还，据和龙。

秋，七月，周主享太庙；丙午，祀圜丘。

庚戌，周以小宗伯斛斯徵为大宗伯。壬戌，以亳州总管杨坚为上柱国、大司马。

癸亥，周主尊所生母李氏为帝太后。

八月，丙寅，周主祀西郊；壬申，如同州。以大司徒杞公亮为安州总管，上柱国长孙览为大司徒，杨公王谊为大司空。

丙戌，以永昌公椿为大司寇。

那么我是一个不忠的臣，陛下为不孝的儿子。”周宣帝很不高兴，从此，疏远了宇文孝伯。周宣帝就与开府仪同大将军于智、郑译等密谋除掉齐王，派于智去刺探齐王的动静，于智趁机诬告齐王图谋不轨。

六月二十八日甲子，周宣帝派宇文孝伯告知宇文宪，想任命他为太师，宇文宪不接受，又派宇文孝伯宣召宇文宪，说：“晚间与诸王一同进宫。”到了殿门，宇文宪被单独引进宫内。周宣帝在另一房间里埋伏壮士，宇文宪到了，立即被抓获。宇文宪申辩说理，周宣帝让于智作证，宇文宪目光像火炬一样，盯着于智当面质问。有人对宇文宪说：“大王落到了这个地步，还有什么说头。”宇文宪说：“死生有命，我难道还想求活吗！只是老母还健在，恐怕要留下遗憾。”宇文宪便扔下了笏板在地上。周宣帝将宇文宪绞死。

周宣帝召见宇文宪的僚属，让他们证实宇文宪的罪行。参军勃海人李纲，以死起誓，始终没有说一句违心的话。主管部门用平板车拉着宇文宪的尸体走出宫来，旧部属全都逃走，只有李纲摸着棺材号哭，亲自掩埋了宇文宪，然后哭拜一阵才离去。

周宣帝又杀了上大将军王兴、上开府仪同大将军独孤熊、开府仪同大将军豆卢绍，这几个人一向与宇文宪亲近。周宣帝已经杀害了宇文宪，却找不到什么罪名，便说与王兴等人谋反，当时的人称为“伴死”。

周宣帝任命于智为柱国，封齐公，用以奖赏他。

闰六月初十日乙亥，周宣帝册立杨氏妃为皇后。

闰六月十六日辛巳，周宣帝任命赵王宇文招为太师，陈王宇文纯为太傅。

前北齐范阳王高绍义听到北周武帝死了，认为得到了天助。幽州人卢昌期，起兵占据了范阳，迎接高绍义。高绍义带领突厥兵赶往范阳。北周派遣柱国东平公宇文神举领兵讨伐卢昌期。高绍义听到幽州总管出兵在外，想乘机攻击蓟城，宇文神举派大将军宇文恩领四千人救援，一半被高绍义杀死。赶上宇文神举攻下了范阳，抓获了卢昌期，高绍义得知消息，穿白色丧服举行哀悼，退还突厥。高宝宁率领夷汉兵马数万救援范阳，到达潞水，听到卢昌期已死，退了回去，据守和龙。

秋季，七月，周宣武帝宇文赟到太庙祭祀祖先。七月十一日丙午，到圜丘祭天。

七月十五日庚戌，周宣帝任命小宗伯斛斯徵为大宗伯。七月二十七日壬戌，任命亳州总管杨坚为上柱国、大司马。

七月二十八日癸亥，周宣帝尊崇生母李氏为帝太后。

八月初二日丙寅，周宣帝到西郊祭祀；八月初八日壬申，到同州，任命大司徒杞公宇文亮为安州总管，上柱国长孙览为大司徒，杨公王谊为大司空。

八月二十二日丙戌，任命永昌公宇文椿为大司寇。

九月，乙巳，立方明坛于娄湖。戊申，以扬州刺史始兴王叔陵为王官伯，临盟百官。

庚戌，周主封其弟元为荆王。

周主诏："诸应拜者，皆以三拜成礼。"

甲寅，上幸娄湖誓众。乙卯，分遣大使以盟誓班下四方，上下相警戒。

冬，周主还长安。以大司空王谊为襄州总管。

戊子，以尚书左仆射陆缮为尚书仆射。

十一月，突厥寇周边，围酒泉，杀掠吏民。

十二月，甲子，周以毕王贤为大司空。

己丑，周以河阳总管滕王逌为行军元帅，帅众入寇。

（以上为第四段，写周武帝劳于国事，英年早逝。周宣帝在北周强盛时继位，上任伊始就猜忌忠臣，大开杀戒，又骄恣荒淫，为北周速亡伏笔。）

十一年（己亥，579 年）

春，正月，癸巳，周主受朝于露门，始与群臣服汉、魏衣冠；大赦，改元大成。置四辅官：以大冢宰越王盛为大前疑，相州总管蜀公尉迟迥为大右弼，申公李穆为大左辅，大司马随公杨坚为大后承。

周主之初立也，以高祖《刑书要制》为太重而除之，又数行赦宥。京兆郡丞乐运上疏，以为："《虞书》所称'眚灾肆赦'，谓过误为害，当缓赦之；《吕刑》云：'五刑之疑有赦'，谓刑疑从罚，罚疑从免也。谨寻经典，未有罪无轻重，溥天大赦之文。大尊岂可数施非常之惠，以肆奸宄之恶乎！"帝不纳。既而民轻犯法，又自以奢淫多过失，恶人规谏，欲为威虐，慑服群下。乃更为《刑经圣制》，用法益深，大醮于正武殿，告天而行之。密令左右伺察群臣，小有过失，辄行诛谴。

又，居丧才逾年，辄恣声乐，鱼龙百戏，常陈殿前，累日继夜，不知休息；多聚美女以实后宫，增置位号，不可详录；游宴沈湎，或旬日不出，群臣请事者，皆因宦者奏之。于是乐运舆榇诣朝堂，陈帝八失：其一，以为"大尊比来事多独断，不参诸宰辅，与众共之"。其二，"搜

九月十一日乙巳，陈朝在娄湖建造方明坛。九月十四日戊申，任命扬州刺史始兴王陈叔陵为王官伯，与百官盟誓。

九月十六日庚戌，周宣帝册封弟弟宇文元为荆王。

周宣帝下诏规定：“以后凡应行跪拜礼的，一律以三拜成礼。”

九月二十日甲寅，陈宣帝巡幸娄湖对众官盟誓。九月二十一日乙卯，分派特命大使将盟誓颁行全国，让上下互相警惕戒备。

冬季，周宣帝回到长安。任命大司空王谊为襄州总管。

［十月］二十五日戊子，陈宣帝任命尚书左仆射陆缮为尚书仆射。

十一月，突厥侵犯北周边境，围攻酒泉，杀死抢掠官吏和百姓。

十二月初二日甲子，北周任命毕王宇文贤为大司空。

十二月二十七日己丑，北周任命河阳总管滕王宇文逌为行军元帅，率领军队进攻陈朝。

陈宣帝太建十一年（己亥，579 年）

春季，正月初一日癸巳，周宣帝在露门接受百官朝拜，开始和群臣穿戴汉魏时代的衣冠；大赦天下，改元年号为大成。设置四辅官；任命大冢宰越王宇文盛为大前疑，相公总管蜀公尉迟迥为大右弼，申公李穆为大左辅，大司马随公杨坚为大后承。

周宣帝刚即位时，认为北周武帝推行的《刑书要制》太苛重而废除了，又多次发布大赦令。京兆郡丞乐运上疏，认为“《虞书》中所说‘眚灾肆赦’，指的是没有主观动机而不幸因过失犯罪的人，应当宽恕赦免；《吕刑》上说，‘犯五刑之罪证据不足的应予赦免’，指的是有怀疑的重罪从轻改为处罚，处罚仍有怀疑的改为赦免。认真地考查了经典，没有找到不论罪轻罪重，全天下一律赦免的条文。皇上哪能多次施与非常的恩惠，使得为非作歹的奸诈之徒放肆作恶呢？”周宣帝不予采纳。不久，百姓就不怕犯法，周宣帝自己又因奢侈淫乱有许多过失，讨厌大臣劝谏他，想用威严酷虐的刑法来压服臣民。便另外推行《刑经圣制》，用刑更加严厉，并在正武殿设坛斋戒，进行祈祷仪式，祭告上天而后推行。密令亲近的人监视群臣，小有过失，每每进行诛杀或流放。

另外，居丧刚满一年，周宣帝就恣意纵情于声色歌舞之中，在殿前观赏鱼龙变化等成百种的新奇杂技，夜以继日，不知休息。多要美女充实后宫，增加了许多爵位名号，多得没法详细记录。游玩宴饮，沉迷于酒色，有时一连十天也不上朝，群臣奏事，都由宦官转奏。于是乐运拉了棺木到朝廷的议事堂，条列周宣帝的八大过

美女以实后宫，仪同以上女不许辄嫁，贵贱同怨”。其三，“大尊一入后宫，数日不出，所须闻奏，多附宦官”。其四，“下诏宽刑，未及半年，更严前制”。其五，“高祖斫雕为朴，崩未逾年，而遽穷奢丽”。其六，“徭赋下民，以奉俳优角抵”。其七，“上书字误者，即治其罪，杜献书之路”。其八，“玄象垂诫，不能咨诹善道，修布德政”，“若不革兹八事，臣见周庙不血食矣”。帝大怒，将杀之。朝臣恐惧，莫有救者。内史中大夫洛阳元岩叹曰：“臧洪同死，人犹愿之，况比干乎！若乐运不免，吾将与之俱毙。”乃诣閤请见，曰：“乐运不顾其死，欲以求名。陛下不如劳而遣之，以广圣度。”帝颇感悟。明日，召运，谓曰：“朕昨夜思卿所奏，实为忠臣。”赐御食而罢之。

癸卯，周立皇子阐为鲁王。

甲辰，周主东巡；以许公宇文善为大宗伯。戊午，周主至洛阳；立鲁王阐为皇太子。

二月，癸亥，上耕藉田。

周下诏，以洛阳为东京；发山东诸州兵治洛阳宫，常役四万人。徙相州六府于洛阳。

周徐州总管王轨，闻郑译用事，自知及祸，谓所亲曰：“吾昔在先朝，实申社稷至计。今日之事，断可知矣。此州控带淮南，邻近强寇，欲为身计，易如反掌。但忠义之节，不可亏违，况荷先帝厚恩，岂可以获罪嗣主，遽忘之邪！正可于此待死，冀千载之后，知吾此心耳！”

周主从容问译曰：“我脚杖痕，谁所为也？”对曰：“事由乌丸轨、宇文孝伯。”因言轨捋须事。帝使内史杜庆信就州杀轨，元岩不肯署诏。御正中大夫颜之仪切谏，帝不听，岩进继之，脱巾顿颡，三拜三进。帝曰：“汝欲党乌丸轨邪？”岩曰：“臣非党轨，正恐滥诛失天下之望。”帝怒，使阉竖搏其面。轨遂死，岩亦废于家。远近知与不知，皆为轨流涕。之仪，之推之弟也。

失：其一，以为“皇上近来凡是专断，不让宰辅参与共同商议”。其二，“搜求美女充实后宫，仪同以上官员的女儿不准擅自出嫁，因此无论贵贱都十分怨恨”。其三，“皇上一入后宫，几天不出宫上朝，必须及时处理的奏章，多委托宦官”。其四，“下诏减轻刑罚，不到半年，比原先制度更加严厉”。其五，“高祖皇帝革除雕饰奢靡，提倡简朴，然而崩殂不到一年，突然穷极奢侈华丽”。其六，“征收老百姓的徭役赋税，用来供养杂耍摔跤一帮人”。其七，“给朝廷上奏写错了字要办罪，杜塞了上书的途径”。其八，“上天星象提出了警告，却仍然不能征询为善之道，改行德政”。又说：“如果不革除这八大错误，臣将看到周朝的宗庙没有杀牲取血的祭祀了。”周宣帝大怒，打算杀掉乐运。朝臣惊恐，没有人敢出来求助。内史中大夫洛阳人元岩叹息说：“袁绍杀臧洪，有一个陈容愿意一同受死，何况比干呢！如果乐运不免一死，我将陪他一同死。”于是到阁中求见，对宣帝说：“乐运不顾一死，想要求得名誉。陛下不如慰劳一番打发他走，以此显示陛下的宽宏器度。”周宣帝稍有所悟。第二天，召见乐运，对他说：“朕昨夜思考了你的奏本，你实在是一个忠臣。”在宫中赐给了饮食，然后将他罢免。

正月十一日癸卯，北周册立皇子宇文阐为鲁王。

正月十二日甲辰，周宣帝巡视东方，任命许公宇文善为大宗伯。正月二十六日戊午，北周宣帝到达洛阳；册立鲁王宇文阐为皇太子。

二月初二日癸亥，陈宣帝举行亲耕籍田典礼。

北周下诏，以洛阳为东京；征调山东各地的士兵兴建洛阳宫，通常从事营建的工役有四万人。迁移相州的六府到洛阳。

北周徐州总管王轨，听到郑译掌权的消息，自知灾祸就要降临，对亲近的人说：“我生前在先帝朝，确实申说过为了国家另立储君的大计。今天的事，那是绝然可知的，这个州控制淮南，邻近强敌，我想要为个人考虑，易如反掌。但是忠义的节操，不可以违背损害，何况我蒙受先帝厚恩，岂能因为得罪了继位的君主，就忘了先帝的恩德呢！只可留在徐州等死，希望千载之后，人们知道我的忠心。”

周宣帝从容地问郑译，说：“我脚上留下的杖击伤疤，是谁干的？”郑译回答说：“事情的起因是乌丸轨（王轨）、宇文孝伯。”便讲了王轨在宫中宴会时捋先帝胡须的事。周宣帝派内史杜庆信到徐州就地杀王轨，内史中大夫元岩不肯在诏书上签字。御正中大夫颜之仪极力劝谏，周宣帝不听，元岩接着劝谏，脱下头巾叩头请求，三拜三进。周宣帝说：“你是乌丸轨（王轨）的同党吗？”元岩说：“臣不是袒护王轨，是担心滥杀会失掉天下人心。”周宣帝大怒，让宦官打元岩的耳光。结果，王轨在徐州被杀害，元岩也被罢官闲居在家。远近的人认识和不认识王轨的人，都替他流眼泪。颜之仪，是颜之推的弟弟。

周主之为太子也，上柱国尉迟运为宫正，数进谏，不用；又与王轨、宇文孝伯、宇文神举皆为高祖所亲待，太子疑其同毁己。及轨死，运惧，私谓孝伯曰："吾徒必不免祸，为之奈何？"孝伯曰："今堂上有老母，地下有武帝，为臣为子，知欲何之！且委质事人，本徇名义；谏而不入，死焉可逃！足下若为身计，宜且远之。"于是运求出为秦州总管。

他日，帝托以齐王宪事让孝伯曰："公知齐王谋反，何以不言？"对曰："臣知齐王忠于社稷，为群小所谮，言必不用，所以不言。且先帝付嘱微臣，唯令辅导陛下。今谏而不从，实负顾托。以此为罪，是所甘心。"帝大惭，俯首不语，命将出，赐死于家。

时宇文神举为并州刺史，帝遣使就州鸩杀之。尉迟运至秦州，亦以忧死。

周罢南伐诸军。

突厥佗钵可汗请和于周，周主以赵王招女为千金公主，妻之，且命执送高绍义；佗钵不从。

辛巳，周宣帝传位于太子阐，大赦，改元大象，自称天元皇帝，所居称"天台"，冕二十四旒，车服旂鼓皆倍于前王之数。皇帝称正阳宫，置纳言、御正、诸卫等官，皆准天台。尊皇太后为天元皇太后。

天元既传位，骄侈弥甚，务自尊大，无所顾惮，国之仪典，率情变更。每对臣下自称为天，用樽、彝、珪、瓒以饮食。令群臣朝天台者，致斋三日，清身一日。既自比上帝，不欲群臣同己，常自带绶，冠通天冠，加金附蝉，顾见侍臣弁上有金蝉及王公有绶者，并令去之。不听人有"天"、"高"、"上"、"大"之称，官名有犯，皆改之。改姓高者为"姜"，九族称高祖者为"长祖"。又令天下车皆以浑木为轮。禁天下妇人不得施粉黛，自非宫人，皆黄眉墨妆。

每召侍臣论议，唯欲兴造变革，未尝言及政事。游戏无常，出入不节，羽仪仗卫，晨出夜还，陪侍之官，皆不堪命。自公卿以下，常被楚挞。每捶人，皆以百二十为度，谓之"天杖"，其后又加至二百四十。宫

周宣帝宇文赟当太子的时候，上柱国尉迟运为太子宫正，多次进谏，不被采用。尉迟运与王轨、宇文孝伯、宇文神举都受到周宣帝的亲近厚待，太子怀疑他们一同诋毁自己。等到王轨死后，尉迟运害怕了，私下对宇文孝伯说："我们避免不了祸患，怎么办呢？"宇文孝伯说："如今你堂上有老母，地下有周武帝，为臣为子，知道该怎么做。况且作为人臣侍奉君主，本有为名节而死的义务；劝谏君主听不进去，那也不能逃死。足下想要替自己考虑，应当离得远远的。"于是尉迟运请求外出任秦州总管。

又一天，周宣帝又借口齐王宇文宪的事责备宇文孝伯说："你知道齐王宇文宪谋反，为什么不告发？"宇文孝伯回答说："臣知道齐王宇文宪忠于国家，被一群小子谗害，我说的话一定不会采用，所以不说话。何况先帝托付小臣，只是让我辅导陛下。如今劝谏不被听从，实在有负先帝的顾托。陛下如果拿这个做罪名，臣死了也情愿。"周宣帝非常惭愧，低头不语，命人带他出去，赐他在家自尽。

当时宇文神举任并州刺史，周宣帝派使者到并州用毒酒将他杀害。尉迟运到了秦州，也因忧愤成疾而死。

北周撤回了攻击陈朝的各路军队。

突厥佗钵可汗请求与北周和好，周宣帝以赵王宇文招的女儿为千金公主，出嫁佗钵可汗，并要求佗钵可汗捉住高绍义送给周国，佗钵可汗没有听从。

二月二十日辛巳，周宣帝传位给太子宇文阐，大赦天下，改元年号为大象，自称天元皇帝，所居住的地方称为"天台"，所戴的皇冠，冕旒二十四串，车驾、服饰、旗鼓的数量都比以前的皇帝增加一倍。皇帝宇文阐居住的宫殿称正阳宫，设置纳言、御正、诸卫等官，都比照天台。尊崇皇太后为天元皇太后。

天元皇帝传位之后，骄纵奢侈更加厉害，专心于妄自尊大，毫无顾忌，国家的礼仪典制，任情变更。每每对着臣下自称为天，用樽、彝、珪、瓒等礼器作为日常生活用具。命令到天台见他的臣子，先要斋戒三天，洁身一天。既然自比天帝，就不想让群臣与自己有相同的东西，常常穿配有丝带的衣服，戴迎天冠，冠上附有金蝉的装饰物，他只要看到侍臣的帽子上有金蝉的装饰物，王公大臣的衣服上配有丝带，就叫他们去掉。不允许臣民的称呼带有"天"、"高"、"上"、"大"的字样，官名犯了禁，都要改名。改姓高的人为"姜"，九族中称"高祖"的，改为"长祖"。又命令全国的车辆，一律用整块的圆木做轮子。禁止全国妇女涂脂抹粉，因此，除了宫女以外，全都是黄眉墨装。

天元皇帝每次召见侍臣商议事情，只想的是营造宫室变革车服等事，从来不谈政事。游戏随意无常，出入没有节制，仪仗侍臣，早晨跟着他出去，晚上陪着他回来，近侍之臣，都忍受不了这样的劳苦奔波。自公卿以下的官员，经常遭到杖责。

人内职亦如之，后、妃、嫔、御，虽被宠幸，亦多杖背。于是内外恐怖，人不自安，皆求苟免，莫有固志，重足累息，以逮于终。

戊子，周以越王盛为太保，尉迟迥为大前疑，代王达为大右弼。

辛卯，徙邺城石经于洛阳。诏：“河阳、幽、相、豫、亳、青、徐七总管，并受东京六府处分。”

三月，庚申，天元还长安，大陈军伍，亲擐甲胄，入自青门，静帝备法驾以从。

夏，四月，壬戌朔，立妃朱氏为天元帝后。后，吴人，本出寒微，生静帝，长于天元十余岁。疏贱无宠，以静帝故，特尊之。

乙巳，周主祠太庙。壬午，大醮于正武殿。

五月，以襄国郡为赵国，济南郡为陈国，武当、安富二郡为越国，上党郡为代国，新野郡为滕国，邑各万户；令赵王招、陈王纯、越王盛、代王达、滕王逌并之国。

随公杨坚私谓大将军汝南公庆曰：“天元实无积德；视其相貌，寿亦不长。又，诸藩微弱，各令就国，曾无深根固本之计。羽翮既翦，何能及远哉！”庆，神举之弟也。

突厥寇周并州。六月，周发山东诸民修长城。

秋，七月，庚寅，周以杨坚为大前疑，柱国司马消难为大后承。

辛卯，初用大货六铢钱。

丙申，周纳司马消难女为正阳宫皇后。

己酉，周尊天元帝太后李氏为天皇太后。壬子，改天元皇后朱氏为天皇后，立妃元氏为天右皇后，陈氏为天左皇后，凡四后云。元氏，开府仪同大将军晟之女；陈氏，大将军山提之女也。

八月，庚申，天元如同州。

丁卯，上阅武于大壮观。命都督任忠帅步骑十万陈于玄武湖，都督陈景帅楼舰五百出瓜步江，振旅而还。

壬申，周天元还长安。甲戌，以陈山提、元晟并为上柱国。

每次打人，都要到一百二十下为限，称为“天杖”，后来又加到了二百四十下。宫女和在宫内任职的女官也一样。皇后、贵妃、嫔嫱、御女，虽然被宠幸，同样也要在背上受杖责。于是朝内外都感到恐怖，人人自危，但求无过，没有一个有坚定的忠心尽职，大家都重足而立，屏住呼吸不敢出大气，直到他的完结。

二月二十七日戊子，北周任命越王宇文盛为太保，尉迟迥为大前疑，代王宇文达为大右弼。

二月二十日辛卯，迁移邺城的石经到洛阳。下诏说：“河阳、幽州、相州、豫州、亳州、青州、徐州等七总管，都要接受东京六府的管辖。”

三月二十九日庚申，天元皇帝回到长安，排列盛大的军人队伍。天元皇帝亲自穿戴戎装铠甲头盔，从长安的青门进城，周静帝按法驾典礼跟随在后边。

夏季，四月初一日壬戌，册立皇妃朱氏为天元皇后。天元皇后是吴郡人，出身低微，生了周静帝宇文阐，年长天元皇帝十几岁。因卑微疏远不受宠爱，由于静帝的原因，特别赐给尊号。

乙巳日，北周静帝宇文阐祭祀太庙。四月二十二日壬午，在正午殿举行祷告神灵除灾的典礼。

五月［二十一日辛亥］，北周以襄国郡为赵国，济南郡为陈国，武当、安富两郡为越国，上党郡为代国，新野郡为滕国，邑各万户，命赵王宇文招、陈王宇文纯、越王宇文盛、代王宇文达、滕王宇文逌都回到各自的封国去。

随公杨坚私下对大将军汝南公宇文庆说：“天元皇帝实在没有积下美德；看他的相貌，寿命也不长。另外，各个藩王势力本来就很小，让他们各自都到封国去，竟然没有深根固本的长远计划。羽翼都被剪除了，国家还能长久吗？”宇文庆，是宇文神举的弟弟。

突厥侵扰北周的并州。六月，北周征发山东各郡的百姓修筑长城。

秋季，七月初一日庚寅，北周任命杨坚为大前疑，柱国司马消难为大后承。

七月初二日辛卯，陈朝开始使用大货六铢钱。

七月初七日丙申，北周静帝纳司马消难之女为正阳宫皇后。

七月二十日己酉，北周尊崇天元皇后李氏为天皇太后。七月二十三日壬子，改天元皇后朱氏为天皇后，册立贵妃元氏为天右皇后，陈氏为天左皇后，共四个皇后。元氏，是开府仪同大将军元晟的女儿；陈氏，是大将军陈山提的女儿。

八月初一日庚申，天元皇帝到同州。

八月初八日丁卯，陈宣帝在大壮观检阅军队。命都督任忠率领步骑十万列阵于玄武湖，都督陈景率领楼船五百艘出瓜步江，然后整军而回。

八月十三日壬申，北周天元皇帝回到长安。八月十五日甲戌，任命陈山提、元

戊寅，上还宫。

豫章内史南康王方泰，在郡秩满，纵火延烧邑居，因行暴掠，驱录富人，征求财贿。上阅武，方泰当从，启称母疾不行，而微服往民间淫人妻，为州所录。又帅人仗抗拒，伤禁司，为有司所奏。上大怒，下方泰狱，免官，削爵土，寻而复旧。

壬午，周以上柱国毕王贤为太师，郇公韩业为大左辅。九月，乙卯，以酆王贞为大冢宰。以郧公孝宽为行军元帅，帅行军总管杞公亮、郕公梁士彦寇淮南。仍遣御正杜杲、礼部薛舒来聘。

冬，十月，壬戌，周天元幸道会苑，大醮，以高祖配醮。初复佛像及天尊像，天元与二像俱南面坐，大陈杂戏，令长安士民纵观。

甲戌，以尚书仆射陆缮为尚书左仆射。

十一月，辛卯，大赦。

周韦孝宽分遣杞公亮自安陆攻黄城，梁士彦攻广陵。甲午，士彦至肥口。

乙未，周天元如温汤。

戊戌，周军进围寿阳。

周天元如同州。

诏开府仪同三司、南兖州刺史淳于量为上流水军都督，中领军樊毅都督北讨诸军事，左卫将军任忠都督北讨前军事，前丰州刺史皋文奏帅步骑三千趣阳平郡。

壬寅，周天元还长安。

癸卯，任忠帅步骑七千趣秦郡；丙午，仁威将军鲁广达帅众入淮；是日，樊毅将水军二万自东关入焦湖，武毅将军萧摩诃帅步骑趣历阳。戊申，韦孝宽拔寿阳，杞公亮拔黄城，梁士彦拔广陵；辛亥，又取霍州。癸丑，以扬州刺史始兴王叔陵为大都督，总水步众军。

丁巳，周铸永通万国钱，一当千，与五行大布并行。

十二月，戊午，周天元以灾异屡见，舍仗卫，如天兴宫。百官上表，

晟两人同为上柱国。

八月十九日戊寅，陈宣帝回宫。

豫章内史南康王陈方泰，在郡任职期满，放火焚烧民居，趁火抢劫，绑架富人，勒索钱财。陈宣帝阅兵，陈方泰应当随从，他上奏假称母亲患病不能前往，却穿了便服到民间去奸污别人的妻子，被州官抓了个正着。他率领徒众手持兵器拒捕，打伤刑事人员，被主管部门弹劾上奏。陈宣帝大怒，把陈方泰打入大牢，免去他的官职，削除他的爵位和封邑，可是没多久官复原职。

八月二十三日壬午，北周任命上柱国毕王宇文贤为太师，郇公韩业为大左辅。九月二十七日乙卯，任命酆王宇文贞为大冢宰。任命郧公宇文孝宽为行军元帅，率领行军总管杞公宇文亮、郕公梁士彦入侵陈朝淮南。同时派遣御正杜杲、礼部薛舒出使陈朝。

冬季，十月初四日壬戌，北周天元皇帝巡幸道会苑，举行祷告消灾的祭祀，以北周高祖为配享。重新恢复佛祖像和道教天尊像。天元皇帝与佛祖像、天尊像一同南面而坐，前面大摆戏台，演奏杂戏，让长安士民尽情观赏。

十月十六日甲戌，陈宣帝任命尚书仆射陆缮为尚书左仆射。

十一月初四日辛卯，陈朝发布大赦。

北周韦孝宽分派杞公宇文亮从安陆进攻黄城，梁士彦进攻广陵。十一月初七日甲午，梁士彦进军到肥口。

十一月初八日乙未，北周天元皇帝到骊山温泉。

十一月十一日戊戌，北周军队围攻寿阳。

北周天元皇帝到同州。

陈宣帝下诏，开府仪同三司、南兖州刺史淳于量为上游水军都督，中领军樊毅都督北讨诸军事，左卫将军任忠都督北讨前锋，前丰州刺史皋文奏率领三千步骑兵紧急赶往阳平郡。

十一月十五日壬寅，北周天元皇帝回到长安。

十一月十六日癸卯，陈朝任忠率领步骑七千紧急赶往秦郡；十一月十九日丙午，仁威将军鲁广达率领军队进入淮河，这一天，樊毅率领水军二万从东关进入焦湖，武毅将萧摩诃率领步骑紧急赶往历阳。十一月二十日戊申，韦孝宽攻占了寿阳，杞公宇文亮攻占了黄城，梁士彦攻占了广陵；十一月二十四日辛亥，周军又夺取了霍州。十一月二十六日癸丑，陈朝任命扬州刺史始兴王陈叔陵为大都督，为水步各军的总指挥。

十一月三十日丁巳，北周铸造永通万国钱，以一当千，与五行大布钱一起流通。

十二月初一日戊午，北周天元皇帝认为灾异多次出现，于是撤去仪仗和护卫，

劝复寝膳。甲子，还宫，御正武殿，集百官及宫人、外命妇，大列伎乐，初作乞寒胡戏。

乙丑，南北兖、晋三州及盱眙、山阳、阳平、马头、秦、历阳、沛、北谯、南梁等九郡民并自拔还江南。周又取谯、北徐州。自是江北之地尽没于周。

周天元如洛阳，亲御驿马，日行三百里，四皇后及文武侍卫数百人并乘驲以从。仍令四后方驾齐驱，或有先后，辄加谴责，人马顿仆，相及于道。

癸酉，遣平北将军沈恪、电威将军裴子烈镇南徐州，开远将军徐道奴镇栅口，前信州刺史杨宝安镇白下。戊寅，以中领军樊毅都督荆、郢、巴、武四州水陆诸军事。

己卯，周天元还长安。

贞毅将军汝南周法尚，与长沙王叔坚不相能，叔坚谮之于上，云其欲反。上执其兄定州刺史法僧，发兵将击法尚。法尚奔周，周天元以为仪同大将军、顺州刺史，上遣将军樊猛济江击之。法尚遣部曲督韩朗诈降于猛，曰："法尚部兵不愿降北，人皆窃议，欲叛还。若得军来，自当倒戈。"猛以为然，引兵急趋之。法尚阳为畏惧，自保江曲，战而伪走，伏兵邀之，猛仅以身免，没者几八千人。

（以上为第五段，写北周宣帝，治国如同儿戏，行事反复无常，又异想天开称天元皇帝，禅位太子，更加放肆纵欲。即使如此，北周兵一出，仍尽陷陈朝江北之地，是因陈宣帝政治腐败，既姑息权贵，又用人不明，也是一个衰世之君。）

到天兴宫斋戒。百官上表，劝谏天元皇帝回到正宫，恢复正常起居饮食。十二月初七日甲子，天元皇帝回到正宫，在正武殿召集百官、宫人、外命妇，大摆优伶乐舞，首次表演西域胡人的“乞寒”戏。

十二月初八日乙丑，南兖州、北兖州、晋州等三州，以及盱眙、山阳、阳平、马头、秦、历阳、沛、北谯、南望等九郡的百姓自发地从江北撤退到江南。北周军队又攻占了谯州、北徐州。从此，江北之地全部陷落在北周手中。

北周天元皇帝到洛阳，亲自驾驭驿马，一天行三百里，四皇后和文武侍卫几百人也都乘驿马跟随。还命令四皇后齐头并进，有时有了先后，就要遭到斥责，人马困乏跌倒在地，沿路到处都是。

十二月十六日癸酉，陈宣帝派平北将军沈恪、电威将军裴子烈镇守南徐州，开远将军徐道奴镇守栅口，前信州刺史杨宝安镇守白下。十二月二十一日戊寅，陈宣帝任命中领军樊毅都督荆州、郢州、巴州、武州等四州的水陆诸军事。

十二月二十二日己卯，北周天元皇帝回到长安。

陈朝贞毅将军汝南人周法尚，与长沙王陈叔坚不和睦，陈叔坚暗中在陈宣帝面前说周法尚的坏话，诬陷他谋反。陈宣帝便逮捕周法尚的兄长定州刺史周法僧，将要派兵攻打周法尚。周法尚逃到北周，北周天元皇帝任用他为仪同大将军、顺州刺史。陈宣帝派将军樊猛渡江征讨。周法尚派部曲督韩朗向樊猛假投降，说：“周法尚所部的兵众都不愿投降北周，人人都在背后议论，想背叛周法尚回来。如果有军队去接应，他们就在阵前倒戈。”樊猛信以为真，领兵紧急前进。周法尚假装害怕，退守江曲，一交战假装败逃，埋伏军队截击，樊猛只身逃脱，八千多人全军覆没。

【点评】

宗法传子制的弊端。北周武帝宇文邕是一位英武有为之君、文武双全的杰出政治家。他深知太子不才，不是一个守成之君，但其余诸子尚幼，在家天下传子宗法制下，找不到一个好的接班人。其弟齐王宇文宪，智勇谋略为当世之杰，在传子制下，他非但不能接班，反而因功高震主遭忌被杀。北周随着北周武帝的英年早逝，迅速地从顶峰跌落下来，江山终为他人所有。封建传子制带来政治的大起大落，改朝换代不可避免，北齐灭亡，皆因继体之君累世荒淫。宗法传子制的弊端，在本卷的朝代变易中体现得尤为明显，揭示了极为深刻的教训。

陈纪八

陈宣帝太建十二年（580 年）

【上章困敦（庚子，580 年），凡一年】

【大事提要】

本卷记述公元 580 年南北朝史事，凡一年，时当陈朝宣帝太建十二年，北周静帝大象元年。本卷集中载述北周一年间发生的政局大变动，周宣帝英年辞世，嗣君周静帝孤弱，大行皇帝还未下葬，外戚权臣杨坚就轻而易举地发动了宫廷政变，夺取了辅孤大权，随后又迅速地平定了尉迟迥等人的叛乱，奠定了禅代的基础。

【原文】

高宗宣皇帝下之上

太建十二年（庚子，580 年）

春，正月，癸巳，周天元祠太庙。

戊戌，以左卫将军任忠为南豫州刺史，督缘江军防事。

乙卯，周税入市者人一钱。

二月，丁巳，周天元幸露门学，释奠。

戊午，突厥入贡于周，且迎千金公主。

乙丑，周天元改制为天制，敕为天敕。壬午，尊天元皇太后为天元上皇太后，天皇太后为天元圣皇太后。癸未，诏杨后与三后皆称太皇后，司马后直称皇后。

行军总管杞公亮，天元之从祖兄也。其子西阳公温妻尉迟氏，蜀公迥之孙，有美色，以宗妇入朝，天元饮之酒，逼而淫之。亮闻之，惧；三月，军还，至豫州；密谋袭韦孝宽，并其众，推诸父为主，鼓行而西。亮国官茹宽知其谋，先告孝宽，孝宽潜设备。亮夜将数百骑袭孝宽营，不克而走。戊子，孝宽追斩之，温亦坐诛。天元即召其妻入宫，拜长贵妃。辛卯，立亮弟永昌公椿为杞公。

周天元如同州，增候正、前驱、式道候为三百六十重，自应门至于赤岸泽，数十里间，幡旗相蔽，音乐俱作，又令虎贲持钑马上，称警跸。乙未，改同州宫为成天宫。庚子，还长安。诏天台侍卫之官，皆著五色及红、紫、绿衣，以杂色为缘，名曰“品色衣”，有大事，与公服间服之。壬寅，诏内外命妇皆执笏，其拜宗庙及天台，皆俯伏如男子。

天元将立五皇后，以问小宗伯狄道辛彦之。对曰：“皇后与天子敌体，不宜有五。”太学博士西城何妥曰：“昔帝喾四妃，虞舜二妃。先代之数，何常之有！”帝大悦，免彦之官。甲辰，诏曰：“坤仪比德，土数惟五，四太皇后外，可增置天中太皇后一人。”于是以陈氏为天中太皇后，尉迟妃为天左太皇后。又造下帐五，使五皇后各居其一，实宗庙祭器于前，自

【语译】

高宗宣皇帝下之上

陈宣帝太建十二年（庚子，580年）

春季，正月初七日癸巳，北周天元皇帝到太庙祭祀祖先。

正月十二日戊戌，陈宣帝任命左卫将军任忠为南豫州刺史，总督沿江的军事防务。

正月二十九日乙卯，北周向进入市场交易的每人征收税钱一文。

二月初一日丁巳，北周天元皇帝巡幸露门学，祭奠先圣先师。

二月初二日戊午，突厥人向北周进贡，并迎娶千金公主。

二月初九日乙丑，北周天元皇帝将制书改称天制，敕书改称天敕。二月二十六日壬午，北周尊天元皇太后为天元上皇太后，天皇太后为天元圣皇太后。二月二十七日癸未，下诏杨后与三后全都并称太皇后，司马后直称皇后。

行军总管杞公宇文亮，是天元皇帝的同曾祖堂兄。宇文亮的儿子西阳公宇文温的妻子尉迟氏，是蜀公尉迟迥的孙女，容貌美丽，以同姓大夫妇人的身份进朝，天元皇帝用酒灌醉了她，逼奸了她。宇文亮知道这事后，心中恐惧；三月，他领兵从淮南返回，到达豫州；暗中策划偷袭韦孝宽，并吞他的军队，然后，拥立一个叔父辈的人为君，击鼓西进。宇文亮的国官茹宽知道他的计谋，便事先报告了韦孝宽，韦孝宽暗中做好准备。宇文亮乘夜色带领几百骑兵偷袭韦孝宽，战败而逃。三月初三日戊子，韦孝宽追击杀了宇文亮，他的儿子宇文温被株连而死。天元皇帝就宣召宇文温的妻子进宫，册封为长贵妃。三月初六日辛卯，封宇文亮的弟弟宇文椿为杞公。

北周天元皇帝到同州，增派候正、前驱、式道候，共为三百六十重，从皇宫应门直到赤岸泽，数十里的路上，幡旗相连，鼓乐齐鸣，又派虎贲郎持钑骑在马上，沿途戒严。三月初十日乙未，改同州宫为成天宫。三月十五日庚子，天元皇帝回到长安。天元皇帝下诏，命天台侍卫官，全都穿五色和红色、紫色、绿色的衣服，用杂色为衣边装饰，叫作“品色衣”，遇有重大事情，可以和公服轮流换穿。三月十七日壬寅，又下诏命内外有诰命的夫人都要执笏，在祭拜宗庙和天台时，要弯腰跪拜像男子一样。

天元皇帝打算册立第五个皇后，因此向小宗伯狄道人辛彦之询问。辛彦之回答道：“皇后与天子同样尊贵，不应当有五个。”太学博士西域人何妥说：“从前帝喾有四个妃子，虞舜只有两个妃子。以往朝代，哪有一个定规。”天元皇帝听了十分高兴，罢免了辛彦之的官。三月十九日甲辰，天元皇帝下诏说：“妇人取法大地，天地元素水、火、木、金、土，土排在第五位。因此在四位太皇后之外，可再加一位天

读祝版而祭之。又以五辂载妇人，自帅左右步从。又好倒悬鸡及碎瓦于车上，观其号呼以为乐。

夏，四月，癸亥，尚书左仆射陆缮卒。

己巳，周天元祠太庙；己卯，大雩，壬午，幸仲山祈雨；甲申，还宫，令京城士女于衢巷作乐迎候。

五月，癸巳，以尚书右仆射晋安王伯恭为仆射。

周杨后性柔婉，不妒忌，四皇后及嫔、御等，咸爱而仰之。天元昏暴滋甚，喜怒乖度，尝谴后，欲加之罪。后进止详闲，辞色不挠，天元大怒，遂赐后死，逼令引诀，后母独孤氏诣阁陈谢，叩头流血，然后得免。

后父大前疑坚，位望隆重，天元忌之，尝因忿谓后曰："必族灭尔家！"因召坚，谓左右曰："色动，即杀之。"坚至，神色自若，乃止。内史上大夫郑译，与坚少同学，奇坚相表，倾心相结。坚既为帝所忌，情不自安，尝在永巷，私于译曰："久愿出藩，公所悉也，愿少留意！"译曰："以公德望，天下归心，欲求多福，岂敢忘也！谨即言之。"

天元将遣译入寇，译请元帅。天元曰："卿意如何？"对曰："若定江东，自非懿戚重臣，无以镇抚，可令随公行，且为寿阳总管以督军事。"天元从之。己丑，以坚为扬州总管，使译发兵会寿阳。将行，会坚暴有足疾，不果行。

甲午夜，天元备法驾，幸天兴宫；乙未，不豫而还。小御正博陵刘昉，素以狡谄得幸于天元，与御正中大夫颜之仪并见亲信。天元召昉、之仪入卧内，欲属以后事，天元喑，不复能言。昉见静帝幼冲，以杨坚后父，有重名，遂与领内史郑译、御饰大夫柳裘、内史大夫杜陵韦謩、御正下士朝那皇甫绩谋引坚辅政，坚固辞，不敢当；昉曰："公若为，速为之；不为，昉自为也。"坚乃从之，称受诏居中侍疾。裘，惔之孙也。

中太皇后。”于是册封陈氏为天中太皇后，尉迟妃为天左太皇后。又设置下帐五处，让五位皇后各居一帐。在帐前摆下宗庙祭器，亲自诵读祝文祭拜。又造五辆大辂车载五位皇后，亲自率领左右随从徒步跟在后面。天元皇帝还喜欢在车上倒挂活鸡，或向车上投掷瓦片，观看车上妇女吓得大喊大叫而取乐。

夏季，四月初八日癸亥，陈朝尚书左仆射陆缮去世。

四月十四日己巳，北周天元皇帝到太庙祭祀祖先。四月二十四日己卯，举行求雨仪式；四月二十七日壬午，又到仲山求雨。四月二十九日甲申，天元皇帝回宫，下令京城百姓在长安街道上夹队奏乐迎接车驾。

五月初九日癸巳，陈朝任命尚书左仆射晋安王陈伯恭为尚书仆射。

北周杨后性情柔顺和婉，不妒忌别人，四位皇后以及嫔妃、御女等，都爱戴和敬仰她。天元皇帝昏庸暴虐越来越严重，喜怒无常，曾经无故斥责杨皇后，想要给她加上罪名。但是杨皇后举止安详娴雅，言辞不卑不亢，天元皇帝大怒，便赐死杨皇后，逼迫她自尽。杨皇后母亲独孤氏得知消息，急忙进宫向天元皇帝求情请罪，叩头流血，杨皇后才得免一死。

杨皇后的父亲大前疑杨坚位高望重，天元皇帝猜忌他，曾经因一时愤怒对杨皇后说：“一定要灭了你们杨家。”于是召杨坚进宫，并对左右亲近的人说：“如果杨坚变了脸色，立即杀了他。”杨坚到了宫中，神色镇定自若，才免了祸。内史上大夫郑译和杨坚年轻时是同窗学友，见杨坚仪表不凡，很是惊奇，倾心交结。杨坚已经被天元皇帝猜忌，内心很不安，曾经在宫中永巷，私下对郑译说：“我早想出京任职，你是知道的，希望你留心这件事。”郑译说：“您德高望重，全天下的人都敬仰你。我想依靠你得到福佑，怎敢忘掉你的托付，我将立即郑重地向皇上启奏。”

天元皇帝打算派郑译率军进攻陈朝，郑译要求给自己配一个元帅。天元皇帝说：“卿相中了谁呢？”郑译说：“如果要平定江东，当然非至亲重臣不可，否则就没有威望镇抚，可以让随公同行，并且任命他为寿阳总管，都督征南诸军事。”天元皇帝听从了。五月初五日己丑，任命杨坚为扬州总管，派郑译发兵到寿阳会合。将要起程，赶上杨坚脚上突然有病，没有成行。

五月初十日甲午，当夜天元皇帝备好法驾，到天兴宫。五月十一日乙未，生病回长安宫。小御正博陵人刘昉，一向以狡黠献媚得到天元皇帝宠信，与御正中大夫颜之仪一起成为天元皇帝的亲信。天元皇帝召见刘昉、颜之仪于卧内，想托付后事。此时天元皇帝声音已哑，不能说话。刘昉看到周静帝年幼，认为杨坚是皇后的父亲，又有很高的声望，于是与领内史郑译、御饰大夫柳裘、内史大夫杜陵人韦謩、御正下士朝那人皇甫绩合谋请杨坚辅政，杨坚再三推辞不敢当；刘昉说：“你要干，就抓紧；不干，我刘昉就要干了。”杨坚这才听从了，对外宣称受诏留在宫中侍候皇上疾

是日，帝殂。秘不发丧。昉、译矫诏以坚总知中外兵马事。颜之仪知非帝旨，拒而不从。昉等草诏署讫，逼之仪连署，之仪厉声曰："主上升遐，嗣子冲幼，阿衡之任，宜在宗英。方今赵王最长，以亲以德，合膺重寄。公等备受朝恩，当思尽忠报国，奈何一旦欲以神器假人！之仪有死而已，不能诬罔先帝。"昉等知不可屈，乃代之仪署而行之。诸卫既受敕，并受坚节度。

坚恐诸王在外生变，以千金公主将适突厥为辞，征赵、陈、越、代、滕五王入朝。坚索符玺，颜之仪正色曰："此天子之物，自有主者，宰相何故索之！"坚大怒，命引出，将杀之；以其民望，出为西边郡守。

丁未，发丧。静帝入居天台，罢正阳宫。大赦，停洛阳宫作。庚戌，尊阿史那太后为太皇太后，李太后为太帝太后，杨后为皇太后，朱后为帝太后，其陈后、元后、尉迟后并为尼。以汉王赞为上柱国、右大丞相，尊以虚名，实无所综理。以杨坚为假黄钺、左大丞相，秦王贽为上柱国。百官总己以听于左丞相。

坚初受顾命，使邗国公杨惠谓御正下大夫李德林曰："朝廷赐令总文武事，经国任重。今欲与公共事，必不得辞。"德林曰："愿以死奉公。"坚大喜。始，刘昉、郑译议以坚为大冢宰，译自摄大司马，昉又求小冢宰。坚私问德林曰："欲何以见处？"德林曰："宜作大丞相、假黄钺、都督中外诸军事，不尔，无以压众心。"及发丧，即依此行之。以正阳宫为丞相府。

时众情未壹，坚引司武上士卢贲置左右。将之东宫，百官皆不知所从。坚潜令贲部伍仗卫，因召公卿，谓曰："欲求富贵者宜相随。"往往偶语，欲有去就，贲严兵而至，众莫敢动。出崇阳门，至东宫，门者拒不纳，贲谕之，不去；瞋目叱之，门者遂却，坚入。贲遂典丞相府宿卫。贲，辩之弟子也。以郑译为丞相府长史，刘昉为司马，李德林为府属，二人由是怨德林。

病。柳裘，是柳惔的孙子。

这一天，天元皇帝崩殂，秘不发丧。刘昉、郑译假传诏命委任杨坚总领宫中宫外兵马事务。颜之仪了解不是天元皇帝的旨意，拒绝不听。刘昉等人起草好诏书并签署完名字，交给颜之仪连名签字，颜之仪厉声说："皇上升天，嗣君年幼，辅政的重任应该由宗室中的英才担任。如今赵王宇文招年龄居长，论亲论德，理应由他担当重任。你们诸位备受朝廷恩惠，应当尽忠报国，怎能突然之间把国家大权交给他人！颜之仪宁可一死，不能做欺骗先帝的事。"刘昉等人知道无法使颜之仪屈从，于是代替颜之仪签名发下诏书。禁卫军各部已经接到诏命，都听从杨坚调度。

杨坚担心宗室诸王在地方发动反抗，于是以千金公主将要远嫁突厥为借口，征召赵王宇文招、陈王宇文纯、越王宇文盛、代王宇文达、滕王宇文逌等五王入朝。杨坚索要兵符玉玺，颜之仪义正词严地说："这是天子使用的器物，自有主管的人，宰相为什么要索取它！"杨坚大怒，命人拉出去，打算杀死他，因为顾虑他有很高的声望，便将他赶出京城到西部边地做郡守。

五月二十三日丁未，北周给天元皇帝发丧，周静帝住进天台，废除正阳宫。大赦天下，停止修建洛阳宫。五月二十六日庚戌，尊崇阿史那太后为太皇太后，李太后为太帝太后，杨后为皇太后，朱后为帝太后，此外，陈后、元后、尉迟后都落发为尼。任命汉王宇文赞为上柱国、右大丞相，只是给他一个尊贵的名号，实际不管具体政务，任命杨坚为假黄钺、左大丞相，秦王宇文贽为上柱国，下令百官各自尽职，完全听从左大丞相的命令。

杨坚刚接受顾命辅政时，就派邗国公杨惠对御正下大夫李德林说："朝廷敕令我总理文武大权，治理国家任务繁重。如今想与你共同掌理国事，一定不要推辞。"李德林说："愿为杨公拼死效力。"杨坚十分高兴。开始，刘昉、郑译共谋推杨坚为大冢宰，郑译自己想兼理大司马，刘昉想得到小冢宰。杨坚私下问李德林说："准备把我怎么安排？"李德林说："您应当做大丞相、假黄钺、都督中外诸军事，不这样，就没有威权镇服大家的心。"等到为天元皇帝办完丧事，就依此行事，把正阳宫作为丞相府。

当时北周朝臣并没有完全服从杨坚，杨坚把掌管宫廷宿卫的司武上士卢贲安置在身边。杨坚要到东宫，百官都不知道如何是好。杨坚暗中派卢贲安排了宿卫武士，然后召见公卿大臣，对他们说："想求富贵的人就跟着走。"朝臣们往往三三两两交头接耳，有的想要离开。这时卢贲带着全副武装的宿卫兵到来，众朝官没人敢行动。大家出了崇阳门，来到东宫，守门卫士不让进入，卢贲上前说话，卫士仍然不撤离；卢贲瞪大眼睛呵斥，卫士们才退了下去，杨坚等人进入东宫。卢贲便留在正阳宫掌管丞相府的宿卫。卢贲，是卢辩弟弟的儿子。任命郑译为丞相府长史，刘昉为司马，

内史下大夫勃海高颎明敏有器局，习兵事，多计略，坚欲引之入府，遣杨惠谕意。颎承旨，欣然曰："愿受驱驰。纵令公事不成，颎亦不辞灭族。"乃以为相府司录。

时汉王赞居禁中，每与静帝同帐而坐。刘昉饰美妓进赞，赞甚悦之。昉因说赞曰："大王，先帝之弟，时望所归。孺子幼冲，岂堪大事！今先帝初崩，人情尚扰。王且归第，待事宁后，入为天子，此万全计也。"赞年少，性识庸下，以为信然，遂从之。

坚革宣帝苛酷之政，更为宽大，删略旧律，作《刑书要制》，奏而行之；躬履节俭，中外悦之。

坚夜召太史中大夫庾季才，问曰："吾以庸虚，受兹顾命。天时人事，卿以为何如？"季才曰："天道精微，难可意察。窃以人事卜之，符兆已定。季才纵言不可，公岂复得为箕、颍之事乎！"坚默然久之，曰："诚如君言。"独孤夫人亦谓坚曰："大事已然，骑虎之势，必不得下，勉之！"

坚以相州总管尉迟迥位望素重，恐有异图，使迥子魏安公惇奉诏书召之会葬。壬子，以上柱国韦孝宽为相州总管；又以小司徒叱列长义为相州刺史，先令赴邺；孝宽续进。

陈王纯时镇齐州，坚使门正上士崔彭征之。彭以两骑往止传舍，遣人召纯。纯至，彭请屏左右，密有所道，遂执而锁之，因大言曰："陈王有罪，诏征入朝，左右不得辄动！"其从者愕然而去。彭，楷之孙也。

六月，五王皆至长安。

庚申，周复行佛、道二教，旧沙门、道士精志者，简令入道。

（以上为第一段，写北周宣帝宇文赟生活荒诞，寿命不永，又好杀戮，朝野离心；他死后，权臣杨坚轻而易举地发动了宫廷政变。）

周尉迟迥知丞相坚将不利于帝室，谋举兵讨之。韦孝宽至朝歌，迥遣其大都督贺兰贵赍书候韦孝宽。孝宽留贵与语以审之，疑其有变，遂称疾徐行；又使人至相州求医药，密以伺之。孝宽兄子艺，为魏郡守，迥遣艺迎孝宽，孝宽问迥所为，艺党于迥，不以实对。孝宽怒，将斩之，

李德林为府属。郑译、刘昉两人没得到想要的职务，因此怨恨李德林。

内史下大夫勃海人高颎，聪明敏捷，气度轩昂，熟习军事，足智多谋，杨坚想把他拉到丞相府，派杨惠去表明意思。高颎接受邀请，高兴地回答说："愿意效命。即使杨公大业不成，我也不怕遭到灭族之祸。"于是被杨坚任命为丞相府司录。

当时汉王宇文赞住在宫中，时常与周静帝同帐并坐。刘昉特地打扮一些美貌歌女献给宇文赞，宇文赞非常高兴。刘昉趁势游说宇文赞，说："大王是先帝的亲弟弟，众望所归，幼帝年龄太小，哪能料理国家大事！现在先帝刚刚去世，人心未定。大王暂时回到府第，等待大事安定以后，再进宫来当天子，这才是万全的办法。"宇文赞年纪轻，品性见识又低下，完全相信了刘昉，于是听了他的话。

杨坚革除周宣帝苛刻残暴的政令，改行宽缓的德政，简化旧的法律条文，制作《刑书要制》，奏请周静帝颁行，亲自带头推行节俭，朝内朝外的人都高兴。

杨坚夜里召见右史中大夫庾季才，询问说："我以平庸菲薄的才智，接受了顾命幼主的重任，从天时人事两个方面来看，你认为怎样？"庾季才说："天道精深细微，难以观察臆测，我个人从人事上来预测，符命征兆已经定下了。我庾季才即使说不可以，你难道会效法许由逃到箕山、微水之间吗？"杨坚沉默了好久，这才说："确实像你说的那样。"独孤夫人也对杨坚说："大事已到了这一步，现在是骑虎难下，你就努力去做吧！"

杨坚认为相州总管尉迟迥位尊望重，担心他有非分图谋，派尉迟迥的儿子魏安公尉迟惇持诏书召尉迟迥进京会葬。五月二十八日壬子，任命上柱国韦孝宽为相州总管，任命小司徒叱列长义为相州刺史，让叱列长义先行，韦孝宽后面跟进。

陈王宇文纯当时镇守齐州，杨坚派门正上士崔彭征召宇文纯。崔彭只带了两个骑士到齐州，住在驿站，派人宣召宇文纯。宇文纯到后，崔彭挡住宇文纯的随从，说有要事单独说话，于是逮捕了宇文纯，然后大声宣布说："陈王有罪，诏书征召他入朝，随从的人不得轻举妄动！"宇文纯的随从们听了十分惊慌，纷纷离去。崔彭，是崔楷的孙子。

六月，北周五个藩王赵王、陈王、越王、代王、滕王都到了长安。

六月初六日庚申，北周恢复了佛教、道教，原来的和尚、道士诚心修行的人，经过挑选审核以后，允许他们恢复宗教身份。

北周尉迟迥知道杨坚危害帝室，谋划起兵讨伐。韦孝宽到达朝歌，尉迟迥派他的大都督贺兰贵带着自己的亲笔信等候韦孝宽。韦孝宽留下贺兰贵交谈，察看他的意图，疑心有变故，于是假装生病慢慢进行；并且派人以寻医买药为名到相州暗中打探。韦孝宽哥哥的儿子韦艺为魏郡郡守，尉迟迥派韦艺迎接韦孝宽。韦孝宽询问

艺惧，悉以迥谋语孝宽。孝宽携艺西走，每至亭驿，尽驱其传马而去，谓驿司曰：“蜀公将至，宜速具酒食。”迥寻遣仪同大将军梁子康将数百骑追孝宽，追者至驿，辄逢盛馔，又无马，遂迟留不进。孝宽与艺由是得免。

坚又令候正破六韩裒诣迥谕旨，密与总管府长史晋昶等书，令为之备。迥闻之，杀昶及裒，集文武士民，登城北楼，令之曰：“杨坚藉后父之势，挟幼主以作威福，不臣之迹，暴于行路。吾与国舅甥，任兼将相；先帝处吾于此，本欲寄以安危。今欲与卿等纠合义勇，以匡国庇民，何如？”众咸从命。迥乃自称大总管，承制置官司。时赵王招入朝，留少子在国，迥奉以号令。

甲子，坚发关中兵，以韦孝宽为行军元帅，郧公梁士彦、乐安公元谐、化政公宇文忻、濮阳公武川宇文述、武乡公崔弘度、清河公杨素、陇西公李询等皆为行军总管，以讨迥。弘度，楷之孙；询，穆之兄子也。

初，宣帝使计部中大夫杨尚希抚慰山东，至相州，闻宣帝殂，与尉迟迥发丧。尚希出，谓左右曰：“蜀公哭不哀而视不安，将有他计。吾不去，惧及于难。”遂夜从捷径而遁。迟明，迥觉，追之不及，遂归长安。坚遣尚希督宗兵三千人镇潼关。

雍州牧毕剌王贤，与五王谋杀坚，事泄，坚杀贤，并其三子，掩五王之谋不问。以秦王贽为大冢宰，杞公椿为大司徒。

庚子，以柱国梁睿为益州总管。睿，御之子也。

周遣汝南公神庆、司卫上士长孙晟送千金公主于突厥。晟，幼之曾孙也。

又遣建威侯贺若谊赂佗钵可汗，且说之以求高绍义。佗钵伪与绍义猎于南境，使谊执之。谊，敦之弟也。秋，七月，甲申，绍义至长安，徙之蜀；久之，病死于蜀。

周青州总管尉迟勤，迥之弟子也。初得迥书，表送之，寻亦从迥。

尉迟迥干什么，韦艺是尉迟迥同党，不说实话。韦孝宽大怒，将要杀他，韦艺害怕了，原原本本地把尉迟迥的谋划告知韦孝宽。韦教宽带着韦艺往西逃，每到一个驿亭，把驿站的马全都赶走，并对驿站主管说："蜀公尉迟迥马上要到，赶快准备酒食。"尉迟迥过了一阵才派仪同大将军梁子康带领几百骑兵追赶韦孝宽，追兵每到一个驿站，都有丰盛的酒宴，驿站又没有马，于是逗留不前，韦孝宽和韦艺这才脱险。

杨坚又派候正破六韩裒到尉迟迥军中说明自己的心迹，暗中递给相州总管府长史晋昶等人信函，让他们做好准备。尉迟迥知道了消息，杀了晋昶和破六韩裒，召集文武士民，登上相州城的北楼，对他们说："杨坚凭借皇后父亲的势力，挟持幼主作威作福，不守臣道的形迹，暴露无遗。我与太祖文皇帝（即宇文泰）是舅甥关系，自身又兼任将相；先帝把我放在这里，原本就是把国家安危寄托在我身上。今天我要和大家一起招募仁义勇敢的人士，用来保国护民，怎么样呢？"大众全都听从尉迟迥的号令。尉迟迥就自称大总管，宣称秉承皇帝旨意，设置百官。当时赵王宇文招入朝，留下小儿子在封国，尉迟迥拥立他为主，用以号令天下。

六月初十日甲子，杨坚发动关中的兵马，任命韦孝宽为行军元帅，郕公梁士彦、乐安公元谐、化政公宇文忻、濮阳公武州宇文述、武乡公崔弘度、清河公杨素、陇西公李询等都为行军总管，率领兵马分路征讨尉迟迥。崔弘度，是崔楷的孙子；李询，是李穆哥哥的儿子。

当初，周宣帝派计部中大夫杨尚希安抚山东，到达相州，听到宣帝崩殂的消息，与尉迟迥一起穿丧服吊唁宣帝。杨尚希出了灵堂对身边亲近的人说："蜀公尉迟迥哭声不悲哀，神色也不安定，心事重重一定怀有异谋。我不离开，恐怕会遭难。"于是在当夜从小路逃走。天大亮后，尉迟迥才发觉，派人没有追赶上，终于回到了长安。杨坚派杨尚希率领家族子弟兵三千人镇守潼关。

北周雍州牧毕剌王宇文贤，与赵王、陈王、越王、代王、滕王等五王密谋袭杀杨坚，事情败露，杨坚杀了宇文贤和他的三个儿子，而暂时掩盖五王参与密谋的事，不予追究。还任命秦王宇文贽为大冢宰，杞公宇文椿为大司徒。

六月二十六日［庚辰］，任命柱国梁睿为益州总管。梁睿，是梁御的儿子。

北周派汝南公宇文神庆、司卫上士长孙晟送千金公主到突厥。长孙晟，是长孙幼的曾孙。

杨坚又派建威侯贺若谊送礼给佗钵可汗，并劝说佗钵可汗交出北齐宗室高绍义。佗钵可汗假装约高绍义到南部边境打猎，让贺若谊把他抓获。贺若谊，是贺若敦的弟弟。秋季，七月初一日甲申，高绍义被押送到长安，流放到蜀地。过了很久，高绍义病死在那里。

北周青州总管尉迟勤，是尉迟迥弟弟的儿子。刚得到尉迟迥的书信时，上表转

迥所统相、卫、黎、洺、贝、赵、冀、瀛、沧，勤所统青、齐、胶、光、莒等州皆从之，众数十万。荥州刺史邵公胄，申州刺史李惠，东楚州刺史费也利进，潼州刺史曹孝远，各据本州，徐州总管司录席毗罗据兖州，前东平郡守毕义绪据兰陵，皆应迥；怀县永桥镇将纥豆陵惠以城降迥。迥使其所署大将军石逊攻建州，建州刺史宇文弁以州降之。又遣西道行台韩长业攻拔潞州，执刺史赵威，署城人郭子胜为刺史。纥豆陵惠袭陷巨鹿，遂围恒州。上大将军宇文威攻汴州，莒州刺史乌丸尼等帅青、齐之众围沂州，大将军檀让攻拔曹、亳二州，屯兵梁郡。席毗罗众号八万，军于蕃城，攻陷昌虑、下邑。李惠自申州攻永州，拔之。

迥遣使招大左辅、并州刺史李穆，穆锁其使，封上其书。穆子士荣，以穆所居天下精兵处，阴劝穆从迥，穆深拒之。坚使内史大夫柳裘诣穆，为陈利害，又使穆子左侍上士浑往布腹心。穆使浑奉尉斗于坚，曰："愿执威柄以尉安天下。"又以十三镮金带遗坚。十三镮金带者，天子之服也。坚大悦，遣浑诣韦孝宽述穆意。穆兄子崇，为怀州刺史，初欲应迥；后知穆附坚，慨然太息曰："合家富贵者数十人，值国有难，竟不能扶倾继绝，复何面目处天地间乎！"不得已亦附于坚。迥子谊，为朔州刺史，穆执送长安；又遣兵讨郭子胜，擒之。

迥招徐州总管源雄，东郡守于仲文，皆不从。雄，贺之曾孙；仲文，谨之孙也。迥遣宇文胄自石济，宇文威自白马济河，二道攻仲文，仲文弃郡走还长安，迥杀其妻子。迥遣檀让徇地河南，丞相坚以仲文为河南道行军总管，使诣洛阳发兵讨让，命杨素讨宇文胄。

丁未，周以丞相坚都督中外诸军事。

郧州总管司马消难亦举兵应迥，己酉，周以柱国王谊为行军元帅，以讨消难。

广州刺史于颛，仲文之兄也，与总管赵文表不协，诈得心疾，诱文表，手杀之，因唱言文表与尉迟迥通谋。坚以迥未平，因劳勉之，即拜吴州总管。

赵僭王招谋杀坚，邀坚过其第，坚赍酒殽就之。招引入寝室，招子

呈朝廷，不久也追随尉迟迥。尉迟迥所统管的相州、卫州、黎州、洺州、贝州、赵州、冀州、瀛州、沧州，尉迟勤所统管的青州、齐州、胶州、光州、莒州等都同时响应，兵众数十万。荥州刺史邵公胄、申州刺史李惠、东楚州刺史费也利进、潼州刺史曹孝远，各自割据本州，徐州总管司录席毗罗据兖州，前东平郡守毕义绪割据兰陵，全都响应尉迟迥；怀县永桥镇将纥豆陵惠举城投降尉迟迥。尉迟迥派他所任命的大将军石逊攻打建州，建州刺史宇文弁举州投降。尉迟迥又派西道行台韩长业攻占了潞州，活捉了刺史赵威，任用潞州人郭子胜为刺史。纥豆陵惠偷袭攻占了巨鹿城，于是围困恒州。上大将军宇文威，攻打汴州，营州刺史乌丸尼等率领青州、齐州的军队围攻沂州。大将军檀让攻克曹州、亳州，屯兵于梁郡。席毗罗的军队有八万多人，驻扎在藩城，攻占了昌虑、下邑。李申从申州进攻永州，占领了它。

尉迟迥派人招抚大左辅、并州刺史李穆，李穆扣押使者，把尉迟迥写给他的信加封呈奏朝廷。李穆儿子李士荣，认为父亲李穆镇守的并州，聚集了天下的精兵，暗中劝他听从尉迟迥，李穆坚决拒绝。杨坚派内史大夫柳裘到李穆那里，向他陈述利害，又派李穆的儿子左侍上士李浑到并州转达诚心。李穆派李浑奉送熨斗给杨坚，说："希望杨公执掌威柄，如同熨斗一样平复安定天下。"又送给杨坚十三环金带。十三环金带是天子的饰物。杨坚非常高兴，派李浑到韦孝宽军中转达李穆的心意。李穆哥哥的儿子李崇，任怀州刺史，起初想响应尉迟迥；后来得知李穆依附杨坚，慨然叹息说："李氏一家几十个人蒙受国恩富贵，正当国家有难，竟然不能匡扶倾危，延续皇室，又有什么脸面立于天地之间呢？"迫不得已也依附了杨坚。尉迟迥的儿子尉迟谊，任朔州刺史，李穆把他抓起来送到长安；又派兵征讨郭子胜，活捉了他。

尉迟迥招抚徐州总管源雄、东郡太守于仲文都不听从。源雄，是源贺的曾孙；于仲文，是于谨的孙子。尉迟迥派宇文胄从石济渡河，宇文威从白马渡河，两路进攻于仲文，于仲文丢了东郡逃回长安，尉迟迥杀了他的妻子和儿子。尉迟迥派檀让攻占河南郡县，丞相杨坚任命于仲文为河南道行军总管，派他到洛阳发兵讨伐檀让，命令杨素讨伐宇文胄。

六月二十四日丁未，北周任命丞相杨坚都督中外诸军事。

北周郧州总管司马消难也举兵响应尉迟迥。六月二十六日己酉，北周任命柱国王谊为行军元帅，派他去征讨司马消难。

广州刺史于觊，是于仲文的哥哥，与总管赵文表不和，假称得了心病，诱骗赵文表来探视，亲手杀了他，趁势公开宣言赵文表与尉迟迥串通合谋。杨坚考虑尉迟迥还没有讨平，便慰劳鼓励他，并任命他为吴州总管。

北周赵僭王宇文招密谋杀杨坚，邀请杨坚到自己家里作客，杨坚自带酒菜前去

员、贯及妃弟鲁封等皆在左右，佩刀而立，又藏刃于帷席之间，伏壮士于室后。坚左右皆不得从，唯从祖弟开府大将军弘、大将军元胄坐于户侧。胄，顺之孙也。弘、胄皆有勇力，为坚腹心。酒酣，招以佩刀刺瓜连啖坚，欲因而刺之。元胄进曰："相府有事，不可久留。"招诃之曰："我与丞相言，汝何为者！"叱之使却。胄瞋目愤气，扣刀入卫。招赐之酒，曰："吾岂有不善之意邪！卿何猜警如是？"招伪吐，将入后阁，胄恐其为变，扶令上坐，如此再三。招伪称喉干，命胄就厨取饮，胄不动。会滕王逌后至，坚降阶迎之。胄耳语曰："事势大异，可速去！"坚曰："彼无兵马，何能为！"胄曰："兵马皆彼物，彼若先发，大事去矣。胄不辞死，恐死无益。"坚复入坐。胄闻室后有被甲声，遽请曰："相府事殷，公何得如此！"因扶坚下床趋去。招将追之，胄以身蔽户，招不得出；坚及门，胄自后至。招恨不时发，弹指出血。壬子，坚诬招与越野王盛谋反，皆杀之，及其诸子。赏赐元胄，不可胜计。

周室诸王数欲伺隙杀坚，坚都督临泾李圆通常保护之，由是得免。

癸丑，周主封其弟衍为叶王，术为郢王。

周豫、荆、襄三州蛮反，攻破郡县。

周韦孝宽军至永桥城，诸将请先攻之，孝宽曰："城小而固，若攻而不拔，损我兵威。今破其大军，此何能为！"于是引军壁于武陟。尉迟迥遣其子魏安公惇帅众十万入武德，军于沁东。会沁水涨，孝宽与迥隔水相持不进。

孝宽长史李询密启丞相坚云："梁士彦、宇文忻、崔弘度并受尉迟迥饷金，军中慅慅，人情大异。"坚深以为忧，与内史上大夫郑译谋代此三人者，李德林曰："公与诸将，皆国家贵臣，未相服从，今正以挟令之威控御之耳。前所遣者，疑其乖异，后所遣者，又安知其能尽腹心邪！又，取金之事，虚实难明，今一旦代之，或惧罪逃逸，若加縻絷，则自郧公以下，莫不惊疑。且临敌易将，此燕、赵之所以败也。如愚所见，但遣

拜访。宇文招把杨坚引进自己的寝室，宇文招的儿子宇文员、宇文贯和妃子的弟弟鲁封等都在旁边侍候，佩刀而立，又在帷幕中暗藏兵器，还在后院埋伏壮士。杨坚的侍卫不准跟随，只有杨坚的从祖堂弟开府大将军杨弘、大将军元胄坐在门旁。元胄是元顺的孙子。杨弘、元胄都有勇力，是杨坚的心腹。酒喝到高兴的时候，宇文招用佩刀刺瓜接连送入杨坚口中，想借机刺杀他。元胄上前对杨坚说："相府有事，不可久留。"宇文招呵斥他说："我与丞相说说话，你要干什么！"喝令他退下。元胄双目圆睁，怒气冲冲，握刀站在杨坚身旁护卫。宇文招赐酒给他喝，说："我难道会有歹意，你为何这样猜疑戒备？"宇文招装着要呕吐，站起来想乘机进后院，元胄提心会发生变故，便多次扶他重新坐好，这样反复了好几次。宇文招又谎称喉干舌燥，让元胄到厨房取水来喝，元胄却不动身。恰好滕王宇文逌到来，杨坚下台阶迎接他。元胄趁此机会对杨坚耳语说："情况非同寻常，应当赶快离开！"杨坚说："他们没有兵马，能干什么？"元胄说："这里他们家人就是兵马，他们如果先下手，一切都完了。我元胄不是怕死，只是死得不值。"杨坚重新入座。元胄听到房后有士兵穿甲胄的声音，立即上前对杨坚说："相府公务繁忙，你怎么在此久留饮酒。"便扶杨坚下床快步离去。宇文招想追上杨坚，元胄用身体挡住门口，宇文招出不了门，等杨坚到了大门口，元胄从后面追上。宇文招后悔自己没有及时下手，气得弹击手指，竟流出了鲜血。六月二十九日壬子，杨坚诬陷宇文招与越野王宇文盛谋反，把他们及其儿子全都杀了，并重赏元胄财物不计其数。

北周皇室诸王多次想找机会杀掉杨坚，杨坚的都督临泾人李圆通常常保护他，因此得以幸免。

六月三十日癸丑，北周静帝册封弟弟宇文衍为叶王，宇文术为郢王。

北周的豫州、荆州、襄州等三州的蛮人反叛，攻占了一些郡县。

北周韦孝宽进军到永桥城，众将领请求首先攻占这座城。韦孝宽说："城小却十分坚固，如果进攻打不下来，会降低我军的士气。如果打败他的大军，这里的敌人什么也干不成！"于是进军驻扎在武陟。尉迟迥派他的儿子魏安公尉迟惇率领十万人进入武德，驻军在沁水东岸。正赶上河水上涨，韦孝宽与尉迟迥隔水相持都不向前。

韦孝宽府中长史李询向丞相杨坚秘密报告说："梁士彦、宇文忻、崔弘度都接受了尉迟迥赠送的黄金，因此军心不稳，人心大变。"杨坚很是忧虑，与内史郑译商量要替换这三个人。李德林说："丞相与各位大将，都是国家的贵臣，互相没有隶属关系。如今只是利用挟天子的威权控制他们罢了。前面派的人，怀疑他们有二心，后面派去的人，又怎么知道他会成为你的心腹呢！再说，接受黄金的事，真假难辨，如果一旦更换他们，可能畏罪潜逃，若果逮捕他们，那么郧公韦孝宽以下，就会人

公一腹心，明于智略，素为诸将所信服者，速至军所，使观其情伪。纵有异意，必不敢动，动亦能制之矣。”坚大悟，曰：“公不发此言，几败大事。”乃命少内史崔仲方往监诸军，为之节度。仲方，猷之子也，辞以父在山东。又命刘昉、郑译，昉辞以未尝为将，译辞以母老。坚不悦。府司录高颎请行，坚喜，遣之。颎受命亟发，遣人辞母而已。自是坚措置军事，皆与李德林谋之，时军书日以百数，德林口授数人，文意百端，不加治点。

司马消难以郧、随、温、应、土、顺、沔、儇、岳九州及鲁山等八镇来降，遣其子为质以求援。八月，己未，诏以消难为大都督、总督九州八镇诸军事、司空，赐爵随公。庚申，诏镇西将军樊毅进督沔、汉诸军事，南豫州刺史任忠帅众趣历阳，超武将军陈慧纪为前军都督，趣南兖州。

周益州总管王谦亦不附丞相坚，起巴、蜀之兵以攻始州。梁睿至汉川，不得进，坚即以睿为行军元帅以讨谦。

戊辰，诏以司马消难为大都督水陆诸军事。庚午，通直散骑常侍淳于陵克临江郡。

梁世宗使中书舍人柳庄奉书入周。丞相坚执庄手曰：“孤昔开府，从役江陵，深蒙梁主殊眷。今主幼时艰，猥蒙顾托。梁主奕叶委诚朝廷，当相与共保岁寒。”时诸将竞劝梁主举兵，与尉迟迥连谋，以为进可以尽节周氏，退可以席卷山南。梁主疑未决。会庄至，具道坚语，且曰：“昔袁绍、刘表、王凌、诸葛诞，皆一时雄杰，据要地，拥强兵，然功业莫就，祸不旋踵者，良由魏、晋挟天子，保京都，仗大顺以为名故也。今尉迟迥虽曰旧将，昏耄已甚。司马消难、王谦，常人之下者，非有匡合之才。周朝将相，多为身计，竞效节于杨氏。以臣料之，迥等终当覆灭，随公必移周祚。未若保境息民以观其变。”梁主深然之，众议遂止。

高颎至军，为桥于沁水。尉迟惇于上流纵火筏，颎豫为土狗以御之。惇布陈二十余里，麾兵少却，欲待孝宽军半渡而击之；孝宽因其却，鸣

人惊恐自疑。再说，临敌换将，这正是战国时燕国、赵国败亡的原因。我的个人看法，只需派心腹，但要足智多谋，一向为众将领信服的人，迅速到军中，让他观察真假。即使他们怀有二心，也一定不敢轻举妄动，即使有异常举动，也能被制服。”杨坚醒悟，说：“你不说这话，差点坏了大事。”便派少内史崔仲方前往监督诸军，号令众将。崔仲方，是崔猷的儿子，推辞说父亲在山东。又派刘昉、郑译，刘昉推辞说从没有带过兵，郑译推辞说母亲年老。杨坚很不高兴。丞相府司录高颎请求前往，杨坚非常高兴，派他前往。高颎接受任命后立即出发，派人向母亲辞行。从此，杨坚处理军务，都只与李德林商议。当时军令文书每天上百件，都是李德林一人口述批复，几个人记录，各类文书和事由层出不穷，李德林口述的批复都十分贴切，文气流畅，不用修改。

北周郧州总管司马消难献出郧、随、温、应、土、顺、沔、儇、岳九州以及鲁山等八镇投降陈朝，派他的儿子为质求援。八月初六己未，陈宣帝下诏任命司马消难为大都督、总督九州八镇诸军事、司空，赐爵随公。八月初七日庚申，陈宣帝下诏镇西将军樊毅进督沔、汉诸军事，南豫州刺史任忠率领军队进逼历阳，超武将军陈慧纪为前军都督，赶赴南兖州。

北周益州总管王谦也不依附杨坚，调动巴蜀的军队攻打始州，梁睿到了汉川，被阻不能前进，杨坚立即任命梁睿为行军元帅讨伐王谦。

八月十五日戊辰，陈宣帝下诏司马消难为大都督，总领水陆诸军事。八月十七日庚午，通直散骑常侍淳于陵攻克了临江郡。

后梁世宗萧岿派中书舍人柳庄带着国书出使北周。丞相杨坚握着柳庄的手说：“我先前任开府仪同三司时，曾随军到江陵，曾蒙梁主特别看重。现今国主年幼，时势艰难，承蒙顾命辅佐少主。梁主累代效忠朝廷，应当相互共同保守松柏那样耐寒的节操。”当时众将领都劝后梁国主举兵，与尉迟迥联合共谋，认为这样进可以说是为周朝尽节效忠，退可以席卷秦岭南面的汉、沔之地，后梁国主疑虑不决。正好柳庄返回，一一转告了杨坚的话，并且说：“从前袁绍、刘表、王淩、诸葛诞，都是一代豪杰，占据了要地，拥有强兵，但是功业都没有成功，转身之间遭了灾祸，原因是曹魏、晋氏挟天子，占有京都，倚仗朝廷名正言顺发号施令的缘故。现今尉迟迥虽然是老将，但年高昏乱，而司马消难、王谦都是平庸之辈，并没有匡正天下的才干。周朝的将相，大多只顾个人的利益，争相效顺杨氏。依臣看来，尉迟迥等终究被消灭，随公杨坚肯定要篡夺周朝政权。我们不如保境安民，以观看形势的变化。”后梁国主很是赞同，大家议论起兵的事得以停止。

高颎到了前线军中，在沁水上建起了浮桥。尉迟惇从上游放出带火木筏，高颎预先制作叫“土狗”的土墩来阻挡火木筏。尉迟惇列阵二十余里，指挥军队稍为后

鼓齐进。军既渡，颎命焚桥，以绝士卒反顾之心。惇兵大败，单骑走。孝宽乘胜进，追至邺。

庚午，迥与惇及惇弟西都公祐，悉将其卒十三万陈于城南，迥别统万人，皆绿巾、锦袄，号“黄龙兵”。迥弟勤帅众五万，自青州赴迥，以三千骑先至。迥素习军旅，老犹被甲临陈。其麾下皆关中人，为之力战，孝宽等军不利而却。邺中士民观战者数万人，行军总管宇文忻曰：“事急矣！吾当以诡道破之。”乃先射观者，观者皆走，转相腾藉，声如雷霆。忻乃传呼曰：“贼败矣！”众复振，因其扰而乘之。迥军大败，走保邺城。孝宽纵兵围之，李询及思安伯代人贺娄子干先登。

崔弘度妹，先适迥子为妻，及邺城破，迥窘迫升楼，弘度直上龙尾追之。迥弯弓，将射弘度，弘度脱兜鍪，谓迥曰：“颇相识不？今日各图国事，不得顾私。以亲戚之情，谨遏乱兵，不许侵辱。事势如此，早为身计，何所待也？”迥掷弓于地，骂左丞相极口而自杀。弘度顾其弟弘升曰：“汝可取迥头。”弘升斩之。军士在小城中者，孝宽尽坑之。勤、惇、祐东走青州，未至，开府仪同大将军郭衍追获之。丞相坚以勤初有诚款，特不之罪。李惠先自缚归罪，坚复其官爵。

迥末年衰耄，及起兵，以小御正崔达拏为长史。达拏，暹之子也，文士，无筹略，举措多失，凡六十八日而败。

于仲文军至蓼堤，去梁郡七里。檀让拥众数万，仲文以羸师挑战而伪北，让不设备；仲文还击，大破之，生获五千余人，斩首七百级。进攻梁郡，迥守将刘子宽弃城走。仲文进击曹州，获迥所署刺史李仲康。檀让以余众屯成武，仲文袭击，破之，遂拔成武。迥将席毗罗，众十万，屯沛县，将攻徐州。其妻子在金乡，仲文遣人诈为毗罗使者，谓金乡城主徐善净曰：“檀让明日午时至金乡，宣蜀公令，赏赐将士。”金乡人皆喜。仲文简精兵，伪建迥旗帜，倍道而进。善净望见，以为檀让，出迎谒。仲文执之，遂取金乡。诸将多劝屠其城，仲文曰：“此城乃毗罗起兵

撤，想等到韦孝宽的军队渡河一半时发起攻击；韦孝宽趁着后退的机会，鸣鼓齐进攻击。周军全军渡河后，高颎下令烧了浮桥，用以断绝士兵后退的念头。尉迟惇大败，全军覆没，单骑逃脱。韦孝宽乘胜追击，直到邺城。

八月十七日庚午，尉迟迥与尉迟惇，以及尉迟惇弟弟西都公尉迟祐，率领全部士兵十三万人列阵在邺城南面，尉迟迥另外率领一万人，全部裹绿色头巾，穿上锦绸袍子，称“黄龙兵”。尉迟迥弟弟尉迟勤率领五万，从青州赶来增援尉迟迥，派二千骑兵为前锋。尉迟迥一向熟悉军事，虽然年老，仍然披甲临阵。他部下都是关中人，为他拼死战斗，韦孝宽的军队交战不利，往后退却。邺城士民观战的有几万人。行军总管宇文忻说：“事情紧急，我用诡诈的战术打退敌兵。”于是先向观战的人群射箭，观战的人乱跑，转相践踏，声震如雷。宇文忻大声传呼说：“敌人败退了！”士气又振作起来，趁纷乱之际发起反攻。尉迟迥军队大败，退保邺城。韦孝宽挥兵包围邺城，李询和思安伯代郡人贺娄子干抢先登上城头。

崔弘度的妹妹，早先嫁给尉迟迥的儿子为妻，等到邺城攻破，尉迟迥窘迫困急，登上城楼，崔弘度从龙尾道追上他。尉迟迥拉弓，将要射崔弘度，崔弘度脱下头盔，对尉迟迥说：“是否还认识我？今天我们各为国事，不能顾及私情。看到亲戚的面上，我阻止了乱兵，不许他们凌辱你。事情到了这一步，你应早为自己考虑，还等待什么。”尉迟迥把弓箭扔在地上，竭力痛骂左丞相杨坚后自杀。崔弘度回头对弟弟崔弘升说：“你去割下尉迟迥的头。”崔弘升砍下了尉迟迥的头颅。在小城中的尉迟迥士兵，韦孝宽全部活埋了他们。尉迟勤、尉迟惇、尉迟祐东逃青州，还没有到达，就被开府仪同大将军郭衍追上抓获。丞相杨坚认为当初尉迟勤送上尉迟迥的信有归诚的心意，特地赦免了他的罪。李惠在尉迟迥失败之前自己束手归降认罪，杨坚恢复了他的官爵。

尉迟迥晚年老迈昏聩，等到起兵，用小御正崔达拏为长史。崔达拏是崔暹的儿子，一个文士，没有筹谋善计，举动措施有很多失误，所以起兵只有六十八天就失败了。

于仲文的军队到达蓼堤，离梁郡还有七里。檀让率兵数万，于仲文用老弱兵交战，假装失败，檀让没有提防，于仲文反击，大败檀让，俘虏了五千多人，斩首七百级。进攻梁郡，尉迟迥守将刘子宽丢下城池逃跑。于仲文进攻曹州，抓获尉迟迥任命的刺史李仲康。檀让率领残兵驻守成武，于仲文出兵袭击，打败了檀让，于是攻占了成武。尉迟迥部将席毗罗领兵十万，驻扎在沛县，将要攻打徐州。他的妻儿留在金乡，于仲文派人假称是席毗罗的使者，对金乡城主徐善净说：“檀让明天午时到达金乡，宣布蜀公尉迟迥的命令，赏赐将士。”金乡人都高兴。于仲文挑选精兵，假装打着尉迟迥的旗帜，加快赶路行进。徐善净远远看见，认为是檀让，出城

之所，当宽其妻子，其兵自归。如即屠之，彼望绝矣。”众皆称善。于是毗罗恃众来薄官军，仲文设伏击之，毗罗众大溃，争投洙水死，水为之不流。获檀让，槛送京师，斩毗罗，传首。

韦孝宽分兵讨关东叛者，悉平之。坚徙相州于安阳，毁邺城及邑居。分相州，置毛州、魏州。

梁主闻迥败，谓柳庄曰：“若从众人之言，社稷已不守矣！”

丞相坚之初得政也，待黄公刘昉、沛公郑译甚厚，赏赐不可胜计，委以心膂，朝野倾属，称为“黄、沛”。二人皆恃功骄恣，溺于财利，不亲职务。及辞监军，坚始疏之，恩礼渐薄。高颎自军所还，宠遇日隆。时王谦、司马消难未平，坚忧之，忘寝与食。而昉逸游纵酒，相府事多遗落。坚乃以高颎代昉为司马；不忍废译，阴敕官属不得白事于译。译犹坐听事，无所关预，惶惧顿首，求解职；坚犹以恩礼慰勉之。

癸酉，智武将军鲁广达克周之郭默城。丙子，淳于陵克祐州城。

周以汉王赞为太师，申公李穆为太傅，宋王实为大前疑，秦王贽为大右弼，燕公于寔为大左辅。寔，仲文之父也。

乙卯，周大赦。

周王谊帅四总管至郧州，司马消难拥其众以鲁山、甑山二镇来降。

初，消难遣上开府仪同大将军段珣将兵围顺州，顺州刺史周法尚不能拒，弃城走，消难虏其母弟而南。樊毅救消难，不及，周亳州总管元景山击之，毅掠居民而去。景山与南徐州刺史宇文弢追之，与毅战于漳口，一日三战三捷。毅退保甑山镇，城邑为消难所据者，景山皆复取之。

郧州巴蛮多叛，共推渠帅兰雒州为主，以附消难。王谊遣诸将分讨之，旬月皆平。陈纪、萧摩诃攻广陵，周吴州总管于顗击破之。沙州氐帅杨永安聚众应王谦，大将军乐宁公达奚儒讨之。杨素破宇文胄于石济，

迎接。于仲文抓获了他，于是夺取了金乡。众将劝于仲文屠城，于仲文说：“这座城是席毗罗起兵的地方，应当宽大他们的妻儿，席毗罗手下的士兵就会来投降，如果屠了城，他们绝望就会死战。”众将都说好。于是席毗罗仗着人多势众逼近官军，于仲文设下埋伏，突然袭击，席毗罗大败，士兵争着挤向洙水，结果大多被淹死，洙水都被阻断了。檀让被抓获，用囚车押送京师，斩了席毗罗，首级送到京师。

韦孝宽分兵讨伐关东的叛乱州郡，全都被平定。杨坚把相州治所移到安阳，毁了邺城及民居。分割相州，增置毛州、魏州。

后梁国主听到尉迟迥失败的消息，对柳庄说：“如果听了众人的话，起兵响应尉迟迥，那么梁国就不能保全了。”

丞相杨坚刚刚掌权的时候，对黄公刘昉、沛公郑译很优厚，赏赐无法计算，并寄托腹心的重任，所以朝野上下的人都另眼相看，并称二人为“黄、沛”。这两人也居功骄傲，沉迷于金钱权利，不亲自处理相府事务，等到推辞做监军，杨坚开始疏远两人，恩惠礼遇逐渐淡薄。高颎从军中还京，恩宠待遇一天天加重。当时王谦、司马消难还未平定，杨坚忧虑提心，常常是寝食难安。而刘昉游宴玩乐，纵酒没有节制，丞相府的事留下很多没有处理。杨坚任命高颎代替刘昉任司空，但不忍心罢郑译的官，只是暗中吩咐属官不得向郑译禀报公事。郑译仍然坐在丞相府长史的位置上，但不能做什么事。郑译惶恐害怕，向杨坚叩头请罪，要求解除职务，杨坚仍然以恩惠礼遇对待他，好言安慰。

八月二十日癸酉，陈朝智武将军鲁广达攻克北周的郭默城。八月二十三日丙子，淳于陵攻克祐州城。

北周任命汉王宇文赞为太师，申公李穆为太傅，宋王宇文实为大前疑，秦王宇文贽为大右弼，燕公于寔为大左辅。于寔，是于仲文的父亲。

八月二十六日［己卯］，北周大赦。

北周王谊率领四总管到达郧州，司马消难率领部众献出鲁山、甑山两镇投降陈朝。

当初，司马消难派上开府仪同大将军段珣领兵攻围顺州，北周顺州刺史周法尚抵挡不住，弃城逃跑，司马消难俘获了周法尚的母亲和他的弟弟南下。陈将樊毅率军救援司马消难，还没到达，中途遭到北周亳州总管元景山的截击，樊毅劫掠居民退走。元景山和南徐州刺史宇文弼追击，与樊毅在漳口交战，一天之中三战三捷。樊毅退守甑山镇，司马消难所占有的城邑，都被元景山重新夺回。

郧州巴蛮群起反叛，公推大帅兰雒州为首领，依附司马消难。王谊派出众将分路讨伐，十天至一月之内，全部平定。陈纪、萧摩诃攻打广陵，北周吴州总管于颉打败陈朝军队。沙州氐帅杨永安聚众响应王谦，北周大将军乐宁公达奚儒领兵征讨。

斩之。

周以神武公窦毅为大司马，齐公于智为大司空；九月，以小宗伯竟陵公杨惠为大宗伯。

丁亥，周将王延贵帅众援历阳；任忠击破之，生擒延贵。

壬辰，周废皇后司马氏为庶人。庚戌，以随世子勇为洛州总管、东京小冢宰，总统旧齐之地。壬子，以左丞相坚为大丞相，罢左、右丞相之官。

冬，十月，甲寅，日有食之。

周丞相坚杀陈惑王纯及其子。

周梁睿将步骑二十万讨王谦，谦分命诸将据险拒守，睿奋击，屡破之，蜀人大骇。谦遣其将达奚惎、高阿那肱、乙弗虔等帅众十万攻利州，堰江水以灌之。城中战士不过二千，总管昌黎豆卢勣，昼夜拒守，凡四旬，时出奇兵击惎等，破之；会梁睿至，惎等遁去。睿自剑阁入，进逼成都。谦令达奚惎、乙弗虔城守，亲帅精兵五万，背城结陈。睿击之，谦战败，将入城，惎、虔以城降。谦将麾下三十骑走新都，新都令王宝执之。戊寅，睿斩谦及高阿那肱，剑南平。

十一月，甲辰，周达奚儒破杨永安，沙州平。

丁未，周郧襄公韦孝宽卒。孝宽久在边境，屡抗强敌；所经略布置，人初莫之解，见其成事，方乃惊服。虽在军中，笃意文史；敦睦宗族，所得俸禄，不入私室。人以此称之。

十二月，庚辰，河东康简王叔献卒。

癸亥，周诏诸改姓者，宜悉复旧。

甲子，周以大丞相坚为相国，总百揆；去都督中外、大冢宰之号，进爵为王，以安陆等二十郡为随国，赞拜不名，备九锡之礼；坚受王爵、十郡而已。

辛未，杀代奰王达、滕闻王逌及其子。

壬申，以小冢宰元孝规为大司徒。

是岁，周境内有州二百一十一，郡五百八。

（以上为第二段，写杨坚明察善断，迅速扑灭尉迟迥的护周叛乱，并将皇室诸王诛杀殆尽，进爵随王，加九锡，奠定了禅代的基础。）

杨素在石济打败荣州刺史宇文胄，并将他斩首。

北周任命神武公窦毅为大司马，齐公于智为大司空；九月，任命小宗伯竟陵公杨惠为大宗伯。

九月初五日丁亥，北周将军王延贵领兵救援历阳，被陈将任忠打败，王延贵也被活捉。

九月初十日壬辰，北周废皇后司马氏为庶民。九月二十八日庚戌，北周任命随公嫡子杨勇为洛州总管、东京小冢宰，统辖原北齐地区。九月二十日壬子，北周任命左丞相杨坚为大丞相，废除置左、右丞相两个职官并存的建制。

冬季，十月初二日甲寅，发生日食。

北周丞相杨坚杀陈惑王宇文纯，以及他的儿子。

北周梁睿率领步骑二十万征讨王谦，王谦分路派出众将守据险要，梁睿率军奋勇攻击，多次打破险关，蜀地军民惊恐不安。王谦派部将达奚惎、高阿那肱、乙弗虔等率领十万人马攻打利州，筑土堤坝拦截嘉陵江水灌城。守城战士不过两千人，总管昌黎人豆卢勣，日夜守城抵抗，坚持了四十天，不时出奇兵偷袭达奚惎打败了他。等到梁睿大军到达，达奚惎逃走。梁睿从剑阁进兵，直逼成都。王谦命令达奚惎、乙弗虔守城，自己亲自率领精兵五万背城列开阵势。梁睿进攻，王谦战败，将要进城，达奚惎、乙弗虔献城投降，王谦率领部下三十骑逃向新都，新都县令王宝抓获了王谦。十月二十六日戊寅，梁睿杀了王谦、高阿那肱，剑南地区平定。

十一月二十二日甲辰，北周达奚儒打败杨永安，沙州平定。

十一月二十五日丁未，北周郧襄公韦孝宽去世。韦孝宽长期戍守边城，多次打败强敌，他的策谋部署，起初没有人懂得，看到成功以后，这才惊叹佩服。虽然领兵，却深深爱好文史书籍，又和睦宗族，自己的俸禄从不拿回家中，受到当时人的称赞。

十二月二十九日庚辰，陈朝河东康简王陈叔献去世。

十二月十二日癸亥，北周下诏在西魏时改姓鲜卑姓氏的人，可以恢复本姓。

十二月十三日甲子，北周任命大丞相杨坚为相国，总领百官，免去都督中外诸军事、大冢宰的官号，进爵位为王，以安陆等二十郡为随国，上朝时行朝礼司仪不直呼其名，并赐九锡之礼。杨坚接受了王爵，只领十个郡的封邑。

十二月二十日辛未，杨坚诛杀代奰王宇文达、滕闻王宇文逌以及他们的儿子。

十二月二十日壬申，任命小冢宰元孝规为大司徒。

这一年，北周境内有州二百一十一，郡五百零八。

【点评】

隋文帝夺孤儿寡母之权。北周之末，隋国公杨坚以外戚辅孤之重，从孤儿寡妇手中夺取政权，如暴风骤雨般突发，大行皇帝还未下葬就发动了宫廷政变，一年之间政权易手，禅代之速旷古未有。南北朝时期，无论北朝还是南朝，军队干政，武力夺取，禅代为饰，天命频繁转移，人情习以为常是其外因。而周宣帝性情乖张，暴虐不仁，朝野失望，导致北周从鼎盛急剧衰落是内因。周宣帝又自剪枝辅，诛齐王宇文宪，为权臣杨坚篡政作嫁衣。周宣帝的猜忌与无行，煽起了权臣的野心，留下了极为深刻的历史教训。

陈纪九

陈宣帝太建十三年至陈长城公至德元年（581—583年）

【起重光赤奋若（辛丑，581年），尽昭阳单阏（癸卯，583年），凡三年】

【大事提要】

本卷记述公元581年至公元583年南北朝史事，凡三年，时当陈宣帝太建十三年至陈长城公至德元年，北朝周隋交替，北周静帝大定元年，隋文帝开皇元年、二年、三年。隋朝初建，隋文帝任贤、纳谏，约法省刑，颁布刑律，对内励精图治，对外坚决抗击突厥，北朝出现了新气象，隋朝欣欣向荣。南朝陈宣帝辞世，陈叔陵狂愚，发动政变未遂，暴露了陈朝的腐朽。于是隋文帝有灭陈之志，北方名将贺若弼出镇广陵，韩擒虎出镇庐江，南北统一的曙光初现。

【原文】

高宗宣皇帝下之下

太建十三年（辛丑，581 年）

春，正月，壬午，以晋安王伯恭为尚书左仆射，吏部尚书袁宪为右仆射。宪，枢之弟也。

周改元大定。

二月，甲寅，隋王始受相国、百揆、九锡，建台置官。丙辰，诏进王妃独孤氏为王后，世子勇为太子。

开府仪同大将军庾季才，劝隋王宜以今月甲子应天受命。太傅李穆、开府仪同大将军卢贲亦劝之。于是周主下诏，逊居别宫。甲子，命兼太傅杞公椿奉册，大宗伯赵煚奉皇帝玺绂，禅位于隋。隋主冠远游冠；受册、玺，改服纱帽、黄袍；入御临光殿，服衮冕，如元会之仪。大赦，改元开皇。命有司奉册祀于南郊。遣少冢宰元孝矩代太子勇镇洛阳。孝矩名矩，以字行，天赐之孙也；女为太子妃。

少内史崔仲方劝隋主除周六官，依汉、魏之旧，从之。置三师、三公及尚书、门下、内史、秘书、内侍五省，御史、都水二台，太常等十一寺，左右卫等十二府，以分司统职。又置上柱国至都督十一等勋官，以酬勤劳；特进至朝散大夫七等散官，以加文武官之有德声者。改侍中为纳言。以相国司马高颎为尚书左仆射，兼纳言，相国司录京兆虞庆则为内史监，兼吏部尚书，相国内郎李德林为内史令。

乙丑，追尊皇考为武元皇帝，庙号太祖；皇妣吕氏为元明皇后。丙寅，修庙社。立王后独孤为皇后，王太子勇为皇太子。丁卯，以太尉赵煚为尚书右仆射。己巳，封周静帝为介公。周氏诸王皆降爵为公。

初，刘、郑矫诏以隋主辅政，杨后虽不预谋，然以嗣子幼冲，恐权在他族，闻之，甚喜。后知其父有异图，意颇不平，形于言色，及禅位，愤惋逾甚。隋主内甚愧之，改封乐平公主，久之，欲夺其志；公主誓不许，乃止。

【语译】

高宗宣皇帝下之下

陈宣帝太建十三年（辛丑，581年）

春季，正月初一日壬午，陈宣帝任命晋安王陈伯恭为尚书左仆射，吏部尚书袁宪为右仆射。袁宪，是袁枢的弟弟。

北周改年号为大定。

二月初四日甲寅，隋王杨坚正式接受相国、百揆、九锡等任命和赏赐，设置台省。二月初六日丙辰，北周静帝下诏进封隋王妃独孤氏为王后，隋王嫡长子杨勇为王太子。

开府仪同大将军庾季才，劝隋王杨坚应在本月甲子日顺应天命，即皇帝位。太傅李穆、开府仪同大将军卢贲也劝进。于是北周静帝下诏，禅让帝位，迁居别宫。二月十四日甲子，北周静帝命令兼太傅杞公宇文椿捧持册书，大宗伯赵煚捧持皇帝玉玺，禅位给隋文帝。隋文帝戴上远游冠，接受了册书、玉玺，改戴纱帽，穿上黄袍，然后进入临光殿，穿戴冠冕兖服，按照元旦皇帝朝会百官的礼仪举行朝会。大赦天下，改元年号为开皇。命令主管部门奉持册书在南郊祭天。又派小冢宰元孝矩接替太子杨勇镇守洛阳。元孝矩，名矩，以字号行世，是元天赐的曾孙。元孝矩之女是太子杨勇的妃子。

少内史崔仲方劝隋文帝废除北周六官制度，改用汉魏旧制，隋文帝听从了。设置三师、三公，以及尚书、门下、内史、秘书、内侍五省，御史、都水两台，太常等十一个寺，左右卫十二府，用以分别统领各司官职、又设置上柱国到都督十一级勋官，用以酬报建功的人；特进到朝散大夫有七等散官，用来给有德政声望的文武官员作加官，改侍中为纳言。任用相国司马高颎为尚书左仆射，兼职纳言，相国司录京兆人虞庆则为内史监，兼吏部尚书，相国内郎李德林为内史令。

二月十五日乙丑，追尊皇考杨忠为武元皇帝，庙号太祖；皇妣吕氏为元明皇后。二月十六日丙寅，修缮庙社。册立王后独孤氏为皇后，立王太子杨勇为皇太子。二月十七日丁卯，任命太尉赵煚为尚书右仆射。二月十九日己巳，封北周静帝宇文衍为介公，原北周宗室各位王爵都降为公。

当初，刘昉、郑译假称北周天元皇帝诏书，引杨坚入宫辅政，天元杨皇后没有参与谋划，由于静帝年幼，担心政权落入外人手中，听说召请自己的父亲辅政，心中非常高兴。后来觉察到父亲别有野心，内心十分气愤，表露在说话脸色上，等到北周静帝禅位给杨坚，她更加愤恨和悲伤。隋文帝内心也感到惭愧，改封杨皇后为乐平公主，又过了一些日子，想逼乐平公主改嫁，乐平公主誓死不从，这才罢手。

隋主与周载下大夫北平荣建绪有旧，隋主将受禅，建绪为息州刺史；将之官，隋主谓曰：“且踌躇，当共取富贵。”建绪正色曰：“明公此旨，非仆所闻。”及即位，来朝，帝谓之曰：“卿亦悔不？”建绪稽首曰：“臣位非徐广，情类杨彪。”帝怒曰：“朕虽不晓书语，亦知卿此言不逊！”

上柱国窦毅之女，闻隋受禅，自投堂下，抚膺太息曰：“恨我不为男子，救舅氏之患！”毅及襄阳公主掩其口曰：“汝勿妄言，灭吾族！”毅由是奇之。及长，以适唐公李渊。渊，昞之子也。

虞庆则劝隋主尽灭宇文氏，高颎、杨惠亦依违从之，李德林固争，以为不可，隋主作色曰：“君书生，不足与议此！”于是周太祖孙谯公乾恽、冀公绚，闵帝子纪公湜，明帝子酆公贞、宋公实，高祖子汉公赞、秦公贽、曹公允、道公充、蔡公兑、荆公元，宣帝子莱公衍、郢公术皆死。德林由此品位不进。

乙亥，上耕藉田。

隋主封其弟邵公慧为滕王，安公爽为卫王，子雁门公广为晋王，俊为秦王，秀为越王，谅为汉王。

隋主赐李穆诏曰：“公既旧德，且又父党。敬惠来旨，义无有违。即以今月十三日恭膺天命。”俄而穆入朝，帝以穆为太师，赞拜不名；子孙虽在襁褓，悉拜仪同，一门执象笏者百余人，贵盛无比。又以上柱国窦炽为太傅，幽州总管于翼为太尉。李穆上表乞骸骨，诏曰：“吕尚以期颐佐周，张苍以华皓相汉，高才命世，不拘常礼。”仍以穆年耆，敕蠲朝集，有大事，就第询访。

美阳公苏威，绰之子也，少有令名，周晋公护强以女妻之。威见护专权，恐祸及己，屏居山寺，以讽读为娱。周高祖闻其贤，除车骑大将军、仪同三司，又除稍伯下大夫，皆辞疾不拜；宣帝就除开府仪同大将军。隋主为丞相，高颎荐之，隋主召见，与语，大悦；居月余，闻将受禅，遁归田里。颎请追之，隋主曰：“此不欲预吾事耳，置之。”及受禅，

隋文帝与原北周载下大夫北平人荣建绪是老朋友，杨坚准备接受禅让，荣建绪为息州刺史；打算赴任，杨坚对他说："请暂时停留，与我一起取富贵。"荣建绪严肃地说："明公想要说的话，我不想听。"等到杨坚登上帝位，荣建绪入朝，隋文帝对他说："你后悔了吧？"荣建绪叩头说："我的处境虽然比不上晋宋禅让时东晋臣子徐广，大概可以与汉魏禅让时汉臣杨彪差不多。"隋文帝听后发怒说："朕不懂你的引经据典，可知道你说的话很不恭敬。"

原北周上柱国窦毅的女儿听到隋禅代了北周，气愤得倒在了堂下，拍打着胸脯叹息说："只恨我不是一个男子，没法去拯救舅家的灾难。"窦毅和襄阳公主赶紧捂住她的嘴说："你不要乱说，当心惹下灭门的祸。"窦毅由此看出女儿不平凡，等到长大以后，嫁给了唐公李渊。李渊，是李昞的儿子。

隋朝内史监虞庆则劝隋文帝杀尽宇文氏，高颎、杨惠也违心地赞成，只有内史令李德林坚决反对，认为不可以。隋文帝变了脸色说："你是一个书呆子，不够资格讨论这件事。"于是周太祖宇文泰的孙子谯国公宇文乾恽、冀国公宇文绚，北周闵帝宇文觉的儿子纪国公宇文湜，北周明帝宇文毓的儿子酆国公宇文贞、宋国公宇文实，北周高祖宇文邕的儿子汉国公宇文赞、秦国公宇文贽、曹国公宇文允、道国公宇文充、蔡国公宇文兑、荆国公宇文元，北周宣帝宇文赟的儿子莱国公宇文衍、郢国公宇文术全都被处死。李德林因为这事官职再没有升迁。

二月二十五日乙亥，陈宣帝举行亲耕藉田典礼。

隋文帝册封弟弟邵公杨慧为滕王，安公杨爽为卫王，册封皇子雁门公杨广为晋王、杨俊为秦王、杨秀为越王、杨谅为汉王。

隋文帝赐给并州总管李穆的诏书说："你德高望重，又是家父的同辈好友。承蒙你来信劝我顺应天命，于义于理不敢违背，已于本月十三日恭敬地接受天命。"不久，李穆入朝，隋文帝任用他为太师，特许在朝拜时司仪不直呼他的名字；子孙即使是幼婴，一律授予仪同三司的官。李穆家族，执笏封官的有一百多人，尊贵隆盛没有人可比。又任用上柱国窦炽为太傅，幽州总管于翼为太尉。李穆上表请求退休，隋文帝下诏说："姜太公吕尚百岁高龄尚能辅佐周朝，张苍白发老翁做了汉朝的丞相，高才伟人出现在世上，不应拘泥于常礼。"确实考虑到李穆年事已高，敕令他免了朝会，碰上有军国大事，便派人到他府第咨询访问。

美阳公苏威，是苏绰的儿子，年少时就有很好的名声，北周晋国公宇文护硬把女儿嫁给他。苏威看到宇文护专权，害怕自己受牵连遭祸，便隐居到山林寺院中，以诵读诗书打发日子。北周武帝宇文邕听说他贤能，任用他为车骑大将军、仪同三司，又册封他为稍伯下大夫，苏威都称病没有接受；北周宣帝宇文赟时他才接受开府仪同大将军。隋文帝当了丞相，高颎推荐苏威，杨坚召见，与苏威谈话，非常高

征拜太子少保，追封其父为邳公，以威袭爵。

丁丑，隋以晋王广为并州总管，三月，戊子，以上开府仪同三司贺若弼为吴州总管，镇广陵；和州刺史河南韩擒虎为庐州总管，镇庐江。隋主有并吞江南之志，问将帅于高颎，颎荐弼与擒虎，故置于南边，使潜为经略。

戊戌，以太子少保苏威兼纳言、度支尚书。

初，苏绰在西魏，以国用不足，制征税法颇重，既而叹曰："今所为者，譬如张弓，非平世法也。后之君子，谁能弛之！"威闻其言，每以为己任。至是，奏减赋役，务从轻简，隋主悉从之，渐见亲重，与高颎参掌朝政。帝尝怒一人，将杀之；威入阁进谏，帝不纳，将自出斩之，威当帝前不去；帝避之而出，威又遮止。帝拂衣而入，良久，乃召威谢曰："公能若是，吾无忧矣。"赐马二匹，钱十余万，寻复兼大理卿、京兆尹、御史大夫，本官悉如故。

治书侍御史安定梁毗，以威兼领五职，安繁恋剧，无举贤自代之心，抗表劾威，帝曰："苏威朝夕孜孜，志存远大，何遽迫之！"因谓朝臣曰："苏威不值我，无以措其言；我不得苏威，何以行其道。杨素才辩无双，至于斟酌古今，助我宣化，非威之匹也。威若逢乱世，南山四皓，岂易屈哉！"威尝言于帝曰："臣先人每戒臣云：'唯读《孝经》一卷，足以立身治国，何用多为！'"帝深然之。

高颎深避权势，上表逊位，让于苏威，帝欲成其美，听解仆射。数日，帝曰："苏威高蹈前朝，颎能推举。吾闻进贤受上赏，宁可使之去官！"命颎复位。颎、威同心协赞，政刑大小，帝无不与之谋议，然后行之。故革命数年，天下称平。

太子左庶子卢贲，以颎、威执政，心甚不平，时柱国刘昉亦被疏忌。

兴。苏威在京住了一个多月，听说杨坚要禅代北周，就逃回故里。高颎请求追苏威回京，隋文帝说："这一举动就是不想参与我们的事，别管他。"等到受禅以后，隋文帝征召苏威，任命他为太子少保，追封他的父亲为邳公，由苏威承袭爵位。

二月二十七日丁丑，隋文帝任命晋王杨广为并州总管，三月初八日戊子，任命上开府仪同三司贺若弼为吴州总管，镇守广陵。任命和州刺史韩擒虎为庐州总管，镇守庐江。隋文帝有吞并江南的雄心壮志，问高颎谁可担任将帅，高颎推荐贺若弼和韩擒虎，因此特别安置他们两人镇守南部边境，要他们暗中准备讨伐陈朝的工作。

三月十八日戊戌，隋文帝任命太子少保苏威兼任纳言、度支尚书。

当初，苏绰在西魏时，因为国家财政吃紧，所以制定了较重的征税法，实行后他感慨地说："我今天的所作所为，就像拉满的弓，不是太平时期的法度。后世的君子，谁能够放宽它呢！"苏威听到了这番话，时时把这件事作为自己的责任。到了这时，苏威上奏请求减轻赋税徭役，一定从轻从简，隋文帝一一听从，日益受到信任和重用，与高颎一起参议执掌朝政。隋文帝曾经恼怒一个人，将要杀掉他，苏威进入殿阁劝谏，隋文帝不听，准备亲自出去监斩那个人，苏威挡在隋文帝的前边不离开，隋文帝避开他绕过去，苏威又走上前去拦住。隋文帝一怒之下拂衣回到宫中，过了好一阵，才召见苏威致歉说："你能够这样，我没有什么忧虑了。"赏赐苏威马两匹，钱十余万，不久又任命苏威兼大理卿、京兆尹、御史大夫，原任官职不变。

治书侍御史安定人梁毗，认为苏威兼任五个职位，安心于繁重的事务，贪恋高官显爵，没有举荐贤才分担自己的心思，于是上表弹劾苏威，隋文帝发话说："苏威从早到晚孜孜不倦地工作，志向远大，你为什么要逼他辞去兼职呢！"便又对当朝众臣们说："苏威如果没有遇上我，就无法说出他的改革理想；朕如果没有得到苏威，就无法推行安邦定国的制度。杨素口才识见，天下没有第二个，说到斟酌古今改革制度，辅弼我宣导教化，却比不上苏威。苏威如果碰上乱世，如同汉初南山四皓，难道能轻易地让他屈身出仕吗？"苏威曾经对隋文帝说："臣的父亲经常告诫我说：'只要熟读一部《孝经》，就足可以立身治国，何必读很多书。'"隋文帝深深赞赏。

高颎极力避开权势，上表请求辞职，让位给苏威，隋文帝想成全他让贤的美名，允准他辞去仆射的职务。过了几天，隋文帝说："苏威在前朝隐居不仕，高颎推荐了他。我听说举荐贤才的人应当给予最高的奖赏，怎么能让他辞官呢！"命令高颎官复原职。高颎、苏威同心协力辅佐，无论大小的政令和案件，隋文帝没有不先找他俩商议，然后才颁布施行的。所以，隋文帝禅代改变天命只几年工夫，天下便告治平。

太子左庶子卢贲，因高颎、苏威执掌朝政，心中非常不平。当时柱国刘昉也被

贲因讽昉及上柱国元谐、李询、华州刺史张宾等谋黜颎、威，五人相与辅政。又以晋王广有宠于帝，私谓太子曰："贲欲数谒殿下，恐为上所谴，愿察区区之心。"谋泄，帝穷治其事，昉等委罪于宾、贲。公卿奏二人当死，帝以故旧，不忍诛，并除名为民。

庚子，隋诏前代品爵，皆依旧不降。

丁未，梁主遣其弟太宰岩入贺于隋。

夏，四月，辛巳，隋大赦。戊戌，悉放太常散乐为民，仍禁杂戏。

散骑常侍韦鼎、兼通直散骑常侍王瑳聘于周。辛丑，至长安，隋已受禅，隋主致之介国。

隋主召汾州刺史韦冲为兼散骑常侍。时发稽胡筑长城，汾州胡千余人，在涂亡叛。帝召冲问计，对曰："夷狄之性，易为反覆，皆由牧宰不称之所致。臣请以理绥静，可不劳兵而定。"帝然之，命冲绥怀叛者，月余皆至，并赴长城之役。冲，敻之子也。

五月，戊午，隋封邗公雄为广平王，永康公弘为河间王。雄，高祖之族子也。

隋主潜害周静帝而为之举哀，葬于恭陵；以其族人洛为嗣。

（以上为第一段，写隋文帝受禅，以及一系列人事安排，建立和巩固了隋朝。）

六月，癸未，隋诏郊庙冕服必依《礼经》。其朝会之服、旗帜、牺牲皆尚赤，戎服以黄，常服通用杂色。秋，七月，乙卯，隋主始服黄，百僚毕贺。于是百官常服，同于庶人，皆著黄袍；隋主朝服亦如之，唯以十三环带为异。

八月，壬午，隋废东京官。

吐谷浑寇凉州，隋主遣行军元帅乐安公元谐等步骑数万击之。谐击

疏远和猜忌，于是卢贲暗示刘昉和上柱国元谐、李洵、华州刺史张宾等五人密谋废黜高颎、苏威，由他们五人共同辅政。又由于晋王杨广受到隋文帝的宠爱，卢贲就暗地里对太子杨勇说："我本想经常来拜谒殿下，但担心被皇上察觉受到责备，希望殿下明白我的一片诚心。"后来他们的密谋败露，隋文帝彻底追查元凶，刘昉等人把罪责推到张宾和卢贲头上。公卿大臣上奏论张宾、卢贲两人应处死，隋文帝考虑到他们是故旧，不忍心处死，只将他们削职为民。

三月二十日庚子，隋文帝下诏，公卿百官，凡在前朝北周时所任官职，依旧原任，不予改任降职。

三月二十七日丁未，后梁国主萧岿派遣他的弟弟太宰萧岩到长安祝贺隋文帝登基。

夏季，四月初二日辛巳，隋朝大赦。四月十九日戊戌，全部释放在太常寺演奏散乐的乐籍人为平民，并禁演杂戏。

陈朝宣帝派遣散骑常侍韦鼎、兼通直散骑常侍王瑳出使北周。四月二十二日辛丑，王瑳到达长安，隋文帝已接受禅位，隋文帝就把他们送到周静帝受封的介国。

隋文帝征召汾州刺史韦冲入朝，任命为兼散骑常侍。当时征发稽胡族人修筑长城，汾州胡人有一千多在半途逃亡。隋文帝召见韦冲询问办法，韦冲回答说："夷狄人的天性，反复无常，这都是由于州县长官不称职造成的。臣请求前去以理招抚，不必用兵镇压即可安定。"隋文帝认为说得对，就命令韦冲前去安抚叛逃的胡人，只一个多月，逃散的胡人都回来了，并且全都到长城上去服役筑城。韦冲，是韦夐的儿子。

五月初十日戊午，隋朝册封邗［邘］公杨雄为广平王，永康公杨弘为河间王。杨雄，是隋文帝的族子。

隋文帝暗中杀害了周静帝，然后为他举行葬礼，下葬在恭陵；把他的族人宇文洛过继为后嗣。

六月初五日癸未，隋文帝下诏规定：在郊祀上天和祭祀祖先时，冠冕服饰都必须按照《礼经》；在朝会时所穿的朝服、典礼时所用的旗帜、祭祀的牺牲，一律用红色为尊，军队将士的军服用黄色，官吏平民所用的常服可以是杂色。秋季，七月初八日乙卯，隋文帝第一次穿上黄色衣服，文武百官一齐庆贺。于是百官的常服，与平民百姓相同，都穿黄袍；隋文帝的朝服也同大家一样，只有一点不同，隋文帝的衣服系有十三环金带。

八月初五日壬午，隋朝废除了东京官。

吐谷浑侵犯凉州，隋文帝派遣行军元帅乐安公元谐等统领步骑数万出击。元谐

破吐谷浑于丰利山，又败其太子可博汗于青海，俘斩万计。吐谷浑震骇，其王侯三十人各帅所部来降。吐谷浑可汗夸吕帅亲兵远遁。隋主以其高宁王移兹裒为河南王，使统降众。以元谐为宁州刺史，留行军总管贺娄子干镇凉州。

九月，庚午，将军周罗睺攻隋故墅，拔之。萧摩诃攻江北。

隋奉车都尉于宣敏奉使巴、蜀还，奏称："蜀土沃饶，人物殷阜，周德之衰，遂成戎首。宜树建藩屏，封殖子孙。"隋主善之。辛未，以越王秀为益州总管，改封蜀王。宣敏，谨之孙也。

隋以上柱国长孙览、元景山并为行军元帅，发兵入寇；命尚书左仆射高颎节度诸军。

初，周、齐所铸钱凡四等，及民间私钱，名品甚众，轻重不等。隋主患之，更铸五铢钱，背、面、肉、好皆有周郭，每一千重四斤二两。悉禁古钱及私钱。置样于关；不如样者，没官销毁之。自是钱币始壹，民间便之。

隋郑译以上柱国归第，赏赐丰厚。译自以被疏，呼道士醮章祈福，为婢所告，以为巫蛊，译又与母别居，为宪司所劾，由是除名。隋主下诏曰："译若留之于世，在人为不道之臣；戮之于朝，入地为不孝之鬼。有累幽显，无所置之。宜赐以《孝经》，令其熟读。"仍遣与母共居。

初，周法比于齐律，烦而不要，隋主命高颎、郑译及上柱国杨素、率更令裴政等更加修定。政练习典故，达于从政，乃采魏、晋旧律，下至齐、梁，沿革重轻，取其折衷。时同修者十余人，凡有疑滞，皆取决于政。于是去前世枭、轘及鞭法，自非谋叛以上，无收族之罪。始制死刑二，绞、斩；流刑三，自二千里至三千里；徒刑五，自一年至三年；杖刑五，自六十至百。笞刑五，自十至五十。又制议、请、减、赎、官当之科以优士大夫。除前世讯囚酷法，考掠不得过二百；枷杖大小，咸有程式。民有枉屈，县不为理者，听以次经郡及州；若仍不为理，听诣阙伸诉。

在丰利山大败吐谷浑，又在青海打败了吐谷浑太子可博汗，杀死和俘虏的有一万多人。吐谷浑惊骇震恐，他们的王侯有三十人带领所部投降。吐谷浑可汗夸吕率领亲兵远逃。隋文帝册封吐谷浑高宁王移兹裒为河南王，由他统领归降的吐谷浑部众。任命元谐为宁州刺史，留行军总管贺娄子干镇守凉州。

九月二十四日庚午，陈朝大将周罗睺攻打隋朝的故墅城，并占领了这座城。陈将萧摩诃攻打江北地区。

隋朝奉车都尉于宣敏出使巴蜀还朝，上奏说："蜀地肥沃富饶，人才辈出，物产丰富，周朝德运衰弱之后，于是王谦得以起兵。陛下应当在那里建立藩国，封立王室子孙。"隋文帝非常赞成。九月二十五日辛未，任命越王杨秀为益州总管，改封蜀王。于宣敏，是于谨的孙子。

隋朝任命上柱国长孙览、元景山并为行军元帅，发兵入侵陈朝；任命尚书左仆射高颎掌控各路总管军队。

起初，北周、北齐所铸造的钱币分为四等，以及民间私铸的钱币，名称品种很多，轻重也不一样。隋文帝十分忧虑，便下令重铸五铢钱。所铸钱的背面、正面、钱身、钱孔、外圆内方都符合规范，每一千枚五铢钱总重四斤二两。前代古币和民间私铸的钱一律禁用。在全国各个关口，放置五铢钱样品，不合样品的钱，一律没收重铸。从这以后，钱币统一，百姓感到十分方便。

隋朝郑译以上柱国职位退休归家，赏赐的物品非常丰厚。郑译认为自己被疏远，便请来道士做法事，祈求福助，被奴婢告发，说他用巫蛊法术咒人，郑译又与母亲分居，被主管御史弹劾，最终被削职为民。隋文帝颁下诏书说："郑译如果留在人世间，做人是一个不守臣道的臣子；如果把他在朝堂上处死，到了地下是一个不孝的恶鬼。不论是死是活，都牵累阴阳两界，实在没地方安置他。应当赐给他一部《孝经》，强制他熟读书。"并命令他与母亲同住在一起。

起初，北周的刑律和北齐相比，条文烦琐不简要，隋文帝命令高颎、郑译，以及上柱国杨素、率更令裴政等人重新修订。裴政熟悉典章故事，懂得如何执政，于是采取魏晋旧律，参考齐、梁法典，考察前后沿袭变革，宽严轻重的取舍，折中适宜。当时，参与一同修订刑律的有十余人，凡有疑难之处，皆由裴政裁定。于是废除了前代斩首示众、车裂，以及鞭打致死等酷刑条例。只要不是谋反以上的重罪，不收捕家族株连。新律规定死刑有两等，一是绞，二是斩；流放刑律有三等，流放二千里至三千里；徒刑有五等，服刑一年到三年；杖刑有五等，杖六十至一百；笞刑有五等，用竹板打十至五十板。又制定了对行政官员的八议、申请减罪、官品减罪、纳钱赎罪、官职抵罪等条款，用来优待士大夫。又废除前代审讯囚徒时使用的酷刑，规定刑讯拷打不得超过二百下，刑具枷杖的大小，也做出了规定。平民百姓

冬，十月，戊子，始行新律。诏曰："夫绞以致毙，斩则殊形，除恶之体，于斯已极。枭首、轘身，义无所取，不益惩肃之理，徒表安忍之怀。鞭之为用，残剥肤体，彻骨侵肌，酷均脔切。虽云往古之式，事乖仁者之刑。枭、轘及鞭，并令去之。贵带砺之书，不当徒罚；广轩冕之荫，旁及诸亲。流役六年，改为五载；刑徒五岁，变从三祀。其余以轻代重，化死为生，条目甚多，备于简策。杂格、严科，并宜除削。"自是法制遂定，后世多遵用之。

隋主尝怒一郎，于殿前笞之。谏议大夫刘行本进曰："此人素清，其过又小，愿少宽之。"帝不顾。行本于是正当帝前曰："陛下不以臣不肖，置臣左右，臣言若是，陛下安得不听；若非，当致之于理。"因置笏于地而退。帝敛容谢之，遂原所笞者。行本，璠之兄子也。

独孤皇后，家世贵盛而能谦恭，雅好读书，言事多与隋主意合，帝甚宠惮之，宫中称为"二圣"。帝每临朝，后辄与帝方辇而进，至阁乃止。使宦官伺帝，政有所失，随即匡谏。候帝退朝，同反燕寝。有司奏称："《周礼》百官之妻，命于王后，请依古制。"后曰："妇人与政，或从此为渐，不可开其源也。"大都督崔长仁，后之中外兄弟也，犯法当斩，帝以后故，欲免其罪。后曰："国家之事，焉可顾私！"长仁竟坐死。后性俭约，帝尝合止利药，须胡粉一两。宫内不用，求之，竟不得。又欲赐柱国刘嵩妻织成衣领，宫内亦无之。

然帝惩周氏之失，不以权任假借外戚，后兄弟不过将军、刺史。帝外家吕氏，济南人，素微贱，齐亡以来，帝求访，不知所在。及即位，始求得舅子吕永吉，追赠外祖双周为太尉，封齐郡公，以永吉袭爵。永吉从父道贵，性尤顽骙，言词鄙陋，帝厚加供给，而不许接对朝士。拜上仪同三司，出为济南太守；后郡废，终于家。

不服判决的冤案，县府不受理复审的，可以依次向郡、州提起上诉，如果郡、州仍不受理的，准许到京城直接向朝廷申诉。

冬季，十月十二日戊子，隋朝开始颁行新律。隋文帝下诏说："绞刑能致人死命，斩刑则使人身首分离，除奸去恶的刑法，这两项已达到极点。斩首示众、车裂，这种极刑没有人道，它对于惩恶肃纪没有好处，只是表现了安于残忍的狠心。用鞭子抽打的刑法，故意摧残囚犯的体肤，侵害肌肉，痛入骨髓，它酷虐的程度如同用刀切割，虽然是古代沿袭下来的，实在有损仁者的刑法。因此，斩首示众、车裂，以及鞭刑，全都废除。尊重功臣勋爵，不对他们使用徒刑；扩大高官显贵的荫庇，旁及他们的宗亲。前代旧法最高流刑六年，减为五年；前代五年徒刑，减为三年。其他惩罚条款，都以轻代重，改变死刑为有期徒刑的条款很多，全都载在法典上。其余烦琐的条律、严酷的禁令，也一律削除。"从隋朝开始，宽缓的刑律制度确定下来，后世各代多遵用隋律。

隋文帝曾经恼恨一位郎官，就在殿前用竹板打他。谏议大夫刘行本上前劝阻说："这位郎官一向清廉，犯的过失又小，希望陛下宽大他。"隋文帝不理睬。刘行本于是站到隋文帝跟前说："陛下不认为臣无能，把我安置在左右，臣说的话如果是对的，陛下怎能不听！如果说错了，交给司法审理。"说罢，便将笏板丢在地上退朝。隋文帝严肃地向刘行本道歉，宽赦了那位郎官。刘行本，是刘璠哥哥的儿子。

独孤皇后，家族世代显贵，而她却能够谦恭待人，喜欢读书学习，议论政事多与隋文帝的心意暗合，隋文帝很宠幸她，也敬畏她，宫中并称帝后为"二圣"。隋文帝每天上朝，独孤皇后都与隋文帝并辇前往，一直送到阁门才停止。独孤皇后还派宦官伺察文帝的言行，只要朝政有什么缺失，随即谏正。隋文帝退朝后，独孤皇后又陪同他一起回到寝宫。主管部门奏称："按照《周礼》，百官妻子的封号，应由皇后裁定，请求依照古制。"独孤皇后说："妇人干政，或许就会从这里开始蔓延我不能带这个头。"大都督崔长仁是独孤皇后的表兄，犯法应当斩首，隋文帝看在皇后的面上，想要赦免他的罪行。独孤皇后说："国家的事情，不能顾念私情。"崔长仁终于被依法处死。独孤皇后生性俭约，隋文帝曾经要配制一服止泻药，须用胡粉一两。皇后宫中平常不用这些化妆品，竟然找不到。隋文帝又曾经要赏赐上柱国刘嵩的妻子一件织成的衣领，宫中也没有。

由于隋文帝吸取北周丧失天下的教训，从不把大权要职授给外戚，独孤皇后的兄弟最高职位只不过是将军、刺史。隋文帝的外祖家族吕氏，是济南人，贫寒微贱，北齐灭亡后，隋文帝多方寻找，始终没有下落。等到即了皇帝位，才找到舅舅吕永吉，追赠外祖父吕双周为太尉，封齐郡公，让吕永吉继承爵位。吕永吉的叔父吕道贵，生性冥顽痴呆，说话鄙陋粗俗，隋文帝供给他丰厚的生活物质，不许他与朝士

壬辰，隋主如岐州。

岐州刺史安定梁彦光，有惠政，隋主下诏褒美，赐束帛及御伞，以厉天下之吏；久之，徙相州刺史。岐俗质厚，彦光以静镇之，奏课连为天下最。及居相，部如岐州法。邺自齐亡，衣冠士人多迁入关，唯工商乐户移实州郭，风俗险诐，好兴谣讼，目彦光为“著帽饧”。帝闻之，免彦光官。岁余，拜赵州刺史。彦光自请复为相州，帝许之。豪猾闻彦光再来，皆嗤之。彦光至，发擿奸伏，有若神明，豪猾潜窜，阖境大治。于是招致名儒，每乡立学，亲临策试，褒勤黜怠。及举秀才，祖道于郊，以财物资之。于是风化大变，吏民感悦，无复讼者。

时又有相州刺史陈留樊叔略，有异政，帝以玺书褒美，班示天下，征拜司农。

新丰令房恭懿，政为三辅之最，帝赐以粟帛。雍州诸县令朝谒，帝见恭懿，必呼至榻前，咨以治民之术。累迁德州司马。帝谓诸州朝集使曰：“房恭懿志存体国，爱养我民，此乃上天宗庙之所祐。朕若置而不赏，上天宗庙必当责我。卿等宜师范之。”因擢为海州刺史。由是州县吏多称职，百姓富庶。

十一月，丁卯，隋遣兼散骑侍郎郑抝来聘。

十二月，庚子，隋主还长安，复郑译官爵。

广州刺史马靖，得岭表人心，兵甲精练，数有战功。朝廷疑之，遣吏部侍郎萧引观靖举措，讽令送质，外托收督赕物，引至番禺。靖即遣子弟入质。

是岁，隋主诏境内之民任听出家，仍令计口出钱，营造经像。于是时俗随风而靡，民间佛书，多于《六经》数十百倍。

突厥佗钵可汗病且卒，谓其子庵逻曰：“吾兄不立其子，委位于我。我死，汝曹当避大逻便。”及卒，国人将立大逻便。以其母贱，众不服；

大夫接触交友。封吕道贵为上仪同三司，外出为济南太守；后来废了济南郡，吕道贵失职，终老于家。

十月十六日壬辰，隋文帝到岐州。

岐州刺史安定人梁彦光有德政，隋文帝下诏嘉奖他，赏赐束帛和御伞，用以激励全国的官员。过了一阵，迁调梁彦光为相州刺史。岐州民风淳厚，梁彦光无为而治，奏课连年为全国第一位。等到迁调为相州刺史，治理方法同在岐州一样。但相州治所邺城，自从北齐灭亡以后，衣冠士族大多迁入关中，只有那些手工业者、商户、乐户迁入充实邺城，因此民风奸险邪僻，喜欢生事诉讼，把梁彦光看成“戴帽的饴糖”。隋文帝听说后，罢免了梁彦光。一年以后，起用为赵州刺史。梁彦光请求复官为相州刺史，隋文帝准许了。相州的豪强猾吏听说后都嘲笑他。梁彦光到任后，举发奸邪所犯的隐秘案件，审理惩治，有如神明，豪强猾吏，潜逃隐伏，全境大治。梁彦光于是延请名儒，在每一个乡设立学校，亲自到学校主持考试，嘉奖勤奋上进的学生，开除怠惰落后的学生。推举秀才进京考试，梁彦光送行，资助路费。于是相州的社会风气大变，官吏百姓都感激心服，再没有打官司的人。

当时，相州又出了一个刺史陈留人樊叔略，政绩突出，隋文帝颁下玺书给予表扬，传示全国，征召入京任命为大司农。

新丰县令房恭懿的政绩在三辅地区列第一，隋文帝赏赐给他粟米绢帛。每当雍州所属各县令朝谒皇上，隋文帝看到房恭懿，一定召他到跟前就座，向他询问治民的方略。一次次升迁做了德州司马。隋文帝对各州派遣到京师的朝集使说：“房恭懿一心为国，爱护百姓，这是上天和祖先赐下的福佑。朕如果视而不见，不对房恭懿赏赐，上天和祖先一定责怪我。你们一定以他为榜样。”于是升迁房恭懿为海州刺史。因此，当时州县的长官大多称职，百姓富足安定。

十一月二十二日丁卯，隋朝派遣兼散骑侍郎郑㧑出使陈朝。

十二月二十五日庚子，隋文帝返回长安，恢复郑译的官职和爵位。

陈朝的广州刺史马靖，在岭南地区深得人心，兵马器械精良，多次立有战功。朝廷猜忌他，派吏部侍郎萧引监视他的动静，暗示马靖向朝廷送交人质。萧引表面上是到岭南督收蛮夷部族向朝廷送交的贡物。萧引到达番禺，马靖立即送子弟到朝廷作人质。

这一年，隋文帝下诏全国，听任老百姓出家为僧尼，并按人口摊派出钱营造佛经、佛像。这样一来，民风时俗随风转向，民间的佛经书籍，多于《六经》数十倍到一百倍。

突厥佗钵可汗病危快要死时，对儿子庵逻说：“我的哥哥木杆可汗不立儿子大逻便，而传位给我。我死后，你们兄弟应当避让大逻便。”等到佗钵可汗死后，国人遵

庵逻实贵，突厥素重之。摄图最后至，谓国人曰：“若立庵逻者，我当帅兄弟事之。若立大逻便，我必守境，利刃长矛以相待。”摄图长，且雄勇，国人莫敢拒，竟立庵逻为嗣。大逻便不得立，心不服庵逻，每遣人詈辱之。庵逻不能制，因以国让摄图。国中相与议曰：“四可汗子，摄图最贤。”共迎立之，号沙钵略可汗，居都斤山。庵逻降居独洛水，称第二可汗。大逻便乃谓沙钵略曰：“我与尔俱可汗子，各承父后。尔今极尊，我独无位，何也？”沙钵略患之，以为阿波可汗，还领所部。又沙钵略从父玷厥，居西面，号达头可汗。诸可汗各统部众，分居四面。沙钵略勇而得众，北方皆畏附之。

隋主既立，待突厥礼薄，突厥大怨。千金公主伤其宗祀覆灭，日夜言于沙钵略，请为周室复仇。沙钵略谓其臣曰：“我，周之亲也。今隋主自立而不能制，复何面目见可贺敦乎！”乃与故齐营州刺史高宝宁合兵为寇。隋主患之，敕缘边修保障，峻长城，命上柱国武威阴寿镇幽州，京兆尹虞庆则镇并州，屯兵数万以备之。

初，奉车都尉长孙晟送千金公主入突厥，突厥可汗爱其善射，留之竟岁，命诸子弟贵人与之亲友，冀得其射法。沙钵略弟处罗侯，号突利设，尤得众心，为沙钵略所忌，密托心腹阴与晟盟。晟与之游猎，因察山川形势，部众强弱，靡不知之。

及突厥入寇，晟上书曰：“今诸夏虽安，戎虏尚梗，兴师致讨，未是其时，弃于度外，又相侵扰，故宜密运筹策，有以攘之。玷厥之于摄图，兵强而位下，外名相属，内隙已彰；鼓动其情，必将自战。又，处罗侯者，摄图之弟，奸多势弱，曲取众心，国人爱之，因为摄图所忌，其心殊不自安，迹示弥缝，实怀疑惧。又，阿波首鼠，介在其间，颇畏摄图，受其牵率，唯强是与，未有定心。今宜远交而近攻，离强而合弱。通使玷厥，说合阿波，则摄图回兵，自防右地。又引处罗，遣连奚、霫，则摄图分众，还备左方。首尾猜嫌，腹心离阻，十数年后，乘衅讨之，必可一举而空其国矣。”帝省表，大悦，因召与语。晟复口陈形势，手画山川，写其虚实，皆如指掌，帝深嗟异，皆纳用之。遣太仆元晖出伊吾道，

照他的遗言拥立大逻便为可汗，但因大逻便的母亲出身微贱，众贵臣不服；而庵逻的母亲出身尊贵，突厥贵臣也一向尊重她。摄图最后一个到会，告诉国人说：“如果拥立庵逻的话，我带领兄弟们服从他；如果拥立了大逻便，我一定保有我的境地与他兵戎相见。”摄图年长，而且又雄健武勇，国人没哪个敢违抗他，终于拥立了庵逻为大可汗。大逻便没有被拥立为大可汗，心中不服庵逻，常常派人去辱骂他。庵逻控制不了大逻便，因此把国家让给了摄图。国人互相议论说：“可汗的四位儿子，摄图最能干。”于是大家共同拥立摄图为大可汗，称为沙钵略可汗，居住在都斤山。庵逻退居到独洛水，称为第二可汗。大逻便对沙钵略可汗说：“我和你都是可汗的儿子，各自继承父业，你如今位极尊贵，我却没有职位，为什么呢？”沙钵略心中畏惧，就封大逻便为阿波可汗，让他回去统领自己的部众。又沙钵略的叔父玷厥，居住在西面，称达头可汗。各位可汗统领自己的部属，分居四面。沙钵略勇武，深得众心，因此北方各少数部落民族都依附他。

隋文帝即皇帝位以后，对突厥恩礼很薄，突厥人非常怨恨。北周千金公主哀痛自己宗族被覆灭，日夜向沙钵略可汗进言，请求他替北周报仇。沙钵略对臣下说：“我是周国的亲戚，如今杨坚自立为帝，我若不能制止，有什么脸面见可贺敦呢？”于是与原北齐营州刺史高宝宁合兵入侵隋朝边境。隋文帝很忧虑这事，下手令沿边修建城堡停障，加固长城，并派上柱国武威人阴寿镇守幽州，京兆尹虞庆则镇守并州，沿边屯兵数万防御突厥。

当初，北周奉车都尉长孙晟奉命送千金公主到突厥，突厥可汗喜爱长孙晟善于射箭，留了整整一年，命令众子弟和部落贵人与长孙晟亲近，结为朋友，希望学到他的射法。沙钵略可汗的弟弟处罗侯，称为突利设，非常得民心，遭到沙钵略可汗的猜忌，处罗侯密遣心腹与长孙晟结盟。长孙晟就和处罗侯到处游猎，趁此考察山川形势及突厥各部众的强弱，对突厥全境了如指掌。

等到突厥入侵隋朝边境，长孙晟上书说：“如今华夏虽然安定，北方突厥尚未归服，发兵征讨，还不是时候，如果置之不理，又时常侵扰，因此应当暗中周密策划，制定出攘除外祸的办法。突厥达头可汗玷厥，与沙钵略可汗摄图相比，虽然兵马强盛，但地位低下，名义上臣属摄图，其实内部嫌隙已经十分明显；只要我们离间挑拨，煽动仇恨情绪，一定会自相残杀。另外，处罗侯是摄图的弟弟，心眼极多，势力弱小，他用尽心机争取人心，国人爱戴他，因而遭到摄图的猜忌，使他内心很不安定。处罗侯表面上与摄图示好弥补缝隙，其实内心怀有疑虑和恐惧。还有，阿波可汗大逻便摇摆不定，在玷厥和摄图之间中立，因为害怕摄图，受摄图控制，总是倒向势力强大的一边，并没有坚定的诚心。如今我们的对策要远交近攻，离间强大的，联合弱小的。派出使者，联络玷厥，劝说玷厥与阿波可汗大逻便联合，这样摄

诣达头，赐以狼头纛。达头使来，引居沙钵略使上。以晟为车骑将军，出黄龙道，赍币赐奚、霫、契丹，遣为乡导，得至处罗侯所，深布心腹，诱之内附。反间既行，果相猜贰。

始兴王叔陵，太子之次弟也，与太子异母，母曰彭贵人。叔陵为江州刺史，性苛刻狡险。新安王伯固，以善谐谑，有宠于上及太子；叔陵疾之，阴求其过失，欲中之以法。叔陵入为扬州刺史，事务多关涉省阁，执事承意顺旨，即讽上进用之；微致违忤，必抵以大罪，重者至殊死。伯固惮之，乃谄求其意。叔陵好发古冢，伯固好射雉，常相从郊野，大相款狎，因密图不轨。伯固为侍中，每得密语，必告叔陵。

（以上为第二段，重点写隋文帝杨坚初即位，在开皇元年约法省刑，纳谏治国，赢得民心的情形。）

十四年（壬寅，582 年）

春，正月，己酉，上不豫，太子与始兴王叔陵、长沙王叔坚并入侍疾。叔陵阴有异志，命典药吏曰："切药刀甚钝，可砺之！"甲寅，上殂。仓猝之际，叔陵命左右于外取剑。左右弗悟，取朝服木剑以进，叔陵怒。叔坚在侧，闻之，疑有变，伺其所为。乙卯，小敛。太子哀哭俯伏。叔陵抽剉药刀斫太子，中项，太子闷绝于地；母柳皇后走来救之，又斫后数下。乳媪吴氏自后掣其肘，太子乃得起；叔陵持太子衣，太子自奋得免。叔坚手扼叔陵，夺去其刀，仍牵就柱，以其褶袖缚之。时吴媪已扶太子避贼，叔坚求太子所在，欲受生杀之命。叔陵多力，奋袖得脱，突走出云龙门，驰车还东府，召左右断青溪道，赦东城囚以充战士，散金帛赏赐；又遣人往新林追所部兵；仍自被甲，著白布帽，登城西门招募百姓；又召诸王将帅，莫有至者，唯新安王伯固单马赴之，助叔陵指挥。叔陵兵可千人，欲据城自守。

图就会撤退南下侵犯隋朝的军队，在本土防备西部地区。另外，再拉拢处罗侯，派出使者联络库莫奚族和霫族，那么摄图就要分兵，防备东部。这样，突厥首尾猜嫌，内部离心离德，十多年后，再乘机征讨，一定可以灭掉突厥。”隋文帝看了奏章，非常高兴，便召见长孙晟谈话。长孙晟一边口述形势，一边手画山川，指示突厥虚实所在，了如指掌。隋文帝深深赞叹，全部采纳长孙晟的建议。于是派出太仆元晖西出伊吾道，前往达头可汗玷厥住所，赐给他一面绣有狼头的大旗。达头可汗派出使者回访隋朝，隋朝把他地位安置在沙钵略使者的上头。隋朝任命长孙晟为车骑将军，经黄龙道出塞，携带钱财礼品赏赐库莫奚、霫、契丹等族，还让他们做向导，才得以到达处罗侯的住地。长孙晟与处罗侯，推心置腹交谈，劝诱他内附隋朝。长孙晟的反间计执行后，果然引发突厥各部众之间互相猜疑，出现分裂。

陈朝始兴王陈叔陵，是太子陈叔宝的二弟，与太子同父异母。陈叔陵的生母是彭贵人。陈叔陵曾任江州刺史，性情苛刻，狡诈阴险。新安王陈伯固，擅长诙谐戏谑，得到陈宣帝和皇太子的宠信。陈叔陵因此嫉恨陈伯固，就暗中收集他的过失，想要依法治罪。后来陈叔陵入朝为扬州刺史，州府事务很多牵涉到中书、尚书两省，办事的人顺从陈叔陵的旨意，陈叔陵就讽喻皇上晋升重用；如果稍有违背触犯他，他一定找机会诬陷大罪，严重的被处以死刑。陈伯固害怕他，就对他阿谀奉承，投其所好。陈叔陵喜欢发掘古墓，陈伯固喜欢射野鸡，因此两人经常一起到郊外游玩，十分亲密，进而密谋叛乱。当时陈伯固任侍中，每当听到宫中的机密，一定告诉陈叔陵。

陈宣帝太建十四年（壬寅，582 年）

春季，正月初五日己酉，陈宣帝生病，太子陈叔宝与始兴王陈叔陵、长沙王陈叔坚一同入宫侍奉皇上疾病。陈叔陵暗中有非分的图谋，命令掌管药品的官员说：“切药的刀太钝了，可以磨得锋利一些。”正月初十日甲寅，陈宣帝病逝。在匆忙之中，陈叔陵命令亲信到室外取剑，亲信没明白陈叔陵的意思，取来朝服上装饰用的木剑送到跟前，陈叔陵大怒。陈叔坚在旁边，听到了陈叔陵的说话，怀疑将有变故，便暗中监视陈叔陵的行动。正月十一日乙卯，陈宣帝遗体入殓，太子陈叔宝趴在地上哀哭。陈叔陵突然抽出锉药的刀子砍太子，砍中了脖子，太子昏倒在地。太子的母亲柳皇后跑上来救护太子，陈叔陵向柳皇后连砍了几刀。太子乳母吴氏从陈叔宝的后面拉他的胳膊肘，太子才趁机爬起来；陈叔陵扯住太子的衣服，太子奋力挣脱幸免于难。这时陈叔坚上前用手扼住陈叔陵的脖子，夺下他手中的锉刀，并拖着陈叔陵靠向一根房屋柱子，用陈叔陵身上衣服的长袖把他捆在屋柱上。这时乳母吴氏已把太子扶出殿外躲避。陈叔坚寻找太子，向他请示是杀掉陈叔陵，还是留下活口。

时众军并缘江防守，台内空虚。叔坚白柳后，使太子舍人河内司马申，以太子命召右卫将军萧摩诃入见受敕，帅马步数百趣东府，屯城西门。叔陵惶恐，遣记室韦谅送其鼓吹与摩诃，谓曰："事捷，必以公为台辅。"摩诃绐报之曰："须王心膂节将自来，方敢从命。"叔陵遣其所亲戴温、谭骐驎诣摩诃，摩诃执以送台，斩其首，徇东城。

叔陵自知不济，入内，沉其妃张氏及宠妾七人于井，帅步骑数百自小航渡，欲趣新林，乘舟奔隋。行至白杨路，为台军所邀。伯固见兵至，旋避入巷，叔陵驰骑拔刃追之，伯固复还，叔陵部下多弃甲溃去。摩诃马容陈智深迎刺叔陵僵仆，陈仲华就斩其首，伯固为乱兵所杀，自寅至巳乃定。叔陵诸子并赐死，伯固诸子宥为庶人。韦谅及前衡阳内史彭暠、谘议参军兼记室郑信、典签俞公喜并伏诛。暠，叔陵舅也。信、谅有宠于叔陵，常参谋议。谅，粲之子也。

丁巳，太子即皇帝位，大赦。

（以上为第三段，写陈宣帝病逝，陈朝发生未遂政变，陈后主即位。）

辛酉，隋置河北道行台于并州，以晋王广为尚书令；置西南道行台于益州，以蜀王秀为尚书令。隋主惩周氏孤弱而亡，故使二子分莅方面。以二王年少，盛选贞良有才望者为之僚佐，以灵州刺史王韶为并省右仆射，鸿胪卿赵郡李雄为兵部尚书，左武卫将军朔方李徹总晋王府军事，兵部尚书元岩为益州总管府长史。王韶、李雄、元岩俱有骨鲠名，李徹前朝旧将，故用之。

初，李雄家世以学业自通，雄独习骑射。其兄子旦让之曰："非士大

陈叔陵力气大，从捆绑的袖子中奋力挣脱出来，冲出云龙门，驱车回到扬州治所东府城。陈叔陵立即召集亲信阻断青溪通道，释放东府关押的囚徒充当战士，散发金帛钱财赏赐他们；又派人到新林，调来属下兵马。陈叔陵亲自穿上甲胄，戴上白布帽，登上东府城西门招募民兵，又征调宗室各位王府亲兵将领，但没有一个人来，只有新安王陈伯固单枪匹马地赶到，协助陈叔陵指挥。陈叔陵的军队大约一千人，想占据东府城自守。

当时陈朝军队都部署在沿江据点守卫，京城空虚。陈叔坚报告了柳皇后，派太子舍人河内人司马申，以太子的名义宣召右卫将军萧摩诃入宫见太子接受敕令，带领几百名马步兵赶到东府城，驻屯在东府城西门外。陈叔陵惶恐害怕，派记室参军韦谅把自己的鼓吹仪仗送给萧摩诃，对萧摩诃说："大事办成，一定授命将军做台阁宰辅。"萧摩诃欺骗陈叔陵，故意让韦谅回报说："一定要王爷的心腹持节前来，才能接受命令。"陈叔陵派他的心腹戴温、谭骐驎到萧摩诃军营，萧摩诃立即将他们抓起来送到台城，朝廷将二人斩首，在东府城示众。

陈叔陵自知事情无法成功，于是回到府衙，把妃子张氏以及宠爱的七个小妾沉入井中，率领步骑数百人从小航渡过秦淮河，想逃到新林，乘船渡过长江投降隋朝。刚走到台城白杨路，就被守军截住。陈伯固看到大军到来，转身逃入小巷，陈叔陵驰马抽刀追赶陈伯固，陈伯固从小巷退回。陈叔陵的部下大多丢下武器逃散。萧摩诃的马容陈智深迎面将陈叔陵刺落马下，陈叔陵直挺挺地躺在地上，陈仲华上前割下陈叔陵的首级。陈伯固被乱兵杀死，从寅时到巳时，这场叛乱才平定。陈叔陵的几个儿子全部赐死，陈伯固的几个儿子免死废为庶民。韦谅，以及原衡阳内史彭暠、谘议参军兼记室郑信、典签俞公喜等全都斩首。彭暠，陈叔陵的舅舅。郑信、韦谅，受到陈叔陵的宠信，经常参与密谋。韦谅，是韦粲的儿子。

正月十三日丁巳，陈朝皇太子陈叔宝即皇帝位，大赦天下。

正月十七日辛酉，隋朝在并州建置河北道行台，任命晋王杨广为尚书令；在益州建置西南道行台，任命蜀王杨秀为尚书令。隋文帝吸取北周孤弱亡国的教训，所以让两个儿子各自镇守一方。由于两王年少，便精心选择忠贞贤良而又有名望的人为两王的部属，任命灵州刺史王韶为并州行台尚书省的右仆射，鸿胪卿赵郡人李雄为兵部尚书，左武卫将军朔方人李徹总管晋王府军事，兵部尚书元岩为益州总管府长史。王韶、李雄、元岩都是有名的耿直大臣；李徹是前朝北周旧臣，所以隋文帝选用了这些人。

当初，李雄家族世代以精通经学而显达，李雄唯独练习骑射。他的哥哥李子旦

夫之素业也。”雄曰：“自古圣贤，文武不备而能成其功业者鲜矣。雄虽不敏，颇观前志，但不守章句耳。既文且武，兄何病焉！”及将如并省，帝谓雄曰：“吾儿更事未多，以卿兼文武才，吾无北顾之忧矣。”

二王欲为奢侈非法，韶、岩辄不奉教，或自锁，或排闼切谏。二王甚惮之，每事咨而后行，不敢违法度。帝闻而赏之。

又以秦王俊为河南道行台尚书令、洛州刺史，领关东兵。

癸亥，以长沙王叔坚为骠骑将军、开府仪同三司、扬州刺史；萧摩诃为车骑将军、南徐州刺史，封绥远公，始兴王家金帛累巨万，悉以赐之。以司马申为中书通事舍人。

乙丑，尊皇后为皇太后。时帝病创，卧承香殿，不能听政。太后居柏梁殿，百司众务，皆决于太后，帝创愈，乃归政焉。

丁卯，封皇弟叔重为始兴王，奉昭烈王祀。

隋元景山出汉口，遣上开府仪同三司邓孝儒将卒四千攻甑山。镇将军陆纶以舟师救之，为孝儒所败；涢口、甑山、沌阳守将皆弃城走。戊辰，遣使请和于隋，归其胡墅。

己巳，立妃沈氏为皇后，辛未，立皇弟叔俨为寻阳王，叔慎为岳阳王，叔达为义阳王，叔熊为巴山王，叔虞为武昌王。

隋高颎奏，礼不伐丧；二月，己丑，隋主诏颎等班师。

三月，己巳，以尚书左仆射晋安王伯恭为湘州刺史，永阳王伯智为尚书仆射。

夏，四月，庚寅，隋大将军韩僧寿破突厥于鸡头山，上柱国李充破突厥于河北山。

丙申，立皇子永康公胤为太子。胤，孙姬之子，沈后养以为子。

五月，己未，高宝宁引突厥寇隋平州，突厥悉发五可汗控弦之士四十万入长城。

壬戌，隋任穆公于翼卒。

责备他说："习武不是士大夫的常业。"李雄说："从古以来的圣贤，不能兼备文武而能成就大功业的很少。我李雄虽然不敏捷，却也读了不少古书，只是不墨守章句训诂罢了。我能文能武，兄长为何责备我呢？"等到李雄即将到并州上任，隋文帝对李雄说："我的儿子杨广经事不多，因为你文武兼备，我把北方事务委托给你，我就没有北顾之忧了。"

杨广、杨秀两王喜好奢侈，想要违规办事，王韶、元岩总是拒绝执行两王的命令，有时自加刑锁请罪，有时推开闾门直谏。两王十分敬畏，每件大事都是先与王韶、元岩商议，然后才办，不敢违犯规章。隋文帝听到后，下令嘉奖王韶、元岩。

隋文帝又任命秦王杨俊为河南道行台尚书令、洛州刺史，统领关东兵马。

正月十九日癸亥，陈后主陈叔宝任命长沙王陈叔坚为骠骑将军、开府仪同三司、扬州刺史；萧摩诃为车骑将军、南徐州刺史，封为绥远公，还把始兴王陈叔陵的家财亿万金帛，全部赏赐给萧摩诃。任命司马申为中书通事舍人。

正月二十一日乙丑，陈后主尊崇柳皇后为皇太后。当时，陈后主伤势很严重，卧病在承香殿，不能听理朝政。柳太后居住在柏梁殿，百官大臣禀奏的繁多事务，都由太后裁决，直到陈后主伤势好转，才把政务归还给陈后主。

正月二十三日丁卯，陈后主册封皇弟陈叔重为始兴王，奉祠昭烈王祭祀。

隋朝行军元帅元景山从汉口出兵，派上开府仪同三司邓孝儒率领四千士兵攻打陈朝甑山。陈朝驻镇将军陆纶率领水军救援，被邓孝儒打败；涢口、甑山、沌阳守将都弃城逃走。正月二十四日戊辰，陈朝遣使与隋朝讲和，归还去年夺取的胡墅城。

正月二十五日己巳，陈后主册立皇妃沈氏为皇后。正月二十七日辛未，册封皇弟陈叔俨为寻阳王，陈叔慎为岳阳王，陈叔达为义阳王，陈叔熊为巴山王，陈叔虞为武昌王。

隋朝尚书左仆射高颎上奏，按礼不讨伐有丧事的国家。二月十五日己丑，隋文帝下诏高颎等伐陈诸军班师回国。

三月二十五日己巳，陈后主任命尚书左仆射晋安王陈伯恭为湘州刺史，永阳王陈伯智为尚书仆射。

夏季，四月十七日庚寅，隋朝大将军韩增寿在鸡头山打败突厥军队，上柱国李充在河北山打败突厥军队。

四月二十三日丙申，陈后主册立皇子永康公陈胤为皇太子。陈胤，是孙姬生的儿子，沈皇后养为己子。

五月十六日己未，原北齐营州刺史高宝宁引导突厥军队侵犯隋朝平州，突厥发动了五个可汗的军队四十万人进入长城。

五月十九日壬戌，隋朝任穆公于翼去世。

甲子，隋更命传国玺曰“受命玺”。

六月，甲申，隋遣使来吊。

乙酉，隋上柱国李光败突厥于马邑。突厥又寇兰州，凉州总管贺娄子干败之于可洛峐。

隋主嫌长安城制度狭小，又宫内多妖异。纳言苏威劝帝迁都，帝以初受命，难之；夜，与威及高颎共议。明旦，通直散骑庾季才奏曰：“臣仰观乾象，俯察图记，必有迁都之事。且汉营此城，将八百岁，水皆咸卤，不甚宜人。愿陛下协天人之心，为迁徙之计。”帝愕然，谓颎、威曰：“是何神也！”太师李穆亦上表请迁都。帝省表曰：“天道聪明，已有征应；太师人望，复抗此请；无不可矣。”丙申，诏高颎等创造新都于龙首山。以太子左庶子宇文恺有巧思，领营新都副监。恺，忻之弟也。

秋，七月，辛未，大赦。

九月，丙午，设无㝵大会于太极殿，舍身及乘舆御服。大赦。

丙午，以长沙王叔坚为司空，将军、刺史如故。

冬，十月，癸酉，隋太子勇屯兵咸阳以备突厥。

十二月，丙子，隋命新都曰大兴城。

乙酉，隋遣沁源公虞庆则屯弘化以备突厥。

行军总管达奚长儒将兵二千，与突厥沙钵略可汗遇于周槃，沙钵略有众十余万，军中大惧。长儒神色慷慨，且战且行，为虏所冲，散而复聚，四面抗拒。转斗三日，昼夜凡十四战，五兵咸尽，士卒以拳殴之，手皆骨见，杀伤万计。虏气稍夺，于是解去。长儒身被五疮，通中者二；其战士死者什八九。诏以长儒为上柱国，余勋回授一子。

时柱国冯昱屯乙弗泊，兰州总管叱列长叉守临洮，上柱国李崇屯幽州，皆为突厥所败。于是突厥纵兵自木硖、石门两道入寇，武威、天水、金成、上郡、弘化、延安，六畜咸尽。

沙钵略更欲南入，达头不从，引兵而去。长孙晟又说沙钵略之子染干诈告沙钵略曰：“铁勒等反，欲袭其牙。”沙钵略惧，回兵出塞。

五月二十一日甲子，隋朝改传国玺名为“受命玺”。

六月十二日甲申，隋朝派遣使者到陈朝吊唁。

六月十三日乙酉，隋朝上柱国李光在马邑打败突厥军队。突厥军队侵犯兰州，隋朝凉州总管贺娄子干在可洛峐打败了突厥。

隋文帝认为长安宫城规模狭小，而且宫中时常出现妖异。纳言苏威劝隋文帝迁都，隋文帝认为刚即位，迁都困难。入夜，隋文帝与苏威、高颎一起商议。第二天早上，通直散骑常侍庾季才上奏说：“臣仰观天象，俯察图记，一定有迁都的事。况且自汉朝营建此城以来，已经过了八百多年，水质变咸，不宜饮用。希望陛下上应天意，下顺人心，做好迁都的打算。”隋文帝十分惊讶，对高颎、苏威说：“怎么这样神奇！”太师李穆也上奏请求迁都。隋文帝看罢奏章说：“天道神明，已经有了征兆应验，太师是有名望的人，也上奏了迁都的表章，看来迁都没什么不可以了。”六月二十四日丙申，隋文帝下诏高颎等人在龙首山下营建新宫城。因为太子左庶子宇文恺有精善巧妙的构思，让他担任营造新宫城的副监。宇文恺，是宇文忻的弟弟。

秋季，七月二十九日辛未，陈朝大赦天下。

九月初五日丙午，陈朝在太极殿举行佛教无遮大法会，陈后主舍身，布施车驾，衣服，大赦天下。

九月二十五日［丙寅］，陈后主任命长沙王陈叔坚为司空，兼领原职骠骑将军、扬州刺史。

冬季，十月初三日癸酉，隋朝皇太子杨勇屯兵咸阳防御突厥。

十二月初七日丙子，隋朝命名新都为大兴城。

十二月十六日乙酉，隋朝派遣沁源县公虞庆则领兵屯驻弘化防御突厥。

隋朝行军总管达奚长儒领兵两千，与突厥沙钵略可汗在周槃遭遇，沙钵略领兵十余万，隋兵大惧。达奚长儒神色镇定，慷慨激昂，边战边退，队伍遭到突厥军队的冲击，几度冲散又重新聚合，四面抵抗，转战三天三夜，交锋十四次，各种兵器都已耗尽，士兵赤手空拳搏斗，手掌皮开肉绽，露出了骨头，杀伤敌人一万多。突厥军队士气丧失，于是解围而去。达奚长儒身上五处受伤，穿透身体的重伤两处，部下士兵十分之九都死伤。隋文帝下诏晋升达奚长儒为上柱国，把他的余勋授给他的一个儿子。

当时隋朝柱国冯昱驻兵在乙弗泊，兰州总管叱列长叉镇守在临洮，上柱国李崇屯驻在幽州，都被突厥打败。于是突厥大肆进兵，从木硖、石门分两路入侵，武威、天水、金城、上郡、弘化、延安等郡的牲畜都被抢掠一空。

沙钵略可汗还想南侵，达头可汗不赞同，引本部兵马离去。长孙晟劝说沙钵略可汗的儿子染干，让他谎称对沙钵略报告说：“铁勒等部族起兵造反，要袭击你的牙

隋主既立，待遇梁主，恩礼弥厚。是岁，纳梁主女为晋王妃，又欲以其子玚尚兰陵公主。由是罢江陵总管，梁主始得专制其国。

（以上为第四段，写隋朝、陈朝、突厥、后梁等四国的战和关系，隋朝与突厥的争战是主线。隋朝初建，为了全力抵御突厥，暂停南伐，高颎借口义不伐丧，撤军北还。）

长城公上

至德元年（癸卯，583 年）

春，正月，庚子，隋将入新都，大赦。

壬寅，大赦，改元。

初，上病创，不能视事，政无大小，皆决于长沙王叔坚，权倾朝廷。叔坚颇骄纵，上由是忌之。都官尚书山阴孔范，中书舍人施文庆，皆恶叔坚而有宠于上，日夕求其短，构之于上。上乃即叔坚骠骑将军本号，用三司之仪，出为江州刺史。以祠部尚书江总为吏部尚书。

癸卯，立皇子深为始安王。

二月，己巳朔，日有食之。

癸酉，遣兼散骑常侍贺徹等聘于隋。

突厥寇隋北边。

癸巳，葬孝宣皇帝于显宁陵，庙号高宗。

右卫将军兼中书通事舍人司马申既掌机密，颇作威福，多所谮毁。能候人主颜色，有忤己者，必以微言谮之；附己者，因机进之。是以朝廷内外，皆从风而靡。

上欲用侍中、吏部尚书毛喜为仆射，申恶喜强直，言于上曰："喜，臣之妻兄，高宗时称陛下有酒德，请逐去宫臣，陛下宁忘之邪？"上乃止。

上创愈，置酒于后殿以自庆，引吏部尚书江总以下展乐赋诗。既醉而命毛喜。于时山陵初毕，喜见之，不怿；欲谏，则上已醉。喜升阶，阳为心疾，仆于阶下，移出省中。上醒，谓江总曰："我悔召毛喜，彼实无疾，但欲阻我欢宴，非我所为耳。"乃与司马申谋曰："此人负气，吾欲乞鄱阳兄弟，听其报仇，可乎？"对曰："彼终不为官用，愿如圣旨。"

帐。”沙钵略可汗害怕了，于是退兵出塞。

隋文帝即位后，对待后梁国主萧岿恩礼更厚。这一年，娶后梁国主的女儿为晋王杨广的妃子，还想把五女兰陵公主嫁给后梁国主的儿子萧玚。由于姻亲，隋文帝撤销了江陵总管，后梁国主才得以全权统治梁国。

长城公上

陈长城公至德元年（癸卯，583年）

春季，正月初一日庚子，隋朝准备迁都大兴城，大赦天下。

正月初三日壬寅，陈朝大赦，改年号为至德。

当初，陈后主受伤，不能上朝理政，事务无论大小，都由长沙王陈叔坚决断，权倾满朝。陈叔坚很是骄纵，陈后主因此猜忌他。都官尚书山阴人孔范，中书舍人施文庆，都讨厌陈叔坚而受到陈后主宠幸。两人从早到晚，寻找陈叔坚的短处，向陈后主打小报告。于是陈后主就让陈叔坚以骠骑将军的称号，用仪同三司的仪仗，外放为江州刺史，任命祠部尚书江总为吏部尚书。

正月初四日癸卯，陈后主册立皇子陈深为始安王。

二月初一日己巳，发生日食。

二月初五日癸酉，陈朝派兼散骑常侍贺徹等出使隋朝。

突厥侵犯隋朝北方边境。

二月二十五日癸巳，陈朝安葬陈宣帝于显宁陵，庙号高宗。

陈朝右卫将军兼中书通事舍人司马申掌管机密后，借势作威作福，许多人被他在陈后主面前诬陷。司马申善于看陈后主的脸色行事，凡是冒犯了自己的人，一定在陈后主面前进谗言诬陷；依附自己的人，找机会向陈后主推荐提升。因此，朝廷内外，很多人巴结他成为一时风气。

陈后主想任命侍中、吏部尚书毛喜为尚书仆射，司马申厌恶毛喜刚强正直，于是对陈后主说：“毛喜，是臣的内兄，他在高宗时曾说过陛下酗酒成性，请求高宗皇帝逐走东宫的侍臣，陛下难道忘了吗？”陈后主于是打消了用毛喜为尚书仆射的念头。

陈后主伤势痊愈，在后殿摆下酒宴庆贺，请来吏部尚书江总以下的公卿大臣观看音乐演奏，赋诗助兴。陈后主醉酒以后，命令毛喜赋诗。当时，陈宣帝刚刚下葬，毛喜看到陈后主如此作乐，很不高兴，想要进谏，见陈后主已经喝醉。毛喜登上台阶，假装心病发作，扑倒在台下，被人抬出宫中。陈后主酒醒后，对江总说：“我后悔召毛喜赴宴，他根本没有病，只是想阻止我办宴会，不赞成我的做法。”于是与司

中书通事舍人北地傅縡争之曰："不然。若许报仇，欲置先皇何地？"上曰："当乞一小郡，勿令见人事耳。"乃以喜为永嘉内史。

三月，丙辰，隋迁于新都。

初令民二十一成丁，减役者每岁十二番为二十日役，减调绢一匹为二丈。周末榷酒坊、盐池、盐井，至是皆罢之。

秘书监牛弘上表，以"典籍屡经丧乱，率多散逸。周氏聚书，仅盈万卷。平齐所得，除其重杂，裁益五千。兴集之期，属膺圣世。为国之本，莫此为先。岂可使之流落私家，不归王府！必须勒之以天威，引之以微利，则异典必臻，观阁斯积。"隋主从之。丁巳，诏购求遗书于天下，每献书一卷，赉缣一匹。

夏，四月，庚午，吐谷浑寇隋临洮。洮州刺史皮子信出战，败死；汶州总管梁远击走之。又寇廓州，州兵击走之。

壬申，隋以尚书右仆射赵煚兼内史令。

突厥数为隋寇。隋主下诏曰："往者周、齐抗衡，分割诸夏，突厥之虏，俱通二国。周人东虑，恐齐好之深，齐氏西虞，惧周交之厚；谓虏意轻重，国遂安危，盖并有大敌之忧，思减一边之防也。朕以为厚敛兆庶，多惠豺狼，未尝感恩，资而为贼。节之以礼，不为虚费，省徭薄赋，国用有余。因入贼之物，加赐将士；息道路之民，务为耕织；清边制胜，成策在心。凶丑愚暗，未知深旨，将大定之日，比战国之时；乘昔世之骄，结今时之恨；近者尽其巢窟，俱犯北边，盖上天所忿，驱就齐斧。诸将今行，义兼含育，有降者纳，有违者死，使其不敢南望，永服威刑。何用侍子之朝，宁劳渭桥之拜！"

于是命卫王爽等为行军元帅，分八道出塞击之。爽督总管李充等四

马申商议，说："这个人太高傲，我想听任鄱阳王兄弟找毛喜报仇，可以吗？"司马申回答说："他终究不为陛下所用，就按皇上的意思办。"中书通事舍人北地人傅縡争辩说："不能这样，如果让鄱阳王兄弟报仇，把先皇宣帝置于何地？"陈后主说："那就把毛喜外放到一个小郡，不要让他看到朝廷的事。"于是外放毛喜为永嘉内史。

三月十八日丙辰，隋朝迁都到大兴城。

隋朝颁布新法令，规定平民男丁二十一岁为成年人，将成年男子每年服役三十天减为二十天；不服役者交纳绢一匹四丈减为两丈。北周末由官府专营的酒坊、盐池、盐井，这时也解除了禁令。

隋朝秘书监牛弘上表，认为"国家收藏的典籍，经过多次战乱，大多散失。北周积聚的藏书，仅有一万多卷。平定北齐得到的典籍，除去重复的，只增加了五千卷。大规模收藏典籍，只有在圣明的太平盛世才能做到。治国的根本，没有比这更重要的了。怎能让典籍长久流落私人手中，而不集中于国家呢！必须运用皇上的天威来动员私人献书，并给献书的人微弱的报酬，那么，奇书秘籍一定会送来，国家书库就会越聚越多"。隋文帝采纳了牛弘的建议。三月十九日丁巳，隋朝下诏向全国征集失散的典籍，每献书一卷，赏绢一匹。

夏季，四月初三日庚午，吐谷浑侵犯隋朝临洮郡。洮州刺史皮子信出战，兵败战死；汶州总管梁远出击赶走了吐谷浑。吐谷浑又侵犯了廓州，州兵将来犯之敌击退。

四月初五日壬申，隋朝任命尚书右仆射赵煚兼内史令。

突厥多次侵犯隋朝。隋文帝下诏说："先前周、齐对抗，分裂华夏，突厥与两国都通使交好。周人忧虏东边，害怕齐人与突厥友好太深；齐人忧虑西边，害怕周人与突厥交谊太厚，都认为突厥的动向关系国家的安危。这是因为大敌当前，双方都想减轻另一边防的负担。朕认为加重百姓的赋税，送给豺狼般的突厥，一点也不感恩，反而资助了突厥攻掠的贼心。朕认为用礼来节制突厥，不再浪费财物，这样可以轻徭薄赋，国家支出也有盈余。因为，把原来送给贼人突厥的财物，用来赏赐给将士；可以减少运送物资的民夫，让他们专心耕织。清除边患，克敌制胜，心中已有成功的算计。突厥凶顽愚蠢，根本不懂这些道理，它把当前天下太平的好日子，看作是称雄争霸的战国之世，凭借前代养成的骄气，结下今日的仇恨。近来突厥倾巢出动，齐来侵犯我国北边的疆土，这是上天愤怒，驱使他们来挨利斧。各位将帅，这次出征，兼有讨伐与安抚的目的，凡是来投降的要接纳，负隅顽抗的予以歼灭，务必让突厥不敢向南张望，永远服从我大隋朝的威刑，何必等待沙钵略送质子入朝，也无须他亲自跪拜在渭桥之下。"

于是命令卫王杨爽等人为行军元帅，分兵八路出塞反击突厥。杨爽命令行军总

将出朔州道，己卯，与沙钵略可汗遇于白道。李充言于爽曰：“突厥狃于骤胜，必轻我而无备，以精兵袭之，可破也。”诸将多以为疑，唯长史李徹赞成之，遂与充帅精骑五千掩击突厥，大破之。沙钵略弃所服金甲，潜草中而遁。其军中无食，粉骨为粮，加以疾疫，死者甚众。

幽州总管阴寿帅步骑十万出卢龙塞，击高宝宁。宝宁求救于突厥，突厥方御隋师，不能救。庚辰，宝宁弃城奔碛北，和龙诸县悉平。寿设重赏以购宝宁，又遣人离其腹心；宝宁奔契丹，为其麾下所杀。

己丑，郢州城主张子讥遣使请降于隋，隋主以和好，不纳。

辛卯，隋主遣兼散骑常侍薛舒、兼散骑常侍王劭来聘。劭，松年之子也。

癸巳，隋主大雩。

甲子，突厥遣使入见于隋。

隋改度支尚书为民部，都官尚书为刑部。命左仆射判吏、礼、兵三部事，右仆射判民、刑、工三部事。废光禄、卫尉、鸿胪寺及都水台。

五月，癸卯，隋行军总管李晃破突厥于摩那度口。

乙巳，梁太子琮入朝于隋，贺迁都。

辛酉，隋主祀方泽。

隋秦州总管窦荣定帅九总管步骑三万出凉州，与突厥阿波可汗相拒于高越原，阿波屡败。荣定，炽之兄子也。

前上大将军京兆史万岁，坐事配敦煌为戍卒，诣荣定军门，请自效，荣定素闻其名，见而大悦。壬戌，将战，荣定遣人谓突厥曰：“士卒何罪而杀之！但当各遣一壮士决胜负耳。”突厥许诺，因遣一骑挑战。荣定遣万岁出应之，万岁驰斩其首而还。突厥大惊，不敢复战，遂请盟，引军而去。

长孙晟时在荣定军中为偏将，使谓阿波曰，“摄图每来，战皆大胜。阿波才入，遽即奔败，此乃突厥之耻也。且摄图之与阿波，兵势本敌。今摄图日胜，为众所崇，阿波不利，为国生辱。摄图必当以罪归阿波，成其宿计，灭北牙矣。愿自量度，能御之乎？”阿波使至，晟又谓之曰：“今达头与隋连和，而摄图不能制，可汗何不依附天子，连结达头，相合

管李充等四位将领由朔方道出塞。四月十二日乙卯，隋朝大军在白道与沙钵略军队遭遇。李充对杨爽说："近来突厥多次获胜，一定轻视我军不加防备，如果我们用精兵攻击，一定能取胜。"众将官大多数有疑虑，只有元帅府长史李徹赞成，于是李徹和李充率领精骑五千人突击突厥，大获全胜。沙钵略丢弃了身穿的金甲，潜伏在深草中才得以逃脱。突厥军队缺少粮食，捣碎尸骨为粮，加上疾病，死亡的人非常多。

幽州总管阴寿率领步骑十万从卢龙塞出击，进攻高宝宁。高宝宁向突厥求救，突厥正在抵御隋军，不能派兵救援。四月十三日庚辰，高宝宁丢弃和龙城，逃奔大漠以北，和龙所属各县全部被平定。阴寿悬重赏购高宝宁的人头，又派人离间他的心腹；高宝宁逃奔到契丹，被他的部下杀死。

四月二十二日己丑，陈朝郢州城主张子讥派使者向隋朝投降，隋文帝因为隋陈两国和好，不肯接纳。

四月二十四日辛卯，隋文帝派遣兼散骑常侍薛舒、兼通直散骑常侍王劭出使陈朝。王劭，是王松年的儿子。

四月二十六日癸巳，隋文帝举行祈雨典礼。

四月二十七日［甲午］，突厥派出使者朝见隋文帝。

隋朝改度支尚书为民部，都官尚书为刑部，又命令尚书左仆射兼职吏、礼、兵三部事务。裁撤光禄寺、卫尉寺、鸿胪寺以及都水台。

五月初六日癸卯，隋朝行军总管李晃在摩那度口击破突厥军队。

五月初八日乙巳，后梁国太子萧琮入隋朝见隋文帝，祝贺隋朝迁都。

五月二十四日辛酉，隋文帝祭祀方泽。

隋朝秦州总管窦荣定率领九位总管步骑三万从凉州西出，在高越原与突厥阿波可汗展开激战，阿波可汗屡战屡败。窦荣定，是太傅窦炽哥哥的儿子。

前上大将军京兆人史万岁，因犯罪被发配到敦煌为戍卒，他来到窦荣定军营，请求立功赎罪。窦荣定早就听说史万岁的英勇，见面后很高兴。五月二十五日壬戌，两军将要交战，窦荣定派人对突厥说："士兵们没有什么罪过，何必让他们互相厮杀！今天两军各派一个壮士来决胜负罢了。"突厥同意，便派出一员骑将挑战，窦荣定派史万岁出阵应战，史万岁驰马斩敌首级而还。突厥非常害怕，不敢再战，于是请求议和，领兵退走。

长孙晟当时在窦荣定军中当偏将，他派人对阿波可汗说："沙钵略可汗摄图每次入塞，都获大胜。你阿波可汗，刚一入塞，立即败逃，这是突厥的耻辱。况且摄图与阿波，兵力势均力敌。如今摄图一天天打胜仗，为众人推崇，阿波一败再败，为国家蒙羞。摄图一定会把罪名加在你头上，了却他向来的心愿，灭掉北边的牙帐。希望你自己度量一下，能够抵挡摄图吗？"阿波可汗的使者来到隋营，长孙晟又对

为强，此万全计也，岂若丧兵负罪，归就摄图，受其戮辱邪！”阿波然之，遣使随晟入朝。

沙钵略素忌阿波骁悍；自白道败归，又闻阿波贰于隋，因先归，袭击北牙，大破之，杀阿波之母。阿波还，无所归，西奔达头。达头大怒，遣阿波帅兵而东，其部落归之者将十万骑，遂与沙钵略相攻，屡破之，复得故地，兵势益强。贪汗可汗素睦于阿波，沙钵略夺其众而废之，贪汗亡奔达头。沙钵略从弟地勤察，别统部落，与沙钵略有隙，复以众叛归阿波。连兵不已，各遣使诣长安请和求援。隋主皆不许。

六月，庚辰，隋行军总管梁远破吐谷浑于尔汗山。

突厥寇幽州，隋幽州总管广宗壮公李崇帅步骑三千拒之。转战十余日，师人多死，遂保砂城。突厥围之，城荒颓，不可守御，晓夕力战，又无所食，每夜出掠虏营，得六畜以继军粮，突厥畏之，厚为其备，每夜中结陈以待之。崇军苦饥，出辄遇敌，死亡略尽，及明，奔还城者尚百许人，然多重伤，不堪更战。突厥意欲降之，遣使谓崇曰：“若来降者，封为特勒。”崇知不免，令其士卒曰：“崇丧师徒，罪当万死。今日效命，以谢国家。汝俟吾死，且可降贼，便散走，努力还乡。若见至尊，道崇此意。”乃挺刃突陈，复杀二人，突厥乱射，杀之。秋，七月，以豫州刺史代人周摇为幽州总管。命李崇子敏袭爵。

敏娶乐平公主之女娥英，诏假一品羽仪，礼如尚帝女。既而将侍宴，公主谓敏曰：“我以四海与至尊，唯一婿，当为尔求柱国；若余官，汝慎勿谢。”及进见，帝授以仪同及开府，皆不谢。帝曰：“公主有大功于我，我何得于其婿而惜官乎！今授汝柱国。”敏乃拜而蹈舞。

八月，丁卯朔，日有食之。

他说："如今达头可汗玷厥已经与隋朝联合，而摄图不能控制他，阿波可汗何不依顺大隋天子，与达头可汗联合，合起来势力强大，这才是万全的计划，难道不比打败仗背罪名，依附摄图，遭到他的羞辱、杀戮强吗！"阿波可汗认为长孙晟说得对，派使者随着长孙晟入隋朝见天子。

沙钵略可汗一向猜忌阿波可汗骁勇强悍；沙钵略从白道战败回归，又听说阿波可汗背叛自己倒向隋朝，于是抢先回国，袭击北边阿波可汗的牙帐，大败阿波可汗部众，杀了他的母亲。阿波可汗回去后，没了住处，只得西奔达头可汗。达头可汗大怒，便派阿波可汗率军向东杀回。阿波可汗失散的部众纷纷前来归附约十万骑。于是阿波可汗就与沙钵略可汗交战，屡次大捷，收复了失地，兵势更加强盛。贪汗可汗一向与阿波可汗友好和睦，沙钵略可汗兼并了贪汗可汗的部众并废黜了他，贪汗可汗逃奔达头可汗。沙钵略可汗的从弟地勤察另外统有部落，地勤察与沙钵略可汗有嫌隙，也率领部落叛归阿波可汗。于是双方交战不已，后来，阿波可汗、沙钵略可汗都派使者到长安向隋朝请和求援，隋文帝都不准许。

六月十四日庚辰，隋朝行军总管梁远在尔汗山打败了吐谷浑的军队。

突厥入侵幽州，隋朝幽州总管广宗壮公李崇率领三千步骑抵抗。激战十多天，隋军伤亡惨重，退守砂城。突厥军包围砂城，砂城荒废坍塌，无法据城守御，加上日夜苦战，又没有粮草，隋军不得已乘夜去抢掠突厥军营，夺取牛羊等六畜充作军粮，突厥军队害怕，就严加戒备，每夜集结战阵等待隋军。李崇军队苦于饥饿，仍派兵去劫营，遭到反击，结果死亡殆尽，天明后，逃回城来的只有一百多人，而且大多身负重伤，不能再作战。突厥想使隋军投降就派遣使者对李崇说："如果来投降，就封你为特勤。"李崇知道难逃一死，就对部下士卒说"我李崇损兵折将，罪该万死。今天只有牺牲性命，用以报效国家。你们等我死后，可暂时投降敌军，然后寻找机会分散逃走，努力回乡。如能见到皇上，要奏报我李崇已尽力为国捐躯。"于是拔刀冲入敌阵，连杀二人，突厥军队乱箭齐发，将李崇射死。秋季，七月［初五日辛丑］，隋朝任命豫州刺史代郡人周摇为幽州总管。又任命李崇的儿子李敏继承父爵为广宗公。

李敏娶乐平公主的女儿娥英为妻，隋文帝下诏赐给一品羽仪，礼仪依照娶皇帝之女。礼毕，李敏将入宫侍宴隋文帝，乐平公主对李敏说："我把天下都让给了皇上，现在仅有你这个女婿，应当为你求得柱国高官；如果皇上授予你别的官，你千万不要拜谢。"等到李敏进宫见了隋文帝，隋文帝授给李敏仪同三司，接着又授给李敏开府仪同三司，李敏都不拜谢。于是隋文帝说："乐平公主对我有大功，我怎么能不授给她的女婿以高官呢！现在就授给你柱国。"李敏这才跪拜谢恩。

八月初一日丁卯，发生日食。

长沙王叔坚未之江州，复留为司空，实夺之权。

壬午，隋遣尚书左仆射高颎出宁州道，内史监虞庆则出原州道，以击突厥。

九月，癸丑，隋大赦。

冬，十月，甲戌，隋废河南道行台省，以秦王俊为秦州总管，陇右诸州尽隶焉。

丁酉，立皇弟叔平为湘东王，叔敖为临贺王，叔宣为阳山王，叔穆为西阳王。

戊戌，侍中建昌侯徐陵卒。

癸丑，立皇弟叔俭为安南王，叔澄为南郡王，叔兴为沅陵王，叔韶为岳山王，叔纯为新兴王。

十一月，遣散骑常侍周坟、通直散骑常侍袁彦聘于隋。帝闻隋主状貌异人，使彦画像而归。帝见，大骇曰："吾不欲见此人。"亟命屏之。

隋既班律令，苏威屡欲更易事条，内史令李德林曰："修律令时，公何不言？今始颁行，且宜专守，自非大为民害，不可数更。"

河南道行台兵部尚书杨尚希曰："窃见当今郡县，倍多于古。或地五百里，数县并置；或户不满千,二郡分领。具僚已众，资费日多；吏卒增倍，租调岁减；民少官多，十羊九牧。今存要去闲，并小为大，国家则不亏粟帛，选举则易得贤良。"苏威亦请废郡。帝从之。甲午，悉罢诸郡为州。

十二月，乙卯，隋遣兼散骑常侍曹令则、通直散骑常侍魏澹来聘。澹，收之族也。

丙辰，司空长沙王叔坚免。叔坚既失恩，心不自安，乃为厌媚，醮日月以求福。或上书告其事，帝召叔坚，囚于西省，将杀之，令近侍宣敕数之。叔坚对曰："臣之本心，非有他故，但欲求亲媚耳。臣既犯天宪，罪当万死。臣死之日，必见叔陵，愿宣明诏，责之于九泉之下。"帝乃赦之，免官而已。

陈朝长沙王陈叔坚还没有来得及到江州赴任，陈后主又留下他在京师担任司空，实际上是剥夺他的实权。

八月十六日壬午，隋朝派尚书左仆射高颎从宁州道出发，内史监虞庆则从原州道出发，兵分两路，攻打突厥。

九月十八日癸丑，隋朝大赦天下。

冬季，十月初九日甲戌，隋朝废除河南道行台省，任命秦王杨俊为秦州总管，陇右各州隶属秦王管辖。

［十一月］初三日丁酉，陈后主封皇弟陈叔平为湘东王，陈叔敖为临贺王，陈叔宣为阳山王，陈叔穆为西阳王。

［十一月］初四日戊戌，陈朝侍中建昌侯徐陵去世。

［十一月］十九日癸丑，陈后主封皇弟陈叔俭为安南王，陈叔澄为南郡王，陈叔兴为沅陵王，陈叔韶为岳山王，陈叔纯为新兴王。

十一月，陈朝派遣散骑常侍周坟、通直散骑常侍袁彦出使隋朝。陈后主听说隋文帝相貌与常人不同，就让袁彦画下隋文帝的像带回来。陈后主见了画像非常害怕，说："我不想看到这个人。"赶忙命人把画像拿走。

隋朝颁布新律令以后，纳言苏威多次要求修改其中某些条款，内史令李德林说："修订律令时，为什么您不早说？现在新律令刚刚颁行，就应该严格遵守，除非是对平民有严重伤害，否则不能轻易更改。"

隋朝河南道行台兵部尚书杨尚希上奏说："臣发现如今的郡县，比古代多了一倍。有的地方，方圆不到百里，境内却设置数县；有的地方居民不足千户，却设置两郡管辖。白吃俸禄而不做事的官吏太多，资财费用的开支日益增加；差役吏卒成倍增多，租调收入却逐年减少；人民少，官吏多，十只羊却有九个牧人。目前应该保留重要的官职而裁减多余的冗员，合并小的郡县为大的郡县。这样，国家就不会浪费俸禄，选拔官吏也容易得到贤才。"纳言苏威也请求废郡。隋文帝采纳了他们的建议。甲午日，隋文帝下诏废除郡级行政区，郡并为州。

［闰十二月］二十二日乙卯，隋朝派遣兼散骑常侍曹令则、通直散骑常侍魏澹出使陈朝。魏澹是魏收同族的人。

［闰十二月］二十三日丙辰，陈朝司空、长沙王陈叔坚被免职。陈叔坚失宠后，心中不安，便搞厌媚邪术，祭祀日月以祈求福祐。有人上书告发他，陈后主就叫来陈叔坚，把他囚禁在中书省，打算将他处死，命令侍卫近臣宣读敕书，列举他的罪过。陈叔坚回答说："我本无他意，只是想讨好陛下而已。如今我既然犯了国法，罪该万死。我死的那一天，必定会在阴间见到陈叔陵，我希望向他宣读明确罪状的诏令，在阴间去谴责他。"陈后主于是赦其死罪，只免其官职。

隋以上柱国窦荣定为右武卫大将军。荣定妻，隋主姊安成公主也。隋主欲以荣定为三公，辞曰："卫、霍、梁、邓，若少自贬损，不至覆宗。"帝乃止。

帝以李穆功大，诏曰："法备小人，不防君子。太师申公，自今虽有罪，但非谋逆，纵有百死，终不推问。"

礼部尚书牛弘请立明堂，帝以时事草创，不许。

帝览刑部奏，断狱数犹至万，以为律尚严密，故人多陷罪。又敕苏威、牛弘等更定新律，除死罪八十一条，流罪一百五十四条，徒杖等千余条，唯定留五百条，凡十二卷。自是刑网简要，疏而不失。仍置律博士弟子员。

隋主以长安仓廪尚虚，是岁，诏西自蒲、陕，东至卫、汴，水次十三州，募丁运米。又于卫州置黎阳仓，陕州置常平仓，华州置广通仓，转相灌输。漕关东及汾、晋之粟以给长安。

时刺史多任武将，类不称职。治书侍御史柳彧上表曰："昔汉光武与二十八将，披荆棘，定天下，及功成之后，无所任职。伏见诏书，以上柱国和千子为杞州刺史。千子前任赵州，百姓歌之曰：'老禾不早杀，余种秽良田。'千子，弓马武用，是其所长；治民莅众，非其所解。如谓优老尚年，自可厚赐金帛；若令刺举，所损殊大。"帝善之。千子竟免。

彧见上勤于听受，百僚奏请，多有烦碎，上疏谏曰："臣闻上古圣帝，莫过唐、虞，不为丛脞，是谓钦明。舜任五臣，尧咨四岳，垂拱无为，天下以治。所谓劳于求贤，逸于任使。比见陛下留心治道，无惮疲劳，亦由群官惧罪，不能自决，取判天旨，闻奏过多。乃至营造细小之事，出给轻微之物，一日之内，酬答百司。至乃日旰忘食，夜分未寝，动以文簿忧劳圣躬。伏愿察臣至言，少减烦务，若经国大事，非臣下裁断者，伏愿详决，自余细务，责成所司；则圣体尽无疆之寿，臣下蒙覆育之赐。"上览而嘉之，因曰："柳彧直士，国之宝也。"

隋朝任命上柱国窦荣定为右武卫大将军。窦荣定的妻子是隋文帝的姐姐安成公主。隋文帝想封窦荣定为三公，他推辞说："汉代卫氏、霍氏、梁氏、邓氏四姓外戚，如果能稍微谦恭退让，也不至于覆宗灭族。"隋文帝听后，只好作罢。

隋文帝认为太师李穆功劳大，下诏书说："制定法律是为了防备小人，而不是防备君子。太师申公李穆，从今以后即使有罪，只要不是谋反，即使有百死之罪，也不要追究。"

礼部尚书牛弘请求建立明堂，隋文帝因为政权初建，许多事都在草创之中，没有允许。

隋文帝阅览刑部奏章，发现断狱结案多达上万件。认为律令还是太严酷，所以人们多触犯法律而获罪。于是又敕令纳言苏威、礼部尚书牛弘等人重修律令，删除死罪八十一条，流刑一百五十四条，徒刑、杖刑等一千余条，只保留五百条，共计十二卷。隋朝法律简明切要，疏而不漏。仍设置法律博士弟子名额。

隋文帝看到京师长安仓库粮食储备不足，这年，下诏令西起蒲州、陕州，东至卫州、汴州等沿河流域十三州招募丁壮运米。又在卫州设置黎阳仓，在陕州设置常平仓，在华州设置广通仓，由水陆依次转运充实各仓。漕运潼关以东地区和汾州、晋州的粟米供给长安。

当时州刺史多由武将担任，很多不称职。治书侍御史柳彧上表说："从前汉光武帝与二十八将一起披荆斩棘，平定天下，等到功成业就之后，二十八将都未任职。臣拜读陛下诏书，任命上柱国和千子为杞州刺史。和千子以前任赵州刺史时，老百姓用歌谣讽刺他说：'老禾不早割除，落种荒芜良田。'和千子擅长骑马射箭、带兵打仗；至于治理民众，他并不明白。陛下如果要优礼年老功臣可多赐给他金帛钱财；如果让他担任州牧刺举郡县官吏，那么会造成很大损失。"隋文帝采纳他的意见。和千子被免除刺史职务。

柳彧看到隋文帝辛勤地接受群臣的奏请，而百官奏请的事情，大多是琐碎的杂务，于是上疏劝谏说："我听说上古圣明帝王，没有谁比得上唐尧、虞舜。唐尧、虞舜从不过问琐碎小事，所以称为圣明。虞舜任用禹、稷、契、皋陶、伯益五位贤臣，唐尧则经常向掌管四方的诸侯询问治国方略，拱手垂袖，无为而治。这就是所谓劳于求贤，而逸于任使。近来见陛下留心治国安民之道，不辞辛劳，这也是由于群臣担心获罪，遇事不敢自断，都要取决于陛下圣断，因此奏请过多。甚至像建筑这样的小事，调拨供给细小物品，都要奏请陛下，在一日之内，陛下要亲自听取许多部门官员的奏请，并作出答复，以致常常天晚忘食，夜半未寝，整天为文书簿籍劳神。希望陛下体察微臣的一番至诚之言，减少烦琐事务。如果是经国安邦的大事，不是百官大臣能裁断的，请陛下详察明断；除此一切细碎事务，可以责成主管部门长官

或以近世风俗，每正月十五夜，然灯游戏，奏请禁之，曰："窃见京邑，爰及外州，每以正月望夜，充街塞陌，聚戏朋游，鸣鼓聒天，燎炬照地，竭赀破产，竞此一时。尽室并孥，无问贵贱，男女混杂，缁素不分。秽行因此而成，盗贼由斯而起，因循弊风，曾无先觉。无益于化，实损于民，请颁天下，并即禁断。"诏从之。

（以上为第五段，写南朝陈后主昏庸，任用亲信小人，贤才遭忌，恰与北朝隋文帝亲贤远佞，形成鲜明对比。隋文帝纳谏、识才，对外打击突厥，对内约法省刑，励精图治，号称圣明。）

裁决处理。那么圣体可享无量之寿；臣也可蒙受陛下覆庇养育之恩。”隋文帝看了柳彧的奏疏后大加称赞，说：“柳彧这样正直之士，是国家之宝。”

柳彧发现近世民间风俗，在每年正月十五夜晚，人们都要点燃灯笼，游戏玩耍，于是上奏请求禁止，说：“臣见京师以及外州各地，每年在正月十五日夜里，满街满巷，人们聚集嬉戏，成群游荡，锣鼓大作，火炬照地，不惜倾家荡产，只为一时的痛快。人们扶老携幼，全家出动，不论贵贱，男女混杂，僧俗不分。淫秽之事由此而成，盗贼因此而起，一般人因循沿袭这一弊风陋习，竟然没有人事先看到它的危害性。这对政教风化毫无补益，对黎民百姓实在有很大损害。请求陛下颁诏书普告天下，马上禁止这种不良风俗。”隋文帝赞同，于是颁下诏书实行。

【点评】

高颎南征，义不伐丧。隋文帝派高颎南伐，恰值陈宣帝去世，陈朝请和，高颎以义不伐丧班师。王夫之认为这一事件暴露了陈朝之愚，隋朝之智，隋灭陈，契机已现。因为当时，隋朝初建，内部人心未固，而外部突厥和北齐残余高宝宁联兵大举入塞，隋军急欲停止南征而全力防北。陈朝没有抓住这一时机，君臣固守，以待隋军疲惫而退，反而主动求和，示人以弱，使急欲脱身之军，获得义不伐丧之名，振旅而回。“一智一愚，一兴一亡，于此决矣。”（《读通鉴论》卷十九）王夫之所论智愚之见，一决于形势，隋强陈弱，弱者求和，于理固当；二决于陈朝政局不稳，陈宣帝死，陈叔陵发难伤及太子，“内不靖而未遑外御”，这才是根本。俗话说“家内不和邻里欺”，古今皆然，这是历史的深刻教训。

·文白对照本·

资治通鉴

（全十八册）

第十一册

卷第一百七十六至卷第一百九十一（陈纪十至唐纪七）

（宋）司马光　编著
张大可　语译

创于1897　商务印书馆　The Commercial Press

第十一册目录

卷第一百七十六　陈纪十
陈长城公至德二年至祯明二年（584—588 年）…… 6239

卷第一百七十七　隋纪一
隋文帝开皇九年至十一年（589—591 年）…… 6273

卷第一百七十八　隋纪二
隋文帝开皇十二年至十九年（592—599 年）…… 6309

卷第一百七十九　隋纪三
隋文帝开皇二十年至仁寿三年（600—603 年）…… 6347

卷第一百八十　隋纪四
隋文帝仁寿四年至隋炀帝大业三年（604—607 年）…… 6383

卷第一百八十一　隋纪五
隋炀帝大业四年至八年（608—612 年）…… 6417

卷第一百八十二　隋纪六
隋炀帝大业九年至十一年（613—615 年）…… 6449

卷第一百八十三　隋纪七
隋炀帝大业十二年至隋恭帝义宁元年（616—617 年）…… 6487

卷第一百八十四　隋纪八
隋恭帝义宁元年（617 年）…… 6523

卷第一百八十五　唐纪一
唐高祖武德元年（618 年）…… 6559

卷第一百八十六　唐纪二
唐高祖武德元年（618 年）…… 6597

卷第一百八十七　唐纪三
唐高祖武德二年（619 年）…… 6633

卷第一百八十八　唐纪四
唐高祖武德二年至四年（619—621 年）…… 6671

卷第一百八十九　唐纪五
唐高祖武德四年（621 年）…… 6705

卷第一百九十　唐纪六
唐高祖武德五年至七年（622—624 年）…… 6747

卷第一百九十一　唐纪七
唐高祖武德七年至九年（624—626 年）…… 6787

陈纪十

陈长城公至德二年至祯明二年（584—588 年）

【起阏逢执徐（甲辰，584 年），尽著雍涒滩（戊申，588 年），凡五年】

【大事提要】

本卷载述公元 584 年至公元 588 年南北朝史事，凡五年，时当陈后主至德二年至祯明二年，隋文帝开皇四年至八年。五年之间，南北朝形势发生巨大变化。北朝隋文帝代周，建立新朝，带来新气象。隋文帝治国，对内约法省刑，颁布新历新律，休养生息，筑长城于农闲，二旬即止，国力大增。对外恩威并施，使突厥臣服，招徕吐谷浑内附。隋朝欣欣向荣，全力备战南伐而外示友好。南朝陈后主君臣奢靡，君子退，小人进，国势日非而狂傲骄矜，纳后梁之降，犯大国之忌，既不设防，又触犯天威，陈朝灭亡已成必然之势。北强南弱，统一大势不可逆转，于是隋朝大举南伐。

【原文】

长城公下

至德二年（甲辰，584 年）

春，正月，甲子，日有食之。

己巳，隋主享太庙；辛未，祀南郊。

壬申，梁主入朝于隋，服通天冠、绛纱袍，北面受郊劳。及入见于大兴殿，隋主服通天冠、绛纱袍，梁主服远游冠、朝服，君臣并拜。赐缣万匹，珍玩称是。

隋前华州刺史张宾、仪同三司刘晖等造《甲子元历》成，奏之。壬辰，诏颁新历。

癸巳，大赦。

二月，乙巳，隋主饯梁主于灞上。

突厥苏尼部男女万余口降隋。

庚戌，隋主如陇州。

突厥达头可汗请降于隋。

夏，四月，庚子，隋以吏部尚书虞庆则为右仆射。

隋上大将军贺娄子干发五州兵击吐谷浑，杀男女万余口，二旬而还。

帝以陇西频被寇掠，而俗不设村坞，命子干勒民为堡，仍营田积谷。子干上书曰："陇右、河西，土旷民稀，边境未宁，不可广佃。比见屯田之所，获少费多，虚役人功，卒逢践暴；屯田疏远者请皆废省。但陇右之人以畜牧为事，若更屯聚，弥不自安。但使镇戍连接，烽堠相望，民虽散居，必谓无虑。"帝从之。

以子干晓习边事，丁巳，以为榆关总管。

五月，以吏部尚书江总为仆射。

隋主以渭水多沙，深浅不常，漕者苦之，六月，壬子，诏太子左庶子宇文恺帅水工凿渠，引渭水，自大兴城东至潼关三百余里，名曰广通渠。漕运通利，关内赖之。

【语译】

长城公下

陈长城公至德二年（甲辰，584年）

春季，正月初一日甲子，发生日食。

正月初六日己巳，隋文帝祭祀太庙，正月初八日辛未，到南郊祭天。

正月初九日壬申，后梁国主萧岿到长安朝见隋文帝，戴通天冠，穿深红色纱袍，在长安郊外朝北站立接受隋朝使者的迎接。随后进入大兴殿朝见隋文帝。隋文帝戴通天冠，穿深红色纱袍，后梁国主改戴远游冠，穿朝服，君臣互相礼拜。隋文帝赏赐后梁国主绢一万匹，以及价值一万匹绢的珍玩器物。

隋朝前华州刺史张宾、仪同三司刘晖等修造《甲子元历》完成，上奏隋文帝。正月二十九日壬辰，隋文帝下诏颁行新历。

［二月初二日］癸巳，陈朝大赦。

二月十三日乙巳，隋文帝在灞上设宴为后梁国主饯行。

突厥苏尼部男女万余口投降隋朝。

二月十八日庚戌，隋文帝到陇州。

突厥达头可汗请求降附隋朝。

夏季，四月初九日庚子，隋朝任命吏部尚书虞庆则为尚书右仆射。

隋朝上大将军贺娄子干调发河西五州的军队出击吐谷浑，杀死男女一万多口，历时二十天，班师回朝。

隋文帝认为陇西一带经常遭受戎狄侵犯劫掠，而自古以来民间不建立定居点村庄坞壁，于是命令贺娄子干强制百姓建造城堡，并屯田积粮。贺娄子干上书说："陇右、河西地区地广人稀，边境尚未安宁，还不能全面进行耕作。我近来发现一些屯田地区，收获少而费力多，白白浪费了许多人力，最终还遭到敌人的践踏破坏。凡是偏远的屯田据点应该全部撤除。只是陇右地区的老百姓一向从事畜牧业，如果强迫他们集中定居，会更加惊恐不安。不过要多建立镇守哨所和烽火台，使其彼此连接，互相呼应，老百姓即使分散居住，也能确保安全。"隋文帝采纳了他的建议。

由于贺娄子干熟悉边疆情况，四月二十六日丁巳，隋文帝任命他为榆关总管。

五月，陈朝任命吏部尚书江总为尚书仆射。

隋文帝因为渭河多流沙，河水深浅不定，负责漕运粮食的人颇为苦恼，六月二十二日［辛卯］，诏令太子左庶子宇文恺率领民工开凿渠道，导引渭水，从新都大兴城向东直到潼关，长三百多里，名叫"广通渠"。从此，漕运通畅，关内粮食的供给，都依赖这条水渠来输送。

秋，七月，丙寅，遣兼散骑常侍谢泉等聘于隋。

八月，壬寅，隋邓恭公窦炽卒。

乙卯，将军夏侯苗请降于隋，隋主以通和，不纳。

九月，甲戌，隋主以关中饥，行如洛阳。

隋主不喜词华，诏天下公私文翰并宜实录。泗州刺史司马幼之文表华艳，付所司治罪。治书侍御史赵郡李谔亦以当时属文，体尚轻薄，上书曰："魏之三祖，崇尚文词，忽君人之大道，好雕虫之小艺。下之从上，遂成风俗。江左、齐、梁，其弊弥甚：竞一韵之奇，争一字之巧；连篇累牍，不出月露之形，积案盈箱，唯是风云之状。世俗以此相高，朝廷据兹擢士。禄利之路既开，爱尚之情愈笃。于是闾里童昏，贵游总丱，未窥六甲，先制五言，至如羲皇、舜、禹之典，伊、傅、周、孔之说，不复关心，何尝入耳。以傲诞为清虚，以缘情为勋绩，指儒素为古拙，用词赋为君子。故文笔日繁，其政日乱，良由弃大圣之轨模，构无用以为用也。今朝廷虽有是诏，如闻外州远县，仍踵弊风：躬仁孝之行者，摈落私门，不加收齿；工轻薄之艺者，选充吏职，举送天朝。盖由刺史、县令未遵风教。请普加采察，送台推劾。"又上言："士大夫矜伐干进，无复廉耻，乞明加罪黜，以惩风轨。"诏以谔前后所奏颁示四方。

突厥沙钵略可汗数为隋所败，乃请和亲。千金公主自请改姓杨氏，为隋主女。隋主遣开府仪同三司徐平和使于沙钵略，更封千金公主为大义公主。晋王广请因衅乘之，隋主不许。

沙钵略遣使致书曰："从天生大突厥天下贤圣天子伊利居卢设莫何沙钵略可汗致书大隋皇帝：皇帝，妇父，乃是翁比。此为女夫，乃是儿例。两境虽殊，情义如一。自今子子孙孙，乃至万世，亲好不绝。上天为证，终不违负！此国羊马，皆皇帝之畜。彼之缯彩，皆此国之物。"

秋季，七月初六日丙寅，陈朝派遣兼散骑常侍谢泉等人出使隋朝。

八月十三日壬寅，隋朝邓恭公窦炽逝世。

八月二十六日乙卯，陈朝将军夏侯苗请求投降隋朝，隋文帝因为陈、隋两国通使和好，就没有接受。

九月十五日甲戌，隋文帝因为关内发生饥荒，巡幸到洛阳。

隋文帝讨厌辞章华丽，诏令天下公私文书都应实话实说。泗州刺史司马幼之上奏的表章浮华艳丽，隋文帝下令把他交给主管部门治罪。治书侍御史赵郡人李谔也认为当时流行的文章崇尚轻薄浮艳，于是上书说："从前曹魏太祖曹操、高祖曹丕、烈祖曹睿，崇尚文辞，忽略国君作为治理万民的大道，喜欢雕琢词句的小技，上行下效，于是形成一种社会风尚。到了东晋、齐、梁时代，这种文风积弊更深：为了竞逐一韵之新奇，争比一字之技巧。文章连篇累牍，不外乎刻画月华初露之形；作品积案满箱，不过是描写风起云涌之状。世俗以此攀比高下，朝廷据此选拔官吏。获取功名利禄的道路既然开通，人们崇尚华丽轻浮的情绪更加执着。因此，不论是乡闾孩童，还是王公贵族子弟，六十甲子还不会数，便先学作五言诗；至于那些伏羲、虞舜、夏禹的典籍，伊尹、傅说、周公、孔子的学说，全都漠不关心，怎么能够传入人们的耳中！把傲慢怪诞当作清静玄雅，把缘情体物当作丰功伟绩，把有德的硕儒看作古板迂腐的人，把擅长辞赋之士当成君子大人。所以文翰日益繁盛，政治却日益紊乱。这都是因为人们长久以来抛弃了上古圣贤制定的法式、法则，竞相撰写无益于治道的华文艳词，把无用当作有用的缘故。如今朝廷尽管颁布了禁绝浮华文风的诏令，但是我听说一些边远州县，依然沿袭旧日衰败的风气。躬行仁义孝悌的人，被权势之家摈弃而不加录用；擅长写作轻薄浮华文辞的人，却被选拔为官，荐举到朝廷。其原因是刺史、县令没有执行陛下教化的诏令。请求陛下派人普遍察访，若发现有不执行诏令的送交御史台查劾问罪。"其后又上书说："有些士大夫仗恃、炫耀自己的功绩门第以谋求进身做官，不再有羞愧廉耻之心，请求陛下对这些人公开加以治罪贬黜，以正社会风气。"隋文帝诏令将李谔前后奏言颁示天下四方。

突厥沙钵略可汗多次被隋朝击败，便请求和亲。千金公主宇文氏也主动请求改姓杨，作隋文帝的女儿。隋文帝派遣开府仪同三司徐平和出使突厥沙钵略可汗，改封千金公主为大义公主。晋王杨广请求乘突厥内外交困的机会派兵讨伐，隋文帝不允许。

沙钵略可汗遣使向隋文帝递交国书说："从天生大突厥天下贤圣天子伊利居卢设莫何沙钵略可汗致书大隋皇帝：皇帝陛下，您是我夫人的父亲，也就是我的岳父。我是您的女婿，也就像是您的儿子。我们两国的礼俗尽管不同，但人的情义却是一样的。从今以后，子子孙孙以至千秋万世，亲善友好，永不断绝。上天可以作见证，

帝复书曰："大隋天子贻书大突厥沙钵略可汗：得书，知大有善意。既为沙钵略妇翁，今日视沙钵略与儿子不异。时遣大臣往彼省女，复省沙钵略也。"于是遣尚书右仆射虞庆则使于沙钵略，车骑将军长孙晟副之。

沙钵略陈兵列其珍宝，坐见庆则，称病不能起，且曰："我诸父以来，不向人拜。"庆则责而谕之。千金公主私谓庆则曰："可汗豺狼性；过与争，将啮人。"长孙晟谓沙钵略曰："突厥与隋俱大国天子，可汗不起，安敢违意。但可贺敦为帝女，则可汗是大隋女婿，奈何不敬妇翁！"沙钵略笑谓其达官曰："须拜妇翁！"乃起拜顿颡，跪受玺书，以戴于首。既而大惭，与群下相聚恸哭。庆则又遣称臣，沙钵略谓左右曰："何谓臣？"左右曰："隋言臣，犹此云奴耳。"沙钵略曰："得为大隋天子奴，虞仆射之力也。"赠庆则马千匹，并以从妹妻之。

（以上为第一段，写隋文帝提倡质朴文风，惩治浮华，和好突厥，安定边境。）

冬，十一月，壬戌，隋主遣兼散骑常侍薛道衡等来聘，戒道衡"当识朕意，勿以言辞相折"。

是岁，上于光昭殿前起临春、结绮、望仙三阁，各高数十丈，连延数十间，其窗、牖、壁带、县楣、栏、槛皆以沉、檀为之，饰以金玉，间以珠翠，外施珠帘，内有宝床、宝帐，其服玩瑰丽，近古所未有。每微风暂至，香闻数里。其下积石为山，引水为池，杂植奇花异卉。

上自居临春阁，张贵妃居结绮阁，龚、孔二贵嫔居望仙阁，并复道交相往来。又有王、李二美人，张、薛二淑媛，袁昭仪、何婕妤、江修容，并有宠，迭游其上。以宫人有文学者袁大捨等为女学士。仆射江总虽为宰辅，不亲政务，日与都官尚书孔范、散骑常侍王瑳等文士十余人，侍上游宴后庭，无复尊卑之序，谓之"狎客"。上每饮酒，使诸妃、嫔及女学士与狎客共赋诗，互相赠答，采其尤艳丽者，被以新声，选宫女千余人习而歌之，分部迭进。其曲有《玉树后庭花》、《临春乐》等，大略皆美诸妃嫔之容色。君臣酣歌，自夕达旦，以此为常。

始终不会背离！我国所有的羊马，都是皇帝陛下的牲畜；贵国所有的缯彩，也都是我国的财物。”

隋文帝回信沙钵略可汗说：“大隋天子致书大突厥沙钵略可汗：惠书收悉，知你有和好的善意。朕既然是沙钵略可汗的岳父，如今当然看待沙钵略可汗如同儿子一样。朕立刻派遣大臣到突厥看望女儿，也看望沙钵略可汗。”于是派遣尚书右仆射虞庆则出使突厥沙钵略可汗，车骑将军长孙晟作为副使。

突厥沙钵略可汗摆下军阵，陈列珍宝，高坐帐中接见虞庆则，假装身体有病而不能起立，并且说：“自我父辈以来，从不向人叩头下拜。”虞庆则责备他，并晓以道理。千金公主私下对虞庆则说：“沙钵略可汗豺狼本性，与他过分争执，怕他会吞噬人。”长孙晟对沙钵略可汗说：“突厥可汗和隋朝皇帝都是大国天子，可汗不肯起身跪拜，作为使臣，岂敢违背您的意思。但是可贺敦是大隋皇帝的女儿，那么可汗就是大隋皇帝的女婿，女婿怎么能不尊敬岳父！”沙钵略可汗笑着对手下显要的官员说：“是应该跪拜岳父。”于是起身下拜，跪着接受了隋文帝的玺书，顶在头上。隋使走后，沙钵略可汗感到很羞惭，与部下相聚痛哭。虞庆则又要求突厥对隋称臣，沙钵略可汗问左右亲近的人说：“什么叫臣？”左右的人回答说：“隋朝所说的臣，就是我们所说的奴。”沙钵略可汗说：“我能够作大隋天子的奴，是虞仆射的功劳。”于是赠给虞庆则马一千匹，并将堂妹许配给他为妻。

冬季，十一月初四日壬戌，隋文帝派遣兼散骑常侍薛道衡等人出使陈朝，并告诫薛道衡“应当明白朕的善意，不要以言辞羞辱对方”。

这一年，陈后主在光昭殿前建造临春、结绮、望仙三座楼阁，各高数十丈，连绵几十间，它的窗、门、壁带、悬楣、栏杆等都用沉香木和檀香木制成，装饰黄金、玉石，镶嵌珍珠、翡翠，室外门窗悬挂珠帘，室内陈设宝床、宝帐、一切服饰玩赏之物都非常瑰丽堂皇，近古以来不曾有过。每当微风吹拂，香飘数里。楼阁下面地上积石为假山，引水为池，栽种奇花异草。

陈后主居住在临春阁，张贵妃居住在结绮阁，龚氏、孔氏两贵妃居住在望仙阁，楼阁之间用复道连接交通。还有王氏、李氏两个美人，张氏、薛氏两个淑媛，袁昭仪、何婕妤、江修容等，都受到陈后主的宠爱，轮番到三座楼阁上游玩。陈后主又任命有文才的宫女袁大捨等人为女学士。尚书仆射江总尽管位为宰辅，却不亲理政务，整天与都官尚书孔范、散骑常侍王瑳等文士十余人，陪伴皇上在后庭游乐宴饮，不再区分君臣尊卑等等，得称外号为“狎客”。陈后主每次饮酒，便要一些妃、嫔以及女学士们跟狎客一起赋诗，互相赠答，挑选其中特别华丽的，谱上新曲，再挑选宫女千余人练习歌唱，分为若干部，依次演唱。其中乐曲名有《玉树后庭花》、《临

张贵妃名丽华，本兵家女，为龚贵嫔侍儿，上见而悦之，得幸，生太子深。贵妃发长七尺，其光可鉴，性敏慧，有神彩，进止详华，每瞻视眄睐，光采溢目，照映左右。善候人主颜色，引荐诸宫女；后宫咸德之，竞言其善。又有厌魅之术，常置淫祀于宫中，聚女巫鼓舞。上怠于政事，百司启奏，并因宦者蔡脱儿、李善度进请；上倚隐囊，置张贵妃于膝上，共决之。李、蔡所不能记者，贵妃并为条疏，无所遗脱。因参访外事，人间有一言一事，贵妃必先知白之；由是益加宠异，冠绝后庭。宦官近习，内外连结，援引宗戚，纵横不法，卖官鬻狱，货赂公行；赏罚之命，不出于外。大臣有不从者，因而谮之。于是孔、张之权熏灼四方，大臣执政皆从风谄附。

孔范与孔贵嫔结为兄妹；上恶闻过失，每有恶事，孔范必曲为文饰，称扬赞美，由是宠遇优渥，言听计从。群臣有谏者，辄以罪斥之。中书舍人施文庆，颇涉书史，尝事上于东宫，聪敏强记，明闲吏职，心算口占，应时条理，由是大被亲幸。又荐所善吴兴沈客卿、阳惠朗、徐哲、暨慧景等，云有吏能，上皆擢用之；以客卿为中书舍人。客卿有口辩，颇知朝廷典故，兼掌金帛局。旧制：军人、士人并无关市之税。上盛修宫室，穷极耳目，府库空虚，有所兴造，恒苦不给。客卿奏请不问士庶并责关市之征，而又增重其旧。于是以阳惠朗为太市令，暨慧景为尚书金、仓都令史，二人家本小吏，考校簿领，纤毫不差；然皆不达大体，督责苛碎，聚敛无厌，士民嗟怨。客卿总督之，每岁所入，过于常格数十倍。上大悦，益以施文庆为知人，尤见亲重，小大众事，无不委任；转相汲引，珥貂蝉者五十人。

孔范自谓文武才能，举朝莫及，从容白上曰：“外间诸将，起自行伍，

春乐》等，大多是赞美各位妃、嫔的美丽容貌。君臣彻夜酣饮歌唱，习以为常。

张贵妃名叫丽华，原本是一个武将的女儿，做龚贵嫔的侍女，陈后主一见就喜欢上她，于是得到宠幸，生下了皇太子陈深。张贵妃的一头秀发长约七尺，光泽照人，她生性聪慧伶俐，神采照人，举止淑雅。她双眸左顾右盼，光彩四射，映照左右。张贵妃善于从陈后主的神色中体察他的心意，向后主引荐了很多宫女；后宫妃嫔宫女非常感激她，都在后主面前说她的好话。张丽华还擅长祈祷鬼神的厌魅方术，经常在后宫中搞各种不合礼制的祭祀请神，聚集女巫击鼓跳舞。陈后主懒于上朝理政，朝中百官的启奏，都要经过宦官蔡脱儿、李善度转呈请示；陈后主侧身躺在松软的靠垫上，让张贵妃坐在他的膝盖上，一起裁决批答。蔡脱儿、李善度两人没有记全陈后主的批示，张贵妃都能一一记录条理，没有什么遗漏。张贵妃经常参与探访宫外之事，外间的一言一行，她一定首先知道，然后转告陈后主，因此她更受宠爱，超过后宫，无人可比。后宫宦官与陈后主近侍内外勾结，援引亲属亲戚，横行霸道，卖官鬻爵，公然行贿；升迁赏罚的命令，不发自外朝中书，而出于宫掖。外朝大臣有不顺从的，就找机会谗毁。因此孔贵嫔、张贵妃的权势膨胀，执政大臣也都见风转舵，竞相谄媚附从。

都官尚书孔范与孔贵嫔结拜为兄妹；陈后主厌恶听到别人批评他的过失，每当有了过失，孔范必定曲意逢迎，替陈后主文过饰非，反而颂扬他的圣明。因此陈后主更加宠信孔范，礼遇优厚，言听计从。百官大臣有敢于直言进谏的人，就乱加罪名，驱逐出朝。中书舍人施文庆涉猎书史颇多，陈后主做太子时曾在东宫供职，他聪明敏慧，记忆力强，精通吏职政务，筹度谋划，口授机宜，处理紧急事务井井有条，因此大受陈后主的宠信。施文庆又向陈后主推荐了他所亲信的吴兴人沈客卿、阳惠朗、徐哲、暨慧景等人，说他们有办事才能，陈后主全都提拔重用，还任用沈客卿为中书舍人。沈客卿能言善辩，熟悉朝廷典章制度，兼掌中书省金帛局。旧制规定：政府不向军人、士人征收关市之税。陈后主因大修宫室，极尽声色之乐，因此府库空虚，再要有所兴造，总苦于财用不足。沈客卿上奏请求无论士人或百姓，都要交纳关市税，并且还在原有的数量上加重征收。陈后主于是任命阳惠朗为太市令，暨慧景为尚书金部、仓部都令史。阳、暨二人本是小吏出身，擅长考核稽查，管理簿籍，一丝不苟；但是不识为政大体，督责苛刻琐碎，搜括聚敛，没有止境，使得士大夫和百姓非常怨恨。沈客卿总领负责，每年征税收入，超过正常数额几十倍。陈后主非常高兴，更加认为启用施文庆有知人之明，对他尤其亲信重用，把朝廷大小政务都交给他处理。施文庆一伙人层层提拔亲信，这个帮派，成为达官显贵的多达五十人。

孔范自以为有文武全才，满朝没有人能比得上他，曾神色自若地对后主说：“朝

匹夫敌耳。深见远虑，岂其所知！”上以问施文庆，文庆畏范，亦以为然；司马申复赞之。自是将帅微有过失，即夺其兵，分配文吏；夺任忠部曲以配范及蔡徵。由是文武解体，以至覆灭。

（以上为第二段，写陈朝后主亲信群小，主荒政谬，与隋文帝的励精治国形成鲜明对比。）

三年（乙巳，585年）

春，正月，戊午朔，日有食之。

隋主命礼部尚书牛弘修五礼，勒成百卷；戊辰，诏行新礼。

三月，戊午，隋以尚书左仆射高颎为左领军大将军。

丰州刺史章大宝，昭达之子也，在州贪纵，朝廷以太仆卿李晕代之。晕将至，辛酉，大宝袭杀晕，举兵反。

隋大司徒郢公王谊与隋主有旧，其子尚帝女兰陵公主。帝待之恩礼稍薄，谊颇怨望。或告谊自言名应图谶，相表当王；公卿奏谊大逆不道。壬寅，赐谊死。

戊申，隋主还长安。

章大宝遣其将杨通攻建安，不克。台军将至，大宝众溃，逃入山，为追兵所擒，夷三族。

隋度支尚书长孙平奏“令民间每秋家出粟麦一石以下，贫富为差，储之当社，委社司检校，以备凶年，名曰‘义仓’”，隋主从之。五月，甲申，初诏郡、县置义仓。时民间多妄称老、小以免赋役，山东承北齐之弊政，户口租调，奸伪尤多。隋主命州县大索貌阅，户口不实者，里正、党长远配；大功以下，皆令析籍，以防容隐。于是计帐得新附一百六十四万余口。高颎请为输籍法，遍下诸州，帝从之，自是奸无所容矣。

诸州调物，每岁河南自潼关，河北自蒲坂，输长安者相属于路，昼夜不绝者数月。

梁主岿，谥曰孝明皇帝，庙号世宗。世宗孝慈俭约，境内安之。太

外那些带兵的将帅，都是行伍出身，只有匹夫之勇。至于深谋远虑，他们怎知道！”陈后主以此询问施文庆，施文庆惧怕孔范，也就附和孔范说得对；中书通事舍人司马申也在一边帮腔。自此以后，将帅如果稍有过失，就立刻剥夺兵权，交给文职官吏；领军将军任忠的部众就被削夺分配给孔范和蔡徵。由此陈朝文臣武将人心离散，最终导致灭亡。

陈长城公至德三年（乙巳，585年）

春季，正月初一日戊午，发生日食。

隋文帝命礼部尚书牛弘纂修五礼，编成一百卷；正月十一日戊辰，隋文帝下诏颁行新礼。

三月初二日戊午，隋朝任命尚书左仆射高颎为左领军大将军。

陈朝丰州刺史章大宝，是章昭达的儿子，他在丰州贪纵枉法，朝廷改派太仆卿李晕去替换他。李晕快到达时，三月初五日辛酉，章大宝袭杀李晕，领兵造反。

隋朝大司徒郢公王谊与隋文帝是故交，他的儿子娶文帝的女儿兰陵公主为妻。后来隋文帝对他的恩宠礼遇渐渐淡薄，王谊非常怨恨牢骚。有人告发王谊说他名应国谶，从相貌仪表来看应该称王；公卿大臣上奏弹劾王谊犯了大逆不道之罪。［四月十六日］壬寅，隋文帝赐王谊自杀。

［四月二十二日］戊申，隋文帝从洛阳回到长安。

陈朝叛将章大宝派遣部将杨通攻打建安，没能取胜。朝廷的军队将要到达丰州，章大宝部众溃散，章大宝也逃入山中，被追兵擒获，遭灭三族。

隋朝度支尚书长孙平上奏：“请下令民间，每年秋收后每家交纳粟麦一石以下，再按贫富状况等差交纳，将交纳的粮食都储存在自己所居的社内，委派社中员吏验收看管，以备灾年赈济之用，称为‘义仓’”。隋文帝听从了他的建议。五月二十九日甲申，下诏令各郡、县都设置义仓。当时很多百姓向官府谎报年老、年幼，以此来逃避赋税徭役，山东地区承袭原北齐的弊政，在户口登记和租调征收方面，弄虚作假的特别多。隋文帝下令在全国州县进行户口普查，如果申报不实，里正、党长发配戍边；堂兄弟以下仍旧同居的大家庭，都命令他们分家居住，各立门户，以防止隐瞒人丁户口。这次人口普查，全国统计的户籍簿新增加了一百六十四万多人口，左领军大将军高颎又奏请制定、核实户籍等第，按定额征收赋税的输籍法，颁行各州，隋文帝接受了他的建议，此后弄虚作假逃避赋税的人无法藏身了。

嗣后，隋朝制定了全国各地每年上调给中央的各种物资定额，黄河以南的经由潼关，黄河以北的经由蒲坂，分道输往长安，昼夜不停，长达数月之久。

后梁国主萧岿逝世，谥号孝明皇帝，庙号世宗。梁世宗孝悌仁慈，勤俭节约，

子琮嗣位。

初，突厥阿波可汗既与沙钵略有隙，阿波浸强；东距都斤，西越金山，龟兹、铁勒、伊吾及西域诸胡悉附之，号西突厥。隋主亦遣上大将军元契使于阿波以抚之。

秋，七月，庚申，遣散骑常侍王话等聘于隋。

突厥沙钵略既为达头所困，又畏契丹，遣使告急于隋，请将部落度漠南，寄居白道川。隋主许之，命晋王广以兵援之，给以衣食，赐之车服鼓吹。沙钵略因西击阿波，破之。而阿拔国乘虚掠其妻子，官军为击阿拔，败之，所获悉与沙钵略。

沙钵略大喜，乃立约，以碛为界，因上表曰："天无二日，土无二王，大隋皇帝真皇帝也，岂敢阻兵恃险，偷窃名号！今感慕淳风，归心有道，屈膝稽颡，永为藩附。"遣其子库合真入朝。

八月，丙戌，库合真至长安。隋主下诏曰："沙钵略往虽与和，犹是二国；今作君臣，便成一体。"因命肃告郊庙，普颁远近，凡赐沙钵略诏，不称其名。宴库合真于内殿，引见皇后，赏劳甚厚。沙钵略大悦，自是岁时贡献不绝。

九月，将军湛文徹侵隋和州，隋仪同三司费宝首击擒之。

丙子，隋使李若等来聘。

冬，十月，壬辰，隋以上柱国杨素为信州总管。

初，北地傅縡以庶子事上于东宫，及即位，迁秘书监、右卫将军兼中书通事舍人，负才使气，人多怨之。施文庆、沈客卿共谮縡受高丽使金，上收縡下狱。

縡于狱中上书曰："夫君人者，恭事上帝，子爱下民，省嗜欲，远谄佞，未明求衣，日旰忘食，是以泽被区宇，庆流子孙。陛下顷来酒色过度，不虔郊庙大神，专媚淫昏之鬼，小人在侧，宦竖弄权，恶忠直若仇雠，视生民如草芥，后宫曳绮绣，厩马余菽粟，百姓流离，僵尸蔽野，货贿公行，帑藏损耗，神怒民怨，众叛亲离，臣恐东南王气自斯而尽。"书奏，上大怒。顷之，意稍解，遣使谓縡曰："我欲赦卿，卿能改

境内所以安定太平。太子萧琮继位。

当初，突厥阿波可汗与沙钵略可汗有了嫌隙，后来阿波可汗逐渐强盛，势力东抵都斤山，西越金山，西域龟兹、铁勒、伊吾诸部，以及诸胡各小国都臣服了他，称为西突厥。隋文帝也派遣上大将军元契出使西突厥，以安抚阿波可汗。

秋季，七月初六日庚申，陈朝派遣散骑常侍王话等人出使隋朝。

突厥沙钵略可汗遭到达头可汗侵逼，又害怕契丹的攻击，便派使者到隋朝告急，请求允许他率领所属部落迁徙到大漠以南，寄居在白道川一带。隋文帝允准了他的请求，命晋王杨广率军支援，并供给他衣服食品，赐给他车驾服饰及鼓吹。沙钵略可汗乘机西击阿波可汗，打败了他。但阿拔国却乘虚而入劫掠沙钵略的妻儿家小；隋朝军队替沙钵略打败了阿拔军队，并把所缴获的战利品都给予了沙钵略可汗。

沙钵略可汗大喜，于是与隋朝缔约，以大漠为两国边界，并上表说："天无二日，地无二王，大隋皇帝是真正的皇帝，我怎敢依恃兵众险隘，窃取帝王名号！如今钦慕南国淳朴风俗，归心有道之君，情愿屈膝叩拜，永为大隋藩属。"并派遣他的儿子库合真入隋朝见隋文帝。

八月初二日丙戌，库合真到达长安。隋文帝下诏说："突厥沙钵略可汗以前虽然与隋朝和亲友好，但还是两个国家，现在成为君臣关系，便是一国。"于是下令到南郊天坛和太庙去敬告天地和祖先，并颁下诏书布告远近臣民。凡是赐给沙钵略可汗的诏书，不直接称呼他的名。隋文帝还在内殿宴请库合真，并把他引见给独孤皇后，赏赐慰劳的东西极为丰盛。沙钵略可汗很高兴，自此，一年四季都向隋朝进贡物品。

九月，陈朝将军湛文徹侵犯隋朝的和州，隋朝仪同三司费宝首率军反击，俘虏了湛文徹。

九月二十三日丙子，隋朝派遣李若等人出使陈朝。

冬季，十月初九日壬辰，隋朝任命上柱国杨素为信州总管。

当初，北地人傅縡曾在陈朝东宫任太子庶子侍奉陈后主，等到太子即位后，傅縡晋升为秘书监、右卫将军兼中书通事舍人，他自恃有才，盛气凌人，大家非常怨恨他。施文庆与沈客卿一同诬告傅縡收受了高丽国使者的贿赂，陈后主将傅縡拘捕下狱。

傅縡在狱中上书说："统治万民的国君，应该恭敬地事奉上天，爱民如子，节制嗜欲，疏远谄媚奸佞的臣子，天未明就穿衣起床，时已晚忘了吃饭，这样做才能恩泽普施于天下，福庆流传给子孙。但是陛下近来纵酒好色过度，祭奉天地宗庙之神不虔诚，只是专心媚事淫昏之鬼；小人留在身边，放任宦官专权；讨厌忠直之士如同仇敌，轻视生民之命如同草芥；后宫妃嫔服饰绮绣锦缎拖长及地，御用厩马喂食菽粟常有剩余，而天下百姓却流离失所，僵尸遍野；官吏公然收受贿赂，国库财物

过不？”对曰：“臣心如面，臣面可改，则臣心可改。”上益怒，令宦者李善庆穷治其事，遂赐死狱中。

上每当郊祀，常称疾不行，故绰言及之。

是岁，梁大将军戚昕以舟师袭公安，不克而还。

隋主征梁主叔父太尉吴王岑入朝，拜大将军，封怀义公，因留不遣；复置江陵总管以监之。

梁大将军许世武密以城召荆州刺史宜黄侯慧纪；谋泄，梁主杀之。慧纪，高祖之从孙也。

隋主使司农少卿崔仲方发丁三万，于朔方、灵武筑长城，东距河，西至绥州，绵历七百里，以遏胡寇。

（以上为第三段，写隋文帝普查户口，外和突厥，国势日盛；而陈朝后主沉湎酒色，排斥忠良，国势日衰。）

四年（丙午，586年）

梁改元广运。

甲子，党项羌请降于隋。

庚午，隋颁历于突厥。

二月，隋始令刺史上佐每岁暮更入朝，上考课。

丁亥，隋复令崔仲方发丁十五万，于朔方以东，缘边险要，筑数十城。

丙申，立皇弟叔谟为巴东王，叔显为临江王，叔坦为新会王，叔隆为新宁王。

庚子，隋大赦。

三月，己未，洛阳男子高德上书，请隋主为太上皇，传位皇太子。帝曰：“朕承天命，抚育苍生，日旰孜孜，犹恐不逮。岂效近代帝王，传位于子，自求逸乐者哉！”

夏，四月，己亥，遣周磻等聘于隋。

五月，丁巳，立皇子庄为会稽王。

亏空，天怒人怨，众叛亲离，臣担心江南王气从此丧尽。”傅縡上书呈进，陈后主读后大为光火。过了一会，稍微消了气，就派人对傅縡说：“我想赦免你，你能否改正以前的过错？”傅縡回答说：“臣的心性如同臣的面貌，假如面貌能够改变，那么臣的心性才能改变。”陈后主听了后更加愤怒，命令宦官李善庆没完没了地审理傅縡的罪案，最终赐他在狱中自尽。

陈后主每当举行郊祀的时候，经常称病不去参加，因此傅縡上书提及这件事。

这一年，后梁大将军戚昕率水军攻打陈朝荆州治所公安城，不胜退走。

隋文帝征召梁主的叔父太尉吴王萧岑入朝，拜授大将军，封怀义公，借机将他扣留在长安，不让他回国；又重新设置江陵总管来监管后梁。

后梁大将军许世武打算献城投降陈朝，暗中派人去招引陈朝荆州刺史宜黄侯陈慧纪领兵前来接应，由于事情败露，后梁国主杀了许世武。陈慧纪是陈高祖陈霸先兄弟的孙子。

隋文帝派遣司农少卿崔仲方征调壮丁三万人，在朔方、灵武之间修筑长城，东起黄河，西抵绥州，绵延七百里，以抵御北方胡人入侵。

陈长城公至德四年（丙午，586 年）

后梁改年号为广运。

［春季，正月］十三日甲子，党项羌请求归附隋朝。

正月十九日庚午，隋朝向突厥颁授历法。

二月，隋朝下令每年岁末各州刺史以及长史、司马轮流入朝，呈奏本州官吏当年的考绩簿书。

二月初六日丁亥，隋朝再次命令崔仲方征调壮丁十五万人，在朔方以东，沿边境险要地方修筑几十座哨所城堡。

二月十五日丙申，陈后主册封皇弟陈叔谟为巴东王，陈叔显为临江王，陈叔坦为新会王，陈叔隆为新宁王。

二月十九日庚子，隋朝大赦。

三月初八日己未，洛阳男子高德上书，请求隋文帝做太上皇，传皇位给皇太子。隋文帝说：“朕奉承天命，抚育百姓，从早到晚孜孜不倦，仍然担心不能治理好天下。怎敢效法近代那些帝王，传位给太子，而自求安逸享乐呢！”

夏季，四月十九日己亥，陈朝派遣周磻等人出使隋朝。

五月初七日丁巳，陈后主册封皇子陈庄为会稽王。

秋，八月，隋遣散骑常侍裴豪等来聘。

戊申，隋申明公李穆卒，葬以殊礼。

闰月，丁卯，隋太子勇镇洛阳。

隋上柱国郕公梁士彦讨尉迟迥，所当必破，代迥为相州刺史；隋主忌之，召还长安。上柱国杞公宇文忻与隋主少相厚，善用兵，有威名；隋主亦忌之，以谴去官，以柱国舒公刘昉皆被疏远，闲居无事，颇怀怨望，数相往来，阴谋不轨。

忻欲使士彦于蒲州起兵，己为内应，士彦之甥裴通预其谋而告之。帝隐其事，以士彦为晋州刺史，欲观其意；士彦忻然，谓昉等曰："天也！"又请仪同三司薛摩儿为长史，帝亦许之。后与公卿朝谒，帝令左右执士彦、忻、昉于行间，诘之，初犹不伏；捕薛摩儿适至，命之庭对，摩儿具论始末，士彦失色，顾谓摩儿曰："汝杀我！"丙子，士彦、忻、昉皆伏诛，叔侄、兄弟免死除名。

九月，辛巳，隋主素服临射殿，命百官射三家资物以为诫。

冬，十月，己酉，隋以兵部尚书杨尚希为礼部尚书。隋主每旦临朝，日昃不倦，尚希谏曰："周文王以忧勤损寿，武王以安乐延年。愿陛下举大纲，责成宰辅。繁碎之务，非人主所宜亲也。"帝善之而不能从。

癸丑，隋置山南道行台于襄州；以秦王俊为尚书令。俊妃崔氏生男，隋主喜，颁赐群官。

直秘书内省博陵李文博，家素贫，人往贺之，文博曰："赏罚之设，功过所存。今王妃生男，于群官何事，乃妄受赏也！"闻者愧之。

癸亥，以尚书仆射江总为尚书令，吏部尚书谢伷为仆射。

十一月，己卯，大赦。

吐谷浑可汗夸吕在位百年，屡因喜怒废杀太子。后太子惧，谋执夸吕而降；请兵于隋边吏，秦州总管河间王弘请以兵应之，隋主不许。

秋季，八月，隋朝派遣散骑常侍裴豪等人出使陈朝。

八月三十日戊申，隋朝申明公李穆去世，隋文帝用很高的规格将其安葬。

闰八月十九日丁卯，隋朝皇太子杨勇出镇洛阳。

隋朝上柱国郕公梁士彦讨伐尉迟迥，每战必胜，平定尉迟迥后，代尉迟迥为相州刺史。隋文帝猜忌他，将他召回长安。上柱国杞公宇文忻与隋文帝少年时非常友好，宇文忻因善于用兵，有很高的威望，隋文帝也因此猜忌他，找借口罢了他的官。梁士彦、宇文忻与柱国舒公刘昉都被疏远，闲居无聊，满腹怨恨，他们多次互相往来，暗中图谋造反。

宇文忻要梁士彦在蒲州起兵，自己在长安做内应，梁士彦的外甥裴通参与阴谋，却告发了他们。隋文帝不动声色，故意任命梁士彦为晋州刺史，用以观察他的动静；梁士彦非常高兴，对刘昉等人说："这是苍天保佑我们啊！"他又奏请朝廷任命仪同三司薛摩儿为晋州长史，隋文帝答应他的请求。不久梁士彦等人与公卿大臣一起上朝见皇上，隋文帝命左右侍卫在朝列中拘捕梁士彦、宇文忻、刘昉三人，审问他们为何造反，起初他们还不认罪；这时薛摩儿正好被捕获带到，隋文帝命他在殿堂上与梁士彦等人当面对质，薛摩儿详细供出了梁士彦等三人谋反的情况，梁士彦大惊失色，对薛摩儿说："是你杀了我！"闰八月二十八日丙子，梁士彦、宇文忻、刘昉三人都被处死，他们的叔侄、兄弟免除死罪，被削职为民。

九月初四日辛巳，隋文帝身穿丧服亲临射殿，命令百官射取梁士彦等三家物品，以为鉴戒。

冬季，十月初二日己酉，隋朝任命兵部尚书杨尚希为礼部尚书。隋文帝每日清早就临朝听政，到太阳偏西还不休息，杨尚希进谏说："周文王由于忧勤劳苦而折寿，周武王则因安乐颐养而延年。希望陛下只抓大政方针，责成宰相处理政务。至于繁碎细事，人主不宜亲自处理。"隋文帝很赞同他的意见，但却不能采纳。

十月初六日癸丑，隋朝在襄州设置山南道行台，任命秦王杨俊为行台尚书令。杨俊妃崔氏生了男孩，隋文帝很高兴，下令赏赐百官。

直秘书内省博陵人李文博，家道素来贫寒，而今蒙隋文帝赐物，人们都去祝贺他，李文博却说："赏罚的设立，本是为了赏功罚罪。如今王妃生了男孩，与群臣百官有什么关系，却滥受赏赐！"在旁听到这番话的人都感到十分惭愧。

十月十六日癸亥，陈朝任命尚书仆射江总为尚书令，吏部尚书谢伷为尚书仆射。

十一月初三日己卯，陈朝大赦。

吐谷浑可汗夸吕在位百年之久，多次因为喜怒无常而废黜或诛杀太子。后来所立的太子害怕，密谋劫持夸吕可汗投降隋朝，于是派使者向隋朝边防官吏请求援助，秦州总管河间王杨弘奏请朝廷派兵去接应，隋文帝不允。

太子谋泄，为夸吕所杀，复立其少子嵬王诃为太子。迭州刺史杜粲请因其衅而讨之，隋主又不许。

是岁，嵬王诃复惧诛，谋帅部落万五千户降隋，遣使诣阙，请兵迎之。隋主曰："浑贼风俗，特异人伦，父既不慈，子复不孝。朕以德训人，何有成其恶逆乎！"乃谓使者曰："父有过失，子当谏争，岂可潜谋非法，受不孝之名！溥天之下皆朕臣妾，各为善事，即称朕心。嵬王既欲归朕，唯教嵬王为臣子之法，不可远遣兵马，助为恶事！"嵬王诃乃止。

（以上为第四段，写隋文帝以仁德慈孝治理国家，和睦周边，不贪小利，布教四方。）

祯明元年（丁未，587 年）

春，正月，戊寅，大赦，改元。

癸巳，隋主享太庙。

乙未，隋制诸州岁贡士三人。

二月，丁巳，隋主朝日于东郊。

遣兼散骑常侍王亨等聘于隋。

隋发丁男十万余人修长城，二旬而罢。

夏，四月，于扬州开山阳渎以通运。

突厥沙钵略可汗遣其子入贡于隋，因请猎于恒、代之间，隋主许之，仍遣人赐以酒食。沙钵略帅部落再拜受赐。

沙钵略寻卒，隋为之废朝三日，遣太常吊祭。

初，沙钵略以其子雍虞闾懦弱，遗令立其弟叶护处罗侯。雍虞闾遣使迎处罗侯，将立之，处罗侯曰："我突厥自木杆可汗以来，多以弟代兄，以庶夺嫡，失先祖之法，不相敬畏。汝当嗣位，我不惮拜汝。"雍虞闾曰："叔与我父，共根连体。我，枝叶也，岂可使根本反从枝叶，叔父屈于卑幼乎！且亡父之命，何可废也！愿叔勿疑！"遣使相让者五六，处罗侯竟立，是为莫何可汗。以雍虞闾为叶护。遣使上表言状。

隋使车骑将军长孙晟持节拜之，赐以鼓吹、幡旗。莫何勇而有谋，

吐谷浑太子密谋败露，被夸吕可汗杀掉，夸吕又立他的小儿子嵬王诃为太子。隋朝迭州刺史杜粲又向朝廷请求乘机讨伐吐谷浑，隋文帝仍旧不准许。

这一年，吐谷浑太子嵬王诃也因担心被父王杀害，密谋率领所属部落一万五千户投降隋朝，派遣使者来到长安，请求隋朝派兵接应。隋文帝说："吐谷浑风俗败坏，与中原习俗很不相同，缺乏人伦亲情，做父亲的既不慈爱自己的儿子，做儿子的也不孝顺自己的父亲。朕以仁德教化百姓，哪有助成嵬王诃叛逆作恶的道理！"于是对嵬王诃的使者说："父亲有了过失，儿子应以死谏争，岂能阴谋反叛，落个不孝之名！普天之下，都是朕的臣民，各自尽忠尽孝，即可使朕称心如意。嵬王诃既然想归附于朕，朕只能教导嵬王诃如何做忠臣孝子的道理，决不能远派军队，帮助嵬王诃的叛逆作恶！"嵬王诃于是作罢。

陈长城公祯明元年（丁未，587 年）

春季，正月初三日戊寅，陈朝大赦，改年号为祯明。

正月十六日癸巳，隋文帝到太庙祭祀祖先。

正月十八日乙未，隋朝规定各州每年向朝廷荐举三个士人。

二月十二日丁巳，隋主在东郊举行迎拜太阳的典礼。

陈朝派遣兼散骑常侍王亨等人出使隋朝。

隋朝征调民夫十万余人修筑长城，二十天就停下了。

夏季，四月，隋朝在扬州开凿山阳渎，用来沟通长江和淮河之间的运输。

突厥沙钵略可汗派遣他的儿子入隋朝贡，并请求朝廷允许突厥在恒州、代州之间打猎，隋文帝准许了突厥的请求，并派遣使者赐给酒食。沙钵略可汗率领突厥部落再拜接受赏赐 。

不久，沙钵略可汗去世，隋朝停止朝会三日，以示哀悼，并派遣太常寺卿前往吊祭。

当初，沙钵略可汗认为儿子雍虞闾懦弱无能，临终遗命立弟弟叶护处罗侯为可汗。雍虞闾遵命派遣使者前往迎接处罗侯，将拥立他为可汗。处罗侯不同意，说："我突厥国自木杆可汗以来，多是以弟代兄继位，以庶夺嫡，丢弃了祖宗之法，乱了尊卑敬畏的秩序，你是嫡子，理当继位，我不怕对你下拜。"雍虞闾说："叔父与我父亲乃同胞兄弟，其根连体。我是侄儿，好比枝叶，岂能使根本反而服从枝叶，叔父屈居于侄儿之下呢！况且先父的遗命，怎么能违背呢！希望叔父不要再疑虑。"双方派遣使者相互推让了五六次，最后处罗侯即位，这就是莫何可汗。莫何可汗任命雍虞闾为叶护。并派遣使者向隋朝呈上表章，说明即位情况。

隋朝派遣车骑将军长孙晟为使者，持节册拜莫何为突厥可汗，并赏赐给他鼓吹、

以隋所赐旗鼓西击阿波；阿波之众以为得隋兵助之，多望风降附。遂生擒阿波，上书请其死生之命。

隋主下其议，乐安公元谐请就彼枭首；武阳公李充请生取入朝，显戮以示百姓。隋主谓长孙晟："于卿何如？"晟对曰："若突厥背诞，须齐之以刑。今其昆弟自相夷灭，阿波之恶非负国家。因其困穷，取而为戮，恐非招远之道。不如两存之。"左仆射高颎曰："骨肉相残，教之蠹也，宜存养以示宽大。"隋主从之。

甲戌，隋遣兼散骑常侍杨同等来聘。

五月，乙亥朔，日有食之。

秋，七月，己丑，隋卫昭王爽卒。

八月，隋主征梁主入朝。梁主帅其群臣二百余人发江陵；庚申，至长安。

隋主以梁主在外，遣武乡公崔弘度将兵戍江陵。军至都州，梁主叔父太傅安平王岩、弟荆州刺史义兴王瓛等恐弘度袭之，乙丑，遣都官尚书沈君公诣荆州刺史宜黄侯慧纪请降。九月，庚寅，慧纪引兵至江陵城下。辛卯，岩等驱文、武、男、女十万口来奔。

隋主闻之，废梁国；遣尚书左仆射高颎安集遗民；梁中宗、世宗各给守冢十户；拜梁主琮上柱国，赐爵莒公。

甲午，大赦。

冬，十月，隋主如同州；癸亥，如蒲州。

十一月，丙子，以萧岩为开府仪同三司、东扬州刺史，萧瓛为吴州刺史。

丁亥，以豫章王叔英兼司徒。

甲午，隋主如冯翊，亲祠故社；戊戌，还长安。

是行也，内史令李德林以疾不从，隋主自同州敕书追之，与议伐陈之计。及还，帝马上举鞭南指曰："待平陈之日，以七宝装严公，使自山

幡旗。莫何可汗有勇有谋，他利用隋朝所赐的旗鼓，向西进攻西突厥阿波可汗。阿波可汗的部众以为莫何可汗得到了隋军助战，便都望风降附。莫何可汗于是活捉阿波可汗，又上书隋文帝，请示怎样处置他。

隋文帝召集群臣商议此事，乐安公元谐提议将阿波可汗就地处斩，枭首示众。武阳公李充建议将阿波可汗押回长安，由朝廷处死，用以昭示天下百姓。隋文帝问长孙晟："你的意见怎样？"长孙晟回答说："若阿波可汗是违背朝命，就应当将他刑杀正法。如今只是他们兄弟之间自相残杀，阿波可汗的罪恶并不是有负于我国。假如我们趁他困穷之时，将他押来处死，恐怕不是招徕荒远之民所应采取的办法。不如赦免阿波可汗，使突厥两雄并存。"尚书左仆射高颎也说："骨肉自相残杀，败坏伦常教化，应该赦免阿波可汗，以示朝廷宽大。"隋文帝接纳了他们的建议。

二月三十日甲戌，隋朝派遣兼散骑常侍杨同等出使陈朝。

五月初一日乙亥，发生日食。

秋季，七月十六日己丑，隋朝卫昭王杨爽去世。

八月，隋文帝征召后梁国主萧琮入朝。萧琮率领群臣二百余人从江陵起程；八月十八日庚申，到达长安。

隋文帝认为后梁国主萧琮独立在外，便派武乡公崔弘度率军去戍守江陵。大军行至都州，后梁国主的叔父太傅安平王萧岩、萧琮弟荆州刺史义兴王萧瓛等人担心崔弘度借机袭取江陵，八月二十三日乙丑，萧岩、萧瓛派遣都官尚书沈君公向陈朝荆州刺史宜黄侯陈慧纪请求投降。九月十八日庚寅，陈慧纪率军到达江陵城下接应。九月十九日辛卯，萧岩、萧瓛等人带领后梁国文武官吏、平民男女共十万人投降陈朝。

隋文帝得知消息，下令废掉梁国；又派遣尚书左仆射高颎前去安置留在江陵没有投降陈朝的百姓，并下令给梁中宗、梁世宗各十户人家守护陵墓；还任命后梁国主萧琮为上柱国，降爵封为莒公。

九月二十二日甲午，陈朝大赦。

冬季，十月，隋文帝到同州；十月二十二日癸亥，隋文帝由同州转往蒲州。

十一月初五日丙子，陈朝任命萧岩为开府仪同三司、东扬州刺史，萧瓛为吴州刺史。

十一月十六日丁亥，陈朝任命豫章王陈叔英兼任司徒。

十一月二十三日甲午，隋文帝到达冯翊，亲自到故乡里社祭祀；十一月二十七日戊戌，隋文帝回到长安。

隋文帝这次出巡，内史令李德林因病未能随从，隋文帝从同州下敕书催李德林前去，共商伐陈大计。他们一起回京，文帝在马上扬鞭指着南方说："等朕平定陈朝

以东无及公者。”

初，隋主受禅以来，与陈邻好甚笃，每获陈谍，皆给衣马礼遣之，而高宗犹不禁侵掠。故太建之末，隋师入寇；会高宗殂，隋主即命班师，遣使赴吊，书称姓名顿首。帝答之益骄，书末云：“想彼统内如宜，此宇宙清泰。”隋主不悦，以示朝臣，上柱国杨素以为主辱臣死，再拜请罪。

隋主问取陈之策于高颎，对曰：“江北地寒，田收差晚；江南水田早熟。量彼收获之际，微征士马，声言掩袭，彼必屯兵守御，足得废其农时。彼既聚兵，我便解甲。再三若此，彼以为常；后更集兵，彼必不信。犹豫之顷，我乃济师；登陆而战，兵气益倍。又，江南土薄，舍多茅竹，所有储积皆非地窖。若密遣行人因风纵火，待彼修立，复更烧之，不出数年，自可财力俱尽。”隋主用其策，陈人始困。

于是杨素、贺若弼及光州刺史高劢、虢州刺史崔仲方等争献平江南之策。仲方上书曰：“今唯须武昌以下，蕲、和、滁、方、吴、海等州，更帖精兵，密营度计；益、信、襄、荆、基、郢等州，速造舟楫，多张形势，为水战之具。蜀、汉二江是其上流，水路冲要，必争之所。贼虽流头、荆门、延洲、公安、巴陵、隐矶、夏首、蕲口、湓城置船，然终聚汉口、峡口，以水战大决。若贼必以上流有军，令精兵赴援者，下流诸将即须择便横渡；如拥众自卫，上江诸军鼓行以前。彼虽恃九江、五湖之险，非德无以为固；徒有三吴、百越之兵，非恩不能自立矣。”隋主以仲方为基州刺史。

及受萧岩等降，隋主益忿，谓高颎曰：“我为民父母，岂可限一衣带水不拯之乎！”命大作战船。人请密之，隋主曰：“吾将显行天诛，何密之有！”使投其柿于江，曰：“若彼惧而能改，吾复何求！”

的那一天，要用七种珍宝之物装扮你，使崤山以东的士大夫，没有人能比得上你。”

起初，隋文帝自受禅即位以来，与陈朝和睦友好，每次抓到陈朝的间谍，都赠送衣服、马匹，非常客气地遣返他们回去。但陈宣帝仍不阻止陈朝边将侵扰隋境。所以太建末年，隋朝军队进攻陈朝；适逢陈宣帝逝世，隋文帝立即下令班师，并派使者前往吊唁，在给陈后主的信中自称姓名写有“杨坚顿首”之语。而陈后主的回信却自高自大，信末说：“想必你统治的境内还算可以，我国陈朝如同一统天下那样清静安泰。”隋文帝看了回信很不高兴，并把它传示朝臣，上柱国杨素认为君主受到羞辱，为臣的该死，一再跪拜叩头请罪。

隋文帝向高颎询问平陈之计，高颎回答说：“长江以北地区天气寒冷，田里庄稼收获较晚；而江南地区水田里庄稼成熟较早。估量在他们收获的时候，我们稍微征集兵马，扬言要进攻江南，他们一定屯兵守卫，这样足以让他们荒废农时。在他们聚集兵马之后，我们便马上解甲散兵，这样一而再，再而三，他们就会习以为常；然后我们再调集大军真正发动进攻，他们一定不信。趁他们犹豫之际，我军就大举渡江；兵既渡江，登陆而战，我军士气就会倍增。再说江南土地低湿，房舍多用茅草竹片搭成，所有的储积都不是藏在地窖里。假如我们秘密派人借风放火，烧毁他们的粮仓，等他们重新建好，我们再去焚烧。如此不出数年，他们必定力竭财尽。”隋文帝接受了高颎的计策，陈人开始感到形势严峻。

于是杨素、贺若弼以及光州刺史高劢、虢州刺史崔仲方等人都争献平陈计策。崔仲方上书说：“如今只需自武昌以下，在蕲、和、滁、方、吴、海等州增加精兵，秘密进行渡江筹划；在益、信、襄、荆、基、郢等州迅速建造舟船，多方大造声势，作水战的准备。蜀、汉二江在长江的上流，是水陆要冲，为兵家必争之地。陈朝尽管在流头滩、荆门、延洲、公安、巴陵、隐矶、夏首、蕲口、湓城等地置备了船只，但最后还是要在汉口、西陵峡口聚集大军，以水战与我们一决雌雄。如果陈朝认为我们只在上游部署有重兵，因而命令精锐部队赶赴上游增援，我们在下游的众将领即可率军乘机横渡长江；如果陈朝集中兵力坚守下游，那么我方上游诸军即可顺流而下，鼓行而前。他们虽然据有九江、五湖的险要，但失德则地利之险不足为凭；徒有三吴、百越的骁勇之兵，因为没有恩泽则不能自立。”于是隋文帝任命崔仲方为基州刺史。

等到陈朝接受后梁萧岩等人投降，隋文帝更加愤怒，对高颎说：“我作为天下百姓的父母，怎么能因为只有一衣带宽的江流阻隔，就不去拯救江南的百姓呢！”下令上游各州大造战船。有人建议应该秘密进行，隋文帝说：“我是奉行天命，要公开进行讨伐，有什么可保密的呢！”并让造船的人把砍削下来的碎木片投进江里，让它们顺流而下，隋文帝说：“假如陈朝害怕大军讨伐，能改过自新，我还要求什

杨素在永安，造大舰，名曰“五牙”。上起楼五层，高百余尺；左右前后置六拍竿，并高五十尺，容战士八百人；次曰“黄龙”，置兵百人。自余平乘、舴艋各有等差。

晋州刺史皇甫续将之官，稽首言陈有三可灭。帝问其状，曰：“大吞小，一也。以有道伐无道，二也。纳叛臣萧岩，于我有词，三也。陛下若命将出师，臣愿展丝发之效！”隋主劳而遣之。

时江南妖异特众，临平湖草久塞，忽然自开。帝恶之，乃自卖于佛寺为奴以厌之。又于建康造大皇寺，起七级浮图；未毕，火从中起而焚之。

吴兴章华，好学，善属文，朝臣以华素无伐阅，竞排诋之，除太市令。华郁郁不得志，上书极谏，略曰：“昔高祖南平百越，北诛逆虏，世祖东定吴会，西破王琳，高宗克复淮南，辟地千里，三祖之功勤亦至矣。陛下即位，于今五年，不思先帝之艰难，不知天命之可畏；溺于嬖宠，惑于酒色；祠七庙而不出，拜三妃而临轩；老臣宿将弃之草莽，谄佞谗邪升之朝廷。今疆埸日蹙，隋军压境，陛下如不改弦易张，臣见麋鹿复游于姑苏矣！”帝大怒，即日斩之。

（以上为第五段，写隋文帝吞并后梁，筹谋平陈；而陈朝后主仍然醉生梦死，不思更张，不听劝谏，灭亡指日可待。）

二年（戊申，588年）

春，正月，辛巳，立皇子恮为东阳王，恬为钱塘王。

遣散骑常侍袁雅等聘于隋；又遣散骑常侍九江周罗睺将兵屯峡口，侵隋峡州。

三月，甲戌，隋遣兼散骑常侍程尚贤等来聘。

戊寅，隋主下诏曰：“陈叔宝据手掌之地，恣溪壑之欲，劫夺闾阎，资产俱竭，驱逼内外，劳役弗已；穷奢极侈，俾昼作夜；斩直言之客，灭无罪之家；欺天造恶，祭鬼求恩；盛粉黛而执干戈，曳罗绮而呼警跸；自古昏乱，罕或能比。君子潜逃，小人得志。天灾地孽，物怪人妖。衣冠钳口，道路以目。重以背德违言，摇荡疆埸；昼伏夜游，鼠窃狗盗。天之所覆，无非朕臣，每关听览，有怀伤恻。可出师授律，应机诛殄；

么呢！”

杨素在永安建造大船，名叫“五牙”战舰。上建五层楼，高一百余尺；左右前后设置六根拍竿，均高五十尺，能乘载士兵八百人。略小的战船名叫“黄龙”舰，能乘载士兵一百人。其余还有“平乘”、“舴艋”等大小船只。

晋州刺史皇甫续将要赴任，在向隋文帝叩拜辞行时，上言有三条可以平定陈朝的理由，隋文帝问具体情况，皇甫续回答说：“以大国吞并小国，这是第一条理由；以有道讨伐无道，这是第二条理由；陈朝接纳叛臣萧岩等人，我们师出有名，这是第三条理由。陛下如果下令出师，我愿意效微薄之力。”隋文帝对他加以慰劳，随后让他前去赴任。

当时江南妖异怪事非常多，临平湖面久被水草淤塞，后来水草突然自动散开。陈后主很厌恶这些事，便把自身卖给佛寺为奴，想以此来镇住妖异。陈后主还下令在建康修建大皇寺，内造七层宝塔；尚未完工，佛塔起火全部被毁。

吴兴人章华，勤奋好学，善于写文章，朝中群臣因为他并没有功劳资历，便竞相排挤诋毁他，只授任他为太市令。章华郁郁不得志，于是上书极言谏争，大略说：“从前高祖南平百越，北诛叛逆侯景；世祖文皇帝东边平定吴兴、会稽地区，西边打败王琳；高宗收复了淮南，拓地千里。三祖的功劳可说是到了顶峰。陛下即位，到现在已有五年，从不考虑先帝创业的艰难，也不知天命的可畏；受嬖妾宠臣的蛊惑，沉迷于酒色宴乐之中，祭祀太庙时借口不出宫，册封妃子时则亲临殿庭；老臣旧将，弃置于草莽之中；谄佞奸邪之人，升之于朝堂之上。如今国家边界日渐缩小，隋朝军队大兵压境，陛下若不能改革更新，臣恐怕很快就要看到吴国灭亡麋鹿游于姑苏的悲剧重演。”陈后主大怒，下令将章华斩首。

陈长城公祯明二年（戊申，588 年）

春季，正月十一日辛巳，陈后主册封皇子陈恮为东阳王，陈恬为钱塘王。

陈朝派遣散骑常侍袁雅等人出使隋朝；又派遣散骑常侍九江人周罗睺率兵屯驻峡口，进攻隋朝峡州。

三月初五日甲戌，隋朝派遣兼散骑常侍程尚贤等回访陈朝。

三月初九日戊寅，隋文帝下诏说：“陈叔宝占据巴掌大一块土地，却欲壑难填，劫夺百姓，使他们倾家荡产，驱使逼迫都城内外百姓劳役不休；穷奢极侈，夜以继日；诛杀直言之士，族灭无罪之家；欺瞒苍天，无恶不作，却去祭祀鬼神，妄求赐福；与后宫妃嫔出游，侍卫手执干戈前呼后拥，清道戒严，自古以来昏庸腐败的帝王，没人能和他相比。正人君子潜逃归隐，奸臣小人为所欲为。天灾地孽接连发生，物怪人妖层出迭现。士大夫钳口结舌，道路之人敢怒而不敢言。加之背德违约，侵

在斯一举，永清吴越。”又送玺书暴帝二十恶；仍散写诏书三十万纸，遍谕江外。

太子胤，性聪敏，好文学，然颇有过失；詹事袁宪切谏，不听。时沈后无宠，而近侍左右数于东宫往来，太子亦数使人至后所，帝疑其怨望，甚恶之。张、孔二贵妃日夜构成后及太子之短，孔范之徒又于外助之。帝欲立张贵妃子始安王深为嗣，尝从容言之。吏部尚书蔡徵顺旨称赞，袁宪厉色折之曰：“皇太子国家储副，亿兆宅心，卿是何人，轻言废立！”帝卒从徵议。夏，五月，庚子，废太子胤为吴兴王，立扬州刺史始安王深为太子。徵，景历之子也。深亦聪惠，有志操，容止俨然，虽左右近侍未尝见其喜愠。帝闻袁宪尝谏胤，即用宪为尚书仆射。

帝遇沈后素薄，张贵妃专后宫之政，后澹然，未尝有所忌怨，身居俭约，衣服无锦绣之饰，唯寻阅经史及释典为事，数上书谏争。帝欲废之而立张贵妃，会国亡，不果。

冬，十月，己亥，立皇子蕃为吴郡王。

己未，隋置淮南行省于寿春，以晋王广为尚书令。

帝遣兼散骑常侍王琬、兼通直散骑常侍许善心聘于隋，隋人留于客馆。琬等屡请还，不听。

甲子，隋以出师，有事于太庙，命晋王广、秦王俊、清河公杨素皆为行军元帅。广出六合，俊出襄阳，素出永安，荆州刺史刘仁恩出江陵，蕲州刺史王世积出蕲春，庐州总管韩擒虎出庐江，吴州总管贺若弼出广陵，青州总管弘农燕荣出东海，凡总管九十，兵五十一万八千，皆受晋王节度。东接沧海，西拒巴、蜀，旌旗舟楫，横亘数千里。以左仆射高颎为晋王元帅长史，右仆射王韶为司马，军中事皆取决焉；区处支度，无所凝滞。

扰边疆，白天潜伏，夜晚偷袭，如同鼠窃狗盗一般。普天之下无一人不是朕的臣民，每当听到或审阅有关江南百姓受苦受难的奏疏，朕心中都很难过。现今可以出动师旅，颁下军令，随应时机，诛灭暴君；永远扫平吴越，在此一举。”又派遣使者致送国书给陈朝，历数陈后主二十条罪状；并命人抄写了诏书三十万份，向江南地区广为散发。

陈朝皇太子陈胤聪明敏捷，喜爱文学，却有很多过失；太子詹事袁宪恳切进谏，陈胤不听。当时沈皇后失宠，身边的近侍随从时常往来东宫，皇太子也屡次派人到沈皇后住处，陈后主猜忌他们怀恨在心，很讨厌他们。张贵妃、孔贵妃又日夜在陈后主面前捏造皇后和太子的罪状，都官尚书孔范等人又在宫外火上加油。陈后主便想立张贵妃的儿子始安王陈深为太子，曾经神情庄重地讲过这事。吏部尚书蔡徵依照陈后主的旨意，大为称赞，袁宪非常严肃地当面驳斥他说：“皇太子是国家的储君，万民敬仰，你是什么人，胆敢随便谈论废立大事！”陈后主终于听从了蔡徵的建议。夏季，五月，庚子日，陈后主废黜皇太子陈胤，改封他为吴兴王，而册立扬州刺史始安王陈深为皇太子。蔡徵是蔡景历的儿子。陈深非常聪明，有志气节操，举止庄重，即便是他的近侍随从，也从未见过他喜笑和恼怒。陈后主听说袁宪曾经劝谏过陈胤，便任用他为尚书右仆射。

陈后主对沈皇后向来冷淡，张贵妃专主后宫之政，沈皇后淡然处之，没有嫉妒和怨恨。她自身居处俭约，衣着朴素，不穿锦缎，每天只是翻阅经史书籍和佛经，还多次上书向陈后主进谏。陈后主想要废掉沈皇后而另立张贵妃，适逢国亡，没有能实现。

冬季，十月初三日己亥，陈后主册封皇子陈蕃为吴郡王。

十月二十三日己未，隋朝在寿春设立淮南行台，任命晋王杨广为行台尚书令。

陈后主派兼散骑常侍王琬、兼通直散骑常侍许善心出使隋朝，隋朝把他们扣留在客馆。王琬等人多次请求回国复命，隋文帝不允。

十月二十八日甲子，隋文帝下令出师讨伐陈朝，在太庙祭告祖先，并任命晋王杨广、秦王杨俊、清河公杨素三人都为行军元帅。命杨广从六合出兵，杨俊从襄阳出兵，杨素从永安出兵，荆州刺史刘仁恩从江陵出兵，蕲州刺史王世积从蕲春出兵，庐州总管韩擒虎从庐江出兵，吴州总管贺若弼从广陵出兵，青州总管弘农人燕荣从东海出兵，共有行军总管九十名，兵力五十一万八千人，全军统一接受晋王杨广的调度指挥。东接沧海，西抵巴蜀，旌旗蔽日，舟楫满江，横亘连绵数千里。任命尚书左仆射高颎为晋王元帅府长史，并州行台尚书右仆射王韶为元帅府司马，军中大小事务全由他们裁断处理；他们安排处理军情急务，分配调度军需供应，都没有耽搁迟误。

十一月，丁卯，隋主亲饯将士；乙亥，至定城，陈师誓众。

丙子，立皇弟叔荣为新昌王，叔匡为太原王。

隋主如河东；十二月，庚子，还长安。

突厥莫何可汗西击邻国，中流矢而卒。国人立雍虞闾，号颉伽施多那都蓝可汗。

隋军临江，高颎谓行台吏部郎中薛道衡曰："今兹大举，江东必可克乎？"道衡曰："克之。尝闻郭璞有言：'江东分王三百年，复与中国合，'今此数将周，一也。主上恭俭勤劳，叔宝荒淫骄侈，二也。国之安危在所委任，彼以江总为相，唯事诗酒，拔小人施文庆，委以政事，萧摩诃、任蛮奴为大将，皆一夫之用耳，三也。我有道而大，彼无德而小，量其甲士不过十万，西自巫峡，东至沧海，分之则势悬而力弱，聚之则守此而失彼，四也。席卷之势，事在不疑。"颎忻然曰："得君言成败之理，令人豁然。本以才学相期，不意筹略乃尔。"

秦王俊督诸军屯汉口，为上流节度。诏以散骑常侍周罗睺都督巴峡缘江诸军事以拒之。

杨素引舟师下三峡，军至流头滩。将军戚昕以青龙百余艘，守狼尾滩，地势险峭，隋人患之。素曰："胜负大计，在此一举。若昼日下船，彼见我虚实，滩流迅激，制不由人，则吾失其便；不如以夜掩之。"素亲帅黄龙数千艘，衔枚而下，遣开府仪同三司王长袭引步卒自南岸击昕别栅，大将军刘仁恩帅甲骑自北岸趣白沙，迟明而至，击之；昕败走，悉俘其众，劳而遣之，秋毫不犯。

素帅水军东下，舟舻被江，旌甲曜日。素坐平乘大船，容貌雄伟，陈人望之，皆惧，曰："清河公即江神也！"江滨镇戍闻隋军将至，相继奏闻；施文庆、沈客卿并抑而不言。

初，上以萧岩、萧瓛，梁之宗室，拥众来奔，心忌之，故远散其众，以岩为东扬州刺史，瓛为吴州刺史；使领军任忠出守吴兴郡，以襟带二州。使南平王嶷镇江州，永嘉王彦镇南徐州。寻召二王赴明年元会，命

十一月初二日丁卯，隋文帝亲自为出征将士饯行；十一月初十日乙亥，隋文帝到达定城，举行誓师大会。

十一月十一日丙子，陈后主册封皇弟陈叔荣为新昌王，陈叔匡为太原王。

隋文帝到河东；十二月初五日庚子，返回长安。

突厥莫何可汗进犯西边邻国，不幸中流箭去世。突厥人拥立雍虞闾，号为颉伽施多那都兰可汗。

隋军进抵长江北岸，晋王元帅府长史高颎问行台吏部郎中薛道衡，说："此次大举伐陈，江东地区一定能攻克吗？"薛道衡回答说："一定能攻取。我听说晋朝郭璞曾经预言：'江东分王立国三百年后，又会与中原统一。'现在三百年的周期将满，这是一。皇上生活俭朴，勤于政事，而陈叔宝却荒淫奢侈，骄横放纵，这是二。国家的安危兴亡在于用人，陈朝任用的宰相江总，只会赋诗饮酒，提拔的文臣施文庆，是一个小人，却把政事都交付给他，而重用的大将萧摩诃、任蛮奴等人，全是有勇无谋的一介匹夫，这是三。我隋朝政治清明，国土广大，陈朝政治黑暗，地域狭小，估计他们的军队顶多十万人，西起巫峡，东至大海，战线过长，假如分兵四处戍守则势单力弱，如果集中兵力重点防卫就会顾此而失彼，这是四。所以，拿下江东，此事确定无疑。"高颎听后非常高兴地说："听了你的成败分析，令人豁然开朗。我原本只是佩服你的才学，没想到你运筹帷幄竟如此不凡！"

秦王杨俊督率各军进驻汉口，节度指挥上游诸军。陈后主诏令散骑常侍周罗睺都督巴陵沿江诸军事，以抗击隋朝军队进攻。

杨素率领水军由三峡顺流而下，进至流头滩。陈朝将军戚昕率领青龙战船一百余艘扼守狼尾滩，这里地势险峻，隋朝将士十分忧虑。杨素说："胜负关键，在此一举。如果白天顺江而下，敌军就会知道我军情况，加上滩流湍急，行船难于控制，对我军非常不利；不如改在夜里突然袭击。"杨素亲自率领黄龙舰船数千艘，将士衔枚，顺流而下，又派开府仪同三司王长袭率领步兵由南岸进击戚昕别营，大将刘仁恩率领骑兵由北岸向白沙进发，全在黎明时赶到，两岸夹击陈军；戚昕大败而逃，隋军俘虏了他的部众，慰劳后加以遣返，秋毫不犯。

杨素率领水军顺流东下，舰船布满江面，旌旗甲胄与日辉映。杨素坐在一只平板大船上，很是雄伟，陈军远远望见，都心里害怕，说："清河公简直是长江水神！"陈朝沿江镇戍听说隋军将到，都相继上书告急；但是施文庆、沈客卿将奏章全部扣压，不向陈后主奏报。

起初，陈后主认为萧岩、萧瓛是后梁宗室，率领了众多江陵军民降附陈朝，便心生疑虑，就把随他们而来的军民隔离分散到各处，而任命萧岩为东扬州刺史，萧瓛为吴州刺史，并派遣领军将军任忠镇守吴兴郡，就近挟制二州；又派遣南平王陈

缘江诸防船舰悉从二王还都，为威势以示梁人之来者。由是江中无一斗船，上流诸州兵皆阻杨素军，不得至。

湘州刺史晋熙王叔文，在职既久，大得人和，上以其据有上流，阴忌之；自度素与群臣少恩，恐不为用，无可任者，乃擢施文庆为都督、湘州刺史，配以精兵二千，欲令西上；仍征叔文还朝。文庆深喜其事，然惧出外之后，执事者持己短长，因进其党沈客卿以自代。

未发间，二人共掌机密。护军将军樊毅言于仆射袁宪曰：“京口、采石俱是要地，各须锐兵五千，并出金翅二百，缘江上下，以为防备。”宪及骠骑将军萧摩诃皆以为然，乃与文武群臣共议，请如毅策。施文庆恐无兵从己，废其述职，而客卿又利文庆之任，己得专权，俱言于朝：“必有论议，不假面陈；但作文启，即为通奏。”宪等以为然，二人赍启入。白帝曰：“此是常事，边城将帅足以当之。若出人船，必恐惊扰。”

及隋军临江，间谍骤至，宪等殷勤奏请，至于再三。文庆曰：“元会将逼，南郊之日，太子多从；今若出兵，事便废阙。”帝曰：“今且出兵，若北边无事，因以水军从郊，何为不可！”又曰：“如此则声闻邻境，便谓国弱。”后又以货动江总，总内为之游说，帝重违其意，而迫群官之请，乃令付外详议。总又抑宪等，由是议久不决。

帝从容谓侍臣曰：“王气在此。齐兵三来，周师再来，无不摧败。彼何为者邪！”都官尚书孔范曰：“长江天堑，古以为限隔南北，今日虏军岂能飞渡邪！边将欲作功劳，妄言事急。臣每患官卑，虏若渡江，臣定作太尉公矣。”或妄言北军马死，范曰：“此是我马，何为而死！”帝笑以为然，故不为深备，奏伎、纵酒、赋诗不辍。

嶷镇守江州，永嘉王陈彦镇守南徐州，严加防范。不久又召回陈嶷、陈彦二王回京城参加明年正月元旦朝会，并命令沿江各防地的船舰全部随二王开回京师，想趁机向后梁降附军民显示强大的军威。所以中下游江面上连一只战船也没有，而上流各州的军队都受到杨素军队的阻截，不能赶来增援。

陈朝湘州刺史晋熙王陈叔文，在湘州任职时间长，深受人们爱戴，陈后主认为他据有长江上流，暗地里很不放心。陈后主意识到平时对待群臣缺少恩礼，怕他们不肯为自己卖力，一时又没有可以替换陈叔文的人，就提升施文庆为都督、湘州刺史，调给他精兵两千人，希望他西上就职；同时征召陈叔文回朝。施文庆非常高兴得到这一职务，但又害怕自己出朝之后，掌权的人抓住自己的短处，于是推荐他的党羽沈客卿接替自己中书舍人的职务。

当施文庆还未出发就任时，他与沈客卿两人共掌朝政。护军将军樊毅对尚书仆射袁宪说："京口、采石都是江防要地，两地各需精兵五千人，并出动金翅舰船两百艘，沿江上下巡行，以便防备。"袁宪和骠骑将军萧摩诃都认为樊毅说得对，便与文武群臣一起商议，请求按照樊毅的计策部署军队。施文庆担心这样一来就会没有兵员随从自己，朝廷便会撤销自己出守藩职，而沈客卿又认为施文庆出朝任职，自己就可以专擅朝政大权，于是，他们二人便对朝臣们说："若有什么议论，不必当面向皇上陈奏；只需写好表启，立即代为呈奏。"袁宪等人信以为真，施文庆、沈客卿两人便拿着群臣的表启入宫。二人却对陈后主说："敌寇入侵，这是常事，边镇将帅足以抵挡。若从京师派人派船出巡江防，必然会引起惊扰。"

待到隋军进抵长江北岸，间谍大批潜入，袁宪等人又多次上奏请求。施文庆对陈后主说："元旦朝会将临，南郊祭天之日，必须由太子多带军队随从；现在如果调派军队出去，南郊祭天之事就得取消。"陈后主说："现在暂且出兵，如果北边战场无事，就用水军护从郊祀，又有什么不可！"施文庆又说："如果这样做的话，消息传到邻国，隋朝便会认为我们弱小。"后来施文庆又贿赂尚书令江总，江总入宫为施文庆游说，陈后主难于违背江总的意见，但又迫于群臣的请求，于是下令交付外廷再仔细讨论。在讨论中江总又多方压制袁宪等人，所以讨论了很久都无法决定下来。

陈后主曾经神色自若地对侍卫近臣说："帝王之气本在这个地方。齐军曾经三次来犯，周军也曾经两次入侵，无不遭到挫败。现在隋军来犯又能如何！"都官尚书孔范附和说："长江天堑，自古以来隔绝南北，今天敌军难道能飞渡过来吗！边镇将帅想立功劳，所以谎报边事紧急。我常常觉得自己官职卑微，如果敌军能越过长江，我一定能立功荣升为太尉了。"有人谎报说隋军马匹死亡，孔范又口出大言说："这些马本来将归我所有，怎么还没渡江就先死了呢！"陈后主听了大笑，认为孔范说得好，所以不严加防备，还是每天有官伎进献乐舞，后主与幸臣纵酒宴饮，赋诗赠

是岁，吐谷浑裨王拓跋木弥请以千余家降隋。隋主曰：“普天之下，皆是朕臣，朕之抚育，俱存仁孝。浑贼惛狂，妻子怀怖，并思归化，自救危亡。然叛夫背父，不可收纳。又其本意正自避死，今若违拒，又复不仁。若更有音信，但宜慰抚，任其自拔，不须出兵应接。其妹夫及甥欲来，亦任其意，不劳劝诱也。”

河南王移兹裒卒，隋主令其弟树归袭统其众。

（以上为第六段，写隋文帝大举伐陈，而陈朝君臣们仍浑然不寤，亡国之君，大抵如是。）

答，没有休止。

这一年，吐谷浑裨王拓跋木弥请求率所属部落一千余家降附隋朝。隋文帝说："普天之下，都是朕的臣民，朕抚育苍生黎民，都以仁孝为本。吐谷浑可汗夸吕昏乱狂暴，结果他的妻儿恐怖不安，都想归化本朝，以拯救自己免遭屠戮。但是背叛丈夫和父亲，不忠不孝，朕不能接纳。不过他们的本意只是逃避死亡，现在如果拒绝，又显得不仁不义。若再传来要求降附的音讯，只应该加以慰勉安抚，听任他们自己率领所属部落前来归附，不必出兵接应。如果他的妹夫和外甥想来归附，也任随其意，不要进行劝诱。"

隋朝所封吐谷浑河南王移兹裒去世，隋文帝诏令他的弟弟树归继承王位，并统领其部众。

【点评】

隋朝灭陈。本卷平行记载隋、陈史事，隋朝君明臣贤，精心治国，以图统一；陈朝主昏臣佞，荒淫误国，末世景象，二者形成鲜明对照。隋文帝治国察纳雅言，善政多多。贺娄子干熟悉边事，被任命为榆关总管；李谔上书历数轻薄文风之弊，隋文帝禁浮华；沙钵略上书请内附，隋文帝宽待平戎；群臣建言平陈，隋文帝择善而从。陈后主荒淫放纵，大臣不言，小臣切谏，傅縡、章华，枉送性命。大军压境，君臣还大言相欺，陈朝不亡，天理不容。

隋纪一

隋文帝开皇九年至十一年（589—591 年）

起屠维作噩（己酉，589 年），尽重光大渊献（辛亥，591 年），凡三年】

【大事提要】

本卷载述公元 589 年至公元 591 年隋朝统一全国初始三年史事，时当隋文帝开皇九年至十一年。本卷着重记述开皇九年隋灭陈的过程。隋灭陈，以大吞小，隋文帝为英武之主，陈后主是昏庸信谗的亡国之主，以英武对昏庸，故隋灭陈如摧枯拉朽，陈旬月即亡。

【原文】

高祖文皇帝上之上

开皇九年（己酉，589 年）

春，正月，乙丑朔，陈主朝会群臣，大雾四塞，入人鼻，皆辛酸，陈主昏睡，至晡时乃寤。

是日，贺若弼自广陵引兵济江。先是弼以老马多买陈船而匿之，买弊船五六十艘，置于渎内。陈人觇之，以为内国无船。弼又请缘江防人每交代之际，必集广陵，于是大列旗帜，营幕被野，陈人以为隋兵大至，急发兵为备，既知防人交代，其众复散；后以为常，不复设备。又使兵缘江时猎，人马喧噪。故弼之济江，陈人不觉。韩擒虎将五百人自横江宵济采石，守者皆醉，遂克之。晋王广帅大军屯六合镇桃叶山。

丙寅，采石戍主徐子建驰启告变；丁卯，召公卿入议军旅。戊辰，陈主下诏曰："犬羊陵纵，侵窃郊畿，蜂虿有毒，宜时扫定。朕当亲御六师，廓清八表，内外并可戒严。"以骠骑将军萧摩诃、护军将军樊毅、中领军鲁广达并为都督，司空司马消难、湘州刺史施文庆并为大监军，遣南豫州刺史樊猛帅舟师出白下，散骑常侍皋文奏将兵镇南豫州。重立赏格，僧、尼、道士，尽令执役。

庚午，贺若弼攻拔京口，执南徐州刺史黄恪。弼军令严肃，秋毫不犯，有军士于民间酤酒者，弼立斩之。所俘获六千余人，弼皆释之，给粮劳遣，付以敕书，令分道宣谕。于是所至风靡。

樊猛在建康，其子巡摄行南豫州事。辛未，韩擒虎进攻姑孰，半日，拔之，执巡及其家口。皋文奏败还。江南父老素闻擒虎威信，来谒军门者昼夜不绝。

鲁广达之子世真在新蔡，与其弟世雄及所部降于擒虎，遣使致书招广达。广达时屯建康，自劾，诣廷尉请罪；陈主慰劳之，加赐黄金，遣还营。樊猛与左卫将军蒋元逊将青龙八十艘于白下游弈，以御六合兵，陈主以猛妻子在隋军，惧有异志，欲使镇东大将军任忠代之，令萧摩诃徐谕猛，猛不悦，陈主重伤其意而止。

【语译】

高祖文皇帝上之上

隋文帝开皇九年（己酉，589年）

春季，正月初一日乙丑，陈后主举行元日朝会，突然间大雾漫天，呼吸入鼻，又辣又酸，陈后主昏昏沉睡，直到下午晡时才醒过来。

这一天，隋朝大将贺若弼从广陵率军渡过长江。起先，贺若弼卖掉许多老马来买陈朝的船，把船藏匿起来，又买了五六十艘破船摆放在入江的水道之中。陈朝间谍侦察后，误认为北方中原没有大规模渡江的船。贺若弼请求在沿江戍守换防时，一定在广陵集中，大肆张扬旗帜，营帐遍野，故意让陈朝误判为是隋兵要大举南进，急忙调兵防守，事后知道是隋军换防，交接完毕集结的兵力解散，此后反复了几次，陈朝军队不再防备。贺若弼又派兵沿江打猎，人马喧闹，陈朝军队也习以为常。所以贺若弼渡江，陈朝军人并没有发觉。韩擒虎带领五百人从横江浦夜渡采石，陈朝守军都喝醉了，于是防守据点被攻占。晋王杨广率领大军屯驻在六合镇桃叶山。

正月初二日丙寅，陈朝戍守采石的主将徐子建飞骑赴都城上表告急；正月初三日丁卯，陈后主召集公卿大臣进宫商议军事。正月初四日戊辰，陈后主下诏书说："犬羊敌军肆意凌逼，侵犯我朝都城郊区，犹如有毒的蜂虿，应赶快消灭。朕要亲率六军，肃清八方，京城内外一律戒严。"于是任命骠骑将军萧摩诃、护军将军樊毅、中领军鲁广达都担任都督，任命司空司马消难、湘州刺史施文庆都担任大监军，并派遣南豫州刺史樊猛统率水军从白下出发，散骑常侍皋文奏率兵镇守南豫州。又下令设立重赏，令僧人、尼姑、道士等都服役。

正月初六日庚午，贺若弼攻占京口，俘虏陈朝南徐州刺史黄恪。贺若弼军纪严明，秋毫无犯，有士兵到百姓家买酒喝，贺若弼将他抓来立即斩首。贺若弼将被俘的陈朝军队六千余人全部释放，还发给粮食，加以安慰，遣返回家，并把隋文帝的敕书交给他们分别带往各地散发。所以，隋军所到之处望风披靡。

樊猛当时在建康，由他儿子樊巡代理南豫州事。正月初七日辛未，韩擒虎进攻姑孰，半天时间就攻克了姑孰，活捉了樊巡及其家属。皋文奏大败而回。江南父老早就听说过韩擒虎的威名，前来军营拜谒的日夜不断。

鲁广达的儿子鲁世真在新蔡，与其弟鲁世雄率领部众投降了韩擒虎，并派使者送信招降父亲鲁广达。鲁广达当时驻守建康，于是上表弹劾自己，并到廷尉请求治罪；陈后主安慰他，还赏赐很多黄金，遣他返回军营。樊猛和左卫将军蒋元逊率领八十艘青龙战船在白下巡逻，防御从六合方面来进攻的隋军；陈后主因为樊猛的妻子儿女全在隋军手中，恐怕他有二心，想派镇东大将军任忠代替他，又让萧摩诃慢

于是贺若弼自北道，韩擒虎自南道并进，缘江诸戍，望风尽走；弼分兵断曲阿之冲而入。陈主命司徒豫章王叔英屯朝堂，萧摩诃屯乐游苑，樊毅屯耆阇寺，鲁广达屯白土冈，忠武将军孔范屯宝田寺，己卯，任忠自吴兴入赴，仍屯朱雀门。

辛未，贺若弼进据钟山，顿白土冈之东。晋王广遣总管杜彦与韩擒虎合军，步骑二万屯于新林。蕲州总管王世积以舟师出九江，破陈将纪瑱于蕲口，陈人大骇，降者相继。晋王广上状，帝大悦，宴赐群臣。

时建康甲士尚十余万人，陈主素怯懦，不达军士，唯日夜啼泣，台内处分，一以委施文庆。文庆既知诸将疾己，恐其有功，乃奏曰："此辈怏怏，素不伏官，迫此事机，那可专信！"由是诸将凡有启请，率皆不行。

贺若弼之攻京口也，萧摩诃请将兵逆战，陈主不许。及弼至钟山，摩诃又曰："弼悬军深入，垒堑未坚，出兵掩袭，可以必克。"又不许。陈主召摩诃、任忠于内殿议军事，忠曰："兵法：客贵速战，主贵持重。今国家足兵足食，宜固守台城，缘淮立栅，北军虽来，勿与交战；分兵断江路，无令彼信得通。给臣精兵一万，金翅三百艘，下江径掩六合；彼大军必谓其渡江将士已被俘获，自然挫气。淮南土人与臣旧相知悉，今闻臣往，必皆景从。臣复扬声欲往徐州，断彼归路，则诸军不击自去。待春水既涨，上江周罗睺等众军必沿流赴援。此良策也。"陈主不能从。明日，欻然曰："兵久不决，令人腹烦，可呼萧郎一出击之。"任忠叩头苦请勿战。孔范又奏："请作一决，当为官勒石燕然。"陈主从之，谓摩诃曰："公可为我一决！"摩诃曰："从来行陈，为国为身；今日之事，兼为妻子。"陈主多出金帛赋诸军以充赏。甲申，使鲁广达陈于白土冈，居诸军之南，任忠次之，樊毅、孔范又次之，萧摩诃军最在北。诸军南北亘二十里，首尾进退不相知。

贺若弼将轻骑登山，望见众军，因驰下，与所部七总管杨牙、员

慢劝导樊猛，樊猛很不高兴，陈后主感到十分为难，只好作罢。

这时，贺若弼率军从建康北面的京口进军，韩擒虎率军从建康南面的姑孰进军，两路并进，夹攻陈朝都城建康。陈朝沿江戍所要塞守军都望风而逃；贺若弼派兵攻占曲阿，切断交通要道，进逼建康。陈后主命司徒豫章王陈叔英驻守朝堂，萧摩诃驻守乐游苑，樊毅驻守耆阇寺，鲁广达驻守白土冈，忠武将军孔范驻守宝田寺。正月十五日己卯，任忠从吴兴来援救京师，驻军在朱雀门。

正月十七日［辛巳］，贺若弼率军占领钟山，驻军白土冈东面。晋王杨广派总管杜彦与韩擒虎会师，合并后有步骑兵两万人驻扎在新林。隋蕲州总管王世积率水军从九江出发，在蕲口打败陈将纪瑱，陈朝将士十分惊慌，纷纷向隋军投降。晋王杨广上表奏报战况，隋文帝十分高兴，赐宴文武百官。

当时建康的陈朝军队还有十余万人，但陈后主向来懦弱，又不懂军事，只是昼夜哭泣，台省内的所有事务，全交给施文庆处理。施文庆知道众将领痛恨自己，担心他们建立战功，便上奏说："这些人心怀不满，一向不诚心服从陛下，如今的危急关头，不可完全相信他们！"因此众将领的启奏请求，大都得不到批准。

贺若弼攻打京口时，萧摩诃请求率军迎战，陈后主不许。等到贺若弼占据了钟山，萧摩诃又上奏说："贺若弼孤军深入，营垒战壕还没有筑得坚固，我们出兵突袭，一定大胜。"陈后主还是不准。陈后主召集萧摩诃、任忠在内殿商议军事，任忠说："兵法云：进攻的一方利于速战速决，守卫的一方最好稳扎稳打。现在我们兵力雄厚，粮食充足，应该固守宫城，并沿秦淮河建立栅栏，隋军即使来攻，我们不交战；同时派兵截断长江水路，不让敌人音讯相通。陛下只要给我一万精兵，三百艘金翅战船，便可顺江而下，直取六合镇；这样，隋军必定会认为他们渡过长江的将士已经被俘，士气就会低落。淮南当地百姓从前就与臣熟悉，现在得知是臣率军前去，一定会如影随形群起响应。臣再扬言要攻打徐州，截断敌人归路，那么各路隋军就会不战而退。等到春天雨季江河水涨，上游周罗睺等各路军队必然顺流而下来救援。这是上策。"陈后主不肯采纳他的建议。第二天，陈后主忽然说："两军相持久不决战，真叫人心烦，可叫萧郎出兵攻击。"任忠叩头请求不要出战。忠武将军孔范又上奏说："请求与隋军一决胜负，我将为陛下在燕然山刻石纪功。"陈后主听从了孔范的意见，对萧摩诃说："你可为我决此一战！"萧摩诃说："向来打仗是一半为国，一半为自己，今天决战，还要为妻子儿子。"陈后主拿出许多金银丝帛，分发给各军作奖赏。正月二十日甲申，派鲁广达在白土冈布阵，位置在各军的最南边，在他的北边是任忠，再往北是樊毅、孔范，萧摩诃军队的位置在最北边。各军阵列南北长达二十里，前后进退调度互相不知道。

贺若弼率领轻骑兵登上山头，望见陈朝各军出动，立即奔驰下山，与所部七位

明等甲士凡八千，勒陈以待之。陈主通于萧摩诃之妻，故摩诃初无战意；唯鲁广达以其徒力战，与弼相当。隋师退走者数四，弼麾下死者二百七十三人，弼纵烟以自隐，窘而复振。陈兵得人头，皆走献陈主求赏，弼知其骄惰，更引兵趣孔范；范兵暂交即走，陈诸军顾之，骑卒乱溃，不可复止，死者五千人。员明擒萧摩诃，送于弼，弼命牵斩之，摩诃颜色自若，弼乃释而礼之。

任忠驰入台，见陈主言败状，曰："官好住，臣无所用力矣！"陈主与之金两縢，使募人出战，忠曰："陛下唯当具舟楫，就上流众军，臣以死奉卫。"陈主信之，敕忠出部分，令宫人装束以待之，怪其久不至。时韩擒虎自新林进军，忠已帅数骑迎降于石子冈。领军蔡徵守朱雀航，闻擒虎将至，众惧而溃。忠引擒虎军直入朱雀门，陈人欲战，忠挥之曰："老夫尚降，诸军何事！"众皆散走。于是城内文武百司皆遁，唯尚书仆射袁宪在殿中，尚书令江总等数人居省中。陈主谓袁宪曰："我从来接遇卿不胜余人，今日但以追愧。非唯朕无德，亦是江东衣冠道尽。"

陈主遑遽，将避匿，宪正色曰："北兵之入，必无所犯。大事如此，陛下去欲安之！臣愿陛下正衣冠，御正殿，依梁武帝见侯景故事。"陈主不从，下榻驰去，曰："锋刃之下，未可交当，吾自有计！"从宫人十余出后堂景阳殿，将自投于井，宪苦谏不从；后阁舍人夏侯公韵以身蔽井，陈主与争，久之，乃得入。既而军人窥井，呼之，不应，欲下石，乃闻叫声；以绳引之，惊其太重，及出，乃与张贵妃、孔贵嫔同束而上。沈后居处如常。太子深年十五，闭阁而坐，舍人孔伯鱼侍侧，军士叩阁而入，深安坐，劳之曰："戎旅在途，不至劳也！"军士咸致敬焉。时陈人宗室王侯在建康者百余人，陈主恐其为变，皆召入，令屯朝堂，使豫章王叔英总督之，又阴为之备，及台城失守，相帅出降。

贺若弼乘胜至乐游苑，鲁广达犹督余兵苦战不息，所杀获数百人，

总管杨牙、员明等领兵八千人摆开阵列准备迎战。陈后主和萧摩诃的妻子有私情，因此萧摩诃一开始就无心作战；只有鲁广达率领部下拼死战斗，他的军队与贺若弼的军队不相上下。隋军曾多次被击退，贺若弼部下战死的有二百七十三人，贺若弼在军中燃起浓烟隐蔽自己，才脱险振作。陈朝士兵斩得隋军人头，都跑去献给陈后主请求奖赏，贺若弼知道陈军十分骄傲懈惰，于是转而率军进击孔范；孔范的士兵与隋军刚一交战就败退，陈朝其他军队望见了，骑兵步卒纷纷逃命，无法阻止，死了五千人。员明擒获了萧摩诃，送交贺若弼，贺若弼命令拉出去斩首，萧摩诃面不改色，贺若弼于是给他松绑并以礼相待。

任忠快马跑进台城，谒见陈后主，陈述了战败情况，然后说："陛下好好保重，臣无能为力了！"陈后主给他两袋金子，要他重新招兵出战，任忠说："陛下最好赶紧备船，往上游投奔周罗睺等众军，臣当拼死保驾。"陈后主信以为真，命令他出外安排，又命后宫宫女收拾行装等待，奇怪的是等了很久任忠还没有来。当时韩擒虎从新林进军，任忠已经率领部下数名骑兵到石子冈投降了他。领军将军蔡征率军防守朱雀航，听说韩擒虎快到了，军心恐慌，大家一哄而散。任忠引导韩擒虎的军队直接进入朱雀门，陈朝守军还想抵抗，任忠对他们招手说："老夫我都投降了，你们还抵抗什么！"陈军全都逃散。这时台城内群臣都已逃走，只有尚书仆射袁宪在殿内，尚书令江总等人在尚书省中。陈后主对袁宪说："我以前对你不如对别人好，今日却只能追悔惭愧而已。这不但表明朕无德无行，也表明江东士大夫的气节全都丧失完了。"

陈后主心慌意乱，想躲藏起来，袁宪严肃地对陈后主说："北兵进入皇宫，一定不会侵侮陛下。事已如此，陛下还能躲到哪里去？臣希望陛下整理衣冠，端坐正殿，效法以前梁武帝见侯景的做法。"陈后主不听，下了坐床飞奔而逃，还说："刀锋底下，不能与它对抗，我自有办法！"于是带领十几个宫人逃出后堂景阳殿，想要往井里跳，袁宪苦苦劝说，后主就是不听；后阁舍人夏侯公韵用自己的身体挡住井口，陈后主和他争夺，争了很久，才跳进井里。紧接着来了隋军士兵向井里窥探，并大声呼叫，没有人答应，扬言要投下石头，才听到井里传来喊叫声，便抛下绳子往上拉，奇怪的是非常沉重，等拉出井口，才看见是陈后主与张贵妃、孔贵嫔三人拴在一起拉上来。沈皇后还住皇后宫中，跟平常一样。皇太子陈深当年十五岁，闭门而坐，太子舍人孔伯鱼在旁侍立，隋军士兵推门进去，陈深端坐不动，慰问他们说："一路行军打仗，实在辛苦了！"隋兵都纷纷向他表示敬意。当时陈朝的宗室王侯在建康的有一百多人，陈后主担心他们发生变乱，就全召进宫中，集中住留在朝堂之上，派豫章王陈叔英统领，又私下加以防备。台城失守后，他们便一窝蜂出宫投降。

贺若弼乘胜进抵乐游苑，陈朝都督鲁广达还督率残部苦战，杀死、俘获隋军数

会日暮，乃解甲，面台再拜恸哭，谓众曰：“我身不能救国，负罪深矣！”士卒皆流涕歔欷，遂就擒。诸门卫皆走，弼夜烧北掖门入，闻韩擒虎已得陈叔宝，呼视之，叔宝惶惧，流汗股栗，向弼再拜。弼谓之曰：“小国之君当大国之卿，拜乃礼也。入朝不失作归命侯，无劳恐惧。”既而耻功在韩擒虎后，与擒虎相诟，挺刃而出；欲令蔡徵为叔宝作降笺，命乘骡车归己，事不果。弼置叔宝于德教殿，以兵卫守。

高颎先入建康，颎子德弘为晋王广记室，广使德弘驰诣颎所，令留张丽华，颎曰：“昔太公蒙面以斩妲己，今岂可留丽华！”乃斩之于青溪。德弘还报，广变色曰：“昔人云，‘无德不报’，我必有以报高公矣！”由是恨颎。

丙戌，晋王广入建康，以施文庆受委不忠，曲为谄佞以蔽耳目，沈客卿重赋厚敛以悦其上，与太市令阳慧朗、刑法监徐析、尚书都令史暨慧皆为民害，斩于石阙下，以谢三吴。使高颎与元帅府记室裴矩收图籍，封府库，资财一无所取，天下皆称广，以为贤。矩，让之之弟子也。

广以贺若弼先期决战，违军令，收以属吏。上驿召之，诏广曰：“平定江表，弼与韩擒虎之力也。”赐物万段；又赐弼与擒虎诏，美其功。

开府仪同三司王颁，僧辩之子，夜，发陈高祖陵，焚骨取灰，投水而饮之。既而自缚，归罪于晋王广；广以闻，上命赦之。诏陈高祖、世祖、高宗陵，总给五户分守之。

上遣使以陈亡告许善心，善心衰服号哭于西阶之下，藉草东向坐三日，敕书唁焉。明日，有诏就馆，拜通直散骑常侍，赐衣一袭。善心哭尽哀，入房改服，复出，北面立，垂泣，再拜受诏，明日乃朝，伏泣于殿下，悲不能兴。上顾左右曰：“我平陈国，唯获此人。既能怀其旧君，即我之诚臣也。”敕以本官直门下省。

百人，当时天色已晚，鲁广达才卸下盔甲，面向台城叩头痛哭，对部下说：“我不能救国，罪大啊！”部下也都流泪叹息，于是全部被俘。台城所有宫门卫队都已逃散，贺若弼夜晚烧毁北掖门进入皇宫，听说韩擒虎已经抓到陈叔宝，就命押来看看，陈叔宝惊惶恐惧，冷汗直流，浑身发抖，向贺若弼拜了又拜。贺若弼对陈后主说：“小国的君王，只相当于大国的公卿大臣，向我叩拜合乎礼节。你到了隋朝少不了封一个归命侯，不必害怕。”后来贺若弼因耻于功劳在韩擒虎之后，便和韩擒虎相骂，以至拔刀相向；贺若弼又想命令蔡征替陈叔宝撰写投降书，命陈叔宝乘坐骡车到自己这边投降，但事情没有办成。贺若弼把陈叔宝囚禁在德教殿，并派兵看守。

高颎比晋王杨广先一步进入建康，高颎的儿子高德弘是晋王杨广的记室参军，杨广派高德弘驰马急奔到高颎住处，传令留下陈叔宝宠妃张丽华，高颎说：“从前姜太公蒙面斩了妲己，如今怎可留下张丽华！”于是把张丽华押到青溪斩首。高德弘回去报告，杨广脸色大变，说：“古人说：‘无德不报’，我一定有办法回报高公！”从此痛恨高颎。

正月二十二日丙戌，晋王杨广进入建康，认为原陈朝中书舍人施文庆接受委命没有尽忠，极尽谄谀邪佞之能事，使天子受到蒙蔽；中书舍人沈客卿加重赋税，极力搜刮盘剥，以取悦皇上，与太市令阳慧朗、刑法监徐析、尚书都令史暨慧等人都是平民的祸害，将他们在石阙下斩首，以此向三吴地区民众谢罪。杨广又派遣高颎和元帅府记室裴矩一起收集档案图书，封存了国库，钱财分文不取，天下的人都称赞晋王杨广贤明。裴矩，是裴让之的侄儿。

杨广认为贺若弼在决战中提前发动攻击，违犯了军令，下令逮捕他交付军法审判。隋文帝派驿使召贺若弼入朝，并下诏给杨广说：“平定江南，是贺若弼与韩擒虎两人的功劳。”赏赐布帛一万段；又赐贺若弼与韩擒虎诏书，赞美他们的功勋。

开府仪同三司王颁，是王僧辩的儿子，一天晚上，他掘开陈武帝陈霸先陵墓，把陈霸先尸骨焚烧成灰，再把骨灰掺到水中喝了，然后把自己绑起来，向晋王杨广请罪。杨广奏报皇上，隋文帝诏命赦免了他。另下诏书命令安排五户人给陈高祖、陈世祖、陈高宗三座坟陵守墓。

隋文帝派使者把灭陈的消息告诉去年出使隋朝被扣留下来的陈朝使臣许善心，许善心身穿丧服在西阶之下号哭，在地上铺上干草面朝东方独坐了三天；隋文帝下敕书慰问他。第二天，诏命许善心到客馆，拜授通直散骑常侍，赐朝服一套。许善心又大哭，十分哀痛，然后进入房里脱掉丧服，改穿所赐朝服，出来后朝北站立，流着眼泪，再拜，接受诏命。第二天上朝，又趴在殿下哭泣，极度悲哀，无法起立。隋文帝环顾左右朝臣说：“我平定陈国，只得到这一个人。他既然能怀念旧日的国君，就一定会是我的忠臣。”敕令他以通直散骑常侍值事门下省。

陈水军都督周罗睺与郢州刺史荀法尚守江夏，秦王俊督三十总管水陆十余万屯汉口，不得进，相持逾月。陈荆州刺史陈慧纪遣南康内史吕忠肃屯岐亭，据巫峡，于北岸凿岩，缀铁锁三条，横截上流以遏隋船，忠肃竭其私财以充军用。杨素、刘仁恩奋兵击之，四十余战，忠肃守险力争，隋兵死者五千余人，陈人尽取其鼻以求功赏。既而隋师屡捷，获陈之士卒，三纵之。忠肃弃栅而遁，素徐去其锁；忠肃复据荆门之延洲，素遣巴蜑千人，乘五牙四艘，以拍竿碎其十余舰，遂大破之，俘甲士二千余人，忠肃仅以身免。陈信州刺史顾觉屯安蜀城，弃城走。陈慧纪屯公安，悉烧其储蓄，引兵东下，于是巴陵以东无复城守者。陈慧纪帅将士三万人，楼船千余艘，沿江而下，欲入援建康，为秦王俊所拒，不得前。是时，陈晋熙王叔文罢湘州，还，至巴州，慧纪推叔文为盟主。而叔文已帅巴州刺史毕宝等致书请降于俊，俊遣使迎劳之。会建康平，晋王广命陈叔宝手书招上江诸将，使樊毅诣周罗睺，陈慧纪子正业诣慧纪谕指。时诸城皆解甲，罗睺乃与诸将大临三日，放兵散，然后诣俊降，陈慧纪亦降，上江皆平。杨素下至汉口，与俊会。王世积在蕲口，闻陈已亡，告谕江南诸郡，于是江州司马黄偲弃城走，豫章诸郡太守皆诣世积降。

癸巳，诏遣使者巡抚陈州郡。二月，乙未，废淮南行台省。

（以上为第一段，写隋文帝灭陈，破金陵，消灭陈朝主力军队的战斗过程。）

苏威奏请五百家置乡正，使治民，简辞讼。李德林以为："本废乡官判事，为其里闾亲识，剖断不平，今令乡正专治五百家，恐为害更甚。且要荒小县，有不至五百家者，岂可使两县共管一乡！"帝不听。丙申，制："五百家为乡，置乡正一人；百家为里，置里长一人。"

陈吴州刺史萧瓛能得物情，陈亡，吴人推瓛为主，右卫大将军武川宇文述帅行军总管元契、张默言等讨之。落丛公燕荣以舟师自东海至，陈永新侯陈君范自晋陵奔瓛，并军拒述。述军且至，瓛立栅于晋陵城东，留兵拒述，遣其将王褒守吴州，自义兴入太湖，欲掩述后。述进破其栅，回兵击瓛，大破之；又遣兵别道袭吴州，王褒衣道士服弃城走。瓛以余众保包山，燕荣击破之。瓛将左右数人匿民家，为人所执。述进至奉公

陈朝水军都督周罗睺和郢州刺史荀法尚据守江夏，秦王杨俊督率三十名总管及水陆大军十多万人驻军汉口，不能前进，相持了一个多月。陈朝荆州刺史陈慧纪派南康内史吕忠肃驻兵岐亭，扼守巫峡，在北岸岩石上凿洞，连接三条铁链，横江拦阻隋军船舰，吕忠肃竭尽个人财物以补充军用。杨素、刘仁恩挥兵猛攻，大小四十余战，吕忠肃据守险要，奋勇抵抗，隋军士兵战死五千多人，陈军将士把他们的鼻子割下来去邀功请赏。后来隋军屡战屡捷，俘获陈军士兵，一批一批地释放了。吕忠肃军心瓦解，只好放弃阵地逃走，杨素便慢慢拆除锁链；吕忠肃又退守荆门的延洲，杨素派遣一千名巴蜑人，乘坐四艘五牙战舰，用拍竿击破陈军十余艘战舰，因此大破陈军，俘虏带甲士卒二千余人，吕忠肃只身逃走。陈朝信州刺史顾觉驻守安蜀城，弃城逃跑。陈慧纪驻兵公安，也烧掉全部物资储备，率兵东下，自此巴陵以东再没有据城而守的陈军。陈慧纪率领将士三万人，楼船一千余艘，顺江而下，想救援建康，但被秦王杨俊阻截，不能前进。这时候，陈朝晋熙王陈叔文被解除湘州刺史职务，返回建康，行到巴州，陈慧纪便推举陈叔文为盟主。但是陈叔文已经率领巴州刺史毕宝等人向杨俊递交了请降书，杨俊派出使者迎接慰劳他们。恰逢建康平定，晋王杨广命陈叔宝写信招降上游诸将，派樊毅到周罗睺处，陈慧纪之子陈正业到陈慧纪处传达陈叔宝的意旨。这时各城都放下武器，停止战斗，周罗睺于是和众将一起痛哭了三天，才把军队解散，然后投降杨俊，陈慧纪也跟着投降，上游全部平定。杨素顺江而下到达汉口，与杨俊会师。王世积在蕲口，听说陈朝已经灭亡，就告谕江南各郡，于是江州司马黄偲弃城逃走，豫章各郡太守都向王世积投降。

正月二十九日癸巳，隋文帝下诏派使臣巡视安抚原陈朝各州郡。二月初一日乙未，撤销淮南行台省。

苏威奏请每五百家设置乡正一人，让乡正治理民政，审理讼案。李德林认为："本来当初撤销乡官审理讼案，就是因为乡里之间，不是亲戚，就是朋友，判案很难公平。现在令乡正专管五百家，恐怕危害更严重。更何况偏远小县，有不到五百家的，难道可以让两个县共同管理一个乡吗！"隋文帝不听。二月初二日丙申，下达诏书规定："五百家为乡，设乡正一人；一百家为里，设里长一人。"

陈朝吴州刺史萧瓛很有人望，陈朝灭亡后，吴地民众推举萧瓛为首领。右卫大将军武川人宇文述率领行军总管元契、张默言等前去讨伐。落丛公燕荣率领水军从东海进攻到吴州，陈朝永新侯陈君范从晋陵投奔萧瓛，联合抵抗宇文述。宇文述军队即将到达，萧瓛在晋陵城东设立木栅栏，留下部分兵力阻截宇文述，另派他的将领王褒防守吴州，而自己亲率大军从义兴进入太湖，打算从宇文述背后发动突然袭击。宇文述进兵攻破晋陵城东的栅栏，又回兵痛击萧瓛，把他打得大败；又派兵从

埭，陈东扬州刺史萧岩以会稽降，与瓛皆送长安；斩之。

杨素之下荆门也，遣别将庞晖将兵略地，南至湘州，城中将士，莫有固志。刺史岳阳王叔慎，年十八，置酒会文武僚吏。酒酣，叔慎叹曰："君臣之义，尽于此乎！" 长史谢基伏而流涕。湘州助防遂兴侯正理在坐，乃起曰："主辱臣死。诸君独非陈国之臣乎！今天下有难，实致命之秋也；纵其无成，犹见臣节，青门之外，有死不能！今日之机，不可犹豫，后应者斩！" 众咸许诺。乃刑牲结盟，仍遣人诈奉降书于庞晖。晖信之，克期入城，叔慎伏甲待之，晖至，执之以徇，并其众皆斩之。叔慎坐于射堂，招合士众，数日之中，得五千人。衡阳太守樊通、武州刺史邬居业皆请举兵助之。隋所除湘州刺史薛胄将兵适至，与行军总管刘仁恩共击之；叔慎遣其将陈正理与樊通拒战，兵败。胄乘胜入城，禽叔慎，仁恩破邬居业于横桥，亦擒之，俱送秦王俊，斩于汉口。

岭南未有所附，数郡共奉高凉郡太夫人洗氏为主，号圣母，保境拒守。诏遣柱国韦洸等安抚岭外，陈豫章太守徐璒据南康拒之，洸等不得进。晋王广遣陈叔宝遗夫人书，谕以国亡，使之归隋。夫人集首领数千人，尽日恸哭，遣其孙冯魂帅众迎洸。洸击斩徐璒，入，至广州，说谕岭南诸州皆定；表冯魂为仪同三司，册洗氏为宋康郡夫人。洸，夐之子也。

衡州司马任瓌劝都督王勇据岭南，求陈氏子孙，立以为帝；勇不能用，以所部来降，瓌弃官去。瓌，忠之弟子也。

于是陈国皆平，得州三十，郡一百，县四百。诏建康城邑宫室，并平荡耕垦，更于石头置蒋州。

晋王广班师，留王韶镇石头城，委以后事。三月，己巳，陈叔宝与其王公百司发建康，诣长安，大小在路，五百里累累不绝。帝命权分长安士民宅以俟之，内外修整，遣使迎劳；陈人至者如归。夏，四月，辛亥，帝幸骊山，亲劳旋师。乙巳，诸军凯入，献俘于太庙，陈叔宝及诸

另外一条路偷袭吴州，王褒换上道士服装弃城逃走。萧瓛带领残余部众退守包山，燕荣又击败了他。萧瓛带领左右数人躲藏在老百姓家里，被人抓获。宇文述进抵奉公埭，陈朝东扬州刺史萧岩献出会稽城投降，他同萧瓛一起被押送到长安斩首。

杨素攻下荆门后，派副将庞晖率兵攻城略地，向南进军到湘州，城内陈军将士无心坚守。湘州刺史岳阳王陈叔慎，年纪十八岁，摆设酒席宴请文武僚佐。酒喝到尽兴时，陈叔慎叹息说："我们的君臣关系，就到今天结束了吗！"长史谢基拜伏在地，痛哭流涕。湘州助防遂兴侯陈正理在场，这时站起身说道："人主受辱，臣子效死。在座诸君难道有谁不是陈朝的臣子！现在国家有难，正是我们献身报国的时候；即使不能成功，也能够表明做臣子的节操。如果陈朝灭亡我们宁愿一死，绝不做亡国奴苟活！今天已经到了危急关头，不能再犹豫了，不迅速响应的人立即斩首！"大家都一致赞成。于是杀牲歃血共结盟誓，并派人送交诈降书给庞晖。庞晖信以为真，并约定日期入城受降，陈叔慎埋伏武士等待他。庞晖进城后，立即被伏兵抓获，并斩首示众，连同他率领的部众也全部被杀掉。陈叔慎坐在射堂之上，召集士众，几天之内就召集到五千人。衡阳太守樊通、武州刺史邬居业都请求率军协助陈叔慎。此时，隋朝所任命的湘州刺史薛胄领兵正好赶到，和行军总管刘仁恩一起攻打湘州；陈叔慎派部将陈正理与樊通一起抵抗，但都被隋军击败。薛胄乘胜攻入城内，擒获了陈叔慎，刘仁恩在横桥打败邬居业，也擒获了他，一起押送到秦王杨俊处，在汉口将他们斩首。

岭南还没有归附，几个还没有降隋的郡联合起来，共同推举高凉郡太夫人冼氏为盟主，称为"圣母"，保境抵抗。隋文帝诏令派柱国韦洸等人安抚岭南，陈朝豫章太守徐璒据守南康郡进行抵抗，韦洸等人不能前进。晋王杨广派陈叔宝写信送给冼夫人，告诉她陈朝已经灭亡，让她归附隋朝。冼夫人集合首领数千人，为陈朝灭亡哀哭了一整天，然后派她的孙子冯魂率部众迎接韦洸。韦洸率军击败徐璒并将他斩首，进入岭南，到达广州，游说告谕岭南各州，全部平定了岭南；又上表请朝廷授任冯魂为仪同三司，册封冼氏为宋康郡夫人。韦洸，是韦夐的儿子。

衡州司马任瓌劝说都督王勇占据岭南，寻求陈氏子孙，拥立为皇帝，王勇没有采用他的意见，率领部下投降了隋朝，任瓌弃官而去。任瓌，是任忠弟弟的儿子。

于是陈国被全部平定，隋朝获得三十个州，一百个郡，四百个县。隋文帝诏令将建康的城邑、宫殿、房屋全部摧毁拆除，开垦为耕地，另外在石头城设置蒋州。

晋王杨广班师回朝，留下王韶镇守石头城，委托他处理善后事宜。三月初六日己巳，陈叔宝及其王公百官从建康出发，前往长安，大大小小踏上路途，前后五百里连绵不断。隋文帝命令临时征用长安一些私人住宅腾空等待，内外重新装修，派使者迎接慰劳，陈朝降人到达后就像回到家里一样。四月初六日［己亥］，隋文帝驾

王侯将相并乘舆服御、天文图籍等以次行列，仍以铁骑围之，从晋王广、秦王俊入，列于殿庭。拜广为太尉，赐辂车、乘马、衮冕之服、玄圭、白璧。丙辰，帝坐广阳门观，引陈叔宝于前，及太子、诸王二十八人，司空司马消难以下至尚书郎凡二百余人，帝使纳言宣诏劳之；次使内史令宣诏，责以君臣不能相辅，乃至灭亡。叔宝及其群臣并愧惧伏地，屏息不能对。既而宥之。

初，武元帝迎司马消难，与消难结为兄弟，情好甚笃，帝每以叔父礼事之。及平陈，消难至，特免死，配为乐户，二旬而免，犹以旧恩引见；寻卒于家。

庚戌，帝御广阳门宴将士，自门外夹道列布帛之积，达于南郭，班赐各有差，凡用三百余万段。故陈之境内，给复十年，余州免其年租赋。

乐安公元谐进曰："陛下威德远被，臣前请以突厥可汗为候正，陈叔宝为令史，今可用臣言矣。"帝曰："朕平陈国，本以除逆，非欲夸诞。公之所奏，殊非朕心。突厥不知山川，何能警候；叔宝昏醉，宁堪驱使！"谐默然而退。

辛酉，进杨素爵为越公，以其子玄感为仪同三司，玄奖为清河郡公，赐物万段，粟万石。命贺若弼登御坐，赐物八千段，加位上柱国，进爵宋公。仍各加赐金宝及陈叔宝妹为妾。

贺若弼、韩擒虎争功于帝前。弼曰："臣在蒋山死战，破其锐卒，擒其骁将，震扬威武，遂平陈国；韩擒虎略不交陈，岂臣之比！"擒虎曰："本奉明旨，令臣与弼同时合势以取伪都，弼乃敢先期，逢贼遂战，致令将士伤死甚多。臣以轻骑五百，兵不血刃，直取金陵，降任蛮奴，执陈叔宝，据其府库，倾其巢穴。弼至夕方扣北掖门，臣启关而纳之，斯乃救罪不暇，安得与臣相比！"帝曰："二将俱为上勋。"于是进擒虎位上柱国，赐物八千段。有司劾擒虎放纵士卒，淫污陈宫；坐此不加爵邑。

临骊山，亲自慰问凯旋大军。四月十二日乙巳，各路大军高奏凯歌入城，到太庙献俘，陈叔宝和陈朝王侯将相连同他们的车驾服饰、天文图籍等依次排开行列，并由铁甲骑兵四面围住，跟随着晋王杨广、秦王杨俊进入，排列在殿庭上。隋文帝授杨广为太尉，赏赐他辂车、乘马、衮服冠冕、黑圭、白璧。四月二十三日丙辰，隋文帝坐在广阳门城楼上，派人把陈叔宝带到跟前，还有陈朝太子、宗室诸王二十八人，此外还有司空司马消难以下至尚书郎共二百多人，隋文帝让纳言宣读诏书慰劳他们，接着又让内史令宣读诏书，责备他们君臣不能互相辅助，以致国家灭亡。陈叔宝及其群臣都羞愧难当，拜伏在地，大气不敢出，无言以对。隋文帝随后宽恕了他们。

当初，隋文帝的父亲武元帝杨忠迎接司马消难自北齐投降北周，与司马消难结拜为兄弟，感情很深厚，隋文帝也经常以事奉叔父的礼节侍奉他。及至平定陈朝，司马消难作为俘虏被押送到长安，隋文帝特下令免掉他的死罪，发配为身份低下的乐户，二十天后又免除乐户身份，仍然以旧日情谊特别接见他；不久，司马消难死在家里。

四月十七日庚戌，隋文帝驾临广阳门，宴请将士，从门外两侧堆积布匹绸缎，一直堆到南边的外城，按照功勋等级，分别赏赐，一共用去三百多万段。原陈朝境内，免除十年田租赋税，其他的各州免除本年田租赋税。

乐安公元谐进言说："陛下威德远播四海，臣以前请求任命突厥可汗为候正，任命陈叔宝为令史，现在可以采纳臣的建议了。"隋文帝说："朕平定陈国，原本是为了铲除叛逆，并不是为了好大喜功，你的奏请，一点也不符合我的心思。突厥可汗不了解山川形势，怎么能够侦候警戒；陈叔宝整天昏醉不醒，怎么能够派遣任事！"元谐哑口无言而退。

四月二十八日辛酉，隋文帝进封杨素的爵位为越公，任命他的儿子杨玄感为仪同三司、杨玄奖为清河郡公；赏赐一万段绢帛，一万石粟。命贺若弼坐上御座，赏赐八千段绢帛，加位上柱国，晋封为宋公。另外又分别加赐金银珍宝，并把陈叔宝的妹妹赏赐给他为妾。

贺若弼、韩擒虎在文帝面前争功，贺若弼说："臣在蒋山拼死力战，打败了陈朝的精兵，俘获了他们的骁勇将领，名声震扬，十分威武，终于平定陈国；而韩擒虎几乎没有临阵交战，怎么能与臣相比！"韩擒虎说："原本接到晋王的命令，命臣与贺若弼同时合力攻取伪都，可是贺若弼竟敢擅自提前进军，遭逢敌军便交战，致使将士伤亡很多，而臣率领轻快骑兵五百人，兵不血刃，直取金陵，降伏任忠，活捉了陈叔宝，占领他们的府库，捣毁了他们的巢穴。贺若弼到了晚上才进攻到北掖门，是臣打开城门让他进城，他连赎罪都来不及，哪能与臣相比！"隋文帝说："你们二位都是上等功勋。"于是进封韩擒虎爵位为上柱国，赏赐八千段绢帛。掌管司法的官

加高颎上柱国，进爵齐公，赐物九千段。帝劳之曰："公伐陈后，人言公反，朕已斩之。君臣道合，非青蝇所能间也。"帝从容命颎与贺若弼论平陈事，颎曰："贺若弼先献十策，后于蒋山苦战破贼。臣文吏耳，焉敢与大将论功！"帝大笑，嘉其有让。

帝之伐陈也，使高颎问方略于上仪同三司李德林，以授晋王广；至是，帝赏其功，授柱国，封郡公，赏物三千段。已宣敕讫，或说高颎曰："今归功于李德林，诸将必当愤惋，且后世观公有若虚行。"颎入言之，乃止。

以秦王俊为扬州总管四十四州诸军事，镇广陵。晋王广还并州。

晋王广之戮陈五佞也，未知都官尚书孔范、散骑常侍王瑳、王仪、御史中丞沈瓘之罪，故得免；及至长安，事并露，乙未，帝暴其过恶，投之边裔，以谢吴、越之人。瑳刻薄贪鄙，忌害才能；仪倾巧侧媚，献二女以求亲昵；瓘险惨苛酷，发言邪谄，故同罪焉。

帝给赐陈叔宝甚厚，数得引见，班同三品；每预宴，恐致伤心，为不奏吴音。后监守者奏言："叔宝云，'既无秩位，每预朝集，愿得一官号。'"帝曰："叔宝全无心肝！"监者又言："叔宝常醉，罕有醒时。"帝问："饮酒几何？"对曰："与其子弟日饮一石。"帝大惊，使节其酒，既而曰："任其性；不尔，何以过日！"帝以陈氏子弟既多，恐其在京城为非，乃分置边州，给田业使为生，岁时赐衣服以安全之。

诏以陈尚书令江总为上开府仪同三司，仆射袁宪、骠骑萧摩诃、领军任忠皆为开府仪同三司，吏部尚书吴兴姚察为秘书丞。上嘉袁宪雅操，下诏，以为江表称首，授昌州刺史。闻陈散骑常侍袁元友数直言于陈叔宝，擢拜主爵侍郎。谓群臣曰："平陈之初，我悔不杀任蛮奴。受人荣禄，兼当重寄，不能横尸徇国，乃云无所用力，与弘演纳肝何其远也！"

员弹劾韩擒虎放纵士兵奸淫陈朝宫女，故而没有晋升为公的爵位，不增加采邑。

加授高颎上柱国，晋封为齐公，赏赐九千段绢帛。隋文帝慰劳他说："你出都讨伐陈国，有人说你要拥兵造反，朕已把他斩首。君臣道义相合，不是谗言可以离间的。"隋文帝让高颎与贺若弼随意谈论平定陈国之事，高颎说："贺若弼先进献平陈十策，后来又苦战蒋山，打败贼兵，臣只是一个文职官员，怎敢与大将争功！"隋文帝大笑，称赞他的谦让。

隋文帝开始讨伐陈朝时，派高颎向上仪同三司李德林请教谋略，然后转告晋王杨广；现在隋文帝要嘉奖李德林出谋划策的功劳，授予他上柱国，晋封为郡公，赏赐三千段绢帛。敕令已经宣布，有人告诉高颎说："如今把功劳都归给李德林，诸将必定愤愤不平，而且在后世看来，您在平陈之中只是白跑了一趟。"高颎进宫陈奏，隋文帝收回成命，李德林的封赏作罢。

任命秦王杨俊为扬州总管四十四州诸军事，镇守广陵。晋王杨广回到并州镇守。

晋王杨广诛杀陈朝施文庆等五个奸臣的时候，还不知道都官尚书孔范、散骑常侍王瑳、王仪、御史中丞沈瓘的罪行，因此他们能免于一死；等到了长安，事情都暴露出来，四月二十六日［己未］，隋文帝公布了他们的罪行，把他们流放到边疆，以向吴越地区的百姓谢罪。王瑳为人刻薄，贪婪鄙陋，忌恨陷害有才能的人；王仪狡诈奸巧，善于阿谀奉承，向陈后主进献两个女儿以求亲近；沈瓘阴险残忍，说话就邪恶谄媚，所以一同治罪。

隋文帝赏赐给陈叔宝的财物十分丰厚，又屡次召见，班位和三品官相同；每当陈叔宝参加宴会时，害怕引起他伤心，特意禁止演奏吴地音乐。后来监护看守的人上奏说："陈叔宝说：'既没有官秩爵位，却每次参加朝会宴集，希望有一个官号。'"隋文帝说："陈叔宝完全没有心肝！"监护的人又说："陈叔宝常常喝醉，极少有清醒的时候。"隋文帝问道："喝多少酒？"回答说："和他的子弟每天喝一石酒。"隋文帝大惊，命人节制他的酒量，不久又说："让他随性所欲吧！不然他怎么过日子呢！"隋文帝因为陈氏的子弟很多，恐怕他们在京城惹是生非，就把他们分散安置到边远州郡，分给他们农田作为生计，年节和四时都赏赐衣服以安定他们的生活。

隋文帝下诏任命原陈朝尚书令江总为上开府仪同三司，尚书仆射袁宪、骠骑将军萧摩诃、领军将军任忠都为开府仪同三司，任命吏部尚书吴兴人姚察为秘书丞。皇上称赞袁宪有高尚的品德情操，颁下诏书，称赞他是江东第一人，授任昌州刺史。听说原陈朝散骑常侍袁元友多次向陈叔宝直言进谏，因此提升他为主爵侍郎。隋文帝对群臣说："陈朝刚平定时，我后悔没有杀了任忠，他接受陈朝高官厚禄，又担当重任，不能以身殉国，危急时却说自己已无能为力，这和春秋时期卫国大臣弘演为战死的卫懿公纳肝以身殉国的所作所为相差太远了！"

帝见周罗睺，慰谕之，许以富贵。罗睺垂泣对曰："臣荷陈氏厚遇，本朝沦亡，无节可纪。得免于死，陛下之赐也，何富贵之敢望！"贺若弼谓罗睺曰："闻公郢、汉捉兵，即知扬州可得。王师利涉，果如所量。"罗睺曰："若得与公周旋，胜负未可知。"顷之，拜上仪同三司。先是，陈将羊翔来降，伐陈之役，使为乡导，位至上开府仪同三司，班在罗睺上。韩擒虎于朝堂戏之曰："不知机变，乃立在羊翔之下，能无愧乎！"罗睺曰："昔在江南，久承令问，谓公天下节士；今日所言，殊非所望。"擒虎有愧色。

帝之责陈君臣也，陈叔文独欣然有得色。既而复上表自陈："昔在巴州，已先送款，乞知此情，望异常例！"帝虽嫌其不忠，而欲怀柔江表，乃授叔文开府仪同三司，拜宜州刺史。

初，陈散骑常侍韦鼎聘于周，遇帝而异之，谓帝曰："公当大贵，贵则天下一家，岁一周天，老夫当委质于公。"及至德之初，鼎为太府卿，尽卖田宅，大匠卿毛彪问其故，鼎曰："江东王气，尽于此矣！吾与尔当葬长安。"及陈平，上召鼎为上仪同三司。鼎，叡之孙也。

壬戌，诏曰："今率土大同，含生遂性；太平之法，方可流行。凡我臣民，澡身浴德，家家自修，人人克念。兵可立威，不可不戢；刑可助化，不可专行。禁卫九重之余，镇守四方之外，戎旅军器，皆宜停罢。世路既夷，群方无事，武力之子，俱可学经；民间甲仗，悉皆除毁。颁告天下，咸悉此意。"

贺若弼撰其所画策上之，谓为《御授平陈七策》。帝弗省，曰："公欲发扬我名，我不求名；公宜自载家传。"弼位望隆重，兄弟并封郡公，为刺史、列将，家之珍玩，不可胜计，婢妾曳罗绮者数百，时人荣之。其后突厥来朝，上谓之曰："汝闻江南有陈国天子乎？"对曰："闻之。"上命左右引突厥诣韩擒虎前曰："此是执得陈国天子者。"擒虎厉色顾之，突厥惶恐，不敢仰视。

（以上为第二段，写隋文帝平定陈朝全境，以及巩固统一的措施，妥善安置陈

隋文帝接见周罗睺，安慰勉励他，答应给他富贵。周罗睺流着眼泪回答说：“臣深受陈氏厚待，现在前朝已经灭亡，我没有殉职尽节。能够免死，是陛下的恩赐，岂敢奢望富贵！”贺若弼对周罗睺说：“听说你在郢、汉地区掌握兵权，就知道扬州可以取得。王师渡江果然胜利，正如所预料的那样。”周罗睺说：“假如能够和您交手，胜败还不一定。”不久，周罗睺被授上仪同三司。起先，陈朝将领羊翔投降隋朝，在讨陈之战中，派他作隋军向导，到现在位至上开府仪同三司，班位还在周罗睺之上。韩擒虎在朝堂上取笑周罗睺说：“你不能随机应变，到现在班位还在羊翔之下，难道不觉得羞愧吗？”周罗睺说：“以前在江南，我久仰您的美名，认为您是天下节义之士，今天您说这种话，使我很失望。”韩擒虎听了满脸羞愧。

隋文帝责备陈朝君臣时，陈叔文独自洋洋得意喜形于色。接着他又上表陈述：“从前在巴州，我已先向隋朝表示诚心归附，请陛下明察，希望封赏打破常例。”隋文帝虽然讨厌他的不忠，但是为了安抚江南地区，仍然授予陈叔文开府仪同三司，任命为宜州刺史。

当初，陈朝散骑常侍韦鼎出使北周，见到隋文帝，觉得他不同平凡，就对隋文帝说：“您以后一定大贵，您大贵时就会天下统一，十二年之后，老夫将委身做您的臣下。”到了至德初年，韦鼎为陈朝太府卿时，把田地房屋全部卖光，大匠卿毛彪问他是什么原因，韦鼎说：“江南的帝王之气，到现在已经结束，我和你将会葬在长安。”等到陈朝平定，隋文帝于是召见韦鼎并任命为上仪同三司。韦鼎，是韦叡的孙子。

四月二十九日壬戌，隋文帝下诏说：“如今天下已经统一，万物都可顺适本性；太平时代的法令规章，正可普遍推行。凡是隋朝臣民，都要砥砺志行，沐浴圣德，家家修养自身，人人都要立志。武力可以树立国威，但是不能不停止；刑罚可以帮助推动教化，但是不可以任意专行。从此除了保卫京师皇宫的禁卫军和镇守四方的边防军之外，其余的军队都要解散，武器要停止使用。社会已经安定，各方无事，军人的子弟，都要开始学习儒家经书；民间的武器，全部予以销毁。通告天下，让大家都明白遵行。”

贺若弼撰写了他所筹划的平陈计策上奏隋文帝，题为《御授平陈七策》，隋文帝并不审阅，说：“你想替我扬名，我不求名，你应该自己记载在家传里面。”贺若弼位高望重，兄弟都封为郡公，担任刺史、将军，家中的珍宝古玩，不计其数，身穿绫罗绸缎拖地的婢妾有几百名，世人都认为十分荣耀。后来突厥派使节来朝见，隋文帝对使节说：“你听说过江南有陈国天子吗？”使节回答说：“听说过。”皇上命左右侍从把突厥使节带到韩擒虎面前，对他说：“这就是活捉陈国天子的人。”韩擒虎眼光凌厉逼人，看了使节一眼，突厥使节恐惧不安，不敢抬头看。

朝君臣，封赏立功将士。隋文帝并提贺若弼、韩擒虎两员大将，用心公允，避免了纷争。）

左卫将军庞晃等短高颎于上，上怒，皆黜之，亲礼逾密。因谓颎曰："独孤公，犹镜也，每被磨莹，皎然益明。"初，颎父宾为独孤信僚佐，赐姓独孤氏，故上常呼为独孤而不名。

乐安公元谐，性豪侠，有气调，少与上同学，甚相爱，及即位，累历显仕。谐好排诋，不能取媚左右。与上柱国王谊善，谊诛，上稍疏忌之。或告谐与从父弟上开府仪同三司滂、临泽侯田鸾、上仪同三司祈绪等谋反，下有司按验，奏"谐谋令祈绪勒党项兵断巴、蜀。又，谐尝与滂同谒上，谐私谓滂曰：'我是主人，殿上者贼也。'因令滂望气，滂曰：'彼云似蹲狗走鹿，不如我辈有福德云。'"上大怒，谐、滂、鸾、绪并伏诛。

闰月，己卯，以吏部尚书苏威为右仆射。六月，乙丑，以荆州总管杨素为纳言。

朝野皆称封禅，秋，七月，丙午，诏曰："岂可命一将军除一小国，遐迩注意，便谓太平。以薄德而封名山，用虚言而干上帝，非朕攸闻。而今而后，言及封禅，宜即禁绝！"

左卫大将军广平王雄，贵宠特盛，与高颎、虞庆则、苏威称为四贵。雄宽容下士，朝野倾属，上恶其得众，阴忌之，不欲其典兵马；八月，壬戌，以雄为司空，实夺之权。雄既无职务，乃杜门不通宾客。

帝践阼之初，柱国沛公郑译请修正雅乐，诏太常卿牛弘、国子祭酒辛彦之、博士何妥等议之，积年不决。译言："古乐十二律，旋相为宫，各用七声，世莫能通。"译因龟兹人苏祇婆善琵琶，始得其法，推演为十二均、八十四调，以校太乐所奏，例皆乖越。译又于七音之外更立一声，谓之应声，作书宣示朝廷。与邳公世子苏夔议累黍定律。

左卫将军庞晃等在隋文帝面前说高颎的坏话，隋文帝大怒，全部罢免了他们的官职，对高颎更加亲近礼遇。隋文帝对高颎说："独孤公就像镜子，每次被打磨后，就更加明亮。"当初，高颎的父亲高宾是独孤信的僚佐，赐姓独孤氏，因此隋文帝常称呼他独孤公，而不叫他的名字。

乐安公元谐，性情豪放，行侠仗义，气度非凡，年少时和隋文帝一起学习，彼此十分友爱，隋文帝即位后，元谐屡次升任重要职位。元谐喜欢信口攻击别人，不能博取隋文帝左右近臣的欢心。元谐与上柱国王谊友情深厚，王谊被诛杀，隋文帝对元谐渐渐疏远疑忌。有人控告元谐和堂弟上开府仪同三司元滂、临泽侯田鸾、上仪同三司祈绪等人谋反，于是被交付司法官吏审理调查，司法官吏奏报说："元谐阴谋派遣祈绪统领党项兵切断通向巴蜀地区的交通要道。有一次，元谐曾经和元滂一同谒见隋文帝，元谐私下对元滂说：'我才是主人，坐在殿上的是窃国盗贼。'就让元滂观察气象，元滂说：'皇上的云气像一只蹲着的狗，又像一只奔跑的鹿，不像我们有象征福德的云气。'"隋文帝听了十分愤怒，于是处死了元谐、元滂、田鸾、祈绪。

夏季，闰四月十七日己卯，任命吏部尚书苏威为尚书右仆射。六月初四日乙丑，任命荆州总管杨素为纳言。

朝野上下都说应该封禅泰山。秋季，七月十五日丙午，隋文帝下诏书说："怎可因我朝派遣了一位将军灭掉了一个小国，引起远近的人都注意，就因此说天下已经太平。以微薄的德业而封禅名山，用虚假的话去祭告上天，这不是朕愿听的。从今以后，有关封禅的事，应该禁止再谈。"

左卫大将军广平王杨雄，特别尊贵荣宠，和高颎、虞庆则、苏威一起被称为"四贵"。杨雄宽厚容人，礼贤下士，朝野上下都倾服他。隋文帝讨厌他得人心，暗暗猜忌他，不想让他掌握军队；八月初二日壬戌，任命杨雄为司空，实际上是为了夺他的兵权。杨雄既然无实权，便紧闭家门，不与宾客来往。

隋文帝即位之初，柱国沛公郑译请求修订雅乐，诏令太常卿牛弘、国子祭酒辛彦之、博士何妥等人商议，经过多年没有成果。郑译进言说："古乐有十二律，每律都可以作为宫音，循环转调，各调又分用宫、商、角、变徵、徵、羽、变宫七个音阶，世人没有能通晓的。"郑译因为龟兹人苏祗婆善于弹琵琶，就向他学习，才懂得确定音调乐律的方法，推演为十二均、八十四调，用来校订太乐署乐师所演奏的音乐，发现大都不正确。郑译又在七音之外，另提出一声，称为应声，并写成文章在

时人以音律久无通者，非译、夔一朝可定。帝素不悦学，而牛弘不精音律，何妥自耻宿儒反不逮译等，常欲沮坏其事，乃立议，非十二律旋相为宫及七调，竞为异议，各立朋党；或欲令各造乐，待成，择其善者而从之。妥恐乐成善恶易见，乃请帝张乐试之，先白帝云："黄钟象人君之德。"及奏黄钟之调，帝曰："滔滔和雅，甚与我心会。"妥因奏止用黄钟一宫，不假余律。帝悦，从之。

时又有乐工万宝常，妙达钟律。译等为黄钟调成，奏之，帝召问宝常，宝常曰："此亡国之音也。"帝不悦。宝常请以水尺为律，以调乐器，上从之。宝常造诸乐器，其声率下郑译调二律，损益乐器，不可胜纪。其声雅淡，不为时人所好，太常善声者多排毁之。苏夔尤忌宝常，夔父威方用事，凡言乐者皆附之而短宝常，宝常乐竟为威所抑，寝不行。

及平陈，获宋、齐旧乐器，并江左乐工，帝令廷奏之，叹曰："此华夏正声也。"乃调五音为五夏、二舞、登歌、房内十四调，宾祭用之。仍诏太常置清商署以掌之。

时天下既壹，异代器物，皆集乐府。牛弘奏："中国旧音多在江左，前克荆州得梁乐，今平蒋州又得陈乐，史传相承以为合古，请加修缉以备雅乐。其后魏之乐及后周所用，杂有边裔之声，皆不可用，请悉停之。"冬，十二月，诏弘与许善心、姚察及通直郎虞世基参定雅乐。世基，荔之子也。

己巳，以黄州总管周法尚为永州总管，安集岭南，给黄州兵三千五百人为帐内，陈桂州刺史钱季卿等皆诣法尚降。定州刺史吕子廓，据山洞，不受命，法尚击斩之。

以驾部侍郎狄道辛公义为岷州刺史。岷州俗畏疫，一人病疫，合家避之，病者多死。公义命皆舆置己之听事，暑月，病人或至数百，厅廊

朝廷宣示传阅。并和邳公苏威的长子苏夔商量用排列黍粒的方法测量并确定律管长度，以便重定乐律。

当时的人认为音律已经很久没有人通晓，不是郑译、苏夔一朝一夕能够确定的。隋文帝向来不注重学问，而牛弘也不精通音律，何妥自愧身为饱学宿儒而在音律方面反不如郑译等人，常想阻挠破坏修订雅乐之事，所以提出意见，反对用十二律循环转调为宫及七调，这一下引发各种不同的意见纷纷提出，互相争论，各立朋党；有人提出让各派按照自己主张的原理造出一种乐调，等完成以后，选择其中最好的来使用。何妥恐怕乐调造成后好坏很容易看出，就奏请隋文帝立即演奏比试各种乐调，并抢先告诉隋文帝说："黄钟调象征人君的德业。"等到演奏黄钟乐调时，隋文帝说："滔滔不绝，和顺雅致，与我的心意十分契合。"何妥于是奏请只用黄钟一种乐调，不用其他的乐律。隋文帝很高兴，采用他的建议。

当时还有一个名叫万宝常的乐师，精通音律，郑译等人制成黄钟调后，进行演奏，隋文帝召见万宝常问他效果如何，万宝常回答说："这是亡国之音。"隋文帝非常不高兴。万宝常请求用水尺调定五音律吕，用来校正乐器，隋文帝接受了他的建议。万宝常制造出了各种乐器，其乐调比郑译等人定调低二律，他对乐器的增损改进，难于详述。这些乐器的声音雅淡，不为当时的人所喜欢，太常寺中懂得声律的人大多排斥诋毁这种音乐。苏夔非常忌恨万宝常，苏夔的父亲苏威正当政专权，凡是谈论音乐的人都附和苏夔而批评万宝常，万宝常的乐调因而被苏威所压制，不能流传。

等到平定陈朝时，获得刘宋、南齐时代的乐器与江左乐师，隋文帝命他们在殿廷上演奏，赞叹道："这才是华夏的正声啊！"于是调整五音为五夏、二舞、登歌、房内十四调，在宴宾和祭祀时使用。并诏令在太常寺设置清商署负责管理。

当时全国统一，不同时代的乐器用品，都集中在乐府。牛弘上奏说："中原的历史古乐多留存江左，攻取荆州时获得了梁朝的音乐，现在平定蒋州又获得陈朝的音乐，史册书传相承，都认为合于古乐。请下令派人加以修订编辑，来充实雅乐。至于北魏的音乐和北周所使用的，都掺杂有边疆夷乐，都不可使用，请全部停止。"冬季，十二月［初五日甲子］，诏令牛弘与许善心、姚察以及通直郎虞世基共同修订雅乐。虞世基，是虞荔的儿子。

十二月十一日己巳，隋文帝任命黄州总管周法尚为永州总管，前往安抚平定岭南地区，让他率领黄州兵三千五百人作为亲兵，陈朝桂州刺史钱季卿等都向周法尚投降。定州刺史吕子廓据守山洞，不接受命令，周法尚发动攻击，将其斩首。

任命驾部侍郎狄道人辛公义为岷州刺史。岷州习俗，最怕瘟疫，若一个人染上了瘟疫，全家都躲避他，因此病人大多死亡。辛公义命人将病人都抬到自己的办公

皆满，公义设榻，昼夜处其间，以秩禄具医药，身自省问。病者既愈，乃召其亲戚谕之曰："死生有命，岂能相染！若相染者，吾死久矣。"皆惭谢而去。其后人有病者，争就使君，其家亲戚固留养之，始相慈爱，风俗遂变。后迁牟州刺史，下车，先至狱中露坐，亲自验问。十余日间，决遣咸尽，方还厅事受领新讼。事皆立决；若有未尽，必须禁者，公义即宿听事，终不还阁。或谏曰："公事有程，使君何自苦！"公义曰："刺史无德，不能使民无讼，岂可禁人在狱而安寝于家乎！"罪人闻之，咸自款服。后有讼者，乡闾父老遽晓之曰："此小事，何忍勤劳使君！"讼者多两让而止。

（以上为第三段，写隋文帝平陈后，开始转向文治，制礼作乐，注意地方官的选举，任用贤吏。）

十年（庚戌，590 年）

春，正月，乙未，以皇孙昭为河南王，楷为华阳王。昭，广之子也。

二月，上幸晋阳，命高颎居守。夏，四月，辛酉，至自晋阳。

成安文子李德林，恃其才望，论议好胜，同列多疾之；由是以佐命元功，十年不徙级。德林数与苏威异议，高颎常助威，奏德林狠戾，上多从威议。上赐德林庄店，使自择之，德林请逆人高阿那肱卫国县市店，上许之。及幸晋阳，店人诉称高氏强夺民田，于内造店赁之。苏威因奏德林诬罔，妄奏自入。司农卿李圆通等复助之曰："此店收利如食千户，请计日追赃。"上自是益恶之。虞庆则等奉使关东巡省，还，皆奏称"乡正专理辞讼，党与爱憎，公行货贿，不便于民。"上令废之。德林曰："兹事臣本以为不可，然置来始尔，复即停废，政令不一，朝成暮毁，深非帝王设法之义。臣望陛下自今群臣于律令辄欲改张，即以军法从事；不然者，纷纭未已。"上遂发怒，大诟云："尔欲以我为王莽邪！"先是，德林称父为太尉谘议以取赠官，给事黄门侍郎猗氏陈茂等密奏："德林父终于校书，妄称谘议。"上甚衔之。至是，上因数之曰："公为内史，典朕机密，比不可豫计议者，以公不弘耳，宁自知乎！又罔冒取店，妄加父官，朕实忿之，而未能发，今当以一州相遣耳。"因出为湖州刺史。德林拜谢

厅堂内，时值三伏暑热季节，送来的病人多达数百人，厅堂和走廊里都塞满了病人，辛公义设置床榻，昼夜守在那里，用自己的俸禄请医生，付药费，还亲自探问病情。生病的人痊愈之后，就召集他们的亲属，告诉他们："一个人的生死是命中注定的，岂能互相感染疾病呢！若会互相感染，我早就死了。"病人的亲属都惭愧地道谢而去。后来有生病的人，都争着要到刺史那里去，病人的亲属都坚持要病人留下来自己看护，于是开始相互关心爱护，改变了原来的坏风俗。辛公义后来迁调并州刺史，一下车就先到监狱露天坐下，亲自复查审问囚犯，十多天之内，全部判决发遣结束，方才回到州衙厅堂受理新的案件。案件都当堂结案，如果有的案件不能马上处理，必须囚禁的，辛公义就在厅堂住宿，不肯回家。有人劝他说："公事有一定的程序，使君您何苦要这样辛苦！"辛公义说："刺史没有德业，不能使人民不诉讼，岂能把人囚禁在监狱而自己在家中安然睡觉呢！"犯罪的人听了这些话，都主动坦白认罪。后来又有人要打官司，乡里父老马上劝阻他说："这是件小事，怎么忍心去烦劳刺史大人！"要打官司的人大多因为双方互谅互让而和解了。

隋文帝开皇十年（庚戌，590 年）

春季，正月初七日乙未，册封皇孙杨昭为河南王，杨楷为华阳王。杨昭，是杨广的儿子。

[二月初二日庚申]，隋文帝出巡晋阳，命高颎留守京师。夏季，四月初四日辛酉，隋文帝从晋阳回到京师。

成安文子李德林，依恃他的才能声望，喜欢辩论争胜，同僚大多嫉恨他；因此他尽管是辅佐王命的首功，却十年没有升迁。李德林屡次和苏威的意见不合，高颎都是帮助苏威，上奏李德林贪狠暴戾，隋文帝多采纳苏威的意见。隋文帝赏赐李德林庄园店舍，让他选择，李德林请求得到叛逆人高阿那肱在卫国县的市店，隋文帝同意了。等到隋文帝出巡晋阳时，店舍的人控诉说高氏强夺民田，在里面建造店舍出租营利。苏威于是上奏李德林欺君，说他妄奏民田为高阿那肱的市店，以归于己。司农卿李圆通等人又趁机帮助苏威，上奏说："这些店舍的收利如同享有千户封邑的王侯，请求按日计算，追回李德林收取的租金赃款。"隋文帝因而更加讨厌他。虞庆则等人奉派到关东巡视，回来之后都奏称："乡正治理讼案独断专行，偏私亲友，爱憎不明，公然索取贿赂，不利于民。"隋文帝因此命令废除。李德林说："设置公正这件事臣本来认为不好，但是刚刚设置，又马上停废，政令不能划一，朝令夕改，这实在不是帝王设置法令的正道。臣希望陛下从现在开始，凡是群臣对于律令有要求更改的，就一律用军法来处置他；不然的话，议论政令就不会停止。"隋文帝因此发怒，大骂他说："你想把我比作王莽吗？"起先，李德林说他的父亲是太尉谘议，

曰："臣不敢复望内史令，请但预散参。"上不许，迁怀州刺史而卒。

李圆通，本上微时家奴，有器干；及为隋公，以圆通及陈茂为参佐，由是信任之。梁国之废也，上以梁太府卿柳庄为给事黄门侍郎。庄有识度，博学，善辞令，明习典故，雅达政事，上及高颎皆重之。与陈茂同僚，不能降意，茂谮之于上，上稍疏之，出为饶州刺史。

上性猜忌，不悦学，既任智以获大位，因以文法自矜，明察临下，恒令左右觇视内外，有过失则加以重罪。又患令史赃污，私使人以钱帛遗之，得犯立斩。每于殿庭捶人，一日之中，或至数四；尝怒问事挥楚不甚，即命斩之。尚书左仆射高颎、治书侍御史柳彧等谏，以为"朝堂非杀人之所，殿廷非决罚之地。"上不纳。颎等乃尽诣朝堂请罪，上顾谓领左右都督田元曰："吾杖重乎？"元曰："重。"帝问其状，元举手曰："陛下杖大如指，捶人三十者，比常杖数百，故多死。"上不怿，乃令殿内去杖，欲有决罚，各付所由。后楚州行参军李君才上言："上宠高颎过甚。"上大怒，命杖之，而殿内无杖，遂以马鞭捶杀之，自是殿内复置杖。未几，怒甚，又于殿廷杀人；兵部侍郎冯基固谏，上不从，竟于殿廷杀之。上亦寻悔，宣慰冯基，而怒群臣之不谏者。

五月，乙未，诏曰："魏末丧乱，军人权置坊府，南征北伐，居处无定，家无完堵，地罕包桑，朕甚愍之。凡是军人，可悉属州县，垦田、籍帐，一与民同。军府统领，宜依旧式。罢山东、河南及北方缘边之地新置军府。"

以取得死后赠官，给事黄门侍郎猗氏县人陈茂等秘密上奏："李德林的父亲死时只是个校书郎，假冒说是谘议。"隋文帝十分痛恨此事。这时，隋文帝把心中积恨一并发出，便责备李德林说："你是内史，典掌朕的机密，近来不能让你参与计议的原因，是因为你的气度不够恢宏，你自己难道不知道吗？你欺蒙假冒，索人店舍，又乱加父亲的官职，朕的确很气愤，但是都压下火气没有发出，如今送你一州之地，外出做州官吧。"因此出调他为湖州刺史。李德林拜谢说："臣不敢再奢望做内史令，只请求做无职务而能参与朝会的散官。"隋文帝不准许，迁调他为怀州刺史，不久他就去世了。

李圆通原本是皇上地位微贱时候的家奴，有器识才干；等到隋文帝袭爵为隋公时，就任命李圆通和陈茂为参佐，从此很信任他。梁国萧氏被废置的时候，隋文帝任命原后梁太府卿柳庄为给事黄门侍郎。柳庄有才识器度，学问广博，善于辞令，熟悉典故，深通政事，隋文帝和高颎都很器重他。柳庄和陈茂同僚，互不迁就，陈茂常在隋文帝面前说柳庄的坏话，隋文帝逐渐疏远了柳庄，后来便命他出任饶州刺史。

隋文帝生性好猜忌，不喜欢学习，由于是运用智略权术而获得皇位的，就以精于律令自夸，以明察制驭臣下，时常命令左右的人探察朝廷内外，只要有人犯了过错，就判处重罪。担心令史贪赃枉法，于是暗中派人拿金钱丝帛赠送他们，抓到犯法的立刻斩杀。又常常在殿廷上捶打人，有时一天之内发生好几次，曾经因为愤怒行杖的人用力不重，就下令把行杖人杀了。尚书左仆射高颎、治书侍御史柳彧等人劝谏，认为"朝堂不是杀人的地方，殿廷也不是审案的场所"。隋文帝不采纳。高颎等人于是全部到朝堂请罪，隋文帝回头询问领左右都督田元说："我刑杖太重了吗？"田元说："太重了。"隋文帝又问刑杖太重的情状，田元举手比画着说："陛下的刑杖大如手指，捶打人三十下，等于一般刑杖的几百下，很多人因此被打死。"隋文帝听了不高兴，但还是下令殿内除去刑杖，如果有处罚行刑，分别交给主管的人去处理。后来楚州行参军李君才上奏说："皇上宠信高颎太过了。"隋文帝看了奏表十分生气，命令用刑杖处罚他，可是殿内没有刑杖便用马鞭把他打死了。从此殿内又设置刑杖。不多久，隋文帝盛怒，又在殿廷杀人；兵部侍郎冯基坚持劝谏，隋文帝不接受，竟在殿廷上杀死了他。隋文帝不久又后悔，抚慰冯基的家属，对群臣中竟没有一个愿意劝谏的人非常气愤。

五月初九日乙未，隋文帝下诏说："自北魏末年丧乱的时候，军人临时设置坊府，南征北战，没有固定的住所，家里没有完好的墙垣，地里很少有高大的桑树，朕非常同情。凡是军人，可以一律隶属州县，受田开垦、田籍帐簿全部和百姓相同。士兵还由军府统领，但应遵守旧有的规章。撤销山东、河南以及北方沿边界之地新

六月，辛酉，制民年五十免役收庸。

秋，七月，癸卯，以纳言杨素为内史令。

冬，十一月，辛丑，上祀南郊。

江表自东晋已来，刑法疏缓，世族陵驾寒门；平陈之后，牧民者尽更变之。苏威复作《五教》，使民无长幼悉诵之，士民嗟怨。民间复讹言隋欲徙之入关，远近惊骇。于是婺州汪文进、越州高智慧、苏州沈玄忄会皆举兵反，自称天子，署置百官。乐安蔡道人、蒋山李棱、饶州吴世华、温州沈孝徹、泉州王国庆、杭州杨宝英、交州李春等皆自称大都督，攻陷州县。陈之故境，大抵皆反，大者有众数万，小者数千，共相影响，执县令，或抽其肠，或脔其肉食之，曰："更能使侬诵《五教》邪！"诏以杨素为行军总管以讨之。

素将济江，使始兴麦铁杖戴束藁，夜，浮渡江觇贼，还而复往，为贼所擒，遣兵仗三十人防之。铁杖取贼刀，乱斩防者，杀之皆尽，割其鼻，怀之以归；素大奇之，奏授仪同三司。

素帅舟师自杨子津入，击贼帅朱莫问于京口，破之。进击晋陵贼帅顾世兴、无锡贼帅叶略，皆平之。沈玄忄会败走，素追擒之。高智慧据浙江东岸为营，周亘百余里，船舰被江。素击之。子总管南阳来护兒言于素曰："吴人轻锐，利在舟楫，必死之贼，难与争锋，公宜严陈以待之，勿与接刃。请假奇兵数千潜渡江，掩破其壁，使退无所归，进不得战，此韩信破赵之策也。"素从之。护兒以轻舸数百直登江岸，袭破其营，因纵火，烟焰涨天。贼顾火而惧，素因纵兵奋击，大破之，贼遂溃。智慧逃入海，素蹑之至海曲，召行军记室封德彝计事，德彝坠水，人救，获免，易衣见素，竟不自言。素后知之，问其故，曰："私事也，所以不白。"素嗟异之。德彝名伦，以字行，隆之之孙也。汪文进以蔡道人为司空，守乐安，素进讨，悉平之。

素遣总管史万岁帅众二千，自婺州别道逾岭越海，攻破溪洞，不可

设置的军府。”

六月初五日辛酉，隋朝制定平民百姓年满五十岁可免除征役，而收取绢或布作为劳役的代金。

秋季，七月十八日癸卯，任用纳言杨素为内史令。

冬季，十一月十七日辛丑，隋文帝在南郊祭天。

江南自东晋以来，刑法疏阔弛缓，世家大姓欺压贫穷低下的平民；平定陈朝以后，郡县治民官吏完全改变了这种情况。苏威又制订《五教》，要百姓不管长幼都背诵，为此士民都嗟叹怨恨。民间又谣传隋朝要把他们迁徙入关，远近的人都惊骇。因此婺州的汪文进、越州的高智慧、苏州的沈玄侩都举兵造反，自称天子，设置百官。乐安的蔡道人、蒋山的李棱、饶州的吴世华、温州的沈孝徹、泉州的王国庆、杭州的杨宝英、交州的李春等人都自封为大都督，攻占许多州县。陈朝旧境之内，大部分州县都造反了，力量大的有数万人，力量小的有几千人，互相呼应鼓动，捉拿县令，有的抽出他们的肠子，有的把他们的肉切成块来吃，说："还能要我们背诵《五教》吗？"隋文帝诏令任命杨素为行军总管去镇压他们。

杨素将要渡江，派始兴人麦铁杖顶着一束稻草，趁夜浮水渡过长江，去探察贼兵情况，返回后再次派出，被贼兵捉住，派了三十人带着武器看守他。铁杖夺过贼兵手中的刀，乱砍防守他的人，把他们全杀光了，割下他们的鼻子带着回来，杨素非常惊奇，奏报授为仪同三司。

杨素率领水军从杨子津攻入，在京口攻击贼兵主帅朱莫问，打败了他。又进兵攻击晋陵贼兵主帅顾世兴、无锡贼兵主帅叶略，全都平定了。沈玄侩战败逃跑，杨素追赶擒住。高智慧据守浙江东岸，扎下营寨，绵亘一百多里，船舰满布江面。杨素发动攻击。子总管南阳人来护兒报告杨素说："吴地的人轻快敏锐，长于舟船作战，我们很难和这些抱着必死决心的贼兵争锋，您应该严密布阵以等待他们，不要和他们交战。请给我数千名奇兵暗渡长江，突然袭击，攻破他们的营垒，使他们退回失去了根据，前进找不到战机，这是韩信打败赵军的计策。"杨素听从了他的建议。于是来护兒用数百艘轻便的船径直登上江岸，攻破敌人的营垒，接着又放火焚烧，浓烟烈火弥漫天空。贼兵回头看见大火，心中恐惧，杨素便率兵奋力攻击，大败他们，贼兵因此溃散。高智慧逃进海里，杨素跟踪追击到海湾，宣召行军记室封德彝商议军事，封德彝掉进水中，被人救起幸免不死。换好衣服来见杨素，始终不讲这件事。杨素后来知道了，问他是何原因，他说："这是私事，所以不说。"杨素惊异叹服。封德彝名伦，以字号行世，是封隆之的孙子。汪文进任命蔡道人为司空，防守乐安，杨素进兵讨伐，全都平定了。

杨素派遣总管史万岁率领两千人，从婺州小路越岭跨海，攻破溪洞不计其数。

胜数。前后七百余战，转斗千余里，寂无声问者十旬，远近皆以万岁为没。万岁置书竹筒中，浮之于水，汲者得之，言于素。素上其事，上嗟叹，赐万岁家钱十万。

素又破沈孝徹于温州，步道向天台，指临海，逐捕遗逸，前后百余战，高智慧走保闽、越。上以素久劳于外，令驰传入朝。素以余贼未殄，恐为后患，复请行，遂乘传至会稽。王国庆自以海路艰阻，非北人所习，不设备；素泛海奄至，国庆惶遽弃州走。余党散入海岛，或守溪洞，素分遣诸将，水陆追捕。密令人说国庆，使斩送智慧以自赎；国庆乃执送智慧，斩于泉州，余党悉降。江南大定。

素班师，上遣左领军将军独孤陀至浚仪迎劳；比到京师，问者日至。拜素子玄奖为仪同三司，赏赐甚厚。陀，信之子也。

杨素用兵多权略，驭众严整，每将临敌，辄求人过失而斩之，多者百余人，少不下十数，流血盈前，言笑自若。及其对陈，先令一二百人赴敌，陷陈则已，如不能陷而还者，无问多少，悉斩之；又令二三百人复进，还如向法。将士股栗，有必死之心，由是战无不胜，称为名将。素时贵幸，言无不从，其从素行者，微功必录，至他将虽有大功，多为文吏所谴却，故素虽残忍，士亦以此愿从焉。

以并州总管晋王广为扬州总管，镇江都，复以秦王俊为并州总管。

番禺夷王仲宣反，岭南首领多应之，引兵围广州。韦洸中流矢卒，诏以其副慕容三藏检校广州道行军事。又诏给事郎裴矩巡抚岭南，矩至南康，得兵数千人。仲宣遣别将周师举围东衡州，矩与大将军鹿愿击斩之，进至南海。

高凉冼夫人遣其孙冯暄将兵救广州，暄与贼将陈佛智素善，逗留不进；夫人知之，大怒，遣使执暄，系州狱，更遣孙盎出讨佛智，斩之。进会鹿愿于南海，与慕容三藏合击仲宣，仲宣众溃，广州获全。冼氏亲被甲，乘介马，张锦伞，引彀骑卫，从裴矩巡抚二十余州。苍梧首领陈坦等皆来谒见，矩承制署为刺史、县令，使还统其部落，岭表遂定。

前后七百多次战役，辗转战斗一千多里，杳无音讯一百多天，远近的人都以为史万岁战死了。史万岁把信放在竹筒里，浮在水面，被打水的人得到，告诉杨素。杨素把这件事上奏隋文帝，隋文帝赞叹不已，赏赐史万岁家十万钱。

杨素在温州打败沈孝徹后，向天台进军，直达临海县，一路上追捕残余逃命的敌人，前后达一百多次战役，迫使高智慧逃亡到闽、越自保。隋文帝认为杨素长期在外辛苦，下令驿站驰送他入朝。杨素因为残余的贼兵还没有消灭，担心成为后患，又请求进兵，于是乘传车到达会稽。王国庆自以为海路艰难险阻，不是北方人所能熟习的，就不设防备；杨素渡海突然到达，王国庆仓皇弃城而逃。残余的同党逃散到海岛，有的退守溪洞，杨素派遣众将领从水陆两路追捕。又秘密派人游说王国庆，让他斩杀或捆送高智慧替自己赎罪；王国庆因此捉住高智慧送来，杨素在泉州把他处死，残余的同党全部投降。江南因而大定。

杨素班师回京，隋文帝派遣左领军将军独孤陀到浚仪迎接慰劳；等到抵达京师，每天有人来慰问。隋文帝拜授杨素的儿子杨玄奖为仪同三司，赏赐很优厚。独孤陀，是独孤信的儿子。

杨素用兵多权变谋略，统御士众非常严格，每次将要临阵对敌的时候，往往挑寻一些人的过失在阵前斩杀，多者一百多人，少者也有十多人，在他面前血流满地，他却仍旧谈笑自若。等到和敌人对阵的时候，先命令一二百人奔赴敌阵，若陷阵则已，若不能陷阵而退回来，不论是多少人，全部斩首；又下令二三百人再前进，还是用和前一次相同的方法。将士都很害怕，有死战之心，所以他战无不胜，被称为名将。杨素当时受到宠信，所说的话隋文帝没有不听从的，那些跟随杨素征战的人，很小的功劳也一定记录下来，至于别的将军，即使有大的功劳，也常常被文官所压低，所以杨素虽然很残忍，士兵却由于这个缘故愿意跟随他。

隋文帝任命并州总管晋王杨广为扬州总管，镇守江都，又任命秦王杨俊为并州总管。

番禺夷人王仲宣叛乱，岭南各族很多首领响应他，王仲宣率兵围攻广州。韦洸被流箭射中而死，诏令以他的副职慕容三藏检校广州道代行军事。又诏令给事郎裴矩巡抚岭南，裴矩到达南康，得到数千名兵力。王仲宣派遣别将周师举围攻东衡州，裴矩和大将军鹿愿击杀了周师举，进兵到达南海。

高凉洗夫人派遣她的孙子冯暄带兵救援广州，冯暄和贼兵将领陈佛智平时关系很好，故逗留而不进兵；洗夫人知道了，非常生气，派使者逮捕冯暄，关押在州府狱中，另外派遣孙子冯盎出兵讨伐佛智，并杀死了佛智。冯盎又进兵到南海与鹿愿会师，同慕容三藏合力攻打王仲宣，王仲宣的军队溃散了，广州获得保全。洗夫人亲自穿上战甲，乘着披甲的战马，张挂丝锦伞盖，率领手持弓弩的骑兵卫队，跟从

矩复命，上谓高颎、杨素曰："韦洸将二万兵不能早度岭，朕每患其兵少。裴矩以三千弊卒径至南海，有臣若此，朕亦何忧！"以矩为民部侍郎。拜冯盎高州刺史，追赠冯宝广州总管、谯国公。册冼氏为谯国夫人，开谯国夫人幕府，置长史以下官属，官给印章，听发部落六州兵马，若有机急，便宜行事。仍敕以夫人诚效之故，特赦暄逗留之罪，拜罗州刺史。皇后赐夫人首饰及宴服一袭，夫人并盛于金箧，并梁、陈赐物，各藏一库，每岁时大会，陈之于庭，以示子孙，曰："我事三代主，惟用一忠顺之心，今赐物具存，此其报也；汝曹皆念之，尽赤心于天子！"

番州总管赵讷贪虐，诸俚、獠多亡叛。夫人遣长史张融上封事，论安抚之宜，并言讷罪，不可以招怀远人。上遣推讷，得其赃贿，竟致于法；委夫人招慰亡叛。夫人亲载诏书，自称使者，历十余州，宣述上意，谕诸俚、獠，所至皆降。上嘉之，赐夫人临振县为汤沐邑，赠冯仆崖州总管、平原公。

（以上为第四段，写开皇十年，隋朝平定江南反叛，安抚岭南地区，以及杨素用兵的情形。）

十一年（辛亥，591年）

春，正月，皇太子妃元氏薨。

二月，戊午，吐谷浑遣使入贡。吐谷浑可汗夸吕闻陈亡，大惧，遁逃保险，不敢为寇。夸吕卒，子世伏立，使其兄子无素奉表称藩，并献方物，请以女备后庭。上谓无素曰："若依来请，他国闻之，必当相效，何以拒之！朕情存安养，各令遂性，岂可聚敛子女以实后宫乎！"竟不许。

平乡令刘旷有异政，以义理晓谕，讼者皆引咎而去，狱中草满，庭可张罗；迁临颍令。高颎荐旷清名善政为天下第一，上召见，劳勉之，谓侍臣曰："若不殊奖，何以为劝！"丙子，优诏擢为莒州刺史。

裴矩巡抚二十多州。苍梧首领陈坦等人都来晋见，裴矩承奉隋文帝旨意，授任他们为刺史、县令，让他们回去统领各自的部落，岭南由此安定了。

裴矩回京禀报，隋文帝对高颎、杨素说："韦洸率领两万人不能早日度过南岭，朕经常担心他的兵力太少。裴矩以三千名衰疲的士卒径直到达南海，有这样的臣子，朕还有什么担忧的呢！"任命裴矩为民部侍郎。又授冯盎为高州刺史，追赠冯宝为广州总管、谯国公。册命冼夫人为谯国夫人，开设谯国夫人幕府，署置长史以下的官属，朝廷还授给冼夫人印信，准她有权调拨部落所属六州兵马。如果有紧急情况，可以自行决断处置。另下诏令说，由于冼夫人效诚的原因，特赦冯暄逗留不进的罪过，拜为罗州刺史。皇后赏赐冼夫人首饰和宴客的礼服一件，冼夫人都装在金箱里面，连同梁朝、陈朝时赏赐的东西，分别藏在一库之中。每年岁时大会，陈列在大庭中，给子孙们看，说："我事奉三朝的君主，只有一颗忠顺的心，现在所赏赐的东西都保存着，这就是忠顺的报偿；你们都要记住，对天子要克尽诚心。"

番州总管赵讷为人贪婪暴虐，众俚人、僚人多逃亡背叛。冼夫人派长史张融呈上密封奏章，论述安抚事宜，并说明赵讷的罪状，不能任用他招抚怀柔边远之人。皇上派人追查赵讷，查出他所贪得的财贿，结果对他依法惩办；另外委派冼夫人去抚慰叛亡的人。冼夫人亲自拿着诏书，以皇帝使者的名义，经历十几个州府，宣明皇上的旨意使众俚人、僚人明白，她所到之处都降服了。隋文帝嘉奖，赏赐冼夫人临振县作为封邑，追赠冯仆为崖州总管、平原公。

隋文帝开皇十一年（辛亥，591年）

春季，正月［二十三日丙午］，皇太子妃元氏去世。

二月初六日戊午，吐谷浑派遣使者到隋朝纳贡。吐谷浑可汗夸吕听说陈朝亡国，极为恐惧，于是逃奔远方，据守险要自保，不敢再来侵犯。不久夸吕去世，他的儿子世伏继位，世伏派遣他哥哥的儿子无素到隋朝呈上表章，请求作为藩属，进献地方物产，请求把女儿送到皇帝后宫。隋文帝对无素说："如果答应了世伏的请求，别的国家听说了，就一定会竞相仿效，朕用什么理由拒绝他们呢！朕一心想使天下百姓安居乐业，各顺天性发展，怎能搜聚女子充实后宫呢？"最终没有答应世伏的请求。

平乡县令刘旷有显著的政绩，他对前来告状的人都能晓之以理，使他们自责而离去，监狱中因为没有犯人关押，庭院长满了杂草，县衙厅堂里由于没有人来打官司，冷清得可以张网捉鸟了。刘旷调任临颍县令。尚书左仆射高颎推荐刘旷，认为他的清廉名声和良好政绩为天下第一，隋文帝于是召见了他，对他慰劳勉励，并对

辛巳晦，日有食之。

初，帝微时，与滕穆王瓒不协。帝为周相，以瓒为大宗伯，瓒恐为家祸，阴欲图帝，帝隐之。瓒妃，周高祖妹顺阳公主也，与独孤后素不平，阴为咒诅；帝命出之，瓒不可。秋，八月，瓒从帝幸栗园，暴薨，时人疑其遇鸩。乙亥，帝至自栗园。

沛达公郑译卒。

（以上为第五段，写开皇十一年，隋文帝安抚吐谷浑，因猜忌而暗除杨瓒的事件。）

侍臣说："如果不给特殊奖励，如何劝勉天下官吏！"二月二十四日丙子，特下诏命，提升刘旷为莒州刺史。

二月二十九日辛巳，发生日食。

当初，隋文帝地位卑微时，与滕穆王杨瓒不和。后来隋文帝担任周朝丞相，任命杨瓒为大宗伯，杨瓒害怕招致灭族之祸，曾暗中谋划除掉隋文帝，隋文帝忍在心中，没有泄露这件事。杨瓒的妃子是周高祖的妹妹顺阳公主，与独孤皇后素来不和，常暗中用巫术诅咒独孤皇后。隋文帝下令杨瓒休掉顺阳公主，杨瓒不答应。秋季，八月［二十三日壬申］，杨瓒跟隋文帝前往栗园，突然死了，当时人们怀疑是被毒死的。八月二十六日乙亥，隋文帝从栗园回来。

沛达公郑译去世。

【点评】

隋文帝对历史的贡献。本卷评说兴衰两帝王，即兴业之主隋文帝与亡国之主陈后主。在中国历史上，隋文帝是可以与秦始皇、宋太祖、元世祖等并称的杰出皇帝。隋文帝有四大历史功绩。一是结束了自东汉以后长达360余年的分裂局面，实现了中华民族发展史上的第二次大统一，其功可以与秦始皇并提。二是完善封建王朝的国家政治制度，隋文帝创立的三省六部制和机构精简，对后世影响很大。三是实施均田制，促进了社会经济的发展。四是开放思想，完善科举制度，促进文化发展。隋文帝还推行民族融合政策，直接影响唐代的开疆拓土。本卷着重载述隋文帝的统一战争，优抚陈朝的亡国之君与遗民，一碗水端平对待功臣，迅速地使统一王朝全境安定下来，显示了一个兴业之主的睿智与博大胸怀。陈后主是一个亡国之君，平庸、昏聩，但不残暴，是一个与君子处则为君子，与小人处则为小人的中庸之才。陈亡，诸王及公卿大臣竞相投降，只有尚书仆射袁宪守在后主身旁，后主愧对袁宪，自省无德无行，由此可见陈后主尚有知耻之心，还不是大恶之君。

隋纪二

隋文帝开皇十二年至十九年（592—599年）

【起玄黓困敦（壬子，592年），尽屠维协洽（己未，599年），凡八年】

【大事提要】

本卷载述公元592年至公元599年史事，凡八年，时当隋文帝开皇十二年至十九年，是隋文帝统治的中期。此时期，隋朝国力发展，府库充盈。对外，安定四夷，大破北方突厥。对内，隋文帝制礼作乐，完善明堂制度，制定新历法、雅乐，废公廨钱而设置职分田，努力安定民生，尚能纳谏称明主。另一方面，隋文帝日益滋长猜忌心，借故兴大狱，诛功臣；又兴建仁寿宫，穷极奢侈，开始从节俭步入奢侈。

【原文】

高祖文皇帝上之下

开皇十二年（壬子，592年）

春，二月，己巳，以蜀王秀为内史令兼右领军大将军。

国子博士何妥与尚书右仆射邳公苏威争议事，积不相能。威子夔为太子通事舍人，少敏辩，有盛名，士大夫多附之。及议乐，夔与妥各有所持；诏百僚署其所同，百僚以威故，同夔者什八九。妥恚曰："吾席间函丈四十余年，反为昨暮儿之所屈邪！"遂奏："威与礼部尚书卢恺、吏部侍郎薛道衡、尚书右丞王弘、考功侍郎李同和等共为朋党。省中呼弘为世子，同和为叔，言二人如威之子弟也。"复言威以曲道任其从父弟徹、肃罔冒为官等数事。上命蜀王秀、上柱国虞庆则等杂按之，事颇有状。上大怒。秋，七月，乙巳，威坐免官爵，以开府仪同三司就第；卢恺除名，知名之士坐威得罪者百余人。

初，周室以来，选无清浊；及恺摄吏部，与薛道衡甄别士流，故涉朋党之谤，以至得罪。未几，上曰："苏威德行者，但为人所误耳！"命之通籍。威好立条章，每岁责民间五品不逊，或答云，"管内无五品之家。"其不相应领，类多如此。又为余粮簿，欲使有无相赡；民部侍郎郎茂以为烦迂不急，皆奏罢之。茂，基之子也，尝为卫国令，有民张元预兄弟不睦，丞、尉请加严刑，茂曰："元预兄弟本相憎疾，又坐得罪，弥益其忿，非化民之意也。"乃徐谕之以义。元预等各感悔，顿首请罪，遂相亲睦，称为友悌。

己巳，上享太庙。

壬申晦，日有食之。

帝以天下用律者多踳驳，罪同论异，八月，甲戌，制："诸州死罪，不得辄决，悉移大理按覆，事尽，然后上省奏裁。"

冬，十月，壬午，上享太庙。十一月，辛亥，祀南郊。

【语译】

高祖文皇帝上之下

隋文帝开皇十二年（壬子，592年）

春季，二月己巳日，隋文帝任命蜀王杨秀为内史令兼右领军大将军。

国子博士何妥和尚书右仆射邳公苏威议事时经常发生争吵，长久以来互不相让。苏威的儿子苏夔担任太子通事舍人，年纪轻轻，敏捷善辩，非常有名气，士大夫大都依附他。等到讨论修订乐律时，苏夔和何妥各持己见；文帝诏令百官署名表示赞同谁的主张，百官由于苏威的缘故，十有八九赞同苏夔。何妥很气愤地说："我当博士四十多年了，难道被一个乳臭未干的小子所屈辱吗？"于是上奏隋文帝说："苏威和礼部尚书卢恺、吏部侍郎薛道衡、尚书右丞王弘、考功侍郎李同和等人结党营私。尚书省中称呼王弘为世子，称李同和为叔，这是说他们二人犹如苏威的大儿子和兄弟。"又告发苏威用不正当手段让他的堂弟苏徹、苏肃假冒为官等多桩事件。因此隋文帝命蜀王杨秀、上柱国虞庆则等人共同查办，发现所揭发的事都有证据。隋文帝大怒，秋季，七月初一日乙巳，苏威因罪被罢免官职爵位，仅保留开府仪同三司官衔回家闲居。卢恺被免职除名，知名人士由于受苏威牵连而受处罚的有一百多人。

当初，从北周以来，选官不分清廉与污浊，等到卢恺兼管吏部，与薛道衡一起甄别官吏士子的才德，所以招致结党营私的名声，并因此获罪。没过多久，隋文帝说："苏威是一个有德行的人，只是被别人陷害了。"于是下令把苏威的名字列入可以上朝的名籍中。苏威喜欢制订各种章程条例，每年都要责令地方上报不重视"五品"道德的人家，有的地方官回答道："在我管辖的地区内没有具备'五品'道德的家庭。"他做事不切实际，大多如此。苏威又提出编制余粮账簿，让民间有无互相调节；民部侍郎郎茂认为烦琐迂腐，不是紧要的事，奏请一律停止。郎茂，是郎基的儿子。他曾经做过卫国县令，平民张元预兄弟不和睦，县丞、县尉请求用严刑处罚，郎茂说："张元预兄弟原本互相仇视，又因此受罪，会更加仇恨，这不是教化平民的本意。"于是逐渐用义来劝谕两兄弟，张元预等人各自感悟悔恨，叩头请罪，从此兄弟和睦亲爱，受到人们称赞。

七月二十五日己巳，隋文帝祭祀太庙。

七月二十九日壬申，发生日食。

隋文帝认为执法官员对法律的理解多有错误，并常常发生罪行相同而判决不同的事。八月初一日甲戌，下制书说："各州犯死罪的，州府不要轻易判决定案，全部要移交大理寺复审，复审完毕，然后送尚书省裁决。"

冬季，十月初十日壬午，隋文帝到太庙祭祀。十一月初九日辛亥，隋文帝到南

己未，新义公韩擒虎卒。

十二月，乙酉，以内史令杨素为尚书右仆射，与高颎专掌朝政。素性疏辩，高下在心，朝臣之内，颇推高颎，敬牛弘，厚接薛道衡，视苏威蔑如也，自余朝贵，多被陵轹。其才艺风调优于颎；至于推诚体国，处物平当，有宰相识度，不如颎远矣。

右领军大将军贺若弼，自谓功名出朝臣之右，每以宰相自许。既而杨素为仆射，弼仍为将军，甚不平，形于言色，由是坐免官，怨望愈甚。久之，上下弼狱，谓之曰："我以高颎、杨素为宰相，汝每昌言曰：'此二人惟堪啖饭耳。'是何意也？"弼曰："颎，臣之故人；素，臣舅子。臣并知其为人，诚有此语。"公卿奏弼怨望，罪当死。上曰："臣下守法不移，公可自求活理。"弼曰："臣恃至尊威灵，将八千兵渡江，擒陈叔宝，窃以此望活。"上曰："此已格外重赏，何用追论！"弼曰："臣已蒙格外重赏，今还格外望活。"既而上低回数日，惜其功，特令除名。岁余，复其爵位，上亦忌之，不复任使，然每宴赐，遇之甚厚。

有司上言："府藏皆满，无所容，积于廊庑。"帝曰："朕既薄赋于民，又大经赐用，何得尔也？"对曰："入者常多于出，略计每年赐用，至数百万段，曾无减损。"于是更辟左藏院以受之。诏曰："宁积于人，无藏府库。河北、河东今年田租三分减一，兵减半功，调全免。"时天下户口岁增，京辅及三河地少而人众，衣食不给，帝乃发使四出，均天下之田，其狭乡每丁才至二十亩，老少又少焉。

（以上为第一段，着重写隋文帝的三大重臣苏威、杨素、贺若弼与公卿大臣的微妙关系，以及在开皇十二年之际的升沉。）

十三年（癸丑，593年）

春，正月，壬子，上祀感生帝。

壬戌，行幸岐州。

二月，丙午，诏营仁寿宫于岐州之北，使杨素监之。素奏前莱州刺

郊祭天。

十一月十七日己未，新义公韩擒虎去世。

十二月十四日乙酉，任命内史令杨素为尚书右仆射，与尚书左仆射高颎共掌朝政。杨素性情疏旷，口才辩捷，随意褒贬他人，在朝臣之中，他非常推崇高颎，尊敬太常卿牛弘，厚待薛道衡，却一点也看不起苏威，而别的朝廷权贵，都被他欺凌侮辱过。杨素的才能风度比高颎强；但在推诚待人，关心国事，处事公正，做宰相的见识和度量方面，就比高颎差多了。

右领军大将军贺若弼自以为功劳名望在群臣之上，常常以宰相自居。后来杨素升为仆射，贺若弼仍旧为将军，心中愤愤不平，并在言谈表情上显露出来，因此获罪被罢官，怨恨牢骚情绪更加强烈。最后，隋文帝把贺若弼关进了监狱，对他说："我任用高颎、杨素为宰相，你经常扬言说：'这两个人只配白吃饭。'这是什么意思？"贺若弼说："高颎，是臣的老友；杨素，是臣的舅父之子：臣知道这两人的行为，确实说过这样的话。"公卿上奏贺若弼怨恨朝廷，犯了死罪。隋文帝说："公卿大臣依法不徇私情，你可以自己找活命的理由。"贺若弼说："臣依靠皇上的声威和神灵，率领八千子弟兵横渡长江，抓获陈叔宝，自认为靠这个功劳可以活命。"隋文帝说："这已经给了你特别的重奖，提这些往事没有用。"贺若弼说："臣确实已经蒙受皇上的特别重赏，今日还希望皇上格外开恩。"随后隋文帝反复思考犹豫了好几天，爱惜贺若弼的功劳，特别下令免官除名。一年之后，恢复了贺若弼的爵位，但隋文帝还是猜忌他，不委任他做有实权的职务，然而每次宴请赏赐，对待贺若弼特别优厚。

主管官员上奏说："国家的府库都装满了钱粮，没有地方放了，就堆积在厅堂走廊上。"隋文帝说："朕已经减轻了赋税，又大量赏赐耗用，怎么会这样呢？"回答说："收入府库的多，支出的要少，大略统计每年赏赐耗用的，最多用几百万段绢帛，对府库的收藏没有太大的影响。"于是，另外兴建左藏院收藏新征收来的钱粮。同时下诏书说："宁愿藏富于民，不希望收藏在国家的府库。河北、河东今年的田租减收三分之一，兵户的田租减收二分之一，户调全免。"当时全国户口年年增加，京辅和三河地区地少人多，衣食不足，隋文帝因此派遣使者到全国各地，重新均分田地，地少人多的狭乡每个成年男丁只能分到二十亩土地，老人与未成年人分到的土地就更少了。

隋文帝开皇十三年（癸丑，593 年）

春季，正月十一日壬子，隋文帝祭祀感生帝。

正月二十一日壬戌，隋文帝巡视岐州。

二月初六日丙子，隋文帝诏令在岐州北边新建仁寿宫，派杨素监督施工。杨素

史宇文恺检校将作大匠，记室封德彝为土木监。于是夷山堙谷以立宫殿，崇台累榭，宛转相属。役使严急，丁夫多死，疲顿颠仆，推填坑坎，覆以土石，因而筑为平地。死者以万数。

丁亥，上至自岐州。

己卯，立皇孙暕为豫章王。暕，广之子也。

丁酉，制："私家不得藏纬候、图谶。"

秋，七月，戊辰晦，日有食之。

是岁，上命礼部尚书牛弘等议明堂制度。宇文恺献明堂木样，上命有司规度安业里地，将立之；而诸儒异议，久之不决，乃罢之。

上之灭陈也，以陈叔宝屏风赐突厥大义公主。公主以其宗国之覆，心常不平，书屏风，为诗叙陈亡以自寄；上闻而恶之，礼赐渐薄。彭公刘昶先尚周公主，流人杨钦亡入突厥，诈言昶欲与其妻作乱攻隋，遣钦密告大义公主，发兵扰边。都蓝可汗信之，乃不修职贡，颇为边患。上遣车骑将军长孙晟使于突厥，微观察之。公主见晟，言辞不逊，又遣所私胡人安遂迦与杨钦计议，扇惑都蓝。晟至京师，具以状闻。上遣晟往索钦；都蓝不与，曰："检校客内无此色人。"晟乃赂其达官，知钦所在，夜，掩获之，以示都蓝，因发公主私事，国人大以为耻。都蓝执安遂迦等，并以付晟。上大喜，加授开府仪同三司，仍遣入突厥废公主。内史侍郎裴矩请说都蓝使杀公主。

时处罗侯之子染干，号突利可汗，居北方，遣使求婚，上使裴矩谓之曰："当杀大义公主，乃许婚。"突利复谮之于都蓝，都蓝因发怒，杀公主，更表请婚，朝议将许之。长孙晟曰："臣观雍虞闾反复无信，直以与玷厥有隙，所以欲依倚国家，虽与为婚，终当叛去。今若得尚公主，承藉威灵，玷厥、染干必受其征发。强而更反，后恐难图。且染干者，处罗侯之子，素有诚款，于今两代；前乞通婚，不如许之，招令南徙，兵少力弱，易可抚驯，使敌雍虞闾以为边捍。"上曰："善。"复遣晟慰谕染

奏请前莱州刺史宇文恺为检校将作大匠，记室封德彝为土木监。于是平山填谷营造宫殿，高台累榭，宛转相连。工期紧急，督使严厉残酷，很多服役丁夫劳累死了。有些人疲惫不堪，倒地而死，便全都推填到土坑里，用土石掩盖，随即填为平地。死了上万的人。

二月十七日丁亥，隋文帝从岐州回到长安。

二月初九日己卯，册立皇孙杨暕为豫章王。杨暕是杨广的儿子。

二月二十七日丁酉，隋文帝下制书说："不准民间私藏占卜吉凶的纬候、图谶等书。"

秋季，七月三十日戊辰，发生日食。

这一年，隋文帝命令礼部尚书牛弘等人讨论明堂制度。宇文恺献上木制的明堂模型，隋文帝命令主管官吏在长安南城安业里测量规划出施工区域，准备建造明堂；但是众儒意见各异，很久不能决定，于是作罢。

隋文帝讨灭陈朝时，把陈叔宝的屏风赏赐给突厥大义公主。大义公主因为自己的宗国北周灭亡，心里一直愤慨不平，便写了叙述陈朝灭亡的诗篇在屏风上，借以寄托自己对故国思念的情怀；隋文帝知道了心里很厌恶大义公主，对待的礼遇和赏赐渐渐淡薄。彭公刘昶原先娶了周室公主为妻，有一个被流放的人杨钦逃入突厥，谎称刘昶准备和他的妻子一起反叛隋朝，派遣自己来密告大义公主，请求派兵侵犯隋朝边境。都蓝可汗听信了杨钦的话，就不再进献贡物，还时常派兵侵犯隋朝边境。隋文帝派车骑将军长孙晟出使突厥，暗中打探情况。大义公主接见长孙晟的时候，言辞不敬。大义公主又派和她有私情的胡人安遂迦与杨钦商议，煽动蛊惑都蓝可汗。长孙晟回到京师，把全部情形奏报了隋文帝。隋文帝再派长孙晟前往突厥索取杨钦，都蓝可汗不肯给，说："经过查核，我们的宾客中没有此人。"长孙晟便贿赂突厥的高官，得知了杨钦躲藏的地方，一天夜里，突然下手将他逮捕，带给都蓝可汗看，并揭发了公主的私情，突厥人认为非常羞耻。都蓝可汗拘捕了安遂迦等人，一起交给长孙晟。隋文帝非常高兴，加官长孙晟为开府仪同三司，再次派他去突厥废除大义公主。内史侍郎裴矩请求劝说都蓝可汗，要他杀掉公主。

当时处罗侯的儿子染干，号突利可汗，居住在北方，派使者到隋朝来求婚，隋文帝让裴矩告诉来使说："突厥杀了大义公主，才能答应通婚。"突利可汗便向都蓝可汗说大义公主的坏话，都蓝可汗因此发怒，杀了大义公主，再次上表请求通婚，朝臣商议准备答应他。长孙晟说："臣观察雍虞闾（都蓝可汗）这个人反复无常，只因他与达头可汗玷厥有怨恨，所以才想要依附皇上，即使和他通了婚，到最后一定会叛离。现在如果让都蓝可汗和隋朝公主结婚，依靠皇上的威灵，玷厥、染干一定会听凭他都蓝可汗调遣。都蓝可汗凭此而逐渐强大，然后再起来反叛，那将恐怕很

干，许尚公主。

牛弘使协律郎范阳祖孝孙等参定雅乐，从陈阳山太守毛爽受京房律法，布管飞灰，顺月皆验。又每律生五音，十二律为六十音，因而六之，为三百六十音，分直一岁之日以配七音，而旋相为宫之法，由是著名。弘等乃奏请复用旋宫法，上犹记何妥之言，注弘奏下，不听作旋宫，但用黄钟一宫。于是弘等复为奏，附顺上意，其前代金石并销毁之，以息异议。弘等又作武舞，以象隋之功德；郊庙飨用一调，迎气用五调。旧工稍尽，其余声律，皆不复通。

（以上为第二段，写隋文帝招抚突厥，牛弘主持完成隋代雅乐的制定。由于新律只用黄钟作宫音，其他宫音的传统古乐从此失传。）

十四年（甲寅，594 年）

春，三月，乐成。夏，四月，乙丑，诏行新乐，且曰："民间音乐，流僻日久，弃其旧体，竞造繁声，宜加禁约，务存其本。"万宝常听太常所奏乐，泫然泣曰："乐声淫厉而哀，天下不久将尽！"时四海全盛，闻者皆谓不然；大业之末，其言卒验。宝常贫而无子，久之，竟饿死。且死，悉取其书烧之，曰："用此何为！"

先是，台、省、府、寺及诸州皆置公廨钱，收息取给。工部尚书苏孝慈以为"官司出举兴生，烦扰百姓，败损风俗，请皆禁止，给地以营农"。上从之。六月，丁卯，始诏"公卿以下皆给职田，毋得治生，与民争利"。

秋，七月，乙未，以邳公苏威为纳言。

初，张宾历既行，广平刘孝孙、冀州秀才刘焯并言其失。宾方有宠于上，刘晖附会之，共短孝孙，斥罢之。后宾卒，孝孙为掖县丞，委官入京，上其事，诏留直太史，累年不调，乃抱其书，使弟子舆榇来诣阙

难对付了。何况染干这个人，是处罗侯的儿子，本来就诚心归附，已经有两代了，前次曾请求通婚，不如答应他，令他向南迁徙，他兵少力弱，容易驯服，让他同雍虞闾对抗，作为我们北方边疆的一道屏卫。”隋文帝说：“很好。”于是又派长孙晟前往突厥安慰劝谕染干，答应他通婚娶公主的请求。

牛弘让协律郎范阳人祖孝孙等参加制定雅乐的工作，祖孝孙向原陈朝阳山太守毛爽学习京房的律法，排列律管吹动葭灰，以测候节气，顺着时月十分灵验。又每律产生五音，十二律有六十音，重复六次为三百六十音，分别和一年的三百六十日相应，再和宫、商、角、变徵、徵、羽、变宫七个音阶配合，以形成各种律调，也就是用十二律轮流作为宫音，以构成各种不同音阶的方法，这样产生的乐律十分鲜明。牛弘等人于是奏请重新用转相为宫的方法，隋文帝还记得何妥说的“黄钟象人君之德”的话，在牛弘的奏疏上批注自己的意见，不准采用十二律转相为宫的方法，只用第一律黄钟作宫音。于是牛弘等人又上奏，迎合隋文帝的旨意，把前代的金石乐器全都毁了，以平息众人的议论。牛弘等人又作武舞，象征隋朝的功德；郊庙祭祀只用黄钟宫一个调，迎接时令的乐律用五个调，即春用角，夏用徵，中央用宫，秋用商，冬用羽。旧日的乐工逐渐减少，其余声律，全都从此失传。

隋文帝开皇十四年（甲寅，594 年）

春季，三月，雅乐制定完成。夏季，四月初一日乙丑，诏令颁行新乐，诏令说：“民间的音乐，放荡邪僻，流传已经很久，又抛弃了旧有的格调，争相制作繁杂的新声，应当加以禁止约束，必须要保持其传统的根本。”万宝常听了太常所演奏的音乐，伤心地流着眼泪说：“乐音淫靡凄厉而哀伤，天下不久就要灭亡。”当时隋朝全国正处于繁盛时期，别人听了万宝常的话都摇头不信；大业末年，他的话终于应验了。万宝常家境贫困，又没有儿子，后来竟然被饿死了。临死的时候，万宝常气愤地把他的书全部烧毁了，说：“这些书有什么用。”

原先，朝廷台、省、府、寺，以及地方各州都设置办公费用，放贷收取利息以供使用。工部尚书苏孝慈认为“官府放贷公钱，收取利息，这样做损害百姓利益，败坏风俗，请求一律禁止，应当给各级官员拨给职分田，出租农民，收取租谷以供官用”。隋文帝听从了。六月初四日丁卯，初次下诏书，“公卿以下都按级别授给职分田，不允许再放高利贷，与民争利”。

秋季，七月初三日乙未，任命邳公苏威为纳言。

当初，张宾修撰的《甲子元历》颁行以后，广平人刘孝孙、冀州秀才刘焯都说它有失误。张宾当时正得到隋文帝的宠信，刘晖附和他，一起攻击刘孝孙，把刘孝孙赶出京师。后来张宾去世，刘孝孙担任掖县县丞，他弃官进京，上奏陈述关于历

下，伏而恸哭；执法拘而奏之。帝异焉，以问国子祭酒何妥，妥言其善。乃遣与宾历比校短长。直太史勃海张胄玄与孝孙共短宾历，异论锋起，久之不定。上令参问日食事，杨素等奏："太史凡奏日食二十有五，率皆无验，胄玄所刻，前后妙中，孝孙所刻，验亦过半。"于是上引孝孙、胄玄等亲自劳徕。孝孙请先斩刘晖，乃可定历，帝不怿，又罢之。孝孙寻卒。

关中大旱，民饥，上遣左右视民食，得豆屑杂糠以献。上流涕以示群臣，深自咎责，为之不御酒肉，殆将一期。八月，辛未，上帅民就食于洛阳，敕斥候不得辄有驱逼。男女参厕于仗卫之间，遇扶老携幼者，辄引马避之，慰勉而去；至艰险之处，见负担者，令左右扶助之。

冬，闰十月，甲寅，诏以齐、梁、陈宗祀废绝，命高仁英、萧琮、陈叔宝以时修祭，所须器物，有司给之。陈叔宝从帝登邙山，侍饮，赋诗曰："日月光天德，山河壮帝居；太平无以报，愿上东封书。"并表请封禅。帝优诏答之。他日，复侍宴，及出，帝目之曰："此败岂不由酒！以作诗之功，何如思安时事！当贺若弼渡京口，彼人密启告急，叔宝饮酒，遂不之省。高颎至日，犹见启在床下，未开封。此诚可笑，盖天亡之也。昔苻氏征伐所得国，皆荣贵其主，苟欲求名，不知违天命；与之官，乃违天也。"

齐州刺史卢贲坐民饥闭民粜，除名。帝后复欲授以一州，贲对诏失旨，又有怨言，帝大怒，遂不用。皇太子为言："此辈并有佐命功，虽性行轻险，诚不可弃。"帝曰："我抑屈之，全其命也。微刘昉、郑译、卢贲、柳裘、皇甫绩等，则我不至此。然此等皆反覆子也，当周宣帝时，以无赖得幸。及帝大渐，颜之仪等请以赵王辅政，此辈行诈，顾命于我。我将为政，又欲乱之，故昉谋大逆，译为巫蛊。如贲之例，皆不满志，

法的事，隋文帝诏令他留京在太史曹为当直太史，从此以后好多年不迁调他的职务，刘孝孙于是抱着自己的书，要弟子们用车拉着棺材，来到宫阙之下，伏地痛哭；执法人员把他抓起来，奏报皇上。隋文帝觉得很诧异，便询问国子祭酒何妥，何妥说刘孝孙的历法确实好。于是派人比较刘孝孙历和张宾历的好坏。当直太史勃海人张胄玄和刘孝孙一同指出张宾历法的缺点，这时反对的意见一哄而起，议论纷纷，很久不能做出结论。隋文帝询问两种历法对日食观测的应验，杨素等人上奏说："太史一共奏报日食二十五次，大部分没有应验；张胄玄所推定的日食，前后都预测准确；刘孝孙所推定的日食，应验的超过一半。"因此皇上召见刘孝孙、张胄玄，加以慰劳勉励。刘孝孙请求先将刘晖斩首，才可以议定历法，隋文帝很不高兴，又罢斥了他。刘孝孙过了不久就死了。

关中大旱，人民饥荒，隋文帝派左右近臣察看灾民的饭食，他们看到人们吃的是豆屑掺合糠皮，就拿回呈献给隋文帝看。隋文帝流着眼泪拿给群臣看，深深地引咎自责，为此不饮酒不吃肉，将近一年时间。八月初九日辛未，隋文帝带领灾民前往洛阳度荒，敕令侦察放哨的士兵不许随便驱赶他们。男男女女混杂在仪仗卫队之间行进，遇到有扶老携幼的灾民，隋文帝就勒马让路，好言慰勉之后才走；到了难行的地方，看见有背东西或挑担子的人，便命令左右的人帮助他们。

冬季，闰十月，二十三日甲寅，隋文帝下诏，由于齐朝、梁朝、陈朝的宗庙祭祀已经继绝，特命高仁英、萧琮、陈叔宝分别在四季向祖先致祭，所需要的器物祭品，由主管官吏供给。陈叔宝跟随隋文帝登上邙山，陪侍隋文帝饮酒，吟诗说："日月光天德，山河壮帝居；太平无以报，愿上东封书。"并上表请求封禅泰山。隋文帝赐嘉奖诏书回复了陈叔宝。又有一天，陈叔宝陪侍隋文帝饮酒，等陈叔宝离去时，隋文帝从后面望着陈叔宝说："此人的失败亡国，难道不就是由于饮酒吗？为什么不把饮酒赋诗的功夫，用来思考国事！当贺若弼率军渡江攻击京口的时候，他们中有人密奏告急，陈叔宝正在饮酒，竟看也不看。高颎进入宫城的那天，还看见告急密奏扔在床下，竟还没有开封！这真是可笑啊，大概是天要亡他吧！从前苻坚征伐别的国家，把俘获的亡国之君都授予高官厚爵，使他们尊荣显贵，苻坚一心想博得好名声，殊不知这有背天意；给亡国之君官职，就是违背天意。"

齐州刺史卢贲在百姓闹饥荒时禁止向百姓出售粮食，获罪被免官除名。隋文帝后来又想要授任他为一个州的刺史，卢贲复命时不但未能符合皇上的旨意，而且还口出怨言，隋文帝大怒，所以不予任用。皇太子替他进言说："这些人都有佐命大功，虽然性情行为轻薄险诈，但还不至于丢开不用。"隋文帝说："我贬抑他，是保全他的性命。没有刘昉、郑译、卢贲、柳裘、皇甫绩这些人，我不会达到今天这样的地位。然而这些人全是翻手为云，覆手为雨的家伙，北周宣帝时，他们靠狡猾无

任之则不逊，置之则怨望，自为难信，非我弃之。众人见此，谓我薄于功臣，斯不然矣。”赍遂废，卒于家。

晋王广帅百官抗表，固请封禅。帝令牛弘创定仪注，既成，帝视之，曰：“兹事体大，朕何德以堪之！但当东巡，因致祭泰山耳。”十二月，乙未，车驾东巡。

上好机祥小数，上仪同三司萧吉上书曰：“甲寅、乙卯，天地之合也。今兹甲寅之年，以辛酉朔旦冬至，来年乙卯，以甲子夏至。冬至阳始，郊天之日，即至尊本命；夏至阴始，祀地之辰，即皇后本命。至尊德并乾之覆育，皇后仁同地之载养，所以二仪元气并会本辰。”上大悦，赐物五百段。吉，懿之孙也。员外散骑侍郎王劭言上有龙颜戴干之表，指示群臣。上悦，拜著作郎。劭前后上表，言上受命符瑞甚众，又采民间歌谣，引图书谶纬，捃摭佛经，回易文字，曲加诬饰，撰《皇隋灵感志》三十卷奏之，上令宣示天下。劭集诸州朝集，使盥手焚香而读之，曲折其声，有如歌咏，经涉旬朔，遍而后罢。上益喜，前后赏赐优洽。

（以上为第三段，写隋文帝的双重性格，一方面同情平民大众，为灾民减膳；另一方面，隋文帝又好大喜功，定历法、制乐律、议封禅，牛弘等大臣顺风承旨，滋长了隋文帝的骄矜。）

十五年（乙卯，595年）

春，正月，壬戌，车驾顿齐州。庚午，为坛于泰山，柴燎祀天，以岁旱谢愆咎，礼如南郊；又亲祀青帝坛。赦天下。

二月，丙辰，收天下兵器，敢私造者坐之；关中、缘边不在其例。

三月，己未，至自东巡。

仁寿宫成。丁亥，上幸仁寿宫。时天暑，役夫死者相次于道，杨素悉焚除之，上闻之，不悦。及至，见制度壮丽，大怒曰：“杨素殚民力为离宫，为吾结怨天下。”素闻之，惶恐，虑获谴，以告封德彝，曰：“公勿忧，俟皇后至，必有恩诏。”明日，上果召素入对，独孤后劳之曰：“公知

赖得到了宠信。等到周宣帝病危时，颜之仪等人请求让赵王辅政，这些人行使诈骗，伪托遗诏，让我辅政。到我将要执政时，他们又想作乱，所以刘昉策划谋反，郑译用巫术诅咒害人。像卢贲这些人，都是贪得无厌，任用他们就翘尾巴，不用他们就牢骚满腹，他们自己的所作所为难以让人相信，不是朕要丢弃他们。众人只看到了表面，说成薄待功臣，事实不是这样的。”卢贲终于被废黜，死在家中。

晋王杨广率领百官直言上奏，坚决请求封禅。隋文帝命令牛弘起草封禅的礼仪制度，完成以后，隋文帝看阅了说：“这件事规模宏大，朕有何德能够承受呢！但是应该巡视东方，顺便祭祀泰山罢了。”十二月初五日乙未，隋文帝起驾巡视东方。

隋文帝喜好祈求鬼神，占卜吉凶这种小技。上仪同三司萧吉上书奏事说：“甲寅、乙卯，是天地相合的时候。今年是甲寅年，朔旦冬至在辛酉日，明年是乙卯年，夏至在甲子日。冬至日阳气开始产生，是到南郊祭天的日子，恰好是皇上的本命日子；夏至日阴气开始产生，是祭祀地的日子，恰好是皇后的本命日。皇上的恩德如同苍天覆盖养育众生，皇后的仁爱如同大地载养万物，所以天地阴阳二气都在这个时候会合。”隋文帝高兴极了，赏赐萧吉绢绸五百段。萧吉，是萧懿的孙子。员外散骑侍郎王劭说隋文帝的颜面简直是龙颜，眼眶上鬓角突起像龙角，并指示群臣仔细察看，隋文帝非常高兴，拜授王劭为著作郎。王劭先后多次上奏章，讲了很多皇上承受天命的祥瑞，又采集了民间歌谣，引用谶纬图书，又摘取佛经句子，糅合一起改换字句，捏造粉饰，撰写了《皇隋灵感志》三十卷上奏。隋文帝下令向全天下公布。王劭又召集全国各州派往京城呈交治绩文书的朝集使，要他们洗手焚香，诵读《皇隋灵感志》，讲究声调委婉动听，抑扬顿挫，如同唱歌，诵读了十几天，从头到尾读完全书这才停止。隋文帝更加高兴，先后赏赐非常优厚。

隋文帝开皇十五年（乙卯，595 年）

春季，正月初三日壬戌，隋文帝车驾在齐州停留。正月十一日庚午，在泰山上修筑祭坛，举行燃烧柴火的祭天典礼，由于年岁天旱，向天谢过请罪，就像在南郊的祭天仪式；隋文帝又亲自祭祀青帝，大赦天下。

二月二十七日丙辰，下诏令收缴天下的兵器，敢于私造兵器的人要判罪；关中和沿边地区不在限令之内。

三月初一日己未，隋文帝从东方巡视回到长安。

仁寿宫落成，三月二十九日丁亥，隋文帝游幸仁寿宫。当时天气炎热，服役的民工一个接一个地死在路上，杨素把尸体全部清除焚烧掩埋，隋文帝听说了，很不高兴。隋文帝到了仁寿宫，看见规模宏伟华丽，就勃然大怒，说：“杨素穷尽民力修建行宫，使天下人都怨恨。”杨素听了惶恐不安，担心受到处罚，就去告诉封德彝，

吾夫妇老，无以自娱，盛饰此宫，岂非忠孝！”赐钱百万，锦绢三千段。素负贵恃才，多所陵侮，唯赏重德彝，每引之与论宰相职务，终日忘倦，因抚其床曰：“封郎必须据吾此坐。”屡荐于帝，帝擢为内史舍人。

夏，四月，己丑朔，赦天下。

六月，戊子，诏凿底柱。

庚寅，相州刺史豆卢通贡绫文布，命焚之于朝堂。

秋，七月，纳言苏威坐从祠泰山不敬，免，俄而复位。上谓群臣曰：“世人言苏威诈清，家累金玉，此妄言也。然其性狠戾，不切世要，求名太甚，从己则悦，违之必怒，此其大病耳。”

戊寅，上至自仁寿宫。

冬，十月，戊子，以吏部尚书韦世康为荆州总管。世康，洸之弟也，和静谦恕，在吏部十余年，时称廉平。常有止足之志，谓子弟曰：“禄岂须多，防满则退；年不待暮，有疾便辞。”因恳乞骸骨。帝不许，使镇荆州。时天下惟有四总管，并、扬、益、荆，以晋、秦、蜀三王及世康为之，当时以为荣。

十一月，辛酉，上幸温汤。

十二月，戊子，敕：“盗边粮一升已上，皆斩，仍籍没其家。”

己丑，诏文武官以四考受代。

汴州刺史令狐熙来朝，考绩为天下之最，赐帛三百匹，颁告天下。熙，整之子也。

（以上为第四段，着重记述隋文帝对四位大臣的嘉奖。杨素监造仁寿宫穷极奢侈，讨好皇上；苏威严厉；韦世康廉洁谦让；令狐熙在地方政绩第一。）

十六年（丙辰，596年）

春，正月，丁亥，以皇孙裕为平原王，筠为安成王，嶷为安平王，恪为襄城王，该为高阳王，韶为建安王，煚为颍川王，皆勇之子也。

封德彝说："您不必担忧，等皇后驾到，一定有诏令恩赏。"第二天，隋文帝真的召杨素入宫，独孤皇后慰劳他说："您知道我们夫妇年老，没有什么可以娱乐，所以特别修建这座行宫，这难道不是一片忠孝之心！"于是赏赐钱一百万，锦绢三千段。杨素凭仗自己贵显的地位，又有才干，对朝臣多有欺凌；唯独赏识器重封德彝，常常和他谈论宰相的职务，从早到晚整天不知疲倦，并抚摸自己的坐榻，说："封郎必定会继承我这个座位。"他多次向隋文帝推荐，隋文帝提拔封德彝为内史舍人。

夏季，四月初一日己丑，大赦天下。

六月初一日戊子，诏令开凿砥柱山。

六月初三日庚寅，相州刺史豆卢通进贡绫纹布，隋文帝下令在朝堂上把布烧掉。

秋季，七月，纳言苏威因跟随隋文帝祭祀泰山时犯了不敬之罪，被免职，不久又恢复位职。隋文帝对群臣说："世人都说苏威伪装清廉，实际上家中堆满金玉财宝，这完全是胡说八道。但是他的性情凶狠暴戾，不近人情，求名之心又太重，顺从自己就喜欢，违背自己就恼怒，这是他的大缺点。"

七月二十二日戊寅，隋文帝从仁寿宫返回长安。

冬季，十月初三日戊子，任命吏部尚书韦世康为荆州总管。韦世康是韦洸的兄弟，为人平和沉静、谦虚宽厚，在吏部任职十多年，当时人都称赞他廉洁公正。他常有知足知止之心，对子弟们说："俸禄岂能越多越好，要防止过满就应退让；做官不要一直做到年老，有了病就可以辞职。"因此恳请退休。隋文帝没有批准，派他镇守荆州。当时全国只设置了四个总管，并州、扬州、益州、荆州，分别由晋王杨广、秦王杨俊、蜀王杨秀，以及韦世康担任，当时人们认为这是韦世康的光荣。

十一月初七日辛酉，隋文帝巡幸骊山温泉。

十二月初四日戊子，隋文帝敕令："偷盗边疆军粮一升以上的，就要杀头，并且查抄家中全部财产。"

十二月初五日己丑，隋文帝下诏书文武百官任职四年经过四次考核调转提升。

汴州刺史令狐熙进京朝见，考核为全国第一，隋文帝奖励给他绢帛三百匹，并通报全国嘉奖。令狐熙是令狐整的儿子。

隋文帝开皇十六年（丙辰，596 年）

春季，［二月初四日］丁亥，隋文帝册封皇孙杨裕为平原王，杨筠为安成王，杨嶷为安平王，杨恪为襄城王，杨该为高阳王，杨韶为建安王，杨煚为颍川王，都是太子杨勇的儿子。

夏，六月，甲午，初制工商不得仕进。

秋，八月，丙戌，诏："决死罪者，三奏然后行刑。"

冬，十月，己丑，上幸长春宫，十一月，壬子，还长安。

党项寇会州，诏发陇西兵讨降之。

帝以光化公主妻吐谷浑可汗世伏；世伏上表请称公主为天后，上不许。

（以上为第五段，记述开皇十六年有两项重大政令，一是隋文帝首次用政令方式重申自秦汉以来的重农抑商传统政策，不允许工商之民做官；二是对处决死囚的重视，要经三次奏报才可执行。）

十七年（丁巳，597年）

春，二月，癸未，太平公史万岁击南宁羌，平之。初，梁睿之克王谦也，西南夷、獠莫不归附，唯南宁州酋帅爨震恃远不服。睿上疏，以为："南宁州，汉世牂柯之地，户口殷众，金宝富饶。梁南宁州刺史徐文盛为湘东王征赴荆州，属东夏尚阻，未遑远略，土民爨瓒遂窃据一方，国家遥授刺史，其子震相承至今。而震臣礼多亏，贡赋不入，乞因平蜀之众，略定南宁。"其后南宁夷爨玩来降，拜昆州刺史，既而复叛。乃以左领军将军史万岁为行军总管，帅众击之，入自蜻蛉川，至于南中。夷人前后屯据要害，万岁皆击破之；过诸葛亮纪功碑，渡西洱河，入渠滥川，行千余里，破其三十余部，虏获男女二万余口。诸夷大惧，遣使请降，献明珠径寸，于是勒石颂美隋德。万岁请将爨玩入朝，诏许之。爨玩阴有二心，不欲诣阙，赂万岁以金宝，万岁于是舍玩而还。

庚寅，上幸仁寿宫。

桂州俚帅李光仕作乱，帝遣上柱国王世积与前桂州总管周法尚讨之，法尚发岭南兵，世积发岭北兵，俱会尹州。世积所部遇瘴，不能进，顿于衡州，法尚独讨之。光仕战败，帅劲兵走保白石洞。法尚大获家口，其党有来降者，辄以妻子还之，居旬日，降者数千人；光仕众溃而走，追斩之。

夏季，六月十三日甲午，第一次颁布从事工商业的人不得做官。

秋季，八月初六日丙戌，隋文帝下诏：“判处死罪的人，要三次奏报，然后执行。”

冬季，十月初十日己丑，隋文帝巡幸长春宫，十一月初三日壬子，回到长安。

党项人侵扰会州，隋文帝下诏调发陇西军队前往征讨，收降党项人。

隋文帝把光化公主嫁给吐谷浑可汗世伏为妻；世伏上奏表请求称光化公主为天后，隋文帝不允许。

隋文帝开皇十七年（丁巳，597年）

春季，二月初六日癸未，太平公史万岁攻击南宁州羌人，平定了他们。当初，梁睿攻克王谦的时候，西南夷、獠人统统归服，只有南宁州酋帅爨震依仗偏远不降附。梁睿上书说：“南宁州在汉代叫牂柯郡，人口众多，物产丰富。梁朝南宁州刺史徐文盛被湘东王萧绎征调到荆州去讨伐侯景，当时受到华夏东部战乱的影响，顾不上经略边远地方，南宁州的土著百姓爨瓒于是趁机割据一方，朝廷只好遥授爨瓒为刺史，他的儿子爨震继承刺史职位直到今天。可是爨震不守臣道，不缴纳贡赋，臣梁睿请求借重平定蜀地的兵力，去平定南宁州。”此后南宁州夷人爨玩来投降，拜授他为昆州刺史，不久，爨玩又叛乱。于是任命左领军将军史万岁为行军总管，领兵讨伐他。史万岁从蜻玲川攻入，到达南中。夷人先后屯兵据守的险要地方，全都被史万岁攻破；史万岁率众经过诸葛亮纪功碑，渡过西洱河，进入渠滥州，行军千余里，又攻破了三十多个部落，俘获男女两万多人。各部夷人十分害怕，纷纷派遣使臣请求投降，贡献直径一寸大的明珠，于是立石刻碑称颂隋朝功德。史万岁请求带爨玩入朝，隋文帝批准。爨玩暗中怀有二心，不愿意入朝，便用金银珠宝贿赂史万岁，史万岁于是留下爨玩班师回朝。

二月十三日庚寅，隋文帝驾临仁寿宫。

桂州俚人部落酋长李光仕叛乱，隋文帝派上柱国王世积和前桂州总管周法尚领兵前去征讨，周法尚调发岭南军队，王世积调发岭北军队，一起在尹州会师。王世积率领的军队遇到瘴疫，不能前进，停留在衡州，周法尚只得单独进军讨伐。李光仕战败，率领精锐部众退守白石洞。周法尚俘获了李光仕部属的很多家属，李光仕部众有来投降的，周法尚就把他们的妻子儿女交还，过了十天，来归降的有几千人；李光仕的军队最后溃散逃走，周法尚派兵追杀了李光仕。

帝又遣员外散骑侍郎何稠募兵讨光仕，稠谕降其党莫崇等，承制署首领为州县官。稠，妥之兄子也。

上以岭南夷、越数反，以汴州刺史令狐熙为桂州总管十七州诸军事，许以便宜从事，刺史以下官得承制补授。熙至部，大弘恩信，其溪洞渠帅更相谓曰："前时总管皆以兵威相胁，今者乃以手教相谕，我辈其可违乎！"于是相帅归附。先是州县生梗，长吏多不得之官，寄政于总管府，熙悉遣之，为建城邑，开设学校，华、夷感化焉。俚帅宁猛力，在陈世已据南海，隋因而抚之，拜安州刺史，猛力恃险骄倨，未尝参谒，熙谕以恩信，猛力感之，诣府请谒，不敢为非。熙奏改安州为钦州。

帝以所在属官不敬惮其上，事难克举，三月，丙辰，诏"诸司论属官罪，有律轻情重者，听于律外斟酌决杖"。于是上下相驱，迭行捶楚，以残暴为干能，以守法为懦弱。

帝以盗贼繁多，命盗一钱以上皆弃市，或三人共盗一瓜，事发即死。于是行旅皆晏起早宿，天下懔懔，有数人劫执事而谓之曰："吾岂求财者邪！但为枉人来耳。而为我奏至尊：自古以来，体国立法，未有盗一钱而死者也。而不为我以闻，吾更来，而属无类矣！"帝闻之，为停此法。

帝尝乘怒，欲以六月杖杀人，大理少卿河东赵绰固争曰："季夏之月，天地成长庶类，不可以此时诛杀。"帝报曰："六月虽曰生长，此时必有雷霆；我则天而行，有何不可！"遂杀之。

大理掌固来旷上言大理官司太宽，帝以旷为忠直，遣每旦于五品行中参见。旷又告少卿赵绰滥免徒囚，帝使信臣推验，初无阿曲，帝怒，命斩之。绰固争，以为旷不合死，帝拂衣入阁。绰矫言："臣更不理旷，自有他事，未及奏闻。"帝命引入阁，绰再拜请曰："臣有死罪三，臣为大理少卿，不能制御掌固，使旷触挂天刑，一也。囚不合死，而臣不能死

隋文帝又派员外散骑侍郎何稠召募军队讨伐李光仕，何稠劝降了李光仕的党羽莫崇等人，又以朝廷的命令安置这些人担任州县官吏。何稠是何妥的侄儿。

隋文帝因为岭南夷人、越人多次起兵造反，任命汴州刺史令狐熙为桂州总管十七州诸军事，允许他可以不先上奏，自行决断处置紧急事务，授权他可以以朝廷的命令任命刺史以下官职。令狐熙到任后，广施恩德信义，那些溪洞中的夷人、越人酋长互相商量说："以前的几任总管都是用军队杀伐来威逼，现在的总管却是用亲笔教令来劝说开导，我们怎能违背他的好意呢？"于是相继率领所属部落归附。以前岭南各州县抗拒朝命，刺史、县令都不能前往就职，只能寄住在总管府。现在令狐熙把他们全部派遣到职，并为各州县修建城邑，兴办学堂，汉、夷百姓同受教化。俚人部落酋长宁猛力，在陈朝时就已割据南海，隋朝也就承认安抚他，拜授他为安州刺史，宁猛力凭借险要，态度傲慢，从来不到总管府拜谒长官。令狐熙用恩德信义晓谕他，宁猛力醒悟感动，也到总管府请示拜谒，不敢为非作歹。令狐熙奏请改安州为钦州。

隋文帝认为各地的下属官吏，都不敬畏他们的长官，所以什么事情都很难办成，三月初九日丙辰，诏令："官府各部门给下属官员定罪，若遇到按法律处罚很轻，而犯罪情节严重的情况，允许在法律规定之外根据情况处以杖刑。"于是上下各部门都虐待他们的属官，一级压一级施用拷打，把残酷暴虐当作本事，把遵纪守法当作懦弱无能。

隋文帝认为盗贼太多，下令偷窃一个钱以上的全要在闹市斩首，还要暴尸街头。有的三个人一起偷了一个瓜，事情被发现便都立即处死。因此行路的人天亮了也不早起赶路，天未晚就急忙投宿，天下人心惶惶。有几个人劫持了执政官员，对他说："我们今天找你岂是贪求钱财！只是为替冤枉的人来讨一个说法。你替我们奏报皇上：自古以来，治国立法，没有偷一个钱就被处死的。你若不把我们的话奏报皇上，等我们再来，你们一个也活不成。"隋文帝接到了奏报，就废止了这条法令。

隋文帝曾经在盛怒之下，想在六月盛夏杖刑杀人，大理寺少卿河东人赵绰尽力谏诤说："盛夏月份，天地间万物正在蓬勃成长，不可以在这个时候杀人。"隋文帝回答说："六月份虽然是万物生长，但此时也一定有天帝雷霆；我效法上天而行，有何不可？"终于下令将人用刑杖打死。

大理寺掌固来旷上奏说大理寺断案判刑太宽，隋文帝认为来旷忠心耿直，派他每天早朝时在五品官员行列中参拜。来旷又控告大理寺少卿赵绰随随便便赦免囚徒。隋文帝派亲信近臣去调查验证，赵绰原本就没有徇私枉法，隋文帝大怒，下令将来旷斩首。赵绰极力谏争，认为来旷不应处死，隋文帝不听，拂衣起身进殿中去了。赵绰假装大声说："臣不再说来旷的事，本来还有别的事，没有来得及上奏。"隋文

争，二也。臣本无他事，而妄言求入，三也。”帝解颜。会独孤后在坐，命赐绰二金杯酒，并杯赐之。旷因免死，徙广州。

萧摩诃子世略在江南作乱，摩诃当从坐，上曰：“世略年未二十，亦何能为，以其名将之子，为人所逼耳。”因赦摩诃。绰固谏不可，上不能夺，欲绰去而赦之，因命绰退食。绰曰：“臣奏狱未决，不敢退。”上曰：“大理其为朕特赦摩诃也！”因命左右释之。

刑部侍郎辛亶尝衣绯裈，俗云利官；上以为厌蛊，将斩之。绰曰：“法不当死，臣不敢奉诏。”上怒甚，曰：“卿惜辛亶而不自惜也！”命引绰斩之。绰曰：“陛下宁杀臣，不可杀辛亶。”至朝堂，解衣当斩，上使人谓绰曰：“竟何如？”对曰：“执法一心，不敢惜死。”上拂衣而入，良久，乃释之。明日谢绰，劳勉之，赐物三百段。

时上禁行恶钱，有二人在市，以恶钱易好者，武候执以闻，上令悉斩之，绰进谏曰：“此人所坐当杖，杀之非法。”上曰：“不关卿事。”绰曰：“陛下不以臣愚暗，置在法司，欲妄杀人，岂得不关臣事！”上曰：“撼大木，不动者当退。”对曰：“臣望感天心，何论动木。”上复曰：“啜羹者热则置之，天子之威，欲相挫邪！”绰拜而益前，诃之，不肯退，上遂入。治书侍御史柳彧复上奏切谏，上乃止。

上以绰有诚直之心，每引入阁中，或遇上与皇后同榻，即呼绰坐，评论得失，前后赏赐万计。与大理卿薛胄同时，俱名平恕；然胄断狱以情而绰守法，俱为称职。胄，端之子也。

帝晚节用法益峻，御史于元日不劾武官衣剑之不齐者，帝曰：“尔为

帝派人把赵绰引进殿中，赵绰叩了两次头，向隋文帝请罪说：“臣有三条死罪：臣任职大理寺少卿，没能管束好掌固，使得来旷触犯国法，这是第一条；囚犯不应判死罪，而为臣的我不能以死谏争，这是第二条；臣本来没有别的事，可是说谎话请求进殿来见皇上，这是第三条。”隋文帝脸上的怒容缓和下来。恰好独孤皇后坐在旁边，便赏赐赵绰两金杯酒，连同金杯也赏赐给赵绰。来旷因此被免除了死罪，被流放到广州。

原陈朝将军萧摩诃儿子萧世略在江南反叛，萧摩诃应当株连判罪，隋文帝说：“萧世略还不满二十岁，他有什么能耐，因为他是名将的儿子，被别人逼迫罢了。”于是赦免了萧摩诃。赵绰极力谏争，认为不可以赦免，隋文帝不能使赵绰屈服，想等赵绰离开后再赦免萧摩诃，便让赵绰先退朝回去吃饭。赵绰说：“臣奏报的狱案还没有结果，不敢退下。”隋文帝只好说：“大理卿你就看朕的面子特别赦免萧摩诃吧！”就命令左右侍臣释放了萧摩诃。

刑部侍郎辛亶曾经穿红色裤子，世俗认为有利于官运亨通；隋文帝认为这是巫蛊一类的妖术，想把辛亶斩首。赵绰说：“按照法律他不应当处死，臣不能接受诏命。”隋文帝更加恼怒，说：“你难道顾惜辛亶而不顾惜自己吗？”便下令将赵绰拉出去斩首。赵绰说：“陛下就是杀了臣，也不可杀辛亶。”走到朝堂，脱下衣服，将要斩首，隋文帝派人再问赵绰说：“再给一次机会，你想好没有？”赵绰回答说：“一心执法，决不怕死。”隋文帝拂袖而起走进后殿，过了很久，才释放了赵绰。第二天隋文帝向赵绰道歉，慰勉他，赏赐三百段绢帛。

当时隋文帝禁止劣质铜钱流通，有两个人在市集上用被禁止的劣质铜钱兑换正品真币，负责巡察的武候抓住了他们，并奏报朝廷，隋文帝命令将这两个人都斩首，赵绰进谏说：“这两个人所犯的罪，应当受杖刑，将他们斩首是不合法律量刑的规定。”隋文帝说：“这不关你的事。”赵绰说：“陛下不因为臣愚暗不明，把臣安排在法官的位置上，现在您想任意杀人，怎么说不关臣的事！”隋文帝说：“摇撼大树，若摇不动就要赶快退下。”赵绰说：“臣希望感动天子的圣心，岂止是摇动大树！”隋文帝又说：“喝汤的人，汤太热就先放一下，难道天子的神威，你还敢冒犯吗？”赵绰拜伏在地上越来越往前移，隋文帝呵斥赵绰，赵绰也不肯退后，隋文帝于是转身进入殿内。治书侍御史柳彧又上奏苦苦劝谏，隋文帝才罢休。

隋文帝因为赵绰忠诚正直，常常召他进入殿中，有时碰上隋文帝和皇后同榻而坐，就招呼赵绰也坐，评论政事的得失，对赵绰前前后后的赏赐，要以万为单位来计算。赵绰与大理寺卿薛胄同时都以公平宽恕闻名于世；然而薛胄断案倾向于情理，赵绰则谨守法律，两人都很称职。薛胄是薛端的儿子。

隋文帝晚年用法更加严厉，曾有个御史在正月元旦朝会时没有纠劾一个着装佩

御史，纵舍自由。”命杀之；谏议大夫毛思祖谏，又杀之。将作寺丞以课麦䴬迟晚，武库令以署庭荒芜，左右出使，或授牧宰马鞭、鹦鹉，帝察知，并亲临斩之。

帝既喜怒不恒，不复依准科律。信任杨素，素复任情不平，与鸿胪少卿陈延有隙，尝经蕃客馆，庭中有马屎，又众仆于毡上樗蒲，以白帝。帝大怒，主客令及樗蒲者皆杖杀之，棰陈延几死。

帝遣亲卫大都督长安屈突通往陇西检覆群牧，得隐匿马二万余匹，帝大怒，将斩太仆卿慕容悉达及诸监官千五百人。通谏曰：“人命至重，陛下奈何以畜产之故杀千有余人！臣敢以死请！”帝瞋目叱之，通又顿首曰：“臣一身分死，就陛下丐千余人命。”帝感寤，曰：“朕之不明，以至于此！赖有卿忠言耳。”于是悉达等皆减死论，擢通为左武候将军。

上柱国刘昶与帝有旧，帝甚亲之；其子居士，任侠不遵法度，数有罪，上以昶故，每原之。居士转骄恣，取公卿子弟雄健者，辄将至家，以车轮括其颈而棒之，殆死能不屈者，称为壮士，释而与交。党与三百人，殴击路人，多所侵夺，至于公卿妃主，莫敢与校。或告居士谋为不轨，帝怒，斩之，公卿子弟坐居士除名者甚众。

杨素、牛弘等复荐张胄玄历术。上令杨素与术数人立议六十一事，皆旧法久难通者，令刘晖等与胄玄等辩析。晖杜口一无所答，胄玄通者五十四，上乃拜胄玄员外散骑侍郎兼太史令，赐物千段，令参定新术。至是，胄玄历成。夏，四月，戊寅，诏颁新历；前造历者刘晖四人并除名。

秋七月，桂州人李世贤反，上议讨之。诸将数人请行，上不许，顾右武候大将军虞庆则曰：“位居宰相，爵乃上公，国家有贼，遂无行意，何也？”庆则拜谢，恐惧，乃以庆则为桂州道行军总管，讨平之。

剑不整齐的武官，隋文帝说：“你身为御史，竟这样放任自流。”于是命人杀了他；谏议大夫毛思祖劝谏，又被杀了。将作寺丞因为征收麦秸迟缓，武库令因为府署大堂荒芜，左右近臣出使，有的人接受州牧县宰赠送的马鞭、鹦鹉，隋文帝发现了，都一律处死，并亲自监斩。

隋文帝已经喜怒无常，不再遵守法律。隋文帝信任杨素，而杨素又恣意放纵，处事待人不公平。杨素与鸿胪寺少卿陈延有矛盾，曾经经过接待外来使节的蕃客馆，发现庭中有马粪，还有许多仆人挤在毛毡上赌博，杨素禀报了皇上。隋文帝勃然大怒，下令将主客令和参加赌博的人都用刑杖打死，并捶打陈延，陈延也差点儿被打死。

隋文帝派亲卫大都督长安人屈突通去陇西，复查畜牧情况，查出隐瞒马匹两万多，隋文帝大怒，要把太仆卿慕容悉达和其他监官一千五百人全部斩首，屈突通劝谏说：“人命最为宝贵，陛下为何为了几头牲畜，就要杀死一千多人！臣愿冒死请求陛下宽恕！”隋文帝怒目圆睁，厉声呵责，屈突通又叩头说：“臣一个人罪当处死，特向陛下哀求一千多条人命。”隋文帝深受感动，猛然醒悟，说：“朕糊涂不明，居然到如此地步！幸亏有你直言相劝。”于是慕容悉达等都被免除死罪，另外量刑处罚，隋文帝还因此提拔屈突通为左武候将军。

上柱国刘昶和隋文帝是旧交，隋文帝十分宠信他；他的儿子刘居士，胡作非为，不遵守法度，多次违法犯罪，隋文帝因为刘昶的缘故，每次都原谅了他。刘居士反而更加骄横放肆，常常劫持身体雄健的公卿子弟，带到家中，把车轮挂在他们的脖子上，再用棍棒毒打，打到奄奄一息仍不叫屈的，就称为壮士，释放他并和他结交。他的党羽共有三百人，常常在街巷路途行凶打人，抢劫财物，连公卿大臣王妃公主都不敢和他们计较。后来有人控告刘居士想造反，隋文帝大怒，把他斩首，公卿子弟受牵连而被免官除名的很多。

杨素、牛弘等人再次推荐张胄玄的历法。隋文帝命杨素同几位律历学者讨论提出了六十一个问题，都是旧历法很久不能解决的疑难问题，命刘晖等人与张胄玄等人辩论解析。结果刘晖哑口无言不能回答，而张胄玄可以解释清楚的有五十四个问题，隋文帝于是拜授张胄玄为员外散骑侍郎兼太史令，赏赐一千段绢帛，命他参加制定新历法。至此，张胄玄历法修订完成。夏季，四月初二日戊寅，诏令颁行新历；以前制定历法的刘晖等四人都被免官除名。

秋季，七月，桂州人李世贤起兵造反，隋文帝召集大臣们商议出兵讨伐。只有几位将领请求出征，隋文帝没有允准，却回头望着右武候大将军虞庆则说：“你位居宰相，爵为上公，国家有了反贼，你竟然没有请缨出征的意思，怎么回事？”虞庆则急忙跪拜谢罪，十分恐惧，便任命虞庆则为桂州道行军总管，讨伐李世贤，全部平定。

秦王俊，幼仁恕，喜佛教，尝请为沙门，不许。及为并州总管，渐好奢侈，违越制度，盛治宫室。俊好内，其妃崔氏，弘度之妹也，性妒，于瓜中进毒，由是得疾，征还京师。上以其奢纵，丁亥，免俊官，以王就第。崔妃以毒王，废绝，赐死于家。左武卫将军刘昇谏曰："秦王非有他过，但费官物，营廨舍而已，臣谓可容。"上曰："法不可违。"杨素谏曰，"秦王之过，不应至此，愿陛下详之！"上曰："我是五儿之父，非兆民之父？若如公意，何不别制天子儿律！以周公之为人，尚诛管、蔡，我诚不及周公远矣，安能亏法乎！"卒不许。

戊戌，突厥突利可汗来逆女，上舍之太常，教习六礼，妻以宗女安义公主。上欲离间都蓝，故特厚其礼，遣太常卿牛弘、纳言苏威、民部尚书斛律孝卿相继为使。

突利本居北方，既尚主，长孙晟说其帅众南徙，居度斤旧镇，锡赉优厚。都蓝怒曰："我，大可汗也，反不如染干！"于是朝贡遂绝，亟来抄掠边鄙。突利伺知动静，辄遣奏闻，由是边鄙每先有备。

九月，甲申，上至自仁寿宫。

何稠之自岭南还也，宁猛力请随稠入朝，稠见其疾笃，遣还钦州，与之约曰："八九月间，可诣京师相见。"使还，奏状，上意不怿。冬，十月，猛力病卒。上谓稠曰："汝前不将猛力来，今竟死矣！"稠曰："猛力与臣约，假令身死，当遣子入侍。越人性直，其子必来。"猛力临终，果戒其子长真曰："我与大使约，不可失信，汝葬我毕，宜即登路。"长真嗣为刺史，如言入朝。上大悦曰："何稠著信蛮夷，乃至于此！"

鲁公虞庆则之讨李世贤也，以妇弟赵什住为随府长史。什住通于庆则爱妾，恐事泄，乃宣言庆则不欲此行，上闻之，礼赐甚薄。庆则还，至潭州临桂岭，观眺山川形势，曰："此诚险固，加以足粮，若守得其人，攻不可拔。"使什住驰诣京师奏事，观上颜色，什住因告庆则谋反，下有司按验。十二月，壬子，庆则坐死，拜什住为柱国。

秦王杨俊，年幼时仁慈宽厚，喜欢佛教，曾请求出家当和尚，没被准许。等到担任了并州总管，渐渐爱好奢侈，违反制度规定，大规模修建宫室。杨俊贪恋女色，他的王妃崔氏是崔弘度的妹妹，她生性嫉妒，便在瓜中放了毒药，杨俊吃了中毒得病，被召回京师。隋文帝因为他骄奢放纵，七月十三日丁亥，下令罢免了杨俊的官职，保留王爵回到府第。崔妃因为毒害秦王，被废除，赐在家中自尽。左武卫将军刘昇进谏说："秦王并没有别的过错，只是浪费点儿官府财物，营造一些房舍罢了，臣认为可以宽容他。"隋文帝说："法律不可违反。"杨素劝谏说："秦王的过错，还不至于违反法律，希望陛下明察。"皇上说："我是五个儿子的父亲，难道不是天下人民的君父？若按您的意思，为什么不另外制定一部皇帝儿子的法律！像周公那样宽厚的人，况且杀了管叔、蔡叔，我确实远远赶不上周公，怎么可以徇私枉法呢！"终于没有宽容。

七月二十四日戊戌，突厥突利可汗来迎娶公主，隋文帝安置突利可汗住在太常寺，派人教他学习汉人迎亲的六礼：纳采、问名、纳吉、纳征、请期、亲迎。隋文帝把宗室女安义公主许配突利可汗为妻。隋文帝想离间都蓝和突利的关系，因此礼仪特别隆重，派遣太常卿牛弘、纳言苏威、民部尚书斛律孝卿相继为使臣。

突利可汗原本住在大漠北方，已经娶了公主，长孙晟便劝说他领众南移，定居在度斤旧镇，赏赐的财物特别优厚。都蓝非常愤怒，说："我是最高的大可汗，反而不如染干！"于是断绝了向隋朝的朝请贡献，还不断地到边境侵扰。突利可汗打探到了消息动静，及时派遣使臣上奏，因此边境上每次都事先有了准备。

九月十一日甲申，隋文帝从仁寿宫回到京师。

何稠从岭南回京的时候，宁猛力请求随同入朝，何稠见他病重，就把他送回钦州，并和他约定："八九月间，可以到京城相见。"何稠回到京师，奏报了这些情况，隋文帝很不高兴。冬季，十月，宁猛力病死，隋文帝对何稠说："你先前不带宁猛力来京，如今竟然死了！"何稠说："宁猛力与臣相约，如果他死了，一定派儿子入朝侍奉，越人生性直率，他的儿子一定会来。"宁猛力临死的时候，果真告诫他的儿子宁长真说："我与朝廷大使有约在先，不可失信，你安葬我之后，应当立即上路。"宁长真接任钦州刺史，遵从父亲的遗言进京朝请。隋文帝非常高兴，说："何稠在蛮人、夷人中享有信誉，竟然到了这个境地。"

鲁公虞庆则征讨李世贤时，任用他的内弟赵什住担任随府长史。赵什住与虞庆则的爱妾私通，担心事情败露，就扬言虞庆则本意不想出征，隋文帝听到后，接待的礼仪赏赐十分微薄。虞庆则回朝，到达潭州临桂岭，观赏眺望山川形胜，说："这里真是险要坚固，加上充足的粮食，如果有得力的人把守，是无法攻克的。"虞庆则派赵什住先行飞驰京师上奏，观察皇上的态度。赵什住趁机诬告虞庆则谋反，虞庆

高丽王汤闻陈亡，大惧，治兵积谷，为拒守之策。是岁，上赐汤玺书，责以“虽称藩附，诚节未尽”。且曰：“彼之一方，虽地狭人少，今若黜王，不可虚置，终须更选官属，就彼安抚。王若洒心易行，率由宪章，即是朕之良臣，何劳别遣才彦！王谓辽水之广，何如长江？高丽之人，多少陈国？朕若不存含育，责王前愆，命一将军，何待多力！殷勤晓示，许王自新耳。”汤得书，惶恐，将奉表陈谢。会病卒，子元嗣立，上使使拜元为上开府仪同三司，袭爵辽东公。元奉表谢恩，因请封王，上许之。

吐谷浑大乱，国人杀世伏，立其弟伏允为主，遣使陈废立之事，并谢专命之罪，且请依俗尚主；上从之。自是朝贡岁至。

（以上为第六段，记述隋文帝开皇十六年，成功地抚夷安边；隋文帝晚年用法苛酷尚能纳谏。这一年，隋文帝平定了岭南的叛乱，安抚西边的吐谷浑、东边的高丽，羁縻北方突厥，用人得当，都取得了成功。隋文帝晚年用法苛酷，大理寺少卿赵绰执法公平，与屈突通等人冒死谏争，避免一些大案、冤案的发生，缓解了矛盾，隋朝政治稳定。）

十八年（戊午，598 年）

春，二月，甲辰，上幸仁寿宫。

高丽王元帅靺鞨之众万余寇辽西，营州总管韦冲击走之。上闻而大怒，乙巳，以汉王谅、王世积并为行军元帅，将水陆三十万伐高丽，以尚书左仆射高颎为汉王长史，周罗睺为水军总管。

延州刺史独孤陀有婢曰徐阿尼，事猫鬼，能使之杀人，云每杀人，则死家财物潜移于畜猫鬼家。会独孤后及杨素妻郑氏俱有疾，医皆曰：“猫鬼疾也。”上以陀，后之异母弟，陀妻，杨素异母妹，由是意陀所为，令高颎等杂治之，具得其实。上怒，令以犊车载陀夫妻，将赐死，独孤后三日不食，为之请命曰：“陀若蠹政害民者，妾不敢言；今坐为妾身，敢请其命。”陀弟司勋侍郎整诣阙求哀，于是免陀死，除名为民，以其妻杨氏为尼。先是，有人讼其母为猫鬼所杀者，上以为妖妄，怒而遣之。

则被逮捕交给主管部门调查审判，被定为死罪，赵什住被提升拜授为柱国。

高丽王高汤得知陈朝灭亡，十分恐惧，于是训练军队，积聚粮草，做好抵抗防守的准备。这一年，隋文帝赐给高汤加盖玺印的国书，责备他“虽然自己称藩属归附大隋，却没有尽到臣属的忠诚之节”。并且说：“你们那一片地方，虽然地小人少，现在如果把你废黜，也不能没有人治理，最终还是要另外选派官员到你们那里安抚。你如果抛却杂念，改变行为，完全遵循朝廷规章制度，就是朕的好臣子，何必让朕劳神费力另派高人？你认为辽水广阔，能和长江相比吗？高丽人口兵力，是多是少能与陈国相比吗？朕如果不存有包容化育的心怀，就不会来责备你以往的过失，只需命令一名将军征讨，何必花费如此多的气力！这样诚恳深切的晓喻规劝，是给你一个自新的机会。”高汤接到了问责玺书，惶恐不安，准备奉表陈情谢罪，不巧患病死了。儿子高元继位，隋文帝派使者封高元为上开府仪同三司，承袭爵位为辽东公。高元奉上表章谢恩，并请求封王，隋文帝答应了。

吐谷浑大乱，国人杀死世伏可汗，立他的弟弟伏允为国主，派遣使者向隋文帝报告废立之事，并对专擅废立表示请罪，同时请求依照惯例娶公主为妻，隋文帝同意了。从此，吐谷浑每年都派使臣入朝进贡。

隋文帝开皇十八年（戊午，598年）

春季，二月初三日甲辰，隋文帝巡幸仁寿宫。

高丽王高元率领靺鞨一万多人侵扰辽西郡，营州总管韦冲打退了高元。隋文帝得知极为震怒。二月初四日乙巳，隋文帝下令，任命汉王杨谅、上柱国王世积同为行军元帅，率领水陆军队三十万人讨伐高丽，任命尚书左仆射高颎为汉王长史，周罗睺为水军总管。

延州刺史独孤陀有一个婢女叫徐阿尼，她事奉猫鬼，能指使猫鬼杀人，并说每杀一个人，能让死者的家财暗中转移到养猫鬼的人家。恰好独孤皇后和杨素的妻子郑氏都生了病。看病的医生都说：“这是猫鬼作祟带来的病。”隋文帝认为，独孤陀是独孤皇后的同父异母弟弟，独孤陀的妻子杨氏是杨素同父异母妹妹，因此就认定是独孤陀使的坏，下令高颎等人共同审理，一一得到实情。隋文帝大怒，命令用牛拉车载送独孤陀夫妻到京师，打算赐死。独孤皇后三天不吃饭，替独孤陀讲情，说：“独孤陀如果是误国害民，妾不敢说什么；如今是因为妾个人生病而犯罪，斗胆地为

至是，诏诛被讼行猫鬼家。夏，四月，辛亥，诏："畜猫鬼、蛊毒、厌媚野道之家，并投于四裔。"

六月，丙寅，下诏黜高丽王元官爵。汉王谅军出临渝关，值水潦，馈运不继，军中乏食，复遇疾疫。周罗睺自东莱泛海趣平壤城，亦遭风，船多飘没。秋，九月，己丑，师还，死者什八九。高丽王元亦惶惧遣使谢罪，上表称"辽东粪土臣元"，上于是罢兵，待之如初。

百济王昌遣使奉表，请为军导，帝下诏谕以"高丽服罪，朕已赦之，不可致伐"。厚其使而遣之。高丽颇知其事，以兵侵掠其境。

辛卯，上至自仁寿宫。

冬，十一月，癸未，上祀南郊。

十二月，自京师至仁寿宫，置行宫十有二所。

南宁夷爨玩复反。蜀王秀奏"史万岁受赂纵贼，致生边患"。上责万岁，万岁诋谰；上怒，命斩之。高颎及左卫大将军元旻等固请曰："万岁雄略过人，将士乐为致力，虽古名将，未能过也。"上意少解，于是除名为民。

（以上为第七段，写隋文帝惩治妖术，远征高丽失利。）

十九年（己未，599 年）

春，正月，癸酉，赦天下。

二月，甲寅，上幸仁寿宫。

突厥突利可汗因长孙晟奏言都蓝可汗作攻具，欲攻大同城。诏以汉王谅为元帅，尚书左仆射高颎出朔州道，右仆射杨素出灵州道，上柱国燕荣出幽州道以击都蓝，皆取汉王节度；然汉王竟不临戎。

都蓝闻之，与达头可汗结盟，合兵掩袭突利，大战长城下，突利大败。都蓝尽杀其兄弟子侄，遂渡河入蔚州。突利部落散亡，夜，与长孙晟以五骑南走，比旦，行百余里，收得数百骑。突利与其下谋曰："今兵

他们请命。”独孤陀的弟弟司勋侍郎独孤整也到宫阙下苦苦求情，这才免了独孤陀的死刑，免官除名贬为平民，他的妻子杨氏发落出家为尼。早先，有控告他的母亲被猫鬼杀害，隋文帝认为是妖言妄语，怒气冲冲地把告状人赶走。到这时，才又下诏诛杀上次被控告用猫鬼害人的那家人。夏季，四月十一日辛亥，隋文帝下诏：“畜养猫鬼、蛊毒，以及从事诅咒妖术的人家，统统流放到偏远的四方边地。”

六月二十七日丙寅，隋文帝下诏罢黜高丽王高元的爵位。汉王杨谅大军从临渝关出发，正碰上大雨成灾，粮食运输受阻，军中缺乏食物，又遇到瘟疫流行。周罗睺从东莱渡海指向平壤城，中途遇到大风，船舰大多飘散沉没。秋季，九月二十一日己丑，隋朝远征大军撤回，水陆两军十之八九都死亡。高丽王高元也惶恐不安派遣使者来请罪，上表章自称“辽东粪土臣高元”，隋文帝于是休兵，对待高元和原来一样。

百济王余昌派使者奉上表章，请求担任征讨大军的向导，隋文帝下诏告诉他：“高丽已经服罪，朕已经赦免了高元，不可以再讨伐了。”赠送百济使者很多的礼物，送他回国。高丽多少知道了一些消息，就派兵侵扰百济边境。

九月二十三日辛卯，隋文帝从仁寿宫回到京师。

冬季，十一月十六日癸未，隋文帝在南郊祭天。

十二月，隋文帝从京师到仁寿宫，设置行宫十二座。

南宁夷族首领爨玩又起兵造反。蜀王杨秀奏告称：“史万岁收受贿赂，放纵贼兵，以致产生边患。”隋文帝斥责史万岁，史万岁百般抵赖掩饰，隋文帝大怒，命人将他处死。高颎和左卫大将军元旻等一再请求说：“史万岁雄才武略超过一般的人，将士都乐意为他效力，即使古代的名将，未必能超过他。”隋文帝稍微消了些怒气，于是罢免了史万岁的官职，贬为平民。

隋文帝开皇十九年（己未，599 年）

春季，正月初七日癸酉，大赦天下。

二月十九日甲寅，隋文帝巡幸仁寿宫。

突厥突利可汗通过长孙晟上奏说都蓝可汗正在制造攻城器具，想要攻打大同城。于是，隋文帝下诏任命汉王杨谅为元帅，令尚书左仆射高颎从朔州道出发，右仆射杨素从灵州道出发，上柱国燕荣从幽州道出发，多路同时讨伐都蓝，统一受汉王杨谅指挥，可是汉王却没有亲临前线。

都蓝听到消息，便与达头可汗结盟，合兵偷袭突利可汗，在长城下大战，最终突利大败。都蓝把他的兄弟子侄全部杀光，乘胜渡过黄河侵入蔚州。突利的部落溃散逃亡，到了夜晚，只剩下突利可汗与长孙晟连同五名骑兵往南逃，等到天亮时，

败入朝，一降人耳，大隋天子岂礼我乎！玷厥虽来，本无冤隙，若往投之，必相存济。”晟知之，密遣使者入伏远镇，令速举烽。突利见四烽俱发，以问晟，晟给之曰：“城高地迥，必遥见贼来。我国家法，若贼少，举二烽；来多，举三烽；大逼，举四烽。彼见贼多而又近耳。”突利大惧，谓其众曰：“追兵已逼，且可投城。”既入镇，晟留其达官执室领其众，自将突利驰驿入朝。夏，四月，丁酉，突利至长安。帝大喜，以晟为左勋卫骠骑将军，持节护突厥。

上令突利与都蓝使者因头特勒相辩诘，突利辞直，上乃厚待之。都蓝弟郁速六弃其妻子，与突利归朝，上嘉之，使突利多遗之珍宝以慰其心。

高颎使上柱国赵仲卿将兵三千为前锋，至族蠡山，与突厥遇，交战七日，大破之；追奔至乞伏泊，复破之，虏千余口，杂畜万计。突厥复大举而至，仲卿为方陈，四面拒战，凡五日。会高颎大兵至，合击之，突厥败走，追度白道，逾秦山七百余里而还。杨素军与达头遇。先是诸将与突厥战，虑其骑兵奔突，皆以戎车步骑相参，设鹿角为方陈，骑在其内。素曰：“此乃自固之道，未足以取胜也。”于是悉除旧法，令诸军为骑陈。达头闻之，大喜曰：“天赐我也！”下马仰天而拜，帅骑兵十余万直前。上仪同三司周罗睺曰：“贼陈未整，请击之。”帅精骑逆战，素以大兵继之，突厥大败，达头被重创而遁，杀伤不可胜计，其众号哭而去。

六月，丁酉，以豫章王暕为内史令。

宜阳公王世积为凉州总管，其亲信安定皇甫孝谐有罪，吏捕之，亡抵世积，世积不纳。孝谐配防桂州，因上变，称“世积尝令道人相其贵不，道人答曰：‘公当为国主，又将之凉州。’其所亲谓世积曰：‘河西天下精兵处，可图大事。’世积曰：‘凉州土旷人希，非用武之国。’”世积坐诛，拜孝谐上大将军。

跑了一百多里，在途中收拾了数百骑兵。突利和部下商议说：“现在打了败仗，进京朝见，只不过是一个投降的人，隋朝天子岂能以礼待我！玷厥虽然这次来袭击我，但是我和他原本没有什么仇怨，我如果去投奔他，他一定会保全我。”长孙晟得知这一情况，便暗中派使者进入伏远镇，命令军士立即点燃告急烽火。突利可汗见四堆烽火同时点燃，便问长孙晟，长孙晟骗他说：“伏远镇城池很高，地势辽阔，一定是远远望见敌军来了。我们国家规定：若是敌军少，燃起两堆烽火；敌军来得多，燃起三堆烽火；若是大军压境，就燃起四堆烽火。现在他们是望见敌军很多而又渐渐逼近啊！”突利可汗非常害怕，对他的部众说：“追兵已经逼近，我们先进城躲避一下。”进入伏远镇之后，长孙晟留下突利可汗的达官执室统领可汗部众，自己带领突利可汗乘驿马入朝。夏季，四月初二日丁酉，突利可汗到达长安。隋文帝非常高兴，封长孙晟为左勋卫骠骑将军，持节监护突厥。

隋文帝命突利可汗和都蓝的使者因头特勒两人互相辩论，突利理直气壮，隋文帝因此厚待他。都蓝的弟弟郁速六抛弃妻子儿女，和突利可汗一起归附朝廷，隋文帝非常赞许郁速六，让突利可汗送给他许多珍宝表示安慰。

高颎派上柱国赵仲卿领兵三千为先锋，前进到了族蠡山，与突厥军队遭遇，交战七天，大败突厥军队；又追击逃敌直到乞伏泊，再次打败突厥兵，俘虏了一千多人，各种牲畜以万计。突厥军队却又一次集结大举来犯。赵仲卿收拢军队为一个方阵，四面拒敌，苦战了五天，正好高颎率领的主力大军赶到，内外合力夹攻，突厥军队大败逃走，隋军乘胜追击，渡过百道川，又翻过秦山追击七百多里，然后得胜班师。杨素的军队和达头可汗相遇。起先，隋军众将与突厥交战，担心突厥骑兵横冲直撞，便把战车、步兵、骑兵混合编队，又设置鹿角障碍构成方阵，骑兵布置在方阵之内。杨素说：“这只是一种自我防卫的阵法，不是以攻击取胜。”于是完全废除这种方阵，命令各军摆出骑兵阵列。达头知道后，非常高兴地说：“这是上天赐给我取胜良机！”便下马向苍天叩拜，随即率领十余万骑兵径直奔袭隋军。上仪同三司周罗睺说：“趁敌军的阵列还没整齐，请立即出击。”便率领精锐骑兵迎战，杨素率领大军随后投入战斗，突厥军队大败，达头受重伤而逃，死伤不计其数，剩下的部众哀号痛哭，向北逃去。

六月初三日丁酉，任命豫章王杨暕为内史令。

宜阳公王世积任凉州总管，他的亲信安定人皇甫孝谐犯了罪，官吏缉拿他，他逃到王世积那里，王世积没有接纳。皇甫孝谐最后被捕，发配到桂州当兵，为此他上书举报王世积阴谋造反，说：“王世积曾经让道士给他看相，看他是否能大贵。道士给他看了相后说：‘您会成为一国之主，又将要迁调凉州。’他的亲信对他说：‘河西集中了天下的精兵，可以图谋大事。’王世积说：‘凉州地广人稀，不是用武的地

独孤后性妒忌，后宫莫敢进御。尉迟迥女孙，有美色，先没宫中，上于仁寿宫见而悦之，因得幸。后伺上听朝，阴杀之，上由是大怒，单骑从苑中出，不由径路，入山谷间二十余里。高颎、杨素等追及上，扣马苦谏。上太息曰："吾贵为天子，不得自由！"高颎曰："陛下岂以一妇人而轻天下！"上意少解，驻马良久，中夜方还宫。后俟上于阁内，及至，后流涕拜谢，颎、素等和解之，因置酒极欢。先是后以高颎父之家客，甚见亲礼，至是，闻颎谓己为一妇人，遂衔之。

时太子勇失爱于上，潜有废立之志，从容谓颎曰："有神告晋王妃，言王必有天下，若之何？"颎长跪曰："长幼有序，其可废乎！"独孤后知颎不可夺，阴欲去之。

会上令选东宫卫士以入上台，颎奏称："若尽取强者，恐东宫宿卫太劣。"上作色曰："我有时出入，宿卫须得勇毅。太子毓德春宫，左右何须壮士！此极弊法。如我意者，恒于交番之日，分向东宫，上下团伍不别，岂非佳事！我熟见前代，公不须仍踵旧风。"颎子表仁，娶太子女，故上以此言防之。

颎夫人卒，独孤后言于上曰："高仆射老矣，而丧夫人，陛下何能不为之娶！"上以后言告颎。颎流涕谢曰："臣今已老，退朝，唯斋居读佛经而已，虽陛下垂哀之深！至于纳室，非臣所愿。"上乃止。既而颎爱妾生男，上闻之，极喜，后甚不悦。上问其故，后曰："陛下尚复信高颎邪？始，陛下欲为颎娶，颎心存爱妾，面欺陛下。今其诈已见，安得信之！"上由是疏颎。

伐辽之役，颎固谏，不从，及师无功，后言于上曰："颎初不欲行，陛下强遣之，妾固知其无功矣！"又，上以汉王年少，专委军事于颎，颎以任寄隆重，每怀至公，无自疑之意，谅所言多不用。谅甚衔之，及还，泣言于后曰："儿幸免高颎所杀。"上闻之，弥不平。

方。'"于是王世积被定罪杀头，皇甫孝谐反而拜授为上大将军。

独孤皇后生性嫉妒，宫女没有人敢去侍候皇上。尉迟迥的孙女，姿色美艳，早先被没入宫中。隋文帝在仁寿宫看见了她，很喜爱，因而得到宠幸。独孤皇后趁隋文帝上朝听政的时候，暗中派人杀了她。隋文帝因此极为愤怒，独自一人骑马从皇宫花园出走，不走大路，沿着偏僻小路深入山谷，走了二十多里。高颎、杨素等人从后面追了上来，拉住马头苦苦劝谏。隋文帝叹息说："我贵为天子，却没有丝毫自由！"高颎说："陛下难道为了一个妇人而看轻天下！"隋文帝怒气才稍微缓解，停住马蹄，过了许多，半夜才回宫内。独孤皇后在后宫等候隋文帝，等到隋文帝回来了，独孤皇后泪流满面，跪拜谢罪，高颎、杨素等人又从中劝说，隋文帝才摆下酒宴，极尽欢乐。原先，独孤皇后因高颎是自己父亲家中的常客，对他十分亲近礼遇，现在，听到高颎说自己是一个妇人，便对他心怀愤恨。

当时，由于太子杨勇已经失宠，隋文帝暗中有废黜杨勇，另立太子的打算，曾经从容地对高颎说："有神灵告诉晋王妃，说晋王一定会统治天下，你说该怎么办？"高颎长跪在地上，说："长幼有序，怎么可以废除太子呢！"独孤皇后知道高颎护卫太子的意志不会改变，便暗中想要除掉他。

正巧隋文帝下令选调一部分东宫卫士入宫宿卫，高颎上奏说："如果完全挑选强壮的，恐怕东宫宿卫力量太弱。"隋文帝听了这话，变了脸色，说："我时常要进出，宿卫之士必须要骁勇强健。太子在东宫修养德行，身边何必要强壮勇士！东宫卫队强大是一个严重弊端。依我的想法，应当经常在禁卫军轮值交接的时候，分一部分去宿卫东宫，使皇宫卫队和东宫卫队编制不分开，岂不是件好事！我非常熟悉前代的利弊，您不要仍然沿袭旧制。"高颎的儿子高表仁娶太子之女为妻，所以隋文帝用这些话来警戒他。

高颎夫人逝世，独孤皇后对皇上说："高仆射年老，又死了夫人，陛下怎能不为他再娶一位！"隋文帝把独孤皇后的话转告了高颎。高颎流泪致谢说："臣现已年老，退朝后，只能在家中吃斋念佛罢了，虽然陛下关心哀怜我，但是再娶不是臣所愿意的。"隋文帝于是作罢。后来高颎的爱妾生了男孩，隋文帝听说了，很是喜悦，独孤皇后却很不高兴。隋文帝问是什么原因，独孤皇后说："陛下还在相信高颎吗？一开始，陛下想替高颎再娶，高颎心里想着爱妾，却当面蒙骗陛下。现在他的欺诈已经全暴露出来了，怎么还信任他呢！"隋文帝因此疏远了高颎。

隋文帝讨伐高丽的战役，高颎极力劝谏，隋文帝没有听从，等到大军无功退还，独孤皇后对隋文帝说："高颎当初不愿出征，陛下强行派遣他，妾当时就知道高颎不会建功。"又，隋文帝认为汉王杨谅年少，把军事全权委托高颎掌管，高颎深感责任重大，胸怀坦荡无私，不避嫌疑，汉王杨谅的话大多不采纳。杨谅内心非常怀恨，

及击突厥，出白道，进图入碛，遣使请兵，近臣缘此言颎欲反。上未有所答，颎已破突厥而还。及王世积诛，推核之际，有宫禁中事，云于颎处得之，上大惊。有司又奏“颎及左右卫大将军元旻、元胄，并与世积交通，受其名马之赠”。旻、胄坐免官。上柱国贺若弼、吴州总管宇文弢、刑部尚书薛胄、民部尚书斛律孝卿、兵部尚书柳述等明颎无罪，上愈怒，皆以属吏，自是朝臣无敢言者。秋，八月，癸卯，颎坐免上柱国、左仆射，以齐公就第。

未几，上幸秦王俊第，召颎侍宴。颎歔欷悲不自胜，独孤后亦对之泣。上谓颎曰：“朕不负公，公自负也。”因谓侍臣曰：“我于高颎，胜于儿子，虽或不见，常似目前；自其解落，瞑然忘之，如本无高颎。人臣不可以身要君，自云第一也。”顷之，颎国令上颎阴事，称其子表仁谓颎曰：“司马仲达初托疾不朝，遂有天下，公今遇此，焉知非福！”于是上大怒，囚颎于内史省而鞫之。宪司复奏沙门真觉尝谓颎云：“明年国有大丧。”尼令晖复云：“十七、十八年，皇帝有大厄，十九年不可过。”上闻而益怒，顾谓群臣曰：“帝王岂可力求！孔子以大圣之才，犹不得天下。颎与子言，自比晋帝，此何心乎！”有司请斩之。上曰：“去年杀虞庆则，今兹斩王世积，如更诛颎，天下其谓我何！”于是除名为民。

颎初为仆射，其母戒之曰：“汝富贵已极，但有一斫头耳，尔其慎之！”颎由是常恐祸变。至是，颎欢然无恨色。先是国子祭酒元善言于上曰：“杨素粗疏，苏威怯懦，元胄、元旻正似鸭耳。可以付社稷者，唯独高颎。”上初然之。及颎得罪，上深责之，善忧惧而卒。

九月，以太常卿牛弘为吏部尚书。弘选举先德行而后文才，务在审慎，虽致停缓，其所进用，并多称职。吏部侍郎高孝基鉴赏机晤，清慎绝伦，然爽俊有余，迹似轻薄，时宰多以此疑之；唯弘深识其真，推心

等到班师回朝，杨谅在独孤皇后面前哭诉说："儿子万幸，差点儿被高颎杀害。"隋文帝听了，更加气愤。

后来北伐突厥，高颎率领主力从白道川出击，计划深入大漠，派使者向朝廷请求增兵，隋文帝身边的近臣以此为由说高颎要谋反。隋文帝还没有答复，高颎已经打败突厥班师回朝。当王世积被处死，在审判调查中，牵涉到许多宫中的机密，都说是从高颎那里得到的，隋文帝非常吃惊。主管部门又奏称："高颎和左右卫大将军元旻、元胄，都和王世积交往密切，接受王世积赠送的名马。"元旻、元胄被罢官。上柱国贺若弼、吴州总管宇文弢、刑部尚书薛胄、民部尚书斛律孝卿、兵部尚书柳述等证明高颎无罪，隋文帝更加震怒，把他们全都交给法官审问，从此朝中大臣没有人再敢说话。秋季，八月初十日癸卯，高颎被解除上柱国、左仆射官职，保留齐公的爵位，回到家中。

不久，隋文帝驾临秦王杨俊宅第，召高颎陪侍酒宴。高颎哭泣抽咽，十分悲伤，独孤皇后也对着他哭泣。隋文帝对高颎说："朕没有对不起你，是你自认为了不起。"便对左右侍臣说："我对待高颎，比对儿子还好，即使有时见不到他，也好像近在眼前；可是自从他解官免职，便逐渐淡忘，好像世界上原本没有高颎这个人。作臣子的不该拿自己的功劳要挟君王，目中无人。"不久，高颎的国令上奏揭发高颎隐秘的事，说高颎的儿子高表仁对高颎说："司马仲达当初托称有病不入宫朝见，后来却夺取天下，您今天这种境遇，又怎么知道不是将来之福呢！"于是隋文帝大怒，把高颎囚禁在内史省审讯。执法部门又上奏揭发，和尚真觉曾经对高颎说："明年国家将有大丧。"尼姑令晖也说："开皇十七、十八年，皇上有难，十九年却过不了。"隋文帝听了更加愤怒，回头对群臣说："帝王难道是人力可以求得的吗！孔子以大圣的才干，尚不能得到天下。高颎与他儿子谈话，把自己比作晋宣帝司马懿，这打的是什么主意！"执法官吏奏请处死高颎，隋文帝说："去年杀死虞庆则，今年斩了王世积，如果再杀高颎，天下人将会怎么说我呢。"于是将高颎罢官为平民。

高颎当初担任尚书仆射时，他的母亲告诫他说："你富贵达到了极点，只差砍头罢了，你要小心啊！"高颎因此常常担心灾祸临头。到这次免官除名，没有杀头，高颎反而感到高兴，一点也没有怨恨。起先，国子祭酒元善对隋文帝说："杨素为人粗略疏阔，苏威个性胆怯懦弱，元胄、元旻只不过像鸭子一样随波逐流。可以托付朝廷大事的，只有高颎一人。"隋文帝起初认为元善说得对。等到高颎获罪，隋文帝严厉责备元善，元善因此恐惧忧虑而死。

九月，隋文帝任命太常卿牛弘为吏部尚书。牛弘选拔官吏首先看德行，然后才看文才，力求严格慎重，虽然选授迟缓，但是他所进用的人大多都称职。吏部侍郎高孝基有鉴别赏识人才的能力，机警聪明，清廉谨慎，没人比得上，但是过于爽朗

任委。隋之选举得人，于斯为最，时论弥服弘识度之远。

冬，十月，甲午，以突厥突利可汗为意利珍豆启民可汗，华言“意智健”也。突厥归启民者男女万余口，上命长孙晟将五万人于朔州，筑大利城以处之。时安义公主已卒，复使晟持节送宗女义成公主以妻之。

晟奏：“染干部落，归者益众，虽在长城之内，犹被雍虞闾抄掠，不得宁居。请徙五原，以河为固，于夏、胜两州之间，东西至河，南北四百里，掘为横堑，令处其内，使得任情畜牧。”上从之。

又令上柱国赵仲卿屯兵二万为启民防达头，代州总管韩洪等将步骑一万镇恒安。达头骑十万来寇，韩洪军大败，仲卿自乐宁镇邀击，斩首千余级。

帝遣越公杨素出灵州，行军总管韩僧寿出庆州。太平公史万岁出燕州，大将军武威姚辩出河州，以击都蓝。师未出塞，十二月，乙未，都蓝为部下所杀，达头自立为步迦可汗，其国大乱。长孙晟言于上曰：“今官军临境，战数有功，虏内自携离，其主被杀，乘此招抚，可以尽降。请遣染干部下分道招慰。”上从之。降者甚众。

（以上为第八段，写开皇十九年，隋文帝用兵大破突厥，保持对外英武的形象，而内政多疑偏信，杀大臣王世积，罢斥高颎，渐露专制君主晚年昏聩的迹象。）

洒脱，行为似嫌轻薄，当时很多执政大臣因此不信任高孝基；只有牛弘最为了解他的真实才情，对他推心置腹，委以重任。隋朝选举得到真正的人才，以此时期为最多。当时大家都很佩服牛弘的远见卓识和器量。

冬季，十月初二日甲午，册封突厥突利可汗为意利珍豆启民可汗，汉话的意思是“意志强健”。突厥归附启民可汗的男女百姓有一万多人，隋文帝命长孙晟率领五万人到朔州，修筑大利城安置他们。这时安义公主已经逝世，又派长孙晟持节送皇室之女义成公主嫁给启民可汗。

长孙晟上奏说：“染干（突利可汗）的部落，归附的人越来越多，虽然居住在长城之内，但仍时常遭到雍虞闾（都蓝可汗）的袭击抢掠，不得安宁。请求把他们迁徙到五原，以黄河为屏障，在夏州、胜州之间，东西以黄河河曲为界，南北相距四百里，挖掘两条横向深沟，让他们居住在这个范围之内，使他们能够随意放牧。”隋文帝采纳了他的建议。

隋文帝又命令上柱国赵仲卿统领军队两万人驻扎在启民部众新定居的地域，为他们防备达头可汗的侵犯，代州总管韩洪等率领步骑兵一万人镇守恒安。达头可汗率领骑兵十万人来犯，虽然韩洪军队大败，而赵仲卿却从乐宁镇拦击达头军队，斩杀一千多人。

隋文帝派遣越公杨素从灵州出兵，行军总管韩僧寿从庆州出兵，太平公史万岁从燕州出兵，大将军武威人姚辩从河州出兵，各路同时向都蓝发动攻击。大军还没出塞，十二月初四日乙未，都蓝可汗被部下杀死，达头可汗自立为步迦大可汗，突厥国内动乱。长孙晟对隋文帝说：“现在官军深入敌境，几次作战都胜了，敌人内部四分五裂，可汗也被杀了，如果借此机会招抚他们，一定会全部投降。请派染干的部属分几路去招抚。”隋文帝听从了他的建议。投降的突厥人果然很多。

【点评】

隋文帝晚年昏聩。本卷所载隋文帝治国已成开皇之治的盛世局面，国力大增，府库充实，四夷平定。但同时隋文帝开始从励精图治变得喜怒无常、猜疑御下，不遗余力芟夷有功大臣，初露专制帝王晚年昏聩之迹。功臣史万岁、王世积、虞庆则，受奸人诬告，隋文帝不加细察就斧钺相加，王世积、虞庆则成了冤鬼。隋文帝倚为腹心的开国元勋贺若弼、高颎、李德林均受猜疑，贺若弼下狱差点儿处死，高颎被免官为民，李德林贬处一州。而阴狠毒辣之杨素，阿谀顺意，独受信任。杨素监造仁寿宫，穷极奢侈，工期紧迫，民夫死以万计，不仅未受责罚，而且获得重赏，只因独孤皇后的私情袒护，隋文帝的是非就模糊了。独孤皇后误国，隋文帝听之信之，为隋朝速亡设下伏笔。

隋纪三

隋文帝开皇二十年至仁寿三年（600—603年）

【起上章涒滩（庚申，600年），尽昭阳大渊献（癸亥，603年），凡四年】

【大事提要】

本卷载述公元600年至公元603年史事，凡四年，时当隋文帝开皇二十年至仁寿三年。此时期是隋文帝执政从开明到昏暴的一个转折时期，最大的政治事件是废太子杨勇，更立太子杨广。太子杨勇并无大过，近声色，亲嬖幸，只是小过，不如杨广之甚。杨勇任性率直，友爱兄弟，不施报复，闻过有悔改之意，不被废黜，隋朝不会短祚灭亡。而杨勇之被废黜，完全是一场人为制造的大冤案，本卷做了详尽的记载。

【原文】

高祖文皇帝中

开皇二十年（庚申，600 年）

春，二月，熙州人李英林反。三月，辛卯，以扬州总管司马河内张衡为行军总管，帅步骑五万讨平之。

贺若弼复坐事下狱，上数之曰："公有三太猛：嫉妒心太猛，自是、非人心太猛，无上心太猛。"既而释之。他日，上谓侍臣曰："弼将伐陈，谓高颎曰：'陈叔宝可平也。不作高鸟尽、良弓藏邪？'颎云：'必不然。'及平陈，遽索内史，又索仆射。我语颎曰：'功臣正宜授勋官，不可预朝政。'弼后语颎：'皇太子于己，出口入耳，无所不尽。公终久何必不得弼力，何脉脉邪！'意图广陵，又图荆州，皆作乱之地，意终不改也。"

夏，四月，壬戌，突厥达头可汗犯塞，诏命晋王广、杨素出灵武道，汉王谅、史万岁出马邑道以击之。

长孙晟帅降人为秦州行军总管，受晋王节度。晟以突厥饮泉，易可行毒，因取诸药毒水上流，突厥人畜饮之多死，于是大惊曰："天雨恶水，其亡我乎！"因夜遁。晟追之，斩首千余级。

史万岁出塞，至大斤山，与虏相遇。达头遣使问："隋将为谁？"候骑报："史万岁也。"突厥复问："得非敦煌戍卒乎？"候骑曰："是也。"达头惧而引去。万岁驰追百余里，纵击，大破之，斩数千级；逐北，入碛数百里，虏远遁而还。诏遣长孙晟复还大利城，安抚新附。

达头复遣其弟子俟利伐从碛东攻启民，上又发兵助启民守要路；俟利伐退走入碛。启民上表陈谢曰："大隋圣人可汗怜养百姓，如天无不覆，地无不载。染干如枯木更叶，枯骨更肉，千世万世，常为大隋典羊马也。"帝又遣赵仲卿为启民筑金河、定襄二城。

秦孝王俊久疾未能起，遣使奉表陈谢。上谓其使者曰："我戮力创兹大业，作训垂范，庶臣下守之，汝为吾子而欲败之，不知何以责汝！"

【语译】

高祖文皇帝中

隋文帝开皇二十年（庚申，600 年）

春季，二月，熙州人李英林反叛。三月初二日辛卯，隋文帝任命扬州总管司马河内人张衡为行军总管，率领步骑五万征讨，平定了叛乱。

贺若弼又犯罪下狱，隋文帝责备他说："你有三个方面太过分：嫉妒心太强；自以为是，却对人过严；太不尊重皇上。"不久，又释放了他。有一天，隋文帝对身边的侍臣说："贺若弼在将要讨伐陈朝的时候，对高颎说：'陈叔宝是可以平定的，只是我们立功后怕是要落到飞鸟尽，良弓藏的下场啊！'高颎说：'一定不会的。'等到平定了陈朝，贺若弼立即就伸手要做内史令，又要求做尚书仆射。我对高颎说：'功臣最适合授勋官，不可以干预朝政。'贺若弼后来对高颎说：'皇太子和我很亲密，我们两人之间无话不说。你怎么知道日后就一定不需要我的帮助？你为什么沉默不说话！'贺若弼一心想要广陵，又想要荆州，那都是作乱的地方，他的这个心意一点都没有改变。"

夏季，四月初四日壬戌，突厥达头可汗侵犯边塞，隋文帝下诏任命晋王杨广、越国公杨素出兵灵武道，汉王杨谅、史万岁出兵马邑道迎击达头可汗。

长孙晟率领归降的突厥军队出任秦州行军总管，接受晋王杨广指挥。长孙晟认为突厥人的饮水泉容易投毒，便把很多毒药水投放在泉水的上游，突厥人和牲畜饮用后大多死亡，突厥人于是大惊说："上天降下毒水，是要灭亡我们吗？"便连夜逃走。长孙晟乘机追击，杀死一千多人。

史万岁出塞，进军到大斤山，与突厥人遭遇。达头可汗派使臣询问："隋朝领兵将领是哪一个？"侦察骑兵回答说："叫史万岁。"突厥达头使者又问："莫非是当年镇守敦煌的那个老兵吗？"侦察骑兵说："正是他。"达头可汗害怕了，立即撤退。史万岁快马加鞭追赶了一百多里，纵兵攻击，大败突厥，杀死了几千人；又乘胜追击，深入沙漠几百里，直到敌人逃远了才回军。隋文帝诏令长孙晟仍然回到大利城，安抚新归附的突厥人。

达头可汗又派他弟弟的儿子俟利伐从大漠的东边攻击启民可汗，隋文帝又发兵援助启民可汗把守要害地方。俟利伐退兵回到大漠，启民可汗上表致谢说："大隋圣明天子怜爱百姓，恩德大如天地。染干我就像枯木逢春，朽骨生肉，愿意千世万世，永远替大隋牧羊放马。"隋文帝派赵仲卿为启民可汗修筑金河、定襄两座城。

秦孝王杨俊长久患病不能痊愈，他派使者奏表陈情谢罪。隋文帝对他的使者说："我努力开创这大业，制订规章，树立典范，希望臣下遵循；你是我的儿子，却想要

俊惭怖，疾遂笃，乃复拜俊上柱国；六月丁丑，俊薨。上哭之，数声而止；俊所为侈丽之物，悉命焚之。王府僚佐请立碑，上曰："欲求名，一卷史书足矣，何用碑为！若子孙不能保家，徒与人作镇石耳。"俊子浩，崔妃所生也；庶子曰湛。群臣希旨，奏："汉之栗姬子荣、郭后子强皆随母废，今秦王二子，母皆有罪，不合承嗣。"上从之，以秦国官为丧主。

初，上使太子勇参决军国政事，时有损益；上皆纳之。勇性宽厚，率意任情，无矫饰之行。上性节俭，勇尝文饰蜀铠，上见而不悦，戒之曰："自古帝王未有好奢侈而能久长者。汝为储后，当以俭约为先，乃能奉承宗庙。吾昔日衣服，各留一物，时复观之以自警戒。恐汝以今日皇太子之心忘昔时之事，故赐汝以我旧所带刀一枚，并菹酱一合，汝昔作上士时常所食也。若存记前事，应知我心。"后遇冬至，百官皆诣勇，勇张乐受贺。上知之，问朝臣曰："近闻至日内外百官相帅朝东宫，此何礼也？"太常少卿辛亶对曰："于东宫，乃贺也，不得言朝。"上曰："贺者正可三数十人，随情各去，何乃有司征召，一时普集！太子法服设乐以待之，可乎？"因下诏曰："礼有等差，君臣不杂。皇太子虽居上嗣，义兼臣子，而诸方岳牧正冬朝贺，任土作贡，别上东宫；事非典则，宜悉停断。"自是恩宠始衰，渐生猜阻。

勇多内宠，昭训云氏尤幸。其妃元氏无宠，遇心疾，二日而薨，独孤后意有他故，甚责望勇。自是云昭训专内政，生长宁王俨，平原王裕，安成王筠；高良娣生安平王嶷，襄城王恪；王良媛生高阳王该，建安王韶；成姬生颍川王煚；后宫生孝实，孝范。后弥不平，颇遣人伺察，求勇过恶。

晋王广弥自矫饰，唯与萧妃居处，后庭有子皆不育，后由是数称广贤。大臣用事者，广皆倾心与交。上及后每遣左右至广所，无贵贱，广必与萧妃迎门接引，为设美馔，申以厚礼；婢仆往来者，无不称其仁孝。

败坏它，我不知道怎样责备你！”杨俊既惭愧又恐惧，病更加严重，隋文帝便重新拜授杨俊为上柱国。六月二十日丁丑，杨俊病逝。隋文帝只哭了几声就止住了；杨俊制作的奢侈华丽物品，隋文帝下令全都烧掉。秦王府僚属佐吏请求立碑，隋文帝说：“要想求名，一卷史书就够了，何必要立碑呢！如果子孙后代不能保住家业，只是给别人作镇石罢了。”杨俊的嫡子杨浩，为崔妃所生。庶子名叫杨湛。群臣迎合皇上的旨意，上奏说：“汉代栗姬的儿子刘荣、郭后的儿子刘强，都随母亲而被废黜，如今秦王的两个儿子，母亲都有罪，不应当承继嗣位。”隋文帝采纳了上奏的意见，命秦王府的官员做丧主。

当初，隋文帝让太子杨勇参与决策军国大事，他时常提出一些增减的建议，隋文帝全都采纳了。杨勇性情宽厚，直率坦诚，从不虚假伪装。隋文帝生性俭朴，杨勇曾经把蜀地制造的精美铠甲再加以纹饰，隋文帝看见了很不高兴，告诫他说：“自古以来的帝王，没有喜欢奢侈而能江山坐得久的。你身为储君，应当以节俭为先，才能够奉承宗庙。我往日的衣服，每种留下一件，时常拿出来看看，用来警诫自己。恐怕你今天用皇太子的身份和心态，而忘记了过去之事，特地赐给你我以前用的佩刀一把，以及腌菜一盒，这是你以前作北周上士时常吃的食物。你如果能记住以前的事，应该知道我的用心。”后来遇到冬至，百官都到杨勇那里，杨勇陈设乐队接受贺礼。隋文帝知道了，问朝臣们说：“近来听说冬至日朝廷内外官员互相结队去朝贺太子，这是什么礼仪？”太常少卿辛亶回答说：“到东宫，是庆贺节日，不能说是朝见。”隋文帝说：“庆贺节日，正常情况是三五人或数十人，随便来去，恐怕不应当由主管部门召集，大家同时到齐吧！太子身穿礼服，陈设乐队来接待百官，可以这样吗？”于是，隋文帝特下诏书说：“礼仪有等级差别，君与臣之间是不能混淆的。皇太子尽管是皇位继承人，但在大义上他既是臣子，又是儿子。可是各地方长官冬至日前去朝贺，各自进贡土产，送给东宫；此事不符合礼法规章，应马上停止。”这事发生后隋文帝对太子的恩宠开始衰减，还逐渐产生了猜疑。

杨勇东宫有很多宠爱的姬妾，昭训云氏特别受到宠幸。太子妃元氏不受宠爱，突然心脏病发作，两天后就死了，独孤皇后认为有其他原因，严厉责备杨勇。从此云昭训总掌东宫内政，她生了长宁王杨俨、平原王杨裕、安成王杨筠；高良娣生了安平王杨嶷、襄城王杨恪；王良媛生了高阳王杨该、建安王杨韶；成姬生了颍川王杨煚；另有宫女生了杨孝实、杨孝范。独孤皇后更加愤愤不平，经常派人窥探，专找杨勇的过错。

晋王杨广更加谨慎伪装掩饰自己，只和萧妃生活在一起，后宫姬妾有了身孕也不让生育，独孤皇后因此常常称赞杨广贤德。朝中掌权的大臣，杨广都用心用意和他们交往。隋文帝和独孤皇后每次派遣左右侍从到杨广那里，来者不论身份贵贱，

上与后尝幸其第，广悉屏匿美姬于别室，唯留老丑者，衣以缦彩，给事左右；屏帐改用缣素；故绝乐器之弦，不令拂去尘埃。上见之，以为不好声色，还宫，以语侍臣，意甚喜，侍臣皆称庆，由是爱之特异诸子。

上密令善相者来和遍视诸子，对曰："晋王眉上双骨隆起，贵不可言。"上又问上仪同三司韦鼎："我诸儿谁得嗣位？"对曰："至尊、皇后所最爱者当与之，非臣敢预知也。"上笑曰："卿不肯显言邪！"

晋王广美姿仪，性敏慧，沈深严重，好学，善属文；敬接朝士，礼极卑屈；由是声名籍甚，冠于诸王。

广为扬州总管，入朝，将还镇，入宫辞后，伏地流涕，后亦泫然泣下。广曰："臣性识愚下，常守平生昆弟之意，不知何罪失爱东宫，恒蓄盛怒，欲加屠陷。每恐谗谮生于投杼，鸩毒遇于杯勺，是以勤忧积念，惧履危亡。"后忿然曰："睍地伐渐不可耐，我为之娶元氏女，竟不以夫妇礼待之，专宠阿云，使有如许豚犬。前新妇遇毒而夭，我亦不能穷治，何故复于汝发如此意！我在尚尔，我死后，当鱼肉汝乎！每思东宫竟无正嫡，至尊千秋万岁之后，遣汝等兄弟向阿云儿前再拜问讯，此是几许苦痛邪！"广又拜，呜咽不能止，后亦悲不自胜。自是后决意欲废勇立广矣。

广与安州总管宇文述素善，欲述近己，奏为寿州刺史。广尤亲任总管司马张衡，衡为广画夺宗之策。广问计于述，述曰："皇太子失爱已久，令德不闻于天下。大王仁孝著称，才能盖世，数经将领，频有大功；主上之与内宫，咸所钟爱，四海之望，实归大王。然废立者国家大事，处人父子骨肉之间，诚未易谋也。然能移主上意者，唯杨素耳，素所与谋者唯其弟约。述雅知约，请朝京师，与约相见，共图之。"广大悦，多赍金宝，资述入关。

杨广一定和萧妃一起在门口迎接，还设宴用精美食品招待，另外还送上一份厚礼。来往的婢女仆人，没有不称赞他的仁爱和孝心。隋文帝与独孤皇后曾经驾临他的住宅，杨广把漂亮的姬妾全都藏匿在别的房间，只留下老丑的在房间，穿上朴素不带花纹的衣服，在身边伺候；房间的屏帐换上浅色的丝绢；故意弄断乐器上的弦，不让擦去上面的尘埃。隋文帝看到了，认为杨广不爱好音乐女色，回到宫中，告诉身边的侍臣，心里非常高兴，侍臣们都称赞祝贺。因此，隋文帝疼爱杨广超过了其他的儿子。

隋文帝秘密地命令一个善于看相的，名叫来和的人，给几个儿子一个一个看了相，然后来和报告说："晋王杨广眉上双骨隆起，富贵不可言说。"隋文帝又问上仪同三司韦鼎，说："我的几个儿子谁应该继承大位？"韦鼎回答说："皇上、皇后最喜欢谁就是谁来接班，不是臣能够预先知道的。"隋文帝笑着说："卿不敢把话说穿吧！"

晋王杨广仪表堂堂，生性机敏聪慧，而又深沉稳重，爱好学习，写得一手好文章，能恭敬地接待朝中官员，非常礼貌恭谦，因此，名声越来越好，远在诸王之上。

杨广任职扬州总管，入京朝见，将要回到镇所扬州，进宫拜别母亲独孤皇后，趴在地上痛哭，独孤皇后也陪着潸然泪下。杨广说："臣生性愚笨，才识浅薄，经常维护兄弟间平时的感情，不知有什么罪过让太子不喜欢我，总是怒气冲冲，想要陷害我。我时时担心，遭到连亲人也相信的谗言加身，更担心酒杯汤勺之中有毒药，因此日夜忧虑惶恐，生怕踏上灭亡的境地。"独孤皇后生气地说："睍地伐（杨勇）越来越使人不可忍耐，我替他娶了元氏女，竟敢不以夫妇之礼对待她，一心只宠爱阿云，使她生下一大堆猪狗。先前新娶的媳妇遭到毒害而死，我没有深究，为何又对你动了杀害的念头！我还活着况且这样，我要死了，那不把你们当鱼肉吗？我常常想到太子竟然没有正妻生的嫡子，皇上千秋万岁后，让你们兄弟去向阿云的儿子叩头问安，这是何等的痛苦啊！"杨广接着叩头，呜咽悲伤不能停止，独孤皇后也悲伤得控制不住。从这此后，独孤皇后铁定了心要废除杨勇而立杨广为太子。

杨广和安州总管宇文述一向交情深厚，他想让宇文述更加靠近自己，便奏请让他担任寿州刺史。杨广特别亲近信任总管司马张衡，张衡替杨广拟订了夺取太子地位的策略。杨广向宇文述请教，宇文述说："皇太子失宠已经很久，他的美德不为天下人所知。大王的仁爱忠孝闻名天下，才能无人可比，又多次带兵打仗，屡建大功；皇上和皇后，都十分喜爱你，四海万民瞩望，实际已经归向大王。然而废黜太子另立储君，是国家大事，我处在别人父子骨肉之间，确实不容易出谋划策。但是能够改变皇上心意的，只有杨素一人而已，而杨素能够接受与他一起议事的人只有他的弟弟杨约。我宇文述十分了解杨约，让我入京师朝见，便能同杨约会面，共同

约时为大理少卿，素凡有所为，皆先筹于约而后行之。述请约，盛陈器玩，与之酣畅，因而共博，每阳不胜，所赍金宝尽输之约。约所得既多，稍以谢述，述因曰："此晋王之赐，令述与公为欢乐耳。"约大惊曰："何为尔？"述因通广意，说之曰："夫守正履道，固人臣之常致；反经合义，亦达者之令图。自古贤人君子，莫不与时消息以避祸患。公之兄弟，功名盖世，当涂用事有年矣，朝臣为足下家所屈辱者，可胜数哉！又，储后以所欲不行，每切齿于执政；公虽自结于人主，而欲危公者固亦多矣！主上一旦弃群臣，公亦何以取庇！今皇太子失爱于皇后，主上素有废黜之心，此公所知也。今若请立晋王，在贤兄之口耳。诚能因此时建大功，王必永铭骨髓，斯则去累卵之危，成太山之安也。"约然之，因以白素。素闻之，大喜，抚掌曰："吾之智思殊不及此，赖汝启予。"约知其计行，复谓素曰："今皇后之言，上无不用，宜因机会早自结托，则长保荣禄，传祚子孙。兄若迟疑，一旦有变，令太子用事，恐祸至无日矣！"素从之。

后数日，素入侍宴，微称"晋王孝悌恭俭，有类至尊"。用此揣后意。后泣曰："公言是也！吾儿大孝爱，每闻至尊及我遣内使到，必迎于境首；言及违离，未尝不泣。又其新妇亦大可怜，我使婢去，常与之同寝共食。岂若睍地伐与阿云对坐，终日酣宴，昵近小人，疑阻骨肉！我所以益怜阿麽者，常恐其潜杀之。"素既知后意，因盛言太子不才。后遂遗素金，使赞上废立。

勇颇知其谋，忧惧，计无所出，使新丰人王辅贤造诸厌胜；又于后园作庶人村，室屋卑陋，勇时于中寝息，布衣草褥，冀以当之。上知勇不自安，在仁寿宫，使杨素观勇所为。素至东宫，偃息未入，勇束带待之，素故久不进以激怒勇；勇衔之，形于言色。素还言："勇怨望，恐有他变，愿深防察！"上闻素谮毁，甚疑之。后又遣人伺觇东宫，纤介事皆闻奏，因加诬饰以成其罪。

商议。”杨广非常高兴，送给他很多金银财宝，以便宇文述入京打点。

杨约当时任大理寺少卿，杨素凡是要做什么事，都要先和杨约商议后再行动。宇文述约请杨约，摆了很多珍宝古玩，和他一起畅饮，又一起赌博，每次假装输给他，所带的金银财宝全都输给了杨约。杨约赢了很多财宝，向宇文述略微表示歉意。宇文述趁机说："这些东西都是晋王送的，让我与你一同娱乐罢了。"杨约大惊说："为什么要这样？"宇文述便告诉了杨广的心意，并劝杨约说："遵守正道，本应是做臣子的准则；但是违反常规而合于义理，也是通达事理的人的最好谋划。自古以来的贤人君子，无不是顺应潮流的避免祸患。你们兄弟，功劳名望超过了世人，位居权要已经有很多年了，朝中大臣遭受你家凌辱的不知有多少。还有，皇太子要求的很多事没有办成，时常对掌权的人切齿痛恨；你虽然得到当今皇上的宠信，可是一心想谋害你的人一直很多。皇上一旦抛弃群臣，你到哪里去找靠山！如今皇太子失去了皇后的宠爱，皇上一向有废黜太子的心意，这是你知道的事。现今如果请求皇上立晋王杨广为太子，只不过是你哥哥的一句话罢了。如果真的借这机会建立了大功，晋王一定刻骨铭心，牢牢记住，这样，你们兄弟就可以排除累卵的危险，而成就像泰山一样稳固。"杨约非常赞同，便报告给了杨素。杨素听了，非常高兴，拍掌说："在我的思考谋划中，还没有考虑太子废立的事，全靠你提醒我。"杨约知道自己的计谋已经收到成效，便又对杨素说："如今皇后说的话，皇上没有不听的，应当趁这时机早一点巴结上皇后，就能长保荣华富贵，把福禄传给子孙后代。兄长如果迟疑，一旦发生变故，让太子掌权，恐怕大祸就要临头了。"杨素听从了。

几天以后，杨素进宫陪伴酒宴，婉转地说："晋王孝顺友爱，尊敬节俭，有些像皇上。"用这话来揣摩独孤皇后的心意。皇后笑着说："你说得好！我的阿麽儿（杨广）最孝敬友爱，每次听到皇上和我派的内使要到达，必定亲自远迎；说起远离双亲，没有不伤心流泪的。还有他新娶的媳妇也十分可爱，我派婢女去看望，经常让婢女和她同床睡觉，同桌吃饭。哪里像睍地伐（杨勇）只和阿云面对面相坐，整天饮酒玩乐，亲近小人，猜疑陷害骨肉兄弟！我所以特别怜爱阿麽，时常担心睍地伐暗害他。"杨素既然明白了独孤皇后的心意，趁机添油加醋地说太子不成器。独孤皇后于是送给杨素很多金银，让杨素帮助劝说隋文帝废除太子另立杨广。

杨勇也察觉到这种阴谋，忧愁恐惧，不知道怎么办，便让新丰人王辅贤造设了许多巫术诅咒之物来镇伏；又在后园修建了一个平民村，房屋低矮简陋，杨勇时常在里面睡觉休息，穿粗布衣服，垫草褥席，希望以此来抵消谗言。隋文帝知道杨勇内心不安，在仁寿宫派杨素到长安观察杨勇的作为。杨素到了东宫，在宫外停留休息，让杨勇穿戴衣冠等候，杨素故意逗留很久不进去，以此来激怒杨勇，杨勇怨恨在心，接见杨素时，便在言辞和脸色上表现出来。杨素于是回报说："杨勇满怀怨

上遂疏忌勇，乃于玄武门达至德门量置候人，以伺动静，皆随事奏闻。又，东宫宿卫之人，侍官以上，名籍悉令属诸卫府，有勇健者咸屏去之。出左卫率苏孝慈为淅州刺史，勇愈不悦。太史令袁充言于上曰：“臣观天文，皇太子当废。”上曰：“玄象久见，群臣不敢言耳。”充，君正之子也。

晋王广又令督王府军事姑臧段达私赂东宫幸臣姬威，令伺太子动静，密告杨素；于是内外喧谤，过失日闻。段达因胁姬威曰：“东宫过失，主上皆知之矣。已奉密诏，定当废立；君能告之，则大富贵！”威许诺，即上书告之。

秋，九月，壬子，上至自仁寿宫。翌日，御大兴殿，谓侍臣曰：“我新还京师，应开怀欢乐；不知何意翻邑然愁苦！”吏部尚书牛弘对曰：“臣等不称职，故至尊忧劳。”上既数闻谮毁，疑朝臣悉知之，故于众中发问，冀闻太子之过。弘对既失旨，上因作色，谓东宫官属曰：“仁寿宫此去不远，而令我每还京师，严备仗卫，如入敌国。我为下利，不解衣卧。昨夜欲近厕，故在后房，恐有警急，还移就前殿，岂非尔辈欲坏我家国邪！”于是执太子左庶子唐令则等数人付所司讯鞫；命杨素陈东宫事状以告近臣。

素乃显言之曰：“臣奉敕向京，令皇太子检校刘居士余党。太子奉诏，作色奋厉，骨肉飞腾，语臣云：‘居士党尽伏法，遣我何处穷讨！尔作右仆射，委寄不轻，自检校之，何关我事！’又云：‘昔大事不遂，我先被诛，今作天子，竟乃令我不如诸弟，一事以上，不得自遂！’因长叹回视云：‘我大觉身妨。’”上曰：“此儿不堪承嗣久矣，皇后恒劝我废之。我以布衣时所生，地复居长，望其渐改，隐忍至今。勇尝指皇后侍儿谓人曰：‘是皆我物。’此言几许异事！其妇初亡，我深疑其遇毒，尝责之，勇即怼曰：‘会杀元孝矩。’此欲害我而迁怒耳。长宁初生，朕与皇后共抱养之，自怀彼此，连遣来索。且云定兴女，在外私合而生，想此由来，何必是其体胤！昔晋太子取屠家女，其儿即好屠割。今傥非类，便乱宗祏。我虽德惭尧、舜，终不以万姓付不肖子！我恒畏其加害，如防大敌；今

恨，恐怕要发生其他的事变，希望严加防备！”隋文帝听了杨素的诬陷，更加猜疑杨勇。独孤皇后又派人暗中监视东宫，细小琐事都随时奏报皇上，再加上诬告增饰，以构成杨勇的罪状。

隋文帝于是疏远并且猜忌杨勇，便在玄武门到至德门中间，按一定距离布置密探，侦察杨勇的动静，随时奏报。另外，侍卫东宫的人，凡是侍官以上的，名册全部划归十二禁军府，有勇武健壮的，全都调走。又调出东宫左卫率苏孝慈为淅州刺史，杨勇更加不高兴。太史令袁充对隋文帝说：“臣夜观天文，应该废黜太子。”隋文帝说：“天象已经出现很久了，只是群臣不敢说罢了。”袁充是袁君正的儿子。

晋王杨广又命督王府军事姑臧人段达暗中贿赂东宫宠臣姬威，要他监视太子行踪，秘密报告杨素；因此朝廷内外喧闹诽谤，太子的过失每天都可以听到。段达还威胁姬威说：“太子的过失，皇上都已知道。已经接到密诏，决定要废立太子；你如果能抢先告发，那么一定能大富大贵！”姬威答应了，便马上上书告发。

秋季，九月二十六日壬子，隋文帝从仁寿宫回到京师。第二天，登上大兴殿，对侍臣说：“我刚刚回到京师，应当心胸开朗，高兴快乐，不知为什么反而郁闷愁苦。”吏部尚书牛弘回答说：“臣等不称职，所以让皇上忧愁劳苦。”隋文帝既然多次听到了诽谤太子的谗言，怀疑满朝大臣都知道，故意当众发问，希望听到说太子的坏话。牛弘的回答不合心意，隋文帝于是变了脸色，斥责东宫的官员说：“仁寿宫离这里没多远，而我每次返回京师，都要严密设置兵仗警卫，就像进入敌国。我甚至拉肚子，也不敢脱下衣服睡觉。昨晚睡觉，想靠近厕所，便住在后房，又担心有紧急事变，只得又搬回前殿，这难道不是你们想要毁掉我的家国吗！”于是逮捕太子左庶子唐令则等数人，交给司法部门审问，命杨素陈述东宫的情况，通报近臣让大家都知道。

杨素于是公开指控太子说：“臣从仁寿宫奉手谕到京师，让皇太子清理刘居士的党羽，太子接了诏令，变了脸色，怒气冲冲，暴跳如雷，对臣说：‘刘居士同党全都伏法，派我到哪里去追查！你任职右仆射尚书，责任不轻，你应自己去追查，与我有何相干！’又说：‘先前禅让大事如果不成功，我第一个被诛杀，现今做了天子，竟然待我还不如几个弟弟，做任何一件事，我都不遂心意！’”便长叹一声，回头看着阿云说：“我大梦初醒才知道身不由己。”隋文帝说：“我早就知道这个儿子不能继承帝位，皇后常常劝我废黜他。我看在他是我还是平民时所生的，又是长子，希望他慢慢改过，所以一直克制忍耐拖到今天。杨勇曾经指着皇后的侍女对人说：‘这些都将属于我。’这话说得太怪了！他的妻子刚死，我深深怀疑是中毒死的，曾经责备他，杨勇当即怨恨地说：‘应当杀掉元孝矩。’这是想害我而迁怒到岳父头上啊！长宁王杨俨刚出生的时候，朕与皇后一起抱过来抚养他，杨勇自己心怀隔阂，几次派

欲废之以安天下！”

左卫大将军五原公元旻谏曰：“废立大事，诏旨若行，后悔无及。谗言罔极，惟陛下察之。”上不应，命姬威悉陈太子罪恶。威对曰：“太子由来与臣语，唯意在骄奢，且云：‘若有谏者，正当斩之，不杀百许人，自然永息。’营起台殿，四时不辍。前苏孝慈解左卫率，太子奋髯扬肘曰：‘大丈夫会当有一日，终不忘之，决当快意。’又宫内所须，尚书多执法不与，辄怒曰：‘仆射以下，吾会戮一二人，使知慢我之祸。’每云：‘至尊恶我多侧庶，高纬、陈叔宝岂孽子乎！’尝令师姥卜吉凶，语臣云：‘至尊忌在十八年，此期促矣。’”上泫然曰：“谁非父母生，乃至于此！朕近览《齐书》，见高欢纵其儿子，不胜忿愤，安可效尤邪！”于是禁勇及诸子，部分收其党与。杨素舞文巧诋，锻炼以成其狱。

居数日，有司承素意，奏元旻常曲事于勇，情存附托，在仁寿宫，勇使所亲裴弘以书与旻，题云“勿令人见”。上曰：“朕在仁寿宫，有纤介事，东宫必知，疾于驿马，怪之甚久，岂非此徒邪！”遣武士执旻于仗。右卫大将军元胄时当下直，不去，因奏曰：“臣向不下直者，为防元旻耳。”上以旻及裴弘付狱。

先是，勇见老枯槐，问：“此堪何用？”或对曰：“古槐尤宜取火。”时卫士皆佩火燧，勇命工造数千枚，欲以分赐左右；至是，获于库。又药藏局贮艾数斛，索得之，大以为怪，以问姬威，威曰：“太子此意别有所在，至尊在仁寿宫，太子常饲马千匹，云：‘径往守城门，自然饿死。’”素以威言诘勇，勇不服，曰：“窃闻公家马数万匹，勇忝备太子，马千匹，乃是反乎！”素又发东宫服玩，似加雕饰者，悉陈之于庭，以示文武群臣，为太子之罪。上及皇后迭遣使责问勇，勇不服。

人来要回，并且说是云定兴的女儿，在外面与人私通生下的儿子。想想这个由来，怎能断定是他的亲生骨肉！从前晋惠帝的太子娶了屠户的女儿，所生的儿子就喜欢杀猪。现在如果传位不伦不类，就会乱了皇家宗祠。我虽然自愧德行不如尧舜，也断不会把天下百姓交给不肖的儿子！我经常害怕他加害于我，如同防大敌似的，今天想把他废黜了以安定天下。”

左卫大将军五原公元旻劝谏隋文帝，说：“废立是国家大事，诏旨颁行以后，后悔就来不及了。谗言无孔不入，希望皇上明察。”隋文帝不吭声，命令姬威尽情陈述太子的罪恶。姬威说：“太子与臣讲话，从来只留心骄纵奢侈，他还说：‘如果有人来劝谏，就应杀他的头，只要杀他一百多，劝谏就会永远消失。’太子营造亭台殿阁，一年四季都不停止。先前苏孝慈被解除了左卫率，太子气得吹胡子瞪眼睛，不停地挥舞拳头说：‘大丈夫会有扬眉吐气的一天，我永远不会忘记这件事，一定要报仇才能消我心中的气。’还有，东宫所需的物品，尚书大多按法规定下的标准供给，太子就发怒说：‘尚书仆射以下，我要杀他一两个，才会知道怠慢我是什么样的下场。’他还经常说：‘皇上讨厌我有很多小妾生的儿子，北齐末主高纬、陈朝末主陈叔宝难道是庶子吗！’太子曾经命巫婆占卜吉凶，对臣说：‘皇上开皇十八年将归天，这个期限快到了。’”隋文帝泪流满面，说：“谁人不是父母所生，太子竟然到了这个地步。朕近来翻阅《齐书》，看到高欢放纵儿子，真是气愤难忍，我怎么能够效法高欢呢！”于是拘禁了杨勇和他的几个儿子，派人分头逮捕太子的党羽。杨素舞文弄墨，歪曲捏造，罗织罪名把太子打成铁案。

过了几天，司法官吏按照杨素的旨意，向隋文帝奏告说元旻经常曲意事奉杨勇，一心攀附。隋文帝在仁寿宫时，杨勇曾派亲信裴弘送一封信给元旻，信上题写“不要让别人看见”。隋文帝说：“朕在仁寿宫，有一点点小事，东宫都知道，速度比驿马传信还快，长时间以来我都觉得很奇怪，肯定是这个家伙泄密的！”因此隋文帝派武士到左卫禁军行列中逮捕元旻。右卫大将军元胄当时正要下朝，却不肯离去，便上奏说：“臣刚才没有回家去，就是为了防备元旻。”隋文帝把元旻以及裴弘一齐关进监狱。

起初，杨勇看到一棵老枯槐树，问身边的人说：“这树还有用吗？”有人回答说：“古槐最适用于取火。”当时卫士随身带有火燧，杨勇命令工匠制作了几千枚火燧，打算分配赐给下属；到现在，这些东西在藏库中查获。此外，在药藏局储存了数斛艾草，也搜查出来了，隋文帝感到非常奇怪，便问姬威，姬威说：“太子这样做另有目的。皇上在仁寿宫，太子经常养马一千匹，说：‘只要直接守住城门，皇上自然就要饿死。’”杨素用姬威的话去审问杨勇，杨勇不服，说：“我听说你家养马几万匹，我身为太子，养马千匹，能说是谋反吗！”杨素又把从东宫收缴来的服饰珍玩，

冬，十月，乙丑，上使人召勇，勇见使者惊曰：“得无杀我邪？”上戎服陈兵，御武德殿，集百官立于东面，诸亲立于西面，引勇及诸子列于殿庭，命内史侍郎薛道衡宣诏，废勇及其男、女为王、公主者。勇再拜言曰：“臣当伏尸都市，为将来鉴戒；幸蒙哀怜，得全性命！”言毕，泣下流襟，既而舞蹈而去，左右莫不闵默。长宁王俨上表乞宿卫，辞情哀切；上览之闵然。杨素进曰：“伏望圣心同于螫手，不宜复留意。”

己巳，诏：“元旻、唐令则及太子家令邹文腾、左卫率司马夏侯福、典膳监元淹、前吏部侍郎萧子宝、前主玺下士何竦并处斩，妻妾子孙皆没官。车骑将军榆林阎毗、东郡公崔君绰、游骑尉沈福宝、瀛州术士章仇太翼，特免死，各杖一百，身及妻子、资财、田宅皆没官。副将作大匠高龙叉、率更令晋文建、通直散骑侍郎元衡皆处尽。于是集群官于广阳门外，宣诏戮之。乃移勇于内史省，给五品料食。赐杨素物三千段，元胄、杨约并千段，赏鞫勇之功也。

文林郎杨孝政上书谏曰：“皇太子为小人所误，宜加训诲，不宜废黜。”上怒，挞其胸。

（以上为第一段，写隋文帝开皇二十年废黜太子杨勇的过程。）

初，云昭训父定兴，出入东宫无节，数进奇服异器以求悦媚；左庶子裴政屡谏，勇不听。政谓定兴曰：“公所为不合法度。又，元妃暴薨，道路籍籍，此于太子，非令名也。公宜自引退，不然，将及祸。”定兴以告勇，勇益疏政，由是出为襄州总管。唐令则为勇所昵狎，每令以弦歌教内人，右庶子刘行本责之曰：“庶子当辅太子以正道，何有取媚于房帷之间哉！”令则甚惭而不能改。时沛国刘臻、平原明克让、魏郡陆爽，并以文学为勇所亲；行本怒其不能调护，每谓三人曰：“卿等正解读书耳！”夏侯福尝于閤内与勇戏，福大笑，声闻于外。行本闻之，待其出，数之曰：“殿下宽容，赐汝颜色。汝何物小人，敢为亵慢！”因付执法者治之。数日，勇为福致请，乃释之。勇尝得良马，欲令行本乘而观之，行本正色曰：“至尊置臣于庶子，欲令辅导殿下，非为殿下作弄臣

以及加工雕饰过的物品，全部摆在殿庭之中，让群臣参观，作为太子谋反的罪证。隋文帝和独孤皇后轮番派出使者责问杨勇，杨勇不认罪。

冬季，十月初九日乙丑，隋文帝派使者召见杨勇，杨勇见到使者吃惊地说："该不是要杀我吧？"隋文帝穿上戎装，出动军队戒严，登上武德殿，集合文武百官站立在东面，皇室宗亲站立在西面，带领杨勇和他的几个儿子站在殿堂中间，命令内史侍郎薛道衡宣读诏书，废黜杨勇以及他的儿女有王爵、公主封号的都为庶民。杨勇连续叩头说："臣应当陈尸长安闹市，为后来的人鉴戒；蒙陛下哀怜，保全了性命！"说完，泪流满襟，随后跪拜退出，左右的人无不默默悲伤。长宁王杨俨上表请求担任京师的宿卫，言辞情意哀伤恳切，隋文帝看了也感动悲切。杨素进言说："臣拜伏希望圣上下狠心，就像毒蛇咬伤手指，壮士挥刀断腕一样，不要留下温情。"

十月十三日己巳，隋文帝下诏说："元旻、唐令则，以及太子家令邹文腾、左卫率司马夏侯福、典膳元淹、前吏部侍郎萧子宝、前主玺下士何竦，一律问斩，妻妾子孙都籍没入官为奴，车骑将军林阎毗、东郡公崔君绰、游骑尉沈福宝、瀛州术士章仇太翼、特赦免死罪，各处杖刑一百，但本人及妻子儿女、家产田地房屋都籍没入官府。副将作大匠高龙叉、率更令晋文建、通直散骑侍郎元衡，赐其自尽。"于是在广阳门外集合朝官，宣读诏书，对罪臣执行死刑。然后将杨勇转送内史省，给他五品官员的俸禄。赐给杨素三千段绢帛，元胄、杨约各一千段，赏赐他们审讯杨勇的功劳。

文林郎杨孝政上书进谏说："皇太子被小人迷误，应该加强训诲教导，不应该废黜。"隋文帝大怒，命人鞭打他的前胸。

当初，云昭训的父亲云定兴，可以随意进出东宫，不受节制。云定兴多次进献一些奇装异服、珍贵器物，用来讨好太子。左庶子裴政常劝谏，杨勇不听。裴政对云定兴说："你的做法违反法度。而且，元妃突然死了，人们议论纷纷，到处传扬，对于太子来说，并不是什么好名声。您应当自行引退，不然，将要大祸临头。"云定兴把裴政说的话转告了杨勇，杨勇更加疏远裴政，最后还把他调去做襄州总管。唐令则一直受到杨勇的亲近宠爱，常常命他教宫女妃妾弹琴唱歌，右庶子刘行本责备他说："太子庶子应当正道辅佐太子，哪有在房帷之间献媚取宠的道理！"唐令则深感惭愧，但却不能够改正。当时沛国人刘臻、平原人明克让、魏郡人陆爽，都因为有文学才华受到杨勇宠爱。刘行本痛恨他们不能辅导太子，常常对这三个人说："你们只知道死读书罢了！"夏侯福曾经在后阁和杨勇嬉戏，夏侯福哈哈大笑的声音传到外面，刘行本听到了，等他出来之后，责备他说："殿下宽宏大度，赏脸给你。你

也。”勇惭而止。及勇败，二人已卒，上叹曰：“向使裴政、刘行本在，勇不至此。”

勇尝宴宫臣，唐令则自弹琵琶，歌《娬媚娘》。洗马李纲起白勇曰：“令则身为宫卿，职当调护；乃于广坐自比倡优，进淫声，秽视听。事若上闻，令则罪在不测，岂不为殿下之累邪！臣请速治其罪！”勇曰：“我欲为乐耳，君勿多事。”纲遂趋出。及勇废，上召东宫官属切责之，皆惶惧无敢对者。纲独曰：“废立大事，今文武大臣皆知其不可而莫肯发言，臣何敢畏死，不一为陛下别白言之乎！太子性本中人，可与为善，可与为恶。向使陛下择正人辅之，足以嗣守鸿基。今乃以唐令则为左庶子，邹文腾为家令，二人唯知以弦歌鹰犬娱悦太子，安得不至于是邪！此乃陛下之过，非太子之罪也。”因伏地流涕呜咽。上惨然良久曰：“李纲责我，非为无理，然徒知其一，未知其二；我择汝为宫臣，而勇不亲任，虽更得正人，何益哉！”对曰：“臣所以不被亲任者，良由奸人在侧故也。陛下但斩令则、文腾，更选贤才以辅太子，安知臣之终见疏弃也。自古废立冢嫡，鲜不倾危，愿陛下深留圣思，无贻后悔。”上不悦，罢朝，左右皆为之股栗。会尚书右丞缺，有司请人，上指纲曰：“此佳右丞也！”即用之。

太平公史万岁还自大斤山，杨素害其功，言于上曰：“突厥本降，初不为寇，来塞上畜牧耳。”遂寝之。万岁数抗表陈状，上未之悟。上废太子，方穷东宫党与。上问万岁所在，万岁实在朝堂，杨素曰：“万岁谒东宫矣！”以激怒上。上谓为信然，令召万岁。时所将将士在朝堂称冤者数百人，万岁谓之曰：“吾今日为汝极言于上，事当决矣。”既见上，言“将士有功，为朝廷所抑！”词气愤厉。上大怒，令左右㨾杀之。既而追之，不及，因下诏陈其罪状，天下共冤惜之。

算什么东西，竟敢这样轻慢无理！”便把他交付执法官员治罪。过了几天，杨勇替夏侯福说情，才释放了他。杨勇曾得到一匹好马，想让刘行本骑上马欣赏一下，刘行本很严肃地说：“皇上把臣安排在太子庶子这个职位上，是要让臣辅导殿下，不是当殿下的弄臣。”杨勇自觉惭愧只好作罢。等到杨勇被废黜，裴政和刘行本都死了，隋文帝叹息说：“假如裴政、刘行本还活着的话，杨勇就不会到这地步。”

杨勇曾经宴请东宫官员，唐令则自弹琵琶，自唱《娬媚娘》。太子洗马李纲起身向杨勇报告说：“唐令则身为宫卿，职责是辅导太子，如今他却在大庭广众中扮演一个歌伎的角色，进献靡靡之音，污秽太子的耳朵。这事如果皇上知道了，唐令则的罪责不小，难道不会连累殿下吗！臣请求立即惩处他。”杨勇说：“我想取乐，你不要多事。”李纲拂袖退出。等到杨勇被废黜，隋文帝召集东宫官属严厉责备，大家都惊恐慌张，没有敢说话。只有李纲站出来说：“废立太子是国家大事，现在文武大臣都知道不可以，但不敢出来说话。臣怎么敢只是怕死，就不对陛下明明白白说一下是非呢！太子是一个中等人才，可以使他为善，也可以使他为恶。当初陛下如果选择正直的人辅导太子，是可以继承大隋的伟大基业。如今选用的是唐令则做太子的左庶子，邹文腾做太子的家令，这两个人只知道用声色狗马讨取太子的欢心，怎能不是这个下场。这原本是陛下的过错，并不是太子的过错。”于是伏在地上痛哭流涕，呜咽不止。隋文帝也难过了好一阵，才说：“李纲你责备我，不是没有道理，但是你只知道一面，不知道另一面。我选择你为东宫的臣子，可是杨勇不亲任你，即使我选择了别的正直的人，又有什么用！”李纲回答说：“臣之所以不被太子信用，实在是因为奸人在太子身边的缘故。陛下只要杀了唐令则、邹文腾，挑选别的正直人才辅导太子，怎么知道臣就不被太子信用呢？自古以来，废黜嫡长子，很少有不倾覆危亡的，希望陛下三思，以免将来后悔。”隋文帝很不高兴，起身退朝，满朝官员都被这一紧张场面吓得浑身发抖。正巧尚书右丞空缺，主管部门请求人选，隋文帝指着李纲说：“这就是一个好右丞。”立即任命了李纲。

太平公史万岁从大斤山回来后，杨素嫉妒他的功劳，对隋文帝说：“突厥本来已经投降了，并没有入侵，只不过来塞上放牧罢了。”于是把封赏功劳的事搁置下来。史万岁几次上表陈述战况，隋文帝都没有醒悟。当时，隋文帝废黜了太子，正忙着铲除党羽。隋文帝问史万岁在什么地方，史万岁当时正在朝堂之上，而杨素却说：“史万岁到东宫拜见太子去了！”以此激怒皇上。隋文帝信以为真，传令召见史万岁。当时史万岁所率领的将士在朝堂上声称冤屈的有数百人，史万岁对他们说：“我今天为你们向皇上尽力说明情况，事情会有结果的。”史万岁见到隋文帝后说：“将士作战有功，却被朝廷怠慢！”言词语气激愤严厉。隋文帝大怒，命令左右的人把他拖出去乱棍打死。过了一会儿派人传令停止行刑，已经来不及了，便下诏列举史

十一月，戊子，立晋王广为皇太子。天下地震，太子请降章服，宫官不称臣。十二月，戊午，诏从之。以宇文述为左卫率。始，太子之谋夺宗也，洪州总管郭衍预焉，由是征衍为左监门率。

帝囚故太子勇于东宫，付太子广掌之。勇自以废非其罪，频请见上申冤，而广遏之不得闻。勇于是升树大叫，声闻帝所，冀得引见。杨素因言勇情志昏乱，为癫鬼所著，不可复收。帝以为然，卒不得见。

（以上为第二段，写废立太子前前后后的错综关系。杨勇蒙冤，却也咎由自取。杨广与杨素阴谋夺嫡成功，又继续扩大冤案，因而史万岁遭冤杀，隋朝的清平政治开始走下坡。）

初，帝之克陈也，天下皆以为将太平，监察御史房彦谦私谓所亲曰："主上忌刻而苛酷，太子卑弱，诸王擅权，天下虽安，方忧危乱。"其子玄龄亦密言于彦谦曰："主上本无功德，以诈取天下，诸子皆骄奢不仁，必自相诛夷，今虽承平，其亡可翘足待。"彦谦，法寿之玄孙也。

玄龄与杜杲之兄孙如晦皆预选，吏部侍郎高孝基名知人，见玄龄，叹曰："仆阅人多矣，未见如此郎者，异日必为伟器，恨不见其大成耳。"见如晦，谓曰："君有应变之才，必任栋梁之重。"俱以子孙托之。

帝晚年深信佛道鬼神，辛巳，始诏"有毁佛及天尊、岳、镇、海、渎神像者，以不道论；沙门毁佛像，道士毁天尊像者，以恶逆论"。

是岁，征同州刺史蔡王智积入朝。智积，帝之弟子也，性修谨，门无私谒，自奉简素，帝甚怜之。智积有五男，止教读《论语》，不令交通宾客。或问其故，智积曰："卿非知我者！"其意盖恐诸子有才能以致祸也。

齐州行参军章武王伽送流囚李参等七十余人诣京师，行至荥阳，哀其辛苦，悉呼谓曰："卿辈自犯国刑，身婴缧绁，固其职也；重劳援卒，

万岁的罪状，天下的人都觉得他冤枉，深感悲痛惋惜。

十一月初三日戊子，隋文帝册立晋王杨广为皇太子。国内发生大地震，太子杨广请求礼服降低一等，东宫官属对太子不以臣自称。十二月初三日戊午，隋文帝下诏同意杨广的请求。任命宇文述为左卫率。当初，杨广阴谋夺取太子地位的时候，洪州总管郭衍参与了此事，因此征召郭衍为左监门率。

隋文帝把前太子杨勇囚禁在东宫，交给太子杨广负责掌管。杨勇自认为无罪而被废黜，屡次请求见皇上申诉冤屈，但杨广总是从中阻拦，使杨勇的请求不能让皇上知道。杨勇没办法便爬到树上大声喊叫，让声音传到皇上那里，希望能够被召见。杨素便说杨勇神志已经昏乱，被鬼魂附身，治不好了。隋文帝信以为真，始终没有召见杨勇。

当初，隋文帝平定陈朝的时候，人们认为天下将要太平了。监察御史房彦谦私下对亲近的人说："皇上猜忌刻薄而又苛严残酷，太子卑微懦弱，诸王各占一方，专擅政权，天下虽然表面上安定，我正担忧危急祸乱发生。"他的儿子房玄龄也暗中告诉父亲说："皇上本来没有什么功德，用欺诈方法夺取天下，几个儿子都骄纵奢侈没有仁德，一定会互相残杀，现今虽然太平，它的灭亡会很快到来。"房彦谦，是房法寿的玄孙。

房玄龄和杜杲的侄孙杜如晦都被推荐到吏部接受选拔，吏部侍郎高孝基以识人知名，他见了房玄龄，吃惊地说："我见过的人很多，还没有见过像你这样的年轻人，日后一定成为一个大人物，遗憾的是我不能亲眼看到你的成功。"高孝基见了杜如晦，对他说："你有应变的才干，一定能够担当栋梁的重任。"高孝基把子孙同时托付给房玄龄和杜如晦两个人。

隋文帝晚年笃好佛法、道士、鬼神。十二月二十六日辛巳，第一次下诏说："敢有毁坏佛像和道教元始天尊神像，以及五岳、九镇、二海、四渎神像的人，以不道论罪；僧人毁坏佛像，道士毁坏元始天尊像的，以大逆不道论罪。"

这一年，隋文帝征召同州刺史蔡王杨智积入朝。杨智积，是隋文帝弟弟的儿子，生性内向谨慎，家中没有私事请托的，自己日常生活简易朴素，隋文帝非常怜爱他。杨智积有五个儿子，只教他们读《论语》，不让他们交往宾客。有人问他是什么缘故，杨智积说："你不了解我。"他的用意大概是担心几个儿子不要因有才能而招来祸患吧！

齐州代理参军章武人王伽，押送被判流放的囚徒李参等七十多人上京城，行到荥阳，王伽可怜囚犯疲劳，便把他们全都叫来说："你们犯了国法，身子被绳索捆

岂不愧心哉！”参等辞谢。伽乃悉脱其枷锁，停援卒，与约曰：“某日当至京师，如致前却，吾当为汝受死。”遂舍之而去。流人感悦，如期而至，一无离叛。上闻而惊异，召见与语，称善久之。于是悉召流人，令携负妻子俱入，赐宴于殿庭而赦之。因下诏曰：“凡在有生，含灵禀性，咸知善恶，并识是非。若临以至诚，明加劝导，则俗必从化，人皆迁善。往以海内乱离，德教废绝，吏无慈爱之心，民怀奸诈之意。朕思遵圣法，以德化民，而伽深识朕意，诚心宣导，参等感寤，自赴宪司：明是率土之人，非为难教。若使官尽王伽之俦，民皆李参之辈，刑厝不用，其何远哉！”乃擢伽为雍令。

太史令袁充表称：“隋兴已后，昼日渐长，开皇元年，冬至之景长一丈二尺七寸二分；自尔渐短，至十七年，短于旧三寸七分。日去极近则景短而日长，去极远则景长而日短；行内道则去极近，行外道则去极远。谨按《元命包》曰：‘日月出内道，璇玑得其常。’《京房别对》曰：‘太平，日行上道；升平，行次道；霸代，行下道。’伏惟大隋启运，上感乾元，景短日长，振古希有。”上临朝，谓百官曰：“景长之庆，天之祐也。今太子新立，当须改元，宜取日长之意以为年号。”是后百工作役，并加程课，以日长故也。丁匠苦之。

（以上为第三段，写有识之士预感到隋朝盛世已潜伏危机。隋文帝嘉奖王伽释囚事件，表明隋文帝尚未糊涂昏聩；而太史令袁充的上奏，让隋文帝又被阿谀的言词弄昏了头。）

仁寿元年（辛酉，601 年）

春，正月，乙酉朔，赦天下，改元。

以尚书右仆射杨素为左仆射，纳言苏威为右仆射。

丁酉，徙河南王昭为晋王。

突厥步迦可汗犯塞，败代州总管韩弘于恒安。

以晋王昭为内史令。

二月，乙卯朔，日有食之。

夏，五月，己丑，突厥男女九万口来降。

绑，这是罪有应得；却还要连累押送的狱卒一起受辛苦，你们难道不惭愧吗！”李参等人向王伽谢罪。王伽于是把全体囚犯的枷锁解开，把负责押送的狱卒遣回，自己与囚犯们相约，说：“某天你们应当到达京师，如果早到或后到，我当替你们受死。”于是放开他们一人前行。被流放的人感动高兴，都按期到达京师，没有一个人逃走。隋文帝听到后非常惊异。召见王伽，与他谈话，赞不绝口。又召集全体流放的犯人，让他们带着妻子儿女一起入朝，在殿廷上赐宴，然后赦免了他们的罪过，借这件事下诏书说：“凡是有生命的人，都有灵气善性，都知道善恶，明辨是非。如果用诚心对待他们，耐心劝导，那么习俗一定能够改变，人人都会一心向善。从前因为海内战乱，道德教化废弛断绝，官吏没有慈爱之心，黎民怀有奸诈的邪念。朕想要遵循古代圣贤的方法，用道德教化民众，而王伽深刻了解朕的心意，诚心宣谕劝导，使李参等人感动醒悟，自动到执法机关认罪，这生动地说明全天下的人，不是很难教育。如果所有的官吏都和王伽一样，所有的黎民都像李参，那么搁置刑法的日子就不远了。”为此还提拔王伽为雍县县令。

太史令袁充上表奏称：“隋朝建立以后，白昼渐渐加长，开皇元年，冬至的日影长一丈二尺七寸二分；从那时以后渐渐缩短，到了开皇十七年，日影比从前缩短三寸七分。太阳离北极近，则日影短而白昼长；太阳离北极远，则日影长而白昼短。太阳在黄道之北运行则离北极近，在黄道之南运行则离北极远。谨按《元命包》说：‘日月在黄道之北运行，天文仪器观测就正常。’《京房别对》上说：‘太平之世，太阳在黄道之北运行；升平之世，在黄道运行；乱世，在黄道之南运行。’臣想大隋创业，感动上天，所以日影短白昼长，这是自古以来很少有的。”隋文帝临朝，对文武百官说：“影短日长的吉庆，是上天的福祐。现在太子刚刚册封，应当改年号，可以取白昼增长的意思作为年号。”此后工匠、民夫作工，都加大了工作量，因为白昼时间加长了。民间工匠都深受其苦。

隋文帝仁寿元年（辛酉，601年）

春季，正月初一日乙酉，大赦天下，改年号为仁寿。

隋文帝任命尚书右仆射杨素为左仆射，纳言苏威为右仆射。

正月十三日丁酉，改封河南王杨昭为晋王。

突厥步迦可汗侵犯边塞，在恒安郡打败代州总管韩弘。

隋文帝任命晋王杨昭为内史令。

二月初一日乙卯，发生日食。

夏季，五月初七日己丑，突厥男女九万人来隋朝归附。

六月，乙卯，遣十六使巡省风俗。

乙丑，诏以天下学校生徒多而不精，唯简留国子学生七十人，太学、四门及州县学并废。殿内将军河间刘炫上表切谏；不听。秋，七月，改国子学为太学。

初，帝受周禅，恐民心未服，故多称符瑞以耀之，其伪造而献者，不可胜计。冬，十一月，己丑，有事于南郊，如封禅礼，版文备述前后符瑞以报谢云。

山獠作乱，以卫尉少卿洛阳卫文昇为资州刺史镇抚之。文昇名玄，以字行。初到官，獠方攻大牢镇，文昇单骑造其营，谓曰："我是刺史，衔天子诏，安养汝等，勿惊惧也！"群獠莫敢动。于是说以利害，渠帅感悦，解兵而去，前后归附者十余万口。帝大悦，赐缣二千匹。壬辰，以文昇为遂州总管。

潮、成等五州獠反，高州酋长冯盎驰诣京师，请讨之。帝敕杨素与盎论贼形势，素叹曰："不意蛮夷中有如是人！"即遣盎发江、岭兵击之。事平，除盎汉阳太守。

诏以杨素为云州道行军元帅，长孙晟为受降使者，挟启民可汗北击步迦。

（以上为第四段，写隋文帝仁寿元年裁减学校，边患再起。）

二年（壬戌，602年）

春，三月，己亥，上幸仁寿宫。

突厥思力俟斤等南渡河，掠启民男女六千口、杂畜二十余万而去。杨素帅诸军追击，转战六十余里，大破之，突厥北走。素复进追，夜，及之，恐其越逸，令其骑稍后，亲引两骑并降突厥二人与虏并行，虏不之觉；候其顿舍未定，趣后骑掩击，大破之，悉得人畜以归启民；自是突厥远遁，碛南无复寇抄。素以功进子玄感爵柱国，赐玄纵爵淮南公。

兵部尚书柳述，庆之孙也，尚兰陵公主，怙宠使气，自杨素之属皆下之。帝问符玺直长万年韦云起："外间有不便事，可言之。"述时侍侧，

六月初三日乙卯，隋文帝派出十六批使者巡察各地风俗。

六月十三日乙丑，颁布诏令说：“全国各级学校生员很多，但是学业不精，只挑选七十名学生留在国子学，太学、四门学以及各州各县的州学、县学全都停办。”殿内将军河间人刘炫上表恳切地劝谏，隋文帝不听。秋季，七月［十七日戊戌］，把国子学改为太学。

当初，隋文帝接受北周禅让，怕民心不服，因此就多次声称有符瑞兆应，以此来炫耀自己登基是依天意行事。假造符瑞征兆的人不计其数。冬季，十一月初九日己丑，隋文帝到京师南郊祭天，仪式隆重，跟泰山封禅一样，把祭文刻到木版上，详细叙述符瑞出现前前后后的征兆以此来报谢上天。

居住在山中的僚人造反，朝廷任命卫尉少卿洛阳人卫文昇为资州刺史，前往镇抚。卫文昇名玄，以字号行于世。他刚到职时，僚人正在攻打大牢镇，他单枪匹马前往僚人军营，对僚人说：“我是刺史，是奉天子诏命前来安抚保护你们的人，不要怕。”僚人们没有敢乱动。于是卫文昇进一步向他们阐明利害关系，僚人首领为其感动，撤兵而去，前后归附的有十多万人。隋文帝非常高兴，赏赐卫文昇两千匹绢帛。十一月十二日壬辰，任命卫文昇为遂州总管。

居住在潮州、成州等五州的僚人造反，高州酋长冯盎急奔京师，请求朝廷派兵去征讨。隋文帝敕令杨素和冯盎讨论这一情况，杨素叹息说：“没想到蛮夷中有这样忠心的人！”随即派遣冯盎征调江南、岭南的军队攻打僚人。乱事平定后，任命冯盎为汉阳太守。

隋文帝下诏任命杨素为云州道行军元帅，长孙晟为受降使者，会同启民可汗北上攻击步迦可汗。

隋文帝仁寿二年（壬戌，602年）

春季，三月二十一日己亥，隋文帝临幸仁寿宫。

突厥思力俟斤可汗等人南渡黄河，掳掠启民可汗部落男女六千人、各种牲畜二十多万头而后离去。杨素率领各路大军追击，追了六十多里，将思力俟斤打得大败。突厥人又向北逃跑，杨素紧追不舍，终于在夜里追上。杨素担心敌人四散逃跑，便命令骑兵稍稍拉开距离在后面尾随，自己亲率两名骑兵和两名投降的突厥人混入敌军中一起行进，敌人没有发觉。等到敌人停下住宿还没有安顿妥当的时候，急令尾追的骑兵发起突然袭击，彻底打败了突厥人，全部收回被俘的人口与牲畜，归还启民可汗。从这以后，突厥人跑得远远的，大漠南边再没有突厥人的侵扰。杨素因

云起奏曰："柳述骄豪，未尝经事，兵机要重，非其所堪，徒以主婿，遂居要职。臣恐物议以为陛下'官不择贤，专私所爱'，斯亦不便之大者。"帝甚然其言，顾谓述曰："云起之言，汝药石也，可师友之。"秋，七月，丙戌，诏内外官各举所知。柳述举云起，除通事舍人。

益州总管蜀王秀，容貌瑰伟，有胆气，好武艺。帝每谓独孤后曰："秀必以恶终，我在当无虑，至兄弟，必反矣。"大将军刘哙之讨西爨也，帝令上开府仪同三司杨武通将兵继进。秀以嬖人万智光为武通行军司马。帝以秀任非其人，谴责之，因谓群臣曰："坏我法者，子孙也。譬如猛虎，物不能害，反为毛间虫所损食耳。"遂分秀所统。

自长史元岩卒后，秀渐奢僭，造浑天仪，多捕山獠充宦者，车马被服，拟于乘舆。

及太子勇以谗废，晋王广为太子，秀意甚不平。太子恐秀终为后患，阴令杨素求其罪而谮之。上遂征秀，秀犹豫，欲谢病不行。总管司马源师谏，秀作色曰："此自我家事，何预卿也！"师垂涕对曰："师忝参府幕，敢不尽忠！圣上有敕追王，以淹时月，今乃迁延未去。百姓不识王心，傥生异议，内外疑骇，发雷霆之诏，降一介之使，王何以自明？愿王熟计之！"朝廷恐秀生变，戊子，以原州总管独孤楷为益州总管，驰传代之。楷至，秀犹未肯行；楷讽谕久之，乃就路。楷察秀有悔色，因勒兵为备；秀行四十余里，将还袭楷，觇知有备，乃止。

八月，甲子，皇后独孤氏崩。太子对上及宫人哀恸绝气，若不胜丧者；其处私室，饮食言笑如平常。又，每朝令进二溢米，而私令取肥肉脯鲊，置竹筒中，以蜡闭口，衣襆裹而纳之。

为这次战功，他的儿子杨玄感被赐爵柱国，杨玄纵被赐爵淮南公。兵部尚书柳述，是柳庆的孙子，娶隋文帝第五女兰陵公主，他恃宠骄横，任性霸道，连杨素他都看不起。隋文帝问符玺直长万年人韦云起，说："宫外有不便说的事，你不妨说一说。"柳述当时陪坐在旁边，韦云起奏说："柳述骄横放纵，没办过大事，兵机重事，他担当不起，只因是皇上的女婿，于是担任了要职，臣担心舆论会认为陛下'用人不择贤，而是用人唯亲'，这是最不便说的事。"隋文帝非常赞同韦云起的话，回头对柳述说："韦云起说的话，对你是治病的良药苦口，你应当把他当作你的良师和益友。"秋季，七月初十日丙戌，隋文帝下诏让朝内朝外的官员推荐自己了解的贤才，柳述荐举韦云起，隋文帝任命韦云起为通事舍人。

益州总管蜀王杨秀，容貌伟壮威猛，有胆有识，爱好练武。隋文帝常常对独孤皇后说："杨秀一定不得善终，我在世的时候当然不必担心，等到他们兄弟当政时，杨秀肯定要反叛。"大将军刘哙讨伐西爨的时候，文帝曾命令上开府仪同三司杨武通率领军队随后继进。杨秀派他的宠信弄臣万智光担任杨武通的行军司马，隋文帝认为杨秀任用的人不合适，便责备他，还对群臣说："破坏我的法度的，是我的子孙。这好比是老虎，别的动物伤不了它，反倒是它自己身上皮毛间的小虫子却可以损害它。"于是减少了杨秀统领的军队数量。

自从长史元岩去世后，杨秀日益奢侈违规制度，竟然制造了天子用的浑天仪，又捕捉了很多的山居僚人充当宦官，车马服饰，比拟皇上的仪仗。

等到太子杨勇因为谗言伤害而被废黜，晋王杨广做了太子，杨秀心意更加不平衡。太子杨广担心杨秀成为后患，暗中让杨素找他的过错谗害杨秀，隋文帝于是征召杨秀入朝，杨秀迟疑不决，假托有病不启程。总管司马源师进言规劝，杨秀变了脸色说："这是我的家事，与你有什么相干！"源师流着眼泪说："源师忝列王府幕僚，怎敢不尽忠心！圣上有敕令催促大王，已经拖延了很长时间了，如今还在拖延不动身。百姓不了解大王的心意，如果生出种种非议，朝廷内外猜疑震惊，皇上颁下雷霆震怒的诏书，再派出一个使臣来问罪，大王将用什么来解释清楚呢！希望大王认真考虑。"朝廷担心杨秀生出变乱，三月初十日戊子，隋文帝任命原州总管独孤楷为益州总管，乘驿站车马快速去接替杨秀。独孤楷到了益州，杨秀仍不愿意启程；独孤楷劝说了很长时间，杨秀才上了路。独孤楷观察杨秀启程后又有后悔之意，便部署军队，做了防备；杨秀走了四十多里，打算返回袭击独孤楷，侦察得知独孤楷已有了防备，这才罢休。

八月十九日甲子，独孤皇后逝世。太子杨广当着皇上和宫女宦官的面悲伤欲绝，仿佛承受不了一样；可是回到府中，和平时一样吃喝谈笑。又，杨广每天早上使人只送进府中两镒米，而暗中却命人把肥肉、干肉、腌鱼等，放在竹筒里，用蜡封口，

著作郎王劭上言："佛说：'人应生天上及生无量寿国之时，天佛放大光明，以香花妓乐来迎。'伏惟大行皇后福善祯符，备诸秘记，皆云是妙善菩萨。臣谨按八月二十二日，仁寿宫内再雨金银花；二十三日，大宝殿后夜有神光；二十四日卯时，永安宫北有自然种种音乐，震满虚空；至夜五更，奄然如寐，遂即升遐，与经文所说，事皆符验。"上览之悲喜。

九月，丙戌，上至自仁寿宫。

冬，十月，癸丑，以工部尚书杨达为纳言。达，雄之弟也。

闰月，甲申，诏杨素、苏威与吏部尚书牛弘等修定五礼。

上令上仪同三司萧吉为皇后择葬地，得吉处，云："卜年二千，卜世二百。"上曰："吉凶由人，不在于地。高纬葬父，岂不卜乎！俄而国亡。正如我家墓田，若云不吉，朕不当为天子；若云不凶，我弟不当战没。"然竟从吉言。吉退，告族人萧平仲曰："皇太子遣宇文左率深谢余云：'公前称我当为太子，竟有其验，终不忘也。今卜山陵，务令我早立。我立之后，当以富贵相报。'吾语之云：'后四载，太子御天下。'若太子得政，隋其亡乎！吾前绐云'卜年二千'者，三十字也；'卜世二百'者，取世二传也。汝其识之！"

壬寅，葬文献皇后于太陵。诏以"杨素经营葬事，勤求吉地，论素此心，事极诚孝，岂与夫平戎定寇比其功业！可别封一子义康公，邑万户"。并赐田三十顷，绢万段，米万石，金珠绫锦称是。

蜀王秀至长安，上见之，不与语；明日，使使切让之。秀谢罪，太子诸王流涕庭谢。上曰："顷者秦王糜费财物，我以父道训之。今秀蠹害生民，当以君道绳之。"于是付执法者。开府仪同三司庆整谏曰："庶人勇既废，秦王已薨，陛下见子无多，何至如是！蜀王性甚耿介，今被重责，恐不自全。"上大怒，欲断其舌，因谓群臣曰："当斩秀于市以谢百姓。"乃令杨素等推治之。

用包头巾裹着送进府中。

著作郎王劭上奏说:“佛经说:‘人的灵魂应当升天的和进入极乐世界的，到时候天上的佛会放大光明，并用香花和女子乐舞来迎接。’臣私下认为，大行皇后的福缘善果，祯祥符瑞，在各种秘籍里都有记载，都说是妙善菩萨。臣谨慎考虑，八月二十二日，仁寿宫内再次从天上降下金银花；二十三日，大宝殿后面在夜晚出现神奇的光彩；二十四日卯时，永安宫北面出现天乐，响彻空中；到了夜晚五更，万籁俱静，如入梦境，皇后圣洁的灵魂随即升天，与佛家经文所说的，事事全都符合。”隋文帝看了奏章悲喜交加。

九月十一日丙戌，隋文帝从仁寿宫回到京师。

冬十月初九日癸丑，任命工部尚书杨达为纳言。杨达是杨雄的弟弟。

闰十月，初十日甲申，诏令杨素、苏威和吏部尚书牛弘等修订五礼。

隋文帝命令上仪同三司萧吉替独孤皇后选择葬地。萧吉选得一处风水宝地，上奏说:“占卜年代，隋朝可享年二千岁；占卜世代，皇家可传二百代。”隋文帝说:“吉凶在于人，不在于地。北齐高纬埋葬父亲，难道没有占卜选择葬地吗？不久国家就灭亡了。正如我家的墓地，如果说不吉利，朕就不该当为天子；如果说不凶险，我弟弟就不该战死。”但是最终还是采纳了萧吉的意见。萧吉退出后，告诉族人萧平仲说:“皇太子派左卫率宇文述向我深表感谢，说:‘你以前说我当为太子，竟真的应验了，我不会忘记的。现今占卜选择皇后葬地，一定要让我早日即位，我即位之后，一定用富贵报答你。’我告诉他说:‘四年以后，太子要统治天下。’如果太子当政，隋朝就要灭亡了啊！我先前不过是骗他说‘占卜年代，隋朝可享二千年’，其实是‘三十’两字;‘占卜世代，皇家可传二百世’，是取能传二世的意思。你把这件事记住！”

闰十月二十八日壬寅，在太陵安葬了文献皇后。隋文帝下诏说:“杨素办理丧事，辛苦找寻吉地，他的这份心意至诚至孝，平定夷狄寇贼的功劳怎能与此相比？可另外封一个儿子为义康公，食邑一万户。”并赏赐田地三十顷，绢一万段，米一万石，另外还有与这价值相当的金珠绫锦等物品。

蜀王杨秀到达长安，隋文帝见了他，没有和他说话；第二天，派使者严厉谴责他。杨秀谢罪认错，太子和几个王也在殿庭上流泪求情。隋文帝说:“不久前秦王浪费财物，我以父亲的身份教训他。现在杨秀残害百姓，应当以为君之道制裁他。”于是把他交给执法官吏。开府仪同三司庆整劝谏说:“庶人杨勇已经废黜，秦王杨俊也死了，陛下现有的儿子不多了，何必要这样处置！蜀王性格十分耿直刚强，现今受到严厉责罚，恐怕他会出事。”隋文帝大怒，要割掉庆整的舌头，便又对群臣说:“应当把杨秀在闹市斩首，以向百姓谢罪。”于是命令杨素等人审处。

太子阴作偶人，缚手钉心，枷锁杻械，书上及汉王姓名，仍云“请西岳慈父圣母收杨坚、杨谅神魂，如此形状，勿令散荡”。密埋之华山下，杨素发之；又云秀妄述图谶，称京师妖异，造蜀地征祥；并作檄文，云“指期问罪”，置秀集中，俱以闻奏。上曰：“天下宁有是邪！”十二月，癸巳，废秀为庶人，幽之内侍省，不听与妻子相见，唯獠婢二人驱使，连坐者百余人。秀上表摧谢曰：“伏愿慈恩，赐垂矜愍，残息未尽之间，希与瓜子相见；请赐一穴，令骸骨有所。”瓜子，其爱子也。上因下诏数其十罪，且曰：“我不知杨坚、杨谅是汝何亲？”后乃听与其子同处。

初，杨素尝以少谴敕送南台，命治书侍御史柳彧治之。素恃贵，坐彧床。彧从外来，于阶下端笏整容谓素曰：“奉敕治公之罪！”素遽下。彧据案而坐，立素于庭，辨诘事状。素由是衔之。蜀王秀尝从彧求李文博所撰《治道集》，彧与之；秀遗彧奴婢十口。及秀得罪，素奏彧以内臣交通诸侯，除名为民，配戍怀远镇。

帝使司农卿赵仲卿往益州穷按秀事，秀之宾客经过之处，仲卿必深文致法，州县长吏坐者太半。上以为能，赏赐甚厚。

久之，贝州长史裴肃遣使上书，称：“高颎以天挺良才，元勋佐命，为众所疾，以至废弃；愿陛下录其大功，忘其小过。又二庶人得罪已久，宁无革心！愿陛下弘君父之慈，顾天性之义，各封小国，观其所为：若能迁善，渐更增益；如或不悛，贬削非晚。今者自新之路永绝，愧悔之心莫见，岂不哀哉！”书奏，上谓杨素曰：“裴肃忧我家事，此亦至诚也。”于是征肃入朝。太子闻之，谓左庶子张衡曰：“使勇自新，欲何为也？”衡曰：“观肃之意，欲令如吴太伯、汉东海王耳。”肃至，上面谕以勇不可复收之意而罢遣之。肃，侠之子也。

杨素弟约及从父文思、文纪、族父忌并为尚书、列卿，诸子无汗马

太子杨广暗中制作了两个木偶，用绳子绑了双手，用铁钉钉在心上，再加上枷锁和脚镣手铐，写上皇上杨坚和汉王杨谅的姓名，还写上“请求西岳慈父圣母收杨坚、杨谅的魂魄，就像这个样子，不要让他们四处游荡”。秘密埋在华山脚下，由杨素把它挖出来；太子还指控杨秀胆大妄为，引述图谶，声称京师有妖怪，捏造蜀地有种种祥瑞；还制作了檄文，说“到时兴师问罪”，把这篇檄文收进杨秀的文集中，这些材料全部上奏皇上。隋文帝说：“天下难道有这样的事？”十二月二十日癸巳，废黜杨秀为庶人，囚禁在内侍省，不让与妻子儿子相见，只派两个僚女婢子供驱使，株连判罪的有一百多人。杨秀呈上奏表，悲伤哀痛地谢罪说：“恳求陛下慈悲施恩，赐下怜悯，让我在苟延残喘的时候，能够和我儿瓜子见上一面；请求赐一个墓穴，让尸骨有一个安葬的处所。”瓜子是杨秀最疼爱的儿子。隋文帝于是下诏书列举杨秀十大罪状，并说：“我不知道杨坚、杨谅是你的什么亲人？”后来还是让杨秀和他的儿子在一起。

当初，杨素曾经因为一点小过错被敕令送到御史台，命令诏书侍御史柳彧治罪。杨素凭借贵宠，坐在柳彧床上。柳彧从外面进来，在台阶下端持笏板，整齐衣饰，严肃仪容，对杨素说：“奉皇上敕令治你的罪。”杨素赶快下床。柳彧坐在文案后面，杨素站立在厅堂上，接受案情调查。杨素从此怀恨在心。蜀王杨秀曾经向柳彧求索李文博的《治道集》，柳彧给了杨秀，杨秀送给柳彧十个奴婢。等到杨秀获罪，杨素奏告柳彧身为朝内大臣交通诸侯，罢官除名，贬为平民，发配到怀远镇戍边。

隋文帝派司农卿赵仲卿前往益州追查杨秀犯罪事实，凡是杨秀的宾客所到之处、所往来的人，赵仲卿一定苛刻地曲解法律条文构成犯罪，加以处罚，州县长吏有一大半受牵连获罪。隋文帝认为赵仲卿能干，赏赐给他很丰厚的财物。

过了很久，贝州长史裴肃派遣使者上书，说：“高颎以天生的优异才能，成为开国元勋，却遭到众人的嫉妒，以至于被免官除名。希望陛下念他的大功，忘记他的小过。另外，杨勇、杨秀两人被废黜为平民，获罪受罚已经很久了，难道就没有悔过自新的表现？希望陛下发扬君父的慈爱，念及父子的情义，各封他们一个小国，观察他们的作为：如果能够改过向善，就逐渐增加封邑；如果仍不悔改，再贬黜削夺也不迟。如今是改过自新之路永远断绝，他们惭愧悔恨的心意没法见到，岂不令人悲哀。”上书奏报后，隋文帝对杨素说：“裴肃忧虑朕的家事，也是一片诚心。”于是征召裴肃入朝。太子杨广得知消息，对左庶子张衡说：“让杨勇自新，意图是什么？”张衡说：“看来裴肃的意思，是想让杨勇做周时的吴太伯、汉代的东海王罢了。”裴肃到了京师，隋文帝面谕杨勇不可能再收为太子的原因，然后打发他回去。裴肃，是裴侠的儿子。

杨素的弟弟杨约和叔父杨文思、杨文纪以及族叔杨忌都担任尚书、列卿，他们

之劳，位至柱国、刺史；广营资产，自京师及诸方都会处，邸店、碾硙、便利田宅，不可胜数；家僮千数，后庭妓妾曳绮罗者以千数；第宅华侈，制拟宫禁；亲故吏布列清显。既废一太子及一王，威权愈盛。朝臣有违忤者，或至诛夷；有附会及亲戚，虽无才用，必加进擢；朝廷靡然，莫不畏附。敢与素抗而不桡者，独柳彧及尚书右丞李纲、大理卿梁毗而已。

始，毗为西宁州刺史，凡十一年，蛮夷酋长皆以金多者为豪隽，递相攻夺，略无宁岁，毗患之。后因诸酋长相帅以金遗毗，毗置金坐侧，对之恸哭，而谓之曰："此物饥不可食，寒不可衣，汝等以此相灭，不可胜数，今将此来，欲杀我邪！"一无所纳。于是蛮夷感悟，遂不相攻击。上闻而善之，征为大理卿，处法平允。

毗见杨素专权，恐为国患，乃上封事曰："臣闻臣无有作威作福，其害于而家，凶于而国。窃见左仆射越国公素，幸遇愈重，权势日隆，搢绅之徒，属其视听。忤旨者严霜夏零，阿旨者甘雨冬澍；荣枯由其唇吻，废兴候其指麾；所私皆非忠谠，所进咸是亲戚，子弟布列，兼州连县。天下无事，容息异图；四海有虞，必为祸始。夫奸臣擅命，有渐而来，王莽资之于积年，桓玄基之于易世，而卒殄汉祀，终倾晋祚。陛下若以素为阿衡，臣恐其心未必伊尹也。伏愿揆鉴古今，量为处置，俾洪基永固，率土幸甚！"书奏，上大怒，收毗系狱，亲诘之。毗极言："素擅宠弄权，将领之处，杀戮无道。又太子、蜀王罪废之日，百僚无不震竦，唯素扬眉奋肘，喜见容色，利国家有事以为身幸。"上无以屈，乃释之。

其后上亦寝疏忌素，乃下敕曰："仆射国之宰辅，不可躬亲细务，但三五日一向省，评论大事。"外示优崇，实夺之权也。素由是终仁寿之末，不复通判省事。出杨约为伊州刺史。

的儿子都没有什么功劳，却得高官柱国、刺史；杨家大肆扩充家产，从京城到地方各大都会，客店、磨坊、上等的田产和宅第不计其数；有几千个家奴，养在庭院里的穿着绫罗绸缎拖地的歌伎姬妾也有几千人；宅第豪华奢侈，规模制度可以和皇宫相比；亲戚和旧属都安置高官显位。当皇室废黜了一个太子和一个王以后，杨素家族的声威权势更加显赫。朝廷大臣敢冒犯杨素的人，就要杀头，甚至灭族；攀附杨素以及沾亲带故的人，即使没有才干，也一定得到升迁提拔；朝廷官随风一边倒，没人敢不畏惧他，附从他。敢与杨素叫板不屈服的人，只有侍御史柳彧、尚书右丞李纲、大理寺卿梁毗几个人。

当初，梁毗担任西宁州刺史，共任职十一年，当地的蛮夷酋长都以金子多的人为英雄豪杰，因此他们总是互相攻击掠夺，简直没有安宁的日子，梁毗深感忧虑。后来，各酋长都争着送金子给梁毗，梁毗把金子放在座位旁边，对着金子痛哭，并对送金子的豪酋们说："这种东西饥饿的时候不能吃，寒冷的时候不能穿，你们为了这种东西互相残杀，死了无数的人，现在又把这种东西拿来给我，是想害死我！"他一点金子也不要。于是蛮夷都受感化，从此不再互相残杀。隋文帝听说此事十分称赞，征召梁毗入朝，并任命他为大理寺卿，他执法公正。

梁毗见杨素专权，担心他成为国家的祸患，于是呈上一封密奏说："臣听说人臣不可以作威作福，那样将要伤害家庭，毁灭国家。臣私下看到尚书左仆射越国公杨素所受到的宠幸恩遇越来越重，权势一天比一天隆盛，在朝做官的人，全都听他指挥，冒犯人的，夏天也遭寒霜；承奉他的，冬季也降甘霖；一个人是荣华富贵还是身败名裂，全凭他口中一句话；一个人飞黄腾达还是罢黜杀戮，决定于他挥手之间。他所宠爱的都不是忠诚正直的人士，他所荐举提拔的人全是他的亲戚，子弟遍布全国，连州跨县。天下若太平无事，他们或许止息背叛的图谋；四海如果有什么动静，他们必定成为祸乱之根源。奸臣专擅权力，是逐渐形成的，王莽凭借多年的积累，桓玄依据两代的基业，最后才灭掉了西汉王朝，倾覆了晋朝皇位。陛下假若以杨素为宰辅，臣恐怕他的心未必能像伊尹。臣恳求陛下考察古今，酌情处置，使王朝大业永远稳固，天下百姓就万幸了！"密奏呈上，隋文帝大怒，把梁毗抓起来投入监狱，亲自审问他。梁毗极力陈言："杨素依恃宠信，专擅用权，他率兵所到之处，屠杀平民，残酷无道。此外太子、蜀王获罪被废的时候，百官无不震惊恐惧，只有杨素扬眉吐气，喜形于色，把国家的灾难当作自己的幸事。"隋文帝不能使梁毗屈服，便释放了他。

此后，隋文帝也逐渐疏远猜忌杨素，便下敕令说："尚书仆射是国家的宰辅，不可以事事躬亲去处理一些细事，只需三五天到一次尚书省，处理大事。"表面上看起来是对他优礼尊崇，其实是剥夺他的实权。杨素因此直到仁寿末年，都不再掌理尚

素既被疏，吏部尚书柳述益用事，摄兵部尚书，参掌机密，素由是恶之。

太子问于贺若弼曰："杨素、韩擒虎、史万岁皆称良将，其优劣何如？"弼曰："杨素猛将，非谋将；韩擒虎斗将，非领将；史万岁骑将，非大将。"太子曰："然则大将谁也？"弼拜曰："唯殿下所择！"弼意自许也。

交州俚帅李佛子作乱，据越王故城，遣其兄子大权据龙编城，其别帅李普鼎据乌延城。杨素荐瓜州刺史长安刘方，有将帅之略，诏以方为交州道行军总管，统二十七营而进。方军令严肃，有犯必斩；然仁爱士卒，有疾病者亲临抚养，士卒亦以此怀之。至都隆岭，遇贼，击破之。进军临佛子营，先谕以祸福。佛子惧，请降，送之长安。

（以上为第五段，写仁寿二年的政事变故。独孤皇后去世，蜀王杨秀被废，奸臣杨素被疏远。）

三年（癸亥，603 年）

秋，八月，壬申，赐幽州总管燕荣死。荣性严酷，鞭挞左右，动至千数。尝见道次丛荆，以为堪作杖，命取之，辄以试人。人或自陈无罪，荣曰："后有罪，当免汝。"既而有犯，将杖之，人曰："前日被杖，使君许以有罪宥之。"荣曰："无罪尚尔，况有罪邪！"杖之自若。

观州长史元弘嗣迁幽州长史，惧为荣所辱，固辞。上敕荣曰："弘嗣杖十已上罪，皆须奏闻。"荣忿曰："竖子何敢玩我！"于是遣弘嗣监纳仓粟，飏得一糠一粃，皆罚之。每笞虽不满十，然一日之中，或至三数。如是历年，怨隙日构。荣遂收弘嗣付狱，禁绝其粮，弘嗣抽絮杂水咽之。其妻诣阙称冤，上遣使按验，奏荣暴虐，赃秽狼籍；征还，赐死。元弘嗣代荣为政，酷又甚之。

九月，壬戌，置常平官。

是岁，龙门王通诣阙献《太平十二策》，上不能用，罢归。通遂教授于河、汾之间，弟子自远至者甚众，累征不起。杨素甚重之，劝之仕，

书省政事。隋文帝还外放杨约为伊州刺史。

杨素被疏远之后，吏部尚书柳述更加专权，他兼任兵部尚书，参与决策国家大事，杨素因此厌恶他。

太子问贺若弼说："杨素、韩擒虎、史万岁并称为良将，他们各自的长短究竟如何？"贺若弼回答说："杨素是猛将，不是运筹帷幄的谋将；韩擒虎是斗将，绝不是统率全军的将领；史万岁是骑将，不是大将。"太子说："那么大将是谁呢？"贺若弼叩拜说："全靠殿下察断！"贺若弼言下之意是以大将自比。

交州俚人豪帅李佛子叛乱，占据了越王旧城，派遣他哥哥的儿子李大权攻占了龙编城，他的部将李普鼎占据了乌延城。杨素举荐瓜州刺史长安人刘方，称他有将帅的才略，隋文帝下诏任命刘方为交州道行军总管，统领二十七营军队进讨。刘方军令严肃，违犯军令的人一定斩杀；但他又爱兵如子，有生病的士兵，他亲自慰问照料，士兵们因此十分拥戴他。刘方进军到都隆岭，遭遇贼兵，打败了敌人。进军进逼李佛子的兵营，先派人晓谕李佛子利害关系。李佛子害怕了，请求投降，被押解到长安。

隋文帝仁寿三年（癸亥，603 年）

秋季，八月初三日壬申，隋文帝赐幽州总管燕荣自裁。燕荣生性暴虐，经常鞭打左右的人，一打就是上千棍，他曾经看到路旁长着一丛一丛的荆条，认为是做刑杖的好材料，派人砍伐回来，就找一个人来试验。被试验的人陈述没有罪过，燕荣说："以后有罪，可以免除你的杖刑。"不久，有人犯罪，将要施以杖刑，那个人说："前些天被杖打，使君答应以后有罪就赦免我。"燕荣说："上次没有罪还遭了杖刑，何况有罪呢！"照样施以杖刑。

观州长史元弘嗣被调任为幽州长史，害怕遭受燕荣的凌辱，坚决推辞。隋文帝敕令燕荣："元弘嗣若犯罪应受杖刑，十棍以上，都要事先向朝廷奏报。"燕荣气愤地说："这小子胆敢戏耍我！"于是派元弘嗣监收仓库粟米，如果从粟米中扬出一粒糠一粒秕，都要处罚。每次责打虽然不满十下，但是一天之中，有时连遭三次杖刑。这样过了一年，双方的仇怨隔阂日益加深。燕荣于是逮捕元弘嗣关进监狱，不给饭吃，元弘嗣抽取棉絮用水吞吃。他的妻子到宫阙喊冤，隋文帝派遣使者查验，上奏燕荣残暴酷虐，贪赃枉法非常严重，被征召回朝，赐死。元弘嗣代替燕荣为幽州刺史，残暴程度更超过了燕荣。

九月二十三日壬戌，设置常平官。

这一年，龙门人王通到宫阙进献《太平十二策》，隋文帝没有采纳，王通只好作罢返回。王通于是在黄河汾水之间讲学授徒，学生从远方到来的很多。朝廷多次

通曰：“通有先人之弊庐足以蔽风雨，薄田足以具饔粥，读书谈道足以自乐。愿明公正身以治天下，时和岁丰，通也受赐多矣，不愿仕也。”或谮通于素曰：“彼实慢公，公何敬焉？”素以问通，通曰：“使公可慢，则仆得矣，不可慢，则仆失矣：得失在仆，公何预焉！”素待之如初。

弟子贾琼问息谤，通曰：“无辩。”问止怨，曰：“不争。”通尝称：“无赦之国，其刑必平；重敛之国，其财必削。”又曰：“闻谤而怒者，谗之囮也；见誉而喜者，佞之媒也：绝囮去媒，谗佞远矣。”大业末，卒于家，门人谥曰文中子。

突厥步迦可汗所部大乱，铁勒仆骨等十余部，皆叛步迦降于启民。步迦众溃，西奔吐谷浑；长孙晟送启民置碛口，启民于是尽有步迦之众。

（以上为第六段，仁寿三年无大事，略记二三事：隋文帝惩治暴吏，杨素礼遇王通，西突厥众溃。隋文帝赐令暴吏幽州刺史燕荣自裁，但继任者暴虐更甚。由于隋文帝晚年为政暴虐，上行下效，虽然惩治了个别暴吏，但无济于风气的改变。）

征召，他都不出来做官。杨素非常敬重他，劝他出来做官。王通说："我王通有祖辈留下来的破旧住房，可以遮风避雨，几亩薄田可以供我喝点稀粥，读书论道也足以怡然自乐。希望明公端正身心治理天下，四时和顺，年年丰收，那我王通所受到的恩赐就很多了，不愿意做官。"有人在杨素面前说王通的坏话："他实际上是怠慢您，您为何还这样尊敬他？"杨素便问王通，王通说："假使您是可以怠慢的，那么我就有所得；假使您不可以怠慢，那么我就有所失；得与失都在于我，与您有何干呢！"杨素对待他一如既往。

学生贾琮问王通怎样才能止住诽谤，王通说："不要辩解。"又问怎样消除怨恨，王通说："不要相争。"王通曾经说："不用下达赦令的国家，它的刑法一定公平；横征暴敛的国家，它的财力必然削弱。"又说："听到诽谤就发怒的人，是招引谗言的媒介；听到赞扬就欢喜的人，是招致谄佞的媒介；断绝这两种媒介，谗言邪佞就会远离而去。"大业末年，王通在家中去世，学生们送他一个谥号叫文中子。

突厥步迦可汗所统部落大乱，铁勒仆骨等十多个部落，都背叛步伽降附启民可汗，步迦可汗部众溃散，向西逃往吐谷浑；长孙晟把启民可汗送到碛口，启民可汗于是统领了步迦可汗的部众。

【点评】

隋文帝更立太子被弑。本卷史事的最大事件是隋文帝废黜太子杨勇，更立太子杨广。杨勇沉溺于声色，亲爱群小，铺张浪费，不是一个理想的继位人。杨广有平陈之功，又矫饰伪善投父母之好，处心积虑地夺取太子之位，结交权臣，施恩下人，杨勇的悲剧在情理之中。杨广心狠手辣，不论怎么伪装，难免露出马脚。他伪造谎言陷害兄长，制造伪证嫁祸弟弟杨秀，而杨勇从不言杨广之过，一个宽厚，一个狠毒，可以说对比鲜明。独孤皇后偏听偏爱，与一个妒悍之妇的性情相合。而隋文帝却迷惑不悟，殊难理解。大概隋文帝因运用诈术取天下，心性本来就不正，在悍妇、权臣、群小的重围中迷失方向，也许就是正常的吧！隋文帝晚年暴虐、拒谏、刚愎，惧失天下，违心废黜蜀王杨秀，担心身后他造反，亦不忍之人矣。之后，杨广弑父弑君，隋文帝得了现世报，亦如杨勇之失太子位，也是咎由自取啊！

隋纪四

隋文帝仁寿四年至隋炀帝大业三年（604—607年）

【起阏逢困敦（甲子，604年），尽强圉单阏（丁卯，607年），凡四年】

【大事提要】

本卷载述公元604年至公元607年史事，凡四年，时当隋文帝仁寿四年至隋炀帝大业三年。这是隋朝多事和盛衰转折的一个时期。重大史事有：隋炀帝弑君弑父得以继位；平定汉王杨谅的叛乱，国家遭受一次浩劫，平叛后遭杀戮和流放者达二十万人；隋炀帝建东宫、修运河、筑长城、巡游江都、耀兵北疆、通西域，加之赏赐无节，都耗费了隋朝大量资财。由于当时天下承平，无内忧外患，尚能支撑。

【原文】

高祖文皇帝下

仁寿四年（甲子，604年）

春，正月，丙午，赦天下。

帝将避暑于仁寿宫，术士章仇太翼固谏；不听。太翼曰："是行恐銮舆不返！"帝大怒，系之长安狱，期还而斩之。甲子，幸仁寿宫。乙丑，诏赏赐支度，事无巨细，并付皇太子。夏，四月，乙卯，帝不豫。六月庚申，赦天下。秋，七月，甲辰，上疾甚，卧与百僚辞诀，并握手歔欷，命太子赦章仇太翼。丁未，崩于大宝殿。

高祖性严重，令行禁止。每旦听朝，日昃忘倦。虽啬于财，至于赏赐有功，即无所爱；将士战没，必加优赏，仍遣使者劳问其家。爱养百姓，劝课农桑，轻徭薄赋。其自奉养，务为俭素，乘舆御物，故弊者随宜补用；自非享宴，所食不过一肉；后宫皆服浣濯之衣。天下化之，开皇、仁寿之间，丈夫率衣绢布，不服绫绮，装带不过铜铁骨角，无金玉之饰。故衣食滋殖，仓库盈溢。受禅之初，民户不满四百万，末年，逾八百九十万，独冀州已一百万户。然猜忌苛察，信受谗言，功臣故旧，无始终保全者；乃至子弟，皆如仇敌，此其所短也。

初，文献皇后既崩，宣华夫人陈氏、容华夫人蔡氏皆有宠。陈氏，陈高宗之女；蔡氏，丹杨人也。上寝疾于仁寿宫，尚书左仆射杨素、兵部尚书柳述、黄门侍郎元岩皆入阁侍疾，召皇太子入居大宝殿。太子虑上有不讳，须预防拟，手自为书，封出问素；素条录事状以报太子。宫人误送上所，上览而大恚。陈夫人平旦出更衣，为太子所逼，拒之，得免，归于上所；上怪其神色有异，问其故。夫人泫然曰："太子无礼！"上恚，抵床曰："畜生何足付大事！独孤误我！"乃呼柳述、元岩曰："召我儿！"述等将呼太子，上曰："勇也。"述、岩出阁为敕书。杨素闻之，以白太子，矫诏执述、岩，系大理狱；追东宫兵士帖上台宿卫，门禁出入，并取宇文述、郭衍节度；令右庶子张衡入寝殿侍疾，尽遣后宫出就

【语译】

高祖文皇帝下

隋文帝仁寿四年（甲子，604 年）

春季，正月初九日丙午，大赦天下。

隋文帝将要到仁寿宫去避暑，术士章仇太翼极力劝阻，隋文帝不听。章仇太翼说："这次出行恐怕圣驾回不了京师。"隋文帝大怒，把章仇太翼逮捕下狱，期限是回京时斩首。正月二十七日甲子，隋文帝驾临仁寿宫。正月二十八日乙丑，隋文帝下诏，凡是赏赐、财政支出，事无巨细，全都交给太子杨广处理。四月［十四日己卯］，隋文帝生病。六月初六日庚申，大赦天下。秋季，七月初十日甲辰，隋文帝病重，卧床与百官诀别，并与大臣们握手呜咽，命太子杨广赦免章仇太翼。七月十三日丁未，隋文帝在大宝殿驾崩。

隋高祖杨坚，生性谨严持重，所发号令，坚决执行，所要禁止，坚决不做。每天早上听朝理政，到了太阳偏西仍不知疲倦。虽然吝啬钱财，可是赏赐有功之臣，却十分慷慨；将士战死，一定优厚抚恤，并派使者慰问家属。他爱护百姓，鼓励农桑，轻徭薄赋。他自己的日常生活，力求节俭，乘坐的御车以及日常用品，破旧了的还随时修补再用；除了宴请宾客，平时吃饭只有一个肉菜；后宫嫔妃都穿洗旧了的衣服。全国风气都受到感化，开皇仁寿年间，男人们都穿绢布衣物，不穿绫罗绸缎，装饰用品不出铜铁骨角，没有用金银珠玉装饰。所以国民吃穿增加，国家仓库装满。隋文帝接受禅让的初年，编民之户不满四百万，到了仁寿末年，超过了八百九十万户，单单冀州就过了一百万户。但是，隋文帝猜疑忌妒心太重，喜欢苛求细察，听信谗言，功臣故旧，没能保全始终的；甚至对自己的子弟，也都当作仇敌，这是他的短处。

当初，独孤皇后去世以后，宣华夫人陈氏、容华夫人蔡氏都受到隋文帝的宠幸。陈氏是陈宣帝的女儿，蔡氏是丹杨人。隋文帝卧病仁寿宫，尚书左仆射杨素、兵部尚书柳述、黄门侍郎元岩都进宫侍候，召皇太子杨广进宫住在大宝殿。杨广想到皇上万一去世，必须预先作好应变防备，他亲自写了一封密函，派人送出来询问杨素。杨素把各种情况及要采取的措施，一条条地写下来回复太子，宫人把回信误送到了皇上那里，隋文帝看后十分气愤。陈夫人天亮时出去上厕所，被太子逼迫非礼，陈夫人竭力抗拒，才得以逃脱，她回到隋文帝寝宫，隋文帝看到她神色失常，问是什么原因，陈夫人流泪说："太子无礼！"隋文帝大怒，用手捶床说："这个畜生怎么能交付给他国家大事！独孤害了我！"便叫来柳述、元岩说："召见我儿！"柳述等人准备去叫杨广。隋文帝说："是勇儿。"柳述、元岩出了寝宫，撰写敕书。杨素听到

别室；俄而上崩。故中外颇有异论。陈夫人与后宫闻变，相顾战栗失色。晡后，太子遣使者赍小金合，帖纸于际，亲署封字，以赐夫人。夫人见之，惶惧，以为鸩毒，不敢发。使者促之，乃发，合中有同心结数枚，宫人咸悦，相谓曰："得免死矣！"陈氏恚而却坐，不肯致谢；诸宫人共逼之，乃拜使者。其夜，太子蒸焉。

（以上为第一段，写隋文帝暴崩于仁寿宫，太子杨广弑父弑君，蒸淫陈夫人。）

乙卯，发丧，太子即皇帝位。会伊州刺史杨约来朝，太子遣约入长安，易留守者，矫称高祖之诏，赐故太子勇死，缢杀之；然后陈兵集众，发高祖凶问。炀帝闻之，曰："令兄之弟，果堪大任。"追封勇为房陵王，不为置嗣。八月，丁卯，梓宫至自仁寿宫；丙子，殡于大兴前殿。柳述、元岩并除名，述徙龙川，岩徙南海。帝令兰陵公主与述离绝，欲改嫁之；公主以死自誓，不复朝谒，上表请与述同徙，帝大怒。公主忧愤而卒，临终，上表请葬于柳氏，帝愈怒，竟不哭，葬送甚薄。

太史令袁充奏言："皇帝即位，与尧受命年合。"讽百官表贺。礼部侍郎许善心议，以为"国哀甫尔，不宜称贺"。左卫大将军宇文述素恶善心，讽御史劾之；左迁给事郎，降品二等。

汉王谅有宠于高祖，为并州总管，自山以东，至于沧海，南距黄河，五十二州皆隶焉；特许以便宜从事，不拘律令。谅自以所居天下精兵处，见太子勇以谗废，居常怏怏，及蜀王秀得罪，尤不自安，阴蓄异图。言于高祖，以"突厥方强，宜修武备"。于是大发工役，缮治器械，招集亡命，左右私人殆将数万。突厥尝寇边，高祖使谅御之，为突厥所败；其所领将帅坐除解者八十余人，皆配防岭表。谅以其宿旧，奏请留之，高祖怒曰："尔为藩王，惟当敬依朝命，何得私论宿旧，废国家宪法邪！嗟乎小子，尔一旦无我，或欲妄动，彼取尔如笼内鸡雏耳，何用腹心为！"

消息，告诉了太子杨广，于是假传隋文帝诏令逮捕柳述、元岩，关进大理寺牢狱。迅速追调东宫的士兵增补台省宿卫，宫禁出入，全由宇文述、郭衍调度指挥；命令东宫右庶子张衡进入寝宫侍候，把寝宫的宫女宦官全部驱赶到其他地方。一会儿，隋文帝驾崩。因此朝廷内外有各种不同的议论。陈夫人与后宫女子听到变故，面面相觑，全身发抖，面无人色。黄昏时分，太子派使者送来一个小金盒，接口处贴上纸条，太子亲自题字签封，赐给陈夫人。陈夫人看见小金盒，惊恐不安，以为是毒药，不敢打开。使者催促她，她才打开，盒内却放有几枚同心结。宫女们都很喜悦，互相说："可以免死了！"陈夫人很气愤，退后坐下，不肯答谢。宫女们一起催逼她，才拜谢使者。当天夜里，太子杨广奸淫陈夫人。

七月二十一日乙卯，发丧，太子杨广即皇帝位。正巧伊州刺史杨约来朝见，杨广派杨约进入长安，调换了看守杨勇的宿卫，假传隋文帝的诏命，赐死故太子杨勇，结果杨勇被人勒死；然后陈列军队会集朝官，发布高祖驾崩的消息。隋炀帝得知这一切，对杨素说："令兄的弟弟，果然能担负大任。"追封杨勇为房陵王，但不立爵位继承人。八月初三日丁卯，隋文帝灵柩从仁寿宫运到京师；八月十二日丙子，设灵堂于大兴前殿。柳述、元岩一起被罢官除名，柳述发配到龙州，元岩发配到南海。隋炀帝强迫兰陵公主与柳述离婚，要她改嫁；公主誓死不从，不再朝请，上表请求陪伴柳述发配，隋炀帝大怒。兰陵公主忧愤而死，临死的时候，又上表请求埋葬在柳氏墓地，隋炀帝更加愤怒，竟然不去哀悼，致送的葬礼也很微薄。

太史令袁充上奏说："新皇帝即位的时日，与帝尧接受天命的时间相合。"暗示百官上表庆贺。礼部侍郎许善心提出异议，认为"国丧刚开始，不应当庆贺"。左卫大将军宇文述一向憎恨许善心，暗示御史弹劾许善心，贬为给事郎，官品降二等。

汉王杨谅很受隋文帝的宠爱，担任并州总管，从太行山以东，直到大海，南到黄河，有五十二州的地方隶属于并州。还特许汉王可以不上奏，自行处置事务，不必拘泥法律条文。杨谅自认为他所在的地方是天下精兵会聚的地方，他看到太子杨勇因受诬陷而被废黜，常常闷闷不乐；等到蜀王杨秀获罪，杨谅更加不安，暗中怀有异图。他对隋文帝说，由于"突厥正日益强盛，应该整修武备"。于是大规模征调工匠夫役，修理器械，召集亡命之徒，安置在自己身边，这样的私人武装有数万人。突厥人曾侵扰边境，高祖派杨谅抵御，他被突厥人打败，他所率领的将帅因罪被解职除名的有八十余人，都被发配到岭南戍守。杨谅因为这些人是他多年的旧部，奏请留下他们。高祖发怒说："你作为藩主，只应服从朝廷命令，怎么可以因私而强调故旧关系，废弃国家的法令呢！你这小子，你一旦没有了我，假如轻举妄动，人家抓你就像抓笼子里的小鸡一样，你那些心腹将领又有何用！"

王頍者，僧辩之子，倜傥好奇略，为谅谘议参军，萧摩诃，陈氏旧将，二人俱不得志，每郁郁思乱，皆为谅所亲善，赞成其阴谋。

会荧惑守东井，仪曹邺人傅奕晓星历，谅问之曰："是何祥也？"对曰："天上东井，黄道所经，荧惑过之，乃其常理，若入地上井，则可怪耳。"谅不悦。

及高祖崩，炀帝遣车骑将军屈突通以高祖玺书征之。先是，高祖与谅密约："若玺书召汝，敕字傍别加一点，又与玉麟符合者，当就征。"及发书无验，谅知有变。诘通，通占对不屈，乃遣归长安。谅遂发兵反。

总管司马安定皇甫诞切谏，谅不纳，诞流涕曰："窃料大王兵资非京师之敌；加以君臣位定，逆顺势殊，士马虽精，难以取胜。一旦陷身叛逆，絓于刑书，虽欲为布衣，不可得也。"谅怒，囚之。

岚州刺史乔钟葵将赴谅，其司马京兆陶模拒之曰："汉王所图不轨，公荷国厚恩，当竭诚效命，岂得身为厉阶乎！"钟葵失色曰："司马反邪！"临之以兵，辞气不挠，钟葵义而释之。军吏曰："若不斩模，无以压众心。"乃囚之。于是从谅反者凡十九州。

王頍说谅曰："王所部将吏，家属尽在关西，若用此等，则宜长驱深入，直据京都，所谓疾雷不及掩耳，若但欲割据旧齐之地，宜任东人。"谅不能决，乃兼用二策，唱言杨素反，将诛之。

总管府兵曹闻喜裴文安说谅曰："井陉以西，在王掌握之内，山东士马，亦为我有，宜悉发之；分遣羸兵屯守要害，仍命随方略地，帅其精锐，直入蒲津。文安请为前锋，王以大军继后，风行雷击，顿于霸上。咸阳以东，可指麾而定。京师震扰，兵不暇集，上下相疑，群情离骇；我陈兵号令，谁敢不从！旬日之间，事可定矣。"谅大悦，于是遣所署大将军余公理出太谷，趣河阳，大将军綦良出滏口，趣黎阳，大将军刘建出井陉，略燕、赵，柱国乔钟葵出雁门，署文安为柱国，与柱国纥单贵、王聃等直指京师。

帝以右武卫将军洛阳丘和为蒲州刺史，镇蒲津。谅选精锐数百骑戴幂䍦，诈称谅宫人还长安，门司弗觉，径入蒲州，城中豪杰亦有应之者；

王頍是王僧辩的儿子，性格豪爽，善于谋略，担任杨谅的谘议参军。萧摩诃是陈朝的旧将。两个人都不得志，经常郁郁寡欢，图谋作乱，都受杨谅宠信，赞同杨谅的阴谋。

正巧，荧惑处在井宿的位置，仪曹邺人傅奕通晓占星术，杨谅问他说："这是什么征兆？"傅奕回答："天上的井宿，在黄道带上，荧惑通过，是正常的现象，假如进入地上井宿的分野，那就奇怪了。"杨谅听了十分不高兴。

到隋文帝去世时，隋炀帝派车骑将军屈突通持高祖玺书召杨谅进京。原来，隋文帝曾与杨谅秘密约定："假若用玺书召你，敕字旁另外加有一点，而又和玉麟符相合的话，你就应当接受。"等到打开玺书一看没有符验，杨谅就知道出了事。杨谅盘问屈突通，屈突通不改口回答，便打发他回长安，杨谅于是起兵造反。

总管司马安定人皇甫诞恳切劝阻，杨谅不听，皇甫诞流着泪说："我料定大王的兵力和装备不能和京师相抗衡；加上君臣的名分已经确定，逆顺的形势悬殊，大王虽兵强马壮，但也难以取胜。一旦陷身为叛逆，按刑律治罪，纵然想只作一个平民也不可能了。"杨谅大怒，把他投入了牢狱。

岚州刺史乔钟葵将要追随杨谅，他的司马京兆人陶模阻止，说："汉王图谋不轨，您身受国家厚恩，理应竭诚效命，怎么能身陷祸端呢！"乔钟葵变了脸色，说："司马你反了吗？"把刀架到他脖子上，陶模言辞气度毫不屈服，乔钟葵佩服他大义凛然，就放了他。军吏说："如果不杀陶模，无法使大家心服。"于是把他囚禁起来。当时共有十九个州跟从杨谅造反。

王頍进言杨谅说："大王的部属将吏，家属都在关西，如果用这些人，那么应当长驱深入，直接去占领京师，这就叫迅雷不及掩耳，如果只打算割据旧齐的地方，应当任用东部的人。"杨谅拿不定主意，就兼用两策，声言杨素反叛，将起兵诛讨。

总管府兵备参军闻喜人裴文安进言杨谅说："井陉以西的地方，在大王控制之内，太行山以东的兵马，也归我有，应当全部集中起来，分派老弱驻守要害地方，并命令他们随机扩张土地，率领精锐部队直接进入蒲津关。我裴文安请求作为先锋，大王统领大军继后，如风行雷击，挺进霸上。咸阳以东的地方，就可以很容易得手，这样京师震动纷扰，军队来不及调集，上下相互猜疑，人心离散，我军严阵以待，发号施令，谁敢不听！十天之内，大事可定。"杨谅非常高兴，于是派遣所任命的大将军余公理从太谷出兵，指向河阳；大将军綦良从滏口出兵，指向黎阳；大将军刘建从井陉出兵，攻略燕赵地区，柱国乔钟葵从雁门出兵，任命裴文安为柱国，与柱国纥单贵、王聃等直接指向京师。

隋炀帝任命右武卫将军洛阳人丘和为蒲州刺史，镇守蒲津。杨谅挑选几百个精锐骑兵，戴上妇女的面纱，诈称是杨谅的宫人回到长安，守门的卫兵没有发觉，径

丘和觉其变，逾城，逃归长安。蒲州长史勃海高义明、司马北平荣毗皆为反者所执。裴文安等未至蒲津百余里，谅忽改图，令纥单贵断河桥，守蒲州，而召文安还。文安至，谓谅曰："兵机诡速，本欲出其不意。王既不行，文安又返，使彼计成，大事去矣。"谅不对。以王聃为蒲州刺史，裴文安为晋州刺史，薛粹为绛州刺史，梁菩萨为潞州刺史，韦道正为韩州刺史，张伯英为泽州刺史。代州总管天水李景发兵拒谅，谅遣其将刘暠袭景；景击斩之。谅复遣乔钟葵帅劲勇三万攻之，景战士不过数千，加以城池不固，为钟葵所攻，崩毁相继，景且战且筑，士卒皆殊死斗，钟葵屡败。司马冯孝慈、司法吕玉并骁勇善战，仪同三司侯莫陈乂多谋画，工拒守之术，景知三人可用，推诚任之，己无所关预，唯在阁持重，时抚循而已。

杨素将轻骑五千袭王聃、纥单贵于蒲州，夜，至河际，收商贾船，得数百艘，船内多置草，践之无声，遂衔枚而济，迟明，击之；纥单贵败走，聃惧，以城降。有诏征素还。初，素将行，计日破贼，皆如所量，于是以素为并州道行军总管、河北道安抚大使，帅众数万以讨谅。

谅之初起兵也，妃兄豆卢毓为府主簿，苦谏，不从，私谓其弟懿曰："吾匹马归朝，自得免祸，此乃身计，非为国也，不若且伪从之，徐伺其便。"毓，勣之子也。毓兄显州刺史贤言于帝曰："臣弟毓素怀志节，必不从乱，但逼凶威，不能自遂，臣请从军，与毓为表里，谅不足图也。"帝许之。贤密遣家人赍敕书至毓所，与之计议。

谅出城，将往介州，令毓与总管属朱涛留守。毓谓涛曰："汉王构逆，败不旋踵，吾属岂可坐受夷灭，孤负国家邪！当与卿出兵拒之。"涛惊曰："王以大事相付，何得有是语！"因拂衣而去，毓追斩之。出皇甫诞于狱，与之协计，及开府仪同三司宿勤武等闭城拒谅。部分未定，有人告谅，谅袭击之。毓见谅至，绐其众曰："此贼军也！"谅攻城南门，稽胡守南城，不识谅，射之；矢下如雨，谅移攻西门，守兵识谅，即开门纳之，毓、诞皆死。

直进入蒲州城，城中也有一些亡命徒响应，丘和觉察了变故，翻过城墙逃回长安。蒲州长史勃海人高义明、司马北平人荣毗都被叛军抓获。裴文安等人到达距蒲津关一百余里处，杨谅忽然改变主意，派纥单贵折断河桥，据守蒲州，而召裴文安回来。裴文安回来后，对杨谅说："用兵的机要贵在诡诈神速，本来想出其不意。大王既没有前行，文安又被召回，让对方制定好计划，我们的大事就完了。"杨谅不语。他任命王聃为蒲州刺史，裴文安为晋州刺史，薛粹为绛州刺史，梁菩萨为潞州刺史，韦道正为韩州刺史，张伯英为泽州刺史。代州总管天水人李景率兵抵抗杨谅。杨谅派郭将刘嵩攻击李景，李景斩杀了刘嵩。杨谅又派乔钟葵率领三万精兵攻打代州，李景手下士兵只有几千人，加上城池不稳固，受到乔钟葵进攻，城墙相继崩塌，李景一边作战一边筑城，士卒们都拼死战斗，乔钟葵的多次进攻被击退。代州司马冯孝慈、司法吕玉都骁勇善战，仪同三司侯莫陈乂足智多谋，善于防御战术。李景知道这三人可以重用，便诚心诚意任用他们，自己不干预交战事务，只是在衙署内主持大计，并经常抚慰巡视而已。

杨素率领轻骑兵五千人指向蒲州攻击王聃、纥单贵。夜里杨素到达河边，收集商人船只，得到几百艘，船内铺上许多草，人马踏到上面没有声音，又让马口含上木片不能出声，静悄悄地渡过黄河。黎明时分发起攻击，纥单贵战败逃走，王聃非常恐惧，献出城池投降。隋炀帝下诏召回杨素。当初，杨素将要出发时，计算日期打败叛贼，结果完全和预料的一样。于是任命杨素为并州道行军总管、河北道安抚大使，率领数万军队征讨杨谅。

杨谅最初起兵的时候，王妃的哥哥豆卢毓任汉王府主簿，苦苦劝谏，杨谅不听。豆卢毓私下对他弟弟豆卢懿说："我如果一人回归朝廷，自然能够免祸，但这只是为自己打算，不是为国家。不如暂且假装服从，慢慢等待机会。"豆卢毓是豆卢勣的儿子。豆卢毓的哥哥显州刺史豆卢贤对隋炀帝说："臣的弟弟豆卢毓平素就有气节，一定不会跟着作乱，只是在凶威逼迫之下，不能够按自己心意办事。我请求带兵出征，与豆卢毓里应外合，打败杨谅没有问题。"隋炀帝同意了。豆卢贤派家人带上敕书到豆卢毓的住所，和他商量。

杨谅出城，将要到介州，命豆卢毓与总管属朱涛留守。豆卢毓对朱涛说："汉王发动叛乱，很快就要失败，我们难道可以坐等灭族，有负国家吗！我和你应当出兵抵抗汉王。"朱涛吃惊地说："大王把大事交给我们，怎么能说这种话！"便拂袖而去，豆卢毓追上去杀了朱涛。接着从牢狱中放出皇甫诞，与他商议，并和开府仪同三司宿勤武等共同关闭城门抵抗杨谅。还没有部署妥当，有人报告了杨谅，杨谅领兵攻城，豆卢毓看到杨谅到来，就哄骗守城士兵说："这是敌军。"杨谅攻打南门，稽胡人守卫南城，不认识杨谅，用弓弩射杀，箭矢如雨，杨谅转攻西门，守城士兵

綦良攻慈州刺史上官政，不克，引兵攻行相州事薛胄，又不克，遂自滏口攻黎州，塞白马津。余公理自太行下河内，帝以右卫将军史祥为行军总管，军于河阴。祥谓军吏曰："余公理轻而无谋，恃众而骄，不足破也。"公理屯河阳，祥具舟南岸，公理聚兵当之。祥简精锐于下流潜济，公理闻之，引兵拒之，战于须水。公理未成列，祥击之，公理大败。祥东趣黎阳，綦良军不战而溃。祥，宁之子也。

帝将发幽州兵，疑幽州总管窦抗有二心，问可使取抗者于杨素，素荐前江州刺史勃海李子雄，授上大将军，拜广州刺史。又以左领军将军长孙晟为相州刺史，发山东兵，与李子雄共经略之。晟辞以男行布在谅所部，帝曰："公体国之深，终不以儿害义，朕今相委，公其勿辞。"李子雄驰至幽州，止传舍，召募得千余人。抗来诣子雄，子雄伏甲擒之。抗，荣定之子也。

子雄遂发幽州兵步骑三万，自井陉西击谅。时刘建围戍将京兆张祥于井陉，子雄破建于抱犊山下，建遁去。李景被围月余，诏朔州刺史代人杨义臣救之。义臣帅马步二万，夜出西陉，乔钟葵悉众拒之。义臣自以兵少，悉取军中牛驴，得数千头，复令兵数百人，人持一鼓潜驱之，匿于涧谷间。晡后，义臣复与钟葵战，兵初合，命驱牛驴者疾进，一时鸣鼓，尘埃涨天，钟葵军不知，以为伏兵发，因而奔溃；义臣纵击，大破之。晋、绛、吕三州皆为谅城守，杨素各以二千人縻之而去。谅遣其将赵子开拥众十余万，栅绝径路，屯据高壁，布陈五十里。素令诸将以兵临之，自引奇兵潜入霍山，缘崖谷而进。素营于谷口，自坐营外，使军司入营简留三百人守营，军士惮北兵之强，不欲出战，多愿守营，因尔致迟。素责所由，军司具对，素即召所留三百人出营，悉斩之；更令简留，人皆无愿留者。素乃引军驰进，出北军之北，直指其营，鸣鼓纵火；北军不知所为，自相蹂践，杀伤数万。谅所署介州刺史梁修罗屯介休，闻素至，弃城走。

谅闻赵子开败，大惧，自将众且十万，拒素于蒿泽。会大雨，谅欲

认识杨谅，立即开门让杨谅进城，豆卢毓、皇甫诞都被杀死。

綦良进攻慈州刺史上官政，没能攻克，转攻代理相州刺史薛胄，又没有取胜，于是从滏口进攻黎州，封锁白马津。余公理从太行直下河内，隋炀帝任命右卫将军史祥为行军总管，驻军在河阴。史祥对军吏说："余公理轻率无谋，依靠兵多而骄傲，很容易打败他。"余公理驻扎在河阳，史祥在南岸准备好了船只，余公理集中兵力抵挡。史祥挑选精锐在下流偷偷渡河，余公理得到消息，领兵抵抗，两军在须水相遇交战。余公理还没有摆好阵势，史祥就发起了攻击，余公理大败。史祥领兵东指黎阳，綦良的军队还没有交战就溃散了。史祥，是史宁的儿子。

隋炀帝要调发幽州军队，怀疑幽州总管窦抗要背叛，就问杨素谁能擒获窦抗。杨素推荐前江州刺史勃海人李子雄，隋炀帝任命李子雄为上大将军、广州刺史。又任命左领军将军长孙晟为相州刺史，去征调山东的军队，与李子雄合兵取幽州。长孙晟以他的儿子长孙行布是杨谅的部下为由推辞就任相州刺史，隋炀帝说："你体谅国家为重，终不会因为儿子而损害大义，朕托付你大事，不要推辞。"李子雄驰马到达幽州，停留在驿站，召募了一千多人。窦抗来见李子雄，李子雄埋伏武士抓获了窦抗。窦抗，是窦荣定的儿子。

李子雄于是调发幽州兵步骑三万，从井陉向西攻击杨谅。当时刘建围攻井陉戍将京兆人张祥，李子雄在抱犊山下打败了刘建，刘建逃走。李景被围攻了一月多，隋炀帝诏令朔州刺史代郡人杨义臣救援。杨义臣率领步骑两万，乘夜出西陉关，乔钟葵率领全部兵马迎击。杨义臣因为自己兵少，全部抽出军中的牛驴，共有数千头，又派了几百个兵丁，每人拿一百鼓暗中驱赶牛驴，隐藏在山谷中。下午晡时左右，杨义臣再次与乔钟葵交战，刚一交兵，杨义臣命令驱赶牛驴的士兵迅速驱赶前进，一时间鼓声大震，尘埃满天，乔钟葵军不知虚实，认为埋伏的士兵出击，立即溃逃，杨义臣全线出击，大败叛军。晋州、绛州、吕州三座州城都是杨谅兵驻守，杨素每州留下两千人牵制，大部队离开州城向前推进。杨谅派部将赵子开率领十余万人，用栅栏阻断交通，在高壁岭上据守，连营五十里。杨素命令众将靠拢高壁岭，自己率领一支轻骑出奇兵潜入霍山，沿着悬崖陡壁前进。杨素驻扎在山谷口，自己坐在营帐外边，派军司入营选派三百人守营，士兵害怕杨谅军队强大，不愿出战，多愿守营，因而迟迟定不下来，杨素责问原因，军司据实回答，杨素立即召唤留守的三百人出营，全部杀头。他重新下令选派留守的人，再没有人愿意留下。杨素于是率领军士飞驰前进，在杨谅军队的北边突然出现，直冲杨谅的军营，鸣鼓放火。杨谅军队不知所措，自相践踏，杀伤数万，杨谅委派的介州刺史梁修罗屯守介休，听到杨素到来，丢了城池逃跑。

杨谅得知赵子开打了败仗，十分恐惧，亲自率领近十万大军，在蒿泽抵抗杨素。

引军还，王頍谏曰：“杨素悬军深入，士马疲弊，王以锐卒自将击之，其势必克。今望敌而退，示人以怯，沮战士之心，益西军之气，愿王勿还。”谅不从，退守清源。

王頍谓其子曰：“气候殊不佳，兵必败，汝可随我。”杨素进击谅，大破之，擒萧摩诃。谅退保晋阳，素进兵围之，谅穷蹙，请降，余党悉平。帝遣杨约赍手诏劳素。王頍将奔突厥，至山中，径路断绝，知必不免，谓其子曰：“吾之计数不减杨素，但坐言不见从，遂至于此，不能坐受擒获，以成竖子名，吾死之后，汝慎勿过亲故。”于是自杀，瘗之石窟中。其子数日不得食，遂过其故人，竟为所擒；并获頍尸，枭于晋阳。

群臣奏汉王谅当死，帝不许，除名为民，绝其属籍，竟以幽死。谅所部吏民坐谅死徙者二十余万家。初，高祖与独孤后甚相爱重，誓无异生之子，尝谓群臣曰：“前世天子，溺于嬖幸，嫡庶分争，遂有废立，或至亡国；朕旁无姬侍，五子同母，可谓真兄弟也，岂有此忧邪！”帝又惩周室诸王微弱，故使诸子分据大镇，专制方面，权侔帝室。及其晚节，父子兄弟迭相猜忌，五子皆不以寿终。

臣光曰：“昔辛伯谂周桓公曰：“内宠并后，外宠贰政，嬖子配嫡，大都偶国，乱之本也。”人主诚能慎此四者，乱何自生哉！隋高祖徒知嫡庶之多争，孤弱之易摇，曾不知势钧位逼，虽同产至亲，不能无相倾夺。考诸辛伯之言，得其一而失其三乎！

冬，十月，己卯，葬文皇帝于太陵，庙号高祖，与文献皇后同坟异穴。诏除妇人及奴婢、部曲之课，男子二十二成丁。

章仇太翼言于帝曰：“陛下木命，雍州为破木之冲，不可久居。又谶云：‘修治洛阳还晋家。’”帝深以为然。十一月，乙未，幸洛阳，留晋王昭守长安。杨素以功拜其子万石、仁行、侄玄挺为仪同三司，赉物五万段，绮罗千匹，谅妓妾二十人。

丙申，发丁男数十万掘堑，自龙门东接长平、汲郡，抵临清关，渡河至浚仪、襄城，达于上洛，以置关防。

正赶上大雨，杨谅想率领军队退回，王頍劝阻说："杨素孤军深入，人困马疲，大王亲自率领精兵攻击，看这情势一定取胜。如今望见敌人就退走，向人显示胆怯，挫伤我军将士的斗志，增强敌人的士气，希望大王不要后退。"杨谅不听，退守清源。

王頍对他儿子说："形势不好，我军必败，你要紧紧跟着我。"杨素进击杨谅，将他打得大败，并擒获了萧摩诃。杨谅撤退到晋阳防守，杨素进军包围，杨谅窘迫无路，请求投降，余党都被扫平。隋炀帝派杨约送亲笔诏书慰劳杨素。王頍打算投奔突厥，走到山中，道路断绝，他自知一定不能幸免，对他的儿子说："我的谋略不比杨素差，但因为言不听计不从，才落到了这种地步。我不能坐在这里等人抓获，让杨素那小子成名。我死后，你小心谨防不要去投亲靠友。"于是自杀，尸体被埋葬在石窟中。他儿子几天吃不上饭，就到朋友家去，终于被人抓获。同时寻获王頍的尸体，一起在晋阳枭首示众。

群臣上奏称汉王杨谅应当处死，隋炀帝不许，只将杨谅削职为民，并从宗室族籍中除名，最后将他囚禁而死。他的部属及平民受牵连而获罪，被处死和流放的有二十余万家。当初，隋文帝与独孤皇后十分亲爱，发誓不和别的姬妾生儿子。隋文帝曾经对群臣说："前朝天子，溺爱宠幸的姬妾，嫡子与庶子互相争斗，便有废立太子之事，严重的因此亡国。我没有别的姬妾生子，五个儿子都是一母所生，都是亲兄弟，难道还有废立的忧患吗！"隋文帝又借鉴北周宗室微弱，所以让几个儿子分据大镇，专制一方，权力与皇室相当。到了晚年，父子兄弟互相猜忌，五个儿子都不得善终。

臣司马光评论说：从前辛伯劝谏周桓公说："内室姬妾与王后平列，外宠重臣专擅政权，庶子与嫡子匹对，大镇与封国都相等，这都是祸乱的根源。"人主真能在这四个方面特别慎重，祸乱就不会发生。隋高祖只知嫡庶之间常有争斗，皇室孤单容易被摇动，却不知道势均力敌地位相当，即使是同母所生，也不能避免互相倾轧的祸患。考察辛伯说的话，隋高祖只领会了一条，而丢掉了三条啊！

冬季，十月十六日己卯，安葬隋文帝于太陵，庙号高祖，与文献皇后同坟异穴。隋炀帝下诏免除妇女，以及奴婢、部曲的赋税，规定男子二十二岁为成丁。

章仇太翼进言隋炀帝说："陛下得的是木命，雍州是破木的要冲，不可长久居住。又图谶上说：'修治洛阳还晋家。'"隋炀帝极为赞同。十一月初三日乙未，隋炀帝巡幸洛阳，留晋王杨昭守长安。因为杨素的功劳拜授他的儿子杨万石、杨仁行、侄儿杨玄挺为仪同三司，赏赐丝帛五万段，绮罗一千匹，杨谅的歌伎侍妾二十人。

十一月初四日丙申，征发丁男数十万人挖长壕，从龙门起东向接长平、汲郡，直到临清关，越过黄河到浚仪、襄城，到达上洛，沿壕沟布置关卡。

壬子，陈叔宝卒；赠大将军、长城县公，谥曰炀。

癸丑，下诏于伊洛建东京，仍曰："宫室之制，本以便生，今所营构，务从俭约。"

蜀王秀之得罪也，右卫大将军元胄坐与交通除名，久不得调。时慈州刺史上官政坐事徙岭南，将军丘和以蒲州失守除名，胄与和有旧，酒酣，谓和曰："上官政，壮士也，今徙岭表，得无大事乎！"因自拊腹曰："若是公者，不徒然矣。"和奏之，胄竟坐死。于是征政为骁卫将军，以和为代州刺史。

（以上为第二段，写隋炀帝讨平汉王杨谅的反叛。）

炀皇帝上之上

大业元年（乙丑，605年）

春，正月，壬辰朔，赦天下，改元。

立妃萧氏为皇后。

废诸州总管府。

丙辰，立晋王昭为皇太子。

高祖之末，群臣有言林邑多奇宝者。时天下无事，刘方新平交州，乃授方驩州道行军总管，经略林邑。方遣钦州刺史宁长真等以步骑万余出越裳，方亲帅大将军张愻等以舟师出比景，是月，军至海口。

二月，戊辰，敕有司大陈金宝、器物、锦彩、车马，引杨素及诸将讨汉王谅有功者立于前，使奇章公牛弘宣诏，称扬功伐，赐赉各有差。素等再拜舞蹈而出。己卯，以素为尚书令。

诏天下公除，惟帝服浅色黄衫、铁装带。

三月，丁未，诏杨素与纳言杨达、将作大匠宇文恺营建东京，每月役丁二百万人，徙洛州郭内居民及诸州富商大贾数万户以实之。废二崤道，开菱册道。

戊申，诏曰："听采舆颂，谋及庶民，故能审刑政之得失；今将巡历淮、海，观省风俗。"

敕宇文恺与内史舍人封德彝等营显仁宫，南接皂涧，北跨洛滨。发大江之南、五岭以北奇材异石，输之洛阳；又求海内嘉木异草，珍禽奇

十一月二十日壬子，陈叔宝去世，赠大将军、长城县公，谥号曰炀。

十一月二十一日癸丑，隋炀帝下诏在伊水洛水交汇之间营建东京，仍有这样的话："宫室制度，原本是方便起居，如今建造，一定要节约。"

蜀王杨秀获罪时，右卫大将军元胄因与杨秀往来被罢官除名，长久没有起用。当时慈州刺史上官政犯罪发配岭南，将军丘和因为丢失蒲州被罢官除名。元胄与丘和是旧交，喝酒到高兴的时候，对丘和说："上官政，是一位英雄，如今发配岭南，该不会出什么事吧！"然后拍着自己的肚子说："如果是你，不会无所作为吧！"丘和上奏朝廷，元胄被处死。于是召回上官政，任命为骁卫将军，任命丘和为代州刺史。

炀皇帝上之上

隋炀帝大业元年（乙丑，605年）

春季，正月初一日壬辰，大赦天下，改年号为大业。

册立王妃萧氏为皇后。

撤销各州总管府。

正月二十五日丙辰，册立晋王杨昭为皇太子。

隋文帝晚年时，群臣中有人说林邑出产许多稀奇珍宝。当时天下太平，刘方刚刚平定交州，隋炀帝于是任命刘方为驩州道行军总管，开拓林邑。刘方派钦州刺史宁长真等率领步骑一万多出兵越裳，刘方亲自率领大将军张愻等以水师出比景进兵，当月，到达林邑的出海口。

二月初七日戊辰，隋炀帝敕命主管部门大量陈列金宝、器物、锦彩、车马，引导杨素以及平定汉王杨谅的各位有功将领站在前面，让奇章公牛弘宣读诏书，表彰功劳，赏赐各有等级。杨素等人一再拜谢离去。二月十八日己卯，任命杨素为尚书令。

下诏全国良民一律除去丧服，只有隋炀帝穿浅色黄衫，系黑色腰带。

三月十七日丁未，下诏命杨素与纳言杨达、将作大匠宇文恺等营建东京，每月投入的工役二百万丁男，迁移洛州城内的居民，以及各州富商大贾数万户用以充实东京，废除二崤道，开通葼册道。

三月十八日戊申，下诏说："君王应当听取民众的意见，与庶民百姓一起商议治国大事，这样才能了解刑政的得失，朕现今将巡视淮海，观察各地民俗风气。"

隋炀帝下令宇文恺与内史舍人封德彝等人营建显仁宫，南边连接皂涧，北边横跨洛水。征调大江以南、五岭以北的奇材异石，运送到洛阳。又征求全国所产嘉木

兽，以实园苑。辛亥，命尚书右丞皇甫议发河南、淮北诸郡民，前后百余万，开通济渠。自西苑引谷、洛水达于河；复自板渚引河历荥泽入汴；又自大梁之东引汴水入泗，达于淮；又发淮南民十余万开邗沟，自山阳至杨子入江。渠广四十步，渠旁皆筑御道，树以柳；自长安至江都，置离宫四十余所。庚申，遣黄门侍郎王弘等往江南造龙舟及杂船数万艘。东京官吏督役严急，役丁死者什四五，所司以车载死丁，东至城皋，北至河阳，相望于道。又作天经宫于东京，四时祭高祖。

林邑王梵志遣兵守险，刘方击走之。师渡阇黎江，林邑兵乘巨象，四面而至。方战不利，乃多掘小坑，草覆其上，以兵挑之，既战，伪北；林邑逐之，象多陷地颠踬，转相惊骇，军遂乱。方以弩射象，象却走，蹂其陈，因以锐师继之，林邑大败，俘馘万计。方引兵追之，屡战皆捷，过马援铜柱南，八日至其国都。夏，四月，梵志弃城走入海。方入城，获其庙主十八，皆铸金为之；刻石纪功而还。士卒肿足，死者什四五，方亦得疾，卒于道。

初，尚书右丞李纲数以异议忤杨素及苏威，素荐纲于高祖，以为方行军司马。方承素意，屈辱之，几死。军还，久不得调，威复遣纲诣南海应接林邑，久而不召。纲自归奏事，威劾奏纲擅离所职，下吏按问；会赦，免官，屏居于鄠。

五月，筑西苑，周二百里；其内为海，周十余里；为蓬莱、方丈、瀛洲诸山，高出水百余尺，台观殿阁，罗络山上，向背如神。北有龙鳞渠，萦纡注海内。缘渠作十六院，门皆临渠，每院以四品夫人主之，堂殿楼观，穷极华丽。宫树秋冬凋落，则翦彩为华叶，缀于枝条，色渝则易以新者，常如阳春。沼内亦翦彩为荷芰菱芡，乘舆游幸，则去冰而布之。十六院竞以殽羞精丽相高，求市恩宠。上好以月夜从宫女数千骑游西苑，作《清夜游曲》，于马上奏之。

帝待诸王恩薄，多所猜忌；滕王纶、卫王集内自忧惧，呼术者问吉凶及章醮求福。或告其怨望咒诅，有司奏请诛之；秋，七月，丙午，诏

异草，珍禽奇兽，用来充实皇家园林。三月二十一日辛亥，命令尚书右丞皇甫议征发河南、淮北各郡的民夫前后百余万，挖通济渠。从西苑导引谷水、洛水通达黄河；又从板渚引河水经荥泽进入汴水；又从大梁的车边引汴水进入泗水，通达淮水；又征发淮南民夫十余万挖邗沟，从山阳经扬子进入长江。运河宽四十步，河旁修筑御道，栽种柳树。从长安直到江都，沿途修建离宫四十余处。三月三十日庚申，派黄门侍郎王弘等前往江南造龙舟，以及其他船只数万艘。修建东宫的官吏催督工期十分严厉紧急，服役的民夫十分之四五死亡，主管部门用车载死尸，东到成皋，北到洛阳，沿途不断。又在东京建造天经宫，四时祭祀高祖。

林邑王梵志派兵把守险要，刘方进攻把他们赶走。隋军渡过阇黎江，林邑兵乘坐大象，从四面包围上来，刘方交战失利。于是隋军挖了许多小土坑，用草盖在上面，用兵挑战，交战以后，假装败退；林邑人追赶，很多大象踏陷入土坑摔倒，林邑兵惊慌害怕，互相波及，军队大乱，刘方用箭弩射大象，大象转身逃跑，践踏林邑军的阵列，刘方趁机用精锐兵攻击，林邑军大败，被俘被杀数以万计。刘方领兵追击，多次战斗都胜利了，经过汉代马援铜柱以南，八天就到达了林邑国都。夏季，四月，林邑王梵志弃城逃到海上。刘方进城，获得林邑庙主牌位十八个，都是用黄金铸成，立碑纪功班师。士兵不服水土，患了脚肿病，死亡的占十之四五。刘方也生了病，死在半道。

当初，尚书右丞李纲因为多次发表不同建议冒犯了杨素和苏威。杨素向高祖推荐李纲，任命为刘方的行军司马。刘方秉承杨素的旨意，凌辱李纲，差点儿死亡。军队回朝，长久不提升。苏威又派李纲到南海处理林邑事务，长久不召他回朝。李纲自己回京奏报公务，苏威弹劾李纲擅自离开职守，交由司法官审理，恰遇大赦，罢免官职，隐居在鄠县。

五月，营建东京西苑，周长二百里。苑内有海，周长十余里，海中造蓬莱、方丈、瀛洲几座神山，高出水面一百多尺，亭台楼阁，排列山上，从正面背面各个角度看，都美如仙山。海的正面有龙鳞渠，渠水弯弯曲曲地流入海内。沿着渠水，建造了十六处宫院，院门都面临渠水，每院安置一个四品夫人主持。殿堂楼观，极其华丽。秋冬时节，宫中树木绿叶凋落，就剪彩绸为绿叶花朵，缀连在树枝上，要是褪了颜色就换新的，使常年保持阳春三月景象。在池沼之中也剪彩绸为荷叶菱角，如果皇上在冬天来游玩，就除去池中水棱，用彩绸布置成荷塘春色。十六院的夫人争相用精美的食品比试高低，用以求得皇上恩宠。隋炀帝喜欢在月夜带领几千名宫女，骑马游西苑，就在马背上奏演《清夜游曲》。

隋炀帝对待诸王薄情寡恩，猜忌防范；滕王杨纶、卫王杨集心怀忧惧，便叫来方术士问吉凶祸福，以及打醮求福。有人控告二王怨望诅咒，主管部门奏请诛杀二

除名为民，徙边郡。纶，瓒之子；集，爽之子也。

八月，壬寅，上行幸江都，发显仁宫，王弘遣龙舟奉迎。乙巳，上御小朱航，自漕渠出洛口，御龙舟。龙舟四重，高四十五尺，长二百丈。上重有正殿、内殿、东西朝堂，中二重有百二十房，皆饰以金玉，下重内侍处之。皇后乘翔螭舟，制度差小，而装饰无异。别有浮景九艘，三重，皆水殿也。又有漾彩、朱鸟、苍螭、白虎、玄武、飞羽、青凫、陵波、五楼、道场、玄坛、板艄、黄篾等数千艘，后宫、诸王、公主、百官、僧、尼、道士、蕃客乘之，及载内外百司供奉之物，共用挽船士八万余人，其挽漾彩以上者九千余人，谓之殿脚，皆以锦彩为袍。又有平乘、青龙、艨艟、艚艓、八棹、艇舸等数千艘，并十二卫兵乘之，并载兵器帐幕，兵士自引，不给夫。舳舻相接二百余里，照耀川陆，骑兵翊两岸而行，旌旗蔽野。所过州县，五百里内皆令献食，多者一州至百轝，极水陆珍奇；后宫厌饫，将发之际，多弃埋之。

契丹寇营州，诏通事谒者韦云起护突厥兵讨之，启民可汗发骑二万，受其处分。云起分为二十营，四道俱引，营相去一里，不得交杂，闻鼓声而行，闻角声而止，自非公使，勿得走马，三令五申，击鼓而发。有纥干犯约，斩之，持首以徇。于是突厥将帅入谒，皆膝行股栗，莫敢仰视。契丹本事突厥，情无猜忌。云起既入其境，使突厥诈云向柳城与高丽交易，敢漏泄事实者斩。契丹不为备，去其营五十里，驰进袭之，尽获其男女四万口，杀其男子，以女子及畜产之半赐突厥，余皆收之以归。帝大喜，集百官曰："云起用突厥平契丹，才兼文武，朕今自举之。"擢为治书侍御史。

初，西突厥阿波可汗为叶护可汗所虏，国人立鞅素特勒之子，是为泥利可汗。泥利卒，子达漫立，号处罗可汗。其母向氏，本中国人，更嫁泥利之弟婆实特勒。开皇末，婆实与向氏入朝，遇达头之乱，遂留长安，舍于鸿胪寺。处罗多居乌孙故地，抚御失道，国人多叛，复为铁勒所困。铁勒者，匈奴之遗种，族类最多，有仆骨、同罗、契苾、薛延陀等部，其酋长皆号俟斤。族姓虽殊，通谓之铁勒，大抵与突厥同俗，以

王。秋季，七月十八日丙午，隋炀帝下诏废黜二王，除名为平民，发配到边郡。杨纶，是杨瓒的儿子；杨集，是杨爽的儿子。

八月十五日壬寅，隋炀帝巡幸江都，从显仁宫出发，王弘派龙舟北上迎接。八月十八日乙巳，隋炀帝乘坐小朱航，从清渠使出洛口，换乘龙舟。龙舟高四层，有四十五尺，长二百丈，最上层有正殿、内殿、东西朝堂，中间两层有一百二十间房，都用金玉装饰，底层是内侍居住的地方。萧皇后乘坐的翔螭舟，稍微小一些，然而装饰没有差别。另外有浮景船九艘，三层楼，都是水上宫殿。又有漾彩、朱鸟、苍螭、白虎、玄武、飞羽、青凫、陵波、五楼、道场、玄坛、板艑、黄篾等名号的船数千艘，供后宫、诸王、公主、百官、僧尼、道士、蕃客乘坐，以及运载内外百官向隋炀帝献纳的物品。一共征发了拉纤的船工八万多人，其中拉漾彩这一级的纤夫才九千多人，称为殿脚。纤夫都身穿锦缎彩绸的袍服，还有平乘、青龙、艨艟、艚艔、八棹、艇舸等几千艘兵船，供十二卫的士兵乘坐，以及运载兵器。兵船由士兵自己牵引，不配民夫。船舰前后相接，连绵二百多里，灯火照耀河面及两岸陆地，骑兵夹岸行进，旌旗遍野。所经过的州县，五百里以内都奉命供给食物，多的一个州要出动一百多辆车来运送，所产的水陆珍奇物品都要贡献，后宫都吃腻了，每从停留的一站将要起程的时候，就把吃不完的食物扔掉掩埋。

契丹入侵营州，下诏通事谒者韦云起监护突厥兵去讨伐，启民可汗调集两万骑兵，接受韦云起指挥。韦云起分为二十营，四路并进，每营相隔一里，不得相混，听到鼓声前行，听到角声停止，除传递公事的乘骑以外，不得驰马，三令五申，然后击鼓出发。突厥军的一个纥干犯了军令，立即斩首示众。于是突厥将帅入见韦云起，都要膝行而前，两脚发抖，没有人敢仰视。契丹人原本是归附突厥的，双方没有猜忌之心。韦云起进入契丹境内，让突厥人谎称到柳城去与高丽人做生意，敢泄露真实情况的就杀头。契丹人没有防备，在距离契丹兵营只有五十里时，突然快骑行进发起袭击，全部俘虏了契丹男女四万人，把男子都杀死，妇女及畜产的一半赏赐给突厥人，其余的都集中起来作为战利品带回。隋炀帝非常高兴，召集百官说："韦云起用突厥人平定了契丹，兼备文武才能，朕今天要亲自提拔他。"于是升迁韦云起为治书侍御史。

当初，西突厥阿波可汗被叶护可汗俘获，国人拥立鞅素特勒的儿子，称他为泥利可汗。泥利去世，儿子达漫继位，称处罗可汗。达漫的母亲向氏原本是中原人，在泥利去世后改嫁泥利之弟婆实特勒。开皇末年，婆实特勒和向氏到长安觐见，正遇上达头可汗叛乱，只得留居长安，住在鸿胪寺。处罗可汗经常停留在乌孙国故地，由于安抚不当，于是很多国人叛乱，外部又受到铁勒人侵扰。铁勒是匈奴后裔，分为很多部族，有仆骨、同罗、契苾、薛延陀等部，酋长都称俟斤。各部族姓氏都不

寇抄为生，无大君长，分属东、西两突厥。是岁，处罗引兵击铁勒诸部，厚税其物，又猜忌薛延陀，恐其为变，集其酋长数百人，尽杀之。于是铁勒皆叛，立俟利发俟斤契苾歌楞为莫何可汗，又立薛延陀俟斤字也咥为小可汗，与处罗战，屡破之。莫何勇毅绝伦，甚得众心，为邻国所惮，伊吾、高昌、焉耆皆附之。

（以上为第三段，写隋炀帝大业元年，执政伊始就穷奢极欲，建东都、修运河、下江南。征役数百万，毫不顾惜民力。）

二年（丙寅，606年）

春，正月，辛酉，东京成，进将作大匠宇文恺位开府仪同三司。

丁卯，遣十使并省州县。

二月，丙戌，诏吏部尚书牛弘等议定舆服、仪卫制度。以开府仪同三司何稠为太府少卿，使之营造，送江都。稠智思精巧，博览图籍，参会古今，多所损益；衮冕画日、月、星、辰，皮弁用漆纱为之。又作黄麾三万六千人仗，及辂辇车舆，皇后卤簿，百官仪服，务为华盛，以称上意。课州县送羽毛，民求捕之，网罗被水陆，禽兽有堪氅毦之用者，殆无遗类。乌程有高树，逾百尺，旁无附枝，上有鹤巢，民欲取之，不可上，乃伐其根；鹤恐杀其子，自拔氅毛投于地，时人或称以为瑞，曰："天子造羽仪，鸟兽自献羽毛。"所役工十万余人，用金银钱帛钜亿计。帝每出游幸，羽仪填街溢路，亘二十余里。三月，庚午，上发江都，夏，四月，庚戌，自伊阙陈法驾，备千乘万骑入东京。辛亥，御端门，大赦，免天下今年租赋。制五品已上文官乘车，在朝弁服，佩玉；武官马加珂，戴帻，服袴褶。文物之盛，近世莫及也。

六月，壬子，以杨素为司徒；进封豫章王暕为齐王。

秋，七月，庚申，制百官不得计考增级，必有德行、功能灼然显著者进擢之。帝颇惜名位，群臣当进职者，多令兼假而已；虽有阙员，留而不补。时牛弘为吏部尚书，不得专行其职，别敕纳言苏威、左翊卫大

同，但都统称铁勒，大致与突厥人的习俗相同，以抢劫掠夺为生，没有大的君长，分别属于东、西两突厥。这一年，处罗可汗率兵袭击铁勒各部，对铁勒人的财物课以重税，又猜忌薛延陀部，担心发生变故，于是召集薛延陀部酋长几百人，全部屠杀。因此铁勒各部族全都叛变，拥戴俟利发俟斤契苾歌楞为莫何可汗，又拥立薛延陀部俟斤字也咥为小可汗。与处罗部交战，多次打败处罗可汗。莫何可汗勇猛刚毅，无与伦比，很受部众拥护，使邻国十分畏惧，伊吾、高昌、焉耆等国都归附他。

隋炀帝大业二年（丙寅，606 年）

春季，正月初六日辛酉，东京营建完成，将作大匠宇文恺被升迁为开府仪同三司。

正月十二日丁卯，隋炀帝派出十路使者执行州县的裁撤合并。

二月初一日丙戌，下诏吏部尚书牛弘等制定皇帝的车服仪仗制度。任命开府仪同三司何稠为太府少卿，由他负责制造，送到江都。何稠聪慧巧思，博览图书典籍，参照古今式样，有许多增删改进。皇帝衮服和冠冕都绣上日、月、星、辰，鹿皮冠改用漆纱帽。何稠又制作朝会所用三万六千人的黄麾仪仗，以及皇帝的御车御轿和皇后的仪仗，文武百官的礼服，都力求华丽壮观以博皇上欢心。又督责各州县送交羽毛，百姓为了能捕捉到鸟兽，水上陆地设下了天罗地网，不管是飞禽还是走兽，只要有羽毛、皮毛可作装饰品的，几乎都被捕尽杀绝。乌程有一棵高树，高超过一百尺，树干没有可以攀附的枝条，这棵树上有鹤鸟建巢，人们想捉鹤取羽毛，但爬不上树，就用斧头砍伐树根。鹤担心它的幼鹤跌死，就自己把羽毛拔下来扔在地上。当时有人认为是一种吉兆，说："天子造有羽饰的仪仗，鸟兽自动呈献羽毛。"制造仪仗所役使的工匠达十万余人，耗费的金银钱帛多得数以亿计。隋炀帝每次出行，仪仗队伍都堵塞街巷，连绵二十余里。三月十六日庚午，隋炀帝从江都出发。夏季，四月二十六日庚戌，迎接他的仪仗从伊阙开始排列车驾，共有车乘一千辆，骑兵一万人，浩浩荡荡，簇拥圣驾进入东京。四月二十七日辛亥，隋炀帝驾临端门，下诏大赦天下，免去当年的租赋。又制定文武百官的服饰，五品以上文官的乘车，上朝穿弁服，佩挂譬玉；武官的马勒加白螺装饰，要戴包头巾，着"骑马装"。文物典制的隆盛，近世没有比得上的。

六月二十九日壬子，任命以杨素为司徒；进封豫章王杨暕为齐王。

秋季，七月初八日庚申，规定百官不能仅凭考绩优秀就可升迁，一定要德行、功劳和才能显著的人才能得以升迁。隋炀帝很吝惜名位，群臣中有应当进升官职的，大多署为兼职暂代。即使职务有空缺，宁可空留着也不让人补上。当时牛弘任吏部

将军宇文述、左骁卫大将军张瑾、内史侍郎虞世基、御史大夫裴蕴、黄门侍郎裴矩参掌选事，时人谓之“选曹七贵”。虽七人同在坐，然与夺之笔，虞世基独专之，受纳贿赂，多者超越等伦，无者注色而已。蕴，邃之从曾孙也。

元德太子昭自长安来朝，数月，将还，欲乞少留；帝不许。拜请无数，体素肥，因致劳疾，甲戌，薨。帝哭之，数声而止，寻奏声伎，无异平日。

楚景武公杨素，虽有大功，特为帝所猜忌，外示殊礼，内情甚薄。太史言隋分野有大丧，乃徙素为楚公，意言楚与隋同分，欲以厌之。素寝疾，帝每令名医诊候，赐以上药，然密问医者，恒恐不死。素亦自知名位已极，不肯饵药，亦不将慎，谓其弟约曰：“我岂须更活邪！”乙亥，素薨，赠太尉公、弘农等十郡太守，葬送甚盛。

八月，辛卯，封皇孙倓为燕王，侗为越王，侑为代王，皆昭之子也。

九月，乙丑，立秦孝王子浩为秦王。

帝以高祖末年，法令峻刻，冬，十月，诏改修律令。

置洛口仓于巩东南原上，筑仓城，周回二十余里，穿三千窖，窖容八千石以还，置监官并镇兵千人。十二月，置回洛仓于洛阳北七里，仓城周回十里，穿三百窖。

初，齐温公之世，有鱼龙、山车等戏，谓之散乐，周宣帝时，郑译奏征之。高祖受禅，命牛弘定乐，非正声清商及九部四舞之色，悉放遣之。帝以启民可汗将入朝，欲以富乐夸之。太常少卿裴蕴希旨，奏括天下周、齐、梁、陈乐家子弟皆为乐户；其六品以下至庶人，有善音乐者，皆直太常。帝从之。于是四方散乐，大集东京，阅之于芳华苑积翠池侧。有舍利兽先来跳跃，激水满衢，鼋鼍、龟鳖、水人、虫鱼，遍覆于地。又有鲸鱼喷雾翳日，倏忽化成黄龙，长七八丈。又二人戴竿，上有舞者，欻然腾过，左右易处。又有神鳌负山，幻人吐火，千变万化。伎人皆衣锦绣缯彩，舞者鸣环佩，缀花毦；课京兆、河南制其衣，两京锦彩为之空竭。帝多制艳篇，令乐正白明达造新声播之，音极哀怨。帝甚悦，谓

尚书，不能独立行使自己的权力，而另外敕令纳言苏威、左翊卫大将军宇文述、左骁卫大将军张瑾、内史侍郎虞世基、御史大夫裴蕴、黄门侍郎裴矩一起掌理选用官吏之事，时人称之为“选曹七贵”。虽然这七个人都在座，但是用与不用的实权，却由虞世基独掌，他接受贿赂，行贿多的人可以破格提拔，不行贿的人就只在名册上登记一下姓名履历而已。裴蕴，是裴邃的堂曾孙。

元德太子杨昭从长安来朝见皇上，停留数月，要返回长安，他请求再留住一些时日，隋炀帝不允许。杨昭跪拜请求了很多次，由于身体本来很肥胖，以至过于劳苦而得病，七月二十二日甲戌，太子杨昭病死。隋炀帝装模作样地哭了几声就停止了，立即又命女伎演奏音乐，与平日没有什么不同。

楚景武公杨素，虽然立有大功，特别遭到隋炀帝的猜忌，表面上受到特殊礼遇，内心感情十分淡薄。太史令说隋地分野内会有大丧，隋炀帝就把越国公杨素改封为楚国公，用意是因楚与隋在同一分野内，用杨素来压邪。杨素患病卧床，隋炀帝经常派名医去看病，赐给上等医药，但暗中询问医生，担心他不死。杨素也自认为名声地位到了极点，不肯服用医药，也不悉心调养，对他的弟弟杨约说：“我哪里还想再活啊！”七月二十三日乙亥，杨素病死，追赠太尉公、弘农等十郡太守，赙仪丰厚，葬礼十分隆重。

八月初九日辛卯，隋炀帝册封皇孙杨倓为燕王，杨侗为越王，杨侑为代王，他们都是杨昭的儿子。

九月十四日乙丑，册立秦孝王的儿子杨浩为秦王。

隋炀帝认为隋文帝晚年法令严峻苛刻，冬季，十月，下诏命令修改法令。

隋炀帝在巩县东南平原上建造洛口仓，修筑仓城，方圆二十余里，开凿两千口地窖，每口地窖可存粮食八千石以上，设置粮仓监官和镇守的士兵一千人。十二月，在洛阳北七里建造回洛仓，仓城方圆十里，开凿三百口地窖。

当初，齐温公高纬在位时，有鱼龙、山车等杂戏，叫散乐。周宣帝在位时，郑译奏请征召这些杂戏乐人。隋高祖受周禅让后，命令牛弘制定雅乐，凡是不属正声清商和牛弘制定的九部乐和四舞的乐舞，全部遣散不用。隋炀帝由于启民可汗将要入朝，想要向他炫耀隋朝如何富庶欢乐，太常少卿裴蕴迎合隋炀帝的心意，奏请征召天下原周、齐、梁、陈等国的乐家子弟都编入乐户。此外，凡六品官员以下和庶民百姓，凡擅长音乐的，都要到太常寺当差。隋炀帝采纳了这个建议。于是全国各地各种乐舞，都荟萃到了东京，在芳华苑积翠池旁边公开表演。首先出场的是舍利兽，欢腾跳跃，突然激水满街，鼋鼍、龟鳖、会泅水的人、虫鱼，游动翻腾铺满了街。又有一个节目是鲸鱼喷水成雾遮天蔽日，忽然间化作黄龙，长七八丈。又一个节目是二人头顶长竿，竿子上有人起舞，一眨眼两竿上的人飞腾而过，互相交换了

明达曰：“齐氏偏隅，乐工曹妙达犹封王；我今天下大同，方且贵汝，宜自修谨！”

（以上为第四段，写大业二年隋炀帝制仪仗，创艳乐，穷奢极侈，歌舞升平，以及权臣杨素之死。）

三年（丁卯，607年）

春，正月，朔旦，大陈文物。时突厥启民可汗入朝，见而慕之，请袭冠带，帝不许。明日，又率其属上表固请，帝大悦，谓牛弘等曰：“今衣冠大备，致单于解辫，卿等功也！”各赐帛甚厚。

三月，辛亥，帝还长安。

癸丑，帝使羽骑尉朱宽入海求访异俗，至流求国而还。

初，云定兴、阎毗坐媚事太子勇，与妻子皆没官为奴婢。上即位，多所营造，闻其有巧思，召之，使典其事，以毗为朝请郎。时宇文述用事，定兴以明珠络帐赂述，并以奇服新声求媚于述；述大喜，兄事之。上将有事四夷，大作兵器，述荐定兴可使监造，上从之。述谓定兴曰：“兄所作器仗，并合上心，而不得官者，为长宁兄弟犹未死耳。”定兴曰：“此无用物，何不劝上杀之。”述因奏：“房陵诸子年并成立，今欲兴兵诛讨，若使之从驾，则守掌为难；若留于一处，又恐不可。进退无用，请早处分。”帝然之，乃鸩杀长宁王俨，分徙其七弟于岭表，仍遣间使于路尽杀之。襄城王恪之妃柳氏自杀以从恪。

夏，四月，庚辰，下诏欲安辑河北，巡省赵、魏。

牛弘等造新律成，凡十八篇，谓之《大业律》；甲申，始颁行之。民久厌严刻，喜于宽政。其后征役繁兴，民不堪命，有司临时迫胁以求济事，不复用律令矣。旅骑尉刘炫预修律令，弘尝从容问炫曰：“《周礼》士多而府史少，今令史百倍于前，减则不济，其故何也？”炫曰：“古人委任责成，岁终考其殿最，案不重校，文不繁悉，府史之任，掌要目而已。

位置。还有神鳌背负大山，魔术师吐火等节目，千变万化。艺人们都穿绫罗绸缎，跳舞的人身上环佩叮当作响，还用彩色羽毛作装饰。分派京兆、河南两地制作艺人所穿的彩服，以至于长安、洛阳两京绸缎为之一空。隋炀帝亲自创作了许多篇艳诗命乐师白明达谱上新曲教人演奏，音调极为哀婉愁怨。隋炀帝非常喜悦，对白明达说："齐氏偏在一隅，乐工曹妙达况且能够封王，我现在天下统一，正要让你显贵，你应当慎重努力！"

隋炀帝大业三年（丁卯，607 年）

春季，正月初一日，早晨，大量陈列礼乐车服以及观赏物品。当时，突厥启民可汗入朝，看了非常羡慕，请求穿戴隋朝服饰，隋炀帝没有允许。第二天，启民可汗又带领随从部属上表恳切请求，隋炀帝非常高兴，对牛弘等人说："现今衣冠十分完备，以至于单于也要解开辫子，更换服饰，这都是你们臣子的功劳。"给每个臣子赏赐了丰厚的丝帛。

三月初二日辛亥，隋炀帝回到长安。

三月初四日癸丑，隋炀帝下令羽骑尉朱宽出海寻访外国习俗，朱宽到达流求后返回。

当初，云定兴、阎毗巴结太子杨勇被判罪，与妻子儿女都罚没为官奴婢。隋炀帝即位，大兴土木，听说他两人心思奇巧，就召见两人，派他们掌管营建事务。阎毗被任用为朝请郎。当时宇文述掌权，云定兴用夜明珠细罗帐贿赂宇文述，宇文述很高兴，待他如兄长。隋炀帝将要讨伐四夷，大造兵器，宇文述推荐云定兴监造，隋炀帝同意了。宇文述对云定兴说："兄长制造的兵器，皇上非常满意，可是没有给你封官，因为你的外甥长宁王兄弟还在世。"云定兴说："这都是无用的东西，为什么不劝皇帝把他们杀了呢！"宇文述便上奏说："房陵王杨勇的几个儿子长大成人，现今皇上正要出师征讨，如果让他们跟随圣驾，那么看管很困难，如果把他们留在一个地方，恐怕要出事，左右为难，请求早作了断。"隋炀帝认为很好，就用毒酒杀死了长宁王杨俨，把他的七个弟弟分别发配到岭南，又派密使在半道把他们都杀了。襄城王杨恪的王妃柳氏自杀殉夫。

夏季，四月初二日庚辰，隋炀帝下诏安抚河北，巡视赵魏地区。

牛弘等人修订新律完成，共十八篇，叫作《大业律》，四月初六日甲申，颁布生效。百姓长久以来怨恨旧律严酷苛刻，喜欢新律宽缓。但不久就征发劳役接连不断，人民不能忍受，而官吏们就临时设立名目压迫百姓，以求办成征发指标，不再用律令了。旅骑尉刘炫参与律令起草，牛弘曾经随意地问刘炫说："按照《周礼》制度，主管事务的官员多而承办具体文牍案卷的属吏少，现今属吏百倍于官员，减少了还

今之文簿，恒虑覆治，若锻炼不密，则万里追证百年旧案。故谚云：‘老吏抱案死。’事繁政弊，职此之由也。”弘曰：“魏、齐之时，令史从容而已，今则不遑宁处，何故？”炫曰：“往者州唯置纲纪，郡置守、丞，县置令而已。其余具僚则长官自辟，受诏赴任，每州不过数十。今则不然，大小之官，悉由吏部，纤介之迹，皆属考功。省官不如省事，官事不省而望从容，其可得乎！”弘善其言而不能用。

壬辰，改州为郡；改度量权衡，并依古式。改上柱国以下官为大夫；置殿内省，与尚书、门下、内史、秘书为五省；增谒者、司隶台，与御史为三台；分太府寺置少府监，与长秋、国子、将作、都水为五监，又增改左、右翊卫等为十六府；废伯、子、男爵，唯留王、公、侯三等。

丙寅，车驾北巡；己亥，顿赤岸泽。五月，丁巳，突厥启民可汗遣其子拓特勒来朝。戊午，发河北十余郡丁男凿太行山，达于并州，以通驰道。丙寅，启民遣其兄子毗黎伽特勒来朝。辛未，启民遣使请自入塞奉迎舆驾，上不许。

初，高祖受禅，唯立四亲庙，同殿异室而已，帝即位，命有司议七庙之制。礼部侍郎摄太常少卿许善心等奏请为太祖、高祖各立一殿，准周文、武二祧，与始祖而三，余并分室而祭，从迭毁之法。至是，有司请如前议，于东京建宗庙。帝谓秘书监柳䛒曰：“今始祖及二祧已具，后世子孙处朕何所？”六月，丁亥，诏为高祖建别庙，仍修月祭礼。既而方事巡幸，竟不果立。

帝过雁门，雁门太守丘和献食甚精；至马邑，马邑太守杨廓独无所献，帝不悦。以和为博陵太守，仍使廓至博陵观和为式。由是所至献食，竞为丰侈。

不行，这是什么缘故呢？”刘炫说：“古代任命官吏责以成效，年终要考核分出最好最坏，案件审结不再重复，文书不求烦琐，属吏的责任仅仅是掌握大纲节目罢了。现在的文案簿书，时常担心复查，如果办理不周密，就要不远万里去追查百年旧案。所以谚语说：‘老吏抱着案卷累死。’事务烦琐，政令衰败，这就是属吏多而效率低的原因。”牛弘说：“北魏、北齐时期，属吏们清闲自在，如今却忙忙碌碌不得休闲，又是什么原因。”刘炫说：“先前，官员由朝廷委任，州衙只设置长史、司马，郡衙设置郡守、郡丞，县衙设置县令，仅此而已，其他办事僚属则由长官自己任命，接受诏命上任的，每州不过几十人罢了。现今不是这样，大大小小的官，全都由吏部选任，细小的事，也要由考功曹来核准。减少官吏不如减少事务，官吏们的事务不减省，还想要清闲，能办得到吗？”牛弘很是赞赏刘炫说的话，但是不能采用。

四月十四日壬辰，改州为郡，又改革度量衡，全部恢复古制。改上柱国以下的官叫大夫，增设殿内省，与尚书省、门下省、内史省、秘书省一共有五省。增设谒者台、司隶台，与御史台一起合称三台；分太府寺设置少府监，以及长秋、国子、将作、都水四监共为五监；又增改左、右翊卫等为十六府；废除伯爵、子爵、男爵，仅留王、公、侯三等爵位。

［四月十八日丙申］，隋炀帝巡视北方。四月二十一日己亥，车驾停留赤岸泽。五月初九日丁巳，突厥启民可汗派遣他的儿子拓特勒入朝。五月初十日戊午，征发河北十几个郡的男丁开凿太行山，直达并州，计划修筑驰道。五月十八日丙寅，启民可汗又派遣他哥哥的儿子毗黎伽特勒入朝。五月二十三日辛未，启民可汗遣使上奏，要求亲自入塞迎接圣驾，隋炀帝不允准。

当初，隋高祖接受禅位，只设立了四座亲庙，而且都在同一个殿堂之内，只是再分为四个不同的房间。隋炀帝即位以后，命令有关部门讨论建七庙的仪制，礼部侍郎兼太常少卿许善心等人上奏请求为太祖、高祖各建一座殿，按照周代标准，建文王、武王两座祖庙，与始祖庙共是三座祖庙，其余的祖先都在一座庙里只是分室祭祀，依照“亲尽则毁”的原则，后代每增加一主，就把最先的那个祖先撤去，永保七庙之数。到现在，有关部门上奏请求按照以前议定的那样，在东京建立宗庙。隋炀帝对秘书监柳謇说：“如今始祖与两座祖庙都已具备，后世子孙把朕又放到何处呢？”六月初十丁亥，隋炀帝下诏令为高祖另外建立一庙，仍然每月致祭。后来由于忙于巡游的事务，终于没有建立。

隋炀帝经过雁门，雁门太守丘和进献的食物十分精美；到达马邑，只有马邑太守杨廓却没有奉献什么东西，隋炀帝很不高兴。任命丘和为博陵太守，并且要杨廓到博陵去参观，向丘和学习。从此以后，隋炀帝所到之处地方官员竞相进献食物，互相攀比奢侈。

戊子，车驾顿榆林郡。帝欲出塞耀兵，径突厥中，指于涿郡，恐启民惊惧，先遣武卫将军长孙晟谕旨。启民奉诏，因召所部诸国奚、霫、室韦等酋长数十人咸集。晟见牙帐中草秽，欲令启民亲除之，示诸部落，以明威重，乃指帐前草曰："此根大香。"启民遽嗅之，曰："殊不香也。"晟曰："天子行幸所在，诸侯躬自洒扫，耕除御路，以表至敬之心；今牙内芜秽，谓是留香草耳！"启民乃悟曰："奴之罪也！奴之骨肉皆天子所赐，得效筋力，岂敢有辞。特以边人不知法耳，赖将军教之；将军之惠，奴之幸也。"遂拔所佩刀，自芟庭草。其贵人及诸部争效之。于是发榆林北境，至其牙，东达于蓟，长三千里，广百步，举国就役，开为御道。帝闻晟策，益嘉之。

丁酉，启民及义成公主来朝行宫。己亥，吐谷浑、高昌并遣使入贡。

甲辰，上御北楼观渔于河，以宴百僚。定襄太守周法尚朝于行宫，太府卿元寿言于帝曰："汉武出关，旌旗千里。今御营之外，请分为二十四军，日别遣一军发，相去三十里，旗帜相望，钲鼓相闻，首尾相属，千里不绝，此亦出师之盛者也。"法尚曰："不然，兵亘千里，动间山川，猝有不虞，四分五裂；腹心有事，首尾未知，道路阻长，难以相救，虽有故事，乃取败之道也。"帝不怿，曰："卿意如何？"法尚曰："结为方陈，四面外拒，六宫及百官家属并在其内；若有变起，所当之面，即令抗拒，内引奇兵，出外奋击，车为壁垒，重设钩陈，此与据城，理亦何异！若战而捷，抽骑追奔，万一不捷，屯营自守，臣谓此万全之策也。"帝曰："善！"因拜法尚左武卫将军。

启民可汗复上表，以为"先帝可汗怜臣，赐臣安义公主，种种无乏。臣兄弟嫉妒，共欲杀臣。臣当是时，走无所适，仰视唯天，俯视唯地，奉身委命，依归先帝。先帝怜臣且死，养而生之，以臣为大可汗，还抚突厥之民。至尊今御天下，还如先帝养生臣及突厥之民，种种无乏。臣荷戴圣恩，言不能尽。臣今非昔日突厥可汗，乃是至尊臣民，愿率部落变改衣服，一如华夏"。帝以为不可。秋，七月，辛亥，赐启民玺书，谕以"碛北未静，犹须征战，但存心恭顺，何必变服？"

六月十一日戊子，圣驾暂时留驻榆林郡。隋炀帝想出塞显示军威，穿越突厥境内，直达涿郡。担心启民可汗畏惧，先派武卫将军长孙晟宣谕旨意。启民可汗接到诏命，就把他属下的奚、霫、室韦等部族的酋长几十人都召集起来。长孙晟见启民可汗牙帐内长满杂草，想让启民可汗亲自除掉，以向各部落显示天子的威严。就指着帐前的草对启民可汗说："这草非常香。"启民可汗急忙闻了一下，说："一点都不香。"长孙晟说："天子巡幸所到的地方，诸侯都要亲自洒扫，清除道路，以表示崇敬的心意。现在牙帐内杂草丛生，所以把它说成是留下的香草嘛！"启民可汗恍然大悟，说："这是我的罪过！我身上的骨肉都是天子赐给的，能为天子效力，怎敢推辞呢？只是因为边远之人不懂法度，幸亏依靠将军教诲，将军的恩惠，乃是我的荣幸。"于是拔出佩刀，亲自割草。其他贵族和各部酋长都竞相仿效他。于是从榆林北境开始除草，西到可汗牙帐，东到蓟城，开辟出长三千里、宽一百步的御驾车道，突厥人全都投入了这一工程。隋炀帝得知是长孙晟的计谋，更加赞赏。

六月二十日丁酉，启民可汗和义成公主来行宫朝见。六月二十二日己亥，吐谷浑、高昌都派遣使者前来朝见、进贡。

六月二十七日甲辰，隋炀帝登上北楼观看渔人在黄河中捕鱼，宴请百官。定襄太守周法尚到行宫朝见。太府卿元寿对隋炀帝说："汉武帝出关，旌旗连绵千里。臣建议除了警卫皇上的御营卫队以外，把军队分成二十四军，每天派遣一军出发，相隔三十里，前后旗帜可以互相望见，钲鼓号令也听得清楚，首尾相连，千里不断。这可以显示出师的盛况。"周法尚说："不对。军队连绵千里，时时被山川所阻隔，突然遭到不测，队伍就会四分五裂；若中间受到攻击，而首尾都不知道，况且道路险阻漫长，难以相救；虽然历史上有先例，但却是导致失败的办法。"隋炀帝听了不高兴，说："那你说该怎么办？"周法尚道："将军队列成为方阵，四面向外防御，六宫及百官家属都在方阵中心，如果有变乱发生，受敌的一方马上抵抗，并从阵内派奇兵，冲出阵外奋力攻击，以车辆作为壁垒，再设置弯弯曲曲的钩阵，这和据守城池的道理一样。假如交战得胜，就抽调骑兵追赶，万一不胜，也可以屯营自守，臣认为这是万全之策。"隋炀帝说："好！"于是拜授周法尚为左武卫将军。

启民可汗又上表，以为"先帝可汗可怜臣，赏赐给臣安义公主。供应物资，使我们办什么事都不缺乏。臣的兄弟嫉妒，要共同杀我，臣在当时，走投无路，抬头只看到天，低头只看到地，便把自身托付给了先帝。先帝可怜臣将死，便收留抚养，还让臣做了大可汗，回来安抚突厥的人民，供给物资，什么都不缺，臣深蒙圣上的恩德，用语言难以尽意。臣现今不是先前的突厥可汗，而是皇上的臣民，臣愿意率领部落百姓改变服饰，同华夏一样"。隋炀帝认为不可以这样做。秋季，七月初四日辛亥，赏赐启民可汗玺书，告谕他"漠北还没有安定，还要有征讨，只要诚心恭顺

帝欲夸示突厥，令宇文恺为大帐，其下可坐数千人；甲寅，帝于城东御大帐，备仪卫，宴启民及其部落，作散乐。诸胡骇悦，争献牛羊驼马数千万头。帝赐启民帛二千万段，其下各有差。又赐启民路车乘马，鼓吹幡旗，赞拜不名，位在诸侯王上。

又诏发丁男百余万筑长城，西拒榆林，东至紫河。尚书左仆射苏威谏，上不听，筑之二旬而毕。帝之征散乐也，太常卿高颎谏，不听。颎退，谓太常丞李懿曰："周天元以好乐而亡，殷鉴不远，安可复尔！"颎又以帝遇启民过厚，谓太府卿何稠曰："此虏颇知中国虚实，山川险易，恐为后患。"又谓观王雄曰："近来朝廷殊无纲纪。"礼部尚书宇文弢私谓颎曰："天元之侈，以今方之，不亦甚乎？"又言："长城之役，幸非急务。"光禄大夫贺若弼亦私议宴可汗太侈。并为人所奏。帝以为诽谤朝政，丙子，高颎、宇文弢、贺若弼皆坐诛，颎诸子徙边，弼妻子没官为奴婢。事连苏威，亦坐免官。颎有文武大略，明达世务，自蒙寄任，竭诚尽节，进引贞良，以天下为己任；苏威、杨素、贺若弼、韩擒虎皆颎所推荐，自余立功立事者不可胜数；当朝执政将二十年，朝野推服，物无异议，海内富庶，颎之力也。及死，天下莫不伤之。先是，萧琮以皇后故，甚见亲重，为内史令，改封梁公，宗族缌麻以上，皆随才擢用，诸萧昆弟，布列朝廷。琮性澹雅，不以职务为意，身虽羁旅，见北间豪贵，无所降下。与贺若弼善，弼既诛，又有童谣曰："萧萧亦复起。"帝由是忌之，遂废于家，未几而卒。

八月，壬午，车驾发榆林，历云中，溯金河。时天下承平，百物丰实，甲士五十余万，马十万匹，旌旗辎重，千里不绝。令宇文恺等造观风行殿，上容侍卫者数百人，离合为之，下施轮轴，倏忽推移。又作行城，周二千步，以板为干，衣之以布，饰以丹青，楼橹悉备。胡人惊以为神，每望御营，十里之外，屈膝稽颡，无敢乘马。启民奉庐帐以俟车驾；乙酉，帝幸其帐，启民奉觞上寿，跪伏恭甚，王侯以下袒割于帐前，莫敢仰视。帝大悦，赋诗曰："呼韩顿颡至，屠耆接踵来；何如汉天子，空上单于台！"皇后亦幸义成公主帐。帝赐启民及公主金瓮各一，并衣服被褥锦彩，特勒以下，受赐各有差。帝还，启民从入塞，己丑，遣

朝廷，不必改变服饰”。

隋炀帝想向突厥炫耀，下令宇文恺制作大帐，帐内能坐下几千人。七月初七日甲寅，隋炀帝在城东设置大帐，备好仪仗侍卫，宴请启民可汗和他的部落，表演各种杂戏。各胡族的人非常惊喜，争着贡献牛羊骆驼马匹达几千万头。隋炀帝赏赐启民可汗锦帛两千万段，他的部落按照不同的等级都有赏赐。又赏赐给启民可汗路车、坐骑和鼓吹幡旗等仪仗，特许他朝拜时司仪不呼其名，列位在诸侯王之上。

隋炀帝又下诏征发一百万人修筑长城，西起榆林，东到紫河。尚书左仆射苏威劝谏，隋炀帝不听，修筑了两个月完工。隋炀帝又征集全国各种杂戏艺人，太常卿高颎劝谏，隋炀帝不听，高颎退朝后，对太常丞李懿说：“周天元皇帝因为爱好音乐而亡国，殷鉴不远，怎么能再这样呢！”高颎又认为隋炀帝对待启民可汗太优厚，就对太府卿何稠说：“这个胡人非常熟悉中原的情况，山川险要，恐怕要成为后患。”高颎又对观王杨雄说：“近来朝廷太没有纲常法纪了。”礼部尚书宇文弼私下对高颎说：“周天元皇帝奢侈，拿今天的情况相比，不是更严重吗？”又说：“修筑长城也不是当务之急！”光禄大夫贺若弼也私下议论宴请启民可汗太奢侈。这些情况被人上奏，隋炀帝认为是诽谤朝政。七月二十九日丙子，高颎、宇文弼、贺若弼都被诛杀，高颎的几个儿子发配边疆，贺若弼的妻子儿女籍没为官奴。这事牵连到苏威，也被罢官。高颎有文武才略，精通世务，自从蒙受重任以来，竭尽忠诚操守，推荐忠贞贤良人才，以天下为己任。苏威、杨素、贺若弼、韩擒虎都是高颎推荐的人才，其余建功业的人不胜枚举。高颎在朝执政近二十年，朝野上下都推心敬服，他办的事都没有异议。国家富足，与高颎的贡献分不开。当他被杀，全国的人没有不伤心的。起先，萧琮因为皇后的缘故，受到隋炀帝的亲近推重，任命为内史令，改封梁国公。萧氏宗族，五服以内的人都被量才使用，萧琮的几个兄弟，都为朝廷大臣。萧琮性情恬淡儒雅，不把高官当回事，虽然客居北方，却对隋朝的豪族贵胄，从不低声下气。与贺若弼友好，贺若弼被杀，有童谣说：“萧萧苏复起。”隋炀帝听到了因此猜忌萧琮，便让他免职回家，没多久萧琮就死了。

八月初六日壬午，圣驾从榆林出发，经过云中，逆行金河。当时天下太平，百物丰实，甲士五十多万，马十万匹，旌旗辎重，绵延千余里。隋炀帝命令宇文恺制造观景的移动宫殿，殿上可容纳侍卫几百人。行殿可以拆开，重新安装组合，下设轮轴，可以快速推移。宇文恺还制造移动城堡，城堡周长两千步，用木板制成骨架，用布覆盖，画上彩画，城堡上的城楼、瞭望台一应俱全。突厥人惊叹认为是天神创造的，每次望见御营，十里之外就跪下叩头，无人敢骑马。启民可汗恭奉庐帐以等待圣驾。八月初九日乙酉，隋炀帝驾幸启民可汗营帐，启民可汗捧着酒杯为皇上祝寿，跪伏在地上很是恭敬。突厥王侯以下的人都站立在帐前袒衣割肉，不敢仰视。隋炀帝非常高兴，即兴赋诗云：“呼韩顿颡至，屠耆接踵来。何如汉天子，空上单于

归国。

癸巳，入楼烦关；壬寅，至太原，诏营晋阳宫。帝谓御史大夫张衡曰："朕欲过公宅，可为朕作主人。"衡乃先驰至河内，具牛酒。帝上太行，开直道九十里，九月，己未，至济源，幸衡宅。帝悦其山泉，留宴三日，赐赉甚厚。衡复献食，帝令颁赐公卿，下至卫士，无不沾洽。己巳，至东都。

壬申，以齐王暕为河南尹；癸酉，以民部尚书杨文思为纳言。

冬，十月，敕河南诸郡送一艺户陪东都三千余家，置十二坊于洛水南以处之。

西域诸胡多至张掖交市，帝使吏部侍郎裴矩掌之。矩知帝好远略，商胡至者，矩诱访诸国山川风俗，王及庶人仪形服饰，撰《西域图记》三卷，合四十四国，入朝奏之。仍别造地图，穷其要害，从西倾以去，纵横所亘，将二万里。发自敦煌，至于西海，凡为三道，北道从伊吾，中道从高昌，南道从鄯善，总凑敦煌。且云："以国家威德，将士骁雄，泛濛汜而越昆仑，易如反掌。但突厥、吐浑分领羌、胡之国，为其壅遏，故朝贡不通。今并因商人密送诚款，引领翘首，愿为臣妾。若服而抚之，务存安辑，皇华遣使，弗动兵车，诸蕃既从，浑、厥可灭，混壹戎、夏，其在兹乎！"帝大悦，赐帛五百段，日引矩至御坐，亲问西域事。矩盛言"胡中多诸珍宝，吐谷浑易可并吞"。帝于是慨然慕秦皇、汉武之功，甘心将通西域；四夷经略，咸以委之。以矩为黄门侍郎，复使至张掖，引致诸胡，啖之以利，劝令入朝。自是西域胡往来相继，所经郡县，疲于送迎，糜费以万万计，卒令中国疲弊以至于亡，皆矩之唱导也。

铁勒寇边，帝遣将军冯孝慈出敦煌击之，不利。铁勒寻遣使谢罪，请降；帝使裴矩慰抚之。

（以上为第五段，写隋炀帝大业三年，巡视北疆，观兵突厥；筑长城，诛大臣，刚愎拒谏；通商西域，奢靡夸富，对外赏赐无节，将导致隋朝府库衰竭。）

台！”皇后萧氏也临幸义成公主营帐。隋炀帝赐启民可汗和义成公主每人一只金瓮，另外还有衣服、被褥、彩缎。特勒以下，得到的赏赐各有等差。隋炀帝返回，启民可汗跟随入塞。八月十三日乙丑，隋炀帝让启民可汗回国。

八月十七日癸巳，隋炀帝入楼烦关；八月二十六日壬寅，到达太原，诏令营建晋阳宫。隋炀帝对御史大夫张衡说："朕想看看你的家，你可要作为主人办招待。"张衡便先骑马回到河内，准备酒宴。隋炀帝登上太行山，命令开辟九十里的直道通达张衡的家。九月十三日己未，抵达济源，驾幸张衡宅第。隋炀帝喜爱这里的山泉，便住下来欢宴三天，赏赐的财物非常丰富。张衡又进献食物，隋炀帝下令赏赐臣下、公卿大臣及卫士，没有一人不沾圣恩。九月二十三日己巳，回到东都。

九月二十六日壬申，任命齐王杨暕为河南尹；九月二十七日癸酉，任命民部尚书杨文思为纳言。

冬季，十月，敕令河南各郡选送一家艺户到东京协助原有的三千余户艺户，在洛水南边设置十二坊来安置他们。

西域很多胡人都到张掖做生意。隋炀帝委派吏部侍郎裴矩负责管理。裴矩知道隋炀帝好大喜功，做生意的胡人来了，裴矩就探询各国的山川地理和风俗情况，以及国王、平民的仪表形貌和服饰，写成《西域图记》三卷，共记有四十四国，入朝上奏皇帝。另外还绘制地图，详细说明西域所有险要的地方，从西倾山以西，纵横连亘将近二万里。从敦煌出发，前往西海，一共有三条路：北路从伊吾起，中路从高昌起，南路从鄯善起，三条路东边总汇到敦煌。裴矩还说："以国家的威德，将士的骁勇，渡过濛汜水，越过昆仑山，易如反掌。但是突厥、吐谷浑分别控制羌人、胡人的国家，由于他们从中阻挡，所以不能来朝贡。现在都通过商人暗地里送达诚恳的心意，伸长脖子，翘首盼望，希望成为大隋的臣民。如果使他们归服，用心安抚，促使他们安定和睦，只需由朝廷派出使者，不必劳师动众，诸蕃就会归服大隋，那么，吐谷浑、突厥就可以吞灭。统一戎狄、华夏，当前是最好的时机。"隋炀帝非常高兴，赏赐裴矩丝帛五百段，每天让裴矩坐到御座旁，亲自询问西域的事务。裴矩极力夸张地说："西域有很多珍宝，吐谷浑很容易吞并。"隋炀帝十分感慨，羡慕秦始皇汉武帝的功业，一心要再次开通西域，于是把开拓四夷的事，都交付给裴矩。隋炀帝任命裴矩为黄门侍郎，又派他到了张掖招引西域各国的胡人，用重利引诱，劝告他们入朝。从这以后，西域胡人一个接一个来到中原。胡人经过的郡县，忙于招待迎接，耗费的资财以万万计，最终导致隋王朝疲困灭亡，这都是裴矩引起的。

铁勒人侵入边境，隋炀帝派将军冯孝慈从敦煌出击，没有取胜。不久，铁勒人遣使入朝请罪，愿意归附，隋炀帝派裴矩安抚他们。

【点评】

高颎、贺若弼之死。王夫之在《读通鉴论》中评论高颎、贺若弼之死，非常中肯。隋炀帝弑父弑君，屠戮兄弟，子死不哀，骄淫无度，是一个狼心狗肺、不可理喻的残忍之人，满朝文武都心知肚明，所以杨素病重不治，只求速死免祸。高颎、贺若弼盛年时叱咤风云，为一世之人杰。高颎料敌如神，眼睛能看千里之远，机敏透彻；贺若弼看不起杨素、韩擒虎，自诩为大将。可是两人在残暴之君隋炀帝面前，看不清形势，摆不正位置，厕身在奸佞之臣李懿、何稠之间混日子，他们议论隋炀帝的小过，不敢触及大恶。隋炀帝征求杂戏，对启民可汗赏赐无度，将国家存亡置之不顾。高、贺二人对隋炀帝的骄奢淫逸有所议论，即遭到杀身之祸。高颎、贺若弼死得冤，也死得不值。他们昔日的睿智与铮铮硬骨，丝毫不存。原因是，年老体衰，智术已尽，富贵已极，子孙拖累，血气不存，既不能奋起蹈仁，又不能引退避祸，最终落得身首异处的下场，真是可悲！

隋纪五

隋炀帝大业四年至八年（608—612年）

【起著雍执徐（戊辰，608年），尽玄黓涒滩（壬申，612年），凡五年】

【大事提要】

本卷载述公元608年至公元612年史事，凡五年，时当隋炀帝大业四年至大业八年。此时期隋炀帝的统治用四个字概括，就是“外征内作”。大业四年招抚西突厥，兵伐伊吾，南通赤土；大业五年亲征吐谷浑；大业七年、八年举国动员，兵伐高丽，只有大业六年无战事。又大兴土木，扩建东都，营建洛阳宫、江都宫、汾阳宫，可以说隋炀帝无年不生事。老子说：治大国如烹小鲜。只有十余年的开皇年间的承平积蓄，怎能支撑如此荒唐的折腾！

【原文】

炀皇帝上之下

大业四年（戊辰，608 年）

春，正月，乙巳，诏发河北诸军百余万穿永济渠，引沁水南达于河，北通涿郡。丁男不供，始役妇人。

壬申，以太府卿元寿为内史令。

裴矩闻西突厥处罗可汗思其母，请遣使招怀之。二月，己卯，帝遣司朝谒者崔君肃赍诏书慰谕之。处罗见君肃甚倨，受诏不肯起，君肃谓之曰："突厥本一国，中分为二，每岁交兵，积数十岁而莫能相灭者，明知其势敌耳。然启民举其部落百万之众，卑躬折节，入臣天子者，其故何也？正以切恨可汗，不能独制，欲借兵于大国，共灭可汗耳。群臣咸欲从启民之请，天子既许之，师出有日矣。顾可汗母向夫人惧西国之灭，旦夕守阙，哭泣哀祈，匍匐谢罪，请发使召可汗，令入内属。天子怜之，故复遣使至此。今可汗乃倨慢如此，则向夫人为诳天子，必伏尸都市，传首虏庭。发大隋之兵，资东国之众，左提右挈以击可汗，亡无日矣！奈何爱两拜之礼，绝慈母之命，惜一语称臣，使社稷为墟乎！"处罗矍然而起，流涕再拜，跪受诏书，因遣使者随君肃贡汗血马。

三月，壬戌，倭王多利思比孤入贡，遗帝书曰："日出处天子致书日没处天子无恙。"帝览之，不悦，谓鸿胪卿曰："蛮夷书无礼者，勿复以闻。"

乙丑，车驾幸五原，因出塞巡长城。行宫设六合板城，载以枪车。每顿舍，则外其辕以为外围，内布铁菱；次施弩床，皆插钢锥，外向；上施旋机弩，以绳连机，人来触绳，则弩机旋转，向所触而发。其外又以罾周围，施铃柱、槌磐以知所警。

帝募能通绝域者，屯田主事常骏等请使赤土，帝大悦，丙寅，命骏赍物五千段，以赐其王。赤土者，南海中远国也。

帝无日不治宫室，两京及江都，苑囿亭殿虽多，久而益厌，每游幸，

【语译】

炀皇帝上之下

隋炀帝大业四年（戊辰，608年）

春季，正月初一日乙巳，隋炀帝下诏征调河北各郡的军队一百多万人开凿永济渠，引导沁水向南流入黄河，向北通达涿郡。丁男不够数量，开始征用妇女服役。

正月二十八日壬申，任用太府卿元寿为内史令。

裴矩得知西突厥处罗可汗思念母亲，派遣使者招抚他。二月初六日己卯，隋炀帝派遣司朝谒者崔君肃带着诏书去安抚晓谕处罗可汗。处罗可汗接见崔君肃时，态度傲慢，接受诏书又不肯起身叩拜，崔君肃对他说："突厥原本是一国，后来中分为两国，每年交战，经过了几十年谁也吃不了谁，明摆着两国势均力敌。但是，启民可汗率领百万之众的部落，谦卑屈身，臣服大隋天子，又是什么原因呢？正因为他切齿痛恨你处罗可汗，又不能独自制服你，想从大国借兵，一同灭掉你罢了。群臣都想接受启民可汗的请求，天子也已经同意了，眼看就要发兵了。考虑到你的母亲向夫人害怕西突厥遭到灭亡，从早到晚守在宫门外，哭泣哀求，匍匐在地上谢罪，请求天子派遣使臣来召唤可汗，让你归服。天子可怜夫人，所以派使臣到这里。如今可汗你的态度如此傲慢，那么向夫人岂不是对天子说了谎话，一定会被在闹市上处斩，将把首级传送到西域各国示众。大隋的兵马就要出发，借助东突厥的力量，两面夹击可汗你，灭亡就不远了。为什么要吝惜一个臣服叩拜的礼节，去断送慈母的生命，为了不愿说一句称臣的话，却让国家灭亡呢！"处罗可汗惊惶地站起来，流着泪拜了两拜，跪着接了诏书，也派出使者随崔君肃入朝贡献汗血马。

三月十九日壬戌，倭王多利思比孤遣使进贡，送国书给隋炀帝说："日出处天子致信给日落处天子，问候您身体平安！"隋炀帝看后非常不高兴，对鸿胪卿说："蛮夷书信凡是不懂礼仪的，都不要再给我看了。"

三月二十二日乙丑，隋炀帝临幸五原，趁便出塞巡视长城。行宫设有木制的六合城，用枪车来装载，每到一个地方暂住，便把车辕朝外作外围，里面布置铁蒺藜；还安设弩床，全都插上钢锥，钢锥朝外；上面装置旋机弩，用绳子系在弩的扳机上，如果有人触动绳子，弩机就旋转，向触动的方向射箭。在弩机外边环绕一周安置能弋射的短箭，并装设铃柱、木槌、石磐，只要有人触动，就发出声音报警。

隋炀帝招募能够出使外国极远的人，屯田主事常骏等人上奏请求出使赤土，隋炀帝很高兴。三月二十三日丙寅，命令常骏带上丝帛五千段，用以赏赐赤土国王。赤土国，是地处南海遥远的国家。

隋炀帝每天都在建造宫室，长安、洛阳两京，以及江都，林园苑囿、亭台楼阁

左右顾瞩，无可意者，不知所适。乃备责天下山川之图，躬自历览，以求胜地可置宫苑者。夏，四月，诏于汾州之北汾水之源，营汾阳宫。

初，元德太子薨，河南尹齐王暕次当为嗣，元德吏兵二万余人，悉隶于暕，帝为之妙选僚属，以光禄少卿柳謇之为齐王长史，且戒之曰："齐王德业修备，富贵自钟卿门，若有不善，罪亦相及。"謇之，庆之从子也。暕宠遇日隆，百官趋谒，阗咽道路。暕以是骄恣，昵近小人，所为多不法。遣左右乔令则、库狄仲锜、陈智伟求声色。令则等因此放纵，访人家有美女，辄矫暕命呼之，载入暕第，淫而遣之。仲锜、智伟诣陇西，挝炙诸胡，责其名马，得数匹以进暕；暕令还主，仲锜等诈言王赐，取归其家，暕不知也。乐平公主尝奏帝，言柳氏女美，帝未有所答。久之，主复以柳氏进暕，暕纳之。其后，帝问主："柳氏女安在？"主曰："在齐王所。"帝不悦。暕从帝幸汾阳宫，大猎，诏暕以千骑入围，暕大获麋鹿以献；而帝未有得也，乃怒从官，皆言为暕左右所遏，兽不得前。帝于是发怒，求暕罪失。时制：县令无故不得出境；有伊阙令皇甫诩，得幸于暕，违禁，携之至汾阳宫。御史韦德裕希旨劾奏暕，帝令甲士千余人大索暕第，因穷治其事。暕妃韦氏早卒，暕与妃姊元氏妇通，产一女。暕召相工令遍视后庭，相工指妃姊曰："此产子者当为皇后。"暕以元德太子有三子，恐不得立，阴挟左道为厌胜，至是皆发。帝大怒，斩令则等数人，赐妃姊死，暕府僚皆斥之边远。柳謇之坐不能匡正，除名。时赵王杲尚幼，帝谓侍臣曰："朕唯有暕一子，不然者，当肆诸市朝以明国宪。"暕自是恩宠日衰，虽为京尹，不复关预时政。帝恒令虎贲郎将一人监其府事，暕有微失，虎贲辄奏之。帝亦常虑暕生变，所给左右，皆以老弱，备员而已。太史令庾质，季才之子也，其子为齐王属，帝谓质曰："汝不能一心事我，乃使儿事齐王，何向背如此！"对曰："臣事陛下，子事齐王，实是一心，不敢有二。"帝犹怒，出为合水令。

虽然很多，时间久了也感到厌烦，每次巡游，左顾右盼，没有赏心悦目的东西，不知到哪里去好。于是遍求天下山川的地理图形，亲自一一察看，寻找可以建造宫苑的好地方。夏季，四月，隋炀帝下诏在汾州北边汾水源头地方营建汾阳宫。

当初，元德太子杨昭死了，河南尹齐王杨暕依序当为嗣子，元德太子所属两万余名官兵，全部隶属杨暕。隋炀帝为他精心挑选了僚属，任命光禄少卿柳謇之为齐王长史，并且告诫柳謇之说："齐王的德行和学业都兼备，那么荣华富贵就会进你家门，若果齐王不好，罪过就伴随你。"柳謇之，是柳庆之的侄儿。杨暕受到宠信日益隆盛，文武百官竞相去拜谒他，以至于进进出出车马堵塞了道路。杨暕因此骄傲放纵，亲近小人，干了许多不法的事。杨暕派亲近乔令则、库狄仲锜、陈智伟去寻找歌伎美女。乔令则等人因此肆意横行，打听哪户人家有美女，就假传杨暕的命令召唤出来，拉上车子送进杨暕的府第，奸淫后把美女赶走。库狄仲锜、陈智伟到了陇西，用酷刑拷打各部落的胡人，勒索名马，得到了几匹好马进献给杨暕，杨暕让他们归还原主人，库狄仲锜谎称是齐王的赏赐，牵马回了自家，杨暕还蒙在鼓里。乐平公主曾经上奏隋炀帝说，柳家的女子长得很美，隋炀帝没有回答。过了很久，乐平公主又把柳氏女子进献给杨暕，杨暕收纳了。这之后，隋炀帝问乐平公主说："柳氏美女在哪里？"乐平公主回答说："在齐王府里。"隋炀帝很不高兴。杨暕随从隋炀帝游幸汾阳宫，举行大规模的围猎，隋炀帝下诏杨暕带领一千人围猎，杨暕猎获了大批麋鹿进献，而隋炀帝却没有什么猎获。隋炀帝对随从官员发脾气，官员们奏称是杨暕的人阻拦，野兽到不了跟前。隋炀帝于是大怒，寻找杨暕的过失。当时制度规定：县令无故不得出境，有一位叫皇甫诩的伊阙县令，受到杨暕的宠信，杨暕违反制度，把皇甫诩带进了汾阳宫。御史韦德裕迎合隋炀帝的心意弹劾杨暕。隋炀帝命令一千多甲士去搜查杨暕的府第，严厉追查这件事。杨暕的妃子韦氏早死，杨暕与王妃姐姐元氏妇私通，生了一个女儿。杨暕召来一个相面师，一一相面王府宫中的姬妾，相面师指着王妃姐姐说："这个生了孩子的女人应当成为皇后。"杨暕认为元德太子生有三个儿子，担心自己不能继位，于是想暗中靠妖术，用诅咒来求胜，这些事到现在全都被揭发出来了。隋炀帝大怒，将乔令则等人斩首，赐王妃姐姐自尽，杨暕府中的僚属都流放到边疆。柳謇之因为不能辅助齐王纠正过失，被免官除名。当时赵王杨杲尚幼，隋炀帝对侍臣说："我只有杨暕一子，否则应当将他在闹市斩杀示众，用以昭明国法。"杨暕受到的恩宠从此一天不如一天，虽然担任京尹之职务，却不能参加议政。隋炀帝一直派一名虎贲郎将负责监视齐王府，杨暕哪怕有点小过失，虎贲郎便会立即奏报隋炀帝。隋炀帝也常常担忧杨暕会作乱，所以派到杨暕身边的人，都是年老体弱的，只是充数而已。太史令庾质是庾季才的儿子，他的儿子是齐王府的府属。隋炀帝对庾质说："你不能忠心侍奉我，让你儿子去侍奉齐

乙卯，诏以突厥启民可汗遵奉朝化，思改戎俗，宜于万寿戍置城造屋，其帷帐床褥以上，务从优厚。

秋，七月，辛巳，发丁男二十余万筑长城，自榆谷而东。

裴矩说铁勒，使击吐谷浑，大破之。吐谷浑可汗伏允东走，入西平境内，遣使请降求救；帝遣安德王雄出浇河，许公宇文述出西平迎之。述至临羌城，吐谷浑畏述兵盛，不敢降，帅众西遁；述引兵追之，拔曼头、赤水二城，斩三千余级，获其王公以下二百人，虏男女四千口而还。伏允南奔雪山，其故地皆空，东西四千里，南北二千里，皆为隋有，置州、县、镇、戍，天下轻罪徙居之。

八月，辛酉，上亲祠恒岳，赦天下。河北道郡守毕集，裴矩所致西域十余国皆来助祭。

九月，辛未，征天下鹰师悉集东京。至者万余人。

冬，十月，乙卯，颁新式。

常骏等至赤土境，赤土王利富多塞遣使以三十舶迎之，进金锁以缆骏船，凡泛海百余日，入境月余，乃至其都。其王居处器用，穷极珍丽，待使者礼亦厚，遣其子那邪迦随骏入贡。

帝以右翊卫将军河东薛世雄为玉门道行军大将，与突厥启民可汗连兵击伊吾，师出玉门，启民不至。世雄孤军度碛，伊吾初谓隋军不能至，皆不设备；闻世雄军已度碛，大惧，请降。世雄乃于汉故伊吾城东筑城，留银青光禄大夫王威以甲卒千余人戍之而还。

（以上为第一段，写隋炀帝大业四年向外扩张，招抚西突厥，兵伐伊吾，通使南海赤土国。齐王骄恣失宠。）

五年（己巳，609年）

春，正月，丙子，改东京为东都。

突厥启民可汗来朝，礼赐益厚。

癸未，诏天下均田。

戊子，上自东都西还。

己丑，制民间铁叉、搭钩、穳刃之类皆禁之。

王，为何背离我到这种样子？”庾质回答说：“我侍奉陛下，儿子侍奉齐王，都是忠心的，不敢有别的念头。”隋炀帝仍然怒气冲冲，便把庾质调出京师去做合水县令。

四月十三日乙卯，隋炀帝下诏令说，突厥启民可汗敬慕隋朝教化，想变更戎狄习俗，可以在万寿戍建城造屋，所需帷帐、床褥等物，一定要从优供应。

秋季，七月初十日辛巳，征调二十余万丁男修筑长城，从榆谷向东修筑。

裴矩说服铁勒，出兵攻打吐谷浑，把吐谷浑打得大败。吐谷浑可汗伏允向东逃亡，逃到西平境内，派人向隋朝请降求救，隋炀帝派遣安德王杨雄从浇河郡出发、许公宇文述从西平郡出发迎接。宇文述抵达临羌城，吐谷浑惧怕宇文述兵强马壮，竟不敢投降，于是率领部众向西逃亡；宇文述领兵追击，攻破曼头、赤水两城，斩杀三千余人，俘虏王公以下二百人，以及男女平民四千人班师。伏允可汗向南逃到雪山，吐谷浑原有故土全部空无一人，东西四千里，南北两千里，都被隋朝占领，隋朝设置了州、县、镇、戍，把全国轻罪囚犯发配到这里居住。

八月二十一日辛酉，隋炀帝亲自到北岳恒山祭祀，下诏大赦天下。河北道郡守都集中到恒山，裴矩招抚的十几个西域国都派了使者来赞助祭祀。

九月初一日辛未，征召全国的驯鹰师集中到东京，到达的有一万多人。

冬季，十月十六日乙卯，颁布新制度量衡。

常骏等到达赤土境内，赤土王利富多塞派遣三十只大船迎接，进献黄金锁拴缆常骏的船只。常骏等在海上共行走了一百多天，登岸后又陆行了一个多月，才到达了赤土都城。赤土王的王宫器甲，都非常珍贵华丽，接待使者的礼仪很优厚。赤土王派他的儿子那邪迦随同常骏入朝。

隋炀帝任命右翊卫将军河东人薛世雄为玉门道行军大将，与突厥启民可汗合兵攻击伊吾。隋朝军队出了玉门关，启民可汗没有发兵。薛世雄孤军穿过戈壁，伊吾人起初认为隋军不会来伐，没有做好防备，得知薛世雄已经穿过戈壁，极为恐惧，请求投降。薛世雄就在汉时故伊吾城的东边筑城，留银青光禄大夫王威领兵一千余人镇守，大军班师回朝。

隋炀帝大业五年（己巳，609 年）

春季，正月初八日丙子，改东京为东都。

突厥启民可汗入朝，迎接的礼仪和赏赐更加优厚。

正月十五日癸未，隋炀帝下诏重申均田令。

正月二十日戊子，隋炀帝从东都起程回西京长安。

正月二十一日己丑，规定民间禁止使用铁叉、搭钩、铁矛一类器具。

二月，戊申，车驾至西京。

三月，己巳，西巡河右；乙亥，幸扶风旧宅。夏，四月，癸亥，出临津关，渡黄河，至西平，陈兵讲武，将击吐谷浑。五月，乙亥，上大猎于拔延山，长围亘二十里。庚辰，入长宁谷，度星岭；丙戌，至浩亹川。以桥未成，斩都水使者黄亘及督役者九人，数日，桥成，乃行。

吐谷浑可汗伏允帅众保覆袁川，帝分命内史元寿南屯金山，兵部尚书段文振北屯雪山，太仆卿杨义臣东屯琵琶峡，将军张寿西屯泥岭，四面围之。伏允以数十骑遁出，遣其名王诈称伏允，保车我真山。壬辰，诏右屯卫大将军张定和往捕之。定和轻其众少，不被甲，挺身登山，吐谷浑伏兵射杀之；其亚将柳武建击吐谷浑，破之。甲午，吐谷浑仙头王穷蹙，帅男女十余万口来降。六月，丁酉，遣左光禄大夫梁默等追讨伏允，兵败，为伏允所杀。卫尉卿刘权出伊吾道，击吐谷浑，至青海，虏获千余口，乘胜追奔，至伏俟城。

辛丑，帝谓给事郎蔡徵曰："自古天子有巡狩之礼；而江东诸帝多傅脂粉，坐深宫，不与百姓相见，此何理也？"对曰："此其所以不能长世。"丙午，至张掖。帝之将西巡也，命裴矩说高昌王麴伯雅及伊吾吐屯设，啖以厚利，召使入朝。壬子，帝至燕支山，伯雅、吐屯设等及西域二十七国谒于道左，皆令佩金玉，被锦罽，焚香奏乐，歌舞喧噪。帝复令武威、张掖士女盛饰纵观，衣服车马不鲜者，郡县督课之。骑乘嗔咽，周亘数十里，以示中国之盛。吐屯设献西域数千里之地，上大悦。癸丑，置西海、河源、鄯善、且末等郡，谪天下罪人为戍卒以守之。命刘权镇河源郡积石镇，大开屯田，扞御吐谷浑，以通西域之路。

是时天下凡有郡一百九十，县一千二百五十五，户八百九十万有奇。东西九千三百里，南北万四千八百一十五里。隋氏之盛，极于此矣。

帝谓裴矩有绥怀之略，进位银青光禄大夫。自西京诸县及西北诸郡，皆转输塞外，每岁钜亿万计；经途险远及遇寇抄，人畜死亡不达者，郡县皆征破其家。由是百姓失业，西方先困矣。

二月十一日戊申，隋炀帝驾临西京。

三月初二日己巳，隋炀帝西巡河西地。三月初八日乙亥，驾临扶风郡杨氏故宅。夏季，四月二十七日癸亥，车驾出临津关，渡过黄河，到达西平，进行军事演习，将要攻击吐谷浑。五月初九日乙亥，隋炀帝到拔延山大规模围猎，所设长围绵延二十里。五月十四日庚辰，进入长宁谷，翻过星岭。五月二十日丙戌，到达浩亹川。过河的桥没有完工，隋炀帝就杀了都水使者黄亘以及监督官员九人，几天以后，桥建成，又继续前行。

吐谷浑可汗伏允领兵防守覆袁川，隋炀帝分兵，命令内史元寿驻守南面的金山，兵部尚书段文振驻守北面的雪山，太仆卿杨义臣驻守东面的琵琶峡，将军张寿驻守西面的泥岭，四面围攻。伏允可汗带领数十骑逃出，派他的一位名王谎称是伏允可汗，据守车我真山。五月二十六日壬辰，隋炀帝下诏右屯卫大将军张定和进兵车我真山捕获伏允可汗。张定和认为吐谷浑兵少，就不穿铠甲，领头登山，被吐谷浑的伏兵射死。张定和的副将柳武建进兵攻击吐谷浑，打败了敌人。五月二十八日甲午，吐谷浑仙头王走投无路，率领男女十余万口投降。六月初二日丁酉，隋炀帝派左光禄大夫梁默等追击伏允，打了败仗，梁默被伏允杀死。卫尉卿刘权从伊吾道出兵，攻击吐谷浑，到达青海，俘虏千余人，乘胜追击，直到伏俟城。

六月初六日辛丑，隋炀帝对给事郎蔡徵说："自古天子都要到各地去举行巡狩的礼仪；可是先前江东南朝的皇帝大多喜欢涂脂抹粉，坐在深宫之内，不与百姓相见，这是什么道理呢？"蔡徵回答说："这正是他们不能世代长久的道理。"六月十一日丙午，隋炀帝到达张掖。在隋炀帝将要西巡时，命令裴矩去劝说高昌王麹伯雅和伊吾吐屯设等，以厚利相诱惑，召令他们入朝。六月十七日壬子，隋炀帝抵达燕支山，麹伯雅、吐屯设及西域二十七国国王、使者皆迎驾于路边。隋炀帝下令让他们都佩戴金玉，穿上绸缎和毛织品，奏乐焚香，歌舞欢庆。隋炀帝又让武威、张掖两郡青年男女盛装艳服供人观赏，衣服、车马不新颖漂亮的，由郡县督责改换。于是马匹车辆堵塞于道，绵延几十里，用来表示中国的富强。吐屯设献上几千里土地，隋炀帝非常高兴。六月十八日癸丑，设置西海、河源、鄯善、且末等郡，贬谪天下的罪人作为戍卒守卫这些地方。又命刘权镇守河源郡积石镇，大量开荒垦田，蓄聚粮食，防备吐谷浑，以确保西域道路通畅。

此时，全国一共有一百九十个郡，一千二百五十五个县；八百九十多万户；东西长九千三百里，南北宽一万四千八百一十五里。隋朝达到了强盛的巅峰。

隋炀帝认为裴矩有安抚怀柔的才能，于是晋升他的爵位为银青光禄大夫。从西京各县以及西北各郡，都要千里转辗运送粮食物资到塞外，每年耗费数以亿计，所经路途遥远而艰险，经常遭到抢劫，人畜死亡的缺额，郡县就要重新征调，造成许

初，吐谷浑伏允使其子顺来朝，帝留顺不遣。伏允败走，无以自资，帅数千骑客于党项。帝立顺为可汗，送至玉门，令统其余众；以其大宝王尼洛周为辅。至西平，其部下杀洛周，顺不果入而还。

丙辰，上御观风殿，大备文物，引高昌王麴伯雅及伊吾吐屯设升殿宴饮，其余蛮夷使者陪阶庭者二十余国，奏九部乐及鱼龙戏以娱之，赐赉有差。戊午，赦天下。

吐谷浑有青海，俗传置牝马于其上，得龙种。秋，七月，置马牧于青海，纵牝马二千匹于川谷以求龙种，无效而止。

车驾东还，经大斗拔谷，山路隘险，鱼贯而出，风雪晦冥，文武饥馁沾湿，夜久不逮前营，士卒冻死者太半，马驴什八九，后宫妃、主或狼狈相失，与军士杂宿山间。九月，乙未，车驾入西京。冬，十一月，丙子，复幸东都。

民部侍郎裴蕴以民间版籍，脱漏户口及诈注老小尚多，奏令貌阅，若一人不实，则官司解职。又许民纠得一丁者，令被纠之家代输赋役。是岁，诸郡计帐进丁二十万三千，新附口六十四万一千五百。帝临朝览状，谓百官曰："前代无贤才，致此罔冒；今户口皆实，全由裴蕴。"由是渐见亲委，未几，擢授御史大夫，与裴矩、虞世基参掌机密。蕴善候伺人主微意，所欲罪者，则曲法锻成其罪；所欲宥者，则附从轻典，因而释之。是后大小之狱，皆以付蕴，刑部、大理莫敢与争，必禀承进止，然后决断。蕴有机辩，言若悬河，或重或轻，皆由其口，剖析明敏，时人不能致诘。

突厥启民可汗卒，上为之废朝三日，立其子咄吉，是为始毕可汗；表请尚公主，诏从其俗。

初，内史侍郎薛道衡以才学有盛名，久当枢要，高祖末，出为襄州总管；帝即位，自番州刺史召之，欲用为秘书监。道衡既至，上《高祖

多的人家破人亡。因此百姓常失生计，西部郡县首先陷于贫困。

当初，吐谷浑可汗伏允让他的儿子顺入朝，隋炀帝将顺留下。伏允失败逃死，生计困难，就率领几千名骑兵在党项境内客居下来。隋炀帝册立顺为可汗，把他送到玉门，让他统领吐谷浑余部，又让吐谷浑的大宝王尼洛周做他的辅佐。顺抵达西平时，他的部下杀了尼洛周，顺无法进入吐谷浑而返回。

六月二十一日丙辰，隋炀帝在行宫举行观风典礼，陈列仪仗、规模很大，邀请高昌王麴伯雅和伊吾的吐屯设上殿宴饮，其余陪同的蛮夷使者共有二十多个国家。演奏九部乐，并表演鱼龙杂戏，用来欢庆娱乐，各国来使都得到不同等级的赏赐。六月二十三日戊午，大赦天下。

吐谷浑占据青海湖时，民间传说只要把母马带到湖中山上，就会有龙来交配。秋季，七月，在青海设置牧马场，把两千匹母马赶到川谷间，希望得到龙种，没有得到验证，停止了这项配种活动。

隋炀帝车驾向东回返，途经大斗拔谷，山路险峻，人马只能单行鱼贯而出。风雪交加昏天黑地，文武百官衣服湿透，又冻又饿深夜还没有到达前面的营地，士卒冻死的有大半，马驴冻死的十之八九，后宫的嫔妃、公主有的狼狈走失，与士兵混在一起留宿山中。九月［十九日癸未］，车驾回到西京。冬季，十一月十三日丙子，隋炀帝再次临幸东都。

民部侍郎裴蕴认为民间的户籍中脱漏户口以及登记老少不实的情况很多，于是奏请查阅形貌以验老少。如果有一个人不真实，主管的官员就要被免职。又鼓励人人检举揭发，只要有人检举一个人，就让被检举的人替检举人缴纳赋税或代替他服役。这一年，各郡呈报户口统计，原有户口男丁增加了二十万三千人，新增加的户口人数竟达到了六十四万一千五百人。隋炀帝上朝阅览奏章，对群臣说："前代没有贤才，导致户口虚假不实，现在户口都确实了，这都是裴蕴的功劳。"因此对他亲信有加，不久，提升他为御史大夫，让他和裴矩、虞世基一起掌管机密。裴蕴善于观察逢迎皇上深微的心意，凡是隋炀帝想要加罪的人，裴蕴就曲解法律条文罗织罪状；隋炀帝想要赦免的人，裴蕴就附和意旨，一定要寻出从轻的条款，予以开脱。此后各种狱案，都交给裴蕴办理。刑部、大理寺都不敢与裴蕴争论，一定顺着裴蕴的意向，然后才敢决断。裴蕴机警善辩，口若悬河，犯人的罪过轻重，全都由裴蕴一人说了算，他说得头头是道，当时的人无法对他提出诘问。

突厥启民可汗去世，隋炀帝为此停止朝会三天。册立启民可汗的儿子咄吉，称为始毕可汗。他上表要求娶庶母义成公主，诏命遵从突厥风俗。

当初，内史侍郎薛道衡由于有才能学问而享有盛名，长期掌管枢要，隋文帝晚年，调任襄州总管。隋炀帝即位，把他从番州召回，想任用他为秘书监。薛道衡回

文皇帝颂》，帝览之，不悦，顾谓苏威曰："道衡致美先朝，此《鱼藻》之义也。"拜司隶大夫，将置之罪。司隶刺史房彦谦劝道衡杜绝宾客，卑辞下气，道衡不能用。会议新令，久不决，道衡谓朝士曰："向使高颎不死，令决当久行。"有人奏之，帝怒曰："汝忆高颎邪！"付执法者推之。裴蕴奏："道衡负才恃旧，有无君之心，推恶于国，妄造祸端。论其罪名，似如隐昧；原其情意，深为悖逆。"帝曰："然。我少时与之行役，轻我童稚，与高颎、贺若弼等外擅威权；及我即位，怀不自安，赖天下无事，未得反耳。公论其逆，妙体本心。"道衡自以所坐非大过，促宪司早断，冀奏日帝必赦之，敕家人具馔，以备宾客来候者。及奏，帝令自尽，道衡殊不意，未能引决。宪司重奏，缢而杀之，妻子徙且末。天下冤之。

帝大阅军实，称器甲之美，宇文述因进言："此皆云定兴之功。"帝即擢定兴为太府丞。

（以上为第二段，写大业五年，隋炀帝无事亲征吐谷浑，枉杀大臣薛道衡。）

六年（庚午，610年）

春，正月，癸亥朔，未明三刻，有盗数十人，素冠练衣，焚香持华，自称弥勒佛，入自建国门，监门者皆稽首。既而夺卫士仗，将为乱；齐王暕遇而斩之。于是都下大索，连坐者千余家。

帝以诸蕃酋长毕集洛阳，丁丑，于端门街盛陈百戏，戏场周围五千步，执丝竹者万八千人，声闻数十里，自昏至旦，灯火光烛天地；终月而罢，所费巨万。自是岁以为常。

诸蕃请入丰都市交易，帝许之。先命整饰店肆，檐宇如一，盛设帷帐，珍货充积，人物华盛，卖菜者亦藉以龙须席。胡客或过酒食店，悉令邀延就坐，醉饱而散，不取其直，绐之曰："中国丰饶，酒食例不取直。"胡客皆惊叹。其黠者颇觉之，见以缯帛缠树，曰："中国亦有贫者，衣不盖形，何如以此物与之，缠树何为？"市人惭不能答。

到京城，上奏《高祖文皇帝颂》，隋炀帝看了，心中不高兴，对苏威说："薛道衡颂扬前朝皇帝，这是效法《鱼藻》诗来寄托讽刺。"因此隋炀帝只授给他司隶大夫职位，想找机会治他的罪。司隶刺史房彦谦劝薛道衡闭门谢绝宾客，要言辞谦虚，低声下气，薛道衡不听。恰好要商议新的律令，长久争执不决，薛道衡对朝臣们说："要是高颎没死，这律令早就施行了。"有人上奏，隋炀帝大怒，说："他还在怀念高颎啊！"把薛道衡交给司法部门治罪。裴蕴上奏说："薛道衡依仗有才能又是老臣，眼里看不起皇上，把过恶推给国家，随意制造祸端。真要判他的罪又不明显，但他的真实内心，实在是大逆不道。"隋炀帝说："正是这样。我年轻时与他一起讨伐陈朝，就看轻我年少，与高颎、贺若弼等人在外专权；等到我即位，心怀不安，幸亏天下无事，才没来得及造反罢了。你认为他悖逆，真是精妙地看透了他的内心。"薛道衡自认为没有犯大错，就催司法部门早些判决，希望在上奏那天皇上一定赦免，还送信给家里人，要求备办酒席，好招待前来问候的宾客。等到判决上奏，隋炀帝让他自尽，大出薛道衡的意外，薛道衡不愿自杀。司法部门再次上奏，隋炀帝派人绞死了薛道衡，把他的妻子儿女流放到且末，天下的人都认为他冤枉。

隋炀帝大规模检阅军队，尤其称赞器械精美。宇文述趁机进言说："这都是云定兴的功劳。"隋炀帝提升云定兴为太府丞。

隋炀帝大业六年（庚午，610年）

春季，正月初一日癸亥，天没亮三更时分，有几十个盗贼，戴着白帽，穿着白衣，燃着香，手持一束花，自称是弥勒佛，从建国门进城，守城门的卫士都向他们叩头，这些人趁便抢了卫士的武器，将要作乱。齐王杨暕正好遇上，杀了这群人。于是京都大搜捕，受牵连被判罪的有一千多人家。

隋炀帝因为各民族的部落酋长都会集洛阳，于是正月十五日丁丑，在端门街举行盛大的活动表演百戏。剧场周围五千步，奏乐的有一万八千人，乐声远传几十里，从黄昏开始直到天亮，灯火照亮了天地，整整一个月才结束，耗费金钱亿万。从这以后，每年都如此。

各民族部落酋长请求在东都东边的丰都市场做生意，隋炀帝同意了。先下令整修装饰店铺，屋檐式样统一，设置漂亮的帷帐，珍稀货物堆积成山，商人们衣饰华丽富贵，卖菜的人也坐在用龙须草编织成的席子上。胡人若有路过酒食店的，店主邀请他们都进店就座，酒足饭饱之后就离开，不要他们付钱，并骗他们说："中原很富，喝酒吃饭向来不用付钱。"胡人都惊奇赞叹。其中聪明的人有些觉察，看到用丝绸缠树，就问："中原也有许多穷苦人，他们穿布衣服，为什么不把这些丝绸送给这

帝称裴矩之能，谓群臣曰："裴矩大识朕意，凡所陈奏，皆朕之成算，未发之顷，矩辄以闻；自非奉国尽心，孰能若是！"是时矩与右翊卫大将军宇文述、内史侍郎虞世基、御史大夫裴蕴、光禄大夫郭衍皆以谄谀有宠。述善于供奉，容止便辟，侍卫者咸取则焉。郭衍尝劝帝五日一视朝，曰："无效高祖，空自勤苦。"帝益以为忠，曰："唯有郭衍心与朕同。"

帝临朝凝重，发言降诏，辞义可观；而内存声色，其在两都及巡游，常以僧、尼、道士、女官自随，谓之四道场。梁公萧钜，琮之弟子；千牛左右宇文皛，庆之孙也；皆有宠于帝。帝每日于苑中林亭间盛陈酒馔，敕燕王倓与钜、皛及高祖嫔御为一席，僧、尼、道士、女官为一席，帝与诸宠姬为一席，略相连接，罢朝即从之宴饮，更相劝侑，酒酣殽乱，靡所不至，以是为常。杨氏妇女之美者，往往进御。皛出入宫掖，不限门禁，至于妃嫔、公主皆有丑声，帝亦不之罪也。

帝复遣朱宽招抚流求，流求不从，帝遣虎贲郎将庐江陈稜、朝请大夫同安张镇周发东阳兵万余人，自义安泛海击之。行月余，至其国，以镇周为先锋。流求王渴剌兜遣兵逆战；屡破之，遂至其都。渴剌兜自将出战，又败，退入栅；稜等乘胜攻拔之，斩渴剌兜，虏其民万余口而还。二月，乙巳，稜等献流求俘，颁赐百官，进稜位右光禄大夫，镇周金紫光禄大夫。

乙卯，诏以"近世茅土妄假，名实相乖，自今唯有功勋乃得赐封，仍令子孙承袭。"于是旧赐五等爵，非有功者皆除之。

庚申，以所征周、齐、梁、陈散乐悉配太常，皆置博士弟子以相传授，乐工至三万余人。

三月，癸亥，帝幸江都宫。

初，帝欲大营汾阳宫，令御史大夫张衡具图奏之。衡乘间进谏曰："比年劳役繁多，百姓疲弊，伏愿留神，稍加抑损。"帝意甚不平，后目衡谓侍臣曰："张衡自谓由其计画，令我有天下也。"乃录齐王暕携皇甫诩

些贫苦人，缠在树上做什么？”市集上的人非常惭愧无言以对。

隋炀帝赞赏裴矩的才干，对群臣说：“裴矩十分了解朕的心意，只要是他陈述奏报的事，都是朕已经考虑好的，只是还没有讲出来，裴矩就上奏说出来了，如果他不是尽忠国家，怎么能够做到这点！”这时裴矩与右翊卫大将军宇文述、内史侍郎虞世基、御史大夫裴蕴、光禄大夫郭衍都因为善于谄媚而受到炀帝宠爱，宇文述很会奉承隋炀帝，一举一动都迎合皇上心意，侍卫隋炀帝的人都学他的样子。郭衍曾经劝说隋炀帝五天上一次朝，还说“不要学高祖，白白自己辛苦”。隋炀帝更加相信郭衍忠心，说：“只有郭衍的心和朕想的一样。”

隋炀帝上朝时态度严肃，讲话下诏，文辞义理粲然可观；可是他心里却喜好声色，他在东、西两京以及到各地巡游的时候，常常携带和尚、尼姑、道士、道姑陪同，称之为四道场。梁公萧矩，是萧琮的侄子；千牛左右宇文皛，是宇文庆的孙子，两人都受隋炀帝宠信。隋炀帝天天都在苑中林亭间摆酒席，让燕王杨倓与萧矩、宇文皛以及高祖的妃嫔同坐一席；和尚、尼姑、道士、道姑竟然也同坐席间；隋炀帝和他的宠姬同坐一席，各席差不多互相连接。隋炀帝一退朝就入席，他们互相劝酒，酒醉饭饱之后就混乱不堪，不管什么事都做得出来，经常都是这样。杨氏女子中有长相好的，常常被送给炀帝。宇文皛进出皇宫不受门禁限制，有丑闻的妃嫔、公主，隋炀帝也不加罪。

隋炀帝又派遣朱宽去招抚流求。流求不愿臣服，隋炀帝就派虎贲郎将庐江人陈稜、朝请大夫同安人张镇周征调一万余东阳兵，从义安渡海发动进攻。海上航行一个多月后，抵达流求，张镇周为先锋。流求王渴剌兜派兵迎战，隋军连续击败流求军，一直打到流求都城，渴剌兜亲自出战，也败了，于是退入营寨，陈稜等人乘胜攻下流求都城，杀死了渴剌兜，俘虏一万余人班师。二月十三日乙巳，陈稜等人向隋炀帝进献流求俘虏，隋炀帝百官颁赏，进升陈稜为右光禄大夫，张镇周为金紫光禄大夫。

二月二十三日乙卯，隋炀帝下诏，说：“近世以来赐封的各级爵位采邑有虚假，有的人名实不符，从今以后只有立功的人才可以得到赐封，仍由子孙继承。”于是清理以前赐封的五等爵位，无功的人都被免除。

二月二十八日庚申，把征召来的，原属北周、北齐、梁、陈旧时的杂戏艺人，全都配属太常，并都设置博士弟子传授技艺，乐工总数有三万多人。

三月初二日癸亥，隋炀帝巡幸江都宫。

当初，隋炀帝想要大规模营建汾阳宫，让御史大夫张衡绘制好图样奏报。张衡趁这个机会进言劝谏，说：“连年劳役繁多，百姓疲困，希望皇上留意，稍稍减省。”隋炀帝心里很不高兴，事后隋炀帝眼睛盯着张衡的背影说：“张衡自认为是他的谋

从驾及前幸涿郡祠恒岳时父老谒见者衣冠多不整，谴衡以宪司不能举正，出为榆林太守。久之，衡督役筑楼烦城，因帝巡幸，得谒帝。帝恶衡不损瘦，以为不念咎，谓衡曰："公甚肥泽，宜且还郡。"复遣之榆林。未几，敕衡督役江都宫。礼部尚书杨玄感使至江都，衡谓玄感曰："薛道衡真为枉死。"玄感奏之；江都郡丞王世充又奏衡频减顿具。帝于是发怒，锁诣江都市，将斩之，久乃得释，除名为民，放还田里。以王世充领江都宫监。

世充本西域胡人，姓支氏，父收，幼从其母嫁王氏，因冒其姓。世充性谲诈，有口辩，颇涉书传，好兵法，习律令。帝数幸江都，世充能伺候颜色为阿谀，雕饰池台，奏献珍物，由是有宠。

夏，六月，甲寅，制江都太守秩同京尹。

冬，十二月，己未，文安宪侯牛弘卒。弘宽厚恭俭，学术精博，隋室旧臣，始终信任，悔吝不及者，唯弘一人而已。弟弼，好酒而酗，尝因醉射杀弘驾车牛。弘来还宅，其妻迎谓之曰："叔射杀牛。"弘无所怪问，直答云："作脯。"坐定，其妻又曰："叔忽射杀牛，大是异事！"弘曰："已知之矣。"颜色自若，读书不辍。

敕穿江南河，自京口至余杭，八百余里，广十余丈，使可通龙舟，并置驿宫、草顿，欲东巡会稽。

上以百官从驾皆服袴褶，于军旅间不便，是岁，始诏"从驾涉远者，文武官皆戎衣，五品以上，通著紫袍，六品以下，兼用绯绿，胥史以青，庶人以白，屠商以皂，士卒以黄。"

帝之幸启民帐也，高丽使者在启民所，启民不敢隐，与之见帝。黄门侍郎裴矩说帝曰："高丽本箕子所封之地，汉、晋皆为郡县；今乃不臣，别为异域。先帝欲征之久矣，但杨谅不肖，师出无功。当陛下之时，安可不取，使冠带之境，遂为蛮貊之乡乎！今其使者亲见启民举国从化，可因其恐惧，胁使入朝。"帝从之。敕牛弘宣旨曰："朕以启民诚心奉国，故亲至其帐。明年当往涿郡，尔还日语高丽王：勿自疑惧，存育之礼，当如启民。苟或不朝，将帅启民往巡彼土。"高丽王元惧，藩礼颇阙，帝

划，才使我有了天下。”于是翻出旧账，先前齐王杨暕私带皇甫诩随从车驾到汾阳宫，又巡幸涿郡祭祀恒山时，父老拜见时有很多人衣冠不整，作为执法官的张衡没能举劾匡正，隋炀帝给以申斥，调张衡出朝为榆林太守。过了很久，张衡监督修筑楼烦城，因为隋炀帝巡幸，张衡得以拜谒隋炀帝。隋炀帝厌恶张衡没有瘦下来，认为他没有自省悔过，对张衡说：“你这么肥胖，还应该回到榆林郡。”又让张衡去做榆林郡守。没多久，敕令张衡去做江都宫的监督。礼部尚书杨玄感出使到江都，张衡对杨玄感说：“薛道衡死得冤枉。”杨玄感上奏了。江都郡丞王世充又上奏张衡一次又一次削减筑宫器具。隋炀帝大怒，命令用枷锁锁住张衡押送到闹市，将要斩首，过了很久又把他放了，免官除名，回到原籍。任命王世充为江都宫的督造总监。

王世充原本是西域胡人，姓支氏，父亲叫支收，年幼时随母嫁王氏，冒用王姓。王世充，生性诡诈，能言会道，读了许多典籍史传，爱好兵法，学习律令。隋炀帝几次巡幸江都，王世充善于观察皇上脸色阿谀奉承，精心装饰水池亭台，进献奇珍异宝，因此受到宠信。

夏季，六月二十四日甲寅，规定江都太守俸禄与京尹等同。

冬季，十二月初三日己未，文安宪侯牛弘去世。牛弘宽弘忠厚，谦逊节俭，学问渊博，隋朝的老臣，始终得到两代皇帝信任，没有罪咎和灾祸的，只有牛弘一个人。弟弟牛弼喜欢喝酒，常耍酒疯，曾经因醉酒射杀了牛弘的驾车牛。牛弘回到家里，他妻子对他说：“叔叔射死了你驾车的牛。”牛弘没有责备，也不询问原因，随口回答说：“把死牛拿去做牛肉干。”坐定之后，妻子又说：“叔叔突然射死了牛，真是奇怪。”牛弘平静地说：“知道了。”脸色平静，只顾埋头读书。

隋炀帝敕令开凿江南运河，从京口到余杭，长八百余里，宽十多丈，是为了便利龙舟通航无阻，并在沿岸设置驿站、行宫、临时休息站，隋炀帝准备东游会稽。

隋炀帝认为随驾百官穿上衣和套裤相连的服装，在军旅中行动不便，这一年，首次下诏规定：“随驾远行之人，不论文武群臣都穿戎服，五品以上的官员，一律穿紫袍，六品以下的官员，要以兼用红绿色，文书小吏着青衣，庶民百姓穿白衣。屠户商人穿黑衣，士兵穿黄衣。”

隋炀帝驾临启民可汗营帐时，正好高丽使者也在，启民可汗不敢隐瞒，就和使臣一起去朝见隋炀帝。黄门侍郎裴矩对隋炀帝说：“高丽原是西周箕子的封地，汉、晋时都是郡县，现在却不称臣，另立国家。先帝早就想伐高丽，由于杨谅不使力，以致他无功而返。现在正逢陛下盛世，怎么能不讨伐攻取，而使文明之境竟沦为蛮荒之邦呢？今天高丽的使者亲眼看到启民举国归化中原，可以趁他害怕时，胁迫他们入朝。”隋炀帝赞同了他的意见。敕令牛弘对高丽使者宣读诏旨说：“朕因为启民诚心崇奉中原，所以亲自驾临他的营帐。明年应当巡视涿郡，你回去转告高丽王，

将讨之；课天下富人买武马，匹至十万钱；简阅器仗，务令精新，或有滥恶，则使者立斩。

（以上为第三段，写隋炀帝大业六年起，大办岁首灯节，厚敛以奉胡人，夸饰国威，耗费民脂。继续大兴土木，营建汾阳宫，扩建江都宫，二下江都，荒淫无度。）

七年（辛未，611 年）

春，正月，壬寅，真定襄侯郭衍卒。

二月，己未，上升钓台，临杨子津，大宴百僚。乙亥，帝自江都行幸涿郡，御龙舟，渡河入永济渠，仍敕选部、门下、内史、御史四司之官于船前选补，其受选者三千余人，或徒步随船三千余里，不得处分，冻馁疲顿，因而致死者什一二。

壬午，下诏讨高丽。敕幽州总管元弘嗣往东莱海口造船三百艘，官吏督役，昼夜立水中，略不敢息，自腰以下皆生蛆，死者什三四。

夏，四月，庚午，车驾至涿郡之临朔宫，文武从官九品以上，并令给宅安置。

先是，诏总征天下兵，无问远近，俱会于涿。又发江淮以南水手一万人，弩手三万人，岭南排镩手三万人，于是四远奔赴如流。五月，敕河南、淮南、江南造戎车五万乘送高阳，供载衣甲幔幕，令兵士自挽之，发河南、北民夫以供军须。秋，七月，发江、淮以南民夫及船运黎阳及洛口诸仓米至涿郡，舳舻相次千余里，载兵甲及攻取之具，往还在道常数十万人，填咽于道，昼夜不绝，死者相枕，臭秽盈路，天下骚动。

山东、河南大水，漂没三十余郡。冬，十月，乙卯，底柱崩，偃河逆流数十里。

初，帝西巡，遣侍御史韦节召西突厥处罗可汗，令与车驾会大斗拔谷，国人不从，处罗谢使者，辞以他故。帝大怒，无如之何。会其酋长射匮遣使来求婚，裴矩因奏曰："处罗不朝，恃强大耳。臣请以计弱之，分裂其国，即易制也。射匮者，都六之子，达头之孙，世为可汗，君临西面，今闻其失职，附属处罗，故遣使来以结援耳，愿厚礼其使，拜为

不必惊恐疑惧，朕对你们的存在和保护，对待的礼节与启民可汗一样。如果不来朝贡，将要率领启民可汗到你的国土巡行。”高丽王高元恐惧，因应尽的藩国礼节多有缺失，隋炀帝打算进行征讨。下令征收全国富人捐税，用来购买战马，每匹战马高达十万钱。隋炀帝又下令检查武器，一定要精良新造，如果有粗制滥造的，那么监造军械的使者将立即被处斩。

隋炀帝大业七年（辛未，611 年）

春季，正月十六日壬寅，真定襄侯郭衍去世。

二月初三日己未，隋炀帝登上钓台，观临杨子津，大宴百官。二月十九日乙亥，隋炀帝从江都游巡到涿郡，乘坐龙舟，渡过黄河进入永济渠，并敕令吏部、门下省、内史省、御史四个部门的官员，随船办公，选任调补全国的官吏，这一路参加选补的人有三千多人，有的步行随船行进了三千多里，也没有得到选补，这些人挨冻受饿，疲困不堪，因此死亡了一两成人。

二月二十六日壬午，隋炀帝下诏征讨高丽，敕令幽州总管元弘嗣到东莱海口造船三百艘，官吏监督工程，服役工匠昼夜站在水中，一点也不敢休息，从腰部以下都生了蛆，死亡达十之三四。

夏季，四月十五日庚午，隋炀帝巡幸涿郡的临朔宫，随从的文武官员，九品以上的均由涿郡拨出房舍安置。

起先，下诏在全国征调军队，无论远近，都到涿郡集中。又征发江淮以南的水手一万人、弓弩手三万人、岭南排镩手三万人，于是四方赶赴涿郡的人如江河奔流而来。五月，敕令河南、淮南、江南等地制造辎重运输车五万辆送往高阳，用来装载衣服、盔甲、帐幕，让士兵自己拉车；又征发黄河南北地区的民夫运送军用物资。秋季，七月，征发长江、淮河以南的民夫以及船只把黎阳和洛口仓的米运输到涿郡，大小船舶前后依次相连上千里，运输武器铠甲以及攻城器具，道路上来来往往多达几十万人，以至道路拥塞，日夜不停，士兵和民夫在途中大批死亡，尸体压着尸体，污秽满路，恶臭扑鼻，天下因此骚动不安。

山东、河南发大水，三十余郡被淹没。冬季，十月初三日乙卯，黄河砥柱崩塌，阻塞河水倒流数十里。

起初，隋炀帝西巡，派遣侍御史韦节征召西突厥处罗可汗，命他前往大斗拔谷与隋炀帝车驾相会，西突厥人不从，处罗可汗用别的借口谢绝了使者。隋炀帝非常恼怒，但又无可奈何。适逢西突厥酋长射匮派使者来求婚，裴矩趁机启奏说：“处罗可汗不来朝见，是自恃强大，臣请求用计谋削弱他，使他们国家内部分裂，到那时就容易制服了。射匮是都六可汗的儿子，达头可汗的孙子，世代都是可汗，统治突

大可汗，则突厥势分，两从我矣。”帝曰：“公言是也。”因遣矩朝夕至馆，微讽谕之。帝于仁风殿召其使者，言处罗不顺之状，称射匮向善，吾将立为大可汗，令发兵诛处罗，然后为婚。帝取桃竹白羽箭一枚以赐射匮，因谓之曰：“此事宜速，使疾如箭也。”使者返，路径处罗，处罗爱箭，将留之，使者谲而得免。射匮闻而大喜，兴兵袭处罗；处罗大败，弃妻子，将数千骑东走，缘道被劫，寓于高昌，东保时罗漫山。高昌王麴伯雅上状。帝遣裴矩与向氏亲要左右驰至玉门关晋昌城，晓谕处罗使入朝。十二月，己未，处罗来朝于临朔宫，帝大悦，接以殊礼。帝与处罗宴，处罗稽首，谢入见之晚。帝以温言慰劳之，备设天下珍膳，盛陈女乐，罗绮丝竹，眩曜耳目，然处罗终有怏怏之色。

帝自去岁谋讨高丽，诏山东置府，令养马以供军役。又发民夫运米，积于泸河、怀远二镇，车牛往者皆不返，士卒死亡过半，耕稼失时，田畴多荒。加之饥馑，谷价踊贵，东北边尤甚，斗米直数百钱。所运米或粗恶，令民籴而偿之。又发鹿车夫六十余万，二人共推米三石，道途险远，不足充糇粮，至镇，无可输，皆惧罪亡命。重以官吏贪残，因缘侵渔，百姓困穷，财力俱竭，安居则不胜冻馁，死期交急，剽掠则犹得延生，于是始相聚为群盗。

邹平民王薄拥众据长白山，剽掠齐、济之郊，自称知世郎，言事可知矣；又作《无向辽东浪死歌》以相感劝，避征役者多往归之。

平原东有豆子䴚，负海带河，地形深阻，自高齐以来，群盗多匿其中。有刘霸道者，家于其旁，累世仕宦，赀产富厚。霸道喜游侠，食客常数百人，及群盗起，远近多往依之，有众十余万，号“阿舅贼”。

漳南人窦建德，少尚气侠，胆力过人，为乡党所归附。会募人征高丽，建德以勇敢选为二百人长。同县孙安祖亦以骁勇选为征士，安祖辞以家为水所漂，妻子馁死，县令怒笞之。安祖刺杀令，亡抵建德，建德

厥西部，现在听说射匮丢了可汗的职位，已依附处罗可汗。因此才派使者来结交求援，希望皇上用厚礼赏赐他的使者，拜射匮为大可汗，那么突厥势必争斗分裂，两部分都将臣服我们。”隋炀帝说：“你说得有理。”于是就派裴矩早晚都到驿馆，委婉地暗示使者。然后，隋炀帝在仁风殿召见使者，讲了处罗可汗不顺从的情况，并对射匮的一向亲善大加称赞，表示将要立他为大可汗，命令他发兵诛灭处罗可汗，事成后再行通婚。隋炀帝取出一支桃竹白羽箭赐给射匮，并对他说：“这件事要快，要像箭一样快。”使者返回，路经处罗可汗的地方，处罗可汗很喜欢这支箭，想留下它，射匮的使者用诡计骗他才保住了箭。射匮听了使者的回报，非常高兴，便发兵袭击处罗可汗，处罗可汗大败，抛弃妻儿率领几千骑兵向东逃窜。沿途不断受到劫掠，最后寄居在高昌境内，东面据守时罗漫山，高昌王麴伯雅上奏报告情况。隋炀帝派遣裴矩和处罗可汗的母亲向氏的亲信驰马到达玉门关晋昌城，劝说处罗可汗入朝。十二月初八日己未，处罗可汗来到临朔宫朝见，隋炀帝非常高兴，用隆重的礼仪接待。隋炀帝宴请处罗可汗，处罗可汗叩头谢罪，为这么晚才觐见皇帝而谢罪。隋炀帝用好言劝慰，摆出全国各地的美味食品，安排盛大的女子乐队演奏，个个穿着绫罗绸缎，手拿着各种管弦乐器，看得眼花缭乱，可是处罗可汗始终怏怏不乐。

隋炀帝从去年就谋划征讨高丽，下诏山东设置府库，饲养战马以供军用。又征发民夫运输粮米、积储在泸河、怀远两镇。前往的车和牛都没有返回，士兵死亡过半，因此误了耕作，田地荒芜，加上严重饥荒，谷价飞涨，东北边境地区还尤其严重，一斗米值数百钱。运送前方的米，有些很粗劣，就强迫百姓买好米来补偿。又征发小车夫六十多万，两人共推米三石，路途遥远艰险，这三石米连给车夫做干粮都不够，到达交粮的镇所，车夫们已经无粮可交，都畏罪逃亡。加上官吏贪污残暴，借机侵蚀盘剥，百姓穷困，财力都枯竭了。安分守己，经不住受冻挨饿，死亡迫在眼前，抢掠劫夺还可活命，于是开始聚集为群盗。

山东邹平县平民王薄，聚众占据长白山，劫掠到达了齐郡、济北郡的郊外，自称知世郎，意思是能知世事，又创作了《无向辽东浪死歌》用来号召感动百姓，那些逃避征兵服役的人许多前去投靠他。

平原郡东部有个叫豆子航的地方，靠海带河，地形幽深险阻，自从北齐以来，群盗多隐匿在那里。有个叫刘霸道的人，住在附近，世代为官，家产富有。刘霸道喜欢行侠仗义，家中常有数百食客，及至群盗纷纷兴起，远近的人很多都前去投奔他，他拥有部众十几万人，号称“阿舅贼”。

漳南人窦建德，年轻时就行侠仗义，胆识气力都超过一般人，乡里人都归心依附。恰逢朝廷招募人去征伐高丽，窦建德因勇敢而被挑选为二百人长。同县的孙安祖也因骁勇而被选为征士，孙安祖因为房屋家产全被洪水冲走，妻子儿女又都饿死

匿之。官司逐捕，踪迹至建德家，建德谓安祖曰："文皇帝时，天下殷盛，发百万之众以伐高丽，尚为所败。今水潦为灾，百姓困穷，加之往岁西征，行者不归，疮痍未复；主上不恤，乃更发兵亲击高丽，天下必大乱。丈夫不死，当立大功，岂可但为亡虏邪！"乃集无赖少年，得数百人，使安祖将之，入高鸡泊中为群盗，安祖自号将军。时鄃人张金称聚众河曲，蓨人高士达聚众于清河境内为盗。郡县疑建德与贼通，悉收其家属，杀之。建德帅麾下二百人亡归士达，士达自称东海公，以建德为司兵。顷之，孙安祖为张金称所杀，其众尽归建德，兵至万余人。建德能倾身接物，与士卒均劳逸，由是人争附之，为之致死。

自是所在群盗蜂起，不可胜数，徒众多者至万余人，攻陷城邑。甲子，敕都尉、鹰扬与郡县相知追捕，随获斩决；然莫能禁止。

（以上为第四段，写隋炀帝大业七年，横征暴敛，征兵征役，讨伐高丽，全国骚动，加上山东、河南广大地区遭受水灾，人民走头无路，聚众起义。山东王薄首倡，河北窦建德、高士达等人相继。很快，山东河北呈燎原之势。）

八年（壬申，612年）

春，正月，帝分西突厥处罗可汗之众为三，使其弟阙度设将羸弱万余口，居于会宁，又使特勒大奈别将余众居于楼烦，命处罗将五百骑常从车驾巡幸，赐号曷娑那可汗，赏赐甚厚。

初，嵩高道士潘诞自言三百岁，为帝合炼金丹。帝为之作嵩阳观，华屋数百间，以童男童女各一百二十人充给使，位视三品；常役数千人，所费巨万。云金丹应用石胆、石髓，发石工凿嵩高大石深百尺者数十处。凡六年，丹不成。帝诘之，诞对以"无石胆、石髓，若得童男女胆髓各三斛六斗，可以代之。"帝怒，锁诣涿郡，斩之。且死，语人曰："此乃天子无福，值我兵解时至，我应生梵摩天"云。

四方兵皆集涿郡，帝征合水令庾质，问曰："高丽之众不能当我一郡，今朕以此众伐之，卿以为克不？"对曰："伐之可克。然臣窃有愚见，不愿陛下亲行。"帝作色曰："朕今总兵至此，岂可未见贼而先自退邪？"对曰："战而未克，惧损威灵。若车驾留此，命猛将劲卒，指授方略，倍道

了，要求免役，县令发怒，用鞭子毒打孙安祖。孙安祖把县令杀死，逃到窦建德家中，窦建德把他藏起来。官府追捕孙安祖，跟踪追寻到窦建德家。窦建德对孙安祖说："文皇帝的时候，国家富庶强盛，发兵百万讨伐高丽，尚且失败，如今水涝成灾，百姓穷困，加上往年西征吐谷浑，士卒一去不回，国家的元气还没有恢复，皇上不体恤百姓，竟还要出兵亲自攻打高丽，天下必定大乱。大丈夫不死的话，应当建立大功，怎么能只做逃犯呢？"于是聚集无赖少年几百人，由孙安祖率领进入高鸡泊中为盗，孙安祖自称将军。当时还有鄃县人张金称在河曲聚众为盗；蓨郡人高士达在清河郡内聚众为盗。郡县官吏怀疑窦建德与盗贼勾结，逮捕了他的全家，全部杀死。窦建德率领二百人逃跑，投奔高士达，高士达自称东海公，任用窦建德为司兵。不久，孙安祖被张金称杀害，孙安祖的部众归附窦建德，兵力达到一万多人。窦建德能够礼贤下士，与士兵同甘共苦，因此起事的人争着归附他，愿意替他出死力。

从此，各地群盗蜂起，不可胜数，有的兵力多达一万余人，到处攻城掠地。十二月十三日甲子，隋炀帝敕令都尉、鹰扬郎将与郡县互相配合追捕盗贼，随时捕获，立即就地斩首，但是仍然不能禁止。

隋炀帝大业八年（壬申，612年）

春季，正月，隋炀帝把西突厥处罗可汗的部众分为三部分，命令处罗可汗的弟弟阙度设率领一万多口老弱伤残居住在会宁，又命令特勒大奈率领其余的部众居住在楼烦，命令处罗可汗率领五百骑兵随从车架巡幸，赐号曷婆那可汗，赏赐优厚。

当初，嵩高山道士潘诞自称有三百岁，替隋炀帝炼金丹。隋炀帝为他建造了嵩阳观，华丽的房屋几百间，派了童男童女各一百二十人供使唤，官位等同三品。他经常役使几千人，耗费了亿万资财。他说炼金丹要用石胆、石髓，征发石工开凿嵩高山的大石头，深达百尺的有几十处。花了六年时间，金丹还没炼成。隋炀帝责问他，潘诞回答说："没有石胆、石髓，如果用童男童女的胆和骨髓三斛六石，就可以代替。"隋炀帝大怒，将潘诞上了枷锁，送到涿郡，把他杀了。潘诞临死前，对人说："这是天子无福，当我被兵器解脱成仙的时候，我就升上梵摩天了！"

四方的军队都集中到涿郡，隋炀帝召见合水令庾质，问道："高丽的人口还不如我国的一个郡多，今天朕率领这么多的军队讨伐它，你认为能否打败它？"庾质回答："讨伐可以取胜，但臣私下有愚见，不希望陛下亲自出征。"隋炀帝脸色一变，说："朕今天统率大军到此，难道还没看见敌军自己就先后撤吗？"庾质回答说："作

兼行，出其不意，克之必矣。事机在速，缓则无功。”帝不悦，曰：“汝既惮行，自可留此。”右尚方署监事耿询上书切谏，帝大怒，命左右斩之，何稠苦救，得免。

壬午，诏左十二军出镂方、长岑、溟海、盖马、建安、南苏、辽东、玄菟、扶余、朝鲜、沃沮、乐浪等道，右十二军出黏蝉、含资、浑弥、临屯、候城、提奚、蹋顿、肃慎、碣石、东暆、带方、襄平等道，骆驿引途，总集平壤，凡一百一十三万三千八百人，号二百万，其馈运者倍之。宜社于南桑乾水上，类上帝于临朔宫南，祭马祖于蓟城北。帝亲授节度：每军大将、亚将各一人；骑兵四十队，队百人，十队为团，步卒八十队，分为四团，团各有偏将一人；其铠胄、缨拂、旗幡，每团异色；受降使者一人，承诏慰抚，不受大将节制；其辎重散兵等亦为四团，使步卒挟之而行；进止立营，皆有次叙仪法。癸未，第一军发；日遣一军，相去四十里，连营渐进；终四十日，发乃尽，首尾相继，鼓角相闻，旌旗亘九百六十里。御营内合十二卫、三台、五省、九寺，分隶内、外、前、后、左、右六军，次后发，又亘八十里。近古出师之盛，未之有也。

甲辰，内史令元寿薨。

二月，壬戌，观德王雄薨。

北平襄侯段文振为兵部尚书，上表，以为帝“宠待突厥太厚，处之塞内，资以兵食，戎狄之性，无亲而贪，异日必为国患，宜以时谕遣，令出塞外，然后明设烽候，缘边镇防，务令严重，此万岁之长策也。”兵曹郎斛斯政，椿之孙也，以器干明悟，为帝所宠任，使专掌兵事。文振知政险薄，不可委以机要，屡言于帝，帝不从。及征高丽，以文振为左候卫大将军，出南苏道。文振于道中疾笃，上表曰：“窃见辽东小丑，未服严刑，远降六师，亲劳万乘。但夷狄多诈，深须防拟，口陈降款，毋宜遽受。水潦方降，不可淹迟。唯愿严勒诸军，星驰速发，水陆俱前，出其不意，则平壤孤城，势可拔也。若倾其本根，余城自克；如不时定，脱遇秋霖，深为艰阻，兵粮既竭，强敌在前，靺鞨出后，迟疑不决，非上策也。”三月，辛卯，文振卒，帝甚惜之。

战而不能取胜，恐怕有损陛下威望。如果陛下留在涿郡，只派猛将劲卒，指示机宜，倍道兼行，出其不意，一定能够攻克。军机在于神速，迟缓就会无功。”隋炀帝听了不高兴，说：“你既然害怕前往，自己可以留在此地。”右尚方署监事耿询上书恳切劝谏，隋炀帝非常恼怒，命令左右将他斩首。何稠苦苦哀求，耿询才幸免一死。

正月初二日壬午，隋炀帝下诏，命令左翼十二军分别出兵进攻镂方、长岑、溟海、盖马、建安、南苏、辽东、玄菟、扶余、朝鲜、沃沮、乐浪；右翼十二军分别出兵进攻黏蝉、含资、浑弥、临屯、候城、提奚、蹋顿、肃慎、碣石、东暆、带方、襄平。各路人马络绎不绝，限期在平壤城会师，军队共达一百一十三万三千八百人，号称二百万，运送军需的人数是士兵人数的两倍。隋炀帝在桑乾水的南面祭祀社主，在临朔宫南祭祀上天，在蓟城北郊祭祀马祖。隋炀帝亲自指挥：下令每军设大将、副将各一人，骑兵四十队，每队一百人，十个骑兵队组成一个骑兵团；步兵八十队，分为四个步兵团，每团设偏将一名；头盔铠甲、帽缨马缨、旗帜旌幡，每团有不同的颜色；每团另外设置受降使者一人，直接秉受诏命安抚慰劳投降的人，不受大将指挥。辎重后勤部队也分成四个团，在步兵左右掩护下前进，军队前进、停止、扎营，都按一定的次序法度进行。正月初三日癸未，第一军出发，以后每天出发一军，前后相距四十里，一营接着一营前进，过了四十天，才全军出动完毕。各军首尾相继，鼓角相闻，旌旗连绵九百六十里。御营内共有十二卫、三台、九省、九寺，分别隶属内、外、前、后、左、右六军，紧跟着最后出发，又连绵八十里。近古以来出兵征伐，如此盛况是从未有过的。

正月二十四日甲辰，内史令元寿去世。

二月十二日壬戌，观德王杨雄去世。

北平襄侯段文振任兵部尚书，他上奏表，认为隋炀帝“恩宠突厥太过优厚，让他们住在塞内，又供应他们武器粮食。然而戎狄的本性没有感恩之情，而又贪得无厌，将来一定会成为国家的祸患，应该及时加以晓谕，遣返他们回到塞外，然后设置烽火台及侦察哨所，沿边境加强镇守防御，一定要严密警戒，这才是长治久安的上策”。兵曹郎斛斯政，是斛斯椿的孙子，因为精明强干，得到隋炀帝的宠信，让他专掌军事。段文振深知斛斯政阴险刻薄，不可让他掌管机要，他多次向隋炀帝进言，隋炀帝都没有听从。等到征伐高丽，隋炀帝任命段文振为左候卫大将军，出兵进攻南苏道。段文振在途中身患重病，向隋炀帝上表说：“臣私下认为辽东小丑，不服从朝廷的严令，致使大军长途跋涉，劳烦陛下御驾亲征。但夷狄生性狡诈，一定要严加防备，他们口头上表示投降，不应当马上接受。如今大雨连绵将要成灾，不可逗留迟缓。希望严令众军迅速进军水陆并进，出敌不意，那么平壤这座孤城，肯定能够攻克。只要摧毁了他们的根本，其他城池就会不攻自破。如果不能及时平定，一

癸巳，上始御师，进至辽水。众军总会，临水为大陈，高丽兵阻水拒守，隋兵不得济。左屯卫大将军麦铁杖谓人曰："丈夫性命自有所在，岂能然艾灸頞，瓜蒂歕鼻，治黄不差，而卧死儿女手中乎！"乃自请为前锋，谓其三子曰："吾荷国恩，今为死日！我得良杀，汝当富贵。"帝命工部尚书宇文恺造浮桥三道于辽水西岸，既成，引桥趣东岸，桥短不及岸丈余。高丽兵大至，隋兵骁勇者争赴水接战，高丽兵乘高击之，隋兵不得登岸，死者甚众。麦铁杖跃登岸，与虎贲郎将钱士雄、孟叉等皆战死。乃敛兵，引桥复就西岸。诏赠铁杖宿公，使其子孟才袭爵，次子仲才、季才并拜正议大夫。更命少府监何稠接桥，二日而成，诸军相次继进，大战于东岸，高丽兵大败，死者万计。诸军乘胜进围辽东城，即汉之襄平城也。车驾渡辽，引曷萨那可汗及高昌王伯雅观战处以慑惮之，因下诏赦天下。命刑部尚书卫文昇、尚书右丞刘士龙抚辽左之民，给复十年，建置郡县，以相统摄。

夏，五月，壬午，纳言杨达薨。

诸将之东下也，帝亲戒之曰："今者吊民伐罪，非为功名。诸将或不识朕意，欲轻兵掩袭，孤军独斗，立一身之名以邀勋赏，非大军行法。公等进军，当分为三道，有所攻击，必三道相知，毋得轻军独进，以致失亡。又，凡军事进止，皆须奏闻待报，毋得专擅。"辽东数出战不利，乃婴城固守，帝命诸军攻之。又敕诸将，高丽若降，即宜抚纳，不得纵兵。辽东城将陷，城中人辄言请降；诸将奉旨不敢赴机，先令驰奏，比报至，城中守御亦备，随出拒战。如此再三，帝终不寤。既而城久不下，六月，己未，帝幸辽东城南，观其城池形势，因召诸将诘责之曰："公等自以官高，又恃家世，欲以暗懦待我邪！在都之日，公等皆不愿我来，恐见病败耳。我今来此，正欲观公等所为，斩公辈耳！公今畏死，莫肯尽力，谓我不能杀公邪！"诸将咸战惧失色。帝因留城西数里，御六合城。高丽诸城各坚守不下。右翊卫大将军来护兒帅江、淮水军，舳舻数百里，浮海先进，入自浿水，去平壤六十里，与高丽相遇，进击，大破

旦遇到秋雨连绵，愈加遭受艰难险阻，军粮接济断绝，强敌在我们面前，靺鞨人将攻击我们背后，如果还迟疑不决，就决非上策了。”三月十二日辛卯，段文振去世，隋炀帝深感惋惜。

三月十四日癸巳，隋炀帝开始亲自统率诸军，进兵到达辽水。各路大军汇合在一起，紧靠辽水岸边摆开庞大的阵势，高丽军队依靠辽水在东岸抵抗，隋军不能渡过辽水。左屯卫大将军麦铁杖对人说：“大丈夫性命自有归宿，怎么可以燃点艾草在鼻梁炙治，用瓜蒂在鼻孔喷汁，治热病不愈，而死于儿女之怀！”于是主动请求担任前锋，并对三个儿子说：“我身受国恩，今天到为国捐躯的日子了，我死得其所，你们应得享富贵。”隋炀帝命工部尚书宇文恺在辽水西岸建造三座浮桥，浮桥建成后，向东岸移动，但桥身太短，还差一丈多不能到达东岸。这时高丽大部队赶到，隋军中骁勇的士兵争相跳进水中与高丽士兵交战，高丽士兵在高岸上拦击，隋军无法上岸，死了很多人。麦铁杖一跃上岸，与虎贲郎将钱士雄、孟叉等都战死了。于是隋军收兵，将桥又移到西岸。隋炀帝下诏追赠麦铁杖为宿公，由他的长子麦孟才继承爵位，次子麦仲才、麦季才都拜授正议大夫。又命少府监何稠接长浮桥，两天才完成，各军按顺序相继进发，与高丽军在东岸大战，高丽军队大败，死亡了几万人。各路大军乘胜进击，包围了辽东城，也就是汉代的襄平城。隋炀帝车驾也渡过了辽水，他带领曷萨那可汗和高昌王麴伯雅一起巡视战场，以使他们恐惧慑服。隋炀帝因取胜下诏大赦天下。命令刑部尚书卫文昇、尚书右丞刘士龙安抚辽东百姓，免除十年徭役赋税，设置郡县，以利于统辖管理。

夏季，五月初四日壬午，纳言杨达去世。

众将领东征出发时，隋炀帝亲自告诫他们说：“这次出兵，是为了解救百姓，讨伐罪逆，不是为了建功立名。各位将领，有的不了解朕的本意，想用轻兵偷袭，孤军独斗，建立个人的功名用来获得封赏，不是这次大军征伐的目的。你们进攻，应当分为三路，要是发动攻击，要三路相互配合，不要轻军独进，以招致失败。还有，凡是军事运动，无论前进停止都要奏报，等待回复，不得专擅。”辽东高丽军队几次出战不利，于是闭城固守，隋炀帝命令各军加紧进攻，又敕令诸将，高丽人如果请求投降，应立即安抚接纳，不得纵兵进攻。辽东城即将攻破，城中高丽人就放话说投降，诸将奉圣旨不敢抓住战机，而是先派人飞马奏报隋炀帝，等到批奏回来，城中又做好了防守战备，随后继续抵抗。像这样重复了好几次，隋炀帝仍然不醒悟。结果城池久攻不下。六月十一日己未，隋炀帝巡视辽东城东南郊，察看城池形势，然后把众将领召集起来斥责说：“你们自以为官位高，又依仗是豪门世家，想把我当成是糊涂胆小的人吗？在京都的时候，你们都不愿我来，担心打了败仗蒙羞。我现今来到这里，正是要亲眼看看你们的表现，恨不得砍掉你们的脑袋。你们怕死，没

之。护兒欲乘胜趣其城，副总管周法尚止之，请俟诸军至俱进。护兒不听，简精甲四万，直造城下。高丽伏兵于罗郭内空寺中，出兵与护兒战而伪败，护兒逐之入城，纵兵俘掠，无复部伍。伏兵发，护兒大败，仅而获免，士卒还者不过数千人。高丽追至船所，周法尚整陈待之，高丽乃退。护兒引兵还屯海浦，不敢复留应接诸军。

左翊卫大将军宇文述出扶余道，右翊卫大将军于仲文出乐浪道，左骁卫大将军荆元恒出辽东道，右翊卫将军薛世雄出沃沮道，左屯卫将军辛世雄出玄菟道，右御卫将军张瑾出襄平道，右武候将军赵孝才出碣石道，涿郡太守检校左武卫将军崔弘昇出遂城道，检校右御卫虎贲郎将卫文昇出增地道，皆会于鸭绿水西。述等兵自泸河、怀远二镇，人马皆给百日粮，又给排甲、枪矟并衣资、戎具、火幕，人别三石已上，重莫能胜致。下令军中："士卒有遗弃米粟者斩！"军士皆于幕下掘坑埋之，才行及中路，粮已将尽。

高丽遣大臣乙支文德诣其营诈降，实欲观虚实。于仲文先奉密旨："若遇高元及文德来者，必擒之。"仲文将执之，尚书右丞刘士龙为慰抚使，固止之。仲文遂听文德还，既而悔之，遣人绐文德曰："更欲有言，可复来。"文德不顾，济鸭绿水而去。仲文与述等既失文德，内不自安，述以粮尽，欲还。仲文议以精锐追文德，可以有功，述固止，仲文怒曰："将军仗十万之众，不能破小贼，何颜以见帝！且仲文此行，固知无功，何则？古之良将能成功者，军中之事，决在一人，今人各有心，何以胜敌！"时帝以仲文有计画，令诸军咨禀节度，故有此言。由是述等不得已而从之，与诸将渡水追文德。文德见述军士有饥色，故欲疲之，每战辄走。述一日之中，七战皆捷，既恃骤胜，又逼群议，于是遂进，东济萨水，去平壤城三十里，因山为营。文德复遣使诈降，请于述曰："若旋师者，当奉高元朝行在所。"述见士卒疲弊，不可复战，又平壤城险固，度难猝拔，遂因其诈而还。述等为方陈而行，高丽四面钞击，述等且战且行。秋，七月，壬寅，至萨水，军半济，高丽自后击其后军，右屯卫

人肯尽力，认为我不能杀你们吗！”众将领都吓得发抖变了脸色。隋炀帝便留在城西几里外的地方，坐镇六合城。高丽各城都坚守很难攻破。左翊卫大将军来护兒率领江淮水军，船舰相连几百里，横渡黄海，首先进入高丽境内，沿浿水前进，离平壤六十里时与高丽军队遭遇，隋水军进攻，把高丽军队打得大败。来护兒乘胜进攻平壤城，副总管周法尚劝阻他，请求等待各路大军到达后一同进攻。来护兒不听，他精选了四万甲士，直逼城下。高丽人在外城的空寺庙中设下埋伏，出城与来护兒交战，伪装失败，来护兒追击入城，放纵士兵抢劫，乱不成军。高丽伏兵发起攻击，来护兒大败，只身逃出，士兵回来的只剩几千人。高丽人追击到停船的地方，周法尚严阵以待，高丽兵才退走。来护兒率军后撤，在海滨驻扎，不敢留下来与后继的各路军会合。

左翊卫大将军宇文述出兵进攻扶余道，右翊卫大将军于仲文出兵进攻乐浪道，左骁卫大将军荆元恒出兵进攻辽东道，右翊卫将军薛世雄出兵进攻沃沮道，左屯卫将军辛世雄出兵进攻玄菟道，右御卫将军张瑾出兵进攻襄平道，右武候将军赵孝才出兵进攻碣石道，涿郡太守检校左武卫将军崔弘昇出兵进攻遂城道，检校右御卫虎贲郎将卫文昇出兵进攻增地道，全都到鸭绿水西岸会师。宇文述等率各军从泸河、怀远二镇启程，人马都配备一百天的粮食，又供给铠甲、刀枪、长矛，以及衣物、攻城用具、取暖帐篷等，每人都负担三石以上的重量，没有人能够如此重负行军。于是下令军中：“丢弃粮食的士卒一律斩首！”军士们便都在营帐下挖坑把粮食等物埋起来，所以队伍才走到半路，粮食已快要吃光。

高丽派遣大臣乙支文德到隋军军营诈降，其实是想打探虚实。于仲文事先接奉密旨：“要是遇到高元和乙支文德来，一定要抓获。”于仲文想把乙支文德抓起来，尚书右丞刘士龙担任慰抚使，坚决制止，于仲文只好放乙支文德返回，但很快他就后悔了，派人骗乙支文德说：“另外还有话说，请回来。”乙支文德头也不回，渡过鸭绿水离去。于仲文与宇文述等人因为让乙支文德跑掉了，心里十分不安。宇文述又因为粮食用尽，想要回军。于仲文建议派精兵追捕乙支文德，以此立功，宇文述坚决阻止。于仲文生气地说：“将军统领十万之众，却不能打败一个小敌，有什么脸面去见皇上。况且我于仲文这次出征，原本就知道不能成功。为什么呢？古代良将之所以成功，军中事务，一人决断，现今人各有心，怎么能够战胜敌人呢！”当时，隋炀帝认为于仲文有谋略，命令各军向他咨询，听从指挥，所以他才敢这样说。因此宇文述等不得已听从了于仲文，渡过鸭绿水追击乙支文德。乙支文德看到宇文述士兵面有饥色，因此采用疲劳战术，每次与隋军交战就立即撤退，宇文述在一天之中七战七胜。既然多次打了胜仗，又迫于各种议论，于是推进，向东渡过萨水，离平壤城三十里，依山扎营。乙支文德又派来使者诈降，请求宇文述说：“如果大军向

将军辛世雄战死。于是诸军俱溃，不可禁止，将士奔还，一日一夜至鸭绿水，行四百五十里。将军天水王仁恭为殿，击高丽，却之。来护兒闻述等败，亦引还。唯卫文昇一军独全。

初，九军度辽，凡三十万五千，及还至辽东城，唯二千七百人，资储器械巨万计，失亡荡尽。帝大怒，锁系述等。癸卯，引还。

初，百济王璋遣使请讨高丽，帝使之觇高丽动静，璋内与高丽潜通。隋军将出，璋使其臣国智牟来请师期，帝大悦，厚加赏赐，遣尚书起部郎席律诣百济，告以期会。及隋军渡辽，百济亦严兵境上，声言助隋，实持两端。

是行也，唯于辽水西拔高丽武厉逻，置辽东郡及通定镇而已。八月，敕运黎阳、洛阳、洛口、太原等仓谷向望海顿，使民部尚书樊子盖留守涿郡。九月，庚寅，车驾至东都。

冬，十月，甲寅，工部尚书宇文恺卒。

十一月，己卯，以宗女为华容公主，嫁高昌。

宇文述素有宠于帝，且其子士及尚帝女南阳公主，故帝不忍诛。甲申，与于仲文等皆除名为民，斩刘士龙以谢天下。萨水之败，高丽追围薛世雄于白石山，世雄奋击，破之，由是独得免官。以卫文昇为金紫光禄大夫。诸将皆委罪于于仲文，帝既释诸将，独系仲文。仲文忧恚，发病困笃，乃出之，卒于家。

是岁，大旱，疫，山东尤甚。

张衡既放废，帝每令亲人觇衡所为。帝还自辽东，衡妾告衡怨望，谤讪朝政，诏赐尽于家。衡临死大言：“我为人作何等事，而望久活！”监刑者塞耳，促令杀之。

（以上为第五段，写隋炀帝大业八年御驾亲征高丽，详细载述了这一战役高丽以弱胜强的全过程，发人深思。）

后撤退，一定让国王高元朝见行在所。”宇文述看到士兵疲惫，无力再交战，加上平壤城池险要坚固，估计难以迅速攻破，于是趁着高丽人的假投降顺水推舟撤军。宇文述将队伍列成方阵行进，高丽人从四面八方包抄攻击，宇文述边打边退。秋季，七月二十四日壬寅，隋军后撤到达萨水，刚渡过一半，高丽人攻击后卫军，右屯卫将军辛世雄战死，于是各军全线溃败，无法制止。将士拼命逃跑，一天一夜跑到鸭绿水，跑了四百五十里。将军天水人王仁恭殿后，发起反击，才打退了高丽兵。来护兒得知宇文述等兵败，也率军撤退。只有卫文昇一军全军返回。

当初，九路大军渡过辽河，共三十万五千人。等到退回辽东城，只剩下二千七百人，所有军资器械价值亿万，全部丧失殆尽。隋炀帝大怒，上枷锁拘捕了宇文述等人，七月二十五日癸卯，率军返回。

当初，百济国王璋遣使请求讨伐高丽，隋炀帝让他侦察高丽的动静，璋却暗中与高丽勾结。隋军快要出征时，璋派遣使臣国智牟来请问出兵日期，隋炀帝非常高兴，给了优厚的赏赐，并派尚书起部郎席律到百济，通报会师的日期。等到隋军渡过辽水之后，百济也在边境上集结军队，声称支援隋军，实际是坐观成败。

这一次东征，隋军只在辽水西岸攻占了高丽武厉逻，设置了辽东郡和通定镇。八月，敕令运送黎阳、洛阳、洛口、太原等粮仓的谷子到望海顿，委派民部尚书樊子盖留守涿郡。九月十三日庚寅，隋炀帝车驾回到东都。

冬季，十月初八日甲寅，工部尚书宇文恺去世。

十一月初三日己卯，将宗室女封为华容公主，嫁高昌王。

宇文述一向受到隋炀帝的宠信，他的儿子宇文士及娶隋炀帝的女儿南阳公主，因此隋炀帝不忍心处死宇文述。十一月初八日甲申，宇文述与于仲文等都被罢官除名，贬为平民，只将刘士龙斩首以谢天下。萨水溃败时，高丽军追击包围薛世雄于白石山，薛世雄奋起反击，打败了高丽军队，因此只有他一人没有罢官。任命卫文昇为金紫光禄大夫。众将领都把罪过推到于仲文身上，隋炀帝赦免了众将领，只把于仲文一人投到牢狱。于仲文忧愁怨恨，生了重病，便放他出狱，于仲文死在了家中。

这一年，大旱，瘟疫流行，山东地区尤为严重。

张衡被免官回到乡里，隋炀帝经常命张衡的亲属监视张衡的行动。隋炀帝从辽东回来之后，张衡的妾告发张衡怀恨在心，诽谤朝政，隋炀帝诏令赐张衡在家自尽。张衡临死前大喊：“我替人做了那样的大事，还能指望长久活命吗？”监刑的人赶紧堵住耳朵，下令立即杀死张衡。

【点评】

高丽以弱胜强的历史教训。本卷所载史事，最发人深思的是隋炀帝兵伐高丽之役。高丽以小敌大，以弱胜强；反之，隋朝以大欺小，以强凌弱而惨败，各自给予历史的借鉴意义，值得认真总结。首先高丽是一个小国，举国之众不如隋朝一个大郡，而高丽何以能抗衡大国呢？不仅昏暴之主隋炀帝兵败辽东，而且隋文帝攻之于前不克，唐太宗征之于后亦丧师。王夫之认为，陈朝的灭亡，给高丽君臣敲了警钟，因而上下一心，团结民众，选将练兵，积蓄粮草，修治器械，严阵以待大国来犯，所以不可攻克。一个小国有敌国外患之忧，就足可以抗衡大国。三国时，蜀汉灭亡，孙皓不知警惧；南北朝时，北齐高纬灭亡，陈朝陈叔宝不知警惧；五代时后蜀孟昶灭亡，南唐李煜不知警惧。他们等到兵临城下，不知所措，只有委身投降的份。可以说，有敌国外患而知警惧，从而奋起有为，才能自强，方能御辱。像谯周畏敌而不战，宋高宗畏金人而称臣，知惧而不奋起，还不如不知惧。知惧而发奋自强，高丽人在此役中做出了榜样。其次，作为一个超级大国的隋朝，出动百余万大军征伐一个弹丸小国，出兵之盛，旷古未闻，结果大败而归，出人意表，启人深思。隋军征伐，用牛刀杀鸡，百万大军，行动迟缓，敌方早做好准备，此其一。隋炀帝亲征，又刚愎自用，还要亲自指挥，不知阵前变化，众将无所适从，连连丧失战机，此其二。兵马未动，粮草先行。隋军后勤辎重粮秣，基地在涿郡，距离辽东仍然遥远，进军平壤，兵士自负粮秣辎重，实际上没有后勤支持，兵愈多，其败愈速，此其三。可以说这是一次残虐之主发动的必败的战争，教训是极为深刻的。

隋纪六

隋炀帝大业九年至十一年（613—615 年）

【起昭阳作噩（癸酉，613 年），尽旃蒙大渊献（乙亥，615 年），凡三年】

【大事提要】

本卷载述公元 613 年至公元 615 年史事，凡三年，时当隋炀帝大业九年至十一年。三年中，隋炀帝又两征高丽，平定杨玄感之乱，在雁门受困于突厥，民变四起，遍布全国。隋炀帝四面楚歌，仍执迷不悟，因隋军还貌似强大，隋炀帝之令，尚能行于朝野。但农民起义的烈火，却是越烧越旺，隋军征讨，胜利越多，杀戮越重，民变愈炽，正如老子所说："民不畏死，奈何以死惧之。"

【原文】

炀皇帝中

大业九年（癸酉，613 年）

春，正月，丁丑，诏征天下兵集涿郡。始募民为骁果，修辽东古城以贮军粮。

灵武贼帅白瑜娑劫掠牧马，北连突厥，陇右多被其患，谓之“奴贼”。

戊戌，赦天下。

己亥，命刑部尚书卫文昇等辅代王侑留守西京。

二月，壬午，诏：“宇文述以兵粮不继，遂陷王师；乃军吏失于支料，非述之罪，宜复其官爵。”寻又加开府仪同三司。

帝谓侍臣曰：“高丽小虏，侮慢上国，今拔海移山，犹望克果，况此虏乎！”乃复议伐高丽。左光禄大夫郭荣谏曰：“戎狄失礼，臣下之事；千钧之弩，不为鼷鼠发机，奈何亲辱万乘以敌小寇乎！”帝不听。

三月，丙子，济阴孟海公起为盗，保据周桥，众至数万，见人称引书史，辄杀之。

丁丑，发丁男十万城大兴。

戊寅，帝幸辽东，命民部尚书樊子盖等辅越王侗留守东都。

时所在盗起：齐郡王薄、孟让、北海郭方预、清河张金称、平原郝孝德、河间格谦、勃海孙宣雅各聚众攻剽，多者十余万，少者数万人，山东苦之。天下承平日久，人不习战，郡县吏每与贼战，望风沮败。唯齐郡丞阌乡张须陀得士众心，勇决善战。将郡兵击王薄于泰山下，薄恃其骤胜，不设备；须陀掩击，大破之。薄收余兵北渡河；须陀追击于临邑，又破之。薄北连孙宣雅、郝孝德等十余万攻章丘，须陀帅步骑二万击之，贼众大败。贼帅裴长才等众二万掩至城下，大掠，须陀未暇集兵，帅五骑与战，贼竞赴之，围百余重，身中数创，勇气弥厉。会城中兵至，贼稍退却，须陀督众击之，长才等败走。庚子，郭方预等合军攻陷北海，大掠而去。须陀谓官属曰：“贼恃其强，谓我不能救，吾今速行，破之必矣。”乃简精兵倍道进击，大破之，斩数万级，前后获贼辎重不可胜计。

【语译】

炀皇帝中

隋炀帝大业九年（癸酉，613 年）

春季，正月初二日丁丑，隋炀帝下诏征调军队到涿郡集结。首次招募平民组建骁勇敢死队。修建辽东古城积蓄军粮。

灵武贼帅白瑜娑抢夺牧马，勾结北方突厥，陇右各郡遭受祸害，人们称之为“奴贼”。

正月二十三日戊戌，大赦天下。

正月二十四日己亥，命令刑部尚书卫文昇等辅佐代王杨侑留守西京。

二月［初八日壬子］，隋炀帝下诏说：“宇文述的军队因为缺少军粮，才打了败仗，这是军吏没有及时供应物资的过失，不是宇文述的罪过，应当官复原职。”没多久，又提升为开府仪同三司。

隋炀帝对侍臣说：“高丽小虏，竟敢侮慢上国，如今移山填海，隋朝也能办得到，何况这个小虏。”于是重提讨伐高丽的事。左光禄大夫郭荣劝谏说：“戎狄不懂礼节，是臣下们办的事；千钧大弩，不会向小老鼠发箭，怎能烦劳圣驾去对付一个小小的虏呢！”隋炀帝不听。

三月初二日丙子，济阴人孟海公聚众造反，占据周桥，有众数万。他看到有人说话引经据典，就要杀掉。

三月初三日丁丑，征发十万民夫修筑大兴城。

三月初四日戊寅，隋炀帝巡视辽东，命令民部尚书樊子盖等人辅佐杨侗留守东都。

当时聚众造反的人遍布各地：齐郡人王薄、孟让，北海人郭方预，清河人张金称，平原人郝孝德，河间人格谦，勃海人孙宣雅各自聚众谋反攻城抢劫，人数多的达十余万，少的也有几万。崤山以东多受其苦。天下太平的日子太久，人们都不熟习打仗，郡县的官吏每次与“贼兵”交战，都望风而逃，只有齐郡郡丞阌乡人张须陀很得士众之心，他勇敢果断善于打仗，率领郡兵在泰山下进攻王薄。王薄倚仗自己多次打胜仗，疏于防备。张须陀率兵突袭，大败王薄。王薄收集残余部众，北渡黄河，张须陀追击到临邑，再次打败了他。王薄联合北边的孙宣雅、郝孝德等部十余万人攻打章丘，张须陀率领步骑兵两万人迎击，王薄等人被打得大败。贼兵首领裴长才等人率领二万生力军突然杀到章丘城下，大肆劫掠。张须陀来不及集合军队，只带领身边五名骑兵迎战。贼兵蜂拥而上，把张须陀包围了一百余重，张须陀身上多处受伤，但他越战越勇。正好城里官兵赶到，贼兵稍退，张须陀指挥部众攻击，

历城罗士信，年十四，从须陀击贼于潍水上。贼始布陈，士信驰至陈前，刺杀数人，斩一人首，掷空中，以稍盛之，揭以略陈；贼徒愕眙，莫敢近。须陀因引兵奋击，贼众大溃。士信逐北，每杀一人，劓其鼻怀之，还，以验杀贼之数，须陀叹赏，引置左右。每战，须陀先登，士信为副。帝遣使慰谕，并画须陀、士信战陈之状而观之。

夏，四月，庚午，车驾渡辽。壬申，遣宇文述与上大将军杨义臣趣平壤。

左光禄大夫王仁恭出扶余道。仁恭进军至新城，高丽兵数万拒战，仁恭帅劲骑一千击破之，高丽婴城固守。帝命诸将攻辽东，听以便宜从事。飞楼、橦、云梯、地道四面俱进，昼夜不息，而高丽应变拒之，二十余日不拔，主客死者甚众。冲梯竿长十五丈，骁果吴兴沈光升其端，临城与高丽战，短兵接，杀十数人，高丽竞击之而坠；未及地，适遇竿有垂组，光接而复上。帝望见，壮之，即拜朝散大夫，恒置左右。

（以上为第一段，写大业九年隋炀帝第二次亲征高丽。沉重苛严的征兵征徭，扰动天下，即将进一步激发起全国农民大起义。隋军在河北、山东讨伐，虽然屡次获胜，但无法扑灭农民起义。）

礼部尚书杨玄感，骁勇，便骑射，好读书，喜宾客，海内知名之士多与之游。与蒲山公李密善，密，弼之曾孙也，少有才略，志气雄远，轻财好士，为左亲侍。帝见之，谓宇文述曰：“向者左仗下黑色小儿，瞻视异常，勿令宿卫！”述乃讽密使称病自免，密遂屏人事，专务读书。尝乘黄牛读《汉书》，杨素遇而异之，因召至家，与语，大悦，谓其子玄感等曰：“李密识度如此，汝等不及也！”由是玄感与为深交。时或侮之，密曰：“人言当指实，宁可面谀！若决机两陈之间，喑呜咄嗟，使敌人震慑，密不如公；驱策天下贤俊，各申其用，公不如密：岂可以阶级稍崇而轻天下士大夫邪！”玄感笑而服之。

裴长才等人大败而逃。三月二十六日庚子，郭方预等部合兵攻陷北海，大肆抢掠后离去。张须陀对部属说："贼兵依仗人多势众，以为我无力救援北海，我们现在急速进军，一定能出其不意地打败他们。"于是挑选精兵日夜兼程，大破贼兵，斩首数万，前后缴获贼兵辎重物资难以计数。

历城人罗士信，年十四岁，跟随张须陀在潍水攻打贼兵。贼兵刚开始布阵，罗士信已驰马冲到阵前，刺杀了几个人，并斩下一个人头，抛到空中，再用长矛接住，高挑人头在阵前疾驰而过，贼众惊得目瞪口呆，没有人敢靠近。张须陀趁机率兵奋力进攻，贼众大败，罗士信追杀溃逃的贼兵，每杀一人，就割下鼻子揣在怀中，回营之后，清点所杀贼兵的数目。张须陀很喜爱他，就把罗士信留在自己身边。每次打仗，张须陀冲锋陷阵，罗士信紧随其后。隋炀帝派遣使者慰问，并画下张须陀、罗士信阵前作战情形来观赏。

夏季，四月二十七日庚午，隋炀帝车驾渡过辽水。四月二十九日壬申，隋炀帝命令宇文述与上大将军杨义臣进军平壤。

左光禄大夫王仁恭向扶余道进兵。王仁恭挺进到新城，遭到几万高丽兵的抵抗，王仁恭率领精锐骑兵一千多人打败了高丽军，高丽军闭城固守，隋炀帝命令众将攻打辽东，允许众将相机行事。隋军用高楼、冲车、云梯、地道，绕城四面围攻，昼夜不停，但高丽守军也随机应变，坚决抵抗，围攻了二十多天，仍没有攻破，双方死伤都很惨重。冲车云梯和拍竿长十五丈，骁果战士吴兴人沈光爬到云梯顶端，靠近城墙与高丽兵交战，短兵格斗，沈光杀死了十几个敌兵，高丽士兵群起攻击沈光，沈光从城墙上掉下来，还没落到地面上，恰好抓到了冲车拍竿上垂下的一根绳子。沈光抓住绳子又向上爬，隋炀帝看见了，认为他很勇敢，立即任命他为朝散大夫，经常带在身边。

礼部尚书杨玄感，十分骁勇，精于骑马射箭，爱好读书，喜欢交朋友，全国很多知名人士都与他交往。杨玄感与蒲山公李密是好朋友。李密是李弼的曾孙，从小就有才能谋略，志向远大，疏财仗义，结交好汉，职任左亲侍。隋炀帝看到李密，对宇文述说："刚才在左翊卫队列中那个皮肤黑黑的青年，目光尖锐，非同一般，不要让他担任宿卫！"宇文述便暗示李密假说有病，自己辞职。李密于是断绝与人来往，一心一意读书。李密曾经骑在黄牛身上读《汉书》，杨素碰上了很是惊异，就把李密召到家中，和他交谈，非常高兴，对他的儿子杨玄感等说："李密的识见气度很不寻常，你们没一个赶得上他。"因此，杨玄感和李密结交成为好朋友。有时杨玄感故意欺侮李密，李密就对他说："人说话应该诚实，怎么能当面奉承！如果两军阵前交战，怒吼呐喊，使敌人震惊慑服，我李密不是您的对手；若果是招纳天下贤士俊

素恃功骄倨，朝宴之际，或失臣礼，帝心衔而不言，素亦觉之。及素薨，帝谓近臣曰："使素不死，终当夷族。"玄感颇知之，且自以累世贵显，在朝文武多父之故吏，见朝政日紊，而帝多猜忌，内不自安，乃与诸弟潜谋作乱。帝方事征伐，玄感自言："世荷国恩，愿为将领。"帝喜曰："将门必有将，相门必有相，固不虚也。"由是宠遇日隆，颇预朝政。

帝伐高丽，命玄感于黎阳督运，遂与虎贲郎将王仲伯、汲郡赞治赵怀义等谋，故逗留漕运，不时进发，欲令渡辽诸军乏食；帝遣使者促之，玄感扬言水路多盗，不可前后而发。玄感弟虎贲郎将玄纵，鹰扬郎将万石，并从幸辽东，玄感潜遣人召之，二人皆亡还。万石至高阳，为监事许华所执，斩于涿郡。

时右骁卫大将军来护兒以舟师自东莱将入海趣平壤，玄感遣家奴伪为使者从东方来，诈称护兒反。六月，乙巳，玄感入黎阳，闭城，大索男夫，取帆布为牟、甲，署官属，皆准开皇之旧。移书傍郡，以讨护兒为名，各令发兵会于仓所。郡县官有干用者，玄感皆以运粮追集之，以赵怀义为卫州刺史，东光尉元务本为黎州刺史，河内郡主簿唐祎为怀州刺史。

治书侍御史游元，督运在黎阳，玄感谓曰："独夫肆虐，陷身绝域，此天亡之时也。我今亲帅义兵以诛无道，卿意如何？"元正色曰："尊公荷国宠灵，近古无比，公之弟兄，青紫交映，当谓竭诚尽节，上答鸿恩。岂意坟土未干，亲图反噬！仆有死而已，不敢闻命！"玄感怒而囚之，屡胁以兵，不能屈，乃杀之。元，明根之孙也。

玄感选运夫少壮者得五千余人，丹阳、宣城篙梢三千余人，刑三牲誓众，且谕之曰："主上无道，不以百姓为念，天下骚扰，死辽东者以万计。今与君等起兵以救兆民之弊，何如？"众皆踊跃称万岁。乃勒兵部分。唐祎自玄感所逃归河内。

杰使他们各自发挥才能，您不如我李密；怎么可以因为您地位较高就轻视天下的士大夫呢！”杨玄感笑了笑，十分佩服他。

杨素居功自傲，在朝廷宴会上有时失去人臣礼节，隋炀帝怀恨在心但没说出口，杨素也觉察到了。等到杨素逝世，隋炀帝对近臣说：“假使杨素不死，最终一定会被诛灭九族。”杨玄感很清楚这一情况，而且自知累世显贵，朝中文武大臣很多人都是父亲旧部，他看到朝政日益混乱，隋炀帝又多猜疑忌恨，内心非常不安，便和他的几个弟弟暗中策划谋反。隋炀帝这时正忙于征伐高丽，杨玄感请求说：“我家世代蒙受国恩，愿意率军出征。”隋炀帝高兴地说：“将门一定出将，相门一定出相，果然不假。”因此对杨玄感的宠信一天比一天隆盛，常常让杨玄感参与朝政。

隋炀帝征伐高丽，命令杨玄感在黎阳督运军资。杨玄感于是和虎贲郎将王仲伯、汲郡赞治赵怀义等人策划，故意拖延水上运输，不按时发运，想使渡过辽河的各路隋军缺乏军粮，隋炀帝派遣使者催促，杨玄感声称水路盗贼甚多，不能随时发运。杨玄感的弟弟虎贲郎将杨玄纵、鹰扬郎将杨万石，都随从隋炀帝到了辽东，杨玄感暗中派人召他们回来。二人偷偷逃回。杨万石跑到高阳，被监事许华抓住，在涿郡斩首。

当时右骁卫大将军来护兒率领水军，将要从东莱渡海进攻平壤，杨玄感派家奴伪装成使者从东边来，谎称来护兒反叛。六月初三日乙巳，杨玄感进入黎阳，关闭城门，大规模搜索男丁扩充军队，用帆布制作头盔、铠甲，任命委派官职，按照隋文帝开皇年间的旧体制设置。向附近各郡行文，打着讨伐来护兒的名义，命令各郡发兵到黎阳仓集中，郡县官吏中有才干的人，杨玄感就用押运粮草的名义召集起来，任命赵怀义为卫州刺史，东光县尉元务本为黎州刺史，河内郡主簿唐祎为怀州刺史。

治书侍御史游元，在黎阳督运军粮，杨玄感对他说：“独夫横行暴虐，陷身在边远绝域，这是天要灭亡他的时候。我现今亲自率领正义之军诛灭无道昏君，你有何意见。”游元严肃地说：“你父亲享受国家的恩宠，近古以来，没人比得上。你们兄弟个个都是高官显爵，应当对国家竭尽忠诚，遵守臣节，用来报答厚恩，没想到你父亲坟土未干，你却图谋造反。我只有一死而已，不敢听命。”杨玄感大怒，把游元下到监牢，多次用刀威逼他，没能让游元屈服，于是杀了游元。游元，是游明根的孙子。

杨玄感挑选年轻力壮的运粮民夫五千人，丹阳、宣城的水手三千多人，宰杀牛羊猪三牲祭旗，聚众誓师，晓谕众人说：“皇上无道，不体恤老百姓，造成天下动乱，战死在辽东的人成千上万。现今我和大家一同起兵拯救亿万老百姓，怎么样？”全体欢呼踊跃，高喊万岁。于是杨玄感统率军队，部署任务。唐祎从杨玄感军中逃回河内。

先是玄感阴遣家僮至长安，召李密及弟玄挺赴黎阳。及举兵，密适至，玄感大喜，以为谋主，谓密曰："子常以济物为己任，今其时矣！计将安出？"密曰："天子出征，远在辽外，去幽州犹隔千里。南有巨海，北有强胡，中间一道，理极艰危。公拥兵出其不意，长驱入蓟，据临渝之险，扼其咽喉。归路既绝，高丽闻之，必蹑其后，不过旬月，资粮皆尽，其众不降则溃，可不战而擒，此上计也。"玄感曰："更言其次。"密曰："关中四塞，天府之国，虽有卫文昇，不足为意。今帅众鼓行而西，经城勿攻，直取长安，收其豪杰，抚其士民，据险而守之。天子虽还，失其根本，可徐图也。"玄感曰："更言其次。"密曰："简精锐；昼夜倍道，袭取东都，以号令四方。但恐唐祎告之，先已固守。若引兵攻之，百日不克，天下之兵四面而至，非仆所知也。"玄感曰："不然，今百官家口并在东都，若先取之，足以动其心。且经城不拔，何以示威！公之下计，乃上策也。"遂引兵向洛阳，遣杨玄挺将骁勇千人为前锋，先取河内。唐祎据城拒守，玄挺无所获。

祎又使人告东都越王侗与樊子盖等勒兵为备，修武民相帅守临清关。玄感不得度，乃于汲郡南渡河，从之者如市。使弟积善将兵三千自偃师南缘洛水西入，玄挺自白司马坂逾邙山南入，玄感将三千余人随其后，相去十里许，自称大军。其兵皆执单刀柳盾，无弓矢甲胄。东都遣河南令达奚善意将精兵五千人拒积善，将作监、河南赞治裴弘策将八千人拒玄挺。善意渡洛南，营于汉王寺；明日，积善兵至，不战自溃，铠仗皆为积善所取。弘策出至白司马坂，一战，败走，弃铠仗者太半，玄挺亦不追。弘策退三四里，收散兵，复结陈以待之；玄挺徐至，坐息良久，忽起击之，弘策又败，如是五战。丙辰，玄挺直抵太阳门，弘策将十余骑驰入宫城，自余无一人返者，皆归于玄感。

玄感屯上春门，每誓众曰："我身为上柱国，家累巨万金，至于富贵，无所求也。今不顾灭族者，但为天下解倒悬之急耳！"众皆悦。父老争献牛酒，子弟诣军门请自效者，日以千数。

起先，杨玄感暗中派家僮回到长安，召李密和他的弟弟杨玄挺到黎阳。等到起兵的一天，李密刚好赶到，杨玄感非常高兴，用李密为谋主，对李密说："你经常以拯救苍生为己任，现在正是时候，你认为怎样谋划？"李密说："天子出征，远在辽水之外，距离幽州还有一千里，南边有大海，北边有强大的胡人，中间只有一条通道，按理说极其艰险。你率领军队出其不意，长驱直入占据蓟城，把守临渝关的险要，锁住咽喉，切断归路，高丽人听到了，一定紧追在后边，不过一月光景，军资粮草用尽，东征军不投降也要溃散，可以不战抓住皇上，这是上策。"杨玄感说："另说第二策。"李密说："关中四面都是屏障，称为天府之国，虽然有卫文昇，但不必担心。现今率领部队，大张旗鼓地向西挺进，经过城池不去攻取，直取长安，收取那里的豪杰人士，安抚那里的民众，占据险要的地方，守住长安，天子即使从高丽回来，但已失去了根本，我们可以慢慢进取。"杨玄感说："你另外再说下策。"李密说："选取精锐士兵，昼夜兼程，袭击东都，用以号令四方。但担心唐祎已经通报东都，提前做好了防守。如果领兵攻打，一百天还没攻下来，天下之兵从四面八方围攻上来，那就不是我能预料的了。"杨玄感说："不对。如今百官的家属都在东都，如果先攻占了东都，足以扰乱皇家军心。再说，经过城池不加以攻占，怎能显示我们的军威！你说的下策，才真正是上策。"杨玄感于是领兵南下洛阳，派杨玄挺率领一千名骁勇精兵为先锋，首先攻占河内。唐祎占据河内城坚守，杨玄挺一无所获。

唐祎又派人通告留守东都的越王杨侗与樊子盖等部署军队守城。修武县的民众自动组织起来把守临清关，杨玄感无法通过，便在汲郡南边渡过黄河，追随的人像赶集一样。杨玄感派他的弟弟杨积善率领三千士兵从偃师南边沿着洛水向西进入东都，杨玄挺从白司马坂翻过邙山从南边进入东都，杨玄感率领三千多人紧随其后，相距十里左右，自称主力大军。杨玄感的士兵，都拿着单刀和柳木盾牌，没有弓箭，没有头盔铠甲。东都派出河南令达奚善意率领五千精兵迎战杨积善，将作监、河南赞治裴弘策等率领八千人迎战杨玄挺。达奚善意渡过洛水，在南岸汉王寺扎营。第二天，杨积善领兵来到，官兵不战自溃，铠甲兵器全被杨积善的军队缴获。裴弘策出兵到达白司马坂，与杨玄挺的军队一交战就被打败后退，丢弃了一大半铠甲兵器，杨玄挺也不追击。裴弘策后退三四里，收拢散兵，重新结集摆开阵势等待。杨玄挺慢慢赶来，士兵坐下休息了很长一阵，突然发起攻击，裴弘策又被打败，就这样一天五战，裴弘策五战都败。六月十四日丙辰，杨玄挺进兵直达太阳门，裴弘策只带了十几名骑兵奔跑，才逃回进入了宫城，其余没有一个人返回，全都投降了杨玄感。

杨玄感在上春门外扎营，每次誓师对众说："我身为上柱国，家财有万两黄金，对于富贵，不是我要追求的。可是现今我不顾灭族的危险造反，为的是解救天下老百姓倒悬的危难啊！"部众非常高兴。父老乡亲争着献上牛肉美酒，青年子弟都到

（以上为第二段，写杨玄感顺应民心思变，起兵反隋。杨玄感野心勃勃，急于称帝，不听李密上计，即置隋炀帝于死地，而妄想侥幸取胜，采用下策，向西进兵东都，响应者从之如云。）

内史舍人韦福嗣，洸之兄子也，从军出拒玄感，为玄感所获；玄感厚礼之，使与其党胡师耽共掌文翰。玄感令福嗣为书遗樊子盖，数帝罪恶，云："今欲废昏立明，愿勿拘小礼，自贻伊戚。"樊子盖新自外藩入为京官，东都旧官多慢之，至于部分军事，未甚承禀。裴弘策与子盖同班，前出讨贼失利，子盖更使出战，不肯行，子盖命引出斩之以徇。国子祭酒河东杨汪，小有不恭，子盖又将斩之；汪顿首流血，乃得免。于是将吏震肃，无敢仰视，令行禁止。玄感尽锐攻城，子盖随方拒守，玄感不能克。然达官子弟应募从军者，闻弘策死，皆不敢入城。韩擒虎子世谔、观王雄子恭道、虞世基子柔、来护兒子渊、裴蕴子爽、大理卿郑善果子俨、周罗睺子仲等四十余人皆降于玄感，玄感悉以亲重要任委之。善果，译之兄子也。

玄感收兵得五万余人，分五千守慈涧道，五千守伊阙道，遣韩世谔将三千人围荥阳，顾觉将五千人取虎牢。虎牢降，以觉为郑州刺史，镇虎牢。

代王侑使刑部尚书卫文昇帅兵四万救东都，文昇至华阴，掘杨素冢，焚其骸骨，示士卒以必死，遂鼓行出崤、渑，直趋东都城北。玄感逆拒之；文昇且战且行，屯于金谷。

辽东城久不拔，帝遣造布囊百余万口，满贮土，欲积为鱼梁大道，阔三十步，高与城齐，使战士登而攻之，又作八轮楼车，高出于城，夹鱼梁道，欲俯射城内，指期将攻，城内危蹙。会杨玄感反书至，帝大惧，引纳言苏威入帐中，谓曰："此儿聪明，得无为患？"威曰："夫识是非，审成败，乃谓之聪明，玄感粗疏，必无所虑。但恐因此寖成乱阶耳。"帝又闻达官子弟皆在玄感所，益忧之。兵部侍郎斛斯政素与玄感善，玄感之反，政与之通谋，玄纵兄弟亡归，政潜遣之。帝将穷治玄纵等党与，政内不自安，戊辰，亡奔高丽。庚午，夜二更，帝密召诸将，使引军还，

军营门口请求投军效力，每天有上千的人。

内史舍人韦福嗣，是韦洸哥哥的儿子。他从军抵抗杨玄感，被杨玄感俘获，杨玄感厚礼相待，让他和自己的亲信胡师耽共同掌管文书。杨玄感命韦福嗣写信给樊子盖，历数隋炀帝的罪恶。信中说："今日我要废黜昏君另立明主，希望您不要囿于小节，给自己留下祸患。"樊子盖刚从外地调入东都做京官，东都旧有的官吏大多对他比较轻慢，甚至军事部署，也很少向他汇报请示。裴弘策和樊子盖官居同列，前些天出城讨伐贼兵连续失利，樊子盖又派裴弘策出战，裴弘策不肯出战，樊子盖就下令将裴弘策拉出去斩首示众。国子监祭酒河东人杨汪对樊子盖流露出些微不敬，樊子盖又要将他斩首。杨汪叩头流血，才得免一死。于是东都的将领官吏都震惊畏惧，没有人敢抬头仰视，令出即行，没人再敢犯禁。杨玄感集中全部精兵攻城，樊子盖根据情况顽强抵抗，杨玄感久攻不克。但是贵族高官子弟应募从军的人，听到裴弘策被处死，都吓得不敢进城。韩擒虎的儿子韩世谔、观王杨雄的儿子杨恭道、虞世基的儿子虞柔、来护兒的儿子来渊、裴蕴的儿子裴爽、大理卿郑善果的儿子郑俨、周罗睺的儿子周仲等四十余人都投降了杨玄感，杨玄感将亲近显贵的要职都授予了他们。郑善果是郑译的哥哥的儿子。

杨玄感招募到五万余人的军队，他分兵五千把守慈涧道，五千人把守伊阙道，派韩世谔率三千人围攻荥阳，并派顾觉率五千人攻取虎牢，虎牢隋军投降，杨玄感于是任命顾觉为郑州刺史，镇守虎牢。

代王杨侑命令刑部尚书卫文昇率军四万救援东都，卫文昇到了华阴，挖掘杨素的坟墓，并焚烧了杨素的尸体，向士卒们显示自己必死的决心。于是卫文昇大张旗鼓进兵，穿过崤谷、渑池，直奔东都城北。杨玄感率军迎击，卫文昇且战且行，驻兵金谷。

辽东城好久不能攻下来，隋炀帝派人制作一百多万口布袋，装满泥土，想堆积成为鱼梁大道，宽三十步，高与城墙相等，派士兵登上鱼梁大道攻城。又制造八个轮子的楼车，高出城墙，排到鱼梁大道两旁，想居高临下向城内射箭。隋军定下日期攻城，城内危急万分。恰好杨玄感造反的公文到达，隋炀帝非常惊慌，便宣召纳言苏威进入军帐，对苏威说："这小子很聪明，能不能造成祸患。"苏威说："能识别是非，判断成败，才叫作聪明，杨玄感为人粗疏，不必忧虑。只是要提防这个消息会引起更大的动乱。"隋炀帝听说高官显贵的子弟都在杨玄感手下，更加忧虑。兵部侍郎斛斯政一向与杨玄感交情就好，杨玄感造反，斛斯政与他暗通信息，杨玄纵兄

军资、器械、攻具，积如丘山，营垒、帐幕，按堵不动，皆弃之而去。众心恟惧，无复部分，诸道分散。高丽即时觉之，然不敢出，但于城内鼓噪。至来日午时，方渐出外，四远觇侦，犹疑隋军诈之。经二日，乃出数千兵追蹑，畏隋兵之众，不敢逼，常相去八九十里；将至辽水，知御营毕渡，乃敢逼后军。时后军犹数万人，高丽随而抄击，最后羸弱数千人为所杀略。

初，帝再征高丽，复问太史令庾质曰："今段何如？"对曰："臣实愚迷，犹执前见，陛下若亲动万乘，劳费实多。"帝怒曰："我自行犹不克，直遣人去，安得有功！"及还，谓质曰："卿前不欲我行，当为此耳。玄感其有成乎？"质曰："玄感地势虽隆，素非人望，因百姓之劳，冀幸成功。今天下一家，未易可动。"

帝遣虎贲郎将陈稜攻元务本于黎阳，又遣左翊卫大将军宇文述、右候卫将军屈突通乘传发兵以讨玄感。来护兒至东莱，闻玄感围东都，召诸将议旋军救之。诸将咸以无敕，不宜擅还，固执不从，护兒厉声曰："洛阳被围，心腹之疾；高丽逆命，犹疥癣耳。公家之事，知无不为，专擅在吾，不关诸人，有沮议者，军法从事！"即日回军。令子弘、整驰驿奏闻。帝时还至涿郡，已敕护兒救东都，见弘、整，甚悦，赐护兒玺书曰："公旋师之时，是朕敕公之日，君臣意合，远同符契。"

先是，右武候大将军李子雄坐事除名，令从军自效，从来护兒在东莱，帝疑之，诏锁子雄送行在所。子雄杀使者，逃奔玄感。卫文昇以步骑二万渡瀍水，与玄感战，玄感屡破之。玄感每战，身先士卒，所向摧陷，又善抚悦其下，皆乐为致死，由是每战多捷，众益盛，至十万人。文昇众寡不敌，死伤太半且尽，乃更进屯邙山之阳，与玄感决战，一日十余合。会杨玄挺中流矢死，玄感军乃稍却。

弟得以逃回，其实是斛斯政偷偷放走的。隋炀帝要彻底追查杨玄纵的同党，斛斯政内心惶恐不安。六月二十六日戊辰，斛斯政出逃投奔高丽。六月二十八日庚午，夜里二更时分，隋炀帝秘密召见众将领，命令他们率军撤退，军用物资、辎重器械、攻城器具，堆积如山。营垒、帐幕原封不动地全部丢弃。隋军暗暗撤离，军心惶恐不安，乱成一团，不成建制，各路队伍分散逃亡。高丽也及时发现了，但是不敢出城追击，只在城内击鼓呐喊。到了第二天中午，才逐渐派兵出城，四处远远侦察，仍然怀疑隋军诈退。两天之后，才出动几千人尾随追踪，害怕隋军势众，不敢逼近，远远跟在后边距离八九十里。快要到达辽水，得到隋炀帝御营隋军全部渡过了辽水，才敢逼近隋军的殿后部队。当时隋军的殿后军队还有几万人，高丽军队包抄袭击，最后杀死了几千老弱的殿后隋军。

当初，隋炀帝准备再次征讨高丽，曾经再次问太史令庾质："这次情况怎么样？"庾质回答："臣确实愚昧，但还是坚持上次的意见，陛下若是御驾亲征，劳苦耗费实在太多。"隋炀帝大怒说："我亲自征伐尚不能取胜，只派别人去，又岂能成功！"等到隋炀帝从高丽回来，对庾质说："你以前不想让我去，应当是为了这桩事。杨玄感能成功吗？"庾质回答："杨玄感虽然地位很高，权势很大，但一向不得人心，他想凭借百姓的力量，侥幸成功。如今天下一统，是不容易摇动的。"

隋炀帝派遣虎贲郎将陈稜进攻黎阳的元务本，又派遣左翊卫大将军宇文述、右候卫将军屈突通乘驿站的快速传车发兵讨伐杨玄感。来护兒率军到达东莱，听说杨玄感已将东都包围，于是召集诸将商讨回师救援。诸将都认为没得到皇帝的敕命，不宜擅自回师，坚持不赞同来护兒的建议。来护兒厉声说道："洛阳被包围，是心腹之患；高丽抗拒王命不过是如皮肤上的疥癣一般小毛病。国家大事，既然知道了处于危难，怎么能不行动。擅自行动的责任由我一人承担，跟各位无关，再有阻拦回师之事的按军法处置！"来护兒即日回师，命令儿子来弘、来整先乘驿马飞报隋炀帝，隋炀帝当时已经回到涿郡，并且下敕令让来护兒救援东都。隋炀帝见到来弘、来整，非常高兴，在赐给来护兒的玺书中说："你回师之时，正是我下令之日，君臣心意不约而同，虽距离遥远，却如同符契一样相合。"

起先，右武候大将军李子雄因罪被免官除名，发配在军队中效力，他跟随来护兒到东莱，隋炀帝怀疑他，诏令将他上枷锁送到皇帝行宫。李子雄在途中杀死押护使者，逃奔杨玄感。卫文昇率领步骑兵两万人渡过瀍水，与杨玄感交战，被杨玄感多次打败。杨玄感每次战斗都身先士卒，所向披靡。他还善于抚慰部下，大家都甘心为他效命，所以每次作战都能取胜，部众愈来愈多，达十万人。卫文昇寡不敌众，阵地作战使他的部下死伤大半，快要全军覆没。卫文昇改变策略，他挺进驻守在邙山的南面，与杨玄感决战，一天之内双方交战十多个回合。恰巧杨玄挺中流箭而死，

秋，七月，癸未，余杭民刘元进起兵以应玄感。元进手长尺余，臂垂过膝，自以相表非常，阴有异志。会帝再发三吴兵征高丽，三吴兵皆相谓曰：“往岁天下全盛，吾辈父兄征高丽者犹太半不返；今已罢弊，复为此行，吾属无遗类矣！”由是多亡命。郡县捕之急，闻元进举兵，亡命者云集，旬月间，众至数万。

始，杨玄感至东都，自谓天下响应。得韦福嗣，委以心膂，不复专任李密。福嗣每画策，皆持两端；密揣知其意，谓玄感曰：“福嗣元非同盟，实怀观望；明公初起大事而奸人在侧，听其是非，必为所误，请斩之！”玄感曰：“何至于此！”密退，谓所亲曰：“楚公好反而不欲胜，吾属今为虏矣！”

李子雄劝玄感速称尊号，玄感以问密，密曰：“昔陈胜自欲称王，张耳谏而被外；魏武将求九锡，荀彧止而见诛。今者密欲正言，还恐追踪二子；阿谀顺意，又非密之本图。何者？兵起以来，虽复频捷，至于郡县，未有从者，东都守御尚强，天下救兵益至，公当挺身力战，早定关中，乃亟欲自尊，何示人不广也！”玄感笑而止。

屈突通引兵屯河阳，宇文述继之，玄感问计于李子雄，子雄曰：“通晓习兵事，若一得渡河，则胜负难决，不如分兵拒之。通不能济，则樊、卫失援。”玄感然之，将拒通；樊子盖知其谋，数击其营，玄感不得往。通济河，军于破陵。玄感分为两军，西抗文昇，东拒通。子盖复出兵大战，玄感军屡败，与其党谋之，李子雄曰：“东都援军益至，我军数败，不可久留，不如直入关中，开永丰仓以振贫乏，三辅可指麾而定。据有府库，东面而争天下，亦霸王之业也。”李密曰：“弘化留守元弘嗣握强兵在陇右，可声言其反，遣使迎公，因此入关，可以给众。”

会华阴诸杨请为乡导，壬辰，玄感解东都围，引兵西趣潼关，宣言：“我已破东都、取关西矣！”宇文述等诸军蹑之。至弘农宫，父老遮说玄

杨玄感的军队才稍稍后退。

秋季，七月十一日癸未，余杭人刘元进起兵响应杨玄感。刘元进手长一尺有余，手臂垂下来超过膝盖，他自认为相貌非凡，早就暗下谋反之心，正逢隋炀帝再次征调三吴军队征伐高丽，三吴士兵都议论说："往年国家全盛之时，我们父兄出征高丽都还有大半没回来；如今国家已经疲惫，又要被征调去打高丽，我们这些人恐怕都会死光！"因此很多人都逃亡。郡县官吏搜捕非常急迫，逃亡的人听说刘元进起兵造反，纷纷前来投奔他，一个月内，部众就有几万人。

起先，杨玄感到达东都，他自认为天下响应。俘获韦福嗣后，把他当作亲信，委以重任，不再专信李密。韦福嗣每次出谋划策，都模棱两可。李密揣摩韦福嗣留一手的心意，就对杨玄感说："韦福嗣原本不是我们的同盟，实际上他心存观望，你刚起来办大事，就有奸邪小人在身边，若听从他的是非不明的瞎说，一定会被他所误，请求杀了他。"杨玄感说："还不到这一步。"李密退下来对他亲近的人说："楚公喜欢谋反，却不想获胜，我们这些人如今都要成为俘虏。"

李子雄劝杨玄感赶快称帝，杨玄感询问李密，李密说："从前陈胜自己想称王，张耳劝谏，却把他排斥在外边；魏武帝曹操想得到九锡，荀彧劝阻却遭杀害。召集我李密要说出正确意见，恐怕就要追随张耳、荀彧两人去了；但阿谀奉承，随顺上意，又不是我李密愿意的。为什么呢？我们起兵以来，虽然多次打胜仗，但是没有一个郡县响应，东都防守的力量还很强大，全国的救兵越来越多地到来，你应当带头奋起作战，早一点安定关中，你却要急于称尊号，岂不是向人展示心胸不广吗？"杨玄感一笑作罢。

屈突通率领军队屯驻在河阳，宇文述领兵紧紧跟上来。杨玄感向李子雄询问计策，李子雄说："屈突通懂得用兵，若果让他一旦渡过了黄河，那么胜负难料了，我们不如分出一部分兵力抵抗。屈突通不能渡过黄河，那么樊子盖、卫文昇就失去了援兵。"杨玄感赞成这个意见，准备去抵抗屈突通；樊子盖得知了这个计谋，多次袭击杨玄感的军营，杨玄感无法前往。屈突通渡过了黄河，驻扎在破陵。杨玄感分兵为二，西边抵抗卫文昇，东边抵抗屈突通。樊子盖再次出兵大战，杨玄感军多次战败。杨玄感和他的同党商议对策，李子雄说："东都的援军越来越多的到达，我军多次战败，不可以久留，不如直入关中，打开永丰仓救济贫苦百姓，关中三辅地区就可指日平定，我们占据府库，向东争夺天下，也可以成就霸王之业。"李密说："弘化郡留守元弘嗣拥有强兵在陇右，我们可以散布流言说他谋反，他派来使者迎接你，趁这机会进入关中，这样可以蒙蔽部众团结一心。"

恰好华阴县杨氏宗族人请求当向导，七月二十日壬辰，杨玄感解除对东都的包围，领兵向西进逼潼关，大肆宣扬说："我军已经攻破了东都，现在要攻取关西了。"

感曰："宫城空虚，又多积粟，攻之易下。"玄感以为然。弘农太守蔡王智积谓官属曰："玄感闻大军将至，欲西图关中，若成其计，则难克也；当以计縻之，使不得进，不出一旬，可以成擒。"及玄感军至城下，智积登陴詈之，玄感怒，留攻之。李密谏曰："公今诈众西入，军事贵速，况乃追兵将至，安可稽留！若前不得据关，退无所守，大众一散，何以自全！"玄感不从，遂攻之，烧其城门，智积于内益火，玄感兵不得入。三日不拔，乃引而西。至阌乡，宇文述、卫文昇、来护兒、屈突通等军追及于皇天原。玄感上槃豆，布陈亘五十里，且战且行，玄感一日三败。八月，壬寅，玄感陈于董杜原，诸军击之，玄感大败，独与十余骑奔上洛。追骑至，玄感叱之，皆反走。至葭芦戍，独与弟积善徒步走，自度不免，谓积善曰："我不能受人戮辱，汝可杀我！"积善抽刀斫杀之，因自刺，不死，为追兵所执，与玄感首俱送行在所。磔玄感尸于东都市，三日，复脔而焚之。玄感弟玄奖为义阳太守，将赴玄感，为郡丞周旋玉所杀；仁行为朝请大夫，伏诛于长安。

玄感之围东都也，梁郡民韩相国举兵应之，玄感以为河南道元帅，旬月间众十余万，攻剽郡县；至襄城，闻玄感败，众稍散，为吏所获，传首东都。

帝以元弘嗣，斛斯政之亲也，留守弘化郡，遣卫尉少卿李渊驰往执之，因代为留守，关右十三郡兵皆受征发。渊御众宽简，人多附之。帝以渊相表奇异，又名应图谶，忌之。未几，征诣行在所，渊遇疾未谒，其甥王氏在后宫，帝问曰："汝舅来何迟？"王氏以疾对，帝曰："可得死否？"渊闻之，惧，因纵酒纳赂以自晦。

（以上为第三段，写杨玄感志大才疏，刚愎自用，屯兵于东都坚城之下，又屡误战机，用人不专，西进入关不速，很快兵败身亡。）

癸卯，吴郡朱燮、晋陵管崇聚众寇掠江左。燮本还俗道人，涉猎经史，颇知兵法，形容眇小，为昆山县博士，与数十学生起兵，民苦役者

宇文述等各支隋军紧紧咬在后头。杨玄感到达弘农宫，父老们挡在路上劝杨玄感说："弘农宫城空虚，又有很多积粮，攻打它，很容易攻下来。"杨玄感认为说得对。弘农太守蔡王杨智积对众官员部属说："杨玄感的大军马上就要来到，想西进夺取关中，如果他的计谋成功，那么就难以制服了。应当用计谋来牵制他，使他无法前进，要不了十天，就可以抓获他。"等到杨玄感兵临城下，杨智积登上城墙的女墙上大骂杨玄感，杨玄感被激怒了，就留下来攻城，李密劝阻说："你如今是蒙蔽众人向西进军，兵贵神速，况且追兵即将赶到，怎么可以停留！如果进不能占据潼关，退后没有地方可以据守，大军一哄而散，您拿什么保全自己？"杨玄感不听，于是率军攻城，他放火烧弘农城的城门，杨智积在内把火加大，杨玄感的士兵无法进入，三天仍未攻克，杨玄感只得率军向西而去。到达阌乡，宇文述、卫文昇、来护兒、屈突通等各路军队在皇天原追上了杨玄感。杨玄感率军据守槃豆，列阵五十里，边战边走，一天之内接连败了三次。八月初一日壬寅，杨玄感又在董杜原列阵，各路官军一起进攻，杨玄感大败，只有十余骑随同逃奔上洛，追击的骑兵赶上来了，杨玄感大声训斥，追兵都转身逃走。杨玄感到了葭芦戍，只剩下他和弟弟杨积善徒步逃亡，他自知无法幸免，对杨积善说："我不愿遭受别人诛杀侮辱，你先把我杀掉！"杨积善抽刀将杨玄感杀死，然后自杀，但未死，被追兵抓住，杨积善和杨玄感的首级都被送到隋炀帝的行宫。隋炀帝下令在东都闹市将杨玄感的尸首处以车裂之刑，陈尸三天，然后又切成碎块焚烧。杨玄感的弟弟杨玄奖担任义阳太守，准备投奔杨玄感，被郡丞周旋玉杀死；杨仁行担任朝请大夫，也在长安被处死。

杨玄感包围东都时，梁郡人韩相国举兵响应杨玄感。杨玄感封韩相国为河南道元帅，韩相国一个月内就拉起了十余万人的部众，率兵攻掠郡县。韩相国攻打襄城时，得知杨玄感败亡的消息，部众逐渐溃散，韩相国也被官吏抓获，处死后首级传送东都示众。

隋炀帝认为元弘嗣是斛斯政的亲戚，留守弘化郡。隋炀帝派卫尉少卿李渊驰马去抓获元弘嗣，趁此代替元弘嗣为留守，关西十三个郡的兵力都受李渊调遣。李渊对待部下宽厚简约，人们很多愿意依附他。隋炀帝认为李渊相貌奇特怪异，名字又暗合图谶预言，非常猜忌他。没有多久，隋炀帝下令征召李渊到行在所，李渊正巧生病没有去拜见隋炀帝。李渊的外甥女王氏是后宫的嫔妃，隋炀帝便问王氏："你舅舅为何迟迟不来见朕？"王氏回答说李渊生了病，隋炀帝脱口说出："该不会死吧？"李渊听到了，十分恐惧，于是放纵饮酒，收受贿赂，用来伪装自己。

八月初二日癸卯，吴郡人朱燮、晋陵人管崇聚众在江东一带抢掠。朱燮是个还俗道人，读过儒家经典和史书，颇通兵法。朱燮形体瘦小，在昆山县当县学博士，

赴之如归。崇长大，美姿容，志气倜傥，隐居常熟，自言有王者相，故群盗相与奉之。时帝在涿郡，命虎牙郎将赵六兒将兵万人屯扬子，分为五营以备南贼，崇遣其将陆觊渡江，夜，袭六兒；破其两营，收其器械军资而去，众益盛，至十万。

辛酉，司农卿云阳赵元淑坐杨玄感党伏诛。帝使大理卿郑善果、御史大夫裴蕴、刑部侍郎骨仪、与留守樊子盖推玄感党与。仪，本天竺胡人也。帝谓蕴曰："玄感一呼而从者十万，益知天下人不欲多，多即相聚为盗耳。不尽加诛，无以惩后。"子盖性既残酷，蕴复受此旨，由是峻法治之，所杀三万余人，皆籍没其家，枉死者太半，流徙者六千余人。玄感之围东都也，开仓赈给百姓。凡受米者，皆坑之于都城之南。玄感所善文士会稽虞绰、琅邪王胄俱坐徙边，绰、胄亡命，捕得，诛之。

帝善属文，不欲人出其右。薛道衡死，帝曰："更能作'空梁落燕泥'否！"王胄死，帝诵其佳句曰："'庭草无人随意绿，'复能作此语邪！"帝自负才学，每骄天下之士，尝谓侍臣曰："天下皆谓朕承藉绪余而有四海，设令朕与士大夫高选，亦当为天子矣。"

帝从容谓秘书郎虞世南曰："我性不喜人谏，若位望通显而谏以求名，弥所不耐。至于卑贱之士，虽少宽假，然卒不置之地上。汝其知之！"世南，世基之弟也。

帝使裴矩安集陇右，因之会宁，存问曷萨那可汗部落，遣阙度设寇掠吐谷浑以自富，还而奏状，帝大赏之。

九月，己卯，东海民彭孝才起为盗，有众数万。

甲午，车驾至上谷，以供费不给，免太守虞荷等官。闰月，己巳，幸博陵。

冬，十月，丁丑，贼帅吕明星围东郡，虎贲郎将费青奴击破之。

刘元进帅其众将渡江，会杨玄感败，朱燮、管崇共迎元进，推以为主，据吴郡，称天子，燮、崇俱为尚书仆射，署置百官，毗陵、东阳、会稽、建安豪杰多执长吏以应之。帝遣左屯卫大将军代人吐万绪、光禄大夫下邽鱼俱罗将兵讨之。

他率领几十名学生起事，饱受赋役之苦的百姓都去投奔他。管崇身材高大，相貌英武，志气不凡，隐居常熟，自称有帝王之相，因此群盗都拥护他为首领。当时隋炀帝在涿郡，命令虎牙郎将赵六兒领兵一万人驻守扬子，分为五营以防备南面的刘元进和管崇、朱燮等人。管崇派部将陆颉渡江，夜袭赵六兒，攻破他的两个营垒，缴获官军的武器物资，然后退走。管崇的部众越来越多，多达十万人。

八月二十日辛酉，司农卿云阳人赵元淑因为是杨玄感的同党被株连判罪而死。隋炀帝派大理卿郑善果、御史大夫裴蕴、刑部侍郎骨仪与东都留守樊子盖追查杨玄感的同党。骨仪原是天竺胡人。隋炀帝对裴蕴说："杨玄感振臂一呼，响应的人就有十万，我越发知道天下的人不应太多，人多了就容易聚集为盗。不把造反的人完全杀绝，就无法惩戒后人。"樊子盖本来就性情残酷，裴蕴也接受了隋炀帝的这个旨意，因此，用严刑峻法惩治杨玄感同党，屠杀了三万多人，把他们的家产全部没收，冤枉而死的人占了一大半，流放发配边地的有六千余人。杨玄感包围东都时，曾打开粮仓赈济百姓。凡是收受粮米的百姓，都被赶到东都城南活埋。与杨玄感交好的文士会稽人虞绰、琅邪人王胄也被罚流放边疆。虞绰、王胄相机逃亡，后来被抓获，杀了头。

隋炀帝写得一手好文章，但嫉妒别人超过他。薛道衡被赐死，隋炀帝说："还能写'空梁落燕泥'吗？"王胄被处死，隋炀帝吟诵他的佳句："'庭草无人随意绿'，他再也无法写这样的句子了！"隋炀帝自负有文才学问，非常骄傲，看不起天下的文士，曾对侍臣说："天下人都认为朕继承先帝的遗业才拥有天下，实际上即使让朕和士大夫比试选拔，我也应当作天子。"

隋炀帝曾从容地对秘书郎虞世南说："我生性不喜欢别人进谏，尤其不能容忍位高望重的人还想进谏来博取名声。那些地位卑贱的士人，虽然可以稍许宽容，但最终也不会让他有安身立命之地。你记住这些话！"虞世南是虞世基的弟弟。

隋炀帝派裴矩安抚聚集陇右。裴矩到了会宁，慰问曷萨那可汗部落，便派阙度设劫掠吐谷浑来增加财富。裴矩回到京都向隋炀帝奏报，隋炀帝大加赞许。

九月初八日己卯，东海郡人彭孝才起来造反，有数万之众。

九月二十三日甲午，隋炀帝车驾到达上谷，因为供应物资不足，罢免了太守虞荷等人的官职。闰九月二十八日己巳，隋炀帝巡幸博陵。

冬季，十月初七日丁丑，造反头领吕明星围攻东郡，虎贲郎将费青奴打败了他。

刘元进率领众将渡过长江，恰好杨玄感败亡，朱燮、管崇一起迎接刘元进，推举他为头领，攻占吴郡，自称天子，朱燮、管崇都被任命为尚书仆射，并设置了百官，毗陵、东阳、会稽、建安等郡的地方豪绅，抓捕了地方长官，用来响应刘元进。隋炀帝派遣左屯卫大将军代郡人吐万绪、光禄大夫下邽人鱼俱罗领兵讨伐。

十一月，己酉，右候卫将军冯孝慈讨张金称于清河，孝慈败死。

杨玄感之西也，韦福嗣亡诣东都归首，是时如其比者皆不问。樊子盖收玄感文簿，得其书草，封以呈帝；帝命执送行在。李密亡命，为人所获，亦送东都。樊子盖锁送福嗣、密及杨积善、王仲伯等十余人诣高阳，密与王仲伯等窃谋亡去，悉使出其所赍金以示使者曰："吾等死日，此金并留付公，幸用相瘗，其余即皆报德。"使者利其金，许诺，防禁渐弛。密请通市酒食，每宴饮，喧哗竟夕，使者不以为意，行至魏郡石梁驿，饮防守者皆醉，穿墙而逸。密呼韦福嗣同去，福嗣曰："我无罪，天子不过一面责我耳。"至高阳，帝以书草示福嗣，收付大理。宇文述奏："凶逆之徒，臣下所当同疾，若不为重法，无以肃将来。"帝曰："听公所为。"十二月，甲申，述就野外，缚诸应刑者于格上，以车轮括其颈，使文武九品以上皆持兵斫射，乱发矢如猬毛，支体糜碎，犹在车轮中。积善、福嗣仍加车裂，皆焚而扬之。积善自言手杀玄感，冀得免死。帝曰："然则枭类耳！"因更其姓曰枭氏。

唐县人宋子贤，善幻术，能变佛形，自称弥勒出世，远近信惑，遂谋因无遮大会举兵袭乘舆；事泄，伏诛，并诛党与千余家。

扶风桑门向海明亦自称弥勒出世，人有归心者，辄获吉梦，由是三辅人翕然奉之，因举兵反，众至数万。丁亥，海明自称皇帝，改元白乌。诏太仆卿杨义臣击破之。

帝召卫文昇、樊子盖诣行在；慰劳之，赏赐极厚，遣还所任。

刘元进攻丹阳，吐万绪济江击破之，元进解围去，绪进屯曲阿。元进结栅拒绪，相持百余日；绪击之，贼众大溃，死者以万数。元进挺身夜遁，保其垒。朱燮、管崇等屯毗陵，连营百余里，绪乘胜进击，复破之。贼退保黄山，绪围之，元进、燮仅以身免，于陈斩崇及其将卒五千余人，收其子女三万余口，进解会稽围。鱼俱罗与绪偕行，战无不捷，

十一月初九日己酉，右候卫将军冯孝慈在清河郡讨伐张金称，冯孝慈战死。

杨玄感向西进兵的时候韦福嗣逃到东都投案自首，当时像这样的人都不追究。樊子盖收缴了杨玄感的文书信札，发现了韦福嗣所写的文书草稿，就密封后送给隋炀帝，隋炀帝下令把韦福嗣押送到行在所。李密逃亡，被人抓获，也押送到东都。樊子盖把韦福嗣、李密，以及杨积善、王仲伯等十多个人上了枷锁，押送到高阳。李密与王仲伯等人暗中策划逃亡，于是拿出了身边所带的全部金子给使者看，并说："我们死的那一天，这些金子全部留下交给你，请你用来给我们安葬，剩余的金子你收下算是报答你的恩德。"使者贪图金子，满口答应，慢慢地放松了防备。李密请求使者允许到酒店买酒食，每次大吃大喝，行酒喧哗直到通宵，使者满不在意。走到魏郡石梁驿，再次宴饮，防守的人都喝醉了，李密等人凿穿墙壁逃走。李密叫韦福嗣一起逃走，韦福嗣说："我没有罪，天子不过当面训斥我一顿罢了。"到了高阳，隋炀帝把缴获的文书草稿给韦福嗣看，把他交给大理寺发落。宇文述上奏说："凶恶叛逆之徒，臣下都应该痛恨，如果不处以重刑，就不能警戒后来。"隋炀帝说："任你处置。"十二月十五日甲申，宇文述在野外，把那些应该受刑的人绑在木头支架上，用车轮套住头颈，让九品以上的官员全都手持兵器，或用刀砍，或用箭射，乱箭射到受刑者身上，多得像刺猬毛一样，受刑者肢体糜烂破碎，仍留在车轮之中。杨积善和韦福嗣另外还要处以车裂之刑，然后再将尸体焚化扬灰。杨积善说亲手杀死了杨玄感，希望能免一死。隋炀帝说："你不过是枭一类的东西！"便改杨积善姓枭。

唐县人宋子贤，擅长幻术。能变幻成佛的形象，自称是弥勒佛出世。远近的人都受他的迷惑，宋子贤于是图谋利用无遮大会的机会举兵袭击隋炀帝车驾；事情泄露，宋子贤被斩首，牵连被杀的同党有一千余家。

扶风和尚向海明也自称是弥勒佛出世，凡是想要归附他的人就会做吉利的梦，因此三辅地方的人都纷纷信奉他，向海明于是举众造反，部众达数万人。十二月十八日丁亥，向海明自称皇帝，改年号为白乌。隋炀帝诏命太仆卿杨义臣讨伐，向海明被击败。

隋炀帝宣召卫文昇、樊子盖到行宫，慰劳他们，赏赐极为丰厚，然后命他们回到自己的任上。

刘元进攻打丹阳，吐万绪率兵渡江把他打败，刘元进解围离去，吐万绪追击驻屯曲河。刘元进构筑栅栏抵抗吐万绪，双方相持百余日；吐万绪发起进攻，刘元进部众大败，死者数万计。刘元进突破重围，连夜逃回，坚守自己营垒。朱燮、管崇等人驻守毗陵，军营连绵一百多里。吐万绪乘胜进击，又将朱燮、刘元进等人击败。朱、刘等人率部众退保黄山，吐万绪将他们包围，刘元进、朱燮只身逃出，官军在

然百姓从乱者如归市，贼败而复聚，其势益盛。

元进退据建安，帝令绪进讨，绪以士卒疲弊，请息甲待来春；帝不悦。俱罗亦以贼非岁月可平，诸子在洛京，潜遣家仆迎之；帝怒。有司希旨，奏绪怯懦，俱罗败衄，俱罗坐斩，征绪诣行在，绪忧愤，道卒。

帝更遣江都丞王世充发淮南兵数万人讨元进。世充渡江，频战皆捷，元进、爕败死于吴，其余众或降或散。世充召先降者于通玄寺瑞像前焚香为誓，约降者不杀。散者始欲入海为盗，闻之，旬月之间，归首略尽，世充悉坑之于黄亭涧，死者三万余人。由是余党复相聚为盗，官军不能讨，以至隋亡。帝以世充有将帅才，益加宠任。

是岁，诏为盗者籍没其家。时群盗所在皆满，郡县官因之各专威福，生杀任情矣。

章丘杜伏威与临济辅公祏为刎颈交，俱亡命为群盗。伏威年十六，每出则居前，入则殿后，由是其徒推以为帅。下邳苗海潮亦聚众为盗，伏威使公祏谓之曰："今我与君同苦隋政，各举大义，力分势弱，常恐被擒，若合为一，则足以敌隋矣。君能为主，吾当敬从。自揆不堪，宜来听命；不则一战以决雌雄。"海潮惧，即帅其众降之。伏威转掠淮南，自称将军，江都留守遣校尉宋颢讨之，伏威与战，阳为不胜，引颢众入葭苇中，因从上风纵火，颢众皆烧死。海陵贼帅赵破陈以伏威兵少，轻之，召与并力，伏威使公祏严兵居外，自与左右十人赍牛酒入谒，于座杀破陈，并其众。

（以上为第四段，写隋炀帝平定杨玄感之乱，并未警悟诫惧，而是变本加厉地施行暴政，信用群小，赏罚颠倒。民不堪命，江淮地区民众暴动，成为大起义的中心。）

阵前斩杀管崇及其将士五千余人，俘获其子女三万余人。吐万绪乘胜进兵，解除了叛乱者对会稽的包围。鱼俱罗与吐万绪一起出征，战无不胜，但是百姓起来造反的人越来越多，多得如同像赶集一样，反隋士兵溃散后不久又聚集起来，声势更加浩大。

刘元进退守建安，隋炀帝命令吐万绪继续进军讨伐，吐万绪因士卒疲惫不堪，请求稍事休整，到来年春天再战，隋炀帝非常不高兴。鱼俱罗也认为造反的人不是一年两年就可以平定的，他的几个儿子都在东都洛阳，暗地派家奴来接鱼俱罗，隋炀帝知道了大怒，主管官员迎合隋炀帝的旨意，上奏说吐万绪懦弱怯敌，鱼俱罗常打败仗，于是鱼俱罗获罪被斩，隋炀帝召吐万绪到行宫，吐万绪忧惧悲愤，在途中死去。

隋炀帝另外派遣江都郡丞王世充征调淮南兵几万人讨伐刘元进。王世充率军渡江，多次打胜仗，刘元进、朱燮在吴县兵败身亡，残余部众有的投降，有的四散逃走。王世充召集先投降的人在通玄寺的佛像前焚香盟誓，约定不杀投降的人。逃散的人起先想下海为盗，听到这个消息，一个月内，几乎全部回来自首，但王世充却把这些人在黄亭涧全部活埋，处死了三万多人，于是，其余的人又相聚为盗，直至隋朝灭亡，官军也没能讨伐平定。隋炀帝认为王世充有将帅之才，对他更加宠信重用。

这一年，隋炀帝诏令凡作盗贼的人，他的家属财产都由官府查抄没收。当时遍地都是起义的人，各地郡县官吏借机作威作福，生杀大事随意处置。

章丘人杜伏威和临济人辅公祏两人是生死之交，他们都逃亡聚众为盗。杜伏威十六岁，每次出战都冲锋在前，撤退时则由他殿后，因此得到同伙的敬佩，被推举为首领。下邳人苗海潮也聚众为盗，杜伏威派辅公祏对苗海潮说："如今我和您都深受隋朝苛政之苦，各举义旗聚众造反，但各自为战，势单力薄，常常害怕被擒获，若是我们合为一体，那么就足以与隋朝抗衡了。要是您能当领袖，我理当恭敬顺从，要是您估量自己不能胜任领袖，就应前来听从我的命令；否则我们可以一战以决雌雄。"苗海潮自思不如杜伏威，就率领部众归附了杜伏威。杜伏威率领部众在淮南一带转战掠夺，自称将军。江都留守派校尉宋颢率兵讨伐，杜伏威与宋颢交战，假装战败，把宋颢部众引入芦苇丛中，然后从上风放火，宋颢部众都被烧死。海陵起义军首领赵破陈认为杜伏威兵少，看不起他，就召杜伏威来，想将他纳入旗下。杜伏威派辅公祏在外面布下重兵，自己和左右十个人带着牛肉美酒进入赵破陈的营帐谒见他，杜伏威在座位上把赵破陈杀死，吞并了他的部众。

十年（甲戌，614年）

春，二月，辛未，诏百僚议伐高丽，数日，无敢言者。戊子，诏复征天下兵，百道俱进。

丁酉，扶风贼帅唐弼立李弘芝为天子，有众十万，自称唐王。

三月，壬子，帝行幸涿郡，士卒在道，亡者相继。癸亥，至临渝宫，祃祭黄帝，斩叛军者以衅鼓，亡者亦不止。

夏，四月，榆林太守成纪董纯与彭城贼帅张大虎战于昌虑，大破之。斩首万余级。

甲午，车驾至北平。

五月，庚申，延安贼帅刘迦论自称皇王，建元大世，有众十万，与稽胡相表里为寇。诏以左骁卫大将军屈突通为关内讨捕大使，发兵击之，战于上郡，斩迦论并将卒万余级，虏男女数万口而还。

秋，七月，癸丑，车驾次怀远镇。时天下已乱，所征兵多失期不至，高丽亦困弊。来护兒至毕奢城，高丽举兵逆战，护兒击破之，将趣平壤，高丽王元惧，甲子，遣使乞降，囚送斛斯政。帝大悦，遣使持节召护兒还。护兒集众曰："大军三出，未能平贼，此还不可复来，劳而无功，吾窃耻之。今高丽实困，以此众击之，不日可克，吾欲进兵径围平壤，取高元，献捷而归，不亦善乎！"答表请行，不肯奉诏。长史崔君肃固争，护兒不可，曰："贼势破矣，独以相任，自足办之。吾在阃外，事当专决，宁得高元还而获谴，舍此成功，所不能矣！"君肃告众曰："若从元帅违拒诏书，必当闻奏，皆应获罪。"诸将惧，俱请还，乃始奉诏。

八月，己巳，帝自怀远镇班师。邯郸贼帅杨公卿帅其党八千人，抄驾后第八队，得飞黄上厩马四十二匹而去。冬，十月，丁卯，上至东都；己丑，还西京。以高丽使者及斛斯政告太庙；仍征高丽王元入朝，元竟不至。敕将帅严装，更图后举，竟不果行。

隋炀帝大业十年（甲戌，614年）

春季，二月初三日辛未，隋炀帝下诏百官朝议出兵讨伐高丽。一连几天，都没有人敢说话。二月十二日戊子，下诏再次征调全国军队，被征调的各路军队同时进发。

二月二十九日丁酉，扶风的造反首领唐弼拥立一个叫李弘芝的人为天子。有部众十万，自称唐王。

三月十四日壬子，隋炀帝出行驾临涿郡，途中士兵，不断有人死亡。三月二十五日癸亥，隋炀帝到达临渝宫，在野外祭祀黄帝，斩杀叛逃的士兵并用死者的血涂在鼓上，但逃亡仍无法禁止。

夏季，四月，榆林太守成纪人董纯与彭城反隋兵首领张大虎在昌虑交战，董纯大败张大虎，斩杀一万多人。

三月二十七日甲午，隋炀帝车驾到达北平。

五月二十三日庚申，延安反隋兵首领刘迦论自称皇王，建元年号为大世，拥有部众十万人。刘迦论与稽胡部落里应外合抄掠抢劫。隋炀帝下诏任命左骁卫大将军屈突通为关内讨捕大使，发兵进击刘迦论，在上郡交战，屈突通杀了刘迦论及其部众一万多人，俘虏男女数万人，得胜回军。

秋季，七月十七日癸丑，隋炀帝车驾驻停在怀远镇。当时全国大乱，征调的兵马多数不能按期到达，高丽也困乏疲惫。来护兒到达毕奢城，高丽发兵迎战，来护兒打败高丽军队，将要进逼平壤，高丽王高元害怕了。七月二十八日甲子，派遣使者请求投降，把隋朝叛臣斛斯政用囚车遣送。隋炀帝非常高兴，他派使者持节召来护兒回师。来护兒集合众将说："隋朝大军三次出征，没有能够平定高丽，这次回去不可能再来了，付出了辛苦，毫无功劳，我个人深感羞愧。如今高丽确实陷入困境，拿我们这么强大的军队攻击它，要不了多久就可以攻克，我想直接进兵包围平壤，抓获高元，献上捷报然后班师，不是更好吗！"于是来护兒回报奏表请求进兵，不肯接受回军的诏命。长史崔君肃坚决反对，来护兒还是听不进去，说："高丽已经暴露出了崩溃的形势，只有我们这一路军队，就足可以平定。我现在统兵在外，有事可以独断专行，宁愿抓获高元回来遭受治罪，也不愿丢掉这次成功，我做不到啊。"崔君肃告诉众将官说："如果听从元帅违抗诏命，我一定要上奏皇上，大家都要被治罪。"众将官都害怕了，一起请求回师，来护兒这才听从了诏命。

八月初四日己巳，隋炀帝从怀远镇班师。途经邯郸，那里的反隋首领杨公卿率领同党八千人，抢劫车驾后面的第八队官兵，抢走了飞黄上厩所养御用骏马四十二匹。冬季，十月初三日丁卯，隋炀帝到达东都洛阳。十月二十五日己丑，回到西京长安。隋炀帝把高丽使者和斛斯政用来祭告主庙，便征召高丽王高元入朝觐见，但

初，开皇之末，国家殷盛，朝野皆以高丽为意，刘炫独以为不可，作《抚夷论》以刺之，至是，其言始验。

十一月，丙申，杀斛斯政于金光门外，如杨积善之法，仍烹其肉，使百官啖之，佞者或啖之至饱，收其余骨，焚而扬之。

乙巳，有事于南郊，上不斋于次。诘朝，备法驾，至即行礼。是日，大风。上独献上帝，三公分献五帝。礼毕，御马疾驱而归。

乙卯，离石胡刘苗王反，自称天子，众至数万；将军潘长文讨之，不克。

汲郡贼帅王德仁拥众数万，保林虑山为盗。

帝将如东都，太史令庾质谏曰："比岁伐辽，民实劳弊，陛下宜镇抚关内，使百姓尽力农桑，三五年间，四海稍丰实，然后巡省，于事为宜。"帝不悦。质辞疾不从，帝怒，下质狱，竟死狱中。十二月，壬申，帝如东都，赦天下；戊子，入东都。

东海贼帅彭孝才转掠沂水，彭城留守董纯讨擒之。纯战虽屡捷，而盗贼日滋，或谮纯怯懦；帝怒，锁纯诣东都，诛之。

孟让自长白山寇掠诸郡，至盱眙，众十余万，据都梁宫，阻淮为固。江都丞王世充将兵拒之，为五栅以塞险要，羸形示弱。让笑曰："世充文法小吏，安能将兵！吾今生缚取，鼓行入江都耳！"时民皆结堡自固，野无所掠，贼众渐馁，乃少留兵，围五栅，分人于南方抄掠；世充伺其懈，纵兵出击，大破之，让以数十骑遁去，斩首万余级。

齐郡贼帅左孝友众十万屯蹲狗山，郡丞张须陀列营逼之，孝友窘迫出降。须陀威振东夏，以功迁齐郡通守，领河南道十二郡黜陟讨捕大使。涿郡贼帅卢明月众十余万军祝阿，须陀将万人邀之。相持十余日，粮尽，将退，谓将士曰："贼见吾退，必悉众来追，若以千人袭据其营，可有大利。此诚危事，谁能往者？"众莫对，唯罗士信及历城秦叔宝请行。于是须陀委栅而遁，使二人分将千兵伏葭苇中，明月悉众追之。士信、叔

高元竟然没来。隋炀帝下令将帅进入战备装束，准备再次东征高丽，结果没有成行。

当初，隋文帝开皇末年，国家殷实富强，朝野上下都想讨伐高丽，唯独刘炫认为不可出征，作了《抚夷论》来批评，他的话这时得到了验证。

十一月初二日丙申，在金光门外杀了斛斯政，就像杀杨积善的方法一样，还把他的肉下锅煮熟，让百官们吃，一些奸佞之徒甚至吃饱了肚子，最后把剩下的骨头烧成灰散扬。

十一月十一日乙巳，隋炀帝在南郊祭天，可是隋炀帝没有在住地斋戒。早上，备好法驾，到达南郊立即举行祭祀典礼。当天，刮起大风，隋炀帝单独向上帝献祭，三公分别向五帝献祭。礼仪完毕，隋炀帝骑上御马飞奔回宫。

十一月二十一日乙卯，离石郡胡人刘苗王造反，自称天子，有众数万。隋军将领潘长文征讨，没有取胜。

汲郡反隋军首领王德仁拥有部众几万人，据守林虑山为盗。

隋炀帝要巡幸东都，太史令庾质劝谏说："连年征伐辽东，百姓实在困苦疲惫，陛下应该安抚关内，使百姓致力农业生产，三五年内，等到国家逐渐殷实富裕了，然后再巡视各地，这样才比较合宜。"隋炀帝听了不高兴。于是庾质假称有病不跟随皇上出行。隋炀帝大怒，把庾质投进监狱，不久庾质死在狱中。十二月初九日壬申，隋炀帝前往东都，大赦天下。十二月二十五日戊子，隋炀帝进入东都。

东海反隋军首领彭孝才辗转抢掠到沂水，彭城留守董纯率兵讨伐并将他擒获。董纯虽然屡战屡捷，但是造反的人却一天比一天多。有人诬陷董纯怯懦，隋炀帝大怒，命人将董纯抓起来，带上枷锁，押送东都，把他处死。

反隋首领孟让从长白山到各郡抢掠，到达盱眙，有部众十多万，占据都梁行宫，凭借淮水固守。江都丞王世充领兵抵抗孟让，构建了五个营寨阻塞险要地方，故意显示力量薄弱。孟让果真笑道，说："王世充是个文法小吏，哪里会用兵！我今天要活捉他，一鼓作气进攻江都。"当时百姓都构筑堡垒自守，野外一无所获，孟让的反隋军队开始挨饿。孟让于是留下少量兵力守卫，分兵包围王世充的五处营寨，又分兵到南方抢掠。王世充趁孟让松懈，突然出击，大败孟让，孟让只带了几十个骑兵突围逃走，部众有一万多人被杀死。

齐郡反隋首领左孝友有部众十万，占据了蹲狗山，齐郡郡丞张须陀列阵进逼蹲狗山，左孝友走投无路下山投降。张须陀威震东夏，因为功劳升迁齐郡通守，兼任河南道十二郡黜陟讨捕大使。涿郡反隋军首领卢明月有部众十多万人占据了祝阿县，张须陀带兵一万人攻击，双方相持十多天，粮食快要吃完，将要撤退，张须陀对将士们说："贼兵看见我们后退，一定出动全部人马来追击，如果用一千人袭击并夺取他们的大营，一定能够建立奇功，这当然很危险，谁人能前往？"大家没有吱声，

宝驰至其栅，栅门闭，二人超升其楼，各杀数人，营中大乱；二人斩关以纳外兵，因纵火焚其三十余栅，烟焰涨天。明月奔还，须陀回军奋击，大破之，明月以数百骑遁去，所俘斩无算。叔宝名琼，以字行。

（以上为第五段，写大业十年，隋军在全国各地镇压起义军，各路隋军多次打胜仗，但造反的人却越来越多，在全国形成了燎原之势。）

十一年（乙亥，615年）

春，正月，增秘书省官百二十员，并以学士补之。帝好读书著述，自为扬州总管，置王府学士至百人，常令修撰，以至为帝，前后近二十载，修撰未尝暂停；自经术、文章、兵、农、地理、医、卜、释、道乃至蒱博、鹰狗，皆为新书，无不精洽，共成三十一部，万七千余卷。初，西京嘉则殿有书三十七万卷，帝命秘书监柳顾言等诠次，除其复重猥杂，得正御本三万七千余卷，纳于东都修文殿。又写五十副本，简为三品，分置西京、东都宫·省·官府，其正书皆装翦华净，宝轴锦褾。于观文殿前为书室十四间，窗户床褥厨幔，咸极珍丽，每三间开方户，垂锦幔。上有二飞仙，户外地中施机发。帝幸书室，有宫人执香炉，前行践机，则飞仙下，收幔而上，户扉及厨扉皆自启，帝出，则垂闭复故。

帝以户口逃亡，盗贼繁多，二月，庚午，诏民悉城居，田随近给。郡县驿亭村坞皆筑城。

上谷贼帅王须拔自称漫天王，国号燕；贼帅魏刀兒自称历山飞：众各十余万，北连突厥，南寇燕、赵。

初，高祖梦洪水没都城，意恶之，故迁都大兴。申明公李穆薨，孙筠袭爵。叔父浑忿其吝啬，使兄子善衡贼杀之，而证其从父弟瞿昙，使之偿死。浑谓其妻兄左卫率宇文述曰："若得绍封，当岁奉国赋之半。"述为之言于太子，奏高祖，以浑为穆嗣。二岁之后，不复以国赋与述，述大恨之。帝即位，浑累官至右骁卫大将军，改封郕公，帝以其门族强盛，忌之。会有方士安伽陁言"李氏当为天子"，劝帝尽诛海内凡李姓者。浑从子将作监敏，小名洪儿，帝疑其名应谶，常面告之，冀其引决。敏大

只有罗士信和历城人秦叔宝请求前往。于是张须陀弃营退走，让罗士信和秦叔宝各率一千士兵埋伏在芦苇丛中，卢明月果然出动所有部众追击张须陀。罗士信、秦叔宝骑马飞驰到卢明月营寨，营门紧闭，于是二人爬过栅栏登上门楼，各杀死几个人，一时营中大乱；二人砍开营门，放外面官兵进入，并趁势纵火烧毁了三十多处营寨，火光冲天浓烟滚滚。卢明月飞奔回营，张须陀回军迎击，杀得卢明月大败。卢明月率领几百骑逃走，被官军俘获杀死的部众不计其数。秦叔宝名琼，以字号行世。

隋炀帝大业十一年（乙亥，615年）

春季，正月，增加秘书省官员一百二十名，都任用学士补缺。隋炀帝喜好读书写文章，自从做扬州总管起，就设置晋王府学士多达一百人，常年命令学士编撰典籍，直到他登上帝位，前后二十年，从没有中断过编撰。从儒家经典、文学、军事、农业、地理、医药、占卜、佛教、道教，以致赌博、猎鹰犬马等，都编撰成新书，无不精审博洽，总计成书三十一部，一万七千多卷。当初，西京嘉则殿有藏书三十七万卷，隋炀帝命令秘书监柳顾言等人把这些书分类编次整理，剔除其中重复和庞杂的书籍，精选出供皇帝御览的正本三万七千余卷，收藏在东都的修文殿。又抄写了五十部副本，列为三等，分别存放在西京、东都的宫内、省署和官府中。御览的正本书装帧华美整洁，玉石为轴，锦缎为端，隋炀帝在观文殿前设置十四间藏书室，藏书室的门窗、床褥、书橱帷幔都极尽珍贵华丽。每三间藏书室开一个方形门，悬挂丝锦帷幔，上面悬丝两个飞仙，大门之外的地下埋设机关，隋炀帝驾临藏书室时，有宫人手捧香炉，走在前面脚踏机关，飞仙就会下来将帷幔卷上去，门窗和书橱也都自动打开；隋炀帝从藏书室出去后，帷幔又自动垂下，门窗和书橱也关闭如故。

隋炀帝因为户口大量逃亡，造反的人日益增多，二月初七日庚午，诏令平民全都迁入城内居住，就近分给耕地。郡县、驿亭、村落，都修筑城堡自卫。

上谷郡造反首领王须拔自称漫天王，定国号为燕；另一个造反首领魏刀兒自称历山飞，他们的部众各有十多万，北边与突厥勾结，南边寇掠燕赵地区。

当初，隋文帝梦见都城被洪水淹没，心中不快，所以迁都大兴。申明公李穆去世，孙子李筠继承爵位。他的叔父李浑十分痛恨李筠吝啬，就派侄儿李善衡暗杀了李筠，而李浑却诬陷堂弟李瞿昙是凶手，杀了李瞿昙抵命。李浑对他妻兄左卫率宇文述说："如果我得到诏命封赏继承申明公的爵位，我把一半国赋分给你。"宇文述就替李浑在太子杨广面前说情，并通过太子上奏隋文帝，隋文帝就让李浑继承了李穆的爵位。可是两年以后，李浑就不再给宇文述国赋。宇文述对其恨之入骨。隋炀帝即位，李浑不断升官一直做到右骁卫大将军，改封为郕公。隋炀帝看到李浑家族

惧，数与浑及善衡屏人私语；述谮之于帝，仍遣虎贲郎将河东裴仁基表告浑反。帝收浑等家，遣尚书左丞元文都、御史大夫裴蕴杂治之，按问数日，不得反状，以实奏闻。帝更遣述穷治之，述诱教敏妻宇文氏为表，诬告浑谋因度辽，与其家子弟为将领者共袭取御营，立敏为天子。述持入，奏之，帝泣曰："吾宗社几倾，赖公获全耳。"三月，丁酉，杀浑、敏、善衡及宗族三十二人，自三从以上皆徙边徼。后数月，敏妻亦鸩死。

有二孔雀自西苑飞集宝城朝堂前，亲卫校尉高德儒等十余人见之，奏以为鸾，时孔雀已飞去，无可得验，于是百僚称贺。诏以德儒诚心冥会，肇见嘉祥，擢拜朝散大夫，赐物百段，余人皆赐束帛；仍于其地造仪鸾殿。

己酉，帝行幸太原；夏，四月，幸汾阳宫避暑。宫城迫隘，百官士卒布散山谷间，结草为营而居之。

以卫尉少卿李渊为山西、河东抚慰大使，承制黜陟选补郡县文武官，仍发河东兵讨捕群盗。渊行至龙门，击贼帅毋端儿，破之。

秋，八月，乙丑，帝巡北塞。

初，裴矩以突厥始毕可汗部众渐盛，献策分其势，欲以宗女嫁其弟叱吉设，拜为南面可汗；叱吉不敢受，始毕闻而渐怨。突厥之臣史蜀胡悉多谋略，为始毕所宠任，矩诈与为互市，诱至马邑下，杀之。遣使诏始毕曰："史蜀胡悉叛可汗来降，我已相为斩之。"始毕知其状，由是不朝。

戊辰，始毕帅骑数十万谋袭乘舆，义成公主先遣使者告变。壬申，车驾驰入雁门，齐王暕以后军保崞县。癸酉，突厥围雁门，上下惶怖，撤民屋为守御之具，城中兵民十五万口，食仅可支二旬，雁门四十一城，突厥克其三十九，唯雁门、崞不下。突厥急攻雁门，矢及御前；上大惧，抱赵王杲而泣，目尽肿。

门第强盛，心中起了猜忌。适逢有方士安伽陁说“李氏当为天子”，劝隋炀帝杀尽天下姓李的人。李浑的侄儿将作监李敏，小名洪儿。隋炀帝怀疑这个名字应验了谶语，曾当面告述李敏，暗示李敏自杀。李敏非常恐惧，多次与李浑及李善衡屏退旁人私下商议对策。宇文述在隋炀帝面前说李浑的坏话，又指使虎贲郎将河东人裴仁基上表告发了李浑谋反，隋炀帝于是逮捕李浑全家，派尚书左丞元文都、御史大夫裴蕴共同审理。审问了几天，却没有谋反证据，只得据实奏报隋炀帝，隋炀帝改派宇文述彻底追查李浑的罪状，宇文述诱使李敏的妻子宇文氏上表，诬告李浑企图利用隋炀帝渡辽河的机会，率领李氏为将的子弟袭击御营，立李敏为天子。宇文述拿着宇文氏的揭发奏表进宫，上奏皇上，隋炀帝感激涕地零对宇文述说：“我的宗庙社稷差点儿倾覆，全靠您才得到保全。”三月初五日丁酉，杀李浑、李敏、李善衡，以及宗族三十二人，三亲以内的家人，都发配到边疆。几个月后，李敏妻子也被毒死。

亲卫校卫高德儒等十几个人看见有两只孔雀从西苑一起飞到宝城朝堂前面，上奏说是鸾鸟。当时孔雀已经飞走，无法验证，于是百官称贺。隋炀帝下诏褒奖高德儒，认为他心地虔诚通达于天，才能看到美好的祥瑞，特别提升为朝散大夫，赏赐绢帛一百段，其余的人都得到一束帛的赏赐，并在孔雀降临地建造仪鸾殿。

三月十七日己酉，隋炀帝巡幸太原。夏季，四月，巡幸汾阳宫避暑。由于宫城狭小，百官和士兵分散在山谷间露宿，只好搭盖草棚栖身。

隋炀帝任命卫尉少卿李渊为山西、河东抚慰大使，可以秉承制命任免郡县文武官吏，并征调河东之兵讨捕群盗。李渊率军进抵龙门，进攻造反军首领毋端儿，把他击败。

秋季，八月初五日乙丑，隋炀帝巡幸北地关塞。

当初，裴矩因为突厥始毕可汗势力逐渐强盛，就向隋炀帝献策，应该用计使突厥内部分裂，打算把宗室女嫁给始毕可汗的弟弟叱吉设，封他为南面可汗，但叱吉设不敢接受。始毕可汗知道后就逐渐产生怨恨。突厥的大臣史蜀胡悉足智多谋，深得始毕可汗的宠爱信任。裴矩假称要与史蜀胡悉商谈双方贸易，把史蜀胡悉引诱到马邑，杀害了他。然后派使者向始毕可汗宣布诏命说：“史蜀胡悉背叛可汗前来投降，我已经替您将其斩首。”始毕可汗知道实情，从此不再入朝。

八月初八日戊辰，始毕可汗率领几十万骑兵打算暗中袭击隋炀帝车驾，义成公主先派使者向隋炀帝密报了变故。八月十二日壬申，隋炀帝车驾驰入雁门城，齐王杨暕率领后军防守崞县。八月十三日癸酉，突厥骑兵围攻雁门郡，隋军上下慌作一团，拆毁民房制作守城器具，城中军民有十五万人，粮食仅能支持二十天，雁门郡所属四十一座城池，已被突厥攻陷了三十九座，只剩下雁门、崞县仍未攻克，突厥军队急攻雁门，箭都射到了隋炀帝面前。隋炀帝吓得抱住幼子赵王杨杲哭泣，眼睛

左卫大将军宇文述劝帝简精锐数千骑溃围而出，纳言苏威曰："城守则我有余力，轻骑乃彼之所长，陛下万乘之主，岂宜轻动！"民部尚书樊子盖曰："陛下乘危徼幸，一朝狼狈，悔之何及！不若据坚城以挫其锐，坐征四方兵使入援。陛下亲抚循士卒，谕以不复征辽，厚为勋格，必人人自奋，何忧不济！"内史侍郎萧瑀以为："突厥之俗，可贺敦预知军谋；且义成公主以帝女嫁外夷，必恃大国之援。若使一介告之，借使无益，庸有何损。又，将士之意，恐陛下既免突厥之患，还事高丽，若发明诏，谕以赦高丽、专讨突厥，则众心皆安，人自为战矣。"瑀，皇后之弟也。虞世基亦劝帝重为赏格，下诏停辽东之役。帝从之。

帝亲巡将士，谓之曰："努力击贼，苟能保全。凡在行陈，勿忧富贵，必不使有司弄刀笔破汝勋劳。"乃下令："守城有功者，无官直除六品，赐物百段；有官以次增益。"使者慰劳，相望于道，于是众皆踊跃，昼夜拒战，死伤甚众。

甲申，诏天下募兵。守令竞来赴难，李渊之子世民，年十六，应募隶屯卫将军云定兴，说定兴多赍旗鼓为疑兵，曰："始毕敢举兵围天子，必谓我仓猝不能赴援故也。宜昼则引旌旗数十里不绝，夜则钲鼓相应，虏必谓救兵大至，望风遁去。不然，彼众我寡，若悉军来战，必不能支。"定兴从之。

帝遣间使求救于义成公主，公主遣使告始毕云："北边有急。"东都及诸郡援兵亦至忻口；九月，甲辰，始毕解围去。帝使人出侦，山谷皆空，无胡马，乃遣二千骑追蹑，至马邑，得突厥老弱二千余人而还。

丁未，车驾还至太原。苏威言于帝曰："今盗贼不息，士马疲弊，愿陛下亟还西京，深根固本，为社稷计。"帝初然之。宇文述曰："从官妻子多在东都，宜便道向洛阳，自潼关而入。"帝从之。

冬，十月，壬戌，帝至东都，顾眄街衢，谓侍臣曰："犹大有人在。"意谓向日平杨玄感，杀人尚少故也。苏威追论勋格太重，宜加斟酌，樊

都哭肿了。

左卫大将军宇文述劝说隋炀帝挑选精锐骑兵数千人突围出去，纳言苏威阻止说："守城我方尚有余力，而用轻骑兵则是对方长处，陛下是万乘之主，怎么能轻举妄动？"民部尚书樊子盖也说："陛下身处危境而希图侥幸，一旦失败，则后悔莫及！不如固守坚城，挫败敌人的锐气，坐守城池，即刻征召全国各地兵马前来救援，陛下亲自抚慰士卒，宣布不再征伐辽东，增加功勋赏格，一定人人奋勇作战，何必担忧不成功！"内史侍郎萧瑀认为："按突厥的习俗，可汗的妻子可贺敦能够参与军事谋议，况且义成公主以皇帝女儿的身份远嫁外夷，也必须依靠大国作后援。如果派一个使者告诉她现在的情况，即使没有益处，也绝不会有损害。另外，将士们的顾虑，是怕陛下一旦解除了突厥的祸患又会去征伐高丽，如果颁下明诏，宣布赦免高丽，专心征伐突厥，那么大家自然安心，就会人人奋勇作战。"萧瑀是萧皇后的弟弟。虞世基也劝隋炀帝加重赏格，下诏不再征伐辽东。隋炀帝听从了他们的意见。

隋炀帝亲自巡视慰劳将士，对他们说："你们努力杀敌，如能保住城池，凡是参加战斗的人，不愁没有富贵，保证不会让主管部门的官吏舞文弄墨埋没你们的功劳。"于是颁布命令："守城有功的人，没有官职的直接提升为六品，赏赐绢帛一百段，已经有官职的，提升官职以及赏赐，依次增加。"派出慰问将士的使者，在路上一批接一批往来不断。于是大家奋勇杀敌，昼夜抵抗，死伤的人很多。

八月二十四日甲申，隋炀帝下诏向全国招募勤王军队，郡守县令纷纷前来解救危难。李渊的儿子李世民，当年十六岁，应募勤王，隶属卫将军云定兴，他劝说云定兴多带旗鼓以为疑兵。李世民说："始毕可汗敢于出兵围攻天子，一定认为我们无力救援突发事变，我们应当在白天多张旌旗，连绵几十里不断，夜晚钲鼓之声互相呼应，敌人认为我方援军大量到达，敌人一定望风逃走。否则，敌众我寡，如果对方全军来战，我军肯定不能支撑。"云定兴听从了李世民的意见。

隋炀帝派密使向义成公主求救，公主派人告知始毕可汗说："北边告急。"这时东都和各郡援兵已经到达忻口。九月十五日甲辰，始毕可汗解围撤退。隋炀帝派人出去侦察，山谷都空了，没有突厥的兵马，便派出两千骑兵追击跟踪，到了马邑，俘获突厥老弱两千多人而回。

九月十八日丁未，隋炀帝车驾回到太原。苏威对隋炀帝说："如今盗贼一时不能止息，兵马疲惫，希望陛下尽快回到西京，巩固根本，为国家着想。"隋炀帝起初同意了。宇文述却说："扈从的官员家属多在东都，应当顺便取道洛阳，然后从潼关进京。"隋炀帝听从了。

冬季，十月初三日壬戌，隋炀帝到达东都，沿街左顾右盼，对侍臣们说："街上的人还很多嘛。"意思是说先前平定杨玄感，杀的人太少了。苏威提出追叙功勋

子盖固请，以为不宜失信，帝曰："公欲收物情邪！"子盖惧，不敢对。帝性吝官赏，初平杨玄感，应授勋者多，乃更置戎秩：建节尉为正六品，次奋武、宣惠、绥德、怀仁、秉义、奉诚、立信等尉，递降一阶。将士守雁门者万七千人，得勋者才千五百人，皆准平玄感勋，一战得第一勋者进一阶，其先无戎秩者止得立信尉，三战得第一勋者至秉义尉，其在行陈而无勋者四战进一阶，亦无赐。会仍议伐高丽，由是将士无不愤怨。

初，萧瑀以外戚有才行，尝事帝于东宫，累迁至内史侍郎，委以机务。瑀性刚鲠，数言事忤旨，帝渐疏之。及雁门围解，帝谓群臣曰："突厥狂悖，势何能为！少时未散，萧瑀遽相恐动，情不可恕！"出为河池郡守，即日遣之。候卫将军杨子崇从帝在汾阳宫，知突厥必为寇，屡请早还京师，帝怒曰："子崇怯懦，惊动众心，不可居爪牙之官。"出为离石郡守。子崇，高祖之族弟也。

杨玄感之乱，龙舟水殿皆为所焚，诏江都更造，凡数千艘，制度仍大于旧者。

壬申，卢明月帅众十万寇陈、汝。

东海李子通，有勇力，先依长白山贼帅左才相，群盗皆残忍，而子通独宽仁，由是人多归之，未半岁，有众万人。才相忌之，子通引去，渡淮，与杜伏威合。伏威选军中壮士养为假子，凡三十余人，济阴王雄诞、临济阚稜为之冠。既而李子通谋杀伏威，遣兵袭之。伏威被重创坠马，雄诞负之逃葭苇中，收散兵复振。将军来整击伏威，破之；其将西门君仪之妻王氏，勇而多力，负伏威以逃，雄诞帅壮士十余人卫之，与隋兵力战，由是得免。来整又击李子通，破之，子通帅其余众奔海陵，复收兵得二万人，自称将军。

城父朱粲始为县佐史，从军，遂亡命聚众为盗，谓之"可达寒贼"，自称迦楼罗王，众至十余万，引兵转掠荆、沔及山南郡县，所过噍类无遗。

十二月，庚寅，诏民部尚书樊子盖发关中兵数万击绛贼敬盘陀等。

赏格太重，应该斟酌，樊子盖再三请求，认为不应该失信，隋炀帝说:“你想收买人心吗？”樊子盖害怕了，不敢回答。隋炀帝吝啬封赏官爵，当初平定杨玄感，应当封赏官爵的人很多，便重新建置军职的品秩；建节尉为正六品，以下依次是奋武、宣惠、绥德、怀仁、秉义、奉诚、立信等尉，依次降低一级。守卫雁门的将士有一万七千人，可是得到勋位的只有一千五百人，都按照平定杨玄感时行赏的标准，一次作战得第一功的人晋升一级，先前无军职品秩的人只能得到立信尉；三次作战得第一功的人提升秉义尉；那些四次参加作战但未立功的人晋升一级，没有物品赏赐。恰好隋炀帝又商议讨伐高丽，因此将士们无不愤怒。

当初，萧瑀以外戚身份，又有才干德行，隋炀帝做太子时他就在东宫任职，经屡次升迁，官至内史侍郎，被委以机密重任。萧瑀性情刚强耿直，因为多次言事违背了隋炀帝的旨意，隋炀帝逐渐疏远他。等到雁门之围解除后，隋炀帝对群臣说:“突厥狂妄悖逆，能有多大作为！突厥人暂时没有散开，萧瑀就表现出恐慌动摇，不可宽恕！”于是将萧瑀调出为河池郡守，当天就逼他赴任，候卫将军杨子崇跟随隋炀帝在汾阳宫，他知道突厥必定来犯，一再请求隋炀帝早日回京，隋炀帝大怒说:“杨子崇胆小懦弱，动摇军心，不能担任禁卫将军的官职。”于是将其调出为离石郡守。杨子崇是隋文帝的族弟。

杨玄感作乱时，龙舟水殿全被烧毁，隋炀帝于是诏令江都重新建造龙舟水殿，一共几千艘，规模比以前更为庞大。

十月十三日壬申，卢明月率领部众十万人劫掠陈州、汝州。

东海人李子通，有勇力，起先依附长白山反隋军首领左才相，当时群盗都十分残忍，只有李子通宽厚仁慈，因此很多人都愿归附他，不到半年，部众达一万人，左才相猜忌他，李子通于是率领部众离去，南渡淮河，与杜伏威会合。杜伏威挑选军中的壮士收养为义子，共三十余人，济阴人王雄诞、临济人阚稜是其中最杰出的两位。不久李子通图谋刺杀杜伏威，派兵袭击，杜伏威受重伤从马上跌落，王雄诞背着他逃到芦苇丛中隐藏，随后收集残兵败将，军威又重新振作。隋朝将军来整率领官军袭击杜伏威，并且打败了杜伏威；杜伏威的部将西门君仪的妻子王氏勇敢而且力气大，她背着杜伏威逃跑，王雄诞率领壮士十几个人保护，与隋军竭力死战，因此得免于难。来整又袭击李子通，打败了李子通。李子通率领残余部队逃到海陵，收拾残余势力，有两万人，自称将军。

城父人朱粲，开始为县佐吏，后来从军，从军队中逃出聚合部众为盗，叫作“可达寒贼”，自称迦楼罗王，部众十余万。朱粲率领转辗抢掠荆州、沔阳地区，以及长安南山以南的郡县，所过之处不再有一个活人。

十二月庚寅日，隋炀帝下诏命令民部尚书樊子盖征调关中数万官兵攻击绛郡贼

子盖不分臧否，自汾水之北，村坞尽焚之，贼有降者皆坑之；百姓怨愤，益相聚为盗。诏以李渊代之。有降者，渊引置左右，由是贼众多降，前后数万人，余党散入他郡。

（以上为第六段，写大业十一年，隋炀帝因猜忌杀逐李浑，巡幸北疆，受困雁门，差一点被突厥人抓获。隋炀帝脱险后，仍执迷不悟，虐政不改，西部地区，西京山南郡县，也遍地民变。）

人敬盘陀等，樊子盖不分好坏，从汾水以北，村落墙垣全部焚毁，投降的贼人全部活埋。百姓怨恨，更多的人聚集起来造反。隋炀帝下诏任用李渊替代樊子盖，有投降的人，李渊安置在自己的身边，因此很多造反的人降附了他，前前后后归降的有几万人，余众逃散到其他郡县。

【点评】

本卷评析以下两事。

一、隋炀帝两征高丽，无功而返。隋炀帝两征高丽，无功而返，从表面上看，一是因为杨玄感兵变；二是因为农民起义，干扰了隋军的后方，导致功败垂成。根本原因是高丽国虽小而军民固守，隋朝虽强大而内政已坏，分崩离析，有识者都认为高丽不可伐。强大未必就能战胜弱小，这是本卷带给读者的深思问题之一。

二、杨玄感、李密起事无成。杨玄感、李密以公侯之裔，累世为重臣，门生故吏占朝右之半，金钱衣币富可敌国，因此，攘臂一呼，一月之间从者十万，但兵起两月而亡，如同暴风骤雨，来势凶猛，去也匆匆。再看民变首领，王薄、张金称起于淄、济，窦建德、刘元进、朱爕、管崇、杜伏威、刘苗生、王德仁、孟让、魏刀兒、李子通等，攘臂相仍，隋军征讨，屡战屡胜，不但不能根除，而且造反者越来越多，独夫杨广，最终败亡。两相对照，又是强者败，弱者胜，这是本卷带给读者的深思问题之二。王夫之认为，杨玄感虽强，但因为树大招风，遭到隋朝全力讨伐，因而易败；民变虽然蜂起，却未受独夫重视，所以群帅虽败，可以藏身，有机会东山再起，终于亡隋。此是表因。杨玄感出身贵族，力量虽大，却不能与皇室对抗，总体力量仍是弱小。民变首领，起身草莽，根植于民。民为国之本，本固邦宁，本不固，国何以存。隋炀帝为政暴虐，乃一独夫，即使有国，又岂能与民本相抗？这才是隋炀帝国破家亡的根本原因。

隋纪七

隋炀帝大业十二年至隋恭帝义宁元年（616—617 年）

【起柔兆困敦（丙子，616 年），尽强圉赤奋若（丁丑，617 年）五月，凡一年有奇】

【大事提要】

本卷载述公元 616 年至公元 617 年五月史事，凡一年半，时当隋炀帝大业十二年至恭皇帝义宁元年上半年。大业十二年是隋末农民起义的第六年，全国黄河南北、江淮地区全面爆发大起义，隋炀帝却在权奸包围下昏暴自恣。这年，隋炀帝又违众强行巡幸江都，连杀几位劝谏的大臣，倒行逆施，不可救药。大业十三年李密兵围东都，李渊谋反，隋朝根基动摇。十一月李渊攻克长安，立傀儡皇帝恭皇帝，史称义宁元年。恭皇帝杨侑，十三岁，隋炀帝之孙，元德太子杨昭之子。

【原文】

炀皇帝下

大业十二年（丙子，616年）

春，正月，朝集使不至者二十余郡，始议分遣使者十二道发兵讨捕盗贼。

诏毗陵通守路道德集十郡兵数万人，于郡东南起宫苑，周围十二里，内为十六离宫，大抵仿东都西苑之制，而奇丽过之。又欲筑宫于会稽，会乱，不果成。

三月，上巳，帝与群臣饮于西苑水上，命学士杜宝撰《水饰图经》，采古水事七十二，使朝散大夫黄衮以木为之，间以妓航、酒船，人物自动如生，钟磬筝瑟，能成音曲。

己丑，张金称陷平恩，一朝杀男女万余口；又陷武安、巨鹿、清河诸县。金称比诸贼尤残暴，所过民无孑遗。

夏，四月，丁巳，大业殿西院火，帝以为盗起，惊走，入西苑，匿草间，火定乃还。帝自八年以后，每夜眠恒惊悸，云有贼，令数妇人摇抚，乃得眠。

癸亥，历山飞别将甄翟儿众十万寇太原，将军潘长文败死。

五月，丙戌朔，日有食之，既。

壬午，帝于景华宫征求萤火，得数斛，夜出游山，放之，光遍岩谷。

帝问侍臣盗贼，左翊卫大将军宇文述曰："渐少。"帝曰："比从来少几何？"对曰："不能什一。"纳言苏威引身隐柱，帝呼前问之，对曰："臣非所司，不委多少，但患渐近。"帝曰："何谓也？"威曰："他日贼据长白山，今近在汜水。且往日租赋丁役，今皆何在！岂非其人皆化为盗乎！比见奏贼皆不以实，遂使失于支计，不时翦除。又昔在雁门，许罢征辽，今复征发，贼何由息！"帝不悦而罢。寻属五月五日，百僚多馈珍玩，威独献《尚书》。或谮之曰："《尚书》有《五子之歌》，威意甚不逊。"帝益怒。顷之，帝问威以伐高丽事，威欲帝知天下多盗，对曰："今兹之役，愿不发兵，但赦群盗，自可得数十万，遣之东征。彼喜于免罪，

【语译】

炀皇帝下

隋炀帝大业十二年（丙子，616 年）

春季，正月，有二十多个郡的朝集使没有到达京师，朝廷开始慎重商议讨伐事宜，分派十二路使者出发到各地征调军队，讨伐捕捉盗贼。

隋炀帝下诏命令毗陵郡通守路道德，集中十郡的军队数万人，在毗陵郡东南建造行宫苑囿，周长十二里，内建十六所离宫，大体是仿效东都西苑的规模样式，但更加新奇华丽。还想在会稽建筑离宫，适逢天下大乱，没有建成。

三月上巳节，隋炀帝与群臣在西苑水榭上宴饮，命令学士杜宝撰写《水饰图经》，采集了古代关于水上游乐的七十二个故事，让朝散大夫黄衮用木头雕刻出来，并配上乐伎坐船、酒船，人物自己活动，栩栩如生，还配有钟磬筝瑟，还能自动奏乐。

三月初三日己丑，张金称攻占平恩县，一个早晨就杀了男女一万多人，又攻占了武安、巨鹿、清河等几座县城。张金称比其他的盗贼更加残暴，所过之地，不留一个活口。

夏季，四月初一日丁巳，大业殿西院发生火灾，隋炀帝以为是盗贼来了，惊慌而逃，跑进西苑，躲藏在草丛中，直到火被扑灭后才回到宫中。隋炀帝从大业八年起，每天夜里经常被恶梦惊醒，大喊有贼，让几个女人在身边抚摸才能入睡。

四月初七日癸亥，历山飞的部将甄翟儿率领部众十万进犯太原，将军潘长文战败身亡。

五月初一日丙戌，发生日全食。

五月初九日［甲午］，隋炀帝在景华宫搜求萤火虫，采得好几斛，夜里游山时，把萤火虫放出来，点点萤火遍布高山深谷。

隋炀帝向侍臣询问造反情况，左翊卫大将军宇文述说："逐渐减少。"隋炀帝说："比过去少多少？"宇文述回答说："不到过去的十分之一。"纳言苏威后退躲在殿柱后面，隋炀帝把他叫到座前问他，苏威回答，说："臣不主管这方面，不甚清楚有多少造反的人，只知反叛的祸患离我们越来越近。"隋炀帝问："这是什么意思？"苏威说："先前盗贼只占据长白山，如今已近在汜水县。而且先前应该缴纳的租赋，应该摊派的徭役，现在到哪里去了？这岂不是人们都造反了吗？近来各地奏报的贼情都不真实，致使朝廷措施失当，不能及时剿灭盗贼。另外，以前在雁门时，已经许诺不再征伐辽东，现在又征调士兵，造反怎么能够平息！"隋炀帝听了很不高兴，宣布退朝。不久临近五月五日，百官都进献珍玩，唯独苏威献上《尚书》。有人诋毁

争务立功，高丽可灭。”帝不怿。威出，御史大夫裴蕴奏曰：“此大不逊！天下何处有许多贼！”帝曰：“老革多奸，以贼胁我！欲批其口，且复隐忍。”蕴知帝意，遣河南白衣张行本奏：“威昔在高阳典选，滥授人官，畏怯突厥，请还京师。”帝令按验，狱成，下诏数威罪状，除名为民。后月余，复有奏威与突厥阴图不轨者，事下裴蕴推之，蕴处威死。威无以自明，但摧谢而已。帝悯而释之，曰：“未忍即杀。”并其子孙三世皆除名。

秋，七月，壬戌，济景公樊子盖卒。

江都新作龙舟成，送东都；宇文述劝幸江都，右候卫大将军酒泉赵才谏曰：“今百姓疲劳，府藏空竭，盗贼蜂起，禁令不行，愿陛下还京师，安兆庶。”帝大怒，以才属吏，旬日，意解，乃出之。朝臣皆不欲行，帝意甚坚，无敢谏者。建节尉任宗上书极谏，即日于朝堂杖杀之。甲子，帝幸江都，命越王侗与光禄大夫段达、太府卿元文都、检校民部尚书韦津、右武卫将军皇甫无逸、右司郎卢楚等总留后事。津，孝宽之子也。帝以诗留别宫人曰：“我梦江都好，征辽亦偶然。”奉信郎崔民象以盗贼充斥，于建国门上表谏，帝大怒，先解其颐，然后斩之。

戊辰，冯翊孙华举兵为盗。虞世基以盗贼充斥，请发兵屯洛口仓，帝曰：“卿是书生，定犹恇怯。”戊辰，车驾至巩。敕有司移箕山、公路二府于仓内，仍令筑城以备不虞。至汜水，奉信郎王爱仁复上表请还西京，帝斩之而行。至梁郡，郡人邀车驾上书曰：“陛下若遂幸江都，天下非陛下之有！”又斩之。是时李子通据海陵，左才相掠淮北，杜伏威屯六合，众各数万；帝遣光禄大夫陈稜将宿卫精兵八千讨之，往往克捷。

八月，乙巳，贼帅赵万海众数十万，自恒山寇高阳。

冬，十月，己丑，许恭公宇文述卒。初，述子化及、智及皆无赖。

苏威说："《尚书》中有《五子之歌》，苏威用意甚不恭敬。"隋炀帝更加恼怒。不久，隋炀帝向苏威询问征伐高丽的事情，苏威想暗示隋炀帝天下有很多盗贼，就回答说："现今征辽，希望不要征调军队，只要赦免群盗，即能得到几十万人，派他们去东征，他们感激被赦免罪过，一定会争着立功，高丽自可平灭。"隋炀帝很不高兴，苏威退了出来。御史大夫裴蕴上奏说："这太不恭敬了！天下哪里有这么多盗贼！"隋炀帝说："这老兵一肚子坏水，想拿盗贼多来威胁我。我真想打他嘴巴，暂且再忍耐一下。"裴蕴知道隋炀帝的心意，于是让河南郡平民张行本上奏诬告苏威，说："苏威从前在高阳负责选拔官员时，随便授人官职；又惧怕突厥，请求返回京师。"隋炀帝派人进行审理查验，构成罪案，于是下诏历数苏威的罪状，将他削职为民。一个多月后，又有人奏报苏威暗中勾结突厥图谋不轨，这事交给裴蕴追查审理，裴蕴判苏威死刑，苏威无法为自己辩白，只是叩头流血谢罪而已，隋炀帝怜悯他就把他放了，说："不忍心立即诛杀。"苏威和他的子孙三代都被削职为民。

秋季，七月初八日壬戌，济景公樊子盖去世。

江都重新制造的龙舟完成，送到东都；宇文述劝隋炀帝巡幸东都，右候卫大将军酒泉人赵才劝谏说："现今百姓疲惫，府库空虚，造反的人蜂拥而起，政令无法推行，希望陛下返回京师，安定亿万黎民。"隋炀帝勃然大怒，把赵才交给司法官吏惩治。过了十天，隋炀帝怒气稍为消解，才把他放出。朝中大臣都不愿隋炀帝出行，但隋炀帝出行之意极为坚决，没有人敢于进谏。建节尉任宗上书极力劝谏，当天就在朝堂上被刑杖活活打死。七月初十日甲子，隋炀帝巡幸江都，命越王杨侗与光禄大夫段达、太府卿元文都、检校民部尚书韦津、右武卫将军皇甫无逸、右司郎卢楚等人共同掌理东都留守政务。韦津是韦孝宽的儿子。隋炀帝作诗向宫人作别："我梦江都好，征辽亦偶然。"奉信郎崔民象认为遍地皆是反贼，在建国门上表劝阻，隋炀帝勃然大怒，先割下崔民象的下巴，然后将他斩首。

七月十四日戊辰，冯翊郡人孙华起兵造反。虞世基认为盗贼遍布，请求隋炀帝派兵屯驻洛口仓，隋炀帝说："你真是文弱书生，天下安定却还如此忧惧。"七月十四日戊辰，隋炀帝到达巩县，敕令有关部门将箕山、公路二府移到洛口仓内，并命令修筑城池以备不测。隋炀帝到达汜水县，奉信郎王爱仁又上表请求隋炀帝回西京，隋炀帝将他斩首，又继续南行。隋炀帝到达梁郡，梁郡有人拦阻车驾，上书说："陛下如果一定要巡幸江都，天下就将不再是陛下的了！"隋炀帝又斩了上书人。这时，李子通占据海陵，左才相劫掠淮北，杜伏威屯兵六合，他们各自拥有部众几万人。隋炀帝派光禄大夫陈稜率领宿卫精兵八千人前往讨伐，官军连连获胜。

八月二十一日乙巳，反隋军首领赵万海率领部众数十万，从恒山郡进犯高阳郡。

冬季，十月初六日己丑，许恭公宇文述去世。当初，宇文述的儿子宇文化及、

化及事帝于东宫，帝宠昵之，及即位，以为太仆少卿。帝幸榆林，化及、智及冒禁与突厥交市，帝怒，将斩之，已解衣辫发，既而释之，赐述为奴。智及弟士及，以尚主之故，常轻智及，惟化及与之亲昵。述卒，帝复以化及为右屯卫将军，智及为将作少监。

（以上为第一段，写隋炀帝不听忠言以安抚天下，而是在民变蜂起、烈火燎原背景下巡幸江都，有识者知其不返。）

李密之亡也，往依郝孝德，孝德不礼之；又入王薄，薄亦不之奇也。密困乏，至削树皮而食之，匿于淮阳村舍，变姓名，聚徒教授。郡县疑而捕之，密亡去，抵其妹夫雍丘令丘君明。君明不敢舍，转寄密于游侠王秀才家，秀才以女妻之。君明从侄怀义告其事，帝令怀义自赍敕书与梁郡通守杨汪相知收捕。汪遣兵围秀才宅，适值密出外，由是获免，君明、秀才皆死。

韦城翟让为东都法曹，坐事当斩。狱吏黄君汉奇其骁勇，夜中潜谓让曰："翟法司，天时人事，抑亦可知，岂能守死狱中乎！"让惊喜曰："让，圈牢之豕，死生唯黄曹主所命。"君汉即破械出之。让再拜曰："让蒙再生之恩则幸矣，奈黄曹主何！"因泣下。君汉怒曰："本以公为大丈夫，可救生民之命，故不顾其死以奉脱，奈何反效儿女子涕泣相谢乎！君但努力自免，勿忧吾也！"让遂亡命于瓦岗为群盗，同郡单雄信，骁健，善用马槊，聚少年往从之。离狐徐世勣家于卫南，年十七，有勇略，说让曰："东郡于公与勣皆为乡里，人多相识，不宜侵掠。荥阳、梁郡，汴水所经，剽行舟，掠商旅，足以自资。"让然之，引众入二郡界，掠公私船，资用丰给，附者益众，聚徒至万余人。

时又有外黄王当仁、济阳王伯当、韦城周文举、雍丘李公逸等皆拥众为盗。李密自雍州亡命，往来诸帅间，说以取天下之策，始皆不信。久之，稍以为然，相谓曰："斯人公卿子弟，志气若是。今人人皆云杨氏将灭，李氏将兴。吾闻王者不死，斯人再三获济，岂非其人乎！"由是渐敬密。

宇文智及都是无赖。宇文化及曾在东宫侍奉隋炀帝，隋炀帝非常宠爱他。等到隋炀帝即位后，就任用宇文化及为太仆少卿。隋炀帝巡幸榆林时，宇文化及、宇文智及违反禁令与突厥人做买卖，隋炀帝大怒，准备将两人斩首，已经解开了他们的衣服和发辫，随即又赦免了他们，赏赐给宇文述为奴仆。宇文智及的弟弟宇文士及，因为娶了公主为妻的缘故，向来看不起宇文智及，只有宇文化及与宇文智及亲近。宇文述死了以后，隋炀帝又起用宇文化及为右屯卫将军，宇文智及为将作少监。

李密逃亡，前去投奔郝孝德。郝孝德对李密没有以礼相待；李密又去投奔王薄，王薄也没有重用他。李密穷困疲乏，以至于剥树皮充饥，躲藏在淮阳郡的乡村里，改名换姓，收了几个学生教他们读书认字。郡县官员产生怀疑派人去抓他，李密只得再次逃亡，投奔他妹夫雍丘县令丘君明。丘君明不敢收留，就把李密转送到游侠王秀才家。王秀才把女儿嫁给李密。丘君明的堂侄丘怀义告发了这件事，隋炀帝命令丘怀义亲自携带敕书交给梁郡通守杨汪，由杨汪去抓人。杨汪派兵包围了王秀才住宅，正巧李密外出不在，因而幸免于难。丘君明、王秀才都被处死。

韦城人翟让担任东都法曹，被控有罪该当斩首。狱吏黄君汉赏识翟让骁勇不凡，便在夜里暗中对翟让说："翟法司，天时人事，或许能够看得很清楚，怎能守在狱中等死呢？"翟让又惊又喜，说："我翟让是关在圈里的猪，是生是死，只能听从黄曹主的吩咐了。"黄君汉当即打开了翟让的脚镣手铐，把他释放，翟让再三拜谢说："我蒙您的再生之恩，实在幸运，但黄曹主您怎么办呢？"说着流下泪来，黄君汉生气说："我原本认为你是个大丈夫，可以拯救百姓的生命，所以不顾杀头死罪来解救你，你怎么却像一个女人一样用哭泣流泪来表示感谢呢！您尽管努力逃命吧，不必替我担忧！"翟让于是逃亡到瓦岗拉起队伍造反，同郡人单雄信骁勇矫健，善长在马上使用长矛，合聚了一群青年人去投奔翟让。离狐人徐世勣家在卫南县，年十七岁，有勇有谋，劝说翟让："东郡对你和我都算是家乡，人们都互相认识，不方便侵扰掠夺。荥阳、梁郡是汴水流经的地方，到哪里抢掠过往行船，夺取商人旅客的资财，足够用度。"翟让非常赞同，率领部众进入荥阳、梁郡两郡边境，抢掠公私船只，资用丰足，依附的人越来越多，聚集部众达一万多人。

当时，又有外黄人王当仁、济阳人王伯当、韦城人周文举、雍丘人李公逸等都拉起队伍造反。李密从雍州逃亡，在各个首领之间来往游说，向他们进献取天下的计谋，开始，都不相信。过了很久，渐渐有人认为李密说得对，议论说："这个人是公卿子弟，有吞天下的志气。现今人人都说杨氏将要灭亡，李氏将要兴起。我听说命当称王的人大难不死。这个人多次逃脱危难，难道称王的就是这个人吗？"因此，渐渐敬重李密。

密察诸帅唯翟让最强，乃因王伯当以见让，为让画策，往说诸小盗，皆下之。让悦，稍亲近密，与之计事，密因说让曰："刘、项皆起布衣为帝王。今主昏于上，民怨于下，锐兵尽于辽东，和亲绝于突厥，方乃巡游扬、越，委弃东都，此亦刘、项奋起之会也。以足下雄才大略，士马精锐，席卷二京，诛灭暴虐，隋氏不足亡也！"让谢曰："吾侪群盗，旦夕偷生草间，君之言者，非吾所及也。"会有李玄英者，自东都逃来，经历诸贼，求访李密，云"斯人当代隋家。"人问其故，玄英言："比来民间谣歌有《桃李章》曰：'桃李子，皇后绕扬州，宛转花园里。勿浪语，谁道许！''桃李子'，谓逃亡者李氏之子也；皇与后，皆君也；'宛转花园里'，谓天子在扬州无还日，将转于沟壑也；'莫浪语，谁道许'者，密也。"既与密遇，遂委身事之。前宋城尉齐郡房玄藻，自负其才，恨不为时用，预于杨玄感之谋，变姓名亡命，遇密于梁、宋之间，遂与之俱游汉、沔，遍入诸贼，说其豪杰；还日，从者数百人，仍为游客，处于让营。让见密为豪杰所归，欲从其计，犹豫未决。

有贾雄者，晓阴阳占候，为让军师，言无不用。密深结于雄，使之托术数以说让；雄许诺，怀之未发。会让召雄，告以密所言，问其可否，对曰："吉不可言。"又曰："公自立恐未必成，若立斯人，事无不济。"让曰："如卿言，蒲山公当自立，何来从我？"对曰："事有相因。所以来者，将军姓翟，翟者，泽也，蒲非泽不生，故须将军也。"让然之，与密情好日笃。

密因说让曰："今四海糜沸，不得耕耘，公士众虽多，食无仓廪，唯资野掠，常苦不给。若旷日持久，加以大敌临之，必涣然离散。未若先取荥阳，休兵馆谷，待士马肥充，然后与人争利。"让从之，于是破金堤关，攻荥阳诸县，多下之。

荥阳太守郇王庆，弘之子也，不能讨，帝徙张须陀为荥阳通守以讨之。庚戌，须陀引兵击让，让向数为须陀所败，闻其来，大惧，将避之。

李密观察各部首领，认为翟让势力最强，便通过王伯当的引荐见到了翟让。李密为翟让出谋划策，又成功劝说其他小股造反军，归附了翟让。翟让很高兴，渐渐亲近李密，与他一起议事，李密于是进一步对翟让说："刘邦、项羽都出自平民而做了帝王，如今皇帝在上面昏庸无道，百姓在下面怨愤不平；精锐兵力都在辽东丧失了，与突厥的和亲也告断绝。却仍在巡游扬、越，抛弃东都，现在正是效法刘邦、项羽奋起的大好时机。凭您的雄才大略、兵强马壮，完全可以席卷东西二京，诛灭暴君，推翻隋朝并不是难事！"翟让向李密推辞说："我辈身为群盗，日夜在草野间苟且偷生，你所说的，不是我们这些人做得到的。"恰巧有个叫李玄英的人，从东都逃出来，遍寻各部反隋军所在地，求访李密下落，并宣扬说："这个人当取代隋家天下。"别人问他缘故，李玄英说："近来民间流行一首叫《桃李章》的歌谣，歌谣唱道：'桃李子，皇后绕扬州，宛转花园里。勿浪语，谁道许！''桃李子'，是说逃亡的人是李氏之子；皇与后都是指国君；'宛转花园里'，指的是隋炀帝在扬州回不来了，将会葬身于沟壑；'莫浪语，谁道许'是指密字。"不久他遇到李密，便委身投靠李密。原宋城县尉齐郡人房玄藻，自恃才学，恨自己不被朝廷重用，曾参与过杨玄感的谋乱，后来改名换姓逃亡，在梁郡、宋城之间遇见了李密，于是就和李密遍游汉、沔地区，深入各部反隋军，游说其中的豪杰之士；返回时，有几百人跟从他们，李密仍以游客身份，留在翟让的营寨内。翟让看见豪杰们都归附李密，打算采纳李密的计谋，但仍然犹豫不决。

有一个叫贾雄的人，通晓阴阳占卜，是翟让的军师，说的话没有不被采用的。李密用心与贾雄交朋友，让他用占卜之术劝说翟让，贾雄答应了，心中盘算好了正要抓机会说。恰好翟让召见贾雄，翟让把李密说称王的事告知贾雄，询问对不对。贾雄回答说："大吉大利，不可言说。"贾雄又说："你自己称王恐怕不能成功，如果让李密称王，事情一定成功。"翟让说："照你的说法，蒲山公应当自己称王，何必来追随我？"贾雄回答说："事情是相辅相成的，他之所以到你这来，因为将军姓翟，翟是水泽的意思，蒲草只能生在水泽中，所以必须依靠将军你啊。"翟让相信了，与李密的感情，一天比一天加深。

李密便对翟让说："如今全国沸腾，百姓得不到耕种，您的兵马虽然众多，但没有供军粮的仓储，只有依靠野外掠夺，经常苦于供给不足，如果旷日持久，再加上大敌来临，一定会分崩离析。不如先攻取荥阳，然后驻兵休整，就地取粮，等到兵强马壮后，再去和别人较量高低。"翟让听从了李密的计谋，于是打破金隄关，攻打荥阳等县城，多数县城被攻占了。

荥阳郡太守郇王杨庆，是杨弘的儿子，不能讨伐翟让，隋炀帝调张须陀为荥阳通守讨伐翟让。十月二十七日庚戌，张须陀率军攻击翟让，翟让先前几次都败在张

密曰："须陀勇而无谋，兵又骤胜，既骄且狠，可一战擒也。公但列陈以待，密保为公破之。"让不得已，勒兵将战，密分兵千余人伏于大海寺北林间。须陀素轻让，方陈而前，让与战，不利，须陀乘之，逐北十余里；密发伏掩之，须陀兵败。密与让及徐世勣、王伯当合军围之，须陀溃围出，左右不能尽出，须陀跃马复入救之，来往数四，遂战死。所部兵昼夜号哭，数日不止，河南郡县为之丧气。鹰扬郎将河东贾务本为须陀之副，亦被伤，帅余众五千余人奔梁郡，务本寻卒。诏以光禄大夫裴仁基为河南讨捕大使，代领其众，徙镇虎牢。

让乃令密建牙，别统所部，号蒲山公营。密部分严整，凡号令士卒，虽盛夏，皆如背负霜雪。躬服俭素，所得金宝，悉颁赐麾下，由是人为之用。麾下士卒多为让士卒所陵辱，以威约有素，不敢报也。让谓密曰："今资粮粗足，意欲还向瓦岗，公若不往，唯公所适，让从此别矣。"让帅辎重东引，密亦西行至康城，说下数城，大获资储。让寻悔，复引兵从密。

（以上为第二段，写瓦岗军兴起，翟让、李密计败张须陀，从此，北方地区，农民起义军占据了主导地位。）

鄱阳贼帅操师乞自称元兴王，建元始兴，攻陷豫章郡，以其乡人林士弘为大将军。诏治书侍御史刘子翊将兵讨之。师乞中流矢死，士弘代统其众，与子翊战于彭蠡湖，子翊败死。士弘兵大振，至十余万人。十二月，壬辰，士弘自称皇帝，国号楚，建元太平；遂取九江、临川、南康、宜春等郡，豪杰争杀隋守令，以郡县应之。其地北自九江，南及番禺，皆为所有。

诏以右骁卫将军唐公李渊为太原留守，以虎贲郎将王威、虎牙郎将高君雅为之副，将兵讨甄翟儿，与翟儿遇于雀鼠谷。渊众才数千，贼围渊数匝，李世民将精兵救之，拔渊于万众之中，会步兵至，合击，大破之。

帝疏薄骨肉，蔡王智积每不自安，及病，不呼医，临终，谓所亲曰："吾今日始知得保首领没于地矣！"

须陀手下，听说他到来，大为恐惧，打算逃走躲避。李密说："张须陀有勇无谋，他的军队又屡次打胜仗，既骄傲又凶狠，正可以一战把他擒获。您只管严阵以待，我保证为您打败他。"翟让不得已，部署军队准备交战，李密分兵一千多人埋伏在大海寺北面的树林之中。张须陀一向轻视翟让，排方阵向前推进，翟让与张须陀交战，战败，张须陀乘胜追击，追赶了十余里，李密发动伏兵突然袭击，张须陀大败。李密与翟让以及徐世勣、王伯当等合兵一处包围了张须陀，张须陀冲破重围，但他的亲信部将有的没有冲出包围，张须陀又跃马冲入包围圈去救援，这样冲出又冲入，来回好几次，终于战死。张须陀的部众号哭了几天几夜，都没有停止。河南各郡县因为张须陀之死而士气低落。鹰扬郎将河东贾务本是张须陀的副手，也受了重伤。贾务本率领残兵五千多人逃到梁郡，没多久，贾务本也死了。隋炀帝诏令光禄大夫裴仁基为河南讨捕大使，接替张须陀统领这支队伍，移驻虎牢关镇守。

翟让于是让李密建立独立的大营，另外率领所属的部众，称为蒲山公营。李密军纪严明整肃，对士兵下达号令，即使是盛夏，士兵们背上感到沉重的像霜雪一样的寒意。李密自己穿戴节俭朴素，得到了金银财宝，全部分给部属，因此，人人乐意为他效劳。他的部下很多受到翟让部属的凌辱，由于一向军纪严明，没有人敢报复。翟让对李密说："如今军资粮食已经充足，我想回到瓦岗，你如果不想一同前去，随便你去到哪里，我翟让和你告别。"翟让携带辎重向东走，李密领兵向西行。李密来到康城，劝说几座城池归降，获得了大批军资粮食。翟让不久后悔了，便又率领部众追随李密。

鄱阳郡反隋军首领操师乞自称元兴王，建年号为始兴，攻占豫章郡，任用同乡人林士弘为大将军。隋炀帝下诏，命令诏书侍御史刘子翊领兵征讨。操师乞被流箭射中而死，林士弘接替统领部众，与刘子翊在彭蠡湖交战，刘子翊战败身亡，林士弘军威大振。十二月初十日壬辰，林士弘自称皇帝，国号楚，建年号为太平。林士弘又攻占了九江、临州、南康、宜春等郡，各地豪杰都争先恐后起来杀了隋朝的郡守县令，献出郡县归附林士弘。北起九江，南到番禺，这一广大地区全被林士弘控制。

隋炀帝下诏任命右骁卫将军唐公李渊为太原留守，任命虎贲郎将王威、虎牙郎将高君雅为李渊的副将。李渊率兵讨伐甄翟儿，在雀鼠谷与甄翟儿遭遇。李渊部众只有几千人，被甄翟儿的军队包围了好几层。李世民率领精兵救援，把李渊从万众重围中救出来，正好步兵也赶到了，隋军合兵攻击，把甄翟儿打得大败。

隋炀帝对亲生骨肉也极为刻薄，蔡王杨智积一直恐惧不安，后来他患病，不愿请医生治疗，临死时，对他的亲人说："我今天才确知能够保全头颅而葬于地

张金称、郝孝德、孙宣雅、高士达、杨公卿等寇掠河北，屠陷郡县；隋将帅败亡者相继，唯虎贲中郎将蒲城王辩、清河郡丞华阴杨善会数有功，善会前后与贼七百余战，未尝负败。帝遣太仆卿杨义臣讨张金称。金称营于平恩东北，义臣引兵直抵临清之西，据永济渠为营，去金称营四十里，深沟高垒，不与战。金称日引兵至义臣营西，义臣勒兵擐甲，约与之战，既而不出。日暮，金称还营，明旦，复来；如是月余，义臣竟不出。金称以为怯，屡逼其营詈辱之，义臣乃谓金称曰："汝明旦来，我当必战。"金称易之，不复设备。义臣简精骑二千，夜自馆陶济河，伺金称离营，即入击其累重。金称闻之，引兵还，义臣从后击之，金称大败，与左右逃于清河之东。月余，杨善会讨擒之。吏立木于市，悬其头，张其手足，令仇家割食之；未死间，歌讴不辍。诏以善会为清河通守。

涿郡通守郭绚将兵万余人讨高士达。士达自以才略不及窦建德，乃进建德为军司马，悉以兵授之。建德请士达守辎重，自简精兵七千人拒绚，诈为与士达有隙而叛，遣人请降于绚，愿为前驱，击士达以自效。绚信之，引兵随建德至长河，不复设备。建德袭之，杀虏数千人，斩绚首，献士达，张金称余众皆归建德。杨义臣乘胜至平原，欲入高鸡泊讨之。建德谓士达曰："历观隋将，善用兵者无如义臣，今灭张金称而来，其锋不可当。请引兵避之，使其欲战不得，坐费岁月，将士疲倦，然后乘间击之，乃可破也。不然，恐非公之敌。"士达不从，留建德守营，自帅精兵逆击义臣，战小胜，因纵酒高宴，建德闻之曰："东海公未能破敌，遽自矜大，祸至不久矣。"后五日，义臣大破士达，于陈斩之，乘胜逐北，趣其营，营中守兵皆溃。建德与百余骑亡去，至饶阳，乘其无备，攻陷之，收兵，得三千余人。义臣既杀士达，以为建德不足忧，引去。建德还平原，收士达散兵，收葬死者，为士达发丧，军复大振，自称将军。先是，群盗得隋官及士族子弟，皆杀之，独建德善遇之；由是隋官稍以城降之，声势日盛，胜兵至十余万人。

下了！”

张金称、郝孝德、孙宣雅、高士达、杨公卿等抢掠河北，攻陷郡县，大肆屠杀；隋朝的将帅败亡的人接连不断，只有虎贲郎将蒲城人王辩、清河郡丞华阴人杨善会多次获胜立功。杨善会前后与反隋军交战七百多次，没打过败仗，隋炀帝派遣太仆卿杨义臣讨伐张金称，张金称在平恩县东北扎营，杨义臣率兵直抵临清以西，紧靠永济渠扎营，距离张金称的营地四十里。杨义臣深挖壕沟，高筑营墙，不出来交战。张金称每天进兵到杨义臣军营西边挑战，杨义臣率领士兵，身穿铠甲，约定日期交战，到时却不出来。一天过去，直到太阳落山，张金称只好率军返回营地。第二天一早，张金称又来挑战，就这样过了一个多月，杨义臣始终没有出来交战。张金称认为杨义臣胆怯，多次逼近杨义臣的军营辱骂挑战。杨义臣对张金称说："你明天早上再来，我一定和你决战。"张金称不当一回事，不再警戒。杨义臣挑选精锐骑兵两千人，在夜里从馆陶渡河，趁张金称率领军队离开营地之时，立即偷袭张金称的营地，打击辎重。张金称得知消息，领兵退回，杨义臣从后追击，张金称大败，和随身侍从逃到清河的东边。一个多月后，杨善会讨伐抓获了张金称。隋朝官吏在闹市中立了一根木头，把张金称的头吊起来，又伸开张金称的手脚，命令张金称的仇人活活割吃张金称的肉。张金称没死的时候，还不断唱歌。隋炀帝下诏，任命杨善会为清河郡通守。

涿郡通守郭绚领兵一万多人讨伐高士达。高士达自认为才能谋略赶不上窦建德，于是就提拔窦建德为军司马，把兵权全部交给他。窦建德请高士达看守辎重，自己挑选精兵七千人抵抗郭绚。窦建德诈称与高士达有矛盾而叛变，派人向郭绚请求投降，表示愿意做郭绚的前锋，进攻高士达，以图报效。郭绚相信了他，率兵跟随窦建德到长河，不加防备。窦建德突然袭击郭绚，杀死和俘虏了几千人，砍下郭绚的首级献给高士达。张金称的残余部众也全部归附了窦建德。杨义臣乘胜进兵到平原郡，打算进入高鸡泊讨伐高士达。窦建德对高士达说："我一个个观察隋朝将领，善于用兵打仗的人，没有一个赶得上杨义臣，他如今灭了张金称杀来，他的士气正锋利，不可阻挡，请你率领部众先避开他，让他想战却得不到，白白浪费时间，等到将士疲惫，然后找机会袭击他，才可以打败他。不这样，恐怕你赢不了他。"高士达不听从，留下窦建德守住军营，亲自率领精兵迎战杨义臣，初战小胜，便大肆饮酒庆祝。窦建德听到了说："东海公还没打败敌人，就自高自大，大祸不久就要临头了。"过了五天，杨义臣大败高士达，在交战阵前杀了高士达，乘胜追击，直到军营，营中守兵全都逃散。窦建德率领一百多骑兵逃出，到达饶阳县，趁官兵没有防备，攻占了饶阳县，得到了三千多人。杨义臣已经杀了高士达，认为窦建德不值得忧虑，就领兵撤离。窦建德回到平原，收留集聚高士达的散兵，埋葬死了的人，替

内史侍郎虞世基以帝恶闻贼盗，诸将及郡县有告败求救者，世基皆抑损表状，不以实闻，但云："鼠窃狗盗，郡县捕逐，行当殄尽，愿陛下勿以介怀！"帝良以为然，或杖其使者，以为妄言，由是盗贼遍海内，陷没郡县，帝皆弗之知也。杨义臣破降河北贼数十万，列状上闻，帝叹曰："我初不闻贼顿如此，义臣降贼何多也！"世基对曰："小窃虽多，未足为虑，义臣克之，拥兵不少，久在阃外，此最非宜。"帝曰："卿言是也。"遽追义臣，放散其兵，贼由是复盛。

治书侍御史韦云起劾奏："世基及御史大夫裴蕴职典枢要，维持内外，四方告变，不为奏闻。贼数实多，裁减言少，陛下既闻贼少，发兵不多，众寡悬殊，往皆不克，故使官军失利，贼党日滋。请付有司结正其罪。"大理卿郑善果奏："云起诋訾名臣，所言不实，非毁朝政，妄作威权。"由是左迁云起为大理司直。

帝至江都，江、淮郡官谒见者，专问礼饷丰薄，丰则超迁丞、守，薄则率从停解。江都郡丞王世充献铜镜屏风，迁通守；历阳郡丞赵元楷献异味，迁江都郡丞。由是郡县竞务刻剥，以充贡献。民外为盗贼所掠，内为郡县所赋，生计无遗；加之饥馑无食，民始采树皮叶，或捣藁为末，或煮土而食之，诸物皆尽，乃自相食；而官食犹充牣，吏皆畏法，莫敢振救。王世充密为帝简阅江淮民间美女献之，由是益有宠。

河间贼帅格谦拥众十余万，据豆子䴚，自称燕王，帝命王世充将兵讨斩之。谦将勃海高开道收其余众，寇掠燕地，军势复振。

初，帝谋伐高丽，器械资储，皆积于涿郡；涿郡人物殷阜，屯兵数万。又，临朔宫多珍宝，诸贼竞来侵掠；留守官虎贲郎将赵什住等不能拒，唯虎贲郎将云阳罗艺独出战，前后破贼甚众，威名日重，什住等阴忌之。艺将作乱，先宣言以激其众曰："吾辈讨贼数有功，城中仓库山积，

高士达办了丧事，军威又重新振作起来，窦建德自称将军。起先，各路反隋军抓获隋军官吏和士族子弟，全都杀了，只有窦建德善待他们，因此，隋朝官员逐渐献城投降，声势一天天强大，部众士兵达到了十万人。

内史侍郎虞世基因为隋炀帝不愿意听到盗贼的情况，所以就把诸将及各地郡县报告战败、请求救援的奏章，全都扣下或毁损，不据实奏报，只说："鼠窃狗盗，郡县搜捕追逐，快要消灭干净了。请陛下不要在意！"隋炀帝认为说得很对，有时还用手杖打击报告实情的使者，认为他们说的都是谎话，因此盗贼遍布海内，不断攻陷郡县，隋炀帝全然不知，杨义臣击败并收降河北贼众几十万，他条列情状上奏隋炀帝，隋炀帝看后感叹道："我原来没听说过，盗贼为何突然多到如此地步，杨义臣降服的贼人怎么这样多？"虞世基回答说："小贼虽然多，但不必担心，杨义臣击败小贼，却拥兵不少，将帅久在京城之外，这是最不妥当的。"隋炀帝说："你说的是。"立刻派人追回杨义臣，将其部众遣散，盗贼因此又多了起来。

治书侍御史韦云起上奏弹劾，说："虞世基和御史大夫裴蕴职掌枢要机密，维持朝廷内外联系，现在四方告急，却不上奏皇上，盗贼的数量实际很多，他们却谎报很少，陛下既然听说贼少，发兵自然不多，以致众寡悬殊，出讨的官兵往往不能取胜，所以多次失败，而贼党却一天比一天增多。请将他们二人交付有关部门追查定罪。"大理卿郑善果上奏说："韦云起诬蔑国家重臣，他所说的都不属实，他诽谤朝政，妄自作威作福。"韦云起因此被贬为大理司直。

隋炀帝到达江都后，凡江、淮各郡官员谒见，隋炀帝只问进献礼物多少，礼物丰富则越级升迁为郡丞、郡守，礼物稍薄则大多停职罢官。江都郡丞王世充进献铜镜屏风，升迁为通守；历阳郡丞赵元楷进献珍美食品，升迁为江都郡丞。因此各郡县争相刻剥民众，搜刮进献物品。平民外受盗贼抢掠，内受官吏征税逼迫，没有了生的活路，加上饥荒缺粮，平民开始采集树皮树叶充饥，有的人把稻草捣成碎末为食，有的煮泥土来吃，所有能吃的东西都吃光了，于是人吃人，而官方粮库仍然充足，官吏都害怕法律惩办，没有人敢开仓救济灾民。王世充暗中挑选江淮美女进献隋炀帝，因此更加受到宠信。

河间郡反隋军首领格谦拥有部众十多万人，占据豆子䴚，自称燕王。隋炀帝命令王世充率兵讨伐，杀了格谦。格谦的部将勃海人高开道收集余部，劫掠燕地，军势又振作起来。

当初，隋炀帝准备征伐高丽，把器械军资和粮食贮备都集中在涿郡；涿郡人口众多、物产殷实，有几万军队驻守。另外，涿郡临朔宫里藏有很多珍宝，各地的贼寇纷纷前来抢掠，留守官虎贲郎将赵什住等人没办法抵抗，只有虎贲郎将云阳人罗艺独自出战，前后打败贼兵很多人，罗艺的威名越来越高，赵什住等人暗中嫉妒他。

制在留守之官，而莫肯散施以济贫乏，将何以劝将士！”众皆愤怨。军还，郡丞出城候艺，艺因执之，陈兵而入。什住等惧，皆来听命，乃发库物以赐战士，开仓廪以赈贫乏，境内咸服；杀不同己者勃海太守唐祎等数人，威振燕地，柳城、怀远并归之。艺黜柳城太守杨林甫，改郡为营州，以襄平太守邓暠为总管，艺自称幽州总管。

突厥数寇北边。诏晋阳留守李渊帅太原道兵与马邑太守王仁恭击之。时突厥方强，两军众不满五千，仁恭患之。渊选善骑射者二千人，使之饮食舍止一如突厥，或与突厥遇，则伺便击之，前后屡捷，突厥颇惮之。

（以上为第三段，写河北、江淮起义军如火如荼，而隋炀帝在江都信用权奸，花天酒地，充耳不闻。隋炀帝甚至猜忌功臣，斥逐杨义臣，自毁长城。而罗艺造反，预示隋朝官吏基础动摇，隋炀帝的末日不远了。）

恭皇帝上

义宁元年（丁丑，617 年）

春，正月，右御卫将军陈稜讨杜伏威，伏威帅众拒之。稜闭壁不战，伏威遗以妇人之服，谓之“陈姥”。稜怒，出战，伏威奋击，大破之，稜仅以身免。伏威乘胜破高邮，引兵据历阳，自称总管，以辅公祏为长史，分遣诸将徇属县，所至辄下，江淮间小盗争附之。伏威常选敢死之士五千人，谓之“上募”，宠遇甚厚，有攻战，辄令上募先击之，战罢阅视，有伤在背者即杀之，以其退而被击故也。所获资财，皆以赏军。士有战死者，以妻、妾徇葬。故人自为战，所向无敌。

丙辰，窦建德为坛于乐寿，自称长乐王，置百官，改元丁丑。

辛巳，鲁郡贼徐圆朗攻陷东平，分兵略地，自琅邪以西，北至东平，尽有之，胜兵二万余人。

卢明月转掠河南，至于淮北，众号四十万，自称无上王；帝命江都通守王世充讨之。世充与战于南阳，大破之，斩明月，余众皆散。

罗艺想要造反，他先大力宣传以鼓动他的部众，说："我们讨贼屡建战功，城中的仓库粮食堆积如山，但控制在留守官手中，不肯发放一些来救济贫苦困乏的百姓，这怎么能够勉励将士！"大家听后都极为愤怒。军队回城，郡丞出城迎接罗艺，罗艺便把郡丞抓起来，列队入城。赵什住等人害怕了，都前来听命，于是打开府库赏赐战士，打开粮仓救济贫苦困乏的百姓，涿郡之内都归服了罗艺。罗艺杀了不同心的勃海太守唐祎等几个人，声威震动燕地，柳城、怀远等郡都归附了罗艺。罗艺罢免了柳城太守杨林甫，改郡为营州，任命襄平太守邓暠为营州总管。罗艺自称幽州总管。

突厥多次侵扰北边，隋炀帝下诏晋阳留守李渊率领太原道的兵马与马邑太守王仁恭反击突厥。当时突厥正强，李渊、王仁恭两支军队总计不满五千，王仁恭很担忧。李渊挑选善于骑射的两千人，让他们装扮成突厥人，饮食起居与突厥人一样，用这办法接近突厥人，一有机会就打击，前后多次告捷，突厥人很是害怕。

恭皇帝上

隋恭帝义宁元年（丁丑，617年）

春季，正月，右御卫将军陈稜讨伐杜伏威，杜伏威率领部众抗击。陈稜紧闭营垒，不肯出战。杜伏威派人送妇人衣服给陈稜，称他为"陈姥"。陈稜被激怒，出营作战，杜伏威率军奋力攻击，大败官军，陈稜仅只身逃脱。杜伏威乘胜攻破高邮，率兵占据历阳，自称总管，任命辅公祏为长史，派出将领分路攻取江都郡所属各县，大军所到之处，城池全都投降，江淮间小股反隋军争相归附杜伏威。杜伏威经常选拔敢死勇士五千人，称之为"上募"，对这支队伍特别宠爱待遇优厚。凡是战斗，就命令"上募"作先锋，战斗结束后逐一检查将士，凡背上有伤的立即处死，认为他是转身后退才被敌人击伤的。所缴获的军资财物，全都用来犒赏战士，战士有战死的，杜伏威就用女人作为死者的妻妾以殉葬。因此这支"上募"军队人人奋勇作战，所向披靡。

正月初五日丙辰，窦建德在乐寿县设坛，自称长乐王，设置文武百官，改年号丁丑。

正月三十日辛巳，鲁郡反隋军首领徐圆朗攻陷东平，他继续分兵攻战土地，从琅邪以西，北边到东平，全都占有，拥有作战士兵两万余人。

卢明月转移劫掠河南，到达淮北，拥有的部众号称四十万，自称无上王。隋炀帝令江都通守王世充讨伐卢明月。王世充与卢明月在南阳交战，大败卢明月，并杀

二月，壬午，朔方鹰扬郎将梁师都杀郡丞唐世宗，据郡，自称大丞相，北连突厥。

马邑太守王仁恭，多受货赂，不能振施。郡人刘武周，骁勇喜任侠，为鹰扬府校尉，仁恭以其土豪，甚亲厚之，令帅亲兵屯阁下。武周与仁恭侍儿私通，恐事泄，谋作乱，先宣言曰："今百姓饥馑，僵尸满道，王府君闭仓不赈恤，岂为民父母之意乎！"众皆愤怒。武周称疾卧家，豪杰来候问，武周椎牛纵酒，因大言曰："壮士岂能坐待沟壑！今仓粟烂积，谁能与我共取之？"豪杰皆许诺。己丑，仁恭坐听事，武周上谒，其党张万岁等随入，升阶，斩仁恭，持其首出徇，郡中无敢动者。于是开仓以赈饥民，驰檄境内属城，皆下之，收兵得万余人。武周自称太守，遣使附于突厥。

李密说翟让曰："今东都空虚，兵不素练；越王冲幼，留守诸官政令不壹，士民离心。段达、元文都，暗而无谋，以仆料之，彼非将军之敌。若将军能用仆计，天下可指麾而定。"乃遣其党裴叔方觇东都虚实，留守官司觉之，始为守御之备，且驰表告江都。密谓让曰："事势如此，不可不发。兵法曰：'先则制于己，后则制于人。'今百姓饥馑，洛口仓多积粟，去都百里有余，将军若亲帅大众，轻行掩袭，彼远未能救，又先无豫备，取之如拾遗耳。比其闻知，吾已获之，发粟以赈穷乏，远近孰不归附！百万之众，一朝可集，枕威养锐，以逸待劳，纵彼能来，吾有备矣。然后檄召四方，引贤豪而资计策，选骁悍而授兵柄，除亡隋之社稷，布将军之政令，岂不盛哉！"让曰："此英雄之略，非仆所堪；惟君之命，尽力从事，请君先发，仆为后殿。"庚寅，密、让将精兵七千人出阳城北，逾方山，自罗口袭兴洛仓，破之；开仓恣民所取，老弱襁负，道路相属。

朝散大夫时德叡以尉氏应密，前宿城令祖君彦自昌平往归之。君彦，珽之子也，博学强记，文辞赡敏，著名海内，吏部侍郎薛道衡尝荐之于

了卢明月，其他部众四散逃走。

二月初一日壬午，朔方郡鹰扬郎将梁师都，杀了郡丞唐世宗，占据郡城，自称大丞相，北边勾结突厥为援。

马邑太守王仁恭，收受大量财物贿赂，却不赈济百姓。马邑郡人刘武周非常勇敢，喜欢行侠仗义，担任鹰扬府校尉。王仁恭因为刘武周是本郡豪族，对他格外亲信厚待，让他率领亲兵驻防内宅。刘武周与王仁恭的侍女私通，担心事情败露，就图谋作乱，先扬言说："如今百姓闹饥荒，饿死的尸体满路都是，而王府君却关闭粮仓不肯赈济抚恤，做父母官的怎么能这样呢！"大家听了都非常愤怒。然后刘武周装病躺在家里，当地豪杰都来问候，刘武周便杀牛摆酒宴请他们，放出大话说："壮士怎么可以坐在这里等死！如今仓里堆积的粮食已经腐烂，谁能和我一起去取粮？"在场的豪杰都答应愿意前往。二月初八日己丑，王仁恭正坐在厅堂里办理公事，刘武周上堂谒见，他的党羽张万岁等人随后而入，登上台阶，杀了王仁恭。刘武周拿着王仁恭的首级出来示众，郡内无人敢动。于是刘武周打开粮仓赈济饥民，向郡属各县发布檄文，各县全都降附，集结兵马一万余人。刘武周自称太守，派遣使者归附突厥。

李密向翟让献计说："如今东都空虚，守城士兵平时缺乏训练，越王杨侗年幼，留守官员政令不能统一，军民离心离德，段达、元文都，昏暗没有谋略，我私下估计，他们不是将军您的对手，如果将军能够用我的计策，天下一挥手就可安定。"于是派遣同党裴叔方侦察东都虚实，被留守东都的官员觉察，开始了防御准备，并且驰马送表到江都报告。李密对翟让说："形势既然这样，不能不发兵攻击。兵法说：'抢先下手主动权控制在自己手中，后动手就会被别人控制。'如今百姓饥饿，洛口仓有很多积粮，距离东都有一百多里，将军如果亲自率领大军，轻装偷袭，敌人因为路远不能及时救援，事先又没有防备，夺取洛口仓如同拾起遗失物一样容易。等到敌人得知消息，我们已经夺取到手。发放粮食救济穷苦百姓，远近的人谁不来归附！百万大军，一个早晨就可集结，依靠这样的军威，可以睡着养精蓄锐，以逸待劳，敌人即使来攻，我军已有防备。然后传檄号召四方，招揽豪杰贤士，听取他们的计策，选拔骁勇强悍的将军，交给他兵权，除掉隋朝的社稷，颁行将军的政令，难道不是壮举吗！"翟让说："这是英雄的伟略，不是我能胜任的。我只能听从你的号令，拼尽全力去办，请你打头阵，我随后进发。"二月初九日庚寅，李密、翟让率领精兵七千人，从阳城北边出发，翻过方山，从罗口偷袭兴洛仓，攻占了它。于是开仓听凭百姓随意取粮，前来取粮的人携老扶幼，沿路络绎不绝。

朝散大夫时德叡献出尉氏县响应李密，原宿城县令祖君彦从昌平前往归附李密。祖君彦，是祖珽的儿子。他博学强记，文章辞藻详赡流利，著称国内。吏部侍郎薛

高祖，高祖曰："是歌杀斛律明月人儿邪？朕不须此辈！"炀帝即位，尤疾其名，依常调选东平书佐，检校宿城令。君彦自负其才，常郁郁思乱，密素闻其名，得之大喜，引为上客，军中书檄，一以委之。

越王侗遣虎贲郎将刘长恭、光禄少卿房崱帅步骑二万五千讨密。时东都人皆以密为饥贼盗米，乌合易破，争来应募，国子三馆学士及贵胜亲戚皆来从军，器械修整，衣服鲜华，旌旗钲鼓甚盛。长恭等当其前，使河南讨捕大使裴仁基等将所部兵自汜水而入以掩其后，约十一日会于仓城南，密、让具知其计。东都兵先至，士卒未朝食，长恭等驱之渡洛水，陈于石子河西，南北十余里。密、让选骁雄，分为十队，令四队伏横岭下以待仁基，以六队陈于石子河东。长恭等见密兵少，轻之。让先接战，不利，密帅麾下横冲之。隋兵饥疲，遂大败，长恭等解衣潜窜得免，奔还东都，士卒死者什五六。越王侗释长恭等罪，慰抚之。密、让尽收其辎重器甲，威声大振。

让于是推密为主，上密号为魏公；庚子，设坛场，即位，称元年，大赦。其文书行下，称行军元帅府；其魏公府置三司、六卫，元帅府置长史以下官属。拜翟让为上柱国、司徒、东郡公，亦置长史以下官，减元帅府之半；以单雄信为左武候大将军，徐世勣为右武候大将军，各领所部；房彦藻为元帅左长史，东郡邴元真为右长史，杨德方为左司马，郑德韬为右司马，祖君彦为记室，其余封拜各有差。于是赵、魏以南，江、淮以北，群盗莫不响应，孟让、郝孝德、王德仁及济阴房献伯、上谷王君廓、长平李士才、淮阳魏六兒、李德谦、谯郡张迁、魏郡李文相、谯郡黑社、白社、济北张青特、上洛周比洮、胡驴贼等皆归密。密悉拜官爵，使各领其众，置百营簿以领之。道路降者不绝如流，众至数十万。乃命其护军田茂广筑洛口城，方四十里而居之，密遣房彦藻将兵东略地，取安陆、汝南、淮安、济阳，河南郡县多陷于密。

雁门郡丞河东陈孝意与虎贲郎将王智辩共讨刘武周，围其桑乾镇。壬寅，武周与突厥合兵击智辩，杀之；孝意奔还雁门。三月，丁卯，武周袭破楼烦郡，进取汾阳宫，获隋宫人，以赂突厥始毕可汗；始毕以马

道衡曾经推荐给隋文帝，隋文帝说：“他就是用歌谣来杀害了斛律明月那个人的儿子吗？朕不要这种人！”隋炀帝即位，尤其嫉妒祖君彦的名声，按常规把他选调到东平郡做书佐，为宿城县候补县令。祖君彦自认为有才，总是郁郁不得志想要作乱。李密早就听说了他的名声，得到他非常高兴，把他待为上宾，军中书信文告，全都交给祖君彦办理。

越王杨侗命令虎贲郎将刘长恭、光禄少卿房崱率领步骑两万五千人讨伐李密。当时东都人都认为李密是一群抢粮的饥饿盗贼，乌合之众，容易打败，争着应募从军，国子、太学、四门三个馆的学子，以及贵族豪富皇亲国戚也来从军，兵器精良，衣服华美，旌旗满天，钲鼓震响，声势极为盛壮。刘长恭等人率领军队正面攻击，又派出河南讨捕大使裴仁基等率领本部兵马从汜水关进入袭击李密的后背，约定二月十一日在兴洛仓南面会师。李密、翟让打探到了这个计谋。东都官兵先到达兴洛仓，士兵都还没有吃早饭，刘长恭驱赶他们渡过洛水，在石子河西岸布阵，南北十多里。李密、翟让分兵为十队，命令四个队埋伏在横岭山脚拦截裴仁基，其余六个队在石子河东边布阵。刘长恭等，看见李密兵少，不放在眼里。翟让打头阵与隋兵交战，不占上风，李密率领部下横冲过去，隋军又饿又疲乏，于是大败。刘长恭等人脱掉官服，躲藏起来逃脱，跑回东都，士兵死亡十之五六。越王杨侗免了刘长恭等人兵败之罪，慰问安抚一番。李密、翟让收缴了隋军的全部辎重兵器，声威大振。

翟让于是推举李密为全军的首领，尊奉李密为魏公。二月十九日庚子，设置坛场，李密即位，称元年，大赦天下。发布的文告命令，称为行军元帅府。魏公府设置三司、六卫，元帅府设置长史以下的官员。拜授翟让为上柱国、司徒、东郡公，也设置长史以下官职，减人数是元帅府的一半。任命单雄信为左武候大将军，徐世勣为右武候大将军，各自统领原有部众；任命房彦藻为元帅左长史，东郡人邴元真为右长史，杨德方为左司马，郑德韬为右司马，祖君彦为记室，其他的人都有不同等级的封拜。于是赵、魏以南，江、淮以北地区的反隋军全都云集响应，孟让、郝孝德、王德仁以及济阴人房献伯、上谷人王君廓、长平人李士才、淮阳人魏六兒、李德谦、谯郡人张迁、魏郡人李文相、谯郡的黑社、白社、济北人张青特、上洛人周比洮、胡驴贼等都归顺李密。李密对他们全都封官授爵，让他们各自率领原有部众，设置百营簿来统领他们。前来归降的人源源不绝，部众达数十万人。于是李密命令护军田茂广修筑洛口城，方圆四十里，以供居住。李密派房彦藻率兵往东扩展土地，先后攻占了安陆、汝南、淮安、济阳，黄河以南的郡县大部分被李密控制。

雁门郡丞河东人陈孝意与虎贲郎将王智辩一起讨伐刘武周，包围了刘武周的据点桑乾镇。三月二十一日壬寅，刘武周与突厥人合兵进攻，斩杀了王智辩；陈孝意逃回雁门。三月十七日丁卯，刘武周攻陷楼烦郡，又进兵夺取了汾阳宫，俘获隋朝

报之，兵势益振，又攻陷定襄。突厥立武周为定杨可汗，遗以狼头纛。武周即皇帝位，立妻沮氏为皇后，改元天兴。以卫士杨伏念为尚书左仆射，妹婿同县苑君璋为内史令。武周引兵围雁门，陈孝意悉力拒守，乘间出击武周，屡破之；既而外无救援，遣间使诣江都，皆不报。孝意誓以必死，旦夕向诏敕库俯伏流涕，悲动左右。围城百余日，食尽，校尉张伦杀孝意以降。

梁师都略定雕阴、弘化、延安等郡，遂即皇帝位，国号梁，改元永隆。始毕遗以狼头纛，号为大度毗伽可汗。师都乃引突厥居河南之地，攻破盐川郡。

左翊卫蒲城郭子和坐事徙榆林。会郡中大饥，子和潜结敢死士十八人攻郡门，执郡丞王才，数以不恤百姓，斩之，开仓赈施。自称永乐王，改元丑平。尊其父为太公，以其弟子政为尚书令，子端、子升为左右仆射。有二千余骑，南连梁师都，北附突厥，各遣子为质以自固。始毕以刘武周为定杨天子，梁师都为解事天子，子和为平杨天子；子和固辞不敢当，乃更以为屋利设。

汾阴薛举，侨居金城，骁勇绝伦，家赀钜万，交结豪杰，雄于西边，为金城府校尉。时陇右盗起，金城令郝瑗募兵得数千人，使举将而讨之。夏，四月，癸未，方授甲，置酒飨士，举与其子仁果及同党十三人，于座劫瑗发兵，囚郡县官，开仓赈施。自称西秦霸王，改元秦兴。以仁果为齐公，少子仁越为晋公，招集群盗，掠官牧马。贼帅宗罗睺帅众归之，以为义兴公。将军皇甫绾将兵一万屯枹罕，举选精锐二千人袭之。岷山羌酋钟利俗拥众二万归之，举兵大振。更以仁果为齐王，领东道行军元帅，仁越为晋王，兼河州刺史，罗睺为兴王，以副仁果；分兵略地，取西平、浇河二郡。未几，尽有陇西之地，众至十三万。

李密以孟让为总管、齐郡公，己丑夜，让帅步骑二千入东都外郭，烧掠丰都市，比晓而去。于是东京居民悉迁入宫城，台省府寺皆满。巩县长柴孝和、监察御史郑颋以城降密，密以孝和为护军，颋为右长史。

宫人。这些宫人被作为礼品送给了突厥的始毕可汗。始毕可汗用马匹作为回报，刘武周兵势因此愈发强大，又攻占了定襄。突厥人立刘武周为定杨可汗，送给他狼头大旗。刘武周即皇帝位，立妻沮氏为皇后，改元天兴。任命卫士杨伏念为尚书左仆射，妹夫同县人苑君璋为内史令。刘武周领兵包围雁门，陈孝意全力抵抗防守，伺机出击，几次打败刘武周；以后的战斗因外面没有援兵，陈孝意派密使去江都告急，可是一直没有回音。陈孝意誓死守卫雁门，每日早晚向存放皇帝诏敕的库房跪拜哭泣，悲恸之情感动了左右的人。雁门被包围一百多天，城中粮尽，校尉张伦杀了陈孝意，出城投降。

梁师都攻占了雕阴、弘化、延安等郡，于是即皇帝位，国号梁，改年号为永隆。始毕可汗送给他狼头大旗，号称大度毗伽可汗。梁师都引突厥人入侵河南之地，攻破盐川郡。

左翊卫蒲城人郭子和因事获罪流放榆林。适逢榆林郡闹饥荒，郭子和带领他暗地结交的敢死之士十八人进攻郡门，抓获了郡丞王才，列举他不体恤百姓疾苦的罪状，将他斩首，开仓赈济百姓。郭子和自称永乐王，改年号丑平。尊称父亲为太公，任命弟弟郭子政为尚书令，郭子端、郭子升为左右仆射。郭子和拥有两千多名骑兵，南面勾结梁师都，北面依附突厥，双方各送一个儿子作为人质以求得联盟稳固。始毕可汗封刘武周为定杨天子，梁师都为解事天子，郭子和为平杨天子，郭子和坚决不接受，于是改封他为屋利设。

汾阴人薛举，侨居金城，骁勇过人，有亿万家财，喜欢结交豪杰之士，称雄于西边，担任金城府校尉。当时陇右盗贼纷纷起事，金城令郝瑗招募了几千士兵，命薛举率领他们前去讨伐盗贼。夏季，四月初三日癸未，给新募士兵发铠甲，金城府摆设酒宴犒劳将士，薛举和他的儿子薛仁果以及同党十三人，在筵席座位上劫持郝瑗，举兵造反，并囚禁其他郡县官吏，开仓赈济百姓。薛举自称西秦霸王，改年号秦兴。封薛仁果为齐公，幼子薛仁越为晋公。薛举招抚集中小股群盗，抢掠官府牧马。贼兵首领宗罗睺率众归附，被封为义兴公。将军皇甫绾率兵一万屯驻枹罕，薛举挑选精兵两千人袭击他。岷山羌人酋长钟利俗率领部众两万人归附薛举，薛举兵势大振。薛仁果被改封为齐王，兼领东道行军元帅，薛仁越为晋王，兼河州刺史；宗罗睺为兴王，任薛仁果的副将。薛举分兵攻占土地，夺取了西平、浇河二郡。不久，薛举全部占有陇西之地，部众达十三万人。

李密任命孟让为总管、封为齐郡公。四月初九日己丑，夜晚，孟让率领步、兵骑兵两千人，攻入东都外城，焚烧抢掠丰都市区，到天快亮时才离去。于是东京居民全都迁入宫城，台、省、府、寺都住满了人。巩县人柴孝和、监察御史郑颋献出城池归降李密，李密任命柴孝和为护军，郑颋为右长史。

裴仁基每破贼得军资，悉以赏士卒，监军御史萧怀静不许，士卒怨之；怀静又屡求仁基长短劾奏之。仓城之战，仁基失期不至，闻刘长恭等败，惧不敢进，屯百花谷，固垒自守，又恐获罪于朝。李密知其狼狈，使人说之，啖以厚利。贾务本之子闰甫在军中，劝仁基降密，仁基曰："如萧御史何？"闰甫曰："萧君如栖上鸡，若不知机变，在明公一刀耳。"仁基从之。遣闰甫诣密请降。密大喜，以闰甫为元帅府司兵参军，兼直记室事，使之复命，遗仁基书，慰纳之，仁基还屯虎牢。萧怀静密表其事，仁基知之，遂杀怀静，帅其众以虎牢降密。密以仁基为上柱国、河东公；仁基子行俨，骁勇善战，密亦以为上柱国、绛郡公。

密得秦叔宝及东阿程咬金，皆用为骠骑。选军中尤骁勇者八千人，分隶四骠骑以自卫，号曰内军，常曰："此八千人足当百万。"咬金后更名知节。罗士信、赵仁基皆帅众归密，密署为总管，使各统所部。

癸巳，密遣裴仁基、孟让帅二万余人袭回洛东仓，破之；遂烧天津桥，纵兵大掠。东都出兵击之，仁基等败走，密自帅众屯回洛仓。东都兵尚二十余万人，乘城击柝，昼夜不解甲。密攻偃师、金墉，皆不克；乙未，还洛口。

东都城内乏粮，而布帛山积，至以绢为汲绠，然布以爨。越王侗使人运回洛仓米入城，遣兵五千屯丰都市，五千屯上春门，五千屯北邙山，为九营，首尾相应，以备密。

丁酉，房献伯陷汝阴，淮阳太守赵陀举郡降密。

己亥，密帅众三万复据回洛仓，大修营堑以逼东都；段达等出兵七万拒之。辛丑，战于仓北，隋兵败走。丁未，密使其幕府移檄郡县，数炀帝十罪，且曰："罄南山之竹，书罪无穷；决东海之波，流恶难尽。"祖君彦之辞也。

越王侗遣太常丞元善达间行贼中，诣江都奏称："李密有众百万，围逼东都，据洛口仓，城内无食。若陛下速还，乌合必散；不然者，东都决没。"因歔欷呜咽，帝为之改容。虞世基进曰："越王年少，此辈诳之。若如所言，善达何缘来至！"帝乃勃然怒曰："善达小人，敢廷辱我！"因使经贼中向东阳催运，善达遂为群盗所杀。是后人人杜口，莫敢以贼闻。

裴仁基每次打败敌兵把缴获的军粮物资全部赏赐给士卒。监军御史萧怀静不准许，士卒们对他心怀怨恨；萧怀静又多次搜求裴仁基的过失上奏弹劾他。洛口仓城之战，裴仁基误期没按时赶到，他听说刘长恭等人已败，十分惧怕，不敢进城，屯驻在百花谷，坚壁自守，又害怕被朝廷治罪。李密侦知裴仁基处境狼狈，派人劝说投降，用厚利引诱。贾务本的儿子贾闰甫在裴仁基军中，也劝裴仁基投降。裴仁基说："怎样处置萧怀静御史呢？"贾闰甫说："萧君就像栖止窝里的一只鸡，如果他不懂得随机应变，您一刀就结果了他。"裴仁基听从了，就派贾闰甫到李密军营请求投降。李密非常高兴，任命贾闰甫为元帅府司兵参军，兼任轮直记室事，派他向裴仁基复命，并送去一封信，安慰招抚，表示接纳裴仁基。裴仁基返回虎牢关镇守。萧怀静暗中上表奏报这件事，裴仁基知道后，于是杀了萧怀静，率领部众献出虎牢关投降了李密。李密任命裴仁基为上柱国、河东公。裴仁基的儿子裴行俨，骁勇善战，李密也任命他为上柱国、绛郡公。

李密得到了秦叔宝和东阿人程咬金，都任命为骠骑将军。李密挑选军中勇敢过人的士兵八千人，分别隶属于四位骠骑将军，作为自卫队，称为"内军"。他经常说："这八千人能够抵挡百万大军。"程咬金后来改名为程知节。罗士信、赵仁基都率领各自的部众归附李密，李密任命他们为总管，让他们依旧统领各自的原有部众。

四月十三日癸巳，李密派遣裴仁基、孟让率领两万人攻击回洛东仓，打下东仓后，放火烧了天津桥，任凭士兵抢掠。东都出兵攻击，裴仁基等败逃，李密亲自率领部众屯驻回洛仓。东都还有二十多万军队，登城击柝加强防守，昼夜都不脱离铠甲。李密进攻偃师、金墉，都没有攻克。四月十五日乙未，回军洛口。

东都城内缺粮，但布帛却堆积如山，甚至用丝绢作汲水的绳子，用布烧火煮饭。越王杨侗命人把回洛仓的米运入城内，派五千士兵驻守丰都市，五千兵驻守上春门，五千兵驻守北邙山，分为九营，前后呼应，严密防备李密。

四月十七日丁酉，房献伯攻下汝阴，淮阳太守赵陀献出郡城投降李密。

四月十九日己亥，李密率领部众三万人又占据回洛仓，大规模修筑营垒壕堑逼近东都。段达等率领七万隋军抵抗。四月二十一日辛丑，李密命他的幕府向各郡县发布檄文，宣布隋炀帝十大罪状，说："罄南山之竹，书罪无穷；决东海之波，流恶难尽。"这是祖君彦撰写的文辞。

越王杨侗派遣太常丞元善达穿过李密军的控制区域，到江都向隋炀帝奏报，说："李密拥有部众百万人，包围进逼东都，占据了洛口仓，东都城内已经没有粮食。如果陛下能迅速返回东都，乌合之众一定四散；否则，东都必定会陷落。"一边说一边呜咽流泪，隋炀帝也显露出忧戚的脸色。虞世基却进言说："越王年纪轻，受了这些人的欺骗。如果真像元善达说的那样，元善达为何能到这里来！"隋炀帝勃然大怒

世基容貌沉审，言多合意，特为帝所亲爱，朝臣无与为比；亲党凭之，鬻官卖狱，贿赂公行，其门如市。由是朝野共疾怨之。内史舍人封德彝托附世基，以世基不闲吏务，密为指画，宣行诏命，谄顺帝意，群臣表疏忤旨者，皆屏而不奏。鞫狱用法，多峻文深诋，论功行赏，则抑削就薄。故世基之宠日隆而隋政益坏，皆德彝所为也。

（以上为第四段，写魏公李密兵围东都。）

初，唐公李渊娶于神武肃公窦毅，生四男，建成、世民、玄霸、元吉，一女，适太子千牛备身临汾柴绍。

世民聪明勇决，识量过人，见隋室方乱，阴有安天下之志，倾身下士，散财结客，咸得其欢心。世民娶右骁卫将军长孙晟之女；右勋卫长孙顺德，晟之族弟也，与右勋侍池阳刘弘基皆避辽东之役，亡命在晋阳依渊，与世民善。左亲卫窦琮，炽之孙也，亦亡命在太原，素与世民有隙，每以自疑；世民加意待之，出入卧内，琮意乃安。

晋阳宫监猗氏裴寂，晋阳令武功刘文静，相与同宿，见城上烽火，寂叹曰：“贫贱如此，复逢乱离，将何以自存！”文静笑曰：“时事可知，吾二人相得，何忧贫贱！”文静见李世民而异之，深自结纳，谓寂曰：“此非常人，豁达类汉高，神武同魏祖，年虽少，命世才也。”寂初未然之。

文静坐与李密连昏，系太原狱，世民就省之。文静曰：“天下大乱，非高、光之才，不能定也。”世民曰：“安知其无，但人不识耳。我来相省，非儿女子之情，欲与君议大事也。计将安出？”文静曰：“今主上南巡江、淮，李密围逼东都，群盗殆以万数。当此之际，有真主驱驾而用之，取天下如反掌耳。太原百姓皆避盗入城，文静为令数年，知其豪杰，一旦收拾，可得十万人，尊公所将之兵复且数万，一言出口，谁敢不从！以此乘虚入关，号令天下，不过半年，帝业成矣。”世民笑曰：“君言

说："元善达小人，竟敢在朝廷上侮辱我！"于是派元善达经过起义军的控制区回到东阳去催运粮食，元善达终于被起义军所杀。从这以后，人人闭上嘴巴，没有人再把实情向隋炀帝报告。

虞世基外貌深沉稳重，说话投合隋炀帝的心意，特别受到信任宠爱，朝臣没有人能与他相比。虞世基的亲朋党羽依仗他的势力，卖官枉法，贿赂公开收受，他的家门口就像市场一样。因此，朝野上下都痛恨虞世基。内史舍人封德彝依附虞世基，因为虞世基不熟悉官场事务，封德彝暗中替他出谋划策，大造声势执行皇帝的诏命，迎合隋炀帝的心意，群臣表章疏奏违忤旨意，都丢在一边不上奏。审理案件，执法用刑，多引用严厉苛刻的条文，深加诬陷；论功行赏，则极力削减，压到最低标准。因此，隋炀帝对虞世基的宠爱日益隆盛，而隋朝的政治日益败坏，这都是封德彝干的。

当初，唐公李渊娶了神武肃公窦毅的女儿为妻，生了四个儿子，李建成、李世民、李玄霸、李元吉，一个女儿，嫁给太子千牛备身临汾人柴绍。

李世民聪明、勇敢、果决，见识器量超过一般的人。他看到隋王室正开始混乱，便暗中怀抱安定天下的雄心壮志。他礼贤下士，乐善好施，结交宾客，得到众人的敬仰。李世民娶右骁卫将军长孙晟的女儿为妻。右勋卫长孙顺德，是长孙晟的族弟，他和右勋侍池阳人刘弘基都因躲避辽东征役，逃亡到晋阳投奔了李渊，与李世民交情深厚。左亲卫窦琮是窦炽的孙子，也逃亡在太原，先前与李世民不和，常常疑虑不安。但李世民特意善待他，让他出入自己的卧房，窦琮的心情才安定下来。

晋阳宫监猗氏县人裴寂，和晋阳令武功人刘文静，两人在一起同住，看到城上的烽火，裴寂叹息说："我们是这样地贫贱，又遇上战乱，骨肉分离，自己靠什么来求生存呢？"刘文静笑道："现在时事可以看得很清楚，只要我们二人投合，何必担忧贫贱！"刘文静看到李世民，非常惊异，就用心和他结交，并对裴寂说："李世民不是一个平常人，他豁然大度就像汉高祖刘邦，神采英武如同魏武帝曹操，年纪虽轻，可是一个时代的杰出人才。"裴寂起初并不这样看。

刘文静因和李密联姻而获罪，被囚禁在太原监狱，李世民去探望他。刘文静说："天下大乱，没有汉高祖、汉光武帝那样的大才，不能安定天下。"李世民说："怎么知道没有那样的人才呢？只是人们不认识罢了。我来看望你，不是儿女情长的感情，是想来和你商议大事的，你有什么好计谋！"刘文静说："如今皇上到南方巡幸江淮，李密包围逼近东都，反隋的军队有上万支。在这个时候，有一个真正的天下之主出来驱使驾驭这些人，夺取天下如同反掌一样容易。太原郡的百姓为了躲避群盗都进入了城，我当了几年县令，知道其中的豪杰人士，一旦集结起来，可以得到

正合吾意。”乃阴部署宾客，渊不之知也。世民恐渊不从，犹豫久之，不敢言。

渊与裴寂有旧，每相与宴语，或连日夜。文静欲因寂关说，乃引寂与世民交。世民出私钱数百万，使龙山令高斌廉与寂博，稍以输之，寂大喜，由是日从世民游，情款益狎。世民乃以其谋告之，寂许诺。

会突厥寇马邑，渊遣高君雅将兵与马邑太守王仁恭并力拒之；仁恭、君雅战不利，渊恐并获罪，甚忧之。世民乘间屏人说渊曰：“今主上无道，百姓困穷，晋阳城外皆为战场；大人若守小节，下有寇盗，上有严刑，危亡无日。不若顺民心，兴义兵；转祸为福，此天授之时也。”渊大惊曰：“汝安得为此言，吾今执汝以告县官！”因取纸笔，欲为表。世民徐曰：“世民观天时人事如此，故敢发言；必欲执告，不敢辞死！”渊曰：“吾岂忍告汝，汝慎勿出口！”明日，世民复说渊曰：“今盗贼日繁，遍于天下，大人受诏讨贼，贼可尽乎！要之，终不免罪。且世人皆传李氏当应图谶，故李金才无罪，一朝族灭。大人设能尽贼，则功高不赏，身益危矣！唯昨日之言，可以救祸，此万全之策也，愿大人勿疑。”渊乃叹曰：“吾一夕思汝言，亦大有理。今日破家亡躯亦由汝，化家为国亦由汝矣！”

先是，裴寂私以晋阳宫人侍渊，渊从寂饮，酒酣，寂从容言曰：“二郎阴养士马，欲举大事，正为寂以宫人侍公，恐事觉并诛，为此急计耳。众情已协，公意如何？”渊曰：“吾儿诚有此谋，事已如此，当复奈何，正须从之耳。”

帝以渊与王仁恭不能御寇，遣使者执诣江都，渊大惧，世民与寂等复说渊曰：“今主昏国乱，尽忠无益。偏裨失律，而罪及明公。事已迫矣，宜早定计。且晋阳士马精强，宫监蓄积巨万，以兹举事，何患无成！代王幼冲，关中豪杰并起，未知所附，公若鼓行而西，抚而有之，如探囊中之物耳。奈何受单使之囚，坐取夷灭乎！”渊然之，密部勒，将发；会帝继遣使者驰驿赦渊及仁恭，使复旧任．渊谋亦缓。

十万人。你父亲率领的兵马又有几万,一声令下，谁敢不听从！用这些兵力乘虚入关，号令天下，用不了半年，就可以成就帝王之业了。”李世民笑着说:“你的话正合我的心意。”于是暗中部署宾客，李渊并不知道。李世民担心李渊不赞同，犹豫了很久，一直没敢说。

李渊和裴寂是老朋友，常常在一起宴饮交谈，有时夜以继日。刘文静想通过裴寂劝说李渊，便引荐裴寂和李世民结交。李世民拿出自己的几百万钱，让龙山令高斌廉与裴寂赌博，一次又一次地输给裴寂，裴寂非常高兴，因此每天与世民在一道游乐，感情越来越亲密。李世民于是把自己的意图告诉裴寂，裴寂答应助一臂之力。

恰好突厥入犯侵马邑，李渊派遣高君雅率兵与马邑太守王仁恭合力抵抗。王仁恭、高君雅与突厥交战失利，李渊害怕被牵连治罪，十分忧虑。李世民乘机屏退左右劝说李渊:“如今主上无道，百姓穷困，晋阳城外都成了战场，大人您如果谨守小节，那样就会下有流寇盗贼，上有严刑峻法，您随时都有大祸来临。不如顺应民心，兴兵起义，转祸为福，这是天赐良机啊！”李渊大吃一惊说:“你怎么说出这种话，我现在就把你抓起来去报官！”于是拿起纸笔，要写奏表。世民不慌不忙地说:“我观察天时人事已是如此，才敢说这样的话。如果一定要把我抓起来告发，我不怕一死！”李渊说:“我哪里忍心告发你，你要谨慎，不要胡言乱语！”第二天，李世民又劝李渊说:“如今盗贼一天多似一天，遍布天下，大人受诏讨贼，贼众能消灭干净吗！总之，最后还是免不了获罪。况且世人都传言李氏当应验图谶，所以李金才没有任何罪过，却在一天之内被诛灭全族。大人您如果真的把贼众完全剿灭了，那么功劳太高没法赏赐，您自己会更加危险！只有昨天的话可以免除灾祸，这是万全之策，望大人不要疑虑。”李渊叹息说:“我一夜都在思考你的话，确实很有道理。今天就是家破人亡也由你，把家变成国也由你了！”

起先，裴寂私自用晋阳的宫人侍候李渊，李渊和裴寂一起饮酒，喝到最高兴的时候，裴寂从容地说:“二郎暗中蓄养兵马，想要起兵办大事，只因我私自让宫女侍候你，害怕事情败露株连被杀头，才做出这应急的计划。大家都同心协助，你的心意如何？”李渊说:“我的儿子真的有了这个图谋，事情到了这一步，就只好听从了。”

隋炀帝认为李渊与王仁恭抵御突厥不尽力,派使者逮捕送到江都，李渊非常恐惧。李世民与裴寂再次劝说李渊，说:“如今主上昏庸，国家动乱，尽忠没有益处，本来是部将违失军律，却要加罪到您身上。事情已经危急了，应当及早拿定主意。况且晋阳兵马精锐强大，宫监积蓄的军资物品价值亿万，拿这些来举办大事，何愁不能成功！代王年幼，关中豪杰纷纷起来造反，不知道依附谁，你要是起兵大张旗鼓向西进兵，招抚他们为自己的部属，如同探囊取物一样容易。怎么去接受一介之

渊之为河东讨捕使也，请大理司直夏侯端为副。端，详之孙也，善占候及相人，谓渊曰："今玉床摇动，帝座不安，参墟得岁，必有真人起于其分，非公而谁乎！主上猜忍，尤忌诸李，金才既死，公不思变通，必为之次矣。"渊心然之。及留守晋阳，鹰扬府司马太原许世绪说渊曰："公姓在图箓，名应歌谣；握五郡之兵，当四战之地，举事则帝业可成，端居则亡不旋踵；唯公图之。"行军司铠文水武士彟、前太子左勋卫唐宪、宪弟俭皆劝渊举兵。俭说渊曰："明公北招戎狄，南收豪杰，以取天下，此汤、武之举也。"渊曰："汤、武非所敢拟，在私则图存，在公则拯乱，卿姑自重，吾将思之。"宪，邕之孙也。时建成、元吉尚在河东，故渊迁延未发。

刘文静谓裴寂曰："先发制人，后发制于人。何不早劝唐公举兵，而推迁不已！且公为宫监，而以宫人侍客，公死可尔，何误唐公也！"寂甚惧，屡趣渊起兵。渊乃使文静诈为敕书，发太原、西河、雁门、马邑民年二十已上五十已下悉为兵，期岁暮集涿郡，击高丽，由是人情恟恟，思乱者益众。

及刘武周据汾阳宫，世民言于渊曰："大人为留守，而盗贼窃据离宫，不早建大计，祸今至矣！"渊乃集将佐谓之曰："武周据汾阳宫，吾辈不能制，罪当族灭，若之何？"王威等皆惧，再拜请计。渊曰："朝廷用兵，动止皆禀节度。今贼在数百里内，江都在三千里外，加以道路险要，复有他贼据之；以婴城胶柱之兵，当巨猾豕突之势，必不全矣。进退维谷，何为而可？"威等皆曰："公地兼亲贤，同国休戚，若俟奏报，岂及事机；要在平贼，专之可也。"渊阳若不得已而从之者，曰："然则先当集兵。"乃命世民与刘文静、长孙顺德、刘弘基等各募兵，远近赴集，旬日间近万人，仍密遣使召建成、元吉于河东，柴绍于长安。

王威、高君雅见兵大集，疑渊有异志，谓武士彟曰："顺德、弘基皆

使的囚禁，坐等被杀呢？”李渊认为说得对，秘密部署军队，正要起事时，恰好隋炀帝后派的使者赶到，赦免李渊和王仁恭，让他们官复原职，李渊造反的谋划暂缓执行。

李渊任职河东讨捕使的时候，请求大理司直夏侯端做他的副手。夏侯端，是夏侯详的孙子，善于占卜天象和相人的祸福。夏侯端对李渊说：“如今玉床星座摇动，帝座星也不安定，岁星进入参宿的位置，一定有真人从参宿的分野兴起，不是您还是谁呢？主上猜忌残忍，尤其猜忌姓李的人，李金才已死在前头，你若不考虑变通，一定是下一个李金才。”李渊很赞同。等到李渊官复晋阳留守时，鹰扬府司马太原人许世绪劝李渊说：“您的姓氏在图谶上，名字应验歌谣，手握五个郡的兵马，处在四战之地的地方，造反则帝业可成，稳稳地坐着很快就会灭亡，希望你好好想一想。”行军司铠文水人武士彟，前太子左勋卫唐宪，唐宪弟弟唐俭都劝李渊起兵造反。唐俭劝谏李渊说：“明公你北面招抚戎狄，南面收揽豪杰，拿这些来夺取天下，这是成就商汤王、周武王一样的大业啊！”李渊说：“我不敢与商汤王、周武王相比，论私是为了生存，论公是为拯救祸乱，你暂且自我珍重，我要认真考虑。”唐宪，是唐邕的孙子。当时李建成、李元吉还在河东，所以李渊一再拖延，没有起兵。

刘文静对裴寂说：“先发制人，后发制于人，您为何不早劝唐公起兵，却一直推故拖延呢？况且您身为宫监，竟敢私自用宫女侍候他人，您死也就算了，为何要误唐公呢？”裴寂极为恐惧，多次催促李渊起兵。李渊就让刘文静伪造敕书，征调太原、西河、雁门、马邑等地年在二十岁以上、五十岁以下的人全部从军，约定年底在涿郡集合，去攻打高丽。因此人心扰动，更多的人图谋造反。

等到刘武周占据汾阳宫，李世民对李渊说：“大人您担任留守，而盗贼窃据离宫，如果不早定大计，大祸马上就要临头！”李渊于是召集将佐属吏，对他们说：“刘武周占据汾阳宫，我们这些人没能制止，罪当灭族，怎么办？”王威等都很恐惧，一再叩头求问对策。李渊说：“朝廷用兵，一举一动都要奏报请求。如今贼众在数百里之内，江都在三千里之外，加上道路险要，又有其他盗贼盘踞，用只够据城自守而动辄受制的军队，来抵抗十分狡诈狂奔乱窜的盗贼，必难保全。我们现在是进退两难，怎么办才好呢？”王威等人都说：“您的身份既是皇亲国戚又是显贵贤臣，同国家命运休戚与共，如果等着奏报，怎么可以及时相机行事，只要可以平定盗贼，专擅行事也是可以的。”李渊假装无可奈何听从的样子，说：“既然如此就应当先征集军队。”于是让李世民与刘文静、长孙顺德、刘弘基等人各自招募军队。远近的百姓都纷纷像赶集一样汇聚，十天之内募得近一万人。又暗中派人到河东召回李建成、李元吉，到长安去召回柴绍。

王威、高君雅看到军队大规模集中，怀疑李渊要造反，对武士彟说：“长孙顺

背征三侍，所犯当死，安得将兵！”欲收按之。士彟曰：“二人皆唐公客，若尔，必大致纷纭。”威等乃止。留守司兵田德平欲劝威等按募人之状，士彟曰：“讨捕之兵，悉隶唐公，威、君雅但寄坐耳，彼何能为！”德平亦止。

晋阳乡长刘世龙密告渊云：“威、君雅欲因晋祠祈雨，为不利。”五月，癸亥夜，渊使世民伏兵于晋阳宫城之外。甲子旦，渊与威、君雅共坐视事，使刘文静引开阳府司马胙城刘政会入立庭中，称有密状。渊目威等取状视之，政会不与，曰：“所告乃副留守事，唯唐公得视之。”渊阳惊曰：“岂有是邪！”视其状，乃云：“威、君雅潜引突厥入寇。”君雅攘袂大诟曰：“此乃反者欲杀我耳。”时世民已布兵塞衢路，文静因与刘弘基、长孙顺德等共执威、君雅系狱。丙寅，突厥数万众寇晋阳，轻骑入外郭北门，出其东门。渊命裴寂等勒兵为备，而悉开诸城门，突厥不能测，莫敢进。众以为威、君雅实召之也，渊于是斩威、君雅以徇。渊部将王康达将千余人出战，皆死，城中恟惧。渊夜遣军潜出城，旦则张旗鸣鼓自他道来，如援军者；突厥终疑之，留城外二日，大掠而去。

炀帝命监门将军泾阳庞玉、虎贲郎将霍世举将关内兵援东都。柴孝和说李密曰：“秦地山川之固，秦、汉所凭以成王业者也。今不若使翟司徒守洛口，裴柱国守回洛，明公自简精锐西袭长安。既克京邑，业固兵强，然后东向以平河、洛，传檄而天下定矣。方今隋失其鹿，豪杰竞逐，不早为之，必有先我者，悔无及矣！”密曰：“此诚上策，吾亦思之久矣。但昏主尚存，从兵犹众，我所部皆山东人，见洛阳未下，谁肯从我西入！诸将出于群盗，留之各竞雌雄，如此，则大业隳矣。”孝和曰：“然则大军既未可西上，仆请间行观衅。”密许之。孝和与数十骑至陕县，山贼归之者万余人。时密兵锋甚锐，每入苑，与隋兵连战。会密为流矢所中，尚卧营中，丁丑，越王侗使段达与庞玉等夜出兵，陈于回洛仓西北。密与裴仁基出战，达等大破之，杀伤太半，密乃弃回洛，奔洛口。庞玉、霍世举军于偃师，柴孝和之众闻密退，各散去。孝和轻骑归密，杨德方、郑德韬皆死。密以郑颋为左司马，荥阳郑乾象为右司马。

德、刘弘基两人是逃避征辽的三侍官员，犯的是死罪，怎么能带兵？”想把两人逮捕定罪。武士彟说：“两人都是唐公的客人，如果这样做，肯定要引起大的纷争。”王威等这才作罢。留守司兵田德平想劝王威等人调查招募军人的情况，武士彟说：“讨伐搜捕盗贼的军队，全部隶属于唐公，王威、高君雅不过是寄坐在唐公身边，他们有什么能耐？”田德平也只好作罢。

晋阳乡长刘世龙密告李渊说：“王威、高君雅想利用到晋祠祷祈求雨的机会，对你下手。”五月十四日癸亥夜晚，李渊让李世民在晋阳宫城之外埋伏军队。五月十五日甲子早晨，李渊与王威、高君雅同坐议事，派刘文静带领开阳府司马胙城人刘政会进入站在厅堂上，宣称有机密情况的状子禀报。李渊用眼睛示意王威等去取状子来看，刘政会不给，说：“所要告发的是副留守的事，只有唐公有权看状子。”李渊假装吃惊地说：“岂有这等事！”接过状子来看，然后说：“王威、高君雅暗地勾结突厥人来侵犯。”高君雅挽起袖子举臂大骂说：“这是造反的人想诬陷我。”这时李世民已经在交通要道部署了军队，刘文静就和刘弘基、长孙顺德等人一起把王威、高君雅抓起来投入监狱。五月十七日丙寅，几万突厥骑兵入侵晋阳，突厥轻骑从外城北门进入，然后从东门出去。李渊命令裴寂等人部署军队监控防备，而全部大开城门，突厥人不能断定虚实，不敢进城。众将领都认为确实是王威、高君雅招来的，李渊于是杀了王威、高君雅，用他俩的人头示众。李渊部将王康达率领一千多人出战，全部战死，城中震动恐惧。李渊夜里暗中派军队出城，天明大张旗鼓从另一条道路上开来，好像是援军来到一样。突厥始终狐疑不决，在城外停留两天，大肆抢劫一番离去。

隋炀帝命令监门将军泾阳人庞玉、虎贲郎将霍世举带领关内军救援东都。柴孝和劝李密说：“秦地山川险固，秦、汉依靠它建立帝王之业。现在如果派翟司徒防守洛口，裴柱国防守回洛，明公您亲自挑选精锐部队西进袭击长安。京师攻下之后，基业稳固，兵强马壮，然后再挥师东下平定河、洛地区，只要发布一纸文告，天下就会平定。如今隋朝已失其鹿，天下豪杰竞相追逐，您若不早下手，必定有人抢在我们之前，那时后悔就来不及了！”李密说：“这确实是上策，我也考虑好久了。但是昏君还在，听从他号令的军队还很多，我的部下都是崤山以东的人，看到洛阳没有攻下，谁肯跟我向西入关？众将领都是群盗出身，留在这里就会互相争斗，这样，大业就完蛋了。”柴孝和说：“既然大军不能西进，我请求从小路去探察实情，寻找机会。”李密同意了。柴孝和与几十名骑兵到了陕县，山区盗贼归附的有一万多人。当时李密军队兵锋甚锐，常常攻入东都西苑与隋兵交战。不巧李密被流箭射中，躺在营中养伤。五月二十八日丁丑，越王杨侗派段达和庞玉等人乘夜出兵，在回洛仓西北列阵，李密与裴仁基率兵迎战，段达等人大败李密，杀伤过半。李密只好放弃

李建成、李元吉弃其弟智云于河东而去，吏执智云送长安，杀之。建成、元吉遇柴绍于道，与之偕行。

（以上为第五段，写唐公李渊在其次子李世民推动下策划反隋的过程。）

回洛，逃奔洛口。这时庞玉、霍世举驻屯偃师，柴孝和的部众听到李密败退，纷纷逃散，柴孝和轻骑回到李密军中，杨德方、郑德韬全都战死。李密任命郑颋为左司马，荥阳人郑乾象为右司马。

李建成、李元吉在河东丢下弟弟李智云逃走了，当地官吏捉住李智云送到长安，把他杀死。李建成、李元吉在路上遇到柴绍，和他同行。

【点评】

李密、杨玄感私欲障目，兵败东都。魏公李密，号称智能之士，兼资文武，自诩平定天下，非己莫属。李密曾经劝说杨玄感解围东都，直接西进关中，东向以争天下，进可攻，退可守，对形势的判断，何其明朗。当他自统大军，却又一次屯兵东都坚城之下，相持不决，却不能采纳柴孝和西取关中的策谋，借口部众皆山东之人，不愿入关，识见又何其短浅！究其因，杨玄感、李密均过高地估计自己，过低地估计亡隋昏君仍有号召力，于是急于称帝，侥幸破东都以成其事，结果败不旋踵。只因私欲太重，一叶障目，不见泰山，实在可悲。

隋纪八

隋恭帝义宁元年（617年）

【起强圉赤奋若（丁丑，617年）六月，尽十二月，不满一年】

【大事提要】

本卷载述公元617年六月至十二月史事，不足一年，时当隋炀帝大业十三年之下半年，史又称恭皇帝义宁元年。这一时期，事繁变剧，述史头绪繁多，分为十四段。这是隋王朝崩溃前的垂死挣扎时期，全国烽烟遍地，战争最为激烈。东都是主战场，李密率领瓦岗军围困东都，隋王朝全力救援，隋军云集东都，四面空虚。于是河北、江淮农民起义军窦建德、杜伏威等皆称王，西北梁师都、刘武周、薛举、李轨等形成边塞军阀割据。李渊乘间起兵，夺取了关中，拥立代王杨侑为恭皇帝，为隋唐禅代奠基。

【原文】

恭皇帝下

义宁元年（丁丑，617年）

六月，己卯，李建成等至晋阳。

刘文静劝李渊与突厥相结，资其士马以益兵势。渊从之，自为手启，卑辞厚礼，遗始毕可汗云："欲大举义兵，远迎主上，复与突厥和亲，如开皇之时。若能与我俱南，愿勿侵暴百姓；若但和亲，坐受宝货，亦唯可汗所择。"始毕得启，谓其大臣曰："隋主为人，我所知也，若迎以来，必害唐公而击我无疑矣。苟唐公自为天子，我当不避盛暑，以兵马助之。"即命以此意为复书。使者七日而返，将佐皆喜，请从突厥之言，渊不可。裴寂、刘文静皆曰："今义兵虽集而戎马殊乏，胡兵非所须，而马不可失；若复稽回，恐其有悔。"渊曰："诸君宜更思其次。"寂等乃请尊天子为太上皇，立代王为帝，以安隋室；移檄郡县；改易旗帜，杂用绛白，以示突厥。渊曰："此可谓'掩耳盗钟"，然逼于时事，不得不尔。"乃许之，遣使以此议告突厥。

西河郡不从渊命，甲申，渊使建成、世民将兵击西河；命太原令太原温大有与之偕行，曰："吾儿年少，以卿参谋军事；事之成败，当以此行卜之。"时军士新集，咸未阅习，建成、世民与之同甘苦，遇敌则以身先之。近道菜果，非买不食，军士有窃之者，辄求其主偿之，亦不诘窃者，军士及民皆感悦。至西河城下，民有欲入城者，皆听其入。郡丞高德儒闭城拒守，己丑，攻拔之。执德儒至军门，世民数之曰："汝指野鸟为鸾，以欺人主，取高官，吾兴义兵，正为诛佞人耳！"遂斩之。自余不戮一人，秋毫无犯，各尉抚使复业，远近闻之大悦。建成等引兵还晋阳，往返凡九日。渊喜曰："以此行兵，虽横行天下可也。"遂定入关之计。

渊开仓以赈贫民，应募者日益多。渊命为三军，分左右，通谓之义

【语译】

恭皇帝下

隋恭帝义宁元年（丁丑，617 年）

六月己卯日，李建成等人到达晋阳。

刘文静劝李渊外联突厥，借用突厥的兵马来壮大自己的声势。李渊赞同了，就写了一封亲笔信，言词谦恭，加上厚礼，送给始毕可汗。信中说：“我想大兴正义之师，到远方去迎接皇上，与突厥重新和亲，就如同开皇年间一样。如果可汗能和我一同去南方，希望突厥士兵不要侵暴百姓，如果只是和亲，坐收金银财宝，也由可汗自己选择。”始毕可汗得到这封信，对他的大臣们说：“隋朝皇上的为人，我非常了解，如果把他迎接回来，一定加害唐公并攻击突厥没有疑义。假如唐公自己做天子，我突厥不避寒暑，用我们的兵马帮助他。”就按这个意思写了回信。使者第七天回来了，李渊部将都非常高兴，请求李渊听从突厥可汗的意见，李渊不同意。裴寂、刘文静都说：“如今正义之师已经集结，但缺少战马，突厥兵不是我们需要的，但战马是不能缺少的。如果拖延回信，恐怕突厥后悔。”李渊说：“诸位再想一想别的办法。”裴寂等人于是请求尊奉隋炀帝为太上皇，立代王杨侑为帝，用来安定隋皇室；传布檄文到各郡县，改换旗帜，杂用红色和白色，按这样回信突厥，示意与隋朝不同。李渊说：“这样可以说是‘掩耳盗钟’，但为形势所逼，不得不这样做。”于是同意这样做，派使者把这个决议通告突厥。

西河郡不服从李渊的命令，六月初五日甲申，李渊派李建成、李世民领兵攻打西河郡，命令太原令太原人温大有随军出征。李渊对温大有说：“我儿子年轻，请你参加谋划军事方略，事情的成败，就拿这次出征的结果作预测。”当时，士兵都是新近招募来的，全都没有经过训练。李建成、李世民与士兵们同甘共苦，遇到敌人就身先士卒，道路两旁的蔬菜瓜果，不是买的不准吃，士兵有偷吃的，一定找到物主给予赔偿，也不责怪偷吃的人，士兵及百姓们都十分感激喜悦。大军进抵西河城下，百姓想要进城的人，都听从他们进入。西河郡丞高德儒紧闭城门坚守，六月初十日己丑，李建成攻克西河城，把高德儒押到军营门口，李世民责备高德儒说：“你指着野鸟说是凤凰来欺骗人主，获取高官，我们兴义兵，就是为了诛灭像你这样的奸佞之人！”于是将高德儒斩首。其余官员一个不杀，秋毫无犯，派人分头抚慰百姓，让他们各复其业，远近的人听到消息都非常高兴。李建成等人率军回到晋阳，往返一共才九天。李渊高兴地说：“像这样用兵，就是横行天下也是可以的！”于是决定了进兵关中的计划。

李渊大开粮仓赈济贫民，应募当兵的人一天比一天多。李渊下令分部众为三军，

士。裴寂等上渊号为大将军，癸巳，建大将军府；以寂为长史，刘文静为司马，唐俭及前长安尉温大雅为记室，大雅仍与弟大有共掌机密，武士彟为铠曹，刘政会及武城崔善为、太原张道源为户曹，晋阳长上邽姜謩为司功参军，太谷长殷开山为府掾，长孙顺德、刘弘基、窦琮及鹰扬郎将高平王长谐、天水姜宝谊、阳屯为左右统军；自余文武，随才授任。又以世子建成为陇西公，左领军大都督，左三统军隶焉；世民为敦煌公，右领军大都督，右三统军隶焉；各置官属。以柴绍为右领军府长史；谘议谯人刘赡领西河通守。道源名河，开山名峤，皆以字行。开山，不害之孙也。

李密复帅众向东都，丙申，大战于平乐园。密左骑、右步，中列强弩，鸣千鼓以冲之，东都兵大败，密复取回洛仓。

突厥遣其柱国康鞘利等送马千匹诣李渊为互市，许发兵送渊入关，多少随所欲。丁酉，渊引见康鞘利等，受可汗书，礼容尽恭，赠遗康鞘利等甚厚。择其马之善者，止市其半；义士请以私钱市其余，渊曰："虏饶马而贪利，其来将不已，恐汝不能市也。吾所以少取者，示贫，且不以为急故也，当为汝贳之，不足为汝费。"

乙巳，灵寿贼帅郗士陵帅众数千降于渊，渊以为镇东将军、燕郡公，仍置镇东府，补僚属，以招抚山东郡县。

己巳，康鞘利北还。渊命刘文静使于突厥以请兵，私谓文静曰："胡骑入中国，生民之大蠹也。吾所以欲得之者，恐刘武周引之共为边患；又，胡马行牧，不费刍粟，聊欲藉之以为声势耳。数百人之外，无所用之。"

秋，七月，炀帝遣江都通守王世充将江、淮劲卒，将军王隆帅邛黄蛮，河北大使太常少卿韦霁、河南大使虎牙郎将王辩等各帅所领同赴东都，相知讨李密。霁，世康之子也。

壬子，李渊以子元吉为太原太守，留守晋阳宫，后事悉以委之。癸丑，渊帅甲士三万发晋阳，立军门誓众，并移檄郡县，谕以尊立代王之

三军再分左、右翼，通称为义士。裴寂等人给李渊奉上大将军的尊号。六月十四日癸巳，设置大将军府，任命裴寂为长史，刘文静为司马，唐俭和前长安尉温大雅为记室，温大雅于是和他弟弟温大有共同掌管机密，任命武士彟为铠曹，刘政会和武城人崔善为、太原人张道源都为户曹，晋阳长上邽人姜謩为司功参军，太谷长殷开山为府掾，长孙顺德、刘弘基、窦琮以及鹰扬郎将高平人王长谐、天水人姜宝谊、阳屯分别为左、右统军，其余的文武僚佐都按照才能分别授予官职。李渊又封世子李建成为陇西公、左领军大都督，左三统军归他统率；封李世民为敦煌公，右领军大都督，右三统军归他统辖，二人各自设置官府僚属。任命柴绍为右领军府长史，谘议谯县人刘赡任西河通守。张道源名河，殷开山名峤，都以字号行世。殷开山是殷不害的孙子。

李密又率部众攻打东都，六月十七日丙申，与隋军在平乐园大战。李密左边是骑兵，右边是步兵，中间部署强弩，擂动千面战鼓向敌军猛冲，东都隋军大败，李密再次夺取回洛仓。

突厥派他们的柱国康鞘利等人送一千匹马到李渊处做交易，并答应派兵送李渊入关，兵马的多少由李渊确定。六月十八日丁酉，李渊召见康鞘利等人，接受了可汗的书信，礼仪容止都非常恭敬，送给康鞘利等人的礼物十分丰厚。李渊挑选其中的良马，只买下一半。义士们请求用自己的钱把余下的马都买下来，李渊说："胡人马匹很多，却又十分贪利，他们会不断地送马来，恐怕你们就没有钱再买了。我所以买得很少，是表示贫穷，而且也不是那么急用。我当为你们赊欠下来，用不着你们出钱。"

六月二十六日乙巳，灵寿县贼兵首领郗士陵率领部众几千人投降李渊。李渊任命郗士陵为镇东将军、燕郡公，并设置镇东府，补充镇东府僚属，用这样优抚的办法来招抚潼关以东的各个郡县。

己巳日，康鞘利返回北方。李渊派刘文静出使突厥请求出兵，李渊私下告诉刘文静说："胡人骑兵进入中原，是百姓的一大祸害。我之所以要得到突厥的援兵，是怕刘武周勾结他们一起成为边境上的祸害。此外，胡马是野外放牧饲养，不用耗费草料，只不过暂且借突厥人的兵马来壮大声势。只需要几百人，再多的就用不着了。"

秋季，七月，隋炀帝派江都通守王世充率领江淮精锐士兵，将军王隆率领邛地黄蛮，河北讨捕大使太常少卿韦霁、河南讨捕大使虎牙郎将王辩等人各自率领所属部队一同赶赴东都，互相配合讨伐李密。韦霁是韦世康的儿子。

七月初四日壬子，李渊任命儿子李元吉为太原太守，留守晋阳宫，后方事务委托他全权处理。七月初五日癸丑，李渊统帅甲士三万人从晋阳出发，在军营门前誓

意；西突厥阿史那大奈亦帅其众以从。甲寅，遣通议大夫张纶将兵徇稽胡。丙辰，渊至西河，慰劳吏民，赈赡穷乏；民年七十以上，皆除散官，其余豪俊，随才授任，口询功能，手註官秩，一日除千余人；受官皆不取告身，各分渊所书官名而去。渊入雀鼠谷；壬戌，军贾胡堡，去霍邑五十余里。代王侑遣虎牙郎将宋老生帅精兵二万屯霍邑，左武候大将军屈突通屯河东以拒渊。会积雨，渊不得进，遣府佐沈叔安等将羸兵还太原，更运一月粮。乙丑，张纶克离石，杀太守杨子崇。

刘文静至突厥，见始毕可汗，请兵，且与之约曰："若入长安，民众土地入唐公，金玉缯帛归突厥。"始毕大喜，丙寅，遣其大臣级失特勒先至渊军，告以兵已上道。

（以上为第一段，写李渊起兵，联结突厥，解除了后顾之忧，传檄郡县，大举南进。）

渊以书招李密。密自恃兵强，欲为盟主，使祖君彦复书曰："与兄派流虽异，根系本同。自唯虚薄，为四海英雄共推盟主。所望左提右挈，戮力同心，执子婴于咸阳，殪商辛于牧野，岂不盛哉！"且欲使渊以步骑数千自至河内，面结盟约。渊得书，笑曰："密妄自矜大，非折简可致。吾方有事关中，若遽绝之，乃是更生一敌；不如卑辞推奖以骄其志，使为我塞成皋之道，缀东都之兵，我得专意西征。俟关中平定，据险养威，徐观鹬蚌之势以收渔人之功，未为晚也。"乃使温大雅复书曰："吾虽庸劣，幸承余绪，出为八使，入典六屯，颠而不扶，通贤所责。所以大会义兵，和亲北狄，共匡天下，志在尊隋。天生烝民，必有司牧，当今为牧，非子而谁！老夫年逾知命，愿不及此。欣戴大弟，攀鳞附翼，唯弟早膺图箓，以宁兆民！宗盟之长，属籍见容，复封于唐，斯荣足矣。殪商辛于牧野，所不忍言；执子婴于咸阳，未敢闻命。汾晋左右，尚须安辑；盟津之会，未暇卜期。"密得书甚喜，以示将佐曰："唐公见推，天下不足定矣！"自是信使往来不绝。

师，并向各郡县发布檄文，晓谕大家尊立代王为帝的主张，西突厥阿史那大奈也率领部众随从。七月初六日甲寅，李渊派出通议大夫张纶领兵征讨稽胡。七月初八日丙辰，李渊到达西河，慰劳官吏百姓，救济贫民，凡是七十岁以上的老人，都授给散官的头衔，其他的豪杰英才，随个人的才能授给职务。李渊一边询问求职人的功绩才能，一边随手写出授给的官职品秩，一天之内任用了一千多人。得到官职的人都不拿委任状，各自拿着李渊亲手写的官名离去。李渊进入雀鼠谷。七月十四日壬戌，驻屯贾胡堡，距离霍邑五十多里。代王杨侑派遣虎牙郎将宋老生率领精兵两万屯守霍邑，左武侯大将军屈突通屯守河东，抵抗李渊。正赶上连天大雨，李渊无法向前推进，派府佐沈叔安等率领老弱兵回到太原，再运一个月的粮食。七月十七日乙丑，张纶攻克离石郡，杀了太守杨子崇。

刘文静到达突厥，拜见始毕可汗，请求派兵援助，并且与始毕可汗约定："如果进入长安，民众土地归唐公，金玉丝帛归突厥。"始毕可汗很高兴。七月十八日丙寅，始毕可汗派大臣级失特勒提前赶到李渊的军营，通知突厥援兵已经上路。

李渊写信招抚李密，李密自恃兵力强盛，想当盟主。他让祖君彦回信说："我和兄长虽然支派不同，但都是李姓同宗，我虽然自己觉得势单力薄，却蒙天下英雄共同推举为盟主。希望你提携辅助，同心协力，完成在咸阳活捉子婴，在牧野杀死商辛这样的大业，这难道不是壮举吗！"并且李密还想要李渊亲自率领几千步骑到河内郡，当面缔结盟约。李渊接到回信，笑着说："李密狂妄自大，不是一封信就可以招来的，我正要进兵关中，如果立即断绝和他的来往，就又树了一个强敌；不如用谦恭的言辞给他戴高帽子，使他更加骄傲，替我挡住成皋的道路，牵制东都的军队，使我们能够专心一意地西征。等关中平定以后，我们据守险要，养精蓄锐，静观鹬蚌相争，坐收渔人之利，也为时不晚。"于是李渊让温大雅回信说："我虽然平庸愚劣，却很幸运继承了祖宗的遗业，出朝为巡行天下的使者，入朝掌管六军。国家颠危若不出来扶持，就会受到通达贤人的责备。因此，我大规模出动正义之师，北边与突厥和亲，共同匡正天下，志在尊奉隋朝。上天降生了众多的民众，一定会安置管理的官吏，当今谁能主宰万民，非你莫属！老夫我已经过了五十岁，没有了主宰人民的心意。我十分高兴拥戴老弟，攀龙附凤，希望老弟早日应验图谶，也好安定天下万民。你是宗族的盟长，能容纳我们这一支同宗，又封我在唐地，这样的殊荣足够了。在牧野杀死商辛，我不忍心说这样的话；在咸阳活捉子婴，我不敢接受这样的命令。汾晋一带，必须我去安抚，到盟津会盟，我还定不下日期。"李密得到回

雨久不止，渊军中粮乏；刘文静未返，或传突厥与刘武周乘虚袭晋阳；渊召将佐谋北还。裴寂等皆曰："宋老生、屈突通连兵据险，未易猝下。李密虽云连和，奸谋难测。突厥贪而无信，唯利是视。武周，事胡者也。太原一方都会，且义兵家属在焉，不如还救根本，更图后举。"李世民曰："今禾菽被野，何忧乏粮！老生轻躁，一战可擒。李密顾恋仓粟，未遑远略。武周与突厥外虽相附，内实相猜。武周虽远利太原，岂可近忘马邑！本兴大义，奋不顾身以救苍生，当先入咸阳，号令天下。今遇小敌，遽已班师，恐从义之徒一朝解体，还守太原一城之地为贼耳，何以自全！"李建成亦以为然。渊不听，促令引发。世民将复入谏，会日暮，渊已寝；世民不得入，号哭于外，声闻帐中。渊召问之，世民曰："今兵以义动，进战则克，退还则散；众散于前，敌乘于后，死亡无日，何得不悲！"渊乃悟曰："军已发，奈何？"世民曰："右军严而未发，左军虽去，计亦未远，请自追之。"渊笑曰："吾之成败皆在尔，知复何言，唯尔所为。"世民乃与建成夜追左军复还。丙子，太原运粮亦至。

（以上为第二段，写李渊用计联结李密，仍畏首畏尾，李世民挺身而出，坚定了李渊的信心。）

武威鹰扬府司马李轨，家富，好任侠；薛举作乱于金城，轨与同郡曹珍、关谨、梁硕、李赟、安脩仁等谋曰："薛举必来侵暴，郡官庸怯，势不能御，吾辈岂可束手并妻孥为人所虏邪！不若相与并力拒之，保据河右以待天下之变。"众皆以为然，欲推一人为主，各相让，莫肯当。曹珍曰："久闻图谶李氏当王；今轨在谋中，乃天命也。"遂相与拜轨，奉以为主。丙辰，轨令脩仁集诸胡，轨结民间豪杰，共起兵，执虎贲郎将谢统师、郡丞韦士政。轨自称河西大凉王，置官属并拟开皇故事。关谨等欲尽杀隋官，分其家赀，轨曰："诸人既逼以为主，当禀其号令。今兴义兵以救生民，乃杀人取货，此群盗耳，将何以济！"于是以统师为太仆卿，士政为太府卿。西突厥阙度设据会宁川，自称阙可汗，请降于轨。

信非常高兴，他拿给部将们看，说：“唐公拥护我，天下就很容易平定。”从此双方信使往来不断。

雨下了好几天还不停止，李渊大军缺粮，刘文静还没有回来，有传言说突厥与刘武周趁空虚袭击晋阳。李渊召集部将商量返回北方。裴寂等人都说：“宋老生、突屈通，两军联合据守险要，不容易很快攻下，李密虽然说和我们联合，他的阴谋诡计很难预测。突厥人贪婪而无信义，唯利是图。刘武周，是向突厥称臣的人，太原是一个地区的都会，况且又是义军家属居住的地方，不如回去救援根本的地方，改日再做以后的打算。”李世民说：“现今禾谷豆子遍地都是，还愁没粮食吗？宋老生轻狂急躁，一战就可抓获，李密留恋粮仓，还考虑不到长远打算，刘武周和突厥，表面上互相依附，骨子里互相猜疑。刘武周虽然远出贪图太原，但岂能忘记附近的马邑。我们原来是兴举大义，奋不顾身拯救天下百姓，应当抢先进入咸阳，号令天下。如今遇上小小敌人，就立即班师，恐怕跟随起义的人一旦散离，我们只能回去守住太原一座孤城当贼了，怎么能保全自己呢！”李建成也认为是这个理。李渊不听，催促军队出发。李世民将要进入李渊营帐劝阻，当时已经天黑，李渊睡下了。李世民进不了营帐，就在营门外大声哭喊，哭声传进了帐中，李渊召进李世民问话，李世民说：“如今大军为了大义而出动，前进攻战必胜，后退就要离散，如果部众在前面溃散，敌人趁机在后追击，死期就在眼前，怎么不伤心！”李渊立即醒悟过来，说：“军队已经出发了，怎么办？”李世民说：“右路军严阵以待还没出发，左路军虽然出发，估计还没有走多远，我请求亲自去追回来。”李渊笑着说：“我的成败全靠你了，知道了不必再说什么，随你去做吧！”李世民于是与李建成连夜追左路军回来。七月二十八日丙子，太原运送的粮食也到了。

武威鹰扬府司马李轨，家中富有，喜欢仗义行侠。薛举在金城作乱，李轨和同郡人曹珍、关谨、梁硕、李赟、安脩仁等商量说：“薛举一定会前来侵犯施暴，郡官昏庸胆小，肯定不能抵御，我们难道可以捆住双手连同妻子儿女一起被人俘虏吗！不如大家同心协力合力抵抗，占据保卫河西以等待天下的变化。”大家都认为是这个理。众人想推选一个人为首领，可是互相推让，没有人肯当首领。曹珍说：“我长久以来听到图谶上说李氏应当为王，今天李轨也参加了我们的谋划，这是天命。”于是大家一起参拜李轨，推举他为首领。七月初八日丙辰，李轨命令安脩仁召集各部落胡人，李轨聚结民间豪杰，共同起兵，抓捕了虎贲郎将谢统师，郡丞韦士政。李轨自称河西大梁王，建置官府僚属，按照开皇年间的制度办理。关谨等人想把隋朝官吏杀光，瓜分他们的家财。李轨说：“各位既然逼我为王，就应当听从我的号令，如今我们是兴起正义之师用来拯救黎民百姓，如果杀人取货，这就是一群强盗，我们

薛举自称秦帝，立其妻鞠氏为皇后，子仁果为皇太子。遣仁果将兵围天水，克之，举自金城徙都之。仁果多力，善骑射，军中号万人敌；然性贪而好杀。尝获庾信子立，怒其不降，磔于火上，稍割以啖军士。及克天水，悉召富人，倒悬之，以醋灌鼻，责其金宝。举每戒之曰：“汝之才略足以办事，然苛虐无恩，终当覆我国家。”

举遣晋王仁越将兵趋剑口，至河池郡，太守萧瑀拒却之。又遣其将常仲兴济河击李轨，与轨将李赟战于昌松，仲兴举军败没。轨欲纵遣之，赟曰：“力战获俘，复纵以资敌，将焉用之！不如尽坑之。”轨曰：“天若祚我，当擒其主，此属终为我有；若其无成，留之何益！”乃纵之。未几，攻张掖、敦煌、西平、枹罕，皆克之，尽有河西五郡之地。

（以上为第三段，写李轨、薛举乘乱分别割据河西、陇右之地。）

炀帝诏左御卫大将军涿郡留守薛世雄将燕地精兵三万讨李密，命王世充等诸将皆受世雄节度，所过盗贼，随便诛翦。世雄行至河间，军于七里井，窦建德士众惶惧，悉拔诸城南遁，声言还入豆子䴚。世雄以为畏己，不复设备，建德谋还袭之。其处去世雄营百四十里，建德帅敢死士二百八十人先行，令余众续发，建德与其士众约曰：“夜至，则击其营；已明，则降之。”未至一里所，天欲明，建德惶惑议降；会天大雾，人咫尺不相辨，建德喜曰：“天赞我也！”遂突入其营击之，世雄士卒大乱，皆腾栅走。世雄不能禁，与左右数十骑遁归涿郡，惭恚发病卒。建德遂围河间。

（以上为第四段，写隋炀帝身在江都，仍在遥控军事。涿郡薛世雄兵败，隋朝河北军事力量枯竭。）

八月，己卯，雨霁。庚辰，李渊命军中曝铠仗行装。辛巳旦，东南由山足细道趣霍邑。渊恐宋老生不出，李建成、李世民曰：“老生勇而无谋，以轻骑挑之，理无不出；脱其固守，则诬以贰于我。彼恐为左右所奏，安敢不出！”渊曰：“汝测之善，老生不能逆战贾胡，吾知其无能为

如何能成功！”于是李轨任命谢统师为太仆卿，韦士政为太府卿。西突厥的阙度设占据会宁川，自称阙可汗，请求投降李轨。

薛举自称大秦皇帝，册立妻子为皇后，儿子薛仁果为皇太子。薛举派薛仁果领兵包围天水，当攻下天水后，薛举从金城迁都天水。薛仁果力气大，善于骑马射箭，军中称他为万人敌。但是，薛仁果生性贪婪，喜欢杀人。薛仁果曾经抓获庾信的儿子庾立，他愤怒庾立不向自己投降，就把庾立剁成肉块投在火中烧烤，再割成碎片让士兵们吃。当攻下天水的时候，薛仁果集中了全部富人，把他们倒吊起来，用醋灌鼻，索取金银财宝。薛举常常训诫他说：“你的才干谋略可以办成大事，但你苛刻残暴，对人无恩，最终要倾覆我的国家。”

薛举派晋王薛仁越率领军队直逼剑口，到达河池郡时，河池太守萧瑀出兵抵抗，把薛仁越打退。薛举又派部将常仲兴渡过黄河进击李轨，与李轨的部将李赟在昌松交战，常仲兴全军覆没。李轨要把俘虏全部释放，李赟说：“我们奋力作战才抓到俘虏，又放回他们去增强敌军实力，为什么这样做呢？不如全部活埋。”李轨说：“上天如果赐福给我，就应当活捉他们的首领，这些人终归还是为我所有。如果事情不能成功，留下他们又有什么好处！”于是将俘虏全部释放。不久，李轨进攻张掖、郭煌、西平、枹罕，全部攻克，占据了全部河西五郡之地。

隋炀帝下诏，命令左御卫大将军涿郡留守薛世雄率领燕地三万精兵讨伐李密，又命令王世充等将领都受薛世雄指挥，沿途遇见盗贼，可以随时诛杀。薛世雄前进到河间，驻扎在七里井。窦建德部众惊惶恐惧，放弃所占领的城池，向南逃走，声称要回豆子䴚。薛世雄认为窦建德是害怕自己，不再戒备。窦建德密谋回军袭击。窦建德军队的驻地距薛世雄的军营只有一百四十里，窦建德率领敢死队二百八十人先出发，命令其余的人随后陆续出发，并与士兵约定：“如果夜晚到达，就进攻薛营；如果到达时天已经大亮，就向薛世雄投降。”当大军走到距离薛营一里处，天就要亮了，窦建德惶惑不安，和大家商议是否投降；正巧天降大雾，人相距咫尺就看不清，都无法辨认。窦建德非常高兴地说：“这是老天爷帮助我啊！”于是率军突然袭击薛世雄军营，薛世雄士卒大乱，全都翻越营寨逃走。薛世雄无法制止，只好与左右几十名骑兵逃回涿郡。薛世雄惭愧愤恨，发病而死。窦建德于是包围河间。

八月初一日己卯，雨停天晴。八月初二日庚辰，李渊命令部队在太阳下晒铠甲、武器、行装。八月初三日辛巳早晨，队伍沿着东南山麓小路抵达霍邑。李渊担心宋老生不出战，李建成、李世民说：“宋老生有勇无谋，用轻骑向他挑战，按理他不会不出战。假如他固守不出战，那么我们就散布他要叛变投降我。宋老生害怕左

也！”渊与数百骑先至霍邑城东数里以待步兵，使建成、世民将数十骑至城下，举鞭指麾，若将围城之状，且诟之。老生怒，引兵三万自东门、南门分道而出，渊使殷开山趣召后军。后军至，渊欲使军士先食而战，世民曰：“时不可失。”渊乃与建成陈于城东，世民陈于城南。渊、建成战小却，世民与军头临淄段志玄自南原引兵驰下，冲老生陈，出其背，世民手杀数十人，两刀皆缺，流血满袖，洒之复战。渊兵复振，因传呼曰：“已获老生矣！”老生兵大败，渊兵先趣其门，门闭，老生下马投堑，刘弘基就斩之，僵尸数里。日已暮，渊即命登城，时无攻具，将士肉薄而登，遂克之。

渊赏霍邑之功，军吏疑奴应募者不得与良人同，渊曰：“矢石之间，不辨贵贱，论勋之际，何有等差，宜并从本勋授。”壬午，渊引见霍邑吏民，劳赏如西河，选其丁壮使从军；关中军士欲归者，并授五品散官，遣归。或谏以官太滥，渊曰：“隋氏吝惜勋赏，此所以失人心也，奈何效之！且收众以官，不胜于用兵乎！”

丙戌，渊入临汾郡，慰抚如霍邑。庚寅，宿鼓山。绛郡通守陈叔达拒守；辛卯，进攻，克之。叔达，陈高宗之子，有才学，渊礼而用之。

癸巳，渊至龙门，刘文静、康鞘利以突厥兵五百人、马二千匹来至。渊喜其来缓，谓文静曰：“吾西行及河，突厥始至，兵少马多，皆君将命之功也。”

汾阳薛大鼎说渊：“请勿攻河东，自龙门直济河，据永丰仓，传檄远近，关中可坐取也。”渊将从之。诸将请先攻河东，乃以大鼎为大将军府察非掾。

河东县户曹任瓌说渊曰：“关中豪杰皆企踵以待义兵。瓌在冯翊积年，知其豪杰，请往谕之，必从风而靡。义师自梁山济河，指韩城，逼郃阳。萧造文吏，必当望尘请服。孙华之徒，皆当远迎，然后鼓行而进，直据永丰，虽未得长安，关中固已定矣。”渊悦，以瓌为银青光禄大夫。

右的人奏报，怎敢不出战！”李渊说：“你推测得很好，宋老生不敢在贾胡堡与我军交战，我就知道他没什么能耐。”李渊与几百个骑兵先到达霍邑城东面几里远的地方等待步兵，派李建成、李世民率领几十名骑兵进到城下，举起鞭子指指点点，好像要包围城的样子，还一边大骂。宋老生被激怒了，领兵三万从东门、南门分路出击，李渊派殷开山迅速召集后继部队。后续部队赶到，李渊想让军士先吃饭再交战，李世民说：“机不可失。”李渊于是与李建成在城东布阵，李世民在城南布阵。李渊、李建成刚一交战稍稍往后退，李世民与军头临淄人段志玄从南原领兵飞驰而下，冲击宋老生的军阵，从背后打击，李世民亲手击杀几十个人，两把刀都砍缺了，飞溅的血沾满衣袖，李世民甩掉鲜血又投入战斗。李渊的军队也振作起来，乘势大喊：“宋老生被活捉了！”宋老生的军队大败，李渊的士兵先冲到城门，城门已经关闭，宋老生下马跳入护城河中，刘弘基赶上砍了他的头。隋军的死尸遍布几里。天已经黑下来了，李渊立即命令登城。当时没有攻城器具，将士们就用血肉之身靠近城墙强行登城，终于攻下了霍邑。

李渊赏赐攻打霍邑的战功，军官们疑心从奴仆中应募的军士不能和良家子弟同样论功。李渊说：“飞石流箭，不认贵贱，论功的时候，哪有等级差别，应当一律按功劳大小颁赏授官。”八月初四日壬午，李渊召见霍邑的吏民，慰劳赏赐，如同攻克西河郡一样，挑选其中的壮士从军。关中的军士想回家的，一律授五品散官，遣送回家。有人劝谏，认为授官太滥，李渊说：“隋朝吝惜勋位赏赐，这是大失人心的啊，为什么要效法他！况且用官位来收揽人心，不是比用兵要好吗！”

八月初八日丙戌，李渊进入临汾郡，慰劳安抚如同霍邑。八月十二日庚寅，军宿鼓山。绛郡通守陈叔达守城抵抗。八月十三日辛卯，李渊攻城，打下了绛郡。陈叔达，是陈宣帝的儿子，有才学，李渊以礼相待，让他做官。

八月十五日癸巳，李渊到达龙门，刘文静、康鞘利带领突厥兵五百人，马两千匹到来。李渊非常高兴突厥来增援，对刘文静说：“我向西进兵到达黄河，突厥才到来，而且兵少马多，这都是你贯彻执行使命的功劳。”

汾阳人薛大鼎对李渊献策说：“请不要进攻河东，从龙门直接渡过黄河，战据永丰仓，向远近各地发布檄文，关中可以坐着取得。”李渊想要听从。众将欲请求先进攻河东，于是任用薛大鼎为大将军府察非掾。

河东县户曹任瓌对李渊说：“关中豪杰都踮起脚尖盼望义军，我在冯翊郡多年，了解那里的豪杰，请让我前去晓谕他们，一定会像随风一边倒一样来归附。义军从梁山渡过黄河，指向韩城，进逼郃阳。萧造是一个文官，一定是看到尘土飞起就会请求投降。孙华这样的人，都会远远迎接，然后大张旗鼓向前进军，直接攻占永丰仓，虽然还没得到长安，关中稳稳地已经平定了。”李渊非常高兴，任用任瓌为银青

时关中群盗，孙华最强；丙申，渊至汾阴，以书招之。己亥，渊进军壶口，河滨之民献舟者日以百数，仍置水军。壬寅，孙华自郃阳轻骑渡河见渊。渊握手与坐，慰奖之，以华为左光禄大夫、武乡县公，领冯翊太守，其徒有功者，委华以次授官，赏赐甚厚。使之先济；继遣左右统军王长谐、刘弘基及左领军长史陈演寿、金紫光禄大夫史大奈将步骑六千自梁山济，营于河西以待大军。以任瓌为招慰大使，瓌说韩城，下之。渊谓长谐曰："屈突通精兵不少，相去五十余里，不敢来战，足明其众不为之用。然通畏罪，不敢不出。若自济河击卿等，则我进攻河东，必不能守；若全军守城，则卿等绝其河梁：前扼其喉，后拊其背，彼不走必为擒矣。"

（以上为第五段，写李渊克霍邑，下临汾，渡龙门，进兵关中，一路势如破竹。）

骁果从炀帝在江都者多逃去，帝患之，以问裴矩，对曰："人情非有匹偶，难以久处，请听军士于此纳室。"帝从之。九月，悉召江都境内寡妇、处女集宫下，恣将士所取；或先与奸者听自首，即以配之。

武阳郡丞元宝藏以郡降李密，甲寅，密以宝藏为上柱国、武阳公。宝藏使其客钜鹿魏徵为启谢密，且请改武阳为魏州；又请帅所部西取魏郡，南会诸将取黎阳仓。密喜，即以宝藏为魏州总管，召魏徵为元帅府文学参军，掌记室。徵少孤贫，好读书，有大志，落拓不事生业。始为道士，宝藏召典书记。密爱其文辞，故召之。

初，贵乡长弘农魏德深，为政清静，不严而治。辽东之役，征税百端，使者旁午，责成郡县，民不堪命，唯贵乡闾里不扰，有无相通，不竭其力，所求皆给。元宝藏受诏捕贼，数调器械，动以军法从事。其邻城营造，皆聚于听事，官吏递相督责，昼夜喧嚣，犹不能济。德深听随便修营，官府寂然，恒若无事，唯戒吏以不须过胜余县，使百姓劳苦；然民各自竭心，常为诸县之最，民爱之如父母。宝藏深害其能，遣将千兵赴东都。所领兵闻宝藏降密。思其亲戚，辄出都门，东向恸哭而返；或劝之降密，皆泣曰："我与魏明府同来，何忍弃去！"

光禄大夫。

当时关中群盗，孙华最强。八月十八日丙申，李渊进军到汾阴，写信招抚孙华。八月二十一日己亥，李渊又进军到壶口，黄河岸边的民众献船的人每天有上百人，李渊便设置了水军，八月二十四日壬寅，孙华从郃阳带轻骑来见李渊。李渊和孙华握手请坐，慰问奖赏，任用孙华为左光禄大夫、武乡县公，兼冯翊太守，他的部属中有功的人，授权孙华依次授予军职，赏赐的物品极其丰厚。李渊让孙华先渡过黄河，随即又派遣左、右统军王长谐、刘弘基以及左领军长史陈演寿、金紫光禄大夫史大奈率领步骑兵共六千人从梁山渡过黄河，在黄河西岸扎营等待主力人军。任命任瓌为招慰大使，任瓌前去游说韩城，韩城投降了。李渊对王长谐说："屈突通兵精众多，离我军只有五十多里，但不敢来战，这足以说明他的部下已经不肯效命了。但是屈突通害怕获罪，又不敢不出战。如果他亲自渡河袭击你们，那我就进攻河东，河东一定守不住。如果屈突通不出战，全力守城，那么你们就拆除河上的桥梁。前面扼住他的咽喉，后面攻击他的脊背，他如果不逃走，必定被我们活捉。"

跟从隋炀帝到江都的骁果勇士，大多逃亡，隋炀帝十分忧心，向裴矩询问对策。裴矩回答说："人的常情，没有配偶，难以在一个地方久留。请求让军士在这里娶妻。"隋炀帝听从了。九月，把江都境内的寡妇、处女全部召集在宫门前，任凭将士选取，有的原来就有奸情的人，让他们自首，即正式婚配为夫妻。

武阳郡丞元宝藏献出郡城投降李密。九月初六日甲寅，李密封元宝藏为上柱国、武阳公。元宝藏受派他的门客钜鹿人魏徵写信向李密表示感谢，并且请求把武阳郡改为魏州，又请求率领所部向西攻打魏郡，南下会合众将攻取黎阳仓。李密非常高兴，立即任命元宝藏为魏州总管，征召魏徵为元帅府文学参军，掌管记室。魏徵小时候死了父亲，家境贫寒，他喜欢读书，胸怀大志，穷困潦倒不善于谋生。魏徵最初当过道士，元宝藏召他掌管文书事务。李密喜欢魏徵的文辞，因此征召他。

当初，贵乡县长弘农人魏德深，为政清静无为，不用严法治理，征伐辽东的时候，苛捐杂税多如牛毛，征税的使者前后交错地来苛求郡县，百姓都承受不了。唯独贵乡县没有受到骚扰，贫富之间互相调剂，百姓的财力没有耗竭，上边需求的都能供给。元宝藏受诏讨捕盗贼，几次征调武器和军用辎重，动不动就以军法论处。贵乡县的邻县把营造工匠都集中在县衙厅堂，官吏轮流监督催促，昼夜喧嚣，还完不成任务。魏德深却听凭工匠随意选择场所修造，官府里安安静静的，就像是什么事也没有发生一样。他只是告诫官吏们，没有必要比邻县造得多造得好，而使百姓劳苦不堪。然而工匠们却都尽心竭力造作，常常为各县之冠。百姓们爱戴魏德深如同父母。元宝藏很妒忌他的才能，派他率领一千名士兵赶赴东都。魏德深率领的士

河南、山东大水，饿殍满野，炀帝诏开黎阳仓赈之，吏不时给，死者日数万人。徐世勣言于李密曰："天下大乱，本为饥馑。今更得黎阳仓，大事济矣。"密遣世勣帅麾下五千人自原武济河，会元宝藏、郝孝德、李文相及洹水贼帅张升、清河贼帅赵君德共袭破黎阳仓，据之，开仓恣民就食，浃旬间，得胜兵二十余万。武安、永安、义阳、弋阳、齐郡相继降密。窦建德、朱粲之徒亦遣使附密。密以粲为扬州总管、邓公。泰山道士徐洪客献书于密，以为："大众久聚，恐米尽人散，师老厌战，难可成功。"劝密"乘进取之机，因士马之锐，沿流东指，直向江都，执取独夫，号令天下。"密壮其言，以书招之，洪客竟不出，莫知所之。

乙卯，张纶徇龙泉、文成等郡，皆下之，获文成太守郑元琏。元琏，译之子也。

（以上为第六段，写隋炀帝日暮途穷仍困守江都。李密军夺取黎阳仓，河北群雄归服，势力达到了鼎盛。）

屈突通遣虎牙郎将桑显和将骁果数千人夜袭王长谐等营，长谐等战不利，孙华、史大奈以游骑自后击显和，大破之。显和脱走入城，仍自绝河梁。丙辰，冯翊大守萧造降于李渊。造，修之子也。

戊午，渊帅诸军围河东，屈突通婴城自守。

将佐复推渊领太尉，增置官属，渊从之。时河东未下，三辅豪杰至者日以千数。渊欲引兵西趣长安，犹豫未决。裴寂曰："屈突通拥大众，凭坚城，吾舍之而去。若进攻长安不克，退为河东所踵，腹背受敌，此危道也。不若先克河东，然后西上。长安恃通为援，通败，长安必破矣。"李世民曰："不然。兵贵神速，吾席累胜之威，抚归顺之众，鼓行而西，长安之人望风震骇，智不及谋，勇不及断，取之若振槁叶耳。若淹留自弊于坚城之下，彼得成谋修备以待我，坐费日月，众心离沮，则大事去矣。且关中蜂起之将，未有所属，不可不早招怀也。屈突通自守虏

兵听到元宝藏投降李密的消息，大家思念自己的亲戚，常常走出东都城门，面向东方放声痛哭，然后返回城内。有人劝他们投降李密，大家哭着说："我们与魏明府一同来的，怎能忍心丢掉他！"

河南、山东发大水，满山遍野都是饿死的尸体。隋炀帝下诏打开黎阳仓赈济饥民，但官吏们却不及时发给，每天饿死的有上万人。徐世勣对李密说："天下大乱，本来就是因为饥荒的缘故，现在如果再把黎阳仓夺取，大事就可以成功了。"李密派徐世勣率领部众五千人从原武渡过黄河，会同元宝藏、郝孝德、李文相，以及洹水反隋军首领陈升、清河反隋军首领赵君德共同攻破了黎阳仓，并占据了它，然后开仓听任饥民取食，十天之内得到二十余万能作战的士兵。武安、永安、义阳、弋阳、齐郡也相继投降了李密。窦建德、朱粲等也派遣使者表示归附李密。李密任命朱粲为扬州总管，封邓公。泰山道士徐洪客向李密呈递书信，献计说："大量部众长久聚集，恐怕粮食一吃完，人就散了，军心疲惫，人人讨厌作战，难以获得成功。"他劝李密："乘着有利进取的时机，凭借军队的锐气，沿运河东下，直取江都，捉拿暴君独夫，号令天下。"李密认为他的建议气魄宏伟，就写信召他来。但徐洪客始终没有来，也没有人知道他的下落。

九月初七日乙卯，张纶攻打龙泉、文成等郡，全部攻克，俘获文成太守郑元琦。郑元琦是郑译的儿子。

屈突通派虎牙郎将桑显和率领骁果数千人乘夜偷袭王长谐等的军营，王长谐等交战失利，孙华、史大奈用游骑从背后袭击桑显和，把桑显和打得大败。桑显和脱身逃回河东城，便自己断绝了河桥。九月初八日丙辰，冯翊太守萧造投降了李渊。萧造，是萧修的儿子。

九月初十日戊午，李渊率领各路军围攻河东，屈突通闭城坚守。

众将领又推举李渊兼职太尉，增加设置太尉府僚属，李渊接受了。当时河东郡还没有攻下，三辅地区的豪杰来投奔李渊的每天有上千人。李渊打算领兵西进，直指长安，犹豫不决。裴寂说："屈突通手握重兵，据守坚固的城池，我军丢开他向前推进，如果进攻长安打不下来，身后遭到河东隋军的跟踵追击，一旦撤退，腹背受敌，这是非常危险的。不如先攻下河东，然后西上。长安依靠屈突通为外援，屈突通战败，长安一定会被攻破。"李世民说："不对。兵贵神速，我军凭借屡战屡胜的军威，安抚归顺的民众，大张旗鼓地西进，长安的人就会望风震恐，有智慧的人来不及谋划，有勇力的人来不及决断，夺取长安如同摇动枯槁的树叶一样容易。我

耳，不足为虑。”渊两从之，留诸将围河东，自引军而西。

朝邑法曹武功靳孝谟，以蒲津、中潬二城降，华阴令李孝常以永丰仓降，仍应接河西诸军。孝常，圆通之子也。京兆诸县亦多遣使请降。

（以上为第七段，写李渊分兵围河东，自己亲率大军直进关中。隋朝关中郡县望风请降。）

王世充、韦霁、王辩及河内通守孟善谊、河阳郡尉独孤武都各帅所领会东都，唯王隆后期不至。己未，越王侗使虎贲郎将刘长恭等帅留守兵，庞玉等帅偃师兵，与世充等合十余万众，击李密于洛口，与密夹洛水相守。炀帝诏诸军皆受世充节度。

帝遣摄江都郡丞冯慈明向东都，为密所获。密素闻其名，延坐劳问，礼意甚厚，因谓曰：“隋祚已尽，公能与孤立大功乎？”慈明曰：“公家历事先朝，荣禄兼备。不能善守门阀，乃与玄感举兵，偶脱罔罗，得有今日，唯图反噬，未谕高旨。莽、卓、敦、玄非不强盛，一朝夷灭，罪及祖宗。仆死而后已，不敢闻命！”密怒，囚之。慈明说防人席务本，使亡走。奉表江都，及致书东都论贼形势，至雍丘，为密将李公逸所获，密又义而释之；出至营门，翟让杀之。慈明，子琮之子也。

密之克洛口也，箕山府郎将张季珣固守不下，密以其寡弱，遣人呼之。季珣骂密极口，密怒，遣兵攻之，不能克。时密众数十万在其城下，季珣四面阻绝，所领不过数百人，而执志弥固，誓以必死。久之，粮尽水竭，士卒羸病，季珣抚循之，一无离叛，自三月至于是月，城遂陷。季珣见密不肯拜，曰：“天子爪牙，何容拜贼！”密犹欲降之，诱谕终不屈，乃杀之。季珣，祥之子也。

（以上为第八段，写隋朝地方官吏冯慈明、张季珣尽忠殉国。）

庚申，李渊帅诸军济河；甲子，至朝邑，舍于长春宫，关中士民归

们要是滞留在坚城之下使自己疲惫不堪，使敌人有时间完成谋划加强防备，严阵以待，而我军却待在这里白白浪费时间，就会士气沮丧，军心离散，那么大事就全完了。况且关中纷纷起事的将领还没有归属，不能不尽早招抚。屈突通只是一个自守巢穴的强盗，不值得忧虑。”李渊采纳了双方的意见，留下众将包围河东，自己率军西进。

朝邑县法曹武功人靳孝谟献出蒲津、中潬两座城池投降李渊。华阴县令李孝常也献出永丰仓投降，更便利地去接应河西的各路李渊军队。李孝常是李圆通的儿子。京兆各县也大多数派遣使者请求投降。

王世充、韦霁、王辩以及河内通守孟善谊、河阳郡尉独孤武都各自率领所属部队在东都会师，只有王隆过了期限还没到达。九月十一日己未，越王杨侗派虎贲郎将刘长恭等率领东都的留守部队，庞玉等率领偃师的军队，与王世充等部合兵在一起有十余万人，进攻李密据守的洛口。隋军与李密军队隔着洛水相互对峙，隋炀帝诏令各军都归王世充指挥。

隋炀帝派遣江都代理郡丞冯慈明到东都，被李密抓获。李密早就听说冯慈明的大名，请他上座，慰劳问候，礼节很隆重。李密对冯慈明说：“隋朝帝业气数已尽，您能和我一同建立大业吗？”冯慈明说：“你们家几代人事奉先朝，荣华富贵和高官厚禄都兼有了，却不能很好地守住世家门第，却与杨玄感一起造反，侥幸漏网逃脱，活到今天，只是一门心思造反，不懂得最高的真理。王莽、董卓、王敦、桓玄不是不强盛，一旦诛灭，罪及祖宗。我只求一死，不敢从命。”李密大怒，把冯慈明囚禁起来。冯慈明劝说看管他的席务本，放他逃走。冯慈明揣着向江都的奏表，又写信陈述盗贼的形势。他逃到了雍丘，被李密的部将李公逸抓获，李密又一次仗义释放了他。冯慈明走到营门，被翟让杀死。冯慈明，是冯子琮的儿子。

李密攻克洛口时，箕山府郎将张季珣坚守不降，李密认为他兵少势弱，派人劝他投降，张季珣破口大骂李密，李密大怒，派兵攻打，却不能攻克。当时李密围城军队有几十万人，张季珣四面交通被切断，所率领的部众只有几百人，而意志更加坚定，誓死不屈。时间长了，粮食吃完，水也枯竭，士兵体弱多病，张季珣安抚慰问，没有一个背叛的人，从三月坚守直到九月，城池终于被攻陷。张季珣见了李密不肯下拜，说：“天子的爪牙，岂能向贼人叩头。”李密仍想劝降，用尽心思劝说，张季珣始终不屈，于是杀了他。张季珣，是张祥的儿子。

九月十二日庚申，李渊统帅各路人马西渡黄河。九月十六日甲子，到达朝邑，

之者如市。丙寅，渊遣世子建成、司马刘文静帅王长谐等诸军数万人屯永丰仓，守潼关以备东方兵，慰抚使窦轨等受其节度；敦煌公世民帅刘弘基等诸军数万人徇渭北，慰抚使殷开山等受其节度。轨，琮之兄也。

冠氏长于志宁、安养尉颜师古及世民妇兄长孙无忌谒见渊于长春宫。师古名籀，以字行；志宁，宣敏之兄子；师古，之推之孙也；皆以文学知名，无忌仍有才略。渊皆礼而用之，以志宁为记室，师古为朝散大夫，无忌为渭北行军典签。

屈突通闻渊西入，署鹰扬郎将汤阴尧君素领河东通守，使守蒲坂，自引兵数万趣长安，为刘文静所遏。将军刘纲戍潼关，屯都尉南城，通欲往依之，王长谐先引兵袭斩纲，据城以拒通，通退保北城。渊遣其将吕绍宗等攻河东，不能克。

柴绍之自长安赴太原也，谓其妻李氏曰："尊公举兵，今偕行则不可，留此则及祸，奈何？"李氏曰："君弟速行，我一妇人，易以潜匿，当自为计。"绍遂行。李氏归鄠县别墅，散家赀，聚徒众。渊从弟神通在长安，亡入鄠县山中，与长安大侠史万宝等起兵以应渊。西域商胡何潘仁入司竹园为盗，有众数万，劫前尚书右丞李纲为长史，李氏使其奴马三宝说潘仁与之就神通，合势攻鄠县，下之。神通众逾一万，自称关中道行军总管，以前乐城长令狐德棻为记室。德棻，熙之子也。李氏又使马三宝说群盗李仲文、向善志、丘师利等，皆帅众从之。仲文，密之从父；师利，和之子也。西京留守屡遣兵讨潘仁等，皆为所败。李氏徇盩厔、武功、始平，皆下之，众至七万。左亲卫段纶，文振之子也，娶渊女，亦聚徒于蓝田，得万余人。及渊济河，神通、李氏、纶各遣使迎渊。渊以神通为光禄大夫，子道彦为朝请大夫，纶为金紫光禄大夫；使柴绍将数百骑并南山迎李氏。何潘仁、李仲文、向善志及关中群盗，皆请降于渊，渊一一以书慰劳授官，使各居其所，受敦煌公世民节度。

刑部尚书领京兆内史卫文昇年老，闻渊兵向长安，忧惧成疾，不复预事，独左翊卫将军阴世师、京兆郡丞骨仪奉代王侑乘城拒守。己巳，渊如蒲津；庚午，自临晋济渭，至永丰劳军，开仓赈饥民。辛未，还长

住在长春宫，关中的士人、百姓前来归附的人像赶集一样多。九月十八日丙寅，李渊派遣世子李建成、司马刘文静率领王长谐等各路兵马几万人屯驻永丰仓，据守潼关以防备东边的军队，慰抚使窦轨等人受李建成的指挥；敦煌公李世民率领刘弘基等各路军队几万人进攻渭北，慰抚使殷开山等人受李世民的指挥。窦轨，是窦琮的哥哥。

冠氏县长于志宁、安养县尉颜师古，以及李世民的妻兄长孙无忌到长春宫谒见李渊。颜师古名籀，以字号行世；于志宁，是于宣敏哥哥的儿子；颜师古，是颜之推的孙子，他们都以文学闻名。长孙无忌也有才干谋略。李渊都礼敬他们，随才任用。于志宁为记室，颜师古为朝散大夫，长孙无忌为渭北行军典签。

屈突通听说李渊西进关中，就署用鹰扬郎将汤阴人尧君素为河东代理通守，让他守卫蒲坂，自己领兵数万直驱长安，被刘文静拦阻。隋朝将军刘纲戍守潼关，屯驻在都尉南城，屈突通想去依附他。王长谐先领兵袭击刘纲，并杀了刘纲，占据城池抵抗屈突通。屈突通退守北城。李渊派出部将吕绍宗等攻打河东，没能攻克。

柴绍从长安赶往太原的时候，他对妻子李氏说："你父亲起兵，如今一起出走不可以，你留在这里就要遭受灾祸，怎么办呢？"李氏说："你只管快速逃走，我是一个妇人，容易躲藏，我自己想办法。"柴绍于是走了。李氏回到鄠县的别墅，变卖家产，聚集部众。李渊的堂弟李神通家住长安，也逃入鄠县山中，他与长安大侠史万宝等人起兵响应李渊。西域的胡商何潘仁流窜到司竹园为盗贼，有部众几万人，劫持前尚书右丞李纲为长史，李氏派家奴马三宝去劝说何潘仁，和她一起去投奔李神通，合兵一起进攻鄠县，结果攻下了鄠县。李神通部众超过一万人。李神通自称关中道行军总管，任命前乐城长令狐德棻为记室。令狐德棻，是令狐熙的儿子。李氏又派马三宝去劝说群盗李仲文、向善志、丘师利等人，他们都率众归附。李仲文，是李密的堂叔；丘师利，是丘和的儿子。西京留守屡次派兵讨伐何潘仁等，都被何潘仁等打败。李氏率军进攻盩厔、武功、始平，全部攻克，部众多达七万人。左亲卫段纶，是段文振的儿子，娶李渊的女儿为妻，也在蓝田聚众起兵，得到一万余人。等到李渊渡过黄河，李神通、李氏、段纶，各自派遣使者迎接李渊。李渊任命李神通为光禄大夫，李神通的儿子李道彦为朝请大夫，段纶为金紫光禄大夫，派柴绍率领几百骑兵顺着南山去迎接李氏。何潘仁、李仲文、向善志，以及关中的群盗都请求归降李渊。李渊一一去信慰劳，授予官职，让他们各自留在自己的属地，接受敦煌公李世民的指挥。

刑部尚书兼领京兆内史卫文昇年纪已老，他听说李渊军队进逼长安，忧惧成疾，不能与预政事，只有左翊卫将军阴世师、京兆郡丞骨仪奉代王杨侑的命令登上城墙抵抗防守。九月二十一日己巳，李渊到达蒲津。九月二十二日庚午，李渊从临晋渡

春宫；壬申，进屯冯翊。世民所至，吏民及群盗归之如流，世民收其豪俊以备僚属，营于泾阳，胜兵九万。李氏将精兵万余会世民于渭北，与柴绍各置幕府，号“娘子军”。

先是，平凉奴贼数万围扶风太守窦琎，数月不下，贼中食尽。丘师利遣其弟行恭帅五百人负米麦持牛酒诣奴贼营，奴帅长揖，行恭手斩之，谓其众曰：“汝辈皆良人，何故事奴为主，使天下谓之奴贼！”众皆俯伏曰：“愿改事公。”行恭即帅其众与师利共谒世民于渭北，世民以为光禄大夫。琎，琮之从子也。隰城尉房玄龄谒世民于军门，世民一见如旧识，署记室参军，引为谋主。玄龄亦自以为遇知己，罄竭心力，知无不为。

渊命刘弘基、殷开山分兵西略扶风，有众六万，南渡渭水，屯长安故城。城中出战，弘基逆击，破之。世民引兵趣司竹，李仲文、何潘仁、向善志皆帅众从之，顿于阿城，胜兵十三万，军令严整，秋毫不犯。乙亥，世民自盩厔遣使白渊，请期日赴长安。渊曰：“屈突东行不能复西，不足虞矣！”乃命建成选仓上精兵自新丰趣长乐宫，世民帅新附诸军北屯长安故城，至并听教。延安、上郡、雕阴皆请降于渊。丙子，渊引军西行，所过离宫园苑皆罢之，出宫女还其亲属。冬，十月，辛巳，渊至长安，营于春明门之西北，诸军皆集，合二十余万。渊命各依壁垒，毋得入村落侵暴。屡遣使至城下谕卫文昇等以欲尊隋之意，不报。辛卯，命诸军进围城。甲午，渊迁馆于安兴坊。

（以上为第九段，写李渊成功地阻隔屈突通，用重兵围长安。）

巴陵校尉鄱阳董景珍、雷世猛、旅帅郑文秀、许玄徹、万瓒、徐德基、郭华、沔阳张绣等谋据郡叛隋，推景珍为主。景珍曰：“吾素寒贱，不为众所服。罗川令萧铣，梁室之后，宽仁大度，请奉之以从众望。”乃遣使报铣。铣喜从之，声言讨贼，召募得数千人。铣，岩之孙也。

会颍川贼帅沈柳生寇罗川，铣与战不利，因谓其众曰：“今天下皆叛，

过渭河，到永丰仓慰劳守军，开仓救济饥民。九月二十三日辛未，李渊回到长春宫。九月二十四日壬申，李渊进军屯驻冯翊。李世民所到之处，官吏平民以及群盗，归附的人像流水一样，李世民从中挑选出豪杰之士用来补充僚属，在泾阳扎营，能打仗的有九万人。李氏率领精兵一万多人在渭北与李世民会师。李氏与柴绍各自设置幕府，李氏的部众号称“娘子军”。

起先，平凉郡由一支奴仆组成的贼军包围了扶风太守窦琎，几个月没有攻下来，贼军的粮食快要吃完。丘师利派他的弟弟丘行恭率领五百人背着米麦拿着牛酒到奴贼的军营，奴帅向丘行恭敬礼作长揖，丘行恭趁机亲手杀了奴帅，对奴贼大众说：“你们都是良民，为什么要奉奴为主，让天下的人称你们叫奴贼呢！”大家都跪拜在地上说：“愿意改过而侍奉您！”丘行恭就率领这些人与丘师利一起到渭北谒见李世民。李世民任命丘行恭为光禄大夫。窦琎，是窦琮的侄子。隰城县尉房玄龄到军门谒见李世民，李世民一见如，就故像是老朋友。李世民署用房玄龄为记室参军，留在身边作谋主，房玄龄也自认为遇见了知己，竭尽心力，凡是知道了就努力去做。

李渊命令刘弘基、殷开山分兵西进攻略扶风，共有部众六万人，向南渡过渭水，屯驻在长安故城。长安城中的隋军出战，刘弘基迎击，打败了隋军。李世民率兵直指司竹，李仲文、何潘仁、向善志都率众跟随，屯驻在阿城，共有能作战士兵十三万，军纪严整，秋毫无犯。九月二十七日乙亥，李世民从盩厔派使者向李渊报告，请求约定日期进兵长安，李渊说：“屈突通向东行军，无法再回头向西，已不必忧虑了！”于是命李建成挑选在永丰仓的精兵，从新丰指向长乐宫；李世民率领新归附的各军北上进驻长安故城，到达规定的地点，听候调遣。延安、上郡、雕阴等郡都请求投降李渊。九月二十八日丙子，李渊率军西进，所经过的隋炀帝宫苑都予以罢废，放出宫女交还她们的亲属。冬季，十月初四日辛巳，李渊到达长安，在春明门西北扎营，各路军队全部汇合，共二十余万人。李渊命令部队各自坚守营垒，不准进村侵扰百姓。李渊多次派使者到城下对卫文昇等人说明自己尊奉隋室的意思，没有回音。十月十四日辛卯，李渊命令诸军围城。十月十七日甲午，李渊把中军指挥部迁到安兴坊。

巴陵校尉鄱阳人董景珍、雷世猛、旅帅郑文秀、许玄徹、万瓚、徐德基、郭华、沔阳人张绣等人图谋占据巴陵郡，背叛隋朝。大家推举董景珍为盟主。董景珍说：“我出身贫贱，不被众人所信服。罗川县令萧铣是梁王室的后代，他宽怀大度，请尊奉他为盟主以顺从众望吧。”于是派使者报告萧铣。萧铣高兴地接受了。他声称起兵讨贼，召募到了几千人。萧铣是萧岩的孙子。

恰逢颍川贼兵首领沈柳生侵犯罗川，萧铣出战失利，便对自己的部众说：“现在

隋政不行，巴陵豪杰起兵，欲奉吾为主。若从其请以号令江南，可以中兴梁祚，以此召柳生，亦当从我矣。”众皆悦，听命，乃自称梁公，改隋服色旗帜皆如梁旧。柳生即帅众归之，以柳生为车骑大将军。起兵五日，远近归附者至数万人，遂帅众向巴陵。景珍遣徐德基帅郡中豪杰数百人出迎，未及见铣，柳生与其党谋曰：“我先奉梁公，勋居第一。今巴陵诸将，皆位高兵多，我若入城，返出其下。不如杀德基，质其首领，独挟梁公进取郡城，则无出我右者矣。”遂杀德基。入白铣，铣大惊曰：“今欲拨乱反正，忽自相杀，吾不能为若主矣。”因步出军门。柳生大惧，伏地请罪，铣责而赦之，陈兵入城，景珍言于铣曰：“徐德基建义功臣，而柳生无故擅杀之，此而不诛，何以为政！且柳生为盗日久，今虽从义，凶悖不移，共处一城，势必为变。失今不取，后悔无及！”铣又从之。景珍收柳生，斩之，其徒皆溃去。丙申，铣筑坛燔燎，自称梁王。改元鸣凤。

壬寅，王世充夜渡洛水，营于黑石，明日，分兵守营，自将精兵陈于洛北。李密闻之，引兵渡洛逆战，密兵大败，柴孝和溺死。密帅麾下精骑渡洛南，余众东走月城，世充追围之。密自洛南策马直趣黑石，营中惧，连举六烽，世充释月城之围，狼狈自救；密还与战，大破之，斩首三千余级。

（以上为第十段，写后梁宗室萧铣起兵于巴陵，自称梁王，以及隋将王世充救援东都，与李密交战情况。）

甲辰，李渊命诸军攻城，约“毋得犯七庙及代王、宗室，违者夷三族！”孙华中流矢卒。十一月，丙辰，军头雷永吉先登，遂克长安。代王在东宫，左右奔散，唯侍读姚思廉侍侧。军士将登殿，思廉厉声诃之曰：“唐公举义兵、匡帝室，卿等毋得无礼！”众皆愕然，布立庭下。渊迎王于东宫，迁居大兴殿后，听思廉扶王至顺阳阁下，泣拜而去。思廉，察之子也。渊还，舍于长乐宫，与民约法十二条，悉除隋苛禁。

天下都造反了，隋朝政令已无法推行，巴陵的豪杰聚众起兵，要推举我为盟主。如果接受他们的请求，就可以号令江南，中兴梁氏社稷，以此召纳沈柳生，他也会跟随我们。”部众都很高兴，愿意听从命令。于是萧铣自称梁公，把隋朝的服色旗帜换成梁朝旧制。沈柳生果然率众归附了萧铣。萧铣任命沈柳生为车骑大将军。起兵五天，远近前来归附的多达几万人，于是萧铣率众向巴陵进军。董景珍派徐德基率领巴陵郡的豪杰几百人出城迎接。董景珍等人还没见到萧铣时，沈柳生就与他的同党商议说：“我是首先尊奉梁公的人，功勋应列第一。现在巴陵众将，都位高兵多，如果我进城，反而要位列他们之下。不如杀了徐德基，扣留他们的首领，独自挟持梁公进兵夺取巴陵郡城，那就没有人在我之上了。”于是杀了徐德基，进入军帐报告萧铣。萧铣大惊地说：“如今兴起义兵拨乱反正，突然自相残杀，我不能做你们的盟主。”于是起身走出军门。沈柳生非常害怕，跪伏在地上请罪，萧铣责备了一番，就赦免了他，随后整队入城。董景珍对萧铣说：“徐德基是起义的功臣，而沈柳生无故独断专行杀害了他，这样的人还不诛杀他，怎能当政！况且沈柳生长时间为盗，如今虽然起义，凶残悖逆的本性很难改变，共在一个城中，势必发生变乱。失掉今天抓他的机会，就会后悔莫及。”萧铣又听从了。董景珍抓捕了沈柳生，把他杀了，沈柳生的部众溃散离去。十月十九日丙申，萧铣筑坛焚烧柴火，祭祀上天，自称梁王，改元鸣凤。

十月二十五日壬寅，王世充乘夜渡过洛水，在黑石扎营。第二天，王世充分兵守营，自己率领精兵在洛水北岸列阵。李密得知消息，领兵渡过洛水迎战，李密兵被打得大败，柴孝和落水被淹死。李密率领精锐骑兵渡过洛水到南岸，其余部众逃走进入东边的月城，王世充追击包围了月城。李密从洛水南岸策马直扑王世充的宿营地黑石。黑石军营恐惧，接连举了六次烽火，王世充解了对月城的包围，狼狈回军自救；李密掉头迎击，大败王世充，斩首三千多级。

十月二十七日甲辰，李渊命令包围长安的各军发起攻城战斗，严申军纪说：“不得侵犯隋皇室七庙，以及代王、宗室，违犯军令的人夷灭三族！”孙华被流矢射死了。十一月初九日丙辰，军头雷永吉首先登上城墙，于是攻克了长安。代王在东宫，左右的人都逃散了，只有侍读姚思廉陪伴在身旁。军士想要登上殿堂，姚思廉严厉地呵斥说：“唐公兴起义兵，为的是匡正帝室，你们不得无礼！”众军士都非常惊讶，站列在殿庭下。李渊到东宫迎接代王，迁居到大兴殿后宫，听任姚思廉扶着代王杨侑到顺阳阁下，李渊流泪叩拜后离去。姚思廉，是姚察的儿子。李渊返回，住在长乐宫，与人民约法十二条，完全废除了隋朝的苛刻法令。

渊之起兵也，留守官发其坟墓，毁其五庙。至是，卫文昇已卒，戊午，执阴世师、骨仪等，数以贪婪苛酷，且拒义师，俱斩之，死者十余人，余无所问。

马邑郡丞三原李靖，素与渊有隙，渊入城，将斩之。靖大呼曰："公兴义兵，欲平暴乱，乃以私怨杀壮士乎！"世民为之固请，乃舍之。世民因召置幕府。靖少负志气，有文武才略，其舅韩擒虎每抚之曰："可与言将帅之略者，独此子耳！"

（以上为第十一段，写李渊破长安，护代王，释李靖。）

王世充自洛北之败，坚壁不出；越王侗遣使劳之，世充惭惧，请战于密。丙辰，世充与密夹石子河而陈，密布陈南北十余里。翟让先与世充战，不利而退；世充逐之，王伯当、裴仁基从旁横断其后，密勒中军击之，世充大败，西走。

翟让司马王儒信劝让自为大冢宰，总领众务，以夺密权，让不从。让兄柱国荥阳公弘，粗愚人也，谓让曰："天子汝当自为，奈何与人！汝不为者，我当为之！"让但大笑，不以为意，密闻而恶之。总管崔世枢自鄢陵初附于密，让囚之私府，责其货，世枢营求未办，遽欲加刑。让召元帅府记室邢义期博，逡巡未就，杖之八十。让谓左长史房彦藻曰："君前破汝南，大得宝货，独与魏公，全不与我！魏公我之所立，事未可知！"彦藻惧，以状告密，因与左司马郑颋共说密曰："让贪愎不仁，有无君之心，宜早图之。"密曰："今安危未定，遽相诛杀，何以示远！"颋曰："毒蛇螫手，壮士解腕，所全者大故也。彼先得志，悔无所及。"密乃从之，置酒召让。戊午，让与兄弘及兄子司徒府长史摩侯同诣密，密与让、弘、裴仁基、郝孝德共坐，单雄信等皆立侍，房彦藻、郑颋往来检校。密曰："今日与达官饮，不须多人，左右止留给使而已。"密左右皆引去，让左右犹在。彦藻白密曰："今方为乐，天时甚寒，司徒左右，请给酒食。"密曰："听司徒进止。"让曰："甚佳。"乃引让左右尽出，独密下壮士蔡建德持刀立侍。食未进，密出良弓，与让习射，让方引满，建德自后斫之，踣于床前，声若牛吼，并弘、摩侯、儒信皆杀之。徐世勣走出，门者斫之伤颈，王伯当遥诃止之。单雄信叩头请命，密释之。左右惊扰，莫知所为，密大言曰："与君等同起义兵，本除暴乱。司徒专行暴虐，陵辱群僚，无复上下；今所诛止其一家，诸君无预也。"命扶徐世勣

李渊起兵时，长安的留守官挖了李渊的祖坟，毁掉了李氏的五庙。到这时，卫文昇已死。十一月十七日戊午，李渊抓获了阴世师、骨仪等人，列举他们贪婪苛酷的罪行，况且抗拒义师，全都斩首，共杀了十几个人，其他的人一律不追究。

马邑郡丞三原人李靖，早就与李渊有仇怨，李渊入城，要杀掉李靖。李靖大喊："您兴起义兵，想平息暴乱，怎么以私怨而杀壮士呢！"李世民再三替李靖求情，李渊才放了他。李世民便把李靖安置在自己的幕府。李靖从小就很有志气，能文能武，他的舅舅韩擒虎常常摸着他的脑袋说："可以和我谈论将帅谋略的人，只有这个孩子啊！"

王世充在洛水北岸战败后，就坚守营垒不出战。越王杨侗派使者慰劳他，王世充既惭愧又忧惧，就向李密挑战。十一月初九日丙辰，王世充与李密在石子河两岸对阵，李密布下南北长十多里的阵营。翟让先与王世充交战，不利后退，王世充追击，王伯当、裴仁基从侧面横冲切断王世充的后军，李密组织中军攻击，王世充大败，向西逃走。

翟让的司马王儒信劝说翟让自任大冢宰，总管政务，剥夺李密的权力，翟让没有听从。翟让的哥哥柱国荥阳公翟弘，是个粗鲁的笨人，他对翟让说："天子你应该自己来当，为何要让给别人！你不作天子，我就来作！"翟让只是大笑，并不在意，但李密听说后非常厌恶这件事。总管崔世枢最初在鄢陵起事时就归附李密，翟让把他囚禁在自己私宅，向他索取钱财，崔世枢想方设法也没有凑足，翟让就要给崔世枢加刑。翟让召元帅府记室邢义期来一起赌博，邢义期迟疑徘徊没有来，翟让就把邢义期杖责八十棍。翟让对左长史房彦藻说："你从前攻破汝南时，得到了大量金银财宝，只送给了魏公，一点也不给我！魏公是我拥立的，事情的结果还不知道呢！"房彦藻害怕，把情况报告了李密，便与左司马郑颋一起劝李密说："翟让贪婪而刚愎自用，不仁不义，心目中没有君王，您应该早想办法处置他。"李密说："现在我们的安危还未确定，突然互相残杀，怎能昭示远人归附！"郑颋说："毒蛇咬手，壮士砍断手腕，是为了保全性命。如果他们先下手，您后悔就来不及了。"李密于是听从了，便摆设酒席，宴请翟让。十一月十一日戊午，翟让和他哥哥翟弘及侄子司徒府长史翟摩侯一起到李密那里赴宴。李密和翟让、翟弘、裴仁基、郝孝德坐在一起，单雄信等人站着侍卫。房彦藻、郑颋来往张罗。李密说："今天和各位高官饮酒，不需要很多人，左右只留几个供差遣的就可以了。"李密身边的人全都退出，翟让身边的人还在。房彦藻对李密说："今天正好饮宴作乐，天气很冷，司徒左右的侍卫，请赏给酒食。"李密说："听司徒的安排。"翟让说："很好。"于是房彦藻就把翟让左右侍卫全部带走了。只有李密手下壮士蔡建德仍提刀站立。酒菜还没端上来，李密拿

置幕下，亲为傅疮。让麾下欲散，密使单雄信前往宣慰，密寻独骑入其营，历加抚谕，令世勣、雄信、伯当分领其众，中外遂定。让残忍，摩侯猜忌，儒信贪纵。故死之日，所部无哀之者；然密之将佐始有自疑之心矣。始，王世充知让与密必不久睦，冀其相图，得从而乘之。及闻让死，大失望，叹曰："李密天资明决，为龙为蛇，固不可测也！"

（以上为第十二段，写瓦岗军内讧，李密火并翟让，削弱凝聚力和战斗力。）

壬戌，李渊备法驾迎代王即皇帝位于天兴殿，时年十三，大赦改元，遥尊炀帝为太上皇。甲子，渊自长乐宫入长安。以渊为假黄钺、使持节、大都督内外诸军事、尚书令、大丞相，进封唐王。以武德殿为丞相府，改教称令，日于虔化门视事。乙丑，榆林、灵武、平凉、安定诸郡皆遣使请命。丙寅，诏军国机务，事无大小，文武设官，位无贵贱，宪章赏罚，咸归相府；唯郊祀天地，四时禘祫奏闻。置丞相府官属，以裴寂为长史，刘文静为司马。何潘仁使李纲入见，渊留之，以为丞相府司录，专掌选事。又以前考功郎中窦威为司录参军，使定礼仪。威，炽之子也。渊倾府库以赐勋人，国用不足，右光禄大夫刘世龙献策，以为"今义师数万，并在京师，樵苏贵而布帛贱，请伐六街及苑中树为樵，以易布帛，可得数十万匹。"渊从之。己巳，以李建成为唐世子，李世民为京兆尹、秦公，李元吉为齐公。

（以上为第十三段，写李渊拥立隋恭帝，掩人耳目，大权独揽于丞相府。）

河南诸郡尽附李密，唯荥阳太守郇王庆，梁郡太守杨汪尚为隋守。密以书招庆，为陈利害，且曰："王之家世，本住山东，本姓郭氏，乃非杨族。芝焚蕙叹，事不同此。"初，庆祖父元孙早孤，随母郭氏养于舅

出一把良弓，交给翟让试射。翟让双手正拉满了弓，蔡建德从背后砍杀翟让，翟让倒在了坐床前面，声叫如牛吼。蔡建德把翟弘、翟摩侯、王儒信全都杀了。徐世勣逃出，被看门人砍伤了脖子，王伯当在远处呵斥制止，单雄信叩头请求饶命，李密放了他。左右的人惊慌扰乱，不知道怎么办，李密高声说："我和各位一同兴起义兵，原本是清除暴乱。翟司徒专行暴虐，凌辱僚属，眼里没有上下，今天只诛杀翟让一家，与各位没有关系。"李密命人把徐世勣扶到幕帐下边，亲自替他敷药。翟让的部属打算逃散，李密让单雄信前去宣慰安抚。不一会，李密单人独骑进到翟让军营，一一加以安抚劝说，命令徐世勣、单雄信、王伯当分别率领翟让的部众，于是内外安定下来。翟让性格残忍，翟摩侯猜疑嫉妒，王儒信贪婪放纵，因此死的那一天，所属部众没有一个人哀伤。但是，李密的部将从此有了惧疑之心。最初，王世充知道翟让与李密一定不会长久和睦，希望他们互相残杀，自己可以从中浑水摸鱼，等到他听说翟让死，大失所望，叹息说："李密天资聪明果断，到底成龙还是为蛇，根本难以预测。"

十一月十五日壬戌，李渊准备法驾礼仪迎接代王杨侑在天兴殿即皇帝位。当时代王十三岁。大赦天下，改元年号，遥尊隋炀帝为太上皇。十一月十七日甲子，李渊从长乐宫进入长安。恭帝任命李渊假黄钺、使持节、大都督内外诸军事、尚书令、大丞相，进位封唐王。以武德殿为丞相府，把从前的教改称为令，每天在虔化门处理政事。十一月十八日乙丑，榆林、灵武、平凉、安定等郡都派遣使者来请求听命。十一月十九日丙寅，恭帝下诏，令军政事务无论大小，文武官员的任用，无论职位高低，以及法令制定，功罪赏罚，全部归丞相府处理。只有在郊外祭祀天地以及四季祭祀祖先才奏报恭帝。李渊设置丞相官属，任命裴寂为长史，刘文静为司马。何潘仁派李纲入京晋见，李渊留下李纲，任命他为丞相府司录，专门负责选用官员事宜。又任命前考功郎中窦威为司录参军，让他制订礼仪。窦威是窦炽的儿子。李渊把府库中所有的财物都拿出来赏赐给有功的人，导致国家财用不够，右光禄大夫刘世龙献策，认为："现在义军有几万人，都在京师，柴草昂贵而布帛便宜，请砍伐长安城中六街以及苑中的树木为柴，用来换取布帛，可以得到几十万匹。"李渊采纳了这个建议。十一月二十二日己巳，李渊册封李建成为唐世子，任命李世民为京兆尹，封秦公，封李元吉为齐公。

河南各郡全都归附李密，只有荥阳太守郇王杨庆、梁郡太守杨汪还效忠隋朝，坚守不屈。李密写信招抚郇王杨庆，陈述利害，并说："您的家世，原住在山东，本来姓郭，不属于杨氏家族。虽然芝草被焚，蕙草也会叹息，您既不是杨姓，和这事

族。及武元帝从周文起兵关中，元孙在邺，恐为高氏所诛，冒姓郭氏，故密云然。庆得书惶恐，即以郡降密，复姓郭氏。

十二月，癸未，追谥唐王渊大父襄公为景王；考仁公为元王，夫人窦氏为穆妃。

薛举遣其子仁果寇扶风，唐弼据汧源拒之。举遣使招弼，弼乃杀李弘芝，请降于举，仁果乘其无备，袭破之，悉并其众。

弼以数百骑走诣扶风请降，扶风太守窦琎杀之。举势益张，众号三十万，谋取长安；闻丞相渊已定长安，遂围扶风。渊使李世民将兵击之。又使姜謩、窦轨俱出散关，安抚陇右；左光禄大夫李孝恭招慰山南；府户曹张道源招慰山东。孝恭，渊之从父兄子也。

癸巳，世民击薛仁果于扶风，大破之，追奔至垅坻而还。薛举大惧，问其群臣曰："自古天子有降事乎？"黄门侍郎钱唐褚亮曰："赵佗归汉，刘禅仕晋，近世萧琮，至今犹贵。转祸为福，自古有之。"卫尉卿郝瑗趋进曰："陛下失问！褚亮之言又何悖也！昔汉高祖屡经奔败，蜀先主亟亡妻子，卒成大业；陛下奈何以一战不利，遽为亡国之计乎！"举亦悔之，曰："聊以此试君等耳。"乃厚赏瑗，引为谋主。

乙未，平凉留守张隆，丁酉，河池太守萧瑀及扶风汉阳郡相继来降。以窦琎为工部尚书、燕国公，萧瑀为礼部尚书、宋国公。

姜謩、窦轨进至长道，为薛举所败，引还。渊使通议大夫醴泉刘世让安集唐弼余党；与举相遇，战败，为举所虏。

李孝恭击破朱粲，诸将请尽杀其俘，孝恭曰："不可，自是以往，谁复肯降矣！"于是自金川出巴、蜀，檄书所至，降附者三十余州。

屈突通与刘文静相持月余，通复使桑显和夜袭其营，文静与左光禄大夫段志玄悉力苦战，显和败走，尽俘其众，通势益蹙。或说通降，通泣曰："吾历事两主，恩顾甚厚。食人之禄而违其难，吾不为也！"每自

优不相同。”当初，杨庆的祖父元孙早年丧父，他跟随母亲郭氏在舅舅家长大。等到隋武元帝杨忠跟随周文帝宇文泰在关中起兵，元孙在邺城，他害怕北齐高氏杀害元氏，就冒姓郭，所以李密才这样说。杨庆收到信很惶恐，立即献出郡城投降李密，并恢复郭姓。

十二月初七日癸未，恭帝，追赠唐王李渊的祖父襄公李虎谥号为景王，父亲仁公李昞谥号为元王，李昞的夫人窦氏为穆妃。

薛举派他的儿子薛仁果侵犯扶风郡，唐弼据守汧源进行抵抗。薛举派使者招降唐弼，唐弼便杀死自己所立的伪唐王李弘芝，请求归降薛举。薛仁果乘唐弼没有防备，袭击并攻取了汧源，吞并了唐弼的部众。

唐弼率领几百名骑兵逃到扶风郡请求投降，抚风太守窦琎杀掉他。薛举的势力更加强大，部众号称三十万人。他图谋攻取长安，听说丞相李渊已平定长安，便包围了扶风。李渊派李世民率兵攻打薛举。又派姜謩、窦轨由散关出发，安抚陇右；左光禄大夫李孝恭招抚山南；府户曹张道源招抚崤山以东各地。李孝恭，是李渊的堂侄。

十二月十七日癸巳，李世民率兵在扶风郡进攻薛仁果，大败薛仁果军，并追击到垅坻才返回。薛举极为恐惧，问他的臣属说："自古以来，有天子投降的事吗？"黄门侍郎钱唐人褚亮说："赵佗归附汉朝，刘禅降晋为臣，近世则有萧琮，他的子孙到现在还享受荣华富贵。转祸为福这样的事，自古以来就有。"卫尉卿郝瑗快步上前说："陛下不该问这种话！褚亮的回答又是多么荒谬！从前汉高祖经过多次逃亡与失败，蜀汉先主刘备也多次失去妻子儿女，而他们最终建立了大业；陛下怎么能因为一次战役失败，便马上作亡国的打算呢！"薛举也后悔了，说："我不过试探一下各位的态度罢了。"于是重赏郝瑗，提升他为谋主。

十二月十九日乙未，平凉留守张隆，十二月二十一日丁酉，河池太守萧瑀以及扶风、汉阳郡相继来投降，李渊任命窦琎为工部尚书，封燕国公；任命萧瑀为礼部尚书，封宋国公。

姜謩、窦轨进军到长道县，被薛举打败，率军退还。李渊派遣通议大夫醴泉人刘世让安抚收容唐弼的残余部众。刘世让与薛举遭遇，战败，被薛举俘虏。

李孝恭击败朱粲，众部将请求将俘虏全部杀掉。李孝恭说："不可以，如果这样，从此以后谁还肯投降？"于是从金川到巴蜀，檄文所到之处，投降归附的有三十多州。

屈突通和刘文静相持了一个多月，屈突通又派桑显和乘夜偷袭刘文静大营。刘文静和左光禄大夫段志玄竭力苦战，桑显和大败而逃，所领部众全部被俘获，屈突通的处境更加艰难。有人劝屈突通投降，屈突通流着泪说："我事奉过两代皇上，他

摩其颈曰："要当为国家受一刀！"劳勉将士，未尝不流涕，人亦以此怀之。丞相渊遣其家僮召之，通立斩之。及闻长安不守，家属悉为渊所虏，乃留显和镇潼关，引兵东出，将趣洛阳。通适去，显和即以城降文静。文静遣窦琮等将轻骑与显和追之，及于稠桑。通结陈自固，窦琮遣通子寿往谕之，通骂曰："此贼何来！昔与汝为父子，今与汝为仇雠！"命左右射之。显和谓其众曰："今京城已陷，汝辈皆关中人，去欲何之！"众皆释仗而降。通知不免，下马东南向再拜号哭曰："臣力屈至此，非敢负国，天地神祇实知之！"军人执通送长安，渊以为兵部尚书，赐爵蒋公，兼秦公元帅府长史。

渊遣通至河东城下招谕尧君素，君素见通，歔欷不自胜，通亦泣下沾衿，因谓君素曰："吾军已败，义旗所指，莫不响应，事势如此，卿宜早降。"君素曰："公为国大臣，主上委公以关中，代王付公以社稷，奈何负国生降，乃更为人作说客邪！公所乘马，即代王所赐也，公何面目乘之哉！"通曰："吁，君素，我力屈而来！"君素曰："方今力犹未屈，何用多言！"通惭而退。

东都米斗三钱，人饿死者什二三。

庚子，王世充军士有亡降李密者，密问："世充军中何所为？"军士曰："比见益募兵，再飨将士，不知其故。"密谓裴仁基曰："吾几落奴虏中，光禄知之乎？吾久不出兵，世充刍粮将竭，求战不得，故募兵飨士，欲乘月晦以袭仓城耳，宜速备之。"乃命平原公郝孝德、琅邪公王伯当、齐郡公孟让勒兵分屯仓城之侧以待之。其夕三鼓，世充兵果至，伯当先遇之，与战，不利。世充兵即陵城，总管鲁儒拒却之，伯当更收兵击之，世充大败，斩其骁将费青奴，士卒战溺死者千余人。世充屡与密战，不胜，越王侗遣使劳之，世充诉以兵少，数战疲弊；侗以兵七万益之。

刘文静等引兵东略地，取弘农郡，遂定新安以西。

们对我的恩宠照顾非常优厚，吃人家的俸禄却在危难时背叛人家，我不能这样做！”他常常摸着自己的脖子说：“终究应当为国家挨一刀！”他慰劳勉励将士，没有一次不痛哭流涕，大家也因此很受感动。丞相李渊派屈突通的家僮去劝降，屈突通当即杀了家僮。等到听说长安已经失守，家属都被李渊俘获，便留下桑显和镇守潼关，率军东下，准备奔向洛阳。屈突通刚走，桑显和就献出城池投降了刘文静，刘文静派窦琮等人率领轻骑兵同桑显和一起去追赶，在稠桑追上了。屈突通结成阵势坚守不动，窦琮派屈突通的儿子屈突寿去劝说他，屈突通骂道：“你这个贼子怎么来了？先前我和你是父子，现在我和你是仇敌！”屈突通命令身边的人用弓箭射屈突寿。桑显和对屈突通的部众说：“如今京城已经陷落，你们都是关中人，你们向东到哪里去呢！”屈突通的部众都放下武器投降。屈突通知道自己不能幸免，于是下马面向东南方向叩头大哭说：“臣用尽了力量落到这个地步，我没有辜负国家，天地神灵都是知道的。”军士捉住屈突通押送长安，李渊任命他为兵部尚书，赐封爵为蒋公，兼任秦公李世民元帅府的长史。

李渊派屈突通到河东城下招抚晓谕尧君素，尧君素见了屈突通，止不住悲伤叹息，屈突通也流泪浸湿了衣襟，便对尧君素说：“我军已经战败，义军旌旗所指之处，没有不响应的。事势到了这个地步，您还是及早投降。”尧君素说：“您身为国家大臣，皇上把关中交给你，代王把国家托付给你，您怎么能辜负国家活着投降，回过头来替人做说客呢？您所骑的马，就是代王赐的啊，您还有什么脸面骑它呢！”屈突通说：“唉，尧君素啊，我是用尽了力量才来的。”尧君素说：“现今我的力量还没有用尽，不必多说了。”屈突通羞愧地离开。

东都的米一斗值钱三千钱，饿死的人十有二三。

十二月二十四日庚子，王世充的士兵有逃亡去投降李密的，李密问：“王世充在军中有什么举动！”降兵回答说：“近来见他大量招兵，一再犒劳将士，不知是什么缘故。”李密对裴仁基说：“我差点落入王世充这个奴才的算计，裴光禄大夫你知道是什么缘故吗？我长时间没有出兵，王世充的粮草快要用完，求战不得，所以招募士兵犒赏将士，想趁月黑昏暗之夜袭击仓城，我们要尽快防备。”于是命令平原公郝孝德、琅邪公王伯当、齐郡公孟让率领军队分别驻扎在仓城的两旁等待。当天夜里三更时分，王世充的军队果然来了，王伯当首先遭遇敌军，交战不利，王世充的军队立即登城，总管鲁儒率军把敌人压了回去，王伯当又集结军队攻击，王世充大败，骁将费青奴被杀死，士兵战死的有一千多人。王世充多次与李密交战，都失败了，越王杨侗派使者慰问，王世充诉说兵力太少，经过多次作战，疲惫不堪，杨侗给他增加了七万兵力。

刘文静等领兵向东攻城夺地，占领了弘农郡，于是平定了新安以西的地方。

甲辰，李渊遣云阳令詹俊、武功县正李仲衮徇巴、蜀，下之。

乙巳，方与贼帅张善安袭陷庐江郡，因渡江，归林士弘于豫章；士弘疑之，营于南塘上。善安恨之，袭破士弘，焚其郛郭而去，士弘徙居南康。萧铣遣其将苏胡儿袭豫章，克之，士弘退保馀干。

（以上为第十四段，写河南、陇右、关中、巴蜀各地的战斗，主战场仍是争夺东都，李密与王世充对决，陷入胶着状态。）

十二月二十八日甲辰，李渊派云阳县令詹俊、武功县正李仲衮进兵巴蜀，攻占了这些地方。

十二月二十九日乙巳，方与县的贼帅张善安袭击攻下了庐江郡，趁势渡江，到豫章郡归附林士弘。林士弘猜疑张善安，安排张善安在南塘上扎营。张善安怀恨林士弘，发动偷袭打败了林士弘，焚烧了豫章郡的外城离去。林士弘移居南康县城。萧铣派部将苏胡儿袭击豫章，占领了豫章城，林士弘退守馀干县。

【点评】

李密格局器识不及李渊。本卷有两件大事引人深思，都直接与李密关联。其一，李密火并翟让，时间、地点、手段都是错误的，表现了他的心胸偏狭，不是一个真命天子。当义军与隋军争夺东都进入关键时刻，李密发起内讧，且手段卑劣，大伤部属之心，沉重地打击了义军的凝聚力与战斗力，李密后来之败，固宜。其二，对待隋王朝，李密不以大义而以仇怨之心煽动民众，与自己贵族之身份不相宜，故冯慈明诛其心，曰："公家历事先朝，荣禄兼备。不能善守门阀"，而"唯图反噬"，李密无辞以应。李密军事并无绝对优势，而倡言"执子婴于咸阳，殪商辛于牧野"，不利争取社会上层。再看李渊起兵，乘虚入关中，取胜可十全，而仍战战兢兢，打出匡扶正义之旗，北联突厥，示好李密，兵围长安，口口声声"以安隋言"，颁示三军："犯七庙及代王宗室者，夷三族。"两相对照，李渊之宽仁豁达，非李密可比。乱世争雄，真命天子者，政治成熟者之谓也，李渊所作所为，确实是命世之才，凡夫俗子不能望其项背。

资治通鉴（文白对照本） 卷第一百八十五

唐纪一

唐高祖武德元年（618 年）

【起著雍摄提格（戊寅，618 年）正月，尽七月，不满一年】

【大事提要】

本卷记述公元 618 年正月至七月史事，凡七个月，时当唐高祖武德元年。本卷详细记载了宇文化及背叛隋朝，弑杀隋炀帝的过程。这一事件，直接导致了隋朝的灭亡。三月十一日，隋炀帝被弑。五月十四日，李渊在长安即皇帝位，建立唐朝。五月二十四日，越王杨侗在东都即皇帝位，改元皇泰，史称杨侗为皇泰主。宇文化及北上，欲返东都。李密遭到夹击，皇泰主利用这一形势招安李密，册封李密为魏国公。李密率众阻击宇文化及，取得大胜，将入朝见皇泰主。此时，东都发生内讧，王世充诛杀元文都，专擅大权，阻挡李密入朝。形势一朝突变，隋朝彻底灭亡不可逆转。萧梁后裔萧铣乘势而起，割据了荆襄以及交州，在长江中游建起了一个政权，占有今两湖及两广地区。西北割据政权，如河西李轨、陇右薛举、朔方梁师都，加紧割据活动。薛举与唐室交战，取得一时胜利。

【原文】

高祖神尧大圣光孝皇帝上之上

武德元年（戊寅，618 年）

春，正月，丁未朔，隋恭帝诏唐王剑履上殿，赞拜不名。

唐王既克长安，以书谕诸郡县，于是东自商洛，南尽巴、蜀，郡县长吏及盗贼渠帅、氐、羌酋长，争遣子弟入见请降，有司复书，日以百数。

王世充既得东都兵，进击李密于洛北，败之，逐屯巩北。辛酉，世充命诸军各造浮桥渡洛击密，桥先成者先进，前后不一。虎贲郎将王辩破密外栅，密营中惊扰，将溃；世充不知，鸣角收众，密因帅敢死士乘之，世充大败，争桥溺死者万余人。王辩死，世充仅自免，洛北诸军皆溃。世充不敢入东都，北趣河阳，是夜，疾风寒雨，军士涉水沾湿，道路冻死者又以万数。世充独与数千人至河阳，自系狱请罪，越王侗遣使赦之，召还东都，赐金帛、美女以安其意。世充收合亡散，得万余人，屯含嘉城，不敢复出。

密乘胜进据金墉城，修其门堞、庐舍而居之，钲鼓之声，闻于东都；未几，拥兵三十万，陈于北邙，南逼上春门。乙丑，金紫光禄大夫段达、民部尚书韦津出兵拒之；达望见密兵盛，惧而先还，密纵兵乘之，军遂溃，韦津死。于是偃师、柏谷及河阳都尉独孤武都、检校河内郡丞柳燮、职方郎柳续等，各举所部降于密。窦建德、朱粲、孟海公、徐圆朗等并遣使奉表劝进，密官属裴仁基等亦上表请正位号，密曰："东都未平，不可议此。"

戊辰，唐王以世子建成为左元帅，秦公世民为右元帅，督诸军十余万人救东都。

东都乏食，太府卿元文都等募守城不食公粮者进散官二品；于是商贾执象而朝者，不可胜数。

（以上为第一段，写李密兵围东都，大败王世充。）

【语译】

高祖神尧大圣光孝皇帝上之上

唐高祖武德元年（戊寅，618 年）

春季，正月初一日丁未，隋恭帝下诏：唐王李渊可以佩剑穿鞋上殿觐见皇帝，言事下拜时只报官职与姓而不用报上名字。

唐王李渊攻克长安之后，向各郡县发出书信进行劝谕，于是东自商洛县，南至整个巴、蜀，各郡县的官长属吏以及起兵造反的首领，氐、羌的部落酋长，都争相派遣子弟前来长安觐见，请求归顺，唐王属下的官员回复书信，每日多达数百封。

王世充获得东都的兵马之后，进军攻击位于洛水北岸的李密，击败了他，于是驻扎在巩县之北。正月十五日辛酉，王世充下令各部队分头建造浮桥渡过洛水攻击李密，先建好浮桥的部队率先进攻，各部的行动前后不一。其部下虎贲郎将王辩攻破李密军营的外围栅栏，李密军营内一片惊恐慌乱，即将崩溃。王世充不知道这一情况，反而吹号角收兵，李密于是率领敢死队乘机反攻，王世充大败，其部下争桥过河，溺死者多达一万余人。王辩死于乱军之中，王世充只身逃脱，洛水北岸的各部队全都崩溃。王世充不敢逃回东都，向北赶往河阳。这天夜里，刮起了疾风，下起了寒雨，士兵们涉水过河，衣服全都打湿了，逃跑的路上受寒冻死的数以万计。王世充只与数千人逃到河阳，自己受缚下狱向越王请罪，越王杨侗派来使节赦免其罪，召他回到东都，赏赐金帛、美女，进行安抚。王世充于是召回并集合四处逃散的部队，共有一万余人，驻扎在含嘉城，不敢再次出战。

李密乘胜进军，占据了金墉城，修缮了城门、城墙、堞口和城内的房屋，在城中驻扎下来，其军营中的钲鼓之声，东都的人都可听到。不久，李密的兵力就达到三十余万，在北邙山一带分布排列，向南直逼东都的上春门。正月十九日乙丑，隋金紫光禄大夫段达、民部尚书韦津出兵抗击。段达望见李密兵势强盛，畏惧而先行撤回。李密纵兵乘势反攻，隋军于是崩溃，韦津战死。在此情况下，偃师、柏谷及河阳都尉独孤武都、检校河内郡丞柳燮、职方郎柳续等人都各率所部投降李密。窦建德、朱粲、孟海公、徐圆朗等人都派遣使节上表劝说李密称帝，李密的下属裴仁基等人也上表请李密登基改国号，李密说："东都尚未攻下，不可商议称帝之事。"

正月二十二日戊辰，唐王李渊任命世子李建成为左元帅，任命秦公李世民为右元帅，督率诸军十余万人救援东都。

东都城内缺乏粮草，太府卿元文都等人招募人员守城，凡是不吃公粮的人，都授予二品散官，于是许多商人都当上了官，手执象笏进宫朝见，多得不可胜数。

二月，己卯，唐王遣太常卿郑元璹将兵出商洛，徇南阳，左领军府司马安陆马元规徇安陆及荆、襄。

李密遣房彦藻、郑颋等东出黎阳，分道招慰州县。以梁郡太守杨汪为上柱国、宋州总管，又以手书与之曰："昔在雍丘，曾相追捕，射钩斩袂，不敢庶几。"汪遣使往来通意，密亦羁縻待之。彦藻以书招窦建德使来见密。建德复书，卑辞厚礼，托以罗艺南侵，请捍御北垂。彦藻还至卫州，贼帅王德仁邀杀之。德仁有众数万，据林虑山，四出抄掠，为数州之患。

（以上为第二段，写唐王李渊出兵南阳，李密招抚东方未遂。）

三月，己酉，以齐公元吉为镇北将军、太原道行军元帅、都督十五郡诸军事，听以便宜从事。隋炀帝至江都，荒淫益甚，宫中为百余房，各盛供张，实以美人，日令一房为主人。江都郡丞赵元楷掌供酒馔，帝与萧后及幸姬历就宴饮，酒卮不离口，从姬千余人亦常醉。然帝见天下危乱，意亦扰扰不自安，退朝则幅巾短衣，策杖步游，遍历台馆，非夜不止，汲汲顾景，唯恐不足。

帝自晓占候卜相，好为吴语；常夜置酒，仰视天文，谓萧后曰："外间大有人图侬，然侬不失为长城公，卿不失为沈后，且共乐饮耳！"因引满沈醉。又尝引镜自照，顾谓萧后曰："好头颈，谁当斫之！"，后惊问故，帝笑曰："贵贱苦乐，更迭为之，亦复何伤。"

帝见中原已乱，无心北归，欲都丹阳，保据江东，命群臣廷议之，内史侍郎虞世基等皆以为善，右候卫大将军李才极陈不可，请车驾还长安，与世基忿争而出。门下录事衡水李桐客曰："江东卑湿，土地险狭，内奉万乘，外给三军，民不堪命，亦恐终散乱耳。"御史劾桐客谤毁朝政。于是公卿皆阿意言："江东之民望幸已久，陛下过江，抚而临之，此大禹之事也。"乃命治丹阳宫，将徙都之。

时江都粮尽，从驾骁果多关中人，久客思乡里，见帝无西意，多谋

二月初四日己卯，唐王李渊派遣太常卿郑元琦率兵到商洛地区，攻占南阳，又派左领军府司马安陆人马元规攻占安陆及荆、襄地区。

李密派遣房彦藻、郑颋等向东出兵前往黎阳，分路招抚各州县。任命梁郡太守杨汪为上柱国、宋州总管，又亲自写信对他说："从前在雍丘的时候，你曾奉命追捕我，管仲射中齐桓公带钩而后来被任命为国相、寺人披斩断晋文公衣袖而文公不怨，我虽不敢和他们相比，但愿做得差不多。"杨汪派遣使节来见李密表示顺服之意，李密也用心拉拢他。房彦藻写信招抚窦建德，让他来见李密。窦建德回信，言辞谦卑，献上厚礼，却借口罗艺将要南侵，请求留在北方保护边境。房彦藻返回，走到卫州，一支造反军的首领王德仁伏击杀死了他。王德仁有兵数万人，占据林虑山，四出抢掠，成为几个州的大患。

三月初四日己酉，唐王李渊任命齐公李元吉为镇北将军、太原道行军元帅、都督十五郡诸军事，允许他根据情况自行决断。隋炀帝到江都，更加荒淫，宫中建有一百多所卧房，都布置得极为奢华，让美人住在里面，每天让其中一房为主人，自己前去享受。江都郡丞赵元楷负责供奉酒席，隋炀帝与萧后及宠幸的美姬前往进行宴饮，酒杯不离口，跟从的一千余名美姬也经常喝醉。但隋炀帝见天下战乱不止，心里也慌乱而不能安宁，退朝之后就头戴缣丝巾，身穿短衣，拿着手杖徒步漫游，走遍每一处的台馆，不到黑夜就不停止，心里急于游览风景，只怕没有看够。

隋炀帝自己也懂得占卜看相，喜欢说江南吴地方言，常在夜里摆下酒菜，仰观天文，对萧皇后说："外面想害我的大有人在，但我就算不当皇帝也能像陈叔宝一样当个长城公，你也能像陈叔宝的皇后沈皇后一样当我的夫人，还是一起开心地喝酒吧！"于是倒酒满杯，喝得烂醉。隋炀帝又曾经拿起镜子自己照自己，回头对萧皇后说："一副好头颈，当是谁来砍断它？"萧皇后非常吃惊，询问缘故，隋炀帝笑着说："贵贱苦乐，相互更替，又有什么值得伤心的呢！"

隋炀帝见中原已乱，就无心返回北方的都城，想以丹阳为都城，保住江东地区，命群臣在朝廷上商议此事。内史侍郎虞世基等人都以为隋炀帝的想法好，右候卫大将军李才极力说明不可建都丹阳，请隋炀帝车驾返回长安，他与虞世基争辩，气愤至极，夺门而出。门下录事衡水人李桐客说："江东地势低洼而潮湿，土地险要而狭窄，对内要供奉皇上，对外要供给三军，民众承受不了这些负担，也怕终会逃散作乱啊。"御史弹劾李桐客，罪名是诽谤诋毁朝政。在这种情况下，公卿大臣都顺着隋炀帝的心意说："江东的民众已经盼望皇上驾临很久了，陛下过长江，驾临此地进行安抚，这是大禹当年做过的事情。"于是命令修建丹阳宫，准备迁都到丹阳。

当时江都的粮食已经吃完，跟随隋炀帝的禁军骁果兵多是关中人，长期客居江

叛归，郎将窦贤遂帅所部西走，帝遣骑追斩之，而亡者犹不止，帝患之。虎贲郎将扶风司马德戡素有宠于帝，帝使领骁果屯于东城，德戡与所善虎贲郎将元礼、直阁裴虔通谋曰："今骁果人人欲亡，我欲言之，恐先事受诛；不言，于后事发，亦不免族灭，奈何？又闻关内沦没，李孝常以华阴叛，上囚其二弟，欲杀之。我辈家属皆在西，能无此虑乎！"二人皆惧，曰："然则计将安出？"德戡曰："骁果若亡，不若与之俱去。"二人皆曰："善！"因转相招引，内史舍人元敏、虎牙郎将赵行枢、鹰扬郎将孟秉、符玺郎牛方裕、直长许弘仁、薛世良、城门郎唐奉义、医正张恺、勋侍杨士览等皆与之同谋，日夜相结约，于广座明论叛计，无所畏避。有宫人白萧后曰："外间人人欲反。"后曰："任汝奏之。"宫人言于帝，帝大怒，以为非所宜言，斩之。其后宫人复白后，后曰："天下事一朝至此，无可救者，何用言之，徒令帝忧耳！"自是无复言者。

赵行枢与将作少监宇文智及素厚，杨士览，智及之甥也，二人以谋告智及；智及大喜。德戡等期以三月望日结党西遁，智及曰："主上虽无道，威令尚行，卿等亡去，正如窦贤取死耳。今天实丧隋，英雄并起，同心叛者已数万人，因行大事，此帝王之业也。"德戡等然之。行枢、薛世良请以智及兄右屯卫将军许公化及为主，结约既定，乃告化及。化及性驽怯，闻之，变色流汗，既而从之。

德戡使许弘仁、张恺入备身府，告所识者云："陛下闻骁果欲叛，多酝毒酒，欲因享会，尽鸩杀之，独与南人留此。"骁果皆惧，转相告语，反谋益急。乙卯，德戡悉召骁果军吏，谕以所为，皆曰："唯将军命！"是日，风霾昼昏。晡后，德戡盗御厩马，潜厉兵刃。是夕，元礼、裴虔通直阁下，专主殿内；唐奉义主闭城门，与虔通相知，诸门皆不下键。至三更，德戡于东城集兵得数万人，举火与城外相应。帝望见火，且闻外喧嚣，问何事。虔通对曰："草坊失火，外人共救之耳。"时内外隔绝，帝以为然。智及与孟秉于城外集千余人，劫候卫虎贲冯普乐布兵分守衢巷。燕王倓觉有变，夜，穿芳林门侧水窦而入，至玄武门，诡奏曰："臣

向，思念故乡，看到隋炀帝没有西归之意，很多人就谋划反叛回归关中。郎将窦贤于是率领部下向西逃跑，隋炀帝派遣骑兵追上斩杀了他，但逃亡的将士仍然没有停止，隋炀帝对此非常发愁。虎贲郎将扶风人司马德戡一向受到隋炀帝的恩宠，隋炀帝派他率领骁果禁军驻扎在东城。司马德戡与关系亲近的虎贲郎将元礼、直阁裴虔通谋划说："现在骁果兵人人都想逃亡，我想告诉皇上，怕在事前就被诛杀；不告诉皇上，在事后被发觉，也免不了灭族之罪，怎么办？又听说关内已经沦陷，李孝常在华阴反叛，皇上囚禁了他的两个弟弟，准备杀死他们。我们的家属都在关中，能没有忧虑吗？"两人都感到害怕，说："那么有什么好办法呢？"司马德戡说："骁果如果逃亡，不如和他们一起逃走。"二人都说："好！"于是人们串连，内史舍人元敏、虎牙郎将赵行枢、鹰扬郎将孟秉、符玺郎牛方裕、直长许弘仁、薛世良、城门郎唐奉义、医正张恺、勋侍杨士览等人都与司马德戡同谋，日夜联系相互约定，在众人聚会的场合也公开地讨论反叛之事，无所畏惧，也不避嫌。有个宫女告诉萧皇后说："外面人人都想造反。"萧皇后说："你可以上奏此事。"那个宫女告诉隋炀帝，隋炀帝大怒，认为不是宫女该说的话，就斩杀了那宫女。其后别的宫女又告诉萧皇后，萧皇后说："天下事一朝到了这种地步，无可挽救了，还用得着去说吗！只会让皇帝发愁而已！"从此再也没有人报告了。

赵行枢与将作少监宇文智及一向关系深厚，杨士览是宇文智及的外甥，二人把众人谋反的事告诉宇文智及，宇文智及大喜。司马德戡等人约定在三月十五日一起西逃，宇文智及说："皇上虽然无道，但他的威令还能施行，你们逃走，正像窦贤一样是自找死路。现在上天实已要隋灭亡，英雄并起，心愿相同而要叛逃的人已有数万，借此机会干大事，这才是帝王的大业。"司马德戡等人都赞同这个主意。赵行枢、薛世良请求让宇文智及的哥哥右屯卫将军许公宇文化及为干大事的首领，与谋划叛逃的众人达成一致之后，就告诉了宇文化及。宇文化及性格卑弱胆小，听说这件事就变了脸色，流下虚汗，但过后就同意了。

司马德戡派遣许弘仁、张恺进入备身府，告诉认识的人："陛下听说骁果想叛逃，酿了许多毒酒，想趁宴会喝酒的机会，把骁果全都毒死，只让自己与南方人留下来。"骁果都很害怕，相互转告，反叛计划进行得更加急迫。三月初十日乙卯，司马德戡把骁果的军吏全部召集起来，宣布了自己的计划，骁果军吏们都说："听从将军的命令！"这一天，刮起了大风，天空昏暗，白天如同夜晚。黄昏时分，司马德戡偷出皇上御厩中的马匹，暗中磨砺兵器。这天晚上，元礼、裴虔通在宫内值班，负责隋炀帝寝殿的守卫，唐奉义负责照管皇宫的城门，与裴虔通相互通气，皇宫的各城门、宫殿门都没有上锁。到了三更，司马德戡在东城集合士兵共有数万人，举起火把与城外的军队相互呼应。隋炀帝看到火把，又听到宫外一片嘈杂喧嚣，就问

猝中风，命悬俄顷，请得面辞。”裴虔通等不以闻，执囚之。丙辰，天未明，德戡授虔通兵，以代诸门卫士。虔通自门将数百骑至成象殿，宿卫者传呼有贼，虔通乃还，闭诸门，独开东门，驱殿内宿卫者令出，皆投仗而走。右屯卫将军独孤盛谓虔通曰：“何物兵势太异！”虔通曰：“事势已然，不预将军事，将军慎毋动！”盛大骂曰：“老贼，是何物语！”不及被甲，与左右十余人拒战，为乱兵所杀。盛，楷之弟也。千牛独孤开远帅殿内兵数百人诣玄览门，叩阁请曰：“兵仗尚全，犹堪破贼。陛下若出临战，人情自定；不然，祸今至矣。”竟无应者，军士稍散。贼执开远，义而释之。先是，帝选骁健官奴数百人置玄武门，谓之给使，以备非常，待遇优厚，至以宫人赐之。司宫魏氏为帝所信，化及等结之使为内应。是日，魏氏矫诏悉听给使出外，仓猝际制无一人在者。

德戡等引兵自玄武门入，帝闻乱，易服逃于西阁。虔通与元礼进兵排左阁，魏氏启之，遂入永巷，问：“陛下安在？”有美人出，指之。校尉令狐行达拔刀直进，帝映窗扉谓行达曰：“汝欲杀我邪？”对曰：“臣不敢，但欲奉陛下西还耳。”因扶帝下阁。虔通，本帝为晋王时亲信左右也，帝见之，谓曰：“卿非我故人乎！何恨而反？”对曰：“臣不敢反，但将士思归，欲奉陛下还京师耳。”帝曰：“朕方欲归，正为上江米船未至，今与汝归耳！”虔通因勒兵守之。

至旦，孟秉以甲骑迎化及，化及战栗不能言，人有来谒之者，但俯首据鞍称罪过。化及至城门，德戡迎谒，引入朝堂，号为丞相。裴虔通谓帝曰：“百官悉在朝堂，陛下须亲出慰劳。”进其从骑，逼帝乘之；帝嫌其鞍勒弊，更易新者，乃乘之。虔通执辔挟刀出宫门，贼徒喜噪动地。

发生了什么事。裴虔通回答说："百姓街坊失火，外面的人都在救火。"当时皇宫内外消息隔绝，隋炀帝就信以为真。宇文智及和孟秉在皇宫之外集合了一千余人，劫持了候卫虎贲冯普乐，分兵把守大街小巷。燕王杨倓觉察发生了兵变，在夜里穿过芳林门旁的水洞进入皇宫，走到玄武门，谎报说："臣突然中风，性命就在片刻之间，请求和皇上当面告辞。"裴虔通等人不为他通报，把他逮捕关押起来。三月十一日丙辰，天还未亮，司马德戡派部队给裴虔通，用来替换各门的守卫士兵。裴虔通从宫门率数百骑兵来到成象殿，守卫宫殿的士兵相互高喊"有贼"，裴虔通于是返回，关闭了皇宫的各个城门，只打开东门，驱赶宫中殿内的守卫士兵，让他们离开皇宫，守卫士兵都扔下兵器逃走。右屯卫将军独孤盛对裴虔通说："哪来的这些兵士，形势太怪异！"裴虔通说："事势已是如此，不关将军的事，将军小心不要乱动！"独孤盛大骂说："你这个老贼，说什么鬼话！"独孤盛来不及披上盔甲，和亲随的十几个卫兵进行抵抗，被乱兵杀死。独孤盛，就是独孤楷的弟弟。千牛卫队长独孤开远率领宫内卫兵数百人来到玄武门，敲着隋炀帝的寝殿门请求说："兵器还完备，还能击败叛兵。陛下如果出来率领士兵作战，人心自会稳定下来，不然的话，大祸就要临头了！"竟然没有人回应，所率士兵有一部分就离散而去。叛兵捉住独孤开远，认为他有义气，就释放了他。在此之前，隋炀帝挑选强健的官家奴仆数百人部署在玄武门，称为"给使"，用来应付非常事变，待遇非常优厚，甚至把宫女赏赐给他们。司宫魏氏受到隋炀帝的信任，宇文化及等人串通他作为内应。这一天，魏氏谎称皇帝诏令让全部给使外出，到夜里发生叛乱之时，尽管情况紧急，给使们没有一个人守在玄武门。

司马德戡等人率领兵士从玄武门进入皇宫，隋炀帝听说发生了叛乱，就换了衣服逃到西阁。裴虔通和元礼进兵冲进左阁殿门，魏氏从里面打开殿门，于是叛兵进入永巷，问："陛下在哪里？"有个美人出来指着西阁。校尉令狐行达拔出军刀直冲向前，隋炀帝的身影映在窗扉上，对令狐行达说："你想杀我吗？"令狐行达回答："臣不敢，只是想保护陛下西归关中而已。"于是扶隋炀帝走下西阁。裴虔通本是隋炀帝当晋王时的身边亲信，隋炀帝看到他，就对他说："卿不是我的老部下吗！你有什么仇恨要来谋反？"裴虔通回答："臣不敢谋反，只是将士们盼望回故乡，想保护陛下回到京师长安罢了。"隋炀帝说："朕正准备西归长安，只是因为上江运米的船还没有到，现在就和你一起西归吧！"裴虔通于是部署士兵守着隋炀帝。

到了早晨，孟秉率领披甲骑兵迎接宇文化及，宇文化及吓得颤抖说不出话，有人来晋见他，宇文化及只是低头拉着马鞍自称罪过。宇文化及来到皇宫城门，司马德戡迎接晋见，引他进入朝堂，称呼他为丞相。裴虔通对隋炀帝说："百官都在朝堂了，陛下必须亲自出来慰劳他们。"拉过自己的坐骑，逼隋炀帝上马，隋炀帝嫌他的

化及扬言曰："何用持此物出，亟还与手。"帝问："世基何在？"贼党马文举曰："已枭首矣！"于是引帝还至寝殿，虔通、德戡等拔白刃侍立。帝叹曰："我何罪至此？"文举曰："陛下违弃宗庙，巡游不息，外勤征讨，内极奢淫，使丁壮尽于矢刃，女弱填于沟壑，四民丧业，盗贼蜂起；专任佞谀，饰非拒谏：何谓无罪！"帝曰："我实负百姓；至于尔辈，荣禄兼极，何乃如是！今日之事，孰为首邪？"德戡曰："溥天同怨，何止一人！"化及又使封德彝数帝罪，帝曰："卿乃士人，何为亦尔？"德彝赧然而退。帝爱子赵王杲，年十二，在帝侧，号恸不已，虔通斩之，血溅御服。贼欲弑帝，帝曰："天子死自有法，何得加以锋刃！取鸩酒来！"文举等不许，使令狐行达顿帝令坐。帝自解练巾授行达，缢杀之。初，帝自知必及于难，常以罂贮毒药自随，谓所幸诸姬曰："若贼至，汝曹当先饮之，然后我饮。"及乱，顾索药，左右皆逃散，竟不能得。萧后与宫人撤漆床板为小棺，与赵王杲同殡于西院流珠堂。

帝每巡幸，常以蜀王秀自随，囚于骁果营。化及弑帝，欲奉秀立之，众议不可，乃杀秀及其七男。又杀齐王暕及其二子并燕王倓，隋氏宗室、外戚，无少长皆死。唯秦王浩素与智及往来，且以计全之。齐王暕素失爱于帝，恒相猜忌，帝闻乱，顾萧后曰："得非阿孩邪？"化及使人就第诛暕，暕谓帝使收之，曰："诏使且缓儿，儿不负国家！"贼曳至街中，斩之，暕竟不知杀者为谁，父子至死不相明。又杀内史侍郎虞世基、御史大夫裴蕴、左翊卫大将军来护兒、秘书监袁充、右翊卫将军宇文协、千牛宇文皛、梁公萧钜等及其子。钜，琮之弟子也。

难将作，江阳长张惠绍驰告裴蕴，与惠绍谋矫诏发郭下兵收化及等，扣门援帝。议定，遣报虞世基；世基疑告反者不实，抑而不许。须臾，

马鞍破旧，换了新马鞍，才上了马。裴虔通拉着马缰挟着刀走出宫门，叛乱士兵高兴地群起鼓噪，声音震动大地。宇文化及大声说：“何必把这东西拿出来，赶快与之毒手而杀之。”隋炀帝问：“虞世基在哪里？”参加叛乱的同党马文举说：“已斩首示众了！”于是拉着隋炀帝回到寝殿，裴虔通、司马德戡等人拔刀，亮出锋利的刀刃，站在隋炀帝身旁。隋炀帝叹着气说：“我有什么罪过，到了这一步？”马文举说：“陛下抛弃宗庙，巡游不止，对外一再发兵进行征讨，对内极为奢侈荒淫，使得强壮男丁全都死于箭矢刀刃，妇女老弱死尸填满路旁沟壑，士民工商四民全都丧失本业，各地造反民众成群出现，专信重用佞谀小人，文过饰非，拒绝谏言，怎么说没有罪！”隋炀帝说：“我确实有负于百姓，但你们这些人，荣华爵禄都达到极点，为何还这样对我！今日之事，谁是首领呢？”司马德戡说：“普天同怨，何止一人！”宇文化及又让封德彝列数隋炀帝之罪。隋炀帝说：“卿乃是士人，为何也这样！”封德彝脸色惭愧，于是退下。隋炀帝的爱子赵王杨杲，只有十二岁，在隋炀帝身旁，嚎啕恸哭不止。裴虔通杀了赵王杲，鲜血溅到隋炀帝的御服上。叛乱者准备杀死隋炀帝，隋炀帝说：“天子自有自己的死法，怎能用刀剑砍头！取鸩酒来！”马文举等人不允许，让令狐行达强按着隋炀帝坐下。隋炀帝自己解下练巾交给令狐行达，令狐行达就用练巾勒死了隋炀帝。当初，隋炀帝自知必定会遇上祸难，经常让身边的人用小瓶装着毒药跟着自己，并对临幸的妃姬说：“如果叛乱者来了，你们当先喝了毒药，然后我再喝。”等到了兵乱的时候，回头找药，身边的人都逃散了，竟然找不到准备好的毒药。萧皇后与宫女拆下漆制床板当作小棺材，把隋炀帝与赵王杨杲一同殡殓在西院的流珠堂。

隋炀帝每次外出巡幸，经常让蜀王杨秀跟随。杨秀被囚禁在骁果营中。宇文化及杀死隋炀帝后，打算尊奉蜀王杨秀为皇帝，众人商议认为不可以，于是杀死杨秀及其七个儿子。又杀死燕王杨倓和齐王杨暕及其两个儿子，隋王朝的宗室外戚，不论年长年少全都杀死。只有秦王杨浩一向与宇文智及来往，智及出计谋保全了他。齐王杨暕一向不得隋炀帝宠爱，双方一直相互猜忌。隋炀帝听说发生叛乱，回头对萧皇后说：“莫非是杨暕进行叛乱？”宇文化及派人到杨暕府中杀死他，杨暕以为是隋炀帝派使节来逮捕自己，就说：“皇上的使节，请你暂且缓一步杀我，作为儿子，我没有对不起国家！”叛兵把他拖到街上，砍了他的头。杨暕最终竟然不知道杀他的人是谁，父子至死都没有相互弄明白。叛兵又杀死内史侍郎虞世基、御史大夫裴蕴、左翊卫大将军来护兒、秘书监袁充、右翊卫将军宇文协、千牛宇文皛、梁公萧钜等人及他们的儿子。萧钜是萧琮弟弟的儿子。

当祸乱即将爆发时，江阳县令张惠绍派人骑快马报告裴蕴，裴蕴就和张惠绍计划，矫称皇帝下诏征发城外的部队前去逮捕宇文化及等人，敲城门救援隋炀帝。商

难作，蕴叹曰："谋及播郎，竟误人事！"虞世基宗人伋谓世基子符玺郎熙曰："事势已然，吾将济卿南渡，同死何益！"熙曰："弃父背君，求生何地！感尊之怀，自此决矣！"世基弟世南抱世基号泣请代，化及不许。黄门侍郎裴矩知必将有乱，虽厮役皆厚遇之，又建策为骁果娶妇；及乱作，贼皆曰："非裴黄门之罪。"既而化及至，矩迎拜马首，故得免。化及以苏威不预朝政，亦免之。威名位素重，往参化及；化及集众而见之，曲加殊礼。百官悉诣朝堂贺，给事郎许善心独不至。许弘仁驰告之曰："天子已崩，宇文将军摄政，阖朝文武咸集，天道人事自有代终，何预于叔而低回若此！"善心怒，不肯行。弘仁反走上马，泣而去。化及遣人就家擒至朝堂，既而释之。善心不舞蹈而出，化及怒曰："此人大负气！"复命擒还，杀之。其母范氏，年九十二，抚柩不哭，曰："能死国难，吾有子矣！"因卧不食，十余日而卒。唐王之入关也，张季珣弟仲琰为上洛令，帅吏民拒守，部下杀之以降。宇文化及之乱，仲琰弟琮为千牛左右，化及杀之，兄弟三人皆死国难，时人愧之。

化及自称大丞相，总百揆。以皇后令立秦王浩为帝，居别宫，令发诏画敕书而已，仍以兵监守之。化及以弟智及为左仆射，士及为内史令，裴矩为右仆射。

乙卯，徙秦公世民为赵公。

戊辰，隋恭帝诏以十郡益唐国，仍以唐王为相国，总百揆，唐国置丞相以下官，又加九锡。王谓僚属曰："此谄谀者所为耳。孤秉大政而自加宠锡，可乎！必若循魏、晋之迹，彼皆繁文伪饰，欺天罔人；考其实不及五霸，而求名欲过三王，此孤常所非笑，窃亦耻之。"或曰："历代所行，亦何可废！"王曰："尧、舜、汤、武，各因其时，取与异道，皆推其至诚以应天顺人，未闻夏、商之末必效唐、虞之禅也。若使少帝有知，必不肯为；若其无知，孤自尊而饰让，平生素心所不为也。"但改丞相为相国府，其九锡殊礼，皆归之有司。

议已定，派人向虞世基报告，虞世基怀疑揭发叛乱的消息不可靠，压下这个计划而不同意。很快祸乱就爆发了，裴蕴叹气说：“和虞播郎商议，竟误了大事！”虞世基同宗族的人虞伋对虞世基的儿子符玺郎虞熙说：“事势已是如此，我要救你南渡长江，一同死了，有何益处？”虞熙说：“抛弃父亲，背离君主，有什么地方可以自己求活？感谢您的好心，我现在已经下定决心了！”虞世基的弟弟虞世南抱着虞世基嚎啕哭泣，请允许自己代替虞世基去死，宇文化及不允许。黄门侍郎裴矩知道必将有一场叛乱，对待奴仆也都非常优厚，又向隋炀帝建议给骁果士兵娶妻，等到叛乱爆发，叛兵们都说：“裴黄门没有罪。”等到宇文化及进宫，裴矩就迎拜在宇文化及的马首之前，所以能免于一死。宇文化及认为苏威不参与朝政，也免他死罪。苏威的名位素来很重，前往参见宇文化及，宇文化及召集众人来见苏威，给予特殊的礼遇。百官全都来到宫内朝堂表示祝贺，只有给事郎许善心不来祝贺。许弘仁骑快马前来告诉他说：“天子已经驾崩，宇文将军掌摄国家大政，满朝文武都来了。天道人间之事自有更相代替之时，这与叔叔你有什么相干而如此徘徊犹豫？”许善心发怒，不肯启行。许弘仁转身走出上马，哭泣而去。宇文化及派人到许善心家里，把他逮捕到朝堂，然后就释放了他。许善心不叩头谢恩就出来了，宇文化及大怒，说：“此人太自负了！”又下令捉回来，杀了他。许善心的母亲范氏，已有九十二岁，抚着棺材不哭，说：“我儿子能死于国难，我有好儿子了！”于是范氏卧床绝食，十余天后死去。当唐王李渊进入关中的时候，张季珣的弟弟张仲琰任上洛县令，率吏民抵抗守城，部下杀了他向唐王投降。宇文化及作乱时，张仲琰的弟弟张琮任千牛左右官，宇文化及杀了他，兄弟三人都死于国难，当时人都感到惭愧。

宇文化及自称大丞相，总掌国家各种事务。以皇后的名义下令立秦王杨浩为帝，居住在别宫，让他在发诏书时画押签字而已，仍然用士兵监管着他。宇文化及任命其弟宇文智及为左仆射，任命其弟宇文士及为内史令，任命裴矩为右仆射。

三月初九日乙卯，改命秦公李世民为赵公。

三月二十三日戊辰，隋恭帝下诏为唐国再增加十个郡的领地，仍让唐王李渊任相国，总掌全部政务，唐国设置丞相以下官职，又对唐王赋予九锡等级。唐王对下属们说：“这是谄媚阿谀之人干的事。我秉执国家大政而自己给自己加上优宠的九锡，可以吗？一定要仿效魏晋禅代的做法，他们都用烦琐的文词和虚伪的掩饰，欺骗上天，诬罔人民，考察他们的实际情况赶不上春秋时的五霸，而追求名誉却想超过尧舜禹三代圣王，这是我经常所嘲笑的，内心也以为这是可耻的。”有人说：“禅让是历代都施行的制度，哪里可以废除！”唐王说：“尧、舜、汤、武，各自根据其当时的情况，获得帝位和禅让帝位都有不同的道理，都是推其至诚之心以响应天意和顺从人心，未听说夏、商两代的末期一定要效法唐、虞进行禅让。如果少帝有知，

宇文化及以左武卫将军陈稜为江都太守，综领留事。壬申，令内外戒严，云欲还长安。皇后六宫皆依旧式为御营，营前别立帐，化及视事其中，仗卫部伍，皆拟乘舆。夺江都人舟楫，取彭城水路西归。以折冲郎将沈光骁勇，使将给使营于禁内。行至显福宫，虎贲郎将麦孟才、虎牙郎钱杰与光谋曰："吾侪受先帝厚恩，今俯首事雠，受其驱帅，何面目视息世间哉！吾必欲杀之，死无所恨！"光泣曰："是所望于将军也。"孟才乃纠合恩旧，帅所将数千人，期以晨起将发时袭化及。语泄，化及夜与腹心走出营外，留人告司马德戡等，使讨之。光闻营内喧，知事觉，即袭化及营，空无所获，值内史侍郎元敏，数而斩之。德戡引兵入围之，杀光，其麾下数百人皆斗死，一无降者，孟才亦死。孟才，铁杖之子也。

武康沈法兴，世为郡著姓，宗族数千家。法兴为吴兴太守，闻宇文化及弑逆，举兵以讨化及为名，比至乌程，得精卒六万，遂攻余杭、毗陵、丹阳，皆下之；据江表十余郡，自称江南道大总管，承制置百官。

陈国公窦抗，唐王之妃兄也，炀帝使行长城于灵武；闻唐王定关中，癸酉，帅灵武、盐川等数郡来降。

（以上为第三段，详载隋宇文化及背叛、弑杀暴君隋炀帝的过程。）

夏，四月，稽胡寇富平，将军王师仁击破之。又五万余人寇宜春，相国府谘议参军窦轨将兵讨之，战于黄钦山。稽胡乘高纵火，官军小却；轨斩其部将十四人，拔队中小校代之，勒兵复战。轨自将数百骑居军后，令之曰："闻鼓声有不进者，自后斩之！"既而鼓之，将士争先赴敌，稽胡射之不能止，遂大破之，虏男女二万口。

世子建成等至东都，军于芳华苑；东都闭门不出，遣人招谕，不应。李密出军争之，小战，各引去。城中多欲为内应者，赵公世民曰："吾新

一定不肯这样做的；如果少帝没有智慧，我是自我尊高而假装推让，按照我的平生愿望又是不肯这样做的。”唐王李渊只改丞相为相国府，而对封赐的九锡大礼，都归还有关部门。

宇文化及任命左武卫将军陈稜为江都太守，总管留守之事。三月二十七日壬申，宇文化及下令城内城外进行戒严，声称准备返回长安。皇后及六宫都按原来的制度作为御营，在营前另立帷帐，宇文化及在里面办公，他的警卫部队都用皇帝出行的规格，抢夺江都人的船只，由彭城走水路向西返回长安。因为折冲郎将沈光胆大骁勇，宇文化及让他在宫内率领给使营。走到显福宫时，虎贲郎将麦孟才、虎牙郎钱杰与沈光谋划说：“吾辈受到先帝的深厚恩遇，现在俯首侍奉仇人，受他的驱使，有何面目在人世间生存呢！我一定要杀了他，死了也无所恨！”沈光哭着说：“这正是我们期待于将军的！”麦孟才于是召集以前与他有恩情的人，率领自己所管辖的数千人，约定在早晨将要出发时袭击宇文化及。结果计谋不慎泄露，宇文化及在夜里与心腹逃到营外，留人报告司马德戡等人，让他们讨伐麦孟才等人。沈光听到营内喧哗，知道事情已被发觉，当即袭击宇文化及的营帐，但帐中已经空无一人因而毫无所获，遇到内史侍郎元敏，沈光列举其罪行，然后斩杀了他。司马德戡率兵攻进营帐，包围沈光，杀死沈光，他的部下数百人全都战斗至死，没有一个人投降，麦孟才也战死。麦孟才是麦铁杖的儿子。

武康人沈法兴，世代为本郡的大姓，同宗族的人有数千家。沈法兴任吴兴太守，听说宇文化及杀死隋炀帝，就举兵前来讨伐宇文化及。等走到乌程时，沈法兴已有精兵六万，于是攻击余杭、毗陵、丹阳，把这些城池都攻克下来，占据江南十余郡，自称江南道大总管，按皇帝的旨意设置文武百官。

陈国公窦抗，是唐王李渊妃嫔的哥哥。隋炀帝派他在灵武巡视长城，听说唐王李渊平定关中，于三月二十八日癸酉，率领灵武、盐川等郡前来投降。

夏季四月，稽胡人劫掠富平，将军王师仁击退稽胡。又有五万余名稽胡人劫掠宜春，相国府谘议参军窦轨率兵进行讨伐，在黄钦山与之作战。稽胡人乘地势高而纵火，官军稍稍后退，窦轨斩杀部下军官十四人，选拔队中的低级军官来代替他们，整顿部队再次作战。窦轨亲自率领数百名骑兵在大军之后，命令他们说：“听到鼓声如果有人不前进冲锋，你们就从后面斩杀他们！”然后击鼓进军，将士争先冲向敌人，稽胡人射箭也不能阻止，于是大破稽胡，俘虏稽胡男女二万人。

唐王世子李建成等人到达东都，军队驻扎在芳华苑，东都关闭城门不出来应战，李建成派人招抚也不回应。李密派出军队争夺芳华苑，双方小战一场，各自退去。

定关中，根本未固，虽得东都，不能守也。”遂不受。戊寅，引军还。世民曰：“城中见吾退，必来追蹑。”乃设三伏于三王陵以待之，段达果将万余人追之，遇伏而败。世民逐北，抵其城下，斩四千余级。遂置新安、宜阳二郡，使行军总管史万宝、盛彦师镇宜阳，吕绍宗、任瓌将兵镇新安而还。

初，五原通守栎阳张长逊以中原大乱，举郡附突厥，突厥以为割利特勒。郝瑗说薛举，与梁师都及突厥连兵以取长安，举从之。时启民可汗之子咄苾号莫贺咄设，建牙直五原之北，举遣使与莫贺咄设谋入寇；莫贺咄设许之。唐王使都水监宇文歆赂莫贺咄设，且为陈利害，止其出兵，又说莫贺咄设遣张长逊入朝，以五原之地归之中国，莫贺咄设并从之。己卯，武都、宕渠、五原等郡皆降，王即以长逊为五原太守。长逊又诈为诏书与莫贺咄设，示知其谋。莫贺咄设乃拒举、师都等，不纳其使。

戊戌，世子建成等还长安。

东都号令不出四门，人无固志，朝议郎段世弘等谋应西师。会西师已还，乃遣人招李密，期以己亥夜纳之。事觉，越王命王世充讨诛之。密闻城中已定，乃还。

（以上为第四段，写唐王李渊遣世子李建成兵进东都，不胜而还。）

宇文化及拥众十余万，据有六宫，自奉养一如炀帝。每于帐中南面坐，人有白事者，嘿然不对，下牙，方取启状与唐奉义、牛方裕、薛世良、张恺等参决之。以少主浩付尚书省，令卫士十余人守之，遣令史取其画敕，百官不复朝参。至彭城，水路不通，复夺民车牛得二千辆，并载宫人珍宝；其戈甲戎器，悉令军士负之，道远疲剧，军士始怨。司马德戡窃谓赵行枢曰：“君大谬误我！当今拨乱，必借英贤；化及庸暗，群小在侧，事将必败，若之何？”行枢曰：“在我等耳，废之何难！”初，化及既得政，赐司马德戡爵温国公，加光禄大夫，以其专统骁果，心忌之。后数日，化及署诸将分部士卒，以德戡为礼部尚书，外示美迁，实夺其兵柄。德戡由是愤怨，所获赏赐，皆以赂智及；智及为之言，乃使之将后军万余人以从。于是德戡、行枢与诸将李本、尹正卿、宇文导师

东都城中有很多人想当内应，赵公李世民说："我军刚刚平定关中，根据地还未稳固，军队远离根据地前来，就是得到了东都，也守不住。"于是没有响应城中内应的要求。四月初四日戊寅，李建成率军撤退。李世民说："城中见我退兵，一定前来追击。"就在三王陵布下三支伏兵等待追兵，段达果然率领一万余人追来，遇到伏兵而败退。李世民追逐败兵，直达东都城下，斩首四千余级。于是设置新安、宜阳二郡，派遣行军总管史万宝、盛彦师镇守宜阳，派遣吕绍宗、任瓌率兵镇守新安，其他部队则返回。

当初，五原的通守官栎阳人张长逊因中原大乱，率全郡依附突厥，突厥让他做割利特勒。郝瑗劝说薛举，与梁师都及突厥联合出兵攻取长安，薛举听从这个建议。当时突厥的启民可汗之子咄苾，称号为莫贺咄设，建立牙帐正处于五原之北，薛举派遣使节与莫贺咄设谋入寇内地，莫贺咄设允许他的请求。唐王派都水监宇文歆贿赂莫贺咄设，并且向他说明利害关系，阻止他出兵，又劝说莫贺咄设派遣张长逊前来朝见，把五原地区归还中原，莫贺咄设都听从了。四月初五日己卯，武都、宕渠、五原等郡都向唐投降，唐王就任命张长逊为五原太守。张长逊又假传一封诏书送与莫贺咄设，表示已知薛举与突厥合兵的计谋。莫贺咄设于是拒绝薛举、梁师都等人，不接纳他们的使节。

四月二十四日戊戌，世子李建成等人回到长安。

隋朝的越王在东都城中发布的号令传达不出四门之外，人们都已没有固守的意志，朝议郎段世弘等人谋划接应西方唐王的军队。正好此时李建成已经率军西还，他们就派人与李密联系，约定四月二十五日己亥的夜里把李密部队放进城中。结果事情败露，越王命王世充杀死段世弘等人。李密听说东都城内已经安定，于是退军。

宇文化及拥有兵力十余万人，把隋炀帝的六宫据为己有，把自己奉养得如同隋炀帝一样。宇文化及常在营帐中面朝南坐着，有人来汇报请示事务，他都沉默无语，不作回答。退出营帐后，才拿着那些奏状文书与唐奉义、牛方裕、薛世良、张恺等人议定处理。他把隋恭帝杨浩交给尚书省，令卫士十余人监守，派遣令史让隋恭帝在奏状文书画押签字，文武百官不再朝见。到了彭城，水路不通，又夺取民众的牛车共有两千辆，都用来装载宫女珍宝，而命令军士背着所有戈甲兵器，路途遥远，行军极为疲劳，军士们开始埋怨。司马德戡私下对赵行枢说："你当初的主意太荒谬，误我不浅！当今拨正乱局，必须借助精英贤才，宇文化及如此昏庸愚昧，一群小人在他身边，事情必将失败，怎么办？"赵行枢说："事情由我们决定，废了他有什么困难！"当初，宇文化及掌握朝政，司马德戡被赐爵为温国公，加光禄大夫，因为他专门统率骁果，宇文化及内心非常猜忌他。过了几天，宇文化及重新部

等谋，以后军袭杀化及，更立德戡为主；遣人诣孟海公，结为外助，迁延未发，待海公报。许弘仁、张恺知之，以告化及，化及遣宇文士及阳为游猎，至后军，德戡不知事露，出营迎谒，因执之。化及让之曰："与公戮力共定海内，出于万死。今始事成，方愿共守富贵，公又何反也？"德戡曰："本杀昏主，苦其淫虐；推立足下，而又甚之；逼于物情，不得已也。"化及缢杀之，并杀其支党十余人。孟海公畏化及之强，帅众具牛酒迎之。李密据巩洛以拒化及，化及不得西，引兵向东郡，东郡通守王轨以城降之。

辛丑，李密将井陉王君廓帅众来降。君廓本群盗，有众数千人，与贼帅韦宝、邓豹合军虞乡，唐王与李密俱遣使招之。宝、豹欲从唐王，君廓伪与之同，乘其无备，袭击，破之，夺其辎重，奔李密；密不礼之，复来降，拜上柱国，假河内太守。

（以上为第五段，写叛军宇文化及内部不稳，西还东都受阻。）

萧铣即皇帝位，置百官，准梁室故事。谥其从父琮为孝靖皇帝，祖岩为河间忠烈王，父璿为文宪王，封董景珍等功臣七人皆为王。遣宋王杨道生击南郡，下之，徙都江陵，修复园庙。引岑文本为中书侍郎，使典文翰，委以机密。又使鲁王张绣徇岭南，隋将张镇周、王仁寿等拒之；既而闻炀帝遇弑，皆降于铣。钦州刺史宁长真亦以郁林、始安之地附于铣。汉阳太守冯盎以苍梧、高凉、珠崖、番禺之地附于林士弘。铣、士弘各遣人招交趾太守丘和，和不从。铣遣宁长真帅岭南之兵自海道攻和，和欲出迎之，司法书佐高士廉说和曰："长真兵数虽多，悬军远至，不能持久，城中胜兵足以当之，奈何望风受制于人！"和从之，以士廉为军司马，将水陆诸军逆击，破之，长真仅以身免，尽俘其众。既而有骁果自江都至，得炀帝凶问，亦以郡附于铣。士廉，劢之子也。

署诸将，另行分配士卒，让司马德戡当礼部尚书，表面上升为美官，实际上夺其兵柄。司马德戡因此气愤怨恨，把得到的赏赐全都用来贿赂宇文智及。宇文智及为他说情，宇文化及才让他率领后军一万余人。此时司马德戡、赵行枢与部下诸将李本、尹正卿、宇文导师等人谋划利用后军袭击杀掉宇文化及，另立司马德戡为首领。派人去见孟海公，让他作为外助。但计划拖延没有实施，等着孟海公的回音。许弘仁、张恺知道了这个阴谋，向宇文化及报告。宇文化及派遣宇文士及佯装外出游猎，来到后军，司马德戡还不知道阴谋已经败露，出营迎见宇文士及，于是宇文化及趁机逮捕了司马德戡。宇文化及责问他说："我与公一起戮力拼命共同平定海内，出于万死，现在大事才告成功，正想与你共守富贵，公为何又谋反呢？"司马德戡说："本来我们起兵杀死昏庸君主，是因为他的淫虐造成的苦难太重。我们推立足下为首，可你的淫虐昏庸又超过了他。迫于人心与情势，不得不反。"宇文化及勒死了司马德戡，同时杀死党羽十余人。孟海公畏惧宇文化及的势力太强，率部下杀牛备酒迎接宇文化及。李密占据巩洛一带抵抗宇文化及，宇文化及不能继续西进，就率军转向东郡，东郡通守官王轨以东郡全城投降宇文化及。

四月二十七日辛丑，李密部将井陉人王君廓率其部下前来投降。王君廓本是民众造反的首领，有部众数千人，与造反首领韦宝、邓豹在虞乡合并了军队，唐王李渊与李密都派遣使节前往招抚。韦宝、邓豹想投靠唐王，王君廓假装赞同他们想法，乘其不备，袭击并打败二人，夺取了他们的辎重，投奔李密，李密并不加以礼遇，王君廓又来投降唐王，拜为上柱国，暂代河内太守。

萧铣即皇帝位，设置文武百官，均按梁朝的旧例。为他的叔父萧琮追加谥号为孝靖皇帝，其祖父萧岩谥号为河间忠烈王，父亲萧璿谥号为文宪王，封董景珍等七名功臣都为王。派遣宋王杨道生攻打南郡，攻下南郡的城池，迁都江陵，修复园林宗庙。萧铣任命岑文本为中书侍郎，让他掌管机要文书，委托机密之事让他参与。又派鲁王张绣进攻岭南地区，隋朝在岭南任命的将领张镇周、王仁寿等人加以抵抗。不久，听说炀帝已经被杀，他们都向萧铣投降。钦州刺史宁长真也率郁林、始安等地投靠萧铣。汉阳太守冯盎率苍梧、高凉、珠崖、番禺等地依附于林士弘。萧铣、林士弘各自派人招抚交趾太守丘和，丘和没有投靠。萧铣派宁长真率领岭南兵从海路进攻丘和，丘和准备出城迎降，司法书佐高士廉劝说丘和："宁长真兵数虽多，但离开根据地远来攻我，所以不能持久，城中的兵力足以抵挡他，为何要望风投降，受制于人！"丘和听从这个建议，任命高士廉为军司马，率领水陆诸军反攻，击败宁长真的军队，只有宁长真孤身一人得以逃脱，丘和俘虏了宁长真的全部人马。之后有骁果从江都过来，获悉隋炀帝被杀的消息，也以其郡依附于萧铣。高士廉是高

始安郡丞李袭志，迁哲之孙也。隋末，散家财，募士得三千人，以保郡城；萧铣、林士弘、曹武彻迭来攻之，皆不克。闻炀帝遇弑，帅吏民临三日。或说袭志曰："公中州贵族，久临鄙郡，华、夷悦服。今隋室无主，海内鼎沸，以公威惠，号令岭表，尉佗之业可坐致也。"袭志怒曰："吾世继忠贞，今江都虽覆，宗社尚存，尉佗狂僭，何足慕也！"欲斩说者，众乃不敢言。坚守二年，外无声援，城陷，为铣所虏，铣以为工部尚书，检校桂州总管。于是东自九江，西抵三峡，南尽交趾，北距汉川，铣皆有之，胜兵四十余万。

（以上为第六段，写萧铣割据长江中游地区，荆襄以南，达于岭南。）

炀帝凶问至长安，唐王哭之恸，曰："吾北面事人，失道不能救，敢忘哀乎！"

五月，山南抚慰使马元规击朱粲于冠军，破之。

王德仁既杀房彦藻，李密遣徐世勣讨之。德仁兵败，甲寅，与武安通守袁子幹皆来降，诏以德仁为邺郡太守。

戊午，隋恭帝禅位于唐，逊居代邸。甲子，唐王即皇帝位于太极殿，遣刑部尚书萧造告天于南郊，大赦，改元。罢郡，置州，以太守为刺史。推五运为土德，色尚黄。

隋炀帝凶问至东都，戊辰，留守官奉越王即皇帝位，大赦，改元皇泰。是时于朝堂宣旨，以时钟金革，公私皆即日大祥。追谥大行曰明皇帝，庙号世祖；追尊元德太子曰成皇帝，庙号世宗。尊母刘良娣为皇太后。以段达为纳言、陈国公，王世充为纳言、郑国公，元文都为内史令、鲁国公，皇甫无逸为兵部尚书、杞国公；又以卢楚为内史令，郭文懿为内史侍郎，赵长文为黄门侍郎，共掌朝政。时人号"七贵"。皇泰主眉目如画，温厚仁爱，风格俨然。

辛未，突厥始毕可汗遣骨咄禄特勒来，宴之于太极殿，奏九部乐。时中国人避乱者多入突厥，突厥强盛，东自契丹、室韦，西尽吐谷浑、高昌诸国，皆臣之，控弦百余万。帝以初起资其兵马，前后饷遗，不可

劢的儿子。

始安郡丞李袭志，是李迁哲的孙子。隋朝末年，李袭志散发家财，招募士兵，得到三千人，用来保卫本郡的城池。萧铣、林士弘、曹武彻相继前来攻城，都不能攻克。李袭志听说隋炀帝遇害，就率领吏民为隋炀帝举哀三天。有人劝说李袭志说："主公是中原的贵族，长期在鄙郡做官，无论是汉人还是夷民，都心悦诚服。现在隋室没了皇帝，整个海内一片鼎沸，依靠主公的威严和恩惠，可以在岭南地区发号施令，就可以轻易缔造像当年尉佗那样的事业。"李袭志发怒，说："我世世代代用忠贞的态度相续承继，现在江都虽然颠覆，但隋朝的宗社还存在，尉佗是狂妄僭越之人，哪里值得羡慕！"想斩杀劝说之人，众人于是不敢再提此事。李袭志坚守郡城二年，外无声援，结果郡城被攻陷，李袭志被萧铣俘虏，萧铣任命他为工部尚书，并兼检校桂州总管。至时，东自九江，西至三峡，南方整个交趾，北方直到汉川，都被萧铣控制占据，拥有强兵四十余万。

隋炀帝被害的消息传到长安，唐王悲恸痛哭，说："我面向北称臣，为皇上做事，皇上失道而我不能救他，还敢忘记哀痛吗！"

五月，山南抚慰使马元规在冠军县进击朱粲，打败了朱粲。

王德仁杀死房彦藻之后，李密派遣徐世勣讨伐王德仁。王德仁战败，于五月初十日甲寅，与武安通守官袁子幹前来向唐王投降。唐王下诏任命王德仁为邺郡太守。

五月十四日戊午，隋恭帝禅让皇位给唐王，离开皇宫住到代邸。五月二十日甲子，唐王在太极殿即皇帝位，派遣刑部尚书萧造在南郊祭祀上天，大赦天下，改年号为武德。废除郡一级区划，设置州一级区划，把太守改为刺史。按五德终始的顺序推算，唐朝属于土德，颜色崇尚黄色。

隋炀帝的死讯传到东都，五月二十四日戊辰，留守东都的隋朝官员拥戴隋朝的越王杨侗即皇帝位，大赦天下，改年号为皇泰。当时就在朝堂宣布诏旨，因为当时正值战乱之时，公家私人都在当天奉行守丧的大祥之礼。为刚刚死去的皇帝追加谥号为明皇帝，庙号称世祖；追尊元德太子谥号为成皇帝，庙号为世宗。尊奉母亲刘良娣为皇太后。任命段达为纳言、陈国公，任命王世充为纳言、郑国公，任命元文都为内史令、鲁国公，任命皇甫无逸为兵部尚书、杞国公，又任命卢楚为内史令，郭文懿为内史侍郎，赵长文为黄门侍郎，共同掌握朝政。当时人称之为"七贵"。皇泰主杨侗眉目如画，待人温厚仁爱，仪容风度庄严稳重。

五月二十七日辛未，突厥始毕可汗派遣骨咄禄特勒前来觐见唐高祖，在太极殿举行宴会，演奏了清商、西凉、扶南、高丽等九部乐。当时中原百姓为了躲避战乱，有很多人逃到突厥地区，突厥于是强盛起来，东自契丹、室韦，西至吐谷浑、高昌

胜纪。突厥恃功骄倨，每遣使者至长安，多暴横，帝优容之。

壬申，命裴寂、刘文静等修定律令。置国子、太学、四门生，合三百余员，郡县学亦各置生员。

六月，甲戌朔，以赵公世民为尚书令，黄台公瑗为刑部侍郎，相国府长史裴寂为右仆射、知政事，司马刘文静为纳言，司录窦威为内史令，李纲为礼部尚书、参掌选事，掾殷开山为吏部侍郎，属赵慈景为兵部侍郎，韦义节为礼部侍郎，主簿陈叔达、博陵崔民幹并为黄门侍郎，唐俭为内史侍郎，录事参军裴晞为尚书左丞；以隋民部尚书萧瑀为内史令，礼部尚书窦琎为户部尚书，蒋公屈突通为兵部尚书，长安令独孤怀恩为工部尚书。瑗，上之从子；怀恩，舅子也。

上待裴寂特厚，群臣无与为比，赏赐服玩，不可胜纪；命尚书奉御日以御膳赐寂，视朝必引与同坐，入阁则延之卧内；言无不从，称为裴监而不名。委萧瑀以庶政，事无大小，无不关掌。瑀亦孜孜尽力，绳违举过，人皆惮之，毁之者众，终不自理。上尝有敕而内史不时宣行，上责其迟，瑀对曰："大业之世，内史宣敕，或前后相违，有司不知所从，其易在前，其难在后；臣在省日久，备见其事。今王业经始，事系安危，远方有疑，恐失机会，故臣每受一敕必勘审，使与前敕不违，始敢宣行，稽缓之愆，实由于此。"上曰："卿用心如是，吾复何忧！"

初，帝遣马元规慰抚山南，南阳郡丞河东吕子臧独据郡不从；元规遣使数辈谕之，皆为子臧所杀。及炀帝遇弑，子臧发丧成礼，然后请降；拜邓州刺史，封南郡公。

废大业律令，颁新格。

上每视事，自称名，引贵臣同榻而坐。刘文静谏曰："昔王导有言'若太阳俯同万物，使群生何以仰照！'今贵贱失位，非常久之道。"上曰："昔汉光武与严子陵共寝，子陵加足于帝腹。今诸公皆名德旧齿，平

等国，全都向突厥臣服，可以拉弓作战的士兵号称有一百多万。唐高祖因为在起兵初期突厥曾经资助过兵马，故前后赠送突厥的物品无法计算。突厥仗恃有功而傲慢无礼，每次派遣使者来长安，多有暴烈横行之事，但唐高祖都宽容优待他们。

五月二十八日壬申，唐高祖命令裴寂、刘文静等人修订审定法律条令。设置国子学、太学、四门生，共三百多人，各郡县学校也各自设置生员。

六月初一日甲戌，唐高祖发布任命：赵公李世民为尚书令，黄台公李瑗为刑部侍郎，相国府长史裴寂为右仆射、知政事，司马刘文静为纳言，司录窦威为内史令，李纲为礼部尚书、参掌选事，掾殷开山为吏部侍郎，属员赵慈景为兵部侍郎，韦义节为礼部侍郎，主簿陈叔达、博陵人崔民幹都为黄门侍郎，唐俭为内史侍郎，录事参军裴晞为尚书左丞，隋民部尚书萧瑀为内史令，礼部尚书窦琎为户部尚书，蒋公屈突通为兵部尚书，长安令独孤怀恩为工部尚书。李瑗是唐高祖的侄子，独孤怀恩是唐高祖舅舅的儿子。

唐高祖对待裴寂特别优厚，群臣无人能与之相比，赏赐给裴寂的服饰和玩赏物品多得无法计算，又命尚书奉御每天把皇帝的御膳赏赐给裴寂，上朝时一定让裴寂与自己坐在一起，回到寝宫则一定邀请裴寂到卧室，对裴寂的建议，唐高祖无不听从，不称裴寂的名字而称其原来的官名"裴监"。唐高祖把各种政务都托付给萧瑀，事情无论大小，全都由萧瑀掌握。萧瑀也孜孜不倦地尽心尽力，纠正错误，检举过失，人们都惧怕他，诋毁他的人很多，但他始终不作辩解。唐高祖曾有诏书而内史没有及时宣布，唐高祖责备内史迟缓，萧瑀回答说："隋炀帝大业年间，内史宣布皇帝的诏书，有时前后自相矛盾，有关官员和部门不知应该遵循哪一个，只好把易行的命令放在前面，难行的命令放在后面。臣子我在隋朝内史省当侍郎的时间很长，这种事见得多了。如今陛下的王业正在开始经营，事情关系到朝廷的安危，远方的人们还有疑虑，恐怕失去机会，所以臣子我每接受一个诏令，必须仔细核对审察，使先后发布的诏令不致相互矛盾，然后才敢宣布施行。迟缓之过，实是由于这个原因。"唐高祖说："你的用意既是如此，我还有什么忧虑呢！"

当初，唐高祖派马元规慰问安抚山南，只有南阳郡丞河东人吕子臧占据该郡不顺从，马元规派出使节前后数次前去劝喻，都被吕子臧杀死。等到隋炀帝被害，吕子臧为之发丧，尽行臣子之礼，然后请求投降。唐高祖任命他为邓州刺史、封南郡公。

唐朝废除隋朝大业年间制定的法律条令，颁布新的法律条文。

唐高祖每次上朝处理政务，都自称名字，请贵臣们同坐一榻。刘文静进谏说："过去王导有一句话：'如果太阳俯低身子而与万物一样，那么众多万物又靠什么在上面照耀它们呢？'现在皇帝与大臣同坐一榻，这使贵贱失去正常秩序，不是国家

生亲友，宿昔之欢，何可忘也。公勿以为嫌！”

戊寅，隋安阳令吕珉以相州来降，以为相州刺史。

己卯，祔四亲庙主。追尊皇高祖瀛州府君曰宣简公；皇曾祖司空曰懿王；皇祖景王曰景皇帝，庙号太祖，祖妣曰景烈皇后；皇考元王曰元皇帝，庙号世祖，妣独孤氏曰元贞皇后；追谥妃窦氏曰穆皇后。每岁祀昊天上帝、皇地祇、神州地祇，以景帝配，感生帝、明堂，以元帝配。庚辰，立世子建成为皇太子，赵公世民为秦王，齐公元吉为齐王，宗室黄瓜公白驹为平原王，蜀公孝基为永安王，柱国道玄为淮阳王，长平公叔良为长平王，郑公神通为永康王，安吉公神符为襄邑王，柱国德良为新兴王，上柱国博义为陇西王，上柱国奉慈为勃海王。孝基、叔良、神符、德良，帝之从父弟；博义、奉慈，弟子；道玄，从父兄子也。

癸未，薛举寇泾州，以秦王世民为元帅，将八总管兵以拒之。

遣太仆卿宇文明达招慰山东，以永安王孝基为陕州总管。时天下未定，凡边要之州，皆置总管府，以统数州之兵。

乙酉，奉隋帝为酅国公。诏曰：“近世以来，时运迁革，前代亲族，莫不诛夷。兴亡之效，岂伊人力！其隋蔡王智积等子孙，并付所司，量才选用。”

（以上为第七段，写李渊称帝，建立唐王朝，遣使四出招抚，关东多有降附，唐室一派兴旺气象。）

东都闻宇文化及西来，上下震惧。有盖琮者，上疏请说李密与之合势拒化及。元文都谓卢楚等曰：“今雠耻未雪而兵力不足，若赦密罪使击化及，两贼自斗，吾徐承其弊。化及既破，密兵亦疲；又其将士利吾官赏，易可离间，并密亦可擒也。”楚等皆以为然，即以琮为通直散骑常侍，赍敕书赐密。

丙申，隋信都郡丞东莱麴稜来降，拜冀州刺史。

长久之道。”唐高祖说：“过去汉光武帝与严子陵一起睡觉，严子陵把脚压到汉光武帝的肚子上。今天诸位公卿都是著名大臣素有德声，又是老朋友，平生的亲友，往日的欢情，怎能忘怀。您不要有所疑虑！”

六月初五日戊寅，隋安阳令吕珉率相州向唐高祖投降，唐高祖封吕珉为相州刺史。

六月初六日己卯，唐祭祀四代宗庙的祖先。追尊唐高祖的高祖瀛州府君为宣简公，追尊皇上的曾祖司空为懿王，追尊皇上的祖父景王为景皇帝，庙号为太祖，祖母为景烈皇后，追尊皇上的父亲元王为元皇帝，庙号为世祖，母亲独孤氏为元贞皇后，为皇妃窦氏追加谥号为穆皇后。每年祭祀昊天上帝、皇地祇、神州地祇，以景皇帝配享，祭礼感帝含枢纽、明堂，以元皇帝配享。六月初七庚辰，册立世子李建成为皇太子，赵公李世民为秦王，齐公李元吉为齐王，宗室黄瓜公李白驹为平原王，蜀公李孝基为永安王，柱国李道玄为淮阳王，长平公李叔良为长平王，郑公李神通为永康王，安吉公李神符为襄邑王，柱国李德良为新兴王，上柱国李博义为陇西王，上柱国李奉慈为勃海王。李孝基、李叔良、李神符、李德良，都是唐高祖的堂弟。李博义、李奉慈是唐高祖弟弟的儿子，李道玄是唐高祖堂兄的儿子。

六月初十日癸未，薛举侵犯泾州，唐高祖任命秦王李世民为元帅，率八总管的军队前去抵御。

唐朝派遣太仆卿宇文明达招抚慰问山东地区，任命永安王李孝基为陕州总管。当时天下还未全部平定，凡是边远重要的州，都设置总管府，统率几个州的军队。

六月十二日乙酉，唐尊奉隋恭帝为酅国公。唐高祖的诏书说：“近世以来，天时国运不断变革改换，前代朝廷的皇室宗族，全都被杀戮除灭。不同朝代相继兴亡更替，难道只靠人力就能办到的吗？隋朝的蔡王杨智积等王室子孙，都交付有关官署，根据他们的才能选拔任用。”

东都的人们听说宇文化及率军西进而来，上上下下都感到震惊恐慌。盖琮上疏，请求劝说李密联合起来抵抗宇文化及。元文都对卢楚等人说：“现在宇文化及弑杀皇帝的大仇尚未雪耻，而我们的兵力又不足以抵抗，如果赦免李密的罪过，让他攻击宇文化及，两贼自会相斗，我们随后再来利用他们的疲困。宇文化及既可被打败，李密的部队也会疲劳无力，而且他们的将士贪图我们赏给的官职与钱财，就会容易离间他们，包括李密也可以活捉。”卢楚等人都认为元文都说得对，便任命盖琮为通直散骑常侍，携带皇帝诏书赐给李密。

六月二十三日丙申，隋信都郡郡丞东莱人麴稜前来降唐，被任命为冀州刺史。

万年县法曹武城孙伏伽上表，以为："隋以恶闻其过亡天下。陛下龙飞晋阳，远近响应，未期年而登帝位，徒知得之之易，不知隋失之之不难也。臣谓宜易其覆辙，务尽下情。凡人君言动，不可不慎。窃见陛下今日即位而明日有献鹞雏者，此乃少年之事，岂圣主所须哉！又，百戏散乐，亡国淫声。近太常于民间借妇女裙襦五百余袭以充妓衣，拟五月五日玄武门游戏，此亦非所以为子孙法也。凡如此类，悉宜废罢。善恶之习，朝夕渐染，易以移人。皇太子、诸王参僚左右，宜谨择其人；其有门风不能雍睦，为人素无行义，专好奢靡，以声色游猎为事者，皆不可使之亲近也。自古及今，骨肉乖离，以至败国亡家，未有不因左右离间而然也。愿陛下慎之。"上省表大悦，下诏褒称，擢为治书侍御史，赐帛三百匹，仍颁示远近。

辛丑，内史令延安靖公窦威薨。以将作大匠窦抗兼纳言，黄门侍郎陈叔达判纳言。

宇文化及留辎重于滑台，以王轨为刑部尚书，使守之，引兵北趣黎阳。李密将徐世勣据黎阳，畏其军锋，以兵西保仓城。化及渡河，保黎阳，分兵围世勣。密帅步骑二万，壁于清淇，与世勣以烽火相应，深沟高垒，不与化及战。化及每攻仓城，密辄引兵以掎其后。密与化及隔水而语，密数之曰："卿本匈奴皂隶破野头耳；父兄子弟，并受隋恩，富贵累世，举朝莫二。主上失德，不能死谏，反行弑逆，欲规篡夺。不追诸葛瞻之忠诚，乃为霍禹之恶逆，天地所不容，将欲何之！若速来归我，尚可得全后嗣。"化及默然，俯视良久，瞋目大言曰："与尔论相杀事，何须作书语邪！"密谓从者曰："化及庸愚如此，忽欲图为帝王，吾当折杖驱之耳！"化及盛修攻具以逼仓城，世勣于城外掘深沟以固守，化及阻堑，不得至城下。世勣于堑中为地道，出兵击之，化及大败，焚其攻具。

万年县法曹武城人孙伏伽上表，认为："隋朝因为皇帝讨厌听到别人批评他的过失而最终丧失了天下。陛下如龙一样从晋阳起飞，远近纷纷响应，不到一年就登上帝位，只知道得天下容易，而不知隋朝失天下也不难。臣认为应当改变隋朝灭亡的作法，务必全面了解下面的民情。凡是人君的言谈与行动，不可不谨慎。臣看到今天陛下即位，明天就有人献鹞雏，玩鹞雏是少年人的事，哪里是圣明的皇上所需要的呢？另外，杂技和雅乐之外的散乐，乃是使国家灭亡的淫声。最近太常寺在民间借了五百多套妇女的裙子短衣用作宫内歌妓的服装，准备于五月五日在玄武门进行游戏，这也不是可以让子孙后代效法的事。诸如此类，应当全部废除停止。善的和恶的习惯，朝夕受其熏染，很容易改变人的本性。皇太子、诸王身边的属官，应当谨慎地挑选合适的人选。若有门风不能雍容和睦，为人一向不知按道义行事，专门爱好奢侈淫靡，整天沉迷于声色犬马，到处游猎的人，都不能让他们与皇太子、诸王亲近。从古到今，骨肉亲人反目分离，以至于使国与家败亡，没有不是因为身边亲近的人恶意离间而造成的。望陛下谨慎小心地对待。"皇帝看了上表非常高兴，下诏表扬，提升孙伏伽为治书侍御史，赐丝帛三百匹，并将表扬奖赏的诏书公布到远近各处。

六月二十八日辛丑，唐内史令延安靖公窦威去世。任命将作大匠窦抗兼任纳言，黄门侍郎陈叔达为判纳言。

宇文化及把辎重留在滑台，任命王轨为刑部尚书，让他守护辎重，自己率军向北朝黎阳进发。李密的部将徐世勣占据黎阳，畏惧宇文化及军队的攻击之势，就率军西撤据守仓城。宇文化及渡过黄河，占领黎阳，分兵包围徐世勣。李密率领两万步兵骑兵，在清淇坚壁固守，与徐世勣用烽火相互呼应，深挖城壕，筑高城墙，不与宇文化及交战。宇文化及每次进攻仓城，李密就率兵攻击他的后方。李密隔着淇水和宇文化及说话。李密历数宇文化及的罪行："你本来是匈奴的奴隶破野头而已，父兄子弟都受到隋朝的恩赏，连着几代都享受富贵，整个朝廷没有第二家。主上丧失德行，你不能以死劝谏，反而谋反弑君，又想图谋篡夺帝位。你不效法诸葛亮之子诸葛瞻因蜀汉灭亡而为之献身的忠诚，却效法霍光之子霍禹的丑恶叛逆，正是天地所不能容，又想到什么地方去？如果赶快来归顺我，还可以得以保全你的后嗣。"宇文化及默不作声，低头半天，瞪眼大声说："和你比试打仗相互砍杀的事，哪里用得着说书上的话！"李密对身边的人说："宇文化及昏庸愚昧，忽然想谋划当帝王，我当折断棍子驱赶他！"宇文化及让部队大量制作攻城的用具，逼近仓城，徐世勣在城外挖了深沟加以固守，宇文化及被深壕阻拦，无法进到城下。徐世勣在壕里挖地道，出兵攻打宇文化及。宇文化及大败，徐世勣于是焚烧了宇文化及准备的攻城用具。

时密与东都相持日久，又东拒化及，常畏东都议其后，见盖琮至，大喜，遂上表乞降，请讨灭化及以赎罪，送所获雄武郎将于洪建，遣元帅府记室参军李俭、上开府徐师誉等入见。皇泰主命戮洪建于左掖门外，如斛斯政之法。元文都等以密降为诚实，盛饰宾馆于宣仁门东。皇泰主引见俭等，以俭为司农卿，师誉为尚书右丞，使具导从，列铙吹，还馆，玉帛酒馔，中使相望。册拜密太尉、尚书令、东南道大行台行军元帅、魏国公，令先平化及，然后入朝辅政。以徐世勣为右武候大将军。仍下诏称密忠款，且曰："其用兵机略，一禀魏公节度。"

元文都喜于和解，谓天下可定，于上东门置酒作乐，自段达已下皆起舞。王世充作色谓起居侍郎崔长文曰："朝廷官爵，乃以与贼，其志欲何为邪！"文都等亦疑世充欲以城应化及，由是有隙，然犹外相弥缝，阳为亲善。

秋，七月，皇泰主遣大理卿张权、鸿胪卿崔善福赐李密书曰："今日以前，咸共刷荡，使至以后，彼此通怀。七政之重，伫公匡弼，九伐之利，委公指挥。"权等既至，密北面拜受诏书。既无西虑，悉以精兵东击化及。密知化及军粮且尽，因伪与和；化及大喜，恣其兵食，冀密馈之。会密下有人获罪，亡抵化及，具言其情，化及大怒，其食又尽，乃渡永济渠，与密战于童山之下，自辰达酉；密为流矢所中，堕马闷绝，左右奔散，追兵且至，唯秦叔宝独捍卫之，密由是获免。叔宝复收兵与之力战，化及乃退。化及入汲郡求军粮，又遣使拷掠东郡吏民以责米粟。王轨等不堪其弊，遣通事舍人许敬宗诣密请降；以轨为滑州总管，以敬宗为元帅府记室，与魏徵共掌文翰。敬宗，善心之子也。房公苏威在东郡，随众降密，密以其隋氏大臣，虚心礼之。威见密，初不言帝室艰危，唯再三舞蹈，称"不图今日复睹圣明！"时人鄙之。化及闻王轨叛，大惧，自汲郡引兵欲取以北诸郡，其将陈智略帅岭南骁果万余人，樊文超帅江淮排矟，张童儿帅江东骁果数千人，皆降于密。文超，子盖之子也。化及犹有众二万，北趣魏县；密知其无能为，西还巩洛，留徐世勣以备之。

（以上为第八段，写李密降隋皇泰主，大破宇文化及于河南。）

当时李密与东都对峙已有很长时间，又要在东方抵御宇文化及，经常担心东都袭击他的后方，看到东都派来劝降的盖琮，非常高兴，于是上表要求投降皇泰主，并请求让他讨伐消灭宇文化及来赎罪，送上他俘获的宇文化及手下的雄武郎将于洪建，派元帅府记室参军李俭、上开府徐师誉等人进入东都觐见。皇泰主杨侗下令在左掖门外诛戮于洪建，与以前诛戮斛斯政的方式一样。元文都等人认为李密是真心诚意地投降，在宣仁门东面豪华装饰宾馆。皇泰主引见李俭等人，任命李俭为司农卿，徐师誉为尚书右丞，为他们配备了引导队和鼓吹乐队，排着队将他们送到宾馆，赏赐美玉丝帛以及美酒佳食，宫中派出的使者接连不断，相望于路。皇泰主册封李密为太尉、尚书令、东南道大行台行军元帅、魏国公，命他先平定宇文化及，然后入朝辅助国政。又任命徐世勣为右武候大将军。皇泰主还下诏表彰李密的忠诚，并且说："凡是用兵及其谋略，全由魏公李密掌管指挥。"

元文都因为和李密达成和解而感到高兴，认为天下可以平定了，在上东门摆下酒宴，演奏音乐，从段达以下的官员都要起来跳舞。王世充变了脸色对起居侍郎崔长文说："朝廷的官位爵号，竟然赏给了叛贼，他是想干什么？"元文都等人也怀疑王世充想以东都响应宇文化及，因此双方有了仇隙，不过外表上相互和解，佯作亲善。

秋季，七月，皇泰主杨侗派遣大理卿张权、鸿胪卿崔善福赐给李密书信说："今天以前的事情，全都相互忘记干净，让我们今后彼此真诚相待。朝廷各项重要政务，等着明公前来匡正辅弼，征伐各种叛乱的大权，全都委托给明公指挥。"张权等人到达李密驻军处，李密面朝北下拜接受了皇泰主的诏书。在消除了来自西方的担忧之后，李密就率全部精锐兵力向东攻击宇文化及。李密知道宇文化及的军粮即将吃光，就假装与宇文化及和谈，宇文化及大为高兴，让士兵随意饱餐，希望李密会馈送粮草。正好此时李密手下有人犯罪，逃亡来到宇文化及军中，详细地说明了李密的计谋，宇文化及大为愤怒，但是他的军队粮食也已经吃完了，于是渡过永济渠，在童山山脚下与李密交战，从早晨辰时打到傍晚酉时，李密被流箭射中，落马昏迷不醒，左右卫兵都逃跑散去，追兵将要来到，只有秦叔宝一人奋战保护他，李密才得以免除被俘。秦叔宝又收聚兵力与宇文化及力战，宇文化及于是退军。宇文化及进入汲郡找军粮，又派使节拷打东郡的官吏百姓，向他们索取粮食。王轨等人不能忍受这种残暴做法，派遣通事舍人许敬宗去见李密要求投降，李密任命王轨为滑州总管，任命许敬宗为元帅府记室，和魏徵一同掌管文书。许敬宗是许善心的儿子。房公苏威在东郡，跟随众人投降李密，李密因为他是隋朝大臣，虚心地以礼相待。苏威见李密，开始时不谈隋朝的艰难危险，只是再三地舞蹈，称颂说："没想到今天又见到圣明天子！"当时的人都鄙视他。宇文化及听说王轨叛变，大为惊慌，从汲郡率军

乙巳，宣州刺史周超击朱粲，败之。

丁未，梁师都寇灵州，骠骑将军蔺兴粲击破之。

突厥阙可汗遣使内附。初，阙可汗附于李轨；隋西戎使者曹琼据甘州诱之，乃更附琼，与之拒轨；为轨所败，窜于达斗拔谷，与吐谷浑相表里，至是内附。寻为李轨所灭。

薛举进逼高墌，游兵至于豳、岐，秦王世民深沟高垒不与战。会世民得疟疾，委军事于长史纳言刘文静、司马殷开山，且戒之曰："薛举悬军深入，食少兵疲，若来挑战，慎勿应也。俟吾疾愈，为君等破之。"开山退，谓文静曰："王虑公不能办，故有此言耳。且贼闻王有疾，必轻我，宜曜武以威之。"乃陈于高墌西南，恃众而不设备。举潜师掩其后，壬子，战于浅水原，八总管皆败，士卒死者什五六，大将军慕容罗睺、李安远、刘弘基皆没。世民引兵还长安，举遂拔高墌，收唐兵死者为京观；文静等皆坐除名。

乙卯，榆林贼帅郭子和遣使来降，以为灵州总管。

（以上为第九段，写陕北割据者梁师都、河西割据者李轨、陇右割据者薛举的活动。）

李密每战胜，必遣使告捷于皇泰主，隋人皆喜，王世充独谓其麾下曰："元文都辈，刀笔吏耳，吾观其势，必为李密所擒。且吾军士屡与密战，没其父兄子弟，前后已多，一旦为之下，吾属无类矣！"欲以激怒其众。文都闻之，大惧，与卢楚等谋因世充入朝，伏甲诛之。段达性庸懦，恐其事不就，遣其婿张志以楚等谋告世充。戊午夜三鼓，世充勒兵袭含嘉门。元文都闻变，入奉皇泰主御乾阳殿，陈兵自卫，命诸将闭门拒守。将军跋野纲将兵出，遇世充，下马降之。将军费曜、田阇战于门外，不利。文都自将宿卫兵欲出玄武门以袭其后，长秋监段瑜称求门钥

队准备攻取汲郡以北各郡县，他的将领陈智略率领一万多名岭南骁果兵，樊文超率江淮排兵，张童儿率领数千名江东骁果兵，都投降了李密。樊文超是樊子盖的儿子。宇文化及尚有兵力二万人，向北进兵魏县。李密知道宇文化及不能再有作为，就向西返回巩洛，留下徐世勣防备宇文化及。

七月初二日乙巳，唐宣州刺史周超攻击朱粲，打败朱粲。

七月初四日丁未，梁师都侵犯灵州，唐骠骑将军蔺兴粲击败他。

突厥阙可汗派遣使节表示归附内地的王朝。当初，阙可汗投靠李轨，隋朝西戎使者曹琼占据甘州引诱阙可汗，阙可汗于是又依附曹琼，与曹琼一起抵御李轨，被李轨打败，逃窜到达斗拔谷，和吐谷浑内外响应，到此时才归附于内地的王朝，但不久就被李轨消灭。

薛举向前进军攻逼高墌，其下的游击部队到达豳州、岐州一带。秦王李世民深挖壕沟，加高城垒，不和薛举交战。此时李世民得了疟疾，把作战事务委托给长史纳言刘文静、司马殷开山，并且告诫二人说："薛举孤军深入，粮食不多，士卒疲惫，假如前来挑战，你们要小心谨慎不应战。等我病好，为你们打败他。"殷开山退下，对刘文静说："秦王担心公不能指挥作战，所以才有这样的话。如果敌兵听说秦王有病，必定轻视我军，应该显示武力来威慑敌人。"于是在高墌西南列阵，仗着人多不部署防备。薛举秘密进军偷袭唐军背后，七月初九日壬子，在浅水原交战，唐的八位总管都战败，士卒战死者达到十分之五六，大将军慕容罗睺、李安远、刘弘基都战死。李世民率兵返回长安，薛举于是攻克高墌，收敛唐兵尸体筑成京观高台，刘文静等人都因犯有错误而被除名。

七月十二日乙卯，榆林叛乱首领郭子和派使节前来投降，唐任命郭子和为灵州总管。

李密每次打了胜仗，一定要派出使节向皇泰主报捷，隋人都很高兴，只有王世充对部下说："元文都这些人，不过是刀笔吏，我观察现在的形势，必定被李密活捉。而且我的部队多次与李密作战，打死他军士的父兄子弟，前前后后已经很多，一旦成为他的下属，我们都要被杀！"想以此激怒他的部下。元文都听说此事，大为恐惧，就和卢楚等人谋划，趁王世充入朝来见皇泰主时，埋伏士兵杀死王世充。段达性格平庸懦弱，害怕此事不能成功，就派他的女婿张志把卢楚等人的计谋告诉了王世充。七月十五日戊申半夜三更时分，王世充率兵袭击含嘉门。元文都听说发生兵变，进入内宫侍奉皇泰主来到乾阳殿，部署军队进行自卫，命令手下将领关闭

不获，稽留遂久。天且曙，文都复欲引兵出太阳门逆战，还至乾阳殿，世充已攻太阳门得入。皇甫无逸弃母及妻子，斫右掖门，西奔长安。卢楚匿于太官署，世充之党擒之，至兴教门，见世充，世充令乱斩杀之；进攻紫微宫门。皇泰主使人登紫微观，问："称兵欲何为？"世充下马谢曰："元文都、卢楚等横见规图，请杀文都，甘从刑典。"段达乃令将军黄桃树执送文都。文都顾谓皇泰主曰："臣今朝死，陛下夕及矣！"皇泰主恸哭遣之，出兴教门，乱斩如卢楚，并杀卢、元诸子。段达又以皇泰主命开门纳世充，世充悉遣人代宿卫者，然后入见皇泰主于乾阳殿。皇泰主谓世充曰："擅相诛杀，曾不闻奏，岂为臣之道乎？公欲肆其强力，敢及我邪！"世充拜伏流涕谢曰："臣蒙先皇采拔，粉骨非报。文都等苞藏祸心，欲召李密以危社稷，疾臣违异，深积猜嫌；臣迫于救死，不暇闻奏。若内怀不臧，违负陛下，天地日月，实所照临，使臣阖门殄灭，无复遗类。"词泪俱发。皇泰主以为诚，引令升殿，与语久之，因与俱入见皇太后；世充被发为誓，称不敢有贰心。乃以世充为左仆射、总督内外诸军事。比及日中，捕获赵长文、郭文懿，杀之。然后巡城，告谕以诛元、卢之意。世充自含嘉城移居尚书省，渐结党援，恣行威福。用兄世恽为内史令，入居禁中，子弟咸典兵马，分政事为十头，悉以其党主之，势震内外，莫不趋附，皇泰主拱手而已。

李密将入朝，至温，闻元文都等死，乃还金墉。东都大饥，私钱滥恶，太半杂以锡镮，其细如线，米斛直钱八九万。

初，李密尝受业于儒生徐文远。文远为皇泰主国子祭酒，自出樵采，为密军所执；密令文远南面坐，备弟子礼，北面拜之。文远曰："老夫既荷厚礼，敢不尽言！未审将军之志欲为伊、霍以继绝扶倾乎？则老夫虽迟暮，犹愿尽力；若为莽、卓，乘危邀利，则无所用老夫矣！"密顿首

宫门进行抵抗。将军跋野纲领兵出战，遇到王世充，下马向王世充投降。将军费曜、田阇在宫门外与王世充交战，作战失利。元文都亲自率领宿卫禁兵准备从玄武门出去，从后面袭击王世充，长秋监段瑜谎称找不到开宫门的钥匙，拖延了很长时间。天将亮，元文都又打算领兵从太阳门出去迎战王世充，回到乾阳殿，王世充已攻破太阳门进入皇宫。皇甫无逸抛下母亲和妻子儿女，砍开右掖门，向西逃往长安。卢楚藏在太官署，被王世充部下活捉，带到兴教门，来见王世充。王世充下令乱刀砍死卢楚。又进兵攻击紫微宫门。皇泰主派人登上紫微观，质问王世充："举兵想干什么？"王世充下马谢罪说："元文都、卢楚等人背后阴谋害我，请求杀死元文都，我甘愿受刑罚。"段达于是下令将军黄桃树逮捕元文都送交王世充。元文都回头对皇泰主说："臣今天早上死，陛下黄昏就要受害！"皇泰主悲恸大哭，送他出去。元文都一出兴教门，如卢楚一样，被乱刀砍死。王世充还。段达还把卢楚、元文都二人的儿子全都杀死。段达又用皇泰主的命令打开宫门，让王世充进宫。王世充派遣自己的手下，将宫内的宿卫禁兵全部换掉，然后来到乾阳殿觐见皇泰主。皇泰主对王世充说："擅自相互诛杀，我不曾听到你们的上奏，这难道是做臣子的规矩吗？你想炫耀武力，敢来杀我吗？"王世充伏身下拜流泪谢罪说："臣蒙受先皇的选用和提拔，粉身碎骨也无法报答。元文都等人包藏祸心，想招来李密来危害社稷，恨我与他们意见不合，深深积下了猜疑嫌忌，臣被迫行动使自己免于杀戮，所以来不及向皇上奏报。如果臣内心怀有险恶之意要背叛陛下，天地日月都会照察明鉴，让臣下的全家满门灭绝，不再有遗留。"王世充说着，流下了眼泪。皇泰主以为王世充诚心，令人带他登上大殿，与他谈话很久，然后与他一起进入后宫见皇太后。王世充披散着头发向太后发誓，声称不敢有二心。于是皇泰主就任命王世充为左仆射、总督内外诸军事。到了中午，王世充捕获赵长文、郭文懿，杀死他们。然后巡视全城，说明诛杀元文都、卢楚的原因。王世充从含嘉城移居到尚书省，逐渐拉拢联合同党作为声援，恣意横行，作威作福。王世充任命自己的哥哥王世恽为内史令，进住到皇宫内，让自己的子弟都掌握兵权，把政事分为十类，全部任命同党主持，势力震动皇宫内外，人们莫不争相趋附，皇泰主拱手听任王世充控制一切。

李密将要进入东都朝见皇泰主，走到温县，听说元文都等人已死，于是返回金墉城。东都发生严重饥荒，私人铸钱质量极差而且泛滥成灾，大半都在铜中掺杂锡和铁，钱币又薄又细，如线一般，米价飞涨，一斛卖到八九万钱。

当初，李密曾以儒生徐文远为师读书学习。徐文远担任皇泰主的国子祭酒，自己出城打柴，被李密部下捉住，李密让徐文远面朝南坐，自己尽弟子之礼，面朝北叩拜徐文远。徐文远说："老夫既然受到厚礼，哪还敢不有话直说？不知道将军的志向是想如同伊尹、霍光一样，中兴已亡的朝廷、扶起已倒的王朝吗？若是如此，则

曰："昨奉朝命，备位上公，冀竭庸虚，匡济国难，此密之本志也。"文远曰："将军名臣之子，失涂至此，若能不远而复，犹不失为忠义之臣！"及王世充杀元文都等，密复问计于文远。文远曰："世充亦门人也，其为人残忍褊隘，既乘此势，必有异图，将军前计为不谐矣。非破世充，不可入朝也。"密曰："始谓先生儒者，不达时事，今乃坐决大计，何其明也！"文远，孝嗣之玄孙也。

（以上为第十段，写隋皇泰主小朝廷内讧，王世充杀元文都，阻断李密入朝，隋大势去矣。）

庚申，诏隋氏离宫游幸之所并废之。

戊辰，遣黄台公瑗安抚山南。

己巳，以隋右武卫将军皇甫无逸为刑部尚书。

隋河间郡丞王琮守郡城以拒群盗，窦建德攻之，岁余不下；闻炀帝凶问，帅吏士发丧，乘城者皆哭。建德遣使吊之，琮因使者请降，建德退舍具馔以待之。琮言及隋亡，俯伏流涕，建德亦为之泣。诸将曰："琮久拒我军，杀伤甚众，力尽乃降，请烹之。"建德曰："琮，忠臣也，吾方赏之以劝事君，奈何杀之！往在高鸡泊为盗，容可妄杀人；今欲安百姓，定天下，岂得害忠良乎！"乃徇军中曰："先与王琮有怨敢妄动者，夷三族！"以琮为瀛州刺史。于是河北郡县闻之，争附于建德。

先是，建德陷景城，执户曹河东张玄素，将杀之，县民千余人号泣，请代其死，曰："户曹清慎无比，大王杀之，何以劝善！"建德乃释之，以为治书侍御史，固辞；及江都败，复以为黄门侍郎，玄素乃起。饶阳令宋正本，博学有才气，说建德以定河北之策，建德引为谋主。建德定都乐寿，命所居曰金城宫，备置百官。

（以上为第十一段，写窦建德割据河北。）

老夫虽然年老，仍愿意尽力相助。如果要做王莽、董卓，利用国家有危难而为自己谋利，则没有什么地方可以用老夫了！”李密叩头说：“最近我接到朝廷的任命，官位列于上公，希望竭尽自己平庸空虚的头脑，救济国家的灾难，这是我本来的志向。”徐文远说：“将军是名臣之子，迷失了道路才到今天的地步，如果能趁走得不太远而及早回头，仍然不失为忠义之臣！”等到王世充杀了元文都等人，李密又向徐文远请教计策。徐文远说：“王世充也是我的弟子，但他为人残忍狭隘，既然利用国家有难的形势，必然有不同的图谋，将军以前的计划不能成功了。除非打败王世充，否则就不能入朝。”李密说：“原来以为先生是儒生，不通时势，现在却能坐在帐中就决定大计，是多么明智啊！”徐文远是徐孝嗣的玄孙。

七月十七日庚申，唐高祖下诏把隋代皇帝的离宫与游幸地的行宫全都废除。

七月二十五日戊辰，唐高祖派遣黄台公李瑗巡视山南。

七月二十六日己巳，唐高祖任命原隋朝右武卫将军皇甫无逸为刑部尚书。

隋河间郡郡丞王琮守卫郡城抵抗各路叛军。窦建德进攻郡城，一年多仍没有攻下。王琮得知隋炀帝被弑的消息，就领着官吏百姓为炀帝发丧，守城的人都为炀帝哭丧。窦建德派遣使节前来吊唁，王琮通过使者向窦建德请求投降，窦建德退军备好酒菜招待王琮。王琮说到隋朝亡国，俯着身子流泪，窦建德也为之哭泣。诸位将领说：“王琮长期抵抗我军，被他杀伤的士兵很多，力量用尽了才投降，请大王用鼎烹杀他。”窦建德说：“王琮是忠臣，我正要奖赏他以勉励人们忠于君主，怎么能杀他？以前在高鸡泊做强盗，也许可以随便杀人，现在要安定百姓，平定天下，怎么可以杀害忠良呢？”于是遍告全军说：“以前与王琮有仇怨而敢随意有所行动者，夷三族！”任命王琮为瀛州刺史。在此情况下，河北各郡县听说此事后，都争相归附窦建德。

在此之前，窦建德攻下了景城，活捉户曹河东人张玄素，将要杀他，县里老百姓有一千多人号啕大哭，请求代替张玄素去死，说：“张户曹清廉谨慎无人可比，大王杀他，怎能劝人行善？”窦建德于是释放了张玄素，任命为治书侍御史，张玄素坚决推辞。等到隋炀帝在江都被杀，窦建德又任命张玄素为黄门侍郎，张玄素这才起身接受任命。隋饶阳令宋正本，博学而有才气，向窦建德献上平定河北的策略，窦建德吸收他，作为自己的军师。此时窦建德定都于乐寿，下令将其居住的地方改称金城宫，全面设置文武百官。

【点评】

隋朝的灭亡。隋炀帝被他的叛逆者宇文化及送进了坟墓，隋朝灭亡了。隋朝是怎样灭亡的，这是本卷点评的最大问题。

在中国古代史上，有两个强盛的朝代：一是汉朝，二是唐朝。汉代大一统，由秦奠其基；唐代大一统，由隋奠其基。秦、隋两朝，都是二世而亡。隋唐之际与秦汉之际仿佛是一个历史周期的重演。唐代史家在总结隋亡唐兴的历史经验的时候，就把隋秦做了比较，并得出这样的结论："其隋之得失存亡，大较与秦相类。始皇并吞六国，高祖统一九州，二世虐用威刑，炀帝肆行猜毒，皆祸起于群盗，而身殒于匹夫。原始要终，若合符契矣。"（《隋书》卷七十史论）

所谓"群盗"，是对农民大起义的蔑称。秦、隋两代，都是用武力削平长期分裂割据的纷乱之世，不仅武力强大，而且甚得民心。秦二世与隋炀帝，蒙故业，践丕基，自矜天命在躬，忽王业之艰难，不务仁道以恤众，外征内作，虐用其民，倏忽之间，天翻地覆，"率土分崩"，"子孙殄灭"，载舟之水，覆了水上之舟。为何历史有这样的重演，值得人们深思！

唐代史臣，还把隋朝的两代皇帝做了对比。隋文帝开皇之初，只据有北方，户三百零三万；炀帝继位的大业之初，隋混一戎夏，户八百九十万，号称盛强。前后相较，"度土地之广狭，料户口之众寡，算甲兵之多少，校仓廪之虚实"，真是不可同日而语。"高祖扫江南以清六合"，一战平陈；"炀帝事辽东而丧天下"，三征高句丽而折兵。论敌之实力，高句丽不强于陈国，而事势何以有如此不同的结果？唐代史臣的答卷认为："所为之迹同，所用之心异也。"也就是说，隋文帝用兵，进行的是统一战争，故"十有余载，戎车屡动，民亦劳止，不为无事。然其动也，思以安之，其劳也，思以逸之。是以民致时雍，师无怨讟，诚在于爱利，故其兴也勃焉"。至于隋炀帝，穷兵黩武，则是另一回事。他"嗣承平之基，守已安之业，肆其淫放，虐用其民，视亿兆如草芥，顾群臣如寇仇，劳近以事远，求名而丧实。兵缠魏阙，阽危弗图，围解雁门，慢游不息。天夺之魄，人益其灾，群盗并兴，百殃俱起，自绝民神之望，故其亡也忽焉。"唐代史臣所总结的"高祖之所由兴，而炀帝之所以灭"的这些原因，在今天看来也是十分中肯的。这是因为以魏徵为首的撰修《隋书》的史臣亲身经历了隋唐之际的大变化，又亲身参与了兴唐的治理恢复实践，故所言皆中的。

秦亡于横征暴敛，戍徭无已。而隋炀帝的横征暴敛，放之秦朝，有过之而无不及。大业元年（605），隋炀帝即位伊始，就营建东都、开运河，两大工程同时并举。营建东都，务求宏大而督役严急，每月役丁二百万。死者什四五，有司以车载死丁，东至城皋，北至河阳，相望于道。炀帝开运河，第一期工程挖通济渠就征发河

南民夫一百万；两千余里、宽四十余步的大运河，督期五个月完成。筑京师，修运河，对于巩固统一的中央集权和便利交通都是必需的。但如此不惜民力，用集权的主观意志盲目督期工程，那就是一场社会灾难。秦朝如是，隋朝亦如是，历代集权之主皆如是，这就不难理解隋唐之际的风云突变为重演秦汉之际的历史活剧的内在原因了。

如果说营建东都、修运河还有历史进步意义的话，那么隋炀帝三征高句丽，三游江都，发动更大的征役，可以说纯是专制肆虐了。炀帝三次畅游江都（今江苏扬州），每次数千艘的船队，舳舻相接，绵延二百余里，耗费不赀；他为了进攻高句丽，先限期在东莱（今山东莱州市）督造大船三百艘。民夫日夜劳作于水下，腰下腐烂生蛆，死者十之三四；后又调拨江淮船只，将洛东仓米经永济渠转运涿郡，数十万民夫日夜辗转于运粮路上；同时调发全国青壮年，集中于涿郡作为兵员。大业八年（612）进攻高句丽时，出兵一百一十三万多人，加上转运粮饷的民夫，近三四百万人。繁重的兵役、徭役和经济上的横征暴敛，永济渠沿岸居民，几乎找不到男丁，劳力缺乏，田园荒芜，再加上一场洪水，粮价上涨，百姓只有靠野菜树皮来艰难度日。齐郡邹平人王薄不堪隋朝统治者的残酷压迫，首义于长白山（位于今山东济南市章丘区），从此拉开了隋末农民大起义的序幕。紧接着全国各地到处响起了烽火之警，起义农民军达一百多支，参加者达数百万之多，“大则跨州连郡，称帝称王，小则千百为群，攻剽城邑”。就这样，隋朝土崩瓦解了！

秦二世死于贼臣赵高之手，隋炀帝死于叛臣宇文化及之手，两者也竟然相似。秦二世与隋炀帝临近末日，完全醉生梦死，已知大势已去，整日胆颤心惊，不允许任何人说叛乱，完全是地地道道的孤家寡人。隋炀帝一表人才，感慨他的好头颅不知谁来砍，他万万没有想到要他命的人，恰恰是他的心腹。因为心腹整日地伴君如伴虎，深知昏暴君主脾性，已被权力异化成了虎狼之性，全没了人性。昏暴之君的心腹因耳濡目染，同样被异化成了虎狼之性，也时时刻刻在觊觎孤家寡人的宝座，因此，昏暴之君豢养叛逆之臣也是必然的规律。隋炀帝走了秦二世的老路，得了同样的下场，也就是自然的了。

唐纪二

唐高祖武德元年（618年）

【起著雍摄提格（戊寅，618年）八月，尽十二月，不满一年】

【大事提要】

本卷记述公元618年八月至十二月史事，凡五个月，时当唐高祖武德元年。数月间，全国军阀混战发生大逆转，最强的势力李密因与强敌宇文化及和王世充连续作战，左支右绌而又轻敌，偃师之战遭到灭顶之灾，被迫降唐，寻又反唐而被诛戮。李密部众一部分降王世充，智能之士皆降唐，于是唐室势力大增。其间，李世民平定陇右，解了后顾之忧，坐观关东军阀混战而养精蓄锐，占有了全局的主动权。王世充虽然得胜却受重创。窦建德在河北得势，但偏于一隅，不足为唐室之忧。全国各地的割据者，只是苟安一时。李密失败后，逐鹿中原形势形成了唐王室、王世充、窦建德三足鼎立之势，而以唐王室最强。为了生存，王世充与窦建德合力抗唐已是必然之势。

【原文】

高祖神尧大圣光孝皇帝上之中

武德元年（戊寅，618年）

八月，薛举遣其子仁果进围宁州，刺史胡演击却之。郝瑗言于举曰："今唐兵新破，关中骚动，宜乘胜直取长安。"举然之，会有疾而止。辛巳，举卒。太子仁果立，居于折墌城，谥举曰武帝。

上欲与李轨共图秦、陇，遣使潜诣凉州，招抚之，与之书，谓之从弟。轨大喜，遣其弟懋入贡。上以懋为大将军，命鸿胪少卿张俟德册拜轨为凉州总管，封凉王。

初，朝廷以安阳令吕珉为相州刺史，更以相州刺史王德仁为岩州刺史。德仁由是怨愤，甲申，诱山东大使宇文明达入林虑山而杀之，叛归王世充。

己丑，以秦王世民为元帅，击薛仁果。

丁酉，临洮等四郡来降。

隋江都太守陈稜求得炀帝之柩，取宇文化及所留辇辂鼓吹，粗备天子仪卫，改葬于江都宫西吴公台下，其王公以下，皆列瘗于帝茔之侧。

宇文化及之发江都也，以杜伏威为历阳太守；伏威不受，仍上表于隋，皇泰主拜伏威为东道大总管，封楚王。

沈法兴亦上表于皇泰主，自称大司马、录尚书事、天门公，承制置百官，以陈杲仁为司徒，孙士汉为司空，蒋元超为左仆射，殷芊为左丞，徐令言为右丞，刘子翼为选部侍郎，李百药为府掾。百药，德林之子也。

（以上为第一段，写江都太守陈稜安葬隋炀帝。唐高祖忙于安集背后陇右，没有大举东出，隋室仍有相当影响力，杜伏威、沈法兴等归服皇泰主。）

九月，隋襄国通守陈君宾来降，拜邢州刺史。君宾，伯山之子也。

虞州刺史韦义节攻隋河东通守尧君素，久不下，军数不利；壬子，以工部尚书独孤怀恩代之。

初，李密既杀翟让，颇自骄矜，不恤士众；仓粟虽多，无府库钱帛，战士有功，无以为赏；又厚抚初附之人，众心颇怨。徐世勣尝因宴会刺

【语译】

高祖神尧大圣光孝皇帝上之中

唐高祖武德元年（戊寅，618 年）

八月，薛举派他的儿子薛仁果进军围攻宁州，唐宁州刺史胡演击退薛仁果。郝瑗对薛举说："现在唐兵刚刚战败，关中骚动不安，应当乘胜直接攻取长安。"薛举同意他的看法，却遇上自己生病而停止进兵。八月初九日辛巳，薛举去世。太子薛仁果继位，居住在折墌城，追谥薛举为武帝。

唐高祖打算和李轨共同攻取占据秦陇的薛举父子，派使节秘密前往凉州，招抚李轨，带书信给李轨，信中称李轨为堂弟。李轨大为高兴，派其弟李懋前去长安进贡。唐高祖任命李懋为大将军，命鸿胪少卿张俟德册封李轨为凉州总管，封为凉王。

当初，朝廷任命安阳令吕珉为相州刺史，改命相州刺史王德仁为岩州刺史。王德仁因此而怨恨愤怒，八月十二日甲申，他引诱山东大使宇文明达进入林虑山，然后杀死他，背叛唐朝归附王世充。

八月十七日己丑，唐高祖任命秦王李世民为元帅，攻击薛仁果。

八月二十五日丁酉，临洮等四郡派人前来表示投降唐朝。

隋朝的江都太守陈稜寻找到隋炀帝的灵柩，拿来宇文化及留下的皇帝车驾和鼓吹器具，大体备齐了天子所用的仪仗，将隋炀帝改葬在江都宫西面的吴公台下。当时一同遇难的王公以下大臣，都成列埋葬在隋炀帝坟墓两侧。

宇文化及在离开江都时，任命杜伏威为历阳太守，杜伏威不接受任命，仍然向隋朝上表称臣，皇泰主任命杜伏威为东道大总管，封为楚王。

沈法兴也向皇泰主上表，自称大司马、录尚书事、天门公，按皇帝旨意设置文武百官，任命陈杲仁为司徒，孙士汉为司空，蒋元超为左仆射，殷芊为左丞，徐令言为右丞，刘子翼为选部侍郎，李百药为府掾。李百药是李德林的儿子。

九月，隋襄国通守陈君宾前来投降唐朝，封官邢州刺史。陈君宾是陈伯山的儿子。

唐虞州刺史韦义节攻打隋河东通守尧君素，很久也不能攻下，军队数次陷于不利境地，九月初十日壬子，任命工部尚书独孤怀恩代替韦义节。

当初，李密杀死翟让后，自己非常骄傲矜持，不体恤部下的士卒，仓库的粮食虽然很多，却没有储藏金钱布帛的府库，战士作战有功，没有东西用来行赏，却对

讥其短；密不怿，使世勣出镇黎阳，虽名委任，实亦疏之。

密开洛口仓散米，无防守典当者，又无文券，取之者随意多少；或离仓之后，力不能致，委弃衢路，自仓城至郭门，米厚数寸，为车马所辗践；群盗来就食者并家属近百万口，无瓮盎，织荆筐淘米，洛水两岸十里之间，望之皆如白沙。密喜，谓贾闰甫曰："此可谓足食矣！"闰甫对曰："国以民为本，民以食为天。今民所以襁负如流而至者，以所天在此故也。而有司曾无爱吝，屑越如此，窃恐一旦米尽民散，明公孰与成大业哉！"密谢之，即以闰甫判司仓参军事。

密以东都兵数败微弱，而将相自相屠灭，谓旦夕可平；王世充既专大权，厚赏将士，缮治器械，亦阴图取密。时隋军乏食，而密军少衣，世充请交易，密难之；长史邴元真等各求私利，劝密许之。先是，东都人归密者，日以百数；既得食，降者益少，密悔而止。

密破宇文化及还，其劲卒良马多死，士卒疲病。世充欲乘其弊击之，恐人心不一，乃诈称左军卫士张永通三梦周公，令宣意于世充，当勒兵相助击贼；乃为周公立庙，每出兵，辄先祈祷。世充令巫宣言周公欲令仆射急讨李密，当有大功，不即兵皆疫死。世充兵多楚人，信妖言，皆请战。世充简练精锐得二万余人，马二千余匹。壬子，出师击密，旗幡之上皆书永通字，军容甚盛。癸丑，至偃师，营于通济渠南，作三桥于渠上。密留王伯当守金墉，自引精兵出偃师，阻邙山以待之。

密召诸将会议，裴仁基曰："世充悉众而至，洛下必虚，可分兵守其要路，令不得东，简精兵三万，傍河西出以逼东都。世充还，我且按甲，世充再出，我又逼之。如此，则我有余力，彼劳奔命，破之必矣。"密曰："公言大善。今东都兵有三不可当：兵仗精锐，一也；决计深入，二也；食尽求战，三也。我但乘城固守，蓄力以待之；彼欲斗不得，求走

刚来归附的人给予优厚待遇，众人颇为怨恨。徐世勣曾趁开宴会的机会讥刺他的短处，李密心里不高兴，让徐世勣外出镇守黎阳，名义上虽然是委以重任，实际上是疏远他。

李密打开洛口仓散发粮食，没有防卫仓库和主持发粮的人员，分粮也没有文书凭证，分粮的人不问多少随意而取，有的人离开粮仓之后，没有力气背走分得的粮食，就丢弃在半路上。从仓城到外城门，路上堆积的米有几寸厚，被车马践踏。各处叛军前来要粮的人及其家属有近百万人，没有瓮盆装米，就编成荆条筐淘米，洛水两岸十里之内，看上去都像白沙。李密很高兴，对贾闰甫说："这样可以说是足食了！"贾闰甫回答道："国家以民众为根本，民以食为天。现在老百姓所以背着扛着像潮水一样涌来，是因为他们所依赖的天在此。而有关官府却不曾爱惜，这样随意糟蹋抛弃，我担心一旦粮食发完百姓全都散去，明公靠谁来完成大业啊！"李密对他表示感谢，当即任命贾闰甫为判司仓参军事。

李密因为东都的军队数次战败而兵力弱小，而且将相之间自相攻击残杀，认为旦夕之间就可以平定东都。王世充专掌大权之后，重赏将士，修整器械，也暗中准备攻打李密。当时隋朝军队缺粮，而李密军队缺少服装，王世充请求相互交换，李密感到为难，长史邴元真等人各自谋求私利，劝李密答允。在此之前，东都每天都有数百人跑来归顺李密，在双方交换而王世充部队得到粮食之后，投降的人就越来越少，李密感到后悔于是停止了交换。

李密打败宇文化及后回师，他的劲兵良马大多战死，剩下的士卒也都疲劳生病。王世充准备趁着李密军队疲敝而攻击他，又怕众人不能同心协力，于是谎称左军卫士张永通三次梦到周公，让张永通把周公的意思转告给王世充：应该部署军队互相协助打击敌人。于是为周公建立庙宇，每次出兵作战，总要先到庙里祈祷。王世充命祭祀的巫师声称周公准备命令仆射紧急讨伐李密，当会建立大功，否则士兵都会染上瘟疫死去。王世充的士兵多是楚地的人，相信巫师的妖言，都请求出战。王世充挑选出精锐士卒有两万多人，配上战马二千多匹。九月初十日壬子，王世充出兵攻打李密，旗帜上都写上"永通"字样，阵容甚为盛大。九月十一日癸丑，王世充率军到达偃师，在通济渠南边扎营，在渠上搭建了三座桥梁。李密留下王伯当守卫金墉城，自己带领精兵前往偃师，守住邙山作为屏障，等候王世充的军队。

李密召集各位将领开会商议，裴仁基说："王世充率领他的全部军队来到这里，洛阳城下必然空虚，我们可以分兵守住王世充军队将要经过的要道，使他不能继续东进，我们另外挑选三万精兵，沿黄河西进逼近东都。王世充如果撤回，我们就按兵不动，王世充如果再次进军，我们就再次逼近东都。这样，我们占有主动而总有余力，对方则疲于奔命，打败他是必然的。"李密说："公所言甚好。但现在东都的

无路，不过十日，世充之头可致麾下。”陈智略、樊文超、单雄信皆曰：“计世充战卒甚少，屡经摧破，悉已丧胆。《兵法》曰，‘倍则战’，况不啻倍哉！且江、淮新附之士，望因此机展其勋效，及其锋而用之，可以得志。”于是诸将喧然，欲战者什七八，密惑于众议而从之。仁基苦争不能得，击地叹曰：“公后必悔之。”魏徵言于长史郑颋曰：“魏公虽骤胜，而骁将锐卒多死，战士心怠，此二者难以应敌。且世充乏食，志在死战，难与争锋，未若深沟高垒以拒之，不过旬月，世充粮尽，必自退，追而击之，蔑不胜矣。”颋曰：“此老生之常谈耳。”徵曰：“此乃奇策，何谓常谈！”拂衣而起。

程知节将内马军与密同营在北邙山上，单雄信将外马军营于偃师城北。世充遣数百骑渡通济渠攻雄信营，密遣裴行俨与知节助之。行俨先驰赴敌，中流矢，坠于地；知节救之，杀数人，世充军披靡，乃抱行俨重骑而还；为世充骑所逐，刺槊洞过，知节回身捩折其槊，兼斩追者，与行俨俱免。会日暮，各敛兵还营。密骁将孙长乐等十余人皆被重创。

密新破宇文化及，有轻世充之心，不设壁垒。世充夜遣二百余骑潜入北山，伏谿谷中，命军士皆秣马蓐食。甲寅旦，将战，世充誓众曰：“今日之战，非直争胜负；死生之分，在此一举。若其捷也，富贵固所不论；若其不捷，必无一人获免。所争者死，非独为国，各宜勉之！”迟明，引兵薄密。密出兵应之，未及成列，世充纵兵击之。世充士卒皆江、淮剽勇，出入如飞。世充先索得一人貌类密者，缚而匿之，战方酣，使牵以过阵前，噪曰：“已获李密矣！”士卒皆呼万岁。其伏兵发，乘高而下，驰压密营，纵火焚其庐舍。密众大溃，其将张童仁、陈智略皆降，密与万余人驰向洛口。

军队有三点不可抵挡：武器精良，这是一；决心深入我方，这是二；粮食用尽了而求决一死战，这是三。我们只要利用城池加以固守，积蓄力量等待时机，他想交战却打不成，想退兵又没退路，不过十天，王世充的头颅就可以送到我们帐下。”陈智略、樊文超、单雄信都说：“计算起来，王世充手下能作战的士兵很少，又屡次被我们打败，全都已经吓破了胆。《兵法》说：‘己方兵力是对方的一倍就可以作战’，何况不止一倍！况且最近从江淮降附的士兵，正想乘此机会展示自己的功勋和效能，趁着他们有这样的锐气而用他们作战，就可以成功。”于是众将领喧哗起来，想作战的占了十之七八，李密受众人议论的影响而感到困惑，就听从了他们的要求。裴仁基苦苦争辩说不能这样干，却不能说服众人，他用力击地，叹息说：“阁下以后一定会后悔。”魏徵对长史郑颋说：“魏公虽然最近骤然打了胜仗，但是精兵骁将战死很多，士兵心身怠倦，有这两点就难以应敌。况且王世充缺粮，志在死战，很难和他争锋决战，不如挖深壕沟，加高壁垒进行防御，不过十天半月，王世充粮食吃光，必会自己退兵，那时再追踪攻击他，没有不取胜的。”郑颋说：“这是老生常谈。”魏徵说：“这是奇策，怎么说是老生常谈！”拂袖起身而去。

程知节带领内马军同李密一起扎营在北邙山上，单雄信带领外马军驻扎在偃师城北。王世充派遣数百名骑兵渡过通济渠攻打单雄信的营寨，李密派遣裴行俨和程知节援助单雄信。裴行俨率先驰马冲向敌军，被流箭射中，坠马落到地上。程知节救起裴行俨，杀死数人。程知节见王世充军队所向披靡，于是抱着裴行俨，两人骑一马返回，被王世充的骑兵追上，长矛刺穿程知节的身体，程知节返身折断刺在身上的长矛，又杀了追兵，和裴行俨都逃脱回来。正好此时天色已暗，双方各自收兵回营。李密手下的猛将孙长乐等十几人也都受了重伤。

李密刚刚打败了宇文化及，心中有些轻视王世充，不设置防御壁垒。王世充夜里派遣两百多骑兵潜藏进入北邙山，埋伏在谿谷中，命令士兵都喂好马匹吃饱饭。九月十二日甲寅，清晨，即将作战，王世充向众人发布誓词说：“今天的作战，不只是争胜负，还是生与死的分水岭，就在此一举。如果战胜，荣华富贵固然不用说，如果战败，必定没有一个人可以活着回来。所要争夺的是活下来，不只是为国家作战，各位应该努力了！”天将亮，王世充率兵逼近李密部队。李密出兵迎战，还没来得及摆好阵势，王世充就放出士兵进行攻击。王世充的士兵都是江、淮一带的剽悍勇猛之人，冲锋之中行动如飞。王世充事先找到一个样貌像似李密的人，把他捆起来藏着。当战斗正激烈时，王世充让人牵着此人走过阵前，大声鼓噪说：“已经捉住李密了！”士兵们都高呼万岁。此时又让埋伏的骑兵出击，从山高处冲下来，奔驰着压向李密营地，放火焚烧李密营舍。李密部队一片溃散，其将领张童仁、陈智略都向王世充投降了，李密和一万多人骑马驰奔洛口。

世充夜围偃师；郑颋守偃师，其部下翻城纳世充。初，世充家属在江都，随宇文化及至滑台，又随王轨入李密，密留于偃师，欲以招世充。及偃师破，世充得其兄世伟、子玄应、虔恕、琼等，又获密将佐裴仁基、郑颋、祖君彦等数十人。世充于是整兵向洛口，得邴元真妻子、郑虔象母及密诸将子弟，皆抚慰之，令潜呼其父兄。

初，邴元真为县吏，坐赃亡命，从翟让于瓦岗；让以其尝为吏，使掌书记。及密开幕府，妙选时英，让荐元真为长史；密不得已用之，行军谋画，未尝参预。密西拒世充，留元真守洛口仓。元真性贪鄙，宇文温谓密曰："不杀元真，必为公患。"密不应。元真知之，阴谋叛密；杨庆闻之，以告密，密固疑焉。至是，密将入洛口城，元真已遣人潜引世充矣。密知而不发，因与众谋，待世充兵半济洛水，然后击之。世充军至，密候骑不时觉，比将出战，世充军悉已济矣。单雄信等又勒兵自据；密自度不能支，帅麾下轻骑奔虎牢，元真遂以城降。

初，雄信骁捷，善用马槊，名冠诸军，军中号曰"飞将"。彦藻以雄信轻于去就，劝密除之；密爱其才，不忍也。及密失利，雄信遂以所部降世充。

密将如黎阳，或曰："杀翟让之际，徐世勣几死，今失利而就之，安可保乎！"时王伯当弃金墉保河阳，密自虎牢归之，引诸将共议。密欲南阻河，北守太行，东连黎阳，以图进取。诸将皆曰："今兵新失利，众心危惧，若更停留，恐叛亡不日而尽。又人情不愿，难以成功。"密曰："孤所恃者众也，众既不愿，孤道穷矣。"欲自刎以谢众。伯当抱密号绝，众皆悲泣，密复曰："诸君幸不相弃，当共归关中；密身虽无功，诸君必保富贵。"府掾柳燮曰："明公与唐公同族，兼有畴昔之好；虽不陪起兵，然阻东都，断隋归路。使唐公不战而据长安，此亦公之功也。"众咸曰："然。"密又谓王伯当曰："将军室家重大，岂复与孤俱行哉！"伯当曰："昔萧何尽帅子弟以从汉王，伯当恨不兄弟俱从，岂以公今日失利遂轻去

王世充在夜里包围偃师，郑颋在偃师防守，他的部下翻过城墙出来让王世充入城。当初，王世充的家属在江都，随宇文化及到达滑台，又跟随王轨进入李密军营中，李密把他们留在偃师，想以此招引王世充。等到偃师被攻破，王世充找到他的兄长王世伟、儿子王玄应、王虔恕、王琼等人，又俘虏李密的将佐裴仁基、郑颋、祖君彦等几十人。王世充于是整顿兵马向洛口进发，获得邴元真的妻子儿女、郑虔象的母亲以及李密部下诸位将领的子弟，对他们都进行安抚宽慰，让他们暗中招引还在李密军中的父兄亲人。

当初，邴元真当县吏的时候，因犯有贪污罪而逃跑亡命，后来跟随翟让到了瓦岗，翟让因为他曾经当过县吏，让他掌管军中的文书工作。到李密开设幕府，精心挑选优秀人才，翟让推荐邴元真担任长史，李密不得已才任用了他，但关于军事行动的谋划，不曾让他参与。李密西进抵抗王世充时，让邴元真留守洛口的粮仓。邴元真性情贪婪而卑鄙，宇文温对李密说："不杀邴元真，必然成为明公的祸患。"李密没有回应。邴元真知道了此事，就阴谋背叛李密。杨庆听说了，向李密告密，李密本来就对邴元真怀疑。到这时，李密将要进入洛口城，邴元真已经派人偷偷引来王世充的部队。李密知道后并没有揭穿邴元真，于是和众人谋划，准备等前来的王世充军队在横渡洛水行至河中间时，然后突然发起攻击。王世充军队到了洛水，李密的骑兵侦察队没有及时发现，等到将要出击时，王世充的军队已经全部渡过了洛水。单雄信等人又领着自己的部下自保而不前来救援，李密自己估计支撑不住，于是率领部下轻装乘马逃奔到虎牢，邴元真于是就以洛口城向王世充投降。

当初，单雄信骁勇敏捷，善于骑马使用长枪，名声在各军居于首位，军中号称他为"飞将"。房彦藻认为单雄信很容易投降叛变，就劝李密除掉他。但李密爱惜单雄信的才能，不忍心下手。等到李密这次失利，单雄信便率领他的部下投降了王世充。

李密打算去黎阳，有人说："杀翟让的时候，徐世勣也差点被杀掉，现在失利了前去依靠他，怎么能保险呢！"当时王伯当丢弃了金墉城驻守在河阳，李密从虎牢回到河阳，召集诸将共同商议。李密想南面以黄河为险阻，北面守住太行山，东面联合黎阳，再设法进取。众将都说："现在军队刚刚失利，众人心中觉得害怕恐惧，如果再作停留，恐怕叛逃的人不用几天就全部走光了。而且人心不愿意如此，恐怕难以成功。"李密说："我所依靠的就是大家，大家既然不愿意，我的路就走到头了。"打算自刎来向众人谢罪。王伯当抱住李密嚎啕大哭以至于昏厥，大家也都悲伤哭泣，李密又说："诸位幸而不抛弃我，应当一起回到关中，密虽然自身没有功劳，诸位必能保有富贵。"府掾柳燮说："明公和唐公是同一宗族，加上过去曾经友好，虽然没有陪同唐公一同起兵，但阻截东都，切断隋军的归路，使唐公不用作战就占

就乎！纵身分原野，亦所甘心！”左右莫不感激，从密入关者凡二万人。于是密之将帅、州县多降于隋。朱粲亦遣使降隋，皇泰主以粲为楚王。

（以上为第二段，写李密轻敌，为王世充所大破，困迫降唐。）

甲寅，秦州总管窦轨击薛仁果，不利；骠骑将军刘感镇泾州，仁果围之。城中粮尽，感杀所乘马以分将士，感一无所啖，唯煮马骨取汁和木屑食之。城垂陷者数矣；会长平王叔良将士至泾州，仁果乃扬言食尽，引兵南去；乙卯，又遣高墌人伪以城降。叔良遣感帅众赴之；己未，至城下，扣城中人曰：“贼已去，可逾城入。”感命烧其门，城上下水灌之。感知其诈，遣步兵先还，自帅精兵为殿。俄而城上举三烽，仁果兵自南原大下，战于百里细川，唐军大败，感为仁果所擒。仁果复围泾州，令感语城中云：“援军已败，不如早降。”感许之，至城下，大呼曰：“逆贼饥馁，亡在旦夕，秦王帅数十万众，四面俱集，城中勿忧，勉之！”仁果怒，执感，于城旁埋之至膝；驰骑射之；至死，声色逾厉。叔良婴城固守，仅能自全。感，丰生之孙也。

庚申，陇州刺史陕人常达击薛仁果于宜禄川，斩首千余级。

上遣从子襄武公琛、太常卿郑元琇以女妓遗始毕可汗。壬戌，始毕复遣骨咄禄特勒来。

癸亥，白马道士傅仁均造《戊寅历》成，奏上，行之。

薛仁果屡攻常达，不能克，乃遣其将仵士政以数百人诈降，达厚抚之。乙丑，士政伺隙以其徒劫达，拥城中二千人降于仁果。达见仁果，词色不屈，仁果壮而释之。奴贼帅张贵谓达曰：“汝识我乎？”达曰：“汝逃死奴贼耳！”贵怒，欲杀之；人救之，得免。

领了长安，这也是明公的功劳。”众人都说：“的确如此。”李密又对王伯当说：“将军的家族重要而人多，难道还能和孤一同前行吗？”王伯当说：“过去萧何率领所有的子弟跟随汉王，伯当只恨兄弟们不能都来跟随明公，怎么能因为明公今天的失利就轻易离去呢？纵使身首分离在原野上，也心甘情愿！”左右无不大受感动，跟随李密入关的共有二万人。此时，原来归属李密的将帅、州县大多归顺了隋王朝。朱粲也派使节投降隋朝，皇泰主封朱粲为楚王。

九月十二日甲寅，唐秦州总管窦轨进攻薛仁果，作战不利，唐骠骑将军刘感镇守泾州，薛仁果包围泾州。泾州城中粮食吃光了，刘感杀了自己的坐骑把马肉分给将士，自己却一点也不吃，只用煮马骨头的汤拌着木屑吃。泾州城数次濒临陷落，正好唐长平王李叔良率兵来到泾州，薛仁果就扬言粮食已经吃完，带兵向南离去。九月十三日乙卯，薛仁果又派高墌人假装以城池投降。李叔良派遣刘感率部下前往高墌。九月十七日己未，刘感来到高墌城下，敲城门，城里的人说：“叛军已经离开，你们可以翻过城墙进城。”刘感下令火烧高墌城门，城上的人放水浇火，刘感知道高墌人是诈降，就让步兵先返回，自己带领精兵作为全军的后卫。不久，城上点燃三堆烽火，薛仁果的大批军队从南原冲下来，与刘感的部队在百里细川交战。唐军大败，刘感被薛仁果俘获。薛仁果再次包围了泾州，命令刘感向城中喊话，说：“援军已被打败，不如尽早投降。”刘感答应喊话，到了城下却大声呼喊：“叛贼无粮正在挨饿，灭亡就在旦夕，秦王率领数十万大军，从四面赶来，城里的人不要担心，努力啊！”薛仁果大怒，捉住刘感，在城旁把刘感活埋到膝盖，让骑兵奔驰着用箭射刘感，一直到死，刘感的喊声更高、脸色更为壮烈。李叔良环绕着全城进行固守，仅能保住孤城，无力救援刘感。刘感是刘丰生的孙子。

九月十八日庚申，唐陇州刺史陕人常达在宜禄川攻击薛仁果，斩首一千多人。

唐高祖派他的侄子襄武公李琛、太常卿郑元璹把舞女歌妓送给突厥始毕可汗。九月二十日壬戌，始毕又派骨咄禄特勒为使来唐。

九月二十一日癸亥，白马县的道士傅仁均编成《戊寅历》，上奏进呈给朝廷，唐朝于是通行《戊寅历》。

薛仁果屡次进攻常达，不能攻克，于是派他的将领仵士政带几百人诈降，常达优厚地抚慰仵士政。九月二十三日乙丑，仵士政伺机带领部下劫持了常达，带着城中的二千人投降薛仁果。常达见到薛仁果，言辞脸色都不屈服，薛仁果为他的豪壮感动而释放了他。原为常达奴仆的张贵此时当了薛仁果的将领，他对常达说：“你还认识我吗？”常达说：“你不过是逃跑的该死奴才盗贼而已。”张贵发怒，要杀常达，别人救下常达，常达才得以免于一死。

辛未，追谥隋太上皇为炀帝。

宇文化及至魏县，张恺等谋去之；事觉，化及杀之。腹心稍尽，兵势日蹙，兄弟更无他计，但相聚酣宴，奏女乐。化及醉，尤智及曰："我初不知，由汝为计，强来立我。今所向无成，士马日散，负弑君之名，天下所不容。今者灭族，岂不由汝乎！"持其两子而泣。智及怒曰："事捷之日，初不赐尤，及其将败，乃欲归罪，何不杀我以降窦建德！"数相斗阋，言无长幼；醒而复饮，以此为恒。其众多亡，化及自知必败，叹曰："人生固当死，岂不一日为帝乎！"于是鸩杀秦王浩，即皇帝位于魏县，国号许，改元天寿，署置百官。

（以上为第三段，写唐高祖遣兵争陇右，宇文化及在穷途末路时称帝。）

冬，十月，壬申朔，日有食之。

戊寅，宴突厥骨咄禄，引骨咄禄升御坐以宠之。

李密将至，上遣使迎劳，相望于道。密大喜，谓其徒曰："我拥众百万，一朝解甲归唐，山东连城数百，知我在此，遣使招之，亦当尽至；比于窦融，功亦不细，岂不以一台司见处乎！"己卯，至长安，有司供待稍薄，所部兵累日不得食，众心颇怨。既而以密为光禄卿、上柱国，赐爵邢国公。密既不满望，朝臣又多轻之，执政者或来求贿，意甚不平；独上亲礼之，常呼为弟，以舅子独孤氏妻之。

庚辰，诏右翊卫大将军淮安王神通为山东道安抚大使，山东诸军并受节度；以黄门侍郎崔民幹为副。

邓州刺史吕子臧与抚慰使马元规击朱粲，破之。子臧言于元规曰："粲新败，上下危惧，请并力击之，一举可灭。若复迁延，其徒稍集，力强食尽，致死于我，为患方深。"元规不从。子臧请独以所部兵击之，元规不许。既而粲收集余众，兵复大振，自称楚帝于冠军，改元昌达，进攻邓州。子臧抚膺谓元规曰："老夫今坐公死矣！"粲围南阳，会霖雨城坏，所亲劝子臧降。子臧曰："安有天子方伯降贼者乎！"帅麾下赴敌而

九月二十七日辛未，唐高祖为隋王朝的太上皇追加谥号为隋炀帝。

宇文化及到了魏县，张恺等人谋划要离开他。结果计划被发觉，宇文化及就杀了张恺等人。此时宇文化及的心腹逐渐逃散，兵力日见衰弱，宇文化及与他的兄弟也拿不出别的计策，只是相互聚会喝酒聚餐，让歌女舞伎表演。宇文化及喝醉后，埋怨宇文智及说："当初我并不知道你们的计划，是由你决定了大计，强行要来立我为首。如今四向征战一事无成，兵马日益逃散，又背负着弑君的罪名，为天下所不容。如今将被人诛灭整个家族，难道不是因为你吗！"宇文化及抱着两个儿子哭泣。宇文智及发怒，说："事情成功的时候，你当初不赐给我这些责怪，等到将要失败，才想归罪于我，为何不杀了我前去投降窦建德！"二人数次相互争吵翻脸，争吵时说的话不分长幼，酒醒了又饮酒，经常是这样。宇文化及的部下很多人逃跑了，他自知必定失败，叹息说："人生本来是要死的，难道不当一天皇帝吗？"于是用毒酒害死秦王杨浩，自己在魏县即皇帝位，国号改为许，年号改为天寿，设置百官。

冬季，十月初一日壬申，发生日食。

十月初七日戊寅，唐高祖宴请突厥骨咄禄，引着骨咄禄登上皇帝的宝座表示恩宠。

李密即将到达长安，唐高祖派出使节迎接慰问，使节在路上络绎不绝，前后相望。李密大为高兴，对他的部下说："我拥有百万兵力，一朝脱下盔甲归顺唐朝，崤山以东几百座城镇相互连接，知道我在这里，派人招降他们，也应当全部前来归顺，这与东汉归顺光武帝的窦融相比，功劳也不比他小，难道不用三公之一来安置我吗？"十月初八日己卯，李密到了长安，有关官衙对他的招待供应并不是十分丰厚，李密部下的士兵好几天没有饭吃，众人心里颇多怨气。不久唐王朝任命李密为光禄卿、上柱国，赐予爵位为邢国公。李密既未达到原来的期望，朝廷内的大臣们又大多轻视他，有些掌权的人还来向李密索取贿赂，李密内心大为不平，唯有唐高祖对他表示亲热和礼遇，经常称他为弟，并把自己舅舅的女儿独孤氏嫁给他。

十月初九日庚辰，唐高祖下诏任命右翊卫大将军淮安王李神通为山东道安抚大使，山东各路兵马都受他的指挥，又任命黄门侍郎崔民幹为淮安王的副使。

邓州刺史吕子臧和抚慰使马元规攻打朱粲，击败朱粲。吕子臧对马元规说："朱粲最近刚打了败仗，上上下下感到危险而恐惧，我们应合兵攻击他，就可一举消灭他。如果又拖延下去，朱粲的部队逐渐集中收拢，兵力就会增加，等到他们粮食吃光，就会拼死作战，那时就会成为大患。"马元规没有听从吕子臧的意见。吕子臧又要求让他单独率领自己的部队攻打朱粲，马元规也不允许。不久，朱粲集中他的余部，兵力再次大为振作，在冠军县自称楚帝，改年号为昌达，又来进攻邓州。吕子

死。俄而城陷，元规亦死。

癸未，王世充收李密美人珍宝及将卒十余万人还东都，陈于阙下。乙酉，皇泰主大赦。丙戌，以世充为太尉、尚书令、内外诸军事，仍使之开太尉府，备置官属，妙选人物。世充以裴仁基父子骁勇，深礼之。徐文远复入东都，见世充，必先拜。或问曰："君倨见李密而敬王公，何也？"文远曰："魏公，君子也，能容贤士；王公，小人也，能杀故人，吾何敢不拜！"

李密总管李育德以武陟来降，拜陟州刺史。育德，谔之孙也。其余将佐刘德威、贾闰甫、高季辅等，或以城邑，或帅众，相继来降。

初，北海贼帅綦公顺帅其徒三万攻郡城，已克其外郭，进攻子城；城中食尽，公顺自谓克在旦夕，不为备。明经刘兰成纠合城中骁健百余人袭击之，城中见兵继之，公顺大败，弃营走，郡城获全。于是郡官及望族分城中民为六军，各将之，兰成亦将一军。有宋书佐者，离间诸军曰："兰成得众心，必为诸人不利，不如杀之。"众不忍杀，但夺其兵以授宋书佐。兰成恐终及祸，亡奔公顺；公顺军中喜噪，欲奉以为主，固辞，乃以为长史，军事咸听焉。居五十余日，兰成简军中骁健者百五十人，往抄北海。距城四十里，留十人，使多芟草，分为百余积；二十里，又留二十人，各执大旗；五六里，又留三十人，伏险要；兰成自将十人，夜，距城一里许潜伏；余八十人分置便处，约闻鼓声即抄取人畜亟去，仍一时焚积草。明晨，城中远望无烟尘，皆出樵牧。日向中，兰成以十人直抵城门，城上钲鼓乱发；伏兵四出，抄掠杂畜十余头及樵牧者而去。兰成度抄者已远，徐步而还。城中虽出兵，恐有伏兵，不敢急追；又见前有旌旗、烟火，遂不敢进而还。既而城中知兰成前者众少，悔不穷追。居月余，兰成谋取郡城，更以二十人直抵城门。城中人竞出逐之，行未十里，公顺将大兵总至。郡兵奔驰还城，公顺进兵围之；兰成一言招谕，城中人争出降。兰成抚存老幼，礼遇郡官，见宋书佐，亦礼之如旧，仍资送出境，内外安堵。

臧捶着胸口对马元规说："老夫我今天要因为你而死！"朱粲围攻南阳，正好此时连绵大雨冲毁了城墙，亲信都劝吕子臧投降。吕子臧说："哪有天子的方伯会向叛贼投降的？"吕子臧率领部下冲向敌人而战死。城池很快就被攻陷，马元规也被杀死。

十月十二日癸未，王世充收罗了李密的美女、珍宝及其部下十几万人回到东都，排列在皇宫正门的阙楼之下。十四日乙酉，皇泰主宣布大赦。十五日丙戌，任命王世充为太尉、尚书令、总督内外诸军事，又让他设置太尉府，全面设置各种官属，选拔优秀人才。王世充认为裴仁基父子作战骁勇，深为尊重，以礼相待。徐文远又进入东都，来见王世充，必定先行拜见礼。有人问他："您见李密时很傲慢，却这样尊敬王公，是什么原因？"徐文远说："魏公李密，是君子之人，能够容纳贤士，王公是小人，能杀老友和熟人，我哪里敢不行拜礼？"

李密的总管李育德率武陟郡投降唐朝廷，唐朝廷封他为陟州刺史。李育德是李谔的孙子。李密手下其他的将领刘德威、贾闰甫、高季辅等人，有的率城邑，有的率部下，相继前来投降唐朝廷。

当初，北海郡的叛军首领綦公顺率领他的三万人进攻郡城，已经攻陷了郡城的外城，继续攻击内城。城中粮食已经吃光，綦公顺自认为旦夕就能攻下内城，因此己方不加防备。曾在隋朝参加过明经科考试的刘兰成集中了城中骁勇强健的士兵一百多人偷袭綦公顺，城中的其他士兵跟在后面一同进攻，綦公顺大败，放弃营地仓皇逃走，郡城得以保全。于是郡里的官员和大族把城里的百姓分编为六军，各自统领一军，刘兰成也率领一军。有个名叫宋书佐的人，在各军之间挑拨离间，说："刘兰成已得人心，必定对诸位有所不利，不如杀了他。"大家不忍杀刘兰成，只是剥夺了他所统领的一军，改由宋书佐统领。刘兰成担心最终还要遭祸，就逃跑投奔綦公顺。綦公顺的部队十分高兴而鼓噪喧哗，想拥戴刘兰成为首领，刘兰成坚决推辞，于是綦公顺任命他为长史，军事行动全都听由刘兰成指挥安排。过了五十多天，刘兰成从军队中挑选骁勇健壮的士兵一百五十人，前往北海郡城抢掠。走到离城四十里的地方，留下十人，让他们多割草，分成一百多堆。走到离城二十里的地方，又留下二十人，让他们每人举一面大旗。走到离城五六里的地方，又留下三十人，埋伏在险要之处。刘兰成自己带领十个人，夜里在离城一里多的地方潜伏下来。其余八十人分别布置在方便之处，约定听到鼓声就出动抢夺人员牲畜，然后马上撤退，并且同时点燃草堆。第二天清晨，城中远远望去没有兵马行动带起的烟尘，于是全都出城砍柴放牧。太阳快到中午的时候，刘兰成率领十人直接抵达城门，城上铜钲战鼓匆忙乱敲，刘兰成的伏兵四处出击，抢夺了各种牲畜一千多头并劫持砍柴放牧的人，然后撤走。刘兰成估计抢劫牲畜与人口的人已经走远，这才不慌不忙地回撤。城里虽然出兵，但是怕有伏兵，不敢急追，又看到前方有旌旗、烟火，于是不敢前

时海陵贼帅臧君相闻公顺据北海，帅其众五万来争之；公顺众少，闻之大惧。兰成为公顺画策曰："君相今去此尚远，必不为备，请将军倍道袭击其营。"公顺从之，自将骁勇五千人，赍熟食，倍道袭之。将至，兰成与敢死士二十人前行，距君相营五十里，见其抄者负担向营，兰成亦与其徒负担蔬米、烧器，诈为抄者，择空而行听察，得其号及主将姓名；至暮，与贼比肩而入，负担巡营，知其虚实，得其更号。乃于空地燃火营食，至三鼓，忽于主将幕前交刀乱下，杀百余人，贼众惊扰；公顺兵亦至，急攻之，君相仅以身免，俘斩数千，收其资粮甲仗以还。由是公顺党众大盛。及李密据洛口，公顺以众附之，密败，亦来降。

隋末群盗起，冠军司兵李袭誉说西京留守阴世师遣兵据永丰仓，发粟以赈贫乏，出库物赏战士，移檄郡县，同心讨贼。世师不能用。乃求募兵山南，世师许之。上克长安，自汉中召还，为太府少卿；乙未，附袭誉籍于宗正。袭誉，袭志之弟也。

（以上为第四段，写李密及其部众纷纷降唐，唐王朝力量大增。）

丙申，朱粲寇淅州，遣太常卿郑元璹帅步骑一万击之。

是月，纳言窦抗罢为左武候大将军。

十一月，乙巳，凉王李轨即皇帝位，改元安乐。

戊申，王轨以滑州来降。

薛仁果之为太子也，与诸将多有隙；及即位，众心猜惧。郝瑗哭举

进而退回城中。不久城里知道刘兰成前来的人很少，后悔没有追击到底。又过了一个多月，刘兰成谋划攻取北海郡城，改而率领二十人直接抵达城门，城中的人竞相出城追逐，走了不到十里，綦公顺率领大军一齐来到。郡里的军队奔驰回城，綦公顺进军包围郡城。刘兰成劝谕城里人投降，只说一句话，城里的人就争相出城投降。刘兰成安抚保护老人儿童，对郡里的官员以礼相待，见到宋书佐，还像过去一样以礼相待，并且给予费用，送他出境，于是北海郡内外民众完全平安无事。

当时海陵叛军首领臧君相听说綦公顺占领了北海，率领他的五万人前来争夺郡城，綦公顺的兵少，闻讯大为恐惧。刘兰成为公顺谋划计策说："臧君相现在离此地还远，一定不加防备，请将军兼程行军袭击他的军营。"綦公顺听从了他的建议，亲自带领五千名骁勇的士兵，携带熟食，日夜兼程前去袭击臧君相。当快要到达时，刘兰成率二十名敢死兵士先行，走到距离臧君相营地五十里时，见到臧君相手下出外掠夺的人肩挑背扛着物品向营地走去，刘兰成也和他的手下背负着蔬菜粮食、炊具，冒充外出抢夺的人，找空隙前行以偷听侦察，知道了对方军中的口令暗号以及主将的姓名。到了傍晚，刘兰成和士兵们就与对方的士兵并肩进入营地，背负着东西在营内巡视，了解了敌营阵中的虚实，还得到了他们的口令暗号。刘兰成和士兵们于是在空地点火扎营吃饭，到三更时分，忽然在主将帐前一起拔刀乱砍，杀了一百多人，敌营中士兵一片惊恐慌乱，綦公顺的部队此时也到达了，发动急攻，臧君相仅孤身一人得以逃脱。綦公顺等俘虏并杀死了几千人，缴获臧君相的物资粮食盔甲兵器，然后回师。自此以后，綦公顺的人马大为强盛。当李密占据洛口，綦公顺率部下前往归附，等李密失败后，也来向唐降附。

隋朝末年，各地叛军纷纷起兵，冠军司兵李袭誉劝说西京留守阴世师派兵占据永丰仓，发放粮食救济贫民和缺粮的人，拿出库房里的物品赏给士兵，向其他郡县传发檄书，希望大家同心讨伐叛贼。阴世师不能采纳，于是李袭誉请求去山南招募士兵，阴世师答应了他。唐高祖攻陷长安后，从汉中召李袭誉回长安，任命他为太府少卿。十月二十四日乙未，又命宗正把李袭誉登记列入皇家宗族。李袭誉是李袭志的弟弟。

十月二十五日丙申，朱粲侵犯淅州，唐派太常卿郑元璹率领一万步兵、骑兵攻打朱粲。

该月，唐纳言窦抗被降职为左武候大将军。

十一月初四日乙巳，凉王李轨登基称帝，将年号改为安乐。

十一月初七日戊申，王轨以滑州前来降唐。

薛仁果做太子时，和诸多将领都有仇隙矛盾。等他当了皇帝，这些将领心中都

得疾，遂不起，由是国势浸弱。秦王世民至高墌，仁果使宗罗睺将兵拒之；罗睺数挑战，世民坚壁不出。诸将咸请战，世民曰："我军新败，士气沮丧，贼恃胜而骄，有轻我心，宜闭垒以待之。彼骄我奋，可一战而克也。"乃令军中曰："敢言战者斩！"相持六十余日，仁果粮尽，其将梁胡郎等帅所部来降。世民知仁果将士离心，命行军总管梁实营于浅水原以诱之。罗睺大喜，尽锐攻之，梁实守险不出；营中无水，人马不饮者数日。罗睺攻之甚急；世民度贼已疲，谓诸将曰："可以战矣！"迟明，使右武候大将军庞玉陈于浅水原。罗睺并兵击之，玉战，几不能支，世民引大军自原北出其不意，罗睺引兵还战。世民帅骁骑数十先陷陈，唐兵表里奋击，呼声动地，罗睺士卒大溃，斩首数千级。世民帅二千余骑追之，窦轨叩马苦谏曰："仁果犹据坚城，虽破罗睺，未可轻进，请且按兵以观之。"世民曰："吾虑之久矣，破竹之势，不可失也，舅勿复言！"遂进。仁果陈于城下，世民据泾水临之，仁果骁将浑幹等数人临陈来降。仁果惧，引兵入城拒守。日向暮，大军继至，遂围之。夜半，守城者争自投下。仁果计穷，己酉，出降；得其精兵万余人，男女五万口。

诸将皆贺，因问曰："大王一战而胜，遽舍步兵，又无攻具，轻骑直造城下，众皆以为不克，而卒取之，何也？"世民曰："罗睺所将皆陇外之人，将骁卒悍；吾特出其不意而破之，斩获不多。若缓之，则皆入城，仁果抚而用之，未易克也；急之，则散归陇外，折墌虚弱，仁果破胆，不暇为谋，此吾所以克也。"众皆悦服。世民所得降卒，悉使仁果兄弟及宗罗睺、翟长孙等将之，与之射猎，无所疑间。贼畏威衔恩，皆愿效死。世民闻褚亮名，求访，获之，礼遇甚厚，引为王府文学。

不免猜疑恐惧。郝瑗因薛举去世而哭得生了病，于是病重不起，由此而使国家的势力逐渐衰弱。秦王李世民来到高墌，薛仁果派宗罗睺领兵抵抗，宗罗睺数次挑战，李世民坚守营垒不出战。诸位将领都来请战，李世民说："我军才打了败仗，士气沮丧，贼军仗着得胜而骄傲，有轻视我军的意思，我们应当紧闭营垒耐心等待时机。他们骄傲轻敌，我军就会有奋勇之心，然后可以一仗打败他们。"于是命令全军："有敢说作战的一律斩首！"双方相持六十多天，薛仁果军队的粮食吃完了，其将领梁胡郎等人率领各自的队伍前来向唐军投降。李世民知道了薛仁果军中的将士都有叛离之心，命令行军总管梁实在浅水原扎营，引诱薛仁果。宗罗睺知道后大为高兴，出动全部精锐攻打梁实，梁实凭借险要防守而不出营。营地中没有水，士兵与马匹连续数日没有水喝。宗罗睺进攻得非常猛烈，李世民估计对方已经疲乏，对诸位将领说："可以出战了！"快天亮时，李世民派右武候大将军庞玉在浅水原列阵。宗罗睺集合部队攻击庞玉，庞玉与之作战，几乎支持不住，李世民带领大军出其不意出现在浅水原之北，宗罗睺带军回来与李世民作战。李世民率领几十名骁勇骑兵率先冲入敌阵，唐军内外奋力搏斗，呼声动地，宗罗睺的士兵完全崩溃，唐军斩首几千级。李世民率领二千多骑兵追击宗罗睺，窦轨拉住李世民的战马苦苦劝谏说："薛仁果还占据着坚固的城池，虽然打败了宗罗睺，但不可轻易冒进，请求暂且按兵不动，观察对方的动静。"李世民说："我对此次作战已经考虑很久了，现在已成为破竹之势，机不可失，舅舅您不要再说了！"于是继续进军。薛仁果在城下列阵，李世民占据泾河，居高临下，面对薛仁果军阵。薛仁果手下的骁将浑幹等人临阵而向唐军投降。薛仁果害怕，带兵进城拒守。天快黑时，唐朝大军相继到达，于是包围了薛仁果。半夜，守城的人争相下城投降。薛仁果计谋已尽，十一月初八日己酉，薛仁果出城投降，唐朝俘获薛仁果一万多名精兵，五万名男女民众。

各位将领都来祝贺，于是问李世民："大王一仗就获得胜利，之后马上舍弃步兵，又没有攻城的器具，只率轻骑直至城下，大家都认为不能攻克城池，却很快就取得此城，是什么原因呢？"李世民说："宗罗睺所率领的军人都是陇山之西的人，将领骁勇，士卒剽悍，我只是出其不意打败了他，但斩杀和俘虏并不多。如果停缓而不追击，则他们都会进入城内，薛仁果对他们进行抚慰再派出作战，就不容易战胜。如果急速攻击，则他们就会逃散回到陇山之西。战败的高墌城已经虚弱，薛仁果也已吓破了胆，没有时间仔细谋划，这就是我取胜的原因。"众人都心悦诚服。李世民所获得的投降士兵，全部让薛仁果兄弟及宗罗睺、翟长孙等人统领，和他们一起外出打猎，无所猜疑和离间。这些战败投降的将领士兵都畏惧李世民的威严，又感怀受到的恩德，都愿以死效劳。李世民听说褚亮的名气，访求并找到了褚亮，对他的礼遇非常丰厚，用他担任秦王府的文学。

上遣使谓世民曰："薛举父子多杀我士卒，必尽诛其党以谢冤魂。"李密谏曰："薛举虐杀无辜，此其所以亡也，陛下何怨焉！怀服之民，不可不抚！"乃命戮其谋首，余皆赦之。

上使李密迎秦王世民于豳州，密自恃智略功名，见上犹有傲色；及见世民，不觉惊服，私谓殷开山曰："真英主也，不如是，何以定祸乱乎！"

诏以员外散骑常侍姜謩为秦州刺史，謩抚以恩信，盗贼悉归首，士民安之。

（以上为第五段，写李世民平定陇右，灭薛仁果。）

徐世勣据李密旧境，未有所属。魏徵随密至长安，乃自请安集山东，上以为秘书丞，乘传至黎阳，遗徐世勣书，劝之早降。世勣遂决计西向，谓长史阳翟郭孝恪曰："此民众土地，皆魏公有也；吾若上表献之，是利主之败，自为功以邀富贵也，吾实耻之。今宜籍郡县户口士马之数以启魏公，使自献之。"乃遣孝恪诣长安，又运粮以饷淮安王神通。上闻世勣使者至，无表，止有启与密，甚怪之。孝恪具言世勣意，上乃叹曰："徐世勣不背德，不邀功，真纯臣也！"赐姓李。以孝恪为宋州刺史，使与世勣经略虎牢以东，所得州县，委之选补。

癸丑，独孤怀恩攻尧君素于蒲反。行军总管赵慈景尚帝女桂阳公主，为君素所擒，枭首城外，以示无降意。

癸亥，秦王世民至长安，斩薛仁果于市，赐常达帛三百段。赠刘感平原郡公，谥忠壮。扑杀仵士政于殿庭。以张贵尤淫暴，腰斩之。上享劳将士，因谓群臣曰："诸公共相翊戴以成帝业，若天下承平，可共保富贵。使王世充得志，公等岂有种乎！"如薛仁果君臣，岂可不以为前鉴也！"己巳，以刘文静为户部尚书，领陕东道行台左仆射；复殷开山爵位。

李密骄贵日久，又自负归国之功，朝廷待之不副本望，郁郁不乐。

唐高祖派遣使者对李世民说："薛举父子杀了我们很多士卒，所以务必杀光他们的同党以告慰死去的冤魂。"李密进谏说："薛举残暴杀害无辜，这是他所以灭亡的原因，陛下怨恨什么呢？对已经在内心顺服的百姓，不可不加以安抚！"于是下令杀掉其主谋，其余的人都予以赦免。

唐高祖派李密到豳州迎接秦王李世民，李密仗着自己有智略和功名，觐见唐高祖时还有傲慢的脸色，等到见了李世民，不觉十分惊叹佩服，私下对殷开山说："真是英明的君主，如果不是这样，又怎么能平定天下的祸乱呢？"

唐下诏任命员外散骑常侍姜謩为秦州刺史，姜謩对秦州进行安抚，施加恩惠和诚信，当地叛乱的盗贼全都归来和自首，士人百姓感到安定。

徐世勣占据李密原有的地盘，还没有归顺哪一方。魏徵随李密到长安，于是自己请求前去招抚潼关以东地区，唐高祖任命他为秘书丞，乘驿站的车辆到达黎阳，寄信给徐世勣，劝他尽早投降。徐世勣于是决定向西投顺唐王朝，他对长史阳翟人郭孝恪说："这方的百姓和土地，都是属于魏公李密的，我如果向唐上表奉献这些百姓土地，就是趁着主公的失败而为自己谋利，以此作为自己的功劳以求富贵，我实在是以为耻的。现在应当登记各郡县的户口、士兵及马匹的数目，上报魏公，让魏公自己献给唐。"于是派遣郭孝恪到长安，又运粮食供给淮安王李神通。唐高祖听说徐世勣的使者到长安，没有奉献土地和民众的上表，只有书信给李密，就非常奇怪。郭孝恪详细说明了徐世勣的意思，唐高祖于是感叹说："徐世勣不违弃道德，不邀求功劳，真是纯粹的臣子呀！"于是赐徐世勣姓李。任命郭孝恪为宋州刺史，让他和李世勣经营管辖虎牢以东地区，获得的州县，委任他们自行选补官吏。

十一月十二日癸丑，独孤怀恩在蒲反县攻打尧君素。行军总管赵慈景娶唐高祖的女儿桂阳公主为妻，被尧君素俘虏。尧君素杀了他，把头挂在城外示众，表示绝不会投降唐王朝。

十一月二十二日癸亥，秦王李世民到长安，在街市将薛仁果斩首，赐给常达三百段的丝帛。追赠刘感为平原郡公，谥号忠壮。在宫殿庭院中击杀仵士政。因为张贵尤其荒淫残暴，于是腰斩张贵。唐高祖宴请慰劳将士，于是对群臣说："诸位公卿大臣共同辅助拥戴我，使我成就了帝王之业，假如天下能够长期太平安定，我们可以共同保有富贵。如果让王世充得志，诸位公卿难道还有后辈子孙传留下去吗？像薛仁果这样的君臣，难道能不作为我们的前车之鉴吗？"十一月二十八日己巳，任命刘文静为户部尚书，兼任陕东道行台左仆射，并恢复了殷开山的爵位。

李密长期以来骄狂而富贵，又仗着自己有归附唐王朝的功劳，而朝廷给他的待

尝遇大朝会，密为光禄卿，当进食，深以为耻；退，以告左武卫大将军王伯当。伯当心亦怏怏，因谓密曰："天下事在公度内耳。今东海公在黎阳，襄阳公在罗口，河南兵马，屈指可计，岂得久如此也！"密大喜，乃献策于上曰："臣虚蒙荣宠，安坐京师，曾无报效；山东之众皆臣故时麾下，请往收而抚之。凭藉国威，取王世充如拾地芥耳！"上闻密故将士多不附世充，亦欲遣密往收之，群臣多谏曰："李密狡猾好反，今遣之，如投鱼于泉，放虎于山，必不反矣！"上曰："帝王自有天命，非小子所能取。借使叛去，如以蒿箭射蒿中耳！今使二贼交斗，吾可以坐收其弊。"辛未，遣密诣山东，收其余众之未下者。密请与贾闰甫偕行，上许之，命密及闰甫同升御榻，赐食，传饮卮酒曰："吾三人同饮是酒以明同心，善建功名，以副朕意。丈夫一言许人，千金不易。有人确执不欲弟行，朕推赤心于弟，非他人所能间也。"密、闰甫再拜受命。上又以王伯当为密副而遣之。

（以上为第六段，写唐高祖在徐世勣降唐的情况下，遣李密东行招抚旧部，其实是故意纵虎归山，李密不安本分而中其圈套，无所作为是必然的。）

有大鸟五集于乐寿，群鸟数万从之，经日乃去。窦建德以为己瑞，改元五凤。宗城人有得玄圭献于建德者，宋正本及景城丞会稽孔德绍皆曰："此天所以赐大禹也，请改国号曰夏。"建德从之，以正本为纳言，德绍为内史侍郎。

初，王须拔掠幽州，中流矢死，其将魏刀兒代领其众，据深泽，掠冀、定之间，众至十万，自称魏帝。建德伪与连和，刀兒弛备，建德袭击破之，遂围深泽；其徒执刀兒降，建德斩之，尽并其众。

易、定等州皆降，唯冀州刺史麹稜不下。稜婿崔履行，暹之孙也，自言有奇术，可使攻者自败，稜信之。履行命守城者皆坐，毋得妄斗，

遇不合乎他本来的愿望，因此郁闷不乐。曾经参加一次朝廷的大型聚会，李密作为光禄卿，应当为参会的官员供应食物，他认为自己来做此事是耻辱，退朝后，把此事告诉了左武卫大将军王伯当。王伯当随李密归顺唐王朝之后心里也一直怏怏不乐，于是对李密说："天下的事情都在主公的谋划之内。现在东海公徐世勣在黎阳，襄阳公在罗口，黄河以南的兵马屈指可数，怎能长期这样下去？"李密大为高兴，于是向唐高祖献策说："臣白白地承受朝廷的荣宠，安闲地住在京师，不曾报效朝廷。现在山东各地的将领都是臣子过去的部下，请让臣子前往山东招抚他们。凭借国家的威严，拿下王世充就像拾取地下的草芥一样容易！"唐高祖听说李密过去的部下大多不服王世充，也准备派遣李密前往收服他们，但是群臣大多都对唐高祖进行劝谏，认为："李密狡猾而好反复背叛，现在派他去山东，犹如把鱼放到泉水中，把老虎放归深山，他肯定不会回来了！"唐高祖说："谁当帝王自有天命，不是小人所能取得的。假如他背叛离去，就像把蒿杆箭射到蒿草中而已，毫不足惜！现在让李王二贼互相争斗，我们可以坐收他们自相残杀的好处。"十一月二十九日辛未，派李密往崤山以东地区，收服他的尚未归附之余部。李密请求和贾闰甫一同前往，唐高祖答应了他的请求，临行前让李密和贾闰甫一起登上皇上的坐榻，赐给他们食品，拿一杯酒三人传喝，并说："我们三人同饮这杯酒，以此来表明我们三人同心，二位努力去建立功勋，以符合朕的心意。大丈夫向别人许诺一句话，虽有千金也不能改变这个诺言。有人坚持要求不想让我同意老弟前去，朕以赤诚之心对待老弟，不是别人能够离间的。"李密、贾闰甫两次下拜接受使命。唐高祖又让王伯当担任李密的副手，也派他同去山东。

有五只大鸟一起降落在乐寿，数万只成群的鸟随着这五只大鸟，过了一整天才离去。窦建德以为这是自己称帝的祥瑞征兆，于是把年号改为五凤。宗城有人得到了一块黑色的玉圭，把它献给窦建德，宋正本和景城丞会稽人孔德绍都说："这是上天当年用来赐给大禹的宝物，请将国号改称为夏。"窦建德听从这一建议。任命宋正本为纳言，孔德绍为内史侍郎。

当初王须拔夺取幽州时，被流箭射中而死，他的部将魏刀兒代替他率领军队，占据了深泽，在冀州、定州一带掠夺，部队增加到十万人，于是自称魏帝。窦建德假装与魏刀兒进行联合，魏刀兒放松了戒备。窦建德偷袭并打败了魏刀兒，于是包围深泽城，魏刀兒的部下活捉了魏刀兒前来投降，窦建德斩杀魏刀兒，将他的队伍全部兼并。

易州、定州等地都向窦建德投降，只有冀州刺史麴稜尚未降服。麴稜的女婿崔履行是崔暹的孙子，自称有奇妙法术，可以让进攻的人自己失败，麴稜相信了他。

曰："贼虽登城，汝曹勿怖，吾将使贼自缚。"于是为坛，夜，设章醮，然后自衣衰绖，杖竹登北楼恸哭；又令妇女升屋四面振裙。建德攻之急，稜将战，履行固止之。俄而城陷，履行哭犹未已。建德见稜曰："卿忠臣也！"厚礼之，以为内史令。

十二月，壬申，诏以秦王世民为太尉、使持节、陕东道大行台，其蒲州、河北诸府兵马并受节度。

癸酉，西突厥曷娑那可汗自宇文化及所来降。

隋将尧君素守河东，上遣吕绍宗、韦义节、独孤怀恩相继攻之，俱不下。时外围严急，君素为木鹅，置表于颈，具论事势，浮之于河；河阳守者得之，达于东都。皇泰主见而叹息，拜君素金紫光禄大夫。庞玉、皇甫无逸自东都来降，上悉遣诣城下，为陈利害，君素不从。又赐金券，许以不死。其妻又至城下，谓之曰："隋室已亡，君何自苦！"君素曰："天下名义，非妇人所知！"引弓射之，应弦而倒。君素亦自知不济，然志在守死，每言及国家，未尝不歔欷。谓将士曰："吾昔事主上于藩邸，大义不得不死。必若隋祚永终，天命有属，自当断头以付诸君，听君等持取富贵。今城池甚固，仓储丰备，大事犹未可知，不可横生心也！"君素性严明，善御众，下莫敢叛。久之，仓粟尽，人相食；又获外人，微知江都倾覆。丙子，君素左右薛宗、李楚客杀君素以降，传首长安。君素遣朝散大夫解人王行本将精兵七百在他所，闻之，赴救不及，因捕杀君素者党与数百人，悉诛之，复乘城拒守，独孤怀恩引兵围之。

丁酉，隋襄平太守邓暠以柳城、北平二郡来降，以暠为营州总管。

辛巳，太常卿郑元璹击朱粲于商州，破之。

初，宇文化及遣使招罗艺，艺曰："我隋臣也。"斩其使者，为炀帝发

崔履行命令守城的士兵都在原地坐下，不得随意作战，并说："敌人虽然登上了城墙，你们也不用害怕，我将会使敌兵自己捆绑自己。"于是筑起法坛，晚上在坛上举行法事设符祈祷，然后自己穿上丧服，拄着竹杖登上北楼恸哭，又让妇女爬上屋顶，在四面抖动裙子。窦建德派兵急攻冀州城，麴稜将要出兵迎战，崔履行坚持阻止他。很快城池就陷落了，崔履行恸哭还没有哭完。窦建德见了麴稜说："你是忠臣！"用优厚的礼节对待他，任命他为内史令。

十二月初二日壬申，唐高祖下诏任命秦王李世民为太尉、使持节、陕东道大行台，蒲州及黄河以北各府的兵马都受他指挥。

十二月初三日癸酉，西突厥曷娑那可汗从宇文化及处前来投降。

隋将领尧君素守卫河东，高祖派吕绍宗、韦义节、独孤怀恩相继前往攻击，都未能攻克。当时，城外包围很严，攻城很急，尧君素制作一只木头鹅，把表章放在木鹅颈中，详细论述形势，把木鹅放到黄河上漂走。守卫河阳的人得到木鹅，送到东都。皇泰主看了表章叹息不已，拜尧君素金紫光禄大夫。庞玉、皇甫无逸从东都前来投降，唐高祖把他们都派往河东城下，向尧君素陈述利害关系，尧君素不听。唐高祖又赐给尧君素金券，答允他可以不被处死。又让尧君素的妻子来到城下，对尧君素说："隋朝王室已经灭亡，夫君何必自己吃苦？"尧君素说："天下的名分大义，不是女人所知道的！"说完就拉弓射他妻子，妻子随着弓弦声响而倒下。尧君素自己也知道事情不能成功，但是志在守城至死，每当说到朝廷国家，未尝不为之叹息感伤。他对将士们说："从前皇上未登基前，我就在晋王府侍奉皇上，按照君臣大义我不能不死。如果隋的天下一定要永远完结，天命另有所属，我会自己砍了自己的头交给各位，听任你们拿着我的头去换取富贵。现在城池非常坚固，仓库储备丰足完备，天下大事还不能预料，你们不能另外产生二心啊！"尧君素性格严厉而能明察，善于统御部下，部下没有敢反叛的。但是守城的时间长了，仓库里的粮食吃完了，没有东西吃，以至于人吃人。又抓获外面攻城的人，大致知道炀帝及隋王室在江都已被颠覆。十二月初六日丙子，尧君素的左右亲随薛宗、李楚客杀死尧君素投降唐军，把尧君素的头颅传送到长安。此前，尧君素派朝散大夫解县人王行本带七百精兵驻扎在其他地方。王行本听说尧君素被杀的消息后，来不及赶赴救援，于是捉住杀害尧君素的凶手的同党几百人，全部杀死，重新登城防守。独孤怀恩又带兵围攻王行本。

十二月初七日丁酉，隋襄平太守邓暠献上柳城、北平二郡投降唐朝。唐封邓暠为营州总管。

十二月十一日辛巳，太常卿郑元璹在商州进攻朱粲，打败了他。

当初，宇文化及派使节招降罗艺，罗艺说："我是隋朝的大臣。"于是杀了宇文

丧，临三日。窦建德、高开道各遣使招之，艺曰："建德、开道，皆剧贼耳！吾闻唐公已定关中，人望归之。此真吾主也，吾将从之，敢沮议者斩！"会张道源慰抚山东，艺遂奉表，与渔阳、上谷等诸郡皆来降。癸未，诏以艺为幽州总管。薛万均，世雄之子也，与弟万彻俱以勇略为艺所亲待，诏以万均为上柱国、永安郡公，万彻为车骑将军、武安县公。

窦建德既克冀州，兵威益盛，师众十万寇幽州。艺将逆战，万均曰："彼众我寡，出战必败，不若使羸兵背城阻水为陈，彼必渡水击我。万均请以精骑百人伏于城旁，俟其半渡击之，蔑不胜矣。"艺从之。建德果引兵渡水，万均邀击，大破之。建德竟不能至其城下，乃分兵掠霍堡及雍奴等县，艺复邀击，败之。凡相拒百余日，建德不能克，乃还乐寿。

艺得隋通直谒者温彦博，以为司马。艺以幽州归国，彦博赞成之；诏以彦博为幽州总管府长史，未几，征为中书侍郎。兄大雅，时为黄门侍郎，与彦博对居近密，时人荣之。

以西突厥曷娑那可汗为归义王，曷娑那献大珠，上曰："珠诚至宝；然朕宝王赤心，珠无所用。"竟还之。

乙酉，车驾幸周氏陂，过故墅。

初，羌豪旁企地以所部附薛举，及薛仁果败，企地来降，留长安。企地不乐，帅其众数千叛，入南山，出汉川，所过杀掠。武候大将军庞玉击之，为企地所败。企地行至始州，掠女子王氏，与俱醉卧野外；王氏拔其佩刀，斩首送梁州，其众遂溃。诏赐王氏号为崇义夫人。

壬辰，王世充帅众三万围谷州，刺史任瓌拒却之。

（以上为第七段，写唐平定河东，窦建德得势于河北。）

上使李密分其麾下之半留华州，将其半出关。长史张宝德预在行中，恐密亡去，罪相及；上封事，言其必叛。上意乃中变，又恐密惊骇，乃

化及的使节，为隋炀帝发丧，哭丧三天。窦建德、高开道各自派遣使节招降罗艺，罗艺说：“建德、开道，不过是个大叛贼罢了！我听说唐公已经平定关中，人心所向都归于唐公。这才是真正的主人，我将要跟随他，有敢破坏这一意旨的人，斩！”恰逢唐高祖派张道源抚慰山东，罗艺于是奉上表章，与渔阳、上谷等郡一起降服。十二月十三日癸未，唐高祖下诏任命罗艺为幽州总管。薛万均是薛世雄的儿子，和弟弟薛万徹都因为机智勇敢受到罗艺的信任和重用，唐高祖又下诏令任命薛万均为上柱国、永安郡公，薛万徹为车骑将军、武安县公。

窦建德攻克冀州后，兵势声威更为盛壮，又率十万人侵犯幽州。罗艺准备应战，薛万均说：“敌众我寡，出战必然失败，不如用老弱士兵背靠城堡隔着河水列阵，对方必然要渡河前来攻击。我请求用精锐骑兵一百人埋伏在城边，待他们渡河到河中央时发动攻击，就会没有不胜的。”罗艺听从了他的建议。窦建德果然领军渡河，薛万均半途截击，大败窦建德。窦建德最终也没有靠近幽州城下。于是分兵抢掠霍堡及雍奴等县，罗艺又派兵截击，打败了窦建德的军队。相互攻战一百多天，窦建德不能攻克幽州，于是回到乐寿。

罗艺得到隋通直谒者温彦博，任命他为司马。罗艺以幽州归附唐朝，温彦博赞成此事，唐高祖下诏任命温彦博为幽州总管府长史，不久，调他担任中书侍郎。温彦博的兄长温大雅，当时是黄门侍郎，与温彦博任职的衙门相对而居，当时的人都认为兄弟俩非常荣耀。

唐高祖任命西突厥曷娑那可汗为归义王，曷娑那献上大珍珠，唐高祖说：“这颗珍珠确实是顶级的宝物，但朕认为王的赤诚之心更宝贵，珍珠没有什么用处。”最后把珍珠归还了曷娑那可汗。

十二月十五日乙酉，唐高祖御驾临幸周氏陂，经过故墅宫。

当初，羌族豪强旁企地率领所属部落归附薛举，等到薛仁果败亡，旁企地前来降唐，留在长安。旁企地不乐意，又率领部属数千人反叛，进入了南山，再出山到汉川，经过之处烧杀抢掠。唐武候大将军庞玉攻打旁企地，被旁企地打败。旁企地走到始州，抢了一个姓王的女子，与她一起喝醉了，睡卧在野外。王氏女拔出旁企地的佩刀，割下旁企地的头颅送到梁州，旁企地的部下于是溃散。唐高祖下诏赐给王氏尊号为崇义夫人。

十二月二十二日壬辰，王世充率领三万人包围谷州，刺史任瓌抵御并击退了王世充。

唐高祖让李密分出其属下的人马一半留在华州，率领另一半人马出关。长史张宝德留在预定出关的那一半中。他怕李密叛逃，自己会受到牵连，就在临行前献上

降敕书劳来，令密留所部徐行，单骑入朝，更受节度。

密至稠桑，得敕，谓贾闰甫曰："敕遣我去，无故复召我还，天子向云，'有人确执不许'，此谮行矣。吾今若还，无复生理，不若破桃林县，收其兵粮，北走渡河，比信达熊州，吾已远矣。苟得至黎阳，大事必成。公意如何？"闰甫曰："主上待明公甚厚；况国家姓名，著在图谶，天下终当一统。明公既已委质，复生异图；任瓌、史万宝据熊、谷二州，此事朝举，彼兵夕至，虽克桃林，兵岂暇集，一称叛逆，谁复容人！为明公计，不若且应朝命，以明元无异心，自然浸润不行；更欲出就山东，徐思其便可也。"密怒曰："唐使吾与绛、灌同列，何以堪之！且谶文之应，彼我所共。今不杀我，听使东行，足明王者不死；纵使唐遂定关中，山东终为我有。天与不取，乃欲束手投人！公，吾之心腹，何意如是！若不同心，当斩而后行！"闰甫泣曰："明公虽云应谶，近察天人，稍已相违。今海内分崩，人思自擅，强者为雄；明公奔亡甫尔，谁相听受！且自翟让受戮之后，人皆谓明公弃恩忘本，今日谁肯复以所有之兵束手委公乎！彼必虑公见夺，逆相拒抗，一朝失势，岂有容足之地哉！自非荷恩殊厚者，讵肯深言不讳乎！愿明公熟思之，但恐大福不再。苟明公有所措身，闰甫亦何辞就戮！"密大怒，挥刃欲击之；王伯当等固请，乃释之。闰甫奔熊州。伯当亦止密，以为未可；密不从。伯当乃曰："义士之志，不以存亡易心。公必不听，伯当与公同死耳！然恐终无益也。"

密因执使者，斩之。庚子旦，密绐桃林县官曰："奉诏暂还京师，家人请寄县舍。"乃简骁勇数十人，著妇人衣，戴幂䍦，藏刀裙下，诈为妻妾，自帅之入县舍，须臾，变服突出，因据县城。驱掠徒众，直趣南山，乘险而东，遣人驰告故将伊州刺史襄城张善相，令以兵应接。

密封奏章，说李密此行必定反叛。唐高祖于是中间改变了想法，又怕李密闻讯会受到惊动，于是降下敕书慰问李密，命李密让其所属的部队缓慢前进，让李密本人单独骑马入朝，另外接受安排。

李密走到稠桑，接到唐高祖的敕书，对贾闰甫说："敕书派我去山东，没有理由又召我回去，天子以前曾经说过：'有人坚持不同意让我东出'，这是谗言在起作用了。我现在如果回去，不可能再得活命，不如攻下桃林县，获取县里的军队和粮食，向北渡过黄河。等消息到了熊州，我们已经走远了。假如能到黎阳，大事必定能成功。您的意向如何？"贾闰甫说："皇上对待明公非常优厚，何况国家属于李姓，已经明白地写在图谶中，天下最终将要达成一统。明公既然已经归顺，又产生异图，任瓌、史万宝占据熊、谷二州，这次反叛如果早晨发动，晚上他们的军队就会赶到，虽然攻陷桃林，大军也没有时间召集起来，一旦被称为叛逆，谁还会容纳你？为明公考虑，不如暂且服从朝廷的命令，以表明根本没有异心，谗言诬陷自然不被人相信。如果还想出关前往山东，以后可以慢慢考虑方便的机会。"李密生气地说："唐让我处于绛侯周勃、灌婴一样的地位，不能割地称王，这怎么受得了？况且谶文说的李姓，他和我都符合。现在他不杀我，听任允许我向东前进，足以证明王者是不会死的，纵使唐平定了关中，可是山东终会为我所有。天给予的你不去拿，却要自己束手向别人投降！你是我的心腹，为什么这样想！如果不能同心协力，就要斩了你然后走！"贾闰甫哭着说："明公您虽然也符合图谶所说的姓李，但近来观察天道与人事，已经稍有相违背的地方。现在海内分崩离析，人人都想自己专擅称帝，强大的人称雄，明公您如此狼狈逃亡，谁能听从接受您呢？况且自从杀了翟让以后，人人都说明公您弃恩忘本，现在谁还肯把自己的军队束手交给明公呢？他们必定认为明公被剥夺了兵权，反过来要加以抗拒，一朝失去权势，哪里还有立足之地呢？如果不是受过您的特殊而优厚恩典的人，哪里愿意深切坦率、毫无忌讳地这样说话呢！但愿明公仔细思考这个事情，只怕大福不会再有了。如果明公有安身之处，闰甫我哪里会冒死劝谏呢？"李密大为愤怒，挥刀要砍贾闰甫，王伯当等人一再为贾闰甫求情，这才放了贾闰甫。贾闰甫逃到熊州。王伯当也阻止李密，认为不可以反叛，李密不听。王伯当于是说："义士的志向，不会因为存亡而改变。明公必定不会听从，伯当和明公一同死而已，但恐怕最终也得不到好处。"

李密于是逮捕唐王朝派来的使者，砍了他的头。十二月三十日庚子清晨，李密骗桃林县官说："我奉诏暂时返回京师，请让我的家人寄居在县衙。"于是挑选了骁勇的士兵数十名，穿上妇女的服装，戴着面罩，把刀藏在裙子下，冒充人家的妻妾，李密自己率领这些士兵进入县城，过了一会儿，换了服装突然冲出，于是占领了县城。李密率军驱赶抢掠县里百姓，然后直奔南山，凭借险要向东行进，派人骑马奔

右翊卫将军史万宝镇熊州，谓行军总管盛彦师曰：“李密，骁贼也，又辅以王伯当，今决策而叛，殆不可当也。”彦师笑曰：“请以数千之众邀之，必枭其首。”万宝曰：“公以何策能尔？”彦师曰：“兵法尚诈，不可为公言之。”即帅众逾熊耳山南，据要道，令弓弩夹路乘高，刀楯伏于溪谷，令之曰：“俟贼半渡，一时俱发。”或问曰：“闻李密欲向洛州，而公入山，何也？”彦师曰：“密声言向洛，实欲出人不意，走襄城，就张善相耳。若贼入谷口，我自后追之，山路险隘，无所施力，一夫殿后，必不能制。今吾先得入谷，擒之必矣。”

李密既渡陕，以为余不足虑，遂拥众徐行，果逾山南出。彦师击之，密众首尾断绝，不得相救，遂斩密及伯当，俱传首长安。彦师以功赐爵葛国公，仍领熊州。

李世勣在黎阳，上遣使以密首示之，告以反状。世勣北面拜伏号恸，表请收葬；诏归其尸。世勣为之行服，备君臣之礼。大具仪卫，举军缟素，葬密于黎阳山南。密素得士心，哭者多欧血。

（以上为第八段，写李密叛唐，不得士众心，悲剧结局。）

隋右武卫大将军李景守北平，高开道围之，岁余不能克。辽西太守邓暠将兵救之，景帅其众迁于柳城；后将还幽州，于道为盗所杀。开道遂取北平，进陷渔阳郡，有马数千匹，众且万，自称燕王，改元始兴，都渔阳。

怀戎沙门高昙晟因县令设斋，士民大集，昙晟与僧五千人拥斋众而反，杀县令及镇将，自称大乘皇帝，立尼静宣为邪输皇后，改元法轮。遣使招开道，立为齐王。开道帅众五千人归之，居数月，袭杀昙晟，悉并其众。

有犯法不至死者，上特命杀之。监察御史李素立谏曰：“三尺法，王者所与天下共也；法一动摇，人无所措手足。陛下甫创洪业，奈何弃法！臣忝法司，不敢奉诏。”上从之。自是特承恩遇，命所司授以七品

驰前来通报从前的将领伊州刺史襄城人张善相，命令他派兵接应。

右翊卫将军史万宝镇守熊州，对行军总管盛彦师说：“李密是骁勇的贼人，又有王伯当辅助，现在决定反叛，大概是不可抵挡的。”盛彦师笑着说：“请用几千兵马伏击他，必能将他的头挂在城头上。”史万宝说：“你用什么计策能做到这样？”盛彦师说：“兵法崇尚用诈，不能对公说出来。”随即率兵翻过熊耳山来到山南，占据来往的要道，命令弓弩手在道路两旁的高处埋伏，又命使用刀和盾牌的士卒埋伏在溪谷，下令说：“等到贼军渡河到河中央时，在同一时间一起发起攻击。”有人问：“听说李密要去洛州，而公率军进山，这是为什么？”盛彦师说：“李密声称去洛州，实际想出人不意，前往襄城投奔张善相而已。如果贼军进了谷口，我们从后面追赶，由于山路险要狭隘，我们没办法施展力量。贼军只要派一个人殿后，我们就肯定不能制服他们。现在我们抢先进入山谷，活捉他们则是必然的了。”

李密过了陕州后，认为其他地方都不用担忧，于是率领部队慢慢前进，果然翻过山向南面进军。盛彦师发动攻击，李密的部队首尾断绝联系，相互不能救援，于是杀了李密和王伯当，二人的首级都被传送到长安。盛彦师因为这一功劳被赐予葛国公爵位，仍然镇守熊州。

李世勣在黎阳，唐高祖派使节拿李密的首级给他看，并且告诉他李密反叛的情况。李世勣面朝北伏地下拜号啕恸哭，上表请求收葬李密，唐高祖下诏将李密的尸体送给李世勣。李世勣为李密穿丧服，行丧礼，尽到了君臣之间的礼节，又大规模排出仪仗卫队，全军为李密穿白色孝服，将李密埋葬在黎阳山之南。李密平时能得士兵的心，将士为他痛哭，很多人哭得吐血。

隋右武卫大将军李景守卫北平，高开道包围北平，围了一年多还不能攻陷。辽西太守邓暠领兵救援，李景带领其部下转移到柳城，后来又准备返回幽州，在路上被强盗杀死。高开道于是攻下了北平，又进军攻陷渔阳郡，有马数千匹，士兵近万人，自称燕王，把年号改为始兴，都城设在渔阳。

怀戎县的沙门高昙晟看到县令设斋举行法事，县里的士人与民众都前来聚会，高昙晟趁此机会与五千名僧人率领民众发动反叛，杀了县令以及镇守的将领，自称大乘皇帝，把尼姑静宣立为邪输皇后，把年号改为法轮。派出使节招降高开道，把高开道立为齐王。高开道率领五千人归顺高昙晟，过了几个月，高开道发动袭击，杀了高昙晟，兼并了他的全部人马。

有人犯法但罪不够判死刑，唐高祖专门下令杀死此人。监察御史李素立劝谏说：“法律是帝王和天下共同遵守和使用的，法律如果一旦动摇，人们就会不知道如何办才是。陛下才开创帝王大业，怎么可以抛弃法律？臣忝列法律部门，不敢奉行这个

清要官；所司拟雍州司户，上曰："此官要而不清。"又拟秘书郎，上曰："此官清而不要。"遂擢授侍御史。素立，义深之曾孙也。

上以舞胡安比奴为散骑侍郎。礼部尚书李纲谏曰："古者乐工不与士齿，虽贤如子野、师襄，皆世不易其业。唯齐末封曹妙达为王，安马驹为开府，有国家者以为殷鉴。今天下新定，建义功臣，行赏未遍，高才硕学，犹滞草莱；而先擢舞胡为五品，使鸣玉曳组，趋翔廊庙，非所以规模后世也。"上不从，曰："吾业已授之，不可追也。"

陈岳论曰：受命之主，发号出令，为子孙法；一不中理，则为厉阶。今高祖曰"业已授之，不可追"，苟授之而是，则已；授之而非，胡不可追欤！君人之道，不得不以"业已授之"为诫哉！

李轨吏部尚书梁硕，有智略，轨常倚之以为谋主。硕见诸胡浸盛，阴劝轨宜加防察，由是与户部尚书安脩仁有隙。轨子仲琰尝诣硕，硕不为礼，乃与脩仁共谮硕于轨，诬以谋反，轨鸩硕，杀之。有胡巫谓轨曰："上帝当遣玉女自天而降。"轨信之，发民筑台以候玉女，劳费甚广。河右饥，人相食，轨倾家财以赈之；不足，欲发仓粟，召群臣议之，曹珍等皆曰："国以民为本，岂可爱仓粟而坐视其死乎！"谢统师等皆故隋官，心终不服，密与群胡为党，排轨故人，乃诟珍曰："百姓饿者自是羸弱，勇壮之士终不至此。国家仓粟以备不虞，岂可散之以饲羸弱！仆射苟悦人情，不为国计，非忠臣也。"轨以为然，由是士民离怨。

（以上为第九段，写高开道割据幽州；唐高祖纳谏；李轨不恤民而衰败。）

诏命。”唐高祖听从了他的规劝。从此李素立特别受到高祖的恩遇，高祖命令有关部门授予他七品清要官。有关部门准备任命他为雍州司户，高祖说：“这个官职虽然重要，但不清雅。”又准备任命为秘书郎，高祖说：“这个官职虽然清雅，却不重要。”于是提拔任命为侍御史。李素立是李义深的曾孙。

唐高祖任命会跳舞的胡人安比奴为散骑侍郎。礼部尚书李纲劝谏说：“古代乐工不能与士人并列，即便是贤明的乐工，如晋国的子野、鲁国的师襄这样有名的乐工，也是世世代代不改变所从事的职业。只有北齐末年封曹妙达为王，封安马驹为开府，凡是拥有国家的人，都要以此作为亡国之鉴。现在天下刚刚平定，那些参加义举的功臣，皇上对他们还没有全部论功行赏，高明的有才之人和博学的学者，都还滞留在民间没有得到任用，却要先来提拔跳舞的胡人当五品官，让他们穿着官服佩戴玉器，拖着包官印的带子，来往行走于庙堂之上，这可不是为后世立下好规矩啊。”唐高祖不听，说：“我已经授予他官衔了，不可以再追回成命了。”

陈岳评论说：接受了天命的君主，他的发号施令，都要成为子孙后代仿效的法则和榜样，一个号令不合乎道理，就会成为带来灾祸的阶梯。现在高祖说“已经授予官职了，不可追回成命”，如果授予官职是正确的，就不用追回成命了，如果授予官职是错误的，怎么不可以追回成命呢？君主用人之道，不能不把“已经授予”作为鉴戒啊！

李轨的吏部尚书梁硕，有智谋韬略，李轨常常依靠他作为自己的谋主。梁硕见各部胡人逐渐强盛，暗中劝说李轨应当加强提防和侦察，因此与户部尚书安脩仁产生了仇隙。李轨的儿子李仲琰曾去见梁硕，梁硕对他不大讲究礼节，李仲琰就和安脩仁一起向李轨诬陷梁硕，诬告他阴谋反叛，李轨用鸩酒毒死梁硕。有一个胡人巫师对李轨说：“上帝要派玉女从天而降。”李轨相信他的话，征发百姓修建高台迎候玉女，花费很多劳力和经费。黄河以西发生饥荒，人吃人，李轨拿出全部家财救济饥民，仍然不够，想分发仓库的粮食，召集群臣商议，曹珍等人都说：“国家以人民为根本，怎么可以吝惜仓库的粮食而坐视百姓饿死呢？”谢统师等人都是原来隋朝的官员，心里始终对李轨不服，暗中与各部胡人结成同党，排挤李轨的旧部下，于是诟骂曹珍说：“百姓饿死的，是由于他们自己瘦弱，勇健强壮的人最终也不会被饿死。国家仓库的粮食是用来防备意外灾祸的，怎可散发出去喂那些瘦弱的百姓！曹仆射如果要取悦百姓的心，不为国家考虑，就不是忠臣。”李轨认为谢统师说得对，从此士人百姓都对李轨产生了离心和怨恨。

【点评】

李密之死。李密是一位悲剧英雄。不过他的落幕太令人齿冷。

李密字玄邃，祖籍辽东襄平，后徙为京兆长安人，是关陇贵族世家。曾祖父李弼为北魏司徒，祖父李曜为北周太保、魏国公。父亲李宽，骁勇善战，号称名将，从北周到隋，位至上柱国、蒲山公。李密成长于这样一个贵族家庭，自幼长于谋略，才兼文武，志气雄远，素有以天下大事为己任的情怀。隋文帝时李密袭父爵为蒲山公，轻财好士，赈赡亲故，养客礼贤，交游甚广。炀帝大业初年，李密任左亲侍，在宫廷做侍卫，隋炀帝见了生畏，李密便称病辞官，闭门谢客，专心读书。有一天，李密在路上遇见了宰相杨素出行，杨素见李密骑在一头黄牛上，一边走一边看书，好生奇怪，就把李密请到家中交谈，非常赏识李密的才干。杨素介绍自己的儿子杨玄感等与李密相见，并对儿子们说："我看李密的识度，你们远远不及。"于是杨玄感深结李密，两人成了刎颈之交。

大业九年（613），隋炀帝第二次征伐高句丽，杨玄感屯驻黎阳（今河南浚县）负责粮运，举兵反隋。李密赶到黎阳成为杨玄感的谋主，提出了上中下三策。上策建议杨玄感占据幽州，卡断隋炀帝退路，不过旬月，隋军粮草俱尽，必然溃散，隋炀帝将被活捉。中策是轻骑疾行，占据关中，居高以争天下，这是万全之策。下策是兵围东都，一旦得手，可号令天下。但若东都有备，久攻不下，勤王之军四面而来，就是死路一条。杨玄感选用了下策，很快败亡。李密遭通缉，屡经厄难，投身瓦岗寨，成为翟让的谋主，在李密的运筹下，瓦岗军屡败隋军，迅速壮大，到了大业十三年（617），瓦岗军一举攻占了兴洛仓（今河南巩义东），声势大振。兴洛仓是隋朝的最大粮仓，瓦岗军开仓放赈，饥民蜂拥而至，大批加入起义军，号称百万。此时瓦岗军是全国最大的反隋力量。李密声望日隆，翟让让贤，推举李密为瓦岗军首领，于是李密称魏公、行军元帅，建元永平，封翟让为司徒、东郡公，设官授职，建立政权，瓦岗军拥有大批的豪杰英雄，徐世勣、秦叔宝、程知节、王伯当、单雄信等，谋臣武将，知名当世。李密兵围东都，连战皆捷，瓦岗势力达于鼎盛。

在这大好形势下，瓦岗军却发生了内讧。翟让的部属有人不满李密，劝翟让夺回兵权，翟让没有同意。这却引起了李密的猜忌，又做出了不妥的策略，在大业十三年十一月设宴诛杀翟让，混乱中砍伤徐世勣，单雄信伏地求饶，才幸免于难。这场火并，使将士离心，大大削弱了瓦岗军的战斗力。武德元年（618）正月，李密大败东都王世充。王世充的七万军队只剩下了几千人。王世充召集残兵败将仅一万余人，退守东都含嘉城，不敢出战。李密乘胜攻占偃师，率领三十万大军进驻金墉城（今河南洛阳东），钲鼓之声，闻于东都。此时，"东至海岱，南至江淮，郡县莫不遣使归密"（《旧唐书·李密传》）。窦建德、朱粲、孟海公、徐圆朗、周法明等多

股起义军表示拥戴李密称帝，李密的部属也劝进。而李密认为“东都未平，不可此议”，可谓明智。瓦岗军势力复振。

不久，宇文化及弑隋炀帝，率领十余万江都兵北上。如果李密让开大路，引宇文化及这股祸水到东都，或许是一上策。大业十三年，当瓦岗军久攻东都不下之时，柴孝和建言李密进兵关中为根据地，这样“业固兵强，然后东向以平河洛，传檄而天下定矣”。这是李密当年替杨玄感谋划的策略之一，这更是一条上策。李密均未采用。为了避免两线作战，李密接受皇泰主招安，放下义旗，降为隋臣，已是大为失计。随后拼了全力，打败宇文化及，瓦岗军丧失精兵良将，没有休整，又连续与王世充进行主力决战，是更大的失计。得胜而骄，骄兵必败，李密犯忌，遭了劫数，因当年火并翟让，伤了徐世勣而不敢去投奔，率众投唐，又是一大失误。由于李密投唐，他丧失了东山再起的资本，到了这时再回头谋反，只有死路一条。贤如李密，有如此之多的失误，他不是一个真龙天子，也就不奇怪了。

李密初到瓦岗，义军只有一万多人，不到半年就发展到十多万人，接着进兵东都。两年间，驰骋中原，叱咤风云，号称百万之众，大有夺取天下之势，其兴何其骤也。可是正当瓦岗连战皆捷，如日中天之时，却因偃师一战，全军覆没，顷刻瓦解，其败又何其速也。李密骤兴骤灭，如同一场暴风骤雨，比之楚汉相争时的项羽，大有类似。项羽灭秦，李密覆隋，扫荡旧世界，这是他们垂名千秋的业绩，也是他们被称为英雄的理由。两人骤兴骤灭，也大有类似，都是悲剧英雄。项羽之死，何其悲壮，生为人杰，死为鬼雄。李密之死，叛逆被诛，难免被钉在历史的耻辱柱上。李密最后落幕，显示出反复无常的小人嘴脸，着实可悲。这是两人最大的不同。

唐纪三

唐高祖武德二年（619 年）

【起屠维单阏（己卯，619 年）正月，尽十月，不满一年】

【大事提要】

本卷记述公元 619 年正月至十月史事，凡十个月，时当唐高祖武德二年。这一时期，唐高祖平定了河西，李轨败亡。晋北刘武周引突厥南下。朔方梁师都亦不时扰边，两股势力牵制了唐兵东出。王世充乘机篡逆称帝，部属不愿从逆者，西向降唐。罗士信、秦叔宝、程知节皆降唐为大将。窦建德在河北灭掉了宇文化及，势力达于极盛。江南杜伏威降唐。荆襄萧铣仍为南方最大割据势力。

【原文】

高祖神尧大圣光孝皇帝上之下

武德二年（己卯，619 年）

春，正月，壬寅，王世充悉取隋朝显官、名士为太尉府官属，杜淹、戴胄皆预焉。胄，安阳人也。隋将军王隆帅屯卫将军张镇周、都水少监苏世长等以山南兵始至东都。王世充专总朝政，事无大小，悉关太尉府；台省监署，莫不阒然。世充立三牌于府门外：一求文学才识，堪济时务者；一求武勇智略，能摧锋陷敌者；一求身有冤滞，拥抑不申者。于是上书陈事日有数百，世充悉引见，躬自省览，殷勤慰谕，人人自喜，以为言听计从，然终无所施行。下至士卒厮养，世充皆以甘言悦之，而实无恩施。

隋马军总管独孤武都为世充所亲任，其从弟司隶大夫机与虞部郎杨恭慎、前勃海郡主簿孙师孝、步兵总管刘孝元、李俭、崔孝仁谋召唐兵，使孝仁说武都曰："王公徒为儿女之态以悦下愚，而鄙隘贪忍，不顾亲旧，岂能成大业哉！图谶之文，应归李氏，人皆知之。唐起晋阳，奄有关内，兵不留行，英雄景附，且坦怀待物，举善责功，不念旧恶，据胜势以争天下，谁能敌之！吾属托身非所，坐待夷灭。今任管公兵近在新安，又吾之故人也，若遣间使召之，使夜造城下，吾曹共为内应，开门纳之，事无不集矣。"武都从之。事泄，王充皆杀之。恭慎，达之子也。

癸卯，命秦王世民出镇长春宫。

宇文化及攻魏州总管元宝藏，四旬不克。魏徵往说之，丁未，宝藏举州来降。

戊午，淮安王神通击宇文化及于魏县，化及不能抗，东走聊城。神通拔魏县，斩获二千余人，引兵追化及至聊城，围之。

【语译】

高祖神尧大圣光孝皇帝上之下

唐高祖武德二年（己卯，619 年）

春季，正月初二日壬寅，王世充把全部隋朝显要官员、名士任命为太尉府的官吏，杜淹、戴胄也在其中。戴胄是安阳人。隋朝的将军王隆统率屯卫将军张镇周、都水少监苏世长等人遵奉命令前来东都，此时才率领山南的军队到达东都。王世充一个人控制了朝政，事情无论大小，都要由太尉府办理。隋王朝的台、省、监、署各官府，都空寂无人了。王世充在太尉府的门外树立三个牌子：一个牌子招求文学才识之士，能够办理现实政务的人；一个牌子招求武勇智略人材，能够摧毁敌人兵锋、攻陷敌人军阵的人；一个牌子招求自身遭受冤屈，受到压制而不能申冤的人。于是前来上书报告事情的人，每天都有数百人，王世充全都让进府接见，亲自阅读奏章文件，诚恳地对他们加以慰问和告谕，人们都自为欢喜，以为王世充言听计从，然而王世充最终还是什么事都没有实施。对于最下层的士兵仆役这些人，王世充全都以好听的话来取悦他们，但实际上没有施舍什么恩惠。

隋朝的马军总管独孤武都受到王世充的宠信，独孤武都的堂弟司隶大夫独孤机与虞部郎杨恭慎、前勃海郡主簿孙师孝，步兵总管刘孝元、李俭、崔孝仁谋划招来唐兵，让崔孝仁对独孤武都说："王世充只是做出儿女亲爱的样子以取悦低层的愚民，实际上鄙陋狭隘贪婪残忍，并不关照以前的部下与亲信，怎么能成就大业呢！根据图谶之文，天下应归李氏，人人都知道这一点。唐从晋阳起事，占有了关内地区，军队一路顺利进军，各地的英雄都敬仰依附唐主。而且唐主李氏以坦荡胸怀待人处事，任用善人，用事功激励部下，不计较过去的仇怨，占据了得胜的形势来争夺天下，谁能与之对抗呢？我们这些人托身到不该托身的地方，只能坐等被人夷灭家族。现在任管公的军队就在新安，离我们很近，又是我们的老朋友，假如派使者暗中前去，把他们招来，让他们夜里来到城下，我们共同作为内应，打开城门放他们进来，事情没有不成功的。"独孤武都听从了此计。但事情败露，王世充把他们全都杀死。杨恭慎是杨达的儿子。

正月初三日癸卯，唐高祖李渊命令秦王李世民出京镇守长春宫。

宇文化及带兵攻打魏州总管元宝藏，经过四十天还攻不下来。魏徵前去游说，正月初七日丁未，元宝藏率全州前来投降。

正月十八日戊午，淮安王李神通在魏县进攻宇文化及，宇文化及抵挡不住，向东逃往聊城。李神通攻克魏县，杀死、俘虏两千多人，率兵追击宇文化及到聊城，包围聊城。

甲子，以陈叔达为纳言。

丙寅，李密所置伊州刺史张善相来降。

朱粲有众二十万，剽掠汉、淮之间，迁徙无常，每破州县，食其积粟未尽，复他适，将去，悉焚其余资；又不务稼穑，民馁死者如积。粲无可复掠，军中乏食，乃教士卒烹妇人、婴儿啖之，曰："肉之美者无过于人，但使他国有人，何忧于馁！"隋著作佐郎陆从典、通事舍人颜愍楚，谪官在南阳，粲初引为宾客，其后无食，阖家皆为所啖。愍楚，之推之子也。又税诸城堡细弱以供军食，诸城堡相帅叛之。

淮安土豪杨士林、田瓒起兵攻粲，诸州皆应之。粲与战于淮源，大败，帅余众数千奔菊潭。士林家世蛮酋，隋末，士林为鹰扬府校尉，杀郡官而据其郡。既逐朱粲，己巳，帅汉东四郡遣使诣信州总管庐江王瑶请降，诏以为显州道行台。士林以瓒为长史。

初，王世充既杀元、卢，虑人情未服，犹媚事皇泰主，礼甚谦敬。又请为刘太后假子，尊号曰圣感皇太后。既而渐骄横，尝赐食于禁中，还家大吐，疑遇毒，自是不复朝谒。皇泰主知其终不为臣，而力不能制，唯取内库彩物大造幡花；又出诸服玩，令僧散施贫乏以求福。世充使其党张绩、董濬守章善、显福二门，宫内杂物，毫厘不得出。是月，世充使人献印及剑。又言河水清，欲以耀众，为己符瑞云。

（以上为第一段，写王世充加紧篡逆步法，以及宇文化及、朱粲拥众顽抗。）

上遣金紫光禄大夫武功靳孝谟安集边郡，为梁师都所获。孝谟骂之极口，师都杀之。二月，诏追赐爵武昌县公，谥曰忠。

初定租、庸、调法，每丁租二石，绢二匹，绵三两；自兹以外，不得横有调敛。

丙戌，诏："诸宗姓居官者在同列之上，未仕者免其徭役；每州置宗师一人以摄总，别为团伍。"

正月二十四日甲子，唐高祖任命陈叔达为纳言。

正月二十六日丙寅，李密原先任命的伊州刺史张善相前来降唐。

朱粲有部众二十万人，在汉水、淮河之间抢掠，不断迁徙而不固定住在一地，每攻破一个州县，就让军队食用当地的积粮，不等全部吃完就再次转移到另一个州县，将要离开当地时，就把当地剩余的粮食与物资全部焚毁，又不注重各地的农业生产，饿死的老百姓都聚成了堆。朱粲没有再可掠夺的州县，军队缺乏粮草，他就让士兵煮妇女小孩吃，并说："最好吃的肉，莫过于人肉，只要其他城镇里有人，何必挨饿发愁！"隋朝的著作佐郎陆从典、通事舍人颜愍楚，之前因贬官而住在南阳，朱粲起初把他们请来当作宾客，其后朱粲没有粮草，二人全家都被朱粲部队吃掉了。颜愍楚是颜之推的儿子。朱粲又把各城堡的小孩和体弱的人当作税收征收来供给军队为军粮，于是各城堡相继背叛朱粲。

淮安当地的豪强杨士林、田瓒起兵攻打朱粲，各州县都起兵响应。朱粲在淮源和他们交战，大败，率领余部数千名逃奔菊潭。杨士林家族世代都是蛮族首领，隋朝末年，杨士林担任鹰扬府校尉，杀了郡里的官员并占据了郡县。在赶跑朱粲以后，正月二十九日己巳，杨士林率领汉东四郡派遣使节到唐信州总管庐江王李瑗处请求投降，唐高祖下诏任命杨士林为显州道行台。杨士林任命田瓒为长史。

当初，王世充杀掉元文都、卢楚之后，担心人心不服，所以仍然谄媚隋皇泰主，礼节甚为谦恭尊敬。又请求做刘太后的干儿子，尊称刘太后为圣感皇太后。后来王世充渐渐骄横起来，皇泰主曾在宫中赏赐王世充食物，回到家里呕吐不止，他怀疑食物下毒。从此以后，王世充就不再上朝拜谒皇泰主。皇泰主知道王世充最终不会称臣，而自己的力量又无法控制他，只能从宫内仓库中取出丝绸，大量制作求佛保佑的幡花，又拿出各种衣服器玩，让僧人施舍给贫困的人来求福。王世充让其党羽张绩、董濬守住章善、显福二门，宫内的杂物，一丝一毫都不能拿出去。该月，王世充让人向他献上印玺和宝剑。王世充又说黄河水变清，想以此向众人炫耀，作为自己称帝的祥瑞。

唐高祖派金紫光禄大夫武功人靳孝谟带兵安抚平定边境州郡，靳孝谟被梁师都俘虏。靳孝谟极力大骂梁师都，梁师都杀死了他。二月，唐高祖下诏追赐靳孝谟爵位为武昌县公，谥号为"忠"。

首次制定租庸调法，每个成年男丁每年交粮二石作为租，交绢二匹、绵三两作为调，男丁每年为国家服役可用绢代替，称为庸。除此之外，不得另外征收和调用。

二月十六日丙戌，唐高祖下诏："皇室宗族在朝做官的，品位在同等官员之上，没有做官而在民间的，免除其徭役，每州设立宗师一名总管宗族，单独编为军队的

张俟德至凉，李轨召其群臣廷议曰："唐天子，吾之从兄，今已正位京邑。一姓不可自争天下，吾欲去帝号，受其封爵，可乎？"曹珍曰："隋失其鹿，天下共逐之，称王称帝者，奚啻一人！唐帝关中，凉帝河右，固不相妨。且已为天子，奈何复自贬黜！必欲以小事大，请依萧詧事魏故事。"轨从之。戊戌，轨遣其尚书左丞邓晓入见，奉书称"皇从弟大凉皇帝臣轨"而不受官爵。帝怒，拘晓不遣，始议兴师讨之。

初，隋炀帝自征吐谷浑，吐谷浑可汗伏允以数千骑奔党项，炀帝立其质子顺为主，使统余众，不果入而还。会中国丧乱，伏允复还收其故地。上受禅，顺自江都还长安，上遣使与伏允连和，使击李轨，许以顺还之。伏允喜，起兵击轨，数遣使入贡请顺，上遣之。

（以上为第二段，写唐高祖安集西北，始议兴师讨李轨。）

闰月，朱粲遣使请降，诏以粲为楚王，听自置官属，以便宜从事。

宇文化及以珍货诱海曲诸贼，贼帅王薄帅众从之，与共守聊城。

窦建德谓其群下曰："吾为隋民，隋为吾君；今宇文化及弑逆，乃吾仇也，吾不可以不讨！"乃引兵趣聊城。

淮安王神通攻聊城，化及粮尽，请降，神通不许。安抚副使崔世幹劝神通许之，神通曰："军士暴露日久，贼食尽计穷，克在旦暮，吾当攻取以示国威，且散其玉帛以劳将士，若受其降，将何以为军赏乎！"世幹曰："今建德方至，若化及未平，内外受敌，吾军必败。夫不攻而下之，为功甚易，奈何贪其玉帛而不受乎！"神通怒，囚世幹于军中。既而宇文士及自济北馈之，化及军稍振，遂复拒战。神通督兵攻之，贝州刺史赵君德攀堞先登，神通心害其功，收兵不战，君德大诟而下，遂不克。建德军且至，神通引兵退。

团伍。”

张俟德到达凉州，李轨召集群臣在朝廷上议论说：“唐朝的天子是我的堂兄，现在已在京邑登基称帝。同为一姓不可自家争夺天下，我想去掉帝号，接受唐朝的封爵，可以吗？”曹珍说：“隋朝失去天下，天下人都来追逐帝位，称王称帝的，岂只一人！唐主在关中称帝，凉王在河右称帝，本来不相妨碍。况且您已经做了天子，何必又自己贬黜自己呢！如果您想以小事大，就请依照过去梁朝萧詧尊奉北魏的旧例去做。”李轨听从这个建议。二月二十八日戊戌，李轨派遣他的尚书左丞邓晓入朝觐见唐高祖，其奉上的书信中自称“皇帝的堂弟大凉国皇帝臣李轨”，而不接受唐朝的官爵。唐高祖大为愤怒，拘留了邓晓不让他返回，开始商议出兵讨伐李轨。

当初，隋炀帝亲自征讨吐谷浑，吐谷浑的可汗伏允带领几千骑兵逃到党项，隋炀帝扶立吐谷浑的人质伏允之子伏顺为吐谷浑君主，让伏顺统领吐谷浑剩余的民众，但伏顺没能回到吐谷浑便返回中原。正好遇上中原皇帝被杀，战乱四起，伏允又返回吐谷浑收复原有的领地。唐高祖即位时，伏顺从江都回到长安，唐高祖派使者与伏允讲和，让伏允进攻李轨，答应把伏顺归还给伏允。伏允非常高兴，发兵进攻李轨，数次派遣使者前来唐朝进贡并请求归还伏顺，唐高祖便让伏顺返回吐谷浑。

闰二月，朱粲派使者到唐朝请求投降，高祖下诏立朱粲为楚王，听凭朱粲自己设立官属，便宜行事。

宇文化及用珍奇货物引诱海边的贼众，贼帅王薄率贼众服从宇文化及，与宇文化及一起守护聊城。

窦建德对其群下说：“我是隋朝百姓，隋是我的君主，现在宇文化及叛逆杀了皇帝，就是我的仇人，我不能不讨伐！”于是带兵开赴聊城。

淮安王李神通攻打聊城，宇文化及的粮草吃光了，请求投降，李神通不允许。安抚副使崔世幹劝李神通准许宇文化及投降，李神通说：“军队士卒长期在野外风餐露宿，敌人粮食已尽，计谋也穷尽了，攻克他们就在朝夕之间，我应当攻下聊城以展示国家的威严，并且将俘获的宝物丝帛散发给将士以示慰劳，如果接受他们投降，将用什么东西赏赐军队呢？”崔世幹说：“现在窦建德就要到达，如果宇文化及还没有平定，我们就会里外受敌，我军必然失败。不通过攻城就使其城投降，得到成功非常容易，为什么贪图他的宝物丝帛而不接受他们投降呢？”李神通很生气，就把崔世幹囚禁在军中。不久，宇文士及从济北郡运送粮草给宇文化及，宇文化及的兵势稍有恢复，于是又来抵抗作战。李神通督率军队攻城，贝州刺史赵君德攀上城堞首先登上城墙，李神通心中嫉妒他的功劳，下令收兵不再攻城，赵君德非常痛恨，从城上退下，最终未能攻克聊城。窦建德的军队即将抵达，李神通于是带兵撤退。

建德与化及连战，大破之，化及复保聊城。建德纵兵四面急攻，王薄开门纳之。建德入城，生擒化及，先谒隋萧皇后，语皆称臣，素服哭炀帝尽哀；收传国玺及卤簿仪仗，抚存隋之百官，然后执逆党宇文智及、杨士览、元武达、许弘仁、孟景，集隋官而斩之，枭首军门之外。以槛车载化及并二子承基、承趾至襄国，斩之。化及且死，更无余言，但云："不负夏王！"

建德每战胜克城，所得资财，悉以分将士，身无所取。又不啖肉，常食蔬，茹粟饭；妻曹氏，不衣纨绮，所役婢妾，才十许人。及破化及，得隋宫人千数，即时散遣之。以隋黄门侍郎裴矩为左仆射，掌选事，兵部侍郎崔君肃为侍中，少府令何稠为工部尚书，右司郎中柳调为左丞，虞世南为黄门侍郎，欧阳询为太常卿。询，纥之子也。自余随才授职，委以政事。其不愿留，欲诣关中及东都者亦听之，仍给资粮，以兵援之出境。隋骁果尚近万人，亦各纵遣，任其所之。又与王世充结好，遣使奉表于隋皇泰主，皇泰主封为夏王。建德起于群盗，虽建国，未有文物法度，裴矩为之定朝仪，制律令，建德甚悦，每从之咨访典礼。

（以上为第三段，写窦建德讨平宇文化及。）

甲辰，上考第群臣，以李纲、孙伏伽为第一，因置酒高会，谓裴寂等曰："隋氏以主骄臣谄亡天下，朕即位以来，每虚心求谏，然惟李纲差尽忠款，孙伏伽可谓诚直，余人犹踵敝风，俯眉而已，岂朕所望哉！朕视卿如爱子，卿当视朕如慈父，有怀必尽，勿自隐也！"因命舍君臣之敬，极欢而罢。

遣前御史大夫段确使于朱粲。

初，上为隋殿内少监，宇文士及为尚辇奉御，上与之善。士及从化及至黎阳，上手诏召之，士及潜遣家僮间道诣长安，又因使者献金环。化及至魏县，兵势日蹙，士及劝之归唐，化及不从，内史令封德彝说士

窦建德和宇文化及连续交战，大败宇文化及，宇文化及又退守聊城。窦建德率兵从四面猛攻，王薄打开城门把窦建德的军队放进城内。窦建德进城，活捉了宇文化及，先去拜谒了隋朝的萧皇后，言谈中都自称臣下，身着白色丧服为隋炀帝恸哭以尽哀，收得隋朝的传国玉玺及车驾仪仗，安抚隋朝的文武百官，然后捉住弑杀隋炀帝的叛臣的同党宇文智及、杨士览、元武达、许弘仁、孟景，集合隋朝官员当面斩杀这些人，割下首级悬挂于军营门外示众。用槛车拉着宇文化及和他的两个儿子宇文承基、宇文承趾到达襄国，将他们斩首。宇文化及临死时，也没有多余的话，只是说："没有枉称夏王！"

窦建德每次打了胜仗、攻陷城市，将所缴获的物资财产，全部用来分给将士，自己不要任何东西。窦建德不吃肉，经常吃蔬菜，吃粗米饭，他的妻子曹氏，不穿绫绢绸缎，役使的奴婢侍妾，才十几个人。等到打败宇文化及，获得隋朝的宫女上千名，当时就把她们全部遣散。窦建德任命隋朝的黄门侍郎裴矩为左仆射、掌管选择官吏的事务，任命隋朝的兵部侍郎崔君肃为侍中，任命隋朝的少府令何稠为工部尚书，任命隋朝的右司郎中柳调为左丞，任命隋朝的虞世南为黄门侍郎，任命欧阳询为太常卿。欧阳询是欧阳纥的儿子。其余的隋朝官员全都根据才能授予官职，把朝廷的政事交付给他们。其中不愿意留下任职，准备去关中或东都的人，也都听任他们前往，并给予路费和粮食，派兵保护他们出境。隋朝的骁果兵此时还有近万人，也都分别放行遣返，听任他们前往自己愿意去的地方。窦建德又与王世充联合交好，派遣使节向东都的隋朝皇泰主奉上表章，皇泰主封窦建德为夏王。窦建德出身于造反的叛军，虽然建立国家，但没有典章制度，裴矩为他制定朝廷礼仪，制定律令，窦建德甚为高兴，经常向裴矩咨询礼仪典章之事。

闰二月初四日甲辰，唐高祖考核评定群臣的等级，以李纲、孙伏伽为第一等级，于是摆下酒席举行盛大宴会，对裴寂等人说："隋朝因为君主骄奢和臣子谄媚而亡失天下，朕即位以来，经常虚心寻求臣子的进谏，但是只有李纲还能竭尽忠诚，孙伏伽可以称为忠诚正直，其余的人仍然沿袭隋朝的谄媚风气，只是低着头而已，这难道是朕所希望的吗！朕看待各位大臣就像自己心爱的儿子，爱卿应当把朕看作慈父，有什么想法必定畅所欲言，不要隐藏在心里。"于是下令免去君臣之间的礼数，极尽欢乐才罢宴。

唐派遣前任御史大夫段确作为使节前去见朱粲。

当初，唐高祖为隋王朝的殿内少监，宇文士及为隋的尚辇奉御，唐高祖与他关系很好。宇文士及随宇文化及到达黎阳后，唐高祖亲笔写诏书要宇文士及归顺，宇文士及暗中派家僮从小路赴长安，又通过使者献上金环，表示想回到长安。宇文化

及于济北征督军粮以观其变。化及称帝，立士及为蜀王。化及死，士及与德彝自济北来降。时士及妹为昭仪，由是授上仪同。上以封德彝隋室旧臣，而谄巧不忠，深诮责之，罢遣就舍。德彝以秘策干上，上悦，寻拜内史舍人，俄迁侍郎。

甲寅，隋夷陵郡丞安陆许绍帅黔安、武陵、澧阳等诸郡来降。绍幼与帝同学；诏以绍为峡州刺史，赐爵安陆公。

丙辰，以徐世勣为黎州总管。

丁巳，骠骑将军张孝珉以劲卒百人袭王世充汜水城，入其郛，沉米船百五十艘。

己未，世充寇谷州。世充以秦叔宝为龙骧大将军，程知节为将军，待之皆厚。然二人疾世充多诈，知节谓叔宝曰："王公器度浅狭而多妄语，好为咒誓，此乃老巫妪耳，岂拨乱之主乎！"世充与唐兵战于九曲，叔宝、知节皆将兵在陈，与其徒数十骑，西驰百许步，下马拜世充曰："仆荷公殊礼，深思报效；公性猜忌，喜信谗言，非仆托身之所，今不能仰事，请从此辞。"遂跃马来降。世充不敢逼。上使事秦王世民，世民素闻其名，厚礼之，以叔宝为马军总管，知节为左三统军。时世充骁将又有骠骑武安李君羡、征南将军临邑田留安，亦恶世充之为人，帅众来降。世民引君羡置左右，以留安为右四统军。

王世充囚李育德之兄厚德于获嘉，厚德与其守将赵君颖逐殷州刺史段大师，以城来降。以厚德为殷州刺史。

窦建德陷邢州，执总管陈君宾。

上遣殿内监窦诞、右卫将军宇文歆助并州总管齐王元吉守晋阳。诞，抗之子也，尚帝女襄阳公主。元吉性骄侈，奴客婢妾数百人，好使之被甲，戏为攻战，前后死伤甚众，元吉亦尝被伤。其乳母陈善意苦谏，元吉醉，怒，命壮士殴杀之。性好田猎，载罔罟三十车，尝言："我宁三日不食，不能一日不猎。"常与诞游猎，蹂践人禾稼。又纵左右夺民物，当衢射人，观其避箭。夜，开府门，宣淫他室。百姓愤怨，歆屡谏不纳，

及到魏县后，兵力日益衰弱，宇文士及劝他归顺唐朝，宇文化及不听，内史令封德彝劝宇文士及在济北郡征收督运军粮静观时势变化。宇文化及称帝，把宇文士及立为蜀王。宇文化及死后，宇文士及和封德彝从济北前来降唐。当时宇文士及的妹妹是唐高祖的昭仪，因此对宇文士及授予上仪同之衔。唐高祖因为封德彝是隋朝旧臣，对隋帝谄媚佞巧而不忠诚，深切地讽刺和斥责他，罢免了他的官职遣返回家。封德彝又向唐高祖献上秘密策谋，唐高祖心情喜悦，很快就将封德彝拜官为内史舍人，不久又升迁为侍郎。

闰二月十四日甲寅，隋朝夷陵郡郡丞安陆人许绍带领黔安、武陵、澧阳等郡官吏前来降唐。许绍幼年时曾与唐高祖一起读书，唐高祖下诏任命许绍为峡州刺史，赐给爵位为安陆公。

闰二月十六日丙辰，唐高祖任命徐世勣为黎州总管。

闰二月十七日丁巳，唐骠骑将军张孝珉率领一百名精兵袭击王世充的汜水城，进入汜水城的外城，将其一百五十艘运米船凿穿，沉入水中。

闰二月十九日己未，王世充侵犯谷州。王世充任命秦叔宝为龙骧大将军，程知节为将军，对二人特别优厚。但是二人憎恨王世充多狡诈，程知节对秦叔宝说："王公器量狭隘、心胸浅薄而多说狂妄的话，喜欢用咒语、发誓，这是老巫婆的手段，哪里是拨乱反正的君主呢！"王世充在九曲与唐军交战，秦叔宝、程知节都率兵在阵中与他们部下的几十名骑兵，向西奔跑一百多步，下马朝王世充拜谢说："我们受到主公的特别优遇，非常想为主公报效，但主公性格对人猜忌，喜欢听信谗言，不是我们的托身之处，如今不能再奉侍主公，请让我们从此分别。"于是跳上马前来降唐，王世充不敢追赶。唐高祖让二人在秦王李世民属下做事，李世民早已听说他们的名声，给予优厚待遇，任命秦叔宝为马军总管，程知节为左三统军。当时王世充的骁勇将领还有骠骑将军武安人李君羡、征南将军临邑人田留安，也讨厌王世充的为人，带领部下前来投降。李世民将李君羡安置在身边，任命田留安为右四统军。

王世充把李育德的哥哥李厚德囚禁在获嘉县，李厚德与获嘉县的守将赵君颖赶走了殷州刺史段大师，以城池降唐。唐任命李厚德为殷州刺史。

窦建德攻陷了邢州，活捉了邢州总管陈君宾。

唐高祖派遣殿内监窦诞、右卫将军宇文歆协助并州总管齐王李元吉镇守晋阳。窦诞是窦抗的儿子，娶唐高祖的女儿襄阳公主为妻。李元吉性情骄狂奢侈，奴仆宾客以及婢女小妾有数百人，喜欢让这些人穿上盔甲，相互攻打，作为游戏，前后死伤了很多人，李元吉也曾受伤。李元吉的奶妈陈善意苦苦劝谏，李元吉醉酒，对奶妈的劝谏十分生气，命令力士打死了陈善意。李元吉生性喜欢到野外打猎，用三十车载着捕捉鸟兽鱼虾的各种网罟。他曾经说："我宁可三天不吃饭，也不能一天不打

乃表言其状。壬戌，元吉坐免官。

癸亥，陟州刺史李育德攻下王世充河内堡聚三十一所。乙丑，世充遣其兄子君廓侵陟州，李育德击走之，斩首千余级。李厚德归省亲疾，使李育德守获嘉，世充并兵攻之；丁卯，城陷，育德及弟三人皆战死。

己巳，李公逸以雍丘来降，拜杞州总管，以其族弟善行为杞州刺史。

隋吏部侍郎杨恭仁，从宇文化及至河北；化及败，魏州总管元宝藏获之，己巳，送长安。上与之有旧，拜黄门侍郎，寻以为凉州总管。恭仁素习边事，晓羌、胡情伪，民夷悦服，自葱岭已东，并入朝贡。

突厥始毕可汗将其众渡河至夏州，梁师都发兵会之，以五百骑授刘武周，欲自句注入寇太原。会始毕卒，子什钵苾幼，未可立，立其弟俟利弗设为处罗可汗。处罗以什钵苾为尼步设，使居东偏，直幽州之北。先是，上遣右武候将军高静奉币使于突厥，至丰州，闻始毕卒，敕纳于所在之库。突厥闻之，怒，欲入寇；丰州总管张长逊遣高静以币出塞为朝廷致赙，突厥乃还。

（以上为第四段，写王世充部属纷纷降唐。）

三月，庚午，梁师都寇灵州，长史杨则击走之。

壬申，王世充寇谷州，刺史史万宝战不利。

庚辰，隋北海通守郑虔符、文登令方惠整及东海、齐郡、东平、任城、平陆、寿张、须昌贼帅王薄等并以其地来降。

王世充之寇新安也，外示攻取，实召文武之附己者议受禅。李世英深以为不可，曰："四方所以奔驰归附东都者，以公能中兴隋室故也。今九州之地，未清其一，遽正位号；恐远人皆思叛去矣！"世充曰："公言是也！"长史韦节、杨续等曰："隋氏数穷，在理昭然。夫非常之事，固不可与常人议之。"太史令乐德融曰："昔岁长星出，乃除旧布新之征；今

猎。”李元吉常常和窦诞外出游猎，践踏百姓的庄稼。他还放纵左右的亲信抢夺民众的财物，在大街上射人，看人躲避箭矢的样子。夜里，他打开王府大门，外出到别人家淫秽妇女。百姓气愤怨恨，宇文歆屡次进行规劝，李元吉却不听从，于是宇文歆上表报告李元吉不轨的行为。闰二月二十二日壬戌，李元吉因罪免官。

闰二月二十三日癸亥，唐陟州刺史李育德攻下王世充在河内地区的三十一座堡垒据点。二十五日乙丑，王世充派遣其哥哥的儿子王君廓侵犯陟州，李育德将他击败赶走，斩首一千多级。李厚德回乡探望生病的父母，让李育德守卫获嘉城，王世充合并部队攻打获嘉，二十七日丁卯，获嘉城陷落，李育德与三个弟弟全部战死。

闰二月二十九日己巳，李公逸率雍丘县降唐，被任命为杞州总管，任命他的同族弟弟李善行为杞州刺史。

隋朝吏部侍郎杨恭仁，跟随宇文化及来到河北，宇文化及失败后，被唐魏州总管元宝藏俘虏，闰二月二十九日己巳，杨恭仁被押送到长安。唐高祖以前与他认识，于是封杨恭仁为黄门侍郎，不久又任命为凉州总管。杨恭仁素来熟悉边境情况，了解羌、胡各族的虚实真伪，在他的治理下，凉州的百姓与羌、胡各族人都心悦诚服，自葱岭以东的地区，各国都前来长安朝拜进贡。

突厥始毕可汗带领部下军队渡过黄河到达夏州，梁师都出动军队和始毕可汗会合，把五百骑兵交给刘武周使用，准备从句注入侵太原。正好此时始毕可汗逝世，始毕的儿子什钵苾年龄还小，不能立为可汗，突厥人就把始毕的弟弟俟利弗设立为处罗可汗。处罗任命什钵苾为尼步设，把他安置在东部边境，正处于幽州的北面。在此之前，唐高祖派遣右武候将军高静携带礼物出使突厥，走到丰州，听说始毕去世，朝廷下令将所带的礼物收进当地的仓库。突厥听说了，感到愤怒，打算入侵内地，丰州总管张长逊就派高静带这些礼物来到塞外，代表朝廷向突厥赠送始毕丧事的礼物，突厥这才撤回准备入侵的军队。

三月初一日庚午，梁师都侵犯灵州，唐的灵州长史杨则击退了他。

三月初三日壬申，王世充侵犯谷州，唐的谷州刺史史万宝迎战不利。

三月十一日庚辰，隋朝北海郡的通守郑虔符、文登县令方惠整以及东海、齐郡、东平、任城、平陆、寿张、须昌的叛乱首领王薄等人都以各自的属地向唐投降。

王世充侵犯新安，对外表示要攻取城池，实则召集文武官员中附和自己的人商议准备让隋禅让帝位。李世英强烈表示不可以这样做，他说：“四方的群雄之所以奔驰而来归附东都，是认为主公能够中兴隋王朝的缘故。如今全国各地，还没有完全平定达到统一，就匆忙地称帝改国号，恐怕远方各地豪杰都想叛离而去了！”王世充说：“你说得对！”长史韦节、杨续等说：“隋朝的气数已经穷尽，这在天理已是非

岁星在角、亢，亢，郑之分野。若不亟顺天道，恐王气衰息。”世充从之，外兵曹参军戴胄言于世充曰：“君臣犹父子也，休戚同之。明公莫若竭忠徇国，则家国俱安矣。”世充诡辞称善而遣之。世充议受九锡，胄复固谏，世充怒，出为郑州长史，使与兄子行本镇虎牢。乃使段达等言于皇泰主，请加世充九锡。皇泰主曰：“郑公近平李密，已拜太尉，自是以来，未有殊绩，俟天下稍平，议之未晚。”段达曰：“太尉欲之。”皇泰主熟视达曰：“任公！”辛巳，达等以皇泰主之诏命世充为相国，假黄钺，总百揆，进爵郑王，加九锡，郑国置丞相以下官。

初，宇文化及以隋大理卿郑善果为民部尚书，从至聊城，为化及督战，中流矢。窦建德克聊城，王琮获善果，责之曰：“公名臣之家，隋室大臣，奈何为弑君之贼效命，苦战伤痍至此乎！”善果大惭，欲自杀，宋正本驰往救止之；建德复不为礼，乃奔相州，淮安王神通送之长安。庚午，善果至，上优礼之，拜左庶子、检校内史侍郎。

齐王元吉讽并州父老诣阙留己；甲申，复以元吉为并州总管。

戊子，淮南五州皆遣使来降。

辛卯，刘武周寇并州。

壬辰，营州总管邓暠击高开道，败之。

甲午，王世充遣其将高毗寇义州。

东都道士桓法嗣献《孔子闭房记》于王世充，言相国当代隋为天子。世充大悦，以法嗣为谏议大夫。世充又罗取杂鸟，书帛系颈，自言符命而纵之。有得鸟来献者，亦拜官爵。于是段达以皇泰主命，加世充殊礼，世充奉表三让。百官劝进，设位于都堂。纳言苏威年老，不任朝谒，世充以威隋氏重臣，欲以眩耀士民，每劝进，必冠威名。及受殊礼之日，扶威置百官之上，然后南面正坐受之。

常清楚。说到那些非同寻常的事情，本来就不能与一般人商量它。”太史令乐德融说：“往年岁长星出现在天空，这是除旧布新的征兆，现在岁星走到角宿、亢宿，亢宿是郑的分野。如果不马上顺应天道，恐怕帝王之气就会衰落消失。”王世充听从了这种意见。外兵曹参军戴胄对王世充说：“君臣就像父子，双方休戚与共，明公不如为国家竭尽忠诚，则个人和国家都会平安无事。”王世充用虚假的话表示戴胄的意见不错，但用别的事把他支开。王世充又让群臣商议接受最高等级的九锡，戴胄又坚持进行劝谏，王世充发怒，让他离开东都去做郑州长史，让他和王世充哥哥的儿子王行本镇守虎牢。王世充就让段达等人向隋朝皇泰主提出要求，请对王世充赐予最高等级的九锡。皇泰主说：“郑公近来平定了李密，已经官拜太尉，从此以后，就没有特别的功勋，待天下大致平定了，再论此事也不为晚。”段达说：“太尉想要主上给他加赐九锡。”皇泰主看着段达端详了半天，说：“你们想干什么就随你们的意吧！”三月十二日辛巳，段达等人以皇泰主的名义下诏命王世充为相国，让他持有黄金大钺可以自主进行讨伐，又让他总管朝廷的所有政务，爵位晋升为郑王，赐给最高等级的九锡礼仪，郑王在自己的王国中可以设置丞相以下文武百官。

当初，宇文化及任用隋朝的大理卿郑善果为民部尚书，郑善果跟随宇文化及到了聊城，为宇文化及督战，被流箭射中。窦建德攻克聊城后，王琮俘获郑善果，责备他说：“公出身于名臣之家，是隋王室的大臣，为什么替弑君的反贼效命，拼命苦战受伤到如此程度？”郑善果大为惭愧，想自杀，宋正本急忙跑去制止救了他。窦建德对他也不用礼节，于是郑善果逃往相州，唐淮安王李神通把他送到长安。三月十三日［壬午］，郑善果到达长安，唐高祖对他给予优厚礼遇，拜为左庶子、检校内史侍郎。

齐王李元吉暗示并州的父老前往皇宫门前要求留他在并州，三月十五日甲申，唐高祖又任命李元吉为并州总管。

三月十九日戊子，淮南的五个州都派遣使节前来降唐。

三月二十二日辛卯，刘武周侵犯并州。

三月二十三日壬辰，唐营州总管邓暠进攻高开道，打败了他。

三月二十五日甲午，王世充派遣他的将领高毗侵犯义州。

东都的道士桓法嗣向王世充献上《孔子闭房记》，称相国王世充应当取代隋王朝，自己做天子。王世充大为高兴，任命桓法嗣为谏议大夫。王世充又命人网住各种飞鸟，在丝帛上写字，然后系在这些禽鸟的颈上，自称这是自己要当皇帝的符命而把这些禽鸟放飞。有人得到这些鸟就来献给王世充，也都封给官爵。于是段达用皇泰主的名义下令，对王世充再次增加特殊的礼仪，王世充多次上表推辞。满朝文武百官都劝王世充称帝，在都堂设下皇帝座位。纳言苏威年纪已老，不便于进宫朝

夏，四月，刘武周引突厥之众，军于黄蛇岭，兵锋甚盛。齐王元吉使车骑将军张达以步卒尝寇；达辞以兵少不可往，元吉强遣之，至则俱没。达忿恨，庚子，引武周袭榆次，陷之。

散骑常侍段确，性嗜酒，奉诏慰劳朱粲于菊潭。辛丑，乘醉侮粲曰："闻卿好啖人，人作何味？"粲曰："啖醉人正如糟藏彘肉。"确怒，骂曰："狂贼入朝，为一头奴耳，复得啖人乎！"粲于座收确及从者数十人，悉烹之以啖左右。遂屠菊潭，奔王世充，世充以为龙骧大将军。

王世充令长史韦节、杨续等及太常博士衡水孔颖达，造禅代仪，遣段达、云定兴等十余人入奏皇泰主曰："天命不常，郑王功德甚盛，愿陛下遵唐、虞之迹！"皇泰主敛膝据案，怒曰："天下，高祖之天下，若隋祚未亡，此言不应辄发；必天命已改，何烦禅让！公等或祖祢旧臣，或台鼎高位，既有斯言，朕复何望！"颜色凛冽，在廷者皆流汗。退朝，泣对太后。世充更使人谓之曰："今海内未宁，须立长君，俟四方安集，当复子明辟，必如前誓。"癸卯，世充称皇泰主命，禅位于郑，遣其兄世恽幽皇泰主于含凉殿，虽有三表陈让及敕书敦劝，皇泰主皆不知也。遣诸将引兵入清宫城，又遣术人以桃汤苇火祓除禁省。

隋将帅、郡县及贼帅前后继有降者，诏以王薄为齐州总管，伏德为济州总管，郑虔符为青州总管，綦公顺为淮州总管，王孝师为沧州总管。

甲辰，遣大理卿新乐郎楚之安抚山东，秘书监夏侯端安抚淮左。

乙巳，王世充备法驾入宫，即皇帝位；丙午，大赦，改元开明。

见，王世充认为苏威是隋朝的重臣，想利用他的名望来向百姓炫耀，每次百官劝进，必定把苏威的名字写在第一位。等到了接受皇泰主加赐特殊礼仪的日子，命人扶着苏威让他站在百官之上，然后王世充面朝南方坐在皇帝座位上接受这些礼仪。

夏季，四月，刘武周引来突厥人的军队，驻扎在黄蛇岭，兵势非常强盛，齐王李元吉让车骑将军张达率步兵向对方挑战。张达推辞说兵力太少不可前往，李元吉强行派他出兵，士兵前进到敌阵就全部阵亡。张达忿怒怨恨，四月初二日庚子，张达引来刘武周袭击榆次城，并攻陷了这座城。

唐散骑常侍段确，生性嗜好喝酒，奉诏到菊潭慰劳朱粲。四月初三日辛丑，段确趁着酒醉侮辱朱粲说："听说你喜欢吃人肉，人肉是什么滋味？"朱粲回答道："吃喝醉酒的人的肉就像吃酒糟腌的猪肉。"段确发怒，骂道："狂贼投降朝廷，不过是一个奴仆头目罢了，还能吃人肉吗？"朱粲就在席间把段确和几十名随从抓起来，全部用大锅烹煮了，让身边的人分来吃了，朱粲对菊潭进行屠城，随后投奔了王世充，王世充任命他为龙骧大将军。

王世充命令长史韦节、杨续等人以及太常博士衡水人孔颖达制订禅代的礼仪，派段达、云定兴等十几个人进宫禀告皇泰主说："天命不会永恒不变，郑王的功德非常隆盛，希望陛下遵循唐尧、虞舜进行禅位的先例。"皇泰主收起双膝挺起身体手撑案几，发怒说："天下是高祖的天下，如果隋的国运尚未亡绝，这种话是不应随便说出来，如果天命已经改变，何必麻烦使用禅让的仪式！你们或者是先皇的旧臣，或者是身居三公高位的大臣，既然说出这种话，朕还指望什么！"神色非常凛冽严峻，在场的人都流出冷汗。退朝后，皇泰主面对着太后流泪。王世充又派人对皇泰主说："如今海内尚未安宁，需要立年长的人做君主，待到天下太平安宁了，就会恢复您的帝位，就像去年对您发过的誓言。"四月初五日癸卯，王世充声称皇泰主之命，在郑举行禅位仪式，派他的哥哥王世恽把皇泰主幽禁在含凉殿，虽然举行禅让时有王世充三次上表推辞，以及皇泰主反复下命敦促劝进的事，但实际上皇泰主全都不知道。王世充派遣众将领带兵进入皇宫进行清理，又派术士用桃汤和苇子火在宫中和中央官府里祓除凶灾。

隋朝的将帅、郡县以及各地起兵的首领前前后后相继而来降唐的，唐高祖下诏任命王薄为齐州总管，伏德为济州总管，郑虔符为青州总管，綦公顺为淮州总管，王孝师为沧州总管。

四月初六日甲辰，唐派遣大理卿新乐人郎楚之安抚山东地区，派秘书监夏侯端安抚淮河以东地区。

四月初七日乙巳，王世充备好全套皇帝的车驾进入皇宫，登上皇帝宝位，初八日丙午，大赦天下，把年号改为开明。

丁未，隋御卫将军陈稜以江都来降；以稜为扬州总管。

戊申，王世充立子玄应为太子，玄恕为汉王，余兄弟宗族十九人皆为王。奉皇泰主为潞国公。以苏威为太师，段达为司徒，云定兴为太尉，张仅为司空，杨续为纳言，韦节为内史，王隆为左仆射，韦霁为右仆射，齐王世恽为尚书令，杨汪为吏部尚书，杜淹为少吏部，郑颋为御史大夫。世恽，世充之兄也。又以国子助教吴人陆德明为汉王师，令玄恕就其家行束脩礼。德明耻之，服巴豆散，卧称病，玄恕入跪床下，对之遗利，竟不与语。德明名朗，以字行。

世充于阙下及玄武门等数处皆设榻，坐无常所，亲受章表；或轻骑历衢市，亦不清道，民但避路而已。世充按辔徐行，语之曰："昔时天子深居九重，在下事情无由闻彻。今世充非贪天位，但欲救恤时危，正如一州刺史，亲览庶务，当与士庶共评朝政，尚恐门有禁限，今于门外设坐听朝，宜各尽情。"又令西朝堂纳冤抑，东朝堂纳直谏。于是献策上书者日有数百，条流既烦，省览难遍，数日后，不复更出。

（以上为第五段，写王世充篡逆称帝。）

窦建德闻王世充自立，乃绝之，始建天子旌旗，出警入跸，下书称诏，追谥隋炀帝为闵帝。齐王暕之死也，有遗腹子政道，建德立以为郧公，然犹依倚突厥以壮其兵势。隋义成公主遣使迎萧皇后及南阳公主，建德遣千余骑送之，又传宇文化及首以献义成公主。

丙辰，刘武周围并州，齐王元吉拒却之。戊午，诏太常卿李仲文将兵救并州。

王世充将军丘怀义居门下内省，召越王君度、汉王玄恕、将军郭士衡杂妓妾饮博，侍御史张蕴古弹之。世充大怒，令散手执君度、玄恕，批其耳数十；又命引入东上阁，杖之各数十。怀义、士衡不问。赏蕴古帛百段，迁太子舍人。君度，世充之兄子也。

世充每听朝，殷勤诲谕，言词重复，千端万绪，侍卫之人不胜倦弊，百司奏事，疲于听受。御史大夫苏良谏曰："陛下语太多而无领要，计云

四月初九日丁未，隋御卫将军陈稜率江都来降唐朝，唐任命陈稜为扬州总管。

四月初十日戊申，王世充立他的儿子王玄应为太子，王玄恕为汉王，其余兄弟以及同宗族中的十九人都封为王。又把皇泰主改称为潞国公。任命苏威为太师，段达为司徒，云定兴为太尉，张仅为司空，杨续为纳言，韦节为内史令，王隆为左仆射，韦霁为右仆射，齐王王世恽为尚书令，杨汪为吏部尚书，杜淹为吏部侍郎，郑颋为御史大夫。王世恽是王世充的哥哥。又任命国子助教吴人陆德明为汉王王玄恕的老师，命汉王王玄恕到陆德明家中送上一束干肉行拜师礼。陆德明认为这是耻辱，吃了泻药巴豆散，卧床说有病，王玄恕进入房内跪在陆德明床下，陆德明对着王玄恕拉痢，到最后也没有和王玄恕说一句话。陆德明，名朗，通常只称字而不称名。

王世充在皇宫前的阙门下及玄武门等处都摆了坐榻，坐在哪里并不固定，亲自接受大臣的奏章上表，有时率人骑马穿行于街市中，也不派人清道，老百姓只是躲避他站在路旁而已，王世充则拉着马缰缓慢行进。他对大臣们说："过去天子深居于宫殿中，民间的情况无法畅通听闻。现在我不是贪图皇帝的宝座，只是想拯救现实的危难，正如一个州的刺史一样，亲自过问众多政务，应当与士人百姓共同评议朝政，还怕宫门有人禁止和限制，现在在宫门外摆下坐榻听取政事，你们应当各自尽心来助我治理朝政。"又命令西厢朝堂用来受理民众的冤情，东厢朝堂接受人们的直言进谏。于是来向他献策上书的人每天都有数百名，由于文件太多，一一分类非常麻烦，难以全部阅览，几天之后，王世充就不再出宫听政。

窦建德听说王世充自立为帝，于是与王世充断绝关系，自己也开始设立天子使用的旗帜，进出都要设警卫实行清道回避。下达的文书称为诏，为隋炀帝追加谥号为隋闵帝。隋的齐王杨暕临死的时候，有一个遗腹子名为杨政道，窦建德把他立为郧公，但是仍然依靠突厥以壮自己的声势。隋朝的义成公主派人来迎接隋朝的萧皇后和南阳公主，窦建德派遣一千多骑兵护送，又把宇文化及的首级献给义成公主。

四月十八日丙辰，刘武周包围并州，齐王李元吉抵抗并击退来敌。二十日戊午，唐下诏命太常卿李仲文带兵救援并州。

王世充的将军丘怀义在门下内省，招来越王王君度、汉王王玄恕、将军郭士衡和歌伎侍女鬼混在一起饮酒赌博，侍御史张蕴古上章弹劾他们。王世充知道后大怒，命令散手仗卫士把王君度、王玄恕捉来，打了他们几十个耳光，又下令把他们带入东上阁，各打几十大板。对丘怀义、郭士衡则不问罪。赏给张蕴古一百段丝帛，迁官为太子舍人。王君度是王世充哥哥的儿子。

王世充每次听朝，都对大臣殷勤地进行训谕，言词重复，千头万绪，让侍卫之人都疲倦得受不了，各部门官吏上奏政事，也对长时间听他训示感到疲惫。御史大

尔即可，何烦许辞也！”世充默然良久，亦不罪良，然性如是，终不能改也。

王世充数攻伊州，总管张善相拒之；粮尽，援兵不至，癸亥，城陷，善相骂世充极口而死。帝闻，叹曰：“吾负善相，善相不负吾也！”赐其子襄城郡公。

五月，王世充陷义州，复寇西济州。遣右骁卫大将军刘弘基将兵救之。

李轨将安脩仁兄兴贵，仕长安，表请说轨，谕以祸福。上曰：“轨阻兵恃险，连结吐谷浑、突厥，吾兴兵击之，尚恐不克，岂口舌所能下乎！”兴贵曰：“臣家在凉州，奕世豪望，为民夷所附；弟脩仁为轨所信任，子弟在机近者以十数。臣往说之，轨听臣固善；若其不听，图之肘腋，易矣！”上乃遣之。

兴贵至武威，轨以为左右卫大将军。兴贵乘间说轨曰：“凉地不过千里，土薄民贫。今唐起太原，取函秦，宰制中原，战必胜，攻必取，此殆天启，非人力也。不若举河西归之，则窦融之功复见于今日矣！”轨曰：“吾据山河之固，彼虽强大，若我何！汝自唐来，为唐游说耳。”兴贵谢曰：“臣闻富贵不归故乡，如衣绣夜行，臣阖门受陛下荣禄，安肯附唐！但欲效其愚虑，可否在陛下耳。”于是退与脩仁阴结诸胡起兵击轨，轨出战而败，婴城自守。兴贵徇曰：“大唐遣我来诛李轨，敢助之者夷三族！”城中人争出就兴贵。轨计穷，与妻子登玉女台，置酒为别。庚辰，兴贵执之以闻，河西悉平。

邓晓在长安，舞蹈称庆，上曰：“汝为人使臣，闻国亡，不戚而喜，以求媚于朕，不忠于李轨，肯为朕用乎！”遂废之终身。

轨至长安，并其子弟皆伏诛。以安兴贵为右武候大将军、上柱国、

夫苏良劝谏说："陛下的话太多而且没有要点，觉得应该怎样做直接说出来就行了，何必费这么多口舌？"王世充听后沉默了很长时间，也不怪罪苏良，但他的性格就是这样，最终也不能改变。

王世充数次攻打伊州，唐伊州总管张善相进行抵抗，粮食吃光了，而援军还没到来。四月二十五日癸亥，伊州城陷落，张善相痛骂王世充而被处死。唐高祖听说后，感叹地说："我对不起善相，善相没有对不起我！"赐给张善相的儿子襄城郡公爵位。

五月，王世充攻陷义州，又侵犯西济州。唐派右骁卫大将军刘弘基带兵救援。

李轨将领安脩仁的哥哥安兴贵，在长安做官，上表请求前去说服李轨，用祸福关系劝他归顺。唐高祖说："李轨仗恃着军队，凭借险要，联合吐谷浑、突厥，我起兵攻打他，还怕不能取胜，哪里是仅用口舌就可以说服的？"安兴贵回答说："臣的家在凉州，数代都是当地的豪门望族，突厥等族以及百姓都对我附顺，我弟弟安脩仁受到李轨的信任，另有十几个子弟在李轨的身边和机要部门任职，臣前去劝说他，李轨听从臣的劝谕当然很好，如果他不听从，在他的身边再想办法解决，就很容易了！"于是唐高祖派他前往凉州。

安兴贵到达武威，李轨任命他为左右卫大将军。安兴贵找机会劝说李轨："凉州的辖地不过千里，土地贫瘠，百姓贫困。如今唐从太原起兵，夺取了函谷关内的秦地，控制了中原，每战必胜，攻则必取，这大概是上天给他的启示，而不是仅靠人力所能做到的。不如率河西地区归附唐朝，那么汉代窦融的功勋就会重现于今天了！"李轨说："我凭据着山河的险要牢固，他唐朝虽然强大，但能拿我怎么样！你从唐朝来，是为唐朝游说的吧。"安兴贵连忙谢罪说："我听说人在外富贵了还不回家乡，就像穿着锦绣衣服在夜间行走而不为人所知一样，臣全家享受陛下的荣禄，怎么肯归附唐朝？只不过想献上我的愚蠢想法，可不可行由陛下决定。"于是退下和安脩仁暗中联合各处胡人起兵攻打李轨，李轨出战而打了败仗，于是环绕全城进行防守。安兴贵向众人宣告说："大唐派我来诛灭李轨，有谁敢去帮助他，就诛杀三族。"城中的人争相出城投奔安兴贵。李轨计谋穷尽，和妻子儿女逃到玉女台上，摆下酒宴相互道别。五月十三日庚辰，安兴贵捉住李轨，上报朝廷，河西于是全部平定。

李轨的使者邓晓在长安，对唐高祖行礼表示祝贺，高祖说："你身为人家的使臣，听说自己的国家灭亡，不悲戚反而高兴，向朕献媚，你不忠于李轨，难道还能为朕所用吗？"于是废黜他，终身不加任用。

李轨被押送到长安，与他的儿子兄弟等全部被诛杀。唐任命安兴贵为右武候大

凉国公，赐帛万段，安脩仁为左武候大将军、申国公。

隋末，离石胡刘龙兒拥兵数万，自号刘王，以其子季真为太子；虎贲郎将梁德击斩龙兒。至是，季真与弟六兒复举兵为乱，引刘武周之众攻陷石州，杀刺史王俭。季真自称突利可汗，以六兒为拓定王。六兒遣使请降，诏以为岚州总管。

壬午，以秦王世民为左武候大将军、使持节凉、甘等九州诸军事、凉州总管，其太尉、尚书令、雍州牧、陕东道行台并如故。遣黄门侍郎杨恭仁安抚河西。

丙戌，刘武周陷平遥。

癸巳，梁州总管、山东道安抚副使陈政为麾下所杀，携其首奔王世充。政，茂之子也。

王世充以礼部尚书裴仁基、左辅大将军裴行俨有威名，忌之。仁基父子知之，亦不自安，乃与尚书左丞宇文儒童、儒童弟尚食直长温、散骑常侍崔德本谋杀世充及其党，复尊立皇泰主；事泄，皆夷三族。齐王世恽言于世充曰："儒童等谋反，正为皇泰主尚在故也，不如早除之。"世充从之，遣兄子唐王仁则及家奴梁百年鸩皇泰主。皇泰主曰："更为请太尉，以往者之言，未应至此。"百年欲为启陈，世恽不许；又请与皇太后辞诀，亦不许。乃布席焚香礼佛："愿自今已往，不复生帝王家！"饮药，不能绝，以帛缢杀之，谥曰恭皇帝。世充以其兄楚王世伟为太保，齐王世恽为太傅，领尚书令。

（以上为第六段，写唐高祖平定河西，以及王世充弑皇泰主。）

六月，庚子，窦建德陷沧州。

初，易州贼帅宋金刚，有众万余，与魏刀兒连结。刀兒为窦建德所灭，金刚救之，战败，帅众四千西奔刘武周。武周闻其善用兵，得之，甚喜，号曰宋王，委以军事，中分家赀以遗之。金刚亦深自结，出其故妻，纳武周之妹。因说武周图晋阳，南向争天下。武周以金刚为西南道大行台，使将兵三万寇并州。丁未，武周进逼介州，沙门道澄以佛幡缒之入城，遂陷介州；诏左武卫大将军姜宝谊、行军总管李仲文击之。武周将黄子英往来雀鼠谷，数以轻兵挑战，兵才接，子英阳不胜而走，如是再三，宝谊、仲文悉众逐之，伏兵发，唐兵大败，宝谊、仲文皆为所虏。既而俱逃归，上复使二人将兵击武周。

将军、上柱国、凉国公，赐给丝帛一万段，任命安脩仁为左武候大将军、申国公。

隋朝末年，离石胡人刘龙兒拥兵数万，自己号称刘王，让儿子刘季真为太子，唐虎贲郎将梁德攻击并斩杀刘龙兒。到此时，刘季真与弟弟刘六兒又起兵叛乱，引来刘武周的军队攻陷石州，杀死唐石州刺史王俭。刘季真自称突利可汗，以刘六兒为拓定王。刘六兒派来使节向唐朝请降，唐下诏任命他为岚州总管。

五月十五日壬午，唐任命秦王李世民为左武候大将军，让他持具有军队指挥权的符节，督凉、甘等九州诸军事，凉州总管，原太尉、尚书令、雍州牧、陕东道行台等官职仍旧保留。又派遣黄门侍郎杨恭仁安抚河西地区。

五月十九日丙戌，刘武周攻陷平遥。

五月二十六日癸巳，唐梁州总管、山东道安抚副使陈政被部下杀死，部下携带他的首级投奔王世充。陈政是陈茂的儿子。

王世充看到礼部尚书裴仁基、左辅大将军裴行俨素有威望名声，对他们十分猜忌。裴仁基父子知道此情后，内心不安，于是与尚书左丞宇文儒童、宇文儒童的弟弟尚食直长宇文温、散骑常侍崔德本谋划杀死王世充及其党羽，重新尊奉皇泰主杨侗为君主，事情泄露，都被王世充诛灭了三族。齐王王世恽对王世充说："宇文儒童等人谋反，正是因为皇泰主还活着的缘故，不如把皇泰主除掉。"王世充听从这一建议，派他哥哥的儿子唐王王仁则和家奴梁百年去毒死皇泰主。皇泰主杨侗说："请你们再向太尉请求，按他以前所说的话，不应该到这个地步。"梁百年想为皇泰主向王世充启奏，王世恽不准，皇泰主又请求与皇太后诀别，王世恽也不准。于是皇泰主设席焚香拜佛祈祷说："愿从今以后，不再生在帝王家！"就喝下毒药，但还没有马上气绝，王世恽等人就又用丝帛带勒死他，死后为他加的谥号为恭皇帝。王世充任命他的哥哥楚王王世伟为太保，齐王王世恽为太傅，兼尚书令。

六月初三日庚子，窦建德攻陷沧州。

当初，易州叛军首领宋金刚，有一万多人马，和魏刀兒联合。魏刀兒被窦建德消灭，宋金刚救援魏刀兒，战败，带领四千人马向西投奔刘武周。刘武周听说宋金刚善于用兵，得到他后，非常高兴，给他加封号为宋王，将军事大权交给宋金刚，并将自己的财产分出一半送给宋金刚。宋金刚也与刘武周深加交结，休掉原来的妻子，娶了刘武周的妹妹。于是他劝刘武周攻打晋阳，然后南下争夺天下。刘武周任命宋金刚为西南道大行台，让他带领三万兵马侵犯并州。六月初十日丁未，刘武周进逼介州。僧人道澄用佛幡从城上把他拉上城墙，于是刘武周攻陷了介州。唐命左武卫大将军姜宝谊、行军总管李仲文攻击刘武周。刘武周的将领黄子英来往于雀鼠谷，数次率轻装部队向唐军挑战，但是两军才一接战，黄子英就假作打不赢而逃走，

己酉，突厥使来告始毕可汗之丧，上举哀于长乐门，废朝三日，诏百官就馆吊其使者，又遣内史舍人郑德挺吊处罗可汗，赙帛三万段。

上以刘武周入寇为忧，右仆射裴寂请自行。癸亥，以寂为晋州道行军总管，讨武周，听以便宜从事。

秋，七月，初置十二军，分关内诸府以隶焉，皆取天星为名，以车骑府统之。每军将、副各一人，取威名素重者为之，督以耕战之务。由是士马精强，所向无敌。

海岱贼帅徐圆朗以数州之地请降，拜兖州总管，封鲁国公。

王世充遣其将罗士信寇谷州，士信帅其众千余人来降。先是，士信从李密击世充，兵败，为世充所得，世充厚礼之，与同寝食。既而得邴元真等，待之如士信，士信耻之。士信有骏马，世充兄子赵王道询欲之，不与，世充夺之以赐道询；士信怒，故来降。上闻其来，甚喜，遣使迎劳，廪食其所部，以士信为陕州道行军总管。世充左龙骧将军临泾席辩与同列杨虔安、李君义皆帅所部来降。

丙子，王世充遣其将郭士衡寇谷州，刺史任瓌大破之，俘斩且尽。

甲申，行军总管刘弘基遣其将种如愿袭王世充河阳城，毁其河桥而还。

乙酉，西突厥统叶护可汗、高昌王麴伯雅各遣使入贡。

初，西突厥曷娑那可汗入朝于隋，隋人留之，国人立其叔父，号射匮可汗。射匮者，达头可汗之孙也，既立，拓地东至金山，西至海，遂与北突厥为敌，建庭于龟兹北三弥山。射匮卒，子统叶护立。统叶护勇而有谋，北并铁勒，控弦数十万，据乌孙故地，又移庭于石国北千泉；西域诸国皆臣之，叶护各遣吐屯监之，督其征赋。

几次三番这样做，姜宝谊、李仲文便出动全部兵力追击，对方伏兵出击，唐军大败，姜宝谊、李仲文都被对方俘虏。不久二人都逃了回来，唐高祖又让二人率军攻打刘武周。

六月十二日己酉，突厥使节前来通报始毕可汗去世的讣闻，唐高祖在长乐门为他举行哀悼仪式，废止上朝听事三天，命文武百官到使者居住的宾馆进行吊唁。又派内史舍人郑德挺去见处罗可汗，进行吊唁，并赠送丧礼三万段丝帛。

唐高祖对刘武周的入侵感到担心，右仆射裴寂请求自己单独前往。六月二十六日癸亥，唐朝任命裴寂为晋州道行军总管，讨伐刘武周，允许他根据情况临机决断。

秋季，七月，唐初次设置十二军，分为关内诸府，以十二军分别隶属，各军的名称都用天上星宿的名字，由车骑府统领十二军。每军设将军、副将各一人，选择素有很高威望名声的人担任，让他们督察平时的农耕和战时的作战事务。从此以后，唐朝的军队变得精锐强壮，对外作战所向无敌。

东海至岱岳之间地区的叛军首领徐圆朗率数州土地请求降唐，唐拜他为兖州总管，封为鲁国公。

王世充派遣他的将领罗士信侵犯谷州，罗士信带领他的一千多人马前来投降。此前，罗士信跟随李密攻打王世充，作战失败，被王世充俘获，王世充对他给予优厚待遇，和他一同就寝进餐。不久王世充又俘获邴元真等人，对待他们如对待罗士信一样，罗士信认为这是耻辱。罗士信有一匹骏马，王世充哥哥的儿子赵王王道询想要这匹马，罗士信不给他，王世充夺去罗士信的骏马赐给王道询，罗士信为此而愤怒，因此前来投降。唐高祖听说罗士信来投降，非常高兴，派人前去迎接慰问，对他的人马给予军粮，任命罗士信为陕州道行军总管。王世充的左龙骧将军临泾人席辩和同事杨虔安、李君义都率领自己的人马前来降唐。

七月初十日丙子，王世充派遣他的将领郭士衡侵犯谷州，唐谷州刺史任瓌大败郭士衡，郭士衡的人马几乎全被杀死、俘虏。

七月十八日甲申，唐行军总管刘弘基派遣他的将领种如愿袭击王世充部队占据的河阳城，破坏了他们在黄河上设置的渡桥然后返回。

七月十九日乙酉，西突厥统叶护可汗、高昌王麴伯雅分别派遣使节入朝纳贡。

当初，西突厥曷娑那可汗到隋觐见，隋炀帝把他留下了，西突厥人就把曷娑那的叔父立为可汗，称射匮可汗。射匮是达头可汗的孙子，他即位后，开拓疆土东至金山，西到西海，于是就与北突厥为敌，在龟兹以北的三弥山建立王庭。射匮死后，他的儿子统叶护即位为可汗。统叶护有勇又有谋略，向北吞并了铁勒，拥有几十万可以骑马拉弓的兵士，占据了乌孙国原来的土地，又将王庭迁移到石国之北的千泉，这时西域各国都向他表示臣服，统叶护分别派遣吐屯监管各国，督促他们交纳赋税。

辛卯，宋金刚寇浩州，浃旬而退。

八月，丁酉，酅公薨，谥曰隋恭帝；无后，以族子行基嗣。

窦建德将兵十余万趣洺州，淮安王神通帅诸军退保相州。己亥，建德兵至洺州城下。

丙午，将军秦武通军至洛阳，败王世充将葛彦璋。

丁未，窦建德陷洺州，总管袁子幹降之。

乙卯，引兵趣相州，淮安王神通闻之，帅诸军就李世勣于黎阳。

梁师都与突厥合数千骑寇延州，行军总管段德操兵少不敌，闭壁不战，伺师都稍怠，九月，丙寅，遣副总管梁礼将兵击之。师都与礼战方酣，德操以轻骑多张旗帜，掩击其后，师都军溃，逐北二百里，破其魏州，虏男女二千余口。德操，孝先之子也。

萧铣遣其将杨道生寇峡州，刺史许绍击破之。铣又遣其将陈普环帅舟师上峡，规取巴、蜀。绍遣其子智仁及录事参军李弘节等追至西陵，大破之，擒普环。铣遣兵戍安蜀城及荆门城。

先是，上遣开府李靖诣夔州经略萧铣。靖至峡州，阻铣兵，久不得进。上怒其迟留，阴敕许绍斩之；绍惜其才，为之奏请，获免。

己巳，窦建德陷相州，杀刺史吕珉。

民部尚书鲁公刘文静，自以才略功勋在裴寂之右而位居其下，意甚不平。每廷议，寂有所是，文静必非之，数侵侮寂，由是有隙。文静与弟通直散骑常侍文起饮，酒酣怨望，拔刀击柱曰："会当斩裴寂首！"家数有妖，文起召巫于星下被发衔刀为厌胜。文静有妾无宠，使其兄上变告之。上以文静属吏，遣裴寂、萧瑀问状，文静曰："建义之初，忝为司马，计与长史位望略同。今寂为仆射，据甲第；臣官赏不异众人，东西征讨，老母留京师，风雨无所庇，实有觖望之心，因醉怨言，不能自保。"上谓群臣曰："观文静此言，反明白矣。"李纲、萧瑀皆明其不反，秦王世民为之固请曰："昔在晋阳，文静先定非常之策，始告寂知，及克京城，任遇悬隔，令文静觖望则有之，非敢谋反。"裴寂言于上曰："文静才略实冠时人，性复粗险，今天下未定，留之必贻后患。"上素亲寂，低

七月二十五日辛卯，宋金刚侵犯浩州，十天后撤军。

八月初一日丁酉，酅公去世，谥号为隋恭帝，他没有后裔，就让他的同族兄弟之子杨行恭继承为后嗣。

窦建德率兵十余万向洺州进军，淮安王李神通率领各路兵马后退到相州进行防守。八月初三日己亥，窦建德的军队到达洺州城下。

八月初十日丙午，唐将军秦武通的军队到达洛阳，打败了王世充的将领葛彦璋。

八月十一日丁未，窦建德攻陷洺州，唐总管袁子幹向他投降。

八月十九日乙卯，窦建德率军向相州前进，淮安王李神通听说后，率领各路兵马到黎阳与李世勣会合。

梁师都与突厥会合，率数千骑兵侵犯延州，唐行军总管段德操兵力不足抵抗不住，关闭城门不予应战，窥伺梁师都稍有松懈，到九月初一日丙寅，段德操派遣副总管梁礼率军攻击梁师都。梁师都与梁礼战斗正为激烈时候，段德操率轻骑竖起很多旗帜，从背后突然袭击梁师都，梁师都的军队溃败，唐军一路追击二百里，攻克了梁师都的魏州，俘虏了两千多名男女民众。段德操是段孝先的儿子。

萧铣派他的将领杨道生侵犯峡州，唐刺史许绍击败杨道生。萧铣又派部将陈普环率领水军溯江而上进攻峡州，计划夺取巴、蜀。许绍派他的儿子许智仁和录事参军李弘节等人追到西陵，大败萧铣的军队，活捉陈普环。萧铣派兵守住安蜀城和荆门城。

在此之前，唐高祖派遣开府李靖到夔州经营开拓，李靖到峡州后，被萧铣军队阻挡，久久不能前进。唐高祖对他的停滞不前感到愤怒，暗中下令许绍斩杀李靖，许绍爱惜李靖的才能，替他上奏求情，李靖才免于一死。

九月初四日己巳，窦建德攻陷相州，杀死唐相州刺史吕珉。

唐民部尚书鲁公刘文静，认为自己的才智谋略功勋都比裴寂高，可职位却在裴寂之下，内心非常愤恨不平。每当在朝堂议政，裴寂表示赞同的，刘文静必定提出非议，还多次欺凌羞辱裴寂，二人因此产生仇隙。刘文静与弟弟通直散骑常侍刘文起一起喝酒，酒喝得酣畅时就有怨恨之气，拔出佩刀砍击柱子，说道："应当斩下裴寂的脑袋！"他家里多次出现妖异怪事，刘文起招来巫师，在星光下披散头发、口中衔刀举行驱邪仪式。刘文静有一个侍妾不受宠爱，于是她让其兄长向上告发。唐高祖因为刘文静是老部下，派裴寂、萧瑀询问情况，刘文静说："在太原刚起兵时，我忝任司马之职，算起来与长史的职位声望大致相当。如今裴寂官为仆射，获得了最优先的府第，臣的官衔和奖赏与一般人没有不同，臣跟随主公东征西讨，老母留在京师，不能庇护她躲避风雨，确实有些怨愤不满的心情，因为喝醉了而口出怨言，不能保护自己。"唐高祖对群臣说："看刘文静说的话，反而事情就明白了。"李纲、

回久之，卒用寂言。辛未，文静及文起坐死，籍没其家。

（以上为第七段，写唐高祖冤杀刘文静，以及全国各地军阀混战。河北窦建德、东都王世充、荆襄萧铣、并州刘武周为最大的几个军阀。）

沈法兴既克毗陵，谓江、淮之南指扮可定，自称梁王，都毗陵，改元延康，置百官。性残忍，专尚威刑，将士小有过，即斩之，由是其下离怨。

时杜伏威据历阳，陈稜据江都，李子通据海陵，俱有窥江表之心。法兴军数败；会子通围稜于江都，稜送质求救于法兴及伏威，法兴使其子纶将兵数万与伏威共救之。伏威军清流，纶军扬子，相去数十里。子通纳言毛文深献策，募江南人诈为纶兵，夜袭伏威营，伏威怒，复遣兵袭纶。由是二人相疑，莫敢先进。子通得尽锐攻江都，克之，稜奔伏威。子通入江都，因纵击纶，大破之，伏威亦引去。子通即皇帝位，国号吴，改元明政。丹阳贼帅乐伯通帅众万余降之，子通以为左仆射。

杜伏威请降；丁丑，以伏威为淮南安抚大使、和州总管。

裴寂至介休，宋金刚据城拒之。寂军于度索原，营中饮涧水，金刚绝之，士卒渴乏。寂欲移营就水，金刚纵兵击之，寂军遂溃，失亡略尽；寂一日一夜驰至晋州。先是，刘武周屡遣兵攻西河，浩州刺史刘赡拒之，李仲文引兵就之，与共守西河。及裴寂败，自晋州以北城镇俱没，唯西河独存。姜宝谊复为金刚所虏，谋逃归，金刚杀之。裴寂上表谢罪，上慰谕之，复使镇抚河东。

刘武周进逼并州，齐王元吉绐其司马刘德威曰："卿以老弱守城，吾以强兵出战。"辛巳，元吉夜出兵，携其妻妾弃州奔还长安。元吉始去，武周兵已至城下，晋阳土豪薛深以城纳武周。上闻之，大怒，谓礼部尚

萧瑀都表明刘文静没有谋反之意，秦王李世民替他反复求情说："过去在晋阳，刘文静首先为我们拿定了起兵的谋略，然后才告诉裴寂，而攻克京城后，任职待遇却相差悬殊，使刘文静产生怨恨之心确实是有的，但他不敢谋反。"裴寂对唐高祖说："刘文静的才智谋略确实超出众人，但他的性情粗疏险恶，如今天下尚未安定，留着他必会产生后患。"唐高祖一向与裴寂亲近，低头想了很久，最终采纳了裴寂的意见。九月初六日辛未，刘文静与他弟弟刘文起因罪被处死，将其家产全部没收。

沈法兴攻克毗陵之后，认为江淮以南的地区只要自己发出指令就可以平定，于是自称梁王，在毗陵建都，把年号改为延康，设置文武百官。沈法兴性情残忍，专门崇尚严刑峻法，将士有一点小过错，就立即斩首，因此他的部下产生叛离怨恨之心。

当时杜伏威占据历阳，陈稜占据江都，李子通占据海陵，都有窥伺江南的意图。沈法兴的军队几次战败，正好此时李子通包围了江都的陈稜，陈稜送来人质向沈法兴和杜伏威求救。沈法兴让他儿子沈纶率兵数万与杜伏威一同救援陈稜。杜伏威驻扎在清流县，沈纶驻扎在扬子县，相隔数十里。李子通的纳言毛文深献计，招募江南人伪装成沈纶的士兵，夜晚袭击杜伏威的军营，杜伏威为之愤怒，于是派兵袭击沈纶。因此二人相互猜疑，谁也不敢首先进军。李子通得以集中全部精锐兵力攻打江都，终于攻下了江都城，陈稜投奔杜伏威。李子通进入江都，乘势挥兵进攻沈纶，大败沈纶，杜伏威也带领军队撤走。李子通登上皇帝宝座，国号为吴，年号改为明政。丹阳叛军的首领乐伯通率领部下一万多人投降李子通，李子通任命乐伯通为左仆射。

杜伏威向唐朝请求投降，九月十二日丁丑，唐任命杜伏威为淮南安抚大使、和州总管。

裴寂到达介休，宋金刚凭借城池进行抵抗。裴寂让军队驻扎在度索原，军营中饮用山涧的溪水。宋金刚就切断了水源，唐军士兵又渴又乏。裴寂想迁移军营靠近水源，宋金刚趁机出兵进攻，裴寂的军队于是溃败，几乎使军队全部损失和伤亡，裴寂跑了一天一夜逃到晋州。在此之前，刘武周屡次派兵攻打西河，唐浩州刺史刘赡加以抵抗，李仲文率军与之会合，与刘赡共同守卫西河。等到裴寂战败，晋州以北的城镇全部丧失，只有西河单独得以保存。姜宝谊又被宋金刚俘虏，计划逃回，宋金刚就杀死了他。裴寂上书谢罪，唐高祖安慰劝导他，又让他镇抚河东。

刘武周进逼并州，齐王李元吉欺骗他的司马刘德威说："你带领老弱守城，我带强兵出城作战。"九月十六日辛巳，李元吉在夜里出兵，携带妻妾放弃并州，逃回长安。李元吉刚一离开，刘武周的大军就已抵达城下，晋阳当地豪强薛深将城池献给

书李纲曰："元吉幼弱，未习时事，故遣窦诞、宇文歆辅之。晋阳强兵数万，食支十年，兴王之基，一日弃之。闻宇文歆首画此策，我当斩之！"纲曰："王年少骄逸，窦诞曾无规谏，又掩覆之，使士民愤怨，今日之败，诞之罪也。歆谏，王不悛，寻皆闻奏，乃忠臣也，岂可杀哉！"明日，上召纲入，升御座曰："我得公，遂无滥刑。元吉自为不善，非二人所能禁也。"并诞赦之。卫尉少卿刘政会在太原，为武周所虏，政会密表论武周形势。

武周据太原，遣宋金刚攻晋州，拔之，虏右骁卫大将军刘弘基，弘基逃归。金刚进逼绛州，陷龙门。

西突厥曷娑那可汗与北突厥有怨；曷娑那在长安，北突厥遣使请杀之，上不许。群臣皆曰："保一人而失一国，后必为患！"秦王世民曰："人穷来归，我杀之不义。"上迟回久之，不得已，丙戌，引曷娑那于内殿宴饮，既而送中书省，纵北突厥使者使杀之。

礼部尚书李纲领太子詹事，太子建成始甚礼之。久之，太子渐昵近小人，疾秦王世民功高，颇相猜忌；纲屡谏不听，乃乞骸骨。上骂之曰："卿为何潘仁长史，乃耻为朕尚书邪！且方使卿辅导建成，而固求去，何也？"纲顿首曰："潘仁，贼也，每欲妄杀人，臣谏之即止，为其长史，可以无愧。陛下创业明主，臣不才，所言如水投石，言于太子亦然，臣何敢久污天台、辱东朝乎！"上曰："知公直士，勉留辅吾儿。"戊子，以纲为太子少保，尚书、詹事如故。纲复上书谏太子饮酒无节，及信谗慝，疏骨肉；太子不怿，而所为如故。纲郁郁不得志，是岁，固称老病辞职，诏解尚书，仍为少保。

淮安王神通使慰抚使张道源镇赵州。庚寅，窦建德陷赵州，执总管张志昂及道源。建德以二人及邢州刺史陈君宾不早下，欲杀之，国子祭酒凌敬谏曰："人臣各为其主用，彼坚守不下，乃忠臣也。今大王杀之，何以励群下乎！"建德怒曰："吾至城下，彼犹不降，力屈就擒，何可舍

刘武周，让他进城。唐高祖闻讯大为震怒，对礼部尚书李纲说："李元吉年幼弱小，不熟悉实际事务，所以才派窦诞、宇文歆辅佐他。晋阳有几万强兵，粮食够吃十年，是王业兴起的根基，一个早上就放弃了。听说宇文歆首先提出这个计策，我当要斩他！"李纲说："齐王年轻而骄狂放逸，窦诞不曾有所规谏，反而为他掩饰，使百姓愤怒，今天的失败，是窦诞的罪过。宇文歆劝谏，齐王不改，不久就把情况上奏朝廷，乃是忠臣，怎么可以杀掉呢？"第二天，唐高祖召见李纲进入皇宫，登上御座说："我得到了你，才没有滥施刑罚。元吉自己不干善事，不是窦诞、宇文歆二人所能禁止的。"于是连窦诞一起赦免。卫尉少卿刘政会在太原，被刘武周俘虏，刘政会秘密上表论说刘武周方面的情况和形势。

刘武周占据太原，派宋金刚进攻晋州，攻下晋州城，俘虏了唐右骁卫大将军刘弘基，刘弘基逃回。宋金刚进逼绛州，攻陷龙门县。

西突厥曷娑那可汗与北突厥有仇怨。曷娑那在长安，北突厥派使节前来请求杀死曷娑那，唐高祖不答应。群臣都说："保护了一个人而失去一个国家，今后必定成为祸患！"秦王李世民说："别人无路可走前来投奔，我们杀他就是不义。"唐高祖犹豫了很长时间，不得已，九月二十一日丙戌，请曷娑那在内殿设宴饮酒，然后把他送到中书省，放纵北突厥的使者，让他杀了曷娑那。

礼部尚书李纲兼任太子詹事，太子李建成起初对他十分尊重。时间长了，太子逐渐亲近小人，嫉妒秦王李世民功高，相互之间颇为猜忌，李纲屡次对李建成进行劝谏却都不被听从，于是李纲请求告老退休。唐高祖骂他说："你当何潘仁的长史，现在以当朕的尚书为耻辱吗！况且正让你辅导建成，却一再要求告老退休，这是什么原因？"李纲叩头谢罪说："何潘仁是叛贼，经常想乱杀人，我劝谏了他就停止不杀，做他的长史，可以无愧。陛下是创立帝业的明主，臣没有才能，说的话如同用水泼石头，石头虽被水打湿，可不能容纳水，臣对太子的规劝也是同样，臣怎敢长期玷污皇帝的府台，而使东宫蒙受耻辱呢？"唐高祖说："朕知道你是正直之士，请你勉力留下辅导我儿子。"九月二十三日戊子，任命李纲为太子少保，礼部尚书、太子詹事的官职依旧保留。李纲又上书批评太子李建成饮酒没有节制，以及信任谗媚邪恶之人，疏远骨肉兄弟。太子李建成对此很不高兴，所作所为依然如故。李纲非常郁闷不得志，这一年，一再提出因为自己年老多病而要求辞职，唐高祖下诏解除他的尚书职务，仍然担任太子少保。

淮安王李神通让慰抚使张道源镇守赵州。九月二十五日庚寅，窦建德攻陷赵州，捉住唐总管张志昂及张道源。窦建德因为他们二人以及邢州刺史陈君宾没有尽早投降，打算杀了他们，国子祭酒凌敬劝谏说："人臣各为其主而效力用命，他们坚守城池不投降，乃是忠臣。现在大王杀他们，用什么来激励部下呢？"窦建德发怒说：

也！”敬曰：“今大王使大将高士兴拒罗艺于易水，艺才至，兴即降，大王之意以为何如？”建德乃悟，即命释之。

乙未，梁师都复寇延州，段德操击破之，斩首二千余级，师都以百余骑遁去。德操以功拜柱国，赐爵平原郡公。鄜州刺史鄜城壮公梁礼战没。

冬，十月，己亥，就加凉州总管杨恭仁纳言；赐幽州总管燕公罗艺姓李氏，封燕郡王。

辛丑，李艺破窦建德于衡水。

癸卯，以左武候大将军庞玉为梁州总管。时集州獠反，玉讨之，獠据险自守，军不得进，粮且尽。熟獠与反者皆邻里亲党，争言贼不可击，请玉还。玉扬言：“秋谷将熟，百姓毋得收刈，一切供军，非平贼吾不返。”闻者大惧曰：“大军不去，吾曹皆将馁死。”其中壮士乃入贼营，与所亲潜谋，斩其渠帅而降，余党皆散，玉追讨，悉平之。

刘武周将宋金刚进攻浍州，陷之，军势甚锐。裴寂性怯，无将帅之略，唯发使骆驿，趣虞、泰二州居民入城堡，焚其积聚。民惊扰愁怨，皆思为盗，夏县民吕崇茂聚众自称魏王，以应武周，寂讨之，为所败。诏永安王孝基、独孤怀恩、陕州总管于筠、内史侍郎唐俭等将兵讨之。

时王行本犹据蒲反，未下，亦与武周相应，关中震骇。上出手敕曰：“贼势如此，难与争锋，宜弃大河以东，谨守关西而已。”秦王世民上表曰：“太原，王业所基，国之根本；河东富实，京邑所资，若举而弃之，臣窃愤恨。愿假臣精兵三万，必冀平殄武周，克复汾、晋。”上于是悉发关中兵以益世民所统，使击武周。乙卯，幸华阴，至长春宫以送之。

（以上为第八段，写杜伏威降唐，裴寂讨刘武周不利。）

窦建德引兵趣卫州。建德每行军，常为三道，辎重、细弱居中央，步骑夹左右，相去三里许。建德以千骑前行，过黎阳三十里，李世勣遣骑将丘孝刚将三百骑侦之。孝刚骁勇，善马槊，与建德遇，遂击之，建

“我到了城下，他们还不投降，力量用尽才被擒，怎么能放过他们？”凌敬说：“现在大王派大将高士兴在易水抵御罗艺，罗艺一到城下，高士兴就投降，大王的意思，你认为怎样？”窦建德于是醒悟，立即下令释放张志昂和张道源。

九月三十日乙未，梁师都再次侵犯延州，段德操打败了他，斩首两千多人，梁师都只率一百多骑兵逃掉。段德操因战功拜为柱国，赐予爵位为平原郡公。鄜州刺史鄜城壮公梁礼战死。

冬十月初四日己亥，唐对凉州总管杨恭仁加官纳言，赏赐幽州总管燕公罗艺姓李，封为燕郡王。

十月初六日辛丑，李艺在衡水打败窦建德。

十月初八日癸卯，唐任命左武候大将军庞玉为梁州总管。当时集州僚民反叛，庞玉讨伐他们，僚民占据险要进行防守，唐军不能前进，军粮即将吃光。靠近边境的熟僚与反叛的僚民都是邻里的乡亲，争相进言说反叛的僚民不可攻击，请求庞玉回军。庞玉故意扬言说：“秋天的庄稼即将成熟，百姓不得收割，全部都要供给军队，不平定叛贼我不撤军。”人们听说此言都大为惊恐说：“大军不走，我们都要饿死。”其中的壮士便进入反叛的僚人营地，和亲近反叛僚人暗中谋划，杀了反叛僚军的头领投降唐军，剩余的叛军也全部溃散，庞玉追击讨伐，全部平定了反叛。

刘武周的将领宋金刚进攻浍州，攻陷浍州城，军势甚为勇锐。裴寂性格怯懦，没有将帅的谋略，只有不断派出使者，催促虞州、泰州的居民进入城堡，焚毁他们的积蓄的物资。百姓受到惊吓扰乱而忧愁抱怨，都想当反叛的盗贼。夏县的百姓吕崇茂聚众自称魏王，响应刘武周，裴寂讨伐他，被吕崇茂打败。唐下诏命令永安王李孝基、工部尚书独孤怀恩、陕州总管于筠、内史侍郎唐俭等人带兵前来讨伐吕崇茂。

当时王行本还占据着蒲反城，尚未被攻下，也与刘武周相互呼应，关中为此而震动惊骇，唐高祖下亲笔敕书说：“叛贼势头到了如此地步，很难与他们争锋，宜放弃黄河以东地区，只能小心防守关西地区而已。”秦王李世民上表说：“太原是帝王大业的根基，国家的根本，河东地区富饶丰实，京城需要河东地区供给物资，如果一举放弃，臣私下深感愤恨。希望给臣三万精兵，一定期望平定消灭刘武周，收复汾州、晋州。”于是唐高祖征发关中所有兵力以增加李世民统率的部队，让他攻击刘武周。十月二十日乙卯，唐高祖驾临华阴，至长春宫为秦王送行。

窦建德带兵向卫州进军。窦建德每次行军，经常将部队分为三路，辎重、弱小为中央一路，步兵骑兵夹在两边，相隔三里左右。窦建德率一千名骑兵走在前面，走过黎阳三十里，李世勣派遣骑兵将领丘孝刚率领三百骑兵侦察窦建德的军情。丘

德败走；右方兵救之，击斩孝刚。建德怒，还攻黎阳，克之，虏淮安王神通，李世勣父盖、魏徵及帝妹同安公主。唯李世勣以数百骑走渡河，数日，以其父故，还诣建德降；卫州闻黎阳陷，亦降。建德以李世勣为左骁卫将军，使守黎阳，常以其父盖自随为质。以魏徵为起居舍人。滑州刺史王轨奴杀轨，携其首诣建德降。建德曰："奴杀主大逆，吾何为受之！"立命斩奴，返其首于滑州。吏民感悦，即日请降。于是其旁州县及徐圆朗等皆望风归附。己未，建德还洺州，筑万春宫，徙都之。置淮安王神通于下博，待以客礼。

行军总管罗士信帅勇士夜入洛阳外郭，纵火焚清化里而还。壬戌，士信拔青城堡。

王世充自将兵徇地至滑台，临黎阳；尉氏城主时德叡、汴州刺史王要汉、亳州刺史丁叔则遣使降之。以德叡为尉州刺史。要汉，伯当之兄也。

夏侯端至黎阳，李世勣发兵送之，自澶渊济河，传檄州县，东至于海，南至于淮，二十余州，皆遣使来降。行至谯州，会汴、亳降于王世充，还路遂绝。端素得众心，所从二千人，虽粮尽不忍委去，端坐泽中，杀马以飨士，因歔欷谓曰："卿等乡里皆已从贼，特以共事之情，未能见委。我奉王命，不可从卿；卿有妻子，无宜效我。可斩吾首归贼，必获富贵。"众皆流涕曰："公于唐室非有亲属，直以忠义，志不图存。某等虽贱，心亦人也，宁肯害公以求利乎！"端曰："卿不忍见杀，吾当自刎。"众抱持之，乃复同进，潜行五日，馁死及为贼所击奔溃相失者太半，唯余五十二人同走，采穞豆生食之。端持节未尝离身，屡遣从者散，自求生，众又不可。时河南之地皆入世充，唯杞州刺史李公逸为唐坚守，遣兵迎端，馆给之。世充遣使召端，解衣遗之，仍送除书，以端为淮南郡公、尚书少吏部。端对使者焚书毁衣，曰："夏侯端天子大使，岂受王世充官乎！汝欲吾往，唯可取吾首耳。"因解节旄怀之，置刃于竿，自山中西走，无复蹊径，冒践荆棘，昼夜兼行，得达宜阳，从者坠崖溺水，为虎狼所食，又丧其半；其存者鬓发秃落，无复人状。端诣阙见上，但谢无功，初不自言艰苦，上复以为秘书监。

孝刚骁勇善战，善于骑马使用长枪，和窦建德遭遇，便攻击窦建德，窦建德败退，右路兵马前来救援，进攻并斩杀了丘孝刚。窦建德大怒，回头攻打黎阳，攻克黎阳城，俘虏唐淮安王李神通、李世勣的父亲李盖、魏徵以及唐高祖的妹妹同安公主。只有李世勣率数百骑兵逃走渡过黄河，数天后，李世勣因为父亲被俘的缘故，返回黎阳向窦建德投降。卫州听说黎阳陷落，也投降了窦建德。窦建德任命李世勣为左骁卫将军，命他守卫黎阳，经常把李世勣的父亲李盖作为人质带在身边。又任命魏徵为起居舍人。唐滑州刺史王轨的奴仆杀死王轨，携带王轨的首级来向窦建德投降。窦建德说："奴仆杀死主人是大逆不道，我怎能接受他？"立即下令斩杀了这个奴仆，将王轨的首级送回滑州。滑州的官吏和百姓为之感动喜悦，当天就请求投降。于是附近的州县以及徐圆朗等人都望风归附。十月二十四日己未，窦建德返回洺州，修建万春宫，将夏国都城迁到洺州。窦建德将唐淮安王李神通安置在下博，用宾客的礼节对待他。

唐行军总管罗士信率领勇士夜晚进入洛阳外城，放火焚烧清化里然后返回营地。十月二十七日壬戌，罗士信攻下青城堡。

王世充亲自带领兵马攻占扩张地盘到了滑台，逼近黎阳。唐尉氏城主时德叡、汴州刺史王要汉、亳州刺史丁叔则派出使节向王世充投降。王世充任命时德叡为尉州刺史。王要汉是王伯当的哥哥。

夏侯端来到黎阳，李世勣发兵护送他，从澶渊渡过黄河，传送檄文到各个州县，于是东至海，南到淮河，二十多个州，都派使者前来投降。夏侯端走到谯州，正好汴州、亳州投降了王世充，返回的道路于是断绝。夏侯端一向能得人心，随从他的人员有两千人，虽然粮食吃光了，也不忍心丢下他离去，夏侯端坐在沼泽中，杀了马匹犒劳士兵，于是非常感叹地对他们说："你们的家乡都已投降了叛贼，只是因为与我共事的情分，不能丢下我。我奉王命，不能随你们去，你们有妻子儿女，不宜效仿我。可以砍下我的首级投降叛贼，一定能得到富贵。"众人都流泪说："你与唐王室没有亲属关系，只是靠着忠义，立志不求自保。我们虽然是卑贱之人，也有人心，怎能杀害你以求得利益呢？"夏侯端说："你们不忍心杀我，我当自刎而死。"众人抱住他，于是又一起前进，秘密地行军五天，两千人中饿死以及被王世充军队攻击逃散而失去联系的超过了一大半，只剩下五十二个人与他同行，采摘野豆生着吃。夏侯端拿着出使的节杖始终不离开身边，屡次让随从离去，自求生路，众人还是不同意。当时河南地区都在王世充的控制之下，只有杞州刺史李公逸为唐朝坚守城池，李公逸派兵迎接夏侯端，供给住处与饮食。王世充派人召降夏侯端，还脱下自己的衣服送给他，并送去封官的文件，任命夏侯端为淮南郡公、尚书少吏部。夏侯端当着使者的面焚烧文件、撕毁衣服，说："夏侯端是天子派出的大使，怎能接受

郎楚之至山东，亦为窦建德所获，楚之不屈，竟得还。

王世充遣其从弟世辩以徐、亳之兵攻雍丘，李公逸遣使求救，上以隔贼境，不能救。公逸乃留其属李善行守雍丘，身帅轻骑入朝，至襄城，为世充伊州刺史张殷所获，世充谓曰："卿越郑臣唐，其说安在？"公逸曰："我于天下，唯知有唐，不知有郑。"世充怒，斩之。善行亦没。上以公逸子为襄邑公。

甲子，上祠华山。

（以上为第九段，写夏侯端历尽艰辛还唐。）

王世充的官职？你想我前去，只能取了我的首级！”于是解下出使节杖的旄头放入怀中，将刀插在节杖的竿上，从山中向西走，已经没有大小路径，踏着荆棘，昼夜兼程，得以到达宜阳，随行的人有的坠崖，有的溺水，有的被虎狼吃掉，又死去了一半，活下来的人都已头发脱落，不成人样。夏侯端到皇宫阙门来见皇上，只说有罪而没有功劳，丝毫不提路上的艰苦，唐高祖仍然任命他为秘书监。

郎楚之出使到山东，也被窦建德俘获。郎楚之不屈服，最终得以返回长安。

王世充派遣他的堂弟王世辩率徐州、亳州的军队攻打雍丘，李公逸派出使节向唐求救，唐高祖因为雍丘与关中隔着敌人占领的地区，无法前去救援。李公逸于是留下他的下属李善行守着雍丘，自己率领轻骑前来京城，走到襄城，被王世充的伊州刺史张殷抓获，王世充对他说：“你越过郑国向唐称臣，其道理在哪里？”李公逸回答：“我对于天下，只知道有唐，不知道有郑。”王世充大怒，杀了李公逸。李善行也战死。唐高祖封李公逸的儿子为襄邑公。

十月二十九日甲子，唐高祖祭祀华山。

【点评】

刘文静之死。刘文静是唐朝开国功臣，他的死，会带给我们什么样的启迪呢？刘文静，字肇仁，祖籍彭城（今江苏徐州市），后居京兆武功（今属陕西）。祖父刘懿，北周时历官石州（治今山西吕梁市离石区），其父刘韶，隋时战没，赠上仪同三司。刘文静十四岁出仕，因其父身死王事，袭仪同三司。史称刘文静“伟姿仪，有器干，倜傥多权略”。四十岁以后，为官晋阳令。

刘文静任晋阳令时，隋王朝已风雨飘摇，刘文静暗结豪杰，察观时变，与晋阳宫副监裴寂深交，时常谈论局势。刘文静对裴寂说：“天下乱离，时事可知，你我二人相得，何愁没有一试身手的机会。”显然，刘文静希望成为乱世英雄。

大业十三年（617），唐国公李渊被隋炀帝任命为太原留守。李渊认为这是“天下之授”，他对李世民说：“今我来斯，是为天与，与而不取，祸将斯及。”所以李渊一到太原就广积恩信，这被刘文静看在眼里。刘文静对裴寂说：“我看二郎（指李世民）其人，大度类于汉高，神武同于魏祖，其年虽少，必为匡世之才。”于是刘文静与李渊父子“深自结托”，并带动裴寂赞助李氏父子。李渊晋阳起兵，刘文静首功。其后，刘文静奉使北连突厥，随征关中，东据潼关，西平陇右，为李唐王朝建立了卓越的功勋。

刘文静首建非常之功，但其地位始终在裴寂之下，时间一久，两人产生了矛盾，每次朝议廷争“寂有所是，文静必非之”，而唐高祖始终亲信裴寂，刘文静于是牢骚满腹，免不了口出怨言。有一次，刘文静与其弟通直散骑常侍刘文起在一起饮酒，酒至半酣，刘文静拔刀击柱说：“必当斩裴寂首。”刘文静的一个爱妾失宠，便将此言告诉其兄，妾兄便以谋反罪诬告刘文静，唐高祖派裴寂与萧瑀审案。刘文静直言不讳地说：“起义之初，忝为司马，计与长史位望略同。今裴寂身居仆射，而臣赏不异众人，东征西讨，家口无托，故有觖望之心，酒后出了怨言。”朝臣李纲、萧瑀为刘文静辩护，秦王李世民也再三固请，认为刘文静“定非常之功”，只是口出怨言，而不是谋反。裴寂却说：“文静才略实冠时人，性复粗险，今天下未定，留之必贻后患。”刘文静教唆李渊反隋，成了李渊的心头之病，刘文静因功未封，本来就是唐高祖疏远的迹象。唐高祖心知刘文静蒙冤，也必杀之。武德二年（619）九月六日，刘文静兄弟被诛杀，其家被籍没。死时，刘文静时年五十二岁。

刘文静是李唐王朝建立的一位重要人物，是开国元勋，由于贪恋权位，争宠受谗被冤杀，实在可惜。专制帝王反复无常，谋反者深受猜忌，刘文静的下场既可悲，又令人深思。

唐纪四

唐高祖武德二年至四年（619—621年）

【起屠维单阏（己卯，619年）十一月，尽重光大荒落（辛巳，621年）二月，凡一年有奇】

【大事提要】

本卷记述公元619年十一月至公元621年二月史事，凡一年零四个月，时当唐高祖武德二年到四年，仅一年有奇而跨三年。这一时期是唐王室秦王李世民建功最得意之时，先是平灭了北方劲敌刘武周，沉重打击了梁师都，随后率领大军东出，与王世充激战东都，唐军连战皆捷，河南郡县大多降唐。王世充告急于窦建德，为了生存，王、窦化敌为友，联手对抗唐军。李世勣脱离窦建德，重归唐室。萧铣政权在唐军打击、内部叛离的情况下日益削弱。李子通割据江东。

【原文】

高祖神尧大圣光孝皇帝中之上

武德二年（己卯，619年）

十一月，己卯，刘武周寇浩州。

秦王世民引兵自龙门乘冰坚渡河，屯柏壁，与宋金刚相持。时河东州县，俘掠之余，未有仓廪，人情恇扰，聚入城堡，征敛无所得，军中乏食。世民发教谕民，民闻世民为帅而来，莫不归附，自近及远，至者日多，然后渐收其粮食，军食以充。乃休兵秣马，唯令偏裨乘间抄掠，大军坚壁不战，由是贼势日衰。

世民尝自帅轻骑觇敌，骑皆四散，世民独与一甲士登丘而寝。俄而贼兵四合，初不之觉，会有蛇逐鼠，触甲士之面，甲士惊寤，遂白世民俱上马，驰百余步，为贼所及，世民以大羽箭射殪其骁将，贼骑乃退。

李世勣欲归唐，恐祸及其父，谋于郭孝恪。孝恪曰："吾新事窦氏，动则见疑，宜先立效以取信，然后可图也。"世勣从之。袭王世充获嘉，破之，多所俘获，以献建德，建德由是亲之。

初，漳南人刘黑闼，少骁勇狡狯，与窦建德善，后为群盗，转事郝孝德、李密、王世充。世充以为骑将，每见世充所为，窃笑之。世充使黑闼守新乡，李世勣击虏之，献于建德。建德署为将军，赐爵汉东公，常使将奇兵东西掩袭，或潜入敌境觇视虚实，黑闼往往乘间奋击，克获而还。

十二月，庚申，上猎于华山。

于筠说永安王孝基急攻吕崇茂，独孤怀恩请先成攻具，然后进，孝基从之。崇茂求救于宋金刚，金刚遣其将善阳尉迟敬德、寻相将兵奄至夏县。孝基表里受敌，军遂大败，孝基、怀恩、筠、唐俭及行军总管刘世让皆为所虏。敬德名恭，以字行。

上征裴寂入朝，责其败军，下吏，既而释之，宠待弥厚。

【语译】

高祖神尧大圣光孝皇帝中之上

唐高祖武德二年（己卯，619 年）

十一月十四日己卯，刘武周侵犯浩州。

秦王李世民率军从龙门乘着冰面坚硬的时机渡过黄河，驻扎在柏壁，与宋金刚对峙。当时黄河以东的州县遭到军队的战乱和抢劫之后，没有仓库蓄粮，人心惊恐，进入城堡聚居。唐军向民众征收，收不到粮食，军队缺粮。李世民发布告示晓谕百姓，百姓听说李世民前来担任统帅，全都来归顺，由近及远，前来的人日益增加，然后逐渐能征收到粮食，军粮得以充足。李世民休兵养马，只命偏将的部队乘隙外出抄掠，大军则坚守壁垒不外出作战，这样就使宋金刚的势力日益衰弱。

李世民曾经亲自率领轻骑兵外出侦察敌情，随从的骑兵四处走散，李世民只和一名穿铠甲的士卒登上山丘睡觉。不久，敌人从四面包围过来，开始二人毫不知觉，正好此时有蛇追逐老鼠，碰到了甲士的脸，甲士惊醒，于是向李世民报告，二人一起上马，骑马奔驰一百余步，被敌人追上，李世民用大羽箭射死敌人的骁将，敌人骑兵于是退回。

李世勣想归顺唐，又怕害他父亲，便和郭孝恪谋划。郭孝恪说："我们新近归附窦建德，动辄受到怀疑，应当先立功以取得信任，然后就可以谋划归唐了。"李世勣听从这一建议。于是袭击王世充的获嘉城，攻下城池，有许多俘获，拿来献给窦建德，窦建德由此对李世勣亲近。

当初，漳南人刘黑闼，年轻时骁勇而又狡猾，与窦建德是好友，后来叛乱为盗，先后投奔过郝孝德、李密、王世充。王世充任命他为骑将，刘黑闼看到王世充的所作所为，暗地里嘲笑他。王世充让刘黑闼守卫新乡，李世勣袭击并俘虏了刘黑闼，献给窦建德。窦建德任命刘黑闼为将军，赐予汉东公的爵位，常常派他率奇兵四处偷袭，有时也潜入敌人境内侦察敌方的虚实，刘黑闼往往乘机奋击，攻克而有俘获之后就返回。

十二月二十五日庚申，唐高祖在华山围猎。

于筠劝说永安王李孝基急攻吕崇茂，独孤怀恩请求先准备好攻城器械，然后进攻，李孝基听从了这一建议。吕崇茂向宋金刚求援，宋金刚派遣手下将领善阳人尉迟敬德、寻相带兵迅速赶到夏县。李孝基腹背受敌，唐军于是大败，李孝基、独孤怀恩、于筠、唐俭以及行军总管刘世让都被宋金刚俘虏。尉迟敬德名恭，人们只称他的字，不称名。

唐高祖征召裴寂回到朝廷，责备他率军作战失败，交给有关部门审问，不久又

尉迟敬德、寻相将还浍州，秦王世民遣兵部尚书殷开山、总管秦叔宝等邀之于美良川，大破之，斩首二千余级。顷之，敬德、寻相潜引精骑援王行本于蒲反，世民自将步骑三千从间道夜趋安邑，邀击，大破之。敬德、相仅以身免，悉俘其众，复归柏壁。

诸将咸请与宋金刚战，世民曰："金刚悬军深入，精兵猛将，咸聚于是，武周据太原，倚金刚为扞蔽。军无蓄积，以虏掠为资，利在速战。我闭营养锐以挫其锋，分兵汾、隰，冲其心腹，彼粮尽计穷，自当遁走。当待此机，未宜速战。"

永安壮王孝基谋逃归，刘武周杀之。

李世勣复遣人说窦建德曰："曹、戴二州，户口完实，孟海公窃有其地，与郑人外合内离；若以大军临之，指期可取。既得海公，以临徐、兖，河南可不战而定也。"建德以为然，欲自将徇河南，先遣其行台曹旦等将兵五万济河，世勣引兵三千会之。

（以上为第一段，写唐秦王李世民率众讨刘武周。）

三年（庚辰，620 年）

春，正月，将军秦武通攻王行本于蒲反。行本出战而败，粮尽援绝，欲突围走，无随之者。戊寅，开门出降。辛巳，上幸蒲州，斩行本。秦王世民轻骑谒上于蒲州。宋金刚围绛州。癸巳，上还长安。

李世勣谋俟窦建德至河南，掩袭其营，杀之，冀得其父并建德土地以归唐。会建德妻产，久之不至。

曹旦，建德之妻兄也，在河南，多所侵扰，诸贼羁属者皆怨之。贼帅魏郡李文相，号李商胡，聚五千余人，据孟津中渧；母霍氏，亦善骑射，自称霍总管。世勣结商胡为昆弟，入拜商胡之母。母泣谓世勣曰："窦氏无道，如何事之！"世勣曰："母无忧，不过一月，当杀之，相与归唐耳！"世勣辞去，母谓商胡曰："东海公许我共图此贼，事久变生，何必待其来，不如速决。"是夜，商胡召曹旦偏裨二十三人，饮之酒，尽杀之。旦别将高雅贤、阮君明尚在河北未济，商胡以巨舟四艘济河北之兵

放了他，对他的宠遇更加优厚。

尉迟敬德、寻相将要返回浍州，秦王李世民派兵部尚书殷开山、总管秦叔宝等人在美良川截击，大败尉迟敬德，斩首两千多人。不久，尉迟敬德、寻相秘密率领精骑前往蒲反援救王行本，李世民自己率领三千步兵骑兵从小路连夜赶往安邑，截击尉迟敬德，大败他的军队。尉迟敬德、寻相只能单身逃脱，其部下全部被俘获，李世民又返回柏壁。

各位将领都请求与宋金刚交战，李世民说："宋金刚率领军队远离根据地深入我方境内，手下的精兵猛将，都聚齐在此。刘武周占据太原，依仗宋金刚作为屏障。宋金刚的军队没有粮食储备，靠掠夺作为军资，利于速战。我们关闭营门养精蓄锐，以此来挫败他的锐气，又分兵攻击汾州、隰州，冲击他的心腹要害之地，他们粮食吃光就会无计可施，自然就会逃走。应当等待这个机会，不宜速战。"

永安壮王李孝基谋划逃归，被刘武周杀死。

李世勣又派人游说窦建德："曹、戴二州，户口完备充实，孟海公窃据此二州的地盘，与郑国貌合神离，如果发大军进攻他，指定日期就可拿下。俘获孟海公之后，再率兵逼近徐州、兖州，黄河以南可以不用作战就能平定。"窦建德认为这一计策很好，便准备亲自领兵攻取河南，先派他的行台曹旦等人率五万兵马渡过黄河，李世勣率兵三千与他们会合。

唐高祖武德三年（庚辰，620 年）

春季，正月，唐将军秦武通在蒲反攻打王行本。王行本出城作战而战败，粮草已尽，救援也断绝，打算突围逃走，但无人跟随他，正月十四日戊寅，王行本打开城门出来投降。正月十七日辛巳，唐高祖临幸蒲州，斩王行本。秦王李世民乘轻骑到蒲州谒见唐高祖。宋金刚包围绛州。正月二十九日癸巳，唐高祖返回长安。

李世勣谋划等窦建德到了河南，就偷袭他的营地，杀死窦建德，希望救回自己的父亲并且占据窦建德的地盘，然后回归唐朝。正好此时窦建德的妻子生孩子，窦建德很久也没有来到河南。

曹旦是窦建德妻子的哥哥，在河南掠夺骚扰了很多地方，归附的各路人马都对他怨恨。贼军首领魏郡人李文相，号称李商胡，聚集了五千多人，占据孟津中潬城，他的母亲霍氏也善于骑马射箭，自称霍总管。李世勣和李商胡结为兄弟，入室拜见李商胡的母亲。霍氏流着泪对李世勣说："窦氏没有道德信义，如何侍奉他？"李世勣说："母亲不要担忧，不过一个月，当会杀了他，我们一起归顺唐朝！"李世勣告辞离去，霍氏对李商胡说："东海公答应与我们共同杀死窦建德这个贼子，时间长了会发生变化，何必等他来，不如从速解决他。"当晚，李商胡招来曹旦手下的二十三

三百人，至中流，悉杀之。有兽医游水得免，至南岸，告曹旦，旦严警为备。商胡既举事，始遣人告李世勣。世勣与曹旦连营，郭孝恪劝世勣袭旦，世勣未决，闻旦已有备，遂与孝恪帅数十骑来奔。商胡复引精兵二千北袭阮君明，破之。高雅贤收众去，商胡追之，不及而还。

建德群臣请诛李盖，建德曰：“世勣，唐臣，为我所虏，不忘本朝，乃忠臣也，其父何罪！”遂赦之。

甲午，世勣、孝恪至长安。曹旦遂取济州，复还洺州。

二月，庚子，上幸华阴。

刘武周遣兵寇潞州，陷长子、壶关。潞州刺史郭子武不能御，上以将军河东王行敏助之。行敏与子武不叶，或言子武将叛，行敏斩子武以徇。乙巳，武周复遣兵寇潞州，行敏击破之。

壬子，开州蛮冉肇则陷通州。

甲寅，遣将军桑显和等攻吕崇茂于夏县。

初，工部尚书独孤怀恩攻蒲反，久不下，失亡多，上数以敕书诮让之，怀恩由是怨望。上尝戏谓怀恩曰：“姑之子皆已为天子，次应至舅之子乎？”怀恩亦颇以此自负，或时扼腕曰：“我家岂女独贵乎？”遂与麾下元君宝谋反。会怀恩、君宝与唐俭皆没于尉迟敬德，君宝谓俭曰：“独孤尚书近谋大事，若能早决，岂有此辱哉！”及秦王世民败敬德于美良川，怀恩逃归，上复使之将兵攻蒲反。君宝又谓俭曰：“独孤尚书遂拔难得还，复在蒲反，可谓王者不死！”俭恐怀恩遂成其谋，乃说尉迟敬德，请使刘世让还与唐连和，敬德从之，遂以怀恩反状闻。时王行本已降，怀恩入据其城，上方济河幸怀恩营，已登舟矣，世让适至。上大惊曰：“吾得免，岂非天也！”乃使召怀恩，怀恩未知事露，轻舟来至，即执以属吏，分捕党与。甲寅，诛怀恩及其党。

（以上为第二段，写李世勣设谋脱离窦建德回归唐室；独孤怀恩谋反被诛。）

位偏将，给他们喝酒，然后把他们全部杀死。曹旦的别将高雅贤、阮君明还在黄河北岸没有过河，李商胡用四艘大船运送黄河北岸的三百士兵过河，船到河中心，将三百人全部杀死。有一位兽医游水逃脱，来到南岸，向曹旦报告，曹旦严加警戒进行防备。李商胡既已起事，才派人通知李世勣。李世勣与曹旦的军营相互连接，郭孝恪劝李世勣袭击曹旦，李世勣未下决心，听说曹旦已有防备，便和郭孝恪率数十骑兵前来投奔唐军。李商胡又带两千精兵，袭击北面的阮君明，打败了他。高雅贤收拾部队退去，李商胡追赶，没有追上而返回。

窦建德的诸位大臣请求杀掉李盖，窦建德说："李世勣是唐朝大臣，被我俘虏，不忘唐朝，这是忠臣，他父亲有什么罪呢？"于是赦免了李盖。

正月三十日甲午，李世勣、郭孝恪到达长安。曹旦于是攻取济州，然后又返回洺州。

二月初六日庚子，唐高祖临幸华阴。

刘武周派兵侵犯潞州，攻陷长子、壶关二县。潞州刺史郭子武抵抗不住刘武周，唐高祖派将军河东人王行敏援助郭子武。王行敏与郭子武不和，有人说郭子武将要反叛，王行敏就杀了郭子武传首示众。二月十一日乙巳，刘武周又派兵侵犯潞州，王行敏击退刘武周。

二月十八日壬子，开州蛮族冉肇则攻陷通州。

二月二十日甲寅，唐派遣将军桑显和等人在夏县攻打吕崇茂。

当初，工部尚书独孤怀恩攻打蒲反，很久不能攻克，伤亡很多，唐高祖数次发布敕书责备他，于是独孤怀恩心生怨恨。唐高祖曾对独孤怀恩开玩笑说："你姑姑的儿子都做了天子，下一个应该轮到舅舅的儿子了吗？"独孤怀恩颇以此自负，有时扼着手腕说："我家难道只有女人尊贵吗？"于是就和手下元君宝谋反。正好此时独孤怀恩、元君宝和唐俭都被尉迟敬德俘虏，元君宝对唐俭说："独孤尚书近来谋划大事，如果能早些决定，哪里会有这次的屈辱啊！"等到秦王李世民在美良川打败尉迟敬德，独孤怀恩逃回唐朝，唐高祖又让他率兵攻打蒲反。元君宝又对唐俭说："独孤尚书终于从死难中逃脱而得以回到唐朝，又来到蒲反，可以说是王者不死！"唐俭恐怕独孤怀恩完成其阴谋，于是劝说尉迟敬德，请让刘世让回去与唐朝讲和，尉迟敬德听从了他的意见，于是就上报独孤怀恩谋反的情况。当时王行本已经降唐，独孤怀恩进驻蒲反城，唐高祖正要渡过黄河前去独孤怀恩的营地，已经登上了渡船，刘世让恰好赶到。唐高祖大惊说："我能够免除灾祸，岂非天意？"于是派人召见独孤怀恩，独孤怀恩不知道事情已经败露，就乘小船来到唐高祖处，唐高祖当即逮捕了他交给有关官员，分头搜捕他的同党。二月二十日甲寅，诛杀独孤怀恩及其同党。

窦建德攻李商胡，杀之。建德洺州劝课农桑，境内无盗，商旅野宿。

突厥处罗可汗迎杨政道，立为隋王。中国士民在北者，处罗悉以配之，有众万人。置百官，皆依隋制，居于定襄。

三月，乙丑，刘武周遣其将张万岁寇浩州，李仲文击走之，俘斩数千人。

改纳言为侍中，内史令为中书令，给事郎为给事中。

甲戌，以内史侍郎封德彝为中书令。

王世充将帅、州县来降者，时月相继。世充乃峻其法，一人亡叛，举家无少长就戮，父子、兄弟、夫妇许相告而免之。又使五家为保，有举家亡者，四邻不觉，皆坐诛。杀人益多而亡者益甚，至于樵采之人，出入皆有限数；公私愁窘，人不聊生。又以宫城为大狱，意所忌者，并其家属收系宫中；诸将出讨，亦质其家属于宫中，禁止者常不减万口，馁死者日有数十。世充又以台省官为司、郑、管、原、伊、殷、梁、凑、嵩、谷、怀、德等十二州营田使，丞、郎得为此行者，喜若登仙。

（以上为第三段，写王世充倒行逆施，暴虐军民。）

甲申，行军副总管张纶败刘武周于浩州，俘斩千余人。

西河公张纶、真乡公李仲文引兵临石州，刘季真惧而诈降。乙酉，以季真为石州总管，赐姓李氏，封彭山郡王。

蛮酋冉肇则寇信州，赵郡公孝恭与战，不利。李靖将兵八百，袭击，斩之，俘五千余人；己丑，复开、通二州。孝恭又击萧铣东平王阇提，斩之。

夏，四月，丙申，上祠华山；壬寅，还长安。

置益州道行台，以益、利、会、鄜、泾、遂六总管隶焉。

刘武周数攻浩州，为李仲文所败。宋金刚军中食尽；丁未，金刚北走，秦王世民追之。

罗士信围慈涧，王世充使太子玄应救之，士信刺玄应坠马，人救之，得免。

窦建德攻打李商胡，杀死了他。窦建德在洺州督促、鼓励农民从事农业与纺织，境内没有盗贼，商贾旅客可以在野外住宿。

突厥处罗可汗迎接杨政道，立他为隋王。中原的士人与民众逃难到北方的，处罗将他们全部配给杨政道管理，共有一万人。杨政道设置文武百官，全部依照隋朝制度，居住在定襄郡。

三月初二日乙丑，刘武周派遣他的将领张万岁侵犯浩州，李仲文击退了他，杀伤和俘虏数千人。

唐把纳言官名改为侍中，内史令改为中书令，给事郎改为给事中。

三月十一日甲戌，任命内史侍郎封德彝为中书令。

王世充手下的将领、州县前来投降唐朝的，每季每月都相继前来。王世充于是实行严刑峻法，一人叛逃，全家无论老少全部杀死，父子、兄弟、夫妻相互告发的可以免死。又把五家编为一保，有举家逃亡的，四邻不曾察觉，都要连坐诛死。杀人越多而逃亡者也更多，以至于出城砍柴的人，出城入城都有人数限制，官府与私人都愁怨窘迫，民不聊生。王世充又把宫城改为大监牢，把他心里忌恨的人，连其家属都逮捕囚禁在宫中。诸将如要出城作战，也要把家属留在宫中当人质。囚禁的人经常不下一万人，每天都有几十人饿死。王世充任命中央台省的官员充当司州、郑州、管州、原州、伊州、殷州、梁州、凑州、嵩州、谷州、怀州、德州共十二州的营田使，台省的丞、郎等官得到这种任职出行的，欢喜的如同登天做神仙。

三月二十一日甲申，唐行军副总管张纶在浩州打败刘武周，俘虏、斩首一千多人。

西河公张纶、真乡公李仲文带兵来到石州城下，刘季真害怕假称投降。三月二十二日乙酉，唐任命刘季真为石州总管，赐姓李，封为彭山郡王。

蛮族首领冉肇则侵犯信州，赵郡公李孝恭与冉肇则作战，失利。李靖率兵八百，袭击冉肇则，杀死了他，俘虏五千多人。三月二十六日己丑，唐收复开州、通州。李孝恭又袭击萧铣的东平王阇提，杀死了他。

夏季，四月初三日丙申，唐高祖祭祀华山。初九日壬寅，返回长安。

唐设置益州道行台，以益州、利州、会州、鄜州、泾州、遂州的六位总管隶属于益州道行台。

刘武周数次进攻浩州，被李仲文打败。宋金刚的军队粮食吃光了。四月十四日丁未，宋金刚向北逃走，秦王李世民追击他。

罗士信围攻慈涧，王世充派太子王玄应救援慈涧，罗士信把王玄应刺下马，有人救了王玄应，才得以逃脱。

壬子，以显州道行台杨士林为行台尚书令。

甲寅，加秦王世民益州道行台尚书令。

秦王世民追及寻相于吕州，大破之，乘胜逐北，一昼夜行二百余里，战数十合。至高壁岭，总管刘弘基执辔谏曰："大王破贼，逐北至此，功亦足矣，深入不已，不爱身乎！且士卒饥疲，宜留壁于此，俟兵粮毕集，然后复进，未晚也。"世民曰："金刚计穷而走，众心离沮；功难成而易败，机难得而易失，必乘此势取之。若更淹留，使之计立备成，不可复攻矣。吾竭忠徇国，岂顾身乎！"遂策马而进，将士不敢复言饥。追及金刚于雀鼠谷，一日八战，皆破之，俘斩数万人。夜，宿于雀鼠谷西原，世民不食二日，不解甲三日矣，军中止有一羊，世民与将士分而食之。丙辰，陕州总管于筠自金刚所逃来。世民引兵趣介休，金刚尚有众二万，出西门，背城布陈，南北七里。世民遣总管李世勣与战，小却，为贼所乘，世民帅精骑击之，出其陈后，金刚大败，斩首三千级。金刚轻骑走，世民追之数十里，至张难堡。浩州行军总管樊伯通、张德政据堡自守，世民免胄示之，堡中喜噪且泣，左右告以王不食，献浊酒、脱粟饭。

尉迟敬德收余众守介休，世民遣任城王道宗、宇文士及往谕之，敬德与寻相举介休及永安降。世民得敬德，甚喜，以为右一府统军，使将其旧众八千，与诸营相参。屈突通虑其变，骤以为言，世民不听。

刘武周闻金刚败，大惧，弃并州走突厥。金刚收其余众，欲复战，众莫肯从，亦与百余骑走突厥。

世民至晋阳，武周所署仆射杨伏念以城降。唐俭封府库以待世民，武周所得州县皆入于唐。

未几，金刚谋走上谷，突厥追获，腰斩之。岚州总管刘六儿从宋金刚在介休，秦王世民擒斩之。其兄季真，弃石州，奔刘武周将马邑高满政，满政杀之。

武周之南寇也，其内史令苑君璋谏曰："唐主举一州之众，直取长安，所向无敌，此乃天授，非人力也。晋阳以南，道路险隘，悬军深入，无继于后，若进战不利，何以自还！不如北连突厥，南结唐朝，南面称孤，

四月十九日壬子，唐任命显州道行台杨士林为行台尚书令。

四月二十一日甲寅，加封秦王李世民为益州道行台尚书令。

秦王李世民在吕州追上寻相，将他打败，乘胜追击逃敌，一昼夜走了二百多里，数十次与敌军作战。到了高壁岭，总管刘弘基抓住马缰绳规劝说："大王打败贼军，追击逃敌到了这里，功劳也足够了，不断深入，不爱惜自己吗？况且士兵饥饿疲惫，应当在此停留筑壁垒，等到兵马粮草都齐备了，然后再进攻也不晚。"李世民说："宋金刚无计可施才逃跑，军心涣散，事功难以成功却容易失败，机会难以得到而容易失去，一定要利用现在的形势消灭他。如果再做停滞驻留，让他确立了对策，完成了防备，就不可以再进攻他了。我要竭尽忠诚以身殉国，怎能顾惜自身？"于是鞭策坐骑继续前进，将士们也不敢再说饥饿。唐军在雀鼠谷追上宋金刚，一天作战八次，都打败了宋金刚，杀死、俘虏了数万人。当夜，住宿在雀鼠谷西面的高地上，李世民已经两天没吃东西，三天没有解开战袍，全军只有一只羊，李世民与将士们分着吃了这只羊。四月二十三日丙辰，唐陕州总管于筠从宋金刚军中逃脱回来。李世民率兵奔赴介休，宋金刚还有两万人，从西门出城，背对城墙排开战阵，南北长达七里。李世民派总管李世勣与宋金刚作战，稍有退却，被宋金刚乘势反攻，李世民率领精锐骑兵攻击宋金刚，出现在宋金刚的阵后，宋金刚大败，唐军斩首三千人。宋金刚以轻骑逃走，李世民追赶数十里，追到张难堡。唐浩州行军总管樊伯通、张德政占据堡垒防守，李世民摘下头盔向他们示意，堡中守军看到后欢呼呐喊并且流下泪来，李世民的随从告诉守军秦王没有吃饭，守军就献上浊酒、粗米饭。

尉迟敬德收拾残部守住介休，李世民派任城王李道宗、宇文士及前去劝降，尉迟敬德于是和寻相率介休、永安二县投降唐朝。李世民得到尉迟敬德，非常高兴，任命尉迟敬德为右一府统军，并让他仍然统领八千旧部，与各营并列。屈突通担心尉迟敬德叛变，急切地提醒李世民，李世民不听。

刘武周听说宋金刚战败，大为恐惧，放弃并州逃到突厥。宋金刚收拾残部，准备再战，但众人都不肯听从他，于是宋金刚也和一百多骑兵逃到突厥。

李世民到达晋阳，刘武周任命的仆射杨伏念率晋阳城投降。唐俭封存了刘武周的仓库等待李世民处理，刘武周占据的州县全部并入唐朝。

不久，宋金刚计划逃向上谷，突厥追上俘获了他，腰斩了宋金刚。唐岚州总管刘六兒自投降之后就跟随宋金刚在介休，此时秦王李世民活捉并杀了他。刘六兒的哥哥刘季真，放弃石州，投奔刘武周的将领马邑人高满政，高满政杀了他。

刘武周向南侵犯时，他的内史令苑君璋曾经规劝说："唐主以一个州的军力起兵，直接夺取了长安，所向无敌，这是上天授天命给他，不是人力所能成功的。晋阳以南，道路狭窄险要，孤军深入，后无援军跟进，假如进军攻战不利，靠什么返

足为长策。”武周不听，留君璋守朔州。及败，泣谓君璋曰：“不用君言，以至于此。”久之，武周谋亡归马邑，事泄，突厥杀之。突厥又以君璋为大行台，统其余众，仍令郁射设督兵助镇。

庚申，怀州总管黄君汉击王世充太子玄应于西济州，大破之；熊州行军总管史万宝邀之于九曲，又破之。

辛酉，王世充陷邓州。

上闻并州平，大悦。壬戌，宴群臣，赐缯帛，使自入御府尽力取之。复唐俭官爵，仍以为并州道安抚大使；所籍独孤怀恩田宅资财，悉以赐之。

世民留李仲文镇并州，刘武周数遣兵入寇，仲文辄击破之，下城堡百余所。诏仲文检校并州总管。

五月，窦建德遣高士兴击李艺于幽州，不克，退军笼火城。艺袭击，大破之，斩首五千级。建德大将军王伏宝，勇略冠军中，诸将疾之，言其谋反，建德杀之，伏宝曰：“大王奈何听谗言，自斩左右手乎！”

初，尉迟敬德将兵助吕崇茂守夏县，上潜遣使赦崇茂罪，拜夏州刺史，使图敬德，事泄，敬德杀之。敬德去，崇茂余党复据夏县拒守。秦王世民引军自晋州还攻夏县，壬午，屠之。

辛卯，秦王世民至长安。

是月，突厥遣阿史那揭多献马千匹于王世充，且求婚，世充以宗女妻之，并与之互市。

（以上为第四段，写秦王李世民讨灭刘武周，突厥转而助王世充，继续扰边。）

六月，壬辰，诏以和州总管、东南道行台尚书令楚王杜伏威为使持节、总管江淮以南诸军事、扬州刺史、东南道行台尚书令、淮南道安抚使，进封吴王，赐姓李氏。以辅公祏为行台左仆射，封舒国公。

丙午，立皇子元景为赵王，元昌为鲁王，元亨为酆王。

显州行台尚书令楚公杨士林，虽受唐官爵，而北结王世充，南通萧铣，诏庐江王瑗与安抚使李弘敏讨之。兵未行，长史田瓒为士林所忌，

回？不如北面联合突厥，南面与唐结交，在此一方称王称霸，才是长久之策。”刘武周不听，留下苑君璋守卫朔州。等到刘武周失败，哭着对苑君璋说：“没有采纳你的意见，以至于到了现在的地步。”很久之后，刘武周策划从突厥逃到马邑，事情泄露，突厥杀了刘武周。突厥又任命苑君璋为大行台，统领刘武周的余部，仍然令郁射设督兵协助镇守。

四月二十七日庚申，唐怀州总管黄君汉在西济州袭击王世充的太子王玄应，大破王玄应的部队。唐熊州行军总管史万宝在九曲又对王玄应进行截击，打败了王玄应。

四月二十八日辛酉，王世充攻陷邓州。

唐高祖听说平定了并州，非常高兴。四月二十九日壬戌，唐高祖宴请群臣，赐给缯帛，让群臣自己进入皇家仓库，尽力拿取。又恢复了唐俭的官爵，仍然任命他为并州道安抚大使，将没收独孤怀恩的田地房屋物品财富，全部赏赐给唐俭。

李世民留下李仲文镇守并州，刘武周数次派兵侵入并州境内，李仲文都将他们击退，攻下城堡一百多座。唐朝下诏任命李仲文为检校并州总管。

五月，窦建德派高士兴在幽州袭击李艺，未能取胜，撤军到笼火城。李艺袭击高士兴，大败高士兴军，斩首五千人。窦建德的大将军王伏宝，勇猛谋略为全军第一，众将领嫉妒他，说他谋反，窦建德处死王伏宝，王伏宝说：“大王为什么听信谗言，自己砍断左右手呢！”

当初，尉迟敬德带兵帮助吕崇茂守卫夏县，唐高祖暗中派人赦免吕崇茂的罪，封他为夏州刺史，让他杀死尉迟敬德，事情泄露，尉迟敬德杀了吕崇茂。尉迟敬德离开夏县后，吕崇茂的余部又占据夏县抗拒唐朝。秦王李世民率军从晋州回来进攻夏县，五月二十四日壬午，屠城。

五月二十九日辛卯，秦王李世民回到长安。

这个月，突厥派遣阿史那揭多向王世充献马一千匹，并要求通婚，王世充以同宗族的女儿嫁给突厥可汗为妻，并与突厥相互贸易。

六月初一日壬辰，唐下诏任命和州总管、东南道行台尚书令楚王杜伏威为使持节、总管江淮以南诸军事、扬州刺史、东南道行台尚书令、淮南道安抚使，并晋升封为吴王，赐姓李。任命辅公祏为东南道行台左仆射，封为舒国公。

六月初三日丙午，唐立皇子李元景为赵王，李元昌为鲁王，李元亨为酆王。

显州行台尚书令楚公杨士林，虽然接受唐的官爵，却向北交结王世充，向南与萧铣来往，唐下诏命庐江王李瑗与安抚使李弘敏讨伐杨士林。军队还未出发，长史

甲寅，瓒杀士林，降于世充，世充以瓒为显州总管。

秦王世民之讨刘武周也，突厥处罗可汗遣其弟步利设帅二千骑助唐。武周既败，是月，处罗至晋阳，总管李仲文不能制；又留伦特勒，使将数百人，云助仲文镇守，自石岭以北，皆留兵戍之而去。

上议击王世充，世充闻之，选诸州镇骁勇皆集洛阳，置四镇将军，募人分守四城。秋，七月，壬戌，诏秦王世民督诸军击世充。陕东道行台屈突通二子在洛阳，上谓通曰："今欲使卿东征，如卿二子何？"通曰："臣昔为俘囚，分当就死，陛下释缚，加以恩礼。当是之时，臣心口相誓，期以更生余年为陛下尽节，但恐不获死所耳。今得备先驱，二儿何足顾乎！"上叹曰："徇义之士，一至此乎！"

癸亥，突厥遣使潜诣王世充，潞州总管李袭誉邀击，败之，虏牛羊万计。

骠骑大将军可朱浑定远告"并州总管李仲文与突厥通谋，欲俟洛阳兵交，引胡骑直入长安"。甲戌，命皇太子镇蒲反以备之，又遣礼部尚书唐俭安抚并州，暂废并州总管府，征仲文入朝。

壬午，秦王世民至新安；王世充遣魏王弘烈镇襄阳，荆王行本镇虎牢，宋王泰镇怀州，齐王世恽检校南城，楚王世伟守宝城，太子玄应守东城，汉王玄恕守含嘉城，鲁王道徇守曜仪城，世充自将战兵，左辅大将军杨公卿帅左龙骧二十八府骑兵，右游击大将军郭善才帅内军二十八府步兵，左游击大将军跋野纲帅外军二十八府步兵，总三万人，以备唐。弘烈、行本，世伟之子；泰，世充之兄子也。

梁师都引突厥、稽胡兵入寇，行军总管段德操击破之，斩首千余级。

罗士信将前军围慈涧，世充自将兵三万救之。己丑，秦王将轻骑前觇世充，猝与之遇，众寡不敌，道路险厄，为世充所围。世民左右驰射，获其左建威将军燕琪，世充乃退。世民还营，尘埃覆面，军不复识，欲拒之，世民免胄自言，乃得入。旦日，帅步骑五万进军慈涧；世充拔慈涧之戍，归于洛阳。世民遣行军总管史万宝自宜阳南据龙门，将军刘德

田瓒受到杨士林的猜忌，六月二十三日甲寅，田瓒杀死杨士林，投降王世充，王世充任命田瓒为显州总管。

秦王李世民讨伐刘武周时，突厥处罗可汗派他的弟弟步利设率二千骑兵协助唐军。刘武周失败后，该月处罗可汗到晋阳，唐并州总管李仲文不能辖制处罗，处罗留下伦特勒，让伦特勒统领数百人，声称帮助李仲文镇守，从石岭关以北，都留下突厥兵戍守，然后离去。

唐高祖商议攻打王世充，王世充闻讯，选拔各州镇的骁勇士兵都集中到洛阳，设置四镇将军，又招募人分别守卫洛阳四城。秋季七月初一日壬戌，唐高祖下诏命秦王李世民统率诸军攻打王世充。唐陕东道行台屈突通的两个儿子都在洛阳，唐高祖对屈突通说："现在想让你东征洛阳，你的两个儿子怎么办？"屈突通回答道："臣过去作为俘虏囚犯，理当处死，陛下松绑释放了我，还赏赐很多恩惠。在那时，臣的内心和嘴上都发誓，希望在有生之年为陛下尽忠效力，只怕得不到战死的机会。如今能参加先驱部队，两个儿子哪里值得顾虑呢？"唐高祖赞叹说："为义而献身的士人，竟能达到这个地步吗？"

七月初二日癸亥，突厥派使者前往王世充处，唐潞州总管李袭誉率兵截击，打败了突厥使者，虏获牛羊数以万计。

唐骠骑大将军可朱浑定远报告："并州总管李仲文与突厥勾结密谋，准备等洛阳交战，引导突厥骑兵直驱长安。"七月十三日甲戌，唐高祖命令皇太子镇守蒲反进行防备，又派礼部尚书唐俭安抚并州，暂时废除并州总管府，征召李仲文入朝。

七月二十一日壬午，秦王李世民到达新安，王世充派遣魏王王弘烈镇守襄阳，荆王王行本镇守虎牢，宋王王泰镇守怀州，齐王王世恽指挥南城的防务，楚王王世伟防守宝城，太子王玄应防守东城，汉王王玄恕防守含嘉城，鲁王王道徇防守曜仪城，王世充亲自统帅作战军队，左辅大将军杨公卿统帅左龙骧二十八府骑兵，右游击大将军郭善才统帅内军二十八府步兵，左游击大将军跋野纲统帅外军二十八府步兵，总计三万人，以防备唐军的进攻。王弘烈、王行本是楚王王世伟的儿子，王泰是王世充哥哥的儿子。

梁师都引来突厥、稽胡军队入侵唐朝，唐行军总管段德操打败入侵之敌，斩首一千多级。

罗士信率领前锋部队包围慈涧，王世充亲自带领三万兵马救援慈涧。七月二十八日己丑，秦王李世民亲自带领轻骑兵前去侦察王世充军情，突然与王世充部队遭遇，李世民兵力太少，无法与王世充部队对抗，加上道路艰险，被王世充包围。李世民驰马左右拉弓射箭，敌兵都随着弓弦之声而被射倒，又抓获王世充的左建威将军燕琪，王世充于是退军。李世民返回营地，灰尘覆盖了面孔，部下都认不出他，

威自太行东围河内，上谷公王君廓自洛口断其饷道，怀州总管黄君汉自河阴攻回洛城；大军屯于北邙，连营以逼之。世充洧州长史繁水张公谨与刺史崔枢以州城来降。

八月，丁酉，南宁西爨蛮遣使入贡。初，隋末蛮酋爨翫反，诛，诸子没为官奴，弃其地。帝即位，以翫子弘达为昆州刺史，令持其父尸归葬；益州刺史段纶因遣使招谕其部落，皆来降。

己亥，窦建德共州县令唐纲杀刺史，以州来降。

邓州土豪执王世充所署刺史来降。

癸卯，梁师都石堡留守张举帅千余人来降。

甲辰，黄君汉遣校尉张夜叉以舟师袭回洛城，克之，获其将达奚善定，断河阳南桥而还，降其堡聚二十余。世充使太子玄应帅杨公卿等攻回洛，不克，乃筑月城于其西，留兵戍之。

世充陈于青城宫，秦王世民亦置陈当之。世充隔水谓世民曰："隋室倾覆，唐帝关中，郑帝河南，世充未尝西侵，王忽举兵东来，何也？"世民使宇文士及应之曰："四海皆仰皇风，唯公独阻声教，为此而来！"世充曰："相与息兵讲好，不亦善乎！"又应之曰："奉诏取东都，不令讲好也。"至暮，各引兵还。

上遣使与窦建德连和，建德遣同安长公主随使者俱还。

乙卯，刘德威袭怀州，入其外郭，下其堡聚。

九月，庚午，梁师都将刘旻以华池来降，以为林州总管。

癸酉，王世充显州总管田瓒以所部二十五州来降；自是襄阳声问与世充绝。

史万宝进军甘泉宫。丁丑，秦王世民遣右武卫将军王君廓攻轘辕，拔之。王世充遣其将魏隐等击君廓，君廓伪遁，设伏，大破之，遂东徇地，至管城而还。先是，王世充将郭士衡、许罗汉掠唐境，君廓以策击

要将他拒之门外，李世民摘下头盔自己说话，才得以进入军营。第二天，李世民率领五万步兵骑兵进军慈涧，王世充撤除慈涧的防守，返回洛阳。李世民派遣行军总管史万宝自宜阳向南占据龙门，派将军刘德威自太行向东包围河内，派上谷公王君廓从洛口切断王世充军队的运粮道路，派怀州总管黄君汉从河阴进攻回洛城。唐的主力大军驻扎在洛阳北面的北邙山，将军营连成一片进逼洛阳。王世充的洧州长史繁水人张公谨与洧州刺史崔枢率洧州投降唐朝。

八月初七日丁酉，南宁西爨蛮派遣使节入朝进贡。当初，隋朝末年西爨蛮首领爨翫反叛，被朝廷诛杀，几个儿子被捉去做官府的奴仆，抛弃了他们的领地。唐高祖即位后，任命爨翫的儿子爨弘达为昆州刺史，命他携带父亲的尸骨回乡安葬，唐益州刺史段纶于是派使节招降西爨蛮的各个部落，各部落都来降唐。

八月初九日己亥，窦建德的共州县令唐纲杀死刺史，率共州降唐。

邓州当地的豪强捉住王世充任命的刺史，前来降唐。

八月十三日癸卯，梁师都的石堡留守张举带领一千多人前来降唐。

八月十四日甲辰，唐怀州总管黄君汉派校尉张夜叉用水军袭击回洛城，攻克城池，捉住王世充的守将达奚善定，拆断了河阳南桥，然后回军，并且降服了二十余处堡垒聚落。王世充命太子王玄应率领杨公卿等人进攻回洛城，未能攻克，于是在城西修筑月城，留兵戍守。

王世充在青城宫列阵，秦王李世民也布置阵势与之对垒。王世充隔着河水对李世民说："隋朝倾覆灭亡，唐在关中称帝，郑在河南称帝，世充未曾向西侵犯，秦王您忽然率军东来侵犯，这是什么原因？"李世民让宇文士及回应说："四海都尊仰唐朝皇帝的声威，只有你独自隔阻皇帝的政令教化，就是为此而来！"王世充说："我们相互息兵讲和，不也是好办法吗？"宇文士及又回应说："遵奉诏命来取东都，不令讲和。"到了傍晚，双方各自率兵回营。

唐高祖派出使节与窦建德讲和，窦建德送唐高祖同母妹妹同安长公主随使者一同返回长安。

八月二十五日乙卯，唐将军刘德威袭击怀州，进入怀州外城，攻下城外的堡垒聚落。

九月初十日庚午，梁师都部将刘旻率华池县前来降唐，唐朝任命他为林州总管。

九月十三日癸酉，王世充显州总管田瓒以所管辖的二十五个州前来降唐，从此以后，襄阳的王弘烈就与洛阳王世充之间中断了联系。

唐行军总管史万宝进军甘泉宫。九月十七日丁丑，秦王李世民派遣右武卫将军王君廓攻打轘辕，攻克此城。王世充派将领魏隐等人攻击王君廓，王君廓伪装逃跑，设下埋伏，大败魏隐等人，于是又向东扩展地盘，直到管城才回军。在此之前，王

却之，诏劳之曰："卿以十三人破贼一万，自古以少制众，未之有也。"

世充尉州刺史时德叡帅所部杞、夏、陈、随、许、颍、尉七州来降。秦王世民以便宜命州县官并依世充所署，无所变易，改尉州为南汴州，于是河南郡县相继来降。

（以上为第五段，写秦王李世民帅大军东出讨王世充，王世充所属河南郡县纷纷归降。）

刘武周降将寻相等多叛去。诸将疑尉迟敬德，囚之军中，行台左仆射屈突通、尚书殷开山言于世民曰："敬德骁勇绝伦，今既囚之，心必怨望，留之恐为后患，不如遂杀之。"世民曰："不然，敬德若叛，岂在寻相之后邪！"遽命释之，引入卧内，赐之金，曰："丈夫意气相期，勿以小嫌介意，吾终不信谗言以害忠良，公宜体之。必欲去者，以此金相资，表一时共事之情也。"辛巳，世民以五百骑行战地，登魏宣武陵。王世充帅步骑万余猝至，围之，单雄信引槊直趋世民，敬德跃马大呼，横刺雄信坠马，世充兵稍却，敬德翼世民出围。世民、敬德更帅骑兵还战，出入世充陈，往反无所碍。屈突通引大兵继至，世充兵大败，仅以身免；擒其冠军大将军陈智略，斩首千余级，获排矟兵六千。世民谓敬德曰："公何相报之速也！"赐敬德金银一箧，自是宠遇日隆。

敬德善避矟，每单骑入敌陈中，敌丛矟刺之，终莫能伤，又能夺敌矟返刺之。齐王元吉以善马矟自负，闻敬德之能，请各去刃相与校胜负，敬德曰："敬德谨当去之，王勿去也。"既而元吉刺之，终不能中。秦王世民问敬德曰："夺矟与避矟，孰难？"敬德曰："夺矟难。"乃命敬德夺元吉矟。元吉操矟跃马，志在刺之，敬德须臾三夺其矟；元吉虽面相叹异，内甚耻之。

叛胡陷岚州。

初，王世充以邴元真为滑州行台仆射。濮州刺史杜才幹，李密故将

世充的将领郭士衡、许罗汉进入唐境攻掠，王君廓设计击退郭、许，唐高祖下诏慰问王君廓说："你率领十三人打破敌人一万，自古以来以少胜多，从未有过啊。"

王世充的尉州刺史时德叡率领所管辖的杞州、夏州、陈州、随州、许州、颍州、尉州共七个州前来降唐。秦王李世民根据具体情况任命新来归附的州县官吏，都用王世充任命的官员，无所变动，把尉州改为南汴州，于是王世充所属的河南地区的郡县相继前来投降。

刘武周将领寻相等人降唐之后又多背叛而去。唐军诸将怀疑尉迟敬德也会叛逃，就把他囚禁在军中，行台左仆射屈突通、尚书殷开山对李世民说："尉迟敬德骁勇绝伦，现在已被囚禁，内心必然怨恨，留着恐怕会成为后患，不如干脆杀了他。"李世民说："不是这样，敬德如果叛逃，怎会在寻相之后呢？"马上下令释放尉迟敬德，把他带入卧室内，赐给他黄金，说："大丈夫以意气相互期许，不要因为小的嫌隙而有所介意，我终究不相信谗言而杀害忠良，你应当体会我的心意。如果一定要走，拿这点金子作为路费，以表明我们曾经一时共过事的心情。"九月二十一日辛巳，李世民率五百骑兵巡视战场地形，登上北魏宣武帝的陵墓。王世充率领一万多步兵骑兵突然来到，包围李世民，王世充的将领单雄信挺着长枪直接冲向李世民，尉迟敬德跃马大声呼喊，从一旁刺中单雄信使他坠下战马，王世充的军队稍微后退，尉迟敬德护卫着李世民冲出包围。李世民、尉迟敬德又率骑兵返回作战，冲进王世充的阵列，来来往往无人能阻挡。屈突通也率领大军随后赶到，王世充军队大败，王世充仅以身免。唐军活捉了王世充的冠军大将军陈智略，斩首一千多人，俘虏六千多名成排手持长矛的士兵。李世民对尉迟敬德说："你的回报何其快啊！"赐给尉迟敬德一箱金银，从此以后尉迟敬德的宠遇日益隆盛。

尉迟敬德善于躲避对方的长矛，常常单枪匹马冲入敌阵，敌人成群的长矛来刺他，始终没能刺伤他，尉迟敬德又能夺取敌人长矛反刺过去。齐王李元吉以擅长骑马使用长矛自负，听说尉迟敬德的才能，请求各自去掉矛刃较量胜负，尉迟敬德说："敬德自当去掉矛刃，王不用去掉。"然后李元吉用长矛刺尉迟敬德，始终不能刺中。秦王李世民问尉迟敬德："夺矛和避矛，哪个更难？"尉迟敬德说："夺矛更难。"于是秦王又命尉迟敬德夺取李元吉手上的长矛。李元吉手持长矛跃马冲来，志在一定刺中尉迟敬德，尉迟敬德转眼之间就把李元吉的长矛夺下来三次，李元吉虽然脸上表示赞叹惊异，内心却深以为耻辱。

反叛的胡人攻陷岚州。

当初，王世充任命邴元真为滑州行台仆射。濮州刺史杜才幹是李密的旧将，恨

也，恨元真叛密，诈以其众降之。元真恃其官势，自往招慰，才幹出迎，延入就坐，执而数之曰："汝本庸才，魏公置汝元僚，不建毫发之功，乃构滔天之祸，今来送死，是汝之分！"遂斩之，遣人赍其首至黎阳祭密墓。壬午，以濮州来降。

突厥莫贺咄设寇凉州，总管杨恭仁击之，为所败，掠男女数千人而去。

丙戌，以田瓒为显州总管，赐爵蔡国公。

冬，十月，甲午，王世充大将军张镇周来降。

甲辰，行军总管罗士信袭王世充硖石堡，拔之。士信又围千金堡，堡中人骂之。士信夜遣百余人抱婴儿数十至堡下，使儿啼呼，诈云"从东都来归罗总管"。既而相谓曰："此千金堡也，吾属误矣。"即去。堡中以为士信已去，来者洛阳亡人，出兵追之。士信伏兵于道，伺其门开，突入，屠之。

（以上为第六段，写唐军连战皆捷，紧逼东都。秦王李世民不听谗言，保护了尉迟敬德，立效得报。）

窦建德之围幽州也，李艺告急于高开道，开道帅二千骑救之，建德兵引去，开道因艺遣使来降。戊申，以开道为蔚州总管，赐姓李氏，封北平郡王。开道有矢镞在颊，召医出之，医曰："镞深，不可出。"开道怒，斩之。别召一医，曰："出之恐痛。"又斩之。更召一医，医曰："可出。"乃凿骨，置楔其间，骨裂寸余，竟出其镞；开道奏妓进膳不辍。

窦建德帅众二十万复攻幽州。建德兵已攀堞，薛万均、万徹帅敢死士百人从地道出其背，掩击之，建德兵溃走，斩首千余级。李艺兵乘胜薄其营，建德陈于营中，填堑而出，奋击，大破之，建德逐北，至其城下，攻之不克而还。

李密之败也，杨庆归洛阳，复姓杨氏。及王世充称帝，庆复姓郭氏，世充以为管州总管，妻以兄女。秦王世民逼洛阳，庆潜遣人请降，世民遣总管李世勣将兵往据其城。庆欲与其妻偕来，妻曰："主上使妾侍巾栉

邴元真背叛李密，假意率其部下投降邴元真。邴元真仗着他的官位权势，自己前往濮州招降慰问，杜才幹出门迎接，请他入内就座，于是逮捕邴元真列数他的罪行说："你本来是个庸才，魏公让你担任身边的要职，你不建立一丝一毫的功劳，却策划了滔天大祸，今天来送死，这是你应得的命运！"于是斩杀邴元真，派人带着邴元真的首级到黎阳祭奠李密的陵墓。九月二十二日壬午，杜才幹率濮州前来降唐。

突厥莫贺咄设侵犯凉州，唐总管杨恭仁攻击他，被突厥人打败，突厥人掠夺几千名唐朝百姓然后离去。

九月二十六日丙戌，唐任命田瓒为显州总管，赐给蔡国公爵位。

冬季十月初五日甲午，王世充的大将军张镇周前来降唐。

十月十五日甲辰，唐行军总管罗士信袭击王世充的硖石堡，攻克城堡。罗士信又包围千金堡，堡里的人咒骂罗士信。罗士信夜间派一百多人怀抱几十个婴儿到千金堡下，让婴儿啼哭呼叫，诈称"从东都来投奔罗总管"。然后又互相说："这是千金堡啊，我们搞错了。"马上离去。堡里的人以为罗士信已经离去，来的人是从洛阳逃亡出来的，派兵出堡追赶。罗士信在途中设下埋伏，等千金堡门一开，突然冲进堡中，屠杀全堡之人。

窦建德包围幽州时，李艺向高开道告急，高开道率二千骑兵救援幽州，窦建德的军队撤退，高开道通过李艺派遣使者前来降唐。十月十九日戊申，唐任命高开道为蔚州总管，赐他姓李，封为北平郡王。有一枚箭头射在高开道的脸颊上，找来医生拔出箭头，医生说："箭头射得太深，拔不出来。"高开道发怒，斩杀了医生。另外又招来一位医生，医生说："拔出箭头恐怕很痛。"高开道又杀了这个医生。又找来一位医生，医生说："能拔出来。"于是凿开颊骨，在中间钉入一枚楔子，于是骨头裂开一寸多宽，最终拔出了箭头。在医生拔箭头时，高开道让妓女奏乐，自己吃饭，并没有停止。

窦建德率领二十万人马又来攻打幽州。窦建德的士兵已经登上城上堞垛，薛万均、薛万徹率领一百多人的敢死队从地道中出城，从窦建德军背后突袭，窦建德军溃败逃走，唐军斩首一千多人。李艺的军队乘胜逼近窦建德营地，窦建德在营中列阵，填平壕沟出营，奋力还击，大败李艺军，又追击败军，直到幽州城下，不能攻克城池，于是撤军。

李密失败时，杨庆返回洛阳，恢复旧姓杨氏。等到王世充称帝，杨庆又恢复姓郭，王世充任命他为管州总管，并把哥哥的女儿嫁给他为妻。秦王李世民进逼洛阳，郭庆暗中派人请求投降，李世民派遣总管李世勣带兵前往占据了管州城。郭庆打算

者，欲结君之心也。今君既辜付托，徇利求全，妾将如君何！若至长安，则君家一婢耳，君何用为！愿送至洛阳，君之惠也。”庆不许。庆出，妻谓侍者曰：“若唐遂胜郑，则吾家必灭；郑若胜唐，则吾夫必死。人生至此，何用生为！”遂自杀。庚戌，庆来降，复姓杨氏，拜上柱国、郇国公。

时世充太子玄应镇虎牢，军于荥、汴之间，闻之，引兵趣管城，李世勣击却之。使郭孝恪为书说荥州刺史魏陆，陆密请降。玄应遣大将军张志就陆征兵，丙辰，陆擒志等四将，举州来降。阳城令王雄帅诸堡来降，秦王世民使李世勣引兵应之，以雄为嵩州刺史，嵩南之路始通。魏陆使张志诈为玄应书，停其东道之兵，令其将张慈宝且还汴州，又密告汴州刺史王要汉使图慈宝，要汉斩慈宝以降。玄应闻诸州皆叛，大惧，奔还洛阳。诏以要汉为汴州总管，赐爵郧国公。

王弘烈据襄阳，上令金州总管府司马泾阳李大亮安抚樊、邓以图之。十一月，庚申，大亮攻樊城镇，拔之，斩其将国大安，下其城栅十四。

萧铣性褊狭，多猜忌。诸将恃功恣横，好专诛杀，铣患之，乃宣言罢兵营农，实欲夺诸将之权。大司马董景珍弟为将军，怨望，谋作乱；事泄，伏诛。景珍时镇长沙，铣下诏赦之，召还江陵。景珍惧，甲子，以长沙来降，诏峡州刺史许绍出兵应之。

云州总管郭子和，先与突厥、梁师都相连结，既而袭师都宁朔城，克之。又诇得突厥衅隙，遣使以闻，为突厥候骑所获。处罗可汗大怒，囚其弟子升。子和自以孤危，请帅其民南徙，诏以延州故城处之。

张举、刘旻之降也，梁师都大惧，遣其尚书陆季览说突厥处罗可汗曰：“比者中原丧乱，分为数国，势均力弱，故皆北面归附突厥。今定杨可汗既亡，天下将悉为唐有。师都不辞灰灭，亦恐次及可汗，不若及其未定，南取中原，如魏道武所为，师都请为乡导。”处罗从之，谋使莫贺咄设入自原州，泥步设与师都入自延州，突利可汗与奚、霫、契丹、靺

和妻子一同归唐，他妻子说："主上让妾来服侍你，是想拉住你的心。如今你既然辜负了主上的托付，追逐名利以求保全自己，妾将对你怎么办呢？假如到了长安，妾不过是你家的一个婢女罢了，对你又有什么用处！希望送我回洛阳，就是你对我的恩惠了。"郭庆不同意。郭庆出去，妻子对侍女说："如果唐最终胜了郑，则我家必然灭族，郑如果胜了唐，则我丈夫必然要死。人生到这个地步，还要活着干什么！"于是自杀。十月二十一日庚戌，郭庆前来降唐，又恢复姓杨，唐封他为上柱国、郇国公。

当时王世充的太子王玄应镇守虎牢，驻军在荥泽与汴水之间，听说杨庆降唐，带兵开赴管城，李世勣击退王玄应。李世勣让郭孝恪写信劝说荥州刺史魏陆，魏陆秘密请求归顺。王玄应派大将军张志到魏陆处征兵，十月二十七日丙辰，魏陆活捉张志等四员将领，率全州前来投降。阳城县令王雄率领诸堡垒前来降唐，秦王李世民派李世勣带兵接应，任命王雄为嵩州刺史，到此时才打通嵩山以南的道路。魏陆让张志伪造王玄应的信，命王玄应的东路兵马停止前进，命令将领张慈宝暂且返回汴州，又秘密通知汴州刺史王要汉让他杀掉张慈宝，王要汉斩杀张慈宝然后投降唐朝。王玄应听说各州都已反叛，大为惊恐，逃回洛阳。唐下诏任命王要汉为汴州总管，赐爵郳国公。

王弘烈占据襄阳，唐高祖命金州总管府司马泾阳人李大亮安抚樊州、邓州，以便伺机攻取襄阳。十一月初一日庚申，李大亮攻樊城镇，攻克樊城，将王弘烈的大将国大安斩首，李大亮又攻下当地十四座城寨。

萧铣性格偏颇狭隘，多有猜忌。他的诸位将领依仗有功而恣意横行，喜好专擅杀人，萧铣对此十分担心，于是宣称将要罢兵而经营农业，实际上想夺取诸将的兵权。大司马董景珍的弟弟也是将军，心中怨恨愤懑，谋划反叛，事情泄露，被杀死。董景珍当时镇守长沙，萧铣下诏赦免董景珍，召他返回江陵。董景珍感到害怕，十一月初五日甲子，率长沙前来降唐，唐诏令峡州刺史许绍出兵接应。

云州总管郭子和，此前与突厥、梁师都相互联合，之后袭击梁师都的宁朔城，攻下宁朔。又刺探到突厥内部出现裂隙矛盾，派人报告唐朝，结果被突厥巡逻骑兵查获。突厥处罗可汗大为愤怒，就囚禁了郭子和的弟弟郭子升。郭子和因为自己孤立危险，就向唐请求率领所辖民众向南迁徙，唐下诏用延州故城安置他们。

张举、刘旻降唐，梁师都大为恐惧，派遣尚书陆季览游说突厥处罗可汗："近来中原皇帝被杀，各地战乱不止，分裂成几个国家，他们的势力相当，但都力量弱小，因此都面向北对突厥称臣归附。如今定杨可汗刘武周已经败亡，天下将全部被唐朝据有。师都不怕覆灭，但恐怕按次序下一个就会轮到可汗，不如趁唐还未平定天下，南下夺取中原，如北魏道武帝所做的那样，师都请求做您的向导。"处罗可汗听从了

鞨入自幽州，会窦建德之师自滏口西入，会于晋、绛。莫贺咄者，处罗之弟咄苾也；突利者，始毕之子什钵苾也。

处罗又欲取并州以居杨政道，其群臣多谏，处罗曰："我父失国，赖隋得立，此恩不可忘。"将出师而卒。义成公主以其子奥射设丑弱，废之，更立莫贺咄设，号颉利可汗。乙酉，颉利遣使告处罗之丧，上礼之如始毕之丧。

戊子，安抚大使李大亮取王世充沮、华二州。

是月，窦建德济河击孟海公。

初，王世充侵建德黎阳，建德袭破殷州以报之。自是二国交恶，信使不通。及唐兵逼洛阳，世充遣使求救于建德。建德中书侍郎刘彬说建德曰："天下大乱，唐得关西，郑得河南，夏得河北，共成鼎足之势。今唐举兵临郑，自秋涉冬，唐兵日增，郑地日蹙，唐强郑弱，势必不支，郑亡，则夏不能独立矣。不如解仇除忿，发兵救之，夏击其外，郑攻其内，破唐必矣。唐师既退，徐观其变，若郑可取则取之，并二国之兵，乘唐师之老，天下可取也！"建德从之，遣使诣世充，许以赴援。又遣其礼部侍郎李大师等诣唐，请罢洛阳之兵，秦王世民留之，不答。

十二月，辛卯，王世充许、亳等十一州皆请降。

壬辰，燕郡王李艺又击窦建德军于笼火城，破之。

辛丑，王世充随州总管徐毅举州降。

癸卯，峡州刺史许绍攻萧铣荆门镇，拔之。绍所部与梁、郑邻接，二境得绍士卒，皆杀之，绍得二境士卒，皆资给遣之。敌人愧感，不复侵掠，境内以安。

萧铣遣其齐王张绣攻长沙，董景珍谓绣曰："'前年醢彭越，往年杀韩信'，卿不见之乎，何为相攻！"绣不应，进兵围之，景珍欲溃围走，为麾下所杀；铣以绣为尚书令。绣恃功骄横，铣又杀之。由是功臣诸将皆

他的建议，谋划派莫贺咄设从原州入侵，泥步设和梁师都从延州入侵，处罗可汗从并州入侵，突利可汗与奚、霫、契丹、靺鞨从幽州南下，会合窦建德的军队，从滏口西进，在晋州、绛州会合。莫贺咄设是处罗可汗的弟弟咄苾，突利可汗是始毕可汗的儿子什钵苾。

处罗可汗又打算夺取并州来让杨政道居住，他的群臣大都劝谏以为不可，处罗说："我父亲失去了国家，靠隋朝得以再次立国，这个大恩不可忘记。"处罗可汗将要出兵时却去世了。义成公主认为处罗的儿子奥射设貌丑而且身体虚弱，就废掉奥射设，改立莫贺咄设，号称颉利可汗。十一月二十六日乙酉，颉利派遣使者向唐通报处罗可汗去世的消息，唐高祖用礼节对待他的丧事，就像对待始毕可汗的丧事一样。

十一月二十九日戊子，唐安抚大使李大亮攻取王世充的沮州、华州两个州。

这个月，窦建德渡过黄河攻击孟海公。

当初，王世充侵犯窦建德的黎阳，窦建德袭击攻破殷州来报复王世充。从此郑、夏二国关系恶化，不再互派信使。等到唐军逼近洛阳，王世充派遣使节向窦建德求救。窦建德的中书侍郎刘彬劝他说："天下大乱，唐得关西，郑得河南，夏得河北，共同构成三足鼎立之势。如今唐起兵攻郑，从秋到冬，唐军日见增多，郑国地域日益缩小，唐强郑弱，郑势必不能支撑，郑灭亡，则夏不能单独存立。不如放弃仇怨，发兵救郑，夏从外袭击，郑自内反攻，一定能打败唐军。唐军退兵后，再慢慢观察形势的变化，如果可以攻取郑，就顺势攻取郑，将两国的兵力合并为一，趁唐军疲劳之机，就可以夺取天下了！"窦建德听从这一建议，派人去见王世充，答应出师援救。窦建德又派遣礼部侍郎李大师等人赶赴唐朝，请求罢除进攻洛阳的军队，秦王李世民留下使者，不给予回答。

十二月初三日辛卯，王世充境内的许州、亳州等十一州都请求降唐。

十二月初四日壬辰，唐燕郡王李艺再次在笼火城攻打窦建德的军队，打败了夏军。

十二月十三日辛丑，王世充的随州总管徐毅率全州降唐。

十二月十五日癸卯，唐峡州刺史许绍进攻萧铣的荆门镇，守取了该镇。许绍所辖的峡州与王世充的郑、萧铣的梁相邻接壤，郑、梁抓获许绍的部下，把他们全部杀死，而许绍抓获郑、梁的士兵，却给他们发放路费全部遣返。敌人羞愧并且感动，不再侵犯骚扰，峡州境内得以安定。

萧铣派齐王张绣攻打长沙，董景珍对张绣说："汉高祖'前年醢彭越，往年杀韩信'，你没有见到吗？为什么要互相攻杀呢？"张绣不作回答，进兵包围长沙，董景珍打算突围逃走，被部下杀死。萧铣任命张绣为尚书令。张绣仗着有功而骄傲蛮横，

有离心，兵势益弱。

王世充遣其兄子代王琬、长孙安世诣窦建德报聘，且乞师。

突厥伦特勒在并州，大为民患，并州总管刘世让设策擒之。上闻之，甚喜。张道源从窦建德在河南，密遣人诣长安，请出兵攻洺州以震山东。丙午，诏世让为行军总管，使将兵出土门，趣洺州。

己酉，瓜州刺史贺拔行威执骠骑将军达奚暠，举兵反。

（以上为第七段，写王世充与窦建德化敌为友，联合对抗唐军。）

是岁，李子通渡江攻沈法兴，取京口。法兴遣其仆射蒋元超拒之，战于庱亭，元超败死，法兴弃毗陵，奔吴郡。于是丹阳、毗陵等郡皆降于子通。子通以法兴府掾李百药为内史侍郎、国子祭酒。

杜伏威遣行台左仆射辅公祏。将卒数千攻子通，以将军阚稜、王雄诞为之副。公祏渡江攻丹阳，克之，进屯溧水，子通帅众数万拒之。公祏简精甲千人，执长刀为前锋，又使千人踵其后，曰："有退者即斩之。"自帅余众，复居其后。子通为方陈而前，公祏前锋千人殊死战，公祏复张左右翼以击之，子通败走，公祏逐之，反为所败，还，闭壁不出。王雄诞曰："子通无壁垒，又狃于初胜，乘其无备，击之可破也。"公祏不从。雄诞以其私属数百人夜出击之，因风纵火，子通大败，降其卒数千人。子通食尽，弃江都，保京口，江西之地尽入于伏威，伏威徙居丹阳。

子通复东走太湖，收合亡散，得二万人，袭沈法兴于吴郡，大破之。法兴帅左右数百人弃城走，吴郡贼帅闻人遂安遣其将叶孝辩迎之，法兴中途而悔，欲杀孝辩，更向会稽。孝辩觉之，法兴窘迫，赴江溺死。子通军势复振，徙都余杭，尽收法兴之地，北自太湖，南至岭，东包会稽，西距宣城，皆有之。

广、新二州贼帅高法澄、沈宝徹杀隋官，据州，附于林士弘，汉阳太守冯盎击破之。既而宝徹兄子智臣复聚兵于新州，盎引兵击之。贼始

萧铣又杀了张绣。因此梁国的功臣及众将领都有了叛离之心，兵力也日益衰弱。

王世充派遣他哥哥的儿子代王王琬及长孙安世前往窦建德处回访，并且请求出师救援。

突厥的伦特勒在并州，对百姓造成很大祸害，唐并州总管刘世让设计捉住伦特勒。唐高祖听说了，非常高兴。张道源跟随窦建德在河南，派人秘密赴长安，请唐出兵攻打窦建德的都城洺州，以震慑山东地区。十二月十八日丙午，唐下诏任命刘世让为行军总管，让他统领军队出土门关，向洺州进军。

十二月二十一日己酉，瓜州刺史贺拔行威逮捕骠骑将军达奚暠，起兵反叛。

这一年，李子通渡过长江攻打沈法兴，夺取京口。沈法兴派遣他的仆射蒋元超抵抗李子通，在毗陵西北的庱亭交战，蒋元超战败身亡，沈法兴放弃毗陵，逃奔吴郡。于是丹阳、毗陵等郡都向李子通投降。李子通任命沈法兴的府掾李百药为内史侍郎、国子祭酒。

杜伏威派行台左仆射辅公祏率数千士卒攻打李子通，任命将军阚稜、王雄诞为辅公祏的副将。辅公祏渡过长江攻打丹阳，攻克丹阳后进军驻扎溧水，李子通率数万兵马抵抗。辅公祏挑选了一千名精兵手持长刀作前锋，又命一千人跟随在后，说："有退却的，当即斩首。"自己带领其余的兵马，又在这一千人的后面。李子通列方阵前进，辅公祏的前锋部队殊死战斗，辅公祏又张开左右翼来攻击李子通，李子通兵败逃跑，辅公祏追逐他，反被李子通打败，辅公祏返回军营，坚守壁垒不再出战。王雄诞说："李子通没有筑壁垒，又满足于小胜，我们乘他不加防备进行袭击，就可以打败他。"辅公祏不听。王雄诞便带自己的私人部队数百名士兵在夜晚出动袭击李子通，乘着风势放火，李子通大败，营中有数千名士卒向王雄诞投降。李子通粮食吃光了，放弃江都，退到京口进行防守，于是江西地区全部为杜伏威占据，杜伏威迁到丹阳。

李子通又向东逃往太湖，聚合逃亡的散兵，获得二万人，在吴郡袭击沈法兴，大败沈法兴。沈法兴率几百名亲随放弃吴郡郡城逃走，吴郡的叛贼首领闻人遂安派他的将领叶孝辨迎接沈法兴，沈法兴走到半路又后悔，想杀死叶孝辨，改逃会稽。叶孝辨发觉了沈法兴的阴谋，沈法兴处境窘迫，于是投江溺死。李子通的兵势重新强盛起来，于是率领他的群臣，将都城迁到余杭，全部接收了沈法兴的地盘，北从太湖，南到五岭，东面包括会稽，西面占据宣城，全部据为己有。

广州、新州的叛贼首领高法澄、沈宝徹杀死隋朝任命的州官，占据二州，归附林士弘，隋朝的汉阳太守冯盎打败高、沈二人。之后沈宝徹哥哥的儿子沈智臣又在

合，盎免胄大呼曰：“尔识我乎？”贼多弃仗肉袒而拜，遂溃，擒宝徹、智臣等，岭外遂定。

窦建德行台尚书令恒山胡大恩请降。

（以上为第八段，写李子通割据江东。）

四年（辛巳，621年）

春，正月，癸酉，以大恩为代州总管，封定襄郡王，赐姓李氏。代州石岭之北，自刘武周之乱，寇盗充斥，大恩徙镇雁门，讨击，悉平之。

稽胡酋帅刘企成部落数万，为边寇；辛巳，诏太子建成统诸军讨之。

王世充梁州总管程嘉会以所部来降。

杜伏威遣其将陈正通、徐绍宗帅精兵二千，来会秦王世民击王世充，甲申，攻梁，克之。

丙戌，黔州刺史田世康攻萧铣五州、四镇，皆克之。

秦王世民选精锐千余骑，皆皂衣玄甲，分为左右队，使秦叔宝、程知节、尉迟敬德、翟长孙分将之。每战，世民亲被玄甲帅之为前锋，乘机进击，所向无不摧破，敌人畏之。行台仆射屈突通、赞皇公窦轨引兵按行营屯，猝与王世充遇，战不利。秦王世民帅玄甲救之，世充大败，获其骑将葛彦璋，俘斩六千余人。世充遁归。

李靖说赵郡王孝恭以取萧铣十策，孝恭上之。二月，辛卯，改信州为夔州，以孝恭为总管，使大造舟舰，习水战。以孝恭未更军旅，以靖为行军总管，兼孝恭长史，委以军事。靖说孝恭悉召巴、蜀酋长子弟，量才授任，置之左右，外示引擢，实以为质。

王世充太子玄应将兵数千人，自虎牢运粮入洛阳，秦王世民遣将军李君羡邀击，大破之，玄应仅以身免。

世民使宇文士及奏请进围东都，上谓士及曰：“归语尔王：今取洛阳，止于息兵，克城之日，乘舆法物，图籍器械，非私家所须者，委汝收之；其余子女玉帛，并以分赐将士。”

新州纠集兵力，冯盎率兵攻打沈智臣。叛军刚刚与冯盎的军队对阵，冯盎就脱下头盔大声呼喊说："你们认识我吗？"叛贼兵士大都放弃兵器赤膊下拜，于是叛军溃散，冯盎活捉了沈宝徹、沈智臣等人，岭南地区于是平定。

窦建德的行台尚书令恒山人胡大恩请求降唐。

唐高祖武德四年（辛巳，621 年）

春季，正月十五日癸酉，唐朝任命胡大恩为代州总管，封为定襄郡王，赐姓李。代州石岭以北，自从刘武周起兵叛乱后，到处都是强盗乱兵，李大恩将州的治所迁到雁门，出兵征讨，全部平定了各处的强盗乱兵。

稽胡族的酋长刘佡成有部落数万处，在唐朝边境劫掠为寇，正月二十三日辛巳，唐高祖下诏命太子李建成统领各军讨伐稽胡。

王世充的梁州总管程嘉会带领部下前来降唐。

杜伏威派遣他的将领陈正通、徐绍宗带领两千精兵前来，与秦王李世民会合，攻打王世充，正月二十六日甲申，攻击梁县，攻下了县城。

正月二十八日丙戌，黔州刺史田世康攻打萧铣的五个州、四个镇，全部攻克。

秦王李世民挑选一千多精锐骑兵，全部穿黑衣黑甲，分为左右队，让秦叔宝、程知节、尉迟敬德、翟长孙名分别统领。每次作战，李世民亲自披上黑甲率领他们作为先锋，乘机进击，他所攻击之处，所有的敌军全被攻破摧毁，敌人非常畏惧这支部队。行台仆射屈突通、赞皇公窦轨率兵巡视军营的驻扎布防，突然与王世充的部队遭遇，交战失利。秦王李世民带领黑甲部队救援他们，王世充的部队大败，俘获王世充的骑将葛彦璋，俘虏斩首六千多人。王世充逃跑回城。

李靖游说赵郡王李孝恭，提出削平萧铣的十条计策，李孝恭将十条计策上报朝廷。二月初三日辛卯，把信州改名为夔州，任命李孝恭为夔州总管，命他大造船舰，练习水战。因为李孝恭没有带军作战的经验，任命李靖为行军总管，兼任李孝恭的长史，把军事事务都交给李靖负责。李靖劝说李孝恭征召巴蜀地区酋长的子弟，根据他们的才能授以不同的官职，安置在自己的身边，对外显示引用提拔，实际上是以这些人作为人质。

王世充的太子王玄应率领几千士兵，从虎牢运粮进入洛阳，秦王李世民派遣将军李君羡拦截伏击，大败王玄应的运粮军，仅仅王玄应单身逃脱。

李世民派宇文士及上奏请求进军包围东都洛阳，唐高祖对宇文士及说："回去告诉你们的秦王：这次攻取洛阳，目的在于制止战乱而不再用兵，攻陷东都之日，隋朝皇室的车驾仪仗、图书簿籍以及各类器械，不是私人个人所需要的，委托你全部收管起来，其余的男女、玉器、丝帛，都用来分赐给将士。"

辛丑，世民移军青城宫，壁垒未立，王世充帅众二万自方诸门出，凭故马坊垣堑，临谷水以拒唐兵，诸将皆惧。世民以精骑陈于北邙，登魏宣武陵以望之，谓左右曰：“贼势窘矣，悉众而出，徼幸一战，今日破之，后不敢复出矣！”命屈突通帅步卒五千渡水击之，戒通曰：“兵交则纵烟。”烟作，世民引骑南下，身先士卒，与通合势力战。世民欲知世充陈厚薄，与精骑数十冲之，直出其背，众皆披靡，杀伤甚众。既而限以长堤，与诸骑相失，将军丘行恭独从世民，世充数骑追及之，世民马中流矢而毙。行恭回骑射追者，发无不中，追者不敢前。乃下马以授世民，行恭于马前步执长刀，距跃大呼，斩数人，突陈而出，得入大军。世充亦帅众殊死战，散而复合者数四，自辰至午，世充兵始退。世民纵兵乘之，直抵城下，俘斩七千人，遂围之。骠骑将军段志玄与世充兵力战，深入，马倒，为世充兵所擒，两骑夹持其髻，将渡洛水，志玄踊身而奋，二人俱坠马，志玄驰归，追者数百骑，不敢逼。

初，骠骑将军王怀文为唐军斥候，为世充所获，世充欲慰悦之，引置左右。壬寅，世充出右掖门，临洛水为陈，怀文忽引槊刺世充，世充衷甲，槊折不能入，左右猝出不意，皆愕眙不知所为。怀文走趣唐军，至写口，追获，杀之。世充归，解去衷甲，袒示群臣曰：“怀文以槊刺我，卒不能伤，岂非天所命乎！”

先是御史大夫郑颋不乐仕世充，多称疾不预事，至是谓世充曰：“臣闻佛有金刚不坏身，陛下真是也。臣实多幸，得生佛世，愿弃官削发为沙门，服勤精进，以资陛下之神武。”世充曰：“国之大臣，声望素重，一旦入道，将骇物听。俟兵革休息，当从公志。”颋固请，不许。退谓其妻曰：“吾束发从官，志慕名节，不幸遭遇乱世，流离至此，侧身猜忌之朝，累足危亡之地，智力浅薄，无以自全，人生会有死，早晚何殊，姑从吾所好，死亦无憾。”遂削发被僧服。世充闻之，大怒曰：“尔以我为必败，

二月十三日辛丑，李世民转移军队驻扎到青城宫，壁垒尚未建好，王世充率两万兵马从方诸门出城，凭借以前马坊的墙垣沟堑，临近穀水以抵御唐军，唐军诸将都惊惧起来。李世民让精锐骑兵在北邙山列阵，自己登上北魏宣武帝的陵墓观察郑军，对身边的人说："贼军的处境已经非常窘迫了，集中全部兵马出城，想侥幸进行一次决战，今日打败他，以后他们就不敢再出城了！"李世民命屈突通率领五千步兵渡过穀水攻击王世充，并告诫屈突通说："军队刚一交锋就点燃烟火。"看到起烟，李世民带领骑兵向南冲击，身先士卒，与屈突通合并兵力奋勇作战。李世民想知道王世充兵阵的纵深是厚是薄，就和几十名精锐骑兵冲击敌阵，一直冲出到敌阵背后，王世充的兵士都吓得跑开，不敢阻挡，李世民所杀伤的敌兵则非常多。之后又因长堤隔开，李世民和随从的骑兵失去联系，只有将军丘行恭一人跟着李世民，王世充的几名骑兵追踪赶到，李世民骑的马被流箭射中倒毙。丘行恭回马用箭射追赶的敌兵，每射一箭都射中一人，追兵不敢向前。丘行恭于是下马让李世民乘坐，自己在马前手执长刀步行前进，大步跳跃，大声呼喊，斩杀数名敌兵，突围冲出敌阵，得以返回唐朝大军。王世充也率领部下殊死战斗，军队打散又重新集合，如此反复数次，从上午辰时一直打到午时，王世充的军队才开始撤退。李世民挥军乘势追击，一直抵达东都城下，俘虏斩首七千人，于是包围了洛阳。唐骠骑将军段志玄与王世充的士兵奋力交战，深入敌阵，骑的马倒下了，段志玄被王世充的士兵俘获，两名骑兵一边一个抓着他的发髻，将要渡过洛河，段志玄跃身奋起，两名骑兵都从马上坠下来，段志玄骑上马奔驰返回，追他的人有数百名骑兵，却不敢逼近。

当初，骠骑将军王怀文为唐军担任侦察，被王世充俘获，王世充想安慰取悦他，将他安排在自己身边。二月十四日壬寅，王世充从右掖门出师，面对洛水列阵，王怀文忽然端起长矛刺向王世充，王世充外衣里面还穿有一层护甲，长矛折断却不能刺进身体，王世充左右的人没有料到会突然出现刺杀，都惊愕而不知所措。王怀文向唐军方向逃走，走到写口，被追兵赶上俘获，被杀死了。王世充回城，脱下衣内护甲，袒露身体给群臣看，说："王怀文用长矛刺我，终没能伤我，难道不是上天归命于我吗！"

在此之前，御史大夫郑颋不乐意在王世充手下做官，经常称病不参预政事，到这时，他对王世充说："我听说佛有金刚不坏之身，陛下真是金刚不坏之身。我实在是多有幸运，能够生于佛的时代，我愿意放弃官爵削发为僧，勤于修行，精进佛道，以协助陛下的神武。"王世充说："你是国家大臣，声望一向很高，一旦进入佛门，必将惊世骇俗。等到天下战乱停止，当遵从你的志向。"郑颋一再请求，王世充不允许。郑颋退朝后对他妻子说："我自幼就跟随隋帝，志向就是追慕名誉节操，不幸遭遇乱世，流落到如此地步，现在身处互相猜忌的朝廷，立足于时刻都有危亡的国家，

欲苟免邪？不诛之，何以制众！”遂斩颋于市。颋言笑自若，观者壮之。

诏赠王怀文上柱国、朔州刺史。

并州安抚使唐俭密奏：“真乡公李仲文与妖僧志觉有谋反语，又娶陶氏之女以应桃李之谣。谄事可汗，甚得其意，可汗许立为南面可汗；及在并州，赃贿狼籍。”上命裴寂、陈叔达、萧瑀杂鞫之。乙巳，仲文伏诛。

庚戌，王泰弃河阳走，其将赵夐等以城来降。别将单雄信、裴孝达与总管王君廓相持于洛口，秦王世民帅步骑五千援之，至轘辕，雄信等遁去，君廓追败之。

壬子，延州总管段德操击刘仚成，破之，斩首千余级。

乙卯，王世充怀州刺史陆善宗以城降。

秦王世民围洛阳宫城，城中守御甚严，大炮飞石重五十斤，掷二百步，八弓弩箭如车辐，镞如巨斧，射五百步。世民四面攻之，昼夜不息，旬余不克。城中欲翻城者凡十三辈，皆不果发而死。唐将士皆疲弊思归，总管刘弘基等请班师，世民曰：“今大举而来，当一劳永逸。东方诸州已望风款服，唯洛阳孤城，势不能久，功在垂成，奈何弃之而去！”乃下令军中曰：“洛阳未破，师必不还，敢言班师者斩！”众乃不敢复言。上闻之，亦密敕世民使还，世民表称洛阳必可克，又遣参谋军事封德彝入朝面论形势。德彝言于上曰：“世充得地虽多，率皆羁属，号令所行，唯洛阳一城而已，智尽力穷，克在朝夕。今若旋师，贼势复振，更相连结，后必难图！”上乃从之。世民遗世充书，谕以祸福；世充不报。

戊午，王世充郑州司兵沈悦遣使诣左武候大将军李世勣请降。左卫将军王君廓夜引兵袭虎牢，悦为内应，遂拔之，获其荆王行本及长史戴胄。悦，君理之孙也。

窦建德克周桥，虏孟海公。

（以上为第九段，写王世充作困兽之斗，秦王李世民劝降王世充，未果。）

可我的智力有限，无法保全自身。人生在世总有一死，死得早或晚又有什么差别？姑且顺从我的爱好和心愿，死了也没有遗憾。”于是他剃发穿上僧服。王世充听说了，大为震怒地说：“你以为我必然失败，想侥幸免除灾祸吗？不杀你，用什么来制服众人！”于是在市街上将郑颋斩首。郑颋临刑时谈笑自如，观看的人认为他是一个壮士。

唐下诏赠王怀文上柱国、朔州刺史。

并州安抚使唐俭秘密奏报：“真乡公李仲文与妖异和尚志觉有谋反的言论，李仲文又娶陶氏女子以合乎桃李歌谣。他谄媚突厥可汗，非常合乎可汗的心意，可汗答应把他立为南面可汗。另外李仲文在并州，贪赃枉法收受贿赂，声名狼藉。”唐高祖命裴寂、陈叔达、萧瑀用各种办法审讯李仲文。二月十七日乙巳，李仲文被诛杀。

二月二十二日庚戌，王泰放弃河阳逃跑，他的将领赵夐等人率河阳城降唐。王世充的别将单雄信、裴孝达和唐总管王君廓在洛口对峙，秦王李世民率五千步骑兵援助王君廓，走到轘辕，单雄信等人逃走，王君廓追击并打败了他们。

二月二十四日壬子，唐延州总管段德操攻击刘仚成，打败了他，斩首一千多颗。

二月二十七日乙卯，王世充的怀州刺史陆善宗率怀州降唐。

秦王李世民包围洛阳宫城。城中的防御十分严密，大炮可射出五十斤重的石头，投掷到二百步之外，又有八弓并连的强弩，箭像车辐条，箭镞像大斧一样大，可以射到五百步之外。李世民四面攻城，昼夜不停，十几天未能攻克。城中人们先后十三次想倒戈降唐，都还没有真正动手就被发现处死。唐军将士都疲惫不堪，想回关中，总管刘弘基等人请求班师回朝，李世民说：“如今军队大举而来作战，应当取得成功以求一劳永逸。洛阳以东的各州都已望风归服，唯有洛阳这座孤城，其势不能持久，功在垂成之际，怎能放弃而离开呢？”于是下令全军说：“洛阳不破，军队决不返回，再有敢说班师的，一律斩首。”众人于是不敢再说班师。唐高祖听说了，也下密诏命李世民撤军，李世民上表说明洛阳必定可以攻克，又派参谋军事封德彝回朝向唐高祖当面说明战争形势。封德彝对唐高祖说：“王世充得到的土地虽然多，但都是名义上服从，号令所能施行的地方，只有洛阳一城而已，他智谋已尽，军力也已穷尽，克城之日就在朝夕之间。现在如果撤军，贼军的势力就会重新变强，再与各地互相联合，以后必定难以消灭他！”唐高祖于是听从李世民的建议。李世民写信给王世充，晓以祸福利害，王世充不回信。

二月三十日戊午，王世充的郑州司兵沈悦派人来见唐左武候大将军李世勣，请求投降。唐左卫将军王君廓夜里带兵偷袭虎牢，沈悦做内应，于是夺取了虎牢，俘获王世充的荆王王行本及其长史戴胄。沈悦是沈君理的孙子。

窦建德攻克周桥，俘虏了孟海公。

【点评】

隋末西北割据军阀的灭亡。本卷点评几个西北割据者的覆灭，着重评说刘武周。

隋炀帝大业十三年（617），全国农民大起义如火如荼，隋朝的一些地方官僚镇将，看到隋朝大势已去，也纷纷起兵割据称雄。西北地区，太原留守李渊，朔方鹰扬郎将梁师都、马邑鹰扬府校尉刘武周、金城府校尉薛举、武威鹰扬府司马李轨应时而起。李渊起兵，一路顺利进入关中，攻克长安，抢得先机，建立了唐朝。梁师都割据雕阴、弘化、延安等郡，占有今陕北、陇东地区。刘武周拥兵马邑，占有山西北部。薛举割据金城，占有陇右。李轨据有河西。梁师都和刘武周都勾结突厥，侵扰北方，成为唐室大患。刘武周、梁师都、薛举、李轨四个割据者中，以刘武周势力最大，一度占有今山西全境，直接威胁唐王室的安全。唐军要大举东出，逐鹿中原，必须消除背后之忧。扫荡这几个割据政权，是唐初发展优先考虑的问题。

刘武周，隋河间景城（治今河北沧州市）人。刘武周随父迁居马邑（治今山西朔州市）。刘武周为人骁悍，擅长骑马射箭，他应征入伍打辽东，有战功，任建节校尉，回到马邑任鹰扬校尉。大业十三年，刘武周杀马邑太守王仁恭，走上割据之路，前后六年，是北方沿边最大的一支割据势力。

刘武周起兵马邑，随后攻占雁门、楼烦、定襄，以及隋炀帝行宫汾阳宫。刘武周奉送汾阳宫美女珍宝给突厥始毕可汗，突厥回赠以马匹，并授以“定杨可汗”的封号。于是刘武周自称皇帝，年号天兴。不久，割据上谷的宋金刚被窦建德打败，宋金刚率残部投靠刘武周，刘武周的势力大增。

唐武德二年（619）四月，刘武周引突厥之众，以宋金刚为前锋，大举南犯，连克榆次、石州、浩州、介州，又打败唐军晋州道行军总管裴寂，占领晋州（治今山西临汾市），齐王李元吉弃并州（治今山西太原市）逃回长安。此时夏县人吕崇茂杀其县令响应刘武周，隋河东守将王行本也配合刘武周。山西全境告急，关中大震。李渊计划放弃太原河东诸地。刘武周成了唐朝统一的一大障碍。

秦王李世民认为“太原，王业所基，国之根本，河东富实，京邑所资”，决计大举讨伐刘武周。是年十一月，李世民率领精兵三万，从龙门乘坚水渡过黄河，屯于柏壁与宋金刚对峙。武德三年（620）四月，宋金刚“军中粮尽”而退逃，李世民乘势猛追，在雀鼠谷（今山西灵石县一带），一日八战，大败宋金刚，又穷追宋金刚到介州，杀得宋金刚片甲不留，落荒逃走，率领一百余骑逃入突厥。此时唐军又收复了蒲州（治今山西永济市），刘武周全线败退，也率领五百余残兵逃依突厥，后被突厥所杀。至此，盛极一时的刘武周被覆灭。薛举、李轨先于刘武周被唐军讨灭。最后只有一个梁师都在突厥保护下暂时存在，已无碍大局。一年以后，李世民率领唐军大举东出，扫荡中原，统一华夏提上了议事日程。

唐纪五

唐高祖武德四年（621年）

【起重光大荒落（辛巳，621年）三月，尽十二月，不满一年】

【大事提要】

本卷记事起公元621年三月，讫十二月，凡十个月，时当唐高祖武德四年。是年，秦王李世民建立了盖世之功，他以少击众，连破河北窦建德之军和王世充东都之众，消灭了窦建德、王世充这两个枭雄，河南、河北悉平。唐军乘胜扩大战果，江南萧铣授首，淮南、江东为杜伏威所平，北方突厥犯边屡败。唐王室已基本统一了天下。可惜李世民和唐高祖未能宽大处理窦建德、萧铣、孟海公的部属众将，又收捕窦建德部属过急，以至逼反刘黑闼、徐圆朗，于是战火又起于河北、山东。特别是窦建德优抚唐降将，李世勣、李神通皆不杀，而唐高祖不赦窦建德等人，大为失策。罪大恶极之王世充却被赦免，而为仇家所杀，殊不可解。

此时李世民已功高震主，又大力网罗文武之才，设文学馆，会聚房玄龄、杜如晦等十八学士，极一时之盛。

【原文】

高祖神尧大圣光孝皇帝中之中

武德四年（辛巳，621年）

三月，庚申，以靺鞨渠帅突地稽为燕州总管。

太子建成获稽胡千余人，释其酋帅数十人，授以官爵，使还，招其余党，刘仚成亦降。建成诈称增置州县，筑城邑，命降胡年二十以上皆集，以兵围而杀之，死者六千余人，仚成觉变，亡奔梁师都。

行军总管刘世让攻窦建德黄州，拔之。洺州严备，世让不得进。会突厥将入寇，上召世让还。

窦建德所署普乐令平恩程名振来降，上遥除名振永宁令，使将兵徇河北。名振夜袭鄴，俘其男女千余人。去鄴八十里，阅妇人乳有湩者，九十余人，悉纵遣之，鄴人感其仁，为之饭僧。

突厥颉利可汗承父兄之资，士马雄盛，有凭陵中国之志。妻隋义成公主，公主从弟善经，避乱在突厥，与王世充使者王文素共说颉利曰："昔启民为兄弟所逼，脱身奔隋，赖文皇帝之力，有此土宇，子孙享之。今唐天子非文皇帝子孙，可汗宜奉杨政道以伐之，以报文皇帝之德。"颉利然之。上以中国未宁，待突厥甚厚，而颉利求请无厌，言辞骄慢。甲戌，突厥寇汾阴。

唐兵围洛阳，掘堑筑垒而守之。城中乏食，绢一匹直粟三升，布十匹直盐一升，服饰珍玩，贱如土芥。民食草根木叶皆尽，相与澄取浮泥，投米屑作饼食之，皆病，身肿脚弱，死者相枕倚于道。皇泰主之迁民入宫城也，凡三万家，至是无三千家。虽贵为公卿，糠覈不充，尚书郎以下，亲自负戴，往往馁死。

窦建德使其将范愿守曹州，悉发孟海公、徐圆朗之众，西救洛阳。至滑州，王世充行台仆射韩洪开门纳之。己卯，军于酸枣。

壬午，突厥寇石州，刺史王集击却之。

（以上为第一段，写突厥既受唐室羁縻，又不断扰边，援助反唐的割据势力，刘

【语译】

高祖神尧大圣光孝皇帝中之中

唐高祖武德四年（辛巳，621年）

三月初二日庚申，唐任命鞑靺人的首领突地稽为燕州总管。

唐高祖的太子李建成俘获稽胡一千余人，释放了他们的首领数十人，并且授给他们官爵，让他们返回，招降他们的余党，刘屳成也向唐投降。李建成欺骗他们说增加设置州县，要修筑城邑，命投降的胡人年龄在二十岁以上的都来筑城，然后用军队包围并杀死他们，杀死六千余人。刘屳成发觉事情有变，就逃亡依靠梁师都。

唐行军总管刘世让攻打窦建德的黄州，攻克此城。窦建德防守洺州严加防备，刘世让无法前进。正好这时突厥将要入侵，唐高祖把刘世让召回。

窦建德任命普乐县令平恩人程名振前来降唐，唐高祖遥任程名振为永宁令，让他率兵攻占河北地区。程名振夜里偷袭邺城，俘获城中男女一千余人。离开邺城八十里处，发现被俘的妇女中，有九十余人的乳房有奶渍，就将她们全部释放遣送回家。邺城人为他的仁爱感动，就施饭佛僧，为程名振求福。

突厥的颉利可汗继承父兄的基业，士马强盛，有了入侵欺凌中原的志向。他的妻子是隋朝的义成公主，公主的堂弟名叫善经，在突厥避乱，与王世充派来的使者王文素一起劝说颉利："从前启民受到兄弟的逼迫，脱身逃奔隋朝。依靠隋文帝的力量，才占了这片土地，子孙后代得以享用。现在唐朝天子不是隋文帝的子孙，可汗应该遵奉隋朝的杨政道去讨伐他们，以报答隋文帝的恩德。"颉利同意这个建议。唐高祖因为中原尚未平定安宁，对待突厥非常优厚，但颉利可汗不断向唐朝提出要求，而且言辞傲慢。三月十六日甲戌，突厥侵犯汾阴。

唐兵包围洛阳，挖掘堑壕、筑起壁垒进行围堵。洛阳城中缺乏粮食，一匹绢价值三升粟，十匹布价值一升盐，精美的服饰和珍宝器玩，贱得如土中的芥草。民众把草根树叶都吃光了，然后就筛选细泥，放进米屑做成饼子吃，人们都得了病，身体肿胀，腿脚软弱无力，饿死的人相互靠着枕着堆积在道路上。皇泰主当初迁徙民众进入宫城时，一共迁了三万户，到这时剩下的不到三千户。虽然是高贵的公卿，也连麦糠都吃不上，尚书郎以下的官员，亲自去背送东西，饿死的人不计其数。

窦建德让他的将领范愿守卫曹州，然后把孟海公和徐圆朗的军队全部征发，西进救援洛阳。到达滑州，王世充的行台仆射韩洪打开城门让他们进城。三月二十一日己卯，驻军在酸枣。

三月二十四日壬午，突厥侵犯石州，唐刺史王集击退了他们。

武周败亡后，突厥又策应王世充。）

窦建德陷管州，杀刺史郭士安；又陷荥阳、阳翟等县，水陆并进，泛舟运粮，溯河西上。王世充之弟徐州行台世辩遣其将郭士衡将兵数千会之，合十余万，号三十万，军于成皋之东原，筑宫板渚，遣使与王世充相闻。

先是，建德遗秦王世民书，请退军潼关，返郑侵地，复修前好。世民集将佐议之，皆请避其锋，郭孝恪曰："世充穷蹙，垂将面缚，建德远来助之，此天意欲两亡之也。宜据武牢之险以拒之，伺间而动，破之必矣！"记室薛收曰："世充保据东都，府库充实，所将之兵，皆江、淮精锐，即日之患，但乏粮食耳。以是之故，为我所持，求战不得，守则难久。建德亲帅大众，远来赴援，亦当极其精锐，若纵之至此，两寇合从，转河北之粟以馈洛阳，则战争方始，偃兵无日，混一之期，殊未有涯也。今宜分兵守洛阳，深沟高垒，世充出兵，慎勿与战，大王亲帅骁锐，先据成皋，厉兵训士，以待其至，以逸待劳，决可克也。建德既破，世充自下，不过二旬，两主就缚矣！"世民善之。收，道衡之子也。

萧瑀、屈突通、封德彝皆曰："吾兵疲老，世充凭守坚城，未易猝拔，建德席胜而来，锋锐气盛，吾腹背受敌，非完策也，不若退保新安，以承其弊。"世民曰："世充兵摧食尽，上下离心，不烦力攻，可以坐克。建德新破海公，将骄卒惰，吾据武牢，扼其咽喉。彼若冒险争锋，吾取之甚易。若狐疑不战，旬月之间，世充自溃。城破兵强，气势自倍，一举两克，在此行矣。若不速进，贼入武牢，诸城新附，必不能守；两贼并力，其势必强，何弊之承！吾计决矣！"通等又请解围据险以观其变，世民不许。中分麾下，使通等副齐王元吉围守东都，世民将骁勇三千五百人东趣武牢。时正昼出兵，历北邙，抵河阳，趋巩而去。王世充登城望见，莫之测也，竟不敢出。

窦建德攻下管州，杀死刺史郭士安，又攻陷荥阳、阳翟等县，水中陆上齐头并进，用舟船运送粮食，顺着黄河逆流西进。王世充的弟弟徐州行台王世辩派遣他的将领郭士衡率兵数千与窦建德会合，共有兵十余万，号称三十万，驻军在成皋的东原，在板渚建筑宫殿，派遣使节与王世充互通信息。

在此之前，窦建德送给秦王李世民一封书信，请求撤军回到潼关，返还受侵的郑国地盘，修复以前的友好关系。李世民召集将佐商议此事，诸将都请求避让窦建德的势头，只有郭孝恪看法不同，他说："王世充的形势已经走投无路非常蹙迫，即将被当面捆缚，窦建德远道而来救援他，这是天意让他们两家同时灭亡。我军应该占据虎牢关的险要之地阻截窦建德，伺机而动，打败他们就是必然的了。"记室薛收也说："王世充据守东都，府库中的物资比较充足，所率领的士兵，都是江、淮地区的精锐，当前的忧患只是缺乏粮食罢了。因为这个缘故，被我军困在此地，求战不得，守城则难以持久。窦建德亲自率领大军，远道而来进行救援，也当会集中其全部精锐兵力，与我军展开死战。如果放他到此地，两股敌军会合起来，转运河北的粮食送到洛阳，战争就会拖长，现在只算是开始，就永远不会有停息兵乱之日，统一天下的日期，就更没有尽头了。现在应该分兵守着洛阳，挖深沟壕，建高壁垒，王世充如果出兵挑战，我们一定要小心不与他作战，大王亲自率领骁勇精锐兵力，先去占据成皋，精心训练士兵，以等待窦建德的到来，我们以逸待劳，一定可以战胜他们。击败窦建德之后，王世充自然会出城投降，不出二十天，这两个叛贼就会束手就擒。"李世民认为这个方案非常好。薛收是薛道衡的儿子。

萧瑀、屈突通、封德彝都说："我们的士兵已经疲惫，王世充凭据坚固城池进行防守，不易短期内攻克，窦建德乘胜而来，兵锋强锐，士气很盛。我们腹背受敌，不是完美的策略，不如退军守住新安，等待他们出现漏洞。"李世民说："王世充的军队被打败，粮食已吃光，上下已不能同心协力，不用我们用力强攻，可以坐待胜利到来。窦建德刚打败孟海公，将领骄傲，士卒懈惰，我占据虎牢，扼住他的咽喉。他如果冒险前来争锋作战，我击败他非常容易。如果他狐疑犹豫而不来挑战，十天一月之间，王世充自然崩溃。那时洛阳城破，我们兵势强盛，气势自然加倍增长，战胜两股敌人，就在此一举了。如果不尽快进军，贼军进入虎牢，各地的城池都是刚刚降附的，必不能守住，而两股敌军的力量合并起来，其势头必定强盛，有什么漏洞可以利用的？我的计划已经定了！"屈突通等人又请求撤除包围，占据险要以观形势的变化，李世民不允许。李世民将部下军队分为两部，让屈突通等人辅佐齐王李元吉围住东都洛阳，自己率骁勇士兵三千五百人向东进军虎牢。当时是在正午

癸未，世民入武牢；甲申，将骁骑五百，出武牢东二十余里，觇建德之营。缘道分留从骑，使李世勣、程知节、秦叔宝分将之，伏于道旁，才余四骑，与之偕进。世民谓尉迟敬德曰："吾执弓矢，公执槊相随，虽百万众若我何！"又曰："贼见我而还，上策也。"去建德营三里所，建德游兵遇之，以为斥候也。世民大呼曰："我秦王也。"引弓射之，毙其一将。建德军中大惊，出五六千骑逐之，从者咸失色。世民曰："汝弟前行，吾自与敬德为殿。"于是按辔徐行，追骑将至，则引弓射之，辄毙一人。追者惧而止，止而复来，如是再三，每来必有毙者，世民前后射杀数人，敬德杀十许人，追者不敢复逼。世民逡巡稍却以诱之，入于伏内，世勣等奋击，大破之，斩首三百余级，获其骁将殷秋、石瓒以归。乃为书报建德，谕以"赵、魏之地，久为我有，为足下所侵夺。但以淮安见礼，公主得归，故相与坦怀释怨。世充顷与足下修好，已尝反复，今亡在朝夕，更饰辞相诱，足下乃以三军之众，仰哺他人，千金之资，坐供外费，良非上策。今前茅相遇，彼遽崩摧，郊劳未通，能无怀愧。故抑止锋锐，冀闻择善，若不获命，恐虽悔难追。"

（以上为第二段，写窦建德倾巢出动救王世充。）

立秦王世民之子泰为卫王。

夏，四月，己丑，丰州总管张长逊入朝。时言事者多云，长逊久居丰州，为突厥所厚，非国家之利。长逊闻之，请入朝，上许之。会太子建成北伐稽胡，长逊帅所部会之，因入朝，拜右武候将军。益州行台左仆射窦轨帅巴、蜀兵来会秦王击王世充，以长逊检校益州行台右仆射。

己亥，突厥颉利可汗寇雁门，李大恩击走之。

壬寅，王世充骑将杨公卿、单雄信引兵出战，齐王元吉击之，不利，

出兵，经过北邙山，直抵河阳，向着巩县进军。王世充登上城墙望见唐军行动，无法估计唐军的目的，最终也不敢出城。

三月二十五日癸未，李世民进入虎牢，二十六日甲申，率领骁骑士兵五百人，出兵到虎牢以东二十余里，侦察窦建德的营地。沿路分兵留下跟从的骑兵，让李世勣、程知节、秦叔宝分头率领，埋伏在道旁，最后只剩下四个骑兵，与李世民一同前进。李世民对尉迟敬德说："我手执弓与箭，你手执长矛跟着我，虽有百万敌兵，又能拿我怎么办？"又说："贼兵看见我就退回，这是上策。"离窦建德的营地约三里远，窦建德的游兵遇到李世民，以为是唐军的侦察兵。李世民大声呼喊说："我是秦王。"拉弓向他们射去，射死其中一个将领。窦建德的军中大为惊恐，出动五六千骑兵追赶李世民，李世民的随从都吓得变了脸色，李世民说："你们只管前进，我自会与尉迟敬德殿后。"于是拉住马缰徐徐而行，追赶的骑兵就快追上时，李世民就拉弓射他们，总是射死一人。追兵害怕，于是停止，停一会儿又来追赶，反复了多次，每次追来必有人被射死，李世民前后射死数人，尉迟敬德杀死十几人，追兵于是不敢再来逼近。李世民来回走动稍稍退却以引诱追兵，等追兵进入埋伏圈内，李世勣等人奋起攻击，大破敌军，斩首三百余人，俘获其骁将殷秋、石瓒后返回军营。于是写信给窦建德，开导他说："赵魏之地，长久以来为我所有，被你侵占夺去。只是因为淮安王李神通受到你的礼遇，同安公主也得以回归，所以相互坦诚胸怀以解怨仇。王世充近年与你改善关系，也已多次反复改变态度，现在他的灭亡就在旦夕之间，又用虚伪的言辞引诱你，你就率三军之众，仰赖他人的饭食，每日需要千金费用，白白地为外人所用，实在不是上策。现在我们的前锋部队已经相遇，你方瞬间崩溃，你来救援王世充而不能在郊外相见致礼，就不惭愧吗？所以我暂时停止前锋部队的行动，希望听到你能选择正确的方案，如果不能听到你的正确选择，恐怕虽是后悔也难追救了。"

唐高祖册立秦王李世民的儿子李泰为卫王。

夏季四月初二日己丑，丰州总管张长逊来京朝见。当时议论政事的人大多说，张长逊长期住在丰州，受到突厥的优厚待遇，对于国家有所不利。张长逊听说这种议论，就请求来京朝见，唐高祖允许他的请求。正好此时太子李建成北伐稽胡，张长逊率领其部下与太子会合，于是来京朝见，朝廷拜他为右武候将军。益州行台左仆射窦轨率领巴、蜀地区的兵士前来与秦王会合以攻击王世充，唐任命张长逊为益州行台检校右仆射。

四月十二日己亥，突厥颉利可汗侵犯雁门，李大恩击退他们。

四月十五日壬寅，王世充骑兵将领杨公卿、单雄信率兵出城挑战，齐王李元吉

行军总管卢君谔战死。

太子还长安。

王世充平州刺史周仲隐以城来降。

戊申，突厥寇并州。初，处罗可汗与刘武周相表里，寇并州；上遣太常卿郑元琦往谕以祸福，处罗不从。未几，处罗遇疾卒，国人疑元琦毒之，留不遣。上又遣汉阳公瓌赂颉利可汗以金帛，颉利欲令瓌拜，瓌不从，亦留之。又留左骁卫大将军长孙顺德。上怒，亦留其使者。瓌，孝恭之弟也。

甲寅，封皇子元方为周王，元礼为郑王，元嘉为宋王，元则为荆王，元茂为越王。

窦建德迫于武牢不得进，留屯累月，战数不利，将士思归。丁巳，秦王世民遣王君廓将轻骑千余抄其粮运，又破之，获其大将军张青特。

凌敬言于建德曰："大王悉兵济河，攻取怀州、河阳，使重将守之，更鸣鼓建旗，逾太行，入上党，徇汾、晋，趣蒲津，如此有三利：一则蹈无人之境，取胜可以万全；二则拓地收众，形势益强；三则关中震骇，郑围自解。为今之策，无以易此。"建德将从之，而王世充遣使告急相继于道，王琬、长孙安世朝夕涕泣，请救洛阳，又阴以金玉啖建德诸将，以挠其谋。诸将皆曰："凌敬书生，安知战事，其言岂可用也！"建德乃谢敬曰："今众心甚锐，天赞我也，因之决战，必将大捷，不得从公言。"敬固争之，建德怒，令扶出。其妻曹氏谓建德曰："祭酒之言不可违也。今大王自滏口乘唐国之虚，连营渐进以取山北，又因突厥西抄关中，唐必还师自救，郑围何忧不解！若顿兵于此，老师费财，欲求成功，在于何日？"建德曰："此非女子所知！吾来救郑，郑今倒悬，亡在朝夕，吾乃舍之而去，是畏敌而弃信也，不可。"

（以上为第三段，写窦建德初战不利而恼羞成怒，拒谏不纳善策，表现了政治上的不成熟。）

谍者告曰："建德伺唐军刍尽，牧马于河北，将袭武牢。"五月，戊

攻击他们，但作战不利，行军总管卢君谔战死。

太子李建成回到京城长安。

王世充的平州刺史周仲隐率领全城投降唐朝。

四月二十一日戊申，突厥侵犯并州。当初，处罗可汗与刘武周一里一外，相互配合侵犯并州，唐高祖派遣太常卿郑元玮前往突厥，对他说明祸福利害关系，处罗不听。不久，处罗得病而死，突厥人怀疑郑元玮下毒害死处罗，留住郑元玮不让他返回唐朝。唐高祖又派遣汉阳公李瓌用黄金丝帛贿赂颉利可汗，颉利想让李瓌下拜，李瓌不肯，也把他留下不让返回。又留住左骁卫大将军长孙顺德。于是唐高祖发怒，扣留了突厥的使者。李瓌是李孝恭的弟弟。

四月二十七日甲寅，唐封皇子李元方为周王，李元礼为郑王，李元嘉为宋王，李元则为荆王，李元茂为越王。

窦建德被唐军在虎牢逼住而不能前进，停留驻扎了好几个月，多次作战也都失利，将士们都想回家。四月三十日丁巳，秦王李世民派遣王君廓率领轻骑一千余人偷袭他的运粮部队，又击败了他们，俘虏了他的大将军张青特。

凌敬对窦建德说："大王现在应该率全部兵马渡过黄河，攻取怀州、河阳，派重将进行防守，再敲响战鼓，树起军旗，越过太行山，进入上党地区，攻占汾州、晋州，向蒲津进军。这样做有三个好处：第一是进军无人之境，取得胜利，乃是万无一失的；第二是扩张地盘，扩大兵力，力量就会更加强大；第三可使关中的唐朝廷受到震动惊骇，郑国的包围自会解除。对目前而言，没有能取代这一方案的策略。"窦建德将要听从这一方案，但王世充不断派遣使节前来告急，在路上络绎不绝。为王世充出使的王琬、长孙安世从早到晚都向窦建德哭泣，请求援救洛阳，又暗中用黄金玉器贿赂窦建德的诸位将领，以求阻挠窦建德听从凌敬的计谋。诸将都说："凌敬是个书生，哪里懂得战争之事，他的建议岂可采用？"窦建德于是谢绝凌敬，说："现在军心盛而斗志高，是上天在帮我，利用这种气势进行决战，必将大捷，所以不能听从你的话。"凌敬坚持与之争论，窦建德发怒，令人把凌敬扶出去。窦建德的妻子曹氏对窦建德说："凌祭酒的话不可不听。现在大王从滏口出击，利用唐国的空虚，将营地联结起来，逐步前进，夺取山北，又通过突厥在西方侵扰关中，唐军必定撤军自救，郑国的包围还担心不能解除吗？如果把军队停顿在此地，使军队疲劳，又浪费钱财，想求成功，究竟会在哪一天啊？"窦建德说："这种事情不是女人所懂得的！我来援救郑国，郑国现在就像被头朝下脚朝天倒挂起来一样危险，灭亡就在旦夕之间，我却抛弃他而离开，这是畏惧敌人而抛弃信用，不能这样做。"

侦察消息的唐军士兵报告说："窦建德伺探唐军粮草吃完，在黄河以北牧马，将

午，秦王世民北济河，南临广武，察敌形势，因留马千余匹，牧于河渚以诱之，夕还武牢。己未，建德果悉众而至，自板渚出牛口置陈，北距大河，西薄汜水，南属鹊山，亘二十里，鼓行而进。诸将皆惧，世民将数骑升高丘而望之，谓诸将曰："贼起山东，未尝见大敌，今度险而嚣，是无纪律，逼城而陈，有轻我心；我按甲不出，彼勇气自衰，陈久卒饥，势将自退，追而击之，无不克者。与公等约，甫过日中，必破之矣！"

建德意轻唐军，遣三百骑涉汜水，距唐营一里所止。遣使与世民相闻曰："请选锐士数百与之剧。"世民遣王君廓将长槊二百以应之，相与交战，乍进乍退，两无胜负，各引还。王琬乘隋炀帝骢马，铠仗甚鲜，迥出陈前以夸众。世民曰："彼所乘真良马也！"尉迟敬德请往取之，世民止之曰："岂可以一马丧猛士。"敬德不从，与高甑生、梁建方三骑直入其陈，擒琬，引其马驰归，众无敢当者。世民使召河北马，待其至乃出战。

建德列陈，自辰至午，士卒饥倦，皆坐列，又争饮水，逡巡欲退。世民命宇文士及将三百骑经建德陈西，驰而南上，戒之曰："贼若不动，尔宜引归，动则引兵东出！"士及至陈前，陈果动，世民曰："可击矣！"时河渚马亦至，乃命出战。世民帅轻骑先进，大军继之，东涉汜水，直薄其陈。建德群臣方朝谒，唐骑猝来，朝臣趋就建德，建德召骑兵使拒唐兵，骑兵阻朝臣不得过，建德挥朝臣令却，进退之间，唐兵已至，建德窘迫，退依东陂。窦抗引兵击之，战小不利。世民帅骑赴之，所向皆靡。淮阳王道玄挺身陷陈，直出其后，复突陈而归，再入再出，飞矢集其身如猬毛，勇气不衰，射人，皆应弦而仆。世民给以副马，使从己。于是诸军大战，尘埃涨天。世民帅史大奈、程知节、秦叔宝、宇文歆等卷旆而入，出其陈后，张唐旗帜，建德将士顾见之，大溃，追奔三十里，斩首三千余级。

要袭击虎牢。”五月初一日戊午，秦王李世民向北渡过黄河，再向南临近广武，观察敌方形势，于是留下一千余匹马，在河边放牧以引诱窦建德，晚上则返回虎牢。初二日己未，窦建德果然率领全部军队赶到，从板渚经牛口出来布下军阵，北面以黄河为限，西面逼近汜水，南面连到鹊山，绵延二十里，击鼓出动进军而来。唐军诸将都害怕了，李世民率数名骑兵登上高丘观望形势，对诸将说：“贼军自山东兴起，未尝见过强大的敌军。现在越过险要，甚嚣尘上地行军，这是没有纪律的军队。逼近城池摆开阵势，这表明他们有轻视我方之心。我军按兵不出，对方的勇气自会衰减，排阵久了，士卒就会饥饿，其势头将会自行消退，这时我军再追赶而攻击他们，就会战无不克。我与你们约定，才过中午，就必定大破敌军！”

窦建德心中轻视唐军，派遣三百名骑兵跋涉渡过汜水，在距离唐营一里处停止。派遣使节向李世民表示说：“请选出精锐战士数百人，让我方与他们做游戏。”李世民派遣王君廓率领持长矛的士兵二百人出来应战，双方相互交战，互有进退，双方没有分出胜负，各自引兵返回。窦建德的将领王琬骑着隋炀帝的骢马，铠甲兵器甚为鲜艳，迥然出现在阵前，向唐军将士夸耀。李世民说：“他乘的马真是一匹好马！”尉迟敬德请求前去夺来，李世民制止他说：“怎么可为了一匹马丧失一位猛士？”尉迟敬德不听，与高甑生、梁建方率三匹战骑径直冲入敌阵，生擒王琬，牵着他的马返回唐军，窦建德军中无人敢出来阻挡。李世民让他去把河北的马匹招来，等他来了，这才出战。

窦建德摆开阵势，从上午辰时直到中午午时，士卒们又饥又累，都坐在地上，又争着喝水，士兵们逡巡不前，都想后退。李世民命宇文士及率领三百骑兵经过窦建德的阵前向西前进，再奔驰向南，告诫他说：“敌军如果不动，你应该引兵返回，如果敌阵出动，你就引兵向东出击。”宇文士及来到窦建德的阵前，窦建德的阵果然骚动起来，李世民说：“可以出击了！”当时河北放牧的马也赶到了，于是下令唐军出动作战。李世民率轻骑首先前进，大军接着出动，向东涉过汜水，直接逼近窦建德的阵列。此时窦建德的群臣正在朝拜窦建德，唐骑兵突然冲过来，大臣们都跑到窦建德周围，窦建德命骑兵前去抵御唐军，但骑兵却被大臣们挡住无法过去，窦建德挥手让群臣退下，正在进退未定之际，唐骑兵已经冲到跟前，窦建德非常窘迫，后退到东陂作为依靠。窦抗引兵攻击窦军，作战稍为失利。李世民率骑兵冲过去，所向披靡。淮阳王李道玄挺身攻入敌阵之中，径直冲出敌阵来到其阵后，又冲过敌阵返回，两次冲进，两次冲出，敌军的飞箭射在他身上如刺猬毛一样密集，但他的勇气并不衰减，拉弓射人，敌人都随着弦声而被射倒。李世民给他一匹备用的战马，让他跟随自己。这时诸军展开大战，尘埃遮天。李世民率领史大奈、程知节、秦叔宝、宇文歆等人卷起大旗冲入敌阵，冲出敌阵来到阵后，打出唐军的旗帜，窦建德

建德中槊，窜匿于牛口渚。车骑将军白士让、杨武威逐之，建德坠马，士让援槊欲刺之，建德曰："勿杀我，我夏王也，能富贵汝。"武威下擒之，载以从马，来见世民。世民让之曰："我自讨王世充，何预汝事，而来越境，犯我兵锋！"建德曰："今不自来，恐烦远取。"建德将士皆溃去，所俘获五万人，世民即日散遣之，使还乡里。

封德彝入贺，世民笑曰："不用公言，得有今日。智者千虑，不免一失乎！"德彝甚惭。

建德妻曹氏与左仆射齐善行将数百骑遁归洺州。

（以上为第四段，写秦王李世民大破窦建德军。）

甲子，世充偃师、巩县皆降。

乙丑，以太子左庶子郑善果为山东道抚慰大使。

世充将王德仁弃故洛阳城而遁，亚将赵季卿以城降。秦王世民囚窦建德、王琬、长孙安世、郭士衡等至洛阳城下，以示世充。世充与建德语而泣，仍遣安世等入城言败状。世充召诸将议突围，南走襄阳，诸将皆曰："吾所恃者夏王，夏王今已为擒，虽得出，终必无成。"丙寅，世充素服帅其太子、群臣、二千余人诣军门降。世民礼接之，世充俯伏流汗。世民曰："卿常以童子见处，今见童子，何恭之甚邪？"世充顿首谢罪。于是部分诸军，先入洛阳，分守市肆，禁止侵掠，无敢犯者。

丁卯，世民入宫城，命记室房玄龄先入中书、门下省，收隋图籍制诏，已为世充所毁，无所获。命萧瑀、窦轨等封府库，收其金帛，颁赐将士。收世充之党罪尤大者段达、王隆、崔洪丹、薛德音、杨汪、孟孝义、单雄信、杨公卿、郭什柱、郭士衡、董叡、张童儿、王德仁、朱粲、郭善才等十余人斩于洛水之上。初，李世勣与单雄信友善，誓同生死。及洛阳平，世勣言雄信骁健绝伦，请尽输己之官爵以赎之，世民不许。世勣固请不能得，涕泣而退。雄信曰："我固知汝不办事。"世勣曰："吾不惜余生，与兄俱死；但既以此身许国，事无两遂。且吾死之后，谁复视兄之妻子乎？"乃割股肉以啖雄信，曰："使此肉随兄为土，庶几不负

的将士回头看到唐军大旗，于是完全崩溃。唐军追击逃兵三十里，斩首三千余级。

窦建德被长矛刺中，逃窜藏匿在牛口渚。唐车骑将军白士让、杨武威追赶他，窦建德坠下战马，白士让举起长矛准备刺他，窦建德说："不要杀我，我是夏王，能让你得到富贵。"杨武威下马活捉窦建德，用随从的马匹载着他来见李世民。李世民斥责窦建德说："我来讨伐王世充，关你什么事？却来越过边境，冒犯我军的兵锋！"窦建德说："今天我不自己来，恐怕麻烦你远道来俘获我。"窦建德的将士全部崩溃而去，唐军俘获了五万人，李世民当天就将他们全部遣散，让他们返回家乡。

封德彝前来祝贺，李世民笑着说："不采纳你的意见，才会有今日的胜利。智者千虑，难免一失。"封德彝甚为惭愧。

窦建德的妻子曹氏与左仆射齐善行率数百骑兵逃归洺州。

五月初七日甲子，王世充所属的偃师、巩县都向唐投降。

五月初八日乙丑，任命太子左庶子郑善果为山东道抚慰大使。

王世充的将领王德仁放弃洛阳旧城逃走，亚将赵季卿率洛阳旧城投降。秦王李世民囚禁了窦建德、王琬、长孙安世、郭士衡等人，押到洛阳城下，让王世充看到。王世充和窦建德城上城下互相说话，都哭泣流泪，又让长孙安世等人进入洛阳城，告诉王世充窦军战败的情形。王世充招来诸将商议突围，向南逃到襄阳，诸将都说："我们依靠的是夏王，夏王现在已被生擒，我们虽然能冲出城去，最终必不能成功。"五月初九日丙寅，王世充穿上没有颜色和花纹的素服，率领他的太子、群臣以及二千余人来到唐军营门投降。李世民按礼节接见他们，王世充身子俯伏着，流着汗。李世民说："你经常把我看作童子，今天见了童子，为何恭敬得这样厉害呢？"王世充叩头谢罪。于是李世民部署诸军，首先进入洛阳城，分别守卫市街商肆，禁止士兵侵掠，没有人敢触犯禁律。

五月初十日丁卯，李世民进入宫城，命记室房玄龄首先进入中书省、门下省没收隋朝的图书文籍及皇帝的诏书，但都已经被王世充销毁，一无所获。又命萧瑀、窦轨等人封存仓库，没收其中的黄金丝帛，分发赏赐给将士。逮捕王世充手下罪行特别重大的党羽段达、王隆、崔洪丹、薛德音、杨汪、孟孝义、单雄信、杨公卿、郭什柱、郭士衡、董叡、张童儿、王德仁、朱粲、郭善才等十余人，在洛水之上将他们全都斩首。当初，李世勣与单雄信是好朋友，发誓同生共死。到平定洛阳时，李世勣对李世民说单雄信骁健绝伦，请用自己的全部官爵来为他赎罪，李世民不允许。李世勣一再为他求情而不能成功，哭着退下。单雄信说："我本来就知道你办不成事！"李世勣说："我不会痛惜自己的余生，可以与兄一起死，但既然以身许国，

昔誓也！”士民疾朱粲残忍，竞投瓦砾击其尸，须臾如冢。囚韦节、杨续、长孙安世等十余人送长安。士民无罪为世充所囚者，皆释之，所杀者祭而诔之。

初，秦王府属杜如晦叔父淹事王世充。淹素与如晦兄弟不协，谮如晦兄杀之，又囚其弟楚客，饿几死，楚客终无怨色。及洛阳平，淹当死，楚客涕泣请如晦救之，如晦不从。楚客曰：“曩者叔已杀兄，今兄又杀叔，一门之内，自相残而尽，岂不痛哉！”欲自刭，如晦乃为之请于世民，淹得免死。

秦王世民坐阊阖门，苏威请见，称老病不能拜。世民遣人数之曰：“公隋室宰相，危不能扶，使君弑国亡。见李密、王世充皆拜伏舞蹈。今既老病，无劳相见。”及至长安，又请见，不许。既老且贫，无复官爵，卒于家，年八十二。

秦王世民观隋宫殿，叹曰：“逞侈心，穷人欲，无亡得乎！”命撤端门楼，焚乾阳殿，毁则天门及阙；废诸道场，城中僧尼，留有名德者各三十人，余皆返初。

（以上为第五段，写王世充覆灭，秦王李世民入洛阳善后。）

前真定令周法明，法尚之弟也，隋末结客，袭据黄梅，遣族子孝节攻蕲春，兄子绍则攻安陆，子绍德攻沔阳，皆拔之。庚午，以四郡来降。

壬申，齐善行以洺、相、魏等州来降。时建德余众走至洺州，欲立建德养子为主，征兵以拒唐；又欲剽掠居民，还向海隅为盗。善行独以为不可，曰：“隋末丧乱，故吾属相聚草野，苟求生耳。以夏王之英武，平定河朔，士马精强，一朝为擒，易如反掌，岂非天命有所属，非人力所能争邪！今丧败如此，守亦无成，逃亦不免，等为亡国，岂可复遗毒于民！不若委心请命于唐，必欲得缯帛者，当尽散府库之物，勿复残民也！”于是运府库之帛数十万段，置万春宫东街，以散将卒，凡三昼夜乃毕。仍布兵守坊巷，得物者即出，无得更入人家。士卒散尽，然后与仆射裴矩、行台曹旦，帅其百官，奉建德妻曹氏及传国八玺并破宇文化

事情不能两全其美。但我死之后，谁来照顾兄长的妻子儿女呢？”于是割下大腿上的肉给单雄信吃，说：“让此肉长随兄长变成土，差不多也可以算是不负以前的誓言了！”老百姓痛恨朱粲的残忍，竞相投掷瓦砾砸击朱粲的尸体，一会儿工夫瓦砾堆积如坟。囚禁韦节、杨续、长孙安世等十余人送往长安。本来无罪却被王世充囚禁于监狱中的士人民众，全都释放；无罪而被王世充杀害的人，则为他们进行祭祀并致哀辞。

当初，秦王府中的属官杜如晦的叔父杜淹为王世充做事，杜淹一向与杜如晦兄弟关系不好，进谗言让王世充杀了杜如晦的哥哥，又把他弟弟杜楚客囚禁起来，饿得差点死了，杜楚客始终没有怨恨。等洛阳平定后，杜淹罪当处死，杜楚客哭着向杜如晦求情想救他不死，杜如晦不同意。杜楚客说：“从前叔叔已经杀了哥哥，现在哥哥又要杀叔叔，同一家门之内，自相残杀而被杀光，难道不痛心吗？”说完就要自刎，杜如晦于是向李世民求情，杜淹才得以免于一死。

秦王李世民坐在阊阖门下，苏威请求接见，自称年老有病不能下拜。李世民派人斥责他说：“公是隋王室的宰相，隋有危难你不能扶救，使得君主被弑国家灭亡。你见到李密、王世充时都拜伏并且手舞足蹈。现在既然年老多病，就不用辛苦来相见了。”等到了长安，又请求接见，还是不同意。苏威年既老迈，家又贫困，不再有官爵，死在家中，年八十二。

秦王李世民观看隋朝的宫殿，感叹说：“放纵奢侈之心，极尽人的欲望，想不亡国，能行吗！”下命拆除端门楼，焚毁乾阳殿，折毁则天门及其高阙，废除各处的道场，城中的僧人尼姑，只留下有声名德行者各三十人，其余的全都遣返回家为民。

前任真定令周法明，是周法尚的弟弟，隋朝末年联合宾客，偷袭并占据了黄梅县，又派遣同族侄子周孝节攻打蕲春，派哥哥的儿子周绍则攻打安陆，派自己的儿子周绍德攻打沔阳，并攻克这些地方。五月十三日庚午，率此四郡前来降唐。

五月十五日壬申，齐善行率洺州、相州、魏州等前来投降。当时窦建德的余部逃到洺州，准备把窦建德的养子立为君主，再征发军队来抗拒唐朝，又想剽掠居民，然后返回海边做强盗。只有齐善行一人以为不可以这样做，说：“隋朝末年国家丧乱，所以我们在草野中相聚，只是为了苟且求生罢了。靠着夏王的英武，平定了河北地区，士马精强，可是一个早上就被唐兵活捉，失败时也易如反掌，难道不是天命有所归属，而不是仅靠人力就能与之争夺的吗？现在失败到如此地步，守也不能成功，逃跑也不能免于一死，这就等于亡国，怎能再次给百姓留下毒害！不如诚心向唐请求给予我们命令。一定要得到缯帛的人，当会把府库中的物品全部发放，不

及所得珍宝请降于唐。上以善行为秦王左二护军，仍厚赐之。

初，窦建德之诛宇文化及也，隋南阳公主有子曰禅师，建德虎贲郎将於士澄问之曰："化及大逆，兄弟之子皆当从坐，若不能舍禅师，当相为留之。"公主泣曰："虎贲既隋室贵臣，兹事何须见问。"建德竟杀之。公主寻请为尼。及建德败，公主将归长安，与宇文士及遇于洛阳，士及请与相见，公主不可。士及立于户外，请复为夫妇。公主曰："我与君仇家，今所以不手刃君者，但谋逆之日，察君不预知耳。"诃令速去。士及固请，公主怒曰："必欲就死，可相见也。"士及知不可屈，乃拜辞而去。

乙亥，以周法明为黄州总管。

戊寅，王世充徐州行台杞王世辩以徐、宋等三十八州诣河南道安抚大使任瓌请降；世充故地悉平。

窦建德博州刺史冯士羡复推淮安王神通为慰抚山东使，徇下三十余州；建德之地悉平。

己卯，代州总管李大恩击苑君璋，破之。

（以上为第六段，写王世充、窦建德所领之地全部降唐，河南、河北被平定。）

突厥寇边，长平靖王叔良督五将击之，叔良中流矢；师旋，六月，戊子，卒于道。

戊戌，孟海公余党蒋善合以郓州，孟啖鬼以曹州来降。啖鬼，海公之从兄也。

庚子，营州人石世则执总管晋文衍，举州叛，奉靺鞨突地稽为主。

黄州总管周法明攻萧铣安州，拔之，获其总管马贵迁。

乙巳，以右骁卫将军盛彦师为宋州总管，安抚河南。

乙卯，海州贼帅臧君相以五州来降，拜海州总管。

要再来残害民众了！”于是运出府库中的丝帛多达数十万段，放在万春宫的东街上，发给军官与士兵，一共发了三昼夜才全部发完。仍然部署兵士守卫民众居住的坊巷，得到赏赐物品的人立即出城，不准再进入百姓家中。士卒全部散去，然后与右仆射裴矩、行台曹旦，率领百官护奉着窦建德的妻子曹氏和传国的八块玉玺，以及战胜宇文化及时所得的珍宝，向唐请求投降。唐高祖任命齐善行为秦王左二护军，仍然对他给予优厚赏赐。

当初，窦建德诛杀宇文化及时，隋朝的南阳公主有个儿子名叫禅师，窦建德虎贲郎将於士澄问公主说："宇文化及大逆不道，他兄弟的儿子都应当连坐处死，若舍不得禅师，我当为你求情留下他。"公主哭着说："虎贲既是隋王室的贵臣，此事何须来问我！"窦建德最终还是杀了禅师。公主不久请求出家为尼姑。等到窦建德失败，公主将要回归长安，与宇文士及在洛阳相遇，宇文士及请求与公主相见，公主不同意。宇文士及站在门外，请求再次成为夫妇。公主说："我与你是仇家，现在所以不亲手杀你，只是在你们谋反之日，知道你预先是不知道罢了。"呵斥他让他尽速离去。宇文士及坚持请求，公主发怒说："一定要我现在就去死，那就可以与君相见！"宇文士及知道公主的意志终不可屈服，这才拜辞离去。

五月十八日乙亥，任命周法明为黄州总管。

五月二十一日戊寅，王世充委任徐州行台杞王王世辩率徐州、宋州等三十八州来见河南道安抚大使任瓌请求投降，于是全部平定王世充原有的地盘。

窦建德的博州刺史冯士羡又推举淮安王李神通为慰抚山东使，攻下了三十多个州，窦建德的地盘也全部平定。

五月二十二日己卯，代州总管李大恩袭击苑君璋，打败了他。

突厥侵犯边境，长平靖王李叔良督率五将反击突厥，李叔良被流箭射中，军队撤退，六月初二日戊子，李叔良死于途中。

六月十二日戊戌，孟海公的余党蒋善合率郓州降唐，孟啖鬼率曹州降唐。孟啖鬼是孟海公的堂兄。

六月十四日庚子，营州人石世则逮捕总管晋文衍，率全州反叛，尊奉靺鞨突地稽为君主。

黄州总管周法明攻打萧铣的安州，攻克安州城，俘获萧铣的总管马贵迁。

六月十九日乙巳，唐任命右骁卫将军盛彦师为宋州总管，安抚河南。

六月二十九日乙卯，海州叛军首领臧君相率五个州投降唐朝，唐封他为海州总管。

秋，七月，庚申，王世充行台王弘烈、王泰、左仆射豆卢行褒、右仆射苏世长以襄州来降。上与行褒、世长皆有旧，先是，屡以书招之，行褒辄杀使者；既至长安，上诛行褒而责世长。世长曰："隋失其鹿，天下共逐之。陛下既得之矣，岂可复忿同猎之徒，问争肉之罪乎！"上笑而释之，以为谏议大夫。尝从校猎高陵，大获禽兽，上顾群臣曰："今日畋，乐乎？"世长对曰："陛下游猎，薄废万机，不满十旬，未足为乐！"上变色，既而笑曰："狂态复发邪？"对曰："于臣则狂，于陛下甚忠。"尝侍宴披香殿，酒酣，谓上曰："此殿炀帝之所为邪？"上曰："卿谏似直而实多诈，岂不知此殿朕所为，而谓之炀帝乎？"对曰："臣实不知，但见其华侈如倾宫、鹿台，非兴王之所为故也。若陛下为之，诚非所宜。臣昔侍陛下于武功，见所居宅仅庇风雨，当时亦以为足。今因隋之宫室，已极侈矣，而又增之，将何以矫其失乎？"上深然之。

甲子，秦王世民至长安。世民被黄金甲，齐王元吉、李世勣等二十五将从其后，铁骑万匹，前后部鼓吹，俘王世充、窦建德及隋乘舆、御物献于太庙，行饮至之礼以飨之。

乙丑，高句丽王建武遣使入贡。建武，元之弟也。

上见王世充而数之，世充曰："臣罪固当诛，然秦王许臣不死。"丙寅，诏赦世充为庶人，与兄弟子侄处蜀；斩窦建德于市。

丁卯，以天下略定，大赦百姓，给复一年。陕、鼎、函、虢、虞、芮六州，转输劳费，幽州管内，久隔寇戎，并给复二年。律、令、格、式，且用开皇旧制。赦令既下，而王、窦余党尚有远徙者，治书侍御史孙伏伽上言："兵、食可去，信不可去，陛下已赦而复徙之，是自违本心，使臣民何所凭依。且世充尚蒙宽宥，况于余党，所宜纵释。"上从之。

秋季，七月初五日庚申，王世充的行台王弘烈、王泰、左仆射豆卢行褒、右仆射苏世长率襄州投降唐朝。唐高祖与豆卢行褒、苏世长皆有旧交情，在此之前，曾屡次写信招安二人，豆卢行褒总是杀了唐高祖派来的使者，此时到了长安之后，唐高祖诛杀豆卢行褒而斥责苏世长。苏世长说："隋朝丧失了他的王权，天下的人都来追逐。陛下既已得到这个王权了，怎能还对其他的追逐争夺者感到气愤，并责问他们争夺这块肥肉的罪行呢？"唐高祖笑着释放了他，让他担任谏议大夫。曾跟从唐高祖在高陵校阅军队进行围猎，抓获很多禽兽，唐高祖回头对群臣说："今日打猎，高兴吗？"苏世长回答说："陛下外出游猎，荒废了国家政事，不满一百天，还不足以为乐！"唐高祖听了变了脸色，又转而笑着说："你的狂态复发了吗？"苏世长回答说："就臣子来说是狂，对陛下来说，则是非常忠诚。"曾经在披香殿陪同唐高祖举行宴会，酒喝得正酣时，苏世长对唐高祖说："此殿是隋炀帝修建的吗？"唐高祖说："你的谏言表面像是直率而实际上多有诈，难道不知道这个殿是朕所修建的，却说是隋炀帝修建的？"苏世长回答说："臣实在是不知道，只是看到宫殿的华丽奢侈如同殷纣王的倾宫、鹿台一样，这不是新兴帝王的所为，所以才这样问。如果是陛下建的，实在是不适宜的。臣子从前在武功服侍陛下，看到当时居住的房宅仅能遮庇风雨，当时也以为满足。现在利用隋朝的宫室，已经是极为奢侈了，却又加以增建，将用什么来矫正隋朝的过失呢？"唐高祖非常认可这番话。

七月初九日甲子，秦王李世民回到长安。李世民身披黄金甲，齐王李元吉、李世勣等二十五将跟从其后，铁骑上万匹，前后分部击鼓吹号，在太庙把俘虏王世充、窦建德以及隋朝皇帝的专用车、御用物品贡献给祖先，举行班师胜利大宴，犒劳将士。

七月初十日乙丑，高句丽的国王高建武派遣使节来朝上贡。高建武是高元的弟弟。

唐高祖看到王世充就列数他的罪行，王世充说："臣的罪行固然应当诛死，但秦王已经答应不把臣处死。"七月十一日丙寅，下诏赦免王世充的死罪，废为庶人，与兄弟子侄全部迁徙到蜀地居住。在街市上斩杀了窦建德。

七月十二日丁卯，因为天下大致平定，举行大赦。百姓都免除赋税一年。陕州、鼎州、函州、虢州、虞州、芮州由于转输粮草，民力劳费过多，而幽州管辖区内，由于长久受到外族侵袭而与中央隔绝，则都免除赋税两年。朝廷的律、令、格、式，暂且都采用隋朝开皇年间的已有制度。大赦令发布之后，王世充、窦建德的余党还有迁徙到远方的，治书侍御史孙伏伽上奏说："兵与食都可以去掉，而信用不可以去掉，陛下已经发布大赦，可是还迁徙这些人，这是自己违背自己本来的想法，让臣民依靠什么呢？而且王世充都还蒙受到宽大处理而不杀头，况且他的余党，也应当

王世充以防夫未备，置雍州廨舍。独孤机之子定州刺史修德帅兄弟至其所，矫称敕呼郑王；世充与兄世恽趋出，修德等杀之。诏免修德官。其余兄弟子侄等，于道亦以谋反诛。

（以上为第七段，写窦建德、王世充之死。秦王李世民凯旋还京。）

隋末钱币滥薄，至裁皮糊纸为之，民间不胜其弊。至是，初行开元通宝钱，重二铢四参，积十钱重一两，轻重大小最为折衷，远近便之。命给事中欧阳询撰其文并书，回环可读。

以屈突通为陕东道大行台右仆射，镇洛阳；以淮阳王道玄为洛州总管。李世勣父盖竟无恙而还，诏复其官爵。窦轨还益州。轨将兵征讨，或经旬月不解甲。性严酷，将佐有犯，无贵贱立斩之，鞭挞吏民，常流血满庭，所部重足屏息。

癸酉，置钱监于洛、并、幽、益等诸州，秦王世民、齐王元吉赐三炉，裴寂赐一炉，听铸钱。自余敢盗铸者，身死，家口配没。

河北既平，上以陈君宾为洺州刺史。将军秦武通等将兵屯洺州，欲使分镇东方诸州；又以郑善果等为慰抚大使，就洺州选补山东州县官。

窦建德之败也，其诸将多盗匿库物，及居闾里，暴横为民患，唐官吏以法绳之，或加捶挞，建德故将皆惊惧不安。高雅贤、王小胡家在洺州，欲窃其家以逃，官吏捕之，雅贤等亡命至贝州。会上征建德故将范愿、董康买、曹湛及雅贤等，于是愿等相谓曰："王世充以洛阳降唐，其将相大臣段达、单雄信等皆夷灭；吾属至长安，必不免矣。吾属自十年以来，身经百战，当死久矣，今何惜余生，不以之立事。且夏王得淮安王，遇以客礼，唐得夏王即杀之。吾属皆为夏王所厚，今不为之报仇，将无以见天下之士！"乃谋作乱，卜之，以刘氏为主吉，因相与之漳南，见建德故将刘雅，以其谋告之。雅曰："天下适安定，吾将老于耕桑，不愿复起兵！"众怒，且恐泄其谋，遂杀之。故汉东公刘黑闼，时屏居漳南，诸将往诣之，告以其谋，黑闼欣然从之。黑闼方种蔬，即杀耕牛与

被释放。”唐高祖听从了这一建议。

唐将王世充迁徙到蜀地，但借口尚未准备好随行的监护夫役，就临时安置他住在长安城内的雍州廨舍内。独孤机的儿子定州刺史独孤修德带领他的兄弟到王世充的住处，假称有皇帝的敕书要见郑王，王世充与哥哥王世恽从廨舍内赶着出来，独孤修德等人就杀死王世充兄弟。唐高祖下诏罢免独孤修德的官职。王世充其他的兄弟子侄等也在迁徙到蜀地的路上以谋反的罪名被全部杀死。

隋朝末年钱币滥制而非常薄，以致裁皮糊纸来做钱，民间深受其害。到这时，开始使用开元通宝的制钱，重二铢四参，十钱合重一两，制钱的轻重大小最为适当，无论地方远近都觉得方便使用。又诏命给事中欧阳询撰写钱上的文字，并亲自书写，其字在钱上可以回环阅读。

任命屈突通为陕东道大行台右仆射，镇守洛阳，任命淮阳王李道玄为洛州总管，李世勣的父亲李盖最终得以毫无受伤返回，唐高祖下诏命令恢复他的官爵。窦轨回到益州。窦轨率兵外出征讨时，有时一连十天一月不解下盔甲。他的性格非常严格冷酷，手下将佐有犯禁的，不论贵贱立刻斩首，用鞭子抽打官吏和民众，常常血流满庭院，他的部下都是蹑手蹑脚不敢大声呼吸。

七月十八日癸酉，在洛州、并州、幽州、益州等地设置钱监，对秦王李世民、齐王李元吉各自赐给三座铸钱炉，赐给裴寂一座铸钱炉，允许他们随意铸钱。其余无论何人胆敢盗铸钱的，本人处死，全家人口没收发配。

河北平定之后，唐高祖任命陈君宾为洺州刺史。将军秦武通等人率军驻屯洺州，想让他分兵镇守东方诸州，又任命郑善果等人为慰抚大使，到洺州选补山东各州县的官员。

窦建德失败时，他的手下诸将大多盗窃仓库中的物资，并在他们居住的闾里街区残暴横行，成为民众之害，唐朝的官吏依法惩罚他们，有的官吏就对这些犯法军将加以捶击和鞭挞，原属窦建德的军官于是都惊惧不安。高雅贤、王小胡的家在洺州，想偷窃他们家的财物再逃走，官吏逮捕了他们，高雅贤等人逃亡到贝州。正好此时唐高祖征召窦建德的旧将范愿、董康买、曹湛及高雅贤等人前往长安，于是范愿等人相互说：“王世充拿洛阳投降唐朝，他的将相大臣段达、单雄信等人都被灭族，我们到了长安，一定不能免死。我们这伙人十年以来，身经百战，早就应当死了，现在还用得着怜惜余生，而不舍命干一番大事吗？况且夏王窦建德俘获唐的淮安王，用客人的礼节对待他；唐俘获夏王就杀死他。我们都受夏王的优厚待遇，现在不替他报仇，就没有脸面来见天下的士人！”于是谋划发动叛乱，对事情的成败进行占卜，占卜的结果说拥立姓刘的人为首领就是吉利的，于是一起前往漳南，看

之共饮食定计，聚众得百人。甲戌，袭漳南县据之。是时，诸道有事则置行台尚书省，无事则罢之。朝廷闻黑闼作乱，乃置山东道行台于洺州，魏、冀、定、沧并置总管府。丁丑，以淮安王神通为山东行台右仆射。

辛巳，褒州道安抚使郭行方攻萧铣都州，拔之。

孟海公与窦建德同伏诛，戴州刺史孟啖鬼不自安，挟海公之子义以曹、戴二州反，以禹城令蒋善合为腹心；善合与其左右同谋斩之。

八月，丙戌朔，日有食之。

丁亥，命太子安抚北边。

丁酉，刘黑闼陷鄃县，魏州刺史权威、贝州刺史戴元祥与战，皆败死，黑闼悉取其余众及器械。窦建德旧党稍稍出归之，众至二千人，为坛于漳南，祭建德，告以举兵之意，自称大将军。诏发关中步骑三千，使将军秦武通、定州总管蓝田李玄通击之；又诏幽州总管李艺引兵会击黑闼。

癸卯，突厥寇代州，总管李大恩遣行军总管王孝基拒之，举军皆没。甲辰，进围崞县。乙巳，王孝基自突厥逃归，李大恩众少，据城自守，突厥不敢逼，月余引去。

上以南方寇盗尚多，丙午，以左武候将军张镇周为淮南道行军总管，大将军陈智略为岭南道行军总管，镇抚之。

丁未，刘黑闼陷历亭，执屯卫将军王行敏，使之拜，不可，遂杀之。

（以上为第八段，写窦建德旧将刘黑闼反于河北。）

初，洛阳既平，徐圆朗请降，拜兖州总管，封鲁郡公。刘黑闼作乱，阴与圆朗通谋。上使葛公盛彦师安集河南，行至任城；辛亥，圆朗执彦师，举兵反。黑闼以圆朗为大行台元帅，兖、郓、陈、杞、伊、洛、曹、戴等八州豪右皆应之。圆朗厚礼彦师，使作书与其弟，令举虞城降。彦师为书曰："吾奉使无状，为贼所擒，为臣不忠，誓之以死；汝善侍老母，

到窦建德原来的军将刘雅，把谋反的计划告诉了他。刘雅说："天下刚刚安定，我想务农终老，不愿意再起兵！"众人发怒，并且怕他泄露他们的谋反计划，就杀了刘雅。原汉东公刘黑闼，当时隐居在漳南，这些将领前去见他，把他们的谋反计划告诉了刘黑闼，刘黑闼欣然听从了这一计划。刘黑闼正在种蔬菜，当即杀了耕牛，与众人一起饮食定下大计，聚众得到一百人。七月十九日甲戌，袭击漳南县，占据了县城。这时，各道有事就设置行台尚书省，无事罢除行台。朝廷听说刘黑闼反叛作乱，于是在洺州设置山东道行台，另在魏州、冀州、定州、沧州都设置总管府。二十二日丁丑，任命淮安王李神通为山东道行台右仆射。

七月二十六日辛巳，褒州道安抚使郭行方攻打萧铣的鄀州，攻下州城。

孟海公与窦建德一同被唐朝处死后，戴州刺史孟啖鬼无法心安，就挟持孟海公的儿子孟义占据曹州、戴州反叛，把禹城令蒋善合视为心腹，蒋善合却与他的亲信一同谋划，杀了孟啖鬼及孟义。

八月初一日丙戌，发生日食。

八月初二日丁亥，唐朝命令太子李建成安抚北部边境。

八月十二日丁酉，刘黑闼攻陷鄃县，魏州刺史权威、贝州刺史戴元祥与刘黑闼作战，都战败而死，刘黑闼将他们的余部及器械全部编收。窦建德的旧日党羽也逐渐逃出归顺刘黑闼，兵力达到两千人，在漳南建立土坛，祭祀窦建德，向他报告此次举兵的用意，自己号称大将军。唐高祖下诏征发关中步骑兵三千人，让将军秦武通、定州总管蓝田人李玄通前往讨伐，又下诏命幽州总管李艺率军与李玄通会合攻击刘黑闼。

八月十八日癸卯，突厥侵犯代州，总管李大恩派遣行军总管王孝基进行防御，全军都被消灭。十九日甲辰，突厥进军包围崞县。二十日乙巳，王孝基自突厥逃回，李大恩兵少，凭借州城进行防守，突厥不敢进逼，一个多月后撤军离去。

唐高祖因南方叛军尚多，八月二十一日丙午，任命左武候将军张镇周为淮南道行军总管，任命大将军陈智略为岭南道行军总管，镇抚南方各地。

八月二十二日丁未，刘黑闼攻陷历亭，活捉屯卫将军王行敏，让他下拜，他不下拜，刘黑闼于是杀死了他。

当初，洛阳平定之后，徐圆朗请求投降，拜为兖州总管，封为鲁郡公。刘黑闼反叛之后，暗中与徐圆朗联络起兵。唐高祖让葛公盛彦师安抚河南地区，走到任城，八月二十六日辛亥，徐圆朗逮捕盛彦师，举兵反叛。刘黑闼任命徐圆朗为大行台元帅，兖州、郓州、陈州、杞州、伊州、洛州、曹州、戴州八个州的地方豪强全都响应刘黑闼。徐圆朗以优厚礼节对待盛彦师，让他写信给他弟弟，让他率虞城投降。

勿以吾为念。”圆朗初色动，而彦师自若。圆朗乃笑曰：“盛将军有壮节，不可杀也。”待之如旧。

河南道安抚大使任瓌行至宋州，属圆朗反，副使柳濬劝瓌退保汴州，瓌笑曰：“柳公何怯也！”圆朗又攻陷楚丘，引兵将围虞城，瓌遣部将崔枢、张公谨自鄢陵帅诸豪右质子百余人守虞城。濬曰：“枢与公谨皆王世充将，诸州质子父兄皆反，恐必为变。”瓌不应。枢至虞城，分质子使与土人合队共守城。贼稍近，质子有叛者，枢斩其队帅。于是诸队帅皆惧，各杀其质子，枢不禁，枭其首于门外，遣使白瓌。瓌阳怒曰：“吾所以使与质子俱者，欲招其父兄耳，何罪而杀之！”退谓濬曰：“吾固知崔枢能办此也。县人既杀质子，与贼深仇，吾何患乎！”贼攻虞城，果不克而去。

初，窦建德以鄱阳崔元逊为深州刺史，及刘黑闼反，元逊与其党数十人谋于野，伏甲士于车中，以禾覆其上，直入听事，自禾中呼噪而出，执刺史裴晞杀之，传首黑闼。

九月，乙卯，文登贼帅淳于难请降，置登州，以难为刺史。

突厥寇并州，遣左屯卫大将军窦琮等击之。戊午，突厥寇原州，遣行军总管尉迟敬德等击之。

辛酉，徐圆朗自称鲁王。

（以上为第九段，写徐圆朗反于山东。）

隋末，歙州贼汪华据黟、歙等五州，有众一万，自称吴王。甲子，遣使来降；拜歙州总管。

隋末，弋阳卢祖尚纠合壮士以卫乡里，部分严整，群盗畏之。及炀帝遇弑，乡人奉之为光州刺史；时年十九，奉表于皇泰主。及王世充自立，祖尚来降，丙子，以祖尚为光州总管。

己卯，诏括天下户口。

盛彦师写信说：“我奉命出使却有辱使命，被叛贼生擒，作为臣子则是不忠，发誓以死回报朝廷，你好好服侍老母亲，不要以我为念。”徐圆朗起初脸有怒色，而盛彦师神色自若。徐圆朗于是笑着说：“盛将军有壮士的气节，不可杀啊。”对待他仍像以前一样。

河南道安抚大使任瓌走到宋州时，徐圆朗已反叛，副使柳濬劝任瓌撤退守住汴州，任瓌笑着说：“柳公多胆怯啊！”徐圆朗又攻陷楚丘，率军将要包围虞城，任瓌派遣部将崔枢、张公谨从鄢陵率领当地各位豪强的儿子作为人质，一百多人聚在虞城防守。柳濬说：“崔枢与张公谨都是王世充的将领，城内人质的父兄们都已反叛，恐怕必定也会叛乱。”任瓌不做回答。崔枢到了虞城，把人质分开与当地人混合编队共同守城。贼军稍微接近虞城，有的人质进行反叛，崔枢就将这个反叛人质的小队的队长斩首。这样一来各小队的队长都害怕了，各自杀了队中的人质，崔枢也不禁止，把这些人质的首级挂在城门外示众，遣使节告诉任瓌。任瓌佯装发怒说：“我之所以让你与这些人一起守城，是想让他们招来其父兄，他们有什么罪，你就杀了他们？”任瓌退下来对柳濬说：“我本来就知道崔枢能办好此事。当地人既已杀了这些人质，就与叛贼结下了深仇大恨，我还担心什么呢？”叛军进攻虞城，果然不能攻克，于是离去。

当初，窦建德任命鄗阳人崔元逊为深州刺史，到刘黑闼反叛时，崔元逊与其党羽数十人在野外谋划，让甲士藏在车中，用禾杆盖在上面，装作农民，直接进入州衙门，从禾杆中呼喊冲出，捉住刺史裴晞杀了他，把他的首级传送给刘黑闼。

九月初一日乙卯，文登县的叛贼首领淳于难请求投降，设置登州，任命淳于难为登州刺史。

突厥侵犯并州，唐派遣左屯卫大将军窦琮等人攻击来犯的突厥。九月初四日戊午，突厥侵犯原州，唐派遣行军总管尉迟敬德等人攻击来犯的突厥人。

九月初七日辛酉，徐圆朗自称鲁王。

隋朝末年，歙州的叛贼首领汪华占据黟州、歙州等五个州，有兵士一万人，自称吴王。九月初十日甲子，派遣使节前来投降，唐拜他为歙州总管。

隋朝末年，弋阳人卢祖尚招集壮士保卫乡里，他将壮士们严格地划分小队并且严格管理，当地强盗们都怕他。到隋炀帝被杀害后，乡民把他奉为光州刺史，时年十九岁，向隋朝的皇泰主上表以示臣服。到王世充自立为王的时候，卢祖尚前来降唐，九月二十二日丙子，唐朝任命卢祖尚为光州总管。

九月二十五日己卯，唐廷下诏统计天下的户数和人口数。

徐圆朗寇济州，治中吴伋论击走之。

癸未，诏以太常乐工皆前代因罪配没，子孙相承，多历年所，良可哀愍；宜并蠲除为民，且令执事，若仕宦入流，勿更追集。

甲申，灵州总管杨师道击突厥，破之。师道，恭仁之弟也。

诏发巴、蜀兵，以赵郡王孝恭为荆湘道行军总管，李靖摄行军长史，统十二总管，自夔州顺流东下；以庐江王瑗为荆郢道行军元帅，黔州刺史田世康出辰州道，黄州总管周法明出夏口道，以击萧铣。是月，孝恭发夔州。时峡江方涨，诸将请俟水落进军，李靖曰："兵贵神速。今吾兵始集，铣尚未知，若乘江涨，倏忽抵其城下，掩其不备，此必成擒，不可失也！"孝恭从之。

淮安王神通将关内兵至冀州，与李艺兵合。又发邢、洺、相、魏、恒、赵等兵合五万余人，与刘黑闼战于饶阳城南，布陈十余里；黑闼众少，依堤单行而陈以当之。会风雪，神通乘风击之，既而风返，神通大败，士马军资失亡三分之二。李艺居西偏，击高雅贤，破之，逐奔数里，闻大军不利，退保藁城；黑闼就击之，艺亦败，薛万均、万徹皆为所虏，截发驱之。万均兄弟亡归，艺引兵归幽州。黑闼兵势大振。

（以上为第十段，写唐高祖发巴蜀兵讨萧铣。刘黑闼在河北大败唐军。）

上以秦王功大，前代官皆不足以称之，特置天策上将，位在王公上。冬，十月，以世民为天策上将，领司徒、陕东道大行台尚书令，增邑二万户，仍开天策府，置官属。以齐王元吉为司空。世民以海内浸平，乃开馆于宫西，延四方文学之士，出教以王府属杜如晦、记室房玄龄、虞世南、文学褚亮、姚思廉、主簿李玄道、参军蔡允恭、薛元敬、颜相时、咨议典签苏勖、天策府从事中郎于志宁、军咨祭酒苏世长、记室薛收、仓曹李守素、国子助教陆德明、孔颖达，信都盖文达、宋州总管府户曹许敬宗，并以本官兼文学馆学士，分为三番，更日直宿，供给珍膳，恩礼优厚。世民朝谒公事之暇，辄至馆中，引诸学士讨论文籍，或夜分乃寝。又使库直阎立本图像，褚亮为赞，号十八学士。士大夫得预其选

徐圆朗攻击济州，治中吴伋论把他击退。

九月二十九日癸未，唐朝下诏认为太常寺的乐工都是隋代因为犯罪而被取消户籍分配来做乐工的，其子孙世代继承其业，已经经历了很久的时间，实在可悲令人怜悯，应该一并废除乐工身份而为平民，并且命令乐工中的管理者如果有能做官的，也不要再加追究身份。

九月三十日甲申，灵州总管杨师道袭击突厥，打败他们。杨师道是杨恭仁的弟弟。

唐朝下诏征发巴蜀地区的士兵，任命赵郡王李孝恭为荆湘道行军总管，李靖暂代行军长史，统领十二位总管，从夔州顺着长江东下，任命庐江王李瑗为荆郢道行军元帅，从襄州出兵，命黔州刺史田世康从辰州出兵，命黄州总管周法明从夏口出兵，一同攻击萧铣。这个月，李孝恭从夔州出发。当时长江三峡中江水正在上涨，诸将领请求等江水减退然后进军，李靖说："兵贵神速，现在我军刚刚集结起来，萧铣还不知道，如果乘着江水上涨，突然抵达他的城下，掩其不备，这样必定能够生擒他，战机不可丧失！"李孝恭听从了这个建议。

淮安王李神通率领关内的部队到达冀州，与李艺合兵。又征发邢州、洺州、相州、魏州、恒州、赵州等地的士兵五万余人，与刘黑闼在饶阳城南开战，布置战阵十多里，刘黑闼的兵力少，顺着河堤排成单行阵来与唐军对峙。正好这时刮起风雪，李神通乘着风势进行攻击，不久风向反转，李神通反而大败，士马及军需物资丧失了三分之二。李艺在队伍的西翼，攻击高雅贤，击败了他，追赶逃跑的敌军有数里之远，听说大军作战失利，撤退防守藁城。刘黑闼前来攻击，李艺也战败了，薛万均、薛万彻都被俘虏，被剪了头发并被驱赶着走路。薛万均兄弟逃亡回来，李艺率兵返回幽州。刘黑闼的兵势强盛起来。

唐高祖因为秦王的功劳大，前代的官职都不足以奖赏如此大的功劳，特地设置了天策上将，地位在王公之上。冬十月，封秦王为天策上将，兼任司徒、陕东道大行台尚书令，增加封邑二万户，仍然开办天策上将府，设置自己的属官；任命齐王李元吉为司空。李世民看到海内逐渐太平，就在宫西开办文学馆，延纳四方各地的文学人士，让自己王府中的属官杜如晦、记室房玄龄、虞世南、文学褚亮、姚思廉、主簿李玄道、参军蔡允恭、薛元敬、颜相时、咨议典签苏勖、天策府从事中郎于志宁、军咨祭酒苏世长、记室薛收、仓曹李守素、国子助教陆德明、孔颖达、信都人盖文达、宋州总管府户曹许敬宗出来教导学生，让他们都保留原来官职的同时兼任文学馆学士，分为三班，隔天住宿值班，提供珍美的膳食，给予优厚的恩遇和礼节。李世民在朝见皇帝、办理公事的余暇，总是来到馆中，召集各位学士讨论文籍，有

者，时人谓之“登瀛州”。允恭，大宝之弟子；元敬，收之从子；相时，师古之弟；立本，毗之子也。

初，杜如晦为秦王府兵曹参军，俄迁陕州长史。时府僚多补外官，世民患之。房玄龄曰：“余人不足惜，至于杜如晦，王佐之才，大王欲经营四方，非如晦不可。”世民惊曰：“微公言，几失之。”即奏为府属。与玄龄常从世民征伐，参谋帷幄，军中多事，如晦剖决如流。世民每破军克城，诸将佐争取宝货，玄龄独收采人物，致之幕府。又将佐有勇略者，玄龄必与之深相结，使为世民尽死力。世民每令玄龄入奏事，上叹曰：“玄龄为吾儿陈事，虽隔千里，皆如面谈。”

（以上为第十一段，写秦王李世民网罗人才，部属猛将如云，又设文学馆网罗天下文士，有十八学士，人才济济，房玄龄、杜如晦为之魁。）

李玄道尝事李密为记室，密败，官属为王世充所虏，惧死，皆达曙不寐。独玄道起居自若，曰：“死生有命，非忧可免！”众服其识量。

庚寅，刘黑闼陷瀛州，杀刺史卢士叡。观州人执刺史雷德备，以城降之。

辛卯，萧铣鄂州刺史雷长颖以鲁山来降。

赵郡王孝恭帅战舰二千余艘东下，萧铣以江水方涨，殊不为备；孝恭等拔其荆门、宜都二镇，进至夷陵。铣将文士弘将精兵数万屯清江，癸巳，孝恭击走之，获战舰三百余艘，杀溺死者万计，追奔至百里洲。士弘收兵复战，又败之，进入北江。铣江州总管盖彦举以五州来降。

毛州刺史赵元恺性严急，下不堪命。丁卯，州民董灯明等作乱，杀元恺以应刘黑闼。

盛彦师自徐圆朗所逃归。王薄因说青、莱、密诸州，皆下之。

萧铣之罢兵营农也，才留宿卫数千人，闻唐兵至，文士弘败，大惧，仓猝征兵，皆在江、岭之外，道涂阻远，不能遽集，乃悉见兵出拒战。孝恭将击之，李靖止之曰：“彼救败之师，策非素立，势不能久，不若且泊南岸，缓之一日，彼必分其兵，或留拒我，或归自守，兵分势弱，

时到半夜才就寝。又让库直阎立本为诸位学士画像，褚亮为画像撰写赞语，号称十八学士。士大夫能参与的，当时人称之为“登瀛洲”。蔡允恭是蔡大宝弟弟的儿子，薛元敬是薛收的侄子，颜相时是颜师古的弟弟，阎立本是阎毗的儿子。

当初，杜如晦担任秦王府的兵曹参军，很快就迁任陕州长史。当时王府的官僚大多补充为外地官，李世民担心这种事情。房玄龄说：“其他的人不值得可惜，至于杜如晦，他是王佐之才，大王如果想经营天下四方，非杜如晦不可。”李世民吃惊地说：“你不这样说，差点失去了他。”当即上奏任命为府属。杜如晦与房玄龄经常随从李世民征伐，在帷幄中进行参谋，军中有许多事务，杜如晦剖析解决这些复杂的事务与问题如流水一样顺利。李世民每次打败敌军攻克城池，各位将佐争相夺取宝器财货，只有房玄龄聚集人才，让他们加入李世民的幕府。另外，对于英勇有智略的将佐，房玄龄必定与他深相来往，结为至友，让他为李世民尽死力。李世民每次让房玄龄入宫向唐高祖汇报政事，唐高祖都感叹地说：“房玄龄替我儿陈述政事，虽然远隔千里，都像当面交谈一样。”

李玄道曾经在李密手下做事，担任记室一职，李密失败后，其官属被王世充虏获，怕被杀死，通宵不敢睡觉。只有李玄道起居如平日一样，说：“死生有命，不是担心就能免掉的！”众人佩服他的胆识度量。

十月初六日庚寅，刘黑闼攻陷瀛州，杀死刺史卢士叡。观州人逮捕刺史雷德备，率州城投降刘黑闼。

十月初七日辛卯，萧铣的鄂州刺史雷长颖率鲁山投降唐朝。

赵郡王李孝恭率战舰两千余艘顺着长江东下，萧铣以为江水正在上涨，根本不做准备，李孝恭等人攻下萧铣的荆门、宜都二镇，前进到夷陵。萧铣的将领文士弘率精兵数万屯守清江，十月初九日癸巳，李孝恭把他击退，俘获战舰三百余艘，杀死、溺死的人上万，追赶逃跑的文士弘直到百里洲，文士弘收住部队又来作战，再次战败，唐军进入北江。萧铣的江州总管盖彦举率五个州投降唐朝。

毛州刺史赵元恺，为人严厉，性子急躁，下属受不了他的命令。十月十三日丁卯，州民董灯明等人发动叛乱，杀了赵元恺以响应刘黑闼。

盛彦师从徐圆朗营中逃回。王薄于是游说青州、莱州、密州等地，都向唐朝投降。

萧铣当初裁减军队、经营农业的时候，只留下禁卫数千人，听说唐兵前来，文士弘战败，非常害怕，仓促征兵，都在江、岭之外，路途又远又难行，不能很快集合起来，就率全部现有的兵士出来进行抵抗。李孝恭将要攻击他，李靖制止他说：“对方是救援战败的部队，其策略不是平素就已定好的，势必不能持久，不如暂且在

我乘其懈而击之，蔑不胜矣。今若急之，彼则并力死战，楚兵剽锐，未易当也。”孝恭不从，留靖守营，自帅锐师出战，果败走，趣南岸。铣众委舟收掠军资，人皆负重，靖见其众乱，纵兵奋击，大破之，乘胜直抵江陵，入其外郭，又攻水城，拔之，大获舟舰，李靖使孝恭尽散之江中。诸将皆曰：“破敌所获，当藉其用，奈何弃以资敌？”靖曰：“萧铣之地，南出岭表，东距洞庭。吾悬军深入，若攻城未拔，援军四集，吾表里受敌，进退不获，虽有舟楫，将安用之？今弃舟舰，使塞江而下，援兵见之，必谓江陵已破，未敢轻进，往来觇伺，动淹旬月，吾取之必矣。”铣援兵见舟舰，果疑不进。其交州刺史丘和、长史高士廉、司马杜之松将朝江陵，闻铣败，悉诣孝恭降。

孝恭勒兵围江陵，铣内外阻绝，问策于中书侍郎岑文本，文本劝铣降。铣乃谓群下曰：“天不祚梁，不可复支矣。若必待力屈，则百姓蒙患，奈何以我一人之故陷百姓于涂炭乎！”乙巳，铣以太牢告于太庙，下令开门出降，守城者皆哭。铣帅群臣缌縗布帻诣军门，曰：“当死者唯铣耳，百姓无罪，愿不杀掠。”孝恭入据其城，诸将欲大掠，岑文本说孝恭曰：“江南之民，自隋末以来，困于虐政，重以群雄虎争，今之存者，皆锋镝之余，跂踵延颈以望真主。是以萧氏君臣、江陵父老决计归命，庶几有所息肩。今若纵兵俘掠，恐自此以南，无复向化之心矣！”孝恭称善，遽禁止之。诸将又言：“梁之将帅与官军拒斗死者，其罪既深，请籍没其家，以赏将士。”李靖曰：“王者之师，宜使义声先路。彼为其主斗死，乃忠臣也，岂可同叛逆之科籍其家乎！”于是城中安堵，秋毫无犯。南方州县闻之，皆望风款附。铣降数日，援兵至者十余万，闻江陵不守，皆释甲而降。

孝恭送铣于长安，上数之，铣曰：“隋失其鹿，天下共逐之。铣无天

南岸停船，停顿一天，他必然要分派他的部队，有的会留下来防御我军，有的会回去守城。这时他的兵力分散，势力已弱，我就乘其懈怠进行攻击，没有不取胜的。现在如果急躁进攻，对方一定会合力拼死作战，楚地兵士作战剽悍勇锐，不易抵挡。”李孝恭不听，留下李靖守着营寨，自己率精锐部队出战，果然战败逃走，奔到南岸。萧铣的士兵都不管战船，只顾抄掠军中物资，人们都背了很多东西，负重而行，李靖看到萧铣的军队已经混乱，就挥兵奋勇进击，大破萧铣军，乘胜直抵江陵城，进入其外城。又攻打水城，攻克水城，俘获很多舟船，李靖让李孝恭把舟船全都放到江中。诸将都说：“打败敌军获得的战利品，应当加以利用，为什么放弃以资助敌人呢？”李靖说：“萧铣的地盘，向南直到岭南，向东直达洞庭湖。我们孤军深入敌境，如果攻打城池不能攻克，对方的援兵四面赶到，我方就会里外受敌，进退两难，虽然有舟船，又将在哪里用得上它们？现在放弃舟船，让它们塞住长江向下漂流，援兵看到了，一定以为江陵已被攻破，就不敢轻率进军，来往窥伺情况，行动就拖延到十天一个月，这样我们战胜他们就是必然的了。”萧铣的援兵看到江中的舟船，果然猜疑而不敢进军。萧铣的交州总管丘和、长史高士廉、司马杜之松等人将要来江陵朝见萧铣，听说萧铣已经战败，全都来向李孝恭投降。

李孝恭统兵包围江陵，萧铣内外联系都被隔断，向中书侍郎岑文本询问计策，岑文本劝萧铣投降。萧铣于是对群臣说：“上天不保佑梁的国运，不能再支撑下去了。如果一定等到力量拼尽，百姓就会受到灾祸，为什么要因为我一个人，让百姓陷于涂炭之中呢？”十月二十一日乙巳，萧铣用太牢三牲之礼在太庙向祖先祷告，下令打开城门出城投降，守城的人都哭了。萧铣率群臣穿各种丧服到唐军营门，说：“应当处死的人只有萧铣而已，百姓无罪，请不要杀掠他们。”李孝恭进入并占据江陵城，手下各位将领都想大肆抄掠，岑文本劝说李孝恭：“江南的民众，自隋朝末年以来，在虐政之下受困，加上群雄如虎一样争战，现在生存下来的人，都是刀锋箭镝之下留下来的人，踮着脚跟伸长脖子盼望真命天子，所以萧氏君臣、江陵父老决定投降归命于唐朝，希望能有所休息。现在如果纵兵抢掠，使士民失望，恐怕自此以南的地区，都不再会有降顺向化的心情了！”李孝恭认为这是善策，立即禁止军队抢掠。诸将又说：“梁国的将帅与官军作战而死的，他们的罪行已经很深，请抄没他们的家产，用来奖赏将士。”李靖说：“王者之师，应该让正义之声首先沿着道路传扬出去。他们也是为了自己的君主战斗而死，乃是忠臣，怎可等同于叛逆的罪行抄没其家产呢？”这样江陵城中安然无事，唐军秋毫无犯。南方的州县听说此事，都望风降附。萧铣投降数天之后，各地前来救援的梁国军队赶到江陵的有十多万人，听说江陵已经失守，都放下兵器向唐军投降。

李孝恭把萧铣送到长安，唐高祖斥责他。萧铣说：“隋朝丧失他的王权，天下共

命，故至此；若以为罪，无所逃死！”竟斩于都市。诏以孝恭为荆州总管；李靖为上柱国，赐爵永康县公，仍使之安抚岭南，得承制拜授。

先是，铣遣黄门侍郎江陵刘洎略地岭表，得五十余城，未还而铣败，洎以所得城来降，除南康州都督府长史。

戊申，徐圆朗昌州治中刘善行以须昌来降。

庚戌，诏陕东道大行台尚书省自令、仆至郎中、主事，品秩皆与京师同，而员数差少，山东行台及总管府、诸州并隶焉。其益州、襄州、山东、淮南、河北等道令、仆以下，各降京师一等，员数又减焉。行台尚书令得承制补署。其秦王、齐王府官之外，各置左右六护军府，及左右亲事帐内府。

（以上为第十二段，写唐军平定江南，萧铣覆灭。）

闰月，乙卯，上幸稷州；己未，幸武功旧墅；壬戌，猎于好畤；乙丑，猎于九嵕；丁卯，猎于仲山；戊辰，猎于清水谷，遂幸三原；辛未，幸周氏陂。壬申，还长安。

十一月，甲申，上祀圜丘。

杜伏威使其将王雄诞击李子通，子通以精兵守独松岭。雄诞遣其将陈当将千余人，乘高据险以逼之，多张旗帜，夜则缚炬火于树，布满山泽。子通惧，烧营走保杭州；雄诞追击之，又败之于城下。庚寅，子通穷蹙请降。伏威执子通并其左仆射乐伯通送长安，上释之。

先是，汪华据黟、歙，称王十余年，雄诞还军击之，华拒之于新安洞口，甲兵甚锐。雄诞伏精兵于山谷，帅羸弱数千犯其陈，战才合，阳不胜，走还营，华进攻之，不能克，会日暮，引还，伏兵已据其洞口，华不得入，窘迫请降。

闻人遂安据昆山，无所属，伏威使雄诞击之，雄诞以昆山险隘，难以力胜，乃单骑造其城下，陈国威灵，示以祸福，遂安感悦，帅诸将出降。

同追逐这个王权。萧铣没有天命，所以来到这里。如果以为这是我的罪，没有地方可以逃脱一死！”最终把他斩首于都市中。下诏任命李孝恭为荆州总管，李靖为上柱国，赐爵位为永康县公，仍令他们安抚岭南，可以以皇帝的名义任命官员。

在此之前，萧铣派遣黄门侍郎江陵人刘洎到岭南扩张地盘，得到五十多个城池，还没回来，萧铣就已战败，刘洎也率所得到的城池投降唐朝，唐封他为南康州都督府长史。

十月二十四日戊申，徐圆朗的昌州治中刘善行率须昌投降唐朝。

十月二十六日庚戌，唐下诏准许陕东道大行台尚书省从尚书令、尚书仆射至郎中、主事等官，其级别都与京师的同类官员相同，而人数稍少，山东行台及总管府、各州都隶属其下。而益州、襄州、山东、淮南、河北等道的尚书令、尚书仆射以下官员的级别都分别比京师的同等官员低一级，员数又有减少。行台尚书令可以以皇帝名义补充下属官员。除了秦王、齐王府的官员之外，又分别设置左右六护军府，以及左右亲事帐内府。

闰十月初二日乙卯，唐高祖临幸稷州，初六日己未，临幸武功的旧别墅，初九日壬戌，在好畤打猎，十二日乙丑，在九嵕山打猎，十四日丁卯，在仲山打猎，十五日戊辰，在清水谷打猎，于是临幸三原，十八日辛未，临幸周氏陂，十九日壬申，返回长安。

十一月初一日甲申，唐高祖在圜丘祭祀天帝。

杜伏威让他的将领王雄诞攻击李子通，李子通派精兵守卫在独松岭。王雄诞派遣他的裨将陈当世率领一千余人，利用高处凭借险要逼近独松岭，竖起许多旗帜，夜里就在树上绑缚火炬，布满山上和水泽中。李子通害怕了，烧了营帐逃走，来守杭州，王雄诞追击他，又在城下打败了李子通。十一月初七日庚寅，李子通走投无路，请求投降。杜伏威活捉李子通及其左仆射乐伯通，送到长安，唐高祖释放了他们。

在此之前，汪华占据黟州、歙州，称王十余年。王雄诞回头又来攻击汪华，汪华在新安洞口进行抵抗，他的兵力非常精锐。王雄诞埋伏精兵在山谷中，率领老弱兵士数千人来冲击汪华的阵营，战斗才刚刚接触，佯装失利，退走回到营中，汪华前来进攻，不能攻克，正好这时天色已晚，就引兵还营，但王雄诞的伏兵已经占据了汪华的洞口，汪华不能入洞，走投无路，就请求投降。

闻人遂安占据昆山，没有归属任何人，杜伏威让王雄诞攻击他。王雄诞认为昆山地势险隘，难以仅凭兵力取胜，于是单身骑马来到昆山的城下，向闻人遂安说明国家的威严神灵，向他说明祸福利害关系。闻人遂安感动而心悦诚服，率手下诸将

于是伏威尽有淮南、江东之地，南至岭，东距海。雄诞以功除歙州总管，赐爵宜春郡公。

壬辰，林州总管刘旻击刘仚成，大破之。仚成仅以身免，部落皆降。

李靖度岭，遣使分道招抚诸州，所至皆下。萧铣桂州总管李袭志帅所部来降，赵郡王孝恭即以袭志为桂州总管，明年入朝。以李靖为岭南抚慰大使，检校桂州总管，引兵下九十六州，得户六十余万。

（以上为第十三段，写杜伏威为唐拓展淮南、江东之地，李靖安集岭南。）

壬寅，刘黑闼陷定州，执总管李玄通，黑闼爱其才，欲以为大将，玄通不可。故吏有以酒肉馈之者，玄通曰："诸君哀吾幽辱，幸以酒肉来相开慰，当为诸君一醉。"酒酣，谓守者曰："吾能剑舞，愿假吾刀。"守者与之，玄通舞竟太息曰："大丈夫受国厚恩，镇抚方面，不能保全所守，亦何面目视息世间哉！"即引刀自刺，溃腹而死。上闻，为之流涕，拜其子伏护为大将。

庚戌，杞州人周文举杀刺史王文矩，以城应徐圆朗。

幽州大饥，高开道许以粟赈之。李艺遣老弱诣开道就食，开道皆厚遇之。艺喜，于是发民三千人，车数百乘，驴马千余匹往受粟，开道悉留之，告绝于艺，复称燕王，北连突厥，南与刘黑闼相结，引兵攻易州不克，大掠而去。又遣其将谢稜诈降于艺，请兵援接，艺出兵应之。将至怀戎，稜袭击破之。开道与突厥连兵数入为寇，恒、定、幽、易咸被其患。

十二月，乙卯，刘黑闼陷冀州，杀刺史麴稜。黑闼既破淮安王神通，移书赵、魏，故窦建德将卒争杀唐官吏以应黑闼。庚申，遣右屯卫大将军义安王孝常将兵讨黑闼。黑闼将兵数万进逼宗城，黎州总管李世勣先屯宗城，弃城走保洺州。甲子，黑闼追击世勣等，破之，杀步卒五千人，世勣仅以身免。丙寅，洺州土豪翻城应黑闼。黑闼于城东南告天及祭窦建德而后入；后旬日，引兵攻拔相州，执刺史房晃，右武卫将军张士贵溃围走。黑闼南取黎、卫二州，半岁之间，尽复建德旧境。又遣使北连突厥，颉利可汗遣俟斤宋邪那帅胡骑从之。右武卫将军秦武通、洺州刺

出山投降。

这样杜伏威就全部占有了淮南、江东地区，南到南岭，东到东海，王雄诞以军功封为歙州总管，赐给爵位为宜春郡公。

十一月初九日壬辰，林州总管刘旻攻击刘佡成，大败刘军。刘佡成只身逃脱，其部落都向刘旻投降。

李靖度过南岭，派遣使节分路招抚各州，所至之处全都投降。萧铣的桂州总管李袭志率领他所统辖的诸州投降唐朝，赵郡王李孝恭就任命李袭志为桂州总管，第二年入京朝见。任命李靖为岭南抚慰大使，检校桂州总管，率军攻下九十六州，获得户口六十余万。

十一月十九日壬寅，刘黑闼攻陷定州，活捉总管李玄通，刘黑闼爱惜他的才能，想让他担任自己的大将，李玄通不答应。他的老部下有人用酒肉送给他吃，李玄通说："诸君哀怜我被幽禁羞辱，有幸拿酒肉来安慰我，当为诸君喝醉一次。"酒喝得正酣，对守卫的士兵说："我能拿着剑跳舞，希望借给我一把刀。"守卫的士兵给他一把刀，李玄通舞完之后，叹息说："大丈夫受到国家的厚恩，镇抚一方土地，不能保住所守的土地，还有什么脸面在世间呼吸和观看呢！"当即引刀自刺，剖开了腹部死去。唐高祖听说了，为他流下眼泪，拜他的儿子李伏护为大将。

十一月二十七日庚戌，杞州人周文举杀死刺史王文矩，率城响应徐圆朗。

幽州发生大饥荒，高开道许诺发放粮食进行赈救。李艺派遣老弱到高开道处吃饭，高开道予以优厚招待。李艺高兴，于是征发民众三千人，车辆数百乘，驴马一千余匹，前往接受赈灾的粮食。高开道将人马车辆全部留下，与李艺绝交。又自称燕王，联合北面的突厥，又与南面的刘黑闼联合，率军进攻易州，无法攻克，大掠之后离去。又派他的将领谢稜对李艺诈称投降，请派兵支援迎接，李艺出兵迎接他们。快到怀戎时，谢稜袭击并击败李艺。高开道与突厥合兵多次入境抢掠，恒州、定州、幽州、易州深受其害。

十二月初三日乙卯，刘黑闼攻陷冀州，杀死刺史麴稜。刘黑闼攻破淮安王李神通之后，发布书信到赵、魏地区，原属窦建德的将士争相杀死唐朝的官吏来响应刘黑闼。十二月初八日庚申，唐派遣右屯卫大将军义安王李孝常率军讨伐刘黑闼。刘黑闼率军数万人进逼宗城，唐黎州总管李世勣先已驻扎在宗城，此时放弃宗城撤退到洺州进行防御。十二日甲子，刘黑闼追击李世勣等人，打败他们，杀死步卒五千人，李世勣仅仅自己一人逃脱。十四日丙寅，洺州土豪翻出城墙来呼应刘黑闼。刘黑闼在城东南筑起土坛，举行了告天及祭祀窦建德的仪式之后进城。之后十多天，又率军攻下相州，活捉刺史房晃，右武卫将军张士贵突围逃出。刘黑闼南下攻取黎

史陈君宾、永宁令程名振皆自河北遁归长安。

丁卯，命秦王世民、齐王元吉讨黑闼。

昆弥遣使内附。昆弥，即汉之昆明也。嶲州治中吉弘纬通南宁，至其国说之，遂来降。

己巳，刘黑闼陷邢州、赵州；庚午，陷魏州，杀总管潘道毅；辛未，陷莘州。

壬申，徙宋王元嘉为徐王。

（以上为第十四段，写刘黑闼连败唐军，尽有河北之地。）

州、卫州，半年之间，完全恢复了窦建德原有的地盘。又派遣使者向北联结突厥，颉利可汗派遣俟斤宋邪那率领胡人骑兵跟着他前来。唐右武卫将军秦武通、洺州刺史陈君宾、永宁令程名振都从河北逃回长安。

十二月十五日丁卯，唐朝命秦王李世民、齐王李元吉讨伐刘黑闼。

昆弥国派遣使节归附内地。昆弥就是汉代的昆明。巂州治中吉弘纬前去南宁互通音讯，到了昆弥国劝说他们，于是前来归服。

十二月十七日己巳，刘黑闼攻陷邢州、赵州，十八日庚午，攻陷魏州，杀死总管潘道毅，十九日辛未，攻陷莘州。

十二月二十日壬申，唐朝廷把宋王李元嘉改封为徐王。

【点评】

本卷点评，着重评价农民起义首领窦建德和枭雄王世充。

一、农民起义首领窦建德。窦建德，贝州漳南（在今山东武城县东北）人。隋末起义，数年间拥有河北之地。大业十三年（617）正月，窦建德在河间乐寿县（今河北献县）筑坛祭天，自称长乐王。随后改国号为夏，自称夏王，以洺州为都城。唐武德二年（619），王世充在洛阳废掉隋越王杨侗，自立为帝，窦建德于是“建天子旌旗，出入警跸，下书言诏”，俨然以夏国皇帝身份出现，但仍未正式称帝。

武德四年（621），逐鹿中原最大的三家势力均在北方。李渊据关中，基本荡平了西北的割据势力，建立了唐朝，势力最强。王世充据河南，国号郑，称皇帝。窦建德据河北，国号夏。三方势力，形成了三足鼎立的局势。当唐军大举东出，王世充不足以抵抗，于是求救于夏王窦建德，而窦建德避免唇亡齿寒，倾全力救郑。在三足鼎立的形势下想要争胜，弱小的两方联合对抗最强的一方，这种策略是完全正确的。问题是窦建德如何救援王世充，战术策略也不能有误。夏政权内部，君臣发生了尖锐的分歧。

夏王祭酒凌敬认为起义军应该先渡过黄河，攻下怀州河阳，派大将把守，然后再进兵，越过太行山，进入上党，攻取河东，这样做有三大好处：第一，击其空虚，可以广地，军队不受损；第二，扩大兵源财源；第三，威胁关中，唐军自救，郑围自解。无疑这是最正确的战术策略。这一策略将造成唐军被夹攻，顾首顾不了尾。王世充的使者用金玉贿赂窦建德的将领，唆使他们破坏凌敬的建议，要求夏王正面攻击唐军。窦建德刚愎自用，又侥幸一战取胜，拒绝了凌敬的建议，把凌敬强行逐出门外，终止讨论。窦建德的妻子曹氏倒是有远见，劝告丈夫采纳凌敬的建议，窦建德也听不进去，说：“这不是你们女人应知道的事，我已答应援救郑国，不可失信于人。”于是率领大军逼近唐军，对峙于武牢关，列阵汜水，长达二十多里。

夏军的这一阵势，正中唐军李世民的下怀，李世民登上武牢城观察敌情，对部将们说：“山东士兵，没有纪律，傲慢轻敌，等他们饥渴力竭之时出击，一定能打败他们。”到了中午，夏军果然饥渴难耐，大家争着抢水喝。李世民发起了全线攻击，很快把夏军冲得七零八落，全线溃退，窦建德被活捉。本来王世充还可以抵抗一阵，由于援军的全军覆没，郑军丧失了斗志，王世充很快投降。李世民一战消灭了两个强敌，可以说是窦建德的一招不慎，使自己国破身亡，也加速了王世充的灭亡，教训是极为深刻的。

在隋末农民起义军中，窦建德的军队是最有成就的一支起义军，夏政权的政绩也最好。史称夏王“劝课农桑，境内无盗，商旅野宿”，颇有一番升平气象。窦建德的军队，战斗力也很强。漫天王王须拔、历山飞魏刀儿、孟海公、宇文化及等均被

窦建德吞灭，为什么与唐军交战，夏军就一触即溃，全军覆没呢？概括起来，有四大原因。第一，傲慢轻敌，犯兵家大忌。宇文化及这支穷寇，虽然被李密与窦建德轮番攻击并消灭，但宇文化及也给李密、窦建德带来了重创。李密因胜而骄败于王世充，窦建德因胜而骄败于李世民。这都是骄兵必败。古往今来，多少良将吃了这个亏，窦建德也没有例外。第二，窦建德援郑，亲率大军，御驾亲征。御驾亲征在第一线，是军队的极大拖累。窦建德带领百官，暴露在第一线，给唐军带来了可乘之机。第三，窦建德刚愎自用是致命的失败之因。窦建德不听凌敬之言，只是一个表面现象。窦建德在称王之后，如同秦末的陈胜一样，逐渐背离了农民的感情，疏远了同生共死的患难兄弟。窦建德为了让部下忠于自己，竟然矫情饰志，打起了忠于隋朝的旗帜。窦建德破了聊城，擒拿了宇文化及，不是先安抚百姓，而是以臣子的身份参拜萧皇后，重用隋朝的降官。隋河间郡丞王琮顽固对抗农民军，窦建德的部属恨之入骨。王琮投降后，窦建德称他为“义士”，授他做瀛州刺史，还下令军中敢为难王琮者，“罪三族”。窦建德攻克了相州、卫州、黎阳，俘虏了李渊的左武卫大将军李世勣、皇妹同安长公主、淮安王李神通，窦建德待为贵宾，把同安长公主、淮安王李神通礼送出境。对李世勣，让他继续带兵，镇守黎阳。而李世勣却处心积虑要谋杀窦建德，最后反叛出逃。窦建德又俘获了侵犯境内的唐赵州刺史张昂、邢州刺史陈君实、大使张道源等人，也认为他们是唐朝的“忠确士”，全部释放了他们。可是窦建德对自己的部将听谗诛杀，却毫不手软。窦建德的大将王伏宝，勇略超群，功勋卓著，群帅出于嫉妒，诬陷他谋反，窦建德不加调查，就把他杀了。王伏宝临死前一再申诉：“我是无辜的，大王为什么听信谗言，斩断自己的左右手呢！”窦建德竟置之不顾。窦建德的纳言宋正本，为人坦率，“好直谏”，窦建德也把他杀了。窦建德如此敌我不分，令将士寒心，君臣离心离德，这样的队伍，还能打胜仗吗？第四，唐军战斗力最强，秦王李世民军队战斗力正处于巅峰，上下一心，眼见胜利在望，士气高昂，锐不可当，窦建德正好撞上了，焉能不败？

窦建德出身于农民，政治上仍然不成熟。上述失败之因，本来是可以化解的，窦建德却用粗暴的态度对待凌敬的建言和妻子的规劝，谁还敢再说话呢？一个孤家寡人，等待他的只有一条路，那就是失败。

窦建德被俘，他的妻子率领夏国百官投唐。然而唐朝并不礼遇窦建德。武德四年七月，李世民把窦建德押到长安斩首，其死时年仅四十九岁。

二、再论枭雄王世充。王世充，字行满，本为西域少数民族人。王世充祖父叫支颓耨，举家迁到新丰县，在今陕西临潼东定居。颓耨死，其妻携子收改嫁霸城人王粲做妾。王收仕隋，历任怀汴二州长史。王世充因父亲关系当上左翊卫，迁御府直长、兵部员外郎等职。大业初年任民部尚书，后转江都郡丞。

史载王世充头发卷曲，声似豺音，性奸诈多疑，爱好学习，尤喜兵法，通晓龟策、推步之术。他任江都郡丞，营建江都宫，备极壮丽。隋炀帝到江南，王世充百般献媚，投其所好，大受宠信。

大业九年（613），杨玄感反隋，吴人朱爕、晋陵管崇拥众十万响应。王世充招募江都万余人参与镇压，他招纳降者，与之焚香盟誓，不杀俘虏，一些入海为盗的散兵，闻讯来降。王世充受降三万余人，然后突然翻脸，将三万多降兵全部活埋，残暴之极，令人发指。王世充就是这样一个凶残的屠夫。大业十二年（616），他奉炀帝之命率领江都兵入援东都，屯兵洛口，与瓦岗军李密交战。王世充战败，退回东都，屯于含嘉城，龟缩不出。大业十四年（618），宇文化及弑炀帝，东都群臣拥立炀帝之子越王杨侗为帝，王世充为吏部尚书，封郑国公。宇文化及领兵北上，李密首当其冲，为了避免两线作战，李密接受杨侗招安，全力讨伐宇文化及，在黎阳大败宇文化及，准备入朝东都。招安李密，计出内史令元文都、卢楚。王世充害怕元文都等人得势，更担心李密入朝，威胁自己的权势，于是发动兵变，杀害了元文都、卢楚等人，阻止李密入朝。李密还金墉城，重新与隋朝开战。就这样，隋朝中兴的一线希望被王世充彻底葬送了。

李密打败宇文化及，精兵良将损失惨重，却反而得胜而骄，不把王世充看在眼里，结果偃师一战，李密全军覆没，不得已而降唐。王世充杀元文都以后，就大权独揽，任尚书、左仆射，总督内外军事。打败李密之后，加官太尉、尚书令，十分骄狂，史称："王世充篡形已成。"武德二年（619）四月，王世充逼宫杨侗禅让，正式僭伪称帝，国号郑。不久，王世充暗杀了杨侗，以绝众望。

王世充待人不诚。李密战败，许多大将投降，罗士信、秦叔宝、程知节等知名当世。王世充表示优礼，甚至与罗士信同寝共食。罗士信有一匹骏马，王世充的侄儿索要，罗士信不给，王世充就夺之赐予侄儿。罗士信怀恨在心。程知节看不惯王世充的奸诈，对秦叔宝说："王公器度浅狭而不实，好与人盟誓，此乃老妇之道，哪里是拨乱之主？"当唐军东出，这几个人都转而投了唐朝。一个残暴、奸诈、僭伪的人，自然不是唐军的对手，等到窦建德战败，王世充部属纷纷降唐，王世充想突围，没有人跟随，无可奈何也出降，做了李世民的俘虏。王世充经营了三年的郑政权宣告结束。

王世充被押到长安，被唐高祖废为庶人，发配到蜀地，临行前，被仇人定州刺史独孤修德所杀。

王世充大奸似忠，是一个典型的历史小丑。像王世充这种人，能言善辩，确也有几分本领，能够打败李密，堪称一个枭雄。王世充不但懂军事，还能说出一套欺世盗名的理论迷惑一时。《旧唐书·王世充传》的作者评论说："世充奸人，遭适昏

主，上则谀佞诡俗以取荣名，下则强语言饰非以制群论。”把这种人物描绘得惟妙惟肖。不仅仅是历史上，即使是生活中也不乏像王世充这样的丑类。因此，历史上的反面人物，也告诫人们，时时处处提防“王世充”，这就是这个历史小丑留给我们的反思。

唐纪六

唐高祖武德五年至七年（622—624年）

【起玄黓敦牂（壬午，622年），尽阏逢涒滩（甲申，624年）五月，凡二年有奇】

【大事提要】

本卷记事起公元622年，讫公元624年五月，凡两年又五个月史事，时当唐高祖武德五年至七年。此时期的最大事件是刘黑闼反于河北，再次掀起了滔天大浪，影响所及，全国动荡。当窦建德败亡，王世充出降，南方杜伏威归服，萧铣破灭，全国基本平定。由于唐王室急于惩恶，未能处理好对窦建德、王世充部属的归降，逼之过急，刘黑闼于是反于河北，窦建德旧境全线响应，继之徐圆朗反，杜伏威旧部辅公祏反，岭南各地皆反，北方突厥侵扰，西北吐谷浑亦推波助澜，于是全国又处于大战乱。主战场在河北，秦王李世民、太子李建成与齐王李元吉相继征讨，唐朝用了两年多时间，才又重新平定叛乱，教训是极其深刻的。唐武德七年颁律，制定官吏制度和租庸调法，政治开始步入正轨，治平之世曙光初现。

【原文】

高祖神尧大圣光孝皇帝中之下

武德五年（壬午，622年）

春，正月，刘黑闼自称汉东王，改元天造，定都洺州。以范愿为左仆射，董康买为兵部尚书，高雅贤为右领军；征王琮为中书令，刘斌为中书侍郎；窦建德时文武悉复本位。其设法行政，悉师建德，而攻战勇决过之。

丙戌，同安贼帅殷恭邃以舒州来降。

丁亥，济州别驾刘伯通执刺史窦务本，以州附徐圆朗。

庚寅，东盐州治中王才艺杀刺史田华，以城应刘黑闼。

秦王世民军至获嘉，刘黑闼弃相州，退保洺州。丙申，世民复取相州，进军肥乡，列营洺水之上以逼之。

萧铣既败，散兵多归林士弘，军势复振。

己酉，岭南俚帅杨世略以循、潮二州来降。

唐使者王义童下泉、睦、建三州。

幽州总管李艺将所部兵数万会秦王世民讨刘黑闼，黑闼闻之，留兵万人，使范愿守洺州，自将兵拒艺。夜，宿沙河，程名振载鼓六十具，于城西二里堤上急击之，城中地皆震动。范愿惊惧，驰告黑闼；黑闼遽还，遣其弟十善与行台张君立将兵一万击艺于鼓城。壬子，战于徐河，十善、君立大败，所失亡八千人。

洺水人李去惑据城来降，秦王世民遣彭公王君廓将千五百骑赴之，入城共守。二月，刘黑闼引兵还攻洺水，癸亥，行至列人；秦王世民使秦叔宝邀击，破之。

豫章贼帅张善安以虔、吉等五州来降，拜洪州总管。

戊辰，金乡人阳孝诚叛徐圆朗，以城来降。

己巳，秦王世民复取邢州。辛未，井州人冯伯让以城来降。

丙子，李艺取刘黑闼定、栾、廉、赵四州，获黑闼尚书刘希道，引兵与秦王世民会洺州。

刘黑闼攻洺水甚急。城四旁皆有水，广五十余步，黑闼于城东北筑二甬道以攻之；世民三引兵救之，黑闼拒之，不得进。世民恐王君廓不

【语译】

高祖神尧大圣光孝皇帝中之下

唐高祖武德五年（壬午，622年）

春季，正月，刘黑闼自称汉东王，把年号改为天造，定都洺州。任命范愿为左仆射，董康买为兵部尚书，高雅贤为右领军，征召王琮为中书令，刘斌为中书侍郎，窦建德时期的文武官员全部恢复了原来的职位。刘黑闼设立的法律和实行的政治措施全部效法窦建德，但他的作战勇猛果断超过了窦建德。

正月初四日丙戌，同安的叛贼首领殷恭邃率舒州降唐。

正月初五日丁亥，唐济州别驾刘伯通逮捕刺史窦务本，率济州归附徐圆朗。

正月初八日庚寅，唐东盐州治中王才艺杀死刺史田华，率其城响应刘黑闼。

秦王李世民的大军到达获嘉，刘黑闼放弃相州，撤退到洺州进行防御。正月十四日丙申，李世民收复相州，进军肥乡，在洺水河边排列营寨进逼刘黑闼。

萧铣败亡之后，他的散兵大多投奔林士弘，林士弘的军势重新振作起来。

正月二十七日己酉，岭南俚族首领杨世略率循州、潮州降唐。

唐朝使者王义童降服泉州、睦州、建州三地。

唐幽州总管李艺率领他的部队数万人与秦王李世民会合前去讨伐刘黑闼，刘黑闼听说了，留下一万兵力，命范愿守卫洺州，自己率军抵抗李艺。夜晚，刘黑闼在沙河县宿营，程名振带六十面大鼓，在城西二里处的河堤上猛烈擂鼓，城中的地面都感到震动。范愿惊慌害怕，派人飞驰报告刘黑闼，刘黑闼迅速返回洺州，派他的弟弟刘十善和行台张君立率领一万兵马在鼓城攻打李艺。正月三十日壬子，双方在徐河交战，刘十善、张君立大败，损失伤亡八千人。

洺水县人李去惑率领他占据的城池降唐，秦王李世民派彭公王君廓率一千五百名骑兵赶赴洺水，进城与李去惑共同守城。二月，刘黑闼率领军队回师攻打洺水，二月十一日癸亥，走到列人县，秦王李世民命秦叔宝拦击，打败了刘黑闼。

豫章叛贼首领张善安率虔州、吉州等五个州降唐，唐朝任命张善安为洪州总管。

二月十六日戊辰，金乡人阳孝诚反叛徐圆朗，率金乡县城降唐。

二月十七日己巳，秦王李世民收复邢州。二月十九日辛未，并州人冯伯让率井州城降唐。

二月二十四日丙子，李艺夺取刘黑闼占据的定州、栾州、廉州、赵州四地，抓获刘黑闼的尚书刘希道，然后带兵与秦王李世民在洺州会师。

刘黑闼攻打洺水非常猛烈。洺水城四周都有河，河宽五十多步，刘黑闼在城东北修建两条甬道用来攻城。秦王李世民三次带军救援，都受到刘黑闼的阻击，无法

能守。召诸将谋之，李世勣曰："若甬道达城下，城必不守。"行军总管郯勇公罗士信请代君廓守之。世民乃登城南高冢，以旗招君廓，君廓帅其徒力战，溃围而出；士信帅左右二百人乘之入城，代君廓固守。黑闼昼夜急攻，会大雪，救兵不得往，凡八日，丁丑，城陷。黑闼素闻其勇，欲生之，士信词色不屈，乃杀之，时年二十。

（以上为第一段，写李世民与李艺联兵大举征讨刘黑闼，唐军屡胜，而刘黑闼仍在洺水得势，罗士信战没。）

戊寅，汴州总管王要汉攻徐圆朗杞州，拔之，获其将周文举。

庚辰，延州道行军总管段德操击梁师都石堡城，师都自将救之；德操与战，大破之，师都以十六骑遁去。上益其兵，使乘胜进攻夏州，克其东城，师都以数百人保西城。会突厥救至，诏德操引还。

辛巳，秦王世民拔洺水。三月，世民与李艺营于洺水之南，分兵屯水北。黑闼数挑战，世民坚壁不应，别遣奇兵绝其粮道。壬辰，黑闼以高雅贤为左仆射，军中高会。李世勣引兵逼其营，雅贤乘醉，单骑逐之，世勣部将潘毛刺之坠马，左右继至，扶归，未至营而卒。甲午，诸将复往逼其营，潘毛为王小胡所擒。黑闼运粮于冀、贝、沧、瀛诸州，水陆俱进，程名振以千余人邀之，沉其舟，焚其车。

宋州总管盛彦师帅齐州总管王薄攻须昌，征军粮于潭州；刺史李义满与薄有隙，闭仓不与。及须昌降，彦师收义满，系齐州狱，诏释之。使者未至，义满忧愤，死狱中。薄还，过潭州，戊戌夜，义满兄子武意执薄，杀之；彦师亦坐死。

上遣使赂突厥颉利可汗，且许结婚。颉利乃遣汉阳公瓌、郑元玮、长孙顺德等还，庚子，复遣使来修好，上亦遣其使者特勒热寒、阿史那德等还。并州总管刘世让屯雁门，颉利与高开道、苑君璋合众攻之。月余，乃退。

甲辰，以隋交趾太守丘和为交州总管，和遣司马高士廉奉表请入朝，诏许之，遣其子师利迎之。

前进。李世民怕王君廓守不住城池，召集众将领商议救援之事，李世勣说："如果甬道修到城下，城池必定失守。"行军总管郑勇公罗士信请求代替王君廓守城。李世民于是登上城南的高坟堆，用旗语与王君廓联系，王君廓率领部下奋战，突围出城，罗士信率亲信二百人乘机进城，代替王君廓坚守城池。刘黑闼昼夜猛攻洺水，恰逢下起大雪，救兵无法前往，经过八天，二月二十五日丁丑，洺水城陷落。刘黑闼一向听说罗士信勇猛，想留下他的命，罗士信言辞脸色毫不屈服，刘黑闼于是杀了他。当时罗士信年仅二十岁。

二月二十六日戊寅，唐汴州总管王要汉攻打徐圆朗占据的杞州，攻下杞州，抓获徐圆朗的将领周文举。

二月二十八日庚辰，唐延州道行军总管段德操攻击梁师都的石堡城，梁师都亲自带兵救援，段德操与他大战，大败梁师都，梁师都只带着十六名骑兵逃跑。唐高祖增加段德操的兵力，让他乘胜进军攻打夏州，段德操攻克夏州东城，梁师都带几百人退到夏州西城进行防守。恰好突厥救兵赶到，唐高祖下诏命段德操撤军返回。

二月二十九日辛巳，秦王李世民攻下洺水。三月，李世民和李艺在洺水以南扎营，分出部分兵力驻扎在洺水以北。刘黑闼多次来挑战，李世民坚壁不应战，另派奇兵切断了刘黑闼的运粮路线。十一日壬辰，刘黑闼任命高雅贤为左仆射，军中举行大宴会。李世勣带兵逼近刘黑闼军营，高雅贤趁着酒醉，单枪匹马追逐李世勣，李世勣的部将潘毛把他刺下马来，高雅贤的随从陆续赶到，扶着高雅贤回营，未走到营地高雅贤就死了。十三日甲午，唐军诸将领再次前进，逼近刘黑闼的营地，潘毛被王小胡抓获。刘黑闼从冀州、贝州、沧州、瀛州各地运粮，水陆并进，程名振用一千多人进行截击，击沉了运粮船，烧毁了运粮车。

唐宋州总管盛彦师率领齐州总管王薄攻打须昌，到潭州征调军粮，潭州刺史李义满与王薄有仇隙，关闭粮仓不发军粮。等到须昌投降，盛彦师逮捕李义满，关押在齐州监狱，唐高祖下诏命令释放李义满。朝中下达诏令的使者还没到达齐州，李义满忧愁愤恨，已经死在狱中。王薄回师，经过潭州，三月十七日戊戌夜晚，李义满哥哥的儿子李武意捉住王薄，杀了他，盛彦师也因连坐而被处死。

唐高祖派遣使节贿赂突厥颉利可汗，并且答应与颉利通婚，颉利于是遣送汉阳公李瓌、郑元琦、长孙顺德等人返回唐朝。三月十九日庚子，颉利又派遣使节前来建立友好关系，唐高祖也送突厥使者特勒热寒、阿史那德等人返回突厥。唐并州总管刘世让驻扎在雁门，颉利与高开道、苑君璋合兵攻打刘世让，一个多月后才退军。

三月二十三日甲辰，唐朝任命原隋朝交趾太守丘和为交州总管，丘和派司马高士廉拿着表章请求入京朝见，唐高祖下诏准许他的请求，并派丘和的儿子丘师利前

秦王世民与刘黑闼相持六十余日。黑闼潜师袭李世勣营，世民引兵掩其后以救之，为黑闼所围，尉迟敬德帅壮士犯围而入，世民与略阳公道宗乘之得出。道宗，帝之从子也。世民度黑闼粮尽，必来决战，乃使人堰洺水上流，谓守吏曰："待我与贼战，乃决之。"丁未，黑闼帅步骑二万南渡洺水，压唐营而陈，世民自将精骑击其骑兵，破之，乘胜蹂其步兵。黑闼帅众殊死战，自午至昏，战数合，黑闼势不能支。王小胡谓黑闼曰："智力尽矣，宜早亡去。"遂与黑闼先遁，余众不知，犹格战。守吏决堰，洺水大至，深丈余，黑闼众大溃，斩首万余级，溺死数千人，黑闼与范愿等二百骑奔突厥，山东悉平。

高开道寇易州，杀刺史慕容孝幹。

夏，四月，己未，隋鸿胪卿宁长真以宁越、郁林之地请降于李靖，交、爱之道始通，以长真为钦州总管。

（以上为第二段，写刘黑闼兵败逃入突厥，河北大体平定，岭南高士廉归附。）

以夔州总管赵郡王孝恭为荆州总管。

徐圆朗闻刘黑闼败，大惧，不知所出。河间人刘复礼说圆朗曰："有刘世徹者，其才不世出，名高东夏，且有非常之相，真帝王之器。将军若自立，恐终无成；若迎世徹而奉之，天下指挥可定。"圆朗然之，使复礼迎世徹于浚仪。或说圆朗曰："将军为人所惑，欲迎刘世徹而奉之，世徹若得志，将军岂有全地乎！仆不敢远引前古，将军独不见翟让之于李密乎？"圆朗复以为然。世徹至，已有众数千人，顿于城外，以待圆朗出迎，圆朗不出，使人召之，世徹知事变，欲亡走，恐不免，乃入谒；圆朗悉夺其兵，以为司马，使徇谯、杞二州，东人素闻其名，所向皆下，圆朗遂杀之。

秦王世民自河北引兵将击圆朗，会上召之，使驰传入朝，乃以兵属齐王元吉。庚申，世民至长安，上迎之于长乐。世民具陈取圆朗形势，上复遣之诣黎阳，会大军趋济阴。

往迎接。

秦王李世民与刘黑闼相持六十多天。刘黑闼暗中派军偷袭李世勣的营地，李世民带兵从刘黑闼背后进行攻击救援李世勣，结果被刘黑闼包围，尉迟敬德率领壮士冲入包围，李世民与略阳公李道宗乘机得以冲出包围。李道宗是唐高祖的侄子。李世民计算刘黑闼的粮食已经吃光，必定前来决战，于是命人在洺水上游筑坝截断河水，对看守堤坝的官吏说："等我和敌人交战时，就扒开堤坝放水。"三月二十六日丁未，刘黑闼率领两万步兵、骑兵向南渡过洺水，逼近唐军营寨而排列成阵，李世民亲自统率精锐骑兵攻打刘黑闼的骑兵，打败了刘军，乘胜用战马踩踏刘黑闼的步兵。刘黑闼带领部队拼死战斗，从中午打到黄昏，双方数次交兵互杀，刘黑闼的兵力无法支持下去。王小胡对刘黑闼说："我们的智谋和兵力都已耗尽，应该快点逃走。"就和刘黑闼率先逃跑，其余的将士并不知道情况，仍在格斗拼杀。唐军看守堤坝的官吏扒开堤坝，洺河水猛地冲流下来，水深一丈多，刘黑闼的军队大败，斩首一万多人，淹死几千人，刘黑闼与范愿等二百人骑马逃奔突厥，山东地区全部平定。

高开道侵犯易州，杀死唐朝易州刺史慕容孝幹。

夏四月初八日己未，隋朝的鸿胪卿宁长真率宁越、郁林地区向李靖请求投降，通向交州与爱州的道路至此才被打通。唐任命宁长真为钦州总管。

唐朝任命夔州总管赵郡王李孝恭为荆州总管。

徐圆朗听说刘黑闼失败，大为恐惧，不知向何处进军。河间人刘复礼劝徐圆朗说："有位名叫刘世徹的人，他的才能不是每个时代都会出现的，在东夏有很高的名望，且有非同常人的相貌，真有帝王的气度。将军如果自立为王，恐怕最终一事无成，如果迎来刘世徹拥戴为君主，整个天下在指挥之间就能平定了。"徐圆朗同意他的意见，命刘复礼到浚仪县迎接刘世徹。有人对徐圆朗说："将军被人迷惑了，想迎立刘世徹而奉他为君主，刘世徹如果得志了，将军哪里还有保全性命的地方呢？我不敢援引前代之事，将军难道没有看到翟让与李密的关系吗？"徐圆朗又认为这也说得对。刘世徹到来时，已有几千人马停在城外，等着徐圆朗出城迎接，徐圆朗不出城，命人召刘世徹进城。刘世徹知道事情有了变化，想逃走，又怕仍然不免被捉，于是进城谒见徐圆朗，徐圆朗夺取了他的全部人马，任命他为司马，让他攻占谯州、杞州，东方的人久闻刘世徹的大名，所到之处全都归顺，徐圆朗于是杀了刘世徹。

秦王李世民从河北带兵准备攻打徐圆朗，正好唐高祖要召见他，让他乘驿站车马急速返回长安，于是李世民将军队交给齐王李元吉统领。四月初九日庚申，李世民到达长安，唐高祖到长乐坂迎接他。李世民详细说明了攻打徐圆朗的形势，唐高

丁卯，废山东行台。

壬申，代州总管定襄王李大恩为突厥所杀。先是，大恩奏称突厥饥馑，马邑可取，诏殿内少监独孤晟将兵与大恩共击苑君璋，期以二月会马邑；失期不至，大恩不能独进，顿兵新城。颉利可汗遣数万骑与刘黑闼共围大恩，上遣右骁卫大将军李高迁救之。未至，大恩粮尽，夜遁，突厥邀之，众溃而死，上惜之。独孤晟坐减死徙边。

丙子，行台民部尚书史万宝攻徐圆朗陈州，拔之。

戊寅，广州贼帅邓文进、隋合浦太守宁宣、日南太守李晙并来降。

五月，庚寅，瓜州土豪王幹斩贺拔行威以降，瓜州平。

突厥寇忻州，李高迁击破之。

六月，辛亥，刘黑闼引突厥寇山东，诏燕郡王李艺击之。

癸丑，吐谷浑寇洮、旭、叠三州，岷州总管李长卿击破之。

乙卯，遣淮安王神通击徐圆朗。

丁卯，刘黑闼引突厥寇定州。

秋，七月，甲申，为秦王世民营弘义宫，使居之。世民击徐圆朗，下十余城，声震淮、泗，杜伏威惧，请入朝。世民以淮、济之间略定，使淮安王神通、行军总管任瓌、李世勣攻圆朗；乙酉，班师。

丁亥，杜伏威入朝，延升御榻，拜太子太保，仍兼行台尚书令，留长安，位在齐王元吉上，以宠异之。以阚稜为左领军将军。

李子通谓乐伯通曰："伏威既来，江东未定，我往收旧兵，可以立大功。"遂相与亡至蓝田关，为吏所获，俱伏诛。

刘黑闼至定州，其故将曹湛、董康买亡命在鲜虞，复聚兵应之。甲午，以淮阳王道玄为河北道行军总管以讨之。

丙申，迁州人邓士政执刺史李敬昂以反。

祖又派他赶赴黎阳，会同大军进军济阴。

四月十六日丁卯，唐朝废除山东行台。

四月二十一日壬申，唐朝代州总管定襄王李大恩被突厥杀害。在此之前，李大恩上奏章报告突厥发生饥荒，可以攻取马邑，唐高祖下诏命殿内少监独孤晟带兵与李大恩共同攻打苑君璋，约定二月在马邑会师，独孤晟未能按期到达，李大恩不能孤军挺进，将军队停在新城。突厥颉利可汗派几万骑兵与刘黑闼一起包围了李大恩，唐高祖派右骁卫大将军李高迁救援李大恩。李高迁还未到达，李大恩因军粮吃光，半夜逃遁，突厥半路阻截，军队溃败而被杀，唐高祖非常痛惜。独孤晟因此获罪，判处死刑减免而被流放到边远地区。

四月二十五日丙子，唐朝行台民部尚书史万宝攻打徐圆朗占据的陈州，攻克了陈州。

四月二十七日戊寅，广州叛贼首领邓文进、隋朝合浦太守宁宣、日南太守李晙都来降唐。

五月初九日庚寅，瓜州土豪王幹杀死贺拔行威然后降唐，瓜州平定。

突厥侵犯忻州，李高迁击退突厥。

六月初一日辛亥，刘黑闼引来突厥军队侵犯山东，唐高祖下诏命燕郡王李艺攻击来犯者。

六月初三日癸丑，吐谷浑侵犯洮州、旭州、叠州，唐岷州总管李长卿打败来犯者。

六月初五日乙卯，唐朝派淮安王李神通攻打徐圆朗。

六月十七日丁卯，刘黑闼引来突厥军队侵犯定州。

秋七月初五日甲申，唐朝为秦王李世民建造弘义宫，供李世民居住。李世民攻打徐圆朗，攻下十几座城池，声势震动了淮水、泗水地区，杜伏威害怕了，请求入京朝见。李世民看到淮、济之间已大致平定，让淮安王李神通、行军总管任瓌、李世勣攻打徐圆朗，初六日乙酉，李世民班师回朝。

七月初八日丁亥，杜伏威入京朝见，皇帝请他登上御榻，官拜太子太保，仍然兼任行台尚书令，把他留在长安，官位在齐王李元吉之前，表示特殊的恩宠。唐朝任命阚稜为左领军将军。

李子通对乐伯通说："杜伏威已来长安，江东尚未安定，我们前去收拾旧部，可以建立大功。"于是一起逃跑，到蓝田关，被官吏抓获，都被处死。

刘黑闼到达定州，他的旧部下曹湛、董康买逃亡在鲜虞，又召集兵马响应刘黑闼。七月十五日甲午，唐朝任命淮阳王李道玄为河北道行军总管前来讨伐刘黑闼。

七月十七日丙申，迁州人邓士政捉住刺史李敬昂，反叛朝廷。

（以上为第三段，写李世民移兵山东讨徐圆朗，刘黑闼引突厥入寇，卷土重来。）

丁酉，隋汉阳太守冯盎承李靖檄，帅所部来降，以其地为高、罗、春、白、崖、儋、林、振八州，以盎为高州总管，封耿国公。先是，或说盎曰："唐始定中原，未能及远，公所领二十州地已广于赵佗，宜自称南越王。"盎曰："吾家居此五世矣，为牧伯者不出吾门，富贵极矣，常惧不克负荷，为先人羞，敢效赵佗自王一方乎！"遂来降。于是岭南悉平。

八月，辛亥，以洺、荆、交、并、幽五州为大总管府。

改葬隋炀帝于扬州雷塘。

（以上为第四段，写岭南全境归附。）

甲戌，吐谷浑寇岷州，败总管李长卿。诏益州行台右仆射窦轨、渭州刺史且洛生救之。

乙卯，突厥颉利可汗寇边，遣左武卫将军段德操、云州总管李子和将兵拒之。子和本姓郭，以讨刘黑闼有功，赐姓。丙辰，颉利十五万骑入雁门，己未，寇并州，别遣兵寇原州；庚子，命太子出豳州道，秦王世民出秦州道以御之。李子和趋云中，掩击可汗，段德操趋夏州，邀其归路。

辛酉，上谓群臣曰："突厥入寇而复求和，和与战孰利？"太常卿郑元璹曰："战则怨深，不如和利。"中书令封德彝曰："突厥恃犬羊之众，有轻中国之意，若不战而和，示之以弱，明年将复来。臣愚以为不如击之，既胜而后与和，则恩威兼著矣！"上从之。

己巳，并州大总管襄邑王神符破突厥于汾东；汾州刺史萧顗破突厥，斩首五千余级。

吐谷浑寇洮州，遣武州刺史贺亮御之。

丙子，突厥寇廉州；戊寅，陷大震关。上遣郑元璹诣颉利。是时，突厥精骑数十万，自介休至晋州，数百里间，填溢山谷。元璹见颉利，责以负约，与相辨诘，颉利颇惭。元璹因说颉利曰："唐与突厥，风俗不同，突厥虽得唐地，不能居也。今虏掠所得，皆入国人，于可汗何有？

七月十八日丁酉，隋朝汉阳太守冯盎接受了李靖的檄文，率领部属降唐，唐朝在冯盎的辖地设置高州、罗州、春州、白州、崖州、儋州、林州、振州共八个州，任命冯盎为高州总管，封给爵位为耿国公。在此之前，有人劝冯盎说："唐刚刚平定中原，不能顾及边远地区，你所管辖的二十州的地域已超过汉代的赵佗，应当自称南越王。"冯盎说："我家定居此地已有五代，担任州牧等地方长官的都不超出吾家之门，富贵已达到极点，常怕不能胜任重担，让先人蒙受耻辱，怎敢效法赵佗自己称王一方呢？"于是前来投降。从此岭南地区全部平定。

八月初二日辛亥，唐朝把洺州、荆州、交州、并州、幽州共五州设立为大总管府。

唐朝把隋炀帝改葬在扬州的雷塘。

八月初五日甲戌，吐谷浑侵犯岷州，打败了唐朝总管李长卿。唐高祖下诏命益州行台右仆射窦轨、渭州刺史且洛生救援李长卿。

八月初六日乙卯，突厥颉利可汗侵犯边境，唐朝派遣左武卫将军段德操、云州总管李子和率军抵抗。李子和本姓郭，由于讨伐刘黑闼有功，赐姓李。初七日丙辰，颉利的十五万骑兵进入雁门，初十日己未，侵犯并州，另外又派兵侵犯原州。十一日庚申，唐高祖命太子李建成从幽州道出兵，命秦王李世民从泰州道出兵抵御突厥。李子和急速赶赴云中，突然袭击颉利可汗，段德操赶赴夏州，阻截突厥的退路。

八月十二日辛酉，唐高祖对群臣说："突厥入侵而又来求和，和与战，哪个更有利？"太常卿郑元璹说："交战会加深仇怨，不如讲和有利。"中书令封德彝认为："突厥仗着如同犬羊一样多的兵力，有轻视中原王朝的意思，如果不战就讲和，是向他们显示软弱，明年还会再来。臣的愚见认为不如攻击他们，取胜以后再讲和，这样的话，恩威就会兼顾了！"唐高祖听从了封德彝的意见。

八月二十日己巳，唐并州大总管襄邑王李神符在汾东打败突厥，汾州刺史萧顗打败突厥，斩首五千多人。

吐谷浑侵犯洮州，唐派武州刺史贺拔亮抵御来敌。

八月二十七日丙子，突厥侵犯廉州，二十九日戊寅，攻陷大震关。唐高祖派郑元璹去见颉利可汗。当时，从介休到晋州的数百里之间的山谷，全是突厥人的几十万精锐骑兵。郑元璹见到颉利，责备他背叛盟约，与颉利展开辩论，颉利颇为惭愧。郑元璹趁机劝颉利说："唐与突厥，风俗不同，突厥就是得到唐的领土，也不能

不如旋师，复修和亲，可无跋涉之劳，坐受金币，又皆入可汗府库，孰与弃昆弟积年之欢，而结子孙无穷之怨乎！”颉利悦，引兵还。元璹自义宁以来，五使突厥，几死者数焉。

九月，癸巳，交州刺史权士通、弘州总管宇文歆、灵州总管杨师道击突厥于三观山，破之。乙未，太子班师。丙申，宇文歆邀突厥于崇岗镇，大破之，斩首千余级。壬寅，定州总管双士洛击突厥于恒山之南，丙午，领军将军安兴贵击突厥于甘州，皆破之。

刘黑闼陷瀛州，杀刺史马匡武。盐州人马君德以城叛附黑闼。高开道寇蠡州。

（以上为第五段，写突厥颉利可汗大举入寇，唐军战败突厥，复与之和亲。）

冬，十月，己酉，诏齐王元吉讨刘黑闼于山东。壬子，以元吉为领军大将军、并州大总管。癸丑，贝州刺史许善护与黑闼弟十善战于鄃县，善护全军皆没。甲寅，右武候将军桑显和击黑闼于晏城，破之。观州刺史刘会以城叛附黑闼。

契丹寇北平。

甲子，以秦王世民领左、右十二卫大将军。

乙丑，行军总管淮阳壮王道玄与刘黑闼战于下博，军败，为黑闼所杀。时道玄将兵三万，与副将史万宝不协；道玄帅轻骑先出犯陈，使万宝将大军继之。万宝拥兵不进，谓所亲曰：“我奉手敕云，淮阳小儿，军事皆委老夫。今王轻脱妄进，若与之俱，必同败没，不如以王饵贼，王败，贼必争进，我坚陈以待之，破之必矣。”由是道玄独进败没。万宝勒兵将战，士卒皆无斗志，军遂大溃，万宝逃归。道玄数从秦王世民征伐，死时年十九，世民深惜之，谓人曰：“道玄常从吾征伐，见吾深入贼陈，心慕效之，以至于此。”为之流涕。世民自起兵以来，前后数十战，常身先士卒，轻骑深入，虽屡危殆而未尝为矢刃所伤。

林士弘遣其弟鄱阳王药师攻循州，刺史杨略与战，斩之，其将王戎

居住。如今俘虏与抢夺的财物，都给了突厥百姓，可汗您得到了什么？不如回军，重新议和通婚，可以免除军人的跋涉辛劳，坐享金银财物，并且都进入可汗的仓库。这与抛弃兄弟之间的多年友好，结成子孙后代的无穷仇怨相比，哪一个更好呢？”颉利高兴，带兵撤回突厥。郑元琦从义宁年间以来，五次出使突厥，多次差一点被杀。

九月十五日癸巳，唐交州刺史权士通、弘州总管宇文歆、灵州总管杨师道在三观山攻击突厥，打败敌军。十七日乙未，太子李建成班师回朝。十八日丙申，宇文歆在崇岗镇拦击突厥，大败敌军，斩首一千多人。二十四日壬寅，唐定州总管双士洛在恒山南麓攻击突厥，二十八日丙午，唐领军将军安兴贵在甘州攻打突厥，打败了敌军。

刘黑闼攻陷瀛州，杀死唐瀛州刺史马匡武。盐州人马君德占据盐州城反叛，归附刘黑闼。高开道侵犯蠡州。

冬十月初一日己酉，唐高祖下诏命齐王李元吉在山东讨伐刘黑闼。初四日壬子，任命李元吉为领军大将军、并州大总管。初五日癸丑，唐贝州刺史许善护在鄃县与刘黑闼弟弟刘十善交战，许善护全军覆没。初六日甲寅，唐右武候将军桑显和在晏城攻击刘黑闼，打败了敌军。唐观州刺史刘会率观州城反叛，归附刘黑闼。

契丹侵犯北平。

十月十六日甲子，唐朝以秦王李世民统领左、右十二卫大将军。

十月十七日乙丑，唐行军总管淮阳壮王李道玄与刘黑闼在下博交战，唐军失败，李道玄被刘黑闼杀死。当时李道玄带领三万兵马，与副将史万宝不和，李道玄率领轻骑兵率先出战冲向敌阵，命史万宝率大军随后进入。史万宝按兵不动，对他的亲信说：“我奉皇帝手书敕令说，淮阳王是毛孩子，军队行动均委托我这个老夫。现在淮阳王轻率妄进，如果和他一同进攻，必然一起失败导致覆没，不如用淮阳王作饵引诱敌人，如果淮阳王失败，敌人必定争相前进，我军坚守阵地应对敌人的攻击，就一定能够打败敌人！”因此李道玄孤军深入战败阵亡。史万宝带兵准备战斗，士兵都没有斗志，唐军于是大败，史万宝逃回。李道玄多次跟随秦王李世民征伐，死时年仅十九岁，李世民深为痛惜，对人说道：“道玄常随我征伐，见我深入敌阵，心中羡慕就要仿效，以至于到这个地步。”为李道玄的阵亡而流泪。李世民自从太原起兵以来，前前后后经过几十仗，经常身先士卒，轻骑深入敌阵，虽然屡次遇到危险，却不曾被刀箭伤害过。

林士弘派遣他的弟弟鄱阳王林药师攻打循州，唐循州刺史杨略与林药师交战，

以南昌州降。士弘惧，己巳，请降。寻复走保安成山洞，袁州人相聚应之；洪州总管若干则遣兵击破之。会士弘死，其众遂散。

淮阳王道玄之败也，山东震骇，洺州总管庐江王瑗弃城西走，州县皆叛附于黑闼，旬日间，黑闼尽复故地，乙亥，进据洺州。十一月，庚辰，沧州刺史程大买为黑闼所迫，弃城走。齐王元吉畏黑闼兵强，不敢进。

（以上为第六段，写刘黑闼尽复故地与徐圆朗合势，齐王李元吉征讨，畏懦不敢进。）

上之起兵晋阳也，皆秦王世民之谋，上谓世民曰："若事成，则天下皆汝所致，当以汝为太子。"世民拜且辞。及为唐王，将佐亦请以世民为世子，上将立之，世民固辞而止。太子建成，性宽简，喜酒色游畋；齐王元吉，多过失；皆无宠于上。世民功名日盛，上常有意以代建成，建成内不自安，乃与元吉协谋，共倾世民，各引树党友。

上晚年多内宠，小王且二十人，其母竞交结诸长子以自固。建成与元吉曲意事诸妃嫔，谄谀赂遗，无所不至，以求媚于上。或言烝于张婕妤、尹德妃，宫禁深秘，莫能明也。是时，东宫、诸王公、妃主之家及后宫亲戚横长安中，恣为非法，有司不敢诘。世民居承乾殿，元吉居武德殿后院，与上台、东宫昼夜通行，无复禁限。太子、二王出入上台，皆乘马、携弓刀杂物，相遇如家人礼。太子令、秦齐王教与诏敕并行，有司莫知所从，唯据得之先后为定。世民独不奉事诸妃嫔，诸妃嫔争誉建成、元吉而短世民。

世民平洛阳，上使贵妃等数人诣洛阳选阅隋宫人及收府库珍物。贵妃等私从世民求宝货及为亲属求官，世民曰："宝货皆已籍奏，官当授贤才有功者。"皆不许，由是益怨。世民以淮安王神通有功，给田数十顷。张婕妤之父因婕妤求之于上，上手敕赐之，神通以教给在先，不与。婕妤诉于上曰："敕赐妾父田，秦王夺之以与神通。"上遂发怒，责世民曰：

杀死了林药师，林药师的将领王戎率南昌州投降。林士弘害怕了，十月二十一日己巳，请求投降。随后又逃走，在安成的山洞里固守，袁州百姓相互聚合响应林士弘，唐洪州总管若干则派兵打败了他们。正好林士弘死了，他的部下于是散去。

淮阳王李道玄战败后，山东地区一片震动惊惧，唐洺州总管庐江王李瑗放弃城池向西逃跑，所属州县都反叛归附了刘黑闼，十天之内，刘黑闼完全收复了原有的地盘，十月二十七日乙亥，进军占据洺州。十一月初三日庚辰，唐沧州刺史程大买因刘黑闼的逼近，放弃城池逃跑。齐王李元吉畏惧刘黑闼军队强盛，不敢进军。

唐高祖在晋阳起兵，都是秦王李世民策划的谋略。唐高祖对李世民说："如果事业成功，那么天下都是你带来的，应当立你为太子。"李世民拜谢并推辞。等到唐高祖成为唐王时，将领们也请求把李世民立为世子，唐高祖将要册立他，李世民坚决推辞，高祖才作罢。太子李建成，性情宽松简易，喜欢饮酒、女色、打猎，齐王李元吉，多有过失，不受唐高祖的宠爱。李世民的功勋名望越来越盛，唐高祖常常有意让他代替李建成为太子，李建成心中不安，于是与李元吉商议谋划，一起排挤李世民，他们各自交结培植自己的党羽。

唐高祖晚年在内宫宠幸许多妃嫔，年幼的小王近二十人，他们的母亲竞相交结各位年长的皇子以巩固自己的地位。李建成和李元吉都用尽心机讨好各位妃嫔，谄媚阿谀贿赂馈赠，无所不用，想通过她们获得唐高祖的青睐。有人说他们与张婕妤、尹德妃私通，由于宫禁之中的事情幽隐神秘，无人能够查明。当时，太子的东宫、各王公、妃主的家以及后宫妃嫔的亲属，在长安城中横行霸道，恣意干非法之事，主管官衙不敢追查。李世民住在承乾殿，李元吉住在武德殿后院，与皇帝的寝宫、太子东宫之间日夜都可以通行，不再有所限制。太子与秦王、齐王出入皇帝寝宫，都可以乘马、携带刀弓等杂物，彼此相见只按普通人家的礼节。太子下达的令、秦王和齐王下达的教令和唐高祖发布的诏敕同时并行，有关官衙不知所从，只得按照收到的先后为准。只有李世民不去讨好诸位妃嫔，诸位嫔妃就争相称赞李建成、李元吉，诋毁李世民。

李世民平定洛阳，唐高祖让贵妃等几个人到洛阳挑选隋朝宫女和收取皇家仓库里的珍宝。贵妃等人私下向李世民索要珍宝器物并为自己的亲属求官，李世民回答说："珍宝器物都已经登录在册了，官位应当授予有贤德有才能和有功劳的人。"对于她们的要求都没有答应，因此妃嫔们更加恨他。李世民因为淮安王李神通有战功，拨给他几十顷田地。张婕妤的父亲通过张婕妤向唐高祖索要这些田地，唐高祖手写

“我手敕不如汝教邪！”他日，谓左仆射裴寂曰：“此儿久典兵在外，为书生所教，非复昔日子也。”尹德妃父阿鼠骄横，秦王府属杜如晦过其门，阿鼠家童数人曳如晦坠马，殴之，折一指，曰：“汝何人，敢过我门而不下马！”阿鼠恐世民诉于上，先使德妃奏云：“秦王左右陵暴妾家。”上复怒责世民曰：“我妃嫔家犹为汝左右所陵，况小民乎！”世民深自辩析，上终不信。

世民每侍宴宫中，对诸妃嫔，思太穆皇后早终，不得见上有天下，或歔欷流涕，上顾之不乐。诸妃嫔因密共谮世民曰：“海内幸无事，陛下春秋高，唯宜相娱乐，而秦王每独涕泣，正是憎疾妾等，陛下万岁后，妾母子必不为秦王所容，无孑遗矣！”因相与泣，且曰：“皇太子仁孝，陛下以妾母子属之，必能保全。”上为之怆然。由是无易太子意，待世民浸疏，而建成、元吉日亲矣。

（以上为第七段，写李世民功高震主，太子李建成与齐王李元吉合谋谗毁李世民。政坛潜伏危机。）

太子中允王珪、洗马魏徵说太子曰：“秦王功盖天下，中外归心；殿下但以年长位居东宫，无大功以镇服海内。今刘黑闼散亡之余，众不满万，资粮匮乏，以大军临之，势如拉朽，殿下宜自击之以取功名，因结纳山东豪杰，庶可自安。”太子乃请行于上，上许之。珪，颊之兄子也。甲申，诏太子建成将兵讨黑闼，其陕东道大行台及山东道行军元帅、河南。河北诸州并受建成处分，得以便宜从事。

乙酉，封宗室略阳公道宗等十八人为郡王。道宗，道玄从父弟也，为灵州总管，梁师都遣弟洛儿引突厥数万围之，道宗乘间出击，大破之。突厥与师都相结，遣其郁射设入居故五原，道宗逐出之，斥地千余里。”上以道宗武干如魏任城王彰，乃立为任城郡王。

丙申，上幸宜州。

己亥，齐王元吉遣兵击刘十善于魏州，破之。

敕令将这些田赐给他，李神通因为秦王的教令是先给他田的，因此不肯给张婕妤的父亲。张婕妤向唐高祖告状说：“皇上敕书赐给我父亲的田地，秦王夺去给李神通。”唐高祖因此发怒，责备李世民说：“我的亲笔敕书不如你的教令吗？”有一天，唐高祖对左仆射裴寂说：“这个儿子长期在外掌握军队，受书生的教唆，不再是原来的儿子了。”尹德妃的父亲尹阿鼠骄狂横行，秦王府属官杜如晦经过他的门前，尹阿鼠的几名家丁把杜如晦拉扯下马，殴打他，打断了他一根手指，说：“你是什么人，胆敢从我门前过还不下马！”尹阿鼠怕李世民告诉皇上，先让尹德妃向唐高祖上奏：“秦王的亲信欺侮我家人。”唐高祖又发怒，责备李世民说：“我的妃嫔还受你的亲信欺凌，何况是小老百姓！”李世民深加辩解说明，唐高祖始终不相信他。

李世民每次在宫中侍奉唐高祖宴饮，面对诸位妃嫔，想到母亲太穆皇后去世太早，没能看到唐高祖拥有天下，有时就叹气流泪，唐高祖看到后很不高兴。各位妃嫔于是一起暗中诋毁李世民说：“天下幸好平安无事，陛下高寿，只应当一同欢娱，可是秦王常常一个人流泪，正是憎恨仇视我们，陛下万岁之后，我们母子必定不为秦王容纳，没有一个人会活下来的！”说完就一起流泪，并且说：“皇太子仁慈孝顺，陛下把我们母子托付给太子，必能保全性命。”唐高祖为此伤心。从此唐高祖不再有改立太子的意思，对李世民逐渐疏远，而对李建成、李元吉则日益亲近了。

太子中允王珪、太子洗马魏徵劝太子说：“秦王功盖天下，京内外地都愿意跟随他，而殿下只是因为年长才成为东宫太子，没有大功用来镇服天下。现在刘黑闼的叛军逃散伤亡之后，兵力不满一万人，缺乏粮食物资，如果用大军向他进逼，就会势如摧枯拉朽，殿下应当亲自率军攻打刘黑闼，用来取得功劳名望，并趁机结交山东的豪杰，这样才可以保住自己的平安。”太子李建成于是向唐高祖请求带兵出征，唐高祖答应了他的请求。王珪是王頍哥哥的儿子。十一月初七日甲申，唐高祖下诏命太子李建成率军讨伐刘黑闼，陕东道大行台及山东道行军元帅、河南河北各州都受李建成指挥，可以根据情况自行做出决定。

十一月初八日乙酉，唐册封宗室略阳公李道宗等十八人为郡王。李道宗是李道玄的堂弟，官为灵州总管，梁师都派弟弟梁洛儿引来几万突厥军包围他，李道宗利用敌军间隙出击，大败敌军。突厥与梁师都相互联结，派他的郁射设进入唐的领土，居住在原来的五原城，李道宗把郁射设赶出五原，开拓领土一千多里。唐高祖因为李道宗的武功才干如同曹魏的任城王曹彰，于是立他为任城郡王。

十一月十九日丙申，唐高祖临幸宜州。

十一月二十二日己亥，齐王李元吉派兵在魏州攻击刘十善，打败了他。

癸卯，上校猎于富平。

刘黑闼拥兵而南，自相州以北州县皆附之，唯魏州总管田留安勒兵拒守。黑闼攻之，不下，引兵南拔元城，复还攻之。

十二月，庚戌，立宗室孝友等八人为郡王。孝友，神通之子也。

丙辰，上校猎于华池。

戊午，刘黑闼陷恒州，杀刺史王公政。

庚申，车驾至长安。

癸亥，幽州大总管李艺复廉、定二州。

甲子，田留安击刘黑闼，破之，获其莘州刺史孟柱，降将卒六千人。是时，山东豪杰多杀长吏以应黑闼，上下相猜，人益离怨；留安待吏民独坦然无疑，白事者无问亲疏，皆听直入卧内，每谓吏民曰："吾与尔曹俱为国御贼，固宜同心协力，必欲弃顺从逆者，但自斩吾首去。"吏民皆相戒曰："田公推至诚以待人，当共竭死力报之，必不可负。"有苑竹林者，本黑闼之党，潜有异志。留安知之，不发其事，引置左右，委以管钥；竹林感激，遂更归心，卒收其用。以功进封道国公。

乙丑，并州刺史成仁重击范愿，破之。

刘黑闼攻魏州未下，太子建成、齐王元吉大军至昌乐，黑闼引兵拒之，再陈，皆不战而罢。魏徵言于太子曰："前破黑闼，其将帅皆悬名处死，妻子系虏；故齐王之来，虽有诏书赦其党与之罪，皆莫之信。今宜悉解其囚俘，慰谕遣之，则可坐视离散矣！"太子从之。黑闼食尽，众多亡，或缚其渠帅以降。黑闼恐城中兵出，与大军表里击之，遂夜遁。至馆陶，永济桥未成，不得度。壬申，太子、齐王以大军至，黑闼使王小胡背水而陈，自视作桥成，即过桥西，众遂大溃，舍仗来降。大军度桥追黑闼，度者才千余骑，桥坏，由是黑闼得与数百骑亡去。

十一月二十六日癸卯，唐高祖在富平围猎。

刘黑闼率领兵马向南进发，从相州以北的州县都归附刘黑闼，只有魏州总管田留安部署兵力防御守城。刘黑闼攻打魏州，不能攻克，率军向南攻取元城，又回军攻打魏州。

十二月初三日庚戌，唐册封宗室李孝友等八人为郡王。李孝友是淮安王李神通的儿子。

十二月初九日丙辰，唐高祖在华池县围猎。

十一月十一日戊午，刘黑闼攻陷恒州，杀死唐恒州刺史王公政。

十二月十三日庚申，唐高祖的车驾回到长安。

十二月十六日癸亥，唐幽州大总管李艺收复廉州、定州。

十二月十七日甲子，田留安攻打刘黑闼，打败了他，俘获刘黑闼的莘州刺史孟柱，降服刘黑闼的将卒有六千多人。当时，山东地区的豪杰大都杀死唐朝官员响应刘黑闼，因此各地官员与百姓都互相猜疑，人心日益分离而相互怨恨，只有田留安对其属吏和百姓能坦然无疑，来报告事情的人，无论亲疏，都允许直接进入自己的卧室。他常对属吏和百姓说："我和你们都是为国家抵御叛贼，本来就应当同心协力，一定想背弃朝廷而跟随叛贼的人，只管砍了我的头拿去。"属吏和百姓都相互告诫说："田公以至诚之心待人，我们应当共同竭尽死力来报答他，一定不要辜负他。"有人名叫苑竹林，本来是刘黑闼的党羽，暗中怀有背叛的志向。田留安知道了，并不揭发他的背叛之事，把他安置在身边，让他掌管钥匙，苑竹林非常感动，于是改变心意归顺田留安，最终得到了他报效之力。田留安因功晋升爵位，封为道国公。

十二月十八日乙丑，唐并州刺史成仁重攻打范愿，打败了他。

刘黑闼攻不下魏州，唐太子李建成、齐王李元吉的大军到达昌乐，刘黑闼率军前来抵抗，两次列阵，都没有开战就撤回军队。魏徵对太子李建成说："以前打败刘黑闼，对他的将帅都事先公布名单处以死罪，而他们的妻子儿女则都作为俘虏处理，所以齐王此次前来，虽然有诏书说要赦免刘黑闼党羽的罪过，但他们都不相信。如今应当全部放掉那些被囚禁和俘虏的人，加以安慰劝导然后遣返回去，这样我们就可以坐着不动而使刘黑闼的军队分崩离析了！"太子李建成听从了他的意见。刘黑闼粮食吃光，部下多有逃亡，有人则捆绑着自己的首领投降唐军。刘黑闼恐怕魏州城里的守军攻出来，与唐大军里外夹击，就在夜晚逃跑了。逃到馆陶，永济桥还未建好，不能过河。十二月二十五日壬申，太子李建成、齐王李元吉率大军赶到馆陶，刘黑闼让王小胡背靠河水列开阵势，自己监督修建桥梁完成，立即过桥到达河西岸，于是他的兵马完全崩溃，士兵放下兵器前来投降。唐军过桥追击刘黑闼，渡过河流的才一千多骑兵，桥梁就毁坏了，因此刘黑闼得以和几百名骑兵逃走。

上以隋末战士多没于高丽，是岁，赐高丽王建武书，使悉遣还；亦使州县索高丽人在中土者，遣归其国。建武奉诏，遣还中国民前后以万数。

（以上为第八段，写太子李建成与齐王李元吉征讨刘黑闼以建功固位。）

六年（癸未，623年）

春，正月，己卯，刘黑闼所署饶州刺史诸葛德威执黑闼，举城降。时太子遣骑将刘弘基追黑闼，黑闼为官军所迫，奔走不得休息，至饶阳，从者才百余人，馁甚。德威出迎，延黑闼入城，黑闼不可；德威涕泣固请，黑闼乃从之。至城旁市中憩止，德威馈之食；食未毕，德威勒兵执之，送诣太子，并其弟十善斩于洺州。黑闼临刑叹曰："我幸在家锄菜，为高雅贤辈所误至此！"

壬午，嶲州人王摩沙举兵，自称元帅，改元进通，遣骠骑将军卫彦讨之。

庚子，以吴王杜伏威为太保。

二月，庚戌，上幸骊山温汤；甲寅，还宫。

平阳昭公主薨。戊午，葬公主，诏加前后部鼓吹、班剑四十人，武贲甲卒。太常奏："礼，妇人无鼓吹。"上曰："鼓吹，军乐也。公主亲执金鼓，兴义兵以辅成大业，岂与常妇人比乎！"

丙寅，徐圆朗穷蹙，与数骑弃城走，为野人所杀，其地悉平。

林邑王梵志遣使入贡。初，隋人破林邑，分其地为三郡。及中原丧乱，林邑复国，至是始入贡。

幽州总管李艺请入朝；庚午，以艺为左翊卫大将军。

废参旗等十二军。

三月，癸未，高开道掠文安、鲁城，骠骑将军平善政邀击，破之。

（以上为第九段，写刘黑闼、徐圆朗覆灭，高开道勾连突厥，仍在河北对抗唐朝。）

庚子，梁师都将贺遂、索同以所部十二州来降。

唐高祖因为隋朝末年很多战士流落在高丽，这一年赐予高丽王高建武一封书信，让他把流落在高丽的隋朝战士全部遣返，又让各州县搜寻流落在中原的高丽人，也都遣送回高丽。高建武遵奉诏令，前后遣返了数以万计的中原人。

唐高祖武德六年（癸未，623 年）

春季，正月初五日，刘黑闼任命的饶州刺史诸葛德威捉住刘黑闼，率全城降唐。当时太子李建成派骑兵将领刘弘基追击刘黑闼，刘黑闼受到唐军紧逼追赶，日夜奔逃无法休息，到达饶阳，随行的只有一百多人，十分饥饿。诸葛德威出城迎接刘黑闼，请他进城，刘黑闼不同意，诸葛德威流泪一再请求，刘黑闼于是答应了他的请求。来到城旁的市场中休息，诸葛德威送给他们食物，还没吃完，诸葛德威就率兵逮捕刘黑闼，送给太子李建成。刘黑闼和他弟弟刘十善一起在洺州被斩首。刘黑闼临刑前叹息说："我有幸在家种菜，却被高雅贤这伙人误导，落到这个地步！"

正月初六日壬午，巂州人王摩沙起兵，自称元帅，改年号为进通，唐派遣骠骑将军卫彦讨伐他。

正月二十四日庚子，唐朝任命吴王杜伏威为太保。

二月初四日庚戌，唐高祖临幸骊山温泉，初八日甲寅，返回宫中。

唐平阳昭公主去世。二月十二日戊午，为公主下葬，唐高祖下诏送葬行列增加前后部鼓吹乐、持剑排列的仪仗队四十人，并用武装勇士卫护。太常寺上奏："按照礼的规定，妇人葬礼不用鼓吹乐。"唐高祖说："鼓吹乐是军乐，公主亲自敲击金鼓号令军队，兴起义军辅成帝王大业，怎么与普通妇人相比呢？"

二月二十日丙寅，徐圆朗走投无路，放弃城池，只和几名骑兵逃走，被乡下农民杀死，他所占据的地盘全部平定。

林邑王梵志派遣使节前来进献贡品。当初，隋朝打败林邑，把林邑分为三个郡，等到中原隋朝灭亡天下大乱，林邑又恢复了原来的王国，到这时开始向唐朝进贡。

唐幽州总管李艺请求入京朝见，二月二十四日庚午，唐朝任命李艺为左翊卫大将军。

唐朝废除武德二年设置的以参旗等星名命名的十二军。

三月初七日癸未，高开道的军队在文安、鲁城抢掠，唐骠骑将军平善政进行截击，打败了他。

三月二十四日庚子，梁师都的将领贺遂、索同率所辖的十二个州降唐。

乙巳，前洪州总管张善安反，遣舒州总管张镇周等击之。

夏，四月，吐谷浑寇芳州，刺史房当树奔松州。

张善安陷孙州，执总管王戎而去。

乙丑，鄜州道行军总管段德操击梁师都，至夏州，俘其民畜而还。

丙寅，吐谷浑寇洮、岷二州。

丁卯，南州刺史庞孝恭、南越州民宁道明、高州首领冯暄俱反，陷南越州，进攻姜州；合州刺史宁纯引兵救之。

壬申，立皇子元轨为蜀王、凤为豳王、元庆为汉王。

癸酉，以裴寂为左仆射，萧瑀为右仆射，杨恭仁为吏部尚书兼中书令，封德彝为中书令。

五月，庚辰，遣岐州刺史柴绍救岷州。

庚寅，吐谷浑及党项寇河州，刺史卢士良击破之。

丙申，梁师都将辛獠兒引突厥寇林州。

戊戌，苑君彰将高满政寇代州，骠骑将军林宝言击走之。

癸卯，高开道引奚骑寇幽州，长史王诜击破之。刘黑闼之叛也，突地稽引兵助唐，徙其部落于幽州之昌平城；高开道引突厥寇幽州，突地稽将兵邀击，破之。

六月，戊午，高满政以马邑来降。先是，前并州总管刘世让除广州总管，将之官，上问以备边之策，世让对曰："突厥比数为寇，良以马邑为之中顿故也。请以勇将戍崞城，多贮金帛，募有降者厚赏之，数出骑兵掠其城下，蹂其禾稼，败其生业，不出岁余，彼无所食，必降矣。"上然其计，曰："非公，谁为勇将！"即命世让戍崞城，马邑病之。是时，马邑人多不愿属突厥，上复遣人招谕苑君璋。高满政说苑君璋尽杀突厥戍兵降唐，君璋不从。满政因众心所欲，夜袭君璋，君璋觉之，亡奔突厥，满政杀君璋之子及突厥戍兵二百人而降。

壬戌，梁师都以突厥寇匡州。

丁卯，苑君璋与突厥吐屯设寇马邑，高满政与战，破之。以满政为朔州总管，封荣国公。

三月二十九日乙巳，前洪州总管张善安反叛，唐派遣舒州总管张镇周等人攻击张善安。

夏季，四月，吐谷浑侵犯芳州，唐芳州刺史房当树逃奔松州。

张善安攻陷孙州，抓获孙州总管王戎然后撤走。

四月二十日乙丑，唐鄜州道行军总管段德操攻打梁师都，到达夏州，虏获梁师都的百姓、牲畜后回军。

四月二十一日丙寅，吐谷浑侵犯洮州、岷州。

四月二十二日丁卯，唐南州刺史庞孝恭、南越州百姓宁道明、高州首领冯暄全都反叛，攻陷南越州，进而攻打姜州，唐合州刺史宁纯率军救援姜州。

四月二十七日壬申，唐朝册立皇子李元轨为蜀王、李凤为豳王、李元庆为汉王。

四月二十八日癸酉，唐任命裴寂为左仆射，萧瑀为右仆射，杨恭仁为吏部尚书兼中书令，封德彝为中书令。

五月初五日庚辰，唐派遣岐州刺史柴绍救援岷州。

五月十五日庚寅，吐谷浑及党项人侵犯河州，唐河州刺史卢士良击败来敌。

五月二十一日丙申，梁师都的将领辛獠兒引来突厥军侵犯林州。

五月二十三日戊戌，苑君璋的将领高满政侵犯代州，唐骠骑将军林宝言击退来敌。

五月二十八日癸卯，高开道引来奚族骑兵侵犯幽州，唐幽州长史王诜打败来敌。刘黑闼反叛时，突地稽带兵协助唐朝，把他的部落迁到幽州的昌平城，高开道引来突厥侵犯幽州，突地稽带兵截击，打败了高开道等。

六月十四日戊午，高满政率马邑降唐。在此之前，前并州总管刘世让调任广州总管，即将赴任，唐高祖向他询问边境防备的策略，刘世让回答说："突厥近来多次入侵，实在是因为马邑成为他们中途休整补充粮食的基地。请派勇将戍守崞城，多贮藏钱财物资，招募愿意投降的人，给予优厚的奖赏，经常派骑兵到马邑城下掠夺物资，踏毁他们的庄稼，破坏他们的谋生之业，不出一年，敌人没有粮食可吃，必然会投降。"唐高祖赞同他的计策，说："不是你的话，谁是勇将呢？"当即命令刘世让戍守崞城，马邑人把刘世让当作心头大患。当时，马邑人大多不愿意归属突厥，唐高祖又派人招降苑君璋。高满政劝苑君璋把突厥守军全部杀死然后投降唐朝，苑君璋不听。高满政利用人心所向，半夜袭击苑君璋，苑君璋发觉了，逃入突厥，高满政杀死苑君璋的儿子以及突厥的守军二百人，然后投降了唐朝。

六月十八日壬戌，梁师都率突厥军队侵犯匡州。

六月二十三日丁卯，苑君璋与突厥的吐屯设侵犯马邑，高满政和他们交战，打败了来敌。唐任命高满政为朔州总管，封给爵位为荣国公。

瓜州总管贺若怀广按部至沙州，值州人张护、李通反，怀广以数百人保子城；凉州总管杨恭仁遣兵救之，为护等所败。

癸酉，柴绍与吐谷浑战，为其所围，虏乘高射之，矢下如雨。绍遣人弹胡琵琶，二女子对舞。虏怪之，驻弓矢相与聚观，绍察其无备，潜遣精骑出虏陈后，击之，虏众大溃。

秋，七月，丙子，苑君璋以突厥寇马邑，右武候大将军李高迁及高满政御之，战于腊河谷，破之。

张护、李通杀贺若怀广，立汝州别驾窦伏明为主，进逼瓜州；长史赵孝伦击却之。

高开道掠赤岸镇及灵寿、九门、行唐三县而去。

丁丑，冈州刺史冯士翙据新会反，广州刺史刘感讨降之，使复其位。

辛巳，高开道所部弘阳、统汉二镇来降。

癸未，突厥寇原州；乙酉，寇朔州。李高迁为虏所败，行军总管尉迟敬德将兵救之。己亥，遣太子将兵屯北边，秦王世民屯并州，以备突厥。八月，丙辰，突厥寇真州，又寇马邑。

（以上为第十段，写西疆吐谷浑、北方突厥侵扰，边境不宁。）

壬子，淮南道行台仆射辅公祏反。初，杜伏威与公祏相友善，公祏年长，伏威兄事之，军中谓之伯父，畏敬与伏威等。伏威浸忌之，乃署其养子阚稜为左将军，王雄诞为右将军，潜夺其兵权。公祏知之，怏怏不平，与其故人左游仙阳为学道、辟谷以自晦。及伏威入朝，留公祏守丹杨，令雄诞典兵为之副，阴谓雄诞曰："吾至长安，苟不失职，勿令公祏为变。"伏威既行，左游仙说公祏谋反；而雄诞握兵，公祏不得发。乃诈称得伏威书，疑雄诞有贰心，雄诞闻之不悦，称疾不视事；公祏因夺其兵，使其党西门君仪谕以反计。雄诞始寤而悔之，曰："今天下方平，吴王又在京师，大唐兵威，所向无敌，奈何无故自求族灭乎！雄诞有死而已，不敢闻命。今从公为逆，不过延百日之命耳，大丈夫安能爱斯须之死而自陷于不义乎！"公祏知不可屈，缢杀之。雄诞善抚士卒，得其死力，又约束严整；每破城邑，秋毫无犯，死之日，江南军中及民间皆为之流涕。公祏又诈称伏威不得还江南，贻书令其起兵，大修铠仗，运粮储。寻称帝于丹杨，国号宋，修陈故宫室而居之，署置百官，以左游

唐瓜州总管贺若怀广到沙州巡察管辖情况，恰好遇上沙州人张护、李通反叛，贺若怀广率几百人保卫子城，唐凉州总管杨恭仁派兵救援，被张护等人打败。

六月二十九日癸酉，柴绍与吐谷浑作战，被吐谷浑包围。敌军占据高处向柴绍的军队射箭，箭矢射下来如同雨水一样密集。柴绍让人弹奏胡人的琵琶，两名女子相对起舞。敌军觉得很奇怪，放下弓箭一起围观，柴绍观察敌军没有防备，暗中派精锐骑兵绕到敌军背后，攻打敌军，吐谷浑军队大败。

秋季，七月初二日丙子，苑君璋率突厥军队侵犯马邑，唐右武候大将军李高迁及高满政抵御来敌，在腊河谷交战，打败了苑君璋。

张护、李通杀死贺若怀广，把汝州别驾窦伏明立为首领，进逼瓜州，被瓜州长史赵孝伦击退。

高开道掠夺赤岸镇以及灵寿、九门、行唐三个县之后离去。

七月初三日丁丑，闵州刺史冯士翙占据新会反叛，广州刺史刘感领兵讨伐，使冯士翙投降，让他恢复原来的职位。

七月初七日辛巳，高开道统领的弘阳、统汉二镇降唐。

七月初九日癸未，突厥侵犯原州，十一日乙酉，又侵犯朔州。李高迁被突厥打败，行军总管尉迟敬德带兵救援。二十五日己亥，唐朝派遣太子李建成统率军队驻扎在北部边境，秦王李世民驻扎在并州，防备突厥。八月初一日甲辰，突厥侵犯真州，又侵犯马邑。

八月初九日壬子，唐朝淮南道行台仆射辅公祏反叛。当初，杜伏威与辅公祏相互友善，辅公祏年龄大，杜伏威以他为兄长来事奉他，军中称辅公祏为伯父，敬畏他与敬畏杜伏威一样。杜伏威逐渐猜忌他，便任命自己的养子阚稜为左将军，王雄诞为右将军，暗中夺取辅公祏的兵权。辅公祏知道后，心中很不痛快，假装跟着他的老朋友左游仙学习道术、辟谷来隐藏自己的心迹。等到杜伏威入京朝见皇帝时，留下辅公祏守卫丹杨，命王雄诞掌管军队做辅公祏的副手，私下对王雄诞说："我到了长安，假如没有失去职位，不要让辅公祏发动叛变。"杜伏威走后，左游仙劝辅公祏反叛，但是王雄诞掌握兵权，辅公祏无法调动军队。于是他假称收到杜伏威的来信，信中说怀疑王雄诞有二心，王雄诞听说后很不高兴，声称有病不来衙门办公，辅公祏趁机夺了王雄诞的兵权，让自己的党羽西门君仪用反叛的计划劝说王雄诞。王雄诞这才醒悟并后悔不已，说："如今天下刚刚平定，吴王现在又到京师长安去了，大唐的军威，所向无敌，为什么无缘无故自求灭族呢？雄诞我只有一死而已，不敢听从这个命令。现在跟着您叛逆，不过延长一百天的性命罢了，大丈夫怎能痛惜片刻之死而让自己陷于不义呢？"辅公祏知道他不会屈服，便勒死了王雄诞。王

仙为兵部尚书、东南道大使、越州总管，与张善安连兵，以善安为西南道大行台。

己未，突厥寇原州。

乙丑，诏襄州道行台仆射赵郡王孝恭以舟师趣江州，岭南道大使李靖以交、广、泉、桂之众趣宣州，怀州总管黄君汉出谯、亳，齐州总管李世勣出淮、泗以讨辅公祏。孝恭将发，与诸将宴集，命取水，忽变为血，在坐者皆失色，孝恭举止自若，曰："此乃公祏授首之征也！"饮而尽之，众皆悦服。

丙寅，吐谷浑内附。

辛未，突厥陷原州之善和镇；癸酉，又寇渭州。

高开道以奚侵幽州，州兵击却之。

九月，太子班师。

戊子，辅公祏遣其将徐绍宗寇海州，陈政通寇寿阳。

邛州獠反，遣沛公郑元璹讨之。

庚寅，突厥寇幽州。

壬辰，诏以秦王世民为江州道行军元帅。

乙未，窦伏明以沙州降。

（以上为第十一段，写辅公祏不满杜伏威降唐，复反于淮南。）

高昌王麹伯雅卒，子文泰立。

丙申，渝州人张大智反，刺史薛敬仁弃城走。

壬寅，高开道引突厥二万骑寇幽州。

突厥恶弘农公刘世让为己患，遣其臣曹般陁来，言世让与可汗通谋，欲为乱，上信之。冬，十月，丙午，杀世让，籍其家。

秦王世民犹在并州，己未，诏世民引兵还。

上幸华阴。

张大智侵涪州，刺史田世康等讨之，大智以众降。

初，上遣右武候大将军李高迁助朔州总管高满政守马邑，苑君璋引

雄诞善于体恤部下，使得士兵愿意为他拼死卖命，管理部队纪律严明，每次攻下城镇，都秋毫无犯，王雄诞被杀之日，江南军队中的将士以及民间百姓都为他流眼泪。辅公祏又假称杜伏威无法返回江南，送来书信命他起兵，于是他大规模修整兵器装备，运粮储备。随即在丹杨称帝，国号为宋，修复了陈朝的旧宫殿住进去，设置百官，任命左游仙为兵部尚书、东南道大使、越州总管，和张善安联合兵力，任命张善安为西南道大行台。

八月十六日己未，突厥侵犯原州。

八月二十二日乙丑，唐高祖下诏命襄州道行台仆射赵郡王李孝恭率水军开赴江州，命岭南道大使李靖率领交州、广州、泉州、桂州兵力开赴宣州，命怀州总管黄君汉取道谯州、亳州，命齐州总管李世勣取道淮水、泗水，前去讨伐辅公祏。李孝恭将要出发，和众将领聚会摆开酒宴，命人取水，忽然间水变成了血，在座的人都吓得变了脸色，李孝恭却神色自如，说："这是辅公祏灭亡的征兆！"然后喝光了血水，众人心悦诚服。

八月二十三日丙寅，吐谷浑向内地归附唐朝。

八月二十八日辛未，突厥攻陷原州的善和镇。三十日癸酉，突厥又侵犯渭州。

高开道率奚族军队侵犯幽州，唐幽州军队击退来敌。

九月初三日丙子，太子李建成班师回朝。

九月十五日戊子，辅公祏派遣他的将领徐绍宗攻打海州，陈政道攻打寿阳。

邛州的僚民反叛，唐派遣沛公郑元璹前往讨伐。

九月十七日庚寅，突厥侵犯幽州。

九月十九日壬辰，唐高祖下诏任命秦王李世民为江州道行军元帅。

九月二十二日乙未，窦伏明率沙州投降。

高昌王麹伯雅去世，他的儿子麹文泰继立为王。

九月二十三日丙申，渝州人张大智反叛，唐朝渝州刺史薛敬仁放弃城池逃跑。

九月二十九日壬寅，高开道引来两万突厥骑兵侵犯幽州。

突厥人愤恨弘农公刘世让成为他们的威胁，派他们的大臣曹般陁前来唐朝，说刘世让和突厥可汗沟通策划阴谋，准备叛乱，唐高祖相信了。冬十月初四日丙午，唐高祖杀死刘世让，没收了他的家产。

秦王李世民还停留在并州，十月十七日己未，诏命李世民率军返回长安。

唐高祖驾临华阴。

张大智侵犯涪州，唐朝涪州刺史田世康等人讨伐他，张大智率领人马投降。

当初，唐高祖派遣右武候大将军李高迁协助朔州总管高满政守卫马邑，苑君璋

突厥万余骑至城下，满政击破之。颉利可汗怒，大发兵攻马邑。高迁惧，帅所部二千人斩关宵遁，虏邀之，失亡者半。颉利自帅众攻城，满政出兵御之，或一日战十余合。上命行军总管刘世让救之，至松子岭，不敢进，还保崞城。会颉利遣使求婚，上曰："释马邑之围，乃可议婚。"颉利欲解兵，义成公主固请攻之。颉利以高开道善为攻具，召开道，与之攻马邑甚急。颉利诱满政使降，满政骂之。粮且尽，救兵未至，满政欲溃围走朔州，右虞候杜士远以虏兵盛，恐不免，壬戌，杀满政降于突厥，苑君璋复杀城中豪杰与满政同谋者三十余人。上以满政子玄积为上柱国，袭爵。丁卯，突厥复请和亲，以马邑归唐；上以将军秦武通为朔州总管。

突厥数为边患，并州大总管府长史窦静表请于太原置屯田以省馈运；议者以为烦扰，不许。静切论不已，敕征静入朝，使与裴寂、萧瑀、封德彝相论难于上前，寂等不能屈，乃从静议，岁收谷数千斛，上善之，命检校并州大总管。静，抗之子也。十一月，辛巳，秦王世民复请增置屯田于并州之境，从之。

黄州总管周法明将兵击辅公祏，张善安据夏口，拒之。法明屯荆口镇，壬午，法明登战舰饮酒，善安遣刺客数人诈乘鱼艓而至，见者不以为虞，遂杀法明而去。

甲申，舒州总管张镇周等击辅公祏将陈当世于猷州之黄沙，大破之。

丁亥，上校猎于华阴。己丑，迎劳秦王世民于忠武顿。

十二月，癸卯，安抚使李大亮诱张善安，执之。大亮击善安于洪州，与善安隔水而陈，遥相与语。大亮谕以祸福，善安曰："善安初无反心，正为将士所误；欲降又恐不免。"大亮曰："张总管有降心，则与我一家耳。"因单骑渡水入其陈，与善安执手共语，示无猜间。善安大悦，遂许之降。既而善安将数十骑诣大亮营，大亮止其骑于门外，引善安入，与语。久之，善安辞去，大亮命武士执之，从骑皆走。善安营中闻之，大怒，悉众而来，将攻大亮。大亮使人谕之曰："吾不留总管。总管赤心归

率领一万多突厥骑兵来到马邑城下，高满政打败了来敌。颉利可汗发怒，出动大军攻打马邑。李高迁害怕了，带领部下两千人冲破关卡连夜逃跑，突厥半路截击他，损失了一半兵力。颉利可汗亲自率领大军攻打马邑，高满政出兵抵抗，有时一天交战十几次。唐高祖命令行军总管刘世让救援马邑，刘世让到了松子岭，不敢再前进，退回崞城进行防守。恰好颉利派遣使节向唐朝求婚，唐高祖说："先解除了对马邑的包围，才可以商议婚姻。"颉利想撤军，隋义成公主坚持要求攻打马邑。颉利因为高开道擅长制作攻城武器，便招来高开道，和他一起猛烈攻打马邑。颉利诱劝高满政投降，高满政大骂颉利。马邑城中粮食即将耗尽，救兵未到，高满政想突围前去朔州，右虞候杜士远看到突厥兵力强盛，恐怕免不了一死，十月二十日壬戌，杜士远杀死高满政投降了突厥，苑君璋又杀死城中三十多名与高满政同谋抵抗的豪杰。唐高祖任命高满政的儿子高玄积为上柱国，继承高满政的爵位。二十五日丁卯，突厥再次向唐请求和亲，把马邑归还给唐朝，唐高祖任命将军秦武通为朔州总管。

突厥屡次在边境制造战事，唐朝并州大总管府长史窦静上表请求在太原设置屯田以节省运输军粮的人力，朝廷中议政的大臣们认为这会给太原带来麻烦和骚扰，不同意窦静的方案。窦静深切地论说此事仍不停止，唐高祖下敕令征窦静入京朝见，让他与裴寂、萧瑀、封德彝等人在皇上面前相互辩论，裴寂等人无法说服窦静，于是听从了窦静的建议，每年收获数千斛粮食，唐高祖很赞赏他，任命窦静为检校并州大总管。窦静是窦抗的儿子。十一月初九日辛巳，秦王李世民又请求在并州境内增设屯田，唐高祖批准了他的请求。

唐黄州总管周法明率兵攻打辅公祏，张善安占据夏口，抵抗周法明。周法明驻扎在荆口镇，十一月初十日壬午，周法明登上战船饮酒，张善安派遣几名刺客伪装成渔民，坐着小渔船来到荆口，见到的人没有产生怀疑，于是刺杀了周法明然后离去。

十一月十二日甲申，唐舒州总管张镇周等人在猷州的黄沙攻打辅公祏的将领陈当世，大败陈军。

十一月十五日丁亥，唐高祖在华阴围猎。十七日己丑，在忠武顿迎接慰问秦王。

十二月初二日癸卯，唐朝安抚使李大亮诱骗张善安，捉住了他。李大亮在洪州攻打张善安，与张善安隔水列阵，遥相对话。李大亮用祸福利害关系劝说张善安，张善安说："善安最初没有反叛的意思，正是被部下将士误导了，现在想投降又怕不能免罪。"李大亮说："张总管有投降的心意，就和我们是一家人了。"于是一个人骑马渡过河进入张善安的军阵，和张善安拉着手交谈，表示心意相同而没有猜忌。张善安大为喜悦，于是答应投降。不久张善安带领几十名骑兵到李大亮的营地，李大亮让随行的骑兵停在营门之外，引着张善安进入营内，和他交谈。过了很长时间，

国，谓我曰：‘若还营，恐将士或有异同，为其所制。’故自留不去耳，卿辈何怒于我！”其党复大骂曰：“张总管卖我以自媚于人。”遂皆溃去。大亮追击，多所虏获。送善安于长安，善安自称不与辅公祏交通，上赦其罪，善遇之；及公祏败，得所与往还书，乃杀之。

甲寅，车驾至长安。

己巳，突厥寇定州，州兵击走之。

庚申，白简、白狗羌并遣使入贡。

（以上为第十二段，写突厥百约百叛，再度扰边。安抚使李大亮智擒辅公祏大将张善安。）

七年（甲申，624年）

春，正月，依周、齐旧制，每州置大中正一人，掌知州内人物，品量望第，以本州门望高者领之，无品秩。

壬午，赵郡王孝恭击辅公祏别将于枞阳，破之。

庚寅，邹州人邓同颖杀刺史李士衡反。

丙申，以白狗等羌地置维、恭二州。

二月，辅公祏遣兵围猷州，刺史左难当婴城自守。安抚使李大亮引兵击公祏，破之。赵郡王孝恭攻公祏鹊头镇，拔之。

丁未，高丽王建武遣使来请班历。遣使册建武为辽东郡王、高丽王；以百济王扶余璋为带方郡王，新罗王金真平为乐浪郡王。

始州獠反，遣行台仆射窦轨讨之。

己酉，诏：“诸州有明一经以上未仕者，咸以名闻；州县及乡皆置学。”

壬子，行军副总管权文诞破辅公祏之党于猷州，拔其枚洄等四镇。

丁巳，上幸国子监，释奠；诏诸王公子弟各就学。

张善安告辞，李大亮命令武士逮捕他，张善安随行的骑兵全部逃走。张善安军营的部队听说了，大为愤怒，全部出动，准备攻打李大亮。李大亮派人劝说他们："我没留下张总管，张总管赤心回归朝廷，对我说：'如果返回营地，恐怕将士们或许会有不同意见，将要受到他们钳制。'因此自己留下来不走罢了，你们为何迁怒于我？"张善安的部下又大骂说："张总管出卖我们去讨好别人。"于是全部溃散而去。李大亮出兵追击，有不少俘获。李大亮把张善安押送到长安，张善安自己声称没有与辅公祏来往勾结，唐高祖赦免了他的罪过，很好地对待他，等到辅公祏失败后，得到了他们相互往来的信件，这才杀了张善安。

十二月十三日甲寅，唐高祖回到长安。

十二月二十八日己巳，突厥入侵定州，定州军队击退来敌。

十二月二十九日庚申，白简羌、白狗羌都派遣使节入京向唐朝进献贡品。

唐高祖武德七年（甲申，624 年）

春季正月，唐朝按照北周、北齐的旧制度，每州设置大中正一人，掌管了解州内人才、品评衡量家族的等级，由本州家族声望高的人担任，没有品级俸禄。

正月十一日壬午，赵郡王李孝恭在枞阳攻打辅公祏的别将，打败了他们。

正月十九日庚寅，邹州人邓同颖杀死唐邹州刺史李士衡然后反叛。

正月二十五日丙申，唐在白狗等羌族地区设置维州、恭州。

[二月初一日辛丑]，辅公祏派兵围攻猷州，唐猷州刺史左难当环城自守。安抚使李大亮带兵攻击辅公祏，打败了他。赵郡王李孝恭攻打辅公祏的鹊头镇，攻下此镇。

二月初七日丁未，高丽王高建武派遣使节来唐请求颁赐历法。唐朝派遣使节册封高建武为辽东郡王、高丽王，册封百济王扶余璋为带方郡王，册封新罗王金真平为乐浪郡王。

始州的僚民反叛，唐朝派行台仆射窦轨讨伐叛乱。

二月初九日己酉，唐朝颁布诏令："各州有通晓一种经书以上而没有入仕的，都把姓名报上来让朝廷知晓，州县及乡都要设置学校。"

二月十二日壬子，唐行军副总管权文诞在猷州打败辅公祏的党羽，攻克枚洄等四个城镇。

二月十七日丁巳，唐高祖亲临国子监，举行释奠礼，下诏命诸王公的子弟分别入学。

戊午，改大总管为大都督府。

己未，高开道将张金树杀开道来降。开道见天下皆定，欲降，自以数反覆不敢；且恃突厥之众，遂无降意。其将卒皆山东人，思乡里，咸有离心。开道选勇敢士数百，谓之假子，常直閤内，使金树领之。故刘黑闼将张君立亡在开道所，与金树密谋取开道。金树遣其党数人入閤内，与假子游戏，向夕，潜断其弓弦，藏刀槊于床下，合瞑，抱之趋出，金树帅其党大噪，攻开道閤，假子将御之，弓弦皆绝，刀槊已失，争出降；君立亦举火于外与相应，内外惶扰。开道知不免，乃擐甲持兵坐堂上，与妻妾奏乐酣饮，众惮其勇，不敢逼。天且明，开道缢妻妾及诸子，乃自杀。金树陈兵，悉收假子斩之，并杀君立，死者五百余人。遣使来降，诏以其地置妫州。壬戌，以金树为北燕州都督。

（以上为第十三段，写张金树杀高开道降唐，河北平定。）

戊辰，洋、集二州獠反，陷隆州晋城。

是月，太保吴王杜伏威薨。辅公祏之反也，诈称伏威之命以绐其众。及公祏平，赵郡王孝恭不知其诈，以状闻；诏追除伏威名，籍没其妻子。及太宗即位，知其冤，赦之，复其官爵。

三月，初定令，以太尉、司徒、司空为三公，次尚书、门下、中书、秘书、殿中、内侍为六省，次御史台，次太常至太府为九寺，次将作监，次国子学，次天策上将府，次左、右卫至左、右领卫为十四卫；东宫置三师、三少、詹事及两坊、三寺、十率府；王、公置府佐、国官，公主置邑司，并为京职事官。州、县、镇、戍为外职事官。自开府仪同三司至将仕郎，二十八阶，为文散官；骠骑大将军至陪戎副尉三十一阶，为武散官；上柱国至武骑尉十二等，为勋官。

丙戌，赵郡王孝恭破辅公祏于芜湖，拔梁山等三镇。辛卯，安抚使任瓌拔扬子城，广陵城主龙龛降。

丁酉，突厥寇原州。

戊戌，赵郡王孝恭克丹杨。

先是，辅公祏遣其将冯慧亮、陈当世将舟师三万屯博望山，陈正通、

二月十八日戊午，唐朝改大总管为大都督府。

二月十九日己未，高开道的将领张金树杀死高开道前来降唐。高开道见天下全部得到安定，很想投降，但认为自己几次投降而又反叛，所以不敢来降。而且依仗突厥的势力，就打消了投降的念头。高开道手下的将士都是山东人，思念故乡，都想逃走。高开道挑选了几百名勇士，称为义子，经常在閤内值班，由张金树统领。原属刘黑闼的将领张君立逃到高开道处，和张金树密谋杀高开道。张金树派他的几名同党进入閤内，和高开道的义子玩耍，临近黄昏，暗中弄断了义子们的弓弦，把刀枪藏到床下，到就寝时，抱着刀枪迅速离去，张金树带领同党大声喧哗，攻打高开道的閤房，义子们准备抵抗，但弓弦已断，刀枪已失，于是争相投降，张君立也在外面放火作为呼应，内外惶惶不安。高开道知道逃不脱，于是身披铠甲手持兵器坐在堂上，和妻妾们奏乐畅饮，众人害怕他的英勇，不敢靠近。天快亮时，高开道勒死妻妾和儿子们，然后自杀身亡。张金树列开阵势，捉住高开道的所有义子，全部杀死，并杀死张君立，一共死了五百多人。张金树派人向唐投降。唐朝下诏在原地设置妫州。二十二日壬戌，任命张金树为北燕州都督。

二月二十八日戊辰，洋州、集州的僚民反叛，攻陷了隆州晋城。

这个月，太保吴王杜伏威去世。辅公祏反叛时，诈称有杜伏威的命令以欺骗部下，等到辅公祏被平定，赵郡王李孝恭不知辅公祏使诈，把情况上报朝廷，唐朝下诏追免杜伏威的官职，没收他的妻儿为官奴。等到唐太宗即位，知道杜伏威的冤枉，才赦免并恢复了杜伏威的官爵。

三月，唐朝初次规定：以太尉、司徒、司空为三公，其次是尚书、门下、中书、秘书、殿中、内侍六个省，再其次是御史台，再其次是太常至太府等九个寺，再其次是将作监，再其次是国子学，再其次是天策上将府，再其次是左卫、右卫以下到左领卫、右领卫等十四卫；在太子的东宫设置三师、三少、詹事以及两坊、三寺、十率府；诸王、三公设置府佐、国官，公主设置邑司，以上部门官员都属于京师职事官，在州、县、镇、戍任职的官员都属于地方职事官。从开府仪同三司到将仕郎，共二十八个阶级，都属于文散官；从骠骑大将军至陪戎副尉，共三十一个阶级，都属于武散官；从上柱国到武骑尉，共十二等，则属于勋官。

三月十六日丙戌，赵郡王李孝恭在芜湖打败辅公祏，攻克梁山等三镇。二十一日辛卯，唐安抚使任瓌攻克扬子城，广陵城主龙龛投降。

三月二十七日丁酉，突厥侵犯原州。

三月二十八日戊戌，赵郡王李孝恭攻克丹杨。

在此之前，辅公祏派遣手下将领冯慧亮、陈当世率领三万水兵驻扎在博望山，

徐绍宗将步骑三万屯青林山，仍于梁山连铁锁以断江路，筑却月城，延袤十余里，又结垒江西以拒官军。

孝恭与李靖帅舟师次舒州，李世勣帅步卒一万渡淮，拔寿阳，次硖石。慧亮等坚壁不战，孝恭遣奇兵绝其粮道，慧亮等军乏食，夜，遣兵薄孝恭营，孝恭坚卧不动。孝恭集诸将议军事，皆曰："慧亮等拥强兵，据水陆之险，攻之不可猝拔，不如直指丹杨，掩其巢穴，丹杨既溃，慧亮等自降矣！"孝恭将从其议，李靖曰："公祏精兵虽在此水陆二军，然所自将亦不为少，今博望诸栅尚不能拔，公祏保据石头，岂易取哉！进攻丹杨，旬月不下，慧亮蹑吾后，腹背受敌，此危道也。慧亮、正通皆百战余贼，其心非不欲战，正以公祏立计使之持重，欲以老我师耳。我今攻其城以挑之，一举可破也！"孝恭然之，使羸兵先攻贼营而勒精兵结陈以待之。攻垒者不胜而走，贼出兵追之，行数里，遇大军，与战，大破之。阚稜免胄谓贼众曰："汝曹不识我邪？何敢来与我战！"贼多稜故部曲，皆无斗志，或有拜者，由是遂败。孝恭、靖乘胜逐北，转战百余里，博山、青林两戍皆溃，慧亮、正通等遁归，杀伤及溺死者万余人。李靖兵先至丹杨，公祏大惧，拥兵数万，弃城东走，欲就左游仙于会稽，李世勣追之。公祏至句容，从兵能属者才五百人，夜，宿常州，其将吴骚等谋执之。公祏觉之，弃妻子，独将腹心数十人，斩关走。至武康，为野人所攻，西门君仪战死，执公祏，送丹杨枭首，分捕余党，悉诛之，江南皆平。

己亥，以孝恭为东南道行台右仆射，李靖为兵部尚书。顷之，废行台，以孝恭为扬州大都督，靖为府长史。上深美靖功，曰："靖，萧、辅之膏肓也。"阚稜功多，颇自矜伐。公祏诬稜与己通谋。会赵郡王孝恭籍没贼党田宅，稜及杜伏威、王雄诞田宅在贼境者，孝恭并籍没之；稜自诉理，忤孝恭，孝恭怒，以谋反诛之。

（以上为第十四段，写辅公祏覆灭，淮南平定，杜伏威等蒙冤。）

陈正通、徐绍宗率领三万步兵、骑兵驻扎在青林山，又在梁山用锁链隔断江中航道，修筑了却月城，延绵十多里，又在长江之西构筑了工事抵抗唐军。

李孝恭与李靖率领水军停泊在舒州，李世勣率领一万步兵渡过淮河，攻下寿阳，驻扎在硖石。冯慧亮等人坚守壁垒不出来应战，李孝恭派出奇兵切断了敌军的粮食运输线，冯慧亮等军缺乏军粮，半夜，派兵逼近李孝恭的军营，李孝恭坚持按兵不动。李孝恭召集诸位将领商议军事行动，各位将领都说："冯慧亮等人拥有强兵，占据水陆的险要，我军进攻他不能很快攻克，不如直接进逼丹杨，偷袭辅公祏的老巢，丹杨溃败之后，冯慧亮等人自然就会投降了！"李孝恭准备采纳众将领的意见，李靖说："辅公祏的精锐部队虽然就是这里的水陆两支军队，但他自己统率的军队也不少，如今博望的各个敌营尚且不能攻克，辅公祏凭借石头城进行防守，哪里容易攻克呢？进军攻打丹杨，十天半个月攻不下，冯慧亮等人紧随在我军背后，我军腹背受敌，这是危险的路子。冯慧亮、陈正通都是身经百战的老贼，他们心里并不是不想出战，正是因为辅公祏确定的计策让他们持重按兵不动，想以此拖垮我军罢了。我们现在主动攻城来挑战他们，就能一举攻破敌人！"李孝恭表示赞同，用老弱兵士先去进攻敌人的营垒，而自己统领着精兵排好阵势等待敌军。攻打敌人营垒的部队不能取胜而逃走，敌军出兵追击，走出几里地，遇到李孝恭的大军，与他们交战，唐军大败敌军。阚稜摘下头盔对敌军说："你们不认识我吗？怎么胆敢来与我交战！"敌军中有很多阚稜的老部下，都丧失了斗志，也有一些人向阚稜下拜，敌军因此溃败。李孝恭、李靖乘胜追击逃敌，转战一百多里，辅公祏布置在博山、青林的两个据点也都溃败，冯慧亮、陈正通等人逃回丹杨，唐军杀伤及淹死的敌军有一万多人。李靖的部队先到达丹杨，辅公祏大为恐惧，带着几万兵马，放弃丹杨城向东逃跑，打算到会稽与左游仙会合，李世勣紧紧追击。辅公祏到了句容，随从的军队能跟上的才有五百人，夜晚，在常州宿营，他的将领吴骚等人谋划逮捕他。辅公祏觉察了，丢下妻子儿女，独身带领几十名心腹，冲破关卡逃走。辅公祏到武康，受到农民的攻击，西门君仪战死，捉住辅公祏，送到丹杨处死后悬首示众，唐军分别搜捕辅公祏的余党，全部处死，江南地区全部平定。

三月二十九日己亥，唐朝任命李孝恭为东南道行台右仆射，李靖为行台兵部尚书。不久，又废除东南道行台，任命李孝恭为扬州大都督，李靖为大都督府长史。唐高祖极力称赞李靖的功劳，说："李靖是萧铣、辅公祏的致命之病。"阚稜的战功多，颇为自傲。辅公祏诬陷阚稜与自己合谋反叛。正好赵郡王李孝恭查封没收辅公祏党羽的田地房产，阚稜以及杜伏威、王雄诞在辅公祏境内的田地房产，李孝恭也一并没收，阚稜自己申诉说明，抵忤李孝恭，李孝恭发怒，以谋反的罪名杀了阚稜。

夏，四月，庚子朔，赦天下。是日，颁新律令，比开皇旧制增新格五十三条。

初定均田租、庸、调法：丁、中之民，给田一顷，笃疾减什之六，寡妻妾减七，皆以什之二为世业，八为口分。每丁岁入租，粟二石。调随土地所宜，绫、绢、絁、布。岁役二旬；不役则收其佣，日三尺；有事而加役者，旬有五日，免其调；三旬，租、调俱免。水旱虫霜为灾，什损四以上免租，损六以上免调，损七以上课役俱免。凡民赀业分九等。百户为里，五里为乡，四家为邻，四邻为保。在城邑者为坊，田野者为村。食禄之家，无得与民争利；工商杂类，无预士伍。男女始生为黄，四岁为小，十六为中，二十为丁，六十为老。岁造计帐，三年造户籍。

丁未，党项寇松州。

庚申，通事舍人李凤起击万州反獠，平之。

五月，辛未，突厥寇朔州。

甲戌，羌与吐谷浑同寇松州，遣益州行台左仆射窦轨自翼州道，扶州刺史蒋善合自芳州道击之。

丙戌，作仁智宫于宜君。

丁亥，窦轨破反獠于方山，俘二万余口。

（以上为第十五段，写唐颁律令，制租庸调法。）

夏季，四月初一日庚子，唐朝大赦天下。这天，颁布新律令，比隋朝开皇的旧律令增加了五十三条新规定。

唐朝初次确定均田制与租、庸、调的办法：每位二十岁的丁男和十六岁以上的中男，由国家授予一顷田，有严重疾病的男子减去十分之六，寡妻寡妾减去十分之七，所有的授田都以十分之二作为世世代代保有的本业之田，十分之八为口分田。每个成年男子每年向国家交租二石粟。调是根据土地的物产，分别交纳绫、绢、絁、布。每个成年男子每年为国家服劳役二十日，不服劳役就收取相应的佣钱，以每天三尺的标准征收。国家有事而增加成年男子劳役时，如果增加十五日劳役，就免除此人应向国家交纳的调；如果增加三十日劳役，则他应向国家交纳的租、调都予免除。如遇水、旱、虫、霜等自然灾害，收成损失十分之四以上的，免向国家交租；损失十分之六以上的，再免除应交的调；损失在十分之七以上的，则免去全部应交纳的租调及应服的劳役。百姓的财产分为九等。一百户为一里，五里为一乡，四家为一邻，四邻为一保。在城镇中居住的，划分为坊；在乡村居住的，划分为村。官宦之家享受国家的俸禄，不准与百姓争夺生产与商业上的利益；工商以及杂色人等，不准列入士人阶层。男女刚出生称为黄，四岁以上称为小，十六岁以上称为中，二十岁以上称为丁，六十岁以上称为老。每年编制统计账簿，每三年编造一次户籍。

四月初八日丁未，党项侵犯松州。

四月二十一日庚申，通事舍人李凤起攻击万州反叛的僚民，平定了叛乱。

五月初二日辛未，突厥侵犯朔州。

五月初五日甲戌，羌族与吐谷浑一同侵犯松州，唐朝派遣益州行台左仆射窦轨从翼州出兵，派扶州刺史蒋善合从芳州出兵攻击羌与吐谷浑。

五月十七日丙戌，唐朝在宜君县修建仁智宫。

五月十八日丁亥，窦轨在方山打败反叛的僚民，俘虏二万多人。

【点评】

本卷点评，评析刘黑闼与杜伏威。

一、刘黑闼。贝州漳南（县治在今山东武城县东北）人，出身贫苦农民。刘黑闼年轻时不务正业，喜欢饮酒赌博，颇有豪气，与窦建德友善。隋末，刘黑闼为群盗，后投瓦岗李密为裨将，李密失败，刘黑闼投降王世充，因不满王世充的为人，不久脱离王世充，转投窦建德，窦建德立授以将军头衔，封为汉东郡公，委以心腹重任。刘黑闼骁勇善战，诡计多端，常能出其不意，打败强敌，军中服其神勇。窦建德失败，刘黑闼潜伏彰南种菜，闭门不出，静观时变。

此时，唐高祖征召窦建德故将范愿、董康买、曹湛、高雅贤等人赴长安。范愿等人商议说："王世充以洛阳投降李渊，他的部下杨公卿、单雄信等都被害，我们去长安，肯定性命难保，夏王从前捉住唐将宗室淮安王李神通，优礼送还，可李渊抓住夏王却加以杀害。我们不替夏王报仇，没有脸面见天下人。"于是窦建德旧将找到刘黑闼，决定重新起事。刘黑闼一伙只有一百多人，个个死战，一举拿下漳南县。贝州刺史、魏州刺史合兵来攻，也被刘黑闼打败，一时声威大振，窦建德旧境河北、山东全境叛唐，徐圆朗也在山东起兵响应。武德五年（622）正月，刘黑闼正式称汉东王，以洺州为都城，建年号为天造。任命范愿为左仆射，董康买为兵部尚书，高雅贤为右领军，窦建德旧时文武官员，一律复职。唐王朝发大军讨伐，秦王李世民、太子李建成、齐王李元吉相继统兵，费了九牛二虎之力，才把刘黑闼扑灭。

刘黑闼反隋，是被迫起义，农民军的行为是推翻暴政，深得民众拥护，追随窦建德成了大气候。刘黑闼再起反唐，已经不是反暴政，以河北、山东一隅之力对抗欣欣向荣的新王朝，失败是肯定的。不过刘黑闼第二次起事是为了逃死，所以赢得了窦建德夏政权的全境响应。李唐王朝平定天下，应当宽大为怀，不应暴虐降人，一招不慎，带来大乱，给新王朝的建立者提供了深刻的教训，给后来李世民的宽怀政治提供借鉴。刘黑闼以悲剧结局，无所称道。但他反隋的义举，以及英勇善战的业绩，使他仍不失为一位英雄。

二、杜伏威。齐州章丘（今属济南）人，家贫，少年为盗，与同乡好友辅公祏遭官府追捕，被迫起义。隋大业九年（613），杜伏威率众进入章丘长白山，投靠在长白山起义的左才相。同年，杜伏威又脱离左才相，率众南下转战淮南。两三年间，杜伏威的势力大增，在江淮间成为南方最大的起义势力。大业十三年（617），隋炀帝到江南，派出官军征讨，被杜伏威打败，江淮义军声威大振。杜伏威乘胜破高邮，占历阳，据丹阳，成为南方最大的反隋势力。杜伏威自称总管，任命辅公祏为长史。这时江淮杜伏威军、山东瓦岗军、河北窦建德军，是反隋的三大支农民起义军。因此，杜伏威是隋王朝的主要掘墓人之一。

杜伏威不仅军事才能杰出，而且很有治政才能。他占领丹阳后，便下令“薄赋敛”，减轻贫民的负担；治军严厉，军士对百姓秋毫无犯。杜伏威严惩贪官污吏，凡贪赃枉法的官吏，无论罪行轻重，一律处斩。他所到之处，当地百姓，无不交口称誉。

但杜伏威政治上仍然极不成熟，他壮大后并无称雄天下之志，而在武德元年（618），隋炀帝被弑后，上表隋皇泰主杨侗称臣，接受招安，被拜为东道大总管，封为楚王。第二年，唐高祖遣使招抚杜伏威，他又接受了唐朝的封赐，受唐东南道行台尚书令、淮南安抚大使、吴王等官爵。杜伏威还接受了唐朝的赐姓为李氏。武德五年（622），杜伏威亲自入朝长安，向唐投降，可谓识其大体。武德六年（623），辅公祏乘杜伏威远离义军，在南京举兵反唐称帝，不久被唐军讨平。辅公祏起兵，假借杜伏威之名以号令部众，杜伏威因之遭到株连。武德七年（624），杜伏威在长安被毒杀，祸害殃及全家，妻子被籍没。唐太宗即位，贞观元年（627）为杜伏威平反，复其官爵，葬以公礼。

翟让瓦岗军、窦建德河北军、杜伏威江淮军是推翻隋王朝的三大农民起义军主力，他们推动了历史的前进，功绩不可磨灭。但农民固有的局限性，导致他们政治上的不成熟，翟让、窦建德、杜伏威三位领袖全部以悲剧终。瓦岗的继承者李密仍以悲剧结局。

资治通鉴（文白对照本） 卷第一百九十一

唐纪七

唐高祖武德七年至九年（624—626年）

【起阏逢涒滩（甲申，624年）六月，尽柔兆阉茂（丙戌，626年）八月，凡二年有奇】

【大事提要】

本卷记事起公元624年六月，讫公元626年八月，凡两年又三个月，时当唐高祖武德七年至九年。此时期，唐王朝已统一全国，唯有北疆突厥不断犯边，连续两次大规模入侵，均被李世民以大勇大智，兵不血刃屈突厥，与颉利可汗盟誓，使突厥退兵。群雄已灭，唐统治集团高层争权矛盾日益激化，太子李建成与齐王李元吉合谋陷害秦王李世民。由于李世民功高震主，唐高祖倒向太子一边，形势逼使李世民于唐高祖武德九年，公元626年六月四日发动玄武门之变，诛杀太子李建成和齐王李元吉，武力夺权。六月七日，李世民进位为太子，六月十六日唐高祖退位为太上皇，八月九日，李世民正式即皇帝位，完成了政变夺权，是为唐太宗。

【原文】

高祖神尧大圣光孝皇帝下之上

武德七年（甲申，624 年）

六月，辛丑，上幸仁智宫避暑。

辛亥，泷州、扶州獠作乱，遣南尹州都督李光度等击平之。

丙辰，吐谷浑寇扶州，刺史蒋善合击走之。

壬戌，庆州都督杨文幹反。

初，齐王元吉劝太子建成除秦王世民，曰："当为兄手刃之！"世民从上幸元吉第，元吉伏护军宇文宝于寝内，欲刺世民；建成性颇仁厚，遽止之。元吉愠曰："为兄计耳，于我何有！"

建成擅募长安及四方骁勇二千余人为东宫卫士，分屯左、右长林，号长林兵。又密使右虞候率可达志从燕王李艺发幽州突骑三百，置宫东诸坊，欲以补东宫长上。为人所告，上召建成责之，流可达志于嶲州。

杨文幹尝宿卫东宫，建成与之亲厚，私使募壮士送长安。上将幸仁智宫，命建成居守，世民、元吉皆从。建成使元吉就图世民，曰："安危之计，决在今岁。"又使郎将尔朱焕、校尉桥公山以甲遗文幹。二人至豳州，上变，告太子使文幹举兵，使表里相应；又有宁州人杜凤举亦诣宫言状。上怒，托他事，手诏召建成，令诣行在。建成惧，不敢赴。太子舍人徐师謩劝之据城举兵；詹事主簿赵弘智劝之贬损车服，屏从者，诣上谢罪，建成乃诣仁智宫。未至六十里，悉留其官属于毛鸿宾堡，以十余骑往见上，叩头谢罪，奋身自掷，几至于绝。上怒不解，是夜，置之幕下，饲以麦饭，使殿中监陈福防守，遣司农卿宇文颖驰召文幹。颖至庆州，以情告之，文幹遂举兵反。上遣左武卫将军钱九陇与灵州都督杨师道击之。

甲子，上召秦王世民谋之，世民曰："文幹竖子，敢为狂逆，计府僚已应擒戮；若不尔，正应遣一将讨之耳。"上曰："不然。文幹事连建成，

【语译】

高祖神尧大圣光孝皇帝下之上

唐高祖武德七年（甲申，624 年）

六月初三日辛丑，唐高祖前往仁智宫避暑。

六月十三日辛亥，泷州、扶州的獠人叛乱，唐高祖派遣南尹州都督李光度等人前去征讨并平定了叛乱。

六月十八日丙辰，吐谷浑侵犯扶州，扶州刺史蒋善合将吐谷浑击退。

六月二十四日壬戌，庆州都督杨文幹反叛。

当初，齐王李元吉劝太子李建成除掉秦王李世民，说："我当为哥哥亲手杀了他！"李世民随从唐高祖前往李元吉的府第，李元吉让护军宇文宝埋伏在寝室里面，准备刺杀李世民，李建成生性颇为仁厚，连忙制止了他。李元吉恼怒地说："这是为哥哥着想啊，对我有什么好处！"

李建成擅自招募长安及各地的骁勇之士两千多人充当东宫卫士，分别屯驻在东宫的左右长林门，号称长林兵。李建成又暗中让右虞候率可达志从燕王李艺手下征调幽州突击骑兵三百人，安置在东宫东面的各个坊市中，准备用来补充东宫警卫队里的低级军官，被人告发。唐高祖召见李建成斥责他，把可达志流放到巂州。

杨文幹曾经在东宫担任警卫，太子李建成和他关系亲近并且厚待他，私下里让他募集勇士送往长安。唐高祖将要临幸仁智宫，命令太子李建成留守京城，李世民与李元吉一起随行。李建成让李元吉乘机杀害李世民，说："我们是平安还是危险，今年就要决出结果。"李建成又指使郎将尔朱焕和校尉桥公山去向杨文幹赠送盔甲。两人来到豳州，向上报告发生变故，告发太子指使杨文幹起兵，让他与自己内外呼应。又有宁州人杜风举也前往仁智宫报告这个情况。唐高祖大怒，借口别的事情，以亲笔诏书传召李建成，让他前往仁智宫。李建成心中害怕，不敢前去。太子舍人徐师謩劝他占据京城起兵；詹事主簿赵弘智劝他减少太子的车驾服饰，屏除随从人员，去见皇帝谢罪，于是，李建成前往仁智宫。走到离仁智宫还有六十里的地方，李建成把他的属官全部留在毛鸿宾堡中，带领十多个人骑马前去晋见皇帝，叩头谢罪，猛挺身子向地上摔去，几乎摔死。唐高祖的怒气没有消除，这天夜里，唐高祖把李建成安置在自己的帐篷中，用麦饭喂他，让殿中监陈福看守着他，派遣司农卿宇文颖速去传召杨文幹。宇文颖来到庆州，将情况告诉杨文幹，杨文幹于是起兵反叛。唐高祖派遣左武卫将军钱九陇和灵州都督杨师道前去攻打杨文幹。

六月二十六日甲子，唐高祖召见秦王李世民谋议此事。李世民说："杨文幹是个无能之辈，敢于狂妄叛逆，估计他的僚属已经应当将他擒获杀掉了。如果不是这样，

恐应之者众。汝宜自行，还，立汝为太子。吾不能效隋文帝自诛其子，当封建成为蜀王。蜀兵脆弱，他日苟能事汝，汝宜全之；不能事汝，汝取之易耳！”

上以仁智宫在山中，恐盗兵猝发，夜，帅宿卫南出山外，行数十里，东宫官属继至，皆令三十人为队，分兵围守之。明日，复还仁智宫。

世民既行，元吉与妃嫔更迭为建成请，封德彝复为之营解于外，上意遂变，复遣建成还京师居守。惟责以兄弟不睦，归罪于太子中允王珪、左卫率韦挺、天策兵曹参军杜淹，并流于巂州。挺，冲之子也。初，洛阳既平，杜淹久不得调，欲求事建成。房玄龄以淹多狡数，恐其教导建成，益为世民不利，乃言于世民，引入天策府。

突厥寇代州之武周城，州兵击破之。

秋，七月，己巳，苑君璋以突厥寇朔州，总管秦武通击却之。

杨文幹袭陷宁州，驱掠吏民出据百家堡。秦王世民军至宁州，其党皆溃。癸酉，文幹为其麾下所杀，传首京师。获宇文颖，诛之。

（以上为第一段，写唐室李建成、李世民争太子之位，已从暗斗转为明争，兄弟已成水火不容之势。第一回合李建成败阵。）

丁丑，梁师都行台白伏愿来降。

戊寅，突厥寇原州；遣宁州刺史鹿大师救之，又遣杨师道趋大木根山。庚辰，突厥寇陇州；遣护军尉迟敬德击之。

吐谷浑寇岷州。辛巳，吐谷浑、党项寇松州。

癸未，突厥寇阴盘。

甲申，扶州刺史蒋善合击吐谷浑于松州赤磨镇，破之。

己丑，突厥吐利设与苑君璋寇并州。

甲午，车驾还京师。

或说上曰：“突厥所以屡寇关中者，以子女玉帛皆在长安故也。若焚长安而不都，则胡寇自息矣。”上以为然，遣中书侍郎宇文士及逾南山至樊、邓，行可居之地，将徙都之。太子建成、齐王元吉、裴寂皆赞成其

正应当派遣一员将领讨伐他。”唐高祖说：“不是这样。杨文幹的事情与李建成相关，恐怕响应他的人为数众多。你应该亲自前往，回来以后，就立你为太子。我不愿意效法隋文帝自己诛杀自己的儿子，应当封李建成为蜀王。蜀地兵力薄弱，以后如能侍奉你，你应该保全他的性命；如果不能侍奉你，你捉拿他也容易啊。”

唐高祖认为仁智宫建造在山中，担心有盗贼突然发难，夜里，率领警卫队向南出发到山外，走了数十里，太子东宫的属官相继到来，唐高祖都命他们三十人分为一队，分派军队包围看守他们。第二天，唐高祖又返回仁智宫。

李世民出发以后，李元吉与嫔妃轮流替李建成讲情，封德彝又在外朝设法营救李建成。唐高祖于是改变了主意，又派李建成返回京城留守。唐高祖只责怪他兄弟关系不睦，把罪责推给太子中允王珪、左卫率韦挺和天策兵曹参军杜淹，把他们一并流放到巂州。韦挺是韦冲的儿子。当初，洛阳平定以后，杜淹长久没有得到升迁，打算谋求事奉李建成。房玄龄认为杜淹多有狡诈的手段，担心他教导李建成，越发对李世民不利，便向李世民进言，把杜淹安排到天策府任职。

突厥侵犯代州的武周城，代州兵马打败了入侵的突厥。

秋季，七月初一日己巳，苑君璋率领突厥兵马侵犯朔州，总管秦武通击退了他们。

杨文幹偷袭攻陷宁州，驱赶劫掠官吏与百姓，出城占据了百家堡。秦王李世民的军队来到宁州，杨文幹的党羽全部溃散。七月初五日癸酉，杨文幹被自己的部下杀死，他的头颅被传送到京城。李世民抓获了宇文颖，把他处死。

七月初九日丁丑，梁师都的行台白伏愿前来投降。

七月初十日戊寅，突厥侵犯原州，唐高祖派遣宁州刺史鹿大师援救，又派遣杨师道奔赴大木根山。十二日庚辰，突厥侵犯陇州，唐高祖派遣护军尉迟敬德攻打突厥。

吐谷浑侵犯岷州。七月十三日辛巳，吐谷浑与党项侵犯松州。

七月十五日癸未，突厥侵犯阴盘。

七月十六日甲申，扶州刺史蒋善合在松州赤磨镇攻击吐谷浑，打败了他们。

七月二十一日己丑，突厥吐利设与苑君璋侵犯并州。

七月二十六日甲午，唐高祖返回京城。

有人劝说唐高祖：“突厥之所以屡次侵犯关中地区，是由于我们的人口与财富都集中在长安的缘故。如果烧毁长安而不立为都城，那么胡人的侵犯就会自然平息下来。”唐高祖认为说得对，就派遣中书侍郎宇文士及越过终南山来到樊州、邓州，巡

策，萧瑀等虽知其不可而不敢谏。秦王世民谏曰："戎狄为患，自古有之。陛下以圣武龙兴，光宅中夏，精兵百万，所征无敌，奈何以胡寇扰边，遽迁都以避之，贻四海之羞，为百世之笑乎！彼霍去病汉廷一将，犹志灭匈奴；况臣忝备藩维，愿假数年之期，请系颉利之颈，致之阙下。若其不效，迁都未晚。"上曰："善。"建成曰："昔樊哙欲以十万众横行匈奴中，秦王之言得无似之！"世民曰："形势各异，用兵不同，樊哙小竖，何足道乎！不出十年，必定漠北，非虚言也！"上乃止。建成与妃嫔因共谮世民曰："突厥虽屡为边患，得赂即退。秦王外托御寇之名，内欲总兵权，成其篡夺之谋耳！"

上校猎城南，太子、秦、齐王皆从，上命三子驰射角胜。建成有胡马，肥壮而喜蹶，以授世民曰："此马甚骏，能超数丈涧，弟善骑，试乘之。"世民乘以逐鹿，马蹶，世民跃立于数步之外，马起，复乘之，如是者三，顾谓宇文士及曰："彼欲以此见杀，死生有命，庸何伤乎！"建成闻之，因令妃嫔谮之于上曰："秦王自言，我有天命，方为天下主，岂有浪死！"上大怒，先召建成、元吉，然后召世民入，责之曰："天子自有天命，非智力可求；汝求之一何急邪！"世民免冠顿首，请下法司案验。上怒不解，会有司奏突厥入寇，上乃改容劳勉世民，命之冠带，与谋突厥。闰月，己未，诏世民、元吉将兵出豳州以御突厥，上饯之于兰池。上每有寇盗，辄命世民讨之，事平之后，猜嫌益甚。

初，隋末京兆韦仁寿为蜀郡司法书佐，所论囚至市，犹西向为仁寿礼佛然后死。唐兴，爨弘达帅西南夷内附，朝廷遣使抚之，类皆贪纵，远民患之，有叛者。仁寿时为嶲州都督长史，上闻其名，命检校南宁州都督，寄治越嶲，使之岁一至其地慰抚之。仁寿性宽厚，有识度，既受命，将兵五百人至西洱河，周历数千里，蛮、夷豪帅皆望风归附，来见

察可以居住的地方，准备把都城搬迁过去。太子李建成、齐王李元吉和裴寂都赞成这一策略，萧瑀等人虽然知道这是不可行的，但不敢劝谏阻拦。秦王李世民劝谏说：“戎狄成为边境上的祸患，自古以来就有这种事。陛下凭着圣明英武，如龙一样兴起大业，光复并统治了中原华夏，拥有百万精锐兵马，所向无敌，为何因为胡人盗寇扰乱边境，就匆忙迁都来躲避他们，在天下留下羞辱，让后世讥笑呢？那霍去病是汉朝的一员将领，尚且立志消灭匈奴，何况臣忝列藩王之位，希望陛下给我几年时间，让我用绳索套住颉利的脖子，把他押送到宫阙之下。如果不能获得成效，再迁都也不晚。”唐高祖说：“讲得好。”李建成说：“当年樊哙打算率领十万兵马到匈奴人的地盘上横行，秦王的话是不是像樊哙呢！”李世民说：“面对的形势各自不同，用兵的方法也就不同，樊哙是个无谋之人，何足称道呢！不出十年，一定能平定沙漠以北地区，这不是空话！”唐高祖于是停止迁都。李建成与嫔妃于是共同诬陷李世民说：“突厥虽然屡次在边境制造祸患，但是得到财物就撤军。秦王对外假托抵御突厥的名义，实际上是想总揽兵权，成就他篡夺帝位的阴谋罢了！”

唐高祖在京城南面检阅军队然后围猎，太子李建成、秦王李世民和齐王李元吉随同前往，唐高祖让三个儿子骑马射猎来角逐胜负。李建成有一匹胡人的骏马，膘肥体壮，而且喜欢尥蹶子，李建成把这匹马交给李世民说：“这马是匹好骏马，能够跳过几丈宽的山涧。弟弟善于骑马，试着骑一骑它。”李世民骑上这匹胡马追逐野鹿，胡马蹶身尥蹄，李世民跃起后落到数步之外站定，胡马站起来，李世民又骑上去，这样反复了三次，李世民回头对宇文士及说：“他打算用这匹马害我，不过死生有命，又能伤害我什么呢？”李建成听到后，于是让嫔妃向唐高祖诬陷李世民说：“秦王自称：我有天命，正要做天下之主，怎会随便死去！”唐高祖大为愤怒，先召见李建成和李元吉，然后召见李世民，责备他说：“天子自然会有上天授命，不是人的智力可以谋求的，你求当天子怎么这样急呢！”李世民摘去王冠伏地叩头，请求交付执法部门查讯证实，唐高祖的怒气并未停息，正好有关部门奏称突厥前来侵扰，唐高祖才改变态度来勉励李世民，让他戴上王冠、系好佩带，与他商议对付突厥的办法。闰七月二十一日己未，唐高祖下诏命令李世民、李元吉率领兵马从豳州出发抵御突厥，唐高祖在兰池为他们饯行。唐高祖在每次发生内地叛乱和外来入侵时，总是命令李世民前去讨伐，战事平息以后，对李世民的猜疑却更加严重。

当初，隋朝末年京兆人韦仁寿担任蜀郡的司法书佐，他定罪处死的囚犯绑到闹市行刑时，还要面向西方替韦仁寿拜佛求福，然后才肯受死。唐朝建立之后，爨弘达率领西南地区的夷人归附朝廷，朝廷派出使节安抚西南夷人，这些使节大都贪婪无度，边地的百姓把他们视为祸患，于是有人反叛。韦仁寿当时担任嶲州都督长史，唐高祖听说他的名声，任命他为检校南宁州都督，把官署所在地暂设在越嶲，让他

仁寿。仁寿承制置七州、十五县，各以其豪帅为刺史、县令，法令清肃，蛮、夷悦服。将还，豪帅皆曰：“天子遣公都督南宁，何为遽去？”仁寿以城池未立为辞。蛮、夷即相帅为仁寿筑城，立廨舍，旬日而就。仁寿乃曰：“吾受诏但令巡抚，不敢擅留。”蛮、夷号泣送之，因各遣子弟入贡。壬戌，仁寿还朝，上大悦，命仁寿徙镇南宁，以兵戍之。

苑君璋引突厥寇朔州。

八月，戊辰，突厥寇原州。

己巳，吐谷浑寇鄯州。

壬申，突厥寇忻州，丙子，寇并州；京师戒严。戊寅，寇绥州，刺史刘大俱击却之。

是时，颉利、突利二可汗举国入寇，连营南上，秦王世民引兵拒之。会关中久雨，粮运阻绝，士卒疲于征役，器械顿弊，朝廷及军中咸以为忧。世民与虏遇于豳州，勒兵将战。己卯，可汗帅万余骑奄至城西，陈于五陇阪，将士震恐。世民谓元吉曰：“今虏骑凭陵，不可示之以怯，当与之一战，汝能与我俱乎？”元吉惧曰：“虏形势如此，奈何轻出，万一失利，悔可及乎！”世民曰：“汝不敢出，吾当独往，汝留此观之。”世民乃帅骑驰诣虏陈，告之曰：“国家与可汗和亲，何为负约，深入我地！我秦王也，可汗能斗，独出与我斗；若以众来，我直以此百骑相当耳。”颉利不之测，笑而不应。世民又前，遣骑告突利曰：“尔往与我盟，有急相救；今乃引兵相攻，何无香火之情也！”突利亦不应。世民又前，将渡沟水，颉利见世民轻出，又闻香火之言，疑突利与世民有谋，乃遣止世民曰：“王不须渡，我无他意，更欲与王申固盟约耳。”乃引兵稍却。

每年一次前往南宁州抚慰当地的夷人。韦仁寿性情宽和仁厚，有见识又有度量，他接受任命以后，带领士兵五百人来到西洱河，走遍辖境内的数千里地，当地蛮人、夷人的豪强首领纷纷望风归附，前来会见韦仁寿。韦仁寿以皇帝的名义设置了七个州、十五个县，分别任命当地的豪强首领为州刺史和县令。他执行法令清廉严肃，蛮人夷人都心悦诚服。韦仁寿准备返回越巂，豪强的首领们都说：“天子派你前来总督南宁州，为什么很快离去？”韦仁寿说是因为南宁州的城池还未修建。蛮人夷人当即聚合起来，为韦仁寿修筑南宁州城，建造官署与住处，十天就全部竣工。韦仁寿这才说：“我接受的皇帝诏命，只让我来巡视抚慰，我不敢擅自留下。”蛮人夷人哭号流泪为他送行，于是各自派遣自己的子弟入京朝见并且进贡。七月二十四日壬戌，韦仁寿回到朝廷，唐高祖大为高兴，命令韦仁寿迁移到南宁州进行镇抚，并带兵戍守。

苑君璋带领突厥侵犯朔州。

八月初一日戊辰，突厥侵犯原州。

八月初二日己巳，吐谷浑侵犯鄯州。

初五日壬申，突厥侵犯忻州，初九日丙子，侵犯并州，京城为此实行戒严。十一日戊寅，突厥侵犯绥州，绥州刺史刘大俱击退突厥军队。

这时候，颉利、突利两位可汗率领全国兵马前来侵犯，兵营向南相互连接，秦王李世民带领兵马进行抵御。正好此时关中地区长久降雨，粮食运输断绝不通，将士们因行军跋涉而疲惫不堪，军用器械钝损破败，朝廷与军中都为此担忧。李世民在豳州与突厥遭遇，率领兵马准备接战。八月十二日己卯，突厥可汗率领骑兵一万多人突然来到豳州城西，在五陇阪布开阵势，唐军将士震惊恐慌。李世民对李元吉说：“现在突厥进逼欺侮我军，我军不能够向他们示怯，应当与他们大战一场，你能够与我一同去作战吗？”李元吉害怕了，说：“突厥军队的阵势这样强盛，怎能轻率出击？万一交战失利，后悔还来得及吗！”李世民说：“你不敢前去，我当会独自前往，你留在这里观看吧。”李世民于是率领骑兵疾驰冲向突厥军阵，告诉他们说：“国家已与可汗和亲，为什么违背盟约，深入到我们的土地中来！我就是秦王，可汗能来比斗，就一个人出来与我比斗，如果率领众人一起来，我只用这一百名骑兵来抵挡。”颉利摸不清底细，笑一笑却不回答。李世民又向前推进，派遣骑兵告诉突利说：“你以前与我订有盟约，约定在危急时互相援救。现在你率兵来攻打我，怎么没有焚香盟誓的感情呢！”突利还是没有回答。李世民再次向前推进，将要渡过一条水沟，颉利看到李世民轻易出战，又听到焚香盟誓的话，怀疑突利与李世民另有阴谋，便派人阻止李世民说：“秦王不用渡过水沟，我没有别的意思，只是想与秦王重申并加强原有的盟约罢了。”于是颉利率兵稍微后退。

是后霖雨益甚，世民谓诸将曰："虏所恃者弓矢耳，今积雨弥时，筋胶俱解，弓不可用，彼如飞鸟之折翼；吾屋居火食，刀槊犀利，以逸制劳，此而不乘，将复何待！"乃潜师夜出，冒雨而进，突厥大惊。世民又遣说突利以利害，突利悦，听命。颉利欲战，突利不可，乃遣突利与其夹毕特勒阿史那思摩来见世民，请和亲，世民许之。思摩，颉利之从叔也。突利因自托于世民，请结为兄弟；世民亦以恩意抚之，与盟而去。

（以上为第二段，写突厥入寇，秦王李世民以大勇精神不战而屈突厥之兵，与颉利可汗定盟，化解了一场大战。）

庚寅，岐州刺史柴绍破突厥于杜阳谷。

壬申，突厥阿史那思摩入见，上引升御榻，慰劳之。思摩貌类胡，不类突厥，故处罗疑其非阿史那种，历处罗、颉利世，常为夹毕特勒，终不得典兵为设。既入朝，赐爵和顺王。

丁酉，遣左仆射裴寂使于突厥。

九月，癸卯，日南人姜子路反，交州都督王志远击破之。

癸卯，突厥寇绥州，都督刘大俱击破之，获特勒三人。

冬，十月，己巳，突厥寇甘州。

辛未，上校猎于鄠之南山；癸酉，幸终南。

吐谷浑及羌人寇叠州，陷合川。

丙子，上幸楼观，谒老子祠；癸未，以太牢祭隋文帝陵；十一月，丁卯，上幸龙跃宫；庚午，还宫。

太子詹事裴矩权检校侍中。

（以上为第三段，写突厥、吐谷浑时时扰边。）

八年（乙酉，625年）

春，正月，丙辰，以寿州都督张镇周为舒州都督。镇周以舒州本其乡里，到州，就故宅多市酒肴，召亲戚故人，与之酣宴，散发箕踞，如为布衣时，凡十日。既而分赠金帛，泣，与之别，曰："今日张镇周犹得与故人欢饮，明日之后，则舒州都督治百姓耳，君民礼隔，不得复为交

此后大雨连绵不停，李世民对各位将领说："突厥所仗恃的是弓箭而已，现在雨水下了很长时间，弓箭上的皮筋和粘胶都已松弛，弓已不可用了，这就像飞鸟折断了翅膀，我们住在房屋里，吃熟食，兵器锐利，以逸制劳，这样的时机还不利用，还要等待什么样呢！"李世民于是在夜间暗中出兵，冒雨前进，突厥大为震惊。李世民又派人向突利陈述利害关系，突利高兴，表示愿意听从命令。颉利打算出战，突利不同意，就派遣突利和他的夹毕特勒阿史那思摩前来会见李世民，请求和亲，李世民表示同意。阿史那思摩是颉利的堂叔。突利于是依托李世民，请求与李世民结为兄弟。李世民也用恩情安抚他，与他立下盟约然后离去。

八月二十三日庚寅，岐州刺史柴绍在杜阳谷打败突厥。

八月二十五日壬申，突厥阿史那思摩入京朝见，唐高祖招呼他坐到御榻上，加以安慰。阿史那思摩的相貌很像胡人，而不像突厥人，所以处罗可汗怀疑他不是阿史那种族，阿史那思摩历经处罗可汗和颉利可汗两代，经常担任夹毕特勒，终究没有能够掌管军权，设立牙帐。阿史那思摩入京朝见以后，唐高祖赐予和顺王的爵位。

八月三十日丁酉，唐高祖派遣左仆射裴寂出使突厥。

九月初六日癸卯，日南人姜子路反叛，交州都督王志远将他打败。

九月初六日癸卯，突厥侵犯绥州，绥州都督刘大俱打败了他们，抓获了三名特勒。

冬十月初三日己巳，突厥侵犯甘州。

十月初五日辛未，唐高祖在鄠县的终南山进行围猎，初七日癸酉，唐高祖临幸终南山。

吐谷浑与羌人侵犯叠州，攻陷合川。

十月初十日丙子，唐高祖临幸楼观，拜谒老子祠。十月十七日癸未，用牛、羊、豕三牲祭祀隋文帝的陵墓，十一月二十一日丁卯，临幸龙跃宫，十一月二十四日庚午，返回皇宫。

太子詹事裴矩代理检校侍中。

唐高祖武德八年（乙酉，625年）

春季，正月二十一日丙辰，唐高祖任命寿州都督张镇周为舒州都督。张镇周因为舒州本是自己的家乡，来到舒州以后，回到旧宅中买来许多酒菜，叫来亲戚朋友，与他们尽情宴饮。张镇周解开头发箕踞而坐，就像原来当平民的时候一样，这样一共过了十天。之后张镇周把金银布帛分别赠送给亲戚朋友，哭泣，向他们告别，说：

游。”自是亲戚故人犯法，一无所纵，境内肃然。

丁巳，遣右武卫将军段德操徇夏州地。

吐谷浑寇叠州。

是月，突厥、吐谷浑各请互市，诏皆许之。先是，中国丧乱，民乏耕牛，至是资于戎狄，杂畜被野。

夏，四月，乙亥，党项寇渭州。

甲申，上幸鄠县，校猎于甘谷，营太和宫于终南山；丙戌，还宫。

西突厥统叶护可汗遣使请婚，上谓裴矩曰：“西突厥道远，缓急不能相助，今求婚，何如？”对曰：“今北狄方强，为国家今日计，且当远交而近攻，臣谓宜许其婚以威颉利；俟数年之后，中国完实，足抗北夷，然后徐思其宜。”上从之。遣高平王道立至其国，统叶护大喜。道立，上之从子也。

初，上以天下大定，罢十二军。既而突厥为寇不已，辛亥，复置十二军，以太常卿窦诞等为将军，简练士马，议大举击突厥。

甲寅，凉州胡睦伽陀引突厥袭都督府，入子城；长史刘君杰击破之。

六月，甲子，上幸太和宫。

丙子，遣燕郡王李艺屯华亭县及弹筝峡，水部郎中姜行本断石岭道以备突厥。

丙戌，颉利可汗寇灵州。丁亥，以右卫大将军张瑾为行军总管以御之，以中书侍郎温彦博为长史。先是，上与突厥书用敌国礼，秋，七月，甲辰，上谓侍臣曰：“突厥贪婪无厌，朕将征之，自今勿复为书，皆用诏敕。”

丙午，车驾还宫。

己酉，突厥颉利可汗寇相州。

"今天张镇周还能与熟人朋友们欢乐饮酒，明天以后，就是舒州都督，要治理百姓了，官府与百姓之间的礼法是隔开的，不能够再与大家交往了。"从这以后，亲戚朋友触犯法令，都不纵容，辖境之内于是风气肃然。

正月二十二日丁巳，唐高祖派遣右武卫将军段德操占领夏州地区。

吐谷浑侵犯叠州。

这个月，突厥与吐谷浑分别请求与唐朝互通贸易，唐高祖下诏同意。在此之前，中原地区历经丧亡祸乱，百姓缺少耕牛，到这时，借助于突厥和吐谷浑，中原的各种牲畜于是遍布原野了。

夏四月十二日乙亥，党项侵犯渭州。

四月二十一日甲申，唐高祖前往鄠县，在甘谷进行围猎，在终南山营建太和宫。二十三日丙戌，唐高祖回宫。

西突厥的统叶护可汗派遣使者请求通婚，唐高祖对裴矩说："西突厥离我们的道路遥远，一旦发生危急时不能前来援助，现在他来请求通婚，应当怎样办？"裴矩回答说："现在北方狄人正在强盛，为国家当前的利益着想，应当与远方的邦国交好而讨伐距离近的邦国，臣认为应当答应与西突厥通婚以便威慑颉利，等到数年以后，中原地区得到统一而财富殷实了，足以抵抗北方夷人，然后再慢慢考虑更适宜的办法。"唐高祖听从了他的建议。派遣高平王李道立前往西突厥国，统叶护大为高兴。李道立是唐高祖的侄子。

当初，唐高祖认为天下完全平定了，罢除了十二军。之后突厥不断侵犯内地，五月十八日辛亥，又重新设置十二军，任命太常卿窦诞等人为将军，挑选和操练人马，商议大举进击突厥。

五月二十一日甲寅，凉州胡人睦伽陀带领突厥军队袭击凉州都督府，攻入子城，凉州长史刘君杰击败了他们。

六月初二日甲子，唐高祖临幸太和宫。

六月十四日丙子，唐高祖派遣燕郡王李艺在华亭县及弹筝峡驻兵，派遣水部郎中姜行本切断石岭的通路，以防备突厥。

六月二十四日丙戌，颉利可汗侵犯灵州。二十五日丁亥，唐高祖任命右卫大将军张瑾为行军总管前往抵御突厥，任命中书侍郎温彦博为行军长史。在此之前，唐高祖写信给突厥采用地位相当的两个国家间的规格，秋七月十二日甲辰，唐高祖对侍从官员说："突厥贪婪无厌，朕将要征讨他们，从现在起不要再写信给他们，都用诏书敕令。"

七月十四日丙午，唐高祖的车驾返回宫中。

七月十七日己酉，突厥颉利可汗侵犯相州。

睦伽陀攻武兴。

丙辰，代州都督蔺謩与突厥战于新城，不利；复命行军总管张瑾屯石岭，李高迁趋大谷以御之。丁巳，命秦王出屯蒲州以备突厥。

八月，壬戌，突厥逾石岭，寇并州；癸亥，寇灵州；丁卯，寇潞、沁、韩三州。

左武候大将军安脩仁击睦伽陀于渠川，破之。

诏安州大都督李靖出潞州道，行军总管任瓌屯太行，以御突厥。颉利可汗将兵十余万大掠朔州。壬申，并州道行军总管张瑾与突厥战于太谷，全军皆没，瑾脱身奔李靖。行军长史温彦博为虏所执，虏以彦博职在机近，问以国家兵粮虚实，彦博不对，虏迁之阴山。庚辰，突厥寇灵武。甲申，灵州都督任城王道宗击破之。丙戌，突厥寇绥州。丁亥，颉利可汗遣使请和而退。

九月，癸巳，突厥没贺咄设陷并州一县，丙申，代州都督蔺謩击破之。

癸卯，初令太府检校诸州权量。

丙午，右领军将军王君廓破突厥于幽州，俘斩二千余人。

突厥寇蔺州。

冬，十月，壬申，吐谷浑寇叠州，遣扶州刺史蒋善合救之。

戊寅，突厥寇鄯州，遣霍公柴绍救之。

十一月，辛卯朔，上幸宜州。

权检校侍中裴矩罢判黄门侍郎。

戊戌，突厥寇彭州。

庚子，以天策司马宇文士及权检校侍中。

辛丑，徙蜀王元轨为吴王，汉王元庆为陈王。

癸卯，加秦王世民中书令，齐王元吉侍中。

丙午，吐谷浑寇岷州。

戊申，眉州山獠反。

十二月，辛酉，上还至京师。

庚辰，上校猎于鸣犊泉；辛巳，还宫。

凉州胡人睦伽陀进攻武兴。

七月二十四日丙辰，代州都督蔺謩在新城与突厥交战，失利。唐高祖又命令行军总管张瑾屯扎在石岭。命令李高迁奔赴大谷抵御突厥。二十五日丁巳，唐高祖命令秦王李世民出兵屯驻蒲州，以防备突厥。

八月初一日壬戌，突厥越过石岭，侵犯并州，初二日癸亥，侵犯灵州，初六日丁卯，侵犯潞州、沁州、韩州。

唐左武候大将军安脩仁在且渠川进击睦伽陀，击败了他。

唐高祖颁诏命令大都督李靖从潞州的道路出兵，命令行军总管任瓌驻兵太行山，来防御突厥。突厥颉利可汗率兵十多万大规模地抢掠朔州。八月十一日壬申，并州道行军总管张瑾在太谷与突厥交战，全军覆没，张瑾逃脱出来投奔李靖。行军长史温彦博被突厥俘获，突厥认为温彦博是唐朝廷中接近皇帝的机要官员，就问他关于国家兵力与粮储情况，温彦博不回答，突厥把他流放到阴山。十九日庚辰，突厥侵犯灵武，二十三日甲申，灵州都督任城王李道宗击败突厥。二十五日丙戌，突厥侵犯绥州。二十六日丁亥，突厥颉利可汗派遣使者请求讲和，于是撤军。

九月初二日癸巳，突厥的没贺咄设攻陷并州的一个县。初五日丙申，代州都督蔺謩击败突厥。

九月十二日癸卯，唐高祖初次命令太府检查核实各州度量衡器的大小轻重。

九月十五日丙午，右领军将军王君廓在幽州打败突厥，俘获斩首两千多人。

突厥侵犯蔺州。

冬季，十月十一日壬申，吐谷浑侵犯叠州，唐高祖派遣扶州刺史蒋善合援救叠州。

十月十七日戊寅，突厥侵犯鄯州，唐高祖派遣霍公柴绍援救鄯州。

十一月初一日辛卯，唐高祖临幸宜州。

代理检校侍中裴矩被罢免，降职为判黄门侍郎。

十一月初八日戊戌，突厥侵犯彭州。

十一月初十日庚子，唐高祖任命天策司马宇文士及为代理检校侍中。

十一月十一日辛丑，唐高祖把蜀王李元轨改封为吴王，汉王李元庆改封为陈王。

十一月十三日癸卯，唐高祖加官秦王李世民为中书令，加官齐王李元吉为侍中。

十一月十六日丙午，吐谷浑侵犯岷州。

十一月十八日戊申，眉州獠人反叛朝廷。

十二月初一日辛酉，唐高祖回到京城。

十二月二十日庚辰，唐高祖在鸣犊泉进行围猎，十二月二十一日辛巳，返回皇宫。

以襄邑王神符检校扬州大都督。始自丹杨徙州府及居民于江北。
（以上为第四段，写北疆不宁，突厥成为唐王朝的主要威胁。）

九年（丙戌，626年）

春，正月，己亥，诏太常少卿祖孝孙等更定雅乐。

甲寅，以左仆射裴寂为司空，日遣员外郎一人更直其第。

二月，庚申，以齐王元吉为司徒。

丙子，初令州县祀社稷，又令士民里闬相从立社。各申祈报，用洽乡党之欢。戊寅，上祀社稷。

丁亥，突厥寇原州，遣折威将军杨毛击之。

三月，庚寅，上幸昆明池；壬辰，还宫。

癸巳，吐谷浑、党项寇岷州。

戊戌，益州道行台尚书郭行方击眉州叛獠，破之。

壬寅，梁师都寇边，陷静难镇。

丙午，上幸周氏陂。

辛亥，突厥寇灵州。

乙卯，车驾还宫。

癸丑，南海公欧阳胤奉使在突厥，帅其徒五十人谋掩袭可汗牙帐；事泄，突厥囚之。

丁巳，突厥寇凉州，都督长乐王幼良击走之。

戊午，郭行方击叛獠于洪、雅二州，大破之，俘男女五千口。

夏，四月，丁卯，突厥寇朔州；庚午，寇原州；癸酉，寇泾州。戊寅，安州大都督李靖与突厥颉利可汗战于灵州之硖石，自旦至申，突厥乃退。

太史令傅奕上疏请除佛法曰："佛在西域，言妖路远，汉译胡书，恣其假托。使不忠不孝削发而揖君亲，游手游食易服以逃租赋。伪启三涂，谬张六道，恐愒愚夫，诈欺庸品。乃追忏既往之罪，虚规将来之福；布施万钱，希万倍之报。持斋一日，冀百日之粮。遂使愚迷，妄求功德，不惮科禁，轻犯宪章；有造为恶逆，身坠刑网，方乃狱中礼佛，规免其

唐高祖任命襄邑王李神符为检校扬州大都督。开始从丹杨迁徙州府衙门及居民到长江北岸。

唐高祖武德九年（丙戌，626年）

春季，正月初十日己亥，唐高祖颁诏，命令太常少卿祖孝孙等人重新制定宫廷雅乐。

正月二十五日甲寅，唐高祖任命左仆射裴寂为司空，每天派遣一名员外郎轮番到他的府中值班。

二月初一日庚申，唐高祖任命齐王李元吉为司徒。

二月十七日丙子，唐高祖初次命令各地州县祭祀社稷神，还令各地士人民众按所居住的里闾设立社神庙，在社神庙里各自祈祷和报告每年的农业生产情况，用来融洽乡里邻居的欢愉关系。十九日戊寅，唐高祖祭祀社稷神。

二月二十八日丁亥，突厥侵犯原州，唐高祖派遣折威将军杨毛进攻突厥。

三月初二日庚寅，唐高祖临幸昆明池，初四日壬辰，唐高祖返回皇宫。

三月初五日癸巳，吐谷浑与党项侵犯岷州。

三月初十日戊戌，益州道行台尚书郭行方进攻眉州的反叛僚人，打败了他们。

三月十四日壬寅，梁师都侵犯边境，攻陷静难镇。

三月十八日丙午，唐高祖临幸周氏陂。

三月二十三日辛亥，突厥侵犯灵州。

三月二十七日乙卯，唐高祖的车驾返回皇宫。

三月二十五日癸丑，唐南海公欧阳胤奉命出使突厥，他率领属下五十人谋划偷袭可汗的牙帐，事情泄露，突厥囚禁了他们。

三月二十九日丁巳，突厥侵犯凉州，凉州都督长乐王李幼良反击赶走他们。

三月三十日戊午，郭行方在洪州、雅州进击反叛的僚人，大败僚人，俘获男女五千口。

夏季，四月初九日丁卯，突厥侵犯朔州，十二日庚午，侵犯原州，十五日癸酉，侵犯泾州。二十日戊寅，安州大都督李靖与突厥颉利可汗在灵州的硖石交战，从早晨打到下午申时，突厥才撤退。

太史令傅奕进上奏疏，请求废除佛法，说："佛本来是西域人，其言词怪诞又远离中国，汉代翻译胡人的佛经，随意假托。使得不忠不孝的人削发为僧后，只对君主和父母拱手行礼，使游手好闲四处乞食的人换了僧人服装以求逃脱租赋。佛教欺骗人们说有地狱、饿鬼、畜牲三恶道，又谬称另有阿修罗、天神、地祇等六道，用来恐吓恫吓愚昧的民众，欺骗平庸的人们。佛教让人们追悔已往的罪过，凭空描述

罪。且生死寿夭，由于自然，刑德威福，关之人主，贫富贵贱，功业所招，而愚僧矫诈，皆云由佛。窃人主之权，擅造化之力，其为害政，良可悲矣！降自羲、农，至于有汉，皆无佛法，君明臣忠，祚长年久。汉明帝始立胡神，西域桑门自传其法。西晋以上，国有严科，不许中国之人辄行髡发之事。洎于苻、石，羌、胡乱华，主庸臣佞，政虐祚短，梁武、齐襄，足为明镜。今天下僧尼，数盈十万，翦刻缯彩，装束泥人，竞为厌魅，迷惑万姓。请令匹配，即成十万余户，产育男女，十年长养，一纪教训，可以足兵。四海免蚕食之殃，百姓知威福所在，则妖惑之风自革，淳朴之化还兴。窃见齐朝章仇子佗表言：'僧尼徒众，糜损国家，寺塔奢侈，虚费金帛。'为诸僧附会宰相，对朝谗毁，诸尼依托妃、主，潜行谤讟，子佗竟被囚絷，刑于都市。周武平齐，制封其墓。臣虽不敏，窃慕其踪。"

上诏百官议其事，唯太仆卿张道源称奕言合理。萧瑀曰："佛，圣人也，而奕非之；非圣人者无法，当治其罪。"奕曰："人之大伦，莫如君父。佛以世嫡而叛其父，以匹夫而抗天子。萧瑀不生于空桑，乃遵无父之教。非孝者无亲，瑀之谓矣！"瑀不能对，但合手曰："地狱之设，正为是人！"

上亦恶沙门、道士苟避征徭，不守戒律，皆如奕言。又寺观邻接廛邸，溷杂屠沽，辛巳，下诏命有司沙汰天下僧、尼、道士、女冠，其精勤练行者，迁居大寺观，给其衣食，毋令阙乏。庸猥粗秽者，悉令罢道，

未来的福缘，让人们布施成千上万的钱财，希望得到万倍的回报，让人们持守斋戒一天，希望得到百天的粮食。于是使愚蠢迷惘的人们，虚妄地追求功德，不再惧怕国家的科条禁令，轻率地触犯国家的法律禁令。有的人干了凶恶叛逆之事，自身落到法网之中，这才在狱中礼拜佛陀，希望免除自己的罪孽。况且人的生与死、长寿与短命，都是由自然所限定的，而施行刑罚、施加恩德、让人得到威权或让人得到福禄，这都是由君主所决定的，人的贫贱富有、高贵卑贱，是由人们所做的功劳业绩所招致的，可是愚蠢的僧人假托佛陀的名义诈骗愚民，都说是由佛陀造成的。这是窃取君主的权威，把自然造化的伟力擅自据为己功，这对于朝政的危害，实在是可悲的！自伏羲、神农以来，以至于汉代，从来没有佛法，可是仍然是君主贤明，臣下忠诚，国运长远，历时长久。汉明帝始立胡人的神，西域的僧人自己传播他们的佛法。西晋以前，国家设有严厉的法令条规，不许中国人擅自去做剃发为僧的事。等到了前秦苻氏、后赵石氏的时候，羌人、胡人进入内地扰乱华夏，君主昏庸，臣下奸佞，朝政残暴，国运短促，梁武帝、北齐文襄帝的所做所为，足够成为后人的借鉴。现在天下的僧人尼姑，数量超过十万，他们剪裁文缯彩帛，装扮泥土制作的佛像，争相来做厌伏鬼魅的勾当，以此迷惑百姓。请求下令让僧人与尼姑各自婚配，就会成为十万多户人家，让他们生男育女，经过十年的生长养育，十二年的教育训导，可以使国家兵源充足。这样一来，四海之内免除了财富逐渐受到蚕食的祸殃，百姓懂得了权威祸福的来源所在，妖言惑众的风气就会自然革除，淳厚质朴的习俗就会重新兴起。臣私下里看到北齐章仇子佗的表章中说：'僧人尼姑人数众多，浪费损耗国家的财富，建造的寺塔非常奢侈，白白地耗费金银布帛。'由于很多僧人都来攀附宰相，对着朝廷恶言诋毁子佗，很多尼姑依靠王妃、公主，暗中诽谤诟骂子佗，结果章仇子佗竟被囚禁，在都城闹市被处以极刑。北周武帝平定北齐，颁布诏书封高他的坟墓。臣虽然没有多大才能，私下里仰慕他的行为。"

唐高祖下诏令百官商议这件事，只有太仆卿张道源声称傅奕讲得很合理。萧瑀说："佛，是圣人，傅奕却要非难他，《孝经》里说'非难圣人的人，是目无法纪'，应当治他的罪。"傅奕说："人们的伦理大道，什么都不如君主、父亲更为崇高。佛作为嫡长子却背叛了自己的父亲，作为一个平民而抗拒天子。萧瑀不是从空桑中出生而无父亲的人，却遵崇不认父亲的宗教。《孝经》里说'非难孝道的人，是没有亲人的'，就是说的萧瑀。"萧瑀不能回答，只能两手合十说："地狱的设置，正是为了此人！"

唐高祖也憎恶僧人、道士逃避赋税徭役，也不遵守本教的戒律，都像傅奕所说的那样。另外寺院道观与民居街舍相邻，与屠户酒店混杂在一起，四月二十三日辛巳，唐高祖下诏："命令有关部门淘汰天下的僧人、尼姑、道士、女道士，其中精心

勒还乡里。京师留寺三所，观二所，诸州各留一所，余皆罢之。

傅奕性谨密，既职在占候，杜绝交游，所奏灾异，悉焚其藁，人无知者。

（以上为第五段，写唐高祖抑佛。）

癸未，突厥寇西会州。

五月，戊子，虔州胡成郎等杀长史，叛归梁师都；都督刘旻追斩之。

壬辰，党项寇廓州。

戊戌，突厥寇秦州。

壬寅，越州人卢南反，杀刺史宁道明。

丙午，吐谷浑、党项寇河州。突厥寇兰州。

丙辰，遣平道将军柴绍将兵击胡。

六月，丁巳，太白经天。

秦王世民既与太子建成、齐王元吉有隙，以洛阳形胜之地，恐一朝有变，欲出保之，乃以行台工部尚书温大雅镇洛阳，遣秦府车骑将军荥阳张亮将左右王保等千余人之洛阳，阴结纳山东豪杰以俟变，多出金帛，恣其所用。元吉告亮谋不轨，下吏考验；亮终无言，乃释之，使还洛阳。

建成夜召世民，饮酒而鸩之，世民暴心痛，吐血数升，淮安王神通扶之还西宫。上幸西宫，问世民疾，敕建成曰：“秦王素不能饮，自今无得复夜饮。”因谓世民曰：“首建大谋，削平海内，皆汝之功。吾欲立汝为嗣，汝固辞；且建成年长，为嗣日久，吾不忍夺也。观汝兄弟似不相容，同处京邑，必有纷竞，当遣汝还行台，居洛阳，自陕以东皆主之。仍命汝建天子旌旗，如汉梁孝王故事。”世民涕泣，辞以不欲远离膝下，上曰：“天下一家，东、西两都，道路甚迩，吾思汝既往，毋烦悲也。”将行，建成、元吉相与谋曰：“秦王若至洛阳，有土地甲兵，不可复制；不如留之长安，则一匹夫耳，取之易矣。”乃密令数人上封事，言“秦王左右闻往洛阳，无不喜跃，观其志趣，恐不复来。”又遣近幸之臣以利害说

勤奋修行的人，迁居到大的寺院道观，供给衣服粮食，不让他们衣食匮乏。那些庸俗猥琐粗陋污秽的人，全部命令他们废除僧道身份，勒令返还家乡。京城保留寺院三所、道观两所，各州各保留寺院道观一所，其余的寺院道观全部罢除。”

傅奕生性谨慎细密，在担任观测天象的职务以后，断绝了与朋友的交往，所奏报的天上和自然界的灾异现象，全部焚毁奏章的底稿，没有人知道其中说了什么。

四月二十五日癸未，突厥侵犯西会州。

五月初一日戊子，虔州胡成郎等人杀死长史，反叛后归附梁师都，虔州都督刘旻追击斩杀了他们。

五月初五日壬辰，党项侵犯廓州。

五月十一日戊戌，突厥侵犯秦州。

五月十五日壬寅，越州人卢南反叛，杀死越州刺史宁道明。

五月十九日丙午，吐谷浑与党项侵犯河州。突厥侵犯兰州。

五月二十九日丙辰，唐高祖派遣平道将军柴绍率领兵马进击胡人。

六月初一日丁巳，太白金星运行轨迹反常，出现于东方，越过正南的午位，进入西方。

秦王李世民与太子李建成、齐王李元吉有了嫌隙以后，认为洛阳是形势优越之地，担心一朝发生变乱，想离开京城到洛阳进行防卫，就派行台工部尚书温大雅镇守洛阳，又派秦王府车骑将军荥阳人张亮率领亲信王保等一千多人前往洛阳，暗中结交山东豪杰，等待时势的变化，拿出大量的金银丝帛，任凭他们使用。李元吉告发张亮图谋不轨，张亮被交付法官审问察验。张亮最终没说一句话，法官就释放了他，让他返回洛阳。

李建成夜里召见李世民，让李世民饮酒，而用毒酒毒害李世民。李世民突然心脏痛楚，吐血多达几升，淮安王李神通扶着他返回西宫。唐高祖来到西宫，询问李世民的病情，命令李建成说：“秦王平素不能饮酒，从今以后不得再夜间饮酒。”于是对李世民说：“首先提出反隋兴唐的大谋，消灭平定海内的敌人，都是你的功劳。我想把你立为继承人，你却坚决推辞了，而且建成年龄最大，作为继承人的时间已经很久，我也不忍心剥夺他的继承人身份。我看你们兄弟似乎不能相容，你们一起住在京城里面，肯定要发生纷争，应当派你返回行台，居住在洛阳，从陕州以东的地区都由你掌管。还让你设置天子的旌旗，就像汉代梁孝王时的旧例。”李世民流泪哭泣，推辞说不愿意远离唐高祖的膝下，唐高祖说：“天下都是一家，东都和西都两地，路程很近，我想念你就可以前往，不用烦恼悲伤。”李世民将要出发，李建成和

上，上意遂移，事复中止。

建成、元吉与后宫日夜谮诉世民于上，上信之，将罪世民。陈叔达谏曰："秦王有大功于天下，不可黜也。且性刚烈，若加挫抑，恐不胜忧愤，或有不测之疾，陛下悔之何及！"上乃止。元吉密请杀秦王，上曰："彼有定天下之功，罪状未著，何以为辞？"元吉曰："秦王初平东都，顾望不还，散钱帛以树私恩，又违敕命，非反而何！但应速杀，何患无辞！"不上应。

（以上为第六段，写太子李建成、齐王李元吉谋划诛秦王李世民，唐高祖态度暧昧，实乃姑息养奸。）

秦府僚属皆忧惧不知所出。行台考功郎中房玄龄谓比部郎中长孙无忌曰："今嫌隙已成，一旦祸机窃发，岂惟府朝涂地，乃实社稷之忧；莫若劝王行周公之事以安家国。存亡之机，间不容发，正在今日！"无忌曰："吾怀此久矣，不敢发口；今吾子所言，正合吾心，谨当白之。"乃入言世民。世民召玄龄谋之，玄龄曰："大王功盖天地，当承大业；今日忧危，乃天赞也，愿大王勿疑。"乃与府属杜如晦共劝世民诛建成、元吉。

建成、元吉以秦府多骁将，欲诱之使为己用，密以金银器一车赠左二副护军尉迟敬德，并以书招之曰："愿迂长者之眷，以敦布衣之交。"敬德辞曰："敬德，蓬户瓮牖之人，遭隋末乱离，久沦逆地，罪不容诛。秦王赐以更生之恩，今又策名藩邸，唯当杀身以为报；于殿下无功，不敢谬当重赐。若私交殿下，乃是贰心，徇利忘忠，殿下亦何所用！"建成怒，遂与之绝。敬德以告世民，世民曰："公心如山岳，虽积金至斗，知公不移。相遗但受，何所嫌也！且得以知其阴计，岂非良策！不然，祸将及公。"既而元吉使壮士夜刺敬德，敬德知之，洞开重门，安卧不动，刺客屡至其庭，终不敢入。元吉乃谮敬德于上，下诏狱讯治，将杀之，

李元吉一起商议说："秦王如果到了洛阳，拥有土地与军队，不能再控制住他了。不如把他留在长安，他就只是一个匹夫而已，捉取他也很容易。"于是秘密命令几个人向唐高祖奉上密封奏章，说："秦王的左右亲信听说秦王将要前往洛阳，无不欢喜雀跃，观察李世民的志向意趣，恐怕他不会再回来了。"又指使唐高祖身边亲信的大臣用秦王去留的利害关系来劝说唐高祖，唐高祖的想法就改变了，秦王前往洛阳的事情于是中止。

李建成、李元吉与后宫嫔妃不分昼夜在唐高祖面前诋毁李世民，唐高祖听信他们的话，将要对李世民治罪。陈叔达进谏说："秦王为天下立下了巨大功劳，不能废黜。况且他性情刚烈，倘若加以折辱压抑，恐怕受不了忧伤愤怒，或许会得难以测知的疾病，陛下后悔还来得及吗！"唐高祖停止处罚李世民。李元吉秘密请求杀掉秦王李世民，唐高祖说："他有平定天下的功劳，而犯罪事实尚未显著，用什么作理由呢？"李元吉说："秦王刚刚平定东都洛阳时，观望形势，不肯返回，散发钱财丝帛以树立个人的恩德，又违背陛下的命令，不是造反又是什么！只应该赶紧杀掉他，何必担心找不到理由！"唐高祖没有回答。

秦王府内的属官全都忧虑恐惧，不知所措。行台考功郎中房玄龄对比部郎中长孙无忌说："现在仇隙已经形成，一旦祸患暗发，哪里只是秦王府一败涂地，实际上就是整个国家的忧患，不如劝说秦王采取周公平定管叔与蔡叔的行动以安定皇室与国家。决定存亡的枢机，已是间不容发，就在今天了！"长孙无忌说："我内心有这一想法已经很久了，不敢讲出来，现在你所说的，正好符合我的心愿，谨请你让我禀告秦王。"于是长孙无忌进内告诉李世民。李世民召见房玄龄计议此事，房玄龄说："大王的功劳盖过天地，应当继承皇帝的伟大勋业，现在的忧患危险，乃是上天对大王的帮助，希望大王不要再疑惑不定了。"于是房玄龄与秦王府属杜如晦共同劝说李世民诛杀李建成与李元吉。

李建成与李元吉看到秦王府多有骁勇将领，打算引诱他们为己效命，秘密地把一车金银宝器赠送给左二副护军尉迟敬德，并且写一封信招引他说："希望长者屈驾眷顾，以加深布衣一样的交情。"尉迟敬德推辞说："敬德是住在蓬草做门、破瓮作窗家的人，遇到隋朝末年战乱流离，长期沦落在叛逆一方，罪大恶极，死有余辜。秦王赐给我再生的恩典，现在我的姓名又登记藩王官邸的名册上，只应当以死报答秦王，我对殿下没有立过功劳，不敢荒谬地接受殿下的丰厚赏赐。倘若我私自与殿下交往，就是对秦王怀有二心，是因贪图财利而忘掉忠诚，这样的人对殿下又有什么用？"李建成大怒，就与尉迟敬德绝交。尉迟敬德向李世民报告此事，李世民说："你的心情就像山岳一样，即使黄金堆积到像天上的北斗星那样高，我知道你的忠心

世民固请，得免。又谮左一马军总管程知节，出为康州刺史。知节谓世民曰："大王股肱羽翼尽矣，身何能久！知节以死不去，愿早决计。"又以金帛诱右二护军段志玄，志玄不从。建成谓元吉曰："秦府智略之士，可惮者独房玄龄、杜如晦耳。"皆谮之于上而逐之。

世民腹心唯长孙无忌尚在府中，与其舅雍州治中高士廉、右候车骑将军三水侯君集及尉迟敬德等，日夜劝世民诛建成、元吉。世民犹豫未决，问于灵州大都督李靖，靖辞；问于行军总管李世勣，世勣辞；世民由是重二人。

会突厥郁射设将数万骑屯河南，入塞，围乌城，建成荐元吉代世民督诸军北征，上从之，命元吉督右武卫大将军李艺、天纪将军张瑾等救乌城。元吉请尉迟敬德、程知节、段志玄及秦府右三统军秦叔宝等与之偕行，简阅秦王帐下精锐之士以益元吉军。率更丞王晊密告世民曰："太子语齐王：'今汝得秦王骁将精兵，拥数万之众，吾与秦王饯汝于昆明池，使壮士拉杀之于幕下，奏云暴卒，主上宜无不信。吾当使人进说，令授吾国事。敬德等既入汝手，宜悉坑之，孰敢不服！'"世民以晊言告长孙无忌等，无忌等劝世民先事图之。世民叹曰："骨肉相残，古今大恶。吾诚知祸在朝夕，欲俟其发，然后以义讨之，不亦可乎！"敬德曰："人情谁不爱其死！今众人以死奉王，乃天授也。祸机垂发，而王犹晏然不以为忧，大王纵自轻，如宗庙社稷何！大王不用敬德之言，敬德将窜身草泽，不能留居大王左右，交手受戮也！"无忌曰："不从敬德之言，事今败矣。敬德等必不为王有，无忌亦当相随而去，不能复事大王矣！"世民曰："吾所言亦未可全弃，公更图之。"敬德曰："王今处事有疑，非智也；临难不决，非勇也。且大王素所畜养勇士八百余人，在外者今已入宫，擐甲执兵，事势已成，大王安得已乎！"

也是不会动摇的。他赠送的东西，只管接受下来，有什么嫌疑吗？况且，还可以知道他们的阴谋，难道不是最好的办法吗？不然的话，灾祸也会波及到你。”不久，李元吉指使勇士在夜间去刺杀尉迟敬德，尉迟敬德得知后，将层层门户全部打开，自己安然躺着不动，刺客屡次来到他的院子，却始终不敢进屋。李元吉于是向唐高祖诬陷尉迟敬德，把他关进皇上特设的监狱审讯处治，将要杀死他，李世民再三为他求情，得以不死。李元吉又诬陷秦王府的左一马军总管程知节，唐高祖把他调出京城担任康州刺史。程知节对李世民说：“大王的有力辅佐之臣和帮手都快被离散了，大王自身怎能支持长久。知节我誓死不离开京城，希望大王尽快决定大计。”李元吉又用金银丝帛引诱秦王府的右二护军段志玄，段志玄也不听从。李建成对李元吉说：“秦王府有智谋才略的人才，可怕的只有房玄龄和杜如晦而已。”都向唐高祖诬陷二人，把他们斥逐出京城。

李世民的心腹只有长孙无忌还在秦王府中，他与他的舅舅雍州治中高士廉、右候车骑将军三水人侯君集以及尉迟敬德等人，日夜劝说李世民诛杀李建成和李元吉。李世民犹豫不定没有下决心，于是问灵州大都督李靖，李靖推辞，又问行军总管李世勣，李世勣也推辞，李世民因此器重他们二人。

适逢突厥郁射设带领数万骑兵驻扎在黄河以南，进入边塞，包围乌城，李建成推荐李元吉代替李世民督率各军北征突厥，唐高祖听从了他的建议，命令李元吉督率右武卫大将军李艺、天纪将军张瑾等人前去援救乌城。李元吉请求让尉迟敬德、程知节、段志玄以及秦王府右三统军秦叔宝等人与自己一同前往，检阅并挑选秦王军中精悍勇锐的将士，来增强自己的军队。率更丞王晊秘密禀告李世民说：“太子对齐王说：‘现在你已经得到了秦王骁勇的将领和精悍的士兵，拥有数万人马。我与秦王在昆明池为你饯行，让勇士就在帐下杀死秦王，然后上奏说他暴病身亡，皇上该不会不相信。我当会派人进言申说，让皇上把国家事务交给我。尉迟敬德等人既然已到你手里，应该全部活埋他们，谁敢不服呢！’”李世民将王晊的话告诉长孙无忌等人，长孙无忌等人劝李世民抢先设法对付他们。李世民叹息说：“骨肉相互残杀，是古往今来的最大罪恶。我当然知道祸事就在旦夕之间，我想等他们把祸事发动起来，然后再依凭正义讨伐他们，不也是可以的吗！”尉迟敬德说：“就人心而言谁也不舍得死！现在众人以死来拥戴大王，乃是上天所授。灾祸的枢机即将发作，而大王还安然对待不以为忧愁，大王纵然可以看轻自己，但对宗庙社稷如何交代呢？大王不听敬德的进言，敬德将要逃身到民间的草泽中，不能留下在大王的身边，而束手被人杀戮！”长孙无忌说：“不听从尉迟敬德的进言，事情现在就会败亡了。尉迟敬德等人必定不会再是大王的手下了，无忌我也应当跟着他们离去，不能再事奉大王了！”李世民说：“我所说的想法也不可以完全抛弃，你再考虑一下。”尉迟敬德

世民访之府僚，皆曰："齐王凶戾，终不肯事其兄。比闻护军薛实尝谓齐王曰：'大王之名，合之成"唐"字，大王终主唐祀。'齐王喜曰：'但除秦王，取东宫如反掌耳。'彼与太子谋乱未成，已有取太子之心。乱心无厌，何所不为！若使二人得志，恐天下非复唐有。以大王之贤，取二人如拾地芥耳！奈何徇匹夫之节，忘社稷之计乎！"世民犹未决，众曰："大王以舜为何如人？"曰："圣人也。"众曰："使舜浚井不出，则为井中之泥，涂廪不下，则为廪上之灰，安能泽被天下，法施后世乎！是以小杖则受，大杖则走，盖所存者大故也。"世民命卜之，幕僚张公谨自外来，取龟投地，曰："卜以决疑；今事在不疑，尚何卜乎！卜而不吉，庸得已乎！"于是定计。

（以上为第七段，写秦王李世民被逼上梁山，定计发动兵变，诛除太子夺权。）

世民令无忌密召房玄龄等，曰："敕旨不听复事王；今若私谒，必坐死，不敢奉教！"世民怒，谓敬德曰："玄龄、如晦岂叛我邪！"取所佩刀授敬德曰："公往观之，若无来心，可断其首以来。"敬德往，与无忌共谕之曰："王已决计，公宜速入共谋之。吾属四人，不可群行道中。"乃令玄龄、如晦著道士服，与无忌俱入，敬德自他道亦至。

己未，太白复经天。傅奕密奏："太白见秦分，秦王当有天下。"上以其状授世民。于是世民密奏建成、元吉淫乱后宫，且曰："臣于兄弟无丝毫负，今欲杀臣，似为世充、建德报仇。臣今枉死，永违君亲，魂归地下，实耻见诸贼！"上省之，愕然，报曰："明当鞫问，汝宜早参。"

说:“您如今处理事情犹豫不定，这不是明智，面临危难不能决断，这不是勇敢。况且您平时畜养的勇士八百多人，在外面的现在已经进入宫中，披上盔甲手执兵器，事情的大势已经形成，您怎么能够停止不动手呢？”

李世民就此事征求秦王府僚属的意见，大家都说:“齐王凶恶乖张，终究不愿意事奉自己的兄长。近来听说护军薛实曾经对齐王说:‘大王的名字，合起来就成“唐”字，大王终究要主持大唐的国家权力。’齐王高兴地说:‘只要除去秦王，拿下东宫太子易如反掌。’他和太子谋划作乱还没有成功，就已经有了捉拿太子的心愿。作乱的想法没有满足，还有什么事情干不出来呢？如果让这两个人如愿以偿，恐怕天下就不再为大唐所有了。凭着大王的贤明，捉拿这二人就像拾取地上的草芥一样，为何要遵循平常人的节操，而忘记了国家大计呢？”李世民还是未下决心，大家说:“大王认为舜是怎样的人？”李世民说:“舜是圣人。”大家说:“假使舜在井底挖泥时不设法从井中出来而躲过父亲与哥哥从上面填土的毒手，他就变为井中的泥土了，假使舜在粉刷粮仓时不设法从仓上逃下来而逃过父亲和哥哥放火烧仓的毒手，他就变成粮仓上的灰烬了，还怎能对整个天下施及恩惠，让君王的大法流传到后世呢？所以舜在父亲用小棍子抽打的时候就忍受了，在父亲用大棍子打击想要他的命时就要逃走了，这是因为舜要为大事而保存自己的生命。”李世民让人对这件事进行占卜，秦王的幕僚张公谨从外面进来，拿起龟甲扔在地上，说:“占卜是为了决定有疑虑而无法确定的事，现在的事情根本没有疑虑，还要占卜吗？如果占卜的结果不吉，难道就要停止行动吗？”于是李世民下定了抢先动手的决心。

李世民命令长孙无忌秘密招来房玄龄等人，房玄龄等人说:“按照皇帝敕书的旨意，不允许我们再为秦王做事，如果现在私下谒见秦王，一定因此获罪而被处死，我们不敢接受秦王的教令！”李世民发怒，对尉迟敬德说:“房玄龄、杜如晦难道要背叛我吗？”摘下佩刀交给尉迟敬德说:“你前去察看一下，如果他们没有来见我的意思，可以砍下他们的首级带回来。”尉迟敬德前去，与长孙无忌一起劝说房玄龄等人:“秦王已经下决心要抢先动手了，你应该尽快进入秦王府共商大计。我们四个人，不能一起在街上走。”就命令房玄龄、杜如晦穿上道士的服装，与长孙无忌一同进入秦王府，尉迟敬德从另一条路也来到秦王府。

六月初三日己未，太白金星再次出现运行轨迹反常的现象，出现于东方，越过正南的午位，进入西方。傅奕秘密向唐高祖上奏说:“金星出现在秦地的分野，这个天象表明：秦王应当拥有天下。”唐高祖把傅奕的密状交给李世民。于是李世民秘密上奏说李建成与李元吉与后宫嫔妃有淫乱行为，而且说:“臣对兄弟没有丝毫对不起的地方，现在他们想杀死臣，似乎是为王世充和窦建德报仇。臣现在冤枉而死，永

庚申，世民帅长孙无忌等入，伏兵于玄武门。张婕妤窃知世民表意，驰语建成。建成召元吉谋之，元吉曰："宜勒宫府兵，托疾不朝，以观形势。"建成曰："兵备已严，当与弟入参，自问消息。"乃俱入，趣玄武门。上时已召裴寂、萧瑀、陈叔达等，欲按其事。

建成、元吉至临湖殿，觉变，即跋马东归宫府。世民从而呼之，元吉张弓射世民，再三不彀，世民射建成，杀之。尉迟敬德将七十骑继至，左右射元吉坠马。世民马逸入林下，为木枝所絓，坠不能起。元吉遽至，夺弓将扼之，敬德跃马叱之。元吉步欲趣武德殿，敬德追射，杀之。

翊卫车骑将军冯翊冯立闻建成死，叹曰："岂有生受其恩而死逃其难乎！"乃与副护军薛万徹、屈咥直府左车骑万年谢叔方帅东宫、齐府精兵二千驰趣玄武门。张公谨多力，独闭关以拒之，不得入。云麾将军敬君弘掌宿卫兵，屯玄武门，挺身出战，所亲止之曰："事未可知，且徐观变，俟兵集，成列而战，未晚也。"君弘不从，与中郎将吕世衡大呼而进，皆死之。君弘，显儁之曾孙也。

守门兵与万徹等力战良久，万徹鼓噪欲攻秦府，将士大惧；尉迟敬德持建成、元吉首示之，宫府兵遂溃。万徹与数十骑亡入终南山。冯立既杀敬君弘，谓其徒曰："亦足以少报太子矣！"遂解兵，逃于野。

上方泛舟海池，世民使尉迟敬德入宿卫，敬德擐甲持矛，直至上所。上大惊，问曰："今日乱者谁邪？卿来此何为？"对曰："秦王以太子、齐王作乱，举兵诛之，恐惊动陛下，遣臣宿卫。"上谓裴寂等曰："不图今日乃见此事，当如之何？"萧瑀、陈叔达曰："建成、元吉本不预义谋，又无功于天下，疾秦王功高望重，共为奸谋。今秦王已讨而诛之，秦王功盖宇宙，率土归心，陛下若处以元良，委之国事，无复事矣！"上曰："善！此吾之夙心也。"时宿卫及秦府兵与二宫左右战犹未已，敬德请降手敕，令诸军并受秦王处分，上从之。天策府司马宇文士及自东上阎门

远离开父皇，魂魄回到地下，见到王世充等贼人，实在感到羞耻！”唐高祖听李世民这样说，非常惊讶愕然，回答说：“明天当要审问此事，你应该早来参见。”

六月初四日庚申，李世民率领长孙无忌等人进入皇宫，在玄武门埋伏了兵士。张婕妤暗中得知了李世民上书的大意，派快马告诉李建成。李建成招来李元吉商议此事，李元吉说：“应当统率部署东宫与齐王府中的军队，托称有病不去上朝，然后观察形势。”李建成说：“军队的防备已很严密了，我与你应当入朝参见，亲自打听消息。”于是二人一起入宫，走向玄武门。唐高祖当时已经召来了裴寂、萧瑀、陈叔达等人，准备审查这件事情。

李建成与李元吉来到临湖殿，发觉情况已有变化，立即调转马头向东返回东宫和齐王府。李世民跟上去招呼他们，李元吉拉弓射李世民，一连两三次都没有把弓完全拉开，李世民箭射李建成，把他射死。尉迟敬德带领骑兵七十人随后赶到，左右的将士把李元吉射下马。李世民的马失控跑进树林，被树枝挂住，李世民坠马落地，不能起来。李元吉突然赶到，夺过弓来要掐死李世民，尉迟敬德跃马奔来大声呵斥。李元吉步行想跑到武德殿，尉迟敬德追上向他射箭，把李元吉射死。

翊卫车骑将军冯翊人冯立听说李建成已死，叹息说：“哪里有活着蒙受人家恩惠，死后就逃避祸难的呢？”于是就与副护军薛万彻、屈咥直府左车骑万年人谢叔方率领东宫、齐王府的精锐兵马两千人急驰奔向玄武门。张公谨臂力过人，独自关闭大门抵御冯立等人，冯立等人无法进入。云麾将军敬君弘掌管皇宫的宿卫军，驻扎在玄武门，挺身出战，他的亲信阻止他说：“事情未见分晓，暂且慢慢观察事态的变化，等到兵力集合起来，结成阵列再出战也不晚啊。”敬君弘不听，与中郎将吕世衡大声呼喊奔向前来，全部战死。敬君弘是敬显儁的曾孙。

守卫玄武门的士兵与薛万彻等人奋力交战很长时间，薛万彻擂鼓呐喊准备进攻秦王府，将士们大为恐惧，尉迟敬德提着李建成和李元吉的头颅，给薛万彻等人看，东宫和齐王府的人马于是溃散。薛万彻与骑兵数十人逃进终南山。冯立杀死敬君弘以后，对手下人说：“这也足以略微报答太子了。”于是丢掉兵器，逃向荒野。

唐高祖正在海池里划船，李世民让尉迟敬德入宫担任警卫，尉迟敬德身披铠甲手握长矛，径直来到唐高祖所在的地方。唐高祖大为震惊，问他：“今天作乱的人是谁？你来这里要干什么？”尉迟敬德回答说：“秦王因为太子和齐王作乱，已经起兵诛杀了他们，恐怕惊动陛下，派臣前来进行警卫。”唐高祖对裴寂等人说：“不料今天竟会看见这种事，应当怎么办？”萧瑀、陈叔达说：“李建成、李元吉本来就没有参与举义反隋的谋议，又对天下没有立下功劳，他们嫉妒秦王功劳高、威望重，就一起策划邪恶的阴谋。现在秦王已经讨伐并诛杀了他们，秦王的功绩是很大的，所有领土上的人们都诚心归向于他，陛下如果能让他立于太子之位，把国家政务委托

出宣敕，众然后定。上又使黄门侍郎裴矩至东宫晓谕诸将卒，皆罢散。上乃召世民，抚之曰："近日以来，几有投杼之惑。"世民跪而吮上乳，号恸久之。

建成子安陆王承道、河东王承德、武安王承训、汝南王承明、钜鹿王承义，元吉子梁郡王承业、渔阳王承鸾、普安王承奖、江夏王承裕、义阳王承度皆坐诛，仍绝属籍。

初，建成许元吉以正位之后，立为太弟，故元吉为之尽死。诸将欲尽诛建成、元吉左右百余人，籍没其家，尉迟敬德固争曰："罪在二凶，既伏其诛；若及支党，非所以求安也！"乃止。是日，下诏赦天下。凶逆之罪，止于建成、元吉，自余党与，一无所问。其僧、尼、道士、女冠并宜依旧。国家庶事，皆取秦王处分。

辛酉，冯立、谢叔方皆自出；薛万徹亡匿，世民屡使谕之，乃出。世民曰："此皆忠于所事，义士也。"释之。

（以上为第八段，写玄武门之变，秦王李世民诛杀太子李建成、齐王李元吉。）

癸亥，立世民为皇太子。又诏："自今军国庶事，无大小悉委太子处决，然后闻奏。"

臣光曰：立嫡以长，礼之正也。然高祖所以有天下，皆太宗之功；隐太子以庸劣居其右，地嫌势逼，必不相容。向使高祖有文王之明，隐太子有泰伯之贤，太宗有子臧之节，则乱何自而生矣！既不能然，太宗始欲俟其先发，然后应之，如此，则事非获已，犹为愈也。既而为群下所迫，遂至蹀血禁门，推刃同气，贻讥千古，惜哉！夫创业垂统之君，子孙之所仪刑也，彼中、明、肃、代之传继，得非有所指拟以为口实乎！

给他，就不会再有事变了。”唐高祖说：“好！这正是我平素的心愿。”当时，宿卫军和秦王府的兵马与东宫和齐王府的兵马交战还没有停止，尉迟敬德请求唐高祖颁布亲笔敕令，命令各军一律接受秦王的指挥，唐高祖听从了他的建议。天策府司马宇文士及从东上阁门出来宣布敕令，作战的兵士才安定下来。唐高祖又让黄门侍郎裴矩前往东宫向众将卒宣布旨意，将士们全都停止反叛而散走。唐高祖于是招来李世民，抚慰他说：“近些日子以来，我差点像曾参的母亲一样误信了曾参杀人的谣传，而来怀疑你。”李世民跪下来吸着唐高祖乳头，哀号悲恸了很长时间。

李建成的儿子安陆王李承道、河东王李承德、武安王李承训、汝南王李承明、钜鹿王李承义，李元吉的儿子梁郡王李承业、渔阳王李承鸾、普安王李承奖、江夏王李承裕、义阳王李承度等人都连坐其父之罪而被诛杀，并在宗室亲属的名册上除去了他们的名籍。

当初，李建成答应李元吉，自己即位以后，将他立为皇太弟，所以李元吉为李建成尽死效力。各位将领准备把李建成和李元吉的一百多名左右亲信全部诛除，抄没他们的家产，尉迟敬德坚持争辩说：“罪过都在两个元凶身上，都已经伏身受到诛杀了，如果牵连到他们的党羽，就不是谋求安定的做法！”于是停止诛杀。这一天，唐高祖颁诏：“赦免天下罪囚。叛逆的罪名只加给李建成和李元吉二人，其余的党羽，一概不加追究。那些僧人、尼姑和道士、女道士都应当依照原先颁布的诏令办理。国家的各项政务，全部听取秦王的处理。”

六月初五日辛酉，冯立和谢叔方都自动出来，薛万彻逃亡藏匿，李世民多次派人劝谕他，这才出来。李世民说：“这些人都能够忠于自己所侍奉的人，都是义士！”免除了他们的罪过。

六月初七日癸亥，唐高祖把李世民立为皇太子。又颁布诏书：“从今天起，军队和国家的各项事务，无论大小全部交付太子处置决定，然后再向我报告。”

司马光评论说：立嫡长子为太子，是礼制的正常法则。然而唐高祖之所以统一天下，都是由于唐太宗李世民的功劳，隐太子李建成平庸低劣却位居李世民之上，处在嫌疑之地，为形势所逼迫，两人一定不能相容。在此之前假如唐高祖有周文王的明智，隐太子李建成有泰伯的贤达，唐太宗有子臧的节操，那么变乱又怎么会发生呢！既然都不能这样做，唐太宗这才打算等待李建成首先发难，这样做，那么事情就不是由自己所能决定的，后发制人也还是好的。可是，李世民却受到各位下属的逼迫，最终直至在宫廷门前喋血相杀，对自己的兄弟白刃相加，在后来长久的历史中让人们不断讥刺，可惜啊！那些创立帝业留下正统的君主，是后代子孙学习遵循的典范，唐代后来的中宗、玄宗、

戊辰，以宇文士及为太子詹事，长孙无忌、杜如晦为左庶子，高士廉、房玄龄为右庶子，尉迟敬德为左卫率，程知节为右卫率，虞世南为中舍人，褚亮为舍人，姚思廉为洗马。悉以齐王国司金帛什器赐敬德。

初，洗马魏徵常劝太子建成早除秦王，及建成败，世民召徵谓曰："汝何为离间我兄弟！"众为之危惧，徵举止自若，对曰："先太子早从徵言，必无今日之祸。"世民素重其才，改容礼之，引为詹事主簿。亦召王珪、韦挺于嶲州，皆以为谏议大夫。

世民命纵禁苑鹰犬，罢四方贡献，听百官各陈治道，政令简肃，中外大悦。

以屈突通为陕东道行台左仆射，镇洛阳。

益州行台仆射窦轨与行台尚书韦云起、郭行方不协。云起弟庆俭及宗族多事太子建成，建成死，轨诬云起与建成同反，收斩之。行方惧，逃奔京师，轨追之，不及。

吐谷浑寇岷州。

突厥寇陇州；辛未，寇渭州；遣右卫大将军柴绍击之。

废益州大行台，置大都督府。

壬申，上以手诏赐裴寂等曰："朕当加尊号为太上皇。"

辛巳，幽州大都督庐江王瑗反，右领军将军王君廓杀之，传首。

初，上以瑗懦怯非将帅才，使君廓佐之。君廓故群盗，勇悍险诈，瑗推心倚仗之，许为婚姻。太子建成谋害秦王，密与瑗相结。建成死，诏遣通事舍人崔敦礼驰驿召瑗。瑗心不自安，谋于君廓。君廓欲取瑗以为功，乃说曰："大王若入，必无全理。今拥兵数万，奈何受单使之召，自投罔罟乎！"因相与泣。瑗曰："我今以命托公，举事决矣。"乃劫敦礼，问以京师机事；敦礼不屈，瑗囚之。发驿征兵，且召燕州刺史王诜赴蓟，与之计事。兵曹参军王利涉说瑗曰："王君廓反复，不可委以机柄，宜早除去，以王诜代之。"瑗不能决。君廓知之，往见诜，诜方沐，握发而出，君廓手斩之，持其首告众曰："李瑗与王诜同反，囚执敕使，擅

肃宗、代宗的帝位传承，难道不是有所学习模仿而找到了用兵登上帝位的借口吗？

六月十二日戊辰，唐朝任命宇文士及为太子詹事，长孙无忌与杜如晦为左庶子，高士廉与房玄龄为右庶子，尉迟敬德为左卫率，程知节为右卫率，虞世南为中舍人，褚亮为舍人，姚思廉为洗马，还把齐王王府的金银布帛器物全部赏赐给尉迟敬德。

当初，太子洗马魏徵经常劝说太子李建成及早除去秦王。李建成事败以后，李世民召见魏徵说："你为什么离间我们兄弟的关系呢？"大家都为他担心，魏徵举止自若，回答说："如果已故太子早先听从我的进言，一定不会有今天的祸事。"李世民素来器重他的才能，改变了脸色对他以礼相待，引荐他担任詹事主簿。李世民还把王珪和韦挺从巂州召回，都任命为谏议大夫。

李世民命令把宫苑的鹰犬放走，免除各地进献贡物，听任百官各自陈说治理国家的方法，政治与法令简明严肃，朝廷内外大为欣悦。

唐朝任命屈突通为陕东道行台左仆射，镇守洛阳。

益州行台仆射窦轨与行台尚书韦云起、郭行方不和，韦云起的弟弟韦庆俭以及同宗族的亲属中有许多人事奉太子李建成，李建成死去以后，窦轨诬告韦云起与李建成一起谋反，将他收捕斩杀。郭行方害怕，逃回京城，窦轨追赶他，没有追上。

吐谷浑侵犯岷州。

突厥侵犯陇州，六月十五日辛未，又侵犯渭州，朝廷派遣右卫大将军柴绍进攻突厥。

唐朝废除益州大行台，设置益州大都督府。

六月十六日壬申，唐高祖把亲笔诏书赐给裴寂等人说："朕应当加上尊号称太上皇。"

六月二十五日辛巳，幽州大都督庐江王李瑗反叛，右领军将军王君廓杀死他，把他的首级送到京城。

当初，唐高祖看到李瑗怯懦，不是担任将帅的人才，让王君廓辅佐他。王君廓过去当过强盗，骁勇强悍而又阴险狡诈，李瑗推心置腹地倚赖他，答应与他通婚。太子李建成图谋杀害秦王的时候，暗中与李瑗相互交结。李建成死去以后，唐高祖颁诏派遣通事舍人崔敦礼乘着驿站的车马前去征召李瑗。李瑗心里恐慌，便与王君廓计议。王君廓打算捉拿李瑗作为自己的功劳，于是劝说李瑗："如果大王入京朝见，肯定没有保全性命的道理。现在大王拥有数万兵马，怎么能够接受一个单身使者的传召，自投罗网呢？"说完就与李瑗一起哭泣。李瑗说："我现在把性命托付给你，决定起事。"于是劫持了崔敦礼，询问京城中的机密要事，崔敦礼不肯屈服，李瑗将他囚禁起来。李瑗通过驿站征集兵力，并且传召燕州刺史王诜前往蓟州，与他

自征兵。今诜已诛，独有李瑗，无能为也。汝宁随瑗族灭乎，欲从我以取富贵乎？”众皆曰：“愿从公讨贼。”君廓乃帅其麾下千余人，逾西城而入，瑗不之觉；君廓入狱出敦礼，瑗始知之，遽帅左右数百人被甲而出，遇君廓于门外。君廓谓瑗众曰：“李瑗为逆，汝何为随之入汤火乎！”众皆弃兵而溃。唯瑗独存，骂君廓曰：“小人卖我，行自及矣！”遂执瑗，缢之。壬午，以王君廓为左领军大将军兼幽州都督，以瑗家口赐之。敦礼，仲方之孙也。

乙酉，罢天策府。

秋，七月，己丑，柴绍破突厥于秦州，斩特勒一人，士卒首千余级。

以秦府护军秦叔宝为左卫大将军，又以程知节为右武卫大将军，尉迟敬德为右武候大将军。

壬辰，以高士廉为侍中，房玄龄为中书令，萧瑀为左仆射，长孙无忌为吏部尚书，杜如晦为兵部尚书。癸巳，以宇文士及为中书令，封德彝为右仆射；又以前天策府兵曹参军杜淹为御史大夫，中书舍人颜师古、刘林甫为中书侍郎，左卫副率侯君集为左卫将军，左虞候段志玄为骁卫将军，副护军薛万徹为右领军将军，右内副率张公谨为右武候将军，右监门率长孙安业为右监门将军，右内副率李客师为领左右军将军。安业，无忌之兄；客师，靖之弟也。

太子建成、齐王元吉之党散亡在民间，虽更赦令，犹不自安，徼幸者争告捕以邀赏。谏议大夫王珪以启太子。丙子，太子下令：“六月四日已前事连东宫及齐王，十七日前连李瑗者，并不得相告言，违者反坐。”

丁酉，遣谏议大夫魏徵宣慰山东，听以便宜从事。徵至磁州，遇州县锢送前太子千牛李志安、齐王护军李思行诣京师，徵曰：“吾受命之日，

计议起事。兵曹参军王利涉劝说李瑗："王君廓反复无常，不可把大权交托给他，应当及早除掉他，让王诜来代替他。"李瑗不能下决心。王君廓得知消息后，前去见王诜，王诜正在沐浴，握着头发走出来，王君廓亲手将他斩首，提着他的首级向众人宣告说："李瑗与王诜共同谋反，囚禁逮捕皇上的使者，擅自征调兵力。现在王诜已被诛杀，只剩下李瑗，不能干什么大事了。你们宁愿跟着李瑗而遭到全族灭绝呢，还是想随从我去获取富贵呢？"大家都说："愿意随从你讨伐逆贼。"王君廓便率领他的部下一千多人，翻越西城进入城内，李瑗没有发觉，王君廓进入监狱把崔敦礼放出来，李瑗这才知道，连忙率领数百名亲信披上铠甲出来，在门外遇到王君廓。王君廓对李瑗的部下说："李瑗叛逆朝廷，你们为什么跟随他走到汤火中去？"众人都丢下兵器溃散而去。只有李瑗独自留在那里，大骂王君廓说："你这个小人出卖我，很快你也会遭受祸殃了！"王君廓于是捉住李瑗，将他勒死。二十六日壬午，朝廷任命王君廓为左领军大将军兼幽州都督，将李瑗家的人口赏赐给他。崔敦礼是崔仲方的孙子。

六月二十九日乙酉，唐朝废除天策府。

秋季，七月初三日己丑，柴绍在秦州打败突厥，斩杀特勒一人，斩首士卒一千多人。

唐朝任命秦王府护军秦叔宝为左卫大将军，又任命程知节为右武卫大将军，尉迟敬德为右武候大将军。

七月初六日壬辰，唐朝任命高士廉为侍中，房玄龄为中书令，萧瑀为左仆射，长孙无忌为吏部尚书，杜如晦为兵部尚书。初七日癸巳，唐任命宇文士及为中书令，封德彝为右仆射，又任命前任天策府兵曹参军杜淹为御史大夫，中书舍人颜师古、刘林甫为中书侍郎，左卫副率侯君集为左卫将军，左虞候段志玄为骁卫将军，副护军薛万彻为右领军将军，右内副率张公谨为右武候将军，右监门率长孙安业为右监门将军，右内副率李客师为领左右军将军。长孙安业是长孙无忌的哥哥。李客师是李靖的弟弟。

太子李建成和齐王李元吉的党羽分散逃亡民间，虽然唐朝廷一再颁布赦令，他们仍觉得非常危险，有些想通过告发这种人来获取利益的人则争相告发捕捉他们来向朝廷邀功请赏。谏议大夫王珪把这种情况向太子李世民汇报。七月十一日丙子，太子李世民颁布命令："六月四日以前与东宫和齐王有牵连的人，六月十七日以前与李瑗有牵连的人，一概不允许相互告发，违反这一规定的人反过来承担被告发者的罪名。"

七月十一日丁酉，朝廷派遣谏议大夫魏徵宣示朝廷旨意，安抚山东地区，允许他根据实际情况自行处理事务。魏徵来到磁州，遇到州县的官吏用刑具押送前任太

前宫、齐府左右皆赦不问；今复送思行等，则谁不自疑！虽遣使者，人谁信之！吾不可以顾身嫌，不为国虑。且既蒙国士之遇，敢不以国士报之乎！”遂皆解纵之。太子闻之，甚喜。

右卫率府铠曹参军唐临出为万泉丞，县有系囚十许人，会春雨，临纵之，使归耕种，皆如期而返。临，令则之弟子也。

八月，丙辰，突厥遣使请和。

壬戌，吐谷浑遣使请和。

癸亥，制传位于太子；太子固辞，不许。甲子，太宗即皇帝位于东宫显德殿，赦天下；关内及蒲、芮、虞、泰、鼎六州免二年租调，自余给复一年。

诏以“宫女众多，幽閟可愍，宜简出之，各归亲戚，任其适人”。

初，稽胡酋长刘屳成帅众降梁师都，师都信谗，杀之，由是所部猜惧，多来降者。师都浸衰弱，乃朝于突厥，为之画策，劝令入寇。于是颉利、突利二可汗合兵十余万寇泾州，进至武功，京师戒严。

（以上为第九段，写唐高祖退位为太上皇，秦王李世民夺取政权即皇帝位，是为太宗。）

丙子，立妃长孙氏为皇后。后少好读书，造次必循礼法，上为秦王，与太子建成、齐王元吉有隙，后奉事高祖，承顺妃嫔，弥缝其阙，甚有内助。及正位中宫，务存节俭，服御取给而已。上深重之，尝与之议赏罚，后辞曰：“‘牝鸡之晨，唯家之索’，妾妇人，安敢豫闻政事！”固问之，终不对。

己卯，突厥进寇高陵。辛巳，泾州道行军总管尉迟敬德与突厥战于泾阳，大破之。获其俟斤阿史德乌没啜，斩首千余级。

子千牛李志安、齐王护军李思行前往京城，魏徵说：“我接受命令出使的时候，对原来的东宫与齐王府的属官都已经赦免不再追究，现在又押送李思行等人，那么谁不会对自己的处境产生疑虑呢？虽然朝廷派遣了使者，可是人们谁又会相信他呢？我不能因为自身会遭到嫌疑而有所顾虑就不为国家考虑。何况我既然受到了国士的待遇，怎敢不以国士的才能来报答国家呢？”于是他把李志安等人全都释放。太子李世民得知以后，非常高兴。

右卫率府铠曹参军唐临被调出京城担任万泉县丞，县内有在押囚犯十多人，适逢春雨降临，唐临把他们放走，让他们回乡耕田种地，他们也都按照规定的日期返回。唐临是唐令则弟弟的儿子。

八月初一日丙辰，突厥派遣使者请求和好。

八月初七日壬戌，吐谷浑派遣使者请求和好。

八月初八日癸亥，唐高祖颁布制书，把皇位传给太子李世民。太子李世民坚决推辞，唐高祖不肯答应。初九日甲子，唐太宗在东宫显德殿即皇帝位，宣布大赦天下，关内地区以及蒲州、芮州、虞州、泰州、陕州、鼎州六个州免除租调两年，其余各地免除徭役一年。

唐太宗颁诏说：“皇宫之中宫女人数太多，被幽闭在深宫之中非常可怜。应当经过挑选之后让她们出宫，各自回到自己的亲属身边，听凭她们嫁人。”

当初，稽胡酋长刘屳成率领部众向梁师都投降，梁师都听信谗言，把刘屳成杀掉，从此，他的部下都很猜疑恐惧，有许多人前来投降唐朝。梁师都的势力于是逐渐衰弱，他就去朝见突厥，替突厥出谋划策，劝说突厥入境侵犯唐朝的地域。在这时，突厥的颉利可汗与突利可汗二人汇合兵马十多万人侵犯泾州，进兵到武功，京城为此实行戒严。

八月二十一日丙子，唐太宗册立皇妃长孙氏为皇后。长孙皇后年少时爱好读书，言行举动一定要遵守礼教的规定。唐太宗在当秦王的时候，与太子李建成和齐王李元吉结下仇隙，长孙皇后侍奉唐高祖，顺承唐高祖妃嫔的心意，弥补秦王与这些人之间的不和，从家内给秦王带来很大帮助。等到长孙氏册立为正宫皇后，务求保持节俭的风气，车马衣服等物品只求够用即可。唐太宗深为器重她，曾经与她议论奖赏与刑罚的事，长孙皇后推辞说：“‘如果母鸡在早晨打鸣，就只会使这个家族倾家荡产。’我是妇女，怎么敢参与过问朝中的政事！”唐太宗再三询问她，她最终也没有回答。

八月二十四日己卯，突厥进军侵犯高陵县。二十六日辛巳，泾州道行军总管尉迟敬德与突厥在泾阳交战，大败突厥。擒获了突厥的俟斤阿史德乌没啜，斩首一千

癸未，颉利可汗进至渭水便桥之北，遣其腹心执失思力入见，以观虚实。思力盛称“颉利与突利二可汗将兵百万，今至矣。”上让之曰：“吾与汝可汗面结和亲，赠遗金帛，前后无算。汝可汗自负盟约，引兵深入，于我无愧！汝虽戎狄，亦有人心，何得全忘大恩，自夸强盛！我今先斩汝矣！”思力惧而请命。萧瑀、封德彝请礼遣之。上曰：“我今遣还，虏谓我畏之，愈肆凭陵。”乃囚思力于门下省。

上自出玄武门，与高士廉、房玄龄等六骑径诣渭水上，与颉利隔水而语，责以负约。突厥大惊，皆下马罗拜。俄而诸军继至，旌甲蔽野，颉利见执失思力不返，而上挺身轻出，军容甚盛，有惧色。上麾诸军使却而布陈，独留与颉利语。萧瑀以上轻敌，叩马固谏，上曰：“吾筹之已熟，非卿所知。突厥所以敢倾国而来，直抵郊甸者，以我国内有难，朕新即位，谓我不能抗御故也。我若示之以弱，闭门拒守，虏必放兵大掠，不可复制。故朕轻骑独出，示若轻之；又震曜军容，使之必战；出虏不意，使之失图。虏入我地既深，必有惧心，故与战则克，与和则固矣。制服突厥，在此一举。卿第观之！”是日，颉利来请和，诏许之。上即日还宫。乙酉，又幸城西，斩白马，与颉利盟于便桥之上。突厥引兵退。

萧瑀请于上曰：“突厥未和之时，诸将争请战，陛下不许，臣等亦以为疑，既而虏自退，其策安在？”上曰：“吾观突厥之众虽多而不整，君臣之志唯贿是求，当其请和之时，可汗独在水西，达官皆来谒我，我若醉而缚之，因袭击其众，势如拉朽。又命长孙无忌、李靖伏兵于幽州以待之，虏若奔归，伏兵邀其前，大军蹑其后，覆之如反掌耳。所以不战者，吾即位日浅，国家未安，百姓未富，且当静以抚之。一与虏战，所损甚多；虏结怨既深，惧而修备，则吾未可以得志矣。故卷甲韬戈，啖

多级。

八月二十八日癸未，突厥颉利可汗进军到长安附近的渭水便桥的北岸，派遣他的心腹执失思力入京晋见唐太宗，以便观察唐朝廷的情况。执失思力大言吹嘘“颉利可汗与突利可汗两人率领百万大军，现在已经来到长安了”。唐太宗斥责他说：“我与你们的可汗当面约定讲和通婚，前后赠送的金银布帛，多得无法计算。你们的可汗自己背弃盟约，率领兵马深入唐境，在我是没有惭愧的地方！你们虽然是戎狄异族之人，但也有人心，怎能完全忘记唐朝廷给予你们的巨大恩惠，自己夸耀兵力强盛！我现在先斩了你！”执失思力害怕了，请求饶命。萧瑀和封德彝也请求按照礼节让他回去。唐太宗说：“我现在就让他回去，这些虏人认为我害怕他们，会放肆起来侵凌我们。”于是把执失思力囚禁在门下省。

唐太宗亲自从玄武门出宫，与高士廉、房玄龄等六人骑马径直来到渭河边，与颉利可汗隔着渭水对话，责备他背弃盟约。突厥人大为吃惊，纷纷跳下马来对着唐太宗罗列下拜。不久唐朝各军相继赶到，旗帜与盔甲遮蔽住整个原野。颉利可汗看到执失思力没有回来，而唐太宗只率六人挺身而来，唐军的阵容非常强盛，脸上出现恐惧的神色。唐太宗指挥各军，让他们后退布成战阵，自己单独一个留下来与颉利可汗交谈。萧瑀认为唐太宗过于轻敌，拉住太宗的坐骑坚持劝阻，唐太宗说：“朕盘算得已经十分周密，不是你所能知道的。突厥之所以敢于倾尽全国兵力前来，径直抵达京城的郊野，是他们认为我们国家内部出现了祸难，朕是刚刚即位，认为我们不能抵抗防御强大的敌人。如果我们向他们示弱，关闭城门防守抵御，突厥必然要放纵兵马大规模抢劫掠夺，这样的话就难以遏制他们了。所以朕轻装骑马独自前来，好像表示轻视他们，又向他们显示炫耀我军的强大阵容，让他们知道我军有决心敢于作战，朕的行动出乎突厥的意料之外，让他们失去主意。突厥深入我国疆域已经很深，必定怀有戒惧之心，所以与他们作战就必能取胜，与他们讲和就必定非常牢固。制服突厥，就在此一举。你只管观看吧！”这一天，颉利可汗前来请求讲和，唐太宗下诏表示许可，唐太宗当天返回宫中。八月三十日乙酉，唐太宗又临幸城西，宰杀白马，用马血行礼，与颉利可汗在便桥上订立盟约，突厥率领兵马撤退。

萧瑀向唐太宗请教说：“突厥没有与我们讲和的时候，各位将领争相请求出战，陛下不允许，臣等也都疑惑不解，不久突厥果然自动撤退，皇上的用计在什么地方？”唐太宗说：“我观察突厥的兵马虽然人数众多，但阵容并不整齐，突厥君臣的意图只是想贪求我们送他财物以求讲和，当突厥请求讲和的时候，可汗独自留在渭水西岸，他们的高级官员都来谒见我，如果我把他们灌醉后捆绑起来，趁机袭击突厥的军队，就会势如摧枯拉朽。我又已命令长孙无忌、李靖在豳州埋伏下军队等着他们，假如突厥逃奔回国，前面有伏兵进行阻拦截击，后面有大军跟踪追击，消灭

以金帛，彼既得所欲，理当自退，志意骄惰，不复设备，然后养威伺衅，一举可灭也。将欲取之，必固与之，此之谓矣。卿知之乎？”瑀再拜曰：“非所及也。”

（以上为第十段，写唐太宗智退突厥兵。）

他们易如反掌。之所以不与他们交战，是由于我即位的时间不长，国家尚未安定，百姓并不富足，暂且应当休养生息以安抚民众。一旦与突厥开战，所要损失的人力物力必然很多，突厥也会与我们结下深仇，他们回去之后因为恐惧而整饬战备，我们就不能达成自己的志向了。所以才决定收兵停战，用金银丝帛诱惑他们。他们既然满足了欲望，按理应当自动撤退，此时他们就会心中骄傲而产生怠惰，不再会整顿军备。然后我们蓄养军威来窥伺他们的破绽漏洞，就可以一举消灭他们了。将要夺取它，一定要先给予它，就是说的这个道理。你明白了吗？”萧瑀俯身两次下拜说：“不是我所能想到的！”

【点评】

玄武门之变。玄武门，是长安宫城北门，为朝臣入朝所经之门。唐武德九年（626）六月四日晨，秦王李世民伏兵于玄武门，等待太子李建成、齐王李元吉入朝到此门时擒而杀之，发动兵变，用武力夺权。事变进展极其顺利，李世民诛杀了李建成和李元吉。唐高祖李渊无奈，六月七日即宣布册立李世民为太子，六月十六日退位为太上皇，八月九日，李世民正式登基即皇帝位，这就是唐太宗。李世民发动兵变夺权，喋血玄武门，史称玄武门之变。

唐高祖李渊昏庸好色，他之所以得天下，全靠李世民的经营。李渊出身隋朝贵族而得到晋阳留守之职。晋阳有隋炀帝行宫。晋阳宫副监裴寂是一个佞人，他结交李渊，想在乱世中找到保护伞，投李渊之好，私自进献宫女，属于大逆不道的行为。李世民和晋阳令刘文静谋划起兵反隋，通过裴寂劝说李渊，于是裴寂也算起事功臣之一。李渊起兵，裴寂又送宫女五百名给李渊，作为行军统帅的李渊，也居然收受，可见这一对君臣的昏庸与荒唐。李渊登上帝位以后，视裴寂为心腹，而真正的功臣刘文静却被猜疑，并在裴寂的谗言下，刘文静被诬谋反，被诛杀。李渊治国荒唐，是非颠倒。太子李建成喜好酒色田猎，第四子李元吉更是一个阴险的人。李建成因是长子被立为太子，嫉妒李世民的功业，担心太子地位不稳，就拉拢李元吉，许诺自己当了皇帝不传子而传弟，册立李元吉为皇太弟，于是两人合谋，结纳宫中妃嫔，一起谗毁李世民。李渊是非不明，李世民功高震主，李渊猜忌李世民，从而纵容李建成等人的行为。以致李建成、李元吉公开用毒酒谋害李世民，李渊也不追究。由于平乱战争需要李世民，每有寇警，李渊即命李世民征讨，事平之后，却猜嫌益甚。到了武德九年，全国战争基本平息，李氏兄弟夺权斗争也达到了最高潮，双方都决定用武力夺权，只是看谁先下手罢了。

李世民文武双全，身经百战，占有绝对势力，本意等待后发制人，让李建成、李元吉动手，这样诛逆名正言顺。可李建成有太子之位，又有唐高祖支持，发生冲突仍是李建成为顺，李世民为逆，君臣名分没有给李世民后发制人的机会，李世民要成功，只能先发制人，在部属的催促之下，李世民先发制人，发动玄武门之变，夺位成功。但政变在名义上却不顺，在事实上是李世民亲手杀害同胞兄弟，难免在后人心中投下阴影。

专制政体下，宗法制度是护国根本，轻易不可动摇。宗法制度立嫡以长不以贤，弊端也十分明显，打天下的李世民因为不是嫡长子，就不能坐天下，在守成时代，谁也不敢破坏宗法制度，为了维护平稳，满朝文武只好奉立嫡长子。可是开国时代，打天下的不仅是继位者个人的事。刘文静的下场给秦王府的功臣宿将敲了警钟，满朝文武大半曾追随李世民，他们容不了李建成、李元吉得势，所以玄武门之变是不

可避免的。司马光假设用泰伯让历的方法来解决矛盾，但它的前提是：第一，太子让位；第二，老子是非分明。

周朝的先公泰伯避历是逃到他国，吴太伯到了勾吴，自立为君，脱离中原。唐朝时已是一统天下，避位的人逃到哪里去呢？既然无可逃遁藏身，只能用一场决斗解决了。

开创大业，建立政权的君王是子孙的偶像。唐太宗晚年，儿子们争位。唐王朝中宗李显、玄宗李隆基、肃宗李亨、代宗李豫，他们继承帝位，也都用玄武门事变的方式，发动兵变夺位，可以说这是李世民给后世子孙带来的负面影响。玄武门之变无论对于李建成、李元吉，还是李世民，都是一场悲剧。但玄武门之变对于唐王朝，对于中华民族历史的发展，却是值得称道的。

·文白对照本·

资治通鉴

（全十八册）

第十二册

卷第一百九十二至卷第二百六（唐纪八至唐纪二十二）

（宋）司马光　编著
张大可　语译

商务印书馆
创于1897 The Commercial Press

第十二册目录

卷第一百九十二　唐纪八
唐高祖武德九年至唐太宗贞观二年（626—628年）……………6831

卷第一百九十三　唐纪九
唐太宗贞观二年至五年（628—631年）……………6873

卷第一百九十四　唐纪十
唐太宗贞观六年至十一年（632—637年）……………6915

卷第一百九十五　唐纪十一
唐太宗贞观十一年至十四年（637—640年）……………6957

卷第一百九十六　唐纪十二
唐太宗贞观十五年至十七年（641—643年）……………6997

卷第一百九十七　唐纪十三
唐太宗贞观十七年至十九年（643—645年）……………7035

卷第一百九十八　唐纪十四
唐太宗贞观十九年至二十二年（645—648年）……………7073

卷第一百九十九　唐纪十五
唐太宗贞观二十二年至唐高宗永徽六年（648—655年）……7113

卷第二百　唐纪十六
唐高宗永徽六年至龙朔二年（655—662年）……………7155

卷第二百一　唐纪十七
唐高宗龙朔二年至咸亨元年（662—670 年）…… 7199

卷第二百二　唐纪十八
唐高宗咸亨二年至开耀元年（671—681 年）…… 7241

卷第二百三　唐纪十九
唐高宗永淳元年至武则天垂拱二年（682—686 年）…… 7283

卷第二百四　唐纪二十
武则天垂拱三年至天授二年（687—691 年）…… 7325

卷第二百五　唐纪二十一
武则天长寿元年至万岁通天元年（692—696 年）…… 7363

卷第二百六　唐纪二十二
武则天神功元年至久视元年（697—700 年）…… 7401

唐纪八

唐高祖武德九年至唐太宗贞观二年（626—628 年）

【起柔兆阉茂（丙戌，626 年）九月，尽著雍困敦（戊子，628 年）七月，凡一年有奇】

【大事提要】

本卷记事起公元 626 年九月，讫公元 628 年七月，凡一年又十一个月，时当武德九年至贞观二年，是唐太宗初即位的两年。唐太宗即位伊始就励精图治，贞观时期的治国方略，大体已备，具体说要点有五。第一，知人善任。能否知人用人，是判断人君贤愚的一个重要标准。魏徵、张玄素、张蕴古、傅奕等，皆非秦王府旧人，唐太宗得贤则委以重任，是历史上少有的明君。第二，纳谏改过。如纳戴胄之忠言不枉法杀人；纳长孙无忌、魏徵之言，不轻启干戈，避免了北征突厥、南伐岭南的战争，结果突厥、冯氏皆归附。第三，慎狱刑，重民生。唐太宗鼓励大臣至公，执法宽平，以流放代肉刑，决死囚要大臣复按，天下无冤狱。又薄赋敛，赈灾，戒奢，一系列施政以重民生。第四，宽待大臣，却不护短皇亲。长孙顺德贪污受贿，唐太宗赐以锦帛以耻其心，而长乐王李幼良，宗室叔父，有过赐死。特别是宽容犯颜谏诤的直臣，往往将其破格提升。第五，佑文讲武，居安思危。以上施政，唐太宗都以身为则，君明臣直，贞观政治很快步入正轨。裴矩、封德彝，在隋为佞臣，入唐为名臣，敢尽忠直言。唐太宗做出的榜样，蔚然成风。

【原文】

高祖神尧大圣光孝皇帝下之下

武德九年（丙戌，626 年）

九月，突厥颉利献马三千匹，羊万口；上不受，但诏归所掠中国户口，征温彦博还朝。

丁未，上引诸卫将卒习射于显德殿庭，谕之曰："戎狄侵盗，自古有之，患在边境少安，则人主逸游忘战，是以寇来莫之能御。今朕不使汝曹穿池筑苑，专习弓矢，居闲无事，则为汝师，突厥入寇，则为汝将，庶几中国之民可以少安乎！"于是日引数百人教射于殿庭，上亲临试，中多者赏以弓、刀、帛，其将帅亦加上考。群臣多谏曰："于律，以兵刃至御在所者绞。今使卑碎之人张弓挟矢于轩陛之侧，陛下亲在其间，万一有狂夫窃发，出于不意，非所以重社稷也。"韩州刺史封同人诈乘驿马入朝切谏。上皆不听，曰："王者视四海如一家，封域之内，皆朕赤子，朕一一推心置其腹中，奈何宿卫之士亦加猜忌乎！"由是人思自励，数年之间，悉为精锐。

上尝言："吾自少经略四方，颇知用兵之要，每观敌陈，则知其强弱，常以吾弱当其强，强当其弱。彼乘吾弱，逐奔不过数十百步，吾乘其弱，必出其陈后反击之，无不溃败，所以取胜，多在此也！"

己酉，上面定勋臣长孙无忌等爵邑，命陈叔达于殿下唱名示之，且曰："朕叙卿等勋赏或未当，宜各自言。"于是诸将争功，纷纭不已。淮安王神通曰："臣举兵关西，首应义旗，今房玄龄、杜如晦等专弄刀笔，功居臣上，臣窃不服。"上曰："义旗初起，叔父虽首唱举兵，盖亦自营脱祸。及窦建德吞噬山东，叔父全军覆没；刘黑闼再合余烬，叔父望风奔北。玄龄等运筹帷幄，坐安社稷，论功行赏，固宜居叔父之先。叔父，国之至亲，朕诚无所爱，但不可以私恩滥与勋臣同赏耳！"诸将乃相谓曰："陛下至公，虽淮安王尚无所私，吾侪何敢不安其分。"遂皆悦服。房

【语译】

高祖神尧大圣光孝皇帝下之下

唐高祖武德九年（丙戌，626年）

九月，突厥颉利可汗进献三千匹马、一万只羊，唐太宗并不接受，只是下诏让突厥归还以前掠夺的中原人口，并征召去年被突厥俘虏的温彦博回到朝中。

九月二十二日丁未，唐太宗带领各卫将士在显德殿庭院练习射箭，对他们训话说：“中原周边的戎狄等族对内地的侵扰劫盗是自古以来就有的，这并不值得忧虑，值得忧虑的是每当边境稍有安宁，君主就放逸游荡而忘记战争的威胁，因而外敌一旦前来侵犯就无人能够抵御。现在朕不让你们挖掘水池筑建宫苑，而来专门练习弓矢射术，是想在闲居无事时，朕就当你们的师父，一旦突厥入侵，就当你们的将领，这样的话，中原的百姓才能过上安宁日子！”从此以后唐太宗每天带领数百人在宫殿庭院里教习射箭，太宗亲自临场比赛射箭，射中靶心较多的士兵就赏赐弓、刀、丝帛，他们的将领也列为考核成绩的上等。众多大臣多有劝谏：“依照大唐律令，带兵器来到皇宫内的帝王住处的人，就要处以绞刑。现在让卑微之人在皇宫殿庭之内拉弓挟箭，陛下亲自处于他们之间，万一出现狂妄之人暗中谋杀，出于意料之外，这就不是以社稷为重了。”韩州刺史封同人假称有事骑着驿马进入宫内直言苦谏。唐太宗都不听从，说：“帝王之人把四海看如一家，整个领域之内，都是朕的赤诚之子，朕把自己的诚心推置到每一个人的心中，为什么对保卫朕的禁卫将士也横加猜忌呢？”因此这些将士人人都能自我激励，几年之间全都成了精锐的将士。

唐太宗曾说：“我从小在四方征战经营，非常熟悉用兵的要诀，每次观察敌军的阵势，就知道它的强弱，经常用我军的弱旅抵抗敌人的强兵，用我军的强兵攻击敌人的弱旅。敌军冲击我军的弱旅，冲击过来不过能前进数十步乃至百步而已，我军攻击敌军的弱旅，一定要冲击到敌人的阵后再反击回来，因此敌军无不溃败奔逃，所以能够每次取胜，原因就在这里！”

九月二十四日己酉，唐太宗与群臣当面议定开国元勋长孙无忌等人的爵位田邑，命陈叔达在宫殿下唱名公布，唐太宗说：“朕排列大臣等人的功勋与赏赐或有不当之处，可以各自申明。”于是各位将领纷纷争功，议论不止。淮安王李神通说：“臣在关西起兵，首先响应起义的大旗，现在房玄龄、杜如晦等人专门捉刀弄笔，功劳等级却在臣的上面，臣内心确实不服。”唐太宗说：“起义之旗刚开始举起的时候，叔父虽然首先举兵响应，但这也是自己谋求摆脱灾祸。等到窦建德侵吞山东，叔父全军覆没，刘黑闼再次纠集余部，叔父望风败逃。房玄龄等人运筹于帷幄之中，坐着就使社稷江山得以安定，论功行赏本来就应在叔父的前面。叔父您是皇族的至亲，

玄龄尝言："秦府旧人未迁官者，皆嗟怨曰：'吾属奉事左右，几何年矣，今除官，返出前宫、齐府人之后。'"上曰："王者至公无私，故能服天下之心。朕与卿辈日所衣食，皆取诸民者也。故设官分职，以为民也，当择贤才而用之，岂以新旧为先后哉！必也新而贤，旧而不肖，安可舍新而取旧乎！今不论其贤不肖而直言嗟怨，岂为政之体乎！"

诏："民间不得妄立妖祠。自非卜筮正术，其余杂占，悉从禁绝。"

上于弘文殿聚四部书二十余万卷，置弘文馆于殿侧，精选天下文学之士虞世南、褚亮、姚思廉、欧阳询、蔡允恭、萧德言等，以本官兼学士，令更日宿直，听朝之隙，引入内殿，讲论前言往行，商榷政事，或至夜分乃罢。又取三品已上子孙充弘文馆学士。

（以上为第一段，写唐太宗居安思危，讲武佑文，大封功臣。）

冬，十月，丙辰朔，日有食之。

诏追封故太子建成为息王，谥曰隐；齐王元吉为剌王，以礼改葬。葬日，上哭之于宜秋门，甚哀。魏徵、王珪表请陪送至墓所，上许之，命宫府旧僚皆送葬。

癸亥，立皇子中山王承乾为太子，生八年矣。

庚辰，初定功臣实封有差。

初，萧瑀荐封德彝于上皇，上皇以为中书令。及上即位，瑀为左仆射，德彝为右仆射。议事已定，德彝数反于上前，由是有隙。时房玄龄、杜如晦新用事，皆疏瑀而亲德彝，瑀不能平，遂上封事论之，辞指寥落，由是忤旨。会瑀与陈叔达忿争于上前，庚辰，瑀、叔达皆坐不敬，免官。

甲申，民部尚书裴矩奏"民遭突厥暴践者，请户给绢一匹"。上曰："朕以诚信御下，不欲虚有存恤之名而无其实，户有大小，岂得雷同给赐

朕对您确实毫不吝惜，但不可凭着私人的恩情滥与有功之臣同等封赏。”众位将领于是相互说：“陛下极为公正，虽然是皇叔淮安王也不讲私情，我们这些人怎敢不安守本分呢。”于是大家都心悦诚服。房玄龄曾说：“秦王府未能升官的旧僚属，皆嗟叹埋怨说：‘我们这些人侍奉在陛下身边有很多年了，现在封官反而都在前太子东宫、齐王府的僚属后面。’”唐太宗说：“帝王至公无私，所以能让天下人心服。朕与你们平日的衣食，都取自百姓。因此设置官员、分配职务都是为了百姓，应当选择贤能的人才加以任用，怎能根据人的新旧作为用人封官的先后顺序呢？如果新人必定是贤才，而旧人不是贤才，怎么可以放弃新人而用旧人呢？现在你们不讲人才是否贤能而只说人们在嗟叹埋怨，这难道是为政之原则吗？”

唐太宗下诏：“民间不得妄自设立不正当的祭祀祠庙。如果不是正当的卜筮术，其余的杂门占卜，一律禁绝。”

唐太宗在弘文殿聚集了经史子集四部书籍共二十余万卷，并在殿旁设置了弘文馆，精心选择了天下著名的文学人才虞世南、褚亮、姚思廉、欧阳询、蔡允恭、萧德言等人，保留着原任官职来兼任弘文馆学士，命令他们轮流在弘文馆住宿值班，唐太宗在听取政事的空隙，招引学士进入内殿，讲论先哲的前言往行，商榷政治上的事务，有时一直讲谈到半夜才结束。又选取三品以上官员的子孙充任弘文馆学生。

冬季，十月初一日丙辰，发生日食。

唐太宗下诏追封已故太子皇兄李建成为息王，谥号为隐，皇弟齐王李元吉为海陵王，谥号为刺，以皇家规格的丧礼重新进行安葬。安葬之日，唐太宗在宜秋门大哭一场，显得十分哀痛。魏徵、王珪上表请求陪送灵车到安葬地，唐太宗答应了他们的请求，并命令原东宫和齐王府的旧僚属都去送葬。

十月初八日癸亥，朝廷册立中山王李承乾为皇太子，当时年仅八岁。

十月二十五日庚辰，唐朝初步规定功臣实得食邑封户的等级差别。

起初，萧瑀向唐高祖荐举封德彝，唐高祖任命他为中书令。等到唐太宗即位，萧瑀任尚书左仆射，封德彝为右仆射，议事已经商定了，封德彝多次在唐太宗面前改变态度，由此二人之间产生了嫌隙。当时房玄龄、杜如晦刚刚掌权管事，都疏远萧瑀而亲近封德彝，萧瑀觉得不平，于是献上密封的奏章来论说这些事情，奏章中的用词及意思孤寂凄凉，由此而触犯了唐太宗的意旨。正好这时萧瑀与陈叔达在唐太宗面前激烈争辩，十月二十五日庚辰，萧瑀、陈叔达都因为对皇帝不敬的罪名，罢官免职。

十月二十九日甲申，民部尚书裴矩上奏说：“百姓遭到突厥暴虐侵害的，请求每户赐给绢帛一匹。”唐太宗说：“朕用诚信统御下属，不想空有抚恤百姓的名声而没

乎！”于是计口为率。

初，上皇欲强宗室以镇天下，故皇再从、三从弟及兄弟之子，虽童孺皆为王，王者数十人。上从容问群臣：“遍封宗子，于天下利乎？”封德彝对曰：“前世唯皇子及兄弟乃为王，自余非有大功，无为王者。上皇敦睦九族，大封宗室，自两汉以来未有如今之多者。爵命既崇，多给力役，恐非示天下以至公也！”上曰：“然。朕为天子，所以养百姓也，岂可劳百姓以养己之宗族乎！”十一月，庚寅，降宗室郡王皆为县公，惟有功者数人不降。

丙午，上与群臣论止盗。或请重法以禁之，上哂之曰：“民之所以为盗者，由赋繁役重，官吏贪求，饥寒切身，故不暇顾廉耻耳。朕当去奢省费，轻徭薄赋，选用廉吏，使民衣食有余，则自不为盗，安用重法邪！”自是数年之后，海内升平，路不拾遗，外户不闭，商旅野宿焉。

上又尝谓侍臣曰：“君依于国，国依于民。刻民以奉君，犹割肉以充腹，腹饱而身毙，君富而国亡。故人君之患，不自外来，常由身出。夫欲盛则费广，费广则赋重，赋重则民愁，民愁则国危，国危则君丧矣。朕常以此思之，故不敢纵欲也。”

十二月，己巳，益州大都督窦轨奏称獠反，请发兵讨之。上曰：“獠依阻山林，时出鼠窃，乃其常俗；牧守苟能抚以恩信，自然帅服，安可轻动干戈，渔猎其民，比之禽兽，岂为民父母之意邪！”竟不许。

（以上为第二段，写唐太宗轻徭薄赋，戒奢靡，重民生，抑皇亲宗室，降王爵为公。）

上谓裴寂曰：“比多上书言事者，朕皆粘之屋壁，得出入省览，每思治道，或深夜方寝。公辈亦当恪勤职业，副朕此意。”

上厉精求治，数引魏徵入卧内，访以得失；徵知无不言，上皆欣然

有实在的东西，每户人数多少不等，怎能雷同地给予赏赐呢？”于是按人口为准进行赏赐。

起初，唐高祖想加强皇室宗族的地位以威震天下，所以属于皇帝同曾祖、同高祖的远房堂兄弟以及兄弟的儿子，虽然还是童孺幼子也都封为王，这样封的王有数十人。唐太宗从容地询问群臣：“把宗族的子弟都封为王，这样对天下有利吗？”封德彝回答说：“前代王朝只有皇帝的儿子和兄弟才封为王，其他宗亲如果没有大的功勋，就没有封王的。太上皇亲善和睦皇族亲戚，大量分封宗室子弟，从两汉以来都没有如此之多的。封赐的爵位已经很高了，又多赐给劳力仆役，这恐怕不是向天下显示大公无私！”唐太宗说：“说得对。朕当天子，是为了养护百姓，怎能让百姓辛劳来蓄养自己的宗族呢！”十一月初五日庚寅，唐把所封的宗室郡王都降级为县公，只有功勋卓著的人不降低王的级别。

十一月二十一日丙午，唐太宗与群臣讨论如何制止盗贼。有人请求使用严刑重法以禁止盗贼，唐太宗哂笑他说：“老百姓之所以做盗贼，是因为赋役繁重，官吏贪财求贿，因此百姓有了切身的饥寒，所以就顾不上廉耻罢了。朕应当去除奢侈节省费用，对百姓轻徭薄赋，选用清廉的官吏，使老百姓衣食都有剩余，自然就不会做盗贼了，何必用严刑重法呢？”由此经过数年之后，天下太平，路不拾遗，外出不用锁上门户，商人旅客可以在野外露宿。

唐太宗曾对身边陪伴的大臣说：“君主依靠国家，国家依靠民众。剥削民众来奉养君主，如同割下身上的肉来吃饱肚子，肚子饱了可身体却会死了，君主富了而国家就会灭亡了。所以君主的忧虑，不从外面来，而是经常出于自身。君主的欲望过盛就会在很多方面进行花费，各方面的花费多了就会加重赋役，赋役繁重了民众就会愁苦，民众愁苦了国家就会危险，国家危险了君主就要丧亡了。朕常常这样思考，所以不敢放纵自己的欲望。”

十二月十五日己巳，益州大都督窦轨上奏报告当地的僚民造反，请求发兵讨伐他们。唐太宗说：“僚民依仗着山林的险阻，时常出来像老鼠一样偷窃，这是他们通常的风俗，地方官如果能用恩惠和信用安抚他们，他们自然就会顺服，怎么可以轻易动用干戈，像捕鱼打猎一样捕杀僚民，把他们比作禽兽，这难道是当百姓父母官的本意吗？”最终没有准许出兵。

唐太宗对裴寂说：“近来很多上书言事的奏章，朕都粘贴在寝宫的墙壁上，可以在进出时观看，朕经常思考治国之道，有时到深夜才入睡。你们也应当按自己的职守勤奋用心，以符合朕的这种心意。”

唐太宗励精求治，多次让魏徵进入自己的卧室内，询问政治上的得失，魏徵知

嘉纳。上遣使点兵，封德彝奏："中男虽未十八，其躯干壮大者，亦可并点。"上从之。敕出，魏徵固执以为不可，不肯署敕，至于数四。上怒，召而让之曰："中男壮大者，乃奸民诈妄以避征役，取之何害，而卿固执至此！"对曰："夫兵在御之得其道，不在众多。陛下取其壮健，以道御之，足以无敌于天下，何必多取细弱以增虚数乎！且陛下每云：'吾以诚信御天下，欲使臣民皆无欺诈。'今即位未几，失信者数矣！"上愕然曰："朕何为失信？"对曰："陛下初即位，下诏云：'逋负官物，悉令蠲免。'有司以为负秦府国司者，非官物，征督如故。陛下以秦王升为天子，国司之物，非官物而何！又曰：'关中免二年租调，关外给复一年。'既而继有敕云：'已役已输者，以来年为始。'散还之后，方复更征，百姓固已不能无怪。今既征得物，复点为兵，何谓以来年为始乎！又陛下所与共治天下者在于守宰，居常简阅，咸以委之；至于点兵，独疑其诈，岂所谓以诚信为治乎！"上悦曰："向者朕以卿固执，疑卿不达政事，今卿论国家大体，诚尽其精要。夫号令不信，则民不知所从，天下何由而治乎！朕过深矣！"乃不点中男，赐徵金瓮一。

上闻景州录事参军张玄素名，召见，问以政道，对曰："隋主好自专庶务，不任群臣；群臣恐惧，唯知禀受奉行而已，莫之敢违。以一人之智决天下之务，借使得失相半，乖谬已多，下谀上蔽，不亡何待！陛下诚能谨择群臣而分任以事，高拱穆清而考其成败以施刑赏，何忧不治！又，臣观隋末乱离，其欲争天下者不过十余人而已，其余皆保乡党、全妻子，以待有道而归之耳。乃知百姓好乱者亦鲜，但人主不能安之耳。"上善其言，擢为侍御史。

无不言，唐太宗都高兴地采纳。唐太宗派出使节征召军队，封德彝上奏说："十六岁以上的中男虽然还不到十八岁，但其中躯干壮实高大的，也可一并征召。"唐太宗同意。敕令发出，魏徵坚持认为不可以这样做，不肯在敕书上签名，反复来回了多次都不签名。唐太宗发怒，召他进宫责备他说："躯干壮实高大的中男，都是那些奸民谎报年龄想逃避徭役的人，征召他们有什么害处？而卿坚持不签名到了这个地步！"魏徵回答说："军队的事情，根本在于治理它要得到正确的方法，而不在于人数众多。陛下征召身体壮健的成年男丁，用正确的方法加以统率管理，就足以无敌于天下，何必过多征召年龄还小而且虚弱的人来增加军队的虚数呢？而且陛下常说：'朕以诚实和信用治理天下，想让臣下百姓对于国家都没有欺诈行为。'现在陛下即位没有多久，失去信用已有多次了！"唐太宗愕然，问道："朕做什么失信于民了？"魏徵回答说："陛下刚即位时，下诏说：'百姓拖欠官家的财物，一律免除。'有关部门认为是拖欠秦王府国司的财物，不是拖欠国家的财物，仍旧征求索取。陛下从秦王上升为天子，秦王府国司的财物不是国家的财物又是什么呢？又说：'关中地区免收二年的租调，关外地区免除徭役一年。'之后接着又有敕令说：'已经纳税和已经服徭役的人，从次年开始免除。'退还已纳税物之后，如果现在又要再次征收，百姓对这种做法本来就觉得奇怪。现在是既已征收了租调的物品，又要征召为国家服兵役，你说的从次年开始免除又是什么意思呢？另外，陛下与他们共同治理天下的，就在于各地的地方长官，日常的挑选视察等公务，全都委托给他们办理，而对于征点兵员，却偏要怀疑他们有欺诈，这难道是以诚信为治国之道吗？"唐太宗高兴地说："以前朕认为你固执己见，怀疑你不通达国家政事，今天你论述国家大政，所说实在全都是精要之言。朝廷的号令不讲信用，百姓就不知听从什么，天下如何能得到治理呢？朕的过失很深了！"于是不征召中男为兵员，并且赐给魏徵一只金瓮。

唐太宗听说景州录事参军张玄素的名声，就召见他，向他询问为政之道，张玄素回答说："隋朝皇帝喜欢把各种琐碎政务全都抓在自己手里，而不交给群臣办理，群臣于是内心恐惧，只知道秉承皇帝的旨意加以执行而已，没有人敢于违抗命令。用一个人的智力决定天下的全部事务，假使得失各占一半，乖谬失误之处已经很多，臣下阿谀，皇上受到蒙蔽，国家不灭亡还会等到什么时候？陛下真能谨慎地选择群臣而让他们分别担任不同的事务，自己拱手高坐清静穆和，考察臣下的成败得失，据此实施刑罚赏赐，还担心国家不能治理好吗？另外，臣观察隋朝末年发生的战乱和背叛，其中想要争夺天下帝王之位的不过十几个人而已，其余都是只想保护乡里、保全妻子儿女，等待着有道的帝王出现之后再来归附他。由此可知，百姓中喜欢叛乱的人是很少的，只是君主不能让他们过太平安定的生活罢了。"唐太宗欣赏他的言论，提拔他为侍御史。

前幽州记室直中书省张蕴古上《大宝箴》，其略曰："圣人受命，拯溺亨屯，故以一人治天下，不以天下奉一人。"又曰："壮九重于内，所居不过容膝；彼昏不知，瑶其台而琼其室。罗八珍于前，所食不过适口；惟狂罔念，丘其糟而池其酒。"又曰："勿没没而暗，勿察察而明，虽冕旒蔽目而视于未形，虽黈纩塞耳而听于无声。"上嘉之，赐以束帛，除大理丞。

上召傅奕，赐之食，谓曰："汝前所奏，几为吾祸。然凡有天变，卿宜尽言皆如此，勿以前事为惩也。"上尝谓奕曰："佛之为教，玄妙可师，卿何独不悟其理？"对曰："佛乃胡中桀黠，诳耀彼土。中国邪僻之人，取庄、老玄谈，饰以妖幻之语，用欺愚俗，无益于民，有害于国，臣非不悟，鄙不学也。"上颇然之。

（以上为第三段，写唐太宗纳谏，信用魏徵、张玄素、张蕴古、傅奕等人。）

上患吏多受赇，密使左右试赂之。有司门令史受绢一匹，上欲杀之，民部尚书裴矩谏曰："为吏受赂，罪诚当死；但陛下使人遗之而受，乃陷人于法也，恐非所谓'道之以德，齐之以礼'。"上悦，召文武五品已上告之曰："裴矩能当官力争，不为面从，傥每事皆然，何忧不治！"

臣光曰："古人有言：君明臣直。裴矩佞于隋而忠于唐，非其性之有变也；君恶闻其过，则忠化为佞，君乐闻直言，则佞化为忠。是知君者表也，臣者景也，表动则景随矣。

前幽州记室参军、进入中书省值班的张蕴古，向唐太宗献上《大宝箴》，文章大略说："圣人承受天命，拯救陷于水火之中的百姓，挽救时世的危难，所以由一个人来治理天下，而不让整个天下只侍奉这一个人。"文章又说："皇宫内以九重的殿堂为雄壮宏丽，可是帝王居住的地方并不太大，只不过是容下膝盖的一小块地方，帝王们却昏庸无知，把台子修成瑶台，把房间修成琼室。帝王在自己的面前罗列山珍海味的酒席，可是帝王吃下去的东西，不过是刚好吃饱肚子的几样食物，他们只有狂妄的念头，要有如同山丘一样高的酒糟，要有水池一样多的美酒。"文章又说："帝王不要默默地毫无思想而昏暗无知，也不要过于精明而对所有的事情都无所不察，虽然帝王的冠冕上的垂旒挡住了眼睛，但要在事情还没有成形之前就能洞察知悉，虽然帝王有黈纩塞在耳朵里，但要在事情还没有声音之前就能听到它。"唐太宗对这篇文章给予嘉奖，用一束帛赏赐他，任命他为大理丞。

唐太宗召见傅奕，赏赐他吃皇帝的食物，对他说："你此前上奏说金星出现在秦的分野，秦王当有天下，差一点让我遇到灾祸。不过今后凡有天象变化，你应该仍像这次一样把你所知道的全都讲出来，不要把前一次的事情放在心里，作为自己的惩戒。"唐太宗曾对傅奕说："佛作为一种宗教，道理玄妙，可以让人以它为师，为何只有你一个人不明白它的道理？"傅奕回答说："佛是胡族中的狡黠之人，用欺诳的话在他的国土中向世人炫耀。中国那些邪恶不正当的人，选取了《庄子》、《老子》中的玄妙言论，再用妖幻的话进行装饰，用来欺骗愚昧的俗民，这无益于民众，有害于国家，臣不是不明悟它的道理，只是鄙视它而不愿意学它。"唐太宗对这番话颇以为然。

唐太宗担心官吏会有很多人接受贿赂，秘密安排身边的人试着贿赂他们。刑部有一个司门令史收受了绢帛一匹，唐太宗要杀掉他。民部尚书裴矩劝谏说："当官而接受贿赂，其罪行实在应当处死，但是是陛下您派人送他绢帛他才接受的，这是有意引人落入法律的陷阱，恐怕不符合孔子所说的'用道德来引导人们，用礼教来整齐人心'的古训。"唐太宗很高兴，召集五品以上的文武官员告诉他们说："裴矩能够做官而敢于力争，不做当面奉承的事，假如每件事情都能这样，国家还担心不能治理好吗？"

司马光评论说：古人说过：君主贤明，臣下就会正直。裴矩对隋朝皇帝是当面奉承阿谀，对唐朝皇帝则忠诚正直，不是他的品性有所变化，君主厌恶听到人们说自己的错误，于是大臣的忠诚就转变为谗佞阿谀，君主乐于听到人们直言劝谏，大臣的谗佞阿谀就会转变成忠诚。由此可知君主如同测量太阳影子的标杆，大臣就是这个标杆投下的影子，标杆一动，影子就随之而动。

是岁，进皇子长沙郡王恪为汉王、宜阳郡王祐为楚王。

新罗、百济、高丽三国有宿仇，迭相攻击；上遣国子助教朱子奢往谕指，三国皆上表谢罪。

（以上为第四段，写裴矩佞于隋而忠于唐，唐太宗亲贤远佞已初见成效，蔚为风气。）

太宗文武大圣大广孝皇帝上之上

贞观元年（丁亥，627年）

春，正月，乙酉，改元。

丁亥，上宴群臣，奏《秦王破阵乐》，上曰："朕昔受委专征，民间遂有此曲，虽非文德之雍容，然功业由兹而成，不敢忘本。"封德彝曰："陛下以神武平海内，岂文德之足比。"上曰："戡乱以武，守成以文，文武之用，各随其时。卿谓文不及武，斯言过矣！"德彝顿首谢。

己亥，制："自今中书、门下及三品以上入阁议事，皆命谏官随之，有失辄谏。"

上命吏部尚书长孙无忌等与学士、法官更议定律令，宽绞刑五十条为断右趾，上犹嫌其惨，曰："肉刑废已久，宜有以易之。"蜀王法曹参军裴弘献请改为加役流，徙三千里，居作三年；诏从之。

上以兵部郎中戴胄忠清公直，擢为大理少卿。上以选人多诈冒资荫，敕令自首，不首者死。未几，有诈冒事觉者，上欲杀之。胄奏："据法应流。"上怒曰："卿欲守法而使朕失信乎？"对曰："敕者出于一时之喜怒，法者国家所以布大信于天下也。陛下忿选人之多诈，故欲杀之，而既知其不可，复断之以法，此乃忍小忿而存大信也。"上曰："卿能执法，朕复何忧！"胄前后犯颜执法，言如涌泉，上皆从之，天下无冤狱。

（以上为第五段，写唐太宗约法，以流刑代肉刑，鼓励依法判案，天下无冤案。）

上令封德彝举贤，久无所举。上诘之，对曰："非不尽心，但于今未

这一年，把皇子长沙郡王李恪升为汉王，宜阳郡王李祐升为楚王。

新罗、百济、高丽三国之间有世代结下的仇怨，相互交替进行攻击，唐太宗派遣国子监助教朱子奢前去传达圣意，三国都上表谢罪。

太宗文武大圣大广孝皇帝上之上

唐太宗贞观元年（丁亥，627年）

春季，正月初一日乙酉，改年号为贞观。

正月初三日丁亥，唐太宗大宴群臣，演奏《秦王破阵乐》，唐太宗说："朕从前接受任命专管率兵征伐，民间于是出现这个曲子，虽然没有表现文德的雍容文雅，但是国家的功业却由此而得以完成，所以现在也不敢忘本。"封德彝说："陛下凭借神武的才能平定了天下，哪里是文德所能比拟的。"唐太宗说："戡平战乱要用武力，守住已成的国家则要依赖文化，文武的用处，各自顺从时势的变化。卿说文不如武，这个说法过头了！"封德彝磕头谢罪。

正月十五日己亥，唐朝廷颁布皇帝的制书："从今以后，中书省、门下省以及三品以上官员进入朝堂议事，都命谏官跟随这些官员，议事官员有了失误，谏官立即进谏。"

唐太宗命令吏部尚书长孙无忌等人与学士、法官重新议定律令，把原来的五十种绞刑放宽改为斩断右趾，唐太宗还嫌这样处罚过于残酷，说："肉刑废除已经很久了，应当有其他刑罚来代替它。"蜀王府的法曹参军裴弘献请求改为加服劳役的流放，流放到三千里外，在当地居留劳动三年，唐太宗下诏采纳这个建议。

唐太宗认为兵部郎中戴胄忠诚清廉公正正直，把他提升为大理寺少卿。当时许多候选官员的人多有假冒资历和门荫关系的，唐太宗下令他们自首，不自首的人就要处死。不久，有欺诈假冒的事情被发觉了，唐太宗要杀掉他。戴胄上奏说："根据法律应当流放。"唐太宗发怒说："你想遵守法律而让我失去信用吗？"戴胄回答说："皇帝的敕令出于一时的喜怒，法律则是国家用来向天下宣示最大信用的。陛下愤恨候选官员的欺诈，所以想要杀他们，但是既然知道这样做是不对的，所以又用法律来断案，这就是忍住小的愤怒而保存大的信用。"唐太宗说："你能这样执行法律，朕还有什么可担忧的？"戴胄前后多次当面不按唐太宗的意思办而严格执行法律，阐述自己的主张时言语如泉水涌出，唐太宗都听从了他的意见，天下没有冤案。

唐太宗命令封德彝荐举贤才，很久也没有举荐一个人。唐太宗质问他，回答说：

有奇才耳！”上曰：“君子用人如器，各取所长，古之致治者，岂借才于异代乎？正患己不能知，安可诬一世之人！”德彝惭而退。

御史大夫杜淹奏“诸司文案恐有稽失，请令御史就司检校”。上以问封德彝，对曰：“设官分职，各有所司。果有愆违，御史自应纠举；若遍历诸司，搜擿疵颣，太为烦碎。”淹默然。上问淹：“何故不复论执？”对曰：“天下之务，当尽至公，善则从之，德彝所言，真得大体，臣诚心服，不敢遂非。”上悦曰：“公等各能如是，朕复何忧！”

右骁卫大将军长孙顺德受人馈绢，事觉，上曰：“顺德果能有益国家，朕与之共有府库耳，何至贪冒如是乎！”犹惜其有功，不之罪，但于殿庭赐绢数十匹。大理少卿胡演曰：“顺德枉法受财，罪不可赦，奈何复赐之绢？”上曰：“彼有人性，得绢之辱，甚于受刑；如不知愧，一禽兽耳，杀之何益！”

辛丑，天节将军燕郡王李艺据泾州反。

艺之初入朝也，恃功骄倨，秦王左右至其营，艺无故殴之。上皇怒，收艺系狱，既而释之。上即位，艺内不自安。曹州妖巫李五戒谓艺曰：“王贵色已发！”劝之反。艺乃诈称奉密敕，勒兵入朝。遂引兵至豳州，豳州治中赵慈皓驰出谒之，艺入据豳州。诏吏部尚书长孙无忌等为行军总管以讨之。赵慈皓闻官军将至，密与统军杨岌图之，事泄，艺囚慈皓，岌在城外觉变，勒兵攻之，艺众溃，弃妻子，将奔突厥。至乌氏，左右斩之，传首长安。弟寿，为利州都督，亦坐诛。

初，隋末丧乱，豪杰并起，拥众据地，自相雄长；唐兴，相帅来归，上皇为之割置州县以宠禄之，由是州县之数，倍数开皇、大业之间。上以民少吏多，思革其弊；二月，命大加并省，因山川形便，分为十道：一曰关内，二曰河南，三曰河东，四曰河北，五曰山南，六曰陇右，七曰淮南，八曰江南，九曰剑南，十曰岭南。

“不是我不尽心竭力，只是现在没有奇才而已！”唐太宗说：“君子用人如用器物，分别取其不同的长处，古时使国家达到大治的君主，难道是从别的时代借来人才的吗？只怪自己不能识别人才，怎么能诬蔑整个时代的人呢？”封德彝羞惭而退下。

御史大夫杜淹上奏说：“各部门的公文案卷恐怕会有拖延错漏，请求让御史到各部门检查核对。”唐太宗征求封德彝的意见，封德彝回答说：“设置官员，分开职掌，各有所掌管的事务。如果真有错失，御史自当纠察举报，假如让御史巡视各个官司部门，搜寻查找人们的小毛病和过失，就太繁杂琐碎了。”杜淹默不作声。唐太宗问杜淹：“为什么不再进行论辩呢？”杜淹回答说：“天下的事务，应当尽力追求公正，对的就听从它，封德彝所说的话，真得治国的根本之道，臣诚心佩服，不敢再有非议。”唐太宗高兴地说：“你们如果都能这样做，朕还担心什么呢？”

右骁卫大将军长孙顺德接受别人赠送的绢帛，事情被人发觉，唐太宗说：“长孙顺德果真能有益于国家，朕和他共享国家府库里的资财，何至于像这样贪婪受贿呢！”唐太宗还可惜他曾有功，不治他的罪，又在宫殿上赏赐数十匹绢帛。大理寺少卿胡演说：“长孙顺德接受财物违反法律，他的罪不可饶恕，为什么又赏赐绢帛呢？”唐太宗说：“如果他有人性，得到绢帛所受的羞辱，远远超过受到刑罚的羞辱，如果他仍然不知道羞愧，就不过是一个禽兽而已，杀他又有什么好处呢？”

正月十七日辛丑，天节将军燕郡王李艺占据泾洲反叛。

李艺当初投顺朝廷时，仗恃有功而傲慢无礼，秦王李世民身边的人到他的营地，李艺无缘无故就殴打他们。太上皇发怒，把李艺逮捕关进监狱，之后又释放了他。唐太宗即位后，李艺内心觉得不够安全。曹州的邪恶巫师李五戒对李艺说：“郡王的大贵之相已经出现了！”劝李艺反叛，李艺于是假称尊奉皇帝的密诏，带兵前来京城。李艺带领兵马来到豳州，豳州治中赵慈皓驰马出城晋见他，李艺入城占据了豳州。唐太宗命吏部尚书长孙无忌等人为行军总管率军讨伐。赵慈皓听说官兵即将到来，秘密地与统军杨岌商议逮捕李艺，事情败露，李艺囚禁了赵慈皓。杨岌在城外觉察情况有变化，率兵攻城，李艺的部队溃逃，李艺抛下妻子儿女，准备投奔突厥。到了乌氏城，身边的人将他杀掉，把他的首级传送到长安。李艺的弟弟李寿为利州都督，也连坐而被诛杀。

起初，隋朝末年天下大乱，英雄豪杰一并起兵，拥有军队割据地盘，各自称雄一方。唐朝兴起之后，这些豪杰相继前来归附，唐高祖为他们分出地盘设置州县，让他们担任地方长官享受荣禄，由此州县的数目，成倍多于隋朝开皇、大业年间。唐太宗认为百姓少而官吏多，想革除这一弊端。二月，下令州县大加合并，根据各地的山川地势，把全国分为十道：一为关内道，二为河南道，三为河东道，四为河北道，五为山南道，六为陇右道，七为淮南道，八为江南道，九为剑南道，十为岭

三月，癸巳，皇后帅内外命妇亲蚕。

闰月，癸丑朔，日有食之。

壬申，上谓太子少师萧瑀曰："朕少好弓矢，得良弓十数，自谓无以加，近以示弓工，乃曰'皆非良材'。朕问其故，工曰：'木心不直，则脉理皆邪，弓虽劲而发矢不直。'朕始寤向者辨之未精也。朕以弓矢定四方，识之犹未能尽，况天下之务，其能遍知乎！"乃令京官五品以上更宿中书内省，数延见，问以民间疾苦，政事得失。

凉州都督长乐王幼良，性粗暴，左右百余人，皆无赖子弟，侵暴百姓；又与羌、胡互市。或告幼良有异志，上遣中书令宇文士及驰驿代之，并按其事。左右惧，谋劫幼良入北虏，又欲杀士及据有河西。复有告其谋者，夏，四月，癸巳，赐幼良死。

（以上为第六段，写唐太宗调和人际关系，宽待大臣，不护短皇室，归并行政区划，以减吏员。）

五月，苑君璋帅众来降。初，君璋引突厥陷马邑，杀高满政，退保恒安。其众皆中国人，多弃君璋来降。君璋惧，亦降，请捍北边以赎罪，上皇许之。君璋请约契，上皇使雁门人元普赐之金券。颉利可汗复遣人招之，君璋犹豫未决，恒安人郭子威说君璋以"恒安地险城坚，突厥方强，且当倚之以观变，未可束手于人。"君璋乃执元普送突厥，复与之合，数与突厥入寇。至是，见颉利政乱，知其不足恃，遂帅众来降。上以君璋为隰州都督、芮国公。

有上书请去佞臣者，上问："佞臣为谁？"对曰："臣居草泽，不能的知其人，愿陛下与群臣言，或阳怒以试之，彼执理不屈者，直臣也，畏威顺旨者，佞臣也。"上曰："君，源也；臣，流也；浊其源而求其流之清，不可得矣。君自为诈，何以责臣下之直乎！朕方以至诚治天下，见前世帝王好以权谲小数接其臣下者，常窃耻之。卿策虽善，朕不取也。"

南道。

三月初十日癸巳，皇后带领后宫妃嫔及宫外有册封之名号的妇女举行亲手养蚕的典礼仪式。

闰三月初一日癸丑，发生日食。

闰三月二十日壬申，唐太宗对太子少师萧瑀说："朕年轻时爱好弓箭，得到十几张好弓，自认为再没有别的弓能超过它们了，最近拿了给制作弓箭的弓匠看，他说：'都不是好材料。'朕问其中的原因，弓匠说：'木料的心不直，于是木料的纹理都是斜的，弓虽然力道强劲但箭发射出去不是直线。'朕这才醒悟以前对弓箭性能分辨得不精。朕用弓箭平定了天下四方，而对弓箭的性能还没有完全认识，何况对于天下的众多事务，又怎能全部知晓呢？"于是下令京城内五品以上的官员，轮流在中书内省过夜值班，唐太宗多次接见他们，询问民间的疾苦和政治措施上的得失。

凉州都督长乐王李幼良，性情暴躁，身边亲信一百多人，都是无赖子弟，侵扰虐待百姓，又和羌人、胡人进行互市贸易。有人告发李幼良有反叛之心，唐太宗派中书令宇文士及急速前往代替他，一并调查李幼良的不法之事。李幼良身边的亲信感到恐惧，密谋劫持李幼良进入北方胡虏的地盘，又想杀掉宇文士及，占据河西地区。又有人告发他们的密谋，夏季四月十二日癸巳，唐太宗赐李幼良自杀。

五月，苑君璋率领手下兵马前来投降。起初，苑君璋引来突厥兵攻陷马邑，杀掉了高满政，退兵据守恒安。他手下的将士都是中原人，很多人都抛弃他前来投奔唐朝。苑君璋感到害怕，也来投降，请求让他防守北部边疆来赎罪，当时唐高祖答应了。苑君璋请求订立契约，唐高祖派雁门人元普赐给他金券。突厥颉利可汗又派人招降苑君璋，于是他犹豫不决，恒安人郭子威劝说苑君璋，认为"恒安的地势险要，城墙坚固，突厥正处于强盛状态，应该依靠它观察形势的变化，不能束手受制于人"。苑君璋于是拘捕元普送到突厥，又与突厥联合，并与突厥一起多次入侵唐朝的国土。到了现在，苑君璋看到颉利可汗的政治混乱，知道颉利可汗不足以依靠，于是率领兵马前来投降。唐太宗册封苑君璋为隰州都督、芮国公。

有人上书请求唐太宗除去朝廷内的奸佞之臣，唐太宗问："谁是奸佞之臣？"回答说："臣是身在草野的小民，不能确知谁是奸佞之臣，希望陛下与群臣谈话，有时假装发怒来试探他们，那些坚持原则不屈服于皇帝怒气的人，就是正直的忠臣，那些畏惧皇帝的威严而顺从皇帝旨意的人，就是奸佞之臣。"唐太宗说："君主是水的源头，臣是水的支流，使水源混浊而要求支流的清澈是不可能的。君主自己用诈，又如何要求臣下正直呢！朕正以至诚之心治理天下，看到前代帝王喜欢用权谋小计

六月，辛巳，右仆射密明公封德彝薨。

壬辰，复以太子少师萧瑀为左仆射。

戊申，上与侍臣论周、秦修短，萧瑀对曰：“纣为不道，武王征之。周及六国无罪，始皇灭之。得天下虽同，人心则异。”上曰：“公知其一，未知其二。周得天下，增修仁义；秦得天下，益尚诈力：此修短之所以殊也。盖取之或可以逆得，守之不可以不顺故也。”瑀谢不及。

山东大旱，诏所在赈恤，无出今年租赋。

秋，七月，壬子，以吏部尚书长孙无忌为右仆射。无忌与上为布衣交，加以外戚，有佐命功，上委以腹心，其礼遇群臣莫及，欲用为宰相者数矣。文德皇后固请曰：“妾备位椒房，家之贵宠极矣，诚不愿兄弟复执国政。吕、霍、上官，可为切骨之戒，幸陛下矜察！”上不听，卒用之。

初，突厥性淳厚，政令质略。颉利可汗得华人赵德言，委用之。德言专其威福，多变更旧俗，政令烦苛，国人始不悦。颉利又好信任诸胡而疏突厥，胡人贪冒，多反覆，兵革岁动；会大雪，深数尺，杂畜多死，连年饥馑，民皆冻馁。颉利用度不给，重敛诸部，由是内外离怨，诸部多叛，兵浸弱。言事者多请击之，上以问萧瑀、长孙无忌曰：“颉利君臣昏虐，危亡可必。今击之，则新与之盟；不击，恐失机会；如何而可？”瑀请击之。无忌对曰：“虏不犯塞而弃信劳民，非王者之师也。”上乃止。

上问公卿以享国久长之策，萧瑀言：“三代封建而久长，秦孤立而速亡。”上以为然，于是始有封建之议。

与他的臣下相处，常常认为可耻。你的用意虽好，但朕不能采用。”

六月初一日辛巳，右仆射密明公封德彝去世。

六月十二日壬辰，又任命太子少师萧瑀为尚书左仆射。

六月二十八日戊申，唐太宗与大臣议论周朝、秦朝的政治得失，萧瑀说：“殷纣王做无道的事，周武王讨伐他。周朝和六国都没有罪，秦始皇灭掉它们。虽然同是取得天下，但人心的所向却不一样。”唐太宗说：“公只知其一，不知其二。周朝取得天下，更加修行仁义，秦朝取得天下，更加崇尚欺诈和暴力，这就是二代政治有长有短所以有所不同的原因。可以说夺取天下也许可以用武力的办法，可是守住天下治理天下，就不可以不顺应民心了。”萧瑀认为自己赶不上唐太宗而谢罪。

山东发生大旱，唐太宗发布诏书命令各地救济抚恤灾民，不用交纳今年的租赋。

秋季，七月初二日壬子，任命吏部尚书长孙无忌为尚书右仆射。长孙无忌与唐太宗早年还是平民的时候就有交情，加上他是皇后的哥哥这种外戚身份，又有辅佐唐太宗即位的大功，唐太宗把他当作心腹，对他的礼遇其他大臣无人能比，几次想用他为宰相。文德皇后坚持一再请求：“妾在皇后的椒房占有一个地位，家族的尊贵恩宠已达到极点了，实在不愿意我的兄弟再来执掌国政。汉代的吕氏、霍氏、上官氏三家作为外戚，都是痛彻骨髓的前车之鉴，希望陛下体恤明察我的心情！”唐太宗不听从皇后的要求，最终还是任命长孙无忌为宰相。

起初，突厥人的风俗淳厚，政令质朴粗略。颉利可汗得到了汉人赵德言，把大权委托给赵德言而加以重用，赵德言一人控制了给人施加威福的大权，改变了许多突厥人旧有的风俗习惯，政令变得繁琐苛刻，突厥的百姓开始对此大为不满。颉利可汗又信任其他各种胡族人士，却疏远突厥本族的人士，受到重用的胡人贪婪受贿，与突厥的关系也经常反复变化，使得战争每年都要发动，正好这时下了大雪，积雪深达数尺，各类牲畜冻死了许多，加上连年饥荒，突厥民众都受冻挨饿。颉利可汗的钱财费用不足，便向各部落征收重税，因此突厥人内外都产生了背离之心和怨恨情绪，各部落多有反叛，兵力逐渐削弱。唐朝议事的大臣们有不少人请求出兵攻击突厥，唐太宗询问萧瑀和长孙无忌说：“颉利的君臣昏庸残暴，面临危亡是肯定的。现在出兵攻击他，可是刚刚才与突厥订立了盟约，如果不出兵，又怕失去机会，怎么办才好？”萧瑀请求出兵攻击。长孙无忌回答说：“突厥并没有侵犯我国的边塞，却要背信弃义出兵攻击，劳民伤财，这不是王者的正义之师。”唐太宗于是停止商议出兵的事。

唐太宗向公卿大臣询问国运长久的策略办法，萧瑀说：“夏、商、周三代分封诸侯而统治时间长久，秦国不分封诸侯，使自己孤立，而迅速灭亡。”唐太宗认为有道理，于是开始有分封诸侯王的议论。

黄门侍郎王珪有密奏，附侍中高士廉，寝而不言。上闻之，八月，戊戌，出士廉为安州大都督。

九月，庚戌朔，日有食之。

辛酉，中书令宇文士及罢为殿中监，御史大夫杜淹参豫朝政。他官参豫政事自此始。

淹荐刑部员外郎邸怀道，上问其行能，对曰："炀帝将幸江都，召百官问行留之计，怀道为吏部主事，独言不可。臣亲见之。"上曰："卿称怀道为是，何为自不正谏？"对曰："臣尔时不居重任，又知谏不从，徒死无益。"上曰："卿知炀帝不可谏，何为立其朝？既立其朝，何得不谏？卿仕隋，容可云位卑；后仕王世充，尊显矣，何得亦不谏？"对曰："臣于世充非不谏，但不从耳。"上曰："世充若贤而纳谏，不应亡国；若暴而拒谏，卿何得免祸？"淹不能对。上曰："今日可谓尊任矣，可以谏未？"对曰："愿尽死。"上笑。

辛未，幽州都督王君廓谋叛，道死。君廓在州，骄纵多不法，征入朝。长史李玄道，房玄龄从甥也，凭君廓附书。君廓私发之，不识草书，疑其告己罪；行至渭南，杀驿吏而逃，将奔突厥，为野人所杀。

岭南酋长冯盎、谈殿等迭相攻击，久未入朝，诸州奏称盎反，前后以十数；上命将军蔺謩等发江、岭数十州兵讨之。魏徵谏曰："中国初定，岭南瘴疠险远，不可以宿大兵。且盎反状未成，未宜动众。"上曰："告者道路不绝，何云反状未成？"对曰："盎若反，必分兵据险，攻掠州县。今告者已数年，而兵不出境，此不反明矣。诸州既疑其反，陛下又不遣使镇抚，彼畏死，故不敢入朝。若遣信臣示以至诚，彼喜于免祸，可不烦兵而服。"上乃罢兵。冬，十月，乙酉，遣员外散骑侍郎李公掩持节慰谕之，盎遣其子智戴随使者入朝。上曰："魏徵令我发一介之使，而岭表遂安，胜十万之师，不可不赏。"赐徵绢五百匹。

（以上为第七段，写唐太宗待臣以礼，赤心御下，不猜疑，用贤不避亲。长孙皇后不护外戚，是唐太宗的贤内助。又写唐太宗纳谏，不轻启干戈。）

黄门侍郎王珪有密折上报，让侍中高士廉附在文书中转呈，高士廉把他的密折放起来没有告诉太宗。唐太宗得知后，八月十九日戊戌，让高士廉离开京城去担任安州大都督。

九月初一日庚戌，发生日食。

九月十二日辛酉，中书令宇文士及罢除原官降为殿中监，御史大夫杜淹参预朝政。宰相以外的官员参预朝政，从这时候开始。

杜淹推荐刑部员外郎邸怀道，唐太宗问他的言行与才能，杜淹回答说："隋炀帝将要驾临江都，召集百官询问是前去还是留下的方案，邸怀道当时是吏部主事，只有他认为不可前去江都，这是臣亲眼所见的。"唐太宗说："卿称赞邸怀道做得对，为什么自己不正直地劝谏？"杜淹答道："臣当时没有担任重要官职，又知道劝谏炀帝也不会听从，白白死去毫无益处。"唐太宗说："卿知道炀帝不可劝谏，为什么要在他的朝廷里为官？既然在他朝内为官，又怎能不进谏？卿在隋朝廷为官，是可以说官位低卑，可后来在王世充那里为官，官位是尊高而显要的了，为什么也不进谏？"杜淹回答说："我对于王世充不是不进谏，只是他不听从。"唐太宗说："王世充如果贤明又能听从进谏，就不应亡国，假若他残暴而又拒绝进谏，你怎能免于灾祸？"杜淹无法回答。唐太宗说："现在你的官位可以说是尊贵之职了，可以进谏了吗？"杜淹回答："臣愿尽死进谏。"唐太宗笑了。

九月二十二日辛未，幽州都督王君廓密谋叛乱，在半路上被杀。王君廓在幽州时，骄横放纵，做了许多非法的事，被征召回朝廷。幽州长史李玄道，是房玄龄的外甥，托王君廓带信回京。王君廓私下拆开信看，不认识信里的草体字，就怀疑信中告发自己的罪过，走到渭南，杀死驿站的吏卒逃跑，打算逃奔突厥，在途中被野人杀死。

岭南的酋长冯盎、谈殿等人不断互相攻击，很久没有入京朝见，各州府上奏说冯盎反叛，前后报告了上十次，唐太宗命令将军蔺謩等人征发长江、岭南等数十个州的兵马前去讨伐。魏徵劝谏说："中原刚刚平定，岭南地区有许多瘴气瘟疫，而且路途遥远地势险恶，不能驻扎大军。而且冯盎还没有真正形成反叛，不宜兴师动众。"唐太宗说："告发冯盎反叛的人在路上络绎不绝，怎么能说他还没有真正形成反叛呢？"魏徵回答说："冯盎如果反叛，必然要分兵几路占据险要之地，攻掠邻近州县。现在告发他反叛已有好几年了，而冯氏的兵马并没有出境，他没有反叛是明白无疑的。各州既然怀疑冯盎反叛，陛下又不派遣使臣前去安抚，冯盎怕死，所以不敢来朝廷晋见。如果陛下派遣信使向他示以真心的诚意，冯盎就会因免除灾祸而高兴，这样可以不必麻烦出动军队而使他顺服了。"唐太宗于是下令收兵。冬季，十月初六日乙酉，派员外散骑侍郎李公掩手持天子的旌节前往岭南安抚冯盎，冯盎派

十二月，壬午，左仆射萧瑀坐事免。

戊申，利州都督李孝常等谋反，伏诛。孝常因入朝，留京师，与右武卫将军刘德裕及其甥统军元弘善、监门将军长孙安业互说符命，谋以宿卫兵作乱。安业，皇后之异母兄也，嗜酒无赖；父晟卒，弟无忌及后并幼，安业斥还舅氏。及上即位，后不以旧怨为意，恩礼甚厚。及反事觉，后涕泣为之固请曰："安业罪诚当万死。然不慈于妾，天下知之；今寘以极刑，人必谓妾所为，恐亦为圣朝之累。"由是得减死，流巂州。

或告右丞魏徵私其亲戚，上使御史大夫温彦博按之，无状。彦博言于上曰："徵不存形迹，远避嫌疑，心虽无私，亦有可责。"上令彦博让徵，且曰："自今宜存形迹。"他日，徵入见，言于上曰："臣闻君臣同体，宜相与尽诚；若上下俱存形迹，则国之兴丧尚未可知，臣不敢奉诏。"上瞿然曰："吾已悔之。"徵再拜曰："臣幸得奉事陛下，愿使臣为良臣，勿为忠臣。"上曰："忠、良有以异乎？"对曰："稷、契、皋陶，君臣协心，俱享尊荣，所谓良臣。龙逄、比干，面折廷争，身诛国亡，所谓忠臣。"上悦，赐绢五百匹。

上神采英毅，群臣进见者，皆失举措；上知之，每见人奏事，必假以辞色，冀闻规谏。尝谓公卿曰："人欲自见其形，必资明镜；君欲自知其过，必待忠臣。苟其君愎谏自贤，其臣阿谀顺旨，君既失国，臣岂能独全！如虞世基等谄事炀帝以保富贵，炀帝既弑，世基等亦诛。公辈宜用此为戒，事有得失，毋惜尽言！"

或上言秦府旧兵，宜尽除武职，追入宿卫。上谓之曰："朕以天下为

他儿子冯智戴随着使臣前来朝廷。唐太宗说："魏徵让我派出一个使者，岭南就得以安定，胜过十万大军，不能不赏赐。"赐给魏徵绢帛五百匹。

十二月初四日壬午，尚书左仆射萧瑀因事犯罪被免职。

十二月三十日戊申，利州都督义安王李孝常等人谋划反叛，被诛杀。李孝常通过进京上朝，而留在京城，与右武卫将军刘德裕以及刘德裕的外甥统军元弘善、监门将军长孙安业相互议论受命于天的征兆，密谋利用皇宫禁卫部队叛乱。长孙安业是长孙皇后的同父异母哥哥，嗜好饮酒而不务正业，其父长孙晟死后，弟弟长孙无忌与长孙皇后都还年幼，长孙安业把二人骂回舅舅高士廉家里。等到唐太宗即位，皇后不把往日的怨恨放在心上，对长孙安业仍然给予优厚的恩宠礼遇。等到谋反的事情被发觉，皇后哭泣着为长孙安业一再求情说："安业犯罪实在是罪该万死。但他以前对我不慈爱，天下的人都知道，现在对他处以极刑，人们必然会说是我的报复，这样的话恐怕也会使圣明的王朝受到牵累。"长孙安业由此得以免死，流配到嶲州。

有人告发右丞魏徵出于私心袒护他的亲属，唐太宗派御史大夫温彦博查问，没有实据。温彦博对唐太宗说："魏徵不留下与此事相关的实据和痕迹，远远避开嫌疑，内心虽然无私，但也有应该责备的地方。"唐太宗让温彦博去责问魏徵，并且说："从今以后应留下办事的实据和痕迹。"另一天，魏徵入宫朝见，对唐太宗说："臣听说君主与臣下好像是同一个身体，应该竭诚相待，如果上下都要留下办事的实据和痕迹，那么国家的兴亡就是不可知晓的了，所以臣不敢接受皇帝的诏命。"唐太宗伤心地说："我已经后悔了。"魏徵两次下拜然后说："臣有幸能侍奉陛下，愿陛下让臣做良臣，不做忠臣。"唐太宗问："忠臣和良臣有不同吗？"魏徵回答说："后稷、契、皋陶与尧舜是君臣齐心协力，共享尊贵和荣耀，这就是所谓的良臣。关龙逄、比干，当面批评君主，当场与君主争辩，结果自身被诛而国家灭亡，这就是所谓的忠臣。"唐太宗听了十分高兴，赏赐绢帛五百匹。

唐太宗的神情风采中有英武刚毅之气，众位大臣觐见他时，都会手足失措，唐太宗知道后，每次见人上朝奏事，一定会采取和颜悦色的态度，希望听到大臣的规谏之言。曾对公卿们说："人想要看见自己的长相和身形，一定要借助明亮的镜子，君主想知道自己的过错，必须依赖忠正耿直的大臣。如果其君主对于进谏刚愎自用不能听取，自以为贤明，他的大臣就会阿谀君主，顺着君主的意思说话，君主既然失去自己的国家，大臣岂能独自保全！像虞世基等人以谄媚的态度侍奉隋炀帝以求保全自己的富贵，炀帝被人杀害后，虞世基等人也被诛杀。你们这些人应当以此作为鉴戒，任何事情都会有得有失，希望你们不要吝惜，畅所欲言！"

有人上书要求秦王府原有的兵士，应全部提拔为武官，加入皇宫的禁卫军。唐

家，惟贤是与，岂旧兵之外皆无可信者乎！汝之此意，非所以广朕德于天下也。”

上谓公卿曰：“昔禹凿山治水而民无谤讟者，与人同利故也。秦始皇营宫室而人怨叛者，病人以利己故也。夫靡丽珍奇，固人之所欲，若纵之不已，则危亡立至。朕欲营一殿，材用已具，鉴秦而止。王公已下，宜体朕此意。”由是二十年间，风俗素朴，衣无锦绣，公私富给。

上谓黄门侍郎王珪曰：“国家本置中书、门下以相检察，中书诏敕或有差失，则门下当行驳正。人心所见，互有不同，苟论难往来，务求至当，舍己从人，亦复何伤！比来或护己之短，遂成怨隙，或苟避私怨，知非不正，顺一人之颜情，为兆民之深患，此乃亡国之政也。炀帝之世，内外庶官，务相顺从，当是之时，皆自谓有智，祸不及身。及天下大乱，家国两亡，虽其间万一有得免者，亦为时论所贬，终古不磨。卿曹各当徇公忘私，勿雷同也！”。

上谓侍臣曰：“吾闻西域贾胡得美珠，剖身以藏之，有诸？”侍臣曰：“有之。”上曰：“人皆知彼之爱珠而不爱其身也；吏受赇抵法，与帝王徇奢欲而亡国者，何以异于彼胡之可笑邪！”魏徵曰：“昔鲁哀公谓孔子曰：‘人有好忘者，徙宅而忘其妻。’孔子曰：‘又有甚者，桀、纣乃忘其身。’亦犹是也。”上曰：“然。朕与公辈宜戮力相辅，庶免为人所笑也！”

（以上为第八段，写唐太宗察纳雅言，常与近臣坦诚议政，鼓励臣下进谏。）

青州有谋反者，州县逮捕支党，收系满狱，诏殿中侍御史安喜崔仁师覆按之。仁师至，悉脱去杻械，与饮食汤沐，宽慰之，止坐其魁首十余人，余皆释之。还报，敕使将往决之。大理少卿孙伏伽谓仁师曰：“足下平反者多，人情谁不贪生，恐见徒侣得免，未肯甘心，深为足下忧

太宗对他说："朕以天下为家，只选用贤才，难道原有的士兵之外都没有可以相信的人了吗？你这个想法，不是能让朕的恩德普遍施用到天下的。"

唐太宗对公卿说："从前大禹凿开山陵治理洪水，而百姓没有人诽谤咒骂，是因为他这样做是与民的利益完全一致的。秦始皇营造宫室而百姓就怨恨反叛，是因为秦始皇这样做是损害民众的利益来使自己得利的。那些奢华瑰异的奇珍异宝，本来是人们都想得到的，如果帝王放纵自己的这些欲望而不停止，那么国家的危亡立刻就会来到。朕想营建一座宫殿，材料用具都已经准备齐当了，鉴于秦朝的灭亡就停止了修建。亲王公卿以下，应当体会朕的这个想法。"从此二十年间，唐朝的社会风俗质朴淳厚，穿衣不用锦绣，官府与百姓都很富足。

唐太宗对黄门侍郎王珪说："国家本来设置了中书省、门下省，以便相互监督检查，中书省起草诏令制敕或许有时出现差误，门下省就应当进行反驳纠正。人们的见解，互有不同，如果往来责难辩论，务求至为正确，放弃自己的见解听从别人正确的意见，又有什么伤害呢？近来有人不承认自己的短处，于是双方之间产生了怨恨仇隙，有人又为了躲避个人之间的私人恩怨，明知对方是错误的也不加以驳正，顺从顾及一个人的面子和人情，结果造成了万民的大灾重患，这乃是使国家走向灭亡的政治。隋炀帝在位时，朝廷内外的众多官吏，都相互务求顺从，大家一团和气，在那时候，都自以为聪明，灾祸不会来到自己身上。等到天下大乱，家和国就都走向了灭亡，虽然其中有人有幸能免于灾祸，但也被当时的舆论给予了批评和斥责，他的不好名声在千古历史上都无法磨灭。你们每个人都应当为公而献身，忘记私人之间的人情关系，不要不表达自己想法而总与别人雷同。"

唐太宗对身边侍从的大臣说："我听说西域有一个胡族商人得到一颗宝珠，割开身上的肉把宝珠藏在里面，有这回事吗？"侍从的大臣说："是有这回事。"唐太宗说："人们都知道笑话这个人爱珍珠而不知道爱惜自己的身体，可是官吏受贿贪赃最终依法受刑，和帝王放纵奢侈的欲望而导致国家灭亡，这与那个胡族商人的可笑有什么区别呢？"魏徵说："从前鲁哀公对孔子说：'有人非常健忘，搬家而忘了自己的妻子。'孔子说：'还有比这更过分的，夏桀、商纣都贪恋奢侈的享受而忘记了自己的身体。'也像这种情况一样。"唐太宗说："对，朕与你们这群公卿应当同心合力相互辅助，才差不多能免除后人的耻笑。"

青州有人谋反，州县官员逮捕了他的同伙，收捕关押犯人使牢狱人满为患。唐太宗下诏令殿中侍御史安喜人崔仁师前去复查这个案件。崔仁师到了青州，命令把全部囚犯枷具都解开，给他们饮食，让他们沐浴，加以宽慰，只把他们的首犯十余人论定罪行，其他人都释放回家。崔仁师回朝禀报，唐太宗又派专使即将前往进行

之。”仁师曰：“凡治狱当以平恕为本，岂可自规免罪，知其冤而不为伸邪！万一暗短，误有所纵，以一身易十囚之死，亦所愿也。”伏伽惭而退。及敕使至，更讯诸囚，皆曰：“崔公平恕，事无枉滥，请速就死。”无一人异辞者。

上好骑射，孙伏伽谏，以为：“天子居则九门，行则警跸，非欲苟自尊严，乃为社稷生民之计也。陛下好自走马射的以娱悦近臣，此乃少年为诸王时所为，非今日天子事业也。既非所以安养圣躬，又非所以仪刑后世，臣窃为陛下不取。”上悦。未几，以伏伽为谏议大夫。

隋世选人，十一月集，至春而罢，人患其期促。至是，吏部侍郎观城刘林甫奏四时听选，随阙注拟，人以为便。

唐初，士大夫以乱离之后，不乐仕进，官员不充。省符下诸州差人赴选，州府及诏使多以赤牒补官。至是尽省之，勒赴省选，集者七千余人，林甫随才铨叙，各得其所，时人称之。诏以关中米贵，始分人于洛州选。

上谓房玄龄曰：“官在得人，不在员多。”命玄龄并省，留文武总六百四十三员。

隋秘书监晋陵刘子翼，有学行，性刚直，朋友有过，常面责之。李百药常称：“刘四虽复骂人，人终不恨。”是岁，有诏征之，辞以母老，不至。

鄃令裴仁轨私役门夫，上怒，欲斩之。殿中侍御史长安李乾祐谏曰：“法者，陛下所与天下共也，非陛下所独有也。今仁轨坐轻罪而抵极刑，臣恐人无所措手足。”上悦，免仁轨死，以乾祐为侍御史。

上尝语及关中、山东人，意有同异。殿中侍御史义丰张行成跪奏曰：

判决。大理寺少卿孙伏伽对崔仁师说：“足下平反的人很多，从人之常情说，谁不贪图活着，只怕这些首犯看见同伙免罪释放，不肯甘心，为此我深为足下担忧。”崔仁师说：“凡判定案子应当以公正宽恕为根本准则，怎么可以自己谋求免除罪责，明知他们的冤枉而不为他们申诉呢？万一因为自己的见识愚昧短浅，而误放了人，以我自己一人的生命换取十个囚犯的死罪，也是我愿意的。”孙伏伽惭愧，然后退下。等到唐太宗派的专使到了青州，重新审讯所有的犯人，他们都说：“崔公公平宽仁，案子没有冤枉和滥捕的，请求从速让我们去死。”没有一个翻供的人。

唐太宗喜好骑马射箭，孙伏伽劝谏，以为：“天子居住的时候就要有九层宫门，出行的时候就要警戒清除道路，这不是只想显示自己的尊严，而是为国家和百姓考虑的。陛下喜好亲自骑马射箭来取悦亲近的侍臣，这是年少当亲王时的做法，不是今日当了天子还应当做的事。既不是用来安静地养护皇上圣体的好办法，又不是用来为后代立下典范的好榜样，臣私意里认为陛下不应这样做。”唐太宗听了很高兴。不久，任命孙伏伽为谏议大夫。

隋朝时选拔人才担任官员，每年十一月候选者集中到京城，到次年春天才结束，人们都因为期限过短而忧虑。到这时，吏部侍郎观城人刘林甫上奏请求一年四季都可来京听取官吏的候选，随时出现空缺就随时选拔补充，人们都以为这样做才方便。

唐朝初年，士大夫因为经过动乱之后，都不愿意做官，政府官员的人数不足。尚书省下文到各州派人前去挑选，州府及皇帝特使多用红色文书直接补充委任官吏。到这时全都废除，命令各地候补士人都来尚书省候选，聚集了七千余人，刘林甫根据人们的才能加以任命录用，人才都能各得其所，当时的人称赞这种做法。唐太宗下诏认为关中地区的米贵，因此开始分出一部分候补士人在洛州集中听候朝廷的选拔任命。

唐太宗对房玄龄说：“官吏在于得到合适的人选，而不在于人数多。”命令房玄龄合并官府的部门，只留下文武官员总共六百四十三人。

隋朝的秘书监晋陵人刘子翼，有学问也有品行，性格刚烈正直，朋友有了过失，他常常当面指责。李百药常常称赞说：“刘四虽然总是骂人，人们最终却不恨他。”这一年，有诏令征召刘子翼来京做官，可他以母亲年迈为由推辞，不来京城。

鄃县县令裴仁轨私自让看门人为自己服役干活，唐太宗听说后大怒，要处斩裴仁轨。殿中侍御史长安人李乾祐劝谏说：“法律这个东西，是陛下与天下百姓共有的，不是陛下独有的工具。现在裴仁轨犯了轻罪却要处以极刑，臣担心人们以后将无所放置自己的手脚，做官做事都无所适从。”唐太宗听了很高兴，免除裴仁轨的死罪，任命李乾祐为侍御史。

唐太宗曾说到关中人、山东人，认为两个地方的人有所不同。殿中侍御史义丰

“天子以四海为家，不当有东西之异；恐示人以隘。”上善其言，厚赐之。自是每有大政，常使预议。

（以上为第九段，写唐太宗宽容犯颜谏诤的直臣，往往破格提升。）

初，突厥既强，敕勒诸部分散，有薛延陀、回纥、都播、骨利幹、多滥葛、同罗、仆固、拔野古、思结、浑、斛薛、结、阿跌、契苾、白霫等十五部，皆居碛北，风俗大抵与突厥同；薛延陀于诸部为最强。

西突厥曷萨那可汗方强，敕勒诸部皆臣之。曷萨那征税无度，诸部皆怨。曷萨那诛其渠帅百余人，敕勒相帅叛之，共推契苾哥楞为易勿真莫贺可汗，居贪于山北。又以薛延陀乙失钵为也咥小可汗，居燕末山北。及射匮可汗兵复振，薛延陀、契苾二部并去可汗之号以臣之。

回纥等六部在郁督军山者，东属始毕可汗。统叶护可汗势衰，乙失钵之孙夷男帅部落七万余家，附于颉利可汗。颉利政乱，薛延陀与回纥、拔野古等相帅叛之。颉利遣其兄子欲谷设将十万骑讨之，回纥酋长菩萨将五千骑，与战于马鬣山，大破之。欲谷设走，菩萨追至天山，部众多为所虏，回纥由是大振。薛延陀又破其四设，颉利不能制。

颉利益衰，国人离散。会大雪，平地数尺，羊马多死，民大饥，颉利恐唐乘其弊，引兵入朔州境上，扬言会猎，实设备焉。鸿胪卿郑元璹使突厥还，言于上曰：“戎狄兴衰，专以羊马为候。今突厥民饥畜瘦，此将亡之兆也，不过三年。”上然之。群臣多劝上乘间击突厥，上曰：“新与人盟而背之，不信；利人之灾，不仁；乘人之危以取胜，不武。纵使其种落尽叛，六畜无余，朕终不击，必待有罪，然后讨之。”

西突厥统叶护可汗遣真珠统俟斤与高平王道立来，献万钉宝钿金带，马五千匹，以迎公主。颉利不欲中国与之和亲，数遣兵入寇，又遣人谓统叶护曰：“汝迎唐公主，要须经我国中过。”统叶护患之，未成婚。

人张行成跪在地上向皇帝上奏说:“天子以四海为家，不应当有东西的差别，恐怕会向人们显示皇帝的狭隘。”唐太宗认为他的话说得好，赐给他丰厚的赏品。从此每当朝廷有大事，都让他参与谋议。

起初，突厥已经强大，敕勒人的各个部落分散而不统一，共有薛延陀、回纥、都播、骨利幹、多滥葛、同罗、仆固、拔野古、思结、浑、斛薛、结、阿跌、契苾、白霫等十五个部落，都居住在漠北地区，风俗习惯大致与突厥相同，薛延陀在各个部落中实力最强。

西突厥的曷萨那可汗正处于强大的时候，敕勒的各个部落都向他称臣。曷萨那征收赋税没有限度，敕勒各个部落都有怨言。曷萨那诛杀各部落的首领一百多人，敕勒各个部落相继叛离西突厥，一致推举契苾部的哥楞为易勿真莫贺可汗，居住在贪于山之北。又推举薛延陀部的乙失钵为也咥小可汗，居住在燕末山之北。等到西突厥射匮可汗的兵势重新强盛起来，薛延陀、契苾两个部落就都去掉可汗的称号再次向西突厥称臣。

回纥等六个部落聚居在郁督军山，在东方隶属于突厥始毕可汗。西突厥统叶护可汗的势力衰微之后，乙失钵的孙子夷男率领其部落的七万多户，依附突厥的颉利可汗。颉利治国的政治混乱，薛延陀与回纥、拔野古等部落又相继反叛。颉利可汗派他哥哥的儿子欲谷设统领十万骑兵讨伐薛延陀等部落，回纥酋长菩萨率五千骑兵，在马鬣山与欲谷设的骑兵作战，大败欲谷设。欲谷设逃跑，菩萨追到天山，欲谷设的部落民众大多被菩萨俘虏，回纥由此强盛起来。薛延陀又乘机击败突厥的四个率军的设将，颉利可汗再无法控制这些敕勒的部落。

颉利可汗日益衰败，属下的百姓纷纷分离四散。正赶上天下大雪，平地积雪深达数尺，羊和马冻死很多，百姓中发生严重饥荒，颉利可汗怕唐朝利用突厥的衰败出兵，带领兵马进入朔州的边境线上，扬言要进行聚会围猎，实际上是设下防备。鸿胪寺卿郑元璹出使突厥回朝，对唐太宗说:“戎狄的兴衰隆替，只以羊马牲畜的好坏为其征候。现在突厥的百姓饥饿而牲畜瘦弱，这是他们将要灭亡的先兆，不会超过三年。”唐太宗认为他说得对。众大臣都劝唐太宗乘机袭击突厥，唐太宗说:“刚刚与人家结盟就来违背约定，这不是信用，利用人家的灾祸，这不是仁义，乘人之危来取胜，这不是武勇。即使突厥的各个部落全都叛离，各种牲畜没有剩余，朕最终也不袭击他们，一定要等到他们有了罪过，然后才出兵讨伐他们。”

西突厥统叶护可汗派遣真珠统俟斤与高平王李道立来到长安，献上订有一万颗宝钿的金带、五千匹马，来迎娶唐朝的公主。颉利可汗不愿意唐朝廷与统叶护和亲，几次派兵入境侵扰，又派人对统叶护说:“你迎娶大唐的公主，必须从我们的领土上

（以上为第十段，写突厥衰落。）

二年（戊子，628年）

春，正月，辛亥，右仆射长孙无忌罢。时有密表称无忌权宠过盛者，上以表示之，曰："朕于卿洞然无疑，若各怀所闻而不言，则君臣之意有不通。"又召百官谓之曰："朕诸子皆幼，视无忌如子，非他人所能间也。"无忌自惧满盈，固求逊位，皇后又力为之请，上乃许之，以为开府仪同三司。

置六司侍郎，副六尚书；并置左右司郎中各一人。

癸丑，吐谷浑寇岷州，都督李道彦击走之。

丁巳，徙汉王恪为蜀王，卫王泰为越王，楚王祐为燕王。

上问魏徵曰："人主何为而明，何为而暗？"对曰："兼听则明，偏信则暗。昔尧清问下民，故有苗之恶得以上闻；舜明四目，达四聪，故共、鲧、驩兜不能蔽也。秦二世偏信赵高，以成望夷之祸；梁武帝偏信朱异，以取台城之辱；隋炀帝偏信虞世基，以致彭城阁之变。是故人君兼听广纳，则贵臣不得拥蔽，而下情得以上通也。"上曰："善！"

上谓黄门侍郎王珪曰："开皇十四年大旱，隋文帝不许赈给，而令百姓就食山东，比至末年，天下储积可供五十年。炀帝恃其富饶，侈心无厌，卒亡天下。但使仓廪之积足以备凶年，其余何用哉！"

二月，上谓侍臣曰："人言天子至尊，无所畏惮。朕则不然，上畏皇天之监临，下惮群臣之瞻仰，兢兢业业，犹恐不合天意，未副人望。"魏徵曰："此诚致治之要，愿陛下慎终如始，则善矣。"

（以上为第十一段，写唐太宗自律，敬畏天谴与谏言，故能兼听，深识为政之道。）

经过。”统叶护担心这些事情，最终没有成婚。

唐太宗贞观二年（戊子，628年）

春季，正月初三日辛亥，尚书右仆射长孙无忌罢官。当时有人上密封奏章称长孙无忌的权力和荣宠过于盛大，唐太宗把密封的奏章拿给长孙无忌看，说：“朕对你完全了解，一点都不怀疑，如果心里各有想法而不说出来，那么君臣的心意就会不能完全沟通。”又召集百官，对他们说：“朕的儿子都还年幼，所以把无忌看得如同亲儿子一样，不是其他人所能离间的。”长孙无忌害怕富贵到了极点就会带来灾祸，一再请求从现在的官位上退下来，长孙皇后也尽力为他请求，唐太宗于是同意长孙无忌离职，改任为开府仪同三司。

唐设置六司侍郎，作为六司尚书的副职，同时都设置左右司郎中各一人。

正月初五日癸丑，吐谷浑入侵岷州，都督李道彦击退了吐谷浑。

正月初九日丁巳，把汉王李恪改封为蜀王，卫王李泰改封为越王，楚王李祐改封为燕王。

唐太宗问魏徵：“君主如何才能做到开明，如何就会昏庸愚昧？”魏徵回答说：“能听取各方面的意见，就会开明，偏听偏信，就会昏庸愚昧。从前尧帝清醒地询问在下的民众，所以有苗头的恶行能够从下面传到尧帝的耳朵里，舜帝能让自己的眼睛明察四方，能让自己的耳朵清楚地听到四方的消息，所以共工、鲧、驩兜不能隐匿自己的罪行。秦二世对赵高偏听偏信，结果造成了望夷宫的灾祸，梁武帝对朱异偏听偏信，结果招致了台城的耻辱，隋炀帝对虞世基偏听偏信，导致了彭城阁的事变。所以君主能做到兼顾听取和广泛采纳各方面的意见，那么地位很高的大臣就无法阻塞人们向君主上言的通路，下层的情况也就能够通达到君主面前。”唐太宗说：“说得好！”

唐太宗对黄门侍郎王珪说：“隋朝开皇十四年发生大旱灾，隋文帝不准许开仓救济百姓，而让百姓到关东地区找东西吃，等到了文帝的末年，天下储备的粮食可供五十年食用。隋炀帝仗恃着如此富足的粮食，奢侈的欲望没有满足，终于使得国家灭亡。只要使仓库中的粮食足以应付灾年就可以了，其他多余的又有什么用处啊！”

二月，唐太宗对侍从的大臣说：“人们都说天子是至为尊贵的，没有什么可以让他害怕。朕则不是这样认为，朕上怕皇天的监视和照临，下怕群臣的瞻仰注视，只能兢兢业业，还怕不符合上天的旨意，不符合百姓的期望。”魏徵说：“这的确是达到天下大治的关键，希望陛下谨慎地坚持到最后，如同开始时一样，这才是最好的。”

上谓房玄龄等曰："为政莫若至公。昔诸葛亮窜廖立、李严于南夷，亮卒而立、严皆悲泣，有死者，非至公能如是乎！又高颎为隋相，公平识治体，隋之兴亡，系颎之存没。朕既慕前世之明君，卿等不可不法前世之贤相也！"

三月，戊寅朔，日有食之。

壬子，大理少卿胡演进每月囚帐；上命自今大辟皆令中书、门下四品已上及尚书议之，庶无冤滥。既而引囚至岐州刺史郑善果，上谓胡演曰："善果虽复有罪，官品不卑，岂可使与诸囚为伍。自今三品已上犯罪，不须引过，听于朝堂俟进止。"

关内旱饥，民多卖子以接衣食；己巳，诏出御府金帛为赎之，归其父母。庚午，诏以去岁霖雨，今兹旱、蝗，赦天下。诏书略曰："若使年谷丰稔，天下乂安，移灾朕身，以存万国，是所愿也，甘心无吝。"会所在有雨，民大悦。

夏，四月，己卯，诏以"隋末乱离，因之饥馑，暴骸满野，伤人心目，宜令所在官司收瘗。"

（以上为第十二段，写唐太宗倡导臣下执法至公，执行死囚要大臣复议，因旱灾、蝗灾而赦天下，关心民生。）

初，突厥突利可汗建牙直幽州之北，主东偏，奚、霫等数十部多叛突厥来降，颉利可汗以其失众责之。及薛延陀、回纥等败欲谷设，颉利遣突利讨之，突利兵又败，轻骑奔还。颉利怒，拘之十余日而挞之，突利由是怨，阴欲叛颉利。颉利数征兵于突利，突利不与，表请入朝。上谓侍臣曰："向者突厥之强，控弦百万，凭陵中夏，用是骄恣以失其民。今自请入朝，非困穷，肯如是乎！朕闻之，且喜且惧。何则？突厥衰则边境安矣，故喜。然朕或失道，他日亦将如突厥，能无惧乎！卿曹宜不惜苦谏，以辅朕之不逮也。"

唐太宗对房玄龄等人说："治理国家，什么都不如大公无私重要。以前诸葛亮流放廖立、李严到南夷之地，诸葛亮死的时候，廖立和李严都悲痛哭泣，李严甚至哀伤而死，如果不是大公无私能像这样吗？又如高颎为隋朝的丞相，公正平实而能认识到治国的根本准则，隋朝的兴亡，直接与高颎的在世相关联。朕既然仰慕前代的开明君主，你们不可不效法前代的贤明宰相啊！"

三月初一日戊申，发生日食。

三月初五日壬子，大理寺少卿胡演进呈每月囚禁罪犯的名簿。唐太宗下令从今往后的大辟死罪都要让中书省、门下省四品以上官员及尚书省一起讨论，希望尽量不出现冤枉和滥杀。之后带领囚犯来见，看到其中有原岐州刺史郑善果，唐太宗问胡演："郑善果虽然有罪，毕竟他的官职的等级不低，怎能让他与其他囚犯在同一个队列中？从现在起，三品以上的官员犯罪，不必带来殿前过目，只让他们在承天门前的东西朝堂听候处理。"

关内地区发生旱灾和饥荒，很多百姓卖儿卖女换取食物。三月二十二日己巳，唐太宗下诏命令拿出皇宫府库中的金银丝帛为百姓赎回卖掉的子女，送还给他们的父母。二十三日庚午，下诏说去年由于雨水连绵不止，今年又有旱灾、蝗灾，因此大赦天下。诏书中大略说："假如能让年岁丰收谷物富足，天下太平安宁，即使让灾害转移到朕的身上，以此来保全天下，这是朕的愿望，也心甘情愿毫不吝惜。"正好这时发生旱灾的地区下了雨，百姓大为高兴。

夏季，四月初三日己卯，下诏说："隋朝末年发生战乱，人民流离，加上发生饥荒，满野都是暴露的尸骨，使人看到后非常伤悲，应该命令各地官府收集掩埋尸骨。"

起初，突厥突利可汗建立牙帐处于幽州正北方，主持突厥的东部事务，奚、霫等数十个部落大多反叛突厥前来投降唐朝，颉利可汗认为突利可汗丧失了这些部落而责备他。等到薛延陀、回纥等打败欲谷设，颉利派遣突利前去讨伐薛延陀等，突利的军队又被打败，乘着轻骑逃回。颉利发怒，把突利拘禁了十几天并用鞭子抽他，突利从此怨恨颉利，暗中想背叛颉利。颉利几次向突利征兵，他都不给，又向唐朝上书请求归附。唐太宗对大臣们说："以前突厥强盛的时候，拥有可以拉弓作战的士兵上百万，侵凌中原，因此骄横放纵，最终失去百姓的支持。现在自己请求前来归附，如果不是非常困难而走投无路，肯这样做吗？朕听到这个消息，又高兴又害怕。为什么呢？突厥衰败了，大唐边境就会安宁，所以高兴。然而朕或许也有过失，日后也将会像突厥一样，能不害怕吗？望你们不惜一切对我进行直言苦谏，以弥补朕

颉利发兵攻突利，丁亥，突利遣使来求救，上谋于大臣曰："朕与突利为兄弟，有急不可不救。然颉利亦与之有盟，奈何？"兵部尚书杜如晦曰："戎狄无信，终当负约，今不因其乱而取之，后悔无及。夫取乱侮亡，古之道也。"

丙申，契丹酋长帅其部落来降。颉利遣使请以梁师都易契丹，上谓使者曰："契丹与突厥异类，今来归附，何故索之！师都中国之人，盗我土地，暴我百姓，突厥受而庇之，我兴兵致讨，辄来救之，彼如鱼游釜中，何患不为我有！借使不得，亦终不以降附之民易之也。"

先是，上知突厥政乱，不能庇梁师都，以书谕之，师都不从。上遣夏州都督长史刘旻、司马刘兰成图之，旻等数遣轻骑践其禾稼，多纵反间，离其君臣，其国渐虚，降者相属。其名将李正宝等谋执师都，事泄，来奔，由是上下益相疑。旻等知可取，上表请兵。上遣右卫大将军柴绍、殿中少监薛万均击之，又遣旻等据朔方东城以逼之。师都引突厥兵至城下，刘兰成偃旗卧鼓不出。师都宵遁，兰成追击，破之。突厥大发兵救师都，柴绍等未至朔方数十里，与突厥遇，奋击，大破之，遂围朔方。突厥不敢救，城中食尽。壬寅，师都从父弟洛仁杀师都，以城降，以其地为夏州。

太常少卿祖孝孙，以梁、陈之音多吴、楚，周、齐之音多胡、夷，于是斟酌南北，考以古声，作《唐雅乐》，凡八十四调、三十一曲、十二和。诏协律郎张文收与孝孙同修定。六月，乙酉，孝孙等奏新乐。上曰："礼乐者，盖圣人缘情以设教耳，治之隆替，岂由于此？"御史大夫杜淹曰："齐之将亡，作《伴侣曲》，陈之将亡，作《玉树后庭花》，其声哀思，行路闻之皆悲泣，何得言治之隆替不在乐也！"上曰："不然。夫乐能感人，故乐者闻之则喜，忧者闻之则悲，悲喜在人心，非由乐也。将亡之政，民必愁苦，故闻乐而悲耳。今二曲具存，朕为公奏之，公岂悲乎？"右丞魏徵曰："古人称'礼云礼云，玉帛云乎哉！乐云乐云，钟鼓云乎

的不足。”

颉利可汗发兵攻打突利，四月十一日丁亥，突利派来使节前来求援，唐太宗与大臣们谋议说：“朕与突利结为兄弟，他有急难不能不救。但是颉利可汗也与我订立盟约，怎么办？”兵部尚书杜如晦说：“戎狄没有信用，最终必会背叛盟约，现在不乘其发生内乱而攻取他们，以后后悔也来不及了。攻取已经发生内乱的国家，欺侮将要灭亡的国家，这是自古以来的道理。”

四月二十日丙申，契丹酋长率领他的部落投降唐朝。颉利可汗派使臣前来，请求用梁师都换回契丹，唐太宗对突厥的使臣说：“契丹与突厥是不同的种族，现在来归顺我大唐，你们有什么理由把他们要回去？梁师都本来就是中原的汉人，侵占了我大唐的土地，残害我大唐的百姓，突厥接受了他并加以庇护，大唐兴兵讨伐梁师都，你们总是出兵救援他，梁氏已经如同鱼游在釜中，哪里担心不被我们消灭？即使一时不能抓获他，最终也不会用归降的百姓去交换他。”

在此之前，唐太宗得悉突厥内部政局混乱，不能庇护梁师都，写信去用道理告谕并劝他归降，但梁师都并不听从。唐太宗派夏州都督府长史刘旻、司马刘兰成想办法除掉梁师都，刘旻等人多次派遣轻骑兵践踏梁氏占据区的庄稼，又派了很多人前去反间，离间梁师都与他部下的君臣关系，使他的势力逐渐衰弱空虚，投降唐朝的人接连不断。梁师都手下的名将李正宝等人密谋抓捕梁师都，事情泄露，于是前来投奔唐朝，从此梁师都的君臣上下更加互相猜疑。刘旻等知道可以攻取梁师都了，上表请求派兵出击。唐太宗派右卫大将军柴绍、殿中少监薛万均率兵进攻梁师都，又让刘旻等人据守朔方东城进逼梁师都。梁师都引来突厥兵来到朔方东城下，刘兰成偃旗息鼓按兵不出。梁师都半夜逃跑，刘兰成追击，大败梁军。突厥发动大批兵力救援梁师都，柴绍等人率兵马还离朔方数十里，与突厥部队相遇，奋力拼杀，大败突厥兵，于是包围朔方城。突厥不敢救援，城中粮绝。四月二十六日壬寅，梁师都叔父的弟弟梁洛仁杀死梁师都，率城投降，唐朝把该地设置为夏州。

太常寺少卿祖孝孙，认为南朝梁、陈二代的音乐混杂了很多吴地、楚地的音调，而北朝周、齐二代的音乐则混杂了很多北方胡人、夷人的音调，于是对南方、北方的音乐进行斟酌对比，又考察了古代的音乐，撰写了《唐雅乐》，总共八十四调、三十一曲、十二和。唐太宗下诏令协律郎张文收与祖孝孙共同修订唐朝音乐。六月初十日乙酉，祖孝孙等人奏上新乐。唐太宗说：“礼乐这个东西，大致是古代圣人根据人的内心情感的变化用来进行教化的，国家政治的兴衰隆替，难道是根据礼乐的吗？”御史大夫杜淹说：“北齐将要灭亡时，有人作了《伴侣曲》，陈朝将要灭亡时，有人作了《玉树后庭花》，这些乐曲的声调都有悲哀的思绪，过路人听到了都悲伤落泪，怎能说政治的兴衰隆替不在于音乐呢？”唐太宗说：“不是这样。音乐能让人受

哉！’乐诚在人和，不在声音也。”

（以上为第十三段，写因突厥衰落，北方最后一个割据者梁师都被平定。唐完成唐雅乐的制定。）

臣光曰：臣闻垂能目制方圆，心度曲直，然不能以教人，其所以教人者，必规矩而已矣。圣人不勉而中，不思而得，然不能以授人，其所以授人者，必礼乐而已矣。礼者，圣人之所履也，乐者，圣人之所乐也。圣人履中正而乐和平，又思与四海共之，百世传之，于是乎作礼乐焉。故工人执垂之规矩而施之器，是亦垂之功已；王者执五帝、三王之礼乐而施之世，是亦五帝、三王之治已。五帝、三王，其违世已久，后之人见其礼知其所履，闻其乐知其所乐，炳然若犹存于世焉，此非礼乐之功邪！

夫礼乐有本、有文：中和者，本也；容声者，末也；二者不可偏废。先王守礼乐之本，未尝须臾去于心，行礼乐之文，未尝须臾远于身。兴于闺门，著于朝廷，被于乡遂比邻，达于诸侯，流于四海，自祭祀军旅至于饮食起居，未尝不在礼乐之中；如此数十百年，然后治化周浃，凤凰来仪也。苟无其本而徒有其末，一日行之而百日舍之，求以移风易俗，诚亦难矣。是以汉武帝置协律，歌天瑞，非不美也，不能免哀痛之诏。王莽建羲和，考律吕，非不精也，不能救渐台之祸。晋武制笛尺，调金石，非不详也，不能弭平阳之灾。梁武帝立四器、调八音，非不察也，不能免台城之辱。然则韶、夏、濩、武之音，具存于世，苟其余不足以称之，曾不能化一夫，况四海乎！是犹执垂之规矩而无工与材，坐而待器之成，终不可得也。况齐、陈淫昏之主，亡国之音，蹔奏于庭，乌能变一世之哀乐乎！而太宗遽云治之隆替不由于乐，何发言之易而果于非圣人也如此！

到感动，所以高兴的人听到音乐就喜悦，忧伤的人听到音乐就悲伤，悲伤与喜悦只在于人的内心，不是由音乐决定的。将要灭亡的国家和政治，百姓内心必然感到愁苦，所以听到音乐就会悲伤罢了。现在这两个曲子都还存在，朕为你弹奏出来，你难道会悲伤吗？”右丞魏徵说：“古人说‘礼啊礼啊，难道仅仅是说玉帛这些器物的吗？乐啊乐啊，难道仅仅是说钟鼓这些乐器的吗？’音乐的作用确实在于人心与音乐的和调，而不在于声音本身。”

司马光评论说：臣听说古代的巧匠垂，只用眼睛就能够制造出方的和圆的器物，只用内心就能够测量器物的弯曲和直线，但是不能把自己的技术教给别人，他用来教给别人的，必定是丈量器物的圆规和曲尺这些工具罢了。古代圣人不用努力就能适宜地掌握事物，不用深思就能认识事物的根本道理，但却不能把这个传授给别人，所能传授的，必定是礼乐这些具体的制度和作品罢了。礼这个东西，是圣人所要亲自践行的，乐这个东西，是圣人从中感受到喜悦的。圣人履行中正之道而喜爱和谐平正，又想与天下人共同履行它们，并让它们世世代传留下去，于是就制作了礼乐。所以工匠手里拿着古代的巧匠垂传授下来的圆规曲尺用在器物的制作上，这也就是垂的功劳了；君主拿着五帝、三王传留下来的礼乐而实施在国家的治理上，这也就是五帝、三王的治国之道了。五帝、三王，他们离开今天的人世已经很久远了，后代的人们看见他们传留下来的礼，就知道他们所履行的准则，听到他们传留下来的乐，就知道他们内心中的喜乐，这都非常明白清楚地好像还存于世上一样，这难道不是礼乐的功用吗？

说到礼乐，它有内在的本质和外在的文采：中正和谐，这是礼乐的内在本质，仪容和声音，这是礼乐的末节，但二者不可偏废。先代的圣王遵守礼乐的内在本质，不曾一刻让它们离开自己的内心，履行礼乐的外在形式，不曾一刻让它远离自己的身体。礼乐从内室中兴起，在朝廷上明显地表现出来，在广大的城乡街巷普及和运用，传播到各方的诸侯，流传到四海，从国家的祭祀与战争一直到人们的饮食起居，没有什么事情不在礼乐之中。礼乐能够如此实行达到数十年上百年，然后它对国家社会的治理和教化就达到普遍和深入的程度了，于是就会有凤凰出现的太平景象。如果没有了礼乐内在本质而只有礼乐的枝叶末节，只在一天实行礼乐而在其后的一百天都不履行礼乐，想用礼乐来改变社会的风俗，实在也是很困难的了。所以汉武帝设置了协律都尉，歌唱上天降临的吉祥符瑞，不是不美，但也不能免除充满哀痛之情的罪己诏书。王莽设立羲和官来执掌天地四时的运行与变化，考定了律吕的声音差异与度数，不是不精确，但也不能挽救发生在渐台的灾祸。晋武帝时制造了笛尺，调整金石等

夫礼非威仪之谓也，然无威仪则礼不可得而行矣。乐非声音之谓也，然无声音则乐不可得而见矣。譬诸山，取其一土一石而谓之山则不可，然土石皆去，山于何在哉！故曰："无本不立，无文不行。"奈何以齐、陈之音不验于今世而谓乐无益于治乱，何异睹拳石而轻泰山乎！必若所言，则是五帝、三王之作乐皆妄也。"君子于其所不知，盖阙如也"，惜哉！

（以上为第十四段，写司马光对礼乐的评论，他认为礼乐有助于治政教化的作用，批评唐太宗不重视礼乐的态度。）

戊子，上谓侍臣曰："朕观《隋炀帝集》，文辞奥博，亦知是尧、舜而非桀、纣，然行事何其反也！"魏徵对曰："人君虽圣哲，犹当虚己以受人，故智者献其谋，勇者竭其力。炀帝恃其俊才，骄矜自用，故口诵尧、舜之言而身为桀、纣之行，曾不自知以至覆亡也。"上曰："前事不远，吾属之师也！"

畿内有蝗。辛卯，上入苑中，见蝗，掇数枚，祝之曰："民以谷为命，而汝食之，宁食吾之肺肠。"举手欲吞之，左右谏曰："恶物或成疾。"上曰："朕为民受灾，何疾之避！"遂吞之。是岁，蝗不为灾。

上曰："朕每临朝，欲发一言，未尝不三思，恐为民害，是以不多

各种乐器的声音，不是不详尽，但也不能消除怀帝、愍帝在平阳遭受的灾难。梁武帝时设立了四通的乐器，调理八音，不是不准确，但也不能免除后来在台城受到的耻辱。这样看来，舜、禹、商汤、周武王时的《韶》、《夏》、《濩》、《武》四种乐曲的声音，即使都保存于当世，如果帝王的德行不足以与这些乐曲相称，连一个人都不能感化，何况感动普天之下的民众呢！这好比拿着巧匠垂留下来的圆规曲尺但却没有工人和材料，坐等器具的制成，最终也是得不到的。况且南朝时南齐、陈二代的荒淫昏庸的君主，使那些亡国之音，一时之间在宫廷内进行演奏，这样做又怎能改变一个时代的哀乐之心呢？唐太宗匆忙地说政治的兴衰隆替不由音乐来决定，说话为何这样轻率，而且鲁莽地非难圣人呢？

所谓的礼，并不是仅指形式上的威严与仪式，然而没有形式的威严和仪式的话，礼就是无法得以施行的。所谓的乐，并不是仅指声音来说的，然而没有声音的话，乐就无法表现出来了。譬如一座山，仅从山上取下其中的一抔土一块石当然不能说毁了一座山，但是如果把土和石都去掉了，山又在什么地方呢？所以说："礼如果没有内在的本质，就是不能成立的，没有外表的形式，也是无法施行的。"怎么能因为齐、陈的乐曲不能在当世应验就说乐是无益于治乱的呢？这与只看见拳头大的石头而把整个泰山不放在眼里有什么不同呢？如果一定像唐太宗所说的那样，那么五帝、三王制作音乐就都是虚妄的了。"君子对于他所不知道的，应当付之阙如不去谈它才是。"可惜啊！

六月十三日戊子，唐太宗对侍从的大臣说："朕翻阅《隋炀帝集》，看到他的文辞深奥博雅，也知道推崇尧、舜而非议桀、纣，但是他做的事为何又与自己写的文章相反呢？"魏徵回答说："君主虽然有圣哲的聪慧，还应当自己谦虚来接受别人的意见，所以有智慧的人会为君主奉献上他的谋略，勇武的人会为君主竭尽他的勇力。隋炀帝仗恃自己的出众才能，骄傲矜持自以为是，所以嘴里念诵着尧、舜的言语而身体却做着桀、纣的行为，自己还不明白就走向了灭亡。"唐太宗说："前代的事情离我们还不远，就是我们的老师啊。"

长安地区出现了蝗虫。六月十六日辛卯，唐太宗进入玄武门北面的禁苑，看见蝗虫，就拾起来几只，祈祷说："百姓以谷子为生命，而你们却吃谷子，宁肯让你们吃我的肺肠。"举手想吞掉蝗虫，身边的人劝谏说："恶的东西吃了或许会生病。"唐太宗说："朕为百姓承受灾难，为什么要躲避疾病！"于是吞掉蝗虫。这一年，蝗虫没有成为灾害。

唐太宗说："朕每次临朝听政，要说一句话，未尝不再三思考，担心给百姓造成

言。”给事中知起居事杜正伦曰：“臣职在记言，陛下之失，臣必书之，岂徒有害于今，亦恐贻讥于后。”上悦，赐帛二百段。

上曰：“梁武帝君臣惟谈苦空，侯景之乱，百官不能乘马。元帝为周师所围，犹讲《老子》，百官戎服以听。此深足为戒。朕所好者，唯尧、舜、周、孔之道，以为如鸟有翼，如鱼有水，失之则死，不可暂无耳。”

以辰州刺史裴虔通，隋炀帝故人，特蒙宠任，而身为弑逆，虽时移事变，屡更赦令，幸免族夷，不可犹使牧民，乃下诏除名，流驩州。虔通常言“身除隋室以启大唐”，自以为功，颇有觖望之色。及得罪，怨愤而死。

秋，七月，诏宇文化及之党莱州刺史牛方裕、绛州刺史薛世良、广州都督长史唐奉义、隋武牙郎将元礼并除名徙边。

上谓侍臣曰：“古语有之：‘赦者小人之幸，君子之不幸。’‘一岁再赦，善人喑哑。’夫养稂莠者害嘉谷，赦有罪者贼良民，故朕即位以来，不欲数赦，恐小人恃之轻犯宪章故也！”

（以上为第十五段，写唐太宗以隋炀帝为鉴，每临朝三思而后发言，是非判断，以儒学为宗。）

伤害，所以不多说话。”给事中知起居事杜正伦说：“我的职责在于记录皇帝的言论，陛下的过失，臣一定要记录下来，不是只怕对当今有害，也怕会留下讥笑让后人看到。”唐太宗高兴，赐给他二百段帛。

唐太宗说：“梁武帝的君臣只谈佛教的苦与空，侯景叛乱的时候，百官都不能骑马。梁元帝被北周军队包围时，还在讲论《老子》，百官穿着戎装听讲，这些都非常值得引为鉴戒。朕所喜好的，只有尧、舜、周公、孔子之道，认为这就如同鸟要有翅膀、鱼要有水，失去它就会死，不可片刻没有它们。”

唐太宗认为辰州刺史裴虔通是隋炀帝的旧臣，特别受到炀帝的宠爱和任用，最后却亲手杀了炀帝，虽然时间已经过去，世事也多有变化，在唐朝也经过了多次的大赦，裴虔通的整个家族能幸免被诛杀，但仍然不可以让他做地方长官，于是下诏把他从做官士人的名单中除名，流放到驩州。裴虔通常说“亲手除掉隋朝皇室来开启了大唐王朝”，自以为有功，颇有怨恨失望的意思。等到这时在朝廷里被当作有罪而流放，于是怨恨愤怒而死。

秋季，七月，下诏把宇文化及的同党莱州刺史牛方裕、绛州刺史薛世良、广州都督府长史唐奉义、隋朝的虎牙郎将元礼一并从官员的名册中除名，迁徙到边疆地区。

唐太宗对侍从的大臣说：“古语说：‘朝廷宣布大赦，这是小人的幸运，而是君子的不幸。’又说：‘一年中两次大赦，善良的人就会变成哑巴而不想再说话。’养着莠草就是危害好的稻谷，宽赦罪犯就是残害善良的百姓，所以朕即位以来，不想多次进行大赦，这是因为担心小人仗恃朝廷的大赦而敢于轻易触犯法令的缘故。”

【点评】

唐太宗用人。能不能知人用人，是判断人君贤愚的一个重要标准。唐太宗知人善任，是中国历史上少见的明君。唐太宗对大臣们说："人君必须至公无私，才能服天下人的心。朕和你们每天的衣食，都是民众提供的，所以设立官职，要为民办事。办好事就要用好人，因此选用人才要至公，不应按关系亲疏、资格的新旧来选人任职。如果贤才出在疏人、新人中，庸才出在亲人、旧人中，不可以舍去贤才而录用庸才。原来在秦王府供职的旧官属专凭关系和资格来较量官职，发出怨言，真是不识大体。"唐太宗要封德彝举荐贤才，长久没有回应。封德彝说："臣不是不留心，只是当今没有奇才。"唐太宗驳斥说："用人如用器，各取所长，古时也有太平盛世，难道那时的贤才都是从前朝借来的吗？你自己不识人，不要妄说今世没奇才。"封德彝十分惭愧，这说明唐太宗相信人才就在今世。唐太宗因张蕴古上奏《大宝箴》而发现了他的才华，立即破格录用为大理丞。景州录事参军张玄素有名望，唐太宗召见，问以政事，也立即提升为侍御史。玄武门事变前夕，太史令傅奕上奏天变，说"太白见秦分，秦王当有天下"。唐太宗即位后召见傅奕说："你先前的奏折，差点给我带来灾祸，但这是你的职分，不要担心以前的事。"由此可见，唐太宗认为尽职者就是人才。

由于唐太宗知人，又善用人，所以贞观一朝，人才济济。贞观十七年（643），唐太宗让画家阎立本绘画了唐代二十四位开国功臣的图像，陈列在凌烟阁，时时瞻仰，亦为人臣榜样。唐太宗以此说明代有人才，也表明他不拘一格用人才的风采。

唐纪九

唐太宗贞观二年至五年（628—631 年）

【起著雍困敦（戊子，628 年）九月，尽重光单阏（辛卯，631 年），凡三年有奇】

【大事提要】

本卷记事起公元 628 年九月，讫公元 631 年，凡三年又四个月，时当贞观二年至五年，是唐太宗执政的初期、贞观之治的启动时期。政治欣欣向荣，君臣励精图治，时常和谐议政，魏徵等众多大臣都能直言进谏，房玄龄、杜如晦两位贤相尽心辅政，军国大政无失策。此时期，唐军大败东突厥，诛杀了隋义成公主，漠北诸部落、西域各国、东西突厥、岭南蛮夷皆归服唐朝，边患消除，内政稳定，刑措不用，全年死囚仅二十九人。数年间，贞观之治已见成效。

【原文】

太宗文武大圣大广孝皇帝上之中

贞观二年（戊子，628 年）

九月，丙午，初令致仕官在本品之上。

上曰："比见群臣屡上表贺祥瑞，夫家给人足而无瑞，不害为尧、舜；百姓愁怨而多瑞，不害为桀、纣。后魏之世，吏焚连理木，煮白雉而食之，岂足为至治乎！"丁未，诏："自今大瑞听表闻，自外诸瑞，申所司而已。"尝有白鹊构巢于寝殿槐上，合欢如腰鼓，左右称贺。上曰："我常笑隋炀帝好祥瑞。瑞在得贤，此何足贺！"命毁其巢，纵鹊于野外。

天少雨，中书舍人李百药上言："往年虽出宫人，窃闻太上皇宫及掖庭宫人，无用者尚多，岂惟虚费衣食，且阴气郁积，亦足致旱。"上曰："妇人幽闭深宫，诚为可愍。洒扫之余，亦何所用，宜皆出之，任求伉俪。"于是遣尚书左丞戴胄、给事中洹水杜正伦于掖庭西门简出之，前后所出三千余人。

己未，突厥寇边。朝臣或请修古长城，发民乘堡障，上曰："突厥灾异相仍，颉利不惧而修德，暴虐滋甚，骨肉相攻，亡在朝夕。朕方为公扫清沙漠，安用劳民远修障塞乎！"

壬申，以前司农卿窦静为夏州都督。静在司农，少卿赵元楷善聚敛，静鄙之，对官属大言曰："隋炀帝奢侈重敛，司农非公不可；今天子节俭爱民，公何所用哉！"元楷大惭。

上问王珪曰："近世为国者益不及前古，何也？"对曰："汉世尚儒术，宰相多用经术士，故风俗淳厚；近世重文轻儒，参以法律，此治化之所以益衰也。"上然之。

【语译】

太宗文武大圣大广孝皇帝上之中

唐太宗贞观二年（戊子，628 年）

九月初三日丙午，初次下令年老退休的文武官员在入宫朝见时，官的级别列于现任同一级官员之上。

唐太宗说："近来看见大臣们多次上表祝贺吉祥的符瑞，如果百姓都家家富足，就算没有这种吉祥的符瑞，也不影响成为尧、舜一样的圣王，如果百姓愁苦怨恨，就算有很多这种吉祥的符瑞，也不影响成为桀、纣一样的暴君。后魏的时候，官吏焚烧连理树，煮了白雉鸡吃，难道也可以算是盛世吗？"初四日丁未，下诏说："从今以后大的符瑞听任上表奏闻，此外的各种符瑞征兆，申报到有关部门即可。"曾有白喜鹊在皇宫寝殿的槐树上构巢建窝，合欢交配如腰鼓的形状，左右的大臣齐声称贺。唐太宗说："我常常笑话隋炀帝喜欢符瑞。符瑞在于得到贤才，这样的事哪里值得庆贺！"命令毁掉喜鹊的鸟巢，把白喜鹊放到野外。

天干旱少雨，中书舍人李百药上书说："往年虽放出许多宫女，我私下听说太上皇的宫内与掖庭的宫女，没有临幸的还有不少，岂止是白白耗费衣物粮食，且使阴气郁积，也足以导致天气干旱。"唐太宗说："妇人幽闭深宫里，实在值得可怜，除了洒扫庭院之外，还有什么用呢？应当让她们全部出宫，听任她们寻求配偶。"于是派尚书左丞戴胄、给事中洹水人杜正伦在掖庭西门选择宫女，然后让她们出宫，前后放出宫的宫女共三千余人。

九月十六日己未，突厥兵侵犯边境。大臣中有人请求修复古代的长城，征发百姓利用城堡来巩固边防，唐太宗说："突厥自己的天灾人祸连续不断，颉利可汗不因此感到害怕而积德行善，反而更加暴虐，骨肉相残，灭亡就在旦夕之间。朕正要为你们扫清沙漠上的敌人，何必辛劳百姓远行到边境修筑城堡要塞呢！"

九月二十九日壬申，任命前司农卿窦静为夏州都督。窦静在司农寺时，司农少卿赵元楷，很会聚敛钱财，窦静鄙视他，曾当着下属官员们的面大声对赵元楷说："隋炀帝贪图奢侈而加重对百姓的征收来聚敛自己的财富，所以隋朝的司农署非得有公不可，现在的天子崇尚节俭而且爱惜民众，你又有什么用处呢！"赵元楷听了大为羞愧。

唐太宗问王珪说："近代以来治理国家的人越来越不如古代的人，是什么原因？"王珪回答说："汉代崇尚儒家学术，担任宰相的人，朝廷多选用通晓儒经的儒士，所以风俗淳厚。近代以来朝廷重视文章而轻视儒家学术，又用法律作为辅助，这就是国家的治理和教化之所以日益衰微的原因。"唐太宗以为他说得对。

冬，十月，御史大夫参预朝政安吉襄公杜淹薨。

（以上为第一段，写唐太宗不信祥瑞，释放宫人，不筑边塞，使民休息。）

交州都督遂安公寿以贪得罪，上以瀛州刺史卢祖尚才兼文武，廉平公直，征入朝，谕以“交趾久不得人，须卿镇抚。”祖尚拜谢而出，既而悔之，辞以旧疾。上遣杜如晦等谕旨曰：“匹夫犹敦然诺，奈何既许朕而复悔之！”祖尚固辞。戊子，上复引见，谕之，祖尚固执不可，上大怒曰：“我使人不行，何以为政！”命斩于朝堂，寻悔之。他日，与侍臣论“齐文宣帝何如人？”魏徵对曰：“文宣狂暴，然人与之争，事理屈则从之。有前青州长史魏恺使于梁还，除光州长史，不肯行，杨遵彦奏之。文宣怒，召而责之。恺曰：‘臣先任大州，使还，有劳无过，更得小州，此臣所以不行也。”文宣顾谓遵彦曰：‘其言有理，卿赦之。’此其所长也。”上曰：“然。向者卢祖尚虽失人臣之义，朕杀之亦为太暴，由此言之，不如文宣矣！”命复其官荫。

徵状貌不逾中人，而有胆略，善回人主意，每犯颜苦谏；或逢上怒甚，徵神色不移，上亦为霁威。尝谒告上冢，还，言于上曰：“人言陛下欲幸南山，外皆严装已毕，而竟不行，何也？”上笑曰：“初实有此心，畏卿嗔，故中辍耳。”上尝得佳鹞，自臂之，望见徵来，匿怀中；徵奏事固久不已，鹞竟死怀中。

十一月，辛酉，上祀圜丘。

十二月，壬午，以黄门侍郎王珪为守侍中。上尝闲居，与珪语，有美人侍侧，上指示珪曰：“此庐江王瑗之姬也，瑗杀其夫而纳之。”珪避席曰：“陛下以庐江纳之为是邪，非邪？”上曰：“杀人而取其妻，卿何问是非！”对曰：“昔齐桓公知郭公之所以亡，由善善而不能用，然弃其所言之人，管仲以为无异于郭公。今此美人尚在左右，臣以为圣心是之也。”上悦，即出之，还其亲族。

冬季，十月，御史大夫、参预朝政安吉襄公杜淹去世。

交州都督、遂安公李寿因贪污犯罪。唐太宗认为瀛州刺史卢祖尚的才能兼具文武两个方面，又能廉洁公平正直，于是征召入朝，命令他“交趾郡的长官很久没有得到合适的人选，需要卿前去镇抚”。卢祖尚拜谢出朝，之后又后悔，就用患有旧病为理由推辞这个任命。唐太宗让杜如晦等人向他说明旨意：“匹夫之人都还重视对别人的许诺，为什么你已答应了朕而又后悔呢？”卢祖尚坚持辞让。十月二十五日戊子，唐太宗再次召见他，用道理告谕他，卢祖尚还是坚持己见而不答应。唐太宗大怒说：“我任命一个人而不能执行，怎么治理国家呢？”下令把卢祖尚在朝堂上斩首，不久又后悔了。另一天，与侍从的大臣议论“齐文宣帝是怎样的人？”魏徵回答说：“齐文宣帝狂躁残暴，然而有人与他争论，他在自己的主张没有道理的时候就会听从别人。当时有一位前任青州长史魏恺出使梁朝回来，被任命为光州长史，此人不肯赴任，丞相杨遵彦向齐文宣帝报告。文宣帝发怒，把魏恺召入宫中进行责备。魏恺说：‘臣先前出任大州的长史，出使归来，有功劳而没有过失，反而改任小州的长史，这是我不愿意成行的原因。’齐文宣帝回头对杨遵彦说：‘他的话有道理，卿就宽赦他吧。’这是齐文宣帝的长处。”唐太宗说：“说得对。先前卢祖尚虽然丧失了作为人臣的道义，朕杀了他也是太残暴了，由此说来，还不如齐文宣帝了！”下令为卢祖尚恢复官职并使他的子孙具备凭借父亲门荫而当官的资格。

魏徵相貌赶不上中等人，但是很有胆略，善于改变皇上的想法，常常触犯唐太宗的颜面进行直谏。有时碰上唐太宗非常生气，魏徵也是面不改色，唐太宗也为此而收住了天子的威风。魏徵曾经告假去祭扫祖先的坟墓，回来后对唐太宗说：“人们都说陛下要驾临终南山，外面都已准备好出行的装备，而陛下最终没有成行，是什么原因？”唐太宗笑着说：“起初确实有这个想法，害怕你来责怪，所以中途停止了。”唐太宗曾得到一只很好的鹞鹰，将它停在自己的臂膀上，远远望见魏徵过来，就把鹞鹰藏在怀里，魏徵奏报事务，很久也不停止，鹞鹰最终死在唐太宗的怀里。

十一月十九日辛酉，唐太宗在圜丘祭天。

十二月初十日壬午，任命黄门侍郎王珪为守侍中。唐太宗曾闲居无事，与王珪交谈，有一个美女在旁侍候，唐太宗指给王珪看，说：“这是庐江王李瑗的姬，李瑗杀了她的丈夫把她收到自己的宫中。”王珪起身避开座位说：“陛下认为庐江王把她收入宫内，是对还是不对？”唐太宗说：“杀了人而把他的妻子据为己有，你为什么还要问这种事是对还是错呢？”王珪回答说：“从前齐桓公知道郭公之所以灭亡的原因，是在于郭公知道善人是善的但却不能任用善人，不过齐桓公抛弃他所说的善人，

上使太常少卿祖孝孙教宫人音乐，不称旨，上责之。温彦博、王珪谏曰：“孝孙雅士，今乃使之教宫人，又从而谴之，臣窃以为不可。”上怒曰：“朕置卿等于腹心，当竭忠直以事我，乃附下罔上，为孝孙游说邪！”彦博拜谢。珪不拜，曰：“陛下责臣以忠直，今臣所言岂私曲邪！此乃陛下负臣，非臣负陛下！”上默然而罢。明日，上谓房玄龄曰：“自古帝王纳谏诚难，朕昨责温彦博、王珪，至今悔之。公等勿为此不尽言也。”

上曰：“为朕养民者，唯在都督、刺史，朕常疏其名于屏风，坐卧观之，得其在官善恶之迹，皆注于名下，以备黜陟。县令尤为亲民，不可不择。”乃命内外五品已上，各举堪为县令者，以名闻。

上曰：“比有奴告其主反者，此弊事。夫谋反不能独为，必与人共之，何患不发，何必使奴告邪！自今有奴告主者，皆勿受，仍斩之。”

（以上为第二段，写唐太宗纳谏如流，故众大臣皆能直谏。）

西突厥统叶护可汗为其伯父所杀；伯父自立，是为莫贺咄侯屈利俟毗可汗。国人不服，弩矢毕部推泥孰莫贺设为可汗，泥孰不可。统叶护之子咥力特勒避莫贺咄之祸，亡在康居，泥孰迎而立之，是为乙毗钵罗肆叶护可汗，与莫贺咄相攻，连兵不息，俱遣使来请婚。上不许，曰：“汝国方乱，君臣未定，何得言婚！”且谕以各守部分，勿复相攻。于是西域诸国及敕勒先役属西突厥者皆叛之。

突厥北边诸姓多叛颉利可汗归薛延陀，共推其俟斤夷男为可汗，夷男不敢当。上方图颉利，遣游击将军乔师望间道赍册书拜夷男为真珠毗伽可汗，赐以鼓纛。夷男大喜，遣使入贡，建牙于大漠之郁督军山下，东至靺鞨，西至西突厥，南接沙碛，北至俱伦水；回纥、拔野古、阿跌、同罗、仆骨、霫诸部皆属焉。

（以上为第三段，写突厥内乱。）

管仲认为齐桓公与郭公也没什么不同。现在这个美女还在陛下身边，臣认为陛下是认为庐江王做得对。”唐太宗听了很高兴，当即把这女子放出宫去，让她回到自己的亲族中去。

唐太宗让太常寺少卿祖孝孙向宫女们教授音乐，不合乎唐太宗的要求，唐太宗责怪他。温彦博、王珪劝谏说：“孝孙是一位高雅之士，现在却让他去教宫女，又进而责备他，臣私意认为不可以这样做。”唐太宗发怒说：“朕任用你们等同于我的心腹，你们应当竭尽忠诚正直来侍奉我，现在竟附和在下的来欺罔君上，难道是为孝孙说情的吗？”温彦博下拜谢罪。王珪不下拜，说：“陛下责令臣要忠诚正直，现在臣所说的难道是为了私人的感情吗！这就是陛下对不起臣，并不是臣对不起陛下！”唐太宗沉默无语而罢朝。第二天，唐太宗对房玄龄说：“自古以来帝王虚心纳谏的确很难，朕昨天责备温彦博、王珪，到今天还在后悔。你们不要因此而不对朕畅所欲言。”

唐太宗说：“为朕养护百姓的人，只在于都督、刺史，朕常常把他们的名字写在屏风上，坐着卧着都留心观看，得知他们在任内的善行或恶迹，都注在他们的名字下面，作为升迁和降职时的参考。县令尤其与百姓亲近，不可不加以选择。”于是下令朝廷内外五品以上官员，各荐举能胜任县令官职的人，报上他们的姓名。

唐太宗说：“近来有奴婢告发他的主子谋反，这是坏事。谋反不能一个人单独干，必定要与其他人一起干，哪里用得着担心事情不会暴露，何必让奴婢告发呢？从今以后有奴婢告发主子的，都不要受理，仍旧要斩首。”

西突厥统叶护可汗被他伯父杀死，他伯父自立为王，这就是莫贺咄侯屈利俟毗可汗。突厥的国人不服，弩失毕部推举泥孰莫贺设为可汗，泥孰不答应。统叶护的儿子咥力特勒，躲避莫贺咄的祸乱，逃亡到了康居，泥孰把他迎回立为首领，这就是乙毗钵罗肆叶护可汗，他与莫贺咄相互攻伐，不断用兵，都派使臣向唐朝请求通婚。唐太宗不同意，说：“你们的国家正在发生内乱，君臣尚未确定，怎能谈通婚！”而且传告突厥各部，不要再相互攻伐。于是西域各国以及敕勒以前归属西突厥的各部都叛离了突厥。

突厥北面的各部族大多叛离颉利可汗归附薛延陀，共同推举薛延陀的俟斤夷男为可汗，夷男不敢担当此任。唐太宗正准备攻打突厥颉利可汗，便派游击将军乔师望从小道带着册书封夷男为真珠毗伽可汗，并赐给大鼓和大旗。夷男大为高兴，派使臣进京献上贡品，在大漠中的郁督军山下建立牙帐，他控制的地域东到靺鞨，西到西突厥，南与沙漠接壤，北到俱伦水，回纥、拔野古、阿跌、同罗、仆骨、霫等各个部落都归属夷男真珠毗伽可汗。

三年（己丑，629 年）

春，正月，戊午，上祀太庙；癸亥，耕藉于东郊。

沙门法雅坐妖言诛。司空裴寂尝闻其言，辛未，寂坐免官，遣还乡里。寂请留京师，上数之曰："计公勋庸，安得至此！直以恩泽为群臣第一。武德之际，货赂公行，纪纲紊乱，皆公之由也，但以故旧不忍尽法。得归守坟墓，幸已多矣！"寂遂归蒲州。未几，又坐狂人信行言寂有天命，寂不以闻，当死；流静州。会山羌作乱，或言劫寂为主。上曰："寂当死，我生之，必不然也。"俄闻寂率家僮破贼。上思其佐命之功，征入朝，会卒。

二月，戊寅，以房玄龄为左仆射，杜如晦为右仆射，以尚书右丞魏徵守秘书监，参预朝政。

三月，己酉，上录系囚。有刘恭者，颈有"胜"文，自云"当胜天下"，坐是系狱。上曰："若天将兴之，非朕所能除；若无天命，'胜'文何为！"乃释之。

丁巳，上谓房玄龄、杜如晦曰："公为仆射，当广求贤人，随才授任，此宰相之职也。比闻听受辞讼，日不暇给，安能助朕求贤乎！"因敕"尚书细务属左右丞，唯大事应奏者，乃关仆射。"

玄龄明达政事，辅以文学，夙夜尽心，惟恐一物失所；用法宽平，闻人有善，若己有之，不以求备取人，不以己长格物。与杜如晦引拔士类，常如不及。至于台阁规模，皆二人所定。上每与玄龄谋事，必曰："非如晦不能决。"及如晦至，卒用玄龄之策。盖元龄善谋，如晦能断故也。二人深相得，同心徇国，故唐世称贤相，推房、杜焉。玄龄虽蒙宠待，或以事被谴，辄累日诣朝堂，稽颡请罪，恐惧若无所容。

唐太宗贞观三年（己丑，629年）

春季，正月十六日戊午，唐太宗在太庙祭祀，二十一日癸亥，在东郊举行耕田礼。

和尚法雅因为妖言惑众而被判罪处死。司空裴寂曾听过他的言论，正月二十九日辛未，裴寂也因此而连坐被免除官职，遣送回家乡。裴寂请求留在长安，唐太宗指责他说："计算你的功劳，怎能得到现在的官位！只是靠着太上皇赐给你的恩泽才在群臣中位居第一的。武德年间，贪污贿赂的风气盛行，国家的政纲紊乱，都是由于你，只因为你是太上皇时期的旧人老臣，所以不忍完全依法令处置。能够回家守着坟墓，已是很幸运的了。"裴寂于是回到老家蒲州。不久，又因为狂人信行说裴寂面有天命而裴寂没有上报朝廷，于是连坐有罪，依法令当处死，唐太宗把他流放到静州。正赶上当地的山羌族叛乱，有人说叛军劫持了裴寂当他们的首领。唐太宗说："裴寂依罪当处死，我让他活下来，一定不会做这种事。"很快听说裴寂率领家里的僮仆家丁打败叛军。唐太宗考虑到他有辅佐李氏起兵建国的功劳，于是征召他回到京城，裴寂恰在这时去世。

二月初六日戊寅，唐太宗任命房玄龄为尚书左仆射，任命杜如晦为尚书右仆射，任命尚书右丞魏徵为秘书监，参预朝政。

三月初八日己酉，唐太宗考察在押囚犯的罪过。囚犯中有个人叫作刘恭，脖颈上有一个"胜"字，自称"定当取胜天下"，因此被捕入狱。唐太宗说："假如上天将要给他天命，不是朕所能除掉的，如果他没有天命，刻了'胜'字又有什么用！"于是释放了刘恭。

三月十六日丁巳，唐太宗对房玄龄、杜如晦说："你们身为仆射，应当广泛寻求贤才，根据才能授予官职，这是宰相的职责。近来听说你们受理辞讼案情，每天忙得没有空闲，怎么能帮助朕寻求贤才呢？"因此下令"尚书省的琐细事务归尚书左右丞掌管，只有应当向皇帝奏明的大事，才由左右仆射处理"。

房玄龄对处理国家政务非常聪明和精通，又有文学才能作为辅助，昼夜为国家政事操劳，唯恐一件事情处理得不到位，他在法律的使用上宽容公平，听说一个人有长处，就像自己有这个长处一样，对别人不求全责备，不用自己的长处要求别人。他与杜如晦选拔提携士人入仕，经常怕遗漏了人才。至于唐王朝的中央政权的规模结构，都是他和杜如晦二人制订确定下来的。唐太宗每次与房玄龄商议政事，都一定要说："没有杜如晦还是不能最后决定。"等杜如晦来了，最后还是采用房玄龄的方案。这是因为房玄龄善于谋划，而杜如晦能做决断的缘故。二人相互之间极为协洽投合，同心为国出谋划策，所以唐代公认的贤明宰相，首推房玄龄、杜如晦二人。房玄龄虽然受到唐太宗的宠信重用，但有时会因为某件事不合太宗的意思而受到谴

玄龄监修国史，上语之曰："比见《汉书》载《子虚》《上林》赋，浮华无用。其上书论事，词理切直者，朕从与不从，皆当载之。"

夏，四月，乙亥，上皇徙居弘义宫，更名大安宫。上始御太极殿，谓群臣曰："中书、门下，机要之司，诏敕有不便者，皆应论执。比来唯睹顺从，不闻违异。若但行文书，则谁不可为，何必择才也！"房玄龄等皆顿首谢。

故事：凡军国大事，则中书舍人各执所见，杂署其名，谓之五花判事。中书侍郎、中书令省审之，给事中、黄门侍郎驳正之。上台申明旧制，由是鲜有败事。

（以上为第四段，写房玄龄、杜如晦两贤相辅政，并严格执行军国大事五花判事制度，由是政通人和。）

茌平人马周，客游长安，舍于中郎将常何之家。六月，壬午，以旱，诏文武官极言得失。何武人不学，不知所言，周代之陈便宜二十余条。上怪其能，以问何，对曰："此非臣所能，家客马周为臣具草耳。"上即召之；未至，遣使督促者数辈。及谒见，与语，甚悦，令直门下省，寻除监察御史，奉使称旨。上以常何为知人，赐绢三百匹。

秋，八月，己巳朔，日有食之。

丙子，薛延陀毗伽可汗遣其弟统特勒入贡，上赐以宝刀及宝鞭，谓曰："卿所部有大罪者斩之，小罪者鞭之。"夷男甚喜。突厥颉利可汗大惧，始遣使称臣，请尚公主，修婿礼。

代州都督张公谨上言突厥可取之状，以为"颉利纵欲逞暴，诛忠良，昵奸佞，一也。薛延陀等诸部皆叛，二也。突利、拓设、欲谷设皆得罪，无所自容，三也。塞北霜旱，糇粮乏绝，四也。颉利疏其族类，亲委诸

责，这时他总是一连数天来到朝堂，磕头请罪，恐惧得好像无法自容。

房玄龄监修国家编撰的前代史书，唐太宗对他说："近来看《汉书》里收载了《子虚赋》、《上林赋》，这些文章内容浮华而没有实用。其他的如大臣上书议论国家政事，凡是言词和道理切实而直率的，不管朕是听从还是不听从，都应当载入一代正史之中。"

夏季，四月初四日乙亥，太上皇李渊迁居弘义宫。把弘义宫改名为大安宫。唐太宗开始到太极殿上朝听政，他对群臣们说："中书省、门下省都是国家的机要衙门，皇帝发布的诏敕文书如果有不当之处，二省都应当加以议论并提出意见。近来只看到二省顺从朕的旨意，听不到不同的说法和意见。如果只是向下传达文书，那么谁不能干呢，何必要选择人才到二省来做官呢？"房玄龄等人都磕头谢罪。

以前的旧例：凡是军队和国家的大事，中书舍人都要各自提出自己的意见，分别署名，称为五花判事。中书侍郎、中书令再进行审查，给事中、黄门侍郎再加以驳正。唐太宗开始申明这种原来的制度，因此以后很少有错误的决定。

茌平人马周，以外地人身份来到长安游历，住在中郎将常何的家里。六月十二日壬午，因为天下大旱，唐太宗下诏令文武百官都要毫无顾忌地讨论有关事务的得失正误。常何是一位武将没有学问，不知道说什么，马周就代他上书陈述临时适宜的措施二十多条。唐太宗对常何有写出这样奏章的能力感到非常奇怪，就问常何是怎么回事，常何回答说："这不是臣所能写出来的，而是我家的客人马周替臣起草的。"唐太宗立刻召见马周，人还没有赶到，又几次派人前去催促。等马周进宫谒见唐太宗，唐太宗与他谈话，十分高兴，命令马周到门下省任职值班，不久又任命他为监察御史，奉命出使都合乎唐太宗的旨意。唐太宗又认为常何能了解人才，又赐给他绢帛三百匹。

秋季，八月初一日己巳，发生日食。

八月初八日丙子，薛延陀毗伽可汗派他的弟弟统特勒进京奉献贡品，唐太宗赏赐了宝刀和宝鞭，对他说："你统属的部族有人犯了大罪，就用宝刀斩首，犯了小罪，就用宝鞭抽打。"夷男非常高兴。突厥颉利可汗大为恐惧，开始派使者向唐朝称臣，请求唐朝下嫁一位公主，向唐朝行女婿的礼节。

代州都督张公谨上奏说根据突厥的现状已经可以攻取，认为："颉利放纵欲望而使用暴力，诛害忠良之臣，亲近奸佞之人，这是第一点。薛延陀等各部落都已反叛，这是第二点。突利、拓设、欲谷设都已得罪了颉利，无地自容，这是第三点。塞北

胡，胡人反覆，大军一临，必生内变，五也。华人入北，其众甚多，比闻所在啸聚，保据山险，大军出塞，自然响应，六也。”上以颉利可汗既请和亲，复援梁师都，丁亥，命兵部尚书李靖为行军总管讨之，以张公谨为副。

九月，丙午，突厥俟斤九人帅三千骑来降，戊午，拔野古、仆骨、同罗、奚酋长并帅众来降。

冬，十一月，辛丑，突厥寇河西，肃州刺史公孙武达、甘州刺史成仁重与战，破之，捕虏千余口。

上遣使至凉州，都督李大亮有佳鹰，使者讽大亮使献之，大亮密表曰："陛下久绝畋游而使者求鹰。若陛下之意，深乖昔旨；如其自擅，乃是使非其人。”癸卯，上谓侍臣曰："李大亮可谓忠直。”手诏褒美，赐以胡瓶及荀悦《汉纪》。

庚申，以行并州都督李世勣为通汉道行军总管，兵部尚书李靖为定襄道行军总管，华州刺史柴绍为金河道行军总管，灵州大都督薛万徹为畅武道行军总管，众合十余万，皆受李靖节度，分道出击突厥。

乙丑，任城王道宗击突厥于灵州，破之。

（以上为第五段，写唐太宗大发兵征伐东突厥。）

十二月，戊辰，突利可汗入朝，上谓侍臣曰："往者太上皇以百姓之故，称臣于突厥，朕常痛心。今单于稽颡，庶几可雪前耻。”。

壬午，靺鞨遣使入贡，上曰："靺鞨远来，盖突厥已服之故也。昔人谓御戎无上策，朕今治安中国，而四夷自服，岂非上策乎！”

癸未，右仆射杜如晦以疾逊位，上许之。

乙酉，上问给事中孔颖达曰："《论语》：‘以能问于不能，以多问于寡，有若无，实若虚。’何谓也？”颖达具释其义以对；且曰："非独匹夫

地区发生霜冻干旱，粮食匮乏断绝，这是第四点。颉利疏远他的本族之人，亲近重用不是同族的胡人，胡人对颉利是反复多变的，唐朝的大军一到，其内部必定发生叛乱，这是第五点。汉人进入北方躲避中原的战乱，其人数已经很多，近来听说他们在居住的地方聚众起事，占据山险进行自保，朝廷大军出发到塞外，这些武装自然会加以响应，这是第六点。”唐太宗认为颉利可汗已经向唐朝提出和亲，但同时又出兵援助唐朝的敌人梁师都，因此在十九日丁亥任命兵部尚书李靖为行军总管，张公谨为副总管，率兵讨伐突厥。

九月初九日丙午，突厥九位俟斤率领三千骑兵投降唐朝。二十一日戊午，拔野古、仆骨、同罗，以及奚族首领一起率领部众投降唐朝。

冬季，十一月初四日辛丑，突厥侵犯河西地区，肃州刺史公孙武达、甘州刺史成仁重与突厥进行激战，大败突厥，俘虏一千多人。

唐太宗派使节到凉州，都督李大亮有一只很好的老鹰，使者暗示李大亮让他把老鹰献给皇上，李大亮给唐太宗上奏密封的奏章说：“陛下很久就停止了外出围猎，而使节却要臣向陛下献鹰。假如这是陛下自己的意思，就完全违背了陛下过去的主张，如果是使节自作主张，就是派出的使节不是合适的人选。”十一月初六日癸卯，唐太宗对侍从的大臣说：“李大亮可以说是忠诚正直。”发布亲笔诏书褒奖赞美李大亮，赐给一只胡瓶和荀悦的《汉纪》一部。

十一月二十三日庚申，任命兼任并州都督的李世勣为通汉道行军总管，任命兵部尚书李靖为定襄道行军总管，任命华州刺史柴绍为金河道行军总管，任命灵州大都督薛万徹为畅武道行军总管，合并兵力十余万，都受李靖指挥，分路出兵进攻突厥。

十一月二十八日乙丑，任城王李道宗在灵州攻击突厥，打败突厥军队。

十二月初二日戊辰，突利可汗进京朝见，唐太宗对侍从的大臣们说：“以前太上皇为了百姓的缘故，向突厥称臣，朕常为此感到痛心。现在突厥的首领向我磕头，差不多也可以洗雪以前的耻辱了。”

十二月十六日壬午，靺鞨派使节进京贡献物品，唐太宗说：“靺鞨远道而来，是因为突厥已经归服大唐的缘故。从前东汉人称抗御北方戎族没有最好的办法，朕现在治理并安定了中原，于是四方的夷族自动归服，这难道不是最好的办法吗？”

十二月十七日癸未，尚书右仆射杜如晦因病退位，唐太宗允许他退位。

十二月十九日乙酉，唐太宗问给事中孔颖达：“《论语》说：‘有能力的人向无能力的人请教，知识丰富的人向知识匮乏的人请教，有学问好像没学问一样，满腹知

如是，帝王亦然。帝王内蕴神明，外当玄默，故《易》称‘以蒙养正，以明夷莅众。’若位居尊极，炫耀聪明，以才陵人，饰非拒谏，则下情不通，取亡之道也。”上深善其言。

庚寅，突厥郁射设帅所部来降。

闰月，丁未，东谢酋长谢元深、南谢酋长谢强来朝。诸谢皆南蛮别种，在黔州之西。诏以东谢为应州、南谢为庄州，隶黔州都督。

是时远方诸国来朝贡者甚众，服装诡异，中书侍郎颜师古请图写以示后，作《王会图》，从之。

乙丑，牂柯酋长谢能羽及充州蛮入贡，诏以牂柯为牂州；党项酋长细封步赖来降，以其地为轨州；各以其酋长为刺史。党项地亘三千里，姓别为部，不相统壹，细封氏、费听氏、往利氏、颇超氏、野辞氏、旁当氏、米擒氏、拓跋氏，皆大姓也。步赖既为唐所礼，余部相继来降，以其地为崌、奉、岩、远四州。

是岁，户部奏：中国人自塞外归及四夷前后降附者，男女一百二十余万口。

房玄龄、王珪掌内外官考，治书侍御史万年权万纪奏其不平，上命侯君集推之。魏徵谏曰：“玄龄、珪皆朝廷旧臣，素以忠直为陛下所委，所考既多，其间能无一二人不当！察其情，终非阿私。若推得其事，则皆不可信，岂得复当重任！且万纪比来恒在考堂，曾无驳正；及身不得考，乃始陈论。此正欲激陛下之怒，非竭诚徇国也。使推之得实，未足裨益朝廷；若其本虚，徒失陛下委任大臣之意。臣所爱者治体，非敢苟私二臣。”上乃释不问。

识好像空无所有一样。'这是在说什么？"孔颖达详细地解释了这段话的含义又进行了回答，并且说："非独一般的匹夫要像这样做，帝王也要这样做。帝王的内心蕴含着神一样的明智，但外表却应当沉默无言，所以《易》里说'以外表的蒙昧无知来修养内在的贞正之德，以把智慧藏于内心而不显露的办法来监临民众。'假如身居无比尊高的地位，向外炫耀自己的聪明，仗恃自己才气盛气凌人，掩饰自己的错误，拒绝别人的劝谏，那么下情就无法传达给君主知道，这是自取灭亡的路线。"唐太宗十分赞许他的话。

十二月二十四日庚寅，突厥郁射设率领所部投降唐朝。

闰十二月十一日丁未，东谢部落的酋长谢元深、南谢部落的酋长谢强前来归附唐朝。谢族的各个部落都是南蛮的一种，聚居在黔州西部地区。唐朝廷下令把东谢改为应州，南谢改为庄州，都隶属于黔州都督。

当时远方的各国来长安向唐朝进献贡品的使者非常多，服装怪异，中书侍郎颜师古请求把各族的服装都描绘下来让后人知道，编成一部《王会图》，唐太宗听从了这个建议。

闰十二月二十九日乙丑，牂柯的酋长谢能羽以及充州蛮族进京献上贡品，下诏命令在牂柯设置牂州，党项族的酋长细封步赖归顺唐朝，把党项族的聚居地设为轨州，都分别任命当地部族的酋长为该州的刺史。党项族的土地绵延三千里，每姓又分为一个部落，都不相互统属听从于一个君主，其中的细封氏、费听氏、往利氏、颇超氏、野辞氏、旁当氏、米擒氏、拓跋氏，都是部族的大姓。步赖既已受到唐朝的礼遇，其余各部也都相继来降，唐朝廷把他们的聚居地设为崌州、奉州、岩州、远州共四个州。

这一年，户部上奏说：中原人从塞外归来的以及四方夷族前后归顺的，合计有男女一百二十余万人。

房玄龄、王珪执掌全国朝廷内外官吏的考核，治书侍御史万年人权万纪上奏说他们的考核不公平，唐太宗命侯君集进行审查。魏徵对唐太宗劝谏说："房玄龄、王珪都是朝廷原来的大臣，一向以忠诚正直受到陛下的任用，所考核的官员已经很多，中间能没有一二个人考核不当吗？体察其中的实际情况，绝不是他们二人在考核时出于私心。假如审查出有不公失当的情况，那么他们对官员的考核就都不可信了，岂能再来承担重任呢？而且权万纪近来常在考核的公堂参与官员的考核，当时他一直不曾对考核的事情有所驳正，等到自己不能参加官员考核的事务了，这才开始述说别人考核不公。这正是想激起陛下的怒气，不是竭尽忠诚来为国效力啊。假使让别人审查后所谓的不公情况属实，这不足以对朝廷有所助益，如果审查后所谓有不公本来就是子虚乌有的，那么这就会白白地失去了陛下任用大臣的本来用意。臣所

濮州刺史庞相寿坐贪污解任，自陈尝在秦王幕府；上怜之，欲听还旧任。魏徵谏曰："秦王左右，中外甚多，恐人人皆恃恩私，足使为善者惧。"上欣然纳之，谓相寿曰："我昔为秦王，乃一府之主；今居大位，乃四海之主，不得独私故人。大臣所执如是，朕何敢违！"赐帛遣之。相寿流涕而去。

（以上为第六段，写西突厥和四夷归服唐王朝。）

四年（庚寅，630年）

春，正月，李靖帅骁骑三千自马邑进屯恶阳岭，夜，袭定襄，破之。突厥颉利可汗不意靖猝至，大惊曰："唐不倾国而来，靖何敢孤军至此！"其众一日数惊，乃徙牙于碛口。靖复遣谍离其心腹，颉利所亲康苏密以隋萧后及炀帝之孙政道来降。乙亥，至京师。先是，有降胡言"中国人或潜通书启于萧后者"。至是，中书舍人杨文瓘请鞫之，上曰："天下未定，突厥方强，愚民无知，或有斯事。今天下已安，既往之罪，何须问也！"

李世勣出云中，与突厥战于白道，大破之。

二月，己亥，上幸骊山温汤。

甲辰，李靖破突厥颉利可汗于阴山。

先是，颉利既败，窜于铁山，余众尚数万；遣执失思力入见，谢罪，请举国内附，身自入朝。上遣鸿胪卿唐俭等慰抚之，又诏李靖将兵迎颉利。颉利外为卑辞，内实犹豫，欲俟草青马肥，亡入漠北。靖引兵与李世勣会白道，相与谋曰："颉利虽败，其众犹盛，若走度碛北，保依九姓，道阻且远，追之难及。今诏使至彼，虏必自宽，若选精骑一万，赍二十日粮往袭之，不战可擒矣。"以其谋告张公谨，公谨曰："诏书已许其降，使者在彼，奈何击之！"靖曰："此韩信所以破齐也。唐俭辈何足惜！"遂勒兵夜发，世勣继之，军至阴山，遇突厥千余帐，俘以随军。颉利见使者大喜，意自安。靖使武邑苏定方帅二百骑为前锋，乘雾而行，去牙帐七里，虏乃觉之。颉利乘千里马先走，靖军至，虏众遂溃。唐俭脱身

重视的是治理国家的根本，不是胆敢出于私心来为两个大臣说情。”唐太宗于是放下此事不再过问。

濮州刺史庞相寿因犯贪污罪而被解除职务，他上表陈述自己曾在秦王幕府中做事。唐太宗怜悯他，欲让他官复原职。魏徵劝谏说：“秦王身边的下属，现在有很多人在朝廷内外作官，恐怕人人都仗恃陛下的这份私人恩情而为非作歹，这样的话，就足够使那些品行端正忠善的人害怕了。”唐太宗欣然采纳他的意见，对庞相寿说：“我从前为秦王，乃是一个王府的主人，现在身居帝位，乃是天下百姓的君主，不能只照顾私人的感情。大臣的意见都是这样，朕哪里敢违背呢？”赐给丝帛，遣送他回家。庞相寿流了泪，然后离去。

唐太宗贞观四年（庚寅，630年）

春季，正月，李靖率领三千骁勇骑兵从马邑出发，进驻恶阳岭，当夜，突袭定襄城，取得大胜。突厥颉利可汗想不到李靖突然来到，大为吃惊地说：“唐朝没有出动全国兵力来进攻，李靖怎么敢孤军深入到这里？”突厥的部队一天之内数次受惊，于是把可汗的牙帐转移至碛口。李靖又派间谍离间颉利可汗的心腹，颉利的亲信康苏密带着隋朝的萧皇后和隋炀帝的孙子杨政道前来投降唐朝。初九日乙亥，一行人到达长安。在此之前，有前来投降的胡人说：“中国有人暗中给隋朝萧皇后写信上书。”到这时，中书舍人杨文瓘请求讯问萧皇后，唐太宗说：“天下尚未完全安定，突厥正是强盛之时，愚民无知，或许会有这种事。现在天下已经安定，既往的罪过，又何须追问呢？”

李世勣出兵云中，与突厥兵在白道作战，大败突厥。

二月初三日己亥，唐太宗驾临骊山温泉。

二月初八日甲辰，李靖在阴山打败突厥颉利可汗的军队。

在此之前，颉利战败后，逃窜到铁山，残余兵力尚有数万人。颉利派执失思力进京谒见唐太宗谢罪，请求率全国归附内地，自己亲自进京朝见。唐太宗派鸿胪寺卿唐俭等人安抚慰问他，又诏命李靖领兵迎接颉利。颉利对外说着谦卑的言辞，内心实际上尚在犹豫，想等到草长得青翠、马长得肥壮的时候，再逃回到漠北。李靖率领兵马与李世勣在白道会合，相互谋议说：“颉利虽然战败，其兵马还很强盛，如果逃到戈壁之北，保住主要的九个部族作为自己的依靠，我们离他非常遥远而且道路阻隔，就会很难追上他们。现在皇帝派来的使节已经到了突厥，突厥一定觉得宽慰，此时如果挑选精锐骑兵一万人，带二十天的粮食前去袭击他们，就可以不用作战而生擒颉利了。”二人将他们的计谋告诉了张公瑾，张公瑾说：“皇上的诏书已经答应他们投降，大唐的使者还在对方那里，怎么能袭击他们？”李靖说：“这就是韩

得归。靖斩首万余级，俘男女十余万，获杂畜数十万，杀隋义成公主，擒其子叠罗施。颉利帅万余人欲度碛，李世勣军于碛口，颉利至，不得度，其大酋长皆帅众降，世勣虏五万余口而还。斥地自阴山北至大漠，露布以闻。

丙午，上还宫。

甲寅，以克突厥赦天下。

（以上为第七段，写唐军大破东突厥，诛杀隋义成公主。）

以御史大夫温彦博为中书令，守侍中王珪为侍中；守户部尚书戴胄为户部尚书，参预朝政；太常少卿萧瑀为御史大夫，与宰臣参议朝政。

三月，戊辰，以突厥夹毕特勒阿史那思摩为右武候大将军。

四夷君长诣阙请上为天可汗，上曰："我为大唐天子，又下行可汗事乎！"君臣及四夷皆称万岁。是后以玺书赐西北君长，皆称天可汗。

庚午，突厥思结俟斤帅众四万来降。

丙子，以突利可汗为右卫大将军、北平郡王。

初，始毕可汗以启民母弟苏尼失为沙钵罗设，督部落五万家，牙直灵州西北。及颉利政乱，苏尼失所部独不携贰。突利之来奔也，颉利立之为小可汗。及颉利败走，往依之，将奔吐谷浑。大同道行军总管任城王道宗引兵逼之，使苏尼失执送颉利。颉利以数骑夜走，匿于荒谷。苏尼失惧，驰追获之。庚辰，行军副总管张宝相帅众奄至沙钵罗营，俘颉利送京师，苏尼失举众来降，漠南之地遂空。

蔡成公杜如晦疾笃，上遣太子问疾，又自临视之。甲申，薨。上每得佳物，辄思如晦，遣使赐其家。久之，语及如晦，必流涕，谓房玄龄

信用来打败齐国的办法。唐俭等人哪里值得怜惜！”于是部署军队夜间出发，李世勣随后出动，大军走到阴山，遇上了突厥人有一千多营帐，全部俘获并命令他们跟随唐军。颉利见到大唐使者唐俭后大为高兴，心情安定下来。李靖派武邑人苏定方带领两百名骑兵作为前锋，利用大雾向前行军，走到距离突厥颉利可汗的牙帐只有七里的地方时，突厥兵才发现。颉利乘千里马先逃走，李靖大军赶到，突厥兵众于是溃散。唐俭得以脱身回到唐朝。李靖斩杀突厥一万多人，俘虏男女十余万人，获得各种牲畜数十万头，杀掉隋义成公主，生俘她的儿子叠罗施。颉利率领一万多人想越过戈壁，李世勣的军队守住通过戈壁的碛口，颉利等人到达后，无法通过，手下的大酋长都率部下投降，李世勣俘虏五万多人于是撤还。开拓土地从阴山北到沙漠，朝廷发布公告向天下宣布。

二月初十日丙午，唐太宗回到宫中。

二月十八日甲寅，因平定突厥宣布大赦天下。

任命御史大夫温彦博为中书令，守侍中王珪为侍中，守户部尚书戴胄为户部尚书、参预朝政，太常寺少卿萧瑀为御史大夫，与宰相共同参议朝政。

三月初三日戊辰，唐朝任命突厥夹毕特勒阿史那思摩为右武候大将军。

四方夷族的君主和酋长都来到京城皇帝门阙之下，请求唐太宗改称天可汗，唐太宗说：“我做大唐天子，还要做下属可汗的事吗？”文武群臣以及四方各族君主酋长都欢呼万岁。此后向西北各族君长赐发加印皇帝玉玺的书信时，都署名“天可汗”。

三月初五日庚午，突厥首领思结俟斤率部众四万多人投降唐朝。

三月十一日丙子，唐朝任命突利可汗为右卫大将军、北平郡王。

起初，始毕可汗重用启民母亲的弟弟苏尼失为沙钵罗设，统领部落五万户，建立的牙帐正对着灵州的西北方，等到颉利掌权政局混乱的时候，只有苏尼失统领的部落没有背叛之心。突利可汗投奔大唐的时候，颉利可汗册立苏尼失为小可汗。等到颉利战败逃走，于是前往依附苏尼失，准备投奔吐谷浑。大同道行军总管任城王李道宗领兵进逼，让苏尼失逮捕颉利押送过来。颉利率几名骑兵连夜逃跑，藏在荒野山谷中。苏尼失害怕了，急忙追赶抓获了颉利。三月十五日庚辰，行军副总管张宝相率兵突然来到沙钵罗设的营帐，俘获颉利送回京都长安，苏尼失率其部众前来投降，漠南地区的突厥于是全都投降而没有反叛唐朝廷的了。

蔡成公杜如晦病重，唐太宗先派太子前去询问病情，又亲自前去探望。三月十九日甲申，杜如晦去世。唐太宗每次得到好器物，总是想到杜如晦，派人将器物

曰："公与如晦同佐朕，今独见公，不见如晦矣！"

突厥颉利可汗至长安。夏，四月，戊戌，上御顺天楼，盛陈文物，引见颉利，数之曰："汝藉父兄之业，纵淫虐以取亡，罪一也。数与我盟而背之，二也。恃强好战，暴骨如莽，三也。蹂我稼穑，掠我子女，四也。我宥汝罪，存汝社稷，而迁延不来，五也。然自便桥以来，不复大入为寇，以是得不死耳。"颉利哭谢而退。诏馆于太仆，厚廪食之。

上皇闻擒颉利，叹曰："汉高祖困白登，不能报；今我子能灭突厥，吾托付得人，复何忧哉！"上皇召上与贵臣十余人及诸王、妃、主置酒凌烟阁，酒酣，上皇自弹琵琶，上起舞，公卿迭起为寿，逮夜而罢。

突厥既亡，其部落或北附薛延陀，或西奔西域，其降唐者尚十万口，诏群臣议区处之宜。朝士多言："北狄自古为中国患，今幸而破亡，宜悉徙之河南兖、豫之间，分其种落，散居州县，教之耕织，可以化胡虏为农民，永空塞北之地。"

中书侍郎颜师古以为："突厥、铁勒皆上古所不能臣，陛下既得而臣之，请皆置之河北。分立酋长，领其部落，则永永无患矣。"

礼部侍郎李百药以为："突厥虽云一国，然其种类区分，各有酋帅。今宜因其离散，各即本部署为君长，不相臣属；纵欲存立阿史那氏，唯可使存其本族而已。国分则弱而易制，势敌则难相吞灭，各自保全，必不能抗衡中国。仍请于定襄置都护府，为其节度，此安边之长策也。"

夏州都督窦静以为："戎狄之性，有如禽兽，不可以刑法威，不可以仁义教，况彼首丘之情，未易忘也。置之中国，有损无益，恐一旦变生，

赏赐到杜如晦家里。时间久了，提到杜如晦，必定流下眼泪，对房玄龄说：“你与杜如晦一同辅佐朕，现在只能见到你，见不到如晦了！”

突厥颉利可汗被押送到长安。夏季，四月初三日戊戌，唐太宗登上顺天门城楼，陈列大量皇家专用的礼仪器物，让颉利前来见他，唐太宗责备颉利说：“你凭借父兄立下的功业，放纵淫逸残虐百姓而自取灭亡，这是第一条罪状。你多次与我订立盟约而又背叛盟约，这是第二条罪状。你自恃强大而爱好战争，使人民大量死亡把白骨暴露在原野，这是第三条罪状。你践踏我大唐的庄稼，抢夺我大唐的子女百姓，这是第四条罪状。我宽宥了你的罪过，保存你的社稷江山，而你却一直拖延不来朝见，这是第五条罪状。自从武德九年我与你在渭水便桥订盟以来，不再大规模入境侵犯，就因为这一点，你才得以不被处死。”颉利痛哭谢罪然后退下。唐太宗下诏让颉利在太仆寺居住，赐给丰厚的食物。

太上皇听说擒获颉利可汗，感叹说：“当年汉高祖在白登城被匈奴围困，不能报仇，现在我的儿子能剿灭突厥，证明我所托付的是正确的人选，我还有什么忧虑呢！”太上皇召集唐太宗与十几位显贵大臣，以及诸王、王妃、公主等，在凌烟阁摆下酒宴，酒喝得畅酣时，太上皇自己弹奏琵琶，唐太宗翩翩起舞，公卿大臣更相起身祝寿，直到深夜才罢宴。

突厥灭亡后，它的部落或者向北方迁移依附薛延陀，或者向西迁移到西域，另外投降唐朝的还有十万户，唐太宗下诏让群臣商议如何处置突厥人。朝廷里大部分的大臣说：“北方的狄人自古以来就是中原的祸患，现在有幸打败了他们使之灭亡，应当全部迁徙到河南的兖州、豫州之间，分开他们的种族部落，让他们分散居住到各州县去，教他们学会耕田织布，这样才可以教化胡虏变成农民，让塞北地区永远空旷无人。”

中书侍郎颜师古认为：“突厥、铁勒自上古以来中原朝廷就不能使他们臣服，陛下既然获得他们，让他们称臣，请把他们安置在河北地区。分别设立酋长，统领他的部落，则永远没有祸患了。”

礼部侍郎李百药认为：“突厥虽说是一个国家，但它分为不同的部族种类，各有自己的酋长与统帅。现在应该利用他们已经分离流散的时机，分别在各个部落内任命君长，使各部相互没有臣属关系，就算想保留阿史那氏为可汗，只能让他保存本部族而已。国家分散了，就会变得弱小，而容易制服他们，各部落势力相当，就难以相互并吞灭亡，这样各自都能得以保全，就必定不能与中国相抗衡了。仍请在定襄设置都护府，作为突厥人各部落的节度控制官府，这才是安定边境的长久之策。”

夏州都督窦静认为：“戎狄的本性，如同禽兽一般，不能用刑罚法令威吓他们，不能用仁义道德教化他们，况且他们留恋故土的心情，也不易忘却。将他们安置在

犯我王略。莫若因其破亡之余，施以望外之恩，假之王侯之号，妻以宗室之女，分其土地，析其部落，使其权弱势分，易为羁制，可使常为藩臣，永保边塞。”

温彦博以为：“徙于兖、豫之间，则乖违物性，非所以存养之也。请准汉建武故事，置降匈奴于塞下，全其部落，顺其土俗，以实空虚之地，使为中国捍蔽，策之善者也。”

魏徵以为：“突厥世为寇盗，百姓之仇也；今幸而破亡，陛下以其降附，不忍尽杀，宜纵之使还故土，不可留之中国。夫戎狄人面兽心，弱则请服，强则叛乱，固其常性。今降者众近十万，数年之后，蕃息倍多，必为腹心之疾，不可悔也。晋初诸胡与民杂居中国，郭钦、江统，皆劝武帝驱出塞外以绝乱阶，武帝不从。后二十余年，伊、洛之间，遂为毡裘之域，此前事之明鉴也！”

彦博曰：“王者之于万物，天覆地载，靡有所遗。今突厥穷来归我，奈何弃之而不受乎！孔子曰：‘有教无类。’若救其死亡，授以生业，教之礼义，数年之后，悉为吾民。选其酋长，使入宿卫，畏威怀德，何后患之有！”

上卒用彦博策，处突厥降众，东自幽州，西至灵州；分突利故所统之地，置顺、祐、化、长四州都督府；又分颉利之地为六州，左置定襄都督府，右置云中都督府，以统其众。

五月，辛未，以突利为顺州都督，使帅部落之官。上戒之曰：“尔祖启民挺身奔隋，隋立以为大可汗，奄有北荒，尔父始毕反为隋患。天道不容，故使尔今日乱亡如此。我所以不立尔为可汗者，惩启民前事故也。今命尔为都督，尔宜善守中国法，勿相侵掠，非徒欲中国久安，亦使尔宗族永全也！”

中原，对于大唐就只有害处而没有好处，恐怕一旦发生变故，就会侵犯我大唐王朝的政权和统治。不如趁着他们处于战败亡国之余的时机，对他们给以意料之外的恩惠，册封给他们王侯的称号，用皇家宗室的女子嫁给他们做妻子，划分他们的土地，把他们的部落分散开，让他们的权力削弱、势力分散，容易被我大唐加以控制，这样就可以让他们长期作为朝廷的藩属之臣，永远保住大唐的边境完全。”

温彦博认为：“把突厥人迁徙到兖州、豫州之间，就违背突厥人的本性，这不是让他们生存并得到养育。请求依照汉光武帝时的旧例，将投降的匈奴人安置在边塞之下，保全他们的部落，顺应他们本来的风俗习惯，让他们充实到空无人烟的地区，让他们成为中原王朝的外围屏障，这样的策略才是完善的。”

魏徵认为：“突厥世代为寇盗，是中原百姓的仇人。如今是中原幸而使他们灭亡了，陛下因为他们投降归附，不忍心将他们全部杀掉，应当放了他们让他们回归故土，不能留在大唐境内。戎狄人面兽心，弱小的时候就请求归服，强盛起来就又反叛朝廷，这本来就是他们的本性。现在投降的人众将近十万人，几年之后，繁衍生息就会成倍增多，必会成为中原的心腹大患，那时就无法后悔了。西晋初年各个胡族与汉人杂居在中原地区，郭钦、江统都劝晋武帝把胡族驱赶到塞外，以杜绝将来产生叛乱的机会，晋武帝不听从这个建议。之后二十余年，伊水、洛水之间，于是成为北方戎狄聚居的地区，这是前代的事为后人留下的非常清楚明白的历史教训！”

温彦博说：“作为帝王的人对于万事万物都要照顾到，凡是天所覆盖在下的，地所承载在上的，没有一样有所遗漏。现在突厥走投无路而来投奔我们，为什么抛弃他们而不接受呢？孔子说：‘所有的人都要对他进行教育，而没有类别的区分。’如果从死亡中把他们救出来，教给他们维持生计的办法，教化他们懂得礼义，经过数年之后，他们就会全部成为我们的百姓。选择他们的酋长，让他们入宫担任禁卫，他们就会畏惧唐王朝的威严而感怀唐王朝的恩惠，还会有什么后患呢？”

唐太宗最终采纳温彦博的办法，把投降归附的突厥民众，安置到东起幽州、西至灵州的地区，把突利可汗原来统属的地区，设置了顺州、祐州、化州、长州四个州都督府，又把颉利可汗原来控制的地区分置为六个州，在其东面设置了定襄都督府，西面设置了云中都督府，用以统治突厥的民众。

五月初七日辛未，唐朝任命突利为顺州都督，让他统领下属的部落官员。唐太宗告诫他说：“你的祖父启民毅然投奔隋朝，隋朝把他册立为大可汗，他统治了北部的荒远地区，你的父亲始毕可汗反而成为隋的祸患。天道不容这样的做法，所以让你现在战败灭亡到如此境地。我之所以不册立你为可汗，就是把以前启民立可汗的事作为教训。现在任命你为都督，你应当好好遵守大唐的法令，不要相互侵扰掠夺，不只是想让中原长治久安，也想让你的宗族永远得以保全！”

壬申，以阿史那苏尼失为怀德郡王，阿史那思摩为怀化郡王。颉利之亡也，诸部落酋长皆弃颉利来降，独思摩随之，竟与颉利俱擒，上嘉其忠，拜右武候大将军，寻以为北开州都督，使统颉利旧众。

丁丑，以右武卫大将军史大奈为丰州都督，其余酋长至者，皆拜将军中郎将，布列朝廷，五品已上百余人，殆与朝士相半，因而入居长安者近万家。

辛巳，诏："自今讼者，有经尚书省判不服，听于东宫上启，委太子裁决。若仍不伏，然后闻奏。"

丁亥，御史大夫萧瑀劾奏李靖破颉利牙帐，御军无法，突厥珍物，虏掠俱尽，请付法司推科。上特敕勿劾。及靖入见，上大加责让，靖顿首谢。久之，上乃曰："隋史万岁破达头可汗，有功不赏，以罪致戮。朕则不然，录公之功，赦公之罪。"加靖左光禄大夫，赐绢千匹，加真食邑通前五百户。未几，上谓靖曰："前有人谗公，今朕意已寤，公勿以为怀。"复赐绢二千匹。

（以上为第八段，写唐太宗安置突厥降众，以郡县制度管理。褒奖功臣李靖，不录小过。）

林邑献火珠，有司以其表辞不顺，请讨之，上曰："好战者亡，隋炀帝、颉利可汗，皆耳目所亲见也。小国胜之不武，况未可必乎！语言之间，何足介意！"

六月，丁酉，以阿史那苏尼失为北宁州都督，以中郎将史善应为北抚州都督。壬寅，以右骁卫将军康苏密为北安州都督。

乙卯，发卒修洛阳宫以备巡幸，给事中张玄素上书谏，以为："洛阳未有巡幸之期而预修宫室，非今日之急务。昔汉高祖纳娄敬之说，自洛阳迁长安，岂非洛阳之地不及关中之形胜邪！景帝用晁错之言而七国构祸，陛下今处突厥于中国，突厥之亲，何如七国？岂得不先为忧，而宫室可遽兴，乘舆可轻动哉！臣见隋氏初营宫室，近山无大木，皆致之远方，二千人曳一柱，以木为轮，则戛摩火出，乃铸铁为毂，行一二里，铁毂辄破，别使数百人赍铁毂随而易之，尽日不过行二三十里，计一柱之费，已用数十万功，则其余可知矣。陛下初平洛阳，凡隋氏宫室之宏侈者皆令毁之，曾未十年，复加营缮，何前日恶之而今日效之也！且

五月初八日壬申，任命阿史那苏尼失为怀德郡王，阿史那思摩为怀化郡王。颉利败亡的时候，各部族的酋长都抛弃颉利而来投降唐朝，只有思摩跟随颉利，最后与颉利一同被俘。唐太宗嘉许他的忠诚，拜他为右武候大将军，不久又任命为北开州都督，让他统领颉利原来的兵众。

五月十三日丁丑，任命右武卫大将军史大奈为丰州都督，其他的酋长来投奔唐朝，都拜为将军中郎将，分布列身于朝廷官员的行列中，五品以上的就有一百多人，几乎与朝廷士人出身的官员各占一半，这样迁居长安的人口接近一万家。

五月十七日辛巳，唐太宗下诏："从今以后的诉讼，有经过尚书省判决而不服的，允许到东宫向上禀报，交由太子裁决。如果仍然不服，然后就上报给朕。"

五月二十三日丁亥，御史大夫萧瑀弹劾李靖大破颉利可汗牙帐时，治军没有法度，使得突厥可汗的珍奇宝物全被抢掠一空，请交付法律部门推勘审理。唐太宗予以特赦不让弹劾。等到李靖进京拜见，唐太宗对他大加责备，李靖磕头谢罪。很久之后，唐太宗才说："隋朝史万岁打败达头可汗，有功劳而不加赏赐，因罪而被杀戮。朕则不这样处理，记录下你的功劳，赦免你的罪过。"对李靖加封左光禄大夫，赐给绢帛一千匹，增加了封赏的食邑，加上以前的共有五百户。不久，唐太宗对李靖说："以前有人说你的坏话，现今朕已醒悟，你不必记在心里。"又赐给绢帛两千匹。

林邑向唐太宗进献火珠，但有关部门认为林邑的上书中的文辞不谦卑顺服，于是请求讨伐林邑。唐太宗说："好战的人会走向灭亡，隋炀帝、颉利可汗，都是亲眼所见的先例。对一个小国，战胜它并不表示勇武，何况未必能取胜。上书的语言有点问题，何必介意呢！"

六月初四日丁酉，任命阿史那苏尼失为北宁州都督，任命中郎将史善应为北抚州都督。初九日壬寅，任命右骁卫将军康苏密为北安州都督。

六月二十二日乙卯，征发士兵修筑洛阳宫殿，用以准备唐太宗巡幸时使用，给事中张玄素上书劝谏，认为："还没有确定巡幸洛阳的日期就预先修筑宫室，这不是现在的紧急事务。从前汉高祖刘邦采纳娄敬的建议，从洛阳迁都到长安，难道不是因为洛阳的地形不如关中地区的地势好吗？汉景帝采用晁错削藩的建议而使吴楚七国发动兵乱，陛下现在把突厥安置在中原地区，对突厥的亲近，与七国相比，谁更亲呢？怎能不先担忧此事，而宫室可以马上动工，皇帝御驾可以轻易出动呢？臣看到隋朝当初营造宫室，近处山上已经没有大的树木，都从远方运来，两千人拉一根柱子，用横木作为轮子，就会摩擦起火，于是铸铁为运输大木的车毂，走一二里路，铁毂就已破损，另外差使几百人携带铁毂随时更换，一整天不过行走二三十里，总

以今日财力，何如隋世？陛下役疮痍之人，袭亡隋之弊，恐又甚于炀帝矣！”上谓玄素曰：“卿谓我不如炀帝，何如桀、纣？”对曰：“若此役不息，亦同归于乱耳！”上叹曰：“吾思之不熟，乃至于是！”顾谓房玄龄曰：“朕以洛阳土中，朝贡道均，意欲便民，故使营之。今玄素所言诚有理，宜即为之罢役。后日或以事至洛阳，虽露居亦无伤也。”仍赐玄素彩二百匹。

秋，七月，甲子朔，日有食之。

乙丑，上问房玄龄、萧瑀曰：“隋文帝何如主也？”对曰：“文帝勤于为治，每临朝，或至日昃，五品已上，引坐论事，卫士传餐而食；虽性非仁厚，亦励精之主也。”上曰：“公得其一，未知其二。文帝不明而喜察；不明则照有不通，喜察则多疑于物，事皆自决，不任群臣。天下至广，一日万机，虽复劳神苦形，岂能一一中理！群臣既知主意，唯取决受成，虽有愆违，莫敢谏争，此所以二世而亡也。朕则不然。择天下贤才，寘之百官，使思天下之事，关由宰相，审熟便安，然后奏闻。有功则赏，有罪则刑，谁敢不竭心力以修职业，何忧天下之不治乎！”因敕百司：“自今诏敕行下有未便者，皆应执奏，毋得阿从，不尽己意。”

癸酉，以前太子少保李纲为太子少师，以兼御史大夫萧瑀为太子少傅。

李纲有足疾，上赐以步舆，使之乘至阁下，数引入禁中，问以政事。每至东宫，太子亲拜之。太子每视事，上令纲与房玄龄侍坐。

先是，萧瑀与宰相参议朝政，瑀气刚而辞辩，房玄龄等皆不能抗，上多不用其言。玄龄、魏徵、温彦博尝有微过，瑀劾奏之，上竟不问。瑀由此怏怏自失，遂罢御史大夫，为太子少傅，不复预闻朝政。

计一根柱子的花费，就已经使用了几十万人的劳力，那么其他的花费就可想而知了。陛下刚平定洛阳时，凡是看到隋朝宫殿规模宏大奢侈的，都下令毁掉，还不到十年时间，又重新加以营造修缮，为什么以前厌恶而现在却要效仿呢？而且估计现在的财力，怎么能与隋代相比？陛下役使满是疮痍的百姓，承袭隋朝灭亡的弊端，恐怕将要发生祸乱将会超过隋炀帝了！”唐太宗对张玄素说：“你说我不如隋炀帝，与桀、纣相比又如何呢？”回答说：“如果这项兴建的劳役不停止，也要同样走向变乱罢了！”唐太宗感叹说：“我考虑得不周到，以至于此！”回头对房玄龄说：“朕以为洛阳地处天下土地的正中，四方前来朝贡的路途都能相等，本意是想让百姓方便，所以派人营造。刚才玄素所说的确有道理，应立即停止这项工程。今后如有事去洛阳，即使露天而居也是无妨的。”于是赐给张玄素彩帛二百匹。

秋季，七月初一日甲子，发生日食。

七月初二日乙丑，唐太宗问房玄龄、萧瑀说：“隋文帝是怎么样的君主？”回答说：“隋文帝勤于治理国家，每次临朝听政，有时要到太阳偏西，五品以上的官员，叫来坐着讨论政事，卫士给他们送餐饭来吃，虽然他的性格不够仁厚，也是励精图治的君主。”唐太宗说：“公只知其一，未知其二。隋文帝不贤明却喜欢对臣下苛察。不贤明的话，对事情的观照就会有不通之处，喜欢苛察的话，就会对事物多疑，事情都由自己决定，而不能任用群臣。天下极为广大，一天的事情千头万绪，劳神而且身体累得苦，哪里能每件事都合乎道理？群臣既然知道了隋文帝的心意，就只听取隋文帝的决定，接受隋文帝的命令，虽然隋文帝出现了差错，群臣也没有人敢来劝谏争论，这就是隋朝只过了两代就灭亡的原因所在，朕就不是这样。选择天下的贤能人才，让他们担任文武百官，让他们思考天下的事情，由宰相总管诸事，深思熟虑认为无误了，然后上奏给朕。有功就给予赏赐，有罪就处以刑罚，谁敢不尽心尽力来做好自己的本职事务，哪里担心天下不能得到治理呢？”于是敕令所有的官衙部门：“自今以后皇上的诏敕文书发布下来如有不当之处，都应提出意见向上禀奏，不得阿谀奉从，不完全说出自己的意见。”

七月初十日癸酉，任命前任太子少保李纲为太子少师，任命兼任御史大夫的萧瑀为太子少傅。

李纲的脚有疾病，唐太宗赐给他一乘小轿代步，让他乘坐小轿来到宫内朝阁下面，多次召他进入宫内，向他询问政事。每次到东宫，太子亲自向他下拜。太子每次上朝听取政事，唐太宗都令李纲与房玄龄一同陪坐。

在此之前，唐太宗命萧瑀与宰相一同参议朝政，萧瑀性情刚烈而能言善辩，房玄龄等人都不能与他对抗，唐太宗也大多不采用他的意见。房玄龄、魏徵、温彦博曾有小的过失，萧瑀上章弹劾他们，唐太宗竟然并不过问。萧瑀因此而快快不乐有

（以上为第九段，写唐太宗罢东都营建，明察是非，用人不疑。）

西突厥种落散在伊吾，诏以凉州都督李大亮为西北道安抚大使，于碛口贮粮，来者赈给，使者招慰，相望于道。大亮上言："欲怀远者必先安近，中国如本根，四夷如枝叶，疲中国以奉四夷，犹拔本根以益枝叶也。臣远考秦、汉，近观隋室，外事戎狄，皆致疲弊。今招致西突厥，但见劳费，未见其益。况河西州县萧条，突厥微弱以来，始得耕获；今又供亿此役，民将不堪，不若且罢招慰为便。伊吾之地，率皆沙碛，其人或自立君长，求称臣内属者，羁縻受之，使居塞外，为中国藩蔽，此乃施虚惠而收实利也。"上从之。

八月，丙午，诏以"常服未有差等，自今三品以上服紫，四品、五品服绯，六品、七品服绿，八品服青；妇人从其夫色。"

甲寅，诏以兵部尚书李靖为右仆射。靖性沈厚，每与时宰参议，恂恂如不能言。

突厥既亡，营州都督薛万淑遣契丹酋长贪没折说谕东北诸夷，奚、霫、室韦等十余部皆内附。万淑，万均之兄也。

戊午，突厥欲谷设来降。欲谷设，突利之弟也。颉利败，欲谷设奔高昌，闻突利为唐所礼，遂来降。

九月，戊辰，伊吾城主入朝。隋末，伊吾内属，置伊吾郡；隋乱，臣于突厥。颉利既灭，举其属七城来降，因以其地置西伊州。

思结部落饥贫，朔州刺史新丰张俭招集之，其不来者，仍居碛北，亲属私相往还，俭亦不禁。及俭徙胜州都督，州司奏思结将叛，诏俭往察之。俭单骑入其部落说谕，徙之代州，即以俭检校代州都督，思结卒无叛者。俭因劝之营田，岁大稔。俭恐虏蓄积多，有异志，奏请和籴以充边储。部落喜，营田转力，而边备实焉。

所失望，唐太宗于是罢免了他御史大夫一职，改任太子少傅，不再参与朝政。

西突厥的部族散居在大漠之外的伊吾地区，唐太宗下诏任命凉州都督李大亮为西北道安抚大使，在碛口存贮粮食，凡来此地的人都赈发粮食，又让使者前去招抚慰问，派出的很多，在路上都能相互看到。李大亮上书说："想要怀柔远方，一定要先安抚近处，中原如同大树的根本，四方如同大树的枝叶，让中原非常疲惫来奉养四方的夷人，就好像拔掉大树的根本来使树上枝叶受益。臣考察很久以前的秦汉，又观察最近的隋朝，对外侍奉戎狄，都使自己疲惫而产生弊端。如今为了招抚西突厥，只看到朝廷劳累而耗费财物，未见这样做有什么收益。更何况河西一带的州县寥落稀少，自从突厥衰微以来，才开始能够耕种庄稼，如今又贮粮供给来往人口，本地的百姓将会承受不了，不如暂且停止招抚慰问的活动。伊吾这个地区，大多都是沙漠，当地人有的自立为君长，有人如果对朝廷称臣要求归附的话，不妨进行安抚赐予来接受他们的归附，让他们居住在塞外，作为中原的屏障，这乃是施用空虚的恩惠而收取实际的利益。"唐太宗听从了他的意见。

八月十四日丙午，唐太宗下诏："官员日常服装没有等级差别，今后三品以上官员的官服用紫色，四品、五品官员的官服用大红色，六品、七品官员的官服用绿色，八品官员的官服用青色，官员夫人的服装颜色都与其丈夫官服的颜色相同。"

八月二十二日甲寅，唐太宗下诏任命兵部尚书李靖为右仆射。李靖性情深沉忠厚，每次与宰相们议论政事，谦恭拘谨像是不能说话。

突厥灭亡后，营州都督薛万淑派契丹首领贪没折劝说告谕东北各族，于是奚、霫、室韦等十几个部族都归附内地的唐朝。薛万淑是薛万均的哥哥。

八月二十六日戊午，突厥人欲谷设前来投降。欲谷设是突利可汗的弟弟。颉利可汗战败后，欲谷设投奔高昌，听说突利受到唐朝的礼遇，于是前来投降。

九月初六日戊辰，伊吾城的城主入京朝见。隋朝末年，伊吾归附内地，隋设置了伊吾郡，隋朝发生战乱后，伊吾改而归附突厥。颉利灭亡后，伊吾又率其属下的七座城前来投降，朝廷于是把他们的地区设置为西伊州。

思结部落饥馑贫穷，朔州刺史新丰人张俭召集他们，其中不应召而来的，仍然居住在大漠之北，他们的亲属私下相互往来，张俭也不禁止。等到张俭改任胜州都督后，朔州衙门的官员上奏称思结部落将要反叛，唐太宗下诏令张俭前往巡察。张俭一人单骑进入思结部落宣讲朝廷招抚的意旨，把他们迁居到代州，朝廷就任命张俭检校代州都督，思结最终也没有人反叛。张俭于是劝他们开垦田地从事农业，年底获得大丰收。张俭担心思结部人的积蓄多了，就会有反叛的意图，于是上奏请求由官府出钱购买他们的粮食，以补充边防的粮食储备。思结部族大为高兴，经劳农

丙子，开南蛮地置费州、夷州。

（以上为第十段，写漠北、西域、南方蛮夷，均归服唐朝。）

己卯，上幸陇州。

冬，十一月，壬辰，以右卫大将军侯君集为兵部尚书，参议朝政。

甲子，车驾还京师。

上读《明堂针灸书》，云“人五藏之系，咸附于背”。戊寅，诏自今毋得笞囚背。

十二月，甲辰，上猎于鹿苑；乙巳，还宫。

甲寅，高昌王麴文泰入朝。西域诸国咸欲因文泰遣使入贡，上遣文泰之臣厌怛纥干往迎之。魏徵谏曰：“昔光武不听西域送侍子，置都护，以为不以蛮夷劳中国。今天下初定，前者文泰之来，劳费已甚，今借使十国入贡，其徒旅不减千人。边民荒耗，将不胜其弊。若听其商贾往来，与边民交市，则可矣，傥以宾客遇之，非中国之利也。”时厌怛纥干已行，上遽令止之。

诸宰相侍宴，上谓王珪曰：“卿识鉴精通，复善谈论，玄龄以下，卿宜悉加品藻，且自谓与数子何如？”对曰：“孜孜奉国，知无不为，臣不如玄龄。才兼文武，出将入相，臣不如李靖。敷奏详明，出纳惟允，臣不如温彦博。处繁治剧，众务毕举，臣不如戴胄。耻君不及尧、舜，以谏争为己任，臣不如魏徵。至于激浊扬清，嫉恶好善，臣于数子，亦有微长。”上深以为然，众亦服其确论。

上之初即位也，尝与群臣语及教化，上曰：“今承大乱之后，恐斯民未易化也。”魏徵对曰：“不然。久安之民骄佚，骄佚则难教；经乱之民愁苦，愁苦则易化。譬犹饥者易为食，渴者易为饮也。”上深然之。封德彝非之曰：“三代以还，人渐浇讹，故秦任法律，汉杂霸道，盖欲化而不能，岂能之而不欲邪！魏徵书生，未识时务，若信其虚论，必败国家。”徵

业更加努力，而边防的储备于是得以充实。

九月十四日丙子，唐朝开辟南蛮地区，设立费州、夷州。

九月十七日己卯，唐太宗巡幸陇州。

冬，十一月初一日壬辰，任命右卫大将军侯君集为兵部尚书，参议朝政。

十一月初三日甲子，唐太宗的车驾回到长安。

唐太宗读《明堂针灸书》，书中说："人的五脏的根系，都附在后背。"十一月十七日戊寅，下诏宣布，从今以后不得鞭笞囚犯的后背。

十二月十四日甲辰，唐太宗在鹿苑围猎，十五日乙巳，回到宫中。

十二月二十四日甲寅，高昌王麴文泰入京朝见。西域各国都想通过麴文泰派使节入京上贡，唐太宗派麴文泰手下的大臣厌怛纥干前往迎接他们。魏徵劝谏说："从前汉光武帝不允许西域诸王送王子进京做人质和设置都护府，认为不应当用蛮夷的事使中原朝廷劳累。如今天下刚刚平定，先前麴文泰来京朝见，耗费已经很多，如今假使有十国来进贡，他们的使者及随从的人数不会少于一千人。边境的民众生活在荒凉地区，为供应这些人员会耗费过大，他们将难以承担由此带来的弊端。如果允许商人相互往来，与边境的百姓互市贸易，就是可以的；如果以宾客的待遇招待他们，对于中原就没有好处了。"当时厌怛纥干已经出发，唐太宗马上下令停止前往迎接。

各位宰相陪同唐太宗饮宴时，唐太宗对王珪说："你精通鉴别人才，又善于谈论，房玄龄以下，你应该全部加以品鉴，而且说自己与他们几人相比如何？"王珪回答说："孜孜不倦地事奉国家，知道的就全部去做到，臣不如房玄龄。才能兼具文武，能外出担任将领而带兵，也能入朝担任宰相，臣不如李靖。奏议事情详尽明白，传达诏令和反映群臣意见，都能真实无误，臣不如温彦博。能处理繁忙复杂的事务，各种事情全都办理，臣不如戴胄。以君王不如尧、舜为耻，以劝谏争议为己任，臣不如魏徵。至于分辨清浊而加以激励推扬，嫉恨丑恶而喜好善良，臣与他们几个人相比，也有一点长处。"唐太宗认为说得非常好，其他几人也都叹服这是确不可易之论。

唐太宗刚即位时，曾与群臣谈到教化问题，唐太宗说："如今刚刚经过天下大乱，恐怕现在的百姓不容易教化。"魏徵回答说："不是这样。长久安定的百姓就会骄慢闲逸，骄慢闲逸就难以教化，经过动乱的百姓饱经悲愁苦难，懂得悲愁苦难就容易教化。好比饥饿的人容易给他吃东西，口渴的人容易给他饮水一样。"唐太宗深表赞同。封德彝非难这个说法，他说："三代以来，人心逐渐变得浇薄奸诈，所以秦

曰："五帝、三王不易民而化，昔黄帝征蚩尤，颛顼诛九黎，汤放桀，武王伐纣，皆能身致太平，岂非承大乱之后邪！若谓古人淳朴，渐至浇讹，则至于今日，当悉化为鬼魅矣，人主安得而治之！"上卒从徵言。

元年，关中饥，米斗直绢一匹；二年，天下蝗；三年，大水。上勤而抚之，民虽东西就食，未尝嗟怨。是岁，天下大稔，流散者咸归乡里，米斗不过三、四钱，终岁断死刑才二十九人。东至于海，南极五岭，皆外户不闭，行旅不赍粮，取给于道路焉。上谓长孙无忌曰："贞观之初，上书者皆云：'人主当独运威权，不可委之臣下。'又云：'宜震耀威武，征讨四夷。'唯魏徵劝朕'偃武修文，中国既安，四夷自服。'朕用其言。今颉利成擒，其酋长并带刀宿卫，部落皆袭衣冠，徵之力也，但恨不使封德彝见之耳！"徵再拜谢曰："突厥破灭，海内康宁，皆陛下威德，臣何力焉！"上曰："朕能任公，公能称所任，则其功岂独在朕乎！"

房玄龄奏，"阅府库甲兵，远胜隋世。"上曰："甲兵武备，诚不可阙；然炀帝甲兵岂不足邪！卒亡天下。若公等尽力，使百姓乂安，此乃朕之甲兵也。"

上谓秘书监萧璟曰："卿在隋世数见皇后乎？"对曰："彼儿女且不得见，臣何人，得见之！"魏徵曰："臣闻炀帝不信齐王，恒有中使察之，闻其宴饮，则曰'彼营何事得遂而喜！'闻其忧悴，则曰'彼有他念故尔。'父子之间且犹如是，况他人乎！"上笑曰："朕今视杨政道，胜炀帝之于齐王远矣。"璟，瑀之兄也。

西突厥肆叶护可汗既先可汗之子，为众所附，莫贺咄可汗所部酋长多归之。肆叶护引兵击莫贺咄，莫贺咄兵败，逃于金山，为泥熟设所杀，诸部共推肆叶护为大可汗。

（以上为第十一段，写唐太宗君臣论治，品藻自鉴，各安其位，各尽其力，天下大治，刑措不用。）

朝专用法律治民，汉代又混杂着采用了霸道，这是因为想教化百姓而做不到，难道能做到而不想进行教化吗？魏徵是一个书生，不识时务，如果听信他的空虚之论，必然败坏国家。”魏徵说：“五帝、三王不用改换民众而能施行教化，从前黄帝征伐蚩尤，颛顼诛灭九黎，商汤放逐夏桀，武王讨伐纣王，都能通过自己的作为导致天下太平，难道不是在经过了天下大乱之后吗？如果说上古的百姓淳朴，后代的百姓逐渐变得浇薄奸诈，那么到了今天，就应当全都化为鬼魅了，君主哪里还能治理他们？”唐太宗最终听从了魏徵的意见。

贞观元年时，关中地区发生饥荒，一斗米值一匹绢；贞观二年，天下发生蝗灾；贞观三年，发生水灾。唐太宗勤奋治国来安抚天下，百姓虽然东西逃荒乞讨，也未曾嗟叹抱怨。这一年，天下庄稼大丰收，离乡流离的人都回归故里，一斗米不过三四钱，整个一年判决死刑的只有二十九个人。东到大海，南过五岭，出门不必关门，出外旅行不用带粮食，在路上就能买到食物。唐太宗对长孙无忌说：“贞观初年，上书的大臣们都说：‘君王应当独自运用威严与权势，不能交付给臣下。’又说：‘国家应当宣扬威严和武力，讨伐四方的夷人。’只有魏徵规劝朕‘停止使用武力而要修整文化和教化，中原获得安定之后，四方的夷人自然就会归服’。朕采纳他的意见。如今颉利被我俘虏，他的酋长们也都佩戴刀剑保卫皇宫，各个部落都接受了中原的文化和礼仪，这是魏徵的功劳，只是遗憾不能让封德彝看到这些了！”魏徵下拜两次谢恩说：“突厥灭亡，海内康富太平，都是陛下的威望和德化，臣有什么功劳呢？”唐太宗说：“朕能任用你，你能称职，那么功劳怎能独是我一个人的呢？”

房玄龄上奏说：“臣检查朝廷仓库里的铠甲兵器，远远超过隋朝。”唐太宗说：“铠甲兵器等武器装备，确实不可缺少，但隋炀帝的铠甲兵器难道不足够吗？还是最终丢掉了江山。如果你等尽心竭力，使百姓平安无事，这就是朕的铠甲兵器。”

唐太宗对秘书监萧璟说：“卿在隋代时，多次见过萧皇后吗？”萧璟回答说：“她的儿子女儿都不能见她，臣是什么人，还能见到她！”魏徵说：“臣听说隋炀帝不信任齐王，总是有宦官在监视他，听说齐王举行宴会，就说‘他做什么事成功了而高兴？’听说齐王忧虑憔悴，就说‘他有其他的念头所以才这样’。父子之间尚且如此，何况对其他人呢？”唐太宗笑着说：“朕如今对待杨政道，远远超过当年隋炀帝对待齐王了。”萧璟是萧瑀的哥哥。

西突厥肆叶护可汗是前任可汗的儿子，受到众人的归附，莫贺咄可汗所属的部族酋长大多归附肆叶护可汗。肆叶护率兵进攻莫贺咄，莫贺咄战败，逃到金山，被泥熟设杀死，各部落共同推举肆叶护为大可汗。

五年（辛卯，631年）

春，正月，诏僧、尼、道士致拜父母。

癸酉，上大猎于昆明池，四夷君长咸从。甲戌，宴高昌王文泰及群臣。丙子，还宫，亲献禽于大安宫。

癸未，朝集使赵郡王孝恭等上表，以四夷咸服，请封禅；上手诏不许。

有司上言皇太子当冠，用二月吉，请追兵备仪仗。上曰："东作方兴，宜改用十月。"少傅萧瑀奏："据阴阳不若二月。"上曰："吉凶在人。若动依阴阳，不顾礼义，吉可得乎！循正而行，自与吉会。农时最急，不可失也。"

二月，甲辰，诏："诸州有京观处，无问新旧，宜悉划削，加土为坟，掩蔽枯朽，勿令暴露。"

己酉，封皇弟元裕为郐王，元名为谯王，灵夔为魏王，元祥为许王，元晓为密王。庚戌，封皇子愔为梁王，恽为郯王，贞为汉王，治为晋王，慎为申王，嚣为江王，简为代王。

夏，四月，壬辰，代王简薨。

壬寅，灵州斛薛叛，任城王道宗追击，破之。

隋末，中国人多没于突厥，及突厥降，上遣使以金帛赎之。五月，乙丑，有司奏，凡得男女八万口。

六月，甲寅，太子少师新昌贞公李纲薨。初，周齐王宪女，孀居无子，纲赡恤甚厚。纲薨，其女以父礼丧之。

秋，八月，甲辰，遣使诣高丽，收隋氏战亡骸骨，葬而祭之。

河内人李好德得心疾，妄为妖言，诏按其事。大理丞张蕴古奏："好德被疾有征，法不当坐。"治书侍御史权万纪劾奏："蕴古贯在相州，好德之兄厚德为其刺史，情在阿纵，按事不实。"上怒，命斩之于市，既而悔之，因诏："自今有死罪，虽令即决，仍三覆奏乃行刑。"

唐太宗贞观五年（辛卯，631 年）

春季，正月，朝廷下诏命令和尚、尼姑、道士要向父母致礼叩拜。

正月十三日癸酉，唐太宗在昆明池大规模围猎，四方夷人的君长都跟随前去。十四日甲戌，唐太宗设宴款待高昌王麴文泰及群臣。十六日丙子，唐太宗回到宫中，亲自到大安宫向太上皇李渊献上野禽。

正月二十三日癸未，朝集使赵郡王李孝恭等人上表，认为四方夷族都已归服，请求举行封禅礼，唐太宗颁下亲笔诏令不允许。

有关部门上书说皇太子应当举行冠礼了，选择了二月的吉日，请求追加礼仪中的兵备仪仗。唐太宗说："二月是春耕刚刚开始的季节，应当改在十月。"太子少傅萧瑀上奏说："根据阴阳历书，不如选在二月。"唐太宗说："吉凶祸福在于人。如果动辄都靠阴阳历书，而不顾及礼制的根本义理，能够得到吉祥吗？遵循事物的正理而行事，自然就会与吉祥相遇。春耕在季节上是最紧急的，不可失去春耕的季节。"

二月十四日甲辰，唐太宗下诏："各州有作战斩杀敌人尸体堆积而成的京观，不管是新建的还是旧有的，应当一律削平，加上土做成坟墓，掩盖枯骸朽骨，不要让尸体暴露在外。"

二月十九日己酉，唐太宗封皇弟李元裕为郐王，李元名为谯王，李灵夔为魏王，李元祥为许王，李元晓为密王。二十日庚戌，封皇子李愔为梁王，李恽为郑王，李贞为汉王，李治为晋王，李慎为申王，李嚣为江王，李简为代王。

夏季，四月初三日壬辰，代王李简去世。

四月十三日壬寅，灵州斛薛部反叛，任城王李道宗率兵追击，打败叛军。

隋朝末年，中原汉人多被劫掠到突厥，等到突厥投降，唐太宗派人用金银丝帛将他们赎回。五月初七日乙丑，有关部门上奏称，共赎回男女八万人。

六月二十六日甲寅，太子少师、新昌贞公李纲去世。起初，北周齐王宇文宪的女儿，孀居没有子女，李纲对她赡养抚恤甚多。李纲死后，齐王的女儿按女儿对待父亲的礼仪为李纲服丧。

秋季，八月十七日甲辰，唐太宗派使臣到高丽，收拾隋朝阵亡将士的尸骨，埋葬后举行祭奠。

河内人李好德得了精神病，狂妄地说了些妖乱之语，唐太宗下诏按察这个案件。大理丞张蕴古上奏说："李好德得了疾病是有征验的，依法不当治罪。"治书侍御史权万纪弹劾张蕴古说："张蕴古籍贯在相州，李好德的哥哥李厚德为相州刺史，他是出于私情而阿谀放纵，对案件的按察不属实。"唐太宗发怒，下令把张蕴古在集市中处斩了，过后又后悔了，于是下诏说："今后有人犯了死罪，即使下令立即处决，仍须复议三次才去执行。"

权万纪与侍御史李仁发，俱以告讦有宠于上，由是诸大臣数被谴怒。魏徵谏曰："万纪等小人，不识大体，以讦为直，以谗为忠。陛下非不知其无堪，盖取其无所避忌，欲以警策群臣耳。而万纪等挟恩依势，逞其奸谋，凡所弹射，皆非有罪。陛下纵未能举善以厉俗，奈何昵奸以自损乎！"上默然，赐绢五百匹。久之，万纪等奸状自露，皆得罪。

九月，上修仁寿宫，更命曰九成宫。又将修洛阳宫，民部尚书戴胄表谏，以"乱离甫尔，百姓凋弊，帑藏空虚，若营造不已，公私劳费，殆不能堪！"上嘉之曰："戴胄于我非亲，但以忠直体国，知无不言，故以官爵酬之耳。"久之，竟命将作大匠窦琎修洛阳宫，琎凿池筑山，雕饰华靡。上遽命毁之，免琎官。

冬，十月，丙午，上逐兔于后苑，左领军将军执失思力谏曰："天命陛下为华、夷父母，奈何自轻！"上又将逐鹿，思力脱巾解带，跪而固谏，上为之止。

（以上为第十二段，写唐太宗之失，营建东都行宫屡建屡停；听信谗言，枉杀张蕴古。）

初，上令群臣议封建，魏徵议以为："若封建诸侯，则卿大夫咸资俸禄，必致厚敛。又，京畿赋税不多，所资畿外，若尽以封国邑，经费顿阙。又，燕、秦、赵、代俱带外夷，若有警急，追兵内地，难以奔赴。"礼部侍郎李百药以为："运祚修短，定命自天，尧、舜大圣，守之而不能固；汉、魏微贱，拒之而不能却。今使勋戚子孙皆有民有社，易世之后，将骄淫自恣，攻战相残，害民尤深，不若守令之迭居也。"中书侍郎颜师古以为："不若分王诸子，勿令过大，间以州县，杂错而居，互相维持，使各守其境，协力同心，足扶京室；为置官寮，皆省司选用，法令之外，不得擅作威刑，朝贡礼仪，具为条式。一定此制，万世无虞。"十一月，诏："皇家宗室及勋贤之臣，宜令作镇藩部，贻厥子孙，非有大故，毋或黜免，所司明为条例，定等级以闻。"

权万纪与侍御史李仁发，都因告发别人而得到唐太宗的宠信，因此诸位大臣多次受到谴责而使唐太宗发怒。魏徵劝谏说："权万纪等人是小人，不懂得治国的根本原则，把告发别人当作正直，把进谗言当作忠诚。陛下并非不知道他们让人无法忍受，只是赞许他们讲话无所忌讳，想以此警策众大臣罢了。但是权万纪等人挟持皇帝的恩遇，依仗着手中的权势，使自己的阴谋得逞，凡是他们弹劾攻击的人，都不是真有罪过。陛下即使不能推举善行来激励风俗，怎么能亲信奸邪来损害自己的威信呢！"唐太宗默不作声，赐给魏徵绢帛五百匹。很久以后，权万纪等人的奸恶行径自我暴露，都得到了惩办。

九月，唐太宗命人修缮仁寿宫，改名为九成宫。又打算修筑洛阳宫，民部尚书戴胄上表劝谏，认为："动乱刚结束不久，百姓贫困劳弊，国家的仓库空虚，如果不停地营造，公私辛劳而大量耗费，恐怕国家与百姓都不能承受。"唐太宗称赞他说："戴胄与我不是亲属，只是凭着忠诚正直体谅国家，知无不言，所以朕要用官爵酬谢他。"过了很久，唐太宗还是命将作大匠窦琎修筑洛阳宫，窦琎开凿池塘构筑假山，装饰都极为华贵奢靡。唐太宗迅即下令毁掉，罢免了窦琎的官职。

冬季，十月二十日丙午，唐太宗在皇宫后苑追猎兔子，左领军将军执失思力劝谏说："上天命令陛下做华夏人、夷人的父母，为什么要自己轻贱自己呢？"唐太宗又要追逐野鹿，执失思力脱下头巾、解下腰带，跪在地下劝谏不止，唐太宗只好为此而停止。

起初，唐太宗令大臣们议论分封诸王的事，魏徵认为："如果分封诸王建诸侯国，那么王国的卿大夫就要靠俸禄生活，必然导致国家大量征收赋税。另外，京城一带赋税不多，都靠京都以外地区的赋税，如果都拿去给分封的诸侯国，国家的经费就会马上短缺。另外，燕、秦、赵、代等诸侯国都与境外夷族相邻，如有出现紧急的战事，到内地调兵，也难以及时赶到这些诸侯国。"礼部侍郎李百药认为："一个王朝的国运天命是长是短，都是由上天决定的。尧、舜是大圣人，守护他们的国运却不能牢固；汉、魏王朝都出身微贱，拒绝他们的国运却推辞不掉。如今让功臣外戚的子孙都有封国的百姓与社稷，换了几代之后，他们就会骄奢淫逸放纵自己，就会相互攻伐残杀，对老百姓的危害就会特别大，不如采用任命地方州县的守令然后不断更替的办法对国家更为有利。"中书侍郎颜师古认为："不如分封皇帝的各位皇子，不使他们的封国过大，用朝廷任命的州县隔开他们的封国，让封国与州县错杂而居，分别维持封国与州县的管理，让他们各自守护自己的境域，同心协力，足以扶助京城的皇室，并且为他们设置官员属吏，都由朝廷的相关省司选拔任用，除

丁巳，林邑献五色鹦鹉，丁卯，新罗献美女二人；魏徵以为不宜受。上喜曰："林邑鹦鹉犹能自言苦寒，思归其国，况二女远别亲戚乎！"并鹦鹉，各付使者而归之。

倭国遣使入贡，上遣新州刺史高表仁持节往抚之；表仁与其王争礼，不宣命而还。

丙子，上祀圜丘。

十二月，太仆寺丞李世南开党项之地十六州、四十七县。

上谓侍臣曰："朕以死刑至重，故令三覆奏，盖欲思之详熟故也。而有司须臾之间，三覆已讫。又，古刑人，君为之彻乐减膳。朕庭无常设之乐，然常为之不啖酒肉，但未有著令。又，百司断狱，唯据律文，虽情在可矜，而不敢违法，其间岂能尽无冤乎！"丁亥，制："决死囚者，二日中五覆奏，下诸州者三覆奏；行刑之日，尚食勿进酒肉，内教坊及太常不举乐。皆令门下覆视。有据法当死而情可矜者，录状以闻。"由是全活甚众。其五覆奏者，以决前一二日，至决日又三覆奏；唯犯恶逆者一覆奏而已。

己亥，朝集使利州都督武士彠等复上表请封禅，不许。

壬寅，上幸骊山温汤；戊申，还宫。

上谓执政曰："朕常恐因喜怒妄行赏罚，故欲公等极谏。公等亦宜受人谏，不可以己之所欲，恶人违之。苟自不能受谏，安能谏人。"

康国求内附。上曰："前代帝王，好招来绝域，以求服远之名，无益

了朝廷的法令之外，不许他们擅自对人施行恩赐和刑罚，朝贡礼仪，都制订出规格条例。这种制度一旦确定，千秋万代可保平安无事。”十一月初一日丙辰，唐太宗下诏：“皇室宗室以及功勋贤明之臣，应让他们镇守藩国，并且传给自己的子孙，如果不是大的变故，不要有所废黜罢免，相关部门订立具体规定条例，定下不同等级，上报朝廷。”

十一月初二日丁巳，林邑国进献五色的鹦鹉，十二日丁卯，新罗国献美女二人，魏徵认为不应接受。唐太宗高兴地说：“林邑的鹦鹉还能够自己说这里太冷，想回到自己的国家，何况两个女子远别亲人呢？”于是把这两个美女以及鹦鹉都交付上贡的使者让他们带回去。

倭国派使节来朝进献贡品，唐太宗派新州刺史高表仁持旌节前往抚慰该国，高表仁与倭国国王为礼节发生争执，没有宣布王命就返回朝廷。

十一月二十一日丙子，唐太宗在圜丘祭天。

十二月，太仆寺丞李世南在党项开拓土地，设置了十六个州、四十七个县。

唐太宗对侍从的大臣说：“朕认为死刑至关重大，所以下令三次复议再奏上来，这是想让判决死刑时思考得更为详细和成熟的缘故。而有关部门却在片刻之间，三次复议就已完成了。另外，古代对犯人执行死刑，君主要为此撤去音乐减少膳食。朕的宫廷中没有常设的音乐，然而朕常常因为执行死刑而不吃酒肉，只是没有明文命令。另外，各部门断案判刑，只知道依据法令条文，虽然犯人犯罪在人情上有值得哀矜之处，也不敢违反法令条文，这中间怎能完全没有冤枉的人呢？”十二月初二日丁亥，唐太宗颁下制文：“判决死刑的犯人，在两天之内在京城执行的要经过五次复议，下到各州的执行也要经过三次复议。行刑的当天，殿中监属下的尚食局不得给皇上进献酒肉，宫中的内教坊及太常寺不得演奏音乐。这些规定都令门下省监督执行。如有依照法律应当处死但案情可以怜悯的犯人，记下案情上报朝廷。”由此保全下来免于死罪的人非常多。凡是要经五次复议的死刑犯，在处决前的一两天，到处决当天又要三次复议后向上奏报。只有犯了十恶之罪中的属于殴打、谋杀、打死三服以内亲属的恶逆罪行者，只需一次复议然后上奏。

十二月十四日己亥，朝集使利州都督武士彟等人又上表请求举行封禅礼，唐太宗不允许。

十二月十七日壬寅，唐太宗临幸骊山温泉，十九日戊申，回到宫中。

唐太宗对执政的大臣们说：“朕常常担心由于自己的高兴和发怒而随意进行赏罚，所以希望你们极力劝谏。你们也应当接受别人的劝谏，不可以凭着自己的愿望，而厌恶别人违背己意。如果自己不能接受劝谏，又怎能劝谏别人呢？”

康国要求归附内地的朝廷。唐太宗说：“前代的帝王，喜欢招抚遥远地域的国

于用而糜弊百姓。今康国内附，傥有急难，于义不得不救。师行万里，岂不疲劳！劳百姓以取虚名，朕不为也。”遂不受。

谓侍臣曰：“治国如治病，病虽愈，犹宜将护，傥遽自放纵，病复作，则不可救矣。今中国幸安，四夷俱服，诚自古所希，然朕日慎一日，唯惧不终，故欲数闻卿辈谏争也。”魏徵曰：“内外治安，臣不以为喜，唯喜陛下居安思危耳。”

上尝与侍臣论狱，魏徵曰：“炀帝时尝有盗发，帝令於士澄捕之，少涉疑似，皆拷讯取服，凡二千余人，帝悉令斩之。大理丞张元济怪其多，试寻其状，内五人尝为盗，余皆平民；竟不敢执奏，尽杀之。”上曰：“此岂唯炀帝无道，其臣亦不尽忠。君臣如此，何得不亡！公等宜戒之！”

是岁，高州总管冯盎入朝，未几，罗窦诸洞獠反，敕盎帅部落二万，为诸军前锋。獠数万人，屯据险要，诸军不得进。盎持弩谓左右曰：“尽吾此矢，足知胜负矣。”连发七矢，中七人。獠皆走，因纵兵乘之，斩首千余级。上美其功，前后赏赐，不可胜数。盎所居地方二千里，奴婢万余人，珍货充积，然为治勤明，所部爱之。

新罗王真平卒，无嗣，国人立其女善德为王。

（以上为第十三段，写唐太宗君臣论羁縻四夷与刑狱，太宗不务虚名重实效，戒妄杀，拒封禅。）

家，以求得到降服远方的盛名，这无益于实用而只会过分耗费百姓让他们疲敝。如今康国要求归附，如果他们遇到危急情况，按照道义不能不去救援。但是朝廷派去的士兵要行军万里，岂能不疲劳！让百姓疲劳来获取虚名，这样的事朕是不会去做的。”于是没有接受康国的归附。

唐太宗曾对侍从的大臣说：“治理国家如同治病，病虽治愈了，还应当调养一段时间，倘若立即放纵自己，病会复发，那就不可救治了。如今中原有幸获得安定，四方夷人都已顺服，实在是自古以来所少有的，然而朕一日比一日谨慎，唯恐不能持续到最后，所以想多次听到你们的谏争。”魏徵说：“国家内外都被治理安定，我并不觉得高兴，只高兴陛下能够居安思危而已。”

唐太宗曾和大臣们讨论关于用刑治罪的事情，魏徵说：“隋炀帝时曾有盗窃案发生，炀帝令於士澄逮捕窃贼，稍微涉及嫌疑，都拷打审问逼人服罪，总共治罪二千余人，炀帝下令将他们全部处斩。大理寺丞张元济对有这么多罪犯感到奇怪，尝试调阅他们的案卷，其中五人曾经当过盗贼，其余都是平民百姓。张元济竟不敢把这些情况上奏，于是全部斩杀。”唐太宗说：“不只是炀帝无道，大臣们也不全部忠诚。君臣都是这样，国家怎能不灭亡！你们应该深以为戒！”

这一年，高州总管冯盎来京朝见。不久，罗窦各洞的僚民造反，唐太宗下令冯盎率领其部落的两万人马作为朝廷大军的前锋。僚民几万人驻扎据守在险要之地，各路军队不能前进。冯盎手持弩机对身边的人说：“把我这些箭全部射完，就足以知道胜负了。”连发七箭，射中七人。僚民都逃跑，于是放开军队乘机追击，斩首千余人。唐太宗赞扬他的功劳，前后赏赐的物品，不可胜数。冯盎占据的地方纵横两千里，奴婢一万多人，珍奇宝物在仓库里堆积得满满的，然而治理地方能够勤勉而且清明，部下都爱戴他。

新罗国王真平去世，没有子嗣，国人拥立他的女儿善德为王。

【点评】

唐太宗猜疑。圣明天子唐太宗在贞观初期最励精图治之时的微小过失——任用权万纪监视大臣，并枉杀大理丞张蕴古事件，对后人认识专制政体下独裁君主的心理具有典型意义。

贞观初，房玄龄、杜如晦二相尽心辅政，时称贤相。史载房、杜二人处理国家政务非常明达精通，昼夜为国事操劳，唯恐一件事情处理不到位，执法宽平，对别人不求全责备。对于选拔士人，唯恐遗漏了人才。侍中王珪亦贞观名臣，正直敢言，史载王珪分辨清浊以激励称扬，嫉丑恶而喜好善良，房玄龄、温彦博等人都赶不上。贞观三年（629），房玄龄、王珪主持朝廷内外官吏的考核，治书侍御史权万纪上奏说房玄龄、王珪考核不公平。唐太宗命侯君集审查。魏徵劝谏说："房玄龄、王珪是朝廷大臣，一向忠诚正直，受到陛下的信用，即使有个把官员考核不当，也只是工作失误，绝不会有私心。之前权万纪一直参与考核，没有提出异议。如今权万纪没有参加考核，就提出指控，实在可疑。权万纪的目的就是要挑起事端，激怒陛下，不是尽忠效国。如果审核结果是有几个不公平的考核结果，于国家大政无补，如果审核结果表明不公平是子虚乌有，岂不是有损陛下圣明？臣考虑的是国家大政根本，并不是私下替房玄龄、王珪两人说情。"唐太宗于是搁置不问。

河内人李好德有精神病，说了昏话，唐太宗下令按妖言惑众论罪。大理丞张蕴古上奏，说李好德有精神病，不应承担责任。权万纪上奏说："张蕴古籍贯在相州，李好德的哥哥李厚德任相州刺史，张蕴古是徇私枉法。"唐太宗大怒，立即将张蕴古问斩。事后十分后悔，于是下诏说："从今以后凡是死罪，在执行前要进行三次审核。"权万纪与另一个侍御史李仁发，以揭发大臣隐私而著称，朝中大臣很多人因此遭到唐太宗的斥责。魏徵劝谏说："权万纪这等小人，以揭发他人隐私为正直，以告发他人为效忠，陛下明知权万纪的指控大多不实，只不过这等小人没有避忌，陛下利用他的这个特性来警惕大臣，却不知道权万纪趁机弄权，挟私舞弊，把无罪说成有罪，这个风气不可助长，陛下怎么可以亲近小人损害圣明呢！"唐太宗哑口无言。过了好长的时间，权万纪的奸谋败露，才受到了惩罚。

唐太宗是一个圣明天子，房玄龄、王珪是秦王府中旧人，正直无私，君臣和洽，唐太宗却仍有猜忌之心，任用小人监视，听信小报告。张蕴古原是幽州记室，入直中书省上奏《大宝箴》，是唐太宗亲自发现并提拔为大理丞的人才，由于权万纪的小人之行就丢了性命。伴君如伴虎，这个故事就是一个生动的例证。

从唐太宗的猜忌可以看出，专制政体异化人性。个人集权，总是担心大权旁落，于是豢养一批特务来做耳目。特务遭人唾弃，只有依赖君主；君主欣赏特务的本性和孤立于人，认为只有这样，特务小人才死心塌地效忠主子，而这些特务小人也狗仗人势，为所欲为，不仅有亏天子圣明，更是误了多少军国大事。明代特务政治达到顶点，以致崇祯皇帝杀了袁崇焕，自毁长城，亡身而亡国，实在可悲。

唐纪十

唐太宗贞观六年至十一年（632—637年）

【起玄黓执徐（壬辰，632年），尽强圉作噩（丁酉，637年）四月，凡五年有奇】

【大事提要】

本卷记事起公元632年，讫公元637年四月，凡五年又四个月，时当贞观六年至十一年。这一时期是贞观之治大见成效的时期，君臣和谐，亲如一体，时常欢宴议政。唐太宗以隋炀帝亡国为鉴，鼓励臣下进言，虚怀讷谏，魏徵等大臣无不尽言。长孙皇后仁孝俭约，以身作则恪守仪则，辅助唐太宗纳谏，护佑魏徵等大臣，是唐太宗的贤内助。此时期，天下太平，吐谷浑被征服，外无强敌，内无寇警，文治蒸蒸，唐太宗完成了一系列制度的建设，完善了官僚建制系统，建立了府兵制，完成了刑律和礼仪的制定。这一时期影响唐太宗的有两件大事，一是唐高祖崩殂，二是长孙皇后仙逝。特别是贤内助长孙皇后之死，给予唐太宗重大打击，唐太宗思念不已。

【原文】

太宗文武大圣大广孝皇帝上之下

贞观六年（壬辰，632 年）

春，正月，乙卯朔，日有食之。

癸酉，静州獠反，将军李子和讨平之。

文武官复请封禅，上曰："卿辈皆以封禅为帝王盛事，朕意不然。若天下乂安，家给人足，虽不封禅，庸何伤乎！昔秦始皇封禅，而汉文帝不封禅，后世岂以文帝之贤不及始皇邪！且事天扫地而祭，何必登泰山之巅，封数尺之土，然后可以展其诚敬乎！"群臣犹请之不已，上亦欲从之，魏徵独以为不可。上曰："公不欲朕封禅者，以功未高邪？"曰："高矣！""德未厚邪？"曰："厚矣！""中国未安邪？"曰："安矣！""四夷未服邪？"曰："服矣！""年谷未丰邪？"曰："丰矣！""符瑞未至邪？"曰："至矣！""然则何为不可封禅？"对曰："陛下虽有此六者，然承隋末大乱之后，户口未复，仓廪尚虚，而车驾东巡，千乘万骑，其供顿劳费，未易任也。且陛下封禅，则万国咸集，远夷君长，皆当扈从；今自伊、洛以东至于海、岱，烟火尚希，灌莽极目，此乃引戎狄入腹中，示之以虚弱也。况赏赉不赀，未厌远人之望；给复连年，不偿百姓之劳；崇虚名而受实害，陛下将焉用之！"会河南、北数州大水，事遂寝。

上将幸九成宫，通直散骑常侍姚思廉谏。上曰："朕有气疾，暑辄顿剧，往避之耳。"赐思廉绢五十匹。

监察御史马周上疏，以为："东宫在宫城之中，而大安宫乃在宫城之西，制度比于宸居，尚为卑小，于四方观听，有所不足。宜增修高大，以称中外之望。又，太上皇春秋已高，陛下宜朝夕视膳。今九成宫去京师三百余里，太上皇或时思念陛下，陛下何以赴之？又，车驾此行，欲以避暑；太上皇尚留暑中，而陛下独居凉处，温凊之礼，窃所未安。今

【语译】

太宗文武大圣大广孝皇帝上之下

唐太宗贞观六年（壬辰，632年）

春季，正月初一日乙卯，发生日食。

正月十九日癸酉，静州僚民反叛，将军李子和率兵征讨平定。

文武百官再次请求举行封禅礼，唐太宗说："你们都认为登泰山封禅是帝王的盛举，朕的意思不是这样。如果天下太平安定，百姓家家富足，即使不去封禅，又有什么妨害呢？从前秦始皇举行封禅礼，而汉文帝不封禅，后代难道认为汉文帝的贤德不如秦始皇吗？而且侍奉上天可以在京城南郊开辟一块土地进行祭祀，何必要去登泰山的顶峰，封筑几尺的泥土，然后才能向上天展示心中的诚心和敬意呢？"群臣还是不停地请求，唐太宗也想听从他们的意见，唯独魏徵认为不可听从。唐太宗说："你不同意朕去泰山封禅，认为朕的功劳不够高吗？"魏徵回答说："够高了！""德行不厚吗？"回答说："够厚了！""中国没有安定吗？"回答说："安定了！""四方夷族没有归服吗？"回答说："归服了！""一年的庄稼没有丰收吗？"回答说："丰收了！""符瑞没有出现吗？"回答说："出现了！""那么为什么不可以去封禅？"回答说："陛下虽然有这六个理由，然而在经过了隋朝末年的大乱之后，百姓的人口没有恢复，国家府库粮仓还很空虚，而陛下的车驾到东方巡游，会有成千上万的车辆马匹跟随前行，大量人员的供应劳顿以及人力物力的耗费，是民众不容易承受的。而且陛下前去泰山举行封禅礼，于是天下各国的君主全都前来，远方夷人的君长都应当作为陛下的扈从，可是现在从伊水、洛水向东直到东海、泰山，人烟还很稀少，满眼望去都是灌木草莽，陛下让四方戎狄随行前去，就是让他们进入中原腹地，向他们显示中原还很虚弱。何况陛下给他们的赏赐如果不够丰厚，就不会满足他们的愿望，就算连续几年免除百姓的徭役，也不能补偿百姓的劳苦。像这种崇尚虚名而使百姓实受其害的事，陛下将在哪里去用它呢？"正好此时黄河南北地区几个州县发生水灾，于是封禅的事就按下不提了。

唐太宗将要临幸九成宫，通直散骑常侍姚思廉劝谏，唐太宗说："朕有气喘病，一到暑天就会加重，要前去躲避这个病而已。"赏赐给姚思廉五十匹绢帛。

监察御史马周上奏，认为："陛下所住的东宫在宫城之中，而太上皇居住的大安宫是在宫城的西面，宫殿的制度规模与陛下居住的宫殿相比，还较低矮窄小，这由天下四方的人们看起来，还有所不足。应当增高扩大，以符合中外人士的愿望。另外，太上皇年事已高，陛下应当朝夕侍奉御膳。如今九成宫离京城三百多里，太上皇有时想念陛下，陛下怎能赶得回来？另外，此次车驾前去九成宫避暑，太上皇还

行计已成，不可复止，愿速示返期，以解众惑。又，王长通、白明达皆乐工，韦槃提、斛斯正止能调马，纵使技能出众，正可赉之金帛，岂得超授官爵，鸣玉曳履，与士君子比肩而立，同坐而食，臣窃耻之！”上深纳之。

上以新令无三师官，二月，丙戌，诏特置之。

三月，戊辰，上幸九成宫。

庚午，吐谷浑寇兰州，州兵击走之。

长乐公主将出降，上以公主，皇后所生，特爱之，敕有司资送倍于永嘉长公主。魏徵谏曰：“昔汉明帝欲封皇子，曰：‘我子岂得与先帝子比！’皆令半楚、淮阳。今资送公主，倍于长主，得无异于明帝之意乎！”上然其言，入告皇后。后叹曰：“妾亟闻陛下称重魏徵，不知其故，今观其引礼义以抑人主之情，乃知真社稷之臣也！妾与陛下结发为夫妇，曲承恩礼，每言必先候颜色，不敢轻犯威严；况以人臣之疏远，乃能抗言如是，陛下不可不从。”因请遣中使赍钱四百缗、绢四百匹以赐徵，且语之曰：“闻公正直，乃今见之，故以相赏。公宜常秉此心，勿转移也。”上尝罢朝，怒曰：“会须杀此田舍翁。”后问为谁，上曰：“魏徵每廷辱我。”后退，具朝服立于庭，上惊问其故。后曰：“妾闻主明臣直；今魏徵直，由陛下之明故也，妾敢不贺！”上乃悦。

（以上为第一段，写长孙皇后贤淑，辅助唐太宗纳谏。）

夏，四月，辛卯，襄州都督邹襄公张公谨卒。明日，上出次发哀。有司奏，辰日忌哭。上曰：“君之于臣，犹父子也，情发于衷，安避辰日！”遂哭之。

六月，己亥，金州刺史酆悼王元亨薨。辛亥，江王嚣薨。

秋，七月，丙辰，焉耆王突骑支遣使入贡。初。焉耆入中国由碛路，隋末闭塞，道由高昌。突骑支请复开碛路以便往来，上许之。由是高昌

留在暑热的天气里，而陛下单独居住在凉爽之处，这对于子女照顾父母的生活必须做到冬天温暖而夏天清凉的礼制，臣私下认为是不够妥当的。如今陛下前往九成宫的行期已定，不能中止，希望尽快昭示回京的日期，以解除众人的疑惑。此外，王长通、白明达都是乐工，韦槃提、斛斯正只能调养马匹，纵使他们的技能出众，只可以赏赐金银丝帛，怎能破格授予官爵，让他们佩着玉饰穿着官服，与士人君子并肩而立，同座而食，臣私下认为这是耻辱。”唐太宗深为赞同马周的劝谏。

唐太宗认为新的法令中没有设置太师、太傅、太保三师官，二月初二日丙戌，下诏特设三师官。

三月十五日戊辰，唐太宗临幸九成宫。

三月十七日庚午，吐谷浑进犯兰州，州内士兵将其击退。

长乐公主将要出嫁长孙冲，唐太宗认为公主是皇后亲生的女儿，特别疼爱她，敕令有关部门把她的嫁妆比皇姑永嘉长公主的多一倍。魏徵劝谏说：“过去汉明帝想要分封皇子，说：‘我的儿子怎么能和先帝的儿子相比！’下令把分封给皇子的封地只为楚王、淮阳王的一半。如今准备嫁妆送公主出嫁，比长公主多一倍，能与汉明帝的用意不同吗？”唐太宗同意他的话，进宫中告诉皇后。皇后感叹地说：“妾多次听到陛下称赞魏徵，不知是什么缘故，如今看到他引用礼义来抑制君王的私情，才知道他真是为国家着想的大臣呀！妾与陛下结发成为夫妻，承受陛下的许多恩宠礼遇，每次讲话一定要先观察陛下的脸色，不敢轻易冒犯陛下的威严，何况作为人臣与陛下就更为疏远，还能如此直言劝谏，陛下不能不听从他的意见。”于是请求唐太宗派宦官带着四百缗钱、四百匹绢到魏徵家进行赏赐，并对他说：“听说你为人正直，今天亲眼看到，所以给以赏赐。希望你一直保持这种忠心，不要转移变化。”唐太宗曾罢朝回到内宫，发怒地说：“一定要杀了这个乡下老头子。”皇后问为谁而发怒，唐太宗说：“魏徵常在朝堂上羞辱我。”皇后退下，穿上朝服站在庭院内，唐太宗惊奇地问她为什么要这样做。皇后说：“我听说君主开明，臣下就会正直，如今魏徵正直敢言，是陛下开明的缘故，妾敢不祝贺吗？”唐太宗于是变得高兴了。

夏季，四月初八日辛卯，襄州都督邹襄公张公谨去世。第二天，唐太宗出车辇为他发丧。有关部门上奏称，这一天是辰日，忌讳哭泣。唐太宗说：“君对于臣，如同父子，哀痛之情出自内心，哪里避讳忌日！”于是为张公谨痛哭。

六月十七日己亥，金州刺史酆悼王李元亨去世。六月二十九日辛亥，江王李嚣去世。

秋季，七月初四日丙辰，焉耆王突骑支派使节入京献贡品。起初，焉耆来中原要经由沙漠之路，隋朝末年封闭边境关塞，就改道经过高昌。突骑支请求恢复沙漠

恨之，遣兵袭焉耆，大掠而去。

辛未，宴三品已上于丹霄殿。上从容言曰："中外乂安，皆公卿之力。然隋炀帝威加夷、夏，颉利跨有北荒，统叶护雄据西域，今皆覆亡，此乃朕与公等所亲见，勿矜强盛以自满也！"

西突厥肆叶护可汗发兵击薛延陀，为薛延陀所败。

肆叶护性猜狠信谗，有乙利可汗，功最多，肆叶护以非其族类，诛灭之，由是诸部皆不自保。肆叶护又忌莫贺设之子泥孰，阴欲图之，泥孰奔焉耆。设卑达官与弩失毕二部攻之，肆叶护轻骑奔康居，寻卒。国人迎泥孰于焉耆而立之，是为咄陆可汗，遣使内附。丁酉，遣鸿胪少卿刘善因立咄陆为奚利邲咄陆可汗。

闰月，乙卯，上宴近臣于丹霄殿，长孙无忌曰："王珪、魏徵，昔为仇雠；不谓今日得此同宴。"上曰："徵、珪尽心所事，故我用之。然徵每谏，我不从，我与之言辄不应，何也？"魏徵对曰："臣以事为不可，故谏；陛下不从而臣应之，则事遂施行，故不敢应。"上曰："且应而复谏，庸何伤！"对曰："昔舜戒群臣：'尔无面从，退有后言。'臣心知其非而口应陛下，乃面从也，岂稷、契事舜之意邪！"上大笑曰："人言魏徵举止疏慢，我视之更觉妩媚，正为此耳！"徵起，拜谢曰："陛下开臣使言，故臣得尽其愚；若陛下拒而不受，臣何敢数犯颜色乎！"

戊辰，秘书少监虞世南上《圣德论》，上赐手诏，称："卿论太高。朕何敢拟上古，但比近世差胜耳。然卿适睹其始，未知其终。若朕能慎终如始，则此论可传；如或不然，恐徒使后世笑卿也！"

九月，己酉，幸庆善宫，上生时故宅也，因与贵人宴，赋诗。起居郎清平吕才被之管弦，命曰《功成庆善乐》，使童子八佾为《九功之舞》，大宴会，与《破陈舞》偕奏于庭。同州刺史尉迟敬德预宴，有班在其上者，敬德怒曰："汝何功，坐我上！"任城王道宗次其下，谕解之。敬德

故道以便往来，唐太宗允许这个请求。于是高昌国怀恨在心，派兵突袭焉耆，大肆掠夺而后离去。

七月十九日辛未，唐太宗在丹霄殿宴请三品以上官员。唐太宗从容和缓地说："中外安定，都是公卿的功劳。然而隋炀帝的威风遍布夷族和华夏，突厥的颉利占有的地区横跨整个北方的荒远地区，统叶护也很强盛，占据着西域地区，如今它们都已灭亡，这是朕与诸位亲眼所见，希望你们不要因为强盛而骄傲自满。"

西突厥肆叶护可汗发兵袭击薛延陀，被薛延陀击败。

肆叶护性子猜疑狠毒而又听信谗言，其手下有个乙利可汗，功劳最多，肆叶护因为乙利与他不是同族，把乙利诛杀掉，因此各部落都不能保护自己的安全。肆叶护又猜忌莫贺设的儿子泥孰，暗中准备除掉他，泥孰只好逃奔焉耆。西突厥的设卑达官和弩失毕两个部落进攻肆叶护，肆叶护率轻骑兵逃奔康居，不久死去。西突厥人前往焉耆迎接泥孰立为可汗，这就是咄陆可汗，他派使节到唐朝请求归附。七月十六日丁酉，唐朝廷派遣鸿胪寺少卿刘善因前往突厥，册立咄陆为奚利邲咄陆可汗。

闰八月初四日乙卯，唐太宗在丹霄殿宴请亲近的大臣，长孙无忌说："王珪、魏徵以前都是陛下的仇敌，不料今日能在此一同饮宴。"唐太宗说："魏徵、王珪对他们原来的君主能尽心竭力加以侍奉，所以我重用他们。然而魏徵每次进谏，我没听从，我与他讲话他总是不回应，为什么呢？"魏徵回答说："臣认为事情不可行，所以进谏阻止，如果陛下不听从进谏而我应答，那么事情于是就能得到施行，所以不敢应答。"唐太宗说："暂且应答而后再进谏，又有什么妨害呢？"魏徵回答说："过去舜帝告诫群臣：'你们不要当面顺从，退下来之后又有话说。'臣心里知道不对而嘴上答应陛下，这就是当面顺从，这难道是稷、契侍奉舜帝的意思吗？"唐太宗大笑说："人们说魏徵的行为举止粗疏傲慢，我看他更觉得妩媚，正是因为如此呀！"魏徵离席起身，拜谢说："陛下启发臣，让臣说出自己的想法，所以臣能够把自己的愚见全部说出来，如果陛下拒绝而不接受，臣又怎敢屡次犯颜强谏呢！"

闰八月十七日戊辰，秘书少监虞世南进呈《圣德论》，唐太宗赐给他亲笔诏令，称："你的评价太高了。朕哪里敢与上古的圣贤帝王相比，只是稍微胜过近代的帝王而已。然而你只看到事情的开始，不知道事情的终结。如果朕能到最终也谨慎得像开始时一样，那么这篇高论可以传到后世，如果不是这样，恐怕只会使后人笑话你了！"

九月二十九日己酉，唐太宗临幸庆善宫，这是唐太宗出生时的旧宅。于是和高官显贵举行宴会，席上赋诗。起居郎清平人吕才，把诗谱成曲子用乐器弹奏，命名为《功成庆善乐》，让六十四个童子排成八行八列跳《九功之舞》，扩大酒宴，与《秦王破阵舞》一同在宫廷中演奏。同州刺史尉迟敬德参加宴会，看到有人的席位在

拳殴道宗，目几眇。上不怿而罢，谓敬德曰："朕见汉高祖诛灭功臣，意常尤之，故欲与卿等共保富贵，令子孙不绝。然卿居官数犯法，乃知韩、彭菹醢，非高祖之罪也。国家纲纪，唯赏与罚，非分之恩，不可数得，勉自修饬，无贻后悔！"敬德由是始惧而自戢。

冬，十月，乙卯，车驾还京师。帝侍上皇宴于大安宫，帝与皇后更献饮膳及服御之物，夜久乃罢。帝亲为上皇捧舆至殿门，上皇不许，命太子代之。

突厥颉利可汗郁郁不得意，数与家人相对悲泣，容貌羸惫。上见而怜之，以虢州地多麋鹿，可以游猎，乃以颉利为虢州刺史；颉利辞，不愿往。癸未，复以为右卫大将军。

十一月，辛巳，契苾酋长何力帅部落六千余家诣沙州降，诏处之于甘、凉之间，以何力为左领军将军。

（以上为第二段，写唐太宗君臣欢宴，不忘议政，以及太宗善谕功臣，善待降人颉利可汗。）

庚寅，以左光禄大夫陈叔达为礼部尚书。帝谓叔达曰："卿武德中有谠言，故以此官相报。"对曰："臣见隋室父子相残，以取乱亡，当日之言，非为陛下，乃社稷之计耳！"

十二月，癸丑，帝与侍臣论安危之本。中书令温彦博曰："伏愿陛下常如贞观初，则善矣。"帝曰："朕比来怠于为政乎？"魏徵曰："贞观之初，陛下志在节俭，求谏不倦。比来营缮微多，谏者颇有忤旨，此其所以异耳！"帝拊掌大笑曰："诚有是事。"

辛未，帝亲录系囚，见应死者，闵之，纵使归家，期以来秋来就死。仍敕天下死囚，皆纵遣，使至期来诣京师。

是岁，党项羌前后内属者三十万口。

公卿以下请封禅者前后相属，上谕以"旧有气疾，恐登高增剧，公

他之上，就勃然大怒说："你有什么功劳，席位在我之上。"任城王李道宗的席位在他之下，就劝解敬德。尉迟敬德挥拳殴打李道宗，把李道宗的眼睛几乎打瞎了。唐太宗很不高兴，于是罢宴，对尉迟敬德说："朕见汉高祖诛杀功臣，内心常常责怪他，所以想和你们共同保持富贵，让子子孙孙永享富贵。然而你身居高官屡次犯法，可知韩信、彭越碎尸万段被剁成肉酱，不是高祖的罪过。国家的纲纪法令，只有赏与罚，非分的恩宠，是不能多次得到的，你努力进行自我修养，不要后悔！"尉迟敬德从此知道恐惧而能自我约束。

冬季，十月初五日乙卯，唐太宗的车驾回到京城。唐太宗在大安宫设宴侍奉太上皇，唐太宗与皇后轮流献上酒菜和帝王专用的衣服器物，入夜很久了才罢席。唐太宗亲自为太上皇抬轿子到寝殿门前，太上皇不允许，就命令太子代替。

突厥颉利可汗心情郁闷，愿望不能得到满足，多次与家人面对面哭泣，面容瘦削，显得非常疲惫。唐太宗看到后非常可怜他，因为虢州地区有很多麋鹿，可以游猎，唐太宗就任命颉利为虢州刺史，颉利推辞，不愿意前往。十月三十一日癸未，又任命他为右卫大将军。

十一月初二日辛巳，契苾酋长何力率领本部落六千多户前往沙州投降大唐，唐太宗下诏将他们安置在甘州、凉州之间，任命何力为左领军将军。

十一月十一日庚寅，任命左光禄大夫陈叔达为礼部尚书。唐太宗对陈叔达说："卿在武德年间曾有直言劝谏太上皇，所以用这个官报答你。"陈叔达回答说："臣当时见隋朝皇帝父子相互残杀，建议起兵夺取政治混乱将要灭亡的隋朝，当时的话，不是为陛下考虑的，只是为社稷考虑的方案而已！"

十二月初四日癸丑，唐太宗与侍从的大臣讨论国家安危的根本所在。中书令温彦博说："臣希望陛下能一直如贞观初年那样，这就好了。"唐太宗问："朕近来治理国家有懈怠吗？"魏徵说："在贞观初年，陛下的志向是节俭，要求大臣的谏言不知疲倦。近来营建修缮宫殿的事稍微多了，进谏的人多有触犯陛下的意旨，这就是所以与当年不一样的原因。"唐太宗拍掌大笑说："确有此事。"

十二月二十二日辛未，唐太宗亲自审查监狱里的囚犯，看到有应当判处死刑的人，就怜悯他们，释放了让他们回家，约定明年秋季回来执行死刑。于是发布敕令天下的死刑犯人，都让他们回家，让他们到期限再来京城。

这一年，党项羌族人前后有三十万来内地归附大唐。

公卿以下的大臣请求举行封禅礼的前后不断，唐太宗告谕他们："朕以前就有气

等勿复言。”

上谓侍臣曰：“朕比来决事或不能皆如律令，公辈以为事小，不复执奏。夫事无不由小而致大，此乃危亡之端也。昔关龙逄忠谏而死，朕每痛之。炀帝骄暴而亡，公辈所亲见也。公辈常宜为朕思炀帝之亡，朕常为公辈念关龙逄之死，何患君臣不相保乎！”

上谓魏徵曰：“为官择人，不可造次。用一君子，则君子皆至；用一小人，则小人竞进矣。”对曰：“然。天下未定，则专取其才，不考其行；丧乱既平，则非才行兼备不可用也。”

（以上为第三段，写唐太宗时时以隋炀帝亡国为鉴，鼓励臣下进谏，以及亲贤远佞的用人原则。）

七年（癸巳，633年）

春，正月，更名《破陈乐》曰《七德舞》。

癸巳，宴三品已上及州牧、蛮夷酋长于玄武门，奏《七德》、《九功》之舞。

太常卿萧瑀上言：“《七德舞》形容圣功，有所未尽，请写刘武周、薛仁果、窦建德、王世充等擒获之状。”上曰：“彼皆一时英雄，今朝廷之臣往往尝北面事之，若睹其故主屈辱之状，能不伤其心乎！”瑀谢曰：“此非臣愚虑所及。”魏徵欲上偃武修文，每侍宴，见《七德舞》辄俯首不视，见《九功舞》则谛观之。

三月，戊子，侍中王珪坐漏泄禁中语，左迁同州刺史。庚寅，以秘书监魏徵为侍中。

直太史雍人李淳风奏灵台候仪制度疏略，但有赤道，请更造浑天黄道仪，许之。癸巳，成而奏之。

夏，五月，癸未，上幸九成宫。

雅州道行军总管张士贵击反獠，破之。

秋，八月，乙丑，左屯卫大将军谯敬公周范卒。上行幸，常令范与房玄龄居守。范为人忠笃严正，疾甚，不肯出外，竟终于内省，与玄龄相抱而诀曰：“所恨不获再奉圣颜！”

辛未，以张士贵为龚州道行军总管，使击反獠。

喘病，恐怕登高会加剧病情，你们不要再提起此事。”

唐太宗对侍从的大臣说：“朕近来裁决事务有时不能都符合法律，你们认为事情不大，不再提起上奏。事情无不是从小到大的，小事不合法律这就是国家危亡的开端。从前关龙逄忠诚地进谏而死去，朕常常为他觉得痛惜。隋炀帝因为骄奢暴虐而灭亡，是你们亲眼所见的。你们应当经常为朕考虑炀帝的灭亡，朕经常为你们念及关龙逄的死，还担心君臣不能相互保全吗？”

唐太宗对魏徵说：“为了官职而选择人才，不可轻率仓促。任用一个君子，其他的君子就会全都来到，任用一个小人，其他小人就会争相跑来。”回答说：“是这样。天下未平定时，就专门用他的才能，不考虑他的品行，丧乱平定之后，如果不是才能品行兼备就不能任用。”

唐太宗贞观七年（癸巳，633 年）

春季，正月，把《秦王破阵乐》改名为《七德舞》。

正月十五日癸巳，唐太宗在玄武门宴请三品以上官员、各州长官、蛮夷各族的酋长，演奏《七德舞》、《九功舞》。

太常寺正卿萧瑀说：“《七德舞》形容皇上的圣人之功，还有未能形容的，请求画刘武周、薛仁果、窦建德、王世充等人被擒获的场面。”唐太宗说：“他们都是一时的英雄豪杰，如今朝廷的大臣往往都曾奉他们为君，为他们做事，如果看到原来的君主受到屈辱的样子，能不刺伤他们的心吗？”萧瑀谢罪说：“这不是臣的愚见所能想到的。”魏徵想要唐太宗停止用兵而加强教化，每次陪唐太宗参加宴会，看到《七德舞》上演就总是低头不看，看到《九功舞》就认真观看。

三月十一日戊子，侍中王珪因泄漏朝廷机密，被降为同州刺史。三月十三日庚寅，任命秘书监魏徵为侍中。

直太史雍县人李淳风上奏称灵台观天仪器的制度过于粗疏简略，仪器上只有赤道，请求另造浑天黄道仪，唐太宗准许。三月十六日，制成黄道仪后向唐太宗上奏。

夏季，五月初七日癸未，唐太宗临幸九成宫。

雅州道行军总管张士贵率兵攻击反叛的僚民，打败了僚民叛军。

秋季，八月二十日乙丑，左屯卫大将军谯敬公周范去世。唐太宗出外巡幸的时候，常常命周范与房玄龄一道留守京城。周范为人忠诚厚重、严肃正直，尽管病很重了，但还不肯离开皇宫，最后病死在宫内办公的地方。临死前与房玄龄相抱诀别，说：“遗恨的是不能再侍奉皇上了。”

八月二十六日辛未，朝廷任命张士贵为龚州道行军总管，让他进攻反叛的僚人。

九月，山东、河南四十余州水，遣使赈之。

去岁所纵天下死囚凡三百九十人，无人督帅，皆如期自诣朝堂，无一人亡匿者；上皆赦之。

冬，十月，庚申，上还京师。

十一月，壬辰，以开府仪同三司长孙无忌为司空，无忌固辞，曰："臣忝预外戚，恐天下谓陛下为私。"上不许，曰："吾为官择人，惟才是与。苟或不才，虽亲不用，襄邑王神符是也；如其有才，虽雠不弃，魏徵等是也。今日所举，非私亲也。"

十二月，甲寅，上幸芙蓉园；丙辰，校猎少陵原。戊午，还宫，从上皇置酒故汉未央宫。上皇命突厥颉利可汗起舞，又命南蛮酋长冯智戴咏诗，既而笑曰："胡、越一家，自古未有也！"帝奉觞上寿曰："今四夷入臣，皆陛下教诲，非臣智力所及。昔汉高祖亦从太上皇置酒此宫，妄自矜大，臣所不取也。"上皇大悦。殿上皆呼万岁。

帝谓左庶子于志宁、右庶子杜正伦曰："朕年十八，犹在民间，民之疾苦情伪，无不知之。及居大位，区处世务，犹有差失。况太子生长深宫，百姓艰难，耳目所未涉，能无骄逸乎！卿等不可不极谏！"太子好嬉戏，颇亏礼法，志宁与右庶子孔颖达数直谏，上闻而嘉之，各赐金一斤，帛五百匹。

工部尚书段纶奏征巧工杨思齐，上令试之。纶使先造傀儡。上曰："得巧工庶供国事，卿令先造戏具，岂百工相戒无作淫巧之意邪！"乃削纶阶。

嘉、陵州獠反，命邗江府统军牛进达击破之。

上问魏徵曰："群臣上书可采，及召对多失次，何也？"对曰："臣观百司奏事，常数日思之，及至上前，三分不能道一。况谏者拂意触忌，非陛下借之辞色，岂敢尽其情哉！"上由是接群臣辞色愈温，尝曰："炀帝多猜忌，临朝对群臣多不语。朕则不然，与群臣相亲如一体耳。"

（以上为第四段，写唐太宗治国治家，十分注意亲善形象，尊礼太上皇，严教太子，愿与群臣亲如一体。）

九月，山东、河南四十多个州发生水灾，唐太宗派使臣前往赈济灾民。

上一年释放回家的死囚犯人共三百九十人，没有人监视率领，都按期限自己回到朝堂，没有一个人逃亡，唐太宗将他们全部赦免。

冬季，十月十六日庚申，唐太宗回到京都长安。

十一月十八日壬辰，朝廷任命开府仪同三司长孙无忌为司空，长孙无忌坚持推辞，说："我辱列于外戚之中，怕天下人说陛下出于私情才让我担任此职。"唐太宗不允许，说："我根据官职的需要来选择人才，唯才是举。如果没有才能，即使是亲属也不任用，如襄邑王李神符就是这样的人；如果他有才能，虽是仇人也不抛弃，如魏徵等人就是这种人。今日推举你担任司空，并不是出于私情。"

十二月十一日甲寅，唐太宗巡幸芙蓉园，十三日丙辰，到少陵原围猎。十五日戊午，回到宫中，在汉代未央宫旧址举行宴会侍奉太上皇。太上皇命令突厥颉利可汗离座起身跳舞，又命南蛮的酋长冯智戴吟咏诗赋，之后笑着说："胡人、越人成为一家人，这是自古以来没有的事！"唐太宗捧着酒杯为太上皇祝寿，说："如今四方民族都来京称臣，都是陛下教诲的结果，不是臣的智力所能做到的。从前汉高祖也曾在此宫中为他父亲太上皇摆酒祝寿，妄自尊大，臣不学他的这种做法。"太上皇大为高兴。殿堂上众人都高呼万岁。

唐太宗对左庶子于志宁、右庶子杜正伦说："朕十八岁的时候，还在民间，百姓的疾苦与心情真伪，没有不知道的。等到登基皇位，处理日常事务，还有失误。何况太子生长在深宫之中，百姓生活的艰难，他从未听到看见过，能不骄狂纵逸吗？你们不能不极力进谏！"太子喜好游戏玩耍，很不合乎礼法，于志宁与右庶子孔颖达多次直言劝谏，唐太宗知道后赞扬他们，各赐给黄金一斤、绢帛五百匹。

工部尚书段纶上奏请求征召巧匠杨思齐进宫，唐太宗命他试制器物。段纶让杨思齐先造一个木偶傀儡。唐太宗说："得到能工巧匠是让他为国家的需要制造器物，你让他先造游戏的玩具，这难道是各种工匠相互告诫不做淫巧之器的本意吗？"于是降低段纶的官阶。

嘉州、陵州的獠民造反，唐朝廷命令邗江府统军牛进达攻击打败他们。

唐太宗问魏徵："各位大臣的上书中有可取之处，等到召见时当面回答却大多语无伦次，是什么原因？"魏徵回答说："我观察各部门上奏言事，常常思考数天，等到了陛下面前，思考的内容却不能讲出三分之一。何况当面进谏的大臣与陛下的旨意不同而对陛下有所触犯，如果陛下不能对他们给予和悦的脸色和言辞，他们哪里敢完全说出自己的想法呢？"唐太宗从此之后接见大臣时语言脸色更加温和，曾说："隋炀帝对人多有猜忌，每次临朝与群臣见面时也经常不说话。朕就不是这样，与大臣们相互亲近如同一个人。"

八年（甲午，634年）

春，正月，癸未，突厥颉利可汗卒，命国人从其俗，焚尸葬之。

辛丑，行军总管张士贵讨东、西王洞反獠，平之。

上欲分遣大臣为诸道黜陟大使，未得其人；李靖荐魏徵。上曰："徵箴规朕失，不可一日离左右。"乃命靖与太常卿萧瑀等凡十三人分行天下，"察长吏贤不肖，问民间疾苦，礼高年，赈穷乏，起久淹，俾使者所至，如朕亲睹。"

三月，庚辰，上幸九成宫。

夏，五月，辛未朔，日有食之。

初，吐谷浑可汗伏允遣使入贡，未返，大掠鄯州而去。上遣使让之，征伏允入朝，称疾不至，仍为其子尊王求婚；上许之，令其亲迎，尊王又不至，乃绝婚，伏允又遣兵寇兰、廓二州。伏允年老，信其臣天柱王之谋，数犯边；又执唐使者赵德楷，上遣使谕之，十返；又引其使者，临轩亲谕以祸福，伏允终无悛心。六月，遣左骁卫大将军段志玄为西海道行军总管，左骁卫将军樊兴为赤水道行军总管，将边兵及契苾、党项之众以击之。

秋，七月，山东、河南、淮、海之间大水。

上屡请上皇避暑九成宫，上皇以隋文帝终于彼，恶之。冬，十月，营大明宫，以为上皇清暑之所。未成而上皇寝疾，不果居。

辛丑，段志玄击吐谷浑，破之，追奔八百余里，去青海三十余里，吐谷浑驱牧马而遁。

甲子，上还京师。

右仆射李靖以疾逊位，许之。十一月，辛未，以靖为特进，封爵如故，禄赐、吏卒并依旧给，俟疾小瘳，每三两日至门下、中书平章政事。

甲申，吐蕃赞普弃宗弄赞遣使入贡，仍请婚。吐蕃在吐谷浑西南，近世浸强，蚕食他国，土宇广大，胜兵数十万，然未尝通中国。其王称赞普，俗不言姓，王族皆曰论，宦族皆曰尚。弃宗弄赞有勇略，四邻畏

唐太宗贞观八年（甲午，634年）

春季，正月初十日癸未，突厥颉利可汗去世，唐太宗命令民众按照他们民族的习惯，焚尸后埋葬。

正月二十八日辛丑，行军总管张士贵讨伐东王洞、西王洞的反叛獠民，平定了叛乱。

唐太宗想要分派大臣担任诸道的黜陟大使，没有得到合适人选，李靖推荐魏徵。唐太宗说："魏徵针砭规劝朕的过失，一天也不能离开身边。"于是命令李靖与太常卿萧瑀等共十三人分别巡行全国各地，"考察地方长官是否贤明，询问民间疾苦，礼遇高寿的老人，赈济穷困百姓，起用埋没已久的人才，要求使者所到之处，如同朕亲自前往"。

三月初八日庚辰，唐太宗临幸九成宫。

夏季，五月初一日辛未，发生日食。

当初，吐谷浑可汗伏允派使节到唐朝进献贡品，未返回原地，到鄯州大肆抢掠然后离去。唐太宗派使臣斥责他们，征召伏允前来朝廷，伏允声称有病不来，仍然为他的儿子尊王向朝廷求婚，唐太宗准许了他的请求，让他亲自来朝廷迎亲，尊王又不来，于是断绝婚姻，伏允又派兵侵犯兰州、廓州。伏允年老，听信他的大臣天柱王的谋略，多次侵犯边境，又逮捕朝廷派来的使者赵德楷，唐太宗派使节进行告谕，前后派了十次使节，唐太宗又让吐谷浑使者到宫内殿前亲自向他进行告谕，伏允最终没有悔改之意。六月，唐朝廷派遣左骁卫大将军段志玄为西海道行军总管，左骁卫将军樊兴为赤水道行军总管，统率边防军队及契苾、党项的军队攻击吐谷浑。

秋季，七月，山东、河南、淮河至东海之间的地区发大水。

唐太宗多次请太上皇到九成宫避暑，太上皇因为隋文帝死在此宫，厌恶此地。冬季十月，营造大明宫，作为太上皇避暑的住所。未等修成，太上皇就得了重病，最终也未能住进去。

十月初二日辛丑，段志玄的军队攻击吐谷浑，大败其军队，对逃跑的敌军追击了八百多里，离青海只有三十多里。吐谷浑人驱赶牧马逃走。

十月二十五日甲子，唐太宗回到京城长安。

右仆射李靖因患病请求退职，唐太宗准许。十一月初三日辛未，加封李靖为特进，原有的封爵照旧保留，俸禄、所属官吏人员都按原职标准加以保留，等到病情稍有好转，每两三天到门下省和中书省参与办理政事。

十一月十六日甲申，吐蕃赞普弃宗弄赞派使臣进京献上贡品，同时请求通婚。吐蕃在吐谷浑的西南，近来国力渐强，侵吞蚕食周围小国，疆域广大，拥有强兵几十万，然而未曾与大唐来往交通。他们的国王称为赞普，他们风俗不称姓，王族都

之，上遣使者冯德遐往慰抚之。

丁亥，吐谷浑寇凉州。己丑，下诏大举讨吐谷浑。上欲得李靖为将，为其老，重劳之。靖闻之，请行；上大悦。十二月，辛丑，以靖为西海道行军大总管，节度诸军。兵部尚书侯君集为积石道、刑部尚书任城王道宗为鄯善道、凉州都督李大亮为且末道、岷州都督李道彦为赤水道、利州刺史高甑生为盐泽道行军总管，并突厥、契苾之众击吐谷浑。

（以上为第五段，写唐太宗派钦差专使巡视天下，察吏治，问民疾苦，大发兵征讨吐谷浑。）

帝聘隋通事舍人郑仁基女为充华，诏已行，册使将发，魏徵闻其尝许嫁士人陆爽，遽上表谏。帝闻之，大惊，手诏深自克责，命停册使。房玄龄等奏称："许嫁陆氏，无显状，大礼既行，不可中止。"爽亦表言初无婚姻之议。帝谓徵曰："群臣或容希合；爽亦自陈，何也？"对曰："彼以为陛下外虽舍之，或阴加罪谴，故不得不然。"帝笑曰："外人意或当如是。朕之言未能使人必信如此邪！"

中牟丞皇甫德参上言："修洛阳宫，劳人；收地租，厚敛；俗好高髻，盖宫中所化。"上怒，谓房玄龄等曰："德参欲国家不役一人，不收斗租，宫人皆无发，乃可其意邪！"欲治其谤讪之罪。魏徵谏曰："贾谊当汉文帝时上书，云'可为痛哭者一，可为流涕者二。'自古上书不激切，不能动人主之心，所谓狂夫之言，圣人择焉，唯陛下裁察！"上曰："朕罪斯人，则谁敢复言！"乃赐绢二十匹。他日，徵奏言："陛下近日不好直言，虽勉强含容，非曩时之豁如。"上乃更加优赐，拜监察御史。

中书舍人高季辅上言："外官卑品，犹未得禄，饥寒切身，难保清白。今仓廪浸实，宜量加优给，然后可责以不贪，严设科禁。又，密王元晓等皆陛下之弟，比见帝子拜诸叔，叔皆答拜，紊乱昭穆，宜训之以礼。"书奏，上善之。

叫作论，官僚家族都称为尚。弃宗弄赞有勇气和谋略，四方邻国都畏惧他。唐太宗派使者冯德遐前往吐蕃安抚慰问。

十一月十九日丁亥，吐谷浑侵犯凉州。十一月二十一日己丑，唐太宗下诏发兵大举讨伐吐谷浑。唐太宗想让李靖作为统率出征军队的将领，因为他已年老，担心无法承受辛劳。李靖听说后，就请求出征，唐太宗大为高兴。十二月初三日辛丑，任命李靖为西海道行军大总管，节制统率各路兵马。任命兵部尚书侯君集为积石道行军总管、刑部尚书任城王李道宗为鄯善道行军总管、凉州都督李大亮为且末道行军总管、岷州都督李道彦为赤水道行军总管、利州刺史高甑生为盐泽道行军总管，合并突厥、契苾的兵马攻击吐谷浑。

唐太宗聘娶隋朝通事舍人郑仁基的女儿为后宫的充华，诏令已发出，册封的使者将要出发，魏徵听说她曾许诺嫁给士人陆爽，立即上表劝谏。唐太宗听说了，大为惊讶，亲手书写诏令深加自责，下令册封使停止出发。房玄龄等人上奏说："许诺嫁给陆氏，没有明文的文书，册封的大礼已经施行，不能中止。"陆爽也上表说当初没有提过与郑氏女结婚。唐太宗对魏徵说："诸位大臣或许是迎合旨意，但陆爽本人也自己说明情况，这是什么原因？"魏徵回答说："他认为陛下表面上虽然已经放弃不聘，或许暗地里又要加罪于他，所以不得不这样说。"唐太宗笑着说："外人对此或许会这样想，但朕的话未能使人一定相信会是这样的吗？"

中牟县丞皇甫德参上书说："修筑洛阳宫殿，使百姓疲劳，收地租，过多聚敛，女人的风俗，喜好把头发扎成高髻，这是受宫中女人习俗的影响。"唐太宗发怒，对房玄龄等人说："德参想让国家不役使一个人，不收一斗地租，宫中女人都不留发，这样才合乎他的心意吗？"想要把他定为诽谤罪。魏徵劝谏说："贾谊在汉文帝的时候上书，说'可以为它痛哭的事情有一件，可以为它流泪的事情有两件。'自古以来的上书，如果言辞不激烈，就不能打动君王的心，这就是所谓的狂夫之言，圣人要加以选择，只在于陛下的明察裁断。"唐太宗说："朕对这个人治罪，那么谁还敢再说话呢！"于是赐给皇甫德参二十匹绢。另一天，魏徵上奏说："陛下近来不喜欢直言，虽然对直言勉强能加以容忍，但已不是以前那种豁然的态度了。"唐太宗于是对皇甫德参另加优厚的赏赐，任命他为监察御史。

中书舍人高季辅上书说："京城之外的地方官员品阶低微，还没有得到俸禄，切身的生活又饥又寒，难以保证做官清白。如今国家府库逐渐充实，应当酌量给予优厚待遇，然后可以要求他们不贪，严格制定各种规章和禁令。此外，密王李元晓等人都是陛下的弟弟，近来看到皇子参拜各位皇叔，皇叔都要回拜答谢，这就紊乱了昭穆的辈分与礼仪，应当用礼仪制度训导他们。"上书呈给唐太宗，唐太宗认为所言

西突厥咄陆可汗卒，其弟同娥设立，是为沙钵罗咥利失可汗。

（以上为第六段，写魏徵、高季辅直谏唐太宗抑制私欲，不娶已聘之女，不嗔怒，以礼训皇子，唐太宗皆纳之。）

九年（乙未，635 年）

春，正月，党项先内属者皆叛归吐谷浑。三月，庚辰，洮州羌叛入吐谷浑，杀刺史孔长秀。

壬辰，赦天下。

乙酉，盐泽道行军总管高甑生击叛羌，破之。

庚寅，诏民赀分三等，未尽其详，宜分九等。

上谓魏徵曰："齐后主、周天元皆重敛百姓，厚自奉养，力竭而亡。譬如馋人自啖其肉，肉尽而毙，何其愚也！然二主孰为优劣？"对曰："齐后主懦弱，政出多门；周天元骄暴，威福在己；虽同为亡国，齐主尤劣也。"

夏，闰四月，癸酉，任城王道宗败吐谷浑于库山。吐谷浑可汗伏允悉烧野草，轻兵走入碛。诸将以为"马无草，疲瘦，未可深入。"侯君集曰："不然。向者段志玄军还，才及鄯州，虏已至其城下。盖虏犹完实，众为之用故也。今一败之后，鼠逃鸟散，斥候亦绝，君臣携离，父子相失，取之易于拾芥，此而不乘，后必悔之。"李靖从之。中分其军为两道：靖与薛万均、李大亮由北道，君集与任城王道宗由南道。戊子，靖部将薛孤儿败吐谷浑于曼头山，斩其名王，大获杂畜，以充军食。癸巳，靖等败吐谷浑于牛心堆，又败诸赤水源。侯君集、任城王道宗引兵行无人之境二千余里，盛夏降霜，经破逻真谷，其地无水，人龁冰，马啖雪。五月，追及伏允于乌海，与战，大破之，获其名王。薛万均、薛万徹又败天柱王于赤海。

太上皇自去秋得风疾，庚子，崩于垂拱殿。甲辰，群臣请上准遗诰视军国大事，上不许。乙巳，诏太子承乾于东宫平决庶政。

很好。

西突厥咄陆可汗去世，他的弟弟同娥设立为可汗，这就是沙钵罗咥利失可汗。

唐太宗贞观九年（乙未，635年）

春季，正月，党项已经归附唐朝的部族全都叛逃投奔吐谷浑。三月十四日庚辰，洮州羌族人反叛，逃进吐谷浑地区，杀掉了洮州刺史孔长秀。

[三月十六日壬午]，全国实行大赦。

三月十九日乙酉，盐泽道行军总管高甑生攻击叛乱的羌人，打败他们。

三月二十四日庚寅，唐太宗下诏认为以前把百姓的财产分为三等，还不够详尽准确，应当分为九等，原来的三等中，分别再分出上中下三等。

唐太宗对魏徵说："齐后主、周天元都过重地搜刮百姓，全都用来奉养自己，直到民力衰竭而亡国。好比嘴馋的人吃自己身上的肉，肉吃光了就毙命，多么愚蠢啊！然而这两位君主相比，谁优谁劣呢？"魏徵回答说："齐后主性格懦弱，国家的政务分由多人掌管，周天元骄横暴虐，赏罚大权全掌握在自己手中，二人虽然同为亡国之君，但相比之下齐后主就特别劣等。"

夏季，闰四月初八日癸酉，任城王李道宗在库山击败吐谷浑军队。吐谷浑可汗伏允把野草全部烧光，率轻骑兵逃入大沙漠。唐朝众位将领认为"马没有草可吃，非常疲劳瘦弱，不可深入沙漠"。侯君集说："不是这样，从前段志玄军队撤回时，才走到鄯州，吐谷浑士兵已经到了城下。这是因为当时吐谷浑还完整而强大，其他部族都还肯为他效力。如今敌军在战败之后，如同鼠逃鸟散，他们的侦察哨兵也完全绝迹，君臣之间互相离心而不和，父子相互失散而不能见面，现在消灭他们如同拾起地上的芥草，此时若不乘胜追击，以后必定后悔。"李靖听从了他的意见。把全部军队分作两路：李靖与薛万均、李大亮从北路进军，侯君集与任城王李道宗从南路进军。二十三日戊子，李靖手下将领薛孤儿在曼头山大败吐谷浑，斩杀他们的名王，俘获大批牲畜，用作军队的食物。二十八日癸巳，李靖等人在牛心堆打败吐谷浑，又在赤水源再次打败吐谷浑。侯君集、任城王李道宗率军在没有人烟的地区行军二千余里，盛夏季节天降霜雪，经过破逻真谷，此地没有水，人吃冰，马吃雪。五月，在乌海追上伏允，与他展开作战，大败伏允，俘获其著名首领。薛万均、薛万徹又在赤海打败天柱王。

太上皇李渊从去年秋天中风，五月初六日庚子，在垂拱殿驾崩。五月初十日甲辰，群臣请求唐太宗遵照太上皇的遗嘱治理军国大政，不要为丧事分心，唐太宗没

赤水之战，薛万均、薛万徹轻骑先进，为吐谷浑所围，兄弟皆中枪，失马步斗，从骑死者什六七，左领军将军契苾何力将数百骑救之，竭力奋击，所向披靡，万均、万徹由是得免。李大亮败吐谷浑于蜀浑山，获其名王二十人。将军执失思力败吐谷浑于居茹川。李靖督诸军经积石山河源，至且末，穷其西境。闻伏允在突伦川，将奔于阗，契苾何力欲追袭之，薛万均惩其前败，固言不可。何力曰："虏非有城郭，随水草迁徙，若不因其聚居袭取之，一朝云散，岂得复倾其巢穴邪！"自选骁骑千余，直趣突伦川，万均乃引兵从之。碛中乏水，将士刺马血饮之。袭破伏允牙帐，斩首数千级，获杂畜二十余万，伏允脱身走，俘其妻子。侯君集等进逾星宿川，至柏海，还与李靖军合。

大宁王顺，隋氏之甥、伏允之嫡子也，为侍中于隋，久不得归，伏允立侍子为太子，及归，意常怏怏。会李靖破其国，国人穷蹙，怨天柱王；顺因众心，斩天柱王，举国请降。伏允帅千余骑逃碛中，十余日，众散稍尽，为左右所杀。国人立顺为可汗。壬子，李靖奏平吐谷浑。乙卯，诏复其国，以慕容顺为西平郡王、趉故吕乌甘豆可汗。上虑顺未能服其众，仍命李大亮将精兵数千为其声援。

（以上为第七段，写太上皇李渊崩殂。唐军大破吐谷浑。）

六月，己丑，群臣复请听政，上许之，其细务仍委太子，太子颇能听断。是后上每出行幸，常令居守监国。

秋，七月，庚子，盐泽道行军副总管刘德敏击叛羌，破之。

丁巳，诏："山陵依汉长陵故事，务存隆厚。"期限既促，功不能及。秘书监虞世南上疏，以为："圣人薄葬其亲，非不孝也，深思远虑，以厚葬适足为亲之累，故不为耳。昔张释之有言：'使其中有可欲，虽锢南山犹有隙。'刘向言：'死者无终极而国家有废兴，释之之言，为无穷计也。'

有答应。十一日乙巳，唐太宗下诏让太子李承乾在东宫处理日常政务。

赤水源一战，薛万均、薛万徹率轻骑兵首先进军，被吐谷浑包围，兄弟二人都被枪刺中，跌下战马，又徒步搏斗，随从的骑兵死伤了十分之六七，左领军将军契苾何力率数百骑兵进行救援，竭力奋勇拼杀，所向披靡，薛万均、薛万徹因此得以不被敌人杀死。李大亮在蜀浑山打败吐谷浑，俘获其著名首领二十人。将军执失思力在居茹川打败吐谷浑。李靖率领各路军马经过积石山的大河起源处，到达且末，追赶到吐谷浑的西部边境。听说伏允在突伦川，将要逃奔到于阗，契苾何力想要追赶继续攻击，薛万均以前次的失败作为教训，坚持说不可追击。契必何力说："吐谷浑从不修建城郭定居其中，而是跟着水草不断迁移流动，如果不趁他们聚居在一起时袭击消灭他们，一旦他们如云一样分散各方，怎能还有机会捣毁他们的老巢呢？"于是亲自挑选骁勇骑兵一千多人，直接向突伦川进军，薛万均于是率兵跟随进军。沙漠中缺水，将士们刺伤马匹喝马血。唐朝军队袭击并打败伏允的牙帐，斩首几千颗，俘获各类牲畜二十多万头，伏允只身脱逃，唐军俘获了他的妻子儿女，侯君集等人进军穿越星宿川，到达柏海，返回与李靖的部队会合。

大宁王慕容顺是隋炀帝的外甥，伏允的嫡生子，在隋朝作为人质侍奉隋炀帝，很久不能回归吐谷浑，这期间伏允立另一个儿子为太子，等到慕容顺回到吐谷浑，心情经常闷闷不乐。正好此时李靖攻破吐谷浑，吐谷浑人走投无路，都怨恨天柱王，慕容顺于是利用民心，杀掉天柱王，率全国请求投降。伏允率一千多骑兵逃到沙漠中，十多天后，随从的骑兵几乎全部逃走，伏允被身边的随从杀死。吐谷浑人于是拥立慕容顺为可汗。五月十八日壬子，李靖上奏报告已经平定了吐谷浑。二十一日乙卯，唐太宗下诏恢复吐谷浑政权，任命慕容顺为西平郡王、趉故吕乌甘豆可汗。唐太宗考虑到慕容顺还不能让他的部众完全服从，仍令李大亮率精兵数千人作为慕容顺的声援。

六月二十五日己丑，群臣再次请求唐太宗临朝听政，唐太宗答应了，但琐细的政务仍委托太子进行处理，太子颇能听取政事汇报并做出自己的裁断。从此以后唐太宗每次出外巡幸，经常令太子留守京城监理国事。

秋季，七月初七日庚子，盐泽道行军副总管刘德敏进攻反叛的羌人，打败了他们。

七月十二日丁巳，唐太宗下诏："太上皇的陵墓依照以往汉高祖长陵的制度与规模，务必做到陵墓又高又厚。"修建陵墓的期限已经紧迫，工程不能如期完成。秘书监虞世南上奏疏，认为："圣人对他的亲属采取薄葬，这不是不孝，而是经过深思熟虑，认为厚葬反而足以成为亲人的累赘，所以圣人不采取厚葬。过去汉朝的张释之

其言深切，诚合至理。伏惟陛下圣德度越唐、虞，而厚葬其亲乃以秦、汉为法，臣窃为陛下不取。虽复不藏金玉，后世但见丘垄如此其大，安知无金玉邪！且今释服已依霸陵，而丘垄之制独依长陵，恐非所宜。伏愿依《白虎通》为三仞之坟，器物制度，率皆节损，仍刻石立之陵旁，别书一通，藏之宗庙，用为子孙永久之法。”疏奏，不报。世南复上疏，以为：“汉天子即位即营山陵，远者五十余年；今以数月之间为数十年之功，恐于人力有所不逮。”上乃以世南疏授有司，令详处其宜。房玄龄等议，以为：“汉长陵高九丈，原陵高六丈，今九丈则太崇，三仞则太卑，请依原陵之制。”从之。

辛亥，诏：“国初草创，宗庙之制未备，今将迁祔，宜令礼官详议。”谏议大夫朱子奢请立三昭三穆而虚太祖之位。于是增修太庙，祔弘农府君及高祖并旧神主四为六室。房玄龄等议以凉武昭王为始祖。左庶子于志宁议以为武昭王非王业所因，不可为始祖；上从之。

党项寇叠州。

李靖之击吐谷浑也，厚赂党项，使为乡导。党项酋长拓跋赤辞来，谓诸将曰：“隋人无信，喜暴掠我。今诸军苟无异心，我请供其资粮；如或不然，我将据险以塞诸军之道。”诸将与之盟而遣之。赤水道行军总管李道彦行至阔水，见赤辞无备，袭之，获牛羊数千头。于是群羌怨怒，屯野狐峡，道彦不得进；赤辞击之，道彦大败，死者数万，退保松州。左骁卫将军樊兴逗遛失军期，士卒失亡多。乙卯，道彦、兴皆坐减死徙边。

曾说过：‘如果陵墓中有让人很想得到的金玉宝货，即使浇铸了铜铁来封住南山，也还是有缝隙可钻的。’汉代的刘向也说：‘死亡的人是无穷无尽的，而国家会有兴盛和衰弱的变化，张释之说的话，是为国家做长远的打算。’他们的话非常深刻，的确合乎至理名言。臣希望陛下的圣德超过唐尧、虞舜，而厚葬亲人却是以秦、汉为榜样，臣个人的意见不同意陛下采取这种做法。虽然不再在陵墓中埋藏金玉，后代的人看见陵墓的封土丘垄如此高大，怎么知道里面没有金玉呢？而且如今陛下服丧的天数已经依照为汉文帝服丧的规格，三十七天后就脱下丧服，可是陵墓的制度却单要依照汉高祖长陵的规格，恐怕这也不是适宜的。臣希望陛下依照《白虎通》的规定，为太上皇建造三仞高的陵墓，陵墓中使用的器物制度，全都有所节省削减，仍然雕刻石碑立在陵墓旁边，另外把碑文书写一幅，收藏在宗庙内，用作后代子孙永久遵守的制度。”上疏奏上以后，唐太宗没有回答。虞世南再次上疏，认为：“汉代的帝王即位后就营造自己的陵墓，时间长的达五十多年，现在用几个月的时间来完成几十年的工程，恐怕在人力上有做不到的地方。”唐太宗于是把虞世南的奏疏授给有关部门，命令他们详细商议如何处理为宜。房玄龄等人建议，认为：“汉高祖的长陵高九丈，汉光武帝的原陵高六丈，现在如果建陵墓高九丈就太高了，如果只有三仞高，就又太低矮，请求依照原陵六丈的制度。”唐太宗听从了这个意见。

七月十八日辛亥，唐太宗下诏：“建国之初典章制度处于草创阶段，宗庙的制度尚未完备，如今要将太上皇的神主迁入宗庙，应当让礼部官员详细商议。”谏议大夫朱子奢请求在宗庙中设立三昭三穆而空出太祖的神位。于是对太庙进行增修，加上远祖弘农府君重耳和高祖以及原来的宣简公、懿王、景皇帝、元皇帝的四个神主而成为六个神主之室。房玄龄等人提议以凉武昭王李暠为始祖。左庶子于志宁认为武昭王不是帝王之业的直接起源，不能作为始祖，唐太宗听从了这个意见。

党项族进犯叠州。

李靖在进攻吐谷浑时，曾对党项进行重金贿赂，让他们为唐军当向导。党项酋长拓跋赤辞来到军中，对诸位将领说：“隋朝人不讲信用，喜欢暴虐地劫掠我们。如今你们的各路兵马如没有害我之心，我就请求供给你们粮草，如果不能同意这个请求，我们将要占据险要之地阻挡你们进军的道路。”诸位将领与他订立盟约然后放他回去。赤水道行军总管李道彦行军到达阔水，见拓跋赤辞没有防备，于是偷袭他，俘获了几千头牛羊。于是各部落的羌族人都对唐军怨恨愤怒，他们驻扎在野狐峡，李道彦的部队无法前进，拓跋赤辞袭击李道彦，李道彦大败，士兵战死数万人，于是撤退到松州进行防守。左骁卫将军樊兴因为进军缓慢而耽误了进军的期限，许多士兵逃亡失散。七月二十二日乙卯，李道彦、樊兴都被定罪，由死刑降一等流放到边远地区。

上遣使劳诸将于大斗拔谷，薛万均排毁契苾何力，自称己功。何力不胜忿，拔刀起，欲杀万均，诸将救止之。上闻之，以让何力，何力具言其状，上怒，欲解万均官以授何力，何力固辞，曰："陛下以臣之故解万均官，群胡无知，以陛下为重胡轻汉，转相诬告，驰竞必多。且使胡人谓诸将皆如万均，将有轻汉之心。"上善之而止。寻令宿卫北门，检校屯营事，尚宗女临洮县主。

岷州都督、盐泽道行军总管高甑生后军期，李靖按之。甑生恨靖，诬告靖谋反，按验无状。八月，庚辰，甑生坐减死徙边。或言："甑生，秦府功臣，宽其罪。"上曰："甑生违李靖节度，又诬其反，此而可宽，法将安施！且国家自起晋阳，功臣多矣，若甑生获免，则人人犯法，安可复禁乎！我于旧勋，未尝忘也，为此不敢赦耳。"李靖自是阖门杜绝宾客，虽亲戚不得妄见也。

上欲自诣园陵，群臣以上哀毁羸瘠，固谏而止。

冬，十月，乙亥，处月初遣使入贡。处月、处密，皆西突厥之别部也。

庚寅，葬太武皇帝于献陵，庙号高祖；以穆皇后祔葬，加号太穆皇后。

十一月，庚戌，诏议于太原立高祖庙。秘书监颜师古议，以为："寝庙应在京师，汉世郡国立庙，非礼。"乃止。

戊午，以光禄大夫萧瑀为特进，复令参预政事。上曰："武德六年以后，高祖有废立之心而未定，我不为兄弟所容，实有功高不赏之惧。斯人也，不可以利诱，不可以死胁，真社稷臣也！"因赐瑀诗曰："疾风知劲草，板荡识诚臣。"又谓瑀曰："卿之忠直，古人不过；然善恶太明，亦有时而失。"瑀再拜谢。魏徵曰："瑀违众孤立，唯陛下知其忠劲，向不遇圣明，求免难矣！"

唐太宗派使节在大斗拔谷慰劳诸位将领，薛万均诋毁契苾何力，自称自己作战有功。契苾何力非常气愤，拔刀而起，要杀掉薛万均，诸位将领救下薛万均，制止住契苾何力。唐太宗听说后，责怪契苾何力，契苾何力详细说明当时的情况，唐太宗发怒，要解除薛万均的官职而授给契苾何力，契苾何力坚决推辞，说："陛下由于我的缘故而解除薛万均的官职，那些胡人官员不知详情，以为陛下重视胡人而轻视汉人，这样转相诬告起来，争功的事情必定很多。而且使胡人认为将领们都如薛万均一样，这样他们就将会有轻视汉人的想法。"唐太宗认为他说得好就不再解除薛万均的官职。不久唐太宗让契苾何力守卫玄武门，检校屯营事务。又将宗室的女儿临洮县主嫁给他。

岷州都督、盐泽道行军总管高甑生延误了作战的期限，李靖审查他的罪过。高甑生仇恨李靖，诬告李靖谋反，审查验实之后没有证据。八月十七日庚辰，高甑生被判处有罪，由死刑降一等流放到边远地区。有人说："高甑生是当年秦王府的功臣，应该宽宥他的罪过。"唐太宗说："甑生违背了李靖的部署安排，又诬告李靖谋反，这种事都可以宽恕，那么法律将如何执行？而且国家当年从晋阳开始起兵以来，功臣有很多了，如果高甑生获得赦免，那么人人都会犯法，又怎能够再来禁止呢？朕对以前的有功之臣，未曾忘记，正因如此才不敢宽赦他。"李靖从此以后关门谢绝宾客来访，即使是亲戚也不能随便见面。

唐太宗想亲自前去太上皇的陵园，大臣们认为唐太宗过于哀伤悲痛而使身体瘦弱，坚持谏阻，唐太宗这才停止不去。

冬季，十月十二日乙亥，处月第一次派遣使节入京进献贡品。处月、处密都是西突厥的别部。

十月二十七日庚寅，安葬太武皇帝李渊在献陵，庙号为高祖，把穆皇后附葬在献陵中，增加谥号为太穆皇后。

十一月十八日庚戌，唐太宗下诏让大臣们商议在太原设立高祖庙的事，秘书监颜师古提出看法，认为："寝庙应设立在京城，汉代在各个郡国设立宗庙，不合乎礼仪。"于是停止在太原建立宗庙。

十一月二十六日戊午，为光禄大夫萧瑀加官特进，又命他参与朝廷的政事。唐太宗说："武德六年以后，高祖有废立太子的想法但没有确定下来，当时朕不能被兄弟容纳，确实有功高无法给予赏赐的忧虑。萧瑀这个人，用利益不能引诱他，用死亡不能威胁他，真是社稷的功臣！"于是赐给萧瑀一首诗，诗中说："疾风知劲草，板荡识诚臣。"又对萧瑀说："你的忠诚正直，古人也超不过你，然而对事物是善是恶的态度过于鲜明，有时也出现差错。"萧瑀多次下拜感谢。魏徵说："萧瑀违背众人的想法而受到孤立，只有陛下了解他的忠诚和坚定，如果以前不是遇到了圣明的

特进李靖上书，请依遗诰，御常服，临正殿；弗许。

吐谷浑甘豆可汗久质中国，国人不附，竟为其下所杀。子燕王诺曷钵立。诺曷钵幼，大臣争权，国中大乱。十二月，诏兵部尚书侯君集等将兵援之；先遣使者谕解，有不奉诏者，随宜讨之。

（以上为第八段，写唐太宗依汉光武帝原陵规制葬唐高祖，既非厚葬，亦非薄葬，以及处置唐军征伐吐谷浑善后事宜。）

十年（丙申，636年）

春，正月，甲午，上始亲听政。

辛丑，以突厥拓设阿史那社尔为左骁卫大将军。社尔，处罗可汗之子也，年十一，以智略闻。可汗以为拓设，建牙于碛北，与欲谷设分统敕勒诸部，居官十年，未尝有所赋敛。诸设或鄙其不能为富贵，社尔曰："部落苟丰，于我足矣。"诸设惭服。及薛延陀叛，攻破欲谷设，社尔兵亦败，将其余众走保西陲。颉利可汗既亡，西突厥亦乱，咄陆可汗兄弟争国。社尔诈往降之，引兵袭破西突厥，取其地几半，有众十余万，自称答布可汗。社尔乃谓诸部曰："首为乱破我国者，薛延陀也，我当为先可汗报仇击灭之。"诸部皆谏曰："新得西方，宜且留镇抚。今遽舍之远去，西突厥必来取其故地。"社尔不从，击薛延陀于碛北，连兵百余日。会咥利失可汗立，社尔之众苦于久役，多弃社尔逃归。薛延陀纵兵击之，社尔大败，走保高昌，其旧兵在者才万余家，又畏西突厥之逼，遂帅众来降。敕处其部落于灵州之北，留社尔于长安，尚皇妹南阳长公主，典屯兵于苑内。

（以上为第九段，写突厥拓设社尔部归附唐朝。）

癸丑，徙赵王元景为荆王，鲁王元昌为汉王，郑王元礼为徐王，徐王元嘉为韩王，荆王元则为彭王，滕王元懿为郑王，吴王元轨为霍王，豳王元凤为虢王，陈王元庆为道王，魏王灵夔为燕王，蜀王恪为吴王，越王泰为魏王，燕王祐为齐王，梁王愔为蜀王，郯王恽为蒋王，汉王贞为越王，申王慎为纪王。

天子，要想不被人治罪是很难的。”

特进李靖上书给唐太宗，请求唐太宗依照太上皇的遗嘱，穿戴平时的正常官服，登上正殿听政，唐太宗不答应。

吐谷浑甘豆可汗因为长时间在中原做人质而不在国内，因此他当了可汗后国内的人们并不服从他，最后被他的手下杀死。他的儿子燕王诺曷钵继立为可汗。诺曷钵年幼，大臣们争权夺势，国内一片混乱。十二月，唐太宗诏令兵部尚书侯君集等人率军救援，先派出使者到吐谷浑进行宣谕劝解，如有不听从诏令的，根据当时情况进行讨伐。

唐太宗贞观十年（丙申，636年）

春季，正月初三日甲午，唐太宗开始亲自处理朝廷政务。

正月初十日辛丑，唐太宗任命突厥拓设阿史那社尔为左骁卫大将军。社尔是处罗可汗的儿子，年仅十一岁时就以智谋闻名。处罗可汗任命社尔为拓设，在漠北建立牙帐，与欲谷设分别统辖敕勒各部落，担任拓设十年，不曾征收赋税。其他的拓设中间有人鄙视他不能使自己富贵，社尔说：“部落如果丰足了，我就满足了。”这些拓设都惭愧而心服，等到薛延陀叛乱，攻击打败欲谷设，社尔的军队也战败，率领他的余部撤到西部边境进行防守。颉利可汗灭亡后，西突厥也发生混乱，咄陆可汗兄弟争夺君位。社尔假装前往投降，领兵打败西突厥，占领了他们一半的土地，拥兵十多万，自称答布可汗。社尔于是对各部落说：“最先造成我国乱亡的，是薛延陀，我应当为先人可汗报仇去攻击消灭他们。”各部落都劝阻他说：“我们刚刚得到西边一块地盘，应当暂且留在这里镇守安抚。如今突然舍掉这块地盘远去进攻薛延陀，西突厥必然要来夺取他们的故地。”社尔不听众人的意见，在漠北袭击薛延陀部，战斗持续一百多天。正好此时咥利失可汗即位，社尔的部下因长久外出作战而感到辛苦，大多抛弃社尔逃回。薛延陀发兵攻击，社尔大败，逃到高昌进行防守，他原来的部属此时只有一万多家，又畏惧西突厥的进逼，于是率领部下前来投降唐朝。唐太宗下令让他的部落居住在灵州的北面，把社尔留在长安，又把皇妹南阳长公主嫁给他为妻，让他在皇苑内典领驻军。

正月二十二日癸丑，把赵王李元景迁为荆王，鲁王李元昌迁为汉王，郑王李元礼迁为徐王，徐王李元嘉迁为韩王，荆王李元则迁为彭王，滕王李元懿迁为郑王，吴王李元轨迁为霍王，豳王李元凤迁为虢王，陈王李元庆迁为道王，魏王李灵夔迁为燕王，蜀王李恪迁为吴王，越王李泰迁为魏王，燕王李祐迁为齐王，梁王李愔迁为蜀王，郯王李恽迁为蒋王，汉王李贞迁为越王，申王李慎迁为纪王。

二月，乙丑，以元景为荆州都督，元昌为梁州都督，元礼为徐州都督，元嘉为潞州都督，元则为遂州都督，灵夔为幽州都督，恪为潭州都督，泰为相州都督，祐为齐州都督，愔为益州都督，恽为安州都督，贞为扬州都督。泰不之官，以金紫光禄大夫张亮行都督事。上以泰好文学，礼接士大夫，特命于其府别置文学馆，听自引召学士。

三月，丁酉，吐谷浑王诺曷钵遣使请颁历，行年号，遣子弟入侍，并从之。丁未，以诺曷钵为河源郡王、乌地也拔勤豆可汗。

癸丑，诸王之藩，上与之别曰："兄弟之情，岂不欲常共处邪！但以天下之重，不得不尔。诸子尚可复有，兄弟不可复得。"因流涕呜咽不能止。

夏，六月，壬申，以温彦博为右仆射，太常卿杨师道为侍中。

侍中魏徵屡以目疾求为散官，上不得已，以徵为特进，仍知门下事，朝章国典，参议得失，徒流以上罪，详事闻奏；其禄赐、吏卒并同职事。

长孙皇后性仁孝俭素，好读书，常与上从容商略古事，因而献替，裨益弘多。上或以非罪谴怒宫人，后亦阳怒，请自推鞫，因命囚系，俟上怒息，徐为申理，由是宫壸之中，刑无枉滥。豫章公主早丧其母，后收养之，慈爱逾于所生。妃嫔以下有疾，后亲抚视，辍己之药膳以资之，宫中无不爱戴。训诸子，常以谦俭为先，太子乳母遂安夫人尝白后，以东宫器用少，请奏益之。后不许，曰："为太子，患在德不立，名不扬，何患无器用邪！"

上得疾，累年不愈，后侍奉，昼夜不离侧。常系毒药于衣带，曰："若有不讳，义不独生。"后素有气疾，前年从上幸九成宫，柴绍等中夕告变，上擐甲出阁问状，后扶疾以从，左右止之，后曰："上既震惊，吾何心自安！"由是疾遂甚。太子言于后曰："医药备尽而疾不瘳，请奏赦罪人及度人入道，庶获冥福。"后曰："死生有命，非智力所移。若为善有

二月初四日乙丑，唐太宗任命李元景为荆州都督，李元昌为梁州都督，李元礼为徐州都督，李元嘉为潞州都督，李元则为遂州都督，李灵夔为幽州都督，李恪为潭州都督，李泰为相州都督，李祐为齐州都督，李愔为益州都督，李恽为安州都督，李贞为扬州都督。李泰不到相州上任，任命金紫光禄大夫张亮为相州府长史代替李泰执行都督的职责。唐太宗认为李泰喜好文学，以礼节对待士大夫，特命他在魏王府另外设置文学馆，听任他自行引见召集学士。

三月初七日丁酉，吐谷浑王诺曷钵派遣使节前来请求颁发历法和年号，并派王族子弟来长安为人质侍奉唐太宗，唐太宗允许了这些请求。十七日丁未，册封诺曷钵为河源郡王、乌地也拔勤豆可汗。

三月二十三日癸丑，各位亲王前往各地的王府，唐太宗与他们告别说："我们兄弟的情谊，难道不想经常一起相处吗？只是因为天下是更重要的，才不得不这样做。各位儿子没有了还可以再有，兄弟不在了就不能再有了。"于是痛哭流涕不能停止。

夏季，六月十四日壬申，任命温彦博为尚书右仆射，太常卿杨师道为侍中。

侍中魏徵屡次因为眼病请求改任散官，唐太宗不得已，把他改任为特进，仍然让他参与门下省的政事，朝廷的奏章，国家的典仪，都要他参与商议其中的得失，流放、徒刑以上的罪刑，也让他详细了解并且可以上书奏议，他的俸禄和赏赐以及下属的吏卒等都与没有解职以前相同。

长孙皇后的性格仁义孝敬而且节俭朴素，爱好读书，经常和唐太宗从容地讨论古代的事情，因此对唐太宗提供了许多意见和建议，对唐太宗有许多帮助。唐太宗有一次责备一个无罪的宫女并且发怒，皇后也假装发怒，请求亲自审查讯问，于是命人把宫女捆绑关押起来，等到唐太宗的怒气平息了，才慢慢为她申诉道理，从此之后皇宫之中，用刑没有出现冤枉和滥用。豫章公主早年丧母，皇后收养了她，对她的慈爱胜过了亲生的女儿。皇宫之内自妃嫔以下有人生病，皇后都亲自慰问和探视，并停下自己服用的药物和饮食来让生病的人服用，宫中没有人不爱戴皇后的。皇后教育各位皇子，常常以谦虚节俭为首要内容。太子的乳母遂安夫人曾对皇后说，认为东宫的器物用具太少，请求皇后奏请唐太宗增加器物用具。皇后不允许，说："身为太子，担心的事是自己的品德没有建立起来，声名没有传扬出去，哪里要担心没有器物用具呢？"

唐太宗患有疾病，多年不能治愈，皇后侍候照顾他，昼夜不离开身边。经常把毒药系在衣带上，说："皇上如有不测，按照道义我也不能一个人活下去。"皇后一直患有气喘病，前一年跟从唐太宗巡幸九成宫。柴绍等人深夜禀报发生事变，唐太宗身穿铠甲走出宫阁询问情况，皇后抱病跟随出来，身边的人让皇后不要出去，皇后说："皇上已然震惊，我自己的心情怎能安定！"于是病情加重。太子对皇后说：

福，则吾不为恶；如其不然，妄求何益！赦者国之大事，不可数下。道、释异端之教，蠹国病民，皆上素所不为，奈何以吾一妇人使上为所不为乎！必行汝言，吾不如速死！”太子不敢奏，私以语房玄龄，玄龄白上，上哀之，欲为之赦，后固止之。

及疾笃，与上诀。时房玄龄以谴归第，后言于帝曰：“玄龄事陛下久，小心慎密，奇谋秘计，未尝宣泄，苟无大故，愿勿弃之。妾之本宗，因缘葭莩以致禄位，既非德举，易致颠危，欲使其子孙保全，慎勿处之权要，但以外戚奉朝请足矣。妾生无益于人，不可以死害人，愿勿以丘垄劳费天下，但因山为坟，器用瓦木而已。仍愿陛下亲君子，远小人，纳忠谏，屏谗慝，省作役，止游畋，妾虽没于九泉，诚无所恨。儿女辈不必令来，见其悲哀，徒乱人意。”因取衣中毒药以示上曰：“妾于陛下不豫之日，誓以死从乘舆，不能当吕后之地耳。”己卯，崩于立政殿。

后尝采自古妇人得失事为《女则》三十卷，又尝著论驳汉明德马后以不能抑退外亲，使当朝贵盛，徒戒其车如流水马如龙，是开其祸败之源而防其末流也。及崩，宫司并《女则》奏之，上览之悲恸，以示近臣曰：“皇后此书，足以垂范百世。朕非不知天命而为无益之悲，但入宫不复闻规谏之言，失一良佐，故不能忘怀耳！”乃召房玄龄，使复其位。

秋，八月，丙子，上谓群臣曰：“朕开直言之路，以利国也，而比来上封事者多讦人细事，自今复有为是者，朕当以谗人罪之。”

冬，十一月，庚午，葬文德皇后于昭陵。将军段志玄、宇文士及分

“医生和药物全都使用了而疾病没有治愈，请求奏请皇上大赦天下犯人并度俗人出家，也许可以获得阴间的福祉。”皇后说：“死生有命，并不是人的智力所能转移的。如果行善积德而有福祉，那么我并没做过恶事，如果不是这样，妄求冥福又有什么好处呢？大赦是国家的大事，不能多次大赦。道教、佛教都是异端的宗教，祸国殃民，都是皇上平素所不做的事，为什么因为我一个妇人就让皇上去做他不想做的事呢？如果一定要照你的话去做，我还不如立刻死去！”太子不敢上奏，私下告诉房玄龄，房玄龄又告诉了唐太宗，唐太宗为此感到悲哀，想为皇后的病大赦天下，皇后坚决制止唐太宗。

等到皇后病情严重后，与唐太宗诀别。当时房玄龄已被罢免回家赋闲，皇后对唐太宗说：“玄龄侍奉陛下已经很久，小心谨慎能守秘密，机密的奇谋和秘计，不曾向外泄露过，如果没有大的过错，希望陛下不要抛弃他。我娘家的亲族，由于我是皇后的缘故而得到禄位，既然不是因为本人有德行而被举荐当官的，容易遭到从官位上颠覆倾败的危险，我想让他们的子孙能够得以保全，希望陛下小心不要把他们安置在权要的职位上，只让他们以外戚的身份能定期朝见皇上就足够了。我活着的时候对别人没有帮助，不能因为死了再来害人，希望陛下不要为我修建陵墓而浪费国家人力财力，只要依山做坟，坟中所用的器物只要是瓦木之类就可以了。仍然希望陛下亲近君子，远离小人，采纳忠言直谏，摒弃谗言和邪恶之言，节省工程与劳役，停止游猎，这样的话妾即使在九泉之下，也实在没有遗憾了。不要让儿女们前来探视，看见他们悲哀，只会搅乱人心。”于是取出衣带上的毒药给唐太宗看，说：“我在陛下有病的日子，发誓用死来跟随陛下的车驾，不能走到吕后的地步。”六月二十一日己卯，皇后在立政殿驾崩。

长孙皇后曾经搜集上古以来妇人为人处世的得失之事例编集为《女则》三十卷，又曾亲自著述文章批驳汉代明德马皇后不能抑制外戚势力，使得他们在当朝获得显贵的权力，而只是告诫他们不要车如流水马如龙，这是开启了祸乱败亡的源头而只防范末流枝叶的小事。等到皇后驾崩后，宫中尚仪局的司籍官向唐太宗奏上《女则》一书，唐太宗看后十分悲痛，拿了给身边的大臣看，说：“皇后这本书，足以流传百世，作为典范。朕不是不知上天的命数而因为皇后去世来做无益的悲伤，只是回到宫中就再也听不到皇后对我规谏的话了，失去了一位好的辅佐，所以不能忘记呀！”于是征召房玄龄，让他官复原职。

秋季，八月十九日丙子，唐太宗对大臣们说：“朕打开直言进谏的通路，是为了有利于国家，然而近来上书奏事的人大多攻讦别人的琐细之事，自今以后还有做这种事的，朕当以诬告别人的罪行处治他。”

冬季，十一月十四日庚午，把文德皇后安葬在昭陵。将军段志玄、宇文士及分

统士众出肃章门。帝夜使宫官至二人所，士及开营内之；志玄闭门不纳，曰：“军门不可夜开。”使者曰：“此有手敕。”志玄曰：“夜中不辩真伪。”竟留使者至明。帝闻而叹曰：“真将军也！”

帝复为文刻之石，称“皇后节俭，遗言薄葬，以为‘盗贼之心，止求珍货，既无珍货，复何所求。’朕之本志，亦复如此。王者以天下为家，何必物在陵中，乃为己有。今因九嵕山为陵，凿石之工才百余人，数十日而毕。不藏金玉，人马、器皿，皆用土木，形具而已，庶几奸盗息心，存没无累，当使百世子孙奉以为法。”

上念后不已，于苑中作层观以望昭陵，尝引魏徵同登，使视之。徵熟视之曰：“臣昏眊，不能见。”上指示之，徵曰：“臣以为陛下望献陵，若昭陵，则臣固见之矣。”上泣，为之毁观。

（以上为第十段，写唐宗室诸王各就位封国，以及长孙皇后仁孝节俭，规劝太宗，护佑大臣事迹。长孙皇后崩，唐太宗思念不已。）

十二月，戊寅，朱俱波、甘棠遣使入贡。朱俱波在葱岭之北，去瓜州二千八百里。甘棠在大海南。上曰：“中国既安，四夷自服。然朕不能无惧，昔秦始皇威振胡、越，二世而亡，唯诸公匡其不逮耳。”

魏王泰有宠于上，或言三品以上多轻魏王。上怒，引三品以上，作色让之曰：“隋文帝时，一品以下皆为诸王所颠踬，彼岂非天子儿邪！朕但不听诸子纵横耳，闻三品以上皆轻之，我若纵之，岂不能折辱公辈乎！”房玄龄等皆惶惧流汗拜谢。魏徵独正色曰：“臣窃计当今群臣，必无敢轻魏王者。在礼，臣、子一也。《春秋》，王人虽微，序于诸侯之上。三品以上皆公卿，陛下所尊礼。若纪纲大坏，固所不论；圣明在上，魏王必无顿辱群臣之理。隋文帝骄其诸子，使多行无礼，卒皆夷灭，又足法乎！”上悦曰：“理到之语，不得不服。朕以私爱忘公义，向者之忿，自谓不疑，及闻徵言，方知理屈。人主发言何得容易乎！”

别统领士兵从肃章门出城护送灵车。唐太宗夜里派两名宫中官员前去二人的军营，宇文士及开门把宫官放进军营，段志玄关闭营门不让进去，说："军门不可在夜间打开。"使者说："这里有皇上的亲笔敕书。"段志玄说："夜里辨不清真假。"竟让宫官在军营门外等到天亮。唐太宗听说后感叹说："这才是真正的将军啊！"

唐太宗又撰写祭文刻在石碑上，说："皇后生前节俭，遗嘱进行薄葬，认为'盗墓贼的想法，只是想在墓中找到珍宝，墓中既然没有珍宝，他们还能求得什么？'朕的本意也是如此。君王以天下为家，何必把宝物放在陵墓中，才算属于自己所有。如今就利用九嵕山的山势作为陵墓，凿石的工匠只有一百多人，几十天就完成了工程。陵墓中不藏金银玉器，随葬的人马、器皿，都用泥土和木料做成，只是略具形状而已，这样差不多可以使盗墓贼打消盗墓的念头，生者死者都没有负担，应当让以后百代的子孙以此作为陵墓的规则。"

唐太宗常常怀念皇后，在皇宫后苑中设立了一个观望的楼台，站在上面远望昭陵，曾带引魏徵一同登上观望楼台，让他观望。魏徵定睛观望了很久，说："我老眼昏花，不能望见。"唐太宗指给他看，魏徵说："臣以为陛下观望献陵，如果是昭陵，我本来就看见了。"唐太宗悲泣，为此拆毁了观望楼台。

十二月二十二日戊寅，朱俱波、甘棠派使节入京进献贡品。朱俱波在葱岭的北面，离瓜州二千八百里。甘棠在西海以南。唐太宗说："中原既已安定，四方的夷族自然归服。但是朕不能没有恐惧，从前秦始皇的势力威震北方的胡和南方的越，只到二世就亡了国，希望各位公卿规劝匡正朕没做到的地方。"

魏王李泰深得唐太宗的宠爱，有人禀报声称三品以上的大臣大多轻视魏王。唐太宗发怒，召见三品以上的大臣，变了脸色责备他们说："隋文帝的时候，一品以下的大臣都受到亲王的羞辱侮弄，他们难道不是天子的儿子吗？朕只是不想听任皇子们横行霸道，听说三品以上的大臣都轻视他们，我如果放纵他们，难道他们不能羞辱你们公卿吗？"房玄龄等人都恐惶害怕得汗流满面，磕头谢罪。只有魏徵用严肃的脸色说："臣私自认为当今的大臣们，必定没有人敢轻视魏王。依照礼仪，大臣与皇子都是一样的。《春秋》里说：周王室的人虽然地位微贱，位序也在诸侯之上。三品以上都是公卿大臣，是陛下所要尊崇礼遇的。假如国家的纲纪已经大坏，固然不必再说这种尊崇和礼遇了，如果圣明的皇帝在上，魏王必定不会有羞辱大臣的道理。隋文帝骄纵他的儿子，让他们多行无礼之事，最后宗室完全被人杀光，又值得后人效法吗？"唐太宗高兴地说："道理说到位的话，不能不服从。朕因为私情的溺爱而忘记了国家的公义，先前的恼怒，自己觉得没有怀疑，等听到魏徵的话，才知道不

上曰：“法令不可数变，数变则烦，官长不能尽记；又前后差违，吏得以为奸。自今变法，皆宜详慎而行之。”

治书侍御史权万纪上言：“宣、饶二州银大发采之，岁可得数百万缗。”上曰：“朕贵为天子，所乏者非财也，但恨无嘉言可以利民耳。与其多得数百万缗，何如得一贤才！卿未尝进一贤、退一不肖，而专言税银之利。昔尧、舜抵璧于山，投珠于谷，汉之桓、灵乃聚钱为私藏，卿欲以桓、灵俟我邪！”是日，黜万纪，使还家。

是岁，更命统军为折冲都尉，别将为果毅都尉。凡十道，置府六百三十四，而关内二百六十一，皆隶诸卫及东宫六率。凡上府兵千二百人，中府千人，下府八百人。三百人为团，团有校尉；五十人为队，队有正；十人为火，火有长。每人兵甲粮装各有数，皆自备，输之库，有征行则给之。年二十为兵，六十而免。其能骑射者为越骑，其余为步兵。每岁季冬，折冲都尉帅其属教战，当给马者官予其直市之。凡当宿卫者番上，兵部以远近给番，远疏、近数，皆一月而更。

（以上为第十一段，写唐太宗纳谏而抑制诸侯王，尊礼大臣，以及实施府兵制。）

十一年（丁酉，637年）

春，正月，徙鄶王元裕为邓王，谯王元名为舒王。

辛卯，以吴王恪为安州都督，晋王治为并州都督，纪王慎为秦州都督。将之官，上赐书戒敕曰：“吾欲遗汝珍玩，恐益骄奢，不如得此一言耳。”

上作飞山宫。庚子，特进魏徵上疏，以为：“炀帝恃其富强，不虞后患，穷奢极欲，使百姓困穷，以至身死人手，社稷为墟。陛下拨乱返正，宜思隋之所以失，我之所以得，撤其峻宇，安于卑宫；若因基而增广，袭旧而加饰，此则以乱易乱，殃咎必至，难得易失，可不念哉！”

合乎道理。作为君主讲话怎能随便轻率呢？”

唐太宗说：“法令不可多次变更，多次改变就会使法令烦琐苛刻，官员们也难以记全，又会出现前后矛盾，官吏就可以钻空子干坏事。今后变更法令，都应详细谨慎地考虑后再来执行实施。”

治书侍御史权万纪上书说：“宣州、饶州发现大量白银，开采这些白银，每年可以得到数百万缗。”唐太宗说：“朕贵为天子，所缺乏的不是金银财物，只是遗憾没有精彩深刻的言论可以让百姓受益。与其多得数百万缗银子，哪里比得上得到一个贤能的人才？你未曾推荐一个贤能的人才、辞退一个不贤的庸才，而专门来说得到银子的好处。从前尧、舜把玉璧丢入深山，把宝珠投到深谷，汉代的桓帝、灵帝却聚敛钱财作为个人的私藏品，你想让桓帝、灵帝等我去见他们吗？”这一天，罢免权万纪的官职，让他回家赋闲。

这一年，唐朝把统军改名为折冲都尉，把统军别将改称为果毅都尉。全国共划分十个道，在各地设置六百三十四个都尉府，其中关内有二百六十一个都尉府，都隶属于诸卫和东宫的六率。凡是上等的都尉府有兵一千二百人，中等的都尉府有兵一千人，下等的都尉府有兵八百人。每三百人为一个团，每个团设一个校尉。每五十人为一个队，每个队设一个队正。每十人为一个火，每火设一个长。每个士兵的兵器盔甲粮食装备都有一定数额，都由自己备齐，放在库中保存，有出征作战任务时就发给每个士兵。二十岁为国家当兵，六十岁就可免除兵役。其中能骑马射箭的人编为越骑，其余的人皆担任步兵。每年冬季最后一个月，折冲都尉统率他的部属教习练兵，应该配给马匹的，由官府出钱自己到市场购买。凡是担当皇宫宿卫的则轮流前来值勤，兵部根据来人的距离远近编排值班的顺序，路远的轮值次数少，路近的轮值次数多，都是值勤一个月之后进行轮换。

唐太宗贞观十一年（丁酉，637 年）

春季，正月，把郐王李元裕迁为邓王，谯王李元名迁为舒王。

正月初五日辛卯，任命吴王李恪为安州都督，晋王李治为并州都督，纪王李慎为秦州都督。诸王将要赴任时，唐太宗赐给亲手书写的信诫敕他们，说：“我想送给你们珍宝器玩，恐怕你们会更加骄奢，不如得到这一句话。”

唐太宗命人营造洛阳的飞山宫。正月十四日庚子，特进魏徵上疏，认为：“隋炀帝依仗着国家的富强，不考虑将来的灾患，穷奢极欲，使老百姓穷困至极，以致自己死在别人手中，社稷江山变为废墟。陛下拨乱反正，应当深思隋朝之所以灭亡和我大唐之所以得到天下的原因，撤毁高大的殿宇，安居在低矮的宫殿中，假如利用旧的地基再增高扩大，承袭旧的宫殿再增加华丽的装饰，这就是以乱代替乱，灾殃

房玄龄等先受诏定律令，以为："旧法，兄弟异居，荫不相及，而谋反连坐皆死；祖孙有荫，而止应配流。据礼论情，深为未惬。今定律，祖孙与兄弟缘坐者俱配役。"从之。自是比古死刑，除其太半，天下称赖焉。玄龄等定律五百条，立刑名二十等，比隋律减大辟九十二条，减流入徒者七十一条，凡削烦去蠹，变重为轻者，不可胜纪。又定令一千五百九十余条。武德旧制，释奠于太学，以周公为先圣，孔子配飨；玄龄等建议停祭周公，以孔子为先圣，颜回配飨。又删武德以来敕格，定留七百条，至是颁行之。又定枷、杻、钳、镣、杖、笞，皆有长短广狭之制。

自张蕴古之死，法官以出罪为戒；时有失入者，又不加罪。上尝问大理卿刘德威曰："近日刑网稍密，何也？"对曰："此在主上，不在群臣，人主好宽则宽，好急则急。律文：失入减三等，失出减五等。今失入无辜，失出更获大罪，是以吏各自免，竞就深文，非有教使之然，畏罪故耳。陛下傥一断以律，则此风立变矣。"上悦，从之。由是断狱平允。

（以上为第十二段，写唐太宗诏房玄龄等制定刑律，敕刑部依法判案。）

上以汉世豫作山陵，免子孙苍猝劳费，又志在俭葬，恐子孙从俗奢靡。二月，丁巳，自为终制，因山为陵，容棺而已。

甲子，上行幸洛阳宫。

上至显仁宫，官吏以缺储偫，有被谴者。魏徵谏曰："陛下以储偫谴官吏，臣恐承风相扇，异日民不聊生，殆非行幸之本意也。昔炀帝讽郡县献食，视其丰俭以为赏罚，故海内叛之。此陛下所亲见，奈何欲效之乎！"上惊曰："非公不闻此言。"因谓长孙无忌等曰："朕昔过此，买饭而食，僦舍而宿；今供顿如此，岂得嫌不足乎！"

祸害必然会到来，江山难得而易失，怎么能不记在心里呢？”

房玄龄等人先前接到诏书修订法律，认为：“以前的法律，兄弟分居之后，依靠先人的余荫循例得官的门荫关系就互不起作用，但在犯了谋反罪时兄弟分居也要连坐处死，祖孙之间有荫亲关系，犯罪连坐时只处以发配流放。依据礼仪制度来考虑人情关系，对以上的处理深觉有不当之处。现今修订法律，祖孙与兄弟株连犯罪时只处以发配劳役”，唐太宗同意。自此与古代死刑相比，已减除了一大半，全国百姓对此都称有利。房玄龄等人修订法律五百条，确立刑名二十个等级，与隋朝法律相比减掉了大辟九十二条，减掉了流放劳役七十一条，凡是删去繁琐、减掉弊刑、改重为轻等，具体条数无法计算。又制定法令一千五百九十多条。按照太上皇武德年间的旧制度，在太学举行释奠礼，以周公为先圣，孔子作为陪同祭享，房玄龄等人建议停祭周公，改而以孔子为先圣，颜回作为陪同祭享。又删减了武德年间以来的众多敕书命令，确定保留下来的只有七百条，到此时将这些法律法令全部颁行天下，又定出枷、杻、钳、锁、杖、笞等刑具，都有长短宽窄的规制。

自从张蕴古死后，法官都以减罪释放罪人为戒，当时有的官员在判案时失误而把人抓进牢狱，也没有被朝廷治罪。唐太宗曾问大理寺卿刘德威：“近来判刑的法网比较密，是什么原因？”刘德威回答说：“这原因在于皇上，不在大臣，君主喜欢宽大，大臣判刑就会宽松，君主喜好从严，大臣判刑就会从重。法律文书规定：错判人入狱的减官三等，错放了犯人的则要减官五等。如今错判了人没有罪过，错放了人却要获得大罪，所以官员们都为了使自己免于获罪，于是竞相为犯人定罪而不惜对犯人想尽办法找到罪名，不是有法律让他们这么做，而是害怕被朝廷认为他们有罪的缘故。陛下倘若一律按法律的规定来对待判案的官员，这种法网过密的风气就会立刻改变。”唐太宗高兴，听从了这个意见。从此断案大多平允公正。

唐太宗认为汉代皇帝继位之后就预先为自己修筑陵墓，想免去子孙为自己修陵的时间仓促而且耗费财力的负担，于是就立志要实行薄葬，担心子孙随从时俗追求奢靡。二月初二日丁巳，唐太宗亲自制定皇帝的送终制度，规定皇帝死后都要利用山势修建陵墓，其中的地宫仅能容下棺木即可。

二月初九日甲子，唐太宗巡幸洛阳宫。

唐太宗到达显仁宫，当地官员因物资准备不足，有人受到降职处理。魏徵劝谏说：“陛下因为储备的事就把官吏降职，臣怕人们继承这种风气不断扩大盛行，以后就会使得民不聊生，这恐怕不是陛下巡幸各地的本意。从前隋炀帝巡幸各地时暗示各地郡县的官员向他进献食品，根据地方官员进献物品的丰足还是俭少而对官员进行赏罚，所以天下的人都叛离了他。这是陛下亲眼所见的，为什么又想效法他呢？”

三月，丙戌朔，日有食之。

庚子，上宴洛阳宫西苑，泛积翠池，顾谓侍臣曰："炀帝作此宫苑，结怨于民，今悉为我有，正由宇文述、虞世基、裴蕴之徒内为谄谀，外蔽聪明故也，可不戒哉！"

房玄龄、魏徵上所定《新礼》一百三十八篇；丙午，诏行之。

以礼部尚书王珪为魏王泰师，上谓泰曰："汝事珪当如事我。"泰见珪，辄先拜，珪亦以师道自居。珪子敬直尚南平公主。先是，公主下嫁，皆不以妇礼事舅姑，珪曰："今主上钦明，动循礼法，吾受公主谒见，岂为身荣，所以成国家之美耳。"乃与其妻就席坐，令公主执笄行盥馈之礼。是后公主始行妇礼，自珪始。

群臣复请封禅，上使秘书监颜师古等议其礼，房玄龄裁定之。

夏，四月，己卯，魏徵上疏，以为："人主善始者多，克终者寡，岂取之易而守之难乎？盖以殷忧则竭诚以尽下，安逸则骄恣而轻物；尽下则胡、越同心，轻物则六亲离德，虽震之以威怒，亦皆貌从而心不服故也。人主诚能见可欲则思知足，将兴缮则思知止，处高危则思谦降，临满盈则思挹损，遇逸乐则思撙节，在宴安则思后患，防壅蔽则思延纳，疾谗邪则思正己，行爵赏则思因喜而僭，施刑罚则思因怒而滥，兼是十思，而选贤任能，固可以无为而治，又何必劳神苦体以代百司之任哉！"

（以上为第十三段，写唐太宗完成唐礼仪的制定，魏徵上十思疏。）

唐太宗吃惊地说:“不是足下,我就听不到这种话。”于是对长孙无忌等人说:“朕从前经过这里,买饭来吃,租房子来住宿,如今供应安顿得像这样,怎能还嫌不满足呢!”

三月初一日丙戌,发生日食。

三月十五日庚子,唐太宗在洛阳宫西苑举行会宴,在积翠池泛舟,回头对侍从的大臣们说:“隋炀帝修筑了这些宫殿和花苑,与百姓结下了仇怨,如今全部归我所有,正是因为宇文述、虞世基、裴蕴之流在朝内谄谀,在朝外遮蔽了君主视听的缘故,能不引以为戒吗?”

房玄龄、魏徵上奏所定《新礼》一百三十八篇,三月二十一日丙午,唐太宗下诏颁行全国。

唐太宗任命礼部尚书王珪为魏王李泰的老师,唐太宗对李泰说:“你侍奉王珪应当像侍奉我一样。”李泰见到王珪,总是先行拜见礼,王珪也以老师的身份自居。王珪的儿子王敬直娶了皇家的南平公主为妻。在此之前,公主们下嫁,都不以媳妇的礼节侍奉公婆,王珪说:“如今皇上圣明,行为举止都依循礼法,我接受公主的谒见,难道是为自身的荣耀吗?乃是为了成就国家的美名罢了。”于是和妻子就席而坐,让公主拿着盛枣栗的竹器,对他和妻子施行媳妇侍奉公婆的盥馈之礼。从此以后下嫁的皇家公主开始对她的公婆行媳妇之礼,这是从王珪开始的。

众位大臣再次请求唐太宗登泰山进行封禅,唐太宗让秘书监颜师古等人商议相关的礼仪,由房玄龄加以裁定。

夏季,四月二十五日己卯,魏徵上奏,认为:“君主能够在开始时治国合乎善道的比较多,能够到最终还保持善行的就很少,难道是取天下容易而守成难吗?那是因为开始登上帝位时还能够借鉴前代亡国的教训,于是就竭心尽力来对待臣下百姓,可是帝位巩固之后就变得安逸,于是就骄横恣肆,对待臣下轻薄怠慢。君主能够竭心尽力对待臣下,就连胡、越等不同种族的人也会与君主同心协力;如果君主对待臣下轻薄怠慢,就连自己的亲属也会与他离心离德,即使运用君王的神威圣怒来让天下感到害怕,臣下也都是对君主外表上顺从,而内心里不服。君主如果真能做到出现了欲望就思考要知足,将要兴建营造的时候就思考要停止,身处高位而有危险就思考要谦卑,面临盈满就思考要减损,遇到安逸享乐就思考要克制,在欢乐平安的时候就思考会有后患,防止被近臣闭塞了视听就思考要寻求直臣听取谏诤,痛恨谗言邪恶就思考要端正自己的言行,施行爵赏时就思考是由于自己高兴了而施行超过规定的赏赐,施行刑罚时就思考是由于自己恼怒了而滥行惩罚,君主把这十种思考全都放在心里,而选择贤才任用能人,这样就可以做到无为而治了,又何必让自己劳神辛苦来代行百官的职责呢?”

【点评】

唐高祖李渊。唐高祖李渊因好色而昏庸，因猜忌李世民功高震主而袒护太子李建成、齐王李元吉谋害秦王李世民的种种行迹，最终酿成玄武门之变，自己被逼下台，成了开国之君中的太上皇，这在中国封建社会的历代王朝中是仅有的，可以说是李渊的晚年悲剧。但是总其一生的业绩，李渊仍是一位雄略的开国君主，是隋唐之际的一位英雄人物。

李渊字叔德，祖籍河北，出身世族赵郡李氏，入关中后改为陇西郡望，家狄道（今甘肃临洮县），自称是西凉武昭王李暠的七世孙。李渊祖父李虎为北魏八柱国之一，入周封唐国公。李渊既出身世族，又是隋室皇亲，隋文帝的独孤皇后是李渊的姨母，故他备受隋皇室亲爱。李渊七岁袭唐国公，年少神勇，及长入仕，初为荥阳、楼烦二郡守，历官谯、陇、岐三州刺史，征入朝为殿内少监，大业九年（613）迁卫尉少卿。辽东役起，李渊督运于怀远镇。大业十二年（616），隋炀帝命李渊为太原留守，防御北边突厥犯边。

促成太原起兵，李世民和晋阳令刘文静是主谋，但李渊亦早有异志。唐高祖武德二年（619），宇文士及降唐，李渊与裴寂谈起宇文士及，李渊说，早在六七年前，督怀远镇时，两人就密议时事，宇文士及当年就归心于李渊，裴寂等人在晋阳议论起兵，已在宇文士及之后。李渊起兵之初，打出“志在尊隋”的旗号以靖乱。当李渊进入关中，攻克长安后，李渊迎立隋代王杨侑即帝位，改元义宁，杨侑年十三，是为恭帝。这一举措，赢得大批拥隋吏民支持李渊。当时李密领导的瓦岗军势力最强，为了防止李密入关，并引李密与东都王世充决战，李渊卑词下书与李密，尊奉李密为盟主，自称“老夫年逾知命，复封于唐，斯荣足矣”。李密果然自骄，沾沾自喜，而不知已落入李渊谋略中。

李渊即位建唐以后，全国形势依然严峻。李渊为统一事业做出了奠基性的贡献。首先，稳定关中局势。李渊入关之初，就对关中士庶以礼相待，招揽了大批治国人才，又一一废禁隋炀帝的行宫园池苑囿，令民耕种，释放大批宫女回家。武德元年（618），诏告“义师所行之处，给复三年”，武德四年（621）、七年（624）和九年（626），三次大赦天下。平反隋炀帝冤杀的隋朝的将相大臣，有原太常卿高颎、上柱国贺若弼、司隶大夫薛道衡、刑部尚书宇文弼、左翊卫将军董纯、右骁卫大将军李金才等。给这些人追加谥号，对受迫害官吏的子孙、牵连被流放者，一律放还回家，此举大得人心。

太子李建成与秦王李世民的矛盾日益激烈，但李渊把握了大局，放手让李世民招纳文武，信赖李世民统军讨灭群雄。对外，李渊注意调整同周边少数民族的关系。武德二年（619）七月，西突厥统叶护可汗、高昌王麴伯雅遣使前来朝贡；武德六年

（623）八月，吐谷浑内附；武德七年（624）正月，封高丽高武为辽东郡王，百济王扶余璋为带方王，新罗王金直平为乐浪郡王。唐与周边各少数民族的关系有了改善。

李渊为了稳定社会秩序，在统一战争行进中就着手一些律令的修订和实施。武德元年五月，李渊命相国府长史裴寂等修律令，六月，诏废隋《大业律令》，颁新律。九月，李渊亲自察看囚徒罪行材料，不实者多所赦免。十一月，“诏颁五十三条格，以约法缓刑”。贞观初断狱，以减缓刑罚为主要特征。房玄龄等人最后完成《唐律》五百条，这些应是李渊打下的基础。

李渊还采取多种措施恢复和发展社会经济。武德元年九月，诏置社仓和常平监，在丰年储粮，灾年赈济，防止人民流离。武德四年，废五铢钱，铸行开元通宝，便利商品经济发展。武德七年，颁行均田制，稳定农民耕作。武德九年，颁诏整顿寺观，钦定每州寺观只保留一所，对不堪供养的僧、尼、道士等，一律罢遣，各还乡里，以增加劳动人民数量。

玄武门事变之后，李渊立即让出政权，此后亦不问政事，消除其政治上的干扰，这也是李渊的一大贡献。

作为一代开国之主，李渊不能与汉高帝、光武帝并论，但他为贞观之治奠基，仍不失为一个有为之君。

资治通鉴（文白对照本） 卷第一百九十五

唐纪十一

唐太宗贞观十一年至十四年（637—640 年）

【起强圉作噩（丁酉，637 年）五月，尽上章困敦（庚子，640 年），凡三年有奇】

【大事提要】

本卷记事起公元 637 年五月，讫公元 640 年，凡三年又八个月，时当唐太宗贞观十一年到十四年，是贞观之治的中后期，唐朝太平景象达于极盛。公元 640 年，唐灭高昌置西州，西域纳入版图，唐代疆域东极于海，西至焉耆，南尽林邑，北抵大漠，东西九千五百一十里，南北一万九百一十里。武功极盛，文治兴隆。唐代各种制度健全，新修《氏族志》以抑制士族，抬高皇室地位。倡导儒学，修撰《五经正义》，唐太宗征天下名儒为学官，多次亲临国子监听讲，高丽、百济、新罗、高昌、吐鲁番等国士子到长安求学，唐朝太学成了世界著名高等学府。这一时期，政治稳定，国家无大事，君臣仍孜孜以求，时时讨论得天下不易，守成更难，励精图治。唐太宗始有骄矜之色，纳谏不如贞观之初，魏徵等大臣时时敲警钟，故本卷内容多载唐太宗纳谏政事，如停止复活封建制的世袭刺史，宽宥功臣等。

【原文】

太宗文武大圣大广孝皇帝中之上

贞观十一年（丁酉，637 年）

五月，壬申，魏徵上疏，以为："陛下欲善之志不及于昔时，闻过必改少亏于曩日，谴罚积多，威怒微厉。乃知贵不期骄，富不期侈，非虚言也。且以隋之府库、仓廪、户口、甲兵之盛，考之今日，安得拟伦！然隋以富强动之而危，我以寡弱静之而安；安危之理，皎然在目。昔隋之未乱也，自谓必无乱；其未亡也，自谓必无亡。故赋役无穷，征伐不息，以至祸将及身而尚未之寤也。夫鉴形莫如止水，鉴败莫如亡国。伏愿取鉴于隋，去奢从约，亲忠远佞，以当今之无事，行畴昔之恭俭，则尽善尽美，固无得而称焉。夫取之实难，守之甚易，陛下能得其所难，岂不能保其所易乎！"

六月，右仆射虞恭公温彦博薨。彦博久掌机务，知无不为。上谓侍臣曰："彦博以忧国之故，精神耗竭，我见其不逮，已二年矣，恨不纵其安逸，竟夭天年！"

丁巳，上幸明德宫。

己未，诏荆州都督荆王元景等二十一王所任刺史，咸令子孙世袭。戊辰，又以功臣长孙无忌等十四人为刺史，亦令世袭；非有大故，无得黜免。

己巳，徙许王元祥为江王。

秋，七月，癸未，大雨，谷、洛溢入洛阳宫，坏官寺、民居，溺死者六千余人。

魏徵上疏，以为："《文子》曰：'同言而信，信在言前；同令而行，诚在令外。'自王道休明，十有余年，然而德化未洽者，由待下之情未尽诚信故也。今立政致治，必委之君子；事有得失，或访之小人。其待君

【语译】

太宗文武大圣大广孝皇帝中之上

唐太宗贞观十一年（丁酉，637年）

五月初八日壬申，魏徵上奏疏，认为："陛下想达到至善的志向不如从前，闻过必改的精神也不如从前，对大臣的谴责惩罚渐多，发威愤怒时也比过去稍微严厉了。由此可知人在权位至贵的时候不期望出现骄横而骄横会不期而至，在富裕的时候不期望出现奢侈而奢侈会不期而至，这都不是虚妄之言。而且用当年隋朝的府库、仓廪、户口、甲兵的充实和强盛，来与今天相互比较，哪里能比得上隋朝当年！然而隋朝自恃富强而出兵作战和兴建工程以至于国家危亡，我朝因为人口少财富不足兵力不强而在治国上采取安静的方针使得天下安定，由此可知安定与危亡的道理，是非常明白的。从前隋朝末年已经发生动乱时，自己认为必然不会发生动乱，隋朝尚未灭亡时，自己认为必然不会灭亡。所以就不停地征派赋税劳役，不停地向外出兵进行征伐，以至于祸乱将要降临自身时还尚未醒悟。那用来照出人的形象的东西，莫过于停止的水面，借鉴败亡，莫过于国家的灭亡。臣希望陛下能够借鉴隋朝覆亡的教训，去掉奢侈，奉行俭约，亲近忠良大臣，远离邪佞之人，在现在平静无事的时候，继续奉行从前的恭敬和节俭，这样就能做到尽善尽美，让人无法用言语来称赞了。取得天下实在是很难的，而守住天下就甚为容易，陛下能够做到很难的事情，难道不能保住较为容易的事情吗？"

六月，尚书右仆射虞恭公温彦博去世。温彦博长期执掌朝中的机要，尽职尽责。唐太宗对侍从的大臣们说："彦博因为忧国忧民的缘故，精神耗到竭尽，朕看到他精力体力不能支撑，已经有两年了，现在只恨自己没有让他摆脱政事享受安逸清闲，竟致英年早逝！"

六月初四日丁巳，唐太宗巡幸明德宫。

六月初六日己未，唐太宗下诏宣布荆州都督、荆王李元景等二十一位亲王所担任的刺史职务，都由他们的子孙世袭。十五日戊辰，又任命功臣长孙无忌等十四人为刺史，也命令他们的子孙可以世袭，如没有大的变故，不得黜免他们。

六月十六日己巳，把许王李元祥迁为江王。

秋季，七月初一日癸未，天降大雨，谷河、洛河的河水上涨，溢出河道流入洛阳宫中，冲毁了官家的寺庙与百姓的住房，淹死六千多人。

魏徵上疏认为："《文子》说：'同样的言语而能被人相信，这种信任是在言语之前的，同样的命令而能被人执行，是因为有诚意在命令之外。'自从大唐实行王道而获得美好英明的效果以来，已有十多年了，然而以德教化的成效还没有遍布天下所

子也敬而疏，遇小人也轻而狎；狎则言无不尽，疏则情不上通。夫中智之人，岂无小慧！然才非经国，虑不及远，虽竭力尽诚，犹未免有败，况内怀奸宄，其祸岂不深乎！夫虽君子不能无小过，苟不害于正道，斯可略矣。既谓之君子而复疑其不信，何异立直木而疑其影之曲乎！陛下诚能慎选君子，以礼信用之，何忧不治！不然，危亡之期，未可保也。”上赐手诏褒美曰：“昔晋武帝平吴之后，志意骄怠，何曾位极台司，不能直谏，乃私语子孙，自矜明智，此不忠之大者也。得公之谏，朕知过矣。当置之几案以比弦、韦。”

乙未，车驾还洛阳，诏：“洛阳宫为水所毁者，少加修缮，才令可居。自外众材，给城中坏庐舍者。令百官各上封事，极言朕过。”壬寅，废明德宫及飞山宫之玄圃院，给遭水者。

八月，甲子，上谓侍臣曰：“上封事者皆言朕游猎太频。今天下无事，武备不可忘，朕时与左右猎于后苑，无一事烦民，夫亦何伤！”魏徵曰：“先王惟恐不闻其过。陛下既使之上封事，止得恣其陈述。苟其言可取，固有益于国；若其无取，亦无所损。”上曰：“公言是也。”皆劳而遣之。

（以上为第一段，写魏徵进言唐太宗，以隋为鉴，居安思危，亲贤远佞，待下以诚。）

侍御史马周上疏，以为：“三代及汉，历年多者八百，少者不减四百，良以恩结人心，人不能忘故也。自是以降，多者六十年，少者才二十余年，皆无恩于人，本根不固故也。陛下当隆禹、汤、文、武之业，为子孙立万代之基，岂得但持当年而已！今之户口不及隋之什一，而给役者兄去弟还，道路相继。陛下虽加恩诏，使之裁损，然营缮不休，民安得

有的人，这是君王对待臣下的感情还没有完全尽到诚信的缘故。如今确立国家制度达到大治，一定要把治国之事委任给君子，但在治国中有些事情做得有得有失，有时却会去咨询小人。君主对待君子的态度是敬而远之，对待小人的态度是轻佻而过分亲昵，与人的关系过分亲昵就会有什么话都能说得出来，对人敬而远之就会使臣下的感情不能向上通达到君主那里。那些智力中等的人，难道没有一些小聪明吗！然而这种人的才能不是治国之才，思考问题不能考虑长远，即使能竭尽自己的力量和诚意，还难免有失败，何况内心怀有奸诈邪恶，所造成的灾祸哪有不深重的呢？那些君子虽然不可能没有小过失，但如果不对正道有所危害，这就可以忽略不计。既然称他们为君子而又怀疑他们没有诚信，这与竖立一根直木而又怀疑它的影子是弯曲的有什么不同呢？陛下如果真能谨慎地选择使用君子，按照礼节对他们加以信任和使用，哪里还要担心不能使天下大治呢？如果不是这样，国家危亡的日子，不能保证不到来了。”唐太宗赐给魏徵亲笔诏书褒奖赞美说：“以前晋武帝平定东吴之后，内心骄傲懈怠，何曾当时的职位处于三公的最高位，不能对晋武帝犯颜直谏，而是私下里说给子孙听，自矜这是明智，实际上这是最大的不忠。如今能得到你的谏言，朕知道自己的过失了。应当把你的进谏放在桌子案头，好比从前的西门豹、董安于佩戴着韦弦用来自警。”

七月十三日乙未，唐太宗的车驾返回洛阳，下诏说：“洛阳宫被水毁坏的部分，稍加修缮，只需能够居住就可以了。除此之外的众多建筑材料，拿去供给城中屋舍塌坏的人家。命令文武百官各自上书言论国事，极力批评朕的过失。”二十日壬寅，废除明德宫以及飞山宫的玄圃院，不再居住其中，把这些宫苑赐给城中遭受水灾的百姓。

八月十二日甲子，唐太宗对侍从的大臣说：“上书奏事的人都说朕游猎太频繁。如今天下无事，练武备战是不能忘的，朕时常与身边的人在后苑射猎，没有一件事打扰百姓，这又有什么害处呢？”魏徵说：“圣明的先王唯恐听不到有人指出自己的过错。陛下既然让大臣们上书奏事，就应该听任他们无拘无束地陈述意见。如果他们的话可以听取，固然会有益于国家，假如他们的话没有可取之处，对于国家也没有损害。”唐太宗说：“你的话说得对。”于是对他们都给予慰问，然后送他们回家。

侍御史马周上疏，认为：“夏、商、周三代以及汉代，一个朝代经历的年数多的达八百年，少的也不少于四百年，这实在是因为这些朝代的帝王都以恩惠团结人心，人们不能忘怀。汉代以后，历代王朝的年数多的六十年，少的才有二十多年，都是对百姓没有恩惠，根基不牢固的缘故。陛下正应当发扬禹、汤、文、武的帝业，为子孙确立千秋万代的根基，岂能只想维持自己在位的年代呢？如今全国户口不到隋

息！故有司徒行文书，曾无事实。昔汉之文、景，恭俭养民，武帝承其丰富之资，故能穷奢极欲而不至于乱。向使高祖之后即传武帝，汉室安得久存乎！又，京师及四方所造乘舆器用及诸王、妃、主服饰，议者皆不以为俭。夫昧爽丕显，后世犹怠，陛下少居民间，知民疾苦，尚复如此，况皇太子生长深宫，不更外事，万岁之后，固圣虑所当忧也。臣观自古以来，百姓愁怨，聚为盗贼，其国未有不亡者，人主虽欲追改，不能复全。故当修于可修之时，不可悔之于已失之后也。盖幽、厉尝笑桀、纣矣，炀帝亦笑周、齐矣，不可使后之笑今如今之笑炀帝也！贞观之初，天下饥歉，斗米直匹绢，而百姓不怨者，知陛下忧念不忘故也。今比年丰穰，匹绢得粟十余斛，而百姓怨咨者，知陛下不复念之，多营不急之务故也。自古以来，国之兴亡，不以畜积多少，在于百姓苦乐。且以近事验之，隋贮洛口仓而李密因之，东都积布帛而世充资之，西京府库亦为国家之用，至今未尽。夫蓄积固不可无，要当人有余力，然后收之，不可强敛以资寇敌也。夫俭以息人，陛下已于贞观之初亲所履行，在于今日为之，固不难也。陛下必欲为久长之谋，不必远求上古，但如贞观之初，则天下幸甚。陛下宠遇诸王，颇有过厚者，万代之后，不可不深思也。且魏武帝爱陈思王，及文帝即世，囚禁诸王，但无缧绁耳。然则武帝爱之，适所以苦之也。又，百姓所以治安，唯在刺史、县令，苟选用得人，则陛下可以端拱无为。今朝廷唯重内官而轻州县之选，刺史多用武人，或京官不称职始补外任，边远之处，用人更轻。所以百姓未安，殆由于此。”疏奏，上称善久之，谓侍臣曰：“刺史，朕当自选；县令，宜诏京官已上各举一人。”

（以上为第二段，写马周进言唐太宗，认为民是国之根本，要节俭以养民，任用官吏，要慎选以爱民。）

朝的十分之一，而为国家服劳役的百姓则是兄长前去时弟弟才回来，前后服役的亲人在路上连续不断。陛下虽然对百姓施加了给予恩惠的诏令，让国家的劳役有所减少，但是营建修缮的工程没有休止，老百姓哪里能得到休息呢？所以主管部门徒劳地发布文书，不曾符合实际情况。从前汉代的文帝、景帝，谦恭节俭以养护百姓，武帝继承了丰富的财产，所以能够穷奢极欲而不至于天下大乱。假使汉高祖之后就传位给武帝，汉朝哪里能够长久存在？另外，京都长安以及四方各地制造的皇帝乘舆器物用具以及各个亲王、妃嫔、公主的服饰，议论的人们都不认为是节俭的。前代君王黎明起床办理政务以求国家盛大富强，但他的后人还会懈怠。陛下年轻时生活在民间，深知百姓的疾苦，到了今天尚且还是这样，何况皇太子生长在深宫之中，没有经历过外面的事情，陛下万岁之后，本来就是陛下的圣虑所应当担忧的。臣观察自古以来，百姓愁苦怨恨，聚集起来成为盗贼，其国家没有不灭亡的，这时君主虽然想追悔改正，也不能恢复原有的安定和保全国家不至灭亡。所以应当修养德行在可以修养的时候，不可到已经失去了国家的安定之后再来后悔。当年周幽王、周厉王曾取笑过夏桀、殷纣，隋炀帝也曾取笑过北周、北齐两朝，不可让后代人取笑如今的王朝和皇帝，就像我们现在取笑隋炀帝一样。贞观初年，全国歉收发生饥荒，一斗米的价钱值一匹绢，而老百姓没有怨言，这是因为知道陛下为国家担忧挂念而没有忘记百姓。如今连年丰收，一匹绢可以换取粟米十余斛，然而老百姓却怨声不断，这是知道陛下不再顾念百姓，过多地营建修缮并不急迫的工程。自古以来，国家的兴亡，不在于粮食财产积蓄了多少，而在于百姓是苦还是乐。暂且用近代以来的事情进行验证，隋朝把粮食大量贮存在洛口仓中而被后来叛乱的李密加以利用，隋朝东都积存的大量布帛却帮助了后来反叛的王世充，隋朝西京的府库也为我们大唐所用，至今还没有用完。固然不可没有积蓄储备，但关键是要让百姓留有余力，然后征收赋税，不可强行敛征收到国家手中最后帮助了叛乱的敌人。君主节俭以使百姓得到休息，陛下已经在贞观初年亲身践行，到了今日再这样做，固然不是难事。陛下一定想要采取长治久安的谋略，不必远求上古时代，只要像贞观初年那样，天下就非常幸运了。陛下宠爱厚待各位亲王，颇有过分优厚的，但为了国家在万代以后还能长治久安，就不能不做深远的思考。从前魏武帝宠爱陈思王曹植，等到魏文帝曹丕即位，就囚禁了各位亲王，只是没有用刑具捆上罢了。这样看来魏武帝对诸位亲王的宠爱，恰好使他们日后大吃苦头。另外，百姓之所以得够生活安定，只在于地方长官刺史和县令，如果选拔和任用的官吏都是合适的人选，陛下就可以拱手无为。如今朝廷只看重中央官吏的选拔任用而轻视州县地方官员的选拔，刺史大多用武人来担任，或者是朝廷内的官员不称职才补选任命到外地当地方官，边远地区任用的官员就更加看轻。所以百姓不能生活安定，大概就是这个缘故。”奏疏上呈

冬，十月，癸丑，诏勋戚亡者皆陪葬山陵。

上猎于洛阳苑，有群豕突出林中，上引弓四发，殪四豕。有豕突前，及马镫；民部尚书唐俭投马搏之，上拔剑斩豕，顾笑曰："天策长史不见上将击贼邪，何惧之甚！"对曰："汉高祖以马上得之，不以马上治之；陛下以神武定四方，岂复逞雄心于一兽！"上悦。为之罢猎，寻加光禄大夫。

安州都督吴王恪数出畋猎，颇损居人；侍御史柳范奏弹之。丁丑，恪坐免官，削户三百。上曰："长史权万纪事吾儿，不能匡正，罪当死。"柳范曰："房玄龄事陛下，犹不能止畋猎，岂得独罪万纪！"上大怒，拂衣而入。久之，独引范谓曰："何面折我！"对曰："陛下仁明，臣不敢不尽愚直。"上悦。

十一月，辛卯，上幸怀州；丙午，还洛阳宫。

故荆州都督武士彟女，年十四，上闻其美，召入后宫，为才人。

（以上为第三段，写柳范谏唐太宗田猎。）

十二年（戊戌，638 年）

春，正月，乙未，礼部尚书王珪奏："三品已上遇亲王于路皆降乘，非礼。"上曰："卿辈苟自崇贵，轻我诸子。"特进魏徵曰："诸王位次三公，今三品皆九卿、八座，为王降乘，诚非所宜当。"上曰："人生寿夭难期，万一太子不幸，安知诸王他日不为公辈之主！何得轻之！"对曰："自周以来，皆子孙相继，不立兄弟，所以绝庶孽之窥窬，塞祸乱之源本，此为国者所深戒也。"上乃从珪奏。

吏部尚书高士廉、黄门侍郎韦挺、礼部侍郎令狐德棻、中书侍郎岑文本撰《氏族志》成，上之。先是，山东人士崔、卢、李、郑诸族，好自矜地望，虽累叶陵夷，苟他族欲与为昏姻，必多责财币，或舍其乡里而妄称名族，或兄弟齐列而更以妻族相陵。上恶之，命士廉等遍责天下

后，唐太宗称赞了很久，对侍从的大臣说："刺史应当由朕亲自选拔，县令应诏令五品京官以上每人举荐一人。"

冬季，十月初二日癸丑，诏令功勋皇戚死后都陪葬在皇帝的陵墓中。

唐太宗在洛阳宫苑中狩猎，有一群野猪冲出林中，唐太宗拉弓发出四箭，射死四头。有一头野猪冲到唐太宗的马前，将要扑到马镫上，民部尚书唐俭下马上前与野猪搏斗，唐太宗拔出佩剑砍死野猪，回头对唐俭笑着说："天策长史没有看见朕将要击杀盗贼吗，怎么怕得如此厉害？"唐俭回答说："汉高祖依靠在马上得到天下，却不依靠在马上治理天下。陛下靠神威圣武平定四方，怎能又对一头野兽再逞雄心呢？"唐太宗高兴，为此停止围猎，不久加封唐俭为光禄大夫。

安州都督吴王李恪多次出外田猎，对当地居民造成不少损害，侍御史柳范上书弹劾他。二十六日丁丑，李恪因此被罢免官职，削减封邑三百户。唐太宗说："长史权万纪侍奉我的儿子，不能匡正他的过失，论罪应当处死。"柳范说："房玄龄事奉陛下，还不能阻止陛下狩猎，怎能只治权万纪的罪呢？"唐太宗大为愤怒，拂袖起身进入内宫。很久以后，唐太宗单独召见柳范，对他说："你为什么当面顶撞朕？"柳范回答说："陛下仁德明智，臣不敢不竭尽愚忠进行直谏。"于是唐太宗就很高兴。

十一月十一日辛卯，唐太宗巡幸怀州，二十六日丙午，回到洛阳宫。

已故荆州都督武士彟的女儿，年方十四岁，唐太宗听说她很美，召入后宫，封为才人。

唐太宗贞观十二年（戊戌，638年）

春季，正月十五日乙未，礼部尚书王珪上奏说："三品以上官员在路上遇见亲王都要下车，不符合礼仪。"唐太宗说："你们随意自视尊贵，轻视我的诸位儿子。"特进魏徵说："各位亲王的等级在三公之下，如今三品以上大臣都是九卿、八座，为亲王下车，实在不宜这样。"唐太宗说："人的生命长短难以预料，万一太子遇到不幸，怎么知道现在的亲王今后不成为你们的君主呢？怎么能轻视他们？"魏徵回答说："自周代以来，都是子孙相继来当皇帝，不立兄弟继位当皇帝，这是为了断绝庶子觊觎皇位的野心，堵塞国家发生祸乱的源头，这是治国者应当深以为戒的。"唐太宗于是听从了王珪的启奏。

吏部尚书高士廉、黄门侍郎韦挺、礼部侍郎令狐德棻、中书侍郎岑文本编撰完成《氏族志》，上奏给唐太宗。在这以前，山东人士崔、卢、李、郑等家族，喜欢自我标榜家族的地位和名望，虽然这些家族连续几代都已败落，但是如果其他家族想与他们通婚，一定要求多花费财物，有人就放弃原来的籍贯而冒称名门望族，还有

谱谍，质诸史籍，考其真伪，辩其昭穆，第其甲乙，褒进忠贤，贬退奸逆，分为九等。士廉等以黄门侍郎崔民幹为第一。上曰："汉高祖与萧、曹、樊、灌皆起闾阎布衣，卿辈至今推仰，以为英贤，岂在世禄乎！高氏偏据山东，梁、陈僻在江南，虽有人物，盖何足言！况其子孙才行衰薄，官爵陵替，而犹卬然以门地自负，贩鬻松槚，依托富贵，弃廉忘耻，不知世人何为贵之！今三品以上，或以德行，或以勋劳，或以文学，致位贵显。彼衰世旧门，诚何足慕！而求与为昏，虽多输金帛，犹为彼所偃蹇，我不知其解何也！今欲厘正讹谬，舍名取实，而卿曹犹以崔民幹为第一，是轻我官爵而徇流俗之情也。"乃更命刊定，专以今朝品秩为高下，于是以皇族为首，外戚次之，降崔民幹为第三。凡二百九十三姓，千六百五十一家，颁于天下。

（以上为第四段，写唐太宗重修《氏族志》，以官门品第为高下，于是皇族第一，外戚第二，以官本抑制士族。）

二月，乙卯，车驾西还；癸亥，幸河北，观砥柱。

甲子，巫州獠反，夔州都督齐善行败之，俘男女三千余口。

乙丑，上祀禹庙，丁卯，至柳谷，观盐池。庚午，至蒲州，刺史赵元楷课父老服黄纱单衣迎车驾，盛饰廨舍楼观，又饲羊百余头、鱼数百头以馈贵戚。上数之曰："朕巡省河、洛，凡有所须，皆资库物。卿所为乃亡隋之弊俗也。"甲戌，幸长春宫。

戊寅，诏曰："隋故鹰击郎将尧君素，虽桀犬吠尧，有乖倒戈之志，而疾风劲草，实表岁寒之心；可赠蒲州刺史，仍访其子孙以闻。"

闰月，庚辰朔，日有食之。

的家族兄弟二人地位并列相等却靠妻子的家族来相互欺凌。唐太宗厌恶这种风气，就命高士廉等人普查全国的家族谱谍，用历史书籍进行考证核实，考查各个家族的真伪，分清相互的昭穆次序，排定家族的不同等级，褒奖提拔忠诚贤明的家族，贬抑斥退奸邪反逆的家族，分出九等。高士廉等人把黄门侍郎崔民幹列为第一等。唐太宗说："汉高祖与萧何、曹参、樊哙、灌婴等人都是以街巷中平民百姓的身份起兵，你们至今对他们仍然十分推重景仰，认为是英豪贤材，难道是因为他们有世卿世禄的地位吗？高氏偏据山东，梁、陈二朝僻居在江南，虽然也有一些出众的人物，但又何足称道！何况他们的子孙才气和行为都已衰弱单薄，原有的官爵后来也都丧失了，可是还昂首以门第族望自负，贩卖松槚之木，依靠富贵人家维生，忘记抛弃了廉耻，不知道世人为什么还认为他们的家族尊贵？如今三品以上的公卿大臣，有的是靠德行，有的是靠功勋，有的是靠文学上的才能，获得了显贵的地位。那些原先著名的世族已经处于衰世，有什么让人羡慕！却去央求他们与之通婚，即使多送金银财物，他们还高傲地轻视你，朕不知道对此的解释是什么？如今想要辨别纠正错误的说法，舍弃虚名，获得实际情况，而你们还把崔民幹列为第一等，这是轻视大唐的官爵而依循流俗的观念。"于是又下令重新修订，只根据当朝官爵的等级分出姓氏的高低等级，于是就以皇族李姓为第一位的姓氏，外戚的姓氏为次一等，把崔民幹降为第三等。《氏族志》中一共确定了二百九十三个姓，一千六百五十一家，把此书向全国颁布。

二月初五日乙卯，唐太宗的车驾从洛阳向西返回长安。十三日癸亥，临幸河北县，观看了砥柱山。

二月十四日甲子，巫州的僚民造反，巫州都督齐善行打败他们，俘虏男女三千多人。

二月十五日乙丑，唐太宗祭祀禹庙，十七日丁卯，到达柳谷，观看盐池。二十日庚午，到达薄州，刺史赵元楷命令当地父老身穿黄纱单衣迎接唐太宗的车驾，又大肆装饰廨舍楼台庙观，又养了一百多头羊、数百条鱼献给贵族外戚。唐太宗责备他说："朕巡行黄河、洛水一带，凡有所需要的物品，都从国家府库中支取。你的这种做法乃是已灭亡了的隋朝的坏习气。"二十四日甲戌，巡幸长春宫。

二月二十八日戊寅，唐太宗下诏说："隋朝已故鹰击郎将尧君素，虽然如同桀的狗对着尧吠叫一样与大唐为敌，不合乎我军希望他临阵倒戈的要求，但是他对隋的忠诚也像疾风知劲草一样，确实表明了他的岁寒不变节的心情，可以追赠给他蒲州刺史，仍要寻访他的子孙上奏朝廷。"

闰二月初一日庚辰，发生日食。

丁未，车驾至京师。

三月，辛亥，著作佐郎邓世隆表请集上文章。上曰：“朕之辞令，有益于民者，史皆书之，足为不朽。若为无益，集之何用！梁武帝父子、陈后主、隋炀帝皆有文集行于世，何救于亡！为人主患无德政，文章何为！”遂不许。

丙子，以皇孙生，宴五品以上于东宫。上曰：“贞观之前，从朕经营天下，玄龄之功也。贞观以来，绳衍纠缪，魏徵之功也。”皆赐之佩刀。上谓徵曰：“朕政事何如往年？”对曰：“威德所加，比贞观之初则远矣；人悦服则不逮也。”上曰：“远方畏威慕德，故来服；若其不逮，何以致之？”对曰：“陛下往以未治为忧，故德义日新；今以既治为安，故不逮。”上曰：“今所为，犹往年也，何以异？”对曰：“陛下贞观之初，恐人不谏，常导之使言，中间悦而从之。今则不然，虽勉从之，犹有难色。所以异也。”上曰：“其事可闻欤？”对曰：“陛下昔欲杀元律师，孙伏伽以为法不当死，陛下赐以兰陵公主园，直百万。或云：‘赏太厚，’陛下云：‘朕即位以来，未有谏者，故赏之。’此导之使言也。司户柳雄妄诉隋资，陛下欲诛之，纳戴胄之谏而止。是悦而从之也。近皇甫德参上书谏修洛阳宫，陛下恚之，虽以臣言而罢，勉从之也。”上曰：“非公不能及此。人苦不自知耳！”

（以上为第五段，写贞观后期，唐太宗骄矜治绩，纳谏不如贞观初。）

夏，五月，壬申，弘文馆学士永兴文懿公虞世南卒，上哭之恸。世南外和柔而内忠直，上尝称世南有五绝：一德行，二忠直，三博学，四文辞，五书翰。

秋，七月，癸酉，以吏部尚书高士廉为右仆射。

乙亥，吐蕃寇弘州。

八月，霸州山獠反。烧杀刺史向邵陵及吏民百余家。

初，上遣使者冯德遐抚慰吐蕃，吐蕃闻突厥、吐谷浑皆尚公主，遣使随德遐入朝，多赍金宝，奉表求婚；上未之许。使者还，言于赞普弃宗弄赞曰：“臣初至唐，唐待我甚厚，许尚公主。会吐谷浑王入朝，相离

闰二月二十八日丁未，车驾回到京都长安。

三月初二日辛亥，著作佐郎邓世隆上表请求搜集唐太宗撰写的文章。唐太宗说："朕的言辞和诏令，对百姓有益的，史官都记录下来，足以永远不朽。如果对百姓没有益处，收集它又有什么用呢？梁武帝萧衍父子、陈后主、隋炀帝都有文集流传世间，但哪能挽救他们的灭亡？作为君主忧虑的是没有仁德的政治，文章有什么用？"于是不应允。

三月二十七日丙子，唐太宗因皇孙降生，在东宫宴请五品以上官员。唐太宗说："贞观以前，跟随朕夺取天下和治理天下是房玄龄的功劳。贞观以来，纠正朕的过失和错误，是魏徵的功劳。"对二人都赐给佩刀。唐太宗对魏徵说："朕治理国政与往年相比如何？"魏徵回答说："威望和仁德施加到的地方，比较贞观初年是更远了，但人心对陛下的心悦诚服就不如贞观初年了。"唐太宗说："遥远的地方畏惧皇威羡慕圣德，所以前来归服，如果说不如以前，是因为什么变成这样的？"魏徵回答说："陛下以前以天下未能大治为忧虑，所以德义每天都在进步，如今认为天下已经得到治理而内心安定，所以就不如以前了。"唐太宗说："如今所做的，还是和往年一样，有什么不同呢？"魏徵回答说："陛下在贞观初年，唯恐大臣不进谏，常常引导他们让他们说话，听到进谏就高兴而听从。如今却不是这样，虽然勉强听从，却面有难色。这便是与以前的不同。"唐太宗说："这种事情可以说给我听吗？"魏徵回答说："陛下以前想杀掉元律师，孙伏伽认为按照法律不当处以死罪，陛下赐给他兰陵公主的花园，价值一百万。有人说：'赏赐太厚了'，陛下说：'朕继位以来，未有进谏的人，所以赏赐他。'这是引导大臣让他们说话。司户柳雄谎称隋朝授有官资，陛下要杀掉他，又采纳戴胄的进谏而作罢，这是喜悦而听从。近年皇甫德参上书劝谏陛下不要修缮洛阳宫，陛下恨他，虽然因为臣的直言而作罢，但这是勉强听从。"唐太宗说："不是公就不能说得这样有道理。人的痛苦就在于不能自己了解自己！"

夏季，五月二十五日壬申，弘文馆学士永兴文懿公虞世南去世，唐太宗十分悲恸。虞世南外表温和柔顺而内心忠诚正直，唐太宗曾称赞他有五绝：一是德行，二是忠直，三是博学，四是文章，五是书法。

秋季，七月二十七日癸酉，任命吏部尚书高士廉为尚书右仆射。

七月二十九日乙亥，吐蕃侵犯弘州。

八月，霸州僚民反叛。烧死刺史向邵陵以及官吏百姓一百多家。

起初，唐太宗派遣使者冯德遐安抚慰问吐蕃，吐蕃听说突厥、吐谷浑都曾娶唐皇室公主为妻，就派出使节随着冯德遐进京朝见，带来大量金银财宝，上表请求通婚，唐太宗没有答应。使者回到吐蕃，对吐蕃赞普弃宗弄赞说："臣初次到大唐，大

间，唐礼遂衰，亦不许婚。”弄赞遂发兵击吐谷浑。吐谷浑不能支，遁于青海之北，民畜多为吐蕃所掠。

吐蕃进破党项、白兰诸羌，帅众二十余万屯松州西境，遣使贡金帛，云来迎公主。寻进攻松州，败都督韩威；羌酋阎州刺史别丛卧施、诺州刺史把利步利并以州叛归之。连兵不息，其大臣谏不听而自缢者凡八辈。壬寅，以吏部尚书侯君集为当弥道行军大总管，甲辰，以右领军大将军执失思力为白兰道、左武卫将军牛进达为阔水道、左领军将军刘简为洮河道行军总管，督步骑五万击之。

吐蕃攻城十余日，进达为先锋，九月，辛亥，掩其不备，败吐蕃于松州城下，斩首千余级。弄赞惧，引兵退，遣使谢罪，因复请婚。上许之。

甲寅，上问侍臣：“创业与守成孰难？”房玄龄曰：“草昧之初，与群雄并起角力而后臣之，创业难矣！”魏徵曰：“自古帝王，莫不得之于艰难，失之于安逸，守成难矣！”上曰：“玄龄与吾共取天下，出百死，得一生，故知创业之难。徵与吾共安天下，常恐骄奢生于富贵，祸乱生于所忽，故知守成之难。然创业之难，既已往矣；守成之难，方当与诸公慎之。”玄龄等拜曰：“陛下及此言，四海之福也。”

初，突厥颉利既亡，北方空虚，薛延陀真珠可汗帅其部落建庭于都尉犍山北、独逻水南，胜兵二十万，立其二子拔酌、颉利苾主南、北部。上以其强盛，恐后难制，癸亥，拜其二子皆为小可汗，各赐鼓纛，外示优崇，实分其势。

冬，十月，乙亥，巴州獠反。

己卯，畋于始平；乙未，还京师。

钧州獠反；遣桂州都督张宝德讨平之。

十一月，丁未，初置左、右屯营飞骑于玄武门，以诸将军领之。又简飞骑才力骁健、善骑射者，号百骑，衣五色袍，乘骏马，以虎皮为鞯，凡游幸则从焉。

唐对待我非常优厚，答应下嫁公主。但是正好此时吐谷浑国王也进京朝见，离间我们与大唐的关系，唐朝对待我们的礼遇就逐渐变轻，也不答应通婚了。”弃宗弄赞于是发兵攻打吐谷浑，吐谷浑军队抵挡不住，逃到青海北面，百姓和牲畜多被吐蕃掠走。

吐蕃进而打败党项、白兰等羌族，率兵二十多万驻扎在松州西部边境，派使节进献金银绸缎，声称前来迎娶公主。不久又进攻松州，打败都督韩威，羌族首领阎州刺史别丛卧施、诺州刺史把利步利都率全州反叛唐朝而投降吐蕃。吐蕃连年用兵不止，该国的大臣劝谏但赞普不听从因而自缢而死的总共有八个人。八月二十七日壬寅，唐朝廷任命吏部尚书侯君集为当弥道行军大总管，八月二十九日甲辰，任命右领军大将军执失思力为白兰道行军总管、左武卫将军牛进达为阔水道行军总管、左领军将军刘兰为洮河道行军总管，统率步兵骑兵共五万人攻打吐蕃。

吐蕃进攻松州城十多天，牛进达作为唐军先锋，九月初六日辛亥，乘吐蕃军没有防备，在松州城下打败吐蕃军队，斩首一千多人。弃宗弄赞害怕，率兵撤退，派使者到长安谢罪，于是又请求通婚。唐太宗应允了这个请求。

九月初九日甲寅，唐太宗问侍从的大臣：“创业与守成谁更难？”房玄龄说：“开创帝业之初，与各路豪雄一同起兵角逐争斗而后让他们臣服，还是创业难！”魏徵说：“自古以来的帝王，莫不是从艰难中取得天下，又在安逸中失去天下，守成更难！”唐太宗说：“玄龄与我共同取得天下，经过上百次死亡的考验，最后获得生存，所以懂得创业的艰难。魏徵与我共同安定天下，常常担心从富贵中产生骄傲和奢侈，从疏忽中产生出祸乱，所以懂得守成的艰难。然而创业的艰难，已经成为往事，守成的艰难，正应当与诸位公卿谨慎守住已有的帝业。”房玄龄等人下拜行礼说：“陛下说出这样的话，是天下四海的福气！”

起初，突厥颉利可汗灭亡以后，北方地区空无人烟，薛延陀真珠可汗率领他的部落在都尉犍山北麓、独逻水南岸建立朝廷，兵马二十多万，立他的两个儿子拔酌、颉利苾分别统领南部、北部。唐太宗看到他们逐渐强大起来，担心以后难以制服，九月十八日癸亥，封真珠可汗的两个儿子为小可汗，分别赐给鼓和大旗，表面上表示对他们的优遇，实际是为了分化他们的势力。

冬季，十月初一日乙亥，巴州僚民反叛。

十月初五日己卯，唐太宗在始平围猎，十月二十一日乙未，回到长安。

钧州僚民反叛；唐朝廷派桂州都督张宝德讨伐平定反叛的僚民。

十一月初三日丁未，开始在玄武门设置左、右屯营飞骑，由诸位将军统领。又挑选飞骑中身体骁健敏捷、善于骑马射箭的士兵，号称一百名骑手，身穿五色战袍，乘坐骏马，用虎皮做马鞍和垫布，凡是唐太宗出外巡幸，他们都一路跟从。

己巳，明州獠反；遣交州都督李道彦讨平之。

十二月，辛巳，左武候将军上官怀仁击反獠于壁州，大破之，虏男女万余口。

是岁，以给事中马周为中书舍人。周有机辩，中书侍郎岑文本常称：“马君论事，援引事类，扬榷古今，举要删烦，会文切理，一字不可增，亦不可减，听之靡靡，令人忘倦。”

霍王元轨好读书，恭谨自守，举措不妄。为徐州刺史，与处士刘玄平为布衣交。人问玄平王所长，玄平曰：“无长。”问者怪之。玄平曰：“夫人有所短乃见所长，至于霍王，无所短，吾何以称其长哉！”

初，西突厥咥利失可汗分其国为十部，每部有酋长一人，仍各赐一箭，谓之十箭。又分左、右厢，左厢号五咄陆，置五大啜，居碎叶以东；右厢号五弩失毕，置五大俟斤，居碎叶以西；通谓之十姓。咥利失失众心，为其臣统吐屯所袭。咥利失兵败，与其弟步利设走保焉耆。统吐屯等将立欲谷设为大可汗，会统吐屯为人所杀，欲谷设兵亦败，咥利失复得故地。至是，西部竟立欲谷设为乙毗咄陆可汗。乙毗咄陆既立，与咥利失大战，杀伤甚众。因中分其地，自伊列水以西属乙毗咄陆，以东属咥利失。

处月、处密与高昌共攻拔焉耆五城，掠男女一千五百人，焚其庐舍而去。

（以上为第六段，写贞观中后期，唐周边各少数民族，西疆吐蕃、北方薛延陀、西北西突厥、西南僚人，仍时叛时服。）

十三年（己亥，639年）

春，正月，乙巳，车驾谒献陵；丁未，还宫。

戊午，加左仆射房玄龄太子少师。玄龄自以居端揆十五年，男遗爱尚上女高阳公主，女为韩王妃，深畏满盈，上表请解机务，上不许。玄龄固请不已，诏断表，乃就职。太子欲拜玄龄，设仪卫待之，玄龄不敢谒见而归，时人美其有让。玄龄以度支系天下利害，尝有阙，求其人未得，乃自领之。

十一月二十五日己巳，明州僚民反叛；唐朝廷派交州都督李道彦讨伐平定反叛的僚民。

十二月初七日辛巳，左武候将军上官怀仁在壁州攻击反叛的僚民，大败僚民，俘获其男女一万多人。

这一年，任命给事中马周为中书舍人。马周机敏善辩，中书侍郎岑文本常常说："马君议论事情，引用各种事类，评论古今的事例，能举出要点、删去烦琐的话，既有文采又能切中事理，一个字不能再增加，一个字也不能再减少，能让听者听得入迷，令人忘记疲倦。"

霍王李元轨喜欢读书，谦恭谨慎能自我修养，言行举止都不狂妄。担任徐州刺史时，与处士刘玄平结为布衣之交。人们问刘玄平霍王有什么长处，刘玄平说："没有长处。"问的人感觉很奇怪。刘玄平说："人有短处才能看到他的长处，至于霍王，没有短处，我靠什么来说他的长处呢！"

起初，西突厥咥利失可汗把他的国土分为十部，每部设立一个酋长，又分别赐给一支箭，称为十箭。又分为左、右厢，左厢号称五咄陆，设置五大啜，居住在碎叶以东地区，右厢号称五弩失毕，设立五大俟斤，居住在碎叶以西地区，合起来统称为十姓。咥利失失去民心，被他的臣下统吐屯袭击。咥利失兵败后，与他的弟弟步利设退守焉耆。统吐屯等人想要拥立欲谷设为大可汗，正好此时统吐屯被人杀死，欲谷设的部队也被打败，咥利失收复原有的地区。到这时，西部终于拥立欲谷设为乙毗咄陆可汗。乙毗咄陆即位之后，与咥利失大战，杀伤甚多。于是把他的地盘从中间分成两块：自伊列水以西属于乙毗咄陆，以东属于咥利失。

处月、处密与高昌一同攻下焉耆五座城池，掠走男女一千五百人，烧毁了城池的房屋后离去。

唐太宗贞观十三年（己亥，639年）

春季，正月初一日乙巳，唐太宗乘车驾谒唐高祖的献陵；初三日丁未，回到宫中。

正月十四日戊午，加封左仆射房玄龄为太子少师。房玄龄认为自己担任尚书省长官已有十五年，自己的儿子娶了唐太宗的女儿高阳公主，女儿是唐高祖的儿子韩王李元嘉的妃子，他深为害怕富贵达到满盈的程度，于是上表要求解除机要的职务，唐太宗不允许。房玄龄坚决一再请求，唐太宗下诏不准他再次上表，房玄龄只好前去就职。太子想向房玄龄行弟子的拜见礼，并设置了仪卫等房玄龄前来，房玄龄不

礼部尚书永宁懿公王珪薨。珪性宽裕，自奉养甚薄。于令，三品已上皆立家庙，珪通贵已久，独祭于寝。为法司所劾，上不问，命有司为之立庙以愧之。

二月，庚辰，以光禄大夫尉迟敬德为鄜州都督。

上尝谓敬德曰：“人或言卿反，何也？”对曰：“臣反是实！臣从陛下征伐四方，身经百战，今之存者，皆锋镝之余也。天下已定，乃更疑臣反乎！”因解衣投地，出其瘢痍。上为之流涕，曰：“卿复服，朕不疑卿，故语卿，何更恨邪！”

上又尝谓敬德曰：“朕欲以女妻卿，何如？”敬德叩头谢曰：“臣妻虽鄙陋，相与共贫贱久矣。臣虽不学，闻古人富不易妻，此非臣所愿也。”上乃止。

戊戌，尚书奏：“近世掖庭之选，或微贱之族，礼训蔑闻，或刑戮之家，忧怨所积。请自今，后宫及东宫内职有阙，皆选良家有才行者充，以礼聘纳；其没官口及素微贱之人，皆不得补用。”上从之。

上既诏宗室群臣袭封刺史，左庶子于志宁以为古今事殊，恐非久安之道，上疏争之。侍御史马周亦上疏，以为：“尧、舜之父，犹有朱、均之子。傥有孩童嗣职，万一骄愚，兆庶被其殃而国家受其败。正欲绝之也，则子文之治犹在；正欲留之也，而栾黡之恶已彰。与其毒害于见存之百姓，则宁使割恩于已亡之一臣，明矣。然则向所谓爱之者，乃适所以伤之也。臣谓宜赋以茅土，畴其户邑，必有材行，随器授官，使其人得奉大恩而子孙终其福禄。”

会司空、赵州刺史长孙无忌等皆不愿之国，上表固让，称：“承恩以来，形影相吊，若履春冰；宗族忧虞，如置汤火。缅惟三代封建，盖由

敢谒见太子就返回家中，当时人赞美他有谦让的品德。房玄龄认为度支郎中一职关系到国家的利害，曾有空缺，未能找到合适的人选，于是自己兼领这一官职。

礼部尚书、永宁懿公王珪去世。王珪的性格宽容大方，自己的奉养却很节俭。按照唐代的制度，三品以上的大臣都可建立家庙祭祀祖先，王珪跻身显贵地位已有很长时间，只在家中的内室祭祀祖先。王珪曾受到有关司法官署的弹劾，唐太宗不予过问，命令有关官署为他建立家庙来让他感到羞愧。

二月初七日庚辰，任命光禄大夫尉迟敬德为鄜州都督。

唐太宗曾对尉迟敬德说："有人说你谋反，为什么？"尉迟敬德回答说："我谋反这件事属实！我跟随陛下征伐四方，身经百战，如今留下来的，都是在刀锋箭头之下剩余下来的。现在天下已经安定，就来怀疑臣要谋反吗？"于是脱下衣服扔在地上，露出身上的伤疤。唐太宗为此流下眼泪，说："你还是穿上衣服，朕不怀疑你，所以才跟你说，为什么还要愤恨呢？"

唐太宗又曾对尉迟敬德说："朕想把女儿嫁给你做妻子，怎么样？"尉迟敬德叩头辞谢说："臣的妻子虽然粗鄙不高贵，但我们一同过贫贱生活很久了。臣虽然没有学问，但听说古人富贵之后不换妻子，这不是臣所希望的。"唐太宗于是作罢。

二月二十五日戊戌，尚书省奏称："近来掖庭女官的选拔，有的出身地位微贱的家族，没有听说过宫中的礼仪训条，有的出自受过刑罚诛戮的家族，对朝廷积有怨恨和忧愁。请求自今日起，后宫及东宫的女官若有空缺，都选择良好人家中有才能和品行的女子加以补充，按照礼仪进行聘纳；那些家族曾经有罪而被官府抄没以及家族一向低微贫贱的人，都不能补充任用。"唐太宗同意了这个请求。

唐太宗已下诏规定了宗室贵族大臣的子孙可以承袭其父亲州刺史的官职，左庶子于志宁认为古代与今天的事理不同，恐怕这个规定不是长治久安之策，上疏谏争。侍御史马周也上奏，认为："尧、舜作为父亲，还有丹朱、商均这样不肖的儿子。倘若让未成年的儿子承袭父亲的官职，万一他为人骄横愚钝，百姓们就会遭殃，国家也会受到破坏。此时如果不想让他承袭父亲的官职，就会考虑到他祖先的功劳尚在，就像楚人考虑到子文治国有功而让他的子孙承袭子文的封地一样；如果想保留他的承袭权，可是他的罪恶已像晋国栾氏的后人栾黡一样彰显于世。与其让他承袭官职毒害当时的百姓，不如对已经死去的大臣割舍了皇恩，哪样做更有利于国家是非常明显的。这样看来以前所谓的爱护他们，其实正是害了他们。臣认为应该让他们在封地中获得赋税，按封地的大小享受民户的奉纳，如果他们确实有才能和品行，就根据他们的才能大小授予官职，让他们得以尊奉皇恩而子子孙孙永享福禄。"

正好这时司空、赵州刺史长孙无忌等人都不愿意前去各州任职，上表执意辞让州刺史的任命，称："受到皇上的恩遇以来，臣的身形与影子相互凭吊，如踩在薄冰

力不能制，因而利之，礼乐节文，多非己出。两汉罢侯置守，蠲除曩弊，深协事宜。今因臣等，复有变更，恐紊圣朝纲纪；且后世愚幼不肖之嗣，或抵冒邦宪，自取诛夷，更因延世之赏，致成剿绝之祸，良可哀愍。愿停涣汗之旨，赐其性命之恩。”无忌又因子妇长乐公主固请于上，且言“臣披荆棘事陛下，今海内宁一，奈何弃之外州，与迁徙何异！”上曰：“割地以封功臣，古今通义，意欲公之后嗣，辅朕子孙，共传永久；而公等乃复发言怨望，朕岂强公等以茅土邪！”庚子，诏停世封刺史。

（以上为第七段，写唐太宗欲行封建，世袭刺史，因大臣谏正而收回成命。）

高昌王麴文泰多遏绝西域朝贡，伊吾先臣西突厥，既而内属，文泰与西突厥共击之。上下书切责，征其大臣阿史那矩，欲与议事，文泰不遣，遣其长史麴雍来谢罪。颉利之亡也，中国人在突厥者或奔高昌，诏文泰归之，文泰蔽匿不遣。又与西突厥共击破焉耆，焉耆诉之。上遣虞部郎中李道裕往问状，且谓其使者曰：“高昌数年以来，朝贡脱略，无藩臣礼，所置官号，皆准天朝，筑城掘沟，预备攻讨。我使者至彼，文泰语之云：‘鹰飞于天，雉伏于蒿，猫游于堂，鼠噍于穴，各得其所，岂不能自生邪！’又遣使谓薛延陀曰：‘既为可汗，则与天子匹敌，何为拜其使者！’事人无礼，又间邻国，为恶不诛，善何以劝！明年当发兵击汝。”三月，薛延陀可汗遣使上言：“奴受恩思报，请发所部为军导以击高昌。”上遣民部尚书唐俭、右领军大将军执失思力赍缯帛赐薛延陀，与谋进取。

夏，四月，戊寅，上幸九成宫。

初，突厥突利可汗之弟结社率从突利入朝，历位中郎将。居家无赖，怨突利斥之，乃诬告其谋反，上由是薄之，久不进秩。结社率阴结故部

上行走一样；全宗族的人都担忧恐惧，就像置身在汤火之中一样。缅怀追思夏、商、周三代实行分封诸侯国的制度，是由于天子力量不能控制整个天下，因此分封诸侯国就有利于天子控制天下，而礼乐的仪式制度，大多不是由诸侯自己所决定的。到了两汉废除诸侯国而设置郡县的守令，废除了过去的弊病，深为合乎事理。如今因为我们这些人，又有改变，恐怕会扰乱圣明之朝的政治纲纪，而且后代有了愚幼无知的不肖子孙，有人会触犯国家法令，自取灭亡，更会因为享受了延续不断承袭官职的赏赐，导致最后形成被剿灭的灾祸，实在值得可怜悲伤。愿陛下停止子孙承袭父职的旨意，赐给我等保全性命的皇恩。”长孙无忌又让他的儿媳长乐公主极力向唐太宗请求，而且说：“臣披荆斩棘事奉陛下，如今海内安宁统一，为何把我弃置到京城之外的州郡，这与降级左迁有什么不同？”唐太宗说：“分割土地封给功勋大臣，是古今的通义，朕的意思是想让你的后代，辅佐朕的子孙，共同流传延续直到久远；可是你们却又上书表示怨恨和不满，朕难道是用封地强逼你们吗？”二月二十七日庚子，下诏停止世袭刺史。

高昌王麴文泰多次拦截阻止西域诸国通过该国前往唐王朝朝见进贡，伊吾以前向西突厥表示臣服，之后又归附唐朝，麴文泰与西突厥一同讨伐伊吾。唐太宗寄去书信责备他，又征召他的大臣阿史那矩，想和他商议有关事务，麴文泰不派他前来，而派他的长史麴雍前来谢罪。突厥的颉利可汗灭亡后，流落在突厥的中原人有的投奔到高昌，唐太宗下诏让麴文泰放他们返回中原，麴文泰把他们隐匿起来不遣送回来。他又与西突厥一同进攻打败了焉耆，焉耆投诉高昌的攻击。唐太宗派虞部郎中李道裕前去询问情况，并且对高昌的使者说：“这几年以来，高昌对朝廷的朝见和进贡都有所减少和省略，没有做到藩臣的礼节，所设置的官职名号，都仿效天朝的官职名号，修建城墙挖掘壕沟，预先准备进攻和讨伐。我派去的使者到了你们那里，麴文泰对他说：‘老鹰在天上飞翔，野鸡俯伏在蒿草丛中，猫在厅堂里游玩，老鼠在洞穴中嚼食，它们各得其所，难道不能各自为生吗？’又派使者对薛延陀说：‘你既然身为可汗，就与天子可以匹敌了，为什么对他的使者下拜？’待人无礼，又离间邻国使邻国相互仇恨，不诛杀了他，行善的人怎能得到鼓励？明年当要发兵讨伐你们高昌。”三月，薛延陀可汗派使者上言：“我受到皇恩想要回报，请求征发我所属的军队为先导去进攻高昌。”唐太宗派民部尚书唐俭、右领军大将军执失思力带去丝绸赐给薛延陀，与他谋划进兵攻取高昌。

夏季，四月初五日戊寅，唐太宗巡幸九成宫。

起初，突厥的突利可汗的弟弟结社率跟随突利入京朝见，在唐朝历任中郎将。住在家中没有依靠，就怨恨突利排斥他，于是诬告突利谋反，唐太宗因此降低了对

落，得四十余人，谋因晋王治四鼓出宫，开门辟仗，驰入宫门，直指御帐，可有大功。甲申，拥突利之子贺逻鹘夜伏于宫外，会大风，晋王未出，结社率恐晓，遂犯行宫，逾四重幕，弓矢乱发，卫士死者数十人。折冲孙武开等帅众奋击，久之，乃退，驰入御厩，盗马二十余匹，北走，渡渭，欲奔其部落，追获，斩之。原贺逻鹘，投于岭表。

庚寅，遣武候将军上官怀仁击巴、壁、洋、集四州反獠，平之，虏男女六千余口。

五月，旱。甲寅，诏五品以上上封事。魏徵上疏，以为："陛下志业，比贞观之初，渐不克终者凡十条。"其间一条，以为："顷年以来，轻用民力。乃云：'百姓无事则骄逸，劳役则易使。'自古未有因百姓逸而败、劳而安者也。此恐非兴邦之至言。"上深加奖叹，云："已列诸屏障，朝夕瞻仰，并录付史官。"仍赐徵黄金十斤，厩马二匹。

六月，渝州人侯弘仁自牂柯开道，经西赵，出邕州，以通交、桂，蛮、俚降者二万八千余户。

丙申，立皇弟元婴为滕王。

自结社率之反，言事者多云突厥留河南不便，秋，七月，庚戌，诏右武候大将军、化州都督、怀化郡王李思摩为乙弥泥孰俟利苾可汗，赐之鼓纛；突厥及胡在诸州安置者，并令渡河，还其旧部，俾世作藩屏，长保边塞。突厥咸惮薛延陀，不肯出塞。上遣司农卿郭嗣本赐薛延陀玺书，言："颉利既败，其部落咸来归化，我略其旧过，嘉其后善，待其达官皆如吾百寮、部落皆如吾百姓。中国贵尚礼义，不灭人国，前破突厥，止为颉利一人为百姓害，实不贪其土地，利其人畜，恒欲更立可汗，故置所降部落于河南，任其畜牧。今户口蕃滋，吾心甚喜。既许立之，不可失信。秋中将遣突厥渡河，复其故国。尔薛延陀受册在前，突厥受册在后，后者为小，前者为大。尔在碛北，突厥在碛南，各守土疆，镇抚部落。其逾分故相抄掠，我则发兵，各问其罪。"薛延陀奉诏。于是遣思摩帅所部建牙于河北，上御齐政殿饯之，思摩涕泣，奉觞上寿曰："奴等破亡之余，分为灰壤，陛下存其骸骨，复立为可汗，愿万世子孙恒事陛

结社率的待遇，很久没有晋升官级。结社率暗中纠结原来的部落，收罗了四十多人，谋划利用晋王李治四更出宫，打开宫门排列仪仗队的时候，乘马冲进宫门，直接冲向皇帝的御帐，可以建立夺位的大功。四月十一日甲申，结社率等人簇拥突利的儿子贺逻鹘趁夜间潜伏在宫门外，正好这时刮起大风，晋王没有出宫，结社率担心天亮了，于是带兵侵犯唐太宗的行宫，穿过四层幕帐，弓箭乱射，宫廷卫士死了几十人。折冲都尉孙武开等人率领众卫士奋勇攻击，双方战斗了很长时间，结社率才退兵，驰马冲入御马厩中，盗走御马二十多匹，向北逃走，渡过渭水，想逃回原来的部落，唐兵追击俘获，并斩杀了他们。唐太宗原谅了贺逻鹘，把他流放到岭南。

四月十七日庚寅，派遣武候将军上官怀仁进攻巴州、壁州、洋州、集州的反叛獠民，平定了叛乱，俘虏男女六千多人。

五月，发生旱灾。十二日甲寅，唐太宗下诏命令五品以上官员上书密封奏章议论国事。魏徵上疏，认为："陛下的志向和治国大业，与贞观初年相比，能善始而逐渐不能善终的总共有十条。"其中的一条，认为："近年以来，轻易地动用民力。并说：'百姓不为国家服役就会变得骄纵放逸，让他们服劳役就会让他们易为国家使用。'自古以来没有因百姓安逸而国家败亡，因百姓劳苦而天下能够安定的。这恐怕不是振兴国家的至理名言。"唐太宗深加赞赏感叹，说："已将你的奏疏排列在屏风上，早晚瞻仰观看，并抄录下来交给史官了。"又赐给魏徵黄金十斤，御马二匹。

六月，渝州人侯弘仁从牂柯开通道路，经过西赵，来到邕州，用来沟通交州、桂州，蛮族、俚族向他降服的有二万八千多户。

六月二十五日丙申，唐太宗册立皇弟李元婴为滕王。

自从结社率反叛后，上书言事的大臣大多认为把突厥人留在北河以南面对国家不利，秋季，七月初九日庚戌，唐太宗发诏命令右武候大将军、化州都督、怀化郡王李思摩为乙弥泥孰俟利苾可汗，赐给他大鼓和大旗，对于突厥以及安置在各州的胡人，都命令他们渡过黄河，回到原来的部落，使他们世世代代作为唐朝的外围屏障，长久地保卫边塞。突厥人都惧怕薛延陀，不肯走出边塞居住。唐太宗派司农卿郭嗣本赐给薛延陀玺书，说："颉利可汗已经败亡，他们的部落都来归附大唐，朕不计较他们从前的过失，嘉奖他们后来的善行，对待他们的官员都像对待朕手下的百官，对他的部族都像对待朕的百姓。中原的王朝崇尚礼义，不灭绝别人的国家，先前打败突厥，只是因为颉利一人是百姓的祸害，实在不是贪图他的土地，不把夺取他们的人口和牲畜作为利益，一直都想重立一个可汗，所以把投降的突厥部落安置在河南一带，任由他们从事畜牧。如今这些部落的人口增长很多，朕内心非常高兴。既然已答应另立一个可汗，就不能失信。秋季将要派遣突厥渡过黄河，恢复他们的故国。你薛延陀受到册封在前，突厥受到册封在后，在后的为小，在前的为大。你

下。”又遣礼部尚书赵郡王孝恭等赍册书，就其种落，筑坛于河上而立之。上谓侍臣曰：“中国，根干也；四夷，枝叶也；割根干以奉枝叶，木安得滋荣！朕不用魏徵言，几致狼狈。”又以左屯卫将军阿史那忠为左贤王，左武卫将军阿史那泥熟为右贤王。忠，苏尼失之子也，上遇之甚厚，妻以宗女；及出塞，怀慕中国，见使者必泣涕请入侍；诏许之。

（以上为第八段，写内附突厥人结社率反于长安，唐太宗遣送内附突厥部落还归旧境。）

八月，辛未朔，日有食之。

诏以“身体发肤，不敢毁伤。比来诉讼者或自毁耳目，自今有犯，先笞四十，然后依法”。

冬，十月，甲申，车驾还京师。

十一月，辛亥，以侍中杨师道为中书令。

戊辰，尚书左丞刘洎为黄门侍郎、参知政事。

上犹冀高昌王文泰悔过，复下玺书，示以祸福，征之入朝，文泰竟称疾不至。十二月，壬申，遣交河行军大总管、吏部尚书侯君集，副总管兼左屯卫大将军薛万均等将兵击之。

乙亥，立皇子福为赵王。

己丑，吐谷浑王诺曷钵来朝，以宗女为弘化公主，妻之。

壬辰，上畋于咸阳，癸巳，还宫。

太子承乾颇以游畋废学，右庶子张玄素谏，不听。

是岁，天下州府凡三百五十八，县一千五百五十一。

太史令傅奕精究术数之书，而终不之信，遇病，不呼医饵药。有僧自西域来，善咒术，能令人立死，复咒之使苏。上择飞骑中壮者试之，皆如其言，以告奕，奕曰：“此邪术也。臣闻邪不干正，请使咒臣，必不能行。”上命僧咒奕，奕初无所觉，须臾，僧忽僵仆，若为物所击，遂不

在沙漠以北，突厥在沙漠以南，各自守着自己的疆土，镇抚自己的部落。其中如果有一方越过疆界相互劫掠，我大唐就要发兵，分别责问他的罪行。”薛延陀接受了这个诏令。于是唐太宗派思摩率领所辖部落在河北建立牙帐，唐太宗亲临齐政殿为他们饯行，思摩泪流满面，捧上酒杯为唐太宗祝寿说：“我等是亡国剩余的人员，已经分散成为尘土，陛下保全了我们的生命，又立为可汗，愿万代的子孙永远侍奉陛下。”唐太宗又派礼部尚书赵郡王李孝恭等人携带册封文书，到他们的部落，在黄河边筑立祭坛而册立他。唐太宗对侍从的大臣说：“中原王朝是大树的树根树干，四方民族，乃是大树的枝叶；割断树根树干来奉养大树的枝叶，大树怎能生长繁荣呢？朕不采纳魏徵的谏言，差一点儿导致不可收拾的局面。”又任命左屯卫将军阿史那忠为左贤王，左武卫将军阿史那泥熟为右贤王。阿史那忠是苏尼失的儿子，唐太宗待他非常优厚，把宗室的女子许配给他；等到他奉职出塞，仍然怀恋中原朝廷，见到来使必定流泪请求入京侍奉唐太宗；唐太宗下诏答应了他的请求。

八月初一日辛未，发生日食。

唐太宗下诏说：“人的身体毛发皮肤，是父母给予的，不敢有丝毫损伤。近来上诉告状的有人损毁自己的耳目，从今往后再有犯这种罪过的，先鞭笞四十下，然后再依法判罪。”

冬季，十月十五日甲申，唐太宗的车驾回到长安。

十一月十三日辛亥，任命侍中杨师道为中书令。

十一月三十日戊辰，任命尚书左丞刘洎为黄门侍郎、参知政事。

唐太宗还希望高昌王麴文泰能够悔过，又颁下玺书，向他晓示祸福利害，征召他入朝，麴文泰最终称病不来朝见。十二月初四日壬申，派遣交河行军大总管、吏部尚书侯君集，行军副总管兼左屯卫大将军薛万均等人领兵进攻高昌。

十二月初七日乙亥，唐太宗立皇子李福为赵王。

十二月二十一日己丑，吐谷浑王诺曷钵来京朝见，唐太宗册封宗室女子为弘化公主，嫁给他为妻。

十二月二十四日壬辰，唐太宗到咸阳狩猎，二十五日癸巳，回到宫中。

太子李承乾为了游猎而严重荒废学业，右庶子张玄素劝谏，但他没有听从。

这一年，全国有三百五十八个州府，一千五百一十一个县。

太史令傅奕精心研究术数的书籍，但最终也不相信术数，自己生了病，不找医生不吃药。有个佛教的僧人从西域来，擅长咒诅术，能让人立刻死去，又念咒让他苏醒。唐太宗挑选飞骑卫队中的强壮士兵让他试验，都像他说的一样，唐太宗将此事告诉傅奕，傅奕说：“这是妖邪之术。臣听说邪不压正，请让他对我念咒语，必然

复苏。又有婆罗门僧，言得佛齿，所击前无坚物。长安士女辐凑如市。奕时卧疾，谓其子曰：“吾闻有金刚石，性至坚，物莫能伤，唯羚羊角能破之，汝往试焉。”其子往见佛齿，出角叩之，应手而碎，观者乃止。奕临终，戒其子无得学佛书，时年八十五。又集魏、晋以来驳佛教者为《高识传》十卷，行于世。

西突厥咥利失可汗之臣俟利发与乙毗咄陆可汗通谋作乱，咥利失穷蹙，逃奔钹汗而死。弩失毕部落迎其弟子薄布特勒立之，是为乙毗沙钵罗叶护可汗。沙钵罗叶护既立，建庭于虽合水北，谓之南庭，自龟兹、鄯善、且末、吐火罗、焉耆、石、史、何、穆、康等国皆附之。咄陆建牙于镞曷山西，谓之北庭，自厥越失、拔悉弥、驳马、结骨、火焊、触木昆等国皆附之，以伊列水为境。

（以上为第九段，写太史令傅奕排佛，唐调整与西北各少数民族的关系，恩威并施，兵伐高昌。）

十四年（庚子，640 年）

春，正月，甲寅，上幸魏王泰第，赦雍州长安系囚大辟以下，免延康里今年租赋，赐泰府僚属及同里老人有差。

二月，丁丑，上幸国子监，观释奠，命祭酒孔颖达讲《孝经》，赐祭酒以下至诸生高第帛有差。是时上大征天下名儒为学官，数幸国子监，使之讲论，学生能明一大经已上皆得补官。增筑学舍千二百间，增学生满二千二百六十员，自屯营飞骑，亦给博士，使授以经，有能通经者，听得贡举。于是四方学者云集京师，乃至高丽、百济、新罗、高昌、吐蕃诸酋长亦遣子弟请入国学，升讲筵者至八千余人。上以师说多门，章句繁杂，命孔颖达与诸儒撰定“五经”疏，谓之《正义》，令学者习之。

壬午，上行幸骊山温汤，辛卯，还宫。

不能灵验。”唐太宗命僧人对傅奕念咒语，傅奕起初没有感觉，过了很短时间，僧人忽然身体僵挺倒在地下，像是被东西击倒，不再苏醒。又有一个印度的僧人，自称得到了佛的牙齿，用它击打东西都无坚不摧。长安城内男男女女聚集前来观看如同市场一样热闹。傅奕当时卧床养病，对他儿子说：“我听说有金刚石，性质极为坚硬，什么东西都不能损坏它，只有羚羊角能撞破它，你前去试一试。”傅奕的儿子前去观看佛齿，拿出羚羊角叩打佛齿，佛齿应声破碎，观看的人于是散去。傅奕临死，告诫他的儿子不要学习佛教书，死时年八十五岁。他又搜集魏晋以来驳斥佛教的言论编为《高识传》十卷，流传于世。

西突厥咥利失可汗的大臣俟利发与乙毗咄陆可汗密谋叛乱，咥利失无计可施，逃亡投奔钹汗然后死去。弩失毕部落迎接他弟弟的儿子薄布特勒立为可汗，这就是乙毗沙钵罗叶护可汗。沙钵罗叶护即位后，在虽合水北岸建立牙帐，称之为南庭，龟兹、鄯善、且末、吐火罗、焉耆、石、史、何、穆、康等国都归附他。咄陆在镞曷山西麓建立牙帐，称为北庭，厥越失、拔悉弥、驳马、结骨、火焊、触水昆等国都依附他，双方以伊列水为边界。

唐太宗贞观十四年（庚子，640年）

春季，正月十六日甲寅，唐太宗临幸魏王李泰的府第，大赦雍州、长安牢中关押的犯了斩刑以下的囚犯，免除延康里当年的租赋，赏赐魏王府的僚属以及延康里的老人为数不等的物品。

二月初十日丁丑，唐太宗临幸国子监，观看释奠之礼，命国子监祭酒孔颖达讲解《孝经》，赏赐祭酒以下直至成绩优异的诸生分别不等的绢帛。此时唐太宗大量征召全国有名的儒生担任学官，并多次亲临国子监，让他们讲论儒家经典，学生中能够通晓一部以上大型经典如《礼记》、《春秋左氏传》者都有资格候补成为官员。又扩建国子监的学生宿舍一千二百间，增招学生满额为二千二百六十人，自屯驻的飞骑卫队等军队中，也派去博士，让他们向兵士传授经典，如果有能通晓儒家经典的，也允许他们参加贡举。于是四方的学者云集到长安，甚至高丽、百济、新罗、高昌、吐蕃等国的酋长也派遣他们的子弟请求进入国子监学习，参加国子监讲堂听讲学习的人多达八千多人。唐太宗认为古代经师对于儒家经典的解释出自多种师门，相关的注释过于繁琐杂乱，就命孔颖达与其他儒学家共同写定“五经”的疏，称之为《正义》，让学者们研习。

二月十五日壬午，唐太宗巡幸骊山温汤，二十四日辛卯，回到宫中。

乙未，诏求近世名儒梁皇甫侃、褚仲都，周熊安生、沈重，陈沈文阿、周弘正、张讥，隋何妥、刘炫等子孙以闻，当加引擢。

（以上为第十段，写唐太宗兴儒学，诏孔颖达等编定《五经正义》，至今行于世。）

三月，窦州道行军总管党仁弘击罗窦反獠，破之，俘七千余口。

辛丑，流鬼国遣使入贡。去京师万五千里，滨于北海，南邻靺鞨，未尝通中国，重三译而来。上以其使者佘志为骑都尉。

丙辰，置宁朔大使以护突厥。

夏，五月，壬寅，徙燕王灵夔为鲁王。

上将幸洛阳，命将作大匠阎立德行清暑之地。秋，八月，庚午，作襄城宫于汝州西山。立德，立本之兄也。

高昌王文泰闻唐兵起，谓其国人曰："唐去我七千里，沙碛居其二千里，地无水草，寒风如刀，热风如烧，安能致大军乎！往吾入朝，见秦、陇之北，城邑萧条，非复有隋之比。今来伐我，发兵多则粮运不给；三万已下，吾力能制之。当以逸待劳，坐收其弊。若顿兵城下，不过二十日，食尽必走，然后从而虏之。何足忧也！"及闻唐兵临碛口，忧惧不知所为，发疾卒，子智盛立。

军至柳谷，诇者言文泰刻日将葬，国人咸集于彼，诸将请袭之，侯君集曰："不可，天子以高昌无礼，故使吾讨之，今袭人于墟墓之间，非问罪之师也。"于是鼓行而进，至田城，谕之，不下，诘朝攻之，及午而克，虏男女七千余口。以中郎将辛獠兒为前锋，夜，趋其都城，高昌逆战而败；大军继至，抵其城下。

智盛致书于君集曰："得罪于天子者，先王也，天罚所加，身已物故。智盛袭位未几，惟尚书怜察！"君集报曰："苟能悔过，当束手军门。"智盛犹不出。君集命填堑攻之，飞石雨下，城中人皆室处。又为巢车，高十丈，俯瞰城中。有行人及飞石所中，皆唱言之。先是，文泰与西突厥

二月二十八日乙未，唐太宗下诏访求近代著名儒学家如梁朝的皇甫侃、褚仲都，北周的熊安生、沈重，陈朝的沈文阿、周弘正、张讥，隋朝的何妥、刘炫等人的后代，上报给朝廷，当加以提拔任用。

三月，窦州道行军总管党仁弘进攻罗窦的反叛僚民，将他们击败，俘虏七千多人。

二月初四日辛丑，流鬼国派使节进京献上贡品。该地离长安一万五千里，濒临北海，南邻靺鞨，以前未曾与中原有过来往，此时通过三次辗转翻译也来到唐朝。唐太宗任命该国的使者佘志为骑都尉。

三月十九日丙辰，设置宁朔大使以保护突厥。

夏季，五月初六日壬寅，把燕王李灵夔改封为鲁王。

唐太宗将要临幸洛阳，命令将作大匠阎立德巡视清静的避暑之地。秋季八月初五日庚午，在汝州的西山修建襄城宫。阎立德是阎立本的哥哥。

高昌王麴文泰听说唐朝军队已经出动前来讨伐，对他的国人说："唐朝距离我们有七千里，中间有两千里是沙漠地带，地上没有水草，寒风刮起来如同刀割，热风如同火烧，怎么让大部队来到我们这里？以前我去唐朝，看见秦、陇的北面，城镇萧条，不再有可与隋朝相比的富足。如今唐朝军队前来攻伐我国，出兵多的话粮草就供应不上，如果是三万以下的兵力，我们的力量就能战胜他们。我们应当以逸待劳，坐收他们大军疲敝的好处。如果他们驻兵城下，不过二十天，粮食吃完就必然要撤退，然后我们就可以出兵俘虏他们。有什么值得忧虑呢？"等到听说唐朝军队兵临碛口，他又恐惧得不知如何办才好，最后生病死去，他的儿子智盛即位。

唐朝军队到了柳谷，侦察人员说麴文泰近日就要下葬，高昌国的人士都聚集在墓地，唐军的诸位将领请求袭击他们，侯君集说："不能这么做，天子认为高昌怠慢无礼，所以派我们讨伐他们，如今袭击正在墓地安葬国王的人们，这不是讨伐罪行的正义之师。"于是击鼓行军，前进到田城，对高昌的国民宣讲朝廷的旨意，高昌人不投降，于是在第二天清晨发动进攻，到了中午就攻克城池，俘虏男女七千多人。又让中郎将辛獠兒为前锋，夜里，直逼高昌的都城，高昌人来迎战但被击败；唐朝大军随后赶到，直抵城下。

麴智盛给侯君集写信说："得罪天子的人，是我国的先王，上天的惩罚已经加在他的身上，他本人已经去世。智盛即位时间不久，请尚书可怜原谅！"侯君集回信说："如果能改悔过错，就应当捆起双手来我营门投降。"麴智盛还是不出来投降。侯君集命令部队填埋沟壕攻城，城上飞石如雨点一样落下，城内的人都躲在房

可汗相结，约有急相助；可汗遣其叶护屯可汗浮图城，为文泰声援。及君集至，可汗惧而西走千余里，叶护以城降。智盛穷蹙，癸酉，开门出降。君集分兵略地，下其二十二城，户八千四十六，口一万七千七百，地东西八百里，南北五百里。

上欲以高昌为州县，魏徵谏曰："陛下初即位，文泰夫妇首来朝，其后稍骄倨，故王诛加之。罪止文泰可矣，宜抚其百姓，存其社稷，复立其子，则威德被于遐荒，四夷皆悦服矣。今若利其土地以为州县，则常须千余人镇守，数年一易，往来死者什有三四，供办衣资，违离亲戚，十年之后，陇右虚耗矣。陛下终不得高昌撮粟尺帛以佐中国，所谓散有用以事无用，臣未见其可。"上不从，九月，以其地为西州，以可汗浮图城为庭州，各置属县。乙卯，置安西都护府于交河城，留兵镇之。

君集虏高昌王智盛及其群臣豪杰而还。于是唐地东极于海，西至焉耆，南尽林邑，北抵大漠，皆为州县，凡东西九千五百一十里，南北一万九百一十八里。

侯君集之讨高昌也，遣使约焉耆与之合势，焉耆喜，听命。及高昌破，焉耆王诣军门谒见君集，且言焉耆三城先为高昌所夺，君集奏并高昌所掠焉耆民悉归之。

（以上为第十一段，写高昌平服，置州县，西域纳入唐版图，置安西都护府，唐疆域达于极盛。）

冬，十月，甲戌，荆王元景等复表请封禅，上不许。

初，陈仓折冲都尉鲁宁坐事系狱，自恃高班，慢骂陈仓尉尉氏刘仁轨，仁轨杖杀之。州司以闻。上怒，命斩之，犹不解，曰："何物县尉，敢杀吾折冲！"命追至长安面诘之。仁轨曰："鲁宁对臣百姓辱臣如此，臣实忿而杀之。"辞色自若。魏徵侍侧，曰："陛下知隋之所以亡乎？"上

屋中。唐军又建造了巢车，高十丈，可以俯瞰城内。城内有行人出现以及投进去的飞石击中目标，巢车上的人都大声报告。在此之前，麴文泰与西突厥可汗相互勾结，约定一方出现紧急战况时另一方就来救援；西突厥可汗为此派了他的叶护官驻守可汗浮图城，作为麴文泰的声援力量。等到侯君集率大军来到高昌城下，西突厥可汗害怕而向西逃离一千多里，驻守的叶护官率城投降唐军。麴智盛无计可施，八月初八日癸酉，开门出城投降。侯君集分兵占领各地，攻下高昌的城池二十二座，俘获八千四十六户，一万七千七百人，占地东西八百里，南北五百里。

唐太宗想把高昌改设为州县，魏徵劝谏说："陛下刚即位时，麴文泰夫妇首先来到朝中拜见，此后逐渐骄傲自大，所以帝王的诛伐加到他的身上。只对麴文泰一人问罪就可以了，应当安抚高昌的百姓，保存高昌的社稷，重新立他的儿子为可汗，这样的话皇上的威望与德行就远远传播到荒远的地区，四方的民族都会心悦诚服归顺朝廷。如今要是贪图他们的土地而改置为州县，就经常要有一千多人镇守，几年轮换一批，来来往往的过程之中就会死掉十分之三四，还要供应和置办衣服与物资，士兵们远离亲人，十年以后，陇右地区就会被耗费空虚了。陛下最终不能得到高昌的一撮粮食一尺布匹供中原使用，正是所谓分散有用的资财而用在无用之地，臣看不到有可行之处。"唐太宗没有听从他的意见，九月，把高昌地区改置为西州，把可汗浮图城改为庭州，并在二州分别设置所统辖的县。二十一日乙卯，在交河城设立了安西都护府，留下部队镇守。

侯君集俘虏了高昌王麴智盛和他的大臣以及地方豪杰返回朝廷。此时唐朝的疆域东到大海，西至焉耆，南达林邑，北抵大沙漠，都设立了州县，总共东西宽九千五百一十里，南北长一万九百一十八里。

侯君集征讨高昌时，曾派出使节邀约焉耆与唐军合围高昌，焉耆得信后非常高兴，愿意听从命令。等到高昌灭亡后，焉耆王到唐朝军队营地拜见侯君集，而且说焉耆三座城在此之前被高昌夺去，侯君集禀报朝廷将三座城池连同高昌掠夺的焉耆百姓全部归还焉耆。

冬季，十月初十日甲戌，荆王李元景等人又上表请求行封禅礼，唐太宗没有允许。

当初，陈仓折冲都尉鲁宁因事获罪被关押在狱中，鲁宁自恃自己的官职等级高，谩骂陈仓尉尉氏人刘仁轨，刘仁轨让人用监杖把鲁宁打死。岐州的州官上报朝廷。唐太宗发怒，命令把刘仁轨斩首，但还不解怒气，说："是个什么样的县尉，胆敢杀死我的折冲都尉！"命令把刘仁轨押到长安当面质问。刘仁轨说："鲁宁当着陈仓百

曰："何也？"徵曰："隋末，百姓强而陵官吏，如鲁宁之比是也。"上悦，擢仁轨为栎阳丞。

上将幸同州校猎，仁轨上言："今秋大稔，民收获者什才一二，使之供承猎事，治道葺桥，动费一二万功，实妨农事。愿少留銮舆旬日，俟其毕务，则公私俱济。"上赐玺书嘉纳之，寻迁新安令。闰月，乙未，行幸同州；庚戌，还宫。

丙辰，吐蕃赞普遣其相禄东赞献金五千两及珍玩数百，以请婚。上许以文成公主妻之。

十一月，甲子朔，冬至，上祀南郊。时《戊寅历》以癸亥为朔，宣义郎李淳风表称："古历分日起于子半，今岁甲子朔旦冬至，而故太史令傅仁均减余稍多，子初为朔，遂差三刻，用乖天正，请更加考定。"众议以仁均定朔微差，淳风推校精密，请如淳风议，从之。

丁卯，礼官奏请加高祖父母服齐衰五月，嫡子妇服期，嫂、叔、弟妻、夫兄、舅皆服小功；从之。

丙子，百官复表请封禅，诏许之。更命诸儒详定仪注；以太常卿韦挺等为封禅使。

司门员外郎韦元方给给使过所稽缓，给使奏之；上怒，出元方为华阴令。魏徵谏曰："帝王震怒，不可妄发。前为给使，遂夜出敕书，事如军机，谁不惊骇！况宦者之徒，古来难养，轻为言语，易生患害，独行远使，深非事宜，渐不可长，所宜深慎。"上纳其言。

尚书左丞韦悰句司农木橦价贵于民间，奏其隐没。上召大理卿孙伏伽书司农罪。伏伽曰："司农无罪。"上怪，问其故，对曰："只为官橦贵，

姓的面如此这般地羞辱臣，臣实在非常愤恨，于是把他杀掉。”回答时神色自若。魏徵正侍从在唐太宗身旁，说：“陛下知道隋朝灭亡的原因吗？”唐太宗问：“什么原因？”魏徵说：“隋朝末年，百姓强悍，敢于侵凌朝廷的官吏，如同鲁宁这样的就是。”唐太宗高兴，提拔刘仁轨为栎阳县丞。

唐太宗将要去同州围猎，刘仁轨上书说：“今年秋季粮食大丰收，百姓收割庄稼才收了十分之一二，让他们供应陛下狩猎的事务，修路修桥，耗费一二万人工，实在是妨碍农事。希望陛下把车驾稍微停留十天半月，等到百姓的庄稼收割完毕，公家私人就都能做成自己的事情了。”唐太宗赐给玺书对他进行嘉奖并采纳他的意见，不久又提升他为新安县令。闰十月初二日乙未，唐太宗出行临幸同州，十七日庚戌，返回宫中。

闰十月二十三日丙辰，吐蕃首领赞普派他的丞相禄东赞向唐朝进献五千两黄金以及几百种珍贵宝器，以此请求通婚。唐太宗答应把文成公主下嫁给他为妻。

十一月初一日甲子，这一天冬至，唐太宗在京城南郊祭天。当时的《戊寅历》以癸亥日为十一月的初一日，宣义郎李淳风上表说：“古代历法把两天的分界线定在子时一半的时间，今年十一月初一日甲子日的子时一半的时候起算作冬至，而前太史令傅仁均计算日期时减除的时间稍微多了一点，从子时的初刻就计算为初一日，这样就与实际的初一日的开始时间差了三刻，违背了天时历法的计算起点时刻，请求重新计算考定日辰时刻。”众人议论认为傅仁均计算的初一日时刻有微小的误差，李淳风推算校定的时刻是精密的，请求按李淳风的意见计算初一日的时刻，唐太宗听从了众人的建议。

十一月初四日丁卯，礼官上奏请求增加为高祖父母穿着齐衰丧服的时间为五个月，为嫡子的媳妇服丧时间为一年，为嫂、叔、弟妻、夫兄、舅的服丧时间都为五个月；唐太宗听从了这一建议。

十一月十三日丙子，文武百官又上表请求行封禅礼，唐太宗下诏准许。又命众位儒师详细商定封禅的礼仪；任命太常寺卿韦挺等人为封禅使。

司门员外郎韦元方拖延向给使宦官发放过关的凭证，给使官上奏给唐太宗；唐太宗发怒，把韦元方降职为华阴令。魏徵劝谏说：“帝王大发脾气，不可随便发作。前几天为了给使官外出办事，连夜发出敕书，事情紧急得如同军机大事，谁能不惊骇？何况宦官之流，自古以来就很难豢养，往往随意说话，容易产生祸害，单独出行到远方办事，深为不合事宜，此风不可增长，应当深为慎重。”唐太宗听从了他的意见。

尚书左丞韦悰核查司农卿出售木材的价格比民间还贵，上奏唐太宗说司农卿隐瞒贪污。唐太宗召见大理寺卿孙伏伽让他书写司农卿的罪状。孙伏伽说：“司农卿没

所以私橦贱。向使官橦贱，私橦无由贱矣。但见司农识大体，不知其过也。”上悟，屡称其善；顾谓韦悰曰：“卿识用不逮伏伽远矣。”

十二月，丁酉，侯君集献俘于观德殿。行饮至礼，大酺三日。寻以智盛为左武卫将军、金城郡公。上得高昌乐工，以付太常，增九部乐为十部。

君集之破高昌也，私取其珍宝；将士知之，竞为盗窃，君集不能禁，为有司所劾，诏下君集等狱。中书侍郎岑文本上疏，以为：“高昌昏迷，陛下命君集等讨而克之，不逾旬日，并付大理。虽君集等自挂网罗，恐海内之人疑陛下唯录其过而遗其功也。臣闻命将出师，主于克敌，苟能克敌，虽贪可赏；若其败绩，虽廉可诛。是以汉之李广利、陈汤，晋之王濬，隋之韩擒虎，皆负罪谴，人主以其有功，咸受封赏。由是观之，将帅之臣，廉慎者寡，贪求者众。是以黄石公《军势》曰：‘使智，使勇，使贪，使愚，故智者乐立其功，勇者好行其志，贪者急趋其利，愚者不计其死。’伏愿录其微劳，忘其大过，使君集重升朝列，复备驱驰，虽非清贞之臣，犹得贪愚之将，斯则陛下虽屈法而德弥显，君集等虽蒙宥而过更彰矣。”上乃释之。

又有告薛万均私通高昌妇女者，万均不服，内出高昌妇女付大理，与万均对辩。魏徵谏曰：“臣闻‘君使臣以礼，臣事君以忠’。今遣大将军与亡国妇女对辩帷箔之私，实则所得者轻，虚则所失者重。昔秦穆饮盗马之士，楚庄赦绝缨之罪，况陛下道高尧、舜，而曾二君之不逮乎！”上遽释之。

侯君集马病蚛颡，行军总管赵元楷亲以指沾其脓而嗅之，御史劾奏其谄，左迁栝州刺史。

高昌之平也，诸将皆即受赏，行军总管阿史那社尔以无敕旨，独不受，及别敕既下，乃受之，所取唯老弱故弊而已。上嘉其廉慎，以高昌

有罪。”唐太宗感觉奇怪，问他原因。孙伏伽回答说：“只因为官府的木材贵，所以私人的木材才能卖得贱。如果官府的木材卖得贱，私人的木材就无法再贱了。这件事里我只看到司农卿懂得事情的根本，不知道他有什么过错。”唐太宗于是醒悟，多次称赞孙伏伽的优秀，并对韦悰说：“卿的见识远远赶不上孙伏伽。”

十二月初五日丁酉，侯君集在观德殿向唐太宗献上高昌的俘虏。为此举行庆功的欢迎宴席，大吃了三天。不久就任命麴智盛为左武卫将军、金城郡公。唐太宗得到高昌的乐工，把他们全都交由太常寺管辖，并把原来的九部乐增加为十部乐。

侯君集攻破高昌时，私自夺取高昌国王的珍宝；手下的将士知道了，就竞相偷盗当地的珍宝，侯君集不能禁止，被有关官署弹劾，唐太宗下诏把侯君集等人关押到狱中。中书侍郎岑文本上奏，认为：“高昌王昏庸愚蠢，陛下命侯君集等人讨伐并攻克了他们，没过十天，就一并交付大理寺审查。即使侯君集等人自己触犯了法网，这样处置他们，也怕天下的人怀疑陛下只知治他们的罪而忘了他们的功劳。臣听说将军受命出师，主要是去战胜敌人，如果能战胜敌人，即使贪婪也可对他赏赐；如果战败了，即使清廉也要惩罚他。所以汉朝的李广利、陈汤，晋朝的王濬，隋朝的韩擒虎，都是身上背负着罪行，但君主因为他们有功，所以他们都受到了封官赏赐。由此看来，将帅这种武臣，廉洁谨慎的少，贪婪求财的多。所以黄石公《军势》里说：‘君主要会用军人的智慧，用军人的勇猛，用军人的贪婪，用军人的愚钝，所以有智慧的人就会乐于立功，勇猛的人就会喜欢实现自己的志向，贪婪的人就会急着冲向将要得到的利益，愚钝的人就会不考虑自己的生死。’希望陛下记住他们的大功劳，忘记他们微小的过错，让侯君集重新做官进入朝廷大臣的行列，再次准备供陛下驱使，虽然不是清廉公正的大臣，还算是一个贪婪愚钝的将领，这样就会使陛下虽然未严格执行法律但君主的仁德更加显明，侯君集等人虽然受到宽宥而他们的过失也就更加明显了。”唐太宗于是释放了侯君集等人。

又有人上告薛万均与高昌妇女私通，薛万均不服，于是找出那个高昌妇女交付大理寺，与薛万均当面对质。魏徵劝谏说：“我听说‘君主用礼节来使用大臣，大臣用忠诚来侍奉君主’。如今陛下让大将军与亡国的妇女对质帷幕后的男女私情，情况如果属实则所得很轻，如果不属实则所失很重。从前秦穆公给盗马的野人喝酒，楚庄王赦免在酒宴中调戏宫姬而被扯断帽缨的大臣的罪过，何况陛下的道德比尧、舜还高，却还不如秦穆公、楚庄王两位国君吗？”唐太宗马上释放了薛万均。

侯君集乘坐的马被虫子咬伤了前额，行军总管赵元楷亲自用手指沾了伤口的脓来闻，御史上奏弹劾赵元楷谄媚，降职为栝州刺史。

高昌平定后，各位将领都当即受到赏赐，行军总管阿史那社尔认为没有皇上的敕旨，独自一个不接受赏赐，等到另有敕文宣布下来，这才接受赏赐，领取赏赐只

所得宝刀及杂彩千段赐之。

（以上为第十二段，写唐太宗宽囿功臣小过，不忘其功。）

癸卯，上猎于樊州；乙巳，还宫。

魏徵上疏，以为："在朝群臣，当枢机之寄者，任之虽重，信之未笃，是以人或自疑，心怀苟且。陛下宽于大事，急于小罪，临时责怒，未免爱憎。夫委大臣以大体，责小臣以小事，为治之道也。今委之以职，则重大臣而轻小臣；至于有事，则信小臣而疑大臣。信其所轻，疑其所重，将求致治，其可得乎！若任以大官，求其细过，刀笔之吏，顺旨成风，舞文弄法，曲成其罪。自陈也，则以为心不伏辜；不言也，则以为所犯皆实；进退惟谷，莫能自明，则苟求免祸，矫伪成俗矣！"上纳之。

上谓侍臣曰："朕虽平定天下，其守之甚难。"魏徵对曰："臣闻战胜易，守胜难，陛下之及此言，宗庙社稷之福也！"

上闻右庶子张玄素在东宫数谏争，擢为银青光禄大夫，行左庶子。太子尝于宫中击鼓，玄素叩阁切谏；太子出其鼓，对玄素毁之。太子久不出见官属，玄素谏曰："朝廷选俊贤以辅至德，今动经时月，不见宫臣，将何以裨益万一！且宫中唯有妇人，不知有能如樊姬者乎。"太子不听。

玄素少为刑部令史，上尝对朝臣问之曰："卿在隋何官？"对曰："县尉。"又问："未为尉时何官？"对曰："流外。"又问："何曹？"玄素耻之，出阁殆不能步，色如死灰。谏议大夫褚遂良上疏，以为："君能礼其臣，乃能尽其力。玄素虽出寒微，陛下重其才，擢至三品，翼赞皇储，岂可复对群臣穷其门户！弃宿昔之恩，成一朝之耻，使之郁结于怀，何以责其伏节死义乎！"上曰："朕亦悔此问，卿疏深会我心。"遂良，亮之子也。孙伏伽与玄素在隋皆为令史，伏伽或于广坐自陈往事，一无所隐。

是一些老弱的人口和残旧的物品。唐太宗嘉奖他的廉正谨慎，把在高昌获得的宝刀以及各色彩绸一千段赏赐给他。

十二月十一日癸卯，唐太宗在樊川狩猎；十二月十三日乙巳，返回宫中。

魏徵上疏，认为："在朝的众多大臣中，担当枢密机要事务的官员，虽然被委以重任，但陛下对他们的信任还不够笃厚，所以有人自我猜疑，内心怀着得过且过的苟且心理。陛下对大的事情能做到宽容，对小的过失却急于惩治，当时就加以斥责并且发怒，自己的爱憎未免表现得过于分明。君主把大事委托给大臣，要求小臣办好小事，这是为政之道。如今在对臣下委任官职的时候，就重视大臣而轻视小臣；到了有事的时候，就信任小臣而怀疑大臣。信任自己轻视的小臣，怀疑自己重视的大臣，这样来求得国家达到大治，它是可以得到的吗？如果用大的官职委任给他们，却在小的过失上要求他们，那些刀笔小吏，就会顺着陛下的心意诬告大臣而形成风气，他们就会舞文弄法，罗织出大臣的罪状。这时如果大臣自己陈述辩解，就会被认为内心不服罪；如果不加以辩解，就会被认为所犯的罪行属实，进退两难，不能为自己辩解清楚，于是他们就会不讲原则只求免除灾祸，使得矫饰虚伪成为风气。"唐太宗采纳了他的劝谏。

唐太宗对侍从的大臣说："朕虽然平定了天下，但守住天下就更难。"魏徵回答说："我听说战而取胜是容易的，守住胜利果实是困难的，陛下能说出这个话来，是宗庙社稷的福气！"

唐太宗听说右庶子张玄素在东宫多次劝谏太子，就提升他担任银青光禄大夫，兼任左庶子。太子曾在宫中击鼓，张玄素前来敲门痛切地劝谏；太子拿出鼓来，当着张玄素的面把鼓捣毁。太子很久不出来会见下属官吏，张玄素劝谏说："朝廷遴选优秀人才来辅佐殿下，如今动辄长达数月，不见宫中的大臣，将怎样让他们对殿下有所裨益呢？而且宫中只有女人，不知有没有像楚庄王的樊姬那样贤惠的人呢？"太子不听他的谏言。

张玄素年轻时当过刑部令史，唐太宗曾当着朝中大臣的面问他："你在隋朝时当什么官？"张玄素回答说："县尉。"又问："未当县尉时又做什么官？"回答说："是未入九品的流外。"又问："是哪一曹的小吏？"张玄素认为这是耻辱，从殿堂里出来后几乎不能走路，面如死灰。谏议大夫褚遂良上疏，认为："君主能以礼节对待臣下，臣下才能竭尽自己的心力。张玄素虽然出身寒微，但陛下重视他的才能，提升他到三品官级，辅佐太子，怎么可以又当着大臣的面穷究他的出身呢？这就是抛弃了往日的恩宠，造成一朝的羞耻，让羞耻郁积在他的心中，又怎能要求他为了君臣的气节而为忠义去效死呢？"唐太宗说："朕也后悔问了这些话，你的奏疏与我的想

戴州刺史贾崇以所部有犯十恶者，御史劾之。上曰："昔唐、虞大圣，贵为天子，不能化其子；况崇为刺史，独能使其民比屋为善乎！若坐是贬黜，则州县互相掩蔽，纵舍罪人。自今诸州有犯十恶者，勿劾刺史，但令明加纠察，如法施罪，庶以肃清奸恶耳。"

上自临治兵，以部陈不整，命大将军张士贵杖中郎将等；怒其杖轻，下士贵吏。魏徵谏曰："将军之职，为国爪牙；使之执杖，已非后法，况以杖轻下吏乎！"上亟释之。

言事者多请上亲览表奏，以防壅蔽。上以问魏徵，对曰："斯人不知大体，必使陛下一一亲之，岂惟朝堂，州县之事亦当亲之矣。"

（以上为第十三段，写魏徵进言唐太宗，要时时警惕，懂得守天下比得天下更难，戒骄戒躁。褚遂良进言，人君要尊礼大臣，不言其隐。唐太宗称善。）

法深相契合。”褚遂良是褚亮的儿子。孙伏伽与张玄素在隋朝都当过低级的令史官，不过孙伏伽有时在稠人广众之中陈述往事，丝毫没有隐讳。

戴州刺史贾崇所管辖的下属中有人犯了十恶不赦之罪，于是御史弹劾贾崇。唐太宗说：“以前唐尧、虞舜都是大圣之王，虽然贵为天子，可是还不能教化自己的儿子；何况贾崇只是一个刺史，只有他能让下属的百姓家家户户都行善吗！如果牵连这件事而受到贬官罢黜，其他的州县官就会相互掩盖，放过罪人。从今以后各州有犯十恶罪行的，不要弹劾刺史，只命令他们要明加纠察，依法治罪，这样才可以肃清下属的奸邪和罪恶。”

唐太宗亲自到军队训练士兵，看到队列阵形不整齐，命令大将军张士贵杖打中郎将等人，又因为杖打得太轻而发怒，命令把张士贵逮捕送交官吏问罪。魏徵劝谏说：“将军这一官职，是国家讨伐敌人的工具，让他执杖打人，已经不足为后世所效法，何况因为杖打得轻就把他逮捕送交官吏治罪呢？”唐太宗急忙放了张士贵。

上书言事的人大多请求唐太宗亲自阅览这些表章奏折，以防止被人蒙蔽。唐太宗就此事询问魏徵，魏徵回答说：“这些人不懂得治国的大体，一定要陛下一一亲自过目，那么岂止是朝堂上的奏章，就连各州县的事也应当亲自过问了。”

【点评】

唐太宗纳谏。人君纳谏，就是鼓励臣下给自己提意见，自己要有耐心倾听不同意见的雅量，同时要有识见，能判断是非，择善而从，如果自己错了，要勇于改正。在历代封建帝王中，唐太宗是最善于纳谏的人，其原因是唐太宗善于总结，能以小喻大。他对大臣萧瑀说："我少年时就喜爱弓箭，得了十几张好弓，认为它们是天下最好的弓箭。近来给良工一看，良工说：'这都不是好弓，因为木心不直，脉理不正，弓尽管很硬，可以射远，却发箭不直。'我才知道，过去没有懂透弓的原理。朕用弓箭定天下，却还不能真正懂得弓箭，何况天下事呢？"唐太宗懂得，天下不是一个人能治理好的，他明白自己并非全知全能，于是要求大臣进言谏诤，指陈自己的过失。魏徵曾言："兼听则明，偏听则暗。"唐太宗十分赞赏，于是告诫群臣说："中书、门下是政府的机要，如果诏书敕令有不便施行的，应该提出异议。而今中书、门下只是顺从，不见反对，如果只是发布文书，那么谁都会做，何必要选拔贤才呢？"按照议事制度，凡军国大事，中书省各官员都要用本人名义提出主张，各抒己见，共同签字署名，称为五花判事。其程序由中书省长官中书侍郎、中书令审核，再由门下省的给事中、黄门侍郎驳正，最后奏请皇帝裁决。唐太宗申明制度，令各级官员负责实行，因此贞观时期军国大事很少有失误的。魏徵是贞观时期最重要的谏臣，也是唐太宗最敬畏的诤臣。贞观十七年（643），魏徵死，唐太宗大哭，说："人用铜作镜，可以正衣冠；用史作镜，可以见兴亡；用人作镜，可以知得失。如今魏徵死了，朕失一镜矣。"这表明唐太宗是多么看重直言敢谏的诤臣。

纳谏与用人是圣明帝王的治国根本，也是唐太宗取得政治成就，得天下和造就贞观之治的两个主要原因。《唐纪九》点评里写了唐太宗的猜疑，本卷点评唐太宗的纳谏，用以观看唐太宗的圣明风采。随着贞观治世的到来，唐太宗也逐渐滋生了骄矜之心，贞观中期以后不如贞观之初。本卷所载为贞观中期——贞观十一年至十四年，是唐太宗君臣谈论政事与纳谏故事最多的一个时期，魏徵时时给唐太宗敲警钟，充分表现了贞观时期唐代君臣居安思危的政治意识。

唐纪十二

唐太宗贞观十五年至十七年（641—643 年）

【起重光赤奋若（辛丑，641 年），尽昭阳单阏（癸卯，643 年）三月，凡二年有奇】

【大事提要】

本卷记事起公元 641 年，讫公元 643 年三月，凡两年又三个月，时当唐太宗贞观十五年至十七年。此时期，唐太宗对外奉行羁縻政策，尽力避免战争，而不回避战争。薛延陀犯边，唐太宗坚决打击，而后和亲。文成公主入藏和亲，写下汉藏和谐光辉的一章。唐太宗命太常博士吕才整理阴阳数术，批驳禄命禁忌，表现唐初文化建设欣欣向荣的景象。谏臣诤臣魏徵之死，唐太宗慨叹："朕亡一镜矣。"此时唐太宗已恶闻直言。唐太宗步入晚年，由于太子李承乾不成才，唐太宗偏爱魏王李泰，恩宠逾制，开启李泰夺嫡的野心。唐太宗第五子齐王李祐谋反，被废为庶人。李祐的蠢动引发太子李承乾冒险策谋政变，玄武门的阴影在唐太宗当世笼罩着政坛。

【原文】

太宗文武大圣大广孝皇帝中之中

贞观十五年（辛丑，641 年）

春，正月，甲戌，以吐蕃禄东赞为右卫大将军。上嘉禄东赞善应对，以琅邪公主外孙段氏妻之；辞曰："臣国中自有妇，父母所聘，不可弃也。且赞普未得谒公主，陪臣何敢先娶！"上益贤之，然欲抚以厚恩，竟不从其志。

丁丑，命礼部尚书江夏王道宗持节送文成公主于吐蕃。赞普大喜，见道宗，尽子婿礼，慕中国衣服、仪卫之美，为公主别筑城郭宫室而处之，自服纨绮以见公主。其国人皆以赭涂面，公主恶之，赞普下令禁之；亦渐革其猜暴之性，遣子弟入国学，受《诗》《书》。

乙亥，突厥俟利苾可汗始帅部落济河，建牙于故定襄城，有户三万，胜兵四万，马九万匹，仍奏言："臣非分蒙恩，为部落之长，愿子子孙孙为国家一犬，守吠北门。若薛延陀侵逼，请从家属入长城。"诏许之。

上将幸洛阳，命皇太子监国，留右仆射高士廉辅之。辛巳，行及温汤。卫士崔卿、刁文懿惮于行役，冀上惊而止，乃夜射行宫，矢及寝庭者五；皆以大逆论。

三月，戊辰，幸襄城宫，地既烦热，复多毒蛇；庚午，罢襄城宫，分赐百姓，免阎立德官。

（以上为第一段，写唐文成公主入藏，唐与吐蕃和亲。唐在定襄城地区安置内属的突厥人。）

夏，四月，辛卯朔，诏以来年二月有事于泰山。

上以近世阴阳杂书，讹伪尤多，命太常博士吕才与诸术士刊定可行者，凡四十七卷。己酉，书成，上之；才皆为之叙，质以经史。其叙《宅经》，以为："近世巫觋妄分五姓，如张、王为商，武、庾为羽，似取

【语译】

太宗文武大圣大广孝皇帝中之中

唐太宗贞观十五年（辛丑，641 年）

春季，正月十二日甲戌，唐朝廷任命吐蕃禄东赞为右卫大将军。唐太宗赞赏禄东赞善于答话，要把琅邪公主的外孙女段氏嫁给他为妻；禄东赞推辞说："臣在本国中自有妻子，是父母为我聘娶的，不能够抛弃。而且我们的赞普还未见到唐国的公主，陪臣怎敢先娶呢？"唐太宗更加认为他很贤明，唐太宗想用优厚的恩遇对他进行抚慰，但是禄东赞最终没有听从太宗的意旨。

正月十五日丁丑，唐太宗令礼部尚书、江夏王李道宗持旌节护送文成公主到吐蕃。吐蕃赞普非常高兴，接见李道宗，尽到了女婿的礼节，羡慕唐朝的服装和仪仗的美观，为文成公主另外修建了城郭和宫室让她居住在里面，自己穿着丝绸服装来见文成公主。吐蕃国的人都在脸上涂红褐色，文成公主不喜欢这种风俗，赞普于是下令禁止涂面，并且逐渐改变他们猜忌粗暴的性格，派遣贵族子弟到长安进入国子监，受学《诗经》、《尚书》等典籍。

正月二十三日乙亥，突厥俟利苾可汗开始率部落渡过黄河，在原定襄城建立牙帐，共有三万户人口，作战士兵四万人，马九万匹，于是向唐太宗上奏说："我超过了应有的本分享受了陛下的皇恩，作为部落的首领，希望子子孙孙作为国家的一只犬，看守国家的北大门。假如薛延陀侵犯逼近，请求允许我们的家属进入长城以内。"唐太宗下诏允准。

唐太宗将要巡幸洛阳，命皇太子留守京城监理国事，并留下尚书右仆射高士廉辅佐太子。正月二十九日辛巳，唐太宗的车辇走到温汤。卫士崔卿、刁文懿害怕随从行军的辛苦，希望唐太宗受到惊吓而停止巡行，于是在夜里向唐太宗行宫射箭，有五支箭射到太宗的寝宫庭院，结果二人都按照十恶大罪中的大逆罪判处死刑。

三月初七日戊辰，唐太宗巡幸襄城宫，当地天气燥热，又多有毒蛇，初九日庚午，废除襄城宫的行宫地位，把宫殿分别赐给当地的百姓，并罢免了阎立德的官职。

夏季，四月初一日辛卯，唐太宗下诏宣布明年二月在泰山举行封禅礼。

唐太宗认为近代以来阴阳术方面的各种杂书，其中的讹误特别多，命太常博士吕才与各位术士修订可以用于民众生活的内容，共有四十七卷。四月十九日己酉，书稿修成，进呈唐太宗，吕才为这些书都写了序言，用经史典籍对阴阳术的内容进

谐韵；至于以柳为宫，以赵为角，又复不类。或同出一姓，分属宫商；或复姓数字，莫辨徵羽。此则事不稽古，义理乖僻者也。”叙《禄命》，以为：“禄命之书，多言或中，人乃信之。然长平坑卒，未闻共犯三刑；南阳贵士，何必俱当六合！今亦有同年同禄而贵贱悬殊，共命共胎而寿夭更异。按鲁庄公法应贫贱，又尫弱短陋，惟得长寿；秦始皇法无官爵，纵得禄，少奴婢，为人无始有终；汉武帝、后魏孝文帝皆法无官爵；宋武帝禄与命并当空亡，唯宜长子，虽有次子，法当早夭；此皆禄命不验之著明者也。”其叙《葬》，以为：“《孝经》云：‘卜其宅兆而安厝之’，盖以窀穸既终，永安体魄，而朝市迁变，泉石交侵，不可前知，故谋之龟筮。近岁或选年月，或相墓田，以为一事失所，祸及死生。按《礼》：天子、诸侯、大夫葬皆有月数，是古人不择年月也。《春秋》：‘九月丁巳，葬定公，雨，不克葬，戊午，日下昃，乃克葬’，是不择日也。郑葬简公，司墓之室当路，毁之则朝而窆，不毁则日中而窆，子产不毁，是不择时也。古之葬者皆于国都之北，兆域有常处，是不择地也。今葬书以为子孙富贵、贫贱、寿夭，皆因卜葬所致。夫子文为令尹而三已，柳下惠为士师而三黜，计其丘陇，未尝改移。而野俗无识，妖巫妄言，遂于擗踊之际，择葬地以希官爵；荼毒之秋，选葬时以规财利。或云辰日不可哭泣，遂莞尔而对吊客；或云同属忌于临圹，遂吉服不送其亲。伤教败礼，莫斯为甚！”术士皆恶其言，而识者皆以为确论。

（以上为第二段，写太常博士吕才奉诏整理阴阳数术之书，作序批判禄命天定、吉凶禁忌等迷信妄说，为有识之士所肯定。）

行考证。他为《宅经》作叙，认为：“近代以来的巫觋毫无根据地把人的姓氏分为五类，譬如张、王两姓属于音律中的商，武、庚二姓属于羽，这似乎是根据它们的读音是谐韵的，至于把柳姓分属为宫，把赵姓分属为角，又是不伦不类的。有的虽然同出于一个姓，却分属宫、商二调，有的是二字以上的复姓，却不能分辨是属徵还是属羽。这些都是没有考查古代的事例，在义理上也是完全错误的。”他为《禄命》作叙，认为：“讲论人们福禄命运的书，说很多话有时就能说准，人们于是就相信它。但是战国时候的长平之战死了四十多万人，没有听说这些死了的士兵都犯了禄命书中所说三刑相克。汉光武帝时南阳的人士有很多都获得了富贵，这些人哪里一定都是遇上了禄命书里讲的六合吉日？现在也有同一年月时辰出生的人，但他们的命运却是贵贱相差悬殊，也有同时出生的同胞胎兄弟却寿命有长有短。又如鲁庄公如果根据禄命书的说法，本来应该贫贱，又是瘦弱矮小粗陋的人，可是他偏偏能够活得长寿。秦始皇的命，按禄命书的方法看，不应该有官爵，纵使得到官职，奴婢也很少，他的为人应当是无始而有终的。汉武帝、北魏孝文帝按照禄命书的方法，都是不应有官爵的。南朝宋武帝的禄与命都应当是一并空亡，只有他的长子与他的命相合，即使有次子，按禄命书的方法也应当是早夭的，但他们的实际情况都与禄命书说得相反。这都是禄命书说得不准的明显证明。”吕才为《葬》书作叙，认为：“《孝经》说：‘为这个人卜选阴宅的墓地来安葬他’，这是因为人的死如同漫漫长夜，身体和灵魂要永远安息，而活人生活的城邑集市会有变化，再加上泉水与石块对墓地的交相侵蚀，都是不可以预先知道的，所以要用龟筮占卜进行谋划。近年来的葬法有的是选年月，有的是看坟墓的土地情况，认为其中一件事如果安排得不当，就会使死了的人和活着的人都要遭受灾祸。根据《周礼》：天子、诸侯与大夫的丧葬都规定了一定的月数，这说明古人进行丧葬时是不选择年月的。根据《春秋》：九月九日丁巳，安葬鲁定公，天下雨，未能安葬，十日戊午，太阳西斜，才完成了安葬。这是下葬不选择日期。郑国安葬简公，守墓人的房子正好对着大路，拆毁它要在早晨就去安葬，不拆它就要在中午去安葬，子产决定不拆毁它，这是下葬不选择时辰。古人埋葬人的地方都在国家都城的北面，墓区有固定的地方，这是下葬不另外选择地方。如今的丧葬书认为子孙的富贵、贫贱、寿夭，都是因为先人选择下葬的时间和地方不同所造成的。楚国的子文三次做令尹又三次被罢免，鲁国的柳下惠三次做士师又三次被免职，料想他们的墓地也没有改变和移动。而乡野的俗人没有知识，妖妄的巫师对他们妄说，于是就在有人死亡时的极度悲哀之中，选择葬地以求后人能得到官爵，在家族遭到不幸的时候，选择安葬的时辰以求今后能获得财物和利益。有人说在有死人的辰日不能哭泣，于是笑着面对前来吊唁的客人，又说相同的家属关系忌讳为人送葬，于是身穿吉服的时候就不为亲人送葬。伤害教化败坏礼义，没

丁巳，果毅都尉席君买帅精骑百二十袭击吐谷浑丞相宣王，破之，斩其兄弟三人。初，丞相宣王专国政，阴谋袭弘化公主，劫其王诺曷钵奔吐蕃。诺曷钵闻之，轻骑奔鄯善城，其臣威信王以兵迎之，故君买为之讨诛宣王。国人犹惊扰，遣户部尚书唐俭等慰抚之。

五月，壬申，并州父老诣阙请上封泰山毕，还幸晋阳，上许之。

丙子，百济来告其王扶余璋之丧，遣使册命其嗣子义慈。

己酉，有星孛于太微，太史令薛颐上言，未可东封。辛亥，起居郎褚遂良亦言之；丙辰，诏罢封禅。

太子詹事于志宁遭母丧，寻起复就职。太子治宫室，妨农功；又好郑、卫之乐；志宁谏，不听。又宠昵宦官，常在左右，志宁上书，以为："自易牙以来，宦官覆亡国家者非一。今殿下亲宠此属，使陵易衣冠，不可长也。"太子役使司驭等，半岁不许分番，又私引突厥达哥友入宫，志宁上书切谏，太子大怒，遣刺客张思政、纥干承基杀之。二人入其第，见志宁寝处苫块，竟不忍杀而止。

西突厥沙钵罗叶护可汗数遣使入贡。秋，七月，甲戌，命左领军将军张大师持节即其所号立为可汗，赐以鼓纛。上又命使者多赍金帛，历诸国市良马，魏徵谏曰："可汗位未定而先市马，彼必以为陛下志在市马，以立可汗为名耳。使可汗得立，荷德必浅；若不得立，为怨实深。诸国闻之，亦轻中国。市或不得，得亦非美。苟能使彼安宁，则诸国之马，不求自至矣。"上欣然止之。

乙毗咄陆可汗与沙钵罗叶护互相攻，乙毗咄陆浸强大，西域诸国多

有比这更严重的了！”术士们都憎恶吕才的言论，但有识之士都认为这是确切可靠的言论。

四月二十七日丁巳，果毅都尉席君买率领精锐骑兵一百二十人袭击吐谷浑的丞相宣王，打败了他，斩杀了他的三个兄弟。在这之前，丞相宣王一人控制吐谷浑的国政，密谋袭击唐朝下嫁吐谷浑的弘化公主，劫持吐谷浑国王诺曷钵投奔吐蕃。诺曷钵得知消息，率轻骑奔赴鄯善城，他的大臣威信王领兵迎接，所以席君买就为诺曷钵讨伐诛杀宣王。吐谷浑人还在惊恐扰乱之中，唐太宗派户部尚书唐俭前往安抚他们。

五月十二日壬申，并州父老百姓来到京城皇宫门前，请求唐太宗在泰山封禅完毕之后，回来巡幸晋阳，唐太宗答应他们的请求。

五月十六日丙子，百济派人来报告他们的国王扶馀璋的丧讯，唐太宗派使节册封他的儿子义慈继位。

六月十九日己酉，太微垣出现孛星，太史令薛颐上书认为此时不可到东方的泰山封禅，二十一日辛亥，起居郎褚遂良也说了这一看法，二十六日丙辰，唐太宗下诏停止封禅。

太子詹事于志宁遇到母亲的丧事而离职服丧，不久重新起用恢复官职，他就赴任就职。当时太子修筑宫室，妨碍农业生产，又爱好淫靡的郑、卫之音。于志宁反复劝谏，太子不听。太子又宠幸亲近身边的宦官，让他们经常在自己身边，于志宁给唐太宗上书，认为:“自从齐国的易牙以来，宦官使国家灭亡的事例不止一个。如今殿下亲近宠信这种人，让他们与太子换穿衣服，这个风气不可增长。”太子役使皇家马厩的驭马官等，半年不许他们轮流值班，又私自让突厥人达哥友进入东宫，于志宁上书痛切劝谏，太子大为震怒，派刺客张思政、纥干承基二人去杀于志宁。二人潜入于志宁的宅第，见于志宁躺在苫席上，头枕着土块，最终不忍心杀他而罢休。

西突厥沙钵罗叶护可汗多次派使节入京进献贡品。秋季七月十五日甲戌，唐太宗命令左领军将军张大师持旌节用他已有的称号立为沙钵罗叶护可汗，赐给大鼓和大旗。唐太宗又命令使者多带金银丝帛，在经过的各国购买好马，魏徵劝谏说:“可汗的官位还未确定就先在路上买马，他们必然认为陛下的用意是来买马的，把册立可汗作为一个借口。如果可汗得以册立，他们感受的恩德必定浅薄，如果可汗不得立成，他们的怨恨必定很深。各国听说了这件事，也会轻视中国的朝廷。马或许买不成，买到了也不是好事。如果能使西突厥获得安定，各国的好马，不用买也自然会送上门来。”唐太宗欣然停止买马。

乙毗咄陆可汗与沙钵罗叶护相互攻打，乙毗咄陆日渐强大，西域各国大都依附

附之。未几，乙毗咄陆使石国吐屯击沙钵罗叶护，擒之以归，杀之。

丙子，上指殿屋谓侍臣曰："治天下如建此屋，营构既成，勿数改移；苟易一榱，正一瓦，践履动摇，必有所损。若慕奇功，变法度，不恒其德，劳扰实多。"

上遣职方郎中陈大德使高丽；八月，己亥，自高丽还。大德初入其境，欲知山川风俗，所至城邑，以绫绮遗其守者，曰："吾雅好山水，此有胜处，吾欲观之。"守者喜，导之游历，无所不至，往往见中国人，自云："家在某郡，隋末从军，没于高丽，高丽妻以游女，与高丽错居，殆将半矣。"因问亲戚存没，大德绐之曰："皆无恙。"咸涕泣相告。数日后，隋人望之而哭者，遍于郊野。大德言于上曰："其国闻高昌亡，大惧，馆候之勤，加于常数。"上曰："高丽本四郡地耳，吾发卒数万攻辽东，彼必倾国救之，别遣舟师出东莱，自海道趋平壤，水陆合势，取之不难。但山东州县凋瘵未复，吾不欲劳之耳！"

（以上为第三段，写东西突厥归一，内附唐室，东方高丽亦示好于唐。唐太宗以建屋为喻，强调创业之主的成法，子孙不得更改。）

乙巳，上谓侍臣曰："朕有二喜一惧。比年丰稔，长安斗粟直三四钱，一喜也；北虏久服，边鄙无虞，二喜也。治安则骄侈易生，骄侈则危亡立至，此一惧也。"

冬，十月，辛卯，上校猎伊阙；壬辰，幸嵩阳；辛丑，还宫。

并州大都督长史李世勣在州十六年，令行禁止，民夷怀服。上曰："隋炀帝劳百姓，筑长城以备突厥，卒无所益。朕唯置李世勣于晋阳而边尘不惊，其为长城，岂不壮哉！"十一月，庚申，以世勣为兵部尚书。

壬申，车驾西归长安。

薛延陀真珠可汗闻上将东封，谓其下曰："天子封泰山，士马皆从，边境必虚，我以此时取思摩，如拉朽耳。"乃命其子大度设发同罗、仆

他。不久，乙毗咄陆让掌握石国大权的突厥吐屯袭击沙钵罗叶护，把他擒获带到乙毗咄陆那里，将他杀死。

七月十七日丙子，唐太宗指着殿宇对侍从的大臣说："治理天下如同建造这些房屋，营造建成之后，不要多次改变移动，假如换一根椽子，放正一块瓦片，踩踏房顶使整个房屋摇动，对房屋必然会有所损害。如果羡慕奇特的功用，改变法度，不持久遵守固有的道德，造成的劳扰实在太多。"

唐太宗派职方郎中陈大德出使高丽，八月初十日己亥，从高丽返回长安。陈大德刚刚进入高丽境内时，想知道高丽境内的山川名胜与民间风俗，所经过的城镇，都把绫罗绸缎送给守城的官员，说："我一向喜爱山水，此地如有名胜，我想去看看。"守城的官员十分高兴，做向导带他游历，无处不去，往往能看到中原人，他们自己说："家在某郡，隋末从军东征，滞留在高丽，高丽人用无家的游荡女子给自己做妻子，与高丽人杂错居处，几乎将近占了人口的一半。"于是又问中原亲属的生死情况，陈大德骗他们说："都安好无恙。"他们都哭泣相互转告。几天后，滞留在高丽的隋朝人都来看望陈大德，对着他哭泣，遍布城郊野外。陈大德回来后对唐太宗说："高丽人听说高昌已经灭亡，大为恐惧，来宾馆中看望问候得非常频繁，超过正常的次数。"唐太宗说："高丽本来是汉武帝设立四个郡的地方，我们征发数万士兵进攻辽东，高丽必然出动全国兵力前来救援，另外派出水军从东莱出动，经海路直趋平壤，水陆两路的兵势联合起来，攻下高丽并不困难。只是山东的州县还很凋敝没有复原，朕不想让他们为作战而劳民伤财。"

八月十六日乙巳，唐太宗对侍从的大臣说："朕有二喜一惧。连年丰收，长安城一斗粟仅值三四钱，这是一喜；北方部族久已服顺，边境没有祸患，这是二喜。政治安定了就容易滋生骄奢淫逸，骄奢淫逸了危亡立刻就会到来，这是一惧。"

冬季，十月初三日辛卯，唐太宗在伊阙狩猎，初四日壬辰，巡幸嵩阳县，十三日辛丑，回到宫中。

并州大都督府长史李世勣在并州任职十六年，发出命令就能得到执行，发出禁令就能让人们停止，百姓和夷人都对他怀恩和服从。唐太宗说："隋炀帝让百姓劳民伤财，修筑长城以防备突厥的进攻，最终没有益处。朕只是把李世勣放在晋阳就让边境没有惊扰，他作为长城，难道不是更雄壮吗？"十一月初三日庚申，任命李世勣为兵部尚书。

十一月十五日壬申，唐太宗车驾西行回到长安。

薛延陀真珠可汗听说唐太宗将要东去泰山举行封禅礼，对他的下属说："天子去泰山封禅，士兵人马都跟随前往，边境地区必然空虚，我乘此时攻取思摩，如同摧

骨、回纥、靺鞨、霫等兵合二十万，度漠南，屯白道川，据善阳岭以击突厥。俟利苾可汗不能御，帅部落入长城，保朔州，遣使告急。

癸酉，上命营州都督张俭帅所部骑兵及奚、霫、契丹压其东境；以兵部尚书李世勣为朔州道行军总管，将兵六万，骑千二百，屯羽方；右卫大将军李大亮为灵州道行军总管，将兵四万，骑五千，屯灵武；右屯卫大将军张士贵将兵一万七千，为庆州道行军总管，出云中；凉州都督李袭誉为凉州道行军总管，出其西。

诸将辞行，上戒之曰："薛延陀负其强盛，逾漠而南，行数千里，马已疲瘦。凡用兵之道，见利速进，不利速退。薛延陀不能掩思摩不备，急击之，思摩入长城，又不速退。吾已敕思摩烧薙秋草，彼粮糗日尽，野无所获。顷侦者来，云其马啮林木枝皮略尽。卿等当与思摩共为掎角，不须速战，俟其将退，一时奋击，破之必矣。"

十二月，戊子，车驾至京师。

己亥，薛延陀遣使入见，请与突厥和亲。甲辰，李世勣败薛延陀于诺真水。初，薛延陀击西突厥沙钵罗及阿史那社尔，皆以步战取胜；及将入寇，乃大教步战，使五人为伍，一人执马，四人前战，战胜则授以马追奔。于是大度设将三万骑逼长城，欲击突厥，而思摩已走，知不可得，遣人登城骂之。会李世勣引唐兵至，尘埃涨天，大度设惧，将其众自赤柯泺北走，世勣选麾下及突厥精骑六千自直道邀之，逾白道川，追及于青山。大度设走累日，至诺真水，勒兵还战，陈亘十里。突厥先与之战，不胜，还走，大度设乘胜追之，遇唐兵，薛延陀万矢俱发，唐马多死。世勣命士卒皆下马，执长矟，直前冲之。薛延陀众溃，副总管薛万徹以数千骑收其执马者。薛延陀失马，不知所为，唐兵纵击，斩首三千余级，捕虏五万余人。大度设脱身走，万徹追之不及。其众至漠北，值大雪，人畜冻死者什八九。

李世勣还军定襄，突厥思结部居五台者叛走，州兵追之，会世勣军

枯拉朽。”于是命令他的儿子大度设征发同罗、仆骨、回纥、靺鞨、霫等部族的兵马，合计二十万人，越过漠南，屯扎在白道川，占据善阳岭来攻击突厥。俟利苾可汗不能抵抗，率领部落进入长城，据守朔州，派使者向朝廷告急。

十一月十六日癸酉，唐太宗命令营州都督张俭率领本部骑兵以及奚、霫、契丹的兵马进逼薛延陀的东部边境；任命兵部尚书李世勣为朔州道行军总管，领兵六万，骑兵一千二百人，屯扎在羽方；任命右卫大将军李大亮为灵州道行军总管，领兵四万，骑兵五千，屯扎在灵武；任命右屯卫大将军张士贵领兵一万七千人，为庆州道行军总管，从云中出兵；任命凉州都督李袭誉为凉州道行军总管，向薛延陀西部出兵。

众位将领向唐太宗辞行，唐太宗告诫他们说：“薛延陀仗着他们强盛，越过沙漠南下，行程几千里，马匹已经疲乏瘦弱。凡是用兵的道理，是看到有利就迅速推进，看到不利就迅速撤退。薛延陀不能对思摩攻其不备，紧急进攻，思摩进入长城，薛延陀又不立即后退，朕已敕令思摩割掉烧毁秋天的存草，对方粮草很快吃尽，在野地中也毫无所获。最近侦察人员来报，说他们的马快把树林中的树皮枝叶啃吃光了。你们应当与思摩合兵构成犄角之势，不需要速战，等到敌人将要撤退时，同时出兵攻击，打败他们就是必然的了。”

十二月初一日戊子，唐太宗车驾回到长安。

十二月十二日己亥，薛延陀派使节入京朝见唐太宗，请求与突厥和亲。十七日甲辰，李世勣在诺真水打败薛延陀。起初，薛延陀袭击西突厥的沙钵罗以及阿史那社尔，都用步战取胜，等到将要进攻思摩时，才让士兵大练步战，让五个人为一伍，其中一个人牵马，另外四个人向前冲击作战，战胜后就骑上马追击逃兵。在这时大度设率三万骑兵进逼长城，将要袭击突厥，而思摩已经撤走，大度设知道无法追上，只得派人登上城墙谩骂思摩。正好这时李世勣带领唐朝兵马赶到，尘土上升遮天，大度设害怕，率领他的部队从赤柯泺向北逃去，李世勣挑选部下及突厥精锐骑兵六千人从直路上前去拦截大度设，越过白道川，在青山追上敌军。大度设逃奔已有数天，到达诺真水，部署兵马回头作战，战阵很长绵延十里。突厥兵先与他们作战，没有取胜，退回逃走，大度设乘胜追击他们，遇上唐朝的军队，薛延陀的部队万箭齐发，唐军的战马多被射死。李世勣命令士兵们都下马，手执长矛，正对着敌军向前冲击。薛延陀的军队溃败，唐军副总管薛万徹用数千骑兵收捕敌军牵马的士兵。薛延陀的部队失去了战马，不知道该怎么办，唐朝士兵全面出去加以攻击，斩首三千多人，俘虏五万多人。大度设脱身逃走，薛万徹没有追上。薛延陀的部队到了大漠以北，遇上天降大雪，人和马匹冻死了十分之八九。

李世勣回师来到定襄，居住在五台县的突厥思结部叛变逃走，当地的州兵追捕

还，夹击，悉诛之。

丙子，薛延陀使者辞还，上谓之曰："吾约汝与突厥以大漠为界，有相侵者，我则讨之。汝自恃其强，逾漠攻突厥。李世勣所将才数千骑耳，汝已狼狈如此！归语可汗：凡举措利害，可善择其宜。"

（以上为第四段，写唐军大破薛延陀。）

上问魏徵："比来朝臣何殊不论事？"对曰："陛下虚心采纳，必有言者。凡臣徇国者寡，爱身者多，彼畏罪，故不言耳。"上曰："然。人臣关说忤旨，动及刑诛，与夫蹈汤火冒白刃者亦何异哉！是以禹拜昌言，良为此也。"

房玄龄、高士廉遇少府少监窦德素于路，问："北门近何营缮？"德素奏之。上怒，让玄龄等曰："君但知南牙政事，北门小营缮，何预君事！"玄龄等拜谢。魏徵进曰："臣不知陛下何以责玄龄等，而玄龄等亦何所谢！玄龄等为陛下股肱耳目，于中外事岂有不应知者！使所营为是，当助陛下成之；为非，当请陛下罢之。问于有司，理则宜然。不知何罪而责，亦何罪而谢也！"上甚愧之。

上尝临朝谓侍臣曰："朕为人主，常兼将相之事。"给事中张行成退而上书，以为："禹不矜伐而天下莫与之争。陛下拨乱反正，群臣诚不足望清光；然不必临朝言之。以万乘之尊，乃与群臣校功争能，臣窃为陛下不取。"上甚善之。

（以上为第五段，写唐太宗恶闻谏言，魏徵规谏。）

十六年（壬寅，642 年）

春，正月，乙丑，魏王泰上《括地志》。泰好学，司马苏勖说泰，以古之贤王皆招士著书，故泰奏请修之。于是大开馆舍，广延时俊，人物辐凑，门庭如市。泰月给逾于太子，谏议大夫褚遂良上疏，以为："圣人制礼，尊嫡卑庶，世子用物不会，与王者共之。庶子虽爱，不得逾嫡，所以塞嫌疑之渐，除祸乱之源也。若当亲者疏，当尊者卑，则佞巧之奸，乘机而动矣。昔汉窦太后宠梁孝王，卒以忧死；宣帝宠淮阳宪王，亦几至于败。今魏王新出阁，宜示以礼则，训以谦俭，乃为良器，此所谓

他们，正赶上李世勣的部队撤回，与州兵两相夹击，把他们全部杀掉。

［十二月十九日丙午］，薛延陀的使者向唐太宗辞行，唐太宗对他说：“我约定你们与突厥以大沙漠为界，如有互侵袭者，我大唐即予以讨伐。你们仗恃自己强大，越过沙漠攻击突厥。李世勣率领的才只有几千骑兵，你们就已如此狼狈！回去告诉你的可汗：凡要行动须权衡利害关系，应该好好选择适宜的事去做。”

唐太宗问魏徵：“近来朝廷大臣们为什么不上书议论朝政？”魏徵答说：“陛下虚心采纳大臣的进谏，就一定会有人上书言事。凡是大臣们能为国家徇身的少，爱惜自身的多，他们害怕获罪，所以不上书言事。”唐太宗说：“是这样。大臣们议论国事而忤怒帝王的意旨，帝王动辄对他们处以刑罚，这与赴汤蹈火面对锋利的兵器又有什么区别呢？所以大禹对向他提出建议的人行礼，正是为此。”

房玄龄、高士廉在路上遇见少府少监窦德素，问他：“北门近来在修建什么？”窦德素把此事上奏给唐太宗。唐太宗大怒，责备房玄龄等人说：“你只执掌南面衙门里的政事，北门的小小修建，和你的事有什么相干？”房玄龄等人下拜谢罪。魏徵进谏说：“臣不知道陛下为什么要责备房玄龄等人，而房玄龄等人又谢什么罪？房玄龄等人身为陛下的股肱耳目大臣，对宫内宫外的事怎么有不应知道的？如果北门的修建是对的，他们就应当帮助陛下促成其事，如果修建是不对的，他们就应当请求陛下停止修建。他们询问有关部门，是理所当然的。不知犯了什么罪过而责怪他们，他们又有什么罪要来谢罪！”唐太宗十分羞愧。

唐太宗曾在上朝时对侍从的大臣说：“朕作为万民的君主，经常兼管将和相的事。”给事中张行成退朝后向唐太宗上书，认为：“大禹本人不自大自夸而天下没有人能和他争夺。陛下拨乱反正，群臣实在不足以仰望陛下清高的风采，然而陛下不必在上朝时来说此事。以天子的尊高，却与群臣比功争能，臣私意认为是不可取的。”唐太宗认为他说得非常好。

唐太宗贞观十六年（壬寅，642 年）

春季，正月初九日乙丑，魏王李泰进呈《括地志》一书。李泰爱好学问，司马苏勖劝说李泰，认为古代贤能的君王都招引学者来著书立说，所以李泰奏请修撰《括地志》。于是开辟了很大的馆舍，广泛延请当时的优秀人才，人才都集中到李泰门下，门庭若市。李泰每月的费用超过了太子，谏议大夫褚遂良上奏，认为：“圣人制定礼仪，是为了以嫡长子为尊而以庶子为卑，供给太子的物品不用计算，与君王一同使用所需的物品。君王虽然喜欢庶子，也不得超过嫡长子，这是为了杜绝嫌疑的产生，除去祸乱的根源。如果应当亲近的人反而疏远，应当尊贵的人反而卑贱，

‘圣人之教不肃而成’者也。”上从之。

上又令泰徙居武德殿；魏徵上书，以为：“陛下爱魏王，常欲使之安全，宜每抑其骄奢，不处嫌疑之地。今移居此殿，乃在东宫之西，海陵昔尝居之，时人不以为可；虽时异事异，然亦恐魏王之心不敢安息也。”上曰：“几致此误。”遽遣泰归第。

辛未，徙死罪者实西州，其犯流徙则充戍，各以罪轻重为年限。

敕天下括浮游无籍者，限来年末附毕。

以兼中书侍郎岑文本为中书侍郎，专知机密。

夏，四月，壬子，上谓谏议大夫褚遂良曰：“卿犹知起居注，所书可得观乎？”对曰：“史官书人君言动，备记善恶，庶几人君不敢为非，未闻自取而观之也！”上曰：“朕有不善，卿亦记之邪？”对曰：“臣职当载笔，不敢不记。”黄门侍郎刘洎曰：“借使遂良不记，天下亦皆记之。”上曰：“诚然。”

六月，庚寅，诏息隐王可追复皇太子，海陵剌王元吉追封巢王，谥并依旧。

甲辰，诏自今皇太子出用库物，所司勿为限制。于是太子发取无度，左庶子张玄素上书，以为：“周武帝平定山东，隋文帝混一江南，勤俭爱民，皆为令主，有子不肖，卒亡宗祀。圣上以殿下亲则父子，事兼家国，所应用物不为节限，恩旨未逾六旬，用物已过七万，骄奢之极，孰云过此！况宫臣正士，未尝在侧；群邪淫巧，昵近深宫。在外瞻仰，已有此失；居中隐密，宁可胜计！苦药利病，苦言利行，伏惟居安思危，日慎一日。”太子恶其书，令户奴伺玄素早朝，密以大马棰击之，几毙。

那些佞巧的奸人，就必然会乘机而动了。从前西汉窦太后宠爱梁孝王，最终忧虑而死，汉宣帝宠爱淮阳宪王，也几乎导致败亡。如今魏王刚刚外出担任藩王，应该向他显示礼仪规矩，用谦虚节俭来训导他，才能使他成为良才，这就是所谓的‘圣人的教导不待严肃就自然形成’。”唐太宗听从了他的意见。

唐太宗又让李泰迁居到武德殿，魏徵上奏，认为：“陛下喜欢魏王，常常想让他安全，就应当经常抑制他的骄奢习气，不要处于有嫌疑的地方。如今移居到武德殿中，乃是在东宫的西面，当年海陵王李元吉曾在此居住，时人认为不是可住之处，虽然时间不同事情也有不同，然而也担心魏王住在此宫会内心不敢安宁。”唐太宗说：“差一点儿造成失误。”即刻让李泰回到原来的宅第。

正月十五日辛未，唐朝把死罪犯人迁移到西州以充实该地，那些犯了流放罪的犯人则改为充军戍边，各自根据他们的罪行轻重划定戍边的年限。

敕令全国检查核对无户籍的游民，限定在下一年年底全部都要编入户籍。

唐太宗任命兼中书侍郎岑文本为中书侍郎，专门执掌朝廷机密事务。

夏季，四月二十七日壬子，唐太宗对谏议大夫褚遂良说：“你还兼管起居注的事务，起居注的记录朕可以观看吗？”褚遂良回答说：“史官记载君主的言谈和行动，详细记录言行中的善和恶，这样才使君主不敢做坏事，没有听说君主自己可以拿来观看的。”唐太宗说：“朕有不善的事，你也记录了吗？”褚遂良回答说：“臣的职责在于秉笔直书，不敢不记。”黄门侍郎刘洎说：“假使褚遂良不记载下来，全国也都记载下来。”唐太宗说：“的确是这样。”

六月初六日庚寅，唐太宗诏令已故的息隐王李建成可以追认恢复皇太子身份，海陵剌王李元吉也追封为巢王，谥号一并照旧。

六月二十日甲辰，唐太宗诏令从今以后皇太子领出使用库府内的器物，各有关部门不要加以限制。于是太子领取物品没有限度，左庶子张玄素上书，以为：“周武帝平定关东地区，隋文帝统一江南地带，自身勤俭又爱护百姓，都成为一代名主，但他们的儿子不成器，最终使社稷灭亡。圣上认为与殿下在亲缘关系上是父子，在事情的处理上兼具了家和国的两重关系，所以才让殿下使用的器物不受节度限制，圣旨下达还未超过六十天，太子使用的器物已经超过七万，骄奢淫逸的极点，谁说能超过这样！况且东宫属臣中的正直之士，都没有在殿下身旁，那群邪恶淫巧的小人，在深宫之中与他们亲近。在宫外远看，已经看到了这种过失，住在深宫之中还有隐秘之事，哪里能够计算清楚？苦口的药对治病有利，不易听进去的话有利于品行，臣下认为殿下应当居安思危，一日比一日谨慎小心。”太子讨厌张玄素的上书，让守门的奴仆窥伺张玄素清早上朝的时候，暗中用大马鞭抽打他，差一点儿把张玄素打死。

秋，七月，戊子，以长孙无忌为司徒，房玄龄为司空。

庚申，制："自今有自伤残者，据法加罪，仍从赋役。"隋末赋役重数，人往往自折支体，谓之"福手"、"福足"；至是遗风犹存，故禁之。

特进魏徵有疾，上手诏问之，且言："不见数日，朕过多矣。今欲自往，恐益为劳。若有闻见，可封状进来。"徵上言："比者弟子陵师，奴婢忽主，下多轻上，皆有为而然，渐不可长。"又言："陛下临朝，常以至公为言，退而行之，未免私僻。或畏人知，横加威怒，欲盖弥彰，竟有何益！"徵宅无堂，上命辍小殿之材以构之，五日而成，仍赐以素屏风、素褥、几、杖等以遂其所尚，徵上表谢，上手诏称："处卿至此，盖为黎元与国家，岂为一人，何事过谢！"

八月，丁酉，上曰："当今国家何事最急？"谏议大夫褚遂良曰："今四方无虞，唯太子、诸王宜有定分最急。"上曰："此言是也。"时太子承乾失德，魏王泰有宠，群臣日有疑议，上闻而恶之，谓侍臣曰："方今群臣，忠直无逾魏徵，我遣傅太子，用绝天下之疑。"九月，丁巳，以魏徵为太子太师。徵疾少愈，诣朝堂表辞，上手诏谕以"周幽、晋献，废嫡立庶，危国亡家。汉高祖几废太子，赖四皓然后安。我今赖公，即其义也。知公疾病，可卧护之。"徵乃受诏。

（以上为第六段，写魏王李泰编纂《括地志》以取声誉，而太子李承乾骄奢失德，凌暴老师。）

癸亥，薛延陀真珠可汗遣其叔父沙钵罗泥熟俟斤来请婚，献马三千，貂皮三万八千，马脑镜一。

癸酉，以凉州都督郭孝恪行安西都护、西州刺史。高昌旧民与镇兵及谪徙者杂居西州，孝恪推诚抚御，咸得其欢心。

西突厥乙毗咄陆可汗既杀沙钵罗叶护，并其众，又击吐火罗，灭之。自恃强大，遂骄倨，拘留唐使者，侵暴西域，遣兵寇伊州，郭孝恪将轻骑二千自乌骨邀击，败之。乙毗咄陆又遣处月、处密二部围天山，孝恪击走之，乘胜进拔处月俟斤所居城，追奔至遏索山，降处密之众而归。

秋季，七月初五日戊午，任命长孙无忌为司徒，房玄龄为司空。

七月初七日庚申，唐太宗颁下制令："从今以后有人自残身体，依据法律加重罪行，仍要纳赋服役。"隋朝末年赋役繁重而且次数过多，人们往往自己折断肢体，称之为"福手"、"福足"，到这时这种前朝的遗风还有保存，所以加以禁止。

特进魏徵患病，唐太宗手笔书写诏令探问病情，并且说："几天不见，朕的过失又多起来了。如今想亲去探望，恐怕给你更添烦扰。你如果有什么见闻，可以加上密封上呈进来。"魏徵上书说："近来弟子欺侮老师，奴婢怠慢主人，在下的人大多轻视在上的人，都是有原因才这样做的，此风不可长。"又说："陛下临朝听政，常常说到至公，但退朝后的行为，却未免偏私不正。有时害怕别人知道，横加威风和怒气，欲盖弥彰，最终有什么好处？"魏徵的宅子里没有厅堂，唐太宗命令把停建皇宫小殿的材料拿去给他建造厅堂，五天就建成完工，还赐给没有花纹雕饰的屏风和素色的褥子、几案、手杖等，以适应他的俭朴习惯。魏徵上表谢恩，唐太宗亲笔书写诏文说："朕这样来对待你，都是为了黎民百姓与国家，难道是为朕一个人？何必过于谢恩！"

八月十四日丁酉，唐太宗说："如今国家什么事情最为急迫？"谏议大夫褚遂良说："如今四方安定没有忧患，只有太子、诸王应有一定的名分最为紧要。"唐太宗说："这话说得对。"当时太子李承乾欠缺德行，魏王李泰得到宠爱，诸位大臣每天都有疑义，唐太宗听说后十分厌恶，对侍从的大臣说："如今的大臣们，忠诚正直没人超过魏徵，我派他去当太子的师傅，以此杜绝天下人的疑虑。"九月初四日丁巳，任命魏徵为太子太师。魏徵的病情稍有好转，来到朝堂上表推辞，唐太宗亲笔书写诏令进行晓谕说："周幽王、晋献公，废除嫡长子册立庶子，使国家危亡。汉高祖几乎废掉太子，靠商山四皓然后才得以安定。朕如今依靠你，就是出于这个意义。朕知道你有病在身，可以躺在床上辅佐太子。"魏徵于是接受诏令。

九月初十日癸亥，薛延陀真珠可汗派他的叔父沙钵罗泥熟俟斤前来唐朝请求通婚，并献上三千匹马，三万八千张貂皮，一只玛瑙镜子。

九月二十日癸酉，唐朝廷任命凉州都督郭孝恪为安西都护、西州刺史。高昌原来的民众与镇守的士兵以及迁徙流放的犯人混杂居住在西州，郭孝恪诚心诚意抚慰治理，都得到了他们的欢心。

西突厥乙毗咄陆可汗杀死沙钵罗叶护以后，吞并了他的兵众，又袭击吐火罗，将它灭掉。仗恃着自己强大，骄横无礼，拘留了唐朝的使者，侵扰西域地区，派兵进犯伊州，郭孝恪率二千轻骑兵从乌骨拦击，将来犯者打败。乙毗咄陆又派处月、处密两个部族围困天山，郭孝恪击退他们，乘胜前进攻克处月俟斤居住的城镇，追

初，高昌既平，岁发兵千余人戍守其地，褚遂良上疏，以为："圣王为治，先华夏而后夷狄。陛下兴兵取高昌，数郡萧然，累年不复；岁调千余人屯戍，远去乡里，破产办装。又谪徙罪人，皆无赖子弟，适足骚扰边鄙，岂能有益行陈！所遣多复逃亡，徒烦追捕。加以道途所经，沙碛千里，冬风如割，夏风如焚，行人往来，遇之多死。设使张掖、酒泉有烽燧之警，陛下岂得高昌一夫斗粟之用，终当发陇右诸州兵食以赴之耳。然则河西者，中国之心腹；高昌者，他人之手足；奈何糜弊本根以事无用之土乎！且陛下得突厥、吐谷浑，皆不有其地，为之立君长以抚之，高昌独不得与为比乎！叛而执之，服而封之，刑莫威焉，德莫厚焉。愿更择高昌子弟可立者，使君其国，子子孙孙，负荷大恩，永为唐室藩辅，内安外宁，不亦善乎！"上弗听。及西突厥入寇，上悔之，曰："魏徵、褚遂良劝我复立高昌，吾不用其言，今方自咎耳。"

乙毗咄陆西击康居，道过米国，破之。虏获甚多，不分与其下，其将泥熟啜辄夺取之，乙毗咄陆怒，斩泥熟啜以徇，众皆愤怨。泥熟啜部将胡禄屋袭击之，乙毗咄陆众散，走保白水胡城，于是弩失毕诸部及乙毗咄陆所部屋利啜等遣使诣阙，请废乙毗咄陆，更立可汗。上遣使赍玺书，立莫贺咄之子为乙毗射匮可汗。乙毗射匮即立，悉礼遣乙毗咄陆所留唐使者，帅所部击乙毗咄陆于白水胡城。乙毗咄陆出兵击之，乙毗射匮大败。乙毗咄陆遣使招其故部落，故部落皆曰："使我千人战死，一人独存，亦不汝从！"乙毗咄陆自知不为众所附，乃西奔吐火罗。

冬，十月，丙申，殿中监郢纵公宇文士及卒。上尝止树下，爱之，士及从而誉之不已，上正色曰："魏徵常劝我远佞人，我不知佞人为谁，意疑是汝，今果不谬！"士及叩头谢。

击逃军来到遏索山，降服了处密的兵众，然后返回。

起初，平定高昌以后，每年征发一千多名士卒在当地戍守，褚遂良上疏，认为：“自古圣王治理天下，都是把华夏放在首位，把四方的夷狄放在后面。陛下出动军队攻取了高昌，当地的几个郡一片萧条，多年不能恢复，又每年征调一千多人驻扎戍边，使他们远离乡土，破费家产来置备自己的行装。而且把犯人流放到此地，这些人都是无赖之徒，正好让他们骚扰边境，岂能对部队作战有益？派去的这些人又多次逃亡，让官兵徒劳地追捕。再加上一路上经过的地区，有上千里的大沙漠，冬季风吹如刀割，夏季风吹如火烧，行人来往，遇见这种情况大多死掉。假使张掖、酒泉有烽火报警，陛下难道还能得到高昌一个士兵一斗粮食的帮助吗？最终还是要征发陇右各州兵马粮草奔赴边境。这样看来陇右的河西地区，是中国的心腹之地，高昌地区，不过是他人的手脚，为什么要让心腹之地受到损伤而用在无用的土地上呢？而且陛下降服了突厥、吐谷浑之后，都没有占有他们的土地，为他们重立君主来安抚他们，唯独高昌不能与突厥、吐谷浑相比拟吗？他们如果对朝廷叛变，就派兵抓获他们，他们如果对朝廷表示服顺，就封给他们官职，这样做才能使朝廷的刑罚无比威严，恩德无比优厚。深望陛下重新选择高昌王的子弟中可以立为可汗的，让他君临高昌国，让他的子子孙孙，蒙受陛下的浩大皇恩，永远作为大唐皇室的藩国屏障，这样就可以使国家内部安定外围宁静，不也是很好吗？”唐太宗不听从他的意见。等到西突厥入境侵犯，唐太宗后悔当初没有听从褚遂良的建议，说：“魏徵、褚遂良都劝朕重新扶立高昌国王，朕没有采纳他们的建议，如今正是咎由自取呀！”

乙毗咄陆向西进攻康居国，途经米国，攻破该国。掳获了很多的米国人，却不分给他的下属，他的部将泥熟啜于是自己抢夺俘虏，乙毗咄陆大怒，将泥熟啜斩首示众，众人都愤恨怨怒。泥熟啜的部将胡禄屋袭击乙毗咄陆，乙毗咄陆的部下纷纷逃散，他退到白水胡城进行防守。在这时弩失毕各部以及乙毗咄陆的部下屋利啜等人派使节来到长安，请求废掉乙毗咄陆，重新立一个可汗。唐太宗派使节带着玺书，立莫贺咄的儿子为乙毗射匮可汗。乙毗射匮即位为可汗之后，把乙毗咄陆拘留的唐朝使者全部按礼节遣送回国，又率部队进攻乙毗咄陆的白水胡城。乙毗咄陆出兵迎击，乙毗射匮大败。乙毗咄陆派人招募他的原有部落，这些部落都说：“即使让我们一千人战死，只有一个人生存下来，也不会跟从你。”乙毗咄陆知道自己得不到众人的服从，就向西投奔吐火罗。

冬季，十月十四日丙申，殿中监、郢纵公宇文士及去世。唐太宗曾经停歇在一棵树下，喜欢这棵树，宇文士及跟在身边对这棵树赞誉不止，唐太宗脸色严肃地说：“魏徵常劝朕远离爱说巧言的谗佞小人，朕不知道佞人是谁，心里怀疑是你，今天果然不错。”宇文士及磕头谢罪。

上谓侍臣曰："薛延陀屈强漠北。今御之止有二策，苟非发兵殄灭之，则与之婚姻以抚之耳，二者何从？"房玄龄对曰："中国新定，兵凶战危，臣以为和亲便。"上曰："然。朕为民父母，苟可利之，何爱一女！"

先是左领军将军契苾何力母姑臧夫人及弟贺兰州都督沙门皆在凉州，上遣何力归觐，且抚其部落。时薛延陀方强，契苾部落皆欲归之，何力大惊曰："主上厚恩如是，奈何遽为叛逆！"其徒曰："夫人、都督先已诣彼，若之何不往！"何力曰："沙门孝于亲，我忠于君，必不汝从。"其徒执之诣薛延陀，置真珠牙帐前。何力箕倨，拔佩刀东向大呼曰："岂有唐烈士而受屈虏庭，天地日月，愿知我心！"因割左耳以誓。真珠欲杀之，其妻谏而止。

上闻契苾叛，曰："必非何力之意。"左右曰："戎狄气类相亲，何力入薛延陀，如鱼趋水耳。"上曰："不然。何力心如铁石，必不叛我。"会有使者自薛延陀来，具言其状，上为之下泣，谓左右曰："何力果如何？"即命兵部侍郎崔敦礼持节谕薛延陀，以新兴公主妻之，以求何力，何力由是得还，拜右骁卫大将军。

十一月，丙辰，上校猎于武功。

丁巳，营州都督张俭奏高丽东部大人泉盖苏文弑其王武。盖苏文凶暴多不法，其王及大臣议诛之。盖苏文密知之，悉集部兵若校阅者，并盛陈酒馔于城南，召诸大臣共临视，勒兵尽杀之，死者百余人。因驰入宫，手弑其王，断为数段，弃沟中，立王弟子藏为王，自为莫离支，其官如中国吏部兼兵部尚书也。于是号令远近，专制国事。盖苏文状貌雄伟，意气豪逸，身佩五刀，左右莫敢仰视。每上下马，常令贵人、武将伏地而履之。出行必整队伍，前导者长呼，则人皆奔迸，不避坑谷，路绝行者，国人甚苦之。

壬戌，上校猎于岐阳，因幸庆善宫，召武功故老宴赐，极欢而罢。

唐太宗对身边大臣说："薛延陀在漠北强盛称雄，如今制御他只有两个办法，如果不是发兵把他消灭，就要和他通婚以安抚他们，这两个办法应该用哪一个？"房玄龄回答说："中原刚刚安定，出兵凶多吉少，征战就有危险，我认为采取和亲的方法更为便利。"唐太宗说："是这样。朕既为天下百姓的父母，如果对天下有利，哪里会爱惜一个女儿！"

在此之前，左领军将军契苾何力的母亲姑臧夫人及他的弟弟贺兰州都督沙门都住在凉州，唐太宗派契苾何力回去省亲，并且安抚他的部落。当时薛延陀势力正强大，契苾部落都想归附薛延陀，契苾何力大为惊奇，说："天子对待我们有这样优厚的恩德，为什么马上就干叛逆之事呢？"契苾部落的人说："老夫人、都督在此之前都已去见过薛延陀，怎么能不前往？"契苾何力说："沙门是孝敬老夫人，而我要忠于皇上，必不听从你们。"部落的人把契苾何力捆绑起来带着来见薛延陀，把他放在薛延陀的牙帐前面。契苾何力坐在地上伸出双腿，拔出佩刀朝着东方大声呼喊说："哪里有大唐的忠烈之士能在虏人帐庭受这种污辱，天地日月，希望知道我的真心。"于是割掉左耳向天地发誓。真珠可汗想杀死他，真珠的妻子力劝才作罢。

唐太宗听说契苾何力叛逃，说："肯定不是何力的本意。"身边的人说："这些戎狄之人相互亲近，何力进入薛延陀，就像鱼跑到水里一样。"唐太宗说："不是这样。何力的心像铁石一样坚定，肯定不会背叛我。"正好此时有使者从薛延陀回来，详细讲述了实际情况，唐太宗为契苾何力落下眼泪，对身边的人说："何力果真怎样？"当即命令兵部侍郎崔敦礼持旌节前去晓谕薛延陀，把新兴公主嫁给真珠可汗为妻，要求送回契苾何力，何力因此得以回到朝中，官拜右骁卫大将军。

十一月初四日丙辰，唐太宗在武功狩猎。

十一月初五日丁巳，营州都督张俭上奏称高丽的东部大人泉盖苏文杀死高丽王高武。盖苏文凶残暴虐，干了许多不法之事，高丽王和大臣们商议要把他处死。盖苏文暗中得知消息，召集他的全部兵马伪装成检阅部队，并在城南摆出许多酒菜，召集诸位大臣亲往观看部队的检阅，部署手下士兵将他们全部杀掉，死了一百多人。接着驰马冲进王宫，亲手杀死他的国王，砍成几截，扔在沟中，立高丽王弟弟的儿子高藏为王，自封为莫离支，其官职便如同中国的吏部兼兵部尚书。于是向远近地区发号施令，独自掌管了高丽的国政。盖苏文的容貌和身形十分雄伟，气概豪爽，身上佩戴五把刀，身边的人都不敢抬头看他。每次上马下马，常常命令贵族、武将伏在地下让他踩着上马下马。出行时一定要整齐队伍，在前面开路的向导拉长声音呼喊，路上的人们都急忙奔逃，也不避开坑洼，路上一个行人都没有。高丽国的百姓对他的统治叫苦连天。

十一月初十日壬戌，唐太宗在岐阳打猎，接着临幸庆善宫，召集武功县故老赐

庚午，还京师。

壬申，上曰："朕为兆民之主，皆欲使之富贵。若教以礼义，使之少敬长、妇敬夫，则皆贵矣。轻徭薄敛，使之各治生业，则皆富矣。若家给人足，朕虽不听管弦，乐在其中矣。"

（以上为第七段，写唐与薛延陀和亲，高丽内乱。）

亳州刺史裴行庄奏请伐高丽，上曰："高丽王武职贡不绝，为贼臣所弑，朕哀之甚深，固不忘也。但因丧乘乱而取之，虽得之不贵。且山东凋弊，吾未忍言用兵也。"

高祖之入关也，隋武勇郎将冯翊党仁弘将兵二千余人归高祖于蒲阪，从平京城，寻除陕州总管，大军东讨，仁弘转饷不绝，历南宁、戎、广州都督。仁弘有材略，所至著声迹，上甚器之。然性贪，罢广州，为人所讼，赃百余万，罪当死。上谓侍臣曰："吾昨见大理五奏诛仁弘，哀其白首就戮，方晡食，遂命撤案；然为之求生理，终不可得。今欲曲法就公等乞之。"十二月，壬午朔，上复召五品已上集太极殿前，谓曰："法者，人君所受于天，不可以私而失信。今朕私党仁弘而欲赦之，是乱其法，上负于天。欲席藁于南郊，日一进蔬食，以谢罪于天三日。"房玄龄等皆曰："生杀之柄，人主所得专也，何至自贬责如此！"上不许，群臣顿首固请于庭，自旦至日昃，上乃降手诏，自称："朕有三罪：知人不明，一也；以私乱法，二也；善善未赏，恶恶未诛，三也。以公等固谏，且依来请。"于是黜仁弘为庶人，徙钦州。

癸卯，上幸骊山温汤；甲辰，猎于骊山。上登山，见围有断处，顾谓左右曰："吾见其不整而不刑，则堕军法；刑之，则是吾登高临下以求人之过也。"乃托以道险，引辔入谷以避之。乙巳，还宫。

刑部以"反逆缘坐律兄弟没官为轻，请改从死"。敕八座议之，议者皆以为"秦、汉、魏、晋之法，反者皆夷三族，今宜如刑部请为是"。给事中崔仁师驳曰："古者父子兄弟罪不相及，奈何以亡秦酷法变隆周中

予酒宴，尽兴而罢。十八日庚午，返回长安。

十一月二十日壬申，唐太宗说："朕为万民之主，想让百姓们全都富贵。如果教给他们礼义，使他们年少的孝敬年长的，妻子尊敬丈夫，那就都尊贵了。轻徭薄赋，使他们各自治理产业，那就都富足了。如果家给人足，朕即使不听音乐，也会乐在其中了。"

亳州刺史裴行庄上奏请求讨伐高丽，唐太宗说："高丽国王高武每年贡赋不断，被贼臣杀死后，朕非常哀痛，本来是不能忘怀的。但趁他们刚刚丧失国王，乘乱前去攻取，即使得胜也不足为贵。况且山东地区民生凋敝，朕不忍心提用兵的事。"

当年唐高祖李渊进入关中地区时，隋朝武勇郎将冯翊人党仁弘率部下两千多人在蒲阪归附高祖，并且跟随他平定了京城。不久官拜陕州总管，唐朝大军东进讨伐王世充时，党仁弘转运粮饷从未断绝，历任南宁州、戎州、广州都督。党仁弘有才识韬略，所到之处都有良好的声誉，唐太宗十分器重他。然而他性情贪婪，被罢免了广州都督，被人控告，贪赃一百多万，按照罪行应当处以死刑。唐太宗对侍从的大臣说："朕昨天看见大理寺五次上奏请求处死党仁弘，朕可怜他白发苍苍还要拉到刑场处斩，我正吃晚饭，就命令把饭桌子撤掉，然而为他求条生路，最终也找不出理由。如今想枉法向你们请求免他一死。"十二月初一日壬午，唐太宗又召见五品以上官员齐集太极殿前，对他们说："法律是君王从上天那里接受而来的，不可因为个人感情而失去信用。如今朕出于私心偏袒党仁弘，想要宽赦他，这是扰乱了上天的法律，对上则有负于天。朕想去南郊坐在席子上，每日只进一次素食，用三天时间向上天谢罪。"房玄龄等人都说："生杀的大权，是皇帝一个人的专权，何至于这样自我贬责呢？"唐太宗不答应，众位大臣在殿庭内磕头坚持请求，从早晨直到下午，唐太宗才降下诏书，说："朕有三条罪：识别人才而不能明察，是第一罪；因为私情而扰乱法律，是第二罪；喜欢善人而未给予赏赐，讨厌恶人而未给予诛罚，是第三罪。因为你们执意苦谏，暂且依从你们的说情。"于是把党仁弘废黜为平民，流放到钦州。

十二月二十二日癸卯，唐太宗巡幸骊山温泉，二十三日甲辰，在骊山打猎。唐太宗登上骊山，看见围墙有缺断处，回头对身边的人说："我看见围墙没有整治好而不加以惩罚，就是败坏军纪，如果惩罚有关人员，就是我登高临下来寻找别人的过失。"于是推托道路险恶，牵马进入山谷以避开断墙。二十四日乙巳，返回宫中。

刑部认为："反叛等大罪依连坐法令，兄弟没官为奴，这种处罚太轻，请求改为一并处死。"唐太宗敕令尚书仆射以及六部尚书共同议定，议者都认为："秦、汉、魏、晋的法律，谋反罪都要夷灭三族，如今应当批准刑部的请求为是。"给事中崔仁

典！且诛其父子，足累其心，此而不顾，何爱兄弟！”上从之。

上问侍臣曰：“自古或君乱而臣治，或君治而臣乱，二者孰愈？”魏徵对曰：“君治则善恶赏罚当，臣安得而乱之！苟为不治，纵暴愎谏，虽有良臣，将安所施！”上曰：“齐文宣得杨遵彦，非君乱而臣治乎？”对曰：“彼才能救亡耳，乌足为治哉！”

（以上为第八段，写唐太宗护佑功臣，减轻夷三族之罪。）

十七年（癸卯，643 年）

春，正月，丙寅，上谓群臣曰：“闻外间士人以太子有足疾，魏王颖悟，多从游幸，遽生异议，徼幸之徒，已有附会者。太子虽病足，不废步履。且《礼》，嫡子死，立嫡孙。太子男已五岁，朕终不以孽代宗，启窥窬之源也！”

郑文贞公魏徵寝疾，上遣使者问讯，赐以药饵，相望于道。又遣中郎将李安俨宿其第，动静以闻。上复与太子同至其第，指衡山公主欲以妻其子叔玉。戊辰，徵薨，命百官九品以上皆赴丧，给羽葆鼓吹，陪葬昭陵。其妻裴氏曰：“徵平生俭素，今葬以一品羽仪，非亡者之志。”悉辞不受，以布车载柩而葬。上登苑西楼，望哭尽哀。上自制碑文，并为书石。上思徵不已，谓侍臣曰：“人以铜为镜，可以正衣冠，以古为镜，可以见兴替，以人为镜，可以知得失；魏徵没，朕亡一镜矣！”

（以上为第九段，写魏徵之死，唐太宗慨叹“朕亡一镜矣”。）

鄠尉游文芝告代州都督刘兰成谋反，戊申，兰成坐腰斩。右武候将军丘行恭探兰成心肝食之；上闻而让之曰：“兰成谋反，国有常刑，何至如此！若以为忠孝，则太子诸王先食之矣，岂至卿邪！”行恭惭而拜谢。

二月，壬午，上问谏议大夫褚遂良曰：“舜造漆器，谏者十余人。此何足谏？”对曰：“奢侈者，危亡之本；漆器不已，将以金玉为之。忠臣

师反驳说：“古时候父子兄弟犯罪不相关联，为什么要用亡秦的严刑酷法来改变强盛兴隆的周朝的法典呢？而且诛杀了他的父子，已经足以让他的心灵负有重累，这一点都不顾及，又哪里能爱惜他的兄弟呢？”唐太宗听从了他的意见。

唐太宗问侍从的大臣说：“自古以来有时是君主昏愦乱政而臣下能治理国政，有时是君主能治理国政而臣下昏庸乱国，二者谁对国家的危害更为严重呢？”魏徵回答说：“君主能治理国政，就会善恶赏罚都能得当，臣下怎能扰乱国政？如果君主不能治理国政，放纵暴虐而又刚愎自用，即使有贤良的大臣，又怎能让他有所作为？”唐太宗说：“北齐文宣帝得到了杨遵彦，不是君主乱国而大臣能治国吗？”魏徵回答说：“他只能挽救国家的灭亡而已，哪里能治理好国政呢？”

唐太宗贞观十七年（癸卯，643 年）

春季，正月十五日丙寅，唐太宗对大臣们说：“听说外面士大夫传言太子有脚病，魏王李泰聪明颖悟，李泰多次跟随朕外出游幸，随意产生异议，希望从中获得好处的人，已有人附和李泰。太子虽然脚有病，但不妨碍行走。而且《礼记》里说：嫡长子死，就立嫡长孙。李承乾的儿子已有五岁，朕终究不会用庶子取代嫡长子，开启让人觊觎皇位的根源。”

郑文贞公魏徵卧病不起，唐太宗派人前去问讯，赐给他药饵，送药的人在路上往来不绝前后相望。又派中郎将李安俨住在魏徵的宅中，一有动静便立即报告。唐太宗又和太子一同到魏徵的住处，指着衡山公主，要把她嫁给魏徵的儿子魏叔玉。正月十七日戊辰，魏徵去世，唐太宗命九品以上的文武百官都去奔丧，赐给手持羽葆的仪仗队和吹鼓手，陪葬在昭陵。魏徵的妻子裴氏说：“魏徵平生节俭朴素，如今用一品官的规格埋葬他，并不是死者的愿望。”全都推辞不受，仅用布罩着车子载着棺材安葬。唐太宗登上禁苑的西楼，望着魏徵灵车痛哭，极为悲哀。唐太宗亲自撰写碑文，并且书写在墓碑上。唐太宗思念魏徵无法停止，对侍从的大臣说：“人们用铜做成镜子，可以照着自己整齐衣帽，把历史作为镜子，可以观察到历代王朝的兴衰隆替，把人作为镜子，可以知道自己行为的得失。魏徵死了，朕失去了一面镜子。”

鄠县的都尉游文芝上告代州都督刘兰成谋反，正月二十七日戊申，刘兰成被处以腰斩。右武候将军丘行恭从刘兰成尸体中掏出心肝吃掉，唐太宗听说后责备他说：“兰成谋反，国家有规定的刑罚来惩治他，怎么做事能到这一步？如果认为这就是忠孝，也应该是太子和诸亲王先吃，哪能轮到你呢？”丘行恭惭愧，磕头谢罪。

二月初二日壬午，唐太宗问谏议大夫褚遂良：“舜帝制造漆器，谏阻的有十多个

爱君，必防其渐，若祸乱已成，无所复谏矣。”上曰：“然。朕有过，卿亦当谏其渐。朕见前世帝王拒谏者，多云‘业已为之’，或云‘业已许之’，终不为改。如此，欲无危亡，得乎！”

时皇子为都督、刺史者多幼稚，遂良上疏，以为：“汉宣帝云：‘与我共治天下者，其惟良二千石乎！’今皇子幼稚，未知从政，不若且留京师，教以经术，俟其长而遣之。”上以为然。

壬辰，以太子詹事张亮为洛州都督。侯君集自以有功而下吏，怨望有异志。亮出为洛州，君集激之曰：“何人相排？”亮曰：“非公而谁！”君集曰：“我平一国来，逢嗔如屋大，安能仰排！”因攘袂曰：“郁郁殊不聊生！公能反乎？与公反！”亮密以闻。上曰：“卿与君集皆功臣，语时旁无他人，若下吏，君集必不服。如此，事未可知，卿且勿言。”待君集如故。

鄜州都督尉迟敬德表乞骸骨；乙巳，以敬德为开府仪同三司，五日一参。

丁未，上曰：“人主惟有一心，而攻之者甚众。或以勇力，或以辩口，或以谄谀，或以奸诈，或以嗜欲，辐凑攻之，各求自售，以取宠禄。人主少懈，而受其一，则危亡随之，此其所以难也。”

戊申，上命图画功臣赵公长孙无忌、赵郡元王孝恭、莱成公杜如晦、郑文贞公魏徵、梁公房玄龄、申公高士廉、鄂公尉迟敬德、卫公李靖、宋公萧瑀、褒忠壮公段志玄、夔公刘弘基、蒋忠公屈突通、郧节公殷开山、谯襄公柴绍、邳襄公长孙顺德、郧公张亮、陈公侯君集、郯襄公张公谨、卢公程知节、永兴文懿公虞世南、渝襄公刘政会、莒公唐俭、英公李世勣、胡壮公秦叔宝等于凌烟阁。

（以上为第十段，写唐太宗图画二十四功臣于凌烟阁。）

齐州都督齐王祐，性轻躁，其舅尚乘直长阴弘智说之曰：“王兄弟既多，陛下千秋万岁后，宜得壮士以自卫。”祐以为然。弘智因荐妻兄燕弘

人。这事哪里值得劝谏？”褚遂良回答说：“奢侈是国家危亡的根源，漆器也不能满足愿望，就会用金玉做器皿。忠臣爱护他的君主，一定要防微杜渐，如果祸乱已经形成，就用不着再来劝谏了。”唐太宗说：“是这样。朕如果有了过失，你也应当在它刚刚开始时进行劝谏。朕看前代的帝王拒绝大臣的劝谏，大多会说‘已经做了’，或者说‘已经答应了’，最终不为之改悔。这样做，想国家没有危亡，能做到吗？”

当时皇子们担任都督、刺史，大多数年纪幼小无知，褚遂良上书，认为：“汉宣帝说过：‘与我共同治理天下的，就是那些优秀的二千石郡守啊！’如今皇子们年幼无知，不知道如何从政，不如暂且把他们留在长安，教他们学习儒家经术，等他们长大了再派到各地担任都督和刺史。”唐太宗认为有道理。

二月十二日壬辰，任命太子詹事张亮为洛州都督。侯君集自以为有功而被关押到衙门问罪，内心怨恨而产生了反叛之心。张亮出任洛州，侯君集刺激他说：“是什么人排挤你？”张亮说：“不是你又是谁呢？”侯君集说：“我刚刚平定一国归来，即遭陛下责怪如房子一样大，怎么还能排挤你呢？”因而挽起袖子说：“郁闷得无法过下去了，你能造反吗？我与你一同反！”张亮密报给唐太宗。唐太宗说：“你与侯君集都是朝廷的功臣，说话时身旁没有别人，如果审讯他，君集必然不服。那样，事情就不一定能弄清楚，你暂且不要说出去。”唐太宗仍像以前那样对待侯君集。

鄜州都督尉迟敬德上表请求告老还乡，二月二十五日乙巳，朝廷任命尉迟敬德为开府仪同三司，五天上朝一次。

二月二十七日丁未，唐太宗说：“君主只有一颗心，而攻击这颗心的人却有很多。有的以勇武力量来攻，有的凭着善辩的口才来攻，有的靠谄谀逢迎来攻，有的靠奸诈邪恶来攻，有的用嗜好欲望来攻，各种各样的人凑集起来攻击君主的心，各自希望自己那一套得逞，以求获得恩宠和官禄。君主稍有松懈，就会接受其中的一种，而危亡就会随之而来，这就是当君主困难的缘故！”

二月二十八日戊申，唐太宗命人在凌烟阁为朝廷的功臣画像：赵公长孙无忌、赵郡元王李孝恭、莱成公杜如晦、郑文贞公魏徵、梁公房玄龄、申公高士廉、鄂公尉迟敬德、卫公李靖、宋公萧瑀、褒忠壮公段志玄、夔公刘弘基、蒋忠公屈突通、郧节公殷开山、谯襄公柴绍、邳襄公长孙顺德、郧公张亮、陈公侯君集、郯襄公张公谨、卢公程知节、永兴文懿公虞世南、渝襄公刘政会、莒公唐俭、英公李世勣、胡壮公秦叔宝等二十四人。

齐州都督齐王李祐，性情轻狂急躁，他的舅舅尚乘局直长阴弘智劝他说：“大王的兄弟很多，陛下千秋万岁之后，您应当招募壮士来自我保护。”李祐以为说得对。

信，祐悦之，厚赐金玉，使阴募死士。

上选刚直之士以辅诸王，为长史、司马，诸王有过以闻。祐昵近群小，好畋猎，长史权万纪骤谏，不听。壮士昝君謩、梁猛彪得幸于祐，万纪皆劾逐之，祐潜召还，宠之逾厚。上数以书切责祐，万纪恐并获罪，谓祐曰："王审能自新，万纪请入朝言之。"乃条祐过失，迫令表首，祐惧而从之。万纪至京师，言祐必能悛改。上甚喜，勉万纪，而数祐前过，以敕书戒之。祐闻之，大怒曰："长史卖我！劝我而自以为功，必杀之。"上以校尉京兆韦文振谨直，用为祐府典军，文振数谏，祐亦恶之。

万纪性褊，专以刻急拘持祐，城门外不听出，悉解纵鹰犬，斥君謩、猛彪不得见祐。会万纪宅中有块夜落，万纪以为君謩、猛彪谋杀己，悉收系，发驿以闻，并劾与祐同为非者数十人。上遣刑部尚书刘德威往按之，事颇有验，诏祐与万纪俱入朝。祐既积忿，遂与燕弘信兄弘亮等谋杀万纪。万纪奉诏先行，祐遣弘亮等二十余骑追射杀之。祐党共逼韦文振欲与同谋，文振不从，驰走数里，追及，杀之。寮属股栗，稽首伏地，莫敢仰视。祐因私署上柱国、开府等官，开库物行赏，驱民入城，缮甲兵楼堞，置拓东王、拓西王等官。吏民弃妻子夜缒出亡者相继，祐不能禁。三月，丙辰，诏兵部尚书李世勣等发怀、洛、汴、宋、潞、滑、济、郓、海九州兵讨之。上赐祐手敕曰："吾常戒汝勿近小人，正为此耳。"

祐召燕弘亮等五人宿于卧内，余党分统士众，巡城自守。祐每夜与弘亮等对妃宴饮，以为得志；戏笑之际，语及官军，弘亮等曰："王不须忧！弘亮等右手持酒卮，左手为王挥刀拂之！"祐喜，以为信然。传檄诸县，皆莫肯从。时李世勣兵未至，而青、淄等数州兵已集其境。齐府兵曹杜行敏等阴谋执祐，祐左右及吏民非同谋者无不响应。庚申，夜，四面鼓躁，声闻数十里。祐党有居外者，众皆攒刃杀之。祐问何声，左

阴弘智于是荐举妻子的哥哥燕弘信，李祐很喜欢他，赏赐很多金玉，让他暗中招募敢死之士。

唐太宗挑选刚强正直的人来辅佐各位亲王，担任亲王的长史和司马，各位亲王如有过失就禀报唐太宗。李祐亲近一伙小人，又喜好打猎，长史权万纪急迫劝谏，李祐不听。壮士昝君謩、梁猛彪得到李祐的宠幸，权万纪弹劾他们，把他们全部赶走，李祐又暗中把他们召回，给予的恩宠更加优厚。唐太宗多次写信责备李祐，权万纪担心会与李祐一同获罪，便对李祐说："亲王如果确实能悔过自新，我就请求到朝廷加以说明。"于是条陈李祐的过失，逼迫他上表自首，李祐内心恐惧就听从了。权万纪到了长安，对唐太宗说李祐肯定能改过自新。唐太宗大为高兴，鼓励嘉勉权万纪，而数落李祐以前的过失，又用敕书告诫他。李祐听说后，大为发怒，说："权长史出卖我！劝我悔改却自己居功，一定要杀了他。"唐太宗认为校尉京兆人韦文振谨慎正直，任命他为齐王李祐王府的典军，韦文振多次劝谏，李祐也讨厌他。

权万纪性情偏狭，专以严刻急迫拘束限制李祐，城门外都不让他出去，将鹰犬等全都放掉，又斥责昝君謩、梁猛彪不让他们见李祐。正好此时权万纪的宅中夜里落下土块，权万纪认为是昝君謩、梁猛彪二人谋害自己，就把他们关押到牢中，急发驿传文书上报唐太宗，并弹劾和李祐一同为非作歹的几十人。唐太宗派刑部尚书刘德威前往审察，权万纪上告的事多有验证，唐太宗下诏令李祐与权万纪一同入朝。李祐对权万纪的怨恨一直累积在心中，便和燕弘信的哥哥燕弘亮等密谋杀掉权万纪。权万纪遵奉诏令先行一步，李祐派燕弘亮等二十多人乘马追赶，把权万纪射死。李祐的同党一起逼迫韦文振要他与他们合谋，韦文振不听从，骑马逃奔了几里地，也被追上杀死。其他的僚属十分害怕，趴在地下磕头，不敢抬头仰视。李祐于是私自加官为上柱国、开府等官职，打开府库拿出其中的物品赏赐众人，又将百姓赶到城内，修缮兵器和城楼，并设置了拓东王、拓西王等官职。官吏和百姓抛下妻子儿女，相继在夜间从城墙上垂下绳索外逃，李祐禁止不了。三月初六日丙辰，唐太宗诏令兵部尚书李世勣等人征发怀州、洛州、汴州、宋州、潞州、滑州、济州、郓州、海州九州兵马讨伐李祐。唐太宗赐给李祐亲笔敕文说："我经常告诫你不要亲近小人，正是为此呀！"

李祐召燕弘亮等五人住在卧室内，其他同党分别统领士兵，巡守城墙进行防守。李祐每天夜晚与燕弘亮等人对着妃子宴会饮酒，以为实现了心愿，戏谑谈笑之际，说到官府军队，燕弘亮等人说："大王不必忧虑！弘亮等人右手端着酒杯，左手为王挥刀击退他们！"李祐非常高兴，以为真能这样。又传布檄文到所属各县，但各县都不肯听从。当时李世勣的兵马还未到达，而青州、淄州等几州的部队已聚集在齐州境内。齐王府的兵曹杜行敏等人暗中谋划逮捕李祐，李祐身边的人及官吏百姓中

右给云："英公统飞骑已登城矣。"行敏分兵凿垣而入，祐与弘亮等被甲执兵入室，闭扉拒战，行敏等千余人围之，自旦至日中，不克。行敏谓祐曰："王昔为帝子，今乃国贼，不速降，立为煨烬矣。"因命积薪欲焚之。祐自牖间谓行敏曰："即启扉，独虑燕弘亮兄弟死耳。"行敏曰："必相全。"祐等乃出。或抉弘亮目，投睛于地，余皆楇折其股而杀之。执祐出牙前示吏民，还，锁之于东厢。齐州悉平。乙丑，敕李世勣等罢兵。祐至京师，赐死于内侍省，同党诛者四十四人，余皆不问。

祐之初反也，齐州人罗石头面数其罪，援枪前，欲刺之，为燕弘亮所杀。祐引骑击高村，村人高君状遥责祐曰："主上提三尺剑取天下，亿兆蒙德，仰之如天。王忽驱城中数百人欲为逆乱以犯君父，无异一手摇泰山，何不自量之甚也！"祐纵击，虏之，惭不能杀。敕赠石头亳州刺史。以君状为榆社令，以杜行敏为巴州刺史，封南阳郡公；其同谋执祐者官赏有差。

上检祐家文疏，得记室郑城孙处约谏书，嗟赏之，累迁中书舍人。庚午，赠权万纪齐州都督，赐爵武都郡公，谥曰敬；韦文振左武卫将军，赐爵襄阳县公。

初，太子承乾喜声色及畋猎，所为奢靡，畏上知之，对宫臣常论忠孝，或至于涕泣，退归宫中，则与群小相亵狎。宫臣有欲谏者，太子先揣知其意，辄迎拜，敛容危坐，引咎自责，言辞辩给，宫臣拜答不暇。宫省秘密，外人莫知，故时论初皆称贤。

（以上为第十一段，写唐太宗第五子齐王祐谋反被赐死。）

太子作八尺铜炉，六隔大鼎，募亡奴盗民间马牛，亲临烹煮，与所幸厮役共食之。又好效突厥语及其服饰，选左右貌类突厥者五人为一落，辫发羊裘而牧羊，作五狼头纛及幡旗，设穹庐，太子自处其中，敛羊而烹之，抽佩刀割肉相啖。又尝谓左右曰："我试作可汗死，汝曹效其丧

不是李祐同谋的人都无不响应。三月初十日庚申，夜间，四面击鼓呼叫，声音在数十里外都能听到。李祐同伙有居住在外面的，众人一齐用刀杀死他们。李祐问是什么声音，身边的人欺骗他说："英公李世勣统率飞骑兵已经登上城墙了。"杜行敏分兵凿开城墙进入城内，李祐与燕弘亮等人披上甲胄手持兵器进入室内，关上门进行抵抗，杜行敏等一千多人包围他们，从早晨到中午，不能攻下。杜行敏对李祐说："大王从前作为皇帝的儿子，如今乃是国家的敌人，如不立即投降，立刻被烧成灰烬。"于是命人堆积柴草打算焚烧李祐藏身的房子。李祐从窗户里对杜行敏说："我马上开门，只是担心燕弘亮兄弟会死。"杜行敏说："一定保全他们的性命。"李祐等人于是出来。有人挖下燕弘亮的眼睛，扔在地上，其余的人用木棒打折他的四肢，然后杀死了他。又把李祐捆绑起来带到王府前示众，然后送回去，关押在东厢房。齐州全部平定。三月十五日乙丑，唐太宗敕令李世勣等人收兵。李祐被押解到长安，赐死在内侍省，同党被诛的有四十四人，其余的人都不追究。

李祐当初谋反时，齐州人罗石头当面数落他的罪行，并手持长枪上前，想要刺杀李祐，被燕弘亮杀死。李祐带领骑兵袭击高村，村民高君状站在远处责备他说："当今皇上手提三尺剑打下江山，亿万百姓蒙受恩德，仰望皇上如同上天。你忽然驱使城内数百人想要作乱以冒犯皇上和父亲，这无异于用一只手摇撼泰山，不自量力到了何种程度啊？"李祐纵马攻击，把他擒获，终因惭愧而没有杀他。唐太宗敕令追赠罗石头为亳州刺史。又任命高君状为榆社县令，杜行敏为巴州刺史，封为南阳郡公，与杜行敏同谋抓住李祐的人都予以封官或赏赐各有差别。

唐太宗检查李祐家里的文章奏疏，得到记室鄚城人孙处约的谏书，为之嗟叹赞赏，几次升迁，让他官任中书舍人。三月二十日庚午，追赠权万纪为齐州都督，赐给爵位为武都郡公，谥号为敬；追赠韦文振为左武卫将军，赐给爵位为襄阳县公。

起初，太子李承乾贪恋声色爱好打猎，做事非常奢侈淫靡，害怕被唐太宗知道，就对王宫中的臣僚经常谈论忠孝，有时甚至还要流泪，退回到东宫，就与一群小人戏耍狎玩。宫中的大臣有人想要劝谏，太子事先揣摸出他的意思，总是主动迎上前去下拜，面色严肃地正襟危坐，引咎自责，言辞善于辩解而且快捷，进谏的大臣忙着拜答，无暇劝谏。皇宫和官府内部的秘密，外面人无法得知，所以当时的舆论开始都称太子贤明。

太子制作八尺高的铜炉和六隔大鼎，招募逃亡的官奴去偷盗民众的牛马，亲自到场烹煮，与宠幸的仆人一同吃肉。又喜欢突厥语和突厥人的服饰，挑选身边容貌类似突厥的人，五人分为一落，梳上辫子，穿上羊皮衣来牧羊，又制作了五个狼头的大旗和长条幡旗，设立突厥人住的圆顶帐篷，太子自己身处其中，逮住羊用大鼎

仪。”因僵卧于地，众悉号哭，跨马环走，临其身，剺面。良久，太子欻起，曰：“一朝有天下，当帅数万骑猎于金城西，然后解发为突厥，委身思摩，若当一设，不居人后矣。”

左庶子于志宁、右庶子孔颖达数谏太子，上嘉之，赐二人金帛以风励太子，仍迁志宁为詹事。志宁与左庶子张玄素数上书切谏，太子阴使人杀之，不果。

汉王元昌所为多不法，上数谴责之，由是怨望。太子与之亲善，朝夕同游戏，分左右为二队，太子与元昌各统其一，被毡甲，操竹矟，布陈大呼交战，击刺流血，以为娱乐。有不用命者，披树挝之，至有死者。且曰：“使我今日作天子，明日于苑中置万人营，与汉王分将，观其战斗，岂不乐哉！”又曰：“我为天子，极情纵欲，有谏者辄杀之，不过杀数百人，众自定矣。”

魏王泰多艺能，有宠于上，见太子有足疾，潜有夺嫡之志，折节下士以求声誉。上命黄门侍郎韦挺摄泰府事，后命工部尚书杜楚客代之，二人俱为泰要结朝士。楚客或怀金以赂权贵，因说以魏王聪明，宜为上嗣；文武之臣，各有附托，潜为朋党。太子畏其逼，遣人诈为泰府典签上封事，其中皆言泰罪恶，敕捕之，不获。

太子私幸太常乐童称心，与同卧起。道士秦英、韦灵符挟左道，得幸太子。上闻之，大怒，悉收称心等杀之，连坐死者数人，诮让太子甚至。太子意泰告之，怨怒愈甚，思念称心不已，于宫中构室，立其像，朝夕奠祭，徘徊流涕。又于苑中作冢，私赠官树碑。

上意浸不怿，太子亦知之，称疾不朝谒者动涉数月；阴养刺客纥干承基等及壮士百余人，谋杀魏王泰。

吏部尚书侯君集之婿贺兰楚石为东宫千牛，太子知君集怨望，数令楚石引君集入东宫，问以自安之术，君集以太子暗劣，欲乘衅图之，因劝之反，举手谓太子曰：“此好手，当为殿下用之。”又曰：“魏王为上所爱，恐殿下有庶人勇之祸，若有敕召，宜密为之备。”太子大然之。太子

烹煮，抽出佩刀割下羊肉相互吃肉。又曾对身边的人说："我试着装可汗死了，你们众人模仿他们的丧礼。"于是僵卧在地上，众人都号啕大哭，跨上马围绕着他奔跑，又走近他，用刀划脸。过了很久，太子突然坐起，说："一旦有了天下，当亲率数万骑兵在金城西面狩猎，然后披散头发做突厥人，投靠到思摩手下，如果他设我当一个典兵的将军，不会落在别人后面。"

左庶子于志宁、右庶子孔颖达多次劝谏太子，唐太宗赞许他们，赐给二人金银财物让他们讽喻激励太子，并且改任于志宁为太子詹事。于志宁与左庶子张玄素多次上书直谏，太子暗中派人杀他们，没有成功。

汉王李元昌做的事大多不合法度，唐太宗多次责怪他，他从此心中怨恨。太子和他亲密友善，朝夕相处一起游玩，把身边的人分为两队，太子与李元昌各统领一队，身披毛毡甲胄，手拿竹制长矛，摆下战阵大声呼喊交战，互相击刺流出血来，以此作为娱乐。有人不听从命令，就被吊在树上抽打，甚至有人被打死。太子还说："假使我今天做天子，明天就在禁苑中设置万人营房，与汉王分别统领，观看他们战斗厮杀，岂不痛快！"又说："我做天子，必然任情纵欲，有劝谏者一律杀掉。也不过杀几百人，众人就会安静了。"

魏王李泰多才多艺，得到唐太宗宠爱，他看见太子有脚病，就暗中产生夺嫡而立的想法，于是谦卑地礼贤下士来求得声誉。唐太宗让黄门侍郎韦挺管理魏王府中事务，后来又命工部尚书杜楚客代替他，二人都为李泰联系和交结朝中的大臣。杜楚客有时怀揣黄金来贿赂权贵，趁机说魏王聪明贤惠，应当立为太子，文武大臣，各有所托，暗中结为朋党。太子害怕李泰威胁自己的地位，便派人假装为魏王府的典签上书言事，其中都说李泰的罪过，唐太宗下令逮捕这些上书的人，都无法捉到。

太子私下宠幸太常寺的一个名叫称心的乐童，与他同吃同住。道士秦英、韦灵符因为有妖法道术，得到太子的宠幸。唐太宗听说后，勃然大怒，将称心等人全部逮捕杀掉，另有几人连坐被杀，唐太宗对太子的斥责更为厉害。太子认为是魏王李泰告发的，怨恨更深，又对称心思念不已，在东宫中建了一个房间，放上称心的画像，早晚祭祀，在画像前徘徊哭泣。又在宫苑内修了一座坟，私下对称心赠予官职并建立石碑。

唐太宗愈加不快，太子也知道，动辄几个月称病不去朝见，暗中豢养刺客纥干承基等人及一百多名壮士，谋划杀掉魏王李泰。

吏部尚书侯君集的女婿贺兰楚石担任东宫府的千牛，太子知道侯君集对唐太宗怨恨在心，多次让贺兰楚石带引侯君集进入东宫，向他询问自我保全的策略，侯君集认为太子愚昧低能，想乘机利用他，于是劝太子谋反，他举起手来对太子说："这一双好手，当为殿下使用。"又说："魏王受到皇上宠爱，恐怕殿下会有隋朝太子杨

厚赂君集及左屯卫中郎将顿丘李安俨，使诇上意，动静相语。安俨先事隐太子，隐太子败，安俨为之力战，上以为忠，故亲任之，使典宿卫。安俨深自托于太子。

汉王元昌亦劝太子反，且曰：“比见上侧有美人，善弹琵琶，事成，愿以垂赐。”太子许之。洋州刺史开化公赵节，慈景之子也，母曰长广公主，驸马都尉杜荷，如晦之子也，尚城阳公主，皆为太子所亲昵，预其反谋。凡同谋者皆割臂，以帛拭血，烧灰和酒饮之，誓同生死，潜谋引兵入西宫。杜荷谓太子曰：“天文有变，当速发以应之，殿下但称暴疾危笃，主上必亲临视，因兹可以得志。”太子闻齐王祐反于齐州，谓纥干承基等曰：“我宫西墙，去大内正可二十步耳，与卿为大事，岂比齐王乎！”会治祐反事，连承基，承基坐系大理狱，当死。

（以上为第十二段，写太子李承乾既不成器，又遭魏王李泰争太子位之逼，连结汉王李元昌图谋不轨。）

勇被免为平民的灾祸，如有敕令宣召进宫，应当秘密做好准备。”太子大为赞同这个建议，用重金贿赂侯君集以及左屯卫中郎将顿丘人李安俨，让他们探听唐太宗的心意，一有动静就告诉他。李安俨先前侍奉隐太子李建成，李建成败亡后，李安俨为李建成拼死搏斗，唐太宗认为他忠诚，所以特别信任他，让他掌管皇宫的护卫事务。李安俨也把自己的前途完全托附在太子身上。

汉王李元昌也劝太子谋反，并且说：“近来看见皇上身旁有一个美人，善于弹奏琵琶，事成之后，希望把这个美人赐给我。”太子应允。洋州刺史、开化公赵节是赵慈景的儿子，母亲是高祖的女儿长广公主，驸马都尉杜荷是杜如晦的儿子，娶城阳公主为妻，都得到太子的亲近，参与了太子谋反的计划。凡是参与同谋的人都要割开手臂，用帛擦拭血迹，烧灰混在酒中喝掉，发誓同生死共患难，暗中谋划率领兵马进入西宫。杜荷对太子说：“天象有变化，应当迅即发兵以应天象，殿下只需声称得了暴病十分危险，皇上必然会亲自来探视，乘此机会可以实现大志。”太子听说齐王李祐在齐州谋反，对纥干承基等人说：“我住的东宫西墙，离皇上住的大内正好二十步左右，与你们谋划大事，岂是齐王所能比的！”正赶上唐太宗处理李祐谋反的事，牵连到纥干承基，纥干承基连坐而被关押在大理寺牢狱中，按其罪行应当处死。

【点评】

文成公主。文成公主入藏和亲，带来汉藏文化交流，推动汉藏团结，留下千秋佳话。文成公主是中国古代最伟大的女性之一。

和亲是古代的一种外交形式。中国和亲外交始于汉，盛于唐。汉朝王昭君出塞，唐朝文成公主入藏，是两个朝代和亲外交的典范。王昭君和文成公主对历史做出了重大贡献，两人是值得纪念的历史人物。

唐太宗对周边民族实行征抚相济的策略，对于犯边的强敌，坚决打击，对于归服的各民族，平等相待，给上层首脑封以高官，对投唐的部众妥善安置。贞观三年（629）十一月，李靖、李勣征东突厥，俘颉利可汗，统一了大漠南北。贞观八年（634）李靖平服吐谷浑。贞观十三年（639），侯君集平定西突厥所控制的高昌割据政权。贞观十八年（644）平焉耆。贞观二十三年（649）平龟兹，基本完成了对西域的统一，重新打通丝绸之路，对促进东西方文化交流有重大的意义。

四夷归附，唐太宗以和亲安抚，和亲即为安边的重大治政措施。唐太宗先后以皇妹南阳长公主妻突厥阿史那社尔，以弘化公主妻吐谷浑诺曷钵可汗，以文成公主妻吐蕃赞普松赞干布。此外，还以宗室女嫁给在唐中央供职的少数民族降唐将领。两国亲善，联姻这一特殊的政治行动，有利于消除民族隔阂，加强经济文化交流，在历史上起了进步作用。尤其是文成公主进藏，被传为千古佳话。

松赞干布，两《唐书·吐蕃传》作“弃宗弄赞”“弃苏农赞”，号弗夜氏。公元629年至公元650年在位。松赞干布十一岁时，吐蕃贵族毒死松赞干布的父亲郎日论赞，发动叛乱。年轻的松赞干布经受了严酷的考验，他深入部落了解民情，团结中小贵族和自由民，征集了一万多勇敢的青年组成新军，亲自进行训练并带领出征，经过三年多的艰苦战争，平息了叛乱，统一了吐蕃王朝。松赞干布向往中原汉族文化，多次派使臣向唐朝求婚。贞观十四年（640），唐太宗同意了吐蕃求婚，于贞观十五年（641）正月，派文成公主入藏，令礼部尚书江夏郡王李道宗为主婚大使，持节送公主入藏。松赞干布率领部众亲迎于河源。松赞干布见了唐使李道宗，执子婿之礼甚恭。松赞干布表示对大唐和文成公主的敬重，特为公主修建新王宫，这就是矗立于拉萨红山之巅的布达拉宫。这座雄伟的宫殿作为汉藏友谊的象征，在20世纪90年代经过重新修缮，又恢复了昔日灿烂明丽、金碧辉煌的风采。

文成公主入藏，携带了许多耐寒抗旱的谷物种子，以及大量的工艺品、金银、绸帛、珍宝、书籍，还有几个高超工匠，传播了汉文化。松赞干布更在政治制度上仿唐朝官制，改革了吐蕃的制度；在兵制上也仿照唐朝的府兵制，削去贵族、部落酋长拥兵的权利，有效地控制了全藏军队；经济、文化也都吸收唐朝的体制进行有效的改革。松赞干布还派遣大批贵族子弟到长安学习《诗》《书》等儒家经典。唐

诗、中医、建筑艺术传到吐蕃。文成公主和松赞干布，携手推动了汉藏两族人民的友好往来和文化交流。文成公主和松赞干布也赢得了汉藏两族人民的爱戴和敬仰。唐朝在唐太宗昭陵之前刻松赞干布的石像，列于玄阙之下。藏族人民在松赞干布陵侧，为文成公主修建了巨大的陵墓，用以纪念这位献身于汉藏团结的伟大女性。

资治通鉴（文白对照本） 卷第一百九十七

唐纪十三

唐太宗贞观十七年至十九年（643—645 年）

【起昭阳单阏（癸卯，643 年）四月，尽旃蒙大荒落（乙巳，645 年）五月，凡二年有奇】

【大事提要】

本卷记事起公元 643 年四月，讫公元 645 年五月，凡两年又两个月，时当贞观十七年至十九年。此时期重大事件有两件。第一件是废立太子。继唐太宗第五子李祐谋反之后，太子李承乾图谋不轨而被废，事涉汉王李元昌。李元昌是唐太宗之弟，被诛，争太子位的魏王泰被贬黜。唐太宗晚年遭受三个不才儿子和一个弟弟的困扰，精神受到沉重打击。晚年，唐太宗易于发怒，虽仍有纳谏意识，但行动上却已恶闻直言，喜欢顺耳之言，以致听信谗言，猜疑已死亡的魏徵。第二件是唐太宗违众兵伐高丽。唐太宗忧心太子李治懦弱，想在有生之年抚定四夷，这也是兵伐高丽的一个原因。唐太宗不歧视周边民族，叛者伐之，擒焉耆王；顺者安之，抚突厥降人，这些仍表现了唐太宗的圣明。兵伐高丽，所用兵以招为主，不强征兵役，这是唐太宗比隋炀帝高明的地方，志存安天下，而不是黩武。

【原文】

太宗文武大圣大广孝皇帝中之下

贞观十七年（癸卯，643 年）

夏，四月，庚辰朔，承基上变，告太子谋反。敕长孙无忌、房玄龄、萧瑀、李世勣与大理、中书、门下参鞫之，反形已具。上谓侍臣："将何以处承乾？"群臣莫敢对，通事舍人来济进曰："陛下不失为慈父，太子得尽天年，则善矣！"上从之。济，护兒之子也。

乙酉，诏废太子承乾为庶人，幽于右领军府。上欲免汉王元昌死，群臣固争，乃赐自尽于家，而宥其母、妻、子。侯君集、李安俨、赵节、杜荷等皆伏诛。左庶子张玄素、右庶子赵弘智、令狐德棻等以不能谏争，皆坐免为庶人。余当连坐者，悉赦之。詹事于志宁以数谏，独蒙劳勉。以纥干承基为祐川府折冲都尉，爵平棘县公。

侯君集被收，贺兰楚石复诣阙告其事，上引君集谓曰："朕不欲令刀笔吏辱公，故自鞫公耳。"君集初不承。引楚石具陈始末，又以所与承乾往来启示之，君集辞穷，乃服。上谓侍臣曰："君集有功，欲乞其生，可乎？"群臣以为不可。上乃谓君集曰："与公长诀矣！"因泣下。君集亦自投于地，遂斩之于市。君集临刑，谓监刑将军曰："君集蹉跌至此！然事陛下于藩邸，击取二国，乞全一子以奉祭祀。"上乃原其妻及子，徙岭南。籍没其家，得二美人，自幼饮人乳而不食。

初，上使李靖教君集兵法，君集言于上曰："李靖将反矣。"上问其故，对曰："靖独教臣以其粗而匿其精，以是知之。"上以问靖，靖对曰："此乃君集欲反耳。今诸夏已定，臣之所教，足以制四夷，而君集固求尽臣之术，非反而何。"江夏王道宗尝从容言于上曰："君集志大而智小，自负微功，耻在房玄龄、李靖之下，虽为吏部尚书，未满其志。以臣观之，必将为乱。"上曰："君集材器，亦何施不可！朕岂惜重位，但次第未至耳，岂可亿度，妄生猜贰邪！"及君集反诛，上乃谢道宗曰："果如卿言。"

【语译】

太宗文武大圣大广孝皇帝中之下

唐太宗贞观十七年（癸卯，643 年）

夏季，四月初一日庚辰，纥干承基上书告发太子李承乾谋反。唐太宗敕令长孙无忌、房玄龄、萧瑀、李世勣与大理寺、中书省、门下省一同参与审问，谋反的情形都已审理清楚。唐太宗对侍从的大臣说："将如何处置承乾？"各位大臣无人敢应答，通事舍人来济进言说："陛下不失为一个慈父，让太子得享天然的寿命，这就好了。"唐太宗听从了他的意见。来济是来护兒的儿子。

四月初六日乙酉，唐太宗下诏废黜太子李承乾为平民，幽禁在右领军府。唐太宗想免除汉王李元昌的死罪，群臣坚持争辩，于是赐李元昌在家中自尽，宽宥他的母亲、妻子、儿子。侯君集、李安俨、赵节、杜荷等人皆被斩首。左庶子张玄素、右庶子赵弘智、令狐德棻等人因为不能劝谏太子，都获罪免为平民。其余应当连坐的，全部赦免。詹事于志宁因为多次劝谏，单独受到嘉奖鼓励。任命纥干承基为祐川府折冲都尉，封爵平棘县公。

侯君集被收入狱中，贺兰楚石又到皇宫门前告发他谋反的事，唐太宗把侯君集带进宫中问他："朕不想让那些刀笔吏羞辱你，所以亲自审问你。"侯君集起初不认罪，叫来贺兰楚石详细陈述事情的始末原委，又拿出与李承乾来往的书信让他看，侯君集理屈词穷，于是服罪。唐太宗对侍从的大臣说："侯君集有功，想乞求让他不死，可以吗？"各位大臣认为不可。唐太宗就对侯君集说："与你永别了！"于是流下眼泪。侯君集也自己仆倒在地，于是唐太宗在集市中把他斩首。侯君集临刑前，对监刑的将军说："君集失足落到这一步！然而陛下还在秦王府时就侍奉陛下了，又为陛下攻取了吐谷浑、高昌二国，请求保全一个儿子以维持家族的祭祀烟火。"唐太宗于是宽宥了他的妻子和儿子，将他们迁徙到岭南。抄没了他的家产，得到两个美女，她们从小只喝人奶不吃食物。

起初，唐太宗让李靖教给侯君集兵法，侯君集对唐太宗说："李靖将要谋反。"唐太宗问他是什么原因，侯君集回答说："李靖只教给我兵法中的粗浅内容，而隐匿兵法的精华，因此知道他要谋反。"唐太宗向李靖询问情况，李靖回答说："此乃是君集想要谋反罢了。如今中原已经平定，我所教的兵法，足以制服四方民族，而君集执意请求我把所有的兵法全都教给他，不是想谋反又是什么？"江夏王李道宗曾经从容地对唐太宗说："侯君集志向大但智略太小，有一点儿小功就很自负，认为位居房玄龄、李靖之下是耻辱，虽然身为吏部尚书，还不能满足他的愿望。据臣的观察，他一定会叛乱。"唐太宗说："侯君集的才能，去做什么不行呢？朕难道舍不得

李安俨父，年九十余，上愍之，赐奴婢以养之。
（以上为第一段，写太子李承乾谋反被废。）

太子承乾既获罪，魏王泰日入侍奉，上面许立为太子，岑文本、刘洎亦劝之；长孙无忌固请立晋王治。上谓侍臣曰：“昨青雀投我怀云：‘臣今日始得为陛下子，乃更生之日也。臣有一子，臣死之日，当为陛下杀之，传位晋王。’人谁不爱其子，朕见其如此，甚怜之。”谏议大夫褚遂良曰：“陛下言大失。愿审思，勿误也！安有陛下万岁后，魏王据天下，肯杀其爱子，传位晋王者乎！陛下日者既立承乾为太子，复宠魏王，礼秩过于承乾，以成今日之祸。前事不远，足以为鉴。陛下今立魏王，愿先措置晋王，始得安全耳。”上流涕曰：“我不能尔。”因起，入宫。魏王泰恐上立晋王治，谓之曰：“汝与元昌善，元昌今败，得无忧乎？”治由是忧形于色。上怪，屡问其故，治乃以状告；上怃然，始悔立泰之言矣。上面责承乾，承乾曰：“臣为太子，复何所求！但为泰所图，时与朝臣谋自安之术，不逞之人遂教臣为不轨耳。今若泰为太子，所谓落其度内。”

承乾既废，上御两仪殿，群臣俱出，独留长孙无忌、房玄龄、李世勣、褚遂良，谓曰：“我三子一弟，所为如是，我心诚无聊赖！”因自投于床，无忌等争前扶抱；上又抽佩刀欲自刺，遂良夺刀以授晋王治。无忌等请上所欲，上曰：“我欲立晋王。”无忌曰：“谨奉诏；有异议者，臣请斩之！”上谓治曰：“汝舅许汝矣，宜拜谢。”治因拜之。上谓无忌等曰：“公等已同我意，未知外议何如？”对曰：“晋王仁孝，天下属心久矣，乞陛下试召问百官，有不同者，臣负陛下万死。”上乃御太极殿，召文武六品以上，谓曰：“承乾悖逆，泰亦凶险，皆不可立。朕欲选诸子为嗣，谁可者？卿辈明言之。”众皆欢呼曰：“晋王仁孝，当为嗣。”上悦。是日，泰从百余骑至永安门；敕门司尽辟其骑，引泰入肃章门，幽于北苑。

高位？只是按顺序他还没有到，怎可以随意臆想，乱生猜疑呢？”等到侯君集因谋反受诛，唐太宗于是向李道宗道歉说：“果然如你所说。”

李安俨的父亲，年高九十多岁，唐太宗怜悯他，赐给奴婢来养护他。

太子李承乾获罪之后，魏王李泰每天进宫侍奉唐太宗，唐太宗当面许诺立他为太子，岑文本、刘洎也劝说唐太宗立李泰，长孙无忌执意请求立晋王李治。唐太宗对侍从的大臣说：“昨天青雀（李泰的小名）扑到我怀里说：‘臣到今天才得以成为陛下的儿子，这是我重生的日子。臣有一个儿子，臣死之日，当为陛下把他杀死，传位给晋王李治。’谁人不爱怜自己的儿子，朕见他能这样，十分怜悯他。”谏议大夫褚遂良说：“陛下此言大大失误。希望深思熟虑，不要造成错误。哪里有陛下万岁之后，魏王占有了天下，肯杀自己的爱子，再把皇位传给晋王的呢？从前陛下既立李承乾为太子，又宠爱魏王，对魏王的礼遇超过了李承乾，结果造成了今日的灾祸。以前的事刚过去还不远，足以作为今日的借鉴。陛下如今立魏王为太子，希望先安置好晋王，这样才能获得安全。”唐太宗流着眼泪说：“朕不能这么做。”于是起身，进入宫中。魏王李泰唯恐唐太宗立晋王李治为太子，对李治说：“你与李元昌友善，李元昌现在已经谋反失败，你能够不担忧吗？”因此忧愁就显现在李治脸上。唐太宗感到奇怪，多次问他原因，李治于是把情况告诉了太宗，唐太宗感到失望，开始后悔所说立李泰为太子的话。唐太宗曾当面指责李承乾，李承乾说：“我身为太子，还能有什么要求？只是被李泰算计，时常与朝廷大臣谋求自我保存的办法，那些不逞之徒就趁机教唆我干不轨之事。如今若是立李泰为太子，就是所谓落到他的圈套里了。”

李承乾被废掉太子后，唐太宗亲自来到两仪殿，群臣都退出，只留下长孙无忌、房玄龄、李世勣、褚遂良，唐太宗对他们说：“朕的三个儿子、一个弟弟，做事已是这样，我的心里实在是苦闷无聊。”于是自己向床头撞去，长孙无忌等人争着上前扶抱他，唐太宗又抽出佩刀想自杀，褚遂良夺下刀交给晋王李治。长孙无忌等人请求唐太宗说出有什么想法，唐太宗说：“朕想立晋王为太子。”长孙无忌说：“我等谨奉诏令，如有异议者，我请求将他斩首。”唐太宗对李治说：“你舅父许诺你为太子，你应当拜谢。”李治于是下拜感谢。唐太宗对长孙无忌等人说：“你们已经与朕统一意见了，但不知外朝议论如何？”回答说：“晋王仁义孝敬，天下归心于晋王已经很久了，望陛下召见文武百官试探询问，如有不同意的，就是臣等辜负了陛下，甘愿罪该万死。”唐太宗于是亲临太极殿，召见六品以上文武大臣，对他们说：“李承乾悖背大义行叛逆之事，李泰也居心险恶，都不能立为太子。朕想从诸位皇子中选择

丙戌，诏立晋王治为皇太子，御承天门楼，赦天下，酺三日。上谓侍臣曰："我若立泰，则是太子之位可经营而得。自今太子失道，藩王窥伺者，皆两弃之，传诸子孙，永为后法。且泰立，承乾与治皆不全；治立，则承乾与泰皆无恙矣。"

臣光曰：唐太宗不以天下大器私其所爱，以杜祸乱之原，可谓能远谋矣！

（以上为第二段，写唐太宗不私其所爱，囚禁争位的魏王李泰，册立晋王李治为太子。）

丁亥，以中书令杨师道为吏部尚书。初，长广公主适赵慈景，生节；慈景死，更适师道。师道与长孙无忌等共鞫承乾狱，阴为赵节道地，由是获谴。上至公主所，公主以首击地，泣谢子罪，上亦拜泣曰："赏不避仇雠，罚不阿亲戚，此天下至公之道，不敢违也，以是负姊。"

己丑，诏以长孙无忌为太子太师，房玄龄为太傅，萧瑀为太保，李世勣为詹事，瑀、世勣并同中书门下三品。同中书门下三品自此始。又以左卫大将军李大亮领右卫率，前詹事于志宁、中书侍郎马周为左庶子，吏部侍郎苏勖、中书舍人高季辅为右庶子，刑部侍郎张行成为少詹事，谏议大夫褚遂良为宾客。

李世勣尝得暴疾，方云"须灰可疗"，上自翦须，为之和药。世勣顿首出血泣谢。上曰："为社稷，非为卿也，何谢之有！"世勣尝侍宴，上从容谓曰："朕求群臣可托幼孤者，无以逾公，公往不负李密，岂负朕哉！"世勣流涕辞谢，啮指出血，因饮沈醉，上解御服以覆之。

癸巳，诏解魏王泰雍州牧、相州都督、左武候大将军，降爵为东莱

一人为继位人，谁可以为太子呢？你们明白地讲出来。”众人都欢呼起来，说：“晋王仁义孝敬，应当为继位的太子。”唐太宗十分高兴。这一天，李泰率领一百多骑兵到永安门，唐太宗敕令城门官员把李泰的骑兵全部遣散，把李泰带进肃章门，幽禁在北苑。

四月初七日丙戌，唐太宗下诏立晋王李治为皇太子，唐太宗亲临承天门城楼，大赦天下，饮宴三天。唐太宗对侍从的大臣说：“朕如果立李泰为太子，那就表示太子的位置可以通过苦心经营而得到。自今往后，太子道德品行不好，藩王窥伺太子之位的，两种人都要弃置不用，这个规定传给子孙后代，永远作为后代的法则。而且李泰如果立为太子，李承乾和李治都不能保全生命，立李治为太子，李承乾与李泰就都会安然无恙。”

臣司马光评论说：唐太宗并不把天下的大位给予自己所喜爱的人，以此杜绝祸乱的根源，可以说是能深谋远虑的了！

四月初八日丁亥，任命中书令杨师道为吏部尚书。起初，长广公主嫁给赵慈景，生下赵节，赵慈景死后，长广公主改嫁杨师道。杨师道曾与长孙无忌等人共同审讯李承乾的案子，暗中为赵节开脱，由此遭到贬官。唐太宗到公主的住所，公主以头碰地，哭泣着为儿子谢罪，唐太宗也下拜并哭泣着说：“赏赐不回避仇敌，惩罚不袒护亲戚，这是天下至公的道理，不敢违背，因此有负于姐姐。”

四月初十日己丑，唐太宗下诏任命长孙无忌为太子太师，房玄龄为太子太傅，萧瑀为太子太保，李世勣为太子詹事，萧瑀、李世勣都是同中书门下三品。同中书门下三品相当于宰相，从此开始设立这一官级。又任命左卫大将军李大亮兼领太子宫的右卫率，前任太子詹事于志宁、中书侍郎马周为太子宫的左庶子，吏部侍郎苏勖、中书舍人高季辅为太子宫的右庶子，刑部侍郎张行成为太子宫的少詹事，谏议大夫褚遂良为太子宾客。

李世勣曾得暴病，药方说“胡须烧成的灰可治疗此病”，唐太宗亲自剪下胡须，为他配药。李世勣磕头磕出了血哭着拜谢。唐太宗说：“这是为了社稷江山，并非为了你，有什么可谢的？”李世勣曾侍奉唐太宗举行饮宴，唐太宗从容地对他说：“朕想在群臣中找一个可以托付幼孤的人，没有人能超过你，你往年不辜负李密，怎会辜负朕！”李世勣流着泪推辞拜谢，咬破指头流出鲜血，于是饮酒喝得酩酊大醉，唐太宗解下皇袍给他披上。

四月十四日癸巳，唐太宗下诏解除魏王李泰雍州牧、相州都督、左武候大将军

郡王。泰府僚属为泰所亲狎者，皆迁岭表；以杜楚客兄如晦有功，免死，废为庶人。给事中崔仁师尝密请立魏王泰为太子，左迁鸿胪少卿。

庚子，定太子见三师仪：迎于殿门外，先拜，三师答拜；每门让于三师。三师坐，太子乃坐。其与三师书，前后称名、“惶恐”。

五月，癸酉，太子上表，以“承乾、泰衣服不过随身，饮食不能适口，幽忧可愍，乞敕有司，优加供给”。上从之。

黄门侍郎刘洎上言，以“太子宜勤学问，亲师友。今入侍宫闱，动逾旬朔，师保以下，接对甚希，伏愿少抑下流之爱，弘远大之规，则海内幸甚！”上乃命洎与岑文本、褚遂良、马周更日诣东宫，与太子游处谈论。

六月，己卯朔，日有食之。

丁亥，太常丞邓素使高丽还，请于怀远镇增戍兵以逼高丽，上曰：“‘远人不服，则修文德以来之’，未闻一二百戍兵能威绝域者也！”

丁酉，右仆射高士廉逊位，许之，其开府仪同三司、勋封如故，仍同门下中书三品，知政事。

闰月，辛亥，上谓侍臣曰：“朕自立太子，遇物则诲之，见其饭，则曰：‘汝知稼穑之艰难，则常有斯饭矣。’见其乘马，则曰：‘汝知其劳逸，不竭其力，则常得乘之矣。’见其乘舟，则曰：‘水所以载舟，亦所以覆舟，民犹水也，君犹舟也。’见其息于木下，则曰：‘木从绳则正，后从谏则圣。’”

丁巳，诏太子知左、右屯营兵马事，其大将军以下并受处分。

（以上为第三段，写唐太宗尽心教诲新立太子李治。）

薛延陀真珠可汗使其侄突利设来纳币，献马五万匹，牛、橐驼万头，羊十万口。庚申，突利设献馔，上御相思殿，大飨群臣，设十部乐，突利设再拜上寿，赐赉甚厚。

的官职，降低爵位为东莱郡王。李泰王府的僚属中凡是受到李泰亲近的人，都被迁徙流放到岭南，杜楚客因为哥哥杜如晦有功，免去死罪，被废为平民。给事中崔仁师曾秘密请求立魏王李泰为太子，降职为鸿胪寺少卿。

四月二十一日庚子，规定太子拜见三师太师、太傅、太保的礼仪：在殿门外迎接，太子先拜，三师答拜，每道门让三师先行。三师坐下，太子才坐下。太子给三师的书信，前后自称名字，下加"惶恐"二字。

五月二十五日癸酉，太子上表，以为"李承乾与李泰的衣服不过随身的几件，饮食也不与口味适合，幽禁之中忧愁可怜，请求敕令有关官署，从优增加供应他们"。唐太宗应允。

黄门侍郎刘洎上书，以为"太子应当勤奋学习学问，亲近师友。如今太子进入皇宫侍奉皇上，动辄超过十天半个月，太师太保以下的官员，与太子的见面和答问次数很少，希望陛下稍微抑制对后辈子孙的爱怜，弘扬规划传之久远有利于国家的规制，海内的百姓就非常幸运了"。于是唐太宗命刘洎与岑文本、褚遂良、马周每天轮流到东宫，与太子交游相处谈论学问。

六月初一日己卯，发生日食。

六月初九日丁亥，太常寺丞邓素出使高丽后回到朝廷，请求唐太宗在怀远镇增派戍边兵力以威逼高丽，唐太宗说："孔子说：'远方的人不服从，就加强文德让他们自动前来'，没听说一二百个戍守士兵就能威镇极远之地的。"

六月十九日丁酉，尚书右仆射高士廉请求退职，唐太宗允许，他的开府仪同三司、爵位封邑仍旧保留，仍然担任同门下中书三品，参知政事。

闰六月初四日辛亥，唐太宗对侍从的大臣说："朕自从立李治为太子，遇见事情就对他进行教诲，看见他吃饭，就说：'你知道农民耕稼的艰难，就能有这些饭了。'看见他骑马，就说：'你知道马要有劳有逸，不让马匹耗尽力量，就能经常骑乘它了。'看见他乘坐舟船，就说：'水能够承载舟船，也能够让舟船翻船，百姓就好比水，君主就好比舟船。'见到他在树下休息，就说：'木头按照墨线来加工就会笔直，君主能听从劝谏就是圣明的君主。'"

闰六月初十日丁巳，唐太宗下诏让太子参知左、右屯营的兵马事务，屯营大将军以下的官员都受太子的指挥。

薛延陀真珠可汗派他的侄子突利设前来献上聘礼，献马五万匹，牛、骆驼一万头，羊十万只。闰六月十三日庚申，突利设献上宴席，唐太宗亲临相思殿，大宴群臣，演奏十部乐，突利设两次下拜向唐太宗祝寿，唐太宗向突利设赏赐了丰厚的物品。

契苾何力上言："薛延陀不可与婚。"上曰："吾已许之矣，岂可为天子而食言乎！"何力对曰："臣非欲陛下遽绝之也，愿且迁延其事。臣闻古有亲迎之礼，若敕夷男使亲迎，虽不至京师，亦应至灵州；彼必不敢来，则绝之有名矣。夷男性刚戾，既不成婚，其下复携贰，不过一二年必病死，二子争立，则可以坐制之矣！"上从之，乃征真珠可汗使亲迎，仍发诏将幸灵州与之会。真珠大喜，欲诣灵州，其臣谏曰："脱为所留，悔之无及！"真珠曰："吾闻唐天子有圣德，我得身往见之，死无所恨，且漠北必当有主。我行决矣，勿复多言！"上发使三道，受其所献杂畜。薛延陀先无库厩，真珠调敛诸部，往返万里，道涉沙碛，无水草，耗死将半，失期不至。议者或以为聘财未备而与为婚，将使戎狄轻中国，上乃下诏绝其婚，停幸灵州，追还三使。

褚遂良上疏，以为"薛延陀本一俟斤，陛下荡平沙塞，万里萧条，余寇奔波，须有酋长，玺书鼓纛，立为可汗。比者复降鸿私，许其姻媾，西告吐蕃，北谕思摩，中国童幼，靡不知之。御幸北门，受其献食，群臣四夷，宴乐终日。咸言陛下欲安百姓，不爱一女，凡在含生，孰不怀德。今一朝生进退之意，有改悔之心，臣为国家惜兹声听；所顾甚少，所失殊多，嫌隙既生，必构边患。彼国蓄见欺之怒，此民怀负约之惭，恐非所以服远人，训戎士也。陛下君临天下十有七载，以仁恩结庶类，以信义抚戎夷，莫不欣然，负之无力，何惜不使有始有卒乎！夫龙沙以北，部落无算，中国诛之，终不能尽，当怀之以德，使为恶者在夷不在华，失信者在彼不在此，则尧、舜、禹、汤不及陛下远矣！"上不听。

是时，群臣多言："国家既许其婚，受其聘币，不可失信戎狄，更生边患。"上曰："卿曹皆知古而不知今。昔汉初匈奴强，中国弱，故饰子女，捐金絮以饵之，得事之宜。今中国强，戎狄弱，以我徒兵一千，可

契苾何力上书说：“不可与薛延陀通婚。”唐太宗说：“朕已经答应他们了，怎么可以作为天子而自食其言呢？”何力回答说：“我不是要陛下立刻回绝他们，只是希望暂且延缓此事。我听说自古有迎亲礼仪，假如陛下敕令夷男前来迎亲，即使不到长安，也要到灵州，他必定不敢前来，回绝他就有理由了。夷男性情刚烈暴戾，既然不能与大唐通婚，其部下又怀有二心，不过一二年他就会病死，他的两个儿子争夺王位，到那时陛下可以坐着不动也能轻易制服他们了。”唐太宗听从了他的意见，于是征召真珠可汗让他前来迎亲，又发布诏书说将要前往灵州与他相见。真珠十分高兴，想要前去灵州，其大臣劝谏说：“倘若被对方扣留下来，到那时后悔就来不及了！”真珠说：“我听说大唐的天子有圣王的德行，我能亲自前往见他，死了也没有遗憾。而且漠北必然会有人做君主，我决定要出行了，就不要再多说了。”唐太宗派出三道使节，接受了薛延陀献上的各类牲畜。薛延陀在此之前没有库房和马厩，真珠可汗征调各部落的牲畜等，往返一万多里，途经沙漠，没有水和草，牲畜损耗死亡将近一半，错过了迎亲期限没有到达灵州。议政的大臣有人认为聘礼未能准备齐全就与他通婚，将会使戎狄民族轻视中原朝廷。唐太宗于是下诏拒绝与薛延陀通婚，停止巡幸灵州，追回已经派出的三道使节。

褚遂良上奏，认为：“薛延陀本是突厥可汗之下的一个首领，陛下当年荡平沙漠，万里萧条没有人烟，突厥的残余势力到处奔波，须有一个酋长，于是赐给他玺书和大鼓大旗，立为可汗。近来陛下又降下大恩，应允与他们通婚，西面通知了吐蕃，北面通知了思摩，中原儿童幼子，无人不知道此事。陛下又行幸北门，接受他们敬献的食物，让群臣与边远地区四夷的使者，都整日参加宴饮庆贺。人们都说陛下为了安抚天下百姓，不怜惜自己的女儿，凡是天地间的芸芸众生，谁不感恩戴德。如今一朝之间突然与薛延陀的婚姻有了变化，有了后悔而改变的想法，我为国家怜惜原有的良好声誉，这种做法所得很少，所失去却很多，使得薛延陀产生了嫌隙之心，必然会构成边境的灾患。薛延陀积蓄了受到欺辱的怨恨，百姓也怀有背负了盟约的羞愧，恐怕不是用来绥服远方、训教士兵的好办法。陛下君临天下已有十七年了，用仁德恩惠对待百姓，用诚信礼义安抚四方的戎夷之族，天下百姓莫不欣然高兴。背约也没有好处，多么可惜不让它有始有终呢？龙沙城以北，薛延陀的部落多得无法计算，朝廷想要讨伐他们，终究不能全部消灭，应当用仁德对他们进行怀柔，让为恶的事在夷人方面而不在华夏方面，让失信的事在对方而不在我方，做到这样，尧、舜、禹、汤就远远不如陛下了。”唐太宗没有听从他的建议。

在这时，大臣们大都说：“国家既然答应与他们通婚，又接受了人家的聘礼，就不可以对戎狄之人失信，以免再次发生边境的战乱。”唐太宗说：“你们都是知古而不知今。从前汉代初年匈奴强大，中原王朝势力弱，所以要打扮好女子，送上金银

击胡骑数万，薛延陀所以匍匐稽颡，惟我所欲，不敢骄慢者，以新为君长，杂姓非其种族，欲假中国之势以威服之耳。彼同罗、仆骨、回纥等十余部，兵各数万，并力攻之，立可破灭，所以不敢发者，畏中国所立故也。今以女妻之，彼自恃大国之婿，杂姓谁敢不服！戎狄人面兽心，一旦微不得意，必反噬为害。今吾绝其婚，杀其礼，杂姓知我弃之，不日将瓜剖之矣，卿曹第志之！”

臣光曰：孔子称去食、去兵，不可去信。唐太宗审知薛延陀不可妻，则初勿许其婚可也；既许之矣，乃复恃强弃信而绝之，虽灭薛延陀，犹可羞也。王者发言出令，可不慎哉！

（以上为第四段，写唐太宗负约薛延陀，悔婚绝和亲。）

上曰：“盖苏文弑其君而专国政，诚不可忍，以今日兵力，取之不难，但不欲劳百姓，吾欲且使契丹、靺鞨扰之，何如？”长孙无忌曰：“盖苏文自知罪大，畏大国之讨，必严设守备，陛下少为之隐忍，彼得以自安，必更骄惰，愈肆其恶，然后讨之，未晚也。”上曰：“善！”戊辰，诏以高丽王藏为上柱国、辽东郡王、高丽王，遣使持节册命。

丙子，徙东莱王泰为顺阳王。

初，太子承乾失德，上密谓中书侍郎兼左庶子杜正伦曰：“吾儿足疾乃可耳，但疏远贤良，狎昵群小，卿可察之。果不可教示，当来告我。”正伦屡谏，不听，乃以上语告之。太子抗表以闻，上责正伦漏泄，对曰：“臣以此恐之，冀其迁善耳。”上怒，出正伦为谷州刺史。及承乾败，秋，七月，辛卯，复左迁正伦为交州都督。初，魏徵尝荐正伦及侯君集有宰相材，请以君集为仆射，且曰：“国家安不忘危，不可无大将，诸卫兵马宜委君集专知。”上以君集好夸诞，不用。及正伦以罪黜，君集谋反诛，上始疑徵阿党。又有言徵自录前后谏辞以示起居郎褚遂良者，上愈不悦，乃罢叔玉尚主，而踣所撰碑。

财物作为诱饵，当时这样办事是合乎时宜。如今中原强大，北方戎狄已经衰弱，以我大唐一千步兵，可以击败他们的数万骑兵，所以薛延陀才匍匐在地向我磕头，满足我们的所有要求，不敢稍有傲慢，这是因为他们刚刚拥立了可汗，属下有不少杂姓部落不是他们的同一种族，想借中原的势力来威慑制服他们。其中的同罗、仆骨、回纥等十多个部族，各有兵力几万人，如果他们合力攻打薛延陀，可以立即攻破取胜，他们之所以不敢发动用兵，是因为畏惧中原所立的可汗。如今把宗室的女子嫁给他，他们就会自恃是大国的女婿，其他杂姓的部族谁敢不服！这些戎狄是人面兽心，一旦稍不满意，必会反咬对方造成祸害。现在我们拒绝他们的婚姻，停止接受他们的聘礼，其他杂姓部族得知我们抛弃了他们，不用很久就会四分五裂了，你们只要记住朕的话。”

臣司马光评论说：孔子说可以去掉食物和军队，但是不可以去掉信用。唐太宗清楚地知道不可以与薛延陀通婚，当初不要答应与其通婚就可以了，既然答应了薛延陀，又依仗强势背信弃义拒绝对方，即使灭掉了薛延陀，也足可羞愧。君王发号施令，能不慎重吗？

唐太宗说：“盖苏文杀死他的国王而独掌国政，实在是不能容忍，以我方今日的兵力，攻取他并不难，只是不想扰动百姓，朕想暂且让契丹、靺鞨骚扰他，怎么样？”长孙无忌说：“盖苏文自己知道罪行严重，害怕大国的讨伐，必然要严加防备，陛下稍稍对他容忍一下，他能够自我保全，必然会更加骄横懈怠，会愈加放纵他的罪恶，此后再去讨伐，也不晚啊。”唐太宗说：“很好！”闰六月二十一日戊辰，唐太宗颁布诏令封高丽王高藏为上柱国、辽东郡王、高丽王，派使节携带旌节前往册封。

闰六月二十九日丙子，改封东莱王李泰为顺阳王。

起初，太子李承乾丧失德行，唐太宗秘密地对中书侍郎兼左庶子杜正伦说：“我儿子虽有脚病还是可以当太子，只是他疏远贤良，亲昵小人，你可以对他加以监察。如果真的不可教诲，应当来告诉我。”杜正伦多次劝谏李承乾，都不听从，杜正伦就把唐太宗的话告诉了李承乾。太子上表给唐太宗说到这件事，唐太宗责怪杜正伦泄露秘密，杜正伦回答说：“我用陛下的话吓唬他，希望他改恶从善。”唐太宗大怒，把杜正伦调出京城降职为谷州刺史。等到李承乾谋反失败，秋七月十四日辛卯，又把杜正伦降职为交州都督。当初，魏徵曾经推荐杜正伦与侯君集有宰相的才能，请求任命侯君集为仆射，而且说：“国家虽然安定了但不能忘记危亡，不可以没有大将，各个卫队的兵马应该交给侯君集专门指挥。”唐太宗认为侯君集喜欢说大话，就没有用他。等到杜正伦因泄密而被治罪贬职，侯君集因参与谋反而被处死，唐太宗

初，上谓监修国史房玄龄曰："前世史官所记，皆不令人主见之，何也？"对曰："史官不虚美，不隐恶，若人主见之必怒，故不敢献也。"上曰："朕之为心，异于前世。帝王欲自观国史，知前日之恶，为后来之戒，公可撰次以闻。"谏议大夫朱子奢上言："陛下圣德在躬，举无过事，史官所述，义归尽善。陛下独览《起居》，于事无失，若以此法传示子孙，窃恐曾、玄之后或非上智，饰非护短，史官必不免刑诛。如此，则莫不希风顺旨，全身远害，悠悠千载，何所信乎！所以前代不观，盖为此也。"上不从。玄龄乃与给事中许敬宗等删为《高祖》、《今上实录》；癸巳，书成，上之。上见书六月四日事，语多微隐，谓玄龄曰："周公诛管、蔡以安周，季友鸩叔牙以存鲁，朕之所为，亦类是耳，史官何讳焉！"即命削去浮词，直书其事。

（以上为第五段，写唐太宗信谗言疑魏徵，又违制看史臣所修当代实录。）

八月，庚戌，以洛州都督张亮为刑部尚书，参预朝政；以左卫大将军、太子右卫率李大亮为工部尚书。大亮身居三职，宿卫两宫，恭俭忠谨，每宿直，必坐寐达旦。房玄龄甚重之，每称大亮有王陵、周勃之节，可当大位。

初，大亮为庞玉兵曹，为李密所获，同辈皆死，贼帅张弼见而释之，遂与定交。及大亮贵，求弼，欲报其德，弼时为将作丞，自匿不言。大亮遇诸途而识之，持弼而泣，多推家赀以遗弼，弼拒不受。大亮言于上，乞悉以其官爵授弼，上为之擢弼为中郎将。时人皆贤大亮不负恩，而多弼之不伐也。

九月，庚辰，新罗遣使言百济攻取其国四十余城，复与高丽连兵，谋绝新罗入朝之路，乞兵救援。上命司农丞相里玄奖赍玺书赐高丽曰：

开始怀疑魏徵结党营私。又有人上书说魏徵自己抄录前后在朝中对唐太宗的进谏之辞给起居郎褚遂良看，唐太宗更加不高兴，于是免除魏徵儿子魏叔玉娶公主，并拆毁为魏徵撰写的碑石。

起初，唐太宗对以宰相身份监修国史的房玄龄说："前代史官所记的内容，都不让君主看见，这是为什么？"房玄龄回答说："史官不美化子虚乌有的事，也不隐瞒罪恶，如果君主看见了必然会动怒，所以不敢献上让君主观看。"唐太宗说："朕的志向，不同于前代君主。帝王想亲自翻阅当朝国史，知道以前的过失，以此作为后来的借鉴，希望你把国史撰写完成后向朕报告。"谏议大夫朱子奢上书说："陛下身怀圣德，行动没有过失，史官所记述的，按照道义应该写得尽善尽美。陛下单独阅览《起居注》，对于史官记事无所损失，如果把这个做法传示给子孙后代，臣担心陛下的曾孙、玄孙之后或许会有不是上智的人，他们会掩饰过错袒护短处，史官必然难免遭到刑罚诛戮。如此下去，史官们就会观察君主的心意，顺从君主的旨意，保全自身远离危险，到了悠悠千载之后，这样的史书还有什么可相信呢？所以前代君主不观看国史，就是为了这个缘故。"唐太宗不听从他的说法。房玄龄就与给事中许敬宗等人删改写成《高祖实录》和《今上实录》，七月十六日癸巳，书写成，呈给唐太宗。唐太宗见书中记载武德九年六月四日玄武门之变的事，用词多有微言和隐讳，就对房玄龄说："周公诛灭管叔、蔡叔以安定周朝，季友毒死叔牙以保存鲁国，朕的所作所为，也与此类似，史官何必隐微忌讳呢？"立即命令删去空洞的文辞，直书诛杀李建成、李元吉的事。

八月初三日庚戌，朝廷任命洛州都督张亮为刑部尚书，参与朝政，任命左卫大将军、太子右卫率李大亮为工部尚书。李大亮身居三项要职，率军守卫皇宫和太子东宫，谦恭俭朴忠正谨慎，每次护卫值勤，必定坐着假寐直到天亮。房玄龄非常敬重他，常常称李大亮有王陵、周勃的气节，可以担当大的职位。

起初，李大亮担任庞玉的兵曹，被李密抓获，同事都被处斩，李密的将领张弼看到李大亮就把他释放了，两个人于是定下交情。等到李大亮身居显贵之位，开始寻找张弼，想报答他的救命之恩，张弼当时担任将作监的丞，自己隐匿不说。李大亮在道上遇见张弼认出他来，扶着张弼哭泣，并将自己家里的很多财产送给张弼，张弼拒绝不接受。李大亮将此事上禀唐太宗，请求把自己的官职爵位全部授予张弼，唐太宗为了李大亮，把张弼提拔为中郎将。当时的人都称赞李大亮不负旧恩，也赞扬张弼不居功炫耀。

九月初四日庚辰，新罗派使节来称百济攻取新罗国的四十多座城池，又与高丽国联合出兵，图谋断绝新罗前来唐朝的通道，因而请求派兵救援。唐太宗命令

“新罗委质国家，朝贡不乏，尔与百济各宜戢兵；若更攻之，明年发兵击尔国矣！”

癸未，徙承乾于黔州。甲午，徙顺阳王泰于均州。上曰：“父子之情，出于自然。朕今与泰生离，亦何心自处！然朕为天下主，但使百姓安宁，私情亦可割耳。”又以泰所上表示近臣曰：“泰诚为俊才，朕心念之，卿曹所知；但以社稷之故，不得不断之以义，使之居外者，亦所以两全之耳。”

先是，诸州长官或上佐岁首亲奉贡物入京师，谓之朝集使，亦谓之考使；京师无邸，率僦屋与商贾杂居。上始命有司为之作邸。

冬，十一月，己卯，上祀圜丘。

初，上与隐太子、巢剌王有隙，密明公赠司空封德彝阴持两端。杨文幹之乱，上皇欲废隐太子而立上，德彝固谏而止。其事甚秘，上不之知，薨后乃知之。壬辰，治书侍御史唐临始追劾其事，请黜官夺爵。上命百官议之，尚书唐俭等议：“德彝罪暴身后，恩结生前，所历众官，不可追夺，请降赠改谥。”诏黜其赠官，改谥曰缪，削所食实封。

敕选良家女以实东宫。癸巳，太子遣左庶子于志宁辞之。上曰：“吾不欲使子孙生于微贱耳。今既致辞，当从其意。”上疑太子仁弱，密谓长孙无忌曰：“公劝我立雉奴，雉奴懦，恐不能守社稷，奈何！吴王恪英果类我，我欲立之，何如？”无忌固争，以为不可。上曰：“公以恪非己之甥邪？”无忌曰：“太子仁厚，真守文良主；储副至重，岂可数易！愿陛下熟思之。”上乃止。十二月，壬子，上谓吴王恪曰：“父子虽至亲，及其有罪，则天下之法不可私也。汉已立昭帝，燕王旦不服，阴图不轨，霍光折简诛之。为人臣子，不可不戒！”

司农寺丞相里玄奖带皇帝玺书前往赐给高丽说："新罗归顺大唐，对大唐的朝贡没有缺少，你们与百济都应当收兵，假如再去攻打新罗，明年大唐就要发兵攻伐你们国家。"

九月初七日癸未，朝廷把李承乾流放到黔州。十八日甲午，把顺阳王李泰流放到均州。唐太宗说："父子之情，出自人的自然心情。朕如今与李泰生而离别，还有什么心情自处！然而朕为天下人的君主，只要使百姓生活安宁，私人的感情也当割舍啊。"又把李泰以前呈上的表文拿给侍从的大臣看，并说："李泰实在是出众的人才，朕心里挂念他，你们也都知道，但是为了社稷江山的缘故，不得不根据道义与他断绝亲情，让他居住在遥远的地方，这也是两全之策呀。"

在此之前，各州的长官和高级佐僚年初亲自带着贡品进京，称之为朝集使，也称为考使。他们在京城没有官邸，大都租房子与商人们混杂居住。此时唐太宗开始命令有关部门为他们修建官邸。

冬季，十一月初三日己卯，唐太宗到圜丘祭天。

当初，唐太宗与隐太子李建成、巢剌王李元吉有嫌隙，密明公赠司空封德彝暗中对两方采取骑墙态度。杨文幹叛乱后，太上皇李渊想废掉隐太子李建成而立唐太宗为太子，封德彝坚持劝谏使太上皇停止了这一决定。此事非常隐秘，唐太宗并不知道，等封德彝死后才知道。十一月十六日壬辰，治书侍御史唐临开始追究弹劾其事，请求罢黜封德彝的官职爵位。唐太宗让文武百官商议此事，尚书唐俭等人议论说："封德彝的罪行暴露在他死后，而与皇上的恩义是在生前就已结成的，历任过许多官职，不可追究剥夺这些官职，请求降低所赠的官职并改变死后所封的谥号。"唐太宗下诏废除对封德彝所赠的官职，改谥号为缪，削掉所享有的食邑和实封的户口数。

唐太宗敕令遴选良家女子充实进太子的东宫，十一月十七日癸巳，太子李治派左庶子于志宁推辞充实女子。唐太宗说："我不想让子孙出生自微贱的家族。如今既然致书推辞，应当遵从他的本意。"唐太宗怀疑太子李治过于仁义软弱，秘密地对长孙无忌说："你劝我立雉奴（李治的小名）为太子，雉奴懦弱，恐怕不能守护社稷江山，怎么办？吴王李恪英武果断很像我，我想立他为太子，怎么样？"长孙无忌坚持争辩，以为不可以这样做。唐太宗说："公因为李恪不是自己的外甥吗？"长孙无忌说："太子仁义厚道，真正是守成进行文治的君主，太子皇储的人选至关重大，怎么可以多次更改！望陛下深思熟虑这件事。"唐太宗于是停止了这个想法。十二月初六日壬子，唐太宗对吴王李恪说："父子之间虽然是至亲，等儿子犯了罪，天下的法律就是不能够照顾私人感情的了。汉朝已经立昭帝为太子，燕王刘旦不服，暗中图谋造反，霍光就用一封信诛杀了他。作为别人的臣下，不能不深以为戒！"

庚申，车驾幸骊山温汤；庚午，还宫。

（以上为第六段，写唐太宗立储事件之余波，欲更易太子立李恪，长孙无忌力挺李治为太子。）

十八年（甲辰，644 年）

春，正月，乙未，车驾幸钟官城；庚子，幸鄠县；壬寅，幸骊山温汤。

相里玄奖至平壤，莫离支已将兵击新罗，破其两城，高丽王使召之，乃还。玄奖谕使勿攻新罗，莫离支曰："昔隋人入寇，新罗乘衅侵我地五百里，自非归我侵地，恐兵未能已。"玄奖曰："既往之事，焉可追论！至于辽东诸城，本皆中国郡县，中国尚且不言，高丽岂得必求故地。"莫离支竟不从。

二月，乙巳朔，玄奖还，具言其状。上曰："盖苏文弑其君，贼其大臣，残虐其民，今又违我诏命，侵暴邻国，不可以不讨。"谏议大夫褚遂良曰："陛下指麾则中原清晏，顾眄则四夷詟服，威望大矣。今乃渡海远征小夷，若指期克捷，犹可也。万一蹉跌，伤威损望，更兴忿兵，则安危难测矣。"李世勣曰："间者薛延陀入寇，陛下欲发兵穷讨，魏徵谏而止，使至今为患。向用陛下之策，北鄙安矣。"上曰："然。此诚徵之失；朕寻悔之而不欲言，恐塞良谋故也。"

上欲自征高丽，褚遂良上疏，以为："天下譬犹一身：两京，心腹也；州县，四支也；四夷，身外之物也。高丽罪大，诚当致讨，但命二三猛将将四五万众，仗陛下威灵，取之如反掌耳。今太子新立，年尚幼稚，自余藩屏，陛下所知，一旦弃金汤之全，逾辽海之险，以天下之君，轻行远举，皆愚臣之所甚忧也。"上不听。时群臣多谏征高丽者，上曰："八尧、九舜，不能冬种，野夫、童子，春种而生，得时故也。夫天有其时，人有其功。盖苏文陵上虐下，民延颈待救，此正高丽可亡之时也，议者纷纭，但不见此耳。"

十二月十四日庚申，唐太宗车驾巡幸骊山温泉，十二月二十四日庚午，回到宫中。

唐太宗贞观十八年（甲辰，644 年）

春季，正月二十日乙未，唐太宗车驾行幸钟官城，二十五日庚子，临幸鄠县，二十七日壬寅，临幸骊山温泉。

唐朝的使节相里玄奖到达平壤，莫离支已经率领部队进攻新罗，攻下了两座城，高丽王派人召他回来，莫离支于是回师。相里玄奖传达皇上旨意，要他们不要再攻打新罗，莫离支说："以前隋朝人侵入我国，新罗乘机侵占我国土地五百里，如果他们不归还侵占的我国土地，恐怕战争是不能停止的。"相里玄奖说："既往的事，哪里可以追究呢？至于辽东的各个城池，本来都是中原的郡县，中原尚且没有提出要求归还，高丽怎能一定要求失去的故地呢？"莫离支最终没有听从相里玄奖的告谕。

二月初一日乙巳，相里玄奖回到京城，详细禀报出使高丽的情况。唐太宗说："盖苏文杀死他的国王，杀害高丽的大臣，残酷虐待他的百姓，如今又违抗我的诏令，侵略邻国，不能不讨伐他。"谏议大夫褚遂良说："陛下大旗一挥就使中原清静安宁，四周环顾就使四方的民族归服，威望是很大的了。如今渡海远征小小的高丽，如果指定日期就能取得大捷，就还是可以的。万一遭遇挫折，损伤了已有的威望，再引起愤怒的乱兵，国家的安危就难以预测了！"李世勣说："当年薛延陀入侵，陛下想发兵彻底讨伐，魏徵劝谏而作罢，使他们直到今日仍为祸患。那时如果采用陛下的策略，北方边区已经是安宁的了。"唐太宗说："是这样。这实在是魏徵的过失，朕不久就后悔了但不想说出来，是怕堵塞了大臣进献良策的言路的缘故。"

唐太宗想亲自去征伐高丽，褚遂良上奏，以为："天下就如同人的整个身体：长安、洛阳，就像人的心脏，各州县，就像人的四肢，四方的民族，都是身外之物。高丽罪恶极大，诚然应当对他们给予讨伐，然而命令两三个猛将率领四五万士兵，仰仗着陛下的威风神灵，攻取高丽易如反掌。如今太子刚刚封立，年龄还很幼小，其他的藩王如何，陛下也都清楚，一旦抛弃了固若金汤的安全之地，越过辽海的危险地带，作为天下的君主，轻率出行向远方用兵，都是愚蠢的臣子所深为忧虑的事。"唐太宗没有听他的谏议。当时大臣们多有谏阻唐太宗征伐高丽的，唐太宗说："八个尧帝、九个舜帝，也不能在冬季种粮，乡村野夫、儿童少年，在春季播种就能生长，这是得到了合适的时令的缘故。天有它的时令，人有他的事功。盖苏文欺凌国王暴虐百姓，高丽的百姓都翘首企盼救援，这正是高丽可以灭亡的时令，大臣议论的纷纭不休，只是没有看到这个道理而已。"

己酉，上幸灵口；乙卯，还宫。

三月，辛卯，以左卫将军薛万彻守右卫大将军。上尝谓侍臣曰：“于今名将，惟世勣、道宗、万彻三人而已，世勣、道宗不能大胜，亦不大败，万彻非大胜则大败。”

（以上为第七段，写唐太宗谋伐高丽，大臣多不从。）

夏，四月，上御两仪殿，皇太子侍。上谓群臣曰：“太子性行，外人亦闻之乎？”司徒无忌曰：“太子虽不出宫门，天下无不钦仰圣德。”上曰：“吾如治年时，颇不能循常度。治自幼宽厚，谚曰：‘生狼，犹恐如羊’，冀其稍壮，自不同耳。”无忌对曰：“陛下神武，乃拨乱之才，太子仁恕，实守文之德；趣尚虽异，各当其分，此乃皇天所以祚大唐而福苍生者也。”

辛亥，上幸九成宫。壬子，至太平宫，谓侍臣曰：“人臣顺旨者多，犯颜则少，今朕欲自闻其失，诸公其直言无隐。”长孙无忌等皆曰：“陛下无失。”刘洎曰：“顷有上书不称旨者，陛下皆面加穷诘，无不惭惧而退，恐非所以广言路。”马周曰：“陛下比来赏罚，微以喜怒有所高下，此外不见其失。”上皆纳之。

上好文学而辩敏，群臣言事者，上引古今以折之，多不能对。刘洎上书谏曰：“帝王之与凡庶，圣哲之与庸愚，上下相悬，拟伦斯绝。是知以至愚而对至圣，以极卑而对至尊，徒思自强，不可得也。陛下降恩旨，假慈颜，凝旒以听其言，虚襟以纳其说，犹恐群下未敢对扬；况动神机，纵天辩，饰辞以折其理，引古以排其议，欲令凡庶何阶应答！且多记则损心，多语则损气，心气内损，形神外劳，初虽不觉，后必为累，须为社稷自爱，岂为性好自伤乎！至如秦政强辩，失人心于自矜；魏文宏才，亏众望于虚说。此材辩之累，较然可知矣。”上飞白答之，曰：“非虑无以临下，非言无以述虑，比有谈论，遂致烦多，轻物骄人，恐由兹道，形神心气，非此为劳。今闻谠言，虚怀以改。”己未，至显仁宫。

二月初五日己酉，唐太宗巡幸灵口，十一日乙卯，回到宫中。

三月十七日辛卯，任命左卫将军薛万徹暂时代理右卫大将军。唐太宗曾对侍从的大臣说："当今的著名将领，只有李世勣、李道宗、薛万徹三人而已，李世勣、李道宗不能取得大胜，但也没有大败，而薛万徹不是取得大胜就是打得大败。"

夏季，四月，唐太宗亲临两仪殿，皇太子在旁侍奉。唐太宗对诸位大臣说："太子的性情，外面的人也听说过吗？"司徒长孙无忌说："太子虽然不出皇宫大门，天下的人无不敬仰他的德行。"唐太宗说："我像李治这个年龄时，颇不能够遵循常规。李治自幼就宽容温厚，古谚说：'生的儿子如狼，还担心他像羊一样。'希望他稍微长大之后，自然有所不同。"长孙无忌回答说："陛下神明英武，乃是拨乱反正的大才，太子仁义宽恕，实是守信天下进行文治的才能，志趣爱好虽然不同，但都是各自适应自己的时代，这乃是皇天所以要保护大唐而又降福万民百姓的安排。"

四月初八日辛亥，唐太宗巡幸九成宫。初九日壬子，到太平宫，对侍从的大臣们说："大臣们顺从我旨意的居多，犯颜强谏的就很少，如今朕想听到大臣指出朕的过失，诸公你们就直说不要隐瞒。"长孙无忌等人都说："陛下没有过失。"刘洎说："近来有人上书不合陛下圣意的，陛下都当面穷追诘问，上书的人无不惭愧恐惧而退下，恐怕这不是广开言路的办法。"马周说："陛下近来的赏罚，稍微有些因为个人的喜怒而有所偏差，此外没有见到别的过失。"唐太宗都予以接受。

唐太宗喜欢文学而且思维敏捷善于辩论，众位大臣上书言事，唐太宗引征古今事例加以驳难，臣下大多不能回答。刘洎上书劝谏说："帝王与平民相比，圣哲与庸人愚夫相比，上下相差悬殊，完全不是一个等级可比拟的。由此可知以最愚昧的臣民来面对最圣明的君主，以最卑贱的下属面对最尊贵的帝王，会徒劳地妄想自己比帝王强，是做不到的。陛下降下恩旨，赐以慈祥的脸色，安静地倾听臣下的劝谏之言，虚怀若谷来采纳臣下的意见，都还担心臣下未敢应对提出建议，何况陛下运用了如神一样的心机，发挥了上天特赐的巧辩，修饰辞藻来批驳臣下的道理，引征古事来排斥臣下的建议，这让凡夫百姓如何能够应答呢？而且要博闻多记就会损伤心思，过多说话就损伤精气，心气在内受到损伤，身形和精神在外出现疲劳，起初虽然察觉不到，以后必然对陛下的身心形成劳累，望陛下为社稷江山而自爱身心，岂能为了个性的兴趣爱好而自伤身心呢？至于像秦始皇那样能言善辩，由于自己的矜夸而失去了民心，像魏文帝那样宏才大略，由于自己空虚的言论而辜负了众人的期望。这都是过分使用才能和巧辩而带来的危害，由这两个例子就可以非常清楚地知道了。"唐太宗书写飞白书回答他，说："没有思考就无法统率臣下，没有言辞就无

上将征高丽，秋，七月，辛卯，敕将作大监阎立德等诣洪、饶、江三州，造船四百艘以载军粮。甲午，下诏遣营州都督张俭等帅幽、营二都督兵及契丹、奚、靺鞨先击辽东以观其势。以太常卿韦挺为馈运使，以民部侍郎崔仁师副之，自河北诸州皆受挺节度，听以便宜从事。又命太仆少卿萧锐运河南诸州粮入海。锐，瑀之子也。

八月，壬子，上谓司徒无忌等曰："人苦不自知其过，卿可为朕明言之。"对曰："陛下武功文德，臣等将顺之不暇，又何过之可言！"上曰："朕问公以己过，公等乃曲相谀悦，朕欲面举公等得失以相戒而改之，何如？"皆拜谢。上曰："长孙无忌善避嫌疑，应物敏速，决断事理，古人不过；而总兵攻战，非其所长。高士廉涉猎古今，心术明达，临难不改节，当官无朋党；所乏者骨鲠规谏耳。唐俭言辞辩捷，善和解人；事朕三十年，遂无言及于献替。杨师道性行纯和，自无愆违；而情实怯懦，缓急不可得力。岑文本性质敦厚，文章华赡；而持论恒据经远，自当不负于物。刘洎性最坚贞，有利益；然其意尚然诺，私于朋友。马周见事敏速，性甚贞正，论量人物，直道而言，朕比任使，多能称意。褚遂良学问稍长，性亦坚正，每写忠诚，亲附于朕，譬如飞鸟依人，人自怜之。"

甲子，上还京师。

丁卯，以散骑常侍刘洎为侍中，行中书侍郎岑文本为中书令，太子左庶子中书侍郎马周守中书令。

文本既拜，还家，有忧色。母问其故，文本曰："非勋非旧，滥荷宠荣，位高责重，所以忧惧。"亲宾有来贺者，文本曰："今受吊，不受贺也。"文本弟文昭为校书郎，喜宾客，上闻之不悦；尝从容谓文本曰："卿弟过尔交结，恐为卿累；朕欲出为外官，何如？"文本泣曰："臣弟少孤，老母特所钟爱，未尝信宿离左右。今若出外，母必愁悴，傥无此弟，亦

法表述思考，近来对于国事有所议论，结果导致言辞繁多，对他人的轻视和骄傲的心情，恐怕即由此产生，至于身形精神心灵神气，不是因为此事而劳累的。如今听到你的直言谠论，当虚怀听取加以改正。”四月十六日己未，唐太宗车驾到显仁宫。

唐太宗准备征伐高丽，秋季七月二十日辛卯，敕令将作大监阎立德等人前往洪州、饶州、江州三地，建造舟船四百艘用来载运军粮。二十三日甲午，唐太宗下诏派营州都督张俭等人率领幽州、营州两个都督府的兵马以及契丹、奚、靺鞨族的士兵先行进攻辽东，以观察高丽的动静。任命太常寺卿韦挺为馈运使，民部侍郎崔仁师为馈运副使，河北各州都接受韦挺的节制统辖，听从他根据情况加以调遣。又任命太仆寺少卿萧锐运送河南各州粮草入海。萧锐是萧瑀的儿子。

八月十一日壬子，唐太宗对司徒长孙无忌等人说：“人们苦于不知道自己的过错，你可以为朕明白地说出来。”长孙无忌回答说：“陛下的文德武功，臣等将要遵奉顺应都还应接不暇，哪有什么过错可以说出来呢？”唐太宗说：“朕向你们询问自己的过失，你们却曲意逢迎来取悦我，朕想当面列举你们的得失以互相鉴诫改正，怎么样？”大臣们都下拜磕头称谢。唐太宗说：“长孙无忌善于躲避嫌疑，对事情的回应十分敏捷迅速，对于事理的决断，古人也超不过，然而领兵作战，并非他的所长。高士廉广泛涉猎古今历史，心术明白通达，面临危难不改气节，做官没有私结朋党，所缺乏的是如骨头一样强硬对君主进行规谏而已。唐俭言辞敏捷善辩，善于调解人际的纠纷，侍奉朕三十年，却没有对我有过什么批评和建议。杨师道性情纯正和洽，自身没有过失错误，但是性格实际上怯懦，紧急之事不能让他来办。岑文本的性格忠实厚道，文章华美富赡，然而持论常常规划长远之事，自然不切实用。刘洎性格最为坚定贞正，对于国家自有利益，然而他内心崇尚对人的应允和许诺，用私情对待朋友。马周对事情的判断观察敏捷迅速，性情非常纯贞正直，品评人物，直抒胸臆，朕近来委任他做事，多能符合我的心意。褚遂良学问稍微长于他人，性格也坚定正直，每每倾注他的忠诚，对朕表示亲近和依附，如同飞鸟依人，人们自然会怜悯他。”

八月二十三日甲子，唐太宗回到京城。

八月二十六日丁卯，任命散骑常侍刘洎为侍中，代行中书侍郎职务的岑文本为中书令，太子左庶子中书侍郎马周暂时代理中书令。

岑文本官拜中书令后，回到家中，面有忧色。他的母亲问他是什么原因，岑文本说：“我不是有功勋的大臣，也不是陛下原来的属臣，滥于蒙受这样的恩宠和荣贵，官位高责任重，所以内心忧惧。”亲属宾客中有人来祝贺，岑文本说：“现今是接受你们的吊唁，不是接受贺喜。”岑文本的弟弟岑文昭官为校书郎，喜欢结交宾客，唐太宗听说后不高兴，曾经从容地对岑文本说：“你的弟弟过分结交宾客，恐怕

无老母矣。”因歔欷呜咽，上愍其意而止。惟召文昭严戒之，亦卒无过。

九月，以谏议大夫褚遂良为黄门侍郎，参预朝政。

（以上为第八段，写唐太宗晚年，虽纳谏有失，而识才任人得其物情，圣明依旧。）

焉耆贰于西突厥，西突厥大臣屈利啜为其弟娶焉耆王女，由是朝贡多阙；安西都护郭孝恪请讨之。诏以孝恪为西州道行军总管，帅步骑三千出银山道以击之。会焉耆王弟颉鼻兄弟三人至西州，孝恪以颉鼻弟栗婆准为乡导。焉耆城四面皆水，恃险而不设备，孝恪倍道兼行，夜，至城下，命将士浮水而渡，比晓，登城，执其王突骑支，获首虏七千级，留栗婆准摄国事而还。孝恪去三日，屈利啜引兵救焉耆，不及，执栗婆准，以劲骑五千，追孝恪至银山，孝恪还击，破之，追奔数十里。

辛卯，上谓侍臣曰：“孝恪近奏称八月十一日往击焉耆，二十日应至，必以二十二日破之，朕计其道里，使者今日至矣！”言未毕，驿骑至。

西突厥处那啜使其吐屯摄焉耆，遣使入贡。上数之曰：“我发兵击得焉耆，汝何人而据之！”吐屯惧，返其国。焉耆立栗婆准从父兄薛婆阿那支为王，仍附于处那啜。

乙未，鸿胪奏“高丽莫离支贡白金”。褚遂良曰：“莫离支弑其君，九夷所不容，今将讨之而纳其金，此郜鼎之类也，臣谓不可受。”上从之。上谓高丽使者曰：“汝曹皆事高武，有官爵。莫离支弑逆，汝曹不能复仇，今更为之游说以欺大国，罪孰大焉！”悉以属大理。

冬十月，辛丑朔，日有食之。

甲寅，车驾行幸洛阳，以房玄龄留守京师，右卫大将军、工部尚书

会成为你的牵累，朕想让他到外地做官，怎么样？”岑文本哭泣着说：“臣的弟弟年少时失去父亲成为孤儿，老母亲特别钟爱他，从未超过两个晚上让他离开自己的身边。如今若果到外地为官，母亲必然忧愁憔悴，倘若没有弟弟在身边，也会没有老母亲了。”于是抽泣叹气，唐太宗怜悯他的孝心而打消了原来的想法。只是召见了岑文昭严加诫训，岑文昭最终也没有出现过失。

九月，任命谏议大夫褚遂良为黄门侍郎，参预朝政。

焉耆国对唐朝怀有二心而与西突厥交好，西突厥的大臣屈利啜为自己的弟弟娶了焉耆王的女儿为妻，从此焉耆对唐朝的贡赋多有欠缺，安西都护郭孝恪请求派兵讨伐。唐太宗颁下诏书任命郭孝恪为西州道行军总管，统率三千步兵骑兵从银山道出兵进攻焉耆。正好此时焉耆王的弟弟颉鼻兄弟三人来到西州，郭孝恪就让颉鼻的弟弟栗婆准做向导。焉耆城四面都是河水，仗恃地势险要而不加防备。郭孝恪率军昼夜兼程行军，夜晚，来到城下，命令将士们泅水渡河，天快拂晓时，登上城墙，俘获焉耆王突骑支，斩首俘获七千人，留下栗婆准摄行国政，自己率领兵马还师。郭孝恪离开了三天，屈利啜带兵救援焉耆，没有来得及救出突骑支，捉了栗婆准，率五千强劲骑兵，追赶郭孝恪来到银山，郭孝恪领兵还击，把屈利啜打败，追击逃军数十里。

九月二十一日辛卯，唐太宗对侍从的大臣们说：“郭孝恪近日上奏称八月十一日前往进攻焉耆，二十日应该到达该国，必定在二十二日攻破焉耆，朕计算来回的里程，使者今日就会赶到了。”话还没说完，驿站快骑就到了。

西突厥处那啜让他的吐屯摄理焉耆的国政，并派使者来唐朝进贡。唐太宗责备他说：“我发兵攻击占领焉耆，你们是何人，却来占据其国？”吐屯害怕，返回突厥。焉耆拥立栗婆准的堂兄薛婆阿那支为国王，仍然依附于处那啜。

九月二十五日乙未，鸿胪寺奏称“高丽国莫离支进贡白金”。褚遂良说：“莫离支杀死他的国王，是东方各族所不能容忍的，如今正要去讨伐他而又收纳他的贡品，这就如同春秋时鲁桓公向宋国索取郜鼎一样，臣以为不能接受。”唐太宗听从了他的意见。唐太宗对高丽的使者说：“你们都事奉国王高武，都有官爵。莫离支杀死了国君，你们不能报仇，如今又为他进行游说来欺骗唐朝大国，罪恶有比这更大的吗？”把使者全部交付大理寺关押。

冬季，十月初一日辛丑，发生日食。

十月十四日甲寅，唐太宗车驾行幸洛阳，命令房玄龄留守京师，右卫大将军、

李大亮副之。

郭孝恪锁焉耆王突骑支及其妻子诣行在，敕宥之。丁巳，上谓太子曰："焉耆王不求贤辅，不用忠谋，自取灭亡，系颈束手，漂摇万里；人以此思惧，则惧可知矣。"

己巳，畋于渑池之天池；十一月，壬申，至洛阳。

（以上为第九段，写唐安西都护征讨焉耆。）

前宜州刺史郑元璹，已致仕，上以其尝从隋炀帝伐高丽，召诣行在；问之，对曰："辽东道远，粮运艰阻；东夷善守城，攻之不可猝下。"上曰："今日非隋之比，公但听之。"

张俭等值辽水涨，久不得济，上以为畏懦，召俭诣洛阳。至，具陈山川险易，水草美恶；上悦。

上闻洺州刺史程名振善用兵，召问方略，嘉其才敏，劳勉之，曰："卿有将相之器，朕方将任使。"名振失不拜谢，上试责怒，以观其所为，曰："山东鄙夫，得一刺史，以为富贵极邪！敢于天子之侧，言语粗疏；又复不拜！"名振谢曰："疏野之臣，未尝亲奉圣问，适方心思所对，故忘拜耳。"举止自若，应对愈明辩。上乃叹曰："房玄龄处朕左右二十余年，每见朕谴责余人，颜色无主。名振平生未尝见朕，朕一旦责之，曾无震慑，辞理不失，真奇士也！"即日拜右骁卫将军。

甲午，以刑部尚书张亮为平壤道行军大总管，帅江、淮、岭、峡兵四万，长安、洛阳募士三千，战舰五百艘，自莱州泛海趋平壤；又以太子詹事、左卫率李世勣为辽东道行军大总管，帅步骑六万及兰、河二州降胡趣辽东，两军合势并进。庚子，诸军大集于幽州，遣行军总管姜行本、少府少监丘行淹先督众工造梯冲于安萝山。时远近勇士应募及献攻城器械者不可胜数，上皆亲加损益，取其便易。又手诏谕天下，以"高丽盖苏文弑主虐民，情何可忍！今欲巡幸幽、蓟，问罪辽、碣，所过营顿，无为劳费"。且言："昔隋炀帝残暴其下，高丽王仁爱其民，以思乱之军击安和之众，故不能成功。今略言必胜之道有五：一曰以大击小，

工部尚书李大亮为房玄龄的副手。

郭孝恪押送焉耆王突骑支及其妻子儿女到了唐太宗行幸的洛阳，唐太宗敕令宽宥他们。十月十七日丁巳，唐太宗对太子李治说："焉耆王不去访求贤臣辅政，不用忠良谋划国事，自取灭亡，脖子上系着绳索，双手被捆起来，漂泊到万里之外。人们因这件事而想到畏惧，也就懂得什么是畏惧了。"

十月二十九日己巳，唐太宗在渑池县的天池打猎。十一月初二日壬申，回到洛阳行宫。

前宜州刺史郑元璹已经退休在家，唐太宗因为他过去曾跟从隋炀帝讨伐高丽，特意把他召到行宫，问他讨伐高丽的计策，郑元璹回答说："辽东的路途遥远，运粮非常艰难。高丽人善于守城，攻城不能很快攻下。"唐太宗说："今日已非隋朝时候可比，你只管等着听消息吧。"

张俭等率领的部队遇上辽河的水上涨，很久不能渡过辽河，唐太宗认为他们害怕而懦弱，召张俭到洛阳。张俭到了洛阳，详细陈述当地山川地势何处险要何处易行，水草何处丰美何处恶劣，唐太宗听后很高兴。

唐太宗听说洺州刺史程名振善于用兵打仗，就召见他询问作战的方略，赞扬他才思敏捷，慰问勉励他，说："你有将相的才器，朕将要对你有所任用。"程名振失礼又不拜谢，唐太宗假装恼怒而斥责他，以观察他会怎么做，说："山东的一个鄙陋野夫，得到刺史职位，认为富贵达到极点了！竟敢在天子身边，言语粗鲁，还不下拜！"程名振谢罪说："我是粗疏草野之臣，未曾亲身侍奉过皇上的垂问，刚才只想着如何回答，所以忘了下拜。"他的举止自如，回答更为清楚而合乎道理。唐太宗于是感叹说："房玄龄在朕身边二十多年，每次看见朕斥责别人，脸色惶恐得没有主意。程名振平生未曾见过朕，朕一旦责怪他，不曾震惊害怕，言辞和道理都没有差错，真是一位奇士！"当日即拜官为右骁卫将军。

十一月二十四日甲午，任命刑部尚书张亮为平壤道行军大总管，率领江州、淮州、岭州、峡州的兵马四万人，又在长安、洛阳招募士兵三千人，战舰五百艘，从莱州渡海向平壤进军，又任命太子詹事、左卫率李世勣为辽东道行军大总管，率领步骑兵六万人以及兰州、河州投降的胡族兵马进军辽东，两支部队兵势相合同时进军。三十日庚子，各路大军在幽州大规模会合，唐太宗派行军总管姜行本、少府少监丘行淹先行在安萝山监督众多工匠制造攻城用的云梯和冲城门的冲撞器。当时远近的勇士前来应募的和献出各种攻城器械的人不计其数，唐太宗都亲自加以改造，取用其中方便简易的器械。又发下亲笔诏书传令天下，认为："高丽的盖苏文杀死君王肆虐百姓，于人情哪里可以忍受？如今朕要巡幸幽州、蓟州，到辽东、碣石兴

二曰以顺讨逆，三曰以治乘乱，四曰以逸待劳，五曰以悦当怨，何忧不克！布告元元，勿为疑惧！”于是凡顿舍供费之具，减者太半。

十二月，辛丑，武阳懿公李大亮卒于长安，遗表请罢高丽之师。家余米五斛，布三十匹。亲戚早孤为大亮所养，丧之如父者十有五人。

壬寅，故太子承乾卒于黔州，上为之废朝，葬以国公礼。

甲寅，诏诸军及新罗、百济、奚、契丹分道击高丽。

初，上遣突厥俟利苾可汗北渡河，薛延陀真珠可汗恐其部落翻动，意甚恶之，豫蓄轻骑于漠北，欲击之。上遣使戒敕，无得相攻。真珠可汗对曰：“至尊有命，安敢不从！然突厥翻覆难期，当其未破之时，岁犯中国，杀人以千万计。臣以为至尊克之，当剪为奴婢，以赐中国之人；乃反养之如子，其恩德至矣，而结社率竟反。此属兽心，安可以人理待也！臣荷恩深厚，请为至尊诛之。”自是数相攻。

俟利苾之北渡也，有众十万，胜兵四万人，俟利苾不能抚御，众不惬服。戊午，悉弃俟利苾南渡河，请处于胜、夏之间；上许之。群臣皆以为：“陛下方远征辽左，而置突厥于河南，距京师不远，岂得不为后虑！愿留镇洛阳，遣诸将东征。”上曰：“夷狄亦人耳，其情与中夏不殊。人主患德泽不加，不必猜忌异类。盖德泽洽，则四夷可使如一家；猜忌多，则骨肉不免为仇敌。炀帝无道，失人已久，辽东之役，人皆断手足以避征役，玄感以运卒反于黎阳，非戎狄为患也。朕今征高丽，皆取愿行者，募十得百，募百得千，其不得从军者，皆愤叹郁邑，岂比隋之行怨民哉？突厥贫弱，吾收而养之，计其感恩，入于骨髓，岂肯为患！且彼与薛延陀嗜欲略同，彼不北走薛延陀而南归我，其情可见矣。”顾谓褚遂良曰：“尔知起居，为我志之，自今十五年，保无突厥之患。”俟利苾既

师问罪，所要经过之地的部队的驻扎安顿，不用动用当地百姓及其财物。”并且说：“从前隋炀帝残暴对待他的百姓，高丽王对他的百姓施以仁爱，以人心思乱的军队去进攻安定和洽的军众，所以不能取得胜利。现在朕大略说明必胜之道有五条：一是用强大进攻弱小，二是靠人心顺服去讨伐倒行逆施，三是靠天下大治而利用敌方内部的混乱，四是以逸待劳，五是以心悦诚服的百姓去进攻积有怨恨的国家，何愁不能取胜！以此布告黎民百姓，不要产生疑惧。”于是凡是用于军队停顿驻扎供应各种用途的器具，减少了一大半。

十二月初一日辛丑，武阳懿公李大亮在长安去世，遗书请求罢除进攻高丽的军队。他家中只剩余五斛米，三十匹布。亲属中早年丧父成为孤儿的，受到李大亮收养，如同死了自己的父亲一样为大亮服丧的有十五人。

十二月初二日壬寅，前太子李承乾死于黔州，唐太宗为他的死停止上朝，用国公的礼仪安葬。

十二月十四日甲寅，唐太宗下诏令各路大军以及新罗、百济、奚、契丹分兵进攻高丽。

起初，唐太宗派突厥俟利苾可汗北渡黄河，薛延陀真珠可汗担心他的部落反叛骚动，内心十分不满，预先在漠北准备了轻骑兵，想袭击俟利苾。唐太宗派使者用敕书告诫双方，不得相互攻伐。真珠可汗回答说：“大唐天子有命，哪里敢不遵从？然而突厥人反复无常难以预料，当他们没有灭亡的时候，年年侵犯唐朝，杀人成千上万。臣认为大唐打败了他们，应当把他们全部当作奴隶，赐给中原的百姓，反而抚养他们如同自己的儿子一样，对他们的恩德到极点了，最后结社率还是反叛。这种人是人面兽心，怎能用人的道理对待他们呢？臣蒙受大唐的恩德非常深厚，请求为至尊的大唐天子诛灭他们。”从此以后，薛延陀和突厥多次相互攻伐。

俟利苾北渡黄河后，拥有十万民众，可以作战的士兵四万人，俟利苾不能安抚统御属下，众人都不惬意服从。十二月十八日戊午，众人抛弃俟利苾南渡黄河，请求居住在胜州、夏州之间的地区，唐太宗答应了他们。众位大臣都认为：“陛下正在远征辽东，又把突厥人安置在河南一带，离京师很近，怎么能不成为后患呢？望陛下留下来镇守洛阳，派遣各位将领东征高丽。”唐太宗说：“夷狄也是人，他们的心情与中原华夏人没有不同。作为君主应该担忧自己的恩德没有施及百姓身上，不必对不同的族类横加猜忌。这是因为如果君主的恩德福泽普遍施加到天下，四方的民族就可以让他们与华夏人如同一家，如果君主对天下的人多有猜忌，就连自己的亲骨肉也不免成为仇敌。隋炀帝暴虐无道，很快就已经失去了民心，隋朝发动辽东的战役，百姓们都自己折断手足以逃避兵役，杨玄感率领运送粮食的士卒在黎阳造反，这不是夷狄族类造成的祸患。朕现今征伐高丽，都是征发愿意从军打仗的，招募十

失众，轻骑入朝，上以为右武卫将军。

（以上为第十段，写唐太宗大举兵伐高丽，同时安抚归降的突厥之众。）

十九年（乙巳，645年）

春，正月，韦挺坐不先行视漕渠，运米六百余艘至卢思台侧，浅塞不能进，械送洛阳；丁酉，除名，以将作少监李道裕代之。崔仁师亦坐免官。

沧州刺史席辩坐赃污，二月，庚子，诏朝集使临观而戮之。

庚戌，上自将诸军发洛阳，以特进萧瑀为洛阳宫留守。乙卯，诏："朕发定州后，宜令皇太子监国。"开府仪同三司致仕尉迟敬德上言："陛下亲征辽东，太子在定州，长安、洛阳心腹空虚，恐有玄感之变。且边隅小夷，不足以勤万乘，愿遣偏师征之，指期可殄。"上不从。以敬德为左一马军总管，使从行。

丁巳，诏谥殷太师比干曰忠烈，所司封其墓，春秋祠以少牢，给随近五户供洒扫。

上之发京师也，命房玄龄得以便宜从事，不复奏请。或诣留台称有密，玄龄问密谋所在，对曰："公则是也。"玄龄驿送行在。上闻留守有表送告密人，上怒，使人持长刀于前而后见之，问告者为谁，曰："房玄龄。"上曰："果然。"叱令腰斩。玺书让玄龄以不能自信，"更有如是者，可专决之"。

癸亥，上至邺，自为文祭魏太祖，曰："临危制变，料敌设奇，一将之智有余，万乘之才不足。"

是月，李世勣军至幽州。

名就得到一百人，招募百名就得到一千人，那些不能随从军队的人，都怨恨感叹心中忧郁，岂能与隋朝东征时出现的百姓怨恨相比？突厥本来就很贫穷衰弱，我大唐接收并养护他们，估计他们感恩戴德的想法，会刻骨铭心，怎么肯制造祸患呢？而且他们突厥人与薛延陀的欲望爱好大略相同，他们不向北投奔薛延陀而南下归顺我们，他们的心情就由此可见了。”回头对褚遂良说：“你掌管起居注，为我记下这些话：从今往后十五年，保证没有突厥的祸患。”俟利苾已经失去部众，就轻骑入京朝见，唐太宗任命他为右武卫将军。

唐太宗贞观十九年（乙巳，645 年）

春季，正月，韦挺犯罪，他不先去巡视漕渠，使运送大米的六百多条船只在卢思台旁边搁浅不能前进，把他带上刑具押送到洛阳，二十八日丁酉，把韦挺从官员名簿上除名，由将作少监李道裕代替他。崔仁师也连坐免官。

沧州刺史席辩犯贪污罪，二月初二日庚子，唐太宗诏令朝集使前往视察而杀死他。

二月十二日庚戌，唐太宗亲自统率各路大军从洛阳出发，任命特进萧瑀为洛阳皇宫留守。十七日乙卯，唐太宗下诏：“朕从定州发兵后，应该由皇太子监理国家政事。”开府仪同三司致仕尉迟敬德上书说：“陛下亲自征伐辽东，皇太子在定州，长安、洛阳两处心腹之地就很空虚，恐怕发生像杨玄感那样的变乱。而且高丽是边陲的小国，不足以惊动皇上的大驾，希望陛下派次要部队征伐，指定日期就可消灭。”唐太宗不听从。任命尉迟敬德为左一马军总管，让他随行出征。

二月十九日丁巳，唐太宗下诏为殷商的太师比干追加谥号为“忠烈”，让有关部门为比干的坟墓培土整修，春秋两季用猪羊进行祭祀，又命附近五户人家专门为比干的墓洒扫保护。

唐太宗离开京城时，命令房玄龄根据具体情况临机处理政务，不必向皇帝上奏请示。此时有人到房玄龄留守的官衙声称有人进行密谋，房玄龄问密谋的人在哪里，回答说：“你就是。”房玄龄让驿站紧急传送告密的人到唐太宗的行宫。唐太宗听留守有表章送来告密的人，非常恼怒，让人手持长刀立于帐前而后见到告密人，问告密人告的是谁，回答说：“房玄龄。”唐太宗说：“果然不出所料。”喝令把告密人腰斩。又亲自发出玺书责备房玄龄不能自信，称：“再有类似的事情，你可以独自处决。”

二月二十五日癸亥，唐太宗到达邺县，亲自撰文祭奠魏太祖，文章说：“面临危机处置事变，料想敌情设置奇兵，作为一位将领的智慧有余，作为帝王的才能则不足。”

这个月，李世勣的部队到达幽州。

三月，丁丑，车驾至定州。丁亥，上谓侍臣曰："辽东本中国之地，隋氏四出师而不能得；朕今东征，欲为中国报子弟之仇，高丽雪君父之耻耳。且方隅大定，惟此未平，故及朕之未老，用士大夫余力以取之。朕自发洛阳，唯啖肉饭，虽春蔬亦不之进，惧其烦扰故也。"上见病卒，召至御榻前存慰，付州县疗之，士卒莫不感悦。有不预征名，自愿以私装从军，动以千计，皆曰："不求县官勋赏，惟愿效死辽东。"上不许。

上将发，太子悲泣数日，上曰："今留汝镇守，辅以俊贤，欲使天下识汝风采。夫为国之要，在于进贤退不肖，赏善罚恶，至公无私，汝当努力行此，悲泣何为！"命开府仪同三司高士廉摄太子太傅，与刘洎、马周、少詹事张行成、右庶子高季辅同掌机务，辅太子。长孙无忌、岑文本与吏部尚书杨师道从行。壬辰，车驾发定州，亲佩弓矢，手结雨衣于鞍后。命长孙无忌摄侍中，杨师道摄中书令。

（以上为第十一段，写唐太宗亲征高丽，令太子李治监国。）

李世勣军发柳城，多张形势，若出怀远镇者，而潜师北趣甬道，出高丽不意。夏，四月，戊戌朔，世勣自通定济辽水，至玄菟。高丽大骇，城邑皆闭门自守。壬寅，辽东道副大总管江夏王道宗将兵数千至新城，折冲都尉曹三良引十余骑直压城门，城中惊扰，无敢出者。营州都督张俭将胡兵为前锋，进渡辽水，趋建安城，破高丽兵，斩首数千级。

太子引高士廉同榻视事，又令更为士廉设案，士廉固辞。

丁未，车驾发幽州。上悉以军中资粮、器械、簿书委岑文本，文本夙夜勤力，躬自料配，筹、笔不去手，精神耗竭，言辞举措，颇异平日。上见而忧之，谓左右曰："文本与我同行，恐不与我同返。"是日，遇暴疾而薨。其夕，上闻严鼓声，曰："文本殒没，所不忍闻，命撤之。"时右庶子许敬宗在定州，与高士廉等同知机要，文本薨，上召敬宗，以本官检校中书侍郎。

壬子，李世勣、江夏王道宗攻高丽盖牟城。丁巳，车驾至北平。癸

三月初八日丁丑，唐太宗的车驾到达定州。十八日丁亥，唐太宗对侍从的大臣说：“辽东本来是中原王朝的土地，隋朝四次出兵都不能夺回来，如今朕率兵东征，想为中原报子弟兵的仇，为高丽百姓雪国王被杀的耻辱。而且四方已大为平定，只有此处没有平定，所以乘朕还没有衰老，用士大夫们的余力来夺取失地。朕自从洛阳出发以来，只吃肉食，就连春天的蔬菜也不吃，这是担心会给百姓带来烦扰的缘故。”唐太宗看见有病的士兵，就召到御榻前加以慰问，交给州县进行治疗，士兵们莫不感动喜悦。有人的姓名不在东征部队的名册之中，自愿用私人的装备跟随军队，动辄上千人，都说：“我们不求得到皇上的封爵赏赐，只愿到辽东为陛下拼死作战。”唐太宗不允许他们的要求。

唐太宗将要出发，太子李治一连悲伤哭泣了几天，唐太宗说：“如今留下你镇守京城，又让出众的贤才辅佐你，想让天下认识你的风采。治理国家最重要的，在于进用贤才摒弃无能小人，赏赐善人惩罚恶人，大公无私，你应当努力去做这些，悲伤哭泣干什么？”命开府仪同三司高士廉兼任太子太傅，与刘洎、马周、少詹事张行成、右庶子高季辅一同执掌朝廷机要事务，来辅助太子。长孙无忌、岑文本与吏部尚书杨师道跟随唐太宗出行。三月二十四日壬辰，唐太宗的车驾从定州出发，唐太宗亲自佩戴了弓箭，亲手在马鞍后面系好雨衣。命长孙无忌摄行侍中职务，杨师道摄行中书令。

李世勣的部队从柳城出发，大张声势，好像要从怀远镇出兵，而秘密派部队向北直趋甬道，出乎高丽的意料之外。夏季四月初一日戊戌，李世勣从通定渡过辽水，到达玄菟。高丽人大为惊骇，城邑都关闭城门防守。初五日壬寅，辽东道副大总管江夏王李道宗领兵数千人到达新城，折冲都尉曹三良带领十多个骑兵直接压向城门，城中的人惊恐扰乱，没有人敢出城应战。营州都督张俭率领胡族部队为前锋，渡过辽水，直趋建安城，打败高丽兵，斩首数千人。

太子李治把高士廉拉到自己的坐榻上一同处理政事，又令人另为高士廉设立书案，高士廉坚决推辞。

四月初十日丁未，唐太宗车驾从幽州出发。唐太宗把军中的物资粮草、器械、文书簿录等全都委派给岑文本管理，岑文本早晚勤奋工作，亲自料理调配，计算用的筹码、书写用的笔从不离手，心力耗竭，言谈举止，颇与往日不同。唐太宗看见后十分担忧，对身边的人说：“文本与我同行，恐怕不能与我一同返回。”当天，岑文本得暴病去世。这天夜里，唐太宗听到急促的鼓声，说：“文本去世，这是我不忍心听见的，快命人撤掉。”当时右庶子许敬宗正在定州，与高士廉等人共同掌管机要事务，岑文本死后，唐太宗招来许敬宗，以本官检校中书侍郎。

四月十五日壬子，李世勣、江夏王李道宗攻打高丽盖牟城。二十日丁巳，唐太

亥，李世勣等拔盖牟城，获二万余口，粮十余万石。

张亮帅舟师自东莱渡海，袭卑沙城，其城四面悬绝，惟西门可上。程名振引兵夜至，副总管王文度先登，五月，己巳，拔之，获男女八千口。分遣总管丘孝忠等曜兵于鸭绿水。

李世勣进至辽东城下。庚午，车驾至辽泽，泥淖二百余里，人马不可通，将作大匠阎立德布土作桥，军不留行。壬申，渡泽东。乙亥，高丽步骑四万救辽东，江夏王道宗将四千骑逆击之，军中皆以为众寡悬绝，不若深沟高垒以俟车驾之至；道宗曰："贼恃众，有轻我心，远来疲顿，击之必败。且吾属为前军，当清道以待乘舆，乃更以贼遗君父乎！"李世勣以为然。果毅都尉马文举曰："不遇勍敌，何以显壮士！"策马趋敌，所向皆靡，众心稍安。既合战，行军总管张君乂退走，唐兵不利，道宗收散卒，登高而望，见高丽陈乱，与骁骑数十冲之，左右出入；李世勣引兵助之，高丽大败，斩首千余级。

丁丑，车驾渡辽水，撤桥，以坚士卒之心，军于马首山，劳赐江夏王道宗，超拜马文举中郎将，斩张君乂。上自将数百骑至辽东城下，见士卒负土填堑，上分其尤重者，于马上持之，从官争负土致城下。李世勣攻辽东城，昼夜不息，旬有二日，上引精兵会之，围其城数百重，鼓噪声震天地。甲申，南风急，上遣锐卒登冲竿之末，爇其西南楼，火延烧城中，因麾将士登城，高丽力战不能敌，遂克之，所杀万余人，得胜兵万余人，男女四万口，以其城为辽州。

乙未，进军白岩城。丙申，右卫大将军李思摩中弩矢，上亲为之吮血；将士闻之，莫不感动。乌骨城遣兵万余为白岩声援，将军契苾何力以劲骑八百击之，何力挺身陷陈，槊中其腰，尚辇奉御薛万备单骑往救之，拔何力于万众之中而还。何力气益愤，束疮而战，从骑奋击，遂破高丽兵，追奔数十里，斩首千余级，会暝而罢。万备，万彻之弟也。

（以上为第十二段，写征东唐军，初战告捷，攻破辽东城。）

宗的车驾到达北平城。二十六日癸亥，李世勣等人攻下盖牟城，俘虏两万多人，获得粮食十多万石。

张亮率领水师从东莱渡海，袭击卑沙城，此城四面悬崖与外界隔绝，只有西门可以上去。程名振率领士兵夜间到达，副总管王文度首先登上城墙，五月初二日己巳，攻下卑沙城，俘获男女八千人。唐太宗分派总管丘孝忠等人在鸭绿江炫耀兵力。

李世勣的部队进军到辽东城下。五月初三日庚午，唐太宗的车驾到达辽泽，前面是二百多里的沼泽地，人马不得通行，将作大匠阎立德垫土架桥，军队继续前进并未停留。初五日，渡过辽泽向东进军。初八日乙亥，高丽的步兵骑兵四万多人救援辽东，江夏王李道宗率领四千骑兵迎击，军中士兵都认为敌我众寡悬殊，不如挖深濠沟加高壁垒坚守，等候唐太宗的车驾到来。李道宗说："敌人仗着人马众多，心中就会轻视我们，他们远道赶来十分疲惫，现在攻击他们必会打败他们。而且我们作为前锋部队，正应当清除道路上的障碍来等待皇上车驾的到来，怎能再把敌人留给皇上呢？"李世勣认为说得对。果毅都尉马文举说："不遇上强劲的敌手，如何能显示出壮士的威猛呢？"于是驱马冲向敌军，所向披靡，士兵的心情才稍稍安定下来。等到与高丽部队交锋之后，行军总管张君乂后退，唐朝军队作战不利，李道宗收容打散的士兵，登上高处观望，看见高丽军的阵形混乱，就与几十名骁勇骑兵冲击敌阵，从左方冲进从右方冲出，从右方冲进从左方冲出，李世勣领兵助战，高丽兵大败，斩杀一千多人。

五月初十日丁丑，唐太宗的车驾渡过辽水，撤毁桥梁，以此来坚定士兵们的决心，唐军驻扎在马首山，唐太宗慰劳赏赐江夏王李道宗，越级提拔马文举为中郎将，处斩后退的张君乂。唐太宗亲率数百骑兵来到辽东城下，看见士兵们背土填壕沟，唐太宗分出最重的，在马上拿着，随从的官员都争先恐后背土送到城下。李世勣的部队攻打辽东城，昼夜不停，过了十二天，唐太宗又带领精兵与李世勣会合，包围辽东城围多达数百层，擂鼓呐喊的声音震天动地。十七日甲申，南风刮得很急，唐太宗派精锐士兵登上冲城长竿的顶端，放火烧辽东城的西南角楼，火势蔓延烧到城内，于是指挥将士们登上城墙，高丽兵竭力奋战但抵抗不住，唐军于是攻克辽东城，杀死一万多人，俘获高丽兵一万多人，男女四万多人，把城的名称改为辽州。

五月二十八日乙未，唐军进军白岩城。二十九日丙申，右卫大将军李思摩被箭矢射中，唐太宗亲自为他吸出瘀血，将士们听说后，没有不受感动的。乌骨城派一万多士兵作为白岩城的声援，将军契苾何力派八百名强劲骑兵攻击乌骨城的部队，契苾何力奋勇挺身冲锋陷阵，长矛刺中了腰部，尚辇奉御薛万备单枪匹马前去救援，在万人丛中救出何力回到唐军阵内。契苾何力的士气更为激愤，包扎了伤口又去拼杀，跟从的骑兵奋勇出击，于是打败高丽兵，追击逃兵几十里，杀死一千多人，直到天黑才停止。薛万备，是薛万徹的弟弟。

【点评】

唐太宗废立太子。唐太宗共有十四个儿子，他最喜欢的儿子有两个，一是魏王李泰，二是吴王李恪。长孙皇后是唐太宗嫡妻，生有三个儿子，即太子李承乾、魏王李泰、晋王李治。吴王李恪是杨妃所生，是庶子，排行第三。魏王李泰排行第四，晋王李治排行第九。李恪是李泰、李治的兄长。

李承乾是唐太宗嫡长子，因生于承乾殿而得名。唐太宗即位后，李承乾就被立为皇太子，时年八岁。李承乾聪明能干，唐太宗十分喜欢，每次外出行幸，常令太子监国，可是年长成人后，李承乾沉迷于声色逸乐，亲昵群小，慢待师尊，唐太宗担心他不能做继承人，转而亲近魏王李泰，待遇过于太子，煽起了魏王李泰的夺嫡野心。双方明斗暗斗，愈演愈烈。唐太宗态度暧昧不明，太子深感大祸临头，于是铤而走险，筹划发动宫廷政变，武力夺权。事情败露，李承乾被废为庶人，党羽大臣侯君集、汉王李元昌皆伏诛。由于李承乾与李泰的矛盾激化，已到水火不容的地步，如果李泰继位，李承乾性命难保。想当年玄武门之变，不仅太子李建成丧身，李建成的儿子也被一一问斩。唐太宗想起这一幕就心惊胆战，眼看悲剧就要降临到自己的儿子们身上，他无法忍受了。唐太宗与褚遂良谈起来就涕泪交流。来济对唐太宗说："陛下不失为慈父，太子得尽天年，则善矣。"出于无奈，唐太宗只好对李承乾和李泰采取两弃的态度，李承乾被废为庶人，李泰被贬出京，改封为顺阳王，徙居均州的郧乡县。

谁来做太子呢？又有两个人选难住了唐太宗。唐太宗第二子李宽早死，第三子吴王李恪最年长，唐太宗认为他长得像自己，英武有才能，想立为太子，可是李恪为庶出。唐太宗还有一个嫡子李治，是第九子，十分仁孝，但性格懦弱，唐太宗担心他守不住家业，可是唐太宗对长孙皇后思念不已，感情上割不断。在李恪与李治二子之间选一，唐太宗拿不定主意，他找来长孙无忌商量，希望长孙无忌不要有私心，明白地对长孙无忌说："李恪不是你的亲外甥，希望你不要偏心。"唐太宗是多么希望长孙无忌支持李恪，这样政权就可以平稳过渡。长孙无忌恰恰有忌，他猜忌李恪的贤能，喜欢亲外甥李治的懦弱，正好让他大权独揽。长孙无忌不支持李恪，唐太宗只好违心地立李治。唐太宗对臣下说："泰立，承乾、晋王皆不存；晋王立，泰共承乾皆无恙也。"

唐太宗废立太子之事，笼罩了玄武门之变的阴影，武力政变夺权，留下了一个坏榜样。长孙皇后识大体，是唐太宗的贤内助，可惜没有教育好太子。唐太宗违背封建宗法制度，宠爱魏王李泰逾制，诱发了他的夺嫡之心，不是一个好父亲。既然认为李恪"类我"，唐太宗就应乾纲独断，立李恪为太子，不应与长孙无忌商量。长孙无忌妒能，与李恪结下恩怨，在高宗即位后借房遗爱谋反案，无辜株连李恪而杀

之，到头来长孙无忌却被自己一手扶持的亲外甥皇帝李治逼杀。因此《旧唐书·太宗诸子传》史臣评论说："太宗诸子，吴王恪、濮王泰最贤，皆以才高辩悟，为长孙无忌忌嫉，离间父子，遽为豺狼，而无忌破家，非阴祸之报欤？"报应之说，无可为证，但权谋巧诈，祸人者必遭人祸，这是必然的规律。长孙无忌的下场也是咎由自取。

唐纪十四

唐太宗贞观十九年至二十二年（645—648年）

【起旃蒙大荒落（乙巳，645年）六月，尽著雍涒滩（戊申，648年）三月，凡二年有奇】

【大事提要】

本卷记事起公元645年六月，讫公元648年三月，凡两年又十个月，时当唐太宗贞观十九年至二十二年。此时期唐太宗步入晚年，四夷归服，贞观之治达于鼎盛。贞观二十年（646），唐军大败薛延陀，唐太宗亲临灵州刻石颂功。但使唐太宗心有不甘者，是亲征高丽无功而返。此后，唐太宗念念不忘伐高丽，直到辞世，也未能实现第二次亲征，偏将出征，只获得小胜，高丽始终未能臣服。唐太宗晚年有猜忌心，因小过而贬黜萧瑀、房玄龄，刘洎因失言而被赐死，因有人告密刑部尚书张亮谋反而致张亮被诛，可以说是唐太宗之过。

【原文】

太宗文武大圣大广孝皇帝下之上

贞观十九年（乙巳，645 年）

六月，丁酉，李世勣攻白岩城西南，上临其西北。城主孙代音潜遣腹心请降，临城，投刀钺为信，且曰："奴愿降，城中有不从者。"上以唐帜与其使，曰："必降者，宜建之城上。"代音建帜，城中人以为唐兵已登城，皆从之。

上之克辽东也，白岩城请降，既而中悔。上怒其反覆，令军中曰："得城当悉以人物赏战士。"李世勣见上将受其降，帅甲士数十人请曰："士卒所以争冒矢石，不顾其死者，贪虏获耳；今城垂拔，奈何更受其降，孤战士之心！"上下马谢曰："将军言是也。然纵兵杀人而虏其妻孥，朕所不忍。将军麾下有功者，朕以库物赏之，庶因将军赎此一城。"世勣乃退。得城中男女万余口，上临水设幄受其降，仍赐之食，八十以上赐帛有差。他城之兵在白岩者悉慰谕，给粮仗，任其所之。

先是，辽东城长史为部下所杀，其省事奉妻子奔白岩。上怜其有义，赐帛五匹；为长史造灵舆，归之平壤。以白岩城为岩州，以孙代音为刺史。

契苾何力疮重，上自为傅药，推求得刺何力者高突勃，付何力使自杀之。何力奏称："彼为其主冒白刃刺臣，乃忠勇之士也，与之初不相识，非有怨仇。"遂舍之。

初，莫离支遣加尸城七百人戍盖牟城，李世勣尽虏之，其人请从军自效，上曰："汝家皆在加尸，汝为我战，莫离支必杀汝妻子，得一人之力而灭一家，吾不忍也。"戊戌，皆廪赐遣之。

己亥，以盖牟城为盖州。

丁未，车驾发辽东，丙辰，至安市城，进兵攻之。丁巳，高丽北部

【语译】

太宗文武大圣大广孝皇帝下之上

唐太宗贞观十九年（乙巳，645年）

六月初一日丁酉，李世勣攻打白岩城的西南角，唐太宗率军亲自攻打城的西北角。城主孙代音暗中派遣心腹请求投降，约定唐兵来到城下，投刀斧为信号，而且说："奴才本人愿意投降，但城中有不听从的。"唐太宗把唐朝的旗帜交与来使，说："一定要投降，可以把这面旗竖在城墙上。"孙代音如约竖起唐朝的旗帜，城中的人以为唐朝军队已经登上城墙，于是都跟从孙代音投降。

唐太宗攻克辽东城后，白岩城守军请求投降，之后又反悔。唐太宗恼怒他们的反复无常，下令军中说："得到这座城后，就把城中的人口及财物全都赏赐给士兵。"李世勣见唐太宗将要接受对方投降，带领几十名身穿铠甲的士兵请战说："士兵们之所以争先冒着飞矢流石的袭击，不顾生死，正是贪图俘获城中的男女财物，如今城池即将攻下，为什么又接受他们的投降，辜负了士兵的心愿呢？"唐太宗下马答谢李世勣说："将军所言极是。然而放纵士兵杀人而俘虏他们的妻子儿女，朕实在不忍心。将军手下有功的将士，朕会用府库里的物资赏赐他们，这样就可以从将军手中赎下这一座城。"李世勣于是退下。唐军共得到城中男女一万多人，唐太宗临近河边设立帐篷接受对方的投降，仍然赐给他们食物，八十岁以上的老人还赏赐给数量不等的绢帛。其他城堡的士兵驻扎在白岩城的，都予以抚慰，供给粮草，听任他们前去想去的地方。

在此之前，辽东城的长史被部下杀死，他的手下省事护送长史的妻子儿女投奔白岩城。唐太宗怜悯省事有忠义气节，赐给他五匹帛，又为长史造灵车，把他的尸体送回平壤。把白岩城改名为岩州，任命孙代音为刺史。

契苾何力伤口严重，唐太宗亲自为他敷药，并找出刺伤契苾何力的人叫高突勃，把高突勃交给何力，让何力自己杀死他。何力上奏说："他为了他的君主冒着白刃刺中我，此乃忠诚勇猛之人，我与他原来并不相识，没有怨仇。"于是把高突勃放掉了。

起初，莫离支征派加尸城的七百人戍守盖牟城，李世勣把他们全部俘获，他们请求跟从唐军效力，唐太宗说："你们的家都在加尸城，你们为我作战，莫离支必然要杀掉你们的妻子儿女，得到一人的帮助却毁灭了他的一家，朕不忍心这样做。"六月初二日戊戌，七百人都给予赏赐并遣放回去。

六月初三日己亥，把盖牟城改名为盖州。

六月十一日丁未，唐太宗车驾从辽东出发，二十日丙辰，到达安市城下，进

耨萨延寿、惠真帅高丽、靺鞨兵十五万救安市。上谓侍臣曰："今为延寿策有三：引兵直前，连安市城为垒，据高山之险，食城中之粟，纵靺鞨掠吾牛马，攻之不可猝下，欲归则泥潦为阻，坐困吾军，上策也。拔城中之众，与之宵遁，中策也。不度智能，来与吾战，下策也。卿曹观之，必出下策，成擒在吾目中矣！"

高丽有对卢，年老习事，谓延寿曰："秦王内芟群雄，外服戎狄，独立为帝，此命世之材，今举海内之众而来，不可敌也。为吾计者，莫若顿兵不战，旷日持久，分遣奇兵断其运道，粮食既尽，求战不得，欲归无路，乃可胜也。"延寿不从，引军直进，去安市城四十里。上犹恐其低徊不至，命左卫大将军阿史那社尔将突厥千骑以诱之，兵始交而伪走。高丽相谓曰："易与耳！"竞进乘之，至安市城东南八里，依山而陈。

上悉召诸将问计，长孙无忌对曰："臣闻临敌将战，必先观士卒之情。臣适行经诸营，见士卒闻高丽至，皆拔刀结旆，喜形于色，此必胜之兵也。陛下未冠，身亲行阵，凡出奇制胜，皆上禀圣谋，诸将奉成算而已。今日之事，乞陛下指踪！"上笑曰："诸公以此见让，朕当为诸公商度。"乃与无忌等从数百骑乘高望之，观山川形势，可以伏兵及出入之所。高丽、靺鞨合兵为陈，长四十里。江夏王道宗曰："高丽倾国以拒王师，平壤之守必弱，愿假臣精卒五千，覆其本根，则数十万之众可不战而降。"上不应。遣使绐延寿曰："我以尔国强臣弑其主，故来问罪；至于交战，非吾本心。入尔境，刍粟不给，故取尔数城，俟尔国修臣礼，则所失必复矣。"延寿信之，不复设备。

上夜召文武计事，命李世勣将步骑万五千陈于西岭；长孙无忌将精兵万一千为奇兵，自山北出于狭谷以冲其后；上自将步骑四千，挟鼓角，偃旗帜，登北山上；敕诸军闻鼓角齐出奋击。因命有司张受降幕于朝堂

兵攻城。二十一日丁巳，高丽北部耨萨酋长高延寿、高惠真率领高丽兵、靺鞨兵十五万人援救安市。唐太宗对侍从的大臣说："如今高延寿有三种策略：带领兵马直向前进，与安市城连为堡垒，占据高山的险要地形，坐吃城内的粮食，放出靺鞨的骑兵抢掠我们的牛马，让我们攻城不能很快攻下，想退兵后面又有泥沼阻隔，坐等我军困窘，这是上策。他率城中的军民，与他们乘夜逃遁，这是中策。不估量自己的智慧与能力，来与我军交战，这是下策。你们看着，他们必然出此下策，在我们的眼皮底下成为俘虏。"

高丽有一位担任对卢官的人，年纪老，熟悉史事，对高延寿说："秦王李世民在国内铲平各路英豪，对外降服四方的戎狄，只靠自己的力量成为皇帝，这是上天数百年才降生的一个人才，如今倾尽天下的军队而来，不是他的敌手。为我们考虑，不如按兵不出城作战，旷日持久，分别派遣奇兵截断他们的运粮通道，等他们粮食吃光，求战又不成，想回去又无路可走，才可以取胜。"高延寿不听，领兵直向前进，走到离安市城四十里处。唐太宗仍然担心他们徘徊犹豫不来到安市，命左卫大将军阿史那社尔率一千多名突厥骑兵去引诱他们，双方士兵刚一交战突厥兵就假装败退。高丽士兵相互说："很容易对付他们啊！"竞相上前乘势进军，到了安市城东南八里的地方，靠着山布下阵形。

唐太宗召集全体将领询问破敌的计谋，长孙无忌回答说："臣听说面对敌军将要战斗时，一定要先观察士兵的情绪。臣刚才经过各处营房，看见士兵们听说高丽兵到了，都拔出刀枪扎好军旗，喜形于色，这是必胜的部队。陛下未成年的时候，亲自参加军队作战，当年大唐凡是出奇制胜的仗，都是陛下向高祖禀报了计谋，众位将领只管按照既定的谋略行事而已。今天这一仗，乞求陛下指示！"唐太宗笑着说："诸位把这件事谦让与我，朕当为你们商量安排。"于是和长孙无忌等人带领几百骑兵登高眺望，观察山峰和河流的地形，看好可以埋伏兵力以及进出的地点。高丽、靺鞨合兵构成战阵，长四十里。江夏王李道宗说："高丽倾尽全国的兵力来抗拒大唐的王师，平壤的守军必定虚弱，希望借给我五千精兵，捣毁他们的老巢，这几十万兵马可以不用作战就能降服了。"唐太宗没有回答。派出使者欺骗高延寿说："我因为你们国的强臣杀死你们的国王，所以前来兴师问罪，至于两军交战，不是我的本意。但进入你们的境内，粮草供应不及，所以才攻取几座城池，等到你们国家重修为臣的礼节，你国失去的几座城就一定归还给你们。"高延寿相信了唐太宗的话，就不再设置防备。

唐太宗当夜召集文武大臣商议战事，命令李世勣率领一万五千名步骑兵在西岭布阵，长孙无忌率领一万一千名精锐士兵作为奇兵，从山的北面穿越峡谷冲击高丽军队的背后，唐太宗亲自带领四千步骑兵，挟带战鼓和号角，放倒旗帜，登到北山

之侧。戊午，延寿等独见李世勣布陈，勒兵欲战。上望见无忌军尘起，命作鼓角，举旗帜，诸军鼓噪并进，延寿等大惧，欲分兵御之，而其陈已乱。会有雷电，龙门人薛仁贵著奇服，大呼陷陈，所向无敌；高丽兵披靡，大军乘之，高丽兵大溃，斩首二万余级。上望见仁贵，召拜游击将军。仁贵，安都之六世孙，名礼，以字行。

延寿等将余众依山自固，上命诸军围之，长孙无忌悉撤桥梁，断其归路。己未，延寿、惠真帅其众三万六千八百人请降，入军门，膝行而前，拜伏请命。上语之曰："东夷少年，跳梁海曲，至于摧坚决胜，故当不及老人，自今复敢与天子战乎？"皆伏地不能对。上简耨萨以下酋长三千五百人，授以戎秩，迁之内地，余皆纵之，使还平壤；皆双举手以颡顿地，欢呼闻数十里外。收靺鞨三千三百人，悉坑之，获马五万匹，牛五万头，铁甲万领，他器械称是。高丽举国大骇，后黄城、银城皆自拔遁去，数百里无复人烟。

（以上为第一段，写唐军在安市城下大破高丽援军。）

上驿书报太子，仍与高士廉等书曰："朕为将如此，何如？"更名所幸山曰驻骅山。

秋，七月，辛未，上徙营安市城东岭。己卯，诏标识战死者尸，俟军还与之俱归。戊子，以高延寿为鸿胪卿，高惠真为司农卿。

张亮军过建安城下，壁垒未固，士卒多出樵牧，高丽兵奄至，军中骇扰。亮素怯，踞胡床，直视不言，将士见之，更以为勇。总管张金树等鸣鼓勒兵击高丽，破之。

八月，甲辰，候骑获莫离支谍者高竹离，反接诣军门，上召见，解缚问曰："何瘦之甚？"对曰："窃道间行，不食数日矣。"命赐之食，谓曰："尔为谍，宜速反命。为我寄语莫离支：欲知军中消息，可遣人径诣吾所，何必间行辛苦也！"竹离徒跣，上赐屩而遣之。

上面，敕令各路军队听见鼓声和号角声一齐出兵奋勇攻击。又命有关部门在朝堂一侧张起接受投降的帷幕。六月二十二日戊午，高延寿等人看到只有李世勣的部队布阵，就部署士兵准备迎战。唐太宗望见长孙无忌的部队尘土飞扬，就令擂起战鼓吹响号角，把旗帜全部举起来，各路兵马击鼓呐喊一同进攻，高延寿等大为恐惧，想分兵抵御唐军，然而高丽军的阵形已经混乱。正赶上天空打雷闪电，龙门人薛仁贵身穿奇异服装，大声呼喊着攻陷敌阵，所向无敌，高丽士兵望风逃窜，唐朝大军乘胜追击，高丽兵大溃败，斩首两万多人。唐太宗看见薛仁贵，召见他拜为游击将军。薛仁贵，是薛安都的六世孙，名礼，人们都称呼他的字。

高延寿等人带领残余士兵依山固守，唐太宗命令各路兵马合围，长孙无忌把所有桥梁拆毁，断绝了他的逃路。六月二十三日己未，高延寿、高惠真率领他的部下三万六千八百人请求投降，进入唐军的营门，跪在地下用膝盖前行，伏地磕头请求饶命。唐太宗对他们说："东夷的少年，可以在海隅上窜下跳，至于摧毁坚固堡垒决胜于疆场，应当不如老人，自今以后还敢与大唐天子作战吗？"高延寿等人都趴伏在地上不能回答。唐太宗挑出耨萨以下的酋长三千五百人，授给他们军队的官级，把他们迁居到内地，其余的人全都释放，让他们返回平壤，众人都举起双手以额头撞地，欢呼声传到几十里之外。收捕三千三百名靺鞨人，全部活埋，俘获战马五万匹，牛五万头，铁甲一万套，各种器械也都有如此之多。高丽全国大为惊恐，后黄城、银城都自己撤走逃回，几百里内不再有人烟。

唐太宗用驿马送书信通报太子李治，又写信给高士廉等人说："朕作为带兵的将领取得如此战功，怎么样？"把亲自驻扎的山改名为驻跸山。

秋季，七月初五日辛未，唐太宗迁移营帐到安市城东的山岭。七月十三日己卯，唐太宗诏令为战死的将士尸首做出标识，等到回师返朝时把他们一同带回。七月二十二日戊子，任命高延寿为鸿胪寺卿，高惠真为司农寺卿。

张亮的部队经过建安城下，城的壁垒尚未修建坚固，士兵大多出城打柴放牧，高丽兵突然来到，军中惊骇发生扰乱。张亮平时就胆小，蹲坐在胡床上，眼睛直视前方说不出话来，将士们见此情景，反以为张亮勇敢。总管张金树等人敲鼓聚集兵马反击高丽兵，击退了来敌。

八月初八日甲辰，侦察的骑兵抓住了莫离支的间谍高竹离，反绑着他押送到军营，唐太宗召见他，解开捆绑问道："你怎么瘦得这样厉害？"高竹离回答说："偷偷地走小道，没有饭吃已经有几天了。"唐太宗命人赐给他食物，对他说："你作为间谍，应当迅速回去复命。你替我带话给莫离支：想知道我军中的消息，可以派人直接来到我们营地，何必偷偷摸摸走小路如此辛苦呢？"高竹离光着脚，唐太宗赐给

丙午，徙营于安市城南。上在辽外，凡置营，但明斥候，不为堑垒，虽逼其城，高丽终不敢出为寇抄，军士单行野宿如中国焉。

（以上为第二段，唐太宗自信，纵遣敌人间牒，心理胜敌。）

上之伐高丽也，薛延陀遣使入贡，上谓之曰："语尔可汗：今我父子东征高丽，汝能为寇，宜亟来！"真珠可汗惶恐，遣使致谢，且请发兵助军；上不许。及高丽败于驻骅山，莫离支使靺鞨说真珠，啖以厚利，真珠慑服不敢动。九月，壬申，真珠卒，上为之发哀。

初，真珠请以其庶长子曳莽为突利失可汗，居东方，统杂种；嫡子拔灼为肆叶护可汗，居西方，统薛延陀；诏许之，皆以礼册命。曳莽性躁扰，轻用兵，与拔灼不协。真珠卒，来会丧。既葬，曳莽恐拔灼图己，先还所部，拔灼追袭杀之，自立为颉利俱利薛沙多弥可汗。

上之克白岩也，谓李世勣曰："吾闻安市城险而兵精，其城主材勇，莫离支之乱，城守不服，莫离支击之不能下，因而与之。建安兵弱而粮少，若出其不意，攻之必克。公可先攻建安，建安下，则安市在吾腹中，此兵法所谓'城有所不攻'者也。"对曰："建安在南，安市在北，吾军粮皆在辽东；今逾安市而攻建安，若贼断吾运道，将若之何？不如先攻安市，安市下，则鼓行而取建安耳。"上曰："以公为将，安得不用公策，勿误吾事！"世勣遂攻安市。

安市人望见上旗盖，辄乘城鼓噪，上怒，世勣请克城之日，男女皆坑之，安市人闻之，益坚守，攻久不下。高延寿、高惠真请于上曰："奴既委身大国，不敢不献其诚，欲天子早成大功，奴得与妻子相见。安市人顾惜其家，人自为战，未易猝拔。今奴以高丽十余万众，望旗沮溃，国人胆破，乌骨城耨萨老耄，不能坚守，移兵临之，朝至夕克。其余当道小城，必望风奔溃。然后收其资粮，鼓行而前，平壤必不守矣。"群臣亦言："张亮兵在沙城，召之信宿可至，乘高丽凶惧，并力拔乌骨城，渡鸭绿水，直取平壤，在此举矣。"上将从之，独长孙无忌以为："天子

他草鞋让他回去。

八月初十日丙午，唐朝军队把营帐迁到安市城南。唐太宗在辽东一带，凡是设置军营，只派出巡逻兵，不挖壕沟修建壁垒，即使逼近高丽人的城堡，高丽军队最终也不敢出兵骚扰，唐朝士兵们单人出行以及在野外露宿如同在中原一样。

唐太宗将要讨伐高丽时，正好薛延陀派使者到朝中进献贡品，唐太宗对来使说："告诉你们的可汗，如今我们父子去东征高丽，你们能来侵犯，就要立刻来！"真珠可汗极为恐慌，派出使者表示谢罪，并且请求派薛延陀的士兵协助唐军，唐太宗没有允许。等到高丽军队在驻跸山战败，莫离支派靺鞨人游说真珠可汗，用丰厚的利益引诱他，真珠可汗慑服于大唐不敢有所举动。九月初七日壬申，真珠可汗死去，唐太宗为他致哀。

起初，真珠可汗请求让他的庶长子曳莽当突利失可汗，居住在东方，统率各个不同的部族，让他的嫡生子拔灼当肆叶护可汗，居住在西方，统领薛延陀本部，唐太宗下诏允许这个请求，都按照礼仪予以册封。曳莽性情暴躁扰动，爱好轻易用兵，与拔灼不和。真珠可汗死后，二人来参加丧礼。安葬了真珠可汗之后，曳莽担心拔灼图谋害己，就提前返回本部，拔灼追上偷袭杀死了曳莽，自立为颉利俱利薛沙多弥可汗。

唐太宗领兵攻克白岩城后，对李世勣说："我听说安市的城墙险要而且士兵精良，他们的城主有才能而且勇敢，莫离支作乱时，城主不服，莫离支攻击他不能攻下，于是就把白岩城交给他。建安城的兵力弱而且粮食少，如果出其不意进攻，必然能够攻克。你可带兵先攻建安，建安城攻下后，安市就在我们的腹中了，这正是孙子兵法中所说的'城有所不攻'的道理。"李世勣回答说："建安在南面，安市在北面，我方军粮都在辽东，如今越过安市去攻建安，假如敌人切断我军的运粮通道，那将怎么办？不如先攻安市，攻下安市，就可以击鼓行军攻下建安。"唐太宗说："让你做将领，怎能不用你的策略。不要延误了我的大事。"李世勣于是进攻安市。

安市人望见唐太宗的旗帜伞盖，就登上城墙敲鼓呐喊，唐太宗发怒，李世勣请求在攻下城池的当天，把城中男女全部活埋，安市人听说后，更加顽强守城，唐军久攻不下。高延寿、高惠真向唐太宗请求道："奴才既然委身于大唐帝国，就不敢不献上自己的忠诚，希望天子早日完成大功，奴才也能与妻儿老小相见。安市人顾惜自己的家庭，人人各自为战，不容易很快攻克。如今奴才等带领高丽兵十多万人，望见旌旗即遭溃败，高丽人都吓破了胆，乌骨城的首领耨萨年纪已老，不能坚守城池，如果唐军转移军队临近该城，早晨到达晚上就可攻克。其余处于路途上的小城，必定望风逃奔溃散。然后收聚他们的物资粮草，一鼓作气，平壤必定不能守住。"众

亲征，异于诸将，不可乘危徼幸。今建安、新城之虏，众犹十万，若向乌骨，皆蹑吾后，不如先破安市，取建安，然后长驱而进，此万全之策也。”上乃止。

诸军急攻安市，上闻城中鸡彘声，谓李世勣曰：“围城积久，城中烟火日微，今鸡彘甚喧，此必飨士，欲夜出袭我，宜严兵备之。”是夜，高丽数百人缒城而下。上闻之，自至城下，召兵急击，斩首数十级，高丽退走。

江夏王道宗督众筑土山于城东南隅，浸逼其城，城中亦增高其城以拒之。士卒分番交战，日六七合，冲车炮石，坏其楼堞，城中随立木栅以塞其缺。道宗伤足，上亲为之针。筑山昼夜不息，凡六旬，用功五十万，山顶去城数丈，下临城中，道宗使果毅傅伏爱将兵屯山顶以备敌。山颓，压城，城崩；会伏爱私离所部，高丽数百人从城缺出战，遂夺据土山，堑而守之。上怒，斩伏爱以徇，命诸将攻之，三日不能克。道宗徒跣诣旗下请罪，上曰：“汝罪当死，但朕以汉武杀王恢，不如秦穆用孟明，且有破盖牟、辽东之功，故特赦汝耳。”

上以辽左早寒，草枯水冻，士马难久留，且粮食将尽，癸未，敕班师。先拔辽、盖二州户口渡辽，乃耀兵于安市城下而旋，城中皆屏迹不出。城主登城拜辞，上嘉其固守，赐缣百匹，以励事君。命李世勣、江夏王道宗将步骑四万为殿。

乙酉，至辽东。丙戌，渡辽水。辽泽泥潦，车马不通，命长孙无忌将万人，剪草填道，水深处以车为梁，上自系薪于马鞘以助役。冬，十月，丙申朔，上至蒲沟驻马，督填道诸军渡渤错水，暴风雪，士卒沾湿多死者，敕然火于道以待之。

位大臣也都说："张亮的部队在沙城，召集他们两夜就可到达，乘着高丽人惊恐，合力攻下乌骨城，渡过鸭绿江，直取平壤，就在这一次的行动了。"唐太宗准备听从这个意见，只有长孙无忌认为："天子亲自征战，与一般将领统兵不同，不可以冒着危险侥幸取胜。如今建安、新城的敌兵还有十万人，如果移师乌骨城，他们都会追踪袭击我军的背后，不如先攻下安市，再夺取建安，然后长驱推进，这是万全之策。"唐太宗于是停止移师乌骨的计划。

各路大军紧急攻打安市城，唐太宗听见城中鸡和猪的叫声，对李世勣说："围城的时间很长久了，城中的炊烟日见稀少，如今鸡和猪叫得厉害，这一定是在犒劳士兵，想夜间出来偷袭我们，应当严加防范。"当夜，高丽兵数百人用绳索吊出城下。唐太宗听说后，亲自到了城下，召集士兵急行围攻，杀死几十人，其余高丽兵逃回城中。

江夏王李道宗率领部下在城东南角筑起土山，渐渐逼近城墙，城里也增高城墙来抵抗城外的攻击。士兵们轮番交战，每天有六七个回合，唐军用冲车和掷石的炮，击毁了城上垛墙，城中随即立起木栅栏堵塞住缺口。李道宗脚部受伤，唐太宗亲自为他缝针。唐军昼夜不停地修筑土山，总共用了六十天，用去人工五十万人次，土山顶部离城墙最高处有几丈高，可以向下俯瞰城中，李道宗让果毅都尉傅伏爱领兵驻守在土山顶上防备高丽兵。土山坍毁，压到城墙上，城墙崩塌，正好这时傅伏爱私自离开自己的部队，几百名高丽士兵从城墙缺口处出来迎战，于是夺取占据了土山，挖沟堑进行防守。唐太宗大怒，斩了傅伏爱在军中示众，命令众位将领攻城，攻了三天未能攻下。李道宗光着脚到唐太宗的大旗下请罪，唐太宗说："你的罪过应当处死，但是朕想到汉武帝杀死大将王恢，不如秦穆公重用孟明，并且你有攻破盖牟、辽东的战功，所以特赦你不死。"

唐太宗认为辽东地区寒冷天气来得早，草木干枯河水结冰，士兵马匹难以久留，而且粮食快要吃光，九月十八日癸未，发布敕令班师还朝。先让已经攻下的辽东、盖牟二城的百姓全部渡过辽水，然后在安市城下炫耀兵力随后凯旋，城中的人都藏身不出。城主登上城楼答礼与唐军告辞，唐太宗称赞他能够坚守城池，赐给城主绸缎一百匹，来鼓励他侍奉高丽国王。命令李世勣与江夏王李道宗率领步骑兵四万人殿后。

九月二十日乙酉，唐军到达辽东城。二十一日丙戌，渡过辽水。辽泽一带道路泥泞，车马不能通行，唐太宗命长孙无忌率领一万人，割草填平道路，水深的地方用车做桥梁，唐太宗亲自把薪柴拴在马鞍后面帮助铺路。冬季十月初一日丙申，唐太宗到达蒲沟停止行军，督促填铺道路的各路军队渡过渤错水，赶上天降暴风雪，士兵们衣服打湿了，很多人冻死，唐太宗敕令在道上点燃火堆来等候他们。

凡征高丽，拔玄菟、横山、盖牟、磨米、辽东、白岩、卑沙、麦谷、银山、后黄十城，徙辽、盖、岩三州户口入中国者七万人。新城、建安、驻骅三大战，斩首四万余级，战士死者几二千人，战马死者什七八。上以不能成功，深悔之，叹曰："魏徵若在，不使我有是行也！"命驰驿祀徵以少牢，复立所制碑，召其妻子诣行在，劳赐之。

丙午，至营州。诏辽东战亡士卒骸骨并集柳城东南，命有司设太牢，上自作文以祭之，临哭尽哀。其父母闻之，曰："吾儿死而天子哭之，死何所恨！"上谓薛仁贵曰："朕诸将皆老，思得新进骁勇者将之，无如卿者，朕不喜得辽东，喜得卿也。"

（以上为第三段，写唐军受困安市城下，无功退军。）

丙辰，上闻太子奉迎将至，从飞骑三千人驰入临渝关，道逢太子。上之发定州也，指所御褐袍谓太子曰："俟见汝，乃易此袍耳。"在辽左，虽盛暑流汗，弗之易。及秋，穿败，左右请易之，上曰："军士衣多弊，吾独御新衣，可乎？"至是，太子进新衣，乃易之。

诸军所虏高丽民万四千口，先集幽州，将以赏军士，上愍其父子夫妇离散，命有司平其直，悉以钱布赎为民，欢呼之声，三日不息。十一月，辛未，车驾至幽州，高丽民迎于城东，拜舞呼号，宛转于地，尘埃弥望。

庚辰，过易州境，司马陈元璹使民于地室蓄火种蔬而进之；上恶其谄，免元璹官。

丙戌，车驾至定州。

丁亥，吏部尚书杨师道坐所署用多非其才，左迁工部尚书。

壬辰，车驾发定州。十二月，辛丑，上病痈，御步辇而行。戊申，至并州，太子为上吮痈，扶辇步从者数日。辛亥，上疾瘳，百官皆贺。

此次征伐高丽，总共攻克玄菟、横山、盖牟、磨米、辽东、白岩、卑沙、麦谷、银山、后黄十座城，迁徙辽州、盖州、岩州的户口进入中原共有七万人。新城、建安、驻跸三次大战役，斩首高丽兵四万多人，唐朝将士战死近二千人，战马死了十分之七八。唐太宗认为未能最后取胜，深自懊悔，感叹说：“如果魏徵还在，不会让我有这次出兵！”于是命人乘驿马用猪羊祭祀魏徵，重新竖立唐太宗撰文书写的石碑，招来魏徵的妻子儿女到唐太宗的行宫，亲自慰问赏赐。

十月十一日丙午，唐军回到营州。唐太宗下诏令把在辽东阵亡的士兵尸骨一并汇集在柳城东南，命令有关部门摆设牛羊猪进行祭祀，唐太宗亲自撰写文章祭奠亡灵，并亲临灵堂痛哭，极尽悲哀。死者的父母们听说后，说：“我们的儿子死了，皇上亲自为他们哭灵，死了还有什么遗憾！”唐太宗对薛仁贵说：“朕手下的各位将领都已经老了，想得到新出现的骁勇善战的人统率军队，没有能像你一样的人了，朕不因为得到辽东而高兴，高兴的是得到了你。”

十月二十一日丙辰，唐太宗听说太子将要赶来迎接大军，就带领飞骑兵三千人奔驰进入临渝关，途中与太子相逢。唐太宗从定州出发时，曾指着身上穿的褐色战袍对太子说：“等到见到你，才换下此身战袍。”在辽东的时候，即使盛夏酷暑汗流浃背，也不换下战袍。到了秋天，战袍已经穿破，身边的人请求换掉战袍，唐太宗说：“战士们的衣服大多都破旧了，我单独一个穿新衣服，可以吗？”到此时，太子献上新衣，唐太宗才换下旧战袍。

各路军马俘虏的高丽百姓有一万四千多人，首先集中在幽州，准备用来奖赏给将士们，唐太宗怜悯他们父子、夫妻离散，命令有关官署算出他们的价格，全用朝廷府库的钱、布赎为平民，欢呼之声，三天不绝。十一月初七日辛未，唐太宗车驾到达幽州，高丽百姓在城东欢迎，手舞足蹈，跪下磕头，跳舞呼号，在地上宛转传播，尘埃遮满了眼目所能望到的地方。

十一月十六日庚辰，唐太宗经过易州境内，易州司马陈元璹让当地百姓在地下室蓄火提高温度来种蔬菜，此时进献给唐太宗，唐太宗讨厌他的谄媚，罢免了陈元璹的官职。

十一月二十二日丙戌，唐太宗车驾到达定州。

十一月二十三日丁亥，吏部尚书杨师道因任用官吏大多不称职而获罪，降职为工部尚书。

十一月二十八日壬辰，唐太宗车驾从定州出发。十二月初七日辛丑，唐太宗身上长了痈疮，坐上轿子行进。十二月十四日戊申，到达并州，太子李治为唐太宗吸吮痈疮的毒脓，扶着轿子步行了好几天。十二月十七日辛亥，唐太宗的痈疮好转，

上之征高丽也，使右领军大将军执失思力将突厥屯夏州之北以备薛延陀。薛延陀多弥可汗既立，以上出征未还，引兵寇河南，上遣左武候中郎将长安田仁会与思力合兵击之。思力羸形伪退，诱之深入，及夏州之境，整陈以待之。薛延陀大败，追奔六百余里，耀威碛北而还。多弥复发兵寇夏州，己未，敕礼部尚书江夏王道宗，发朔、并、汾、箕、岚、代、忻、蔚、云九州兵镇朔州，右卫大将军代州都督薛万徹，左骁卫大将军阿史那社尔，发胜、夏、银、绥、丹、延、鄜、坊、石、隰十州兵镇胜州，胜州都督宋君明，左武候将军薛孤吴，发灵、原、宁、盐、庆五州兵镇灵州，又令执失思力发灵、胜二州突厥兵，与道宗等相应。薛延陀至塞下，知有备，不敢进。

（以上为第四段，写薛延陀犯边，知唐有备，至塞下而返。）

初，上留侍中刘洎辅皇太子于定州，仍兼左庶子、检校民部尚书，总吏、礼、户部三尚书事。上将行，谓洎曰："我今远征，尔辅太子，安危所寄，宜深识我意。"对曰："愿陛下无忧，大臣有罪者，臣谨即行诛。"上以其言妄发，颇怪之，戒曰："卿性疏而太健，必以此败，深宜慎之！"及上不豫，洎从内出，色甚悲惧，谓同列曰："疾势如此，圣躬可忧！"或谮于上曰："洎言国家事不足忧，但当辅幼主行伊、霍故事，大臣有异志者诛之，自定矣。"上以为然，庚申，下诏称："洎与人窃议，窥窬万一，谋执朝衡，自处伊、霍，猜忌大臣，皆欲夷戮。宜赐自尽，免其妻孥。"

中书令马周摄吏部尚书，以四时选为劳，请复以十一月选，至三月毕；从之。

是岁，右亲卫中郎将裴行方讨茂州叛羌黄郎弄，大破之，穷其余党，西至乞习山，临弱水而归。

（以上为第五段，写侍中刘洎因失言被赐死。）

二十年（丙午，646年）

春，正月，辛未，夏州都督乔师望、右领军大将军执失思力等击薛

文武百官全都祝贺。

唐太宗征伐高丽时，让右领军大将军执失思力统领突厥兵驻扎在夏州以北，防备薛延陀的侵犯。薛延陀多弥可汗即位以后，看到唐太宗出征高丽没有返回，就领兵侵犯黄河以南，唐太宗派左武候中郎将长安人田仁会与执失思力合兵攻击多弥可汗。思力装出兵力弱小的样子假装后退，诱敌深入，到了夏州境内，整齐阵势等待薛延陀。薛延陀大败，唐军追赶逃兵六百多里，在沙漠以北炫耀兵力之后凯旋。多弥可汗再次发兵进犯夏州，十二月二十五日己未，唐太宗敕令礼部尚书、江夏王李道宗，征发朔州、并州、汾州、箕州、岚州、代州、忻州、蔚州、云州共九州兵马镇守朔州，派右卫大将军代州都督薛万彻，左骁卫大将军阿史那社尔，征发胜州、夏州、银州、绥州、丹州、延州、鄜州、坊州、石州、隰州共十州兵马镇守胜州，又命胜州都督宋君明，左武候将军薛孤吴，征发灵州、原州、宁州、盐州、庆州共五州兵马镇守灵州，又令执失思力征发灵州、胜州的突厥兵，与李道宗等人相互呼应。薛延陀兵到了塞下，知道唐军已有防备，不敢进犯。

起初，唐太宗留下侍中刘洎在定州辅佐太子，仍然兼任左庶子、检校民部尚书，总管吏部、礼部、户部的尚书事。唐太宗将要出发，对刘洎说："朕如今远征，你辅佐太子，国家的安危都寄托在你身上，望你深深体会朕的心意。"刘洎回答说："望陛下不要担忧，大臣有罪的，我就当即执行诛杀。"唐太宗认为他的话妄自发出，颇为奇怪，就告诫他说："你的性情疏阔又太刚直，必会因此而遭祸，应当深为慎重行事。"等到唐太宗生了病，刘洎从内室出来，面容非常悲哀恐惧，对同僚说："病情这样厉害，皇上的身体值得担忧。"有人对唐太宗进谗言说："刘洎说国家的大事不足担忧，只应当辅助年幼的君主来做伊尹、霍光当年的事，大臣当中有二心的就诛杀了他，自然就会安定了。"唐太宗认为是这样，十二月二十六日庚申，唐太宗下诏称："刘洎与人私下议论，觊觎朕有万一，阴谋执掌朝政，把自己比作伊尹、霍光，猜忌大臣，想把他们全部杀戮。应该赐他自尽，赦免他的妻子儿女。"

中书令马周代理吏部尚书，认为一年四季都要选拔官吏过于劳累，请求恢复从十一月选择官吏，到次年三月完毕，唐太宗听从了这个意见。

这一年，右亲卫中郎将裴行方讨伐茂州反叛的羌族人黄郎弄，把叛羌打得大败，穷追他们的余党，向西一直追到乞习山，临近了弱水而后返回。

唐太宗贞观二十年（丙午，646年）

春季，正月初八日辛未，夏州都督乔师望、右领军大将军执失思力等人进攻薛

延陀，大破之，虏获二千余人。多弥可汗轻骑遁去，部内骚然矣。

丁丑，遣大理卿孙伏伽等二十二人以六条巡察四方，刺史、县令以下多所贬黜，其人诣阙称冤者，前后相属。上令褚遂良类状以闻，上亲临决，以能进擢者二十人，以罪死者七人，流以下除免者数百千人。

二月，乙未，上发并州。三月，己巳，车驾还京师。上谓李靖曰："吾以天下之众困于小夷，何也？"靖曰："此道宗所解。"上顾问江夏王道宗，具陈在驻跸时乘虚取平壤之言。上怅然曰："当时匆匆，吾不忆也。"

上疾未全平，欲专保养，庚午，诏军国机务并委皇太子处决。于是太子间日听政于东宫，既罢，则入侍药膳，不离左右。上命太子暂出游观，太子辞不愿出；上乃置别院于寝殿侧，使太子居之。褚遂良请遣太子旬日一还东宫，与师傅讲道义；从之。

上尝幸未央宫，辟仗已过，忽于草中见一人带横刀，诘之，曰："闻辟仗至，惧不敢出，辟仗者不见，遂伏不敢动。"上遽引还，顾谓太子："兹事行之，则数人当死，汝于后速纵遣之。"又尝乘腰舆，有三卫误拂御衣，其人惧，色变。上曰："此间无御史，吾不汝罪也。"

陕人常德玄告刑部尚书张亮养假子五百人，与术士公孙常语，云"名应图谶"，又问术士程公颖曰："吾臂有龙鳞起，欲举大事，可乎？"上命马周等按其事，亮辞不服。上曰："亮有假子五百人，养此辈何为？正欲反耳！"命百官议其狱，皆言亮反，当诛。独将作少匠李道裕言："亮反形未具，罪不当死。"上遣长孙无忌、房玄龄就狱与亮诀曰："法者天下之平，与公共之。公自不谨，与凶人往还，陷入于法，今将奈何！公好去。"己丑，亮与公颖俱斩西市，籍没其家。

岁余，刑部侍郎缺，上命执政妙择其人，拟数人，皆不称旨，既而曰："朕得其人矣。往者李道裕议张亮狱云'反形未具'，此言当矣，朕虽不从，至今悔之。"遂以道裕为刑部侍郎。

延陀，大败敌军，俘虏二千多人。多弥可汗乘轻骑逃走，薛延陀内部发生了骚乱。

正月十四日丁丑，唐太宗派大理寺卿孙伏伽等二十二人根据考察官员的六条诏书巡察全国各地，刺史、县令以下的官吏多被罢职贬官，这些人到宫门前喊冤的，前后不断。唐太宗令褚遂良按类写明情况上呈，唐太宗亲自裁决，确定其中有才能可以提拔的有二十人，论罪当死的七人，流放以下免除官职的有成百上千人。

二月初二日乙未，唐太宗从并州出发。三月初七日己巳，唐太宗车驾回到京城长安。唐太宗对李靖说："我倾尽全国兵力却受困于小小的高丽，这是什么缘故？"李靖说："这一点李道宗能够解释。"唐太宗回头问江夏王李道宗，李道宗详细陈述在驻骅山时曾提出的乘机攻取平壤的话。唐太宗怅然若失，说："当时匆匆忙忙，我记不起来了。"

唐太宗的病并未痊愈，想专心修养，三月初八日庚午，诏令朝中军国大事一并委托皇太子李治处理。于是太子每隔一日就在东宫处理政务，处理完毕，就进入皇宫侍候唐太宗服药用饭，不离身边左右。唐太宗命令太子暂时出外游玩，太子推辞不愿出宫，唐太宗就在寝殿旁设置别院，让太子居住。褚遂良请求派遣太子每十天回东宫一次，与太师太傅讲论道义，唐太宗听从。

唐太宗曾游幸未央宫，清理道上行人的卫士和仪仗已经走过去了，忽然在草丛里看见一人带着横刀，质问此人，回答说："听见清道的卫士来到，心里害怕不敢出来，清道的卫士没有看见我，于是就趴着不敢动。"唐太宗马上回头回到宫中，对太子说："这件事追查起来，当有几名卫士要被处死，你从后面立即把此人放走。"唐太宗又曾乘坐轿子，有属于三卫的某个人失手拂到了唐太宗的衣服，那人十分害怕，脸色都变了。唐太宗说："这里没有御史，我不治你的罪。"

陕州人常德玄告发刑部尚书张亮豢养义子五百人，曾对术士公孙常说："我的名字正与图谶相应。"又问术士程公颖："我的手臂上长了龙鳞，想做大事，可以吗？"唐太宗命令马周等人调查此事，张亮矢口否认不服。唐太宗说："张亮养有义子五百人，养这些人做什么？是要谋反罢了。"命文武百官议定他的罪行，众人都说张亮是要谋反，应当处死。唯独将作少监李道裕说："张亮谋反的证据还不具备，罪不当死。"唐太宗派长孙无忌、房玄龄到狱中与张亮诀别说："法律是天下的天平，朕与你共同遵守。你自己不谨慎，与恶人往来，身陷法网，如今将怎么办才好？你好好地去吧。"三月二十七日己丑，张亮与程公颖都在西市被处斩，抄没了家产。

一年多后，刑部侍郎空缺，唐太宗命宰相们好好挑选人选，准备提出的几个人选，都不合乎唐太宗的心意，之后唐太宗说："朕得到这个人了。以前李道裕在议论张亮的案子时说'谋反的证据还不具备'，这话说得对，朕虽然没有听从，至今仍在后悔。"于是任命李道裕为刑部侍郎。

闰月，癸巳朔，日有食之。

戊戌，罢辽州都督府及岩州。

夏，四月，甲子，太子太保萧瑀解太保，仍同中书门下三品。

五月，甲寅，高丽王藏及莫离支盖金遣使谢罪；并献二美女，上还之。金，即苏文也。

（以上为第六段，写刑部尚书张亮被人诬告谋反而被唐太宗枉杀。）

六月，丁卯，西突厥乙毗射匮可汗遣使入贡，且请婚；上许之，且使割龟兹、于阗、疏勒、朱俱波、葱岭五国以为聘礼。

薛延陀多弥可汗，性褊急，猜忌无恩，废弃父时贵臣，专用己所亲昵，国人不附；多弥多所诛杀，人不自安。回纥酋长吐迷度与仆骨、同罗共击之，多弥大败。乙亥，召以江夏王道宗、左卫大将军阿史那社尔为瀚海安抚大使；又遣右领卫大将军执失思力将突厥兵，右骁卫大将军契苾何力将凉州及胡兵，代州都督薛万徹、营州都督张俭各将所部兵，分道并进，以击薛延陀。

上遣校尉宇文法诣乌罗护、靺鞨，遇薛延陀阿波设之兵于东境，法帅靺鞨击破之。薛延陀国中惊扰，曰："唐兵至矣！"诸部大乱。多弥引数千骑奔阿史德时健部落，回纥攻而杀之，并其宗族殆尽，遂据其地。诸俟斤互相攻击，争遣使来归命。

薛延陀余众西走，犹七万余口，共立真珠可汗兄子咄摩支为伊特勿失可汗，归其故地。寻去可汗之号，遣使奉表，请居郁督军山之北；使兵部尚书崔敦礼就安集之。

敕勒九姓酋长，以其部落素服薛延陀种，闻咄摩支来，皆恐惧，朝议恐其为碛北之患，乃更遣李世勣与九姓敕勒共图之。上戒世勣曰："降则抚之，叛则讨之。"己丑，上手诏，以"薛延陀破灭，其敕勒诸部，或来降附，或未归服，今不乘机，恐贻后悔，朕当自诣灵州招抚。其去岁征辽东兵，皆不调发。"时太子当从行，少詹事张行成上疏，以为："皇太子从幸灵州，不若使之监国，接对百寮，明习庶政，既为京师重镇，且示四方盛德。宜割私爱，俯从公道。"上以为忠，进位银青光禄大夫。

闰三月初一日癸巳，发生日食。

闰三月初六日戊戌，罢除辽州都督府及岩州。

夏季，四月初三日甲子，解除萧瑀太子太保的职务，仍然为同中书门下三品。

五月二十三日甲寅，高丽国王高藏以及莫离支盖金派使者前来谢罪，并献两个美女，唐太宗把美女送回去。盖金就是盖苏文。

六月初七日丁卯，西突厥乙毗射匮可汗派使者到唐朝进献贡品，并且请求通婚，唐太宗答应他的请求，并且让他割让龟兹、于阗、疏勒、朱俱波、葱岭五国作为聘礼。

薛延陀多弥可汗，性情偏狭急躁，对臣下猜忌而没有恩赐，废掉了父亲在位时的贵族大臣，专门重用自己亲信的人，国中百姓不归附他，多弥诛杀了很多人，人们惶惶不安。回纥酋长吐迷度与仆骨、同罗一同来进攻他，多弥大败。六月十五日乙亥，唐太宗下诏任命江夏王李道宗、左卫大将军阿史那社尔为瀚海安抚大使，又派右领卫大将军执失思力统率突厥兵，右骁卫大将军契苾何力统领凉州以及胡族兵，代州都督薛万彻、营州都督张俭各统率本部兵马，分兵多路齐头并进，进攻薛延陀。

唐太宗派校尉宇文法到乌罗护、靺鞨，在薛延陀东部边境遇上薛延陀阿波设的兵马，宇文法统率靺鞨兵击败阿波设。薛延陀国内惊扰震动，说："唐朝大兵到了！"各部落发生大乱。多弥带领几千骑兵投奔阿史德时健部落，回纥进攻该部落杀死多弥，包括他的宗族也几乎全被杀光，于是占据了他的地盘。薛延陀的各个部落首领相互攻击，争相派使者前来唐朝表示归顺。

薛延陀残余部队向西溃逃，还有七万多人，他们共同拥立真珠可汗哥哥的儿子咄摩支为伊特勿失可汗，回到他们的故地。不久又去掉了可汗称号，派使者上表，请求居住在郁督军山之北，唐太宗让兵部尚书崔敦礼前去安置他们。

敕勒人九个姓氏的酋长，率领他们的部落一直归附薛延陀种族，听说咄摩支要来郁督军山北面居住，都非常害怕。唐朝大臣议论时担心咄摩支会成为漠北的祸患，于是另派李世勣与九姓敕勒共同计划消灭咄摩支。唐太宗告诫李世勣说："咄摩支如果投降就安抚他们，如果反叛就讨伐他们。"六月二十九日己丑，唐太宗亲笔书写诏令，认为："薛延陀被消灭后，其下的敕勒各个部落，有的前来归降，有的并未归顺，如今若不乘机采取行动，恐怕会给将来留下后患，朕应当亲自去灵州招抚他们。那些去年参加出征辽东的士兵，此次都不征发。"当时太子应当跟随唐太宗一同出行，少詹事张行成上奏，认为："皇太子跟随陛下巡幸灵州，不如让他监理国事，接见应对百官，熟习各种政务，既可安定京师重镇，而且又可向四方显示太子的圣德。

李世勣至郁督军山，其酋长梯真达官帅众来降。薛延陀咄摩支南奔荒谷，世勣遣通事舍人萧嗣业往招慰，咄摩支诣嗣业降。其部落犹持两端，世勣纵兵追击，前后斩五千余级，虏男女三万余人。秋，七月，咄摩支至京师，拜右武卫大将军。

八月，甲子，立皇孙忠为陈王。

己巳，上行幸灵州。

江夏王道宗兵既渡碛，遇薛延陀阿波达官众数万拒战，道宗击破之，斩首千余级，追奔二百里。道宗与薛万徹各遣使招谕敕勒诸部，其酋长皆喜，顿首请入朝。庚午，车驾至浮阳。回纥、拔野古、同罗、仆骨、多滥葛、思结、阿跌、契苾、跌结、浑、斛薛等十一姓各遣使入贡，称："薛延陀不事大国，暴虐无道，不能与奴等为主，自取败死，部落鸟散，不知所之。奴等各有分地，不从薛延陀去，归命天子。愿赐哀怜，乞置官司，养育奴等。"上大喜。辛未，诏回纥等使者宴乐，颁赉拜官，赐其酋长玺书，遣右领军中郎将安永寿报使。

壬申，上幸汉故甘泉宫，诏以"戎、狄与天地俱生，上皇并列，流殃构祸，乃自运初。朕聊命偏师，遂擒颉利；始弘庙略，已灭延陀。铁勒百余万户，散处北溟，远遣使人，委身内属，请同编列，并为州郡；混元以降，殊未前闻，宜备礼告庙，仍颁示普天"。

庚辰，至泾州；丙戌，逾陇山，至西瓦亭，观马牧。九月，上至灵州；敕勒诸部俟斤遣使相继诣灵州者数千人，咸云："愿得天至尊为奴等天可汗，子子孙孙常为天至尊奴，死无所恨。"甲辰，上为诗序其事曰："雪耻酬百王，除凶报千古。"公卿请勒石于灵州；从之。

（以上为第七段，写唐军大破薛延陀，唐太宗亲赴灵州安抚余众，并刻石颂功。）

特进同中书门下三品宋公萧瑀，性狷介，与同寮多不合，尝言于上曰："房玄龄与中书门下众臣，朋党不忠，执权胶固，陛下不详知，但未

陛下应当割舍私情，依从天下的大公之道。”唐太宗认为张行成忠诚，晋升官位为银青光禄大夫。

李世勣到了郁督军山，薛延陀的酋长梯真达官率领兵众前来降附。薛延陀咄摩支向南投奔荒山之中，李世勣派出通事舍人萧嗣业前去招抚安慰，咄摩支向萧嗣业投降。他的部落还犹豫不定，李世勣带兵追击，前后杀死五千多人，俘虏男女三万多人。秋季七月，咄摩支到达京城，官拜右武卫大将军。

八月初五日甲子，唐太宗立皇孙李忠为陈王。

八月初十日己巳，唐太宗行幸灵州。

江夏王李道宗的兵马既已渡过沙漠，遇见薛延陀阿波达官的兵众数万人进行抵抗，李道宗击败他们，斩首一千多人，追击逃跑的薛延陀人二百里。李道宗与薛万彻各自派遣使者招抚敕勒各部，他们的酋长都十分高兴，向使者磕头请求入京朝见。八月十一日庚午，唐太宗车驾到达浮阳。回纥、拔野古、同罗、仆骨、多滥葛、思结、阿跌、契苾、跌结、浑、斛薛十一姓部落各自派使者入朝进贡，都说：“薛延陀不事奉大国，暴虐无道，不能为我们做主人，自取灭亡，各部落作鸟兽散，不知何去何从。我们各有自己的地盘，不跟薛延陀逃走，归顺大唐天子。希望赐哀怜给我们，乞请设置官衙，养育我们。”唐太宗大为高兴。十二日辛未，唐太宗诏令宴请回纥等族使者，赏赐物品，封拜官职，把皇帝的玺书赐给各个酋长，派右领军中郎将安永寿到各部落传达旨意。

八月十三日壬申，唐太宗行幸汉代的原甘泉宫，颁布诏令：“戎、狄等族与天地一同生存，与上古帝王伏羲并列称雄，流传祸殃制造祸端，是从大唐兴国之初开始的。朕暂且任命了偏师进击，就生擒了颉利，刚刚大展庙堂的谋略，已经灭掉了薛延陀。铁勒族一百多万户，分散居住在遥远的北方，不远万里派遣使者，要求委身归附于内地，请求同样编列朝廷的户籍之内，与内地一样改置州郡，开天辟地以来，这是前所未闻的，应当预备礼仪上告祖庙，并且颁示给普天之下。”

八月二十一日庚辰，唐太宗车驾到达泾州，二十七日丙戌，穿越陇山，到达西瓦亭，观看牧马。九月，唐太宗到达灵州，敕勒各部落首领俟斤相继派使者到灵州拜谒唐太宗，多达几千人，都说：“非常希望上天至尊皇帝做我们的天可汗，我们子子孙孙长久做上天至尊皇帝的奴隶，至死也没有遗恨。”九月十五日甲辰，唐太宗亲自作诗记叙此事说：“雪耻酬百王，除凶报千古。”公卿大臣们请求在灵州刻碑记事，唐太宗依从。

特进同中书门下三品宋公萧瑀，性情耿介狷狂，与同僚们大多都不相合，曾对唐太宗说：“房玄龄与中书、门下省的众位大臣，私结朋党对皇上不忠，操持权柄固

反耳。”上曰：“卿言得无太甚！人君选贤才以为股肱心膂，当推诚任之。人不可以求备，必舍其所短，取其所长。朕虽不能聪明，何至顿迷臧否，乃至于是！”瑀内不自得，既数忤旨，上亦衔之，但以其忠直居多，未忍废也。

上尝谓张亮曰：“卿既事佛，何不出家？”瑀因自请出家。上曰：“亦知公雅好桑门，今不违公意。”瑀须臾复进曰：“臣适思之，不能出家。”上以瑀对群臣发言反覆，尤不能平；会称足疾不朝，或至朝堂而不入见。上知瑀意终怏怏，冬，十月，手诏数其罪曰：“朕于佛教，非意所遵。求其道者未验福于将来，修其教者翻受辜于既往。至若梁武穷心于释氏，简文锐意于法门，倾帑藏以给僧祇，殚人力以供塔庙。及乎三淮沸浪，五岭腾烟，假余息于熊蹯，引残魂于雀鷇，子孙覆亡而不暇，社稷俄顷而为墟，报施之征，何其谬也？瑀践覆车之余轨，袭亡国之遗风；弃公就私，未明隐显之际；身俗口道，莫辨邪正之心。修累叶之殃源，祈一躬之福本，上以违忤君主，下则扇习浮华。自请出家，寻复违异。一回一惑，在乎瞬息之间；自可自否，变于帷扆之所。乖栋梁之体，岂具瞻之量乎！朕隐忍至今，瑀全无悛改。可商州刺史，仍除其封。”

上自高丽还，盖苏文益骄恣，虽遣使奉表，其言率皆诡诞；又待唐使者倨慢，常窥伺边隙。屡敕令勿攻新罗，而侵陵不止。壬申，诏勿受其朝贡，更议讨之。

丙戌，车驾还京师。

冬，十〔一〕月，己丑，上以幸灵州往还，冒寒疲顿，欲于岁前专事保摄。十〔二〕月，〔乙丑〕，诏祭祀、表疏、胡客、兵马、宿卫，行鱼契给驿、授五品以上官及除解、决死罪皆以闻，余并取皇太子处分。

执己见，陛下不知道详情，只是还没有谋反罢了。”唐太宗说：“你是不是讲得过分了！君王选择贤才作为股肱心腹之人，应当推心置腹予以重任。人不可以求全责备，应当舍弃其短处，取其所长。朕虽然不能做到耳聪目明无所不知，也不至于不能识别人物的好坏，到了这个地步。”萧瑀觉得不能合乎心意，既已多次忤犯圣意，唐太宗也有些恨他，只是认为他忠诚直率之处居多，不忍心废他不用。

唐太宗曾对张亮［萧瑀］说：“你既然敬事佛祖，为什么不出家呢？”萧瑀于是请求出家做和尚。唐太宗说：“朕也知道你素来喜好佛门，现在不违背你的意思。”过了一会儿萧瑀又进言说：“我刚刚考虑过了，不能出家。”唐太宗认为萧瑀当着大臣们讲话反复无常，更觉得不平，正好这时萧瑀声称有脚病不能上朝，或者到了朝堂而不进去晋见唐太宗。唐太宗知道他的心情最终怏怏不快，冬季十月，亲笔书写诏令数落他的罪过说：“朕对于佛教，不是心里所能遵从的。追求佛道的人未能验证福禄于将来，学习它的教理的人反而在过去受尽苦罪。至于像梁武帝那样把全部心思放在佛教上，像梁简文帝那样坚决出家到佛门，倾尽国家的府库储藏供给僧寺，耗尽人力用来修筑塔庙。等到了造成三淮掀起大浪，五岭升起狼烟，最终像楚成王临死前想靠煮熊掌来拖延时间，像赵武灵王最终没有食物只能掏鸟窝里的幼鸟来充饥，子孙全都灭亡而无暇顾及，江山社稷顷刻间化为废墟，佛教所说的因果报应的征兆，是何等的荒谬！萧瑀重蹈前人车子倾覆的余辙，承袭亡国之人的遗风，抛弃天下的公义来顺从个人的私情，不懂得显宦和隐逸之间的道理，身在俗世却口诵佛语，不能分辨邪恶与正义的心思所在。想靠佛教修去累世的孽缘，祈求自己一人的福根，对上违犯君王，对下则是煽动浮华风气。自己请求出家，不久又改了主意。反反复复迷惑无主，都在瞬息之间，自己先要这样，自己又要反悔，就在天子与群臣议政的地方。这与作为国家栋梁的身份完全违背，难道是胸怀万物的宏大度量吗？朕一直隐忍到今天，萧瑀全无悔改之意。把他降为商州刺史，免除他其他的封爵。”

唐太宗从高丽班师还朝后，盖苏文更加骄横恣意妄为，虽然也曾派使者上表，但言辞大都怪诞诡诈，而且对待唐朝的使者态度傲慢，经常窥伺边界的入侵机会。唐太宗多次发出敕令让他不要进攻新罗，但他不停止侵犯凌辱。九月十四日壬申，唐太宗下诏令不接受高丽的朝贡，另外商议讨伐高丽之事。

九月二十八日丙戌，唐太宗车驾回到京城。

冬，［十一月］初一日己丑，唐太宗因行幸灵州的路途往返，冒着严寒而旅途疲劳，想在年前专心保养身体。［十二月初七日乙丑］，诏令凡是祭祀之事、大臣所上表疏、四方异族朝贡的客人、军队的征调、皇宫的宿卫，以及向驿站发放铜鱼符、任命五品以上官员以及拜官解职、处决死罪等事，都要上奏皇帝知悉，其余事务一

十二月，〔乙丑〕，群臣累请封禅；从之。诏造羽卫送洛阳宫。

戊寅，回纥俟利发吐迷度、仆骨俟利发歌滥拔延、多滥葛俟斤末、拔野古俟利发屈利失、同罗俟利发时健啜、思结酋长乌碎及浑、斛薛、奚结、阿跌、契苾、白霫酋长，皆来朝。庚辰，上赐宴于芳兰殿，命有司〔厚加给待〕每五日一会。

癸未，上谓长孙无忌等曰："今日吾生日，世俗皆为乐，在朕翻成伤感。今君临天下，富有四海，而承欢膝下，永不可得，此子路所以有负米之恨也。《诗》云：'哀哀父母，生我劬劳。'奈何以劬劳之日更为宴乐乎！"因泣数行下，左右皆悲。

房玄龄尝以微谴归第，褚遂良上疏，以为："玄龄自义旗之始翼赞圣功，武德之季冒死决策，贞观之初选贤立政，人臣之勤，玄龄为最。自非有罪在不赦，缙绅同尤，不可遐弃。陛下若以其衰老，亦当讽谕使之致仕，退之以礼；不可以浅鲜之过，弃数十年之勋旧。"上遽召出之。顷之，玄龄复避位还家。久之，上幸芙蓉园，玄龄敕子弟汛扫门庭，曰："乘舆且至！"有顷，上果幸其第，因载玄龄还宫。

（以上为第八段，写唐太宗晚年的猜忌，因小过而谴谪旧时元老大臣萧瑀、房玄龄等人。）

二十一年（丁未，647年）

春，正月，开府仪同三司申文献公高士廉疾笃；辛卯，上幸其第，流涕与诀；壬辰，薨。上将往哭之，房玄龄以上疾新愈，固谏，上曰："高公非徒君臣，兼以故旧姻戚，岂得闻其丧不往哭乎！公勿复言！"帅左右自兴安门出，长孙无忌在士廉丧所，闻上将至，辍哭，迎谏于马首曰："陛下饵金石，于方不得临丧，奈何不为宗庙苍生自重！且臣舅临终遗言，深不欲以北首、夷衾，辄屈銮驾。"上不听。无忌中道伏卧，流涕固谏，上乃还入东苑，南望而哭，涕下如雨。及柩出横桥，上登长安故城西北楼，望之恸哭。

并交由皇太子处理。

十二月初七日［乙丑］，众大臣不断请求举行封禅礼，唐太宗依从大家的请求。诏令制作封禅仪仗送到洛阳宫中。

十二月二十日戊寅，回纥的俟利发吐迷度、仆骨的俟利发歌滥拔延、多滥葛的俟斤末、拔野古的俟处发屈利失、同罗的俟利发时健啜、思结的酋长乌碎以及浑、斛薛、奚结、阿跌、契苾、白霫的酋长，都进京朝见。二十二日庚辰，唐太宗在芳兰殿赐给他们酒宴，命令有关部门优厚招待，每五天举行一次宴会。

十二月二十五日癸未，唐太宗对长孙无忌等人说："今日是朕的生日，世俗人们都在这天欢宴作乐，而对朕来说反而让我伤感。如今君临天下，富有四海之内，可是儿子们围在膝下让父母欢乐，却永远得不到了，这就是子路所以在双亲死后产生了无法再为他们背米的遗恨的原因。《诗经》说：'可怜的父母，生我的时候多么辛劳。'为什么还要在父母辛劳的日子里饮宴作乐呢？"说完眼泪流下数行，身边的人都很悲哀。

唐太宗曾对房玄龄稍有谴责而命他停职回家休息，褚遂良上奏，认为："房玄龄从高祖开始举起义旗反隋时就有协助辅佐的大功，武德九年又冒着死亡的危险帮助陛下定下重大决策，贞观初年为朝廷选拔贤才建立国家政治机构，大臣的辛勤，玄龄可以为最。如果不是犯了十恶不赦之罪，士大夫全都仇恨他，就不可远远抛弃而不用。陛下如果认为他已老迈无用，也应当暗示他让他提出退休，以礼节让他退休，不可以因为小小的过失，就抛弃了几十年的功勋旧臣。"唐太宗急忙把房玄龄从家中召回。过了不久，房玄龄又避开职位回到家中。过了很久，唐太宗去巡幸芙蓉园，房玄龄命家中的子弟立即洒扫门庭，说："皇上的乘辇就要到了。"不久，唐太宗果然临幸他的宅第，于是让房玄龄上车一同返回宫中。

唐太宗贞观二十一年（丁未，647 年）

春季，正月，开府仪同三司申文献公高士廉病情加重，初四日辛卯，唐太宗亲临他的家中，流着泪与他告别，初五日壬辰，高士廉去世。唐太宗想前往高宅哭灵，房玄龄认为唐太宗的病刚好，坚持劝阻，唐太宗说："高公与我不但是君臣关系，还兼有故旧姻亲的关系，岂有听说他的丧事而不前去哭灵的呢？你不必再多说了！"说完带领身边的人从兴安门出宫，长孙无忌正在高士廉的灵堂，听说唐太宗将要到来，停止哭泣，出门迎着太宗乘坐的御马劝谏说："陛下正在吃药，按照药方不能参加别人的丧事，为什么不为宗庙社稷考虑而自珍自重呢！而且臣的舅舅临终有遗言，非常不愿意为安放自己的尸体、穿丧衣等事，让陛下屈驾前来。"唐太宗不听他的劝告。长孙无忌横卧在道路中间，流着眼泪坚决地谏阻，唐太宗这才返回东苑，望着

丙申，诏以回纥部为瀚海府，仆骨为金微府，多滥葛为燕然府，拔野古为幽陵府，同罗为龟林府，思结为卢山府，浑为皋兰州，斛薛为高阙州，奚结为鸡鹿州，阿跌为鸡田州，契苾为榆溪州，思结别部为蹛林州，白霫为寘颜州；各以其酋长为都督、刺史，各赐金银缯帛及锦袍。敕勒大喜，捧戴欢呼拜舞，宛转尘中。及还，上御天成殿宴，设十部乐而遣之。诸酋长奏称："臣等既为唐民，往来天至尊所，如诣父母，请于回纥以南、突厥以北开一道，谓之参天可汗道，置六十八驿，各有马及酒肉以供过使，岁贡貂皮以充租赋，仍请能属文人，使为表疏。"上皆许之。于是北荒悉平，然回纥吐迷度已私自称可汗，官号皆如突厥故事。

丁酉，诏以明年仲春有事泰山，禅社首；余并依十五年议。

二月，丁丑，太子释奠于国学。

（以上为第九段，写北方各少数民族接受唐官称号，示天下各族为一家。唐太宗平等对待各民族政策获得成功。）

上将复伐高丽，朝议以为："高丽依山为城，攻之不可猝拔。前大驾亲征，国人不得耕种，所克之城，悉收其谷，继以旱灾，民太半乏食。今若数遣偏师，更迭扰其疆场，使彼疲于奔命，释耒入堡，数年之间，千里萧条，则人心自离，鸭绿之北，可不战而取矣。"上从之。三月，以左武卫大将军牛进达为青丘道行军大总管，右武候将军李海岸副之，发兵万余人，乘楼船自莱州泛海而入。又以太子詹事李世勣为辽东道行军大总管，右武卫将军孙贰朗等副之，将兵三千人，因营州都督府兵自新城道入。两军皆选习水善战者配之。

辛卯，上曰："朕于戎、狄所以能取古人所不能取，臣古人所不能臣者，皆顺众人之所欲故也。昔禹帅九州之民，凿山槎木，疏百川注之海，其劳甚矣，而民不怨者，因人之心，顺地之势，与民同利故也。"

南面痛哭，泪如雨下。等到灵柩走出横桥，唐太宗登上长安旧城的西北角楼，遥望恸哭。

正月初九日丙申，唐太宗诏令以回纥部为瀚海府，仆骨为金微府，多滥葛为燕然府，拔野古为幽陵府，同罗为龟林府，思结部为卢山府，浑为皋兰州，斛薛为高阙州，奚结为鸡鹿州，阿跌为鸡田州，契苾为榆溪州，思结的另一部为蹛林州，白霫为寘颜州，各以他们的酋长为州府的都督和刺史，各赐予金银绢帛以及锦袍。敕勒族大为高兴，捧戴着赐物欢呼下拜跳舞，人们在掀起的尘土之中欢呼。等到各部落酋长要返回本部时，唐太宗亲临天成殿摆下酒宴，演奏十部乐，而后送他们回去。各部族的酋长上奏说："臣等既为大唐的臣民，往来到上天至尊的京城皇宫，就如同前来拜望父母一样，请求在回纥以南与突厥以北地区开辟一条通道，称为参天可汗道，设置六十八个驿站，各自设置马匹及酒肉以供过路人使用，我们每年进贡貂皮充作租赋，仍然延请能做文章的人，让他们撰写表章奏疏。"唐太宗全都同意他们的请求。从此以后北部边疆全部安定，但是只有回纥吐迷度已经私下自称可汗，官号皆与过去的突厥相同。

正月初十日丁酉，唐太宗诏令明年仲春之月将要到泰山行封禅礼，在社首山封禅，其余事项都按照贞观十五年议定的办理。

二月二十日丁丑，皇太子李治到国子学举行释奠礼。

唐太宗准备再次讨伐高丽，朝臣们议论认为："高丽靠着山修筑城堡，攻击这种城堡不能短时间攻克。上次大驾亲征，国中百姓不能耕种庄稼，所攻克的城，全部没收了他们的粮食，加上发生了旱灾，百姓们有一大半缺乏粮食。如今若是多次派出偏师，轮番骚扰高丽的疆域，让高丽疲于奔命，放下农具进入城堡，几年之内，就会使他们国内千里萧条，人心自然就会离异，鸭绿江以北地区，可以不用作战就轻易取得了。"唐太宗听从了他们的建议。三月，任命左武卫大将军牛进达为青丘道行军大总管，右武候将军李海岸为他的副手，征发一万多兵力，乘着楼船从莱州航海进入高丽境内。又任命太子詹事李世勣为辽东道行军大总管，右武卫将军孙贰朗等人为他的副手，领兵三千人，加上营州都督府的兵众从新城道进入高丽。两支军队都选拔了熟习水性善于水战的士兵分配到其部队中。

三月初五日辛卯，唐太宗说："朕对于北方戎、狄所以能够取得古人所不能取得的胜利，做到了使古人不能使之臣服的戎狄之人臣服于大唐，都是顺应了众人愿望的缘故。从前大禹率领九州的百姓，开凿山岭砍伐树木，疏导众多河流入大海，他们的疲劳够厉害了，然而百姓并无怨言，就是他顺应了民心，顺应了地势，与民同

是月，上得风疾，苦京师盛暑，夏，四月，乙丑，命修终南山太和废宫为翠微宫。

丙寅，置燕然都护府，统瀚海等六都督、皋兰等七州，以扬州都督府司马李素立为之。素立抚以恩信，夷落怀之，共率马牛为献，素立唯受其酒一杯，余悉还之。

五月，戊子，上幸翠微宫。冀州进士张昌龄献《翠微宫颂》，上爱其文，命于通事舍人里供奉。

初，昌龄与进士王公治皆善属文，名振京师，考功员外郎王师旦知贡举，黜之，举朝莫晓其故。及奏第，上怪无二人名，诘之。师旦对曰："二人虽有辞华，然其体轻薄，终不成令器。若置之高第，恐后进效之，伤陛下雅道。"上善其言。

壬辰，诏百司依旧启事皇太子。

庚辰，上御翠微殿，问侍臣曰："自古帝王虽平定中夏，不能服戎、狄。朕才不逮古人而成功过之，自不谕其故，诸公各率意以实言之。"君臣皆称："陛下功德如天地，万物不得而名言。"上曰："不然。朕所以能及此者，止由五事耳。自古帝王多疾胜己者，朕见人之善，若己有之。人之行能，不能兼备，朕常弃其所短，取其所长。人主往往进贤则欲置诸怀，退不肖则欲推诸壑，朕见贤者则敬之，不肖者则怜之，贤不肖各得其所。人主多恶正直，阴诛显戮，无代无之，朕践阼以来，正直之士，比肩于朝，未尝黜责一人。自古皆贵中华，贱夷、狄，朕独爱之如一，故其种落皆依朕如父母。此五者，朕所以成今日之功也。"顾谓褚遂良曰："公尝为史官，如朕言，得其实乎？"对曰："陛下盛德不可胜载，独以此五者自与，盖谦谦之志耳。"

李世勣军既渡辽，历南苏等数城，高丽多背城拒战，世勣击破其兵，焚其罗郭而还。

（以上为第十段，写唐太宗自信，他治国超越前世君主有五长：一渴求贤才，二

利的缘故。”

这个月，唐太宗得了风寒，觉得京城的炎热酷暑太苦，夏季四月初九日乙丑，命人修缮终南山废弃的太和宫为翠微宫。

四月初十日丙寅，唐政府设置了燕然都护府，统辖瀚海等六地的都督府和皋兰等七个州，任命扬州都督府司马李素立为都护。李素立用恩惠和信用安抚当地民众，各族的部落都对他顺服，都进献牛马，李素立只接受一杯酒，其余一概退还。

五月初三日戊子，唐太宗临幸翠微宫。冀州进士张昌龄进献《翠微宫颂》，唐太宗喜欢他的文章，命他在通事舍人那里供奉做事。

起初，张昌龄与进士王公治都擅长做文章，名声震动了京城，考功员外郎王师旦掌管贡举官员的事务，废黜他们不予录用，全朝廷的官员都不明白是何缘故。等到上奏给唐太宗进士及第的名单，唐太宗奇怪没有这二人的名字，就质问王师旦。王师旦回答说：“二人虽然文辞华丽，然而其文体轻薄，终究不能成大器。如果把他们放在进士等级里，恐怕后来的人都来仿效，有伤陛下的雅正之道。”唐太宗认为他的话说得好。

五月初七日壬辰，唐太宗诏令文武百官依旧向皇太子上奏呈报政事。

五月十五日庚辰，唐太宗亲临翠微殿，问侍从的大臣：“自古以来帝王虽然能够平定中原，却不能制服北方的戎、狄。朕的才能远远不如古代帝王而取得的成功却超过了他们，我自己不明白其中的原因，你们各自当直率地据实说来。”众大臣都说：“陛下的功德如同天地一样广大，万物不能用言词说出来。”唐太宗说：“不是这样。朕所以能做到这一点，只是因为五件事情：自古以来帝王大多嫉妒能力超过自己的，朕看见别人的长处，就如同自己有这种长处一样。人的品行与能力不能兼备，朕对人常常避开他的短处，用他的长处。君王往往在引进有才能的人时就喜欢得想把他放在自己怀里，在摒弃无能之辈时就讨厌得恨不能把他推进深山沟中，朕看见有才能的人非常敬重他，遇见无能无行的人就可怜他，这样就使有才能的和没有才能的人都能各得其所。君王大多讨厌大臣的贞正直率，于是这种大臣要么是暗的诛杀，要么是明的杀戮，没有一个朝代没有这种情况，朕自即位以来，正直的大臣，在朝中成群结队，比肩接踵，未曾贬黜斥责过一个正直的大臣。自古以来的帝王都重视中原，贱视夷、狄，唯独朕爱护他们完全相同，所以他们各个种族部落都依赖朕像依赖他们的父母一样。这五件事，是朕所以成就今日功勋的原因。”又对褚遂良等人说：“你曾做过史官，像朕的这番话，符合实际情况吗？”褚遂良回答说：“陛下的盛德不可胜载，只说自己有这五点，是陛下心里太谦虚了。”

李世勣的部队渡过辽水之后，途经南苏等几座城，高丽兵多靠着城墙进行抵抗，李世勣击败他们的军队，焚烧了他们的外城，然后回师。

用人之长，三各任其能，四亲近直臣，五夷汉一家。）

六月，癸亥，以司徒长孙无忌领扬州都督，实不之任。

丁丑，诏以“隋末丧乱，边民多为戎、狄所掠，今铁勒归化，宜遣使诣燕然等州，与都督相知，访求没落之人，赎以货财，给粮递还本贯；其室韦、乌罗护、靺鞨三部人为薛延陀所掠者，亦令赎还”。

癸未，以司农卿李纬为户部尚书。时房玄龄留守京师，有自京师来者，上问：“玄龄何言？”对曰：“玄龄闻李纬拜尚书，但云李纬美髭鬓。”帝遽改除纬洛州刺史。

秋，七月，牛进达、李海岸入高丽境，凡百余战，无不捷，攻石城，拔之。进至积利城下，高丽兵万余人出战，海岸击破之，斩首二千级。

上以翠微宫险隘，不能容百官，庚子，诏更营玉华宫于宜春之凤皇谷。庚戌，车驾还宫。

八月，壬戌，诏以薛延陀新降，土功屡兴，加以河北水灾，停明年封禅。

辛未，骨利幹遣使入贡；丙戌，以骨利幹为玄阙州，拜其俟斤为刺史。骨利幹于铁勒诸部为最远，昼长夜短，日没后，天色正曛，煮羊胛适熟，日已复出矣。

己丑，齐州人段志冲上封事，请上致政于皇太子；太子闻之，忧形于色，发言流涕。长孙无忌等请诛志冲。上手诏曰：“五岳陵霄，四海亘地，纳污藏疾，无损高深。志冲欲以匹夫解位天子，朕若有罪，是其直也；若其无罪，是其狂也。譬如尺雾障天，不亏于大；寸云点日，何损于明！”

丁酉，立皇子明为曹王。明母杨氏，巢剌王之妃也，有宠于上；文德皇后之崩也，欲立为皇后。魏徵谏曰：“陛下方比德唐、虞，奈何以辰嬴自累！”乃止。寻以明继元吉后。

六月初八日癸亥，任命司徒长孙无忌兼领扬州都督，实际上并不到扬州赴任。

六月二十二日丁丑，唐太宗下诏认为："隋朝末年发生动乱亡国，边境居民大多被北方戎狄劫掠而去，如今铁勒也已归顺了我大唐，应当派使者到燕然等州，通知当地的都督，访求流落到戎狄中的中国百姓，用财物赎回，供给粮食让他们回到原籍，其中室韦、乌罗护、靺鞨三部族的百姓被薛延陀掠去的，也下令把他们赎回。"

六月二十八日癸未，任命司农寺卿李纬为户部尚书。当时房玄龄留守京城，有人从京城前来，唐太宗问他："房玄龄说了什么话？"回答说："玄龄听说陛下拜李纬为户部尚书，只是说李纬是个美髯公。"唐太宗即刻改任李纬为洛州刺史。

秋季，七月，牛进达、李海岸的部队进入高丽境内，大小经历一百多次战斗，战无不胜，又攻打石城，拔下此城。进军到积利城下，高丽士兵一万多人出城迎战，李海岸击败他们，杀死两千多人。

唐太宗认为翠微宫地势险要狭窄，不能容纳百官，七月十六日庚子，诏令在宜春县的凤凰谷另建玉华宫。二十六日庚戌，唐太宗车驾回到皇宫。

八月初八日壬戌，诏令因为薛延陀新近投降，屡次兴建土木工程，加上河北地区发生水灾，停止明年去泰山封禅。

八月十七日辛未，骨利斡派使者前来进贡，九月初三日丙戌，唐朝廷把骨利斡改为玄阙州，封拜他的俟斤为州的刺史。骨利斡在铁勒各部落中地方最为遥远，白天的时间长，夜晚的时间短，太阳落山后，天色还是亮的，刚把羊脾煮熟，太阳又从地平线上出来了。

九月初五日己丑，齐州人段志冲上书议事，请求唐太宗把朝政交由皇太子处理，太子听说后，忧虑的表情出现在脸上，说话时也流出眼泪。长孙无忌等人请求处死段志冲。唐太宗亲笔书写诏令说："五岳高上云霄和银河，四海延亘横穿大地，五岳和四海容纳各种污垢的东西，无损于它们的高和深。段志冲想以匹夫的身份让朕解除皇位，朕如果有罪过，他就是正直的，如果没有罪过，也只说明他是狂妄的。好比一尺长的云雾遮住天空，不会亏损了天的广大，一寸云彩在太阳上是一个小点，哪里有损于太阳的光明！"

九月十四日丁酉，立皇子李明为曹王。李明的母亲杨氏，原先是巢剌王李元吉的妃子，受唐太宗的宠爱，文德皇后死后，唐太宗想立她为皇后，魏徵曾劝谏说："陛下正在用自己的德行与唐尧、虞舜相比，为什么反倒效法春秋晋文公娶了晋国太子圉的妻子辰嬴来使自己的名声受到损害呢？"唐太宗于是停止立杨氏为皇后。不

戊戌，敕宋州刺史王波利等发江南十二州工人造大船数百艘，欲以征高丽。

冬，十月，庚辰，奴刺啜匐俟友帅其所部万余人内附。

十一月，突厥车鼻可汗遣使入贡。车鼻名斛勃，本突厥同族，世为小可汗。颉利之败，突厥余众欲奉以为大可汗，时薛延陀方强，车鼻不敢当，帅其众归之。或说薛延陀："车鼻贵种，有勇略，为众所附，恐为后患，不如杀之。"车鼻知之，逃去。薛延陀遣数千骑追之，车鼻勒兵与战，大破之，乃建牙于金山之北，自称乙注车鼻可汗，突厥余众稍稍归之，数年间胜兵三万人，时出抄掠薛延陀。及薛延陀败，车鼻势益张，遣其子沙钵罗特勒入见，又请身自入朝。诏遣将军郭广敬征之。车鼻特为好言，初无来意，竟不至。

癸卯，徙顺阳王泰为濮王。

壬子，上疾愈，三日一视朝。

十二月，壬申，西赵酋长赵磨帅万余户内附，以其地为明州。

龟兹王伐叠卒，弟诃黎布失毕立，浸失臣礼，侵渔邻国。上怒，戊寅，诏使持节昆丘道行军大总管、左骁卫大将军阿史那社尔、副大总管右骁卫大将军契苾何力、安西都护郭孝恪等将兵击之，仍命铁勒十三州、突厥、吐蕃、吐谷浑连兵进讨。

高丽王使其子莫离支任武入谢罪，上许之。

（以上为第十一段，写四夷归服，仍有兵事，东伐高丽，西讨龟兹。）

二十二年（戊申，648 年）

春，正月，己丑，上作《帝范》十二篇以赐太子，曰《君体》、《建亲》、《求贤》、《审官》、《纳谏》、《去谗》、《戒盈》、《崇俭》、《赏罚》、《务农》、《阅武》、《崇文》；且曰："修身治国，备在其中。一旦不讳，更无所言矣。"又曰："汝当更求古之哲王以为师，如吾，不足法也。夫取法于上，仅得其中；取法于中，不免为下。吾居位已来，不善多矣，锦绣珠玉不绝于前，宫室台榭屡有兴作，犬马鹰隼无远不致，行游四方，供顿烦劳，此皆吾之深过，勿以为是而法之。顾我弘济苍生，其益多；肇造区夏，其功大。益多损少，故人不怨；功大过微，故业不堕；然比之

久又以李明继承李元吉的香火。

九月十五日戊戌，唐太宗敕令宋州刺史王波利等人征发江南十二州的工匠修造大船几百艘，准备用这些大船征伐高丽。

冬季，十月二十七日庚辰，奴剌部落的啜匐俟友率领所部一万多人归附朝廷。

十一月，突厥车鼻可汗派使者进京献上贡品。车鼻的名字叫斛勃，本来与突厥同族，世世代代为小可汗。颉利可汗败亡后，突厥剩余的百姓想奉他做大可汗，当时薛延陀正值强盛时期，车鼻不敢担任大可汗，率领部众归附薛延陀。有人对薛延陀说："车鼻是贵族血统，有勇有谋，为众人所依附，恐怕会成为后患，不如杀掉他。"车鼻知道后，急忙逃走。薛延陀派数千骑兵追赶他，车鼻部署兵马与追兵作战，大败薛延陀兵，在金山之北建立牙帐，自称为乙注车鼻可汗，突厥剩余的百姓渐渐都来归附于他，几年之间拥有可以作战的士兵三万人，时常出兵掠夺薛延陀。等到薛延陀败亡，车鼻的势力更加强大，派他的儿子沙钵罗特勒入朝晋见唐太宗，又请求允许自己入朝。唐太宗下诏派将军郭广敬前去征召他入朝。车鼻只是说好听的话，本来没有入朝的意思，最终也没有来。

十一月二十一日癸卯，改封顺阳王李泰为濮王。

十一月三十日壬子，唐太宗病愈，三天上朝一次。

十二月二十日壬申，西赵蛮族的酋长赵磨率领一万多户归附唐朝，唐朝把他的地区改为明州。

龟兹国王伐叠死后，他的弟弟诃黎布失毕即位，逐渐失去臣属国的礼节，侵扰邻近国家。唐太宗大怒，十二月二十六日戊寅，诏令持有朝廷旌节的昆丘道行军大总管左骁卫大将军阿史那社尔、副大总管右骁卫大将军契苾何力、安西都护郭孝恪等人领兵进攻龟兹，又命令铁勒族十三州、突厥、吐蕃、吐谷浑合兵进军讨伐。

高丽王让他的儿子莫离支任武入朝谢罪，唐太宗允许。

唐太宗贞观二十二年（戊申，648 年）

春季，正月初八日己丑，唐太宗写成《帝范》十二篇赐给太子，十二篇的名称是《君体》、《建亲》、《求贤》、《审官》、《纳谏》、《去谗》、《戒盈》、《崇俭》、《赏罚》、《务农》、《阅武》、《崇文》，并且说："修身治国的道理，全都写在十二篇之中了。我一旦逝去，再没有话可说了。"又说："你应当另外寻求古代圣哲帝王的言行作为自己的老师，像我这样的，是不足你效法的。效法上等的，只能得到中等的，效法中等的，不免成为下等的。我即位以来，不善的事有很多了，锦绣珠玉不断出现在眼前，又不停地修筑宫室台榭，好的犬马鹰隼无论多远也要罗致找来，游幸四

尽美尽善，固多愧矣。汝无我之功勤而承我之富贵，竭力为善，则国家仅安；骄惰奢纵，则一身不保。且成迟败速者，国也；失易得难者，位也；可不惜哉！可不慎哉！”

中书令兼右庶子马周病，上亲为调药；使太子临问；庚寅，薨。

戊戌，上幸骊山温汤。

己亥，以中书舍人崔仁师为中书侍郎，参知机务。

新罗王金善德卒，以善德妹真德为柱国，封乐浪郡王，遣使册命。

（以上为第十二段，写唐太宗作《帝范》以训导太子。）

丙午，诏以右武卫大将军薛万彻为青丘道行军大总管，右卫将军裴行方副之，将兵三万余人及楼船战舰自莱州泛海以击高丽。

长孙无忌检校中书令、知尚书、门下省事。

戊申，上还宫。

结骨自古未通中国，闻铁勒诸部皆服，二月，其俟利发失钵屈阿栈入朝。其国人皆长大，赤发绿睛，有黑发者以为不祥。上宴之于天成殿，谓侍臣曰：“昔渭桥斩三突厥首，自谓功多，今斯人在席，更不以为怪邪！”失钵屈阿栈请除一官，“执笏而归，诚百世之幸”。戊午，以结骨为坚昆都督府，以失钵屈阿栈为右屯卫大将军、坚昆都督，隶燕然都护。又以阿史德时健俟斤部落置祁连州，隶营州都督。

是时四夷大小君长争遣使入献见，道路不绝，每元正朝贺，常数百千人。辛酉，上引见诸胡使者，谓侍臣曰：“汉武帝穷兵三十余年，疲弊中国，所获无几；岂如今日绥之以德，使穷发之地尽为编户乎！”

上营玉华宫，务令俭约，惟所居殿覆以瓦，余皆茅茨；然备设太子宫、百司，苞山络野，所费已巨亿计。乙亥，上行幸玉华宫；己卯，畋

方各地，给地方造成供给接待上的麻烦和辛劳，这些都是我的大过失，千万不要认为做得对而去效法。但我普济苍生，给百姓的好处很多，创建了大唐帝国，这个功劳很大。给天下带来的好处多而损害少，所以百姓没有怨言，功劳大而过失小，所以王业没有墮毁，但是与尽善尽美相比，本来就有很多惭愧了。你没有我的功劳勤苦而承继我的富贵，竭尽力量做善事，则国家只能获得安定，如果骄傲懒惰、奢侈放纵，自身就会无法保住。而且成功来得慢，而败亡却来得快，这是指国家而言，失去容易得到就困难，这是指皇位，能不珍惜吗？能不谨慎吗！”

中书令兼右庶子马周得病，唐太宗亲自为他调制药物，又让太子前去探望和询问病情。初九日庚寅，马周去世。

正月十七日戊戌，唐太宗巡幸骊山温泉。

正月十八日己亥，任命中书舍人崔仁师为中书侍郎，参知机务。

新罗王金善德去世，任命金善德的妹妹金真德为柱国，封为乐浪郡王，并派使者前去册封。

正月二十五日丙午，唐太宗下诏任命右武卫大将军薛万徹为青丘道行军大总管，右卫将军裴行方作为他的副总管，领兵三万多人以及楼船战舰，从莱州航海进攻高丽。

任命长孙无忌检校中书令，掌管尚书省、门下省的事宜。

正月二十七日戊申，唐太宗回到宫中。

结骨自古以来未与中原王朝有过来往，听说铁勒各部落都已归服唐朝，二月，结骨的俟利发失钵屈阿栈来到长安朝见。结骨国人身材都很高大，红头发绿眼睛，有黑头发的就认为不吉祥。唐太宗在天成殿宴请失钵屈阿栈，对侍从的大臣说：“当年武德九年我在渭桥斩杀三名突厥人的首领，自以为功劳大，如今这个人也在席上，更不会认为奇怪了吧！”失钵屈阿栈请求封他一个官职，并说：“手执官笏归国，实在是百代的荣幸。”二月初七日戊午，以结骨所在地为坚昆都督府，任命失钵屈阿栈为右屯卫大将军、坚昆都督，隶属于燕然都护。又在阿史德时健俟斤部落所在地设置祁连州，隶属于营州都督。

当时四方夷人的大小君主酋长争先恐后派使者入京进贡朝见，在路上连续不断，每年正月初一日前来朝贺的人数，经常是成百上千。二月初十日辛酉，唐太宗召见各个胡族的使者，对侍从的大臣们说：“汉武帝穷尽兵力作战三十多年，使中原人力物力极为疲敝，所获无几，哪里像今日用柔德使远方的部族归服，让极远的穷发之地全都成为朝廷的编户齐民呢？”

唐太宗营造玉华宫，命令务必节俭，只对自己居住的殿宇用瓦覆盖，其余都用

于华原。

中书侍郎崔仁师坐有伏阁自诉者，仁师不奏，除名，流连州。

三月，己丑，分瀚海都督俱罗勃部置烛龙州。

甲午，上谓侍臣曰："朕少长兵间，颇能料敌；今昆丘行师，处月、处密二部及龟兹用事者羯猎颠、那利每怀首鼠，必先授首，弩失毕其次也。"

庚子，隋萧后卒，诏复其位号，谥曰愍；使三品护葬，备卤簿仪卫，送至江都，与炀帝合葬。

充容长城徐惠以上东征高丽，西讨龟兹，翠微、玉华，营缮相继，又服玩颇华靡，上疏谏，其略曰："以有尽之农功，填无穷之巨浪；图未获之他众，丧已成之我军。昔秦皇并吞六国，反速危亡之基，晋武奄有三方，翻成覆败之业；岂非矜功恃大，弃德轻邦，图利忘危，肆情纵欲之所致乎！是知地广非常安之术，人劳乃易乱之源也。"又曰："虽复茅茨示约，犹兴木石之疲，和雇取人，不无烦扰之弊。"又曰："珍玩伎巧，乃丧国之斧斤；珠玉锦绣，寔迷心之鸩毒。"又曰："作法于俭，犹恐其奢；作法于奢，何以制后！"上善其言，甚礼重之。

（以上为第十三段，写隋炀帝萧后卒，诏令与炀帝合葬。唐太宗后宫徐惠亦进直言。）

茅茨作房顶，然后设了太子宫、百官衙署，这些宫衙修得满山遍野，耗费的银两已经非常巨大，数以亿计。二月二十四日乙亥，唐太宗行幸玉华宫，二十八日己卯，在华原围猎。

中书侍郎崔仁师因有人趴在皇宫门前上诉，没有上奏给唐太宗，从官员的名籍中除名，被流放到连州。

三月初九日己丑，唐朝廷把瀚海都督之下的俱罗勃部设置为烛龙州。

三月十四日甲午，唐太宗对侍从的大臣说："朕从小到大都在军队中，颇能预料敌人的意图，如今昆丘道出兵作战，处月、处密两个部落以及龟兹的执政者羯猎颠那利经常首鼠两端不断犹豫，一定会先被消灭，接着就是弩失毕了。"

三月二十日庚子，隋朝的萧皇后去世，诏令恢复她的皇后称号，议定的谥号为愍，按三品官员的等级下葬，配备了仪仗等用具，护送到江都，与隋炀帝合葬。

皇宫中的女官充容长城县人徐惠，认为唐太宗东征高丽，西讨龟兹，又相继营造翠微宫、玉华宫，而且服装和器玩颇为华丽奢靡，就上疏劝谏，大略说："陛下以有限的农业收成，去填充无穷无尽的如同巨浪一样的欲望，想得到那些还未获得的他国部众，损失了已经成军的我朝军队。从前秦始皇吞并六国，反而加速形成了国家危亡的基础，晋武帝占有了三方的国家，反而造成了国家覆败的事业，难道不是自恃有功自恃强大，放弃德行轻视国家，贪图利益忘记危险，放肆心志放纵欲望所造成的吗？由此可知地域宽广并不是长久安定的方法，百姓劳苦才是容易动乱的根源。"又说："虽然修建殿宇盖上茅草以示俭约，却还是大兴土木使民劳累，名义是出钱雇人，实际对百姓不无烦扰的弊端。"又说："各种珍贵器玩和奇技淫巧，乃是丧失国家的斧头，珠宝绸缎，实是迷乱心灵的毒药。"又说："制定法令要求节俭，还会担心民风变得奢侈，如果制定的法令本身就主张奢侈，怎么可能限制后人呢？"唐太宗认为她的话说得好，对她非常有礼和尊重。

【点评】

唐太宗论。唐太宗是一位伟大的英武圣哲之君，一生战功赫赫，而本卷所载伐高丽之役，无功而返，无疑是唐太宗的最大遗憾，也是他步入晚年后一次重大的决策失误。

唐太宗是一代英主，是一位雄才大略的君主。在隋末丧乱中，唐太宗以慧眼卓识和文韬武略，辅佐其父唐高祖建立了唐朝。晋阳起兵，胆略超群，东征西讨，战功显赫，伐灭薛举、薛仁果父子，抗击刘武周，歼灭王世充、窦建德，镇压刘黑闼复辟夏王政权，这些重大战役，唐太宗不仅直接指挥，而且身临战阵，亲冒矢石，既是战将，又是统帅，在隋唐之际是第一流的军事家，无人能望其项背。唐太宗即位，又励精图治，开一代贞观治世，是一位杰出的政治家。

贞观之治最突出的特点是重视民生。这表现在两个方面。一是轻徭薄赋，劝课农桑，改善了民众的生活。唐太宗强调礼仪、狩猎、营造等政府活动安排在农闲之时，使农民不违农时，正常生产。唐太宗诏令各州县设置义仓，以备凶年。又设置专门机构，制定律法，兴修和管理水利设施，为农业生产创造良好条件。贞观年间，农业生产得到迅速恢复，人民安居乐业，粮价由每斗米值一匹绢，跌到四五钱。二是缓刑律。唐太宗主张“以宽仁治天下，而于刑法尤慎”（《新唐书·刑法志》）。唐太宗在《武德律》的基础上，令房玄龄等人制定了《唐律》，集历代法律之大成，奠定了我国封建时代刑律的规范。唐太宗强调依法办案，任用宽平吏为法官，严禁重刑逼供，对死刑尤为重视，规定执行死刑要大臣共议覆按，“二日五覆奏”，并上报皇帝批准。贞观四年，全国判死刑仅二十九人，无一人冤者。

唐太宗认为，为政之要，一是选贤任能，二是虚己纳谏。唐太宗说：“为官择人，不可造次。用一君子，则君子皆至；用一小人，则小人竞进矣。”因此唐太宗任人唯贤，“内举不避亲，外举不避仇”。在他的大臣中，有皇亲高士廉、窦轨、长孙无忌；有原来的仇敌，如隋将屈突通，刘武周大将尉迟敬德，李建成部属魏徵、薛万徹。此外，还有关陇贵族李靖、于志宁、韦挺，出身寒微的马周、刘绚，农民起义军首领李勣、秦琼、程知节，少数民族将领阿史那社尔、契苾何力。贞观年间人才济济。在用贤才的同时，唐太宗淘汰冗吏。贞观元年，中央职官二千余人，精简后仅留有六百四十三人，办事效率反而大大提高。唐太宗虚己纳谏，开创贞观年间开明的政治局面，这既是贞观之治的原因，也是贞观之治的重要内容。唐太宗视魏徵等谏臣为镜子。

步入晚年的唐太宗，奢纵矜夸，早年的勤俭谦恭，渐不克终。贞观初，唐太宗“躬行节俭”，到了后期却大兴土木，不许人进谏，造成徭役繁重，许多百姓逃亡，有的甚至砍断手脚避役。马周进谏徭役太重，唐太宗竟然驳斥说：“百姓无事则骄

逸，劳役则易使。”（《旧唐书·马周传》）他最大的决策失误是兵伐高丽，即使讨伐，也不应亲征。由于唐太宗亲征顿兵于坚城安市之下，失去了出奇兵乘虚袭击平壤的时机，因此无功而返。由于高丽是农业国，与中国俗同，战守以城池为阵地，唐军远出，兵少不能取胜，兵多后勤供应不足。唐初户口经过贞观之治，到永徽初，才三百八十万户，不及隋开皇年间之半，所以大规模征高丽是失策的。由于隋炀帝三征高丽不胜，唐太宗心中较劲，结果无功而返，造成他终身的遗恨。此外唐太宗晚年猜忌，以虚有的谋反罪诛杀张亮，以失言赐死刘洎，因小过贬黜萧瑀、房玄龄，以民间传言枉杀李君羡，都是过失啊！但这些比起唐太宗的伟大成就，仍是小疵。

唐纪十五

唐太宗贞观二十二年至唐高宗永徽六年（648—655年）

【起著雍涒滩（戊申，648年）四月，尽旃蒙单阏（乙卯，655年）九月，凡七年有奇】

【大事提要】

本卷记事起公元648年四月，讫公元655年九月，凡七年又六个月，时当唐太宗贞观二十二年至唐高宗永徽六年。此时期的惊天大事是唐太宗辞世，唐高宗即位。唐太宗贞观之治，四夷归服，盛极一时，但直到晚年，高丽仍未臣服，是唐太宗的一大遗憾。唐太宗晚年猜忌心尤重，因民间《秘记》传言“唐三世之后，女主武王代有天下”，而欲杀尽后宫，虽被李淳风谏止，而大臣李君羡却因小名为“五娘”而被枉杀。高宗继位，初始勤政爱民，缓刑狱，优礼大臣，长孙无忌、褚遂良受唐太宗遗命，同心辅政，君臣和洽，百姓阜安，有贞观之遗风。可惜好景不长，王皇后嫉妒萧淑妃得宠，引纳在感业寺为尼的武则天蓄发入宫以分萧淑妃之宠。武氏机巧善媚，入宫不久被立为武昭仪，野心勃勃，谋夺皇后之位，扼杀亲生女以嫁祸王皇后，内赂宫中嫔妃为耳目，外结大臣李义府、许敬宗、崔义玄、袁公瑜为党羽，用以对抗顾命大臣长孙无忌、褚遂良为首的官僚集团。柳奭、褚遂良相继被贬黜，长孙无忌亦已危如累卵。山雨欲来风满楼，唐朝政治将因武氏主政而发生大变化。

【原文】

太宗文武大圣大广孝皇帝下之下

贞观二十二年（戊申，648 年）

夏，四月，丁巳，右武候将军梁建方击松外蛮，破之。

初，巂州都督刘伯英上言："松外诸蛮蹔降复叛，请出师讨之，以通西洱、天竺之道。"敕建方发巴蜀十三州兵讨之。蛮酋双舍帅众拒战，建方击败之，杀获千余人。群蛮震慑，亡窜山谷。建方分遣使者谕以利害，皆来归附，前后至者七十部，户十万九千三百，建方署其酋长蒙和等为县令，各统所部，莫不感悦。因遣使诣西洱河，其帅杨盛大骇，具船将遁，使者晓谕以威信，盛遂请降。其地有杨、李、赵、董等数十姓，各据一州，大者六百，小者二三百户，无大君长，不相统壹，语虽小讹，其生业、风俗，大略与中国同，自云本皆华人，其所异者以十二月为岁首。

己未，契丹辱纥主曲据帅众内附，以其地置玄州，以曲据为刺史，隶营州都督府。

甲子，乌胡镇将古神感将兵浮海击高丽，遇高丽步骑五千，战于易山，破之。其夜，高丽万余人袭神感船，神感设伏，又破之而还。

初，西突厥乙毗咄陆可汗以阿史那贺鲁为叶护，居多逻斯水，在西州北千五百里，统处月、处密、始苏、歌逻禄、失毕五姓之众。乙毗咄陆奔吐火罗，乙毗射匮可汗遣兵迫逐之，部落亡散。乙亥，贺鲁帅其余众数千帐内属，诏处之于庭州莫贺城，拜左骁卫将军。贺鲁闻唐兵讨龟兹，请为乡导，仍从数十骑入朝。上以为昆丘道行军总管，厚宴赐而遣之。

五月，庚子，右卫率长史王玄策击帝那伏帝王阿罗那顺，大破之。

初，中天竺王尸罗逸多兵最强，四天竺皆臣之，玄策奉使至天竺，诸国皆遣使入贡。会尸罗逸多卒，国中大乱，其臣阿罗那顺自立，发胡兵攻玄策，玄策帅从者三十人与战，力不敌，悉为所擒，阿罗那顺尽掠诸国贡物。玄策脱身宵遁，抵吐蕃西境，以书征邻国兵，吐蕃遣精锐

【语译】

太宗文武大圣大广孝皇帝下之下

唐太宗贞观二十二年（戊申，648年）

夏季，四月初七日丁巳，右武候将军梁建方击败松外的蛮族。

起初，嶲州都督刘伯英上书说："松外的各部蛮族暂时降附后再次叛乱，请求出兵讨伐，以打通前往西洱、天竺的道路。"唐太宗敕令梁建方征发巴蜀地区十三个州的兵马前去讨伐。松外的蛮族酋长双舍率众抵抗，梁建方把他击败，杀死俘获一千多人。各部蛮族受到震慑，逃跑流窜到山谷之中。梁建方分别派出使者向他们说明利害关系，他们又都来归附，前后有七十个部落，十万九千三百户，梁建方委任他们的酋长蒙和等人担任县令，各自统率本部，他们都感激喜悦。梁建方于是派出使者前往西洱河，当地的首领杨盛大为恐慌，准备好船只准备逃跑，使者告诉他们大唐军队的威严与信用，杨盛于是请求投降。这个地区有杨、李、赵、董等几十个姓，各自据守一州，大的有六百户，小的有二三百户，没有大的君主，互不统属，语言虽然有小的差异，但其物产、风俗习惯，大略与中原相同，自称本来都是汉人，所不同的是以十二月为一年的第一个月。

四月初九日己未，契丹的辱纥主曲据率领部众归附唐朝，唐朝在其居住地设置玄州，任命曲据为刺史，隶属营州都督府。

四月十四日甲子，乌胡镇守将领古神感领兵渡海进攻高丽，与高丽五千步骑兵遭遇，在易山激战，打败了高丽兵。当天夜里，高丽一万多名士兵偷袭古神感的船只，古神感设下埋伏，再次把高丽兵打得大败，然后回师。

起初，西突厥乙毗咄陆可汗任命阿史那贺鲁为叶护，居住在多逻斯河畔，在西州以北一千五百多里的地方，统辖处月、处密、始苏、歌逻禄、失毕五个姓氏的民众。乙毗咄陆投奔吐火罗时，乙毗射匮可汗派兵追击，咄陆的部落散亡。四月二十五日乙亥，阿史那贺鲁率领其残余部众几千帐到内地归附唐朝，唐太宗降诏让他们居住在庭州莫贺城，阿史那贺鲁官拜左骁卫将军。阿史那贺鲁听说唐朝讨伐龟兹，请求做向导，仍然率领几十名骑兵入京朝见。唐太宗任命他为昆丘道行军总管，盛宴款待，厚加赏赐，让他回去。

五月二十日庚子，右卫率长史王玄策袭击帝那伏帝王阿罗那顺，大败其军。

起初，中天竺国王尸罗逸多兵力最强，东、西、南、北四部天竺都臣服于他，王玄策奉使节到天竺，各国都派使者进献贡品。恰巧尸罗逸多去世，国内大乱，他的大臣阿罗那顺自立为王，征发胡族兵进攻王玄策，王玄策率领随从三十人与他们激战，力量抵御不住，全都被他们擒获，阿罗那顺把各国的贡品掠夺干净。王玄策

千二百人，泥婆国遣七千余骑赴之。玄策与其副蒋师仁帅二国之兵进至中天竺所居茶馎和罗城，连战三日，大破之，斩首三千余级，赴水溺死者且万人。阿罗那顺弃城走，更收余众，还与师仁战；又破之，擒阿罗那顺。余众奉其妃及王子，阻乾陀卫江，师仁进击之，众溃，获其妃及王子，虏男女万二千人。于是天竺响震，城邑聚落降者五百八十余所，俘阿罗那顺以归。以玄策为朝散大夫。

六月，乙丑，以白霫部为居延州。

癸酉，特进宋公萧瑀卒，太常议谥曰“德”，尚书议谥曰“肃”。上曰：“谥者，行之迹，当得其实，可谥曰贞褊公。”子锐嗣，尚上女襄城公主。上欲为之营第，公主固辞，曰：“妇事舅姑，当朝夕侍侧，若居别第，所阙多矣。”上乃命即瑀第而营之。

上以高丽困弊，议以明年发三十万众，一举灭之。或以为大军东征，须备经岁之粮，非畜乘所能载，宜具舟舰为水运。隋末剑南独无寇盗，属者辽东之役，剑南复不预及，其百姓富庶，宜使之造舟舰。上从之。秋，七月，遣右领左右府长史强伟于剑南道伐木造舟舰，大者或长百尺，其广半之。别遣使行水道，自巫峡抵江、扬，趣莱州。

庚寅，西突厥相屈利啜请帅所部从讨龟兹。

（以上为第一段，写唐太宗晚年，边境仍有兵事，东北讨高丽，巴蜀兵伐西南夷，唐使征兵附属国伐中天竺等。）

初，左武卫将军武连县公武安李君羡直玄武门，时太白屡昼见，太史占云：“女主昌。”民间又传《秘记》云：“唐三世之后，女主武王代有天下。”上恶之。会与诸武臣宴宫中，行酒令，使各言小名。君羡自言名五娘，上愕然，因笑曰：“何物女子，乃尔勇健！”又以君羡官称封邑皆有“武”字，深恶之，后出为华州刺史。有布衣员道信，自言能绝粒，晓佛法，君羡深敬信之，数相从，屏人语。御史奏君羡与妖人交通，谋不轨。壬辰，君羡坐诛，籍没其家。

脱逃出来趁夜逃跑，到达吐蕃西部边境，用朝廷文书征召邻国的兵马，吐蕃派精兵一千二百人，泥婆国派骑兵七千多名赶来。王玄策与副使蒋师仁率领两国的兵马进军到中天竺所居住的茶馎和罗城，连续作战三天，大败天竺兵，杀死三千多人，掉到河中溺死者将近一万人。阿罗那顺弃城逃走，重新纠集残余力量，回来与蒋师仁作战，蒋师仁又把他打败，并生擒了阿罗那顺。剩余的天竺人拥戴阿罗那顺的妃子及王子，在乾陀卫江阻截唐军，蒋师仁进军攻击，天竺兵众溃败，俘获了妃子及王子，其余被俘的男女一万二千人。于是天竺国内大受震动，共有五百八十多个城邑和部落投降，王玄策等人带着俘虏阿罗那顺班师回朝。朝廷任命王玄策为朝散大夫。

六月十六日乙丑，唐朝以白霫部落所在地为居延州。

六月二十日癸酉，特进宋公萧瑀去世，太常寺议定他的谥号为“德”，尚书省议定他的谥号为“肃”。唐太宗说：“谥号是为了标明人的行迹，应当符合实际，可加谥号为贞褊公。”萧瑀的儿子萧锐承袭其父的食邑爵位，娶了唐太宗女儿襄城公主为妻。唐太宗想为他营建宅第，公主坚决推辞，说：“媳妇侍奉公婆，应当早晚都在身边，假如居住在别处，必然会有较多的缺失。”唐太宗于是命令就在萧瑀的原住所为他们营建新居。

唐太宗认为高丽已经穷困凋敝，议定明年征发三十万兵力，一举灭掉它。有人认为大军东征，必须储备一年的粮食，不是牲畜所能运载的，应当准备舟船水运。隋朝末年只有剑南地区没有寇盗与兵乱，近来辽东之战，剑南又没有参与，当地百姓生活富庶，应当让他们修造舟船。唐太宗听从了这个建议。秋季七月，派右领左右府长史强伟在剑南道伐木造舟船，大船有的长一百尺，宽五十尺。造好后另派使者驾船走水路，从巫峡直抵江州、扬州，再驶往莱州。

六月十一日庚寅，西突厥丞相屈利啜请求率领本部跟从唐军讨伐龟兹。

起初，左武卫将军武连县公武安人李君羡率兵在玄武门担任宿卫，当时太白星多次在白天出现，太史占卜说：“女主将兴盛。”民间又传说一本书叫《秘记》，里面说：“唐朝三代之后，女君主武王取代李氏统治天下。”唐太宗听后非常厌恶。正赶上唐太宗在宫中与众位武将饮宴，行酒令，让每个人各讲小名。李君羡自称小名为五娘，唐太宗非常惊讶，于是笑着说：“什么样的女子，竟然这样勇健！”又因为李君羡的官衔、封爵、籍贯都有一个“武”字，于是唐太宗非常厌恶他，随后让他离开京城出任华州刺史。有个平民叫员道信，自称能够不吃东西，通晓佛法，李君羡非常敬重并相信他，多次与他在一起，避开别人说话。御史上奏说李君羡勾结妖人，

上密问太史令李淳风："《秘记》所云，信有之乎？"对曰："臣仰稽天象，俯察历数，其人已在陛下宫中，为亲属，自今不过三十年，当王天下，杀唐子孙殆尽，其兆既成矣。"上曰："疑似者尽杀之，何如？"对曰："天之所命，人不能违也。王者不死，徒多杀无辜。且自今以往三十年，其人已老，庶几颇有慈心，为祸或浅。今借使得而杀之，天或生壮者肆其怨毒，恐陛下子孙，无遗类矣！"上乃止。

（以上为第二段，写唐太宗听信谶语而枉杀李君羡。）

司空梁文昭公房玄龄留守京师，疾笃，上征赴玉华宫，肩舆入殿，至御座侧乃下，相对流涕，因留宫下，闻其小愈则喜形于色；加剧则忧悴。玄龄谓诸子曰："吾受主上厚恩，今天下无事，唯东征未已，群臣莫敢谏，吾知而不言，死有余责。"乃上表谏，以为："《老子》曰：'知足不辱，知止不殆。'陛下功名威德亦可足矣，拓地开疆亦可止矣，且陛下每决一重囚，必令三覆五奏，进素膳，止音乐者，重人命也。今驱无罪之士卒，委之锋刃之下，使肝脑涂地，独不足愍乎！向使高丽违失臣节，诛之可也；侵扰百姓，灭之可也；他日能为中国患，除之可也。今无此三条而坐烦中国，内为前代雪耻，外为新罗报仇，岂非所存者小，所损者大乎！愿陛下许高丽自新，焚陵波之船，罢应募之众，自然华、夷庆赖，远肃迩安。臣旦夕入地，傥蒙录此哀鸣，死且不朽！"玄龄子遗爱尚上女高阳公主，上谓公主曰："彼病笃如此，尚能忧我国家。"上自临视，握手与诀，悲不自胜。癸卯，薨。

柳芳曰：玄龄佐太宗定天下，及终相位，凡三十二年，天下号为贤相；然无迹可寻，德亦至矣。故太宗定祸乱而房、杜不言功，王、魏善谏诤而房、杜让其贤，英、卫善将兵而房、杜行其道，理致太平，善归人主。为唐宗臣，宜哉！

图谋不轨。六月十三日壬辰，李君羡因此事被定罪处斩，全家被抄。

唐太宗秘密地问太史令李淳风：“《秘记》所说的，真有其事吗？”李淳风回答说：“我仰首观察天象，俯首观察历数，这个人已在陛下宫中了，是陛下的亲属，从今往后不过三十年，这个人当做天下的君王，并把大唐皇室的子孙几乎全部杀光，其征兆已经形成了。”唐太宗说：“凡是怀疑相似的人全部杀死，怎么样？”李淳风回答说：“上天托命的人，凡人不能违抗。要称王的人不会死，反而白白地杀死无辜。而且自今以后三十年，这个人也已经老了，到那时也许颇有慈善心肠了，造成的祸害可能不会太深。如今即使找到此人把他杀死，上天或许降生更加强壮的人肆行他的怨恨与狠毒，恐怕陛下的子孙，就没有能留下来的了。”唐太宗于是停止追究这件事。

司空梁文昭公房玄龄留守在京城，病情加重，唐太宗征召他到玉华宫，乘坐轿子进入殿内，到唐太宗御座旁边才下轿，与唐太宗相对流泪，于是把房玄龄留在宫中，听说病情好转就喜形于色，病情加重就忧虑憔悴。房玄龄对他的儿子们说：“我蒙受皇上的厚恩，如今天下无事，只有东征高丽事没有停止，众位大臣都不敢劝谏，我明知其不对而不说话，是死有余辜。”于是上表劝谏，认为：“《老子》说：‘知道满足就不会遭到屈辱，知道适可而止就不会遇到危险。’陛下的功名威德也可以满足了，开拓疆土也可以适可而止了，而且陛下每次判决一个死刑犯人，一定要三次复议五次上奏，为此而吃素食，停止音乐，这是重视人的性命啊。如今驱使无罪的士卒，把他们送到刀口之下，让他们肝脑涂地，他们就单单不足以怜悯吗！假使当初高丽有失臣属的礼节，诛罚他们是可以的，假若高丽侵扰中原的老百姓，灭掉他们也是可以的，以后会成为中原的祸患，除掉他们也是可以的。如今没有这三条原因而让中原的百姓坐受烦扰，对内要为前代雪耻，对外要为新罗报仇，岂不是所得到的很少，所损失的很大吗？希望陛下容许高丽悔过自新，焚毁准备渡海的船只，让应募的兵众回家，自然华夏、东夷就会庆贺有了依靠，远方清静近处安宁。臣旦夕之间就要入地了，倘若承蒙陛下采纳将死者的哀鸣，死了也会不朽。”房玄龄的儿子房遗爱娶了唐太宗的女儿高阳公主为妻，唐太宗对公主说：“他病得这么厉害，还能为国家担忧。”唐太宗亲自去探视，握着房玄龄的手与他告别，悲痛得不能自禁。六月二十四日癸卯，房玄龄去世。

柳芳评论说：房玄龄辅佐唐太宗平定天下，最后死在宰相的位置上，一共三十二年，天下人称之为贤相，然而没有多少事迹可以考察，道德也达到至高境界。所以唐太宗平定祸乱而房玄龄、杜如晦二人不说自己有功，王珪、魏徵善于谏诤而房玄龄、杜如晦二人辞让贤能的名声，英公李世勣、卫公李靖善于

（以上为第三段，写房玄龄临终仍忧劳国家。）

八月，己酉朔，日有食之。

丁丑，敕越州都督府及婺、洪等州造海船及双舫千一百艘。

辛未，遣左领军大将军执失思力出金山道击薛延陀余寇。

九月，庚辰，昆丘道行军大总管阿史那社尔击处月、处密，破之，余众悉降。

癸未，薛万徹等伐高丽还。万徹在军中，使气陵物，裴行方奏其怨望，坐除名，流象州。

己丑，新罗奏为百济所攻，破其十三城。

己亥，以黄门侍郎褚遂良为中书令。

强伟等发民造船，役及山獠，雅、邛、眉三州獠反。壬寅，遣茂州都督张士贵、右卫将军梁建方发陇右、峡中兵二万余人以击之。蜀人苦造船之役，或乞输直雇潭州人造船；上许之。州县督迫严急，民至卖田宅、鬻子女不能供，谷价踊贵，剑外骚然。上闻之，遣司农少卿长孙知人驰驿往视之。知人奏称："蜀人脆弱，不耐劳剧。大船一艘，庸绢二千二百三十六匹。山谷已伐之木，挽曳未毕，复征船庸，二事并集，民不能堪，宜加存养。"上乃敕潭州船庸皆从官给。

冬，十月，癸丑，车驾还京师。

（以上为第四段，写蜀民困于造船之役。）

回纥吐迷度兄子乌纥蒸其叔母。乌纥与俱陆莫贺达官俱罗勃，皆突厥车鼻可汗之婿也，相与谋杀吐迷度以归车鼻。乌纥夜引十余骑袭吐迷度，杀之。燕然副都护元礼臣使人诱乌纥，许奏以为瀚海都督，乌纥轻骑诣礼臣谢，礼臣执而斩之，以闻。上恐回纥部落离散，遣兵部尚书崔敦礼往安抚之。久之，俱罗勃入见，上留之不遣。

领兵作战，而房玄龄、杜如晦二人实行他们的道义，按道理来使国家太平，把功劳归之君主。房玄龄作为有唐一代的宗臣，是很适宜的。

八月初一日己酉，发生日食。

八月二十九日丁丑，敕令越州都督府以及婺州、洪州等地修造海船及双舫船一千一百艘。

八月二十三日辛未，派遣左领军大将军执失思力从金山道出兵进攻薛延陀残余势力。

九月初二日庚辰，昆丘道行军大总管阿史那社尔进攻处月、处密，把他们击败，余众全部投降。

九月初五日癸未，薛万彻等人征伐高丽返回朝廷。薛万彻在军中，放纵意气而欺凌他人，裴行方上奏报告人们都有怨言，薛万彻因而被从官员名籍中除名，流放到象州。

九月十一日己丑，新罗向朝廷上奏称受到百济的进攻，攻克了十三座城。

九月二十一日己亥，任命黄门侍郎褚遂良为中书令。

强伟等人征发百姓造船，山僚人也被派作劳役，雅州、邛州、眉州三地僚民造反。九月二十四日壬寅，朝廷派茂州都督张士贵、右卫将军梁建方征发陇右、峡中的士兵两万多人进攻僚民。蜀人对造船的劳役觉得太苦，有人请求出价钱雇佣潭州人造船，唐太宗允许。州县官吏督促过急，百姓们甚至卖掉田地宅院、卖儿卖女也无法交足劳役的雇值，粮价猛涨，剑外地区发生骚动。唐太宗听说后，派司农寺少卿长孙知人乘驿站快马奔驰前往视察。长孙知人上奏说："蜀人身体虚弱，承受不了剧烈劳动。大船一艘，雇人的价钱要绢二千二百三十六匹。山谷之中已经砍伐的树木，还没有全部拉运出来，又征造船的雇庸钱，两件事加在一起，百姓们承受不了，应当加以存恤养护。"唐太宗于是敕令雇潭州人造船的庸钱全由朝廷付给。

冬季，十月初六日癸丑，唐太宗车驾回到京城。

回纥吐迷度哥哥的儿子乌纥与他的婶婶通奸。乌纥与俱陆莫贺的达官俱罗勃，都是突厥车鼻可汗的女婿，二人互相谋划杀掉吐迷度归附车鼻。乌纥乘夜带领十多个骑兵袭击吐迷度，把他杀死。燕然副都护元礼臣派人诱降乌纥，答应为他上奏请唐太宗封他为瀚海都督，乌纥率轻骑兵到元礼臣处致谢，元礼臣把他抓起来杀死，上报朝廷。唐太宗担心回纥各部落分散，派兵部尚书崔敦礼前往安抚。过了很久之后，俱罗勃入京拜见唐太宗，唐太宗把他留下，不让他回去。

阿史那社尔既破处月、处密，引兵自焉耆之西趋龟兹北境，分兵为五道，出其不意，焉耆王薛婆阿那支弃城奔龟兹，保其东境。社尔遣兵追击，擒而斩之，立其从父弟先那准为焉耆王，使修职贡。龟兹大震，守将多弃城走。社尔进屯碛口，去其都城三百里，遣伊州刺史韩威帅千余骑为前锋，右骁卫将军曹继叔次之，至多褐城，龟兹王诃利布失毕、其相那利、羯猎颠帅众五万拒战。锋刃甫接，威引兵伪遁，龟兹悉众追之，行三十里，与继叔军合，龟兹惧，将却，继叔乘之，龟兹大败，逐北八十里。

甲戌，以回纥吐迷度子前左屯卫大将军［翊左郎将］婆闰为左骁卫大将军、大俟利发、瀚海都督。

十一月，庚子，契丹帅窟哥、奚帅可度者并帅所部内属。以契丹部为松漠府，以窟哥为都督；又以其别帅达稽等部为峭落等九州，各以其辱纥主为刺史。以奚部为饶乐府，以可度者为都督；又以其别帅阿会等部为弱水等五州，亦各以其辱纥主为刺史。辛丑，置东夷校尉官于营州。

十二月，庚午，太子为文德皇后作大慈恩寺成。

龟兹王布失毕既败，走保都城，阿史那社尔进军逼之，布失毕轻骑西走。社尔拔其城，使安西都护郭孝恪守之。沙州刺史苏海政、尚辇奉御薛万备帅精骑追布失毕，行六百里，布失毕窘急，保拨换城，社尔进军攻之四旬，闰月，丁丑，拔之，擒布失毕及羯猎颠。那利脱身走，潜引西突厥之众并其国兵万余人，袭击孝恪。孝恪营于城外，龟兹人或告之，孝恪不以为意。那利奄至，孝恪帅所部千余人将入城，那利之众已登城矣，城中降胡与之相应，共击孝恪，矢刃如雨，孝恪不能敌，将复出，死于西门。城中大扰，仓部郎中崔义超召募得二百人，卫军资财物，与龟兹战于城中，曹继叔、韩威亦营于城外，自城西北隅击之。那利经宿乃退，斩首三千余级，城中始定。后旬余日，那利复引山北龟兹万余人趣都城，继叔逆击，大破之，斩首八千级。那利单骑走，龟兹人执之，以诣军门。

阿史那社尔前后破其大城五，遣左卫郎将权祇甫诣诸城，开示祸福，皆相帅请降，凡得七百余城，虏男女数万口。社尔乃召其父老，宣国威

阿史那社尔打败处月、处密后，领兵从焉耆的西面直抵龟兹北部边境，分兵五路，出其不意进行攻击，焉耆国王薛婆阿那支弃城投奔龟兹，守住他的东部边境。阿史那社尔派兵追击，生擒并杀掉他，立他的堂弟先那准为焉耆王，让他继续向唐朝称臣进贡。龟兹大为震动，守城将士大多弃城逃走。阿史那社尔进驻碛口，离龟兹都城三百里，派伊州刺史韩威率领一千多骑兵为前锋，右骁卫将军曹继叔紧随其后。到了多褐城，龟兹国王诃利布失毕、丞相那利、羯猎颠率领五万兵众抵抗。短兵相接，韩威率军假装逃走，龟兹兵全部出动进行追击，追了三十里，韩威与曹继叔的军队会合。龟兹兵害怕，想退却，曹继叔乘机发动攻击，龟兹大败，追击逃兵八十里。

十月二十七日甲戌，唐朝任命回纥吐迷度的儿子前任左屯卫大将军［翊中郎将］婆闰为左骁卫大将军、大俟利发、瀚海都督。

十一月二十三日庚子，契丹将领窟哥、奚族将领可度者一同率领本部归附唐朝。唐朝廷把契丹本部改为松漠府，任命窟哥为都督，又把他的其他将领达稽等部分为峭落等九个州，各自任命他们的首领为刺史。把奚族的本部改为饶乐府，任命可度者为都督，又任命他的其他将领阿会等部为弱水等五个州，也各自任命他们部族的首领为刺史。十一月二十四日辛丑，在营州设置东夷校尉官。

十二月二十四日庚午，太子李治为文德皇后建造的大慈恩寺竣工。

龟兹国王布失毕兵败后，退保都城，阿史那社尔进军逼近，布失毕率领轻骑向西逃走。阿史那社尔攻下龟兹的都城，让安西都护郭孝恪守卫此城。沙州刺史苏海政、尚辇奉御薛万备率领精锐骑兵追击布失毕，行军六百里，布失毕处境窘迫，在拨换城进行防守，阿史那社尔进军攻城四十天，闰十二月初一日丁丑，攻陷城池，生擒布失毕以及羯猎颠。那利只身逃走，暗中勾引西突厥的兵力与本国兵力合并起来共一万多人，袭击郭孝恪。郭孝恪在城外安营扎帐，有龟兹人告诉他那利即将赶来，郭孝恪不以为意。那利忽然赶到，郭孝恪率领本部一千多人将要进入城里，那利的兵众已经登上城墙，城内投降的胡兵与那利里应外合，共同夹击郭孝恪，刀箭如雨一样，郭孝恪抵挡不住，想再次冲出，死在城西门。城中大为扰乱，仓部郎中崔义超招募得到二百人，保卫军需财物，与龟兹兵在城中激战，曹继叔、韩威也在城外扎营，从城西北角进攻龟兹。经过一夜激战，那利撤退，唐军杀死龟兹兵三千多人，城中才安定下来。十多天之后，那利又带领山北的龟兹一万多人逼近都城，曹继叔反击，把他打败，杀死八千人。那利一个人骑马逃走，龟兹人把他抓住，送到军门。

阿史那社尔前后攻下龟兹的大城五座，派左卫郎将权祗甫到各个城中，用祸福利害开导他们，各城相继请求投降，共得七百多个城，俘虏男女几万人。阿史那社

灵，谕以伐罪之意，立其王之弟叶护为王；龟兹人大喜。西域震骇，西突厥、于阗、安国争馈驼马军粮，社尔勒石纪功而还。

戊寅，以昆丘道行军总管、左骁卫将军阿史那贺鲁为泥伏沙钵罗叶护，赐以鼓纛，使招讨西突厥之未服者。

癸未，新罗相金春秋及其子文王入见。春秋，真德之弟也。上以春秋为特进，文王为左武卫将军。春秋请改章服从中国，内出冬服赐之。

（以上为第五段，写唐军平定龟兹，西域平静。东夷契丹归服。）

二十三年（己酉，649 年）

春，正月，辛亥，龟兹王布失毕及其相那利等至京师，上责让而释之，以布失毕为左武卫中郎将。

西南徒莫祗等蛮内附，以其地为傍、望、览、丘四州，隶朗州都督府。

上以突厥车鼻可汗不入朝，遣右骁卫郎将高侃发回纥、仆骨等兵袭击之。兵入其境，诸部落相继来降。拔悉密吐屯肥罗察降，以其地置新黎州。

二月，丙戌，置瑶池都督府，隶安西都护；戊子，以左卫将军阿史那贺鲁为瑶池都督。

三月，丙辰，置丰州都督府，使燕然都护李素立兼都督。

去冬旱，至是始雨。辛酉，上力疾至显道门外，赦天下。丁卯，敕太子于金液门听政。

夏，四月，乙亥，上行幸翠微宫。

上谓太子曰："李世勣才智有余，然汝与之无恩，恐不能怀服。我今黜之，若其即行，俟我死，汝于后用为仆射，亲任之；若徘徊顾望，当杀之耳。"五月，戊午，以同中书门下三品李世勣为叠州都督；世勣受诏，不至家而去。

辛酉，开府仪同三司卫景武公李靖薨。

上苦利增剧，太子昼夜不离侧，或累日不食，发有变白者。上泣曰："汝能孝爱如此，吾死何恨！"丁卯，疾笃，召长孙无忌入含风殿。上卧，引手扪无忌颐，无忌哭，悲不自胜；上竟不得有所言，因令无忌出。己巳，复召无忌及褚遂良入卧内，谓之曰："朕今悉以后事付公辈。太子仁孝，公辈所知，善辅导之！"谓太子曰："无忌、遂良在，汝勿忧天

尔于是召集他们的父老，宣示国家的威严神灵，告诉他们朝廷征伐有罪的用意，立龟兹国王的弟弟叶护为国王，龟兹人非常高兴。西域地区震惊害怕，西突厥、于阗、安国争相赠送骆驼马匹和军粮，阿史那社尔刻石碑纪功，而后班师回朝。

闰十二月初二日戊寅，唐朝任命昆丘道行军总管、左骁卫将军阿史那贺鲁为泥伏沙钵罗叶护，赐给大鼓和大旗，让他招抚讨伐西突厥没有归服的部落。

闰十二月初七日癸未，新罗国丞相金春秋与他的儿子金文王来到唐朝拜见唐太宗。金春秋是金真德的弟弟。唐太宗封金春秋为特进，金文王为左武卫将军。金春秋请求按照唐朝的式样改变新罗官员的礼服，唐太宗拿出冬服赐给他。

唐太宗贞观二十三年（己酉，649 年）

春季，正月初六日辛亥，龟兹国王布失毕及其丞相那利等人被押到京城，唐太宗责备了他们的过失后，释放了他们，任命布失毕为左武卫中郎将。

西南地区徒莫祗等蛮族归附朝廷，以他们的辖地设置傍州、望州、览州、丘州，隶属朗州都督府。

唐太宗因突厥车鼻可汗不来朝见，派右骁卫郎将高侃征发回纥、仆骨等部兵马袭击突厥。军队进入突厥境内，各部落相继前来投降。拔悉密的吐屯肥罗察投降，唐朝在他的地区设置新黎州。

二月十一月丙戌，唐朝设置瑶池都督府，隶属安西都护府，十三日戊子，任命左卫将军阿史那贺鲁为瑶池都督。

三月十三日丙辰，唐朝设置丰州都督府，由燕然都护李素立兼任都督。

上一年冬季大旱，到此时才下雨。三月十七日辛酉，唐太宗力撑着病体来到显道门外，大赦天下。三月二十三日丁卯，唐太宗敕令太子李治在金液门听政。

夏季，四月初一日乙亥，唐太宗行幸翠微宫。

唐太宗对太子说："李世勣才智有余，然而你对他没有恩德，恐怕不能敬服你。我现在把他降职，假如他即刻就赴任，等我死了，你以后重用他为仆射，亲近并信任他，如果他徘徊观望不去赴任，就应当杀掉他。"五月十五日戊午，任命同中书门下三品李世勣为叠州都督，李世勣接受诏令后，没有回家就立即去上任。

五月十八日辛酉，开府仪同三司卫景武公李靖去世。

唐太宗的痢疾病情加重，太子李治昼夜不离身边，有时一连几日不进食，头发有的已经变白。唐太宗哭泣着说："你能如此孝顺敬爱我，我死了还有什么遗憾！"五月二十四日丁卯，唐太宗病重，召长孙无忌到含风殿。唐太宗躺在床上，伸出手抚摸长孙无忌的脸颊，长孙无忌痛哭，悲伤得不能控制，唐太宗最终不能说出话来，于是令长孙无忌出宫。五月二十六日己巳，又召长孙无忌与褚遂良进入卧室内，对

下！”又谓遂良曰：“无忌尽忠于我，我有天下，多其力也，我死，勿令谗人间之。”仍令遂良草遗诏。有顷，上崩。

太子拥无忌颈，号恸将绝，无忌揽涕，请处分众事以安内外，太子哀号不已，无忌曰：“主上以宗庙社稷付殿下，岂得效匹夫唯哭泣乎！”乃秘不发丧。庚午，无忌等请太子先还，飞骑、劲兵及旧将皆从。辛未，太子入京城；大行御马舆，侍卫如平日，继太子而至，顿于两仪殿。以太子左庶子于志宁为侍中，少詹事张行成兼侍中，以检校刑部尚书、右庶子、兼吏部侍郎高季辅兼中书令。壬申，发丧太极殿，宣遗诏，太子即位。军国大事，不可停阙；平常细务，委之有司。诸王为都督、刺史者，并听奔丧，濮王泰不在来限。罢辽东之役及诸土木之功。四夷之人入仕于朝及来朝贡者数百人，闻丧皆恸哭，剪发、剺面、割耳，流血洒地。

六月，甲戌朔，高宗即位，赦天下。

丁丑，以叠州都督李勣为特进、检校洛州刺史、洛阳宫留守。

先是，太宗二名，令天下不连言者勿避；至是，始改官名犯先帝讳者。

（以上为第六段，写唐太宗逝世，高宗即位。）

癸未，以长孙无忌为太尉，兼检校中书令，知尚书、门下二省事。无忌固辞知尚书省事，帝许之，仍令以太尉同中书门下三品。癸巳，以李勣为开府仪同三司、同中书门下三品。

阿史那社尔之破龟兹也，行军长史薛万备请因兵威说于阗王伏阇信入朝，社尔从之。秋，七月，己酉，伏阇信随万备入朝，诏入谒梓宫。

八月，癸酉，夜，地震，晋州尤甚，压杀五千余人。

庚寅，葬文皇帝于昭陵，庙号太宗。阿史那社尔、契苾何力请杀身殉葬，上遣人谕以先旨不许。蛮夷君长为先帝所擒服者颉利等十四人，皆琢石为其像，刻名列于北司马门内。

丁酉，礼部尚书许敬宗奏弘农府君庙应毁，请藏主于西夹室，从之。

他们说："朕如今把后事全都托付给你们。太子仁义孝敬，是你们所知道的，望你们善加辅佐教导！"对太子说："有无忌、遂良在，你不用为天下担忧！"又对褚遂良说："无忌对我竭尽忠诚，我能拥有天下，大多是靠他的助力，我死之后，不要让小人进谗言离间你们。"又令褚遂良草拟遗诏。过了一会儿，唐太宗驾崩。

太子李治抱着长孙无忌的脖子，嚎啕痛哭得几乎气绝，长孙无忌擦去眼泪，请求太子处理众事以安宁朝廷内外，太子哀号不止，长孙无忌说："皇上把宗庙社稷交付给殿下，怎么能效法一个匹夫只知道哭泣呢？"于是守住秘密不发布唐太宗去世的消息。五月二十七日庚午，长孙无忌等人请太子先返回皇宫，飞骑、精悍步兵及旧属将领全都跟随。五月二十八日辛未，太子进入京城，已经去世的天子所用的车马，侍卫仪仗如同平时一样，跟随太子到达京城，安顿在两仪殿。任命太子左庶子于志宁为侍中，少詹事张行成兼任侍中，任命检校刑部尚书、右庶子、兼吏部侍郎高季辅兼任中书令。五月二十九日壬申，在太极殿发丧，宣示唐太宗的遗诏，太子即皇帝位。军国大事，不可停下不办，日常琐细事务，委托给有关官署。诸王在外担任都督、刺史的，都准许他们前来奔丧，只有濮王李泰不在准许前来奔丧的范围内。停止辽东的征战及各项土木工程。四夷各部族在朝做官及来朝进贡的几百人，听说唐太宗去世都悲伤恸哭，剪头发、用刀划脸、割耳朵，流出鲜血洒在地上。

六月初一日甲戌，唐高宗李治即位，大赦天下。

六月初四日丁丑，任命叠州都督李勣为特进、检校洛州刺史、洛阳宫留守。

在此之前，唐太宗的名字"世民"二字，命令天下：二字不连写时不用避讳，到此时，开始更改犯了先帝名讳的官名。

六月初十日癸未，任命长孙无忌为太尉，兼检校中书令，掌管尚书、门下二省事务。长孙无忌坚持辞退掌管尚书省的事务，唐高宗允许，又命他为太尉同中书门下三品。二十日癸巳，任命李勣为开府仪同三司、同中书门下三品。

阿史那社尔打败龟兹后，行军长史薛万备请求借着军威劝说于阗国王伏阇信入京朝见，阿史那社尔听从了他的意见。秋季七月初六日己酉，伏阇信随薛万备入京朝见，唐高宗下诏让他谒见唐太宗的灵柩。

八月初一日癸酉，夜，发生地震，晋州震情尤其严重，倒塌房屋压死五千多人。

八月十八日庚寅，把唐太宗皇帝安葬在昭陵，庙号太宗。阿史那社尔、契苾何力请求自杀殉葬，唐高宗派人向他们宣布先帝遗旨不允许殉葬。各部族的君主首领被唐太宗擒服的如颉利等十四人，都雕刻他们的石像，刻上姓名排列在北司马门内。

八月二十五日丁酉，礼部尚书许敬宗奏请应毁掉弘农府君庙，请把供奉的神主

九月，乙卯，以李勣为左仆射。

冬，十月，以突厥诸部置舍利等五州隶云中都督府，苏农等六州隶定襄都督府。

乙亥，上问大理卿唐临系囚之数，对曰："见囚五十余人，唯二人应死。"上悦。上尝录系囚，前卿所处者多号呼称冤，临所处者独无言。上怪问其故。囚曰："唐卿所处，本自无冤。"上叹息良久，曰："治狱者不当如是邪！"

上以吐蕃赞普弄赞为驸马都尉，封西海郡王。赞普致书于长孙无忌等云："天子初即位，臣下有不忠者，当勒兵赴国讨除之。"

十二月，诏濮王泰开府置僚属，车服珍膳，特加优异。

（以上为第七段，写唐高宗初即位，优礼大臣，轻刑狱，四夷安静。）

高宗天皇大圣大弘孝皇帝上之上

永徽元年（庚戌，650年）

春，正月，辛丑朔，改元。

丙午，立妃王氏为皇后。后，思政之孙也。以后父仁祐为特进、魏国公。

己未，以张行成为侍中。

辛酉，上召朝集使，谓曰："朕初即位，事有不便于百姓者悉宜陈，不尽者更封奏。"自是日引刺史十人入阁，问以百姓疾苦，及其政治。

有洛阳人李弘泰诬告长孙无忌谋反，上命立斩之。无忌与褚遂良同心辅政，上亦尊礼二人，恭己以听之，故永徽之政，百姓阜安，有贞观之遗风。

太宗女衡山公主应适长孙氏，有司以为服既公除，欲以今秋成婚。于志宁上言："汉文立制，本为天下百姓。公主服本斩衰，纵使服随例除，岂可情随例改，请俟三年丧毕成婚。"上从之。

二月，辛卯，立皇子孝为许王，上金为杞王，素节为雍王。

藏在太庙的西夹室，唐高宗听从。

九月十三日乙卯，任命李勣为尚书左仆射。

冬季，十月，在突厥各部设置舍利等五州，隶属云中都督府，设置苏农等六州，隶属定襄都督府。

十月初四日乙亥，唐高宗询问大理寺卿唐临狱中关押的囚犯数目，唐临回答说："现在关押了五十多人，只有二人应当处死。"唐高宗听后十分高兴。唐高宗曾亲自讯问在押的犯人，前任大理寺卿处置过的犯人大多呼喊冤枉，只有唐临处理的犯人没有说话。唐高宗感到奇怪而问他们是何原因。犯人们说："唐卿所判处的，本来就没有冤枉。"唐高宗感叹很久，说道："治理刑狱的官员不应当如此吗！"

唐高宗任命吐蕃赞普弃宗弄赞为驸马都尉，封为西海郡王。赞普寄信给长孙无忌等人说："天子刚刚即位，大臣有不忠诚的，理当率兵开赴国内讨伐除灭他。"

十二月，唐高宗颁布诏令允许濮王李泰开设府署，设置僚属，车马服饰与珍宝膳食等，特加优惠供给。

高宗天皇大圣大弘孝皇帝上之上

唐高宗永徽元年（庚戌，650年）

春季，正月初一日辛丑，改年号为永徽。

正月初六日丙午，唐高宗立妃子王氏为皇后。皇后是王思政的孙女。封皇后的父亲王仁祐为特进、魏国公。

正月十九日己未，任命张行成为侍中。

正月二十一日辛酉，唐高宗召见各地的朝集使，对他们说："朕刚刚即位，有对百姓不方便的事情你们全都应该上奏陈述，陈述未尽的再次上书启奏。"从此每天带十名刺史进入处理政事的阁中，询问民间百姓的疾苦，以及从政治国的措施。

有一个洛阳人李弘泰诬告长孙无忌谋反，唐高宗命令即刻处斩诬告者。长孙无忌与褚遂良齐心协力辅佐唐高宗治理国政，唐高宗也尊重礼遇二人，谦恭地听从二人的意见，故而永徽年间的政治，百姓富庶安宁，有贞观年间的遗风。

唐太宗的女儿衡山公主此时应当办理嫁给长孙氏的婚仪，有关官员认为为唐太宗服丧的丧服已经脱下，想让公主在当年秋季成婚。于志宁上书说："汉文帝立下制度不必穿丧服三年，本来是为了天下的百姓。公主的丧服本应是粗麻布的丧服，纵使丧服援照汉代旧例已经脱下，哀痛的心情怎么可以随着旧例而改变呢？请待三年服丧期满后再来成婚。"唐高宗听从这一建议。

二月二十二日辛卯，立皇子李孝为许王，李上金为杞王，李素节为雍王。

夏，五月，壬戌，吐蕃赞普弄赞卒，其嫡子早死，立其孙为赞普。赞普幼弱，政事皆决于国相禄东赞。禄东赞性明达严重，行兵有法，吐蕃所以强大，威服氐、羌，皆其谋也。

六月，高侃击突厥，至阿息山。车鼻可汗召诸部兵皆不赴，与数百骑遁去。侃帅精骑追至金山，擒之以归，其众皆降。

初，阿史那社尔虏龟兹王布失毕，立其弟为王。唐兵既还，其酋长争立，更相攻击。秋，八月，壬午，诏复以布失毕为龟兹王，遣归国，抚其众。

九月，庚子，高侃执车鼻可汗至京师，释之，拜左武卫将军，处其余众于郁督军山，置狼山都督府以统之，以高侃为卫将军。于是突厥尽为封内之臣，分置单于、瀚海二都护府。单于领狼山、云中、桑乾三都督，苏农等一十四州；瀚海领瀚海、金徽、新黎等七都督，仙萼等八州；各以其酋长为刺史、都督。

癸亥，上出畋，遇雨，问谏议大夫昌乐谷那律曰："油衣若为则不漏？"对曰："以瓦为之，必不漏。"上悦，为之罢猎。

李勣固求解职；冬，十月，戊辰，解勣左仆射，以开府仪同三司、同中书门下三品。

己未，监察御史阳武韦思谦劾奏中书令褚遂良抑买中书译语人地。大理少卿张叡册以为准估无罪。思谦奏曰："估价之设，备国家所须，臣下交易，岂得准估为定！叡册舞文，附下罔上，罪当诛。"是日，左迁遂良为同州刺史、叡册循州刺史。思谦名仁约，以字行。

十二月，庚午，梓州都督谢万岁、兖州都督谢法兴，与黔州都督李孟尝讨琰州叛獠；万岁、法兴入洞招慰，为獠所杀。

（以上为第八段，写唐高宗勤政亲民，严格制御大臣，褚遂良贱买人地而被贬职。）

夏季，五月二十四日壬戌，吐蕃赞普弃宗弄赞去世，他的嫡长子早已死去，就立他的孙子为赞普。新任赞普年幼懦弱，政事都由吐蕃的丞相禄东赞裁决。禄东赞性情明智通达而且严肃稳重，带兵有方，吐蕃之所以强盛壮大，威震摄服氐、羌等族，都是靠他的谋略。

六月，高侃袭击突厥，到达阿息山。突厥车鼻可汗征召各部兵马但都不赴命，只率领几百名骑兵逃走。高侃率领精锐骑兵追到金山，生擒车鼻可汗然后返回，其手下的兵众纷纷投降。

起初，阿史那社尔俘虏了龟兹国王布失毕，立他的弟弟为国王。唐朝军队返回之后，各部落酋长争夺王位，相互攻击。秋季八月十六日壬午，唐高宗颁布诏令以布失毕为龟兹国王，派遣他回国，安抚民众。

九月初四日庚子，高侃把车鼻可汗押送到京城，释放了他，拜官左武卫将军，把突厥剩余民众安置在郁督军山，并设置狼山都督府以统率他们。任命高侃为卫将军。从此突厥人全部成为大唐封疆之内的臣民，分别设置了单于、瀚海两个都护府。单于都护府统领狼山、云中、桑乾三个都督府，苏农等十四个州，瀚海都护府管辖瀚海、金徽、新黎等七个都督府，仙萼等八个州，各自任命其部落酋长为刺史、都督。

九月二十七日癸亥，唐高宗出城游猎，遇上大雨，问谏议大夫昌乐人谷那律："遮雨的油衣怎么样才能不漏水？"谷那律回答说："用瓦片做的，肯定不会漏。"唐高宗听后高兴，为此停止打猎。

李勣执意请求辞职，冬季十月初三日戊辰，解除李勣的尚书左仆射职务，仍任开府仪同三司、同中书门下三品。

十月初四日己未，监察御史、阳武人韦思谦上奏疏弹劾中书令褚遂良压价购买中书省翻译人员的土地。大理寺少卿张叡册认为是依照估定价格购买而没有罪。韦思谦上奏说："估定价格的设置，是为国家需要时加以征收而准备的，臣下之间的交易，怎么能够按照估定价格为准呢？叡册利用文字舞弊，附和臣下而欺罔皇上，他的罪行应当处死。"这一天，把褚遂良降职为同州刺史，张叡册降职为循州刺史。韦思谦，名仁约，人们习惯称呼他的字。

十二月初五日庚午，梓州都督谢万岁、兖州都督谢法兴，与黔州都督李孟尝合兵讨伐琰州反叛的僚民，谢万岁、谢法兴二人进入僚民的山洞招抚他们，被僚民杀死。

二年（辛亥，651年）

春，正月，乙巳，以黄门侍郎宇文节、中书侍郎柳奭并同中书门下三品。奭，亨之兄子，王皇后之舅也。

左骁卫将军、瑶池都督阿史那贺鲁招集离散，庐帐渐盛，闻太宗崩，谋袭取西、庭二州。庭州刺史骆弘义知其谋，表言之，上遣通事舍人桥宝明驰往慰抚。宝明说贺鲁，令长子咥运入宿卫，授右骁卫中郎将，寻复遣归。咥运乃说其父拥众西走，击破乙毗射匮可汗，并其众，建牙于双河及千泉，自号沙钵罗可汗，咄陆五啜、努失毕五俟斤皆归之，胜兵数十万，与乙毗咄陆可汗连兵，处月、处密及西域诸国多附之。以咥运为莫贺咄叶护。

焉耆王婆伽利卒，国人表请复立故王突骑支；夏，四月，诏加突骑支右武卫将军，遣还国。

金州刺史滕王元婴骄奢纵逸，居亮阴中，畋游无节，数夜开城门，劳扰百姓，或引弹弹人，或埋人雪中以戏笑。上赐书切让之，且曰："取适之方，亦应多绪，晋灵荒君，何足为则！朕以王至亲，不能致王于法，今书王下上考以愧王心。"

元婴与蒋王恽皆好聚敛，上尝赐诸王帛各五百段，独不及二王，敕曰："滕叔、蒋兄自能经纪，不须赐物；给麻两车以为钱贯。"二王大惭。

秋，七月，西突厥沙钵罗可汗寇庭州，攻陷金岭城及蒲类县，杀略数千人。诏左武候大将军梁建方、右骁卫大将军契苾何力为弓月道行军总管，右骁卫将军高德逸、右武候将军薛孤吴仁为副，发秦、成、岐、雍府兵三万人及回纥五万骑以讨之。

癸巳，诏诸礼官学士议明堂制度，以高祖配五天帝。太宗配五人帝。

八月，己巳，以于志宁为左仆射，张行成为右仆射，高季辅为侍中；志宁、行成仍同中书门下三品。

己卯，郎州白水蛮反，寇麻州，遣左领军将军赵孝祖等发兵讨之。

九月，癸巳，废玉华宫为佛寺。戊戌，更命九成宫为万年宫。

唐高宗永徽二年（辛亥，651 年）

春季，正月十一日乙巳，唐朝任命黄门侍郎宇文节、中书侍郎柳奭二人并为同中书门下三品。柳奭是柳亨哥哥的儿子，王皇后的舅舅。

左骁卫将军、瑶池都督阿史那贺鲁召集当地离散的百姓，民众的帐篷渐渐多了起来，听说唐太宗驾崩，就谋划偷袭攻取西州、庭州。庭州刺史骆弘义得悉他的计谋，上表向朝廷报告，唐高宗派通事舍人桥宝明骑快马前往安抚。桥宝明劝说阿史那贺鲁，让他的长子咥运到朝中担任皇宫宿卫，授官为右骁卫中郎将，不久朝廷又把他遣送回去。咥运于是劝说他父亲率领部下往西走，打败乙毗射匮可汗，兼并他的部众，在双河及千泉建立牙帐，自称为沙钵罗可汗，咄陆五啜、努失毕的五个俟斤都归顺他，拥有可以作战的强兵几十万，又与乙毗咄陆可汗的军队联合，处月、处密以及西域各国都依附于他们。任命咥运为莫贺咄叶护。

焉耆国王婆伽利去世，本国人上表请求重新拥立原来的国王突骑支，夏季四月，唐高宗下诏加封突骑支为右武卫将军，遣送他回国。

金州刺史滕王李元婴骄奢淫逸，在为唐太宗守丧期间，无节制地游猎，多次在夜间打开城门，惊扰老百姓，有时用弹弓弹人，有时把人埋在雪里来取笑。唐高宗赐给书信对他深加责备，并且说：“取乐的办法，也应当有多种，像晋灵公那样荒唐的君主，怎么值得作为榜样呢？朕与你是最亲的亲人，不忍心把你绳之以法，如今把你的考课等级定为下等之上，以此来使你的心里觉得惭愧。”

李元婴与蒋王李恽都喜好收敛财物，唐高宗曾经赐给众王每人各为五百段绢帛，唯独没有赐给滕王、蒋王，敕令里说：“滕王皇叔、蒋王皇兄自己能够经营聚敛，不用赏赐财物，只给两车麻用来串钱。”二王大为羞愧。

秋季，七月，西突厥沙钵罗可汗进犯庭州，攻陷金岭城以及蒲类县，杀死抢夺几千人。唐高宗下诏任命左武候大将军梁建方、右骁卫大将军契苾何力为弓月道行军总管，右骁卫将军高德逸、右武候将军薛孤、吴仁为副总管，征发秦州、成州、岐州、雍州的兵士三万人，以及回纥五万骑兵讨伐突厥。

七月初二日癸巳，唐高宗下诏令各位礼仪官、学士商议朝廷的明堂制度，以高祖皇帝配享五位天帝，唐太宗皇帝配享五位人帝。

八月初八日己巳，任命于志宁为尚书左仆射，张行成为右仆射，高季辅为侍中，于志宁、张行成仍为同中书门下三品。

八月十八日己卯，郎州白水蛮族人反叛，进犯麻州，朝廷派遣左领军将军赵孝祖等人发兵讨伐。

九月初三日癸巳，废掉玉华宫，改为佛寺。初八日戊戌，把九成宫改名为万年宫。

庚戌，左武候引驾卢文操逾墙盗左藏物，上以引驾职在纠绳，乃自为盗，命诛之。谏议大夫萧钧谏曰："文操情实难原，然法不至死。"上乃免文操死，顾侍臣曰："此真谏议也！"

闰月，长孙无忌等上所删定律令式；甲戌，诏颁之四方。

上谓宰相曰："闻所在官司，行事犹互观颜面，多不尽公。"长孙无忌对曰："此岂敢言无；然肆情曲法，实亦不敢。至于小小收取人情，恐陛下尚不能免。"无忌以元舅辅政，凡有所言，上无不嘉纳。

冬，十有一月，辛酉，上祀南郊。

癸酉，诏："自今京官及外州有献鹰隼及犬马者，罪之。"

戊寅，特浪羌酋董悉奉求、辟惠羌酋卜檐莫各帅种落万余户诣茂州内附。

窦州、义州蛮酋李宝诚等反，桂州都督刘伯英讨平之。

郎州道总管赵孝祖讨白水蛮，蛮酋秃磨蒲及俭弥于帅众据险拒战，孝祖皆击斩之。会大雪，蛮饥冻，死亡略尽。孝祖奏言："贞观中讨昆州乌蛮，始开青蛉、弄栋为州县。弄栋之西有小勃弄、大勃弄二川，恒扇诱弄栋，欲使之反。其勃弄以西与黄瓜、叶榆、西洱河相接，人众殷实，多于蜀川，无大酋长，好结仇怨，今因破白水之兵，请随便西讨，抚而安之。"敕许之。

十二月，壬子，处月朱邪孤注杀招慰使单道惠，与突厥贺鲁相结。

是岁，百济遣使入贡，上戒之，使"勿与新罗、高丽相攻，不然，吾将发兵讨汝矣"。

（以上为第九段，写西突厥及西南蛮夷因唐衰而叛离。）

三年（壬子，652 年）

春，正月，己未朔，吐谷浑、新罗、高丽、百济并遣使入贡。

癸亥，梁建方、契苾何力等大破处月朱邪孤注于牢山。孤注夜遁，

九月二十日庚戌，左武候引驾卢文操越过宫墙偷盗国库左仓库的物资，唐高宗认为引驾的职责在于昼夜巡视纠查违失，却监守自盗，下令把卢文操处死。谏议大夫萧钧劝谏说：“卢文操犯罪情形实在难以原谅，然而依法不至于判死罪。”唐高宗于是赦免卢文操死罪，对身边侍臣说：“这才是真正的谏议大夫呀！”

闰九月，长孙无忌等人进呈删改修定的律令式，十四日甲戌，唐高宗下诏把律令式颁行全国。

唐高宗对宰相们说：“听说你们所在的官署，官员们行事还要互相观察脸色，大多不能秉公办理。”长孙无忌回答说：“这些怎么能敢说没有呢？然而徇情枉法，也实在不敢。至于说稍稍地考虑一下人情因素，恐怕陛下也不能避免。”长孙无忌以元舅身份辅佐朝政，凡有所建言，唐高宗无不赞许采纳。

冬季，十一月初二日辛酉，唐高宗到南郊祭祀。

十一月十四日癸酉，唐高宗颁布诏令：“今后朝中官员及外州有进献鹰隼及狗马者，一律定罪。”

十一月十九日戊寅，特浪羌族酋长董悉奉求、辟惠羌族酋长卜檐莫各自率领本部落一万多户到茂州归附唐朝。

窦州、义州蛮族酋长李宝诚等人谋反，桂州都督刘伯英讨伐平定他们。

郎州道总管赵孝祖讨伐白水蛮族人，蛮族的酋长秃磨蒲和俭弥于率领兵众占据险要进行抵抗，赵孝祖把他们都攻击杀死。正赶上天降大雪，蛮族人又饥又寒，大多数人都死了。赵孝祖上奏说：“贞观年间讨伐昆州的乌蛮，开始开辟青蛉、弄栋为州县。弄栋西面有小勃弄、大勃弄两条河流，此地的蛮族一直煽动引诱弄栋，想让弄栋反叛朝廷。勃弄以西与黄瓜、叶榆、西洱河交界，百姓富足，超过蜀川地区，没有大的酋长，喜好结下仇怨，如今正好借着攻破白水蛮族的兵力，请求顺便向西讨伐，安抚这些地区。”唐高宗敕令听从他的建议。

十二月二十四日壬子，处月部落的朱邪孤注杀死唐朝的招慰使单道惠，与突厥阿史那贺鲁相联合。

这一年，百济国派使者入京进献贡品，唐高宗告诫来使，让百济“不要与新罗、高丽相互攻伐，不然的话，我大唐将要征发大军讨伐你们了”。

唐高宗永徽三年（壬子，652年）

春季，正月初一日己未，吐谷浑、新罗、高丽、百济都派来使者到朝廷进献贡品。

正月初五日癸亥，梁建方、契苾何力等人在牢山大败处月朱邪孤注的军队。孤

建方使副总管高德逸轻骑追之，行五百余里，生擒孤注，斩首九千级。军还，御史劾奏梁建方兵力足以追讨，而逗留不进；高德逸敕令市马，自取骏者。上以建方等有功，释不问。大理卿李道裕奏言：“德逸所取之马，筋力异常，请实中厩。”上谓侍臣曰：“道裕法官，进马非其本职，妄希我意；岂朕行事不为臣下所信邪！朕方自咎，故不复黜道裕耳。”

己巳，以同州刺史褚遂良为吏部尚书、同中书门下三品。

丙子，上飨太庙；丁亥，飨先农，躬耕藉田。

二月，甲寅，上御安福门楼，观百戏。乙卯，上谓侍臣曰：“昨登楼，欲以观人情及风俗奢俭，非为声乐。朕闻胡人善为击鞠之戏，尝一观之。昨初升楼，即有群胡击鞠，意谓朕笃好之也。帝王所为，岂宜容易。朕已焚此鞠，冀杜胡人窥望之情，亦因以为诫。”

三月，辛巳，以宇文节为侍中，柳奭为中书令，以兵部侍郎三原韩瑗守黄门侍郎、同中书门下三品。

夏，四月，赵孝祖大破西南蛮，斩小勃弄酋长殁盛，擒大勃弄酋长杨承颠。自余皆屯聚保险，大者有众数万，小者数千人，孝祖皆破降之，西南蛮遂定。

甲午，澧州刺史彭思王元则薨。

六月，戊申，遣兵部尚书崔敦礼等将并、汾步骑万人往茂州。发薛延陀余众渡河，置祁连州以处之。

秋，七月，丁巳，立陈王忠为皇太子，赦天下。王皇后无子，柳奭为后谋，以忠母刘氏微贱，劝后立忠为太子，冀其亲己；外则讽长孙无忌等使请于上。上从之。乙丑，以于志宁兼太子少师，张行成兼少傅，高季辅兼少保。

丁丑，上问户部尚书高履行：“去年进户多少？”履行奏：“去年进户总一十五万。”因问隋代及今日见户，履行奏：“隋开皇中，户八百七十万，即今户三百八十万。”履行，士廉之子也。

九月，守中书侍郎来济同中书门下三品。

注乘夜间逃跑，梁建方派副总管高德逸率领轻骑追赶，追了五百多里路，生擒孤注，杀死九千人。军队撤回，御史弹劾梁建方的兵力足以追击，却逗留不继续前进，高德逸下令买马，自己选取好马。唐高宗认为梁建方等人有功，放下不予问罪。大理寺卿李道裕上奏说："高德逸所取的马匹，筋骨力量异于一般的马，请求充实皇家马厩。"唐高宗对侍从的大臣说："李道裕本是一个执法官，进马的事不是他本来的职权范围，却妄自迎合朕的心意，难道朕做事不能得到臣下的信任吗？朕正在自责，所以不再罢黜李道裕了。"

正月十一日己巳，任命同州刺史褚遂良为吏部尚书、同中书门下三品。

正月十八日丙子，唐高宗到太庙献上供品进行祭祀，二十九日丁亥，到先农祠献祭品进行祭祀，并亲身耕田，举行藉田礼。

二月二十七日甲寅，唐高宗亲临安福门城楼，观看百戏杂技。二十八日己卯，唐高宗对侍从的大臣说："昨日登上城楼，想观察风俗民情的奢侈与节俭，并非为了声乐之娱。朕听说西域胡人擅长鞠击的游戏，曾经看过一次。昨日刚刚登上城楼，就有一群胡人击鞠，好像以为朕特别喜欢鞠击。帝王的所作所为，岂能那么随意轻率？朕已经焚烧了这个鞠，希望杜绝胡人窥探帝王喜好的想法，也由此引以为戒。"

三月二十四日辛巳，任命宇文节为侍中，柳奭为中书令，任命兵部侍郎三原人韩瑗代理黄门侍郎、同中书门下三品。

夏季，四月，赵孝祖大败西南蛮族，杀死小勃弄酋长殁盛，生擒大勃弄酋长杨承颠。其他屯聚兵马自保的蛮族部落，大的有人数万，小的有几千人，赵孝祖把他们全都击败降伏，西南蛮族的叛乱于是平定。

四月初七日甲午，澧州刺史彭思王李元则去世。

六月二十二日戊申，唐高宗派兵部尚书崔敦礼等人统率并州、汾州的步骑兵一万人前往茂州。征发薛延陀剩余民众渡过黄河，设置祁连州安置他们。

秋季，七月初二日丁巳，唐高宗立陈王李忠为皇太子，大赦天下。王皇后没有生儿子，柳奭为皇后谋划，认为李忠的生母刘氏出身微贱，劝说王皇后立李忠为太子，希望他能亲近自己，对外则暗示长孙无忌等人，让他们向唐高宗请求立李忠，唐高宗听从了他们。初十日，任命于志宁兼任太子少师，张行成兼任太子少傅，高季辅兼任太子少保。

七月二十二日丁丑，唐高宗问户部尚书高履行："去年增加了多少户口？"高履行奏报："去年增加户口总计十五万。"于是询问隋代与今日的现有户口，高履行奏报："隋朝开皇年间，户有八百七十万，现在有户三百八十万。"高履行，是高士廉的儿子。

九月，任命代理中书侍郎来济为同中书门下三品。

冬，十一月，庚寅，弘化长公主自吐谷浑来朝。

癸巳，濮王泰薨于均州。

散骑常侍房遗爱尚太宗女高阳公主，公主骄恣甚，房玄龄薨，公主教遗爱与兄遗直异财，既而反谮遗直。遗直自言，太宗深责让主，由是宠衰，主怏怏不悦。会御史劾盗，得浮屠辩机宝枕，云主所赐。主与辩机私通，饷遗亿计，更以二女子侍遗爱。太宗怒，腰斩辩机，杀奴婢十余人；主益怨望，太宗崩，无戚容。上即位，主又令遗爱与遗直更相讼，遗爱坐出为房州刺史，遗直为隰州刺史。又，浮屠智勖等数人私侍主，主使掖庭令陈玄运伺宫省禨祥。

先是，驸马都尉薛万徹坐事除名，徙宁州刺史，入朝，与遗爱款昵，对遗爱有怨望语，且曰："今虽病足，坐置京师，鼠辈犹不敢动。"因与遗爱谋，"若国家有变，当奉司徒荆王元景为主"。元景女适遗爱弟遗则，由是与遗爱往来。元景尝自言，梦手把日月。驸马都尉柴令武，绍之子也，尚巴陵公主，除卫州刺史，托以主疾留京师求医，因与遗爱谋议相结。高阳公主谋黜遗直，夺其封爵，使人诬告遗直无礼于己。遗直亦言遗爱及主罪，云"罪盈恶稔，恐累臣私门"。上令长孙无忌鞫之，更获遗爱及主反状。

司空、安州都督吴王恪母，隋炀帝女也。恪有文武才，太宗常以为类己，欲立为太子，无忌固争而止，由是与无忌相恶。恪名望素高，为物情所向，无忌深忌之，欲因事诛恪以绝众望。遗爱知之，因言与恪同谋，冀如纥干承基得免死。

（以上为第十段，写永徽初唐户三百八十万，不及隋开皇之半，可见一场浩劫之惨烈。房遗爱与其妇高阳公主因私欲而狂悖，一场谋反大案悄然孕育。）

四年（癸丑，653 年）

春，二月，甲申，诏遗爱、万徹、令武皆斩，元景、恪、高阳、巴陵公主并赐自尽。上泣谓侍臣曰："荆王，朕之叔父，吴王，朕兄，欲丐其死，可乎？"兵部尚书崔敦礼以为不可，乃杀之。万徹临刑大言曰："薛万徹大健儿，留为国家效死力，岂不佳，乃坐房遗爱杀之乎！"吴

冬季，十月初五日庚寅，弘化长公主从吐谷浑回来朝见。

十月初八日癸巳，濮王李泰在均州去世。

散骑常侍房遗爱娶唐太宗的女儿高阳公主为妻，公主十分骄横恣意妄为，房玄龄死后，公主教唆房遗爱和他的兄长房遗直分财产，过后又反过来诬陷房遗直。房遗直自我申辩，唐太宗对公主深加责备，由此失去太宗的宠爱，公主闷闷不乐。恰巧此时御史弹劾盗窃案，搜到僧人辩机的宝枕，辩机说是公主赐给他的。公主与辩机私通，送他的财物数以亿万计，又让两个女人侍候房遗爱。唐太宗得知后大怒，下令腰斩辩机，杀死奴婢十多人，公主更加怨恨，唐太宗驾崩时，公主脸上没有悲戚的神色。唐高宗即位后，公主又让房遗爱与房遗直相互诉讼，房遗爱因此获罪被降职为房州刺史，房遗直获罪被降职为隰州刺史。另外，僧人智勖等几人私下侍奉公主，公主让掖庭令陈玄运窥探皇宫与中书省内的吉凶消息。

在此之前，驸马都尉薛万徹获罪被除去官员的名籍，降职为宁州刺史。他来京城，与房遗爱十分亲近，对房遗爱说自己对朝廷有怨恨的话，并且说："我如今有脚病，安坐在京城，那些鼠辈还不敢轻举妄动。"于是又与房遗爱谋划，"假如国家有变化，应当尊奉司徒荆王李元景为君主"。李元景的女儿嫁给房遗爱的弟弟房遗则，因此李元景与房遗爱往来密切。李元景曾自称，梦中用手握住太阳月亮。驸马都尉柴令武，是柴绍的儿子，娶了唐太宗的女儿巴陵公主为妻，官拜卫州刺史，托词公主有病留在京城求医，于是与房遗爱相互串通谋划。高阳公主想废黜房遗直，夺去他的封爵，于是让人诬告房遗直对自己无礼。房遗直也说出房遗爱与公主的罪状，并说："他们恶贯满盈，恐怕牵累到臣的家门。"唐高宗令长孙无忌进行审问，又获得房遗爱与公主谋反的证据。

司空、安州都督、吴王李恪的母亲，是隋炀帝的女儿。李恪有文武才能，唐太宗常常觉得他像自己，想立他为太子，长孙无忌极力争辩才作罢，由此李恪与长孙无忌关系恶化。李恪的名望一向很高，为人心所向，长孙无忌非常忌恨他，想找借口诛灭李恪以断绝众人的愿望。房遗爱知道此事后，于是说自己与李恪是同谋，希望能像当年纥干承基密告太子谋反那样免于死罪。

唐高宗永徽四年（癸丑，653 年）

春季，二月，甲申（初二），高宗诏令将房遗爱、薛万徹、柴令武处斩，李元景、李恪、高阳公主、巴陵公主都赐其自尽。高宗流着泪对身边大臣说："荆王是朕的叔父、吴王是朕的兄长，想求他们不死，可以吗？"兵部尚书崔敦礼认为不可，于是将他们处死。薛万徹临刑前大声言道："薛万徹也算是个豪杰，留着为国效力而

王恪且死，骂曰：“长孙无忌窃弄威权，构害良善，宗社有灵，当族灭不久！”

乙酉，侍中兼太子詹事宇文节，特进、太常卿江夏王道宗、左骁卫大将军驸马都尉执失思力并坐与房遗爱交通，流岭表。节与遗爱亲善，及遗爱下狱，节颇左右之。江夏王道宗素与长孙无忌、褚遂良不协，故皆得罪。戊子，废恪母弟蜀王愔为庶人，置巴州；房遗直贬春州铜陵尉，万徹弟万备流交州。罢房玄龄配飨。

开府仪同三司李勣为司空。

初，林邑王范头利卒，子真龙立，大臣伽独弑之，尽灭范氏。伽独自立，国人弗从，乃立头利之婿婆罗门为王。国人咸思范氏，复罢婆罗门，立头利之女为王。女不能治国，有诸葛地者，头利之姑子也，父为头利所杀，南奔真腊，大臣可伦翁定遣使迎而立之，妻以女王，众然后定。夏，四月，戊子，遣使入贡。

（以上为第十一段，写长孙无忌借房遗爱谋反案枉杀吴王李恪。林邑王遣使入贡。）

秋，九月，壬戌，右仆射北平定公张行成薨。甲戌，以褚遂良为右仆射，同中书门下三品如故，仍知选事。

冬，十月，庚子，上幸骊山温汤；乙巳，还宫。

初，睦州女子陈硕真以妖言惑众，与妹夫章叔胤举兵反，自称文佳皇帝，以叔胤为仆射。甲子夜，叔胤帅众攻桐庐，陷之。硕真撞钟焚香，引兵二千攻陷睦州及於潜，进攻歙州，不克，敕扬州刺史房仁裕发兵讨之。硕真遣其党童文宝将四千人寇婺州，刺史崔义玄发兵拒之。民间讹言硕真有神，犯其兵者必灭族，士众凶惧。司功参军崔玄籍曰：“起兵仗顺，犹且无成，况凭妖妄，其能久乎！”义玄以玄籍为前锋，自将州兵继之，至下淮戍，遇贼，与战。左右以楯蔽义玄，义玄曰：“刺史避箭，人谁致死！”命撤之。于是士卒齐奋，贼众大溃，斩首数千级。听其余众归首，进至睦州境，降者万计。十一月，庚戌，房仁裕军合，获硕真、叔胤，斩之，余党悉平。义玄以功拜御史大夫。

死，岂不是更好？只因为受房遗爱牵连而犯罪就杀掉他吗？”吴王李恪临死时，大骂道：“长孙无忌擅弄威权，陷害忠良，假如宗庙有灵，会在不久后灭他一族。”

乙酉（初三），侍中兼太子詹事宇文节，特进、太常寺卿江夏王李道宗，左骁卫大将军、驸马都尉执失思力，均因与房遗爱来往而获罪，被流放到岭表。宇文节与房遗爱关系密切，等到房遗爱被关在狱中，宇文节大力为他开罪辩护。江夏王李道宗平时即与长孙无忌、褚遂良不和，故而都获罪。戊子（初六），将与李恪同母的弟弟蜀王李愔废为平民，安置在巴州；房遗直被贬为春州铜陵尉，薛万徹的弟弟万备流放交州。罢除房玄龄在太宗庙陪从受祭的殊荣。

改任开府仪同三司李勣为司空。

起初，林邑国王范头利死后，他的儿子真龙即位，大臣伽独杀死真龙，将范氏宗族斩尽杀绝。伽独自立为国王。国人不从命，于是立头利的女婿婆罗门为国王。国内百姓都思念范氏一家，又罢免婆罗门，立头利的女儿为国王。他的女儿不能治理国政。有个名叫诸葛地的，是头利姑母的儿子，父亲被头利杀死后，向南逃亡真腊。大臣可伦翁定派使者将他迎回来立为国王，让女王嫁给他，由此百姓们才稳定下来。夏季，戊子（初七），林邑派使者入朝进贡。

秋季，九月十三日壬戌，尚书右仆射北平定公张行成去世。二十五日甲戌，任命褚遂良为尚书右仆射，仍为同中书门下三品，并掌管选举官吏事务。

冬季，十月二十二日庚子，唐高宗巡幸骊山温泉，二十七日乙巳，回到宫中。

起初，睦州女子陈硕真用妖术妄语蛊惑民众，与妹夫章叔胤起兵造反，自称文佳皇帝，任命章叔胤为仆射。十月甲子夜里，章叔胤率领众人攻打桐庐，攻陷了此城。陈硕真撞钟烧香，领兵二千人攻陷睦州和於潜县。又进攻歙州，未能攻下。唐高宗敕令扬州刺史房仁裕征调军队讨伐。陈硕真派她的同党童文宝带领四千人进犯婺州，刺史崔义玄征调兵力抵御。民间谣传陈硕真有神灵，触犯她军队的人必定会被消灭整个家族，于是官军的士兵们惊慌恐惧。司功参军崔玄籍说：“起兵依靠正道，尚且不一定能成功，何况凭借妖术，她能长久吗？”崔义玄任命崔玄籍为前锋，自己率领本州兵马随后，到达下淮戍，遇见陈硕真的部队，与他们作战。崔义玄身边的卫士用盾牌掩护他，崔义玄说：“刺史躲避箭矢，其他人谁还会拼死作战？”命令撤去盾牌。于是士兵们一齐奋战，陈硕真的军队大败溃逃，斩杀了几千人。听任陈硕真的剩余部队投降自首，进军到睦州境内，投降的人数以万计。十一月初二日庚戌，房仁裕的军队赶到会合，抓获了陈硕真、章叔胤，把他们斩首，余党全部平定。崔义玄因战功官拜御史大夫。

癸丑，以兵部尚书崔敦礼为侍中。

十二月，庚子，侍中蓨宪公高季辅薨。

是岁，西突厥乙毗咄陆可汗卒，其子颉苾达度设号真珠叶护，始与沙钵罗可汗有隙，与五弩失毕共击沙钵罗，破之，斩首千余级。

（以上为第十二段，写睦州民变为婺州刺史崔义玄讨灭。）

五年（甲寅，654年）

春，正月，壬戌，羌酋冻就内附，以其地置剑州。

三月，戊午，上行幸万年宫。

庚申，加赠武德功臣屈突通等十三人官。

初，王皇后无子，萧淑妃有宠，王后疾之。上之为太子也，入侍太宗，见才人武氏而悦之。太宗崩，武氏随众感业寺为尼。忌日，上诣寺行香，见之，武氏泣，上亦泣。王后闻之，阴令武氏长发，劝上内之后宫，欲以间淑妃之宠。武氏巧慧，多权数，初入宫，卑辞屈体以事后；后爱之，数称其美于上。未几大幸，拜为昭仪，后及淑妃宠皆衰，更相与共谮之，上皆不纳。昭仪欲追赠其父而无名，故托以褒赏功臣，而武士彟预焉。

乙丑，上幸凤泉汤；乙巳，还万年宫。

夏，四月，大食发兵击波斯，杀波斯王伊嗣侯，伊嗣侯之子卑路斯奔吐火罗。大食兵去，吐火罗发兵立卑路斯为波斯王而还。

闰月，丙子，以处月部置金满州。

丁丑，夜，大雨，山水涨溢，冲玄武门，宿卫士皆散走。右领军郎将薛仁贵曰："安有宿卫之士，天子有急而敢畏死乎！"乃登门桄大呼以警宫内。上遽出乘高，俄而水入寝殿，水溺卫士及麟游居人，死者三千余人。

壬辰，新罗女王金真德卒，诏立其弟春秋为新罗王。

六月，丙午，恒州大水，呼沱溢，漂溺五千三百家。

十一月初五日癸丑，任命兵部尚书崔敦礼为侍中。

十二月二十三日庚子，侍中蓨宪公高季辅去世。

这一年，西突厥乙毗咄陆可汗去世，他的儿子颉苾达度设自号真珠叶护，开始与沙钵罗可汗有仇隙，与五个弩失毕一起进攻沙钵罗，大败沙钵罗，杀死一千多人。

唐高宗永徽五年（甲寅，654年）

春季，正月十五日壬戌，羌族首长冻就归附朝廷，把他的所在地设置为剑州。

三月十二日戊午，唐高宗行幸万年宫。

三月十四日庚申，对武德年间的功臣屈突通等十三人追加官爵。

起初，王皇后没有生儿子，萧淑妃得到唐高宗的宠幸，王皇后嫉妒她。唐高宗做太子的时候，进入皇宫侍奉唐太宗，看到太宗的才人武氏就喜欢上她。唐太宗驾崩后，武氏随着众位妃嫔到感业寺当尼姑。到了唐太宗的忌日，唐高宗到感业寺行香拜佛，见到了武氏，武氏哭泣，唐高宗也哭泣。王皇后听说后，暗中让武氏蓄起头发，劝说唐高宗把武氏收入后宫，想利用武氏来离间唐高宗对萧淑妃的宠爱。武氏机敏聪慧，多有权术，刚进宫时，用谦卑的言辞和屈从的礼节来侍奉王皇后；王皇后十分喜欢她，多次在唐高宗面前称赞她的美貌。不久大受唐高宗的宠幸，拜为昭仪，对王皇后与萧淑妃的宠爱都冷淡下来了，两个人又一同向唐高宗说武氏的坏话，唐高宗都不相信和采纳。武昭仪想让唐高宗给他的父亲追赠官爵但没有什么名义，于是就假托褒奖武德年间的功臣让自己的父亲武士彟列入其中。

三月十九日乙丑，唐高宗巡幸凤泉汤；二十三日己巳，回到万年宫。

夏季，四月，大食国出兵进攻波斯国，杀死波斯国王伊嗣侯，伊嗣侯的儿子卑路斯投奔吐火罗。大食军队退去，吐火罗派兵护送卑路斯回到国中立为波斯国王然后撤兵。

闰五月初二日丙子，唐朝在处月部设置金满州。

闰五月初三日丁丑，夜里，天下大雨，山洪满溢上涨，大水冲到玄武门前，宿卫的士兵都四散逃走。右领军郎将薛仁贵说："哪里有宿卫皇宫的士兵，在天子有难的时候而敢怕死的？"于是登上门框大声呼喊以警告皇宫里的人。唐高宗急忙出来，在宫内登上高处，一会儿时间大水冲进了寝殿，大水淹没了卫士及麟游县的居民，死了三千多人。

闰五月十八日壬辰，新罗女王金真德去世，唐高宗下诏立她的弟弟金春秋为新罗国王。

六月初二日丙午，恒州发大水，呼沱河水上涨，淹没了五千三百家。

中书令柳奭以王皇后宠衰，内不自安，请解政事；癸亥，罢为吏部尚书。

秋，七月，丁酉，车驾至京师。

戊戌，上谓五品以上曰："顷在先帝左右，见五品以上论事，或仗下面陈，或退上封事，终日不绝；岂今日独无事邪，何公等皆不言也？"

冬，十月，雇雍州四万一千人筑长安外郭，三旬而毕。癸丑，雍州参军薛景宣上封事，言："汉惠帝城长安，寻晏驾；今复城之，必有大咎。"于志宁等以景宣言涉不顺，请诛之。上曰："景宣虽狂妄，若因上封事得罪，恐绝言路。"遂赦之。

高丽遣其将安固将高丽、靺鞨兵击契丹；松漠都督李窟哥御之，大败高丽于新城。

是岁大稔，洛州粟米斗两钱半，粳米斗十一钱。

王皇后、萧淑妃与武昭仪更相谮诉，上不信后、淑妃之语，独信昭仪。后不能曲事上左右，母魏国夫人柳氏及舅中书令柳奭入见六宫，又不为礼。武昭仪伺后所不敬者，必倾心与相结，所得赏赐分与之。由是后及淑妃动静，昭仪必知之，皆以闻于上。

后宠虽衰，然上未有意废也。会昭仪生女，后怜而弄之，后出，昭仪潜扼杀之，覆之以被。上至，昭仪阳欢笑，发被观之，女已死矣，即惊啼。问左右，左右皆曰："皇后适来此。"上大怒曰："后杀吾女！"昭仪因泣数其罪。后无以自明，上由是有废立之志。又畏大臣不从，乃与昭仪幸太尉长孙无忌第，酣饮极欢，席上拜无忌宠姬子三人皆为朝散大夫，仍载金宝缯锦十车以赐无忌。上因从容言皇后无子以讽无忌，无忌对以他语，竟不顺旨，上及昭仪皆不悦而罢。昭仪又令母杨氏诣无忌第，屡有祈请，无忌终不许。礼部尚书许敬宗亦数劝无忌，无忌厉色折之。

（以上为第十三段，写王皇后引纳武则天入宫以分萧淑妃之宠，武氏入宫谋皇后之位。王皇后引狼入室，非始料所及。）

中书令柳奭看到王皇后失去唐高宗的宠爱，内心觉得不安稳，请求解除相职；六月十九日癸亥，罢黜柳奭的中书令，降职任吏部尚书。

秋季，九月二十四日丁酉，唐高宗车驾回到京城。

九月二十五日戊戌，唐高宗对五品以上官员说："以前在先帝身边，看见五品以上官员议论政事，有的在仪仗卫士的下面当面向皇上陈述，有的退朝后上书奏事，整天不断，难道今天却无事可奏了吗？为什么你们都不向我言事了呢？"

冬季，十月，朝廷雇佣雍州四万一千人修筑长安外城，三十天后竣工。十一日癸丑，雍州参军薛景宣上书言事，说："汉惠帝修筑长安城，不久死去；如今又要修城，一定会有大的凶咎。"于志宁等人认为薛景宣的言辞涉及大逆不顺，请求把他诛杀。唐高宗说："薛景宣虽然言辞狂妄，但是如果因为上书言事而获罪，恐怕会断绝了大臣向上提出建议的通路。"于是赦免了薛景宣。

高丽国派将领安固统率高丽、靺鞨军队攻击契丹；松漠都督李窟哥率兵抵抗，在新城大败高丽军队。

这一年获得了大丰收，洛州的粟米一斗才值两钱半，粳米一斗十一钱。

王皇后、萧淑妃与武昭仪之间相互诬告诽谤，唐高宗不相信王皇后、萧淑妃的话，只信任武昭仪。王皇后不会曲意事奉唐高宗身边的人，她的母亲魏国夫人柳氏及舅舅中书令柳奭进宫见到六宫妃嫔，又不向她们致以礼敬。武昭仪窥探到王皇后不予礼敬的人，就倾心与之交结，自己得到的赏赐也分给她们。因此王皇后与萧淑妃的一举一动，武氏都能知道，全都告诉唐高宗。

王皇后的宠爱虽然已经没有了，但唐高宗并未有废黜皇后的意思。正巧此时武昭仪生下一个女孩，王皇后怜爱她并逗她玩，王皇后走出去后，武氏暗中扼死女孩，又盖上被子。唐高宗来了，武氏假装欢笑，打开被子来看孩子，女婴已经死了，武氏当即惊愕地哭啼。唐高宗问身边的人，身边的人都说："皇后刚刚来过这里。"唐高宗勃然大怒，说："皇后杀了我的女儿！"武昭仪借机哭泣着数落王皇后的罪过。王皇后无法为自己辩白，唐高宗从此有了废黜皇后另立武昭仪为后的打算。又害怕大臣们不同意，于是就和武氏一道临幸太尉长孙无忌的宅第，宴饮到极为欢乐的时候，在酒席上拜长孙无忌宠爱的姬子的三个儿子都为朝散大夫，又命人装载十车的金银财宝、锦缎丝绸赐给长孙无忌。唐高宗于是从容地说王皇后没有生儿子来暗示长孙无忌，长孙无忌用其他的话来回答，最终也没有顺从唐高宗的旨意，唐高宗与武氏都不高兴，结束了酒宴。武昭仪又让自己的母亲杨氏到长孙无忌的宅第，多次请求，长孙无忌最终没有答应。礼部尚书许敬宗也多次劝说长孙无忌，长孙无忌用严厉的脸色斥责他。

六年（乙卯，655年）

春，正月，壬申朔，上谒昭陵；甲戌，还宫。

己丑，巂州道行军总管曹继叔破胡丛、显养、车鲁等蛮于斜山，拔十余城。

庚寅，立皇子弘为代王，贤为潞王。

高丽与百济、靺鞨连兵，侵新罗北境，取三十三城；新罗王春秋遣使求援。二月，乙丑，遣营州都督程名振、左卫中郎将苏定方发兵击高丽。

夏，五月，壬午，名振等渡辽水，高丽见其兵少，开门渡贵端水逆战，名振等奋击，大破之，杀获千余人，焚其外郭及村落而还。

癸未，以右屯卫大将军程知节为葱山道行军大总管，以讨西突厥沙钵罗可汗。

壬辰，以韩瑗为侍中，来济为中书令。

六月，武昭仪诬王后与其母魏国夫人柳氏为厌胜，敕禁后母柳氏不得入宫。秋，七月，戊寅，贬吏部尚书柳奭为遂州刺史。奭行至扶风，岐州长史于承素希旨奏奭漏泄禁中语，复贬荣州刺史。

唐因隋制，后宫有贵妃、淑妃、德妃、贤妃皆视一品。上欲特置宸妃，以武昭仪为之，韩瑗、来济谏，以为故事无之，乃止。

中书舍人饶阳李义府为长孙无忌所恶，左迁壁州司马。敕未至门下，义府密知之，问计于中书舍人幽州王德俭，德俭曰："上欲立武昭仪为后，犹豫未决者，直恐宰臣异议耳。君能建策立之，则转祸为福矣。"义府然之，是日，代德俭直宿，叩阁上表，请废皇后王氏，立武昭仪，以厌兆庶之心。上悦，召见，与语，赐珠一斗，留居旧职。昭仪又密遣使劳勉之，寻超拜中书侍郎。于是卫尉卿许敬宗、御史大夫崔义玄、中丞袁公瑜皆潜布腹心于武昭仪矣。

乙酉，以侍中崔敦礼为中书令。

八月，尚药奉御蒋孝璋员外特置，仍同正员。员外同正自孝璋始。

唐高宗永徽六年（乙卯，655 年）

春季，正月初一日壬申，唐高宗到昭陵谒拜，初三日甲戌，回到宫中。

正月十八日己丑，巂州道行军总管曹继叔在斜山一带打败胡丛、显养、车鲁等蛮族，攻克十余座城。

正月十九日庚寅，立皇子李弘为代王，李贤为潞王。

高丽与百济、靺鞨联合兵力，侵犯新罗北部边境，夺取三十三座城，新罗国王金春秋派使者到唐朝请求援助。二月二十五日乙丑，唐朝派营州都督程名振、左卫中郎将苏定方征发军队进攻高丽。

夏季，五月十三日壬午，程名振等人渡过辽水，高丽看见唐军兵力少，打开城门渡过贵端水迎战，程名振等人奋勇攻击，大败高丽兵，杀死及俘虏一千多人，焚烧了高丽人的外城及村庄，而后返回。

五月十四日癸未，任命右屯卫大将军程知节为葱山道行军大总管，讨伐西突厥沙钵罗可汗。

五月二十三日壬辰，任命韩瑗为侍中，来济为中书令。

六月，武昭仪诬陷王皇后和她的母亲魏国夫人柳氏让巫婆使用厌胜的巫术，唐高宗敕令禁止皇后的母亲柳氏进入宫内。秋季七月初十日戊寅，把吏部尚书柳奭贬为遂州刺史。柳奭走到扶风县，岐州长史于承素揣摸皇上的心意上奏称柳奭泄漏宫禁中的秘密，柳奭又被贬为荣州刺史。

唐朝因袭隋朝的制度，后宫有贵妃、淑妃、德妃、贤妃，都是正一品。唐高宗想特别设置宸妃，让武昭仪当宸妃，韩瑗、来济谏阻，认为以前的旧例中没有这种等级和名称，于是作罢。

中书舍人饶阳人李义府被长孙无忌厌恶，降职为壁州司马。敕令还未到门下省，李义府已经暗中得知，就向中书舍人幽州人王德俭询问计策，王德俭说："唐高宗想立武昭仪为皇后，所以还在犹豫不决，只是担心宰相们有异议。你如果能提出建议立武氏为后，就会转祸为福了。"李义府认为他说得对，这一天，他代替王德俭值班，叩宫内的朝堂门向唐高宗上表，请求废掉皇后王氏，立武昭仪为后，以满足黎民百姓的愿望。唐高宗十分高兴，亲自召见李义府，与他谈话，赐给珍珠一斗，留下他官居原职。武氏又暗中派人慰劳勉励他，不久破格提拔为中书侍郎。在这个时候，卫尉卿许敬宗、御史大夫崔义玄、御史中丞袁公瑜都暗中向武昭仪表达了自己的效忠之心。

七月二十七日乙酉，任命侍中崔敦礼为中书令。

八月，尚药局奉御蒋孝璋作为定员之外的特置官员，品级与正式的定员相同。定员之外的官员与属于定员的正式官职的级别相同，从蒋孝璋开始。

长安令裴行俭闻将立武昭仪为后，以国家之祸必自此始，与长孙无忌、褚遂良私议其事。袁公瑜闻之，以告昭仪母杨氏，行俭坐左迁西州都督府长史。行俭，仁基之子也。

九月，戊辰，以许敬宗为礼部尚书。

上一日退朝，召长孙无忌、李勣、于志宁、褚遂良入内殿。遂良曰：“今日之召，多为中宫，上意既决，逆之必死。太尉元舅，司空功臣，不可使上有杀元舅及功臣之名。遂良起于草茅，无汗马之劳，致位至此，且受顾托，不以死争之，何以下见先帝！”勣称疾不入。无忌等至内殿，上顾谓无忌曰：“皇后无子，武昭仪有子，今欲立昭仪为后，何如？”遂良对曰：“皇后名家，先帝为陛下所娶。先帝临崩，执陛下手谓臣曰：‘朕佳儿佳妇，今以付卿。’此陛下所闻，言犹在耳。皇后未闻有过，岂可轻废！臣不敢曲从陛下，上违先帝之命！”上不悦而罢。明日又言之，遂良曰：“陛下必欲易皇后，伏请妙择天下令族，何必武氏。武氏经事先帝，众所具知，天下耳目，安可蔽也。万代之后，谓陛下为如何！愿留三思！臣今忤陛下，罪当死。”因置笏于殿阶，解巾叩头流血曰：“还陛下笏，乞放归田里。”上大怒，命引出。昭仪在帘中大言曰：“何不扑杀此獠！”无忌曰：“遂良受先朝顾命，有罪不可加刑。”于志宁不敢言。

韩瑗因间奏事，涕泣极谏，上不纳。明日又谏，悲不自胜，上命引出。瑗又上疏谏曰：“匹夫匹妇，犹相选择，况天子乎！皇后母仪万国，善恶由之，故嫫母辅佐黄帝，妲己倾覆殷王，《诗》云：‘赫赫宗周，褒姒灭之。’每览前古，常兴叹息，不谓今日尘黩圣代。作而不法，后嗣何观！愿陛下详之，无为后人所笑！使臣有以益国，菹醢之戮，臣之分也！昔吴王不用子胥之言而麋鹿游于姑苏。臣恐海内失望，棘荆生于阙庭，宗庙不血食，期有日矣！”来济上表谏曰：“王者立后，上法乾坤，必择礼教名家，幽闲令淑，副四海之望，称神祇之意。是故周文造舟以迎太姒，而兴《关雎》之化，百姓蒙祚；孝成纵欲，以婢为后，使皇统亡绝，社稷倾沦。有周之隆既如彼，大汉之祸又如此，惟陛下详察！”上皆不纳。

长安县令裴行俭听说将要立武昭仪为皇后，认为国家的祸患必定从此开始，就与长孙无忌、褚遂良私下议论此事。袁公瑜听说后，把这一情况告诉了武昭仪的母亲杨氏，裴行俭因此获罪而被贬为西州都督府长史。裴行俭是裴仁基的儿子。

九月初一日戊辰，任命许敬宗为礼部尚书。

有一天唐高宗退朝后，召见长孙无忌、李勣、于志宁、褚遂良进入内殿。褚遂良说："今天皇上召见，多半是为了后宫的事，皇上的主意已经定了，违抗他必死。太尉是皇上的元舅，司空是功臣，不能让皇上有杀死元舅与功臣的名声。褚遂良起自平民，没有汗马功劳，官位到了今日这个地步，而且接受了先帝的嘱托，不以死相争，如何到地下去见先帝！"李勣称病没有进入内殿。长孙无忌等人到了内殿，唐高宗对长孙无忌说："皇后没有生儿子，武昭仪生了儿子，如今想立武昭仪为皇后，怎么样？"褚遂良回答说："皇后出身名家，是先帝为陛下娶的。先帝临死的时候，拉着陛下的手对我说：'朕的好儿子好媳妇，如今就交付给你了。'这些话都是陛下亲耳听到的，言犹在耳。未听说皇后有什么过错，怎么能够轻易废掉呢！我不敢曲意顺从陛下，对上违背先帝的遗命！"唐高宗不高兴，只好作罢。第二天又言及此事，褚遂良说："陛下一定要更换皇后，我请求遴选全国的世家望族，何必非武氏不可。武氏曾经侍奉过先帝，这是众所周知的，天下人的耳目，怎么能遮掩呢？千秋万代之后，人们会说陛下是什么呢？愿陛下三思而后行！我今日违逆陛下，罪该处死。"说完把朝笏放在大殿的台阶上，解下头巾磕头直到血流满面，说："还给陛下朝笏，乞求放我回归老家。"唐高宗大怒，命人把他带出去。武昭仪在帘内大声说："何不扑杀了这个僚子？"长孙无忌说："褚遂良是先朝顾命大臣，有罪也不可以加刑。"于志宁不敢说话。

韩瑗找个时机上奏，流着泪极力劝谏，唐高宗不予采纳。第二天又劝谏，悲伤得不能控制住自己，唐高宗命人把他带出去。韩瑗又上疏劝谏说："老百姓的夫妇，还要相互选择，何况天子呢？皇后是天下万国妇女的仪范，善恶由她决定，所以嫫母辅佐黄帝，妲己倾覆了殷王，《诗经》说：'赫赫强盛的宗周，一个褒姒就让它灭亡了。'每次观览前朝的史事，常会发出感慨，没想到今天有尘垢玷污了圣明的朝代。做事不合乎法度，后世会如何看呢！希望陛下详细考虑，不要让后人讥笑！假使臣的话有益于国家，即使受到剁成肉酱的杀戮，也是臣理所当然的名分！当年吴王不听伍子胥的话，结果吴国都城姑苏被攻破而成为麋鹿出没的地方。臣担心海内的人都会因此而失望，使宫廷长出荆棘，宗庙不能继续享受祭祀，这样的日子为期不远了！"来济上表劝谏说："君主册立皇后，应该向上依据天地，必须选择合乎礼教的名门家族，要为人幽雅娴静贤淑美好，符合四海人们的期望，合乎神灵的心意。所以说周文王造船迎接太姒，于是产生了《关雎》诗篇的教化，百姓得以承受他的

他日，李勣入见，上问之曰："朕欲立武昭仪为后，遂良固执以为不可。遂良既顾命大臣，事当且已乎？" 对曰："此陛下家事，何必更问外人！" 上意遂决。许敬宗宣言于朝曰："田舍翁多收十斛麦，尚欲易妇；况天子欲立后，何豫诸人事而妄生异议乎！" 昭仪令左右以闻。庚午，贬遂良为潭州都督。

（以上为第十四段，写唐高宗决意立武则天为皇后，吏部尚书柳奭、顾命大臣尚书右仆射褚遂良次第遭贬。）

福祚；汉成帝放纵欲望，以婢女为皇后，使皇统断绝，社稷倾覆沦亡。周代的隆盛既如文王那样，汉代的祸患又像成帝这样，希望陛下用心详细体察！”唐高宗对这些谏言都不予采纳。

又一天，李勣进宫见唐高宗，唐高宗问他：“朕想立武昭仪为皇后，褚遂良坚决认为不可以。褚遂良既是顾命大臣，事情是不是就应该暂且停止呢？”李勣回答说：“这是陛下家里的事，何必又去问外人呢？”唐高宗的主意于是定了下来。许敬宗在朝中扬言说：“庄稼老汉多收了十斛麦子，还想换个老婆，何况天子想立皇后，哪里与这些人的事相关而妄生异议呢？”武昭仪让身边的人把此话讲给唐高宗听。九月初三日庚午，把褚遂良贬为潭州都督。

【点评】

王皇后引狼入室。武则天再度入宫，王皇后引狼入室。武则天并非名字，而是武则天临终前自己给自己拟的谥号“则天大圣皇后”，于是武则天成了通称的名字。武则天原名历史缺载，贞观十二年（638），十四岁的武则天入宫，唐太宗封她为才人并口赐名字为武媚，人称武媚娘。天授元年（690），武则天造了一批新字，给自己取名“曌”，意为“明空为照”。武则天、武媚娘、武曌，这就是中国古代唯一女皇、唐高宗皇后的称谓姓名。唐初承隋制，后宫皇后之下妃嫔定员一百三十人。有贵妃、淑妃、昭容、昭媛、修仪、修容、修媛、充仪、充容、充媛各一人，为十嫔，正二品；婕妤九人，正三品；美人九人，正四品；才人九人，正五品；宝林二十七人，正六品；御女二十七人，正七品；采女二十七人，正八品；八品以下宫女无定员。武则天在太宗朝，直到贞观二十三年太宗逝世，长达十二年没有升迁，一直是正五品的才人，也没有生育，表明她未受宠幸，备受冷落。贞观十七年（643），唐太宗废太子李承乾，立李治为太子，李治时年十六岁，比武则天小四岁。李治仁厚懦弱，没有人生经验。野心勃勃而长期遭受冷落的武则天把目光落到了高宗李治身上。贞观二十二、二十三两年，唐太宗因服食天竺方士丹药拉肚子，李治入宫侍候，此时武则天抓住时机，运用她自己的全部热情，展示她天赋的美貌和灵巧的手腕，很快俘虏了这位多情的储君。在唐太宗病榻之侧，武则天与高宗之间，发生了说不明的暧昧。这一幕被李治的太子妃、后来的王皇后看在眼里。

高宗王皇后，是北魏尚书左仆射王思政之孙，出身名门，漂亮、贤淑，唐太宗非常喜欢，李治为晋王时就入王府为晋王妃。李治立为太子，王氏为太子妃；李治即位，册立王氏为皇后。唐太宗临终，亲自将李治、王氏嘱托给辅政大臣长孙无忌与褚遂良，要他们保护好这对“佳儿佳妇”。所以长孙无忌等大臣遵循太宗遗言，竭诚保护王皇后。

可惜王皇后为了与萧淑妃争宠，犯了一个致命错误。按制度，凡被唐太宗幸御过的嫔妃，都要为大行皇帝守节终生，出宫到感业寺为尼。永徽元年（650）五月二十六日，唐太宗逝世一周年的忌日，唐高宗李治前往感业寺焚香祭悼，李治碰上了武则天，两人怀旧情，都流了眼泪。王皇后得知消息，不但没有采取措施来阻止两人旧情的发展，反而来促成，一方面让武则天蓄发，另一方面到李治那里煽风点火，劝李治正式将武则天纳入宫中。王皇后想利用武则天来分萧淑妃的专宠，万万没有想到武则天非同凡响，入宫不久就迷倒了李治。李治封武则天为昭仪，正二品，接着就要提升她为正一品，列了一个名号叫“宸妃”。这时王皇后醒悟，感到真正的敌人是武则天，反过来与萧淑妃联手说武昭仪的不是，可是高宗始终不听，王皇后与萧淑妃的悲剧就不可避免了。

武则天与李治能做出乱伦之事，想一想就是不安本分的人。王皇后因一时之怒，不计后果，引狼入室，算是作茧自缚，搬起石头砸了自己的脚。王皇后因嫉妒带来杀身之祸，发人深思，供人鉴戒。

唐纪十六

唐高宗永徽六年至龙朔二年（655—662 年）

【起旃蒙单阏（乙卯，655 年）十月，尽玄黓阉茂（壬戌，662 年）七月，凡六年有奇】

【大事提要】

本卷记事起公元 655 年十月，讫公元 662 年七月，凡六年又十个月，时当唐高宗永徽六年至龙朔二年。此时期发生的最重大事件是唐高宗废黜了王皇后，新立了武则天为皇后，伴随废王立武的成功，产生两大后继政治事件。其一，是武则天皇后残酷迫害王皇后和萧淑妃至死，表现了武则天强烈的报复心，这一性格将对武氏后来执政产生深远影响。其二，是武氏党羽许敬宗、李义府等以谋反罪彻底毁灭了长孙无忌等士族集团。唐高宗乘胜追击，重修《氏族志》，以官品定门第高低，从根本上铲除了士族集团东山再起的社会基础，结束了门阀政治，对社会变迁产生了重大影响。这一时期也是唐高宗执政获得文治武功最鼎盛的时期。唐高宗完成了唐礼仪的制定。在军事上，在北方抚定了铁勒九姓，巩固了对西域的统治，设置了安西都护府。在东方大发兵征高丽，破百济，但唐军最终未能取胜。唐高宗因患风疾，大权逐渐旁落武则天皇后之手。武氏党羽许敬宗、李义府也权势日盛。李义府因贪黩遭贬，但仍能干预朝政，最终拜相。唐高宗的昏聩也日益显现。

【原文】

高宗天皇大圣大弘孝皇帝上之下

永徽六年（乙卯，655 年）

冬，十月，己酉，下诏称："王皇后、萧淑妃谋行鸩毒，废为庶人，母及兄弟，并除名，流岭南。"许敬宗奏："故特进赠司空王仁祐告身尚存，使逆乱余孽犹得为荫，并请除削。"从之。

乙卯，百官上表请立中宫，乃下诏曰："武氏门著勋庸，地华缨黻，往以才行选入后庭，誉重椒闱，德光兰掖。朕昔在储贰，特荷先慈，常得侍从，弗离朝夕，宫壸之内，恒自饬躬，嫔嫱之间，未尝迕目，圣情鉴悉，每垂赏叹，遂以武氏赐朕，事同政君，可立为皇后。"

丁巳，赦天下。是日，皇后上表称："陛下前以妾为宸妃，韩瑗、来济面折庭争，此既事之极难，岂非深情为国，乞加褒赏。"上以表示瑗等，瑗等弥忧惧，屡请去位，上不许。

十一月，丁卯朔，临轩命司空李勣赍玺绶册皇后武氏。是日，百官朝皇后于肃义门。

故后王氏，故淑妃萧氏，并囚于别院，上尝念之，间行至其所，见其室封闭极密，惟窍壁以通食器，恻然伤之，呼曰："皇后、淑妃安在？"王氏泣对曰："妾等得罪为宫婢，何得更有尊称！"又曰："至尊若念畴昔，使妾等再见日月，乞名此院为回心院。"上曰："朕即有处置。"武后闻之，大怒，遣人杖王氏及萧氏各一百，断去手足，捉酒瓮中，曰："令二妪骨醉！"数日而死，又斩之。王氏初闻宣敕，再拜曰："愿大家万岁！昭仪承恩，死自吾分。"淑妃骂曰："阿武妖猾，乃至于此！愿他生我为猫，阿武为鼠，生生扼其喉。"由是宫中不畜猫。寻又改王氏姓为蟒氏，萧氏为枭氏。武后数见王、萧为祟，被发沥血如死时状。后徙居蓬莱宫，复见之，故多在洛阳，终身不归长安。

（以上为第一段，写高宗立武氏为皇后，以及武氏迫害王皇后及萧淑妃至死。）

【语译】

高宗天皇大圣大弘孝皇帝上之下

唐高宗永徽六年（乙卯，655年）

冬季，十月十三日己酉，高宗颁下诏书说："王皇后、萧淑妃图谋下鸩毒害皇上，废掉她们为庶人，她们的母亲及兄弟，一并废除原来的名位，流放到岭南地区。"许敬宗呈奏称："皇后的父亲故特进赠司空王仁祐的官符还保存着，会使逆乱的子孙余孽仍然得到先人的庇荫，请求将王仁祐的官符一起除削。"高宗听从了他的主张。

十月十九日乙卯，百官奏进表章请求册立皇后，高宗便颁下诏书说："武氏门第昭著，勋业彪炳，出身华贵缨黻之家，以往凭借才貌德行选入后宫，声誉满宫闱，德操耀掖庭。朕昔日居太子位时，蒙受先皇特殊的慈爱，经常得以侍奉随从他，朝夕不离。得悉武氏在宫院之内，常常自我反省，处理嫔嫱之间的关系，未曾发生过反目失和的事，先皇对武氏的言行举止了解得很清楚，屡屡表示赞赏感叹，于是将武氏赐予我，此事如同汉宣帝立王政君为太子妃一样，可以册立武氏为皇后。"

十月二十一日丁巳，朝廷赦免天下。这一天，皇后武氏上奏说："陛下以前将妾册立为宸妃时，韩瑗、来济在朝廷上当着陛下的面争议阻挠，这件事既然极其难办，可见他们的做法岂不是在深切为国考虑！我请求对他们加以褒奖赏赐。"高宗把奏表给韩瑗等看阅，他们明白了皇后的意思，更为担忧惧怕，屡次奏请辞去官位，高宗没有同意。

十一月初一日丁卯，高宗驾临殿前平台，命令司空李勣携带玉玺印绶册立皇后武氏。这一天，百官来到肃义门朝拜了皇后。

以往所封的皇后王氏与淑妃萧氏，一同被囚禁于别院中。高宗曾经由于思念她们，私下前往囚禁她们的处所，看见囚室封闭得极为严密，只是在墙壁上开一个窟窿递送食物，为此恻然伤心，呼喊道："皇后、淑妃，你们在哪里？"王氏边哭泣边回答："妾等获罪被废为宫婢，怎么能够再用皇后、淑妃的尊称！"又说："至尊的皇帝如果还念及往昔情分，使得妾等重见日月，在此我们乞求命名别院为回心院。"高宗说："我立即就会有所处置。"武后获悉这一情况，大为恼怒，派遣人员杖击王氏、萧氏每人一百下，斩断了她们的手足，丢到酒瓮里面，说："就让这两个老太婆的骨头沉醉其中吧！"王氏、萧氏几天后就死掉了，又斩碎了她们的尸骨。王氏刚刚听到宣布敕命时，跪拜了两次说："祝皇帝万岁！昭仪承蒙恩典，赴死本来是我分内之事。"萧淑妃骂道："阿武妖媚狡猾，竟然到了这种地步！但愿来世我投胎为猫，阿武成为鼠类，生生世世掐住阿武的喉头。"从此以后宫中不再养猫。不久又把王氏改姓

己巳，许敬宗奏曰："永徽爰始，国本未生，权引彗星，越升明两。近者元妃载诞，正胤降神，重光日融，爝晖宜息。安可反植枝干，久易位于天庭；倒袭裳衣，使违方于震位！又，父子之际，人所难言，事或犯鳞，必婴严宪，煎膏染鼎，臣亦甘心。"上召见，问之，对曰："皇太子，国之本也，本犹未正，万国无所系心。且在东宫者，所出本微，今知国家已有正嫡，必不自安。窃位而怀自疑，恐非宗庙之福，愿陛下熟计之。"上曰："忠已自让。"对曰："能为太伯，愿速从之。"

西突厥颉苾达度设数遣使请兵讨沙钵罗可汗。甲戌，遣丰州都督元礼臣册拜颉苾达度设为可汗。礼臣至碎叶城，沙钵罗发兵拒之，不得前。颉苾达度设部落多为沙钵罗所并，余众寡弱，不为诸姓所附，礼臣竟不册拜而归。

中书侍郎李义府参知政事。义府容貌温恭，与人语，必嬉怡微笑，而狡险忌克，故时人谓义府笑中有刀；又以其柔而害物，谓之李猫。

（以上为第二段，写武氏党羽许敬宗、李义府两小人之行迹。）

显庆元年（丙辰，656年）

春，正月，辛未，以皇太子忠为梁王、梁州刺史；立皇后子代王弘为皇太子，生四年矣。忠既废，官属皆惧罪亡匿，无敢见者；右庶子李安仁独候忠，泣涕拜辞而去。安仁，纲之孙也。

壬申，赦天下，改元。

二月，辛亥，赠武士彟司徒，赐爵周国公。

三月，以度支侍郎杜正伦为黄门侍郎、同三品。

为蟒氏，萧氏改姓为枭氏。武后眼前多次出现王氏、萧氏鬼魂作祟的幻觉，看到她们披头散发、淌血不止，如同死时的那个模样。后来武后迁往蓬莱宫居住，又看到了她们的鬼魂，所以她多半时间待在洛阳，终身不再返回长安。

十一月初三日己巳，许敬宗上奏说："永徽初年，太子未立，也就是国家的根本还没有建立，暂且引用彗星作为权宜之计，欲使其越升为前后相续的明照之日。近来皇后生育了儿子，正统的皇太子已经降生，双重的日光融合光明，而群星的光焰应当止息。怎么可以颠倒树木的枝干，长久地改变太阳和彗星在天庭的位置，如同倒穿上衣下裳，使得嫡长子之位违错不正！况且父子之间的关系，是旁人所难以讲清楚的，事态如果发展到触犯龙鳞的地步，必定会遭受严法惩处。臣下的话如果不中听，就是把我投入沸鼎里煎熬，我也会觉得甘心。"高宗召见了许敬宗，询问他奏表的意思，许敬宗回答说："皇太子乃是国家的根本，倘若根本还不能够端正的话，天下之心则无所归附。而且目前居住在太子宫的人，出身本来就不尊贵，如今他知道国家已有了正统的嫡子，私下一定不会安宁。他窃据太子位而内心又怀抱疑忌，这恐怕不是宗庙的福祉吧，但愿陛下深思熟虑。"高宗说："太子李忠已经自行让位了。"许敬宗回答说："他能仿效西周太伯的做法，希望陛下从速予以接受。"

西突厥颉苾达度设多次派遣使者请求朝廷发兵讨击沙钵罗可汗。十一月初八日甲戌，派丰州都督元礼臣为使前去册立颉苾达度设为可汗。元礼臣到达碎叶城，沙钵罗调发兵马加以抗拒，元礼臣无法前行。颉苾达度设的部落大多为沙钵罗所兼并，余下的部众势单力薄，难以使得各姓部族来归附，元礼臣最终没有完成册立使命而返回。

任命中书侍郎李义府为参知政事。李义府容貌温和恭敬，与人交谈时，一定摆出一副喜悦微笑的样子，然而内心却是狡诈阴险、忌恨刻薄，因此当时人们都说李义府笑里藏刀；又认为他外表温柔而害人，与猫相似，把他称作李猫。

唐高宗显庆元年（丙辰，656 年）

春季，正月初六日辛未，改封皇太子李忠为梁王、梁州刺史；立皇后的儿子代王李弘为皇太子，太子已出生四年了。李忠被废之后，他的属官都害怕罹罪而逃亡躲藏起来，没有敢和李忠见面的；只有右庶子李安仁侍候李忠，然后哭泣拜别离去。李安仁是李纲的孙子。

正月初七日壬申，赦免天下，改年号为显庆。

二月十七日辛亥，赐官武士彟为司徒，赐爵为周国公。

三月，任命度支侍郎杜正伦为黄门侍郎、同三品。

夏，四月，壬子，矩州人谢无灵举兵反，黔州都督李子和讨平之。

己未，上谓侍臣曰："朕思养人之道，未得其要，公等为朕陈之！"来济对曰："昔齐桓公出游，见老而饥寒者，命赐之食，老人曰：'愿赐一国之饥者。'赐之衣，曰：'愿赐一国之寒者。'公曰：'寡人之廪府安足以周一国之饥寒。'老人曰：'君不夺农时，则国人皆有余食矣；不夺蚕要，则国人皆有余衣矣！'故人君之养人，在省其征役而已。今山东役丁，岁别数万，役之则人大劳，取庸则人大费。臣愿陛下量公家所须外，余悉免之。"上从之。

六月，辛亥，礼官奏停太祖、世祖配祀，以高祖配昊天于圜丘，太宗配五帝于明堂；从之。

秋，七月，乙丑，西洱蛮酋长杨栋附，显和蛮酋长王郎祁，郎、昆、黎、盘四州酋长王伽冲等帅众内附。

癸未，以中书令崔敦礼为太子少师、同中书门下三品。

八月，丙申，固安昭公崔敦礼薨。

辛丑，葱山道行军总管程知节击西突厥，与歌逻、处月二部战于榆慕谷，大破之，斩首千余级。副总管周智度攻突骑施、处木昆等部于咽城，拔之，斩首三万级。

乙巳，龟兹王布失毕入朝。

李义府恃宠用事。洛州妇人淳于氏，美色，系大理狱，义府属大理寺丞毕正义枉法出之，将纳为妾，大理卿段宝玄疑而奏之。上命给事中刘仁轨等鞫之，义府恐事泄，逼正义自缢于狱中。上知之，原义府罪不问。

侍御史涟水王义方欲奏弹之，先白其母曰："义方为御史，视奸臣不纠则不忠，纠之则身危而忧及于亲为不孝，二者不能自决，奈何？"母曰："昔王陵之母，杀身以成子之名。汝能尽忠以事君，吾死不恨！"义方乃奏："义府于辇毂之下，擅杀六品寺丞；就云正义自杀，亦由畏义府威，杀身以灭口。如此，则生杀之威，不由上出，渐不可长，请更加勘当！"于是对仗，叱义府令下；义府顾望不退。义方三叱，上既无言，义府始趋出，义方乃读弹文。上释义府不问，而谓义方毁辱大臣，言辞

夏季，四月十八日壬子，矩州人谢无灵举兵反叛，黔州都督李子和讨伐并平定了这次反叛。

四月二十五日己未，高宗对侍臣们说："我思虑养育百姓的方法，但未能找到要领，你们诸位为朕陈述一下！"来济回答说："从前齐恒公出游，看见年老而挨饿受冻的人，就命令赐给他们食物，老人说：'希望赐给全国挨饿的百姓。'桓公又赐老人衣服，老人说：'希望能赐给全国受冻的百姓。'桓公说：'寡人的府库所藏，怎么够用来周济全国挨饿受冻的百姓呢！'老人说：'只要国君不侵夺农人耕作的时间，那么全国人都有充裕的粮食了；不侵夺农人养蚕织布的必备条件，那么全国人都有足够的衣物了！'所以国君养育百姓，就在减省征发徭役罢了。现今在山东服徭役的壮丁，每年增加数万，役使这么多的人，百姓就会大为劳苦；收取雇佣的金钱，就又会使百姓耗费太大。臣希望陛下估量公家所需的役丁数目，除所需之外，其余都加以免除。"高宗接受了来济的建议。

六月十八日辛亥，礼官上奏要求停止太祖、世祖的配祀。在圜丘祭祀昊天时，以高祖配祀，在明堂祭祀五帝时，以太宗配祀。高宗接受了这一建议。

秋季，七月初三日乙丑，西洱蛮酋长杨栋随同显和蛮酋长王郎祁，以及郎州、昆州、黎州、盘州四个州的酋长王伽冲等都率领部众归附朝廷。

七月二十一日癸未，任命中书令崔敦礼为太子少师、同中书门下三品。

八月初四日丙申，固安昭公崔敦礼去世。

八月初九日辛丑，葱山道行军总管程知节攻击西突厥，与歌逻、处月两部在榆慕谷交战，大败歌逻、处月，斩杀敌人一千多人，副总管周智度在咽城攻击突骑施、处木昆等部，攻下咽城，斩杀敌人三万人。

八月十三日乙巳，龟兹王布失毕进京朝拜天子。

李义府倚仗得宠而专权用事。洛州妇人淳于氏容貌姣好，被拘禁在大理寺的监狱里，义府嘱咐大理寺丞毕正义违法释放了淳于氏，准备收纳为妾，大理卿段宝玄怀疑此事而奏报给皇帝。高宗命令给事中刘仁轨等人加以审讯，李义府担心事情外泄，逼迫毕正义在监狱中自缢。高宗知道后，原宥了李义府的罪行而未予以处置。

侍御史涟水人王义方打算奏报弹劾李义府，先告诉自己的母亲说："义方身为御史，眼看奸臣为恶而不纠举，那就是不忠，但如加以纠举却会有被害的危险，而使母亲忧虑，那是不孝，这两件事自己不能决定怎样做才好，怎么办？"母亲说："从前王陵的母亲牺牲自己而成就儿子的名声。你能够竭尽忠诚来事奉国君，我就是死了也不会感到遗憾！"王义方就向高宗奏报说："李义府在皇帝辇驾之旁，擅自杀害了六品寺丞；纵使认为毕正义是自杀而死，也是由于害怕李义府的权势，将会杀他灭口才自杀的。照这么办，对臣子生杀的大权，将不是由皇上掌握，这种情势不能

不逊，贬莱州司户。

九月，括州暴风，海溢，溺四千余家。

冬，十一月，丙寅，生羌酋长浪我利波等帅众内附，以其地置柘、栱二州。

十二月，程知节引军至鹰娑川，遇西突厥二万骑，别部鼠尼施等二万余骑继至，前军总管苏定方帅五百骑驰往击之，西突厥大败，追奔二十里，杀获千五百余人，获马及器械，绵亘山野，不可胜计。副大总管王文度害其功，言于知节曰："今兹虽云破贼，官军亦有死伤，乘危轻脱，乃成败之法耳，何急而为此！自今常结方陈，置辎重在内，遇贼则战，此万全策也。"又矫称别得旨，以知节恃勇轻敌，委文度为之节制，遂收军不许深入。士卒终日跨马，被甲结陈，不胜疲顿，马多瘦死。定方言于知节曰："出师欲以讨贼，今乃自守，坐自困敝，若遇贼必败；懦怯如此，何以立功！且主上以公为大将，岂可更遣军副专其号令，事必不然。请囚文度，飞表以闻。"知节不从。

至恒笃城，有群胡归附，文度曰："此属伺我旋师，还复为贼，不如尽杀之，取其资财。"定方曰："如此乃自为贼耳，何名伐叛！"文度竟杀之，分其财，独定方不受。师旋，文度坐矫诏当死，特除名；知节亦坐逗遛追贼不及，减死免官。

是岁，以太常卿驸马都尉高履行为益州长史。

韩瑗上疏，为褚遂良讼冤曰："遂良体国忘家，捐身徇物，风霜其操，铁石其心，社稷之旧臣，陛下之贤佐。无闻罪状，斥去朝廷，内外甿黎，咸嗟举措。臣闻晋武弘裕，不贻刘毅之诛；汉祖深仁，无恚周昌之直。而遂良被迁，已经寒暑，违忤陛下，其罚塞焉。伏愿缅鉴无辜，稍宽非罪，俯矜微款，以顺人情。"上谓瑗曰："遂良之情，朕亦知之。然其悖

让它慢慢滋长，请求皇上再加审查，以求确当！”于是王义方面对侍卫仗仗，呵叱李义府要他退下；李义府观望着不愿退下。王义方呵叱了三声，高宗都没有说话，李义府这才快步退出，王义方就开始宣读弹劾李义府的奏章。但高宗还是对李义府不加追究，却反说王义方要毁谤侮辱大臣，言语文辞不恭逊，贬为莱州司户。

九月，括州发生暴风之灾，海水泛滥，淹没了四千多家。

冬季，十一月初六日丙寅，生羌酋长浪我利波等人率领部众归附朝廷，在他们的土地上设置了柘州、栱州。

十二月，程知节带兵到鹰娑川，遇到西突厥两万骑兵，其他部落鼠尼施等人率领两万多的骑兵接着也到来了，前军总管苏定方率领五百名骑兵飞驰前往攻击，西突厥大败，苏定方追逐逃奔的敌兵达二十里，杀死俘获的敌兵有一千五百多人，缴获的马匹和军械器物，连绵于整个山野，无法数清。副大总管王文度嫉妒苏定方的功劳，对程知节说：“现在虽说打败了贼人，但官军也有死亡和受伤的，冒险进攻不慎重，是可以成功也可能失败的方法，何必急忙做这种冒险的事！从现在起应常常集结好方形阵势，把辎重安排在阵势之内，遇到敌人则作战，这是最安全的策略。”又假称另外得到圣旨，认为程知节依恃勇力，有轻敌之意，所以委任王文度对他节度制约，于是收聚部队，不允许深入敌境。士卒整天骑着马匹，披挂甲胄结成阵势，忍受不了疲劳困顿，马匹大都由于瘦弱而死。苏定方对程知节说：“出动军队的目的就是为了讨伐贼寇，现在让自己困守在这里，等着让自己窘迫困乏，如果遇到敌人必定会打败仗；像这样懦弱胆怯，又靠什么建立功勋！况且国君任命您为大将，怎么可以再让副大总管专擅号令？事实一定不是这样。请把王文度囚禁起来，飞快地向国君报告。”但程知节未听从。

到达桓笃城时，有很多胡人归附。王文度说：“这些人伺机等我们回师时，还会恢复为贼寇的，不如把他们全部杀了，夺取他们的物资钱财。”苏定方说：“这样一来我们自己就变成贼了，怎能号称讨伐叛贼啊！”王文度最终还是把归附的胡人杀了，瓜分了胡人的财物，只有苏定方没有接受。军队班师回朝后，王文度因为犯了假造诏命之罪而应判处死刑，被特赦只免除了他的名位；程知节也因逗留不进，致使追击不到贼寇，减免死罪而被罢黜了官职。

这一年，任命太常寺卿附马都尉高履行为益州长史。

韩瑗呈进奏疏，为褚遂良诉讼冤屈说：“褚遂良忠于朝廷忘了自己的家，舍弃自己的性命为国事牺牲，有风霜一样的凛然节操，铁石一般坚劲的忠心，是国家的老臣，也是陛下贤明的辅弼。没有听说有什么罪状，就被贬斥而离开朝廷，使得朝廷内外的臣民，都对这件事表示嗟叹惋惜。臣听说晋武帝心胸宽广，不把刘毅杀掉，汉高祖有浓厚的仁义，不对周昌的正直生气。而褚遂良官位被贬，已经过了一年，

戾好犯上，故以此责之，卿何言之深也！”对曰：“遂良社稷忠臣，为谗谀所毁。昔微子去而殷国以亡，张华存而纲纪不乱。陛下无故弃逐旧臣，恐非国家之福！”上不纳。瑗以言不用，乞归田里，上不许。

刘洎之子讼其父冤，称贞观之末，为褚遂良所谮而死，李义府复助之。上以问近臣，众希义府之旨，皆言其枉。给事中长安乐彦玮独曰：“刘洎大臣，人主暂有不豫，岂得遽自比伊、霍！今雪洎之罪，谓先帝用刑不当乎？”上然其言，遂寝其事。

（以上为第三段，写唐高宗时暗时明。袒护李义府则昏，辨苏定方立功为明，典型的中庸之主。）

二年（丁巳，657 年）

春，正月，癸巳，分哥逻禄部置阴山、大漠二都督府。

闰月，壬寅，上行幸洛阳。

庚戌，以左屯卫将军苏定方为伊丽道行军总管，帅燕然都护渭南任雅相、副都护萧嗣业发回纥等兵，自北道讨西突厥沙钵罗可汗。嗣业，钜之子也。

初，右卫大将军阿史那弥射及族兄左屯卫大将军步真，皆西突厥酋长，太宗之世，帅众来降；至是，诏以弥射、步真为流沙安抚大使，自南道招集旧众。

二月，辛酉，车驾至洛阳宫。

庚午，立皇子显为周王。壬申，徙雍王素节为郇王。

三月，甲辰，以潭州都督褚遂良为桂州都督。

癸丑，以李义府兼中书令。

夏，五月，丙申，上幸明德宫避暑。上自即位，每日视事；庚子，宰相奏天下无虞，请隔日视事；许之。

秋，七月，丁亥朔，上还洛阳宫。

王玄策之破天竺也，得方士那逻迩娑婆寐以归，自言有长生之术，

他违背忤逆陛下旨意，所受的惩罚也够了。臣请求陛下能仔细鉴察他的无辜，稍加宽宥，不要再罪责他，矜怜他对陛下的一片忠诚，以顺应人情。”高宗对韩瑗说：“褚遂良的实情我也知道。但他悖逆乖戾，喜欢犯上，所以才贬他的官位，以责罚他，您何必说得这么严重啊！”韩瑗回答说：“褚遂良是尽忠社稷的大臣，却被谗佞阿谀的小人所毁谤。古时候微子一旦离去而殷国就灭亡，张华仍然在位而晋朝的纲纪得以不乱。陛下无缘无故地抛弃放逐老臣，恐怕不是国家的福分！”高宗没有接纳这一请求。韩瑗因为建议不被采用，要求辞官回归乡里，但高宗没有同意。

刘洎的儿子为父亲诉冤，说他父亲在贞观末年，被褚遂良所毁谤致死，李义府又帮助刘洎儿子诉讼。高宗向左右近臣查问实际情况，众近臣迎合李义府的心意，所以都说刘洎父亲是冤枉的。只有给事中长安人乐彦玮说：“刘洎是个大臣，国君偶有身体不适，怎么就轻易自比成伊尹、霍光！现在要洗刷刘洎的罪，难道是说先帝用刑不妥当吗？”高宗赞同乐彦玮的话，便把这件事搁置了起来。

唐高宗显庆二年（丁巳，657年）

春季，正月，癸巳日，把西突厥葛逻禄部分别设置为阴山、大漠两个都督府。

闰正月十三日壬寅，高宗巡行到了洛阳。

二十一日庚戌，任命左屯卫将军苏定方为伊丽道行军总管，率领燕然都护府都护渭南人任雅相、副都护萧嗣业调遣回纥等地军队，从北路出发讨伐西突厥沙钵罗可汗。萧嗣业是萧钜的儿子。

起初，右卫大将军阿史那弥射和他的堂兄左屯卫大军将军步真，都是西突厥的酋长，在太宗的时代，率领部众来投降；到这时候，高宗下诏任命弥射、步真为流沙安抚大使，在南路招集旧有部众。

二月初三日辛酉，高宗的车驾到达洛阳宫。

二月十二日庚午，任命皇子李显为周王。二月十四日壬申，迁徙雍王李素节为郇王。

三月十六日甲辰，任命潭州都督褚遂良为桂州都督。

三月二十五日癸丑，任命李义府兼中书令。

夏季，五月初九日丙申，高宗前往明德宫避暑。高宗自从即位以后，每天都上朝理事，三月十三日庚子，宰相奏报说天下没有可担忧的事情，请求每隔一日处理政务，高宗应允了。

秋季，七月初一日丁亥，高宗回到洛阳宫。

王玄策击败天竺时，俘获方士那罗迩娑婆寐而回到朝廷，那罗迩娑婆寐自称有

太宗颇信之，深加礼敬，使合长生药。发使四方求奇药异石，又发使诣婆罗门诸国采药。其言率皆迂诞无实，苟欲以延岁月，药竟不就，乃放还。上即位，复诣长安，又遣归。玄策时为道王友，辛亥，奏言："此婆罗门实能合长年药，自诡必成，今遣归，可惜失之。"玄策退，上谓侍臣曰："自古安有神仙！秦始皇、汉武帝求之，疲弊生民，卒无所成，果有不死之人，今皆安在！"李勣对曰："诚如圣言。此婆罗门今兹再来，容发衰白，已改于前，何能长生！陛下遣之，内外皆喜。"娑婆寐竟死于长安。

（以上为第四段，写唐高宗不信长生术。）

许敬宗、李义府希皇后旨，诬奏侍中韩瑗、中书令来济与褚遂良潜谋不轨，以桂州用武之地，授遂良桂州都督，欲以为外援。八月，丁卯，瑗坐贬振州刺史，济贬台州刺史，终身不听朝觐。又贬褚遂良为爱州刺史，荣州刺史柳奭为象州刺史。

遂良至爱州，上表自陈："往者濮王、承乾交争之际，臣不顾死亡，归心陛下。时岑文本、刘洎奏称'承乾恶状已彰，身在别所，其于东宫，不可少时虚旷，请且遣濮王往居东宫。'臣又抗言固争，皆陛下所见。卒与无忌等四人共定大策。及先朝大渐，独臣与无忌同受遗诏。陛下在草土之辰，不胜哀恸，臣以社稷宽譬，陛下手抱臣颈。臣与无忌区处众事，咸无废阙，数日之间，内外宁谧。力小任重，动罹愆过，蝼蚁余齿，乞陛下哀怜。"表奏，不省。

（以上为第五段，写许敬宗、李义府继续迫害韩瑗、来济、褚遂良等。）

己巳，礼官奏："四郊迎气，存太微五帝之祀；南郊明堂，废纬书六天之义。其方丘祭地之外，别有神州，亦请合为一祀。"从之。

辛未，以礼部尚书许敬宗为侍中，兼度支尚书杜正伦为兼中书令。

使人长生的方术，太宗相当信任他，给了他很高的礼遇和尊重，要他配制长生的药物。遣发使者到四方去寻求珍奇的药石，又遣发使者到婆罗门几个国家去采药。他的言论大都迂阔怪诞不切实际，不过是想拖延时间，长生药最后还是没有配成，就把他放回去了。高宗即位后，那罗迩娑婆寐又来到长安，高宗又遣送他回天竺。王玄策当时是道王李元庆的朋友，七月二十五日辛亥，向高宗奏报说："这个婆罗门确实能配制长生药，他表示一定可以配成，现在让他回去，丧失了机会太可惜。"王玄策退了下去，高宗对侍臣说："自古以来哪有神仙！秦始皇、汉武帝为了寻找神仙，使得百姓穷苦困乏，最后一无所成。如果真有不死的人，这些人现在都在哪里！"李勣回答说："确实如同圣上所说。这个婆罗门今番再来，已经容貌衰老、头发斑白，和以前不一样了，怎么能够长生！陛下遣送他回去，朝廷内外都会很高兴的。"娑婆寐最后死在长安。

许敬宗、李义府迎合武皇后的意旨，向皇帝奏报，诬陷侍中韩瑗、中书令来济和褚遂良暗中图谋不轨，认为桂州是古今兵家用武必争之地，所以授给褚遂良桂州都督，打算让褚遂良作为外援，进行反叛。八月十一日丁卯，韩瑗获罪被贬为振州刺史，来济被贬为台州刺史，终身不许朝觐皇帝。又把褚遂良贬为爱州刺史，把荣州史柳奭贬为象州刺史。

褚遂良到了爱州，呈上奏章自我表白说："以前濮王、承乾相争的时候，臣不顾死亡的危险，诚心归附陛下。当时岑文本、刘洎奏报说：'承乾作恶的情况已经昭彰，被幽禁在别宫但对于皇太子的位置来说不能够有短暂的空缺，请求权且派遣濮王住进东宫。'臣又高声直言极力争取，这些都是陛下所亲见。最后臣还是和长孙无忌等四个人共同决定国家大计。后来先帝临终之际，只有臣和长孙无忌一同接受先帝的遗命。当陛下在居丧之际，内心非常哀恸，臣劝陛下以社稷为重，使陛下宽心，陛下感动得用手抱住臣的头颈。臣和长孙无忌处置大小政事，使得朝政免于荒弃废阙，不过几天的时间，朝廷内外便安宁平静了。臣的力量虽然小，但职任很重，所以一有举措就容易犯下过错，蝼蚁之躯，残暮之年，乞求陛下怜悯。"表奏呈上去后，高宗不体察其情。

八月十三日己巳，礼官奏报："四郊迎接五行精气，保存太微五帝的祭祀；南郊明堂都祭祀昊天上帝，废弃纬书六天的说法。除在方丘祭祀地祇之外，另在北郊祭祀神州地祇，现在合并在方丘一起祭祀。"高宗表示接受。

八月十五日辛未，任命礼部尚书许敬宗为侍中、兼任度支尚书，杜正伦兼任中书令。

冬，十月，戊戌，上行幸许州。乙巳，畋于滍水之南。壬子，至汜水曲。十二月，乙卯朔，车驾还洛阳宫。

苏定方击西突厥沙钵罗可汗，至金山北，先击处木昆部，大破之，其俟斤嬾独禄等帅万余帐来降，定方抚之，发其千骑与俱。

右领军郎将薛仁贵上言："泥孰部素不伏贺鲁，为贺鲁所破，虏其妻子。今唐兵有破贺鲁诸部得泥孰妻子者，宜归之，仍加赐赉，使彼明知贺鲁为贼而大唐为之父母，则人致其死，不遗力矣。"上从之。泥孰喜，请从军共击贺鲁。

定方至曳咥河西，沙钵罗帅十姓兵且十万来拒战。定方将唐兵及回纥万余人击之。沙钵罗轻定方兵少，直进围之。定方令步兵据南原，攒矟外向，自将骑兵陈于北原。沙钵罗先攻步军，三冲不动，定方引骑兵击之，沙钵罗大败，追奔三十里，斩获数万人；明日，勒兵复进。于是胡禄屋等五弩失毕悉众来降，沙钵罗独与处木昆屈律啜数百骑西走。时阿史那步真出南道，五咄陆部落闻沙钵罗败，皆诣步真降。定方乃命萧嗣业、回纥婆闰将胡兵趋邪罗斯川，追沙钵罗，定方与任雅相将新附之众继之。会大雪，平地二尺，军中咸请俟晴而行，定方曰："虏恃雪深，谓我不能进，必休息士马，亟追之可及，若缓之，彼遁逃浸远，不可复追，省日兼功，在此时矣！"乃蹋雪昼夜兼行。所过收其部众，至双河，与弥射、步真合，去沙钵罗所居二百里，布陈长驱，径至其牙帐。沙钵罗与其徒将猎，定方掩其不备，纵兵击之，斩获数万人，得其鼓纛，沙钵罗与其子咥运、婿阎啜等脱走，趣石国。定方于是息兵，诸部各归所居，通道路，置邮驿，掩骸骨，问疾苦，画疆场，复生业，凡为沙钵罗所掠者，悉括还之，十姓安堵如故。乃命萧嗣业将兵追沙钵罗，定方引军还。

沙钵罗至石国西北苏咄城，人马饥乏，遣人赍珍宝入城市马，城主伊沮达官诈以酒食出迎，诱之入，闭门执之，送于石国。萧嗣业至石国，

冬季，［十一月］十四日戊戌，高宗巡行到达许州。二十一日乙巳，在滍水南岸狩猎。十一月二十八日壬子，到达汜水曲。十二月初一日乙卯，高宗车驾返回洛阳宫。

苏定方攻击西突厥沙钵罗可汗，到达金山北面，先攻击处木昆部，把他们打得大败。处木昆部的俟斤嬾独禄等人率领一万多帐来投降，苏定方加以安抚，派出一千骑兵和他们在一起。

右领军郎将薛仁贵向高宗上书说："泥孰部一向不屈服于贺鲁，被贺鲁打败，他们的妻子儿女都被俘虏了。现在唐兵中有打败贺鲁各部落而俘获泥孰妻儿的，最好把俘获送还给泥孰，还对泥孰加以赏赐，让泥孰能清楚认识贺鲁是贼寇，而大唐是他们的父母，那么他们必定会人人为唐室效死，不加保留。"高宗接受了他的意见。泥孰很高兴，请求随同唐军共同攻击贺鲁。

苏定方到了曳咥河西边，沙钵罗率领十姓的兵众将近十万，前来抵抗作战。苏定方率领唐兵和回纥一万多人发起攻击。沙钵罗轻视苏定方士兵少，径直前进形成包围。苏定方命令步兵据守南原，把长矛密集排列，锋刃向外，自己率领士兵在北原列阵。沙钵罗先攻击南原步兵，冲锋三次不能使守军动摇，苏定方带领骑兵发动攻击，沙钵罗大败，苏定方追击了三十里，斩杀俘获几万人；次日整顿军队再次进攻。于是胡禄屋等五咄陆都率领全体部众来降，沙钵罗单独和处木昆屈律啜率领几百名骑兵向西逃走。当时阿史那步真从南道出发，五咄陆部落听说沙钵罗被打败，就都向阿史那步真投降。苏定方命萧嗣业、回纥婆闰率领胡人军队赶往邪罗斯川，追击沙钵罗，苏定方和任雅相率领刚刚归附的部众作为后援。适逢天降大雪，平地积雪二尺，军中士卒都要求等到天晴再行进，苏定方说："敌人仗着雪积得深，以为我们不能前进，一定会让兵马休息，我们尽力追击可以赶上，如果延缓追击，敌人逃得越来越远，不可能再追得上，要能节省时间而功劳加倍的话，就在这个时候了！"唐军就踏着雪，不分昼夜地兼程赶路。经过的地方都收聚投降的部众，到了双河，和阿史那弥射、阿史那步真会合，在距离沙钵罗所住二百里的地方，列好阵势，长驱直入，直接攻到沙钵罗的牙帐。沙钵罗和徒众正准备出猎，苏定方乘他没有防备，进兵加以攻击，斩杀俘获了几万人，夺得沙钵罗的战鼓旗帜，沙钵罗和他的儿子咥运、女婿阎啜等人逃脱遁走，前往石国。苏定方于是停止进攻，命令各部落都回到各自的居地，开通道路，设置驿站，掩埋死者的骸骨，慰问生者的疾苦，划定所辖区域，恢复生计产业，凡是被沙钵罗所掠夺的财物全部归还，十姓的胡人照常安居。又命令萧嗣业带兵追击沙钵罗，苏定方带兵凯旋。

沙钵罗到了石国西北的苏咄城，士卒、马匹都已饥饿困乏，派人拿着珍宝进城买马，城主伊沮达官欺骗他，拿着酒食出城迎接他，诱使他入城，然后关闭城门把

石国人以沙钵罗授之。

乙丑，分西突厥地置濛池、昆陵二都护府，以阿史那弥射为左卫大将军、昆陵都护、兴昔亡可汗，押五咄陆部落；阿史那步真为右卫大将军、濛池都护、继往绝可汗，押五弩失毕部落。遣光禄卿卢承庆持节册命，仍命弥射、步真与承庆据诸姓降者，准其部落大小，位望高下，授刺史以下官。

丁卯，以洛阳宫为东都，洛州官吏员品并如雍州。

是岁，诏："自今僧尼不得受父母及尊者礼拜，所司明有法制禁断。"

以吏部侍郎刘祥道为黄门侍郎，仍知吏部选事。祥道以为："今选司取士伤滥，每年入流之数，过一千四百，杂色入流，曾不铨简。即日内外文武官一品至九品，凡万三千四百六十五员，约准三十年，则万三千余人略尽矣。若年别入流者五百人，足充所须之数。望有厘革。"既而杜正伦亦言入流人太多。上命正伦与祥道详议，而大臣惮于改作，事遂寝。祥道，林甫之子也。

（以上为第六段，写苏定方抚定西突厥。）

三年（戊午，658 年）

春，正月，戊子，长孙无忌等上所修新礼；诏中外行之。先是，议者谓《贞观礼》节文未备，故命无忌等修之。时许敬宗、李义府用事，所损益多希旨，学者非之。太常博士萧楚材等以为豫备凶事，非臣子所宜言；敬宗、义府深然之，遂焚《国恤》一篇，由是凶礼遂阙。

初，龟兹王布失毕妻阿史那氏与其相那利私通，布失毕不能禁，由是君臣猜阻，各有党与，互来告难。上两召之，既至，囚那利，遣左领军郎将雷文成送布失毕归国。至龟兹东境泥师城，龟兹大将羯猎颠发众拒之，仍遣使降于西突厥沙钵罗可汗。布失毕据城自守，不敢进。诏左屯卫大将军杨胄发兵讨之。会布失毕病卒，胄与羯猎颠战，大破之，擒羯猎颠及其党，尽诛之，乃以其地为龟兹都督府。戊申，立布失毕之子素稽为龟兹王兼都督。

二月，丁巳，上发东都；甲戌，至京师。

他抓起来，送到石国。萧嗣业到了石国，石国人就把沙钵罗交给他。

十二月十一日乙丑，把西突厥土地分开设置为濛池、昆陵两个都护府，任命阿史那弥射为左卫大将军、昆陵都护、兴昔亡可汗，统领五咄陆部落；阿史那步真为右卫大将军、濛池都护、继往绝可汗，统领五弩失毕部落。派遣光禄卿卢承庆拿着符节、册书，仍命令弥射、步真和承庆就投降的各姓部落，按照部落大小、地位声望高低为准，授给他们刺史以下的官衔。

十二月十三日丁卯，将洛阳宫作为东都，洛州官吏员数品秩都和雍州相同。

这一年，高宗下诏令："从现在起，僧尼不能接受父母和地位尊贵的人敬礼跪拜，主管官吏明示法令加以禁绝。"

任命吏部侍郎刘祥道为黄门侍郎，仍担任吏部选事。刘祥道认为："现在选拔人才的官署录用人才有泛滥的流弊，每年入九品流内的人数超过一千四百，流外官入九品流内的，都不曾加以铨选简择。现在朝廷内外文武官从一品到九品，共有一万三千四百六十五名，大略以三十年为准，因死亡或去官，一万三千多人几乎就会所剩无几。如果每年选拔进入九品流内的有五百人，也足够充任所需要的数目了，希望对这方面有所改革。"不多久杜正伦也说录入九品流的人数太多了。高宗就命令杜正伦和刘祥道详尽地讨论如何改革，但大臣们害怕改变旧制，这件事就停止不议了。刘祥道是刘林甫的儿子。

唐高宗显庆三年（戊午，658年）

春季，正月初五日戊子，长孙无忌等人呈上所修的新礼仪，高宗诏令朝廷内外遵照施行。早先有人谈到贞观时期礼节尚不完备，所以才命令长孙无忌等人修订。这时候许敬宗、李义府专擅权力，所以对礼节的增减大多迎合高宗的旨意，学者们多有批评。太常博士萧楚材等人认为预先准备天子去世的凶事，不是身为臣子的人所该说的；许敬宗、李义府深以为是，就把《国恤》一篇烧掉，从此凶礼就缺略了。

起初，龟兹王布失毕的妻子阿史那氏和他的宰相那利私通，布失毕无力禁止，从此君臣相互猜忌，各自拥有徒众、党羽，并且相互到唐朝告急。高宗把两人都招来，他们来了之后，就囚禁了那利，派遣左领军郎将雷文成送布失毕回国，到达龟兹东面边境泥师城时，龟兹的大将羯猎颠发动部众抵抗，又派遣使者向西突厥沙钵罗可汗投降。布失毕据守泥师城自保，不敢前进。高宗下令左屯卫大将军杨胄调动军队讨伐羯猎颠。正好布失毕病死了，杨胄和羯猎颠交战，大败羯猎颠，擒获了羯猎颠和他的党羽，全部杀掉，便在当地设置了龟兹都督府。正月二十五日戊申，立布失毕的儿子素稽为龟兹王兼都督。

二月初四日丁巳，高宗从东都出发；二月二十一日甲戌，到达京师。

夏，五月，癸未，徙安西都护府于龟兹，以旧安西复为西州都督府，镇高昌故地。

六月，营州都督兼东夷都护程名振、右领军中郎将薛仁贵将兵攻高丽之赤烽镇，拔之，斩首四百余级，捕虏百余人。高丽遣其大将豆方娄帅众三万拒之，名振以契丹逆击，大破之，斩首二千五百级。

秋，八月，甲寅，播罗哀獠酋长多胡桑等帅众内附。

冬，十月，庚申，吐蕃赞普来请婚。

（以上为第七段，写唐高宗颁新礼。置安西都护府于龟兹，东败高丽。）

中书令李义府有宠于上，诸子孩抱者并列清贵。而义府贪冒无厌，母、妻及诸子、女婿，卖官鬻狱，其门如市，多树朋党，倾动朝野。中书令杜正伦每以先进自处，义府恃恩，不为之下，由是有隙，与义府讼于上前。上以大臣不和，两责之。十一月，乙酉，贬正伦横州刺史，义府普州刺史。正伦寻卒于横州。

阿史那贺鲁既被擒，谓萧嗣业曰："我本亡虏，为先帝所存，先帝遇我厚而我负之，今日之败，天所怒也。吾闻中国刑人必于市，愿刑我于昭陵之前以谢先帝。"上闻而怜之。贺鲁至京师，甲午，献于昭陵。敕免其死，分其种落为六都督府，其所役属诸国皆置州府，西尽波斯，并隶安西都护府。贺鲁寻死，葬于颉利墓侧。

戊戌，以许敬宗为中书令，大理卿辛茂将为兼侍中。

开府仪同三司鄂忠武公尉迟敬德薨。敬德晚年闲居，学延年术，修饰池台，奏清商乐以自奉养，不交通宾客，凡十六年，年七十四，以病终，朝廷恩礼甚厚。

是岁，爱州刺史褚遂良卒。

雍州司士许祎与来济善，侍御史张伦与李义府有怨，吏部尚书唐临奏以祎为江南道巡察使，伦为剑南道巡察使。是时义府虽在外，皇后常保护之，以临为挟私选授。

（以上为第八段，写权臣李义府恃皇后之宠，虽贪黩遭贬，仍能干预朝政。）

夏季，五月初二日癸未，把安西都护府迁徙到龟兹，把原来的安西又恢复为西州都督府，镇守高昌旧有土地。

六月，营州都督兼东夷都护程名振、右领军中郎将薛仁贵率兵攻打高丽的赤烽镇，攻下了赤烽镇，斩杀敌人首级四百多人，捕获俘虏一百多人。高丽派遣大将豆方娄率领部众三万人抵抗，程名振以契丹兵迎击，大败了高丽人，斩杀敌人二千五百人。

秋季，八月初四日甲寅，播罗哀獠酋长多胡桑等人率领部众归附朝廷。

冬季，十月十一日庚申，吐蕃赞普前来朝廷请求通婚。

中书令李义府受高宗宠爱，还在怀抱中的小儿子也都列在显贵中。而李义府仍然贪求财物不满足，母、妻和儿子、女婿们出卖官爵和狱讼，门庭像市场一样，广泛建树朋党，声势震动朝廷内外。中书令杜正伦常常以先辈自居，而李义府依恃皇帝恩宠，对他并不敬服，因此两人有了嫌隙。两人在高宗面前争执。高宗以为大臣不和是不应该的，所以对两人都加以责备。十一月初六日乙酉，把杜正伦贬为横州刺史，把李义府贬为普州刺史。杜正伦不久就死在横州。

阿史那贺鲁被捉之后，对萧嗣业说："我本来是该死的俘虏，被先帝太宗所赦免，先帝对我恩深而我辜负了他。今天的失败，是上天生气在惩罚我。我听说中原处死犯人一定在街市上，希望能把我处死在昭陵之前，以向先帝谢罪。"高宗听了之后很怜悯他。阿史那贺鲁到了京师，十一月十五日甲午，在昭陵行献俘仪式。高宗下令赦免他的死刑，把他的部落分成六个都督府，他所附属的各国都设置了州府，向西一直到达波斯，全都隶属于安西都护府。阿史那贺鲁没多久就死了，埋葬在颉利的坟墓边。

十一月十九日戊戌，任命许敬宗为中书令，大理卿辛茂将为兼侍中。

开府仪同三司鄂忠武公尉迟敬德去世。敬德晚年闲居在家，学习长生的方术，整修园池楼台，奏唱清商歌乐以奉养自己，不和宾客相交往，总共有十六年，年龄有七十四岁，因病而死，朝廷对他的恩遇礼待相当丰厚。

这一年，爱州刺史褚遂良去世。

雍州司士许祎和来济友好，侍御史张伦和李义府有怨隙，吏部尚书唐临上奏任命许祎为江南道巡察使，张伦为剑南道巡察使。那时候李义府虽然在朝廷外为官，皇后也常常加以保护，因此认为唐临挟带私情选授官职。

四年（己未，659年）

春，二月，乙丑，免临官。

三月，壬午，西突厥兴昔亡可汗与真珠叶护战于双河，斩真珠叶护。

夏，四月，丙辰，以于志宁为太子太师、同中书门下三品；乙丑，以黄门侍郎许圉师参知政事。

武后以太尉赵公长孙无忌受重赐而不助己，深怨之。及议废王后，燕公于志宁中立不言，武后亦不悦。许敬宗屡以利害说无忌，无忌每面折之，敬宗亦怨。武后既立，无忌内不自安，后令敬宗伺其隙而陷之。

会洛阳人李奉节告太子洗马韦季方、监察御史李巢朋党事，敕敬宗与辛茂将鞫之。敬宗按之急，季方自刺，不死，敬宗因诬奏季方欲与无忌构陷忠臣近戚，使权归无忌，伺隙谋反，今事觉，故自杀。上惊曰："岂有此邪！舅为小人所间，小生疑阻则有之，何至于反！"敬宗曰："臣始末推究，反状已露，陛下犹以为疑，恐非社稷之福。"上泣曰："我家不幸，亲戚间屡有异志，往年高阳公主与房遗爱谋反，今元舅复然，使朕惭见天下之人。兹事若实，如之何？"对曰："遗爱乳臭儿，与一女子谋反，势何所成！无忌与先帝谋取天下，天下服其智；为宰相三十年，天下畏其威；若一旦窃发，陛下遣谁当之！今赖宗庙之灵，皇天疾恶，因按小事，乃得大奸，实天下之庆也。臣窃恐无忌知季方自刺，窘急发谋，攘袂一呼，同恶云集，必为宗庙之忧。臣昔见宇文化及父述为炀帝所亲任，结以婚姻，委以朝政；述卒，化及复典禁兵，一夕于江都作乱，先杀不附己者，臣家亦豫其祸，于是大臣苏威、裴矩之徒，皆舞蹈马首，唯恐不及，黎明遂倾隋室。前事不远，愿陛下速决之！"上命敬宗更加审察。明日，敬宗复奏曰："昨夜季方已承与无忌同反，臣又问季方：'无忌与国至亲，累朝宠任，何恨而反？'季方答云：'韩瑗尝语无忌云："柳奭、褚遂良劝公立梁王为太子，今梁王既废，上亦疑公，故出高履行于外。"自此无忌忧恐，渐为自安之计。后见长孙祥又出，韩瑗得罪，日夜与季方等谋反。'臣参验辞状，咸相符合，请收捕准法。"上又泣曰："舅若果尔，朕决不忍杀之，天下将谓朕何，后世将谓朕何！"敬宗对曰："薄昭，汉文帝之舅也，文帝从代来，昭亦有功，所坐止于杀人，文帝使百官素服哭而杀之，至今天下以文帝为明主。今无忌忘两朝之大恩，谋移社稷，其罪与薄昭不可同年而语也。幸而奸状自发，逆徒引服，陛下

唐高宗显庆四年（己未，659 年）

春季，二月十八日乙丑，免除唐临官职。

三月初五日壬午，西突厥兴昔亡可汗和真珠叶护在双河作战，斩杀了真珠叶护。

夏季，四月初十日丙辰，任命于志宁为太子太师、同中书门下三品，四月十九日乙丑，任命黄门侍郎许圉师参知政事。

武后因为太尉赵公长孙无忌接受贵重赏赐却不帮助自己，内心产生了深深的怨恨。后来讨论废弃王皇后的事，燕公于志宁中立，不发表意见，武后也不高兴。许敬宗屡次以利害关系劝说长孙无忌，长孙无忌却常常当面给他难堪，所以许敬宗也怨恨长孙无忌。武后受册封之后，长孙无忌内心不安，武后命令许敬宗找机会加以陷害。

正好洛阳人李奉节上告高宗有关太子洗马韦季方、监察御史李巢结为朋党的事件，高宗下令许敬宗和辛茂将审讯此案。敬宗追查得很紧，韦季方自杀，但未死。敬宗就上奏高宗，诬告韦季方要和长孙无忌陷害忠臣和皇亲国戚，使大权集中到长孙无忌手上，然后找机会图谋反叛，现在事情已被发觉，所以就自杀。高宗吃惊地说："怎会有这样的事呀！舅舅被小人所离间，和我稍稍产生些猜疑和隔膜是有的。怎么会反叛呢？"许敬宗说："臣对事情的全过程加以推究，反叛的迹象已经显露，陛下却还表示怀疑，恐怕不是社稷的福分。"高宗哭泣着说："我家真不幸，亲戚间老是有反叛的心意，前几年高阳公主和房遗爱策划反叛，现在大舅父要反叛了，使得我无颜见天下人。这件事如果是事实，怎么办呢？"许敬宗回答说："遗爱不过是乳臭未干的小孩，和一个女子图谋反叛，势必不可能成功。长孙无忌和先帝一起谋划而夺取了天下，天下都佩服他的才智；他又做了三十年宰相，天下都畏惧他的权势；如果一旦他暗中发动反叛，陛下派遣谁去抵挡！现在靠着宗庙里的祖先威灵和皇天对他所作所为的痛恨厌恶，利用审讯小事的机会，而查获叛国的大奸人，实在是天下人的喜事。臣私下担心长孙无忌知道韦季方自杀之后，困窘之中急忙发起反叛的阴谋。捋起衣袖，一声招呼，把所有为恶的同党聚集一起，必然成为宗庙的忧患。臣以前看到过，宇文化及父亲宇文述被炀帝所亲近信任，并且和他结成了婚姻关系，把朝廷政事托付给他；宇文述去世后，宇文化及又执掌禁卫兵，但他一夜之间就在江都作乱反叛，先把不归附自己的人杀掉，臣的家庭也遭受了灾祸，于是大臣苏威、裴矩等人，都高兴得在马前踊跃舞蹈，唯恐来不及响应，天明时就把隋室灭亡。这些事还不久远，希望陛下快点决定怎么做！"高宗命令许敬宗再加以审察。第二天，许敬宗又进奏说："昨天夜晚韦季方已经承认和长孙无忌一起造反，臣又问韦季方说：'长孙无忌和国君是至亲，好几代都受信任，有什么怨恨而要反叛呢？'韦季方回答说：'韩瑗曾经告诉长孙无忌说："柳奭、褚遂良劝说您立梁王为太子，现

何疑，犹不早决！古人有言：‘当断不断，反受其乱。’安危之机，间不容发。无忌今之奸雄，王莽、司马懿之流也，陛下少更迁延，臣恐变生肘腋，悔无及矣！”上以为然，竟不引问无忌。戊辰，下诏削无忌太尉及封邑，以为扬州都督，于黔州安置，准一品供给。祥，无忌之从父兄子也，前此自工部尚书出为荆州长史，故敬宗以此诬之。

敬宗又奏：“无忌谋逆，由褚遂良、柳奭、韩瑗构扇而成；奭仍潜通宫掖，谋行鸩毒，于志宁亦党附无忌。”于是诏追削遂良官爵，除奭、瑗名，免志宁官。遣使发道次兵援送无忌诣黔州。无忌子秘书监驸马都尉冲等皆除名，流岭表。遂良子彦甫、彦冲流爱州，于道杀之。益州长史高履行累贬洪州都督。

五月，丙申，兵部尚书任雅相、度支尚书卢承庆并参知政事。承庆，思道之孙也。

凉州刺史赵持满，多力善射，喜任侠，其从母为韩瑗妻，其舅驸马都尉长孙铨，无忌之族弟也，铨坐无忌，流巂州。许敬宗恐持满作难，诬云无忌同反，驿召至京师，下狱，讯掠备至，终无异辞，曰：“身可杀也，辞不可更！”吏无如之何，乃代为狱辞结奏。戊戌，诛之，尸于城西，亲戚莫敢视。友人王方翼叹曰：“栾布哭彭越，义也；文王葬枯骨，仁也。下不失义，上不失仁，不亦可乎！”乃收而葬之。上闻之，不罪也。方翼，废后之从祖兄也。长孙铨至流所，县令希旨杖杀之。

（以上为第九段，写唐高宗以谋反罪彻底打击长孙无忌等关陇士族集团。）

在梁王被废了，皇上也在疑心您，所以把高履行外放为官。”从此以后，长孙无忌就担心害怕，慢慢地制定了些自我保全的计划。后来看见长孙祥又被外放为官，韩瑗也得罪朝廷，就日夜和韦季方等人策划谋反了。’臣参验供词中的情状，都彼此符合，所以请求皇帝收捕他依法惩办。”高宗又哭泣着说：“舅舅果然这样做了，我也绝不忍心杀之，如果杀了他，天下人会说我是怎样的人，后代人也会说我是怎样的人呢！”许敬宗回答说：“薄昭是汉文帝的舅舅，汉文帝从代地来汉廷即帝位，薄昭也有功劳，所犯的罪只不过是杀人，汉文帝就命令百官穿着丧服到他门前痛哭，逼他自杀，到现在天下人还认为汉文帝是贤明的国君。现在长孙无忌忘记身受两朝的深厚恩典，计划改变社稷，他的罪和薄昭是不能相提并论的。幸亏他犯罪的情况已自行暴露，叛逆的徒众自首服法了，陛下怀疑什么，还不快点决定！古人说：‘应当决断不决断，反而会遭受到祸乱。’国家安定或危险的枢机，其间相当急迫，已经容不得丝发。长孙无忌是当今的奸雄，和王莽、司马懿那一类人相同；陛下如稍微迟延，臣担心变乱马上就会在身边发生，那时候再懊悔也来不及了！”高宗认为很对，但最终没有当面质问长孙无忌。四月二十二日戊辰，下诏令削夺长孙无忌太尉的官衔和封邑，改为扬州都督，安置在黔州，按一品官阶供给俸禄。长孙祥是长孙无忌伯父的儿子，在此之前已由工部尚书外放为荆州长史，所以许敬宗以这件事来诬陷长孙无忌。

许敬宗又上奏说：“长孙无忌谋划叛逆，是由褚遂良、柳奭、韩瑗勾结煽动而成的；柳奭仍然暗中和宫内同党相通，策划下毒，于志宁也党附长孙无忌。”于是高宗下诏令削夺褚遂良的官爵，取消柳奭、韩瑗为官的身份，免掉于志宁的官职。派遣使者调动沿路驻军，接送长孙无忌到黔州。长孙无忌儿子秘书监驸马都尉长孙冲等人都被除去为官的身份，被流放到岭表。褚遂良的儿子褚彦甫、褚彦冲被流放到爱州，在路上被杀。益州长史高履行再次被贬为洪州都督。

五月二十日丙申，兵部尚书任雅相、度支尚书卢承庆都被任命为参知政事。卢承庆是卢思道的孙子。

凉州刺史赵持满，臂力过人，善于射箭，负气仗义，喜欢打抱不平，他的姨母是韩瑗的妻子，舅舅驸马都尉长孙铨是长孙无忌的堂弟，长孙铨因为长孙无忌犯罪的关系，也被流放到巂州，许敬宗担心赵持满发难反抗，就诬告他和长孙无忌一起谋反，通过驿递召他到京师，关入牢狱之中，讯问拷打无所不至，口供始终如一，不承认谋反作乱，说：“性命可以不要，口供不可更改！”执法的官吏对他无可奈何，就替他编造口供以结案，而向皇上奏报。五月二十二日戊戌，赵持满被杀，暴尸于城西，亲戚没有人敢去探视。友人王方翼感叹说：“栾布痛哭彭越，是义的表现；周文王埋葬枯骨，是仁的表现。在下位的臣子不失义，在上位的国君不失仁，

六月，丁卯，诏改《氏族志》为《姓氏录》。

初，太宗命高士廉等修《氏族志》，升降去取，时称允当。至是，许敬宗等以其书不叙武氏本望，奏请改之，乃命礼部郎中孔志约等比类升降，以后族为第一等，其余悉以仕唐官品高下为准，凡九等。于是士卒以军功致位五品，豫士流，时人谓之“勋格”。

许敬宗议封禅仪，己巳，奏：“请以高祖、太宗俱配昊天上帝，太穆、文德二皇后俱配皇地祇。”从之。

秋，七月，命御史往高州追长孙恩，象州追柳奭，振州追韩瑗，并枷锁诣京师，仍命州县簿录其家。恩，无忌之族弟也。

壬寅，命李勣、许敬宗、辛茂将与任雅相、卢承庆更共覆按无忌事。许敬宗又遣中书舍人袁公瑜等诣黔州，再鞫无忌反状，至则逼无忌令自缢。诏柳奭、韩瑗所至斩决。使者杀柳奭于象州。韩瑗已死，发验而还。籍没三家，近亲皆流岭南为奴婢。常州刺史长孙祥坐与无忌通书，处绞。长孙恩流檀州。

（以上为第十段，写唐高宗重修氏族谱，改《氏族志》为《姓氏录》，以后族为第一等，其余以官品高下为准，从此寒门升位，士族衰落。）

八月，壬子，以普州刺史李义府兼吏部尚书、同中书门下三品。义府既贵，自言本出赵郡，与诸李叙昭穆；无赖之徒借其权势，拜伏为兄叔者甚众。给事中李崇德初与同谱，及义府出为普州，即除之。义府闻而衔之，及复为相，使人诬构其罪，下狱，自杀。

乙卯，长孙氏、柳氏缘无忌、奭贬降者十三人。高履行贬永州刺史。于志宁贬荣州刺史，于氏贬者九人。自是政归中宫矣。

这不也是很好的现象吗！”就收拾持满的尸体加以埋葬。高宗听到了，也不罪责他。王方翼是被废的王皇后的同曾祖兄，长孙铨到了流放地，县令秉承许敬宗的旨意用杖刑把他打死。

六月二十二日丁卯，高宗下诏令改《氏族志》为《姓氏录》。

起初，唐太宗命令高士廉等人修撰《氏族志》，规定氏族等级的升降和取舍，当时人称誉公正妥当。这时候，许敬宗等人认为《氏族志》没有记叙武氏本族的郡望地位，所以上奏高宗请求改正，唐高宗就命礼部郎中孔志约等按类划分氏族的等级高低，把皇后的族姓作为第一等，其他的全部以在唐朝为官品位的高低为准，共分九等。于是士卒靠着军功，得到五品以上的官位，就可进入士人之列，当时人称之为“勋格”。

许敬宗谋虑封禅的礼仪，六月二十四日己巳，上奏说：“请求把高祖、太宗一起与昊天上帝配祭，太穆、文德两位皇后与皇地祇配祭。”高宗接受了。

秋季，七月，命御史前往高州追捕长孙恩，前往象州追捕柳奭，前往振州追捕韩瑗，一起套上枷锁送到京师，又命令州县按簿籍所记收录他们家人。长孙恩是长孙无忌的堂弟。

七月二十七日壬寅，命令李勣、许敬宗、辛茂将和任雅相、卢承庆等一起再重新调查长孙无忌反叛的事。许敬宗又派遣中书舍人袁公瑜等人前往黔州，再度讯问长孙无忌谋反的情形，一到就逼迫长孙无忌，要他自杀。又下诏令把柳奭、韩瑗于所在地斩首。使者在象州把柳奭杀了。韩瑗已经身死，开棺验尸后回京复命。抄没长孙无忌、柳奭、韩瑗三家，把他们的近亲都流放到岭南做奴婢。常州刺史长孙祥因犯了和长孙无忌通信的罪，被判处绞刑，长孙恩被流放到檀州。

八月初八日壬子，任命普州刺史李义府兼任吏部尚书、同中书门下三品。李义府宠贵之后，自己说是出身于赵郡，和李氏家族叙列行辈；那些想借助他的权势，而拜他为兄、叔的无赖汉有很多。给事中李崇德起先把义府列入同一家谱，后来义府被外放为普州刺史，李崇德又把他从家谱里除掉。义府听到之后，内心衔恨，后来义府又做了宰相，就派人诬陷罗织李崇德的罪状，把他关在监狱里，李崇德自杀身亡。

八月十一日乙卯，长孙氏、柳氏因为长孙无忌、柳奭的案件而被贬斥降职的有十三人。高履行被贬为永州刺史。于志宁被贬为荣州刺史，于氏被贬的有九人。从此以后，一切政事都归到皇后手上。

九月，诏以石、米、史、大安、小安、曹、拔汗那、悒怛、疏勒、朱驹半等国置州县府百二十七。

冬，十月，丙午，太子加元服，赦天下。

初，太宗疾山东士人自矜门地，婚姻多责资财，命修《氏族志》例降一等；王妃、主婿皆取勋臣家，不议山东之族。而魏徵、房玄龄、李勣家皆盛与为婚，常左右之，由是旧望不减；或一姓之中，更分某房某眷，高下悬隔。李义府为其子求婚不获，恨之，故以先帝之旨，劝上矫其弊。壬戌，诏后魏陇西李宝、太原王琼、荥阳郑温、范阳卢子迁、卢浑、卢辅、清河崔宗伯、崔元孙、前燕博陵崔懿、晋赵郡李楷等子孙，不得自为婚姻。仍定天下嫁女受财之数，毋得受陪门财。然族望为时所尚，终不能禁，或载女窃送夫家，或女老不嫁，终不与异姓为婚。其衰宗落谱，昭穆所不齿者，往往反自称禁婚家，益增厚价。

闰月，戊寅，上发京师，令太子监国。太子思慕不已，上闻之，遽召赴行在。戊戌，车驾至东都。

十一月，丙午，以许圉师为散骑常侍、检校侍中。

戊午，侍中兼左庶子辛茂将薨。

思结俟斤都曼帅疏勒、朱俱波、谒般陀三国反，击破于阗，癸亥，以左骁卫大将军苏定方为安抚大使以讨之。

以卢承庆同中书门下三品。

右领军中郎将薛仁贵等与高丽将温沙门战于横山，破之。

苏定方军至业叶水，思结保马头川。定方选精兵万人、骑三千匹驰往袭之，一日一夜行三百里，诘旦，至城下，都曼大惊。战于城外，都曼败，退保其城。及暮，诸军继至，遂围之，都曼惧而出降。

（以上为第十一段，写唐高宗宠任李义府为相，士族集团再次遭打击。）

五年（庚申，660 年）

春，正月，定方献俘于乾阳殿。法司请诛都曼。定方请曰：“臣许以不死，故都曼出降，愿丐其余生。”上曰：“朕屈法以全卿之信。”乃免之。

九月，下诏令在石、米、史、大安、小安、曹、拔汗那、悒怛、疏勒、朱驹半等国设置一百二十七个州县府。

冬季，十月初三日丙午，举行太子加冠礼，大赦天下。

当初，太宗不喜欢山东士人以门第自夸，婚姻大多索要对方钱财的作法，所以命令修撰《氏族志》时把山东士人一概降级一等；而且王妃、公主之夫婿都选取有功勋的大臣家，不和山东氏族议婚。但魏徵、房玄龄、李勣等家族仍然多和山东士人议婚，常常加以辅助，所以山东士族原有的声望仍不衰减；山东士族在一姓之中，有时又分第几房、第几眷，彼此地位的高下相差很远。李义府为他的儿子向山东士族求婚不成，心里怀恨，所以拿先帝的意旨来劝说唐高宗改正现时的弊端。十月十九日壬戌，下诏令要求后魏陇西李宝、太原王琼、荥阳郑温、范阳卢子迁、卢浑、卢辅、清河崔宗伯、崔元孙、前燕博陵崔懿、晋赵郡李楷等的子孙，不可以自行联姻。还定下天下士人百姓嫁女儿时收受财物的数目，男方不得收受女家补偿门第的财物。可是那些望族受到时尚影响，始终无法禁止，有些人就载着女儿偷送到夫家，或者让女儿年老也不嫁人，始终不和其他氏族联姻。那些家道衰微不被望族谱谍所录，以及不够格被望族列于宗族排列顺序的家族，常常冒称是被朝廷禁止自行联姻的望族，而向要求联姻的人要求更多的补偿门第的财物。

闰十月初五日戊寅，高宗从京师出发，命令太子在朝廷监守。太子很想念皇帝，高宗知道后，就立刻召太子前往他停留的所在。闰十月二十五日戊戌，高宗车驾到达了东都。

十一月初四日丙午，任命许圉师为散骑常侍、检校侍中。

十一月十六日戊午，侍中兼左庶子辛茂将去世。

思结部的俟斤都曼率领疏勒、朱俱波、谒般陀三国反叛，击败了于阗。十一月二十一日癸亥，任命左骁卫大将军苏定方为安抚大使加以讨伐。

任命卢承庆为中书门下三品。

右领军中郎将薛仁贵等人和高丽将领温沙门在横山作战，打败了温沙门。

苏定方的军队到了业叶水，思结部保住马头川。苏定方选拔精锐士兵一万人、骑兵三千飞驰前往偷袭，一天一夜行军三百里，隔天天亮就到达城下，都曼大惊。双方在城外作战，都曼战败，退兵守护城堡。到了黄昏，各路军马陆续到了，就包围了都曼，都曼心里害怕而出城投降。

唐高宗显庆五年（庚申，660年）

春季，正月，苏定方在乾阳殿献上俘虏。执法的官署提出把都曼杀掉。苏定方请求说："臣答应不杀他。所以都曼才出城投降，请求保全他的余生。"高宗说："我

甲子，上发东都；二月，辛巳，至并州。三月，丙午，皇后宴亲戚故旧邻里于朝堂，妇人于内殿，班赐有差。诏:“并州妇人年八十以上，皆版授郡君。”

百济恃高丽之援，数侵新罗；新罗王春秋上表求救。辛亥，以左武卫大将军苏定方为神丘道行军大总管，帅左骁卫将军刘伯英等水陆十万以伐百济。以春秋为嵎夷道行军总管，将新罗之众，与之合势。

夏，四月，丙寅，上发并州；癸巳，至东都。五月，作合璧宫。壬戌，上幸合璧宫。

戊辰，以定襄都督阿史德枢宾、左武候将军延陀梯真、居延州都督李合珠并为冷岍道行军总管，各将所部兵以讨叛奚，仍命尚书右丞崔馀庆充使总护三部兵，奚寻遣使降。更以枢宾等为沙砖道行军总管，以讨契丹，擒契丹松漠都督阿卜固送东都。

六月，庚午朔，日有食之。

甲午，车驾还洛阳宫。

房州刺史梁王忠，年浸长，颇不自安，或私衣妇人服以备刺客；又数自占吉凶。或告其事，秋，七月，乙巳，废忠为庶人，徙黔州，囚于承乾故宅。

丁卯，度支尚书、同中书门下三品卢承庆坐科调失所免官。

八月，吐蕃禄东赞遣其子起政将兵击吐谷浑，以吐谷浑内附故也。

苏定方引兵自成山济海，百济据熊津江口以拒之。定方进击破之，百济死者数千人，余皆溃走。定方水陆齐进，直趣其都城。未至二十余里，百济倾国来战，大破之，杀万余人，追奔，入其郭。百济王义慈及太子隆逃于北境，定方进围其城；义慈次子泰自立为王，帅众固守。隆子文思曰:“王与太子皆在，而叔遽拥兵自王，借使能却唐兵，我父子必不全矣。”遂帅左右逾城来降，百姓皆从之，泰不能止。定方命军士登城立帜，泰窘迫，开门请命。于是义慈、隆及诸城主皆降。百济故有五部，分统三十七郡、二百城、七十六万户，诏以其地置熊津等五都督府，以其酋长为都督、刺史。

壬午，左武卫大将军郑仁泰将兵讨思结、拔也固、仆骨、同罗四部，

就不按法令行事以成全你的信用。”于是赦免了都曼。

正月二十三日甲子，高宗从东都出发；二月初十日辛巳，到达并州。三月初五日丙午，皇后在朝堂上宴请亲戚、旧友和邻居。妇人在武后所居的内殿，颁赐都有等第差别。下诏令说：“并州妇人年龄八十岁以上的，都虚授给郡君之位。”

百济依恃高丽的援助，好几次侵扰新罗；新罗王春秋呈上奏表向唐室求救。三月初十日辛亥，任命左武卫大将军苏定方为神丘道行军大总管，率领左骁卫将军刘伯英等水陆军十万，去攻伐百济，任命春秋为嵎夷道行军总管，并命令他率领新罗的部众，和苏定方等会合。

夏季，四月初八日丙寅，高宗离开并州；四月二十三日癸巳，到达东都。五月，建造合璧宫。五月二十二日壬戌，高宗来到合璧宫。

五月二十八日戊辰，命定襄都督阿史德枢宾、左武候将军延陀梯真、居延州都督李合珠一起担任冷岍道行军总管，各率领所属部众以讨伐叛逆奚人，又命令尚书右丞崔馀庆总监护三部兵马，奚人不久就派遣使者投降。又任命枢宾等人为沙砖道行军总管，以讨伐契丹，擒捉了契丹松漠都督阿卜固押送东都。

六月初一日庚午，发生日食。

六月二十五日甲午，高宗返回洛阳宫。

房州刺史梁王李忠，年龄渐渐大了，常常感觉不安宁，有时甚至私下穿着妇人衣服，以防备刺客；又多次自己占卜吉凶。有人把梁王李忠的事件告诉高宗，秋季，七月初六日乙巳，把梁王李忠废为庶人，迁徙到黔州，囚禁在李承乾原住过的宅第。

七月二十八日丁卯，度支尚书、同中书门下三品卢承庆因赋税徭役调派混乱而被免官。

八月，吐蕃禄东赞派遣儿子起政率领军队攻击吐谷浑，因为吐谷浑归附唐朝。

苏定方带兵从成山渡海，百济固守熊津江口加以抵抗。苏定方进军打败了百济，百济死亡的有几千人，剩下的都溃败逃走。苏定方从水陆齐头并进，直逼百济都城。在距城二十几里的地方，百济倾动全国军民来作战，苏定方大败百济，杀死一万多人，追逐奔脱的人，占据外城。百济王义慈和太子隆逃到北方边境，苏定方进一步包围都城；义慈的次子泰自己封为王，率领众人固守都城。太子隆的儿子文思说：“王和太子都还在，而叔叔突然拥兵自封为王，假使能够打退唐兵，我们父子也一定会被杀。”就率领亲近的大臣越过都城来投降，百姓都跟随着他，泰禁止不了。苏定方命令军士登城插上旗帜，泰困窘紧迫，只好开城门请求投降。于是义慈、隆和所有城主都投降了。百济原有五部，分别统辖三十七郡、二百城、七十六万户，高宗下令把百济设置为熊津等五个都督府，任命他们的酋长为都督、刺史。

八月十四日壬午，左武卫大将军郑仁泰率领军队讨伐突厥的思结、拔也固、仆

三战皆捷，追奔百余里，斩其酋长而还。

冬，十月，上初苦风眩头重，目不能视，百司奏事，上或使皇后决之。后性明敏，涉猎文史，处事皆称旨。由是始委以政事，权与人主侔矣。

十一月，戊戌朔，上御则天门楼，受百济俘，自其王义慈以下皆释之。苏定方前后灭三国，皆生擒其主。赦天下。

甲寅，上幸许州。十二月，辛未，畋于长社。己卯，还东都。

壬午，以左骁卫大将军契苾何力为浿江道行军大总管，左武卫大将军苏定方为辽东道行军大总管，左骁卫将军刘伯英为平壤道行军大总管，蒲州刺史程名振为镂方道总管，将兵分道击高丽。青州刺史刘仁轨坐督海运覆船，以白衣从军自效。

（以上为第十二段，写唐高宗大发兵破百济，征高丽，讨叛奚。高宗患风疾，权始落皇后武氏。）

龙朔元年（辛酉，661 年）

春，正月，乙卯，募河南北、淮南六十七州兵，得四万四千余人，诣平壤、镂方行营。戊午，以鸿胪卿萧嗣业为扶余道行军总管，帅回纥等诸部兵诣平壤。

二月，乙未晦，改元。

三月，丙申朔，上与群臣及外夷宴于洛城门，观屯营新教之舞，谓之《一戎大定乐》。时上欲亲征高丽，以象用武之势也。

初，苏定方既平百济，留郎将刘仁愿镇守百济府城，又以左卫中郎将王文度为熊津都督，抚其余众。文度济海而卒，百济僧道琛、故将福信聚众据周留城，迎故王子丰于倭国而立之，引兵围仁愿于府城。诏起刘仁轨检校带方州刺史，将王文度之众，便道发新罗兵以救仁愿。仁轨喜曰："天将富贵此翁矣！"于州司请《唐历》及庙讳以行，曰："吾欲扫平东夷，颁大唐正朔于海表！"仁轨御军严整，转斗而前，所向皆下。百济立两栅于熊津江口，仁轨与新罗兵合击，破之，杀溺死者万余人。道琛乃释府城之围，退保任存城，新罗粮尽，引还。道琛自称领军将军，福信自称霜岑将军，招集徒众，其势益张。仁轨众少，与仁愿合军，休

骨、同罗四个部落，三次交战都获得了胜利，追逐敌人一百多里，杀了他们的酋长才班师。

冬季，十月，高宗起先苦于头部昏眩沉重，眼睛也看不见，官吏奏报政事，高宗有时就让皇后决定。皇后聪明敏捷，又阅读过文史，所以处断政事很能迎合高宗旨意。从此开始把政事委托给皇后处理，皇后的权柄和国君相等同了。

十一月初一日戊戌，高宗到达则天门楼，接受百济的俘虏，从百济王义慈以下的俘虏都加以释放。苏定方前后共消灭三个国家，都生擒了他们的国君。大赦天下。

十一月十七日甲寅，高宗到达许州。十一月初五日辛未，在长社打猎。十二月十三日己卯，回到东都。

十二月十六日壬午，任命左骁卫大将军契苾何力为浿江道行军大总管，左武卫大将军苏定方为辽东道行军大总管，左骁卫将军刘伯英为平壤道行军大总管，蒲州刺史程名振为镂方道总管，率领部队分头攻击高丽。青州刺史刘仁轨因督导海上运输时，船只倾覆失职免官，就以平民的身份从军效力。

唐高宗龙朔元年（辛酉，661 年）

春季，正月十九日乙卯，招募黄河南北、淮河之南六十七州的兵员，得到四万四千多人，前往平壤、镂方的营地。正月二十二日戊午，任命鸿胪卿萧嗣业为扶余道行军总管，率领回纥等各部兵员前往平壤。

二月三十日乙未，改年号为龙朔。

三月初一日丙申，高宗和群臣以及外国人在洛城门举行宴会，观赏军营里新近所教的歌舞，命名为《一戎大定乐》。当时高宗要亲自出征高丽，以乐舞表示对付敌人动用武力的威势。

起初，苏定方平定百济之后，留下部将刘仁愿镇守百济府城，又任命左卫中郎将王文度为熊津都督，安抚百济余下的民众。王文度刚渡过海就死了，百济的和尚道琛、以前的大将福信聚合了众人固守周留城，自倭国迎接以前的王子丰，立为王，带领军队把刘仁愿包围在府城。高宗下令刘仁轨为检校带方州刺史，率领王文度的部众，顺便调遣新罗的兵众，以援救刘仁愿。刘仁轨高兴地说："老天要让我这老头子富贵了！"刘仁轨向青州的州司请领了《唐历》和宗庙名号带走，说："我要扫平东夷，把大唐的历法颁布在海外！"刘仁轨治军严整，边战边进，屡战屡胜。百济在熊津江口设下两道栅栏，刘仁轨和新罗军队一起攻击，打败了百济，杀死和淹死的百济士卒有一万多人。道琛只好撤除了对府城的包围，退守任存城；新罗粮食已

息士卒。上诏新罗出兵，新罗王春秋奉诏，遣其将金钦将兵救仁轨等，至古泗，福信邀击，败之。钦自葛岭道遁还新罗，不敢复出。福信寻杀道琛，专总国兵。

夏，四月，丁卯，上幸合璧宫。

庚辰，以任雅相为浿江道行军总管，契苾何力为辽东道行军总管，苏定方为平壤道行军总管，与萧嗣业及诸胡兵凡三十五军，水陆分道并进。上欲自将大军继之；癸巳，皇后抗表谏亲征高丽；诏从之。

六月，癸未，以吐火罗、嚈哒、罽宾、波斯等十六国置都督府八，州七十六，县一百一十，军府一百二十六，并隶安西都护府。

秋，七月，甲戌，苏定方破高丽于浿江，屡战皆捷，遂围平壤城。

九月，癸巳朔，特进新罗王春秋卒；以其子法敏为乐浪郡王、新罗王。

壬子，徙潞王贤为沛王。贤闻王勃善属文，召为修撰。勃，通之孙也。时诸王斗鸡，勃戏为《檄周王鸡文》。上见之，怒曰："此乃交构之渐。"斥勃出沛府。

高丽盖苏文遣其子男生以精兵数万守鸭绿水，诸军不得渡。契苾何力至，值冰大合，何力引众乘冰渡水，鼓噪而进，高丽大溃，追奔数十里，斩首三万级，余众悉降，男生仅以身免。会有诏班师，乃还。

冬，十月，丁卯，上畋于陆浑，戊申，又畋于非山，癸酉，还宫。

回纥酋长婆闰卒，侄比粟毒代领其众，与同罗、仆固犯边，诏左武卫大将军郑仁泰为铁勒道行军大总管，燕然都护刘审礼、左武卫将军薛仁贵为副，鸿胪卿萧嗣业为仙萼道行军总管，右屯卫将军孙仁师为副，将兵讨之。审礼，德威之子也。

（以上为第十三段，写唐高宗再次大发兵东征高丽。）

二年（壬戌，662年）

春，正月，辛亥，立波斯都督卑路斯为波斯王。

经用尽了，只好带兵回还。道琛自称领军将军，福信自称霜岑将军，招集徒众，势力更强大。刘仁轨的兵众少，所以和刘仁愿的军队会合，休整士卒。高宗诏令新罗出动军队，新罗王春秋接受诏命，派遣他的将军金钦率兵救援刘仁轨等人，到了古泗，福信加以阻击，打败了金钦。金钦从葛岭道逃回新罗，不敢再出兵。福信不久杀了道琛，独自统领全国军队。

夏季，四月初三日丁卯，高宗前往合璧宫。

四月十六日庚辰，任命任雅相为浿江道行军总管，契苾何力为辽东道行军总管，苏定方为平壤道行军总管，和萧嗣业以及各部胡人军队共三十五军，从水陆两路分途齐进。高宗要亲自率领大军作为后援；四月二十九日癸巳，皇后上表直言劝止高宗征高丽，高宗下诏接受了。

六月十九日癸未，在吐火罗、嚈哒、罽宾、波斯等十六个国家，设置八个都督府、七十六个州、一百一十个县，一百二十六个军府，全都隶属于安西都护府。

秋季，[八月十一日甲戌]，苏定方在浿江打败了高丽，屡次交战都获胜利，随即包围了平壤城。

九月初一日癸巳，特进新罗王春秋去世；封他的儿子法敏为乐浪郡王、新罗王。

九月二十日壬子，调潞王李贤为沛王。李贤听说王勃擅长写文章，召他为修撰。王勃是隋朝名士王通的孙子。当时那些王侯盛行斗鸡，王勃就以嘲弄的手法写了一篇《檄周王鸡文》。高宗看见这篇文章之后，就生气地说："这样会慢慢地使人互相构陷。"就斥责王勃，让他离开了沛王府。

高丽盖苏文派遣他的儿子男生，率领几万精兵把守鸭绿水，使得唐朝军队无法渡过，契苾何力到了后，正好河面上冻，契苾何力带领兵众利用结冰渡过鸭绿水，击鼓呐喊前进，高丽大败，契苾何力追逐逃敌几十里，斩杀敌人三万人，其他的兵众都投降了，只剩男生自己脱险。适遇高宗下令回师，契苾何力就率军返回。

冬季，十月初五日丁卯，高宗在陆浑打猎；十月初六日戊（申）[辰]，又在非山打猎；十月十一日癸酉，回宫。

回纥酋长婆闰去世，他的侄子比粟毒代他统领部众，和同罗、仆固侵犯边境，高宗下诏任命左武卫大将军郑仁泰为铁勒道行军大总管，燕然都护刘审礼、左武卫将军薛仁贵为副大总管，鸿胪卿萧嗣业为仙萼道行军总管，右屯卫将军孙仁师为副总管，率领军队讨伐回纥。刘审礼是刘德威的儿子。

唐高宗龙朔二年（壬戌，662 年）

春季，正月二十一日辛亥，封波斯都卑路斯为波斯王。

二月，甲子，改百官名：以门下省为东台，中书省为西台，尚书省为中台；侍中为左相，中书令为右相，仆射为匡政，左、右丞为肃机，尚书为太常伯，侍郎为少常伯；其余二十四司、御史台、九寺、七监、十六卫，并以义训更其名，而职任如故。

甲戌，浿江道大总管任雅相薨于军。雅相为将，未尝奏亲戚故吏从军，皆移所司补授，谓人曰："官无大小，皆国家公器，岂可苟便其私！"由是军中赏罚皆平，人服其公。

戊寅，左骁卫将军白州刺史沃沮道总管庞孝泰与高丽战于蛇水之上，军败，与其子十三人皆战死。苏定方围平壤久不下，会大雪，解围而还。

（以上为第十四段，写唐军主力撤离高丽。）

三月，郑仁泰等败铁勒于天山。

铁勒九姓闻唐兵将至，合众十余万以拒之，选骁健者数十人挑战，薛仁贵发三矢，杀三人，余皆下马请降。仁贵悉坑之，度碛北，击其余众，获叶护兄弟三人而还。军中歌之曰："将军三箭定天山，壮士长歌入汉关。"

思结、多滥葛等部落先保天山，闻仁泰等将至，皆迎降；仁泰等纵兵击之，掠其家以赏军。虏相帅远遁，将军杨志追之，为虏所败。候骑告仁泰："虏辎重在近，往可取也。"仁泰将轻骑万四千，倍道赴之，遂逾大碛，至仙萼河，不见虏，粮尽而还。值大雪，士卒饥冻，弃捐甲兵，杀马食之，马尽，人自相食，比入塞，余兵才八百人。

军还，司宪大夫杨德裔劾奏："仁泰等诛杀已降，使虏逃散，不抚士卒，不计资粮，遂使骸骨蔽野，弃甲资寇。自圣朝开创以来，未有如今日之丧败者。仁贵于所监临，贪淫自恣，虽矜所得，不补所丧。并请付法司推科。"诏以功赎罪，皆释之。

以右骁卫大将军契苾何力为铁勒道安抚使，左卫将军姜恪副之，以安辑其余众。何力简精骑五百，驰入九姓中，虏大惊，何力乃谓曰："国

二月初四日甲子，改变百官的名称：把门下省改为东台，中书省改为西台，尚书省改为中台，侍中改为左相，中书令改为右相，仆射改为匡政，左右丞相改为肃机，尚书改为太常伯，侍郎改为少常伯；其他二十四司、御史台、九寺、七监、十六卫，都按官名意义的解释更改名称，但掌管的职责仍照常。

二月十四日甲戌，浿江道大总管任雅相在军中去世。雅相身为将领，从没有向朝廷奏报让他自己的亲戚和老部下随军，而是把他们移交给主管的官吏补授他们官职，他对人说：“官位不分大小，都是国家公有的名位，怎么可以苟且方便自己的私欲呢！”从此军队里的赏罚都很公平，人人都佩服任雅相的公正。

二月十八日戊寅，左骁卫将军白州刺史沃沮道总管庞孝泰和高丽在蛇水上作战，结果战败，庞孝泰和他的儿子十三人都战死了。苏定方包围平壤久攻不下，遇上天降大雪，只好解除包围而还军。

三月，郑仁泰等人在天山击败铁勒。

铁勒九姓部族听说唐兵就要来到，就集合十几万士卒来对抗，选拔骁勇健壮的士卒几十个人向唐兵挑战，薛仁贵射出三箭，杀死三个人，其余的都下马请求投降。薛仁贵全部坑杀了他们，又越过沙漠北方，攻击铁勒剩余部众，俘获叶护兄弟三人而回朝。军队中为此歌唱说：“将军发了三箭就平定天山，壮士们高声地唱着歌进了汉关。”

思结、多滥葛等部落先守着天山，听说郑仁泰等人快要到达，都出迎投降了；郑仁泰放纵士卒加以攻击，抢掠他们的家产以奖赏士卒。敌人只好相率远逃，将军杨志派兵追击，但被敌人所击败。侦察的骑兵告诉郑仁泰说：“敌人的辎重车就在附近，可以前往取得。”郑仁泰率领轻骑兵一万四千人，兼程赶路，于是越过大沙漠，到了仙萼河，看不到敌人，粮食用尽只好回头，正好天下大雪，士卒又冷又饿，抛弃甲衣武器，杀马充饥，马被吃光，人们便自相吞噬，等到进入边塞，剩余的士卒只剩下八百人。

军队返回之后，司宪大夫杨德裔弹劾奏报说：“郑仁泰等人杀死已投降的士卒，使得敌人逃亡分散，不安抚士卒，也没计算清楚粮食物资，使得尸骸遮蔽原野，抛弃了甲衣武器，助长敌人的力量，从圣明的朝廷开创以来到现在，从没有像今天遭受到这样的失败。薛仁贵在他监临的职位上，贪淫放纵，虽然矜夸自己所得的功劳，但实际上却弥补不了损失。请求把他们一起加以推问而科处应得之罪。”高宗下令以功劳偿赎他们所犯的罪，把他们都释放了。

任命右骁卫大将军契苾何力为铁勒道安抚使，左卫将军姜恪为副，以安抚召集剩下的部众。契苾何力挑选精良的骑兵五百人，飞驰进入九姓当中，敌人大为惊恐，

家知汝皆胁从，赦汝之罪，罪在酋长，得之则已。”其部落大喜，共执其叶护及设、特勒等二百余人以授何力，何力数其罪而斩之，九姓遂定。

甲午，车驾发东都；辛亥，幸蒲州；夏，四月，庚申朔，至京师。

辛巳，作蓬莱宫。

五月，丙申，以许圉师为左相。

六月，乙丑，初令僧、尼、道士、女官致敬父母。

秋，七月，戊子朔，赦天下。

（以上为第十五段，写唐高宗抚定铁勒九姓。）

丁巳，熊津都督刘仁愿、带方州刺史刘仁轨大破百济于熊津之东，拔真岘城。

初，仁愿、仁轨等屯熊津城，上与之敕书，以“平壤军回，一城不可独固，宜拔就新罗。若金法敏藉卿留镇，宜且停彼；若其不须，即宜泛海还也”。将士咸欲西归。仁轨曰：“人臣徇公家之利，有死无贰，岂得先念其私！主上欲灭高丽，故先诛百济，留兵守之，制其心腹；虽余寇充斥而守备甚严，宜砺兵秣马，击其不意，理无不克。既捷之后，士卒心安，然后分兵据险，开张形势，飞表以闻，更求益兵。朝廷知其有成，必命将出师，声援才接，凶丑自歼。非直不弃成功，实亦永清海表。今平壤之军既还，熊津又拔，则百济余烬，不日更兴，高丽逋寇，何时可灭！且今以一城之地居敌中央，苟或动足，即为擒虏，纵入新罗，亦为羁客，脱不如意，悔不可追。况福信凶悖残虐，君臣猜离，行相屠戮，正宜坚守观变，乘便取之，不可动也。”众从之。时百济王丰与福信等以仁愿等孤城无援，遣使谓之曰：“大使等何时西还，当遣相送。”仁愿、仁轨知其无备，忽出击之，拔其支罗城及尹城、大山、沙井等栅，杀获甚众，分兵守之。福信等以真岘城险要，加兵守之。仁轨伺其稍懈，引新罗兵夜傅城下，攀草而上，比明，入据其城，遂通新罗运粮之路。仁愿乃奏请益兵。诏发淄、青、莱、海之兵七千人以赴熊津。

契苾何力就对他们说："朝廷知道你们都是受胁迫才反抗，所以要赦免你们的罪，一切罪过都在酋长一人，只要捉到酋长，一切事情都可解决。"各部落非常高兴，一起把叶护和设、特勒等二百多人捉起来交给何力，契苾何力数说他们的罪过而杀了他们，九姓从此就安定了下来。

三月初五日甲午，高宗车驾从东都出发；三月二十二日辛亥，到达蒲州；夏季，四月初一日庚申，到达京师。

四月二十二日辛巳，建筑蓬莱宫。

五月初八日丙申，任命许圉师为左相。

六月初七日乙丑，首次命令和尚、尼姑、道士、女官要孝敬父母。

秋季，七月初一日戊子，大赦天下。

七月三十日丁巳，熊津都督刘仁愿、带方州刺史刘仁轨在熊津之东大败百济，攻下真岘城。

起初，刘仁愿、刘仁轨等人屯驻在熊津城，高宗给他们敕书，认为："平壤的军队已经回返，只剩熊津一城，不可能单独保全，应该将军队开拔前往新罗。如果金法敏借重你，要你留下镇守，你应当暂且停留在新罗；如果不需要留下，最好就泛海回朝吧！"将士们也都想要向西回归。刘仁轨说："人臣为公家的利益而牺牲，只有为国而死没有二心，怎么可以首先考虑个人的私欲！主上要消灭高丽，所以先诛灭百济，并且留下部队守御，控制住心腹要地；虽然剩下的敌寇到处充斥而且守备森严，只要我们厉兵秣马，攻其不备，按理说没有攻不下的。等到得胜之后，士卒心理就会安定，然后再分派军队，固守住险要地区，把有利的形势先配置好，再以快表向皇帝报告，进一步请求多派部队前来。朝廷知道我们有了成就，一定会命令将领出动军队，只要援军一到，凶恶的敌人自然就会被歼。这样做不但没有放弃成功的机会，而使海外的反抗永远消除。现在平壤的军队既然回还了，熊津的部队又要离开，那么百济反抗的余力，就好像剩余的火烬，没有几天就会再度燃烧兴起，而高丽那些逃亡的敌寇，什么时候才能消灭呢！况且现在因为熊津一城位于敌人的中央，如果有所行动，马上就会被擒获俘虏，纵使进入新罗，也是羁旅之客，万一发生不如意的事情，再懊悔也来不及了。况且福信凶恶悖理、残酷暴虐，君臣互相猜疑叛离，行将互相残杀；所以我们正好可以坚守城池，等待变化，利用有利时机攻取对方，所以还是以不离熊津城为好。"众人都接受了他的意见。当时百济王丰和福信等人以为刘仁愿等人固守孤城没有后援，就派遣使者对他们说："大使们什么时候要往西方回还，我们会派人送你们。"刘仁愿、刘仁轨知道对方没有防备，就突然

福信专权，与百济王丰浸相猜忌。福信称疾，卧于窟室，欲俟丰问疾而杀之。丰知之，帅亲信袭杀福信；遣使诣高丽、倭国乞师以拒唐兵。

（以上为第十六段，写唐军刘仁愿、刘仁轨孤军坚守百济。）

出兵攻击，攻下百济的支罗城和尹城、大山、沙井等栅寨，杀死俘获的敌人很多，然后分派兵力加以固守。福信等人认为真岘城形势险要，加派军队防卫。刘仁轨等待他们稍稍松懈时，引领新罗的士卒在夜晚靠近城下，攀着墙边草木，爬上城墙，等到天一亮，就占领了真岘城，于是打通了新罗输运粮食的道路。刘仁愿便又向朝廷奏请增派军队。高宗诏令征发淄、青、莱、海等地的士兵七千人前往熊津。

福信专擅权柄，和百济王丰渐渐地互相猜忌起来。福信借口生病，在房里躺着，想等待百济王丰问候他的病情时杀了他。百济王丰知道后，率领亲信袭杀了福信，派遣使者到高丽、倭国乞求军队，以抵抗唐兵。

【点评】

本卷点评三事：唐高宗废王皇后、立武氏为皇后，长孙无忌集团的覆灭，以及新编《姓氏录》的历史意义。次第评说。

一、唐高宗废王皇后立武氏为皇后。唐高宗结发夫人王皇后是西魏大将王思政的孙女，出身名门贵胄。王氏与李唐皇室世为婚姻。王皇后的从祖母同安长公主就是唐高祖李渊的妹妹。同安公主见王皇后品貌端庄，向唐太宗推荐，嫁与晋王李治为妃。这是一桩亲上加亲的婚姻。李治被立为皇太子，王氏为太子妃。唐太宗很喜欢太子妃。临终特意亲手将高宗与王氏这对“佳儿佳妇”托付长孙无忌、褚遂良等大臣辅佐、护佑。高宗即位，太子妃王氏为皇后。

长孙无忌以帝舅之亲，又兼领首辅之重任，在永徽初年大权在握。他与褚遂良等人共同辅政，精心治国，以天下安危自任，故永徽之政有贞观之风。唐高宗也敬礼二臣，拱己以听。此时政通人和，号称太平。可是这个局面没过多久，就被唐高宗废王立武这一事件打破了平衡。

王皇后没有生育。高宗即位时已有四子。长子李忠，后宫刘氏所生。次子李孝，后宫郑氏所生。三子李上金，后宫杨氏所生。四子李素节，萧淑妃所生。萧淑妃生皇子，又得到高宗宠爱，王皇后感到忧惧，她把在感业寺出家为尼的武则天召进宫中，想拉拢武则天为自己的同党以分萧淑妃之宠。武则天是唐太宗的嫔妃，唐太宗不喜欢武则天的刚强性格，只封她为才人，正五品。唐太宗病重，太子李治入侍宫中，被武则天的美色和伎俩所俘获，两人发生暧昧关系。唐太宗死后，武则天出家为尼，高宗李治念念不忘旧情。王皇后看在眼里，错误地召武则天进宫，给自己带来了灭顶之灾。

高宗永徽三年（652），武则天第二次进宫，时年30岁，正当青春盛年。她毫不感谢王皇后的知遇，而要取而代之。她假意讨好王皇后，又用小恩小惠收买宫人，自己所得赏赐全部分给她们。武则天受到上下一致赞扬，高宗非常高兴，把进宫不久的武则天封为昭仪，正二品。这和昔日正五品的才人不可同日而语。但武则天不会满足。她收买宫人为自己的耳目，对高宗、王皇后以及其他妃嫔的动静了如指掌，逐渐地把唐高宗牢牢地控制在自己手中。这时唐高宗不但冷落了萧淑妃，也疏远了王皇后。但武则天要夺取皇后桂冠也非易事。王皇后出身名门，又是亲上加亲，与高宗结发为夫妻，长期相处，有深厚感情，更加上长孙无忌、褚遂良等重臣拥戴，武则天要挑战王皇后，仿佛是天方夜谭。武则天的铁腕性格，不会被任何困难所动摇。她抓住高宗懦弱和耳根软的特点，更抓住王皇后不懂政治、缺少心眼的特点，采用非常手段，离间高宗与王皇后的感情。她不惜亲手扼杀了自己刚出生的长女，嫁祸于王皇后，高宗果然大怒，产生了废后之意。接着武则天着手瓦解王皇后的政

治根基。首先打击王皇后的舅舅、中书令柳奭，永徽五年（654）六月柳奭解职中书令，贬为吏部尚书。永徽六年（655）六月，武则天又诬告王皇后与其母魏国夫人柳氏行厌胜之术，从此禁止柳氏入宫。七月柳奭受牵连被贬出京。柳奭出京，已是王皇后被废的先兆。

但是要废王立武，还须朝中大臣的翊赞。武则天使出浑身解数拉拢长孙无忌，先只是要求高宗立自己为宸妃，正一品，可是长孙无忌连宸妃也不赞同。武则天转而收买朝中大臣。这时中书舍人李义府得罪长孙无忌，被贬为壁州司马。李义府孤注一掷，他接受同僚王德俭的主意，上书高宗，连夜奏本，请立武昭仪为皇后。这正中高宗下怀，立即召见，并赐李义府宝珠一斗，让他官复原职。武则天于是通过李义府联络了御史大夫崔义玄，御史中丞袁公瑜，以及卫尉卿许敬宗、中书舍人王德俭，壮大了势力。很快李义府被提拔为中书侍郎，卫尉卿许敬宗被提拔为礼部尚书。李义府等人在朝中大肆制造立武则天当皇后的舆论。永徽六年九月，武则天觉得时机成熟，便鼓动高宗讨论立后问题。这时朝中大臣分为两派。元老重臣长孙无忌、于志宁、褚遂良、韩瑗、来济等坚决反对。李义府、许敬宗、崔义玄等拥护立武则天为皇后。唐高宗拿不定主意，于是私访称病不上朝的开国元勋李勣。李勣老奸巨滑，他既不得罪元老重臣，所以称病不朝，而又看到武则天的野心和高宗的决心，为自己个人前途考虑，他正等着高宗的来访，他点拨高宗说："此陛下家事，无须问外人。"太子与皇后的废立，向来是国家大事，并不是天子个人的私事。李勣如此回答，表示自己支持高宗。高宗得到了开国元勋的支持，心一横，于永徽六年十月，采取果断措施，立即废黜了王皇后，立武则天为皇后。武则天防止死灰复燃，她又断然地杀害了王皇后和萧淑妃，还改王皇后的姓为蟒氏，萧淑妃姓为枭氏。

唐高宗废王立武是唐代一个大事件，这一事件改变了唐朝的政治轨迹。因为武则天的终极目标不是只当皇后，她要的是皇权，要自己做皇帝。武则天挑战皇后成功，为中国唯一的一个女皇出世奠定了基础。接下来就是向皇权迈进，制造了无数的大事件，这是后话。我们要点评的问题是，武则天挑战皇后之位，为何得以成功？有以下五大原因。第一，武则天是一位天才的政治家。她入宫之初就不安本分，在唐太宗那里得不到发展，就瞄准了太子李治，敢于打破封建伦理，"秽乱春宫……陷吾君于聚麀"，非常人所能及。第二，性格决定成败。武则天有心计，有手段，更有刚毅与残忍，敢作敢为。恰如骆宾王《讨武曌檄》中所说，不仅"狐媚偏能惑主"，而且"加以虺蜴为心，豺狼成性"，她与王皇后以及与元老重臣的斗争，就是生动的例证。第三，王皇后的嫉妒与无能，给武则天创造了第二次进宫的条件。王皇后是搬起石头砸了自己的脚。第四，君权与相权之争，高宗引武氏为党援。高宗懦弱，感情上心理上要找一个依靠。高宗争皇太子位，依靠的是长孙无忌，而当皇

帝后不甘心长孙无忌的专权，他依靠武则天为党援。武则天抓住了高宗的性格弱点以及不甘大权旁落的心理，牢牢地控制了高宗。武则天年长高宗四岁，政治与权谋心理比高宗成熟。高宗受制于武则天，其实也是心理依赖。第五，社会形势的变化，世族与庶族地主集团的斗争，给武则天带来了机遇。长孙无忌等元老重臣是世家大族执政的代表。李义府、许敬宗等人是庶族地主的代表人物。魏晋南北朝是世家大族垄断政治的时期，隋文帝以科举代替九品官人法的选举制度，可以说是庶族地主取代世家大族的一个先兆。这是历史的必然发展。朝中大臣两种势力的斗争，给武则天带来了机遇。

二、元老重臣长孙集团的覆灭。长孙无忌字辅机，长安人。其先祖是北魏拓跋氏宗室，属鲜卑族人，因在宗室中地位最高，故拓跋氏改姓为长孙氏。无忌之父长孙晟在隋朝任右骁卫将军。无忌少时，聪明好学，通晓文史典故，喜结英豪，与李世民友善。无忌追随李渊起兵反隋，一直跟随李世民南征北战，尽心辅佐，功勋卓著。贞观十七年（643），唐太宗令人画开国功臣二十四人于凌烟阁，长孙无忌以“英冠人杰，力安社稷”而名列第一。高宗得立为太子，是长孙无忌一手扶上台。高宗即位，长孙无忌的权势达到了顶点。于志宁、褚遂良、韩瑗、来济、王皇后、皇后舅氏柳奭等均属长孙集团，也是关陇集团，唐皇室李氏也是出自关陇集团。他们牢固地掌握着政权。李勣、崔义玄、李义府、许敬宗、武则天，他们均是山东庶族。但古人的地域与阶层的观念并不明显，特别是并不直接表现在意识上。由于唐高宗与长孙无忌帝权与相权的斗争，使得关陇集团的核心发生了分裂，唐高宗不自觉地倒在了武则天的怀抱。武则天要出人头地，她要的是个人权力，最初是向关陇集团首领长孙氏示好，碰了壁而发恨向关陇集团进攻。武则天寻找个人势力，无形中与山东庶族集团形成联盟。于是立武废王，从个人权力之争，引出帝相权力之争，再引出关陇士族与山东庶族集团之争，斗争愈演愈烈，两个集团之争从朦胧走向透明，从无意识走向有意识，从温和走向激烈，而最后是你死我活的斗争。唐高宗顾不了昔日之恩，舅甥之情，彻底覆灭了长孙氏集团。长孙无忌本人，从被贬黜到被贬死，以悲剧告终。长孙集团的覆灭，预告门阀士族政治的终结。从此，高宗成了傀儡，而“政归中宫”。一场皇后的废立之争，成了一个时代变迁的临界点。这是唐代政治的一个看点，也是专制政体的一大奇观。

三、武则天新编《姓氏录》。魏晋南北朝时期，门阀士族专政，选举制度施行九品官人法，士人品级，由门第决定。“上品无寒门，下品无士族。”崔、卢、王、谢，为天下著姓。朝代变迁，士族门第衰落，但山东士人，仍以门第自矜夸耀。士族不与寒门联姻。唐太宗十分厌恶，他要改变这一风气。唐太宗贞观五年（631）诏令高士廉、韦挺、岑文本与令狐德棻等人，征集天下族谱，参考史传，重定姓氏等第为

九等，书名《氏族志》一百卷，颁行天下。原第一等崔氏，贬为第三等，唐皇室李氏为第一等。唐太宗指示，新修《氏族志》的原则是“不须论数世以前，止取今日官爵高下作等级”(《旧唐书·高士廉传》)。皇族自然是第一等。以官爵门第等级，改变了以往以郡姓区别门第高下的做法，抑制了旧门阀士族，给新兴贵族以士族地位，符合社会现实，具有进步意义。但唐初旧门阀士族还没有全面衰落，而李唐开国元勋又多为关陇士族，在政治上还有很大势力，维系士族地位的谱谍仍在沿袭。长孙无忌等人反对立武则天为皇后，其中一个重要原因是武氏出身寒微，这对武则天是一个极大的刺激。武则天摧毁长孙无忌之后，决不容忍这一现实。高宗显庆四年（659），武则天通过高宗下诏改修《氏族志》为《姓氏录》，令许敬宗主持其事。新编《姓氏录》的原则是“皇朝五品官者，皆升士族”，武氏列为第一等。于是，许多寒门因军功得五品，或入仕得五品的现任官都被列入士族。门阀士族虽然在《姓氏录》中仍然有名，但他们不得不与昔日的下流寒士并列，实际上是门阀士族的等第被降低了。因此士族对《姓氏录》十分憎恶，“皆号此书为勋格”。武则天新编《姓氏录》对门阀制度的破坏，大大超过了唐太宗所修《氏族志》。降至唐代中叶，史称“风教又薄，谱录都废，公靡常产之拘，士亡旧德之传，言李悉出陇西，言刘悉出彭城，悠悠世祚，讫无考案，冠冕皂隶，混为一区”(《新唐书·高士廉传》)。士族开始全面衰落。这种局面的出现，是和武则天新编《姓氏录》，以及大力打击关陇士族集团而大力选拔庶族地主人士入仕等政策密切关联的。许敬宗一生作恶，但他主修《姓氏录》，打碎旧制度、旧积习，却是一件好事。

资治通鉴（文白对照本） 卷第二百一

唐纪十七

唐高宗龙朔二年至咸亨元年（662—670年）

【起玄黓阉茂（壬戌，662年）八月，尽上章敦牂（庚午，670年），凡八年有奇】

【大事提要】

本卷记事起公元662年八月，讫公元670年，凡八年又五个月，时当唐高宗龙朔二年八月至咸亨元年。这一时期是唐高宗三十四年执政的中期。唐高宗的个人事业达到了顶峰，其标志有二：一是内政颁布了新历《麟德历》，完成了上泰山祭天，改元乾封，又完善了选举之法；二是对外征服了百济、高丽，这是隋炀帝、唐太宗两朝皇帝都没有完成的事业，因此是唐高宗最大的骄傲。此时期，也是唐高宗执政的一个转折点。最大事件是唐高宗欲废皇后武则天，令上官仪草诏，结果是武则天一闹，唐高宗冤杀上官仪，屈从武则天，导致武则天进一步掌握大权，居然垂帘听高宗之政，与之并称"二圣"，唐高宗逐渐成为傀儡。武则天参政以后，第一件事是打击武氏家族对武则天生母不尊敬的人。这预示着一个铁腕女人已经横空出世，唐朝政治将伴随这个女人掌握大权发生重大转折。

【原文】

高宗天皇大圣大弘孝皇帝中之上

龙朔二年（壬戌，662 年）

八月，壬寅，以许敬宗为太子少师、同东西台三品、知西台事。

九月，戊寅，初令八品、九品衣碧。

冬，十月，丁酉，上幸骊山温汤，太子监国；丁未，还宫。

庚戌，西台侍郎陕人上官仪同东西台三品。

癸丑，诏以四年正月有事于泰山，仍以来年二月幸东都。

左相许圉师之子奉辇直长自然，游猎犯人田，田主怒，自然以鸣镝射之。圉师杖自然一百而不以闻。田主诣司宪讼之，司宪大夫杨德裔不为治。西台舍人袁公瑜遣人易姓名上封事告之，上曰："圉师为宰相，侵陵百姓，匿而不言，岂非作威作福！"圉师谢曰："臣备位枢轴，以直道事陛下，不能悉允众心，故为人所攻讦。至于作威福者，或手握强兵，或身居重镇；臣以文吏，奉事圣明，惟知闭门自守，何敢作威福！"上怒曰："汝恨无兵邪！"许敬宗曰："人臣如此，罪不容诛。"遽令引出。诏特免官。

癸酉，立皇子旭轮为殷王。

十二月，戊申，诏以方讨高丽、百济，河北之民，劳于征役，其封泰山、幸东都并停。

䫻海道总管苏海政受诏讨龟兹，敕兴昔亡、继往绝二可汗发兵与之俱。至兴昔亡之境，继往绝素与兴昔亡有怨，密谓海政曰："弥射谋反，请诛之。"时海政兵才数千，集军吏谋曰："弥射若反，我辈无噍类，不如先事诛之。"乃矫称敕，令大总管赍帛数万段赐可汗及诸酋长，兴昔亡帅其徒受赐，海政悉收斩之。其鼠尼施、拔塞干两部亡走，海政与继往绝追讨，平之。军还，至疏勒南，弓月部复引吐蕃之众来，欲与唐兵战；海政以师老不敢战，以军资赂吐蕃，约和而还。由是诸部落皆以兴昔亡为冤，各有离心。继往绝寻卒，十姓无主，有阿史那都支及李遮匐收其

【语译】

高宗天皇大圣大弘孝皇帝中之上

唐高宗龙朔二年（壬戌，662 年）

八月十六日壬寅，任命许敬宗为太子少师、同东西台三品，掌管西台事。

九月二十二日戊寅，首次命令八品、九品的官吏穿着绿色衣服。

冬季，十月十一日丁酉，皇帝到达骊山温泉，由太子监守朝廷；十月二十一日丁未，回宫。

十月二十四日庚戌，西台侍郎陕人上官仪担任同东西台三品。

十月二十七日癸丑，下诏令于四年正月时，在泰山举行祭事，还要在次年二月时到东都。

左相许圉师的儿子奉辇直长许自然，在游猎时侵犯了人家田地，田地主人很生气，许自然就用响箭射他。许圉师把儿子许自然杖责一百下，不向朝廷报告。田地主人告到司宪官署诉办，执掌法令的司宪大夫杨德裔不按罪法办。西台舍人袁公瑜派人改变姓名，呈上封事告到高宗那里去，高宗说："许圉师身为宰相，儿子侵夺欺凌百姓，却匿藏不向朝廷报告。这不是作威作福吗？"许圉师谢罪说："臣忝为中枢大臣之一，以正直之道侍奉陛下，不能让所有人称心遂意，所以才被别人所攻讦。至于说作威作福的人，是那些手中掌握兵权，或身任重大职位的人；臣不过是个掌管文职的官吏，专心事奉圣明的国君，只知道闭住门户修养好自己，怎么敢作威作福！"高宗生气地说："你是在怨恨没有兵权吗？"许敬宗说："身为人臣，做出这种事，杀了也抵偿不了他的罪。"许敬宗立即命人带走许圉师依法论办。唐高宗下诏令将他带出去，免去了他的官位。

十一月十八日癸酉，立皇子李旭轮为殷王。

十二月二十三日戊申，下诏令，由于不久前讨伐高丽、百济，河北的百姓，劳苦于征召作战和力役，取消到泰山祭祀和巡幸乐都的事。

飓海道总管苏海政接受诏令讨伐龟兹，下令兴昔亡、继往绝两个可汗出动军队和苏海政一起进军。到了兴昔亡境内，继往绝一向和兴昔亡有仇怨，就秘密地对苏海政说："兴昔亡可汗阿史那弥射谋划反叛，请杀掉他。"那时苏海政的军队只有几千人，就招集军中官吏商议说："弥射如果反叛，我们将会没有活口，不如先把他杀掉。"就假造皇帝命令，命令大总管拿着数万段布帛赐给可汗和各部落酋长，兴昔亡率领徒众前来接受，苏海政把他们全数扣留斩杀。其中有鼠尼施、拔塞干两部落逃走，苏海政和继往绝追赶讨伐，加以平定。军队回还，到了疏勒南，弓月部再次引来吐蕃的部众，要和唐兵作战。苏海政因为军队长久在外，十分疲惫，不敢和吐蕃

余众附于吐蕃。

是岁，西突厥寇庭州，刺史来济将兵拒之，谓其众曰：“吾久当死，幸蒙存全以至今日，当以身报国。”遂不释甲胄，赴敌而死。

（以上为第一段，写唐高宗体恤民情，惩治许圉师，停祭泰山。边将苏海政邀功，逼反西域，引来吐蕃入寇。）

三年（癸亥，663 年）

春，正月，左武卫大将军郑仁泰讨铁勒叛者余种，悉平之。

乙酉，以李义府为右相，仍知选事。

二月，徙燕然都护府于回纥，更名瀚海都护；徙故瀚海都护于云中古城，更名云中都护。以碛为境，碛北州府皆隶瀚海，碛南隶云中。

三月，许圉师再贬虔州刺史，杨德裔以阿党流庭州，圉师子文思、自然并免官。

右相河间郡公李义府典选，恃中宫之势，专以卖官为事，铨综无次，怨讟盈路，上颇闻之，从容谓义府曰：“卿子及婿颇不谨，多为非法，我尚为卿掩覆，卿宜戒之！”义府勃然变色，颈、颊俱张，曰：“谁告陛下？”上曰：“但我言如是，何必就我索其所从得邪！”义府殊不引咎，缓步而去。上由是不悦。

望气者杜元纪谓义府所居第有狱气，宜积钱二十万缗以厌之，义府信之，聚敛尤急。义府居母丧，朔望给哭假，辄微服与元纪出城东，登古冢，候望气色，或告义府窥觇灾眚，阴有异图。又遣其子右司议郎津召长孙无忌之孙延，受其钱七百缗，除延司津监，右金吾仓曹参军杨行颖告之。夏，四月，乙丑，下义府狱，遣司刑太常伯刘祥道与御史、详刑共鞫之，仍命司空李勣监焉。事皆有实。戊子，诏义府除名，流嶲州；津除名，流振州；诸子及婿并除名，流庭州。朝野莫不称庆。

作战，就拿军事物资贿赂吐蕃，订好和约才返回。从此以后，各部落都认为兴昔亡是冤屈的，各自产生了离叛的心理。继往绝不久就去世了，十姓部落没有首领，阿史那都支和李遮匐两人收召剩下的部众归附于吐蕃。

这年，西突厥侵扰庭州，刺史来济率领军队抵御，他对部众说："我早就应当死了，不过很幸运地能够保存庭州的安全到今天，我要以自己的性命报答国家。"就不脱甲胄，前往作战而死。

唐高宗龙朔三年（癸亥，663年）

春季，正月，左武卫将军郑仁泰讨伐铁勒剩下的反叛部落，全部加以平定。

正月十一日乙酉，任命李义府为右相，仍然掌管选举人才的事。

二月，把燕然都护府迁徙到回纥，改名为瀚海都护府；把以前的瀚海都护迁徙到云中古城，改名为云中都护，以大漠为疆界，大漠以北的州府都隶属瀚海，大漠以南都隶属云中。

三月，许圉师再度被贬为虔州刺史，杨德裔因和许圉师结党营私，而被流放到庭州，许圉师的儿子许文思、许自然都被罢免。

右相河间郡公李义府典掌选用人才之事，依恃皇后的权势，专门以出卖官爵为事，铨叙取用不按次序，使得怨恨之声充斥道路，唐高宗好几次听闻此事，就从容不迫地对李义府说："你的儿子和女婿们做事很不谨慎，做了很多非法的事，我还为您掩盖，你应该戒惧警惕啊！"李义府突然变了脸色，颈部和面颊的筋肉都突起了，说："是谁告诉陛下的？"唐高宗说："只要我说的是对的，何必向我追问这些是从哪里得知的！"李义府完全没有引咎告罪，只是慢慢地走出去。唐高宗从此就不喜欢李义府了。

有个会看地气的杜元纪说李义府所住的宅第有牢狱之气，应该积满二十万缗的钱加以压制，李义府相信了，对金钱的聚敛搜刮更加急迫。李义府守母亲的丧，朝廷在初一、十五给他丧假，他常常穿着便服和杜元纪一起从东城出发，爬上古墓，观望气色，有人控告李义府偷偷勘察灾异妖眚，暗中有反叛的阴谋。又派遣他的儿子右司议郎李津招来长孙无忌的孙子长孙延，接受七百缗钱的贿赂，任命长孙延为司津监，右金吾仓曹参军杨行颖告到朝廷。夏季，四月，乙丑日，把李义府关到监狱里，派遣司刑太常伯刘祥道和御史详刑一起审理，还命令司空李勣监审。结果事情都有确凿的证据。四月初五日戊子，下诏令除掉李义府为官的身份，流放到巂州；儿子李津除掉为官的身份，流放到振州；儿子和女婿们都除掉为官的身份，流放到庭州。朝廷与民间没有不庆祝的。

或作河间道行军元帅刘祥道破铜山大贼李义府露布，榜之通衢。义府多取人奴婢，及败，各散归其家，故其露布云：“混奴婢而乱放，各识家而竞入。”

（以上为第二段，写唐高宗惩治权奸右相李义府，人心大快。）

乙未，置鸡林大都督府于新罗国，以金法敏为之。

丙午，蓬莱宫含元殿成，上始移仗居之，更命故宫曰西内。戊申，始御紫宸殿听政。

五月，壬午，柳州蛮酋吴君解反；遣冀州长史刘伯英、右武卫将军冯士翙发岭南兵讨之。

吐蕃与吐谷浑互相攻，各遣使上表论曲直，更来求援；上皆不许。

吐谷浑之臣素和贵有罪，逃奔吐蕃，具言吐谷浑虚实。吐蕃发兵击吐谷浑，大破之，吐谷浑可汗曷钵与弘化公主帅数千帐弃国走依凉州，请徙居内地。上以凉州都督郑仁泰为青海道行军大总管，帅右武卫将军独孤卿云、辛文陵等分屯凉、鄯二州，以备吐蕃。六月，戊申，又以左武卫大将军苏定方为安集大使，节度诸军，为吐谷浑之援。

吐蕃禄东赞屯青海，遣使者论仲琮入见，表陈吐谷浑之罪，且请和亲。上不许。遣左卫郎将刘文祥使于吐蕃，降玺书责让之。

秋，八月，戊申，上以海东累岁用兵，百姓困于征调，士卒战溺死者甚众，诏罢三十六州所造船，遣司元太常伯窦德玄等分诣十道，问人疾苦，黜陟官吏。德玄，毅之曾孙也。

九月，戊午，熊津道行军总管、右威卫将军孙仁师等破百济余众及倭兵于白江，拔其周留城。

初，刘仁愿、刘仁轨既克真岘城，诏孙仁师将兵，浮海助之。百济王丰南引倭人以拒唐兵，仁师与仁愿、仁轨合兵，势大振。诸将以加林城水陆之冲，欲先攻之，仁轨曰：“加林险固，急攻则伤士卒，缓之则旷日持久。周留城，虏之巢穴，群凶所聚，除恶务本，宜先攻之，若克周留，诸城自下。”于是仁师、仁愿与新罗王法敏将陆军以进，仁轨与别将杜爽、扶余隆将水军及粮船自熊津入白江，以会陆军，同趣周留城。遇

有人制作了河间道行军元帅刘祥道击破铜山大贼李义府的露布文书，张贴在通衢大道上。李义府夺取很多人家的奴婢，到了败落时，奴婢们各自分散，回归自己的家，所以露布上说：“奴婢们混杂在一起释放，每个人都找到自己的家，争着回去。”

四月十二日乙未，在新罗国设置鸡林大都督府，任命金法敏为都督。

四月二十三日丙午，蓬莱宫含元殿建造完成，高宗开始迁移仪仗到那里住，把故宫改为西内。四月二十五日戊申，开始驾临紫宸殿处理政事。

五月三十日壬午，柳州蛮酋长吴君解谋反，派遣冀州长史刘伯英、右武卫将军冯士翙从岭南调动军队加以讨伐。

吐蕃和吐谷浑互相攻伐，各自派遣使者上表朝廷，请求论断曲直，还来请求援助。高宗没有应允。

吐谷浑的大臣素和贵犯了罪，逃奔到吐蕃，把吐谷浑军事虚实都向吐蕃说了，吐蕃调动军队攻击吐谷浑，大败吐谷浑。吐谷浑可汗曷钵和弘化公主率领好几千毡帐徒众，抛弃国土逃走，前往投靠凉州，请求迁徙到内地。高宗任命凉州都督郑仁泰为青海道行军大总管，率领右武卫将军独孤卿云、辛文陵等人，分兵屯驻在凉州、鄯州，以防备吐蕃的攻击。六月二十六日戊申，又任命左武卫大将军苏定方为安集大使，节制调度各路军队，作为吐谷浑的援助。

吐蕃禄东赞屯驻在青海，派遣使者论仲琮入朝见高宗，上表陈述吐谷浑的罪过，而且请求与唐室和好结亲，高宗没有答应。高宗派遣左卫郎将刘文祥出使到吐蕃，颁下玺书加以责备。

秋季，八月二十七日戊申，高宗看到海东接连几年战争，百姓被赋役征调所困，士卒因战死溺死的也很多，就下诏令停止三十六州所建造的船只，派遣司元太常伯窦德玄等人，分别前往十个地方，慰问百姓的疾苦，并罢黜或擢升官吏。窦德玄是窦毅的曾孙。

九月初八日戊午，熊津道行军总管、右威卫将军孙仁师等人在白江打败了百济剩余部众和倭国军队，攻占周留城。

起初，刘仁愿、刘仁轨攻下真岘城后，高宗下诏令要孙仁师率领军队，从海上出发，以帮助刘仁愿、刘仁轨。百济王丰引导倭人向南抵抗唐兵，孙仁师和刘仁愿、刘仁轨部会合，声势大振。诸将认为加林城位于水陆要冲，想要先攻打它，刘仁轨说：“加林地势险恶坚固，急速进攻的话会伤害士卒，放慢进攻的话却又要花费很多时间。而周留城是敌人的巢穴，是众多元凶聚集的地方，要除去恶人务必从根本入手，最好先加以攻击，如果攻下周留城，其他城自然可以攻下来。”于是孙仁师、刘

倭兵于白江口，四战皆捷，焚其舟四百艘，烟炎灼天，海水皆赤。百济王丰脱身奔高丽，王子忠胜、忠志等帅众降，百济尽平，唯别帅迟受信据任存城，不下。

初，百济西部人黑齿常之，长七尺余，骁勇有谋略，仕百济为达率兼郡将，犹中国刺史也。苏定方克百济，常之帅所部随众降。定方縶其王及太子，纵兵劫掠，壮者多死。常之惧，与左右十余人遁归本部，收集亡散，保任存山，结栅以自固，旬月间归附者三万余人。定方遣兵攻之，常之拒战，唐兵不利；常之复取二百余城，定方不能克而还。常之与别部将沙吒相如各据险以应福信，百济既败，皆帅其众降。刘仁轨使常之、相如自将其众，取任存城，仍以粮仗助之。孙仁师曰："此属兽心，何可信也！"仁轨曰："吾观二人皆忠勇有谋，敦信重义；但向者所托，未得其人，今正是其感激立效之时，不用疑也。"遂给其粮仗，分兵随之，攻拔任存城，迟受信弃妻子，奔高丽。

诏刘仁轨将兵镇百济，召孙仁师、刘仁愿还。百济兵火之余，比屋凋残，僵尸满野，仁轨始命瘗骸骨，籍户口，理村聚，署官长，通道涂，立桥梁，补堤堰，复陂塘，课耕桑，赈贫乏，养孤老，立唐社稷，颁正朔及庙讳，百济大悦，阖境各安其业。然后修屯田，储糗粮，训士卒，以图高丽。

刘仁愿至京师，上问之曰："卿在海东，前后奏事，皆合机宜，复有文理。卿本武人，何能如是？"仁愿曰："此皆刘仁轨所为，非臣所及也。"上悦，加仁轨六阶，正除带方州刺史，为筑第长安，厚赐其妻子，遣使赍玺书劳勉之。上官仪曰："仁轨遭黜削而能尽忠，仁愿秉节制而能推贤，皆可谓君子矣！"

冬，十月，辛巳朔，诏太子每五日于光顺门内视诸司奏事，其事之小者，皆委太子决之。

十二月，庚子，诏改来年元。

仁愿和新罗王法敏率领陆军前进，刘仁轨和其他的将军杜爽、扶余隆率领水军和运粮船，从熊津进入白江，和陆军会合，一起攻向周留城。在白江口遇到倭国军队，四次交战全都获胜，烧掉对方四百艘船，火焰照红天空，海水都变成红色。百济王丰脱身逃奔到高丽，王子忠胜、忠志率领众人投降，百济全部平定，只有另一个将帅迟受信据守在任存城，没能攻下。

起初，百济西部有个人叫黑齿常之，身高有七尺多，勇敢而且懂得权谋兵略，在百济做官，官衔是达率兼郡将，约相当于中国的刺史。苏定方攻下百济时，黑齿常之率领自己的部属随众人投降。苏定方把百济王和太子拘缚起来，放纵军队劫夺抢掠，壮年的人大多死掉。黑齿常之很害怕，和左右十几个人逃回本来的地域，收罗招集逃亡分散的士卒，守卫任存山，结好栅栏以巩固自己，一月之间，归附他的约有三万多人。苏定方派遣士卒进攻，黑齿常之抵抗，唐兵失利，黑齿常之又攻取二百多座城，苏定方不能取胜而撤军。黑齿常之和另一将领沙吒相如各自据守险要地区以呼应福信，百济失败之后，他们都率领部众投降。刘仁轨命令黑齿常之、沙吒相如自己率领部众，攻取任存城，还以粮食器仗援助他们。孙仁师说："这些人内心像禽兽，怎么可以相信呢？"刘仁轨说："我看他们两个人都忠勇有谋略，重视信义；只为以前他们托付的，不是适当的人，现在正是他们感激立功的时候，不用怀疑。"就给他们粮食器仗，分派士卒跟随他们，攻下了任存城，迟受信抛弃妻子儿女，逃奔高丽。

唐高宗下诏令刘仁轨率领部队镇守百济，召孙仁师、刘仁愿回朝。百济受到战火之后，家家凋敝残败，到处是僵硬的尸骸，刘仁轨开始下令掩埋尸骸，登记户口，整理村落，署置官长，开通道路，修建桥梁，补葺堤堰，修复陂塘，劝课耕种蚕桑，赈贷贫乏，存养孤儿老人，建立大唐土神和谷神，颁布唐朝的历法和庙讳，百济民众大为高兴，全境之内百姓都安心从事自己的生产。然后治理屯田，储备干粮，训练士卒，进而谋取高丽。

刘仁愿回到京师，高宗问他说："你在海东，前后所陈奏的事情，都很符合机宜，而且又有文理。你本是个武人，怎么能写得这么好？"刘仁愿说："这些都是刘仁轨所做的，臣是做不出的。"高宗很高兴，加封刘仁轨六级官阶，正式任命他为带方州刺史，为刘仁轨在长安建筑宅第，对刘仁轨妻子儿女的赏赐十分丰厚，派遣使者带着玺书慰劳勉励他。上官仪说："刘仁轨遭受罢黜夺官，仍然能尽忠于朝廷，刘仁愿执掌节制之权，而能够推举贤人，都可以说是君子！"

冬季，十月初一日辛巳，下令太子每隔五天，在光顺门内看各有关部门呈奏事情，比较小的政事都交付太子决定办理。

十二月二十一日庚子，下诏令改明年年号为麟德。

壬寅，以安西都护高贤为行军总管，将兵击弓月以救于阗。

是岁，大食击波斯、拂菻，破之；南侵婆罗门，吞灭诸胡，胜兵四十余万。

（以上为第三段，写唐室四边有警。唐将刘仁轨、刘仁愿征服百济。）

麟德元年（甲子，664 年）

春，正月，甲子，改云中都护府为单于大都护府，以殷王旭轮为单于大都护。

初，李靖破突厥，迁三百帐于云中城，阿史德氏为之长。至是，部落渐众，阿史德氏诣阙，请如胡法立亲王为可汗以统之。上召见，谓曰："今之可汗，古之单于也。"故更为单于都护府，而使殷王遥领之。

二月，戊子，上行幸万年宫。

夏，四月，壬子，卫州刺史道孝王元庆薨。

丙午，魏州刺史郇公孝协坐赃，赐死。司宗卿陇西王博乂奏孝协父叔良死王事，孝协无兄弟，恐绝嗣。上曰："画一之法，不以亲疏异制，苟害百姓，虽皇太子亦所不赦。孝协有一子，何忧乏祀乎！"孝协竟自尽于第。

五月，戊申朔，遂州刺史许悼王孝薨。

乙卯，于昆明之弄栋川置姚州都督府。

秋，七月，丁未朔，诏以三年正月有事于岱宗。

八月，丙子，车驾还京师，幸旧宅，留七日；壬午，还蓬莱宫。

丁亥，以司列太常伯刘祥道兼右相，大司宪窦德玄为司元太常伯、检校左相。

冬，十月，庚辰，检校熊津都督刘仁轨上言："臣伏睹所存戍兵，疲羸者多，勇健者少，衣服贫敝，唯思西归，无心展效。臣问以'往在海西，见百姓人人应募，争欲从军，或请自办衣粮，谓之"义征"，何为今日士卒如此？'咸言：'今日官府与曩时不同，人心亦殊。曩时东西征役，身没王事，并蒙敕使吊祭，追赠官爵，或以死者官爵回授子弟，凡渡辽

十二月二十三日壬寅，任命安西都护高贤为行军总管，率领军队攻击弓月部，以援救于阗。

这一年，大食攻击波斯、拂菻，打败了它们；并向南进攻婆罗门，吞并了各胡人部落，能披甲作战的大食军队有四十几万人。

唐高宗麟德元年（甲子，664 年）

春季，正月十六日甲子，把云中都护府改为单于都护府，命令殷王李旭轮为单于大都护。

当初，李靖打败突厥，把三百毡帐突厥人迁到云中城，阿史德氏是各帐的酋长。到此时，部众已渐渐增加，阿史德氏往朝廷觐见，要求按对待胡人方式，立亲王为可汗实行统治。唐高宗召见阿史德氏，对他说："现在的可汗，就是古代的单于。"于是改名为单于都护府，而让殷王以大都护的名义遥相统领。

二月初十日戊子，高宗抵达万年宫。

夏季，四月初五日壬子，卫州刺史道孝王李元庆去世。

四月二十九日丙午，魏州刺史郇公李孝协犯了贪污罪，被赐自杀。司宗卿陇西王李博义上奏李孝协父亲李叔良为朝廷而死的往事，担心李孝协没有兄弟，可能会绝了子嗣。高宗说："法令是整齐划一的，不因为亲近或疏远就有所不同，如果伤害到百姓，就是皇太子也不能赦免。李孝协有一个儿子，何必担心没有子孙祭祀呢！"李孝协最后还是在府第里自杀了。

五月初一日戊申，遂州刺史许悼王李孝去世。

五月初八日乙卯，在昆明的弄栋川设置姚州都督府。

秋季，七月初一日丁未，颁布诏令宣布麟德三年正月时，将在泰山举行祭祀之事。

八月初一日丙子，高宗返回京师，回到旧居，留住七天；八月初七日壬午，回到蓬莱宫。

八月十二日丁亥，任命司列太常伯刘祥道兼右相，大司宪窦德玄为司元太常伯、检校左相。

冬季，十月初六日庚辰，检校熊津都督刘仁轨上奏："臣看到目前留下戍边的士卒，大多是疲惫羸弱的人，勇敢健壮的很少，衣服也都破烂，只想回到西边的家乡，没有心思开创功业，报效朝廷。臣问他们：'以往在海西时，看到百姓人人都响应征募，抢着要从军。有人甚至愿意自己备好衣物粮食，称为义征，为什么今天的士卒会变成这样？'他们都说：'现在的官府和以前不同，人心也不一样。以前不管往东

海者，皆赐勋一转。自显庆五年以来，征人屡经渡海，官不记录，其死者亦无人谁何。州县每发百姓为兵，其壮而富者，行钱参逐，皆亡匿得免；贫者身虽老弱，被发即行。顷者破百济及平壤苦战，当时将帅号令，许以勋赏，无所不至；及达西岸，惟闻枷锁推禁，夺赐破勋，州县追呼，无以自存，公私困弊，不可悉言。以是昨发海西之日已有逃亡自残者，非独至海外而然也。又，本因征役勋级以为荣宠；而比年出征，皆使勋官挽引，劳苦与白丁无殊，百姓不愿从军，率皆由此。'臣又问：'曩日士卒留镇五年，尚得支济，今尔等始经一年，何为如此单露？'咸言：'初发家日，惟令备一年资装；今已二年，未有还期。'臣检校军士所留衣，今冬仅可充事，来秋以往，全无准拟。陛下留兵海外，欲殄灭高丽。百济、高丽，旧相党援，倭人虽远，亦共为影响，若无镇兵，还成一国。今既资戍守，又置屯田，所藉士卒同心同德，而众有此议，何望成功！自非有所更张，厚加慰劳，明赏重罚以起士心，若止如今日以前处置，恐师众疲老，立效无日。逆耳之事，或无人为陛下尽言，故臣披露肝胆，昧死奏陈。"

上深纳其言，遣右威卫将军刘仁愿将兵渡海以代旧镇之兵，仍敕仁轨俱还。仁轨谓仁愿曰："国家悬军海外，欲以经略高丽，其事非易。今收获未毕，而军吏与士卒一时代去，军将又归，夷人新服，众心未安，必将生变。不如且留旧兵，渐令收获，办具资粮，节级遣还；军将且留镇抚，未可还也。"仁愿曰："吾前还海西，大遭谗谤，云吾多留兵众，谋据海东，几不免祸。今日唯知准敕，岂敢擅有所为！"仁轨曰："人臣苟利于国，知无不为，岂恤其私！"乃上表陈便宜，自请留镇海东，上从之。仍以扶余隆为熊津都尉，使招辑其余众。

（以上为第四段，写唐高宗采纳刘仁轨奏议，优抚海东将士。）

或往西征战，为朝廷牺牲时，都蒙受皇帝派使者吊慰哀祭，追赠官爵给死者，或者把死者的官爵转授给死者子弟，凡是渡过辽海的士卒都赏给一级功勋。从显庆五年以来，征战的士卒屡次渡海出征，官吏都不记录他们的功勋，其中死亡的也没有人问是谁，为什么而死。州县每次征召百姓当兵，年壮而有钱的，使用钱财贿赂官府，都能够逃避而免掉征召；贫困的人虽然衰老体弱，一被征召就要出发。最近打败百济和平壤是经过艰苦作战的，当时将帅颁下命令，许诺按照功勋奖赏士卒，士卒的要求都答应了。等到到了西岸，却只听到士卒被拘留、推问、囚禁的消息，夺回赏赐，撤销爵勋，州县追捕呼喝，使得士卒们无法生存，公家和私人方面所受到的困窘疲惫，无法说得完。因此从海西出发时，已经有逃亡自残的士卒，不只是到海外才这样。而且士卒都把战胜获得勋爵当作是荣耀尊崇；但每年出征时，都让有功勋的官吏挽引舟车，所受的劳苦和平民一样，百姓不愿从军，大都是为了这些。’臣又问：‘前些日子士卒留守五年，还能够支撑着过下去，现在你们不过经过一年罢了，为什么衣装变成这样单薄？’他们都说：‘刚从家里出发时，只命令准备一年的物资衣装；现在已经两年了，却没有听到返回的日期。’臣检查军士所留下的衣物，只可以应付今年冬天，来年秋天以后，全没有明确的打算。陛下留下这些人在海外，要消灭高丽。百济、高丽以前就互相结党支援，倭国人距离虽然遥远，但也相互呼应，如果没有坐镇的军队，还是会成为独立的一国。现在既然借助于这些兵力戍守，又设置屯田制度，所要依赖的是士卒们的同心协力，但目前士卒却有这种不满的言语，怎么能有希望成功！自然非得改变以前做法，对士卒要优厚地加以慰劳，明定奖赏加重刑罚，以振奋士卒的斗志，如果只像今天以前一样处理问题，恐怕士卒们疲惫而无士气，不可能建立功业。这些不顺耳的话，可能没有人向陛下说明清楚，所以臣把内心披露在陛下眼前，冒死向陛下陈述。”

唐高宗完全采纳了他的建议，派遣右威卫将军刘仁愿率兵渡过海洋，以替代原有的镇守士兵，还敕令刘仁轨一起返回朝廷，刘仁轨对刘仁愿说：“国家派军在海外，是要攻略高丽，事情并不容易。现在农田的收割还没完结，而军吏和士卒一时之间替代离开，军中将领也要回去。夷人最近刚臣服，众人的内心还没安定下来，一定会发生变故。不如暂且留下旧有士兵，逐步命令他们收割庄稼，备办物资、粮食，按等级遣送返回；军中将领暂且留下坐镇安抚，不可以马上回返。”刘仁愿说：“我以前回返海西，大受毁谤，说我留下很多士兵部众，阴谋占据海东，几乎难免灾祸。现在我只知道按照皇上敕令去做，怎么敢擅自有所作为！”刘仁轨说：“为人臣子，如果对国家有利的事，知道了没有不做的，还担心什么个人遭遇！”就呈上奏表陈述对国家方便有利之事，自己请求留下镇守海东，高宗接受了。高宗还任命扶余隆为熊津都尉，命令他招集剩余的部众。

初，武后能屈身忍辱，奉顺上意，故上排群议而立之；及得志，专作威福，上欲有所为，动为后所制，上不胜其忿。有道士郭行真，出入禁中，尝为厌胜之术，宦者王伏胜发之。上大怒，密召西台侍郎、同东西台三品上官仪议之。仪因言："皇后专恣，海内所不与，请废之。"上意亦以为然，即命仪草诏。

左右奔告于后，后遽诣上自诉。诏草犹在上所，上羞缩不忍，复待之如初；犹恐后怨怒，因绐之曰："我初无此心，皆上官仪教我。"仪先为陈王咨议，与王伏胜俱事故太子忠，后于是使许敬宗诬奏仪、伏胜与忠谋大逆。十二月，丙戌，仪下狱，与其子庭芝、王伏胜皆死，籍没其家。戊子，赐忠死于流所。右相刘祥道坐与仪善，罢政事，为司礼太常伯，左肃机郑钦泰等朝士流贬者甚众，皆坐与仪交通故也。

自是上每视事，则后垂帘于后，政无大小，皆与闻之。天下大权，悉归中宫，黜陟、杀生，决于其口，天子拱手而已，中外谓之二圣。

太子右中护检校西台侍郎乐彦玮、西台侍郎孙处约并同东西台三品。

（以上为第五段，写唐高宗惧内软弱，冤杀上官仪，导致武则天垂帘参与朝政，中外谓之"二圣"。）

二年（乙丑，665 年）

春，正月，丁卯，吐蕃遣使入见，请复与吐谷浑和亲，仍求赤水地畜牧，上不许。

二月，壬午，车驾发京师；丁酉，至合璧宫。

上语及隋炀帝，谓侍臣曰："炀帝拒谏而亡，朕常以为戒，虚心求谏；而竟无谏者，何也？"李勣对曰："陛下所为尽善，群臣无得而谏。"

三月，甲寅，以兼司戎太常伯姜恪同东西台三品。恪，宝谊之子也。

辛未，东都乾元殿成。闰月，壬申朔，车驾至东都。

起初，武后能够委屈自己，忍受耻辱，奉承顺应高宗的心意，所以高宗排除众人的异议，而立她为后；她得志之后，专门作威作福，高宗要有所作为，一有行动就被武后压制，高宗内心感到很愤怒。有个道士郭行真，在宫禁中出入，曾经以咒诅之术伤害高宗，宦者王伏胜揭发此事，高宗非常生气，暗中招来西台侍郎、同东西台三品上官仪一起商量。上官仪就说："皇后专权恣纵，海内之士都不赞成，请求废掉后位。"高宗心里认为很对，就命令上官仪起草诏令。

左右赶快把消息告诉了皇后，皇后立即到高宗那里述说自己是清白的。起草的诏令还在高宗处，高宗羞怯畏缩，不忍废掉皇后，所以又像当初一样对待皇后；还担心皇后怨恨生气，就哄骗她说："我本来没有废皇后的想法，这都是上官仪教我的。"上官仪原先担任陈王府谘议参军，和王伏胜一起侍奉过以前的太子李忠，皇后于是指使许敬宗诬奏上官仪、王伏胜和李忠策划反叛。十二月十三日丙戌，上官仪被捕下狱，和他的儿子上官庭芝、王伏胜都被害死，抄没他们全家。十二月十五日戊子，赐李忠在流放的黔州自杀。右相刘祥道因为和上官仪友善，被剥夺了掌管政事的权力，改任为司礼太常伯，左肃机郑钦泰等士人被流放贬退的有很多，都是由于和上官仪有交往的缘故。

从此以后，高宗每次处理政事，皇后就垂着帘幕坐在后面，无论政事的大小，皇后都参与处理。决定天下事的大权，全部落到皇后手中，罢黜、擢升、生杀的决定，都出自皇后之口，朝野都认为唐朝有两个天子。

太子右中护检校西台侍郎乐彦玮、西台侍郎孙处约一起被任命为同东西台三品。

唐高宗麟德二年（乙丑，665年）

春季，正月二十四日丁卯，吐蕃派遣使者入宫见高宗，请求再与吐谷浑和好结亲，还要求划赤水之地给他们畜牧，高宗不答应。

二月初十日壬午，高宗的车驾从京师出发；二月二十五日丁酉，到达合璧宫。

唐高宗谈到隋炀帝，对左右侍臣说："炀帝拒绝劝告而灭亡，我常常引他为鉴戒，虚心要求臣子进谏，但竟然没有劝告我的人，这是为什么呢？"李勣回答说："陛下所作所为都很完善，群臣没有什么可进谏的。"

三月十二日甲寅，任命兼司戎太常伯姜恪为同东西台三品。姜恪是姜宝谊的儿子。

三月二十九日辛未，东都洛阳乾元殿建造完成。闰三月初一日壬申，高宗的车驾到达洛阳。

疏勒弓月引吐蕃侵于阗，敕西州都督崔知辩、左武卫将军曹继叔将兵救之。

夏，四月，戊辰，左侍极陆敦信检校右相；西台侍郎孙处约、太子右中护检校西台侍郎乐彦玮并罢政事。

秘阁郎中李淳风以傅仁均《戊寅历》推步浸疏，乃增损刘焯《皇极历》，更撰《麟德历》；五月，辛卯，行之。

秋，七月，己丑，兖州都督邓康王元裕薨。

上命熊津都尉扶余隆与新罗王法敏释去旧怨；八月，壬子，同盟于熊津城。刘仁轨以新罗、百济、耽罗、倭国使者浮海西还，会祠泰山，高丽亦遣太子福男来侍祠。

冬，十月，癸丑，皇后表称："封禅旧仪，祭皇地祇，太后昭配，而令公卿行事，礼有未安，至日，妾请帅内外命妇奠献。"诏："禅社首以皇后为亚献，越国太妃燕氏为终献。"壬戌，诏："封禅坛所设上帝、后土位，先用藁秸、陶匏等，并宜改用茵褥、罍爵，其诸郊祀亦宜准此。"又诏："自今郊庙享宴，文舞用《功成庆善之乐》，武舞用《神功破陈之乐》。"

（以上为第六段，写唐高宗颁行新历《麟德历》，准皇后奏，皇后参与封禅。）

丙寅，上发东都，从驾文武仪仗，数百里不绝。列营置幕，弥亘原野。东自高丽，西至波斯、乌长诸国朝会者，各帅其属扈从，穹庐毳幕，牛羊驼马，填咽道路。时比岁丰稔，米斗至五钱，麦、豆不列于市。

十一月，戊子，上至濮阳，窦德玄骑从。上问："濮阳谓之帝丘，何也？"德玄不能对。许敬宗自后跃马而前曰："昔颛顼居此，故谓之帝丘。"上称善。敬宗退，谓人曰："大臣不可以无学；吾见德玄不能对，心实羞之。"德玄闻之曰："人各有能有不能，吾不强对以所不知，此吾所能也。"李勣曰："敬宗多闻，信美矣；德玄之言亦善也。"

寿张人张公艺九世同居，齐、隋、唐皆旌表其门。上过寿张，幸其宅，问所以能共居之故，公艺书"忍"字百余以进。上善之，赐以缣帛。

十二月，丙午，车驾至齐州，留十日。丙辰，发灵岩顿，至泰山下，

疏勒弓月引来吐蕃进攻于阗，高宗下令西州都督崔知辩、左武卫将军曹继叔率领军队去援救。

夏季，四月二十七日戊辰，左侍极陆敦信任检校右相；西台侍郎孙处约，太子右中护、检校西台侍郎乐彦玮一起被罢免掌理政事之权。

秘阁郎中李淳风认为傅仁均的《戊寅历》所推算的节令时辰日渐疏谬，就改进刘焯的《皇极历》，重新编定《麟德历》；五月二十日辛卯，正式颁行。

秋季，七月十九日己丑，兖州都督邓康王李元裕去世。

高宗命令熊津都尉扶余隆和新罗王法敏消除以前的仇怨；八月十三日壬子，在熊津城订立同盟。刘仁轨与新罗、百济、耽罗、倭国派出的使者渡海西返，在泰山会合祭祀，高丽也派遣太子福男前来陪侍祭祀。

冬季，十月十五日癸丑，皇后上表说："旧有的封禅仪式，祭祀皇地祇时，以太后配祭，而命令公卿按此行事，这对礼仪来说是有所不妥的，到那天，妾请求率领内外命妇参与祭奠献酒。"高宗颁布诏令说："封禅祭祀时先以皇后为次献，越国太妃燕氏为终献。"十月二十四日壬戌，颁布诏令："封禅时坛台所设置的上帝、后土神位，先前所用的是枯干禾秸、陶器等，现在应该改用褥垫和酒器，其他郊祀也应该按此去做。"又颁布诏令说："从现在起郊庙祭祀享神宴会时，文舞采用《功成庆善之乐》，武舞采用《神功破阵之乐》。"

十月二十八日丙寅，高宗从东都出发，陪从高宗车驾的文武百官仪仗队列，连绵几百里不断绝。列置的营地帐幕，布满在横亘的原野上。东面从高丽，西面到达波斯、乌长等国，朝见高宗的使者，各自率领部属随从皇帝，搭建毡房帐幕居住，牛、羊、骆驼、马匹等，填塞道路。当时连年谷物丰收，一斗米便宜到只值五个钱，麦、豆不够格列置市场上买卖。

十一月二十日戊子，高宗到达濮阳，窦德玄骑马跟随。高宗问他道："濮阳称为帝丘，为什么？"窦德玄回答不出。许敬宗从后面跃马到高宗面前说："以前颛顼帝住在这里，所以称为帝丘。"高宗表示称赞。许敬宗后退，对人说："大臣不能没有学问；我看见窦德玄回答不出，心里实在感到羞愧。"窦德玄听到后说："每个人各有他能做和不能做的，我不勉强回答我所不知道的事，这就是我能做的事。"李勣说："许敬宗的见闻很广，这很好；但窦德玄的说法也对。"

寿张人张公艺九代同住在一起，北齐、隋、唐时都于其门前赐匾额表扬过，高宗经过寿张时，到了张公艺住宅，问他能够九代同住在一起的缘故，张公艺书写一百多个"忍"字呈进给皇帝。皇帝很赞赏他，赐给他缣帛。

十二月初九日丙午，皇帝到了齐州，停留十天。十二月十九日丙辰，从灵岩顿

有司于山南为圆坛，山上为登封坛，社首山上为降禅方坛。

（以上为第七段，写唐高宗在东行封禅途中的轶事。）

乾封元年（丙寅，666年）

春，正月，戊辰朔，上祀昊天上帝于泰山南。己巳，登泰山，封玉牒，上帝册藏以玉匮，配帝册藏以金匮，皆缠以金绳，封以金泥，印以玉玺，藏以石礮。庚午，降禅于社首，祭皇地祇。上初献毕，执事者皆趋下。宦者执帷，皇后升坛亚献，帷帟皆以锦绣为之，酌酒，实俎豆，登歌，皆用宫人。壬申，上御朝觐坛，受朝贺；赦天下，改元。文武官三品已上赐爵一等，四品已下加一阶。先是阶无泛加，皆以劳考叙进，至五品三品，仍奏取进止，至是始有泛阶，比及末年，服绯者满朝矣。

时大赦，惟长流人不听还，李义府忧愤发病卒。自义府流窜，朝士日忧其复入，及闻其卒，众心乃安。

丙戌，车驾发泰山；辛卯，至曲阜，赠孔子太师，以少牢致祭。癸未，至亳州，谒老君庙，上尊号曰太上玄元皇帝。丁丑，至东都，留六日；甲申，幸合璧宫；夏，四月，甲辰，至京师，谒太庙。

庚戌，左侍极兼检校右相陆敦信以老疾辞职，拜大司成，兼左侍极，罢政事。

五月，庚寅，铸乾封泉宝钱，一当十，俟期年尽废旧钱。

（以上为第八段，写唐高宗封禅泰山，改元乾封，发行“乾封泉宝”，以一当十，聚敛民财。）

高丽泉盖苏文卒，长子男生代为莫离支，初知国政，出巡诸城，使其弟男建、男产知留后事。或谓二弟曰：“男生恶二弟之逼，意欲除之，不如先为计。”二弟初未之信。又有告男生者曰：“二弟恐兄还夺其权，欲拒兄不纳。”男生潜遣所亲往平壤伺之，二弟收掩，得之，乃以王命召男生。男生惧，不敢归；男建自为莫离支，发兵讨之。男生走保别城，使其子献诚诣阙求救。六月，壬寅，以右骁卫大将军契苾何力为辽东道安

出发，到达泰山脚下，有关部门在泰山的南面建造了圆坛，山上是登临祭天的祭坛，社首山上面是禅祭地祇的方形祭坛。

唐高宗乾封元年（丙寅，666 年）

春季，正月初一日戊辰，皇帝在泰山南面祭祀昊天上帝。正月初二日己巳，登泰山，以玉牒封禅，把祭祀上帝的册书用玉匮收藏，配祭的册书用金匮收藏，都用金绳加以缠绕，以金泥加封，再印上玉玺，用石匣收藏起来。正月初三日庚午，下山到社首，祭祀皇地祇。皇帝初献完毕，左右执事的人都趋身退下。宦者拉着帘幕，皇后登上祭坛次献，帷帐帘幕都用锦绣制成；敬酒，装填俎豆，登坛歌舞，都用宫中之人。正月初五日壬申，皇帝驾临朝觐的坛台，接受祝贺；赦免天下，改年号为乾封。文、武官三品以上都赐爵位一等，四品以下加一阶。在这以前官阶是不随便加封的，都是按功劳来考核叙次的，一旦升到五品三品，就奏报皇帝决定加或不加，从这时起官阶才有不按功劳加封的情形；到了末后几年，穿绯色服饰的官吏就充满朝廷了。

当时大赦天下，只有长久流放的人不能任其放还，李义府忧心羞愤，生病死亡。从李义府被流放后，朝廷士人每天都担心他再度入朝为官，后来听说他死亡，众人内心才安定下来。

正月十九日丙戌，高宗皇帝从泰山出发；正月二十四日辛卯，到达曲阜，以太师官职赠孔子，再用少牢祭祀孔子。癸未日，高宗到达亳州，谒见老君庙，高宗皇帝尊称老君为太上玄元皇帝。三月十一日丁丑，高宗到达东都，停留六天；三月十七日甲申，入合璧宫；夏季，四月初八日甲辰，回到京师，进谒太庙。

四月十四日庚戌，左侍极兼校右相陆敦信因为年老多病而辞职，被任命为大司成，兼左侍极，罢除政事。

五月二十五日庚寅，铸造乾封泉宝钱，一钱当十个旧钱用，等到满一年把旧钱全部废弃。

高丽泉盖苏文死了，长子泉男生继任为莫离支，首次掌握国家政事，出巡各都城，命令他的弟弟泉男建、泉男产掌管留守后方的事。有人对两个弟弟说："泉男生不喜欢你们两个弟弟的逼迫，心里想要除掉你们，不如先做好计谋。"两个弟弟起先不相信。又有人告诉泉男生说："你两个弟弟担心你返回后剥夺他们的权柄，准备反抗你，不接纳你。"泉男生暗中派亲近的人前往平壤窥伺，两个弟弟把泉男生派出的人悄悄地抓起来，获悉其中详情，就用国王的名义要召见泉男生。泉男生害怕，不

抚大使，将兵救之；以献诚为右武卫将军，使为乡导。又以右金吾卫将军庞同善、营州都督高侃为行军总管，同讨高丽。

秋，七月，乙丑朔，徙殷王旭轮为豫王。

以大司宪兼检校太子左中护刘仁轨为右相。

初，仁轨为给事中，按毕正义事，李义府怨之，出为青州刺史。会讨百济，仁轨当浮海运粮，时未可行，义府督之，遭风失船，丁夫溺死甚众，命监察御史袁异式往鞫之。义府谓异式曰："君能办事，不忧无官。"异式至，谓仁轨曰："君与朝廷何人为雠，宜早自为计。"仁轨曰："仁轨当官不职，国有常刑，公以法毙之，无所逃命。若使遽自引决以快雠人，窃所未甘！"乃具狱以闻。异式将行，仍自掣其锁。狱上，义府言于上曰："不斩仁轨，无以谢百姓。"舍人源直心曰："海风暴起，非人力所及。"上乃命除名，以白衣从军自效。义府又讽刘仁愿使害之，仁愿不忍杀。及为大司宪，异式惧，不自安，仁轨沥觞告之曰："仁轨若念畴昔之事，有如此觞！"仁轨既知政事，异式寻迁詹事丞，时论纷然；仁轨闻之，遽荐为司元大夫。监察御史杜易简谓人曰："斯所谓矫枉过正矣！"

八月，辛丑，司元太常伯兼检校左相窦德玄薨。

初，武士彟娶相里氏，生男元庆、元爽，又娶杨氏，生三女，长适越王府法曹贺兰越石，次皇后，次适郭孝慎。士彟卒，元庆、元爽及士彟兄子惟良、怀运皆不礼于杨氏，杨氏深衔之。越石、孝慎及孝慎妻并早卒，越石妻生敏之及一女而寡。后既立，杨氏号荣国夫人，越石妻号韩国夫人，惟良自始州长史超迁司卫少卿，怀运自瀛州长史迁淄州刺史，元庆自右卫郎将为宗正少卿，元爽自安州户曹累迁少府少监。荣国夫人尝置酒，谓惟良等曰："颇忆畴昔之事乎？今日之荣贵复何如？"对曰："惟良等幸以功臣子弟，早登宦籍，揣分量才，不求贵达，岂意以皇后之故，曲荷朝恩，夙夜忧惧，不为荣也。"荣国不悦。皇后乃上疏，请出惟良等为远州刺史，外示谦抑，实恶之也。于是以惟良检校始州刺史，元

敢回去；泉男建自封为莫离支，发动军队讨伐泉男生。泉男生逃走到别城以自保，派遣儿子泉献诚到朝廷求救。六月初七日壬寅，任命右骁卫大将军契苾何力为辽东道安抚大使，领兵救援；任命泉献诚为右武卫将军，让他做向导。又任命右金吾卫将军庞同善、营州都督高侃为行军总管，一起讨伐高丽。

秋季，七月初一日乙丑，迁徙殷王李旭轮为豫王。

任命大司宪兼检校太子左中护刘仁轨为右相。

起初，刘仁轨是给事中，调查毕正义的事情，李义府怨恨他，所以被出放为青州刺史。正好朝廷在讨伐百济，刘仁轨担任渡海运送粮食的职事，因为没有顺风，船走不动，李义府督促他出发，结果遇风而沉船，运粮的丁夫溺死的有很多，朝廷命令监察御史袁异式前往查办，李义府对袁异式说："你能够办好这件事，不用担心没官做。"袁异式到了之后，对刘仁轨说："你和朝廷什么人结了仇怨？你还是早早地为自己计划好，自杀算了。"刘仁轨说："刘仁轨做官不称职，国家有一定的刑罚，你按照法令把我杀了，我逃也逃不掉。如果要让我草率地自我了断，以满足仇人，我内心实在不情愿！"就备齐案情卷宗以向高宗报告。袁异式要离开时，亲自把锁拽上。案情呈上之后，李义府对高宗说："不杀刘仁轨，就不能向老百姓谢罪。"舍人源直心说："海风突然吹起，不是人力所能挽救的。"高宗于是命令免除刘仁轨做官的身份，以平民身份从军，为国效力。李义府又暗示刘仁愿害死刘仁轨，但刘仁愿不忍心加以杀害。后来刘仁轨做到大司宪，袁异式很害怕，内心不安宁，刘仁轨把酒从酒杯里全部沥出，告诉袁异式说："刘仁轨如果还计较以前的事，就好像这杯酒一样！"刘仁轨掌理政事之后，袁异式不久也升迁詹事丞；当时士人议论纷纷，刘仁轨听到之后，就推举袁异式为司元大夫。监察御史杜易简对人说："刘仁轨这样做，未免矫枉过正了。"

八月初八日辛丑，司元太常伯兼检校左相窦德玄去世。

起初，武士彟娶相里氏为妻，生下儿子武元庆、武元爽；又娶了杨氏，生下三个女儿，长女嫁给越王府法曹官员贺兰越石，次女即武则天做了皇后，三女嫁给郭孝慎。武士彟死后，武元庆、武元爽和武士彟哥哥的儿子武惟良、武怀运等人，对杨氏都不礼貌，杨氏对此非常记恨。贺兰越石、郭孝慎及郭孝慎的妻子都很早就死了，贺兰越石的妻子生有贺兰敏之和一个女儿而寡居。老二武则天立为皇后之后，杨氏被封为荣国夫人，贺兰越石的妻子被封为韩国夫人；武惟良由始州长史破格擢升为司尉少卿，武怀运从瀛州长史升为淄州刺史，武元庆从右卫郎将升为宗正少卿，武元爽由安州户曹累次升迁到少府少监。荣国夫人曾经设置酒席，对武惟良等人说："你们还常回忆以前的事吧？对今天的荣华富贵你们感觉又是怎样呢？"武惟良回答说："惟良等人侥幸以功臣子弟的身份，很早就做了官，衡量自己的名分和才能，实

庆为龙州刺史，元爽为濠州刺史。元庆至州，以忧卒。元爽坐事流振州而死。

韩国夫人及其女以后故出入禁中，皆得幸于上。韩国寻卒，其女赐号魏国夫人。上欲以魏国为内职，心难后未决，后恶之。会惟良、怀运与诸州刺史诣泰山朝觐，从至京师，惟良等献食。后密置毒醢中，使魏国食之，暴卒，因归罪于惟良、怀运，丁未，诛之，改其姓为蝮氏。怀运兄怀亮早卒，其妻善氏尤不礼于荣国，坐惟良等没入掖庭，荣国令后以他事束棘鞭之，肉尽见骨而死。

九月，庞同善大破高丽兵，泉男生帅众与同善合。诏以男生为特进、辽东大都督，兼平壤道安抚大使，封玄菟郡公。

戊子，金紫光禄大夫致仕广平宣公刘祥道薨，子齐贤嗣。齐贤为人方正，上甚重之，为晋州司马。将军史兴宗尝从上猎苑中，因言晋州产佳鹞，刘齐贤今为司马，请使捕之。上曰："刘齐贤岂捕鹞者邪！卿何以此待之！"

冬，十二月，己酉，以李勣为辽东道行军大总管，以司列少常伯安陆郝处俊副之，以击高丽。庞同善、契苾何力并为辽东道行军副大总管兼安抚大使如故；其水陆诸军总管并运粮使窦义积、独孤卿云、郭待封等，并受勣处分。河北诸州租赋悉诣辽东给军用。待封，孝恪之子也。

勣欲与其婿京兆杜怀恭偕行，以求勋效。怀恭辞以贫，勣赡之，复辞以无奴马，又赡之。怀恭辞穷，乃亡匿岐阳山中，谓人曰："公欲以我立法耳。"勣闻之，流涕曰："杜郎疏放，此或有之。"乃止。

（以上为第九段，写武则天生性狠毒，报复同宗；唐高宗大发兵征高丽。）

二年（丁卯，667年）

春，正月，上耕藉田，有司进耒耜，加以雕饰。上曰："耒耜农夫所

在不敢奢求显贵荣达，想不到因为皇后的缘故，而深受朝廷恩宠，早晚都在忧心惶惧，不敢引以为荣耀。”荣国夫人听了内心不愉快。皇后就上疏给高宗，请求将武惟良等外放为僻远之州的刺史，表面上显示自己谦虚抑制，实际上很讨厌武惟良等人。于是任命武惟良为检校始州刺史，武元庆为龙州刺史，武元爽为濠州刺史。武元庆到了龙州，因为忧郁而死。武元爽因另外事情获罪被流放振州而死。

韩国夫人和她的女儿因为皇后的关系，出入宫禁之中，都得到高宗的宠幸。韩国夫人不久死了，女儿被赐为魏国夫人。高宗要任魏国夫人为内官之职，怕皇后刁难，一时未做决定，皇后非常憎恶。正好武惟良、武怀运和各州刺史到泰山朝见皇帝，陪高宗回到京师，武惟良等人献食品，皇后暗中放置毒药在肉酱里，让魏国夫人吃，她便突然死了，于是把罪过推到武惟良、武怀运身上，八月十四日丁未，杀了武惟良、武怀运，改他们的姓氏为蝮氏。武怀运的兄长武怀亮很早就死了，他的妻子善氏对荣国夫人最不礼貌，因此也因武惟良等人的罪被收捕入掖庭里，荣国夫人命令武后以其他事情为借口，拿有刺的棘杖鞭打，把善氏打到肉烂骨头现出而丧命。

九月，庞同善大败高丽的军队，泉男生率领众人和庞同善会合。高宗下令任命泉男生为特进、辽东大都督，兼平壤道安抚大使，封为玄菟郡公。

九月二十五日戊子，金紫光禄大夫辞官家居的广平宣公刘祥道去世，儿子刘齐贤继嗣。刘齐贤为人刚正，高宗很器重他，任他为晋州司马。将军史兴宗曾经陪从高宗在苑囿中打猎，顺口谈到晋州出产很好的鹞鹰，刘齐贤现任晋州司马，请派人叫他抓捕鹞鹰。高宗说：“刘齐贤难道是捕鹞的人吗？你为什么如此对待他！”

冬，十二月十八日己酉，任命李勣为辽东道行军大总管，而以司列少常伯安陆郝处俊为副大总管，去进攻高丽。庞同善、契苾何力同被任命为辽东道行军副大总管兼安抚大使，和以前一样；水陆各军总管和运粮使窦义积、独孤卿云、郭待封等人，都接受李勣调度。河北各州的租税田赋全部送到辽东以供给军队使用，郭待封是郭孝恪的儿子。

李勣要他的女婿京兆杜怀恭一起出发，以求能建功立业。杜怀恭以贫穷为理由加以推辞，李勣供给他财物；他又以没有奴仆车马为由推辞，李勣再供给他奴仆车马。杜怀恭再也无话可说，就逃亡躲藏在岐阳山中，对人说：“李公不过是想利用我，以树立军法的权威罢了。”李勣听了之后，流泪说：“杜郎个性疏略放任，才可能有这样的想法罢了。”就打消了要求杜怀恭同行的念头。

唐高宗乾封二年（丁卯，667 年）

春季，正月，高宗耕种藉田，有司进献耒耜，耒耜上加有雕刻装饰。高宗说：

执，岂宜如此之丽！”命易之。既而耕之，九推乃止。

自行乾封泉宝钱，谷帛踊贵，商贾不行；癸未，诏罢之。

二月，丁酉，涪陵悼王愔薨。

辛丑，复以万年宫为九成宫。

生羌十二州为吐蕃所破，三月，戊寅，悉罢之。

上屡责侍臣不进贤，众莫敢对。司列少常伯李安期对曰：“天下未尝无贤，亦非群臣敢蔽贤也。比来公卿有所荐引，为谗者已指为朋党，滞淹者未获伸而在位者先获罪，是以各务杜口耳！陛下果推至诚以待之，其谁不愿举所知！此在陛下，非在群臣也。”上深以为然。安期，百药之子也。

夏，四月，乙卯，西台侍郎杨弘武、戴至德、正谏大夫兼东台侍郎李安期、东台舍人昌乐张文瓘、司列少常伯兼正谏大夫河北赵仁本并同东西台三品。弘武，素之弟子；至德，胄之兄子也。时造蓬莱、上阳、合璧等宫，频征伐四夷，厩马万匹，仓库渐虚，张文瓘谏曰：“隋鉴不远，愿勿使百姓生怨。”上纳其言，减厩马数千匹。

秋，八月，己丑朔，日有食之。

辛亥，东台侍郎同东西台三品李安期出为荆州长史。

九月，庚申，上以久疾，命太子弘监国。

辛未，李勣拔高丽之新城，使契苾何力守之。勣初度辽，谓诸将曰：“新城，高丽西边要害，不先得之，余城未易取也。”遂攻之，城人师夫仇等缚城主开门降。勣引兵进击，一十六城皆下之。

庞同善、高侃尚在新城，泉男建遣兵袭其营，左武卫将军薛仁贵击破之。侃进至金山，与高丽战，不利，高丽乘胜逐北，仁贵引兵横击，大破之，斩首五万余级，拔南苏、木底、苍岩三城，与泉男生军合。

郭待封以水军自别道趣平壤，勣遣别将冯师本载粮仗以资之。师本船破，失期，待封军中饥窘，欲作书与勣，恐为虏所得，知其虚实，乃作离合诗以与勣。勣怒曰：“军事方急，何以诗为？必斩之！”行军管记

"耒耜是农夫所使用的，怎么能这样华丽！"命令换掉。不久就开始耕种，高宗推犁九次才停止。

自从发行乾封泉宝钱之后，谷类丝帛价格飞涨，使得商贾停止交易；正月二十二日癸未，下诏命停止使用乾封泉宝钱。

二月初六日丁酉，涪陵悼王李愔去世。

二月初十日辛丑，再次以万年宫为九成宫。

生羌十二州被吐蕃所攻破。三月十八日戊寅，这十二州的建置全部取消。

唐高宗屡次责备侍候的大臣们不进荐贤人，众人都不敢回答。司列少常伯李安期回答说："天下从来不会没有贤人，也不是群臣掩蔽贤人不进荐。最近公卿有所推荐援引贤人，就被谗佞者指为结党营私，以至于停留原位的人尚未得到提拔，而在位的官吏反而先获罪，所以大家才闭口不进贤！陛下如果要推广至诚之心，以对待贤人，有谁不愿意推荐他所认识的贤人呢！所以进贤要看陛下的作为，而不是看群臣啊！"高宗认为李安期的回答非常对。李安期是李百药的儿子。

夏季，四月二十五日乙卯，西台侍郎杨弘武、戴至德、正谏大夫兼东台侍郎李安期、东台舍人昌乐人张文瓘、司列少常伯兼正谏大夫河北赵仁本都被任命为同东西台三品。杨弘武是杨素弟弟的儿子；戴至德是戴胄哥哥的儿子。当时正建造蓬莱、上阳、合璧等宫殿，频频地讨伐四方夷狄，马厩里的马有一万匹之多，而仓库的积粮却渐渐地空了，张文瓘劝说："隋朝覆亡的鉴戒是不远的，希望不要让百姓生出怨恨。"高宗皇帝采纳了他的建议，把马厩的马减少了几千匹。

秋季，八月初一日己丑，发生日食。

八月二十三日辛亥，东台侍郎同东西台三品李安期被外放为荆州长史。

九月初三日庚申，高宗因为长期生病，命令太子处理国家政事。

九月十四日辛未，李勣攻破高丽的新城，让契苾何力镇守。李勣刚渡过辽河时，对诸将说："新城是高丽西边的险要，不先得到的话，其他的城邑就不容易取得。"就下令进攻，城里人把城主捆缚，打开城门投降。李勣带领军队进攻，十六座城都被攻下了。

庞同善、高侃还在新城，泉男建派遣军队偷袭他的军营，左武卫将军薛仁贵击败了泉男建。高侃进兵到了金山，和高丽作战，战况不利，高丽乘胜追逐败北的唐兵。薛仁贵带兵截击，大败高丽兵，斩杀敌人首级五万多，攻占了南苏、木底、苍岩三座城，和泉男生军队会合。

郭待封带领水军从另外道路向平壤前进，李勣派遣别将冯师本载着粮食器仗前去支援。冯师本的船只破损，误了日期，郭待封军中发生饥饿困窘。郭待封要写信给李勣，却担心被敌人截去，从而知道军中饥窘情形，就作离合诗给李勣，李勣生

通事舍人元万顷为释其义，勣乃更遣粮仗赴之。

万顷作《檄高丽文》曰：“不知守鸭绿之险。”泉男建报曰：“谨闻命矣！”即移兵据鸭绿津，唐兵不得渡。上闻之，流万顷于岭南。

郝处俊在高丽城下，未及成列，高丽奄至，军中大骇，处俊据胡床，方食干糒，潜简精锐，击败之，将士服其胆略。

冬，十二月，甲午，诏：“自今祀昊天上帝、五帝、皇地祇、神州地祇，并以高祖、太宗配，仍合祀昊天上帝、五帝于明堂。”

是岁，海南獠陷琼州。

（以上为第十段，写唐军征讨高丽，获初战胜利。）

总章元年（戊辰，668 年）

春，正月，壬子，以右相刘仁轨为辽东道副大总管。

二月，壬午，李勣等拔高丽扶余城。薛仁贵既破高丽于金山，乘胜将三千人将攻扶余城，诸将以其兵少，止之。仁贵曰：“兵不在多，顾用之何如耳。”遂为前锋以进，与高丽战，大破之，杀获万余人，遂拔扶余城。扶余川中四十余城皆望风请服。

侍御史洛阳贾言忠奉使自辽东还，上问以军事，言忠对曰：“高丽必平。”上曰：“卿何以知之？”对曰：“隋炀帝东征而不克者，人心离怨故也；先帝东征而不克者，高丽未有衅也。今高藏微弱，权臣擅命，盖苏文死，男建兄弟内相攻夺，男生倾心内附，为我乡导，彼之情伪，靡不知之。以陛下明圣，国家富强，将士尽力，以乘高丽之乱，其势必克，不俟再举矣。且高丽连年饥馑，妖异屡降，人心危骇，其亡可翘足待也。”上又问：“辽东诸将孰贤？”对曰：“薛仁贵勇冠三军；庞同善虽不善斗，而持军严整；高侃勤俭自处，忠果有谋；契苾何力沈毅能断，虽颇忌前，而有统御之才；然夙夜小心，忘身忧国，皆莫及李勣也。”上深然其言。

泉男建复遣兵五万人救扶余城，与李勣等遇于薛贺水，合战，大破

气地说："正当军事紧急的时候，还写什么诗？非杀了他不可！"行营管记通事舍人元万顷为李勣解释诗的内容，李勣才又派人带着粮食器仗前往支援。

元万顷写《檄高丽文》里面有一句："不知道守鸭绿江的险要之处。"泉男建回答说："我听从你的教导！"就调动军队把守鸭绿江的渡口处，使唐兵无法渡过。高宗听到后，把元万顷流放到岭南。

郝处俊在高丽城下，部队还没有整顿成列，高丽兵突然攻到，军队大为惊骇，当时郝处俊靠在胡床上，正在吃干粮，暗中简选精锐士卒，击败了高丽兵，将士们都佩服他的胆识才略。

冬季，十二月初八日甲午，下诏令说："从今天起祭祀昊天上帝、五帝、皇地祇、神州地祇时，都以高祖、太宗配祭，仍然在明堂一起祭祀昊天上帝、五帝。"

这一年，海南僚人攻陷琼州。

唐高宗总章元年（戊辰，668年）

春季，正月二十八日壬子，任命右相刘仁轨为辽东道副大总管。

二月二十八日壬午，李勣等人攻取高丽扶余城。薛仁贵在金山攻破高丽之后，乘着胜利率领三千人要进攻扶余城，诸将认为兵员少，阻止薛仁贵。薛仁贵说："兵员不一定要多，要看如何运用罢了。"就担任前锋前进，和高丽交战，大败高丽，杀死俘虏一万多人，于是攻下扶余城。扶余川中四十几座城都请求臣服。

侍御史洛阳贾言忠奉令出使，从辽东回朝，高宗向他询问军事情况，贾言忠回答说："高丽一定会平定。"皇上说："你怎么知道？"回答说："隋炀帝东征而不能胜利的原因是人心叛离怨恨；先帝太宗东征而不能胜利的原因是高丽没有破绽争端。而现在高丽王高藏衰微势弱，权臣擅自发令，泉盖苏文死后，泉男建兄弟在国内相互攻击侵夺，泉男生诚心归附，做我们的向导，对方的真假虚实，我们没有不知道的，靠着陛下的贤明圣哲，国家富有强大，将士又尽心竭力，而乘高丽内乱的时机，势必可以打败他们，不必等待来日再度举兵了。而且高丽连续几年发生饥荒，妖孽怪异的事情屡次发生，人心恐惧惊骇，它的灭亡是可以抬起脚来等待的。"高宗又问："辽东诸将当中谁的才德最好？"贾言忠回答说："薛仁贵的勇力冠绝三军；庞同善虽然不善于战斗，但治理军队严厉整齐；高侃以勤勉节俭自处，忠勇果敢而有谋略；契苾何力沉稳坚毅而能决断，虽然很忌讳别人在自己之上，但却有统御的才能；可是讲到能昼夜小心，忘记自己而忧心国事，就没有人可以赶得上李勣了。"高宗很赞同贾言忠的话。

泉男建又派遣五万人援救扶余城，和李勣等人在薛贺水相遇。双方会战，唐兵

之，斩获三万余人，进攻大行城，拔之。

朝廷议明堂制度略定，三月，庚寅，赦天下，改元。

戊寅，上幸九成宫。

夏，四月，丙辰，彗星见于五车。上避正殿，减常膳，撤乐。许敬宗等奏请复常，曰：“彗见东北，高丽将灭之兆也。”上曰：“朕之不德，谪见于天，岂可归咎小夷！且高丽百姓，亦朕之百姓也。”不许。戊辰，彗星灭。

辛巳，西台侍郎、同东西台三品杨弘武薨。

八月，辛酉，卑列道行军总管、右威卫将军刘仁愿坐征高丽逗留，流姚州。

癸酉，车驾还京师。

九月，癸巳，李勣拔平壤。勣既克大行城，诸军出他道者皆与勣会，进至鸭绿栅，高丽发兵拒战，勣等奋击，大破之，追奔二百余里，拔辱夷城，诸城遁逃及降者相继。契苾何力先引兵至平壤城下，勣军继之，围平壤月余，高丽王藏遣泉男产帅首领九十八人，持白幡诣勣降，勣以礼接之。泉男建犹闭门拒守，频遣兵出战，皆败。男建以军事委僧信诚，信诚密遣人诣勣，请为内应。后五日，信诚开门，勣纵兵登城鼓噪，焚城四月。男建自刺，不死，遂擒之，高丽悉平。

冬，十月，戊午，以乌荼国婆罗门卢迦逸多为怀化大将军。逸多自言能合不死药，上将饵之。东台侍郎郝处俊谏曰：“修短有命，非药可延。贞观之末，先帝服那罗迩娑婆寐药，竟无效；大渐之际，名医不知所为，议者归罪娑婆寐，将加显戮，恐取笑戎狄而止。前鉴不远，愿陛下深察。”上乃止。

李勣将至，上命先以高藏等献于昭陵，具军容，奏凯歌，入京师，献于太庙。十二月，丁巳，上受俘于含元殿。以高藏政非己出，赦以为司平太常伯、员外同正。以泉男产为司宰少卿，僧信诚为银青光禄大夫，泉男生为右卫大将军。李勣以下，封赏有差。泉男建流黔中，扶余丰流岭南。分高丽五部、百七十六城、六十九万余户，为九都督府、四十二州、百县，置安东都护府于平壤以统之，擢其酋帅有功者为都督、刺史、

大败泉男建，斩首俘虏了三万多人，进攻大行城，把它攻下。

朝廷讨论明堂制度大略已定案。三月初六日庚寅，赦免天下，改年号为总章。

二月二十四日戊寅，高宗到九成宫。

夏季，四月初二日丙辰，有彗星出现在五车星座。高宗避开正殿，减少日常膳食，撤掉乐舞。许敬宗等人奏请高宗恢复正常膳食，说："彗星出现在东北，是高丽要被消灭的征兆。"高宗说："由于我的失德，被上天责罚，怎么可以归罪于小小的夷狄！况且高丽百姓也是我的百姓啊！"就没有允准许宗敬等人的奏请。四月十四日戊辰，彗星消失。

八月二十七日辛巳，西台侍郎、同东西台三品杨弘武去世。

八月初九日辛酉，卑列道行军总管、右威卫将军刘仁愿犯了征伐高丽时逗留不进的罪过，被流放到姚州。

八月二十一日癸酉，高宗回返京师。

九月十二日癸巳，李勣攻下平壤。李勣攻下大行城之后，从其他道路出发的各路兵马都和李勣会合，进兵到达鸭绿水边的栅寨，高丽发动军队抵抗，李勣等人奋勇进击，大败高丽兵，追逐逃奔的敌人二百多里，攻下辱夷城，各城逃遁和投降的人接连不断。契苾何力先带兵到达平壤城下，李勣的部队接着到达，包围平壤一个多月。高丽王高藏派遣泉男产率领首领九十八人，举着白旗向李勣投降，李勣以礼节对待他们。泉男建仍然闭住城门固守抗拒，频频派遣军队出战，都被打败。泉男建把军事委托给和尚信诚，和尚信诚暗中派人前往李勣处，请求作为内应。五天后，和尚信诚开了城门，李勣放纵军队爬到城上击鼓喊叫，四面纵火焚烧平壤城门，泉男建自杀，未死，就被擒获了。高丽全部平定。

冬季，十月初七日戊午，任命乌茶国婆罗门卢迦逸多为怀化大将军。逸多自称能配制长生不死药，高宗准备吃。东台侍郎郝处俊劝高宗说："人的寿命长短各有定数，不是药物可以延长的。贞观末年，先帝服用那罗迩娑婆寐的药，最终还是无效。将死的时候，名医不知怎么办，有人议论归咎于娑婆寐，准备把他处死示众，但担心被戎狄取笑而作罢。前人的借鉴是不远的，希望陛下认真体察。"高宗才打消了吃药的念头。

李勣将回朝，高宗命令先把高藏等人献于昭陵，整饬好军容，高奏凯旋之歌，进入京师，再献于太庙。十二月初七丁巳，高宗在含元殿接受俘虏。因为高藏的政令并不是由自己颁出，所以赦免他为司平太常伯、员外，仍同正员。任命泉男产为司宰少卿，和尚信诚为银青光禄大夫，泉男生为右卫大将军。李勣以下，封爵奖赏各有等级。泉男建被流放到黔州，扶余丰被流放到岭南，把高丽分成五部、一百七十六城、六十九万多户，成为九个都督府、四十二州、一百个县，在平壤设

县令，与华人参理。以右威卫大将军薛仁贵检校安东都护，总兵二万人以镇抚之。

丁卯，上祀南郊，告平高丽，以李勣为亚献。己巳，谒太庙。

渭南尉刘延祐，弱冠登进士第，政事为畿县最。李勣谓之曰："足下春秋甫尔，遽擅大名，宜稍自贬抑，无为独出人右也。"

时有敕，征辽军士逃亡，限内不首及首而更逃者，身斩，妻子籍没。太子上表，以为："如此之比，其数至多：或遇病不及队伍，怖惧而逃；或因樵采为贼所掠；或渡海漂没，或深入贼庭，为所伤杀。军法严重，同队恐并获罪，即举以为逃，军旅之中，不暇勘当，直据队司通状关移所属，妻子没官，情实可哀。《书》曰：'与其杀不辜，宁失不经。'伏愿逃亡之家，免其配没。"从之。

甲戌，司戎太常伯姜恪兼检校左相，司平太常伯阎立本守右相。

是岁，京师及山东、江、淮旱，饥。

（以上为第十一段，写唐军平定高丽凯旋。）

二年（己巳，669 年）

春，二月，辛酉，以张文瓘为东台侍郎，以右肃机、检校太子中护谯人李敬玄为西台侍郎，并同东西台三品。先是同三品不入衔，至是始入衔。

癸亥，以雍州长史卢承庆为司刑太常伯。承庆常考内外官，有一官督运，遭风失米，承庆考之曰："监运损粮，考中下。"其人容色自若，无言而退。承庆重其雅量，改注曰："非力所及，考中中。"既无喜容，亦无愧词。又改曰："宠辱不惊，考中上。"

三月，丙戌，东台侍郎郝处俊同东、西台三品。

丁亥，诏定明堂制度：其基八觚，其宇上圆，覆以清阳玉叶，其门

置安东都护府加以统治，升擢高丽的酋长将帅中有功劳的人为都督、刺史、县令，和华人一同治理。任命右威卫大将军薛仁贵为检校安东都护，率领士兵两万人镇守安抚。

十二月十七日丁卯，高宗去南郊祭祀，将平定高丽的事报告神明，让李勣担任次献。十二月十九日己巳，拜谒太庙。

渭南县尉刘延祐，年少时就考中进士，他的政绩是各畿县中最好的。李勣对他说："足下年纪这么轻，就突然拥有大名，应该稍微自我贬退压抑，不要只想超越别人。"

当时高宗有敕令，征辽的军士逃亡的，在限期内不自首，和自首后又逃亡的，处以杀身之罪，妻子儿女被抄没为官府奴婢。太子上表认为："像这样的人，人数太多了，有的碰上生病赶不上队伍，害怕受罚而逃走；有的因为采伐薪柴而被敌人所捉；有的渡海时随着水流漂走；有的深入贼人巢穴，而被敌人伤害杀死。军法严厉，同队的人害怕一起获罪，就报告他们逃亡，在军旅当中，又来不及勘验确实，只根据队伍中的官吏所呈上的关于所属的报告，妻子就被抄没官府为奴，这种情形实在令人哀怜。《尚书》说：'与其杀无罪的人，宁可放了他而自我承受不用常刑的过失。'希望逃亡的士卒家人，能免掉发配、籍没的惩罚。"高宗接受了太子的建议。

十二月二十四日甲戌，司戎太常伯姜恪兼任检校左相，司平太常伯阎立本署理右相。

这一年，京师和山东、江、淮发生旱灾和饥荒。

唐高宗总章二年（己巳，669 年）

春季，二月十二日辛酉，任命张文瓘为东台侍郎，任命右肃机、检校太子中护谯县人李敬玄为西台侍郎，两人都为同东西台三品。早先同三品不列入官衔，从此以后才列入官衔。

二月十四日癸亥，任命雍州长史卢承庆为司刑太常伯。卢承庆经常考核内外官吏的政绩，有一个官吏督办运粮事务。遭到内灾而丢失了米粮，卢承庆考核他说："监督运粮，而使粮食损失，考核定为中下。"那个人表情泰然自若，一句话不说就退下。卢承庆很看重他气度不凡，就改注评语说："不是他力量所能避免的，考核定为中中。"那个人也没有显露得意的样子，又没有表示惭愧的谦辞。卢承庆又改注评语说："遭逢宠辱能镇定不惊，考核定为中上。"

三月初八日丙戌，命东台侍郎郝处俊为同东西台三品。

三月初九日丁亥，颁布诏令定下明堂制度：明堂的地基为八觚，屋宇上面是圆

墙阶级，窗棂楣柱，柳楶枅栱，皆法天地阴阳律历之数。诏下之后，众议犹未决，又会饥馑，竟不果立。

夏，四月，己酉朔，上幸九成宫。

高丽之民多离叛者，敕徙高丽户三万八千二百于江、淮之南及山南、京西诸州空旷之地，留其贫弱者，使守安东。

六月，戊申朔，日有食之。

秋，八月，丁未朔，诏以十月幸凉州。时陇右虚耗，议者多以为未宜游幸。上闻之，辛亥，御延福殿，召五品已上谓曰："自古帝王，莫不巡守，故朕欲巡视远俗。若果为不可，何不面陈，而退有后言，何也？"自宰相以下莫敢对。详刑大夫来公敏独进曰："巡守虽帝王常事，然高丽新平，余寇尚多，西边经略，亦未息兵。陇右户口凋弊，銮舆所至，供亿百端，诚为未易。外间实有窃议，但明制已行，故群臣不敢陈论耳。"上善其言，为之罢西巡。未几，擢公敏为黄门侍郎。

甲戌，改瀚海都护府为安北都护府。

九月，丁丑朔，诏徙吐谷浑部落就凉州南山。议者恐吐蕃侵暴，使不能自存，欲先发兵击吐蕃。右相阎立本以为去岁饥歉，未可兴师。议久不决，竟不果徙。

庚寅，大风，海溢，漂永嘉、安固六千余家。

冬，十月，丁巳，车驾还京师。

十一月，丁亥，徙豫王旭轮为冀王，更名轮。

司空、太子太师、英贞武公李勣寝疾，上悉召其子弟在外者，使归侍疾。上及太子所赐药，勣则饵之；子弟为之迎医，皆不听进，曰："吾本山东田夫，遭值圣明，致位三公，年将八十，岂非命邪！修短有期，岂能复就医工求活！"一旦，忽谓其弟司卫少卿弼曰："吾今日少愈，可共置酒为乐。"于是子孙悉集，酒阑，谓弼曰："吾自度必不起，故欲与汝曹为别耳。汝曹勿悲泣，听我约束。我见房、杜平生勤苦，仅能立门户，遭不肖子荡覆无余。吾有此子孙，今悉付汝。葬毕，汝即迁入我堂，抚养孤幼，谨察视之。其有志气不伦，交游非类者，皆先挝杀，然

形，以清阳之色的瓦片覆盖，堂的门墙台阶，窗棂、门楣、门柱、大小斗拱、屋栌、大杙等，都模仿天地阴阳律历的数目建造。诏令颁下之后，众人的议论还没有定论，又正好遇到饥荒，最后还是没有照此制度建造明堂。

夏季，四月初一日己酉，高宗到九成宫。

高丽民众中有很多流离反叛的人，唐高宗就下令迁徙高丽三万八千二百户住到江、淮的南方，以及山南、京西等各州的空旷地带，留下贫困体弱的人，让他们守护安东。

六月初一日戊申，发生日食。

秋季，八月初一日丁未，下诏令在十月前往凉州，当时陇西物资匮乏，很多人都认为高宗不适合前往巡游，高宗听到之后，就在八月初五日辛亥，驾临延福殿，招来五品以上官吏说："从古以来的帝王，没有不到各地巡视的，所以我要巡视远方的风俗。如果不可以，怎么不当面陈说，而一退朝便在背后讲些闲话，为什么呢？"从宰相以下，没有人敢回答。详刑大夫来公敏单独上前说："巡狩虽然是帝王常做的事，但现在高丽刚刚平定，余下的敌寇还很多。西部边境正在经营之中，也没有停止过用兵。陇西百姓生活凋残疲敝，天子车驾所到的地方，要供给的东西太多了，陇西的财力实在不容易满足需求。外间真的有所私下议论，但皇帝的命令已下达，所以群臣不敢陈述意见。"高宗很赞赏来公敏的话，为此打消西巡的念头。没多久，擢升来公敏为黄门侍郎。

八月二十八日甲戌，把瀚海都护府改为安北都护府。

九月初一日丁丑，下诏令迁徙吐谷浑部落到凉州南山。有人担心吐蕃侵略欺凌吐谷浑，使得吐谷浑不能生存，要先发动部队攻击吐蕃。右相阎立本认为去年饥荒歉收，不能够出动军队。议论了很久，不能做决定，最后还是没有把吐谷浑迁徙。

九月十四日庚寅，刮大风，海水倒灌，冲走永嘉、安固二县六千多户人家。

冬季，十月十二日丁巳，唐高宗返回京师。

十一月十二日丁亥，调豫王李旭轮为翼王，改名为李轮。

司空、太子太师、英卢武公李勣病倒在床上，高宗把李勣在外的子弟全部召回，让他们侍候李勣的病体。高宗和太子赏赐的药物，李勣就服下，子弟为他所延请的医生，都不准入见，李勣说："我本是山东的农夫，遭遇圣明国君，才取得三公的地位，年龄接近八十，这不是命吗！寿命长短终究有完尽之期，怎可能再向医生求活命呢！"有一天，李勣突然对他的弟弟司卫少卿李弼说："我今天稍微好些，可以一起设置酒席作乐。"于是子孙们全部集合，酒宴将尽之时，他对李弼说："我自己推测病情一定不会好转，所以要和你们告别罢了。你们不要悲伤哭泣，要听我的吩咐。我看见房玄龄和杜如晦一生勤劳刻苦，也只能自立门户而已，偏偏遇到不肖子孙，

后以闻。”自是不复更言。十二月，戊申，薨。上闻之悲泣，葬日，幸未央宫，登楼望輀车恸哭。起冢象阴山、铁山、乌德鞬山，以旌其破突厥、薛延陀之功。

勣为将，有谋善断；与人议事，从善如流。战胜则归功于下，所得金帛，悉散之将士，故人思致死，所向克捷。临事选将，必訾相其状貌丰厚者遣之。或问其故，勣曰："薄命之人，不足与成功名。"

闺门雍睦而严。其姊尝病，勣已为仆射，亲为之煮粥，风回，爇其须鬓。姊曰："仆妾幸多，何自苦如是！"勣曰："非为无人使令也，顾姊老，勣亦老，虽欲久为姊煮粥，其可得乎！"

勣常谓人："我年十二三时为亡赖贼，逢人则杀。十四五为难当贼，有所不惬则杀人。十七八为佳贼，临阵乃杀之。二十为大将，用兵以救人死。"

勣长子震早卒，震子敬业袭爵。

（以上为第十二段，写唐高宗安辑四夷，以及英国公李勣之死。）

时承平既久，选人益多，是岁，司列少常伯裴行俭始与员外郎张仁祎设长名姓历榜，引铨注之法。又定州县升降、官资高下。其后遂为永制，无能革之者。

大略唐之选法，取人以身、言、书、判，计资量劳而拟官。始集而试，观其书、判；已试而铨，察其身、言；已铨而注，询其便利；已注而唱，集众告之。然后类以为甲，先简仆射，乃上门下，给事中读，侍郎省，侍中审之，不当者驳下。既审，然后上闻，主者受旨奉行，各给以符，谓之告身。兵部武选亦然。课试之法，以骑射及翘关、负米。人有格限未至，而能试文三篇，谓之宏词，试判三条，谓之拔萃，入等者得不限而授。其黔中、岭南、闽中州县官，不由吏部，委都督选择土人补授。凡居官以年为考，六品以下，四考为满。

（以上为第十三段，写唐高宗完善考选之法。）

使得家道荡然倾覆。我所有这些子孙，现在全部托付于你。在埋葬我之后，你马上搬入我厅堂里，为我抚养孤单幼小的子孙，仔细加以观察审视，如有志气不伦不类，交游歹徒的，都先加击杀，然后再奏报。”从此以后，李勣就不再说话了。十二月初三日戊申，李勣去世。高宗闻讯之后，悲伤哭泣。埋葬李勣的当天，唐高宗到了未央宫，在楼上望着丧车痛哭。为李勣兴建的墓冢像阴山、铁山、乌德鞬山，以表彰他击破突厥、薛延陀的功劳。

李勣为将，有谋略而且善于决断，和人讨论政事，接受别人的好意见好像流水一样畅速。作战胜利就把功劳归于下属。所得到的金帛等赏赐，全部散发给将士，所以人人都愿意为他出死力，所以他率军指向的地方都能获得胜利。临到战事选派将领时，一定衡量观察容貌较为丰厚的人加以派遣。有人问他原因，李勣说：“命薄的人，不能够和他一起成就功名。”

李勣家门风雍容和睦而肃穆，他姐姐曾经生病，李勣已经任仆射官，还亲自为他姐姐煮稀饭，风把火吹回，烧着他的须鬓。姐姐说：“家里的仆人本来很多，何必自己这么劳苦！”李勣说：“并不是因为没有人可以使唤，只为了姐姐年老，我也年老了，虽然想要长久地为姐姐煮稀饭，能办得到吗！”

李勣常对人说：“我十二三岁时是个无赖的强盗，看到人就杀。十四五岁时是个难以抵挡的强盗，有不称心如意就杀人。十七八岁是个好盗贼，临到战场上才杀人。二十岁是大将，带领军队救人危亡。”

李勣的长子李震很早就死了，李震的儿子李敬业承袭他的爵位。

这时由于长久太平，参与铨选的人越来越多，这一年，司列少常伯裴行俭和员外郎张仁祎设长名姓历榜，引用铨次注明的方法。又定下州县官吏升降和资历高下的标准。后来这些措施变成永久固定的制度，没有人能加以改革。

唐朝铨选人才的方法，大略是以体貌、言辞、楷书书法、文理为主，评定资格高低，考量功劳大小再拟授官位。开始时先集中考试，看看书法、文理的优劣；试过之后再铨过高下，这时要观察体貌、言辞；已经铨次之后再加评注，问问对方的专长；评注好之后高声唱育，集合众人，告诉铨选结果。然后分类定出甲乙次序，先选送仆射，再上交门下省，经给事中阅读，侍郎省视，侍中加以审核，不适当的就批驳回。审核好之后，然后呈报皇帝，主其事的官吏再奉皇帝的旨意行事，每人给予符节，被称作“告身”。兵部选拔武官也一样。考试的方法，是以骑马射箭和举关、负米为主。还没达到选官所规定期限的人，则能够试写三篇文章，称为“宏词”，能够试判三条案牍，称之为“拔萃”，能考上这些的，可以不按资格限制授予

咸亨元年（庚午，670 年）

春，正月，丁丑，右相刘仁轨请致仕；许之。

三月，甲戌朔，以旱，赦天下，改元。

丁丑，改蓬莱宫为含元宫。

壬辰，太子少师许敬宗请致仕；许之。

敕突厥酋长子弟事东宫。西台舍人徐齐聃上疏，以为："皇太子当引文学端良之士置左右，岂可使戎狄丑类入侍轩闼。"又奏："齐献公即陛下外祖，虽子孙有犯，岂应上延祖祢！今周忠孝公庙甚修，而齐献公庙毁废，不审陛下何以垂示海内，彰孝理之风！"上皆从之。齐聃，充容之弟也。

夏，四月，吐蕃陷西域十八州，又与于阗袭龟兹拨换城，陷之。罢龟兹、于阗、焉耆、疏勒四镇。辛亥，以右威卫大将军薛仁贵为逻娑道行军大总管，左卫员外大将军阿史那道真、左卫将军郭待封副之，以讨吐蕃，且援送吐谷浑还故地。

庚午，上幸九成宫。

高丽酋长剑牟岑反，立高藏外孙安舜为主。以左监门大将军高侃为东州道行军总管，发兵讨之。安舜杀剑牟岑，奔新罗。

六月，壬寅朔，日有食之。

秋，八月，丁巳，车驾还京师。

郭待封先与薛仁贵并列，及征吐蕃，耻居其下，仁贵所言，待封多违之。军至大非川，将趣乌海，仁贵曰："乌海险远，军行甚难，辎重自随，难以趋利，宜留二万人，为两栅于大非岭上，辎重悉置栅内，吾属帅轻锐，倍道兼行，掩其未备，破之必矣。"仁贵帅所部前行，击吐蕃于河口，大破之，斩获甚众，进屯乌海以俟待封。待封不用仁贵策，将辎重徐进。未至乌海，遇吐蕃二十余万，待封军大败，还走，悉弃辎重。仁贵退屯大非川，吐蕃相论钦陵将兵四十余万就击之，唐兵大败，死伤略尽。仁贵、待封与阿史那道真并脱身免，与钦陵约和而还。敕大司宪乐彦玮即军按其败状，械送京师，三人皆免死除名。

官职。黔中、岭南、闽中州县的官吏，不经由吏部考选，而委托给都督，选择当地人补授官职。做官时以年为考核标准，六品以下官吏，经四次考核为满期。

唐高宗咸亨元年（庚午，670年）

春季，正月初三日丁丑，右相刘仁轨请求退休，高宗允准了。

三月初一日甲戌，因为旱灾，赦免天下，改年号为咸亨。

三月初四日丁丑，把蓬莱宫改名为含元宫。

三月十九日壬辰，太子少师许敬宗请求退休，高宗允准了。

下令突厥酋长和子弟事奉东宫，西台舍人徐齐聃上疏高宗，认为："皇太子应当引用文学端正贤良的作为左右侍臣，怎么可以让戎狄那样的丑类入侍宫中呢！"又上奏说："齐献公是陛下外祖父，虽然子孙犯了罪，怎可以归罪到祖先！现在周忠孝公的庙修得很好，而齐献公庙却毁坏废弃，不知陛下如何向海内表示，以显扬孝道的风范？"高宗都接受了，齐聃是充容的弟弟。

夏季，四月，吐蕃攻陷西域十八州，又和于阗偷袭龟兹拨换城，把城攻下了，撤销龟兹、于阗、焉耆、疏勒四镇的建置。四月初九日辛亥，任命右卫大将军薛仁贵为逻娑道行军大总管，左卫员外大将军阿史那道真、左卫将军郭待封为副大总管，以讨伐吐蕃，并且帮助吐谷浑回返旧有土地。

四月二十八日庚午，高宗抵达九成宫。

高丽酋长剑牟岑反叛，立高藏的外孙安舜为高丽王。任命左监门大将军高侃为东州道行军总管，发动军队讨伐。安舜杀了剑牟岑，逃奔到新罗。

六月初一日壬寅，发生日食。

秋季，八月十七日丁巳，高宗返回京师。

郭待封先和薛仁贵官位同等并列，后来征讨吐蕃，郭待封以位居薛仁贵之下为耻，薛仁贵的指示，郭待封大多违背不听。军队到达大非川，将赴乌海时，薛仁贵说："乌海形势险要遥远，军队行走困难，辎重车跟随在后，不容易得到便利。应该留下两万人，在大非岭上建造两个栅寨，辎重车全部放置在栅寨内，我们再率领轻捷精锐的士卒，日夜兼程，乘他们没有防备时攻击，一定可以把他们打败。"薛仁贵率领自己的部众前进，在河口攻击吐蕃，大败吐蕃，斩杀俘虏很多敌人，进兵屯驻在乌海，以等待郭待封。郭待封不采用薛仁贵的谋略，带着辎重车慢慢地向前推进。还没到乌海，遇到二十几万吐蕃部众，郭待封部队大败，退走，把辎重全部抛弃。薛仁贵后退屯驻在大非川，吐蕃大论（相当于宰相）论钦陵率领四十几万士兵向薛仁贵发动攻击，唐兵大败，死伤得几乎完尽。薛仁贵、郭待封、阿史那道真都逃脱而免一死，与钦陵谈和后回返。高宗令大司宪乐彦玮到军中审问战败的情形，把他

钦陵，禄东赞之子也，与弟赞婆、悉多于勃论皆有才略。禄东赞卒，钦陵代之。三弟将兵居外，邻国畏之。

关中旱，饥，九月，丁丑，诏以明年正月幸东都。

甲申，皇后母鲁国忠烈夫人杨氏卒，敕文武九品以上及外命妇并诣宅吊哭。

闰月，癸卯，皇后以久旱，请避位，不许。

壬子，加赠司徒周忠孝公武士彟为太尉、太原王，夫人为王妃。

甲寅，以左相姜恪为凉州道行军大总管，以御吐蕃。

冬，十月，乙未，太子右中护、同东西台三品赵仁本为左肃机，罢政事。

庚寅，诏官名皆复旧。

（以上为第十四段，写唐高宗反击吐蕃，因领军将领不和，导致唐军大败。）

们用刑具拘送京师，三人都免一死，但被除掉了做官的身份。

论钦陵是禄东赞的儿子，和他的弟弟赞婆、悉多、于勃论都有才华谋略。禄东赞死后，钦陵继禄东赞之位，三个弟弟带兵居留在外，邻国都很畏惧他们。

关中旱灾，饥荒，九月初七日丁丑，下诏说明年正月要到东都。

九月十四日甲申，皇后母亲鲁国夫人杨氏死了，下令文、武九品以上的百官和外命妇都到杨氏宅吊哭。

闰九月初三日癸卯，皇后因为长久旱灾，请求退位避灾，高宗没有允许。

闰九月十二日壬子，加赠司徒周忠孝公武士彟为太尉、太原王，夫人为王妃。

闰九月十四日甲寅，任命左相姜恪为凉州道行军大总管，以抗御吐蕃。

冬季，十月二十六日乙未，任命太子右中护、同东西台三品赵仁本为左肃机，罢免他处理政事的职权。

十二月二十一日庚寅，下诏令全部恢复旧有官名。

【点评】

本卷记事八年，当唐高宗执政的中期。唐高宗的个人事业达到顶峰，对内颁布了新历《麟德历》，完成了上泰山封禅，对外征服了高丽。这一时期，唐高宗由明转昏，其转折点的标志就是唐高宗冤杀上官仪、武则天垂帘听政这一重大事件。开国元勋李勣受命征高丽，班师后不久辞世。本卷点评，着重唐高宗征服高丽、冤杀上官仪，以及李勣功过等三件事。

一、唐高宗征服高丽。我国领土今东北三省地区，汉武帝灭朝鲜时纳入版图。魏晋南北朝战乱，东北地区脱离中原。隋及唐初，今辽宁全境差不多为高丽所占有。辽宁以北有霫、契丹、室韦等族。为了收复东北失地，统一王朝隋与唐多次对高丽用兵。隋文帝伐高丽，到达平壤，兵退地失。隋炀帝三征高丽，耗尽隋朝国力，隋兵只进至怀远镇（今辽宁北镇市）。唐太宗贞观十六年（642）命营州都督张俭征高丽，师至辽西。贞观十九年（645）唐太宗亲征高丽，水路趋平壤，陆路取辽东，军达安市城（在今辽宁海城市南），不克而还。唐太宗回到营州（今辽宁省朝阳市）葬阵亡将士骸骨于柳城东南。唐军主力没有攻入高丽之境，得城不能固守，得人西迁内地，对辽东的统治仍不巩固。

唐高宗即位，边境不宁，西北、东北、岭南皆有战事。唐高宗用兵东北获得大胜。龙朔三年（663）唐将刘仁愿征服百济。乾封元年（666），高宗完成泰山封禅，告天称成功，大发兵征高丽。经过两年多的激战，总章元年（668）九月，唐军攻克平壤，灭亡高丽。移高丽之民户三万八千二百于江淮及山南、京西安置。十二月置安东都护府于平壤，命薛仁贵统军二万镇守，东北地区复入中国版图。灭高丽，象征高宗一朝的极盛，也是唐高宗个人事业的顶峰。东北地区重入中原版图，具有深远的历史意义。

隋文帝、隋炀帝、唐太宗，多次征高丽无功而终。唐高宗何以能取得辉煌胜利呢？唐高宗与侍御史贾言忠有一番君臣对话，讨论了这一事件。总章元年二月，贾言忠奉使辽东回京，唐高宗问以军事。当时唐军已征战一年多，激战正酣，高宗十分担忧前线的胜负。贾言忠说，陛下无忧，高丽必平。高宗说，卿是怎么知道的？贾言忠说，隋炀帝东征，国内人心怨离，所以不能取胜。先帝唐太宗征高丽，高丽国内团结一心，无隙可乘，所以仍不能取胜。如今形势大变，所以臣料唐军必能取胜。贾言忠具体分析了唐军取胜的四大原因。第一，高丽衰落。高丽名将盖苏文死，男建与男生兄弟争权，发生内讧。男生投降唐朝为向导，敌之情伪，唐军了如指掌。第二，高丽连年灾荒，人心离散，是进讨的最好时机。第三，唐军强大，诸将和睦，将勇兵强，无坚不摧。贾言忠做了具体分析：薛仁贵勇冠三军，庞同善持军严整，高侃忠贞果断有谋略，契苾何力有统御之才，而统帅李勣忘身忧国，诸将敬服。如

此之军，焉能不胜？第四，陛下圣明，国家富强。唐高宗在征高丽之前，于显庆五年（660）、龙朔三年（663），两度兵伐百济，这是采纳刘仁轨的“欲吞灭高丽，先诛百济”之策，对高丽形成南北夹击之势，是英明的表现。总括一句话，唐大高丽小，以盛强之大唐，征衰弱之小小高丽，天时、人和都有利。对唐军不利的是地利不占优，唐军劳师远征，后勤供应是极大的困难。隋炀帝、唐太宗，动用军队一百余万，恰恰是以短击长。唐军劳师远征是其短，高丽以逸待劳是其长。这次唐高宗出征，启用精兵强将，三十万众人数已大大占优，国力盛强，可长期供应三十万之众，不怕持久，克服了地利的不足，所以唐军取得了全胜。

二、唐高宗冤杀上官仪，武则天垂帘听政。武则天未当皇后之前，曲意侍奉高宗，娇媚可爱。武则天皇后之位到手，显露了真性情，作威作福，事事牵制，高宗每办一件事，都要征得武则天的同意。高宗结怨于心，忍无可忍，终于在麟德元年（664）十月爆发。高宗召宰相上官仪议事，表示要废武皇后。上官仪立即附议说，皇后专权，肆无忌惮，全天下的人都不赞同，废了才好。高宗立即命上官仪起草废后诏令。武则天耳目飞报皇后，武则天立即赶来。上官仪起草的诏令还在几案上。唐高宗不知所措，反而羞愧满面，向武则天赔罪，谎称是上官仪教唆。武则天不依不饶，要高宗重惩上官仪。上官仪曾侍奉过故太子李忠。武则天指使许敬宗上奏诬告上官仪与故太子李忠谋反。十二月十三日，上官仪下狱，与其子庭芝、宦官王伏胜均死。十二月十五日，赐死故太子李忠于流所。许多反对武则天的朝官，也被株连贬官流放。武则天为防止废后事件重演，她重新提出垂帘听政的要求，唐高宗依从。自此，武则天直接参与朝政，朝野并称“二圣”。

高宗懦弱，但心智明晰。高宗罢黜奸佞右相李义府，惩治左相许圉师，因其子欺压民众，表现高宗体恤民情。高宗纳刘仁轨之言，优恤海东将士，任贤将征高丽，表现了高宗英明的一面。高宗听任武则天摆布，欲废而无决心，甘当傀儡，让武则天与自己平起平坐，号称“二圣”，实际是拱手让权。武则天能改唐为周，直接称皇帝，是垂帘奠定的基础。上官仪激于义愤，谋虑不周，匆忙草诏，不仅搭上自己的性命，反倒成全了武则天的野心。如果没有草诏废后事件，武则天还不能垂帘，没有并称“二圣”的基础，武则天登位，恐怕没有那么容易。

三、李勣的功过。李勣，唐初著名军事家。本姓徐，名世勣，字懋功。唐赐姓李，为避李世民讳，改称单名为李勣。

李勣于隋朝大业末聚义瓦岗，为农民起义军著名将领。后归唐，为唐王朝征战杀伐，尽忠效节，仕唐五十余年，出将入相，既是开国元勋，又是三朝元老，对唐帝国的建立与巩固做出了巨大贡献。李勣从隋末唐初直到高宗总章元年领兵破高丽，几乎参加了所有规模较大的战争，而且百战百胜。史称李勣用兵，“多筹算，料敌应

变，皆契事机，及战胜，必推功于下，得金帛，尽散之士众”，而且李勣“持法严，人乐为用”。李勣是唐太宗命人画像于凌烟阁的二十四功臣之一。唐肃宗时为姜太公立武成王庙，李勣与张良、韩信、诸葛亮等十人入选为良将十哲配享武成王庙。这些殊荣，李勣当之无愧。但人无完人，李勣伴君，为了自保，不免有些圆滑。李勣是唐太宗托孤大臣之一，他却在高宗废立皇后问题上冷眼旁观，既不向高宗进言，也不向长孙无忌提出忠告，称病不朝，骑墙观望，表面中立，实质站在武则天一边，以“此乃陛下家事，无须问外人”，把长孙无忌推向了悬崖。又有甚者，高宗与李勣燕语，论及隋炀帝拒谏亡国，高宗说：“朕常以为戒，虚心求谏，而竟无谏者，何也？”李勣竟然回答说：“陛下所为尽善，群臣无得而谏。”简直近于佞臣。褚遂良、韩瑗等因进谏亡身，群臣谁敢进谏。李勣为了明哲保身，献谀求荣，不能不说是他的缺点。不过在伴君如伴虎的时代，也不能苛求李勣。李勣只是自保，没有陷害忠良以求进升，已经是不容易了。

唐纪十八

唐高宗咸亨二年至开耀元年（671—681 年）

【起重光协洽（辛未，671 年），尽重光大荒落（辛巳，681 年），凡十一年】

【大事提要】

本卷记事起公元 671 年，讫公元 681 年，凡十一年，时当唐高宗咸亨二年到开耀元年。此时期是唐高宗的执政后期，因身患风疾，大权旁落武则天皇后。武则天步步紧逼皇权，发生了两次废立太子事件。上元二年（675 年），太子李弘暴卒，传言为武则天所害。李贤继立太子，五年之后，在调露二年（680 年）亦被废贬。李弘、李贤两位太子均有贤名，得到唐高宗的信任，于是深为武则天所忌，必欲置之死地。由此可见唐高宗的昏聩，他还一度要传位给武则天。上元元年（674 年）武则天条奏十二条政务，表现了她的政治才能。其中子女为母守丧三年，与守父丧平等，可以说是提高了女性地位。这一年，唐高宗平反长孙氏，恢复长孙晟、长孙无忌官爵，表明了十六年前被迁逐、杀害的长孙氏是无辜的。高宗后期十一年间，国家四境不宁，风波不断。高丽、新罗时叛时服，西域动荡，吐蕃寇边，北疆突厥侵扰。裴行俭抚定西域，两次大破突厥，堪称国家柱石，也是这一时期唐朝军事与政治的一大亮点人物。

【原文】

高宗天皇大圣大弘孝皇帝中之下

咸亨二年（辛未，671年）

春，正月，甲子，上幸东都。

夏，四月，甲申，以西突厥阿史那都支为左骁卫大将军兼匐延都督，以安集五咄陆之众。

初，武元庆等既死，皇后奏以其姊子贺兰敏之为士彟之嗣，袭爵周公，改姓武氏，累迁弘文馆学士、左散骑常侍。魏国夫人之死也，上见敏之，悲泣曰："向吾出视朝犹无恙，退朝已不救，何苍猝如此！"敏之号哭不对。后闻之，曰："此儿疑我。"由是恶之。敏之貌美，蒸于太原王妃，及居妃丧，释衰绖，奏妓。司卫少卿杨思俭女，有殊色，上及后自选以为太子妃，婚有日矣，敏之逼而淫之。后于是表言敏之前后罪恶，请加窜逐。六月，丙子，敕流雷州，复其本姓。至韶州，以马缰绞死。朝士坐与敏之交游，流岭南者甚众。

秋，七月，乙未朔，高侃破高丽余众于安市城。

九月，丙申，潞州刺史徐王元礼薨。

冬，十一月，甲午朔，日有食之。

车驾自东都幸许、汝，十二月，癸酉，校猎于叶县；丙戌，还东都。

（以上为第一段，写武则天迫害武敏之，而武敏之的死，亦咎由自取。）

三年（壬申，672年）

春，正月，辛丑，以太子左卫副率梁积寿为姚州道行军总管，将兵讨叛蛮。

庚戌，昆明蛮十四姓二万三千户内附，置殷、敦、总三州。

二月，庚午，徙吐谷浑于鄯州浩亹水南。吐谷浑畏吐蕃之强，不安其居，又鄯州地狭，寻徙灵州，以其部落置安乐州，以可汗诺曷钵为刺史。吐谷浑故地皆入于吐蕃。

己卯，侍中永安郡公姜恪薨。

夏，四月，庚午，上幸合璧宫。

吐蕃遣其大臣仲琮入贡，上问以吐蕃风俗，对曰："吐蕃地薄气寒，

【语译】

高宗天皇大圣大弘孝皇帝中之下

唐高宗咸亨二年（辛未，671年）

春季，正月二十六日甲子，皇帝亲临东都。

夏季，四月十八日甲申，任命西突厥阿史那都支为左骁卫大将军兼匐延都督，以安抚招集五咄陆的部众。

起初，武元庆等人死后，皇后上奏让她姐姐的儿子贺兰敏之为武士彟的子嗣，承继周公的爵号，改姓武氏，累官升迁到弘文馆学士、左散骑常侍。魏国夫人死时，高宗见了武敏之，悲伤地哭泣说："不久前我出去处理朝政时她还好好的，退朝时却已无法挽救了，为什么死得这么突然！"武敏之只是哭而不回答。武后听到后，说："这个孩子在怀疑我。"从此就憎恶武敏之。武敏之容貌美丽，和太原王武士彟妃私通；后来守王妃的丧时，他脱掉丧服，让妓女奏乐。司卫少卿杨思俭的女儿，长得特别美，高宗和武后亲自选她为太子妃，已定有婚期，武敏之逼迫并奸淫了她。武后于是上表述说武敏之前后所犯的罪过，请求流徙放逐他。六月十一日丙子，高宗颁下敕令流放武敏之到雷州，恢复他的本来姓氏贺兰。到韶州时，用马缰把他绞死了。朝廷士人因和贺兰敏之交游而被流放岭南的人很多。

秋季，七月初一日乙未，高侃在安市城击败高丽剩余的部众。

九月初二日丙申，潞州刺史徐王李元礼去世。

冬季，十一月初一日甲午，发生日食。

唐高宗的车驾从东都到达许、汝；十二月初十日癸酉，在叶县围猎；十二月二十三日丙戌，回到东都。

唐高宗咸亨三年（壬申，672年）

春季，正月初八日辛丑，任命太子左卫副率梁积寿为姚州道行军总管，率领军队讨伐反叛的蛮族。

正月十七日庚戌，昆明蛮十四姓二万三千户归附朝廷，设置殷、敦、总三州。

二月初八日庚午，朝廷把吐谷浑迁徙到鄯州浩亹水南方。吐谷浑害怕吐蕃的强大，住处不安定，又因鄯州土地狭小，不久便迁徙到灵州，把部落安置在安乐州，任命可汗诺曷钵为刺史。吐谷浑旧有土地都被吐蕃占领。

二月十七日己卯，侍中永安郡公姜恪去世。

夏季，四月初九日庚午，高宗到合璧宫。

吐蕃派遣大臣仲琮到朝廷进贡，高宗问起吐蕃的风俗，仲琮回答说："吐蕃土地

风俗朴鲁；然法令严整，上下一心，议事常自下而起，因人所利而行之，斯所以能持久也。”上诘以吞灭吐谷浑、败薛仁贵、寇逼凉州事，对曰：“臣受命贡献而已，军旅之事，非所闻也。”上厚赐而遣之。癸未，遣都水使者黄仁素使于吐蕃。

（以上为第二段，写唐高宗结和吐蕃。）

秋，八月，壬午，特进高阳郡公许敬宗卒。太常博士袁思古议：“敬宗弃长子于荒徼，嫁少女于夷貊。按《谥法》‘名与实爽曰缪’，请谥为缪。”敬宗孙太子舍人彦伯讼思古与许氏有怨，请改谥。太常博士王福畤议，以为：“得失一朝，荣辱千载。若嫌隙有实，当据法推绳；如其不然，义不可夺。”户部尚书戴至德谓福畤曰：“高阳公任遇如是，何以谥之为缪？”对曰：“昔晋司空何曾既忠且孝，徒以日食万钱，秦秀谥之为‘缪’。许敬宗忠孝不逮于曾，而饮食男女之累过之，谥之曰‘缪’，无负许氏矣。”诏集五品已上更议，礼部尚书阳思敬议：“按《谥法》，既过能改曰恭，请谥曰恭。”诏从之。敬宗尝奏流其子昂于岭南，又以女嫁蛮酋冯盎之子，多纳其货，故思古议及之。福畤，勃之父也。

九月，癸卯，徙沛王贤为雍王。

冬，十月，己未，诏太子监国。

壬戌，车驾发东都。

十一月，戊子朔，日有食之。

甲辰，车驾至京师。

十二月，高侃与高丽余众战于白水山，破之。新罗遣兵救高丽，侃击破之。

癸卯，以左庶子刘仁轨同中书门下三品。

太子罕接宫臣，典膳丞全椒邢文伟辄减所供膳，并上书谏太子。太子复书，谢以多疾及入侍少暇，嘉纳其意。顷之，右史缺，上曰：“邢文伟事吾子，能撤膳进谏，此直士也。”擢为右史。

太子因宴集，命宫臣掷倒，次至左奉裕率王及善，及善曰：“掷倒自有伶官，臣若奉令，恐非所以羽翼殿下也。”太子谢之。上闻之，赐及善

薄瘠、气候寒冷，风俗质朴粗犷；然而法公严厉整齐，上下一条心，议事的程序常常是从下民开始，根据是否对民众有利的原则加以实施，这就是吐蕃的国运能维持这么久的原因。”高宗追问他关于吞并吐谷浑、击败薛仁贵、侵逼凉州的事。仲琮回答说：“臣接受命令前来进贡罢了，军旅的事情，臣并没有听说。”高宗重赏了他，遣送他回去。四月二十二日癸未，派遣都水使者黄仁素出使吐蕃。

秋季，八月二十四日壬午，特进高阳郡公许敬宗死去。太常博士袁思古建议：“许敬宗抛弃长子于边疆，把少女嫁给夷貊。按照《谥法》，‘名字和实际相乖违的就是缪’，请求给他谥号为缪。”许敬宗的孙子太子舍人彦伯上诉袁思古和许氏有怨隙，请求改谥号。太常博士王福畤讨论此事，认为：“个人得失虽是短暂的事，而荣辱却是千载永远的事。如果袁思古和许氏有怨隙是实在的，应当根据法令推究纠正；如果没有，道义是不能更改的。”户部尚书戴至德对王福畤说：“高阳公的官职待遇这么高，怎么还谥为缪？”王福畤回答说：“过去晋司空何曾又忠又孝，只为了每天吃饭要花费一万钱，秦秀就给他‘缪’的谥号。许敬宗的忠孝比不上何曾，而饮食子女方面的疵累却超过了，给他谥号‘缪’，并没有亏负许氏。”高宗下诏令召集五品以上的官吏再议，礼部尚书阳思敬建议：“按照《谥法》，有过错能改正就是恭，请给许敬宗谥号为‘恭’。”高宗下令接受此议。许敬宗曾经上奏请求流放他的儿子许昂到岭南，又把女儿嫁给蛮酋冯盎的儿子，大量收取冯盎的财货，所以袁思古才提到这些事。王福畤是王勃的父亲。

九月十五日癸卯，把沛王李贤迁徙为雍王。

冬季，十月初二日己未，高宗下诏由太子监国。

十月初五日壬戌，高宗从东都出发。

十一月初一日戊子，日食。

十一月十七日甲辰，高宗车驾到达京师。

十二月，高侃和高丽剩余的部众在白水山交战，击败高丽。新罗派遣部队援救高丽，高侃又击败了新罗援兵。

癸卯日，任命左庶子刘仁轨同中书门下三品。

太子很少接见宫中大臣，典膳丞全椒邢文伟常常减少供应太子的膳食，并且上书谏劝太子。太子又回信给邢文伟，以常生病和入侍皇帝因而少有空闲接见宫臣，向邢文伟谢罪，赞许并采纳他的意见。不久，有右史的缺额，高宗说：“邢文伟侍奉我儿子，能撤减膳食，进言劝谏，是正直之士。”就提升他为右史。

太子举行群臣宴会，命令宫中大臣跳掷倒舞，轮到左奉裕率王及善，王及善说：“掷倒舞自有伶官可跳，臣如果奉命照办，恐怕不是辅佐殿下的方法。”太子就向王

缣百四，寻迁左千牛卫将军。

（以上为第三段，写许敬宗死后得佳谥。）

四年（癸酉，673年）

春，正月，丙辰，绛州刺史郑惠王元懿薨。

三月，丙申，诏刘仁轨等改修国史，以许敬宗等所记多不实故也。

夏，四月，丙子，车驾幸九成宫。

闰五月，燕山道总管、右领军大将军李谨行大破高丽叛者于瓠芦河之西，俘获数千人，余众皆奔新罗。时谨行妻刘氏留伐奴城，高丽引靺鞨攻之，刘氏擐甲帅众守城，久之，虏退。上嘉其功，封燕国夫人。谨行，靺鞨人突地稽之子也，武力绝人，为众夷所惮。

秋，七月，婺州大水，溺死者五千人。

八月，辛丑，上以疟疾，令太子于延福殿受诸司启事。

冬，十月，壬午，中书令阎立本薨。

乙巳，车驾还京师。

十二月，丙午，弓月、疏勒二王来降。西突厥兴昔亡可汗之世，诸部离散，弓月及阿悉吉皆叛。苏定方之西讨也，擒阿悉吉以归。弓月南结吐蕃，北招咽面，共攻疏勒，降之。上遣鸿胪卿萧嗣业发兵讨之。嗣业兵未至，弓月惧，与疏勒皆入朝；上赦其罪，遣归国。

（以上为第四段，写唐军在高丽和西域均取得胜利。）

上元元年（甲戌，674年）

春，正月，壬午，以左庶子、同中书门下三品刘仁轨为鸡林道大总管，卫尉卿李弼、右领军大将军李谨行副之，发兵讨新罗。时新罗王法敏既纳高丽叛众，又据百济故地，使人守之。上大怒，诏削法敏官爵；其弟右骁卫员外大将军、临海郡公仁问在京师，立以为新罗王，使归国。

三月，辛亥朔，日有食之。

贺兰敏之既得罪，皇后奏召武元爽之子承嗣于岭南，袭爵周公，拜尚衣奉御；夏，四月，辛卯，迁宗正卿。

秋，八月，壬辰，追尊宣简公为宣皇帝，妣张氏为宣庄皇后；懿王

及善谢罪，高宗听到之后，就赐给王及善细绢一百匹，不久又将他升迁为左千牛卫将军。

唐高宗咸亨四年（癸酉，673年）

春季，正月二十九日丙辰，绛州刺史郑惠王李元懿去世。

三月初十日丙申，高宗颁诏命令刘仁轨等改写国史，因为许敬宗等人所记载的有很多不真实的缘故。

夏季，四月二十一日丙子，高宗驾临九成宫。

闰五月，燕山道总管、右领军大将军李谨行在瓠芦河西边把反叛的高丽人打得大败，俘获好几千人，剩下的部众都逃奔到新罗。当时李谨行之妻刘氏留在伐奴城，高丽引领靺鞨攻城，刘氏身披甲胄率领众人守城，持续了很长一段时间，敌人退走。唐高宗嘉奖她的功劳，封为燕国夫人。李谨行是靺鞨人突地稽的儿子，武力超绝一般人，为众夷狄所畏惧。

秋季，七月，婺州大水灾，溺死的人有五千。

八月十九日辛丑，唐高宗因患疟疾，命令太子在延福殿接受诸官奏报政事。

冬季，十月初一日壬午，中书令阎立本去世。

十月二十四日乙巳，高宗返回京师。

十二月二十五日丙午，弓月、疏勒两个国王前来投降。西突厥兴昔亡可汗的时代，各部落离分散居，弓月和阿悉吉都背叛了朝廷。苏定方向西征讨时，擒获了阿悉吉回朝。弓月交结南方的吐蕃，招来北方的咽面，一起进攻疏勒，降服疏勒。高宗派遣鸿胪卿萧嗣业出动部队讨伐。萧嗣业的军队还没到达，弓月害怕，便和疏勒一起到朝廷投降；高宗赦免他们的罪，遣送他们回国。

唐高宗上元元年（甲戌，674年）

春季，（正）[二]月初二日壬午，任命左庶子、同中书门下三品刘仁轨为鸡林道大总管，卫尉卿、右领军大将军李谨行为副大总管，调动军队征讨新罗。当时新罗王法敏既接纳了高丽反叛的部众，又占据百济旧有土地，派人守护。高宗很生气，下诏令削夺法敏官爵，法敏的弟弟右骁卫员外大将军、临海郡公金仁问在京师，被立为新罗王，高宗让他回国就位。

三月初一日辛亥，发生日食。

贺兰敏之获罪被害之后，皇后奏请召回流放岭南的武元爽的独生子武承嗣，承继周公爵位，拜为尚衣奉御；夏季，四月十二日辛卯，升迁为宗正卿。

秋季，八月十五日壬辰，追尊宣简公为宣皇帝，先妣张氏为宣庄皇后；懿王为

为光皇帝，妣贾氏为光懿皇后；太武皇帝为神尧皇帝，太穆皇后为太穆神皇后；文皇帝为太宗文武圣皇帝，文德皇后为文德圣皇后，皇帝称天皇，皇后称天后，以避先帝、先后之称。改元，赦天下。

戊戌，敕："文武官三品以上服紫，金玉带；四品服深绯，金带；五品服浅绯，金带；六品服深绿，七品服浅绿，并银带；八品服深青，九品服浅青，并鍮石带；庶人服黄，铜铁带。自非庶人，不听服黄。"

九月，癸丑，诏追复长孙晟、长孙无忌官爵，以无忌曾孙翼袭爵赵公，听无忌丧归，陪葬昭陵。

（以上为第五段，写唐高宗为长孙无忌平反。）

甲寅，上御翔鸾阁，观大酺。分音乐为东西朋，使雍王贤主东朋，周王显主西朋，角胜为乐，郝处俊谏曰："二王春秋尚少，志趣未定，当推梨让枣，相亲如一。今分二朋，递相夸竞，俳优小人，言辞无度，恐其交争胜负，讥诮失礼，非所以崇礼义，劝敦睦也。"上瞿然曰："卿远识，非众人所及也。"遽止之。

是日，卫尉卿李弼暴卒于宴所，为之废酺一日。

冬，十一月，丙午朔，车驾发京师；己酉，校猎华山之曲武原；戊辰，至东都。

箕州录事参军张君澈等诬告刺史蒋王恽及其子汝南郡王炜谋反，敕通事舍人薛思贞驰传往按之。十二月，癸未，恽惶惧，自缢死，上知其非罪，深痛惜之，斩君澈等四人。

戊子，于阗王伏阇雄来朝。

辛卯，波斯王卑路斯来朝。

壬寅，天后上表，以为："国家圣绪，出自玄元皇帝，请令王公以下皆习《老子》，每岁明经，准《孝经》《论语》策试。"又请"自今父在，为母服齐衰三年。又，京官八品以上，宜量加俸禄。"及其余便宜，合十二条。诏书褒美，皆行之。

是岁，有刘晓者，上疏论选，以为："今选曹以检勘为公道，书判为

光皇帝，先妣贯氏为光懿皇后；太武皇帝李渊为神尧皇帝，太穆皇后窦氏为太穆神皇后；文皇帝李世民为太宗文武圣皇帝，文德皇后长孙氏为文德圣皇后。皇帝叫作天皇，皇后叫作天后，是为了避开先帝、先后的称呼。改年号为上元，赦免天下。

八月二十一日戊戌，颁下敕令："文武百官三品以上穿着紫色官服，佩金玉带；四品穿着深红色官服，佩金带；五品穿着浅红色官服，佩金带；六品穿着绿色官服，七品穿着浅绿色官服，都佩银带；八品穿着深青色官服，九品穿着浅青色官服，都佩黄铜带。庶人百姓穿着黄色衣服，佩铜铁带。从工商杂户等级开始，不允许穿黄色衣服。"

九月初七日癸丑，下诏追命恢复长孙晟、长孙无忌官爵，任命长孙无忌的曾孙长孙翼继承赵公的爵位，让长孙无忌的灵柩回乡，陪葬在昭陵。

九月初八日甲寅，高宗驾临翔鸾阁，观看盛大的聚会饮酒。把乐队分为东西两队，让雍王李贤做东队首领，周王李显做西队首领，以比赛胜利为乐，郝处俊劝谏说："两个王爷年龄还小，志向还没确定，正是应当兄弟互相推让，彼此亲爱如一的时候。现在却分为两队，相互夸耀竞争，这些优伶们是小人，言辞没有法度，恐怕他们在互相争夺胜负时，互相讥讽嘲诮而失去礼节，这样子就不是推崇礼义、劝导和睦的方式吧。"高宗很惊惧地说："你的见识深远，不是众人所能赶得上的。"就马上停止了这一竞赛。

当天，卫尉卿李弼在宴会上突然死亡，为此停止聚会宴饮一天。

冬季，十一月初一日丙午，高宗从京师出发；十一月初四日己酉，在华山的曲武原围猎；十一月二十三日戊辰，到达东都。

箕州录事参军张君澈等人诬告刺史蒋王李恽和儿子汝南郡王李炜策划反叛，下令通事舍人薛思贞乘传车前往调查。十二月初八日癸未，蒋王李恽害怕，就自杀身死，高宗知道他无罪，深感痛惜，把张君澈等四人处斩。

十二月十三日戊子，于阗王伏阇雄来朝见皇帝。

十二月十六日辛卯，波斯王卑路斯来朝见皇帝。

十二月二十七日壬寅，天后上奏，认为："国家的圣胤统绪，出自玄元皇帝李耳，请求命令王公以下都学习《老子》，每年考明经时，和《孝经》《论语》一样，加考《老子》策。"又请求："从现在起父亲还在世的，居母亲丧服齐衰三年。又，在京的官吏八品以上的，应该酌量增加俸禄。"还有其他对国家方便有利的建议共十二条。高宗下诏书褒奖赞美天后，都加以施行。

这一年，有个叫刘晓的人，上疏讨论有关铨选人才的事，认为："现在掌管选

得人，殊不知考其德行才能。况书判借人者众矣。又，礼部取士，专用文章为甲乙，故天下之士，皆舍德行而趋文艺，有朝登甲科而夕陷刑辟者，虽日诵万言，何关理体！文成七步，未足化人。况尽心卉木之间，极笔烟霞之际，以斯成俗，岂非大谬！夫人之慕名，如水趋下，上有所好，下必甚焉。陛下若取士以德行为先，文艺为末，则多士雷奔，四方风动矣！”

（以上为第六段，写武则天的政治才能，条奏十二项政务，高宗一一施行。）

二年（乙亥，675年）

春，正月，丙寅，以于阗国为毗沙都督府，分其境内为十州，以于阗王尉迟伏阇雄为毗沙都督。

辛未，吐蕃遣其大臣论吐浑弥来请和，且请与吐谷浑复修邻好；上不许。

二月，刘仁轨大破新罗之众于七重城；又使靺鞨浮海，略新罗之南境，斩获甚众。仁轨引兵还。诏以李谨行为安东镇抚大使，屯新罗之买肖城以经略之，三战皆捷，新罗乃遣使入贡，且谢罪；上赦之，复新罗王法敏官爵。金仁问中道而还，改封临海郡公。

三月，丁巳，天后祀先蚕于邙山之阳；百官及朝集使皆陪位。

上苦风眩甚，议使天后摄知国政。中书侍郎同三品郝处俊曰：“天子理外，后理内，天之道也。昔魏文著令，虽有幼主，不许皇后临朝，所以杜祸乱之萌也。陛下奈何以高祖、太宗之天下，不传之子孙而委之天后乎！”中书侍郎昌乐李义琰曰：“处俊之言至忠，陛下宜听之！”上乃止。

天后多引文学之士著作郎元万顷、左史刘祎之等，使之撰《列女传》《臣轨》《百僚新戒》《乐书》，凡千余卷。朝廷奏议及百司表疏，时密令参决，以分宰相之权，时人谓之北门学士。祎之，子翼之子也。

夏，四月，庚辰，以司农少卿韦弘机为司农卿。弘机兼知东都营田，受诏完葺宫苑。有宦者于苑中犯法，弘机杖之，然后奏闻。上以为能，赐绢数十匹，曰：“更有犯者，卿即杖之，不必奏也。”

举的官员，都认为能考量功过、调查真伪就是公道，楷法、文笔优美就算人才，却不知道考察人们的德行才能。何况楷法、文笔有很多是假借他人手笔。而且礼部取用士人，专门凭文章分成甲乙不同等第，所以天下士人，都舍弃德行修养而趋向诗文写作，甚至有刚考上科甲，随后就犯了法的人，虽然每天诵读很多书，与治道有什么相干！走了七步就写出好诗文，未必能教化百姓。何况竭尽心力于花卉草木之间，极力描绘烟雾云霞的景色，这样形成风气，岂不是大错吗？百姓倾慕名位，就好像水向下流，上面有所喜好，下面一定追求得更为厉害。陛下如果取用士人时首先注重德行，把作诗文放在末位，那么四方众多的才士，就会如风雷一样，迅速归向朝廷。”

唐高宗上元二年（乙亥，675 年）

春季，正月二十一日丙寅，把于阗国设置成毗沙都督府，将其境内分为十个州，任命于阗王尉迟伏阇雄为毗沙都督。

正月二十六日辛未，吐蕃派遣大臣论吐浑弥来请求和解，而且请求与吐谷浑再结邻国之好。高宗不允许。

二月，刘仁轨在七重城大败新罗的部众；又派靺鞨人渡海，攻掠新罗南方边境，斩杀俘虏很多敌人。刘仁轨带兵回还，朝廷下令任命李谨行为安东镇抚大使，屯驻在新罗的买肖城经营谋划对新罗的战事，三次交战都获胜，新罗就派遣使者入朝进贡，而且向高宗谢罪；高宗加以赦免，恢复新罗王法敏的官爵。金仁问半路回返，改封为临海郡公。

三月十三日丁亥，天后在邙山之南祭祀先蚕，百官和朝集使都陪席祭祀。

高宗因为头风眩晕非常厉害而痛苦，提议要让天后代理国政。中书侍郎同三品郝处俊说：“天子掌理外事，皇后掌理内务，这是自然的道理。以前魏文帝定下法令，虽然有年幼的国君，也不允许皇后临朝廷听政，就是为了杜绝祸乱的发生。陛下为何把高祖、太宗的天下，不传给子孙而委托给天后呢！”中书侍郎昌乐李义琰说：“郝处俊说的是最忠心的话，陛下应该听从！”高宗这才打消了这一念头。

天后引用很多的文学之士如著作郎元万顷、左史刘祎之等人，要他们撰写《列女传》《臣轨》《百僚新戒》《乐书》等，共一千多卷。朝廷的奏议和百官的表疏，常常暗中命令这些文学之士参与决断，以分割宰相的权柄，当时人称之为北门学士。刘祎之是著作郎刘子翼的儿子。

夏季，四月初六日庚辰，任命司农少卿韦弘机为司农卿。韦弘机兼掌东都的营田，接受诏令修葺宫廷苑囿。有个宦官在苑囿中犯了法，韦弘机以杖拷打，然后奏报高宗。高宗认为他有才能，赐给他几十匹绢布，说：“以后再有犯法的人，你就加

初，左千牛将军长安赵瓌尚高祖女常乐公主，生女为周王显妃。公主颇为上所厚，天后恶之。辛巳，妃坐废，幽闭于内侍省，食料给生者，防人候其突烟，已而数日烟不出，开视，死腐矣。瓌自定州刺史贬栝州刺史，令公主随之官，仍绝其朝谒。

太子弘仁孝谦谨，上甚爱之；礼接士大夫，中外属心。天后方逞其志，太子奏请，数迕旨，由是失爱于天后。义阳、宣城二公主，萧淑妃之女也，坐母得罪。幽于掖庭，年逾三十不嫁。太子见之惊恻，遽奏请出降，上许之。天后怒，即日以公主配当上翊卫权毅、王遂古。己亥，太子薨于合璧宫，时人以为天后鸩之也。

壬寅，车驾还洛阳宫。五月，戊申，下诏："朕方欲禅位皇太子，而疾遽不起，宜申往命，加以尊名，可谥为孝敬皇帝。"

六月，戊寅，立雍王贤为皇太子，赦天下。

天后恶慈州刺史杞王上金，有司希旨奏其罪，秋，七月，上金坐解官，澧州安置。

八月，庚寅，葬孝敬皇帝于恭陵。

戊戌，以戴至德为右仆射，庚子，以刘仁轨为左仆射，并同中书门下三品如故。张文瓘为侍中，郝处俊为中书令；李敬玄为吏部尚书兼左庶子，同中书门下三品如故。

刘仁轨、戴至德更日受牒诉，仁轨常以美言许之，至德必据理难诘，未尝与夺，实有冤结者，密为奏辩。由是时誉皆归仁轨。或问其故，至德曰："威福者人主之柄，人臣安得盗取之！"上闻，深重之。有老妪欲诣仁轨陈牒，误诣至德，至德览之未终，妪曰："本谓是解事仆射，乃不解事仆射邪！归我牒！"至德笑而授之。时人称其长者。文瓘时兼大理卿，因闻改官，皆恸哭。文瓘性严正，诸司奏议，多所纠驳，上甚委之。

（以上为第七段，写武则天贪权，毒杀贤明太子李弘。）

以杖刑，不必再奏报。”

起初，左千牛将军长安赵瓌娶高祖的女儿长乐公主，生下女儿为周王李显妃。长乐公主很为皇上所厚待，天后很不高兴。四月初七日辛巳，李显妃因此被废，幽禁在内侍省，给她的食物都是生的，又命令防守之人候望烟囱是否冒烟，在已有几天烟囱不冒烟之后，打开门一看，李显妃已经死去，连尸体都腐烂了。赵瓌从定州刺史贬为栝州刺史，命令长乐公主随赵瓌到任上，还断绝赵瓌、长乐公主朝觐进谒皇上的资格。

太子李弘仁慈孝顺谦虚恭谨，高宗非常喜爱他，太子又以礼接待士大夫，中外都归心于他。天后那时正图谋实现她当皇帝的志愿，太子的奏报请谒，好几次忤逆她的旨意，从此失去天后的欢心。义阳、宣城两个公主是萧淑妃的女儿，因为母亲的关系也获罪，被囚禁在后宫旁舍嫔妃的住所中，年龄超过三十岁还没出嫁。太子看了很惊讶，怜悯她们，就奏请高宗让她们出嫁，高宗同意了。天后很生气，当日就把公主许配给担任轮番宿卫之翊卫的权毅、王遂古。四月二十五日己亥，太子在合璧宫去世，当时人们认为太子是被天后毒死的。

四月二十八日壬寅，高宗返回洛阳宫。五月初五日戊申，下诏令：“朕正准备传位给皇太子，而太子却突然一病不起，现在应重申以前的命令，加给他尊崇的名位，可以封谥号为孝敬皇帝。”

六月初五日戊寅，立雍王李贤为皇太子，大赦天下。

天后不喜欢慈州刺史杞王李上金，有司迎合天后旨意奏报杞王的罪；秋季，七月，李上金获罪被解除官职，并且被安置在澧州。

八月十九日庚寅，把孝敬皇帝埋葬在恭陵。

八月二十七日戊戌，任命戴至德为右仆射，八月二十九日庚子，任命刘仁轨为左仆射，与以前一样，都为同中书门下三品。张文瓘为侍中，郝处俊为中书令；李敬玄为吏部尚书兼左庶子，也和以前一样为同中书门下三品。

刘仁轨、戴至德轮流受理诉讼状纸。刘仁轨遇到有人申诉，常常以好听的话答允办理，而戴至德一定根据道理，问难诘责到底，从不随便决断，实在有冤屈的，都暗中奏报高宗解决。因而当时人们的赞誉都归到刘仁轨身上。有人问戴至德那样做的原因，戴至德说：“刑罚奖赏是国君的权柄，人臣怎么可以盗窃取得！”高宗听了之后，非常敬重他。有个老妪要到刘仁轨处陈述诉状，结果错访了戴至德，戴至德还没有看完诉状，老妪说：“本以为是通人情的仆射，却原来是不通人情的仆射！把诉状还给我！”戴至德笑着把诉状还给了她。当时的人都说戴至德是忠厚长者。文瓘当时兼大理卿，犯人听说文瓘改任侍中，都痛哭起来。文瓘生性严厉刚正，对于各官署的奏议，多加以纠正驳难，高宗很信任他。

仪凤元年（丙子，676年）

春，正月，壬戌，徙冀王轮为相王。

纳州獠反，敕黔州都督发兵讨之。

二月，甲戌，徙安东都护府于辽东故城；先是有华人任东官者，悉罢之。徙熊津都督府于建安故城；其百济户口先徙于徐、兖等州者，皆置于建安。

天后劝上封中岳；癸未，诏以今冬有事于嵩山。

丁亥，上幸汝州之温汤。

三月，癸卯，黄门侍郎来恒、中书侍郎薛元超并同中书门下三品。恒，济之兄；元超，收之子也。

甲辰，上还东都。

闰月，吐蕃寇鄯、廓、河、芳等州，敕左监门卫中郎将令狐智通发兴、凤等州兵以御之。己卯，诏以吐蕃犯塞，停封中岳。乙酉，以洛州牧周王显为洮州道行军元帅，将工部尚书刘审礼等十二总管，并州大都督相王轮为凉州道行军元帅，将左卫大将军契苾何力等，以讨吐蕃。二王皆不行。

庚寅，车驾西还。

甲寅，中书侍郎李义琰同中书门下三品。

戊午，车驾至九成宫。

六月，癸亥，黄门侍郎晋陵高智周同中书门下三品。

秋，八月，乙未，吐蕃寇叠州。

壬寅，敕："桂、广、交、黔等都督府，比来注拟土人，简择未精，自今每四年遣五品已上清正官充使，仍令御史同往注拟。"时人谓之南选。

九月，壬申，大理奏左威卫大将军权善才、左监门中郎将范怀义误斫昭陵柏，罪当除名；上特命杀之。大理丞太原狄仁杰奏："二人罪不当死。"上曰："善才等斫陵柏，我不杀则为不孝。"仁杰固执不已，上作色，令出，仁杰曰："犯颜直谏，自古以为难。臣以为遇桀、纣则难，遇尧、舜则易。今法不至死而陛下特杀之，是法不信于人也，人何所措其手足！且张释之有言：'设有盗长陵一抔土，陛下何以处之？'今以一株柏杀二将军，后代谓陛下为何如矣！臣不敢奉诏者，恐陷陛下于不道，且羞见释之于地下故也。"上怒稍解，二人除名，流岭南。后数日，擢仁杰

唐高宗仪凤元年（丙子，676年）

春季，正月二十三日壬戌，把冀王李轮调任为相王。

纳州土著僚民反叛，下令黔州都督调军队讨伐。

二月初六日甲戌，迁徙安东都护府到辽东旧有的城邑，先前已把在安东都护府担任官吏的唐朝人全都加以罢免。把熊津都督府迁徙到原建安城；那些迁徙到徐州、兖州的百济户口，都安置于建安。

天后劝高宗到中岳举行封禅；二月十五日癸未，下诏宣布今年冬天在嵩山将有祭祀之事。

二月十九日丁亥，高宗到汝州温泉。

三月初五日癸卯，黄门侍郎来恒、中书侍郎薛元超都被任命为同中书门下三品，来恒是来济的兄长；薛元超是薛收的儿子。

三月初六日甲辰，高宗回返东都。

闰三月，吐蕃侵扰鄯、廓、河、芳等州，下令左监门卫中郎令狐智通调动兴、凤等州的军队加以抵御。三月十一日己卯，下诏令说由于吐蕃侵犯边境，停止在中岳封禅。三月十七日乙酉，任命洛州牧周王李显为洮州道行军元帅，率领工部尚书刘审礼等十二位总管，并州大都督相王李轮为凉州道行军元帅，率领左卫大将军契苾何力等人，以讨伐吐蕃。但二王都不赴任。

三月二十二日庚寅，高宗车驾西返长安。

四月十七日甲寅，任命中书侍郎李义琰为同中书门下三品。

四月二十一日戊午，高宗车驾到达九成宫。

六月二十七日癸亥，任命黄门侍郎晋陵高智周为同中书门下三品。

秋季，七月二十九日乙未，吐蕃侵扰叠州。

七月初七日壬寅，下敕令："桂、广、交、黔等都督府，近来选拔本地人为官吏，选择得并不精细，从现在起，每四年派遣五品以上清正廉明的官吏充任使者，仍然命令御史一起前往选拔官吏。"当时人称这种选官方式为南选。

九月初七日壬申，大理寺奏报左威卫大将军权善才、左监门中郎将范怀义误砍了昭陵的柏树，所犯的罪应当除去做官的身份，高宗特别下令要处死他们。大理丞太原狄仁杰上奏说："两人犯的罪不应当被处死。"高宗说："权善才等人砍伐昭陵柏树，我如果不杀他们就是不孝。"狄仁杰仍然坚决请求不杀，高宗变了脸色，命令狄仁杰退出去，狄仁杰说："冒犯皇上的威颜，正直极谏，自古以来都认为很困难。臣却认为遇到桀、纣当然困难，但遇到尧、舜却很容易。现在按法令所规定的，并不至于判处死刑，而陛下却特意要杀了他们，这使得法令不为人所信任，人们要怎么办才好呢！况且张释之说过：'假设有人盗窃长陵的一捧土，陛下要怎样处理？'现

为侍御史。

初，仁杰为并州法曹，同僚郑崇质当使绝域。崇质母老且病，仁杰曰：“彼母如此，岂可使之有万里之忧！”诣长史蔺仁基，请代之行。仁基素与司马李孝廉不叶，因相谓曰：“吾辈岂可不自愧乎！”遂相与辑睦。

冬，十月，车驾还京师。

丁酉，祫享太庙，用太学博士史璨议，禘后三年而祫，祫后二年而禘。

郇王素节，萧淑妃之子也，警敏好学。天后恶之，自岐州刺史左迁申州刺史。乾封初，敕曰：“素节既有旧疾，不须入朝。”而素节实无疾，自以久不得入觐，乃著《忠孝论》。王府仓曹参军张柬之因使潜封其论以进。后见之，诬以赃贿，丙午，降封鄱阳王，袁州安置。

十一月，壬申，改元，赦天下。

庚寅，以李敬玄为中书令。

十二月，戊午，以来恒为河南道大使，薛元超为河北道大使，尚书左丞鄢陵崔知悌、国子司业郑祖玄为江南道大使，分道巡抚。

（以上为第八段，写吐蕃犯边；狄仁杰初露头角，敢直言极谏。）

二年（丁丑，677年）

春，正月，乙亥，上耕藉田。

初，刘仁轨引兵自熊津还，扶余隆畏新罗之逼，不敢留，寻亦还朝。二月，丁巳，以工部尚书高藏为辽东州都督，封朝鲜王，遣归辽东，安辑高丽余众；高丽先在诸州者，皆遣与藏俱归。又以司农卿扶余隆为熊津都督，封带方王，亦遣归安辑百济余众，仍移安东都护府于新城以统之。时百济荒残，命隆寓居高丽之境。藏至辽东，谋叛，潜与靺鞨通；召还，徙邛州而死，散徙其人于河南、陇右诸州，贫者留安东城傍。高丽旧城没于新罗，余众散入靺鞨及突厥，隆亦竟不敢还故地，高氏、扶余氏遂亡。

在以一株柏树之故就杀了两位将军，后代人要说陛下是怎样的人物呢？臣不敢接受皇上诏令，是害怕把陛下置于丧失仁义道德的境地，而且在九泉之下羞于见到张释之的缘故啊。”高宗听了之后怒气消掉一些，便将二人除去官籍，流放到岭南。几天后，擢升狄仁杰为侍御史。

起初，狄仁杰任并州法曹，同僚郑崇质应当出使到绝远的地方。郑崇质的母亲年老而且有病，狄仁杰说：“他母亲年岁高又生病，怎么可以让他有路途遥远，不能孝养的忧虑呢！”就到长史蔺仁基那里，请求代替郑崇质远行。蔺仁基一向和司马李孝廉不和谐，因此相互说道：“我们怎么可以不自我感到惭愧呢！”就彼此和睦相处了。

冬季，十月，高宗返回京师。

十月初三日丁酉，在太庙举行祫祭祭祀祖先，采用太学博士史璨的建议，在禘祭后三年举行祫祭，祫祭后二年举行禘祭。

郇王李素节是萧淑妃的儿子，机警聪敏而且好学。天后不喜欢他，把他从岐州刺史贬为申州刺史。乾封初年，高宗下敕令说：“李素节既然有旧病，就不需要入朝晋见了。”而李素节其实无病，因为长久不能入朝晋见国君，就写了一篇《忠孝论》。王府仓曹参军张柬之暗中封好那篇《忠孝论》，通过使者进献给国君。天后见到之后，诬告李素节贪赃受贿，十月十二日丙午，降封为鄱阳王，安置在袁州。

十一月初八日壬申，改年号为仪凤，赦免天下。

十一月二十六日庚寅，任命李敬玄为中书令。

十二月二十五日戊午，任命来恒为河南道大使，薛元超为河北道大使，尚书左丞鄢陵崔知悌、国子司业郑祖玄为江南道大使，分路巡察安抚地方。

唐高宗仪凤二年（丁丑，677年）

春季，正月十二日乙亥，高宗耕种藉田。

起初，刘仁轨带兵从熊津回返，扶余隆害怕新罗的逼迫，不敢留驻，不久也就回返朝廷。二月二十四日丁巳，任命工部尚书高藏为辽东州都督，封为朝鲜王，派遣他回辽东，以安抚高丽剩余部众；早先在各州的高丽人，都加以遣送与高藏一起回去。又任命司农卿扶余隆为熊津都督，封为带方王，也派遣他回去安抚百济剩余部众，仍然把安东都护府移到新城来加以统辖。当时百济荒芜残破，就命令扶余隆借居在高丽境内。高藏到了辽东，阴谋反叛，暗中与靺鞨勾结；朝廷召他回返，调到邛州而死，遣散他的部属到河南、陇右各州，贫穷的留置在安东城边。高丽旧城被新罗所吞并，余下的部众分别逃入靺鞨和突厥，而扶余隆也竟然不敢回到旧有土

三月，癸亥朔，以郝处俊、高智周并为左庶子，李义琰为右庶子。

夏，四月，左庶子张大安同中书门下三品。大安，公谨之子也。

诏以河南、北旱，遣御史中丞崔谧等分道存问赈给。侍御史宁陵刘思立上疏，以为："今麦秀蚕老，农事方殷，敕使抚巡，人皆竦抃，忘其家业，冀此天恩，聚集参迎，妨废不少。既缘赈给，须立簿书，本欲安存，更成烦扰。望且委州县赈给，待秋务闲，出使褒贬。"疏奏，谧等遂不行。

五月，吐蕃寇扶州之临河镇，擒镇将杜孝升，令赍书说松州都督武居寂使降，孝升固执不从。吐蕃军还，舍孝升而去，孝升复帅余众拒守。诏以孝升为游击将军。

秋，八月，徙周王显为英王，更名哲。

命刘仁轨镇洮河军。冬，十二月，乙卯，诏大发兵讨吐蕃。

诏以显庆新礼，多不师古，其五礼并依《周礼》行事。自是礼官益无凭守，每有大礼，临时撰定。

（以上为第九段，写唐高宗安抚高丽、新罗未果，西疆与吐蕃战事亦不利。）

三年（戊寅，678 年）

春，正月，辛酉，百官及蛮夷酋长朝天后于光顺门。

刘仁轨镇洮河，每有奏请，多为李敬玄所抑，由是怨之。仁轨知敬玄非将帅才，欲中伤之，奏言："西边镇守，非敬玄不可。"敬玄固辞。上曰："仁轨须朕，朕亦自往，卿安得辞！"丙子，以敬玄代仁轨为洮河道大总管兼安抚大使，仍检校鄯州都督。又命益州大都督府长史李孝逸等发剑南、山南兵以赴之。孝逸，神通之子也。

癸未，遣金吾将军曹怀舜等分往河南、北募猛士，不问布衣及仕宦。

夏，四月，戊申，赦天下，改来年元为通乾。

五月，壬戌，上幸九成宫。丙寅，山中雨，大寒，从兵有冻死者。

地，高氏、扶余氏因此灭亡。

三月初一日癸亥，任命郝处俊、高智周一起为左庶子，李义琰为右庶子。

夏季，四月，左庶子张大安为同中书门下三品。张大安是张公谨的儿子。

由于河南、河北旱灾，诏令派遣御史中丞崔谧等人分路慰问百姓，赈济灾民。侍御史宁陵人刘思立上疏说："现在麦已抽穗，蚕已成熟，农事正忙的时候，皇帝的使者四出安抚巡视，每个人都高兴得企踵鼓掌，忘记了自己的家道事业，希望得到皇上的恩典，所以都会集合，参与迎接，这一来就妨害荒废了不少农事。既是为了赈灾，就必须建立簿籍文书，这事本来是为了要安抚慰问百姓，反而变成烦乱困扰。希望暂且委托州县赈济灾民，等到秋天农务清闲时，再派出使者褒贬考核州县的工作效果。"疏文上奏，崔谧等人就没有出发。

五月，吐蕃侵扰扶州的临河镇，擒获了镇守的将领杜孝升，又命令杜孝升带着书信游说松州都督武居寂投降，杜孝升态度坚决，执意不从命。吐蕃军队撤回，舍弃杜孝升离去，杜孝升再次率领剩余部众抵御防守。高宗下诏任命杜孝升为游击将军。

秋季，八月，迁徙周王李显为英王，改名为李哲。

任命刘仁轨镇守洮河军。冬，十二月二十七日乙卯，下诏令出动大批军队讨伐吐蕃。

下诏令说由于显庆时新制定的礼仪，很多地方不师法古礼，所定五礼还是都按照《周礼》所规定的去做。从此以后，礼官更加没有遵守的标准，每当遇到有大礼节仪式要举行时，就临时撰写决定。

唐高宗仪凤三年（戊寅，678 年）

春季，正月初四日辛酉，百官和蛮夷酋长在光顺门朝见天后。

刘仁轨镇守洮河，每次有所奏报请求时，多被李敬玄所压制，因此怨恨李敬玄。刘仁轨知道李敬玄不是做将帅的人才，为了中伤他，就向高宗奏言："西方边境的镇守防务，非李敬玄担任不可。"李敬玄再三推辞。高宗说："刘仁轨需要朕的话，朕也会亲自前往，你怎么可以推辞呢！"正月十九日丙子，任命李敬玄代替刘仁轨为洮河道大总管兼安抚大使，仍然检校鄯州都督。又命令益州大都督府长史李孝逸等人，调动剑南、山南的军队前往，李孝逸是淮安王李神通的儿子。

正月二十六日癸未，派遣金吾将军曹怀舜等人分头前往河南、河北招募勇猛武士，不管是平民还是仕宦，都加采用。

夏季，四月二十二日戊申，赦免天下，改下一年的年号为通乾。

五月初七日壬戌，高宗到九成宫。五月十一日丙寅，山中下雨，气候非常寒冷，

秋，七月，李敬玄奏破吐蕃于龙支。

上初即位，不忍观《破阵乐》，命撤之。辛酉，太常少卿韦万石奏：“久寝不作，惧成废缺。请自今大宴会复奏之。”上从之。

九月，辛酉，车驾还京师。

上将发兵讨新罗，侍中张文瓘卧疾在家，自舆入见，谏曰：“今吐蕃为寇，方发兵西讨；新罗虽云不顺，未尝犯边，若又东征，臣恐公私不胜其弊。”上乃止。癸亥，文瓘薨。

丙寅，李敬玄将兵十八万与吐蕃将论钦陵战于青海之上，兵败，工部尚书、右卫大将军彭城僖公刘审礼为吐蕃所虏。时审礼将前军深入，顿于濠所，为虏所攻，敬玄懦怯，按兵不救。闻审礼战没，狼狈还走，顿于承风岭，阻泥沟以自固，虏屯兵高冈以压之。左领军员外将军黑齿常之，夜帅敢死之士五百人袭击虏营，虏众溃乱，其将跋地设引兵遁去，敬玄乃收余众还鄯州。

审礼诸子自缚诣阙，请入吐蕃赎其父，敕听次子易从诣吐蕃省之。比至，审礼已病卒，易从昼夜号哭不绝声；吐蕃哀之，还其尸，易从徒跣负之以归。

上嘉黑齿常之之功，擢拜左武卫将军，充河源军副使。

李敬玄之西征也，监察御史原武娄师德应猛士诏从军，及败，敕师德收集散亡，军乃复振。因命使于吐蕃，吐蕃将论赞婆迎之赤岭。师德宣导上意，谕以祸福，赞婆甚悦，为之数年不犯边。师德迁殿中侍御史，充河源军司马，兼知营田事。

上以吐蕃为忧，悉召侍臣谋之，或欲和亲以息民；或欲严设守备，俟公私富实而讨之；或欲亟发兵击之，议竟不决，赐食而遣之。

太学生宋城魏元忠上封事，言御吐蕃之策，以为：“理国之要，在文与武。今言文者则以辞华为首而不及经纶，言武者则以骑射为先而不及方略，是皆何益于理乱哉！故陆机著《辨亡》之论，无救河桥之败，养

随从的士兵中有冻死的。

秋季，七月，李敬玄奏报在龙支击败吐蕃。

高宗在刚即位时，不忍心观看《破阵乐》，命令撤除不用。七月初七日辛酉，太常少卿韦万石上奏说："长久弃置不用，恐怕礼乐废弛残缺，请求从今天起，在大宴会时再度演奏。"高宗接受了这一建议。

九月初七日辛酉，高宗回到京师。

唐高宗准备调发军队讨伐新罗，侍中张文瓘正卧病在家，便自己乘坐轿子入见高宗，劝高宗说："现在吐蕃侵扰，正在发动军队向西征讨；新罗虽说不顺服，但从没有侵犯边境，如果又征讨东方，臣担心公私两方面都不能承受其困弊。"高宗这才停止讨伐新罗的计划。九月初九日癸亥，张文瓘去世。

九月十二日丙寅，李敬玄率领十八万士兵在青海上和吐蕃将论钦陵作战，结果战败，工部尚书、右卫大将军彭城僖公刘审礼被吐蕃所俘虏。当时刘审礼率领前军深入敌境，屯驻于濠所，被敌人攻击，而李敬玄又懦弱胆怯，按兵不动，没有前往援救。听说刘审礼战死，狼狈不堪地撤退，屯驻在承风岭，挖掘泥沟作为险阻，以求自保，敌人屯兵在高冈上，居上临下加以压制。晚上，左领军员外将军黑齿常之率领五百个敢死之士，偷袭敌人营寨，敌人士众溃败散乱，敌将跋地设率兵逃走，李敬玄才收集剩余部众返回鄯州。

刘审礼的儿子们缚住自己前往宫廷，请求交给吐蕃来赎回父亲，高宗敕令让第二个儿子刘易从到吐蕃探视父亲。到达时，刘审礼已经生病死亡，刘易从白天夜晚痛哭的声音不绝；吐蕃哀悯他，送还刘审礼尸体，刘易从赤脚步行背负亡父回家。

唐高宗嘉许黑齿常之的功劳，擢升他为左武卫将军充任河源军副使。

李敬玄西征时，监察御史原武娄师德响应寻求猛士的诏令而从军，后来李敬玄兵败，高宗敕令娄师德收抚散亡部队，军力这才又振作起来了。便命令他出使吐蕃，吐蕃将论赞婆在赤岭迎接他。娄师德宣读高宗的旨意，以吉凶祸福晓谕论赞婆，论赞婆很高兴，为此有好几年没有侵犯边境。娄师德升迁为殿中侍御史，充任河源军司马，兼理屯田事务。

唐高宗以吐蕃的战事为忧患，把侍臣全部招来计议，有人主张和吐蕃和好结亲而让人民休养生息；有人主张严密设置防守的武备，等待国家、民众都富足强大时再讨伐；有人主张马上出动军队攻击。计议一阵最终却不能做出决定，高宗只好赏赐给食物，遣散了大臣们。

太学生宋城人魏元忠呈上密封的奏章，提出抵御吐蕃的策略，认为："治理国家的要务，在于文和武备。现在谈到文事，都认为文辞华丽重要，而不涉及治国平天下的规划，谈到武备，都以骑马射箭为先务，而不讲求战术战略，这样对于治理好

由基射穿七札，不济鄢陵之师，此已然之明效也。古语有之：‘人无常俗，政有理乱；兵无强弱，将有巧拙。’故选将当以智略为本，勇力为末。今朝廷用人，类取将门子弟及死事之家，彼皆庸人，岂足当阃外之任！李左车、陈汤、吕蒙、孟观，皆出贫贱而立殊功，未闻其家代为将也。

“夫赏罚者，军国之切务，苟有功不赏，有罪不诛，虽尧、舜不能以致理。议者皆云：‘近日征伐，虚有赏格而无事实。’盖由小才之吏，不知大体，徒惜勋庸，恐虚仓库。不知士不用命，所损几何！黔首虽微，不可欺罔。岂得悬不信之令，设虚赏之科，而望其立功乎！自苏定方征辽东，李勣破平壤，赏绝不行，勋仍淹滞，不闻斩一台郎，戮一令史，以谢勋人。大非川之败，薛仁贵、郭待封等不即重诛，向使早诛仁贵等，则自余诸将岂敢失利于后哉！臣恐吐蕃之平，非旦夕可冀也。

“又，出师之要，全资马力。臣请开畜马之禁，使百姓皆得畜马；若官军大举，委州县长吏以官钱增价市之，则皆为官有。彼胡虏恃马力以为强，若听人间市而畜之，乃是损彼之强为中国之利也。”先是禁百姓畜马，故元忠言之。上善其言，召见，令直中书省，仗内供奉。

冬，十月，丙午，徐州刺史密贞王元晓薨。

十一月，壬子，黄门侍郎、同中书门下三品来恒薨。

十二月，诏停来年通乾之号，以反语不善故也。

（以上为第十段，写唐军败于吐蕃。太学生魏元忠上奏国家防务三章：其一，要把谋略放在第一位；其二，要赏罚严明；其三，开畜马之禁，鼓励百姓养马。）

调露元年（己卯，679 年）

春，正月，己酉，上幸东都。

司农卿韦弘机作宿羽、高山、上阳等宫，制度壮丽。上阳宫临洛水，为长廊亘一里。宫成，上徙御之。侍御史狄仁杰劾奏弘机导上为奢泰，

国家又是有什么益处呢？所以陆机写下《辨亡论》，救不了河桥的失败；养由基能射穿七层铠甲，帮助不了鄢陵军队的败北，这些都是明证。古语有这样的说法：‘人没有不变的习俗，政治却有治乱的不同；军队没有强弱之分，只有将才有巧妙笨拙之分。’所以选将应该以智慧、谋略为本，勇气武力为末。现在朝廷任用的将领，大多是将门的子弟和死于王事者的子孙，这些都是庸才，怎么能够担当国门之外的统兵大任！李左车、陈汤、吕蒙、孟观等人都出身贫贱，而建立了大功勋，却没有听说过他们家世代为将啊！

“奖赏和刑罚是军政最重要的事务，如果有功劳不奖赏，有罪过不诛杀，就是尧、舜也不能达到大治。大家都这么说：‘最近的征伐，只是空有悬赏的规格而没奖赏的事实。’这是由于有一些小才的官吏，眼光不够远大，只知珍惜勋奖酬劳，担心仓库财物变空。却不知道战士在战场上不效命，所遭受的损失有多少！百姓地位虽然低微，也不能加以欺骗。怎么可以高悬那没有信用的法令，设下虚伪的奖赏科条，而盼望百姓能立功呢！自从苏定方征讨辽东，李勣打败平壤以来，封赏已经中断不再施行，赐勋仍然停滞，没听说过斩一个台郎，杀一个令史，向有功勋的人谢罪。大非川的败北，薛仁贵、郭待封等人没有接受重刑，如果先前早点诛杀薛仁贵等人，那么其他各将以后怎会再失利呢！臣担心吐蕃的平定，不是早晚之间能有希望达到的。

“而且出动军队最要紧的，全凭马力。臣请求开放养马的禁令，使百姓都能够养马；如果官军大举出动，就委派州县官吏，以公家金钱，加高价钱向百姓购买，那么马匹全为国家所有。那些胡虏是专靠马力而强大的，如果听任民间向胡人购买加以蓄养，那么就可以减少胡人的强大，而对中原有利了。”早先朝廷禁止百姓养马，所以魏元忠才谈到养马的事。高宗赞赏魏元忠所说的话，召见他，任命他在中书省值守，并在朝会时可以随着百官入见。

冬季，十月二十三日丙午，徐州刺史密贞王李元晓去世。

十一月三十日壬子，黄门侍郎、同中书门下三品来恒去世。

十二月，下诏令停止使用下一年通乾的年号，这是因为通乾的反语不吉利的缘故。

唐高宗调露元年（己卯，679 年）

春季，正月二十八日己酉，高宗到东都。

司农卿韦弘机营建宿羽、高山、上阳等宫殿，建造的规模雄壮华丽。上阳宫临近洛水，修造长廊连绵一里长，高宗迁宫前往居住。侍御史狄仁杰上书弹劾韦弘机

弘机坐免官。左司郎中王本立恃恩用事，朝廷畏之。仁杰奏其奸，请付法司，上特原之，仁杰曰："国家虽乏英才，岂少本立辈！陛下何惜罪人，以亏王法。必欲曲赦本立，请弃臣于无人之境，为忠贞将来之戒！"本立竟得罪。由是朝廷肃然。

庚戌，右仆射、太子宾客道恭公戴至德薨。

二月，壬戌，吐蕃赞普卒，子器弩悉弄立，生八年矣。时器弩悉弄与其舅麹萨若诣羊同发兵，有弟生六年，在论钦陵军中。国人畏钦陵之强，欲立之，钦陵不可，与萨若共立器弩悉弄。

上闻赞普卒，命裴行俭乘间图之。行俭曰："钦陵为政，大臣辑睦，未可图也。"乃止。

夏，四月，辛酉，郝处俊为侍中。

偃师人明崇俨，以符咒幻术为上及天后所重，官至正谏大夫。五月，壬午，崇俨为盗所杀，求贼，竟不得。赠崇俨侍中。

丙戌，命太子监国。太子处事明审，时人称之。

戊戌，作紫桂宫于渑池之西。

六月，辛亥，赦天下，改元。

初，西突厥十姓可汗阿史那都支及其别帅李遮匐与吐蕃连和，侵逼安西，朝议欲发兵讨之。吏部侍郎裴行俭曰："吐蕃为寇，审礼覆没，干戈未息，岂可复出师西方！今波斯王卒，其子泥洹师为质在京师，宜遣使者送归国，道过二虏，以便宜取之，可不血刃而擒也。"上从之，命行俭册立波斯王，仍为安抚大食使。行俭奏肃州刺史王方翼以为己副，仍令检校安西都护。

秋，七月，己卯朔，诏以今年冬至有事于嵩山。

初，裴行俭尝为西州长史，及奉使过西州，吏人郊迎，行俭悉召其豪杰子弟千余人自随，且扬言天时方热，未可涉远，须稍凉乃西上。阿史那都支觇知之，遂不设备。行俭徐召四镇诸胡酋长谓曰："昔在西州，纵猎甚乐，今欲寻旧赏，谁能从吾猎者？"诸胡子弟争请从行，近得万人。行俭阳为畋猎，校勒部伍，数日，遂倍道西进。去都支部落十余里，先遣都支所亲问其安否，外示闲暇，似非讨袭，续使促召相见。都支先

引导高宗奢侈无度，韦弘机因而被免官。左司郎中王本立依恃高宗恩典，当权用事，朝中大臣都害怕他。狄仁杰奏报他作奸犯科的事，请求把他交付执法官吏处理，但高宗特别地宽恕了他，狄仁杰说："国家虽然缺乏英才，难道会缺少王本立这类人吗！陛下为什么要惋惜罪人性命，而亏损王法呢！如果一定要曲意宽赦王本立，就请把臣抛到没人的地方，给将来忠贞的人作为警戒！"王本立终于被判罪，从此朝廷大臣都不敢为非作歹了。

正月二十九日庚戌，右仆射、太子宾客道恭公戴至德去世。

二月十一日壬戌，吐蕃赞普死了，儿子器弩悉弄继位时，才出生八年。当时器弩悉弄和他的舅舅麴萨若正前往羊同，要求羊同出动军队。器弩悉弄有弟弟生下六年，在论钦陵军营里。吐蕃人害怕论钦陵的强大，要立器弩悉弄之弟，论钦陵反对，和麴萨若一起立器弩悉弄。

高宗听说赞普死了，命令裴行俭找机会图谋吐蕃，裴行俭说："论钦陵执政，大臣都很和睦，无法打吐蕃的主意。"高宗才打消了这个念头。

夏季，四月十二日辛酉，任命郝处俊为侍中。

偃师人明崇俨，以符咒幻术被高宗和天后所重用，官位升到正谏大夫。五月初三壬午，明崇俨被盗贼所杀，下令搜求盗贼，竟没有找到。追赠明崇俨为侍中。

五月初七日丙戌，命令太子监国。太子为人处事明达审慎，大家都称赞他。

五月十九日戊戌，在渑池西边营建紫桂宫。

六月初三辛亥，大赦天下，改年号为调露。

起初，西突厥十姓可汗阿史那都支和他的别部将帅李遮匐，和吐蕃结盟和好，侵扰威胁安西，朝廷大臣建议发动军队讨伐。吏部侍郎裴行俭说："吐蕃侵扰寇掠，刘审礼战死，到现在战争还没止息，怎么可以再出兵西方呢！现在波斯王死了，他的儿子泥洹师在京师做人质，应该派遣使者送泥洹师回波斯，路上遇到阿史那都支和李遮匐时，便发起攻击，可以不必血战而活捉他们。"高宗接受了，命令裴行俭前往册封泥洹师为波斯王，还担任安抚大食的使者。裴行俭上奏任命肃州刺史王方翼作为自己的副使，仍为检校安西都护。

秋季，七月初一日己卯，下诏宣布本年冬至将在嵩山举行祭祀。

起初，裴行俭曾经担任西州长史，到此时奉命出使经过西州，西州官吏百姓在郊外迎接他，裴行俭召集其中才能出众的子弟共一千多人跟随自己，而且扬言天气正炎热，不能走远，要等天气稍转凉，才向西进发。阿史那都支暗中察知后，就不设置防备。裴行俭慢慢地召见四镇的各胡族酋长，对他们说："以前在西州，纵情打猎非常快乐，现在要重寻以前的欢乐，有谁能跟我一起去打猎呢？"各胡族子弟争着要陪行俭出猎，差不多得到一万人。裴行俭明里假装打猎，暗中检阅整饬部队卒

与李遮匐约，秋中拒汉使，猝闻军至，计无所出，帅其子弟迎谒，遂擒之。因传其契箭，悉召诸部酋长，执送碎叶城。简其精骑，轻赍，昼夜进掩遮匐，途中，获都支还使与遮匐使者同来；行俭释遮匐使者，使先往谕遮匐以都支已就擒，遮匐亦降。于是囚都支、遮匐以归，遣波斯王自还其国，留王方翼于安西，使筑碎叶城。

（以上为第十一段，写裴行俭抚定西域。）

冬，十月，单于大都护府突厥阿史德温傅、奉职二部俱反，立阿史那泥熟匐为可汗，二十四州酋长皆叛应之，众数十万，遣鸿胪卿单于大都护府长史萧嗣业、右领军卫将军花大智、右千牛卫将军李景嘉等将兵讨之。嗣业等先战屡捷，因不设备；会大雪，突厥夜袭其营，嗣业狼狈拔营走，众遂大乱，为虏所败，死者不可胜数。大智、景嘉引步兵且行且战，得入单于都护府。嗣业减死，流桂州，大智、景嘉并免官。

突厥寇定州，刺史霍王元轨命开门偃旗，虏疑有伏，惧而宵遁。州人李嘉运与虏通谋，事泄，上令元轨穷其党与，元轨曰："强寇在境，人心不安，若多所逮系，是驱之使叛也。"乃独杀嘉运，余无所问，因自劾违制。上览表大喜，谓使者曰："朕亦悔之，向无王，失定州矣。"自是朝廷有大事，上多密敕问之。

壬子，遣左金吾卫将军曹怀舜屯井陉，右武卫将军崔献屯龙门，以备突厥。突厥扇诱奚、契丹侵掠营州，都督周道务遣户曹始平唐休璟将兵击破之。

庚申，诏以突厥背诞，罢封嵩山。

癸亥，吐蕃文成公主遣其大臣论塞调傍来告丧，并请和亲，上遣郎将宋令文诣吐蕃会赞普之葬。

十一月，戊寅朔，以太子左庶子、同中书门下三品高智周为御史大

伍，几天后，就日夜兼程向西进发。当距离阿史那都支部落十几里路时，先派遣阿史那都支所亲近的人，向阿史那都支问安，外表上表示很闲暇没有事情，好像不是要讨伐袭击，接着派使者急召阿史那都支来相见。阿史那都支先已和李遮匐约好，在秋季时拒绝中原的使者，现在突然听说裴行俭带兵到达，想不出计谋应付，只好率领子弟们迎迓晋见，裴行俭就擒获了阿史那都支。乘机用阿史那都支的契箭传信，招来各部落的酋长，一起押送到碎叶城。选择精良的骑士，带着轻便的装备，不分昼夜地前进，偷袭李遮匐，在途中，俘获了阿史那都支派出去才返回的使者和李遮匐的使者，他们正从李遮匐处一起回来。裴行俭释放了李遮匐的使者，派他先期前往告诉李遮匐说阿史那都支已经被捉，李遮匐听了后，也就投降了，于是把阿史那都支、李遮匐拘禁起来，带回朝廷。遣送波斯王自己回还故国，留下王方翼在安西，命令他建筑碎叶城。

冬季，十月，单于大都护突厥阿史德温傅、奉职两部落一起反叛，立了阿史那泥孰匐为可汗，二十四州的酋长都反叛以响应他，有好几十万的部众。派遣鸿胪卿单于大都护府长史萧嗣业、右领军卫将军花大智，右千牛卫将军李景嘉等人率兵讨伐。萧嗣业等人起先交战时屡次获得胜利，因此不再设置防备；正好遇到天下大雪，突厥人在夜晚偷袭兵营，萧嗣业狼狈不堪，拔营逃走，部众因此大乱，被敌人所败，死亡的人不计其数。花大智、李景嘉带领步兵，一面行军一面作战，才得以进入单于都护府。萧嗣业减免死罪，被流放到桂州，花大智、李景嘉一起被免官职。

突厥侵扰定州，刺史霍王李元轨命令打开城门，将军旗卷置地上，敌人怀疑城里有埋伏，心里害怕，因而乘夜逃走。州人李嘉运和敌人通谋，事情泄露出来，高宗命令李元轨穷究李嘉运的同党，李元轨说："强敌还在境内，人心还不安稳，如果逮捕囚系太多人的话，这等于是驱使他们背叛。"就只杀了李嘉运一个人，其他人都不加追究，再自我弹劾违背高宗命令。高宗看了霍王的奏表后，非常高兴，对使者说："朕也懊悔，如果没有霍王的话，就要失掉定州了。"从此以后朝廷有了重大事件，高宗大多暗中敕令征询霍王的意见。

十月初五日壬子，派遣左金吾卫将军曹怀舜屯驻井陉，右武卫将军崔献屯驻龙门，以防备突厥。突厥煽动引诱奚、契丹侵扰掠夺营州，都督周道务派遣户曹始平唐休璟率兵击败了他们。

十月十三日庚申，下诏令说由于突厥背叛，停止在嵩山举行封禅。

十月十六日癸亥，吐蕃文成公主派大臣论塞调傍前来报丧，并且请求和好结亲，高宗派遣郎将宋令文前往吐蕃参加赞普的葬礼。

十一月初一日戊寅，任命太子左庶子、同中书门下三品高智周为御史大夫，罢

夫，罢知政事。

癸未，上宴裴行俭，谓之曰：“卿有文武兼资，今授卿二职。”乃除礼部尚书兼检校右卫大将军。甲辰，以行俭为定襄道行军大总管，将兵十八万，并西军检校丰州都督程务挺、东军幽州都督李文暕总三十余万以讨突厥，并受行俭节度。务挺，名振之子也。

（以上为第十二段，写唐高宗大发兵三十万北征突厥。）

永隆元年（庚辰，680 年）

春，二月，癸丑，上幸汝州之温汤；戊午，幸嵩山处士三原田游岩所居；己未，幸道士宗城潘师正所居，上及天后、太子皆拜之。乙丑，还东都。

三月，裴行俭大破突厥于黑山，擒其酋长奉职；可汗泥熟匐为其下所杀，以其首来降。

初，行俭行至朔川，谓其下曰：“用兵之道，抚士贵诚，制敌贵诈。前日萧嗣业粮运为突厥所掠，士卒冻馁，故败。今突厥必复为此谋，宜有以诈之。”乃诈为粮车三百乘，每车伏壮士五人，各持陌刀、劲弩，以羸兵数百为之援，且伏精兵于险要以待之。虏果至，羸兵弃车散走。虏驱车就水草，解鞍牧马，欲取粮，壮士自车中跃出，击之，虏惊走，复为伏兵所邀，杀获殆尽，自是粮运行者，虏莫敢近。

军至单于府北，抵暮，下营，掘堑已周，行俭遽命移就高冈；诸将皆言士卒已安堵，不可复动，行俭不从，趣使移。是夜，风雨暴至，前所营地，水深丈余，诸将惊服，问其故，行俭笑曰：“自今但从我命，不必问其所由知也。”

奉职既就擒，余党走保狼山。诏户部尚书崔知悌驰传诣定襄宣慰将士，且区处余寇，行俭引军还。

（以上为第十三段，写裴行俭率领唐军大破突厥。）

夏，四月，乙丑，上幸紫桂宫。

戊辰，黄门侍郎闻喜裴炎、崔知温、中书侍郎京兆王德真并同中书

免他的宰相职务。

十一月初六日癸未，高宗欢宴裴行俭，对他说："卿有文武的禀赋，现在就授给你两种职务。"于是任命裴行俭为礼部尚书兼检校右卫大将军。十一月二十七日甲辰，任命裴行俭为定襄道行军大总管，率领军队十八万人，和西军检校丰州都督程务挺、东军幽州都督李文暕两人，率领三十多万大军前往讨伐突厥，两人都受裴行俭节制。程务挺是程名振的儿子。

唐高宗永隆元年（庚辰，680 年）

春季，二月初八日癸丑，唐高宗前往汝州温泉；二月十三日戊午，前往嵩山处士三原田游岩的住处；二月十四日己未，前往道士宗城潘师正住处，高宗和天后、太子都拜见潘师正。二月二十日乙丑，回到东都。

三月，裴行俭在黑山大败突厥，擒获突厥酋长奉职；可汗泥熟匐被部下所杀，部下拿着他的头颅前来投降。

起初，裴行俭到达朔川时，对他的部下说："用兵的方法是：安抚将士贵在真诚，制服敌人贵在欺诈。前些日子萧嗣业运送粮食时被突厥所抢掠，使得士卒受冻挨饿，所以才失败。现在突厥一定会再运用这种谋略，所以我们应该设计谋来欺骗他们。"就伪装粮车三百辆，每辆车上埋伏五个壮士，每人拿着陌刀、强劲的弓弩，以几百羸弱的士兵作为援助，而且在险要的地方埋伏精兵，以等待敌方。敌兵果然来劫粮，那些羸弱的士兵就抛弃了粮车而四散逃走。敌人把粮车驾到有水草的地方，解下马鞍，放牧马匹，要取走粮车里的军粮，埋伏的壮士就从车里跃出，攻击敌人，敌人受惊逃走，又被埋伏的军队拦击，有的被杀，有的被俘，几乎全部被消灭，从此以后，唐军运粮行进时，敌人再也不敢接近。

军队到达单于都督府北面，已经黄昏，就扎下营寨，已经在四面挖掘了沟堑，裴行俭突然下令移营到高冈上；将军们都说士卒已经安住下来，不可再移动。裴行俭不接受，催促赶快移动。当天晚上，风雨突然降临，先前所扎下的营地，水深到一丈多，诸将内心非常惊异佩服，向裴行俭询问原因，裴行俭笑着说："从现在起只要听我命令，不必问我为什么。"

奉职被擒捉之后，余下的突厥徒众逃走退守狼山。高宗下诏令派户部尚书崔知悌，乘传车飞快地前往定襄，以宣谕慰劳将士，而且处理剩余的敌寇，裴行俭带兵返回。

夏季，四月二十一日乙丑，高宗前往紫桂宫。

四月二十四日戊辰，黄门侍郎闻喜人裴炎、崔知温，中书侍郎京兆人王德真同

门下三品。知温，知悌之弟也。

秋，七月，吐蕃寇河源，左武卫将军黑齿常之击却之。擢常之为河源军经略大使。常之以河源冲要，欲加兵戍之，而转输险远，乃广置烽戍七十余所，开屯田五千余顷，岁收五百余万石，由是战守有备焉。

先是，剑南募兵于茂州西南筑安戎城，以断吐蕃通蛮之路。吐蕃以生羌为乡导，攻陷其城，以兵据之，由是西洱诸蛮皆降于吐蕃。吐蕃尽据羊同、党项及诸羌之地，东接凉、松、茂、巂等州，南邻天竺，西陷龟兹、疏勒等四镇，北抵突厥，地方万余里，诸胡之盛，莫与为比。

丙申，郑州刺史江王元祥薨。

突厥余众围云州，代州都督窦怀悊、右领军中郎将程务挺将兵击破之。

（以上为第十四段，写吐蕃极盛，地方万余里。）

八月，丁未，上还东都。

中书令、检校鄯州都督李敬玄，军既败，屡称疾请还；上许之。既至，无疾，诣中书视事；上怒，丁巳，贬衡州刺史。

太子贤闻宫中窃议，以贤为天后姊韩国夫人所生，内自疑惧。明崇俨以厌胜之术为天后所信，常密称“太子不堪承继，英王貌类太宗”，又言“相王相最贵”。天后尝命北门学士撰《少阳正范》及《孝子传》以赐太子，又数作书诮让之，太子愈不自安。

及崇俨死，贼不得，天后疑太子所为。太子颇好声色，与户奴赵道生等狎昵，多赐之金帛，司议郎韦承庆上书谏，不听。天后使人告其事。诏薛元超、裴炎与御史大夫高智周等杂鞫之，于东宫马坊搜得皂甲数百领，以为反具；道生又款称太子使道生杀崇俨。上素爱太子，迟回欲宥之，天后曰：“为人子怀逆谋，天地所不容；大义灭亲，何可赦也！”甲子，废太子贤为庶人，遣右监门中郎将令狐智通等送贤诣京师，幽于别所，党与皆伏诛，仍焚其甲于天津桥南以示士民。承庆，思谦之子也。

被任命为同中书门下三品。崔知温是崔知悌的弟弟。

秋季，七月，吐蕃侵扰河源，左武卫将军黑齿常之击退了他们。升擢黑齿常之为河源军经略大使。黑齿常之认为河源是要冲之地。要增派部队驻守，但军队的辗转输送既危险又遥远，因此就设置七十几处烽火防卫，开辟五千多顷的屯田，每年收获五百多万石粮，因此作战或防守都有了准备。

起先，剑南在茂州招募兵员，在西南建筑安戎城，以切断吐蕃和西南蛮族相通的道路。吐蕃以生羌作为向导，攻下安戎城，派兵据守，从此西洱的各蛮族都投降了吐蕃。吐蕃把羊同、党项和羌族各部的土地都占领了，向东和凉、松、茂等州相接，南边和天竺为邻，向西攻陷了龟兹、疏勒等四镇，北面直达突厥，疆域共有一万多里，胡族之中势力盛大的，没有可以与吐蕃相比的。

七月二十四日丙申，郑州刺史江王李元祥去世。

突厥剩余部众包围云州，代州都督窦怀悊、右领军中郎将程务挺率兵击败了他们。

八月初五日丁未，高宗回到东都。

中书令、检校鄯州都督李敬玄，在军队被打败之后，屡次以生病为由请求回返朝廷，高宗允许了。但回朝之后，并没有疾病，而到中书省处理政事；高宗很生气，八月十五日丁巳，把他贬为衡州刺史。

太子李贤听到宫里私下议论，说李贤是天后之姊韩国夫人所生，内心感到疑惑、畏惧。明崇俨以诅咒之术为天后所信任，常常暗中向天后说“太子能力不够继承皇位，英王相貌像太宗”，又说“相王的相貌最高贵”。天后曾经命令北门学士撰著《少阳正范》和《孝子传》赐给太子，又几次写信责备他，太子心里更加不安。

后来明崇俨死了，找不到凶手，天后怀疑是太子干的。太子爱好乐舞、美色，与家奴赵道生等人狎习亲昵，赐给赵道生等人很多金帛，司议郎韦承庆上书给太子加以劝告，但太子不听。天后派人告诉皇帝有关太子的事。高宗诏令薛元超、裴炎和御史大夫高智周等人一起审问此事，在东宫马坊里搜到黑色铠甲好几百件，认为是谋反的器具；赵道生又服罪供认是太子命令自己杀死明崇俨的。高宗一向就宠爱太子，迟疑徘徊，要宽宥太子，天后说：“为人儿子却怀藏叛逆的图谋，是天地所不能容忍的；应该大义灭亲，怎么可以赦免他呢！”八月二十二日甲子，把太子废为庶人，派遣右监门中郎将令狐智通等人送李贤到京师，把太子幽禁在别宫里，太子的同党都被杀，又把搜到的黑色铠甲在天津桥焚毁，向士民显示叛乱者的下场。韦承庆是韦思谦的儿子。

乙丑，立左卫大将军、雍州牧英王哲为皇太子，改元，赦天下。

太子洗马刘讷言常撰《俳谐集》以献贤，贤败，搜得之，上怒曰：“以“六经”教人，犹恐不化，乃进俳谐鄙说，岂辅导之义邪！”流讷言于振州。

左卫将军高真行之子政为太子典膳丞，事与贤连，上以付其父，使自训责。政入门，真行以佩刀刺其喉，真行兄户部侍郎审行又刺其腹，真行兄子琁断其首，弃之道中。上闻之，不悦，贬真行为睦州刺史，审行为渝州刺史。真行，士廉之子也。

左庶子、中书门下三品张大安坐阿附太子，左迁普州刺史。其余宫僚，上皆释其罪，使复位，左庶子薛元超等皆舞蹈拜恩；右庶子李义琰独引咎涕泣，时论美之。

九月，甲申，以中书侍郎、同中书门下三品王德真为相王府长史，罢政事。

冬，十月，壬寅，苏州刺史曹王明，沂州刺史嗣蒋王炜，皆坐故太子贤之党，明降封零陵郡王，黔州安置；炜除名，道州安置。

丙午，文成公主薨于吐蕃。

己酉，车驾西还。

十一月，壬申朔，日有食之。

（以上为第十五段，写武则天迫使高宗废太子李贤，兴大狱。）

开耀元年（辛巳，681 年）

春，正月，突厥寇原、庆等州。乙亥，遣右卫将军李知十等屯泾、庆二州以备突厥。

庚辰，以初立太子，敕宴百官及命妇于宣政殿，引九部伎及散乐自宣政门入。太常博士袁利贞上疏，以为：“正寝非命妇宴会之地，路门非倡优进御之所，请命妇会于别殿，九部伎自东西门入，其散乐伏望停省。”上乃更命置宴于麟德殿；宴日，赐利贞帛百段。利贞，昂之曾孙也。

利贞族孙谊为苏州刺史，自以其先自宋太尉淑以来，尽忠帝室，谓

八月二十三日乙丑，立左卫大将军、雍州牧英王李哲为皇太子，改年号为永隆，大赦天下。

太子洗马刘讷言曾经撰写《俳谐集》献给李贤，李贤事败之后，这本书被搜出，高宗生气地说："用"六经"教育人，还担心不能感化对方，居然还进献戏谑取笑的粗鄙言辞，这难道算是辅导人的道理吗！"于是把刘讷言流放到振州。

左卫将军高真行的儿子高政为太子典膳丞，和李贤的事件有所牵连，高宗把他交给他父亲，让他父亲自己教训督责。高政一入家门，高真行就拿佩刀刺他的咽喉，高真行哥哥户部侍郎高审行又刺他的腹部，高真行哥哥的儿子高璇砍掉了他的头，抛弃在路上。高宗听到后，心里不高兴，就把高真行贬为睦州刺史，把高审行贬为渝州刺史。高真行是高士廉的儿子。

左庶子、中书门下三品张大安因为阿附太子获罪，官位降为普州刺史。其他的太子僚属，高宗都开释了他们的罪，让他们恢复原来的官位，左庶子薛元超等人都手舞足蹈以拜受高宗恩典；只有右庶子李义琰承认自己的罪过，哭泣流泪，当时人们的议论都赞美他。

九月十三日甲申，任命中书侍郎、同中书门下三品王德真为相王府的长史，罢免他处理政事的权力。

冬季，十月初一日壬寅，苏州刺史曹王李明、沂州刺史嗣位蒋王李炜，都因为是前太子李贤的同党而连坐，李明被降封为零陵郡王，安置在黔州，李炜被除掉做官的身份，安置在道州。

十月初五日丙午，文成公主在吐蕃去世。

十月初八日己酉，高宗返回京城。

十一月初一日壬申，日食。

唐高宗开耀元年（辛巳，681 年）

春季，正月，突厥侵扰原、庆等州。正月初五日乙亥，派遣右卫将军李知十等人屯驻在泾、庆二州，以防备突厥。

正月初十日庚辰，因为刚立太子，高宗下敕令在宣政殿欢宴百官和命妇，带领九队歌伎和百戏杂技从宣政门进入。太常博士袁利贞上疏给高宗，认为："前殿正寝不是命妇宴会的地方，路门不是倡优进入献伎的场所，请求让命妇在别殿宴会，九部歌伎从东西门进入，那些百戏杂技希望皇帝停免。"高宗就更改命令，在麟德殿设置宴席，宴会当天，赐给袁利贞布帛一百段。袁利贞是袁昂的曾孙。

袁利贞的族孙袁谊是苏州刺史，自以为祖先从宋太尉袁淑以来，都尽忠于帝王

琅邪王氏虽奕世台鼎，而为历代佐命，耻与为比，尝曰："所贵于名家者，为其世笃忠贞，才行相继故也。彼鬻婚姻求禄利者，又乌足贵乎！"时人是其言。

裴行俭军既还，突厥阿史那伏念复自立为可汗，与阿史德温傅连兵为寇。癸巳，以行俭为定襄道大总管，以右武卫将军曹怀舜、幽州都督李文暕为副，将兵讨之。

二月，天后表请赦杞王上金、鄱阳王素节之罪；以上金为沔州刺史，素节为岳州刺史，仍不听朝集。

三月，辛卯，以刘仁轨兼太子少傅，余如故。以侍中郝处俊为太子少保，罢政事。

少府监裴匪舒，善营利，奏卖苑中马粪，岁得钱二十万缗。上以问刘仁轨，对曰："利则厚矣，恐后代称唐家卖马粪，非嘉名也。"乃止。匪舒又为上造镜殿，成，上与仁轨观之，仁轨惊趋下殿。上问其故，对曰："天无二日，土无二王，适视四壁有数天子，不祥孰甚焉！"上遽令剔去。

曹怀舜与裨将窦义昭将前军击突厥。或告"阿史那伏念与阿史德温傅在黑沙，左右才二十骑以下，可径往取也。"怀舜等信之，留老弱于瓠芦泊，帅轻锐倍道进，至黑沙，无所见，人马疲顿，乃引兵还。

会薛延陀部落欲西诣伏念，遇怀舜军，因请降。怀舜等引兵徐还，至长城北，遇温傅，小战，各引去。至横水，遇伏念，怀舜、义昭与李文暕及裨将刘敬同四军合为方阵，且战且行；经一日，伏念乘便风击之，军中扰乱，怀舜等弃军走，军遂大败，死者不可胜数。怀舜等收散卒，敛金帛以赂伏念，与之约和，杀牛为盟。伏念北去，怀舜等乃得还。

夏，五月，丙戌，怀舜免死，流岭南。

（以上为第十六段，写突厥大败唐军。）

己丑，河源道经略大使黑齿常之将兵击吐蕃论赞婆于良非川，破之，

之家，而认为琅邪王氏虽然是累代三公，而为历朝辅助国君创业的大臣，但仍然以和琅邪王氏相提并论为耻，曾经说："人们之所以珍视名门家庭，是他们的世代笃行忠贞，才能、品德相继的缘故。而王氏向人索取婚姻财物，追求禄位财利，又如何被人看重呢！"当时的人都赞同他的说法。

裴行俭军队回返之后，突厥阿史那伏念又自立为可汗，和阿史德温傅合兵一处，进行劫掠。正月二十三日癸巳，任命裴行俭为定襄道大总管，右武卫将军曹怀舜、幽州都督李文暕为副总管，率兵讨伐。

二月，天后上表请求赦免杞王李上金、鄱阳王李素节的罪；任命上金为沔州刺史，素节为岳州刺史，仍然不让他们充当朝集使进见皇帝。

三月二十二日辛卯，任命刘仁轨兼任太子少傅，其他官职照旧。任命侍中郝处俊为太子少保，罢免他处理政事的权力。

少府监裴匪舒，善于营求财利，上奏高宗把宫苑中的马粪卖掉，每年可得二十万缗钱。高宗以这件事问刘仁轨，刘仁轨回答说："利是很优厚的，但恐怕后代人说唐家是出售马粪的，不是好名声。"高宗便中止了出售马粪。裴匪舒又为高宗建造镜殿，建造完成时，高宗和刘仁轨一起观看，刘仁轨惊恐地快步离开镜殿。高宗问其中原因，刘仁轨回答说："天上不能有两个太阳，地上不能有两个皇帝，刚刚看到四壁有好几个天子，这是多么不祥的事啊！"高宗很快就下令把镜殿废除掉。

曹怀舜和裨将窦义昭率领前军攻击突厥。有人报告"阿史那伏念和阿史德温傅在黑沙，左右只有不满二十个骑兵，可以直接前往攻取"。曹怀舜等人相信了，把老弱士卒留在瓠芦泊，率领轻捷精锐的士卒，兼程前进，到了黑沙，什么都没有看见，人员、马匹都疲惫困顿，于是率兵返回。

正好薛延陀部落要向西前往拜见阿史那伏念，遇到曹怀舜的军队，因此请求投降，曹怀舜等人带兵慢慢回返，到了长城北面，遇到阿史德温傅，双方发生一场小战事，便各自带兵离去。到了横水，遇到阿史那伏念，曹怀舜、窦义昭和李文暕以及裨将刘敬，四人的部队合成方形战阵，一面作战一面行进；经过一天，阿史那伏念利用顺风加以攻击，唐军中受到惊扰发生混乱，曹怀舜等人只好抛弃部队逃走，部队因此大败，死亡的士卒不可计数。曹怀舜等人集合被打散的士卒，聚敛黄金布帛以贿赂伏念，与他订约和好，杀牛作为盟誓。阿史那伏念向北离去，曹怀舜等人才得以返回。

夏季，五月十八日丙戌，曹怀舜被赦免死罪，流放到岭南。

五月二十一日己丑，河源道经略大使黑齿常之率兵在良非川攻击吐蕃论赞婆，

收其粮畜而还。常之在军七年，吐蕃深畏之，不敢犯边。

初，太原王妃之薨也，天后请以太平公主为女官以追福。及吐蕃求和亲，请尚太平公主，上乃为立太平观，以公主为观主以拒之。至是，始选光禄卿汾阴薛曜之子绍尚焉。绍母，太宗女城阳公主也。

秋，七月，公主适薛氏，自兴安门南至宣阳坊西，燎炬相属，夹路槐木多死。绍兄顗以公主宠盛，深忧之，以问族祖户部郎中克构，克构曰："帝甥尚主，国家故事，苟以恭慎行之，亦何伤！然谚曰：'娶妇得公主，无事取官府。'不得不为之惧也。"

天后以顗妻萧氏及顗弟绪妻成氏非贵族，欲出之，曰："我女岂可使与田舍女为妯娌邪！"或曰："萧氏，瑀之侄孙，国家旧姻。"乃止。

夏州群牧使安元寿奏："自调露元年九月以来，丧马一十八万余匹，监牧吏卒为虏所杀掠者八百余人。"

薛延陀达浑等五州四万余帐来降。

甲午，左仆射兼太子少傅、同中书门下三品刘仁轨固请解仆射，许之。

闰七月，丁未，裴炎为侍中，崔知温、薛元超并守中书令。

上征田游岩为太子洗马，在东宫无所规益。右卫副率蒋俨以书责之曰："足下负巢、由之俊节，傲唐、虞之圣主，声出区宇，名流海内。主上屈万乘之重，申三顾之荣，遇子以商山之客，待子以不臣之礼，将以辅导储贰，渐染芝兰耳。皇太子春秋鼎盛，圣道未周，仆以不才，犹参庭诤，足下受调护之寄，是可言之秋，唯唯而无一谈，悠悠以卒年岁。向使不餐周粟，仆何敢言！禄及亲矣，以何酬塞？想为不达，谨书起予。"游岩竟不能答。

庚申，上以服饵，令太子监国。

裴行俭军于代州之陉口，多纵反间，由是阿史那伏念与阿史德温傅浸相猜贰。伏念留妻子辎重于金牙山，以轻骑袭曹怀舜。行俭遣裨将何

把他打败了，收聚吐蕃的粮食牲畜而返回。黑齿常之任大将七年，吐蕃人非常害怕他，不敢侵犯边境。

起初，太原王武士彟之妃去世时，天后请求让太平公主当女道士，以求冥福。后来吐蕃要求和好结亲，请求娶太平公主，高宗就为公主建立太平观，任命公主为太平观主，作为拒绝的借口。到这时候，才选择嫁给光禄卿汾阳薛瓘的儿子薛绍。薛绍的母亲是太宗女儿城阳公主。

秋季，七月，公主嫁给薛氏，从兴安门南面直到宣阳坊西边，燃烧的火炬连绵不断，沿路两旁的槐树大多被熏烤死了。薛绍哥哥薛顗由于公主所受的尊宠太大了，非常忧虑，就请教族中长辈户部郎中薛克构该怎么办，薛克构说："皇帝甥儿娶公主，是国家旧有的制度，如果以恭敬、谨慎的态度去做，有什么妨害呢！可是谚谣说：'娶得公主做媳妇，无故取扰朝廷，就会有麻烦事。'不能不戒惧警惕啊。"

天后认为薛顗的妻子萧氏和薛顗弟弟薛绪的妻子成氏不是贵族，要休掉她们，说："我女儿怎么可以和农家女做妯娌呢！"有人说："萧氏是萧瑀的侄孙，和国家早有姻亲关系。"天后才没有休掉她们。

夏州群牧使安元寿上奏："从调露元年以来，夏州损失了十八万多马匹，监管放牧的官吏士卒，被敌虏所杀害劫掠的有八百多人。"

薛延陀达浑等五州，共四万多帐幕前来投降。

七月二十七日甲午，左仆射兼太子少傅、同中书门下三品刘仁轨再三请求解除仆射的官职。高宗允许了。

闰七月十一日丁未，裴炎任为侍中，崔知温、薛元超一起代理中书令。

高宗征召田游岩为太子洗马，他在太子宫里没有什么规谏裨益。右卫副率蒋俨以书信责备他说："足下有巢父、许由的清俊节操，又傲视唐尧、虞舜这些圣主，声誉超越宇外，名声流布四海之内。国君委屈万乘的尊崇，对您表达了三顾诸葛亮于茅庐的荣宠，给足下的礼遇如同汉时的商山四皓，不以臣子礼节对待先生，打算让您辅佐太子，让太子能不断受到美善的熏陶。皇太子正当盛年时候，圣明之道德还没有能修养完备，我虽然不才，仍然在宫廷中加以诤谏，而足下接受调理、保护太子的寄托，在此可以谏言的时候，而只知道连声称是，没有一句进言，就这样悠悠然混日子。如果足下一向像伯夷、叔齐不食周粟一样不做官，我就不敢说什么！但足下的俸禄足以养亲，又有什么来酬报朝廷？我想不通，请足下写信启发告诉我。"田游岩最终不能回答。

闰七月二十四日庚申，高宗因为要吃药，命令太子监国。

裴行俭军队驻扎在代州的陉口，派出了很多从事反间计的间谍，因此阿史那伏念和阿史德温傅慢慢地互相猜疑。阿史那伏念把妻儿和运送物质的辎重车留在金牙

迦密自通漠道，程务挺自石地道掩取之。伏念与曹怀舜约和而还，比至金牙山，失其妻子辎重，士卒多疾疫，乃引兵北走细沙，行俭又使副总管刘敬同、程务挺等将单于府兵追蹑之。伏念请执温傅以自效，然尚犹豫，又自恃道远，唐兵必不能至，不复设备。敬同等军到，伏念狼狈，不能整其众，遂执温傅，从间道诣行俭降。候骑告以尘埃涨天而至，将士皆震恐，行俭曰："此乃伏念执温傅来降，非他盗也。然受降如受敌，不可无备。"乃命严备，遣单使迎前劳之。少选，伏念果帅酋长缚温傅诣军门请罪。行俭尽平突厥余党，以伏念、温傅归京师。

冬，十月，丙寅朔，日有食之。

壬戌，裴行俭等献定襄之俘。乙丑，改元。丙寅，斩阿史那伏念、阿史德温傅等五十四人于都市。

初，行俭许伏念以不死，故降。裴炎疾行俭之功，奏言："伏念为副将张虔勖、程务挺所逼，又回纥等自碛北南向逼之，穷窘而降耳。"遂诛之。行俭叹曰："浑、濬争功，古今所耻。但恐杀降，无复来者。"因称疾不出。

丁亥，新罗王法敏卒，遣使立其子政明。

十一月，癸卯，徙故太子贤于巴州。

（以上为第十七段，写裴行俭率唐军再次大破突厥。）

山，以轻捷的骑兵袭击曹怀舜。裴行俭派遣裨将何迦密从通漠道，程务挺从石地道前往偷袭攻取。阿史那伏念和曹怀舜订好和约而回返，到达金牙山时，失去了妻儿和辎重，士卒有很多人生病，只好带兵向北逃到细沙，裴行俭又派副总管刘敬同、程务挺等人率领单于府的士兵紧紧追击。阿史那伏念请求捉拿阿史德温傅作为自我报效，可是心里还在犹豫不决，而且又自认为路途遥远，唐兵一定到达不了，所以就不加以防备。刘敬同等人的部队到来时，阿史那伏念狼狈不堪，无法再指挥部众，于是就捆了阿史德温傅，从小路前往行俭处投降。侦候的骑兵报告说尘埃漫天而来，将士们都很震惊担心，裴行俭说："这是阿史那伏念捉拿阿史德温傅前来投降，不是其他盗贼。可是接受投降就好像遭遇敌人一样，不能没有防备。"就命令严加戒备，派遣一个使者前往迎接慰劳。没多久，阿史那伏念果然率领酋长捆缚阿史德温傅前来军门请罪。裴行俭把突厥余党全部平定，把阿史那伏念、阿史德温傅带回京师。

冬季，十月初一日丙寅，发生日食。

九月二十七日壬戌，裴行俭等人献出定襄所获的俘虏。九月三十日乙丑，改年号为开耀。十月初一日丙寅，把阿史那伏念、阿史德温傅等五十四人在都市上斩杀。

起初，裴行俭许诺不杀阿史那伏念，阿史那伏念才投降。但裴炎嫉妒裴行俭的功劳，上奏说："伏念是被副将张虔勖、程务挺所逼迫，加上回纥从大漠北方向南侵逼，走投无路才投降。"因此就杀了阿史那伏念。裴行俭感叹说："王浑、王濬争夺功劳，是古今引以为耻的事。只恐怕杀死投降的人，将来没有人再敢投降了。"因此就借口生病不出家门。

十月二十二日丁亥，新罗王法敏死亡，派遣使者立他的儿子政明为新罗王。

十一月初八日癸卯，把前太子李贤迁徙到巴州。

【点评】

本卷点评武则天两废太子的事件。通过点评高宗八位皇子的命运，揭示武则天狠心残害骨肉的原因。

武则天两废太子始末。高宗有八子，其中武则天亲生四子。武则天所生长子李弘，次子李贤，三子李显，四子李旦。武则天入宫之前，高宗已有四子，长子李忠，次子李孝，三子李上金，四子李素节。长子李忠在高宗永徽三年（652）被册立为皇太子。这是大臣长孙无忌等为了保护王皇后、对付武则天即将生子的一个预防措施，武则天当然记恨在心。因此，武则天当了皇后以后，首先便拿太子开刀。显庆元年（656）正月，武则天登上皇后位才三个月，便指使许敬宗上疏，废太子忠为梁王，立她自己所生长子代王李弘为皇太子。显庆五年（660），又将梁王李忠废为庶人，流放到黔州，囚禁于唐太宗故太子李承乾的旧居。麟德元年（664），借上官仪草诏废后事件，又指使人诬告庶人李忠谋反，并将其赐死于流放地。李忠死时年仅二十二岁。高宗庶出第二子原王李孝，显庆三年（658），武则天将其贬为遂州刺史。麟德元年，李孝在故太子李忠被害后不久，不明不白地死去。高宗庶出第三子泽王李上金、第四子许王李素节，高宗死后被武则天所害。李素节是萧淑妃所生，更是武则天的眼中刺。天授元年（690），武则天登上皇位，为所欲为，以谋反罪诛杀李上金、李素节，同时杀掉李上金的七个儿子、李素节的九个儿子。

武则天诛杀高宗庶出四子，这里只是相关论及。本卷所载两废太子，不包括故太子李忠，而是指武则天己出的太子李弘和太子李贤。武则天何以残灭亲生子，这才是点评的本旨。

先说太子李弘被废。

上元二年（675），太子李弘在宫中偶然见到义阳、宣城两位公主，她们都是萧淑妃所生，一直被禁闭在后宫，已经三十多岁，不准嫁人。太子李弘将此事禀告唐高宗，请求将两公主嫁出去，唐高宗应允。武则天得知此事，怒不可遏，她虽然即日打发两公主出嫁，但同时派人将太子李弘毒杀于合璧宫。

李弘是武则天亲生的长子，四岁立为皇太子，死时二十四岁。李弘在太子位上二十年，未闻有过，且有贤孝之名。高宗患风疾，不满自己的傀儡地位，准备禅位给太子。武则天恰恰此时毒死太子，这绝不是偶然的。太子李弘成了唐高宗与武则天政权斗争的牺牲品。由于太子无过，武则天只能采取毒杀的手段。太子弘死后，唐高宗十分伤心。高宗下令为太子弘营建陵墓，以天子之礼殡葬，并亲自撰写《睿德纪》悼唁太子，自书于碑石，树于陵侧。

再说太子李贤被废。

太子李弘死后，同年六月，高宗立武则天所生次子李贤为太子。李贤聪明好学，

处事果断，曾召集当时一些著名文人学士注解范晔《后汉书》，于仪凤元年（676）进上，高宗大喜，亲自褒奖。太子李贤的贤能，遭到亲生母武则天的猜忌。武则天处心积虑要剪除太子，清扫自己皇帝路上的绊脚石。武则天一方面指使人大造舆论说第三子李显长得像唐太宗，有天生的天子相。又说李贤不是皇后所生，而是皇后之姊韩国夫人所生。又多次下书指责太子李贤，并为李贤造《少阳正范》及《孝子传》，教诲李贤尽忠尽孝，仿佛是说李贤不忠不孝。李贤惴惴不安，手足无措，曾写《黄台瓜辞》试图感悟母后。辞曰："种瓜黄台下，瓜熟子离离。一摘使瓜好，再摘令瓜稀。三摘犹尚可，四摘抱蔓归。"李贤谱曲令乐工歌唱，向武则天讽喻，如果把自己的亲生儿子都杀掉，只剩下瓜藤，对自己有什么好处呢？

李贤的《黄台瓜辞》没能让母后回心转意。调露二年（680），武则天借口在东宫马坊中搜出数百领皂甲，命中书侍郎薛元超、黄门侍郎裴炎等诬告太子李贤谋反，将李贤废为庶人。永淳二年（683），又将李贤流放巴州。文明元年（684），武则天登皇位，为了消除后患，派酷吏左金吾将军丘神勣到巴州逼迫李贤自杀。李贤死时年仅三十二岁。当地百姓怀念这位博学多才却无辜而死的太子，在巴州为李贤立衣冠冢。至今四川巴中尚存李贤衣冠墓，以及读书台等遗迹。

武则天所生第三子李显，后为唐中宗；四子李旦，后为唐睿宗。当时两子尚幼，故未遭毒手。二人成年后先后被立为太子，亦是废立无常，留待以后点评。

武则天为何要残害自己的骨肉呢？按常人所思，似不可解。如果站在武则天的立场，她要实现自己的皇帝梦，而且还要改朝换代，改唐为周，那就不能不这样做。因为唐王朝是李氏的天下，它只能由李氏子孙来继承。武则天要自己登上皇帝位，那么所有可能继承皇帝位的李氏子孙都是她登上皇帝位的障碍，不能不排除。俗话说："无毒不丈夫。"只要是自己的障碍，即便是亲生子，也是要排除的。权力欲异化了人性。本卷所载，武则天两废亲生的皇太子，就是一个典型的例证。

唐纪十九

唐高宗永淳元年至武则天垂拱二年（682—686年）

【起玄黓敦牂（壬午，682年），尽柔兆阉茂（丙戌，686年），凡五年】

【大事提要】

本卷记事起公元682年，讫公元686年，凡五年，时当唐高宗永淳元年到武则天垂拱二年。本卷记载唐朝政治从唐高宗到武则天称制的一个过渡时期，前三年是高宗执政的晚年，后二年是武则天发动政变、登上政治舞台的头两年。武则天废中宗，杀废太子李贤，立傀儡皇帝睿宗，垂帘听政，平定徐敬业之乱，唐朝政治发生了极大的震荡。唐高宗晚年，时昏时明。高宗纳李善感、苏良嗣之谏，表现了他的明，时人称李善感为“凤鸣朝阳”。此时政权已完全掌握在武则天之手，但高宗的权威仍能控制时局。可惜高宗明知武氏擅权而不忍裁抑，听任武则天使人逼杀零陵王李明而不追究，不纳魏玄同之言整顿铨选之弊，不能奖励建功边陲的王方翼等，表现高宗的昏聩。与高宗相比，武则天大刀阔斧，关键时刻使用铁腕手段果决处理大事。武则天为了权力，不惜一切代价，废中宗、杀废太子李贤，借平定徐敬业之势，杀辅臣裴炎，杀功臣程务挺、王方翼，绝不手软。垂拱元年（685年），是武则天大有作为之年。她平定了徐敬业之乱，借势推行酷吏政治，启动告密之法，施行血腥的高压政策威服政敌，排除异己，纵男宠以示淫威，从而开启了唐朝政治的武则天时代。

【原文】

高宗天皇大圣大弘孝皇帝下

永淳元年（壬午，682 年）

春，二月，作万泉宫于蓝田。

癸未，改元，赦天下。

戊午，立皇孙重照为皇太孙。上欲令开府置官属，问吏部郎中王方庆，对曰：“晋及齐皆尝立太孙，其太子官属即为太孙官属，未闻太子在东宫而更立太孙者也。”上曰：“自我作古，可乎？”对曰：“三王不相袭礼，何为不可！”乃奏置师傅等官。既而上疑其非法，竟不补授。方庆，裒之曾孙也。名綝，以字行。

西突厥阿史那车薄帅十姓反。

夏，四月，甲子朔，日有食之。

上以关中饥馑，米斗三百，将幸东都；丙寅，发京师，留太子监国，使刘仁轨、裴炎、薛元超辅之。时出幸仓猝，扈从之士有饿死于中道者。上虑道路多草窃，命监察御史魏元忠检校车驾前后。元忠受诏，即阅视赤县狱，得盗一人，神采语言异于众；命释桎梏，袭冠带，乘驿以从，与之共食宿，托以诘盗，其人笑许诺。比及东都，士马万数，不亡一钱。

（以上为第一段，写唐高宗就食东都，魏元忠护驾，引盗首随从，一路平安。）

辛未，以礼部尚书闻喜宪公裴行俭为金牙道行军大总管，帅右金吾将军阎怀旦等三总管分道讨西突厥。师未行，行俭薨。

行俭有知人之鉴，初为吏部侍郎，前进士王勮、咸阳尉栾城苏味道皆未知名，行俭一见谓之曰：“二君后当相次掌铨衡，仆有弱息，愿以为托。”是时勮弟勃与华阴杨炯、范阳卢照邻、义乌骆宾王皆以文章有盛名，司列少常伯李敬玄尤重之，以为必显达。行俭曰“士之致远，当先器识而后才艺。勃等虽有文华，而浮躁浅露，岂享爵禄之器邪！杨子稍沈静，应至令长；余得令终幸矣。”既而勃度海堕水，炯终于盈川令，照邻恶疾不愈，赴水死，宾王反诛，勮、味道皆典选，如行俭言。行俭为将帅，所引偏裨如程务挺、张虔勖、王方翼、刘敬同、李多祚、黑齿常

【语译】

高宗天皇大圣大弘孝皇帝下

唐高宗永淳元年（壬午，682 年）

春季，二月，在蓝田县建筑万泉宫。

二月十九日癸未，改年号为永淳，大赦天下。

三月十五日戊午，立皇孙李重照为皇太孙。高宗要下令为皇太孙开建府署，设置官属，向吏部郎中王方庆询问意见，王方庆回答说："晋朝和南齐都曾经立过太孙，那时太子官属就是太孙的官属，从没听说太子在东宫，而再立太孙的事情。"高宗说："我不拘古礼自己首创，可以吧？"王方庆回答说："三代的礼节不相承袭，为什么不可以！"就上奏设置师傅等官职。没多久高宗怀疑这样做不合礼法，最后还是没有补授这些官职。王方庆是王褒的曾孙。名叫王綝，以表字通行于世。

西突厥阿史那车薄率领十姓部众反叛。

夏季，四月初一日甲子，发生日食。

唐高宗因为关中发生饥荒，米价一斗值三百钱，而准备到东都；四月初三日丙寅，从京师出发，留下太子监国，派刘仁轨、裴炎、薛元超辅佐。当时因为高宗的出行十分突然，随同出行的侍从中有饿死在半路上的。高宗考虑到路上有很多草莽贼寇，就命令监察御史魏元忠检察清理车驾前后地方的治安。魏元忠接受诏令，就检察赤县的监狱，找到一个盗贼，他的神情风采、讲话言辞与一般人不同；魏元忠就下令解除这个盗贼的刑械。让他穿上冠带衣饰，乘坐驿车跟随，与他一同吃饭睡眠，依靠他整治盗贼，那人微笑应允。一直到达东都，这支以上万人马的队伍，没有遗失一文钱。

四月初八日辛未，任命礼部尚书闻喜人宪公裴行俭为金牙道行军大总管，率领右金吾将军阎怀旦等三个总管，分路讨伐西突厥。军队还没出发，裴行俭就去世了。

裴行俭有知人的识见，刚做吏部侍郎时，前进士王勮、咸阳尉栾城人苏味道，都还不是知名人士，裴行俭一见他们，就说："你们两位将来会相继掌管人才的铨叙考核事务，我有弱子，希望托付给您二位照顾。"那时王勮弟弟王勃和华阴人杨炯、范阳人卢照邻、义乌人骆宾王等人，都因为文章而有很大的名声，司列少常伯李敬玄尤其器重他们，以为他们将来一定会显赫腾达。裴行俭说："士人要想显赫腾达，一定要先有气度见识，然后才是才华文采。王勃等人虽然有文章才华，可是轻浮急躁，浅薄贫乏，哪里是享受爵禄的器质！杨炯稍微深沉安详，官职应该可以做到县令县长；其他的能得到善终就很幸运了。"没多久，王勃渡海时落水而死，杨炯死在

之，后多为名将。

行俭常命左右取犀角、麝香而失之。又敕赐马及鞍，令史辄驰骤，马倒，鞍破。二人皆逃去，行俭使人召还，谓曰："尔曹皆误耳，何相轻之甚邪！"待之如故。破阿史那都支，得马脑盘，广二尺余，以示将士，军吏王休烈捧盘升阶，跌而碎之，惶恐，叩头流血。行俭笑曰："尔非故为，何至于是！"不复有追惜之色。诏赐都支等资产金器三千余物，杂畜称是，并分给亲故及偏裨，数日而尽。

阿史那车薄围弓月城，安西都护王方翼引军救之，破虏众于伊丽水，斩首千余级。俄而三姓咽面与车薄合兵拒方翼，方翼与战于热海，流矢贯方翼臂，方翼以佩刀截之，左右不知。所将胡兵谋执方翼以应车薄，方翼知之，悉召会议，阳出军资赐之，以次引出斩之，会大风，方翼振金鼓以乱其声，诛七十余人，其徒莫之觉。既而分遣裨将袭车薄、咽面，大破之，擒其酋长三百人，西突厥遂平。阎怀旦竟不行。方翼寻迁夏州都督，征入，议边事。上见方翼衣有血渍，问之，方翼具对热海苦战之状，上视疮叹息；竟以废后近属，不得用而归。

（以上为第二段，写裴行俭文武双全，尤善知人，所荐安西都护王方翼大破西突厥。）

乙酉，车驾至东都。

丁亥，以黄门侍郎颍川郭待举、兵部侍郎岑长倩、秘书员外少监、检校中书侍郎鼓城郭正一、吏部侍郎鼓城魏玄同并与中书门下同承受进止平章事。上欲用待举等，谓崔知温曰："待举等资任尚浅，且令预闻政事，未可与卿等同名。"自是外司四品已下知政事者，始以平章事为名。长倩，文本之兄子也。

先是，玄同为吏部侍郎，上言铨选之弊，以为："人君之体，当委任而责成功，所委者当，则所用者自精矣。故周穆王命伯冏为太仆正，曰：

盈川县令任内，卢照邻生了恶病一直不好，投水自杀，骆宾王因为谋反被诛，王勮和苏味道都做到典选的官，如同裴行俭所预料的一样。裴行俭做将帅时，所引用的偏裨将领如程务挺、张虔勖、王方翼、刘敬同、李多祚、黑齿常之等人，后来大多成为名将。

裴行俭曾经命令随从取来犀角、麝香，却被遗失掉。皇帝敕命赏赐给他的马匹和马鞍，礼部令史骑上去就纵马驰骋，马仆倒，马鞍也破损了。两人都害怕而逃走，裴行俭派人召回他们，对他们说："你们都想错了，怎么会瞧不起我到这种地步啊！"对待他们仍然和以前一样。打败阿史那都支时，得到玛瑙宝石制作的盘子，有二尺多宽，拿给将士看，军吏王休烈捧着玛瑙盘，走上台阶，跌倒后打碎了玛瑙盘，心里害怕，以头叩地，鲜血直流。裴行俭笑着说："你不是故意摔破的，何至于到这样呢！"不再有惋惜的脸色。高宗下令把都支军人的资产黄金宝器等三千多件，和同样数目的各种牲畜赐给他，他都分送给亲戚故友和偏将裨将们，没几天就全部送光了。

阿史那车薄包围弓月城，安西都护王方翼带兵援救，在伊丽水打败敌人，斩杀一千多人。不久三姓咽面部众与车薄合兵抗拒王方翼，王方翼在热海和他们交战，流矢射穿了王方翼的臂膀，王方翼拿佩刀斩断箭矢，左右的人都不知道。他所率领的胡兵打算捉住王方翼以响应车薄，王方翼知道后，召他们都来参加会议，表面拿出军中物资赏赐给他们，实际是按次序把他们引出斩掉，正好遇到大风，王方翼振金击鼓，干扰他们的听觉，杀了七十几个人，这些人的部下都没有人知道。接着就分别派遣裨将袭击车薄、咽面，大败敌众，擒获了敌酋长三百人，西突厥于是平定，阎怀旦因此竟不用率军出发。王方翼不久升迁任夏州都督，被征召入朝，讨论边境事务。高宗看到王方翼衣服上有血迹，就问他原因，王方翼把在热海苦战的情况详细地做了回答，高宗察看他的疮伤后很感叹；但由于他是已废黜皇后的亲属，不能被重用而回到夏州。

四月二十二日乙酉，高宗一行到达东都。

四月二十四日丁亥，任命黄门侍郎颍川人郭待举、兵部侍郎岑长倩、秘书员外少监、检校中书侍郎鼓城人郭正一、吏部侍郎鼓城人魏玄同等同为与中书门下同承受进止平章事。高宗要任用郭待举等人时，对韦知温说："郭待举等人资格能力还浅，暂且让他们参与处置政事，不可以和你们诸位名位相等。"从此以后，外司官署四品以下参知政事的，开始以平章事为名称。岑长倩是岑文本哥哥的儿子。

先前，魏玄同为吏部侍郎时，上书谈到铨次选拔人才的弊病，认为："人君的本务，当是委任人才而责求他们成就事功，如果所委任的人得当，那么所用的官吏自

‘慎简乃僚。’是使群司各求其小者，而天子命其大者也。乃至汉氏，得人皆自州县补署，五府辟召，然后升于天朝，自魏、晋以来，始专委选部。夫以天下之大，士人之众，而委之数人之手，用刀笔以量才，按簿书而察行，借使平如权衡，明如水镜，犹力有所极，照有所穷，况所委非人而有愚暗阿私之弊乎！愿略依周、汉之规以救魏、晋之失。”疏奏，不纳。

五月，东都霖雨。乙卯，洛水溢，溺民居千余家。关中先水后旱、蝗，继以疾疫，米斗四百，两京间死者相枕于路，人相食。

上既封泰山，欲遍封五岳，秋，七月，作奉天宫于嵩山南。监察御史里行李善感谏曰：“陛下封泰山，告太平，致群瑞，与三皇、五帝比隆矣。数年以来，菽粟不稔，饿殍相望，四夷交侵，兵车岁驾；陛下宜恭默思道以禳灾谴，乃更广营宫室，劳役不休，天下莫不失望。臣忝备国家耳目，窃以此为忧！”上虽不纳，亦优容之。自褚遂良、韩瑗之死，中外以言为讳，无敢逆意直谏，几二十年；及善感始谏，天下皆喜，谓之“凤鸣朝阳”。

上遣宦者缘江徙异竹，欲植苑中。宦者科舟载竹，所在纵暴；过荆州，荆州长史苏良嗣囚之，上疏切谏，以为：“致远方异物，烦扰道路，恐非圣人爱人之意。又，小人窃弄威福，亏损皇明。”上谓天后曰：“吾约束不严，果为良嗣所怪。”手诏慰谕良嗣，令弃竹江中。良嗣，世长之子也。

黔州都督谢祐希天后意，逼零陵王明令自杀，上深惜之，黔府官属皆坐免官。祐后寝于平阁，与婢妾十余人共处，夜，失其首。垂拱中，明子零陵王俊、黎国公杰为天后所杀，有司籍其家，得祐首，漆为秽器，题云谢祐，乃知明子使刺客取之也。

太子留守京师，颇事游畋，薛元超上疏规谏；上闻之，遣使者慰劳元超，仍召赴东都。

然就精干。所以周穆王任命伯冏为大仆正时说：‘小心选择你的僚属。’这是要求各有司官吏寻找小吏为僚属，而天子任命地位较高的官吏。到了汉代，得到的人才都是从州县之中补充，由太仆、太尉、司徒、司空、大将军五府征辟召用，然后推荐给朝廷任用，从魏、晋以来，才专门委托给选部去做。天下这么大，士人这么众多，把选拔人才委托给几个人，通过公牍来衡量才能高下，翻簿书以审察品行好坏，纵使能和权衡一样公平，和水镜一样明亮清楚，仍然会力量有所不足，观察有所局限，何况所委托的人不合适，而有昏愚不明、阿谀徇私的弊病呢！希望能稍微仿照一下周、汉的规章，以弥补魏、晋的缺失。”疏文上奏高宗。没有被采纳。

五月，东都下雨不止。五月二十三日乙卯，洛水泛滥，淹没民房一千多家。关中先遭水灾，后发生旱、蝗灾，接着又有瘟疫流行，一斗米值四百钱，两京之间饿死病死的尸体在道路上随处可见，还有以人肉充饥的。

唐高宗在泰山封禅后，还打算遍封五岳。秋季，七月，在嵩山南面建造奉天宫。监察御史里行李善感劝谏说：“陛下在泰山封禅，告诉神祇天下太平无事，招来很多祥瑞，可以和三皇、五帝比较兴盛了。这几年来，豆类谷粟都不成熟，饿死的人很多，四方夷狄交相侵逼，连年出兵；陛下应该恭敬沉默，思考治国之道，以求消除灾殃罪谴，如果更加大力建筑宫室，使百姓的劳役没有休止，天下百姓没有不失望的。臣忝为朝廷的耳目，私下很为这件事担忧！”高宗虽没有采纳他的建议，但也很宽容他。自从褚遂良、韩瑗死后，将近有二十年，朝廷内外的大臣都忌讳发表自己的意见，没有人敢违背高宗心意而正直强谏；到李善感开始谏劝高宗时，天下都很高兴，称之为“凤鸣朝阳”。

唐高宗派遣宦官顺着长江移徙奇异的竹子，打算种在宫苑中。宦官征发舟楫以便装载竹子，在所到的地方都大肆暴虐；经过荆州时，荆州长史苏良嗣把宦官囚禁起来，上疏痛切地进谏，认为：“为了得到远方的奇异物品，而烦扰沿路百姓，恐怕不是圣君爱护百姓的心意。而且主事的小人窃弄权柄作威作福，损害了皇上的圣哲英明。”高宗对天后说：“我对官吏约束不严明，果然受到苏良嗣的弹劾。”就亲自写下诏令安慰晓示苏良嗣，要苏良嗣把竹子抛到江里。苏良嗣是苏世长的儿子。

黔州都督谢祐迎合天后心意，逼令零陵王李明自杀，高宗非常惋惜，黔府的官吏僚属都因此牵连而被免官。谢祐后来睡在平阁里，和婢妾十几个人在一起，夜晚被砍去了头颅。天后垂拱年间，李明的儿子零陵王李俊、黎国公李杰被天后所杀，有关部门抄没他家产时，找到了谢祐的头颅，被涂漆制成便溺的器具，上面题有谢祐的姓名，才知道是李明的儿子指派刺客去割取谢祐的头颅。

太子留守京师，常常游玩畋猎。薛元超上疏规谏劝导；高宗听到了，派遣使者慰劳薛元超，因而召他前往东都。

（以上为第三段，写唐高宗晚年的纳谏，时昏时明。）

吐蕃将论钦陵寇柘、松、翼等州。诏左骁卫郎将李孝逸、右卫郎将卫蒲山发秦、渭等州兵分道御之。

冬，十月，丙寅，黄门侍郎刘景先同中书门下平章事。

是岁，突厥余党阿史那骨笃禄、阿史德元珍等招集亡散，据黑沙城反，入寇并州及单于府之北境，杀岚州刺史王德茂。右领军卫将军、检校代州都督薛仁贵将兵击元珍于云州，虏问唐大将为谁，应之曰："薛仁贵"。虏曰："吾闻仁贵流象州，死久矣，何以绐我！"仁贵免胄示之面，虏相顾失色，下马列拜，稍稍引去。仁贵因奋击，大破之，斩首万余级，捕虏二万余人。

吐蕃入寇河源军，军使娄师德将兵击之于白水涧，八战八捷。上以师德为比部员外郎、左骁卫郎将、河源军经略副使，曰："卿有文武材，勿辞也！"

（以上为第四段，写薛仁贵、娄师德建功边陲。薛仁贵破西突厥，娄师德败吐蕃。）

弘道元年（癸未，683 年）

春，正月，甲午朔，上行幸奉天宫。

二月，庚午，突厥寇定州，刺史霍王元轨击却之。乙亥，复寇妫州。三月，庚寅，阿史那骨笃禄、阿史德元珍围单于都护府，执司马张行师，杀之。遣胜州都督王本立、夏州都督李崇义将兵分道救之。

太子右庶子、同中书门下三品李义琰改葬父母，使其舅氏迁旧墓；上闻之，怒曰："义琰倚势，乃陵其舅家，不可复知政事！"义琰闻之，不自安，以足疾乞骸骨，庚子，以义琰为银青光禄大夫，致仕。

癸丑，守中书令崔知温薨。

夏，四月，己未，车驾还东都。

绥州步落稽白铁余，埋铜佛于地中，久之，草生其上，绐其乡人曰："吾于此数见佛光。"择日集众掘地，果得之，因曰："得见圣佛者，百疾皆愈。"远近赴之。铁余以杂色囊盛之数十重，得厚施，乃去一囊。数年

吐蕃将论钦陵侵扰柘、松、翼等州。下诏令左骁卫郎将李孝逸、右卫郎将卫蒲山调动秦、渭等州的军队，分路抵御。

冬季，十月初七日丙寅，任命黄门侍郎刘景先为同中书门下平章事。

这年，突厥剩余党徒阿史那骨笃禄、阿史德元珍等人招集逃亡离散的部众，据守黑沙城反叛，侵入并州和单于府的北境，杀死岚州刺史王德茂。右领军卫将军、检校代州都督薛仁贵率兵在云州进攻阿史德元珍，敌人问唐军大将是谁，回答说："是薛仁贵。"敌人说："我听说薛仁贵被流放象州，死去很久了，怎么以此来骗我！"薛仁贵脱下盔甲，把面貌让他们看清楚，敌人面面相觑，大惊失色，下马罗列而拜，随即带兵离去。薛仁贵趁机奋勇进击，大败突厥兵，斩杀一万多人，捕获敌人二万多人。

吐蕃侵扰河源军，军使娄师德在白水涧率兵攻击，交战八次都获得胜利，高宗任命娄师德为比部员外郎、左骁卫郎将、河源军经略副使，高宗说："你有文武两方面的才能，不要推辞！"

唐高宗弘道元年（癸未，683 年）

春季，正月初六日甲午，高宗前往奉天宫。

二月十二日庚午，突厥侵扰定州，被刺史霍王李元轨击退。二月十七日乙亥，又侵扰妫州。三月初二日庚寅，阿史那骨笃禄、阿史德元珍包围了单于都护府，捉住司马张行师，并将他杀了。高宗派遣胜州都督王本立、夏州都督李崇义率兵分路援救。

太子右庶子、同中书门下三品李义琰为改葬父母，要他的舅舅家把旧坟迁走；高宗听到后，很生气地说："李义琰凭借权势，竟然欺凌舅舅家，不可让他再掌理政事！"李义琰听到之后，内心感到不安，就以脚病为借口，要求告老返乡，三月十二日庚子，任命李义琰为银青光禄大夫，让他退休。

三月二十五日癸丑，署理中书令崔知温去世。

夏季，四月初二日己未，高宗回到东都。

绥州步落稽部族的白铁余把铜佛埋在地里，过了很久，上面长满杂草，就哄骗乡人说："我在这里多次看见佛光。"选择日子纠集众人挖掘地面，果然挖到铜佛，趁机说道："能够看到圣佛的人，所有病痛都会痊愈。"结果远近的人都前来礼佛。

间，归信者众，遂谋作乱。据城平县，自称光明圣皇帝，置百官，进攻绥德、大斌二县，杀官吏，焚民居。遣右武卫将军程务挺与夏州都督王方翼讨之，甲申，攻拔其城，擒铁余，余党悉平。

五月，庚寅，上幸芳桂宫，至合璧宫，遇大雨而还。

乙巳，突厥阿史那骨笃禄等寇蔚州，杀刺史李思俭，丰州都督崔智辩将兵邀之于朝那山北，兵败，为虏所擒。朝议欲废丰州，迁其百姓于灵、夏。丰州司马唐休璟上言，以为："丰州阻河为固，居贼冲要，自秦、汉已来，列为郡县；土宜耕牧。隋季丧乱，迁百姓于宁、庆二州，致胡虏深侵，以灵、夏为边境；贞观之末，募人实之，西北始安。今废之则河滨之地复为贼有，灵、夏等州人不安业，非国家之利也！"乃止。

六月，突厥别部寇掠岚州，偏将杨玄基击走之。

秋，七月，己丑，立皇孙重福为唐昌王。

庚辰，诏以今年十月有事于嵩山；寻以上不豫，改用来年正月。

甲辰，徙相王轮为豫王，更名旦。

（以上为第五段，写唐西北边境不宁，绥州稽胡反叛，突厥、吐蕃犯边。）

中书令兼太子左庶子薛元超病喑，乞骸骨，许之。

八月，己丑，以将封嵩山，召太子赴东都；留唐昌王重福守京师，以刘仁轨为之副。冬，十月，己卯，太子至东都。

癸亥，车驾幸奉天宫。

十一月，丙戌，诏罢来年封嵩山，上疾甚故也。上苦头重，不能视，召侍医秦鸣鹤诊之，鸣鹤请刺头出血，可愈。天后在帘中，不欲上疾愈，怒曰："此可斩也，乃欲于天子头刺血！"鸣鹤叩头请命。上曰："但刺之，未必不佳。"乃刺百会、脑户二穴。上曰："吾目似明矣。"后举手加额曰："天赐也！"自负彩百匹以赐鸣鹤。

白铁余用各种颜色的囊袋盛着铜佛，有好几十层，如果得到优厚的施舍，就拿一囊给施舍的信徒，几年的时间里，归附信仰的人很多，就策划作乱。占据了城平县，自称光明圣皇帝，设置各种官吏，进攻绥德、大斌两县，杀死官吏，焚烧百姓住屋。朝廷派遣右武卫将军程务挺和夏州都督王方翼前往讨伐，四月二十七日甲申，攻下城平县县城，擒获了白铁余，剩下的叛党都被平定了。

五月初三日庚寅，高宗前往芳桂宫，到达合璧宫时，遇到大雨，只好返回。

五月十八日乙巳，突厥阿史那骨笃禄等人侵扰蔚州，杀死刺史李思俭，丰州都督崔智辩率兵在朝那山北面进行拦击，战败，被敌人捉住。朝廷上商议要废除丰州，把百姓迁移到灵州、夏州。丰州司马唐休璟向高宗进言，认为："丰州倚仗黄河为险阻，形势坚固，位于敌方冲要地带，从秦、汉以来，都把它列为郡县；土地适合耕种放牧。隋朝末年发生丧亡战乱，把百姓迁徙到宁、庆两州，以至于胡虏深入侵扰，把灵州、夏州当成边境；贞观末年，招募百姓以充实人口，西北才安定。现在废掉丰州的话，那么濒临黄河的土地将再度被贼人所占有，灵、夏等州的百姓也不能安居乐业，这不是对国家有利的事！"朝廷才停止废弃丰州的计划。

六月，突厥的另一部族侵扰抢掠岚州，偏将杨玄基把他们击退。

秋季，七月初四日己丑，封皇孙李重福为唐昌王。

七月初七日庚辰，下诏宣布本年十月要在嵩山举行祭祀；不久因为高宗患病改在明年正月举行。

七月十九日甲辰，迁调相王李轮为豫王，改名为李旦。

中书令兼太子左庶子薛元超有瘖哑说不出话的疾病，因此乞求告老返乡，高宗允准了。

八月初十日己丑，由于将要在嵩山封禅，召太子前往东都；让唐昌王李重福留守京师，任命刘仁轨为副手辅助唐昌王。冬季，十月二十六日己卯，太子到达东都。

十月初十日癸亥，高宗前往奉天宫。

十一月初三日丙戌，下诏令废止明年在嵩山举行封禅，因为高宗病得很厉害。高宗被头部昏沉沉所困扰，看不见东西，召来侍医秦鸣鹤诊疗，秦鸣鹤请求把头部刺破放血，就可以痊愈。天后在帘幕里，不希望高宗病好，就生气地说："说这话的人可杀，居然要在皇帝头上刺出血！"秦鸣鹤叩头求饶。高宗说："只管刺刺看，未必就不会好啊。"秦鸣鹤就针刺百会、脑户两穴。高宗说："我的眼睛好像可以看清楚了。"天后举起手放在额头上说："这是天赐的洪福啊！"天后亲自背负彩帛一百匹，赐给秦鸣鹤。

戊戌，以右武卫将军程务挺为单于道安抚大使，招讨阿史那骨笃禄等。

诏太子监国，以裴炎、刘景先、郭正一同东宫平章事。

上自奉天宫疾甚，宰相皆不得见。丁未，还东都，百官见于天津桥南。

十二月，丁巳，改元，赦天下。上欲御则天门楼宣赦，气逆不能乘马，乃召百姓入殿前宣之。是夜，召裴炎入，受遗诏辅政，上崩于贞观殿。遗诏太子柩前即位，军国大事有不决者，兼取天后进止。废万泉、芳桂、奉天等宫。

庚申，裴炎奏太子未即位，未应宣敕，有要速处分，望宣天后令于中书、门下施行。甲子，中宗即位，尊天后为皇太后，政事咸取决焉。太后以泽州刺史韩王元嘉等，地尊望重，恐其为变，并加三公等官以慰其心。

甲戌，以刘仁轨为左仆射，裴炎为中书令；戊寅，以刘景先为侍中。

故事，宰相于门下省议事，谓之政事堂，故长孙无忌为司空，房玄龄为仆射，魏徵为太子太师，皆知门下省事。及裴炎迁中书令，始迁政事堂于中书省。

壬午，遣左威卫将军王果、左监门将军令狐智通、右金吾将军杨玄俭、右千牛将军郭齐宗分往并、益、荆、扬四大都督府，与府司相知镇守。中书侍郎同平章事郭正一为国子祭酒，罢政事。

（以上为第六段，写唐高宗驾崩，唐中宗即位。）

则天顺圣皇后上之上

光宅元年（甲申，684年）

春，正月，甲申朔，改元嗣圣，赦天下。

立太子妃韦氏为皇后；擢后父玄贞自普州参军为豫州刺史。

癸巳，以左散骑常侍杜陵韦弘敏为太府卿、同中书门下三品。

中宗欲以韦玄贞为侍中，又欲授乳母之子五品官；裴炎固争，中宗怒曰：“我以天下与韦玄贞何不可！而惜侍中邪！”炎惧，白太后，密谋

十五日戊戌，任命右武卫将军程务挺为单于道安抚大使，前往招抚讨伐阿史那骨笃禄等人。

下诏令由太子主持国家政事，任命裴炎、刘景先、郭正一都为同东宫平章事。

唐高宗自从在奉天宫染病加重后，宰相都不能见面。十一月二十四日丁未，返回东都，在天津桥南面接见百官。

十二月初四日丁巳，改年号为弘道，大赦天下。高宗想要到则天门楼宣布赦免令，感到呼吸困难而无法乘坐马车，就召百姓进入宫殿前加以宣布。当天晚上，召裴炎入宫，接受遗诏以辅佐政事，高宗就在贞观殿崩逝了。遗命要太子在高宗灵柩前即皇帝位，有关军事、政治大事有不能决定的，可以让天后一起处理。废除万泉、桂芳、奉天等宫。

十二月初七日庚申，裴炎上奏，以为太子还没有即帝位，不适合宣布敕令，有重要和须快速处理的事情，希望把天后的命令在中书、门下宣布施行。十二月十一日甲子，中宗即帝位，尊称天后为皇太后，一切政事都由皇太后决定。太后认为泽州刺史韩王李元嘉等人，地位尊崇，德高望重，担心他们发生反叛，就都加封三公等官衔，以抚慰他们。

十二月二十一日甲戌，任命刘仁轨为左仆射，裴炎为中书令；十二月二十五日戊寅，任命刘景先为侍中。

按照旧制，宰相在门下省计议政事，称之为政事堂，所以长孙无忌任司空，房玄龄任仆射，魏徵任太子太师时，都在门下省掌理政事。后来裴炎升任中书令，才把政事堂迁到中书省。

十二月二十九日壬午，派遣左威卫将军王果、左监门将军令狐智通、右金吾将军杨玄俭、右千牛将军郭齐宗分头前往并、益、荆、扬四个大都督府和各大都督府长官共同执掌镇守事务。中书侍郎同平章事郭正一被任命为国子祭酒，罢除他的宰相职权。

则天顺圣皇后上之上

武则天光宅元年（甲申，684年）

春季，正月初一日甲申，改年号为嗣圣，大赦天下。

立太子妃韦氏为皇后，把皇后父亲韦玄贞从普州参军升为豫州刺史。

初十日癸巳，任命左散骑常侍杜陵人韦弘敏为太府卿，同中书门下三品。

唐中宗要任命韦玄贞为侍中，又要授给乳母的儿子五品官。裴炎再三诤谏，中宗生气地说：“我把天下送给韦玄贞又有什么不可以！我还吝惜侍中这一个职位

废立。二月，戊午，太后集百官于乾元殿，裴炎与中书侍郎刘祎之、羽林将军程务挺、张虔勖勒兵入宫，宣太后令，废中宗为庐陵王，扶下殿。中宗曰：“我何罪？”太后曰：“汝欲以天下与韦玄贞，何得无罪！”乃幽于别所。

己未，立雍州牧豫王旦为皇帝。政事决于太后，居睿宗于别殿，不得有所预。立豫王妃刘氏为皇后。后，德威之孙也。

有飞骑十余人饮于坊曲，一人言：“向知别无勋赏，不若奉庐陵。”一人起，出诣北门告之。座未散，皆捕得，系羽林狱。言者斩，余以知反不告皆绞；告者除五品官。告密之端自此兴矣。

壬子，以永平郡王成器为皇太子，睿宗之长子也。赦天下，改元文明。

庚申，废皇太孙重照为庶人，命刘仁轨专知西京留守事。流韦玄贞于钦州。

太后与刘仁轨书曰：“昔汉以关中事委萧何，今托公亦犹是矣。”仁轨上疏，辞以衰老不堪居守，因陈吕后祸败事以申规戒。太后使秘书监武承嗣赍玺书慰谕之曰：“今以皇帝谅暗不言，眇身且代亲政；远劳劝戒，复辞衰疾。又云‘吕氏见嗤于后代，禄、产贻祸于汉朝’，引喻良深，愧慰交集。公忠贞之操，终始不渝，劲直之风，古今罕比。初闻此语，能不罔然；静而思之，是为龟镜。况公先朝旧德，遐迩具瞻，愿以匡救为怀，无以暮年致请。”

辛酉，太后命左金吾将军丘神勣诣巴州，检校故太子贤宅以备外虞，其实风使杀之。神勣，行恭之子也。

甲子，太后御武成殿，皇帝帅王公以下上尊号。丁卯，太后临轩，遣礼部尚书武承嗣册嗣皇帝。自是太后常御紫宸殿，施惨紫帐以视朝。

丁丑，以太常卿、检校豫王府长史王德真为侍中；中书侍郎、检校豫王府司马刘祎之同中书门下三品。

三月，丁亥，徙杞王上金为毕王，鄱阳王素节为葛王。

吗！”裴炎害怕，就告诉太后，暗中图谋废中宗另立皇帝。二月初六日戊午，太后在乾元殿召集百官，裴炎和中书侍郎刘祎之、羽林将军程务挺、张虔勖，率兵入宫，宣布太后命令，把中宗废为庐陵王，扶持着中宗走下宫殿。中宗说："我犯下什么罪？”太后说："你要把天下给韦玄贞，怎么会没有罪！”就把中宗幽禁在别宫里。

二月初七日己未，立雍州牧豫王李旦为皇帝。一切政事由太后决定，把睿宗安置在别宫里，不能参与政事。立豫王妃刘氏为皇后，皇后是刘德威的孙女。

有飞骑十几个人在小街曲巷里喝酒，其中有一个说："早知道没有勋爵封赏不如去侍奉庐陵王。”有一个人离席，到羽林将军那里去密告，在座几位飞骑还没散离，全部被捕获，关在羽林军监狱里。说话的那个飞骑被判斩首，剩下的以知道谋反不告的罪名，被判绞刑；密告的人被任命为五品官。告官的事端从此兴起。

壬子日，封永平郡王李成器为皇太子，即睿宗的长子。大赦天下，改年号为文明。

二月初八日庚申，把皇太孙李重照废为庶人，命令刘仁轨专门掌理西京留守的事。把韦玄贞流放到钦州。

武太后在给刘仁轨的信中说："以前汉朝把关中的事委托给萧何，现在把西京事务托付你，和汉朝委托萧何一样。”刘仁轨上疏，以体衰年老，不能胜任居守为由而推辞，顺便陈述吕后祸害败坏朝政的事情，以表示对太后的规谏劝诫。太后派遣秘书监武承嗣，带着印玺书信，慰问晓谕刘仁轨说："现在因为皇帝在居丧，不能掌理政事，所以由我这渺小之身暂且代理政事；烦劳您这么远仍加以劝诫，又以衰老多病推辞职事。您又说‘吕氏被后人嗤笑，吕禄、吕产留下祸害给汉朝’，所引的事例寓意确实很深刻，使我惭愧、快慰齐集心头。您忠诚坚贞的节操，自始至终都不改变，坚强正直的作风，也是古往今来少有能相比的。我初次听到您的话，心里怎能不感到迷惘？但静静地一想，您这些话是可以作为借鉴的。何况您是先朝留下的有德望的老人，远近的人士都共同瞻仰着您，希望你能用匡正补救朝廷缺失为心怀，而不要用年老为托词请求告退。”

二月初九日辛酉，太后命令左金吾将军丘神勣前往巴州，检查前太子李贤住宅，以防备外患，其实是暗示丘神勣把故太子李贤杀掉。丘神勣是丘行恭的儿子。

二月十二日甲子，太后驾临武成殿，睿宗率领王公以下大臣，呈上尊崇的名号。十五日丁卯，太后在殿前平台上召见群臣，派遣礼部尚书武承嗣以册书封继位皇帝。从此太后常常驾临紫宸殿，垂下浅紫色的帘幕，以处理朝政。

二月二十五日丁丑，任命太常卿、检校豫王府长史王德真为侍中；中书侍郎、检校豫王府司马刘祎之为同中书门下三品。

三月初五日丁亥，把杞王李上金迁调为毕王，鄱阳王李素节迁调为葛王。

丘神勣至巴州，幽故太子贤于别室，逼令自杀。太后乃归罪于神勣，戊戌，举哀于显福门，贬神勣为叠州刺史。己亥，追封贤为雍王。神勣寻复入为左金吾将军。

夏，四月，开府仪同三司、梁州都督滕王元婴薨。

辛酉，徙毕王上金为泽王，拜苏州刺史；葛王素节为许王，拜绛州刺史。

癸酉，迁庐陵王于房州，丁丑，又迁于均州故濮王宅。

五月，丙申，高宗灵驾西还。

（以上为第七段，写唐高宗尸骨未寒，武则天以铁腕手段迅急发动政变，废中宗，又杀废太子李贤，立傀儡皇帝睿宗，武则天垂帘听政。）

闰月，以礼部尚书武承嗣为太常卿、同中书门下三品。

秋，七月，戊午，广州都督路元睿为昆仑所杀。元睿暗懦，僚属恣横。有商舶至，僚属侵渔不已，商胡诉于元睿；元睿索枷，欲系治之。群胡怒，有昆仑袖剑直登听事，杀元睿及左右十余人而去，无敢近者，登舟入海，追之不及。

温州大水，流四千余家。

突厥阿史那骨笃禄等寇朔州。

八月，庚寅，葬天皇大帝于乾陵，庙号高宗。

初，尚书左丞冯元常为高宗所委，高宗晚年多疾，每曰："朕体中不佳，可与元常平章以闻。"元常尝密言"中宫威权太重，宜稍抑损"。高宗虽不能用，深以其言为然。及太后称制，四方争言符瑞；嵩阳令樊文献瑞石，太后命于朝堂示百官，元常奏："状涉谄诈，不可诬罔天下。"太后不悦，出为陇州刺史。元常，子琮之曾孙也。

丙午，太常卿、同中书门下三品武承嗣罢为礼部尚书。

栝州大水，流二千余家。

九月，甲寅，赦天下，改元。旗帜皆从金色。八品以下，旧服青者更服碧。改东都为神都，宫名太初。又改尚书省为文昌台，左、右仆射

丘神勣到了巴州，把前太子李贤幽禁在别室里，逼令他自杀。前太子自杀后，太后就把罪过归到丘神勣身上，三月十六日戊戌，在显福门举办丧事，把丘神勣贬为叠州刺史。三月十七日己亥，追封故太子李贤为雍王。丘神勣不久再次入朝，官位仍是左金吾将军。

夏季，四月，开府仪同三司、梁州都督滕王李元婴去世。

四月初十日辛酉，把毕王李上金迁徙为泽王，拜为苏州刺史；葛王李素节迁调为许王，拜为绛州刺史。

四月二十二日辛酉，把庐陵王迁到房州；四月二十六日丁丑，又迁到均州以前濮王的住宅。

五月十五日丙申，高宗的灵车西返长安。

闰五月，任命礼部尚书武承嗣为太常卿、同中书门下三品。

秋季，七月初九日戊午，广州都督路元睿被昆仑商人所杀，路元睿昏庸、懦弱，幕僚官属恣肆蛮横。有商船到时，僚属们侵扰搜刮不止，经商的胡人向路元睿报告，路元睿叫人取来枷锁，要把胡商关押起来治罪，胡商们很愤怒，有个昆仑商人袖中藏剑，直上厅堂，把路元睿和左右十几个人杀死后离去，没有人敢靠近他，然后上船入海，路元睿部下追捕已来不及。

温州发生大水灾，洪水冲走四千多家。

突厥阿史那骨笃禄等人侵扰朔州。

八月十一日庚寅，把天皇大帝埋葬在乾陵，庙号为高宗。

起初，尚书左丞冯元常被高宗所委任，高宗晚年多病，常常说："朕身体不好，可与元常商议处理，再向朕报告。"冯元常曾经私下奏言："中宫武后威势权力太重，应该稍微贬抑减损。"高宗虽然没有采用他的话，但觉得他的说法很对。后来太后掌权，四方争先恐后地称说符应祥瑞的事情；嵩阳令樊文呈献祥瑞的石头，太后命令在朝廷听政大堂里向百官展示，冯元常上奏说："看样子像是在谄媚欺诈，不可以欺罔天下人。"太后听了不高兴，就把冯元常外放为陇州刺史。冯元常是冯子琮的曾孙。

八月二十七日丙午，太常卿、同中书门下三品武承嗣被贬为礼部尚书。

栝州发生大水灾，冲走两千多家。

九月初六日甲寅，大赦天下，改年号为光宅。旗帜都改为金色。八品以下的官员，以前穿青色的，都改穿深青色，改东都为神都，宫殿的名称为太初。又把尚书

为左、右相，六曹为天、地、四时六官；门下省为鸾台，中书省为凤阁，侍中为纳言，中书令为内史；御史台为左肃政台，增置右肃政台；其余省、寺、监、率之名，悉以义类改之。

以左武卫大将军程务挺为单于道安抚大使，以备突厥。

武承嗣请太后追王其祖，立武氏七庙，太后从之。裴炎谏曰："太后母临天下，当示至公，不可私于所亲。独不见吕氏之败乎！"太后曰："吕后以权委生者，故及于败。今吾追尊亡者，何伤乎！"对曰："事当防微杜渐，不可长耳！"太后不从。己巳，追尊太后五代祖克己为鲁靖公，妣为夫人；高祖居常为太尉、北平恭肃王，曾祖俭为太尉、金城义康王，祖华为太尉、太原安成王，考士彟为太师、魏定王；祖妣皆为妃。裴炎由是得罪。又作五代祠堂于文水。

（以上为第八段，写武则天称制，四方争言符瑞，武则天改元光宅，易服色，改官名，给武氏先人上尊号，充分暴露她觊觎皇权的野心，裴炎等人劝谏，给自己埋下了杀身之祸。）

时诸武用事，唐宗室人人自危，众心愤惋。会眉州刺史英公李敬业及弟盩厔令敬猷、给事中唐之奇、长安主簿骆宾王、詹事司直杜求仁皆坐事，敬业贬柳州司马，敬猷免官，之奇贬栝苍令，宾王贬临海丞，求仁贬黟令。求仁，正伦之侄也。盩厔尉魏思温尝为御史，复被黜。皆会于扬州，各自以失职怨望，乃谋作乱，以匡复庐陵王为辞。

思温为之谋主，使其党监察御史薛仲璋求奉使江都，令雍州人韦超诣仲璋告变，云"扬州长史陈敬之谋反"。仲璋收敬之系狱。居数日，敬业乘传而至，矫称扬州司马来之官，云"奉密旨，以高州酋长冯子猷谋反，发兵讨之。"于是开府库，令士曹参军李宗臣就钱坊，驱囚徒、工匠授以甲。斩敬之于系所；录事参军孙处行拒之，亦斩以徇，僚吏无敢动者。遂起一州之兵，复称嗣圣元年。开三府：一曰匡复府，二曰英公府，三曰扬州大都督府。敬业自称匡复府上将，领扬州大都督。以之奇、求仁为左、右长史，宗臣、仲璋为左、右司马，思温为军师，宾王为记室，旬日间得胜兵十余万。

省改为文昌台，左、右仆射改为左、右丞相，六部改为天、地、四时六官；门下省改为鸾台，中书省改为凤阁，侍中改为纳言，中书令改为内史；御史台改为左肃政台，增设右肃政台；其他省、寺、监、率的名称，都按照相似的意义和种类加以更改。

任命左武卫大将军程务挺为单于道安抚大使，以防备突厥。

武承嗣请求太后追封祖先为王，以天子的规格立武氏先祖七庙，太后同意了。裴炎劝谏说："太后以天下母治理天下，应当向百姓昭示最大的公心，不可偏私袒护自己的亲属。难道没看见汉朝吕氏的败亡吗？"太后说："吕后把大权委托给活着的人，所以才导致败亡。现在我只是追尊死亡的人，有什么妨害呢？"裴炎回答说："凡事应当从细微处加以防止，不使坏苗头发展，不可让它长大！"太后没有接受。九月二十一日己巳，追尊太后五代先祖武克己为鲁靖公，五代祖母为夫人；高祖武居常为太尉、北平恭肃王，曾祖武俭为太尉、金城义康王，祖父武华为太尉、太原安成王，父亲武士彟为太师、魏定王；高祖以下的女性祖先都封为妃。裴炎从此得罪太后。太后又在文水县建造五代先祖的祠堂。

当时武氏专权用事，唐宗室人人自危，大家心里都很愤怒哀伤。正好眉州刺史英公李敬业和弟弟盩厔令李敬猷、给事中唐之奇、长安主簿骆宾王、詹事司直杜求仁都因犯了案，李敬业被贬为柳州司马，李敬猷被免除官位，唐之奇被贬为栝苍令，骆宾王被贬为临海丞，杜求仁被贬为黟县令，杜求仁是杜正伦的侄子。盩厔尉魏思温曾经做到御史，后被贬黜。他们都在扬州会聚，每个人都为了失去职位而心怀不满，因此策划反叛，以匡复庐陵王的帝位作为借口。

魏思温是他们计划的主持人，指使他的党羽监察御史薛仲璋要求朝廷派薛仲璋作为使臣到江都，再指使雍州人韦超造访薛仲璋报告有紧急事件，说"扬州长史陈敬之计划反叛"。薛仲璋把陈敬之囚禁在监狱里。几天后，李敬业乘着传车到达，冒充说扬州司马前来赴任，说"接到秘密圣旨，因为高州酋长冯子猷阴谋反叛，要调动军队讨伐"。于是打开官府仓库，命令士曹参军李宗臣前往铸钱的工坊里，驱使坊里的囚徒、工匠反叛，授给他们甲衣。在监狱里把陈敬之斩杀；录事参军孙处行抗拒，也把他斩了示众，僚属官吏便没有人敢反抗了。动员了一州的军队，重新称年号为嗣圣元年。开设三府：一是匡复府，二是英公府，三是扬州大都督府。李敬业自称匡复府的上将，统领扬州大都督。任命唐之奇、杜求仁为左、右长史，李宗臣、薛仲璋为左、右司马，魏思温为军师，骆宾王为记室。十日之间就得到十几万能披甲作战的士兵。

移檄州县，略曰："伪临朝武氏者，人非温顺，地实寒微。昔充太宗下陈，尝以更衣入侍，洎乎晚节，秽乱春宫。密隐先帝之私，阴图后庭之嬖，践元后于翚翟，陷吾君于聚麀。"又曰："杀姊屠兄，弑君鸩母，人神之所同嫉，天地之所不容。"又曰："包藏祸心，窃窥神器。君之爱子，幽之于别宫；贼之宗盟，委之以重任。"又曰："一抔之土未干，六尺之孤安在！"又曰："试观今日之域中，竟是谁家之天下！"太后见檄，问曰："谁所为？"或对曰："骆宾王。"太后曰："宰相之过也。人有如此才，而使之流落不偶乎！"

敬业求得人貌类故太子贤者，绐众云："贤不死，亡在此城中，令吾属举兵。"因奉以号令。

楚州司马李崇福帅所部三县应敬业。盱眙人刘行举独据县不从，敬业遣其将尉迟昭攻盱眙。诏以行举为游击将军，以其弟行实为楚州刺史。

甲申，以左玉钤卫大将军李孝逸为扬州道大总管，将兵三十万，以将军李知十、马敬臣为之副，以讨李敬业。

（以上为第九段，写徐敬业起兵讨武则天，骆宾王为之草檄。）

武承嗣与其从父弟右卫将军三思以韩王元嘉、鲁王灵夔属尊位重，屡劝太后因事诛之。太后谋于执政，刘祎之、韦思谦皆无言。内史裴炎独固争，太后愈不悦。三思，元庆之子也。

及李敬业举兵，薛仲璋，炎之甥也，炎欲示闲暇，不汲汲议诛讨。太后问计于炎，对曰："皇帝年长，不亲政事，故竖子得以为辞。若太后返政，则不讨自平矣。"监察御史蓝田崔詧闻之，上言："炎受顾托，大权在己，若无异图，何故请太后归政？"太后命左肃政大夫金城骞味道、侍御史栎阳鱼承晔鞫之，收炎下狱。炎被收，辞气不屈。或劝炎逊辞以免，炎曰："宰相下狱，安有全理！"凤阁舍人李景谌证炎必反。刘景先及凤阁侍郎义阳胡元范皆曰："炎社稷元臣，有功于国，悉心奉上，天下所知，臣敢明其不反。"太后曰："炎反有端，顾卿不知耳。"对曰："若裴炎为反，则臣等亦反也。"太后曰："朕知裴炎反，知卿等不反。"文武间证炎不反者甚众，太后皆不听。俄并景先、元范下狱。丁亥，以骞味道检校

传檄给州县，大略说："垂帘听政的武氏，本性并不温和恭顺，出身也实在贫寒低微。以前充当过太宗的婢妾，曾经靠替先帝更衣的机会而入侍先帝。到了太宗晚年，与太子私通。暗中隐瞒当过太宗才人的秘密，图谋高宗后宫的宠爱；窃据了皇后的冠服，使国君处于乱伦非礼的境地。"又说："武氏杀死兄姊、害死国君、毒死母亲，所作所为是人神所共同痛恨的，也是天地所不能容忍的。"又说："怀抱为祸天下的心思，暗中窥伺帝位。把国君宠爱的儿子，幽禁在别宫里；而对自己的宗族盟党，却把重要的职位委任给他们。"又说："高宗坟墓的黄土还没干，年少的国君又在哪里！"又说："请看当今疆域之中，到底是哪家的天下！"太后看到檄文，就问道："谁写的？"有人回答说："是骆宾王。"太后说："这是宰相的过错。此人有这么好的才华，怎么可以让他流落不得志呢！"

李敬业找到一个容貌像故太子李贤的人，欺骗众人说："李贤并没有死，他逃亡在这座城中，命令我们起兵。"因此拥戴他以作为号令。

楚州司马李崇福率领所属的三县响应李敬业。盱眙人刘行举独自据守县城不归附，李敬业派遣将军尉迟昭攻打盱眙。天后下诏任命刘行举为游击将军，以刘行举的弟弟刘行实为楚州刺史。

十月初六日甲申，任命左玉钤卫大将军李孝逸为扬州道大总管，率领三十万士兵，以将军李知十、马敬臣为副总管，以讨伐李敬业。

武承嗣和他的堂弟右卫将军武三思认为韩王李元嘉、鲁王李灵夔在李氏支属中辈分尊、地位高，好几次劝太后假借事由把他们杀掉。太后和执政大臣商量，刘祎之、韦思谦都不说话；只有内史裴炎一人再三力争，太后对他更加不喜欢。武三思是武元庆的儿子。

后来李敬业起兵，由于薛仲璋是裴炎的外甥，裴炎是想表示国家闲暇无事，不急着讨论诛讨叛党的事。太后向裴炎问计谋，裴炎回答说："皇帝的年岁已长大，却不亲理政事，所以那些反叛的小子们才能找到借口。如果太后把政事还给皇帝，那么不必讨伐，叛乱自然就平定了。"监察御史蓝田人崔督听到了，向前说道："裴炎接受先帝的顾命和托付，大权掌握在手上，如果没有反叛的图谋，为什么请求太后把政事交出来？"太后命令左肃政大夫金城人骞味道、侍御史栎阳人鱼承晔审理此事，把裴炎关进监狱。裴炎被关押之后，讲话的语气仍然不屈服。有人劝裴炎讲话谦逊一点，以求免罪，裴炎说："宰相关进监狱里，哪里有全活的道理。"凤阁舍人李景谌作证裴炎必定反叛。刘景先和凤阁侍郎义阳人胡元范都说："裴炎是社稷的老臣，对国家有功，全心侍奉皇上，是天下人所知道的，臣敢证明他不会反叛。"太后

内史同凤阁鸾台三品，李景谌同凤阁鸾台平章事。

魏思温说李敬业曰："明公以匡复为辞，宜帅大众鼓行而进，直指洛阳，则天下知公志在勤王，四面响应矣。"薛仲璋曰："金陵有王气，且大江天险，足以为固，不如先取常、润，为定霸之基，然后北向以图中原，进无不利，退有所归，此良策也！"思温曰："山东豪杰以武氏专制，愤惋不平，闻公举事，皆自蒸麦饭为粮，伸锄为兵，以俟南军之至。不乘此势以立大功，乃更蓄缩自谋巢穴，远近闻之，其谁不解体！"敬业不从，使唐之奇守江都，将兵渡江攻润州。思温谓杜求仁曰："兵势合则强，分则弱，敬业不并力渡淮，收山东之众以取洛阳，败在眼中矣！"

壬辰，敬业陷润州，执刺史李思文，以李宗臣代之。思文，敬业之叔父也，知敬业之谋，先遣使间道上变，为敬业所攻，拒守久之，力屈而陷。思温请斩以徇，敬业不许，谓思文曰："叔党于武氏，宜改姓武。"润州司马刘延嗣不降，敬业将斩之，思温救之，得免，与思文皆囚于狱。刘延嗣，审礼从父弟也。曲阿令河间尹元贞引兵救润州，战败，为敬业所擒，临以白刃，不屈而死。

丙申，斩裴炎于都亭。炎将死，顾兄弟曰："兄弟官皆自致，炎无分毫之力，今坐炎流窜，不亦悲乎！"籍没其家，无儋石之储。刘景先贬普州刺史，胡元范流琼州而死。裴炎弟子太仆寺丞伷先，年十七，上封事请见言事。太后召见，诘之曰："汝伯父谋反，尚何言？"伷先曰："臣为陛下画计耳，安敢诉冤！陛下为李氏妇，先帝弃天下，遽揽朝政，变易嗣子，疏斥李氏，封崇诸武。臣伯父忠于社稷，反诬以罪，戮及子孙。陛下所为如是，臣实惜之！陛下早宜复子明辟，高枕深居，则宗族可全；不然，天下一变，不可复救矣！"太后怒曰："胡白，小子敢发此言！"命引出，伷先反顾曰："今用臣言，犹未晚。"如是者三。太后命于朝堂杖之一百，长流瀼州。

说："裴炎有反叛的先兆，只是你们不知道罢了。"刘景先和胡元范回答说："如果裴炎反叛，那么我们也反叛了。"太后说："朕知道裴炎反叛，也知道你们不会反叛。"文武百官乘机作证裴炎没有谋反的人很多，但太后都没有听信。不久把刘景先、胡元范一起关到监狱里。十月初九日丁亥，任命骞味道为检校内史同凤阁鸾台三品，李景谌为同凤阁鸾台平章事。

魏思温劝李敬业说："明公以匡复大唐天下为借口，应该率领部众击鼓前进，一直攻向洛阳，那么天下知道您的心志是在为王室靖难，四方就都会响应了。"薛仲璋说："金陵有王者之气，而且有大江的天险，足以进行固守，不如先攻取常州、润州，作为定下霸业的基础，然后向北以图谋进攻中原，那么想前进的话没有不利的，想后退的话也有基地，这是很好的计策啊！"魏思温说："山东豪杰认为武氏专制，内心愤怒哀婉不能平静，听说您起事，都自己蒸好麦饭作为干粮，手举锄头作为兵器，以等待南军的到达。不利用这种形势以建立大功业，却藏蓄收缩起来，自己建造巢穴，远近豪杰百姓听到之后，还有谁不会自行解散呢？"李敬业没有接受，命唐之奇守住江都，带兵渡过长江攻打润州。魏思温对杜求仁说："从军事形势看，兵力聚合就强大，分散就衰弱，李敬业不集中兵力渡过淮河，以收聚山东的部众直取洛阳，很快就会看到李敬业败亡了。"

十月十四日壬辰，李敬业攻陷润州，擒获了刺史李思文，任命李宗臣代替他。李思文是李敬业的叔父，知道李敬业反叛的计划，先派人从小路密告朝廷，被李敬业所攻击，抵抗守御了很久，最后力量用尽而被攻陷。魏思温请求把李思文斩首示众，李敬业不允许，对李思文说："叔父和武氏结党，应该改姓武。"润州司马刘延嗣不投降，李敬业要斩他，魏思温救了他，才免于被杀，和李思文一起关在监狱里。刘延嗣是刘审礼的堂弟。曲阿令河间人尹元贞带兵援救润州，结果战败，被李敬业所擒获，李敬业以白刃逼他，尹元贞仍然不投降而被杀。

十月十八日丙申，在洛阳都亭把裴炎斩首。裴炎将死时，对他的兄弟说："兄弟们的官位都是自己努力获得的，我裴炎没有尽一点力量，现在却因为我裴炎的关系而流窜外地，这不令人悲伤吗？"抄没裴炎的家，发现没有多少储积。刘景先被贬为普州刺史，胡元范被流放琼州而死。裴炎的侄子太仆寺丞裴伷先，年龄十七岁，上密封的奏章求见太后以谈论事情。太后召见他，质问他说："你伯父图谋反叛，你还有什么话说？"裴伷先说："臣不过是为陛下筹划罢了，怎么敢诉说冤情！陛下是李家的媳妇，先帝死后，一下子拥有朝政大权，就改换了先帝的继承子孙，疏远贬斥李家人，封赏尊崇武氏宗族。臣的伯父尽忠于社稷，反而诬告他有罪，连子孙都要遭杀戮。像陛下这样作为，臣实在叹惜！陛下应该早点恢复先帝子孙圣明的帝位，安闲地住在深宫里，不管政事，那么武氏宗族还可获得保全；不然的话，天下一有

炎之下狱也，郎将姜嗣宗使至长安，刘仁轨问以东都事，嗣宗曰："嗣宗觉裴炎有异于常久矣。"仁轨曰："使人觉之邪？"嗣宗曰："然。"仁轨曰："仁轨有奏事，愿附使人以闻。"嗣宗曰："诺。"明日，受仁轨表而还，表言："嗣宗知裴炎反不言。"太后览之，命拉嗣宗于殿庭，绞于都亭。

（以上为第十段，写武则天排除异己，诛杀辅臣裴炎，刘仁轨施巧计除掉了一个佞臣姜嗣宗。）

丁酉，追削李敬业祖考官爵，发冢斫棺，复姓徐氏。

李景谌罢为司宾少卿，以右史武康沈君谅、著作郎崔詧为正谏大夫、同平章事。

徐敬业闻李孝逸将至，自润州回军拒之，屯高邮之下阿溪；使徐敬猷逼淮阴，别将韦超、尉迟昭屯都梁山。

李孝逸军至临淮，偏将雷仁智与敬业战不利，孝逸惧，按兵不进。殿中侍御史魏元忠谓孝逸曰："天下安危，在兹一举。四方承平日久，忽闻狂狡，注心倾耳以俟其诛。今大军久留不进，远近失望，万一朝廷更命他将以代将军，将军何辞以逃逗挠之罪乎！"孝逸乃引军而前。壬寅，马敬臣击斩尉迟昭于都梁山。

十一月，辛亥，以左鹰扬大将军黑齿常之为江南道大总管，讨敬业。

韦超拥众据都梁山，诸将皆曰："超凭险自固，士无所施其勇，骑无所展其足；且穷寇死战，攻之多杀士卒，不如分兵守之，大军直趣江都，覆其巢穴。"支度使薛克杨曰："超虽据险，其众非多。今多留兵则前军势分，少留兵则终为后患，不如先击之，其势必举，举都梁，则淮阴、高邮望风瓦解矣！"魏元忠请先击徐敬猷，诸将曰："不如先攻敬业，敬业败，则敬猷不战自擒矣。若击敬猷，则敬业引兵救之，是腹背受敌也。"元忠曰："不然。贼之精兵，尽在下阿，乌合而来，利在一决，万一失利，大事去矣！敬猷出于博徒，不习军事，其众单弱，人情易摇，大军临之，

变故发生，就不可再挽救了！”太后生气地说：“胡言乱语，小子居然敢说这样的话！”命令把裴伷先带出，裴伷先回头看着太后说：“现在就听臣的话，还不太迟。”像这样讲了三次。太后命令在朝廷厅堂上杖击裴伷先一百下，永远流放瀼州。

裴炎被关在监狱里，郎将姜嗣宗出使到长安，刘仁轨问他有关东都所发生的事情，姜嗣宗说：“嗣宗发觉裴炎和平常异样已经很久了。”刘仁轨说：“你是真的发觉了吗？”姜嗣宗说：“是的。”刘仁轨说：“仁轨有上太后的奏表，希望请您附带送回朝廷报告。”姜嗣宗说：“好。”第二天，姜嗣宗带着刘仁轨的奏表回到洛阳，奏表说：“姜嗣宗知道裴炎谋反而不说。”太后看了之后，命令把姜嗣宗拉到殿外庭院，在都亭把他绞死了。

十月十九日丁酉，把李敬业已故祖、父的官爵，全部削除，并挖掘墓冢，砍斫棺木，恢复徐氏的本姓。

李景谌的原官被罢免，改为司宾少卿，任命右史武康人沈君谅、著作郎崔詧为正谏大夫、同平章事。

徐敬业听说李孝逸即将到来，就从润州调回军队加以抗拒，屯驻在高邮县的下阿溪；派徐敬猷进逼淮阴，另派别将韦超、尉迟昭屯驻都梁山。

李孝逸军队到达临淮，偏将雷仁智和徐敬业交战，结果失利，李孝逸很害怕，约束部众不敢前进。殿中侍御史魏元忠对李孝逸说：“天下安定或危殆，就在这一次行动。四方太平日子已经很久了，现在突然听说有狂乱狡黠之徒反叛，大家都专心聆听，期待这些狂徒被杀的消息。现在您却让大军久留在此不前进，使得远近的臣民都感到失望，万一朝廷另派其他将领以替代您，那时您用什么借口，以逃避逗留阻挠大军前进的罪名呢！”李孝逸只好带领军队前进。十月二十四日壬寅，马敬臣在都梁山发动攻击，把尉迟昭斩杀了。

十一月初四日辛亥，任命左鹰扬大将军黑齿常之为江南道大总管，讨伐徐敬业。

韦超带领部众据守都梁山，诸将都说：“韦超凭借险要而固守，我军士卒无法施展他们的勇武，骑士也无法表现他们的捷足，而且韦超部卒已经是没有退路的穷寇，一定会拼死作战，如果进攻的话，我方士卒会死伤很多，不如分派兵力守御，把大军径直开往江都，摧毁徐敬业的巢穴。”支度使薛克杨说：“韦超虽然据有险要，但他的部众并不多。现在多留下兵力的话，那么前方的军力势必分散，少留下兵力的话，韦超终究还是以后的祸患，所以不如先攻击韦超，按情势看，一定可以攻下，攻下都梁山之后，那么淮阴、高邮会闻风瓦解了！”魏元忠请求先攻击徐敬猷，诸将说：“不如先攻徐敬业，徐敬业一失败，那么不必作战就可擒获了。如果攻击徐敬

驻马可克。敬业虽欲救之，计程必不能及。我克敬猷，乘胜而进，虽有韩、白不能当其锋矣！今不先取弱者而遽攻其强，非计也。”孝逸从之，引兵击超，超夜遁，进击敬猷，敬猷脱身走。

庚申，敬业勒兵阻溪拒守，后军总管苏孝祥夜将五千人，以小舟渡溪先击之，兵败，孝祥死，士卒赴溪溺死者过半。左豹韬卫果毅渔阳成三朗为敬业所擒，唐之奇绐其众曰：“此李孝逸也！”将斩之，三朗大呼曰：“我果毅成三朗，非李将军也。官军今大至矣，尔曹破在朝夕。我死，妻子受荣，尔死，妻子籍没，尔终不及我也！”遂斩之。

孝逸等诸军继至，战数不利。孝逸惧，欲引退，魏元忠与行军管记刘知柔言于孝逸曰：“风顺荻干，此火攻之利。”固请决战。敬业置陈既久，士卒多疲倦顾望，陈不能整；孝逸进击之，因风纵火，敬业大败，斩首七千级，溺死者不可胜纪。敬业等轻骑走入江都，挈妻子奔润州，将入海奔高丽；孝逸进屯江都，分遣诸将追之。乙丑，敬业至海陵界，阻风，其将王那相斩敬业、敬猷及骆宾王首来降。余党唐之奇、魏思温皆捕得，传首神都，扬、润、楚三州平。

陈岳论曰：敬业苟能用魏思温之策，直指河、洛，专以匡复为事，纵军败身戮，亦忠义在焉。而妄希金陵王气，是真为叛逆，不败何待！

敬业之起也，使敬猷将兵五千，循江西上，略地和州。前弘文馆学士历阳高子贡帅乡里数百人拒之，敬猷不能西。以功拜朝散大夫、成均助教。

丁卯，郭待举罢为左庶子；以鸾台侍郎韦方质为凤阁侍郎、同平章事。方质，云起之孙也。

十二月，刘景先又贬吉州员外长史，郭待举贬岳州刺史。

猷，那么徐敬业带兵援救，这样我们将腹背受敌了。”魏元忠说：“不对。贼人的精兵全部在下阿溪，他们像乌合之众前来，一次决战对他们有利，万一我们决战失利的话，大事就不好了！徐敬猷出身于赌博之徒，不懂行军作战，兵力单薄微弱，士卒的信心容易动摇，以我们的大军进攻，短时间就可攻下。那时徐敬业虽想援救，计算路程也赶不上了。我方先攻下徐敬猷，利用胜利的态势再前进，就是有韩信、白起也不能抵挡我军的锋芒！现在不先攻取薄弱的一环，却仓促地去攻打强大的一方，不是好计谋。”李孝逸接受了魏元忠的意见，带兵攻击韦超，韦超乘夜逃走，再进攻徐敬猷，徐敬猷脱身逃掉。

十一月十三日庚申，徐敬业率领军队隔溪据守，后军总管苏孝祥在夜晚率领五千名士卒，乘坐小舟渡过溪流先行发动攻击，结果被打败，苏孝祥战死，士卒被赶到溪里而溺死的超过半数。左豹韬卫果毅都尉渔阳人成三朗被徐敬业擒获，唐之奇骗众人说：“这个人是李孝逸！”正要将他斩首时，成三朗大叫说：“我是果毅都尉成三朗，不是李将军。大批官军现在就要来到了，你们很快就会被消灭。我死之后，妻儿们都会享受荣耀，而你们死了，妻儿们却要被抄没，你们终究比不上我啊！”便被处斩了。

李孝逸等人的军队接着赶来，交战数次，都失利了。李孝逸害怕，要率兵后退，魏元忠和行军管记刘知柔对李孝逸说：“风是顺风，荻草也干了，这种情况对火攻有利。”再三请求决一死战。徐敬业因为布置阵势已经很久，士卒多疲倦，互相观望，所以阵形无法整顿好；李孝逸进军攻击，乘着风势放火，徐敬业大败，被斩杀七千多人，溺死在水里的数也数不清。徐敬业等人轻骑逃入江都，带领妻儿逃奔润州，准备入海投奔高丽；李孝逸进军屯驻江都，分别派遣诸将追击。十八日，徐敬业到达海陵县边界，被风所阻，他的部将王那相把徐敬业、徐敬猷和骆宾王斩首前来投降。剩下的党羽唐之奇、魏思温都被捕杀，把他们首级传送到洛阳，扬、润、楚三州都平定了。

陈岳评论说：徐敬业如果能够采用魏思温的计策，大军直向河、洛进攻，专以匡复大唐天下为目标，那么纵使军事失败而被杀，忠义的精神也还存留。但他却妄想希求金陵的王者之气，以致变成真正的叛逆，怎么能不失败！

徐敬业起兵时，派徐敬猷率兵五千，沿着长江向西前进，攻略和州地方。前弘文馆学士历阳人高子贡率领乡里几百个壮丁抵抗，使得徐敬猷不能向西进军。高子贡因为这个功劳而被任命为朝散大夫、成均助教。

十一月二十日丁卯，把郭待举罢斥为左庶子；任命鸾台侍郎韦方质为凤阁侍郎、同平章事。韦方质是韦云起的孙子。

十二月，刘景先又被贬为吉州员外长史，郭待举被贬为岳州刺史。

初，裴炎下狱，单于道安抚大使、左武卫大将军程务挺密表申理，由是忤旨。务挺素与唐之奇、杜求仁善，或谮之曰，“务挺与裴炎、徐敬业通谋。”癸卯，遣左鹰扬将军裴绍业即军中斩之，籍没其家。突厥闻务挺死，所在宴饮相庆；又为务挺立祠，每出师，必祷之。

太后以夏州都督王方翼与务挺连职，素相亲善，且废后近属，征下狱，流崖州而死。

（以上为第十一段，写李孝逸平定徐敬业之乱，武则天借势谋杀良将程务挺、王方翼。）

垂拱元年（乙酉，685 年）

春，正月，丁未朔，赦天下，改元。

太后以徐思文为忠，特免缘坐，拜司仆少卿。谓曰：“敬业改卿姓武，朕今不复夺也。”

庚戌，以骞味道守内史。

戊辰，文昌左相、同凤阁鸾台三品乐城文献公刘仁轨薨。

二月，癸未，制：“朝堂所置登闻鼓及肺石，不须防守，有挝鼓立石者，令御史受状以闻。”

乙巳，以春官尚书武承嗣、秋官尚书裴居道、右肃政大夫韦思谦并同凤阁鸾台三品。

突厥阿史那骨笃禄等数寇边，以左玉钤卫中郎将淳于处平为阳曲道行军总管，击之。

正谏大夫、同平章事沈君谅罢。

三月，正谏大夫、同平章事崔詧罢。

丙辰，迁庐陵王于房州。

辛酉，武承嗣罢。

辛未，颁《垂拱格》。

朝士有左迁诣宰相自诉者，内史骞味道曰：“此太后处分。”同中书门下三品刘祎之曰：“缘坐改官，由臣下奏请。”太后闻之，夏，四月，丙子，贬味道为青州刺史，加祎之太中大夫。谓侍臣曰：“君臣同体，岂得归恶于君，引善自取乎！”

起初，裴炎被关在监狱里，单于道安抚大使、左武卫大将军程务挺秘密上奏表为裴炎申诉，因而忤逆了太后旨意。程务挺一向与唐之奇、杜求仁友善，有人便毁谤程务挺说：“程务挺和裴炎、徐敬业通谋反叛。”十二月二十六日癸卯，派遣左鹰扬将军裴绍业就在军中斩杀了程务挺，抄没他的家和财产。突厥听说程务挺被杀，在各地都举行宴饮，彼此庆祝；又替程务挺建立祠堂，每次出发作战，一定先在祠堂祷告一番。

太后认为夏州都督王方翼和程务挺职务相连，两人一向都很亲近友善，而且又是被废黜皇后王氏的亲属，所以召他回朝关进监狱里，把他流放到崖州而死。

武则天垂拱元年（乙酉，685 年）

春季，正月初一日丁未，大赦天下，改年号为垂拱。

太后认为徐思文很忠心，特别赦免他因亲党的关系而犯的罪，任命他为司仆少卿，对他说：“徐敬业把你的姓改为武氏，朕现在就不再取消它了。”

正月初四日庚戌，任命骞味道为代理内史。

正月二十二日戊辰，文昌左相、同凤阁鸾台三品乐城文献公刘仁轨去世。

二月初七日癸未，下令：“朝堂所设置的登闻鼓和肺石，不必派人防守，如有击鼓或站在肺石处喊冤的人，命令御史接受他的诉状，向皇上报告。”

二月二十九日乙巳，任命春官尚书武承嗣、秋官尚书裴居道、右肃政大夫韦思谦等人为凤阁鸾台三品。

突厥阿史那骨笃禄等人屡次侵扰边境，任命左玉钤卫中郎将淳于处平为阳曲道行军总管，出兵还击。

正谏大夫、同平章事沈君谅被罢免。

三月，正谏大夫、同平章中崔詧被罢免。

三月十一日丙辰，把庐陵王迁调到房州。

三月十六日辛酉，武承嗣被罢免。

三月二十六日辛未，颁布《垂拱格》。

朝臣中，有人因官位被贬降而造访宰相，做自我申诉，内史骞味道说：“这是由太后处理的事。”同中书门下三品刘祎之说：“因为坐罪而改官，是由臣下奏请处理的。”太后听到后，夏季，四月初一日丙子，把骞味道贬为青州刺史，加给刘祎之太中大夫的官位。对侍臣说：“君臣是同一体的，怎么可以把过错归给国君，而好名声归于自己呢！”

癸未，突厥寇代州；淳于处平引兵救之；至忻州，为突厥所败，死者五千余人。

丙午，以裴居道为内史。纳言王德真流象州。

己酉，以冬官尚书苏良嗣为纳言。

壬戌，制内外九品以上及百姓，咸令自举。

壬申，韦方质同凤阁鸾台三品。

六月，天官尚书韦待价同凤阁鸾台三品。待价，万石之兄也。

同罗、仆固等诸部叛，遣左豹韬卫将军刘敬同发河西骑士出居延海以讨之，同罗、仆固等皆败散。敕侨置安北都护府于同城以纳降者。

秋，七月，己酉，以文昌左丞魏玄同为鸾台侍郎、同凤阁鸾台三品。

诏自今祀天地，高祖、太宗、高宗皆配坐；用凤阁舍人元万顷等之议也。

九月，丁卯，广州都督王果讨反獠，平之。

冬，十一月，癸卯，命天官尚书韦待价为燕然道行军大总管以讨吐蕃。初，西突厥兴昔亡、继往绝可汗既死，十姓无主，部落多散亡，太后乃擢兴昔亡之子左豹韬卫翊府中郎将元庆为左玉钤卫将军，兼昆陵都护，袭兴昔亡可汗押五咄陆部落。

麟台正字射洪陈子昂上疏，以为："朝廷遣使巡察四方，不可任非其人，及刺史、县令，不可不择。比年百姓疲于军旅，不可不安。"其略曰："夫使不择人，则黜陟不明，刑罚不中，朋党者进，贞直者退；徒使百姓修饰道路，送往迎来，无所益也。谚曰：'欲知其人，观其所使。'不可不慎也。"又曰："宰相，陛下之腹心；刺史、县令，陛下之手足；未有无腹心手足而能独理者也！"又曰："天下有危机，祸福因之而生，机静则有福，机动则有祸，百姓是也。百姓安则乐其生，不安则轻其死。轻其死则无所不至，祆逆乘衅，天下乱矣！"又曰："隋炀帝不知天下有危机，而信贪佞之臣，冀收夷狄之利，卒以灭亡，其为殷鉴，岂不大哉！"

太后修故白马寺，以僧怀义为寺主。怀义，鄠人，本姓冯，名小宝，

四月初八日癸未，突厥侵扰代州。淳于处平率兵援救，到达忻州，被突厥击败，死亡的有五千多人。

五月初一日丙午，任命裴居道为内史。纳言王德真被流放到象州。

五月初四日己酉，任命冬官尚书苏良嗣为纳言。

五月十七日壬戌，下令朝廷内外九品以上官员和百姓，都可以自我推举，以求进用。

五月二十七日壬申，任命韦方质为同凤阁鸾台三品。

六月，天官尚书韦待价为同凤阁鸾台三品。韦待价是韦万石的兄长。

同罗、仆固等各部落反叛，派遣左豹韬卫将军刘敬同，调河西骑兵，出居延海去讨伐，同罗、仆固等部落都败落散乱。下令侨置安北都护府于同城以招纳投降的人。

秋季，七月初五日己酉，任命文昌左丞魏玄同为鸾台侍郎、同凤阁鸾台三品。

下诏令以后祭祀天地时，高祖、太宗、高宗都得到配祭。这是采用凤阁舍人元万顷等人的建议。

九月二十四日丁卯，广州都督讨伐反叛的僚人，平定了叛乱。

冬季，十一月初一日癸卯，任命天官尚书韦待价为燕然道行军大总管，以讨伐突厥。起初，西突厥兴昔亡、继往绝可汗死后，十姓部落没有首领，部落大多分散流亡，太后就升擢兴昔亡的儿子左豹韬卫翊府中郎将元庆为左玉钤卫将军，兼昆陵都护，继承兴昔亡可汗统辖五个咄陆部落。

麟台正字射洪人陈子昂上疏，认为："朝廷派遣使者巡察四方时，所任的使者不可不适当，任命刺史、县令时也不可不选择。近年百姓为军旅的事精疲力尽，不可不加安抚。"内容大略说："派出的使者不选适当的人，那么官员的升降就不能公正，刑罚也就不能合理，结党营私的人被进用，而正直的人被贬退；白白地让百姓把使者经过的道路修整好，以迎送使者，这是没什么好处的。俗谚说：'要了解那个人，先观察他所派出的使者。'这是不能不谨慎小心的。"又说："宰相是陛下的腹心；刺史、县令是陛下的手足；从来没有无腹心、手足，却能够单独把天下治理好的！"又说："天下隐伏着危机，由此会产生祸福，危机静止就会有福运，危机一发动就会有灾祸，危机的静止和发动，就在百姓身上。百姓安稳就会乐于自己的生业，不安稳就会轻易赴死，一旦百姓有轻易赴死的心理，就会什么事都做得出来，而反常的、叛逆的事情就会乘机发生，天下就大乱了！"陈子昂又说："隋炀帝不知道天下有危机存在，而信任贪心谄佞的大臣，希望能从夷狄方向收到好处，终于灭亡，这种警戒，难道还不大吗！"

太后修建以前的白马寺，任命僧怀义为住持。怀义是鄠人，本来姓冯，名叫小

卖药洛阳市，因千金公主以进，得幸于太后；太后欲令出入禁中，乃度为僧，名怀义。又以其家寒微，令与驸马都尉薛绍合族，命绍以季父事之。出入乘御马，宦者十余人侍从；士民遇之者皆奔避，有近之者，辄挝其首流血，委之而去，任其生死。见道士则极意殴之，仍髡其发而去。朝贵皆匍匐礼谒，武承嗣、武三思皆执僮仆之礼以事之，为之执辔，怀义视之若无人。多聚无赖少年，度为僧，纵横犯法，人莫敢言。右台御史冯思勖屡以法绳之，怀义遇思勖于途，令从者殴之，几死。

（以上为第十二段，写武则天频繁更换宰辅大臣以固位，以及男宠薛怀义横行京师。）

二年（丙戌，686年）

春，正月，太后下诏复政于皇帝。睿宗知太后非诚心，奉表固让；太后复临朝称制。辛酉，赦天下。

二月，辛未朔，日有食之。

右卫大将军李孝逸既克徐敬业，声望甚重；武承嗣等恶之，数谮于太后，左迁施州刺史。

三月，戊申，太后命铸铜为匦：其东曰“延恩”，献赋颂、求仕进者投之；南曰“招谏”，言朝政得失者投之；西曰“伸冤”，有冤抑者投之；北曰“通玄”，言天象灾变及军机秘计者投之。命正谏、补阙、拾遗一人掌之，先责识官，乃听投表疏。

徐敬业之反也，侍御史鱼承晔之子保家教敬业作刀车及弩，敬业败，仅得免。太后欲周知人间事，保家上书，请铸铜为匦以受天下密奏。其器共为一室，中有四隔，上各有窍，以受表疏，可入不可出。太后善之。未几，其怨家投匦告保家为敬业作兵器，杀伤官军甚众，遂伏诛。

太后自徐敬业之反，疑天下人多图己，又自以久专国事，且内行不正，知宗室大臣怨望，心不服，欲大诛杀以威之。乃盛开告密之门，有告密者，臣下不得问，皆给驿马，供五品食，使诣行在。虽农夫樵人，皆得召见，廪于客馆，所言或称旨，则不次除官，无实者不问。于是四方告密者蜂起，人皆重足屏息。

宝，在洛阳街市上卖药，通过千金公主的关系被进用，而被太后所宠幸；太后想让他能在宫禁中自由出入，就让他剃度做和尚，法名怀义。又因为他家门贫寒低微，就命令和驸马都尉薛绍合族，又命令薛绍把怀义作为叔父来侍奉。薛怀义出入宫禁时乘坐皇帝用车马，十几个宦官侍候陪从；士人百姓遇到他都逃避，如果有人靠近马车，常常被打得头破血流，抛弃而去，不管生死。他看到道士就故意殴打，还要把道士头发剃掉才肯离开。朝廷显贵都伏地行礼拜见他，武承嗣、武三思都以僮仆礼节侍奉他，为他拉马缰赶车，薛怀义把这些人都不放在眼里。他又聚集很多无赖少上，剃度为僧，到处违犯法禁，没有人敢说话。右台御史冯思勖多次依法令处理，薛怀义在路上遇到冯思勖，命令随从殴打冯思勖，差点把他打死了。

武则天垂拱二年（丙戌，686年）

春季，正月，太后下诏令把政事还给睿宗。睿宗知道太后此举不是诚心的，就上表再三推辞，武太后又垂帘听政。正月二十日辛酉，大赦天下。

二月初一日辛未，发生日食。

右卫大将军李孝逸打败徐敬业后，声望非常高；武承嗣等人很不喜欢他，好几次在太后面前诬陷他，他就被降职为施州刺史。

三月初八日戊申，太后下令用铜铸造箱子，东面的叫“延恩”，让呈献赋颂，要求做官之人投表疏；南面的叫“招谏”，让议论朝廷政治得失的人投表疏；西面的叫作“伸冤”，让有冤屈的人投表疏；北面的叫“通玄”，让谈天象灾变和军机以及秘密计划的人投表疏。命令正谏、补阙、拾遗各一人执掌，人们要先求官吏担保，才听任投置章表奏疏。

徐敬业谋反时，侍御史鱼承晔的儿子鱼保家教授徐敬业制作刀车和弓弩，徐敬业败亡后，鱼保家得以幸免。太后要尽知人间的事情。鱼保家就上书给太后，请求铸造铜箱子，来接受天下人秘密的奏章。这箱子是一个整体，中间有四个隔子，上面都有孔，以接受章表奏疏，只能投进去，不能拿出来。太后对此很满意。没有多久，鱼保家的仇家把奏章投到箱子里，告他曾替徐敬业制作兵器，杀伤很多官兵，鱼保家就被诛杀了。

武太后自从徐敬业反叛之后，怀疑天下人多图谋反叛她，又自认为长久以来专掌国政，而且自己的行为不正，知道宗室大臣都在怨恨她，内心不服，所以想以大肆诛杀来威慑他们。于是就大开密告的门径，有人告密的话，臣下不许过问告密者的一切，都供给驿马，以五品官的伙食标准款待，让告密者前往太后的居处。就是农人樵夫，都被召见，食宿在客馆里，所说的事如与太后旨意相合，就破格任用为官吏，与事实不符的话也不问罪。因此四方告密的人蜂拥出现，大家都畏惧得不敢

有胡人索元礼，知太后意，因告密召见，擢为游击将军，令案制狱。元礼性残忍，推一人必令引数十百人，太后数召见赏赐以张其权。于是尚书都事长安周兴、万年人来俊臣之徒效之，纷纷继起。兴累迁至秋官侍郎，俊臣累迁至御史中丞，相与私畜无赖数百人，专以告密为事；欲陷一人，辄令数处俱告，事状如一。俊臣与司刑评事洛阳万国俊共撰《罗织经》数千言，教其徒网罗无辜，织成反状，构造布置，皆有支节。太后得告密者，辄令元礼等推之，竞为讯囚酷法，有“定百脉”“突地吼”“死猪愁”“求破家”“反是实”等名号。或以椽关手足而转之，谓之“凤皇晒翅”；或以物绊其腰，引枷向前，谓之“驴驹拔撅”；或使跪捧枷，累甓其上，谓之“仙人献果”；或使立高木，引枷尾向后，谓之“玉女登梯”；或倒悬石缒其首，或以醋灌鼻，或以铁圈毂其首而加楔，至有脑裂髓出者。每得囚，辄先陈其械具以示之，皆战栗流汗，望风自诬。每有赦令，俊臣辄令狱卒先杀重囚，然后宣示。太后以为忠，益宠任之。中外畏此数人，甚于虎狼。

（以上为第十三段，写武则天推行酷吏政治，用告密之法大规模诛除异己，全国士民笼罩在恐怖之中。）

麟台正字陈子昂上疏，以为：“执事者疾徐敬业首乱唱祸，将息奸源，穷其党与，遂使陛下大开诏狱，重设严刑，有迹涉嫌疑，辞相逮引，莫不穷捕考按。至有奸人荧惑，乘险相诬，纠告疑似，冀图爵赏，恐非伐罪吊人之意也。臣窃观当今天下，百姓思安久矣，故扬州构逆，殆有五旬，而海内晏然，纤尘不动。陛下不务玄默以救疲人，而反任威刑以失其望，臣愚暗昧，窃有大惑。伏见诸方告密，囚累百千辈，及其穷竟，百无一实。陛下仁恕，又屈法容之，遂使奸恶之党快意相仇，睚眦之嫌即称有密，一人被讼，百人满狱，使者推捕，冠盖如市。或谓陛下爱一人而害百人，天下喁喁，莫知宁所。臣闻隋之末代，天下犹平，杨玄感作乱，不逾月而败。天下之弊，未至土崩，蒸人之心，犹望乐业。炀帝不悟，遂使兵部尚书樊子盖专行屠戮，大穷党与，海内豪士，无不罹殃；遂至杀人如麻，流血成泽，天下靡然，始思为乱，于是雄杰并起而隋族亡矣。夫大狱一起，不能无滥，冤人吁嗟，感伤和气，群生疠疫，水旱

迈步，不敢出声。

有一个胡人叫索元礼，知道太后的心意，因为告密而被太后召见，擢升为游击将军，命令他审理太后下令办理的狱讼。索元礼生性残忍，讯问一个人一定要牵连几十上百人，太后屡次召见他，加以赏赐，以扩大他的权力。于是尚书都事长安人周兴、万年人来俊臣之流都争相效法，纷纷而起。周兴连续升迁到秋官侍郎，来俊臣连续升迁到御史中丞，彼此都私下蓄养了几百个无赖，专门以告密为事；要陷害一个人，就命令好几处一起告发，所告的事状都一样。来俊臣和司刑评事洛阳人万国俊一起撰写《罗织经》，共有几千言，教唆他们党徒搜集无罪人的言行，编造成谋反的罪状，加以虚构伪造、安排设置，使罪状都变成有枝有节。太后得到告密的案件，就命令索元礼等人审问，索元礼等人争相设计审问犯人的酷刑，有"定百脉""突地吼""死猪愁""求破家""反是实"等各种名称。或者用木椽扭住手足，而转动，叫作"凤凰晒翅"；或者用东西绊住腰部，再把颈上枷锁拉向前，叫作"驴驹拔撅"；或者命令犯人跪着，用手捧住枷锁，把砖头堆在上面，叫作"仙人献果"；或者命令犯人站在很高的木头上，把枷锁的尾部往后拉，叫作"玉女登梯"；或者倒挂着，用石头拴坠着头；或者用醋灌往鼻内；或者用铁圈紧束着头，然后在周围加上木楔，以至于有脑壳破裂脑髓流出的人。每次抓来犯人，常常先把刑具放在犯人眼前让犯人看，犯人都吓得颤抖流汗，见此势头，即便无罪自己也得招认了。每次有赦免令时，来俊臣常常命令狱卒先把重犯杀了，然后再宣布赦令。太后认为他很忠心，更加宠信他。朝廷内外都害怕这几个人，比怕虎狼还要厉害。

麟台正字陈子昂上疏认为："百官痛恨徐敬业首先倡导叛乱，为了阻止奸乱的根源，穷究徐敬业的党徒，就唆使陛下大开下诏令追办的狱讼，设下很多严酷刑罚，有涉嫌疑事迹的人，供词相互牵边没有不追捕到底而加以审讯的。以至于有奸人炫惑主上，利用这种形势而诬陷正人君子，纠举告发怀疑有罪的人，希望求得封爵奖赏，这样恐怕不是讨伐有罪、怜悯百姓的意思吧。臣私下观察当今天下，百姓祈求安定已经很久了，所以扬州的叛乱，虽然差不多有五十天之久，而这期间四海之内安定，一点都不受惊扰。陛下不务求静默无为，以拯救疲惫的百姓，反而任用严厉的刑罚，使百姓失望，臣愚昧不明，私下很感疑惑。臣看到四方的告密，被囚禁的犯人累积成百上千之多，但到最后，一百人中没有一个是真正有罪的。陛下仁慈宽恕，却枉屈法令，宽容这些执法者，因而使得这些为恶的党徒称心快意，更加仇视别人，一点很小的嫌怨就说对方有反叛的密谋，一个人被起诉，就把一百人关满监狱，使者各地审问捕捉犯人，所乘车马的冠盖就像集市上的那么稠密。有人说陛下只爱一人而害了一百人。天下人议论纷纷，不知道什么地方才能安宁。臣听说隋朝

随之，人既失业，则祸乱之心怵然而生矣。古者明王重慎刑法，盖惧此也。昔汉武帝时巫蛊狱起，使太子奔走，兵交宫阙，无辜被害者以千万数，宗庙几覆；赖武帝得壶关三老书，廓然感悟，夷江充三族，余狱不论，天下安尔。古人云：‘前事之不忘，后事之师。’伏愿陛下念之！”太后不听。

夏，四月，太后铸大仪，置北阙。

以岑长倩为内史。六月，辛未，以苏良嗣为左相，同凤阁鸾台三品韦待价为右相。己卯，以韦思谦为纳言。

苏良嗣遇僧怀义于朝堂，怀义偃蹇不为礼；良嗣大怒，命左右捽曳，批其颊数十。怀义诉于太后，太后曰：“阿师当于北门出入，南牙宰相所往来，勿犯也。”

太后托言怀义有巧思，故使入禁中营造。补阙长社王求礼上表，以为：“太宗时，有罗黑黑善弹琵琶，太宗阉为给使，使教宫人。陛下若以怀义有巧性，欲宫中驱使者，臣请阉之，庶不乱宫闱。”表寝不出。

秋，九月，丁未，以西突厥继往绝可汗之子斛瑟罗为右玉钤卫将军，袭继往绝可汗押五弩失毕部落。

己巳，雍州言新丰县东南有山踊出，改新丰为庆山县。四方毕贺。江陵人俞文俊上书：“天气不和而寒暑并，人气不和而疣赘生，地气不和而塠阜出。今陛下以女主处阳位，反易刚柔，故地气塞隔而山变为灾。陛下谓之‘庆山’。臣以为非庆也。臣愚以为宜侧身修德以答天谴；不然，殃祸至矣！”太后怒，流于岭外，后为六道使所杀。

突厥入寇，左鹰扬卫大将军黑齿常之拒之；至两井，遇突厥三千余

末年，天下还很平静，杨玄感作乱，没有超过一个月就失败了。天下的败坏，还没有达到如土崩瓦解不可收拾的局面，众民的心理，仍然希望能安居乐业。但炀帝不觉悟，就派兵部尚书樊子盖专务屠杀，大肆穷究其党徒，四海之内的豪杰之士，没有不遭殃的；以至于杀人如麻，流的血液汇成沼泽，天下百姓都受到损害，才想到要作乱，于是英雄豪杰四处兴起，而隋王室就灭亡了。大的狱讼一旦兴起之后，不可能不过滥，受冤人的忧愁感叹，就伤害了和谐之气，而疠疫就群起发生，水灾旱灾也接着来临，人们既然失去了生业，那么为祸作乱的心理就被诱发了。古代圣明的国君非常谨慎刑罚法令，就是害怕这点。以前汉武帝时巫蛊的狱讼发生，使得太子逃奔，战争就发生在宫廷里，无辜被伤害的人以千万计算，国家几乎被倾倒覆灭；幸亏武帝得到壶关三老的上书，豁然觉悟，诛杀江充三族，其他的人不再追究，天下因此才安定下来。古人说：'以前所发生的不忘记，可作为后来行事的借鉴。'希望陛下想想！"太后没有听他的劝告。

夏季，四月，太后铸造大仪，放置在北阙。

任命岑长倩为内史。六月初三日辛未，任命苏良嗣为左相，同凤阁鸾台三品韦待价为右相。四月十一日己卯，任命韦思谦为纳言。

苏良嗣在朝堂遇到和尚薛怀义，薛怀义傲慢地不向苏良嗣行礼。苏良嗣大为生气。命左右侍卫揪住薛怀义拖过来，打了几十个耳光。薛怀义告诉太后，太后说："师父你应当从北门出入，南衙是宰相来往的地方，不要冒犯他们。"

武太后借口薛怀义有奇巧的构思，因而让他进入宫禁营建工程。补阙长社人王求礼上表给太后，认为："太宗时，有个名叫罗黑黑的人善于弹奏琵琶，太宗把他阉割了，作为供给使唤之用，让他教导宫人。陛下如果认为薛怀义有奇巧的禀性，要让他在宫中供使唤的话，臣请求把他阉掉，这样才可能不淫乱宫禁。"表奏上去后，被搁置起来。

秋季，九月初十日丁未，任命西突厥继往绝可汗的儿子斛瑟罗为右玉钤卫将军，承袭继往绝可汗统领五个弩失毕部落。

十月初二日己巳，雍州报告新丰县东南有山从地面冒出，于是把新丰改为庆山县。四方都来恭贺。江陵人俞文俊上书说："天气不和谐，寒暑就竞相并起；人气不和谐，肿瘤、赘物就生长出来；地气不和谐，高隆的丘阜就踊突出现。现在陛下以一个女子却处在阳位，当了国君，颠倒刚柔，所以地气阻塞隔绝，而山岭变化成为灾异。陛下还称之为'庆山'，臣认为没有什么值得庆贺的。愚臣认为陛下应该侧身修养德行，以向上天的谴责谢罪；不然的话灾殃祸害就来临了。"武太后发怒，将俞文俊流放岭外。后来俞文俊被六道使所杀。

突厥入寇边境，左鹰扬卫大将军黑齿常之抵抗。到了两井，遇到三千多突厥人，

人，见唐兵，皆下马擐甲，常之以二百余骑冲之，皆弃甲走。日暮，突厥大至，常之令营中然火，东南又有火起，虏疑有兵相应，遂夜遁。

狄仁杰为宁州刺史。右台监察御史晋陵郭翰巡察陇右，所至多所按劾。入宁州境，耆老歌刺史德美者盈路；翰荐之于朝，征为冬官侍郎。

（以上为第十四段，写武则天拒谏，用酷吏，纵男宠，编织祥瑞，开启了武则天时代。）

他们一见到唐兵，都下马穿上铠甲，黑齿常之以二百多骑兵冲过去，这些突厥人都弃甲逃走。黄昏时，突厥兵大量涌入，黑齿常之命令军营中烧起火，东南又有火光出现，敌人怀疑有唐兵相呼应，就在当晚逃走了。

狄仁杰担任宁州刺史。右台监察御史晋陵人郭翰到陇石巡察，所到之地对官吏多所按察弹劾。进入宁州境内，歌颂刺史美德的老人沿路都是；郭翰向朝廷荐举，朝廷就征召狄仁杰为冬官侍郎。

【点评】

本卷记载唐高宗辞世，武则天登基，中国历史上唯一的女皇横空出世。武则天成功登基，看似平静，实质是一场不流血的宫廷政变，伴随慢性流血的高压政治。政权更迭，总是多事之秋，有许多突发事件值得点评。中宗被废、徐敬业起兵、诛裴炎、军中斩程务挺，这些都是突发事件，每一事件都伴随着血腥，这就是慢性流血。武则天以垂帘形式登基，牢牢掌控着局面，表现了武则天非凡的政治才能。次第点评上述各项突发事件。

一、中宗被废。弘道元年（683）十二月四日丁巳，唐高宗驾崩。十二月十一日甲子，皇太子李显即位，是为中宗。武则天为皇太后。裴炎为中书令，是首辅大臣。次年正月，中宗改元嗣圣，要任命皇后之父韦玄贞为侍中，又欲任命乳母之子为五品官。裴炎不同意，固执地与中宗争论。中宗一时生气说："我想把天下都给予韦玄贞，难道会舍不得一个侍中吗？"裴炎向武则天报告，而武则天正要找机会收回皇权，此时裴炎还是武则天的心腹，两人决定废中宗，另立武则天的幼子，即第四子李旦为皇帝。李旦天性懦弱，也不贪恋权位。武则天要夺回皇权，裴炎要掌控皇帝，一个是太后，一个是首辅，两人合谋，无须廷议。一个皇帝的废立大事，如同儿戏一般上演了。二月六日戊午，武则天在乾元殿召集百官会议，中书令裴炎与中书侍郎刘祎之，羽林将军程务挺、张虔勖带兵入宫。此时武则天以太后诏宣布废中宗为庐陵王。中宗说："我有什么罪？"太后说："你要把天下送给韦玄贞，怎么说没有罪呢？"第二天，二月七日己未，豫王李旦即位，是为睿宗，改元文明。睿宗从即位的当天就被软禁在别殿，不得干预政事。武则天以太后身份垂帘听政，事实上已经登基做了皇帝。因此，中宗与睿宗的废立，是一场不流血的宫廷政变。中宗只做了两个月的皇帝，他的皇帝名分只不过是替武则天撑起的一面遮阳伞。

唐高宗之死也十分突然。高宗长期患中风病、头疼。高宗在死前一个月，即光宅元年（684）十一月，头疼加重，召侍医秦鸣鹤诊断。秦鸣鹤说，可用针炙刺头出血治愈。武则天在帘后厉声说："秦鸣鹤可斩，敢用针刺天子之头。"武则天不满"二圣"并立，早就想让高宗死去，所以十分厌恶秦鸣鹤治高宗的病。高宗坚持针炙，不仅止了疼，眼睛也明亮起来。不久，高宗病势转重，但武则天隔断内外，连宰相都见不到高宗的面。高宗之死是否武则天所为，史籍没有记载，不可妄猜。后来韦皇后下毒害死中宗，激起事变，招来杀身之祸。武则天的高明就在于，长期等待，让高宗慢慢死去，不让医生好好治疗，加速高宗的死亡，让天下人抓不到她篡权的把柄。她不急于直接称帝，而通过废立的办法，做事实上的皇帝。文明元年（684）九月六日甲寅，武则天改元光宅，赦天下，易服色，改官名，可以说发起了一场去李唐化的运动。但武则天仍以太后的身份垂帘，让一切渐进改变。她还在等

待根基牢固之后，再来“革命”，不仅直接做了皇帝，还改了国号。武则天的政治权术，何等高明。裴炎助成其事，已堕入武则天彀中。当时的须眉，都不是武则天的对手。

这一场皇帝的非常废立，武则天获得了完胜。

二、徐敬业起兵。武则天垂帘，杀废太子李贤，流放庐陵王于房州，随即改流放地于均州，把庐陵王禁锢在唐太宗的废太子李承乾的故宅中。其时，武氏外戚得势，诸武用事，武承嗣入相，以礼部尚书为太常卿，同中书门下三品，以分裴炎之权。接着武则天立武氏七庙，违反礼制，裴炎固争而得罪太后。武则天易服色，改官名，贬诸王，一系列去李唐化运动使宗室人人自危。在这种形势下，李勣之子徐敬业以名臣之后，在扬州起兵，以匡复庐陵王为辞，发檄文声讨武则天。旬日之间，拥众十余万。

徐敬业谋主魏思温建言，集中主力，大张旗鼓地直指洛阳，表明志在勤王，将会得到全天下人的响应。徐敬业所署右司马薛仲璋，是裴炎的外甥，曾任监察御史，在起事叛军中有较高的地位。他反对魏思温的策谋，说什么金陵有王气，要徐敬业占领金陵为根据地，站稳脚跟，然后徐图中原。魏思温说：“山东豪杰不满意武则天专政，他们日夜等待南军北上，明公不趁此时机北上，先谋巢穴，人心失望，一旦解体，大势去矣。”徐敬业没有听从魏思温的策略，采纳了薛仲璋的建议，留下左长史唐之奇守扬州，自己带兵不是北上渡淮，而是南下攻打润州。魏思温说：“兵力集中则强，兵力分散则弱。徐敬业不全力渡淮，凝聚山东之众以取洛阳，失败就在眼前。”果如魏思温所料，武则天派左玉钤卫大将军、宗室李孝逸率领三十万大军讨伐叛逆。徐敬业很快被击败，魏思温的预料完全应验了。徐敬业起兵，声势浩大，不到三个月就失败了。

唐代史学家陈岳对徐敬业起兵有如下评价。陈岳说：“徐敬业如果采用魏思温的计谋，大军直指洛阳，以匡复唐室为号召，即使失败而被杀，至少留下忠义精神。但他却妄想依赖金陵王气，却使自己变成了真正的叛逆，怎能不失败呢！”陈岳的评论，可以说是一针见血。

徐敬业不采纳魏思温的善计，表现了他不是一个真正的勤王者，也没有干大事业的本领。当时人心思唐，所以徐敬业振臂一呼，四面云集，虽是十万乌合之众，却能连败李孝逸的三十万大军。由于徐敬业没有渡淮，不能凝聚中原之众。当他割据者的面目暴露，人心也就散了。徐敬业的对手武则天，却显示了一个君王的大度，策谋得当，赢得了人心。不得意的大文学家骆宾王，投靠徐敬业做了记室。他写檄文痛骂武则天，甚至人身攻击。武则天却不动怒，连声称赞文章写得好。武则天责备宰相没有发现和启用这样的人才。如此大度，震慑人心。武则天用唐宗室为将，

自己又没有称帝，太后讨逆，堂堂正正，于是扭转了局势，武则天以非凡的政治才能，化解了危局，平安地度过了风浪。

三、诛裴炎，斩程务挺。裴炎是忠于唐室的政治首领，程务挺是忠于唐室的军事领袖。两人都受到武则天的器重。武则天拉拢两人，想收买两人，委以重任，示之以信，示之以诚。武则天在东都洛阳，把稳定与防守长安的重任交给程务挺，尊奖他为唐之萧何。但两人不赞同武则天垂帘，要武则天还政于睿宗，程务挺直言谏劝，以西汉吕后之祸警示武则天，武则天手谕褒奖，然后把他从长安调走，任命程务挺为单于道安抚大使，督军以御突厥，驻军云中（在今山西大同市西北）。武则天抓住裴炎外甥薛仲璋助逆的把柄，诬陷裴炎谋反。程务挺上表替裴炎申理而被株连为裴炎同党。为了防止兵变，武则天遣使即在军中斩杀程务挺，如同当年秦二世诛杀蒙恬一样。武则天以皇权之重临之，忠臣不能辨其冤。裴炎在京被明正典刑。《唐统纪》载，武则天杀了裴炎和程务挺后，在朝堂上向群臣训话说："朕事先帝二十余年，忧天下至矣！公卿富贵，皆朕与之；天下安乐，朕长养之。及先帝弃群臣，以天下托顾于朕，不爱身而爱百姓。今为戎首，皆出于将相，群臣何负朕之深也。且卿辈有受遗老臣，倔强难制过裴炎者乎？有将门贵种，能纠合亡命过徐敬业者乎？有握兵宿将，攻战必胜过程务挺者乎？此三人者，人望也，不利于朕，朕能戮之。卿等有能过此三者，当即为之；不然，须革心事朕，无为天下笑。"武则天铁腕刚毅的个性展示无遗。中宗不听话，立即废除；李贤有可能被奉为旗帜，立即诛杀；大臣有异心，斩立决；睿宗唯唯诺诺，就掌控在手中作木偶。此时武则天根基还不牢，所以不直接称帝，而以太后临朝的方式假皇权以压臣民。武则天的机权干略与果决处事，的确是千载难遇。武则天之所以能够化险为夷，不是偶然的。

诛裴炎，斩程务挺，仅仅是武则天以威临天下、杀伐决断的开始。

唐纪二十

武则天垂拱三年至天授二年（687—691年）

【起强圉大渊献（丁亥，687年），尽重光单阏（辛卯，691年），凡五年】

【大事提要】

本卷记事起公元687年，讫公元691年，凡五年，时当武则天垂拱三年到天授二年。武则天执政二十年，这一时期是武则天前期执政最重要的阶段。由于女人当皇帝不合礼制，加之内行不检，诸多物议，而且又改国号为周，必然遭到唐宗室的反抗。武则天不愧为一个铁腕女人，她先下手为强，推行血腥政治来镇压反对派。一是建立告密制度，凡捕风捉影，只要是告密者皆给予重赏。二是大量启用酷吏。于是群丑登场，侯思业、王弘义、周兴、索元礼、来俊臣等酷吏，竞相攀比苛酷，一个比一个凶残。武则天借惩治徐敬业余党之名，大兴冤狱，大杀唐宗室，以及不满武氏专政的大臣，动辄诛杀成千累万。凤阁侍郎刘祎之，只因一句背后私议，说武则天应还政于睿宗，被凤阁舍人贾大隐告密赐死。功臣亦被武则天忌疑。黑齿常之，捍卫疆土，立有大功，一旦被告密，立即被诛杀。武则天以刑杀立威，朝野人士人人自危，可以说武则天的前期政治是一片黑暗。但在这一背景下，有狄仁杰、徐有功、杜景俭等执法宽平的大臣，有陈子昂的直谏，武则天甚至对狄仁杰十分敬重，表现了武则天政治的多面性与雄才，这也是武周政权得以存在的一个方面。本卷还记述了武则天明堂建成，行大礼，既尊号武氏列祖列宗，也尊礼唐室李氏祖宗，表现了武则天政治权术的老练与成熟。

【原文】

则天顺圣皇后上之下

垂拱三年（丁亥，687年）

春，闰正月，丁卯，封皇子成美为恒王，隆基为楚王，隆范为卫王，隆业为赵王。

二月，丙辰，突厥骨笃禄等寇昌平，命左鹰扬大将军黑齿常之帅诸军讨之。

三月，乙丑，纳言韦思谦以太中大夫致仕。

夏，四月，命苏良嗣留守西京。时尚方监裴匪躬检校京苑，将鬻苑中蔬果以收其利。良嗣曰："昔公仪休相鲁，犹能拔葵、去织妇，未闻万乘之主鬻蔬果也。"乃止。

壬戌，裴居道为纳言。

五月，丙寅，夏官侍郎京兆张光辅为凤阁侍郎、同平章事。

凤阁侍郎、同凤阁鸾台三品刘祎之窃谓凤阁舍人永年贾大隐曰："太后既废昏立明，安用临朝称制！不如返正，以安天下之心。"大隐密奏之，太后不悦，谓左右曰："祎之我所引，乃复叛我！"或诬祎之受归诚州都督孙万荣金，又与许敬宗妾有私，太后命肃州刺史王本立推之。本立宣敕示之，祎之曰："不经凤阁鸾台，何名为敕！"太后大怒，以为拒捍制使；庚午，赐死于家。

祎之初下狱，睿宗为之上疏申理，亲友皆贺之，祎之曰："此乃所以速吾死也。"临刑，沐浴，神色自若，自草谢表，立成数纸。麟台郎郭翰、太子文学周思钧称叹其文。太后闻之，左迁翰巫州司法，思钧播州司仓。

（以上为第一段，写凤阁侍郎刘祎之因凤阁舍人贾大隐的告密而被赐死，可见当时告密之风已盛行政坛。）

秋，七月，壬辰，魏玄同检校纳言。

岭南俚户旧输半课，交趾都护刘延祐使之全输，俚户不从，延祐诛其魁首。其党李思慎等作乱，攻破安南府城，杀延祐。桂州司马曹玄静

【语译】

则天顺圣皇后上之下

武则天垂拱三年（丁亥，687年）

春季，闰正月初二日丁卯，封皇子李成美为恒王，李隆基为楚王，李隆范为卫王，李隆业为赵王。

二月二十二日丙辰，突厥骨笃禄等人侵扰昌平县，命令左鹰扬大将地军黑齿常之率领各部军队去讨伐。

三月初一日乙丑，纳言韦思谦以太中大夫身份退休。

夏季，四月，命令苏良嗣在西京留守。当时尚方监裴匪躬正在西京的苑囿查核各项事务，打算卖掉苑囿中的菜蔬水果，以收取一些财利，苏良嗣说："以前公仪休做鲁国宰相时，尚且能够拔掉家中的葵菜，休掉织帛的妻子，不愿和百姓争利。我不曾听说过大国之君出卖蔬菜水果的。"裴匪躬才中止了这个计划。

四月二十九日壬戌，任命裴居道为纳言。

五月初三日丙寅，任命夏官侍郎京兆人张光辅为凤阁侍郎、同平章事。

凤阁侍郎、同凤阁鸾台三品刘祎之私下对凤阁舍人永年人贾大隐说："太后已经废黜了昏庸的皇帝，又立了贤明的皇帝，哪用得着再亲自临朝发号施令呢？不如把政事还给皇上，以安定天下的人心。"贾大隐把刘祎之的话暗中向太后奏报。太后很不高兴，对左右大臣说："刘祎之是我所引用的人，居然又背叛我！"有人诬陷刘祎之接受归诚州都督孙万荣的金钱，又和许敬宗的侍妾有暧昧关系，太后命令肃州刺史王本立推究查办，王本立向刘祎之宣示太后敕令，刘祎之说："不经过凤阁和鸾台，怎么可以称为敕令！"太后非常生气，认为刘祎之抗拒天子的使臣；五月初七日庚午，把刘祎之赐死在家里。

刘祎之刚被关在监狱时，睿宗替他上疏申诉辩护，亲戚朋友向他祝贺，刘祎之说："这样做恰恰是让我死得更快。"他临刑时，先沐浴一番，神态脸色像平时一样，亲自写谢表，很快就写了好几张纸。麟台郎郭翰、太子文学周思钧赞叹他写的文章。太后听到后，就把郭翰贬为巫州司法，周思钧贬为播州司仓。

秋季，七月三十日壬辰，魏玄同代理纳言。

岭南俚族人家以前只缴赋税的一半，交趾都护刘延祐要他们缴纳全额，俚人不接受，刘延祐把他们的首领杀掉。俚人李思慎等人作乱，攻破了安南府城，把刘延

将兵讨思慎等，斩之。

突厥骨笃禄、元珍寇朔州，遣燕然道大总管黑齿常之击之，以左鹰扬大将军李多祚为之副，大破突厥于黄花堆，追奔四十余里，突厥皆散走碛北。多祚世为靺鞨酋长，以军功得入宿卫。黑齿常之每得赏赐，皆分将士；有善马为军士所损，官属请笞之，常之曰："奈何以私马笞官兵乎！"卒不问。

九月，己卯，虢州人杨初成诈称郎将，矫制于都市募人迎庐陵王于房州；事觉，伏诛。

冬，十月，庚子，右监门卫中郎将爨宝璧与突厥骨笃禄、元珍战，全军皆没，宝璧轻骑遁归。

宝璧见黑齿常之有功，表请穷追余寇。诏与常之计议，遥为声援。宝璧欲专其功，不待常之，引精卒万三千人先行，出塞二千余里，掩击其部落；既至，又先遣人告之，使得严备，与战，遂败。太后诛宝璧；改骨笃禄曰不卒禄。

命魏玄同留守西京。

武承嗣又使人诬李孝逸自云"名中有兔，兔，月中物，当有天分。"太后以孝逸有功，十一月，戊寅，减死除名，流儋州而卒。

太后欲遣韦待价将兵击吐蕃，凤阁侍郎韦方质奏，请如旧制遣御史监军，太后曰："古者明君遣将，阃外之事悉以委之。比闻御史监军，军中事无大小皆须承禀。以下制上，非令典也；且何以责其有功！"遂罢之。

是岁，天下大饥，山东、关内尤甚。

（以上为第二段，写黑齿常之大破突厥，爨宝璧贪功冒进而致败。选用边将不可不慎。）

四年（戊子，688 年）

春，正月，甲子，于神都立高祖、太宗、高宗三庙，四时享祀如西庙之仪。又立崇先庙以享武氏祖考。太后命有司议崇先庙室数，司礼博士周悰请为七室，又减唐太庙为五室。春官侍郎贾大隐奏："礼，天子七庙，诸侯五庙，百王不易之义。今周悰别引浮议，广述异闻，直崇临朝

祐杀了。桂州司马曹玄静率兵讨伐李思慎等人，把他们杀了。

突厥骨笃禄、元珍侵扰朔州，派遣燕然道大总管黑齿常之加以攻击，任命左鹰扬大将军李多祚为副将，在黄花堆大败突厥，追逐敌人四十多里，突厥分散逃到沙漠以北。李多祚世代当靺鞨的酋长，因为战功才能进入朝廷做宿卫。黑齿常之每次得到的赏赐，都分给将士。他有一匹好马被军士伤害了，官属要求鞭打军士，黑齿常之说："怎么可以因为私人的马受伤，就鞭打官兵呢！"最后还是没有追究。

九月十九日己卯，虢州人杨初成诈称自己是郎将，假托太后命令在都市招募人马，前往房州迎回庐陵王，事情被发觉后，被杀。

冬季，十月初九日庚子，右监门卫中郎将爨宝壁和突厥骨笃禄、元珍交战，结果全军覆没，只有爨宝壁乘轻骑逃回来。

爨宝壁看到黑齿常之建立了功劳，上表请求穷追突厥余众。太后下诏令要他和黑齿常之一起筹划商量，遥相声援。爨宝壁想独贪功劳，没有等待黑齿常之到达，就带领精兵一万三千人先出发，离开边塞两千多里，袭击突厥部落。到了之后，又先派人通报对方，使得突厥部落严加戒备，然后爨宝壁和对方交战，便被打败了。太后杀了爨宝壁；把骨笃禄改名为不卒禄。

命令魏玄同任西京留守。

武承嗣又派人诬告李孝逸，说他自己说"名字中有兔，兔子是月亮里的东西，应当有天子的名分"。太后因为李孝逸有功劳，十一月十八日戊寅，减免死罪废除他做官的身份，流放到儋州而死。

太后要派遣韦待价率兵攻击吐蕃，凤阁侍郎韦方质上奏，请求按照既定的制度，派遣御史监察军队，太后说："古代贤明的国君派遣大将，统兵在外的事情全部委托大将处理。最近听说御史监察军队时，军中的事不管大大小小，都需要向监军禀报。由下属控制长上，不是好典制；况且这样做，又怎么责成大将有事功呢！"就废止了设监军的事。

这一年，天下发生大饥荒，山东、关内尤其严重。

武则天垂拱四年（戊子，688 年）

春季，正月初五日甲子，在神都设立高祖、太宗、高宗三庙，四季祭祀都按照西京宗庙的礼节，又设立崇先庙以祭祀武氏祖先。太后命官员们讨论崇先庙房间的数目，司礼博士周悰请求设立七室，又减少唐的太庙为五室。春官侍郎贾大隐上奏说："礼仪典章规定天子七庙，诸侯五庙，这是百代君王不变的规范。现在周悰另外

权仪，不依国家常度。皇太后亲承顾托，光显大猷，其崇先庙室应如诸侯之数，国家宗庙不应辄有变移。”太后乃止。

太宗、高宗之世，屡欲立明堂，诸儒议其制度，不决而止。及太后称制，独与北门学士议其制，不问诸儒。诸儒以为明堂当在国阳丙已之地，三里之外，七里之内。太后以为去宫太远。二月，庚午，毁乾元殿，于其地作明堂，以僧怀义为之使，凡役数万人。

夏，四月，戊戌，杀太子通事舍人郝象贤。象贤，处俊之孙也。

初，太后有憾于处俊，会奴诬告象贤反，太后命周兴鞫之，致象贤族罪。象贤家人诣朝堂，讼冤于监察御史乐安任玄殖。玄殖奏象贤无反状，玄殖坐免官。象贤临刑，极口骂太后，发扬宫中隐慝，夺市人柴以击刑者；金吾兵共格杀之。太后命支解其尸，发其父祖坟，毁棺焚尸。自是终太后之世，法官每刑人，先以木丸塞其口。

武承嗣使凿白石为文曰：“圣母临人，永昌帝业。”末紫石杂药物填之。庚午，使雍州人唐同泰奉表献之，称获之于洛水。太后喜，命其石曰“宝图”。擢同泰为游击将军。五月，戊辰，诏当亲拜洛，受“宝图”；有事南郊，告谢昊天；礼毕，御明堂，朝群臣。命诸州都督、刺史及宗室、外戚以拜洛前十日集神都。

乙亥，太后加尊号为圣母神皇。

（以上为第三段，写武则天建明堂，造祥瑞，自加尊号为“圣母神皇”。）

六月，丁亥朔，日有食之。

壬寅，作神皇三玺。

东阳大长公主削封邑，并二子徙巫州。公主适高履行，太后以高氏长孙无忌之舅族，故恶之。

江南道巡抚大使、冬官侍郎狄仁杰以吴、楚多淫祠，奏焚其一千七百余所，独留夏禹、吴太伯、季札、伍员四祠。

秋，七月，丁巳，赦天下。更命“宝图”为“天授圣图”；洛水为永

引用不切实的议论，多方采用不同的说法，只为推崇临朝者的权宜礼仪，不按照国家的常规去做。皇太后亲自承担照顾皇上、托付天下的责任，正是大显伟大谋略的时候，所以崇先庙的室数应该和诸侯相同，而国家的宗庙不应该随便改移。”武太后才打消了这个念头。

唐太宗、唐高宗的时代，好几次要设立明堂，儒士们讨论明堂制度，未做决定而停止。太后临朝听政后，就只和北门学士讨论明堂制度，不再问儒士们的意见。儒士们认为明堂应当设在国都南面丙巳方位的土地上，三里外，七里内的范围。太后认为离开皇宫太远。[正月十一日庚午]，毁掉乾元殿，在原地营建明堂，任命僧怀义为主管其事的使者，役使民间的劳力共有几万人。

夏季，四月十一日戊戌，把太子通事舍人郝象贤杀掉。郝象贤是郝处俊的孙子。

起先，武太后对郝处俊有所怀恨，正好有奴仆诬告郝象贤谋反，太后命令周兴审讯查办，判郝象贤灭族的罪。郝象贤家人前往朝廷，向监察御史乐安人任玄殖诉说冤情。任玄殖上奏说郝象贤没有谋反的事实，任玄殖因而获罪免官。郝象贤临刑时，不住地大骂太后，把宫中隐私奸慝的事都揭发出来，夺过市上百姓的木柴，去击打行刑的人；金吾兵一拥而上，把郝象贤打死。太后命令肢解他的尸体，挖掘他父亲祖父的坟墓，毁坏棺木，焚烧尸体。从此以后，直到太后死，法官每次处死犯人时，都要先用木毬塞住犯人的嘴巴。

武承嗣派人凿白石，刻下文字说：“圣母临人，永昌帝业。”打碎紫石为粉末，混杂着药物填在字里。庚午日，派雍州人唐同泰拿着奏表呈献太后，声称是在洛水得到的。太后很高兴，把石头命名为“宝图”，擢升唐同泰为游击将军。五月十一日戊辰，下诏令要亲自到洛水祭拜，接受“宝图”；在南郊举行祭祀，以告谢上天；祭礼完毕，前往明堂，接受群臣朝拜。命令各州都督、刺史和宗室、外戚等，在前往祭拜洛水之前十天，到神都集合。

五月十八日乙亥，太后给自己加尊号为圣母神皇。

六月初一日丁亥，发生日食。

六月十六日壬寅，制作了神皇的三块印玺。

东阳大长公主被削夺封邑，连同两个儿子一起迁徙到巫州，公主嫁给高履行，太后因为高氏是长孙无忌舅父的同族，所以非常厌恶他们。

江南道巡抚大使、冬官侍郎狄仁杰认为吴、楚地方有很多滥建的祠庙，奏告太后烧掉一千七百多处，只留下祭祀夏禹、吴太伯、季札、伍员等四人的祠庙。

秋季，七月初一日丁巳，赦免天下，把“宝图”改名为“天授圣图”；把洛水改

昌洛水，封其神为显圣侯，加特进，禁渔钓，祭祀比四渎。名图所出曰“圣图泉”，泉侧置永昌县。又改嵩山为神岳，封其神为天中王，拜太师、使持节、神岳大都督，禁刍牧。又以先于汜水得瑞石，改汜水为广武。

太后潜谋革命，稍除宗室。绛州刺史韩王元嘉、青州刺史霍王元轨、邢州刺史鲁王灵夔、豫州刺史越王贞及元嘉子通州刺史黄公譔、元轨子金州刺史江都王绪、虢王凤子申州刺史东莞公融、灵夔子范阳王蔼、贞子博州刺史琅邪王冲，在宗室中皆以才行有美名，太后尤忌之。元嘉等内不自安，密有匡复之志。

譔谬为书与贞云：“内人病浸重，当速疗之，若至今冬，恐成痼疾。”及太后召宗室朝明堂，诸王因递相惊曰：“神皇欲于大飨之际，使人告密，尽收宗室，诛之无遗。”譔诈为皇帝玺书与冲云：“朕遭幽絷，诸王宜各发兵救我。”冲又诈为皇帝玺书云：“神皇欲移李氏社稷以授武氏。”八月，壬寅，冲召长史萧德琮等令募兵，分告韩、霍、鲁、越及贝州刺史纪王慎，令各起兵共趣神都。太后闻之，以左金吾将军丘神勣为清平道行军大总管以讨之。

冲募兵得五千余人，欲渡河取济州；先击武水，武水令郭务悌诣魏州求救。莘令马玄素将兵千七百人中道邀冲，恐力不敌，入武水，闭门拒守。冲推草车塞其南门，因风纵火焚之，欲乘火突入；火作而风回，冲军不得进，由是气沮。堂邑董玄寂为冲将兵击武水，谓人曰：“琅邪王与国家交战，此乃反也。”冲闻之，斩玄寂以徇，众惧而散入草泽，不可禁止，惟家僮左右数十人在。冲还走博州，戊申，至城门，为守门者所杀，凡起兵七日而败。丘神勣至博州，官吏素服出迎，神勣尽杀之，凡破千余家。

越王贞闻冲起，亦举兵于豫州，遣兵陷上蔡。九月，丙辰，命左豹韬大将军麹崇裕为中军大总管，岑长倩为后军大总管，将兵十万以讨之，又命张光辅为诸军节度。削冲属籍，更姓虺氏。贞闻冲败，欲自锁诣阙谢罪，会所署新蔡令傅延庆募得勇士二千余人，贞乃宣言于众曰：“琅邪已破魏、相数州，有兵二十万，朝夕至矣。”发属县兵共得五千，分为五

为永昌洛水，封洛水之神为显圣侯，加封特进的官号，禁止打渔垂钓，比照祭祀四渎的规格来祭祀洛水。把圣图所出的地方称为“圣图泉”，在泉的侧边设置永昌县。又把嵩山改为神岳，封嵩山的神为天中王，拜为太师、使特节、神岳大都督，禁止打草放牧。又因为先在汜水获得瑞石，所以把汜水县改为广武。

武太后暗中计划改朝换代，逐渐除去皇族宗室的力量。绛州刺史韩王李元嘉、青州刺史霍王李元轨、邢州刺史鲁王李灵夔、豫州刺史越王李贞和李元嘉的儿子通州刺史黄公李譔、李元轨的儿子金州刺史江都王李绪、虢王李凤的儿子申州刺史东莞公李融、李灵夔的儿子范阳王李蔼、李贞的儿子博州刺史琅邪王李冲，这几个人在宗室中，都因才学德行而有好名声，太后尤其忌惮他们。李元嘉等人内心不安，暗中有匡救恢复大唐天下的心志。

李譔写信给李贞，隐讳地说：“内人病情渐渐沉重，应当快点治疗，如果拖到今年冬天，恐怕会变成治不好的痼疾。”及至太后招来宗室朝见明堂，诸王就相互警告说：“神皇要在举行大飨祭礼时，派人告密，把宗室全部拘留起来，一个不漏地杀掉。”李譔假造皇帝给李冲的玺书说：“朕遭受幽囚拘禁，诸王要各自调动军队来救我。”李冲又假造皇帝的玺书说：“神皇要把李氏的天下移交给武氏。”八月十七日壬寅，李冲招来长史萧德琮等人，命令他们召募士兵，分头告诉韩、霍、鲁、越各王和贝州刺史纪王李慎，命令他们各自起兵，一同开往神都。太后听到后，任命左金吾将军丘神勣为清平道行军大总管，前往讨伐。

李冲招募士兵，得到五千多人，打算渡过黄河攻取济州；先攻打武水，武水县令郭务悌到魏州求救。莘县县令马玄素领士兵一千七百人在半路截击李冲，但担心兵力弱，抵抗不过，就进入武水，闭门防守。李冲推草车塞住南面城门，利用风势纵火焚烧，想利用火起攻进城去；不料火起后风却吹了回来，李冲的军队不能前进，因此士气沮丧。堂邑人董玄寂为李冲率领士兵攻打武水，对人说：“琅邪王和朝廷作战，这就是反叛啊。”李冲听到了，就把董玄寂斩杀了示众。众士兵害怕被杀而逃散入草泽里，无法禁止，只有家僮和左右侍卫几十个人留了下来。李冲退走到博州，八月二十三日戊申，到了城门边，被守城门的人杀掉，总共起兵七天就失败了。丘神勣到了博州，官吏穿着丧服出城迎接，丘神勣把他们全部杀掉，总共杀了一千多家。

越王李贞听说李冲起兵，也在豫州举事，派兵攻陷上蔡。九月初一日丙辰，朝廷任命左豹韬大将军麴崇裕为中军大总管，岑长倩为后军大总管，率领士兵十万前往讨伐，又命令张光辅为各军的节度。削除李冲宗属的名籍，改为虺氏。李贞听说李冲失败，本想锁住自己，前往朝廷请罪，正好所辖新蔡令傅延庆招募了勇士二千多人，李贞就对众人宣告说：“琅邪王李冲已经攻破了魏、相等几个州，有士兵

营，使汝南县丞裴守德等将之，署九品以上官五百余人。所署官皆受迫胁，莫有斗志，惟守德与之同谋，贞以其女妻之，署大将军，委以腹心。贞使道士及僧诵经以求事成，左右及战士皆带辟兵符。麹崇裕等军至豫州城东四十里，贞遣少子规及裴守德拒战，兵溃而归。贞大惧，闭阁自守。崇裕等至城下，左右谓贞曰："王岂可坐待戮辱！"贞、规、守德及其妻皆自杀。与冲皆枭首东都阙下。

初，范阳王蔼遣使语贞及冲曰："若四方诸王一时并起，事无不济。"诸王往来相约结，未定而冲先发，惟贞狼狈应之，诸王皆不敢发，故败。

贞之将起兵也，遣使告寿州刺史赵瑰，瑰妻常乐长公主谓使者曰："为我语越王：昔隋文帝将篡周室，尉迟迥，周之甥也，犹能举兵匡救社稷，功虽不成，威震海内，足为忠烈。况汝诸王，先帝之子，岂得不以社稷为心！今李氏危若朝露，汝诸王不舍生取义，尚犹豫不发，欲何须邪！祸且至矣，大丈夫当为忠义鬼，无为徒死也。"

及贞败，太后欲悉诛韩、鲁等诸王，命监察御史蓝田苏珦按其密状。珦讯问，皆无明验，或告珦与韩、鲁通谋，太后召珦诘之，珦抗论不回。太后曰："卿大雅之士，朕当别有任使，此狱不必卿也。"乃命珦于河西监军，更使周兴等按之，于是收韩王元嘉、鲁王灵夔、黄公譔、常乐公主于东都，迫胁皆自杀，更其姓曰"虺"，亲党皆诛。

（以上为第四段，写武则天逼反诸亲王，借势大开杀戒，清除唐室宗亲。）

以文昌左丞狄仁杰为豫州刺史。时治越王贞党与，当坐者六七百家，籍没者五千口，司刑趣使行刑。仁杰密奏："彼皆诖误，臣欲显奏，似为逆人申理；知而不言，恐乖陛下仁恤之旨。"太后特原之，皆流丰州。道过宁州，宁州父老迎劳之曰："我狄使君活汝邪？"相携哭于德政碑下，设斋三日而后行。

时张光辅尚在豫州，将士恃功，多所求取，仁杰不之应。光辅怒

二十万，早晚就要到了。”征召属下各县士兵，共得到五千人，分为五个营，派汝南县丞裴守德等人率领，任命九品以上的官吏五百多人，所任命的官吏都受到胁迫，没有斗志，只有裴守德和李贞一起谋划，李贞把女儿嫁给裴守德，任命为大将军，把他当成心腹。李贞派道士和和尚诵经，以求事情能够成功，左右和士兵也都带着可以避免兵器伤害的符箓。麴崇裕等人率军到达距豫州城东四十里处，李贞派遣小儿子李规和裴守德迎战，士兵溃败逃回，李贞非常害怕，闭门自守，麴崇裕等人到了城下，左右对李贞说：“王怎么可以坐着等待被杀受辱！”李贞、李规、裴守德以及裴守德之妻都自杀，他们与李冲等人死后被悬首示众在东都宫门前。

起先范阳王李蔼派遣使者告诉李贞和李冲说：“如果四方的诸王同时起事，事情没有做不成的。”诸王往返互相联络，但事情还没定夺李冲就率先起事，只有李贞十分窘迫地响应他，诸王都不敢发动，所以失败了。

李贞将要起兵时，派遣使者密告寿州刺史赵瓌，赵瓌的妻子常乐长公主对使者说：“替我告诉越王，以前隋文帝要篡夺周室时，尉迟迥是周的外甥，尚且能够起兵匡救周的社稷，功业虽然没有建成，声威震动四海之内，足够称为忠烈。何况你们诸王，都是先帝的儿子，怎么能够不关心社稷呢？现在李氏的形势危险得像早上的露水一样，你们诸王不能做到舍生取义，还在犹豫不发动，要等待什么呢！祸害马上就要到了，大丈夫应该做忠义之鬼，不要死得没有价值。”

到李贞失败之后，太后要把韩、鲁诸王全都杀掉，命监察御史蓝田人苏珦调查秘密谋反的情状。苏珦再三讯问，都没有明显证据，有人密告苏珦和韩、鲁诸王同谋，太后召见苏珦诘问，苏珦据理抗争，不改变自己的看法，太后说：“卿是大雅的士人，朕会有另外的任用，这件案子不必由您来办了。”就命苏珦到河西监督军队，改派周兴等人查办，于是就把韩王李元嘉、鲁王李灵夔、黄公李譔、常乐公主等人关在东都的监狱里，逼迫他们全部自杀，改他们的姓氏为“虺”，所有亲戚党羽都被杀掉。

朝廷任命文昌左丞狄仁杰为豫州刺史。当时查办越王李贞的同党，应该坐罪的有六七百家，被籍没官府充当奴婢的有五千人，司刑寺催促要行刑。狄仁杰暗中奏报说：“这些人都是无罪而被牵累的，臣想公开地上奏，似乎在为叛逆者申诉，但是知道真情却不报，又乖违了陛下仁慈怜恤的旨意。”太后听了狄仁杰的奏报，就特别原谅了这些人，将其全部流放到丰州。这些人路过宁州时，宁州父兄迎接他们，并且慰问他们说：“是我们的狄使君救活你们的吗？”众人相互携手在宁州百姓为狄仁杰立的德政碑下痛哭，斋戒三日，以表谢恩后才离开。

当时张光辅还在豫州，将士们仗着有功，多方地索取财物，狄仁杰没有答应。

曰："州将轻元帅邪？"仁杰曰："乱河南者一越王贞耳，今一贞死，万贞生！"光辅诘其语，仁杰曰："明公总兵三十万，所诛者止于越王贞。城中闻官军至，逾城出降者四面成蹊，明公纵将士暴掠，杀已降以为功，流血丹野，非万贞而何！恨不得尚方斩马剑，加于明公之颈，虽死如归耳！"光辅不能诘，归，奏仁杰不逊，左迁复州刺史。

丁卯，左肃政大夫骞味道、夏官侍郎王本立并同平章事。

太后之召宗室朝明堂也，东莞公融密遣使问成均助教高子贡，子贡曰："来必死。"融乃称疾不赴。越王贞起兵，遣使约融，融苍猝不能应，为官属所逼，执使者以闻，擢拜右赞善大夫。未几，为支党所引，冬，十月，己亥，戮于市，籍没其家。高子贡亦坐诛。

济州刺史薛颉、颉弟绪、绪弟驸马都尉绍，皆与琅邪王冲通谋。颉闻冲起兵，作兵器，募人；冲败，杀录事参军高纂以灭口。十一月，辛酉，颉、绪伏诛，绍以太平公主故，杖一百，饿死于狱。

十二月，乙酉，司徒、青州刺史霍王元轨坐与越王连谋，废徙黔州，载以槛车，行至陈仓而死。江都王绪、殿中监郕公裴承先皆戮于市。承先，寂之孙也。

命裴居道留守西京。

左肃政大夫、同平章事骞味道素不礼于殿中侍御史周矩，屡言其不能了事。会有罗告味道者，敕矩按之。矩谓味道曰："公常责矩不了事，今日为公了之。"乙亥，味道及其子辞玉皆伏诛。

（以上为第五段，写酷吏治狱，诛杀无限扩大，豫州刺史狄仁杰护佑无辜，存活者五千余口。）

己酉，太后拜洛受图，皇帝、皇太子皆从，内外文武百官、蛮夷各依方叙立，珍禽、奇兽、杂宝列于坛前，文物卤簿之盛，唐兴以来未之有也。

辛亥，明堂成，高二百九十四尺，方三百尺。凡三层：下层法四时，各随方色；中层法十二辰；上为圆盖，九龙捧之。[上层法二十四气，亦为圆盖。]上施铁凤，高一丈，饰以黄金。中有巨木十围，上下通贯，栭

张光辅生气地说："你身为州将就敢轻视我元帅吗？"狄仁杰说："扰乱汝南的不过是越王李贞一人罢了，现在李贞一个人死了，一万个李贞却活了！"张光辅追问这句话的意思，狄仁杰说："您率领士兵三十万，所杀的人不过是越王李贞。城里百姓听说官军到了，翻越城墙出来投降的多得四面都踏出了小路，您却放纵将士加以暴虐掠夺，杀死已投降的人以报功劳，血流染红了原野，这些人不是一万个李贞又是什么！我恨不得拿到尚方斩马剑，加在您的头颈上，我虽死也没有遗憾！"张光辅不能再责问，回朝后，奏告太后说狄仁杰傲慢不恭逊，把狄仁杰降职为复州刺史。

九月十二日丁卯，左肃政大夫骞味道、夏官侍郎王本立都被任命为同平章事。

武太后招来宗室朝拜明堂时，东莞公李融暗中派遣使者问成均助教高子贡，子贡说："前来一定会死。"李融就借口生病没有前去。越王李贞起兵时，派遣使者约请李融共举，李融匆忙间不能答应，被部下官属所逼迫，只好逮捕李贞的使者向朝廷报告，朝廷擢升他为右赞善大夫。没多久，李融被亲党所牵连，冬十月十四日己亥，被杀于街市上，抄没了他的家。高子贡也因此获罪被杀。

济州刺史薛颛、薛颛的弟弟薛绪、薛绪的弟弟驸马都尉薛绍，都和琅邪王李冲一起谋划反叛。薛颛听说李冲起兵，就制作了兵器，招募士卒；李冲失败时，薛颛就杀了录事军高纂以免泄露消息。十一月初六日辛酉，薛颛、薛绪伏罪被杀，薛绍因为是太平公主丈夫的缘故，被判杖打一百，饿死在监狱里。

十二月初一日乙酉，司徒、青州刺史霍王李元轨因犯与越王结谋的罪，官位被废，被流放黔州，用槛车载着，走到陈仓时就死了。江都王李绪、殿中监郕公裴承先都被杀死在街市上。裴承先是裴寂的孙子。

命令裴居道留守西京。

左肃政大夫、同平章事骞味道一向对殿中侍御史周矩不礼貌，常常说他不能办事，正好有人罗织控告骞味道，太后下令周矩查办。周矩对骞味道说："你常责备我周矩不会办事，今天就为你办办事。"十二月十五日乙亥，骞味道和他的儿子骞辞玉都被处死。

十二月二十五日辛亥，太后拜洛水受圣图，睿宗、皇太子都跟随着，朝廷内外文武百官、蛮夷酋长等，各按照方位和次第站立，珍禽、奇兽、各种宝物排列在祭坛前，文物、车骑仪仗的盛多，是自从唐兴起以来，从来没有过的。

十二月二十七日辛亥，明堂建成，高二百九十四尺，方圆三百尺。共分三层：下层模仿四季，各自随着四方的颜色。中层模仿十二时辰。上层是圆盖，由九条龙拱捧着，［上方模仿二十四个节气，也是圆盖］，装有铁制的凤鸟，高有一丈，外表

栌欂棍藉以为本。下施铁渠，为辟雍之象。号曰万象神宫。宴赐群臣，赦天下，纵民入观。改河南为合宫县。又于明堂北起天堂五级以贮大像；至三级，则俯视明堂矣。僧怀义以功拜左威卫大将军、梁国公。

侍御史王求礼上书曰："古之明堂，茅茨不翦，采椽不斫。今者饰以珠玉，涂以丹青，铁鹫入云，金龙隐雾，昔殷辛琼台，夏癸瑶室，无以加也。"太后不报。

（以上为第六段，写明堂建成，武则天男宠薛怀义因监造之劳，受封梁国公。）

太后欲发梁、凤、巴蜑，自雅州开山通道，出击生羌，因袭吐蕃。正字陈子昂上书，以为："雅州边羌，自国初以来未尝为盗。今一旦无罪戮之，其怨必甚；且惧诛灭，必蜂起为盗。西山盗起，则蜀之边邑不得不连兵备守，兵久不解，臣愚以为西蜀之祸，自此结矣。臣闻吐蕃爱蜀富饶，欲盗之久矣，徒以山川阻绝，障隘不通，势不能动。今国家乃乱边羌，开隘道，使其收奔亡之种，为乡导以攻边，是借寇兵为贼除道，举全蜀以遗之也。蜀者国家之宝库，可以兼济中国。今执事者乃图侥幸之利以事西羌，得其地不足以稼穑，财不足以富国，徒为糜费，无益圣德，况其成败未可知哉！夫蜀之所恃者险也，人之所以安者无役也；今国家乃开其险，役其人，险开则便寇，人役则伤财，臣恐未见羌戎，已有奸盗在其中矣。且蜀人尩劣，不习兵战，山川阻旷，去中夏远，今无故生西羌、吐蕃之患，臣见其不及百年，蜀为戎矣。国家近废安北，拔单于，弃龟兹，放疏勒，天下翕然谓之盛德者，盖以陛下务在养人，不在广地也。今山东饥，关、陇弊，而徇贪夫之议，谋动甲兵，兴大役，自古国亡家败，未尝不由黩兵，愿陛下熟计之。"既而役不果兴。

（以上为第七段，写武则天停开西川山道，不失为英明。陈子昂建言免西川用兵，不失为忠臣。）

永昌元年（己丑，689 年）

春，正月，乙卯朔，大飨万象神宫，太后服衮冕，搢大圭，执镇圭

用黄金涂饰；中有十围的巨大木头，上下可以贯通，栭、栌、樸、棁都借它作为根基；下面设有铁制的渠道，作为辟雍的象征，称为万象神宫。设宴款待群臣，大赦天下，让百姓自由进入观赏。把河南改为合宫县。又在明堂北面建造天堂五层，以停放佛像。到第三层时，就已经可以俯视明堂了。僧人薛怀义因为建造明堂有功拜为左威卫大将军、梁国公。

侍御史王求礼上书说："古代的明堂，以茅草为盖，不加修剪，以栎木为椽，不加斫伐以为美饰。现在却用珍珠宝玉装饰，再用丹青涂抹，铁制的凤凰高耸入云，金制的龙在雾中隐现，以前商纣建造的琼台，夏桀营盖的瑶室，都比不过它。"太后没有理睬。

武太后要征召梁州、凤州、巴州蜑人服劳役，从雅州开山修路，以便出兵攻击生羌，从而能袭击吐蕃。正字陈子昂上书朝廷，认为："雅州边邻生羌，从开国以来从没有发生盗贼。现在一旦没有罪过而加以杀戮，仇怨一定很严重；而且他们害怕百姓被杀灭，一定群起而为盗贼。西山的盗贼一发生，那么蜀地的边境县邑就不能不联结军队防备守御，战事长久不能消除，臣认为西蜀的祸害，从此就结下了。臣听说吐蕃贪爱蜀地的富饶，打算侵犯的念头很久就有了，只因为山川险阻断绝，关隘障塞不能相通，所以才不能有所动作。现在朝廷挑起边境生羌的乱事，开通隘道，使吐蕃能收留逃亡的生羌，让他们做向导，而攻击边境，这就是借助生羌贼兵替敌人吐蕃开道，把整个蜀地送给敌人。蜀地是国家的宝库，还可以接济中原，现在当政的人居然贪图侥幸的利益，要从事对西羌的讨伐，即使胜利了，所得到的土地也不能够种庄稼，所得到的财物也不足以使国家富裕，徒然损耗国力，对天子的美德没什么好处，何况成败还无法知晓呢！蜀地所依赖的是险阻，百姓所以能够安定，是因为没有劳役；现在朝廷要清除掉当地的险要，役使当地的百姓，险要一旦被清除，就方便了敌人，百姓一旦受役使，就减损了财物，臣担心还没看到羌戎，蜀地之中就先有奸人盗贼了。而且蜀人身体羸弱陋劣，不习惯作战，山川阻绝，距离中原很遥远，现在无缘无故造成西羌、吐蕃的祸患，臣预测不超过百年，蜀地就变成戎羌的土地了。朝廷最近放弃了安北、单于、龟兹、疏勒，天下人一致称之为美德，是因为陛下注重养育百姓，不注重增广土地。现在山东发生饥荒，关、陇等地疲敝，却顺从贪心的人的谋议，计划要挑起战争，兴起大征役，从古以来国家的灭亡，没有不是因为穷兵黩武的关系，希望陛下仔细考虑。"其后，征役的事没有进行。

武则天永昌元年（己丑，689 年）

春季，正月初一日乙卯，在万象神宫举行大飨祭礼，太后身着天子的衮服和冕

为初献，皇帝为亚献，太子为终献。先诣昊天上帝座，次高祖、太宗、高宗，次魏国先王，次五方帝座。太后御则天门，赦天下，改元。丁巳，太后御明堂，受朝贺。戊午，布政于明堂，颁九条以训百官。己未，御明堂，飨群臣。

二月，丁酉，尊魏忠孝王曰周忠孝太皇，妣曰忠孝太后，文水陵曰章德陵，咸阳陵曰明义陵。置崇先府官。戊戌，尊鲁公曰太原靖王，北平王曰赵肃恭王，金城王曰魏义康王，太原王曰周安成王。

三月，甲子，张光辅守纳言。

壬申，太后问正字陈子昂当今为政之要。子昂退，上疏，以为“宜缓刑崇德，息兵革，省赋役，抚慰宗室，各使自安。”辞婉意切，其论甚美，凡三千言。

癸酉，以天官尚书武承嗣为纳言，张光辅守内史。

夏，四月，甲辰，杀辰州别驾汝南王炜、连州别驾鄱阳公諲等宗室十二人，徙其家于巂州。炜，恽之子；諲，元庆之子也。

己酉，杀天官侍郎蓝田邓玄挺。玄挺女为諲妻，又与炜善。諲谋迎中宗于庐陵，以问玄挺；炜又尝谓玄挺曰：“欲为急计，何如？”玄挺皆不应。故坐知反不告，同诛。

五月，丙辰，命文昌右相韦待价为安息道行军大总管，击吐蕃。

浪穹州蛮酋傍时昔等二十五部，先附吐蕃，至是来降；以傍时昔为浪穹州刺史，令统其众。

己巳，以僧怀义为新平军大总管，北讨突厥。行至紫河，不见虏，于单于台刻石纪功而还。

诸王之起兵也，贝州刺史纪王慎独不预谋，亦坐系狱；秋七月，丁巳，槛车徙巴州，更姓虺氏，行及蒲州而卒。八男徐州刺史东平王续等，相继被诛，家徙岭南。

女东光县主楚媛，幼以孝谨称，适司议郎裴仲将，相敬如宾；姑有疾，亲尝药膳；接遇娣姒，皆得欢心。时宗室诸女皆以骄奢相尚，诮楚媛独俭素，曰：“所贵于富贵者，得适志也；今独守勤苦，将以何求？”楚媛曰：“幼而好礼，今而行之，非适志欤！观自古女子，皆以恭俭为美，纵侈为恶。辱亲是惧，何所求乎！富贵傥来之物，何足骄人！”众皆惭服。及慎凶问至，楚媛号恸，呕血数升；免丧，不御膏沐者垂二十年。

旒，衣带间插着大圭，手持镇圭率先进献，睿宗接着进献，太子最后进献。首先来到昊天上帝的牌位，其次是高祖、太宗、高宗，再次是魏国先王，最后是五方帝的牌位。太后亲往则天门，大赦天下，改年号为永昌。正月初三日丁巳，太后驾御明堂，接受群臣朝贺。初四日戊午，在明堂处理政事，颁布训示百官的九条条令。初五日己未，太后驾临明堂，宴会群臣。

二月十四日丁酉，尊称魏忠孝王为周忠孝太皇，先妣为忠孝太后，文水祖陵称为章德陵，咸阳陵称为明义陵，设置崇先府的官员。

三月十一日甲子，张光辅代理纳言的职事。

三月十九日壬申，太后问正字陈子昂，有关当今办理政务的要点。陈子昂退朝后，呈上疏文，认为"应该减轻刑法、崇尚道德，停止战争，轻省赋役，安抚皇族宗室，让他们各自安心"。言辞委婉，意旨恳切，言论非常优美，共有三千字。

三月二十日癸酉，任命天官尚书武承嗣为纳言，张光辅代理内史。

夏季，四月二十二日甲辰，把辰州别驾汝南王李炜、连州别驾鄱阳公李諲等宗室十二人杀掉，迁徙他们的家族到巂州。李炜是李恽的儿子；李諲是李元庆的儿子。

四月二十七日己酉，把天官侍郎蓝田人邓玄挺杀掉。邓玄挺的女儿是李諲的夫人，又和李炜友善。李諲曾计划到庐陵迎立中宗，问邓玄挺意见；李炜又曾经问邓玄挺说："准备立即行动，怎么样？"邓玄挺都没有回答。所以邓玄挺被定为知道反叛而不告，因而坐罪，一同被杀。

五月初五日丙辰，任命文昌右相韦待价为安息道行军大总管，攻打吐蕃。

浪穹州蛮族酋长傍时昔等二十五部落原来归附于吐蕃，现在前来投降；任命傍时昔为浪穹州刺史，让他统领自己的部众。

五月十八日己巳，任命僧人薛怀义为新平军大总管，北进讨伐突厥。行军到紫河，见不到敌人，就在单于台上刻字记载功业。然后回返。

诸王起兵反叛时，只有贝州刺史纪王李慎没有参与谋划，但也获罪关在监狱里；秋季，七月初七日丁巳，用囚车将李慎流放到巴州，改姓氏为虺氏，走到蒲州李慎就死了。李慎的儿子徐州刺史东平王李继等人，相继被杀，家族被流放到岭南。

李慎的女儿东光县主李楚媛，年幼时就以孝顺谨慎出名，嫁给司议郎裴仲将，夫妇相敬如宾；婆婆有病时，所用的药物膳食李楚媛亲口先尝；对待妯娌，都得到对方欢心。当时宗室女都以骄奢相攀比，讥笑李楚媛一人节俭朴素，说："富贵的可贵，就在于顺适自我的心意；现在只有你守着勤苦，你到底要求什么？"李楚媛说："我年幼时就喜欢礼，现在实行它，这不是很顺适我的心吗！我看从古以来的女子，都以恭谨节俭为美德，放纵奢侈为恶行。我只担心给亲人带来羞辱，又有什么要求

韦待价军至寅识迦河，与吐蕃战，大败。待价既无将领之才，狼狈失据，士卒冻馁，死亡甚众，乃引军还，太后大怒，丙子，待价除名，流绣州，斩副大总管安西大都护阎温古。安西副都护唐休璟收其余众，抚安西土，太后以休璟为西州都督。

戊寅，以王本立同凤阁鸾台三品。

徐敬业之败也，弟敬真流绣州，逃归，将奔突厥。过洛阳，洛州司马弓嗣业、洛阳令张嗣明资遣之；至定州，为吏所获，嗣业缢死。嗣明、敬真多引海内知识，云有异图，冀以免死；于是朝野之士为所连引坐死者甚众。嗣明诬内史张光辅，云“征豫州日，私论图谶、天文，阴怀两端。”八月，甲申，光辅与敬真、嗣明等同诛，籍没其家。

乙未，秋官尚书太原张楚金、陕州刺史郭正一、凤阁侍郎元万顷、洛阳令魏元忠，并免死流岭南。楚金等皆为敬真所引，云与敬业通谋。临刑，太后使凤阁舍人王隐客驰骑传声赦之。声达于市，当刑者皆喜跃欢呼，宛转不已；元忠独安坐自如，或使之起，元忠曰：“虚实未知。”隐客至，又使起，元忠曰：“俟宣敕已。”既宣敕，乃徐起，舞蹈再拜，竟无忧喜之色。是日，阴云四塞，既释楚金等，天气晴霁。

九月，壬子，以僧怀义为新平道行军大总管，将兵二十万讨突厥骨笃禄。

初，高宗之世，周兴以河阳令召见，上欲加擢用，或奏以为非清流，罢之。兴不知，数于朝堂俟命。诸相皆无言，地官尚书、检校纳言魏玄同，时同平章事，谓之曰：“周明府可去矣。”兴以为玄同沮己，衔之。玄同素与裴炎善，时人以其终始不渝，谓之耐久朋。周兴奏诬玄同言：“太后老矣，不若奉嗣君为耐久。”太后怒，闰月，甲午，赐死于家。监刑御史房济谓玄同曰：“丈人何不告密，冀得召见，可以自直！”玄同叹曰：“人杀鬼杀，亦复何殊，岂能作告密人邪！”乃就死。又杀夏官侍郎崔詧于隐处。自余内外大臣坐死及流贬者甚众。

呢！富贵是偶然得来的东西，怎么值得向人炫耀呢！”大家听了，都很惭愧和佩服。后来李慎死亡的凶信传来，李楚媛号哭哀恸，吐血好几升；除丧之后，不用妆饰品二十年。

韦待价领军到了寅识迦河，与吐蕃交战，被打得大败。韦待价既没有将领的才能，困窘无依，士卒受冻挨饿，死亡很多人，就带领军队回来。太后很生气，七月二十六日丙子，把韦待价官名废除，流放到绣州，斩杀副大总管安西大都护阎温古。安西副都护唐休璟收聚剩下的部众，安抚西部边地，太后任命唐休璟为西州都督。

七月二十八日戊寅，任命王本立为同凤阁鸾台三品。

徐敬业失败时，弟弟徐敬真流放到绣州，他逃了回来，准备投奔突厥。经过洛阳时，洛州司马弓嗣业、洛阳令张嗣明送给他路费；到了定州，被官吏所查获，弓嗣业在狱中自缢而死。张嗣明、徐敬真诬告牵连了很多海内相知相识的人，说他们有反叛的企图，希望因此能够免于一死；于是朝野的士人被他们所牵连获罪而死的非常多。张嗣明诬陷内史张光辅，说“征讨豫州的时候，私下论断图录谶纬、天文，暗中怀有二心”。八月初四日甲申，张光辅和徐敬真、张嗣明等人一起被杀，抄没他们全家。

八月十五日乙未，秋官尚书太原张楚金、陕州刺史郭正一、凤阁侍郎元万顷、洛阳令魏元忠等人，一起被免除死罪，被流放到岭南。张楚金等人都是被徐敬真所诬告，说他们和徐敬业一起勾结图谋。临刑时，太后派凤阁舍人王隐客以快马传达口头命令赦免他们，声音传到街市上，受刑的人都高兴得跳跃欢呼，辗转不停；只有魏元忠安心坐着神情自如，有人要他起身，魏元忠说：“真实情况还不晓得。”王隐客到了后，又要他起身，魏元忠说：“等宣布过敕令吧！”宣布过敕令后，才慢慢起身，手舞足蹈，拜了两拜，竟然没有忧虑或高兴的表情。当天，阴沉的乌云笼罩天空，释放张楚金等人后，天气转为晴朗。

九月初三日壬子，任命僧人薛怀义为新平道行军大总管，率领士兵二十万讨伐突厥骨笃禄。

当初，在高宗时代，周兴以河阳县令的身份受到高宗召见，高宗要擢升任用，有人奏报说周兴不是出身清流官，高宗就没有任用他。周兴不知道，多次在朝堂等候高宗的任命。各宰相都默不作声，地官尚书、检校纳言魏玄同当时是同平章事，对他说：“周明府你可以离去了。”周兴认为魏玄同阻遏自己，衔恨在心。魏玄同一向和裴炎友善，当时的人因为他们的情谊始终不变，称他们是“耐久朋”。周兴奏告太后，诬陷魏玄同说过：“太后年老了，不如奉立嗣君，时间较为持久。”太后很生气，闰九月十五日甲午，将魏玄同赐死在家里。监刑御史房济对魏玄同说：“老丈你为什么不上书告密，希望获得太后召见，可以自我申诉！”魏玄同感叹说：“被人杀被鬼

彭州长史刘易从亦为徐敬真所引；戊申，就州诛之。易从为人，仁孝忠谨，将刑于市，吏民怜其无辜，远近奔赴，竞解衣投地曰："为长史求冥福。"有司平准，直十余万。

周兴等诬右武卫大将军燕公黑齿常之谋反，征下狱。冬，十月，戊午，常之缢死。

己未，杀宗室鄂州刺史嗣郑王璥等六人。庚申，嗣滕王修琦等六人免死，流岭南。

丁卯，春官尚书范履冰、凤阁侍郎邢文伟并同平章事。

己卯，诏太穆神皇后、文德圣皇后宜配皇地祇，忠孝太后从配。

右卫胄曹参军陈子昂上疏，以为："周颂成、康，汉称文、景，皆以能措刑故也。今陛下之政，虽尽善矣，然太平之朝，上下乐化，不宜有乱臣贼子，日犯天诛。比者大狱增多，逆徒滋广，愚臣顽昧，初谓皆实，乃去月十五日，陛下特察系囚李珍等无罪，百僚庆悦，皆贺圣明，臣乃知亦有无罪之人挂于疏网者。陛下务在宽典，狱官务在急刑，以伤陛下之仁，以诬太平之政，臣窃恨之。又，九月二十一日敕免楚金等死，初有风雨，变为景云，臣闻阴惨者刑也，阳舒者德也；圣人法天，天亦助圣，天意如此，陛下岂可不承顺之哉！今又阴雨，臣恐过在狱官。凡系狱之囚，多在极法，道路之议，或是或非，陛下何不悉召见之，自诘其罪！罪有实者显示明刑，滥者严惩狱吏，使天下咸服，人知政刑，岂非至德克明哉！"

（以上为第八段，写武则天以穷治徐敬业党羽之名，屡兴大狱，大杀唐宗室以及清廉之臣。永昌元年不昌而黯，是武则天执政时代最黑暗时期开始的一年。）

天授元年（庚寅，690年）

十一月，庚辰朔，日南至。太后享万象神宫，赦天下。始用周正，改永昌元年十一月为载初元年正月，以十二月为腊月，夏正月为一月。

杀，又有何不同，怎么能做告密人呢？”随即自杀。又把夏官侍郎崔詧在隐秘处杀了。其他内外大臣因此获罪而死，以及被流放贬官的非常多。

彭州长史刘易从也被徐敬真所牵连；闰九月二十九日戊申在州里被杀。刘易从的为人，仁慈、孝顺、忠君、谨慎，在街市上将被处死时，吏属百姓怜悯他无辜，不论远近都奔往观看，争着脱掉衣服投掷到地上说：“替长史祈祷冥府的福禄。”有司把衣物估价，价值达十几万钱。

周兴等人诬告右武卫大将军燕公黑齿常之谋划反叛。黑齿常之被召回，被关进监狱。冬季，十月初九日戊午，黑齿常之自缢而死。

十月初十日己未，太后把宗室鄂州刺史嗣位郑王李璥等六人杀掉。十月十一日庚申，嗣位滕王李修琦等六人被免除死罪，流放到岭南。

十月十八日丁卯，春官尚书范履冰、凤阁侍郎邢文伟同时任同平章事。

十月三十日己卯，太后下诏令把太穆神皇后、文德圣皇后和皇地祇配祭，忠孝太后跟着配享。

右卫胄曹参军陈子昂上奏，认为：“周朝时成王、康王为世人所称颂，汉朝时文帝、景帝为世人所赞美，都是因为能置刑法不用的缘故。现在陛下的政治，虽然说是非常完善了，但太平的时代，上下都乐于陛下的政治教化，不应该有乱臣贼子，每天触犯国法被杀。最近大案件增加很多，叛逆的人也越来越多了，愚臣冥顽无知，最先以为犯人犯罪都是事实，可是上月十五日，陛下特别审查出，关在监狱的犯人李珍等人没有罪，百官庆贺欢悦，都恭贺圣上的英明，臣才知道在陛下宽大的法网上，也挂着无罪被冤的人。陛下极力要使刑法宽和，狱官却急切地实施严刑峻法，因而伤害了陛下的仁政，而诬蔑了太平的政事，臣私下感到很遗憾。而且在九月二十一日下敕令免除楚金等人死罪的时候，起先天有风雨，后来变为祥云。臣听说天空阴惨是用刑的关系，阳和舒泰是德政造成的；圣人效法上天，上天也帮助圣人，天意是这个样子，陛下怎么可以不恭承顺应天道呢！现在天又阴沉下雨了，臣子恐怕过错又在狱官身上。凡是被关在监狱的犯人，大多被判处死刑，行路之人的议论，对判决有肯定的，也有否定的，陛下为什么不全部召见犯人，亲自诘问他们的罪过呢！犯罪而有实据的人，公开处死以示众。滥而无度的话就严厉惩罚执法的狱吏，使天下百姓都能心悦诚服，人人都知道政刑不滥，如此难道不是至德清明的政治吗！”

武则天天授元年（庚寅，690年）

十一月初一日庚辰，冬至。太后在万象神宫祭祀，赦免天下。开始使用周代的历法，把永昌元年十一月改为载初元年正月，把十二月称为腊月，夏正月称为一月。

以周、汉之后为二王后，舜、禹、成汤之后为三恪，周、隋之嗣同列国。

凤阁侍郎河东宗秦客，改造“天”“地”等十二字以献，丁亥，行之，太后自名“曌”，改诏曰制。秦客，太后从父姊之子也。

乙未，司刑少卿周兴奏除唐亲属籍。

腊月，辛未，以僧怀义为右卫大将军，赐爵鄂国公。

春，一月，戊子，武承嗣迁文昌左相，岑长倩迁文昌右相、同凤阁鸾台三品，凤阁侍郎武攸宁为纳言，邢文伟守内史，左肃政大夫、同凤阁鸾台三品王本立罢为地官尚书。攸宁，士彟之兄孙也。

时武承嗣、三思用事，宰相皆下之。地官尚书、同凤阁鸾台三品韦方质有疾，承嗣、三思往问之，方质据床不为礼。或谏之，方质曰：“死生有命，大丈夫安能曲事近戚以求苟免乎！”寻为周兴等所构，甲午，流儋州，籍没其家。

二月，辛酉，太后策贡士于洛城殿。贡士殿试自此始。

丁卯，地官尚书王本立薨。

三月，丁亥，特进、同凤阁鸾台三品苏良嗣薨。

夏，四月，丁巳，春官尚书、同平章事范履冰坐尝举犯逆者下狱死。

醴泉人侯思止，始以卖饼为业，后事游击将军高元礼为仆，素诡谲无赖。恒州刺史裴贞杖一判司，判司使思止告贞与舒王元名谋反，秋，七月，辛巳，元名坐废，徙和州，壬午，杀其子豫章王亶；贞亦族灭。擢思止为游击将军。时，告密者往往得五品，思止求为御史，太后曰：“卿不识字，岂堪御史！”对曰：“獬豸何尝识字，但能触邪耳。”太后悦，即以为朝散大夫、侍御史。他日，太后以先所籍没宅赐之，思止不受，曰：“臣恶反逆之人，不愿居其宅。”太后益赏之。

衡水人王弘义，素无行，尝从邻舍乞瓜，不与，乃告县官，瓜田中有白兔；县官使人搜捕，蹂践瓜田立尽。又游赵、贝，见闾里耆老作邑斋，遂告以谋反，杀二百余人。擢授游击将军，俄迁殿中侍御史。或告胜州都督王安仁谋反，敕弘义按之。安仁不服，弘义即于枷上刎其首；又捕其子，适至，亦刎其首，函之以归。道过汾州，司马毛公与之对食，须臾，叱毛公下阶，斩之，枪揭其首入洛，见者无不震栗。

把周朝、汉朝帝王的后代作为二王之后，舜、禹、成汤的后代为三恪，北周、隋的子孙和列国诸侯地位同等。

凤阁侍郎河东宗秦客，改造“天”“地”等十二字呈上，初八日丁亥，开始施行。太后自己命名为“曌”，为避讳改“诏”为“制”。宗秦客是太后堂姊的儿子。

正月十六日乙未，司刑少卿周兴上奏请求除掉唐宗室的属籍。

腊月二十三日辛未，任命僧人薛怀义为右卫大将军，赐爵号为鄂国公。

春季，一月初十日戊子，武承嗣升迁为文昌左相，岑长倩升迁为文昌右相、同凤阁鸾台三品，凤阁侍郎武攸宁为纳言，邢文伟代理内史，左肃政大夫、同凤阁鸾台三品王本立降为地官尚书。武攸宁是武士彟哥哥的孙子。

当时武承嗣、武三思掌大权，连宰相都屈居他们之下。地官尚书、同凤阁鸾台三品韦方质有病，武承嗣、武三思前往慰问，韦方质靠在床上不行礼。有人劝他，韦方质说：“死生命中已注定，大丈夫怎么能够委屈地事奉太后的近亲，以求苟且免祸呢？”不久便被周兴等人所陷害，一月十六日甲午，被流放儋州，抄没家产。

二月十四日辛酉，太后在洛城殿策试贡士。贡士的殿试就是从这时候开始的。

二月二十日丁卯，地官尚书王本立去世。

三月初十日丁亥，特进、同凤阁鸾台三品苏良嗣去世。

夏季，四月十一日丁巳，春官尚书、同平章事范履冰因曾经推举犯有大逆之罪之人，因而获罪被判下狱死去。

醴泉人侯思止，起先以卖饼为职业，后来侍奉游击将军高元礼，做高元礼的仆人，侯思止一向就诡诈无赖。恒州刺史裴贞杖罚一个判司，判司指使侯思止密告裴贞和舒王李元名策划反叛，秋季，七月初七日辛巳，李元名获罪官位被免，迁调到和州，七月初八日壬午，把李元名的儿子豫章王李亶杀掉，裴贞也遭受灭族。太后升擢侯思止为游击将军。当时告密的人常常得到五品官，侯思止要求做御史，太后说：“你不识字，怎能做御史！”侯思止回答说：“獬豸何曾识字，只能头触那不正的邪人罢了。”太后很高兴，马上就任命他为朝散大夫、侍御史。过了几天，太后把以前所抄没的房宅赐给他，侯思止不接受，说：“臣讨厌那叛逆的人，不愿住到那种人的宅第。”太后更加赏识他。

衡水人王弘义，一向品行就不好，曾经向邻居讨瓜吃，邻居不给，就告诉县官说瓜田中有白兔；县官派人搜捕白兔，把瓜田践踏得一干二净。他又游历经过赵州、贝州，看到闾里老人做斋饭布施，就告发说他们在谋反，杀死了两百多人。王弘义被擢升为游击将军，不久又升迁为殿中侍御史。有人告密胜州都督王安仁阴谋反叛，太后下敕书令王弘义查办。王安仁不服，王弘义就在王安仁的枷上把他的头砍掉；又捕杀王安仁的儿子，正好王安仁的儿子到来，也砍掉了他的头，用匣子装着回朝。

时置制狱于丽景门内，入是狱者，非死不出，弘义戏呼曰“例竟门”。朝士人人自危，相见莫敢交言，道路以目。或因入朝密遭掩捕，每朝，辄与家人诀曰：“未知复相见否？”

（以上为第九段，写酷吏侯思止、王弘义等人的凶残嘴脸。）

时法官竞为深酷，唯司刑丞徐有功、杜景俭独存平恕，被告者皆曰：“遇来、侯必死，遇徐、杜必生。”

有功，文远之孙也，名弘敏，以字行。初为蒲州司法，以宽为治，不施敲朴。吏相约有犯徐司法杖者，众共斥之。迨官满，不杖一人，职事亦修。累迁司刑丞，酷吏所诬构者，有功皆为直之，前后所活数十百家。尝廷争狱事，太后厉色诘之，左右为战栗，有功神色不挠，争之弥切。太后虽好杀，知有功正直，甚敬惮之。景俭，武邑人也。

司刑丞荥阳李日知亦尚平恕。少卿胡元礼欲杀一囚，日知以为不可，往复数四，元礼怒曰：“元礼不离刑曹，此囚终无生理！”日知曰：“日知不离刑曹，此囚终无死法！”竟以两状列上，日知果直。

东魏国寺僧法明等撰《大云经》四卷，表上之，言太后乃弥勒佛下生，当代唐为阎浮提主，制颁于天下。

武承嗣使周兴罗告隋州刺史泽王上金、舒州刺史许王素节谋反，征诣行在。素节发舒州，闻遭丧哭者，叹曰：“病死何可得，乃更哭邪！”丁亥，至龙门，缢杀之。上金自杀。悉诛其诸子及支党。

太后欲以太平公主妻其伯父士让之孙攸暨，攸暨时为右卫中郎将，太后潜使人杀其妻而妻之。公主方额广颐，多权略，太后以为类己，宠爱特厚，常与密议天下事。旧制，食邑，诸王不过千户，公主不过三百五十户；太平食邑独累加至三千户。

八月，甲寅，杀太子少保、纳言裴居道；癸亥，杀尚书左丞张行廉。

路过汾州时，司马毛公和王弘义对坐饮食，没多久，王弘义把毛公叱下台阶，斩杀了，用枪把毛公的头颅挑着进入洛阳，看到的人没有不震惊颤抖的。

当时在丽景门里设置制狱，进入这种监狱的犯人，没死是不可能出去的，王弘义开玩笑地说那是“倒竟门”。朝廷的士大夫人人自危，见面时不敢交谈，在路上遇到时只交换眼色而已。有人因为入宫朝见，却暗地里遭到逮捕，因此臣子每次早朝时，常要和家人诀别说：“不晓得能不能再相见？”

当时法官争着表现严酷，只有司刑丞徐有功、杜景俭独自抱着平和宽恕的态度办案，被告的人都说：“遇到来俊臣、侯思止，就一定死；遇到徐有功、杜景俭，就一定能活。”

徐有功是徐文远的孙子，名叫弘敏，以表字通行于世。起初做蒲州司法，以宽和办理政事，不用刑杖打击犯人。底下吏属互相约好，违背徐司法的规定而用刑杖打击犯人的人，大家一起加以斥责。等到他的官秩满时，没有杖打过一个人，但任内的事也办得很好。他连续升迁到司刑丞，凡是酷吏所诬害的，徐有功都替他们伸冤，前后所救活的有数十百家。他曾经在朝廷争辩有关刑狱的事情，太后板着严厉的颜面责问他，左右大臣都颤抖害怕，只有徐有功神色仍然不屈服，争执得更急切。太后虽然好杀，但知道徐有功正直，非常敬重畏惧他。杜景俭是武邑人。

司刑丞荥阳人李日知也崇尚平和宽恕。司刑少卿胡元礼要杀一个犯人，李日知认为不可以，双方反复争执了四次，胡元礼生气地说：“只要我胡元礼不离开刑曹，这犯人就没有活着的理由。”李日知说：“我李日知一天不离开刑曹，这犯人终究没有判死刑的法令！”最后把两人定案的卷宗呈报上级，李日知果然判断正确。

东魏国寺和尚法明等人撰写《大云经》四卷，奉表呈上太后，说太后是弥勒佛下世转生，应当取代唐而为人世的主人，太后就下诏令颁布天下让天下的人知道。

武承嗣要周兴罗织隋州刺史泽王李上金、舒州刺史许王李素节谋反的罪名并告发，太后征召他们前往洛阳。李素节被发配舒州，听到丧家的哭声，感叹说：“生病而死，怎能轻易得到啊，他们却使劲地哭！”七月十三日丁亥，到了龙门，把李素节缢死。李上金也自杀了。把他们的儿子、宗支、党羽全部杀掉。

太后要把太平公主嫁给她的伯父武士让的孙子武攸暨，武攸暨当时是右卫中郎将，太后暗中派人杀掉武攸暨的妻子，而把公主嫁给武攸暨。公主额头面颊都很宽大，富有权谋才略，太后认为她很像自己，特别宠爱她，常常和她一起暗中商议天下事。根据旧有的制度，诸王所封食邑不超过一千户，公主不超过三百五十户；独有太平公主的食邑累积加到三千户之多。

八月十一日甲寅，杀掉太子少保、纳言裴居道；八月二十日癸亥，杀掉尚书左

辛未，杀南安王颍等宗室十二人，又鞭杀故太子贤二子，唐之宗室于是殆尽矣，其幼弱存者亦流岭南，又诛其亲党数百家。惟千金长公主以巧媚得全，自请为太后女，仍改姓武氏；太后爱之，更号延安大长公主。

（以上为第十段，写徐有功、杜景俭为法宽平，但无补于酷吏之残虐，武则天仍在大开杀戒，唐宗室遭诛灭殆尽。）

九月，丙子，侍御史汲人傅游艺帅关中百姓九百余人诣阙上表，请改国号曰周，赐皇帝姓武氏。太后不许；擢游艺为给事中。于是百官及帝室宗戚、远近百姓、四夷酋长、沙门、道士合六万余人，俱上表如游艺所请，皇帝亦上表自请赐姓武氏。戊寅，群臣上言：有凤皇自明堂飞入上阳宫，还集左台梧桐之上，久之，飞东南去；及赤雀数万集朝堂。

庚辰，太后可皇帝及群臣之请。壬午，御则天楼，赦天下，以唐为周，改元。乙酉，上尊号曰圣神皇帝，以皇帝为皇嗣，赐姓武氏；以皇太子为皇孙。

丙戌，立武氏七庙于神都，追尊周文王曰始祖文皇帝，妣姒氏曰文定皇后；平王少子武曰睿祖康皇帝，妣姜氏曰康睿皇后；太原靖王曰严祖成皇帝，妣曰成庄皇后；赵肃恭王曰肃祖章敬皇帝，魏义康王曰烈祖昭安皇帝，周安成王曰显祖文穆皇帝，忠孝太皇曰太祖孝明高皇帝，妣皆如考谥，称皇后。立武承嗣为魏王，三思为梁王，攸宁为建昌王，士彟兄孙攸归、重规、载德、攸暨、懿宗、嗣宗、攸宜、攸望、攸绪、攸止皆为郡王，诸姑姊皆为长公主。

又以司宾卿溧阳史务滋为纳言，凤阁侍郎宗秦客检校内史，给事中傅游艺为鸾台侍郎、平章事。游艺与岑长倩、右玉钤卫大将军张虔勖、左金吾大将军丘神勣、侍御史来子珣等并赐姓武。秦客潜劝太后革命，故首为内史。游艺期年之中历衣青、绿、朱、紫，时人谓之四时仕宦。

敕改州为郡；或谓太后曰："陛下始革命而废州，不祥。"太后遽追止之。命史务滋等十人巡抚诸道。太后立兄孙延基等六人为郡王。

冬，十月，甲子，检校内史宗秦客坐赃贬遵化尉，弟楚客亦以奸赃流岭外。

丁卯，杀流人韦方质。

丞张行廉。八月二十八日辛未杀掉南安王李颍等唐宗室十二人，又鞭挞故太子李贤的两个儿子致死，至此，唐宗室几乎死光了，那些留下来的年幼弱小的人也都被流放到岭南，又杀了他们几百家的亲戚党羽。只有千金长公主因为巧言谄媚而得以保全性命，她自己请求做太后的女儿，还更改姓氏为武氏；太后宠爱她，更改她的名号为延安大长公主。

九月初三日丙子，侍御史汲县人傅游艺率领关中百姓九百多人前往宫廷呈上奏表，请求改国号为周，赐给睿宗姓为武氏。太后不答应；擢升傅游艺为给事中。于是百官和睿宗宗族亲戚、远近的百姓、四方夷狄的酋长、僧徒、道士等共六万多人，都呈上和傅游艺所请求的一样的奏表，睿宗也呈上奏表，请求赐自己姓武氏。九月初五日戊寅，群臣上书说："有凤凰从明堂飞进上阳宫里，回还时又栖留在左肃政台的梧桐之上，停了许久，才向东南飞去；又有几万只赤雀飞来聚集在朝堂上。"

九月初七日庚辰，太后接受了睿宗和群臣的请求。初九日壬午，驾临则天门楼，大赦天下，改唐为周，又改年号为天授。九月十二日乙酉，太后尊崇自己的名号为圣神皇帝，把睿宗改为皇嗣，赐姓武氏；又把皇太子作为皇孙。

九月十三日丙戌，在神都设立武氏七庙，追尊周文王为始祖文皇帝，他的夫人姒氏为文定皇后；平王的小儿子武为睿祖康皇帝，他的夫人姜氏为康惠皇后；太原靖王为严祖成皇帝，他的夫人为成庄皇后；赵肃恭王为肃祖章敬皇帝，魏义康王为烈祖昭安皇帝，周安成王为显祖文穆皇帝，忠孝太皇为太祖孝明高皇帝，他们的夫人都和他们的谥号一样，称为皇后。立武承嗣为魏王，武三思为梁王，武攸宁为建昌王，武士彟哥哥的孙子武攸归、武重规、武载德、武攸暨、武懿宗、武嗣宗、武攸宜、武攸望、武攸绪、武攸止都为郡王，所有姑姊都封为长公主。

又任命司宾卿溧阳人史务滋为纳言，凤阁侍郎宗秦客为检校内史，给事中傅游艺为鸾台侍郎、平章事。游艺和岑长倩、右玉钤卫大将军张虔勖、左金吾大将军丘神勣、侍御史来子珣等人都赐姓武。宗秦客暗中劝太后改掉唐的国名，所以第一个封为内史。傅游艺一年之间，穿过青、绿、朱、紫等四种颜色的官袍，被当时的人称为"四时仕宦"。

下敕令把州改为郡；有人对太后说："陛下刚刚改国号就废了州，不吉祥。"太后马上追回诏命，停止改州为郡。命令史务滋等十人巡察安抚各道。太后封其兄的孙子延基等六人为郡王。

冬季，十月二十一日甲子，检校内史宗秦客因贪赃获罪，被贬为遵化尉，宗秦客的弟弟宗楚客也因奸佞贪赃而被流放到岭南。

十月二十四日丁卯，把流放的韦方质杀死。

辛未，内史邢文伟坐附会宗秦客贬珍州刺史。顷之，有制使至州，文伟以为诛己，遽自缢死。

壬申，敕两京诸州各置大云寺一区，藏《大云经》，使僧升高座讲解，其撰疏僧云宣等九人皆赐爵县公，仍赐紫袈裟、银龟袋。

制天下武氏咸蠲课役。

西突厥十姓，自垂拱以来为东突厥所侵掠，散亡略尽。濛池都护继往绝可汗斛瑟罗收其余众六七万人入居内地，拜右卫大将军，改号竭忠事主可汗。

道州刺史李行褒兄弟为酷吏所陷，当族，秋官郎中徐有功固争不能得。秋官侍郎周兴奏有功出反囚，当斩，太后虽不许，亦免有功官；然太后雅重有功，久之，复起为侍御史。有功伏地流涕固辞曰："臣闻鹿走山林而命悬庖厨，势使之然也。陛下以臣为法官，臣不敢枉陛下法，必死是官矣。"太后固授之，远近闻者相贺。

是岁，以右卫大将军泉献诚为左卫大将军。太后出金宝，命选南北牙善射者五人赌之，献诚第一，以让右玉钤卫大将军薛咄摩，咄摩复让献诚，献诚乃奏言："陛下令选善射者，今多非汉官，窃恐四夷轻汉，请停此射。"太后善而从之。

（以上为第十一段，写武则天终于登上皇帝宝座，称帝，改国号为周。）

二年（辛卯，691 年）

正月，癸酉朔，太后始受尊号于万象神宫，旗帜尚赤。

甲戌，改置社稷于神都。辛巳，纳武氏神主于太庙；唐太庙之在长安者，更命曰享德庙，四时唯享高祖已下，余四室皆闭不享。又改长安崇先庙为崇尊庙。乙酉，日南至，大享明堂，祀昊天上帝，百神从祀，武氏祖宗配飨，唐三帝亦同配。

御史中丞知大夫事李嗣真以酷吏纵横，上疏，以为："今告事纷纭，虚多实少，恐有凶慝阴谋离间陛下君臣。古者狱成，公卿参听，王必三宥，然后行刑。比日狱官单车奉使，推鞫既定，法家依断，不令重推；或临时专决，不复闻奏。如此，则权由臣下，非审慎之法，傥有冤滥，何由可知！况以九品之官专命推覆，操杀生之柄，窃人主之威，按覆既

十月二十八日辛未，内史邢文伟因为附和宗秦客而获罪，被贬为珍州刺史，不久，有携带皇帝制书的使臣到了珍州，邢文伟以为是来杀自己的，就急忙自缢死去。

十月二十九日壬申，下敕令两京各州，每州设置大云寺一座，收藏《大云经》，让和尚升高座位，讲解经文内容，撰写《大云经》义疏的和尚云宣等九人，都赐给县公的爵位，还赐给他们紫袈裟、银龟袋。

下诏令天下姓武的人都免掉赋税劳役。

西突厥十姓部落，从垂拱年间以来，一直被东突厥所侵扰掠夺，离散逃亡得几乎完尽了。濛池都护继往绝可汗斛瑟罗收罗剩余部众六七万人，进入内地居住，朝廷授予他右卫大将军，改名号为竭忠事主可汗。

道州刺史李行褒兄弟被酷吏所陷害，当受灭族的刑罚，秋官郎中徐有功再三力争而不能平反。秋官侍郎周兴奏报徐有功开脱谋反的囚犯，应该判处斩首，太后虽不允许杀徐有功，但也免除了徐有功的官位；然而太后素来推重徐有功，经过一段时间，又起用他为侍御史。徐有功跪伏在地上，流着泪再三推辞说："臣听说鹿在山林里奔走，而生命却系在庖丁厨师身上，这是形势所迫而造成的。陛下任命臣为法官，臣不敢枉屈了陛下的法令，臣一定会死在这官职里。"太后一定要授给他，远近士民听到这件事的，都互相表示庆贺。

这一年，任命右卫大将军泉献诚为左卫大将军。太后拿出金银珠宝，命令选拔南北二牙百官中，善于射箭的五人比赛，结果泉献诚得第一，要把第一让给右玉钤卫大将军薛咄摩，薛咄摩又要让给泉献诚。泉献诚就奏告说："陛下命令选拔善于射箭的人，选拔结果，获胜的多不是汉官，臣私下担心四方夷狄因此轻视汉人，请求陛下停止这种射箭比赛吧！"太后认为很对而接受了这一建议。

武则天天授二年（辛卯，691 年）

正月初一日癸酉，太后开始在万象神宫正式接受尊号，旗帜以赤色为尊。

正月初二日甲戌，把社稷坛改设在神都。正月初九日辛巳，把武氏神主接纳进太庙；在长安的唐太庙改名为享德庙。四季只祭祀高祖以下的先帝，余下的四个殿堂都关着不举行祭礼，又把长安的崇先庙改为崇尊庙。正月十三日乙酉，冬至，在明堂举行大祭，祭祀昊天上帝，百神陪祭。武氏祖宗配祭，唐三帝也同样配祭。

御史中丞知大夫事李嗣真因为苛酷的官吏横行无忌，于是上奏说："现在密告的案件杂乱繁多，但虚妄的多，真实的少，恐怕会有凶险奸邪的小人，阴谋离间陛下和群臣关系。在古代判决时，公卿可以参与听断，决断之后，帝王一定要宽恕三次，不能再宽恕时才行刑。近日狱官一个人奏命为使者，独自推究审问，案子审定之后，法官根据狱吏的决断判刑，不让案子重新审问；有时狱官自己临时独断，不再呈报

不在秋官，省审复不由门下，国之利器，轻以假人，恐为社稷之祸。”太后不听。

饶阳尉姚贞亮等数百人表请上尊号曰上圣大神皇帝，不许。

侍御史来子珣诬尚衣奉御刘行感兄弟谋反，皆坐诛。

春，一月，地官尚书武思文及朝集使二千八百人，表请封中岳。

己亥，废唐兴宁、永康、隐陵署官，唯量置守户。

左金吾大将军丘神勣以罪诛。

纳言史务滋与来俊臣同鞫刘行感狱，俊臣奏务滋与行感亲密，意欲寝其反状。太后命俊臣并推之。务滋恐惧自杀。

或告文昌右丞周兴与丘神勣通谋，太后命来俊臣鞫之，俊臣与兴方推事对食，谓兴曰：“囚多不承，当为何法？”兴曰：“此甚易耳！取大瓮，以炭四周炙之，令囚入中，何事不承！”俊臣乃索大瓮，火围如兴法，因起谓兴曰：“有内状推兄，请兄入此瓮！”兴惶恐叩头伏罪。法当死，太后原之，二月，流兴岭南，在道，为仇家所杀。

兴与索元礼、来俊臣竞为暴刻，兴、元礼所杀各数千人，俊臣所破千余家。元礼残酷尤甚，太后亦杀之以慰人望。

（以上为第十二段，写武则天登基受尊号，与酷吏苛刻形成鲜明对照，即恐怖政治是武氏专政的基础。）

徙左卫大将军千乘王武攸暨为定王。立故太子贤之子光顺为义丰王。

甲子，太后命始祖墓曰德陵，睿祖墓曰乔陵，严祖墓曰节陵，肃祖墓曰简陵，烈祖墓曰靖陵，显祖墓曰永陵，改章德陵为昊陵，显义陵为顺陵。

追复李君羡官爵。

夏，四月，壬寅朔，日有食之。

上奏。像这样子下去，权柄就落在臣下手里，这不是周密谨慎的方法，假如有冤枉过滥的情形发生，怎么可能知道呢！何况以九品官的身份，却受命专责推问案件，掌握生杀的权柄，窃夺君主的威势，按察推覆的职事既不归于刑部，省察审核的责任又不来自门下省，国家的刑罚，轻易地给予别人，恐怕会给社稷带来祸害。”太后不接受。

饶阳县尉姚贞亮等好几百人上表请求为太后上尊号为“上圣大神皇帝”。太后没有答应。

侍御史来子珣诬陷尚衣奉御刘行感兄弟图谋反叛，刘行感兄弟都获罪被杀。

春季，一月，地官尚书武思文和朝集使二千八百人，上表请求到中岳封禅。

一月二十七日己亥，废除唐掌理兴宁、永康、隐陵等陵寝的官员，只酌量设置守陵园的民户。

左金吾大将军丘神勣因犯罪被杀。

纳言史务滋和来俊臣一起审问刘行感的案件，来俊臣奏告史务滋和刘行感很亲近，想要搁置刘行感谋反案的审理。太后命令来俊臣把史务滋一起加以推问。史务滋害怕而自杀。

有人告文昌右丞周兴和丘神勣同谋反叛，太后命来俊臣审理，来俊臣和周兴审案后一起吃饭，来俊臣对周兴说：“犯人多不招认，应当采用什么方法呢？”周兴说：“这太简单了！拿一个大瓮，用木炭在瓮的四周烤炙，让犯人进入瓮里面，还有什么事不招认的！”来俊臣就要来大瓮，按周兴所说的方法，四面用炭火烤，然后起身对周兴说：“朝廷有内部诉讼状，需要审问老兄，请老兄进入这大瓮里吧！”周兴害怕得叩头认罪。按刑法应当处死，太后原谅了他，二月，把周兴流放到岭南，在路上他就被仇家所杀。

周兴和索元礼、来俊臣竞相攀比残酷、苛刻，周兴、索元礼所杀的各有几千人，来俊臣所破灭的家庭有一千多家。索元礼的残酷尤其厉害，太后也把他杀掉了，来抚慰人们怨恨的情绪。

把左卫大将军千乘王武攸暨迁徙为定王。立前太子李贤的儿子李光顺为义丰王。

二月二十二日甲子，太后把始祖墓命名为德陵，睿祖墓名为乔陵，严祖墓名为节陵，肃祖墓名为简陵，烈祖墓名为靖陵，显祖墓名为永附，把章德陵改为昊陵，显义陵改为顺陵。

追认恢复李君羡的官爵。

夏季，四月初一日壬寅，发生日食。

癸卯，制以释教开革命之阶，升于道教之上。

命建安王攸宜留守长安。

丙辰，铸大钟，置北阙。

五月，以岑长倩为武威道行军大总管，击吐蕃，中道召还，军竟不出。

六月，以左肃政大夫格辅元为地官尚书，与鸾台侍郎乐思晦、凤阁侍郎任知古并同平章事。思晦，彦玮之子也。

秋，七月，徙关内户数十万以实洛阳。

八月，戊申，纳言武攸宁罢为左羽林大将军；夏官尚书欧阳通为司礼卿兼判纳言事。

庚申，杀玉钤卫大将军张虔勖。来俊臣鞫虔勖狱，虔勖自讼于徐有功；俊臣怒，命卫士以刀乱斫杀之，枭首于市。

义丰王光顺、嗣雍王守礼、永安王守义、长信县主等皆赐姓武氏，与睿宗诸子皆幽闭宫中，不出门庭者十余年。守礼、守义，光顺之弟也。

或告地官尚书武思文初与徐敬业通谋；甲子，流思文于岭南，复姓徐氏。

九月，乙亥，杀岐州刺史云弘嗣。来俊臣鞫之，不问一款，先断其首，乃伪立案奏之，其杀张虔勖亦然。敕旨皆依，海内钳口。

鸾台侍郎、同平章事傅游艺梦登湛露殿，以语所亲，所亲告之；壬辰，下狱，自杀。

（以上为第十三段，写酷吏来俊臣之凶残。）

癸巳，以左羽林卫大将军建昌王武攸宁为纳言，洛州司马狄仁杰为地官侍郎，与冬官侍郎裴行本并同平章事。太后谓仁杰曰："卿在汝南，甚有善政，卿欲知谮卿者名乎？"仁杰谢曰："陛下以臣为过，臣请改之；知臣无过，臣之幸也，不愿知谮者名。"太后深叹美之。

先是，凤阁舍人修武张嘉福使洛阳人王庆之等数百人上表，请立武承嗣为皇太子。文昌右相、同凤阁鸾台三品岑长倩以皇嗣在东宫，不宜

四月初二日癸卯，下诏令说因为佛教是开创以周代唐业绩的阶梯，所以把佛教提升到道教之上。

命令建安王武攸宜留守长安。

四月十五日丙辰，铸造大钟，放置在宫殿北面的门楼上。

五月，任命岑长倩为武威道行军大总管，进击吐蕃，半路又召回朝，军队最后还是没出征。

六月，任命左肃政大夫格辅元为地官尚书，和鸾台侍郎乐思晦、凤阁侍郎任知古一起任同平章事。乐思晦是乐彦玮的儿子。

秋季，七月，迁徙关内九十万户来充实洛阳。

八月初十日戊申，纳言武攸宁官位被废，降为左羽林大将军；夏官尚书欧阳通为司礼卿，兼管纳言的事务。

八月二十二日庚申，杀了玉钤卫大将军张虔勖。来俊臣审问张虔勖的案情，张虔勖在徐有功面前自我辩护；来俊臣很生气，命令卫士把张虔勖乱刀砍死，在市朝上斩首示众。

义丰王李光顺、嗣雍王李守礼、永安王李守义、长信县主等人都赐姓武氏，和睿宗的儿子们都被幽禁在宫廷中，十几年不走出宫门一步。李守礼、李守义是李光顺的弟弟。

有人告地官尚书武思文当初曾和徐敬业合谋反叛；八月二十六日甲子，把武思文流放到岭南，恢复他本来姓氏徐氏。

九月初八日乙亥，杀了岐州刺史云弘嗣。来俊臣审问时，不问一句口供，先砍了他的头，再伪造案卷奏报。来俊臣杀张虔勖时也是这样。太后所下敕令都依从了来俊臣，天下人都闭口不敢讲话。

鸾台侍郎、同平章事傅游艺梦见自己登上湛露殿，把做梦的事告诉他所亲近的人，他所亲近的人奏告朝廷；九月二十五日壬辰，傅游艺被关进监狱里，自杀而死。

九月二十六日癸巳，任命左羽林卫大将军建昌王武攸宁为纳言，洛州司马狄仁杰为地官侍郎，和冬官侍郎裴行本都被授予同平章事。太后对狄仁杰说：“你在汝南，很有些好政绩，你要知道诬陷毁谤你的人姓名吗？”狄仁杰谢罪说：“陛下认为臣有过错，臣请求改正；知道臣没有过错，是臣的幸运，臣不愿知道毁谤者的名字。”太后对此深表感叹、赞扬。

在此之前，凤阁舍人修武人张嘉福，曾经派洛阳人王庆之等好几百人呈上奏表，请求册立武承嗣为皇太子。文昌右相、同凤阁鸾台三品岑长倩认为已有皇嗣在东宫

有此议，奏请切责上书者，告示令散。太后又问地官尚书、同平章事格辅元，辅元固称不可。由是大忤诸武意，故斥长倩令西征吐蕃，未至，征还，下制狱。承嗣又谮辅元。来俊臣又胁长倩子灵原，令引司礼卿兼判纳言事欧阳通等数十人，皆云同反。通为俊臣所讯，五毒备至，终无异词，俊臣乃诈为通款。冬，十月，己酉，长倩、辅元、通等皆坐诛。

王庆之见太后，太后曰："皇嗣我子，奈何废之？"庆之对曰："'神不歆非类，民不祀非族。'今谁有天下，而以李氏为嗣乎！"太后谕遣之。庆之伏地，以死泣请，不去，太后乃以印纸遗之曰："欲见我，以此示门者。"自是庆之屡求见，太后颇怒之，命凤阁侍郎李昭德赐庆之杖。昭德引出光政门外，以示朝士曰："此贼欲废我皇嗣，立武承嗣。"命扑之，耳目皆血出，然后杖杀之，其党乃散。

昭德因言于太后曰："天皇，陛下之夫；皇嗣，陛下之子。陛下身有天下，当传之子孙为万代业，岂得以侄为嗣乎！自古未闻侄为天子而为姑立庙者也！且陛下受天皇顾托，若以天下与承嗣，则天皇不血食矣。"太后亦以为然。昭德，乾祐之子也。

壬辰，杀鸾台侍郎同平章事乐思晦、右卫将军李安静。安静，纲之孙也。太后将革命，王公百官皆上表劝进，安静独正色拒之。及下制狱，来俊臣诘其反状，安静曰："以我唐家老臣，须杀即杀！若问谋反，实无可对。"俊臣竟杀之。

太学生王循之上表，乞假还乡；太后许之。狄仁杰曰："臣闻君人者唯杀生之柄不假人，自余皆归之有司。故左、右丞，徒以下不勾；左、右相，流以上乃判，为其渐贵故也。彼学生求假，丞、簿事耳，若天子为之发敕，则天下之事几敕可尽乎！必欲不违其愿，请普为立制而已。"太后善之。

（以上为第十四段，写武则天敬重狄仁杰，默许李昭德诛杀无赖小人王庆之，表现了武则天政治人格的多面性。）

里，不该有这种议论，奏告请求严词谴责上书的人，并且命令他们解散。太后又问地官尚书、同平章事格辅元，格辅元坚决表示不可以。由此大大忤逆了诸武的心意，于是他们排斥岑长倩，命令他西征吐蕃，还没有到吐蕃，又召他回来，关在制狱里。武承嗣又诬陷格辅元。来俊臣又威胁岑长倩的儿子岑灵原，要他牵连出司礼卿兼管事纳言政事的欧阳通等几十人，说他们都一起谋反。欧阳通被来俊臣审讯，虽用遍五种毒刑，欧阳通始终没有承认，来俊臣就伪造欧阳通的口供。冬季，十月十二日己酉，岑长倩、格辅元、欧阳通等人都被处死。

王庆之朝见太后，太后说："皇嗣是我的儿子，为什么要废掉？"王庆之回答说："'神不享用不同族类的人的祭祀，百姓也不祭祀不同家族的人。'当今谁拥有天下，怎么反以李氏作为后嗣呢？"太后指示臣下打发王庆之离去。王庆之伏在地上，以生命担保，哭泣请求，不肯离去，太后就把盖印的纸片送给王庆之说："要见我的话，就拿这个给守门的人看。"从此以后王庆之多次求见，太后相当生气，命令凤阁侍郎李昭德赏赐王庆之杖刑。李昭德把王庆之带出光政门外，向朝廷士臣说："这个贼子要废掉我们皇嗣，另立武承嗣。"命令手下动手摔他，摔得他耳朵、眼睛都流出了血，然后再用杖把他打死，他的党羽便逃散了。

李昭德趁机对太后说："天皇是陛下的丈夫，皇嗣是陛下的儿子，陛下拥有天下，应当传给子孙，使之成为万代的基业，怎么可以让侄子作为后嗣呢！从古到今没听说侄子身为天子，而为姑母立庙的事！况且陛下接受天皇的临终托付，如果把天下让给武承嗣，那么天皇就不能享受祭祀了。"太后也表示赞同。李昭德是李乾祐的儿子。

[十月二十五日壬戌]，杀了鸾台侍郎、同平章事乐思晦和右卫将军李安静。李安静是李纲的孙子。太后要以周代唐时，王公百官都呈上奏表劝武后登皇位，只有李安静严词拒绝。到后来的诏令下被关在制狱里，来俊臣诘问他谋反的情况，李安静说："因为我是唐家老臣，要杀就杀吧！如果问我谋反的事情，实在没有什么可回答的。"来俊臣最终还是把他杀掉了。

太学生王循之呈上奏表，请假回家，太后答应了。狄仁杰说："臣听说国君只有生杀的权柄不给予人，其他的都归给有关官署办理。所以凡是左、右丞，士庶以下的事就不必处理；左、右相，入流官吏以上的事才加以判理，是由于这些人地位逐渐尊贵的缘故。这个学生请求休假，这是国子监丞、主簿的事，如果天子还替他发布敕令，那么天下事凭敕令就可以完全解决吗？一定要事情不违背自己的心愿的话，只有普遍设立制度罢了。"太后认为很对。

【点评】

论武周革命。本卷记载武则天正式登基为皇帝，改国号为周，表示改朝换代，被称为“革天命”。改朝换代的“革命”，总是伴随血腥。武则天作为女性，“革命”难度更艰巨。本卷点评的重点，就是武则天如何完成武周的“革命”。

一是建立告密制度，以刑杀立威。早在文明元年（684），武则天发动宫廷政变，废中宗立睿宗，宫廷禁卫军飞骑有十几个士兵对未得封赏而发牢骚，他们其中一个随意说了一句：“早知没有封赏，还不如扶立庐陵王呢！”当即有一个离席赴北门告状，席还没散，飞骑们就都被抓了起来。说话的人被斩首，知情不举的人被处绞刑，告密的被授予五品官。十来个士兵发牢骚，本无足轻重，武则天却小题大做，处以极刑，目的是立威。武则天从这一事件受到启发，规定今后凡告密者，任何人不得干涉，并应向其提供驿马和相当于五品官的伙食，京师还要设置专门接待告密者的宾馆。告密有功，可以马上当官；即使是诬告，也决不治罪。此例一开，告密之风大盛，告密者纷至沓来。著名酷吏索元礼、来俊臣、来子珣等人都是依靠告密起家。垂拱二年（686），武则天设置铜匦，收受告密信。铜匦器形特殊，“其器共为一室，中有四隔，上各有窍，以受表疏，可入不可出”。既然投书铜匦又保密又安全，告密的人就更加肆无忌惮了，从此告密成为武则天专政的一项制度。宰相刘祎之与凤阁舍人贾大隐闲谈说：“太后既然废了昏庸的中宗，立了贤明的睿宗，就应当还政于皇帝以安定天下，还要临朝干什么呢！”贾大隐向武则天告密，武则天立即把刘祎之赐死于家中。告密使人人自危，武则天坐收渔利。告密行为只能施之于专制政体。即使封建社会，开明的君主也反对这种丑恶。唐太宗就反对告密和进行政治陷害，他曾说：“有上书讦人小恶者，当以谗人之罪罪之。”（《贞观政要》卷六）唐高宗在位时，也曾经下令“禁酷刑及匿名书”，说“匿名书，国有常禁，……此风若扇，为蠹方深”（《全唐文》卷一一），因告密者大都不是善类。武则天一反常态，抛弃祖宗之法，运用强大的政治力把告密这一恶行推向全社会。告密恶行冲击社会的人伦底线，是非完全颠倒。武则天为什么这样做呢？因为女主干政，在封建社会中名不正、言不顺。武则天始终多疑，怀疑有人要推翻自己，因此，鼓励告密、重用酷吏就成了她防患于未然的重要手段。告密与酷吏政治是孪生兄弟。关于酷吏，留待以后点评。

二是造祥瑞。古人宣扬天人感应，武则天充分利用这一点，给自己登基得天命制造舆论。垂拱四年（688）五月，武则天首先在神都洛阳举行了盛大的朝会，诸州都督、刺史及宗室、外戚云集，庆贺“宝图”出世。所谓“宝图”不过是一块白石头，石上刻有“圣母临人，永昌帝业”八字，暗示武则天就是当代的“圣母”。武则天的侄子武承嗣故意事先叫人在石头上刻好字，然后指使雍州人唐同泰献上，诓

说是在洛水中得到的。武则天假戏真做，亲拜洛水，祷告上天，并授唐同泰为游击将军，将白石命名为“天授神图”、洛水命名为“永昌洛水”，改“宝图”所出地为“永昌县”，自称为“圣母神皇”。武则天还利用佛教为女主登基造舆论。在后凉昙无谶所译的《大云经》中，有这样一种说法，即菩萨为救天下众生，化为女身。洛阳僧人法明等人附会这种说法，作了《大云经疏》献给武则天。疏中“言则天是弥勒下生，作阎浮提（人世）主，唐氏合微”（《旧唐书·薛怀义传》）。法明等人编造的鬼话却给武则天代唐君临天下抹上了一层神秘的灵光，它正中武则天的下怀。武则天下令在全国各州都要建一座大云寺，藏一部《大云经》；剃度一千名僧侣；由寺僧向大众宣讲《大云经》。武则天重赏了投机撰写《大云经疏》的法明和尚等九人，全部赐爵为县公。

三是杀戮唐宗室而重用武氏外戚，这是在渐进完成政权的过渡。大杀唐宗室，削弱唐皇室根基，史称“太后潜谋革命，稍除宗室”。绛州刺史韩王李元嘉，青州刺史霍王李元轨，邢州刺史鲁王李灵夔，豫州刺史越王李贞，李贞子博州刺史琅邪王李冲，还有李元嘉、李元轨之子，这些人在唐宗室中皆有才行美名，深为武则天所忌。武则天借诸王谋反，加以杀灭。与之同时，大批重用武氏亲族，以壮大自己的根基。如用其兄武元爽之子武承嗣为文昌左相、同凤阁鸾台三品，用其兄武元庆之子武三思为夏官尚书；用其伯父武士让孙武攸宁为凤阁侍郎、纳言，士让孙武攸暨为右卫中郎将、尚太平公主；用其从父姊之子宗秦客为内史、宗楚客为夏官侍郎；用其伯父武士逸孙武懿宗为左金吾卫大将军；用其母杨氏本家的杨执柔为夏官尚书、同平章事等。武则天曾得意地宣称：“我令当宗（武氏）及外家（杨氏）常一人为宰相。”（《旧唐书·杨恭仁传》）这种一朝天子一朝臣的用人政策，是武则天得以顺利称帝的重要保障。

四是造明堂。建明堂是盛世的标志。明堂法天，上圆下方，复庙重屋，既是帝王最重要的布政之所，也是祭天的场所。唐朝重视礼乐，明堂是施礼的重要场所，唐太宗、唐高宗都想建明堂而因工程浩大没有施行。光宅元年（684），陈子昂上疏：“于国南郊，建立明堂，与天下更始，不其盛哉！”陈子昂要为唐建明堂，武则天抓住机会为武周建明堂。武则天派她的男宠薛怀义监修。垂拱四年（688）二月，建造明堂工程启动。武则天动用民夫数万人，拆毁乾元殿，在其基础上修造。明堂于同年十二月完工，前后只用了十个月的时间，速度实在惊人。明堂成，高二百九十四尺（约合今 72 米），方三百尺（约合今 74 米）。“凡三层：下层法四时，各随方色；中层法十二辰；上为圆盖，九龙捧之。上施铁凤，高一丈，饰以黄金。中有巨木十围，上下通贯，栭栌樽橇藉以为本。下施铁渠，为辟雍之象。号曰万象神宫。”

五是预演登基。永昌元年（689）十一月，武则天大赦天下，改元载初，用周

正，以永昌元年十一月为载初元年正月，这又是改朝换代的一个重要标志。凤阁侍郎宗秦客是武则天从父姊之子，他趁机向武则天献上“天”“地”等数十个新造的字。武则天将其中的“曌”字选为自己的名字。此后，为避武则天之讳，将颁布的“诏书”均改称为“制书”。

第六招，发动请愿，顺从民情。武则天经过五年临朝称制的精心准备，认为“革命”的时机成熟。武则天于载初元年（690）九月，指使汲人傅游艺带着关中九百多人到神都洛阳诣阙上书，请求改国号为“周”，赐皇帝姓武氏。对这一提议，武则天表面上拒不接受，但却立即将傅游艺提升为给事中，这种“此地无银三百两”的做法再清楚不过地泄露了武则天的“天机”。于是，朝中百官及皇室亲戚、四夷酋长、和尚道士共六万多人纷纷上表，演出了一场劝进的闹剧，连傀儡皇帝睿宗也迫于形势，上表自请赐姓为武氏。

载初元年九月九日，适逢重阳佳节，六十七岁的武则天终于同意了睿宗及群臣的“请求”，在则天门楼上宣布，以唐为周，改元天授，立武氏七庙于洛阳，以睿宗李旦为皇嗣，正式登上了大周“圣神皇帝”的宝座。可笑的是，武则天竟追尊周文王为始祖文皇帝、周平王少子姬武为睿祖康皇帝，把姬周和自己的武周联系起来，真是不伦不类。

武则天当上皇帝，就立即封武承嗣为魏王，武三思为梁王，武攸宁为建昌王；其余武氏诸男皆封郡王，诸女皆为公主；连普天下姓武的人也跟着沾了光，可以免服劳役。带头劝进的傅游艺一时也身价百倍，被封为鸾台侍郎、平章事，赐姓武氏。这位改了姓的武游艺出尽了风头，一年之中，从九品官升至三品官，官服连续换了青、绿、朱、紫四种，人称“四时仕宦”。

作为中国历史上唯一的女皇，武则天是一个成功者。正因唯一，说明她是一次偶然的出现。这一偶然的客观原因是唐太宗给了武则天机会。是唐太宗召武则天入宫，又是唐太宗选错了接班人，高宗的懦弱与依赖，成就了武则天。偶然的主观原因是武则天才能卓著，她是一个大政治家。她从皇后到太后，是事实上的皇帝代理人，但她却用垂帘的方式把握一个又一个时机，一步一个脚印地走向女皇之位。用孟子“动心忍性”四个字来评价武则天，一点也不过分。

唐纪二十一

武则天长寿元年至万岁通天元年（692—696年）

【起玄黓执徐（壬辰，692年），尽柔兆涒滩（丙申，696年），凡五年】

【大事提要】

本卷记事起公元692年，讫公元696年，凡五年，时当武则天长寿元年到万岁通天元年，这是武则天执政中期的前段。一方面是恐怖的酷吏政治登峰造极，名臣任知古、狄仁杰、裴行本、崔宣礼、卢献、魏元忠、李嗣真等七人被来俊臣诬奏谋反，震动朝野，诸贤差点死于冤狱。武则天明知诬枉，为了鼓励酷吏，只是不族灭诸贤，仍然全部贬官降职。武则天自垂拱以来至长寿元年（公元685年至692年）八年间，任用酷吏诛杀唐宗室贵戚数百人，涉及大臣数百家，其刺史郎将以下不可胜数。长寿二年（693年），酷吏万国俊一次诛杀流人三百余人，骇人听闻。另一方面，武则天已觉察恐怖政治造成人人自危的负面影响，告密一度危及睿宗，加之朱敬则、周矩等人谏诤，武则天着手清除酷吏政治。武则天当众揭露告密人杜肃，又令监察御史严善思惩治诬告者八百余人，诬告之风稍衰。来俊臣失势，王弘义被杖杀，狄仁杰、姚元崇、徐有功等贤臣被起用，可以说是武则天政治转轨的一个信号。这一时期，也是武则天个人志得意满最高潮的时期，加尊号称“金轮圣神皇帝”。武则天在薛怀义火烧明堂后，只用了十四个月的时间又重建了明堂，显示了当时武周国力之盛。但边衅不断，吐蕃时服时叛，契丹反叛，战费支出以及大兴土木，给人民带来了沉重的负担。

【原文】

则天顺圣皇后中之上

长寿元年（壬辰，692 年）

正月，戊辰朔，太后享万象神宫。

腊月，立故于阗王尉迟伏阇雄之子瑕为于阗王。

春，一月，丁卯，太后引见存抚使所举人，无问贤愚，悉加擢用，高者试凤阁舍人、给事中，次试员外郎、侍御史、补阙、拾遗、校书郎。试官自此始。时人为之语曰："补阙连车载，拾遗平斗量；欋推侍御史，碗脱校书郎。"有举人沈全交续之曰："糊心存抚使，眯目圣神皇。"为御史纪先知所擒，劾其诽谤朝政，请杖之朝堂，然后付法，太后笑曰："但使卿辈不滥，何恤人言！宜释其罪。"先知大惭。太后虽滥以禄位收天下人心，然不称职者，寻亦黜之，或加刑诛。挟刑赏之柄以驾御天下，政由己出，明察善断，故当时英贤亦竞为之用。

宁陵丞庐江郭霸以谄谀干太后，拜监察御史。中丞魏元忠病，霸往问之，因尝其粪，喜曰："大夫粪甘则可忧；今苦，无伤也。"元忠大恶之，遇人辄告之。

戊辰，以夏官尚书杨执柔同平章事。执柔，恭仁弟之孙也，太后以外族用之。

初，隋炀帝作东都，无外城，仅有短垣而已，至是，凤阁侍郎李昭德始筑之。

（以上为第一段，写武则天滥用官吏，壮大统治基础，乃有郭霸这样吃粪便的人升为京官。）

左台中丞来俊臣罗告同平章事任知古、狄仁杰、裴行本、司礼卿崔宣礼、前文昌左丞卢献、御史中丞魏元忠、潞州刺史李嗣真谋反。先是，来俊臣奏请降敕，一问即承反者得减死。及知古等下狱，俊臣以此诱之，仁杰对曰："大周革命，万物惟新，唐室旧臣，甘从诛戮。反是实！"俊臣乃少宽之。判官王德寿谓仁杰曰："尚书定减死矣。德寿业受驱策，欲求少阶级，烦尚书引杨执柔，可乎？"仁杰曰："皇天后土遣狄仁杰为如此事！"以头触柱，血流被面；德寿惧而谢之。

【语译】

则天顺圣皇后中之上

武则天长寿元年（壬辰，692年）

正月初一日戊辰，太后在万象神宫举行大飨祭礼。

十二月，立于阗故国尉迟伏阇雄的儿子尉迟瑕为于阗国王。

春季，一月初一日丁卯，太后接见派往安抚各地的使臣所推举的人，不论贤愚，一律提拔任用。才能上等的，试用为凤阁舍人、给事中；次等的试用为员外郎、侍御史、补阙、拾遗、校书郎，试用官吏的制度从这时开始。当时人对这种情形的批评是："补阙连车载，拾遗平斗量；欋推侍御史，碗脱校书郎。"举人沈全交便续了二句："糊心存抚使，眯目圣神皇。"而被御史纪先知所捕，劾举他诽谤朝廷政事，请在朝廷的议事厅上处以杖刑，然后交付法官论罪。太后笑着说："只要诸位不滥，哪怕众人议论，也应赦免他的罪。"纪先知大感惭愧。太后虽然滥用官职来笼络天下人心，然而对不称职的人，发觉后也会免职，或判斩首。控制赏罚大权以统治天下，政令由自己决断，明于观察，善于裁断，所以当时的人才也竞相为她所用。

宁陵县丞庐江人郭霸，因谄媚太后，官拜监察御史。中丞魏元忠生病，郭霸前去慰问。尝了尝魏元忠的大便，高兴地说："大夫，您的大便若甜就令人担忧；现在大便是苦味，病不要紧了。"魏元忠非常厌恶他，逢人就说这件事。

一月初二日戊辰，任用夏官尚书杨执柔为同平章事。杨执柔是杨恭仁弟弟的孙子，太后因他是母族的人而进用他。

当年隋炀帝营建东部，没有修筑外城，只有短墙而已。到此时，凤阁侍郎李昭德才营建外城。

左台中丞来俊臣，罗织罪名诬告同平章事任知古、狄仁杰、裴行本、司礼卿崔宣礼、前文昌左丞卢献、御史中丞魏元忠、潞州刺史李嗣真谋反。先前，来俊臣上奏，请发出敕令：凡一审承认造反的可减轻死罪。任知古等入狱后，来俊臣便拿这条敕令诱他们招认。狄仁杰回答说："大周革命，万事万物都是新的；我是唐朝的旧臣，甘愿被砍头。造反是实情！"来俊臣的审讯才稍加放松。判官王德寿对狄仁杰说："尚书您一定会减轻死罪了。我已受到指使，也想官阶稍稍升级，烦请尚书把杨执柔牵连到案中来，可以吗？"狄仁杰说："天地怎叫我狄仁杰干这种勾当！"一头撞在柱上，血流满面。王德寿害怕而向他道歉。

侯思止鞫魏元忠，元忠辞气不屈；思止怒，命倒曳之。元忠曰："我薄命，譬如坠驴，足絓于镫，为所曳耳。"思止愈怒，更曳之，元忠曰："侯思止，汝若须魏元忠头则截取，何必使承反也！"

狄仁杰既承反，有司待报行刑，不复严备。仁杰裂衾帛书冤状，置绵衣中，谓王德寿曰："天时方热，请授家人去其绵。"德寿许之。仁杰子光远得书，持之告变，得召见。则天览之，以问俊臣，对曰："仁杰等下狱，臣未尝褫其巾带，寝处甚安，苟无事实，安肯承反！"太后使通事舍人周綝往视之，俊臣暂假仁杰等巾带，罗立于西，使綝视之；綝不敢视，惟东顾唯诺而已。俊臣又诈为仁杰等谢死表，使綝奏之。

乐思晦男未十岁，没入司农，上变，得召见，太后问状，对曰："臣父已死，臣家已破，但惜陛下法为俊臣等所弄，陛下不信臣言，乞择朝臣之忠清、陛下素所信任者，为反状以付俊臣，无不承反矣。"太后意稍寤，召见仁杰等，问曰："卿承反何也？"对曰："不承，则已死于拷掠矣。"太后曰："何为作谢死表？"对曰："无之。"出表示之，乃知其诈，于是出此七族。庚午，贬知古江夏令，仁杰彭泽令，宣礼夷陵令，元忠涪陵令，献西乡令；流行本、嗣真于岭南。

俊臣与武承嗣等固请诛之，太后不许。俊臣乃独称行本罪尤重，请诛之；秋官郎中徐有功驳之，以为"明主有更生之恩，俊臣不能将顺，亏损恩信。"殿中侍御史贵乡霍献可，宣礼之甥也，言于太后曰："陛下不杀崔宣礼，臣请陨命于前。"以头触殿阶，血流沾地，以示为人臣者不私其亲。太后皆不听。献可常以绿帛裹其伤，微露之于幞头下，冀太后见之以为忠。

（以上为第二段，写来俊臣等酷吏，假公济私，故意诬告朝臣，制造冤狱，武则天已感事态严重，用流刑代替死刑。）

甲戌，补阙薛谦光上疏，以为："选举之法，宜得实才，取舍之间，风化所系。今之选人，咸称觅举，奔竞相尚，喧诉无惭。至于才应经邦，惟令试策；武能制敌，止验弯弧。昔汉武帝见司马相如赋，恨不同时，

侯思止审问魏元忠，魏元忠理直气壮；侯思止发怒，命人倒拖着他走。魏元忠说：“我命薄，如同从驴子背上跌落，足还挂在镫上，被驴子拉着走。”侯思止更加生气，再次拖他。魏元忠说：“侯思止，你如要魏元忠的脑袋便砍吧，何必要我承认谋反！”

狄仁杰已承认谋反，主管官等公文到后执行刑戮，不再严加防备。狄仁杰撕了一块背面写成申冤的状子，放在棉衣里面，对王德寿说：“天气开始热起来了，请交给我家人拿回去抽掉棉絮。”王德寿允许了。狄仁杰的儿子狄光远得到这状子，拿去申冤，得到召见。武则天看了，拿着问来俊臣。来俊臣回答说：“狄仁杰等入狱，臣并未除掉他们的巾带，住处也很安适；假若没有事实，他怎肯承认谋反！”太后派通事舍人周綝去探视，来俊臣暂时还给狄仁杰等巾带，一齐站在西边，让周綝去看；周綝不敢向西看，只向东看了看，口中应诺而已。来俊臣又假撰狄仁杰等谢死的表文，让周綝奏给太后。

乐思晦的儿子不满十岁，被籍没入司农为奴，上告申冤得到召见。太后问他实情，回答说：“臣父亲已死，臣家已败，只可惜陛下的法治被来俊臣等所玩弄。陛下若不信臣的话，请选朝廷中忠良清廉而为陛下一向信任的臣子，说他们有谋反的嫌疑，交来俊臣去审问，没有不承认谋反的啊！”太后心中稍有省知，召见狄仁杰等，问道：“你为何承认谋反呢？”回答说：“不承认，便死在拷打之下了。”太后说：“为什么作谢死的表文？”答道：“没有这回事。”太后把表文给他看，于是知道表文是假的，因此放出狄仁杰等七人的家族。一月初四日庚午，贬任知古为江夏县令，狄仁杰为彭泽县令，崔宣礼为夷陵县令，魏元忠为涪陵县令，卢献为西乡县令；流放裴行本、李嗣真到岭南。

来俊臣与武承嗣等一再请求处死他们，太后不允许。来俊臣便特别提出裴行本罪行尤其严重，请求杀他；秋官郎中徐有功反驳来俊臣，认为“贤明的君主有再生的恩典，来俊臣不能承顺并助成君上的旨意，有损主上的恩信”。殿中侍御史贵乡人霍献可，是崔宣礼的外甥，向太后说：“陛下不杀崔宣礼，臣愿死在殿前。”以头撞殿上石阶，鲜血流浸地面，表示为臣不偏私于亲戚。太后均未听从。霍献可常用绿绢包头上伤口，故意露出一些在帽子外，希望太后看见而认为他忠心。

一月初八日甲戌，补阙薛谦光上奏，认为：“选举的原则，当然在求得真才，取舍之中关系着教化。现在的选人，都称被访察推举过，竞相活动奔走，一比高低，吵闹争讼而不以为耻。至于才干是否适应治国，不过下令用策问考试罢了；武功能

及置之朝廷，终文园令，知其不堪公卿之任故也。吴起将战，左右进剑，起曰：‘将者提鼓挥桴，临敌决疑，一剑之任，非将事也。’然则虚文岂足以佐时，善射岂足以克敌！要在文吏察其行能，武吏观其勇略，考居官之臧否，行举者赏罚而已。”

来俊臣求金于左卫大将军泉献诚，不得，诬以谋反，下狱，乙亥，缢杀之。

庚辰，司刑卿、检校陕州刺史李游道为冬官尚书、同平章事。

二月，己亥，吐蕃党项部落万余人内附，分置十州。

戊午，以秋官尚书袁智弘同平章事。

夏，四月，丙申，赦天下，改元如意。

五月，丙寅，禁天下屠杀及捕鱼虾。江淮旱，饥，民不得采鱼虾，饿死者甚众。

右拾遗张德，生男三日，私杀羊会同僚，补阙杜肃怀一餤，上表告之。明日，太后对仗，谓德曰：“闻卿生男，甚喜。”德拜谢。太后曰：“何从得肉？”德叩头服罪。太后曰：“朕禁屠宰，吉凶不预。然卿自今召客，亦须择人。”出肃表示之。肃大惭，举朝欲唾其面。

吐蕃酋长曷苏帅部落请内附，以右玉钤卫将军张玄遇为安抚使，将精卒二万迎之。六月，军至大渡水西，曷苏事泄，为国人所擒。别部酋长昝捶帅羌蛮八千余人内附，玄遇以其部落置莱川州而还。

（以上为第三段，写薛谦光上奏慎选举。武则天自己当众揭露告密者杜肃，武后的权变之术非常人所及。）

辛亥，万年主簿徐坚上疏，以为：“书有五听之道，令著三覆之奏。窃见比有敕推按反者，令使者得实，即行斩决。人命至重，死不再生，万一怀枉，吞声赤族，岂不痛哉！此不足肃奸逆而明典刑，适所以长威福而生疑惧。臣望绝此处分，依法覆奏。又，法官之任，宜加简择，有用法宽平，为百姓所称者，愿亲而任之；有处事深酷，不允人望者，愿疏而退之。”坚，齐聃之子也。

夏官侍郎李昭德密言于太后曰：“魏王承嗣权太重。”太后曰：“吾侄

否克敌，仅仅考验箭法。从前汉武帝看到了司马相如的《子虚赋》，恨不能生在他那个时代，等到安置相如到朝廷做官，最终不过主管孝文帝陵园而已，因为了解他不能胜任大臣的缘故。吴起将出战，左右的人献上剑来，吴起说：‘为将军的掌握鼓槌，临阵时判断攻守；持兵刃战斗，不是将军的事。’这样看来，空谈的文章怎能济世，只会射箭不足战胜敌人。关键在于考察文官的德行才能，考察武官的胆识韬略，考核在职的优劣，再对推举的人加以赏罚而已。”

来俊臣向左卫大将军泉献诚勒索钱财，没有得到，就诬告他谋反，将他逮入监牢。一月初九日乙亥，勒死了泉献诚。

一月十四日庚辰，司刑卿、检校陕州刺史李游道任冬官尚书、同平章事。

二月初三日己亥，吐蕃党项部落一万多人投奔朝廷，分别安置在十个州居住。

二月二十二日戊午，任秋官尚书袁智弘为同平章事。

夏季，四月初一日丙申，赦免天下罪囚，改年号为如意。

五月初一日丙寅，禁止天下屠杀畜生及捕鱼虾。江淮间发生旱灾，闹起饥荒，民众不能捕捞鱼虾，结果饿死的人很多。

右拾遗张德，生下儿子第三日，私自杀羊请同僚吃饭，补阙杜肃藏了一块卷肉薄饼，上奏章告发他。次日，太后在正殿对着仪仗，跟张德说：“听说你生了个儿子，真为你高兴。”张德拜谢。太后说：“肉从哪里得来？”张德叩头认罪。太后说：“我禁杀生，喜庆丧葬之事不受干预；然而你从今以后请客，也要选择客人。”把杜肃的表章拿给他看。杜肃大为羞惭，全朝的臣子都想用痰啐他的脸。

吐蕃酋长曷苏率领部落请求归附朝廷，派右玉钤卫将军张玄遇为安抚使，领精兵二万去迎接。六月，大军行至大渡水西岸，曷苏事机泄漏，被老百姓捉住。另一部落酋长昝捶率羌蛮八千多人来奔。张玄遇安置他们于叶川州并撤兵。

辛亥日，万年县主簿徐坚上奏说：“古书上审案有五听的法则，明令规定判决死刑要经三次覆勘奏闻。臣发现近来有敕令审讯反叛的嫌犯，如果使者一得实情，立即行斩。人命最为重要，死了不能复生，万一含冤，无法申诉而全族抄斩，怎不令人痛心！这不足以整肃奸逆而昭明法典刑律，反而助长刑吏的威福，而使人民发生疑惧。臣希望废止这一决定，依法覆审奏报。又法官的任命，要加以选择。有用法宽大公正，为人民称道的，应该亲信他，任用他；有办案苟求残忍，不为人信服的，应该疏远他，罢免他。”徐坚是西台舍人徐齐聃的儿子。

夏官侍郎李昭德秘密向太后说：“魏王武承嗣的权太重。”太后说：“他是我侄子，

也，故委以腹心。”昭德曰：“侄之于姑，其亲何如子之于父？子犹有篡弑其父者，况侄乎！今承嗣既陛下之侄，为亲王，又为宰相，权侔人主，臣恐陛下不得久安天位也！”太后矍然曰：“朕未之思。”秋，八月，戊寅，以文昌左相、同凤阁鸾台三品武承嗣为特进，纳言武攸宁为冬官尚书，夏官尚书、同平章事杨执柔为地官尚书，并罢政事；以秋官侍郎新郑崔元综为鸾台侍郎，夏官侍郎李昭德为凤阁侍郎，检校天官侍郎姚𪻺为文昌左丞，检校地官侍郎李元素为文昌右丞，与司宾卿崔神基并同平章事。𪻺，思廉之孙；元素，敬玄之弟也。辛巳，以营缮大匠王璿为夏官尚书、同平章事。承嗣亦毁昭德于太后，太后曰：“吾任昭德，始得安眠，此代吾劳，汝勿言也。”

是时，酷吏恣横，百官畏之侧足，昭德独廷奏其奸。太后好祥瑞，有献白石赤文者，执政诘其异，对曰：“以其赤心。”昭德怒曰：“此石赤心，他石尽反邪？”左右皆笑。襄州人胡庆以丹漆书龟腹曰：“天子万万年。”诣阙献之。昭德以刀刮尽，奏请付法。太后曰：“此心亦无恶。”命释之。

太后习猫，使与鹦鹉共处。出示百官，传观未遍，猫饥，搏鹦鹉食之，太后甚惭。

太后自垂拱以来，任用酷吏，先诛唐宗室贵戚数百人，次及大臣数百家，其刺史、郎将以下，不可胜数。每除一官，户婢窃相谓曰：“鬼朴又来矣。”不旬月，辄遭掩捕、族诛。监察御史朝邑严善思，公直敢言。时告密者不可胜数，太后亦厌其烦，命善思按问，引虚伏罪者八百五十余人。罗织之党为之不振，乃相与构陷善思，坐流驩州。太后知其枉，寻复召为浑仪监丞。善思名譔，以字行。

右补阙新郑朱敬则以太后本任威刑以禁异议，今既革命，众心已定，宜省刑尚宽，乃上疏，以为：“李斯相秦，用刻薄变诈以屠诸侯，不知易之以宽和，卒至土崩，此不知变之祸也。汉高祖定天下，陆贾、叔孙通说之以礼义，传世十二，此知变之善也。自文明草昧，天地屯蒙，三叔流言，四凶构难，不设钩距，无以应天顺人，不切刑名，不可摧奸息暴。故置神器，开告端，曲直之影必呈，包藏之心尽露，神道助直，无罪不除，苍生晏然，紫宸易主。然而急趋无善迹，促柱少和声，向时之妙策，乃当今之刍狗也。伏愿览秦、汉之得失，考时事之合宜，审糟粕之可遗，觉蘧庐之须毁，去萋菲之牙角，顿奸险之锋芒，窒罗织之源，扫朋党之

所以作为亲信托以重任。”李昭德说：“侄子对于姑母的关系，亲近的程度哪像儿子对于父亲？儿子尚有杀父而篡位的，何况是侄子呢！今武承嗣是陛下的侄子，贵为亲王，又做宰相，权力等于国君，臣恐怕陛下不能长久安坐帝位了。”太后惊讶地瞪着眼说：“我还没想到。”秋季，八月十六日戊寅，任命文昌左相、同凤阁鸾台三品武承嗣为特进，纳言武攸宁为冬官尚书，夏官尚书、同平章事杨执柔为地官尚书，一并罢免他们的政务。委任秋官职侍郎新郑人崔元综为鸾台侍郎，夏官侍郎李昭德为凤阁侍郎，检校天官侍郎姚琦为文昌左丞，检校地官侍郎李元素为文昌右丞，与司宾卿崔神基并为同平章事。姚琦是姚思廉的孙子；李元素是李敬玄的弟弟。八月十九日辛巳，以营缮大匠王璿为夏官尚书、同平章事。武承嗣便在太后前毁谤李昭德。太后说：“我任用李昭德，才得以安睡；他分担我的辛苦，你就不必说了。”

这时，酷吏胡作非为，众官怕得不敢正立，独有李昭德在朝廷奏明他们的劣迹。太后喜好瑞兆，有人献有红斑纹的白石，执政官问献石的人这块石头奇异在哪里，回答说：“因为它有赤心。”李昭德发怒说：“这石头是赤心，别的石头都造反吗？”左右都笑了。襄州人胡庆用红漆在龟腹写上：“天子万万年。”到朝廷来进献。李昭德用刀刮去，奏请交付法司处置。太后说：“他的动机并不坏。”下令放他走了。

武太后喜近猫，让它和鹦鹉相处，带它们出来供百官观赏。传观还没有结束，猫饿了，捉住鹦鹉便吃了下去。太后很难堪。

武太后自垂拱年以来，任用残酷的官吏，先杀害李唐宗族及贵显的亲戚几百人，又杀了大臣几百家，杀刺史、郎将以下，难以数计。每次任命一官，值守宫门的婢女私下相议：“挨刀的又来了。”不到十来天，便遭逮捕，全族被杀。监察御史朝邑人严善思，公正坦直敢于谏言。当时告密的人很多，太后也厌倦他们不断烦扰，便派严善思去审问，告密不实而遭判罪的有八百五十多人。专门陷害人的那一帮人因而气焰消退。于是他们勾结起来诬陷严善思，严善思因此获罪被流放到驩州。太后明白他是受了冤枉，不久又召他回来任浑仪监丞。严善思名叫严谍，以表字行于世。

右补阙新郑人朱敬则认为太后原是用高压刑法来禁绝对她的非议，现在已经即位，人心业已安定，应该减省刑戮，崇尚宽政。于是上表说：“李斯做秦国的丞相，用刻薄欺诈手段来杀诸侯，不知道用宽和政策取代它，结果遭致失败，这是不知变通的恶果。汉高祖平定天下，陆贾、叔孙通劝他用礼义治天下，而能传十二代之久，这是知变通的好处。自文明年陛下执政之初，天下生物之始，三位亲王播放谣言，四个恶徒起兵作乱，不施用反复盘查的方法，便无法上应天心，下顺民意；不厉行刑法，便不能破奸止暴。所以设置神器铜箱，开告密之先例，善恶的状况必须呈现，隐藏的心思全部显露；天道帮助善人，没有罪人不被清除，人民安乐，紫宸殿改换了主人。然而急进的足迹不完整，绷紧的琴弦和声少，以前的好政策今日便

迹，使天下苍生坦然大悦，岂不乐哉！”太后善之，赐帛三百段。

侍御史周矩上疏曰：“推劾之吏皆相矜以虐，泥耳笼头，枷研楔毂，折膺签爪，悬发熏耳，号曰‘狱持’。或累日节食，连宵缓问，昼夜摇撼，使不得眠，号曰‘宿囚’。此等既非木石，且救目前，苟求赊死。臣窃听舆议，皆称天下太平，何苦须反！岂被告者尽是英雄，欲求帝王邪？但不胜楚毒自诬耳。愿陛下察之。今满朝侧息不安，皆以为陛下朝与之密，夕与之仇，不可保也。周用仁而昌，秦用刑而亡。愿陛下缓刑用仁，天下幸甚！”太后颇采其言，制狱稍衰。

（以上为第四段，写武则天调整执政班子，掌控朝政，裁抑武承嗣等人的权势，冷静听取徐坚、李昭德、朱敬则、周矩等大臣对酷吏政治的批评。）

太后春秋虽高，善自涂泽，虽左右不觉其衰。丙戌，敕以齿落更生，九月，庚子，御则天门，赦天下，改元。更以九月为社。

制于并州置北都。

癸丑，同平章事李游道、王璿、袁智弘、崔神基、李元素、春官侍郎孔思元、益州长史任令辉，皆为王弘义所陷，流岭南。

左羽林中郎将来子珣坐事流爱州，寻卒。

初，新丰王孝杰从刘审礼击吐蕃为副总管，与审礼皆没于吐蕃。赞普见孝杰泣曰：“貌类吾父。”厚礼之，后竟得归，累迁右鹰扬卫将军。孝杰久在吐蕃，知其虚实。会西州都督唐休璟请复取龟兹、于阗、疏勒、碎叶四镇，敕以孝杰为武威军总管，与武卫大将军阿史那忠节将兵击吐蕃。冬，十月，丙戌，大破吐蕃，复取四镇。置安西都护府于龟兹，发兵戍之。

（以上为第五段，写武则天年老生齿，以及败吐蕃，复置安西四镇。）

二年（癸巳，693 年）

正月，壬辰朔，太后享万象神宫，以魏王承嗣为亚献，梁王三思为终献。太后自制神宫乐，用舞者九百人。

户婢团儿为太后所宠信，有憾于皇嗣，乃谮皇嗣妃刘氏、德妃窦氏

不管用了。敬请陛下参考秦、汉的得失，推求现时的合适措施，明白糟粕应当抛舍，认识旅舍草屋应当毁弃，拔去小人的牙角，挫折奸险的锋芒，塞住诬陷的源头，扫除结党的现象，让天下人皆舒坦欢悦，哪有不快乐的呢！”太后嘉许他，赐给丝帛三百段。

侍御史周矩上奏说：“法司官吏都以虐待被告自夸，塞耳朵，锁脑袋，用重枷磨颈子，用铁圈紧束头颅并加楔子，打断肋骨，用竹签钉指头，吊头发，薰耳朵，叫作‘狱持’。或连着几天不给食物，通宵慢慢地审问，日夜以疲劳摧残，使被告无法睡眠，这叫作‘宿囚’。被告不是木石而是肉身，苟且为了缓解眼前痛苦，委曲以求延长死期罢了。臣曾听到大众的议论，皆说是天下太平，何苦去谋反！难道被告都是英雄，想做皇帝吗？只是受不了酷刑而自己诬服而已。请陛下加以体察。现在满朝官吏睡不安寝，都以为陛下早晨亲信他，晚上便以他为敌仇，不能活命。周代用仁政而强盛，秦朝用刑戮而灭亡。请陛下放松刑罚，施行仁政，天下人就非常庆幸了！”太后采纳他的大多数意见，诏狱案件稍减。

武太后年纪虽老，却很会化妆，即使是亲随们也看不出她有老态。八月二十二日丙戌，下敕令，由于牙脱落后长出新齿，九月初九日庚子那天，驾幸则天门，大赦天下，改年号为长寿。改在九月举行祭后土的社祀。

下令在并州设立北都。

九月二十二日癸丑，同平章事李游道、王璿、袁智弘、崔神基、李元素、春官侍郎孔思元、益州长史任令辉，皆被王弘义陷害，流放到岭南。

左羽林中朗将来子珣，受事牵连，被流放到爱州，不久便死了。

当初，新丰人王孝杰随着刘审礼出征吐蕃，任副总管，与刘审礼一道沦陷在吐蕃。吐蕃王见王孝杰便流泪说：“你的相貌像我父亲。”对他大加礼遇，后来终于能回来，官位升到右鹰扬卫将军。王孝杰在吐蕃时间长久，知道那里的实情。时逢西州都督唐休璟建议再攻取龟兹、于阗、疏勒、碎叶四镇，敕令委任王孝杰为武威军总管，和武卫大将军阿史那忠领兵征吐蕃。冬季，十月二十五日丙戌，大败吐蕃军，再次夺取四镇。设立安西都护衙门于龟兹，调集军队驻守在那里。

武则天长寿二年（癸巳，693年）

正月初一日壬辰，太后在万象神宫举行大飨祭礼，让魏王武承嗣接着进献，梁王武三思最后进献。太后自作祭神宫的乐曲，用了乐舞优伶九百人。

值守宫门婢女团儿得到太后的亲信，她对皇太子有怨望，因此诬陷皇太子妃刘

为厌咒。癸巳，妃与德妃朝太后于嘉豫殿，既退，同时杀之，瘗于宫中，莫知所在。德妃，抗之曾孙也。皇嗣畏忤旨，不敢言，居太后前，容止自如。团儿复欲害皇嗣，有言其情于太后者，太后乃杀团儿。

是时，告密者皆诱人奴婢告其主，以求功赏。德妃父孝谌为润州刺史，有奴妄为妖异以恐德妃母庞氏，庞氏惧，奴请夜祠祷解，因发其事。下监察御史龙门薛季昶按之，季昶诬奏，以为与德妃同祝诅，先涕泣不自胜，乃言曰："庞氏所为，臣子所不忍道。"太后擢季昶为给事中。庞氏当斩，其子希瑊诣侍御史徐有功讼冤，有功牒所司停刑，上奏论之，以为无罪；季昶奏有功阿党恶逆，请付法，法司处有功罪当绞。令史以白有功，有功叹曰："岂我独死，诸人永不死邪！"既食，掩扇而寝"。人以为有功苟自强，必内忧惧，密伺之，方熟寝。太后召有功，迎谓曰："卿比按狱，失出何多？"对曰："失出，人臣之小过；好生，圣人之大德。"太后默然。由是庞氏得减死，与其三子皆流岭南，孝谌贬罗州司马，有功亦除名。

戊申，姚琦奏请令宰相撰《时政记》，月送史馆。从之。《时政记》自此始。

腊月，丁卯，降皇孙成器为寿春王，恒王成义为衡阳王，楚王隆基为临淄王，卫王隆范为巴陵王，赵王隆业为彭城王，皆睿宗之子也。

春，一月，庚子，以夏官侍郎娄师德同平章事。师德宽厚清慎，犯而不校。与李昭德俱入朝，师德体肥行缓，昭德屡待之不至，怒骂曰："田舍夫！"师德徐笑曰："师德不为田舍夫，谁当为之！"其弟除代州刺史，将行，师德谓曰："吾备位宰相，汝复为州牧，荣宠过盛，人所疾也，将何以自免？"弟长跪曰："自今虽有人唾某面，某拭之而已，庶不为兄忧。"师德愀然曰："此所以为吾忧也！人唾汝面，怒汝也；汝拭之，乃逆其意，所以重其怒。夫唾，不拭自干，当笑而受之。"

甲寅，前尚方监裴匪躬、内常侍范云仙坐私谒皇嗣腰斩于市。自是公卿以下皆不得见。又有告皇嗣潜有异谋者，太后命来俊臣鞫其左右，

氏、德妃窦氏用巫术诅咒太后。正月初二日癸巳，刘妃和德妃在嘉陵殿朝见太后，告退后，同时把她俩杀了，埋在宫中，不详确实地点。德妃是窦抗的曾孙女。皇太子怕违逆太后的旨意，不敢声张。在太后前面，表情举止和平常一样。团儿又想害皇太子，有人把实情报告太后，太后便处死了团儿。

当时，告密的人皆调唆人家的奴婢去检举主人，以求得功劳和赏赐。德妃的父亲窦孝谌任润州刺史，有家奴装神弄鬼来恐吓德妃的母亲庞氏，庞氏害怕，家奴便建议夜晚祭祷求解消灾，趁机告发这件事。案子交给监察御史龙门人薛季昶审理。薛季昶捏造事实上报，说庞氏和德妃一同祝祷诅咒，他一见太后先就哭泣起来并显出一副无力支撑自己身体的样子，才说："庞氏的这种做法，为臣的不忍说出口。"太后便升薛季昶为给事中。庞氏要被处斩，她的儿子窦希瑊面见侍御史徐有功申冤，徐有功发出公文到执法官，署令停止行刑，上奏章申辩，认为她没罪；薛季昶便奏告徐有功偏私庞犯，请求交付法司，法司判徐有功罪该处绞刑。令史把宣判告诉徐有功，徐有功叹息说："难道只有我一人死，他们永远不会死吗？"吃完饭，掩上窗户就睡。人们认为徐有功外表勉为刚强，内心一定害怕，暗中窥伺他，正呼呼大睡呢。太后召见徐有功，当面说："你近来审理案子，错判无罪的为何多起来了？"答说："错放了人，是为臣子的小过；爱惜人命，是主人的大德。"太后便默不作声了。因此庞氏得以减免死罪，和她的三个儿子都被流放到岭南。窦孝谌被贬为罗州司马，徐有功被免除了做官的身份。

正月十七日戊申，姚琦上奏，建议命宰相撰写《时政记》，每月送交史馆，太后接受了，《时政记》便从这时开始。

腊月初七日丁卯，降皇孙李成器为寿春王，恒王李成义为衡阳王，楚王李隆基为临淄王，卫王李隆范为巴陵王，赵王李隆业为彭城王，他们都是睿宗的儿子。

春季，一月初十日庚子，任命夏官侍郎娄师德为同平章事。娄师德宽宏厚道，廉明谨慎，不计较人家对他的侵犯。与李昭德同上朝，娄师德体胖走得慢，李昭德屡次等他还赶不上，便怒骂说："种田的农夫！"娄师德微笑说："我不做农夫，该谁做呢？"他的弟弟拜为代州刺史，将上任，娄师德对他说："我在相位充数，你又任刺史，恩荣太过分了，人家会嫉恨的，将用什么来避免呢？"弟耸起跪着的身体恭敬地说："从现在起，即使有人把口水吐在我脸上，我也就擦掉罢了，希望不致让哥哥忧心。"娄师德忽变脸色说："这正是使我担心的！人家吐口水在你脸上，是生你的气；你擦去，便是违逆人家的意思，更加重人家生气。口水不擦自会干的，应该带笑让他吐吧。"

一月二十四日甲寅，前任尚方监裴匪躬、内常侍范云仙犯了私谒皇太子的罪被处腰斩死于市朝。从此大臣以下都不能见皇太子。又有人报告太后，说太子暗中有

左右不胜楚毒，皆欲自诬。太常工人京兆安金藏大呼谓俊臣曰："公既不信金藏之言，请剖心以明皇嗣不反。"即引佩刀自剖其胸，五藏皆出，流血被地。太后闻之，令舆入宫中，使医内五藏，以桑皮线缝之，傅以药，经宿始苏。太后亲临视之，叹曰："吾有子不能自明，使汝至此。"即命俊臣停推。睿宗由是得免。

罢举人习《老子》，更习太后所造《臣轨》。

二月，丙子，新罗王政明卒，遣使立其子理洪为王。

（以上为第六段，写酷吏告密治狱危及皇储睿宗。）

乙亥，禁人间锦。侍御史侯思止私畜锦，李昭德按之，杖杀于朝堂。

或告岭南流人谋反，太后遣司刑评事万国俊摄监察御史就按之。国俊至广州，悉召流人，矫制赐自尽。流人号呼不服，国俊驱就水曲，尽斩之，一朝杀三百余人。然后诈为反状，还奏，因言诸道流人，亦必有怨望谋反者，不可不早诛。太后喜，擢国俊为朝散大夫、行侍御史。更遣右翊卫兵曹参军刘光业、司刑评事王德寿、苑南面监丞鲍思恭、尚辇直长王大贞、右武威卫兵曹参军屈贞筠皆摄监察御史，诣诸道按流人。光业等以国俊多杀蒙赏，争效之，光业杀七百人，德寿杀五百人，自余少者不减百人，其远年杂犯流人亦与之俱毙。太后颇知其滥，制："六道流人未死者并家属皆听还乡里。"国俊等亦相继死，或得罪流窜。

来俊臣诬冬官尚书苏干，云在魏州与琅邪王冲通谋，夏，四月，乙未，杀之。

五月，癸丑，棣州河溢。

秋，九月，丁亥朔，日有食之。

魏王承嗣等五千人表请加尊号曰金轮圣神皇帝。乙未，太后御万象神宫，受尊号，赦天下。作金轮等七宝，每朝会，陈之殿庭。

庚子，追尊昭安皇帝曰浑元昭安皇帝，文穆皇帝曰立极文穆皇帝，孝明高皇帝曰无上孝明高皇帝；皇后从帝号。

辛丑，以文昌左丞、同平章事姚璹为司宾卿，罢政事；以司宾卿万

非常的举动。太后令来俊臣审问太子左右的人，都受不了酷刑拷打，要屈认自己有罪。太常工人京兆人安金藏大声对来俊臣说："大人既不信我的话，愿意剖心来证明太子没有造反。"便自己用佩刀剖开胸腹，内脏都出来了，血流满地。太后听到，令人用车载送进宫中，让医师把内脏放回胸腔，用桑皮线缝合，敷上药，经过一夜才苏醒过来。太后亲自去看他，叹息说："我的儿子自己不能表白无罪，而让你到这步田地！"立刻命令来俊臣停止审问。睿宗因此保住了性命。

停止举人研读《老子》，换为读太后所撰的《臣轨》。

二月十六日丙子，新罗王政明死了，派使者去立他的儿子理洪为国王。

二月十五日乙亥，禁止民间用锦制品。侍御史侯思止暗自贮锦，李昭德劾举他，用杖刑把他打死在朝堂上。

有人告发岭南那些流放的人图谋造反，太后遣司刑评事万国俊代理监察御史前去查问。万国俊到广州，召集所有流放的人，假传太后的诏命要他们自杀。流放的人哭叫着不承认，万国俊把他们赶到水边，全部杀害，一个早上就杀了三百多人。然后假造流放人谋反的供词，回奏太后，趁机说各地方的流放人，也一定有愤恨而谋反的，不可不早些把他们杀掉。太后高兴，提升万国俊任朝散大夫、行侍御史。再派右翊卫兵曹参军刘光业、司刑评事王德寿、苑南面监丞鲍思恭、尚辇直长王大贞、右武威卫兵曹参军屈贞筠都代理监察御史，往各地审问流放的人。刘光业等因万国俊杀人多而得到赏赐提升，竞相效法，刘光业杀了七百人，王德寿杀了五百人，其他少的不下百人，那些早年各类犯罪而被流放的也一同遭了殃。太后稍知他们滥杀，下令："六道流放的人没死的及他们的家属，都准回家乡。"万国俊等人也相继死去，有的犯了罪被流放。

来俊臣陷害冬官尚书苏干，说他在魏州和琅邪王李冲串通谋反，夏季，五月初七日乙未，将他处斩。

五月二十五日癸丑，棣州河水上涨成灾。

秋季，九月初一日丁亥，发生日食。

魏王武承嗣等五千人上表，请加尊号为金轮圣神皇帝。九月初九日乙未，太后驾临万象神宫，接受尊号，赦免天下。制作了金轮等七件宝器，每次朝会，便陈列在殿上。

九月十四日庚子，追尊称昭安皇帝为浑元昭安皇帝，文穆皇帝为立极文穆皇帝，孝明高皇帝为无上孝明高皇帝；皇后也都随帝号尊称。

九月十五日辛丑，任命文昌左丞、同平章事姚璹为司宾卿，免除他掌理政务的

年豆卢钦望为内史，文昌左丞韦巨源同平章事，秋官侍郎吴人陆元方为鸾台侍郎、同平章事。巨源，孝宽之玄孙也。

（以上为第七段，写酷吏政治的最高峰——大杀流人，此与武则天上尊号曰金轮圣神皇帝成鲜明对照。）

延载元年（甲午，694年）

正月，丙戌，太后享万象神宫。

突厥可汗骨笃禄卒，其子幼，弟默啜自立为可汗。腊月，甲戌，默啜寇灵州。

室韦反，遣右鹰扬卫大将军李多祚击破之。

春，一月，以娄师德为河源等军检校营田大使。

二月，武威道总管王孝杰破吐蕃教论赞刃、突厥可汗俀子等于冷泉及大岭，各三万余人，碎叶镇守使韩思忠破泥熟俟斤等万余人。

庚午，以僧怀义为代北道行军大总管，以讨默啜。

三月，甲申，以凤阁舍人苏味道为凤阁侍郎、同平章事，李昭德检校内史。更以僧怀义为朔方道行军大总管，以李昭德为长史，苏味道为司马，帅契苾明、曹仁师、沙吒忠义等十八将军以讨默啜，未行，虏退而止。昭德尝与怀义议事，失其旨，怀义挞之，昭德惶惧请罪。

夏，四月，壬戌，以夏官尚书、武威道大总管王孝杰同凤阁鸾台三品。

五月，魏王承嗣等二万六千余人上尊号曰越古金轮圣神皇帝。甲午，御则天门楼受尊号，赦天下，改元。

天授中，遣监察御史寿春裴怀古安集西南蛮。六月，癸丑，永昌蛮酋薰期帅部落二十余万户内附。

河内有老尼居神都麟趾寺，与嵩山人韦什方等以妖妄惑众。尼自号净光如来，云能知未然，什方自云吴赤乌年生。又有老胡亦自言五百岁，云见薛师已二百年矣，容貌愈少。太后甚信重之，赐什方姓武氏。秋，七月，癸未，以什方为正谏大夫、同平章事，制云："迈轩代之广成，逾汉朝之河上。"八月，什方乞还山，制罢遣之。

戊辰，以王孝杰为瀚海道行军总管，仍受朔方道行军大总管薛怀义节度。

权力，任司宾卿万年人豆卢钦望为内史，文昌左丞韦巨源为同平章事，秋官侍郎吴人陆元方为鸾台侍郎、同平章事。韦巨源是韦孝宽的玄孙。

武则天延载元年（甲午，694 年）

正月初二日丙戌，太后在万象神宫举行大飨祭礼。

突厥可汗骨笃禄死，他的儿子尚小，弟弟默啜就自立为可汗。十二月二十五日甲戌，默啜入犯灵州。

室韦反叛，派右鹰扬卫大将军李多祚将室韦击败。

春季，一月，任命娄师德为河源等军检校营田大使。

二月，武威道总管王孝杰在冷泉和大岭打败吐蕃敎论赞刃、突厥可汗俀子等，败军各达三万多人。碎叶镇守使韩思忠打败泥熟俟斤等一万多人。

二月十六日庚午，任命僧人薛怀义为代北道大总管，去讨伐默啜。

三月初一日甲申，委任凤阁舍人苏味道为凤阁侍郎、同平章事，李昭德为检校内史。改任僧人薛怀义为朔方道行军大总管，任命李昭德为长史，苏味道为司马，率契苾明、曹仁师、沙吒忠义等十八位将军征讨默啜，尚未出发，突厥兵退走而作罢。李昭德曾和薛怀义商量事情，不合薛怀义的意思，薛怀义打了他一顿，李昭德害怕，向薛怀义请罪。

夏季，四月初九日壬戌，任夏官尚书、武威道大总管王孝杰为同凤阁鸾台三品。

五月，魏王武承嗣等二万六千多人给太后上尊号为越古金轮圣神皇帝。五月十一日甲午，太后驾临则天门楼接受尊号，大赦天下，改年号为延载。

天授年间，派监察御史寿春人裴怀古安抚西南蛮。六月初一日癸丑，永昌蛮族酋长薰期率部落二十多万户归附朝廷。

河内有一老尼姑，住在神都麟趾寺，与嵩山人韦什方等用妖邪虚妄的方术惑乱民众。老尼姑自称为净光如来，吹嘘能预知未来事；韦什方自称生在吴大帝孙权赤乌年间；又有个年老的胡人也自称有五百岁了，说二百年前就见过薛怀义，见他愈来愈年轻。太后很信任尊重韦什方，赐他姓武。秋季，七月初一日癸未，任用武什方为正谏大夫、同平章事。下制书说他“超过轩辕时的广成子，逾越汉代的河上公”。八月，武什方请求回山，于是下诏免职，送他回去。

八月十七日戊辰，任王孝杰为瀚海道行军总管，仍受朔方道行军大总管薛怀义指挥。

（以上为第八段，写武则天迷恋尊号，受胡僧愚弄。）

己巳，以司宾少卿姚琇为纳言；左肃政中丞原武杨再思为鸾台侍郎，洛州司马杜景俭为凤阁侍郎，并同平章事。

豆卢钦望请京官九品已上输两月俸以赡军，转帖百官，令拜表。百官但赴拜，不知何事，拾遗王求礼谓钦望曰："明公禄厚，输之无伤；卑官贫迫，奈何不使其知而欺夺之乎？"钦望正色拒之。既上表，求礼进言曰："陛下富有四海，军国有储，何藉贫官九品之俸而欺夺之！"姚琇曰："求礼不识大体。"求礼曰："如姚琇，为识大体者邪！"事遂寝。

戊寅，鸾台侍郎、同平章事崔元综坐事流振州。

武三思帅四夷酋长请铸铜铁为天枢，立于端门之外，铭纪功德，黜唐颂周；以姚琇为督作使。诸胡聚钱百万亿，买铜铁不能足，赋民间农器以足之。

九月，壬午朔，日有食之。

殿中丞来俊臣坐赃贬同州参军。王弘义流琼州，诈称敕追还，至汉北，侍御史胡元礼遇之，按验，得其奸状，杖杀之。

（以上为第九段，写酷吏来俊臣失势，王弘义被杖杀。）

内史李昭德恃太后委遇，颇专权使气，人多疾之，前鲁王府功曹参军丘愔上疏攻之，其略曰："陛下天授以前，万机独断。自长寿以来，委任昭德，参奉机密，献可替否；事有便利，不预咨谋，要待画日将行，方乃别生驳异。扬露专擅，显示于人，归美引愆，义不如此。"又曰："臣观其胆，乃大于身，鼻息所冲，上拂云汉。"又曰："蚁穴坏堤，针芒写气，权重一去，收之极难。"长上果毅邓注，又著《石论》数千言，述昭德专权之状。凤阁舍人逄弘敏取奏之，太后由是恶昭德。壬寅，贬昭德为南宾尉，寻又免死流窜。

太后出黎花一枝以示宰相，宰相皆以为瑞。杜景俭独曰："今草木黄落，而此更发荣，阴阳不时，咎在臣等。"因拜谢。太后曰："卿真宰相也！"

八月十八日己巳，任司宾少卿姚琦为纳言，左肃政中丞原武人杨再思为鸾台侍郎，洛州司马杜景俭为凤阁侍郎，皆同平章事。

豆卢钦望建议，在京城的官员九品以上的捐两个月的薪俸补助军队费用。写个便条转告众官，命令他们入朝上奏章。众官只去上表，不知表情什么事。拾遗王求礼对豆卢钦望说："阁下俸禄高，捐点不会有损失，下级官员清贫窘困，怎能不让他们知道捐月俸而欺蒙侵夺他们呢？"豆卢钦望板着面孔不接受劝告。表奏呈上后，王求礼进谏说："陛下拥有四海之内的财富，军队国家都有储备，何须九品官这微薄的薪俸而用欺蒙手段加以剥夺呢！"姚琦说："王求礼不识大体。"王求礼说："像你姚琦就是识大体的人！"这事也就作罢了。

八月二十七日戊寅，鸾台侍郎、同平章事崔元综犯事被流放振州。

武三思率四夷酋长建议熔铸铜铁做天枢，立于端门外，刻文字纪功德，贬唐颂周；用姚琦任监工。胡人集资百万亿，买铜铁尚不足用，征收民间的农具来做补充。

九月初一日壬午，发生日食。

殿中丞来俊臣犯贪赃罪被贬为同州参军。王弘义被流放琼州，诈称有敕令让他回都，行至汉水北部，侍御史胡元礼遇到他，通过审讯，取得他伪造敕令的罪状，用杖刑打死了他。

内史李昭德仗着太后重用他，颇为专权而意气用事，人们多恨他。前任鲁王府功曹参军丘愔上奏攻击他，奏疏大略是说："陛下在天授年以前，独决政事；自长寿年以来，委任李昭德，参与机密大事，进善止恶；事务中有些是无问题的，不需征求臣下的意见，只等陛下批示就可行了，然后李昭德才提出异议，扬才露己，专权独断，炫耀于人。美归国君，过归臣己，是人臣行为的原则，哪像李昭德这样。"又说："在臣看来，他的胆比身还大，鼻孔里出的气，都冲到天上去了呢。"又说："蚁穴虽小可以毁坏大堤，针尖会把气泄光，大权一旦旁落，要收回就太难了。"长上果毅邓注又撰几千字的《石论》，写上李昭德专权的情况。凤阁舍人逢弘敏拿去呈奏，太后因此厌恶李昭德。九月二十一日壬寅，贬李昭德为南宾县尉，不久又被免除死罪流放。

武太后拿了一枝梨花给宰相看，宰相们都认为是祥瑞。唯独杜景俭不同意，说："现在是草木凋黄时节，而梨花再开，表示阴阳失序，罪在我们人臣。"因而下拜告罪。太后说："你是真宰相！"

冬，十月，壬申，以文昌右丞李元素为凤阁侍郎，左肃政中丞周允元检校凤阁侍郎，并同平章事。允元，豫州人也。

岭南獠反，以容州都督张玄遇为桂、永等州经略大使以讨之。

（以上为第十段，写李昭德擅权遭流放，可见武则天大权始终未旁落。）

天册万岁元年（乙未，695 年）

正月，辛巳朔，太后加号慈氏越古金轮圣神皇帝，赦天下，改元证圣。

周允元与司刑少卿皇甫文备奏内史豆卢钦望、同平章事韦巨源、杜景俭、苏味道、陆元方附会李昭德，不能匡正，钦望贬赵州，巨源贬麟州，景俭贬溱州，味道贬集州，元方贬绥州刺史。

初，明堂既成，太后命僧怀义作夹纻大像，其小指中犹容数十人，于明堂北构天堂以贮之。堂始构，为风所摧，更构之，日役万人，采木江岭，数年之间，所费以万亿计，府藏为之耗竭。怀义用财如粪土，太后一听之，无所问。每作无遮会，用钱万缗；士女云集，又散钱十车，使之争拾，相蹈践有死者。所在公私田宅，多为僧有，怀义颇厌入宫，多居白马寺，所度力士为僧者满千人。侍御史周矩疑有奸谋，固请按之。太后曰："卿姑退，朕即令往。"矩至台，怀义亦至，乘马就阶而下，坦腹于床。矩召吏将按之，遽跃马而去。矩具奏其状，太后曰："此道人病风，不足诘，所度僧，惟卿所处。"悉流远州。迁矩天官员外郎。

乙未，作无遮会于明堂，凿地为坑，深五丈，结彩为宫殿，佛像皆于坑中引出之，云自地涌出。又杀牛取血，画大像，首高二百尺，云怀义刺膝血为之。丙申，张像于天津桥南，设斋。时御医沈南璆亦得幸于太后，怀义心愠，是夕，密烧天堂，延及明堂，火照城中如昼，比明皆尽，暴风裂血像为数百段。太后耻而讳之，但云内作工徒误烧麻主，遂涉明堂。时方酺宴，左拾遗刘承庆请辍朝停酺以答天谴，太后将从之。姚璹曰："昔成周宣榭，卜代愈隆；汉武建章，盛德弥永。今明堂布政之所，非宗庙也，不应自贬损。"太后乃御端门，观酺如平日。命更造明堂、天堂，仍以怀义充使。又铸铜为九州鼎及十二神，皆高一丈，各置其方。

冬季，十月二十二日壬申，任命文昌右丞李元素为凤阁侍郎，左肃政中丞周允元为检校凤阁侍郎，都任同平章事。周允元是豫州人。

岭南僚人造反，派容州都督张玄遇为桂、永等州经略大使去讨伐。

武则天天册万岁元年（乙未，695年）

正月初一日辛巳，太后加号为慈氏越古金轮圣神皇帝，大赦天下，改年号为证圣。

周允元与司刑少卿皇甫文备奏内史豆卢钦望、同平章事韦巨源、杜景俭、苏味道、陆元方附和李昭德，不能纠正他们的过失。豆卢钦望被贬为赵州刺史，韦巨源被贬为麟州刺史，杜景俭被贬为溱州刺史，苏味道被贬为集州刺史，陆元方被贬为绥州刺史。

当初，明堂建成后，太后派僧人薛怀义制成夹层苎麻布大像，大像的小指里就能容纳几十个人，在明堂的北面筑了座叫“天堂”的房屋放置它。天堂初建时，被风吹坏了，再次建造，每天有万人服役，到江岭采伐木材，几年内，费用以万亿计算，国库都因为建造它而空虚了。薛怀义流水般用钱如同粪土，太后一概听任他，不加过问。每次做公开布施法会，用钱万贯；当士女们都涌来时，又散发十车钱，让人们竞相拾取，而有被踩死的人。各地公私田舍，多被和尚占有。薛怀义很不愿进宫，大多数时间住在白马寺，剃度壮士做和尚的达一千人。侍御史周矩怀疑他图谋不轨，一再请求审问他。太后说：“你暂且回去，我立刻派人去。”周矩回到御史台，薛怀义也到了，骑马到台阶前下来，坦腹坐在床上；周矩招来官吏要捕他，他立刻跳上马走了。周矩写了奏折禀告他的无礼，太后说：“这道人患有疯病，不值得去追究；他剃度的那些和尚，你去处置他们。”把这些和尚全部流放到边远的州县去了。武则天把周矩调任天官员外郎。

正月十六日乙未，在明堂做公开布施法会，在地上掘了个坑，五丈深，用彩条扎成宫殿，佛像都从坑中引出来，说是从地里涌出的。又杀牛，用牛血画大像，头高两百尺，说是薛怀义刺膝盖出的血所画。正月十七日丙申，把像挂在天津桥南，设斋。当时御医沈南璆也是太后宠幸的人，薛怀义心存怨怒，当晚，暗地纵火烧天堂，波及明堂，火焰照得城内像白昼一样，到天亮都烧完了。暴风把血像刮成几百段。太后以这事为羞而加以隐瞒，只说内府的徒工失误引燃大像，而延烧到明堂。当时正在欢宴会餐，左拾遗刘承庆奏请停止上朝及宴会以表示对天罚的反应，太后将要听从，姚璹说：“从前成周宣榭宫遭遇火灾，预测周传世越发盛久；汉武帝的建章宫成，美德更加永长。现在明堂是布政的地方，不是宗庙，遇火灾，也不宜贬低

先是，河内老尼昼食一麻一米，夜则烹宰宴乐，畜弟子百余人，淫秽靡所不为。武什方自言能合长年药，太后遣乘驿于岭南采药。及明堂火，尼入唁太后，太后怒叱之，曰："汝常言能前知，何以不言明堂火？"因斥还河内，弟子及老胡等皆逃散。又有发其奸者，太后乃复召尼还麟趾寺，弟子毕集，敕给使掩捕，尽获之，皆没为官婢。什方还，至偃师，闻事露，自绞死。

（以上为第十一段，写武则天男宠薛怀义胆大妄为，因争风吃醋火烧明堂。）

庚子，以明堂火告庙，下制求直言。刘承庆上疏，以为："火发既从麻主，后及总章，所营佛舍，恐劳无益，请罢之。又，明堂所以统和天人，一旦焚毁，臣下何心犹为酺宴！忧喜相争，伤于情性。又，陛下垂制博访，许陈至理，而左史张鼎以为今既火流王屋，弥显大周之祥，通事舍人逢敏奏称，弥勒成道时有天魔烧宫，七宝台须臾散坏，斯实谄妄之邪言，非君臣之正论。伏愿陛下乾乾翼翼，无戾天人之心而兴不急之役，则兆人蒙赖，福禄无穷。"

获嘉主簿彭城刘知幾表陈四事：其一，以为："皇业权舆，天地开辟，嗣君即位，黎元更始，时则藉非常之庆以申再造之恩。今六合清晏而赦令不息，近则一年再降，远则每岁无遗，至于违法悖礼之徒，无赖不仁之辈，编户则寇攘为业，当官则赃贿是求。而元日之朝，指期天泽，重阳之节，伫降皇恩，如其忖度，咸果释免。或有名垂结正，罪将断决，窃行货贿，方便规求，故致稽延，毕沾宽宥。用使俗多顽悖，时罕廉隅，为善者不预恩光，作恶者独承徼幸。古语曰：'小人之幸，君子之不幸。'斯之谓也。望陛下而今而后，颇节于赦，使黎氓知禁，奸宄肃清。"其二，以为："海内具僚九品以上，每岁逢赦，必赐阶勋，至于朝野宴集，公私聚会，绯服众于青衣，象板多于木笏；皆荣非德举，位罕才升，不知何者为妍蚩，何者为美恶。臣望自今以后，稍息私恩，使有善者逾效忠勤，无才者咸知勉励。"其三，以为："陛下临朝践极，取士太广，六品以下职事清官，遂乃方之土芥，比之沙砾，若遂不加沙汰，臣恐有秽皇

抑损自己。”太后于是驾临正门，如平常一样观赏宴饮。下令再造明堂、天堂，仍然派薛怀义负责。又铸成九个以九州命名的铜鼎；铸成十二生肖神像，皆一丈高，按它们所属的方位安置。

此前，河内老尼白天吃一麻一米，夜里便宰牲烹饪、宴饮作乐，收徒弟一百多人，淫荡的丑事做尽。武什方说自己能配长生药，太后派驿车送他到岭南采药。后来明堂发生火灾，老尼入宫慰问太后，太后怒责她说：“你常说能预知未来事，为何不先说到明堂火灾？”因此斥逐她回河内，她的徒弟和老胡人都逃散了。又有人告发她们作奸犯科的事，太后于是又召老尼回麟趾寺，她的徒弟们也回来了。太后下敕令派宫闱局给使去围捕，全部抓获了，都没作官家的奴婢。武什方返回，到了偃师县，听说事已败露，便自缢而死。

正月二十一日庚子，因明堂火灾向宗庙祭告。下诏征求坦率进言的人。刘承庆上奏说：“火灾既是从麻制神像发生，后来延烧到总章定制的明堂；那么所建的佛舍，恐劳民再造无益，请停止。而且，明堂是沟通协调天人的场所，一旦遭焚毁，为臣下的哪有心情大宴会饮呢！忧喜冲突，会伤害性情。还有，陛下降旨广求谏言，允许人们陈述真理；然而左史张鼎竟说现在已火烧帝殿，更加显示大周的祥瑞。通事舍人逢敏上奏说：‘弥勒佛成道的时候，有天魔来烧他的宫室，七宝台立刻被毁。’这些实是谄媚虚妄的邪说，不是君臣的正大道理。伏请陛下自强不息，小心翼翼，不要违天意，逆人心，而兴起那不急的劳役，那么天下人都蒙受嘉惠，福禄长久。”

获嘉县主簿彭城人刘知幾上表陈述四事：第一，他认为：“帝业开始，开天辟地，继君帝位，黎民重新做起，时而借国家的大喜庆，颁给重新给予他们生命的恩典。如今天下清平，而赦令仍不免，密则一年赦两次，疏则每岁都有。至于那些犯法背礼的，无赖不仁的，如果是民众，便以抢劫为职业，如果是官吏，便贪赃求贿。而到新年初一，指望天子的德泽，重阳佳节，盼降皇上的恩典，到时就如他们所思，都得到释放赦免。有的罪名几乎已结案判定，刑罚将要执行，暗中贿赂，而有司乘机贪求，因此得以拖延时间，终于获得宽减。以致世间顽固背理的人多，廉洁方正的人少，行善的人得不到皇上的嘉奖，为恶的人偏偏得到非分的恩典。古话说：‘小人的幸运，就是君子的不幸。’就是这个意思。请陛下今后，稍稍节制赦令，让人民知所约束，作奸犯科的人才会肃清。”第二，认为：“国家设有九品以上的官吏，每年遇到大赦，必赐他们升官阶进勋转。以至朝野宴会、公私聚会时，穿红衣的多于穿青衣的，拿象版的多于拿木笏的。这些荣耀都不是起于德行，官位极少是因才能升得；不晓得什么是美丑，什么是善恶。臣请陛下自今天起，稍止私意加恩，使贤

风。”其四，以为：“今之牧伯迁代太速，倏来忽往，蓬转萍流，既怀苟且之谋，何暇循良之政！望自今刺史非三岁以上不可迁官，仍明察功过，尤甄赏罚。”疏奏，太后颇嘉之。是时官爵易得而法网严峻，故人竞为趋进而多陷刑戮，知幾乃著《思慎赋》以刺时见志焉。

（以上为第十二段，写武则天因明堂火灾而下诏求言，刘知幾上奏直言四事：一是赦令太滥，二是升转官吏品秩太滥，三是任官太滥，四是州官迁调太滥。切中时弊。）

丙午，以王孝杰为朔方道行军总管，击突厥。

春，二月，己酉朔，日有食之。

僧怀义益骄恣，太后恶之。既焚明堂，心不自安，言多不顺；太后密选宫人有力者百余人以防之。壬子，执之于瑶光殿前树下，使建昌王武攸宁帅壮士殴杀之，送尸白马寺，焚之以造塔。

甲子，太后去“慈氏越古”之号。

三月，丙辰，凤阁侍郎、同平章事周允元薨。

夏，四月，天枢成，高一百五尺，径十二尺，八面，各径五尺。下为铁山，周百七十尺，以铜为蟠龙麒麟萦绕之；上为腾云承露盘，径三丈，四龙人立捧火珠，高一丈。工人毛婆罗造模，武三思为文，刻百官及四夷酋长名，太后自书其榜曰“大周万国颂德天枢”。

秋，七月，辛酉，吐蕃寇临洮，以王孝杰为肃边道行军大总管以讨之。

九月，甲寅，太后合祭天地于南郊，加号天册金轮大圣皇帝，赦天下，改元。

冬，十月，突厥默啜遣使请降，太后喜，册授左卫大将军、归国公。

（以上为第十三段，写武则天男宠薛怀义之死，以及劳民的天枢建成。）

万岁通天元年（丙申，696年）

腊月，甲戌，太后发神都；甲申，封神岳；赦天下，改元万岁登封，天下百姓无出今年租税；大酺九日。丁亥，禅于少室；己丑，御朝觐坛受贺；癸巳，还宫；甲午，谒太庙。

能的更加效忠于朝廷，无才能的都懂得勤勉努力。”第三，认为：“陛下即位听政，任官太多，六品以下掌事清官，就像土、草、沙、石一样多。如果最终不加以汰裁，臣恐怕有污陛下的风范。”第四，认为：“现在的州刺史调任太快，匆匆来去，像飞蓬浮萍，既然怀有应付的想法，哪有时间去推行善政。请从今以后，刺史任期不到三年以上，不要迁调，还要考核他们的功过，特别要分别加以赏罚。”疏奏呈上，太后颇嘉许他。当时，官爵容易取得，但法刑严酷，因此竞相做官的人多，被杀害的也多。刘知幾便作《思慎赋》来讽喻时事而表明自己的意见。

正月二十七日丙午，任王孝杰为朔方道行军总管，攻打突厥。

春季，二月初一日己酉，发生日食。

僧人薛怀义愈来愈骄横放肆，太后厌恶他。明堂烧后，他心中不安，言谈多不顺服。太后暗中选了一百多有武力的宫人防备他。二月初四日壬子，在瑶光殿前的树下逮住了他，派建昌王武攸宁率领壮士打死薛怀义。尸体送到白马寺，烧掉后建了一座塔。

二月十六日甲子，太后去掉“慈氏越古”的尊号。

三月初九日丙辰，凤阁侍郎、同平章事周允元逝世。

夏季，四月，天枢纪柱建成，高一百零五尺，直径十二尺，八个面，每面宽五尺。下部基台为铁山，周围一百七十尺，用铜铸成蟠龙和麒麟萦绕在上面；顶上做一腾云承露盘，直径三丈，做四条龙像人站立捧火珠，高一丈。工人毛婆罗造模型，武三思撰文章，刻有百官及四夷酋长名字。太后亲写天枢题名：“大周万国颂德天枢。”

秋季，七月十五日辛酉，吐蕃进犯临洮，任王孝杰为肃边道行军大总管去征讨。

九月初九日甲寅，太后在南郊合祭天地，称尊号天册金轮大圣皇帝，大赦天下，改年号为天册万岁。

冬季，十月，突厥默啜派使者来请求受降，太后喜悦，用册书授命默啜为左卫大将军、归国公。

武则天万岁通天元年（丙申，696年）

腊月初一日甲戌，太后从神都出发；腊月十一日甲申，在神岳嵩山祭天。大赦天下，改年号为万岁登封。免除天下百姓今年的租税；大饮宴九天。腊月十四日丁亥，在少室山祭地。腊月十六日己丑，驾临朝觐坛接受群臣朝贺。腊月二十日癸巳，回宫；腊月二十一日甲午，在太庙向祖宗报告。

右千牛卫将军安平王武攸绪，少有志行，恬澹寡欲，扈从封中岳还，即求弃官，隐于嵩山之阳。太后疑其诈，许之，以观其所为。攸绪遂优游岩壑，冬居茅椒，夏居石室，一如山林之士。太后所赐及王公所遗野服器玩，攸绪一皆置之不用，尘埃凝积。买田使奴耕种，与民无异。

春，一月，甲寅，以娄师德为肃边道行军副总管，击吐蕃。己巳，以师德为左肃政大夫，知政事如故。

改长安崇尊庙为太庙。

二月，辛巳，尊神岳天中王为神岳天中黄帝，灵妃为天中黄后；启为齐圣皇帝；封启母神为玉京太后。

三月，壬寅，王孝杰、娄师德与吐蕃将论钦陵赞婆战于素罗汗山，唐兵大败；孝杰坐免为庶人，师德贬原州员外司马。师德因署移牒，惊曰："官爵尽无邪！"既而曰："亦善，亦善。"不复介意。

丁巳，新明堂成，高二百九十四尺，方三百尺，规模率小于旧。上施金涂铁凤，高二丈，后为大风所损；更为铜火珠，群龙捧之，号曰通天宫。赦天下，改元万岁通天。

大食请献师子。姚琦上疏，以为："师子专食肉，远道传致，肉既难得，极为劳费。陛下鹰犬不蓄，渔猎悉停，岂容菲薄于身而厚给于兽！"乃却之。

（以上为第十四段，写唐军兵败于吐蕃；新建明堂落成。）

以检校夏官侍郎孙元亨同平章事。

夏，五月，壬子，营州契丹松漠都督李尽忠、归诚州刺史孙万荣举兵反，攻陷营州，杀都督赵文翙。尽忠，万荣之妹夫也，皆居于营州城侧。文翙刚愎，契丹饥不加赈给，视酋长如奴仆，故二人怨而反。乙丑，遣左鹰扬卫将军曹仁师、右金吾卫大将军张玄遇、左威卫大将军李多祚、司农少卿麻仁节等二十八将讨之。秋，七月，辛亥，以春官尚书梁王武三思为榆关道安抚大使，姚琦副之，以备契丹。改李尽忠为李尽灭，孙万荣为孙万斩。

尽忠寻自称无上可汗，据营州，以万荣为前锋，略地，所向皆下，旬日，兵至数万，进围檀州，清边前军副总管张九节击却之。

右千牛卫将军安平王武攸绪，年轻时就有志向操守，恬静淡泊，绝少名利的欲念，侍从太后封禅中岳回来，立刻请求辞职，隐居在嵩山之南。太后怀疑他隐居有假，答应他辞官，而观察他的作为。武攸绪于是优游山水，冬天住茅椒庐室，夏天住石洞，完全像个隐士。太后所赐及王公大臣所送的隐居衣服用品，武攸绪全部放着不用，上面尘埃封积。他还自己买田，教奴仆耕种，跟平民没有差别。

春季，一月十一日甲寅，任命娄师德为肃边道行军副总管，进兵吐蕃。一月二十六日己巳，委任娄师德为左肃政大夫，仍旧主持政事。

将长安崇尊庙改为太庙。

二月初九日辛巳，尊神岳天中王为神岳天中黄帝、灵妃为天中黄后；夏后启为齐圣皇帝；封启母神为玉京太后。

三月初一日壬寅，王孝杰、娄师德与吐蕃将领论钦陵赞婆在素罗汗山交战，唐军大败；王孝杰因此被免官为平民，娄师德被贬官为原州员外司马。娄师德在签署送来的公文时，惊奇地说道："官爵全免了呀！"签署后说："也好，也好。"便不再介意。

三月十六日丁巳，新建明堂落成，高二百九十四尺，方三百尺，规模比原来略小些。上面设有黄金涂饰的铁凤，高二丈，后被大风吹坏，换成一个铜质火珠，火珠上群龙簇拥着。明堂题名为通天宫。大赦天下，改年号为万岁通天。

大食国请求进献狮子。姚琦呈上奏疏说："狮子专吃肉，老远送来，途中不易得到肉，人力物力消耗太多。陛下不养鹰犬，禁止一切渔猎，难道容忍对自己菲薄而厚供野兽吗！"于是拒不接受。

委任检校夏官侍郎孙元亨为同平章事。

夏季，五月十二日壬子，营州契丹松漠都督李尽忠、归诚州刺史孙万荣起兵造反，攻陷营州，杀了都督赵文翙。李尽忠是孙万荣的妹夫，都住在营州城边。赵文翙刚愎自用，契丹发生饥荒不去救济，把酋长看成奴仆，所以李、孙二人怨恨他而造反。五月二十五日乙丑，派左鹰扬卫将士将军曹仁师、右金吾卫大将军张玄遇、左威卫大将军李多祚、司农少卿麻仁节等二十八位将领去征讨。秋季，七月十一日辛亥，派春官尚书梁王武三思为榆关道安抚大使，姚琦为副使，用来防备契丹。改李尽忠名为李尽灭，孙万荣名为孙万斩。

李尽忠不久自称为无上可汗，占据营州，任命孙万荣为先锋，攻占土地，所到之处都攻了下来，十天之间，兵力达到数万，进而包围檀州。清边前军副总管张九节击退了他。

八月，丁酉，曹仁师、张玄遇、麻仁节与契丹战于硖石谷，唐兵大败。先是，契丹破营州，获唐俘数百，囚之地牢，闻唐兵将至，使守牢霫绐之曰：“吾辈家属，饥寒不能自存，唯俟官军至即降耳。”既而契丹引出其俘，饲以糠粥，慰劳之曰：“吾养汝则无食，杀汝又不忍，今纵汝去。”遂释之。俘至幽州，具言其状，诸军闻之，争欲先入。至黄獐谷，虏又遣老弱迎降，故遗老牛瘦马于道侧。仁师等三军弃步卒，将骑兵先进。契丹设伏横击之，飞索以缗玄遇、仁节，生获之，将卒死者填山谷，鲜有脱者。契丹得军印，诈为牒，令玄遇等署之，牒总管燕匪石、宗怀昌等云：“官军已破贼，若至营州，军将皆斩，兵不叙勋。”匪石等得牒，昼夜兼行，不遑寝食以赴之，士马疲弊；契丹伏兵于中道邀之，全军皆没。

九月，制：“天下系囚及庶士家奴骁勇者，官偿其直，发以击契丹。”初令山东近边诸州置武骑团兵，以同州刺史建安王武攸宜为右武威卫大将军，充清边道行军大总管，以讨契丹。

右拾遗陈子昂为攸宜府参谋，上疏曰：“恩制免天下罪人及募诸色奴充兵讨击契丹，此乃捷急之计，非天子之兵。且比来刑狱久清，罪人全少，奴多怯弱，不惯征行，纵其募集，未足可用。况今天下忠臣义士，万分未用其一，契丹小孽，假命待诛，何劳免罪赎奴，损国大体！臣恐此策不可威示天下。”

丁巳，突厥寇凉州，执都督许钦明。钦明，绍之曾孙也；时出按部，突厥数万奄至城下，钦明拒战，为所虏。

钦明兄钦寂，时为龙山军讨击副使，与契丹战于崇州，军败，被擒。虏将围安东，令钦寂说其属城未下者。安东都护裴玄珪在城中，钦寂谓曰：“狂贼天殃，灭在朝夕，公但励兵谨守以全忠节。”虏杀之。

（以上为第十五段，写契丹族反叛，唐军征讨大败。）

吐蕃复遣使请和亲，太后遣右武卫胄曹参军贵乡郭元振往察其宜。吐蕃将论钦陵请罢安西四镇戍兵，并求分十姓突厥之地。元振曰：“四镇、十姓与吐蕃种类本殊，今请罢唐兵，岂非有兼并之志乎？”钦陵曰：“吐蕃苟贪土地，欲为边患，则东侵甘、凉，岂肯规利于万里之外邪！”乃遣使者随元振入请之。

八月二十八日丁酉，曹仁师、张玄遇、麻仁节跟契丹在硖石谷交锋，唐兵大败。当初，契丹攻下营州，俘获几百唐兵，囚在地牢里，听说唐兵快到了，教把守地牢的霫人骗他们说："我们的家属，饥寒难以自保，只等朝廷大军一至，便投降。"不久契丹便放出唐俘，供给米糠粥，慰劳他们说："我们要养你们，但无食物可供，杀掉你们又不忍心，现在放你们回去。"于是便加以释放。唐俘回到幽州，将情况全部报告，各部军队听了，都争着想先攻入敌阵，到了黄獐谷，契丹又派来老弱迎降，故意留了些老牛瘦马在路边。曹仁师等三军便留下步兵，率骑兵先行。契丹设下埋伏从侧面发动攻击，用套索投向张玄遇、麻仁节，生擒了他们，将士死尸填塞山谷，逃脱的很少。契丹获得军印，便假造公文，令张玄遇等签署，送给总管燕匪石、宗怀昌等说："官军已破契丹，如果到营州晚了，则将军要论斩，兵士不予论功加勋。"燕匪石等得到公文，日夜兼程西行，连寝食都顾不上而赶赴营州，兵马疲乏，契丹埋伏在半路上拦截他们，燕匪石等全军覆没。

九月，下诏："天下罪犯及庶民士人的家奴中勇敢的，由政府出钱抵身价，征发去打契丹。"始命山东近边塞各州设置武骑团兵，任命同州刺史建安王武攸宜为右武威卫大将军，充任清边道行军大总管，去征伐契丹。

右拾遗陈子昂任武攸宜军府的参谋，他上奏说："陛下降恩，诏令免除天下囚犯，及招募各类奴仆充当兵卒讨伐契丹，这是应急的办法，不是帝王的正规士兵。而且近来公正判案已久，囚犯不多，奴仆多数胆小，不熟悉行伍征战，即使募集了他们，也不能使用。何况现在天下的忠臣义士很多，万分之一都未用到；契丹是微小的罪孽，苟活等死而已，何须大肆赦免罪人，赎取奴仆，有损国家的体制。臣恐怕这种政策不能向天下显示朝廷的威严。"

九月十八日丁巳，突厥入侵凉州，俘去都督许钦明。许钦明是许绍的曾孙。当时正出去巡察部属，突厥几万人突然至城下，许钦明抵抗，被俘。

许钦明的兄长许钦寂，当时任龙山军讨击副使，与契丹在崇州交战，军败，被俘。契丹将包围安东，命令许钦寂去游说原管辖而尚未被契丹攻下的城邑。安东都护裴玄珪在城中，许钦寂对他说："狂贼必遭上天的惩罚，破灭就在朝夕，您只须励兵谨守来保全忠贞志节。"契丹便把许钦寂杀了。

吐蕃再遣使来求和亲，太后派右武卫胄曹参军贵乡人郭元振去察看虚实。吐蕃将领论钦陵要求撤去安西四镇的戍兵，并要求分得十姓突厥的土地。郭元振说："四镇、十姓和你们吐蕃本是不同种族，现请求唐朝撤兵，这不是有兼并的意图吗？"论钦陵说："吐蕃如贪土地，要使唐朝边境不安，便向东侵扰、甘、凉州，怎会求利于万里外的地方呢！"于是派使者随郭元振入朝请求。

朝廷疑未决，元振上疏，以为："钦陵求罢兵割地，此乃利害之机，诚不可轻举措也。今若直拒其善意，则为边患必深。四镇之利远，甘、凉之害近，不可不深图也。宜以计缓之，使其和望未绝则善矣。彼四镇、十姓，吐蕃之所甚欲也，而青海、吐谷浑，亦国家之要地也，今报之宜曰：'四镇、十姓之地，本无用于中国，所以遣兵戍之，欲以镇抚西域，分吐蕃之势，使不得并力东侵也。今若果无东侵之志，当归我吐谷浑诸部及青海故地，则五俟斤部亦当以归吐蕃。'如此则足以塞钦陵之口，而亦未与之绝也。若钦陵小有乖违，则曲在彼矣。且四镇、十姓款附日久，今未察其情之向背，事之利害，遥割而弃之，恐伤诸国之心，非所以御四夷也。"太后从之。

元振又上言："吐蕃百姓疲于徭戍，早愿和亲；钦陵利于统兵专制，独不欲归款。若国家岁发和亲使，而钦陵常不从命，则彼国之人怨钦陵日深，望国恩日甚，设欲大举其徒，固亦难矣。斯亦离间之渐，可使其上下猜阻，祸乱内兴矣。"太后深然之。元振名震，以字行。

（以上为第十六段，写武则天用郭元振计羁縻吐蕃。）

庚申，以并州长史王方庆为鸾台侍郎，与殿中监万年李道广并同平章事。

突厥默啜请为太后子，并为其女求昏，悉归河西降户，帅其部众为国讨契丹。太后遣豹韬卫大将军阎知微、左卫郎将摄司宾卿田归道册授默啜左卫大将军、迁善可汗。知微，立德之孙；归道，仁会之子也。

冬，十月，辛卯，契丹李尽忠卒，孙万荣代领其众。突厥默啜乘间袭松漠，虏尽忠、万荣妻子而去。太后进拜默啜为颉跌利施大单于、立功报国可汗。

孙万荣收合余众，军势复振，遣别帅骆务整、何阿小为前锋，攻陷冀州，杀刺史陆宝积，屠吏民数千人；又攻瀛州，河北震动。制起彭泽令狄仁杰为魏州刺史。前刺史独孤思庄畏契丹猝至，悉驱百姓入城，缮修守备。仁杰至，悉遣还农，曰："贼犹在远，何烦如是！万一贼来，吾自当之。"百姓大悦。

时契丹入寇，军书填委，夏官郎中硖石姚元崇剖析如流，皆有条理，太后奇之，擢为夏官侍郎。

朝廷仍疑而不决，郭元振上奏，认为："论钦陵求撤兵割地，这是利害的关键，实不可轻易决定。现在若直接拒绝他的善意，则吐蕃必定加深危害边境的程度。四镇对我国利益遥远，而甘、凉州的危害则近，不可深加考虑。最好用计谋来延缓，使他对和亲不绝望就好了。那四镇、十姓，是吐蕃最想得到的，而青海、吐谷浑也是我国的重要地方。现在应回答他说：'四镇、十姓的地方，本对中原无用，派兵戍守的原因，在镇抚西域，分散吐蕃的力量，使它不能全力向东侵扰。现在假如果真没有向东侵扰的意图，当还给我吐谷浑诸部以及青海旧地，那么五俟斤部也应还给吐蕃。'这样便足够使论钦陵无言以对，而且也没有与他决裂。如果论钦陵稍有违背，则理屈在他们。而且四镇、十姓降顺已久，现在没有搞清吐蕃的动机是归顺还是对抗，不知事情的利害，而遥加割舍抛弃，恐会伤害到各国人的心，不是统御四夷的政策。"太后依他的意见而行。

郭元振又上奏说："吐蕃百姓被徭役和征战困扰，早就想和亲；论钦陵认为统兵专权对自己有利，独不愿归顺；如朝廷每年派和亲使臣去，而论钦陵常不遵命，那么吐蕃人埋怨论钦陵会日益加深，而盼望我国的恩遇也日甚，论钦陵想大肆调动吐蕃人马，自然是很困难了，这也是离间吐蕃的步骤，可以使他们上下猜忌，祸乱从内部兴起。"太后非常赞同。郭元振名叫震，以表字行世。

九月二十一日庚申，任命并州长史王方庆为鸾台侍郎，与殿中监万年人李道广并为同平章事。

突厥默啜请求做太后的义子，并且替他的女儿请求嫁到中国来，全部归还降服的河西民户，率他的部众为朝廷讨伐契丹。太后派豹韬卫大将军阎知微、左卫郎将代理司宾卿田归道用策命授默啜为左卫大将军、迁善可汗。阎知微是阎立德的孙子；田归道是田仁会的儿子。

冬季，十月二十二日辛卯，契丹李尽忠死了，孙万荣取代他统率契丹。突厥默啜乘机袭击松漠，俘获李尽忠、孙万荣的妻儿而去。

孙万荣集合残余部众，军队声势又大了起来，派遣别部将领骆务整、何阿小为先锋，攻陷冀州，杀了刺史陆宝积，屠杀官吏平民几千人。又攻打了瀛州，河北动荡不安。颁下制书，起用彭泽令狄仁杰为魏州刺史。前任刺史独孤思庄怕契丹突然来攻，将百姓全部驱赶入城，修筑好防备工事。狄仁杰到了，全部遣散回家耕作，说："贼兵现在还远呢，何必这样烦扰，万一贼兵来了，我自己去抵挡。"百姓大喜。

当时契丹入侵，军情公文纷至沓来，夏官郎中硖石人姚元崇迅速处理，都有条理，升为夏官侍郎。

太后思徐有功用法平，擢拜左台殿中侍御史，闻者无不相贺。鹿城主簿宗城潘好礼著论，称有功蹈道依仁，固守诚节，不以贵贱死生易其操履。设客问曰："徐公于今谁与为比？"主人曰："四海至广，人物至多，或匿迹韬光，仆不敢诬，若所闻见，则一人而已，当于古人中求之。"客曰："何如张释之？"主人曰："释之所行者甚易，徐公所行者甚难，难易之间，优劣见矣。张公逢汉文之时，天下无事，至如盗高庙玉环及渭桥惊马，守法而已，岂不易哉！徐公逢革命之秋，属惟新之运，唐朝遗老，或包藏祸心，使人主有疑。如周兴、来俊臣，乃尧年之四凶也，崇饰恶言以诬盛德；而徐公守死善道，深相明白，几陷囹圄，数挂纲维，此吾子所闻，岂不难哉！"客曰："使为司刑卿，乃得展其才矣。"主人曰："吾子徒见徐公用法平允，谓可置司刑；仆睹其人，方寸之地，何所不容，若其用之，何事不可，岂直司刑而已哉！"

（以上为第十七段，写狄仁杰、姚元崇、徐有功三位贤杰大臣再次登场。）

武太后念徐有功执法平正，提升为左台殿中侍御史。听到消息的人都互相道贺。鹿城县主簿宗城人潘好礼写文章，称徐有功循依仁道，坚守忠诚的志节，不因贵贱死生变易操守。文中假设一客人问道：“徐公在今天可跟谁相比？”主人说：“天下甚大，人物很多，有的怀才隐居，我不敢随便乱说；如所听闻，则只有他一人而已，应在古人中去找。”客人说：“跟张释之比如何？”主人说：“释之所做的很容易，徐公所做的很难，难易之间，可看出二人的优劣。张释之在汉文帝的时代，天下太平，至于像偷高祖庙中的玉环，以及渭桥惊扰汉文帝的车驾等案件，张释之依法处理而已，难道不容易吗？徐公遇上变革的年代，跟随着维新的时运，唐朝的遗老，有的心怀不轨，使君上产生猜疑。如周兴、来俊臣，相当于尧时的四凶，大饰谗言而诬陷贤良；徐公固执善道，深明事理，几乎身陷囚室，数次落入网罗，这是您所知的，难道不是很困难的吗？”客人说：“假使他做司刑卿，便可施展他的才能。”主人说：“您只看到徐公用法平允，以为可任司刑；我看他这个人，心中无所不容，如要用他，哪样职事不能胜任，怎么只适合任司刑呢！”

【点评】

本卷所载五年史事，起公元692年，讫公元696年，是武则天建立的武周政权的极盛时期，此时期武则天个人尊荣得意达到了顶点，同时武则天赖以生存的政治基础的负面影响也到了让人无法忍受的程度，可以说是物极必反，武则天如不改弦易辙，武周政权就有颠覆的危险。武则天不动声色地转危为安，表现了她的大智慧。以此看点，本卷点评四个问题：武则天鼎盛的标志，酷吏政治的危害，官场腐败的积习，武则天第一个男宠薛怀义之死。

一、武则天鼎盛的标志。武则天称制不久，在垂拱四年（688）建明堂，这是盛世的标志。长寿二年（693），武则天加尊号“金轮圣神皇帝”，同时给祖上武氏先皇追加尊号。追尊昭安皇帝曰浑元昭安皇帝，文穆皇帝曰立极文穆皇帝，孝明高皇帝曰无上孝明高皇帝。“金轮圣神”“浑元”“立极”“无上”，这些尊号表现了武则天自鸣得意的心境。第二年，即长寿三年（694）五月，又改元为延载，并改尊号为“越古金轮圣神皇帝”。八月，征铜铁于洛阳端门（洛阳皇城正南门）外修建颂扬大周国威的天枢，铭记功德，黜唐颂周。第二年，天册万岁元年（695）四月，天枢建成，高一百五十尺，径十二尺，八面，各径五尺。下为铁山，周百七尺，以铜为蟠龙麒麟萦绕之；上为腾云录露盘，径三丈，四龙人立捧火珠，高一丈。工人毛婆罗造模，武三思为文，刻百官及四夷酋长名，太后自书其榜曰：“大周万国颂德天枢。”在此期间，武则天又重建明堂，比原建明堂更为壮丽。史称初建明堂，“日役万人，所费以万亿计，府藏为之耗竭”。建天枢与重建明堂，工程更为浩大，并在短期内建成，标志了武周的鼎盛气象，也标志武则天的好大喜功。武则天还大修佛寺，铸九鼎，耗尽了国库，加重了民众的沉重负担。刘承庆上疏指陈其弊，婉转地批评说：“伏愿陛下乾乾翼翼，无戾天人之心而兴不急之役，则兆人蒙赖，福禄无穷。”

开元二年（714），唐玄宗下令“毁天枢，发匠熔其铁钱，历月不尽”。历史总是和一切好大喜功的独裁者开玩笑，愈是要流芳百世的人，愈是成为历史上匆匆来往的过客。武则天的“大周万国颂德天枢”的寿命只存在了二十三年，就是一个生动的例证。

二、酷吏政治的危害。唐太宗贞观之治，完善国家制度，使之成为当时世界上最先进、最优越的政治制度。到唐高宗时完成的《唐律议疏》也是中国封建律令中先进的法典。唐律五百条，分为十二篇，对社会中人与人的各种关系都制定了规范的行为。死罪有一百十几条，只有犯“十恶”的人才定死罪，为了避免法律的酷滥，唐律有关于诉讼、断狱严格的程序规定。诉讼要有确切的证据指陈犯罪，不得称疑，违者笞五十。投匿名信告人罪被查出，流放两千里，诬告谋反及大逆者斩，从者绞，审判官与诉讼双方有亲属仇嫌者一律回避。严禁刑讯逼供，疑罪疑狱，可用钱赎。

被判死罪的人，在京师执行时要经过五次覆奏，在外地要经过刑部五次覆奏。凡被冤枉的人，可以越级上诉，以至向皇帝申冤。唐初统治者吸取隋朝“政苛刑烦”的教训，一部唐律充分体现了“轻刑慎杀，务从宽简”的特点。但是在封建社会，制度的废立由皇帝决定。武则天女人主政，在当时社会为非礼非法，所以武则天以刑杀为威镇压反对派，公开建立告密制度，实施酷吏专政为其政治基础。武则天的酷吏政治，完全推翻了唐律“轻刑慎杀，务从宽简”的特点，屡兴大狱，诛杀无算。史称“太后自垂拱以来，任用酷吏，先诛杀唐宗室贵戚数百人，次及大臣数百家，其刺史、郎将以下，不可胜数”。长寿二年（693），遣六道使杀流人案，滥杀无辜达到登峰造极的地步。起因是补阙李秦授欲借人头来升官。他利用武则天多疑的心理，谎称“代武者刘”，“刘者流也”，建议武则天诛灭被流放的诸王以及大臣的亲族，武则天立即派酷吏万国俊前往流人最多的岭南去推按。万国俊到了岭南，假传圣旨，召集流人，命其自杀。一次就杀了三百多人。万国俊回朝，谎报流人谋反，并建议武则天派员视察各地流人的动静。武则天立即升万国俊为朝散大夫，行侍御史，同时派刘光业、王德寿等五人分赴诸道巡查，“光业等见国俊盛行残杀，得加荣贵，乃共肆其凶忍，唯恐后之。光业杀九百人，德寿杀七百人，其余少者咸五百人。亦有远年流人，非革命时犯罪，亦同杀之”（《旧唐书·万国俊传》）。如此惨绝人寰的大屠杀，在历史上是十分罕见的，武则天滥施淫威，确实旷古未闻。

酷吏兴大狱的手法，先是使人诬告，说某某人谋反，接着用严刑逼供，株连勾引。来俊臣、索元礼等酷吏所用刑法，花样百出，残忍手段，令人发指。《旧唐书·来俊臣传》载：“俊臣每鞫囚，无问轻重，多以醋灌鼻，禁地牢中；或盛之瓮中，以火环绕炙之，并绝其粮饷，至有抽衣絮以啖之者。又令寝处粪秽，备诸苦毒。自非身死，终不得出。每有赦令，俊臣必先遣狱卒尽杀重囚，然后宣示。”酷吏索元礼发明有十种大枷，分别叫定百脉、喘不得、突地吼、著即承、失魂胆、实同反、反是实、死猪愁、求即死和求破家。这些枷名就叫人魂飞魄散、毛骨悚然。此外，还有什么“凤凰晒翅”“猕猴钻火”等酷刑。长寿元年（692），同平章事任知古、狄仁杰、裴行本、司礼卿崔宣礼、前文昌左丞卢献、御史中丞魏元忠、潞州刺史李嗣真同时被来俊臣诬告谋反，朝野震动。酷吏王德寿因与宰相杨执柔有嫌隙，便在审问狄仁杰时，欲使狄仁杰“罗织”杨执柔，狄仁杰不肯，以头触柱，血流满面，才得以作罢。杨执柔是武则天的本家外甥，狄仁杰为相深受武则天信任，酷吏对他们二人尚如此胡为，对其他人便可想而知了。事实查明狄仁杰等人蒙冤不反，武则天也只是免其死，仍然将狄仁杰等贬官流放。酷吏们更加胆大妄为，竟然诬告皇嗣睿宗谋反。酷吏专横到如此地步，朝野人人自危，动摇了武则天的统治基础。右补阙朱敬则、侍御史周矩上疏谏劝，认为太后用“威刑以禁异议”，滥施酷刑，使“满朝

侧息不安”。朱敬则说：“今既革命，众心已定，宜省刑尚宽。”周矩说：“周用仁而昌，秦用刑而亡。愿陛下缓刑用仁，天下幸甚。”武则天亦有所悟，她翻过手来诛杀酷吏以塞责。万国俊、来俊臣、周兴、傅游艺、丘神勣、索元礼、侯思止、来子珣、王弘义等酷吏先后均被武则天所杀或流放。

有唐一代，任用酷吏之多，实行恐怖统治时间之长，武则天都是首屈一指的。在她的统治下，告密者相望于道，酷吏们横行不法，冤狱遍于寰中。武则天是这一历史悲剧的始作俑者。她利用酷吏维护了自身的统治，又用酷吏们的性命去减轻人们对自己的责难，一石二鸟。她的手腕是高明的，很多人都把仇恨记在酷吏身上。如来俊臣被杀时，“国人无少长皆怨之，竞剐其肉，斯须尽矣”（《旧唐书·来俊臣传》）。

酷吏政治是武则天畸形政权的产儿，酷吏政治也是独裁暴政所特有的历史现象。它不仅打击了李唐宗室和朝廷官僚，也给广大人民带来了苦难；武则天所导演的这幕血腥丑剧是一场民族的悲剧，这个沉重的历史教训必须记取。

三、官场腐败的积习。为培植自己的势力，武则天除重用酷吏之外，还任用了大批冗官。唐太宗认为，“官在得人，不在员多”，他命令房玄龄进行大规模的精简，中央一级官员只保留了六百四十三人。到高宗时，官吏数目已经大大增加，武则天当政以后，官吏队伍的膨胀就越发不可收拾了。武则天除按正常科举取士外，又举行殿试、自举、试官、武举、南选，还扩充宦官和“不次授官”，只要合她意，随时可以进入官僚阶层。

武则天之时，卖官之风已经很盛，据《朝野佥载》卷一说：“乾封以前选人，每年不越数千，垂拱以后，每岁常至五万。”“选司考练，总是假手冒名，势家嘱请。手不把笔，即送东司，眼不识文，被举南馆。正员不足，权被试、摄、检校之官，贿货纵横、赃污狼藉。流外行署，钱多即流。”“是以选人冗冗，甚于羊群，吏部喧喧，多于蚁众。”长寿元年（692），武则天派专使赴七道授“试官”（即见习之官），由于乱授拾遗、补阙、著作郎等官，“故当时谚曰：‘补阙连车载，拾遗平斗量，欋推侍御史，腕脱尚书郎。’”大批冗官多系贿选，上任后便大肆搜刮钱财，人民的负担日益加重。

吏治冗滥，官场腐败成为积习。娄师德是唐代著名的将相，他竟然教诲弟弟在官场做人要“唾面自干”，中国的封建官僚对上级唯唯诺诺，任凭宰割，活像一条蛆虫，而对下级和民众颐指气使，凶狠如狼。他们的人性被扭曲，娄师德的行为经验，便是一个鲜活的例证。更有甚者，为了当官，杜肃告密卖友，郭霸尝粪便谄谀，如此的修炼工夫，使人叹为观止。官场利禄的权利诱因，使人性堕落到这种程度，发人深思。

四、武则天第一个男宠薛怀义之死。武则天男宠众多，最钟爱的是张易之、张

昌宗兄弟。而武则天的第一个男宠则是薛怀义。薛怀义原名冯小宝，京兆鄠县（今陕西西安市鄠邑区）人，自幼不务正业，曾在洛阳市上卖药。一个偶然的机会，冯小宝结识了唐高祖的女儿千金公主，受到赏识。千金公主为了巴结武则天，便将冯小宝推荐给母后，武则天果然对冯小宝十分宠幸。为便于冯小宝在宫廷出入，武则天命人将冯小宝剃度为僧，并起名怀义。又恐冯小宝出身微贱遭人耻笑，便让他与驸马都尉薛绍合宗，薛绍称他为叔父，所以他始改姓薛。洛阳市上的卖药人摇身一变成了武则天的幸臣薛怀义。武则天又特意大修洛阳白马寺，让薛怀义做白马寺住持。

薛怀义倚仗武则天的权势，到处胡作非为。他将一批市井无赖剃度为和尚，任意横冲直撞，遇见道士，就随意殴打，并剃光道士的头发。薛怀义常骑着高头大马，前呼后拥，招摇过市，有靠近者，被打得头破血流。右台御史冯思勖曾多次处罚过薛怀义的不法僧徒，薛怀义怀恨在心，有一次恰好狭路相逢，薛怀义便指使手下人打了冯御史，也没人敢过问。一班武氏子弟，如武承嗣、武三思等人，虽然位居高官，但对薛怀义却一味巴结，像仆人一样伺候他，甚至亲自为他牵马。他们不敢叫薛怀义的名字，将其称为“薛师”。

为了使薛怀义能经常入宫，武则天借故说薛怀义有“巧思”，派他监修明堂。明堂修成后，武则天封薛怀义为左威卫大将军、梁国公。武则天为了提高这位花和尚的身价，竟荒唐地委派薛怀义挂帅出征。永昌元年（689）五月，武则天任命薛怀义为新平军大总管，北讨突厥。军队进至紫河，却不见敌人的踪影，薛怀义在单于台刻石记功后凯旋。九月，又任命薛怀义为新平道行军大总管，领兵二十万，再伐突厥。同年十二月，薛怀义被封为右卫大将军，赐爵鄂国公。延载元年（694）二月，任命薛怀义为代北道行军大总管；三月，又改任朔方道行军大总管，受命讨伐突厥。恰遇突厥退兵，因此并没有进军。这位洛阳市上的无赖竟然多次担任了领兵元帅。薛怀义确也鸿运高照，幸得上苍保佑，每次出征，均未遇敌。倘若遭遇强敌，那后果不堪设想。

薛怀义的情敌御医沈南璆日渐得到武则天的宠爱，自己日益被疏远。薛怀义竟然妒火难禁，胆大妄为报复武则天。天册万岁元年（695）正月十六日乙未，武则天在明堂做无遮大会，设斋。这样的佛事大会，令武则天荣光无比。薛怀义却在夜里放了一把火，烧天堂和明堂，史称“火照城中如昼，比明皆尽”。武则天知是薛怀义所为，为了掩盖丑行，武则天不动声色，表面上仍对薛怀义示以恩宠，任命他重新建造明堂，暗地里选拔了百余个强健的宫人防范薛怀义作恶。二月四日壬子，武则天宣召薛怀义到瑶光殿议事，被宫人在殿前树下擒获。建昌王武攸宁奉命率领壮士把薛怀义活活打死，送尸白马寺火化后造塔供奉。

资治通鉴（文白对照本） 卷第二百六

唐纪二十二

武则天神功元年至久视元年（697—700年）

【起强圉作噩（丁酉，697年），尽上章困敦（庚子，700年）六月，凡三年有奇】

【大事提要】

本卷记事起公元697年，讫公元700年六月，凡三年又六个月，时当武则天神功元年到久视元年六月。这一时期是武则天执政中期的后段。政治大势结束了酷吏政治，来俊臣东山再起又兴大狱，可是很快覆灭。来俊臣之死标志武周政权酷吏政治转轨的完成。姚元崇、狄仁杰、韦嗣立、韦庆之一批贤臣受到武则天的重用。狄仁杰献安边之策，击败突厥，护佑皇嗣，保护良将，安抚河北民众，做出了重大贡献。武则天亲信、酷吏之一的吉顼，也转变立场，反对苛酷，忠心唐室，在保护李唐皇嗣中起了决定性的作用。狄仁杰、吉顼等人努力促使武则天最终做出了弃侄立子的决定。庐陵王返回神都，重新被立为太子，河北民众踊跃从军击贼，人心所向，志在复唐。这时期，武则天个人生活的荒唐也达到登峰造极的地步，置控鹤监养蓄男宠。张易之、张昌宗兄弟登场，两人与武周外戚武氏诸王结成朋党，仍在政治上有重大的负面影响。例如临川王武嗣宗领兵平乱契丹，畏敌如虎却滥杀良民，诬为贼寇以邀功，给河北民众带来了灾难。

【原文】

则天顺圣皇后中之下

神功元年（丁酉，697 年）

正月，己亥朔，太后享通天宫。

突厥默啜寇灵州，以许钦明自随。钦明至城下大呼，求美酱、粱米及墨，意欲城中选良将、引精兵、夜袭虏营，而城中无谕其意者。

箕州刺史刘思礼学相人于术士张憬藏，憬藏谓思礼当历箕州，位至太师。思礼念太师人臣极贵，非佐命无以致之，乃与洛州录事参军綦连耀谋反，阴结朝士，托相术，许人富贵，俟其意悦，因说以“綦连耀有天命，公必因之以得富贵。”凤阁舍人王勮兼天官侍郎事，用思礼为箕州刺史。

明堂尉吉顼闻其谋，以告合宫尉来俊臣，使上变告之。太后使河内王武懿宗推之。懿宗令思礼广引朝士，许免其死，凡小忤意皆引之。于是思礼引凤阁侍郎同平章事李元素、夏官侍郎同平章事孙元亨、知天官侍郎事石抱忠、刘奇、给事中周譒及王勮兄泾州刺史勔、弟监察御史助等，凡三十六家，皆海内名士，穷楚毒以成其狱，壬戌，皆族诛之，亲党连坐流窜者千余人。

初，懿宗宽思礼于外，使诬引诸人。诸人既诛，然后收思礼，思礼悔之。懿宗自天授以来，太后数使之鞫狱，喜诬陷人，时人以为周、来之亚。

来俊臣欲擅其功，复罗告吉顼；顼上变，得召见，仅免。俊臣由是复用，而顼亦以此得进。

俊臣党人罗告司刑府史樊惎谋反，诛之。惎子讼冤于朝堂，无敢理者，乃援刀自刳其腹。秋官侍郎上邽刘如璿见之，窃叹而泣。俊臣奏如璿党恶逆，下狱，处以绞刑；制流瀼州。

（以上为第一段，写酷吏来俊臣东山再起，又起大狱。）

尚乘奉御张易之，行成之族孙也，年少，美姿容，善音律。太平公主荐易之弟昌宗入侍禁中，昌宗复荐易之，兄弟皆得幸于太后，常傅朱

【语译】

则天顺圣皇后中之下

武则天神功元年（丁酉，697 年）

正月初一日己亥，太后在通天宫举行大飨祭礼。

突厥阿史那默啜侵扰灵州，胁迫许钦明随同自己前行。许钦明到城下大喊，说要好酱、粮米和墨，话中的意思是要城中选良将，带精兵，黑夜袭突厥的营地。但是城中无人懂得他的意思。

箕州刺史刘思礼向张憬藏学习看相术，张憬藏预言刘思礼会任箕州刺史，官可做到太师。刘思礼想到太师是臣子中的极品高官，不是辅佐君主的人则不能担任，便和洛州录事参军綦连耀谋划造反，暗中交结朝廷官员，利用看相，预言他们都会富贵；等对方高兴，便说："綦连耀有帝王的命，您一定靠他而得到富贵。"凤阁舍人王勮兼天官侍郎，便起用刘思礼做箕州刺史。

明堂县尉吉顼，得知刘思礼的阴谋，告诉了合宫县尉来俊臣，要他向朝廷密告变故。太后派了河内王武懿宗审理此案。武懿宗命刘思礼尽量把朝廷官员牵进此案中，答应免除刘思礼死罪，凡是稍不合意的都牵连进来。于是刘思礼牵引凤阁侍郎同平章事李元素、夏官侍郎同平章事孙元亨、知天官侍郎事石抱忠、刘奇、给事中周谮及王勮的哥哥泾州刺史王勔、弟弟监察御史王助等，共三十六家，都是天下知名的士人，用尽酷刑而使谋反案成立。正月二十四日，他们的族人都被处死，亲友受连累获罪放逐的有一千多人。

起初，武懿宗法外宽待刘思礼，教他诬陷牵扯李元素等人。这些人已被杀害，然后逮捕了刘思礼，刘思礼后悔不已。武懿宗自天授年以来，太后几次命他审理案件，他喜欢诬陷人，当时人视他为仅次于周兴、来俊臣的人物。

来俊臣想独占这次的功劳，又罗织吉顼入罪而告发他，吉顼把刘思礼等谋叛的事密告太后，得到召见，仅得脱身免罪。来俊臣因此再被重用，而吉顼也因此得到迁升。

来俊臣的党人罗织告发司刑府史樊惎谋反罪，杀了樊惎，樊惎的儿子到朝廷上申冤，竟无人敢受理，他便抽刀自剖腹部。秋官侍郎上邽人刘如璿见了，暗自叹息落泪。来俊臣便上奏，说刘如璿为叛逆一党，逮捕入狱，判处绞刑。武则天下制书裁定流放瀼州。

尚乘局奉御张易之，是张行成的族孙。年轻，相貌俊美，精于音乐。太平公主推荐张易之的弟弟张昌宗入皇宫侍奉太后。张昌宗再引荐张易之。兄弟都得到太后

粉，衣锦绣。昌宗累迁散骑常侍，易之为司卫少卿；拜其母臧氏、韦氏为太夫人，赏赐不可胜纪，仍敕凤阁侍郎李迥秀为臧氏私夫。迥秀，大亮之族孙也。武承嗣、三思、懿宗、宗楚客、晋卿皆候易之门庭，争执鞭辔，谓易之为五郎，昌宗为六郎。

（以上为第二段，写武则天新欢男宠张易之、张昌宗兄弟登场。）

癸亥，突厥默啜寇胜州，平狄军副使安道买击破之。

甲子，以原州司马娄师德守凤阁侍郎、同平章事。

春，三月，戊申，清边道总管王孝杰、苏宏晖等将兵十七万与孙万荣战于东硖石谷，唐兵大败，孝杰死之。

孝杰遇契丹，帅精兵为前锋，力战。契丹引退，孝杰追之，行背悬崖；契丹回兵薄之，宏晖先遁，孝杰坠崖死，将士死亡殆尽。管记洛阳张说驰奏其事。太后赠孝杰官爵，遣使斩宏晖以徇；使者未至，宏晖以立功得免。

武攸宜军渔阳，闻孝杰等败没，军中震恐，不敢进。契丹乘胜寇幽州，攻陷城邑，剽掠吏民，攸宜遣将击之，不克。

阎知微、田归道同使突厥，册默啜为可汗。知微中道遇突厥使者，辄与之绯袍、银带，且上言："虏使至都，宜大为供张。"归道上言："突厥背诞积年，方今悔过，宜待圣恩宽宥。今知微擅与之袍带，使朝廷无以复加；宜令反初服以俟朝恩。又，小虏使臣，不足大为供张。"太后然之。知微见默啜，舞蹈，吮其靴鼻；归道长揖不拜。默啜囚归道，将杀之，归道辞色不挠，责其无厌，为陈祸福。阿波达干元珍曰："大国使者，不可杀也。"默啜怒稍解，但拘留不遣。

初，咸亨中，突厥有降者，皆处之丰、胜、灵、夏、朔、代六州，至是，默啜求六州降户及单于都护府之地，并谷种、缯帛、农器、铁，太后不许。默啜怒，言辞悖慢。姚踌、杨再思以契丹未平，请依默啜所求给之。麟台少监、知凤阁侍郎赞皇李峤曰："戎狄贪而无信，此所谓'借寇兵资盗粮'也，不如治兵以备之。"踌、再思固请与之，乃悉驱六州降户数千帐以与默啜，并给谷种四万斛，杂彩五万段，农器三千事，铁四万斤，并许其昏。默啜由是益强。

的宠爱，常涂脂抹粉，穿着锦绣。张昌宗官升到散骑常侍，张易之做司卫少卿。封他们的母亲臧氏、韦氏为太夫人，赏赐多得不可胜数。还下敕命凤阁侍郎李迥秀为臧氏的情夫。李迥秀是李大亮的族孙。武承嗣、武三思、武懿宗、宗楚客、宗晋卿都到张易之家去恭候，争着替他牵马执鞭，称张易之为五郎，张昌宗为六郎。

正月二十五日癸亥，突厥阿史那默啜侵扰胜州，平狄军副使安道买打败了他。

正月二十六日甲子，以原州司马娄师德代理凤阁侍郎，同平章事。

春季，三月十二日戊申，清边道总管王孝杰、苏宏晖等，率兵十七万，和孙万荣在东硖石谷交战，唐军大败，王孝杰战死了。

王孝杰遇到契丹兵，率精兵作先锋，奋勇作战。契丹兵撤退，王孝杰追击，走到靠悬崖的地方，契丹回兵迫近他，苏宏晖先逃走，王孝杰跌下崖谷而亡，将士几乎全部战死了。管记洛阳人张说急奏这事。太后追赠王孝杰官爵，派使者前去杀苏宏晖示众；使者还未到，苏宏晖因立了功，得以抵罪免死。

武攸宜的部队驻在渔阳，听到王孝杰等战死，军中震惊惧怕，不敢前进。契丹乘胜侵扰幽州，攻陷城镇，杀虏官吏人民，攸宜派将领去攻打，不能取胜。

阎知微、田归道一同出使突厥，册封阿史那默啜为可汗。阎知微在半路上遇见突厥的使者，便送他红袍、银带，而且派人送奏书到朝廷，说：“突厥使臣抵达京城，应大摆酒食、大设帷帐款待他。”田归道的奏书则说：“突厥背叛妄为多年，现在悔过，应等圣上的恩典来宽恕他。而今阎知微擅自给他官服，使朝廷无法再加封赏，应当命令他穿原来入使的衣服，以待朝廷的恩赐。另外，小小番国的使臣，不值得大加款待。”太后同意他的意见。阎知微入见阿史那默啜，行舞蹈礼仪，吻他的靴头；田归道只拱手鞠躬，不跪拜。阿史那默啜囚禁田归道，将要杀他，田归道的言语态度毫不屈服，指责阿史那默啜不知足，并为他陈述利害。阿波达干元珍说：“大国的使臣，不可加以杀害。”阿史那默啜怒气稍消，但拘留他不放还。

当初，在咸亨年间，突厥有来投降的人，都安置在丰、胜、灵、夏、朔、代六州。到这时，阿史那默啜要求得到六州的降户，以及单于都护府的地方，还要谷种、绢帛、农具、铁，太后不准。阿史那默啜生气，言语傲慢无礼。姚璹、杨再思认为契丹没平定，建议照阿史那默啜所求的给予他。麟台少监、管凤阁侍郎职事的赞皇人李峤说：“戎狄贪心而不守信用，这叫作‘借兵器给敌人，供粮食给盗匪’。不如整顿军队以防备他。”姚璹、杨再思坚持请求给予阿史那默啜，于是把六州降户几千帐全给了阿史那默啜并且给谷种四万斛，各种帛五万段，农具三千件，铁四万斤，且答允通婚。阿史那默啜因此更强大。

田归道始得还，与阎知微争论于太后前。归道以为默啜必负约，不可恃和亲，宜为之备。知微以为和亲必可保。

（以上为第三段，写北方突厥势力再起，武周羁縻应之。）

夏，四月，铸九鼎成，徙置通天宫。豫州鼎高丈八尺，受千八百石；余州高丈四尺，受千二百石；各图山川物产于其上，共用铜五十六万七百余斤。太后欲以黄金千两涂之，姚璹曰："九鼎神器，贵于天质自然。且臣观其五采焕炳相杂，不待金色以为炫耀。"太后从之。自玄武门曳入，令宰相、诸王帅南北牙宿卫兵十余万人并仗内大牛、白象共曳之。

前益州长史王及善已致仕，会契丹作乱，山东不安，起为滑州刺史。太后召见，问以朝廷得失，及善陈治乱之要十余条。太后曰："外州末事，此为根本，卿不可出。"癸酉，留为内史。

癸未，以右金吾卫大将军武懿宗为神兵道行军大总管，与右豹韬卫将军何迦密将兵击契丹。五月，癸卯，又以娄师德为清边道副大总管，右武威卫将军沙吒忠义为前军总管，将兵二十万击契丹。

先是，有朱前疑者上书云："臣梦陛下寿满八百。"即拜拾遗。又自言"梦陛下发白再玄，齿落更生"。迁驾部郎中。出使还，上书曰："闻嵩山呼万岁。"赐以绯算袋，时未五品，于绿衫上佩之。会发兵讨契丹，敕京官出马一匹供军，酬以五品。前疑买马输之，屡抗表求进阶，太后恶其贪鄙，六月，乙丑，敕还其马，斥归田里。

（以上为第四段，写武则天铸成九鼎。）

右司郎中冯翊乔知之有美妾曰碧玉，知之为之不昏。武承嗣借以教诸姬，遂留不还。知之作《绿珠怨》以寄之，碧玉赴井死。承嗣得诗于裙带，大怒，讽酷吏罗告，族之。

司仆少卿来俊臣倚势贪淫，士民妻妾有美者，百方取之；或使人罗告其罪，矫称敕以取其妻，前后罗织诛人，不可胜计。自宰相以下，籍其姓名而取之。自言才比石勒。监察御史李昭德素恶俊臣，又尝庭辱秋官侍郎皇甫文备，二人共诬昭德谋反，下狱。

俊臣欲罗告武氏诸王及太平公主，又欲诬皇嗣及庐陵王与南北牙同

田归道这时才得以回国，他和阎知微在太后面前争论。田归道认为阿史那默啜一定背约，不可依赖和亲，应做防备。阎知微认为和亲必定可保证他不背约。

夏季，四月，铸九鼎成功，搬迁安放在通天宫。豫州鼎高一丈八尺，容一千八百石；其余的州鼎各高一丈四尺，容一千二百石。上面各铸刻有山川物产，共用了铜五十六万七百多斤。太后想用千两黄金镀鼎，姚琦说："九鼎是神圣的东西，贵在本质自然。而且为臣的看鼎上五色交相辉映，不需金色作为光彩炫目。"太后依从他的意见。从玄武门拖入，命令宰相、各王率南北牙的宿卫兵十多万，以及仪仗内的大牛、白象一同来拖。

前益州长史王及善已退休，逢契丹作乱，山东局势动荡，重新出任滑州刺史。太后召见他，向他询问朝政的得失。王及善陈述治乱的要点十多条。太后说："地方上是细枝末节，中枢是根本，你不应出任刺史。"四月初八日癸酉，留他做内史。

四月十八日癸未，以右金吾卫大将军武懿宗任神兵道行军大总管，与右豹韬卫将军何迦密领兵攻击契丹。五月初八日癸卯，又以娄师德任清边道副大总管，右武威卫将军沙吒忠义任前军总管，领兵二十万攻击契丹。

在此之前，有个叫朱前疑的人，呈上奏书说："臣梦到陛下寿命达到八百岁。"当即拜为拾遗，又自称："梦见陛下头发白了又黑，牙齿掉了再生。"升为驾部郎中，出使回朝，呈上奏书说："听到嵩山呼万岁。"赐给他高品级职事官所佩的绯算袋。他当时官不到五品，便佩戴在绿色官服上。遇上发兵讨伐契丹，敕命京官，出一匹马为军需，赏给五品官。朱前疑买马捐纳，屡次上表求升阶。太后讨厌他贪心鄙陋，六月初一日乙丑，敕令退还他的马，罢斥他回家乡。

右司郎中冯翊人乔知之有个名叫碧玉的美妾，乔知之为了她而不结婚。武承嗣把她借回来教导自己的姬妾们，于是留下不放她回去。乔知之作《绿珠怨》诗寄给她，碧玉便跳井死了。武承嗣在她的裙带中找到诗，大为恼怒，暗示酷吏构陷乔知之罪名，灭了他全族。

司仆少卿来俊臣，倚仗权势，肆欲淫佚，朝士庶民有美丽妻妾，千方百计弄来；或指使人捏造他们的罪名，伪传圣旨来提取他们的妻妾，前前后后被罗织所杀的人，不可胜数。从宰相以下，写成名册而依次夺取他们的妻妾。自称才智可跟石勒相比。监察御史李昭德一向厌恶来俊臣，又曾经在朝堂当众侮辱秋官侍郎皇甫文备。二人便共同诬告李昭德谋反，把他关进监狱。

来俊臣想诬告武氏诸王以及太平公主，又想诬陷皇太子及庐陵王和南北牙一同

反，冀因此盗国权，河东人卫遂忠告之。诸武及太平公主恐惧，共发其罪，系狱，有司处以极刑。太后欲赦之，奏上三日，不出。王及善曰："俊臣凶狡贪暴，国之元恶，不去之，必动摇朝廷。"太后游苑中，吉顼执辔，太后问以外事，对曰："外人唯怪来俊臣奏不下。"太后曰："俊臣有功于国，朕方思之。"项曰："于安远告虺贞反，既而果反，今止为成州司马。俊臣聚结不逞，诬构良善，赃贿如山，冤魂塞路，国之贼也，何足惜哉！"太后乃下其奏。

丁卯，昭德、俊臣同弃市，时人无不痛昭德而快俊臣。仇家争啖俊臣之肉，斯须而尽，抉眼剥面，披腹出心，腾蹋成泥。太后知天下恶之，乃下制数其罪恶，且曰："宜加赤族之诛，以雪苍生之愤，可准法籍没其家。"士民皆相贺于路曰："自今眠者背始帖席矣。"

俊臣以告綦连耀功，赏奴婢十人。俊臣阅司农婢，无可者，以西突厥可汗斛瑟罗家有细婢，善歌舞，欲得以为赏口，乃使人诬告斛瑟罗反。诸酋长诣阙割耳剺面讼冤者数十人。会俊臣诛，乃得免。

俊臣方用事，选司受其属请不次除官者，每铨数百人。俊臣败，侍郎皆自首。太后责之，对曰："臣负陛下，死罪！臣乱国家法，罪止一身；违俊臣语，立见灭族。"太后乃赦之。

上林令侯敏素谄事俊臣，其妻董氏谏之曰："俊臣国贼，指日将败，君宜远之。"敏从之。俊臣怒，出为武龙令。敏欲不往，妻曰："速去勿留！"俊臣败，其党皆流岭南，敏独得免。

太后征于安远为尚食奉御，擢吉顼为右肃政中丞。

以检校夏官侍郎宗楚客同平章事。

（以上为第五段，写武周头号酷吏来俊臣之死，大快人心。）

武懿宗军至赵州，闻契丹将骆务整数千骑将至冀州，懿宗惧，欲南遁。或曰："虏无辎重，以抄掠为资，若按兵拒守，势必离散，从而击之，可有大功。"懿宗不从，退据相州，委弃军资器仗甚众。契丹遂屠赵州。

谋反，企图因此一举而窃得国权。河东人卫遂忠告发他。武家各王及太平公主感到恐惧，一同揭发来俊臣的罪状，将他捕入牢中。审判官处来俊臣死刑，太后想赦免他，奏书呈上去，过了三日都不见批复。王及善说："来俊臣凶恶奸猾贪吝残暴，国家的首恶，不杀他，一定会危害朝廷。"太后在御苑中游赏，吉顼驾驭车马，太后问朝廷的事，吉顼回答说："朝臣只对奏杀来俊臣的公文没批下来感到奇怪。"太后说："来俊臣对国家有功，朕正在考虑中。"吉顼说："于安远告虺贞谋反，而后果然造反；于安远今天只是成州司马。来俊臣聚集不法的人，诬陷好人，受的赃财贿赂如山，诬害的冤魂满路，是国家的大祸根，哪里值得怜惜呢！"太后于是批准他们的奏书。

六月初三日丁卯，李昭德、来俊臣同时在市朝被处死，世人无不痛惜李昭德的死，而对来俊臣的死感到快慰，仇家争着咬来俊臣的肉，片刻便咬光了，挑出眼珠，剥下面皮，开腹掏心，踏践泥浆。太后晓得天下人痛恨来俊臣，于是降诏书指责他的罪恶，而且说："应处死他的族人，来昭雪民众的愤恨，可依法抄没他的家产。"朝士庶民都在路上相庆贺，说："从今天起，睡觉的人背部可以贴着席子安卧了。"

来俊臣因告发綦连耀有功，赏给他奴婢十人。来俊臣看了司农寺中的婢女没有中意的，知西突厥可汗斛瑟罗有小婢，很会歌舞，想得到她作为赏赐的活口，竟指使人诬告斛瑟罗造反。各酋长到朝廷割耳划面替他申辩冤屈的有几千人。正好来俊臣被斩，斛瑟罗才得以免死。

来俊臣正当权的时候，铨选官署的主事官受到他的嘱托而不照等次授官的，每次选官数目达数百。来俊臣败露，侍郎都自首。太后斥责他们，回答说："臣辜负陛下，有死罪！臣紊乱国家法令，惩罚只及本身；违逆来俊臣的话，便马上全族被杀。"太后于是赦免了他们。

上林署令侯敏素来谄媚来俊臣，他妻子董氏谏劝说："来俊臣是国贼，不久将败露，你应疏远他。"侯敏听从，来俊臣生气，调他出去做武龙县令，侯敏不想去，他妻子说："快去不要滞留。"来俊臣败落后，他的党羽都被流放到岭南，唯独侯敏没有获罪。

太后征召于安远任尚食局奉御，提升吉顼为右肃政中丞。

任命检校夏官侍郎宗楚客为同平章事。

武懿宗的军队到了赵州，听说契丹部将骆务整的几千骑兵将达冀州，武懿宗害怕，想向南逃，有人建议："敌人没有辎重，军需靠抢劫，如我们布防坚守，势必会溃散，纵兵加以攻击，可以建树大功。"武懿宗不采纳，退守相州，丢弃军需兵器很

甲午，孙万荣为奴所杀。

万荣之破王孝杰也，于柳城西北四百里依险筑城，留其老弱妇女，所获器仗资财，使妹夫乙冤羽守之，引精兵寇幽州。恐突厥默啜袭其后，遣五人至黑沙，语默啜曰："我已破王孝杰百万之众，唐人破胆，请与可汗乘胜共取幽州。"三人先至，默啜喜，赐以绯袍。二人后至，默啜怒其稽缓，将杀之，二人曰："请一言而死。"默啜问其故，二人以契丹之情告。默啜乃杀前三人而赐二人绯，使为乡导，发兵取契丹新城，杀所获凉州都督许钦明以祭天，围新城三日，克之，尽俘以归。使乙冤羽驰报万荣。

时万荣方与唐兵相持，军中闻之，恟惧。奚人叛万荣，神兵道总管杨玄基击其前，奚兵击其后，获其将何阿小。万荣军大溃，帅轻骑数千东走。前军总管张九节遣兵邀之于道，万荣穷蹙，与其奴逃至潞水东，息于林下，叹曰："今欲归唐，罪已大。归突厥亦死，归新罗亦死。将安之乎！"奴斩其首以降，枭之四方馆门。其余众及奚、霫皆降于突厥。

戊子，特进武承嗣、春官尚书武三思并同凤阁鸾台三品。

辛卯，制以契丹初平，命河内王武懿宗、娄师德及魏州刺史狄仁杰分道安抚河北。懿宗所至残酷，民有为契丹所胁从复来归者，懿宗皆以为反，生刳取其胆。先是，何阿小嗜杀人，河北人为之语曰："唯此两何，杀人最多。"

秋，七月，丁酉，昆明内附，置窦州。

武承嗣、武三思并罢政事。

庚午，武攸宜自幽州凯旋。武懿宗奏河北百姓从贼者请尽族之，左拾遗王求礼庭折之曰："此属素无武备，力不胜贼，苟从之以求生，岂有叛国之心！懿宗拥强兵数十万，望风退走，贼徒滋蔓，又欲委罪于草野诖误之人，为臣不忠，请先斩懿宗以谢河北！"懿宗不能对。司刑卿杜景俭亦奏："此皆胁从之人，请悉原之。"太后从之。

八月，丙戌，纳言姚璹坐事左迁益州长史，以太子宫尹豆卢钦望为

多，契丹于是对赵州进行了屠杀。

六月三十日甲午，孙万荣被奴仆所杀。

孙万荣打败王孝杰后，在柳城西北四百里处依险要筑城，留下老弱妇女，及所获的器械财物，令妹夫乙冤羽守护，自带精兵侵扰幽州。他担心突厥阿史那默啜袭击他的后方，派五个人去黑沙，对阿史那默啜说："我已打败王孝杰百万军队，唐人吓破了胆，愿和可汗乘胜同取幽州。"三个人先到，阿史那默啜很高兴，赐给他们红袍；两个后到，阿史那默啜因他们稽留延缓而生气，将要杀他们，那两个人说："请让我们说一句话再死。"阿史那默啜问他们原因，二人告诉他契丹的情形，阿史那默啜便把先来的三人杀了而赐红袍给那二人，派他们做向导，发兵攻打契丹新城，处死所俘获的凉州都督许钦明用来祭天；包围新城三日，攻了下来，把留守新城的契丹人全部俘虏而回。叫乙冤羽急驰回去报告孙万荣。

当时孙万荣正跟唐军相持，他的军队听到这消息，惊骇不安。奚人背叛孙万荣，神兵道总管杨玄基攻孙万荣的前军，奚兵攻他后方，俘虏他的将领何阿小。孙万荣军队大败散走，他率领几千轻骑兵向东奔去。前军总管张九节派兵中途拦截，孙万荣穷急窘蹙，和奴仆逃到潞水东，在林下休息，叹息说："现在想投顺唐朝，但罪恶太大，投奔突厥也是死，投奔新罗也是死，将要去哪里呢？"奴仆杀了他向唐朝投降，他的首级被悬挂在京城四方馆门示众。他余下的部众，以及奚、霫人皆向突厥投降。

六月二十四日戊子，特进武承嗣、春官尚书武三思一起被任命为同凤阁鸾台三品。

六月二十七日辛卯，下诏书，以契丹初步平定，命河内王武懿宗、娄师德及魏州刺史狄仁杰分路安抚河北。武懿宗所到之处都受其残酷处置，有被契丹裹胁又归附的平民，武懿宗都认为是反叛，活活地剖取他们的胆。在此之前，何阿小喜杀人，河北人说他们是："唯此两何，杀人最多。"

秋季，七月初三日丁酉，昆明归附朝廷，被设置为窦州。

武承嗣、武三思一同被免除掌管政事的职务。

庚午日，武攸宜从幽州凯旋。武懿宗奏请将河北曾服从契丹的百姓灭族，左拾遗王求礼在朝廷上反驳他说："这些人从来没有武装，在力量上与契丹无法较量，暂且附从契丹以求保命，哪有叛国的意愿！武懿宗有几十万强兵，看到契丹的势头便跑，致使贼众滋长蔓延，他又想推卸罪过给草泽山野中被牵累的人，身负臣职而不忠，请先斩武懿宗来向河北人民道歉。"武懿宗无言以对。司刑卿杜景俭也上奏说："这些都是被胁从的人，请一概宽恕他们。"太后接受他的奏议。

八月二十三日丙戌，纳言姚琦因事被降为益州长史，委任太子宫尹豆卢钦望为

文昌右相，凤阁鸾台三品。

九月，壬辰，大享通天宫，大赦，改元。

（以上为第六段，写契丹之乱被平定，武懿宗诬良为寇，为祸河北。）

庚戌，娄师德守纳言。

甲寅，太后谓侍臣曰："顷者周兴、来俊臣按狱，多连引朝臣，云其谋反；国有常法，朕安敢违！中间疑其不实，使近臣就狱引问，得其手状，皆自承服，朕不以为疑。自兴、俊臣死，不复闻有反者，然则前死者不有冤邪？"夏官侍郎姚元崇对曰："自垂拱以来坐谋反死者，率皆兴等罗织，自以为功。陛下使近臣问之，近臣亦不自保，何敢动摇！所问者若有翻覆，惧遭惨毒，不若速死。赖天启圣心，兴等伏诛，臣以百口为陛下保，自今内外之臣无复反者；若微有实状，臣请受知而不告之罪。"太后悦曰："向时宰相皆顺成其事，陷朕为淫刑之主；闻卿所言，深合朕心。"赐元崇钱千缗。

时人多为魏元忠讼冤者，太后复召为肃政中丞。元忠前后坐弃市流窜者四。尝侍宴，太后问曰："卿往者数负谤，何也？"对曰："臣犹鹿耳，罗织之徒欲得臣肉为羹，臣安所避之！"

冬，闰十月，甲寅，以幽州都督狄仁杰为鸾台侍郎，司刑卿杜景俭为凤阁侍郎，并同平章事。

仁杰上疏以为："天生四夷，皆在先王封略之外，故东拒沧海，西阻流沙，北横大漠，南阻五岭，此天所以限夷狄而隔中外也。自典籍所纪，声教所及，三代不能至者，国家尽兼之矣。诗人矜薄伐于太原，美化行于江、汉，则三代之远裔，皆国家之域中也。若乃用武方外，邀功绝域，竭府库之实以争不毛之地，得其人不足增赋，获其土不可耕织，苟求冠带远夷之称，不务固本安人之术，此秦皇、汉武之所行，非五帝、三王之事业也。始皇穷兵极武，务求广地，死者如麻，致天下溃叛。汉武征伐四夷，百姓困穷，盗贼蜂起；末年悔悟，息兵罢役，故能为天所祐。近者国家频岁出师，所费滋广，西戍四镇，东戍安东，调发日加，百姓虚弊。今关东饥馑，蜀、汉逃亡，江、淮已南，征求不息，人不复业，相率为盗，本根一摇，忧患不浅。其所以然者，皆以争蛮貊不毛之地，

文昌右相、同凤阁鸾台三品。

九月初九日［壬寅］，在通天宫举行大飨祭礼，宣布大赦，改年号为神功。

九月十七日庚戌，娄师德代理纳言。

九月二十一日甲寅，太后对侍从大臣说："近期，周兴、来俊臣审理案件，多牵连朝中官员，说他们谋反。国家有规定的法律，朕怎么敢违背！有时怀疑案情有假，派亲信大臣去狱中提审，得到囚犯的亲笔供状，都自己招认了，朕便不再怀疑。自从周兴、来俊臣死后，便不再听到有谋反的人；这样看来，以前处死的人不是有冤枉的吗？"夏官侍郎姚元崇回答说："自垂拱年间以来，因谋反罪被处死的案件，大约都是周兴等人罗织罪状，为自己求取功劳的。陛下派亲信大臣去查问，他们也不能保全自己，怎敢改变原判。被问的囚犯如果翻供，怕遭酷刑，还不如早些死掉。仰赖上天使圣心得以启迪，周兴等伏法。臣以全族一百口人的性命向陛下保证，今后朝廷内外的臣子不会再有反叛的人。如果稍有谋反的实情，臣愿受知情不告的惩罚。"太后高兴地说："以前宰相都听任并助成周兴等人制造的那些事，使朕为滥用刑杀的君主；听到你的话，十分合于朕的心意。"赐给姚元崇一千贯钱。

当时很多人都替魏元忠申诉冤屈，太后便重召他回来担任肃政中丞，魏元忠前后被判死刑及放逐共四次。他曾在某次宴会上作陪，太后问道："你以前多次受到诽谤，是什么原因？"魏元忠回答说："我就像鹿，设置罗网的人想要得到我的肉做羹，我能逃避到哪里去！"

冬季，闰十月二十一日甲寅，任命幽州都督狄仁杰为鸾台侍郎，司刑卿杜景俭为凤阁侍郎，一道同平章事。

狄仁杰上奏说："上天降生四夷，都在我国历代封疆以外，所以东面有沧海隔离着，西面有流沙阻遏着，北面有沙漠横绝着，南面有五岭梗阻着，这是上天用来限制夷狄而阻隔中原与外地的。据书籍记载，声威教化所能到达之处，夏、商、周不能到的地方，国家都已完全拥有了。诗人夸耀周宣王北伐太原，赞美教化推行到江汉流域，那么三代的边远地方，现在都成为国家的内地了。至于向疆域之外用武，谋求功业于绝远的地方，耗尽国库的储备，去争夺不毛之地，得到那里的人民也不能增加国家的赋税，据有那里的土地也无法耕种纺织，暂时求得使远方夷人归附认同的称誉，而不致力于巩固根本安定人民的措施，这是秦始皇、汉武帝所实行的政策，不是五帝、三王的事业。秦始皇穷兵黩武，从事开拓疆土，死人无数，导致天下散乱反叛。汉武帝征伐四境夷人，以致百姓困顿，盗贼成群而起；晚年悔悟，休战停役，所以能被上天所保佑。近来国家连年征战，费用日益增长，西方戍守四镇，

乖子养苍生之道也。昔汉元纳贾捐之之谋而罢朱崖郡，宣帝用魏相之策而弃车师之田，岂不欲慕尚虚名，盖惮劳人力也。近贞观中克平九姓，立李思摩为可汗，使统诸部者，盖以夷狄叛则伐之，降则抚之，得推亡固存之义，无远戍劳人之役，此近日之令典，经边之故事也。窃谓宜立阿史那斛瑟罗为可汗，委之四镇，继高氏绝国，使守安东。省军费于远方，并甲兵于塞上，使夷狄无侵侮之患则可矣，何必穷其窟穴，与蝼蚁校长短哉！但当敕边兵，谨守备，远斥候，聚资粮，待其自致，然后击之。以逸待劳则战士力倍，以主御客则我得其便，坚壁清野则寇无所得；自然二贼深入则有颠踬之虑，浅入必无寇获之益。如此数年，可使二虏不击而服矣。”事虽不行，识者是之。

凤阁舍人李峤知天官选事，始置员外官数千人。

先是历官以是月为正月，以腊月为闰。太后欲正月甲子朔冬至，乃下制以为“去晦仍见月，有爽天经。可以今月为闰月，来月为正月。”

（以上为第七段，写姚元崇抨击酷吏政治，狄仁杰上奏安边之策。）

圣历元年（戊戌，698 年）

正月，甲子朔，冬至，太后享通天宫；赦天下，改元。

夏官侍郎宗楚客罢政事。

春，二月，乙未，文昌右相、同凤阁鸾台三品豆卢钦望罢为太子宾客。

武承嗣、三思营求为太子，数使人说太后曰：“自古天子未有以异姓为嗣者。”太后意未决。狄仁杰每从容言于太后曰：“文皇帝栉风沐雨，亲冒锋镝，以定天下，传之子孙。大帝以二子托陛下。陛下今乃欲移之他族，无乃非天意乎！且姑侄之与母子孰亲？陛下立子，则千秋万岁后，配食太庙，承继无穷；立侄，则未闻侄为天子而祔姑于庙者也。”太后曰：“此朕家事，卿勿预知。”仁杰曰：“王者以四海为家，四海之内，孰非臣妾，何者不为陛下家事！君为元首，臣为股肱，义同一体，况臣备

东方戍守安东，征调赋役天天增加，百姓财尽力敝。现在潼关以东闹饥荒，蜀、汉一带民众逃亡，江、淮以南，征役敛赋不止，百姓不能恢复生业，便结伙做强盗，根基发生动摇，忧患颇为深重。出现这种局势，都是因为用武力去争夺蛮貊的不毛之地，违背爱抚养育人民的道理。从前汉元帝采纳贾捐之的谋略而废弃朱崖郡，汉宣帝采用魏相的计策而放弃车师屯田，他们难道不想崇尚虚名，只是怕劳苦民力。近期在贞观年间，平定突厥九姓，立李思摩为可汗，让他统领各部落的原因，就是因夷狄叛乱时便去讨伐，归顺时便去安抚，合于《尚书》除去应当消亡的、巩固应当存在的道理，而没有驻防边地、劳苦百姓的征役，这是近来的好政令，经略边疆的先例。我以为应立阿史那斛瑟罗为可汗，委托他管辖四镇，使亡国的高丽建立继统，让它守护安东。我们节省了用于远方的军费，集中兵力于边塞，使夷狄没有侵侮的祸患便可以了，何必穷追到他们的巢穴，跟蝼蚁争胜负呢。只应命令边防军部队，严加守备，向远处派出侦察兵，积聚物资军粮，等敌人自来，然后反击他们。以逸待劳则战士的勇力倍增，以主御客则我方获得方便，坚壁清野则敌寇一无所获；自然而然，突厥和吐蕃深入内地便有覆灭的顾忌，浅入边区便得不到掠夺的利益，这样几年下来，就可以使这两个敌人不加征伐而归顺了。”这一措施虽未推行，但有见识的人都加以肯定。

凤阁舍人李峤掌管天官选官事务，开始设置几千名正式员额以外的官员。

在此之前历法官以本月为正月，以腊月为闰月，太后想定正月初一为冬，就下制书，以为“上月晦日仍见到了月亮，违背天道，可以本月为闰月，下月为正月”。

武则天圣历元年（戊戌，698 年）

正月初三日甲子，冬至，太后在通天宫举行大飨祭礼，改年号为圣历。

夏官侍郎宗楚客被免除掌管政事的职务。

春季，二月初四日乙未，文昌右相、同凤阁鸾台三品豆卢钦望免职，改任太子宾客。

武承嗣、武三思谋求成为太子，多次派人去劝太后说：“从古以来的天子，没有把外姓人作为继承人的。”太后没有打定主意。狄仁杰常从容地劝太后说：“太宗文皇帝不避风雨，亲自冒着刀箭的危险，而平定天下，并把天下传给子孙。高宗大帝把两个儿子托付给陛下，陛下现在竟想把帝位转交给外姓，恐怕不合天意吧！而且姑侄与母子相比，哪一种关系亲呢？陛下立儿子为后嗣，那么陛下千秋万岁之后，可在太庙里与先帝一同受到祭祀，承继不止；立侄子为后嗣，则从没听说过侄为天子，而祔祭姑于太庙里的。”太后说：“这是朕的家事，你不要干预。”狄仁杰说：“帝

位宰相，岂得不预知乎！”又劝太后召还庐陵王。王方庆、王及善亦劝之。太后意稍寤。他日，又谓仁杰曰：“朕梦大鹦鹉两翼皆折，何也？”对曰：“武者，陛下之姓，两翼，二子也。陛下起二子，则两翼振矣。”太后由是无立承嗣、三思之意。

孙万荣之围幽州也，移檄朝廷曰：“何不归我庐陵王？”吉顼与张易之、昌宗皆为控鹤监供奉，易之兄弟亲狎之。顼从容说二人曰：“公兄弟贵宠如此，非以德业取之也，天下侧目切齿多矣。不有大功于天下，何以自全？窃为公忧之！”二人惧，流涕问计。顼曰：“天下士庶未忘唐德，咸复思庐陵王。主上春秋高，大业须有所付，武氏诸王非所属意。公何不从容劝上立庐陵王以系苍生之望！如此，非徒免祸，亦可以长保富贵矣。”二人以为然，承间屡为太后言之。太后知谋出于顼，乃召问之，顼复为太后具陈利害，太后意乃定。

三月，己巳，托言庐陵王有疾，遣职方员外郎瑕丘徐彦伯召庐陵王及其妃、诸子诣行在疗疾。戊子，庐陵王至神都。

夏，四月，庚寅朔，太后祀太庙。

辛丑，以娄师德充陇右诸军大使，仍检校营田事。

（以上为第八段，写皇嗣之争，武则天最终弃侄立子，庐陵王李显回到神都洛阳。）

六月，甲午，命淮阳王武延秀入突厥，纳默啜女为妃；豹韬卫大将军阎知微摄春官尚书，右武卫郎将杨齐庄摄司宾卿，赍金帛巨亿以送之。延秀，承嗣之子也。

凤阁舍人襄阳张柬之谏曰：“自古未有中国亲王娶夷狄女者。”由是忤旨，出为合州刺史。

秋，七月，凤阁侍郎、同平章事杜景俭罢为秋官尚书。

八月，戊子，武延秀至黑沙南庭。突厥默啜谓阎知微等曰：“我欲以女嫁李氏，安用武氏儿邪！此岂天子之子乎！我突厥世受李氏恩，闻李氏尽灭，唯两儿在，我今将兵辅立之。”乃拘延秀于别所，以知微为南面可汗，言欲使之主唐民也。遂发兵袭静难、平狄、清夷等军，静难军使慕容玄崱以兵五千降之。虏势大振，进寇妫、檀等州。前从阎知微入突

王以四海为家，四海以内，谁不是他的奴婢，什么事不是陛下的家事？君王是头，臣子是胳膊大腿，道理上同是一个整身而不能分开，况且臣在宰相的职位上凑数，怎能不参与呢！”又劝太后召回庐陵王，王方庆、王及善也劝太后。太后的心意稍有醒悟。有一天，她又对狄仁杰说：“我梦见一只大鹦鹉两翼都折断了，是什么意思？”回答说：“武是陛下的姓，两翼是两个皇子，陛下起复二皇子，那么两翼就能振起了。”太后因此打消了立武承嗣、武三思为太子的想法。

孙万荣围困幽州时，传檄文给朝廷说：“为何不召回我庐陵王？”吉顼和张易之、张昌宗都任控鹤监供奉，张易之兄弟和他很亲近狎昵。吉顼从容地对二人说：“您兄弟这般贵显得宠，不是靠德行功业得来的，天下对你们咬牙怒视的人很多。你们没有为国家立大功，用什么来保全自己？私下我替你们担忧啊！”二人害怕，流着涕泪向他求救对策。吉顼说：“天下士人百姓还没忘掉唐朝的恩德，都还在思念庐陵王。太后年纪老了，帝业必须要有所托付，几个武氏王不是她属意的人，你们为何不慢慢地劝皇上立庐陵王来维系天下人的心！这样，不仅可以免祸，也可以长久保住富贵。”二人认为很对，乘机常常劝说太后。太后知道是吉顼出的主意，便召他来询问，吉顼又替太后详细陈说利害，太后的主意才定下来。

三月初九日己巳，假称庐陵王生病，派职方员外郎瑕丘人徐彦伯去召庐陵王和他的妃子到太后住地医病。三月二十八日戊子，庐陵王来到神都。

夏季，四月初一日庚寅，太后祭祀太庙。

四月十二日辛丑，任命娄师德充当陇右诸军大使，仍检校营田事务。

六月初六日甲午，命令淮阳王武延秀前往突厥，娶阿史那默啜的女儿为王妃。豹韬卫大将军阎知微代理春官尚书，右武卫郎将杨齐庄代司宾卿，带着大量金银丝帛送给突厥。武延秀是武承嗣的儿子。

凤阁舍人襄阳人张柬之进谏说：“自古以来没有中原亲王娶夷狄的女儿的。”因此违背了太后的旨意，调任合州刺史。

秋季，七月，凤阁侍郎、同平章事杜景俭免职，改任秋官尚书。

八月初一日戊子，武延秀到达黑沙南庭。突厥阿史那默啜对阎知微等说：“我是想把女儿嫁给李氏，哪里用得着武氏儿郎！他这人难道是天子的儿子吗？我突厥世代受李氏的恩泽，听说李氏几乎灭绝，只有两个儿子还在，我现在要带兵去辅佐拥立他。”于是把武延秀拘禁在别处，任命阎知微做南面可汗，声称要让他统治唐朝的百姓。便发兵袭击静难、平狄、清夷等军，静难军使慕容玄崱率五千兵投降，突厥

厥者，默啜皆赐之五品、三品之服，太后悉夺之。

默啜移书数朝廷曰：“与我蒸谷种，种之不生，一也。金银器皆行滥，非真物，二也。我与使者绯紫皆夺之，三也。缯帛皆疏恶，四也。我可汗女当嫁天子儿，武氏小姓，门户不敌，罔冒为昏，五也。我为此起兵，欲取河北耳。”

监察御史裴怀古从阎知微入突厥，默啜欲官之，不受。囚，将杀之，逃归；抵晋阳，形容羸悴。突骑噪聚，以为间谍，欲取其首以求功。有果毅尝为人所枉，怀古按直之，大呼曰：“裴御史也。”救之，得全。至都，引见，迁祠部员外郎。

时诸州闻突厥入寇，方秋，争发民修城。卫州刺史太平敬晖谓僚属曰：“吾闻金汤非粟不守，奈何舍收获而事城郭乎？”悉罢之，使归田，百姓大悦。

甲午，鸾台侍郎、同平章事王方庆罢为麟台监。

太子太保魏宣王武承嗣，恨不得为太子，意快快，戊戌，病薨。

庚子，以春官尚书武三思检校内史，狄仁杰兼纳言。

太后命宰相各举尚书郎一人，仁杰举其子司府丞光嗣，拜地官员外郎，已而称职。太后喜曰：“卿足继祁奚矣。”

通事舍人河南元行冲，博学多通，仁杰重之。行冲数规谏仁杰，且曰：“凡为家者必有储蓄脯醢以适口，参术以攻疾。仆窃计明公之门，珍味多矣，行冲请备药物之末。”仁杰笑曰：“吾药笼中物，何可一日无也！”行冲名澹，以字行。

以司属卿武重规为天兵中道大总管，右武卫将军沙吒忠义为天兵西道总管，幽州都督下邽张仁愿为天兵东道总管，将兵三十万以讨突厥默啜；又以左羽林卫大将军阎敬容为天兵西道后军总管，将兵十五万为后援。

癸丑，默啜寇飞狐，乙卯，陷定州，杀刺史孙彦高及吏民数千人。

九月，甲子，以夏官尚书武攸宁同凤阁鸾台三品。

的声势大振，进兵侵扰妫、檀等州。以前跟阎知微进入突厥的人，阿史那默啜都赏赐他们五品、三品的官服，太后全部予以抄没。

阿史那默啜发来公文指责朝廷说："给我蒸熟的谷种，种下去不生长，这是第一。金银器皿都是夹杂有他物的次品，不是真东西，这是第二。我赐给来使的各色官服都给抄没了，这是第三。送来的丝织品都稀疏粗劣，这是第四。我突厥可汗的女儿应嫁给唐朝天子的儿子，武氏是小姓，门户不相当，却假冒来结姻，这是第五。我为这五事而起兵，只想取得河北而已。"

监察御史裴怀古随从阎知微到突厥，阿史那默啜想让他做官，他不接受。阿史那默啜把他囚禁起来，将要杀害他。他逃脱回归，到达晋阳时，身体瘦弱，面容憔悴。突骑呐喊着围住他，把他当作间谍，要杀他的头去邀功，有位果毅曾被人诬陷，经裴怀古审讯得以平反，他大声呼喊道："这是裴御史！"加以解救而使他保全性命。进京引见给太后，升为祠部员外郎。

当时各州听到突厥入犯的消息，正当秋天，竞相征发百姓修筑城池。卫州刺史太平人敬晖对部属说："我听说坚固的城池没有粮食也守不住，怎能舍弃收获而致力于修城呢？"完全免除了修城劳役，让大家回田间收获，百姓非常喜欢。

八月初七日甲午，鸾台侍郎、同平章事王方庆免职，改任麟台监。

太子太保魏宣王武承嗣，对自己不能做太子很恼怒，心中很不满意，八月十一日戊戌，病死了。

八月十三日庚子，任命春官尚书武三思为检校内史，狄仁杰兼纳言。

太后要宰相各推荐尚书郎一人，狄仁杰举荐自己的儿子司府丞狄光嗣，授予地官员外郎，不久就能胜任其职，太后高兴地说："你足够继承祁奚了。"

通事舍人河南人元行冲，学识广博，通晓许多事物，狄仁杰器重他。元行冲屡次规劝狄仁杰，并且说："凡当家的人，必储备肉干肉酱来满足胃口，储备人参、白术等药材来治病，我私下估计您家内珍膳美味很多，我元行冲愿为府上的末等药材。"狄仁杰笑说："我的药箱中的东西，怎可一日缺少呢！"元行冲名元澹，用字行于世。

任命司属卿武重规做天兵中道大总管，右武卫将军沙吒忠义为天兵西道总管，幽州都督下邽人张仁愿为天兵东道总管，率兵三十万去征讨突厥阿史那默啜；又任用左羽林卫大将军阎敬容为天兵西道后军总管，率兵十五万作为增援。

八月二十六日癸丑，阿史那默啜侵扰飞狐。八月二十八日乙卯，攻陷定州，杀死刺史孙彦高及官民几千人。

九月初七日甲子，委任夏官尚书武攸宁为同凤阁鸾台三品。

改默啜为斩啜。

默啜使阎知微招谕赵州，知微与虏连手蹋《万岁乐》于城下。将军陈令英在城上谓曰："尚书位任非轻，乃为虏蹋歌，独无惭乎！"知微微吟曰："不得已，《万岁乐》。"

戊辰，默啜围赵州，长史唐般若翻城应之。刺史高睿与妻秦氏仰药诈死，虏舆之诣默啜，默啜以金狮子带、紫袍示之曰："降则拜官，不降则死！"睿顾其妻，妻曰："酬报国恩，正在今日！"遂俱闭目不言。经再宿，虏知不可屈，乃杀之。虏退，唐般若族诛；赠睿冬官尚书，谥曰节。睿，颎之孙也。

皇嗣固请逊位于庐陵王，太后许之。壬申，立庐陵王哲为皇太子，复名显。赦天下。

甲戌，命太子为河北道元帅以讨突厥。先是，募人月余不满千人，及闻太子为元帅，应募者云集，未几，数盈五万。

（以上为第九段，写阎知微投敌，招致突厥侵扰河北。）

戊寅，以狄仁杰为河北道行军副元帅，右丞宋元爽为长史，右台中丞崔献为司马，左台中丞吉顼为监军使。时太子不行，命仁杰知元帅事，太后亲送之。

蓝田令薛讷，仁贵之子也，太后擢为左威卫将军、安东道经略。将行，言于太后曰："太子虽立，外议犹疑未定；苟此命不易，丑虏不足平也。"太后深然之。王及善请太子赴外朝以慰人心，从之。

以天官侍郎苏味道为凤阁侍郎、同平章事。味道前后在相位数岁，依阿取容，尝谓人曰："处事不宜明白，但摸棱持两端可矣。"时人谓之"苏摸棱"。

癸未，突厥默啜尽杀所掠赵、定等州男女万余人，自五回道去，所过，杀掠不可胜纪。沙吒忠义等但引兵蹑之，不敢逼。狄仁杰将兵十万追之，无所及。默啜还漠北，拥兵四十万，据地万里，西北诸夷皆附之，甚有轻中国之心。

冬，十月，制：都下屯兵，命河内王武懿宗、九江王武攸归领之。

癸卯，以狄仁杰为河北道安抚大使。时北人为突厥所驱逼者，虏退，

改突厥阿史那默啜的名字为斩啜。

阿史那默啜派遣阎知微去招降晓示赵州城，阎知微与突厥人在城下拉着手踏着节拍唱《万岁乐》。将军陈令英在城上对他说："尚书职责不轻，竟然为敌人歌舞，难道你就不惭愧吗？"阎知微低吟说："不得已，《万岁乐》。"

九月十一日戊辰，阿史那默啜包围赵州，长史唐般若越墙出城去接应他。刺史高睿和妻子秦氏吞服药物假装死亡。敌人抬着他们来到阿史那默啜旁，阿史那默啜拿出金狮子带、紫色官服给他们看，说："投降便授予官职，不降则处死！"高睿回头看着他妻子，他妻子说："报答国家的恩泽，就在今天了！"于是两人都闭目不说话。经过两夜，敌人知道不能使他们屈服，便杀了他们。敌人退去，唐般若的全族被处死，追赠高睿为冬官尚书，谥号为"节"。高睿是高颎的孙子。

皇储坚持请求把太子位让给庐陵王，太后应允了他的请求。九月十五日壬申，立庐陵王李哲为皇太子，恢复原来的名字显。赦免天下。

九月十七日甲戌，任命太子为河北道元帅，去征讨突厥。此前，招募人丁一个多月还不到一千人，到这时听说太子做元帅，应募的人像云一般聚集，不久数量便超过五万人。

九月二十一日戊寅，委任狄仁杰为河北道行军副元帅，右丞宋天爽任长史，右台中丞崔献任司马，左台中丞吉顼为监军使。当时，太子没有成行，命令狄仁杰执掌元帅职务，太后亲自为他送行。

蓝田县令薛讷，是薛仁贵的儿子。太后提拔他为左威卫将军，安东道经略。即将出发，他向太后奏称："太子虽已册立，朝外的议论仍然犹豫不定。假如不再更换太子，众敌人就很容易被讨平了。"太后深表赞同。王及善请求要太子到外朝与群臣一起朝谒，以此安定人心，太后接受了。

委任天官侍郎苏味道为凤阁侍郎、同平章事。苏味道前后做了几年宰相，依顺阿附以求容于人，他曾对人说："处理事务不应分明清楚，只要模棱两可便行了。"当时人称他为"苏模棱"。

九月二十六日癸未，突厥阿史那默啜将所掠取赵、定等州男女一万多人全部杀光，从五回岭山道撤走。经过的地方，杀掠无法详尽记述。沙吒忠义等只是带兵远远地跟在后面，不敢逼近。狄仁杰率兵十万追击，没有赶上。阿史那默啜回到漠北，拥有四十万军队，控制的地域达万里，西北各族都归附他，很有些轻视中原的意思。

冬季，十月颁下制书：都城下屯集士兵，命令河内王武懿宗，九江王武攸归统领。

十月十七日癸卯，委任狄仁杰为河北道安抚大使。当时被突厥所驱使逼迫的河

惧诛，往往亡匿。仁杰上疏，以为："朝廷议者皆罪契丹、突厥所胁从之人，言其迹虽不同，心则无别。诚以山东近缘军机调发伤重，家道悉破，或至逃亡。重以官典侵渔，因事而起，枷杖之下，痛切肌肤，事迫情危，不循礼义。愁苦之地，不乐其生，有利则归，且图赊死，此乃君子之愧辱，小人之常行也。又，诸城入伪，或待天兵，将士求功，皆云攻得，臣忧滥赏，亦恐非辜。以经与贼同，是为恶地，至于污辱妻子，劫掠货财，兵士信知不仁，簪笏未能以免，乃是贼平之后，为恶更深。且贼务招携，秋毫不犯，今之归正，即是平人，翻被破伤，岂不悲痛！夫人犹水也，壅之则为泉，疏之则为川，通塞随流，岂有常性！今负罪之伍，必不在家，露宿草行，潜窜山泽，赦之则出，不赦则狂，山东群盗，缘兹聚结。臣以边尘暂起，不足为忧，中土不安，此为大事。罪之则众情恐惧，恕之则反侧自安，伏愿曲赦河北诸州，一无所问。"制从之。仁杰于是抚慰百姓，得突厥所驱掠者，悉递还本贯。散粮运以赈贫乏，修邮驿以济旋师。恐诸将及使者妄求供顿，乃自食疏粝，禁其下无得侵扰百姓，犯者必斩。河北遂安。

以夏官侍郎姚元崇、秘书少监李峤并同平章事。

突厥默啜离赵州，乃纵阎知微使还。太后命磔于天津桥南，使百官共射之，既乃冎其肉，剉其骨，夷其三族，疏亲有先未相识而同死者。

褒公段瓒，志玄之子也，先没于突厥。突厥在赵州，瓒邀杨齐庄与之俱逃，齐庄畏懦，不敢发。瓒先归，太后赏之。齐庄寻至，敕河内王武懿宗鞫之；懿宗以为齐庄意怀犹豫，遂与阎知微同诛。既射之如猬，气殜殜未死，乃决其腹，割心，投于地，犹趌趌然跃不止。

擢田归道为夏官侍郎，甚见亲委。

蜀州每岁遣兵五百人戍姚州，路险远，死亡者多。蜀州刺史张柬之上言，以为："姚州本哀牢之国，荒外绝域，山高水深。国家开以为州，未尝得其盐布之税，甲兵之用，而空竭府库，驱率平人，受役蛮夷，肝脑涂地，臣窃为国家惜之。请废姚州以隶巂州，岁时朝觐，同之蕃国。泸南诸镇亦皆废省，于泸北置关，百姓非奉使，无得交通往来。"疏奏，

北人，在突厥退走后，怕被杀头，往往逃亡藏匿。狄仁杰上奏说："在朝廷上议论的人，都认为那些被契丹、突厥所胁迫的人有罪，说他们行迹虽有不同，内心却实在没有差别。确实是因为山东近年军事征调伤害严重，家业全破败了，有的甚至逃亡。再加上地方官吏的侵夺，因某些事而引发，在酷刑之下忍受不住切肤的痛苦，情事急迫危险，便不遵礼义。处在愁苦的境地，不能安生，趋求财利，暂求偷生，这是君子的愧辱，却是小人常见的行为。又各城降敌，有的等待着朝廷大军到来，而将士们邀功，都说是攻战获取的，臣担心滥行赏赐，还怕枉罪了无辜。认为曾经沦陷的地方便是恶地，以至于侮辱当地人的妻子，抢劫财物，士兵确实知道是不仁道的，官吏也不能避免，于是贼平以后，作恶更加沉重。而贼寇专招抚有二心的人，所以秋毫不取。现在他们回归朝廷，就是一般民众，反而被伤害，怎不令人悲痛呢！人像水一样，阻住它便成泉，疏导它便成河，开通阻塞便能追随大流，没有一成不变的性质。现在有罪的卒伍，必定不在家中，住宿无室，行走无路，出没山泽，赦免他们就会出来，不赦免他们就会疯狂，山东的众多盗贼都因此聚合在一起。臣认为边塞暂有战事，不足构成忧患，国中不安定，才是严重的事。如加罪他们，则众情害怕；宽恕他们，则叛逆的人也自安，恳请宽赦河北各州，一概不究既往。"太后下制书赞同。于是狄仁杰安抚百姓，获得被突厥夺掠胁迫的人，全遣回原籍，调运粮食分发赈救贫乏的人，修整邮传驿站以利班师。因担心各将领及使者无限索取供应品，于是自己吃粗粮，禁约部下不得侵扰百姓，违反的处斩。河北于是安定了。

委任夏官侍郎姚元崇、秘书少监李峤一并为同平章事。

突厥阿史那默啜离开赵州，便放阎知微，要他回朝廷。太后下令在天津桥南处以磔刑，令众官共同射他的尸体，后来又剐去他的肉，折断他的骨，杀尽他三族，竟有不认识他的远亲也牵连被杀了。

褒公段瓒是段志玄的儿子，早先沦陷于突厥，突厥军在赵州时，段瓒邀杨齐庄一同逃走，杨齐庄畏惧软弱，不敢行动。段瓒先回来，太后赏赐他。杨齐庄不久也回来了。敕令河内王武懿宗审讯他。武懿宗认为杨齐庄心怀犹豫，便判他和阎知微一同处死刑。众人射他，身上箭矢已如刺猬毛般密，气息微弱还未绝，就剖他的肚子，挖出心，丢在地上，仍跳动不止。

提升田归道为夏官侍郎，武则天极为亲信。

蜀州每年派兵五百人去戍守姚州，路途艰险而遥远，死亡的人很多。蜀州刺史张柬之呈上奏章，认为："姚州本是哀牢国，荒服以外绝远的地域，山高水深，国家开辟它为州府，不曾得到过它的盐布的税收和军队的征用，而且空竭国库，驱使平民，替蛮夷服役，牺牲性命，臣私下为国家怜惜。请求废罢姚州，而改属巂州，年节入朝觐贺，如同蕃国。泸水以南各镇也都加以裁并，在泸水北部设关卡，平民如

不纳。

（以上为第十段，写突厥兵退，狄仁杰招抚河北民众。）

二年（己亥，699 年）

正月，丁卯朔，告朔于通天宫。

壬戌，以皇嗣为相王，领太子右卫率。

甲子，置控鹤监丞、主簿等官，率皆嬖宠之人，颇用才能文学之士以参之。以司卫卿张易之为控鹤监，银青光禄大夫张昌宗、左台中丞吉顼、殿中监田归道、夏官侍郎李迥秀、凤阁舍人薛稷、正谏大夫临汾员半千皆为控鹤监内供奉。稷，元超之从子也。半千以古无此官，且所聚多轻薄之士，上疏请罢之；由是忤旨，左迁水部郎中。

腊月，戊子，以左台中丞吉顼为天官侍郎，右台中丞魏元忠为凤阁侍郎，并同平章事。

文昌左丞宗楚客与弟司农卿晋卿，坐赃贿满万余缗及第舍过度，楚客贬播州司马，晋卿流峰州。太平公主观其第，叹曰："见其居处，吾辈乃虚生耳。"

辛亥，赐太子姓武氏；赦天下。

太后生重眉，成八字，百官皆贺。

河南、北置武骑团以备突厥。

春，一月，庚申，夏官尚书、同凤阁鸾台三品武攸宁罢为冬官尚书。

二月，己丑，太后幸嵩山，过缑氏，谒升仙太子庙。壬辰，太后不豫，遣给事中栾城阎朝隐祷少室山。朝隐自为牺牲，沐浴伏俎上，请代太后命。太后疾小愈，厚赏之。丁酉，自缑氏还。

（以上为第十一段，写武则天置控鹤监养蓄男宠，以及惩治贪婪的亲信。）

初，吐蕃赞普器弩悉弄尚幼，论钦陵兄弟用事，皆有勇略，诸胡畏之。钦陵居中秉政，诸弟握兵分据方面，赞婆常居东边，为中国患者三十余年。器弩悉弄浸长，阴与大臣论岩谋诛之。会钦陵出外，赞普诈云出畋，集兵执钦陵亲党二千余人，杀之，遣使召钦陵兄弟，钦陵等举兵不受命。赞普将兵讨之，钦陵兵溃，自杀。夏四月，赞婆帅所部千余人来降，太后命左武卫铠曹参军郭元振与河源军大使夫蒙令卿将骑迎之，以赞婆为特进、归德王。钦陵子弓仁，以所统吐谷浑七千帐来降，拜左

不是奉命差遣，不准往来交通。”奏疏呈上，未被采纳。

武则天圣历二年（己亥，699 年）

正月初一日［丁巳］，在通天宫举行告朔礼。

正月初六日壬戌，册封皇嗣李旦为相王，兼太子右卫率。

正月初八日甲子，设置控鹤监丞、主簿等官职，大抵是蒙受宠幸的人，少数有才能及文学修养的人也参与其中。委任司卫卿张易之为控鹤监，银青光禄大夫张昌宗、左台中丞吉顼、殿中监田归道、夏官侍郎李迥秀、凤阁舍人薛稷、正谏大夫临汾人员半千，都为控鹤监内供奉。薛稷是薛元超的侄子。半千因古代没有这一官职，而且所收罗的多是轻薄的士人，上奏疏请求裁撤，因此违忤了太后旨意，被降为水部郎中。

腊月初二日戊子，委任左台中丞吉顼为天官侍郎，右台中丞魏元忠为凤阁侍郎，并为同平章事。

文昌左丞宗楚客与弟弟司农卿宗晋卿，犯贪污受贿满一万多贯钱以及府第僭越规制之罪，宗楚客被贬为播州司马，宗晋卿被流放到峰州。太平公主观看了他们的居第，叹息说：“见了他们的住处，我们简直是白活了一辈子。”

腊月二十五日辛亥，赐给太子武氏姓，大赦天下。

太后眉上又生眉，成八字形，众官都拜贺。

河南、河北设置武骑兵团来防备突厥。

春季，一月初四日庚申，夏官尚书凤阁鸾台三品武攸宁免职，任冬官尚书。

二月初四日己丑，太后驾临嵩山，过缑氏县，谒见升仙太子庙。二月初七日壬辰，太后染病，派给事中栾城人阎朝隐去少室山祈祷，阎朝隐自己扮作祭品，沐浴后伏在俎案上，请求代太后死。太后病稍好，重赏了他。二月十二日丁酉，从缑氏县回宫。

当初，吐蕃赞普器弩悉弄年龄还小，论钦陵兄弟掌权，都有勇力谋略，各部胡人都怕他们。论钦陵在中枢执掌大政，他的弟弟握兵权分驻各地，论赞婆常在东边，为患中原三十多年。器弩悉弄渐渐长大，暗中和大臣论岩谋划杀论钦陵等，适逢论钦陵出外，赞普假托出去打猎，集合军队逮捕论钦陵的亲信党羽两千多人杀掉，派使者去召论钦陵兄弟，论钦陵等拥兵不受召命。赞普领兵讨伐他，论钦陵兵败，自杀。夏季，四月，论赞婆率领部属一千多人来投降朝廷，太后派左武卫铠曹参军郭元振与河源军大使夫蒙令卿骑兵迎接他。封论赞婆为特进、归德王。论钦陵的儿子

玉钤卫将军、酒泉郡公。

壬辰，以魏元忠检校并州长史，充天兵军大总管，以备突厥。

娄师德为天兵军副大总管，仍充陇右诸军大使，专掌怀抚吐蕃降者。

太后春秋高，虑身后太子与诸武不相容。壬寅，命太子、相王、太平公主与武攸暨等为誓文，告天地于明堂，铭之铁券，藏于史馆。

秋，七月，命建安王武攸宜留守西京，代会稽王武攸望。

丙辰，吐谷浑部落一千四百帐内附。

八月，癸巳，突骑施乌质勒遣其子遮弩入见。遣侍御史元城解琬安抚乌质勒及十姓部落。

制："州县长吏，非奉有敕旨，毋得擅立碑。"

内史王及善虽无学术，然清正难夺，有大臣之节。张易之兄弟每侍内宴，无复人臣礼；及善屡奏以为不可。太后不悦，谓及善曰："卿既年高，不宜更侍游宴，但检校阁中可也。"及善因称病，谒假月余，太后不问。及善叹曰："岂有中书令而天子可一日不见乎！事可知矣！"乃上疏乞骸骨，太后不许。庚子，以及善为文昌左相，太子宫尹豆卢钦望为文昌右相，仍并同凤阁鸾台三品。鸾台侍郎、同平章事杨再思罢为左台大夫。丁未，相王兼检校安北大都护。以天官侍郎陆元方为鸾台侍郎、同平章事。

纳言、陇右诸军大使娄师德薨。

师德在河陇，前后四十余年，恭勤不怠，民夷安之。性沈厚宽恕。狄仁杰之入相也，师德实荐之；而仁杰不知，意颇轻师德，数挤之于外。太后觉之，尝问仁杰曰："师德贤乎？"对曰："为将能谨守边陲，贤则臣不知。"又曰："师德知人乎？"对曰："臣尝同僚，未闻其知人也。"太后曰："朕之知卿，乃师德所荐也，亦可谓知人矣。"仁杰既出，叹曰："娄公盛德，我为其所包容久矣，吾不得窥其际也。"是时罗织纷纭，师德久为将相，独能以功名终，人以是重之。

戊申，以武三思为内史。

九月，乙亥，太后幸福昌；戊寅，还神都。

庚子，邢贞公王及善薨。

弓仁，带所属吐谷浑七千帐人马来降，封他为左玉钤卫将军、酒泉郡公。

四月初八日壬辰，委任魏元忠为检校并州长史，代为天兵军大总管，以防备突厥。

娄师德为天兵军副大总管，仍兼陇右各军大使，专掌招抚吐蕃来降的人。

太后年事已高，担心死后太子和武家不能和平相处。四月十八日壬寅，命令太子、相王、太平公主和武攸暨等立下誓约，在明堂祭告天地，铭刻在铁券上，藏在史馆中。

秋季，七月，下命建安王武攸宜留下驻守西京，取代会稽王武攸望。

七月初四日丙辰，吐谷浑部落一千四百帐降附朝廷。

八月十二日癸巳，突骑施乌质勒派他的儿子遮弩前来朝觐。派侍御史元城人解琬去安抚乌质勒以及十姓部落。

颁下制书："州县长吏，没有秉承敕令圣旨，不准擅自立碑。"

内史王及善虽然没有学问，但清廉正直不屈，有大臣风节。张易之兄弟每次侍奉内宫宴饮，不遵守臣下的礼仪，王及善屡次上奏认为不当。太后不高兴，对王及善说："你年纪已老，不适合再陪侍宴饮游乐，只管检校宫禁中事就行了。"王及善因此告病，请假一个多月，太后不召他问政事。王及善叹息说："哪有天子可以一日不见中书令的面！我不被重视由此可知了。"于是上奏疏请求退休，太后不批准。八月十九日庚子，委任王及善为文昌左相，太子宫尹豆卢钦望为文昌右相，仍旧并为同凤阁鸾台三品。鸾台侍郎、同平章事杨再思免职，改任左台大夫。八月二十六日丁未，相王兼任检校安北大都护。委任天官侍郎陆元方为鸾台侍郎、同平章事。

纳言、陇右诸军大使娄师德去世。

娄师德在河陇前后达四十多年，恭敬勤勉不懈怠，平民蕃夷皆得安宁，性情稳重忠厚、宽大平恕。狄仁杰入朝任宰相，实际上是由娄师德所推荐，而狄仁杰并不知道，心中有些轻视娄师德的意思，常排挤他而调外任。太后察觉此事，曾经问狄仁杰说："娄师德为人贤德吗？"狄仁杰回答说："任将能够严守边防，是否贤德臣则不知道。"太后又问："娄师德有知人之明吗？"狄仁杰回答说："臣曾和他共事，未听说他能知人。"太后说："朕所以知任你，就是娄师德推荐的，也可说他是知人的啊！"狄仁杰出宫后叹息说："娄公盛德，我被他包涵容忍很久了，我却连他的涯际都看不到。"当时设圈套害人的事很多，娄师德长期出任将相，只有他能保全功名，人们因此敬重他。

八月二十七日戊申，委任武三思为内史。

九月二十四日乙亥，太后驾临福昌县。九月二十七日戊寅，返回神都。

九月二十九日庚子，邢贞公王及善去世。

河溢，漂济源百姓庐舍千余家。

冬，十月，丁亥，论赞婆至都，太后宠待赏赐甚厚，以为右卫大将军，使将其众守洪源谷。

太子、相王诸子复出阁。

（以上为第十二段，写贤臣王及善、娄师德辞世。）

太后自称制以来，多以武氏诸王及驸马都尉为成均祭酒，博士、助教亦多非儒士。又因郊丘，明堂，拜洛，封嵩，取弘文国子生为斋郎，因得选补。由是学生不复习业，二十年间，学校殆废。而向时酷吏所诬陷者，其亲友流离，未获原宥。凤阁舍人韦嗣立上疏，以为："时俗浸轻儒学，先王之道，弛废不讲。宜令王公以下子弟，皆入国学，不听以他岐仕进，又，自扬、豫以来，制狱渐繁，酷吏乘间，专欲杀人以求进。赖陛下圣明，周、丘、王、来相继诛殛，朝野庆泰，若再睹阳和。至如仁杰、元忠，往遭按鞫，亦皆自诬，非陛下明察，则以为菹醢矣；今陛下升而用之，皆为良辅。何乃前非而后是哉？诚由枉陷与甄明耳。臣恐向之负冤得罪者甚众，亦皆如是。伏望陛下弘天地之仁，广雷雨之施，自垂拱以来，罪无轻重，一皆昭洗，死者追复官爵，生者听还乡里。如此，则天下知昔之枉滥，非陛下之意，皆狱吏之辜，幽明欢欣，感通和气。"太后不能从。

嗣立，承庆之异母弟也。母王氏，遇承庆甚酷，每杖承庆，嗣立必解衣请代；母不许，辄私自杖，母乃为之渐宽。承庆为凤阁舍人，以疾去职。嗣立时为莱芜令，太后召谓曰："卿父尝言，'臣有两儿，堪事陛下。'卿兄弟在官，诚如父言。朕今以卿代兄，更不用他人。"即日拜凤阁舍人。

是岁，突厥默啜立其弟咄悉匐为左厢察，骨笃禄子默矩为右厢察，各主兵二万余人；其子匐俱为小可汗，位在两察上，主处木昆等十姓，兵四万余人，又号为拓西可汗。

（以上为第十三段，写韦嗣立与其兄韦承庆之贤，武则天识才任用，兄弟二人相继为相。）

黄河涨水，冲没济源县百姓房屋一千多户。

冬季，十月初六日丁亥，论赞婆来京城，太后加以优待并赏赐得很丰富，任命他为右卫大将军，指派他率领部属去守洪源谷。

太子、相王各子解除幽禁再获自由。

武太后自从临朝以来，多用武氏诸王及驸马都尉做成均监祭酒，博士、助教也多数不是儒学士人。又因祠祭圜丘，享祀明堂，拜谒洛水，登封嵩山，用弘文馆学生为斋郎，因而得以选补为官。从此学生不再研习学业，二十年之间，学校几乎荒废。而以前被酷吏诬陷的人，他们的亲友被流放，没有获得宽恕。凤阁舍人韦嗣立呈上奏疏，认为："时尚渐渐轻视儒学，先王的治道，废弃不讲习。应当命令王、公以下的子弟，都送进国子学，不许从别的不正当途径任官。又，自扬州、豫州起兵作乱以来，诏狱愈来愈多，酷吏乘此机会，专想杀人以求升官，仰赖陛下圣明，周兴、丘神勣、王弘义、来俊臣，先后被处死，举国庆贺安泰，如同再见春光。至于狄仁杰、魏元忠从前遭到审判，也都出自诬陷，不是陛下明察内情，他们也就成为肉酱了；现在陛下提升而任用他们，都是好的辅臣，为何以前否定他们而后来肯定他们呢？实在是由枉曲诬陷与甄别清明罢了。臣料想从前含冤获罪的人很多，也都像这种情形。敬请陛下发挥天地一般的仁德，广布如雷雨一般的恩泽，自垂拱以来，不论罪名轻重，全部昭雪平反，死了的追还原官爵，仍活着的任他返回家乡。这样一来，天下人都知从前的枉法滥刑，不是陛下的意旨，都是主持狱讼官吏的罪恶，死者生者同欣悦，感通上天而产生祥和之气。"太后不能接受。

韦嗣立是韦承庆的异母弟。他的母亲王氏，对待韦承庆很苛刻，每次打韦承庆，韦嗣立一定解开衣服请代受责罚；母不答允，便自己用杖打自己，母亲才为了他而渐渐宽待韦承庆。韦承庆任凤阁舍人，因病离职。韦嗣立当时做莱芜县令，太后召见他说："你父亲曾说：'臣有二子，可以服事陛下。'你兄弟俩在任上，确实像你父亲所说的一样。朕现在任用你代替你哥哥，不再任用别人。"当天任命他为凤阁舍人。

这年，突厥阿史那默啜立他的弟弟咄悉匐为左厢察，骨笃禄的儿子默矩为右厢察，各统兵两万多人；自己的儿子匐俱为小可汗，地位在两察上，统领处木昆等十姓，士兵四万多人，又称为拓西可汗。

久视元年（庚子，700 年）

正月，戊寅，内史武三思罢为特进、太子少保。天官侍郎、同平章事吉顼贬安固尉。

太后以顼有干略，故委以腹心。顼与武懿宗争赵州之功于太后前。顼魁岸辩口，懿宗短小伛偻，顼视懿宗，声气陵厉。太后由是不悦，曰："顼在朕前，犹卑我诸武，况异时讵可倚邪！"他日，顼奏事，方援古引今，太后怒曰："卿所言，朕饫闻之，无多言！太宗有马名师子骢，肥逸无能调驭者。朕为宫女侍侧，言于太宗曰：'妾能制之，然须三物，一铁鞭，二铁楇，三匕首。铁鞭击之不服，则以楇楇其首，又不服，则以匕首断其喉。'太宗壮朕之志。今日卿岂足污朕匕首邪！"顼惶惧流汗，拜伏求生，乃止。诸武怨其附太子，共发其弟冒官事，由是坐贬。

辞日，得召见，涕泣言曰："臣今远离阙庭，永无再见之期，愿陈一言。"太后命之坐，问之，顼曰："合水土为泥，有争乎？"太后曰："无之。"又曰："分半为佛，半为天尊，有争乎？"曰："有争矣。"顼顿首曰："宗室、外戚各当其分，则天下安。今太子已立而外戚犹为王，此陛下驱之使他日必争，两不得安也。"太后曰："朕亦知之。然业已如是，不可何如。"

腊月，辛巳，立故太孙重润为邵王，其弟重茂为北海王。

太后问鸾台侍郎陆元方以外事，对曰："臣备位宰相，有大事不敢不以闻，人间细事，不足烦圣听。"由是忤旨。庚寅，罢为司礼卿。

元方为人清谨，再为宰相，太后每有迁除，多访之，元方密封以进，未尝漏露。临终，悉取奏稿焚之，曰："吾于人多阴德，子孙其未衰乎！"

（以上为第十四段，写吉顼护佑皇嗣得罪武氏外戚遭贬。陆元方恪尽职守。）

以西突厥竭忠事主可汗斛瑟罗为平西军大总管，镇碎叶。

丁酉，以狄仁杰为内史。

庚子，以文昌左丞韦巨源为纳言。

乙巳，太后幸嵩山；春，一月，丁卯，幸汝州之温汤；戊寅，还神都。作三阳宫于告成之石淙。

二月，乙未，同凤阁鸾台三品豆卢钦望罢为太子宾客。

武则天久视元年（庚子，700 年）

正月二十八日戊寅，罢免武三思的内史，改任特进、太子少保、天官侍郎、同平章事，贬吉顼为安固县尉。

太后因吉顼有才干智谋，所以赋予他亲信重任。吉顼在太后面前与武懿宗争平赵州的功劳。吉顼身高口才好，武懿宗矮小背曲，吉顼对武懿宗，辞气高傲而严厉。太后因此不满，说："吉顼在朕面前，尚且小看我武家诸人，将来怎可依赖他！"一天，吉顼奏事，正援引古今事例，太后生气地说："你所说的，朕已听腻了，不必多说！当年太宗有匹马名叫狮子骢，肥大骏逸无人能调教控御它，朕做宫女侍奉在旁，对太宗说：'我能制服它，然而须要三件东西，一是铁鞭，二是铁楇，三是匕首。铁鞭打它不服，便用铁楇打它的头，再不服，便用匕首割断它的喉头。'太宗盛赞我的主意。今天你难道值得玷污朕的匕首吗？"吉顼恐惧得汗都流了出来，跪伏乞求饶命，太后才息怒。武家诸人怨恨他拥护太子，一同检举他弟弟假冒得官的事，因此受牵连而被贬官。

吉顼辞行那天，得到召见，他悲伤地哭着说："臣今日远离朝廷，永远无再见的日子了，请容我再说一句话。"太后让他坐下，询问他说什么。吉顼说："水和土合成了泥，有争执吗？"太后说："没有。"吉顼又说："分一半做成佛像，一半做成天尊像，有争执吗？"太后说："这就有争执了。"吉顼叩头说："宗室、外戚各合其名分，则天下安宁。现已立太子，而外戚仍封为王，这是陛下促使他们将来一定要争斗的，双方都不得和睦相处。"太后说："朕也知道，然而事情已经是这样了，无可奈何。"

腊月初一日辛巳，立前太孙李重润为邵王，立他的弟弟李重茂为北海王。

太后问鸾台侍郎、同平章事陆元方朝外的事，回答说："臣充数担任宰相，有大的事情不敢不报告；民间小事，不足烦忧圣上知晓。"因此不合太后意。腊月初十日庚寅，免职，改任为司礼卿。

陆元方为人清廉严谨，两次为宰相，太后每有升迁任命官员，多询问他，陆元方用密封奏书进呈，从不泄露。临死，拿出奏章的全部草稿烧掉，说："我对人多有阴德，子孙也许不致败落吧！"

任命西突厥竭忠事主可汗斛瑟罗为平西军大总管，镇守碎叶城。

腊月十七日丁酉，委任狄仁杰为内史。

腊月二十日庚子，委任文昌左丞韦巨源为纳言。

腊月二十五日乙巳，太后驾临嵩山；春季，一月十七日丁卯，驾临汝州的温泉；一月二十八日戊寅，返回神都。在告成县的石淙建三阳宫。

二月十五日乙未，同凤阁鸾台三品豆卢钦望免职，改任太子宾客。

三月，以吐谷浑青海王宣超为乌地也拔勤忠可汗。

夏，四月，戊申，太后幸三阳宫避暑，有胡僧邀车驾观葬舍利，太后许之。狄仁杰跪于马前曰："佛者夷狄之神，不足以屈天下之主。彼胡僧诡谲，直欲邀致万乘以惑远近之人耳。山路险狭，不容侍卫，非万乘所宜临也。"太后中道而还曰："以成吾直臣之气。"

五月，己酉朔，日有食之。

太后使洪州僧胡超合长生药，三年而成，所费巨万。太后服之，疾小瘳。癸丑，赦天下，改元久视；去天册金轮大圣之号。

六月，改控鹤为奉宸府，以张易之为奉宸令。太后每内殿曲宴，辄引诸武、易之及弟秘书监昌宗饮博嘲谑。太后欲掩其迹，乃命易之、昌宗与文学之士李峤等修《三教珠英》于内殿。武三思奏昌宗乃王子晋后身。太后命昌宗衣羽衣，吹笙，乘木鹤于庭中；文士皆赋诗以美之。

太后又多选美少年为奉宸内供奉，右补阙朱敬则谏曰："陛下内宠有易之、昌宗，足矣。近闻右监门卫长史侯祥等，明自媒衒，丑慢不耻，求为奉宸内供奉，无礼无仪，溢于朝听。臣职在谏诤，不敢不奏。"太后劳之曰："非卿直言，朕不知此。"赐彩百段。

易之、昌宗竞以豪侈相胜。弟昌仪为洛阳令，请属无不从。尝早朝，有选人姓薛，以金五十两并状邀其马而赂之。昌仪受金，至朝堂，以状授天官侍郎张锡。数日，锡失其状，以问昌仪，昌仪骂曰："不了事人！我亦不记，但姓薛者即与之。"锡惧，退，索在铨姓薛者六十余人，悉留注官。锡，文瓘之兄子也。

初，契丹将李楷固，善用䋲索及骑射、舞槊，每陷陈，如鹘入乌群，所向披靡。黄獐之战，张玄遇、麻仁节皆为所䋲。又有骆务整者，亦为契丹将，屡败唐兵。及孙万荣死，二人皆来降。有司责其后至，奏请族之。狄仁杰曰："楷固等并骁勇绝伦，能尽力于所事，必能尽力于我，若抚之以德，皆为我用矣。"奏请赦之。所亲皆止之，仁杰曰："苟利于国，岂为身谋！"太后用其言，赦之。又请与之官，太后以楷固为左玉钤卫将军，务整为右武威卫将军，使将兵击契丹余党，悉平之。

（以上为第十五段，写武则天放纵男宠张氏兄弟贪贿，却又能用贤臣如狄仁杰等治事。）

三月，封吐谷浑青海王宣超为乌地也拔勤忠可汗。

夏季，四月二十九日戊申，太后驾临三阳宫避暑，有西域僧人邀请太后观看葬舍利子，太后允许。狄仁杰跪在马前说："佛是夷狄的神，不值得屈降天下的共主。那个番僧诡诈，只想请到天子来惑诱远近的人罢了。山路危险狭隘，容不下侍卫队，不是天子所该驾临的。"太后便半途而归，说："我就成全我直谏臣子的风节。"

五月初一日己酉，发生日食。

武太后派洪州和尚胡超调配制长生药，经历三年完成，花费了上万钱财。太后吃了，病稍好。五月初五日癸丑，大赦天下，改年号为久视；除去天册金轮大圣的称号。

六月，把控鹤监改为奉宸府，任命张易之为奉宸令。太后每在内殿小宴，往往召武家人、张易之及弟秘书监张昌宗饮酒博弈，嘲弄戏谑。太后想掩饰这事的行迹，便派张易之、张昌宗和文学士人李峤等人在内殿修纂《三教珠英》。武三思上奏说张昌宗是王子晋的转世托身。太后让张昌宗穿上羽毛衣，吹笙，在庭中骑乘木鹤；文士们都作诗来赞美他。

武太后又选了很多俊美少年为奉宸府内供奉。右补阙朱敬则进谏说："陛下的内宠有张易之、张昌宗已足够了。近来听说右监门卫长史侯祥等人，公开自我推荐，丑恶轻薄不知羞耻，要求任奉宸府内供奉，礼仪丧失，传遍朝廷。臣的职责在诤谏，不敢不上奏。"太后慰勉他说："不是你说直话，朕还不知这回事呢。"赐给他彩帛一百段。

张易之、张昌宗争着攀比生活的奢侈。他们的弟弟张昌仪任洛阳县令，请求嘱托他们，无不答允。某次早朝，有位薛姓候选官，拿五十两金连同履历表拦他的马来行贿。张昌仪收下了金子，到朝廷大堂，把履历表交给天官侍郎张锡。几天后，张锡遗失了他的履历表，来问张昌仪，张昌仪骂道："不懂事的人！我也不记得，只要见姓薛的便给他。"张锡害怕，告退，找出侍铨选的六十多个薛姓的人，全部留下拟发表任官。张锡是张文瓘的侄子。

当初，契丹将领李楷固，善于使用套索以及骑马射箭，舞弄槊矛，每次冲入敌阵，像鹰隼飞入乌鸦群中，所向披靡。黄獐谷之战，张玄遇、麻仁节都被他套中。又有叫骆务整的，也是契丹的将领，多次击败唐军，孙万荣死后，二人都来投降。主管官员责怪他们迟来，上奏要求杀掉他们全族。狄仁杰说："李楷固等都是骁勇过人，既能竭力侍奉主人，必能尽力为我朝服务。如果用恩德安抚他们，都会被我们派上用场的。"上奏请求赦免他们。狄仁杰的亲信都劝止他，他说："只要于国有利，就不考虑自身利害。"太后采纳他的主张，赦免了他们。狄仁杰又请求给他们官职，太后委任李楷固为左玉钤卫将军，骆务整为右武威卫将军，让他们率兵去讨伐契丹剩余的部众，全部加以平定。

【点评】

武则天用人，善恶并举。为了打击政治上的反对派，武则天任用奸佞、酷吏。酷吏是武则天的爪牙，专以杀害宗室贵族、将相朝臣为己任。武则天改国号为周，称帝君临天下，武氏成为国姓，诸武宵小贵为王侯。酷吏、外戚，既是武则天的政治基础，同时又伤害武则天的名声，使之陷于淫刑之主。武则天为了维护统治，她又任用贤才，姚崇、宋璟、郭元振、娄师德、王及善、狄仁杰等，号称贤相。武则天发展科举制，使之成为士人入仕的重要途径。唐太宗一朝，科举入仕二百人，武则天时科举入仕逾千人。武则天还亲自"殿试"选才，又增设"武举"。狄仁杰是武则天最倚重的一位贤相，他文武兼备，是武周朝的栋梁。本卷载狄仁杰献安边之策，领兵击败突厥，安抚河北，入相护持皇嗣，做出了巨大贡献。

武则天宠幸男宠张易之、张昌宗兄弟，兄弟二人，史称"年少、美姿容，善音律"。张昌宗是太平公主为母后物色的男宠，张易之是张昌宗的兄长，由张昌宗推荐得幸于太后。兄弟二人日夜陪伴武则天作乐，人们称其为"二张"。武则天赐给"二张"高官大宅，还特地设置了控鹤监，由"二张"掌管，专门安置男宠。久视元年（700），武则天改控鹤监为奉宸府，不时从全国选取美少年来充当左右奉宸供奉。武则天晚年荒淫达到了无以复加的地步。"二张"以美姿容无功荷宠，仗势专权，炙手可热。外戚武承嗣、武三思、武懿宗等都要敬畏三分。史称诸武"皆候易之门庭，争执鞭辔，谓易之为五郎，昌宗为六郎"。长安四年（704），武则天因病卧床不起，"宰相不得见者累月，惟张易之、昌宗侍侧"。"二张"见武则天疾笃，生恐太后归天后祸及于己，于是结党引援，阴为之备。多次有人奏报武则天说"二张"谋反，武则天一概不信，并为"二张"开脱，以致激起张柬之等人的"五王政变"，杀"二张"，用兵谏赶武则天下台，使中宗复位。

武则天设置专门机构安置男宠，并不是单纯的淫乐。武则天感情上对"二张"的依赖，如同昏暴皇帝依赖宦官，与朝臣争权。武则天尽管大权独揽，但她猜疑心极重，她要依赖男宠作耳目，所以愈是晚年，愈是纵情声色，特别是对"二张"的依赖，也是武则天一种无可奈何的心理的写照。

父死子继，这本是封建社会的惯例，但武则天作为一个女皇帝，使这个问题复杂化了。究竟是立武氏子孙还是立李氏子孙，武则天迟疑不决。当时，睿宗李旦名义上还是皇嗣，但实际上久已处于被软禁的状态。武承嗣、武三思等人见此情景，都在觊觎储君之位。天授二年（691），武承嗣指使凤阁舍人张嘉福让洛阳人王庆之率数百人上表，请立武承嗣为太子。武则天没有同意，她有自己的考虑。如果传位给李姓的儿子，则武周的基业岂不被断送？而如果由武氏的侄儿接班，则自己的子孙将被置于何地？

多数朝臣是坚决主张立被废为庐陵王的李显为太子的。当王庆之上表请立武承嗣为太子时，凤阁侍郎李昭德就曾“言于太后曰：‘天皇，陛下之夫；皇嗣，陛下之子。陛下身有天下，当传之子孙为万代业，岂得以侄为嗣乎！自古未闻侄为天子而为姑立庙者也！且陛下受天皇顾托，若以天下与承嗣，则天皇不血食矣。’”武则天采纳了李昭德的意见，李昭德杖杀了王庆之。

圣历元年（698），武承嗣、武三思又用自古天子没有以异姓人做皇嗣的理由，求为皇嗣。天官侍郎吉顼极为反对，他还说服了张昌宗和张易之，让他们向武则天建议立李显或李旦为嗣。但真正使武则天下决心迎立庐陵王李显为太子的乃是狄仁杰。

有一天，武则天晚上梦见一只鹦鹉折断了双翅，把她吓醒，她便把狄仁杰找来询问。狄仁杰说：“武者，陛下之姓，两翼，二子也。陛下起二子，则两翼振矣。”狄仁杰巧妙地利用解梦说动了这位十分迷信的女皇。圣历元年三月，武则天下令，迎回庐陵王。八月，武承嗣因未能被立为太子，怏怏而死。九月，庐陵王李显被重新立为皇太子。

武则天之所以决定立庐陵王为嗣，不仅是由于听了诸人的劝告，还有客观方面的原因。主要是当时人心尚未归附武周，而是仍然向着李唐。例如，叛变的契丹首领孙万荣围困幽州时，就曾提出口号：“何不归我庐陵王？”又圣历元年九月，突厥攻破赵州、定州，先前募兵御敌，月余不满千人。九月十七日甲戌，诏命皇太子李显为元帅，应募的人便纷至沓来，仅几天就招募了四五万人，由此可见李唐王室的号召力。

武则天在立侄还是立子为皇嗣的问题上摇摆了几年，最终她明白了大势，立子为嗣，才在后来的五王政变中避免成为刀下之鬼。

·文白对照本·

资治通鉴

（全十八册）

第十三册

卷第二百七至卷第二百二十一（唐纪二十三至唐纪三十七）

（宋）司马光　编著
张大可　语译

商务印书馆
创于1897 The Commercial Press

第十三册目录

卷第二百七　唐纪二十三

武则天久视元年至唐中宗神龙元年（700—705年）…… 7437

卷第二百八　唐纪二十四

唐中宗神龙元年至景龙元年（705—707年）…… 7483

卷第二百九　唐纪二十五

唐中宗景龙二年至唐睿宗景云元年（708—710年）…… 7525

卷第二百一十　唐纪二十六

唐睿宗景云元年至唐玄宗开元元年（710—713年）…… 7569

卷第二百一十一　唐纪二十七

唐玄宗开元二年至五年（714—717年）…… 7613

卷第二百一十二　唐纪二十八

唐玄宗开元六年至十三年（718—725年）…… 7659

卷第二百一十三　唐纪二十九

唐玄宗开元十四年至二十一年（726—733年）…… 7707

卷第二百一十四　唐纪三十

唐玄宗开元二十二年至二十九年（734—741年）…… 7747

卷第二百一十五　唐纪三十一

唐玄宗天宝元年至六载（742—747年）…… 7787

卷第二百一十六　唐纪三十二
唐玄宗天宝六载至十二载（747—753 年）…… 7825

卷第二百一十七　唐纪三十三
唐玄宗天宝十三载至唐肃宗至德元载（754—756 年）…… 7863

卷第二百一十八　唐纪三十四
唐肃宗至德元载（756 年）…… 7899

卷第二百一十九　唐纪三十五
唐肃宗至德元载至二载（756—757 年）…… 7937

卷第二百二十　唐纪三十六
唐肃宗至德二载至乾元元年（757—758 年）…… 7971

卷第二百二十一　唐纪三十七
唐肃宗乾元二年至上元元年（759—760 年）…… 8013

唐纪二十三

武则天久视元年至唐中宗神龙元年（700—705年）

【起上章困敦（庚子，700年）七月，尽旃蒙大荒落（乙巳，705年）正月，凡四年有奇】

【大事提要】

本卷记事起公元700年七月，讫公元705年正月，凡四年又七个月，时当武则天久视元年到唐中宗神龙元年春正月。这一时期是武则天执政的晚年，酷吏政治已转轨为宽平政治。武则天真正的作为在此时，而以悲剧结局栽倒在政治舞台，亦在此时。这一时期有四大政治事件值得大书。第一件，武则天平反冤狱，厚抚被诬家属，最终解禁，被错判重罪的人可以重新入仕，缓解了社会矛盾。第二件，武则天一再起用贤才，狄仁杰、姚元崇、宋璟、张柬之是众贤的首领，唐代著名的贤臣。此外，朱敬则、张嘉贞、唐休璟、封思业、苏安恒、李迥秀、郭元振、崔玄暐、裴怀志，皆一时之选。众贤理政，稳定了社会。第三件，朝官与武则天男宠张易之、张昌宗的三次斗争。第一回合，二张挑起矛盾，诬陷魏元忠谋反，朝官请诛二张，败下阵来，结果魏元忠、张说遭贬。第二回合，朝官以惩治贪贿罪欲扳倒二张，仍未奏效。第三回合，朝官以谋反罪奏请诛除二张，仍未撼动二张受宠的地位，由此激化了朝官与武则天的直接对抗。第四件是以张柬之为首的五王政变。推翻了武周政权，诛除二张，结束了武则天的政治生命，还政李唐，中宗即位。

【原文】

则天顺圣皇后下

久视元年（庚子，700年）

秋，七月，献俘于含枢殿。太后以楷固为左玉钤卫大将军、燕国公，赐姓武氏。召公卿合宴，举觞属仁杰曰："公之功也。"将赏之，对曰："此乃陛下威灵，将帅尽力，臣何功之有！"固辞不受。

闰月，戊寅，车驾还宫。

己丑，以天官侍郎张锡为凤阁侍郎、同平章事。鸾台侍郎、同平章事李峤罢为成均祭酒。锡，峤之舅也，故罢峤政事。

丁酉，吐蕃将麴莽布支寇凉州，围昌松，陇右诸军大使唐休璟与战于港源谷。麴莽布支兵甲鲜华，休璟谓诸将曰："诸论既死，麴莽布支新为将，不习军事，望之虽如精锐，实易与耳，请为诸君破之。"乃被甲先陷陈，六战皆捷，吐蕃大奔，斩首二千五百级，获二裨将而还。

司府少卿杨元亨，尚食奉御杨元禧，皆弘武之子也。元禧尝忤张易之，易之言于太后："元禧，杨素之族；素父子，隋之逆臣，子孙不应供奉。"太后从之，壬寅，制："杨素及其兄弟子孙皆不得任京官。"左迁元亨睦州刺史，元禧贝州刺史。

庚戌，以魏元忠为陇右诸军大使，击吐蕃。

庚申，太后欲造大像，使天下僧尼日出一钱以助其功。狄仁杰上疏谏，其略曰："今之伽蓝，制过宫阙。功不使鬼，止在役人，物不天来，终须地出，不损百姓，将何以求！"又曰："游僧皆托佛法，诖误生人；里陌动有经坊，阛阓亦立精舍。化诱所急，切于官征；法事所须，严于制敕。"又曰："梁武、简文舍施无限，及三淮沸浪，五岭腾烟，列刹盈衢，无救危亡之祸，缁衣蔽路，岂有勤王之师！"又曰："虽敛僧钱，百未支一。尊容既广，不可露居，覆以百层，尚忧未遍，自余廊宇，不得全无。如来设教，以慈悲为主，岂欲劳人，以存虚饰！"又曰："比来

【语译】

则天顺圣皇后下

武则天久视元年（庚子，700年）

秋季，七月，李楷固在含枢殿献契丹俘虏。武太后委任李楷固为左玉钤卫大将军、授封燕国公，并赐姓武氏。她召集公卿将帅会聚宴饮。举杯向着狄仁杰说道："这些都是您的功劳啊！"将要对他行赏，狄仁杰回答说："这次平定契丹余党的胜利乃是陛下威武神灵及将帅竭尽力量所致，我又有什么功劳呀！"再三推辞不受赏。

闰七月初二日戊寅，太后从三阳宫返回洛阳宫。

闰七月十三日己丑，太后任命天官侍郎张锡为凤阁侍郎、同平章事。鸾台侍郎、同平章事李峤被罢免降职为成均祭酒。张锡是李峤的舅父，因此免去了李峤掌理的政事。

闰七月二十一日丁酉，吐蕃的将领麴莽布支率军犯凉州，并把昌松县包围了。陇右诸军大使唐休璟与麴莽布支两军在洪源谷交战。麴莽布支的军队甲胄鲜明艳丽，唐休璟对他部下众位将领说："吐蕃那几个论氏兄弟都已经死掉了，麴莽布支刚刚担任将军，还不太熟悉军旅之事。吐蕃军队虽然看上去似乎非常精锐，但是实际上是很容易对付的，愿你们各位击败他们。"于是他便披上甲胄，率先出击攻陷麴莽布支军队的阵地，在连续六次交战中都获得胜利，吐蕃兵溃败逃散。唐休璟率部共斩下敌人首级达二千五百个，俘获了吐蕃两员裨将收兵班师。

司府少卿杨元亨与尚食奉御杨元禧二人，都是杨弘武的儿子。杨元禧曾经与张易之发生不和，张易之便对太后说："杨元禧本是杨素的族人，而杨素父子则是隋朝的叛臣，他们的后代不应当在皇上左右供职。"太后接受了张易之的提议，在闰七月二十六日壬寅颁布了制令："杨素和他的兄弟子孙都不能再担任京官。"于是把杨元亨降职为睦州刺史，把杨元禧降职为贝州刺史。

八月初五日庚戌，太后任命魏元忠为陇右诸军大使，向吐蕃进攻。

八月十五日庚申，太后打算建造一尊巨大的佛像，便让天下的和尚、尼姑每天每人捐出一文钱来资助这项事功。狄仁杰呈上奏疏谏阻，奏疏的意思大略是："今天的佛教寺院，在营建规制上已经超出了皇帝的宫室殿堂。但是建筑这些寺院的工程是无法役使鬼神来进行的，只能够役使百姓出力。物资、材料不会从天上降下，终究还是需要从土地里长出来，如果不是损害老百姓的利益，那么又将怎样获取这些东西呢？"他又说道："游方化缘的和尚们全拿佛法做托词，牵累百姓，他们动不动就在里巷营建吟诵佛经的场所，在市场里也盖起了佛堂。为佛寺布施化缘的急迫程度，超过了官府征敛的赋税，僧尼举行法事的规则和严格程度，甚至要超过皇

水旱不节，当今边境未宁，若费官财，又尽人力，一隅有难，将何以救之！”太后曰：“公教朕为善，何得相违！”遂罢其役。

阿悉吉薄露叛，遣左金吾将军田扬名、殿中侍御史封思业讨之。军至碎叶，薄露夜于城傍剽掠而去，思业将骑追之，反为所败。扬名引西突厥斛瑟罗之众攻其城，旬余，不克。九月，薄露诈降，思业诱而斩之，遂俘其众。

（以上为第一段，写众贤用事，狄仁杰讨平契丹，唐休璟大破吐蕃，封思业斩西突厥阿悉吉薄露。）

太后信重内史梁文惠公狄仁杰，群臣莫及，常谓之国老而不名。仁杰好面引廷争，太后每屈意从之。尝从太后游幸，遇风吹仁杰巾坠，而马惊不能止，太后命太子追执其鞚而系之。仁杰屡以老疾乞骸骨，太后不许。入见，常止其拜，曰：“每见公拜，朕亦身痛。”仍免其宿直，戒其同僚曰：“自非军国大事，勿以烦公。”辛丑，薨，太后泣曰：“朝堂空矣！”自是朝廷有大事，众或不能决，太后辄叹曰：“天夺吾国老何太早邪！”

太后尝问仁杰：“朕欲得一佳士用之，谁可者？”仁杰曰：“未审陛下欲何所用之？”太后曰：“欲用为将相。”仁杰对曰：“文学缊藉，则苏味道、李峤固其选矣。必欲取卓荦奇才，则有荆州长史张柬之，其人虽老，

上所颁布的制令敕书。”他还说道：“梁武帝、梁简文帝父子俩对于佛事施舍没有限制，等到三淮、五岭反叛迭起的时候，他们才发现充斥大街的寺院庙宇，而无法挽救身危国亡的灾祸；那布满道路的全都是尼姑和尚，哪里有勤王救驾的军队！”他又说：“陛下即使征收了僧侣所捐助的金钱，但是这笔费用还够不上营造佛像所需的百分之一。再说佛像既然非常巨大，而且还不能置于旷野，即使是修筑起一座百层楼阁，恐怕还不能将它完全遮盖，何况其他的那些庙宇廊庑，也不能够完全都不盖。佛祖如来创立佛教，以大慈大悲来作为主旨，怎么会为保存虚饰而造成民众的劳苦呢？”他又说道：“近期以来水旱不调，眼下契丹、吐蕃又多次侵扰边塞，如果为了修建大佛像而耗费国家府库的资财，又竭尽百姓的劳力，一旦有某一个角落突发灾难，陛下将拿什么去救济呢？”太后说道：“您要我做善事，我怎么能够违背您的意思呢？”于是就停止营建巨大佛像的工程。

西突厥的一个首领阿悉吉薄露发动叛乱，太后派遣左金吾将军田扬名和殿中侍御史封思业前去进行征讨。就在唐军来到碎叶城的时候，阿悉吉薄露已趁着夜色在城郊大肆劫掠之后离去。封思业率领骑兵追击，反而被阿悉吉薄露打败了。田扬名率领西突厥斛瑟罗部落的军队进攻阿悉吉薄露所据守的城池，历时十多天，未能攻克。九月，阿悉吉薄露装作投降，封思业诱杀了他，于是俘获了他统领的全部人马。

武太后非常信任和器重内史梁文惠公狄仁杰，所有大臣中没有谁能比得上。太后常常把狄仁杰称为国老，而不直接称呼他名字。狄仁杰喜好在朝廷之上当面直言诤谏，太后则常常违背本意去采纳他的建议。有一次狄仁杰陪同太后出巡游幸，路途中遇到刮风，狄仁杰的头巾被风吹落在地上，他的坐骑也因为受到惊吓而奔跑不止，太后便让太子李显追上惊马，紧抓住笼头并将马拴好。狄仁杰曾经多次以年老多病为理由而提出退休的请求，太后都没有应允。在狄仁杰上朝晋见时，太后常常阻止他施行跪伏叩拜的礼仪，说道：“每当我看到您行跪拜礼的时候，自己的身体也就会发生痛楚的感觉。”太后还免掉了狄仁杰夜间在宫廷内轮流值班的事务，同时还告诫他的同僚们说：“如果不是非常重大的军国事务，都不要去烦扰狄公。”九月二十六日辛丑，狄仁杰去世，太后哭泣着说：“朝廷上再也没有人可以依靠了！”此后每当朝廷有大事，众臣僚有时无法决断，太后就会叹息道：“老天夺走我的国老是那么早呀。”

武太后曾经问过狄仁杰：“我希望能够寻找到一位很杰出的士人加以任用，什么人可以称职呢？”狄仁杰问道：“不知道陛下打算任用他担任什么样的职务？”太后说道：“我打算让他担任将相。”狄仁杰回答道：“如果您所要的是文辞含蓄风雅的人

宰相才也。”太后擢柬之为洛州司马。数日，又问仁杰，对曰：“前荐柬之，尚未用也。”太后曰：“已迁矣。”对曰：“臣所荐者可为宰相，非司马也。”乃迁秋官侍郎；久之，卒用为相。仁杰又尝荐夏官侍郎姚元崇、监察御史曲阿桓彦范、太州刺史敬晖等数十人，率为名臣。或谓仁杰曰：“天下桃李，悉在公门矣。”仁杰曰：“荐贤为国，非为私也。”初，仁杰为魏州刺史，有惠政，百姓为之立生祠。后其子景晖为魏州司功参军，贪暴为人患，人遂毁其像焉。

冬，十月，辛亥，以魏元忠为萧关道大总管，以备突厥。

甲寅，制复以正月为十一月，一月为正月。赦天下。

丁巳，纳言韦巨源罢，以文昌右丞韦安石为鸾台侍郎、同平章事。安石，津之孙也。

时武三思、张易之兄弟用事，安石数面折之。尝侍宴禁中，易之引蜀商宋霸子等数人在座同博。安石跪奏曰：“商贾贱类，不应得预此会。”顾左右逐出之，座中皆失色；太后以其言直，劳勉之，同列皆叹服。

丁卯，太后幸新安；壬申，还宫。

十二月，甲寅，突厥掠陇右诸监马万余匹而去。

时屠禁尚未解，凤阁舍人全节崔融上言，以为“割烹牺牲，弋猎禽兽，圣人著之典礼，不可废阙。又，江南食鱼，河西食肉，一日不可无；富者未革，贫者难堪。况贫贱之人，仰屠为生，日戮一人，终不能绝，但资恐喝，徒长奸欺。为政者苟顺月令，合礼经，自然物遂其生，人得其性矣。”戊午，复开屠禁，祠祭用牲牢如故。

（以上为第二段，写武则天尊礼狄仁杰，任用韦安石、崔融等贤才。狄仁杰荐贤数十人，临终前还荐张柬之为相。）

的话，那么苏味道、李峤本来就是合适的人选。如果您一定要找到卓越出众的奇才，那么就只有荆州长史张柬之这个人了，虽然此人的年纪老了一些，但是他却实实在在地具备了宰相的才器呀。”太后于是就提拔张柬之担任了洛州司马的职务。过了好几天，太后再次要求狄仁杰推荐人才，狄仁杰回答说：“我前日推举的张柬之，陛下还没有任用他。”太后说：“我已提拔了他。”狄仁杰答道：“臣下所推荐的人可做宰相，不是做司马的。”太后这才命令张柬之担任秋官侍郎。又过了很长的时间后，终于任命他为宰相。狄仁杰先后还向太后推荐了夏官侍郎姚元崇、监察御史曲阿人桓彦范、太州刺史敬晖等几十个人，后来这些人大多都成为有名的大臣。有人对狄仁杰说道：“天下的桃李，都在狄公您的门下。”狄仁杰回答说：“我举荐贤才是为了国家，而不是为个人的私心才这么做的。”当初，狄仁杰担任魏州刺史，由于他施政仁德宽厚，老百姓便为他建造了生祠。后来，他的儿子狄景晖在担任魏州司功参军的职务时，贪婪残暴，为百姓所厌恶，于是百姓们又捣毁了狄仁杰的塑像。

冬季，十月初七日辛亥，太后任命魏元忠为萧关道大总管，来防备突厥的侵扰。

十月初十日甲寅，太后颁布制书，又重新将正月作为十一月，将一月作为正月。大赦天下罪囚。

十月十三日丁巳，太后免去了纳言韦巨源的职务，任命文昌右丞韦安石担任鸾台侍郎、同平章事。韦安石是韦津的孙子。

当时正处在武三思和张易之兄弟专擅朝政的时期，韦安石多次面对面地驳斥他们。有一次韦安石在宫禁中陪太后宴饮，看见张易之领来了蜀地富商宋霸子等几个人在旁边赌博。便向太后跪拜奏道：“商贾之徒，身份低贱，不应参与这样的宴会。”回首示意侍臣们将这几个人驱赶出去，在座的陪客们都吓变了脸色。太后由于韦安石敢于直言进谏，特意对他慰劳勉励，他的同僚们因此都感叹佩服不已。

十月二十三日丁卯，太后到新安巡行游幸；十月二十八日壬申，返回到宫中。

十二月初十日甲寅，突厥士兵劫掠走了陇右诸牧监放养的一万多匹马后离去。

在这个时期，有关屠宰牲畜以及捕捞鱼虾的禁令还没有解除，凤阁舍人全节县人崔融进言，他认为：“宰割烹调牲畜和猎取飞禽走兽，已被圣人写进了制度和礼仪中，是不可废除和缺略的事物。再说，江南人以鱼为食品，河西人以肉为食品，一天也不能够没有它们；富人的这种生活习惯没有改变，穷人也难以忍受多日不吃鱼肉的状况；况且贫穷低贱的人家，向来都依靠宰卖肉作为生计。即使陛下每天处死一个敢于违反禁令的人，最终也不可能禁绝屠宰捕鱼，只不过助长威胁恐吓和奸邪欺诈的行为而已。治理国家的人行事如果真正能够符合自然时令的变化，合乎礼仪经典的规范，自然会使万物的生长顺应其本身的规律，老百姓也能够充分体现自己的本性。”十四日戊午，重新解除了有关屠宰捕鱼的禁令，祭祀活动仍像往常一样把

长安元年（辛丑，701 年）

春，正月，丁丑，以成州言佛迹见，改元大足。

二月，己酉，以鸾台侍郎柏人李怀远同平章事。

三月，凤阁侍郎、同平章事张锡坐知选漏泄禁中语、赃满数万，当斩，临刑释之，流循州。时苏味道亦坐事与锡俱下司刑狱，锡乘马，意气自若，舍于三品院，帷屏食饮，无异平居。味道步至系所，席地而卧，蔬食而已。太后闻之，赦味道，复其位。

是月，大雪，苏味道以为瑞，帅百官入贺。殿中侍御史王求礼止之曰："三月雪为瑞雪，腊月雷为瑞雷乎？"味道不从。既入，求礼独不贺，进言曰："今阳和布气，草木发荣，而寒雪为灾，岂得诬以为瑞！贺者皆谄谀之士也。"太后为之罢朝。

时又有献三足牛者，宰相复贺。求礼扬言曰："凡物反常皆为妖。此鼎足非其人，政教不行之象也。"太后为之愀然。

夏，五月，乙亥，太后幸三阳宫。

以魏元忠为灵武道行军大总管，以备突厥。

天官侍郎盐官顾琮同平章事。

六月，庚申，以夏官尚书李迥秀同平章事。

迥秀性至孝，其母本微贱，妻崔氏常叱媵婢，母闻之不悦，迥秀即时出之。或曰："贤室虽不避嫌疑，然过非七出，何遽如是？"迥秀曰："娶妻本以养亲；今乃违忤颜色，安敢留也！"竟出之。

秋，七月，甲戌，太后还宫。

牛羊猪作为祭品来使用。

武则天长安元年（辛丑，701年）

春季，正月初三日丁丑，因为成州传言发现佛的巨大足迹，所以将年号改为大足。

二月初六日己酉，命令担任鸾台侍郎的柏人县人李怀远担任同平章事。

三月，凤阁侍郎、同平章事张锡由于犯下了主持铨选而泄漏宫中谈话内容的罪行，以及获取赃款高达数万之多，应当处以斩首，即将行刑的时候又得以免除死罪，被流放到循州。苏味道当时也因为犯罪而与张锡一起送往司刑寺狱中，张锡乘坐在马背上，显得神态自若，住进司刑寺为三品以上的犯罪官员设置的三品院，院中的帷帐屏风和饮食与平时完全相同。苏味道却是徒步来到羁押处所，睡在垫着席子的地铺上，吃的只有蔬菜粮食。太后听到了这件事情以后，赦免了苏味道，并且恢复了他的官职。

这个月，天降大雪，苏味道认为是吉祥之兆，于是便带领文武官员入朝祝贺。殿中侍御史王求礼制止他说道："倘若阳春三月降下的雪是瑞雪的话，那么在寒冬腊月打雷便是瑞雷吗？"苏味道没有听从劝阻。当入朝之后，唯独只有王求礼未表示祝贺，而是向太后进言说道："眼下正当春和气暖、草木发芽生长的季节，竟然天气寒冷降下大雪以致发生灾害，怎能乱说这场大雪是吉祥的象征呢！前来朝贺的人都是奉承献媚之辈吧。"太后因而中止朝议。

当时又有人献上了一头三条腿的牛，宰相们又一次入朝祝贺。王求礼高声地呼吁道："凡是与正常状态相反的东西都叫妖，这次出现长着三足的牛，乃是三公并非合适的人选以及国家的政令教化没有得到施行的表现。"太后因此面容失色。

夏季，五月初三日乙亥，太后来到三阳宫。

太后命令魏元忠担任灵武道行军大总管，以备御突厥的侵扰进犯。

委任天官侍郎、盐官县人顾琮为同平章事。

六月十九日庚申，太后任命夏官尚书李迥秀担任同平章事。

李迥秀性情极其孝顺，他的母亲出身卑微低贱，他的妻子崔氏经常大声呵斥陪嫁使女，他母亲听了心中很不快，李迥秀便立刻将崔氏休弃了。有人对他说："您的妻子为人处事虽有不避嫌疑的地方，但是她的过失并不属于休弃妻子的七条原则，为什么你要匆忙地把她给休弃了呢？"李迥秀回答说："娶回妻子，本来就是用来奉养双亲的，现在她竟然忤逆母亲，我怎么还敢将她留在家中呢！"结果还是将崔氏给休弃了。

秋季，七月初三日甲戌，太后返回宫中。

甲申，李怀远罢为秋官尚书。

八月，突厥默啜寇边，命安北大都护相王为天兵道元帅，统诸军击之，未行而虏退。

丙寅，武邑人苏安恒上疏曰："陛下钦先圣之顾托，受嗣子之推让，敬天顺人，二十年矣。岂不闻帝舜褰裳，周公复辟！舜之于禹，事祇族亲；旦与成王，不离叔父。族亲何如子之爱，叔父何如母之恩？今太子孝敬是崇，春秋既壮，若使统临宸极，何异陛下之身！陛下年德既尊，宝位将倦，机务烦重，浩荡心神，何不禅位东宫，自怡圣体！自昔理天下者，不见二姓而俱王也。当今梁、定、河内、建昌诸王，承陛下之荫覆，并得封王；臣谓千秋万岁之后，于事非便，臣请黜为公侯，任以闲简。臣又闻陛下有二十余孙，今无尺寸之封，此非长久之计也；臣请分土而王之，择立师傅，教其孝敬之道，以夹辅周室，屏藩皇家，斯为美矣。"疏奏，太后召见，赐食，慰谕而遣之。

太后春秋高，政事多委张易之兄弟。邵王重润与其妹永泰郡主、主婿魏王武延基窃议其事。易之诉于太后，九月，壬申，太后皆逼令自杀。延基，承嗣之子也。

丙申，以相王知左、右羽林卫大将军事。

冬，十月，壬寅，太后西入关，辛酉，至京师；赦天下，改元。

十一月，戊寅，改含元宫为大明宫。

天官侍郎安平崔玄暐，性介直，未尝请谒。执政恶之，改文昌左丞。月余，太后谓玄暐曰："自卿改官以来，闻令史设斋自庆。此欲盛为奸贪耳；今还卿旧任。"乃复拜天官侍郎，仍赐彩七十段。

以主客郎中郭元振为凉州都督、陇右诸军大使。

七月十三日甲申，李怀远被罢免而改任秋官尚书。

八月，突厥阿史那默啜部众进扰边塞，太后委派安北大都护相王李旦担任天兵道元帅，统率各路大军迎击，部队还没有出发，突厥便已退军。

八月二十六日丙寅，武邑人苏安恒上奏说："陛下恭敬地遵奉先帝遗命的嘱托，并且接受太子的辞让，既敬天意，又顺民心，至今已长达二十年了。难道没有听说过帝舜撩起衣裳表示厌倦帝位，以及周公将政权归还于成王的事情吗！帝舜和大禹二人之间，只是同宗亲属的关系；周公旦和周成王二人之间，也仅仅是叔侄关系。同宗亲属之间哪里可以与亲儿子对母亲的敬爱相比？叔叔对于侄子又怎样比得上母亲对儿子的恩情？当今太子最崇尚孝亲敬上之道，已经年过三十了，倘若让他登临帝位，执掌政事，与陛下亲身治国又会有什么区别呢！陛下的年事与德望都已经非常之高了，即将厌倦身居帝位，而要处理的政务又十分麻烦沉重，会耗费非常巨大的精力，陛下为什么不将皇帝位子让给太子，而自我求得身心的安逸愉悦呢！自古以来治理天下，还不曾看到过有两个姓氏同时受封王爵的事，而现在梁王武三思、定王武攸暨、河内王武懿宗、建昌王武攸宁等人，仰承陛下的荫庇，都被加封为王爵，臣认为在陛下百年之后，事情会非常难办的。我请求陛下把他们罢黜、降为公侯，委任他们担任清闲的职务。我还听说陛下有二十多个孙子，至今仍然没有取得任命封爵，这可不是长久之计，臣请求陛下分土裂地，把他们授封为王，为他们挑选师傅，用孝亲敬上之道教育他们，使他们辅佐大周皇室，成为国家的屏障，这才是完美的。"奏疏呈上后，太后召见了他，并赏赐与膳食，安慰嘉勉之后送他离去。

武太后年事已高，政事大多托张易之兄弟去代理。邵王李重润和他的妹妹永泰郡主、妹夫魏王武延基背地里议论此事。张易之把这一情况告诉了太后。九月初三日壬申，太后逼迫邵王李重润、永泰郡主及魏王武延基等人自杀。武延基是武承嗣的儿子。

九月二十七日丙申，太后命令相王李旦执掌左、右羽林卫大将军的职务。

冬季，十月初三日壬寅，太后西行进入函关。十月二十二日辛酉，抵达京城长安，大赦天下，将年号改为长安。

十一月初十日戊寅，太后将含元宫改称为大明宫。

天官侍郎、安平县人崔玄暐秉性耿直，从来没有请托求见过权要官员。执政者都非常厌恶他，把他改任为文昌左丞。过了一个多月，太后对崔玄暐说："自从你改任文昌左丞，我听说你原来属下令史之类的官吏们纷纷设斋聚餐以示庆贺，这是他们想大肆作奸贪赃罢了。现在我要把你官复原职。"于是重新命令崔玄暐担任天官侍郎，还赏赐给他彩帛七十段。

武太后命令主客郎中郭元振担任凉州都督、陇右诸军大使。

先是，凉州南北境不过四百余里，突厥、吐蕃频岁奄至城下，百姓苦之。元振始于南境硖口置和戎城，北境碛中置白亭军，控其冲要，拓州境千五百里，自是寇不复至城下。元振又令甘州刺史李汉通开置屯田，尽水陆之利。旧凉州粟麦斛至数千，及汉通收率之后，一缣籴数十斛，积军粮支数十年。元振善于抚御，在凉州五年，夷、夏畏慕，令行禁止，牛羊被野，路不拾遗。

（以上为第三段，写武则天晚年政治趋于宽平，惩贪未动刑诛；又善用人才，李迥秀、苏安恒、崔玄暐、郭元振皆一时之选。）

二年（壬寅，702 年）

春，正月，乙酉，初设武举。

突厥寇盐、夏二州。三月，庚寅，突厥破石岭，寇并州。以雍州长史薛季昶摄右台大夫，充山东防御军大使，沧、瀛、幽、易、恒、定等州诸军皆受季昶节度。夏，四月，以幽州刺史张仁愿专知幽、平、妫、檀防御，仍与季昶相知，以拒突厥。

五月，壬申，苏安恒复上疏曰："臣闻天下者，神尧、文武之天下也，陛下虽居正统，实因唐氏旧基。当今太子追回，年德俱盛，陛下贪其宝位而忘母子深恩，将何圣颜以见唐家宗庙，将何诰命以谒大帝坟陵？陛下何故日夜积忧，不知钟鸣漏尽！臣愚以为天意人事，还归李家。陛下虽安天位，殊不知物极则反，器满则倾。臣何惜一朝之命而不安万乘之国哉！"太后亦不之罪。

乙未，以相王为并州牧，充安北道行军元帅，以魏元忠为之副。

六月，壬戌，召神都留守韦巨源诣京师，以副留守李峤代之。

秋，七月，甲午，突厥寇代州。

司仆卿张昌宗兄弟贵盛，势倾朝野。八月，戊午，太子、相王、太平公主上表请封昌宗为王，制不许；壬戌，又请，乃赐爵邺国公。

在此以前，凉州地域南北不超过四百多里，而突厥和吐蕃的兵马连年突然袭至城下，百姓为此饱受困苦。郭元振首次在凉州南部边境的硖口筑起了和戎城，在北部边境的沙漠里设置了白亭军。控制着凉州的交通要道，把凉州的地域拓展了一千五百里。从此，突厥、吐蕃的兵马没有再次前来州城一带侵扰。郭元振还委派甘州刺史李汉通开屯田、设屯户，充分利用水利和土地的条件。过去，凉州粟麦一斛价值数千钱，到李汉通召民耕作后，一匹细绢可以买到几十斛，储备的军粮可供几十年。郭元振善于安抚控制军民，镇守凉州五年，各族百姓都敬畏他，有令则行，有禁便止，牲畜遍山野，路途无人拾走失物。

武则天长安二年（壬寅，702 年）

春季，正月十七日乙酉，开始在科举考试中设置武举科。

突厥部众进犯盐州和夏州。三月二十三日庚寅，突厥部众攻陷了石岭关，侵扰并州。太后委派雍州长史薛季昶代理右台大夫的职事，充任山东防御军大使，沧州、瀛州、幽州、易州、恒州、定州等处兵马都受他节制调度。夏季，四月，太后委派幽州刺史张仁愿专门执掌部署幽州、平州、妫州、檀州的军事防御，还让他与薛季昶互相照应，共同抵御突厥部众的进犯。

五月初六日壬申，苏安恒再次呈上奏疏说："臣听说天下是高祖神皇帝和太宗文武皇帝的天下，陛下虽然登上了正统地位，但是实际上所因袭的是大唐旧有的基业。现在太子召回复位，年龄道德都已臻于鼎盛，陛下却因贪恋帝位的缘故而忘掉了母子之间深厚的恩情，将以何面目出现在唐室宗庙之中，又将以何种文书去拜谒大帝高宗的陵寝？陛下为什么要日夜给自己增添烦恼，难道还不知道自己已经到了晨钟鸣响、夜漏将尽的衰老之年！愚臣认为天意人情，都仍然归心于唐室李氏。陛下虽然安居皇位，竟没有弄清楚物极必反、器满则倾的道理。臣哪里怜惜自己短暂的性命而不为保全大唐安宁着想呢！"太后也没有加罪于他。

五月二十九日乙未，太后委任相王李旦为并州牧，充任安北道行军元帅，任命魏元忠担任他的副手。

六月二十六日壬戌，太后将神都留守韦巨源召往京师长安，委派神都副留守李峤代替了他的职务。

秋季，七月二十九日甲午，突厥部众进犯代州。

司仆卿张昌宗兄弟显贵炽盛，权势压倒了朝野臣吏。八月二十三日戊午，太子李显、相王李旦、太平公主呈上奏表，请求授封张昌宗为王，太后下诏书表示不允许；八月二十七日壬戌，这批人又向太后请求授封张昌宗为王，太后才赐予了张昌宗邺国公的爵位。

敕："自今有告言扬州及豫、博余党，一无所问，内外官司无得为理。"

九月，乙丑朔，日有食之，不尽如钩，神都见其既。

壬申，突厥寇忻州。

己卯，吐蕃遣其臣论弥萨来求和。

庚辰，以太子宾客武三思为大谷道大总管，洛州长史敬晖为副；辛巳，又以相王旦为并州道元帅，三思与武攸宜、魏元忠为之副；姚元崇为长史，司礼少卿郑杲为司马，然竟不行。

癸未，宴论弥萨于麟德殿。时凉州都督唐休璟入朝，亦预宴。弥萨屡窥之。太后问其故，对曰："洪源之战，此将军猛厉无敌，故欲识之。"太后擢休璟为右武威、金吾二卫大将军。休璟练习边事，自碣石以西逾四镇，绵亘万里，山川要害，皆能记之。

冬，十月，甲辰，天官侍郎、同平章事顾琮薨。

戊申，吐蕃赞普将万余人寇茂州，都督陈大慈与之四战，皆破之，斩首千余级。

十一月，辛未，监察御史魏靖上疏，以为："陛下既知来俊臣之奸，处以极法，乞详覆俊臣等所推大狱，伸其枉滥。"太后乃命监察御史苏颋按覆俊臣等旧狱，由是雪免者甚众。颋，夔之曾孙也。

戊子，太后祀南郊，赦天下。

十二月，甲午，以魏元忠为安东道安抚大使，羽林卫大将军李多祚检校幽州都督，右羽林卫将军薛讷、左武卫将军骆务整为之副。

戊申，置北庭都护府于庭州。

侍御史张循宪为河东采访使，有疑事不能决，病之，问侍吏曰："此有佳客，可与议事者乎？"吏言前平乡尉猗氏张嘉贞有异才，循宪召见，询以事；嘉贞为条析理分，莫不洗然，循宪因请为奏，皆意所未及。循宪还，见太后，太后善其奏，循宪具言嘉贞所为，且请以己之官授之。太后曰："朕宁无一官自进贤邪！"因召嘉贞，入见内殿，与语，大悦，

太后颁布敕书：“从现在起倘若再发生揭发光宅元年扬州徐敬业谋反案以及垂拱四年豫州李贞、博州李冲父子谋反案残余党羽的事情，全都不再加以过问，朝廷内外各官府不许进行处理。”

九月初一日乙丑朔，发生日食，没有食尽，剩下的形状像镰刀一样，在神都则看到日全食。

九月初八日壬申，突厥部众侵扰忻州。

九月十五日己卯，吐蕃派遣大臣论弥萨前来求和。

九月十六日庚辰，太后命令太子宾客武三思担任大谷道总管，洛州长史敬晖担任武三思的副手；九月十七日辛巳，太后又命令相王李旦担任并州道元帅，武三思和武攸宜、魏元忠三人担任李旦的副手；命令姚元崇担任长史，司礼少卿郑杲担任司马，但最终没有成行。

九月十九日癸未，太后在麟德殿为吐蕃大臣论弥萨设宴。当时凉州都督唐休璟入朝奏事，也参加了宴会。论弥萨数次偷偷地瞧着唐休璟。太后询问弥萨这样做的缘故，论弥萨回答道：“在洪源谷那次战役中，这位将军骁勇无敌，因此我想记住他的容貌。”太后便提拔唐休璟担任了右武威、金吾二卫大将军。唐休璟十分熟悉边境一带的事务，从辽西碣石往西一直到西域四镇之外，绵延万里的山岭河流枢要之处，他全部都能加以记取。

冬季，十月初十日甲辰，天官侍郎、同平章事顾琮亡故。

十月十四日戊申，吐蕃赞普统率部众一万多进犯茂州，都督陈大慈与吐蕃交战四次，每一次都把他们打败了，共斩下首级千余个。

十一月初八日辛未，监察御史魏靖呈上奏疏，认为：“陛下既然已经知道来俊臣的奸邪，并且已经把他处死了。臣请求陛下详细复核来俊臣等人主持审理过的重大案件，给那些蒙冤枉滥受刑的人平反昭雪。”太后于是命令监察御史苏颋复审来俊臣等人所办的老案件，许多人因此而得以平反昭雪，被宣判无罪。苏颋是苏夔的曾孙。

十一月二十五日戊子，太后到南郊祭祀上天，大赦天下。

十二月初二日甲午，任命魏元忠为安东道安抚大使，羽林卫大将军李多祚检校幽州都督，右羽林卫将军薛讷、左武卫将军骆务整担任他的副手。

十二月十六日戊申，在西域的庭州设置了北庭都护府。

侍御史张循宪担任河东采访使职务的时候，有件疑难的事情无法决断，深感担忧，于是他便向属下的官吏问道：“这个地方有可以与其商议事情的杰出人才吗？”属下官吏称前任平乡尉猗氏县人张嘉贞有特别的才干。张循宪便召见了张嘉贞，向他询问这件疑难事情的处理办法。张嘉贞替他逐条进行解析，依理加以分辨，没有一点不清晰的地方。张循宪随即请他代拟奏章，奏章内容均为自己所不曾考虑到的。

即拜监察御史；擢循宪司勋郎中，赏其得人也。

（以上为第四段，写武则天平反冤狱，宽容直谏，苏安恒上奏还政于李氏的谏言，亦不加罪，超拔人才，任用张嘉贞。）

三年（癸卯，703 年）

春，三月，壬戌朔，日有食之。

夏，四月，吐蕃遣使献马千匹、金二千两以求婚。

闰月，丁丑，命韦安石留守神都。

己卯，改文昌台为中台。以中台左丞李峤知纳言事。

新罗王金理洪卒，遣使立其弟崇基为王。

六月，辛酉，突厥默啜遣其臣莫贺干来，请以女妻皇太子之子。

宁州大水，溺杀二千余人。

秋，七月，癸卯，以正谏大夫朱敬则同平章事。

戊申，以相王旦为雍州牧。

庚戌，以夏官尚书、检校凉州都督唐休璟同凤阁鸾台三品。时突骑施酋长乌质勒与西突厥诸部相攻，安西道绝。太后命休璟与诸宰相议其事，顷之，奏上，太后即依其议施行。后十余日，安西诸州请兵应接，程期一如休璟所画，太后谓休璟曰："恨用卿晚。"谓诸宰相曰："休璟练习边事，卿曹十不当一。"

时西突厥可汗斛瑟罗用刑残酷，诸部不服。乌质勒本隶斛瑟罗，号莫贺达干，能抚其众，诸部归之，斛瑟罗不能制。乌质勒置都督二十员，各将兵七千人，屯碎叶西北；后攻陷碎叶，徙其牙帐居之。斛瑟罗部众离散，因入朝，不敢复还，乌质勒悉并其地。

九月，庚寅朔，日有食之，既。

（以上为第五段，写西突厥发生内乱。）

张循宪回到朝廷，见到太后，太后称赞他的奏章写得好。张循宪就将奏章为张嘉贞所拟的事情全部禀告了太后，并且请求把他自己担任的河东采访使职务授予张嘉贞。太后说道："我难道还没有一个官职来引进贤能之士吗！"于是便将张嘉贞召到内殿接见，交谈之后感到十分满意，当即委任他为监察御史；同时提升张循宪为吏部司勋郎中，这是为了奖励他收罗人才的功劳。

武则天长安三年（癸卯，703 年）

春季，三月初一日壬戌朔，发生日食。

夏季，四月，吐蕃派遣使者前来进献马一千匹、黄金两千两，向朝廷求婚。

闰四月十七日丁丑，太后任命韦安石留守神都洛阳。

闰四月十九日己卯，太后把文昌台改称为中台，任命中台左丞李峤执掌纳言职事。

新罗王金理洪逝世，太后派遣使者前往册立他的弟弟金崇基为国王。

六月初一日辛酉，突厥阿史那默啜派遣大臣莫贺干前来，请求将他的女儿嫁给皇太子的儿子。

宁州发生大水灾，淹死了两千多人。

秋季，七月十四日癸卯，太后任命正谏大夫朱敬则担任同平章事。

七月十九日戊申，命令并州牧相王李旦担任雍州牧。

七月二十一日庚戌，太后任命夏官尚书、检校凉州都督唐休璟担任同凤阁鸾台三品。由于当时突骑施酋长乌质勒与西突厥各部落之间互相攻伐的缘由，安西道阻隔断绝。太后命令唐休璟与诸位宰相商议此事。不大一会儿，奏章就呈报上来，太后随即依照他们所定下的办法去施行。十多天以后，安西所管辖的各州请求派兵接应，路程和时间与唐休璟事先所计划的完全相符。太后对唐休璟说道："我实在为用你用得太迟感到遗憾。"并且对众位宰相说道："唐休璟十分熟悉边境事务，你们这些人十个也抵不上他一个。"

那个时期，西突厥可汗斛瑟罗所施行的刑罚残酷，西突厥的各部落不服。乌质勒原来属于斛瑟罗，号称莫贺达干，能够安抚自己的部众，各个部落都归附了他，斛瑟罗无法加以控制。乌质勒设置了二十名都督，他们每个人统领士兵七千人，驻扎在碎叶城的西北一带。后来攻陷了碎叶城，便将自己的牙帐迁居城中。斛瑟罗的部众四分五裂，于是入朝臣服，不敢重新回到西北边境去了，乌质勒便把斛瑟罗原有的地盘全部加以吞并。

九月初二日庚寅朔，发生日食，这是一次日全食。

初，左台大夫、同凤阁鸾台三品魏元忠为洛州长史，洛阳令张昌仪恃诸兄之势，每牙，直上长史听事；元忠到官，叱下之。张易之奴暴乱都市，元忠杖杀之。及为相，太后召易之弟岐州刺史昌期，欲以为雍州长史，对仗，问宰相曰："谁堪雍州者？"元忠对曰："今之朝臣无以易薛季昶。"太后曰："季昶久任京府，朕欲别除一官；昌期何如？"诸相皆曰："陛下得人矣。"元忠独曰："昌期不堪！"太后问其故，元忠曰："昌期少年，不闲吏事，向在岐州，户口逃亡且尽。雍州帝京，事任繁剧，不若季昶强干习事。"太后默然而止。元忠又尝面奏："臣自先帝以来，蒙被恩渥，今承乏宰相，不能尽忠死节，使小人在侧，臣之罪也！"太后不悦。由是诸张深怨之。

司礼丞高戬，太平公主之所爱也。会太后不豫，张昌宗恐太后一日晏驾，为元忠所诛，乃谮元忠与戬私议云："太后老矣，不若挟太子为久长。"太后怒，下元忠、戬狱，将使与昌宗廷辨之。昌宗密引凤阁舍人张说，赂以美官，使证元忠；说许之。明日，太后召太子、相王及诸宰相，使元忠与昌宗参对，往复不决。昌宗曰："张说闻元忠言，请召问之。"太后召说。说将入，凤阁舍人南和宋璟谓说曰："名义至重，鬼神难欺，不可党邪陷正以求苟免！若获罪流窜，其荣多矣。若事有不测，璟当叩阁力争，与子同死。努力为之，万代瞻仰，在此举也！"殿中侍御史济源张廷珪曰："朝闻道，夕死可矣！"左史刘知幾曰："无污青史，为子孙累！"

及入，太后问之，说未对。元忠惧，谓说曰："张说欲与昌宗共罗织魏元忠邪！"说叱之曰："元忠为宰相，何乃效委巷小人之言！"昌宗从旁迫趣说，使速言。说曰："陛下视之，在陛下前，犹逼臣如是，况在外乎！臣今对广朝，不敢不以实对。臣实不闻元忠有是言，但昌宗逼臣使

当初，任命左台大夫、同凤阁鸾台三品魏元忠担任洛州长史的职务。洛阳令张昌仪倚仗着几个兄长的权势，过去每次上州府办事，都径直走进长史厅，魏元忠到任以后，叱令他退了下去。张易之的家奴在城中街市上横行滋扰，魏元忠把他们用杖刑处死。在魏元忠入朝担任宰相以后，太后召见了张易之的弟弟岐州刺史张昌期，打算命令他担任雍州长史。在仪仗侍卫列队、朝廷议事时，太后向诸位宰相问道："谁可以胜任雍州的职事？"魏元忠回答说："当今众多的朝臣之中，没有哪一位能够取代薛季昶的。"太后说道："长期以来薛季昶一直在京府担任职务，我打算另外授命他担任别的官职。你们认为张昌期这个人怎么样？"众宰相纷纷回答道："陛下启用了合适的人选了。"唯独魏元忠说："张昌期不能胜任这个职务！"太后询问原因，魏元忠回答说："张昌期还没有成年，不熟悉民政事务。先前他在岐州任内，岐州户口逃亡得所剩无几。雍州乃是京城所在地，职责繁重，张昌期比不上薛季昶果毅干练，熟悉事体。"太后默不作声，便不再谈及此事了。魏元忠还曾经当面向太后启奏道："从先帝在位之时直到现在，臣蒙受朝廷厚恩，现在朝廷乏人，臣得以充数忝列宰相之位，不能竭尽效死，以致使得奸邪小人在您的左右弄权，这是我的罪过呀！"太后听了不高兴。张易之兄弟也因此而对魏元忠怀有怨恨。

司礼丞高戬乃是太平公主宠爱的人。适逢太后患病，张昌宗害怕太后万一去世了，自己将会被魏元忠杀掉，于是诬陷魏元忠曾和高戬暗中商议说："太后年纪很老了，我们不如挟持太子，作为长久之计。"太后十分恼怒，把魏元忠和高戬捕入狱中，打算让他们俩与张昌宗在朝廷之上辩明实情。张昌宗私下把凤阁舍人张说找来，用美差肥缺来收买他做伪证加害魏元忠，张说答应作证。第二天，太后召见了太子李显、相王李旦以及诸位宰相，于是让魏元忠与张昌宗互相对质，双方你争我辩，事情无法做出决断。张昌宗说："张说听到过魏元忠所说的那些话，请陛下把张说召来问话。"于是，太后宣召张说。当张说即将入朝的时候，凤阁舍人南和县人宋璟对他说道："名声和道义是极其重要的，鬼神难以欺瞒，您不能够为了求得苟且偷生而偏袒邪恶之徒、陷害忠正大臣。倘若您因此身负罪名遭受流放，那么这样的荣耀就太大了。如果事情发生意外，我将前往内殿奋力争辩，与您共同赴死。你去吧，能否万古受人景仰，就在此一举了。"殿中侍御史济源人张廷珪对他说道："孔子说过：'早晨闻知真理，让我当晚去死都行。'"左史刘知幾也对他说："不要玷辱了青史，使得子孙后代都受到连累！"

等到张说进入朝堂，太后问他，他还没有张口回答，魏元忠就畏惧起来，对张说讲："你想要与张昌宗一同来陷害我魏元忠吗！"张说大声向他呵斥道："你魏元忠作为宰相，为什么却效仿陋巷小人的方式说话！"张昌宗在他旁边急忙催促着张说，让他赶快发话。张说讲："情况陛下都看到了，张昌宗在陛下面前，还像这样威逼臣

诬证之耳！”易之、昌宗遽呼曰：“张说与魏元忠同反！”太后问其状。对曰：“说尝谓元忠为伊、周；伊尹放太甲，周公摄王位，非欲反而何？”说曰：“易之兄弟小人，徒闻伊、周之语，安知伊、周之道！日者元忠初衣紫，臣以郎官往贺，元忠语客曰：‘无功受宠，不胜惭惧。’臣实言曰：‘明公居伊、周之任，何愧三品！’彼伊尹、周公皆为臣至忠，古今慕仰。陛下用宰相，不使学伊、周，当使学谁邪？且臣岂不知今日附昌宗立取台衡，附元忠立致族灭！但臣畏元忠冤魂，不敢诬之耳。”太后曰：“张说反复小人，宜并系治之。”他日，更引问，说对如前。太后怒，命宰相与河内王武懿宗共鞫之，说所执如初。

朱敬则抗疏理之曰：“元忠素称忠正，张说所坐无名，若令抵罪，失天下望。”苏安恒亦上疏，以为：“陛下革命之初，人以为纳谏之主；暮年以来，人以为受佞之主。自元忠下狱，里巷恟恟。皆以为陛下委信奸宄，斥逐贤良，忠臣烈士，皆抚髀于私室而箝口于公朝，畏迕易之等意，徒取死而无益。方今赋役烦重，百姓凋弊，重以谗慝专恣，刑赏失中，窃恐人心不安，别生他变，争锋于朱雀门内，问鼎于大明殿前，陛下将何以谢之，何以御之？”易之等见其疏，大怒，欲杀之，赖朱敬则及凤阁舍人桓彦范、著作郎陆泽魏知古保救得免。

丁酉，贬魏元忠为高要尉；戬、说皆流岭表。元忠辞日，言于太后曰：“臣老矣，今向岭南，十死一生。陛下他日必有思臣之时。”太后问其故，时易之、昌宗皆侍侧，元忠指之曰：“此二小儿，终为乱阶。”易之等下殿，叩膺自擲称冤。太后曰：“元忠去矣！”

下，何况在朝廷之外呢！臣现在当着朝廷众臣的面，不敢不据真实情况回答陛下，臣确实是没有听见过魏元忠讲这类的言辞，只是张昌宗逼迫我，要我为他做诬罔不实的证词而已！”张易之和张昌宗急忙大声喊道：“张说与魏元忠共同谋反。”太后便问其中详情，张易之和张昌宗回答说：“张说曾经说过魏元忠是伊尹和周公一类的人物。伊尹流放了商王太甲、周公摄理了周朝的王位，这不是想造反又是什么？”张说说：“张易之兄弟是小人，仅仅听说过有关伊尹、周公的传言，又怎么了解伊尹和周公的德行！以前魏元忠刚穿上紫色朝服，当了宰相，当时我以郎官的身份前去祝贺，魏元忠对客人说：‘无功受宠，不胜惭愧和惶恐。’我确实向他说起过：‘您处在伊尹、周公的职位上，享有三品的俸禄，有什么可以惭愧的呢！’那伊尹、周公都是最忠诚的臣子，从古至今一直得到人们的仰慕。陛下任命宰相，不让他们去效法伊尹和周公，要让他们去效法谁呢？何况我怎么会不知道今日附和张昌宗可立刻获得相位，附和魏元忠会立刻招致灭族！只是我惧怕魏元忠的冤魂，不敢诬陷他罢了。”太后说：“张说是反复无常的小人，应一并关押加以惩治。”几天以后，再次招来张说问话，张说的回答与前次一样。太后发怒。命令宰相与河内王武懿宗会审，张说的说法仍不改变。

朱敬则上疏直言申理此事，说：“魏元忠素来以忠诚正直称誉于世，张说受连累获罪没有正当罪名，倘若把他们治罪，就会丧失天下人望。”苏安恒也为此呈上奏疏，他认为：“陛下改朝之初，人们都认为您是采纳诤谏的国君，进入老年以来，人们都认为您是听信谗佞的国君。自从魏元忠下狱治罪，街坊闾巷惊扰不得安宁，都认为陛下信用为非作歹的奸贼，贬斥贤良方正的人士，那些忠诚正直的大臣和立志建立勋业的人，都在自己家中拍着大腿叹息，然而在朝廷之上却闭口不言，惧怕触犯了张易之等人的意旨，而白白送掉性命。现在赋税徭役相当繁重，百姓生计残破，再加上谗佞邪恶之徒专横放纵，刑罚赏赐有失公允。我私下担心民心不安定，再引发另外的变故，若战事发生在朱雀门内，争夺帝位在大明殿前，陛下将用什么样的说法来表示谢罪，又将依靠什么来进行抵御？”张易之等看见他的奏疏后，勃然大怒，打算把他杀死。靠着朱敬则和凤阁舍人桓彦范、著作郎陆泽县人魏知古的调解救助才得以幸免。

九月初九日丁酉，太后把魏元忠贬官为高要县尉，还把高戬和张说二人流放到岭南。魏元忠辞行的那一天，对太后说道：“臣的年纪老了，这次前往岭南，死的可能十倍于生。陛下日后必定会有想念我的时候。”太后向他问起讲这些话的缘故，当时张易之等人都在左右侍奉，魏元忠指着二人说：“这两个小子，终究会成为导致祸乱的梯子。”张易之等走下殿堂，捶胸伏地声称蒙受冤屈。太后说道：“魏元忠你快走吧！”

殿中侍御史景城王晙复奏申理元忠，宋璟谓之曰：“魏公幸已得全，今子复冒威怒，得无狼狈乎！”晙曰：“魏公以忠获罪，晙为义所激，颠沛无恨。”璟叹曰：“璟不能申魏公之枉，深负朝廷矣。”

太子仆崔贞慎等八人饯元忠于郊外，易之诈为告密人柴明状，称贞慎等与元忠谋反。太后使监察御史丹徒马怀素鞫之，谓怀素曰：“兹事皆实，略问，速以闻。”顷之，中使督趣者数四，曰：“反状昭然，何稽留如此？”怀素请柴明对质，太后曰：“我自不知柴明处，但据状鞫之，安用告者？”怀素据实以闻，太后怒曰：“卿欲纵反者邪？”对曰：“臣不敢纵反者！元忠以宰相谪官，贞慎等以亲故追送，若诬以为反，臣实不敢。昔栾布奏事彭越头下，汉祖不以为罪，况元忠之刑未如彭越，而陛下欲诛其送者乎！且陛下操生杀之柄，欲加之罪，取决圣衷可矣；若命臣推鞫，臣不敢不以实闻。”太后曰：“汝欲全不罪邪？”对曰：“臣智识愚浅，实不见其罪。”太后意解。贞慎等由是获免。

太后尝命朝贵宴集，易之兄弟皆位在宋璟上。易之素惮璟，欲悦其意，虚位揖之曰：“公方今第一人，何乃下坐？”璟曰：“才劣位卑，张卿以为第一，何也？”天官侍郎郑杲谓璟曰：“中丞奈何卿五郎？”璟曰：“以官言之，正当为卿。足下非张卿家奴，何郎之有！”举坐悚惕。时自武三思以下，皆谨事易之兄弟，璟独不为之礼。诸张积怒，常欲中伤之；太后知之，故得免。

丁未，以左武卫大将军武攸宜充西京留守。

冬，十月，丙寅，车驾发西京；乙酉，至神都。

（以上为第六段，写武则天男宠张易之兄弟与朝官的尖锐矛盾，朝官中坚大臣一致奏请诛杀张氏兄弟却败下阵来，魏元忠、张说遭贬，从而激起了朝官与太后武则天的直接对抗。）

殿中侍御史景城县人王晙又呈上奏疏为魏元忠申述辩白，宋璟对他说："魏公已经侥幸保全了性命，现在您又冒犯天子威怒，岂不会困窘不堪吗！"王晙说："魏公是因为忠正而被治罪的，我为大义所激励，即使颠沛流离，也不会感到遗憾。"宋璟叹息道："宋璟未能辨明魏公的冤屈，实在太辜负朝廷了。"

太子仆崔贞慎等八人在郊外替魏元忠饯行，张易之伪造告密人柴明的检举状纸，告发崔贞慎等人与魏元忠共谋反叛。太后派遣监察御史丹徒人马怀素审讯这个案件，对他说道："状子上指控的这件事全部属实，你大致审问一下，赶快奏报上来。"时间没过多久，宫中使者就来催促了好几回，对他说："谋反的情节非常清楚明白，为什么还要这样拖延不结案？"马怀素请求让柴明与崔贞慎等人对质，太后说道："我本不知道柴明在什么地方，你只需依据状子审讯此案，哪里用得着告状的人？"马怀素根据实际案情上报，太后发怒地问他："你打算放掉造反的人吗？"马怀素回答说："臣不敢放纵造反的罪人！魏元忠以宰相之职被贬官，崔贞慎等人由于是亲朋故旧的关系赶去送行，如果将他们诬告为造反，臣实在是不敢。过去栾布冒死在彭越的首级下陈奏彭越的功劳，汉高祖并没有认为栾布犯了罪，何况魏元忠所受的惩罚比不上彭越，而陛下就要杀掉为他送行的人吗！况且陛下掌握着生杀权柄，打算要加罪于这些人，由您内心决断也就行了。倘若是陛下命令臣来负责审理此案，我就不敢不据实上报了。"太后问道："你是想一个也不治罪吗？"马怀素回答说："臣才智器识愚钝低下，实在没有发现他们的罪过。"太后怒意有所缓解，崔贞慎等人也因此而获免罪。

武太后曾命令朝中权贵一同赴宴。张易之兄弟的席位均在宋璟之上。张易之一向忌惮宋璟，想要取悦宋璟，于是空出上席向宋璟作揖说道："您是当今的首要人物，为什么却在末席坐着呀？"宋璟说："本官才智低下，职位卑微，张卿认为我是首要的人物，这是为什么？"天官侍郎郑杲对宋璟说道："中丞为什么把五郎称为张卿呢？"宋璟说："就他的官职而言，称他为卿十分适合。您本人并不是张卿家的奴仆，怎么可以把他称为郎呢？"所有在座的人都为此提心吊胆。当时从武三思以下的官员，都谨慎地侍奉张易之兄弟，只有宋璟对他们从未以礼相待。张易之兄弟早已恼怒，常常中伤他。太后清楚了解这一点，宋璟因此得以免罪。

九月十九日丁未，太后命令左武卫大将军武攸宜充任西京留守。

冬季，十月初八日丙寅，太后一行从西京发出；十月二十七日乙酉，到达神都。

十一月，突厥遣使谢许婚。丙寅，宴于宿羽台，太子预焉。宫尹崔神庆上疏：以为："今五品以上所以佩龟者，为别敕征召，恐有诈妄，内出龟合，然后应命。况太子国本，古来征召皆用玉契。此诚重慎之极也。昨缘突厥使见，太子应预朝参，直有文符下宫，曾不降敕处分，臣愚谓太子非朔望朝参、应别召者，望降墨敕及玉契。"太后甚然之。

始安獠欧阳倩拥众数万，攻陷州县，朝廷思得良吏以镇之。朱敬则称司封郎中裴怀古有文武才，制以怀古为桂州都督，仍充招慰讨击使。怀古才及岭上，飞书示以祸福，倩等迎降，且言"为吏所侵逼，故举兵自救耳。"怀古轻骑赴之。左右曰："夷獠无信，不可忽也。"怀古曰："吾仗忠信，可通神明，而况人乎！"遂诣其营，贼众大喜，悉归所掠货财；诸洞酋长素持两端者，皆来款附，岭外悉定。

是岁，分命使者以六条察州县。

吐蕃南境诸部皆叛，赞普器弩悉弄自将击之，卒于军中。诸子争立，久之，国人立其子弃隶蹜赞为赞普，生七年矣。

（以上为第七段，写太子入宫制度，以及武则天选良吏裴怀古平息岭南之乱。）

四年（甲辰，704年）

春，正月，丙申，册拜右武卫将军阿史那怀道为西突厥十姓可汗。怀道，斛瑟罗之子也。

丁未，毁三阳宫，以其材作兴泰宫于万安山。二宫皆武三思建议为之，请太后每岁临幸，功费甚广，百姓苦之。左拾遗卢藏用上疏，以为："左右近臣多以顺意为忠，朝廷具僚皆以犯忤为戒，致陛下不知百姓失业，伤陛下之仁。陛下诚能以劳人为辞，发制罢之，则天下皆知陛下苦己而爱人也。"不从。藏用，承庆之弟孙也。

十一月，突厥派遣使者前来对朝廷允许通婚表示谢意。十一月初九日丙寅，太后在宿羽台宴请突厥使者，太子李显也出席了宴会。宫尹崔神庆上奏，认为："现在凡是五品以上官员之所以随身戴着龟符，并为他们另外下敕书以应征召入朝，是担心有欺诈伪妄之事发生。大内中拿出另一半龟符来勘验符合，然后才能应召命。况且太子作为国家的根本，自古以来征召太子入朝的时候都要使用玉契，这确实是郑重谨慎到了极点。昨日因突厥使者来朝晋见，太子应当偕同入朝参拜陛下，他仅仅持有文符便直接进入宫禁，却没有由陛下颁发决定征召的敕书。依照臣之愚见，太子若不是在初一、十五入朝参拜和接受别敕的征召，他要入宫时，请陛下向太子颁发墨书敕令和玉契。"太后很赞同他的建议。

始安的僚人欧阳倩，聚集起数万兵众，攻陷了所在的州县，朝廷考虑寻求贤良的官员前去镇守。朱敬则提出司封郎中裴怀古具备文武才略，太后下诏任命裴怀古担任桂州都督，并充任招慰讨击使。裴怀古才到五岭境内，就飞速传递书信给欧阳倩，晓示利害祸福。欧阳倩等人出迎投降，并且说道："被官吏侵凌威逼，因此我们才起兵自救罢了。"裴怀古轻简骑从前往，左右属吏劝阻他说："夷僚部族是不守信用的，不能疏忽大意。"裴怀古回答说道："我所仰仗的是忠信，忠信可与神明感通，更何况是人呢！"于是前往欧阳倩的军营。欧阳倩的部众很高兴，便归还了他们抢劫的全部财物。平时一向对朝廷叛降不定的各洞酋长，纷纷前来归附效忠。岭外之地得到完全平定。

这一年，太后命令使者们根据六条法规分道考察地方州县政绩。

吐蕃南部边陲各个部落相继发生反叛，赞普器弩悉弄亲自统领军队前去攻打，而在军中去世。他的儿子们争夺王位，经过了很长的时间，国人才立器弩悉弄的儿子弃隶蹜赞为赞普，此时距他的出生时间只有七年。

武则天长安四年（甲辰，704 年）

春季，正月初十日丙申，册封右武卫将军阿史那怀道为西突厥十姓可汗。阿史那怀道是斛瑟罗的儿子。

正月二十一日丁未，拆毁三阳宫，用拆下来的材料在万安山营建兴泰宫。三阳宫和兴泰宫都是由武三思建议修建的，请太后每年亲临游幸，工程费用极为浩大，老百姓为此感到困苦。左拾遗卢藏用上奏劝谏说："陛下左右的近臣全部认为顺承您的心愿就是忠诚的表现，朝廷上充数的大臣也都把违背及触犯您的旨意视为戒忌，致使陛下不能得知百姓已失去了谋生之业，因而有损于陛下的仁德。如果陛下的确能以劳苦百姓为理由，颁布诏书下令停止营建兴泰宫，那么天下的人们就都会知道陛下对自己刻苦而施仁爱于民众的意愿了。"太后没有采纳。卢藏用是卢承庆之弟的孙子。

壬子，以天官侍郎韦嗣立为凤阁侍郎、同平章事。

夏官侍郎、同凤阁鸾台三品李迥秀颇受贿赂，监察御史马怀素劾奏之。二月，癸亥，迥秀贬庐州刺史。

壬申，正谏大夫、同平章事朱敬则以老疾致仕。敬则为相，以用人为先，自余细务不之视。

太后尝与宰相议及刺史、县令。三月，己丑，李峤、唐休璟等奏："窃见朝廷物议，远近人情，莫不重内官，轻外职，每除授牧伯，皆再三披诉。比来所遣外任，多是贬累之人；风俗不澄，寔由于此。望于台、阁、寺、监妙简贤良，分典大州，共康庶绩。臣等请辍近侍，率先具僚。"太后命书名探之，得韦嗣立及御史大夫杨再思等二十人。癸巳，制各以本官检校刺史。嗣立为汴州刺史。其后政绩可称者，唯常州刺史薛谦光、徐州刺史司马锽而已。

丁丑，徙平恩王重福为谯王。

以夏官侍郎宗楚客同平章事。

凤阁侍郎、同凤阁鸾台三品苏味道谒归葬其父，制州县供葬事。味道因之侵毁乡人墓田，役使过度，监察御史萧至忠劾奏之，左迁坊州刺史。至忠，引之玄孙也。

夏，四月，壬戌，同凤阁鸾台三品韦安石知纳言，李峤知内史事。

太后幸兴泰宫。

太后复税天下僧尼，作大像于白司马阪，令春官尚书武攸宁检校，糜费巨亿。李峤上疏，以为："天下编户，贫弱者众。造像钱见有一十七万余缗，若将散施，人与一千，济得一十七万余户。拯饥寒之弊，省劳役之勤，顺诸佛慈悲之心，沾圣君亭育之意，人神胥悦，功德无穷。方作过后因缘，岂如见在果报！"监察御史张廷珪上疏谏曰："臣以时政论之，则宜先边境，蓄府库，养人力；以释教论之，则宜救苦厄，灭诸相，崇无为。伏愿陛下察臣之愚，行佛之意，务以理为上，不以人废言。"太后为之罢役，仍召见廷珪，深赏慰之。

正月二十六日壬子，太后命令天官侍郎韦嗣立担任凤阁侍郎、同平章事。

夏官侍郎、同凤阁鸾台三品李迥秀有些收受贿赂的行为，监察御史马怀素上奏章加以弹劾。二月初八日癸亥，李迥秀被贬到庐州担任刺史。

二月十七日壬申，正谏大夫、同平章事朱敬则因为老迈年高、身患疾病的缘故而退休。朱敬则担任宰相时，把用人放在优先的地位，除此之外的琐碎事务则不去管它。

武太后曾经与宰相们讨论过刺史、县令等这些地方官吏的有关事宜。三月初四日己丑，李峤、唐休璟等人上奏说："臣等听到朝廷中众人的议论，发现远近人们的心理，没有哪一个不是看重朝内官而轻视地方官的，每当任命各州长官，人们都要反复陈诉推辞。近来所任命的地方官，大多是被贬的罪累之人；风气不得清正，实际上就是由此原因。希望从台、阁、寺、监的官员中妥善地选择有德才的人，分别掌管重要的州，共同成就各项业绩。臣等请求中止选用近侍官员，首先将备位朝廷的臣僚任命为地方官。"太后下令从签署的名单中寻求人选，得到韦嗣立及御史大夫杨再思等二十人。二月初八日癸巳，诏令韦嗣立等各以原职检校刺史。韦嗣立任汴州刺史。后来政绩突出被人们称道的，只有常州刺史薛谦光和徐州刺史司马锽而已。

丁丑日，改封平恩王李重福为谯王。

任命夏官侍郎宗楚客担任同平章事。

凤阁侍郎、同凤阁鸾台三品苏味道请求回赵州栾城县安葬自己亡故的父亲，太后颁下诏书命令当地州县提供丧葬的费用。苏味道乘机侵吞毁坏家乡百姓的墓地和田园，并对当地老百姓滥加役使。监察御史萧至忠呈上奏疏弹劾此事，太后将苏味道的官职降为坊州刺史。萧至忠是萧引的玄孙。

夏季，四月初七日壬戌，太后任命同凤阁鸾台三品韦安石执掌纳言职事，李峤执掌内史职事。

武太后驾临兴泰宫。

武太后再次向天下的和尚、尼姑征敛税收，用来在白司马阪建造大型佛像，下令由春官尚书武攸宁担任检校主持这项工程，耗费大量资财人力数以亿计。李峤呈上奏疏，认为："全国编入户籍的平民百姓，贫困羸弱的非常多。现在用于营建巨大佛像的钱有十七万余缗，如果拿来分散施舍以救济百姓，每人只给一千钱，也可救济十七万多户。拯救饥寒之困弊，减少劳役之勤苦，既顺应各位佛祖慈悲为怀的心志，又能够使黎民百姓沾润圣明帝王抚养培育的意愿，使人神皆大欢喜，功德无穷无尽。陛下将以建造佛像来续后世的因缘，这又怎么比得上现世的报应呢？"监察御史张廷珪呈上奏疏劝谏说："臣拿当前的政治状况来论说，就应该优先考虑边境事务，积贮国库的储备，让百姓休养生息，拿佛教教义来论说，就应该拯救困苦的众

凤阁侍郎、同凤阁鸾台三品姚元崇以母老固请归侍，六月，辛酉，以元崇行相王府长史，秩位并同三品。

乙丑，以天官侍郎崔玄暐同平章事。

召凤阁侍郎、同平章事、检校汴州刺史韦嗣立赴兴泰宫。

丁丑，以李峤同凤阁鸾台三品。峤自请解内史。

壬午，以相王府长史姚元崇兼知夏官尚书、同凤阁鸾台三品。

（以上为第八段，写武则天惩治贪官，纳谏慎选地方大吏，停建大佛像以纾民困。）

秋，七月，丙戌，以神都副留守杨再思为内史。

再思为相，专以谄媚取容。司礼少卿张同休，易之之兄也，尝召公卿宴集，酒酣，戏再思曰："杨内史面似高丽。"再思欣然，即翦纸帖巾，反披紫袍，为高丽舞，举坐大笑。时人或誉张昌宗之美曰："六郎面似莲花。"再思独曰："不然。"昌宗问其故，再思曰："乃莲花似六郎耳。"

甲午，太后还宫。

乙未，司礼少卿张同休、汴州刺史张昌期、尚方少监张昌仪皆坐赃下狱，命左右台共鞫之；丙申，敕，张易之、张昌宗作威作福，亦命同鞫。辛丑，司刑正贾敬言奏："张昌宗强市人田，应征铜二十斤。"制"可"。乙巳，御史大夫李承嘉、中丞桓彦范奏："张同休兄弟赃共四千余缗，张昌宗法应免官。"昌宗奏："臣有功于国，所犯不至免官。"太后问诸宰相："昌宗有功乎？"杨再思曰："昌宗合神丹，圣躬服之有验，此莫大之功。"太后悦，赦昌宗罪，复其官。左补阙戴令言作《两脚狐赋》以讥再思，再思出令言为长社令。

丙午，夏官侍郎、同平章事宗楚客有罪，左迁原州都督，充灵武道

生，破灭事物的各种外现形象，崇尚无为。恭敬地请求陛下能够体察臣的愚见，施行佛祖的心意，致力于把治理国家置于首要地位，而不要因人废言。”太后为此而停止了建造巨大佛像的工程，还召见了张廷珪，对他大加赞赏和抚慰。

凤阁侍郎、同凤阁鸾台三品姚元崇因为母亲老迈年高，再三请求回乡侍奉母亲。六月初七，武太后委派姚元崇代理相王府长史，俸禄品位均与宰辅相同。

六月十一日乙丑，太后任命天官侍郎崔玄暐担任同平章事。

太后征召凤阁侍郎、同平章事检校汴州刺史韦嗣立前来兴泰宫。

六月二十三日丁丑，太后任命李峤担任同凤阁鸾台三品。李峤请求解除自己的内史职务。

六月二十八日壬午，太后任命相王府长史姚元崇兼任夏官尚书、同凤阁鸾台三品。

秋季，七月初三日丙戌，太后任命神都副留守杨再思担任内史。

杨再思担任宰相之职，专门用谄谀献媚来取悦于人。司礼少卿张同休是张易之的兄长，他曾召集朝中公卿大员宴饮。在酒兴最酣畅的时候，张同休戏弄杨再思说：“杨内史面目长得像高丽人。”杨再思显出高兴的样子，当即剪纸作帽，将紫色朝服反披着，跳起高丽舞来，满座公卿都大声哄笑。当时有人称赞张昌宗的貌美，说：“六郎的面容长得如同莲花一样。”唯独杨再思说道：“不是这样的。”张昌宗问他这么说的缘故，他回答道：“实在是莲花长得如同六郎啊。”

七月十一日甲午，太后返回宫中。

七月十二日乙未，司礼少卿张同休、汴州刺史张昌期、尚方少监张昌仪全都因犯下贪赃罪行而入狱，太后命令左右台一同审理这桩案件；七月十三日后丙申，太后颁布敕书，指出张易之、张昌宗作威作福，也要与张同休等人的案件一同审理。七月十八日辛丑，司刑正贾敬言上奏说：“张昌宗强买民田，应当要他缴纳黄铜二十斤。”太后颁布诏书道：“照办。”七月二十二日乙巳，御史大夫李承嘉、御史中丞桓彦范上奏说：“张同休兄弟贪赃一共四千余贯。依照法律，应将张昌宗免除官职。”张昌宗上奏说：“臣对国家是有功劳的，所犯的罪行还不至于被免除官职。”太后向各位宰相发问道：“张昌宗有没有功劳？”杨再思说：“张昌宗配制了神丹，陛下服下后有效验，这是莫大的功劳。”太后听后高兴起来，便赦免了张昌宗所犯下的罪过，恢复了他的官职。左补阙戴令言撰写了一篇《两脚狐赋》来讽刺杨再思，杨再思就将戴令言调出改任长社县令。

七月二十三日丙午，夏官侍郎、同平章事宗楚客犯了罪，被降调为原州都督，

行军大总管。

癸丑，张同休贬岐山丞，张昌仪贬博望丞。

鸾台侍郎、知纳言事、同凤阁鸾台三品韦安石举奏张易之等罪，敕付安石及右庶子、同凤阁鸾台三品唐休璟鞫之，未竟而事变。八月，甲寅，以安石兼检校扬州刺史，庚申，以休璟兼幽营都督、安东都护。休璟将行，密言于太子曰："二张恃宠不臣，必将为乱。殿下宜备之。"相王府长史兼知夏官尚书事、同凤阁鸾台三品姚元崇上言："臣事相王，不宜典兵马。臣不敢爱死，恐不益于王。"辛酉，改春官尚书，余如故。元崇字元之，时突厥叱列元崇反，太后命元崇以字行。

突厥默啜既和亲，戊寅，始遣淮阳王武延秀还。

九月，壬子，以姚元之充灵武道行军大总管；辛酉，以元之为灵武道安抚大使。

元之将行，太后令举外司堪为宰相者。对曰："张柬之沈厚有谋，能断大事，且其人已老，惟陛下急用之。"冬，十月，甲戌，以秋官侍郎张柬之同平章事，时年且八十矣。

乙亥，以韦嗣立检校魏州刺史，余如故。

壬午，以怀州长史河南房融同平章事。

太后命宰相各举堪为员外郎者，韦嗣立荐广武公岑羲曰："但恨其伯父长倩为累。"太后曰："苟或有才，此何所累！"遂拜天官员外郎。由是诸缘坐者始得进用。

（以上为第九段，写朝官与武则天男宠张易之兄弟矛盾再起。朝官本想借贪贿除掉张氏兄弟，但无法撼动二张受宠的地位。武则天再次任用贤才，张柬之入相。）

十一月，丁亥，以天官侍郎韦承庆为凤阁侍郎、同平章事。

癸卯，成均祭酒、同凤阁鸾台三品李峤罢为地官尚书。

十二月，甲寅，敕大足已来新置官并停。

丙辰，凤阁侍郎、同平章事韦嗣立罢为成均祭酒，检校魏州刺史如故；以兄承庆入相故也。

充任灵武道行军大总管。

七月三十日癸丑，太后把张同休降职为岐山县丞，把张昌仪降职为博望县丞。

鸾台侍郎、知纳言事、同凤阁鸾台三品韦安石呈上奏疏举报张易之等人的罪行，太后敕令把张易之等人交付韦安石及右庶子、同凤阁鸾台三品唐休璟审讯，但是审讯还没有结案，事情便发生了变化。八月初一日甲寅，太后任命韦安石兼任检校扬州刺史的职务。八月初七日庚申，又命令唐休璟兼任幽州、营州都督、安东都护。唐休璟即将赴任的时候，暗中对太子说道："张易之和张昌宗倚仗太后的恩宠而不按臣子的本分行事，必将制造动乱。殿下应当防范他们。"相王府长史兼知夏官尚书事、同凤阁鸾台三品姚元崇上奏太后说："臣侍奉着相王，就不应该再掌握军权。我不敢贪生怕死，只是担心这样会不利于相王。"八月初八日辛酉，将姚元崇改任春官尚书，其余的官职仍旧不变。姚元崇字元之，当时由于突厥首领叱列元崇反叛，太后命令姚元崇以字代名。

突厥阿史那默啜已经与唐朝和亲，便于二十五日戊寅，遣送淮阳王武延秀回朝。

九月二十九日壬子，太后任命姚元之充任灵武道行军大总管；九月初十日辛酉，还任命姚元之担任灵武道安抚大使。

姚元之即将出发的时候，太后让他推荐外朝各司官员中可以胜任宰相职务的人。姚元之回答说："张柬之稳重朴实，胸有谋略，能够对于国家大事做出决断，况且他的年纪已经很老了，望陛下赶紧任用他。"冬季，十月二十二日甲戌，太后命令秋官侍郎张柬之担任同平章事，这时他的年龄已近八十了。

十月二十三日乙亥，太后任命韦嗣立担任检校魏州刺史，其他官职仍旧不变。

十月三十日壬午，太后任命怀州长史河南人房融担任同平章事。

太后命令诸位宰相各自推荐能够胜任员外郎职务的人，韦嗣立推荐了武公岑羲，并且说道："只是为他受其伯父岑长倩的连累而感到遗憾。"太后说："倘若他或许真有才干，这事对他又有什么连累呢！"于是命令岑羲担任天官员外郎。从此诸多由于亲友犯罪而受牵连的人便开始受到提拔任用。

十一月初五日丁亥，太后命令天官侍郎韦承庆担任凤阁侍郎、同平章事。

十一月二十一日癸卯，太后免除成均祭酒、同凤阁鸾台三品李峤的官职，将他改任为地官尚书。

十二月初三日甲寅，太后颁布敕书，全部停止大足元年以来新设置的官职。

十二月初五日丙辰，凤阁侍郎、同平章事韦嗣立被罢官，改任成均祭酒，检校魏州刺史的官职仍旧不变，这是由于他的兄长韦承庆入朝任宰相的缘故。

太后寝疾，居长生院，宰相不得见者累月，惟张易之、昌宗侍侧。疾少闲，崔玄暐奏言："皇太子、相王，仁明孝友，足侍汤药。宫禁事重，伏愿不令异姓出入。"太后曰："德卿厚意。"易之、昌宗见太后疾笃，恐祸及己，引用党援，阴为之备。屡有人为飞书及榜其书于通衢，云"易之兄弟谋反"，太后皆不问。

辛未，许州人杨元嗣，告"昌宗尝召术士李弘泰占相，弘泰言昌宗有天子相，劝于定州造佛寺，则天下归心。"太后命韦承庆及司刑卿崔神庆、御史中丞宋璟鞫之。神庆，神基之弟也。承庆、神庆奏言："昌宗款称'弘泰之语，寻已奏闻'，准法首原；弘泰妖言，请收行法。"璟与大理丞封全祯奏："昌宗宠荣如是，复召术士占相，志欲何求！弘泰称筮得纯乾，天子之卦。昌宗傥以弘泰为妖妄，何不执送有司！虽云奏闻，终是包藏祸心，法当处斩破家。请收付狱，穷理其罪！"太后久之不应，璟又曰："傥不即收系，恐其摇动众心。"太后曰："卿且停推，俟更检详文状。"璟退，左拾遗江都李邕进曰："向观宋璟所奏，志安社稷，非为身谋，愿陛下可其奏！"太后不听。寻敕璟扬州推按，又敕璟按幽州都督屈突仲翔赃污，又敕璟副李峤安抚陇、蜀；璟皆不肯行，奏曰："故事，州县官有罪，品高则侍御史、卑则监察御史按之，中丞非军国大事，不当出使。今陇、蜀无变，不识陛下遣臣出外何也？臣皆不敢奉制。"

司刑少卿桓彦范上疏，以为："昌宗无功荷宠，而包藏祸心，自招其咎，此乃皇天降怒；陛下不忍加诛，则违天不祥。且昌宗既云奏讫，则不当更与弘泰往还，使之求福禳灾，是则初无悔心；所以奏者，拟事发则云先已奏陈，不发则俟时为逆。此乃奸臣诡计，若云可舍，谁为可刑！况事已再发，陛下皆释不问，使昌宗益自负得计，天下亦以为天命不死，此乃陛下养成其乱也。苟逆臣不诛，社稷亡矣。请付鸾台凤阁三

武太后卧病不起，居住在长生院中，宰相们无法与她相见长达数月之久，仅张易之和和张昌宗二人侍奉在她的身旁。在她的病情稍稍好转的时候，崔玄暐呈奏说道："皇太子和相王，都具备仁厚明德孝顺友爱的操守，完全可以在陛下身旁侍奉汤药。皇宫禁地之事关系重大，希望陛下不要让皇室以外的人随意出入。"太后说道："非常感谢您的好意。"张易之、张昌宗见太后病情严重，担心自己遭到灾祸，便结引党羽作为救援，暗地里进行准备。不断有人书写匿名信并在交通要道张榜说："张易之兄弟阴谋反叛。"太后对这些传闻一概不予查问。

十二月二十日辛未，许州人杨元嗣举报："张昌宗曾经召术士李弘泰给他看相占卜，李弘泰说张昌宗具有天子的容貌，劝他在定州营建佛教寺庙，就会使得天下的人对他倾心归附。"太后派遣凤阁侍郎、同平章事韦承庆及司刑卿崔神庆和御史中丞宋璟一道审理这桩案件。崔神庆是崔神基的弟弟。韦承庆和崔神庆上奏说："张昌宗招供说：'李弘泰的那些话，我很快就向天子奏报了。'依照法律的有关规定，犯人自首应该免予处罚；李弘泰制造妖言，请将他逮捕法办。"宋璟与大理丞封全祯上奏道："张昌宗拥有这么大恩宠荣显，还要召请术士占卜看相，他到底希望达到什么目的！李弘泰说他占筮得到纯乾卦，此乃天子之卦。倘若张昌宗认为李弘泰娇异妄诞，他为什么不把李弘泰逮送官府！虽然他声称已将此事呈奏天子，终究还是包藏祸心，根据法律应当对他判处斩刑，还要没收他的全部家产。请求将张昌宗逮捕下狱，对他的罪行要严加追究！"太后久久不作声，宋璟又说道："倘若不把他立即拘捕，恐怕将带来人心不稳的局面。"太后说道："你暂且中止对这桩案件的审讯，等我详细看过案卷后再说。"宋璟退下，左拾遗江都县人李邕走上前来说道："方才看了宋璟的奏章，他是一心一意为安定社稷考虑，并没有计较自身的安危得失，希望陛下批准他的奏章。"太后没有同意。过了不久敕令宋璟前往扬州审理案件；又敕命宋璟审讯幽州都督屈突仲贪污之案；再敕命宋璟担任李峤的副手安抚陇、蜀地方，宋璟对这些新的差遣均不肯赴任，并呈奏说："根据惯例，州、县官吏犯有罪行，官品高的要由侍御史来审理，官品低的要由监察御史来审理，御史中丞在没有事关军国大事的重大案件发生的情况下，都不应当出使。目前陇、蜀二地没有大的变故，我不明白陛下派遣我外出的原因是什么？您的这些诏令我全都不敢接受。"

司刑少卿桓彦范上奏认为："张昌宗并没有任何功劳竟蒙受如此宠幸，然而却内藏祸心，咎由自取，这是上天降下的愤怒；陛下不忍诛杀张昌宗，就会违背天意而产生不祥的后果。况且张昌宗既然声称他已经将李弘泰的叛逆之言呈奏陛下，就不应该再次与他交往，指派他用妖法为自己求福消灾，这只能表明他本来就没有悔改的意愿。张昌宗之所以把这件事呈奏上来，是打算一旦事情败露了就说事先已经禀报过您，事情没有被发现则等待时机作乱。这是奸臣的诡计，如果还要说他可以宽

司，考竟其罪！”疏奏，不报。

崔玄暐亦屡以为言，太后令法司议其罪。玄暐弟司刑少卿昪，处以大辟。宋璟复奏收昌宗下狱。太后曰：“昌宗已自奏闻。”对曰：“昌宗为飞书所逼，穷而自陈，势非得已。且谋反大逆，无容首免。若昌宗不伏大刑，安用国法！”太后温言解之。璟声色逾厉曰：“昌宗分外承恩，臣知言出祸从，然义激于心，虽死不恨！”杨再思恐其忤旨，遽宣敕令出，璟曰：“圣主在此，不烦宰相擅宣敕命！”太后乃可其奏，遣昌宗诣台。璟庭立而按之；事未毕，太后遣中使召昌宗特敕赦之。璟叹曰：“不先击小子脑裂，负此恨矣。”太后乃使昌宗诣璟谢，璟拒不见。

左台中丞桓彦范、右台中丞东光袁恕己共荐詹事司直阳峤为御史。杨再思曰：“峤不乐搏击之任如何？”彦范曰：“为官择人，岂必待其所欲！所不欲者，尤须与之，所以长难进之风，抑躁求之路。”乃擢为右台侍御史。峤，休之之玄孙也。

先是李峤、崔玄暐奏：“往属革命之时，人多逆节，遂致刻薄之吏，恣行酷法，其周兴等所劾破家者，并请雪免。”司刑少卿桓彦范又奏陈之，表疏前后十上。太后乃从之。

（以上为第十段，写武则天病重，张易之兄弟密谋政变，朝官以谋反罪请诛二张，仍不能撼动其受宠地位，于是朝官与太后的矛盾白热化。）

中宗大和大圣大昭孝皇帝上

神龙元年（乙巳，705年）

春，正月，壬午朔，赦天下，改元。自文明以来得罪者，非扬、豫、博三州及诸反逆魁首，咸赦除之。

恕的话，那么什么样的人才够得上施以刑罚呢！何况已经是第二次发生这种事情，陛下均放纵而不加追究，就会使得张昌宗越发自以为得计，天下之人也会认为是上天不让他死，这是陛下姑息他而酿成祸乱啊。假如对逆乱之臣也不施行诛戮，江山社稷将会覆亡。请把张昌宗交给鸾台凤阁及刑部、大理寺、御史台三法司处置，彻底审理他的罪行！”奏疏呈报上去，太后没有答复。

崔玄暐也屡次奏上这件事，太后便下令三法司讨论张昌宗的罪行。崔玄暐的弟弟司刑少卿崔昪提出判张昌宗“大辟”死刑的处理意见。宋璟还奏请将张昌宗逮捕入狱，太后说道：“张昌宗已经自己把这件事情奏报过我。”宋璟回答说：“张昌宗是被匿名信所逼迫，走投无路了才做交待，情势使他不得已才这么做的。况且谋反是大逆之罪，因此没有自首免刑的余地。假如张昌宗不被处死，哪里还用得着国家的王法！”太后语气温和地为张昌宗的案情辩解开脱。宋璟声调更激动，面色更严厉地说：“张昌宗享受着他名分之外的恩泽，臣明白此话一出口祸事就会随之而来，但是正义在我的心中，即使是为此而丢命我也不会有什么遗憾的！”杨再思担心宋璟违忤旨意，急忙地宣敕命令他退朝。宋璟说道：“圣明天子就在面前，用不着麻烦宰相擅自宣谕敕命！”太后这才同意他的意见，遣送张昌宗前往御史台受审。宋璟站在大堂中对他进行审讯，审讯尚未完毕，太后就派宫中使者召回张昌宗，并且颁布特别敕书将他赦免。宋璟慨叹道：“事先没有将这小子的脑袋打破，让我抱此遗憾。”太后指令张昌宗前往宋璟那里谢罪，宋璟拒绝不予接见。

左台中丞桓彦范、右台中丞东光县人袁恕己共同推荐詹事司直阳峤为御史。杨再思问道：“阳峤不乐意担任监察弹劾的职务怎么办？”桓彦范说：“为国家职事物色人选，怎么能一定要等到人们乐意就职时才任命呢！对那些不愿接受任命的人，越发有必要给予他们这些官职，这样就能增长知难而进的风尚，遏止急图功名的门路。”于是提拔了阳峤担当右台侍御史。阳峤是阳休之的玄孙。

在此以前，李峤、崔玄暐曾经呈奏道：“以前陛下以周代唐的时候，人们多违背操守，因而导致刻薄的官吏肆无忌惮地施行严法酷刑。那些被周兴等酷吏所劾奏而家道破败的，请求全部给予昭雪赦免。”司刑少卿恒彦范又呈上奏疏加以陈述，奏疏前后呈上十次，太后才表示应允。

中宗大和大圣大昭孝皇帝上

唐中宗神龙元年（乙巳，705 年）

春季，正月初一日壬午朔，太后大赦天下，将年号改为神龙。自文明元年以来获罪的人，只要不是扬州、豫州、博州三州起兵案或者其他谋反叛逆案件的魁首，

太后疾甚，麟台监张易之、春官侍郎张昌宗居中用事，张柬之、崔玄暐与中台右丞敬晖、司刑少卿桓彦范、相王府司马袁恕己谋诛之。柬之谓右羽林卫大将军李多祚曰："将军今日富贵，谁所致也？"多祚泣曰："大帝也。"柬之曰："今大帝之子为二竖所危，将军不思报大帝之德乎！"多祚曰："苟利国家，惟相公处分，不敢顾身及妻子。"因指天地以自誓。遂与定谋。

初，柬之与荆府长史闅乡杨元琰相代，同泛江，至中流，语及太后革命事，元琰慨然有匡复之志。及柬之为相，引元琰为右羽林将军，谓曰："君颇记江中之言乎？今日非轻授也。"柬之又用彦范、晖及右散骑侍郎李湛皆为左、右羽林将军，委以禁兵。易之等疑惧，乃更以其党武攸宜为右羽林大将军，易之等乃安。

俄而姚元之自灵武至，柬之、彦范相谓曰："事济矣！"遂以其谋告之。彦范以事白其母，母曰："忠孝不两全，先国后家可也。"时太子于北门起居，彦范、晖谒见，密陈其策，太子许之。

癸卯，柬之、玄暐、彦范与左威卫将军薛思行等帅左右羽林兵五百余人至玄武门，遣多祚、湛及内直郎、驸马都尉安阳王同皎诣东宫迎太子。太子疑，不出，同皎曰："先帝以神器付殿下，横遭幽废，人神同愤，二十三年矣。今天诱其衷，北门、南牙，同心协力，以诛凶竖，复李氏社稷，愿殿下暂至玄武门以副众望。"太子曰："凶竖诚当夷灭，然上体不安，得无惊怛！诸公更为后图。"李湛曰："诸将相不顾家族以徇社稷，殿下奈何欲纳之鼎镬乎！请殿下自出止之。"太子乃出。

同皎扶抱太子上马，从至玄武门，斩关而入。太后在迎仙宫，柬之等斩易之、昌宗于庑下，进至太后所寝长生殿，环绕侍卫。太后惊起，问曰："乱者谁邪？"对曰："张易之、昌宗谋反，臣等奉太子令诛之，恐

全部都免除了他们的罪过。

武太后病情极为严重，麟台监张易之和春官侍郎张昌宗在宫中把持朝政。张柬之、崔玄暐与中台右丞敬晖、司刑少卿桓彦范、相王府司马袁恕己密谋策划诛杀张易之和张昌宗。张柬之向右羽林卫大将军李多祚问道："将军今日享受的富贵，是谁带给你的？"李多祚流着眼泪回答道："是高宗大帝。"张柬之说："现在大帝的两个儿子遭到张易之和张昌宗这两个小人的危害，将军不想报答大帝所赐予的恩德吗！"李多祚回答道："只要是对国家有利，我完全按您的处置去做，不敢顾及自己的身家性命。"接着自己指着天地来发誓。于是一同定下除掉张易之和张昌宗的计划。

当初，张柬之与荆州都督府长史阌乡人杨元琰互相调职，二人在长江之中同乘一舟，当船行驶到江心时，谈到了太后改国号为周这件事，杨元琰慷慨激昂，表示匡复李唐天下的志向。张柬之做了宰相之后，便引荐杨元琰出任右羽林将军，并提醒他说道："您多少还记得在江心泛舟时所讲的话吧？今天的这项任命可不是随便授予的呀。"张柬之又引用了桓彦范、敬晖以及右散骑常侍李湛，均出任左、右羽林将军，把禁兵交给他们指挥。此事造成张易之等人的怀疑和恐慌，张柬之便又任用了张易之的党羽武攸宜为右羽林大将军，张易之等人这才放下心来。

没有多久，姚元之从灵武回来，张柬之和桓彦范互相表示："匡复大唐的事业就要成功了！"于是把他们的计划告诉了姚元之。桓彦范把这件事禀报了他的母亲，他母亲说："忠孝不可能两全，优先考虑国家大事，自家的事放置在后面，这样做就行了。"当时太子李显出入洛阳宫的北门去向太后问安，桓彦范和敬晖前去拜会他，将自己的计谋密报了太子，太子表示同意。

正月二十二日癸卯，张柬之、崔玄暐、桓彦范与左威卫将军薛思行等人统领五百余名左右羽林兵抵达玄武门，派遣李多祚、李湛及内直郎、驸马都尉安阳人王同皎前往东宫去迎接太子李显。太子有所犹豫，没有出宫，王同皎说："先帝将皇位交付给殿下，殿下被强行幽禁废黜，世人、神明无不义愤，已经长达二十三年了。而今上天诱导人们的隐衷，北门的羽林将士与南牙的大臣官员同心协力，在此时要诛灭凶恶的小人，光复李氏的江山社稷，希望陛下暂时前往玄武门来满足将士朝臣的期盼。"太子说："凶恶的小人确实应当被剿除，但是圣上身体欠安，你们这样做不是会惊骇她吗！请诸位以后再图谋此事。"李湛说："诸位将相不计较自己身家而为国尽忠，殿下为什么要将他们置于鼎镬之灾呢！请求殿下亲自前去劝阻他们。"太子李显这才出了东宫。

王同皎将太子搀扶上马，并随同太子来到玄武门，破门进入禁城。太后住在迎仙宫，张柬之等人在庑廊上把张易之和张昌宗斩杀了，径直来到太后起居的长生殿，环绕在她的身旁侍立守护着。太后受惊起身问道："作乱的是哪一个？"张柬之等回

有漏泄，故不敢以闻。称兵宫禁，罪当万死！”太后见太子曰：“乃汝邪？小子既诛，可还东宫。”彦范进曰：“太子安得更归！昔天皇以爱子托陛下，今年齿已长，久居东宫，天意人心，久思李氏。群臣不忘太宗、天皇之德，故奉太子诛贼臣。愿陛下传位太子，以顺天人之望！”李湛，义府之子也。太后见之，谓曰：“汝亦为诛易之将军邪？我于汝父子不薄，乃有今日！”湛惭不能对。又谓崔玄暐曰：“他人皆因人以进，惟卿朕所自擢，亦在此邪？”对曰：“此乃所以报陛下之大德。”

于是收张昌期、同休、昌仪，皆斩之，与易之、昌宗枭首天津南。是日，袁恕己从相王统南牙兵以备非常，收韦承庆、房融及司礼卿崔神庆系狱，皆易之之党也。初，昌仪新作第，甚美，逾于王主，或夜书其门曰：“一日丝能作几日络？”灭去，复书之，如是六七，昌仪取笔注其下曰：“一日亦足。”乃止。

甲辰，制太子监国，赦天下。以袁恕己为凤阁侍郎、同平章事，分遣十使赍玺书宣慰诸州。乙巳，太后传位于太子。

丙午，中宗即位。赦天下，惟张易之党不原；其为周兴等所枉者，咸令清雪，子女配没者皆免之。相王加号安国相王，拜太尉、同凤阁鸾台三品，太平公主加号镇国太平公主。皇族先配没者，子孙皆复属籍，仍量叙官爵。

丁未，太后徙居上阳宫，李湛留宿卫。戊申，帝帅百官诣上阳宫，上太后尊号曰则天大圣皇帝。

庚戌，以张柬之为夏官尚书、同凤阁鸾台三品，崔玄暐为内史，袁恕己同凤阁鸾台三品，敬晖、桓彦范皆为纳言；并赐爵郡公。李多祚赐爵辽阳郡王，王同皎为右千牛将军、琅邪郡公，李湛为右羽林大将军、赵国公；自余官赏有差。

答说："张易之、张昌宗图谋反叛，臣等已奉太子的命令把他们诛杀了，因为担心走漏消息，因此不敢向您禀告。臣等在皇宫禁地举兵，罪该万死！"太后看见太子李显，便说道："这件事可是你让干的？乱臣贼子既然已被诛杀，你可以返回东宫了。"桓彦范走上前说道："太子怎能再次回到东宫去呢？过去天皇将爱子托付给陛下，今天他已经长大成人，却长期住在东宫当太子，天意民心，思念李唐的天下太久了。群臣没有忘怀太宗、天皇的恩德，因此迎奉太子诛灭逆臣。希望陛下把皇位传给太子来顺天意、从人心。"李湛是李义府的儿子，太后发现了他，对他说道："你也充当了杀死张易之的将军吗？我对待你们父子不薄，想不到竟然会有今天！"李湛羞惭得无言以对。太后又对崔玄暐说："其他人都是通过他人推荐之后才进用的。唯独你是我亲手所提拔的，你为什么也在这儿呢？"崔玄暐回答说："这么做正是用来报答陛下的大恩大德。"

于是逮捕了张昌期、张同休、张昌仪等人，把他们全都斩杀了，在神都天津桥的南面将他们与张易之、张昌宗二人一道枭首示众。这一天，袁恕己随从相王李旦统领南牙兵马，以防发生突然的事变。他们逮捕了韦承庆、房融及司礼卿崔神庆等，并把他们关进监狱，这些人都是张易之的党羽。当初，张昌仪新建起一幢宅第，非常豪华，规模超过了诸王及诸位公主的宫室。晚间有人在他的门上写道："一日的丝能织造几日的络？"刚把字迹除去，很快又被人写上了，这样反复了六七次。张昌仪拿笔在下面批注："仅仅快乐一天，也就足够了。"这种事才停止。

正月二十三日甲辰，太后颁布诏书，由太子李显监理国政，大赦天下，命令袁恕己担任凤阁侍郎、同平章事，分别派遣十位使者携带加盖天子的玺印文书前往各州宣谕安抚。正月二十四日乙巳，太后把皇位传给太子李显。

正月二十五日丙午，李显即皇帝位。大赦天下，只有张易之的党羽不在赦免之列，那些被周兴等人冤屈的人，都命令给予昭雪，被发配流放或者被没入官府做奴仆的他们的子女，也得以免罪。将相王李旦加封为安国相王，并授予他太尉、同凤阁鸾台三品的职衔；将太平公主加封为镇国太平公主。让被发配或没入官府为奴的李唐宗室、子孙们恢复家族的名籍，并且酌量封授官爵。

正月二十六日丁未，太后搬进上阳宫居住，李湛留守充当宿卫。正月二十七日戊申，中宗李显率领文武百官前往上阳宫，把太后的尊号称为则天大圣皇帝。

正月二十九日庚戌，中宗命令张柬之担任夏官尚书、同凤阁鸾台三品，崔玄暐担任内史，袁恕己担任同凤阁鸾台三品，敬晖和桓彦范一同担任纳言，全部赐予郡公的爵位；赐予李多祚的爵位为辽东郡王；命令王同皎担任右千牛将军，赐予琅邪郡公的爵位；命令李湛担任右羽林大将军，赐予赵国公的爵位。其他官员也受到了不同等级的赏赐。

张柬之等之讨张易之也，殿中监田归道将千骑宿玄武门，敬晖遣使就索千骑，归道先不预谋，拒而不与。事宁，晖欲诛之，归道以理自陈，乃免归私第；帝嘉其忠壮，召拜太仆少卿。

（以上为第十一段，写张柬之为首的五王政变，推倒武周政权，诛除二张，唐中宗即位。）

当张柬之等人讨伐张易之的时候，殿中监田归道统领着千骑禁军在玄武门宿卫，敬晖派人前去调动他手下的千骑。然而田归道事先没有参与这次起兵的计划，便拒绝把千骑交给敬晖调遣。等到事件平息之后，敬晖要杀死田归道，田归道据理陈诉，于是免去了田归道的殿中监职务，让他回家。中宗赞赏田归道的忠勇，把他召回朝廷，授予太仆少卿的职务。

【点评】

本卷记载武则天晚年执政，有四大政治事件。其一，平反冤狱；其二，众贤理政；其三，朝官与“二张”的三次斗争；其四,五王政变，武则天下台。平反冤狱，标志武则天结束酷吏政治，转轨到宽平政治，这是善政。完成政治转轨，是和武则天起用大批贤才分不开的。平反冤狱，缓解了社会矛盾，任用众贤理政，稳定了社会，但武则天却不能避免倒台。表面看，是朝官倒“二张”，三次斗争，皆是朝官败北，武则天固执地庇护“二张”，激发了五王政变。但是，武则天不庇护“二张”，任朝官诛除，其结果是一样的，武则天仍然要下台。朝官倒“二张”目的是剪除武则天维系权力的纽带，如同项庄舞剑，意在沛公，武则天心如明镜，所以她要拼死保护。明智的做法，是武则天和平让出权力，但是她做不到，最终酿出五王政变之祸，这是历史的必然选择。古往今来，向独裁者要权，只有强力斗争，不是你死，就是我亡，没有和平手段。五王政变与如何评价武则天，是本卷着重点评的两个问题。

一、五王政变。五王政变的核心人物是秋官侍郎同平章事张柬之，与天官侍郎崔玄暐、司刑少卿桓彦范、中台右丞敬晖、相王府司马袁恕己五人组成核心集团。中宗即位后封五人为王：张柬之封汉阳王，崔玄暐封博陵王，桓彦范封扶阳王，敬晖封平阳王，袁恕己封南阳王。所以此次神龙政变史称“五王政变”。张柬之是政变的领袖，他长期只是一个地方小官。由于宰相狄仁杰、姚元崇多次力荐，张柬之才从荆州长史入京，而后入相，时年龄已近八十。久视元年（700），武则天让狄仁杰荐贤，狄仁杰荐张柬之有宰相才，但武则天只用为洛州司马，狄仁杰再荐，才升为秋官侍郎。长安四年（704），宰相姚元崇为灵武道安抚大使，姚元崇极力向武则天推荐张柬之代己，说:“张柬之沉厚有谋，能断大事，且其人已老，惟陛下急用之。”武则天听后，立即召见，不久即用为相。十月二十二日甲戌，张柬之任秋官侍郎同平章事，三个月后，中宗神龙元年正月二十二日癸卯五王即发动政变，张柬之果然能办大事。狄仁杰、姚元崇都忠心王室，但他们均为武则天所信用，不忍，也不能发动政变来结束武周政权。姚元崇、桓彦范、敬晖等皆狄仁杰所荐。狄仁杰的复唐路线是维护皇嗣，只要武则天传子，武周政权自然结束。但是“二张”在侧，诸武子侄贼心不死，中宗、睿宗两皇储都昏懦无能，能否去周复唐，充满变数。狄仁杰荐贤，未必是预谋政变，但只要贤才在位，维护皇嗣就有保证。张柬之入相时已年老，由于朝官与“二张”的斗争公开化、白热化，形势急转，不倒武就不能存唐，不能再走只维护皇嗣就可以复唐的计划。张柬之入相从第一天起，就把政变提上了日程。这时，武则天已经病重，住在迎仙宫养病，身边只有“二张”侍奉，连宰相也数月见不到她。“二张”深知诸朝臣对自己深恶痛绝，所以暗地里也在进行应变的

准备。双方都在和时间赛跑。控制军队，是政变的第一要着。张柬之首先找到了右羽林卫大将靺鞨族将领李多祚。李多祚掌管禁军二十多年，又把守着玄武门，是一个关键人物。张柬之用高宗旧恩感化他，劝他拥立高宗之子为帝，李多祚指天为誓，愿效死力。然后，张柬之荐同党杨元琰、桓彦范、敬晖为左右羽林将，又联络了左羽林将军李湛、左威卫将军薛思行，基本上掌握了禁军的指挥权。同时，为了掩人耳目，打消对方的疑虑，又特意荐党附“二张”的武攸宜为右羽林大将军。

军权在握以后，张柬之等五人把政变的实施提上日程。桓彦范与敬晖密见太子李显，李显表示赞同，太子弟相王李旦与太平公主也表示支持，政变的时机完全成熟。神龙元年（705）正月二十二日，张柬之兵分两路杀进洛阳皇宫，斩张昌宗、张易之于集贤殿外廊。当政变一行人进入武则天养病的迎仙宫时，武则天才得知乱起，吃惊地从病榻上坐起来问道：“你们为什么要作乱呢？”回答是要诛“二张”。武则天又说：“现在‘二张’已死，你们该回东宫了吧！”桓彦范说：“太子安得更归！昔天皇以爱子托陛下，今年齿已长，久居东宫，天意人心，久思李氏。群臣不忘太宗、天皇之德，故奉太子诛贼臣。愿陛下传位太子，以顺天人之望！”武则天直到这时才明白，群臣是要自己下台。她狠狠地盯着参加政变的李湛说：“汝亦为诛易之将军邪！我于汝父子不薄，乃有今日！”李湛是李义府的儿子，李义府是拥立武则天的得力干将，武则天于他有知遇之恩，而其子却是推翻武则天政变的主要参与者，这真是历史的嘲弄。武则天又对崔玄暐说：“他人皆因人以进，惟卿朕所自擢，亦在此邪？”崔玄暐理直气壮地回答说：“此乃所以报陛下之大德。”因为武则天抢了儿子的政权，现在既然传子，就要还政于儿子，正如桓彦范所说：“太子怎能回东宫呢？”五王政变只是一场兵谏，是维护皇室、忠于皇室的正义事业，武则天无言以对。

政变当天，即将张昌期、张同休、张昌仪斩首，在天津桥南示众，同时，又将“二张”一党的韦承庆、房融、崔神庆下狱。政变第二天，宣布大赦天下，由太子李显监国。第三天，武则天被迫传位于李显。第四天，李显正式即位，这就是唐中宗。二月二日，唐中宗复国号为唐，改神都为东都、北都为并州，并按照高宗永淳元年（682）以前的制度重新将宗庙、旗帜、官职名称及服色等改回。

神龙革命成功，武周王朝陨落，亲手创建它的武则天又亲眼看到了它的覆灭，其心情是可想而知的。这位从皇帝宝座上跌落下来的女皇再也难以忍受凄凉与冷落，她的路走完了。大唐神龙元年十一月二十六日，这位中国历史上唯一的女皇帝病死于洛阳上阳宫仙居殿，时年八十二岁。武则天临死遗制：祔庙、归陵，去帝号，称则天大圣皇后。神龙二年（706）五月，唐中宗力排众议，将武则天与高宗合葬于乾陵，但她的身份已不是武周天子而是李氏之妇了。

二、如何评价武则天。武则天走了，一代女皇在历史上谢幕，如何评价，历来是批评的多，赞誉的少。首先，女人干政，还要做皇帝，以封建时代的理念衡量是不合法的，所以在中国古代史上，从来就没有太后干政而有盛世的时代。“牝鸡司晨，惟家之索。”母鸡司鸣，这个家庭就要离散，女人干政，这个国家就要完蛋。当然女人并不是祸水，但女人干政，要把非法变为合法，必然要用强力压制人心，颠倒黑白来混淆是非。所以武则天要实行告密制度，要任用酷吏来压制民众。凡酷吏政治，并不是只是镇压反对派，更大的程度是镇压民众。武周政权，是专制政体下出现的一个怪胎，它怎么可能是盛世呢！但武则天时代，总的说来，没有出现大的动乱。武则天当政的前三十年，毕竟唐高宗还在，贞观遗风还在继续。武则天称帝只有十余年，最后又被“五王政变”赶下了台，说明拥唐的人心还在，国家机器还有贞观政治的遗存。武则天又知人善任，并勇于改过，表现了她的政治智慧和大政治家的胸怀，所以保持了国家的稳定。武周时代，上不及贞观，下不及开元，基本上保持了一个治世，武则天也功过参半，这是总体的评价。

武则天的个人才能是超群的，她能做女皇，掌控国家政权，从皇后参政算起近半个世纪，可以说是一个伟大的政治家。她是一个铁女人和成功者。为了掌握政权，培植亲信，重用酷吏，大设冗官，兴大狱，造冤案，洒向人间都是怨，做尽了恶。但武则天为了保存政权，又重视贤才，任用了一大批优秀的文臣武将，内修政理，外制四夷，保持了唐朝的强大。内政上武则天主张“劝农桑，薄赋徭”（《新唐书·则天皇后传》），注意兴修水利，粮食生产受到重视，含嘉仓等储积丰实，人口增长速度较快。据《唐会要》卷八十四《户口数》载，唐高宗永徽三年（652），人口增加到六百一十五万户，平均每年增长0.91%，这在封建社会里，是比较突出的。在武则天时期，西部和西北部的吐蕃和突厥的入侵和骚扰，使唐朝的边疆很不安宁。永徽元年（650），松赞干布病死。吐蕃从此便不断挑起战争。龙朔三年（663），吐蕃强行吞并与唐朝友好的吐谷浑，并侵占唐西域十八州，唐朝被迫从安西四镇撤兵。仪凤四年（679），多年依附于唐的东突厥也聚众叛唐，他们并吞了西突厥余部，对唐朝的边疆构成了很大的威胁。武则天坚决打击，毫不妥协。她先后派黑齿常之、程务挺、唐休璟、王孝杰等大将领兵，多次击退了吐蕃、突厥的入侵，收复了安西四镇，并分别设置安西、北庭等都护府，加强了防御力量。正因为有效地击退了外族的侵犯，才保持了一个比较和平的国内环境。武则天还用军队在边疆屯田，既巩固了边防，又减轻了国家的负担。

作为一个政治家，武则天能够纳谏知过，勇于改正，并有大度的气量。武则天纳谏，结束酷吏政治，平反冤狱，整顿吏治，诛杀冗官，表现了她的明智。宰相苏良嗣痛打男宠薛怀义，她没有处罚苏良嗣，而是告诫薛怀义，要回避宰相出入的南

衙，进宫只走北门。再有，武则天因爱才而重用上官婉儿，而上官婉儿的祖父上官仪和父亲上官庭芝都是被武则天所杀。武则天长期任用反对派的后裔而不疑，表现了她宽广的政治胸怀。这些也是武则天能够掌握数十年统治权的原因。

武则天晚年，政治转轨为宽平，又确立了传位儿子，似乎不应该有“五王政变”，人们可以静静地等待她的死亡。问题是武则天太迷恋权势，固执地庇护“二张”，又不肯削弱武氏子侄的权势，造成双方势不两立，激发了“五王政变”。中宗、睿宗两个儿子被长期幽囚，懦弱无能，武氏子弟中也未有出类拔萃之人，武则天到头来找不到一个得力的接班人，所以她以悲剧告终，一个成功者，最后又成了一个失败者。悲剧的根本原因是武则天自己创造的，她杀子夺权，自我凌驾一切，对任何人都不信任，也不允许任何人比她能干，致使她的晚年没有了保证，这是武则天始料未及的。

唐纪二十四

唐中宗神龙元年至景龙元年（705—707 年）

【起旃蒙大荒落（乙巳，705 年）二月，尽强圉协洽（丁未，707 年），凡二年有奇】

【大事提要】

本卷记事起公元 705 年二月，讫公元 707 年，凡两年又十一个月，时当唐中宗神龙元年二月到景龙元年。唐中宗李显，唐高宗第七子，武则天所生第三子。李显在武周变革之际，历经磨难，两度为皇太子，两度即帝位，在被废为庐陵王、贬居房陵时期，时时有杀身之祸，按说应当长智慧、长见识，可是李显却比唐高宗还要昏庸。中宗在位六年，本卷记事为其初即帝位的头三年。短短三年，发生了许多出人意料的政治大事件，把国家政治搞得一团漆黑。其一，韦皇后效法武则天干政，中宗即位伊始即成傀儡。其二，中宗猜忌心太甚，不信任政变五王，而引纳武氏外戚控制五王，导致武三思东山再起，五王遭残害。其三，滥封官职，韦氏外戚势力迅速膨胀，并与武氏外戚合流，迫害忠良。中宗竟然容忍韦皇后淫乱，反而杀害直言之士，导致乱政发生。其四，皇太子李重俊发动兵变诛杀武三思，重演西汉的戾太子事件，始料未及地为睿宗的上台铺平道路。本卷还记载中宗佞佛建寺，买鱼放生，浪费了大量国家资财。无耻小人宋之逊投靠武三思卖友求荣，从另一个侧面反映了中宗时代政治的昏暗。

【原文】

中宗大和大圣大昭孝皇帝中

神龙元年（乙巳，705 年）

二月，辛亥，帝帅百官诣上阳宫问太后起居；自是每十日一往。

甲寅，复国号曰唐。郊庙、社稷、陵寝、百官、旗帜、服色、文字皆如永淳以前故事。复以神都为东都，北都为并州，老君为玄元皇帝。

乙卯，凤阁侍郎、同平章事韦承庆贬高要尉；正谏大夫、同平章事房融除名，流高州；司礼卿崔神庆流钦州。杨再思为户部尚书、同中书门下三品、西京留守。

太后之迁上阳宫也，太仆卿、同中书门下三品姚元之独呜咽流涕。桓彦范、张柬之谓曰："今日岂公涕泣时邪！恐公祸由此始。"元之曰："元之事则天皇帝久，乍此辞违，悲不能忍。且元之前日从公诛奸逆，人臣之义也；今日别旧君，亦人臣之义也，虽获罪，实所甘心。"是日，出为亳州刺史。

甲子，立妃韦氏为皇后，赦天下。追赠后父玄贞为上洛王、母崔氏为妃。

左拾遗贾虚己上疏，以为"异姓不王，古今通制。今中兴之始，万姓喁喁以观陛下之政；而先王后族，非所以广德美于天下也。且先朝赠后父太原王，殷鉴不远，须防其渐。若以恩制已行，宜令皇后固让，则益增谦冲之德矣。"不听。

初，韦后生邵王重润、长宁安乐二公主，上之迁房陵也，安乐公主生于道中，上特爱之。上在房陵与后同幽闭，备尝艰危，情爱甚笃。上每闻敕使至，辄惶恐欲自杀，后止之曰："祸福无常，宁失一死，何遽如是！"上尝与后私誓曰："异时幸复见天日，当惟卿所欲，不相禁制。"及再为皇后，遂干预朝政，如武后在高宗之世。桓彦范上表，以为："《易》称'无攸遂，在中馈，贞吉，《书》称'牝鸡之辰，惟家之索'。伏见陛下每临朝，皇后必施帷幔坐殿上，预闻政事。臣窃观自古帝王，未有与

【语译】

中宗大和大圣大昭孝皇帝中

唐中宗神龙元年（乙巳，705年）

二月初一日辛亥，中宗率领百官前往上阳宫向太后问候日常生活。从此中宗每十天去问候一次。

二月初四日甲寅，恢复国号为唐，郊庙、社稷、陵寝、百官、旗帜、服色、文字等礼仪典章制度也都恢复唐高宗永淳年间以前的旧例，又把神都改回东都的原名、北都改回并州的原名，恢复老君玄元皇帝的尊号。

二月初五日乙卯，中宗把凤阁侍郎、同平章事韦承庆贬谪为高要县尉；把正谏大夫、同平章事房融削除做官的身份，流放到高州；把司礼卿崔神庆流放到钦州。命令杨再思担任户部尚书、同中书门下三品、西京留守。

在太后被迁到上阳宫的时候，只有太仆卿、同中书门下三品姚元之独自伤心落泪。桓彦范、张柬之对他说道："今天哪里是您哭泣的时候啊？我们担心您的灾祸从今以后就要开始了。"姚元之回答道："元之侍奉则天皇帝日久，此时突然要分别了，感到悲哀难忍。况且元之前些日子追随诸公诛除奸臣逆党，乃是作为臣子的本分；今天辞别旧君，同样也是作为臣子的本分。即便由此而获罪，也实在是自己心甘情愿的。"当天，姚元之被外调担任亳州刺史。

二月十四日甲子，中宗把他的妃子韦氏册立为皇后，大赦天下；又追赠韦后之父韦玄贞为上洛王，追赠韦后之母崔氏为上洛王妃。

左拾遗贾虚己上奏说："异姓之人不得封王，是从古至今一贯的制度。现在是唐朝中兴的开始，天下百姓归心景仰，注视着陛下的政绩。陛下却首先追封皇后的家族为王，这不是在全国光大贤德仁政的措施。况且高宗时期赠太后的父亲武士彟为太原郡王，此事的教训距离现在不算遥远，应防微杜渐。如果认为降恩的诏书已经颁行无法收回的话，应当命令皇后坚决推辞，那么更能增添皇后谦和淡泊的美德。"中宗没有接受他的意见。

当初，韦后共生育了邵王李重润以及长宁、安乐两公主，在中宗被废迁居房陵的时候，安乐公主在路途中诞生，因此中宗特别宠爱她。中宗和韦后在房陵一同被幽禁期间，经历了各种艰辛和危难，因而两人之间的感情非常深厚。中宗每逢听到奉有敕令的使者到来的消息，往往惊惶失措得想要自杀，韦后阻止他说道："祸福吉凶难以预料，宁愿冒一次被处死的危险，您何必这么匆忙自杀呢！"中宗曾经向韦后私下发誓说："假如日后我有幸重见天日，一定听任你随心所欲，不施加任何限制。"到韦氏再次成为皇后以后，便像武后在高宗时期那样干预起朝政来了。桓彦范

妇人共政而不破国亡身者也。且以阴乘阳，违天也；以妇陵夫，违人也。伏愿陛下览古今之戒，以社稷苍生为念，令皇后专居中宫，治阴教，勿出外朝干国政。”

先是，胡僧慧范以妖妄游权贵之门，与张易之兄弟善，韦后亦重之。及易之诛，复称慧范预其谋，以功加银青光禄大夫，赐爵上庸县公，出入宫掖，上数微行幸其舍。彦范复表言慧范执左道以乱政，请诛之。上皆不听。

初，武后诛唐宗室，有才德者先死，惟吴王恪之子郁林侯千里，褊躁无才，又数献符瑞，故独得免。上即位，立为成王，拜左金吾大将军。武后所诛唐诸王、妃、主、驸马等皆无人葬埋，子孙或流窜岭表，或拘囚历年，或逃匿民间，为人佣保。至是，制州县求访其柩，以礼改葬，追复官爵，召其子孙，使之承袭，无子孙者为择后置之。既而宗室子孙相继而至，皆召见，涕泣舞蹈，各以亲疏袭爵拜官有差。

（以上为第一段，写中宗初即位，就步唐高宗后尘，宠信韦皇后，使其干预朝政，埋下祸根。又平反唐宗室。）

二张之诛也，洛州长史薛季昶谓张柬之、敬晖曰：“二凶虽除，产、禄犹在，去草不去根，终当复生。”二人曰：“大事已定，彼犹机上肉耳，夫何能为！所诛已多，不可复益也。”季昶叹曰：“吾不知死所矣。”朝邑尉武强刘幽求亦谓桓彦范、敬晖曰：“武三思尚存，公辈终无葬地；若不早图，噬脐无及。”不从。

上女安乐公主适三思子崇训。上官婉儿，仪之女孙也，仪死，没入掖庭，辩慧善属文，明习吏事。则天爱之，自圣历以后，百司表奏多令

呈上表章，认为：“《周易》说‘妇女不必去外做别的事，把家中膳食安排妥当，那就是大吉大利’。《尚书》说：‘只要母鸡打鸣报晓，这个家族就要破败了。’我见到皇上每次临朝，皇后总是张起帷帐坐在大殿上参与对军国大事的决策。臣私下发现古往今来的帝王，没有哪一个不是由于与妇人共同执政而国破身亡的。况且让阴凌驾于阳之上，是违背天道的；以妇人欺凌丈夫，是违背人理的。我希望陛下明察古今兴衰治乱的经验教训，将社稷与百姓放在心上，使皇后严守中宫的本分，主持宫内的职事和教化，不要出朝来干预国家政事。”

在此之前，胡僧慧范凭借妖异迷妄的法术在高官权臣的门庭中间交游，与张易之、张昌宗兄弟等人相处友好，韦后也很重视他。张易之被诛灭之后，韦后又声称慧范也参与了诛除张易之等人的策划，慧范因功被加封为银青光禄大夫，并赏赐爵位为上庸县公，取得了出入内宫的权利，唐中宗也多次穿便衣私下到他的寓所去。桓彦范又呈上表章指控慧范使用旁门左道来淆乱朝政，请求把他处死。中宗对这些意见都没有接受。

当初，武后诛杀唐宗室的时候，最先死掉的是那些具有德望和才能的人，只有吴王李恪的儿子郁林侯李千里，心胸狭窄、性情浮躁，又没有才能，再加上多次进献带有祥瑞征兆的物件，因而得以免除死难。中宗即皇帝位后，册封李千里为成王，封他为左金吾大将军。武后所诛杀的李唐诸王、王妃、公主、驸马等全都没有人安葬，他们的子孙中有的被流放到岭南一带，有的已经在牢房里囚禁了数年，有的逃亡隐藏在民间为别人干活帮工。此时，中宗颁布诏书到各州县，寻访这些死亡宗室的灵柩，按照礼仪改葬；为这些死者恢复官爵；召回他们的子孙，让子孙们承袭他们的爵位；对那些没有子孙的人，则替他们选择后嗣加以安置。没过多久，宗室的子孙们相继到达东都，中宗把他们全都召见了。大家哭泣着向中宗行了舞拜礼仪。各自依据血缘关系的亲疏远近而承袭爵位，任命了级别不等的官职。

张易之、张昌宗被诛杀后，洛州长史薛季昶对张柬之、敬晖说道：“张易之、张昌宗这两名正凶虽已被除，但像吕产、吕禄这样的人仍然在朝野活动，锄草若不铲除草根，最终草还是会重新长出来的。”张柬之、敬晖回答道：“大局现已确定，他们那些人就像是几案上的肉而已，能够有什么作为！诛杀的人已经够多了，不可以再杀更多的了。”薛季昶叹息着说：“我不知葬身何地了。”朝邑县尉武强人刘幽求也对桓彦范和敬晖说道：“武三思还活着，你们这些人最终将死无葬身之地；如果不及早做准备，就像嘴咬肚脐够不着一样，后悔也来不及了。”桓彦范和敬晖没有听取。

唐中宗的女儿安乐公主下嫁给武三思的儿子武崇训。上官婉儿是上官仪的孙女，上官仪被处死后，她被没入内宫。上官婉儿聪明善辩，擅长写文章，还熟悉官府事

参决；及上即位，又使专掌制命，益委任之，拜为婕妤，用事于中。三思通焉，故党于武氏，又荐三思于韦后，引入禁中，上遂与三思图议政事，张柬之等皆受制于三思矣。上使韦后与三思双陆，而自居旁为之点筹；三思遂与后通，由是武氏之势复振。

张柬之等数劝上诛诸武，上不听。柬之等曰："革命之际，宗室诸李，诛夷略尽；今赖天地之灵，陛下返正，而武氏滥官僭爵，按堵如故，岂远近所望邪！愿颇抑损其禄位以慰天下！"又不听。柬之等或抚床叹愤，或弹指出血，曰："主上昔为英王，时称勇烈，吾所以不诛诸武者，欲使上自诛之以张天子之威耳。今反如此，事势已去，知复奈何！"上数微服幸武三思第，监察御史清河崔皎密疏谏曰："国命初复，则天皇帝在西宫，人心犹有附会；周之旧臣，列居朝廷，陛下奈何轻有外游，不察豫且之祸！"上泄之，三思之党切齿。

丙寅，以太子宾客武三思为司空、同中书门下三品。

左散骑常侍谯王重福，上之庶子也；其妃，张易之之甥。韦后恶之，谮于上曰："重润之死，重福为之也。"由是贬濮州员外刺史，又改均州刺史，常令州司防守之。

丁卯，以右散骑常侍安定王武攸暨为司徒、定王。

辛未，相王固让太尉及知政事，许之；又立为皇太弟，相王固辞而止。

甲戌，以国子祭酒始平祝钦明同中书门下三品，黄门侍郎、知侍中事韦安石为刑部尚书，罢知政事。

丁丑，武三思、武攸暨固辞新官爵及政事，许之，并加开府仪同三司。

立皇子义兴王重俊为卫王，北海王重茂为温王；仍以重俊为洛州牧。

务。武则天非常喜欢她，自从圣历年间以后，多次让她参与对各官署衙门所上的表章奏疏的裁断。等到中宗即位后，又指派上官婉儿专门负责起草皇帝的诏书，更是委以重任，封为婕妤，在宫禁中掌理权柄。武三思私通上官婉儿，因此她成了武氏的党羽。她又向韦后举荐了武三思，把武三思招致宫中，中宗于是与武三思谋划商讨政事，张柬之等人便受到了武三思的制约。中宗要韦后与武三思一起玩一种称为双陆的博弈游戏，自己则坐在旁边为他们计算筹码。武三思于是与韦后私通，武氏的势力从此再次得以振兴。

张柬之等屡次劝谏中宗诛灭武氏兄弟，中宗均不采纳。张柬之等人说："武后改唐为周的时候，李唐宗室们几乎被诛杀光了，现在仰赖天地之神灵，陛下又重登帝位，但武氏却仍然滥受官职、窃据爵位，安居如旧时一样，这种情形难道是朝野上下所希望看到的吗？请求减降他们的一些俸禄和职位来安抚天下！"中宗还是没有采纳他们的建议。张柬之等人有的拍着坐榻叹息感愤，有的弹击手指以致流血，说道："皇上过去做英王的时候，人们称颂为一个英勇刚烈的人，我们之所以没有将武氏党羽诛灭，是想让皇上自己去诛除他们以便伸张天子的声威。现在反而成了这样，大势已去，知道了又能怎么样呢！"中宗却多次身着便服私下来到武三思的府第，监察御史清河人崔皎秘密上疏劝谏说："大唐国运刚刚恢复，则天皇帝还居住在西边的上阳宫里，人心仍有依附于她的；武周时期的旧臣们，还在朝廷中供职，陛下怎么能轻易地外出巡游，却不注意存在神龙身着鱼服而被渔夫豫且射中的灾难呢！"中宗把此疏泄露了出去，武三思的党羽们对崔皎恨得直咬牙。

二月十六日丙寅，中宗任命太子宾客武三思担任司空、同中书门下三品。

左散骑常侍谯王李重福，是中宗的庶子，他的妃子是张易之的外甥女。韦后讨厌李重福，便向中宗诬陷他说："李重润等人被迫自杀，是李重福造成的。"中宗因此把李重福贬谪为濮州员外刺史，又把他改任为均州刺史，还经常命令州官对他加以防范。

二月十七日丁卯，中宗任命右散骑常侍安定王武攸暨担任司徒、封为定王。

二月二十一日辛未，相王李旦坚决推辞太尉及宰相职务，中宗同意了他的辞职；中宗又立相王李旦为皇太弟，因相王坚决推辞而作罢。

二月二十四日甲戌，中宗任命国子祭酒始平人祝钦明担任同中书门下三品；任命黄门侍郎、知侍中事韦安石担任刑部尚书，免去他执掌政事的职务。

二月二十七日丁丑，武三思、武攸暨坚决推辞新近任命的官爵和政务，中宗允诺了他们的请求，并且加封他们为开府仪同三司。

唐中宗册立皇子义兴王李重俊为卫王，册立北海王李重茂为温王；仍以李重俊出任洛州牧的官职。

三月，甲申，制："文明已来破家子孙皆复旧资荫，唯徐敬业、裴炎不在免限。"

丁亥，制："酷吏周兴、来俊臣等，已死者追夺官爵，存者皆流岭南恶地。"

（以上为第二段，写五王政变不诛武氏诸王，留下隐患，果然武三思迅速东山再起，卷土重来。）

己丑，以袁恕己为中书令。

以安车征安平王武攸绪于嵩山，既至，除太子宾客；固请还山，许之。

制："枭氏、蟒氏皆复旧姓。"

术士郑普思、尚衣奉御叶静能皆以妖妄为上所信重，夏，四月，墨敕以普思为秘书监，静能为国子祭酒。桓彦范、崔玄暐固执不可，上曰："已用之，无容遽改。"彦范曰："陛下初即位，下制云：'政令皆依贞观故事。'贞观中，魏徵、虞世南、颜师古为秘书监，孔颖达为国子祭酒，岂普思、静能之比乎！"庚戌，左拾遗李邕上疏，以为"《诗》三百，一言以蔽之，曰'思无邪'。若有神仙能令人不死，则秦始皇、汉武帝得之矣；佛能为人福利，则梁武帝得之矣。尧、舜所以为帝王首者，亦修人事而已。尊宠此属，何补于国！"上皆不听。

上即位之日，驿召魏元忠于高要；丁卯，至都，拜卫尉卿、同平章事。

甲戌，以魏元忠为兵部尚书，韦安石为吏部尚书，李怀远为右散骑常侍，唐休璟为辅国大将军，崔玄暐检校益府长史，杨再思检校杨府长史，祝钦明为刑部尚书，并同中书门下三品。元忠等皆以东宫旧僚褒之也。

乙亥，以张柬之为中书令。

戊寅，追赠故邵王重润为懿德太子。

五月，壬午，迁周庙七主于西京崇尊庙。制："武氏三代讳，奏事者皆不得犯。"乙酉，立太庙、社稷于东都。

三月初五日甲申，中宗颁布诏书："文明年间以来被抄的家族的子孙全部恢复原有的资历与荫封，唯有徐敬业、裴炎两家不在赦免的范围内。"

三月初八日丁亥，中宗颁布诏书："酷吏周兴、来俊臣等人，已经死去的要追夺官职爵位，仍然活着的都流放到岭南险恶之地。"

三月初十日己丑，中宗任命袁恕己担任中书令。

用安车到嵩山征召安平王武攸绪，武攸绪到达京师后，就被委任为太子宾客，他坚决要求返回嵩山，中宗允诺了他的要求。

唐中宗颁布诏书："枭氏、蟒氏都恢复原有的姓为萧氏、王氏。"

术士郑普思和尚衣奉御叶静能都依靠邪术左道得到中宗的信任和重用。夏季，四月，宫禁内颁下中宗亲笔书写的敕书，任命郑普思担任秘书监，任命叶静能担任国子祭酒。桓彦范和崔玄暐坚决不同意这样做，中宗说道："我已任用了他们，不容许这么快就改变任命。"桓彦范说："陛下刚即位之时，曾颁布诏书说：'各项政令都依照贞观时期的旧制！'贞观时期，担任秘书监职务的是魏徵、虞世南和颜师古，担任国子祭酒职务的是孔颖达，这些人哪里是郑普思和叶静能所能比的！"四月初一日庚戌，左拾遗李邕上奏，认为："《诗经》三百篇，以一句话来概括，叫作'思想纯正'。如果有神仙能使人长生不老，那么秦始皇、汉武帝早已得到保佑了，如果佛祖真能替人造福谋利，那么梁武帝也早就得到满足了。唐尧、虞舜之所以能够成为帝王中列于首位的人物，也不过是由于他们修行人世间的事情罢了。尊荣宠信郑普思和叶静能这种人，对于国家会有什么益处！"中宗都没有听取。

唐中宗登位那一天，派遣驿传前往高要县召回魏元忠。四月十八日丁卯，魏元忠抵达东都，中宗授予他卫尉卿、同平章事的职务。

四月二十五日甲戌，中宗任命魏元忠担任兵部尚书，韦安石担任吏部尚书，李怀远担任右散骑常侍，唐休璟担任辅国大将军，崔玄暐担任检校益府长史，杨再思担任检校杨府长史，祝钦明担任刑部尚书，均加授同中书门下三品衔。魏元忠等都因为是中宗做太子时的旧有僚属的缘故，而得到褒荣嘉奖。

四月二十六日乙亥，中宗任命张柬之担任中书令。

四月二十九日戊寅，追赠已经死去的邵王李重润为懿德太子。

五月初四日壬午，把武周宗庙七个神主迁到西京崇尊庙，并颁布诏书："对于武氏祖孙三代人的名讳，上奏言事的人们都不得触犯。"五月初七日乙酉，在东都设立太庙和社稷神主。

以张柬之等及武攸暨、武三思、郑普思等十六人皆为立功之人，赐以铁券，自非反逆，各恕十死。

癸巳，敬晖等帅百官上表，以为："五运迭兴，事不两大。天授革命之际，宗室诛窜殆尽，岂得与诸武并封！今天命惟新，而诸武封建如旧，并居京师，开辟以来未有斯理。愿陛下为社稷计，顺遐迩心，降其王爵以安内外。"上不许。

敬晖等畏武三思之谗，以考功员外郎崔湜为耳目，伺其动静。湜见上亲三思而忌晖等，乃悉以晖等谋告三思，反为三思用；三思引为中书舍人。湜，仁师之孙也。

先是，殿中侍御史南皮郑愔谄事二张，二张败，贬宣州司士参军，坐赃，亡入东都，私谒武三思。初见三思，哭甚哀，既而大笑。三思素贵重，甚怪之，愔曰："始见大王而哭，哀大王将戮死而灭族也。后乃大笑，喜大王之得愔也。大王虽得天子之意，彼五人皆据将相之权，胆略过人，废太后如反掌。大王自视势位与太后孰重？彼五人日夜切齿欲噬大王之肉，非尽大王之族不足以快其志。大王不去此五人，危如朝露，而晏然尚自以为泰山之安，此愔所以为大王寒心也。"三思大悦，与之登楼，问自安之策，引为中书舍人，与崔湜皆为三思谋主。

三思与韦后日夜谮晖等，云"恃功专权，将不利于社稷"。上信之。三思等因为上画策，"不若封晖等为王，罢其政事，外不失尊宠功臣，内实夺之权"。上以为然，甲午，以侍中齐公敬晖为平阳王，谯公桓彦范为扶阳王，中书令汉阳公张柬之为汉阳王，南阳公袁恕己为南阳王，特进、同中书门下三品博陵公崔玄暐为博陵王，罢知政事，赐金帛鞍马，令朝朔望；仍赐彦范姓韦氏，与皇后同籍。寻又以玄暐检校益州长史、知都督事，又改梁州刺史。三思令百官复修则天之政，不附武氏者斥之，为五王所逐者复之，大权尽归三思矣。

唐中宗认为张柬之等人以及武攸暨、武三思、郑普思等十六人都是为国家立有功劳的人，向他们颁赐铁券，如果这些人不是犯有谋反大逆之罪，各人都可以得到宽免十次死罪的待遇。

五月十五日癸巳，敬晖等人带领百官上奏，认为："五德之运轮流兴盛，没有两德同时强大的事情。天授年间武周代唐的时候，唐宗室遭受诛杀、流徙几尽，哪里能够与武氏同列受封。现在上天之命已改易更新，但是武氏仍然像当年那样封邑授爵，与唐宗室一起居住在京师，自开天辟地以来没有这种道理。希望陛下替大唐社稷着想，顺从朝野上下的意愿，贬抑他们的王位和爵位以安定内外。"中宗没有批准。

敬晖等人惧怕武三思的谗言，便将考功员外郎崔湜作为自己的耳目，窥探武三思的动静。崔湜见中宗亲近武三思而疑忌敬晖等人，竟把敬晖等人的计谋全部告诉了武三思，反而被武三思所利用。武三思荐举崔湜担任了中书舍人。崔湜是崔仁师的孙子。

在此以前，殿中侍御史南皮县人郑愔阿附张易之和张昌宗，二张败死后，他被贬谪为宣州司士参军；又因犯贪赃罪，亡命逃入东都，暗地里拜见武三思。郑愔刚见到武三思的时候，哭得极为哀伤，一会儿又大笑起来。武三思向来位尊威重，对郑愔的悲喜无常感到十分奇怪。郑愔说道："我刚见到您时之所以啼哭，是为您将被杀戮和灭族而感到悲哀。悲哀之后又大笑，是在为您能得到我郑愔而感到欣喜。您虽然获得天子的厚意，而张柬之、敬晖、桓彦范、崔玄暐和袁恕己那五个人都执掌着将相的权柄，而且胆气谋略过人，他们废除太后的帝位易如反掌。您自己衡量一下与太后相比哪一个权位更重一些？那五个人日夜咬牙切齿想吃您的肉，若没有将您灭族，是不足以让他们称心如意的。如果不除掉这五个人，您的安危就会像清晨的露水一样毫无保障，然而您却安然自得还以为像泰山一样岿然不动，这就是我郑愔替您所感到寒心的缘故。"武三思极为高兴，与郑愔一起登楼，向他征询自保平安的谋略，并荐用他担任了中书舍人，他与崔湜一道成了武三思的谋主。

武三思与韦后总是向中宗诬陷敬晖等人，讲他们"倚仗功劳专擅权柄，将会危害大唐的江山社稷"。中宗听信了他们两人的谗言。武三思等便趁机替中宗出谋划策，"不如授予敬晖等人王爵，同时免除他们执掌的政务，这样表面上不失为尊崇功臣，骨子里委实是剥夺他们手中的权力"。中宗以为可以这样做。五月十六日甲午，中宗封侍中齐公敬晖为平阳王，谯公桓彦范为扶阳王，中书令汉阳公张柬之为汉阳王，南阳公袁恕己为南阳王，特进、同中书门下三品博陵公崔玄暐为博陵王，同时罢免了他们执掌的政务，赏赐五人金帛鞍马，命令他们每月于初一、十五日朝见，还赐桓彦范姓韦氏，让他与韦后同宗籍。不久中宗又任命崔玄暐检校益州长史、知

（以上为第三段，写张柬之等与武氏诸王明争暗斗日益激化。中宗听信武三思，封政变中坚张柬之等五人为王，实夺其权。）

五王之请削武氏诸王也，求人为表，众莫肯为。中书舍人岑羲为之，语甚激切；中书舍人偃师毕构次当读表，辞色明厉。三思既得志，羲改秘书少监，出构为润州刺史。

易州刺史赵履温，桓彦范之妻兄也。彦范之诛二张，称履温预其谋，召为司农少卿，履温以二婢遗彦范；及彦范罢政事，履温复夺其婢。

上嘉宋璟忠直，屡迁黄门侍郎。武三思尝以事属璟，璟正色拒之曰："今太后既复子明辟，王当以侯就第，何得尚干朝政！独不见产、禄之事乎！"

以韦安石兼检校中书令，魏元忠兼检校侍中，又以李湛为右散骑常侍，赵承恩为光禄卿，杨元琰为卫尉卿。

先是，元琰知三思浸用事，请弃官为僧，上不许。敬晖闻之，笑曰："使我早知，劝上许之，髡去胡头，岂不妙哉！"元琰多须类胡，故晖戏之。元琰曰："功成名遂，不退将危。此乃由衷之请，非徒然也。"晖知其意，瞿然不悦。及晖等得罪，元琰独免。

（以上为第四段，写杨元琰见微知著，见中宗昏庸而功成身退，得免武三思之祸。）

上官婕妤劝韦后袭则天故事，上表请天下士庶为出母服丧三年，又请百姓年二十三为丁，五十九免役，改易制度以收时望。制皆许之。

癸卯，制，降诸武，梁王三思为德静王，定王攸暨为乐寿王，河内王懿宗等十二人皆降为公，以厌人心。

甲辰，以唐休璟为左仆射，同中书门下三品如故；豆卢钦望为右仆射。

都督事，又将他改任为梁州刺史。武三思命令百官重新推行武则天临朝的政治，对没有趋附武氏的人都加以排斥，那些被张柬之、桓彦范等五王斥逐的人纷纷得到重新起用，大权全都落到武三思的手中。

张柬之等五王请求消除武氏各王的王爵，找人为他们草拟表章，朝臣当中没有谁肯干此事。中书舍人岑羲起草了表章，遣辞用语非常激烈；中书舍人偃师人毕构按次序正轮到宣读表章，语气和神态显得明朗严肃。武三思得志以后，岑羲被改任为秘书少监，毕构被贬谪为润州刺史。

易州刺史赵履温是桓彦范的妻兄，桓彦范诛杀张易之、张昌宗，声称赵履温也参与了诛除逆党的谋划，中宗召他入京并命令他担任司农少卿，赵履温曾将两个婢女赠予桓彦范；后来桓彦范被罢免了宰相职务，赵履温又强行讨回了那两个婢女。

唐中宗赞赏宋璟的忠心正直，不断提拔他直到担任黄门侍郎的职务。武三思曾经托宋璟替他办事，宋璟神色严肃地拒绝他道："现在太后已经恢复了儿子的帝位，大王你就应当以侯爵的身份返回自己的府第，怎么能够还去干预朝政呢！难道你不知道有关吕产、吕禄的史事吗！"

唐中宗命令韦安石兼任检校中书令，魏元忠兼任检校侍中，又命令李湛担任右散骑常侍，赵承恩担任光禄卿，杨元琰担任卫尉卿。

在此之前，杨元琰知悉武三思逐渐专权的情况，便请求辞去官职，出家为僧，中宗没有允许。敬晖听到这桩事后，嬉笑着说道："假使我早一点得知这桩事情，我将会劝皇上同意你的请求，剃掉你这胡人式的须发，岂不是很好吗？"杨元琰脸上生有许多胡须，样子好像胡人，所以敬晖开他的玩笑。杨元琰回答道："人们在功成名就之时，如果不逊位告退，就会遇到危险。出家为僧是我发自内心的请求，不仅仅是做出这样的姿态。"敬晖知道了他的真实想法之后，惊奇地看着他，感到很不愉快。到后来敬晖等人获罪，唯有杨元琰一人幸免。

上官婕妤劝韦后沿袭武则天时期的典章制度，向中宗上表请求下令全国士人平民一律为亲生母亲服丧三年，又请求规定百姓以二十三岁为成丁，到五十九岁可免除劳役，通过改易制度来收买人心。中宗下诏对所有建议都加以采纳。

五月二十五日癸卯，中宗颁布诏书，下令降低各武氏的封爵等级，把梁王武三思降为德静县王，把定王武攸暨降为乐寿县王，把河内王武懿宗等十二人都降为公爵。以此来满足人们的心愿。

五月二十六日甲辰，中宗命令唐休璟担任尚书左仆射，仍旧担任同中书门下三品；任命豆卢钦望担任尚书右仆射。

六月，壬子，以左骁卫大将军裴思说充灵武军大总管，以备突厥。

癸亥，命右仆射豆卢钦望，有军国重事，中书门下可共平章。

先是，仆射为正宰相，其后多兼中书门下之职，午前决朝政，午后决省事。至是，钦望专为仆射，不敢预政事，故有是命。是后专拜仆射者，不复为宰相矣。

又以韦安石为中书令，魏元忠为侍中，杨再思检校中书令。

丁卯，祔孝敬皇帝于太庙，号义宗。

戊辰，洛水溢，流二千余家。

秋，七月，辛巳，以太子宾客韦巨源同中书门下三品，西京留守如故。

特进汉阳王张柬之表请归襄州养疾；乙未，以柬之为襄州刺史，不知州事，给全俸。

河南、北十七州大水，八月，戊申，以水灾求直言。右卫骑曹参军西河宋务光上疏，以为："水阴类，臣妾之象，恐后庭有干外朝之政者，宜杜绝其萌。今霖雨不止，乃闭坊门以禳之，至使里巷谓坊门为宰相，言朝廷使之燮理阴阳也。又，太子国本，宜早择贤能而立之。又，外戚太盛，如武三思等，宜解其机要，厚以禄赐。又，郑普思、叶静能以小技窃大位，亦朝政之蠹也。"疏奏，不省。

壬戌，追立妃赵氏为恭皇后，孝敬皇帝妃裴氏为哀皇后。

九月，壬午，上祀昊天上帝、皇地祇于明堂，以高宗配。

初，上在房陵，州司制约甚急；刺史河东张知謇、灵昌崔敬嗣独待遇以礼，供给丰赡。上德之，擢知謇自贝州刺史为左卫将军，赐爵范阳公。敬嗣已卒，求得其子汪，嗜酒，不堪厘职，除五品散官。

改葬上洛王韦玄贞，其仪皆如太原王故事。

癸巳，太子宾客、同中书门下三品韦巨源罢为礼部尚书，以其从父

六月初四日壬子，中宗任命左骁卫大将军裴思说充任灵武军大总管，以防备突厥部众的进犯。

六月十五日癸亥，中宗任命尚书右仆射豆卢钦望，当遇上讨论军国大事时，可以在中书省、门下省中与宰相共同商议决策。

在此之前，仆射实际是正宰相，后来宰相大多兼任中书、门下之职，并于中午之前商议处理朝廷政事，在午后处理尚书省的事务。到此时，豆卢钦望专门担任右仆射一职，不能参与宰相们对于军国大事的讨论决策，因此中宗下达了这一命令。从此专任尚书仆射的人，就不再担任宰相职务了。

中宗又命令韦安石担任中书令，魏元忠担任侍中，杨再思担任检校中书令。

六月十九日丁卯，中宗把孝敬皇帝李弘的神主祔祭于太庙，庙号定为唐义宗。

六月二十日戊辰，洛水漫出河岸，洪流冲走二千多户人家。

秋季，七月初四日辛巳，中宗命令太子宾客韦巨源担任同中书门下三品，仍旧保留他的西京留守职务。

特进汉阳王张柬之上表请求返回襄州养病。七月十八日乙未，中宗任命张柬之担任襄州刺史，但不主持该州事务，发给全额俸禄。

黄河南北十七个州大水泛滥。八月初一日戊申，中宗因为发生水灾的缘故而征求臣下直言进谏。右卫骑曹参军西河人宋务光上奏，认为：“水是阴类，象征臣妾，恐怕后宫有干预外朝政事的人，应当防止这种事态的萌发。眼下久雨不停，但是关闭坊市北门来祈求天晴，以至于老百姓误认为坊门就是宰相，说它是由朝廷指派来调节阴阳的。还有，太子是邦国的根本，应该尽早选择贤良而有才能的皇子册立为太子；此外，外戚权势太大，像武三思等人，应该罢免他们所担任的重要职务，多给他们一些俸禄和赏赐；再者，郑普思、叶静能依靠方术末技就窃取了高位，他们也是侵蚀朝政的蛀虫。”奏疏呈上后，中宗不加理会。

八月十五日壬戌，把妃子赵氏追立为恭皇后，又把孝敬皇帝李弘的妃子裴氏追立为哀皇后。

九月初五日壬午，中宗在明堂祭祀天地之神，以唐高宗李治配享。

当初，中宗在房陵的时候，州衙官署对中宗的限制和约束十分严厉，唯独刺史河东人张知謇和灵昌人崔敬嗣对中宗以礼相待，提供补给充裕丰富。皇帝感激他们的恩德，便把张知謇由贝州刺史提拔为左卫将军，赐予爵位为范阳公。崔敬嗣已经亡故，寻找到了他的儿子崔汪，崔汪贪杯嗜酒，不能承担治理政事的职务，便给了他一个五品散官。

改葬韦后的父亲上洛王韦玄贞，礼仪规格都依照太原王武士彟的先例。

九月十六日癸巳，罢免太子宾客、同中书门下三品韦巨源，改任为礼部尚书，

安石为中书令故也。

以左卫将军上邽纪处讷兼检校太府卿，处讷娶武三思之妻姊故也。

冬，十月，命唐休璟留守京师。

癸亥，上幸龙门；乙丑，猎于新安而还。

辛未，以魏元忠为中书令，杨再思为侍中。

十一月，戊寅，群臣上皇帝尊号曰应天皇帝，皇后曰顺天皇后。壬午，上与后谒谢太庙，赦天下；相王、太平公主加实封，皆满万户。

己丑，上御洛城南楼，观泼寒胡戏。清源尉吕元泰上疏，以为“谋时寒若，何必裸身挥水，鼓舞衢路以索之！”疏奏，不纳。

（以上为第五段，写中宗昏庸，滥用国家官职酬谢亲故，韦皇后及韦氏外戚势力日益兴起。）

壬寅，则天崩于上阳宫，年八十二。遗制：“去帝号，称则天大圣皇后。王、萧二族及褚遂良、韩瑗、柳奭亲属皆赦之。”

上居谅阴，以魏元忠摄冢宰三日。元忠素负忠直之望，中外赖之；武三思惮之，矫太后遗制，慰谕元忠，赐实封百户。元忠捧制，感咽涕泗，见者曰：“事去矣！”

十二月，丁卯，上始御同明殿见群臣。

太后将合葬乾陵，给事中严善思上疏，以为：“乾陵玄宫以石为门，铁锢其缝，今启其门，必须镌凿。神明之道，体尚幽玄，动众加功，恐多惊黩。况合葬非古，汉时诸陵，皇后多不合葬，魏、晋已降，始有合者。望于乾陵之傍更择吉地为陵，若神道有知，幽涂自当通会，若其无知，合之何益！”不从。

是岁，户部奏天下户六百一十五万，口三千七百一十四万有畸。

（以上为第六段，写武则天之死，以及武周一朝全国最后的户口数。）

这么做是由于他的叔父韦安石担任了中书令。

中宗任命左卫将军上邽人纪处讷兼任检校太府卿，这是因为纪处讷娶了武三思之妻姐的缘故。

冬季，十月，中宗任命唐休璟留守京师。

十月十七日癸亥，中宗驾临龙门；十月十九日乙丑，在新安狩猎之后又返还京师。

十月二十五日辛未，中宗任命魏元忠担任中书令，杨再思担任侍中。

十一月初二日戊寅，群臣替中宗上尊号为应天皇帝，给韦后上尊号为顺天皇后。十一月初六日壬午，中宗与韦后一起来到太庙拜谒告谢，赦免天下罪囚；把相王李旦和太平公主的实封做了增加，所封都满一万户。

十一月十三日己丑，中宗登上洛阳城南楼观赏泼寒胡戏。清源县尉吕元泰上奏，认为："君主擅长谋划，则节令寒气自然顺畅无碍，何必赤裸身体，互相泼水，在大街上击鼓起舞以祈求寒冬的到来呢！"奏疏呈上后，中宗没有采纳。

十二月二十六日壬寅，武则天在上阳宫亡故，终年八十二岁。武则天留下遗诏说："去掉我皇帝尊号，称为则天大圣皇后。高宗的后妃王氏和萧氏家族以及褚遂良、韩瑗、柳奭三人的亲属全都予以赦免。"

唐中宗在为武则天居丧守制期间，指定魏元忠代理三天冢宰职务。魏元忠一向负有忠诚正直的声望，深得朝廷内外的信赖。武三思对此十分忧惧，便伪造武则天的遗诏，对魏元忠晓谕抚慰，并赐魏元忠食百户的实封。魏元忠手捧"太后遗命"，感动呜咽、涕泪纵横，旁观的人说："事势已无法挽回了！"

十二月二十一日丁卯，中宗又开始亲临同明殿会见群臣。

朝廷将要把武则天与唐高宗合葬于乾陵，给事中严善思上奏，认为："乾陵墓室之门是由石头做成的，石门的门缝又是用铁水封锢起来的，现在要打开石门，就必须凿开。神明之道，本质是崇尚幽玄的；动用众多人力再次对陵墓施工，恐怕多有惊扰冒犯。况且把夫妻合葬并不是古制，汉代皇帝的陵墓，多数都没有将皇后合葬。从魏晋以来，才有合葬之墓。希望在乾陵旁边另选风水好的场地营建陵墓，假如神灵有知，在阴间自然会连通交会；如果神灵无知，合葬一起有什么好处呢？"中宗没有听取他的建议。

这一年，户部奏报，全国户数为六百一十五万，人口为三千七百一十四万多。

二年（丙午，706 年）

春，正月，戊戌，以吏部尚书李峤同中书门下三品，中书侍郎于惟谦同平章事。

闰月，丙午，制："太平、长宁、安乐、宜城、新都、定安、金城公主并开府，置官属。"

武三思以敬晖、桓彦范、袁恕己尚在京师，忌之，乙卯，出为滑、洺、豫三州刺史。

赐阌乡僧万回号法云公。

甲戌，以突骑施酋长乌质勒为怀德郡王。

二月，乙未，以刑部尚书韦巨源同中书门下三品，仍与皇后叙宗族。

丙申，僧慧范等九人并加五品阶，赐爵郡、县公；道士史崇恩等加五品阶，除国子祭酒，同正；叶静能加金紫光禄大夫。

选左、右台及内外五品以上官二十人为十道巡察使，委之察吏抚人，荐贤直狱，二年一代，考其功罪而进退之。易州刺史魏人姜师度、礼部员外郎马怀素、殿中侍御史临漳源乾曜、监察御史灵昌卢怀慎、卫尉少卿滏阳李杰皆预焉。

三月，甲辰，中书令韦安石罢为户部尚书；户部尚书苏瓌为侍中、西京留守。瓌，颋之父也。唐休璟致仕。

初，少府监丞弘农宋之问及弟兖州司仓之逊皆坐附会张易之贬岭南，逃归东都，匿于友人光禄卿、驸马都尉王同皎家。同皎疾武三思及韦后所为，每与所亲言之，辄切齿。之逊于帘下闻之，密遣其子昙及甥校书郎李悛告三思，欲以自赎。三思使昙、悛及抚州司仓冉祖雍上书告同皎与洛阳人张仲之、祖延庆、武当丞寿春周憬等潜结壮士，谋杀三思，因勒兵诣阙，废皇后。上命御史大夫李承嘉、监察御史姚绍之按其事，又命杨再思、李峤、韦巨源参验。仲之言三思罪状，事连宫壶。再思、巨源阳寐不听；峤与绍之命反接送狱。仲之还顾，言不已，绍之命村之，折其臂。仲之大呼曰："吾已负汝，死当讼汝于天！"庚戌，同皎等皆坐斩，籍没其家。周憬亡入比干庙中，大言曰："比干古之忠臣，知吾此心。三思与皇后淫乱，倾危国家，行当枭首都市，恨不及见耳！"遂自刭。之问、之逊、昙、悛、祖雍并除京官，加朝散大夫。

唐中宗神龙二年（丙午，706年）

春季，正月二十三日戊戌，中宗任命吏部尚书李峤担任同中书门下三品，中书侍郎于惟谦担任同平章事。

闰三月初一日丙午，颁布诏书："太平公主、长宁公主、安乐公主、宜城公主、新都公主、定安公主和金城公主全都开立府署，设置僚属。"

由于敬晖、桓彦范和袁恕己三人仍在京师，武三思嫉恨他们，闰正月初十日乙卯，将三人分别贬谪为滑州、洺州和豫州刺史。

唐中宗赐予阌乡和尚万国"法云公"的名号。

闰正月二十九日甲戌，中宗册封突骑施酋长乌质勒为怀德郡王。

二月二十一日乙未，中宗任命刑尚书韦巨源担任同中书门下三品，还准许他排定辈分列入韦皇后的宗族之中。

二月二十二日丙申，中宗将僧侣慧范等九人均加以五品官阶，赐予郡公或县公的爵位；道士史崇恩等三人各加以五品官阶，并且任命他们为国子祭酒、员外特置、同正员；叶静能加以金紫光禄大夫衔。

朝廷选拔左、右台及内外五品以上官员共二十人，担任十道巡察使，委派他们考察官吏政绩、安抚平民百姓，举荐贤能之士、申雪平反冤狱。各道巡察使每隔两年替换一次，考核他们的功绩与过失以决定升降其官职。易州刺史魏县人姜师度、礼部员外郎马怀素、殿中侍御史临漳县人源乾曜、监察御史灵昌县人卢怀镇和卫尉少卿滏阳县人李杰均被选上，参与其事。

三月初一日甲辰，罢免中书令韦安石，改任户部尚书；户部尚书苏瓌出任侍中、西京留守。苏瓌是苏颋的父亲，唐休璟退休。

当初，少府监丞弘农县人宋之问和他的弟弟兖州司仓宋之逊，都因依附张易之获罪而被谪贬岭南。两人逃归东都，隐藏在友人光禄卿、驸马都尉王同皎家中。王同皎对武三思及韦后的所作所为很痛恨，每当他同亲近的人谈到这些事时，往往是咬牙切齿。宋之逊在门帘后听到王同皎的话，便暗地里派他的儿子宋昙和外甥校书郎李悛向武三思告发，希望以此来赎自己的罪。武三思指使宋昙、李悛及抚州司仓冉祖雍上书，告发王同皎与洛阳人张仲之、祖延庆、武当丞寿春人周憬等暗地集结壮士，策划杀死武三思，并趁机带兵进入宫廷，废黜韦皇后。中宗命令御史大夫李承嘉和监察御史姚绍之审讯这桩案件，又命令杨再思、李峤和韦巨源参与此案的勘验。张仲之陈述武三思的罪状，事情牵连到韦后，杨再思和韦巨源假装睡觉，不予理睬。李峤和姚绍之命令把张仲之反绑着送往监牢中关押。张仲之回过头来，诉说不止，姚绍之下令拷打他，折断了他的手臂。张仲之大声呼叫着说："我已被你背弃亏负，我死了以后定要向上天控告你！"二月初七日庚戌，王同皎等人都被处死，

（以上为第七段，写宋之逊辈小人投靠武三思，卖友求荣。）

武三思与韦后日夜谮敬晖等不已，复左迁晖为朗州刺史，崔玄暐为均州刺史，桓彦范为亳州刺史，袁恕己为郢州刺史，与晖等同立功者皆以为党与坐贬。

大置员外官，自京司及诸州凡二千余人，宦官超迁七品以上员外官者又将千人。

魏元忠自端州还，为相，不复强谏，惟与时俯仰，中外失望。酸枣尉袁楚客致书元忠，以为："主上新服厥命，惟新厥德，当进君子，退小人，以兴大化，岂可安其荣宠，循默而已！今不早建太子，择师傅而辅之，一失也。公主开府置僚属，二失也。崇长缁衣，使游走权门，借势纳赂，三失也。俳优小人，盗窃品秩，四失也。有司选进贤才，皆以货取势求，五失也。宠进宦者，殆满千人，为长乱之阶，六失也。王公贵戚，赏赐无度，竞为侈靡，七失也。广置员外官，伤财害民，八失也。先朝宫女，得自便居外，出入无禁，交通请谒，九失也。左道之人，荧惑主听，盗窃禄位，十失也。凡此十失，君侯不正，谁与正之哉！"元忠得书，愧谢而已。

夏，四月，改赠后父韦玄贞为酆王，后四弟皆赠郡王。

己丑，左散骑常侍、同中书门下三品李怀远致仕。

处士韦月将上书告武三思潜通宫掖，必为逆乱；上大怒，命斩之。黄门侍郎宋璟奏请推按，上益怒，不及整巾，屣履出侧门，谓璟曰："朕谓已斩，乃犹未邪！"命趋斩之。璟曰："人言宫中私于三思，陛下不问而诛之，臣恐天下必有窃议。"固请按之，上不许，璟曰："必欲斩月将，请先斩臣！不然，臣终不敢奉诏。"上怒少解。左御史大夫苏珦、给事中

还抄没了他们的家。周憬逃进比干庙里，大声说道："比干是上古的忠臣，知道我的这颗心。武三思与韦皇后淫乱，危害江山社稷，行将在都市上枭首示众，遗憾的是我看不到这些罢了！"说完便自杀了。宋之问、宋之逊、宋昙、李悛、冉祖雍等人都被委任为京官，还加官为朝散大夫。

武三思和韦后不断地对敬晖等人进行诬陷，于是，中宗又把敬晖贬职为朗州刺史。当时与敬晖等一同举事立下功劳的人均被视为敬晖等人的同党而获罪贬谪。

中宗大量添设员外官，从京师官署直到地方各州总共添设员外官两千余人，破格提升为七品以上员外官的宦官，又有近千名。

魏元忠从端州返京，担任宰相后，就再也不力行诤谏了，遇事只是顺着时事应付，随波逐流，朝廷内外对他感到失望。酸枣县尉袁楚客给魏元忠写信，认为："皇上刚刚即位，要使他更新自己的品德，应当提拔任用君子，贬抑斥逐小人，来振兴国家的教化，怎么能够安于荣宠，只是循顺潮流缄默无言而已！现在还不早些决定太子名分，选择师傅并对他加以辅导教诲，这是第一个过失。公主开设府署及配置僚属，这是第二个过失。尊礼推崇佛徒僧侣，使得他们奔走交往于权贵之家，仗势收取钱财，这是第三个过失。演出滑稽歌舞的戏子小人窃取朝廷的官位俸禄，这是第四个过失。铨选衙门提拔进用贤才的时候，都是以贿赂多少和背景大小为标准来求取人选，这是第五个过失。受皇帝宠爱而提拔的宦官，几乎近千人，成为滋长变乱的条件，这是第六个过失。对王公贵戚滥颁赏赐，这些人竞相攀比奢华奢靡，这是第七个过失。大量添设员外官，耗费钱财损害百姓，这是第八个过失。先朝的宫女可以随便居住在宫禁之外，并且出入宫门均不受限制，与外人勾结交往，请托成风，这是第九个过失。歪门邪道之徒炫惑皇帝的视听，窃取俸禄职位，这是第十个过失。总计这类的十个过失，您不去加以匡正，哪个人来匡正它呢？"魏元忠获悉来信，也只能是羞惭致歉罢了。

夏季，四月，中宗改赠韦后之父上洛王韦玄贞为酆王，韦后的四个弟弟都被赠为郡王。

四月十六日己丑，左散骑常侍、同中书门下三品李怀远退休。

处士韦月将上书，告发武三思暗地里与韦后通奸，定会造成反叛变乱。中宗大为动怒，命令把韦月将斩首。黄门侍郎宋璟上奏请求交付法司推究审判，中宗更加愤怒，顾不上整好头巾，拖着便鞋走到大明宫的侧门外，对宋璟说道："朕以为早已杀了韦月将，竟然到此刻还没有执行呢！"接着下令催促把韦月将处斩。宋璟说道："有人告发皇后与武三思有奸情，陛下不追究，却要杀掉上书的人，我担心天下

徐坚、大理卿长安尹思贞皆以为方夏行戮，有违时令。上乃命与杖，流岭南。过秋分一日，平晓，广州都督周仁轨斩之。

御史大夫李承嘉附武三思，诋尹思贞于朝，思贞曰："公附会奸臣，将图不轨，先除忠臣邪！"承嘉怒，劾奏思贞，出为青州刺史。或谓思贞曰："公平日讷于言，及廷折承嘉，何其敏邪？"思贞曰："物不能鸣者，激之则鸣。承嘉恃威权相陵，仆义不受屈，亦不知言之从何而至也。"

武三思恶宋璟，出之检校贝州刺史。

五月，庚申，葬则天大圣皇后于乾陵。

武三思使郑愔告朗州刺史敬晖、亳州刺史韦彦范、襄州刺史张柬之、郢州刺史袁恕已、均州刺史崔玄暐与王同皎通谋，六月，戊寅，贬晖崖州司马，彦范泷州司马，柬之新州司马，恕已窦州司马，玄暐白州司马，并员外置，仍长任，削其勋封；复彦范姓桓氏。

初，韦玄贞流钦州而卒，蛮酋宁承基兄弟逼取其女，妻崔氏不与，承基等杀之，及其四男洵、浩、洞、泚，上命广州都督周仁轨使将兵二万讨之。承基等亡入海，仁轨追斩之，以其首祭崔氏墓，杀掠其部众殆尽。上喜，加仁轨镇国大将军，充五府大使，赐爵汝南郡公。韦后隔帘拜仁轨，以父事之。及韦后败，仁轨以党与诛。

秋，七月，戊申，立卫王重俊为太子。太子性明果，而官属率贵游子弟，所为多不法；左庶子姚珽屡谏，不听，珽，璹之弟也。

丙寅，以李峤为中书令。

上将还西京，辛未，左散骑常侍李怀远同中书门下三品，充东都留守。

之人一定会在背地里非议。”仍然坚持请交付法司审理。中宗不同意，宋璟说：“如果一定要把韦月将斩首，那就请先把我斩首好了，否则我终归是不敢按照诏命行事的。”中宗的怒气这才稍微平息了一些。左御史大夫苏珦、给事中徐坚和大理卿长安人尹思贞也都认为时值夏季行诛戮之刑，与季节的时令相违背，中宗于是下令判处韦月将杖刑，将他流放到岭南。在秋分的第二天拂晓，广州都督周仁轨便把韦月将斩首了。

御史大夫李承嘉阿附武三思，在朝廷之上毁谤尹思贞，尹思贞说道：“您投靠奸臣，将图谋不轨，所以要先行除掉忠臣吗？”李承嘉动怒，便上奏弹劾尹思贞，把他贬谪为青州刺史。有人对尹思贞说：“您平时不善言辞，但是在当庭指斥李承嘉的时候，为什么言谈那么敏捷？”尹思贞回答说：“不能发出声响的物件，受到冲击就会发出声响。李承嘉仗势欺凌我，我秉承大义，不甘受欺压。也不清楚那些言辞是从哪里来的。”

武三思憎恨宋璟，便把他贬谪为检校贝州刺史。

五月十八日庚申，中宗把则天大圣皇后安葬在乾陵。

武三思指使郑愔告发朗州刺史敬晖、亳州刺史韦彦范、襄州刺史张柬之、郢州刺史袁恕己、均州刺史崔玄暐与王同皎往来同谋。六月初六日戊寅，中宗把敬晖贬职为崖州司马，将韦彦范贬职为泷州司马，将张柬之贬职为新州司马，将袁恕己贬职为窦州司马，将崔玄暐贬职为白州司马，一律置于正员官之外，还要长期留在任上，削夺他们的勋阶封爵。恢复韦彦范原来的姓桓氏。

当初，韦玄贞被流放到钦州后去世，蛮人部落酋长宁承基兄弟前来逼娶韦玄贞的女儿，韦玄贞的妻子崔氏没有把女儿交给宁承基，宁承基等人便杀了她及韦玄贞的四个儿子韦洵、韦浩、韦洞和韦泚。中宗命令广州都督周仁轨统领两万军队去征讨宁承基兄弟，宁承基等人逃亡海上，周仁轨率部追击他们，把他们斩杀了，用他们的头颅祭奠崔氏的坟墓，而且将宁承基兄弟的部众杀戮和抢掠得几乎一点不剩。中宗欢悦欣喜，加封周仁轨镇国大将军称号，派遣他充任广、桂、邕、容、琼五府大使，赐予他汝南郡公的爵位。周仁轨入朝时，韦后隔着帘帐对他行礼，像对待父亲那样对待他。等到后来韦后败落失势，周仁轨被当作韦后的党羽杀死。

秋季，七月初七日戊申，中宗册立卫王李重俊为太子。太子性情聪明果断，但是太子官属大多是权贵之家的游闲子弟，所作所为大都违法犯禁，左庶子姚珽多次进谏，太子却没有听取，姚珽是姚琦的弟弟。

七月二十五日丙寅，中宗任命李峤担任中书令。

唐中宗即将返回西京长安，七月三十日辛未，任命左散骑常侍李怀远担任中书门下三品，充任东都留守。

（以上为第八段，写中宗昏庸，容忍韦皇后淫行，杀忠贞直谏之臣，不断贬逐五王，以至魏元忠闭口不言。）

武三思阴令人疏皇后秽行，榜于天津桥，请加废黜。上大怒，命御史大夫李承嘉穷核其事。承嘉奏言："敬晖、桓彦范、张柬之、袁恕己、崔玄暐使人为之，虽云废后，实谋大逆，请族诛之。"三思又使安乐公主谮之于内，侍御史郑愔言之于外，上命法司结竟。大理丞三原李朝隐奏称："晖等未经推鞫，不可遽就诛夷。"大理丞裴谈奏称："晖等宜据制书处斩籍没，不应更加推鞫。"上以晖等尝赐铁券，许以不死，乃长流晖于琼州，彦范于瀼州，柬之于泷州，恕己于环州，玄暐于古州，子弟年十六以上，皆流岭外。擢承嘉为金紫光禄大夫，进爵襄武郡公，谈为刑部尚书；出李朝隐为闻喜令。

三思又讽太子上表，请夷晖等三族；上不许。

中书舍人崔湜说三思曰："晖等异日北归，终为后患，不如遣使矫制杀之。"三思问谁可使者，湜荐大理正周利用。利用先为五王所恶，贬嘉州司马，乃以利用摄右台侍御史，奉使岭外。比至，柬之、玄暐已死，遇彦范于贵州，令左右缚之，曳于竹槎之上，肉尽至骨，然后杖杀。得晖，咼而杀之。恕己素服黄金，利用逼之使饮野葛汁，尽数升不死，不胜毒愤，掊地，爪甲殆尽，仍捶杀之。利用还，擢拜御史中丞。薛季昶累贬儋州司马，饮药死。

三思既杀五王，权倾人主，常言："我不知代间何者谓之善人，何者谓之恶人；但于我善者则为善人，于我恶者则为恶人耳。"时兵部尚书宗楚客、将作大匠宗晋卿、太府卿纪处讷、鸿胪卿甘元柬皆为三思羽翼。御史中丞周利用、侍御史冉祖雍、太仆丞李俊、光禄丞宋之逊、监察御史姚绍之皆为三思耳目，时人谓之五狗。

武三思暗中派人罗列韦后的污秽行为，把这些内容张贴在东都的天津桥上，请求废黜韦后。唐中宗大为动怒，命令御史大夫李承嘉竭尽全力地追究此事。李承嘉呈奏说道："是敬晖、桓彦范、张柬之、袁恕己和崔玄暐指使人干的这件事，虽然所写的只是请求废黜皇后，但实际上是图谋叛逆，请把这五个人灭族。"武三思又指使安乐公主在宫中对五人进行诬陷，指使御史郑愔在外朝对五人加以议论，中宗于是命令司法官署审结此案。大理丞三原人李朝隐上奏说："敬晖等人尚未经过推问审讯，不能骤然将他们杀掉。"大理丞裴谈上奏说："对敬晖等人最好是按照皇帝的诏书处以斩刑，抄没他们的家，不应该再经过审讯了。"中宗因曾赐给敬晖等人铁券，允诺过不对他们处以死刑，便将他们处以长期流刑；把敬晖流放到琼州，把桓彦范流放到瀼州，把张柬之流放到泷州，把袁恕己流放到环州，把崔玄暐流放到古州；五人的子弟中年龄在十六岁以上的，都被流放到五岭以外。提升李承嘉担任金紫光禄大夫，把他的封爵提升为襄武郡公，裴谈也被提升为刑部尚书。李朝隐被贬谪为闻喜县令。

武三思又暗示太子李重俊上奏，请求把敬晖等人夷灭三族，中宗没有批准。

中书舍人崔湜劝武三思说："将来敬晖等人返回到朝中，终究还是要成为后患，不如派遣使者伪造皇帝的诏书将他们杀掉。"武三思问他谁可以作为使者前去，崔湜推荐了大理正周利用。周利用先前曾被敬晖等五王所憎恶，被贬官为嘉州司马。武三思于是任命周利用代理右台侍御史，奉命出使前往岭南。等到周利用到达的时候，张柬之和崔玄暐已经去世。周利用在贵州遇到了桓彦范，就命令手下人把桓彦范捆绑起来，将他放倒在竹筏之上用力拖拉，桓彦范身上的肉被磨尽露出了骨头，然后才把他杖击而死。抓到敬晖之后，竟把他用刀凌剐处死。袁恕己平时服食金石丹药，周利用逼迫他饮用有毒的野葛汁，袁恕己喝了几升之后还没有被毒死，然而由于毒性难忍，他只得用手抓土，手上的指甲几乎被磨完了，才把他杖击致死。周利用返回朝廷后，被提拔担任了御史中丞。薛季昶多次遭贬，在降职为儋州司马时，服毒药自杀了。

武三思杀五王之后，权势超过中宗，他常声称："我不知道世上有什么样的人可称为善人，什么样的人可称为恶人；只要对我好的人便为善人，对我不好的人便为恶人而已。"当时，兵部尚书宗楚客、将作大匠宗晋卿、太府卿纪处讷、鸿胪卿甘元柬都成为武三思的朋党。御史中丞周利用、侍御史冉祖雍、太仆丞李俊、光禄丞宋之逊、监察御史姚绍之五人都是武三思的耳目，当时人们把这伙人称为五狗。

（以上为第九段，写武三思豢养的五狗乱政，五王被害。）

九月，戊午，左散骑常侍、同中书门下三品李怀远薨。

初，李峤为吏部侍郎，欲树私恩，再求入相，奏大置员外官，广引贵势亲识。既而为相，铨衡失序，府库减耗，乃更表言滥官之弊，且请逊位；上慰谕不许。

冬，十月，己卯，车驾发东都，以前检校并州长史张仁愿检校左屯卫大将军兼洛州长史。戊戌，车驾至西京。十一月，乙巳，赦天下。

丙辰，以蒲州刺史窦从一为雍州刺史。从一，德玄之子也，初名怀贞，避皇后父讳，更名从一，多谄附权贵。太平公主与僧寺争碾硙，雍州司户李元纮判归僧寺。从一大惧，亟命元纮改判。元纮大署判后曰："南山可移，此判无动！"从一不能夺。元纮，道广之子也。

初，秘书监郑普思纳其女于后宫，监察御史灵昌崔日用劾奏之，上不听。普思聚党于雍、岐二州，谋作乱。事觉，西京留守苏瓌收系，穷治之。普思妻第五氏以鬼道得幸于皇后，上敕瓌勿治。及车驾还西京，瓌廷争之，上抑瓌而佑普思；侍御史范献忠进曰："请斩苏瓌！"上曰："何故？"对曰："瓌为留守大臣，不能先斩普思，然后奏闻，使之荧惑圣听，其罪大矣。且普思反状明白，而陛下曲为申理。臣闻王者不死，殆谓是乎！臣愿先赐死，不能北面事普思。"魏元忠曰："苏瓌长者，用刑不枉。普思法当死。"上不得已，戊午，流普思于儋州，余党皆伏诛。

十二月，己卯，突厥默啜寇鸣沙，灵武军大总管沙吒忠义与战，军败，死者六千余人。丁巳，突厥进寇原、会等州，掠陇右牧马万余匹而去。免忠义官。

安西大都护郭元振诣突骑施乌质勒牙帐议军事，天大风雪，元振立

九月十七日戊午，左散骑常侍、同中书门下三品李怀远去世。

当初，李峤任户部侍郎的时候，想通过树立自己私人的恩德，求得再次入朝成为宰相，便奏请大量添设员外官，引荐大批达官权贵的亲朋来充任。不久以后他担任了宰相，由于吏部铨选官吏未能论资排辈以及国库积储减损的缘故，便重新上表陈述设官太滥的弊端，并且请求让出宰相的职位。中宗对他安慰劝谕，没有批准他的请求。

冬季，十月初九日己卯，中宗一行从东都出发，命令前任检校并州长史张仁愿担任检校左屯卫大将军，兼洛州长史。十月二十八日戊戌，中宗一行抵达西京长安。十一月初五日乙巳，下诏赦免天下罪囚。

十一月十六日丙辰，中宗命令蒲州刺史窦从一担任雍州刺史。窦从一是窦德玄的儿子，原名窦怀贞，为了避免韦皇后之父韦玄贞的名讳，改名为窦从一。他时常谄谀阿附权贵。太平公主与佛寺为争夺一座水力碾磑而打官司，雍州司户李元纮判决归佛寺所有。窦从一非常畏惧，急忙命令李元纮改判。李元纮在判决词后面用大字签署："南山可以移去，这个判决不能改动！"窦从一无法迫使他改变原判。李元纮是李道广的儿子。

当初，秘书监郑普思将自己的女儿送往后宫，监察御史灵昌人崔日用呈上奏疏弹劾他，中宗没有理会崔日用的奏疏。后来郑普思在雍州和岐州聚集党徒，阴谋作乱。事情败露，西京留守苏瓌拘捕了郑普思，穷究其罪。郑普思的妻子第五氏因会巫术而受到韦后的宠幸，中宗因此下敕书令苏瓌不要治郑普思的罪。等到中宗一行人从东都返回西京长安，苏瓌在朝廷之上争辩此事，中宗压制苏瓌而袒护郑普思，侍御史范献忠上前对中宗说："请求把苏瓌斩首！"中宗问道："为什么？"范献忠回答说："苏瓌身为留守大臣，不能先把郑普思斩首，然后再向陛下奏报，以至于让郑普思炫惑陛下的视听，他的罪过实在太大了！何况郑普思谋反的情节已经清楚，但是陛下却以曲说为他申辩。我听说帝王不肯处死臣下，大概说的就是这种情况吧！臣请求陛下先把我赐死，臣不能够面朝北方侍奉郑普思。"魏元忠说："苏瓌是长者，他执法未曾有诬枉之处。郑普思应依法处以死刑。"中宗无可奈何。十一月十八日戊午，把郑普思流放到儋州，他的余党都被处死。

十二月初九日己卯，突厥阿史那默啜侵扰鸣沙，唐灵武军大总管沙吒忠义与突厥部众交战，唐军失败，阵亡的达六千余人。十二月十一日丁巳，突厥部众进犯原州和会州等地，掠夺了陇右的一万多匹军马之后撤走。朝廷罢免了沙吒忠义的官职。

安西大都护郭元振前往突骑施乌质勒的统军营帐中商讨军事时，大风雪从天而

于帐前，与乌质勒语。久之，雪深，元振不移足；乌质勒老，不胜寒，会罢而卒。其子娑葛勒兵将攻元振，副使御史中丞解琬知之，劝元振夜逃去，元振曰：“吾以诚心待人，何所疑惧！且深在寇庭，逃将安适！”安卧不动。明旦，入哭，甚哀，娑葛感其义，待元振如初。戊戌，以娑葛袭嗢鹿州都督、怀德王。

安乐公主恃宠骄恣，卖官鬻狱，势倾朝野。或自为制敕，掩其文，令上署之；上笑而从之，竟不视也。自请为皇太女，上虽不从，亦不谴责。

（以上为第十段，写中宗优柔寡断，受制于后宫，是非不明，原则不守，无力惩治叛贼。）

景龙元年（丁未，707 年）

春，正月，庚戌，制以突厥默啜寇边，命内外官各进平突厥之策。右补阙卢俌上疏，以为：“郤縠悦礼乐，敦诗书，为晋元帅；杜预射不穿札，建平吴之勋。是知中权制谋，不取一夫之勇。如沙吒忠义，骁将之材，本不足以当大任。又，鸣沙之役，主将先逃，宜正邦宪；赏罚既明，敌无不服。又，边州刺史，宜精择其人，使之蒐卒乘，积资粮，来则御之，去则备之。去岁四方旱灾，未易兴师。当理内以及外，绥近以来远，俟仓廪实，士卒练，然后大举以讨之。”上善之。

二月，丙戌，上遣武攸暨、武三思诣乾陵祈雨。既而雨降，上喜，制复武氏崇恩庙及昊陵、顺陵，因名酅王庙曰褒德，陵曰荣先；又诏崇恩庙斋郎取五品子充。太常博士杨孚曰：“太庙皆取七品已下子为斋郎，今崇恩庙取五品子，未知太庙当如何？”上命太庙亦准崇恩庙。孚曰：“以臣准君，犹为僭逆，况以君准臣乎！”上乃止。

降，郭元振站在帐前与乌质勒交谈。谈话的时间很长，地上的积雪很深，郭元振却没有把双脚移开，但是乌质勒年事已高，承受不了严寒，在这次会面结束后便死去了。乌质勒的儿子娑葛统帅部众，打算攻打郭元振。副使、御史中丞解琬获悉这一消息后，劝郭元振趁夜色逃离，郭元振说："我拿诚心对待他人，又有什么事可疑虑害怕的！再说我们这些人都深处敌寇的巢穴之内，就是想逃走，又能逃到什么地方！"他十分镇静地躺在床上，没有起身。次日早晨，郭元振前去哭灵吊祭，娑葛被郭元振的大义所感动，便又像当初那样对待他。十二月二十八日戊戌，册命娑葛承袭嗢鹿州都督、怀德王的官爵。

安乐公主恃仗着中宗的宠爱骄横放纵，卖官鬻爵，贪赃枉法，权势压倒朝廷内外。有时竟自己起草诏令敕书，把内容覆盖着要中宗在后面签名署印。中宗笑着按照她的意思去做，竟然不审阅诏敕的具体内容。安乐公主请求把自己立为皇太女，中宗虽然没有听从她的意见去办理，但是也没有责罚她。

唐中宗景龙元年（丁未，707 年）

春季，正月十一日庚戌，颁布诏书，由于突厥阿史那默啜部侵扰边境的缘故，命令朝廷内外各位官员进呈平定突厥的谋略。右补阙卢俌上奏，认为："晋大夫郤縠喜欢礼乐，尊崇《诗经》《尚书》，受命为晋中军元帅；西晋大臣杜预连胄甲的叶片都射不穿，而建树了讨平东吴的功勋。由此可知中军统帅的职责在于制定谋略，不在于他个人的一夫之勇。比如沙吒忠义，系骁勇的将材，本来就不足以承担大任。再说在鸣沙战役中，沙吒忠义身为主将却率先逃跑，应当按国法处置。朝廷赏罚既已分明，就没有不可降服的敌人。另外，边塞各州刺史，应当精心挑选称职的人，让这些刺史搜求士卒车乘、积贮军资粮草，敌人进犯则加以抵御，敌人离去则加以防备。去年各地旱灾多发，不要轻易出征，应当整饬内部进而治理外患、安抚近边百姓以便招来远方的民众，等到国家府库充实、兵士精练的时候，再大举发兵去讨伐突厥。"中宗认为他的建议非常好。

二月十七日丙戌，中宗派遣武攸暨、武三思前往乾陵求雨。时间没过多久雨就降下来了，中宗很高兴，便颁布诏书恢复武氏的崇恩庙和昊陵、顺陵，因而把供奉韦后亡父的酆王庙改称褒德，并把他的陵墓称为荣先。此外，中宗还颁布诏令规定崇恩庙的斋郎一律由五品官员的儿子充任。太常博士杨孚说道："太庙的斋郎都是七品以下官员的儿子充任的，倘若说崇恩庙取五品官的儿子作斋郎的话，不知道太庙应该怎么办呢？"中宗便命令太庙也按崇恩庙一样的规格施行。杨孚又说道："将臣子的礼仪规格比照君王，就已经是僭越逆乱了，何况是让君主比照臣子的规格呢！"

庚寅，敕改诸州中兴寺、观为龙兴，自今奏事不得言中兴。右补阙权若讷上疏，以为"天、地、日、月等字皆则天能事，贼臣敬晖等轻紊前规；今削之无益于淳化，存之有光于孝理。又，神龙元年制书，一事以上，并依贞观故事，岂可近舍母仪，远尊祖德！"疏奏，手制褒美。

三月，庚子，吐蕃遣其大臣悉薰热入贡。

夏，四月，辛巳，以上所养雍王守礼女金城公主妻吐蕃赞普。

五月，戊戌，以左屯卫大将军张仁愿为朔方道大总管，以备突厥。

上以岁旱谷贵，召太府卿纪处讷谋之。明日，武三思使知太史事迦叶志忠奏："是夜，摄提入太微宫，至帝座，主大臣宴见纳忠于天子。"上以为然。敕称处讷忠诚，彻于玄象，赐衣一袭，帛六十段。

六月，丁卯朔，日有食之。

姚嶲道讨击使、监察御史晋昌唐九徵击姚州叛蛮，破之，斩获三千余人。

（以上为第十一段，写中宗命内外官进平突厥之策，佞佛求福，以及武三思借旱求雨扩张势力。）

皇后以太子重俊非其所生，恶之；特进德静王武三思尤忌太子。上官婕妤以三思故，每下制敕，推尊武氏。安乐公主与驸马左卫将军武崇训常陵侮太子，或呼为奴。崇训又教公主言于上，请废太子，立己为皇太女。太子积不能平。

秋，七月，辛丑，太子与左羽林大将军李多祚、将军李思冲、李承况、独孤祎、沙吒忠义等，矫制发羽林千骑兵三百余人，杀三思、崇训于其第，并亲党十余人。又使左金吾大将军成王千里及其子天水王禧分兵守宫城诸门，太子与多祚引兵自肃章门斩关而入，叩阁索上官婕妤。

于是中宗便停止实施这一项命令。

二月二十一日庚寅，中宗颁布敕书，把各州的中兴寺和中兴观改称为龙兴寺和龙兴观，并且下令从此以后臣民上奏言事不得再提及“中兴”这两个字。右补阙权若讷上疏认为：“天、地、日、月等字，都是武则天的杰作，贼臣敬晖等随心所欲地紊乱前朝规定。现在若除去这些规定对于纯净社会风尚没有什么益处，但保存它们却有助于孝道的发扬光大。另外，陛下在神龙元年的诏书中说，处理任何事情一概遵奉贞观时期的惯例，怎么可以舍弃母亲的准则而遥奉祖先的德政呢？”这篇奏疏呈进之后，中宗亲笔书写诏书来褒奖称赞权若讷。

三月初三日庚子，吐蕃派遣大臣悉薰热前来朝廷纳贡。

夏季，四月十四日辛巳，把中宗收养的雍王李守礼的女儿金城公主许配给吐蕃赞普做妻子。

五月初一日戊戌，中宗任命左屯卫大将军张仁愿担任朔方道大总管，以防备突厥。

中宗因为当年旱灾，粮价很贵，召见太府卿纪处讷商量应付这一状况的措施。第二天，武三思指使执掌太史职事的迦叶志忠进奏说：“这天夜晚，摄提星进入太微宫，抵达太帝星座，所主之事乃是大臣在皇帝闲暇召见时进献忠言被接受。”中宗认为他说得对，便颁下敕书，称赞纪处讷忠心诚信，通晓天象，并赏赐他一套衣服和六十段帛。

六月初一日丁卯朔，发生日食。

姚巂道讨击使、监察御史晋昌县人唐九征攻击背叛朝廷的姚州蛮族部落，战胜了他们，斩杀和俘获共三千多人。

韦皇后因为太子李重俊不是她自己亲生的，所以十分讨厌他。特进德静王武三思尤其忌恨太子李重俊。上官婕妤由于与武三思私通的缘故，每次她起草诏书敕令，都尊奉武氏。安乐公主和驸马左卫将军武崇训经常欺凌侮辱太子，有时甚至把太子称作奴才。武崇训还教唆安乐公主向中宗建议废除太子，立她自己为皇太女，太子心中郁积，无法平息。

秋季，七月初六日辛丑，太子李重俊会同左羽林大将军李多祚、将军李思冲、李承况、独孤祎、沙吒忠义等人，伪造中宗的诏令调动羽林千骑兵三百余人，在武三思家中把武三思、武崇训父子及其亲族党徒十余人杀死；又指派左金吾大将军成王李千里和他的儿子天水王李禧分别率兵把守宫城各门，太子和李多祚统领兵马从

婕妤大言曰："观其意欲先索婉儿，次索皇后，次及大家。"上乃与韦后、安乐公主、上官婕妤登玄武门楼以避兵锋，使右羽林大将军刘景仁帅飞骑百余人屯于楼下以自卫。杨再思、苏瓌、李峤与兵部尚书宗楚客、左卫将军纪处讷拥兵二千余人屯太极殿前，闭门自守。多祚先至玄武楼下，欲升楼，宿卫拒之。多祚与太子狐疑，按兵不战，冀上问之。宫闱令石城杨思勖在上侧，请击之。多祚婿羽林中郎将野呼利为前锋总管，思勖挺刃斩之，多祚军夺气。上据槛俯谓多祚所将千骑曰："汝辈皆朕宿卫之士，何为从多祚反！苟能斩反者，勿患不富贵。"于是千骑斩多祚、承况、祎之、忠义，余众皆溃。成王千里、天水王禧攻右延明门，将杀宗楚客、纪处讷，不克而死。太子以百骑走终南山，至鄠西，能属者才数人，憩于林下，为左右所杀。上以其首献太庙及祭三思、崇训之柩，然后枭之朝堂。更成王千里姓曰蝮氏，同党皆伏诛。

东宫僚属无敢近太子尸者，唯永和县丞宁嘉勖解衣裹太子首号哭，贬兴平丞。

太子兵所经诸门守者皆坐流；韦氏之党奏请悉诛之，上更命法司推断。大理卿宋城郑惟忠曰："大狱始决，人心未安，若复有改推，则反仄者众矣。"上乃止。

以杨思勖为银青光禄大夫，行内常侍。

癸卯，赦天下。

赠武三思太尉、梁宣王，武崇训开府仪同三司、鲁忠王。安乐公主请用永泰公主故事，以崇训墓为陵，给事中卢粲驳之，以为"永泰事出特恩，今鲁王主婿，不可为比。"上手敕曰："安乐与永泰无异，同穴之义，今古不殊。"粲又奏："陛下以膝下之爱施及其夫，岂可使上下无辨，君臣一贯哉！"上乃从之。公主怒，出粲为陈州刺史。

（以上为第十二段，写皇太子李重俊发动兵变诛灭武三思。）

肃章门夺关攻入宫禁，敲击内殿大门索取上官婕妤，上官婕妤夸张地说：“看起来他们的意思是想先索取我上官婉儿，其次再索取皇后，最后是要索取皇帝。”中宗便与韦后、安乐公主、上官婕妤一同登上玄武门门楼躲避兵戈锋刃，派遣右羽林大将军刘景仁带领侍卫中宗的一百多名飞骑驻扎在门楼之下来保护自己。杨再思、苏瓌、李峤与兵部尚书宗楚客、左卫将军纪处讷聚集两千多士兵驻扎太极殿前，闭门坚守。李多祚举兵先到玄武楼下，想要登楼，遭到宿卫亲兵的抵抗。李多祚和太子有些犹豫不决，勒住兵马，没有发起对玄武楼的进攻，而是希望中宗能询问他们起兵的原因。宫闱令石城县人杨思勖站在中宗身旁，请求中宗下令发起攻击。李多祚的女婿羽林中郎将野呼利当时担任前锋总管，杨思勖手起刀落将他斩首，李多祚手下兵众当时就丧失了士气。中宗倚着玄武楼的栏杆，俯身对城楼下面李多祚所率领的千骑兵们说：“你们这些人都是我的宿卫士兵，为什么要跟随李多祚造反呢？假如你们能杀掉谋反的人，不必担心得不到富贵。”于是千骑兵们把李多祚、李承况、独孤祎、沙吒忠义斩首，其他的人都四散溃逃。成王李千里、天水王李禧父子攻打右延明门，将要杀死宗楚客和纪处讷了，但是却没有成功，自己还丢了性命。太子李重俊带领一百多名骑兵逃往终南山，抵达鄠西的时候，能跟上来的仅有几个人了，当他在树荫下歇息时，被手下的人杀死了。中宗把太子李重俊的首级进献于太庙，并用它祭奠武三思和武崇训的灵柩，然后又悬挂在朝堂上示众。把成王李千里的姓改为蝮氏，太子的同党都被判处了死刑。

东宫僚属中没有人敢于走近太子尸体的，只有永和县丞宁嘉勖脱下衣服裹住太子的头颅痛哭失声，因而被贬谪为兴平县丞。

太子起兵所经过的各个宫门的守卫将士都获罪判处流刑。韦后的党羽奏请将这些人全部处死，唐中宗改命由法司审讯推问此案。大理卿宋城县人郑惟忠说：“这件大案刚刚判决，人心还没有安定下来，如果再加以重审改判的话，那么反侧不安的人就会非常多了。”中宗这才罢休。

唐中宗命令杨思勖担任银青光禄大夫，兼掌内常侍职务。

七月初八日，癸卯，大赦天下。

唐中宗追赠武三思为太尉、梁宣王，追赠武崇训为开府仪同三司、鲁忠王。安乐公主请求援用永泰公主的旧例把武崇训的坟墓称为陵，给事中卢粲辩驳此事，认为：“永泰公主的事情属于特殊的恩典。现在鲁王武崇训只是皇上的女婿，不能同永泰公主相提并论。”中宗颁布亲笔所写的敕书说：“安乐公主与永泰公主没有区别，合葬的道理，古今没有差异。”卢粲又上奏说：“陛下把自己对女儿的宠爱推及女婿，怎么可以使得上下没有贵贱之分、君王和人臣没有尊卑之别呢！”中宗这才听从了他的意见。安乐公主为此动怒，把卢粲贬谪为陈州刺史。

襄邑尉襄阳席豫闻安乐公主求为太女，叹曰：“梅福讥切王氏，独何人哉！”乃上书请立太子，言甚深切。太平公主欲表为谏官，豫耻之，逃去。

八月，戊寅，皇后及王公已下表上尊号曰应天神龙皇帝，改玄武门为神武门，楼为制胜楼。宗楚客又帅百官表请加皇后尊号曰顺天翊圣皇后。上并许之。

初，右台大夫苏珦治太子重俊之党，囚有引相王者，珦密为之申理，上乃不问。自是安乐公主及兵部尚书宗楚客日夜谋谮相王，使侍御史冉祖雍诬奏相王及太平公主，云“与重俊通谋，请收付制狱。”上召吏部侍郎兼御史中丞萧至忠，使鞫之，至忠泣曰：“陛下富有四海，不能容一弟一妹，而使人罗织害之乎！相王昔为皇嗣，固请于则天，以天下让陛下，累日不食，此海内所知。奈何以祖雍一言而疑之！”上素友爱，遂寝其事。

右补阙浚仪吴兢闻祖雍之谋，上疏，以为：“自文明以来，国之祚胤，不绝如线，陛下龙兴，恩及九族，求之瘴海，升之阙庭。况相王同气至亲，六合无贰，而贼臣日夜连谋，乃欲陷之极法；祸乱之根，将由此始。夫任以权则虽疏必重，夺其势则虽亲必轻。自古委信异姓，猜忌骨肉，以覆国亡家者，几何人矣。况国家枝叶无几，陛下登极未久，而一子以弄兵受诛，一子以愆违远窜，惟余一弟朝夕左右，尺布斗粟之讥，不可不慎，《青蝇》之诗，良可畏也。”

相王宽厚恭谨，安恬好让，故经武、韦之世，竟免于难。

（以上为第十三段，写韦皇后党羽借太子兵变事件谋害相王李旦，几至于不保。）

初，右仆射、中书令魏元忠以武三思擅权，意常愤郁。及太子重俊起兵，遇元忠子太仆少卿升于永安门，胁以自随；太子死，并为乱兵所杀。元忠扬言曰：“元恶已死，虽鼎镬何伤！但惜太子陨没耳。”上以其有

襄邑县尉襄阳人席豫听说安乐公主请求中宗立她为皇太女之事，叹息道："西汉南昌尉梅福深刻讥讽汉成帝冤杀京兆尹王章，唯独他真是一个了不起的人哪！"便上书请求及早册立太子，言辞十分深沉恳切。太平公主想要上表请求命令席豫担任朝廷谏官，席豫以此为耻，弃官逃离而去。

八月十三日戊寅，韦皇后及王公以下上表请求中宗加上应天神龙皇帝的尊号，把玄武门改名为神武门，把玄武楼改名为制胜楼。宗楚客又带领文武百官上表请求加封韦皇后的尊号为顺天翊皇后。中宗全都予以批准。

当初，右台大夫苏珦审讯太子李重俊党羽的案件，囚犯中有人牵连攀扯到相王李旦的，苏珦私下为相王申辩，中宗这才没有追究此事。从此安乐公主和兵部尚书宗楚客便日夜图谋诬陷相王李旦，指使侍御史冉祖雍上奏诬告相王李旦及太平公主，声称他们两人"与李重俊同谋，请求把他们逮捕交付诏狱"。中宗召来吏部侍郎兼御史中丞萧至忠，命他审理此案，萧至忠流着眼泪说："陛下拥有五湖四海的富贵，却不能让一弟一妹容身，进而派人罗织罪名陷害他们吗？相王当年做皇太子时，曾坚持请求武则天允许他将天下让给陛下，一连数日没有进食，这是四海之内民众所共知的事情，怎么可以仅凭冉祖雍的一句话就猜疑相王呢？"中宗与相王相处一向很友爱，于是便把这件事搁置不问了。

右补阙浚仪人吴兢获悉了冉祖雍的图谋以后，上奏说："自从文明年间以来，大唐国家的继位后嗣，如同单线一样尚未断绝，陛下重登皇位之后，恩泽遍及宗室九族，访求流散烟瘴和濒海之地的王室子孙，使他们重登朝堂，况且相王与陛下是骨肉至亲，普天之下再不会有第二个这样的人。然而奸臣勾结日夜策划，竟想把相王置于极刑。假如国家发生祸乱，它的根由将会从这里开始。如果授以权柄，那么非亲非故的人也必然会举足轻重；剥夺了权势，那么骨肉至亲也一定会无关紧要。从古至今，君王因委任信赖异姓之人和猜忌骨肉同胞而国亡家败的，有多少人啊！况且大唐宗室子弟所剩无几，陛下登位时间也不长久，竟有一个儿子因举兵起事而被杀，另一个儿子因罪过错失而流放远方，只剩下相王这么一个弟弟可以朝夕陪伴身边。民间对汉文帝、淮南王刘长兄弟俩不相容发出'尺布斗粟'一类的讥讽，陛下不能不慎重对待，《青蝇》这首讽喻昏君听信谗言的《诗经》名篇，实在是令人敬服。"

相王李旦的性情宽和仁厚，谦恭慎重，而且安适淡泊，好尚宽让，所以历经武则天、韦后专权的时期，他竟能幸免于难。

当初，右仆射、中书令魏元忠由于武三思专擅大权，心中常常愤懑抑郁。太子李重俊举兵诛杀武三思的时候，在永安门正好与魏元忠的儿子太仆少卿魏升相遇，便裹胁他随自己一起入宫；太子败死，魏升也一同被乱兵所杀。事后魏元忠扬

功，且为高宗、武后所重，故释不问。兵部尚书宗楚客、太府卿纪处讷等共证元忠，云“与太子通谋，请夷其三族。”制不许。元忠惧，表请解官爵，以散秩还第。丙戌，上手敕听解仆射，以特进、齐公致仕，仍朝朔望。

九月，丁卯，以吏部侍郎萧至忠为黄门侍郎，兵部尚书宗楚客为左卫将军，兼太府卿纪处讷为太府卿，并同中书门下三品；中书侍郎、同中书门下三品于惟谦罢为国子祭酒。

庚子，赦天下，改元。

宗楚客等引右卫郎将姚廷筠为御史中丞，使劾奏魏元忠，以为：“侯君集社稷元勋，及其谋反，太宗就群臣乞其命而不得，竟流涕斩之。其后房遗爱、薛万彻、齐王祐等为逆，虽复懿亲，皆从国法。元忠功不逮君集，身又非国戚，与李多祚等谋反，男入逆徒，是宜赤族污宫。但有朋党饰辞营救，以惑圣听，陛下仁恩，欲掩其过。臣所以犯龙鳞，忤圣意者，正以事关宗社耳。”上颇然之。元忠坐系大理，贬渠州司马。宗楚客令给事中冉祖雍奏言：“元忠既犯大逆，不应出佐渠州。”杨再思、李峤亦赞之。上谓再思等曰：“元忠驱使日久，朕特矜容，制命已行，岂容数改！轻重之权，应自朕出。卿等频奏，殊非朕意！”再思等惶惧拜谢。

监察御史袁守一复表弹元忠曰：“重俊乃陛下之子，犹加昭宪；元忠非勋非戚，焉得独漏严刑！”甲辰，又贬元忠务川尉。

顷之，楚客又令袁守一奏言：“则天昔在三阳宫不豫，狄仁杰奏请陛下监国，元忠密奏以为不可，此则元忠怀逆日久，请加严诛！”上谓杨再思等曰：“以朕思之，人臣事主，必在一心；岂有主上小疾，遽请太子知事！此乃仁杰欲树私恩，未见元忠有失。守一欲借前事以陷元忠，其可乎！”楚客乃止。

言:“为首的恶人武三思已经死了，即使遭受鼎镬之刑，对我又有什么损害呢？只可惜太子丧失了性命。”中宗也因为魏元忠有功，并且被高宗和武后重用过，所以开释了他，没有追究这件事。兵部尚书宗楚客、太府卿纪处讷等人一起向皇帝证明魏元忠有罪，并且声称他“与太子同谋反叛，请把魏元忠三族诛灭”。中宗下诏制止。魏元忠感到恐惧，便上表请求解除官职和爵位，让他以闲散官员的身份回家。八月二十一日丙戌，中宗亲笔书写敕命，同意魏元忠解除仆射之职，以特进、齐公的身份退休，仍然可以在每月初一、十五两天入朝拜见中宗。

九月，丁卯［丁酉］，中宗命令吏部侍郎萧至忠担任黄门侍郎，命令兵部尚书宗楚客担任左卫将军，命令兼太府卿纪处讷担任太府卿，三人都授予同中书门下三品的职衔，中书侍郎、同中书门下三品于惟谦被罢免，担任国子祭酒的官职。

九月初五日庚子，大赦天下，把年号改为景龙。

宗楚客等人引荐右卫郎将姚廷筠担任御史中丞，指使他上奏弹劾魏元忠说:“侯君集是国家元勋，当他谋反事败露之际，太宗皇帝向诸位大臣请求宽宥他的死罪，大臣们没有同意，终于挥泪将其斩首。以后的房遗爱、薛万彻、齐王李祐反叛作乱，即使都还是皇室宗亲，也均被按国法处死。魏元忠既没有像侯君集那样大的功勋，又不是皇室亲戚，竟与李多祚等人阴谋造反，他的儿子魏升还加入叛逆行列，这就应当让他满门抄斩，血污宗庙。但是他的同党为他掩饰辩解，进行营救，而迷惑了陛下的视听；陛下讲仁德恩义，也试图掩盖他的罪过。臣下之所以触犯龙喉逆鳞，违忤圣上的心意，正是因为这件事关系到大唐的宗庙社稷呀。”中宗认为他讲得相当正确。于是魏元忠获罪被收押在大理寺接受审讯，被贬谪为渠州司马。宗楚客又指派给事中冉祖雍上奏说:“魏元忠既然犯下大逆之罪，就不应当贬到渠州担任佐官。”杨再思、李峤在一旁推波助澜。中宗对杨再思等人说:“魏元忠受朝廷驱使多年，我因而对他特加矜怜包容，现在诏命已经付诸施行，哪里容许多次更改！再说权衡对魏元忠处理的轻重，应当由我自己来决定，你们频繁上奏，实在是违反了我的旨意！”杨再思等人恐惧起来，便向中宗跪拜谢罪。

监察御史袁守一再次上奏弹劾魏元忠说:“李重俊虽是圣上的儿子，但是仍然把他明正典刑；魏元忠既不是勋臣，又不是国戚，怎能够唯独让他逍遥法外！”九月初九日甲辰，中宗再次把魏元忠贬谪为务川县尉。

过了一段时间，宗楚客又指使袁守一上奏说:“先前则天太后在三阳宫患病，狄仁杰进奏请求让陛下以太子身份监临国政，魏元忠却密奏认为不可行。这就说明他对陛下怀有叛逆之心已经有很长的时间了，请求对他加以极刑！”中宗对杨再思等人说道:“凭我自己考虑此事，作为人臣的侍奉君主，必存一心一意，哪能君主偶染小小疾病，就立刻把太子请出来主持国政呢！这只是狄仁杰想建立他对我的私恩，看不出魏元忠在此事上有什么过失。袁守一想借助以往的事情来陷害魏元忠，这怎

（以上为第十四段，写韦皇后党羽借太子兵变事件谋害魏元忠。）

元忠行至涪陵而卒。

银青光禄大夫、上庸公、圣善中天西明三寺主慧范于东都作圣善寺，长乐坡作大像，府库为之虚耗。上及韦后皆重之，势倾内外，无敢指目者。戊申，侍御史魏传弓发其奸赃四十余万，请寘极法。上欲宥之，传弓曰："刑赏国之大事，陛下赏已妄加，岂宜刑所不及！"上乃削黜慧范，放于家。

宦官左监门大将军薛思简等有宠于安乐公主，纵暴不法，传弓奏请诛之，御史大夫窦从一惧，固止之。时宦官用事，从一为雍州刺史及御史大夫，误见讼者无须，必曲加承接。

以杨再思为中书令，韦巨源、纪处讷并为侍中。

壬戌，改左、右羽林千骑为万骑。

冬，十月，丁丑，命左屯卫将军张仁愿充朔方道大总管，以击突厥；比至，虏已退，追击，大破之。

习艺馆内教苏安恒，矜高好奇，太子重俊之诛武三思也，安恒自言"此我之谋"。太子败，或告之；戊寅，伏诛。

十二月，乙丑朔，日有食之。

是岁，上遣使者分道诣江、淮赎生。中书舍人房子李乂上疏谏曰："江南乡人采捕为业，鱼鳖之利，黎元所资。虽云雨之私有沾于末利；而生成之惠未洽于平人。何则？江湖之饶，生育无限；府库之用，支供易殚。费之若少，则所济何成！用之傥多，则常支有阙。在其拯物，岂若忧人！且鬻生之徒，惟利是视，钱刀日至，网罟年滋，施之一朝，营之百倍。未若回救赎之钱物，减贫无之徭赋，活国爱人，其福胜彼。"

（以上为第十五段，写中宗佞佛，建佛寺，买鱼放生，靡费大量国家资财。唐军大败突厥。）

么行得通呢！”宗楚客这才罢休。

魏元忠被贬赴任，走到涪陵就死了。

银青光禄大夫、上庸公及圣善、中天、西明三寺住持慧范在东都营建圣善寺，又在长安的长乐坡修建大佛像，国库储备也因为这两项工程耗费空虚。由于中宗和韦皇后都很器重慧范，因而他的权势压倒朝廷内外官员，没有人敢对他手指目视品头论足。九月十三日戊申，侍御史魏传弓告发慧范贪赃四十余万，请求把他处以极刑。中宗打算赦免慧范，魏传弓说："刑罚与赏赐是国家大事，陛下赏赐慧范已属妄加，怎么可以对他不施及任何刑罚呢！"中宗这才免去他的职位，削夺他的爵禄，并把他斥逐回家。

宦官左监门大将军薛思简等人受到安乐公主的宠爱，暴虐放纵，不遵法度，魏传弓上奏请求把他们处死，御史大夫窦从一心里害怕，一再阻止魏传弓这样做。当时宦官掌权，窦从一担任雍州刺史及御史大夫期间，只要见到诉讼人没长胡须，都误以为是宦官而曲意逢迎。

中宗命令杨再思担任中书令，命令韦巨源、纪处讷一同担任侍中。

九月二十七日壬戌，中宗把左、右羽林千骑改名为万骑。

冬季，十月十三日丁丑，中宗命令左屯卫大将军张仁愿充任朔方道大总管，以进攻突厥；等张仁愿率部赶到时，突厥已经退兵，张仁愿统领士卒追击，把突厥人打得大败。

习艺馆内教苏安恒，自恃高傲，又好猎奇立异。太子李重俊诛杀了武三思之后，苏安恒自称："这件事是我出的主意。"太子失败之后，有人举报了苏安恒；十月十四日戊寅，苏安恒被处以死刑。

十二月初一日乙丑朔，发生日食。

这一年，中宗派遣使者分道前往江、淮两地赎买鱼鳖放生。中书舍人房子县人李乂上奏规劝说："江南地方的百姓，以捕捞为业。所得鱼鳖之利，是黎民百姓的生活来源。虽然陛下云雨般的私惠对微不足道的利益有所沾润，但养育万物的恩泽毕竟还没有使得平民百姓受其浸润。为什么这样说呢？江湖之中有丰饶的物产，足以养育天地万物。国库的财用，支出供给容易竭尽，假如支付赎生的费用太少，那对救助鱼鳖之事又有什么成效。若是支付太多，那么经常性的支出便有欠缺。与其花费钱财来放生救鱼鳖，哪里比得上用它来体恤百姓！况且那些靠出卖放生鱼鳖的人所关心的只是财利收入的多少，只要每天钱财源源不断地到来，捕捞鱼鳖的工具就会一年比一年多。陛下放生之令只要施行一天，百姓捕捞营生就会发展百倍。陛下不如抽回用于救物赎生的钱财，减少对贫穷无业的平民百姓所征发的赋税和徭役，充实国家的活力，爱护百姓，带来的福分将远远超过赎买鱼鳖放生。"

【点评】

本卷点评五事：其一，韦皇后干政；其二，五王遭残害；其三，中宗滥封职官；其四，中宗放生；其五，太子李重俊诛灭武三思。这一系列事件的发生，主要是唐中宗的昏庸导致，这些事件的影响把李隆基唐玄宗推上了政治舞台，为唐代的开元之治开辟了道路。

一、韦皇后干政。中宗皇后韦氏，京兆万年县人韦玄贞之女。中宗为太子时，韦氏为妃。嗣圣元年（684），中宗即位，韦氏被立为皇后，不久中宗被废，被流放房州，韦氏随从。当时中宗惊惶不安，每当制使到来，惶恐得想自杀，被韦氏劝阻，夫妻共患难，情义深厚。两人发誓，白头偕老。中宗说："如果有重见天日的一天，夫人想干什么就干什么，绝不禁止。"韦氏为中宗生一男，即懿德太子李重润，四女，为永泰公主、永寿公主、长宁公主、安乐公主。安乐公主最幼，又生于流放房州途中，中宗亲自脱衣裹婴儿，为其取小名为裹儿，特别钟爱。中宗从流放地被召回，被重新立为太子、恢复帝位后，便放纵韦氏与安乐公主为所欲为。中宗又纳上官婉儿为婕妤。上官婉儿与武三思私通，又将武三思引入内宫荐与韦氏皇后，两人又私通。上官婉儿、韦皇后与武三思三人以奸情相结合为一特殊的秽行政治集团。上官婉儿与武三思攀附韦皇后图谋执掌朝政，两人教唆韦皇后效法武则天垂帘与中宗共掌朝政。韦皇后听了上官婉儿的邪说，上表请天下士庶为母服丧三年，又请百姓壮年男子二十三为丁，五十九免役。唐制，二十即为丁，六十老免。韦皇后以此收买人心。安乐公主出嫁为武三思儿媳，驸马为武崇训。韦皇后所生懿德太子因私议武则天行为不检，被武则天杀害。中宗复位后所立太子李重俊不是韦皇后所生，韦皇后像家奴一样对待他。中宗任命武崇训为太子宾客之一，武崇训却引诱太子踢球戏耍，不干正经事。武崇训还在背后教唆安乐公主凌辱李重俊。韦皇后要做武则天第二，安乐公主要当皇太女，武三思要东山再起，上官婉儿要分一杯羹。这样韦皇后为核心，纠集武三思、安乐公主、上官婉儿成为倒太子的政治集团。唐中宗继承了唐高宗的懦弱和武则天的猜忌，昏庸糊涂到了极点。韦皇后与人私通，中宗也居然心安理得，中宗完全被韦皇后控制在手心里，终于不得善终。此事将在下一卷韦皇后发动宫廷政变时再点评。

二、五王遭残害。张柬之等五王诛杀"二张"，洛州长史薛季昶对张柬之、敬晖说："二凶虽除，产、禄犹在，去草不去根，终当复生。"张柬之、敬晖回答说："大事已定，诸武有什么能耐，好比是菜板上的肉，今杀人已多，不能再增加了。"薛季昶叹息说："我不知道死在哪里啊！"朝邑尉刘幽求也对桓彦范、敬晖说："武三思还活着，公等将死无葬身之地。"事定之后，张柬之等劝中宗亲手下令诛杀诸武，中宗不从。张柬之等又劝中宗贬逐诸武，中宗又不从，反而微服私访武三思。张柬之等

感叹地说："我之所以不杀诸武，是要留给皇上亲自诛杀立威，如今是这个样子，没有什么办法了。"

张柬之等五王错过了诛杀武三思的机会，又不听薛季昶、刘幽求之言，确实是犯了一个大错误。张柬之说留武三思给中宗亲手诛除，以立天子之威，王夫之对此给予了高度评价，说："以斯言体斯心，念深礼谨，薄一己之功名，正一王之纲纪，端人正士所由异于功名之士远矣。"（《读通鉴论》卷二十一）张柬之的说法与王夫之的评论，只是一个方面，更主要的原因，是张柬之等人投鼠忌器。因为拥护中宗，子夺母权，已犯大忌，武三思与中宗是儿女亲家，既然武三思与中宗争过皇位，按常理，中宗会诛杀武三思，没想到中宗的懦弱与猜忌，致使事与愿违。中宗不诛武三思，至少有三个原因。一是性情懦弱，母后之侄，又是亲家翁，下不了手。二是中宗被三个女人的包围：韦皇后、安乐公主、上官婉儿。武三思与三个女人联手，这是新形势的发展。三是更重要的原因：中宗猜忌五王，明知五王无罪，却利用武三思来诛除五王。五王被武三思残害，中宗的忌疑是主要原因。

三、中宗滥封职官。中宗用职官来酬劳亲故，尤其是纵容安乐公主卖官，以手敕斜封官助长其势，不仅把国家政治搞得一团漆黑，也使韦氏势力迅速膨胀，并与武氏外戚合流，迫害忠良，导致国家元气大丧。宋之逊卖友求荣，投靠武氏，五王以崔湜为耳目，崔湜倒戈。殿中侍御史郑愔谄事"二张"，"二张"败亡，也投靠武三思合谋害忠良。中宗滥封官职，假权与外戚，为小人的复聚创造了条件。

四、中宗放生。中宗佞佛，不仅大办佛事，耗费国家资财，更为荒唐的是不准江淮之民捕捞鱼虾，并花巨资来买鱼放生，使成千上万靠江河水产为生的渔民失业，足见中宗只为个人祈福，不顾民生，简直是一个残贼之主，又岂止昏庸而已。

五、太子李重俊诛灭武三思。武三思诛灭五王之后，权倾人主，得意地说："我不知道人间什么样的人是善人，什么样的人是恶人。我只有一个标准，对我好的人就是善人，对我不好的人就是恶人。"兵部尚书宗楚客、将作大匠宗晋卿、太府卿纪处讷、鸿胪卿甘元柬等都是武三思的羽翼。如今武三思已经是东山再起。安乐公主要做皇太女，韦皇后要做第二个武则天，太子李重俊成了他们的眼中钉，还加上一个武三思的情人上官婉儿，她们轮番在中宗面前虚造太子的不是，等待废太子。景龙元年（707），秋季，七月六日辛丑，太子起兵杀死武三思及其子武崇训，还冲进宫中要杀上官婉儿。中宗组织禁军反击，太子兵败被杀，在唐代上演了一场汉武帝时的巫蛊之祸，太子李重俊成了第二个废太子。汉朝的江充，唐朝的武三思，均是祸国贼子，但祸乱的产生，却自上起，昏庸的皇帝承担主要责任。汉武帝晚年因患病而昏，唐中宗无疾而昏。汉唐两事相对照，两太子之死，具有共通性。这是集权制度下的产物，不是很能发人深省吗？

唐纪二十五

唐中宗景龙二年至唐睿宗景云元年（708—710年）

【起著雍涒滩（戊申，708年），尽上章阉茂（庚戌，710年）七月，凡二年有奇】

【大事提要】

本卷记事起公元708年，讫公元710年七月，凡两年又七个月，时当唐中宗景龙二年到唐睿宗景云元年七月。中宗是一个溺于儿女情长的昏君，他治国无方，治家无策，忠奸不辨，是非不明。郭元振安边良策中宗听不进；宗楚客贪赃误国，招致唐军大败，事后不惩奸。中宗滥施封赏，冗官充斥、封邑逾制、选举败坏、贿赂公行，又佞佛建寺，穷奢极侈，耗费了无数的国家资财，加重人民负担。灾害发生，不见中宗有赈济措施。中宗还有一特点，喜欢在公众场合逗乐，娱乐、宴会、踢球，纵情言笑，语言粗俗，大失天子体统。中宗在除夕之夜，主婚嫁韦皇后奶母，博取群臣笑乐，天子尊严扫地。中宗纵容长宁、安乐两公主家奴为恶，公开卖官，斜封官员有数千之多。韦皇后助祭南郊，违背礼制，以致朝纲堕坏。尤其是中宗容忍韦皇后淫行，最终导致自己遭毒杀，史称“韦后之乱”。临淄王李隆基发动兵变，诛除韦后，灭其党羽，睿宗即位。旬日之间两场政变。韦皇后处心积虑要做武则天第二，毒杀亲夫，结果十天之内就败亡了。

【原文】

中宗大和大圣大昭孝皇帝下

景龙二年（戊申，708年）

春，二月，庚寅，宫中言皇后衣笥裙上有五色云起，上令图以示百官。韦巨源请布之天下，从之，仍赦天下。

迦叶志忠奏："昔神尧皇帝未受命，天下歌《桃李子》；文武皇帝未受命，天下歌《秦王破阵乐》；天皇大帝未受命，天下歌《堂堂》；则天皇后未受命，天下歌《娬媚娘》；应天皇帝未受命，天下歌《英王石州》；顺天皇后未受命，天下歌《桑条韦》，盖天意以为顺天皇后宜为国母，主蚕桑之事，谨上《桑韦歌》十二篇，请编之乐府，皇后祀先蚕则奏之。"太常卿郑愔又引而申之。上悦，皆受厚赏。

右补阙赵延禧上言："周、唐一统，符命同归，故高宗封陛下为周王；则天时，唐同泰献《洛水图》。孔子曰：'其或继周者，虽百代可知也。'陛下继则天，子孙当百代王天下。"上悦，擢延禧为谏议大夫。

丁亥，萧至忠上疏，以为："恩幸者止可富之金帛，食以粱肉，不可以公器为私用。今列位已广，冗员倍之，干求未厌，日月增数，陛下降不赀之泽，近戚有无涯之请，卖官利已，鬻法徇私。台寺之内，朱紫盈满，忽事则不存职务，恃势则公违宪章，徒忝官曹，无益时政。"上虽嘉其意，竟不能用。

（以上为第一段，写唐中宗鼓励献媚者称扬韦皇后，制造祥瑞舆论。）

三月，丙辰，朔方道大总管张仁愿筑三受降城于河上。

【语译】

中宗大和大圣大昭孝皇帝下

唐中宗景龙二年（戊申，708年）

春季，二月二十七日庚寅，宫中的人们传说韦皇后衣箱中所装裙子上有五色祥云升腾，中宗便命令人描画下来向文武百官展示。韦巨源请求把这件事情向全国公布，中宗表示接受，还因此赦免天下罪囚。

迦叶志忠上奏说："昔日我大唐高祖神尧皇帝还没有受命于天时，天下传唱的歌谣是《桃李子》；太宗文武皇帝还没有登基时，天下传颂的乐曲是《秦王破阵乐》；在高宗天皇大帝继位之前，天下流行的乐歌是《堂堂》；在则天大圣皇后即位之前，天下所歌唱的曲目是《娬媚娘》；在应天皇帝陛下您登位以前，天下放歌《英王石州》；现今顺天皇后韦氏还未受命，就已有人吟唱《桑条韦》，也许上天的旨意就是认为顺天皇后应当作为国母来主持养蚕植桑的事务。因此臣恭敬地献上《桑韦歌》共十二篇，恳请把这一组歌编入乐府曲目之内，在皇后祭祀先蚕之神的时候便加以演奏。"太常卿郑愔又把这个话题加以引申。中宗听罢欢悦欣喜，迦叶志忠和郑愔都受到了丰厚的赏赐。

右补阙赵延禧进言称："周、唐二代的统绪一脉相承，都有共同的祥瑞征兆以示天意归向，因此高宗皇帝把陛下册封为周王；则天太后当政时，唐同泰献上了《洛水图》。孔子讲过：'倘若有继承周朝大统的，即使是往后一百代，也是可以事先知道的。'陛下承袭则天太后的周朝而君临天下，因此陛下的子孙必将世世代代统治天下。"中宗听了欢悦欣喜，把赵延禧提拔为谏议大夫。

二月二十四日丁亥，黄门侍郎萧至忠上奏，认为："陛下对于那些蒙恩受宠的人，只能使他们拥有金钱丝帛之富，使他们能够享用美食佳肴而已，而不能把朝廷的名位和爵秩交给他们作为谋取私利的工具。当今朝廷所设置的官职名位已大量扩充，各种闲散官员也较之过去有成倍增加，但人们求取官爵的欲望难以满足，而且存在着日益增长的趋势。陛下颁赐的恩赏无法计算，近臣贵戚仍怀有漫无边际的贪求，他们把卖官鬻爵的钱财据为私有，并且贪赃枉法以徇私情。各台寺官署之内，挤满了身着朱紫朝服的高级官吏，他们玩忽职守则不理公务，凭借权势则公然违抗法令，徒然置身官署里充数，对于当世的政务却没有任何裨益。"中宗虽对奏疏的意思十分赞赏，但终究还是没有采纳。

三月二十三日丙辰，朔方道大总管张仁愿在黄河岸边修筑起中、东、西三个受降城。

初，朔方军与突厥以河为境，河北有拂云祠，突厥将入寇，必先诣祠祈祷，牧马料兵而后渡河。时默啜悉众西击突骑施，仁愿请乘虚夺取漠南地，于河北筑三受降城，首尾相应，以绝其南寇之路。太子少师唐休璟以为“两汉以来皆北阻大河，今筑城寇境，恐劳人费功，终为虏有。”仁愿固请不已，上竟从之。

仁愿表留岁满镇兵以助其功，咸阳兵二百余人逃归，仁愿悉擒之，斩于城下，军中股栗，六旬而成。以拂云祠为中城，距东西两城各四百余里，皆据津要，拓地三百余里。于牛头朝那山北，置烽候千八百所，以左玉钤卫将军论弓仁为朔方军前锋游弈使，戍诺真水为逻卫。自是突厥不敢渡山畋牧，朔方无复寇掠，减镇兵数万人。

仁愿建三城，不置壅门及备守之具。或问之，仁愿曰：“兵贵进取，不利退守。寇至，当并力出战，回首望城者，犹应斩之，安用守备，生其退恧之心也！”其后常元楷为朔方军总管，始筑壅门。人是以重仁愿而轻元楷。

（以上为第二段，写朔方道大总管张仁愿筑边塞防御突厥。）

夏，四月，癸未，置修文馆大学士四员，直学士八员，学士十二员，选公卿以下善为文者李峤等为之。每游幸禁苑，或宗戚宴集，学士无不毕从，赋诗属和，使上官昭容第其甲乙，优者赐金帛；同预宴者，惟中书、门下及长参王公、亲贵数人而已，至大宴，方召八座、九列、诸司五品以上预焉。于是天下靡然争以文华相尚，儒学忠谠之士莫得进矣。

秋，七月，癸巳，以左屯卫大将军、朔方道大总管张仁愿同中书门下三品。

甲午，清源尉吕元泰上疏，以为：“边境未宁，镇戍不息，士卒困苦，

当初，唐朔方军与突厥以黄河为边界，在黄河以北有一座拂云祠，突厥部落打算进犯朔方军的时候，必定先前往拂云祠进行祈祷，喂马阅兵之后才出发渡黄河南下。当时突厥默啜调集了全部落的人马西进攻打突骑施，于是张仁愿请求趁默啜部后方空虚的时机夺取沙漠以南的地域，并在黄河北岸建筑中、东、西三座首尾相呼应的受降城，以便断绝突厥默啜南下侵扰的通路。太子少师唐休璟认为："从两汉以来，历代都倚仗黄河作为北方的防线，而今在敌寇境内修筑城池，我担心役使民众，耗费事功，最终会被突厥所占有。"张仁愿再三请求筑城之事，中宗终于批准了。

张仁愿上表请求把戍边期满的镇兵留下协助完成这一工程，但是咸阳籍的镇兵二百余人逃归家乡。张仁愿全部逮捕了这些人，并在城下把这些人斩首，全军将士战战兢兢，只用了六十天，就把三座受降城修筑完毕。将拂云祠改筑为中城，距离东、西两座受降城各有四百余里，三城都扼守在地理位置重要的地方，开拓疆域达三百多里。又在位于牛头朝那山以北的地区建起了一千八百多处烽火台，命令左玉钤卫将军论弓仁担任朔方军前锋游弈使，驻扎在诺真水执行巡逻守卫任务。从此以后突厥部众再不敢翻越朝那山前来打猎放牧，朔方军也不再遭受到突厥的侵犯和掳掠，因而减少在这一带戍守兵士达数万人之多。

张仁愿在修建三座受降城的时候，并没有设置瓮城门，也没有装置完备的武器设施。有人问他为什么这样做，张仁愿回答道："用兵之道，可贵之处在于勇往直前，后退和防守是不利的。当敌军来临之时，将士们应当倾尽全力地出战，那些回过头来向城池张望的士兵，尚且应当处斩，又哪里用得着准备防守器械设施来助长士兵的畏敌退却之心呢！"后来常元楷担任了朔方军总管职务，才开始修筑三城瓮城门。人们因此推重张仁愿而轻视常元楷。

夏季，四月二十一日癸未，设置修文馆大学士四员、直学士八员、学士十二员，选拔公卿以下擅长写文章的李峤等人担任这些职务。每当中宗到宫禁的苑囿中巡幸游玩时，或者是皇族亲戚宴饮相聚时，这些大学士、直学士和学士们全部都参加，作赋和诗，又让上官昭容评判他们所写诗文的高下等第，优等的可以得到金银绢帛的赏赐。同时参加宴会的，只有中书、门下二省长官以及长期朝参的王公大臣和皇帝宠幸的显贵数人而已，只有到大规模宴饮聚会的时候，才召集被称为八座的尚书左右仆射和六部尚书、九卿和各司五品以上官员参加。从这时起，天下士人便纷纷争着以文辞华丽互相推崇，而儒学和忠正直言之士则无人受到提拔任用。

秋季，七月初三日癸巳，中宗命令左屯卫大将军、朔方道大总管张仁愿担任同中书门下三品。

七月初四日甲午，清源县尉吕元泰呈上奏疏，认为："当前边境地区尚未安宁，

转输疲弊，而营建佛寺，日广月滋，劳人费财，无有穷极。昔黄帝、尧、舜、禹、汤、文、武惟以俭约仁义立德垂名，晋、宋以降，塔庙竞起，而丧乱相继，由其好尚失所，奢靡相高，人不堪命故也。伏愿回营造之资，充疆埸之费，使烽燧永息，群生富庶，则如来慈悲之施，平等之心，孰过于此！”疏奏，不省。

（以上为第三段，写中宗崇尚浮华和佞佛。）

安乐、长宁公主及皇后妹郕国夫人、上官婕妤、婕妤母沛国夫人郑氏、尚宫柴氏、贺娄氏，女巫第五英儿、陇西夫人赵氏，皆依势用事，请谒受赇，虽屠沽臧获，用钱三十万，则别降墨敕除官，斜封付中书，时人谓之“斜封官”；钱三万则度为僧尼。其员外、同正、试、摄、检校、判、知官凡数千人。西京、东都各置两吏部侍郎，为四铨，选者岁数万人。

上官婕妤及后宫多立外第，出入无节，朝士往往从之游处，以求进达。安乐公主尤骄横，宰相以下多出其门。与长宁公主竞起第舍，以侈丽相高，拟于宫掖，而精巧过之。安乐公主请昆明池，上以百姓蒲鱼所资，不许。公主不悦，乃更夺民田作定昆池，延袤数里，累石象华山，引水象天津，欲以胜昆明，故名定昆。安乐有织成裙，直钱一亿，花卉鸟兽，皆如粟粒，正视旁视，日中影中，各为一色。

上好击球，由是风俗相尚，驸马武崇训、杨慎交洒油以筑毬场。慎交，恭仁曾孙也。

上及皇后、公主多营佛寺。左拾遗京兆辛替否上疏谏，略曰：“臣闻古之建官，员不必备，士有完行，家有廉节，朝廷有余俸，百姓有余食。

戍守这些地区一直也没有停歇，士卒困惫疲乏、艰辛劳苦，补给转运也导致民力竭尽、国力凋敝，陛下却营建佛寺，规模和数量日益膨胀，役使人力、耗费钱财，没有穷尽。过去黄帝、唐尧、虞舜、夏禹、商汤、周文王和周武王等只是凭着他们的勤俭节约和道德仁义来建立功德、垂名后世的，两晋和刘宋以来，各朝竞相建筑佛塔寺庙，同时各朝的沦丧祸乱也接连不断。这是由于各朝君主的追求推崇失当，竞相攀比奢侈豪华，百姓无力承担所造成的。敬请陛下能收回用于营造佛寺的钱财，扩充用于边境地区的军事费用，从而使边塞报警的烽火永息，百姓丰足富裕，则如来佛祖大慈大悲的恩泽，主张平等的心意，又怎么能与这一功德相比拟呢！”奏疏呈上以后，中宗不加理会。

安乐公主、长宁公主、韦皇后的妹妹郕国夫人、上官婕妤、上官婕妤的母亲沛国夫人郑氏、尚宫柴氏、贺娄氏、女巫第五英儿、陇西夫人赵氏等人，全都会仗势专擅权柄，受请托收贿赂，即使行贿者是屠户酒家之辈和充当奴仆婢女之人，只要拿出三十万钱向这些人行贿，就能获取另外由禁中颁降敕书任命的官职，由于这类授官是用斜着缄封的文书交付中书省的，因而当时的人们称这类官员为“斜封官”；如果拿出三万行贿，就能够被剃度为僧尼。贿赂之后接受任命的那些员外官、员外同正官、试官、摄官、检校官、判官、知官共有数千人之多。西京和东都分别设置两员吏部侍郎，进行四次选授官职，每年选任官员达数万人。

上官婕妤及宫中的妃嫔们大多在宫外营造了私宅，她们出入宫禁不受任何管束，朝中的士人常常随她们交游以求飞黄腾达。在她们中间，安乐公主尤为骄纵专横，自宰相以下的官员们，大多数是通过走她的门路才得到委任的。安乐公主还与皇帝的另一个女儿长宁公主竞相大兴土木，营建宅第，并在装饰的奢侈华丽方面互相攀比，不仅在建筑规模上模仿后宫，甚至精巧程度上也超过了后宫。安乐公主请求把昆明池赏赐给她，中宗以昆明池乃是百姓赖以种蒲养鱼的地方为由加以拒绝。安乐公主便不高兴起来，竟抢夺百姓田地开挖定昆池，南北延伸数里，按照华山的样子堆石营造假山，又模仿银河的样子来开挖导引水流。安乐公主是想要以此湖来胜过昆明池，因此她把新建的湖名称为定昆池。安乐公主还有编织而成的裙子，价值一亿钱，裙子上缀有花卉和鸟兽的图案，如同谷粒大小，从正面看或者从侧面看，在日光中看或者在暗影中看，图案的色彩各有不同。

唐中宗喜欢玩击毬的游戏，于是朝野风气便竞相以击毬为时髦，驸马武崇训、杨慎交还洒油建造毬场。杨慎是杨恭仁的曾孙。

唐中宗和韦皇后、各位公主大多修建了佛寺。左拾遗京兆人辛替否上疏谏阻，疏文的大意为：“臣听说古代设置官职，员额不一定要求齐备，而士人一定要具备完

伏惟陛下百倍行赏，十倍增官，金银不供其印，束帛不充于锡，遂使富商豪贾，尽居缨冕之流；鬻伎行巫，或涉膏腴之地。”又曰：“公主，陛下之爱女，然而用不合于古义，行不根于人心，将恐变爱成憎，翻福为祸。何者？竭人之力，费人之财，夺人之家；爱数子而取三怨，使边疆之士不尽力，朝廷之士不尽忠，人之散矣，独持所爱，何所恃乎！君以人为本，本固则邦宁，邦宁则陛下之夫妇母子长相保也。”又曰：“若以造寺必为理体，养人不足经邦，则殷、周已往皆暗乱，汉、魏已降皆圣明，殷、周已往为不长，汉、魏已降为不短矣。陛下缓其所急，急其所缓，亲未来而疏见在，失真实而冀虚无，重俗人之为，轻天子之业，虽以阴阳为炭，万物为铜，役不食之人，使不衣之士，犹尚不给，况资于天生地养，风动雨润，而后得之乎！一旦风尘再扰，霜雹荐臻，沙弥不可操干戈，寺塔不足攘饥馑，臣窃惜之。”疏奏，不省。

时斜封官皆不由两省而授，两省莫敢执奏，即宣示所司。吏部员外郎李朝隐前后执破一千四百余人，怨谤纷然，朝隐一无所顾。

冬，十月，己酉，修文馆直学士、起居舍人武平一上表请抑损外戚权宠；不敢斥言韦氏，但请抑损己家。上优制不许。平一名甄，以字行；载德之子也。

（以上为第四段，写中宗放纵安乐、长宁两公主以及韦皇后和其亲族生活淫侈，公然卖官鬻爵，佞佛建寺，挥霍无度，朝官劝谏，中宗不听。）

十一月，庚申，突骑施酋长娑葛自立为可汗，杀唐使者御史中丞冯

美的品行，家庭有清廉的操守，朝廷支俸有余，百姓粮食宽裕。敬思现今陛下颁发给大臣的赏赐相当于先代的一百倍，增设的职官员额相当于先代十倍，以至于贮存的金银不足以供给铸造官印的需求，绢帛不够陛下赏赐臣子的用度，于是使得富商大贾全都可以通过出钱而居于显贵的官爵，也使得有些以卖艺为生和靠装神弄鬼施行巫术的人也能涉足占有肥沃的良田。”奏疏还说：“公主是陛下宠爱的女儿，然而她们日常的花费不符合自古以来的规矩，她们所作所为也不以民心好恶为出发点，恐怕这将会使喜爱变成憎恶，把福泽变为祸患。为什么呢？因为这样做耗尽百姓劳力，浪费百姓钱财，掠夺百姓家业；陛下为宠爱几个子女而招致这三条怨恨，使得戍边守疆的将士们不为朝廷尽力，在朝为官的人不为陛下尽忠，人心都因此而涣散了，只操持几个自己所宠爱的女儿的事，陛下还能够依靠什么来治理国家呢！君王是以民众为基础的，基础牢固了国家便能安宁，国家安宁了陛下夫妇、母子才能长久得以保全。”又说：“如果认为营造佛寺必定是治理国家的体制所在，休养黎民不足以经略邦国，那么殷、周以前的政治一定都是昏暗混乱的，而汉、魏以来的政治就全都是神圣清明的；也就是说，殷、周以前的国运没有多长，而汉、魏以后的国运应是不短了。陛下把治理国家的当务之急当作可以缓办的事，而把不紧要的事当作治理国家的当务之急，偏重来世而忽视当世，放弃真实的事务而把希望寄托于虚无，重视俗人的行事而轻视帝王的功业，即使陛下能够以阴阳二气作为炭火，以世间万物为铜，役使那些不需要粮食衣服供养的平民和士人，仍然还无法满足供给所需；何况陛下只能依靠那些由天地养育、经过和风吹拂与雨露滋润后才能获得的东西呢！一旦战乱风尘再起，或者是霜雹之灾接连而至，和尚不能拿起刀枪来作战，佛塔寺院更无法排除饥荒，臣对于广建佛寺的做法私下感到痛惜。”这篇奏疏呈进之后，中宗没有理会。

当时斜封官都是没有经过中书、门下两省而任命的，两省中没有谁敢对任命执奏表示异议，便立即向各官署宣布。吏部员外郎李朝隐前后把握不让斜封命令下发，使一千四百多人的委任遭到破坏，对他的怨恨和诽谤便纷至沓来，而李朝隐没有任何顾忌。

冬季，十月二十一日己酉，修文馆直学士、起居舍人武平一呈上表章请求贬抑外戚的权力和荣宠；因为武平一不敢直言指斥韦后的家族，所以仅能请求将自己的家族加以裁抑贬损。中宗颁诏表示宽待而不批准他的请求。武平一名武甄，以表字行世，他是武载德的儿子。

十一月初二日庚申，突骑施酋长娑葛自立为可汗，杀掉了唐朝的使者、御史中

嘉宾，遣其弟遮努等帅众犯塞。

初，娑葛既代乌质勒统众，父时故将阙啜忠节不服，数相攻击。忠节众弱不能支，金山道行军总管郭元振奏追忠节入朝宿卫。

忠节行至播仙城，经略使、右威卫将军周以悌说之曰："国家不爱高官显爵以待君者，以君有部落之众故也。今脱身入朝，一老胡耳，岂惟不保宠禄，死生亦制于人手。方今宰相宗楚客、纪处讷用事，不若厚赂二公，请留不行，发安西兵及引吐蕃以击娑葛，求阿史那献为可汗以招十姓，使郭虔瓘发拔汗那兵以自助；既不失部落，又得报仇，比于入朝，岂可同日语哉！"郭虔瓘者，历城人，时为西边将。忠节然其言，遣间使赂楚客、处讷，请如以悌之策。

元振闻其谋，上疏，以为："往岁吐蕃所以犯边，正为求十姓、四镇之地不获故耳。比者息兵请和，非能慕悦中国之礼义也，直以国多内难，人畜疫疠，恐中国乘其弊，故且屈志求自昵。使其国小安，岂能忘取十姓、四镇之地哉！今忠节不论国家大计，直欲为吐蕃向导，恐四镇危机，将从此始。顷缘默啜凭陵，所应者多，兼四镇兵疲弊，势未能为忠节经略，非怜突骑施也。忠节不体国家中外之意而更求吐蕃；吐蕃得志，则忠节在其掌握，岂得复事唐也！往年吐蕃无恩于中国，犹欲求十姓、四镇之地；今若破娑葛有功，请分于阗、疏勒，不知以何理抑之！又，其所部诸蛮及婆罗门等方不服，若借唐兵助讨之，亦不知以何词拒之！是以古之智者皆不愿受夷狄之惠，盖豫忧其求请无厌，终为后患故也。又，彼请阿史那献者，岂非以献为可汗子孙，欲依之以招怀十姓乎！按献父元庆，叔父仆罗，兄俀子及斛瑟罗、怀道等，皆可汗子孙也。往者唐及吐蕃遍曾立之以为可汗，欲以招抚十姓，皆不能致，寻自破灭。何则？此属非有过人之才，恩威不足以动众，虽复可汗旧种，众心终不亲附，况献又疏远于其父兄乎？若使忠节兵力自能诱胁十姓，则不必求立可汗子孙也。又，欲令郭虔瓘入拔汗那，发其兵。虔瓘前此已尝与忠节擅入拔汗那发兵，不能得其片甲匹马，而拔汗那不胜侵扰，南引吐蕃，奉俀子，还侵四镇。时拔汗那四旁无强寇为援，虔瓘等恣为侵掠，如独行无

丞冯嘉宾，并派遣他的弟弟遮奴等人带领部众进犯唐朝边塞。

当初，娑葛取代其父乌质勒统领其部众后，他父亲的旧将阙啜忠节不服从他的管束，多次相互攻杀。阙啜忠节的部众势单力薄，抵挡不住娑葛的攻击，唐金山道行军总管郭元振奏请皇帝催促阙啜忠节入朝担任宿卫。

在阙啜忠节行进到播仙城的时候，经略使、右威卫将军周以悌劝他说："朝廷之所以不吝啬高官显爵来授封给您，是由于您掌握着自己部落的人马的缘故。现在您如果离开自己的部落入朝，那么您只不过是一衰老的胡人而已，不仅无法保住朝廷给您的荣宠和爵禄，也许连性命也将操纵在别人之手了。当今是宰相宗楚客、纪处讷二人执掌权柄，您不如重重地贿赂这两位大人，请求他们将您留在西域，不再前往朝廷赴任，同时征调安西都护府所辖军队以及招引吐蕃兵马去攻击娑葛，找到突厥首领阿史那献，把他立为可汗以招引突厥十姓部众，派遣郭虔瓘去调动拔汗那部落的兵马相助。这样做既没有失去对自己部落的控制，又能够报仇，与单身入朝相比，怎能同日而语呢！"郭虔瓘是历城县人，当时担任西部边塞的将领。阙啜忠节认为周以悌说得很对，便派遣密使去贿赂宗楚客和纪处讷，请求按照周以悌的计谋来实施。

郭元振得知这一计谋后，于是上奏说："往年吐蕃之所以侵扰边塞，正是由于为求得占有突厥十姓和安西四镇而未能得逞的缘故，近年吐蕃息兵停战，请求媾和，也并不是能真心爱慕中国的礼义，只是因为吐蕃多次发生内难，人畜都染上了瘟疫，害怕中原会利用他们弊病之机前来攻取罢了，所以他们暂且屈挠心志，以求被唐朝亲近。假使其国内稍稍安定一些，吐蕃又怎么会忘掉攻占突厥十姓和安西四镇之地呢！现在阙啜忠节不考虑国家大计，只是想为吐蕃军队做向导，恐怕安西四镇的危机将会从这件事情开始。前不久由于突厥阿史那默啜的侵凌逼迫，附和阿史那默啜的部落众多；再加上安西镇兵马疲乏困厄，拥有的力量无法为阙啜忠节进行经营筹划，并不是对突骑施部落有所爱护。阙啜忠节不能够体察朝廷经营内外的意图，却掉转头去向吐蕃求助；吐蕃一旦在西域得志，阙啜忠节就会被它控制，阙啜忠节怎么能够再来侍奉唐朝呢！往年吐蕃对中国并无恩惠，尚且想要索取突厥十姓、安西四镇之地；倘若现在攻破娑葛部有功，吐蕃就会请求朝廷把于阗、疏勒二镇割让给它，到那时不知朝廷用什么理由来遏抑这样的事态！此外，吐蕃统辖的各个蛮族部落以及婆罗门已开始不服从它的号令，假如吐蕃请求借用唐兵前去助阵、征讨，也不知道朝廷又能用什么托词拒绝它！因此自古以来聪明的帝王都不愿意接受夷狄部落的恩惠，大概是由于预感到他们日后的求取请托没有满足，最终会酿成后患的缘故。再说，阙啜忠节请立阿史那献，难道不就是因为阿史那献系可汗的子孙，打算依靠他来招抚十姓部落吗？查得阿史那献的父亲阿史那元庆、叔父阿史那仆罗、哥

人之境，犹引倭子为患。今北有娑葛，急则与之并力，内则诸胡坚壁拒守，外则突厥伺隙邀遮。臣料虔瓘等此行，必不能如往年之得志；内外受敌，自陷危亡，徒与虏结隙，令四镇不安。以臣愚揣之，实为非计。”

楚客等不从，建议“遣冯嘉宾持节安抚忠节，侍御史吕守素处置四镇，以将军牛师奖为安西副都护，发甘、凉以西兵，兼征吐蕃，以讨娑葛。”娑葛遣使娑腊献马在京师，闻其谋，驰还报娑葛。于是娑葛发五千骑出安西，五千骑出拨换，五千骑出焉耆，五千骑出疏勒，入寇。元振在疏勒，栅于河口，不敢出。忠节逆嘉宾于计舒河口，娑葛遣兵袭之，擒忠节，杀嘉宾，擒吕守素于僻城，缚于驿柱，冎而杀之。

（以上为第五段，写宗楚客等奸臣误国，招致唐军大败于突骑施。）

上以安乐公主将适左卫中郎将武延秀，遣使召太子宾客武攸绪于嵩山。攸绪将至，上敕礼官于两仪殿设别位，欲行问道之礼，听以山服葛巾入见，不名不拜。仗入，通事舍人引攸绪就位；攸绪趋立辞见班中，再拜如常仪。上愕然，竟不成所拟之礼。上屡延之内殿，频烦宠锡，皆谢不受；亲贵谒候，寒温之外，不交一言。

哥阿史那倭子及阿史那斛瑟罗、阿史那怀道等人全部都是可汗的子孙。以往大唐朝廷以及吐蕃曾经把他们一个个地册立为可汗，想要用此举来招抚十姓，而均未能将他们招致，不久这些人便各自破败灭亡了。为什么呢？由于这些人都不具备超人的才干，恩德与威望还不足以影响部众，虽然这些人仍然是可汗的嫡传子孙，部众之心终究不能对他们亲近归附，况且阿史那献与可汗的血缘关系比他的父兄还要疏远一些呢？假使阙啜忠节自己的兵力就能招诱胁迫西突厥十姓部落归附的话，那么他就没有必要请求册立可汗的子孙阿史那献为可汗了。此外，阙啜忠节打算派遣郭虔瓘前往征调拔汗那部落的军队。然而郭虔瓘在此之前就曾经与阙啜忠节一道擅自进入拔汗那调动军队，却未能得到他们的片甲匹马，而拔汗那部落承受不了侵扰，从南方引来吐蕃军队，并拥戴吐蕃所册立的可汗阿史那倭子，回军侵犯安西四镇。当时拔汗那周围没有强大的部落作为援助，郭虔瓘等人肆意侵扰抢掠，如同独闯无人之境，拔汗那尚且能招引阿史那倭子制造边患。现在拔汗那北部有娑葛部落，一旦形势紧急就会与娑葛合势连兵，在内则有各部胡人坚壁防守，在外则有突厥伺机拦截阻击。臣料定郭虔瓘等这次前往拔汗那调兵，必然不能像往年那样称心如意；将会腹背受敌，自陷危亡境地，徒然与各个部落结下怨仇，造成安西四镇不得安宁。以臣的愚见来猜测，这实在不是好办法。”

宗楚客等人不赞成郭元振的主张，建议：“派遣冯嘉宾携带符节前去安抚阙啜忠节，派遣侍御史吕守素前去处理安西四镇的军政事务，任命将军牛师奖担任安西都护府副都护，调动甘、凉二州以西各处兵马，同时征发吐蕃军队，用来讨伐娑葛。”当时娑葛派往朝廷贡献马匹的使者娑腊还待在京师，听说这一计划后立即马不停蹄地回返娑葛禀报。于是娑葛派遣五千骑兵指向安西，五千骑兵指向拨换，五千骑兵指向焉耆，五千骑兵指向疏勒，分路进犯。当时郭元振驻节疏勒，在河口筑起栅栏，不敢出战。阙啜忠节前往计舒河河口迎接冯嘉宾，娑葛调兵袭击他们，生擒阙啜忠节，杀掉了冯嘉宾，又在僻城抓获了吕守素，并将他绑在驿站的廊柱上，一刀一刀地将他剐杀了。

中宗因安乐公主将要嫁给左卫中郎将武延秀，派遣使者到嵩山召回隐居在山中的太子宾客武攸绪。在武攸绪快要抵达的时候，中宗颁敕令命令礼官在两仪殿另外设置一个坐席，打算举行帝王问道的礼仪，听任武攸绪穿着隐居野外的冠服入朝相见，既不必通报自己的名字，也不必施行下拜之礼。仪仗进入两仪殿内，通事舍人引导着武攸绪就座。武攸绪恭敬地小步疾行走进辞见班的行列中，依照通常的礼仪两次下拜行礼，中宗对此十分惊异，竟然没有完成事先安排的帝王问道之礼。中宗多次邀请武攸绪出入内殿，频频颁赐恩宠之赏，武攸绪均表示推辞，拒绝接受；亲

初，武崇训之尚公主也，延秀数得侍宴。延秀美姿仪，善歌舞，公主悦之。及崇训死，遂以延秀尚焉。

己卯，成礼，假皇后仗，分禁兵以盛其仪卫，命安国相王障车。庚辰，赦天下。以延秀为太常卿，兼右卫将军。辛巳，宴群臣于两仪殿，命公主出拜公卿，公卿皆伏地稽首。

（以上为第六段，写安乐公主再嫁。）

癸未，牛师奖与突骑施娑葛战于火烧城，师奖兵败没。娑葛遂陷安西，断四镇路，遣使上表，求宗楚客头。楚客又奏以周以悌代郭元振统众，征元振入朝；以阿史那献为十姓可汗，置军焉耆以讨娑葛。

娑葛遗元振书，称："我与唐初无恶，但仇阙啜。宗尚书受阙啜金，欲枉破奴部落，冯中丞、牛都护相继而来，奴岂得坐而待死！又闻史献欲来，徒扰军州，恐未有宁日。乞大使商量处置。"元振奏娑葛书。楚客怒，奏言元振有异图，召，将罪之。元振使其子鸿间道具奏其状，乞留定西土，不敢归。周以悌竟坐流白州，复以元振代以悌，赦娑葛罪，册为十四姓可汗。

以婕妤上官氏为昭容。

十二月，御史中丞姚廷筠奏称："比见诸司不遵律令格式，事无大小皆悉闻奏。臣闻为君者任臣，为臣者奉法。万机丛委，不可遍览，岂有修一水窦，伐一枯木，皆取断宸衷！自今若军国大事及条式无文者，听奏取进止，自余各准法处分。其有故生疑滞，致有稽失，望令御史纠弹。"从之。

族和显贵们前来拜访问候时，武攸绪除了寒暄冷暖之外，与他们没有只言片语的交谈。

当初，武崇训娶安乐公主为妻，武延秀多次得到陪侍公主饮宴的机会。武延秀仪表风度英俊潇洒，且能歌善舞，安乐公主十分喜欢他。等到武崇训被太子李重俊杀死后，中宗便让武延秀与安乐公主结为夫妻。

十一月二十一日己卯，安乐公主与武延秀举行成婚典礼，安乐公主使用了皇后的仪仗，中宗还派出禁兵参加以壮大仪仗和护卫队伍，并且还指派安国相王李旦护送公主的车乘。十一月二十二日庚辰，赦免天下罪囚，任命武延秀担任太常卿兼右卫将军。十一月二十三日辛巳，中宗在两仪殿设宴招待群臣，并让安乐公主出来拜见大臣公卿，大臣们纷纷趴在地上叩头还礼。

十一月二十五日癸未，牛师奖率部与突骑施娑葛在火烧城交锋，牛师奖战败身亡。于是娑葛攻陷安西都护府的驻地龟兹，断绝了四镇的往来交通，并派遣使者向朝廷上表，索求宗楚客的头颅。宗楚客又上奏请求命令周以悌取代郭元振统领安西各路兵马，征召郭元振入朝；册立阿史那献为十姓可汗，把军队布置在焉耆以讨伐娑葛。

娑葛给郭元振写信，声称："我与大唐朝廷之间原本不曾交恶，我仅仅把阙啜忠节当作仇敌，但兵部尚书宗楚客收受了阙啜忠节的礼金，就想平白无故地残破我的部落。御史中丞冯嘉宾和安西都护府副都护牛师奖相继领兵而来，我怎么能够坐以待毙！我又听说阿史那献也想来到此地，这只会徒然使军民受到侵扰，恐怕再没有安宁的日子过了。请求大使商量解决吧。"郭元振把娑葛的信奏上。宗楚客动怒，呈奏声称郭元振有叛逆的意图，召他入朝，要加罪于他。郭元振派遣他的儿子郭鸿从小路返回，把实际情况向中宗一一奏报，请求留在西域稳定局势，不敢回到朝中。周以悌最终获罪被流放到白州，因而又任命郭元振取代了他的职务。朝廷赦免了娑葛的罪行，并把娑葛册立为十四姓可汗。

中宗把婕妤上官氏封为昭容。

十二月，御史中丞姚廷筠呈奏称："近来发现各官署衙门不能遵照规章条例的程式处理公务，而不论大事小事都一概奏报皇帝裁断。臣听说过做君王的须任用臣下，做臣子的应遵照法规履行公务。纷繁的政事丛杂堆积，皇帝不可能一一省览，哪里有挖一条水道和砍伐一株枯树这样的小事都要取决于皇帝意志的道理呢！从今以后，如果属于军国大事或者是那些条例程式上没有明确规定的事，才可以呈奏听取皇帝裁决，其余的一律依照法规来处理；如果有故意迟疑阻滞，从而导致迁延误事的现象出现，希望命令御史进行纠举弹劾。"中宗同意了他的建议。

丁巳晦，敕中书、门下与学士、诸王、驸马入阁守岁，设庭燎，置酒，奏乐。酒酣，上谓御史大夫窦从一曰："闻卿久无伉俪，朕甚忧之。今夕岁除，为卿成礼。"从一但唯唯拜谢。俄而内侍引烛笼、步障、金缕罗扇自西廊而上，扇后有人衣礼衣，花钗，令与从一对坐。上命从一诵《却扇诗》数首。扇却，去花易服而出，徐视之，乃皇后老乳母王氏，本蛮婢也。上与侍臣大笑。诏封莒国夫人，嫁为从一妻。俗谓乳母之婿曰"阿奢"，从一每谒见及进表状，自称"翊圣皇后阿奢"，时人谓之"国奢"，从一欣然有自负之色。

（以上为第七段，写郭元振安抚突骑施，唐中宗主婚嫁韦皇后老奶妈。）

三年（己酉，709年）

春，正月，丁卯，制广东都圣善寺，居民失业者数十家。

长宁、安乐诸公主多纵僮奴掠百姓子女为奴婢，侍御史袁从之收系狱，治之。公主诉于上，上手制释之。从之奏称："陛下纵奴掠良人，何以理天下！"上竟释之。

二月，己丑，上幸玄武门，与近臣观宫女拔河。又命宫女为市肆，公卿为商旅，与之交易，因为忿争，言辞亵慢，上与后临观为乐。

丙申，监察御史崔琬对仗弹宗楚客、纪处讷潜通戎狄，受其货赂，致生边患。故事，大臣被弹，俯偻趋出，立于朝堂待罪。至是，楚客更愤怒作色，自陈忠鲠，为琬所诬。上竟不穷问，命琬与楚客结为兄弟以和解之，时人谓之"和事天子"。

壬寅，韦巨源为左仆射，杨再思为右仆射，并同中书门下三品。

上数与近臣学士宴集，令各效伎艺以为乐。工部尚书张锡舞《谈容娘》，将作大匠宗晋卿舞《浑脱》，左卫将军张洽舞《黄獐》，左金吾将军杜元谈诵《婆罗门咒》，中书舍人卢藏用效道士上章。国子司业河东郭山

十二月二十九日丁巳，颁敕召中书、门下与学士、诸王、驸马进内殿守岁，摆好了在殿堂里做照明用的火炬，设置了酒宴，演奏起乐曲。在酒兴正酣畅时，中宗对御史大夫窦从一说道："听说你尚无配偶，我对此十分忧虑。今天夜晚是除夕，我打算替你完婚。"窦从一只是顺从地连连应诺、拜谢。过了不一会儿，内侍领着手持灯笼、步障和金缕罗扇的队列从西廊进殿，罗扇后面有一妇人身着礼服、头戴花钗。中宗命令这位妇人与窦从一相对而坐。中宗令窦从一吟诵了几首《却扇计》，罗扇被撤下之后，这位妇女便摘除花钗，换下礼服，人们慢慢端详，原来是韦皇后的老奶妈王氏，她本系蛮族婢女，中宗与侍臣们哄堂大笑。下诏册封王氏为莒国夫人，嫁给窦从一做妻子。当时俗称奶妈的丈夫为"阿奢"，窦从一每次谒见皇帝或者进呈表状的时候，都自称"翊圣皇后阿奢"，因此人们也就把窦从一叫"国奢"，窦从一反倒欣欣然，显露出自负的神色。

唐中宗景龙三年（己酉，709 年）

春季，正月初九日丁卯，中宗颁布诏书，命令扩建东都圣善寺，当地居民由于这一工程而断了生计的有几十家。

长宁、安乐等公主屡次纵容奴仆劫掠平民子女为奴婢，侍御史袁从之把这些家伙逮进监狱治罪。公主们将事情告到中宗那里，中宗便亲自起草诏书把他们释放出狱。袁从之向唐中宗上奏说："陛下纵容恶奴抢掠良民，拿什么来治理天下呢！"中宗最后还是把他们开释了。

二月初二日己丑，中宗亲临玄武门，与宠信的大臣们观赏宫女拔河。中宗还命令宫女们摆设店铺，让公卿大臣们扮作顾客，与她们做买卖，故意装出愤怒争执的场面，彼此言语粗俗下流、轻慢放荡。中宗和韦皇后前去观看，以此取乐。

二月初九日丙申，监察御史崔琬在朝廷的仪仗队列前弹劾宗楚客、纪处讷二人私下勾结戎狄，收受他们的贿赂，导致边塞地区发生祸患。根据惯例，大臣遭到弹劾的时候，须弯腰低头快步从群臣中走出，站在殿堂前听候治罪。这次宗楚客反而愤然发怒，面孔也变了颜色。他向中宗陈述自己的忠诚耿直，声称遭受了崔琬的诬陷。中宗竟然没有严加追究，只是命令崔琬与宗楚客结为兄弟以和解两人的关系，当时人们都因此把中宗称为"和事天子"。

二月十五日壬寅，中宗任命韦巨源担任尚书左仆射，任命杨再思担任尚书右仆射，均为同中书门下三品。

唐中宗多次与近臣学士宴饮聚会，还命令每人都模仿伎艺演出的场面寻开心。工部尚书张锡表演《谈容娘》舞，将作大匠宗晋卿表演《浑脱》舞，左卫将军张洽表演《黄麞》舞，左金吾将军杜元谈吟诵《婆罗门咒》，中书舍人卢藏用则扮作道

恽独曰："臣无所解，请歌古诗。"上许之。山恽乃歌《鹿鸣》《蟋蟀》。明日，上赐山恽敕，嘉美其意，赐时服一袭。

上又尝宴侍臣，使各为《回波辞》，众皆为谄语，或自求荣禄，谏议大夫李景伯曰："回波尔时酒卮。微臣职在箴规。侍宴既过三爵，喧哗窃恐非仪！"上不悦。萧至忠曰："此真谏官也。"

（以上为第八段，写中宗纵奴为恶，娱乐、宴会纵情违礼，大失天子体统。）

三月，戊午，以宗楚客为中书令，萧至忠为侍中，太府卿韦嗣立为中书侍郎、同中书门下三品。中书侍郎崔湜、赵彦昭并同平章事。崔湜通于上官昭容，故昭容引以为相。彦昭，张掖人也。

时政出多门，滥官充溢，人以为三无坐处，谓宰相、御史及员外官也。韦嗣立上疏，以为："比者造寺极多，务取崇丽，大则用钱百数十万，小则三五万，无虑所费千万以上，人力劳弊，怨嗟盈路。佛之为教，要在降伏身心，岂雕画土木，相夸壮丽！万一水旱为灾，戎狄构患，虽龙象如云，将何救哉！又，食封之家，其数甚众，昨问户部，云用六十余万丁；一丁绢两匹，凡百二十余万匹。臣顷在太府，每岁庸绢，多不过百万，少则六七十万匹，比之封家，所入殊少。夫有佐命之勋，始可分茅胙土。国初，功臣食封者不过三二十家，今以恩泽食封者乃逾百数；国家租赋，太半私门，私门有余，徒益奢侈，公家不足，坐致忧危，制国之方，岂谓为得！封户之物，诸家自征，僮仆依势，陵轹州县，多索裹头，转行贸易，烦扰驱迫，不胜其苦。不若悉计丁输之太府，使封家于左藏受之，于事为愈。又，员外置官，数倍正阙，曹署典吏，困于祗承，府库仓储，竭于资奉。又，刺史、县令，近年以来，不存简择，京官有犯及声望下者方遣刺州，吏部选人，衰耄无手笔者方补县令，以此理人，何望率化！望自今应除三省、两台及五品以上清望官，皆先于刺史、县令中选用，则天下理矣。"上弗听。

士给天神上表祈祷消灾解难。唯有国子司业河东人郭山恽说道："臣不曾通晓任何演艺，愿歌咏古诗助兴。"中宗表示同意。郭山恽于是吟唱了《鹿鸣》和《蟋蟀》两首。第二天，中宗赐予郭山恽敕书以嘉奖他的良苦用心，并赏给他一套时兴的服装。

唐中宗曾经在宴饮侍臣的时候，还命令大家各自创作《回波辞》，侍臣们所写的都是些阿谀奉承的言辞；有的人还向中宗求取官爵和俸禄，谏议大夫李景伯说道："酒波在杯中回荡的那个时候，微臣的职责在于劝诫君王。臣下陪侍陛下饮宴已经超过了三爵，我担心再喧哗下去会违背礼仪的！"中宗不高兴。萧至忠说："这人才是一个真正的谏官！"

三月初一日戊午，中宗任命宗楚客担任中书令，任命萧至忠担任侍中，任命太府卿韦嗣立担任中书侍郎、同中书门下三品，任命中书侍郎崔湜和赵彦昭一起担任同平章事。崔湜与上官昭容私通，因此上官昭容举荐他担任宰相。赵彦昭是张掖人。

当时政令出自多门，朝廷里充斥着泛滥的官员，人们认为有三处官署已无法安排座位，指的就是宰相、御史及员外官。韦嗣立上疏认为："近期以来建造寺院太多，而且极力追求高大华丽，大的工程要耗费一百几十万钱，小的也要用掉三五万钱，大约所靡费的钱财达一千万以上，民力困乏，怨声载道。佛所制定的教义，要点在于让人们约束自己的身心，怎能致力于大兴土木、雕梁画栋以竞相夸耀寺院建筑的壮观华丽呢！万一发生水旱灾害，或者夷狄部落制造祸患，即使是具有勇力的大龙象菩萨多得铺天盖地，对于陛下的赈灾解难将能有什么救助呢！又，食实封的王公贵族之家数量极多，臣昨日从户部了解到，它们已占用了六十多万丁男，每个丁男一年纳绢两匹，一年共计有绢一百二十万匹。不久前臣在太府任职的时候每年入库的庸绢，多的时候不超过一百万匹，少的时候则只有六七十万匹，与食实封的贵族之家相比，收入实在太少了。大凡只有辅佐帝王创下基业的元勋，才有资格被分封土地。我唐朝开国的初期，食封户的功臣不超过二三十家，而现在凭借陛下恩惠食实封的竟超过了一百家；国家的赋税收入，一大半流进私人家门，私家的财货有余，只会更加穷奢极侈，国家的用度不足，因而导致忧患危亡，这样治理国家的方略，怎能说是得体的呢！所封食户应当交纳的租赋，由各家自己征收。他们的家奴倚仗主人的权势，欺凌州县官吏；额外勒索盘缠川资、转运货物、买卖交易，四处烦劳搅扰，驱使逼迫，百姓根本难以承受如此繁杂沉重的劳苦。不如全部计算丁男的赋税输入太府，再让食实封的私家到左藏库去领取，这样要比由它们自行征收租赋要好些。又，员额外设置的官员是正缺候补数目的好几倍，使曹署的小吏们为敬承恭奉所困扰，国库官仓中蓄积的资财也被庞大的俸禄开支耗尽。又，近年以来任命州县刺史、县令时，没有进行选拔，往往是些犯有过失的或者声望不高的京官

戊寅，以礼部尚书韦温为太子少保、同中书门下三品，太常卿郑愔为吏部尚书、同平章事。温，皇后之兄也。

太常博士唐绍以武氏昊陵、顺陵置守户五百，与昭陵数同，梁宣王、鲁忠王墓守户多于亲王五倍，韦氏褒德庙卫兵多于太庙，上疏请量裁减，不听。绍，临之孙也。

中书侍郎兼知吏部侍郎、同平章事崔湜、吏部侍郎同平章事郑愔俱掌铨衡，倾附势要，赃贿狼籍，数外留人，授拟不足，逆用三年阙，选法大坏。湜父挹为司业，受选人钱，湜不之知，长名放之。其人诉曰："公所亲受某赂，奈何不与官？"湜怒曰："所亲为谁，当擒取杖杀之！"其人曰："公勿杖杀，将使公遭忧。"湜大惭。侍御史靳恒与监察御史李尚隐对仗弹之，上下湜等狱，命监察御史裴漼按之。安乐公主讽漼宽其狱，漼复对仗弹之。夏，五月，丙寅，愔免死，流吉州，湜贬江州司马。上官昭容密与安乐公主、武延秀曲为申理，明日，以湜为襄州刺史。愔为江州司马。

（以上为第九段，写中宗滥施封赏，致使冗官充斥、封邑逾制、选举败坏、贿赂公行，又佞佛造寺，穷奢极侈，给民众带来沉重负担。）

六月，右仆射、同中书门下三品杨再思薨。

秋，七月，突骑施娑葛遣使请降；庚辰，拜钦化可汗，赐名守忠。

八月，己酉，以李峤同中书门下三品，韦安石为侍中，萧至忠为中书令。

至忠女适皇后舅子崔无诐，成昏日，上主萧氏，后主崔氏，时人谓之"天子嫁女，皇后娶妇"。

上将祀南郊，丁酉，国子祭酒祝钦明、国子司业郭山恽建言："古者

才被派到各州去做刺史，吏部在选任地方官时，也大多是衰老没有文采的才被补授为县令。用这样的官员去治理百姓，天下遵从教化还会有什么指望呢！希望今后对待授任三省、左右御史台以及五品以上有清白声望的官员时，都要先在各州县刺史、县令中选拔，那么国家就能得到治理了。”中宗没有接受他的建议。

三月二十一日戊寅，中宗任命礼部尚书韦温担任太子少保、同中书门下三品，任命太常卿郑愔担任吏部尚书、同平章事。韦温是韦皇后的哥哥。

太常博士唐绍认为武氏的昊陵、顺陵设有五百户守陵的人家，与太宗皇帝昭陵守户的数目相同，梁宣王武三思和鲁忠王武崇训墓地的守户多出亲王陵墓的守户五倍，而供奉韦皇后亡父的褒德庙的卫兵数目超过了太庙的卫兵数目。因此上疏，请求酌量裁减，中宗没有采纳。唐绍是唐临的孙子。

中书侍郎兼知吏侍郎、同平章事崔湜与吏部侍郎同平章事郑愔一同执掌官吏的选任，他们偏向和依附有权势的高官显宦，贪赃受贿搞得不可收拾，在名额以外取人，吏部所拟的授任名额不够，便预先支用以后三年的名额。朝廷选任官员的法规受到极大破坏。崔湜的父亲崔挹担任司业，接受了候选官员的钱财，崔湜不知道这件事，因而把那个人的名字也写上了公布选官结果的长名榜的落选之列。那人向崔湜问道：“您的亲属已经收下了我的贿赂，为什么还不给我职位呢？”崔湜动怒说道：“这个亲属是谁，我要将他抓起来用杖活活打死！”那个人说：“您可不能把他用杖打死，那样会使您丁忧服丧的。”崔湜因而极为羞愧。侍御史靳恒与监察御史李尚隐在皇帝仪仗之前弹劾了崔湜，中宗把崔湜等人逮捕入狱，并且命令监察御史裴漼审讯这桩案件。安乐公主暗示裴漼放宽对崔湜等人案件的审理，裴漼又在朝廷上弹劾了她。夏季，五月十一日丙寅，中宗将郑愔免予死刑，流放到吉州，将崔湜贬谪为江州司马。上官昭容私下与安乐公主、武延秀一道为他们两人曲加申辩，第二天，中宗命令崔湜担任襄州刺史，命令郑愔担任江州司马。

六月，右仆射、同中书门下三品杨再思去世。

秋季，七月，突骑施娑葛遣使者前来请求降附唐朝；七月二十六日庚辰，朝廷封娑葛为钦化可汗，赐名为守忠。

八月初一日己酉，中宗任命李峤担任中同中书门下三品，任命韦安石担任侍中，任命萧至忠担任中书令。

萧至忠的女儿嫁给了韦皇后舅父的儿子崔无诐，在结婚的那一天，中宗做萧氏的主婚人，韦皇后做崔氏的主婚人，当时的人把此事说成是“天子嫁闺女，皇后娶媳妇”。

唐中宗打算前往南郊祭天。八月十三日丁酉，国子祭酒祝钦明、国子司业郭山

大祭祀，后祼献以瑶爵。皇后当助祭天地。”太常博士唐绍、蒋钦绪驳之，以为：“郑玄注《周礼·内司服》，惟有助祭先王先公，无助祭天地之文。皇后不当助祭南郊。”国子司业盐官褚无量议，以为：“祭天惟以始祖为主，不配以祖妣，故皇后不应预祭。”韦巨源定仪注，请依钦明议。上从之，以皇后为亚献，仍以宰相女为斋娘，助执豆笾。钦明又欲以安乐公主为终献，绍、钦绪固争，乃止；以巨源摄太尉为终献。钦绪，胶水人也。

己巳，上幸定昆池，命从官赋诗。黄门侍郎李日知诗曰：“所愿暂思居者逸，勿使时称作者劳。”及睿宗即位，谓日知曰：“当是时，朕亦不敢言之。”

九月，戊辰，以苏瓌为右仆射、同中书门下三品。

太平、安乐公主各树朋党，更相谮毁，上患之。冬，十一月，癸亥，上谓修文馆直学士武平一曰：“比闻内外亲贵多不辑睦，以何法和之？”平一以为：“此由谗谄之人阴为离间，宜深加诲谕，斥逐奸险。若犹未已，伏愿舍近图远，抑慈存严，示以知禁，无令积恶。”上赐平一帛而不能用其言。

上召前修文馆学士崔湜、郑愔入陪大礼。乙丑，上祀南郊，赦天下，并十恶咸赦除之；流人并放还；斋娘有婿者，皆改官。

甲戌，开府仪同三司、平章军国重事豆卢钦望薨。

乙亥，吐蕃赞普遣其大臣尚赞咄等千余人逆金城公主。

河南道巡察使、监察御史宋务光，以“于时食实封者凡一百四十余家，应出封户者凡五十四州，皆割上腴之田，或一封分食数州；而太平、安乐公主又取高赀多丁者，刻剥过苦，应充封户者甚于征役；滑州地出绫缣，人多趋射，尤受其弊，人多流亡；请稍分封户散配余州。又，征封使者烦扰公私，请附租庸，每年送纳。”上弗听。

恽提出建议说："古代举行大祭礼的时候，王后使用瑶爵献酒灌祭。应该让韦皇后辅助陛下祭祀天地。"太常博士唐绍、蒋钦绪对此予以驳斥，认为：在"郑玄注释的《周礼·内司服》中，只讲过王后辅助帝王祭祀先王先公，而没有王后辅助帝王祭祀天地的记载。因此皇后不应当辅助陛下祭天"。国子司业盐官县人褚无量附议时认为："祭天的仪式中只是以始祖为主，而不以始祖母配享，因此皇后不应参与祭天。"韦巨源主持制定祭天的礼节，他请求按祝钦明的建议去办。中宗同意了他的请求，决定由韦皇后担任第二次献祭，还以宰相之女担任斋娘，她们帮助捧起盛放酒和食品的礼器豆笾。祝钦明还打算由安乐公主来担任最后的献祭，由于唐绍和蒋钦绪的坚决反对而作罢。最后决定由韦巨源代理太尉职务来执行最后的献祭。蒋钦绪是胶水县人。

八月二十一日己巳，中宗驾临定昆池游玩，命令侍从官员们作诗。黄门侍郎李日知所作的诗中这样说："所愿暂思居者逸，勿使时称作者劳。"后来唐睿宗即位时对李日知说："在那个时候，就连我也不敢像你那样说。"

九月十五日戊辰，中宗任命苏瓌担任尚书右仆射、同中书门下三品。

太平公主和安乐公主各自结党，彼此互相诬陷诽谤，中宗对此十分忧虑。冬十一月十一日癸亥，唐中宗向修文馆直学士武平一问道："近来听说朝廷内外的亲戚显贵彼此之间多不和睦，用什么方式来调解他们的关系呢？"武平一认为："这是由于有专门进谗诬陷和溜须拍马的人暗中挑拨离间的缘故，陛下应当严加教诫，并排斥那些奸佞险恶的小人。如果事态还是没完没了的话，臣敬请陛下舍弃眼前，图谋久远，抑制慈爱宽仁之心，保留严厉整肃之意，向他们明示法禁，不要使他们彼此间的恶感越来越厉害。"中宗赏赐给武平一许多绢帛，却对他的建议不加采纳。

唐中宗征召修文馆学士崔湜、郑愔进京陪同参加祭天大礼。十一月十三日乙丑，中宗到南郊祭天，赦免天下罪囚，犯有十恶之罪的要犯也一同免罪；被判处流刑的人全部被发还原籍；已有丈夫的斋娘，丈夫都改任新的官职。

十一月二十二日甲戌，开府仪同三司、平章军国重事豆卢钦望去世。

十一月二十三日乙亥，吐蕃赞普派遣他的大臣尚赞咄等一千余人到京师迎娶金城公主。

河南道巡察使、监察御史宋务光认为："在今日食实封的总计已有一百四十余家，应当为他们出封户的州共计五十四个，而且所割取的都是上等的膏腴之地，有的一个食封贵族甚至在好几个州内都有封户；而太平公主和安乐公主又占有着资财充实、人丁众多的封户，进行的盘剥又过于苛刻，以至于应命充作封户的人家比向朝廷纳赋服役的人家的负担还要沉重；由于滑州地区生产绫缣，人们便纷纷赶到那里追逐财利，因而所受到的弊害最为深重，平民大多流离亡命；请将食封贵族所占

时流人皆放还，均州刺史谯王重福独不得归，乃上表自陈曰："陛下焚柴展礼，郊祀上玄，苍生并得赦除，赤子偏加摈弃，皇天平分之道，固若此乎！天下之人闻者为臣流涕。况陛下慈念，岂不愍臣栖遑！"表奏，不报。

前右仆射致仕唐休璟，年八十余，进取弥锐，娶贺娄尚宫养女为其子妇。十二月，壬辰，以休璟为太子少师、同中书门下三品。

甲午，上幸骊山温汤；庚子，幸韦嗣立庄舍。以嗣立与周高士韦敻同族，赐爵逍遥公。嗣立，皇后之疏属也。由是顾赏尤重。乙巳，还宫。

是岁，关中饥，米斗百钱。运山东、江、淮谷输京师，牛死什八九。群臣多请车驾复幸东都，韦后家本杜陵，不乐东迁，乃使巫觋彭君卿等说上云："今岁不利东行。"后复有言者，上怒曰："岂有逐粮天子邪！"乃止。

（以上为第十段，写中宗治国无方，治家无策。韦皇后助祭南郊，违礼听之；太平、安乐公主各树朋党，束手无策。）

睿宗玄真大圣大兴孝皇帝上

景云元年（庚戌，710 年）

春，正月，丙寅夜，中宗与韦后微行观灯于市里，又纵宫女数千人出游，多不归者。

上命纪处讷送金城公主适吐蕃，处讷辞；又命赵彦昭，彦昭亦辞。丁丑，命左骁卫大将军杨矩送之。己卯，上自送公主至始平；二月，癸未，还宫。公主至吐蕃，赞普为之别筑城以居之。

庚戌，上御梨园毬场，命文武三品以上抛毬及分朋拔河，韦巨源、唐休璟衰老，随絙踣地，久之不能兴；上及皇后、妃、主临观，大笑。

有的封户数额稍加分散调配到其余的州里去。另外，朝廷派出去征收租税的使者搅扰侵害地方州县政府和黎民百姓，希望将应收取的租税附入租庸之中统一征收，每年由官府发放给他们。”中宗没接受这一建议。

当时被流放在外的人都已放回，唯独均州刺史谯王李重福没能获准返回京城，于是他上表为自己申述道：“陛下焚烧木柴举行典礼，进行祭祀以祭告上天，芸芸众生都因而得以赦罪免刑，唯独把儿子加以摒弃，上天对子民公平施恩的办法，原本就是这样的吗！知道此事的天下臣民们都在为臣流泪。何况陛下心怀仁慈，为什么不能怜悯一下走投无路的子臣呢！”李重福的奏表呈进以后，中宗没有给予答复。

前任尚书右仆射已退休的唐休璟，年纪已有八十多岁了，进取之心却更加强烈了。他的儿子娶了宫廷女官尚宫贺娄氏的养女作为妻子。十二月初十日壬辰，中宗命令唐休璟担任太子少师、同中书门下三品。

十二月十二日甲午，中宗驾临骊山温泉；十二月十八日庚子，中宗前往韦嗣立的庄园。由于韦嗣立与被赐号逍遥公的北周名士韦夐同族，便将他赐爵为逍遥公。韦嗣立是韦皇后的远房亲属，因此他受到特别的关心和赏赐。十二月二十三日乙巳，中宗返回宫中。

在这一年里，关中地区曾发生饥荒，米每斗价值一百钱。朝廷从山东、江、淮等地区调运谷物供应京师，运粮的牛有十之八九死于途中。群臣纷纷请求中宗再次去东都洛阳，韦后因自己家原本在杜陵的缘故，不乐意迁往东都去，便指使彭君卿等巫觋对皇帝劝阻道：“今年不利于东行。”此后还有一些大臣建议中宗到东都去，中宗动怒道：“我怎能做到处找饭吃的天子呢！”于是东迁之事只得作罢。

睿宗玄真大圣大兴孝皇帝上

唐睿宗景云元年（庚戌，710 年）

春季，正月十四日丙寅夜晚，中宗与韦后身着便服到街市里巷观赏花灯，还放出几千名宫女到宫外游玩，其中有多数人没有回宫。

唐中宗命令纪处讷护送金城公主前往吐蕃与赞普成婚，纪处讷推辞不去；中宗又命令赵彦昭担当这一使命，赵彦昭也推辞不去。正月二十五日丁丑，中宗命令左骁卫大将军杨矩送金城公主前往吐蕃。正月二十七日己卯，中宗亲自把金城公主送到始平。二月初二日癸未，中宗返回宫中。金城公主抵达吐蕃后，赞普为她另外建造了一座城来让她居住。

二月二十九日庚戌，中宗来到梨园毬场，命令三品以上文武官员抛毬并分队拔河，韦巨源和唐休璟年迈体衰，随着拔河用的粗绳子摔倒在地，很长时间还爬不起

夏，四月，丙戌，上游芳林园，命公卿马上摘樱桃。

初，则天之世，长安城东隅民王纯家井溢，浸成大池数十顷，号隆庆池。相王子五王列第于其北，望气者言，“常郁郁有帝王气，比日尤盛。”乙未，上幸隆庆池，结彩为楼，宴侍臣，泛舟戏象以厌之。

定州人郎岌上言，“韦后、宗楚客将为逆乱”。韦后白上杖杀之。

五月，丁卯，许州司兵参军偃师燕钦融复上言，“皇后淫乱，干预国政，宗族强盛；安乐公主、武延秀、宗楚客图危宗社。”上召钦融面诘之。钦融顿首抗言，神色不桡；上默然。宗楚客矫制令飞骑扑杀之，投于殿庭石上，折颈而死，楚客大呼称快。上虽不穷问，意颇怏怏不悦；由是韦后及其党始忧惧。

己卯，上宴近臣，国子祭酒祝钦明自请作《八风舞》，摇头转目，备诸丑态；上笑。钦明素以儒学著名，吏部侍郎卢藏用私谓诸学士曰：“祝公《五经》扫地尽矣！”

散骑常侍马秦客以医术，光禄少卿杨均以善烹调，皆出入宫掖，得幸于韦后，恐事泄被诛；安乐公主欲韦后临朝，自为皇太女；乃相与合谋，于饼餤中进毒，六月，壬午，中宗崩于神龙殿。

韦后秘不发丧，自总庶政。癸未，召诸宰相入禁中，征诸府兵五万人屯京城，使驸马都尉韦捷、韦灌、卫尉卿韦璿、左千牛中郎将韦锜、长安令韦播、郎将高嵩分领之。璿，温之族弟；播，从子；嵩，其甥也。中书舍人韦元徼巡六街。又命左监门大将军兼内侍薛思简等将兵五百人驰驿戍均州，以备谯王重福。以刑部尚书裴谈、工部尚书张锡并同中书门下三品，仍充东都留守。吏部尚书张嘉福、中书侍郎岑羲、吏部侍郎崔湜并同平章事。羲，长倩之从子也。

来。皇帝、韦皇后及妃子、公主们都到场观看，纷纷开心地大笑起来。

夏季，四月初五日丙戌，中宗到芳林园游玩，命令随从的公卿大臣们骑在马上采摘樱桃。

当初，在武则天时期，长安城东头的居民王纯家中的水井往外溢水，溢出的水逐渐形成一个面积为几十顷的大池塘，此池塘被人们称为隆庆池。相王李旦的封有王爵的五个儿子都把府第并排建造在隆庆池的北岸，善于望云气的人说道："这里时常有浓烈的帝王之气，近来这种帝王之气尤为兴盛。"四月十四日乙未，中宗驾临隆庆池，在这里结起彩楼，为侍臣设宴，还在池中泛舟戏象，来压制这里的帝王之气。

定州人郎岌上书说："韦皇后、宗楚客将要谋反作乱。"韦皇后禀告中宗，让人用杖刑将郎岌处死。

五月十七日丁卯，许州司兵参军偃师人燕钦融又上书道："皇后淫乱放荡，干预朝廷政务，而且韦氏宗族势力相当强大；安乐公主、武延秀、宗楚客图谋危害宗庙社稷。"中宗召见燕钦融当面追问他。燕钦融一边叩头一边高声陈词，神色也未屈服，中宗默然无语。宗楚客伪造中宗诏书，命令飞骑去打死燕钦融，把燕钦融摔到宫殿庭前石上，燕钦融折断了脖子死去，宗楚客见状大叫痛快。中宗虽然对于此事不加深究，但是心情颇有些闷闷不乐。从此以后，韦皇后和她的党羽们开始感到担忧和害怕。

五月二十九日己卯，中宗宴请近臣，国子祭酒祝钦明自告奋勇地请求表演《八风舞》，祝钦明摇头晃脑、眼珠翻转、丑态百出，中宗看得直发笑。祝钦明向来是以通晓儒学著称于世的，吏部侍郎卢藏用背地里对修文馆学士和直学士说："祝公擅长《五经》，而现在已完全是斯文扫地了！"

散骑常侍马秦客擅长医术，光禄少卿杨均善于烹调，两个凭此而得以出入后宫并得到韦皇后的爱幸，他们担心事情泄露出去会被处死；安乐公主希望韦皇后能够临朝听政，从而使自己成为皇太女。于是，她们互相勾结、共同策划，他们在饼里投放了毒药送给中宗吃。六月初二日壬午，中宗在神龙殿驾崩。

韦后隐秘而不发布中宗的死讯，自己总揽了朝廷的各项政务。六月初三日癸未，韦后把各位宰相召入宫中，又征调各府兵马共五万人屯驻在长安城中，指派驸马都尉韦捷、韦灌、卫尉卿韦璿、左千牛中郎将韦琦、长安令韦播、郎将高嵩分别带领这些兵马。韦璿是韦温的堂弟；韦播是韦温的侄子；高嵩是韦温的外甥。韦后下令由中书舍人韦元掌理巡察城中六街的职事，又命令左监门大将军兼内侍薛思简等人率领五百名士兵乘驿马迅速前往均州戍守，以防备均州刺史谯王李重福。刑部尚书裴谈、工部尚书张锡都被任命为同中书门下三品，仍然由他们充任东都留守。吏部尚书张嘉福、中书侍郎岑羲、吏部侍郎崔湜都被任命为同平章事。岑羲是岑长倩的

太平公主与上官昭容谋草遗制，立温王重茂为皇太子，皇后知政事，相王旦参谋政事。宗楚客密谓韦温曰："相王辅政，于理非宜；且于皇后，嫂叔不通问，听朝之际，何以为礼！"遂帅诸宰相表请皇后临朝，罢相王政事。苏瓌曰："遗诏岂可改邪！"温、楚客怒，瓌惧而从之，乃以相王为太子太师。

甲申，梓宫迁御太极殿，集百官发丧，皇后临朝摄政，赦天下，改元唐隆。进相王旦太尉，雍王守礼为豳王，寿春王成器为宋王，以从人望。命韦温总知内外守捉兵马事。

丁亥，殇帝即位，时年十六。尊皇后为皇太后；立妃陆氏为皇后。壬辰，命纪处讷持节巡抚关内道，岑羲河南道，张嘉福河北道。

（以上为第十一段，写韦皇后发难，毒死中宗。）

宗楚客与太常卿武延秀、司农卿赵履温、国子祭酒叶静能及诸韦共劝韦后遵武后故事，南北卫军、台阁要司皆以韦氏子弟领之，广聚党众，中外连结。楚客又密上书称引图谶，谓韦氏宜革唐命。谋害殇帝，深忌相王及太平公主，密与韦温、安乐公主谋去之。

相王子临淄王隆基，先罢潞州别驾，在京师，阴聚才勇之士，谋匡复社稷。初，太宗选官户及蕃口骁勇者，著虎文衣，跨豹文鞯，从游猎，于马前射禽兽，谓之百骑；则天时稍增为千骑，隶左右羽林；中宗谓之万骑，置使以领之。隆基皆厚结其豪杰。

兵部侍郎崔日用素附韦、武，与宗楚客善，知楚客谋，恐祸及己，遣宝昌寺僧普润密诣隆基告之，劝其速发。隆基乃与太平公主及公主子卫尉卿薛崇暕，苑总监赣人钟绍京，尚衣奉御王崇晔、前朝邑尉刘幽求、利仁府折冲麻嗣宗谋先事诛之。韦播、高嵩数榜捶万骑，欲以立威，万骑皆怨。果毅葛福顺、陈玄礼见隆基诉之，隆基讽以诛诸韦，皆踊跃请

侄子。

太平公主与上官昭容商议草拟中宗的遗诏，立温王李重茂为太子，由韦皇后掌理政事，相王李旦参谋政事。宗楚客暗地里对韦温说：“由相王辅政从道理上讲不太合适，再说相王对于韦皇后，乃是叔嫂关系，不能互相通问的，当两人在一起处理朝廷政务时，又如何规定礼仪规范呢！”于是宗楚客率领宰相们共同上表，请求韦皇后临朝执政，罢免相王李旦参谋政事的职务。苏瓌质问道：“先帝的遗诏怎么可以任意改拟呢！”韦温和宗楚客因而发怒，苏瓌十分害怕，便顺从了他们，于是命令相王李旦担任太子太师。

六月初四日甲申，韦皇后将中宗的灵柩移到太极殿，召集文武百官发布了中宗的死讯，韦皇后自己临朝摄政，赦免天下罪囚，把年号改为唐隆。提升相王李旦担任太尉，雍王李守礼改封为豳王，寿春王李成器改封为宗王，以此来顺从人们的愿望。此外，还命令韦温全面执掌内外守捉兵马事务。

六月初七日丁亥，殇帝即位，时年仅十六岁。殇帝把韦皇后尊为皇太后，把妃子陆氏立为皇后。六月十二日壬辰，朝廷命令纪处讷带着符节巡抚关内道，命令岑羲巡抚河南道，命令张嘉福巡抚河北道。

宗楚客与太常卿武延秀、司农卿赵履温、国子祭酒叶静能以及韦氏家族诸多成员一同劝说皇太后韦氏沿袭武则天的先例称帝登基，当时守卫宫城的南北禁卫军和尚书省诸要害部门，已经都由韦氏子弟所掌管，他们网罗众多党徒，在朝廷内外互相勾结。宗楚客又秘密地上书给皇太后韦氏，征引图谶，声称韦氏理当取代唐朝而统治天下。宗楚客还策划害死殇帝，只是极为顾忌相王李旦与太平公主，于是暗中与韦温、安乐公主计划除掉他们。

相王李旦的儿子临淄王李隆基，在此之前已被罢免了潞州别驾的职务，他在京师暗地招集智勇双全之士，图谋匡复李唐社稷。当初，唐太宗选拔官户和蕃民中骁勇善战的人员，让他们身着饰有虎皮花纹的衣服，骑在配有豹皮花纹马鞍的骏马上，在随从太宗巡游狩猎时，他们奔走太宗马前，射猎飞禽走兽，太宗称这些人为百骑；武则天时期逐渐扩充为千骑，隶属于左右羽林军；唐中宗把他们称为万骑，并设置称作“使”的官员统领他们。李隆基与万骑兵中豪杰之士都有深交。

兵部侍郎崔日用一向依附韦氏和武氏家族，与宗楚客的关系也很友好，他得知宗楚客的图谋以后，担心自己受连累而遭祸殃，便派遣宝昌寺僧侣普润秘密地去向李隆基告发，并劝李隆基尽快举事。李隆基于是与太平公主及其子卫尉卿薛崇暕、西京苑总监赣县人钟绍京、尚衣奉御王崇晔、前任朝邑县尉刘幽求、利仁府折冲麻嗣宗等人商议抢先起兵发难，诛除韦氏家族。韦播、高嵩二人多次拷打万骑兵，想

以死自效。万骑果毅李仙凫亦预其谋。或谓隆基当启相王，隆基曰："我曹为此以徇社稷，事成福归于王，不成以身死之，不以累王也。今启而见从，则王预危事；不从，将败大计。"遂不启。

庚子，晡时，隆基微服与幽求等入苑中，会钟绍京廨舍；绍京悔，欲拒之，其妻许氏曰："忘身徇国，神必助之。且同谋素定，今虽不行，庸得免乎！"绍京乃趋出拜谒，隆基执其手与坐。时羽林将士皆屯玄武门，逮夜，葛福顺、李仙凫皆至隆基所，请号而行。向二鼓，天星散落如雪，刘幽求曰："天意如此，时不可失！"福顺拔剑直入羽林营，斩韦璿、韦播、高嵩以徇，曰："韦后鸩杀先帝，谋危社稷，今夕当共诛诸韦，马鞭以上皆斩之；立相王以安天下。敢有怀两端助逆党者，罪及三族。"羽林之士皆欣然听命。乃送璿等首于隆基，隆基取火视之，遂与幽求等出苑南门，绍京帅丁匠二百余人，执斧锯以从，使福顺将左万骑攻玄德门，仙凫将右万骑攻白兽门，约会于凌烟阁前，即大噪，福顺等共杀守门将，斩关而入。隆基勒兵玄武门外，三鼓，闻噪声，帅总监及羽林兵而入，诸卫兵在太极殿宿卫梓宫者，闻噪声，皆被甲应之。韦后惶惑走入飞骑营，有飞骑斩其首献于隆基。安乐公主方照镜画眉，军士斩之。斩武延秀于肃章门外，斩内将军贺娄氏于太极殿西。

初，上官昭容引其从母之子王昱为左拾遗，昱说昭容母郑氏曰："武氏，天之所废，不可兴也。今婕妤附于三思，此灭族之道也，愿姨思之！"郑氏以戒昭容，昭容弗听。及太子重俊起兵讨三思，索昭容，昭容始惧，思昱言；自是心附帝室，与安乐公主各树朋党。及中宗崩，昭容草遗制立温王，以相王辅政；宗、韦改之。及隆基入宫。昭容执烛帅

借此建立自己的威信，万骑兵中对他们普遍感到怨恨。万骑果毅葛福顺和陈玄礼去见李隆基，向他诉说此事，李隆基用诛除韦氏诸人来暗示他们，两人听后都踊跃地表示愿效死力。万骑果毅李仙凫也参与了这一计划。有人建议李隆基应当把这件事禀报他的父亲相王李旦，李隆基回答说："我们这些人干这种事是为大唐的江山社稷献身的，事成则福分归于我父相王，失败则个人牺牲就是了，不要因此而连累了相王。如果告诉了相王而他又同意这样做，就等于相王也参与这件危险的事；若是相王不同意这样做，就会坏了大事。"于是李隆基没有把这件事告诉相王李旦。

六月二十日庚子，申时，李隆基身穿便装与刘幽求等人进入宫苑之中，到钟绍京住的官舍里去与他会合，这时钟绍京产生了反悔之意，打算把李隆基等拒之门外，他的妻子许氏对他说道："献身国家大事而忘却自己安危的人必得神助，再说你平素就与他们共同商定了这件事，现在即使你不去施行，又怎么能够脱得了干系呢！"于是钟绍京便赶忙走出门来向李隆基行礼参拜，李隆基握着他的手与他一同坐下。此时，左右羽林军将士都驻扎在玄武门，等到夜幕降临之际，葛福顺和李仙凫一同来到李隆基处，请他颁布举事的暗号并开始行动。将近二鼓时分，夜空的星辰散落如雪花，刘幽求说道："天意如同星陨，时机不可错过！"葛福顺拔剑径直冲进羽林军营，将韦璿、韦播、高嵩三人斩首示众，并呼喊道："韦皇后毒死先帝，图谋危害国家，今晚大家要共同诛除韦氏家族之人，凡是个子高过马鞭的人皆杀掉；拥立相王为帝以安天下人之心。倘若有胆敢抱首鼠两端的态度帮助逆党的，他的亲属三族将牵连获罪。"羽林军将士纷纷欣然从命。于是葛福顺把韦璿等人的首级送交李隆基，李隆基取烛火看过之后，便与刘幽求一同出了禁苑南门，钟绍京带领着园丁工匠二百余人，手持斧头锯子跟随在后面。李隆基派遣葛福顺统领左万骑攻打玄德门，派遣李仙凫统领右万骑攻打白兽门，约定在凌烟阁前会合，随即大声鼓噪。葛福顺等人一同杀掉守门的将领，破关攻入宫中。李隆基在玄武门外统率兵马，三鼓时分，听到宫中发出鼓噪之声后，便率领总监及羽林兵进入宫禁中，在太极殿守卫中宗灵柩的南牙卫兵们听到鼓噪之声，全都披上盔甲响应李隆基等人。韦后在惶惑之中逃往飞骑营，有一个飞骑兵把韦后斩首，并向李隆基献上首级。安乐公主正在对着镜子描画眉毛，被士兵杀死。武延秀被斩于肃章门外，内将军尚宫贺娄氏被斩于太极殿西。

当初，上官昭容举荐她的姨母之子王昱为左拾遗，王昱劝上官昭容的母亲郑氏说："武氏是被上天废弃的，不可能再复兴了，现在婕妤依附武三思，这是通向灭族的途径，希望姨母认真考虑一下！"郑氏于是用这些话来告诫上官昭容，但是上官昭容没有听从劝告。当太子李重俊起兵讨伐武三思的时候，曾搜捕上官昭容，上官昭容这才感到恐惧，想起了王昱说的话。从此以后，上官昭容便依附唐中宗，与安

宫人迎之，以制草示刘幽求。幽求为之言，隆基不许，斩于旗下。

时少帝在太极殿，刘幽求曰："众约今夕共立相王，何不早定！"隆基遽止之，捕索诸韦在宫中及守诸门，并素为韦后所亲信者皆斩之。比晓，内外皆定。辛巳，隆基出见相王，叩头谢不先启之罪。相王抱之泣曰："社稷宗庙不坠于地，汝之力也。"遂迎相王入辅少帝。

闭宫门及京城门，分遣万骑收捕诸韦亲党。斩太子少保、同中书门下三品韦温于东市之北。中书令宗楚客衣斩衰、乘青驴逃出，至通化门，门者曰："公，宗尚书也。"去布帽，执而斩之，并斩其弟晋卿。相王奉少帝御安福门，慰谕百姓。初，赵履温倾国资以奉安乐公主，为之起第舍，筑台穿池无休已，攊紫衫，以项挽公主犊车。公主死，履温驰诣安福楼下舞蹈称万岁，声未绝，相王令万骑斩之。百姓怨其劳役，争割其肉立尽。秘书监汴王邕娶韦后妹崇国夫人，与御史大夫窦从一各手斩其妻首以献。邕，凤之孙也。左仆射、同中书门下三品韦巨源闻乱，家人劝之逃匿，巨源曰："吾位大臣，岂可闻难不赴！"出至都街，为乱兵所杀，时年八十。于是枭马秦客、杨均、叶静能等首，尸韦后于市。崔日用将兵诛诸韦于杜曲，襁褓儿无免者，诸杜滥死非一。

是日，赦天下，云："逆贼魁首已诛，自余支党一无所问。"以临淄王隆基为平王，兼知内外闲厩，押左右厢万骑。薛崇暕赐爵立节王。以钟绍京守中书侍郎，刘幽求守中书舍人，并参知机务。麻嗣宗行右金吾卫中郎将。武氏宗属，诛死流窜殆尽。侍中纪处讷行至华州，吏部尚书同平章事张嘉福行至怀州，皆收斩之。

壬寅，刘幽求在太极殿，有宫人与宦官令幽求作制书立太后，幽求

乐公主各自收罗党羽。中宗驾崩时，上官昭容便起草遗诏把温王李重茂立为太子，命令相王李旦辅政，宗楚客、韦皇后将遗诏内容改掉了。在李隆基率军进入宫中时，上官昭容秉烛率领宫人将李隆基迎进，并把她起草的中宗遗诏底稿交给刘幽求看。刘幽求替她向李隆基说情，李隆基没有答应，上官昭容被斩于旗下。

当时少帝还住在太极殿中，刘幽求说道："大家约好今晚共同拥立相王为帝，现在为什么不早一点儿定下来呢！"李隆基赶忙制止了他，下令将士们搜捕宫中及把守宫中各门的韦氏诸人，平时得到韦后信任重用的人也都被一并斩首。天将拂晓，宫内外局势均已平定。辛巳［六月二十一日辛丑］，李隆基出宫拜见其父相王李旦，为举事之前自己未能禀告相王而叩头谢罪。相王李旦抱住李隆基，流着眼泪说道："大唐宗庙社稷得以保全，全靠你的力量！"李隆基便将相王李旦迎入宫中辅佐少帝。

李隆基下令把宫禁和京城各门关闭，然后又派遣万骑兵分头搜捕韦后的亲属党羽，将太子少保、同中书门下三品韦温在东市之北斩首。中书令宗楚客身穿丧服，骑着一头黑驴逃出，他来到通化门时，守门的兵士说："您就是宗尚书吧！"说完摘下他的布帽子，并把他抓起来斩首，在一起被斩首的还有他的弟弟宗晋卿。相王李旦陪同少帝来到安福门安抚和晓示百姓。起初，赵履温竭尽库资财以供给安乐公主，无休止地为安乐公主盖宅第、修园林，甚至于用手拉下自己的紫色官服，用脖子挽着公主坐的牛车。安乐公主被杀后，赵履温赶忙驰马来到安福楼下舞蹈行礼，呼喊万岁，声音还未歇息，相王李旦就命令万骑兵把他杀掉了。老百姓恨赵履温多次增派劳役，便争相割下尸体上的肉，转眼间就割得一点不剩。秘书监汴王李邕娶的妻子是韦后的妹妹崇国夫人，他与御史大夫窦从一分别割下妻子的首级进献给相王李旦。李邕是李凤的孙子。左仆射、同中书门下三品韦巨源听到变乱的消息后，家人劝他外逃躲避，他回答说："我位居朝廷大臣，怎么能听到朝廷有难而不赴难！"说完便走出家门，来到京都大街上，被乱兵杀死，时年八十岁。此时已将马秦客、杨均、叶静能等枭首示众，还把韦后暴尸街头。崔日用率兵到京城南部的杜曲诛杀韦氏家族的其他成员，襁褓中的婴儿也不能幸免，居住在这里的杜氏家族也有一些人被滥杀。

在这一天，少帝颁诏赦免天下罪囚，诏书上说："叛逆贼党的罪魁祸首均已伏诛，其余的胁从一概不予追究。"将临淄王李隆基改封为平王，并且由他兼掌内外闲厩事务，管辖左右厢万骑兵。赐予薛崇暕立节王的爵位。命令钟绍京兼任中书侍郎，命令刘幽求兼任中书舍人，二人均受命参与商讨军国大事。还命令麻嗣宗代理右金吾卫中郎将。武氏家族成员，这时几乎全被诛杀或者流放。侍中纪处讷逃到华州，吏部尚书、同平章事张嘉福逃到怀州，也都被逮捕处死。

六月二十二日壬寅，刘幽求在太极殿，有些宫女和宦官让他起草立皇太后的诏

曰："国有大难，人情不安，山陵未毕，遽立太后，不可！"平王隆基曰："此勿轻言。"

遣十道使赍玺书宣抚，及诣均州宣慰谯王重福。贬窦从一为濠州司马。罢诸公主府官。

（以上为第十二段，写平王李隆基诛除韦皇后，安定唐室。）

癸卯，太平公主传少帝命，请让位于相王，相王固辞。以平王隆基为殿中监、同中书门下三品，以宋王成器为左卫大将军，衡阳王成义为右卫大将军，巴陵王隆范为左羽林大将军，彭城王隆业为右羽林大将军，光禄少卿嗣道王微检校右金吾卫大将军。微，元庆之孙也。以黄门侍郎李日知、中书侍郎钟绍京并同中书门下三品。太平公主之子薛崇训为右千牛卫将军。隆基有二奴，王毛仲、李守德，皆趫勇善骑射，常侍卫左右。隆基之入苑中也，毛仲避匿不从，事定数日方归，隆基不之责，仍超拜将军。毛仲，本高丽也。汴王邕贬沁州刺史，左散骑常侍、驸马都尉杨慎交贬巴州刺史，中书令萧至忠贬许州刺史，兵部尚书、同中书门下三品韦嗣立贬宋州刺史，中书侍郎、同平章事赵彦昭贬绛州刺史，吏部侍郎、同平章事崔湜贬华州刺史。

刘幽求言于宋王成器、平王隆基曰："相王畴昔已居宸极，群望所属。今人心未安，家国事重，相王岂得尚守小节，不早即位以镇天下乎！"隆基曰："王性恬淡，不以代事婴怀。虽有天下，犹让于人，况亲兄之子，安肯代之乎！"幽求曰："众心不可违，王虽欲高居独善，其如社稷何！"成器、隆基入见相王，极言其事，相王乃许之。甲辰，少帝在太极殿东隅西向，相王立于梓宫旁，太平公主曰："皇帝欲以此位让叔父，可乎？"幽求跪曰："国家多难，皇帝仁孝，追踪尧、舜，诚合至公；相王代之任重，慈爱尤厚矣。"乃以少帝制传位相王。时少帝犹在御座，太平公主进曰："天下之心已归相王，此非儿座！"遂提下之。睿宗即位，御承天门，赦天下。复以少帝为温王。

（以上为第十三段，写相王李旦即位，是为睿宗。）

书，他回答说：“国家有大难，民心不稳定，先帝的葬礼还没有举行，却要急急忙忙地立太后，决不能这样做！”平王李隆基说：“不要随便议论这件事。”

朝廷派出使者携带加盖皇帝玺印的诏书分赴十道进行宣慰安抚，以及到均州去安抚谯王李重福。将窦从一贬谪为濠州司马。罢免各公主府所设置的官属。

六月二十三日癸卯，太平公主传达少帝的命令，请求把皇位让给相王李旦，相王坚决推辞不受。少帝任命平王李隆基担任殿中监、同中书门下三品；任命宋王李成器担任左卫大将军；任命衡阳王李成义担任右卫大将军；任命巴陵王李隆范担任左羽林大将军；任命彭城王李隆业担任右羽林大将军；任命光禄少卿嗣道王李微担任检校右金吾卫大将军，李微是李元庆的孙子；任命黄门侍郎李日知、中书侍郎钟绍京一同担任同中书门下三品；任命太平公主之子薛崇训担任右千牛将军。李隆基有两个轻捷勇猛、善于骑射的奴仆，名叫王毛仲和李守德，二人常常在他身边担任侍卫。李隆基起兵进入禁苑的时候，王毛仲躲藏起来没有随他前往，在局势已定之后好几天才返回，李隆基没有责罚他，还把他破格提拔为将军。王毛仲原来是高丽人。少帝又把汴王李邕贬谪为沁州刺史，把左散骑常侍、驸马都尉杨慎交贬谪为巴州刺史，把中书令萧至忠贬谪为许州刺史，把兵部尚书、同中书门下三品韦嗣立贬谪为宋州刺史，把中书侍郎、同平章事赵彦昭贬谪为绛州刺史，把吏部侍郎、同平章事崔湜贬谪为华州刺史。

刘幽求对宋王李成器、平王李隆基说：“相王在过去就曾即过皇位，可以说是众望所归。目前人心尚未安定，家事国事十分繁重，相王怎能还在拘守小节，而不早日登基称帝以安定天下呢！”李隆基回答说：“相王生性恬静淡泊，从来不把世间之事挂在心上，虽然他曾经君临天下，还是把帝位让给了别人，何况当今天子系相王亲哥哥的儿子，他又怎么肯加以取代呢！”刘幽求说：“民众之心不可违背，虽然相王本人想超脱于世事之外独善其身，但他将把大唐的宗庙社稷怎样处置呢！”李成器和李隆基入宫拜见相王李旦，极力向他陈说其中道理，相王这才同意重登帝位。二十四日甲辰，少帝在太极殿的东边面向西坐着，相王李旦站在唐中宗的灵柩旁边，太平公主说道：“皇帝想将帝位让给他的叔父，可以吗？”刘幽求跪着回答说：“国家多灾多难，皇帝为人仁义孝道，仿效尧舜禅位贤人的先例，实在是合于至公无私的行为规范；相王取代少帝肩负起治理天下的重任，他的慈爱表现得尤为深厚。”于是便根据少帝的诏书把帝位传给相王李旦。当时少帝还坐在皇帝的座席上，太平公主上前对他说：“天下臣民之心已经归向相王，这里已经不再是你这小儿的座席了！”说完便把他从宝座上一把拉下来。唐睿宗登上皇帝位，并驾临承天门，颁诏赦免天

以钟绍京为中书令。钟绍京少为司农录事，既典朝政，纵情赏罚，众皆恶之。太常少卿薛稷劝其上表礼让，绍京从之。稷入言于上曰："绍京虽有勋劳，素无才德，出自胥徒，一旦超居元宰，恐失圣朝具瞻之美。"上以为然。丙午，改除户部尚书，寻出为蜀州刺史。

上将立太子，以宋王成器嫡长，而平王隆基有大功，疑不能决。成器辞曰："国家安则先嫡长，国家危则先有功；苟违其宜，四海失望。臣死不敢居平王之上。"涕泣固请者累日。大臣亦多言平王功大宜立。刘幽求曰："臣闻除天下之祸者，当享天下之福。平王拯社稷之危，救君亲之难，论功莫大，语德最贤，无可疑者。"上从之。丁未，立平王隆基为太子。隆基复表让成器，不许。

则天大圣皇后复旧号为天后。追谥雍王贤曰章怀太子。

戊申，以宋王成器为雍州牧、扬州大都督、太子太师。

置温王重茂于内宅。

以太常少卿薛稷为黄门侍郎，参知机务。稷以工书，事上于藩邸，其子伯阳尚仙源公主，故为相。

追削武三思、武崇训爵谥，斫棺暴尸，平其坟墓。

以许州刺史姚元之为兵部尚书、同中书门下三品，宋州刺史韦嗣立、许州刺史萧至忠为中书令，绛州刺史赵彦昭为中书侍郎，华州刺史崔湜为吏部侍郎，并同平章事。

越州长史宋之问，饶州刺史冉祖雍，坐谄附韦、武，皆流岭表。

己酉，立衡阳王成义为申王，巴陵王隆范为岐王，彭城王隆业为薛王；加太平公主实封满万户。

太平公主沉敏多权略，武后以为类己，故于诸子中独爱幸，颇得预

下罪囚，又封少帝李重茂为温王。

唐睿宗任命钟绍京担任中书令。钟绍京年轻时曾做过品级很低的司农录事，执掌朝政后，肆意行赏施罚，大臣们都很厌恶他。太常寺少卿薛稷劝他上表礼让，钟绍京采纳了他的意见。薛稷便入朝对睿宗说："钟绍京虽然为国立下了功勋，但他毕竟是小吏出身，一向欠缺才德，一朝突然被破格提拔到宰相的高位上，恐怕对万民景仰的圣朝有所损害。"睿宗认为他说得很有道理。六月二十六日丙午，睿宗把钟绍京改任为户部尚书，不久又把他调离京城去担任蜀州刺史。

唐睿宗打算立太子，因为宋王李成器是嫡长子，而平王李隆基有大功勋，所以他在太子人选上迟疑不决。李成器推辞道："国家安宁则应当先立嫡长子，国家危难则应当先把有功的人立为太子。如果在立太子的问题上违背了当时的实际情况，就会使普天之下的人失其所望。臣宁死也不敢位居于平王之上。"接连几天他都流着眼泪向睿宗坚决请求让位给平王李隆基。大臣们中的大多数也认为李隆基对社稷立有大功，应当立为太子。刘幽求说道："臣听说铲除天下祸患的人应当享有天下之福。平王拯救了大唐朝宗庙社稷的危机，救助君亲于灾难之中，论功劳没有哪个比他的功劳更大些，讲德行也没有谁比他更贤明，这些是无可怀疑的。"睿宗听从了这些建议。六月二十七日丁未，睿宗把平王李隆基册立为太子。李隆基再次上表请求把太子之位让给李成器，睿宗没有批准。

恢复则天大圣皇后武则天的旧号为天后，追加雍王李贤的谥号为章怀太子。

六月二十八日戊申，睿宗命令宋王李成器担任雍州牧、扬州大都督、太子太师。

唐睿宗把温王李重茂安置在内宅。

唐睿宗命令太常少卿薛稷担任黄门侍郎，参与讨论军国大事。薛稷因擅长书法，曾在相王府侍奉过睿宗皇帝，他的儿子薛伯阳又娶了仙源公主为妻，因此他便被任命为宰相。

追命削夺已经死去的武三思、武崇训父子的爵位和谥号，劈开他们的棺材暴尸并且铲平了他们的坟墓。

唐睿宗任命许州刺史姚元之担任兵部尚书、同中书门下三品，任命宗州刺史韦嗣立和许州刺史萧至忠担任中书令，任命绛州刺史赵彦昭担任中书侍郎，任命华州刺史崔湜担任吏部侍郎，均为同平章事。

越州长史宋之问和饶州刺史冉祖雍因阿附韦、武之流获罪，都被放逐到岭南。

六月二十九日己酉，睿宗把衡阳王李成义改封为申王，把巴陵王李隆范改封为岐王，把彭城王李隆业改封为薛王；还把太平公主所食的实际封户增添为一万户。

太平公主性格沉着机敏，富于权谋，武则天认为她很像自己，因而在众多的子

密谋，然尚畏武后之严，未敢招权势；及诛张易之，公主有力焉。中宗之世，韦后、安乐公主皆畏之，又与太子共诛韦氏。既屡立大功，益尊重，上常与之图议大政，每入奏事，坐语移时，或时不朝谒，则宰相就第咨之。每宰相奏事，上辄问："尝与太平议否？"又问："与三郎议否？"然后可之。三郎，谓太子也。公主所欲，上无不听，自宰相以下，进退系其一言，其余荐士骤历清显者不可胜数，权倾人主，趋附其门者如市。子薛崇行、崇敏、崇简皆封王，田园遍于近甸，收市营造诸器玩，远至岭、蜀，输送者相属于路，居处奉养，拟于宫掖。

（以上为第十四段，写平王李隆基因功立为皇太子，并与太平公主共掌国政，睿宗垂拱而已。）

追赠郎岌、燕钦融谏议大夫。

秋，七月，庚戌朔，赠韦月将宣州刺史。

癸丑，以兵部侍郎崔日用为黄门侍郎，参知机务。

追复故太子重俊位号；雪敬晖、桓彦范、崔玄暐、张柬之、袁恕己、成王千里、李多祚等罪，复其官爵。

丁巳，以洛州长史宋璟检校吏部尚书、同中书门下三品；岑羲罢为右散骑常侍，兼刑部尚书。璟与姚元之协心革中宗弊政，进忠良，退不肖，赏罚尽公，请托不行，纲纪修举，当时翕然以为复有贞观、永徽之风。

壬戌，崔湜罢为尚书左丞，张锡为绛州刺史，萧至忠为晋州刺史，韦嗣立为许州刺史，赵彦昭为宋州刺史。丙寅，姚元之兼中书令，兵部尚书、同中书门下三品李峤贬怀州刺史。

丁卯，太子少师、同中书门下三品唐休璟致仕，右武卫大将军、同中书门下三品张仁愿罢为左卫大将军。

女中对她格外偏爱，经常要她参与军国大事的谋划，然而她还是十分惧怕武则天的威严，不敢招揽自己的权势。而在张柬之等人诛杀张易之时，太平公主曾起到了很大的作用。唐中宗时期，韦皇后和安乐公主都非常惧怕她，后来她又和太子李隆基一道诛除了韦氏一党。由于太平公主已屡立大功，因而她的地位日益显赫重要，睿宗常常同她商议朝廷的重大政事，每次她入朝奏事，都要和睿宗坐在一起谈论很长时间。有时她没能去上朝谒见，睿宗还会派宰相到她家中征求意见。每当宰相们奏事的时候，睿宗往往会询问："此事曾和太平公主商议过吗？"接着还要问："与三郎商议过吗？"在得到宰相们的答复之后，睿宗才会批准他们的意见。三郎指的就是皇太子李隆基，凡是太平公主打算干的事，睿宗没有不赞同的，朝中文武百官自宰相以下，或升降或任免，全都在她的一句话，其余像那些经过她的举荐而平步青云担任要职的士人更是难以计数。太平公主的权势甚至压倒了睿宗，趋炎附势奔走于她门下的人数如同市场上的人数那么多。太平公主的儿子薛崇行、薛崇敏、薛崇简三人均被封为王。太平公主的田亩园林遍布于长安近郊各处，她家为收买或定制各种珍宝器物，足迹甚至远至岭南及巴蜀地区，沿途运送这些物品的队伍络绎不绝。太平公主日常的衣食住行，也完全模仿宫廷的规格。

朝廷追赠郎岌和燕钦融为谏议大夫。

秋季，七月初一日庚戌朔，朝廷追赠处士韦月将为宣州刺史。

七月初四日癸丑，睿宗任命兵部侍郎崔日用担任黄门侍郎，参与主持军国大事的处理。

朝廷追复已故太子李重俊的爵位和名号，昭雪敬晖、桓彦范、崔玄暐、张柬之、袁恕己、成王李千里及左羽林大将军李多祚等人的罪名，并且恢复他们生前各自所担任的职务。

七月初八日丁巳，唐睿宗任命洛州长史宋璟担任检校吏部尚书、同中书门下三品；岑羲被罢免为右散骑常侍兼刑部尚书。宋璟和姚元之同心协力地革除唐中宗时期的各种弊政，提拔任用忠正贤良之士，罢黜贬斥奸邪不肖之徒，施行赏罚完全依据公道，拜托说情行不通，各项法度得以整饬。当时朝廷内外全都认为国家又恢复了贞观、永徽时期的社会风尚。

七月十三日壬戌，崔湜被贬为尚书左丞，张锡被贬为绛州刺史，萧至忠被贬为晋州刺史，韦嗣立被贬为许州刺史，赵彦昭被贬为宋州刺史。七月十七日丙寅，姚元之兼任中书令，兵部尚书、同中书门下三品李峤被贬为怀州刺史。

七月十八日丁卯，太子少师、同中书门下三品唐休璟退休，右武卫大将军、同中书门下三品张仁愿被贬为左卫大将军。

黄门侍郎、参知机务崔日用与中书侍郎、参知机务薛稷争于上前，稷曰："日用倾侧，向附武三思，非忠臣；卖友邀功，非义士。"日用曰："臣往虽有过，今立大功。稷外托国姻，内附张易之、宗楚客，非倾侧而何！"上由是两罢之。戊辰，以日用为雍州长史，稷为左散骑常侍。

己巳，赦天下，改元；凡韦氏余党未施行者，咸赦之。

乙亥，废武氏崇恩庙及昊陵、顺陵，追废韦后为庶人，安乐公主为悖逆庶人。

韦后之临朝也，吏部侍郎郑愔贬江州司马，潜过均州，与刺史谯王重福及洛阳人张灵均谋举兵诛韦氏，未发而韦氏败。重福迁集州刺史，未行，灵均说重福曰："大王地居嫡长，当为天子。相王虽有功，不当继统。东都士庶，皆愿王来。若潜入洛阳，发左右屯营兵，袭杀留守，据东都，如从天而下也。然后西取陕州，东取河南北，天下指麾可定。"重福从之。

灵均乃密与愔结谋，聚徒数十人。时愔自秘书少监左迁沅州刺史，迟留洛阳以俟重福，草制，立重福为帝，改元为中元克复。尊上为皇季叔，以温王为皇太弟，愔为左丞相知内外文事，灵均为右丞相、天柱大将军知武事，右散骑常侍严善思为礼部尚书知吏部事。重福与灵均诈乘驿诣东都，愔先供张驸马都尉裴巽第以待重福。洛阳县官微闻其谋。

（以上为第十五段，写睿宗平反五王冤狱。韦皇后余党引诱谯王李重福阴谋反叛。）

黄门侍郎、参知机务崔日用与中书侍郎、参知机务薛稷当着皇帝的面发生争执。薛稷说："崔日用为人不正，过去他依附武三思等人，他并非忠臣；为了邀功请赏而出卖了朋友宗楚客，他不是一位义士。"崔日用回敬道："臣过去虽然有些过错，但此次为朝廷立下了大功。薛稷表面上以陛下的亲家为依托，暗中却投靠张易之、宗楚客之流，这不是为人不正又是什么！"睿宗因此罢免了他们两人的职务。七月十九日戊辰，命令崔日用担任雍州长史，命令薛稷担任左散骑常侍。

七月二十日己巳，赦免天下罪囚，把年号改为景云，尚未执行惩罚的韦氏残余党徒，全部予以赦免。

七月二十六日乙亥，废黜武氏的崇恩庙及昊陵、顺陵的名号，又将中宗皇后韦氏追废为庶人，将安乐公主追废为悖逆庶人。

韦皇后临朝听政的时候，吏部侍郎郑愔被贬谪为江州司马。郑愔曾暗地里前往均州，与均州刺史谯王李重福及洛阳人张灵均密谋起兵诛除韦氏一党，未等他们发难，韦皇后一党就已经败亡。其后李重福被提升为集州刺史，在他赴任之前，张灵均向他劝说道："大王您拥有先帝嫡长子的地位，理应成为皇帝。相王虽然有功，却不应当继承大统。东都的全体士人百姓，都希望您能够到洛阳来。倘若您潜入洛阳城，调动左、右屯营兵，袭杀东都留守，占据洛阳，无异于兵从天降。然后再向西攻取陕州，向东攻取黄河南北两岸地区，则令旗所指之处，天下都可以平定。"李重福接受了他的建议。

于是张灵均私下与郑愔勾结策划，聚集徒众几十人。当时郑愔已从秘书少监任上被降职为沅州刺史，他拖延不赴任逗留在洛阳，等着李重福的到来，他还起草了诏书，立李重福为帝，把年号改为中元克复，把睿宗皇帝尊为皇季叔，把温王李重茂封为皇太弟，郑愔自己担任左丞相职务，执掌朝廷内外文官事务；命令张灵均担任右丞相、天柱大将军，执掌武官事务；命令右散骑常侍严善思担任礼部尚书，执掌吏部事务。李重福与张灵均乔妆打扮乘驿马前往东都，郑愔则预先布置好驸马都尉裴巽的府第以接待李重福。洛阳县的官吏对他们的图谋稍有察觉。

【点评】

本卷点评韦后之乱与睿宗登基。

一、韦后之乱。太子李重俊兵败被诛，韦皇后躲过一劫，但她不思悔改，重新集结势力，变本加厉图谋皇权。韦皇后依靠的势力，一是韦氏子弟，二是诸武余孽。韦皇后堂兄韦温，中宗即位后任礼部尚书。武三思死后，韦温入相为同中书门下三品。武崇训死后，安乐公主下嫁武崇训堂弟武延秀。武氏党羽宗楚客，转身投靠韦皇后，任夏官侍郎，入相为同平章事。这样韦氏外戚与武氏外戚再次合流，结成危害唐皇的政治集团。中宗完全被掌控在韦皇后集团中，成为一个被戏耍的傀儡。

韦皇后导引中宗为乐，以迷其心。景云元年（710）正月十四日夜，中宗与韦皇后微行观灯于街市，又纵宫女数千人出游，许多宫女趁机不回皇宫。二月二十九日庚戌，中宗驾临禁苑梨园毬场，命文武百官三品以上抛毬作乐，又命分为两队拔河。中宗与韦皇后、嫔妃、公主临观大笑。

韦皇后外诱中宗逸乐，而暗地里加紧了夺权的活动。当神龙三年（707），太子李重俊死后，宗楚客率领百官上表，加韦皇后为顺天翊圣皇后。景龙二年（708）春，宫中传出韦皇后衣箱中有五色云出，中宗居然相信这一骗局，让画匠画出图形，向百官展示，下诏大赦天下。接着右骁卫将军、知太史事迦叶志忠上表说："从前我大唐高祖神尧皇帝未受令时，天下歌《桃李子》，太宗文武皇帝还没有登基时，天下传颂《秦王破阵乐》，高宗天皇大帝继位之前，天下歌唱《堂堂》，则天皇后即位前，天下歌《娬媚娘》，应天皇帝您登基前，天下歌唱《英王石州》，顺天韦皇后还没有受命，当今天下歌《桑条韦》，这表明上天要接受顺天韦皇后为国母，主蚕桑之事。臣制作《桑韦歌》十二篇，献给陛下，请求编入乐府，当皇后主持祭祀蚕种时演奏。"这样明目张胆替韦皇后问鼎皇权编造祥瑞的事，中宗竟然兴高采烈，重赏迦叶志忠。

景龙三年（709）八月，中宗将到南郊祭天。国子祭酒祝钦明等上奏，皇后助祭。这一违礼行为，也是效法武则天所为，遭到众多大臣反对，中宗最后仍然依从了韦皇后的意愿，以皇后为亚献。

中宗的昏庸与放纵，使朝政大权完全被韦皇后、宗楚客等人掌控，满朝文武噤若寒蝉。但韦皇后的淫行与政治活动，恶名传扬全国，地方的热血之士，冒死上奏。景云元年四月，定州人郎岌上奏，指陈"皇后、宗楚客将为逆乱"，韦皇后报告中宗，活活打死了郎岌。接着五月十七日丁卯，许州司兵参军燕钦融再次上奏，说："皇后淫乱，干预国政，宗族强盛；安乐公主、武延秀、宗楚客图危宗社。"矛头直指韦皇后政变集团。这一次中宗居然召见燕钦融，当面询问，燕钦融直言骂奸，面不改色。中宗沉默不语。宗楚客假传诏令在朝堂上打杀燕钦融，中宗虽然不加追究，

但很不高兴。中宗的反常行为，使韦皇后惶恐不安。散骑常侍马秦客以医术，光禄少卿杨均以善烹调，皆出入宫廷，与韦皇后私通，害怕事泄被诛，同时安乐公主急于做皇太女，怂恿韦皇后临朝称制。于是，几个人合谋，在六月二日壬午，在食物里下毒，谋杀了中宗。韦皇后秘不发丧，六月三日癸未，召宰相入皇宫，进行政变部署。京师戒严，征召五万士兵屯入京师，用韦氏子弟掌握禁军。宰相韦温总知内外兵马，守卫宫掖，驸马都尉韦捷、韦濯、卫尉卿韦璿、左千牛中郎将韦锜、长安令韦播、郎将高嵩分领禁军，中书舍人韦元巡行六街。六月四日甲申，韦皇后在太极殿，会集百官发丧，临朝称制，立李重茂为皇太子，进相王李旦为太尉。六月七日，皇太子即帝位，时年十六岁，尊韦皇后为皇太后。至此，韦皇后完成了毒杀中宗的政变。

韦皇后不满足于临朝称制，她急于做女皇帝。安乐公主不甘心公主之位，她急于做皇太女。宗楚客不满足于宰辅地位，他急于做开国元勋。宗楚客与安乐公主丈夫武延秀为首，与诸韦子弟共劝韦皇后遵武后政事，革命称帝，策划谋害少帝李重茂。安乐公主与太平公主早有嫌隙，韦皇后深忌相王李旦。韦皇后政变集团密谋将相王李旦以及太平公主一起诛除。这一阴谋波及的范围实在太大，政变集团的兵部侍郎崔日用，本是韦武集团的核心人物之一,一贯依附韦武集团，深感事态严重，害怕事败灭族，他倒戈反击，暗中派宝昌寺和尚普润向相王之子临淄王李隆基告密。六月二十日庚子，李隆基抢先发难，诛灭了韦武集团。韦皇后、安乐公主为乱兵所杀，韦武两姓被灭族。六月二日中宗被害，六月二十日李隆基诛灭韦武集团，二十天之内，唐王室发生了两场宫廷政变。韦皇后想效法武则天，临朝称制半个月就被诛杀。为何事变如此之速，它带给人们什么思考，这是点评韦后之乱的重点。

如果说武则天是一个杰出的政治家，那么韦皇后只是一个跳梁小丑，两者不可同日而语，因此一个成功，一个失败。比较两人行事，高下立分，且有天壤之别。第一，武则天动心忍性，长期经营，她谋皇后、谋干政，都是一步一步进行，而韦皇后急于求成，谋害中宗已犯大忌，临朝才十几天，就想做皇帝。武则天垂帘近三十年，高宗死后，又临朝称制七年，直到天授二年才革命称帝。如此，武则天多有心机，韦皇后与其相比，是多么的寡谋。第二，武则天不冒天下之大不韪，她利用唐王室旗号渐谋革命。武则天可以杀掉女儿和亲生儿子，但她没有谋杀高宗。韦皇后谋害中宗，犯了大忌，人神共愤，怎能不败！第三，武则天上政事十二策，不时褒奖贤臣，猎取声名。称帝后才公然养蓄男宠，是皇帝所为，臣僚不敢攻讦。韦皇后不守妇道，中宗在世，就敢与武三思、马秦客、杨均等多人淫乱，丑声闻于天下，不孚众望。第四，武则天用贤，得人才辅佐，韦皇后信用武三思、宗秦客，韦氏子弟等一帮纨绔子弟，不是李隆基的对手。第五，武则天拉一派打一派，韦皇后

不懂策谋，不与太平公主结盟，反而敌视太平公主，安乐公主与之争长论短，把太平公主推到李隆基一边。第六，武则天两手策略，软硬兼施。她用酷吏打击政敌，又用官禄收买人士，民怨沸腾时候就诛杀酷吏，收买民心。武则天严于控制亲信，如太平公主、武三思、男宠薛怀义等，不敢过分犯法。韦皇后十分轻浮，杀太子李重俊后，飘飘然不知所以，肆无忌惮，大卖官爵，安乐公主抢夺民田，修建苑囿，不得民心。武则天用权谋，韦皇后用暴力，她用重兵戒严京师，人人惶恐，韦氏子弟鞭打禁兵立威，四面树敌。李隆基倡义，士兵哗变，韦皇后失败。最后，从大势上说，武则天刚退下舞台，人心思唐，人心思安，韦皇后立即来重演武后故事，不合时宜。韦皇后的失败，是命中注定的。

二、睿宗登基。唐睿宗即相王李旦登基，完全是历史的偶然。李旦比中宗李显还要懦弱、昏庸，他从来就没有做皇帝的想法和勇气。中宗被废，武则天后来决定传子，立李旦为皇太子，李旦坚决地让给了中宗李显。对于这样一个平庸的好人，韦皇后也容不得。如果韦皇后与李旦联手，办事从容不迫，就不会有临淄王李隆基的发难。李隆基是李旦的第三子，有谋略，办事果决。他首任潞州别驾，在潞州募集一批勇士。景龙四年（710），韦皇后政变前夕，李隆基朝于京师，于是滞留京师。他秘密招集勇士，特别在号称“万骑”的羽林禁军中结识雄豪，等待时机救乱。韦皇后弑中宗，矫诏称制，李隆基便与太平公主、朝邑尉刘幽求、万骑果毅李仙凫、陈玄礼等人密谋。崔日用告密，李隆基立即发动羽林军攻入宫中。这一行动，李隆基没有请示父亲相王李旦。李隆基认为，政变大事是保卫国家，事成归功于相王，事败，自己承担责任，不牵累相王。如果谋及相王，就把相王拖入了政变危事中，设若相王不同意，就要败坏大事。依相王的懦弱性格，肯定是不同意，一定是败坏大事。李隆基的果敢行动，表现了他有政治权谋与政治远见。李隆基入宫杀了韦皇后、安乐公主、武延秀等。接着大杀韦武集团中人，韦家子弟连幼儿都被杀了，全部族灭，武氏子弟基本被杀灭。武则天的余党，只剩下太平公主了。

李隆基诛灭韦武集团，立了大功。李旦即帝位后，是为睿宗。睿宗立李隆基为皇太子，太平公主干政，猜忌李隆基，因此二人水火不容，一场新的斗争又开始了。

韦后之乱，带来了睿宗即位，给李隆基建功创造了机会。可以说韦后之乱为唐朝开元之治扫清了道路。历史的变局就是这样难以预料。

唐纪二十六

唐睿宗景云元年至唐玄宗开元元年（710—713 年）

【起上章阉茂（庚戌，710 年）八月，尽昭阳赤奋若（癸丑，713 年），凡三年有奇】

【大事提要】

本卷记事起公元 710 年八月，讫公元 713 年，凡三年又五个月，当唐睿宗景云元年到唐玄宗开元元年。睿宗平庸仁厚，本无帝王之心，因其第三子临淄王李隆基与太平公主共谋，发动兵变诛杀韦皇后，阴差阳错被推上皇帝宝座，李隆基也因此被立为皇太子。太平公主与其母武则天同类型，贪恋权位，野心勃发。睿宗即位，大权就旁落在太平公主之手。太平公主嫉妒李隆基英武，于是欲谋废立太子，太子自保，各立朋党，朝中大臣中分，正人君子保太子，奸邪小人附太平公主，两派势力明争暗斗，长达三年之久。睿宗骑墙，欲两全之，令太子监国，外出太平公主。随后睿宗召还太平公主，传位太子，欲以平衡双方势力，以求共存。太平公主野心不改，依然擅权用事，宰相七人，五出其门，文武之臣，大半附之。太平公主公然谋废立，唐玄宗于是在先天二年七月用兵诛灭太平公主及其同党，睿宗还政，唐玄宗全权掌控政权，改元开元。本卷记事重心即为李隆基登基。睿宗也办了几件好事：罢斥斜封官，平反裴炎冤狱，停建寺观。割河西九曲地与吐蕃，留下隐患，是睿宗的一大失策。

【原文】

睿宗玄真大圣大兴孝皇帝下

景云元年（庚戌，710 年）

八月，庚寅，往巽第按问。重福奄至，县官驰出，白留守；群官皆逃匿，洛州长史崔日知独帅众讨之。

留台侍御史李邕遇重福于天津桥，从者已数百人；驰至屯营，告之曰："谯王得罪先帝，今无故入都，此必为乱；君等宜立功取富贵。"又告皇城使闭诸门。重福先趣左、右屯营，营中射之，矢如雨下。乃还趣左掖门，欲取留守兵，见门闭，大怒，命焚之。火未及然，左屯营兵出逼之，重福窘迫，策马出上东，逃匿山谷。明日，留守大出兵搜捕，重福赴漕渠溺死。日知，日用之从父兄也。以功拜东都留守。

郑愔貌丑多须，既败，梳髻，著妇人服，匿车中；擒获，被鞫，股栗不能对。张灵均神气自若，顾愔曰："吾与此人举事，宜其败也！"与愔皆斩于东都市。初，愔附来俊臣得进；俊臣诛，附张易之；易之诛，附韦氏；韦氏败，又附谯王重福，竟坐族诛。严善思免死，流静州。

（以上为第一段，写中宗第二子谯王李重福反叛被诛。）

万骑恃讨诸韦之功，多暴横，长安中苦之；诏并除外官。又停以户奴为万骑；更置飞骑，隶左、右羽林。

姚元之、宋璟及御史大夫毕构上言："先朝斜封官悉宜停废。"上从之。癸巳，罢斜封官凡数千人。

刑部尚书、同中书门下三品裴谈贬蒲州刺史。

【语译】

睿宗玄真大圣大兴孝皇帝下

唐睿宗景云元年（庚戌，710 年）

八月十二日庚寅，洛阳县官吏来到裴巽家中进行查问，李重福等人突然到达。该县官吏急忙上马跑出裴宅，把事情原委禀报到东都留守那里。东都各个官署的官员在得知这一情况后纷纷逃走或是躲藏起来，只有洛州长史崔日知率领部众讨伐李重福。

留台侍御史李邕在天津桥与李重福相遇，这时李重福手下已经有了几百名追随者，便策马迅速赶到东都左、右屯营兵马的营地，告诉他们说："谯王李重福得罪过先帝，现在无故开进东都，他这么做一定是制造叛乱，你们应当为朝廷建立功勋以获取荣华富贵。"说完又跑去通知东都皇城的官署，让他们把所有的城门全都关闭起来。李重福先奔赴左、右屯营，营中将士朝他放箭，箭矢如同下雨。于是李重福回头奔向左掖门要攻击留守部队，见城门紧闭，大为动怒，便命令手下人放火焚烧城门。但是还没有等到将火点燃，左屯营的士兵已经冲了出来向他这边逼近。李重福走投无路，只得催马跑出上东门，逃入山谷里藏匿起来。第二天，东都留守派遣大批军队进行搜捕，李重福投入漕渠自杀。崔日知是崔日用的堂兄，他因这次平定李重福反叛之功而被授予东都留守的职务。

郑愔形象丑陋，脸上长满了胡须，举事失败后，他梳起了发髻，身穿妇女的服装躲在车中。被捕获，受审讯时吓得两腿发抖，不能回答问题。张灵均则显得神态自如，他回头看着郑愔说道："我和你这样的人一起举事，落得失败的结局是理所当然的！"张灵均和郑愔一同在东都洛阳街市被处以死刑。当初，郑愔因投靠来俊臣而得以升迁；来俊臣被杀后，又攀附张易之；张易之伏诛后，又依附韦后；韦后败亡后，又转而归附谯王李重福，最终还是因参与李重福起兵反叛而被灭族。严善思被免于死罪，流放到静州。

万骑兵倚仗着讨平韦氏一党的功劳，大多横行不法，长安城中被他们所困扰。皇帝颁诏把万骑兵全部调任地方官，同时下令停止从官户奴隶中选拔万骑兵，还另外设置了隶属于左、右羽林卫军的飞骑。

姚元之、宋璟和御史大夫毕构向睿宗上奏进言："先朝所授予的斜封官应当全部予以废止。"睿宗接受了他们的意见。八月十五日癸巳，一共罢免了数千名斜封官的职务。

刑部尚书、同中书门下三品裴谈被贬谪为蒲州刺史。

赠苏安恒谏议大夫。

九月，辛未，以太子少师致仕唐休璟为朔方道大总管。

冬，十月，甲申，礼仪使姚元之、宋璟奏："大行皇帝神主，应祔太庙，请迁义宗神主于东都，别立庙。"从之。

乙未，追复天后尊号为大圣天后。

丁酉，以幽州镇守经略节度大使薛讷为左武卫大将军兼幽州都督。节度使之名自讷始。

太平公主以太子年少，意颇易之；既而惮其英武，欲更择暗弱者立之以久其权，数为流言，云"太子非长，不当立。"己亥，制戒谕中外，以息浮议。公主每觇伺太子所为，纤介必闻于上，太子左右，亦往往为公主耳目，太子深不自安。

（以上为第二段，写睿宗裁除先朝斜封官。太平公主猜忌太子李隆基。）

谥故太子重俊曰节愍。太府少卿万年韦凑上书，以为："赏罚所不加者，则考行立谥以褒贬之。故太子重俊，与李多祚等称兵入宫，中宗登玄武门以避之，太子据鞍督兵自若；及其徒倒戈，多祚等死，太子方逃窜。向使宿卫不守，其为祸也胡可忍言！明日，中宗雨泣，谓供奉官曰：'几不与卿等相见。'其危如此。今圣朝礼葬，谥为节愍，臣窃惑之。夫臣子之礼，过庙必下，过位必趋。汉成帝之为太子，不敢绝驰道。而重俊称兵宫内，跨马御前，无礼甚矣。若以其诛武三思父子而嘉之，则兴兵以诛奸臣而尊君父可也；今欲自取之，是与三思竞为逆也，又足嘉乎！若以其欲废韦氏而嘉之，则韦氏于时逆状未彰，大义未绝，苟无中宗之命而废之，是胁父废母也，庸可乎！汉戾太子困于江充之谗，发忿杀充，虽兴兵交战，非围逼君父也；兵败而死，及其孙为天子，始得改葬，犹谥曰戾。况重俊可谥之曰节愍乎！臣恐后之乱臣贼子，得引以为比，开悖逆之源，非所以彰善瘅恶也，请改其谥。多祚等从重俊兴兵，不为无罪。陛下今宥之可也，名之为雪，亦所未安。"上甚然其言，而执政以为制命已行，不为追改，但停多祚等赠官而已。

朝廷追赠苏安恒为谏议大夫。

九月二十三日辛未，睿宗命令已经退休的太子少师唐休璟担任朔方道大总管。

冬季，十月初七日甲申，礼仪使姚元之、宋璟上奏说："大行皇帝的神主应当安放在太庙中祔祭，请把义宗皇帝的神主迁往东都，另外立庙祭祀。"睿宗听取了他们的建议。

十月十八日乙未，睿宗追颁诏令恢复天后武则天大圣天后的尊号。

十月二十日丁酉，睿宗命令幽州镇守经略节度大使薛讷担任左武卫大将军兼幽州都督。节度使的名称便从薛讷开始了。

太平公主认为太子李隆基还很年轻，因而起初瞧不起他；其后又惧怕太子的英明，打算另找一位昏庸懦弱的人立为太子，以便使自己能够长期保住权势地位。太平公主多次散布流言蜚语，声称"太子不是皇帝的嫡长子，不应该册立为太子"。十月二十二日己亥，睿宗颁布诏书告诫朝廷内外，以杜绝各种奇谈怪论。太平公主还常常监视太子李隆基的所作所为，即使是些微细小事也要向睿宗禀告。此外，在太子身边，太平公主还安插了许多耳目，太子自己也深感不安。

朝廷赐予故太子李重俊以节愍的谥号。太府少卿万年县人韦凑上书，认为："对于那些没有得到赏赐或者处罚的人，就要根据其生前的所作所为来定谥号，以对他的是非功过进行褒贬。故太子李重俊与李多祚等人起兵进入宫禁，迫使中宗登上玄武门来躲避他们，太子却还能够骑在马上神态自若地督兵作战；只是到了他的徒众阵前倒戈，李多祚等人被杀之后，太子才落荒而逃。假使当时把守宫门的侍卫抵挡不住的话，那么李重俊造成的祸患，人们将不忍述说！第二天，中宗皇帝泪下如雨地对中书、门下两省的官员们诉说：'我差一点就不能与诸位相见了。'当时危急的程度竟然到达这种地步。现在朝廷以礼安葬故太子李重俊，还要把他的谥号定为节愍，臣内心对此感到迷惑不解。通常情况下，臣子侍奉君王的礼仪，经过太庙时必须下马，经过君王的御座时必须恭恭敬敬地小步疾走。汉成帝作为太子的时候，虽是受到了汉元帝的紧急召见，尚且不敢横穿驰道。然而太子李重俊却敢于在宫禁之内举兵造反，在中宗皇帝的面前骑着战马，这实在是无礼到极点了。若因为他起兵诛杀武三思父子而嘉奖他，则起兵铲除奸臣和尊崇皇帝是可以的；但是，此次他是想让自己当皇帝，那就是与武三思一样，竞相犯上作乱图谋不轨，这样的人又怎么值得嘉奖呢？若因为他起兵是为了废掉韦后而嘉奖他，那么在当时韦后谋反的形迹还不太明显，与太子之间母子的大义尚未断绝的情况下，假如没有中宗的命令就废掉她，就是胁迫君父废黜母后，这怎么可以呢！汉武帝时期戾太子因被江充等人的诬陷之词所逼迫，一怒之下杀死江充，虽然调集了兵马，发生了交战，但是戾太子

十一月，戊申朔，以姚元之为中书令。

己酉，葬孝和皇帝于定陵，庙号中宗。朝议以韦后有罪，不应祔葬。追谥故英王妃赵氏曰和思顺圣皇后，求其瘗，莫有知者，乃以袆衣招魂，覆以夷衾，祔葬定陵。

壬子，侍中韦安石罢为太子少保，左仆射、同中书门下三品苏瓌罢为少傅。

甲寅，追复裴炎官爵。

初，裴伷先自岭南逃归，复杖一百，徙北庭。至徙所，殖货任侠，常遣客诇都下事。武后之诛流人也，伷先先知之，逃奔胡中；北庭都护追获，囚之以闻。使者至，流人尽死，伷先以待报未杀。既而武后下制安抚流人，有未死者悉放还，伷先由是得归。至是求炎后，独伷先在，拜詹事丞。

（以上为第三段，写谥中宗太子李重俊曰"节愍"，下葬中宗。平反裴炎冤狱。）

壬戌，追复王同皎官爵。

庚午，许文贞公苏瓌薨。制起复其子颋为工部侍郎，颋固辞。上使李日知谕旨，日知终坐不言而还，奏曰："臣见其哀毁，不忍发言，恐其陨绝。"上乃听其终制。

十二月，癸未，上以二女西城、隆昌公主为女官，以资天皇太后之福，仍欲于城西造观。谏议大夫宁原悌上言，以为"先朝悖逆庶人以爱女骄盈而及祸，新城、宜都以庶孽抑损而获全。又释、道二家皆以清净

并没有围困逼迫他的父亲汉武帝。戾太子兵败自杀，一直到他的孙子汉宣帝登位时才得以改葬，但还是把他的谥号称为戾。何况故太子李重俊这样的人，怎么能将他谥为节愍呢！臣担心后代的乱臣贼子会援引李重俊之事为先例，替违忤逆乱行为开启端绪本源，这不是用来彰善惩恶的方法，请求给故太子李重俊改赐一个别的谥号。李多祚等人追随李重俊起兵，也不能认为他们没有罪过，陛下现在宽恕他们就行了，但是提出为他们平反昭雪，也就是不妥当了。”睿宗十分赞同他的意见，然而执行的大臣认为睿宗的诏命已经颁行，就没有重新改变谥号，只是停止了向李多祚等人追赠官爵而已。

十一月初一日戊申朔，睿宗命令姚元之担任中书令。

十一月初二日己酉，把孝和皇帝安葬在定陵，庙号中宗。经过朝廷商议，认为韦皇后有罪，因此不应当把她的灵柩祔葬于唐中宗之定陵。将已故英王王妃赵氏追谥为和思顺圣皇后，寻找她的下葬之处，但没有谁知道确切地点，于是用供皇后穿着的袆衣来为她招魂，然后再覆盖上裹尸的夷衾，祔葬于定陵。

十一月初五日壬子，侍中韦安石被贬为太子少保；左仆射、同中书门下三品苏瓌被贬为少傅。

十一月初七日甲寅，朝廷追复裴炎的官职爵位。

当初，裴伷先从岭南地区逃回，再次被处杖刑一百并流徙到北庭。裴伷先抵达流放地北庭，广聚资财，又仗义行侠，并且经常派人到长安打探消息。他事先获悉武则天打算诛杀被处以流刑的犯人的消息，便逃往胡人的地域躲避，被北庭都护追捕擒获，关押起来并上报武则天。使者来到北庭后，流放人犯全部被杀，只有裴伷先因等待武则天的批复而没有被处死。过了不久武则天又颁布诏书安抚流放之人，尚未处死的全部放回原籍，裴伷先因此获释回到长安。直到此时，唐睿宗下令寻找裴炎的后代，只有裴伷先一人还活在世上，便授予他詹事丞的职务。

十一月十五日壬戌，朝廷追复王同皎的官爵。

十一月二十三日庚午，许文贞公苏瓌去世。唐睿宗颁发诏书，命令正在为父服丧的苏颋担任工部侍郎，苏颋坚决推辞不受。睿宗派遣李日知去传达自己的旨意，李日知在苏颋家坐着，始终只字未提自己的使命便回朝交差，他上奏说：“臣一见到苏颋那悲痛欲绝的样子，便不忍心把预备好的话说出来，担心他的性命会发生意外。”于是睿宗便允许苏颋为其父守孝服丧三年。

十二月初七日癸未，唐睿宗让他的两个女儿西城公主和隆昌公主度为女道士，以便用于祈祷天皇太后武则天的冥福，并准备在城西建造道观。谏议大夫宁原悌进言，认为：“先朝悖逆庶人作为中宗的爱女而骄纵太甚，因而遭到杀身之祸；新城公

为本，不当广营寺观，劳人费财。梁武帝致败于前，先帝取灾于后，殷鉴不远。今二公主入道，将为之置观，不宜过为崇丽，取谤四方。又，先朝所亲狎诸僧，尚在左右，宜加屏斥。”上览而善之。

宦者闾兴贵以事属长安令李朝隐，朝隐系于狱。上闻之，召见朝隐，劳之曰：“卿为赤县令，能如此，朕复何忧！”因御承天门，集百官及诸州朝集使，宣示以朝隐所为。且下制称“宦官遇宽柔之代，必弄威权。朕览前载，每所叹息。能副朕意，实在斯人，可加一阶为太中大夫，赐中上考及绢百匹。”

壬辰，奚、霫犯塞，掠渔阳、雍奴，出卢龙塞而去。幽州都督薛讷追击之，弗克。

旧制，三品以上官册授，五品以上制授，六品以下敕授，皆委尚书省奏拟，文属吏部，武属兵部，尚书曰中铨，侍郎曰东西铨。中宗之末，嬖幸用事，选举混淆，无复纲纪。至是，以宋璟为吏部尚书，李乂、卢从愿为侍郎，皆不畏强御，请谒路绝。集者万余人，留者三铨不过二千，人服其公。以姚元之为兵部尚书，陆象先、卢怀慎为侍郎，武选亦治。从愿，承庆之族子；象先，元方之子也。

侍御史藁城倪若水，奏弹国子祭酒祝钦明、司业郭山恽乱常改作，希旨病君；于是左授钦明饶州刺史，山恽括州长史。

侍御史杨孚，弹纠不避权贵，权贵毁之，上曰：“鹰搏狡兔，须急救之，不尔必反为所噬。御史绳奸慝亦然。苟非人主保卫之，则亦为奸慝所噬矣。”孚，隋文帝之侄孙也。

置河西节度、支度、营田等使，领凉、甘、肃、伊、瓜、沙、西七州，治凉州。

主和宜都公主作为中宗庶女而谦卑自贬，因而得以保全。而且佛教和道教都以清净为本，不应耗费人力物力去大肆营建佛寺道观。南朝梁武帝崇佛导致败亡于前，先帝中宗广建佛寺道观使得国家遭难于后，他们的教训距今不远。现在西城公主和隆昌公主成了女道士，陛下将为她们修建道观，不应当过分的堂皇富丽，以免引起朝野上下的非议。此外，先朝皇帝所宠幸的僧侣们仍然留在陛下身旁，也应当加以疏远。”睿宗看过他的奏章之后，认为他说得很好。

宦官闾兴贵要长安令李朝隐为他办私事，李朝隐把他逮捕下狱。睿宗获悉这件事之后，召见了李朝隐，慰问他说：“您作为京畿县份的县令，能够像这样秉公办事，我还有什么不放心的呢！”因而驾临承天门，召集文武百官和来自各州的朝集使，向他们公布李朝隐的所作所为。并且颁布诏书说：“宦官每遇君主宽容柔弱的时代，必定会滥用权力，专擅威福。我每次读起前代记载时，常对此颇多感叹。能够完全符合我的旨意的，就是像李朝隐这样的人，可以给他加官一阶，授太中大夫，赐他的考核成绩为中上，并且赏赐他绢一百匹。”

十二月十六日壬辰，奚族人和霫族人进犯边境，在渔阳、雍奴二县抢掠之后，由卢龙塞出境撤离。唐幽州都督薛讷领兵追击他们，未能取胜。

旧制规定，对三品以上官员的委任，由皇帝当面册命，称为册授；五品以上官员由皇帝颁布制书委任，称为制授；六品以下官员由皇帝颁布敕书委任，称为敕授。这些委任职官的文书都是由尚书省奏闻注拟的，文官的委任由吏部拟定，武官的委任由兵部拟定，两部的尚书称作中铨，左右侍郎称作东西铨。唐中宗末年，得到皇帝宠幸的奸佞之徒专擅权柄；所选任的官员十分芜杂，再也没有纲纪可言。直到此时，朝廷命令宋璟担任吏部尚书，命令李乂、卢从愿为侍郎，皆不畏强权，说人情的途径断绝。申报的有万余人，三铨过后，留下的不过只有两千人，人服其公正。以姚元之为兵部尚书，陆象先、卢怀慎为侍郎，武职人员选拔也得到整治。卢从愿是卢承庆的堂侄；陆象先是陆元方的儿子。

侍御史藁城人倪若水，呈奏弹劾国子祭酒祝钦明、国子司业郭山恽不遵常典，变更旧制，为迎合韦后的旨意而害得中宗圣德有亏。于是把祝钦明贬职为饶州刺史，把郭山恽贬职为括州长史。

侍御史杨孚在弹劾纠举违法之事时不畏权贵，因而权贵们诽谤他，睿宗说：“在老鹰抓狡兔之时，需要赶紧帮助老鹰，否则它反会被狡兔咬噬，御史纠举弹劾奸佞邪恶之事也是同样的道理。假如没有君王对他加以保护，他也会被奸佞邪恶之徒咬噬的。”杨孚是隋文帝杨坚的侄孙。

朝廷设置河西节度使、支度使和营田使，统辖凉、甘、肃、伊、瓜、沙、西等七州，治所在凉州。

姚州群蛮，先附吐蕃，摄监察御史李知古请发兵击之；既降，又请筑城，列置州县，重税之。黄门侍郎徐坚以为不可；不从。知古发剑南兵筑城，因欲诛其豪杰，掠子女为奴婢。群蛮怨怒，蛮酋傍名引吐蕃攻知古，杀之，以其尸祭天，由是姚、嶲路绝，连年不通。

安西都护张玄表侵掠吐蕃北境，吐蕃虽怨而未绝和亲，乃赂鄯州都督杨矩，请河西九曲之地以为公主汤沐邑；矩奏与之。

（以上为第四段，写睿宗整顿纲纪，抑制宦官，规范选举。唐割河西九曲地与吐蕃是一大失策。）

二年（辛亥，711 年）

春，正月，癸丑，突厥可汗默啜遣使请和，许之。

己未，以太仆卿郭元振、中书侍郎张说并同平章事。

以温王重茂为襄王，充集州刺史，遣中郎将将兵五百就防之。

乙丑，追立妃刘氏曰肃明皇后，陵曰惠陵；德妃窦氏曰昭成皇后，陵曰靖陵。皆招魂葬于东都城南，立庙京师，号仪坤庙。窦氏，太子之母也。

太平公主与益州长史窦怀贞等结为朋党，欲以危太子，使其婿唐晙邀韦安石至其第，安石固辞不往。上尝密召安石，谓曰："闻朝廷皆倾心东宫，卿宜察之。"对曰："陛下安得亡国之言！此必太平之谋耳。太子有功于社稷，仁明孝友，天下所知，愿陛下无惑谗言。"上瞿然曰："朕知之矣，卿勿言。"时公主在帘下窃听之，以飞语陷安石，欲收按之，赖郭元振救之，得免。

公主又尝乘辇邀宰相于光范门内，讽以易置东宫，众皆失色。宋璟

姚州的各个蛮族部落，起初依附吐蕃，代理监察御史职务的李知古曾请求出动军队去征伐；各蛮族部落归降唐朝之后，李知古又请求在姚州建筑城郭，设置州县建制，向他们征敛重税。黄门侍郎徐坚认为不能够这样做，但是皇帝没有采纳他的意见。李知古征调剑南道兵卒修筑城池，打算趁机诛除蛮族各部的豪势之家，把他们的子女抢来做奴婢。蛮族部众对李知古深表愤恨，部落酋长傍名招引吐蕃军队进攻李知古，把他杀掉了，还用他的尸体祭祀天神，从此姚、嶲一带通往中原的道路被断绝，连续多年不得通行。

唐安西都护张玄表侵扰抢掠吐蕃北部边境地区，虽然吐蕃对此非常怨恨，但是却没有断绝与唐朝的姻亲关系；他们竟然贿赂了唐鄯州都督杨矩，请求朝廷把河西九曲之地作为金城公主的汤沐邑。杨矩上奏请求将河西九曲之地交给吐蕃。

唐睿宗景云二年（辛亥，711 年）

春季，正月初七日癸丑，突厥可汗默啜派遣使者前来求和，朝廷接受了他们的请求。

正月十三日己未，唐睿宗任命太仆卿郭元振、中书侍郎张说二人一同担任同平章事的职务。

唐睿宗把温王李重茂改封为襄王，命令他充任集州刺史，并且派遣中郎将统领五百兵马进驻集州以防范他。

正月十九日乙丑，唐睿宗把妃子刘氏追立为肃明皇后，将她的墓地称为惠陵；把德妃窦氏追立为昭成皇后，将她的墓地称为靖陵。在为这两位妃子招魂之后，把她们安葬在东都洛阳城南，为她们在京师立庙，称为仪坤庙。窦氏是太子李隆基的生母。

太平公主与益州长史窦怀贞等人结成朋党，想陷害太子李隆基。太平公主指使她的女婿唐晙邀请韦安石来到自己的府第，韦安石坚决推辞不去。睿宗曾经私下召见韦安石，对他说道："听说朝廷文武官员全都全心拥戴太子，您应当对此多加留意。"韦安石回答说："陛下从哪里获悉这种亡国的言辞呢！这一定是太平公主的计谋。太子对宗庙社稷有功，而且为人仁德明智，孝顺父母，友爱兄弟，这是天下人都知道的事实，希望陛下不要被谗言所迷惑。"睿宗听了这话之后十分惊惧地说："我明白了，您不要再提及这件事。"当时太平公主正躲在帘子后面偷听君臣二人的谈话。事后她便散布各种流言蜚语陷害韦安石，打算把他逮捕下狱进行审讯，幸亏郭元振从中救助，韦安石才得以幸免。

另有一次，太平公主乘辇车把宰相们请到光范门内，向他们暗示改立皇太子的

抗言曰："东宫有大功于天下，真宗庙社稷之主，公主奈何忽有此议！"

璟与姚元之密言于上曰："宋王陛下之元子，豳王高宗之长孙，太平公主交构其间，将使东宫不安。请出宋王及豳王皆为刺史，罢岐、薛二王左、右羽林，使为左、右率以事太子。太平公主请与武攸暨皆于东都安置。"上曰："朕更无兄弟，惟太平一妹，岂可远置东都！诸王惟卿所处。"乃先下制云："诸王、驸马自今毋得典禁兵，见任者皆改他官。"

顷之，上谓侍臣曰："术者言五日中当有急兵入宫，卿等为朕备之。"张说曰："此必谗人欲离间东宫。愿陛下使太子监国，则流言自息矣。"姚元之曰："张说所言，社稷之至计也。"上说。

二月，丙子朔，以宋王成器为同州刺史，豳王守礼为豳州刺史，左羽林大将军岐王隆范为左卫率，右羽林大将军薛王隆业为右卫率；太平公主蒲州安置。

丁丑，命太子监国，六品以下除官及徒罪以下，并取太子处分。

（以上为第五段，写太平公主加紧谋划重立太子。睿宗用张说、姚元之计以太子监国来抑制太平公主，并外出太平公主于蒲州安置，欲两全之。）

殿中侍御史崔莅、太子中允薛昭素言于上曰："斜封官皆先帝所除，恩命已布，姚元之等建议，一朝尽夺之，彰先帝之过，为陛下招怨。今众口沸腾，遍于海内，恐生非常之变。"太平公主亦言之，上以为然。戊寅，制："诸缘斜封别敕授官，先停任者，并量材叙用。"

太平公主闻姚元之、宋璟之谋，大怒，以让太子。太子惧，奏元之、璟离间姑、兄，请从极法。甲申，贬元之为申州刺史，璟为楚州刺史。丙戌，宋王、豳王亦寝刺史之命。

主张，宰相们全都大惊失色。宋璟高声质问道："太子为大唐社稷立下了巨大的功劳，真正是宗庙社稷的主人，公主为什么忽然发出这样的议论呢！"

宋璟与姚元之暗地里向唐睿宗进言道："宋王李成器是陛下的嫡长子，豳王李守礼是高宗皇帝的长孙，太平公主在他俩与太子之间制造矛盾，将会造成东宫地位不稳。请陛下将宋王和豳王两人调离京都为刺史；罢免岐王李隆范和薛王李隆业所担任的左、右羽林大将军职务，命令他们担任左、右卫率以听从太子的节制；请求将太平公主与武攸暨均安置在东都洛阳居住。"睿宗说："我只有太平公主这一个妹妹，再也没有兄弟了，怎么可以把她远远地安置到东都去呢！诸王则可以听凭您的处置。"于是先行颁布诏书说："从今以后诸王、驸马一律不得统领禁兵，现在任职的都改调为其他官职。"

过了不久，唐睿宗对身边的侍臣说道："方术之士说，五天之内将会有突如其来的军队闯入宫中，你们要为我加强戒备。"张说对睿宗说道："这一定又是奸邪小人离间陛下与太子的关系的谗言。希望陛下命令太子代行处理国政，那么流言蜚语也就自然而然地销声匿迹了。"姚元之说道："张说所提出的建议，是使宗庙社稷得以安定的至上之策。"睿宗听了十分高兴。

二月初一日丙子朔，唐睿宗任命宋王李成器担任同州刺史，任命豳王李守礼担任豳州刺史，任命左羽林大将军岐山王李隆范担任左卫率，任命右羽林大将军薛王李隆业担任右卫率；把太平公主送往蒲州安置。

二月初二日丁丑，唐睿宗命令由太子李隆基代行处理国政，将六品以下官员的任命以及对犯徒罪以下罪犯的批复等事务，均交给太子全权处理。

殿中侍御史崔莅、太子中允薛昭素对唐睿宗说："斜封官都是先帝所委任的，这一恩命早已颁布实行，眼下却因为姚元之等人所提出的建议而一下子完全予以削夺，这可是彰示中宗皇帝的过错，并给陛下招来很多抱怨。现在全国各地怨声汹汹，恐怕会带来非同寻常的变故。"太平公主也这样劝说睿宗，唐睿宗认为他们所说的非常正确。二月初三日戊寅，颁布诏书："凡先前由于系斜封别敕任命之故而被停职的官员，一律量才予以录用。"

太平公主获悉姚元之与宋璟的图谋之后大为动怒，便责备太子李隆基。太子感到害怕，奏称姚元之和宋璟挑拨自己与姑母太平公主和兄长宋王李成器、豳王李守礼之间的关系，请求给他们两人加以极刑的惩处。二月初九日甲申，睿宗把姚元之贬谪为申州刺史，把宋璟贬谪为楚州刺史。二月十一日丙戌，对宋王李成器和豳王李守礼的刺史任命也被搁置起来。

中书舍人、参知机务刘幽求罢为户部尚书；以太子少保韦安石为侍中。安石与李日知代姚、宋为政，自是纲纪紊乱，复如景龙之世矣；前右率府铠曹参军柳泽上疏，以为："斜封官皆因仆妾汲引，岂出孝和之意！陛下一切黜之，天下莫不称明。一旦忽尽收叙，善恶不定，反覆相攻，何陛下政令之不一也！议者咸称太平公主令胡僧慧范曲引此曹，诳误陛下。臣恐积小成大，为祸不细。"上弗听。泽，亨之孙也。

左、右万骑与左、右羽林为北门四军，使葛福顺等将之。

三月，以宋王成器女为金山公主，许嫁突厥默啜。

夏，四月，甲申，宋王成器让司徒；许之，以为太子宾客。以韦安石为中书令。

上召群臣三品以上，谓曰："朕素怀澹泊，不以万乘为贵，曩为皇嗣，又为皇太弟，皆辞不处。今欲传位太子，何如？"群臣莫对。太子使右庶子李景伯固辞，不许。殿中侍御史和逢尧附太平公主，言于上曰："陛下春秋未高，方为四海所依仰，岂得遽尔！"上乃止。

戊子，制："凡政事皆取太子处分。其军旅死刑及五品已上除授，皆先与太子议之，然后以闻。"

辛卯，以李日知守侍中。

壬寅，赦天下。

五月，太子请让位于宋王成器；不许。请召太平公主还京师；许之。

庚戌，制："则天皇后父母坟仍旧为昊陵、顺陵，量置官属。"太平公主为武攸暨请之也。

（以上为第六段，写睿宗裁除斜封官而又重新启用；欲让位太子却又召还太平公主，夹在两者之间左右摇摆。）

辛酉，更以西城为金仙公主，隆昌为玉真公主，各为之造观，逼夺

唐睿宗将中书舍人、参知机务刘幽求罢官，贬为户部尚书；又命令太子少保韦安石担任侍中。韦安石与李日知二人取代了姚元之、宋璟二人，执掌朝廷政务，从此朝廷纲纪紊乱，又恢复到如同唐中宗景龙年间的那种状况。前任右率府铠曹参军柳泽上奏说："斜封官都是通过中宗皇帝身边那些奴仆妾侍的引进而被任用的，哪里是出自中宗孝和皇帝的本意呢！陛下把他们全都废黜，天下之人对此举无不称道明智，现在突然把他们全部招回录用，善恶不分，自相矛盾，陛下的政令怎么会如此前后不一呢！议论此事的人们都说这是太平公主指使胡僧慧范暗中交结这些人，诳骗陛下。臣担心长此下去会积小成大，造成的灾祸不轻。"睿宗没有听取他的意见。柳泽是柳亨的孙子。

由左、右万骑军和左、右羽林军组成北门四军，唐睿宗命令葛福顺等人统率这些禁卫军。

三月，睿宗封宋王李成器之女为金山公主，把她许配给突厥可汗默啜。

夏季，四月初九日甲申，宋王李成器请求辞去司徒的职务，唐睿宗同意了他的请求，任命他担任太子宾客，还任命韦安石担任中书令。

唐睿宗把三品以上的官员召集到宫中，对他们说道："我一向心怀恬静而寡欲，并不把万乘之尊当作什么高贵的名位，当初被立为皇嗣时以及中宗时做皇太弟，都曾推辞不就位。我现在打算将皇位传给皇太子，你们认为怎么样？"在场的大臣们没有谁回答。太子李隆基派右庶子杨景伯代表自己坚决推辞，睿宗没有批准。殿中侍御史和逢尧阿附太平公主，便对睿宗说道："陛下的年纪还不是太老，正在受到天下的拥戴景仰，怎么能这样禅位于皇太子呢！"睿宗于是打消了这个念头。

四月十三日戊子，唐睿宗颁布诏书："大凡朝廷政务，一律听取皇太子的处理。其中军事决策、死刑复核以及对五品以上官员的任命，均须先与皇太子商讨，然后再上奏皇帝。"

四月十六日辛卯，唐睿宗任命李日知署理门下省侍中的职事。

四月二十七日壬寅，大赦天下罪囚。

五月，太子李隆基请求把太子的名位让给宋王李成器，睿宗没有答应。太子又请求将太平公主召回京师，得到准许。

五月初六日庚戌，唐睿宗颁布诏书："将则天皇后父母的坟墓名称恢复为昊陵、顺陵，酌量为二陵设置官员。"这是太平公主替武攸暨向睿宗提出请求。

五月十七日辛酉，唐睿宗把西城公主改封为金仙公主，把隆昌公主改封为玉真

民居甚多，用功数百万。右散骑常侍魏知古、黄门侍郎李乂谏，不听。

壬戌，殿中监窦怀贞为御史大夫、同平章事。

僧慧范恃太平公主势，逼夺民产，御史大夫薛谦光与殿中侍御史慕容珣奏弹之。公主诉于上，出谦光为岐州刺史。

时遣使按察十道，议者以山南所部阔远，乃分为东西道；又分陇右为河西道。六月，壬午，又分天下置汴、齐、兖、魏、冀、并、蒲、鄜、泾、秦、益、绵、遂、荆、岐、通、梁、襄、扬、安、闽、越、洪、潭二十四都督，各纠察所部刺史以下善恶，惟洛及近畿州不隶都督府。太子右庶子李景伯、舍人卢俌等上言："都督专杀生之柄，权任太重，或用非其人，为害不细。今御史秩卑望重，以时巡察，奸宄自禁。"其后竟罢都督，但置十道按察使而已。

秋，七月，癸巳，追复上官昭容，谥曰惠文。

乙卯，以高祖故宅枯柿复生，赦天下。

己巳，以右御史大夫解琬为朔方大总管。琬考按三城戍兵，奏减十万人。

庚午，以中书令韦安石为左仆射兼太子宾客、同中书门下三品。太平公主以安石不附己，故崇以虚名，实去其权也。

九月，庚辰，以窦怀贞为侍中。怀贞每退朝，必诣太平公主第。时修金仙、玉真二观，群臣多谏，怀贞独劝成之，身自督役。时人谓怀贞前为皇后阿奢，今为公主邑司。

冬，十月，甲辰，上御承天门，引韦安石、郭元振、窦怀贞、李日知、张说宣制，责以"政教多阙，水旱为灾，府库益竭，僚吏日滋；虽朕之薄德，亦辅佐非才。安石可左仆射、东都留守，元振可吏部尚书，怀贞可左御史大夫，日知可户部尚书，说可左丞，并罢政事"。以吏部尚书刘幽求为侍中，右散骑常侍魏知古为左散骑常侍，太子詹事崔湜为中书侍郎，并同中书门下三品；中书侍郎陆象先同平章事。皆太平公主之志也。

公主，分别为她们营造了金仙观和玉真观，强占了大量的居民住宅，工程费用达几百万钱之多。右散骑常侍魏知古和黄门侍郎李乂劝谏阻止，但没有被睿宗采纳。

五月十八日壬戌，唐睿宗任命殿中监窦怀贞担任御史大夫、同平章事。

胡僧慧范倚仗太平公主的权势，强夺平民百姓的财产，御史大夫薛谦光和殿中侍御史慕容珣上奏弹劾他。太平公主向睿宗申诉，唐睿宗便把薛谦光贬谪为岐州刺史。

这时，朝廷派遣使者赴十道巡视考察，议论此事的人认为山南道所辖区域太广阔，于是把山南道分为东西两道；又从陇右道中分山河西道。六月初八日壬午，又把全国加以划分，置汴、齐、兖、魏、冀、并、蒲、鄜、泾、秦、益、绵、遂、荆、岐、通、梁、襄、扬、安、闽、越、洪、潭二十四州都督，各负责纠举查处所辖区域内刺史以下官吏的善恶得失，只有洛阳以及京畿附近各州不隶属于都督府。太子右庶子李景伯、舍人卢俌等向睿宗进言说："都督专擅生杀的权柄，权位太重，如果任用的某些人不是合适的人选，那么造成的危害将是严重的。当今御史的品位俸禄虽然卑微，但是声望却很高，若陛下派遣他们按时巡察地方，为非作歹的奸邪之徒自然会被禁绝。"后来最终罢免了二十四州都督，仅仅设置了十道按察使而已。

秋季，七月二十日癸巳，朝廷追复上官昭容的名位，赠谥号为惠文。

八月十三日乙卯，由于唐高祖李渊故居中原来枯死的柿子树重新发芽生长的缘故，大赦天下罪囚。

八月二十七日己巳，唐睿宗任命右御史大夫解琬担任朔方道大总管。解琬在按察三受降城的戍守军队之后，呈奏请求将戍卒减少十万人。

八月二十八日庚午，唐睿宗任命韦安石担任左仆射兼太子宾客、同中书门下三品。因为太平公主认为韦安石不愿趋附自己，所以给他这样一个虚衔，实际上削夺了他的权力。

九月初八日庚辰，唐睿宗命令窦怀贞担任侍中，窦怀贞每次退朝后，一定要前往太平公主的府第。当时正在营建金仙、玉真二观，群臣纷纷进谏劝阻，只有窦怀贞一个人怂恿睿宗建成二观，并且亲自监督服役的民夫施工。当时的人们都说窦怀贞先前做过韦皇后的乳母之夫婿，而今又当了公主封邑的主管官吏。

冬季，十月初三日甲辰，唐睿宗驾临承天门，身后带领韦安石、郭元振、窦怀贞、李日知、张说等大臣，宣布诏书，责备他们说："近来朝廷的政令与教化存在着许多缺陷，四方水旱成灾，国库积贮日渐枯竭，官员属吏不断增加，出现这些状况虽然是我德行浅陋所致，但是也与辅佐大臣没有才能有关。韦安石只宜担任尚书左仆射、东都留守；郭元振只宜担任吏部尚书；窦怀贞只宜担任左御史大夫；李日知只宜担任户部尚书；张说只宜担任尚书左丞，一律罢免宰相职务。"又任命吏部尚书

象先清净寡欲，言论高远，为时人所重。湜私侍太平公主，公主欲引以为相，湜请与象先同升，公主不可，湜曰："然则湜亦不敢当。"公主乃为之并言于上，上不欲用湜，公主涕泣以请，乃从之。

（以上为第七段，写睿宗置十道按察使。太平公主返回京师干预朝政，结纳朋党，势力日盛。）

右补阙辛替否上疏，以为："自古失道破国亡家者，口说不如身逢，耳闻不如目睹；臣请以陛下所目睹者言之。太宗皇帝，陛下之祖也，拨乱返正，开基立极；官不虚授，财无枉费；不多造寺观而有福，不多度僧尼而无灾，天地垂佑，风雨时若，粟帛充溢，蛮夷率服，享国久长，名高万古。陛下何不取而法之！中宗皇帝，陛下之兄，弃祖宗之业，徇女子之意；无能而禄者数千人，无功而封者百余家；造寺不止，费财货者数百亿，度人无穷，免租庸者数十万，所出日滋，所入日寡；夺百姓口中之食以养贪残，剥万人体上之衣以涂土木，于是人怨神怒，众叛亲离，水旱并臻，公私俱罄，享国不永，祸及其身。陛下何不惩而改之！自顷以来，水旱相继，兼以霜蝗，人无所食，未闻赈恤，而为二女造观，用钱百余万缗。陛下岂可不计当今府库之蓄积有几，中外之经费有几，而轻用百余万缗，以供无用之役乎！陛下族韦氏之家而不去韦氏之恶，忍弃太宗之法，不忍弃中宗之政乎！且陛下与太子当韦氏用事之时，日夕忧危，切齿于群凶；今幸而除之，乃不改其所为，臣恐复有切齿于陛下者也。然则陛下又何恶于群凶而诛之！昔先帝之怜悖逆也，宗晋卿为之造第，赵履温为之葺园，殚国财，竭人力，第成不暇居，园成不暇游，而身为戮没。今之造观崇侈者，必非陛下、公主之本意，殆有宗、赵之徒从而劝之，不可不察也。陛下不停斯役，臣恐人之愁怨，不减前朝之时。人人知其祸败而口不敢言，言则刑戮随之矣。韦月将、燕钦融之徒，先朝诛之，陛下赏之，岂非陛下知直言之有益于国乎！臣今所言，亦先朝之直也，惟陛下察之。"上虽不能从，而嘉其切直。

刘幽求担任侍中，任命右散骑常侍魏知古担任左散骑常侍，任命太子詹事崔湜担任中书侍郎，均任命为同中书门下三品；任命中书侍郎陆象先为同平章事。这些官员的任免都是按照太平公主的意思决定的。

陆象先为人清静寡欲，且言辞议论十分高妙玄远，因而深得当世之人的尊崇。崔湜私下受宠于太平公主，公主便打算推荐他担任宰相，崔湜却请求与陆象先一道提拔为宰相，太平公主不允许这么办，崔湜说："如果陆象先不能担任宰相，那么我崔湜也不敢当这个宰相了。"太平公主只得为他们两人向睿宗说情，然而睿宗本来不想用崔湜为相，太平公主便流着眼泪为他求情，最后才表示同意了。

右补阙辛替否上奏说："自古以来，由于君王无道而导致国破家亡的教训，可以说是口说不如亲身经历，耳闻不如目睹。请允许臣依据陛下曾经目睹的情况来证实这一道理。太宗皇帝他是陛下的祖父，将乱世加以治理，使局面重新纳入正轨，开辟了唐朝基业，建立起法度准则；他不曾白白地把官爵俸禄授予任何人，也从不枉然浪费国家的财物；他并没有大量营建寺观而不乏福分；也没有成批地剃度僧尼而未遭灾祸，皇天后土垂赐保佑，四季风调雨顺，五谷丝帛丰裕；周边各蛮夷部落相率临附朝廷。他在位的时间也很长久，名声超过往昔的任何帝王。陛下为什么不把太宗皇帝作典范呢？中宗皇帝他是陛下的兄长，放弃祖宗基业而不顾，曲从妇道人家的意思；没有才能而享有俸禄者达数千人，没有功劳而授予封爵者达一百余家；无止境地营造寺庙，糜费资财达几百亿之多，剃度无数僧尼，获准不交纳租庸的人有数十万之多，国库支出日益增多，财政收入却逐日减少；为供养贪婪残忍之徒不惜剥夺百姓口中之食，为装饰营建的宫室寺观不惜扒掉万民身上之衣，因此招致人神共怨、众叛亲离的危重局面。水旱天灾纷至沓来，公私财用均告竭尽，不但享有国祚时间难以长久，甚至连自身也难免遭受毒杀之祸。陛下为什么不能引以为戒，改变这种状况！自从最近一段时期以来，水旱灾害接踵而至，再加上霜冻蝗虫的危害，百姓已无食物，但未曾听说陛下开仓放赈、抚恤灾民；然而陛下为两个女儿修建道观，却不惜耗资一百多万缗，陛下怎能不计算现在国库里的积蓄有多少，朝廷和地方的经费有多少，而轻率地取用一百多万缗钱财，来供给对国计民生毫无用处的工程呢！陛下诛灭了韦氏的家族，却没有除掉韦氏的恶行；陛下忍心舍弃太宗的法度，而不忍心丢弃中宗的弊政吗？再说陛下与太子在韦氏一党专擅朝政之际，日夜为大唐宗庙社稷和自己的身家性命担忧，对韦温、宗楚客等奸臣切齿痛恨；而今有幸铲除了他们，却不能改换他们的倒行逆施，臣担心对陛下切齿痛恨的人会再次出现。如果这样的话，则陛下当初又何必要痛恨群凶并把他们诛除殆尽呢！过去中宗皇帝怜爱悖逆庶人，宗晋卿便为她营造私人宅第，赵履温便为她整修园林，耗光

御史中丞和逢尧摄鸿胪卿，使于突厥，说默啜曰：“处密、坚昆闻可汗结婚于唐，皆当归附。可汗何不袭唐冠带，使诸胡知之，岂不美哉！”默啜许诺，明日，襆头、衣紫衫，南向再拜，称臣，遣其子杨我支及国相随逢尧入朝，十一月，戊寅，至京师。逢尧以奉使功，迁户部侍郎。

壬辰，令天下百姓二十五入军，五十五免。

十二月，癸卯，以兴昔亡可汗阿史那献为招慰十姓使。

上召天台山道士司马承祯，问以阴阳数术，对曰：“道者，损之又损，以至于无为，安肯劳心以学术数乎！”上曰：“理身无为则高矣，如理国何？”对曰：“国犹身也，顺物自然而心无所私，则天下理矣。”上叹曰：“广成之言，无以过也。”承祯固请还山，上许之。

尚书左丞卢藏用指终南山谓承祯曰：“此中大有佳处，何必天台！”承祯曰：“以愚观之，此乃仕宦之捷径耳！”藏用尝隐终南，则天时征为左拾遗，故承祯言之。

（以上为第八段，写右补阙辛替否上奏睿宗请停建寺观。唐与突厥和亲。）

了国库的资财，用尽了百姓的劳力，建造的宅第还没有来得及居住，修好的园林还没有来得及游玩，而悖逆庶人就被杀死了。当今营造道观，追求奢侈豪华的做法，一定不会是陛下和金仙、玉真二位公主的本意，大概有像宗晋卿和赵履温这样的人顺势加以鼓动，陛下对此不可不留意省察。如果陛下不停止施行这项工程，臣担心带给百姓的愁苦和怨恨，不会比中宗时期有所减少。每个人都已明白此事造成的巨大祸患，而口中却不敢流露出来，一旦流露出来，随之而来的便是杀身之祸。像韦月将、燕钦融这样的忠臣义士，先朝诛杀了他们，而陛下向他们追赐了奖赏，这么做，难道不就是因为陛下知道直言进谏对国家有利吗！臣现在所讲的，也如同先朝的直言，希望陛下能够体察臣的心意。”睿宗虽然没有听取他的谏言，却赞赏他的恳切直率。

御史中丞和逢尧兼理鸿胪卿职务，出使突厥，他对阿史那默啜劝说道：“处密、坚昆等部落在获悉可汗与大唐公主结婚的消息后，都会归附于你的。可汗为什么不穿着大唐的衣冠和腰带，使得各个部落的胡人都知道这件事，难道这不是很美妙的吗！”阿史那默啜表示不赞成。第二天，阿史那默啜便头戴袱头，身穿紫色朝服，面朝南方拜了两拜，遥向唐朝称臣，还派遣他的儿子杨我支及国相跟随着和逢尧返回朝廷。十一月初八日戊寅，这一行人抵达京师。和逢尧由于奉命出使有功，被升迁为户部侍郎。

十一月二十二日壬辰，朝廷命令天下百姓自二十五岁起服兵役，五十五岁则免除兵役。

十二月初三日癸卯，唐睿宗任命兴昔亡可汗阿史那献担任招慰十姓使。

唐睿宗招见天台道士司马承祯，向他询问关于阴阳数术方面的学问，司马承祯回答道：“所谓‘道’，就是不断地减损下去，以至于达到无为境界，我怎么甘心情愿耗费心力去研习什么阴阳数术的学说呢！”睿宗又问道：“对于修身养性来说，无为就是最高的境界，然而治理国家的最高境界又是什么呢？”司马承祯回答说：“国家如同身体一样，只要能够做到顺应天地万物发展的自然之理，而内心之中没有任何私心杂念，那么国家也就可以得到治理了。”睿宗感慨地说：“广成子所说的话，也不会比你高明。”司马承祯坚决请求返回天台山，睿宗答应了他的请求。

尚书左丞卢藏用指着终南山对司马承祯说道：“此山里面就有很多极好的地方，您何必一定要返回天台山去呢？”司马承祯回答说：“照我看来，这终南山只不过是入世做官的捷径而已！”当年卢藏用曾在终南山里隐居，武则天时期他被征辟为左拾遗，所以司马承祯说了这番话。

玄宗至道大圣大明孝皇帝上之上

先天元年（壬子，712 年）

春，正月，辛巳，睿宗祀南郊，初因谏议大夫贾曾议合祭天地。曾，言忠之子也。

戊子，幸浐东，耕藉田。

己丑，赦天下；改元太极。

乙未，上御安福门，宴突厥杨我支，以金山公主示之；既而会上传位，婚竟不成。

以左御史大夫窦怀贞、户部尚书岑羲并同中书门下三品。

二月，辛酉，废右御史台。

蒲州刺史萧至忠自托于太平公主，公主引为刑部尚书。华州刺史蒋钦绪，其妹夫也，谓之曰："如子之才，何忧不达！勿为非分妄求。"至忠不应。钦绪退，叹曰："九代卿族，一举灭之，可哀也哉！"至忠素有雅望，尝自公主第门出，遇宋璟，璟曰："非所望于萧君也。"至忠笑曰："善乎宋生之言！"遽策马而去。

（以上为第九段，写萧至忠等素有雅望的地方官，也党附太平公主而得为刑部尚书。）

幽州大都督薛讷镇幽州二十余年，吏民安之，未尝举兵出塞，虏亦不敢犯。与燕州刺史李琎有隙，琎毁之于刘幽求，幽求荐左羽林将军孙佺代之。三月，丁丑，以佺为幽州大都督，徙讷为并州长史。

夏，五月，益州獠反。

戊寅，上祭北郊。

辛巳，赦天下，改元延和。

六月，丁未，右散骑常侍武攸暨卒，追封定王。

上以节愍太子之乱，岑羲有保护之功，癸丑，以羲为侍中。

庚申，幽州大都督孙佺与奚酋李大酺战于冷陉，全军覆没。

是时，佺帅左骁卫将军李楷洛，左威卫将军周以悌发兵二万、骑八千，分为三军，以袭奚、契丹。将军乌可利谏曰："道险而天热，悬军

玄宗至道大圣大明孝皇帝上之上

唐玄宗先天元年（壬子，712年）

春季，正月十一日辛巳，唐睿宗前往南郊祭祀天地，系根据谏议大夫贾曾早些时候提出的建议合祭天地。贾曾是贾言忠的儿子。

正月十八日戊子，唐睿宗驾临浐水东岸，亲耕籍田。

正月十九日己丑，大赦天下罪囚，并把年号改为太极。

正月二十五日乙未，唐睿宗驾临安福门，设宴招待突厥可汗默啜之子杨我支，将金山公主引出来给他看了看；不久却赶上睿宗把帝位传给太子李隆基，因此这桩婚事最终没有成。

唐睿宗任命左御史大夫窦怀贞、户部尚书岑羲一同担任同中书门下三品。

二月二十二日辛酉，朝廷撤销右御史台。

蒲州刺史萧至忠自愿投靠太平公主，太平公主引荐他担任了刑部尚书。萧至忠的妹夫华州刺史蒋钦绪对他说："就凭你的才学，何须担心日后不能飞黄腾达，你可不要做非分妄念之追求。"萧至忠听过之后没有应声。蒋钦绪回家之后叹息道："萧至忠九代大臣的望族，将为此举动而被灭门，实在太可悲了哟！"萧至忠素来具有美好的声誉，他曾经有一次从太平公主府第里出来，与宋璟相遇，宋璟说道："这可不是我对您所期望的。"萧至忠讪笑着说："宋先生说得太好了！"说着便匆匆忙忙地催马离去。

幽州大都督薛讷镇守幽州二十余年，当地吏民得以安居，薛讷从来就不曾发兵出塞，胡人也不敢进犯幽州。薛讷与燕州刺史李琎之间有矛盾，因此李琎向刘幽求诋毁薛讷，刘幽求便举荐左羽林将军孙佺来取代薛讷的职务。三月初八日丁丑，睿宗任命孙佺担任幽州大都督，将薛讷改任为并州长史。

夏季，五月，益州獠人部落举兵反叛。

正月初十日戊寅，唐睿宗在北郊祭天。

正月十三日辛巳，大赦天下罪囚，把年号改为延和。

六月初九日丁未，右散骑常侍武攸暨去世，追封他为定王。

唐睿宗因岑羲在节愍太子李重俊作乱的时候，保护自己立下功劳，于六月十五日癸丑，任命岑羲为门下省侍中。

六月二十二日庚申，幽州大都督孙佺在冷陉与奚族酋长李大酺交战，全军覆没。当时，孙佺统领左骁卫将军李楷洛和左威卫将军周以悌，出动步卒二万、骑兵八千，分成三军，去袭击奚族部落和契丹。将军乌可利劝谏他说："路途险厄而天气

远袭，往必败。”佺曰：“薛讷在边积年，竟不能为国家复营州。今乘其无备，往必有功。”使楷洛将骑四千前驱，遇奚骑八千，楷洛战不利。佺怯懦，不敢救，引兵欲还，虏乘之，唐兵大败。佺阻山为方阵以自固，大酺使谓佺曰：“朝廷既与我和亲，今大军何为而来？”佺曰：“吾奉敕来招慰耳。楷洛不禀节度，辄与汝战，请斩以谢。”大酺曰：“若然，国信安在？”佺悉敛军中帛，得万余段，并紫袍、金带、鱼袋以赠之。大酺曰：“请将军南还，勿相惊扰。”将士惧，无复部伍，虏追击之，士卒皆溃。佺、以悌为虏所擒，献于突厥，默啜皆杀之；楷洛、可利脱归。

（以上为第十段，写孙佺代薛讷为幽州大都督，轻启边衅，唐军大败。）

秋，七月，彗星出西方，经轩辕入太微，至于大角。

有相者谓同中书门下三品窦怀贞曰：“公有刑厄。”怀贞惧，请解官为安国寺奴；敕听解官。乙亥，复以怀贞为左仆射兼御史大夫、平章军国重事。

太平公主使术者言于上曰：“彗所以除旧布新，又帝座及心前星皆有变，皇太子当为天子。”上曰：“传德避灾，吾志决矣。”太平公主及其党皆力谏，以为不可，上曰：“中宗之时，群奸用事，天变屡臻。朕时请中宗择贤子立之以应灾异，中宗不悦，朕忧恐数日不食。岂可在彼则能劝之，在己则不能邪！”太子闻之，驰入见，自投于地，叩头请曰：“臣以微功，不次为嗣，惧不克堪，未审陛下遽以大位传之，何也？”上曰：“社稷所以再安，吾之所以得天下，皆汝力也。今帝座有灾，故以授汝，转祸为福，汝何疑邪！”太子固辞。上曰：“汝为孝子，何必待柩前然后即位邪！”太子流涕而出。

炎热，孤军深入敌境，实施长途奔袭，此去定会吃败仗的。”孙佺说：“薛讷在边塞镇守累计有二十余年，竟然未能为朝廷收复营州。现在我们趁敌人没有准备，率兵前往，必定能够获得成功。”孙佺派遣李楷洛带领四千骑兵打前锋，李楷洛与奚族部落八千骑兵遭遇，李楷洛出战失利，孙佺畏惧胆怯，竟不敢发兵援救，反而率部打算回撤，敌军趁势追击，唐军大败，孙佺只得依山布成方阵，来求得自保。李大酺派遣使者前来对孙佺说道：“朝廷既然与我部和亲，现在大军为什么还要到这里来呢？”孙佺回答道：“我不过是奉敕前来招抚慰问你们而已。李楷洛不听从我的调遣，使与你们交战，请允许我把他斩首，向你们赔罪。”李大酺又说：“如果是你说的这样，那么朝廷的凭信又在什么地方？”孙佺把随军携带的所有绢帛搜集到一起，共得万余段，连同将校的紫袍、金带、鱼袋，全部送给了李大酺，李大酺说：“请将军返回南边去，莫要再到此处来骚扰了。”唐军将士非常惊恐，回撤时已不成队形，敌军又进行追击，士卒们都溃不成军。孙佺和周以悌被敌人擒获，后又被献给了突厥，突厥可汗默啜把两人都杀死了。李楷洛和乌可利脱身逃归。

秋季，七月，彗星在西方出现，经过轩辕星座进入太微垣，一直到达大角星。

有个看相的术士对同中书门下三品的窦怀贞讲：“您将有刑狱之祸。”窦怀贞心中害怕，上表请求解除官职，到安国寺去做寺奴。皇上降敕予以批准。七月初八日乙亥，皇上又命令窦怀贞担任尚书左仆射兼御史大夫、平章军国重事。

太平公主指使一个会法术的方士向睿宗进言说：“天上出现彗星，象征着将要除旧布新，而且位于天市垣内的帝座以及象征太子的心前星均发生了变化，皇太子应当即皇帝之位。”唐睿宗说：“把帝位传给贤德的人，以避免这场灾异变故，我的主意已定。”太平公主和她的党羽都竭力谏阻，认为不能这样做，唐睿宗说：“中宗皇帝的时期，大批奸邪之徒专擅权柄，自然灾异屡次出现，表示警告。我当时请求中宗选择贤能的儿子立为皇嗣以应付灾变，而中宗却不高兴，我也因此担忧恐惧以至于一连几天吃不下饭。我怎么能在中宗时劝他禅位，临到自己头上时却不能够照此办理呢！”太子李隆基获悉这个情况后，急忙驰马入宫求见，伏身于地上，边叩头边请求道：“臣由于尺寸之功，就被破例册立为皇嗣，即使是当了太子还担心难以胜任，不清楚陛下突然又要将帝位禅让于臣究竟是为了什么呢？”唐睿宗对太子说：“大唐的宗庙社稷之所以再次获得安定稳固，我之所以能够君临天下，都靠的是你的力量。现在帝座星发生了灾异，因此我把皇位禅让给你，希望能够转祸为福，你还有什么可猜忌的呢！”太子李隆基仍然坚决推辞不受。唐睿宗说：“你是一个孝子，为什么非得等到站在我的灵柩前面才继承皇帝之位呢！”太子泪流满面从宫中走了出来。

壬辰，制传位于太子，太子上表固辞。太平公主劝上虽传位，犹宜自总大政。上乃谓太子曰："汝以天下事重，欲朕兼理之邪？昔舜禅禹，犹亲巡狩，朕虽传位，岂忘家国！其军国大事，当兼省之。"八月，庚子，玄宗即位，尊睿宗为太上皇。上皇自称曰朕，命曰诰，五日一受朝于太极殿。皇帝自称曰予，命曰制、敕，日受朝于武德殿。三品以上除授及大刑政决于上皇，余皆决于皇帝。

壬寅，上大圣天后尊号曰圣帝天后。

甲辰，赦天下，改元。

乙巳，于鄚州北置渤海军，恒、定州境置恒阳军，妫、蔚州境置怀柔军，屯兵五万。

丙午，立妃王氏为皇后；以后父仁皎为太仆卿。仁皎，下邽人也。戊申，立皇子许昌王嗣直为郯王，真定王嗣谦为郢王。

以刘幽求为右仆射、同中书门下三品，魏知古为侍中，崔湜为检校中书令。

（以上为第十一段，写睿宗传位太子李隆基，仍兼掌朝政。）

初，河内人王琚预于王同皎之谋，亡命，佣书于江都。上之为太子也，琚还长安，选补诸暨主簿，过谢太子。琚至廷中，故徐行高视，宦者曰："殿下在帘内。"琚曰："何谓殿下？当今独有太平公主耳！"太子遽召见，与语，琚曰："韦庶人弑逆，人心不服，诛之易耳。太平公主，武后之子，凶猾无比，大臣多为之用，琚窃忧之。"太子引与同榻坐，泣曰："主上同气，唯有太平，言之恐伤主上之意，不言为患日深，为之奈何？"琚曰："天子之孝，异于匹夫，当以安宗庙社稷为事。盖主，汉昭帝之姊，自幼供养，有罪犹诛之。为天下者，岂顾小节！"太子悦曰："君有何艺，可以与寡人游？"琚曰："能飞炼、诙嘲。"太子乃奏为詹事府司直，日与游处，累迁太子中舍人；及即位，以为中书侍郎。

七月二十五日壬辰，唐睿宗颁布诏命，正式将皇位传给太子李隆基，太子上表坚决推辞。太平公主劝说睿宗，即使禅让了皇位，还应当亲自主持国家大政，于是睿宗对太子说：“你是不是觉得国家事务过分繁重，打算要我帮你兼管一些事务呢？想当初舜把帝位禅让给禹后，还要亲自到四方去巡狩，现在我虽然将帝位传给了你，怎么能够对朝廷大事一概不管呢！以后那些军国大事，我必定会参与处理的。”八月初三日庚子，唐玄宗登上皇帝位，把唐睿宗尊奉为太上皇。太上皇自称为“朕”，所颁布的命令称为“诰”，每隔五天在太极殿接受一次群臣朝见。唐玄宗自称为“予”，所颁布的命令称为“制”“敕”，每天都在武德殿接受群臣朝见。凡是涉及三品以上官员的任命以及重大的刑狱政务由太上皇裁决，余下的事务由玄宗处置。

八月初五日壬寅，朝廷替大圣天后武则天上尊号为圣帝天后。

八月初七日甲辰，大赦天下，把年号改为先天。

八月初八日乙巳，朝廷在鄚州以北设置渤海军，在恒州、定州境内设置恒阳军，在妫州、蔚州境内设置怀柔军，屯驻五万军队。

八月初九日丙午，唐玄宗立妃子王氏为皇后；命令皇后之父王仁皎担任太仆卿，王仁皎是下邽县人。八月十一日戊申，封皇子许昌王李嗣直为郯王，封真定王李嗣谦为郢王。

玄宗任命刘幽求为尚书右仆射、同中书门下三品，魏知古为门下省侍中，任命崔湜为检校中书令。

当初，河内人王琚参与了王同皎等人谋杀武三思的策划，事败后亡命出逃，在江都以代人抄写为生。李隆基被立为太子后，王琚回到了长安，经选拔被补充任命为诸暨县主簿，前往东宫去拜谢李隆基。王琚来到廷堂之中，故意走得很慢，昂头顾盼，宦官说：“殿下还在帘子后面。”王琚说：“什么人称为殿下？当今朝廷唯独可见一个太平公主而已！”太子闻声立刻召见了他，两人交谈起来，王琚说：“以前韦庶人弑帝作乱，人心不服，诛除她是件容易的事。太平公主系武则天的女儿，她凶狠、狡猾无比，很多大臣都秉承她的旨意办事，我对此私下感到担忧。”太子将他带到卧榻前与自己坐在一起，一边流着泪一边说：“现在父皇的亲兄弟姐妹，活着的就只有一位太平公主了，如果把这些事讲给父皇听，恐怕会伤害他的感情，可是如果不讲的话，她造成的危害会越来越严重，那将怎么办呢？”王琚说道：“天子所具备的孝行，不同于平民百姓，应该把安定宗庙社稷当作责任。盖主是西汉昭帝的姐姐，她把昭帝从小抚养成人，犯了罪还是被处死了。统治天下的人，怎么能顾及小节呢！”太子高兴地问道：“您具备什么特长可以和寡人在一起相处呢？”王琚回答

是时，宰相多太平公主之党，刘幽求与右羽林将军张暐谋以羽林兵诛之，使暐密言于上曰：“窦怀贞、崔湜、岑羲皆因公主得进，日夜为谋不轻。若不早图，一旦事起，太上皇何以得安！请速诛之。臣已与幽求定计，惟俟陛下之命。”上深以为然。暐泄其谋于侍御史邓光宾，上大惧，遽列上其状。丙辰，幽求下狱。有司奏：“幽求等离间骨肉，罪当死。”上为言幽求有大功，不可杀。癸亥，流幽求于封州，张暐于峰州，光宾于绣州。

初，崔湜为襄州刺史，密与谯王重福通书，重福遗之金带。重福败，湜当死，张说、刘幽求营护得免。既而湜附太平公主，与公主谋罢说政事，以左丞分司东都。及幽求流封州，湜讽广州都督周利贞，使杀之。桂州都督王晙知其谋，留幽求不遣。利贞屡移牒索之，晙不应，利贞以闻。湜屡逼晙，使遣幽求，幽求谓晙曰：“公拒执政而保流人，势不能全，徒仰累耳。”固请诣广州，晙曰：“公所坐非可绝于朋友者也。晙因公获罪，无所恨。”竟逗留不遣。幽求由是得免。

（以上为第十二段，写刘幽求谋诛太平公主，因密泄而失败。）

九月，丁卯朔，日有食之。

辛卯，立皇子嗣升为陕王。嗣升母杨氏，士达之曾孙也。王后无子，母养之。

冬，十月，庚子，上谒太庙，赦天下。

癸卯，上幸新丰，猎于骊山之下。

辛酉，沙陀金山遣使入贡。沙陀者，处月之别种也，姓朱邪氏。

说：“我擅长炼丹术，还善于诙谐嘲咏。”于是李隆基奏请朝廷把王琚任命为詹事府司直，同他每天交往相处，并将他逐渐提拔为中书舍人；等到李隆基即位之后，便命令他担任了中书侍郎的职务。

这时的宰相们，大多数是太平公主的党羽，刘幽求与右羽林将军张玮密谋策划出动羽林兵把他们全部诛杀，指派张玮暗地里对玄宗说：“窦怀贞、崔湜、岑羲等人都是通过太平公主的关系才取得宰相之位的，他们日日夜夜都在策划重大举动。如果陛下不早些考虑下手解决他们，一旦事变发生，太上皇怎能求得安宁呢！请迅速将他们诛除。臣已经与刘幽求商定了计划，此刻就只等陛下发布命令了。”玄宗认为他说得非常对。没多久张玮却把这一密谋泄露给了侍御史邓光宾，玄宗知道后极为恐惧，赶忙把刘幽求等人的罪状罗列出来呈奏太上皇。八月十九日丙辰，刘幽求被捕入狱。担负审讯此案的官署进奏道：“刘幽求等人离间陛下的骨肉，应当判处死刑。”玄宗又替刘幽求等人向太上皇求情，声称刘幽求为朝廷立有大功，不可杀掉他。八月二十六日癸亥，朝廷把刘幽求流放到封州，把张玮流放到峰州，把邓光宾流放到绣州。

当初，崔湜在担任襄州刺史的时候，曾秘密地与谯王李重福写信交往，李重福还曾经把金带赠送给他。李重福举事失败后，崔湜应当被判处死刑，经过张说和刘幽求的多方营救才得以免死。不久以后崔湜便攀附上太平公主，与太平公主共同策划罢免了张说的宰相职务，把他贬为尚书左丞而被派去分管东都洛阳事务。刘幽求被流放到封州之后，崔湜暗示广州都督周利贞，让他杀掉刘幽求。桂州都督王晙获悉这一图谋后，便把刘幽求截留在自己的辖区里而不往广州遣送。周利贞多次发出公文索要刘幽求，王晙均不予理睬，周利贞便把此事上奏朝廷。崔湜屡次威胁王晙，让他发遣刘幽求。刘幽求对王晙说：“您抵制当权宰相的命令而去保护一个被流放的人，势必无法保全我刘幽求，您还会白白地受我的牵累。”于是坚决请求王晙把他遣送广州去，王晙说：“您所获的罪名还不能使朋友们与你绝交。如果我王晙因您的缘故而犯法的话，也没有什么可遗憾的。”最终还是把刘幽求留在桂州，没有遣送广州。刘幽求因此得以幸免于难。

九月初一日丁卯朔，发生日食。

九月二十五日辛卯，唐玄宗把皇子李嗣升册立为陕王。李嗣升的母亲杨氏，是杨士达的曾孙女。由于王皇后自己没有生育儿子，便以母亲身份抚养他。

冬季，十月初四日庚子，玄宗到太庙谒拜列祖列宗，大赦天下罪囚。

十月初七日癸卯，玄宗驾临新丰，在骊山脚下狩猎。

十月二十五日辛酉，西域沙陀金山派遣使者前来朝贡。沙陀是处月部落的一个

十一月，乙酉，奚、契丹二万骑寇渔阳，幽州都督宋璟闭城不出，虏大掠而去。

上皇诰遣皇帝巡边，西自河、陇，东及燕、蓟，选将练卒。甲午，以幽州都督宋璟为左军大总管，并州长史薛讷为中军大总管，朔方大总管、兵部尚书郭元振为右军大总管。

十二月，刑部尚书李日知请致仕。

日知在官，不行捶挞而事集。刑部有令史，受敕三日，忘不行。日知怒，索杖，集群吏欲捶之，既而谓曰："我欲捶汝，天下人必谓汝能撩李日知嗔，受李日知杖，不得比于人，妻子亦将弃汝矣。"遂释之。吏皆感悦，无敢犯者，脱有稽失，众共谪之。

（以上为第十三段，写唐玄宗任用宋璟、薛讷、郭元振等良将御边。）

开元元年（癸丑，713 年）

春，正月，乙亥，诰："卫士自今二十五入军，五十免；羽林飞骑并以卫士简补。"

以吏部尚书萧至忠为中书令。

皇帝巡边改期，所募兵各散遣，约八月复集，竟不成行。

二月，庚子夜，开门然灯，又追作去年大酺，大合伎乐。上皇与上御门楼临观，或以夜继昼，凡月余。左拾遗华阴严挺之上疏谏，以为："酺者因人所利，合醵为欢。今乃损万人之力，营百戏之资，非所以光圣德美风化也。"乃止。

初，高丽既亡，其别种大祚荣徙居营州。及李尽忠反，祚荣与靺鞨乞四北羽聚众东走，阻险自固，尽忠死，武后使将军李楷固讨其余党。楷固击乞四北羽，斩之，引兵逾天门岭，逼祚荣。祚荣逆战，楷固大败，仅以身免。祚荣遂帅其众东据东牟山，筑城居之。祚荣骁勇善战，高丽、靺鞨之人稍稍归之，地方二千里，户十余万，胜兵数万人，自称振国王，

别支，姓朱邪氏。

十一月二十日乙酉，奚族部落与契丹的骑兵两万人侵扰渔阳，幽州都督宋璟紧闭城门，而不出城迎战，敌人大肆掳掠之后撤离。

太上皇颁布诰命，派遣玄宗出巡边塞，要在西自河、陇，东到燕、蓟的漫长边境，选任将领，训练士卒。十一月二十九日甲午，玄宗命令幽州都督宋璟担任左军大总管，命令并州长史薛讷担任中军大总管，命令朔方大总管、兵部尚书郭元振担任右军大总管。

十二月，刑部尚书李日知请求退休。

李日知在担任刑部尚书职务时，从未用刑杖责打所属的官吏，然而刑部的各项事务都能圆满完成。刑部的一位令史接到皇帝敕令已达三天，竟然忘记了贯彻执行。李日知为此动怒，向人要来刑杖，召集了大批的官吏，准备当众杖责他。过了一会儿却又对他说："我想要责打你，天下人一定会说只有你才惹得我李日知发火，因而受到李日知的杖责，这与受别人责罚不同，即使是你的老婆孩子也会将你抛弃的。"于是便把他释放了。在场的官吏都因此感到高兴，再也没有人敢于违反规章法禁，倘若有人发生稽延失职的行为，所有的官员都会指责他。

唐玄宗开元元年（癸丑，713年）

春季，正月十一日乙亥，太上皇发布诰命："从今以后卫士在二十五岁时加入军籍，五十岁时免除；羽林军和飞骑军的成员都从卫士中选拔补充。"

太上皇命令吏部尚书萧至忠担任中书令。

唐玄宗巡视边界的日期有所更改，所招募的士兵均各自遣散，预定于八月份重新集结，然而唐玄宗最终未能成行。

二月初七日庚子夜晚，命令各家大开门户，燃起灯笼，重新补办去年禅位的大宴饮，并且大规模地汇聚表演歌舞来庆贺。太上皇与玄宗亲临门楼上观赏，甚至有几天是夜以继日地寻欢作乐，这样共持续了一个多月。左拾遗华阴人严挺之上奏规劝，认为："宴饮是趁人们便利，大家出钱聚会吃酒以寻求快乐的一种方式，而今陛下靡费上万人的财力，来提供演出各种把戏的费用，这不是用来光大圣德和移风易俗的措施。"于是玄宗中止了这一庆典。

当初，高丽灭亡以后，它的一支旁系的酋长大祚荣率领部落迁到营州居住。到李尽忠反叛朝廷时，大祚荣便和靺鞨酋长乞四北羽一同聚众东逃，倚仗险要的地势自卫。李尽忠一死，武后便派遣将军李楷固进讨李尽忠的残部。李楷固先向乞四北羽进攻并将其斩首，然后率军翻越天门岭进逼大祚荣。大祚荣迎战，李楷固大败，只身一人脱逃。于是大祚荣率部众东行，占据了东牟山，筑城而居。由于大祚荣骁

附于突厥。时奚、契丹皆叛，道路阻绝，武后不能讨。中宗即位，遣侍御史张行岌招慰之，祚荣遣子入侍。至是，以祚荣为左骁卫大将军、勃海郡王；以其所部为忽汗州，令祚荣兼都督。

庚申，敕以严挺之忠直宣示百官，厚赏之。

三月，辛巳，皇后亲蚕。

晋陵尉杨相如上疏言时政，其略曰："炀帝自恃其强，不忧时政，虽制敕交行，而声实舛谬，言同尧、舜，迹如桀、纣，举天下之大，一掷而弃之。"又曰："隋氏纵欲而亡，太宗抑欲而昌，愿陛下详择之！"又曰："人主莫不好忠正而恶佞邪，然忠正者常疏，佞邪者常亲，以至于覆国危身而不寤者，何哉？诚由忠正者多忤意，佞邪者多顺指，积忤生憎，积顺生爱，此亲疏之所以分也。明主则不然。爱其忤以收忠贤，恶其顺以去佞邪，则太宗太平之业，将何远哉！"又曰："夫法贵简而能禁，罚贵轻而必行；陛下方兴崇至德，大布新政，请一切除去碎密，不察小过。小过不察则无烦苛，大罪不漏则止奸慝，使简而难犯，宽而能制，则善矣。"上览而善之。

（以上为第十四段，写唐玄宗抚定高丽，虚己纳谏，晋陵尉上疏言时政。）

先是，修大明宫未毕，夏，五月，庚寅，敕以农务方勤，罢之以待闲月。

六月，丙辰，以兵部尚书郭元振同中书门下三品。

太平公主依上皇之势，擅权用事，与上有隙，宰相七人，五出其门。文武之臣，太半附之，与窦怀贞、岑羲、萧至忠、崔湜及太子少保薛稷、雍州长史新兴王晋、左羽林大将军常元楷、知右羽林将军事李慈、左金

勇善战，使得高丽人和靺鞨人也逐渐地归附于他，势力拓展为一个方圆两千里的区域，拥有十多万民户，能披甲作战的兵卒数万人。大祚荣自称振国王，依附于突厥。当时奚族、契丹都背叛了唐朝，使得唐朝与这一地区的交通断绝，武后也无法征讨他们。中宗登位之后，派遣侍御史张行岌前去招抚他们，大祚荣便派遣他的儿子入朝侍奉。到这时，朝廷任命大祚荣为左骁卫大将军、勃海郡王，并将他的区域设置为忽汗州，任命大祚荣兼任忽汗州都督。

二月二十七日庚申，玄宗颁布敕书，把左拾遗严挺之忠良正直的表现向百官公布，并给予他丰厚的奖赏。

三月初十八日辛巳，王皇后亲自祭祀先蚕之神。

晋陵县尉杨相如上奏谈论时政，奏文的大意是："隋炀帝自恃其国力强大，不曾为时政多花费心血，虽然他颁发诏书敕命频频，但是言行之间乖违背谬，言词如同尧、舜，行迹竟像桀、纣，举手一掷丢掉偌大个天下。"他又说道："隋朝皇室放纵自己的欲望以至于国破家亡，本朝太宗皇帝抑遏自己的欲望以至于国运昌盛，希望陛下能够从中慎重地加以选择。"他还说："凡是帝王没有哪一个不是喜欢忠诚正直之士，憎恨奸佞邪恶之徒的。但是，忠诚正直的人常被疏远，奸佞邪恶的人常被亲近，以至于国亡身危而不醒悟，这是为什么呢？确实是由于忠诚正直之士大多不惜违背帝王的心意，而奸佞邪恶之徒却大多曲意顺承帝王的旨谕；长期违背帝王之意会使得帝王憎恶，长期顺承帝王之旨谕则会得到帝王爱幸，这就是亲疏所以有别的原因。圣明的帝王便不像这样。陛下如果爱臣子敢于违背自己心意来取得忠诚贤能之士的辅佐，憎恶臣子的曲意奉迎以除去身边的奸佞邪恶之徒，那么当年太宗皇帝那样的太平功业，将会是很遥远的事吗？"他又说："法律条文贵在简明扼要而能加以禁戒，施行惩罚贵在轻缓而执行坚决。目前陛下正在复兴和尊崇最高的德化，大张旗鼓地推行新政，希望陛下能把所有细文苛法全部革除，不必对细小的过失也予以查究。只有对细小的过失不加计较才能摒弃烦苛的法律，只有对重大的犯罪没有疏漏才能遏止邪恶，假如陛下能够使法律简明而难以触犯，使惩罚宽缓而能制止罪行发生，那么就可以说是善政了。"玄宗读完他的奏疏后，大加称赞。

在此之前，整修大明宫尚未竣工。夏季，五月二十八日庚寅，颁下敕令，因为正值农忙时分，此项工程停歇，等到农闲时候再重新开工。

六月二十四日丙辰，太上皇任命兵部尚书郭元振担任同中书门下三品。

太平公主倚仗太上皇的权势专擅朝政，与玄宗的关系存在着怨隙，朝廷七位宰相之中，有五位出自她的门下，文武大臣之中也有半数以上的人依附她。太平公主与窦怀贞、岑羲、萧至忠、崔湜以及太子少保薛稷、雍州长史新兴王李晋、左羽林

吾将军李钦、中书舍人李猷、右散骑常侍贾膺福、鸿胪卿唐晙、及僧慧范等谋废立，又与宫人元氏谋于赤箭粉中置毒进于上。晋，德良之孙也。元楷、慈数往来主第，相与结谋。

王琚言于上曰："事迫矣，不可不速发。"左丞张说自东都遣人遗上佩刀，意欲上断割。荆州长史崔日用入奏事，言于上曰："太平谋逆有日，陛下往在东宫，犹为臣子，若欲讨之，须用谋力。今既光临大宝，但下一制书，谁敢不从？万一奸宄得志，悔之何及！"上曰："诚如卿言；直恐惊动上皇。"日用曰："天子之孝在于安四海。若奸人得志，则社稷为墟，安在其为孝乎！请先定北军，后收逆党，则不惊动上皇矣。"上以为然，以日用为吏部侍郎。

秋，七月，魏知古告公主欲以是月四日作乱，令元楷、慈以羽林兵突入武德殿，怀贞、至忠、羲等于南牙举兵应之。上乃与岐王范、薛王业、郭元振及龙武将军王毛仲、殿中少监姜皎、太仆少卿李令问、尚乘奉御王守一、内给事高力士、果毅李守德等定计诛之。皎，谟之曾孙；令问，靖弟客师之孙；守一，仁皎之子；力士，潘州人也。

甲子，上因王毛仲取闲厩马及兵三百余人，自武德殿入虔化门，召元楷、慈，先斩之，擒膺福、猷于内客省以出，执至忠、羲于朝堂，皆斩之。怀贞逃入沟中，自缢死，戮其尸，改姓曰毒。上皇闻变，登承天门楼。郭元振奏，皇帝前奉诰诛窦怀贞等，无他也。上寻至楼上，上皇乃下诰罪状怀贞等，因赦天下，惟逆人亲党不赦。薛稷赐死于万年狱。

乙丑，上皇诰："自今军国政刑，一皆取皇帝处分。朕方无为养志，以遂素心。"是日，徙居百福殿。

太平公主逃入山寺，三日乃出，赐死于家，公主诸子及党与死者数十人。薛崇简以数谏其母被挞，特免死，赐姓李，官爵如故。籍公主家，

大将军常元楷、知右羽林将军事李慈、左金吾将军李钦、中书舍人李猷、右散骑常侍贾膺福、鸿胪寺卿唐晙和胡僧慧范等共同图谋废掉皇帝另立他人。此外，太平公主还和宫女元氏策划，打算在天麻粉中投毒，进献给玄宗服用。李晋是李德良的孙子。常元楷和李慈也多次来往于太平公主的私宅，与她结党密谋。

王琚对玄宗进言道："事态相当紧迫了，陛下不可不迅速采取行动。"尚书左丞相张说从东都洛阳派人给玄宗送来一把佩刀，意思是请玄宗下决断。荆州长史崔日用入朝奏事，对玄宗说道："太平公主策划叛逆作乱，是蓄谋已久的事情。过去，陛下在东宫做太子时，在名分上还是臣子，如果那时想清除太平公主，还需要使用一些智谋。现在陛下已是一国之主，只需颁布一道诏书，又有哪个敢抗命不从？万一奸邪之徒的意图得逞，陛下再后悔也就来不及了！"玄宗说："真像您所说的去行动，只怕会惊动太上皇。"崔日用又说道："天子的孝行在于使四海安宁。倘若奸佞之人得志，那么社稷宗庙将化为废墟，陛下的孝行又从哪里体现出来呢！请陛下先行控制左右羽林军和左右万骑军，然后再抓捕太平公主及其党羽，如此便不会惊动太上皇了。"玄宗认为他说得很对，便命令他担任吏部侍郎。

秋季，七月，魏知古告发太平公主打算在本月初四日发动叛乱，命令常元楷、李慈率领羽林军突袭武德殿劫持皇帝，而由窦怀贞、萧至忠、岑羲等人在南牙起兵响应。于是玄宗皇帝与岐王李范、薛王李业、郭元振及龙武将军王毛仲、殿中少监姜皎、太仆少卿李令问、尚乘奉御王守一、内给事高力士、果毅李守德等人共同决策，诛除太平公主一党。姜皎是姜谟的曾孙，李令问是李靖之弟李客师的孙子，王守一是王仁皎的儿子，高力士是潘州人。

七月初三日甲子，玄宗通过王毛仲调来闲厩中的马匹以及士兵三百余人，从武德殿开进虔化门，招来常元楷和李慈二人，先把他们斩首；在内客省生擒了贾膺福和李猷，并将他们带出，又在朝堂之上拘捕了萧至忠和岑羲，然后把他们四人一起斩首。窦怀贞逃到河沟之中自缢而死，皇帝下令用刀割开他的尸体，还把他的姓改为毒氏。太上皇获悉事变发生的消息后，登上承天门的门楼，郭元振进奏道："皇帝刚才只是奉太上皇诰命诛杀窦怀贞等人，并没有发生任何其他的事。"稍后，玄宗也来到门楼之上，太上皇于是颁布诏命罗列窦怀贞等人的罪状，趁此机会大赦天下，只有反叛者的亲族朋党不予赦免。将薛稷赐死在万年县狱中。

七月初四日乙丑，太上皇颁布诏命："从现在起，所有军国政令与刑罚，全都由皇帝处理。我向往清静无为，颐养心志，以遂平生之愿。"这一天，太上皇被迁往百福殿居住。

太平公主逃进山中寺庙中，直到事发后三天才出来，被赐死在她自己的家中。她的儿子以及党羽被一起处死的达数十人。因薛崇简平日屡向其母进谏而受到责打，

财货山积，珍物侔于御府，厩牧羊马、田园息钱，收之数年不尽。慧范家亦数十万缗。改新兴王晋之姓曰厉。

初，上谋诛窦怀贞等，召崔湜，将托以心腹，湜弟涤谓湜曰："主上有问，勿有所隐。"湜不从。怀贞等既诛，湜与右丞卢藏用俱坐私侍太平公主，湜流窦州，藏用流泷州。新兴王晋临刑叹曰："本为此谋者崔湜，今吾死湜生，不亦冤乎！"会有司鞫宫人元氏，元氏引湜同谋进毒，乃追赐死于荆州。薛稷之子伯阳以尚主免死，流岭南，于道自杀。

初，太平公主与其党谋废立，窦怀贞、萧至忠、岑羲、崔湜皆以为然，陆象先独以为不可。公主曰："废长立少，已为不顺；且又失德，若之何不去！"象先曰："既以功立，当以罪废。今实无罪，象先终不敢从。"公主怒而去。上既诛怀贞等，召象先谓曰："岁寒知松柏，信哉！"时穷治公主枝党，当坐者众，象先密为申理，所全甚多；然未尝自言，当时无知者。百官素为公主所善及恶之者，或黜或陟，终岁不尽。

（以上为第十五段，写太平公主擅权用事，宰相七人，五出其门，欲谋废立，唐玄宗于是诛灭太平公主及其党羽。太上皇睿宗退出政坛。）

丁卯，上御承天门楼，赦天下。

己巳，赏功臣郭元振等官爵、第舍、金帛有差。以高力士为右监门将军，知内侍省事。

初，太宗定制，内侍省不置三品官，黄衣廪食，守门传命而已。天后虽女主，宦官亦不用事。中宗时，嬖幸猥多，宦官七品以上至千余人，然衣绯者尚寡。上在藩邸，力士倾心奉之，及为太子，奏为内给事，至是以诛萧、岑功赏之。是后宦官稍增至三千余人，除三品将军者浸多，衣绯、紫至千余人，宦官之盛自此始。

被特令免死，将他赐姓为李氏，并准许他保留原官职及爵位。唐玄宗还下令把太平公主家的所有财产查抄充公，她家中的财产堆积如山，珍玩宝物与皇家府库所藏不相上下，厩中牧养的羊马和出租的田地园圃的利息，没收后几年内都清点不完。胡僧慧范也拥有财产达数十万缗。玄宗把新兴王李晋的姓氏改为厉。

当初，玄宗在筹划诛杀窦怀贞等人的时候，召见过崔湜，打算把他当作心腹。崔湜的弟弟崔涤对他讲："皇帝无论问到什么，一定不要有所隐瞒。"崔湜没有听从。窦怀贞等人被处死后，崔湜与尚书右丞卢藏用两人都因暗地效命于太平公主而获罪，崔湜被流放到窦州，卢藏用被流放到泷州。新兴王李晋临刑之际哀叹道："最初策划这件事的是崔湜，现在我被处死，而崔湜却能够保住性命，这不是太冤枉了吗？"适逢有关官署审讯宫女元氏时，她供出了崔湜与自己共同下毒谋杀玄宗的事实，玄宗便追颁命令将崔湜赐死在流放途中的荆州。薛稷的儿子薛伯阳由于娶了公主为妻的缘故而被免除死罪，流放岭南，在流放途中，他自杀身亡。

当初，太平公主与其党羽策划废黜玄宗另立他人的时候，窦怀贞、萧至忠、岑羲、崔湜等人都表示赞成，只有陆象先认为不能这样做。太平公主说："废长立少，本来就是不顺天意之事，况且皇帝失德，为什么不能够废黜他呢？"陆象先说："既然皇帝起初是由于立有大功而被册立为太子的，那么就只应当以获罪为由把他废黜。现在他实际上没有获罪，我陆象先终究不敢附和你。"太平公主怒气冲冲地离去。玄宗诛除窦怀贞等人以后，召见陆象先说："天寒才知松柏是最后凋零，你陆象先确实是这样的啊！"当时正值彻底追究太平公主党羽的时候，应连坐受惩治的人非常之多，陆象先私下为这些人申辩论理，保全了很多人的性命，但他不曾自己提到这件事，当时也无人知道此事内情。朝廷百官中平时受到太平公主善待或者憎恶的人，此时有些人被降职，有些人被提拔，到年底这类职官的升降还没有结束。

七月初六日丁卯，玄宗驾临承天门楼，大赦天下。

七月初八日己巳，玄宗赏赐功臣郭元振等人级别不等的官职、爵位、府第、钱物，还命令高力士担任右监门将军，掌管内侍省事务。

当初，太宗皇帝曾订立规章制度，内侍省不许设置三品官，内侍们只是身着黄色朝服，食用朝廷供给的禄米，承担一些把守宫门、传达诏命之类的事情而已。武后虽然是女流当国君，宦官也未能执掌朝政。中宗皇帝时期，受到他亲近宠幸的侍臣猬杂众多，而级别在七品以上的宦官多达千余，但是身穿绯色朝服的宦官尚不多见。玄宗在藩王府中的时候，高力士全心全意地侍奉他；到他被立为太子之后，便奏请睿宗任命高力士为内给事；直到此时，因诛除萧至忠、岑羲等人有功，高力士又受到玄宗的赏赐。此后，宫中的宦官逐渐增加到三千余人，被授予三品将军的人

壬申，遣益州长史毕构等六人宣抚十道。

乙亥，以左丞张说为中书令。

庚辰，中书侍郎、同平章事陆象先罢为益州长史、剑南按察使。八月，癸巳，以封州流人刘幽求为左仆射、平章军国大事。

丙辰，突厥可汗默啜遣其子杨我支来求婚；丁巳，许以蜀王女南和县主妻之。

中宗之崩也，同中书门下三品李峤密表韦后，请出相王诸子于外。上即位，于禁中得其表，以示侍臣。峤时以特进致仕，或请诛之，张说曰："峤虽不识逆顺，然为当时之谋则忠矣。"上然之。九月，壬戌，以峤子率更令畅为虔州刺史，令峤随畅之官。

庚午，以刘幽求同中书门下三品。

丙戌，复置右御史台，督察诸州；罢诸道按察使。

冬，十月，辛卯，引见京畿县令，戒以岁饥惠养黎元之意。

己亥，上幸新丰；癸卯，讲武于骊山之下，征兵二十万，旌旗连亘五十余里。以军容不整，坐兵部尚书郭元振于纛下，将斩之。刘幽求、张说跪于马前谏曰："元振有大功于社稷，不可杀。"乃流新州。斩给事中、知礼仪事唐绍，以其制军礼不肃故也。上始欲立威，亦无杀绍之意，金吾卫将军李邈遽宣敕斩之。上寻罢邈官，废弃终身。时二大臣得罪，诸军多震慑失次。惟左军节度薛讷、朔方道大总管解琬二军不动，上遣轻骑召之，皆不得入其陈。上深叹美，慰勉之。

（以上为第十六段，写唐玄宗英年气盛，明察善断，立威而不滥诛的明主形象。）

甲辰，猎于渭川。上欲以同州刺史姚元之为相，张说疾之，使御史大夫赵彦昭弹之，上不纳。又使殿中监姜皎言于上曰："陛下常欲择河东

也越来越多，穿着绯、紫朝服的竟达一千余人，宦官势力的兴盛便从此时发端。

七月十一日壬申，朝廷派遣益州长史毕构等六人宣慰安抚十道。

七月十四日乙亥，玄宗任命尚书左丞张说担任中书令。

七月十九日庚辰，罢免中书侍郎、同平章事陆象先，把他贬谪为益州长史、剑南按察使。八月初二日癸巳，任命被流放到封州的刘幽求为尚书左仆射、平章军国大事。

八月二十五日丙辰，突厥可汗阿史那默啜派遣他的儿子杨我支前来求婚；八月二十六日丁巳，唐玄宗把蜀王之女南和县主许配给他为妻。

唐中宗皇帝驾崩之际，同中书门下三品李峤暗地里向韦皇后上表，请求把相王李旦的儿子们分别从京都迁到外地。玄宗即位之后，在内宫中发现了李峤的奏表，并将它出示给侍臣们。李峤当时已经以特进的身份退休，有人请求玄宗处死李峤，张说认为："李峤虽然不能分清顺天逆命，然而他当时为韦后出谋划策也是效忠的表现。"玄宗认为他的看法正确。九月初二日壬戌，唐玄宗任命李峤之子率更令李畅担任虔州刺史，并让李峤随同其子赴任。

九月初十日庚午，唐玄宗任命刘幽求担任同中书门下三品。

九月二十六日丙戌，朝廷恢复右御史台，执掌对各州的督察，同时罢免各道按察使。

冬季，十月初一日辛卯，玄宗召见京畿各县的县令，以年成饥荒时应当施惠养育黎民百姓的意思告诫他们。

十月初九日己亥，玄宗驾临新丰。十月十三日癸卯，在骊山脚下演习武事，共征调了士卒二十万，旌旗连绵长达五十余里。由于军容不整的缘故，玄宗下令加罪于兵部尚书郭元振，将他逮至自己的大旗之下，并打算将他斩首。刘幽求、张说跪在玄宗的马前谏阻道："郭元振为大唐的江山社稷曾建立过很大的功劳，不能够杀他。"于是玄宗把郭元振流放到新州。命令将给事中、知礼仪事唐绍斩首，这是由于他所制定的军礼不整肃的缘故。玄宗原本只是打算借此树立自己的威势，并没有处死唐绍的意思，但是由于金吾卫将军李邈急忙宣布了敕命而将他斩首了。事后不久，玄宗便罢免了李邈的官职，把他废弃，终身不予录用。当时，因郭元振、唐绍这两位大臣都获罪受到惩处，各路军马大多震惊恐惧，以至于乱了阵形，只有左军节度薛讷和朔方道大总管解琬二人统领的士兵没有骚动，玄宗派遣轻骑兵前去召他们，然而都无法进入他们的阵中。玄宗对他们二人极为赞赏，慰劳勉励了他们一番。

十月十四日甲辰，在渭川狩猎。玄宗打算把同州刺史姚元之任命为宰相，张说却嫉恨姚元之，便指使御史大夫赵彦昭弹劾他，玄宗没有接受赵彦昭的奏章。张说

总管而难其人，臣今得之矣。”上问为谁，皎曰：“姚元之文武全才，真其人也。”上曰：“此张说之意也，汝何得面欺，罪当死！”皎叩头首服，上即遣中使召元之诣行在。既至，上方猎，引见，即拜兵部尚书、同中书门下三品。

元之吏事明敏，三为宰相，皆兼兵部尚书，缘边屯戍斥候，士马储械，无不默记。上初即位，励精为治，每事访于元之，元之应答如响，同僚唯诺而已，故上专委任之。元之请抑权幸，爱爵赏，纳谏诤，却贡献，不与群臣亵狎，上皆纳之。

乙巳，车驾还京师。

姚元之尝奏请序进郎吏，上仰视殿屋，元之再三言之，终不应；元之惧，趋出。罢朝，高力士谏曰：“陛下新总万机，宰臣奏事，当面加可否，奈何一不省察！”上曰：“朕任元之以庶政，大事当奏闻共议之；郎吏卑秩，乃一一以烦朕邪！”会力士宣事至省中，为元之道上语，元之乃喜。闻者皆服上识君人之体。

左拾遗曲江张九龄，以元之有重望，为上所信任，奏记劝其远谄躁，进纯厚，其略曰：“任人当才，为政大体，与之共理，无出此途。而向之用才，非无知人之鉴，其所以失溺，在缘情之举。”又曰：“自君侯职相国之重，持用人之权，而浅中弱植之徒，已延颈企踵而至，谄亲戚以求誉，媚宾客以取容，其间岂不有才，所失在于无耻。”元之嘉纳其言。

新兴王晋之诛也，僚吏皆奔散，惟司功李㧑步从，不失在官之礼，仍哭其尸。姚元之闻之，曰：“栾布之俦也。”及为相，擢为尚书郎。

又指使殿中监姜皎向玄宗进言道："陛下多次想挑选一名河东总管，却很难找到合适的人选，臣现在发现了这样一位称职的人。"唐玄宗问他所说的人是谁，姜皎回答说："姚元之文武全才，真是担任河东总管的合适人选。"玄宗说："这是张说的意思，你怎敢当面欺君罔上，论罪应当处以死刑。"姜皎赶忙叩头认罪。玄宗当即派遣宫中使者将姚元之征召到渭州来。姚元之抵达时，玄宗正在狩猎，马上接见了他，并任命他担任兵部尚书、同中书门下三品。

姚元之处理政务精明利索，曾经三次出任宰相，每次都兼任兵部尚书，他对于沿边境地区的戍兵驻防营地和侦察瞭望哨所，以及那里的士兵、马匹、仓储、装备的情况，无不默默地记在心中。唐玄宗刚刚即位的时候，励精图治，每当遇到问题，都要去征询姚元之的意见，元之都能对答如钟声回应，他的同僚们则只能唯唯诺诺罢了，因此玄宗就把重任专门委托给他。姚元之请求玄宗贬抑亲幸的权贵之家的权势，珍惜手中的爵禄赏赐，采纳臣子的劝诫规谏，拒绝接受进献的贡品，以及不要再与群臣过分亲近而有失庄重。玄宗对他的上述建议都一一采纳。

十月十五日乙巳，玄宗一行返回京城。

姚元之曾经奏请依据资历顺序提拔任用郎吏，玄宗却抬头盯着宫殿的屋顶不作声，姚元之反复说了几次，玄宗始终不置可否。姚元之感到有些恐惧，便慌忙退出。当日散朝以后，高力士规劝道："陛下刚刚总揽国事，宰相进奏言事，就应当面决定是否实行，为什么您对姚元之的建议一概不予理睬，不加审察呢？"玄宗回答说："我放手让姚元之主持朝廷各项政务，遇有军国大事才应该面奏后共同商议，怎么能够连官秩卑微的郎吏任免这种小事，也拿来一一烦扰我呢！"适逢高力士奉旨前往尚书省宣谕，把玄宗的话转述给姚元之，姚元之的心情才愉快起来。了解这件事的人无不信服玄宗深明君临天下的体统。

左拾遗曲江县人张九龄，鉴于姚元之负有极高声望，又被玄宗所信任，便写给他一封书信，劝说他疏远谄谀浅躁之徒，提拔任用纯真厚道之士，书信的大意是："用人当依真才实学为据，乃是治理国事的基本原则，与有识之士齐心理政，也超出不了这一途径。但过去在任用人才时，掌权者并非不具备知人善任的鉴别能力，之所以他们未能尽职，是由于存在着依顺私人情面的荐举。"信中还说："自从您担负宰相重任以来，亲手执掌选任职官的权力，那些败絮其中、无所建树的人，已经伸长脖子、踮起脚跟，来到您的面前，他们或者讨好您的亲戚来获得声誉，或者迎合您的宾客以便在官场存身。他们中间不乏具有才学的人，然而他们的缺点在于厚颜无耻。"姚元之十分赞同他的主张，并予以采纳。

当新兴王李晋被判处斩时，他王府中的属官吏员们便纷纷逃散，只有司功参军李㧑一人徒步跟随在身边，对李晋仍遵循着居官时的礼节，并且在执行死刑后还对

己酉，以刑部尚书赵彦昭为朔方道大总管。

十一月，乙丑，刘幽求兼侍中。

辛巳，群臣上表请加尊号为开元神武皇帝；从之。戊子，受册。

中书侍郎王琚为上所亲厚，群臣莫及。每进见，侍笑语，逮夜方出；或时休沐，往往遣中使召之。或言于上曰："王琚权谲纵横之才，可与之定祸乱，难与之守承平。"上由是浸疏之。是月，命琚兼御史大夫，按行北边诸军。

十二月，庚寅，赦天下，改元。尚书左、右仆射为左、右丞相；中书省为紫微省；门下省为黄门省，侍中为监；雍州为京兆府，洛州为河南府，长史为尹，司马为少尹。

甲午，吐蕃遣其大臣来求和。

壬寅，以姚元之兼紫微令。元之避开元尊号，复名崇。

敕："都督、刺史、都护将之官，皆引面辞毕，侧门取进止。"

姚崇既为相，紫微令张说惧，乃潜诣岐王申款。他日，崇对于便殿，行微蹇。上问："有足疾乎？"对曰："臣有腹心之疾，非足疾也。"上问其故。对曰："岐王陛下爱弟，张说为辅臣，而密乘车入王家，恐为所误，故忧之。"癸丑，说左迁相州刺史。右仆射、同中书门下三品刘幽求亦罢为太子少保。甲寅，以黄门侍郎卢怀慎同紫微黄门平章事。

（以上为第十七段，写姚元之为相，避开元年号讳，复名崇，深得唐玄宗信任。）

着故主的尸体哭泣。姚元之获悉这件事后说道："此人真是像栾布一样的忠义之士啊！"等到姚元之担任了宰相职务后，便提拔李㧑担任尚书郎。

十月十九日己酉，玄宗任命刑部尚书赵彦昭担任朔方道大总管。

十一月初五日乙丑，刘幽求兼任侍中。

十一月二十一日辛巳，群臣进呈表章请求玄宗加上开元神武皇帝的尊号，玄宗同意了群臣的要求。十一月二十八日戊子，唐玄宗接受了增加尊号的册书。

中书侍郎王琚受到玄宗的亲信和厚待，没有哪一个大臣能赶上他受宠的程度。每次进宫朝见唐玄宗时，王琚都陪侍玄宗，在一起谈笑，直到夜深时分才离去；或是在玄宗休假时，也往往要派遣宦官把他征召来会面。有人对玄宗进言道："王琚是一位精通权略、机巧诡诈的纵横之才，陛下可以与他共同平定祸乱，却难以与他一道维持承平之世。"玄宗因此逐渐疏远了王琚。当月里，玄宗便任命他兼任御史大夫，前往北部边境各地区巡察军务。

十二月初一日庚寅，唐玄宗颁诏大赦天下，把年号改为开元。将尚书左、右仆射改为左、右丞相；将中书省改为紫微省；将门下省改为黄门省，门下侍中改为黄门监；将雍州改为京兆府，将洛州改为河南府；将州的长史改称为尹，将州的司马改称为少尹。

十二月初五日甲午，吐蕃派遣大臣前来求和。

十二月十三日壬寅，唐玄宗命令姚元之兼任紫微令。姚元之为避开元神武皇帝尊号之讳，恢复自己的原名姚崇。

唐玄宗颁布敕命："都督、刺史、都护将要赴任时，都必须引入朝廷，当面向皇上辞别以后，在左右侧门听取皇帝的旨意。"

姚崇担任宰相后，紫微令张说感到担忧恐惧，便暗地里到岐王李范那里表述自己的诚意。后来有一天，姚崇在便殿回答玄宗的问讯时，走路略微有点瘸，玄宗问他："您的脚是不是犯了毛病？"姚崇回答道："臣有心腹的疾病，不是脚有毛病。"玄宗问他究竟是怎么回事。姚崇答道："岐王是陛下的爱弟，张说是陛下的辅政之臣，张说却秘密地乘车前往岐王家中，臣担心岐王会被张说所误，因此心里十分担忧。"十二月二十四日癸丑，玄宗把张说贬谪为相州刺史。右仆射、同中书门下三品刘幽求也被罢免了宰相的职务，贬官为太子少保。十二月二十五日甲寅，玄宗任命黄门侍郎卢怀慎担任同紫微黄门平章事。

【点评】

平庸皇帝唐睿宗。睿宗是一个平庸而窝囊的皇帝，他夹在太平公主与儿子之间，左右摇摆。姑侄争权，他哪边都伤不得。宋璟、姚崇建议在东都安置太平公主，睿宗说，我的亲人、同辈中只剩一个妹妹了，怎么舍得让她远离。武则天诛杀李唐宗室，亲生儿子也难幸免，睿宗胆战心惊走过来，于理于义都不忍向太平公主开刀。太平公主结纳朋党，睿宗装聋作哑，为了平衡权力，睿宗将权力下放太子，下制书说："凡政事皆取太子处分。其军旅死刑及五品已上除授，皆先与太子议之，然后以闻。"钻营小人窦怀贞，每退朝后都要到太平公主府第问候，于是青云直上，从一个殿中监入相为御史大夫同平章事，随即又迁侍中。于是崔湜、萧至忠、岑羲辈争相比附以取相。以至宰相七人，五出公主之门。陆象先亦太平公主所荐，只是陆象先不阿党比附。文武之臣，大半依附。太平公主权势日盛，睿宗让国太子以求平衡，苦心希求亲妹太平公主与太子姑侄两存之。睿宗的好心肠唤不醒太平公主的权力痴迷。她生性悍戾，"耳习于牝鸡之晨，目习于倾城之哲"（王夫之语），总想效法武则天，登上最高权力的巅峰。太平公主是武则天之余党，武党不除，祸乱不止。皇太子李隆基即位，太平公主不但不收敛，反而加紧步伐谋废立，计划在先天二年（713）七月四日作乱。宰相魏知古知其谋。七月三日甲子，唐玄宗抢先一日发难，诛杀了窦怀贞等，扑灭了政变集团。太平公主逃入山中，三天后返回，赐死于家。至此，武则天余党被收拾干净。第二天，七月四日，睿宗太上皇立即做出反应，让出兼掌朝政的权力。睿宗下诰书说："自今军国政刑，一皆取皇帝处分。"彻底退出政坛，当天徙居百福殿。这场政变，是唐宗室又一次的内讧。太平公主不免于死，唐玄宗不能全其孝，唐睿宗黯然谢幕。但这场政变，群奸被诛除，迎来了开元盛世的春天。先天二年十二月朔，改元开元。

睿宗优柔寡断，对政治一窍不通。但他有一个优点，不恋权位，他放手太子，在其任上做了一些好事。睿宗平反了裴炎的冤狱，罢斥了中宗时代的斜封官，任用宋璟、薛讷、郭元振等良将御边。这些善政虽然是在太子参与下做出，睿宗的支持也是有贡献的。

专制政体下的政治斗争，凡被卷入漩涡的个人，往往因一念之差的站队，改变人生的命运。崔湜是一个势利小人。他时时刻刻都在钻营投靠，见风使舵，卖友求荣。他任襄州刺史时，暗中与中宗长子谯王李重福通书，李重福送给崔湜金带。李重福兴兵败死，崔湜当死。张说、刘幽求两人营救免死。不久崔湜依附太平公主入相，崔湜反过来迫害张说、刘幽求，对刘幽求必欲置之死地。唐玄宗谋诛窦怀贞等，召见崔湜，将托以心腹。崔湜弟弟崔涤劝崔湜站队在玄宗皇上一边。崔湜没有听从，仍站在太平公主一边，结果全盘皆输。一生钻营的崔湜，这一回押错了宝，丢了性命，这就是奸邪小人应有的下场。

唐纪二十七

唐玄宗开元二年至五年（714—717 年）

【起阏逢摄提格（甲寅，714 年），尽强圉大荒落（丁巳，717 年），凡四年】

【大事提要】

本卷记事起公元 714 年，讫公元 717 年，凡四年，当唐玄宗开元二年到开元五年。这一时期是唐玄宗全权执政的最初四年，励精图治，给唐朝带来了新气象。第一，君臣和洽，贤相辈出。姚崇与卢怀慎，宋璟与苏颋相继为相，和衷共济，司马光给予高度评价。第二，君明臣贤，政见一致，雷厉风行。唐玄宗惩治违法亲故，杜绝请谒，不滥授官，慎选举，罢冗官，沙汰天下僧尼，都得到很好的执行。第三，唐玄宗纳谏改过，放飞珍禽，倡导节俭，友爱兄弟，清除韦皇后余党，不兴大狱。唐玄宗毁武则天所建天枢，毁韦皇后所建石台，平稳进行去武氏韦氏运动。重立太庙，朝仪恢复贞观遗风。这一切显示了唐玄宗的英主风采。第四，整武备，强化边防，唐玄宗在东方复置营州，又置幽州节度使，以防奚、契丹等族异动。西破吐蕃和突骑施，又置陇右节度使以防卫西域。北方置重兵于并州，以防突厥。四年之间，风气大变，为开元之治打下了良好的基础。此外，唐玄宗精音律，置左右教坊和宫苑梨园，被后世尊为“梨园之祖”。

【原文】

玄宗至道大圣大明孝皇帝上之中

开元二年（甲寅，714 年）

春，正月，壬申，制：“选京官有才识者除都督、刺史，都督、刺史有政迹者除京官，使出入常均，永为恒式。”

己卯，以卢怀慎检校黄门监。

旧制，雅俗之乐，皆隶太常。上精晓音律，以太常礼乐之司，不应典倡优杂伎；乃更置左右教坊以教俗乐，命右骁卫将军范及为之使。又选乐工数百人，自教法曲于梨园，谓之“皇帝梨园弟子”。又教宫中使习之。又选伎女，置宜春院，给赐其家。礼部侍郎张廷珪、酸枣尉袁楚客皆上疏，以为“上春秋鼎盛，宜崇经术，迩端士，尚朴素；深以悦郑声、好游猎为戒。”上虽不能用，咸嘉赏之。

中宗以来，贵戚争营佛寺，奏度人为僧，兼以伪妄；富户强丁多削发以避徭役，所在充满。姚崇上言：“佛图澄不能存赵，鸠摩罗什不能存秦，齐襄、梁武，未免祸殃。但使苍生安乐，即是福身；何用妄度奸人，使坏正法！”上从之。丙寅，命有司沙汰天下僧尼，以伪妄还俗者万二千余人。

（以上为第一段，写唐玄宗精晓音律，置左右教坊和禁中梨园，沙汰天下僧尼。）

初，营州都督治柳城以镇抚奚、契丹，则天之世，都督赵文翙失政，奚、契丹攻陷之，是后寄治幽州东渔阳城。或言：“靺鞨、奚、霫大欲降唐，正以唐不建营州，无所依投，为默啜所侵扰，故且附之；若唐复建营州，则相帅归化矣。”并州长史、和戎大武等军州节度大使薛讷信之，奏请击契丹，复置营州；上亦以冷陉之役，欲讨契丹。群臣姚崇等多谏。甲申，以讷同紫微黄门三品，将兵击契丹，群臣乃不敢言。

【语译】

玄宗至道大圣大明孝皇帝上之中

唐玄宗开元二年（甲寅，714年）

春季，正月十三日壬申，唐玄宗颁布诏令："要选拔任用那些有真知灼见的京官担任都督、刺史，选用政绩显著的都督、刺史担任京官，以便使官员的调出和入朝经常维持均衡状态，并以此作为永久性的条例。"

正月二十日己卯，玄宗任命卢怀慎担任检校黄门监。

旧制规定，不论雅俗音乐，均由太常寺管辖。玄宗通晓音律，他认为太常寺本是负责郊庙朝会等仪式礼乐的专门官署，不应当执掌倡优杂伎之类的俗乐；于是另外设置左右教坊来负责教授俗乐，并命令右骁卫将军范及担任主管官。同时，玄宗还选择了数百名乐师，亲自在梨园教他们佛教法令之乐曲，这些乐师在当时被称作"皇帝梨园弟子"。此外，还在宫中教习，使宫人们排练乐曲。玄宗又挑选了一些歌伎和舞女，替她们设立了宜春院，并由官府供应赏赐她们各家生活用品和其他财物。礼部侍郎张廷珪、酸枣县尉袁楚客二人都为此呈上奏疏，认为："陛下年纪正当精力旺盛之时，应当推崇经学儒术，亲近品行正直之士，注重俭约朴素。臣以为陛下应十分注意以欣赏靡靡之音和喜好巡游狩猎为戒。"玄宗虽然未能接受他们的建议，但是对他们的见解都很赞赏。

自唐中宗即位以来，皇亲国戚竞相营造佛寺，奏请剃度俗人为僧侣，其中还兼有欺诈妄诞之事；因而富裕人家的成年子弟纷纷削发为僧以逃避朝廷征发的徭役，这种人充斥于全国各地。姚崇向玄宗进言说："龟兹僧侣佛图澄未能使后赵国运长存，天竺僧侣鸠摩罗什也无法使后秦得以保全，齐襄、梁武帝崇佛同样难免国破家亡的祸殃。因此，只要陛下能够使百姓安居乐业，就是保佑着他们的生命，怎么用得着胡乱剃度奸邪之徒为僧，破坏佛祖规定的教法呢？"玄宗听从了他的建议。正月初七日丙寅，命令有关官署筛选淘汰天下的和尚尼姑，由于伪诈虚妄的缘故而被下令还俗的僧尼共计一万二千多名。

当初，营州都督治所设在柳城以镇抚奚族部落和契丹部落；武则天时期的营州都督赵文翙治理政事失误，奚族部落和契丹部落攻陷了营州城，此后营州治所寄居在幽州东部的渔阳城。有人声称："靺鞨、奚、霫等非常想归附唐朝，只是由于唐朝在此地没有设营州，因而无处依附投奔，而且又被突厥可汗默啜所侵扰，所以只好暂时依附于突厥；倘若唐朝重建营州治所，那么这些部落就会一个接一个地前来归顺。"并州长史兼和戎、大武等军州节度大使薛讷听信了这些传闻之后，上奏请求向

薛王业之舅王仙童，侵暴百姓，御史弹奏；业为之请，敕紫微、黄门覆按。姚崇、卢怀慎等奏："仙童罪状明白，御史所言无所枉，不可纵舍。"上从之。由是贵戚束手。

二月，庚寅朔，太史奏太阳应亏不亏，姚崇表贺，请书之史册；从之。

乙未，突厥可汗默啜遣其子同俄特勒及妹夫火拔颉利发、石阿失毕将兵围北庭都护府，都护郭虔瓘击破之。同俄单骑逼城下，虔瓘伏壮士于道侧，突起斩之。突厥请悉军中资粮以赎同俄，闻其已死，恸哭而去。

丁未，敕："自今所在毋得创建佛寺；旧寺颓坏应葺者，诣有司陈牒检视，然后听之。"

闰月，以鸿胪少卿、朔方军副大总管王晙兼安北大都护、朔方道行军大总管，令丰安、定远、三受降城及旁侧诸军皆受晙节度。徙大都护府于中受降城，置兵屯田。

丁卯，复置十道按察使，以益州长史陆象先等为之。

上思徐有功用法平直，乙亥，以其子大理司直惀为恭陵令。窦孝谌之子光禄卿豳公希瑊等请以己官爵让惀以报其德，由是惀累迁申王府司马。

丙子，申王成义请以其府录事阎楚珪为其府参军，上许之。姚崇、卢怀慎上言，"先尝得旨，云王公、驸马有所奏请，非墨敕皆勿行。臣窃以量材授官，当归有司；若缘亲故之恩，得以官爵为惠，踵习近事，实紊纪纲。"事遂寝。由是请谒不行。

突厥石阿失毕既失同俄，不敢归；癸未，与其妻来奔，以为右卫大将军，封燕北郡王。命其妻曰金山公主。

契丹发起进攻，重新建置营州都督，玄宗也由于唐军在冷陉一役中大败的缘故，打算出兵征讨契丹。姚崇等大臣们纷纷谏阻此事。正月二十五日甲申，玄宗任命薛讷担任同紫微黄门三品，统兵进讨契丹，群臣这才不敢再提这件事。

薛王李业的舅父王仙童侵害欺凌百姓，御史上奏弹劾他；李业为他向玄宗求情，玄宗便敕命紫微、黄门省重新审讯此案。姚崇、卢怀慎等人上奏说："王仙童犯罪情节清楚明白，御史对他的奏劾没有任何冤枉之处，不能对他放纵宽容。"玄宗接受了他们的意见。从此皇亲国戚们的举动都有所收敛。

二月初二日庚寅朔，太史上奏称太阳应当亏缺没亏缺。姚崇向玄宗上表致贺，并请求把这件事载入史册，玄宗表示同意。

二月初七日乙未，突厥可汗阿史那默啜派遣他的儿子同俄特勒、妹夫火拔颉利发、石阿失毕领兵围攻北庭都护府，都护郭虔瓘击败了突厥兵。同俄特勒单枪匹马地逼近城下，被郭虔瓘埋伏在路旁的勇士跃起斩首。突厥人请求拿出军中所有的物资粮食来赎回同俄特勒，获悉他已被杀死的消息后，只得悲伤地大哭着后撤而去。

二月十九日丁未，唐玄宗颁布敕命："从今以后各地再也不许新建佛寺；原有的佛寺中已经颓坏应加以修葺的，一律呈送公文到有关官署申报，经过审察属实，然后才允许动工。"

闰二月，玄宗任命鸿胪寺少卿、朔方军副大总管王晙兼任安北大都护、朔方道行军大总管职务，下令丰安、定远、三受降城以及周围各军全部由王晙节制调度，还把大都护府官署迁往中受降城，部署兵力，推行屯田。

闰二月初九日丁卯，朝廷恢复十道按察使的建置，命令益州长史陆象先等人出任按察使。

玄宗思念徐有功执法公平合理，便在闰二月十七日乙亥，任命他的儿子、大理司直徐惀为恭陵令。窦孝谌之子、光禄卿、豳公窦希瑊等人请求把自己的官爵让给徐惀来报答徐有功的恩德，因此徐惀得以受到多次提拔，从大理司直升擢到申王府司马的职位。

闰二月十八日丙子，申王李成义请求将自己的王府录事阎楚珪任命为本王府参军，玄宗表示同意。姚崇和卢怀慎向玄宗进言说："臣等此前曾领受陛下的旨意，讲到凡是王公、驸马有所奏请，如果没有陛下颁布墨敕，一律不能生效。臣私下认为衡量才能授予官职，当属有关官署职权范围之内的事；如果因施恩于亲朋故旧的缘故，就可以把官爵作为礼物相赠，那就是沿袭中宗皇帝不久前滥授官爵的弊政，实际上会紊乱朝廷的法纪、秩序。"这件事便被搁置下来。从此请托的风气没能流行。

突厥大将石阿失毕在损折了可汗之子同俄特勒之后，不敢回归突厥。闰二月二十五日癸未，石阿失毕携其妻前来投奔朝廷，被玄宗任命为右卫大将军，封为燕

或告太子少保刘幽求、太子詹事钟绍京有怨望语，下紫微省按问，幽求等不服。姚崇、卢怀慎、薛讷言于上曰：“幽求等皆功臣，乍就闲职，微有沮丧，人情或然。功业既大，荣宠亦深，一朝下狱，恐惊远听。”戊子，贬幽求为睦州刺史，绍京为果州刺史。紫微侍郎王琚行边军未还，亦坐幽求党贬泽州刺史。

敕：“涪州刺史周利贞等十三人，皆天后时酷吏，比周兴等情状差轻，宜放归草泽，终身勿齿。”

西突厥十姓酋长都担叛。三月，己亥，碛西节度使阿史那献克碎叶等镇，擒斩都担，降其部落二万余帐。

（以上为第二段，写唐玄宗强化边防，整治犯法的亲故以及功臣，杜绝请谒，励精图治。）

御史中丞姜晦以宗楚客等改中宗遗诏，青州刺史韦安石、太子宾客韦嗣立、刑部尚书赵彦昭、特进致仕李峤，于时同为宰相，不能匡正，令监察御史郭震弹之；且言彦昭拜巫赵氏为姑，蒙妇人服，与妻乘车诣其家。甲辰，贬安石为沔州别驾，嗣立为岳州别驾，彦昭为袁州别驾，峤为滁州别驾。安石至沔州，晦又奏安石尝检校定陵，盗隐官物，下州征赃。安石叹曰：“此只应须我死耳。”愤恚而卒。晦，皎之弟也。

毁天枢，发匠熔其铁钱，历月不尽。先是，韦后亦于天街作石台，高数丈，以颂功德，至是并毁之。

夏，四月，辛巳，突厥可汗默啜复遣使求婚，自称“乾和永清太驸马、天上得果报天男、突厥圣天骨咄禄可汗”。

五月，己丑，以岁饥，悉罢员外、试、检校官，自今非有战功及别敕，毋得注拟。

（以上为第三段，写唐玄宗整肃韦皇后余党，拆毁颂扬武则天功德的天枢，以及韦皇后的石台，罢冗官，大得人心。）

北郡王，封其妻为金山公主。

有人举报太子少保刘幽求、太子詹事钟绍京对玄宗有不满的言辞，玄宗命令把二人交紫微省审讯，刘幽求等人不肯服罪。姚崇、卢怀慎、薛讷对玄宗规劝道：“刘幽求等人都是朝廷的功臣，现在突然改任没有实权的闲职，心中略微有所沮丧，或许这就是人之常情。既然这些人建立的功勋非常显赫，他们所承受的荣耀宠遇也就极深，一旦将他们逮捕下狱，恐怕天下人听到后会感到震惊。”戊子日，刘幽求被贬谪为睦州刺史，钟绍京被贬谪为果州刺史。奉旨按察边境地区军旅事务的紫微侍郎王琚尚未回朝，也由于受到刘幽求案了的牵连，被贬谪为泽州刺史。

唐玄宗颁布敕命：“涪州刺史周利贞等十三人，全都是则天皇后时期的酷吏，只不过较之周兴等人的罪状稍微轻一些，应当将他们放归荒野之处，终身不予录用。”

西突厥十姓酋长都担背叛朝廷。三月十二日己亥，碛西节度使阿史那献攻陷碎叶等镇，生擒都担并将其斩首，降服了他的二万余帐部众。

御史中丞姜晦认为宗楚客等人篡改中宗皇帝的遗诏的时候，现任的青州刺史韦安石、太子宾客韦嗣立、刑部尚书赵彦昭、以特进资格退休的李峤四人均正在朝廷任宰相，然而未能对这种行为进行匡正，便指使监察御史郭震弹劾他们；并且还提到了赵彦昭拜女巫赵氏为姑，身披妇女服装，与自己的妻子一同乘车前往赵氏家中等事实。三月十七日甲辰，玄宗把韦安石贬谪为沔州别驾，把韦嗣立贬谪为岳州别驾，把赵彦昭贬谪为袁州别驾，把李峤贬谪为潞州别驾。韦安石到达沔州之后，姜晦又上奏说韦安石曾在检校定陵任上盗窃隐藏官府物资。朝廷派人到沔州去追讨赃物。韦安石感叹道：“这不过是想要我的命罢了。”极度愤懑而死。姜晦是姜皎的弟弟。

玄宗命令捣毁天枢，并征调铁匠将它的铁料、铜料熔化，历时一月之久仍未熔完。先前，韦皇后也在西京长安朱雀街上营造了一个高达数丈的石台，用来歌颂自己的功德，这次也同时被捣毁了。

夏季，四月二十五日辛巳，突厥可汗默啜又派遣使者前来请求联姻，他把自己称为“乾和永清太驸马、天上得果报天男、突厥圣天骨咄禄可汗”。

五月初三日己丑，由于年成不好而发生饥荒，朝廷罢免所有员外官、试官、检校官并规定，今后如果不是立有战功或者玄宗降下别敕指定录用的人，吏部和兵部一律不准录用罢掉的三种官。

己酉，吐蕃相坌达延遗宰相书，请先遣解琬至河源正二国封疆，然后结盟。琬尝为朔方大总管，故吐蕃请之。前此琬以金紫光禄大夫致仕，复召拜左散骑常侍而遣之。又命宰相复坌达延书，招怀之。琬上言，吐蕃必阴怀叛计，请预屯兵十万于秦、渭等州以备之。

黄门监魏知古，本起小吏，因姚崇引荐，以至同为相。崇意轻之，请知古摄吏部尚书、知东都选事，遣吏部尚书宋璟于门下过官；知古衔之。

崇二子分司东都，恃其父有德于知古，颇招权请托；知古归，悉以闻。他日，上从容问崇："卿子才性何如，今何官也？"崇揣知上意，对曰："臣有三子，两在东都，为人多欲而不谨；是必以事干魏知古，臣未及问之耳。"上始以崇必为其子隐，及闻崇奏，喜问："卿安从知之？"对曰："知古微时，臣卵而翼之。臣子愚，以为知古必德臣，容其为非，故敢干之耳。"上于是以崇为无私，而薄知古负崇，欲斥之。崇固请曰："臣子无状，挠陛下法，陛下赦其罪，已幸矣；苟因臣逐知古，天下必以陛下为私于臣，累圣政矣。"上久乃许之。辛亥，知古罢为工部尚书。

（以上为第四段，写姚崇机智，唐玄宗明断，负恩者魏知古遭败黜。）

宋王成器，申王成义，于上兄也；岐王范，薛王业，上之弟也；豳王守礼，上之从兄也。上素友爱，近世帝王莫能及；初即位，为长枕大被，与兄弟同寝。诸王每旦朝于侧门，退则相从宴饮，斗鸡，击毬，或猎于近郊，游赏别墅，中使存问相望于道。上听朝罢，多从诸王游，在禁中，拜跪如家人礼，饮食起居，相与同之。于殿中设五幄，与诸王更处其中。或讲论赋诗，间以饮酒、博弈、游猎，或自执丝竹；成器善笛，范善琵琶，与上更奏之。诸王或有疾，上为之终日不食，终夜不寝。业尝疾，上方临朝，须臾之间，使者十返。上亲为业煮药，回飙吹火，误

五月二十三日己酉，吐蕃宰相坌达延写信给唐朝宰相，信中要求朝廷事先派出解琬到河源划定两国的疆界，然后再由两国缔结盟约。解琬曾经出任朔方道大总管，因此吐蕃请求朝廷派遣他前往河源。在这之前解琬已经以金紫光禄大夫的身份退休，所以玄宗又把他召回朝中，任命他担任左散骑常侍并派他前去河源。同时玄宗还命令宰相给坌达延回信，对他进行招抚怀柔。解琬对玄宗进言，认为吐蕃一定暗中抱有反叛朝廷的打算，请预先在秦、渭等州屯兵十万以防御吐蕃。

黄门监魏知古本出身小吏，他依靠姚崇的引荐，以致与姚崇同朝担任宰相。姚崇打心里有些轻视他，因此让他代理吏部尚书职务，主持东都洛阳选授官吏的事务，另外派遣吏部尚书宋璟在门下省执掌审定吏部、兵部注拟的六品以下职事官。魏知古因此事对姚崇记恨在心。

姚崇的两个儿子分别在东都洛阳任官，依仗自己父亲对魏知古有恩，极力招揽权柄，代他人说情请托，魏知古返回长安时，将这些事全都报告了玄宗。几天以后，玄宗从容地对姚崇问道："您的几个儿子才学品行怎么样？眼下他们担任着什么官职呀？"姚崇揣摩到了玄宗的意思，便回答道："臣共有三个儿子，其中有两人在东都任职，他们的为人可以说是欲望难满足而行为也不检点，这样他们一定会向魏知古干求很多私事，只不过是臣来不及去过问这些罢了。"玄宗开始认为姚崇一定会为自己的儿子遮掩，听了他的这番奏言，高兴地问道："您是怎样知道这些情况的呢？"姚崇回答说："魏知古地位卑微之时，臣曾经对他多方关照。臣的儿子愚笨鲁钝，认为魏知古必然会因此而感激臣，会容忍他们为非作歹，所以才敢于向他请托干求。"于是玄宗认为姚崇无私心，而瞧不起魏知古有负于姚崇，打算罢免他的官职。姚崇执意请求说："是为臣的两个不肖之子不像样，损害了陛下的法禁，陛下宽恕了他们的罪过，已经是幸事了；如果由于臣的缘故而斥逐魏知古，天下的人们必然会认为陛下是在偏袒臣，这样会连累圣上的德政。"玄宗权衡了许久才答应了他的请求。五月二十五日辛亥，魏知古被罢相，贬为工部尚书。

宋王李成器、申王李成义都是玄宗的兄长；岐王李范、薛王李业都是玄宗的弟弟，豳王李守礼是玄宗的堂兄。玄宗向来对他们十分友爱，在这方面近世帝王没有谁能比得上他的。在他即位初期，曾经叫人做了一只长枕头和一床宽大的被子，用作与兄弟们同床共寝。诸王每日早晨在侧门朝见，退朝以后便在一起进餐饮酒、斗鸡、击毬，或是前往京城近郊去射猎，或是来到别墅里游览观赏，以致前来问候的宦官在路上络绎不绝。玄宗在上朝听政之后，大部分时间也是偕同诸王们巡游，在宫中兄弟们相处时，彼此跪拜行的是家庭内的礼节，饮食起居也是与诸王在一起。玄宗还在宫中设置五座帷帐，用于自己与诸王在里面轮流住宿，称作"五王帐"。他

爇上须，左右惊救之。上曰：“但使王饮此药而愈，须何足惜？”成器尤恭慎，未尝议及时政，与人交结；上愈信重之，故谗间之言无自而入。然专以声色畜养娱乐之，不任以职事。群臣以成器等地逼，请循故事出刺外州。六月，丁巳，以宋王成器兼岐州刺史，申王成义兼豳州刺史，豳王守礼兼虢州刺史，令到官但领大纲，自余州务，皆委上佐主之。是后诸王为都护、都督、刺史者并准此。

丙寅，吐蕃使其宰相尚钦藏来献盟书。

上以风俗奢靡，秋，七月，乙未，制：“乘舆服御、金银器玩，宜令有司销毁，以供军国之用；其珠玉、锦绣，焚于殿前；后妃以下，皆毋得服珠玉锦绣。”戊戌，敕：“百官所服带及酒器、马衔、镫，三品以上，听饰以玉，四品以金，五品以银，自余皆禁之；妇人服饰从其夫、子。其旧成锦绣，听染为皂。自今天下更毋得采珠玉，织锦绣等物，违者杖一百，工人减一等。”罢两京织锦坊。

臣光曰：明皇之始欲为治，能自刻厉节俭如此，晚节犹以奢败；甚哉奢靡之易以溺人也！《诗》云：“靡不有初，鲜克有终。”可不慎哉！

（以上为第五段，写唐玄宗友爱兄弟，倡导节俭。）

薛讷与左监门卫将军杜宾客、定州刺史崔宣道等将兵六万出檀州击契丹。宾客以为“士卒盛夏负戈甲，赍资粮，深入寇境，难以成功。”讷曰：“盛夏草肥，羔犊孳息，因粮于敌，正得天时，一举灭虏，不可失也。”行至滦水山峡中，契丹伏兵遮其前后，从山上击之，唐兵大败，死

们有时探讨策论吟咏诗作，间或饮酒、赌博下棋、外出打猎；有时各人手持丝竹乐器吹拉弹唱；李成器善于吹奏笛子、李范善于弹奏琵琶，他们都和玄宗凑在一起轮流演奏。诸王中如果有谁生了病，玄宗为此甚至会终日吃不下饭，整夜睡不着觉。一次，薛王李业患病，玄宗正在临朝听政，没有多大功夫便十次派遣使者前往探视。玄宗还亲自为李业煎汤药，吹火，玄宗的胡须不慎被燃着，侍从惊恐赶忙上前扑灭。玄宗说道："只要薛王服下这碗药后疾病能够痊愈，我烧了胡须又有什么可惜呢？"宋王李成器尤其恭敬谨慎，从不谈论有关朝政的事，也从不与旁人往来，玄宗因此越发信任尊重他，因此离间兄弟的谗言也无从进入。然而，玄宗专门用声色来供他们娱乐，不让他们担当任何具体的职事。群臣认为宋王李成器等人地位逼近玄宗，便请求按照历朝惯例调他们到地方各州任刺史。六月初二日丁巳，玄宗命令宋王李成器兼任岐州刺史，申王李成义兼任豳州刺史，豳王李守礼兼任虢州刺史，规定他们赴任之后只许过问重要事务，州中其他的一般事务，一律委托长史、司马负责处置。从此以后，诸王出任都护、都督、刺史的一概照此办理。

六月十一日丙寅，吐蕃赞普派遣宰相尚钦藏前来进献两国的盟书。

唐玄宗认为世风奢侈浪费，秋季，七月初十日乙未，唐玄宗颁布诏命："车乘服饰、金银器玩，一概应当让有关府衙负责销毁处理，以供军事、行政支出的需要；那些珠宝玉器、锦绣织物，均在殿前烧毁；宫中自后妃以下，一律不许穿着珠玉锦绣制成的服饰。"七月十三日戊戌，玄宗又颁发敕命："文武百官束官服的带子和饮酒的器具、马嚼子、马镫，三品以上的官员，可以用玉来装饰；四品以上的官员，可以用金来装饰；五品以上的官员，可以用银来装饰；其余的职官一概禁止使用金银珠玉饰物；妇女服装饰物的标准与其丈夫、儿子的品级相应。那些原来制成的锦绣丝织品，可以染成黑色继续使用。从今以后全国各地不许再采集珠宝玉石、纺织锦绣衣物。违反上述禁令的判处杖刑一百，工匠违禁的降一等治罪。"玄宗还命令裁撤了设于东、西两京的织锦坊。

臣司马光评论说：唐明皇即位之初想实现治理，自身能节俭刻苦到这步田地，晚年仍不免于因奢侈腐化导致朝政败坏；奢靡容易使人无力自拔，实在是太厉害了！《诗经》写道："凡事莫不有开始，可是极少能坚持到底。"对此怎么可以不慎重啊！

薛讷与左监门卫将军杜宾客、定州刺史崔宣道等人统领六万人马经由檀州出塞攻击契丹。杜宾客认为："盛夏时节，士兵身披甲胄手执兵器，携带军需粮草，深入敌境之中，恐怕难以建功。"薛讷说道："盛夏时节牧草茂盛，牛羊繁殖生长，可乘机从敌方取粮，我们此时发动攻击，正得天时，消灭契丹在此一举，机不可失呀。"

者什八九。讷与数十骑突围，得免，虏中嗤之，谓之“薛婆”。薛宣道将后军，闻讷败，亦走。讷归罪于宣道及胡将李思敬等八人，制悉斩之于幽州。庚子，敕免讷死，削除其官爵；独赦杜宾客之罪。

壬寅，以北庭都护郭虔瓘为凉州刺史、河西诸军州节度使。

果州刺史钟绍京心怨望，数上疏妄陈休咎；乙巳，贬溱州刺史。

丁未，房州刺史襄王重茂薨，辍朝三日，追谥曰殇皇帝。

戊申，禁百官家毋得与僧、尼、道士往还。壬子，禁人间铸佛、写经。

宋王成器等请献兴庆坊宅为离宫；甲寅，制许之，始作兴庆宫，仍各赐成器等宅，环于宫侧。又于宫西南置楼，题其西曰“花萼相辉之楼”，南曰“勤政务本之楼”。上或登楼，闻王奏乐，则召升楼同宴，或幸其所居尽欢，赏赉优渥。

乙卯，以岐王范兼绛州刺史，薛王业兼同州刺史。仍敕宋王以下每季二人入朝，周而复始。

民间讹言，上采择女子以充掖庭，上闻之，八月，乙丑，令有司具车牛于崇明门，自选后宫无用者载还其家；敕曰：“燕寝之内，尚令罢遣；闾阎之间，足可知悉。”

乙亥，吐蕃将坌达延、乞力徐帅众十万寇临洮，军兰州，至于渭源，掠取牧马；命薛讷白衣摄左羽林将军，为陇右防御使，以右骁卫将军常乐郭知运为副使，与太仆少卿王晙帅兵击之。辛巳，大募勇士，诣河、陇就讷教习。

初，鄯州都督杨矩以九曲之地与吐蕃，其地肥饶，吐蕃就之畜牧，

当唐军开到滦河流经的峡谷时，遭到契丹伏兵的前后堵截，契丹兵又从山上发起攻击，唐军一败涂地，阵亡的将士竟达十分之八九。薛讷仅仅同几十名骑兵突出重围，得以幸免，契丹部众嘲笑他，将他称为“薛婆”。崔宣道正在指挥后续部队，获悉薛讷战败的消息，于是也逃走了。薛讷把此次失败的责任全部推卸给崔宣道和胡将李思敬等八人，玄宗发布诏令在幽州把这八人全部斩首。七月十五日庚子，唐玄宗颁布敕命，免除薛讷的死罪，削夺他的官爵，唯独杜宾客一人获得赦免。

七月十七日壬寅，唐玄宗任命北庭都护郭虔瓘担任凉州刺史、河西诸军州节度使。

果州刺史钟绍京心怀怨恨，多次上疏胡说祥瑞灾异之兆；七月二十日乙巳，玄宗把钟绍京贬为溱州刺史。

七月二十二日丁未，房州刺史襄王李重茂去世，玄宗为此而中止临朝听政三天，并把他追谥为殇皇帝。

七月二十三日戊申，唐玄宗命令禁止文武百官及其家属与和尚、尼姑、道士互相交往。七月二十七日壬子，又下令禁止民间铸造佛像和抄写佛经。

宋王李成器等人请求进献兴庆坊的府第作为供玄宗出行游玩居住用的离宫；七月二十九日甲寅，唐玄宗颁布诏命，批准了他们的请求，开始动工修建兴庆宫，并把环绕兴庆宫的宅第分别赐给李成器等。又在兴庆宫的西边、南边营建了两座楼，西楼命名为“花萼相辉之楼”，南楼命名为“勤政务本之楼”。有时唐玄宗登临楼上，听见诸王在自己的府第里奏起乐曲，便把他们召到楼上与自己一起进餐，有时玄宗则前往诸王家中与大家尽兴欢乐，并给诸王优厚的赏赐。

七月三十日乙卯，唐玄宗命令岐王李范兼任绛州刺史职务，薛王李业兼任同州刺史职务；还颁布敕令规定自宋王李成器以下各亲王按每季度两人轮换入朝，周而复始。

民间谣传玄宗选取美女以充实后宫，玄宗听到了这些传闻，八月初十日乙丑，下令有关官署在崇明门门口准备好车和牛，然后亲自从宫禁中选择多余的宫女，用牛车把她们载运回家，并且颁布敕命说：“我对于后宫之内的宫女，尚且要裁减遣返，我对民间女子会怎么样，应当是完全可以想得到的。”

八月二十日乙亥，吐蕃将领坌达延、乞力徐统领十万部众进犯临洮，驻军于兰州，还率部进入渭源县，掠取牧马；朝廷命令薛讷以平民身份代理左羽林将军职务，出任陇右防御使，命令右骁卫将军、常乐县人郭知运担任陇右防御副使，与太仆寺少卿王晙一起率军迎击吐蕃部众。八月二十六日辛巳，朝廷招募大批勇士，并派遣他们前往河、陇地区接受薛讷的训练。

起初，唐鄯州都督杨矩怂恿唐睿宗把河西九曲之地给吐蕃，作为金城公主的汤

因以入寇。矩悔惧自杀。

乙酉，太子宾客薛谦光献武后所制《豫州鼎铭》，其末云："上玄降鉴，方建隆基。"以为上受命之符。姚崇表贺，且请宣示史官，颁告中外。

臣光曰：日食不验，太史之过也；而君臣相贺，是诬天也。采偶然之文以为符命，小臣之谄也；而宰相因而实之，是侮其君也。上诬于天，下侮其君，以明皇之明，姚崇之贤，犹不免于是，岂不惜哉！

九月，戊申，上幸骊山温汤。

敕以岁稔伤农，令诸州修常平仓法；江、岭、淮、浙、剑南地下湿，不堪贮积，不在此例。

突厥可汗默啜衰老，昏虐愈甚；壬子，葛逻禄等部落诣凉州降。

冬，十月，吐蕃复寇渭源。丙辰，上下诏欲亲征，发兵十余万人，马四万匹。

戊午，上还宫。

甲子，薛讷与吐蕃战于武街，大破之。时太仆少卿陇右群牧使王晙帅所部二千人与讷会击吐蕃。坌达延将吐蕃兵十万屯大来谷，晙选勇士七百，衣胡服，夜袭之，多置鼓角于其后五里，前军遇敌大呼，后人鸣鼓角以应之。虏以为大军至，惊惧，自相杀伤，死者万计。讷时在武街，去大来谷二十里，虏军塞其中间；晙复夜出袭之，虏大溃，始得与讷军合。追奔至洮水，复战于长城堡，又败之，前后杀获数万人。丰安军使王海宾战死。

戊辰，姚崇、卢怀慎等奏："顷者吐蕃以河为境，神龙中尚公主，遂逾河筑城，置独山、九曲两军，去积石三百里，又于河上造桥。今吐蕃既叛，宜毁桥拔城。"从之。

沐邑。这片土地肥沃丰饶，吐蕃到此放养牛马，并且以此为依托进犯侵扰。杨矩又是后悔又是害怕，自杀身亡。

乙酉日，太子宾客薛谦光向皇帝进献了武则天所撰写的《豫州鼎铭》，铭文的末句是这样的内容："上玄降鉴，方建隆基。"薛谦光认为这就是玄宗受命于天的符瑞。姚崇为此进表表示祝贺，并请求把这段铭文向史官宣示，颁发文书向全国各地公布。

臣司马光评论说：预测日食出现却没有出现，是太史的过失；而君臣彼此称贺，则是诬罔上天。搜求偶然出现的文辞作为帝王受命于天的符瑞，是品行低下的臣子对君主的阿谀迎奉；宰相趁机把它当成事实看待则是亵渎了他的君王。欺罔上天，亵渎君王，以唐明皇的圣明，加上姚崇的资德，仍然不免于出现这样的现象，岂不是令人惋惜的事吗？

九月二十四日戊申，玄宗驾临骊山温泉。

发布敕命，鉴于当年粮食丰收，谷价下跌，损害农民利益，让地方各州完善常平仓法；而江、岭、淮、浙、剑南等地因地势低洼潮湿，不适于粮食的储藏，故不在此例之中。

突厥可汗默啜老迈体衰，昏聩暴虐日益厉害。九月二十八日壬子，葛逻禄等部落来到凉州向朝廷投降。

冬季，十月，吐蕃军再次侵扰渭源县。十月初二日丙辰，玄宗颁诏表示要亲自率兵征讨，共派出军士十余万人，战马四万匹。

十月初四日戊午，玄宗返回宫中。

十月初十日甲子，薛讷与吐蕃军队在武街交战，大败吐蕃军。当时太仆少卿、陇右群牧使王晙统领所部两千人马与薛讷合兵攻击吐蕃军队。坌达延指挥十万部众驻扎在大来谷。王晙挑选了七百名勇士，身穿胡人的服装，乘夜袭击吐蕃军，并在这七百人后五里之遥安置了许多战鼓和号角。先头部队与敌军遭遇后便大声呼喊，后面的人擂动战鼓，吹起号角与他们呼应，吐蕃部众误以为唐军大部队袭来，惊慌惶恐，便自相残杀起来，死者有一万人之多。薛讷率部这时还驻扎在武街，距大来谷二十里地，吐蕃兵夹在此两军之间。王晙再次率军乘夜色出击，吐蕃大败溃逃，王晙才得以与薛讷所率唐军会师。唐军追击溃败的吐蕃兵，一直追到洮水，又在临洮的长城堡交战，再次击败了吐蕃军，先后斩杀和俘获达数万人之多。丰安军使王海宾死于战事。

十月十四日戊辰，姚崇、卢怀慎等上奏说："吐蕃多年来以黄河为边界；而在中宗神龙年间，由于娶了大唐公主的缘故，才得以越过黄河修筑城垣，设置了独山、九曲两军，距积石三百里，并在黄河之上架起了桥梁。现在吐蕃已经背叛了朝廷，我们就应当拆毁吐蕃所建的桥梁和城墙。"玄宗采纳了他们的建议。

以王海宾之子忠嗣为朝散大夫、尚辇奉御，养之宫中。

己巳，突厥可汗默啜又遣使求婚，上许以来岁迎公主。

突厥十姓胡禄屋等诸部诣北庭请降，命都护郭虔瓘抚存之。

乙酉，命左骁卫郎将尉迟瓌使于吐蕃，宣慰金城公主。吐蕃遣其大臣宗俄因矛至洮水请和，用敌国礼；上不许。自是连岁犯边。

（以上为第六段，写薛讷东征契丹兵败于轻敌，西御吐蕃建功。）

十一月，辛卯，葬殇皇帝。

丙申，遣左散骑常侍解琬诣北庭宣慰突厥降者，随便宜区处。

十二月，壬戌，沙陀金山入朝。

甲子，置陇右节度大使，须嗣鄯、奉、河、渭、兰、临、武、洮、岷、郭、叠、宕十二州，以陇右防御副使郭知运为之。

乙丑，立皇子嗣真为鄫王，嗣初为鄂王，嗣主为鄄王。辛巳，立郢王嗣谦为皇太子。嗣真，上之长子，母曰刘华妃。嗣谦，次子也，母曰赵丽妃；丽妃以倡进，有宠于上，故立之。

是岁，置幽州节度、经略、镇守大使，领幽、易、平、檀、妫、燕六州。

突骑施可汗守忠之弟遮弩恨所分部落少于其兄，遂叛入突厥，请为乡导，以伐守忠。默啜遣兵二万击守忠，虏之而还。谓遮弩曰："汝叛其兄，何有于我！"遂并杀之。

（以上为第七段，写唐玄宗违礼立皇太子。东置幽州节度使，西置陇右节度使以御边。）

三年（乙卯，715年）

春，正月，癸卯，以卢怀慎检校吏部尚书兼黄门监。怀慎清谨俭素，不营资产，虽贵为卿相，所得俸赐，随散亲旧，妻子不免饥寒，所居不蔽风雨。

姚崇尝有子丧，谒告十余日，政事委积，怀慎不能决，惶恐，入谢

玄宗命令王海宾之子王忠嗣担任朝散大夫、尚辇奉御，把他接到宫内抚养。

十月十五日己巳，突厥可汗阿史那默啜再次派使者入朝，请求与大唐联姻，玄宗答应让他次年来迎娶公主。

突厥十姓胡禄屋等部落前往北庭都护府请求归降，朝廷命令北庭都护府郭虔瓘安抚慰问他们。

乙酉日，朝廷派遣左骁卫郎将尉迟瓌出使吐蕃，表达对金城公主的慰问。吐蕃派遣大臣宗俄因矛前往洮水求和，要求两国用对等的礼节，玄宗没有准许。从此吐蕃连年侵扰边境。

十一月初七日辛卯，殇皇帝李重茂下葬。

十一月十二日丙申，朝廷派遣左散骑常侍解琬前往北庭都护府安抚来降的突厥胡禄屋等部落，准许他随当时的情势用适宜的方式处置问题。

十二月初九日壬戌，沙陀金山来朝。

十二月十一日甲子，朝廷设置陇右节度大使，管辖鄯、秦、河、渭、兰、临、武、洮、岷、廓、叠、宕十二州，任命陇右防御副使郭知运担任陇右节度使的职务。

十二月十二日乙丑，册立皇子李嗣真为鄫王，李嗣初为鄂王，李嗣主为鄄王。十二月二十八日辛巳，将郢王李嗣谦册立为皇太子。郯王李嗣直是玄宗的长子，他的母亲是刘华妃。李嗣谦是玄宗的次子，他的母亲是赵丽妃，赵丽妃本以歌舞伎出身纳入后宫，为玄宗所宠爱，因此她的儿子李嗣谦被立为皇太子。

在这一年里，朝廷设置了幽州节度大使、幽州经略大使和幽州镇守大使，管辖幽、易、平、檀、妫、燕六州事务。

突骑施可汗守忠的弟弟遮弩对于分给自己的部落少于守忠而怨恨，便率众背叛守忠，逃入突厥，自告奋勇地作为突厥兵的向导，以讨伐守忠，把他俘获之后班师突厥。默啜对遮弩说："你背叛了自己的兄长，对我还能有什么好处！"于是将兄弟二人一起杀掉。

唐玄宗开元三年（乙卯，715 年）

春季，正月二十日癸卯，玄宗任命卢怀慎担任检校吏部尚书兼黄门监。卢怀慎为官清廉谨慎，生活俭朴，从不去增置产业。虽然做了身份高贵的大臣，但他所得到的俸禄和赏赐随时分送给亲朋故旧，结果他自己的妻子儿女不免要忍受饥寒，所住的房子竟难以遮风挡雨。

姚崇曾死了一个儿子，请了十几天的假，应当处理的政务被积压下来，卢怀慎

于上。上曰："朕以天下事委姚崇，以卿坐镇雅俗耳。"崇既出，须臾，裁决俱尽，颇有得色，顾谓紫微舍人齐澣曰："余为相，可比何人？"澣未对。崇曰："何如管、晏？"澣曰："管、晏之法虽不能施于后，犹能没身。公所为法，随复更之，似不及也。"崇曰："然则竟如何？"澣曰："公可谓救时之相耳。"崇喜，投笔曰："救时之相，岂易得乎！"

怀慎与崇同为相，自以才不及崇，每事推之，时人谓之"伴食宰相"。

臣光曰：昔鲍叔之于管仲，子皮之于子产，皆位居其上，能知其贤而下之，授以国政；孔子美之。曹参自谓不及萧何，一遵其法，无所变更；汉业以成。夫不肖用事，为其僚者，爱身保禄而从之，不顾国家之安危，是诚罪人也。贤智用事，为其僚者，愚惑以乱其治，专固以分其权，媢嫉以毁其功，愎戾以窃其名，是亦罪人也。崇，唐之贤相，怀慎与之同心戮力，以济明皇太平之政，夫何罪哉！《秦誓》曰："如有一介臣，断断猗，无他技；其心休休焉，其如有容；人之有技，若己有之，人之彦圣，其心好之，不啻如自其口出，是能容之，以保我子孙黎民，亦职有利哉。"怀慎之谓矣。

（以上为第八段，写姚崇与卢怀慎为相，和睦共事，司马光高度评价卢怀慎的谦让与雅量。）

御史大夫宋璟坐监朝堂杖人杖轻，贬睦州刺史。

突厥十姓降者前后万余帐。高丽莫离支文简，十姓之婿也，二月，与跌跌都督思泰等亦自突厥帅众来降；制皆以河南地处之。

三月，胡禄屋酋长支匐忌等入朝。上以十姓降者浸多，夏，四月，庚申，以右羽林大将军薛讷为凉州镇大总管，赤水等军并受节度，居凉州；左卫大将军郭虔瓘为朔州镇大总管，和戎等军并受节度，居并州，

不能决断，感到惶恐，入朝向玄宗请罪。玄宗对他说："我把天下之事托付给姚崇处理，让你坐镇风雅之士和流俗之人而已。"姚崇假满复出，只用了一会儿的时间便将所积之政事裁断完毕，脸上颇有得意之色，回头对紫微舍人齐澣讲："我担任宰相，可以与哪些人物相比？"齐澣未回答。姚崇继续问道："我与管仲、晏婴比起来有无差别？"齐澣回答说："管仲、晏婴的政治主张虽然未能施行于后世，尚且能做到终身贯彻。您所制定的政令则随时更改，似乎比不上他们。"姚崇又问道："那么我究竟是什么样的宰相呢？"齐澣回答说："您只能说是一位匡救时下的宰相吧。"姚崇听了十分高兴，扔下手中的笔说："一位匡救时下的宰相，难道就很容易找到吗？"

卢怀慎与姚崇一同担任宰相，自认为才能比不上姚崇，因此每遇到问题，都要推给姚崇拿主意，当时人们把他称为"伴食宰相"。

臣司马光评论说：先秦时期齐国的鲍叔牙对于管仲，郑国的子皮对于子产，都是本人的职位高于后者，由于能够了解后者的贤能而甘居其下，便把治理国政的权力交付他们，孔子对于这种做法曾加以赞美。西汉丞相曹参自认为才干不及萧何，于是就完全沿袭萧何所制定的法度，未做任何更改，汉室的大业得以成就。那些不贤的人掌权，充当僚属的人为爱惜自身，保有禄位便顺从上司的旨意，不顾国家的得失安危，这种人确实是国家的罪人。而如果是贤明的宰相执掌朝政，那些当僚属的人，则用欺骗蒙蔽来扰乱他的治理，用专固的办法来削弱他的权力，用嫉妒来诽谤他的功业，用执拗乖僻来窃取他的名望，这种人也是国家的罪人。姚崇是唐朝的贤相，卢怀慎和他同心协力，共同促成了唐明皇太平盛世的大政，有什么可以怪罪他们的呢？《尚书·泰誓》说："如果有这样一位直臣，忠实诚恳而没有什么其他的长处，但是他心地美好，能有容人的器量。别人有了本领，就好像是他自己有本领一样；别人才华出众，他能做到不仅口头上对这个人表示称道，而且能打心里喜欢这个人，这就是他心胸宏阔有容人的器量，保护我的子孙和臣民，也是由于他要有利于子孙臣民啊。"这些话说的就是卢怀慎这样的人。

御史大夫宋璟因在朝堂上监督杖刑时处刑过轻而获罪，被贬谪为睦州刺史。

突厥十姓中归降大唐的前后有一万余帐。高丽的莫离支高文简是突厥十姓默啜的女婿。二月，高文简和跌跌都督思泰等人也率众从突厥前来归降。玄宗颁布诏令在黄河以南的区域安置他们。

三月，突厥十姓胡禄屋酋长支匐忌等来朝。玄宗因突厥十姓之中归降朝廷的越来越多，夏季，四月初九日庚申，任命右羽林大将军薛讷担任凉州镇大总管，驻节凉州，赤水等军都由他节制调度；又任命左卫大将军郭虔瓘担任朔州镇大总管，驻

勒兵以备默啜。

默啜发兵击葛逻禄、胡禄屋、鼠尼施等，屡破之；敕北庭都护汤嘉惠、左散骑常侍解琬等发兵救之。五月，壬辰，敕嘉惠等与葛逻禄、胡禄屋、鼠尼施及定边道大总管阿史那献互相应援。

山东大蝗，民或于田旁焚香膜拜设祭而不敢杀，姚崇奏遣御史督州县捕而瘗之。议者以为蝗众多，除不可尽；上亦疑之。崇曰："今蝗满山东，河南、北之人，流亡殆尽，岂可坐视食苗，曾不救乎！借使除之不尽，犹胜养以成灾。"上乃从之。卢怀慎以为杀蝗太多，恐伤和气。崇曰："昔楚庄吞蛭而愈疾，孙叔杀蛇而致福，奈何不忍于蝗而忍人之饥死乎！若使杀蝗有祸，崇请当之。"

秋，七月，庚辰朔，日有食之。

上谓宰相曰："朕每读书有所疑滞，无从质问；可选儒学之士，日使入内侍读。"卢怀慎荐太常卿马怀素，九月，戊寅，以怀素为左散骑常侍，使与右散骑常侍褚无量更日侍读。每至阁门，令乘肩舆以进；或在别馆道远，听于宫中乘马。亲送迎之，待以师傅之礼。以无量羸老，特为之造腰舆，在内殿令内侍舁之。

九姓思结都督磨散等来降；己未，悉除官遣还。

西南蛮寇边，遣右骁卫将军李玄道发戎、泸、夔、巴、梁、凤等州兵三万人并旧屯兵讨之。

壬戌，以凉州大总管薛讷为朔方道行军大总管，太仆卿吕延祚、灵州刺史杜宾客副之，以讨突厥。

甲子，上幸凤泉汤；十一月，乙卯，还京师。

刘幽求自杭州刺史徙郴州刺史，愤恚，甲申，卒于道。

（以上为第九段，写北方边境骚动，突厥时叛时降。姚崇灭蝗。玄宗礼儒。）

节并州，和戎等军都由他节制调度；统领这些地区的军队，以防御突厥可汗阿史那默啜的侵扰。

阿史那默啜发兵进攻葛逻禄、胡禄屋、鼠尼施等部落，连战皆捷。玄宗敕令北庭都护汤嘉惠、左散骑常侍解琬等调集军队相救。五月十二日壬辰，玄宗又敕令汤嘉惠等人与葛逻禄、胡禄屋、鼠尼施以及定边道大总管阿史那献等部军兵互相策应救援。

山东发生严重蝗灾，有些灾民在受灾田地的旁边焚香，设祭膜拜，却不敢动手捕杀蝗虫。姚崇奏请派遣御史催督各州县捕杀并埋掉蝗虫。议论这事的认为蝗虫数量巨大，无法完全灭除，玄宗也对捕杀能否奏效表示怀疑。姚崇说："现在山东蝗虫漫山遍野，黄河南北两岸百姓全部逃荒去了，怎能坐视蝗虫吞噬禾苗，竟不动手灭蝗救灾呢？即使不能把蝗虫全部灭除，起码也要比养蝗以成灾要好一些。"玄宗这才批准按他的主张去办。卢怀慎认为杀灭的蝗虫过多的话，恐怕对天地阴阳的和谐之气会造成伤害。姚崇道："当年楚庄王吞吃水蛭，他的病便痊愈了；孙叔敖杀死两条蛇，上天便赐福酬报。陛下怎能由于不忍心看到蝗虫被杀死而忍心看着百姓被饿死呢？倘若杀死蝗虫会引起上天降祸，那么我姚崇愿一人承当！"

秋季，七月初一日庚辰朔，发生日食。

唐玄宗对宰相们说："每当我读书遇到疑难费解的地方，无法找到一个帮我解决疑问的人；你们可以推选儒学之士，每天让他入宫侍读。"卢怀慎举荐了太常寺卿马怀素。九月，戊寅，玄宗任命马怀素担任左散骑常侍，让他与右散骑常侍褚无量每人一天轮换着入宫侍读。每次到达宫门时，玄宗都让他们乘轿进去；有时玄宗在别馆而道远，便允许他们在宫禁里骑马。玄宗还亲自迎送，用对待师傅的礼节来对待他们。由于褚无量年老体弱，玄宗特意让人为他制成一乘名为腰舆的轿子，褚无量在内殿侍读时，玄宗就命令内侍们用腰舆抬着他。

九姓思结都督唐散等人前来归降，十月十一日己未，朝廷全部委任以官职，把他们遣归原居地。

西南蛮人侵扰边境，朝廷派右骁卫将军李玄道调集戎、泸、夔、巴、梁、凤等州兵马三万人，会同该地原驻屯兵马前往征讨。

十月十四日壬戌，唐玄宗任命凉州大总管薛讷担任朔方道行军大总管，任命太仆寺卿吕延祚和灵州刺史杜宾客担任朔方道行军副总管，去征讨突厥。

十月十六日甲子，唐玄宗驾临岐州郿县境内的凤泉汤；十一月，己卯，返回京师。

刘幽求自杭州刺史任上调任郴州刺史，心中激愤难平。十一月初六日甲申，刘幽求在赴任的途中去世。

丁酉，以左羽林大将军郭虔瓘兼安西大都护、四镇经略大使。虔瓘请自募关中兵万人诣安西讨击，皆给递驮及熟食；敕许之。将作大匠韦凑上疏，以为："今西域服从，虽或时有小盗窃，旧镇兵足以制之。关中常宜充实，以强干弱枝。自顷西北二虏寇边，凡在丁壮，征行略尽，岂宜更募骁勇，远资荒服！又，一万征人行六千余里，咸给递驮熟食，道次州县，将何以供！秦、陇之西，户口渐少，凉州已往，沙碛悠然，遣彼居人，如何取济？纵令必克，其获几何？傥稽天诛，无乃甚损！请计所用、所得，校其多少，则知利害。昔唐尧之代，兼爱夷、夏，中外乂安；汉武穷兵远征，虽多克获，而中国疲耗。今论帝王之盛德者，皆归唐尧，不归汉武；况邀功不成者，复何足比议乎！"时姚崇亦以虔瓘之策为不然。既而虔瓘卒无功。

初，监察御史张孝嵩奉使廓州还，陈碛西利害，请往察其形势；上许之，听以便宜从事。

拔汗那者，古乌孙也，内附岁久。吐蕃与大食共立阿了达为王，发兵攻之，拔汗那王兵败，奔安西求救。孝嵩谓都护吕休璟曰："不救则无以号令西域。"遂帅旁侧戎落兵万余人，出龟兹西数千里，下数百城，长驱而进。是月，攻阿了达于连城。孝嵩自擐甲督士卒急攻，自巳至酉，屠其三城，俘斩千余级，阿了达与数骑逃入山谷。孝嵩传檄诸国，威振西域，大食、康居、大宛、罽宾等八国皆遣使请降。会有言其赃污者，坐系凉州狱，贬灵州兵曹参军。

（以上为第十段，写唐玄宗惩贪严厉，张孝嵩立功西域，因有人举报赃污而贬官。）

京兆尹崔日知贪暴不法，御史大夫李杰将纠之，日知反构杰罪。十二月，侍御史杨玚廷奏曰："若纠弹之司，使奸人得而恐愒，则御史台可废矣。"上遽命杰视事如故，贬日知为歙县丞。

十一月十九日丁酉，唐玄宗任命左羽林大将军郭虔瓘兼任安西大都护、安西四镇经略大使。郭虔瓘请求在关中自行招募一万名士卒到安西去征讨，并向所有的出征士兵供给驮运军需物资的畜力和熟食，玄宗颁敕答应了。将作大匠韦凑上奏说："现在西域各部纷纷向朝廷臣服，虽然有时也发生一些轻微的盗窃行为，但是四镇现有守军就完全能够制服他们。关中地区的军事力量倒是应该经常充实，以达到强干弱枝的目的。自从近来西北吐蕃、契丹入侵边境，关中地区的壮丁，被征发得几乎竭尽了，怎么能够再次招募骁勇之士派遣到那么远的地区去增援呢？再说，一万名出征将士长途跋涉六千余里，而且完全由官府供给运输畜力和熟食，沿途宿营的各州县又怎么供给得了呢？秦、陇以西，户口渐渐减少，过了凉州以后，戈壁沙漠漫无边际，把这么多人派遣到那里去定居驻守，又从哪里去取得补给呢！纵使此次发兵有必胜把握，将获取的东西又能有多少呢？一旦皇上的征伐行动有所延误，恐怕带来的损失更大，请陛下认真计算一下此举的所用与所得，比较多少，就可以知道其中的利害了。上古唐尧的时代，博爱兼及华夷，四海内外太平无事；汉武帝穷兵黩武，长途征伐，虽然多是取胜，并有俘获，但中原却也因此疲弊空虚。当世在论及帝王之大德时，都把它归于唐尧，却无人归于汉武帝，何况那些邀功不成的帝王，又怎么值得相提并论呢？"当时姚崇也对郭虔瓘的计划不以为然，郭虔瓘后来终于没有干成这件事。

当初，监察御史张孝嵩奉命出使廓州，返回朝廷后，陈述沙漠以西地区的利害，请求前往考察该地形势；玄宗同意了他的请求，准许他酌情处理当地事务。

拔汗那部落就是古代的乌孙，归附中原的岁月已经很久了。吐蕃和大食一起拥立阿了达为王，出动军队进攻拔汗那；拔汗那王兵败之后，投奔唐安西都护府求救。张孝嵩对都护吕休璟说道："如果不出兵相救，我们以后就没有资格向西域诸国发号施令了。"于是统领附近各部落军队万余人，从龟兹出发向西挺进数千里，攻陷了数百座城邑，长驱直入敌境。在这个月里，张孝嵩率部在连城攻打阿了达。张孝嵩亲自披甲出战，督率士卒猛攻，从巳时开始直至酉时，连下阿了达统辖的三城，俘虏及斩杀敌军千余人，阿了达偕同几个骑兵亡命于山谷之中。张孝嵩传布文告给诸国，唐军威震西域，大食、康居、大宛、罽宾等八国纷纷派遣使者请求降附。这时恰好有人告发张孝嵩受贿贪污，张孝嵩获罪被关押在凉州狱中，结果被降职为灵州司兵参军。

京兆尹崔日知贪婪暴戾，不守法度，御史大夫李杰打算弹劾他，崔日知便反诬李杰有罪。十二月，侍御史杨玚当廷上奏说："倘若负责检举弹劾的官署，可以让奸邪之徒恐吓威胁，那么御史台也就可以撤销了。"唐玄宗立刻命令李杰照常处理事

或上言："按察使徒烦扰公私，请精简刺史、县令，停按察使。"上命召尚书省官议之。姚崇以为："今止择十使，犹患未尽得人，况天下三百余州，县多数倍，安得刺史县令皆称其职乎！"乃止。

尚书左丞韦玢奏："郎官多不举职，请沙汰，改授他官。"玢寻出为刺史，宰相奏拟冀州，敕改小州。姚崇奏言："台郎宽怠及不称职，玢请沙汰，乃是奉公。台郎甫尔改官，玢即贬黜于外，议者皆谓郎官谤伤；臣恐后来左右丞指以为戒，则省事何从而举矣！伏望圣慈详察，使当官者无所疑惧。"乃除冀州刺史。

突骑施守忠既死，默啜兵还，守忠部将苏禄鸠集余众，为之酋长。苏禄颇善绥抚，十姓部落稍稍归之，有众二十万，遂据有西方，寻遣使入见。是岁，以苏禄为左羽林大将军、金方道经略大使。

皇后妹夫尚衣奉御长孙昕以细故与御史大夫李杰不协。

（以上为第十一段，写姚崇当政，唐玄宗能贯彻惩贪与沙汰冗官。）

四年（丙辰，716年）

春，正月，昕与其妹夫杨仙玉于里巷伺杰而殴之。杰上表自诉曰："发肤见毁，虽则痛身，冠冕被陵，诚为辱国。"上大怒，命于朝堂杖杀，以谢百僚。仍以敕书慰杰曰："昕等朕之密戚，不能训导，使陵犯衣冠，虽寘以极刑，未足谢罪。卿宜以刚肠疾恶，勿以凶人介意。"

丁亥，宋王成器更名宪，申王成义更名㧑。

乙酉，陇右节度使郭虔瓘奏，奴石良才等八人皆有战功，请除游击将军。敕下，卢怀慎等奏曰："郭虔瓘恃其微效，辄侮彝章，为奴请五品，实乱纲纪，不可许。"上从之。

务，并且把崔日知贬谪为歙县县丞。

有人进言说："各道按察使只会给官府和百姓增添麻烦，请求陛下精心选拔各州县刺史、县令，并停止向各道派遣按察使。"玄宗命令召集尚书省官员讨论这一建议。姚崇认为："当今只不过是选派了十道按察使，尚且担心未必全都是合适的人选，何况天下共有三百多个州，至于县的数目则又多出好几倍，怎能保证每一位刺史县令都称职呢？"于是停止了这场讨论。

尚书左丞韦玢上奏说："各官署郎官大多不称职，请陛下裁汰郎官，改授别的职务。"不久韦玢就被贬谪为州刺史，宰相上奏打算任命韦玢为冀州刺史，玄宗颁敕改命韦玢到一个小州去做刺史。姚崇进言说："郎官宽纵懈怠和不能胜任职事，韦玢请求裁汰郎官，完全是奉公尽职的表现。眼下郎官刚刚被改任他职，韦玢就被贬黜到地方，议论此事的人们都说这是由于郎官诽谤中伤所致；臣担心以后尚书左右丞把韦玢作为鉴戒，那么尚书省的日常事务怎能得到办理呢？臣希望陛下对此详加考察，以使得为官者没有什么疑惧。"于是将韦玢任命为冀州刺史。

突骑施酋长守忠死了以后，突厥可汗默啜的兵马班师，守忠的部将苏禄聚集残余部众，当上了他们的酋长。苏禄很善于安抚部众，十姓部落便逐渐归附了他，于是他的部众达到了二十万，苏禄便控制了西域。不久，苏禄派遣使者入朝谒见唐玄宗。在这一年，唐玄宗任命苏禄担任左羽林大将军、金方道经略大使。

王皇后的妹夫、尚衣奉御长孙昕因为某些小事与御史大夫李杰关系不和。

唐玄宗开元四年（丙辰，716年）

春季，正月，长孙昕和他的妹夫杨仙玉在街巷里等候李杰，并殴打了他一顿。李杰上表控诉说："臣的须发皮肤被毁伤，虽然只是痛在身上，但臣的朝服衣冠受到了侵凌，这确实是对国家的尊严进行侮辱。"玄宗大为动怒，命令把长孙昕和杨仙玉当廷用杖刑处死，向全体臣僚谢罪。玄宗还降敕安慰李杰道："长孙昕等人虽是我的近亲，但是我平日未加训导，因而使他们竟敢冒犯朝廷大臣。即使已把他们处了极刑，恐怕仍不足以谢罪，还望您秉公刚正，嫉恶如仇，不要把这几个凶徒放在心上。"

正月初十日丁亥，宋王李成器改名为李宪，申王李成义改名为李㧑。

正月初八日乙酉，陇右节度使郭虔瓘呈奏，奴仆石良才等八人均立有战功，请求玄宗任命他们为游击将军。敕书发至宰相，卢怀慎等人上奏说："郭虔瓘倚仗着自己为朝廷立过小功，往往违反常法，居然出面为奴仆请求授予五品之职，实际上是扰乱朝廷纲纪。陛下不可准许这一请求。"唐玄宗听从了卢怀慎等人的意见。

丙午，以鄫王嗣真为安北大都护、安抚河东关内陇右诸蕃大使，以安北大都护张知运为之副。陕王嗣升为安西大都护、安抚河西四镇诸蕃大使，以安西都护郭虔瓘为之副。二王皆不出阁。诸王遥领节度自此始。

二月，丙辰，上幸骊山温汤。

吐蕃围松州。

丁卯，上还宫。

辛未，以尚书右丞倪若水为汴州刺史兼河南采访使。

上虽欲重都督、刺史，选京官才望者为之，然当时士大夫犹轻外任。扬州采访使班景倩入为大理少卿，过大梁，若水饯之行，立望其行尘，久之乃返，谓官属曰："班生此行，何异登仙！"

癸酉，松州都督孙仁献袭击吐蕃于城下，大破之。

上尝遣宦官诣江南取鸡鶄、鸂鶒等，欲置苑中，使者所至烦扰。道过汴州，倪若水上言："今农桑方急，而罗捕禽鸟以供园池之玩，远自江、岭，水陆传送，食以粱肉。道路观者，岂不以陛下贱人而贵鸟乎！陛下方当以凤凰为凡鸟，麒麟为凡兽，况鸡鶄、鸂鶒曷足贵也！"上手敕谢若水，赐帛四十段，纵散其鸟。

山东蝗复大起，姚崇又命捕之。倪若水谓："蝗乃天灾，非人力所及，宜修德以禳之。刘聪时，常捕埋之，为害益甚。"拒御史，不从其命。崇牒若水曰："刘聪伪主，德不胜妖；今日圣朝，妖不胜德。古之良守，蝗不入境。若其修德可免，彼岂无德致然！"若水乃不敢违。夏，五月，甲辰，敕委使者详察州县捕蝗勤惰者，各以名闻。由是连岁蝗灾，不至大饥。

或言于上曰："今岁选叙大滥，县令非才。"及入谢，上悉召县令于宣政殿庭，试以理人策。惟鄄城令韦济词理第一，擢为醴泉令。余二百

正月二十九日丙午，唐玄宗命令郯王李嗣直担任安北大都护和安抚河东、关内、陇右诸蕃大使，任命安北大都护张知运担任他的副手。任命陕王李嗣升担任安西大都护、安抚河西四镇诸蕃大使，任命安西都护郭虔瓘担任他的副手。郯王和陕王均不必离开府第赴任。诸王遥领节度使衔是从这次任命开始的。

二月初九日丙辰，唐玄宗驾临骊山温泉。

吐蕃军队包围了松州。

二月二十日丁卯，唐玄宗返回宫中。

二月二十四日辛未，唐玄宗任命尚书右丞倪若水担任汴州刺史兼河南采访使。

虽然玄宗打算提高都督、刺史的地位，并选拔了德才兼备的京官担任这些职务，但是当时的士大夫却还是看不起出任地方官。扬州采访使班景倩入朝任大理寺少卿，途中经过大梁，倪若水为他饯行，告别后站着遥望他的车马远行的尘土，许久才返回衙门，并对他的属官们说道："班生此次入朝为官，跟登仙有什么差别啊！"

二月二十六日癸酉，松州都督孙仁献突然袭击包围在城下的吐蕃军队，把他们打得大败。

唐玄宗曾派遣宦官到江南收罗䴔䴖、鸂鶒等水鸟，准备放养在自己的苑囿之中。使者所到之处鸡犬不宁。当他们路过汴州的时候，倪若水进言道："目前正是农忙时节，陛下为满足园林赏玩的需要，竟然派人用网罗捕捉飞禽，远从江南、岭表之地送出，再由水陆两路递运到京，路上还要用上等食物饲养它们。在路途中看到这一切的人们怎能不认为陛下把人看得轻贱而把鸟看得贵重呢！陛下将要把凤凰作为普通的飞禽，把麒麟作为普通的走兽，何况䴔䴖、鸂鶒这样的水鸟，又有什么值得珍贵的呢？"玄宗以亲笔敕书向倪若水致谢，赏赐了他绢帛四十段，并把捉来的鸟全部放飞。

山东又发生严重的蝗灾，姚崇再次下令捕杀蝗虫。倪若水讲："蝗虫为害乃是天灾，并非人为可以改变的，应当通过修德来消除蝗灾。前赵的刘聪就曾常常捕杀蝗虫，把它们埋掉，但是蝗虫所造成的灾害却更为严重。"倪若水还拒绝御史前来执行督察捕蝗工作的命令。姚崇发出公文告诉他："刘聪是僭伪之帝王，因此他的国运难敌妖异；当今乃圣君临朝，所以妖异难敌国运。自古贤良的郡守，蝗虫不入他的辖区。假如修德可以免除蝗灾，难道说汴州的蝗灾是由于您的无德所致的吗？"倪若水这才不敢违抗捕杀蝗虫的命令了。夏季，五月二十九日甲辰，玄宗颁布敕命，委派使者分赴山东受灾各州县仔细考察官吏捕杀蝗虫的成绩好坏，并把勤勉者和懒惰者的姓名报送朝廷。因此，连年发生的蝗灾才没有造成严重的饥荒。

有人对唐玄宗说："今年选拔官员太滥，所委任的县令也不称职。"到新任命的官员入朝拜谢的时候，唐玄宗把所有的县令召集到宣政殿的廷堂上，用治理百姓的

余人不入第，且令之官；四十五人放归学问。吏部侍郎卢从愿左迁豫州刺史，李朝隐左迁滑州刺史。从愿典选六年，与朝隐皆名称职。初，高宗之世，马载、裴行俭在吏部最有名，时人称吏部前有马、裴，后有卢、李。济，嗣立之子也。

有胡人上言海南多珠翠奇宝，可往营致，因言市舶之利；又欲往师子国求灵药及善医之妪，寘之宫掖。上命监察御史杨范臣与胡人偕往求之，范臣从容奏曰："陛下前年焚珠玉、锦绣，示不复用。今所求者何以异于所焚者乎！彼市舶与商贾争利，殆非王者之体。胡药之性，中国多不能知；况于胡妪，岂宜寘之宫掖！夫御史，天子耳目之官，必有军国大事，臣虽触冒炎瘴，死不敢辞。此特胡人眩惑求媚，无益圣德，窃恐非陛下之意，愿熟思之。"上遽自引咎，慰谕而罢之。

（以上为第十二段，写唐玄宗识大体，不护短亲戚，不滥施官爵，严肃选举，纳谏改过，放飞珍禽，赞同姚相灭蝗。）

六月，癸亥，上皇崩于百福殿。己巳，以上女万安公主为女官，欲以追福。

癸酉，拔曳固斩突厥可汗默啜首来献。时默啜北击拔曳固，大破之于独乐水，恃胜轻归，不复设备，遇拔曳固迸卒颉质略，自柳林突出，斩之。时大武军子将郝灵荃奉使在突厥，颉质略以其首归之，与偕诣阙，悬其首于广街。拔曳固、回纥、同罗、霫、仆固五部皆来降，置于大武军北。

默啜之子小可汗立，骨咄禄之子阙特勒击杀之，及默啜诸子、亲信略尽；立其兄左贤王默棘连，是为毗伽可汗，国人谓之"小杀"。毗伽以国固让阙特勒，阙特勒不受；乃以为左贤王，专典兵马。

秋，七月，壬辰，太常博士陈贞节、苏献以太庙七室已满，请迁中

策论来考试。其中只有鄄城县令韦济文理最佳，便将他提拔为醴泉县令。其余二百多人均没有达到及格标准，暂且让他们继续担任县令；还有四五十人被遣送回家继续学习。吏部侍郎卢从愿被贬谪为豫州刺史，李朝隐被贬谪为滑州刺史。卢从愿执掌选官事务长达六年之久，与李朝隐一起被公认为称职的官员。当初在高宗朝，马载和裴行俭二人在吏部是最有名的，当时人们都称吏部前有马、裴，后有卢、李。韦济是韦嗣立的儿子。

有个胡人向唐玄宗进言，声称海南盛产珠翠奇宝，可以派人前往采办购回，随即趁机大谈海上贸易的利益；还打算前往师子国寻访灵丹妙药和精于医术的老妇，带回安置于后宫中。玄宗命令监察御史杨范臣陪同这位胡人一道前去寻访。杨范臣不紧不慢地向玄宗奏道："陛下前年下令焚毁了珠宝玉器和锦绣织物，表示不打算再用这些东西；陛下现在想要的东西与前年焚毁的东西有什么区别呢？那海上贸易是与商贾争夺财利，恐怕不符合帝王的体统。而胡药的药性，多是我们中原人所难以了解的；况且胡人的老妇，又怎么能安置在后宫之内呢？大凡为监察御史，乃是天子的耳目职官，如果确有军国大事，臣即使冒酷暑瘴气，丢掉性命也不敢推辞。然而这不过是胡人扰乱圣听、献媚取宠之举，对陛下的德行没有任何益处，臣暗自猜想它并非出于陛下的本意，还望陛下反复斟酌。"玄宗连忙承认了自己的错误，对杨范臣好言劝慰，并撤销了这一命令。

六月十九日癸亥，太上皇在百福殿去世。六月二十五日己巳，玄宗将自己的女儿万安公主度为女道士，想以此为太上皇祈求冥福。

六月二十九日癸酉，拔曳固部落把突厥可汗阿史那默啜斩首，并来奉献阿史那默啜的首级。当时阿史那默啜统兵攻打北部的拔曳固部落，在独乐水大败拔曳固的部众，便恃胜轻易撤军，归途中再也不加防范，在柳林遇到突然杀出的拔曳固部落的溃兵颉质略，被颉质略斩首。当时大武军子将郝灵荃正奉命出使突厥，颉质略便把阿史那默啜的首级交给他，两人一道回到朝中，朝廷把阿史那默啜的首级悬挂在大街上。拔曳固、回纥、同罗、霫、仆固五个部族都来归降，朝廷将他们安置在大武军以北地区。

阿史那默啜的儿子小可汗继位，阿史那默啜之兄骨咄禄的儿子阙特勒攻击并杀死了他，又把阿史那默啜的其他几个儿子和亲信几乎都杀光了。阙特勒拥立其兄左贤王默棘连为可汗，这就是毗伽可汗，国人都把他称为"小杀"，毗伽可汗执意要把汗位让给阙特勒，阙特勒没有接受，毗伽可汗便命令阙特勒担任左贤王，专门统领军队。

秋季，七月十八日壬辰，太常博士陈贞节、苏献认为太庙里的七间供奉神主的

宗神主于别庙，奉睿宗神主祔太庙；从之。又奏迁昭成皇后祔睿宗室，肃明皇后留祀于仪坤庙。八月，乙巳，立中宗庙于太庙之西。

辛未，契丹李失活、奚李大酺帅所部来降。制以失活为松漠郡王、行左金吾大将军兼松漠都督，因其八部落酋长，拜为刺史；又以将军薛泰督军镇抚之。大酺为饶乐郡王、行右金吾大将军兼饶乐都督。失活，尽忠之从父弟也。

吐蕃复请和，上许之。

突厥默啜既死，奚、契丹、拔曳固等诸部皆内附，突骑施苏禄复自立为可汗。突厥部落多离散，毗伽可汗患之，乃召默啜时牙官暾欲谷，以为谋主。暾欲谷年七十余，多智略，国人信服之。突厥降户处河曲者，闻毗伽立，多复叛归之。

并州长史王晙上言："此属徒以其国丧乱，故相帅来降；若彼安宁，必复叛去。今置之河曲，此属桀黠，实难制御，往往不受军州约束，兴兵剽掠；闻其逃者已多与虏声问往来，通传委曲。乃是畜养此属使为间谍，日月滋久，奸诈逾深，窥伺边隙，将成大患。虏骑南牧，必为内应，来逼军州，表里受敌，虽有韩、彭，不能取胜矣。愿以秋、冬之交，大集兵众，谕以利害，给其资粮，徙之内地。二十年外，渐变旧俗，皆成劲兵；虽一时暂劳，然永久安靖。比者守边将吏及出境使人，多为谀辞，皆非事实，或云北虏破灭，或云降户妥帖，皆欲自炫其功，非能尽忠徇国。愿察斯利口，勿忘远虑。议者必曰：'国家向时已尝寘降户于河曲，皆获安宁，今何所疑！'此则事同时异，不可不察。向者，颉利既亡，降者无复异心，故得久安无变。今北虏尚存，此属或畏其威，或怀其惠，或其亲属，岂乐南来！较之彼时，固不侔矣。以臣愚虑，徙之内地，上也；多屯士马，大为之备，华、夷相参，人劳费广，次也；正如今日，下也。愿审兹三策，择利而行，纵使因徙逃亡，得者皆为唐有；若留至河冰，恐必有变。"

屋子已满，请求把中宗皇帝的神主迁移到另外的宗庙里去，供奉睿宗皇帝的神主于太庙祔祭，玄宗表示赞同。陈贞节和苏献又进奏请求把玄宗生母昭成皇后的神主迁入供奉睿宗皇帝神主的屋子里祔祭，而把睿宗皇帝原配妃子肃明皇后的神主仍然留在仪坤庙享受祀奉。八月初二日乙巳，在太庙西面建起了中宗庙。

八月二十八日辛未，契丹人李失活和奚人酋长李大酺统领所部前来归顺。玄宗颁布诏命，封李失活为松漠郡王、代理左金吾大将军兼松漠都督，任用他手下的八个部落酋长为刺史，又派遣将军薛泰督军镇抚这一地区。李大酺同时被封为饶乐郡王、署理右金吾大将军兼饶乐都督，李失活是李尽忠的堂弟。

吐蕃再次请求与唐朝和解，玄宗答应了这一请求。

突厥可汗阿史那默啜被杀死之后，奚、契丹、拔曳固等部族全都归附了唐朝，突骑施酋长苏禄再次自立为可汗。鉴于突厥各部落大多四分五裂，毗伽可汗心中忧虑，便把阿史那默啜可汗在位时的牙官暾欲谷召至任用为谋主。暾欲谷年纪已有七十多岁，足智多谋，为突厥部众所信服。已被安置在河曲之地的突厥降户，获悉毗伽可汗即位的消息，大多数人再次背叛逃离唐朝，归附毗伽可汗麾下。

并州长史王晙进奏说："这些人仅仅是因为他们自己国家发生丧乱的缘故才一个跟着一个地前来降附，如果他们的部落稳固安定了，必然会再次叛逃离去。目前将他们安置在河曲一带，因为这些人非常凶暴狡黠，所以确实难以制服，他们往往不听从当地军、州等地方官府的管辖，举兵剽劫抢掠。近来听说逃亡过来的人大多与其本部落的人互通声息，传送情报。等于畜养这些人让其充当间谍，时间越长，奸险狡诈的行为越严重，观望等待边防出现疏漏，必将演变为巨大的祸患。一旦突厥马队南下之时，这些人必然会充当内应，并且进逼军州，造成军州腹背受敌，到那时即使有韩信、彭越这样的将帅镇守，也无法取胜。希望陛下能够在秋冬之际，大规模调集军队，向这些人晓以利害，供给他们资财和粮草，他们原有的习俗就会逐渐改易，全都会变成战斗力极强的士兵；虽然目前会暂时付出一些辛劳，然而却能获得长期的安定。近来的一些镇守边塞的将吏以及出入边境的使者所说的，大多是些阿谀奉迎之辞，并不是事实，他们有的说北部敌人的部落已破灭，有的声称归降的人户可靠稳当，都想借此吹嘘自己的功绩，而不能够尽忠为国。希望陛下详察这些花言巧语，不要忘记从长计议。议论这事的人必然会说：'朝廷在贞观年间就曾经将降服的人安置在河曲之地，并且朝廷和降户都获得了安宁，而今对这一措施又有什么值得怀疑的呢？'此次变动则在于事情虽然相同，但时势却发生了变化，陛下对此不可不加以察访。贞观时期，颉利可汗亡故之后，归降的人便没有再生异心，因而当地局势能够长期稳定，没有事变发生。目前北方毗伽可汗尚存，在这些降附的胡人中间，有人畏惧他的威势，有人思念他的恩惠，有人是他的亲属，他们哪里

疏奏，未报；降户跌跌思泰、阿悉烂等果叛。冬，十月，甲辰，命朔方大总管薛讷发兵追讨之。王晙引并州兵西济河，昼夜兼行，追击叛者，破之，斩获三千级。

先是，单于副都护张知运悉收降户兵仗，令渡河而南，降户怨怒。御史中丞姜晦为巡边使，降户诉无弓矢，不得射猎，晦悉还之；降户得之，遂叛。张知运不设备，与之战于青刚岭，为虏所擒，欲送突厥；至绥州境，将军郭知运以朔方兵邀击之，大破其众于黑山呼延谷，虏释张知运而去。上以张知运丧师，斩之以徇。

毗伽可汗既得思泰等，欲南入为寇。暾欲谷曰："唐主英武，民和年丰，未有间隙，不可动也。我众新集，力尚疲羸，且当息养数年，始可观变而举。"毗伽又欲筑城，并立寺观，暾欲谷曰："不可。突厥人徒稀少，不及唐家百分之一，所以能与为敌者，正以逐水草，居处无常，射猎为业，人皆习武，强则进兵抄掠，弱则窜伏山林，唐兵虽多，无所施用。若筑城而居，变更旧俗，一朝失利，必为所灭。释、老之法，教人仁弱，非用武争胜之术，不可崇也。"毗伽乃止。

庚午，葬大圣皇帝于桥陵，庙号睿宗。御史大夫李杰护桥陵作，判官王旭犯赃，杰按之，反为所构，左迁衢州刺史。

（以上为第十三段，写睿宗之崩葬，以及北方突厥、奚、契丹、拔曳诸部内附。）

十一月，己卯，黄门监卢怀慎疾亟，上表荐宋璟、李杰、李朝隐、

会心甘情愿地南下归降朝廷呢！因此目前的形势与太宗贞观时期相比，根本不能相提并论。依臣愚见，把他们迁徙到内地去，这才是上策；在此地大量驻扎兵马，对于降户大加防备，让汉人和胡人相互杂居，虽是人员疲敝、耗资巨大，但不失为中策；仍像现在这样把他们安置在河曲之地，实为下策。希望陛下审察此上中下三策，但因迁徙而得到的人毕竟都成为唐朝子民；倘若事情拖延到黄河结冰的季节，臣担心一定会发生事变。”

这篇奏疏呈进之后，玄宗没有做出答复，归降的胡人跌跌思泰、阿悉烂等人果然叛逃。冬季，十月初二日甲辰，玄宗命令朔方道大总管薛讷调动军队追击征讨叛逃的胡人。王晙还统领并州的官军西渡黄河，昼夜兼程，追击叛逃的胡人，打败了他们，斩获敌人首级三千颗。

在此之前，单于副都护张知运收缴了降附胡人的所有兵器，命令他们渡黄河南下，他们对此怨恨恼怒，御史中丞姜晦正担任着巡边使的职务，他们便向姜晦诉说因没有弓箭而无法狩猎，姜晦便命令把所收缴的武器全部归还，他们得到了武器之后便反叛了。张知运事先没有做准备，与叛逃部众在青刚岭交战，被他们所俘。他们打算把张知运交给突厥，到达绥州境内的时候，将军郭知运带领朔方军截击，在黑山呼延谷大破叛逃部众，他们释放了张知运后便逃去。玄宗认为张知运损失惨重，将他斩首示众。

突厥毗伽可汗收编了跌跌思泰等人的部众之后，便想南下侵扰唐朝。暾欲谷说道："唐朝皇帝英勇神武，民众和睦，粮食丰收，还没有出现任何破绽，我们不可轻举妄动。再说我们的部众刚刚集结到一起，国力还很微弱，暂且需要拿几年的时间来休养生息，方可窥伺唐朝的变故而举兵南进。"毗伽可汗又打算修建城池，并且还要营造佛寺道观，暾欲谷又说道："不可。突厥人丁稀少，还不到唐朝的百分之一，我们之所以能够与他们相抗衡，正是因为我们长年追逐水草而迁徙，没有稳定的居住之地，部众均以狩猎为生业，每个人都谙习武艺，势力强大了就进兵南下劫掠财物，势力减弱了就逃窜潜伏到山林之中，所以唐兵虽然人数众多，却没有施展实力的地方。假如我们筑城而居，改变原有的习俗，那么一旦战场失利，就必定会被唐朝所灭亡。再说佛、道的教义，都是教诲人们仁德柔弱，并不是凭借武力争胜于天下，因而不能尊崇佛、道。"毗伽这才作罢。

十月二十八日庚午，将大圣皇帝安葬于桥陵，庙号定为睿宗。御史大夫李杰总领桥陵的营建事宜，判官王旭贪污工程款项，李杰对此案进行审查，反而受到王旭的诬陷，被贬谪为衢州刺史。

十一月初七日己卯，黄门监卢怀慎卧病垂危，呈上表章举荐宋璟、李杰、李朝

卢从愿并明时重器，所坐者小，所弃者大，望垂矜录；上深纳之。乙未，薨。家无余蓄，惟一老苍头，请自鬻以办丧事。

丙申，以尚书左丞源乾曜为黄门侍郎、同平章事。

姚崇无居第，寓居罔极寺，以病痁谒告，上遣使问饮食起居状，日数十辈。源乾曜奏事或称旨，上辄曰："此必姚崇之谋也。"或不称旨，辄曰："何不与姚崇议之！"乾曜常谢实然。每有大事，上常令乾曜就寺问崇。癸卯，乾曜请迁崇于四方馆，仍听家人入侍疾；上许之。崇以四方馆有簿书，非病者所宜处，固辞。上曰："设四方馆，为官吏也；使卿居之，为社稷也。恨不可使卿居禁中耳，此何足辞！"

崇子光禄少卿彝、宗正少卿异，广通宾客，颇受馈遗，为时所讥。主书赵诲为崇所亲信，受胡人赂，事觉，上亲鞫问，下狱当死，崇复营救，上由是不悦。会曲赦京城，敕特标诲名，杖之一百，流岭南。崇由是忧惧，数请避相位，荐广州都督宋璟自代。

十二月，上将幸东都，以璟为刑部尚书、西京留守，令驰驿诣阙，遣内侍、将军杨思勖迎之。璟风度凝远，人莫测其际，在涂竟不与思勖交言。思勖素贵幸，归，诉于上，上嗟叹良久，益重璟。

丙辰，上幸骊山温汤；乙丑，还宫。

闰月，己亥，姚崇罢为开府仪同三司，源乾曜罢为京兆尹、西京留守，以刑部尚书宋璟守吏部尚书兼黄门监，紫微侍郎苏颋同平章事。

璟为相，务在择人，随材授任，使百官各称其职；刑赏无私，敢犯颜直谏。上甚敬惮之，虽不合意，亦曲从之。

突厥默啜自则天世为中国患，朝廷旰食，倾天下之力不能克；郝灵

隐、卢从愿四人，称赞这四个人都是政治清明时期的杰出人才，认为他们的罪名很小，但是玄宗贬黜他们，造成的损失太大，恳请对他们垂赐怜悯和录用。玄宗极为赞同这一建议并予以采纳。十一月二十三日乙未，卢怀慎去世，家中没有多余的积蓄，只有老仆一人，请求把自己卖掉换钱为他治丧。

十一月二十四日丙申，玄宗命令尚书左丞源乾曜担任黄门侍郎、同平章事。

姚崇没有自己的住宅，寓居在罔极寺里，由于身患疟疾而向玄宗请假，玄宗多次派使者前去询问他的饮食起居情况，每天竟有几十次之多。源乾曜呈奏言事，每当他的回答符合玄宗旨意的，玄宗往往会说："这一定是姚崇的主意吧。"如果有时他的回答不符合玄宗的旨意，玄宗往往会说："你怎么不与姚崇商议一下呢？"源乾曜也常向玄宗谢罪，并承认确实是如此。每当遇到大事，玄宗就要命令源乾曜前往罔极寺向姚崇询问处理的办法。癸卯日，源乾曜请求将姚崇从罔极寺搬到中书省的四方馆，还准许其家属入馆照料他的疾病，玄宗同意了这一请求。姚崇认为四方馆内存放着官府的文书，不是病人居住的合适地方，因此执意不肯住进去。玄宗对他说："设置四方馆原本就是供官员使用的，我让您住在里面，为的是江山社稷。我恨不得能够把您请到宫禁里居住，您对此又有什么可推辞的呢？"

姚崇的两个儿子光禄少卿姚彝和宗正少卿姚异，广交宾客，接受了许多馈赠，遭到当时人们的讥讽。主书赵诲是姚崇的亲信，收受胡人的贿赂，事情败露，玄宗亲自审讯，关押狱中，应当处以死刑，姚崇反而进行营救，玄宗因此感到心情不愉快。恰巧赶上在京城长安赦免部分在押罪犯，玄宗在敕书中特地标出赵诲的名字，命令对他处以杖刑一百，并注明流放到岭南。姚崇因此而感到担心和恐惧，便多次请求罢免自己的宰相职位，举荐广州都督宋璟代替自己担任宰相。

十二月，玄宗打算前往东都，命令宋璟担任刑部尚书、西京留守，让他乘坐驿马迅速赶赴京城，并派遣内侍、将军杨思勖前去迎接。宋璟风度老成持重，令人莫测其高深，在赴京途中居然未曾与杨思勖交谈。杨思勖一向深受玄宗宠幸，返回朝廷后便向玄宗诉说，玄宗赞叹了好一会儿，对宋璟更加敬重。

十二月十四日丙辰，玄宗驾临骊山温泉；十二月二十三日乙丑，玄宗返回宫中。

闰十二月二十八日己亥，姚崇被罢免，改任开府仪同三司；源乾曜被罢免，改任京兆尹、西京留守。任命刑部尚书宋璟代理吏部尚书职务，兼任黄门监，还命令紫微侍郎苏颋担任同平章事。

宋璟担任宰相期间，致力于选拔人才，依据才能的不同授予相应的官位，使文武百官各称其职；宋璟施行赏罚不徇私情，也敢于向玄宗犯颜直谏。玄宗对他相当敬畏，即使遇到奏对不合己意的情况，也往往委屈自己而接受他的意见。

突厥可汗默啜自从武则天时期以来，一代一代都是唐朝的主要外患，朝廷为此

荃得其首，自谓不世之功。璟以天子好武功，恐好事者竞生心徼幸，痛抑其赏，逾年始授郎将；灵荃恸哭而死。

璟与苏颋相得甚厚，颋遇事多让于璟，璟每论事则颋为之助。璟尝谓人曰："吾与苏氏父子皆同居相府，仆射宽厚，诚为国器，然献可替否，吏事精敏，则黄门过其父矣。"

姚、宋相继为相，崇善应变成务，璟善守法持正；二人志操不同，然协心辅佐，使赋役宽平，刑罚清省，百姓富庶。唐世贤相，前称房、杜，后称姚、宋，他人莫得比焉。二人每进见，上辄为之起，去则临轩送之。及李林甫为相，虽宠任过于姚、宋，然礼遇殊卑薄矣。紫微舍人高仲舒博通典籍，齐澣练习时务，姚、宋每坐二人以质所疑，既而叹曰："欲知古，问高君，欲知今，问齐君，可以无阙政矣。"

辛丑，罢十道按察使。

旧制，六品以下官皆委尚书省奏拟，是岁，始制员外郎、御史、起居、遗、补不拟。

（以上为第十四段，写开元初贤相风采，姚崇与卢怀慎，宋璟与苏颋相继为相，和衷共济。）

五年（丁巳，717年）

春，正月，癸卯，太庙四室坏，上素服避正殿。时上将幸东都，以问宋璟、苏颋，对曰："陛下三年之制未终，遽尔行幸，恐未契天心，灾异为戒；愿且停车驾。"又问姚崇，对曰："太庙屋材，皆苻坚时物，岁久朽腐而坏，适与行期相会，何足异也！且王者以四海为家，陛下以关中不稔幸东都，百司供拟已备，不可失信；但应迁神主于太极殿，更修太庙，如期自行耳。"上大喜，从之。赐崇绢二百匹。己酉，上行享礼于太极殿，命姚崇五日一朝，仍入阁供奉，恩礼更厚，有大政辄访焉。右散骑常侍褚无量上言："隋文帝富有天下，迁都之日，岂取苻氏旧材以立太

忙得废寝忘食，竭尽了全国人力物力而未能获胜；大武军子将郝灵荃侥幸获得默啜的首级，便自以为立下了空前绝后的奇勋。宋璟认为皇帝推崇武力征战的功业，担心好事之徒会竞相萌生侥幸之心，便狠狠地压低了对郝灵荃的封赏，事过一年才授予他一个郎将的职位，郝灵荃伤心至极，痛哭身亡。

宋璟与苏颋通力合作、相处融洽，每当遇有事情，苏颋多让宋璟拿主意，宋璟每次发表什么议论，苏颋便为他提供襄助。宋璟曾经对人说过："我与苏颋父子都曾在相府任职，仆射苏瑰为人宽厚，实在是国家不可多得的人才，但是对具体建议的表态以及处理朝廷事务的精敏程度上，黄门苏颋则超过了他的父亲。"

姚崇和宋璟相继担任宰相，姚崇擅长于应付变故、成全事务；宋璟则擅长于严格执法、主持公道，二人的志向操守有所不同，却能够同心协力地辅佐玄宗，使得这一时期的赋役宽缓平均，刑罚清正简省，人民富庶。在唐代的贤相中，前可称许的有贞观朝的房玄龄和杜如晦，后可称许的有开元朝的姚崇和宋璟，其他的人则难以与这四个人相提并论。姚崇与宋璟每次进见时，玄宗往往要站起来迎接他们；离开时，玄宗便要亲自到殿前相送。后来李林甫当宰相时，虽然享有的恩宠和官位超过了姚崇和宋璟，但是他所得到的礼遇却特别卑薄。紫微舍人高仲舒博通典籍，齐澣则熟习时务，姚崇和宋璟每当遇到疑难问题，都要请高仲舒和齐澣坐下征询意见，得到答复后便感叹道："想了解往古，便向高君请教；想知道当今，便向齐君请教，这样就可以使政事没有缺失了！"

闰十二月三十日辛丑，朝廷废止十道按察使。

旧制规定：六品以下职事官的任命，均由尚书省拟定呈奏皇帝，自此年起，玄宗颁布了诏命，六品以下的员外郎、御史、起居、拾遗、补阙等官吏的任免便不再由尚书省奏拟，而由玄宗亲自任命。

唐玄宗开元五年（丁巳，717 年）

春季，正月初一日癸卯，太庙中有四室损坏，唐玄宗为此身着丧服，离开正殿，到别殿受朝理事。当时玄宗正打算前往东都洛阳，便向宋璟和苏颋征询意见，两人回答道："陛下三年的丧期未守完，便急忙前往东都，恐怕不符合天意，灾变凶兆就是警戒的信号，希望陛下暂停巡幸东都的计划。"唐玄宗又去征询姚崇的意见，姚崇回答道："太庙房屋的木材，还都是三百多年前前秦皇帝苻坚时候的东西，只是由于年久腐朽而损坏，碰巧与陛下的行期相合而已，怎么值得视为灾异呢？况且帝王以四海为家，陛下因关中粮食歉收的缘故而出巡东都，有关官署已经准备了一切供给，陛下不可失信，只是应当把祖宗神主迁往太极殿中，并且重新整修太庙，陛下自己

庙乎！此特谀臣之言耳。愿陛下克谨天戒，讷忠谏，远谄谀。”上弗听。

辛亥，行幸东都。过崤谷，道隘不治；上欲免河南尹及知顿使官，宋璟谏曰：“陛下方事巡幸，今以此罪二臣，臣恐将来民受其弊。”上遽命释之。璟曰：“陛下罪之，以臣言而免之，是臣代陛下受德也；请令待罪朝堂而后赦之。”上从之。

二月，甲戌，至东都，赦天下。

奚、契丹既内附，贝州刺史宋庆礼建议，请复营州。三月，庚戌，制复置营州都督于柳城，兼平卢军使，管内州县镇戍皆如其旧，以太子詹事姜师度为营田、支度使，与庆礼等筑之，三旬而毕。庆礼清勤严肃，开屯田八十余所，招安流散，数年之间，仓廪充实，市里浸繁。

夏，四月，甲戌，赐奚王李大酺妃辛氏号固安公主。

己丑，皇子嗣一卒，追立为夏王，谥曰悼。嗣一母武惠妃，攸止之女也。

突骑施酋长左羽林大将军苏禄部众浸强，虽职贡不乏，阴有窥边之志。五月，十姓可汗阿史那献欲发葛逻禄兵击之，上不许。

初，上微时，与太常卿姜皎亲善，及诛窦怀贞等，皎预有功，由是宠遇群臣莫及，常出入卧内，与后妃连榻宴饮，赏赐不可胜纪。弟晦，亦以皎故累迁吏部侍郎。宋璟言皎兄弟权宠太盛，非所以安之，上亦以为然。秋，七月，庚子，以晦为宗正卿，因下制曰：“西汉诸将，以权贵不全；南阳故人，以优闲自保。皎宜放归田园，散官、勋、封皆如故。”

则如期东行罢了！”唐玄宗听了非常高兴，便接受了姚崇的意见，还赏赐了他二百匹绢帛。正月初八日己酉，唐玄宗在太极殿举行祭祀大礼，并命令姚崇五日朝见一次，仍像以往站在内殿供奉班中参见，对姚崇的恩赐礼遇也更加丰厚，遇有大政便要向他征求意见。右散骑常侍褚无量进言说：“隋文帝富有天下，迁都时难道需要用几百年前苻坚的旧材来修建太庙！这种建议只不过是阿谀谄媚之臣的言辞而已。希望陛下能够慎重对待上天的警戒，听取忠臣的规劝，疏远小人的谄媚。”唐玄宗没有采纳他的意见。

正月初十日辛亥，玄宗前往东都，车驾驶过崤谷的时候，发现沿途道路狭隘却没有得到很好的整治，玄宗便打算撤销河南尹及主管巡幸事务的知顿使的官职。宋璟劝谏道：“陛下正在巡幸的路途中，眼下只凭这点失误就加罪这两位官员，臣担心将来百姓要承受由此带来的弊端。”玄宗听后立刻下令把他们释放。宋璟又说道：“陛下加罪于他们，又由于臣的一句话而免除了对他们的处罚，这是要让臣代替陛下领受他们的感激之情；臣请求陛下命令他们到朝堂来听候治罪，然后再予以赦免。”玄宗采纳了他的建议。

二月初三日甲戌，唐玄宗一行抵达东都，大赦天下。

奚、契丹二族归附朝廷之后，贝州刺史宋庆礼建议朝廷恢复营州建置。三月初十日庚戌，玄宗颁诏命，重新在柳城设置营州都督，兼平卢军使，境内所辖州县镇戍均与原来所设相同；又任命太子詹事姜师度担任营田、支度使，与宋庆礼等共同主持修筑营州城，经过三十天城池竣工。宋庆礼清正勤勉而威严庄重，共开屯田八十余处，招抚安置流民，仅在几年时间之内，就使仓库储备充实，市镇里巷逐渐繁荣起来。

夏季，四月初五日甲戌，朝廷将奚王李大酺之妃辛氏赐号为固安公主。

四月二十日己丑，皇子李嗣一去世，追立他为夏王，赠谥号为悼。李嗣一的母亲武惠妃是武攸止的女儿。

突骑施酋长左羽林大将军苏禄的部众逐渐强大，虽然对朝廷的进贡没有短少，但是内心里已经萌发了窥伺唐朝边境的意图。五月，十姓可汗阿史那献请求调集葛逻禄部落的军队进攻苏禄，玄宗没有批准。

当初，唐玄宗地位尚未显耀时，与太常卿姜皎过从甚密，直到诛杀窦怀贞等人时，姜皎参与此事立有功劳，因此所享有的恩宠礼遇超过了群臣，他经常出入玄宗的卧室，还可以与后妃同席聚会饮酒，所获得的赏赐不可胜数。姜皎的弟弟姜晦，也由于姜皎的缘故而逐渐被提升为吏部侍郎。宋璟指出姜皎兄弟的权势太大，这不是安置他们的恰当方式，玄宗也认为这一看法很有道理。秋季，七月初三日庚子，玄宗命令姜晦担任宗正卿，就此颁布诏命说：“西汉高祖时的开国将领，由于权贵太

壬寅，陇右节度使郭知运大破吐蕃于九曲。

安西副大都护汤嘉惠奏突骑施引大食、吐蕃，谋取四镇，围钵换及大石城，已发三姓葛逻禄兵与阿史那献击之。

并州长史张嘉贞上言："突厥九姓新降者，散居太原以北，请宿重兵以镇之。"辛酉，置天兵军于并州，集兵八万；以嘉贞为天兵军大使。

（以上为第十五段，写关西欠收，唐玄宗就食东都，其时唐朝国力盛强，玄宗加固边防，在东北复置营州，西破吐蕃与突骑施，又置重兵于并州北防突厥。）

太常少卿王仁惠奏则天立明堂不合古制；又，明堂尚质，而穷极奢侈，密迩宫掖，人神杂扰。甲子，制复以明堂为乾元殿，冬至、元日受朝贺，季秋大享，复就圜丘。

九月，中书、门下省及侍中皆复旧名。

贞观之制，中书、门下及三品官入奏事，必使谏官、史官随之，有失则匡正，美恶必记之；诸司皆于正牙奏事，御史弹百官，服豸冠，对仗读弹文；故大臣不得专君而小臣不得为谗慝。及许敬宗、李义府用事，政多私僻，奏事官多俟仗下，于御坐前屏左右密奏，监奏御史及待制官远立以俟其退；谏官、御史皆随仗出，仗下后事，不复预闻。武后以法制群下，谏官、御史得以风闻言事，自御史大夫至监察得互相弹奏，率以险诐相倾覆。及宋璟为相，欲复贞观之政，戊申，制："自今事非的须秘密者，皆令对仗奏闻，史官自依故事。"

冬，十月，癸酉，伊阙人孙平子上言："《春秋》讥鲁跻僖公；今迁中宗于别庙而祀睿宗，正与鲁同。兄臣于弟，犹不可跻，况弟臣于兄，可跻之于兄上乎！若以兄弟同昭，则不应出兄置于别庙。愿下群臣博议，迁中宗入庙。"事下礼官，太常博士陈贞节、冯宗、苏献议，以为："七代之庙，不数兄弟。殷代或兄弟四人相继为君，若数以为代，则无祖祢之察矣。今睿宗之室当亚高宗，故为中宗特立别庙。中宗既升新庙，睿

重而没能保全身家性命；东汉光武帝时的南阳故旧，则由于悠闲无争而长保富贵福禄。姜皎也应放归到自家的田园中去，他原有的散官、勋阶和封号均予以保留。”

七月初五日壬寅，陇右节度使郭知运在九曲之地大败吐蕃军队。

安西都护府副大都护汤嘉惠上奏，声称突骑施招引大食、吐蕃，图谋夺取安西四镇，而且包围了钵换和大石城，现在征调三姓葛逻禄的军队与十姓可汗阿史那献一同攻击他们。

并州长史张嘉贞上奏：“新近降附的突厥九姓部众，散居在太原以北一带，请求朝廷在此地驻扎重兵以镇抚他们。”七月二十四日辛酉，朝廷在并州设置天兵军，共调集了八万人马，命令张嘉贞担任天兵军大使。

太常寺少卿王仁惠上奏声称武则天所立明堂不符合古制，而且明堂所崇尚的是质朴，现在却是穷奢极侈，又靠近宫禁，神明与俗人互相混杂滋扰。七月二十七日甲子，颁布诏命，再次把明堂改为乾元殿，玄宗每年冬至和正月初一在此接受群臣朝贺，每年农历九月的大享礼再到圜丘去举行。

九月，朝廷恢复中书省、门下省及门下省侍中的原有名称。

贞观时的制度：中书省、门下省以及三品官入朝奏事，须指派谏官、史官随同，如果有过失则予以匡正，无论善恶一律记录在册；各官署奏事全都在正衙，御史劾奏百官时，必须头戴獬豸冠，面对着皇帝的仪仗宣读弹劾的奏表。因此大臣无法独自面对君王，小臣也难以进谗使坏。到了许敬宗、李义府专权时，朝廷大政多在无人之处私下处理，官员奏事大多是等待仪仗撤下之后，屏退左右，在皇帝御座之前秘密陈奏，监察御史和待制官只能远远侍立以等待奏事的大臣退下；谏官和御史一概随同皇帝仪仗一道退出，至于仪仗撤离以后所发生的事，不再能参与听取。武则天以法度制约臣下，谏官和御史仅能凭传闻奏事，从御史大夫到监察御史的言官们之间也可以互相劾奏，大略都是以邪恶不正之辞彼此倾轧。宋璟担任宰相之后，打算恢复贞观时期所奉行的制度。九月十二日戊申，玄宗颁布诏书：“从今以后，凡事情如不是必须密奏的，一律在仪仗前奏闻，史官也要依照贞观时的规定履行职责。”

冬季，十月初七日癸酉，伊阙人孙平子上奏说：“《春秋》曾讥讽鲁文公把其父鲁僖公之位升到闵公之上为非礼；而今陛下为了在太庙中祀奉睿宗便把中宗神主迁往别庙，实质上与鲁国之君的做法完全相同。即使哥哥已成为弟弟的臣子尚且不能如此，何况睿宗曾经是其兄中宗的臣子，又怎能位居中宗之上呢！假如说这是由于中宗、睿宗兄弟二人均系昭位的缘故，那么也不应当把兄长的神位迁往别庙里供奉。希望陛下能把此事交给群臣广泛议论，把中宗的神主迁回太庙。”玄宗把此事交付执

宗乃祔高宗，何尝跻居中宗之上？而平子引跻僖公为证，诬罔圣朝，渐不可长。”时论多是平子，上亦以为然，故议久不决。苏献，颋之从祖兄也，故颋右之。卒从礼官议。平子论之不已，谪为康州都城尉。

新庙成。戊寅，神主祔庙。

上命宋璟、苏颋为诸皇子制名及国邑之号，又令别制一佳名及佳号进之。璟等上言：“七子均养，著于《国风》。今臣等所制名号各三十余，辄混同以进，以彰陛下覆焘无偏之德。”上甚善之。

十一月，丙申，契丹王李失活入朝。十二月，壬午，以东平王外孙杨氏为永乐公主，妻之。

秘书监马怀素奏：“省中书散乱讹缺，请选学术之士二十人整比校补。”从之。于是搜访逸书，选吏缮写，命国子博士尹知章、桑泉尉韦述等二十人同刊正，以左散骑常侍褚无量为之使，于乾元殿前编校群书。

（以上为第十六段，写唐玄宗重建太庙，朝议制度恢复贞观遗风。）

掌礼仪的官员商议，太常博士陈贞节、冯宗、苏献经过议论后认为：“在共有七代君主神位的太庙里，不是以兄弟来计算世代的。商朝有时是兄弟四人相继为君，如果以兄弟的数目来计算世代，也就没有祖父之祭和父亲之祭了。现在睿宗神位应当次于高宗神位，因此为中宗神主特立别庙祀奉。在中宗神主升入新庙之后，睿宗神主才迁入太庙祔于高宗，何尝是升到中宗之上呢？而孙平子引用春秋时期鲁僖公之位居于闵公之上为口实，诬罔圣朝，这种苗头不可让它发展。”当时人们的意见大多是肯定孙平子的，玄宗也是这样看的，所以争论长期迁延不决。苏献是宰相苏颋的同从祖兄长，所以苏颋庇护苏献。最终还是接受了苏献等礼官的意见。孙平子还是没完没了地议论此事，被贬谪为康州都城尉。

新太庙落成。十月十二日戊寅，将睿宗的神主迁入太庙受享。

唐玄宗命令宋璟和苏颋为各位皇子及其所受封的国邑取名定号，又命令他们二人另外再取一个佳名和佳号进呈。宋璟等人说道：“对所生七子平等供养，是载于《诗经·国风》的典故。现在臣等所取定的名号各有三十余个，便一概混同进呈，以彰明陛下如天覆盖，不偏不倚的恩德。”玄宗十分赞赏这一意见。

十一月，丙申［己亥］，契丹王李失活入朝进谒玄宗。十二月十七日壬午，封东平王李续的外孙女杨氏为永乐公主，并把她许配给李失活为妻。

秘书监马怀素向皇帝呈奏道：“三省所藏典籍散乱讹误缺失的现象十分严重，希望陛下选择二十位学者予以整理、编排、校订、补辑。”玄宗表示赞同。于是下令搜寻访求散佚的典籍，并挑选官吏重新缮写，下令国子博士尹知章、桑泉尉韦述等二十人共同校对订误，并命令左散骑常侍褚无量担任主持此事的专使，在乾元殿殿前编纂校定各类文献典籍。

【点评】

唐玄宗兴起开元之政。唐玄宗是中国历史上屈指可数的明君之一，他带来了开元盛世。唐玄宗执政四十四年，本卷所载是开元初四年史事，唐玄宗励精图治，开了一个好头，四年间扭转了社会风气，奠定了开元盛世的基础。本卷从明君、贤臣、史家评论三个方面点评唐玄宗执政初期的政绩。

一、明君。唐玄宗李隆基，于先天元年（712），二十八岁时登基。这正是一个有志青年奋发之时，唐玄宗即帝位，可以说是受命于危难之际，他是在韦皇后乱政之时，在连续的宫廷政变中，被历史推上了政治舞台。他的权力来之不易。武则天革命后，中宗、睿宗继之，但武家班、韦家班势力尚存，还有一个太平公主权势在握，唐玄宗在相继乱政之后接掌政权，如何振兴李唐王朝，任务十分艰巨。唐玄宗干得很出色，在短短的四年中，唐政权恢复了贞观遗风，政治走上了正轨，出现了开元新气象。唐玄宗励精图治，表现出明君的风采，在开元初做出了以下八个方面的贡献。其一，任用贤相。初任首辅为姚崇，卢怀慎佐之；继任宋璟，苏颋佐之。唐制，宰相多位，唐玄宗主要倚重的是姚崇、宋璟。姚崇与卢怀慎，宋璟与苏颋，和睦共事，政令统一，且得到很好的执行。其二，纳谏。能否纳谏，是一个明君最重要的标志。唐玄宗精通音律，爱好流行歌曲，设置左右教坊，亲自教授曲律于梨园，组建了一支几百人的乐队，号称“皇帝梨园弟子”。唐玄宗被后世奉为梨园之祖，即始于此。流行歌曲被称为靡靡之音，与传统国家太常所掌雅乐不相容。礼部侍郎张廷珪、酸枣尉袁楚客等上疏谏劝，认为皇帝不应悦郑音，好游猎。唐玄宗没有采纳，但嘉奖他们直言。凡军国大政，大臣所言得当，唐玄宗皆一一采纳。其三，明法，惩治亲贵。薛王李业，唐玄宗之弟，其舅王仙童侵暴百姓，受到御史的弹劾。李业出面说情，唐玄宗不许，王仙童受到惩治，从此，贵戚们有所收敛。唐玄宗王皇后的妹夫尚衣奉御长孙昕，以私怨殴打御史大夫李杰，李杰上诉，唐玄宗在朝堂上杖杀长孙昕，向百官道歉。唐玄宗之兄申王李成义，替自己的下属、亲王府录事阎楚珪要官，升为府参军。录事，从九品，流外官；府参军，正七品，职事官，可以说是一件小事，唐玄宗已经允许了。宰相姚崇、卢怀慎上疏谏，不能开请托之门，败坏纲纪，唐玄宗收回成命，由此，请谒不行。其四，倡导节俭。开元二年七月十日，唐玄宗下诏，倡导节俭，说：“乘舆服御、金银器玩，宜令有司销毁，以供军国之用。”又令：“后妃以下，皆毋得服珠玉锦绣。”同时裁撤了两京的织锦坊。唐玄宗还纳谏改过，放飞了禁苑中的珍禽，停止到师子国，即今斯里兰卡购买海珠、医药。其五，停建寺观，沙汰伪妄的天下僧尼，一万二千多人还俗。其六，整肃武韦余党，消除武韦遗留的影响。唐玄宗禁锢了武后的酷吏周利贞等十三人，罢了他们的官，终身不用。销毁为武则天颂功德的天枢、颂韦皇后功德的石台。重建太庙，恢复贞

观遗风。其七，强化边防。东置幽州节度使、西置陇右节度使以御边。发兵大破吐蕃与突骑施。又置重兵于并州北防突厥。边防巩固，为开元之治的发展创造了和平的环境。其八，礼儒。宰相卢怀慎荐太常卿马怀素、右散骑常侍褚无量，更日进宫为唐玄宗侍读。玄宗待以师傅之礼，亲自送师。此时的唐玄宗重现唐太宗的明君风采，是开元中兴的根本保证。

二、贤臣。明君望治，贤臣辈出。开元初姚崇、卢怀慎、宋璟、苏颋四相，清廉抗直，守正敢为，为开元盛世的贤臣做出了榜样。首先，诸贤和衷共济，为君肱股，政令得以有效地贯彻执行。卢怀慎的虚怀与雅量，得到了司马光的高度评价。卢怀慎清谨俭素，不营资产，虽贵为卿相，妻子不免饥寒，居室不蔽风雨。他的俸禄，大部分发放给亲故。卢怀慎死后，家无余财，只有一个家奴老翁，愿意自卖换丧葬费。卢怀慎以品德厚重被唐玄宗任用为相，他缺乏行政才能，不能独立办公，时人戏称他为“伴食宰相”。卢怀慎贵有自知之明，尽力辅助姚崇，甘当副手。其次，姚宋当政，敢于坚持原则，犯颜直谏，严格执法，杜绝请谒，惩贪与沙汰冗官，不避贵戚，毫不手软。再次，姚宋不从落后时俗，关怀民生。开元初，山东、河南连年闹蝗灾，姚崇严令地方官组织民众捕杀。当时习俗，认为蝗虫是上天谴责人间的灾害，不可捕杀。汴州刺史倪若水就拒不执行，说：“蝗乃天灾，宜修德以禳之。”姚崇针锋相对地回答说：“如果修德可免，那说明你没有德政。”倪若水才不敢违抗。多数人认为蝗虫太多，没法杀灭，甚至宰相卢怀慎也说：“杀蝗虫太多，要伤和气。”姚崇驳斥说：“不忍杀蝗，难道让人饿死是不伤和气吗？若果杀蝗有祸，我姚崇一人承当。”唐玄宗支持姚崇。于是一场全民杀蝗的运动开展起来。尽管连年蝗灾，但没有酿成大灾，百姓赖以存活。姚崇杀蝗，也是一场移风易俗的运动。贤相心里装着百姓，关心民生，社会自然和谐，天下也必然大治。

三、史家评论。本卷有三条“臣光曰”的史论，值得点评。第一条是对唐玄宗刻厉节俭的评论。司马光感叹唐玄宗晚节不保，崇尚奢靡。司马光号召做好事的人，要牢记《诗经》的教导：“靡不有初，鲜克有终。”

司马光的第二条评论是批评唐玄宗与姚崇的。开元二年（714），九月发生日食，太子宾客薛谦光献武后所制《豫州鼎铭》，内有“上玄降鉴，方建隆基”两句话。文中的“隆基”与唐玄宗名隆基相合，应该是偶然的巧合，姚崇特为之上表庆贺，说成是唐玄宗得到受命的祥瑞和符应。姚崇还请求宣示史官，载入史册，颁告中外。司马光对此提出批评，说唐玄宗与姚崇君臣相贺是在诬天，而姚崇更是上诬天，下侮其君，很是痛惜一个明君、一个贤相有这样的举动。司马光的批评是中肯的，唐玄宗与姚崇都有历史局限性。明君与贤臣都不是完人。

司马光的第三条评论是赞美卢怀慎甘当副手的谦虚与雅量。有人认为，卢怀慎

没有什么值得赞美的。卢怀慎把俸禄分给亲故，让自己的老婆孩子忍受饥饿，是一个不负责任的丈夫和父亲，甚至是一个沽名钓誉者，隐藏更大私心的小人，批评司马光没有是非，大概是为他反对改革的保守主义辩护吧！我们不能赞同这一观点。如果是用他山之石攻玉，可以理解，但用以批评卢怀慎与司马光，那就过了头。唐玄宗说得很清楚，用姚崇的才能办事，用卢怀慎的品德压阵，要他助成姚崇治政。卢怀慎让妻儿挨饿，是有些过分，但他绝不是做给人看的。因他死无余财，连丧葬费都没有，说明他一辈子都甘居清廉。年轻时作秀给别人看是为了爬升，直到老死都在坚持，作秀给谁看呢？说他是“伴食宰相”，带有善意的嘲讽，只是说他没主见，并无尸位素餐之意。卢怀慎坚持原则，是非分明，时常上表唐玄宗，提批评，提建议，并不是一个“饭桶”。唐玄宗和司马光对他的评价是中肯的。卢怀慎的行为品德，在当时贪赃与奢侈风气下，是正直清廉的一个榜样，是人们的一面镜子，不应当否定。

唐纪二十八

唐玄宗开元六年至十三年（718—725年）

【起著雍敦牂（戊午，718年），尽旃蒙赤奋若（乙丑，725年），凡八年】

【大事提要】

本卷记事起公元718年，讫公元725年，凡八年，当唐玄宗开元六年到开元十三年。此时期沿袭开元初君臣精心治国的政治风气。宋璟、张嘉贞、源乾曜、张说相继为相，坚持用人为贤，玄宗与众相慎选举，绝不滥任官职，杜绝奸巧仕进。开元十三年（725）唐玄宗疑心吏部选举不公，亲任主考。吴兢上奏，皇帝亲任主考，不合制度，第二年取消了，但表明此时唐玄宗求贤的决心。唐玄宗检括户口，加强对流民的管制。唐玄宗敬畏天变，不妄杀，不擅改礼仪。宋璟治反狱，只诛首恶。唐玄宗惩治贪官，从重从速。宰相张嘉贞因其弟贪赃受株连而罢相。玄宗严禁诸王与百官交结。驸马裴虚己尚睿宗女霍国公主，开元八年（720）裴虚己与岐王李范游宴，被流放新州，迫使公主离婚。开元十年（722）下敕重申宗室、外戚、驸马没有至亲关系不得交往。开元十三年，唐玄宗敕令禁锢武周时期酷吏子孙。是年上泰山封禅，祭天称成功。此时期仍有边患，突厥、契丹大败唐军。兰池州夷人叛乱。

【原文】

玄宗至道大圣大明孝皇帝上之下

开元六年（戊午，718 年）

春，正月，辛丑，突厥毗伽可汗来请和；许之。

广州吏民为宋璟立遗爱碑。璟上言："臣在州无他异迹，今以臣光宠，成彼谄谀；欲革此风，望自臣始，请敕下禁止。"上从之。于是他州皆不敢立。

辛酉，敕禁恶钱，重二铢四分以上乃得行。敛人间恶钱熔之，更铸如式钱。于是京城纷然，卖买殆绝。宋璟、苏颋请出太府钱二万缗置南北市，以平价买百姓不售之物可充官用者，及听两京百官豫假俸钱，庶使良钱流布人间，从之。

二月，戊子，移蔚州横野军于山北，屯兵三万，为九姓之援；以拔曳固都督頡质略、同罗都督毗伽末啜、霫都督比言、回纥都督夷健頡利发、仆固都督曳勒歌等各出骑兵为前、后、左、右军讨击大使，皆受天兵军节度。有所讨捕，量宜追集；无事各归部落营生，仍常加存抚。

三月，乙巳，征嵩山处士卢鸿入见，拜谏议大夫；鸿固辞。

天兵军使张嘉贞入朝，有告其在军奢僭及赃贿者，按验无状；上欲反坐告者，嘉贞奏曰："今若罪之，恐塞言路，使天下之事无由上达，愿特赦之。"其人遂得减死。上由是以嘉贞为忠，有大用之意。

有荐山人范知璿文学者，并献其所为文，宋璟判之曰："观其《良宰论》，颇涉佞谀。山人当极言谠议，岂宜偷合苟容！文章若高，自宜从选举求试，不可别奏。"

夏，四月，戊子，河南参军郑铣、朱阳丞郭仙舟投匦献诗，敕曰："观其文理，乃崇道法；至于时用，不切事情。宜各从所好。"并罢官，

【语译】

玄宗至道大圣大明孝皇帝上之下

唐玄宗开元六年（戊午，718 年）

春季，正月初六日辛丑，突厥毗伽可汗来求和，唐玄宗予以同意。

广州的吏民替宋璟立了座遗爱碑。宋璟向玄宗进奏说："臣担任广州都督期间并无其他优异的政绩，因为臣现在地位显耀、深得宠信，造成那些人如此献媚；要革除这种不良的风气，希望从臣这件事开始，请求陛下颁敕禁止。"唐玄宗接受了他的建议。于是其他各州都不敢再为宰相树立石碑。

正月二十六日辛酉，唐玄宗颁布敕命禁止质地粗劣的私铸钱在世面上流通，规定重量在二铢四分以上的钱币才可以流通使用。又命令收缴民间的劣质钱，经熔炼之后重新铸成合于规范的钱币。于是引起京师一片纷扰，以至于各种交易几乎中止。宋璟、苏颋请求拨出太府储备中的二万缗钱来开设南北两市，用于向百姓平价收购那些可供官府之用的滞销物品，以及允许东西两京文武百官从中预支官俸，就能使优质的钱币在民间流通使用了。玄宗听从了他们的建议。

二月二十三日戊子，朝廷将蔚州横野军驻地移往山北，并屯兵三万作为突厥九姓的后援；命令拔曳固都督颉质略、同罗都督毗伽末啜、霫都督比言、回纥都督夷健颉利发、仆固都督曳勒歌等各自统率所部骑兵为前、后、左、右军讨击大使，均受天兵军调度指挥。遇到讨伐追捕之事时，便根据形势需要征发集结；时局稳定时，便各自回归部落从事生产，朝廷对他们还常加存问抚慰。

三月初十日乙巳，唐玄宗征召嵩山处士卢鸿入朝，任命他为谏议大夫；卢鸿坚决推辞。

天兵军大使张嘉贞入朝参见玄宗，有人告发他在军中有奢侈僭越以及贪污受贿的行为，而经过讯问审查之后发现并没有证据。玄宗打算将告发者反坐治罪，张嘉贞向玄宗上奏说："倘若陛下现在把告发我的人治罪，恐怕会堵塞向朝廷进言的途径，使得天下的事情无从上达朝廷，因此臣希望给予此人特别赦免。"于是这个人得以被减罪免除死刑。玄宗也因此认为张嘉贞是忠于朝廷的，有重用他的意思。

有人推荐隐士范知璿有文学才能，并且进献了他所撰写的文章。宋璟对其文章的评语写道："看了他所作的《良宰论》，内容颇有佞谄阿谀的成分。隐士本应尽力发表公正无私的议论，怎么可苟且迎合取悦于人呢？倘若他的文章真是很高明，本来应当通过科举应试，不可采用别的途径奏进。"

夏季，四月二十四日戊子，河南府参军郑铣、朱阳县丞郭仙舟投献诗章在建议箱子中，玄宗颁下敕命说："根据他们进献诗文的文理来看，完全是推崇道家的教

度为道士。

五月，辛亥，以突骑施都督苏禄为左羽林大将军、顺国公，充金方道经略大使。

契丹王李失活卒，癸巳，以其弟娑固代之。

秋，八月，颁乡饮酒礼于州县，令每岁十二月行之。

唐初，州县官俸，皆令富户掌钱，出息以给之；息至倍称，多破产者。秘书少监崔沔上言，请计州县官所得俸，于百姓常赋之外，微有所加以给之。从之。

冬，十一月，辛卯，车驾至西京。

戊辰，吐蕃奉表请和，乞舅甥亲署誓文；又令彼此宰相皆著名于其上。

宋璟奏："括州员外司马李邕、仪州司马郑勉，并有才略文词，但性多异端，好是非改变；若全引进，则咎悔必至，若长弃捐，则才用可惜，请除渝、硖二州刺史。"又奏："大理卿元行冲素称才行，初用之时，实允佥议；当事之后，颇非称职，请复以为左散骑常侍，以李朝隐代之。陆象先闲于政体，宽不容非，请以为河南尹。"从之。

（以上为第一段，写张嘉贞、宋璟公忠体国的风采。张嘉贞不报私恨，宋璟荐贤才而杜绝奸巧仕进。）

七年（己未，719年）

春，二月，俱密王那罗延、康王乌勒伽、安王笃萨波提皆上表言为大食所侵掠，乞兵救援。

敕太府及府县出粟十万石粜之，以敛人间恶钱，送少府销毁。

三月，乙卯，以左武卫大将军、检校内外闲厩使、苑内营田使王毛仲行太仆卿。毛仲严察有干力，万骑功臣、闲厩官吏皆惮之，苑内所收常丰溢。上以为能，故有宠。虽有外第，常居闲厩侧内宅，上或时不见，则悄然若有所失；宦官杨思勖、高力士皆畏避之。

义；至于拿来经世致用，却不能切合实际。应该顺随他们各自的爱好。”于是把二人一同罢免，度为道士。

五月十八日辛亥，朝廷任命突骑施都督苏禄担任左羽林大将军，封为顺国公，派遣他充任金方道经略大使。

契丹王李失活去世。癸巳日，他的弟弟娑固接替他为契丹王。

秋季，八月，朝廷在各州县颁布乡饮酒礼，下令乡饮酒礼在每年的十二月份举行。

唐初州县官的俸禄，都是指派当地富户掌握本金用利息支付的，由于所定利息高出一倍，因而有许多人倾家荡产。秘书少监崔沔进言，建议总计州县官吏应得俸禄的数量，在百姓日常赋税之外稍微增加一些，用来提供州县官的俸禄。玄宗采纳了他的主张。

冬季，十一月初一日辛卯，玄宗抵达西京长安。

戊辰日，吐蕃赞普进表请求和解，希望双方按舅甥的名分亲自签署誓约，并且要让两国宰相也在誓约上署名。

宋璟上奏说：“括州员外司马李邕和仪州司马郑勉二人，均有才能、谋略、文学、词章，但是二人思想中又多有异端妄念，好拨弄是非以及改易变动。假如都委以要任，定会使过失和懊悔一同到来，但若是长期闲置不用，则他们的才能不能发挥实在可惜。请求陛下把他们分别任命为渝、硖二州刺史。”宋璟还上奏说：“大理寺卿元行冲一向以才能品行被人称道，上任初期所作所为也确实符合舆论，但在主持事务之后，却相当不称职，请求再次任命为左散骑常侍，下令由李朝隐代他担任大理寺卿之职。陆象先熟悉政务的要领，为政宽缓而不容恶行，请陛下任命他为河南尹。”玄宗对这些建议都表示同意。

唐玄宗开元七年（己未，719 年）

春季，二月，西域的俱密王那罗延、康王乌勒伽、安王笃萨波提都向皇帝进表，报告受到大食军队的侵扰劫掠，请求朝廷派兵救援。

唐玄宗颁下敕书命令太府和京兆府京县、畿县拿出十万石粟出售，用来收缴民间的劣质铜钱，送交少府销毁。

三月二十六日乙卯，唐玄宗任命左武卫大将军、检校内外闲厩使、苑内营田使王毛仲兼任太仆寺卿。王毛仲严厉精明而有魄力，万骑军里的有功之臣和闲厩官吏全部对他颇为畏惧，因而苑囿的收入往往很丰裕。唐玄宗认为他很有才干，因此王毛仲受到玄宗的宠爱。王毛仲虽然在禁苑之外有宅第，却常常住在闲厩一侧的内宅中，玄宗有时见不到他，就会默默不语而若有所失。宦官杨思勖和高力士均对他有

勃海王大祚荣卒；丙辰，命其子武艺袭位。

夏，四月，壬午，开府仪同三司祁公王仁皎薨。其子驸马都尉守一请用窦孝谌例，筑坟高五丈二尺；上许之。宋璟、苏颋固争，以为："准令，一品坟高一丈九尺，其陪陵者高出三丈而已。窦太尉坟，议者颇讥其高大，当时无人极言其失，岂可今日复踵而为之！昔太宗嫁女，资送过于长公主，魏徵进谏，太宗既用其言，文德皇后亦赏之，岂若韦庶人崇其父坟，号曰酆陵，以自速其祸乎！夫以后父之尊，欲高大其坟，何足为难！而臣等再三进言者，盖欲成中宫之美耳。况今日所为，当传无穷，永以为法，可不慎乎！"上悦曰："朕每欲正身率下，况于妻子，何敢私之！然此乃人所难言，卿能固守典礼，以成朕美，垂法将来，诚所望也。"赐璟、颋帛四百匹。

五月，己丑朔，日有食之。上素服以俟变，彻乐减膳，命中书、门下察系囚，赈饥乏，劝农功。辛卯，宋璟等奏曰："陛下勤恤人隐，此诚苍生之福。然臣闻日食修德，月食修刑；亲君子，远小人，绝女谒，除谗慝，所谓修德也。君子耻言浮于行，苟推至诚而行之，不必数下制书也。"

六月，戊辰，吐蕃复遣使请上亲署誓文；上不许，曰："昔岁誓约已定，苟信不由衷，亟誓何益！"

秋，闰七月，右补阙卢履冰上言："礼，父在为母服周年，则天皇后改服齐衰三年，请复其旧。"上下其议。左散骑常侍褚无量以履冰议为是；诸人争论，连年不决。八月，辛卯，敕自今五服并依《丧服传》文，然士大夫议论犹不息，行之各从其意。无量叹曰："圣人岂不知母恩之厚乎？厌降之礼，所以明尊卑、异戎狄也。俗情肤浅，不知圣人之心，一紊其制，谁能正之！"

所敬畏和回避。

渤海王大祚荣去世；三月二十七日丙辰，朝廷任命其子大武艺承袭王位。

夏季，四月二十四日壬午，开府仪同三司祈公王仁皎去世。他的儿子驸马都尉王守一请求援引窦孝谌的先例，营建五丈二尺高的坟墓，玄宗允诺了他的请求。宋璟、苏颋坚决反对这么做，他们认为："根据条令的规定，一品大臣的坟墓的高度为一丈九尺，其中埋葬在皇帝陵墓附近作为陪葬陵墓也不过高出三丈而已。窦太尉的坟墓，有人在议论时就讥刺过它的高大，不过是当时没有人透彻地谈到它的失当，现在怎么能跟着犯同样的错误呢！往年太宗皇帝将女儿长乐公主嫁出去的时候，嫁妆的规格超过了长公主，魏徵进言谏阻，太宗采纳了他的意见，文德皇后也赏赐了魏徵，哪里像韦庶人加高其父的坟墓，号称为酆陵，以至于自招灾祸呢？凭皇后之父的尊崇地位，如果打算把他的坟墓修筑得高大些，又是什么难事呢？臣等对此之所以再三进言谏阻，不过是想成就皇后的美名而已。况且陛下今日所作所为，会传为子孙后世代代永远遵守的法度，怎么能够不谨慎从事呢？"唐玄宗听了高兴地说道："我经常想要端正自身的言行举止来为下面的人作表率，何况对自己的妻子儿女，哪里敢有所偏爱呢？但这件事是人们难以说出口的，您二位能够严格按照礼制的规定办事，从而成就我的美德，并将作为规范传给子孙，这确实是我所期望的。"分别赏赐宋璟、苏颋绢帛四百匹。

五月初一日己丑朔，发生日食。玄宗身着素服，等待着意外之事的来临，并让人撤去乐舞，减少膳食，又命令中书、门下两省复察在押囚犯。开仓赈济饥民，勉励百姓勤于农事。五月初三日辛卯，宋璟等人上奏说："陛下尽心体恤民众苦衷，这实在是天下生灵的福分。但是臣听说天子在发生日食时应当修养德行，在发生月食时则应当整饬刑罚；亲近君子，疏远小人，堵塞妇人的请托干求，斥退进谗邪恶之人，就是我们所说的修德。君子把言行不一作为耻辱，倘若陛下出于至诚修德，就不必反复颁诏加以强调了。"

六月十一日戊辰，吐蕃再次派遣使者入朝，请求玄宗亲笔签署两国和解的誓约，玄宗没有答应，说："两国和解的盟约在去年就已经签署了，假如信条不是出自内心，多订几次誓约又能有什么裨益呢？"

秋季，闰七月，右补阙卢履冰进言："按礼制的规定，父在，子为亡母服一年丧，则天皇后却改为服丧三年，请求将此恢复为原有的规定。"唐玄宗把他的建议交给群臣讨论。左散骑常侍褚无量对卢履冰的主张表示赞同；大家对这一问题的争议，持续了多年都未有定论。八月初六日辛卯，玄宗颁布敕令，规定从此以后五服丧期均以《丧服传》的内容为准，然而士大夫之间还是对这个问题争论不休，在施行时还是各人按自己的意思办。褚无量不无感慨地说："圣人难道就不清楚慈母恩情的深

九月，甲寅，徙宋王宪为宁王。上尝从复道中见卫士食毕，弃余食于窦中，怒，欲杖杀之；左右莫敢言。宪从容谏曰："陛下从复道中窥人过失而杀之，臣恐人人不自安。且陛下恶弃食于地者，为食可以养人也；今以余食杀人，无乃失其本乎！"上大悟，蹶然起曰："微兄，几至滥刑。"遽释卫士。是日，上宴饮极欢，自解红玉带，并所乘马以赐宪。

（以上为第二段，写唐玄宗销毁恶钱，敬畏灾变，不妄杀，不擅改礼仪制度。）

冬，十月，辛卯，上幸骊山温汤；癸卯，还宫。

壬子，册拜突骑施苏禄为忠顺可汗。

十一月，壬申。上以岐山令王仁琛，藩邸故吏，墨敕令与五品官。宋璟奏："故旧恩私，则有大例，除官资历，非无公道。仁琛向缘旧恩，已获优改，今若再蒙超奖，遂于诸人不类；又是后族，须杜舆言。乞下吏部检勘，苟无负犯，于格应留，请依资稍优注拟。"从之。

选人宋元超于吏部自言侍中璟之叔父，冀得优假。璟闻之，牒吏部云："元超，璟之三从叔，常在洛城，不多参见。既不敢缘尊辄隐，又不愿以私害公。向者无言，自依大例，既有声听，事须矫枉；请放。"

宁王宪奏选人薛嗣先请授微官，事下中书、门下。璟奏："嗣先两选斋郎，虽非灼然应留，以懿亲之故，固应微假官资。在景龙中，常有墨敕处分，谓之斜封。自大明临御，兹事杜绝，行一赏，命一官，必是缘功与才，皆历中书、门下。至公之道，唯圣能行。嗣先幸预姻戚，不为屈法，许臣等商量，望付吏部知，不出正敕。"从之。

厚吗？之所以规定降低服丧规格的礼制，是因为要明确尊卑地位的差异，并以此与戎狄区别开来，常人的感情肤浅鄙陋，不能明白圣人制礼的用心，一旦造成服丧制度的紊乱，谁又能把它纠正过来呢？”

九月十九日甲寅，玄宗把宋王李宪改封为宁王。有一次玄宗在连接两座楼阁的通道中看到卫士饭后把吃剩的饭菜倒入坑穴中，因而动怒，打算把这个卫士用刑杖处死。玄宗身边的人没有谁敢出面说话的。李宪不紧不慢地规劝道：“陛下从阁楼通道上偷偷地发觉卫士的过失，就要将其处死，臣担心这么做会造成人人自危的局面。况且陛下憎恶他人把饭菜丢弃在地上，是由于饭菜是用来供人食用的，假如因为剩饭菜就要杀人，恐怕违背了陛下的本意吧！”玄宗恍然大悟急忙起身说道：“不是兄长的劝阻，几乎要滥用刑罚了。”说完赶忙释放了卫士。这一天，玄宗在宴席上极为高兴，亲自解下皇帝的红玉带，连同自己的坐骑一起赏赐给李宪。

冬季，十月初七日辛卯，唐玄宗驾临骊山温泉；十月十九日癸卯，返回宫中。

十月二十八日壬子，册封突骑施酋长苏禄为忠顺可汗。

十一月十八日壬申，唐玄宗因为岐山县令王仁琛曾经是自己作藩王时的王府故吏，便直接用墨敕将他擢升为五品官。宋璟上奏说：“陛下个人对故旧所能赐予的恩惠，在典章条例上有相应的规定；这些人任官的资历条件，也不是没有共同的标准。以往王仁琛由于陛下私恩的缘故已经从优变动了任命，而今如果再次受到破格提拔，就会与众人差别太大；况且王仁琛又是皇后家族的成员，陛下任命他时必须防止舆论的非议。臣请求把这件事交给吏部核查勘验，如果王仁琛没有过失罪愆，并且按法令规定应予留任，请按照他的资历略加优待，授予官职。”玄宗采纳了他的主张。

候选官员宋元超在吏部自称是侍中宋璟的叔父，希望能够得到从优录用。宋璟获悉此事后，给吏部送去文书说：“宋元超是我的堂叔父，由于他一直居住在洛城，因而平日较少前去参见。我既不敢因他是长辈便隐讳真情，又不愿因私事妨害公务。以往他没有说明这层关系，吏部自然可以照条例办事，现在既然有了这方面的传闻，那么这事就必须矫枉过正。我请求对他不予录用。”

宁王李宪奏称候补官薛嗣先请求授任一个小官。唐玄宗把此事交给中书省和门下省办理。宋璟进奏道：“薛嗣先曾两次被选拔任命为斋郎，虽说他并不是理所当然地应予留任，但考虑到他是皇亲的缘故，的确应当大小给予他一个官职。在景龙年间，皇帝经常颁下墨敕直接委任官职，这类人被称作斜封官。自从圣上即位以来，所有这些弊端均被禁绝，朝廷每颁赐一次封赏，每委任一名官吏，必定是由于这些人立有功劳，或者是凭借自己的才能，而且全都要经过中书、门下二省除授。像这样的极其公正的办法，唯有圣明君王才能真正施行。薛嗣先有幸成为陛下的姻亲，

先是，朝集使往往赍货入京师，及春将还，多迁官；宋璟奏一切勒还以革其弊。

是岁，置剑南节度使，领益、彭等二十五州。

（以上为第三段，写唐玄宗与宰相宋璟君臣皆不为亲故开脱或滥封官职。）

八年（庚申，720 年）

春，正月，丙辰，左散骑常侍褚无量卒。辛酉，命右散骑常侍元行冲整比群书。

侍中宋璟疾负罪而妄诉不已者，悉付御史台治之。谓中丞李谨度曰："服不更诉者出之，尚诉未已者且系。"由是人多怨者。会天旱有魃，优人作魃状戏于上前，问魃："何为出？"对曰："奉相公处分。"又问："何故？"魃曰："负冤者三百余人，相公悉以系狱抑之，故魃不得不出。"上心以为然。

时璟与中书侍郎、同平章事苏颋建议严禁恶钱，江、淮间恶钱尤甚，璟以监察御史萧隐之充使括恶钱。隐之严急烦扰，怨嗟盈路，上于是贬隐之官。辛巳，罢璟为开府仪同三司，颋为礼部尚书。以京兆尹源乾曜为黄门侍郎，并州长史张嘉贞为中书侍郎，并同平章事。于是弛钱禁，恶钱复行矣。

二月，戊戌，皇子敏卒，追立为怀王，谥曰哀。

（以上为第四段，写宋璟理政刚正，禁恶钱严急，招致怨望而被罢相。）

壬子，敕以役莫重于军府，一为卫士，六十乃免，宜促其岁限，使百姓更迭为之。

夏，四月，丙午，遣使赐乌长王、骨咄王、俱位王册命。三国皆在大食之西。大食欲诱之叛唐，三国不从，故褒之。

陛下并未为他损害制度，允许臣等商量此事，臣请求把此事交付吏部处理，不要颁下正式敕书来直接任命他。”玄宗表示接受。

在此之前，从各州前来的朝集使们往往携带很多贿赂进京，等到来年开春即将返回的时候，大多数的官职得到升迁；宋璟奏请将这些人一概勒令遣还以便革除这一弊端。

在这一年，朝廷设置剑南节度使，统辖益州、彭州等二十五州。

唐玄宗开元八年（庚申，720年）

春季，正月初三日丙辰，左散骑常侍褚无量去世。正月初八日辛酉，朝廷任命右散骑常侍元行冲主持整理编排各类典籍的事务。

侍中宋璟厌恶那些犯有罪过却没完没了地妄言上诉的人，便把这些人全部交给御史台治罪。他对御史中丞李谨度说道：“你可以把那些认罪服法不再上诉的人释放，把那些还在不停申诉的人暂时关押起来。”因此很多人怨恨他。正赶上天旱有旱鬼作怪，俳优戏子装扮成旱魃神模样在皇帝面前演戏，玄宗对“旱魃神”问道：“你为什么把灾害降临人间呢？”“旱魃神”回答说：“我是接受宰相的安排到人间来降灾的。”玄宗又问：“这是为什么？”“旱魃神”接着回答：“三百多名蒙冤者，宰相把他们全都关进监狱，使他们受到压抑，因此我不得不到人间示警。”唐玄宗内心对此表示赞同。

此时宋璟又和中书侍郎、同平章事苏颋一同建议严禁私铸的劣质钱流通，而江淮之间劣质钱泛滥的状况尤为严重，宋璟派遣监察御史萧隐之充当使者前去收缴劣质钱。萧隐之执法严厉，搅扰百姓，因而怨声载道，于是皇帝将萧隐之贬官。正月二十八日辛巳，玄宗把宋璟贬为开府仪同三司，把苏颋贬为礼部尚书，任命京兆尹源乾曜担任黄门侍郎，任命并州长史张嘉贞担任中书侍郎，二人均被任命为同平章事。从此朝廷废弛了对劣质钱的禁令，劣质钱再次流通起来。

二月十五日戊戌，皇子李敏去世，追立他为怀王，谥号为“哀”。

二月二十九日壬子，玄宗颁布敕令，认为百姓所承担的各种徭役之中，没有哪一种比军府之役更为沉重，一旦被征为卫士，就只有到六十岁才能解除兵役，应当缩短兵役年限，让百姓轮流充当军府卫兵。

夏季，四月二十四日丙午，朝廷派遣使者向乌长王、骨咄王、俱位王颁赐册命，这三个国家均在大食以西的地区。大食想引诱他们背叛唐朝，三国均未听从，因此

五月，辛酉，复置十道按察使。

丁卯，以源乾曜为侍中，张嘉贞为中书令。

乾曜上言：“形要之家多任京官，使俊乂之士沈废于外。臣三子皆在京，请出其二人。”上从之。因下制称乾曜之公，命文武官效之，于是出者百余人。

张嘉贞吏事强敏，而刚躁自用。中书舍人苗延嗣、吕太一、考功员外郎员嘉静、殿中侍御史崔训皆嘉贞所引进，常与之议政事。四人颇招权，时人语曰：“令公四俊，苗、吕、崔、员。”

六月，瀍、谷涨溢，漂溺几二千人。

突厥降户仆固都督勺磨及跌跌部落散居受降城侧，朔方大使王晙言其阴引突厥，谋陷军城，密奏请诛之。诱勺磨等宴于受降城，伏兵悉杀之，河曲降户殆尽。拔曳固、同罗诸部在大同、横野军之侧者，闻之皆恟惧。秋，并州长史、天兵节度大使张说引二十骑，持节即其部落慰抚之，因宿其帐下；副使李宪以虏情难信，驰书止之。说复书曰：“吾肉非黄羊，必不畏食；血非野马，必不畏刺。士见危致命，此吾效死之秋也。”拔曳固、同罗由是遂安。

冬，十月，辛巳，上行幸长春宫；壬午，畋于下邽。

上禁约诸王，不使与群臣交结。光禄少卿驸马都尉裴虚己与岐王范游宴，仍私挟谶纬；戊子，流虚己于新州，离其公主。万年尉刘庭琦、太祝张谔数与范饮酒赋诗，贬庭琦雅州司户，谔山茌丞。然待范如故，谓左右曰：“吾兄弟自无间，但趋竞之徒强相托附耳。吾终不以此责兄弟也。”上尝不豫，薛王业妃弟内直郎韦宾与殿中监皇甫恂私议休咎；事觉，宾杖死，恂贬锦州刺史。业与妃惶惧待罪，上降阶执业手曰：“吾若有心猜兄弟者，天地实殛之。”即与之宴饮，仍慰谕妃，令复位。

（以上为第五段，写源乾曜、张嘉贞拜相。张说以诚抚定突厥拔曳固、同罗部。玄宗禁诸王与群臣交结。）

朝廷予以褒奖。

五月初九日辛酉，朝廷再次设置十道按察使。

五月十五日丁卯，玄宗任命源乾曜担任侍中，任命张嘉贞担任中书令。

源乾曜上奏说："当今出身于权势之家的人大多担任京师之官，德贤才高之士不得志而在外地任职。臣的三个儿子都在京城做官，请求陛下把其中两个调出任地方官。"玄宗答应了他的请求。并借此机会颁布诏命称许源乾曜的公正无私，下令文武百官效仿他的做法，于是调离京师任职的达一百多人。

张嘉贞处理政务果断精明，但是性情急躁刚愎自用。中书舍人苗延嗣、吕太一，考功员外郎员嘉静和殿中侍御史崔训都是张嘉贞举荐任用的，张嘉贞经常与这四个人商讨朝政大事。由于这四个人相当能招揽权势，因此当时的人这样评论道："中书令张公有四位俊才，他们是苗延嗣、吕太一、崔训和员嘉静。"

六月，瀍河和谷河洪水泛滥，将近有二千人被淹死。

突厥归降的仆固都督勺磨以及跌跌部落散居在受降城近旁，朔方大使王晙禀报了他们秘密与突厥相勾结，策划攻占唐军驻扎的受降城等情况，密奏朝廷，请求将他们诛除。王晙诱骗勺磨等人前往受降城赴宴，并埋伏士兵把这些人全部杀掉，河曲之地的突厥降户也被杀戮殆尽。散居在大同、横野军附近的突厥拔曳固、同罗等部落获悉此讯，都十分恐惧。秋季，并州长史、天兵节度大使张说仅带领二十名骑兵，手执符节来到拔曳固等部落慰问安抚，还留在其营帐中过夜；天兵节度副使李宪认为胡人的心迹难以信赖，便派人骑马送信加以阻止。张说在给李宪的回信中说道："我身上长的并非黄羊之肉，决不怕他们会吃了我；流的也不是野马的血，决不怕会被他们刺伤。士大夫在遇到危难时不应顾惜生命，此刻正是我献身的时候。"拔曳固、同罗等部落因此便安定下来。

冬季，十月初二日辛巳，唐玄宗出行来到长春宫；十月初三日壬午，在下邽狩猎。

玄宗申令诸王不得与群臣交结。光禄少卿驸马都尉裴虚己与岐王李范一同出游宴饮，还私自挟带谶纬之书。十月初九日戊子，玄宗把裴虚己流放到新州，并让霍国公主与他离异。万年县尉刘庭琦和太常寺太祝张谔多次与李范在一起饮酒赋诗，将刘庭琦贬为雅州司户，将张谔贬为山茌县丞。然而玄宗仍像以往那样对待李范，他对左右侍臣说："我兄弟之间本是亲密无间的，只不过是那些趋炎附势的小人拼命攀附罢了。我终究不会因此责怪自己的兄弟。"有一次玄宗生了病，薛王李业妃子的弟弟、内直郎韦宾与殿中监皇甫恂私下议论祸福吉凶之事。事情败露后，韦宾被杖刑处死，皇甫恂被贬谪为锦州刺史。李业与其妃子惶恐不安地听候治罪，玄宗走下御座前的台阶握着李业的手说："假如有猜忌兄弟的意思，天地定会杀死我的。"随

十一月，乙卯，上还京师。

辛未，突厥寇甘、凉等州，败河西节度使杨敬述，掠契苾部落而去。

先是，朔方大总管王晙奏请西发拔悉密，东发奚、契丹，期以今秋掩毗伽牙帐于稽落水上；毗伽闻之，大惧。暾欲谷曰："不足畏也。拔悉密在北庭，与奚、契丹相去绝远，势不相及；朔方兵计亦不能来此。若必能来，俟其垂至，徙牙帐北行三日，唐兵食尽自去矣。且拔悉密轻而好利，得王晙之约，必喜而先至。晙与张嘉贞不相悦，奏请多不相应，必不敢出兵。晙兵不出，拔悉密独至，击而取之，势甚易耳。"

既而拔悉密果发兵逼突厥牙帐，而朔方及奚、契丹兵不至，拔悉密惧，引退。毗伽欲击之，暾欲谷曰："此属去家千里，将死战，未可击也。不如以兵蹑之。"去北庭二百里，暾欲谷分兵间道先围北庭，因纵兵击拔悉密，大破之。拔悉密众溃走，趋北庭，不得入，尽为突厥所虏。

暾欲谷引兵还，出赤亭，掠凉州羊马，杨敬述遣裨将卢公利、判官元澄将兵邀击之。暾欲谷谓其众曰："吾乘胜而来，敬述出兵，破之必矣。"公利等至删丹，与暾欲谷遇，唐兵大败，公利、澄脱身走。毗伽由是大振，尽有默啜之众。

契丹牙官可突干骁勇得众心，李娑固猜畏，欲去之。是岁，可突干举兵击娑固，娑固败奔营州。营州都督许钦澹遣安东都护薛泰帅骁勇五百与奚王李大酺奉娑固以讨之，战败，娑固、李大酺皆为可突干所杀，生擒薛泰，营州震恐。许钦澹移军入渝关，可突干立娑固从父弟郁干为主，遣使请罪。上赦可突干之罪，以郁干为松漠都督，以李大酺之弟鲁苏为饶乐都督。

（以上为第六段，写唐边将轻启边衅，唐军大败于突厥和契丹。）

即与他共享酒筵，还好言劝慰李业的妃子，让她回到座位上去饮酒。

十一月初七日乙卯，玄宗返回京师。

十一月二十三日辛未，突厥侵扰甘、凉等州。击败了唐河西节度使杨敬述，掳掠契苾部落之后撤离。

在此之前，唐朔方道大总管王晙上奏请求从西面调集拔悉密部落的兵马，从东面征发奚、契丹的兵马，约定在这一年的秋季袭击突厥毗伽可汗设在稽落水岸边的牙帐；毗伽可汗获悉此讯后非常恐惧。暾欲谷说道："没什么值得害怕的。拔悉密部落在北庭，与奚、契丹相距非常遥远，双方兵力无法联络呼应，估计朔方兵马也难以来到此地。假如唐军真的能来，等他们即将到达时，我们只要迁徙牙帐向北行进三天，唐军就会因粮尽而自己退兵。再说拔悉密一向贪图小利而轻举妄动，这次又得到了王晙的邀约，必然会得意忘形而先行抵达此地。王晙与张嘉贞之间的关系很差，他的很多奏请得不到回复，因此他这次一定不敢出兵。既然王晙所部不来，而只有拔悉密率军前来，那么我们迎击来敌并取胜也就易如反掌了。"

不久拔悉密果然举兵进逼突厥毗伽的牙帐，而朔方以及奚、契丹兵马均未抵达，拔悉密心中畏惧，率军撤退。毗伽可汗打算出击，暾欲谷道："这些人离家千里，将会拼死战斗的，我们不能攻击他们。不如派兵跟随其后。"在拔悉密部众撤到离北庭二百里左右的时候，暾欲谷才分兵抄小路先期围困了北庭，趁势纵兵攻击拔悉密的军队，把他们打得大败。拔悉密部众溃散奔命，逃向北庭，由于无法进城而全部被突厥俘获。

暾欲谷领军撤回，在离开赤亭的时候，抢掠了凉州的牲畜，杨敬述派出裨将卢公利和判官元澄带兵截击突厥。暾欲谷对他的部众说："我们乘胜抵达这里，如果杨敬述出兵挑战，就一定能够击败他们。"卢公利等人开赴删丹县，与暾欲谷相遇，交战时唐军一败涂地，只有卢公利和元澄脱身逃走。毗伽的力量因此大为强盛，拥有了阿史那默啜可汗的全体部众。

契丹牙官可突干英勇善战，深受部属的信赖，李娑固对他猜忌提防，试图把他除掉。在这一年，可突干发兵进攻李娑固，李娑固战败后奔赴营州。营州都督许钦澹派遣安东都护薛泰率领五百勇士与奚王李大酺一起簇拥着李娑固去征讨可突干，再次被可突干击败，李娑固、李大酺二人都被可突干杀掉了，薛泰被俘，营州军民大为震惊。许钦澹被迫将所部撤进渝关，可突干拥立李娑固的堂弟李郁干为君王，并派遣使者向朝廷请罪。玄宗赦免了可突干所犯罪行，任命李郁干担任松漠都督，任命李大酺的弟弟李鲁苏担任饶乐都督。

九年（辛酉，721 年）

春，正月，制削杨敬述官爵，以白衣检校凉州都督，仍充诸使。

丙辰，改蒲州为河中府，置中都，官僚一准京兆、河南。

丙寅，上幸骊山温汤；乙亥，还宫。

监察御史宇文融上言，天下户口逃移，巧伪甚众，请加检括。融，弼之玄孙也，源乾曜素爱其才，赞成之。二月，乙酉，敕有司议招集流移、按诘巧伪之法以闻。

丙戌，突厥毗伽复使来求和。上赐书，谕以“曩昔国家与突厥和亲，华、夷安逸，甲兵休息；国家买突厥羊马，突厥受国家缯帛，彼此丰给。自数十年来，不复如旧，正由默啜无信，口和心叛；数出盗兵，寇抄边鄙，人怨神怒，陨身丧元，吉凶之验，皆可汗所见。今复蹈前迹，掩袭甘、凉，随遣使人，更来求好。国家如天之覆，如海之容，但取来情，不追往咎。可汗果有诚心，则共保遐福；不然，无烦使者徒尔往来。若其侵边，亦有以待。可汗其审图之！”

丁亥，制：“州县逃亡户口听百日自首，或于所在附籍，或牒归故乡，各从所欲。过期不首，即加检括，谪徙边州；公私敢容庇者抵罪。”以宇文融充使，括逃移户口及籍外田，所获巧伪甚众。迁兵部员外郎兼侍御史。融奏置劝农判官十人，并摄御史，分行天下。其新附客户，免六年赋调。使者竞为刻急，州县承风劳扰，百姓苦之。阳翟尉皇甫憬上疏言其状；上方任融，贬憬盈州尉。州县希旨，务于获多，虚张其数，或以实户为客，凡得户八十余万，田亦称是。

（以上为第七段，写唐玄宗检括户口，凡得户八十余万，田亦称是。）

唐玄宗开元九年（辛酉，721 年）

春季，正月，唐玄宗颁诏命，削除了杨敬述的官爵，让他以平民身份检校凉州都督，并且仍旧由他充任节度使、支度使和营田使。

正月初九日丙辰，朝廷把蒲州改为河中府，设置中都官僚，规格完全依照京兆府和河南府。

正月十九日丙寅，玄宗驾临骊山温泉；正月二十八日乙亥，返回宫中。

监察御史宇文融奏称，全国各地居户丁口脱逃迁移，虚浮诈伪现象极为普遍，请求加以核查搜括。宇文融是宇文弼的玄孙，源乾曜向来欣赏他的才学，因此赞成他的主张。二月初八日乙酉，玄宗敕令有关官署商讨搜集流散人口以及惩治奸诈虚伪的措施，并将结果呈奏朝廷。

二月初九日丙戌，突厥可汗毗伽再次派遣使者来朝廷求和。唐玄宗赐给毗伽一封信，信中晓谕道："过去我唐朝与突厥和亲，华夏人和突厥人都得以安居乐业，两国军队也休战养息；我唐朝买进突厥的牲畜，突厥购得唐朝的各种丝织品，彼此都从中得到充足的供给。从近几十年以来，两国关系不再如过去那样密切了，这正是由于默啜可汗不讲信用，口头上讲的是和睦，心里想的是叛离，多次派兵侵扰，劫掠边疆地区百姓的财产，致使人神共愤，自己也被人杀死，身首异处。吉凶祸福的报应，均为可汗亲眼所见。而今可汗重新走上默啜的老路，先是偷偷入侵甘、凉二州，随后再派遣使者前来求和修好。我唐朝像天一样庇佑万物，似海一样容纳百川，只记取来意的真实，便不追究以往的罪过。可汗您果真怀有和亲的诚意，我们两国就能共同保持久远的幸福，否则就不要麻烦使者白白地往来议和了。假使你们将再次侵扰边塞，朝廷也做好了准备。可汗对此要仔细考虑考虑！"

二月初十日丁亥，玄宗颁布诏命："各州县逃亡的人口，许在百日内向官府主动投案，这些人或者就在当地落户籍，或者随公文发回原籍所在州县，各自都可按自己的心愿办理。凡过期不投案，官府就追查搜括，一律发配至边远县份。官民人等胆敢隐藏包庇的判罪予以惩罚。"并命令宇文融充任朝廷的使者，搜求逃亡流徙人口和清查隐瞒而未登记的田地，所查获的奸诈虚伪的情况很多。宇文融也因此被提拔为兵部员外兼侍御史。宇文融还上奏请求设置了十名代行御史职务的劝农判官，分头前往全国各地。那些新近落户附籍的客户，免除他们六年的赋调。这些使者在执法上竞相严苛峻急，所在州县的地方官吏又极力迎合使者，烦劳搅扰百姓，致使百姓深受困窘。阳翟县尉皇甫憬上奏反映这一情况，由于玄宗正在重用宇文融，皇甫憬便被降职为盈川尉。地方州县官吏纷纷迎合皇上的旨意，一意追求查获更多的逃亡人口，虚报数量，有的把实户也列为客户，此次共查获户口八十余万，查获隐瞒的土地数目也与户口数目相当。

兰池州胡康待宾诱诸降户同反，夏，四月，攻陷六胡州，有众七万，进逼夏州；命朔方大总管王晙、陇右节度使郭知运共讨之。

戊戌，敕："京官五品以上，外官刺史、四府上佐，各举县令一人，视其政善恶，为举者赏罚。"

以太仆卿王毛仲为朔方道防御讨击大使，与王晙及天兵军节度大使张说相知讨康待宾。

六月，己卯，罢中都，复为蒲州。

蒲州刺史陆象先政尚宽简，吏民有罪，多晓谕遣之。州录事言于象先曰："明公不施棰挞，何以示威！"象先曰："人情不远，此属岂不解吾言邪！必欲棰挞以示威，当从汝始！"录事惭而退。象先尝谓人曰："天下本无事，但庸人扰之耳。苟清其源，何忧不治！"

秋，七月，己酉，王晙大破康待宾，生擒之，杀叛胡万五千人。辛酉，集四夷酋长，腰斩康待宾于西市。

先是，叛胡潜与党项通谋，攻银城、连谷，据其仓庾，张说将步骑万人出合河关掩击，大破之。追至骆驼堰，党项乃更与胡战，胡众溃，西走入铁建山。说安集党项，使复其居业。讨击使阿史那献以党项翻覆，请并诛之，说曰："王者之师，当伐叛柔服，岂可杀已降邪！"因奏置麟州，以镇抚党项余众。

九月，乙巳朔，日有食之。

康待宾之反也，诏郭知运与王晙相知讨之；晙上言，朔方兵自有余力，请敕知运还本军。未报，知运已至，由是与晙不协。晙所招降者，知运复纵兵击之；虏以晙为卖己，由是复叛。上以晙不能遂定群胡，丙午，贬晙为梓州刺史。

丁未，梁文献公姚崇薨，遗令："佛以清净慈悲为本，而愚者写经造

兰池州的胡人康待宾诱使当地众多归降的民户一同背叛朝廷。夏季，四月，康待宾统领部众攻陷了六个胡州，拥有七万部众，进逼夏州。朝廷命令朔方道大总管王晙和陇右节度使郭知运一同讨伐康待宾。

四月二十二日戊戌，唐玄宗颁布敕命："五品以上的京官，地方的州刺史及京兆、河南、河中、太原四府的上层属官，每人向朝廷举荐一名县令，朝廷将根据他们的政绩好坏给予举荐者赏罚。"

唐玄宗任命太仆寺卿王毛仲担任朔方道防御讨击大使，与王晙及天兵军节度大使张说共同指挥征讨康待宾。

六月初三日己卯，朝廷废除中都，把它恢复为蒲州。

蒲州刺史陆象先施政崇尚宽缓简约，所属的官吏和百姓犯有罪过，他多是好言劝诫，将人遣归。蒲州录事对陆象先说道："明公不使用鞭刑，将用什么来显示权势呢！"陆象先回答说："人的性情都是相近的，这些人难道不理解我的话吗？如果你一定要我用鞭刑来显示权威，那么就应该从你开始！"录事惭愧退下。陆象先曾经对人说过："天下本来无事，只是庸人自扰而已。倘若能够正本清源，何愁天下得不到治理！"

秋季，七月初四日己酉，王晙将康待宾打得大败，并生擒了康待宾本人，杀死反叛的胡人一万五千名。七月十六日辛酉，朝廷把四夷各部酋长寻集到京师，在西市将康待宾执行腰斩。

在此之前，反叛的胡人暗地与党项族合谋，攻打银城、连谷县，占据了该地的粮仓，张说率领一万名步兵和骑兵出合河关，向叛军发起袭击，大败叛军。张说一路追击到骆驼堰，党项人却改为对叛军开战，叛军部众已溃不成军，向西逃进了铁建山。张说安抚招集党项人，让他们恢复正常的生活与生产。讨击使阿史那献认为党项人反复无常，请求把他们全部杀掉，张说说："朝廷的军队应当讨伐叛贼，怀柔降服之众，怎么可以杀死已归顺的人呢？"因而呈奏玄宗设置麟州，用来镇抚党项族余众。

九月初一日乙巳朔，发生日食。

康待宾发动叛乱的时候，玄宗下诏命令郭知运与王晙共同指挥征讨叛军；王晙上书报告玄宗，自己的朔方兵有足够的力量作为平叛之用，请玄宗敕令郭知运率部撤回陇右本军。尚未接到答复，郭知运已经率部前来，因此两人关系不和。那些已被王晙招降的胡人，郭知运再次纵兵攻击他们；胡人认为王晙出卖了自己，因此重新反叛。玄宗认为王晙无法顺利地平定胡人各部，在九月初二日丙午这一天贬谪王晙为梓州刺史。

九月初三日丁未，梁文献公姚崇去世，临死前发出遗命："佛家以清静慈悲为

像，冀以求福。昔周、齐分据天下，周则毁经像而修甲兵，齐则崇塔庙而弛刑政，一朝合战，齐灭周兴。近者诸武、诸韦，造寺度人，不可胜纪，无救族诛。汝曹勿效儿女子终身不寤，追荐冥福！道士见僧获利，效其所为，尤不可延之于家。当永为后法！”

癸亥，以张说为兵部尚书、同中书门下三品。

冬，十月，河西、陇右节度大使郭知运卒。知运与同县右卫副率王君㚟，皆以骁勇善骑射著名西陲，为虏所惮。时人谓之王、郭。㚟遂自知运麾下代为河西、陇右节度使，判凉州都督。

十一月，丙辰，国子祭酒元行冲上《群书四录》，凡书四万八千一百六十九卷。

庚午，赦天下。

十二月，乙酉，上幸骊山温汤；壬辰，还宫。

是岁，诸王为都督、刺史者，悉召还京师。

新作蒲津桥，熔铁为牛以系絙。

安州别驾刘子玄卒。子玄即知幾也，避上嫌名，以字行。

著作郎吴兢撰《则天实录》，言宋璟激张说使证魏元忠事。说修史见之，知兢所为，谬曰：“刘五殊不相借！”兢起对曰：“此乃兢所为，史草具在，不可使明公枉怨死者。”同僚皆失色。其后说阴祈兢改数字，兢终不许，曰：“若徇公请，则此史不为直笔，何以取信于后！”

太史上言，《麟德历》浸疏，日食屡不效。上命僧一行更造新历，率府兵曹梁令瓒造黄道游仪以测候七政。

置朔方节度使，领单于都护府，夏、盐等六州，定远、丰安二军，三受降城。

（以上为第八段，写朔方大总管王晙大破兰池州叛胡，诛其首领康待宾。贤相姚崇薨。僧一行测日影造新历。）

本，而愚昧的人却希望通过抄写经卷、修造佛像来求福。早年北齐与北周两国各据一方，北周毁弃经卷佛像而修造武器装备，北齐却大量营造佛寺而放宽刑罚与政令，两国一交战，北齐灭亡、北周兴起。近来如武氏家族和韦氏家族，所建之寺与所度之僧的数目难以计算，却未能挽救其家族诛灭的灾难。你们不要仿效那些男女小儿之辈终身昏昧不觉醒，为我超度诵经祈祷死后之福！道士眼看僧侣由引此获利，于是效法僧侣的做法，更不可把他们请进家门。这是子孙后代应当永远遵从的家法！”

九月十九日癸亥，唐玄宗任命张说担任兵部尚书、同中书门下三品。

冬季，十月，河西、陇右节度大使郭知运去世。郭知运与担任右卫副率职务的同乡王君㚟，两人都是由于骁勇善战、擅长骑射而闻名于西部边陲，所以被西域胡人所忌惮，当时人称他俩为王、郭。郭知运死后，王君㚟便由他的部将代理为河西、陇右节度使，并充任凉州都督。

十一月十三日丙辰，国子祭酒元行冲向玄宗进呈《群书四录》，这部目录共收书达四万八千一百六十九卷。

十一月二十七日庚午，朝廷大赦天下。

十二月十三日乙酉，唐玄宗驾临骊山温泉；十二月二十日壬辰，返回宫中。

在这一年里，唐玄宗把在地方担任都督、刺史的李唐诸王全部召回京师。

新近修建了蒲津浮桥，并熔铸了八头铁牛用来拴系铺桥的粗绳。

安州别驾刘子玄去世。刘子玄就是刘知幾，为避皇帝李隆基的名讳（幾、基音同）而以表字行于世。

著作郎吴兢撰修了《则天实录》，其中谈到宋璟激励张说为魏元忠做证的事实。张说在修史时看到了有关内容，他知道是吴兢所写，却故意说道：“刘知幾在修史时特别不肯帮我的忙！”吴兢起身回答道：“这些内容是我吴兢撰写的，史书的草稿全都保存着，我不能让明公您错怪亡故的刘子玄。”同僚们听到这些话后全都惊慌失色。后来张说暗地里乞求吴兢把这段记载改写几个字，吴兢始终没应允，他说：“我若是顺从您的请求，那么《则天实录》就不算是秉笔直书的信史，我将用什么取信于后人呢？”

太史向玄宗进奏，报告《麟德历》越来越不准确，对日食的预测多次未能兑现。玄宗命令僧一行重新编制新的历法，率府兵曹梁令瓒设计制造了黄道游仪来观测日、月、水、火、木、金、土七星。

朝廷设置朔方节度使，统辖单于都护府，夏、盐等六州以及定远、丰安二军和三受降城。

十年（壬戌，722年）

春，正月，丁巳，上行幸东都，以刑部尚书王志愔为西京留守。

癸亥，命有司收公廨钱，以税钱充百官俸。

乙丑，收职田。亩率给仓粟二斗。

二月，戊寅，上至东都。

夏，四月，己亥，以张说兼知朔方军节度使。

五月，伊、汝水溢，漂溺数千家。

闰月，壬申，张说如朔方巡边。

己丑，以余姚县主女慕容氏为燕郡公主，妻契丹王郁干。

六月，丁巳，博州河决，命按察使萧嵩等治之。嵩，梁明帝之孙也。

己巳，制增太庙为九室，迁中宗主还太庙。

秋，八月，癸卯，武强令裴景仙，坐赃五千匹，事觉，亡命；上怒，命集众斩之。大理卿李朝隐奏景仙赃皆乞取，罪不至死；又，其曾祖寂有建义大功，载初中以非罪破家，惟景仙独存，今为承嫡，宜宥其死，投之荒远。其辞略曰："十代宥贤，功实宜录；一门绝祀，情或可哀。"制令杖杀。朝隐又奏曰："生杀之柄，人主得专；轻重有条，臣下当守。今若乞取得罪，便处斩刑；后有枉法当科，欲加何辟？所以为国惜法，期守律文；非敢以法随人，曲矜仙命。"又曰："若寂勋都弃，仙罪特加，则叔向之贤，何足称者；若敖之鬼，不其馁而！"上乃许之。杖景仙一百，流岭南恶处。

唐玄宗开元十年（壬戌，722年）

春季，正月十五日丁巳，玄宗前往东都洛阳，命令刑部尚书王志愔担任西京留守。

正月二十一日癸亥，朝廷命令有关官署征收公廨田、园、地的税钱，将这笔税收作为文武百官的俸禄。

正月二十三日乙丑，朝廷收缴文武百官的职分田，每亩大致给太仓粟米二斗作为补偿。

二月初七日戊寅，唐玄宗抵达东都。

夏季，四月二十九日己亥，唐玄宗任命张说兼任朔方军节度使。

五月，伊水和汝水泛滥，溢出河堤，淹没民户数千家。

闰五月初二日壬申，张说来到朔方巡视边情。

闰五月十九日己丑，唐玄宗封余姚县主之女慕容氏为燕郡公主，把她许配给契丹王郁干。

六月十八日丁巳，博州境内黄河决堤，朝廷命令按察使萧嵩等官员前往赈灾治河。萧嵩是南朝后梁明帝萧岿的孙子。

六月三十日己巳，唐玄宗颁布诏命，把太庙内供奉祖宗神主的房子增加到九间，把中宗皇帝的神主迁回太庙。

秋季，八月初四日癸卯，武强县县令裴景仙因贪赃五千匹事情败露，弃官逃亡；唐玄宗动怒，命令当众将他斩首。大理寺卿李朝隐进奏，认为裴景仙所得赃物均为乞求获取，依法不致判处死罪。此外，裴景仙的曾祖裴寂有参与谋划反隋的大功，武后载初年间裴氏无罪，因酷吏迫害而家破人亡，唯独裴景仙一人幸存，而今他作为裴氏的嫡传继承人，也应当赦免他的死刑，把他流放到荒凉边远的地区。李朝隐奏章内容的大意是："贤者的十代子孙所犯死罪当一律宽恕，是由于贤者的功绩确实应予记取，由于诛杀罪犯而造成一个家族断绝祭祀的香火，在情理上或许有可怜之处。"玄宗还是颁下诏命要将裴景仙用杖刑处死。李朝隐又向玄宗上奏说："生杀大权能够操在君主一人的手中，但量刑轻重的法度则应由臣下谨守。现在如果由于乞取赃物获罪便判处斩刑，那么今后假若有违法者需要论罪判刑，又将怎么来量刑呢？因此臣为了国家而顾惜法度，期望律令条文得到遵守，臣不敢拿法律来迁就个人，而只是内心怜悯裴景仙的性命。"李朝隐还说："假使将裴寂所建功勋一概捐弃，将裴景仙所犯之罪特别从重量刑，那么晋叔向由于本人贤明而得以不受其弟株连，又有什么值得称道的；楚若敖氏家族祖先的鬼魂也就会因断子绝孙无人祀奉而陷于饥饿了。"玄宗总算采纳了李朝隐的主张，判处裴景仙杖刑一百，流放到岭南环境恶劣的地方。

安南贼帅梅叔焉等攻围州县，遣骠骑将军兼内侍杨思勖讨之。思勖募群蛮子弟，得兵十余万，袭击，大破之，斩叔焉，积尸为京观而还。

初，上之诛韦氏也，王皇后颇预密谋，及即位数年，色衰爱弛。武惠妃有宠，阴怀倾夺之志，后心不平，时对上有不逊语。上愈不悦，密与秘书监姜皎谋以后无子废之，皎泄其言。嗣滕王峤，后之妹夫也，奏之。上怒，张嘉贞希旨构成其罪，云："皎妄谈休咎。"甲戌，杖皎六十，流钦州，弟吏部侍郎晦贬春州司马；亲党坐流、死者数人，皎卒于道。

己亥，敕："宗室、外戚、驸马，非至亲毋得往还；其卜相占候之人，皆不得出入百官之家。"

（以上为第九段，写唐玄宗治贪与泄禁中语极为严厉，又禁宗室、外戚、驸马非至亲不得交往，卜巫之人不得登百官之门。）

己卯夜，左领军兵曹权楚璧与其党李齐损等作乱，立楚璧兄子梁山为光帝，诈称襄王之子，拥左屯营兵数百人入宫城，求留守王志愔，不获。比晓，屯营兵自溃，斩楚璧等，传首东都。志愔惊怖而薨。楚璧，怀恩之侄；齐损，迥秀之子也。壬午，遣河南尹王怡如京师，按问宣慰。

癸未，吐蕃围小勃律王没谨忙，谨忙求救于北庭节度使张嵩曰："勃律，唐之西门，勃律亡则西域皆为吐蕃矣。"嵩乃遣疏勒副使张思礼将蕃、汉步骑四千救之，昼夜倍道，与谨忙合击吐蕃，大破之，斩获数万。自是累岁，吐蕃不敢犯边。

王怡治权楚璧狱，连逮甚众，久之不决；上乃以开府仪同三司宋璟为西京留守。璟至，止诛同谋数人，余皆奏原之。

康待宾余党康愿子反，自称可汗；张说发兵追讨擒之，其党悉平。

安南贼盗首领梅叔焉等围攻所在州县，朝廷派遣骠骑将军兼内侍杨思勖讨伐他们。杨思勖在当地招募各部蛮族子弟从军，募得一支十万人的军队，向梅叔焉等人发动袭击并大获全胜，将梅叔焉斩首，又将所获死尸堆积在一起，筑成一座高大的京观，然后返回京城。

起初，在唐玄宗诛除韦皇后的时候，王皇后参与了许多秘密的谋划，玄宗登位九年以后，王皇后姿色渐衰，玄宗对她的宠爱也弛缓怠慢起来。此时武惠妃颇得玄宗宠幸，内心暗暗地产生了夺取皇后之位的意图，王皇后因此心怀不平，经常对唐玄宗出言不逊。唐玄宗对皇后更加不满，私下与秘书监姜皎商议，打算以皇后无子为理由把她废黜，姜皎却把玄宗这一意图泄露了出去。继位滕王李峤是王皇后的妹夫，便将此事向玄宗上奏。唐玄宗因而动怒，宰相张嘉贞迎合玄宗的旨意，便罗织姜皎的罪名，声称："姜皎妄谈祸福吉凶之事。"九月初六日甲戌，姜皎被处以杖刑六十，流放到钦州；姜皎之弟吏部侍郎姜晦也被贬谪为春州司马；姜氏的亲属党羽中还有几个获罪被判处流刑或死刑，姜皎在流放钦州的路途中死去。

九月初七日己亥，玄宗颁布诏命："宗室、外戚、驸马不属骨肉至亲的，一律不得相互拜访、交往；而那些问卜看相占候的术士，一概不许出入文武百官的家门。"

九月十一日己卯夜，左领军兵曹权楚璧伙同其党羽李齐损等人制造反叛，拥立权楚璧兄长之子权梁山为光帝，谎称他是襄王李重茂之子，聚集了左屯营数百名士兵闯入皇宫禁城，搜查西京留守王志愔，但没能捕获他。拂晓的时候，闯入宫禁的屯营兵自行溃散，将权楚璧等人斩首，并把他们的首级传送到东都洛阳。王志愔在极度惊慌恐惧中去世。权楚璧是权怀恩的侄儿，李齐损是李迥秀的儿子。九月十四日壬午，朝廷派遣河南尹王怡前往京师审讯案犯并安抚人心。

九月十五日癸未，吐蕃军队围攻小勃律王没谨忙，没谨忙向唐北庭节度使张嵩请求援救说："勃律是大唐西面的门户，倘若勃律被灭亡，整个西域之地就会完全沦为吐蕃所有了。"于是张嵩派遣疏勒副使张思礼统领四千名汉、胡步骑兵前去救援。张思礼昼夜兼程，与没谨忙夹攻吐蕃军队，大败吐蕃军队，斩杀及俘获达数万之多。此后几年之内，吐蕃一直不敢进犯边塞。

王怡主持审理权楚璧等人作乱的案子，有很多人牵连被捕，案子积久而未判决。玄宗便命令开府仪同三司宋璟担任西京留守。宋璟赴任后，只把权楚璧的几个同谋者处死，其他人均向玄宗上奏后赦免了他们。

康待宾的残部康愿子发动了叛乱，自称为可汗；张说调遣军队追踪讨伐，擒获

徙河曲六州残胡五万余口于许、汝、唐、邓、仙、豫等州，空河南、朔方千里之地。

（以上为第十段，写唐军大败犯边西域的吐蕃。宋璟治反狱，只诛元恶。）

先是，缘边戍兵常六十余万，说以时无强寇，奏罢二十余万使还农。上以为疑，说曰："臣久在疆埸，具知其情，将帅苟以自卫及役使营私而已。若御敌制胜，不必多拥冗卒以妨农务。陛下若以为疑，臣请以阖门百口保之。"上乃从之。

初，诸卫府兵，自成丁从军，六十而免，其家又不免杂徭，浸以贫弱，逃亡略尽，百姓苦之。张说建议，请召募壮士充宿卫，不问色役，优为之制，逋逃者必争出应募；上从之。旬日，得精兵十三万，分隶诸卫，更番上下。兵农之分，从此始矣。

冬，十月，癸丑，复以乾元殿为明堂。

甲寅，上幸寿安兴泰宫，猎于上宜川；庚申，还宫。

上欲耀兵北边，丁卯，以秦州都督张守洁等为诸卫将军。

十一月，乙未，初令宰相共食实封三百户。

前广州都督裴伷先下狱，上与宰相议其罪。张嘉贞请杖之，张说曰："臣闻刑不上大夫，为其近于君，且所以养廉耻也。故士可杀不可辱。臣向巡北边，闻杖姜皎于朝堂。皎官登三品，亦有微功，有罪应死则死，应流则流，奈何轻加笞辱，以皂隶待之！姜皎事往，不可复追，伷先据状当流，岂可复蹈前失！"上深然之。嘉贞不悦，退谓说曰："何论事之深也！"说曰："宰相，时来则为之。若国之大臣皆可笞辱，但恐行及吾辈。吾此言非为伷先，乃为天下士君子也。"嘉贞无以应。

了康愿子，叛乱的徒众遂全被平定。朝廷又将河曲六州残存的五万余口胡人迁徙到许、汝、唐、邓、仙、豫等州安置，使黄河以南及朔方道各州千里之地成为无人居住的空地。

在此之前，沿边境戍守的士卒通常为六十余万之众，张说认为时下没有强大的敌人，上奏请求裁减二十万士兵，让这些人返乡务农。玄宗对此表示怀疑，张说便陈述道："臣久在边疆，对这里的情况全都了如指掌，重兵戍边不过是将帅暂且来自保以及役使士兵谋取私利罢了。假如说是为了御敌制胜，完全没有必要拥有如此众多的冗兵，而妨害了农事。倘若陛下对臣的主张尚有怀疑，臣请求以全家百口的性命作为担保。"玄宗终于同意了他的主张。

唐初，各卫的府兵，从成丁之年开始入伍，到六十岁才能免役，府兵家中还必须负担各种徭役，因此生活逐渐趋于贫弱，各卫的府兵几乎全部逃亡，百姓也深受兵役带来的苦难。张说向玄宗提出建议，请求招募壮士充当宿卫，应募入伍后，不再承担各种名目的徭役，制定优厚的条例，那么逃避兵役的人必然会争相应募从军。玄宗听从了他的意见。仅用十天的时间，就募得精兵十三万，分别隶属于各卫，轮流上下军卫值勤。士兵、农夫的分离，就是从这时开始的。

冬季，十月十五日癸丑，朝廷再次将乾元殿改为明堂。

十月十六日甲寅，玄宗驾临寿安境内的兴泰宫，在上宜川狩猎；十月二十二日庚申，返回宫中。

唐玄宗打算在北部北境地区炫耀军事力量。十月二十九日丁卯，任命秦州都督张守洁等人担任各卫将军。

十一月二十八日乙未，朝廷初次规定宰相实封的总数为三百户。

前任广州都督裴伷先被捕入狱，唐玄宗与宰相们共同商议对他如何定罪。张嘉贞请求对他处以杖刑，张说则说："臣听说刑不上大夫，因为卿大夫是君主的近臣，并以此培养他们的廉耻心。因此说士可杀不可辱。不久前臣在北部边境巡视的时候，听说陛下在朝廷上对姜皎动用了杖刑。姜皎的官阶高居三品，为朝廷多少也曾立过功勋，若应加死罪就将他处死、若该判流放就把他流放，怎么随便地动用笞杖之刑来羞辱他、将他作为奴隶来对待呢？姜皎的事情已经过去，再也无法追回，但根据裴伷先的罪状应当判处流刑，陛下怎么能够重蹈处理姜皎之事的失误呢！"玄宗认为他的看法非常正确。张嘉贞心怀不满，退朝之后对张说讲："您怎么把事情说得这么严重呀！"张说回答道："宰相之职，是时机到来就可以担任的。假使对朝廷大臣均能随意处以笞杖之辱，只恐怕会施行到我们这些人的头上。我今天这番话非为裴伷先一人，而是为全国所有的士大夫讲的。"张嘉贞无言对答。

十二月，庚子，以十姓可汗阿史那怀道女为交河公主，嫁突骑施可汗苏禄。

上将幸晋阳，因还长安。张说言于上曰：“汾阴脽上有汉家后土祠，其礼久废；陛下宜因巡幸修之，为农祈谷。”上从之。

上女永穆公主将下嫁，敕资送如太平公主故事。僧一行谏曰：“武后惟太平一女，故资送特厚，卒以骄败，奈何为法！”上遽止之。

（以上为第十一段，写张说主张裁减边兵，反对廷杖辱大臣。）

十一年（癸亥，723 年）

春，正月，己巳，车驾自东都北巡；庚辰，至潞州，给复五年；辛卯，至并州，置北都，以并州为太原府，刺史为尹；二月，戊申，还至晋州。

张说与张嘉贞不平，会嘉贞弟金吾将军嘉祐赃发，说劝嘉贞素服待罪于外。己酉，左迁嘉贞幽州刺史。

壬子，祭后土于汾阴。乙卯，贬平遥令王同庆为赣尉，坐广为储偫，烦扰百姓也。癸亥，以张说兼中书令。

己巳，罢天兵、大武等军，以大同军为太原以北节度使，领太原、辽、石、岚、汾、代、忻、朔、蔚、云十州。

三月，庚午，车驾至京师。

夏，四月，甲子，以吏部尚书王晙为兵部尚书、同中书门下三品。

五月，己丑，以王晙兼朔方军节度大使，巡河西、陇右、河东、河北诸军。

上置丽正书院，聚文学之士秘书监徐坚、太常博士会稽贺知章、监察御史鼓城赵冬曦等，或修书，或侍讲；以张说为修书使以总之。有司供给优厚。中书舍人洛阳陆坚以为此属无益于国，徒为縻费，欲悉奏罢之。张说曰：“自古帝王于国家无事之时，莫不崇宫室，广声色。今天子独延礼文儒，发挥典籍，所益者大，所损者微。陆子之言，何不达也！”上闻之，重说而薄坚。

十二月初三日庚子，朝廷把十姓可汗阿史那怀道的女儿封为交河公主，并把他许配给突骑施可汗苏禄。

唐玄宗即将前往晋阳，顺路先返回长安。张说向玄宗进言道："汾阴脽丘上有朝所立的后土祠，而祭祀后土的大礼长期废弛，陛下应当趁巡幸之机重新整饬此礼，以便为农事祈祷丰收。"玄宗表示同意。

唐玄宗之女永穆公主将要出嫁，玄宗颁布敕令按照太平公主出嫁时的规格为她陪送嫁妆。僧一行规劝道："武后只有太平公主一个女儿，因而所送陪嫁特别丰厚，但她最终由于骄横而败亡，怎么可以效法这样的先例呢？"玄宗听罢赶忙中止这种做法。

唐玄宗开元十一年（癸亥，723年）

春季，正月初三日己巳，玄宗一行从东都洛阳启程北上巡行；正月十四日庚辰，到达潞州，命令免除当地百姓五年的赋役；正月二十五日辛卯，抵达并州，设置北都，把并州改为太原府，州刺史改称府尹；二月十二日戊申，返回晋州。

张说与张嘉贞之间不和，恰逢张嘉贞之弟金吾将军张嘉祐贪赃事情败露，张说便劝张嘉贞在朝廷外素服待罪，听候处分。二月十三日己酉，张嘉贞被贬谪为幽州刺史。

二月十六日壬子，唐玄宗在汾阴祭祀后土神。二月十九日乙卯，把平遥县县令王同庆降职为赣县县尉，原因是犯了大量储备器物，烦扰老百姓的罪过。二月二十七日癸亥，唐玄宗任命张说兼任中书令。

己巳日，朝廷撤销天兵、大武等军，把大同军改为太原以北节度使，统辖太原、辽、石、岚、汾、代、忻、朔、蔚、云十个州。

三月初五日庚午，唐玄宗一行抵达京师。

夏季，四月三十日甲子，唐玄宗任命吏部尚书王晙担任兵部尚书、同中书门下三品。

五月二十五日己丑，唐玄宗任命王晙兼任朔方军节度大使，巡视河西、陇右、河东、河北各军。

唐玄宗设置丽正书院，集中了秘书监徐坚、太常博士会稽人贺知章、监察御史彭城人赵冬曦等文学之士，他们当中有的著书立说，有的为玄宗讲论经史；玄宗还命令张说担任修书使来执掌其事，有关官署给予这些人的待遇十分优厚。中书舍人洛阳人陆坚认为这些人对国有没有任何用处，白白地浪费钱财，打算奏请将这些人全部罢黜。张说认为："自古以来有各位帝王在国家安定时期，无不大兴土木营造宫室，大肆满足耳目声色之好，只有当今天子延请和礼遇文学儒术之士，弘扬文献典

秋，八月，癸卯，敕："前令检括逃人，虑成烦扰，天下大同，宜各从所乐，令所在州县安集，遂其生业。"

戊申，追尊宣皇帝庙号献祖，光皇帝庙号懿祖，祔于太庙九室。

先是，吐谷浑畏吐蕃之强，附之者数年；九月，壬申，帅众诣沙州降，河西节度使张敬忠抚纳之。

冬，十月，丁酉，上幸骊山，作温泉宫；甲寅，还宫。

十一月，礼仪使张说等奏，以高祖配昊天上帝，罢三祖并配之礼。戊寅，上祀南郊，赦天下。

戊子，命尚书左丞萧嵩与京兆、蒲、同、岐、华州长官选府兵及白丁一十二万，谓之"长从宿卫"，一年两番，州县毋得杂役使。

十二月，甲午，上幸凤泉汤；戊申，还宫。

庚申，兵部尚书、同中书门下三品王晙坐党引疏族，贬蕲州刺史。

是岁，张说奏改政事堂曰中书门下，列五房于其后，分掌庶政。

初，监察御史濮阳杜暹因按事至突骑施，突骑施馈之金，暹固辞。左右曰："君寄身异域，不宜逆其情。"乃受之，埋于幕下，出境，移牒令取之。虏大惊，度碛追之，不及。及安西都护阙，或荐暹往使安西，人服其清慎。时暹自给事中居母忧。

（以上为第十二段，写张嘉贞因弟贪赃受牵连被罢相。唐玄宗裁减边兵，置丽正书院优抚文人学士。）

十二年（甲子，724 年）

春，三月，甲子，起暹为安西副大都护、碛西节度等使。

籍，这样做所获取的益处不小，所耗费的钱财却微不足道。陆子所说的话，多么不明事理啊！”玄宗获悉此事之后，器重张说而藐视陆坚。

秋季，八月初十日癸卯，唐玄宗颁布敕命：“先前朝廷曾下令清查搜括逃亡人口，我担心此举会对百姓造成搅扰。现在天下大同，对百姓应当满足他们各自的愿望，命令所在州县对这些人妥善安置，使他们能安居乐业。”

八月十五日戊申，朝廷追尊宣皇帝的庙号为献祖，追尊光皇帝的庙号为懿祖，把两人的神主供奉于太庙九室中祔祭。

在此之前，吐谷浑畏惧吐蕃势力的强大，被迫降附吐蕃达数年之久。九月初十日壬申，吐谷浑酋长统领部众来到沙州请求归降朝廷，河西节度使张敬忠安抚并接受了他们。

冬季，十月初五日丁酉，玄宗驾临骊山，营造温泉宫。十月二十二日甲寅，返回宫中。

十一月，礼仪使张说等人向玄宗呈奏，请求将唐高祖配享昊天上帝，废止唐高祖、唐太宗、唐高宗三祖一起配享的礼制。十一月十六日戊寅，玄宗在南郊祭天，赦免天下罪囚。

十一月二十六日戊子，唐玄宗命令尚书左丞萧嵩与京兆、蒲、同、岐、华州长官共同选拔府兵以及平民壮丁共一十二万人，称为“长从宿卫”，每年轮到两次服役的任务，地方州县不得再用其他徭役差使这些人。

十二月初三日甲午，唐玄宗驾临凤泉温泉。十二月十七日戊申，返回宫中。

十二月二十九日庚申，兵部尚书、同中书门下三品王晙被控与远亲结为同党，唐玄宗把他贬谪为蕲州刺史。

这一年，张说奏请把政事堂改名为中书门下，在中书门下之后设置吏房、枢机房、兵房、户房、刑礼房等五房分别掌理各类政务。

当初，监察御史濮阳人杜暹因检查审验事务赴突骑施，突骑施部落向他馈赠黄金，他执意推辞。左右的随行人员对他说：“您现在身处异域，不应拒绝他们的盛情。”于是他便接受了馈赠，并将黄金埋在自己所住的帷帐下面。等到完成使命离开突骑施之后，他递送公文告诉他们实情，并且让他们取出来。突骑施部众十分惊异，立即穿越沙漠前来追赶，没有追上。后来安西都护一职空缺，有人推荐杜暹前往安西担任这一使命，当地之人无不叹服他的清廉谨慎。此时杜暹正在担任给事中，因母亲去世而居丧守制。

唐玄宗开元十二年（甲子，724 年）

春季，三月初五日甲子，玄宗征召为母亲守制尚未满期的杜暹出任安西副大都

神龙初，追复泽王上金官爵，求得庶子义珣于岭南，绍其故封。许王素节之子瓘，利其爵邑，与弟璆谋，使人告义珣非上金子，妄冒袭封，复流岭南，以璆继上金后为嗣泽王。至是，玉真公主表义珣实上金子，为瓘兄弟所摈。夏，四月，庚子，复立义珣为嗣泽王；削璆爵，贬瓘鄂州别驾。壬寅，敕宗室旁继为嗣王者并令归宗。

壬子，命太史监南宫说等于河南、北平地测日晷及极星，夏至日中立八尺之表，同时候之。阳城晷长一尺四寸八分弱，夜视北极出地高三十四度十分度之四；浚仪岳台晷长一尺五寸微强，极高三十四度八分；南至朗州晷长七寸七分，极高二十九度半；北至蔚州，晷长二尺二寸九分，极高四十度。南北相距三千六百八十八里九十步，晷差一尺五寸二分，极差十度半。又南至交州，晷出表南三寸三分；八月，海中南望老人星下，众星粲然，皆古所未名，大率去南极二十度以上星皆见。

五月，丁亥，停诸道按察使。

六月，壬辰，制听逃户自首，辟所在闲田，随宜收税，毋得差科征役，租庸一皆蠲免。仍以兵部员外郎兼侍御史宇文融为劝农使，巡行州县，与吏民议定赋役。

上以山东旱，命台阁名臣以补刺史；壬午，以黄门侍郎王丘、中书侍郎长安崔沔、礼部侍郎知制诰韩休等五人出为刺史。丘，同皎之从父兄子，休，大敏之孙也。

初，张说引崔沔为中书侍郎，故事，承宣制皆出宰相，侍郎署位而已。沔曰：“设官分职，上下相维，各申所见，事乃无失。侍郎，令之贰也，岂得拱默而已！”由是遇事多所异同，说不悦，故因是出之。

护和碛西节度、支度、营田使。

神龙初年，朝廷曾追令恢复泽王李上金的官爵，并在岭南找到其庶子李义珣来承袭他过去的爵位。许王李素节之子李瓘贪图李义珣所得到的爵位和封邑，便与自己的弟弟李璆谋划，指使他人举报李义珣不是李上金的儿子，而是假冒袭封，于是朝廷再次把李义珣流放到岭南，而把李璆作为李上金的后嗣并封其为嗣泽王。至此，玉真公主向玄宗呈上表章证明李义珣确实是李上金的儿子，他遭受了李瓘兄弟的排挤。夏季，四月十一日庚子，唐玄宗再次把李义珣立为嗣泽王，削除李璆的爵位，把李瓘贬黜为鄂州别驾。四月十三日壬寅，唐玄宗颁布敕令，要所有以旁支承袭为嗣王的宗室子孙一律归返本籍。

四月二十三日壬子，朝廷命令太史南宫说等人在黄河南、北两岸的平地上测量太阳的影子和北极星的位置，于夏至日的中午在不同地方都树起八尺长的标杆，同时测量这些标杆影子的长度，阳城县日影的长度为一尺四寸八分弱，晚上所看到的北极星高出地面三十四度十分度之四；汴州浚仪岳台日影的长度为一尺五寸微强，晚上北极星高出地面三十四度八分；最南部的观测点设地郎州，其日影长度为七寸七分，晚上北极星高出地面二十九度半；最北部的观测点设在蔚州，其日影长度为二尺二寸九分，晚上北极星高出地面四十度。最南部的郎州观测点和最北部的蔚州观测点之间相距三千六百八十八里九十步，两处的日影长度相差一尺五寸二分，晚上北极星高出地面的角度相差十度半。再往南在交州设观测点，其日影至标杆南面三寸三分处。八月，在海中向南极老人星四周望去，群星灿烂闪烁，全都是以往未曾命名的，大约离南极星二十度角以上的星星均可看到。

五月二十九日丁亥，朝廷停止任命各道按察使。

六月初五日壬辰，玄宗颁布诏命，允许逃亡的民户向官府自首，开垦他们寄居处闲置的土地，由官府依据实际情况，征敛赋税，但不得支派差使、征发徭役，租庸均一概蠲免。还命令兵部员外郎兼侍御史宇文融继续担任劝农使，到各州县巡视，与吏民商定赋税徭役的具体数额。

唐玄宗因为山东各地发生旱灾，命令朝廷名臣充实刺史的职务。壬午日，命令黄门侍郎王丘、中书侍郎长安人崔沔和礼部侍郎、知制诰韩休等五人到地方上担任刺史。王丘是王同皎堂兄的儿子、韩休是韩大敏的孙子。

当初，张说推荐崔沔担任中书侍郎，按照惯例，接受皇帝诏书以及宣布皇帝旨意均由宰相执行，中书侍郎仅在文书上副署而已。崔沔认为："朝廷设官分职，是为了使上下之间得以联通，只有各抒己见，朝廷政事才能不出错误。中书侍郎是中书令的副手，怎么能拱手不语，无所事事呢？"因此遇事经常提出不同主张，张说为此心中不快，便借此机会把他调到地方担任刺史。

秋，七月，突厥可汗遣其臣哥解颉利发来求婚。

溪州蛮覃行璋反。以监门卫大将军杨思勖为黔中道招讨使，将兵击之。癸亥，思勖生擒行璋，斩首三万级而归。加思勖辅国大将军，俸禄、防阁皆依品给。赦行璋以为洵水府别驾。

姜皎既得罪，王皇后愈忧畏不安，然待下有恩，故无随而谮之者，上犹豫不决者累岁。后兄太子少保守一，以后无子，使僧明悟为后祭南北斗，剖霹雳木，书天地字及上名，合而佩之，祝曰："佩此有子，当如则天皇后。"事觉，己卯，废为庶人，移别室安置；贬守一潭州别驾，中路赐死。户部尚书张嘉贞坐与守一交通，贬台州刺史。

八月，丙申，突厥哥解颉利发还其国；以其使者轻，礼数不备，未许婚。

己亥，以宇文融为御史中丞。

融乘驿周流天下，事无大小，诸州先牒上劝农使，后申中书；省司亦待融指㧑，然后处决。时上将大攘四夷，急于用度，州县畏融，多张虚数，凡得客户八十余万，田亦称是。岁终，增缗钱数百万，悉进入宫；由是有宠。议者多言烦扰，不利百姓，上亦令集百寮于尚书省议之。公卿已下，畏融恩势，不敢立异。惟户部侍郎杨玚独抗议，以为："括客免税，不利居人；征籍外田税，使百姓困弊，所得不补所失。"未几，玚出为华州刺史。

壬寅，以开府仪同三司宋璟为西京留守。

冬，十月，丁酉，谢飐王特勒遣使入奏，称"去年五月，金城公主遣使诣箇失密国，云欲走归汝。箇失密王从臣国王借兵，共拒吐蕃。王遣臣入取进止。"上以为然，赐帛遣之。

废后王氏卒，后宫思慕后不已，上亦悔之。

秋季，七月，突厥可汗派其大臣哥解颉利发出使来到朝廷求婚。

溪州蛮族人覃行璋反叛，朝廷命令监门卫大将军杨思勖担任黔中道招讨使统军征讨。七月初六日癸亥，杨思勖活捉了覃行璋，斩首级三万颗而班师。玄宗为杨思勖加授辅国大将军衔，并规定他的俸禄、护卫差役的数目均按品级提供。还赦免了覃行璋之罪，命令他担任洵水府别将。

姜皎获罪被流放之后，王皇后心中更加忧惧不安，但由于她对手下人有恩惠，因而并没有人立刻到玄宗那里去诬陷她，玄宗在几年之中也一直对是否废掉皇后之事犹豫不决。王皇后的哥哥太子少保王守一鉴于皇后没有生儿子，便指使僧人明悟为皇后祭祀北斗七星和南斗六星，剖开霹雳木，在上面写下天地二字和皇帝的姓名，把两个半片合在一起，佩戴在皇后身上，向上天祈祷说："佩戴了这个东西，就会生下儿子，必将像则天皇后那样。"此事败露了，七月二十二日己卯，玄宗把王皇后废为庶人，把她移到别室居住；又把王守一贬谪为潭州别驾，并在赴任的路途中赐他自杀。户部尚书张嘉贞因与王守一结交获罪，被贬谪为台州刺史。

八月初九日丙申，突厥使者哥解颉利发归国，由于这名使者身份太低，礼数也不完备，因此朝廷没有允许与突厥通婚。

八月十二日己亥，玄宗任命宇文融担任御史中丞。

宇文融乘着驿车遍行天下，地方上无论发生了大事小事，都要先用公文向他这个劝农使汇报，然后再上报给中书省；尚书诸省左右司主管官也都是等到宇文融做出指挥方略之后，才对具体问题做出处理。当时玄宗正准备对周边各部落大肆征讨，急需费用，地方州县官畏惧宇文融，大多虚报括田及括户的数额，总共查得寄居的民户八十余万，隐匿的土地数量也与此不相上下。到年终时，共增加财政收入达几百万缗，宇文融把这笔收入全部缴纳宫中，因而深得玄宗的宠信。议论者大多认为他这样做搅扰了民间的正常生活，对百姓不利，玄宗也曾把文武百官召集到尚书省共同讨论他的做法。但由于公卿以下的大臣忌惮宇文融拥有天子给予的权势，所以不敢提出不同的主张。只有户部侍郎杨玚高声议论，他认为："清查寄居的户口，允许自首的人免税，对本地的百姓不利；加征田籍之外民田的租税，会使得百姓贫穷困苦，所得补偿不了所失。"过了不久，杨玚便被外放为华州刺史。

八月十五日壬寅，玄宗命令开府仪同三司宋璟担任西京留守。

冬季，十月十一日丁酉，西域谢飓国国王特勒派遣使者来朝上奏，称："去年五月，金城公主派遣使者前往箇失密国，说是要出走归附箇失密。箇失密国王向我们的国王借兵，要联合两国以共同抵御吐蕃。国王派臣前来听取如何采取措施。"唐玄宗认为他们的做法很正确，便赐予绢帛，遣送使者回国。

被废黜的王皇后去世，后宫中的人思念不已，玄宗也感到后悔。

十一月，庚午，上幸东都；戊寅，至东都。

辛巳，司徒申王抟薨，赠谥惠庄太子。

群臣屡上表请封禅，闰月，丁卯，制以明年十一月十日有事于泰山。时张说首建封禅之议，而源乾曜不欲为之，由是与说不平。

是岁，契丹王李郁干卒，弟吐干袭位。

（以上为第十三段，写唐玄宗废王皇后，检括户口。张说为相。）

十三年（乙丑，725 年）

春，二月，庚申，以御史中丞宇文融兼户部侍郎。制以所得客户税钱均充所在常平仓本；又委使司与州县议作劝农社，使贫富相恤，耕耘以时。

乙亥，更命长从宿卫之士曰“彍骑”，分隶十二卫，总十二万人为六番。

上自选诸司长官有声望者大理卿源光裕、尚书左丞杨承令、兵部侍郎寇泚等十一人为刺史，命宰相、诸王及诸司长官、台郎、御史饯于洛滨，供张甚盛。赐以御膳，太常具乐，内坊歌妓；上自书十韵诗赐之。光裕，乾曜之从孙也。

三月，甲午，太子嗣谦更名鸿；徙郯王嗣真为庆王，更名潭；陕王嗣升为忠王，更名浚；鄫王嗣真为棣王，更名洽；鄂王嗣初更名涓；鄄王嗣玄为荣王，更名滉。又立子琚为光王，潍为仪王，沄为颍王，泽为永王，清为寿王，洄为延王，沭为盛王，溢为济王。

丙申，御史大夫程行谌奏：“周朝酷吏来俊臣等二十三人，情状尤重，子孙请皆禁锢；傅游艺等四人差轻，子孙不听近任。”从之。

汾州刺史杨承令不欲外补，意怏怏，自言“吾出守有由。”上闻之，怒，壬寅，贬睦州别驾。

张说草封禅仪献之。夏，四月，丙辰，上与中书门下及礼官、学士宴于集仙殿。上曰：“仙者凭虚之论，朕所不取。贤者济理之具，朕今与卿曹合宴，宜更名曰集贤殿。”其书院官五品以上为学士，六品以下为直学士；以张说知院事，右散骑常侍徐坚副之。上欲以说为大学士；说固

十一月十四日庚午，唐玄宗启程前往东都，十月二十二日戊寅，抵达东都。

十一月二十五日辛巳，司徒申王李㧑去世，玄宗赠予他惠庄太子的谥号。

群臣多次向唐玄宗进呈表章请求举行封禅典礼，闰十二月十二日丁卯，玄宗颁布诏命，决定次年的十一月十日在泰山举行祭祀典礼。当时张说首先提出封禅的主张，而源乾曜不同意实施张说的计划，因此他与张说失和。

这一年，契丹王李郁干去世，他的弟弟李吐干继承王位。

唐玄宗开元十三年（乙丑，725 年）

春季，二月初六日庚申，玄宗命令御史中丞宇文融兼任户部侍郎。玄宗颁布诏命，把所征得的客户税钱全部充作所在州县的常平仓本金。又委派劝农使司与各州县商量筹办劝农社，以便使得社会上贫富相周济，耕种田地而不误农时。

二月二十一日乙亥，唐玄宗把长从宿卫亲军改名称作“彍骑”，分别隶属于十二卫，总计兵员为十二万人，共分六个轮次入值宿卫。

唐玄宗亲自挑选了素有声望的大理寺卿源光裕、尚书省左丞杨承令、兵部侍郎寇泚等十一位诸官署长官担任州刺史，又命令宰相、诸王及诸官署长官、台郎、御史们在洛水岸边为他们饯行，场面很盛大。赐给他们御膳房做的玄宗的常膳，由太常置办音乐，又召来内教坊中的歌伎表演助兴。唐玄宗还亲笔书写了自己所作的十韵诗作为颁赏。源光裕是源乾曜的侄孙。

三月初十日甲午，太子李嗣谦把名字改为李鸿；郯王李嗣直改封为庆王，并把名字改为李潭；陕王李嗣升改封为忠王，并把名字改为李浚；鄫王李嗣真改封为棣王，并把名字改为李洽；鄂王李嗣初改名李涓；鄄王李嗣玄改封为荣王，并把名字改为李滉。玄宗又封其子李涺为光王、封李潍为仪王、封李沄为颍王、封李泽为永王、封李清为寿王、封李洄为延王、封李沭为盛王、封李溢为济王。

三月十二日丙申，御史大夫程行谌上奏说：“在武周朝的酷吏之中，来俊臣等二十三人的情节特别严重，请陛下明令禁止这些人的子孙担任职官；傅游艺等四人罪状稍微轻一些，其子孙也不许在京畿之地任官。”唐玄宗接受这一建议。

汾州刺史杨承令不愿就任外地官职，心中怏怏不乐，声称：“我被外放为刺史，事出有因。”玄宗得知这事而动怒，三月十八日壬寅，把他贬谪为睦州别驾。

张说起草了封禅礼仪并把它呈送给玄宗。夏季，四月初三日丙辰，唐玄宗与中书门下及礼官、学士们一道在集仙殿宴饮。玄宗说：“神仙是凭空臆造的事物，对此我并不予以采用。贤良之士则是济世治民的器具，我今天与诸位一同宴饮，应当把集仙殿改名为集贤殿。”规定凡在书院中任职的官员，五品以上一律称为学士、六品

辞而止。

（以上为第十四段，写唐玄宗外放京官任刺史，禁锢武周朝酷吏子孙。张说草封禅仪。）

说以大驾东巡，恐突厥乘间入寇，议加兵守边，召兵部郎中裴光庭谋之。光庭曰："封禅者，告成功也。今将升中于天，而戎狄是惧，非所以昭盛德也。"说曰："然则若之何？"光庭曰："四夷之中，突厥为大，比屡求和亲，而朝廷羁縻，未决许也。今遣一使，征其大臣从封泰山，彼必欣然承命；突厥来，则戎狄君长无不皆来。可以偃旗卧鼓，高枕有余矣。"说曰："善，说所不及。"即奏行之。光庭，行俭之子也。

上遣中书直省袁振摄鸿胪卿，谕旨于突厥，小杀与阙特勒、暾欲谷环坐帐中，置酒，谓振曰："吐蕃，狗种；奚、契丹，本突厥奴也；皆得尚主。突厥前后求婚独不许，何也？且吾亦知入蕃公主皆非天子女，今岂问真伪！但屡请不获，愧见诸蕃耳。"振许为之奏请。小杀乃使其大臣阿史德颉利发入贡，因扈从东巡。

五月，庚寅，妖贼刘定高帅众夜犯通洛门；悉捕斩之。

秋，八月，张说议封禅仪，请以睿宗配皇地祇；从之。

九月，丙戌，上谓宰臣曰："《春秋》不书祥瑞，惟记有年。"敕自今州县毋得更奏祥瑞。

冬，十月，癸丑，作水运浑天成，上具列宿，注水激轮，令其自转，昼夜一周。别置二轮，络在天外，缀以日月，逆天而行，淹速合度。置木匮为地平，令仪半在地下，又立二木人，每刻击鼓，每辰击钟，机械皆藏匮中。

辛酉，车驾发东都，百官、贵戚、四夷酋长从行。每置顿，数十里

以下一律称为直学士。又命令张说担任知院事、命令右散骑常侍徐坚作他的副手。唐玄宗还打算任命张说为大学士，由于张说执意推辞才作罢。

张说因为玄宗大驾出巡前往东边泰山封禅，唯恐突厥人乘机入侵，所以提议增派军队守御边疆，并召来兵部郎中裴光庭商议此事。裴光庭说："封禅的典礼，乃是皇帝向上天报告业绩成功的仪式。现在皇帝正要通过封泰山向上天表达衷情，而惧怕起戎狄来了，这不是彰明圣朝至德的做法。"张说问道："那么我们应该怎么办呢？"裴光庭回答说："在四夷当中，要算突厥是最强大的，最近一段时期他们多次请求和亲通婚。而今假使朝廷派遣一位使节，前往突厥征召其大臣随同皇帝封泰山，他们必定会欣然从命。一旦突厥到来，则戎狄君长都会前来。那么就可以偃旗息鼓，高枕无忧了。"张说称赞他说："非常好，我张说赶不上你。"便立即上奏玄宗批准并付诸施行。裴光庭是裴行俭的儿子。

唐玄宗派遣中书直省官吏袁振代理鸿胪寺卿职务，去向突厥宣谕自己的旨意。突厥可汗小杀与阙特勒、暾欲谷围坐在帷帐之中，设酒宴招待袁振，他对袁振说道："吐蕃乃是犬戎种族，奚、契丹原来则是突厥的奴隶，他们却都能娶大唐公主为妻。唯独我们突厥前后多次向朝廷的求婚不予批准，这究竟是为了什么呢？况且我们也知道远嫁各部的公主们均不是皇上的亲生女儿，然而现在谁还管公主的真假呢？只不过是由于多次求婚未获批准，见到各部便面有惭愧之色而已。"袁振答应为他们向玄宗上奏求婚。小杀可汗便派遣其大臣阿史德颉利发入朝纳贡，随后便侍从唐玄宗东行封禅。

五月初八日庚寅，妖贼刘定高率众在夜间进攻通洛门，这些人全部被抓获处斩。

秋季，八月，张说在议论封禅礼仪的时候，请求以睿宗配享皇地祇神，唐玄宗采纳了这一建议。

九月初六日丙戌，玄宗对宰相们说道："《春秋》上不记载祥瑞，只是记载年成。"于是颁布敕命，规定从此各州县不许再将祥瑞上奏朝廷。

冬季，十月初三日癸丑，用水作动力运转的浑天铜仪造成。此铜仪上排列着各个星宿，加满水后冲激着轮子，使得它自转，每个昼夜运转一圈。铜仪的外部另外安装着两个轮子，分别镶嵌着太阳和月亮在"天"外逆向而行，运行速度的快慢也与天体本身的运行度数相合。还设置了一个木柜子作为"地"面，把铜仪的一半安放在"地"面以下，再装上两个小木人，其中一个每一刻时间敲鼓一次、另一个每一个时辰撞钟一声，铜仪的机械均藏在此木柜内。

十月十一日辛酉，唐玄宗一行从东都出发，文武百官、皇亲国戚和各族酋长均

中人畜被野，有司辇载供具之物，数百里不绝。

十一月，丙戌，至泰山下，御马登山。留从官于谷口，独与宰相及祠官俱登，仪卫环列于山下百余里。上问礼部侍郎贺知章曰："前代玉牒之文，何故秘之？"对曰："或密求神仙，故不欲人见。"上曰："吾为苍生祈福耳。"乃出玉牒，宣示群臣。庚寅，上祀昊天上帝于山上，群臣祀五帝百神于山下之坛；其余仿乾封故事。辛卯，祭皇地祇于社首。壬辰，上御帐殿，受朝觐，赦天下，封泰山神为天齐王，礼秩加三公一等。

张说多引两省吏及以所亲摄官登山。礼毕推恩，往往加阶超入五品而不及百官；中书舍人张九龄谏，不听。又，扈从士卒，但加勋而无赐物，由是中外怨之。

初，隋末国马皆为盗贼及戎狄所掠，唐初才得牝牡三千匹于赤岸泽，徙之陇右，命太仆张万岁掌之。万岁善于其职，自贞观至麟德，马蕃息及七十万匹，分为八坊、四十八监，各置使以领之。是时天下以一缣易一马。垂拱以后，马潜耗太半。上初即位，牧马有二十四万匹，以太仆卿王毛仲为内外闲厩使，少卿张景顺副之。至是有马四十三万匹，牛羊称是。上之东封，以牧马数万匹从，色别为群，望之如云锦。上嘉毛仲之功，癸巳，加毛仲开府仪同三司。

甲午，车驾发泰山；庚申，幸孔子宅致祭。

上还，至宋州，宴从官于楼上，刺史寇泚预焉。酒酣，上谓张说曰："向者屡遣使臣分巡诸道，察吏善恶，今因封禅历诸州，乃知使臣负我多矣。怀州刺史王丘，饩牵之外，一无他献。魏州刺史崔沔，供张无锦绣，示我以俭。济州刺史裴耀卿，表数百言，莫非规谏。且曰：'人或重扰，则不足以告成。'朕常置之坐隅，且以戒左右。如三人者，不劳人以市

护驾东行。车队每次在驿站顿驻休息时，数十里长的行列两旁人畜蔽野，有关衙门提供的车辆满载着给唐玄宗一行使用的物品，络绎不绝长达几百里。

十一月初六日丙戌，唐玄宗一行抵达泰山脚下，玄宗骑马登临泰山，把随行官员留在谷口，独自与宰相以及祠官一道上山，绵延达百余里的仪仗侍卫环列在山下。唐玄宗向礼部侍郎贺知章问道："过去帝王封禅所用的玉制文书，为什么总是秘不示人？"贺知章回答说："或许是帝王王秘密地向神仙祈福，因此不想让别人见到。"唐玄宗说："我这可是为天下苍生祈祷幸福啊！"于是取出玉制封禅文书向群臣宣谕。十一月初十日庚寅，玄宗在泰山顶上祭祀了昊天上帝，群臣则在山下的祭坛上祭祀了五帝百神，其他仪程一律仿效乾封年间封禅的旧例。十一月十一日辛卯，玄宗在社首祭祀了皇地祇。十一月十二日壬辰，玄宗亲临连幄而成的帐殿，接受群臣朝觐，赦免天下罪囚，并册封泰山之神为天齐王，并享用加三公一等的礼数。

张说带领许多中书省、门下省官吏和自己的直属官随从唐玄宗登山。封禅典礼结束后玄宗推恩行赏时，这部分人一般都被破格提拔到五品官阶，其他文武百官却与之无缘；中书舍人张九龄规劝张说不要这样做，但是张说没有理会。另外，护驾侍从玄宗的士卒，都只加级而不赐实物，因此朝廷内外纷纷对张说表示不满。

当初，隋朝末年国有马匹全都被盗贼以及戎狄劫掠。唐朝建国初期，朝廷只是在赤岸泽获得雌雄马匹共三千匹，便把这些马匹迁徙到陇右牧养，命令太仆张万岁掌管养马之事。张万岁对此职事很尽职，从贞观到麟德年间，国有马匹不断繁殖，数目已达到七十余万匹，分属八坊、四十八监，朝廷分别任命坊、监使来管辖官马的放养。此时全国各地用一匹细绢就可以换到一匹马。垂拱年间之后，官马数量不知不觉地减少了大半。玄宗刚即位的时候，国有马匹总数只有二十四万匹了，朝廷命令太仆寺卿王毛仲担任内外闲厩使，命令太仆寺少卿张景顺担任他的副手。至此，国有马匹的数量又增至四十三万匹，官府饲养牛羊的数量大致也有这么多。唐玄宗东至泰山封禅的时候，带去了牧马数万匹，按照马的毛色分成不同的马群，一眼望去就如同天上的彩云在移动，玄宗为了嘉奖王毛仲的功绩，十一月十三日癸巳，将王毛仲加官为开府仪同三司。

十一月十四日甲午，唐玄宗一行从泰山出发，十一月十六日丙申，来到孔子故居举行祭祀。

唐玄宗在返回京师途中到达宋州，在楼上设宴款待随从官员，宋州刺史寇泚也参加了宴会。酒兴正浓的时候，玄宗对张说讲："以往我曾多次派遣使臣分巡各道考察地方官的优劣，这次借封禅的机会亲自到各州走了一遭，才明白使臣欺瞒我的地方太多了。怀州刺史王丘，除了牛羊猪等活的牲畜之外，没有贡献其他任何珍奇之物；魏州刺史崔沔，所供给的陈设之中没有一件是绵织物制作的，这都是示意我应

恩，真良吏矣。”顾谓寇泚曰：“比亦屡有以酒馔不丰诉于朕者，知卿不借誉于左右也。”自举酒赐之。宰臣帅群臣起贺，楼上皆称万岁。由是以丘为尚书左丞，泚为散骑侍郎，耀卿为定州刺史。耀卿，叔业之七世孙也。

十二月，乙巳，还东都。

突厥颉利发辞归，上厚赐而遣之，竟不许婚。

（以上为第十五段，写唐玄宗上泰山封禅。）

王毛仲有宠于上，百官附之者辐凑。毛仲嫁女，上问何须。毛仲顿首对曰：“臣万事已备，但未得客。”上曰：“张说、源乾曜辈岂不可呼邪？”对曰：“此则得之。”上曰：“知汝所不能致者一人耳，必宋璟也。”对曰：“然。”上笑曰：“朕明日为汝召客。”明日，上谓宰相：“朕奴毛仲有婚事，卿等宜与诸达官悉诣其第。”既而日中，众客未敢举箸，待璟，久之，方至，先执酒西向拜谢，饮不尽卮，遽称腹痛而归。璟之刚直，老而弥笃。

先是，契丹王李吐干与可突干复相猜忌，携公主来奔，不敢复还，更封辽阳王，留宿卫；可突干立李尽忠之弟邵固为主。车驾东巡，邵固诣行在，因从至泰山，拜左羽林大将军、静折军经略大使。

上疑吏部选试不公，时选期已迫，御史中丞宇文融密奏，请分吏部为十铨。甲戌，以礼部尚书苏颋等十人掌吏部选，试判将毕，遽召入禁中决定，吏部尚书、侍郎皆不得预。左庶子吴兢上表，以为：“陛下曲受谗言，不信有司，非居上临人推诚感物之道。昔陈平、邴吉，汉之宰相，尚不对钱谷之数，不问斗死之人；况大唐万乘之君，岂得下行铨选之事乎！凡选人书判，并请委之有司，停此十铨。”上虽不即从，明年复故。

当有所节俭。济州刺史裴耀卿，向我呈进一篇几百字的表章，全都是规谏的话，而且说道：‘如果百姓被严重搅扰的话，那么陛下封禅就不能报告成功于上天。’我常把此话作为座右铭，并且拿它来告诫左右侍臣。像这三位官员这样不愿劳苦百姓来邀恩求进，真是贤良的官吏呀！”唐玄宗又回过头来对寇泚说道：“近来多次有人向我诉说你所供给的酒宴不太丰盛，我明白这是由于你没有买通我左右的人为你说好话的缘故。”说完亲自举杯赐酒给寇泚。宰相领着群臣起身称贺，楼上所有的人纷纷高呼万岁。于是玄宗命令王丘担任尚书省左丞、命令崔沔担任散骑侍郎、命令裴耀卿担任宣州刺史。裴耀卿是裴叔业的七世孙。

十二月二十日己巳，唐玄宗返回东都。

突厥使者阿史德颉利发辞行返国，玄宗给予他丰厚的赏赐之后送走了他，但最终还是没有答应突厥的求婚。

王毛仲获得唐玄宗的宠信，投靠巴结他的众多官员纷至沓来。王毛仲将要嫁女儿，玄宗问他还要什么东西。王毛仲回答说：“臣万事已备办好了，只是没有客人。”玄宗说：“张说、源乾曜这些人难道不能叫来吗？”答道：“这些是能请到的。”玄宗说：“我知道你请不来的只有一个人而已，他必定是宋璟。”王毛仲说：“正是他。”玄宗笑着说道：“我明天亲自出面替你请客。”第二天，玄宗对宰相们说：“我的奴才王毛仲家要办婚事了，你们最好与朝廷各位要员一起去他家道贺。”已到正午时分，所有的来宾都还不敢动筷子，只等待宋璟一人到来，过了好久，宋璟才来赴宴，他先端起酒杯朝西面行礼拜谢君命，然后不等饮尽这一杯酒，便借口腹中疼痛而退席回家。宋璟的刚直，随着他年寿的增高而日益笃定。

在此之前，契丹王李吐干因与可突干相互猜忌，便带着公主投奔唐朝，不敢重新返回契丹，玄宗把他改封为辽阳王，留在京师担任宿卫，可突干便拥立李尽忠之弟邵固为契丹君王。玄宗东行封泰山时，邵固也来到车驾前，并随从玄宗去了泰山，玄宗命令他担任左羽林大将军、静折军经略大使。

唐玄宗怀疑吏部负责实施的选官考试有失公正，此时选官考试的日期已经临近，御史中丞宇文融秘密地呈奏，请求把吏部选官分为十铨。十二月二十五日甲戌，朝廷派遣礼部尚书苏颋等十人主持吏部铨选，在试卷评判就要结束的时候，突然把应试者召进宫中亲自测试来做出决定，吏部的尚书和侍郎均不得过问。左庶子吴兢向玄宗上表说：“陛下枉自听信谗言，竟不相信执掌铨选的吏部，这绝不是居上位者君临天下、推诚感人的途径。从前陈平、邴吉担任汉朝的宰相，尚且不去核实钱谷的数额，不去过问斗殴致死人命的案件，何况陛下是一国的皇帝，怎么可以降低身份躬行铨选之事呢？凡是候选官吏的试卷评判，陛下都应当交给吏部处置并实施这项

是岁，东都斗米十五钱，青、齐五钱，粟三钱。

于阗王尉迟眺阴结突厥及诸胡谋叛，安西副大都护杜暹发兵捕斩之，更为立王。

（以上为第十六段，写唐玄宗尊宠家奴，亲任选官主考。）

十铨之法。”玄宗虽然没有马上接受，但是到了第二年就恢复了原有的方法。

在这一年里，东都的米价每斗值十五钱，青州、齐州每斗值五钱，而每斗粟只值三钱。

于阗王尉迟眺暗地勾结突厥以及各部胡人图谋反叛，安西副大都护杜暹出兵，生擒了尉迟眺并将他斩首，又另外立了一位于阗王。

【点评】

唐玄宗开元之治的前期政治。本卷记事起开元六年到十三年，凡八年史事。此时期，唐玄宗与朝政大臣仍沿袭开元初励精图治的政治轨迹向前发展。唐玄宗还保持着清醒的头脑，纳谏用贤，宋璟、源乾曜、张嘉贞、张说相继为相，诸贤均一时之选。君臣兢兢业业，仍保持君明臣贤的政治局面。开元十三年（725）十一月，唐玄宗上泰山封禅，确实是实至名归，封禅是祭天告成功的大典，唐朝达于鼎盛，唐玄宗当之无愧。封禅是开元之治前期政治达于鼎盛的标志。

宋璟为相，荐贤才以杜绝奸巧仕进，唐玄宗与宋璟都不为亲故滥授一官。宋璟的远房叔父宋元超已被选入，由吏部授官。由于宋元超自称是宋璟族叔，想得到优待，宋璟知道后反而免去了他的入选资格。宋璟治反狱，只诛元恶，刑法宽平。唐玄宗惩贪，依然雷厉风行。武强令裴景仙因乞求非法所得绢五千匹，唐玄宗要集众诛杀。依法裴景仙非法乞取不致死罪，又是独子，还是开国功臣裴寂的后代，大理卿李朝隐力争，裴景仙才得以免死，改流放至岭南最偏远的地方。宰相张嘉贞，因弟弟贪赃而受株连免相。唐玄宗很重视地方官都督、刺史的任用，选拔京官中有才望的人外放任职，此时期继续推行。慎选举、缓刑、惩贪、注重地方官人选，这些是开元盛世清平政治的主流。

这一时期，唐玄宗还加强了中央集权的施政措施与制度建设。主要有以下几个方面。其一，检括户口，国家多得八十余万户与相应的田亩。其二，禁恶钱。开元七年（719）二月，唐玄宗下诏由太府以及州县粮仓出粟十万卖给百姓，回收劣质钱销毁。劣质钱是私铸的恶钱，如同今之伪钞。恶钱泛滥，影响官钱流通，导致奸民与国争利，通货膨胀，百姓受害。国家储粮积久而腐败，用来回收恶钱销毁，表明国家禁绝恶钱的决心，起到动员民众抵制恶钱的作用。可是这项善政，触动了既得利益者，遭到权贵的反对，唐玄宗没有贯彻到底，宋璟还因此丢了官。其三，禁闭诸王。诸王是最有可能夺取帝位的人。唐玄宗本人就是以诸王资格发动禁卫军诛杀韦皇后而取得太子地位的。开元十年（722），唐玄宗严令宗室、外戚、驸马，非至亲不得往来，更不能与百官交结。光禄少卿驸马都尉裴虚己与岐王李范游宴，裴虚己被流放新州，被迫与公主离婚。万年尉刘庭琦、太祝张谔与李范饮酒赋诗，两人均遭贬逐。后来宰相张说也因私入岐王李范宅第而被贬官出朝。唐玄宗兄弟封王的有五人，皇子封王的有十六人，诸王被集中安置在宫城旁的诸王小区，每王各一宅，在生活上受到优越待遇，但不得任职事，行动也不自由，有宦官监管。诸王小区称为十王宅，也称十六宅。后来皇孙渐多，小区扩大为百孙院，也派宦官监管。皇太子不住东宫，紧随皇帝住在别院，实际也在宦官的监视之下。唐玄宗如此猜忌诸王和信用宦官，在中唐以后产生了严重后果，皇帝的废立和生命都掌握在宦官手中。

唐宦官政权消灭，唐朝也就灭亡，重演了东汉末年的一幕。其四，改兵制。唐初实行府兵制是寓兵于农的一种兵制。府兵制，即征兵制，类似义务兵役制，兵农合一。平时大部分从事农耕，少部分轮番到京师宿卫或边关戍守。战时征发，战后士兵归农，将帅归朝，将帅不可能拥兵自重。但府兵制到开元时已经败坏。原因是唐高宗、武则天时不断用兵，府兵制难以承担。官场腐败，贪污盛行，边兵将领自肥与向上级和朝官行贿，财源来自对士兵的剥削，又把戍兵当作奴仆使用，许多士兵被凌辱致死。作战立功的士兵，战后回到原籍，州县官不予承认。于是府兵逃亡日盛。在高宗后期，作战兵员已经不足，只好临时招募。开元十年（722），朔方节度使张说认为当时边境无强寇，建言裁减边兵二十万归农。平时戍守，边兵有六十万，京师宿卫十余万，张说建言用募兵制取代府兵制，招募壮士宿卫京师，免其杂役，唐玄宗采纳，十天之内得精兵十二万，分隶诸卫。称为长从宿卫。从此，兵农分家，招募兵成了职业兵。开元十三年（725），长从宿卫更名“彍骑”，分隶十二卫。到了开元二十五年（737），边镇戍兵也入为招募兵，号长征兵。第二年，招募兵足额，原有士兵一概放还本籍。《新唐书·兵志》说，唐王朝统治二百多年间发生了三变。唐初府兵，府兵废而有彍骑，彍骑又废，地方武装力量兴起，即节度使割据武装。征兵制改为募兵制，兵农分离，怀有野心的镇边将帅与职业兵结合，变国家武装为私人武装，中唐以后，节度使往往拥兵自重，割据祸乱不可避免地发生了。这些都是后话，我们不能用后来的发展责备唐玄宗、张说改兵制，因为这是形势使然。开元时府兵制已完全破坏，如果不改募兵制，全国将陷于无兵的状态，一旦有事，何以应敌？唐玄宗改兵制是形势使然，但它潜在的忧患被开元盛世掩盖了。

司马迁写《史记》，“通古今之变”，提出观察历史的方法，要“原始察终，见盛观衰”。“原始察终”就是追原其始，察究其终，把握历史演变的全过程，来看它的原因、经过、发展和结果。“见盛观衰”，就是在兴旺的时候，要看到它将转变的起点。唐玄宗的开元之治是成功的，他受任于国家危难之际，拨乱反正，纳谏用贤，把国家治理得井井有条，同时为了防范诸王夺权，信用宦官与禁闭诸王，改兵制，后来又增置节度使，结果却埋下了唐中后期的祸患。

唐纪二十九

唐玄宗开元十四年至二十一年（726—733年）

【起柔兆摄提格（丙寅，726年），尽昭阳作噩（癸酉，733年），凡八年】

【大事提要】

本卷记事起公元726年，讫公元733年，凡八年，当唐玄宗开元十四年到开元二十一年。这一时期是开元之治的中期。国家制度继续完善。军人戍边，五年一轮换。户籍与赋税，三年普查一次，定为九等。开元二十一年（733），唐玄宗在全国十道的基础上分置十五道。京师繁盛，粮食供应不足，沿河、渭广置粮仓，以储江南谷物。唐玄宗志得意满，政治悄悄地发生变化。大臣之间的争权日益尖锐和公开化，张说与杜暹议事多异，韩休与萧嵩在玄宗面前也争论不休。玄宗各打五十大板，统统贬官。此时唐玄宗颇尚武功，立太公庙，以古良将配享为十哲，受到司马光的批评。纵容边将轻启事端，凉州都督王君㚟交恶吐蕃，致战争不断。北方突厥策应吐蕃扰边。岭南獠人叛乱。此时唐朝国力盛强，边衅未酿成大祸，吐蕃纳贡求和亲。但开元之治已从鼎盛开始悄悄发生转折。韩休为相，唐玄宗节制纵兵，身为之消瘦，言于左右曰："吾貌虽瘦，天下必肥，吾用韩休，为社稷耳，非为身也。"但不足一年即罢退韩休。又宠信家奴与宦官，玄宗已失英主锐气。

【原文】

玄宗至道大圣大明孝皇帝中之上

开元十四年（丙寅，726 年）

春，正月，癸未，更立契丹松漠王李邵固为广化王，奚饶乐王李鲁苏为奉诚王。以上从甥陈氏为东华公主，妻邵固；以成安公主之女韦氏为东光公主，妻鲁苏。

张说奏："今之五礼，贞观、显庆两曾修纂，前后颇有不同，其中或未折衷。望与学士等讨论古今，删改施行。"制从之。

邕州封陵獠梁大海等据宾、横州反；二月，己酉，遣内侍杨思勖发兵讨之。

上召河南尹崔隐甫，欲用之，中书令张说薄其无文，奏拟金吾大将军；前殿中监崔日知素与说善，说荐为御史大夫；上不从。丙辰，以日知为左羽林大将军，丁巳，以隐甫为御史大夫。隐甫由是与说有隙。

说有才智而好贿，百官白事有不合者，好面折之，至于叱骂。恶御史中丞宇文融之为人，且患其权重，融所建白，多抑之。中书舍人张九龄言于说曰："宇文融承恩用事，辩给多权数，不可不备。"说曰："鼠辈何能为！"夏，四月，壬子，隐甫、融及御史中丞李林甫共奏弹说"引术士占星，徇私僭侈，受纳贿赂。"敕源乾曜及刑部尚书韦抗、大理少卿明珪与隐甫等同于御史台鞫之。林甫，叔良之曾孙；抗，安石之从父兄子也。

丁巳，以户部侍郎李元纮为中书侍郎、同平章事。元纮以清俭著，故上用为相。

源乾曜等鞫张说，事颇有状，上使高力士视说，力士还奏："说蓬首垢面，席藁，食以瓦器，惶惧待罪。"上意怜之。力士因言说有功于国，上以为然。庚申，但罢说中书令，余如故。

【语译】

玄宗至道大圣大明孝皇帝中之上

唐玄宗开元十四年（丙寅，726 年）

春季，正月初四日癸未，朝廷把契丹松漠王李邵固改立为广化王，把奚人饶乐王李鲁苏改立为奉诚王。封玄宗的堂外甥女陈氏为东华公主，许配给李邵固为妻，封成安公主的女儿韦氏为东光公主，许配给李鲁苏为妻。

张说上奏说："今天的五礼，是经过贞观、显庆年间两度编撰修订的。前后有许多不同的地方，其中有些内容需要权衡协调，取其中正。希望允许我和学士们对古今这方面的情况进行探讨议论，对五礼做些删略修改，然后颁布施行。"玄宗下诏采纳了张说的主张。

邕州封陵县獠人梁大海等人占据宾州、横州造反。二月己酉日，玄宗派遣内侍杨思勖调集军队去讨伐他们。

唐玄宗召见河南尹崔隐甫，打算任用他。中书令张说因崔隐甫没有文才，便瞧不起他，于是向玄宗上奏拟让他担任金吾大将军；前殿中监崔日知平素与张说关系友好，张说便推荐他担任御史大夫。但是玄宗没有采纳张说的建议。二月初七日丙辰，玄宗命令崔日知担任左羽林大将军；二月初八日丁巳，命令崔隐甫担任御史大夫。崔隐甫从此与张说有了嫌隙。

张说具有才学智谋，但是贪图贿赂，百官禀报事情有不符合他的意思的地方，他喜欢当面予以驳斥，甚至大声呵斥责骂。他厌恶御史中丞宇文融的为人，而且还担心宇文融的权力过大，因此对于宇文融的建议，大多数压住不作处置。中书舍人张九龄提醒张说道："宇文融仰承皇上的恩宠当权，能言善辩，又擅长玩弄权术，您对他不能不加以防备。"张说说："鼠辈能有什么作为！"夏季，四月初四日壬子，崔隐甫、宇文融和御史中丞李林甫共同上书玄宗，揭发张说的罪状："张说招募江湖术士占验星相，还假公济私，僭越奢侈，接受贿赂。"玄宗敕令源乾曜和刑部尚书韦抗、大理少卿胡珪与崔隐甫等人一道在御史台审讯张说。李林甫是李叔良的曾孙，韦抗是韦安石堂兄的儿子。

四月初九日丁巳，玄宗命令户部侍郎李元纮担任中书侍郎、同平章事。李元纮以清廉俭朴而著称于世，所以玄宗起用他担任宰相。

源乾曜等人审讯张说，事情有些证据。玄宗派遣高力士去了解张说的情况，高力士回宫奏报说："张说头发蓬乱、满脸污垢，用稻麦茎秆当席子，使用瓦钵吃饭，惶恐不安地等候判罪。"玄宗心里又怜悯起张说来了。高力士趁机谈到张说对国家有过功劳，玄宗认为他讲得很正确。四月十二日庚申，仅仅免除了张说中书令的职务。

丁卯，太子太傅岐王范薨，赠谥惠文太子。上为之撤膳累旬，百官上表固请，然后复常。

丁亥，太原尹张孝嵩奏，“有李子峤者，自称皇子，云生于潞州，母曰赵妃。”上命杖杀之。

辛丑，于定、恒、莫、易、沧五州置军以备突厥。

（以上为第一段，写张说好贿而又爱面折他人，为政敌所构下狱，赖高力士护佑得免于刑。）

上欲以武惠妃为皇后，或上言：“武氏乃不戴天之仇，岂可以为国母！人间盛言张说欲取立后之功，更图入相之计。且太子非惠妃所生，惠妃复自有子，若登宸极，太子必危。”上乃止。然宫中礼秩，一如皇后。

五月，癸卯，户部奏今岁户七百六万九千五百六十五，口四千一百四十一万九千七百一十二。

秋，七月，河南、北大水，溺死者以千计。

八月，丙午朔，魏州言河溢。

九月，己丑，以安西副大都护、碛西节度使杜暹同平章事。

自王孝杰克复四镇，复于龟兹置安西都护府，以唐兵三万戍之，百姓苦其役；为都护者，惟田杨名、郭元振、张嵩及暹皆有善政，为人所称。

冬，十月，庚申，上幸汝州广成汤；己酉，还宫。

十二月，丁巳，上幸寿安，猎于方秀川；壬戌，还宫。

杨思勖讨反獠，生擒梁大海等三千余人，斩首二万级而还。

是岁，黑水靺鞨遣使入见；上以其国为黑水州，仍为置长史以镇之。

勃海靺鞨王武艺曰：“黑水入唐，道由我境。往者请吐屯于突厥，先告我与我偕行；今不告我而请吏于唐，是必与唐合谋，欲腹背攻我也。”遣其母弟门艺与其舅任雅将兵击黑水。门艺尝为质子于唐，谏曰：“黑水请吏于唐，而我以其故击之，是叛唐也。唐，大国也。昔高丽全盛之时，强兵三十余万，不遵唐命，扫地无遗。况我兵不及高丽什之一二，一旦与

其余的官职仍旧予以保留。

四月十九日丁卯，太子太傅岐王李范去世，朝廷给他追赠谥号惠文太子。唐玄宗因为李范的死，连续减膳几十天，经百官上书极力恳求后，玄宗才恢复正常膳食。

四月丁亥日，太原尹张孝嵩呈奏说："有一个叫李子峤的人，自己声称是皇子，说出生在潞州，母亲叫赵妃。"玄宗命令用杖刑将此人处死。

四月辛丑日，朝廷在定州、恒州、莫州、易州、沧州分别设置北平军、恒阳军、唐兴军、高阳军、横海军，以防御突厥的侵扰。

唐玄宗打算立武惠妃为皇后，有人进言说道："武氏是不共戴天之仇家，怎么能把她立为国母？民间盛传张说想借册立皇后立功，进而再做入朝为相的打算。况且太子不是武惠妃所生，她又有自己的儿子，倘若她登上皇后的宝座，太子的处境必然很危险。"玄宗这才打消了这个念头。然而武惠妃在宫中的礼仪规格，完全都如同皇后一般。

五月二十六日癸卯，户部奏报，今年全国共有七百零六万九千五百六十五户，四千一百四十一万九千七百一十二人。

秋季，七月，黄河南北地区洪水暴发，被淹死的人数以千计。

八月初一日丙午朔，魏州报告黄河泛滥。

九月十五日己丑，唐玄宗任命安西副大都护、碛西节度使杜暹担任同平章事。

自从王孝杰收复龟兹、疏勒、于阗、焉耆四镇，朝廷重新在龟兹设置安西都护府，派遣三万军队戍守安西四镇，百姓们深受镇戍劳役之苦。在历任安西都护的官员中，唯有田杨名、郭元振、张嵩和杜暹几人有好的政绩，因而受到人们的称颂。

冬季，十月十六日庚申，唐玄宗驾临汝州广成温泉；己酉，返回皇宫。

十二月十四日丁巳，玄宗驾临寿安，在方秀川狩猎；十二月十九日壬戌，返回皇宫。

杨思勖征讨反叛的獠人，活捉梁大海等三千余人，斩首级两万颗，得胜班师。

这一年，黑水靺鞨派遣使者到长安晋见唐玄宗。唐玄宗下令在黑水靺鞨国建置黑水州，还为它设长史来镇守这个地区。

勃海靺鞨国王大武艺认为："从黑水靺鞨抵达唐朝，这条道路要经过我国境内。以往他们到突厥请求派驻吐屯的时候，都要在事先向我通报并且和我一起前往；而今他们不向我通报就请求唐朝派遣镇戍官吏，这一定是与唐朝共同谋划好了，要从腹背两个方面来夹攻我。"于是，大武艺派遣他的同母弟大门艺和舅父任雅统领大军攻打黑水靺鞨。大门艺曾经作为质子在唐朝生活过，他谏阻大武艺说道："黑水靺鞨

唐为怨，此亡国之势也。”武艺不从，强遣之。门艺至境上，复以书力谏。武艺怒，遣其从兄大壹夏代之将兵，召，欲杀之。门艺弃众，间道来奔，制以为左骁卫将军。武艺遣使上表罪状门艺，请杀之。上密遣门艺诣安西；留其使者，别遣报云，已流门艺于岭南。武艺知之，上表称“大国当示人以信，岂得为此欺诳？”固请杀门艺。上以鸿胪少卿李道邃、源复不能督察官属，致有漏泄，皆坐左迁。暂遣门艺诣岭南以报之。

臣光曰：王者所以服四夷，威信而已。门艺以忠获罪，自归天子；天子当察其枉直，赏门艺而罚武艺，为政之体也。纵不能讨，犹当正以门艺之无罪告之。今明皇威不能服武艺，恩不能庇门艺，顾效小人为欺诳之语以取困于小国，乃罪鸿胪之漏泄，不亦可羞哉！

杜暹为安西都护，突骑施交河公主遣牙官以马千匹诣安西互市。使者宣公主教，暹怒曰：“阿史那女何得宣教于我！”杖其使者，留不遣；马经雪死尽。突骑施可汗苏禄大怒，发兵寇四镇。会暹入朝，赵颐贞代为安西都护，婴城自守；四镇人畜储积，皆为苏禄所掠，安西仅存。既而苏禄闻暹入相，稍引退，寻遣使入贡。

（以上为第二段，写唐太宗诓骗勃海靺鞨国王，受到司马光的严厉批评。）

十五年（丁卯，727 年）

春，正月，辛丑，凉州都督王君㚟破吐蕃于青海之西。

初，吐蕃自恃其强，致书用敌国礼，辞指悖慢，上意常怒之。返自东封，张说言于上曰：“吐蕃无礼，诚宜诛夷，但连兵十余年，甘、凉、河、鄯，不胜其弊，虽师屡捷，所得不偿所亡。闻其悔过求和，愿听其款服，以纾边人。”上曰：“俟吾与王君㚟议之。”说退，谓源乾曜曰：“君

向唐朝请求派驻官吏，而我们却以这个原因攻打它，这是背叛唐朝。唐朝是个强盛的国家，早年高丽国在全盛的时期，有三十多万精壮兵马，不遵从唐朝的命令，最终得到的是亡国灭种的下场。况且我国的兵马还不及高丽国的十分之一二,一旦与唐朝结了怨隙，那就会形成亡国的态势了。”大门艺到达边境时，再次送回书信极力规劝大武艺。大武艺动怒，派遣他的堂兄大壹夏取代大门艺统领军队，并要召回大门艺，打算杀死他。大门艺抛弃部众，抄小路前来投奔唐朝，皇帝下诏书命令他担任左骁卫将军。大武艺派遣使者进呈表章，列举大门艺的罪状，请求朝廷杀掉大门艺，皇帝秘密派遣大门艺前往安西，同时把大武艺的使者留住不予遣返，另外再派人回复大武艺说已经把大门艺流放到岭南。大武艺知道了这些情况，上表说道：“大国应当向人们显示信用，怎么能够做这种欺瞒骗人的事情？”执意请求朝廷杀掉大门艺。唐玄宗认为鸿胪少卿李道邃和源复没能管好所属官员，致使有关大门艺的情况泄漏出去，二人因此而被降职，又派遣大门艺暂时前往岭南，以便回复大武艺。

臣司马光评论说：帝王之所以能够让四方夷狄臣服，全靠威望和信誉而已。大门艺由于忠于朝廷而被大武艺治罪，自己归附了唐朝天子；唐朝天子理当明察事情的曲直，奖赏大门艺而处罚大武艺，这是治理天下的原则。纵然不能讨伐大武艺，也应该严正地告诉他大门艺无罪。如今，唐玄宗的威望不能够将大武艺降服，恩德又不能够庇护大门艺，反而效法小人编造欺诈诓骗的话，以至在小国面前如此尴尬，还以泄露秘密为理由治鸿胪寺官员的罪，难道不是使人十分羞愧的事吗？

杜暹担任安西都护时，突骑施交河公主派遣牙官赶着一千多匹马来到安西进行交易，又让使者向杜暹宣谕交河公主的告示，杜暹恼怒地说道：“阿史那怀道的女儿，凭什么资格向我宣读告示！”杜暹下令杖刑使者，并扣留使者不予遣返，那些马匹经历一场大雪完部被冻死。突骑施可汗苏禄大为动怒，就调动军队进攻安西四镇。正赶上杜暹返回朝廷，而由赵颐贞代理安西都护，他据城防守自保；四镇的居民、牲畜和储存的物品，全部被苏禄劫掠而去，只剩下空空的安西城。后来，苏禄听说杜暹入朝为相，才逐渐把军队撤退，不久又派遣使者向朝廷进贡。

唐玄宗开元十五年（丁卯，727年）

春季，正月二十八日辛丑，凉州都督王君㚟在青海西面击败吐蕃。

当初，吐蕃自恃力量强大，向唐朝递送文书采用对等国的礼节，言词寓意狂悖傲慢，玄宗的内心常因此感到愤怒。从东岳泰山封禅返京后，张说对玄宗说：“吐蕃无礼，确实应当征讨平定它，但是十余年接连出兵，甘、凉、河、鄯等州再也难以承受战争的破坏了，虽然军中屡屡报捷，但仍是得不偿失。听说吐蕃打算悔过求和，

臭勇而无谋，常思侥幸，若二国和亲，何以为功！吾言必不用矣。”及君臭入朝，果请深入讨之。

去冬，吐蕃大将悉诺逻寇大斗谷，进攻甘州，焚掠而去。君臭度其兵疲，勒兵蹑其后，会大雪，虏冻死者甚众，自积石军西归。君臭先遣人间道入虏境，烧道旁草。悉诺逻至大非川，欲休士马，而野草皆尽，马死过半。君臭与秦州都督张景顺追之，及于青海之西，乘冰而度。悉诺逻已去，破其后军，获其辎重羊马万计而还。君臭以功迁左羽林大将军，拜其父寿为少府监致仕。上由是益事边功。

（以上为第三段，写凉州都督王君臭轻启边衅，唐与吐蕃交恶。）

初，洛阳人刘宗器上言，请塞汜水旧汴口，更于荥泽引河入汴；擢宗器为左卫率府胄曹。至是，新渠填塞不通，贬宗器为循州安怀戍主。命将作大匠范安及发河南、怀、郑、汴、滑、卫三万人疏旧渠，旬日而毕。

御史大夫崔隐甫、中丞宇文融，恐右丞相张说复用，数奏毁之，各为朋党。上恶之，二月，乙巳，制说致仕，隐甫免官侍母，融出为魏州刺史。

乙卯，制：“诸州逃户，先经劝农使括定按比后复有逃来者，随到准白丁例输当年租庸，有征役者先差。”

夏，五月，癸酉，上悉以诸子庆王潭等领州牧、刺史、都督、节度大使、大都护、经略使，实不出外。

初，太宗爱晋王，不使出阁；豫王亦以武后少子不出阁，及自皇嗣为相王，始出阁。中宗之世，谯王失爱，谪居外州；温王年十七，犹居禁中。上即位，附苑城为十王宅，以居皇子，宦官押之，就夹城参起居，自是不复出阁；虽开府置官属及领藩镇，惟侍读时入授书，自余王府官属，但岁时通名起居；其藩镇官属，亦不通名。及诸孙浸多，又置百孙院。太子亦不居东宫，常在乘舆所幸之别院。

希望您能准许他们诚心归服，以解除边疆百姓的困扰。”玄宗说：“等我与王君㚟商议之后再作决定。”张说退下，对源乾曜说道：“王君㚟有勇无谋，常常想侥幸取胜。假如两国和亲，他用什么作为自己的功绩呢？我的主张必定不会被皇上接受了。”等到王君㚟来朝，他果然请求玄宗让自己统领军队深入吐蕃国境内征讨。

去年冬天，吐蕃大将悉诺逻侵扰大斗谷，进攻甘州，烧杀劫掠后撤退。王君㚟揣测悉诺逻的军队疲乏，就率军悄悄地尾随在他们后边。适逢天降大雪，吐蕃兵马大批地被冻死，只好从积石军往西边退回。王君㚟预先派人从偏僻小道深入敌方境内，烧光了道路两旁的野草。悉诺逻退到大非川，打算让士兵战马休整一番，但是这里的野草已经全部烧掉了，因而战马死去一半以上。王君㚟和秦州都督张景顺率军追击，在青海的西南赶上了悉诺逻，利用湖水结冰之机，越过湖面到达对岸。此时悉诺逻已撤走，他们击败了悉诺逻的后军，缴获吐蕃数以万计的辎重牲畜后班师。王君㚟凭借战功，被提拔担任了左羽林大将军，朝廷还授予王君㚟的父亲王寿为少府监而让他退休。从此，玄宗更加致力于边疆战事。

当初，洛阳人刘宗器上书朝廷，请求堵住汜水旧汴口，改为从荥泽中引导黄河水流入汴河。唐玄宗提升刘宗器为左卫率府胄曹。到这时，新渠淤塞不通，便将刘宗器降职为循州安怀戍主；而命令将作大臣范安及调集河南、怀州、郑州、汴州、滑州、卫州三万民工疏浚旧渠，用十天时间就完成了工程。

御史大夫崔隐甫、御史中丞宇文融担心右丞相张说被重新任用，屡次上奏诋毁他，他们双方各自结成朋党。唐玄宗十分厌恶他们的做法，二月初二日乙巳，下诏命令张说退休、崔隐甫免职回家侍奉母亲、宇文融调离朝廷任魏州刺史。

二月十二乙卯，唐玄宗颁布诏令：“各州逃亡外地而无户籍的人，在经过劝农使检查并审验登记以后，若再有逃亡来的人，从到来之时便按平民条例缴纳当年的租庸，如遇征发徭役则首先差遣他们。”

夏季，五月初一日癸酉，唐玄宗让自己的儿子庆王李潭等人全部兼任州牧、刺史、都督、节度大使、大都护、经略使各种职务，实际上他们并不离开京城到外地去赴任。

当初，唐太宗疼爱晋王李治，不派他离开宫禁出任藩封；豫王李旦也因为是武后的小儿子而不离开宫禁出任藩封，直到他由皇嗣改封为相王，才首次离开宫禁出任藩封。唐中宗的时候，谯王李重福失宠才被贬谪居住在外地；温王李重茂年已十七，仍住在宫禁之中。玄宗登位后，在邻近内苑城的地方营建十王的府第，用作诸皇子的居所，派遣宦官监督他们，到夹城来参拜请安，各皇子从此不再离开宫禁出任藩封。虽然他们名义上建立府署，设置官员并兼任节度使，但只有王府的侍读

上命妃嫔以下宫中育蚕，欲使之知女功。丁酉，夏至，赐贵近丝，人一綟。

秋，七月，戊寅，冀州河溢。

己卯，礼部尚书许文宪公苏颋薨。

（以上为第四段，写张说罢相，唐玄宗在禁苑置王孙院安置皇室公子王孙，实质是禁闭宗室。）

九月，丙子，吐蕃大将悉诺逻恭禄及烛龙莽布支攻陷瓜州，执刺史田元献及河西节度使王君㚟之父，进攻玉门军；纵所虏僧使归凉州，谓君㚟曰："将军常以忠勇许国，何不一战！"君㚟登城西望而泣，竟不敢出兵。

莽布支别攻常乐县，县令贾师顺帅众拒守。及瓜州陷，悉诺逻悉兵会攻之。旬余日，吐蕃力尽，不能克，使人说降之；不从。吐蕃曰："明府既不降，宜敛城中财相赠，吾当退。"师顺请脱士卒衣；悉诺逻知无财，乃引去，毁瓜州城。师顺遽开门，收器械，修守备；虏果复遣精骑还，视城中，知有备，乃去。师顺，岐州人也。

初，突厥默啜之强也，迫夺铁勒之地，故回纥、契苾、思结、浑四部度碛徙居甘、凉之间以避之。王君㚟微时，往来四部，为其所轻；及为河西节度使，以法绳之。四部耻怨，密遣使诣东都自诉。君㚟遽发驿奏"四部难制，潜有叛计。"上遣中使往察之，诸部竟不得直。于是瀚海大都督回纥承宗流瀼州，浑大德流吉州，贺兰都督契苾承明流藤州，卢山都督思结归国流琼州；以回纥伏帝难为瀚海大都督。己卯，贬右散骑常侍李令问为抚州别驾，坐其子与承宗交游故也。

丙戌，突厥毗伽可汗遣其大臣梅录啜入贡。吐蕃之寇瓜州也，遗毗

才能时常进府教书，其余的王府官员，也只是在逢年过节的时间来通报姓名、请安，至于他们的藩镇所属官员，甚至连通报姓名也用不着。后来皇孙渐渐增多，又建置了百孙院。太子也不在东宫居住，而是常常住在玄宗所驾临处的别院。

唐玄宗命令妃嫔以下的宫女在宫禁之中养蚕，想要使她们掌握一些纺织、缝纫技术。五月二十五日丁酉，夏至，玄宗赏赐近幸贵人每人一綟丝。

秋季，七月初八日戊寅，冀州地段的黄河泛滥。

七月初九日己卯，礼部尚书许文宪公苏颋去世。

九月初七日丙子，吐蕃大将悉诺逻恭禄和烛龙莽布支攻下瓜州，擒获瓜州刺史田元献和河西节度使王君㚟的父亲，接着向玉门军发动进攻；他们释放了所俘虏的僧人，让僧人返回凉州，对王君㚟说："将军经常表示要以忠勇报效国家，为什么您不敢出城决战一场？"王君㚟登上城楼，哭泣着向西边远望，终究未敢出兵。

烛龙莽布支另外还攻打了常乐县。常乐县令贾师顺率领众人抵御坚守。到瓜州陷落后，悉诺逻恭禄集结全部兵力围攻常乐城。双方交战十多天，吐蕃军队精疲力竭，未能攻下常乐城，悉诺逻恭禄派人游说劝降，贾师顺拒降。吐蕃派去的人说："你既然不愿投降，就应当收集城中的财物送给我们，那么我们就会撤退。"贾师顺便让他们来脱士兵的衣服；于是悉诺逻明白了城中已没有财物，就领军退走了，同时毁掉了瓜州城。贾师顺急忙打开城门，收集兵器枪械，修整防御设施。敌军果然再次派出精锐的骑兵折返，观察城中的情况，知道城中已经做了防备，便又退走了。贾师顺是岐州人。

当初，突厥默啜强盛起来，强夺了铁勒的地方，因此回纥、契苾、思结、浑四个部落横穿沙漠，移居到甘州和凉州之间，以躲避突厥的锋芒。当王君㚟的地位还比较低的时候，与这四个部落有过来往，被他们所轻视；等他当上了河西节度使后，就利用法令惩治他们。这四个部落感到耻辱怨恨，暗地里派遣使者到东都洛阳上诉告状。王君㚟急忙通过驿递呈奏道："这四个部落难以制约，他们私下已定有反叛的计划。"玄宗派遣宦官前去调查，这几个部落最终未能向来使表白申诉。结果，瀚海大都督回纥部首领承宗被流放到瀼州、浑部首领大德被流放到吉州、贺兰都督契苾部首领承明被流放到藤州、卢山都督思结部首领归国被流放到琼州；朝廷命令回纥部伏帝难担任瀚海大都督。九月初十日己卯，把右散骑常侍李令问贬谪为抚州别驾，这是因为他儿子与回纥部承宗有交往而获罪。

九月十七日丙戌，突厥毗伽可汗派遣大臣梅录啜入朝进贡。吐蕃进犯瓜州时，

伽书，欲与之俱入寇，毗伽并献其书。上嘉之，听于西受降城为互市，每岁赍缣帛数十万匹就市戎马，以助军旅，且为监牧之种，由是国马益壮焉。

闰月，庚子，吐蕃赞普与突骑施苏禄围安西城，安西副大都护赵颐贞击破之。

回纥承宗族子瀚海司马护输，纠合党众为承宗报仇。会吐蕃遣使间道诣突厥，王君㚟帅精骑邀之于肃州。还，至甘州南巩笔驿，护输伏兵突起，夺君㚟旌节，先杀其判官宋贞，剖其心曰："始谋者汝也。"君㚟帅左右数十人力战，自朝至晡，左右尽死。护输杀君㚟，载其尸奔吐蕃；凉州兵追及之，护输弃尸而走。

庚申，车驾发东都，冬，己卯，至西京。

辛巳，以左金吾卫大将军信安王祎为朔方节度等副大使。祎，恪之孙也。以朔方节度使萧嵩为河西节度等副大使。时王君㚟新败，河、陇震骇。嵩引刑部员外郎裴宽为判官，与君㚟判官牛仙客俱掌军政，人心浸安。宽，漼之从弟也。仙客本鹑觚小吏，以才干军功累迁至河西节度判官，为君㚟腹心。

嵩又奏以建康军使河北张守珪为瓜州刺史，帅余众筑故城。板干裁立，吐蕃猝至，城中相顾失色，莫有斗志。守珪曰："彼众我寡，又疮痍之余，不可以矢刃相持，当以奇计取胜。"乃于城上置酒作乐。虏疑其有备，不敢攻而退。守珪纵兵击之，虏败走。守珪乃修复城市，收合流散，皆复旧业。朝廷嘉其功，以瓜州为都督府，以守珪为都督。

悉诺逻威名甚盛，萧嵩纵反间于吐蕃，云与中国通谋，赞普召而诛之；吐蕃由是少衰。

十二月，戊寅，制以吐蕃为边患，令陇右道及诸军团兵五万六千人，河西道及诸军团兵四万人，又征关中兵万人集临洮，朔方兵万人集会州

给毗伽送去书信，打算与突厥一道攻打唐朝，毗伽把这封信一并献上，玄宗嘉奖了他，并准许突厥在西受降城进行贸易，每年还派人携带几十万匹丝绸到那里向他们换取战马，以补充唐军的军力，并作为监牧机构的种马，从此以后国有马匹越来越强壮了。

闰九月初三日庚子，吐蕃赞普和突骑施苏禄领军一道围攻安西城，安西副大都护赵颐贞击败了他们。

回纥部承宗的族子瀚海司马护输，纠集党徒部众要替承宗复仇。正赶上吐蕃派遣使者抄小道前往突厥，王君㚟率领精锐的骑兵在肃州半路拦截吐蕃使者。在返回途中，王君㚟来到甘州南的巩笔驿，护输埋伏的士兵突然杀出，夺去了王君㚟的节度使旌节，先杀掉了王君㚟的判官宋贞，挖出他的心脏说："最早出谋划策的就是你。"王君㚟率领几十个亲兵奋力厮杀，从清晨一直战到午后，他的亲兵全部战死。护输杀掉了王君㚟，用车载着他的尸体去投奔吐蕃。凉州的唐军闻讯追上了他，护输丢弃王君㚟的尸体逃跑了。

闰九月二十二日庚申，唐玄宗从东都洛阳出发；冬十月十一日己卯，到达西京长安。

十月十三日辛巳，玄宗任命左金吾卫大将军信安王李祎担任朔方节度等副大使。李祎是李恪的孙子。任命朔方节度使萧嵩担任河西节度等副大使。此时王君㚟刚刚败死，河西、陇右地区为之惶恐震惊。萧嵩推荐刑部员外郎裴宽担任判官，与王君㚟的判官牛仙客一同掌管军政，人心才逐渐安定下来。裴宽是裴漼的堂弟。牛仙客原来是泾州鹑觚县的小官吏，凭借才干和军功，经历多次提拔才当上河西节度判官，他是王君㚟的心腹。

萧嵩又呈奏玄宗命令建康军使河北人张守珪担任瓜州刺史，带领瓜州的幸存者修筑旧城。筑城的夹板刚刚立起，吐蕃军队就突然杀到，瓜州城中有人吓得相视失色，没有任何人还有投入战斗的勇气。张守珪说道："敌军众多，我方势单力薄，又处在蒙受战乱创伤之后，决不能够依靠刀箭和他们对抗，应当运用奇计取胜。"于是他在城楼上设宴，饮酒作乐。敌人怀疑他已经做了充分准备，不敢进攻而撤走了。张守珪纵兵追击，敌人败退逃亡。于是张守珪修筑城墙，恢复集市，收容招集流亡的百姓，让他们都恢复原有的生业。朝廷嘉奖张守珪的功劳，并在瓜州设置了都督府，任命张守珪担任都督。

悉诺逻的声威很盛，萧嵩就派出间谍到吐蕃，散布悉诺逻与朝廷结交合谋的消息，吐蕃赞普便召回了悉诺逻并把他杀掉了。从此，吐蕃走向衰落。

十二月十一日戊寅，唐玄宗颁布诏书，由于吐蕃成为边境的祸患，命令集结陇右道以及各军团练兵五万六千人，河西道以及各军团练兵四万人；又征发关中兵

防秋，至冬初，无寇而罢；伺虏入寇，互出兵腹背击之。

乙亥，上幸骊山温泉；丙戌，还宫。

（以上为第五段，写唐西方、北方边境不宁，吐蕃与突厥交相侵扰。）

十六年（戊辰，728 年）

春，正月，壬寅，安西副大都护赵颐贞败吐蕃于曲子城。

甲寅，以魏州刺史宇文融为户部侍郎兼魏州刺史，充河北道宣抚使。

乙卯，春、泷等州獠陈行范、广州獠冯璘、何游鲁反，陷四十余城。行范称帝，游鲁称定国大将军，璘称南越王，欲据岭表；命内侍杨思勖发桂州及岭北近道兵讨之。

丙寅，以魏州刺史宇文融检校汴州刺史，充河南北沟渠堤堰决九河使。融请用《禹贡》九河故道开稻田，并回易陆运钱，官收其利；兴役不息，事多不就。

二月，壬申，以尚书右丞相致仕张说兼集贤殿学士。说虽罢政事，专文史之任，朝廷每有大事，上常遣中使访之。

壬辰，改彍骑为左右羽林军飞骑。

秋，七月，吐蕃大将悉末朗寇瓜州，都督张守珪击走之。乙巳，河西节度使萧嵩、陇右节度使张忠亮大破吐蕃于渴波谷；忠亮追之，拔其大莫门城，擒获甚众，焚其骆驼桥而还。

八月，乙巳，特进张说上《开元大衍历》，行之。

辛卯，左金吾将军杜宾客破吐蕃于祁连城下。时吐蕃复入寇，萧嵩遣宾客将强弩四千击之。战自辰至暮，吐蕃大溃，获其大将一人；虏散走投山，哭声四合。

冬，十月，己卯，上幸骊山温泉；己丑，还宫。

十一月，癸巳，以河西节度副大使萧嵩为兵部尚书、同平章事。

十二月，丙寅，敕："长征兵无有还期，人情难堪；宜分五番，岁遣一番还家洗沐，五年酬勋五转。"

一万人集结在临洮，朔方兵一万人集结到会州，以保护秋收。到了初冬，若无敌人进犯就罢兵；若打探到敌人侵扰，就相互出兵配合，从腹背两面进行夹攻。

十二月初八日乙亥，玄宗驾临骊山温泉；十二月十九日丙戌，返回皇宫。

唐玄宗开元十六年（戊辰，728年）

春季，正月初五日壬寅，安西副大都护赵颐贞在曲子城击败吐蕃军队。

正月十七日甲寅，玄宗任命魏州刺史宇文融担任户部侍郎兼魏州刺史，充任河北道宣抚使。

正月十八日乙卯，春州、泷州等地的獠人陈行范和广州僚人冯璘、何游鲁造反，攻陷了四十余座城池。陈行范称皇帝，何游鲁称定国大将军、冯璘称南越王，他们打算占据岭南地区。玄宗命令内侍杨思勖调动桂州和岭北附近几道的军队前去征讨他们。

正月二十九日丙寅，唐玄宗任命魏州刺史宇文融担任检校汴州刺史，充任黄河南北沟渠堤堰决九河使。宇文融请求利用《禹贡》所载九条河流的故道开垦稻田，并且折换从陆路运输的费用，那么官方可以收取利钱。宇文融虽然不停地征发劳役，但是事情大多数没有做成功。

二月初六日壬申，玄宗任命退休的尚书右丞相张说兼任集贤殿学士。虽然张说被罢免参与政事，专门掌理文史的职事，但是每当朝廷遇上重大事务，玄宗往往派遣中使去征询他的意见。

二月二十六日壬辰，朝廷把彍骑改名为左右羽林军飞骑。

秋季，七月，吐蕃大将悉末朗侵扰瓜州，都督张守珪打退了他们。七月十一日乙巳，河西节度使萧嵩和陇右节度使张忠亮在渴波谷将吐蕃军队打得大败，张忠亮乘胜追击，攻下了大莫门城，擒获了大量的俘虏，焚毁了那里的骆驼桥后返回。

八月，乙巳，特进张说进献《开元大衍历》，唐玄宗命令颁行。

八月二十八日辛卯，左金吾将军杜宾客在祁连城下击败了吐蕃军队。当时，吐蕃再次进犯，萧嵩派遣杜宾客率领四千名强弩手出击。战斗从清晨一直打到黄昏，吐蕃军队溃不成军，唐军擒获吐蕃大将一名，敌人七零八落地逃奔山中，哭喊声从四处传来。

冬季，十月十七日己卯，唐玄宗驾临骊山温泉；十月二十七日己丑，返回宫中。

十一月初一日癸巳，唐玄宗任命河西节度副大使萧嵩担任兵部尚书、同平章事。

十二月初五日丙寅，唐玄宗颁布敕令："远征士兵没有返乡的日期，这是人的感情所难以承受的。最好把兵士分成五批，每年派遣一批回家休整，五年间迁转勋级

是岁，制户籍三岁一定，分为九等。

杨思勖讨陈行范，至泷州，破之，擒何游鲁、冯璘。行范逃于云际、盘辽二洞，思勖追捕，竟生擒，斩之，凡斩首六万。思勖为人严，偏裨白事者不敢仰视，故用兵所向有功。然性忍酷，所得俘虏，或生剥面皮，或以刀剺发际，掣去头皮；蛮夷惮之。

（以上为第六段，唐军大败犯边之吐蕃，平定岭南獠人叛乱。唐玄宗实施戍边军人五年轮替制度，以及三年普查户口一次。）

十七年（己巳，729年）

春，二月，丁卯，巂州都督张守素破西南蛮，拔昆明及盐城，杀获万人。

三月，瓜州都督张守珪、沙州刺史贾师顺击吐蕃大同军，大破之。

甲寅，朔方节度使信安王祎攻吐蕃石堡城，拔之。初，吐蕃陷石堡城，留兵据之，侵扰河右，上命祎与河西、陇右同议攻取。诸将咸以为石堡据险而道远，攻之不克，将无以自还，且宜按兵观衅。祎不听，引兵深入，急攻拔之，乃分兵据守要害，令虏不得前。自是河陇诸军游弈，拓境千余里。上闻，大悦，更命石堡城曰振武军。

丙辰，国子祭酒杨玚上言，以为："省司奏限天下明经、进士及第，每年不过百人。窃见流外出身，每岁二千余人，而明经、进士不能居其什一，则是服勤道业之士不如胥史之得仕也。臣恐儒风浸坠，廉耻日衰。若以出身人太多，则应诸色裁损，不应独抑明经、进士也。"又奏"诸司帖试明经，不务求述作大指，专取难知，问以孤经绝句或年月日；请自今并帖平文。"上甚然之。

夏，四月，庚午，禘于太庙。唐初，祫则序昭穆，禘则各祀于其室。至是，太常少卿韦绦等奏"如此，禘与常飨不异；请禘祫皆序昭穆。"从之。绦，安石之兄子也。

五次。”

这一年，唐玄宗颁布诏书，命令户籍三年核定一次，把户口分成九等。

杨思勖讨伐陈行范，到达泷州，把他打败了，并擒获何游鲁、冯璘二人。陈行范逃往云际、盘辽二洞，杨思勖追讨搜捕，最终活捉了陈行范，将他斩首。这次征讨共斩首六万颗。杨思勖为人严厉，属下的偏裨将领报告事情不敢抬头看他，因此率军出征所到之处都立下功绩。然而他的性情冷酷残忍，他捉到的俘虏，有的被活生生地剥去脸皮，有的用刀剖开头发的边际，掀去头皮，蛮夷之人都十分害怕他。

唐玄宗开元十七年（己巳，729 年）

春季，二月初六日丁卯，巂州都督张守素击败西南蛮，攻陷昆明和盐城，斩杀、俘获敌人达一万名。

三月，瓜州都督张守珪和沙州刺史贾师顺攻打吐蕃大同军，把他们打得大败。

三月二十四日甲寅，朔方节度使信安王李祎攻打吐蕃的石堡城，夺取了此城。当初，吐蕃攻陷石堡城，留下兵马作为据点，进犯骚扰黄河以西地区。玄宗命令李祎与河西、陇右的将领一同商讨攻取石堡城的谋略。各位将领都认为石堡城占据险要地势，而且路途遥远，假如出兵攻不下来，自己将没有办法返回，应当暂且按兵不动，寻求战机。李祎没有接受他们的意见，带领军队深入敌方，发动猛攻，占领了石堡城，于是分派士兵据守要害的地方，使敌人无法前进。从此，河西、陇右各部唐军得以四出巡逻，并且开拓疆域一千余里。唐玄宗获悉这一消息，极为高兴，命令把石堡城改名为振武军。

三月二十六日丙辰，国子祭酒杨玚进言，认为：“根据省司呈奏，打算把全国考中明经、进士科的人数每年限制在一百名以内。我私下观察，九品以外出身的官吏，每年有两千多人，而考中明经、进士的人还不能占到十分之一。照此办理，勤勉研习儒家经典的士人反而不如办理文书的小官吏有可能做官。我担心儒学传统会因此而逐渐丧失，廉耻的观念会日益衰减。假如因为各种出身为官的人太多，就应当各类人员都予以裁减，而不应当单独压制明经、进士科的人员。”他又上奏说：“各司采用贴经考试经义，不是尽量寻求经典本身的主题和精义，而是专门找出难以明了的内容，用生僻的经文、晦涩的文字或年月日来作为问题，请求从今日起帖经要连同常见经文一道测试。”玄宗认为他说得非常正确。

夏季，四月初十日庚午，唐玄宗在太庙禘祭祖先。唐朝初期，皇帝在太庙举行三年一次的祫祭大典，是按照左昭右穆的次序，四时禘祭则是分别在供奉列位祖先的神主室中进行。至此，太常少卿韦绦等人呈奏说：“照此办理，四时禘祭与平时的

五月，壬辰，复置十道及京、都两畿按察使。

初，张说、张嘉贞、李元纮、杜暹相继为相用事，源乾曜以清谨自守，常让事于说等，唯诺署名而已。元纮、暹议事多异同，遂有隙，更相奏列。上不悦，六月，甲戌，贬黄门侍郎、同平章事杜暹荆州长史，中书侍郎、同平章事李元纮曹州刺史，罢乾曜兼侍中，止为左丞相；以户部侍郎宇文融为黄门侍郎，兵部侍郎裴光庭为中书侍郎，并同平章事；萧嵩兼中书令，遥领河西。

开府王毛仲与龙武将军葛福顺为婚。毛仲为上所信任，言无不从，故北门诸将多附之，进退唯其指使。吏部侍郎齐澣乘间言于上曰："福顺典禁兵，不宜与毛仲为婚。毛仲小人，宠过则生奸；不早为之所，恐成后患。"上悦曰："知卿忠诚，朕徐思其宜。"澣曰："君不密则失臣，愿陛下密之。"会大理丞麻察坐事左迁兴州别驾，澣素与察善，出城饯之，因道禁中谏语；察性轻险，遽奏之。上怒，召浣责之曰："卿疑朕不密，而以语麻察，讵为密邪？且察素无行，卿岂不知邪？"澣顿首谢。秋，七月，丁巳，下制："浣、察交构将相，离间君臣，浣可高州良德丞，察可浔州皇化尉。"

（以上为第七段，写齐澣食言，麻察卖友，险诐小人，双双遭斥逐。）

八月，癸亥，上以生日宴百官于花萼楼下。左丞相乾曜、右丞相说帅百官上表，请以每岁八月五日为千秋节，布于天下，咸令宴乐。寻又移社就千秋节。

庚辰，工部尚书张嘉贞薨。嘉贞不营家产，有劝其市田宅者，嘉贞曰："吾贵为将相，何忧寒馁！若其获罪，虽有田宅，亦无所用。比见朝士广占良田，身没之日，适足为无赖子弟酒色之资，吾不取也。"闻者是之。

辛巳，敕以人间多盗铸钱，始禁私卖铜铅锡及以铜为器皿；其采铜

祭祀没有区别，请求将禘、祫祭祀都按照左昭右穆的次序进行。”玄宗采纳了他们的建议。韦缘是韦安石哥哥的儿子。

五月初三日壬辰，朝廷再次设置十道按察使及京、都两畿按察使。

当初，张说、张嘉贞、李元纮、杜暹相继担任宰相当权，源乾曜行事信守清廉谨慎的原则，常常把事情推给张说等人决策，他自己仅唯唯诺诺地署个名罢了。李元纮、杜暹商讨事情意见经常不一致，于是就产生了嫌隙。他们轮流向玄宗上奏陈述己见，玄宗对此心中不快。六月十五日甲戌，把黄门侍郎、同平章事杜暹贬谪为荆州长史，中书侍郎、同平章事李元纮贬谪为曹州刺史，罢免了源乾曜兼任的侍中之职，只让他担任左丞相；任命户部侍郎宇文融担任黄门侍郎，兵部侍郎裴光庭担任中书侍郎，一起出任同平章事；任命萧嵩兼任中书令，让他遥领河西节度使。

开府王毛仲与龙武将军葛福顺结成亲家。王毛仲得到玄宗的信任，玄宗对他的话没有不依从的，所以羽林军的将领们多攀附他，行动上只听他的指挥。吏部侍郎齐澣寻找机会向玄宗说：“葛福顺执管禁军，不适宜与王毛仲结成亲家。王毛仲是个小人，他受到您过分的宠信，就会心生奸邪；假如不及早替他安排一个去处，恐怕他会成为后患。”玄宗高兴地说：“我知道你是忠诚的，我将慢慢地考虑采善的解决办法。”齐澣说：“君主如不保守秘密就会损害臣子，希望您将我讲的话作为秘密。”适逢大理丞麻察获罪被贬谪为兴州别驾，齐澣平时与麻察很要好，出城给他饯行，顺便谈起在宫中向玄宗进谏的话。麻察的性情轻率险恶，立即就把此事奏报给唐玄宗。唐玄宗动怒，召见了齐澣，斥责他说道：“你疑心我不能保密，而自己把事情说给麻察听，难道这是保密吗？况且麻察一向没有德行，你难道就不知道吗？”齐澣只是磕头请罪。秋七月二十九日丁巳，玄宗颁布诏令：“齐澣、麻察两人相互勾结，陷害将相，离间君臣关系。我看齐澣适合降为高州良德县丞，麻察适合降为浔州皇化县尉。”

八月初五日癸亥，玄宗为了庆贺自己的生日，在花萼楼下设宴款待百官。左丞相源乾曜、右丞相张说带领百官进呈表章，请求把每年八月五日定为千秋节，向全国公布，命令老百姓都设宴作乐。不久，又命令把祭祀土地神的日子移到千秋节。

八月二十二日庚辰，工部尚书张嘉贞去世。张嘉贞没有置办过家产，有人劝他购买些田地宅院，他说：“我位居显贵的将相之职，何须为饥寒担忧？假如犯了法受惩处，即使拥有田地宅院，也不会有什么用处。近年我看到朝廷士大夫大肆占有良田，但身死之后，这些正好成了无赖子弟用于酒肉、声色的资财。我不会采取他们的做法。”听了这番话的人，纷纷表示赞同。

八月二十三日辛巳，唐玄宗颁布敕命，由于民间有大量非法铸造的钱币，开始

铅锡者，官为市取。

宇文融性精敏，应对辩给，以治财赋得幸于上，始广置诸使，竞为聚敛，由是百官浸失其职而上心益侈，百姓皆怨苦之。为人疏躁多言，好自矜伐，在相位，谓人曰："使吾居此数月，则海内无事矣。"

信安王祎，以军功有宠于上，融疾之。祎入朝，融使御史李寅弹之，泄于所亲。祎闻之，先以白上。明日，寅奏果入，上怒，九月，壬子，融坐贬汝州刺史，凡为相百日而罢。是后言财利以取贵仕者，皆祖于融。

冬，十月，戊午朔，日有食之，不尽如钩。

宇文融既得罪，国用不足，上复思之，谓裴光庭曰："卿等皆言融之恶，朕既黜之矣，今国用不足，将若之何！卿等何以佐朕？"光庭等惧不能对。会有飞状告融赃贿事，又贬平乐尉。至岭外岁余，司农少卿蒋岑奏融在汴州隐没官钱巨万计，制穷治其事，融坐流岩州，道卒。

十一月，辛卯，上行谒桥、定、献、昭、乾五陵；戊申，还宫；赦天下，百姓今年地税悉蠲其半。

十二月，辛酉，上幸新丰温泉；壬申，还宫。

（以上为第八段，写宇文融为相，始开聚敛之风。）

十八年（庚午，730年）

春，正月，辛卯，以裴光庭为侍中。

二月，癸酉，初令百官于春月旬休，选胜行乐，自宰相至员外郎，凡十二筵，各赐钱五千缗；上或御花萼楼邀其归骑留饮，迭使起舞，尽欢而去。

三月，丁酉，复给京官职田。

夏，四月，丁卯，筑西京外郭，九旬而毕。

乙丑，以裴光庭兼吏部尚书。先是，选司注官，惟视其人之能否，

禁止私自买卖铜铅锡以及用铜制作的器皿；所有采掘的铜铅锡，由官府收购。

宇文融生性精明机敏，应答敏捷，因治理财政赋税而得到玄宗的宠信，于是开始设置各种使臣，竞相为朝廷聚敛征收钱物，因此百官渐渐不能尽到自己的职责，而玄宗也越来越奢侈，百姓都怨恨宇文融而感到困苦。宇文融的为人空疏浮躁，多嘴多舌，喜欢自吹自擂。他位居丞相之职时，对人说道："假使我能当上这丞相几个月，那么天下就太平无事了。"

信安王李祎因为军功而受到玄宗的宠信，宇文融对他怀有嫉妒。李祎进京朝见，宇文融指使御史李寅劾奏李祎，却将这事泄露给他亲近的人。李祎获悉这一消息，抢先将事情向玄宗禀报。第二天，李寅的奏表果然呈送朝廷。玄宗为此动怒，九月二十五日壬子，宇文融获罪贬谪为汝州刺史，担任丞相总共仅有一百天就遭到罢免。此后，通过谈论搜括财利而取得显贵官爵的人，都是以宇文融为祖师的。

冬季，十月初一日戊午朔，发生日食，太阳没有被完全遮住，就像一个弯钩。

宇文融获罪以后，国家用度欠缺，玄宗再次想起了他，便对裴光庭说道："你们都诉说宇文融的罪行坏事，我已经贬了他的职；现在国家费用不足，这将怎么办呢？你们拿什么办法来辅佐我？"裴光庭等人畏惧得无法回答。恰好有匿名状子告发宇文融贪赃受贿的事情，再次把宇文融贬职为平乐县尉。他抵达岭外一年多，司农少卿蒋岑上奏，举报宇文融在汴州隐匿侵吞了数以万计的官钱，玄宗颁布诏令彻底追查此事，宇文融因此获罪被流放岩州，在路途中死去。

十一月初五日辛卯，玄宗出行拜谒桥陵、定陵、献陵、昭陵、乾陵；十一月二十二日戊申，返回宫中，赦免天下罪囚，下令百姓今年的地税全部免去一半。

十二月初五日辛酉，玄宗驾临新丰县骊山温泉；十二月十六日壬申，返回宫中。

唐玄宗开元十八年（庚午，730年）

春季，正月初六日辛卯，玄宗任命裴光庭担任侍中。

二月十八日癸酉，玄宗初次敕令百官可以在春日休假十天，还选定风景胜地供游玩、宴饮行乐，从宰相到员外郎，总共设下十二桌筵席，并赏赐每人五千缗钱，玄宗有时到花萼楼邀请游罢而归的官员留下来饮酒，让他们轮番翩翩起舞，众人尽情欢乐一番才离去。

三月十三日丁酉，朝廷重新把职分田发放给京官。

夏季，四月十三日丁卯，朝廷营建西京长安的外城，用了九十天时间工程就完成了。

四月十一日乙丑，玄宗任命裴光庭兼任吏部尚书。在此之前，选举官署注拟官

或不次超迁，或老于下位，有出身二十余年不得禄者；又，州县亦无等级，或自大入小，或初久后远，皆无定制。光庭始奏用循资格，各以罢官若干选而集，官高者选少，卑者选多，无问能否，选满即注，限年蹑级，毋得逾越，非负谴者，皆有升无降；其庸愚沈滞者皆喜，谓之"圣书"，而才俊之士无不怨叹。宋璟争之不能得。光庭又令流外行署亦过门下省审。

五月，吐蕃遣使致书于境上求和。

初，契丹王李邵固遣可突干入贡，同平章事李元纮不礼焉。左丞相张说谓人曰："奚、契丹必叛。可突干狡而很，专其国政久矣，人心附之。今失其心，必不来矣。"己酉，可突干弑邵固，帅其国人并胁奚众叛降突厥，奚王李鲁苏及其妻韦氏、邵固妻陈氏皆来奔。制幽州长史赵含章讨之，又命中书舍人裴宽、给事中薛侃等于关内、河东、河南、北分道募勇士，六月，丙子，以单于大都护忠王浚领河北道行军元帅，以御史大夫李朝隐、京兆尹裴伷先副之，帅十八总管以讨奚、契丹。命浚与百官相见于光顺门。张说退，谓学士孙逖、韦述曰："吾尝观太宗画像，雅类忠王，此社稷之福也。"

可突干寇平卢，先锋使张掖乌承玼破之于捺禄山。

壬午，洛水溢，溺东都千余家。

秋，九月，丁巳，以忠王浚兼河东道元帅，然竟不行。

吐蕃兵数败而惧，乃求和亲。忠王友皇甫惟明因奏事从容言和亲之利。上曰："赞普尝遗吾书悖慢，此何可舍？"对曰："赞普当开元之初，年尚幼稚，安能为此书！殆边将诈为之，欲以激怒陛下耳。夫边境有事，则将吏得以因缘盗匿官物，妄述功状以取勋爵，此皆奸臣之利，非国家之福也。兵连不解，日费千金，河西、陇右由兹困敝。陛下诚命一使往视公主，因与赞普面相约结，使之稽颡称臣，永息边患，岂非御夷狄之长策乎！"上悦，命惟明与内侍张元方使于吐蕃。

员，只看候选人员能不能胜任，这样有的人可以不按资历就越级提拔，有的人总是处在低级职位上，甚至有取得任官资格已二十多年了，还得不到正式职位的；另外，州县也没有等级之别，有的人从大的地方调任到小的地方，有的最初在近地为官，后来却调往远方，完全没有稳定的制度。裴光庭首先奏请依照资历，分别按罢官后经过铨选的次数排定次序，集中报到吏部；官阶高的少选，官阶低的多选，不论能力如何，铨选次数排到了就予以注拟官职，限定年资逐级晋职，不许越级提拔，只要不是受到处罚的，都可以升官，没有降职的。那些平庸愚钝，滞留下位未升的官员对此均感高兴，称这一办法是“圣书”；但是那些才能出众的士人没有一个不埋怨叹息的。宋璟反对并做过争辩，未能达到目的。裴光庭命令流外官代理官职也要通过门下省审核。

五月，吐蕃派使者送文书到边境，请求和解。

当初，契丹王李邵固派遣可突干入朝纳贡。同平章事李元纮没能对他以礼相待。左丞相张说对人说道：“奚族和契丹必定会反叛。可突干狡猾而凶狠，独揽契丹的政权已很长久了，国人之心都趋附他。这次不合他的心意，他一定不会再次来朝了。”五月二十六日己酉，可突干杀掉了李邵固，统领契丹人胁迫奚族反叛朝廷，并向突厥投降。奚王李鲁苏和他的妻子韦氏、李邵固的妻子陈氏都逃亡投奔朝廷。玄宗诏令幽州长史赵含章前去征讨，又命令中书舍人裴宽、给事中薛侃等官员分别到关内道、河东道、河北道招募勇士。六月二十三日丙子，朝廷命令单于大都护忠王李浚兼任河北道行军元帅，命令御史大夫李朝隐、京兆尹裴伷先担任行军副元帅，统领十八个总管的兵马去征讨奚族和契丹。玄宗命令李浚到光顺门和百官见面。张说回来对学士孙逖、韦述说：“我曾经看见过太宗的画像，忠王非常像他，这真是国家的福分啊。”

可突干侵犯平卢，唐军先锋使张掖人乌承玼在捺禄山击败了他。

六月二十九日壬午，洛水泛滥，淹没东都洛阳一千多户人家。

秋季，九月初六日丁巳，玄宗命令忠王李浚兼任河东道元帅，但最后他没有赴任。

吐蕃几次战败而有所畏惧，于是向朝廷请敕和亲。忠王的属官皇甫惟明借奏事的机会从容论述和亲的好处。玄宗说：“吐蕃赞普曾经在给我的信中言词狂悖傲慢，这次怎么可以放弃打击他呢？”皇甫惟明回答道：“赞普在开元初年，年龄还很小，怎么能写出这样的书信？大概是边关将领所伪造，想通过它来激怒皇上而已。一般说来，边境发生战争，那么边将吏员们就可以借此机会偷盗隐匿国家的物资，还能通过谎报立功情况来获得功勋和爵位。这些都是奸臣的利益所在，但不是国家的福分。战事连年不断，每日都要耗费千金，河西、陇右两地因此困苦凋敝。陛下果真

赞普大喜，悉出贞观以来所得敕书以示惟明。冬，十月，遣其大臣论名悉猎随惟明入贡，表称："甥世尚公主，义同一家。中间张玄表等先兴兵寇钞，遂使二境交恶。甥深识尊卑，安敢失礼！正为边将交构，致获罪于舅；屡遣使者入朝，皆为边将所遏。今蒙远降使臣，来视公主，甥不胜喜荷。傥使复修旧好，死无所恨！"自是吐蕃复款附。

庚寅，上幸凤泉汤，癸卯，还京师。

甲寅，护密王罗真檀入朝，留宿卫。

（以上为第九段，写裴光庭为吏部尚书，不重人才，论资排辈升迁官吏。唐边防稳固，与吐蕃恢复和亲，国势达于鼎盛。）

十一月，丁卯，上幸骊山温泉，丁丑，还宫。

是岁，天下奏死罪止二十四人。

突骑施遣使入贡，上宴之于丹凤楼，突厥使者预焉。二使争长，突厥曰："突骑施小国，本突厥之臣，不可居我上。"突骑施曰："今日之宴，为我设也，我不可以居其下。"上乃命设东、西幕，突厥在东，突骑施在西。

开府仪同三司、内外闲厩监牧都使霍国公王毛仲恃宠，骄恣日甚，上每优容之。毛仲与左领军大将军葛福顺、左监门将军唐地文、左武卫将军李守德、右威卫将军王景耀、高广济亲善，福顺等倚其势，多为不法。毛仲求兵部尚书不得，快快形于辞色，上由是不悦。

是时，上颇宠任宦官，往往为三品将军，门施棨戟；奉使过诸州，官吏奉之惟恐不及，所得赂遗，少者不减千缗；由是京城郊畿田园，参半皆在官矣。杨思勖、高力士尤贵幸，思勖屡将兵征讨，力士常居中侍卫。而毛仲视宦官贵近者若无人；甚卑品者，小忤意，辄詈辱如僮仆。力士等皆害其宠而未敢言。

打算派一位使臣前去探望金城公主，趁机与赞普当面订约结盟，使他俯首称臣，从此永远消除边境的忧患，这难道不是统治外族的良好策略吗？”玄宗感到高兴，便命令皇甫惟明和内侍张元方出使吐蕃。

吐蕃赞普极为欣喜，将贞观以来所收到的唐朝皇帝的敕书全部拿出来给皇甫惟明看。冬季，十月，赞普派大臣论名悉猎随同皇甫惟明一起入朝纳贡，并向玄宗进表说：“外甥之国吐蕃世代娶天朝的公主为妻，两国之间的情谊如同一家人。在此期间，张玄表等人率先发兵侵扰抢掠，于是使得两国边境结仇；外甥深知尊卑有别，怎敢失礼！只因边塞将领相互冲突，以致得罪了舅舅，我多次派遣使者入朝想说明真情，均被边将所阻挠。而今承蒙舅舅从远方派来使臣探视公主，外甥我不胜喜悦感戴，假使能够重新恢复我们以往的友好关系，我死而无憾！”从此，吐蕃又诚心归附了朝廷。

十月初九日庚寅，唐玄宗驾临鄜县凤泉汤；十月二十二日癸卯，返回京都长安。

甲寅日，西域护密王罗真檀来朝，朝廷把他留下充当宿卫。

十一月十七日丁卯，唐玄宗驾临骊山温泉；十一月二十七日丁丑，返回宫中。

在这一年里，全国呈报判死刑的罪犯只有二十四名。

突骑施派遣使者入朝进贡，唐玄宗在丹凤楼设宴款待这位使者。突厥使者也出席了这一宴会，两位使者竞争起座次来。突厥使者说道：“突骑施是个小国，原来是突厥的臣属，当然不能位居我之上。”突骑施的使者说道：“今天的宴会是为我摆设的，我不能位居他之下。”于是玄宗命令设立东西两个帐幕，突厥使者坐东面，突骑施使者坐在西面。

开府仪同三司、内外闲厩监牧都使霍国公王毛仲依仗着玄宗的宠幸，骄横放纵一天比一天厉害，玄宗经常特别宽容他。王毛仲和左领军大将军葛福顺、左监门将军唐地文、左武卫将军李守德、右威卫将军王景耀、高广济友善亲近，葛福顺等人倚仗他的权势，干了大量不法之事。王毛仲要求担任兵部尚书没能如愿，在言语表情中都流露出不痛快，玄宗因此心中不快。

此时，唐玄宗相当宠信宦官，往往命令他们担任三品将军，家宅门前可设置棨戟作仪仗。他们奉命出使经过各州，官员们都尽力侍奉，只怕轮不到自己，他们每次得到的贿赂礼物最少的也不低于一千缗；因此京师城郊的田园，三分之一以上都落到宦官手里。杨思勖、高力士尤其显贵得宠。杨思勖多次统兵出征讨伐，高力士经常在禁中侍卫。但是王毛仲对得到尊崇亲信的宦官视若无人；其中官品太卑微的

会毛仲妻产子，三日，上命力士赐之酒馔、金帛甚厚，且授其儿五品官。力士还，上问："毛仲喜乎？"对曰："毛仲抱其襁中儿示臣曰：'此儿岂不堪作三品邪！'"上大怒曰："昔诛韦氏，此贼心持两端，朕不欲言之；今日乃敢以赤子怨我！"力士因言："北门奴，官太盛，相与一心，不早除之，必生大患。"上恐其党惊惧为变。

（以上为第十段，写唐玄宗家奴王毛仲恃宠骄恣。）

十九年（辛未，731年）

春，正月，壬戌，下制，但述毛仲不忠怨望，贬瀼州别驾，福顺、地文、守德、景耀、广济皆贬远州别驾，毛仲四子皆贬远州参军，连坐者数十人。毛仲行至永州，追赐死。

自是宦官势益盛。高力士尤为上所宠信，尝曰："力士上直，吾寝则安。"故力士多留禁中，稀至外第。四方表奏，皆先呈力士，然后奏御，小者力士即决之，势倾内外。金吾大将军程伯献、少府监冯绍正与力士约为兄弟；力士母麦氏卒，伯献等被发受吊，擗踊哭泣，过于己亲。力士娶瀛州吕玄晤女为妻，擢玄晤为少卿，子弟皆王傅。吕氏卒，朝野争致祭，自第至墓，车马不绝。然力士小心恭恪，故上终亲任之。

（以上为第十一段，写唐玄宗宠信宦官高力士，唐宦官势力益盛。）

辛未，遣鸿胪卿崔琳使于吐蕃。琳，神庆之子也。吐蕃使者称公主求《毛诗》《春秋》《礼记》。正字于休烈上疏，以为："东平王汉之懿亲，求《史记》《诸子》，汉犹不与。况吐蕃，国之寇仇，今资之以书，使知用兵权略，愈生变诈，非中国之利也。"事下中书门下议之。裴光庭等奏："吐蕃聋昧顽嚚，久叛新服，因其有请，赐以《诗》《书》，庶使之渐陶声教，化流无外。休烈徒知书有权略变诈之语，不知忠、信、礼、义，皆从书出也。"上曰："善！"遂与之。休烈，志宁之玄孙也。

对他的心意稍有违背，他就像对奴仆一样地辱骂他们。高力士等人对王毛仲受到玄宗的宠信都很不安，但是口头上不敢有所表示。

恰好遇上王毛仲的妻子生孩子，第三天，唐玄宗指派高力士赐予他丰厚的佳酿美食、金银绢帛并且将五品官职授予他的儿子。高力士回宫，唐玄宗问道："王毛仲高兴吗？"高力士回答说："王毛仲一边抱着襁褓中的儿子给我看一边说：'我这儿子难道就做不了三品官？'"玄宗勃然大怒说："当年诛除韦氏，此贼心里就怀有两面投机的打算，我本来不想说这些话，今天竟然敢拿刚出世的儿子来抱怨我。"高力士趁机说："北门禁卫军那些奴才，给他们的官位太高了，他们相互勾结，心思一致，如不早日除掉这伙人，必将带来巨大祸患。"玄宗因而担忧王毛仲的党羽会由于惊惧而制造动乱。

唐玄宗开元十九年（辛未，731年）

春季，正月十三日壬戌，唐玄宗颁布诏书，只列举王毛仲对自己不忠并怀有怨恨责望，因此贬谪为瀼州别驾，葛福顺、唐地文、李守德、王景耀、高广济都贬谪为边远各州的别驾，王毛仲的四个儿子都贬谪为边远各州的参军，受此事牵连的有几十人。王毛仲途经永州时，玄宗又追赐他自尽。

从此，宦官的权势日益扩大。尤其是高力士深得玄宗的宠信，唐玄宗曾经说过："高力士值班，我才能安心睡觉。"因此高力士多数时间待在宫禁里，极少到宫外的宅第居住。各地呈进的奏表，都要先送给高力士，再奏报玄宗，一般的小事，高力士当即就自己决定了，他的权势超越了朝廷内外的大臣。金吾大将军程伯献、少府监冯绍正与高力士结拜为兄弟。高力士的母亲麦氏去世，程伯献等人也去接受各方的吊唁，他们披头散发，捶胸顿足地哭泣，悲痛的程度比自己死了母亲还要过分。高力士娶瀛州吕玄晤的女儿为妻，就把吕玄晤提升为少卿，吕家子弟都担任了诸王傅。吕氏去世，朝野上下都争先恐后地前去祭奠，从高力士家宅一直到墓地，车马络绎不绝。然而高力士仍然谨慎恭敬，因此，玄宗始终宠信重用他。

正月二十二日辛未，朝廷派遣鸿胪寺卿崔琳出使到吐蕃。崔琳是崔神庆的儿子。吐蕃使者声称金城公主想得到《毛诗》《春秋》《礼记》。正字于休烈上奏说："东平王刘宇是汉元帝的亲弟弟，他请求得到《史记》《诸子》，汉成帝尚且不给他。何况吐蕃，是国家的仇敌，如果现在将这些书提供给他们，使他们知道了用兵的权谋韬略，就会更加机变狡诈，这不符合国家的利益。"玄宗把此事交给中书门下商议。裴光庭等上奏说道："吐蕃失聪而愚昧、顽固而放肆，长期反叛，新近才归服；应该趁这次他们向朝廷提出请求的机会，把《诗》《尚书》赐给他们，希望会使他们逐渐受

丙子，上躬耕于兴庆宫侧，尽三百步。

三月，突厥左贤王阙特勒卒，赐书吊之。

丙申，初令两京诸州各置太公庙，以张良配享，选古名将，以备十哲；以二、八月上戊致祭，如孔子礼。

臣光曰：经纬天地之谓文，戡定祸乱之谓武，自古不兼斯二者而称圣人，未之有也。故黄帝、尧、舜、禹、汤、文、武、伊尹、周公莫不有征伐之功，孔子虽不试，犹能兵莱夷，却费人，曰“我战则克”，岂孔子专文而太公专武乎？孔子所以祀于学者，礼有先圣先师故也。自生民以来，未有如孔子者，岂太公得与之抗衡哉！古者有发，则命大司徒教士以车甲，裸股肱，决射御，受成献馘，莫不在学。所以然者，欲其先礼义而后勇力也。君子有勇而无义为乱，小人有勇而无义为盗；若专训之以勇力而不使之知礼义，奚所不为矣！自孙、吴以降，皆以勇力相胜，狙诈相高，岂足以数于圣贤之门而谓之武哉！乃复诬引以偶十哲之目，为后世学者之师；使太公有神，必羞与之同食矣。

五月，壬戌，初立五岳真君祠。

秋，九月，辛未，吐蕃遣其相论尚它硉入见，请于赤岭为互市；许之。

冬，十月，丙申，上幸东都。

或告嶲州都督解人张审素赃污，制遣监察御史杨汪按之。总管董元礼将兵七百围汪，杀告者，谓汪曰：“善奏审素则生，不然则死。”会救兵至，击斩之。汪奏审素谋反，十二月审素坐斩，籍没其家。

到教化的熏陶，让教化流布、无所不及。于休烈只知道典籍里有权术谋略、机变欺诈的语句，却不知道忠、信、礼、义也都来自典籍之中。”玄宗说：“说得好。”于是命令将《诗》等典籍交给吐蕃的使者。于休烈是于志宁的玄孙。

正月二十七日丙子，唐玄宗亲自在兴庆宫旁耕地，推着犁整整耕完了三百步。

三月，突厥左贤王阙特勒去世，唐玄宗赐送书信表示吊唁。

四月十八日丙申，首次命令两京各州分别建置太公庙，以汉代张良配享；还挑选了一批古代名将，配成十名先哲，每年二月、八月的第一个戊日予以祭祀，就像祭祀孔子的礼仪一样。

臣司马光评论说：经天纬地称为文韬，戡乱定祸称为武略。自古以来，未兼有这两方面而被称圣人者，是不曾有过的。因此黄帝、唐尧、虞舜、夏禹、商汤、周文王、周武王、伊尹、周公，没有一人是无征伐之功的。孔子虽然没有亲自尝试统兵征战，但是孔子能够阻止齐桓公用莱夷降兵劫持鲁定公，还在鲁国堕三都中击退费人，并且说：“如果我作战，就一定能取胜。”难道说孔子的专长只是文韬而姜太公的专长只是武略吗？孔子之所以在学宫受祭祀，是因为礼制中有祀先圣先师的缘故。自有人类以来，还不曾有过像孔子那样的人。姜尚哪里能够与他相提并论呢？古时候，军队出兵，就命令大司徒教会士兵乘兵车、服盔甲的程序，裸露大腿、手臂，比赛射箭的驾驭战车，接受军事决策谋略，呈献敌方首级庆功，没有一件不在学宫进行，之所以这样做，就是想使他们先知晓礼义，然后再强调勇气和力量。君子有勇无义会作乱，小人有勇无义会做贼；倘若只是专门训练他们的勇气和力量，而不让他们明白礼义，那他们什么事做不出来啊！自孙武、吴起以来，都是依靠勇力争胜，以狡狯奸诈来比试高下，这难道足以算在圣贤之列，而不可以称为武略吗？竟然像这样诬妄地用这些人排偶十位先哲的名目，作为后世学者的尊师；假使太公在天之灵尚存，必定会以与这一类人一同受祭祀而感到羞辱。

五月十五日壬戌，朝廷命令开始建造五岳真君祠。

秋季，九月二十五日辛未，吐蕃派遣丞相论尚它硉入朝晋见唐玄宗，请求在赤岭开设集市进行往来贸易，唐玄宗批准了他的请求。

冬季，十月二十一日丙申，玄宗驾临东都洛阳。

有人告发嶲州都督解县人张审素贪污受赃，唐玄宗下诏书派遣监察御史杨汪去审讯。张审素的总管董元礼指挥七百人包围了杨汪，杀掉了上告的人，并对杨汪说：“如果在上奏皇帝时为张审素说好话，你就可以活命；不然的话，你就要丢命。”恰好救兵赶来，攻杀了董元礼。杨汪奏称张审素谋反。十二月，张审素被判罪斩首，全部家产被查抄。

浚苑中洛水，六旬而罢。

（以上为第十二段，写唐玄宗立太公庙，选古名将以备十哲，司马光认为此举以武胜文，严厉批评。）

二十年（壬申，732年）

春，正月，乙卯，以朔方节度副大使信安王祎为河东、河北行军副大总管，将兵击奚、契丹；壬申，以户部侍郎裴耀卿为副总管。

二月，癸酉朔，日有食之。

上思右骁卫将军安金藏忠烈，三月，赐爵代国公，仍于东、西岳立碑，以铭其功。金藏竟以寿终。

信安王祎帅裴耀卿及幽州节度使赵含章分道击契丹，含章与虏遇，虏望风遁去。平卢先锋将乌承玼言于含章曰："二虏，剧贼也。前日遁去，非畏我，乃诱我也，宜按兵以观其变。"含章不从，与虏战于白山，果大败。承玼别引兵出其右，击虏，破之。己巳，祎等大破奚、契丹，俘斩甚众，可突干帅麾下远遁，余党潜窜山谷。奚酋李诗琐高帅五千余帐来降。祎引兵还。赐李诗爵归义王，充归义州都督，徙其部落置幽州境内。

夏，四月，乙亥，宴百官于上阳东洲，醉者赐以衾褥，肩舆以归，相属于路。

六月，丁丑，加信安王祎开府仪同三司。上命裴耀卿赍绢二十万匹分赐立功奚官，耀卿谓其徒曰："戎狄贪婪，今赍重货深入其境，不可不备。"乃命先期而往，分道并进，一日，给之俱毕。突厥、室韦果发兵邀隘道，欲掠之，比至，耀卿已还。

赵含章坐赃巨万，杖于朝堂，流瀼州，道死。

秋，七月，萧嵩奏："自祠后土以来，屡获丰年，宜因还京赛祠。"上从之。

敕裴光庭、萧嵩分押左、右厢兵。

疏浚流经禁苑中的洛水，六十天后工程完毕。

唐玄宗开元二十年（壬申，732年）

春季，正月十一日乙卯，唐玄宗任命朔方节度副大使信安王李祎担任河东、河北行军副大总管，统领军队进攻奚和契丹；正月二十八日壬申，任命户部侍郎裴耀卿担任副总管。

二月初一日癸酉朔，发生日食。

玄宗思念右骁卫将军安金藏的忠烈业绩。三月，赐予他代国公爵位，还在东岳泰山、西岳华山立碑来铭刻他的功绩。安金藏最后寿终正寝。

信安王李祎带领裴耀卿以及幽州节度使赵含章分道攻打契丹。赵含章与敌人遭遇，敌人闻风逃遁。任平卢先锋的将领乌承玼对赵含章说："奚和契丹都是十分厉害的叛贼，前日逃去，并不是畏惧我们，而是在引诱我们上当。我们应该按兵不动，观察敌情的变化。"赵含章没有采纳他的意见，追至白山与敌人交战，果然大败。乌承玼另外带兵从赵含章右翼杀出，攻击敌人，把契丹的军队击败了。三月二十六日己巳，李祎等人大败奚、契丹，擒获并杀死了很多敌人，可突干带领部众逃往远方，他的残部暗地里逃窜到山谷之中。奚族首领李诗锁高率领本族五千多帐前来投降。李祎率领军队返回。唐玄宗赐予李诗琐高归义王的爵位，充任归义州都督，还把他的部落迁徙到幽州境内安置。

夏季，四月初三日乙亥，唐玄宗在上阳宫东洲设置酒宴款待百官，喝醉的人被赐予被褥，还用轿子把他们抬回去，一路上络绎不绝。

六月初六日丁丑，唐玄宗加封信安王李祎为开府仪同三司。唐玄宗命令裴耀卿运送丝绸二十万匹，分别赏赐给有功的奚族官吏。裴耀卿对属下说："戎狄生性贪婪，而今我们运送大批的财物深入他们的境内，不能不加以防备。"于是命令他们提前出发，分道同步前进，只花了一天时间，就把全部财物颁赐完毕。突厥、室韦果然派兵在山口和路途拦截，打算把财物抢走，等到他们赶来，裴耀卿已经踏上了归途。

赵含章因贪赃数额巨大获罪，在朝廷大堂上被处杖刑，并流放到瀼州，死在途中。

秋季，七月，萧嵩上奏说道："自从祭祀后土以来，连年农业都获丰收，应该因此回京城祭祀后土以示谢恩。"玄宗依从了他的意见。

唐玄宗颁布敕命由裴光庭、萧嵩分别监督左、右厢兵。

八月，辛未朔，日有食之。

初，上命张说与诸学士刊定五礼。说薨，萧嵩继之。起居舍人王仲丘请依《明庆礼》，祈谷、大雩、明堂，皆祀昊天上帝；嵩又请依上元敕，父在为母齐衰三年，皆从之。以高祖配圜丘、方丘，太宗配雩祀及神州地祇，睿宗配明堂。九月，乙巳，新礼成，上之。号曰《开元礼》。

勃海靺鞨王武艺遣其将张文休帅海贼寇登州，杀刺史韦俊，上命右领军将军葛福顺发兵讨之。

壬子，河西节度使牛仙客加六阶。初，萧嵩在河西，委军政于仙客；仙客廉勤，善于其职。嵩屡荐之，竟代嵩为节度使。

冬，十月，壬午，上发东都；辛卯，幸潞州；辛丑，至北都；十一月，庚申，祀后土于汾阴，赦天下；十二月，辛未，还西京。

是岁，以幽州节度使兼河北采访处置使，增领卫、相、洺、贝、冀、魏、深、赵、恒、定、邢、德、博、棣、营、鄚十六州及安东都护府。

天下户七百八十六万一千二百三十六，口四千五百四十三万一千二百六十五。

（以上为第十三段，写唐军大破契丹。张说薨，而萧嵩继张说所主持的《开元礼》修成。是岁普查，户口繁息。）

二十一年（癸酉，733年）

春，正月，乙巳，祔肃明皇后于太庙，毁仪坤庙。

丁巳，上幸骊山温泉。

上遣大门艺诣幽州发兵，以讨勃海王武艺；庚申，命太仆员外卿金思兰使于新罗，发兵击其南鄙。会大雪丈余，山路阻隘，士卒死者过半，无功而还。武艺怨门艺不已，密遣客刺门艺于天津桥南，不死；上命河南搜捕贼党，尽杀之。

二月，丁酉，金城公主请立碑于赤岭以分唐与吐蕃之境，许之。

八月初一日辛未朔，发生日食。

当初，玄宗命令张说与众学士修改拟定五礼。张说去世后，由萧嵩继续主持。起居舍人王仲丘请依据《明庆礼》，在举行祈谷、祭雨、祀明堂的典礼时，都祭祀昊天上帝；萧嵩又请求根据上元年间的敕命，凡父亲在世时而母亲去世，儿子要为母亲服齐衰丧三年，玄宗都采纳了他们的建议。规定以唐高祖配享圜丘、方丘，以唐太宗配享祭雨及神州土地神，以唐睿宗配享明堂。九月初五日乙巳，新的礼书拟定。呈报给玄宗，号称《开元礼》。

勃海王靺鞨王大武艺派遣他的将领张文休带领海贼进攻登州，杀掉了刺史韦俊。玄宗命令右领军葛福顺调集军队前去讨伐他。

九月十二日壬子，河西节使牛仙客加官六阶。当初，萧嵩在河西道的时候，把军政事务委托给牛仙客。牛仙客廉明勤勉，非常称职，萧嵩多次推荐他，他终于代替萧嵩担任了河西节度使。

冬季，十月十二日壬午，唐玄宗从东都洛阳出发，十月二十一日辛卯，来到潞州，十一月初二日辛丑，抵达北都太原，十一月二十一日庚申，在汾阴祭祀后土并赦免天下罪囚，十二月初二日辛未，返回长安。

这一年，朝廷任命幽州节度使兼任河北采访处置使，并把卫州、相州、洛州、贝州、冀州、魏州、深州、赵州、恒州、定州、邢州、德州、博州、棣州、营州、鄚州等十六个州及安东都护增拨给幽州节度使统辖。

全国共计七百八十六万一千二百三十六户，人口为四千五百四十三万一千二百六十五人。

唐玄宗开元二十一年（癸酉，733 年）

春季，正月初六日乙巳，玄宗将肃明皇后置于太庙袝祭，毁弃了仪坤庙。

正月十八日丁巳，玄宗驾临骊山温泉。

唐玄宗派遣大门艺前往幽州调动军队，去讨伐勃海王大武艺。正月二十一日庚申，命令太仆员外卿金思兰出使到新罗，发兵进攻勃海靺鞨的南部边境。正好碰上下了场一丈余深的大雪，山路堵塞，士兵死亡过半，无功而返。大武艺无休止地怨恨大门艺，暗中派遣刺客在洛阳天津桥南暗杀大门艺，大门艺遇刺未死。玄宗命令河南府搜捕大武艺派遣的党徒，将他们全部处死。

二月二十九日丁酉，金城公主请求在赤岭立碑，用作唐朝与吐蕃边境的分界线。玄宗批准了她的请求。

三月，乙巳，侍中裴光庭薨。太常博士孙琬议："光庭用循资格，失劝奖之道，请谥曰克。"其子稹讼之，上赐谥忠献。

上问萧嵩可以代光庭者，嵩与右散骑常侍王丘善，将荐之；固让于右丞韩休。嵩言休于上。甲寅，以休为黄门侍郎、同平章事。

休为人峭直，不干荣利；及为相，甚允时望。始，嵩以休恬和，谓其易制，故引之。及与共事，休守正不阿，嵩渐恶之。宋璟叹曰："不意韩休乃能如是！"上或宫中宴乐及后苑游猎，小有过差，辄谓左右曰："韩休知否？"言终，谏疏已至。上尝临镜默然不乐，左右曰："韩休为相，陛下殊瘦于旧，何不逐之！"上叹曰："吾貌虽瘦，天下必肥。萧嵩奏事常顺指，既退，吾寝不安。韩休常力争，既退，吾寝乃安。吾用韩休，为社稷耳，非为身也。"

有供奉侏儒名黄𩨭，性警黠；上常冯之以行，谓之"肉几"，宠赐甚厚。一日晚入，上怪之。对曰："臣向入宫，道逢捕盗官与臣争道，臣掀之坠马，故晚。"因下阶叩头。上曰："但使外无章奏，汝亦无忧。"有顷，京兆奏其状。上即叱出，付有司杖杀之。

闰月，癸酉，幽州道副总管郭英杰与契丹战于都山，败死。时节度薛楚玉遣英杰将精骑一万及降奚击契丹，屯于榆关之外。可突干引突厥之众来合战，奚持两端，散走保险；唐兵不利，英杰战死。余众六千余人犹力战不已，虏以英杰首示之，竟不降，尽为虏所杀。楚玉，讷之弟也。

（以上为第十四段，写唐军征讨契丹失利。韩休为相，唐玄宗为之消瘦。）

夏，六月，癸亥，制："自今选人有才业操行，委吏部临时擢用；流外奏用不复引过门下。"虽有此制，而有司以循资格便于己，犹踵行之。是时，官自三师以下一万七千六百八十六员，吏自佐史以上五万七千四百一十六员，而入仕之涂甚多，不可胜纪。

三月初七日乙巳，侍中裴光庭去世。太常博士孙琬建议："裴光庭依据资格用人，丢掉了勉励人才上进的方式，请把他谥为'克'。"经裴光庭的儿子裴稹申辩，玄宗赐裴光庭谥号为"忠献"。

唐玄宗向萧嵩询问可以代替裴光庭的人选，萧嵩与右散骑常侍王丘很要好，打算推荐他；王丘执意要让给尚书右丞韩休。于是，萧嵩向玄宗提名韩休。三月十六日甲寅，玄宗任命韩休担任黄门侍郎、同平章事。

韩休为人严峻正直，不图名利。他担任宰相后，很符合当时人们的期望。开始，萧嵩认为韩休恬淡平和，以为容易控制他，因此举荐了他。等到予他共同担任宰相时，才发现韩休品行正派不阿庾，于是渐渐地厌恶他了。宋璟叹息道："没想到韩休当了宰相却还能持守正直的节操！"唐玄宗有时在宫中设宴作乐及到禁苑游览狩猎，略有过失和差错，便问左右随从："韩休知道此事吗？"话音刚落，韩休劝谏的表章就已送来了。玄宗曾经对着镜子沉默不快，旁边的侍从说："韩休担任宰相以来，陛下比以前瘦了许多，为什么不斥黜他！"玄宗叹息说："我的面容虽然消瘦了，但天下一定会富足。萧嵩上奏言事经常依顺我的旨意，可是退朝后，我连睡觉都不安宁。韩休虽然经常与我激烈争辩，可是退朝后，我睡觉就安稳了。我任用韩休，是为了国家，而不是为了我自己。"

有个侍奉唐玄宗的侏儒名叫黄鄱性情机警狡黠；唐玄宗常倚着他行走，将他称为"肉几"，非常宠幸他，并给予他大量赏赐。有一天，黄鄱进宫迟了，唐玄宗责怪了他，他回答说："适才我正准备进宫，在路途上遇到捕盗官与我争道，我把他掀落马下，因而来迟了。"便走下台阶叩头谢罪。唐玄宗说："只要外边没有关于此事的表章，你就用不着担忧。"过了一会儿，京兆尹上奏黄鄱的案情。唐玄宗立即将他呵斥出去，交付主管衙门用杖刑将他打死。

闰三月初六日癸酉，幽州道副总管郭英杰与契丹在都山交战，失败身亡。当时，节度使薛楚玉派郭英杰统领一万名精锐骑兵以及降附的奚族部众进攻契丹，屯驻在榆关之外。可突干带领突厥军队来协同契丹会战，奚族部众采取骑墙观望的做法，分散逃离，把守险要之处，唐军战败，郭英杰阵亡。六千余名唐军残部还不停地奋力搏杀。敌人把郭英杰的首级挂起来给唐兵们观看，但是他们始终没有投降，全都被敌人杀掉了。薛楚玉是薛讷的弟弟。

夏季，六月二十八日癸亥，唐玄宗颁布诏书："从现在起，候补官员中有才能、学业和品德的人，交付吏部临时提拔任用；九品以外的官员在奏报后任命，不必再经过门下省。"虽然有了这道诏令，但是有关官署因论资排辈有利于自己，仍旧沿用原有的规章。此时，自太师、太傅、太保以下的官员共计一万七千六百八十六名，

秋，七月，乙丑朔，日有食之。

九月，壬午，立皇子沔为信王，泚为义王，漼为陈王，澄为丰王，潓为恒王，湫为梁王，滔为汴王。

关中久雨谷贵，上将幸东都，召京兆尹裴耀卿谋之，对曰："关中帝业所兴，当百代不易；但以地狭谷少，故乘舆时幸东都以宽之。臣闻贞观、永徽之际，禄廪不多，岁漕关东一二十万石，足以周赡，乘舆得以安居。今用度浸广，运数倍于前，犹不能给，故使陛下数冒寒暑以恤西人。今若使司农租米悉输东都，自都转漕，稍实关中。苟关中有数年之储，则不忧水旱矣。且吴人不习河漕，所在停留，日月既久，遂生隐盗。臣请于河口置仓，使吴船至彼即输米而去，官自雇载分入河、洛。又于三门东西各置一仓，至者贮纳，水险则止，水通则下，或开山路，车运而过，则无复留滞，省费巨万矣。河、渭之滨，皆有汉、隋旧仓，葺之非难也。"上深然其言。

冬，十月，庚戌，上幸骊山温泉；己未，还宫。

（以上为第十五段，写官员升迁论资排辈从开元十年以来，数年间已成积习。唐沿河渭置仓以储江南粮食供京师。）

戊子，左丞相宋璟致仕，归东都。

韩休数与萧嵩争论于上前，面折嵩短，上颇不悦。嵩因乞骸骨，上曰："朕未厌卿，卿何为遽去？"对曰："臣蒙厚恩，待罪宰相，富贵已极，及陛下未厌臣，故臣得从容引去；若已厌臣，臣首领且不保，安能自遂！"因泣下。上为之动容，曰："卿且归，朕徐思之。"丁巳，嵩罢为左丞相，休罢为工部尚书。以京兆尹裴耀卿为黄门侍郎，前中书侍郎张九龄时居母丧，起复中书侍郎，并同平章事。

自佐史以上的小吏共计五万七千四百一十六名，而且做官的途径多得难以一一列举。

秋季，七月初一日乙丑朔，发生日食。

九月十八日壬午，唐玄宗册封皇子李沔为信王，李泚为义王，李漼为陈王，李澄为丰王，李潓为恒王，李漎为梁王，李滔为汴王。

关中久雨不晴，谷价昂贵，唐玄宗将前往东都洛阳，便召见京兆尹裴耀卿商讨此事。裴耀卿回答道："关中是帝业兴起的地方，应当百代不作变更，但是由于此处土地狭小，粮食短缺，所以皇上经常前往东都洛阳，以便缓解关中的困难。我听说贞观、永徽年间，百官俸禄的支出不算太多，每年由水路从关东运来一二十万石粮食，便能满足所有的供给，皇帝也能够安居长安。如今国家的支出越来越大，粮食运量比以前多上好几倍，还不能够满足供应，因此，才使陛下多次冒严寒酷暑东行来救济关西之民。现在假如将司农寺收的租米全部运往东都，再从东都用车船两路运输到关中，就能使关中的粮食稍得充实，如果关中有几年的储备，那么就不必为旱涝灾害担忧了。况且吴地人不熟悉黄河的水运，沿途停留的时间如果长了些，便会发生隐藏盗取的事。我建议在河口设置粮食仓，让吴地的漕船到那里交纳了租米就离去，官府再雇船装载，分别运入黄河、洛水。另外，在三门峡的东西两侧各修建一座粮仓，将运来的粮食收进并储存起来。倘若水路有危险就停止运输，当水路通畅时就开始运输；或者开通山路，用车运粮经过险段。那么就不会再发生滞留的情况了，而且还能够节省数以万计的费用。黄河、渭水岸边，均有汉代、隋代的旧粮仓，加以修整并不困难。"玄宗认为他的话非常正确。

冬季，十月十七日庚戌，唐玄宗驾临骊山温泉；十月二十六日己未，返回宫中。

十一月二十五日戊子，左丞相宋璟退休，回到东都洛阳。

韩休多次当着玄宗的面与萧嵩发生争执，并批评萧嵩的短处，玄宗对此有些不高兴。萧嵩因而请求告老退休，玄宗说："我并没有厌恶你，你为什么要匆匆离开？"萧嵩回答道："我蒙受皇上深厚恩泽，担任宰相却不称职，富贵已到了无以复加的地步。趁着陛下还没有讨厌我，我才能平平安安地离去；若是陛下已经讨厌我了，我的头尚且难保，哪里还能够按自己的意愿辞职离去！"说着便流下了眼泪。玄宗被他的这番话感动而显出同情的神色，说："你先回去，让我慢慢考虑此事。"十二月二十四日丁巳，玄宗把萧嵩罢免为左丞相，把韩休罢免为工部尚书；命令京兆尹裴耀卿担任黄门侍郎，前任中书侍郎张九龄此时正在为母亲服丧，守制未满便征召他重新担任中书侍郎，二人均担任同平章事。

是岁，分天下为京畿、都畿、关内、河南、河东、河北、陇右、山南东道、山南西道、剑南、淮南、江南东道、江南西道、黔中、岭南，凡十五道，各置采访使，以六条检察非法；两畿以中丞领之，余皆择贤刺史领之。非官有迁免，则使无废更。惟变革旧章，乃须报可；自余听便宜从事，先行后闻。

太府卿杨崇礼，政道之子也，在太府二十余年，前后为太府者莫能及。时承平日久，财货山积，尝经杨卿者，无不精美；每岁句驳省便，出钱数百万缗。是岁，以户部尚书致仕，年九十余矣。上问宰相："崇礼诸子，谁能继其父者？"对曰："崇礼三子，慎余、慎矜、慎名，皆廉勤有才，而慎矜为优。"上乃擢慎矜自汝阳令为监察御史，知太府出纳，慎名摄监察御史，知含嘉仓出给，亦皆称职；上甚悦之。慎矜奏诸州所输布帛有渍污穿破者，皆下本州征折估钱，转市轻货，征调始繁矣。

（以上为第十六段，写韩休为相不足一年而罢。唐玄宗开元二十一年分天下为十五道。）

这一年，朝廷把全国分为京畿道、都畿道、关内道、河南道、河东道、河北道、陇右道、山南东道、山南西道、剑南道、淮南道、江南东道、江南西道、黔中道、岭南道，共十五道，分别设置采访使，用六条法规检察官员的不法行为；两畿采访使由御史中丞兼任，其他都选择品德贤良的刺史来兼任，如果不是官职有所升迁罢免，采访使就不会被免职取代；只是变革旧的规章时，才需要呈报朝廷认可，其余的事务准许采访使根据情况自行处置，先施行再上报。

太府卿杨崇礼，是杨政道的儿子，在太府任职二十多年，前后担任太府卿的官没有谁能比得上他的。当时天下太平的时间久了，资财货物堆积如山，曾经通过杨崇礼之手的东西，没有一件不是精美的；每年他查核账目、驳异欺弊、节制冗费、简便贩运买卖，就省出了数以百万缗的财物。这一年，杨崇礼以户部尚书的身份退休，年纪已九十多岁了。玄宗问宰相："杨崇礼的几个儿子，谁能继承他父亲的职务？"宰相回答说："杨崇礼有三儿子，名叫杨慎余、杨慎矜和杨慎名，都廉洁勤勉而有才能，杨慎矜尤为突出。"玄宗就将杨慎矜由汝阳县令提升为监察御史，掌管太府出纳事务；杨慎名代理监察御史，掌管含嘉仓支出供给，他在各方面也很称职；玄宗对此十分高兴。杨慎矜上奏建议各州所交纳的布匹丝绸，有污渍破损的都发回本州折算作价，按价征钱，用来转买些轻便货物。从此征调开始变得复杂了。

【点评】

唐开元中期，国力鼎盛，君臣渐染怠惰之习。本卷记事起开元十四年到二十一年，时当公元726年至733年，凡八年。此时期是开元之治的中期，国家制度继续完善。军人戍边五年轮换一次，户口三年普查一次成为制度。唐玄宗完成《开元礼》的制定。国力继续提升，周边冲突，唐军取胜有绝对优势。京师繁盛，人口大增，唐政府在黄河、渭河沿岸广置粮仓储粮以供京师。大唐是一片太平景象。唐玄宗志得意满，臣僚不求上进，君臣励精图治的意气逐渐消沉，政治风气悄悄地发生变化，向着骄奢淫逸和怠惰方向发展。具体标志有以下五个方面。

其一，唐玄宗纳谏从主动求言转向勉强忍受。韩休为相，守正不阿，唐玄宗宴乐以及禁苑游猎，每有小过，韩休必谏。唐玄宗照镜，闷闷不乐。身边的人说："韩休为相，陛下消瘦了许多，何不把他赶走？"唐玄宗感叹地说："我的身体瘦了，天下的人肥了。我用韩休，是为国家，不是为我个人。"唐玄宗话是这样说，勉强忍受的情绪溢于言表。不到一年，到底还是赶走了韩休。其二，积极进取选用人才的吏治风气转向论资排辈，且成为积习。裴光庭为吏部尚书，不重人才，升迁官吏，论资排辈，数年间成为积习。其三，君臣聚敛，渐染贪贿之风。宇文融为相，广置诸使，聚敛财货，史称"由是百官浸失其职而上心益侈"。宇文融个人也因赃贿事发，被贬官流放，死于流放岭南道中。张说为相，亦因贪贿免官。其四，君臣骄恣，好大喜功。唐玄宗始立太公庙，选古名将以配十哲，与孔子庙并存，表示文武并重。文庙、武庙并存并重，具有重要意义。儒家倡导太平盛世要偃武修文，这是一种偏见。唐玄宗文武并重，没有什么错，但他崇武而轻视与周边各民族的关系，纵容边将轻启边衅，于是四方有警，幸赖当时唐朝国力强大，没有酿成大祸，但周边从此不那么平静了。其五，唐玄宗从宠信宦官渐至依赖宦官，导致宦官势力滋盛。唐玄宗开元元年（713），即帝位伊始，就用高力士为右监门将军，又使一些亲信宦官为三品将军，掌握禁卫军，还用宦官监管诸王。高力士最受唐玄宗信任。唐玄宗曾经对人说："只有高力士当值，我才能睡安稳觉。"唐玄宗勤政，未能慎终如始，取得成就后就怠慢下来，日渐滋长的骄侈心代替了求治心。唐玄宗让高力士留在禁中，四方表奏，都要先送高力士，然后由高力士奏进。于是高力士权倾内外，公卿巴结，车马不绝。不过高力士也小心自克，终唐玄宗之朝，没有发生宦官之祸，但唐玄宗依重宦官之风流毒后世，十分严重。君骄臣逸，唐玄宗的家奴王毛仲也恃宠骄恣。

唐朝的盛世在开元，这是唐玄宗励精图治成就的中兴。开元之治超过了贞观之治，因贞观之治是新建国家，开元之治是拨乱反正，时势不同，不可同日而语。唐玄宗不及唐太宗，最大的弱点是唐玄宗不能"慎终如始"。唐玄宗在开元初振兴的贞观遗风，只坚守了十几年，到了开元中期就日渐淡去。唐太宗经常说"守成难"，用在唐玄宗身上是十分恰当的。

资治通鉴（文白对照本） 卷第二百一十四

唐纪三十

唐玄宗开元二十二年至二十九年（734—741 年）

【起阏逢阉茂（甲戌，734 年），尽重光大荒落（辛巳，741 年），凡八年】

【大事提要】

本卷记事起公元 734 年，讫公元 741 年，凡八年，当唐玄宗开元二十二年至开元二十九年。这八年是唐玄宗执政，开元盛世的晚期，是唐朝由盛转衰的拐点，也是唐玄宗个人由明转昏的过渡时期。开元后期，唐帝国的繁荣达到顶点。漕运通畅，又用和籴法储粮，京师粮食供应充足。开元二十五年（737），全国死刑只有五十八例，户八百四十余万，口近五千万，是唐百年承平的新高。唐玄宗于是产生了骄侈心，怠于政事，开始迷信神仙，讲排场，要修改祭祀礼及丧礼，崇尚奢靡。特别是唐玄宗已厌恶直谏，喜欢听奉承话。直言敢谏的张九龄被罢相，而奸巧谄谀的李林甫主宰中枢，因后宫之宠而废立太子，这是唐玄宗由明转昏的标志。安史之乱的两位主角安禄山和史思明，就是在这一背景下登场的。安禄山兵败死罪，也是唐玄宗不听张九龄之言而直接赦免的。此时唐帝国强盛，而边将失信轻启边衅，唐朝的东、北、西三面有警，吐蕃犯边，唐军虽胜，但已无绝对优势。

【原文】

玄宗至道大圣大明孝皇帝中之中

开元二十二年（甲戌，734 年）

春，正月，己巳，上发西京；己丑，至东都。张九龄自韶州入见，求终丧；不许。

二月，壬寅，秦州地连震，坏公私屋殆尽，吏民压死者四千余人；命左丞相萧嵩赈恤。

方士张果自言有神仙术，诳人云尧时为侍中。于今数千岁；多往来恒山中，则天以来，屡征不至。恒州刺史韦济荐之，上遣中书舍人徐峤赍玺书迎之。庚寅，至东都，肩舆入宫，恩礼甚厚。

张九龄请不禁铸钱，三月，庚辰，敕百官议之。裴耀卿等皆曰："一启此门，恐小人弃农逐利，而滥恶更甚。"秘书监崔沔曰："若税铜折役，则官冶可成，计估度庸，则私铸无利，易而可久，简而难诬。且夫钱之为物，贵以通货，利不在多，何待私铸然后足用也！"右监门录事参军刘秩曰："夫人富则不可以赏劝，贫则不可以威禁，若许其私铸，贫者必不能为之；臣恐贫者益贫而役于富，富者益富而逞其欲。汉文帝时，吴王濞富埒天子，铸钱所致也。"上乃止。秩，子玄之子也。

夏，四月，壬辰，以朔方节度使信安王祎兼关内道采访处置使，增领泾、原等十二州。

（以上为第一段，写秦州大地震，唐玄宗迷信神仙，朝廷评议禁铸私钱。）

吏部侍郎李林甫，柔佞多狡数，深结宦官及妃嫔家，伺候上动静，无不知之，由是每奏对，常称旨，上悦之。时武惠妃宠幸倾后宫，生寿王清，诸子莫得为比，太子浸疏薄。林甫乃因宦官言于惠妃，愿尽力保护寿王；惠妃德之，阴为内助，由是擢黄门侍郎。五月，戊子，以裴耀卿为侍中，张九龄为中书令，林甫为礼部尚书、同中书门下三品。

【语译】

玄宗至道大圣大明孝皇帝中之中

唐玄宗开元二十二年（甲戌，734年）

春季，正月初六日己巳，玄宗从西京长安出发；二十六日己丑，到达东都洛阳。张九龄从韶州来入朝晋见，请求守完丧期，没有获得准许。

二月初十日壬寅，秦州地区地震不断，公房私房几乎全被毁坏，官民被压死的有四千多人，玄宗派左丞相萧嵩去救济抚恤。

方士张果自称有神仙术，骗人说他在尧时就已任侍中，到现在有几千岁了。他常常往来于恒山之中，武则天当政以来，多次征召不来。恒州刺史韦济推荐他，唐玄宗派中书舍人徐峤带着诏书去迎接他。庚寅日，他到达东都洛阳，乘坐轿子入宫，唐玄宗对他的恩赐礼待十分优厚。

张九龄建议不要禁止私人铸钱，三月十九日庚辰，唐玄宗敕命百官讨论此事。裴耀卿等人都说："这个门口一旦放开，恐怕小人们就会弃农逐利，而民间滥造的恶钱也就更加严重。"秘书监崔沔说："如果抽取采铜矿的税收并折算成徭役以充冶铸，那么国家的铸钱就可以成功，计算铸钱的成本和工钱，那么私人铸钱则无利可图，此法容易而且能够长期实行，简便而且难以被欺骗。况且钱这个东西，贵在能流通货物，好处不在钱的数量多，何必要靠私人铸钱来满足用度呢？"右监门录事参军刘秩说："人富有就不能用赏赐来鼓励，人贫穷就不能用严刑来禁止。如果允许私人铸钱，那么穷人必定不能办到。臣恐怕穷人越来越穷而被富人役使，富人越来越富而放纵他们的欲望。汉文帝时，吴王刘濞富比天子，就是私人铸钱所造成的。"唐玄宗于是不准私人铸钱。刘秩是刘知幾的儿子。

夏季，四月初一日壬辰，任命朔方节度使信安王李祎兼任关内道采访处置使，并增领泾、原等十二州。

吏部侍郎李林甫，伪善谄媚而且多狡诈计谋，深交宦官和妃嫔的家族，窥伺唐玄宗的动静，对玄宗的举动无不知晓，因此，每次上奏对答，常常符合皇帝的旨意，玄宗喜欢他。此时武惠妃在后宫中最受玄宗宠幸，她生下寿王李清，诸位皇子都不能和他相比，太子也渐渐地被疏远淡薄，于是李林甫托宦官对惠妃说，他愿意尽力保护寿王；惠妃感激他，暗中给他帮助，因此，他被提升为黄门侍郎。五月二十八日戊子，任命裴耀卿为侍中，张九龄为中书令，李林甫为礼部尚书、同中书门下三品。

上种麦于苑中，帅太子以下亲往芟之，谓曰："此所以荐宗庙，故不敢不亲，且欲使汝曹知稼穑艰难耳。"又遍以赐侍臣曰："比遣人视田中稼，多不得实，故自种以观之。"

六月，壬辰，幽州节度使张守珪大破契丹，遣使献捷。

薛王业疾病，上忧之，容发为变。七月，己巳，薨，赠谥惠宣太子。

上以裴耀卿为江淮、河南转运使，于河口置输场。八月，壬寅，于输场东置河阴仓，西置柏崖仓，三门东置集津仓，西置盐仓；凿漕渠十八里以避三门之险。先是，舟运江、淮之米至东都含嘉仓，僦车陆运，三百里至陕，率两斛用十钱。耀卿令江、淮舟运悉输河阴仓，更用河舟运至含嘉仓及太原仓，自太原仓入渭输关中，凡三岁，运米七百万斛，省僦车钱三十万缗。或说耀卿献所省钱，耀卿曰："此公家赢缩之利耳，奈何以之市宠乎！"悉奏以为市籴钱。

（以上为第二段，写张九龄、裴耀卿、李林甫同时入相，李林甫营私阴附武惠妃，裴耀卿为转运使公忠体国。）

张果固请归恒山，制以为银青光禄大夫，号通玄先生，厚赐而遣之。后卒，好异者奏以为尸解；上由是颇信神仙。

冬，十二月，戊子朔，日有食之。

乙巳，幽州节度使张守珪斩契丹王屈烈及可突干，传首。

时可突干连年为边患，赵含章、薛楚玉皆不能讨，守珪到官，屡击破之。可突干困迫，遣使诈降，守珪使管记王悔就抚之。悔至其牙帐，察契丹上下殊无降意，但稍徙营帐近西北，密遣人引突厥，谋杀悔以叛；悔知之。牙官李过折与可突干分典兵马，争权不叶，悔说过折使图之。过折夜勒兵斩屈烈及可突干，尽诛其党，帅余众来降。守珪出师紫蒙州，大阅以镇抚之。枭屈烈、可突干首于天津〔桥〕之南。

突厥毗伽可汗为其大臣梅录啜所毒，未死，讨诛梅录啜及其族党。

唐玄宗在禁苑中种麦子，率领太子以下诸子亲自前往锄草，对他们说道：“这是为了祭祀祖先，所以不敢不躬亲，而且还想让你们知道耕种收割的艰难啊。”然后又遍赐侍臣说：“最近派人视察田里庄稼，汇报的产量大多不实，所以亲自来耕作以便观察。”

六月初三日壬辰，幽州节度使张守珪大败契丹，派使者回朝进献所获俘虏及战利品。

薛王李业患了重病，玄宗对此很忧虑，容颜憔悴头发变白。七月初十日己巳，李业去世，赠谥号为惠宣太子。

唐玄宗任命裴耀卿为江淮、河南转运使，在河口设置转运货物的转运场。八月十四日壬寅，在转运场的东边设置河阴仓，西边设置柏崖仓，在三门山东边设置集津仓，西边设置盐仓，开凿漕运渠道十八里以避开三门山的危险。先前，船运江、淮的米到东都含嘉仓，雇车陆运，走三百里才到陕州，大概每两斛米的运费是一千钱。裴耀卿命令江、淮的米都用船运到河阴仓，然后换用黄河的船运到含嘉仓及太原仓，从太原仓进入渭水输往关中，三年内，运米七百万斛，节省雇车费三十万缗。有人劝说裴耀卿把所省下的钱献给玄宗，裴耀卿说：“这是国家节省的利钱，怎么能够拿来向皇帝讨好呢？”于是就上奏全部作为购买粮食的钱。

张果一再请求回恒山，玄宗下制书任命他为银青光禄大夫，号通玄先生，重重地赏赐并放他回去。后来张果死了，喜好怪异事物的人上奏说他尸解成仙了，于是玄宗颇信神仙。

冬季，十二月初一日戊子朔，发生日食。

十二月十八日乙巳，幽州节度使张守珪斩杀契丹王屈烈和可突干，把他们的首级传送朝廷。

当时可突干连年造成边境的祸患，赵含章、薛楚玉都不能讨平他，张守珪到任后，多次击败他。可突干处境危困，派使者诈降，张守珪派管记王悔去安抚他。王悔到了他的牙帐，察觉到契丹上下都没有投降的意思，只是把营帐稍稍地向西北移了一点，并暗地里派人引来突厥，想谋杀王悔而反叛；王悔知道这一内情。牙官李过折与可突干分别掌管兵马，争权不和，王悔劝说李过折让他图谋可突干。李过折夜晚带兵斩杀屈烈和可突干，把他们的党羽全部杀光，统帅余下的部众来投降。张守珪出师紫蒙州，大规模地阅兵来镇抚他们。把屈烈、可突干的首级挂在天津桥的南端。

突厥毗伽可汗被他的大臣梅录啜所毒害，没有死，便讨伐诛杀梅录啜及其家

既卒，子伊然可汗立，寻卒，弟登利可汗立，庚戌，来告丧。

禁京城丐者，置病坊以廪之。

（以上为第三段，写幽州节度使张守珪大破契丹。）

二十三年（乙亥，735 年）

春，正月，契丹知兵马中郎李过折来献捷；制以过折为北平王，检校松漠州都督。

乙亥，上耕藉田，九推乃止；公卿以下皆终亩。赦天下，都城酺三日。

上御五凤楼酺宴，观者喧隘，乐不得奏，金吾白梃如雨，不能遏；上患之。高力士奏河南丞严安之为理严，为人所畏，请使止之；上从之。安之至，以手板绕场画地曰："犯此者死！"于是尽三日，人指其画以相戒，无敢犯者。

时命三百里内刺史、县令各帅所部音乐集于楼下，各较胜负。怀州刺史以车载乐工数百，皆衣文绣，服箱之牛皆为虎豹犀象之状。鲁山令元德秀惟遣乐工数人，连袂歌《于蒍》。上曰："怀州之人，其涂炭乎！"立以刺史为散官。德秀性介洁质朴，士大夫皆服其高。

上美张守珪之功，欲以为相，张九龄谏曰："宰相者，代天理物，非赏功之官也。"上曰："假以其名而不使任其职，可乎？"对曰："不可。惟名与器不可以假人，君之所司也。且守珪才破契丹，陛下即以为宰相；若尽灭奚、厥，将以何官赏之？"上乃止。二月，守珪诣东都献捷，拜右羽林大将军，兼御史大夫，赐二子官，赏赉甚厚。

初，殿中侍御史杨汪既杀张审素，更名万顷。审素二子瑝、琇皆幼，坐流岭表；寻逃归，谋伺便复仇。三月，丁卯，手杀万顷于都城，系表于斧，言父冤状；欲之江外杀与万顷同谋陷其父者，至汜水，为有司所得。议者多言二子父死非罪，稚年孝烈能复父仇，宜加矜宥；张九龄亦欲活之。裴耀卿、李林甫以为如此，坏国法，上亦以为然，谓九龄曰："孝子之情，义不顾死；然杀人而赦之，此涂不可启也。"乃下敕曰："国家设法，期于止杀。各伸为子之志，谁非徇孝之人！展转相仇，何有限

族党羽。毗伽可汗死后，儿子伊然可汗继立，不久也死了，弟弟登利可汗继立，二十三日庚戌，来朝廷报丧。

禁止京城里的乞丐乞讨，设置病坊救济他们。

唐玄宗开元二十三年（乙亥，735年）

春季，正月，契丹知兵马中郎李过折来朝进献战利品及俘虏，下制书封李过折为北平王，检校松漠州都督。

正月十八日乙亥，玄宗亲耕藉田，九推才止。公卿以下都耕完一陇。大赦天下，都城中欢乐宴饮三天。

唐玄宗亲临五凤楼诏赐臣民聚饮，观看的人喧闹拥挤不堪，音乐也无法演奏，金吾的杖棒挥动如雨，也没法阻止。玄宗忧虑。高力士上奏说河南丞严安之维护治安十分严厉，人们怕他，请让他来制止混乱局面，玄宗采纳了这个建议。严安之到了，用手板绕着场子划地为线说："越过这条线的处死！"于是整整三天，人们指着这条线以为戒，没有人敢越过。

当时命令三百里以内的刺史、县令各自率领所统属的乐队会集在楼下，争较胜负。怀州刺史用车装载乐工几百人，都穿着绘有彩色花纹的丝绸服装，驾车的牛都打扮成老虎、豹子、犀牛、大象的样子。鲁山县令元德秀只派遣乐工几人，携手同唱《于蔿》歌。玄宗说："怀州的人民，大概生灵涂炭吧！"立即把刺史调为无职事的散官。元德秀性格高洁质朴，士大夫都很钦佩他高尚的节操。

唐玄宗赞赏张守珪的功劳，想任命他为宰相，张九龄劝谏说："宰相是代天子治理国家的，它不是赏赐有功人的官职。"玄宗说："给他宰相的名称而不让他担任职务，可以吗？"张九龄回答说："不行。唯有名义和职权不能给人，而由国君亲自掌握。况且张守珪才打败契丹，陛下即用他做宰相；假如他尽灭奚、突厥，将用什么官职来赏赐他呢？"玄宗方才作罢。二月，张守珪来东都进献战利品及俘虏，被任命为右羽林大将军，兼御史大夫，赐他的两个儿子官职，赏赐十分丰厚。

起初，殿中侍御史杨汪杀了张审素后，改名为杨万顷。审素的两个儿子张瑝、张琇都年幼，连坐流放岭南；不久便逃回来，谋划伺机报仇。三月十一日丁卯，在都城亲手杀了杨万顷，将表章系在斧头上，陈述其父蒙冤的情况。他俩想去江外杀掉与杨万顷同谋陷害其父的人，到了汜水，被有关部门捕获。议论的人大都说他们两个的父亲死于非罪，幼年孝烈能报父仇，应当加以怜悯和宽宥；张九龄也想救他们。裴耀卿、李林甫认为这样做，破坏国法，唐玄宗也这样认为，他对张九龄说："孝子之情，为了义而不怕死，然而，杀了人而被赦免，此例不可开。"于是敕令：

极！咎繇作士，法在必行。曾参杀人，亦不可恕。宜付河南府杖杀。”士民皆怜之，为作哀诔，榜于衢路。市人敛钱葬之于北邙，恐万顷家发之，仍为疑冢数处。

唐初，公主实封止三百户，中宗时，太平公主至五千户，率以七丁为限。开元以来，皇妹止千户，皇女又半之，皆以三丁为限；驸马皆除三品员外官，而不任以职事。公主邑入至少，至不能具车服，左右或言其太薄，上曰：“百姓租赋，非我所有。战士出死力，赏不过束帛；女子何功，而享多户邪？且欲使之知俭啬耳。”秋，七月，咸宜公主将下嫁，始加实封至千户。公主，武惠妃之女也。于是诸公主皆加至千户。

冬，十月，戊申，突骑施寇北庭及安西拨换城。

闰月，壬午朔，日有食之。

十二月，乙亥，册故蜀州司户杨玄琰女为寿王妃。玄琰，汪之曾孙也。

是岁，契丹王过折为其臣涅礼所杀，并其诸子，一子刺乾奔安东得免。涅礼上言，过折用刑残虐，众情不安，故杀之。上赦其罪，因以涅礼为松漠都督，且赐书责之曰：‘卿之蕃法多无义于君长，自昔如此，朕亦知之。然过折是卿之王，有恶辄杀之，为此王者，不亦难乎！但恐卿为王，后人亦尔。常不自保，谁愿作王！亦应防虑后事，岂得取快目前！”突厥寻引兵东侵奚、契丹，涅礼与奚王李归国击破之。

（以上为第四段，写唐玄宗耕藉田九推，娱乐有度，禁报私仇，仍不失为明主。）

二十四年（丙子，736年）

春，正月，庚寅，敕：“天下逃户，听尽今年内自首，有旧产者令还本贯，无者别俟进止；逾限不首，当命专使搜求，散配诸军。”

北庭都护盖嘉运击突骑施，大破之。

二月，甲寅，宴新除县令于朝堂，上作《令长新戒》一篇，赐天下县令。

庚午，更皇子名，鸿曰瑛，潭曰琮，浚曰玙，洽曰琰，涓曰瑶，滉曰琬，湑曰琚，潍曰璲，沄曰璬，泽曰璘，清曰瑁，洄曰玢，沭曰琦，

“国家立法，目的在于制止凶杀。各人要表达做人子的心志，那谁又不是徇孝的人呢？如此辗转互相报仇，那还有什么极限？咎繇做法官，立法就必须实行。即使曾参杀了人，也不能饶恕。应该交付河南府用杖杀死。”士民都怜悯这两个孝子，替他们写哀文诔词，贴在交通要道上。市民募捐集资把他俩安葬在北邙，担心杨万顷家人挖坟，便做了好几处迷惑人的假坟。

唐初，公主实封只有三百户，中宗时，太平公主封至五千户，大体以七丁为限。开元以来，皇帝的妹妹只封一千户，皇帝的女儿又减半，都以三丁为限；驸马只封三品员外官，而不担任职务。公主封邑的收入很少，以致不能备办车马服饰，玄宗左右有人说封地太少，玄宗说：“老百姓的租赋，不是我所有的。战士们出死力，赏赐不过束帛；女子有什么功劳，而享受许多封户呢？而且我想让她们知道节俭啊。”秋季，七月，咸宜公主将要下嫁，才开始加封到一千户。公主是武惠妃的女儿。于是诸公主都把封户加到一千户。

冬季，十月二十六日戊申，突骑施侵犯北庭及安西拨换城。

闰十一月初一日壬午朔，发生日食。

十二月二十四日乙亥，册封原蜀州司户杨玄琰女为寿王妃。杨玄琰是隋国子祭酒杨汪的曾孙。

这一年，契丹王过折被他的臣子涅礼杀死，他的儿子们也一起被杀，只有一个儿子刺乾跑到安东幸免一死。涅礼上书说，过折用刑残酷暴虐，民情不安，所以把他杀了。玄宗赦免了他的罪过，因此任命涅礼为松漠都督，并赐书责备他说：“你们的蕃法大都对君长不义，以前就是这样，朕也知道。然而过折是你们的君王，有恶行就杀掉，做这样的君王不也太难了吗？只怕你做了君王，后人也这样干。常常不能自保，谁愿意做王！也应该防患于未然，怎能只图眼前的一时快活！”突厥不久率兵东侵奚、契丹，涅礼与奚王李归国击败了突厥。

唐玄宗开元二十四年（丙子，736 年）

春季，正月初十日庚寅，敕令：“天下逃户，准许在今年年底以前自首，有旧产业的人命令他们回原籍，没有产业的人另外等候安置。超过期限不自首的，当派专使搜查，分散配发给各军。”

北庭都护盖嘉运攻击突骑施，打败了他。

二月初四日甲寅，在朝堂上宴请新任县令。唐玄宗作了一篇《令长新戒》，颁赐给天下的县令。

二月二十日庚午，更改皇子的名字：鸿为瑛，潭为琮，浚为玙，洽为琰，涓为瑶，滉为琬，涺为琚，潍为璲，沄为璬，泽为璘，清为瑁，洄为玢，沭为琦，溢为

溢曰环，沔曰理，泚曰玼，灌曰珪，澄曰珙，潓曰瑱，漎曰璿，滔曰璥。

旧制，考功员外郎掌试贡举人。有进士李权，陵侮员外李昂，议者以员外郎位卑，不能服众；三月，壬辰，敕自今委礼部侍郎试贡举人。

张守珪使平卢讨击使、左骁卫将军安禄山讨奚、契丹叛者，禄山恃勇轻进，为虏所败。夏，四月，辛亥，守珪奏请斩之。禄山临刑呼曰："大夫不欲灭奚、契丹邪，奈何杀禄山！"守珪亦惜其骁勇，乃更执送京师。张九龄批曰："昔穰苴诛庄贾，孙武斩宫嫔，守珪军令若行，禄山不宜免死。"上惜其才，敕令免官，以白衣将领。九龄固争曰："禄山失律丧师，于法不可不诛。且臣观其貌有反相，不杀必为后患。"上曰："卿勿以王夷甫识石勒，枉害忠良。"竟赦之。

安禄山者，本营州杂胡，初名阿荦山。其母，巫也；父死，母携之再适突厥安延偃。会其部落破散，与延偃兄子思顺俱逃来，故冒姓安氏，名禄山。又有史窣干者，与禄山同里闬，先后一日生。及长，相亲爱，皆为互市牙郎，以骁勇闻。张守珪以禄山为捉生将，禄山每与数骑出，辄擒契丹数十人而返。狡猾，善揣人情，守珪爱之，养以为子。

窣干尝负官债亡入奚中，为奚游弈所得，欲杀之；窣干绐曰："我，唐之和亲使也，汝杀我，祸且及汝国。"游弈信之，送诣牙帐。窣干见奚王，长揖不拜，奚王虽怒，而畏唐，不敢杀，以客礼馆之，使百人随窣干入朝。窣干谓奚王曰："王遣人虽多，观其才皆不足以见天子。闻王有良将琐高者，何不使之入朝！"奚王即命琐高与牙下三百人随窣干入朝。窣干将至平卢，先使人谓军使裴休子曰："奚使琐高与精锐俱来，声云入朝，实欲袭军城，宜谨为之备，先事图之。"休子乃具军容出迎，至馆，悉坑杀其从兵，执琐高送幽州。张守珪以窣干为有功，奏为果毅，累迁将军。后入奏事，上与语，悦之，赐名思明。

（以上为第五段，写杂胡安禄山，史思明登场。）

故连州司马武攸望之子温昚，坐交通权贵，杖死。乙丑，朔方、河东节度使信安王祎贬衢州刺史，广武王承宏贬房州别驾，泾州刺史薛自劝贬澧州别驾；皆坐与温昚交游故也。承宏，守礼之子也。辛未，蒲州

环，沔为理，泚为玼，灌为珪，澄为珙，潓为瑱，潨为璿，滔为璥。

旧制，由考功员外郎掌管考试贡举士人，有位名叫李权的进士，侮辱员外郎李昂，议论的人认为员外郎官位低下，不足以服众。三月十二日壬辰，敕令从今起委任礼部侍郎主管考试贡举士人。

张守珪派平卢讨击使、左骁卫将军安禄山讨伐奚、契丹的反叛者，安禄山仗恃勇力轻率进攻，被敌人打败。夏季，四月初二日辛亥，张守珪上奏请斩杀他。安禄山临刑前大叫说："大夫您不是想灭掉奚、契丹吗？为什么杀我安禄山？"张安珪也爱惜他的骁勇，于是转囚送入京师。张九龄在奏章上批示说："从前司马穰苴杀庄贾，孙武斩吴王宠姬。张守珪军令如果贯彻执行，安禄山就不应免死罪。"玄宗爱惜他的才能，下敕令免去他的官职，以平民为将而领军。张九龄力争道："安禄山违令损兵，在法律上不能不杀。而且臣从他外貌看有反相，不杀必定造成后患。"玄宗说："你不要用王衍看石勒的典故，冤枉杀害了忠良。"最终赦免了他。

安禄山，本是营州杂胡人，原名阿荦山。他的母亲是个女巫；父亲死后，母亲带着他改嫁突厥人安延偃。遇到其部落败散，跟安延偃哥哥的儿子思顺一起逃来，所以就冒姓安氏，名禄山。又有个名叫史窣干的人，与安禄山是同乡，两人的生日前后相差一天。长大后，相互亲近，都做了互市牙郎，因骁勇而出名。张守珪任命安禄山为捉生将，安禄山每次跟数骑出去，就能活捉几十个契丹人回来。他生性狡猾，善于揣摸人情，张守珪喜爱他，收养他为干儿子。

史窣干曾欠官债逃亡到奚中，被奚人巡逻兵抓住，要杀他；史窣干骗他们说："我是大唐的和亲使者，你们杀我，灾祸就将波及你们国家。"巡逻兵相信了他的话，送他到牙帐。史窣干见了奚王，只行拱手礼而不下拜，奚王虽然恼怒，但因害怕唐朝，不敢杀他，用宾客之礼招待他，派一百人跟随史窣干入朝。史窣干对奚王说："大王派遣的人虽然很多，但在我看来他们的才能都不足以朝见天子。听说大王有名叫琐高的良将，为什么不派他入朝呢？"奚王即刻命令琐高与牙下三百人跟随史窣干入朝。史窣干将到平卢，先派人对军使裴休子说："奚派遣琐高带精锐一起来，声言入朝，实际是想偷袭军城，应严加防备，先下手对付他。"裴休子于是派了军队和仪仗队出来迎接，到了馆舍，把随从的士兵全部活埋了，把琐高囚送幽州。张守珪认为史窣干有功，上奏任他为果毅，连续升迁为将军。后来他入朝廷奏报事情，唐玄宗与他交谈，喜欢他，赐名为思明。

原连州司马武攸望的儿子武温昚，因犯了勾结权贵罪，被杖刑打死。四月十六日乙丑，朔方、河东节度使信安王李祎降为衢州刺史，广武王李承宏降为房州别驾，泾州刺史薛自劝降为澧州别驾，都是因为与武温昚交游的罪过。李承宏是李守礼的

刺史王琚贬通州刺史；坐与袆交书也。

五月，醴泉妖人刘志诚作乱，驱掠路人，将趣咸阳。村民走告县官，焚桥断路以拒之，其众遂溃，数日，悉擒斩之。

六月，初分月给百官俸钱。

初，上因藉田赦，命有司议增宗庙笾豆之荐及服纪未通者。太常卿韦縚奏请宗庙每坐笾豆十二。

兵部侍郎张均、职方郎中韦述议曰："圣人知孝子之情深而物类之无限，故为之节制。人之嗜好本无凭准，宴私之馔与时迁移，故圣人一切同归于古。屈到嗜芰，屈建不以荐，以为不以私欲干国之典。今欲取甘旨肥浓，皆充祭用，苟逾旧制，其何限焉！《书》曰：'黍稷非馨，明德惟馨。'若以今之珍馔，平生所习，求神无方，何必泥古，则簠簋可去而盘盂杯案当在御矣，韶濩可息而箜篌筝笛当在奏矣。既非正物，后嗣何观！夫神，以精明临人者也，不求丰大；苟失于礼，虽多何为！岂可废弃礼经以从流俗！且君子爱人以礼，不求苟合；况在宗庙，敢忘旧章！"

太子宾客崔沔议曰："祭祀之兴，肇于太古，茹毛饮血，则有毛血之荐；未有曲蘖，则有玄酒之奠。施及后王，礼物渐备；然以神道致敬，不敢废也。笾豆簠簋樽罍之实，皆周人之时馔也，其用通于宴飨宾客，而周公制礼，与毛血玄酒同荐鬼神。国家由礼立训，因时制范，清庙时飨，礼馔毕陈，用周制也。园陵上食，时膳具设，遵汉法也。职贡来祭，致远物也。有新必荐，顺时令也。苑囿之内，躬稼所收，搜狩之时，亲发所中，莫不荐而后食，尽诚敬也。若此至矣，复何加焉！但当申敕有司，无或简怠，则鲜美肥浓，尽在是矣，不必加笾豆之数也。"

上固欲量加品味。縚又奏每室加笾豆各六，四时各实以新果珍羞；从之。

儿子。四月二十二日辛未，蒲州刺史王琚降为通州刺史，是因为与李祎通书信的罪过。

五月，醴泉有妖术之人刘志诚作乱，驱赶掠夺路上行人，准备前往咸阳，村民奔走相告县官，烧桥断路以抗拒他，他的部众便溃散，仅仅几天，全部被抓住杀了。

六月，首次按月给百官发薪水。

当初，玄宗因亲耕藉田而赦免天下，命令有关部门讨论增加祭祀宗庙的笾豆祭品以及服制法纪中的不当之处。太常卿韦绦上奏建议宗庙里每个灵座设笾豆十二。

兵部侍郎张均、职方郎中韦述议论说："圣人既知道孝子对父母的感情深厚，也知道事物的种类数量是无限的，因此订立规章予以节制。人的嗜好本来就没有标准可依据，宴会中的饮食随着时代的不同而变更，所以圣人一切依照古制。屈到喜欢吃芰，他死后屈建不以芰作祭品，屈建认为不要以个人的嗜好来扰乱国家的典制。现在想把甜美肥浓的食品，都拿来用作祭祀，如果逾越旧有的制度，那还有什么限制！《尚书》说：'黍稷并不馨香，只有明德才馨香。'如果用今天的珍美食品，为平生所常食的，求神无方，何必拘泥古制，那么簠、簋可以去掉而盘、盂、杯、案应当在使用，韶乐、濩乐可以停止而箜篌、筝、笛应当在演奏了。既然不是礼定的正式物品，后世子孙凭什么来观瞻呢？神，是用精灵来感应人的，不求丰富大美；如果不合于礼，再多也没有用！怎么可以废弃正规的礼经而跟从一般的流俗？况且君子用礼来爱人，不求随便迎合；何况是在宗庙里的事，怎敢忘记旧有的典章制度？"

太子宾客崔沔议论说："祭祀的兴起，肇始于远古时代，茹毛饮血时，就用毛血作为祭品；没有发明酒时，就把当酒用的水作为祭奠，到了后代的帝王，礼物渐渐完备，然而向神道致敬，仍不敢有所偏废。笾、豆、簠、簋、樽、罍所盛的祭品，都是周朝人当时的食物，其用途与宴飨宾客相同，而周公制定礼仪时，把这些东西跟毛血玄酒一同用来祭祀鬼神。国家按照礼来建立法则，根据时代的变化来制定规范。清庙四时祭飨，礼法所规定的祭品全部陈列，这是采用周代的制度。向祖宗陵寝献祭食品，把平时的膳食全都摆上，这是遵从汉代的法制。各地进贡的土产用来祭祀，是为了让祖先享用远方的物品。有新熟的食物必定献祭，是顺应时令的变化。在苑囿内，皇帝亲自耕作所收获的庄稼，在打猎时，皇帝亲自射中的猎物，无不先献祭而后食用，这是为了充分表达诚心敬意。如像这样去做就已足够了，何必还要增加什么祭品呢？只要敕命有关部门，对祭祀的事情不能简陋怠慢，那么鲜美肥浓的祭品，都在其中了，不必再增加笾豆的数量了。"

唐玄宗执意要酌量增加祭品的品种味道，韦绦又奏请每室增加笾豆各六，四时各供以新鲜水果和珍异食物；玄宗同意了。

绦又奏："《丧服》'舅，缌麻三月，从母、外祖父母皆小功五月。'外祖至尊，同于从母之服；姨、舅一等，服则轻重有殊。堂姨、舅亲即未疏，恩绝不相为服；舅母来承外族，不如同爨之礼。窃以古意犹有所未畅者也，请加外祖父母为大功九月，姨、舅皆小功五月，堂舅、堂姨、舅母并加至袒免。"

崔沔议曰："正家之道，不可以贰；总一定义，理归本宗。是以内有齐、斩，外皆缌麻，尊名所加，不过一等，此先王不易之道也。愿守八年明旨，一依古礼，以为万代成法。"

韦述议曰："《丧服传》曰：'禽兽知母而不知父。野人曰，父母何等焉！都邑之士则知尊祢矣；大夫及学士则知尊祖矣。'圣人究天道而厚于祖祢，系族姓而亲其子孙，母党比于本族，不可同贯，明矣。今若外祖与舅加服一等，堂舅及姨列于服纪，则中外之制，相去几何！废礼徇情，所务者末。古之制作者，知人情之易摇，恐失礼之将渐，别其同异，轻重相悬，欲使后来之人永不相杂。微旨斯在，岂徒然哉，苟可加也，亦可减也；往圣可得而非，则《礼经》可得而隳矣。先王之制，谓之彝伦，奉以周旋，犹恐失坠；一紊其叙，庸可止乎！请依《仪礼》丧服为定。"

礼部员外郎杨仲昌议曰："郑文贞公魏徵始加舅服至小功五月。虽文贞贤也，而周、孔圣也，以贤改圣，后学何从！窃恐内外乖序，亲疏夺伦，情之所沿，何所不至！昔子路有姊之丧而不除，孔子曰：'先王制礼，行道之人，皆不忍也。'子路除之。此则圣人援事抑情之明例也。《记》曰：'毋轻仪礼。'明其蟠于天地，并彼日月，贤者由之，安敢损益也！"

敕："姨舅既服小功，舅母不得全降，宜服缌麻，堂姨舅宜服袒免。"

均，说之子也。

（以上为第六段，写唐玄宗要增加宗庙祭祀的礼品与加重丧服之礼。）

秋，八月，壬子，千秋节，群臣皆献宝镜。张九龄以为以镜自照见形容，以人自照见吉凶。乃述前世兴废之源，为书五卷，谓之《千秋金镜录》，上之；上赐书褒美。

甲寅，突骑施遣其大臣胡禄达干来请降，许之。

韦绦又上奏："《丧服》上说：'为舅舅守丧三个月，为姨母、外祖父母守丧都是五个月。'外祖父母是至尊，所以同于姨母的服制；姨母、舅舅虽是同等的，但服制轻重有所不同。堂姨、堂舅亲关系虽不疏远，但恩情不深，不为他们服丧；舅母来自外姓宗族，不能像同吃同居的亲属那样服丧礼。臣以为古人丧服之意还有些不够通达的地方，建议为外祖父母服丧加到九个月，为姨母、舅父皆服丧五个月，堂舅、堂姨、舅母都加到服袒免。"

崔沔议论道："治家的之道，不能有歧义；统一定义，理都归于本宗上。因此对内有齐衰、斩衰，对外都为缌麻，有尊者名号的所增加不过一等，这是先王不变之道。请遵守开元七年皇上圣明的诏旨，一律遵循古礼，作为万代不变的成法。"

韦述议论道："《丧服传》说：'禽兽知母而不知父。乡野之人说，父母有什么尊卑等级的差别？都邑之士则知尊先父，大夫及学士则知尊先祖。'圣人探知天道而亲厚于祖、父，维系族人的姓氏而亲厚其子孙，娘家的人跟本族的人相比，不可同等，这是很明显的。现在如果外祖父与舅父加服一等，堂舅及姨母列入丧服条文中，那么内外的服制，又有什么差别呢？违背礼制以徇私情，是专务于末疏。古代制定礼制的人，知道人情容易变动，担心失礼的行为会逐渐增多，就分别同异，服丧轻重悬殊，要使后来的人永世不相混杂。精微的意旨就在这里，哪里是无所用心呢？如果可以增加，也就可以减少；前圣可以非议，则《礼经》也可以毁坏了。先王的典制，称之常理，奉行遵照，还怕失误，一旦乱了秩序，哪里还能止住？请以《仪礼·丧服》为准。"

礼部员外郎杨仲昌议论道："郑文贞公魏徵首先把舅服增加到小功五月。虽然文贞公贤能，而周公、孔子是圣人，用贤人来改变圣人，使后学者无所适从！臣恐怕内外次序混乱，亲疏失去伦常，任凭感慨发展，什么事情不能发生？从前子路服姐姐的丧满而不除服，孔子说：'先王制定礼仪，行仁义的人都不忍心除服。'于是子路便除服。这是圣人援引事理抑制私情的典型例子。《礼记》说：'不要轻率议论礼仪。'表明礼是遍及天地，与日月并行，贤人遵守它，怎敢增减呢？"

玄宗敕令："姨舅已服小功，舅母不得全行降服，应服缌麻，堂姨舅应服袒免。"

张均，是张说的儿子。

秋季，八月初五日壬子，千秋节，群臣都进献宝镜。张九龄认为用镜子自照可以见形貌，用人自照可以见吉凶。于是叙述前世兴亡的根源，著书五卷，称之为《千秋金镜录》，呈给玄宗，玄宗赐书褒奖他。

八月初七日甲寅，突骑施派他的大臣胡禄达干来朝请求降附，玄宗准许了。

御史大夫李适之，承乾之孙也，以才干得幸于上，数为承乾论辩；甲戌，追赠承乾恒山愍王。

乙亥，汴哀王璥薨。

冬，十月，戊申，车驾发东都。先是，敕以来年二月二日行幸西京，会宫中有怪，明日，上召宰相，即议西还。裴耀卿、张九龄曰："今农收未毕，请俟仲冬。"李林甫潜知上指，二相退，林甫独留，言于上曰："长安、洛阳，陛下东西宫耳，往来行幸，何更择时！借使妨于农收，但应蠲所过租税而已。臣请宣示百司，即日西行。"上悦，从之。过陕州，以刺史卢奂有善政，题赞于其听事而去。奂，怀慎之子也。丁卯，至西京。

朔方节度使牛仙客，前在河西，能节用度，勤职业，仓库充实，器械精利；上闻而嘉之，欲加尚书。张九龄曰："不可。尚书，古之纳言，唐兴以来，惟旧相及扬历中外有德望者乃为之。仙客本河湟使典，今骤居清要，恐羞朝廷。"上曰："然则但加实封可乎？"对曰："不可。封爵所以劝有功也。边将实仓库，修器械，乃常务耳，不足为功。陛下赏其勤，赐之金帛可也；裂土封之，恐非其宜。"上默然。李林甫言于上曰："仙客，宰相才也，何有于尚书！九龄书生，不达大体。"上悦，明日，复以仙客实封为言，九龄固执如初。上怒，变色曰："事皆由卿邪？"九龄顿首谢曰："陛下不知臣愚，使待罪宰相，事有未允，臣不敢不尽言。"上曰："卿嫌仙客寒微，如卿有何阀阅？"九龄曰："臣岭海孤贱，不如仙客生于中华；然臣出入台阁，典司诰命有年矣。仙客边隅小吏，目不知书，若大任之，恐不惬众望。"林甫退而言曰："苟有才识，何必辞学！天子用人，有何不可！"十一月，戊戌，赐仙客爵陇西县公，食实封三百户。

初，上欲以李林甫为相，问于中书令张九龄，九龄对曰："宰相系国安危，陛下相林甫，臣恐异日为庙社之忧。"上不从。时九龄方以文学为上所重，林甫虽恨，犹曲意事之。侍中裴耀卿与九龄善，林甫并疾之。是时，上在位岁久，渐肆奢欲，怠于政事。而九龄遇事无细大皆力争；林甫巧伺上意，日思所以中伤之。

御史大夫李适之，是李承乾的孙子，因有才干而得到玄宗的宠幸，他多次替李承乾申辩。八月二十七日甲戌，追赠承乾为恒山愍王。

八月二十八日乙亥，汴哀王李璥去世。

冬季，十月初二日戊申，唐玄宗乘车从东都洛阳出发。此前，敕令在明年二月二日驾临西京长安。碰上宫中有怪异，次日，玄宗召宰相，商议立刻返回西京。裴耀卿、张九龄说："现在农作物收割还没有完成，请求等到仲冬时再出发。"李林甫暗地里知道玄宗的意旨，两位宰相退出后，李林甫单独留下来，对玄宗说："长安、洛阳，是陛下的东宫、西宫而已，往来走动，何须另择时日！假使妨碍农民收割，只要免除所经过之地的租税就行了。臣请求宣示百官，即日西行回京。"玄宗听了很高兴，采纳了他的意见。经过陕州，因刺史卢奂有良好的政绩，就在他的办公的厅堂里题词称赞然后离去。卢奂，是卢怀慎的儿子。十月二十一日丁卯，到达西京。

朔方节度使牛仙客，以前在河西，能够节约用费，勤勉职守，仓库充实，器械精良锐利。玄宗听说后就嘉奖他，想升他为尚书。张九龄说："不可。尚书，是古代的纳言官，唐有天下以来，只有原来的宰相以及名扬中外有德行有威望的人才被任命。仙客本是河湟使典官，现在突然位居清要高位，恐怕使朝廷蒙羞。"唐玄宗说："那么只加实封可以吗？"回答说："不可。封爵是用来奖励有功的人。边防将领充实仓库，修备器械，乃是日常的事务，不足以称作有功。陛下奖励他的勤勉，赐给他金玉布帛是可以的，但要裂土分封，恐怕是不适宜的。"唐玄宗沉默无语。李林甫对玄宗说："仙客，是宰相之才，任尚书有何不可！张九龄是书生，不懂大道理。"玄宗喜悦，次日，又提起实封牛仙客的话题，张九龄像当初一样固执。玄宗发怒，改变面色说："事事都要听你的吗？"张九龄叩头道歉说："陛下不认为臣的愚昧，让臣坐在宰相的位置上，事情有所不当，臣不敢不详尽直言。"玄宗说："你嫌牛仙客出身寒微，像你这样又是什么豪门望族？"张九龄说："臣是岭外海边孤陋微贱的人，比不上牛仙客生长在中原；然而臣供职于尚书台，典掌诰命已多年，牛仙客只是边陲小官，没有读过书，如重用他，恐怕不符合众人的期望。"李林甫退朝后说："只要有才干识见，何必要文辞学问！天子要重用一个人，有什么不可以的！"十一月二十三日戊戌，赐牛仙客爵位为陇西县公，实封食邑三百户。

当初，唐玄宗想任命李林甫为宰相，向中书令张九龄征求意见，张九龄回答说："宰相关系到国家的安危，陛下任用李林甫为宰相，臣担心将来会造成国家的忧患。"唐玄宗没有听从他的意见。当时张九龄正因为有文学才能而被玄宗器重，李林甫虽然怨恨他，但仍委屈心意地顺从他。侍中裴耀卿和张九龄友善，李林甫也一并恨他。这时，玄宗在位年久，渐渐地恣意奢侈，松懈国务政事。而张九龄遇到事情无论大小都尽力争辩；李林甫善于窥探玄宗的心意，天天都想方设法来中伤他。

上之为临淄王也，赵丽妃、皇甫德仪、刘才人皆有宠，丽妃生太子瑛，德仪生鄂王瑶，才人生光王琚。及即位，幸武惠妃，丽妃等爱皆弛；惠妃生寿王瑁，宠冠诸子。太子与瑶、琚会于内第，各以母失职有怨望语。驸马都尉杨洄尚咸宜公主，常伺三子过失以告惠妃。惠妃泣诉于上曰："太子阴结党与，将害妾母子，亦指斥至尊。"上大怒，以语宰相，欲皆废之。九龄曰："陛下践阼垂三十年，太子诸王不离深宫，日受圣训，天下之人皆庆陛下享国久长，子孙蕃昌。今三子皆已成人，不闻大过，陛下奈何一旦以无根之语，喜怒之际，尽废之乎！且太子天下本，不可轻摇。昔晋献公听骊姬之谗杀申生，三世大乱。汉武帝信江充之诬罪戾太子，京城流血。晋惠帝用贾后之谮废愍怀太子，中原涂炭。隋文帝纳独孤后之言黜太子勇，立炀帝，遂失天下。由此观之，不可不慎。陛下必欲为此，臣不敢奉诏。"上不悦。林甫初无所言，退而私谓宦官之贵幸者曰："此主上家事，何必问外人！"上犹豫未决。惠妃密使官奴牛贵儿谓九龄曰："有废必有兴，公为之援，宰相可长处。"九龄叱之，以其语白上；上为之动色，故讫九龄罢相，太子得无动。林甫日夜短九龄于上，上浸疏之。

林甫引萧炅为户部侍郎。炅素不学，尝对中书侍郎严挺之读"伏腊"为"伏猎"。挺之言于九龄曰："省中岂容有'伏猎侍郎'！"由是出炅为岐州刺史，故林甫怨挺之。九龄与挺之善，欲引以为相，尝谓之曰："李尚书方承恩，足下宜一造门，与之款昵。"挺之素负气，薄林甫为人，竟不之诣。林甫恨之益深。挺之先娶妻，出之，更嫁蔚州刺史王元琰，元琰坐赃罪下三司按鞫，挺之为之营解。林甫因左右使于禁中白上。上谓宰相曰："挺之为罪人请属所由。"九龄曰："此乃挺之出妻，不宜有情。"上曰："虽离乃复有私。"

于是上积前事，以耀卿、九龄为阿党；壬寅，以耀卿为左丞相，九龄为右丞相，并罢政事。以林甫兼中书令；仙客为工部尚书、同中书门下三品，领朔方节度如故。严挺之贬洺州刺史，王元琰流岭南。

上即位以来，所用之相，姚崇尚通，宋璟尚法，张嘉贞尚吏，张说尚文，李元纮、杜暹尚俭，韩休、张九龄尚直，各其所长也。九龄既得

唐玄宗任临淄王时，赵丽妃、皇甫德仪、刘才人都受宠，丽妃生太子李瑛，德仪生鄂王李瑶，才人生光王李琚。等到即帝位，玄宗宠爱武惠妃，对丽妃等人的爱都渐渐淡薄；惠妃生寿王李瑁，宠爱超过诸子。太子与瑶、琚在宫中相见，各人因母亲失职而有怨恨的话。驸马都尉杨洄娶咸宜公主，时常打听三位皇子的过失向惠妃报告。惠妃向玄宗哭诉："太子暗中结纳党羽，将要害我母子，同时还指责您。"玄宗大怒，把这些告诉宰相，想把他们几个都废黜。张九龄说："陛下登帝位近三十年，太子和诸王没有离开过深宫，天天接受圣上的教训，天下的人都庆幸陛下在位长久，子孙繁盛。如今三位皇子都已长大成人，没有听说有人过错，陛下怎么能够突然因为一些无根据的话，在发怒的时候，把几位皇子都废黜掉呢？况且太子是天下之本，不可以轻易动摇。从前晋献公听信骊姬的谗言杀了申生，引发三世大乱。汉武帝采纳江充的诬告治戾太子罪，引起京城流血事件。晋惠帝听信贾后的谗言废黜愍怀太子，导致中原地区生灵涂炭。隋文帝采纳独孤后的话废黜太子勇，立隋炀帝，便失去了天下。从这些看来，废立太子不可不慎重。如果陛下一定要这样做，臣不敢执行诏命。"玄宗不高兴。李林甫当时没有说什么话，退朝后私下对宦官中受玄宗宠信的人说："这是皇帝家里的事，何必询问外人！"玄宗犹豫不决。惠妃秘密地派官奴牛贵儿对张九龄说："有废的必有立的，相公帮个忙，宰相便可长期做下去。"张九龄斥责他，把他的话奏明玄宗，玄宗因此而感动，所以直到张九龄被罢去相位，太子得以不变动。李林甫日夜向玄宗说张九龄的坏话，玄宗渐渐疏远张九龄。

李林甫推荐萧炅任户部侍郎。萧炅一向不学无术，曾当着中书侍郎严挺之的面把"伏腊"读成"伏猎"。严挺之对张九龄说："台省中怎可容许有'伏猎侍郎'？"因此将萧炅外任为岐州刺史，所以李林甫怨恨严挺之。张九龄与严挺之关系好，想推荐他做宰相，曾对严挺之说："李林甫尚书正受到玄宗的信任，足下当登门拜访，与他联络一下感情。"严挺之一向有气节，鄙薄李林甫的为人，始终不去拜访。李林甫对他的怨恨更深。严挺之先前娶的妻子，离了婚，改嫁蔚州刺史王元琰，王元琰因贪污罪被交付三司审讯，严挺之替他谋求免罪。李林甫左右的人奉命入宫中时告诉玄宗。玄宗对宰相说："严挺之替罪人请托有关官吏。"张九龄说："这是严挺之已离婚的妻子，不应有私情在内。"唐玄宗说："虽然离了婚仍然还有私情。"

于是唐玄宗联想到以前的事，认为裴耀卿、张九龄是结党营私。十一月二十七日壬寅，任命裴耀卿为左丞相，张九龄为右丞相，一并罢除宰相的职事。命李林甫兼任中书令；牛仙客任工部尚书、同中书门下三品，领朔方节度使不变。严挺之贬为洺州刺史，王元琰流放岭南。

唐玄宗即位以来，所任用的宰相，姚崇崇尚通达，宋璟崇尚法治，张嘉贞崇尚吏治，张说崇尚文学，李元纮、杜暹崇尚节俭，韩休、张九龄崇尚正直，他们各有

罪，自是朝廷之士，皆容身保位，无复直言。

李林甫欲蔽塞人主视听，自专大权，明召诸谏官谓曰："今明主在上，群臣将顺之不暇，乌用多言！诸君不见立仗马乎？食三品料，一鸣辄斥去。悔之何及！"补阙杜琎尝上书言事，明日，黜为下邽令。自是谏争路绝矣。

牛仙客既为林甫所引，专给唯诺而已。然二人皆谨守格式，百官迁除，各有常度，虽奇才异行，不免终老常调；其以巧谄邪险自进者，则超腾不次，自有他蹊矣。

林甫城府深密，人莫窥其际。好以甘言啖人，而阴中伤之，不露辞色。凡为上所厚者，始则亲结之，及位势稍逼，辄以计去之。虽老奸巨猾，无能逃于其术者。

（以上为第七段，写李林甫、牛仙客以谄谀入相，张九龄因直谏被唐玄宗疏远。小人进，君子退，唐玄宗由明转昏。）

二十五年（丁丑，737 年）

春，正月，初置玄学博士，每岁依明经举。

二月，敕曰："进士以声韵为学，多昧古今；明经以帖诵为功，罕穷旨趣。自今明经问大义十条，对时务策三首；进士试大经十帖。"

戊辰，新罗王兴光卒，子承庆袭位。

乙酉，幽州节度使张守珪破契丹于捺禄山。

己亥，河西节度使崔希逸袭吐蕃，破之于青海西。

初，希逸遣使谓吐蕃乞力徐曰："两国通好，今为一家，何必更置兵守捉，妨人耕牧！请皆罢之。"乞力徐曰："常侍忠厚，言必不欺。然朝廷未必专以边事相委，万一有奸人交斗其间，掩吾不备，悔之何及！"希逸固请，乃刑白狗为盟，各去守备；于是吐蕃畜牧被野。时吐蕃西击勃律，勃律来告急，上命吐蕃罢兵，吐蕃不奉诏，遂破勃律；上甚怒。会希逸傔人孙诲入奏事，自欲求功，奏称吐蕃无备，请掩击，必大获。上命内给事赵惠琮与诲偕往，审察事宜。惠琮等至，则矫诏令希逸袭之。希逸不得已，发兵自凉州南入吐蕃二千余里，至青海西，与吐蕃战，大破之，斩首二千余级，乞力徐脱身走。惠琮、诲皆受厚赏，自是吐蕃复绝朝贡。

（以上为第八段，写唐边将失信于吐蕃，挑起边衅。）

长处。九龄既得罪玄宗，从此朝廷的官员，都全身保位，不敢直言进谏。

李林甫想蒙蔽唐玄宗的视听，自己专揽大权，公然召集各谏官对他们说：“当今圣明的君主在上位，群臣想要服从他都来不及，哪里用得着多说！各位没有看到朝廷上立的仪仗马吗？吃三品的饲料，只要一叫便赶出去。后悔也来不及了！”补阙杜琎曾上书论事，第二天，就降为下邽县令。从此谏诤之路断绝了。

牛仙客既是李林甫所推荐的，只会唯唯诺诺附和而已。然而两人谨守法令规定，百官升迁任免，各有常规，即使有奇才高行的人，免不了到老也是按资历调动，那些用巧言谄媚奸邪阴险而自我钻营的人，则可越次提拔，自有其他的捷径。

李林甫城府深沉，人们无法察知他的心计。他喜欢用甜言蜜语迷惑人，却暗中伤人，不露声色。凡是被唐玄宗所亲近的人，开始则亲密结交他，等到他的官位势力稍稍威胁自己，就用计谋把他排挤掉。即使是老奸巨猾的人，也不能逃脱他的权术。

唐玄宗开元二十五年（丁丑，737 年）

春季，正月，开始设置玄学博士，每年照明经科考举。

二月，敕令说：“进士以声韵为学业，多不明古今史实事物；明经以背诵试帖为功效，极少探讨经义要旨。从今起明经考试问大义十条，对时务策三题；进士考试大经十帖。”

正月二十四日戊辰，新罗王金兴光去世，他的儿子金承庆继位。

正月二十九日乙酉，幽州节度使张守珪在捺禄山击败契丹。

三月二十五日己亥，河西节度使崔希逸袭击吐蕃，在青海西边打败了他们。

当初，崔希逸派遣使者对吐蕃边将乞力徐说：“两国往来和好，现在是一家，何必又布置兵力把守，妨碍百姓耕地放牧！请都撤走。”乞力徐说：“崔常侍忠厚，所说的话一定不假。然而朝廷未必把边境事务全部委托给你，万一有坏人在中间引起争执和冲突，趁我不备来偷袭，那我后悔都来不及！”崔希逸再三请求，于是杀白狗缔结盟约，两国都撤去守军，因此吐蕃放牧的牲畜漫山遍野。这时吐蕃向西攻击勃律，勃律来朝廷告急，玄宗命令吐蕃撤兵，吐蕃不执行诏命，便打败了勃律，玄宗大怒。碰到崔希逸的侍从孙诲回朝奏告事务，自己想求取功劳，上奏说吐蕃没有守备，请偷袭，必定大获全胜。玄宗派内给事赵惠琮与孙诲一同前往，仔细观察事宜。赵惠琮等抵达后，则伪托诏命要崔希逸偷袭吐蕃。崔希逸不得已，发兵从凉州南进吐蕃二千余里，到达青海西边，与吐蕃作战，大破吐蕃，杀死二千多人，乞力徐逃走。赵惠琮、孙诲都受到重赏，从此吐蕃又不来朝贡。

夏，四月，辛酉，监察御史周子谅弹牛仙客非才，引谶书为证。上怒，命左右擽于殿庭，绝而复苏；仍杖之朝堂，流瀼州，至蓝田而死。李林甫言，“子谅，张九龄所荐也。”甲子，贬九龄荆州长史。

杨洄又奏太子瑛、鄂王瑶、光王琚，云与太子妃兄驸马薛锈潜构异谋，上召宰相谋之。李林甫对曰：“此陛下家事，非臣等所宜豫。”上意乃决。乙丑，使宦者宣制于宫中，废瑛、瑶、琚为庶人；流锈于瀼州；瑛、瑶、琚寻赐死城东驿，锈赐死于蓝田。瑶、琚皆好学有才识，死不以罪，人皆惜之。丙寅，瑛舅家赵氏、妃家薛氏、瑶舅家皇甫氏，坐流贬者数十人，惟瑶妃家韦氏以妃贤得免。

（以上为第九段，写唐玄宗拒谏，贬张九龄，李林甫主政，太子瑛被废。瑛、瑶、琚三子，以及驸马薛锈，均被赐死。）

五月，夷州刺史杨濬坐赃当死，上命杖之六十，流古州。左丞相裴耀卿上疏，以为“决杖赎死，恩则甚优，解体受笞，事颇为辱，止可施之徒隶，不当及于士人。”上从之。

癸未，敕以方隅底定，令中书门下与诸道节度使量军镇闲剧利害，审计兵防定额，于诸色征人及客户中召募丁壮，长充边军，增给田宅，务加优恤。

辛丑，上命有司选宗子有才者，授以台省及法官、京县官，敕曰：“违道慢常，义无私于王法；修身效节，恩岂薄于他人！期于帅先，励我风俗。”

秋，七月，己卯，大理少卿徐峤奏：“今岁天下断死刑五十八，大理狱院，由来相传杀气太盛，鸟雀不栖，今有鹊巢其树。”于是百官以几致刑措，上表称贺。上归功宰辅，庚辰，赐李林甫爵晋国公，牛仙客豳国公。

上命李林甫、牛仙客与法官删修律令格式成，九月，壬申，颁行之。

先是，西北边数十州多宿重兵，地租营田皆不能赡，始用和籴之法。有彭果者，因牛仙客献策，请行籴法于关中。戊子，敕以岁稔谷贱伤农，命增时价什二三，和籴东、西畿粟各数百万斛，停今年江、淮所运租。自是关中蓄积羡溢，车驾不复幸东都矣。癸巳，敕河南、北租应输含嘉、

夏季，四月十七日辛酉，监察御史周子谅弹劾牛仙客没有才能，引用谶书以为证明。玄宗发怒，命令左右的人在殿庭中击打他，周子谅被打昏后又醒过来，继续在朝堂上用棍子打他，把他流放到瀼州。周子谅走到蓝田县就死了。李林甫说：“周子谅是张九龄推荐的人。”四月二十日甲子，贬张九龄为荆州长史。

杨洄又上奏说太子李瑛、鄂王李瑶、光王李琚，他们跟太子妃的哥哥驸马薛锈暗中图谋不轨，唐玄宗召集宰相来商议。李林甫回答说：“这是陛下的家事，不是臣等所应参与的。”玄宗于是拿定主意。四月二十一日乙丑，派宦官到宫中宣读制书，废李瑛、李瑶、李琚为庶人；流放薛锈到瀼州；李瑛、李瑶、李琚不久被赐死在城东驿，薛锈被赐死于蓝田。李瑶、李琚都好学而有才有识，无罪而死，人们都很惋惜他们。四月二十二日丙寅，李瑛舅家赵氏、妃子家薛氏、李瑶舅家皇甫氏，被牵连流放降职者几十人，只有李瑶妃子家韦氏因妃子贤惠而获得赦免。

五月，夷州刺史杨濬因贪赃罪该处死刑，玄宗命令打六十杖，流放到古州。左丞相裴耀卿上奏疏，认为：“判杖刑赎死罪，恩泽十分优厚，解体鞭打，行事则颇为侮辱，只可对囚徒奴隶施用，不该用于士大夫。”唐玄宗听从了他的意见。

五月初十日癸未，玄宗敕书说因四方安定，命令中书省、门下省与各道节度使一起估量军镇的闲散和忙碌及利害关系，审计边防士兵的定额，在各种出征的人和寄籍户口中招募壮丁，长期充当边防军，增加他们田地住宅，条件务必优厚。

五月二十八日辛丑，玄宗命令有关部门选拔大宗的嫡长子中有才干的，授给他们台省官、法官、京畿县官，并下敕书说：“如果你们违反正道轻慢纲常，我不会因私情而徇王法；如果你们能修身养性尽心职守，皇恩哪会比非宗室的人淡薄！希望你们以身作则，影响我朝风俗。”

秋季，七月初七日己卯，大理少卿徐峤上奏：“今年全国判死刑的有五十八起，大理狱院内，向来相传杀气太盛，连鸟雀都不栖息，现在有喜鹊在院里的树上做巢了。”于是百官认为应该少用刑罚，上表章祝贺。玄宗把功劳归于宰相。七月初八日庚辰，赐李林甫爵号为晋国公，牛仙客爵号为豳国公。

唐玄宗任命李林甫、牛仙客与法官一起删订修改的《律令格式》完成，九月初一日壬申，颁布实行。

此前，西北边境几十个州驻扎重兵，地租营田都不能供养，便开始用和籴的办法。有个叫彭果的人，通过牛仙客的关系献策，建议在关中实行籴法。九月十七日戊子，玄宗下敕书因年岁丰收谷贱伤农，命令增加时价十分之二三，收购东畿、西畿粟米各有几百万斛，停止今年江、淮地区所运的租粮。从此关中积蓄的粮食十分

太原仓者，皆留输本州。

太常博士王玙上疏请立青帝坛以迎春；从之。冬，十月，辛丑，制自今立春亲迎春于东郊。

时上颇好祀神鬼，故玙专习祠祭之礼以干时。上悦之，以为侍御史，领祠祭使。玙祈祷或焚纸钱，类巫觋。习礼者羞之。

壬申，上幸骊山温泉。乙酉，还宫。

己丑，开府仪同三司广平文贞公宋璟薨。

十二月，丙午，惠妃武氏薨，赠谥贞顺皇后。

是岁，命将作大匠康訔素之东都毁明堂。訔素上言："毁之劳人，请去上层，卑于旧九十五尺，仍旧为乾元殿。"从之。

初令租庸调、租资课，皆以土物输京都。

（以上为第十段，唐玄宗完成募兵制的改革，用招募的长征兵戍边。用和籴法储粮京师，两京用土物代租赋，有利国计民生。）

二十六年（戊寅，738年）

春，正月，乙亥，以牛仙客为侍中。

丁丑，上迎气于浐水之东。

制边地长征兵，召募向足，自今镇兵勿复遣，在彼者纵还。

令天下州、县，里别置学。

壬辰，以李林甫领陇右节度副大使，以鄯州都督杜希望知留后。

二月，乙卯，以牛仙客兼河东节度副大使。

己未，葬贞顺皇后于敬陵。

壬戌，敕河曲六州胡坐康待宾散隶诸州者，听还故土，于盐、夏之间，置宥州以处之。

三月，吐蕃冠河西，节度使崔希逸击破之。鄯州都督、知陇右留后杜希望攻吐蕃新城，拔之，以其地为威戎军，置兵一千戍之。

夏，五月，乙酉，李林甫兼河西节度使。

丙申，以崔希逸为河南尹。希逸自念失信于吐蕃，内怀愧恨，未几而卒。

充足，唐玄宗不再驾临东都了。九月二十二日癸巳，下敕书河南、河北粮租应输往含嘉仓和太原仓的，都留下输往本州。

太常博士王玙上奏建议建立青帝坛以迎春，玄宗采纳了。冬季，十月初一日辛丑，唐玄宗下制书从今以后立春时亲自在东郊迎春。

当时唐玄宗颇为喜好祭祀鬼神，所以王玙专门学习祭祀的礼仪以迎合时尚。玄宗喜欢他，任命他为侍御史，领祠祭使。王玙祈祷时常焚烧纸钱，好像巫师一样。懂得礼仪的人都对他的做法感到羞耻。

十一月初二日壬申，玄宗驾临骊山温泉。十一月十五日乙酉，回宫。

十一月初七日己丑（疑误），开府仪同三司广平文贞公宋璟逝世。

十二月初七日丙午，惠妃武氏逝世，赠谥号为贞顺皇后。

这一年，命令将作大匠康謷素去东都拆毁明堂。康謷素上奏说："毁掉费人工，请拆除上层，低于原来九十五尺，仍旧为乾元殿。"唐玄宗采纳了。

朝廷首次下令各地征收的租庸调、租资课都用各地土产运送到京都。

唐玄宗开元二十六年（戊寅，738 年）

春季，正月初六日乙亥，任命牛仙客为侍中。

正月初八日丁丑，玄宗在浐水的东边迎接春气。

下制书说边疆的长征兵，招募一向充足，从今以后，镇兵不再派遣，已在边疆的放回。

下令天下的州、县、里另行设置学校。

正月二十三日壬辰，任命李林甫兼陇右节度副大使，任命鄯州都督杜希望知留后。

二月十七日乙卯，任命牛仙客兼河东节度副大使。

二月二十一日己未，把贞顺皇后安葬在敬陵。

二月二十四日壬戌，敕令，河曲六个州的胡人因受康待宾罪牵连而散属各州的，准许他们回到原地，在盐州与夏州之间，设置宥州以安置他们。

三月，吐蕃入侵河西，节度使崔希逸击败他们。鄯州都督、知陇右留后杜希望攻打吐蕃新城，攻占了它，在那里设置威戎军，派军一千人戍守。

夏季，五月十八日乙酉，李林甫兼河西节度使。

五月二十九日丙申，任命崔希逸为河南尹。崔希逸想到自己失信于吐蕃，心中惭愧悔恨，不久便死了。

太子瑛既死，李林甫数劝上立寿王瑁。上以忠王玙年长，且仁孝恭谨，又好学，意欲立之，犹豫岁余不决。自念春秋浸高，三子同日诛死，继嗣未定，常忽忽不乐，寝膳为之减。高力士乘间请其故。上曰："汝，我家老奴，岂不能揣我意！"力士曰："得非以郎君未定邪？"上曰："然。"对曰："大家何必如此虚劳圣心，但推长而立，谁敢复争！"上曰："汝言是也！汝言是也！"由是遂定。六月，庚子，立玙为太子。

辛丑，以岐州刺史萧炅为河西节度使总留后事，鄯州都督杜希望为陇右节度使，太仆卿王昱为剑南节度使，分道经略吐蕃，仍毁所立赤岭碑。

突骑施可汗苏禄，素廉俭，每攻战所得，辄与诸部分之，不留私蓄，由是众乐为用。既尚唐公主，又潜通突厥及吐蕃，突厥、吐蕃各以女妻之。苏禄以三国女为可敦，又立数子为叶护，用度浸广，由是攻战所得，不复更分。晚年病风，一手挛缩，诸部离心。酋长莫贺达干、都摩度两部最强，其部落又分为黄姓、黑姓，互相乖阻，于是莫贺达干勒兵夜袭苏禄，杀之。都摩度初与莫贺达干连谋，既而复与之异，立苏禄之子骨啜为吐火仙可汗以收其余众，与莫贺达干相攻。莫贺达干遣使告碛西节度使盖嘉运，上命嘉运招集突骑施、拔汗那以西诸国；吐火仙与都摩度据碎叶城，黑姓可汗尔微特勒据怛逻斯城，相与连兵以拒唐。

太子将受册命，仪注有中严、外办及绛纱袍，太子嫌与至尊同称，表请易之。左丞相裴耀卿奏停中严，改外办曰外备，改绛纱袍为朱明服。秋，七月，己巳，上御宣政殿，册太子。故事，太子乘辂至殿门。至是，太子不就辂，自其宫步入。是日，赦天下。己卯，册忠王妃韦氏为太子妃。

杜希望将鄯州之众夺吐蕃河桥，筑盐泉城于河左，吐蕃发兵三万逆战。希望众少不敌，将卒皆惧。左威卫郎将王忠嗣帅所部先犯其陈，所向辟易，杀数百人，虏陈乱。希望纵兵乘之，虏遂大败。置镇西军于盐泉。忠嗣以功迁左金吾将军。

八月，辛巳，勃海王武艺卒，子钦茂立。

九月，丙申朔，日有食之。

初，仪凤中，吐蕃陷安戎城而据之，其地险要，唐屡攻之，不克。

太子李瑛死后，李林甫多次劝玄宗立寿王李瑁为太子。唐玄宗认为忠王李玙年长，而且仁孝恭谨，又好学习，想要立他为太子，犹豫了一年多也决定不下来。玄宗想到自己年岁渐老，三个儿子同一天被杀，继承的人又没决定下来，常常闷闷不乐，睡眠饮食都为之减少。高力士乘机问其中的原因。唐玄宗说："你啊，是我家的老仆人，难道还不能揣摸我的心思？"高力士说："莫不是因为太子的问题没有决定吧？"玄宗说："是的。"高力士答道："皇上何必这样劳神费心，只依年长者而立，谁还敢再争！"玄宗说："你说得对啊！你说得对啊！"因此便决定下来了。六月初三日庚子，立李玙为太子。

六月初四日辛丑，任命岐州刺史萧炅为河西节度使总留后事，鄯州都督杜希望为陇右节度使，太仆卿王昱为剑南节度使，分道策划处理吐蕃事宜，并毁掉所立的赤岭碑。

突骑施可汗苏禄，平素廉洁节俭，每次攻战所得到的战利品，常与各部落分享，不留作个人的积蓄，因此众人都很乐意听他指挥。他已娶唐朝公主，又暗中结交突厥和吐蕃，突厥、吐蕃分别把女儿嫁给他。苏禄封唐、突厥、吐蕃这三国之女都为"可敦"，又立几个儿子为"叶护"，用费越来越大，因此攻战所得的战利品，不再分给部众。苏禄晚年中风，一只手瘫痪，因此，各部都离心离德。酋长莫贺达干、都摩度两个部落最强大，其部落又分为黄姓、黑姓，互相分离不和，于是莫贺达干领兵夜袭苏禄，杀了他。都摩度开始时与莫贺达干合谋，后来又跟他分手，立苏禄的儿子骨啜为吐火仙可汗以收聚他的余部，与莫贺达干互相攻击。莫贺达干派遣使者告诉碛西节度使盖嘉运，玄宗命令盖嘉运招集突骑施、拔汗那以西的各国，吐火仙与都摩度占据碎叶城，黑姓可汗尔微特勒占据怛逻斯城，共同联合军队以抗拒唐军。

太子将受到册命，礼仪中有"中严""外办"及"绛纱袍"等仪式规定，太子嫌这些规定与天子同名称，上表请求改换。左丞相裴耀卿奏请停止"中严"，改"外办"为"外备"，改"绛纱袍"为"朱明服"。秋季，七月初二日己巳，玄宗驾临宣政殿，册立太子。旧制，太子乘大车到殿门。这时，太子并不乘车，从宫中步行入殿。这一天，大赦天下。七月十一日己卯，册立忠王妃韦氏为太子妃。

杜希望率领鄯州的部众夺取吐蕃河桥，在河的左岸建筑盐泉城，吐蕃出兵三万迎战。杜希望兵少不能抵挡，将士都很害怕。左威卫郎将王忠嗣统领部队先攻打吐蕃阵地，所向披靡，杀死几百人，敌人阵势大乱。杜希望率军乘胜攻击，敌人于是大败。在盐泉设置镇西军。王忠嗣因功升迁为左金吾将军。

八月十五日辛巳，勃海王大武艺逝世，儿子大钦茂即位。

九月初一日丙申朔，发生日食。

当初，唐高宗仪凤年间，吐蕃攻陷安戎城而占据了它，此地险要，唐军多次攻

剑南节度使王昱筑两城于其侧，顿军蒲婆岭下，运资粮以逼之。吐蕃大发兵救安戎城，昱众大败，死者数千人。昱脱身走，粮仗军资皆弃之。贬昱栝州刺史，再贬高要尉而死。

戊午，册南诏蒙归义为云南王。

归义之先本哀牢夷，地居姚州之西，东南接交趾，西北接吐蕃。蛮语谓王曰诏，先有六诏：曰蒙舍，曰蒙越，曰越析，曰浪穹，曰样备，曰越澹，兵力相埒，莫能相壹；历代因之以分其势。蒙舍最在南，故谓之南诏。高宗时，蒙舍细奴逻初入朝。细奴逻生逻盛，逻盛生盛逻皮，盛逻皮生皮逻阁。皮逻阁浸强大，而五诏微弱；会有破洱河蛮之功，乃赂王昱，求合六诏为一。昱为之奏请，朝廷许之，仍赐名归义。于是以兵威胁服群蛮，不从者灭之，遂击破吐蕃，徙居大和城；其后卒为边患。

冬，十月，戊寅，上幸骊山温泉；壬辰，上还宫。

是岁，于西京、东都往来之路，作行宫千余间。

分左右羽林置龙武军，以万骑营隶焉。

润州刺史齐澣奏："自瓜步济江迂六十里。请自京口埭下直济江，穿伊娄河二十五里即达扬子县，立伊娄埭。"从之。

（以上为第十一段，写唐玄宗立第三子李玙为太子，即唐肃宗。唐联南诏制约吐蕃，留下西南边境隐患。）

二十七年（己卯，739年）

春，正月，壬寅，命陇右节度大使荣王琬自至本道巡按处置诸军，选募关内、河东壮士三五万人，诣陇右防遏，至秋末无寇，听还。

群臣请加尊号曰圣文；二月，己巳，许之，因赦天下，免百姓今年田租。

夏，四月，癸酉，敕："诸阴阳术数，自非婚丧卜择，皆禁之。"

己丑，以牛仙客为兵部尚书兼侍中，李林甫为吏部尚书兼中书令，总文武选事。

六月，癸酉，以御史大夫李适之兼幽州节度使。

幽州将赵堪、白真陁罗矫节度使张守珪之命，使平卢军使乌知义击叛奚余党于横水之北；知义不从，白真陁罗称制指以迫之。知义不得

打它，不能攻下来。剑南节度使王昱在它的旁边修筑了两座城，驻军在蒲婆岭下，运来物资粮草以威逼安戎城。吐蕃出动大量兵马来援救安戎城。王昱的部众大败，死了几千人。王昱逃脱，粮草军械物资都丢弃了。贬王昱为括州刺史，再贬为高要县尉而死。

九月二十三日戊午，册封南诏蒙归义为云南王。

归义的先人是哀牢夷，位于姚州以西，东南与交趾交界，西北和吐蕃相接。蛮语称王为诏，先有六诏：称作蒙舍、蒙越、越析、浪穹、样备、越澹，兵力相当，不能统一；历代君主正是利用这点以分散他们的势力。蒙舍在最南边，所以称作南诏。高宗时，蒙舍细奴逻初次来朝。细奴逻生逻盛，逻盛生盛逻皮，盛逻皮生皮逻阁。皮逻阁逐渐强大，而其他五诏逐渐微弱；正遇上破洱河蛮有功，于是贿赂王昱，请求把六诏合并在一起。王昱替他向朝廷上奏请求，朝廷准许了，仍旧赐名为归义。于是用武力威胁征服各蛮族，不服从的就灭掉它，并击败了吐蕃，移居大和城，后来终于构成边境的祸患。

冬季，十月十四日戊寅，唐玄宗驾临骊山温泉。十月二十八日壬辰，玄宗回宫。

这一年，在西京和东都往来的路上，修建了行宫一千多间。

分左右羽林军设置龙武军，以万骑营隶属它。

润州刺史齐澣上奏："自瓜步渡长江迂回六十里。请从京口埭下直接渡江，开通伊娄河二十五里就到达扬子县，建伊娄埭。"玄宗采纳了。

唐玄宗开元二十七年（己卯，739年）

春季，正月初九日壬寅，命令陇右节度大使荣王李琬亲自到本道去巡视处理各军，选择招募关内、河东壮士三五万人，去陇右助防，到秋末没有敌寇来犯，准许回来。

群臣请求给玄宗加尊号为"圣文"。二月初七日己巳，玄宗准许了，因此赦免天下，免征百姓今年的田租。

夏季，四月十二日癸酉，下敕令："各种阴阳术数，不是婚丧卜择的，都禁用。"

四月二十八日己丑，任命牛仙客为兵部尚书兼侍中，李林甫为吏部尚书兼中书令，总管文、武选举事务。

六月十二日癸酉，任命御史大夫李适之兼幽州节度使。

幽州将领赵堪、白真陁罗伪造节度使张守珪的命令，派平卢军使乌知义在潢水的北边攻打叛奚余党。乌知义不服从，白真陁罗伪称圣上制书指斥而强迫他。乌知

已出师，与虏遇，先胜后败；守珪隐其败状，以克获闻。

事颇泄，上令内谒者监牛仙童往察之。守珪重赂仙童，归罪于白真陁罗，逼令自缢死。仙童有宠于上，众宦官疾之，共发其事。上怒，甲戌，命杨思勖杖杀之。思勖缚格，杖之数百，刳取其心，割其肉啖之。守珪坐贬括州刺史。太子太师萧嵩尝赂仙童以城南良田数顷，李林甫发之，嵩坐贬青州刺史。

秋，八月，乙亥，碛西节度使盖嘉运擒突骑施可汗吐火仙。嘉运攻碎叶城，吐火仙出战，败走，擒之于贺逻岭。分遣疏勒镇守使夫蒙灵詧与拔汗那王阿悉烂达干潜引兵突入怛逻斯城，擒黑姓可汗尔微，遂入曳建城，取交河公主，悉收散发之民数万以与拔汗那王，威震西陲。

壬午，吐蕃寇白草、安人等军，陇右节度使萧炅击破之。

甲申，追谥孔子为文宣王。先是，祀先圣先师，周公南向，孔子东向坐。制："自今也孔子南向坐，被王者之服，释奠用宫悬。"追赠弟子皆为公、侯、伯。

九月，戊午，处木昆、鼠尼施、弓月等诸部先隶突骑施者，皆帅众内附，仍请徙居安西管内。

太子更名绍。

冬，十月，辛巳，改修东都明堂。

丙戌，上幸骊山温泉；十一月，辛丑，还宫。

甲辰，明堂成。

剑南节度使张宥，文吏不习军旅，悉以军政委团练副使章仇兼琼。兼琼入奏事，盛言安戎城可取，上悦之。丁巳，以宥为光禄卿。十二月，以兼琼为剑南节度使。

初，睿宗丧既除，祫于太庙；自是三年一祫，五年一禘。是岁，夏既禘，冬又当祫。太常议以为祭数则渎，请停今年祫祭，自是通计五年一祫、一禘；从之。

（以上为第十二段，写唐边患日益严重，东、北、西三面有警。孔子被追谥为文宣王。）

义不得已而出兵，与敌人遭遇，先胜后败。张守珪隐瞒失败的情况，而奏报他战胜并有所获。

这事泄漏后，唐玄宗命令内谒者监牛仙童前往检查。张守珪重金贿赂牛仙童，把罪过推到白真陁罗身上，逼迫他上吊而死。牛仙童受到玄宗的宠信，众宦官都恨他，共同揭发了这事。玄宗很愤怒，六月十三日甲戌，命令杨思勖用棍子打死他。杨思勖把他捆绑起来狠狠地打，打了好几百棍，然后剖取他的心，割下他的肉来吃。张守珪因罪被贬为括州刺史。太子太师萧嵩曾经用城南数顷良田来贿赂牛仙童，李林甫揭发了这事，萧嵩因罪被贬为青州刺史。

秋季，八月十五日乙亥，碛西节度使盖嘉运活捉突骑施可汗吐火仙。盖嘉运攻打碎叶城，吐火仙出来迎战，失败逃走，在贺罗岭被活捉。分别派遣疏勒镇守使夫蒙灵詧与拔汗那王阿悉烂达干暗中带兵突然进入怛逻斯城，活捉黑姓可汗尔微，然后进入曳建城，获得交河公主，将数万散发之民全部交给拔汗那王，唐军威震西部边陲。

八月二十二日壬午，吐蕃侵犯白草、安人等军，陇右节度使萧炅打败了他们。

八月二十四日甲申，追赠孔子谥号为文宣王。在这以前祭祀先圣先师，周公神位南向安置，孔子神位东向安置。下制书："从今起孔子的神位南向安置，穿王者的服装，释奠礼时奏乐用宫悬。"追赠孔门弟子都为公、侯、伯。

九月二十九日戊午，处木昆、鼠尼施、弓月等各部落原先隶属突骑施的，都率领部众归附，仍请求移居安西都护府管辖区内。

太子改名为李绍。

冬季，十月二十二日辛巳，改建东都明堂。

十月二十七日丙戌，玄宗驾临骊山温泉。十一月十三日辛丑，玄宗回宫。

十一月十六日甲辰，明堂修成。

剑南节度使张宥，是个文官，不懂军事，全部把军政事务委托给团练副使章仇兼琼。章仇兼琼入朝上奏事情，大谈安戎城可以攻取，玄宗喜欢他。十一月二十九日丁巳，任命张宥为光禄卿。十二月，任命章仇兼琼为剑南节度使。

当初，睿宗的丧服已满，便在太庙举行祫祭。从此三年举行一次祫祭，五年举行一次禘祭，这一年，夏天举行禘祭，冬天又当举行祫祭。太常商议认为祭祀太多就会有渎神明，请求停止今年的祫祭，从此通计五年一次祫祭、一次禘祭；玄宗采纳了。

二十八年（庚辰，740年）

春，正月，癸巳，上幸骊山温泉；庚子，还宫。

二月，荆州长史张九龄卒。上虽以九龄忤旨，逐之，然终爱重其人，每宰相荐士，辄问曰：“风度得如九龄不？”

三月，丁亥朔，日有食之。

章仇兼琼潜与安戎城中吐蕃翟都局及维州别驾董承晏结谋，使局开门引内唐兵，尽杀吐蕃将卒，使监察御史许远将兵守之。远，敬宗之曾孙也。

甲寅，盖嘉运入献捷。上赦吐火仙罪，以为左金吾大将军。嘉运请立阿史那怀道之子昕为十姓可汗；从之。夏，四月，辛未，以昕妻李氏为交河公主。

六月，吐蕃围安戎城。

上嘉盖嘉运之功，以为河西、陇右节度使，使之经略吐蕃。嘉运恃恩流连，不时发。左丞相裴耀卿上疏，以为：“臣近与嘉运同班，观其举措，诚勇烈有余，然言气矜夸，恐难成事。昔莫敖忸于蒲骚之役，卒丧楚师；今嘉运有骄敌之色，臣窃忧之。况防秋非远，未言发日，若临事始去，则士卒尚未相识，何以制敌！且将军受命，凿凶门而出；今乃酣饮朝夕，殆非忧国爱人之心。若不可改易，宜速遣进涂，仍乞圣恩严加训励。”上乃趣嘉运行。已而嘉运竟无功。

秋，八月，甲戌，幽州奏破奚、契丹。

冬，十月，甲子，上幸骊山温泉；辛巳，还宫。

吐蕃寇安戎城及维州；发关中彍骑救之，吐蕃引去。更命安戎城曰平戎。

十一月，罢牛仙客朔方、河东节度使。

突骑施莫贺达干闻阿史那昕为可汗，怒曰：“首诛苏禄，我之谋也；今立史昕，何以赏我！”遂帅诸部叛。上乃立莫贺达干为可汗，使统突骑施之众；命盖嘉运招谕之。十二月，乙卯，莫贺达干降。

金城公主薨；吐蕃告丧，且请和，上不许。

是岁，天下县千五百七十三，户八百四十一万二千八百七十一，口

唐玄宗开元二十八年（庚辰，740 年）

春季，正月初六日癸巳，玄宗驾临骊山温泉。正月十三日庚子，回宫。

二月，荆州长史张九龄逝世。唐玄宗虽然因为张九龄违逆自己的旨意，而放逐他出任地方官，但是终究钟爱器重他的为人，每当宰相推荐士人，就问道："风度像不像张九龄？"

三月初一日丁亥朔，发生日食。

章仇兼琼暗中与安戎城中吐蕃翟都局及维州别驾董承晏合谋，派翟都局开门引纳唐兵进城，杀尽吐蕃将士，派监察御史许远率兵守城。许远，是许敬宗的曾孙。

三月二十八日甲寅，盖嘉运入朝进献战利品和俘虏。唐玄宗赦免了吐火仙的罪过，任命他为左金吾大将军。盖嘉运请求立阿史那怀道的儿子阿史那昕为十姓可汗，唐玄宗批准了。夏季，四月十五日辛未，封阿史那昕的妻子李氏为交河公主。

六月，吐蕃包围安戎城。

唐玄宗嘉奖盖嘉运的功劳，任命他为河西、陇右节度使，派他经营谋划吐蕃。盖嘉运仗恃玄宗的恩遇流连京城，不按时上任。左丞相裴耀卿上疏，认为："臣近来与盖嘉运同在朝班中，观察他的行为举止，确实勇烈有余，然而言语气势骄矜夸张，恐怕难以成事。从前莫敖满足于蒲骚战役的胜利，最后战败丧失楚军。现在盖嘉运有骄傲轻敌的神情，臣非常替他担忧。何况防秋已近，他也不说上任的日期，如果大事临头才去赴任，那么士兵还不认识，凭什么来制服敌人呢？而且将军受到任命，应凿凶门而出发，以示必死之决心。现在竟夜以继日地酣饮，恐怕没有忧国爱民之心。如果不能改变任命，应当快点让他上路赴任，仍求圣上严加训诫勉励。"唐玄宗于是催促盖嘉运出行。后来盖嘉运果然没有功劳。

秋季，八月二十日甲戌，幽州奏报打败奚、契丹。

冬季，十月十一日甲子，玄宗驾临骊山温泉。十月二十八日辛巳，回宫。

吐蕃侵犯安戎城及维州，朝廷调关中彍骑去援救，吐蕃撤走。改安戎城名为平戎城。

十一月，免去牛仙客的朔方、河东节度使。

突骑施莫贺达干听说阿史那昕为可汗，发怒说："最先杀苏禄，是我的计谋；现在立阿史那昕，用什么来赏封我！"于是率领各部落反叛。唐玄宗便立莫贺达干为可汗，让他统帅突骑施的部众，命令盖嘉运招抚晓谕他。十二月初三日乙卯，莫贺达干投降。

金城公主逝世，吐蕃来报丧，并且请求缔和，玄宗没有准许。

这一年，全国有一千五百七十三个县，八百四十一万二千八百七十一户，

四千八百一十四万三千六百九。西京、东都米斛直钱不满二百，绢匹亦如之。海内富安，行者虽万里不持寸兵。

（以上为第十三段，写吐蕃此时为唐西边最大边患，唐玄宗凭国力强大，不许吐蕃和亲。当时户八百四十余万，人口近五千万，达到唐朝的极盛。）

二十九年（辛巳，741 年）

春，正月，癸巳，上幸骊山温泉。

丁酉，制："承前诸州饥馑，皆待奏报，然始开仓赈给。道路悠远，何救悬绝！自今委州县长官与采访使量事给讫奏闻。"

庚子，上还宫。

上梦玄元皇帝告云："吾有像在京城西南百余里，汝遣人求之，吾当与汝兴庆宫相见。"上遣使求得之于盩厔楼观山间。夏，闰四月，迎置兴庆宫。五月，命画玄元真容，分置诸州开元观。

六月，吐蕃四十万众入寇，至安仁军，浑崖峰骑将臧希液帅众五千击破之。

秋，七月，丙寅，突厥遣使来告登利可汗之丧。初，登利从叔二人，分典兵马，号左、右杀。登利患两杀之专，与其母谋，诱右杀，斩之，自将其众。左杀判阙特勒兵攻登利，杀之，立毗伽可汗之子为可汗；俄为骨咄叶护所杀，更立其弟；寻又杀之，骨咄叶护自立为可汗。上以突厥内乱，癸酉，命左羽林将军孙老奴招谕回纥、葛逻禄、拔悉密等部落。

乙亥，东都洛水溢，溺死者千余人。

平卢兵马使安禄山，倾巧，善事人，人多誉之，上左右至平卢者，禄山皆厚赂之，由是上益以为贤。御史中丞张利贞为河北采访使，至平卢，禄山曲事利贞，乃至左右皆有赂。利贞入奏，盛称禄山之美。八月，乙未，以禄山为营州都督，充平卢军使，两蕃、勃海、黑水四府经略使。

冬，十月，丙申，上幸骊山温泉。

壬寅，分北庭、安西为二节度。

十一月，庚戌，司空邠王守礼薨。守礼庸鄙无才识，每天将雨及霁，守礼必先言之，已而皆验。岐、薛诸王言于上曰："邠兄有术。"上问其

四千八百一十四万三千六百零九人。西京、东都的米一斛价格不到二百钱，绢一匹也是这个价格。海内富庶安宁，行路的人虽行万里路也不带任何武器。

唐玄宗开元二十九年（辛巳，741 年）

春季，正月十一日癸巳，玄宗驾临骊山温泉。

正月十五日丁酉，下制书：“从前各州有饥荒，都是等待奏章回批，然后才开仓发粮赈济。路程遥远的，怎能救急呢？从今起交付州县长官与采访使酌情赈济事毕再奏报。”

正月十八日庚子，玄宗回宫。

唐玄宗梦见玄元皇帝老子告诉他说：“我有像在京城西南一百余里的地方，你派人去寻找，我会与你在兴庆宫相见。”玄宗派使者在盩厔县楼观山中找到老子像。夏季，闰四月，把老子像迎放到兴庆宫。五月，命令画老子的肖像，分别放在各州的开元观中。

六月，吐蕃四十万兵马入侵，到达安仁军，浑崖峰骑将臧希液率领部众五千人打败吐蕃。

秋季，七月十八日丙寅，突厥派使者来告诉登利可汗的丧事。当初，登利的堂叔二人，分别掌管兵马，号称左、右杀。登利担心两杀的专权，跟他的母亲谋划，诱骗右杀，杀了他，自己率领他的部众。左杀判阙特勒领兵攻打登利，杀了登利，立毗伽可汗的儿子为可汗。不久便被骨咄叶护所杀，另立他的弟弟。不久又杀了他，骨咄叶护自立为可汗。唐玄宗因突厥内乱，七月二十五日癸酉，命令左羽林将军孙老奴招抚晓谕回纥、葛逻禄、拔悉密等部落。

七月二十七日乙亥，东都洛水泛滥，淹死了一千多人。

平卢兵马使安禄山，为人狡诈，善于察言观色事奉别人，人们多称赞他。唐玄宗的左右到平卢去，安禄山都重金贿赂他们，因此玄宗更以为安禄山贤能。御史中丞张利贞任河北采访使，到平卢，安禄山曲意事奉张利贞，甚至连他的左右也受到贿赂。张利贞入朝上奏，极力称赞安禄山的优点。八月十七日乙未，任安禄山为营州都督，并充平卢军使，两蕃、勃海、黑水四府经略使。

冬季，十月十九日丙申，玄宗驾临骊山温泉。

十月二十五日壬寅，把北庭、安西分为两个节度。

十一月初三日庚戌，司空邠王李守礼去世。李守礼平庸浅陋没有才识，每到天要下雨和放晴时，李守礼必定事先说出，后来都应验了。岐王、薛王等各王告诉玄

故，对曰："臣无术。则天时以章怀之故，幽闭宫中十余年，岁赐敕杖者数四，背瘢甚厚？将雨则沉闷，将霁则轻爽，臣以此知之耳。"因流涕沾襟；上亦为之惨然。

辛酉，上还宫。

辛未，太尉宁王宪薨。上哀惋特甚，曰："天下，兄之天下也，兄固让于我，为唐太伯，常名不足以处之。"乃谥曰让皇帝。其子汝阳王琎，上表追述先志，谦冲不敢当帝号；上不许。敛日，内出服，以手书致于灵座，书称"隆基白"；又名其墓曰惠陵，追谥其妃元氏曰恭皇后，祔葬焉。

十二月，乙巳，吐蕃屠达化县，陷石堡城；盖嘉运不能御。

（以上为第十四段，安禄山倾巧，贿赂大臣得美誉。吐蕃寇边，唐军不胜。）

宗："郊兄有道术。"玄宗问他原因，他回答说："臣没有道术。武则天时因章怀太子事，被幽禁宫中十多年，每年下敕书杖打臣三四次，背上的疤痕很厚，要下雨时便感觉沉闷，快天晴时则感觉清爽，臣因此而知道罢了。"因而流泪沾湿了衣襟，玄宗也替他感到悲伤。

十一月十四日辛酉，玄宗回宫。

十一月二十四日辛未，太尉宁王李宪去世。玄宗非常悲哀惋惜，说："天下，原是哥哥的天下，哥哥坚持要让位给我，成为唐朝的太伯，平常的名号不足以匹配他。"于是谥为让皇帝。他的儿子汝阳王李琎，上表追述先人的心志，谦虚不敢担当帝号，玄宗不准许。殡敛的那天，用天子的服饰，玄宗亲手书写挽词于灵座，自称"隆基白"，又命名他的坟墓为惠陵，追谥他的妃子元氏为恭皇后，合葬在惠陵。

十二月二十八日乙巳，吐蕃军队屠杀达化县民，攻陷石堡城，盖嘉运不能抵御。

【点评】

本卷最值得点评的问题有三：一、唐玄宗由明转昏。二、太子废立。三、安史之乱主角登场。

一、唐玄宗由明转昏。明主的标志是纳谏与用人。开元二十五年（737），张九龄罢相之前，唐玄宗纳谏，任用清正廉直之士，名相辈出。史称："上即位以来，所用之相，姚崇尚通，宋璟尚法，张嘉贞尚吏，张说尚文，李元纮、杜暹尚俭，韩休、张九龄尚直，各其所长也。"九龄因抗直罢相，从此，"朝廷之士，皆容身保位，无复直言"。唐玄宗用人信谗，奸相李林甫、杨国忠相继为首辅，蛊惑圣听，奸诈无比。李林甫，甘言谄人，而暗中伤人，不露声色，人称"口有蜜，腹有剑"。张九龄在相位，太子瑛不废，李林甫上台，太子及诸王立即遭杀戮。杨国忠更是祸国殃民。君主昏昏，小人进，君子退，自李林甫入相以后，唐玄宗也就由明转昏，再无贤相矣。

二、太子废立。废立太子，是一件国家大事，唐玄宗说废就废了，视同儿戏。唐玄宗废太子在开元二十五年，唐玄宗五十三岁。唐玄宗卒于唐肃宗上元二年（761），享年七十七岁。唐玄宗在帝王中算是一个高寿的皇帝，五十三岁，是知天命的中年，精力旺盛，但骄侈心和美色迷住了唐玄宗的眼睛，使他由明转昏。唐玄宗废太子瑛，同时遇害的还有鄂王瑶、光王琚、驸马薛锈。一朝害三个儿子和一个女婿，在亲情上对唐玄宗是一个沉重的打击。唐玄宗废太子也是经历了长期思想感情斗争才痛下决心的。唐玄宗做此决定又是他性格的必然。唐玄宗善音律，重感情，天生好色。太子瑛的母亲赵丽妃、鄂王瑶的母亲皇甫德仪、光王琚的母亲刘才人都是因美色被唐玄宗临幸。太子之母更是以娼进，善歌舞得宠。太子瑛是唐玄宗第二子，因母亲得宠而立为皇太子。后来武惠妃专宠，太子瑛、鄂王瑶、光王琚三子之母，皆色衰爱弛而失宠，三子被玄宗疏远，同病相怜而亲近。武惠妃借专宠而进谗言，诋毁太子，替自己的儿子寿王李瑁夺太子位。武惠妃女咸宜公主婿杨洄秉承武惠妃之意，诬告太子瑛、鄂王瑶、光王琚与驸马薛锈合谋为不轨。薛锈是太子瑛妃之兄，尚玄宗第四女唐昌公主。由于宰相张九龄的护佑，直言废长立幼，祸害无穷，唐玄宗下不了决心。李林甫，奸邪小人，趁机而入，通过杨洄与武惠妃结成同盟，先排挤张九龄出朝，然后再由杨洄出面诬告三王与薛锈合谋造反。武惠妃假称宫中有贼，宣召三王穿甲入宫捉贼，回头又去告知唐玄宗说："三王造反，带甲入宫。"如此拙劣的戏法，唐玄宗岂能不知。他已下定决心要废立太子，装模作样问李林甫的意见。李林甫告以帝王家事，大臣不问。唐玄宗于是废三子及驸马为庶子，随即杀害。当三子及驸马均死后，唐玄宗又感心痛，所以没有立武惠妃之子寿王瑁为太子。唐玄宗想起了张九龄的警告，废长立幼，将引起诸王争位。唐玄宗闷闷不

乐，武惠妃惊惧病死。高力士劝唐玄宗立长以安国。于是在太子瑛死后一年多，唐玄宗立第三子忠王玙为皇太子。武惠妃机关算尽，反误了性命。忠王玙渔翁得利，太子瑛三王以悲剧结局。二十五年之后，代宗即位，宝应元年（762），才为太子瑛三王平反。

唐玄宗专宠女色而废立太子，后又因专宠杨贵妃而招致安史之乱。唐玄宗爱美人不爱江山，他的这一个性弱点，促成了他的骄侈心，是他由明转昏的一个决定性因素。

三、安史之乱主角登场。开元二十四年（736），安史之乱的两位主角，安禄山与史思明登场，两人入朝，行动就十分诡异。安禄山与史思明，本是营州杂胡，两人同里闾，史思明先一日生，长安禄山一天。两人一起长大，互相亲爱，同为市侩，以骁勇闻名。安禄山从军，在平卢节度使张守珪帐下任捉生将，就是专门抓敌人活口的侦察兵。安禄山每次带几个骑兵深入契丹、奚人的领地，总能抓几个活口回来，张守珪十分爱惜，收为养子。开元二十四年，安禄山以左骁卫将军之职领兵讨奚、契丹，违反军令，恃勇轻进，打了败仗，按律当斩。张守珪不忍诛杀，押送京师听候唐玄宗处置。时张九龄为相，批示说："从前齐司马穰苴诛杀庄贾，孙武练兵斩了宫嫔，张守珪按军令行动，安禄山不应当免死。"张守珪把败军之将上交朝廷处置，就是不想诛杀，张九龄坚持按军法从事。唐玄宗碍于地方大员的情面，赦免了安禄山的死罪，是一种姑息养奸的行为。胜败乃兵家常事，打了败仗，追究情事，未必就有死刑。如果败军之将因骄，因抗上，是违纪行为，必须正法。东汉末，太尉张温统军讨金城叛羌，将军董卓抗命，言辞不顺，孙坚主张诛杀，认为像董卓这样抗命的人终为祸阶。安禄山为张守珪之养子，违纪犯罪当斩，不仅仅是败军，所以张九龄说安禄山有反相。相貌长有反骨，只是一个借口。唐玄宗姑息，导致了后来的大祸。史思明，更是奸诈，欺骗奚王，诱杀友好使者，轻启边衅，张守珪与史思明均有大罪。边将擅杀冒功，唐玄宗不察反而嘉奖。史思明，原名史窣干，史思明为唐玄宗的赐名，在当时是莫大的荣誉。史称史思明入朝奏事，唐玄宗与之对话，十分满意。唐玄宗原本"英断多艺"，这时明察的一双慧眼已经蒙上烟幕，唐玄宗遇事不明了。专制君王，只要昏聩，则更加固执。明主讷谏，昏主拒谏。唐玄宗听不进张九龄的话，等到安史之乱蒙尘入蜀时，唐玄宗才想起张九龄，特别派专使到张九龄的故里厚抚其家属。唐玄宗能反思过失，这是他有别于暴君的个性特质。尽管世上没有后悔药，但唐玄宗能反思过失，也可让人同情。

唐纪三十一

唐玄宗天宝元年至六载（742—747 年）

【起玄黓敦牂（壬午，742 年），尽强圉大渊献（丁亥，747 年）十一月，凡五年有奇】

【大事提要】

本卷记事起公元 742 年，讫公元 747 年十一月，凡五年又十一个月。当唐玄宗天宝元年至天宝六载十一月。此时期天下承平，社会仍呈现上升发展态势，而国家上层政治日益走向腐败，动乱危机潜滋暗长。政治腐败，有三大原因。一是最高统治者唐玄宗怠于政事，喜逸乐，好声色。唐玄宗竟然以乱伦方式霸占儿媳得到杨贵妃，杨氏一门贵幸，一个乱国奸臣杨国忠即将登上政治舞台。杨贵妃专宠，不但君王不早朝，而且还放纵了一个乱臣贼子安禄山。不过此时期还只是一个潜在的危险。二是唐玄宗好大喜功，沿边置十节度使，常备边兵近五十万，耗费大量国库资财，加上唐玄宗无节制的逸乐赏赐，增加民众负担。边将轻启事端，特别是与吐蕃的关系日益恶化。三是奸相李林甫权势日隆，节节攀升而大权独揽。唐玄宗一度有“无为”而要交权李林甫的想法。李林甫“口蜜腹剑”，排挤才望之士，专断朝政，贪财受贿，以致有交白卷的“魁首”。上述三大原因是天宝年间的基本政治生态。君王怠政于上，奸相为恶于下，只是还未大坏而已。李林甫还引用酷吏为恶，加重政治的腐败。一般论史者认为，天宝元年是中唐的起始点，也就是唐代政治由盛转衰，由治转乱的起始点。

【原文】

玄宗至道大圣大明孝皇帝中之下

天宝元年（壬午，742 年）

春，正月，丁未朔，上御勤政楼受朝贺，赦天下，改元。

壬子，分平卢别为节度，以安禄山为节度使。

是时，天下声教所被之州三百三十一，羁縻之州八百，置十节度、经略使以备边。安西节度抚宁西域，统龟兹、焉耆、于阗、疏勒四镇，治龟兹城，兵二万四千。北庭节度防制突骑施、坚昆，统瀚海、天山、伊吾三军，屯伊、西二州之境，治北庭都护府，兵二万人。河西节度断隔吐蕃、突厥，统赤水、大斗、建康、宁寇、玉门、墨离、豆卢、新泉八军，张掖、交城、白亭三守捉，屯凉、肃、瓜、沙、会五州之境，治凉州，兵七万三千人。朔方节度捍御突厥，统经略、丰安、定远三军，三受降城，安北、单于二都护府，屯灵、夏、丰三州之境，治灵州，兵六万四千七百人。河东节度与朔方掎角以御突厥，统天兵、大同、横野、岢岚四军，云中守捉，屯太原府忻、代、岚三州之境，治太原府，兵五万五千人。范阳节度临制奚、契丹，统经略、威武、清夷、静塞、恒阳、北平、高阳、唐兴、横海九军，屯幽、蓟、妫、檀、易、恒、定、漠、沧九州之境，治幽州，兵九万一千四百人。平卢节度镇抚室韦、靺鞨，统平卢、卢龙二军，榆关守捉，安东都护府，屯营、平二州之境，治营州，兵三万七千五百人。陇右节度备御吐蕃，统临洮、河源、白水、安人、振威、威戎、漠门、宁塞、积石、镇西十军，绥和、合川、平夷三守捉，屯鄯、廓、洮、河之境，治鄯州，兵七万五千人。剑南节度西抗吐蕃，南抚蛮獠，统天宝、平戎、昆明、宁远、澄川、南江六军，屯益、翼、茂、当、嶲、柘、松、维、恭、雅、黎、姚、悉十三州之境，治益州，兵三万九百人。岭南五府经略绥静夷、獠，统经略、清海二军，桂、容、邕、交四管，治广州，兵万五千四百人。此外又有长乐经略，福州领之，兵千五百人。东莱守捉，莱州领之；东牟守捉，登州领之；兵各千人。凡镇兵四十九万人，马八万余匹。开元之前，每岁供边兵衣粮，费不过二百万；天宝之后，边将奏益兵浸多，每岁用衣千二十万匹，粮百九十万斛，公私劳费，民始困苦矣。

（以上为第一段，写唐玄宗天宝初，全国置十节度使，戍兵达四十九万，再加行政费用，民始疲困。）

【语译】

玄宗至道大圣大明孝皇帝中之下

唐玄宗天宝元年（壬午，742年）

春季，正月初一日丁未朔，唐玄宗驾临勤政楼，赦免天下，改年号为天宝。

正月初六日壬子，分平卢另为节度，任命安禄山为节度使。

这时，朝廷的声威和教化所施及的州有三百三十一个，能驾驭和控制的州有八百个，共设置十个节度、经略使以防备边境。安西节度抚宁西域，统辖龟兹、焉耆、于阗、疏勒四镇，治所在龟兹城，兵力有两万四千人。北庭节度防制突骑施、坚昆，统辖瀚海、天山、伊吾三军，驻扎在伊州、西州境内，治所在北庭都护府，兵力有两万人。河西节度断隔吐蕃、突厥，统辖赤水、大斗、建康、宁寇、玉门、墨离、豆卢、新泉八军和张掖、交城、白亭三守捉，驻扎在凉州、肃州、瓜州、沙州、会州五州境内，治所在凉州，兵力有七万三千人。朔方节度抵御突厥，统辖经略、丰安、定远三军和三受降城以及安北、单于两个都护府，驻扎在灵州、夏州、丰州三州境内，治所在灵州，兵力有六万四千七百人。河东节度与朔方节度成犄角夹击之势以抵御突厥，统辖天兵、大同、横野、岢岚四军和云中守捉，驻扎在太原府忻州、代州、岚州三州境内，治所在太原府，兵力五万五千人。范阳节度临制奚、契丹，统辖经略、威武、清夷、静塞、恒阳、北平、高阳、唐兴、横海九军，驻扎在幽州、蓟州、妫州、檀州、易州、恒州、定州、漠州、沧州九州境内，治所在幽州，兵力九万一千四百人。平卢节度镇抚室韦、靺鞨，统辖平卢、卢龙二军和榆关守捉、安东都护府，驻扎在营州、平州两州境内，治所在营州，兵力三万七千五百人。陇右节度防御吐蕃，统辖临洮、河源、白水、安人、振威、威戎、漠门、宁塞、积石、镇西十军和绥和、合川、平夷三守捉，驻扎在鄯州、廓州、洮州、河州境内，治所在鄯州，兵力七万五千人。剑南节度西抗吐蕃，南抚蛮獠，统辖天宝、平戎、昆明、宁远、澄川、南江六军，驻扎在益州、翼州、茂州、当州、巂州、柘州、松州、维州、恭州、雅州、黎州、姚州、悉州十三州境内，治所在益州，兵力三万九百人。岭南五府经略绥靖夷人和獠人，统辖经略、清海二军和桂府、容府、邕府、交府四管，治所在广州，兵力一万五千四百人。除此之外又有长乐经略，属福州统辖，兵力一千五百人。东莱守捉，属莱州统辖；东牟守捉，属登州统辖；兵力各有一千人。总计藩镇士兵共有四十九万人，马八万多匹。开元以前，每年供应守边将士衣服粮食，费用不超过两百万。天宝以后，边将奏请增加的士兵越来越多，每年用布料一千二十万匹，粮食一百九十万斛，政府和民间都烦扰破费，老百姓的生活开始困苦了。

甲寅，陈王府参军田同秀上言：“见玄元皇帝于丹凤门之空中，告以‘我藏灵符，在尹喜故宅。’”上遣使于故函谷关尹喜台旁求得之。

陕州刺史李齐物穿三门运渠，辛未，渠成。齐物，神通之曾孙也。

壬辰，群臣上表，以“函谷灵符，潜应年号；先天不违，请于尊号加‘天宝’字。”从之。

二月，辛卯，上享玄元皇帝于新庙。甲午，享太庙。丙申，合祀天地于南郊，赦天下。改侍中为左相，中书令为右相，尚书左、右丞相复为仆射；东都、北都皆为京，州为郡，刺史为太守；改桃林县曰灵宝。田同秀除朝散大夫。

时人皆疑宝符同秀所为。间一岁，清河人崔以清复言：“见玄元皇帝于天津桥北，云藏符在武城紫微山。”敕使往求，亦得之。东都留守王倕知其诈，按问，果首服。奏之。上亦不深罪，流之而已。

三月，以长安令韦坚为陕郡太守，领江、淮租庸转运使。

初，宇文融既败，言利者稍息。及杨慎矜得幸，于是韦坚、王鉷之徒，竞以利进，百司有利权者，稍稍别置使以领之，旧官充位而已。坚，太子之妃兄也，为吏以干敏称。上使之督江、淮租运，岁增巨万；上以为能，故擢任之。王鉷，方翼之曾孙也，亦以善治租赋为户部员外郎兼侍御史。

（以上为第二段，写唐玄宗因人造符瑞而改元“天宝”，启用善治财赋的官吏以足国用。）

李林甫为相，凡才望功业出己右及为上所厚、势位将逼己者，必百计去之；尤忌文学之士，或阳与之善，啖以甘言而阴陷之。世谓李林甫“口有蜜，腹有剑”。

上尝陈乐于勤政楼，垂帘观之。兵部侍郎卢绚谓上已起，垂鞭按辔，横过楼下；绚风标清粹，上目送之，深叹其蕴藉。林甫常厚以金帛赂上左右，上举动必知之，乃召绚子弟谓曰：“尊君素望清崇，今交、广藉才，圣上欲以尊君为之，可乎？若惮远行，则当左迁，不然，则以宾、詹分务东洛，亦优贤之命也，何如？”绚惧，以宾、詹为请。林甫恐乖众望，乃除华州刺史。到官未几，诬其有疾，州事不理，除詹事、员外同正。

正月初八日甲寅，陈王府参军田同秀向唐玄宗进言说："在丹凤门的上空曾看见玄元皇帝老子，他告诉我：'我藏的灵符，在尹喜的旧宅中。'"玄宗派遣使者在旧函谷关尹喜台旁边找到了它。

陕州刺史李齐物开凿三门运渠，正月二十五日辛未，渠开成了。李齐物，是淮南王李神通的曾孙。

壬辰日，群臣向唐玄宗进表，认为："函谷关找到灵符，暗中与年号相应，先于天时行时而天时不违反其预见，请在尊号前加上'天宝'二字。"唐玄宗听从了。

二月十五日辛卯，唐玄宗在新庙祭祀玄元皇帝老子。二月十八日甲午，祭太庙。二月二十日丙申，在南郊合祭天地之神，赦免天下。改侍中为左相，中书令为右相，尚书左、右丞相又改为仆射，东都、北都全改为京，州改郡，刺史改为太守，改桃林县为灵宝县。田同秀任朝散大夫。

当时的人都怀疑宝符是田同秀所伪造的。隔了一年，清河人崔以清又进言说："在天津桥北曾见到玄元皇帝老子，他说把宝符藏在武城紫微山中。"唐玄宗命使者前往寻找，也找到了。东都留守王倕知道崔以清有诈，加以审讯，果然自首服罪。奏报玄宗。玄宗也不治他的大罪，只是流放了事。

三月，委任长安县令韦坚为陕郡太守，领江、淮租庸转运使。

当初，宇文融失败后，官吏言利者渐渐平息。等到杨慎矜得到玄宗宠幸，于是韦坚、王鉷之流，争先恐后地向玄宗进言财利之事，政府中有财权的部门，逐渐另设官员来主管财务，旧有官员只不过虚有其位置了。韦坚，是太子妃子的哥哥，做官办事以干练机敏著称。唐玄宗派他督察江、淮的租运，每年增加的收入以万万计；玄宗认为他很能干，所以就提拔他。王鉷是王方翼的曾孙，也因擅长治理赋税而被任命为户部员外郎兼侍御史。

李林甫做宰相，凡是才能声望功业超过自己的以及被玄宗所器重、势力官位逼近自己的，必定千方百计地除掉他。李林甫尤其嫉恨文学之士，有时表面上与他们友好，先用甜言蜜语迷惑而后暗中陷害他们。世称李林甫是"口有蜜，腹有剑"。

唐玄宗曾在勤政楼上设置乐队，垂下帘子观赏。兵部侍郎卢绚以为玄宗已经起来，便垂下鞭子按住马缰，从楼下横穿而过。卢绚的风度仪态清远纯静，玄宗一直注视着他远去，深深地赞叹他宽和而有涵养。李林甫时常用丰厚的金银布帛贿赂玄宗的左右，因此玄宗的一举一动他必定能知道，于是召集卢绚的子弟对他们说："尊君向来声望清高，当今交州、广州需要人才，圣上想要派尊君去，可以吗？如果害怕到远方去，就应降职；不然，就任太子宾客、詹事分司东都洛阳，这也是优待贤

上又尝问林甫以“严挺之今安在？是人亦可用。”挺之时为绛州刺史。林甫退，召挺之弟损之，谕以“上待尊兄意甚厚，盍为见上之策，奏称风疾，求还京师就医。”挺之从之。林甫以其奏白上云：“挺之衰老得风疾，宜且授以散秩，使便医药。”上叹咤久之；夏，四月，壬寅，以为詹事，又以汴州刺史、河南采访使齐澣为少詹事，皆员外同正，于东京养疾。澣亦朝廷宿望，故并忌之。

上发兵纳十姓可汗阿史那昕于突骑施，至俱兰城，为莫贺达干所杀。突骑施大纛官都摩度来降，六月，乙未，册都摩度为三姓叶护。

秋，七月，癸卯朔，日有食之。

（以上为第三段，写奸相李林甫“口蜜腹剑”，排挤才望功业高于自己的有识之士以专断朝政。）

辛未，左相牛仙客薨。八月，丁丑，以刑部尚书李适之为左相。

突厥拔悉密、回纥、葛逻禄三部共攻骨咄叶护，杀之，推拔悉密酋长为颉跌伊施可汗，回纥、葛逻禄自为左、右叶护。突厥余众共立判阙特勤之子为乌苏米施可汗，以其子葛腊哆为西杀。

上遣使谕乌苏令内附，乌苏不从。朔方节度使王忠嗣盛兵碛口以威之，乌苏惧，请降，而迁延不至。忠嗣知其诈，乃遣使说拔悉密、回纥、葛逻禄使攻之，乌苏遁去。忠嗣因出兵击之，取其右厢以归。

丁亥，突厥西叶护阿布思及西杀葛腊哆、默啜之孙勃德支、伊然小妻、毗伽、登利之女帅部众千余帐，相次来降，突厥遂微。九月，辛亥，上御花萼楼宴突厥降者，赏赐甚厚。

护密先附吐蕃，戊午，其王颉吉里匐遣使请降。

冬，十月，丁酉，上幸骊山温泉；己巳，还宫。

十二月，陇右节度使皇甫惟明奏破吐蕃大岭等军；戊戌，又奏破青海道莽布支营三万余众，斩获五千余级。庚子，河西节度使王倕奏破吐

人的任命，你们觉得如何？”卢绚害怕，请为太子宾客、詹事。李林甫担心违背众人的意愿，就任命他为华州刺史。到任不久，又诬蔑他有病，不能治理州中事务，就改任为詹事、员外同正。

唐玄宗又曾询问李林甫：“严挺之现在哪里？这个人也可以用。”严挺之当时任绛州刺史。李林甫退朝后，召见严挺之的弟弟严损之，晓谕他说：“玄宗对待尊兄恩意非常深厚，为何不写一封进见玄宗的策文，奏明自己得了风湿病，请求回到京城看病就医。”严挺之听从了。李林甫就把他的奏文禀告玄宗说：“严挺之衰老得了风湿病，应当任命他做个闲散的官，便于他看病吃药。”玄宗听后叹息了良久。夏季，四月二十八日壬寅，任命严挺之为詹事，又任命汴州刺史、河南采访使齐澣为少詹事，都是员外同正，在东京养病。齐澣也是朝廷有名望的老臣，所以李林甫也一样嫉恨他。

唐玄宗发兵送十姓可汗阿史那昕去突骑施，到俱兰城，被莫贺达干杀死。突骑施的大纛官都摩度来投降，六月二十二日乙未，玄宗册封都摩度为三姓叶护。

秋季，七月初一日癸卯朔，发生日食。

七月二十九日辛未，左丞相牛仙客逝世。八月初五日丁丑，任命刑部尚书李适之为左丞相。

突厥拔悉蜜、回纥、葛逻禄三部一起攻打骨咄叶护，杀了他，推举拔悉蜜酋长为颉跌伊施可汗，回纥、葛逻禄各自做了左、右叶护。突厥余下的部众共同推立判阙特勒的儿子为乌苏米施可汗，推他的儿子葛腊哆为西杀。

唐玄宗派使者晓谕乌苏归附朝廷，乌苏不服从。朔方节度使王忠嗣重兵聚集碛口来威胁他们，乌苏害怕了，请求投降，然而却拖延不来。王忠嗣看出他们的欺诈，于是就派使者劝说拔悉蜜、回纥、葛逻禄去攻打他们，乌苏逃走。王忠嗣趁机出兵攻打追击，俘获了西杀部众而回。

八月十五日丁亥，突厥西叶护阿布思及西杀葛腊哆、默啜的孙子勃德支、伊然的小妻、毗伽登利的女儿等率部众一千多帐，相继来投降，突厥因此就逐渐衰微了。九月初九日辛亥，唐玄宗驾临花萼楼宴请投降的突厥人，赏赐非常优厚。

护密先归附吐蕃，九月十六日戊午，护密国王颉吉里匐派使者来请求投降。

冬季，十月二十六日丁酉，唐玄宗驾临骊山温泉；十一月二十八日己巳，回宫。

十二月，陇右节度使皇甫惟明奏报攻破吐蕃大岭等军；十二月二十七日戊戌，又奏报攻破青海道莽布支营三万多人，杀死五千余人。十二月二十九日庚子，河西

蕃渔海及游弈等军。

是岁，天下县一千五百二十八，乡一万六千八百二十九，户八百五十二万五千七百六十三，口四千八百九十万九千八百。

回纥叶护骨力裴罗遣使入贡，赐爵奉义王。

（以上为第四段，写突厥归服，唐大破吐蕃。是年户口普查，继续增长。）

二年（癸未，743年）

春，正月，安禄山入朝；上宠待甚厚，谒见无时。禄山奏言："去年营州虫食苗，臣焚香祝天云：'臣若操心不正，事君不忠，愿使虫食臣心；若不负神祇，愿使虫散。'即有群鸟从北来，食虫立尽。请宣付史官。"从之。

李林甫领吏部尚书，日在政府，选事悉委侍郎宋遥、苗晋卿。御史中丞张倚新得幸于上，遥、晋卿欲附之。时选人集者以万计，入等者六十四人，倚子奭为之首，群议沸腾。前蓟令苏孝韫以告安禄山，禄山入言于上，上悉召入等人面试之，奭手持试纸，终日不成一字，时人谓之"曳白"。癸亥，遥贬武当太守，晋卿贬安康太守，倚贬淮阳太守，同考判官礼部郎中裴朏等皆贬岭南官。晋卿，壶关人也。

三月，壬子，追尊玄元皇帝父周上御大夫为先天太皇；又尊皋繇为德明皇帝，凉武昭王为兴圣皇帝。

江、淮南租庸等使韦坚引浐水抵苑东望春楼下为潭，以聚江、淮运船，役夫匠通漕渠，发人丘垄，自江、淮至京城，民间萧然愁怨。二年而成。丙寅，上幸望春楼观新潭。坚以新船数百艘，扁榜郡名，各陈郡中珍货于船背；陕尉崔成甫着锦半臂，缺胯绿衫以裼之，红袹首，居前船唱《得宝歌》，使美妇百人盛饰而和之，连樯数里；坚跪进诸郡轻货，仍上百牙盘食。上置宴，竟日而罢，观者山积。夏，四月，加坚左散骑常侍，其僚属吏卒褒赏有差；名其潭曰广运。时京兆尹韩朝宗亦引渭水置潭于西街，以贮材木。

丁亥，皇甫惟明引军出西平，击吐蕃，行千余里，攻洪济城，破之。

节度使王倕奏报攻破吐蕃渔海及巡逻兵等军。

这一年，全国共有一千五百二十八个县，一万六千八百二十九个乡，八百五十二万五千七百六十三户，四千八百九十万九千八百人。

回纥叶护骨力裴罗派使者朝贡，赐封他奉义王的爵位。

唐玄宗天宝二年（癸未，743年）

春季，正月，安禄山来京师朝拜玄宗。玄宗宠待他非常优厚，随时可以进见。安禄山上奏说："去年营州害虫吃禾苗，臣烧香祈祷上天说：'臣如果心术不正，事奉国君不忠，情愿让虫子吃掉臣的心；如果没有辜负天地神灵，希望使虫子散去。'立刻有一群鸟从北边飞来，很快就吃光了虫子。请皇上宣诏此事交付史官记载。"玄宗听从了。

李林甫领吏部尚书，每天都在政事堂，选举方面的事务都委托给侍郎宋遥、苗晋卿。御史中丞张倚新近得到玄宗的宠幸，宋遥、苗晋卿想依附他。当时候选的官员合计上万人，以文理优长被录取的有六十四人，张倚的儿子张奭名列第一，大家议论纷纷。前任蓟县县令苏孝愠把这事告诉了安禄山，安禄山进宫报告玄宗，玄宗召集全部被录取的人进行面试，张奭手上拿着试卷，一整天写不出一个字，当时的人称之为"曳白"。正月二十三日癸亥，宋遥降为武当太守，苗晋卿降为安康太守，张倚降为淮阳太守，同考判官礼部郎中裴朏等人都贬为岭南官。苗晋卿是壶关人。

三月十二日壬子，追尊玄元皇帝老子的父亲、周朝上御大夫为先天太皇，又追尊皋繇为德明皇帝，凉武昭王为兴圣皇帝。

江、淮南租庸等使韦坚引导浐水到禁苑东边望春楼下积聚为潭，以聚集停泊江、淮的运输船只，劳役民夫工匠开通漕运渠道，挖掘坟墓，从江、淮到京城，民间萧条哀愁，怨声载道。经过两年工程才完成。三月二十六日丙寅，玄宗驾临望春楼观赏新潭。韦坚在几百艘新船上，都挂起书写着各郡名称的匾额，在船上分别陈列各郡出产的珍奇货物；陕县县尉崔成甫穿着锦制短袖衣，缺胯绿衫，袒胸裸臂，红巾包头，站在前面的船上高唱《得宝歌》，让百名美丽的女子打扮得非常漂亮随声唱和，桅杆相连，绵延数里；韦坚跪着进献各郡的丝绸绢帛，同时进呈一百个盛有珍奇食品的牙盘。玄宗设宴，吃了一整天才罢休，观看的人聚集如山。夏季，四月，提升韦坚为左散骑常侍，其同僚下属吏卒各有不同的奖赏；并把那个潭命名为广运。当时京兆尹韩朝宗也引导渭水在西街开置一个潭，用以贮存木材。

四月十八日丁亥，皇甫惟明带兵出西平郡，攻击吐蕃，行走一千多里，攻打洪济城，攻破了它。

上以右赞善大夫杨慎矜知御史中丞事。时李林甫专权，公卿之进，有不出其门者，必以罪去之；慎矜由是固辞，不敢受。五月，辛丑，以慎矜为谏议大夫。

冬，十月，戊寅，上幸骊山温泉；乙卯，还宫。

（以上为第五段，写官场腐败，选举凌迟，有交白卷的魁首。唐玄宗歌舞升平。）

三载（甲申，744年）

春，正月，丙申朔，改年曰载。

辛丑，上幸骊山温泉；二月，庚午，还宫。

辛卯，太子更名亨。

海贼吴令光等抄掠台、明，命河南尹裴敦复将兵讨之。

三月，己巳，以平卢节度使安禄山兼范阳节度使；以范阳节度使裴宽为户部尚书。礼部尚书席建侯为河北黜陟使，称禄山公直；李林甫、裴宽皆顺旨称其美。三人皆上所信任，由是禄山之宠益固不摇矣。

夏，四月，裴敦复破吴令光，擒之。

五月，河西节度使夫蒙灵詧讨突骑施莫贺达干，斩之，更请立黑姓伊里底蜜施骨咄禄毗伽；六月，甲辰，册拜骨咄禄毗伽为十姓可汗。

秋，八月，拔悉蜜攻斩突厥乌苏可汗，传首京师。国人立其弟鹘陇匐白眉特勒，是为白眉可汗。于是突厥大乱，敕朔方节度使王忠嗣出兵乘之。至萨河内山，破其左厢阿波达干等十一部，右厢未下。会回纥、葛逻禄共攻拔悉蜜颉跌伊施可汗，杀之。回纥骨力裴罗自立为骨咄禄毗伽阙可汗，遣使言状；上册拜裴罗为怀仁可汗。于是怀仁南据突厥故地，立牙帐于乌德犍山，旧统药逻葛等九姓，其后又并拔悉蜜、葛逻禄，凡十一部，各置都督，每战则以二客部为先。

李林甫以杨慎矜屈附于己，九月，甲戌，复以慎矜为御史中丞，充诸道铸钱使。

冬，十月，癸巳，上幸骊山温泉；十一月，丁卯，还宫。

术士苏嘉庆上言：遁甲术有九宫贵神，典司水旱，请立坛于东郊，祀以四孟月；从之。礼在昊天上帝下，太清宫、太庙上，所用牲玉，皆侔天地。

十二月，癸巳，置会昌县于温泉宫下。

户部尚书裴宽素为上所重，李林甫恐其入相，忌之。刑部尚书裴敦

唐玄宗让右赞善大夫杨慎矜主管御史中丞事务。当时李林甫专权，公卿被任用的，若有不是从他的门下出去的，必定罗织罪名而罢黜。杨慎矜因此坚决推辞，不敢接受官职。五月初三日辛丑，任命杨慎矜为谏议大夫。

冬季，十月十三日戊寅，玄宗驾临骊山温泉。十一月二十日乙卯，回宫。

唐玄宗天宝三载（甲申，744年）

春季，正月初一日丙申朔，改年为载。

正月初六日辛丑，唐玄宗驾临骊山温泉；二月初六日庚午，回宫。

二月二十七日辛卯，太子改名为亨。

海盗吴令光等人袭击掠夺台州、明州，朝廷命令河南尹裴敦复带兵讨伐他们。

三月初五日己巳，让平卢节度使安禄山兼任范阳节度使，让范阳节度使裴宽任户部尚书。礼部尚书席建侯为河北黜陟使，称赞安禄山公平正直，李林甫、裴宽都顺从玄宗的旨意称赞安禄山的美德。这三个人都是玄宗所信任的人，因此玄宗对安禄山的宠幸更加牢固而不可动摇。

夏季，四月，裴敦复击败吴令光，活捉了他。

五月，河西节度使夫蒙灵詧讨伐突骑施莫贺达干，杀了他，请改立黑姓伊里底蜜施骨咄禄毗伽。六月十二日甲辰，册封骨咄禄毗伽为十姓可汗。

秋季，八月，拔悉蜜攻打并杀死突厥乌苏可汗，把他的首级传送到京师。突厥人立他的弟弟鹘陇匐白眉特勒，这就是白眉可汗。因此突厥大乱，玄宗敕令朔方节度使王忠嗣带兵乘机攻打。到萨河内山，攻破突厥左厢阿波达干等十一部，右厢没有攻下。会同回纥、葛逻禄一起攻打拔悉蜜颉跌伊施可汗，杀了他。回纥骨力裴罗自立为骨咄禄毗伽阙可汗，派遣使者向朝廷报告情况；玄宗册封裴罗为怀仁可汗。于是怀仁南面据有突厥的旧地，在乌德犍山上设立牙帐，统药逻葛等九姓，后来又并有拔悉蜜、葛逻禄，总共十一部，每部分别设都督，每次征战就让两客部打先锋。

李林甫因杨慎矜委屈依附于自己，九月十四日甲戌，又任命杨慎矜为御史中丞，代理诸道铸钱使。

冬季，十月初四日癸巳，玄宗驾临骊山温泉。十一月初八日丁卯，回宫。

术士苏嘉庆上书说：遁甲术中有九宫贵神，主管水灾和旱灾，请在东郊建立神坛，在每年的孟春、孟夏、孟秋、孟冬等四个孟月举行祭祀，玄宗听从了。这个祭祀的礼仪在昊天上帝以下，太清宫、太庙以上，所用的牺牲及玉，都和祭天地相同。

十二月初四日癸巳，在温泉宫下置会昌县。

户部尚书裴宽一向被玄宗所器重，李林甫害怕他被任命为宰相，嫉恨他。刑部

复击海贼还，受请托，广序军功，宽微奏其事。林甫以告敦复，敦复言宽亦尝以亲故属敦复。林甫曰："君速奏之，勿后于人。"敦复乃以五百金赂女官杨太真之姊，使言于上。甲午，宽坐贬睢阳太守。

初，武惠妃薨，上悼念不已，后宫数千，无当意者。或言寿王妃杨氏之美，绝世无双。上见而悦之，乃令妃自以其意乞为女官，号太真；更为寿王娶左卫郎将韦昭训女。潜内太真宫中。太真肌态丰艳，晓音律，性警颖，善承迎上意，不期岁，宠遇如惠妃，宫中号曰"娘子"，凡仪体皆如皇后。

癸卯，以宗女为和义公主，嫁宁远奉化王阿悉烂达干。

癸丑，上祀九宫贵神，赦天下。

初令百姓十八为中，二十三成丁。

初，上自东都还，李林甫知上厌巡幸，乃与牛仙客谋增近道粟赋及和籴以实关中；数年，蓄积稍丰。上从容谓高力士曰："朕不出长安近十年，天下无事，朕欲高居无为，悉以政事委林甫，何如？"对曰："天子巡狩，古之制也。且天下大柄，不可假人；彼威势既成，谁敢复议之者！"上不悦。力士顿首自陈："臣狂疾，发妄言，罪当死。"上乃为力士置酒，左右皆呼万岁。力士自是不敢深言天下事矣。

（以上为第六段，写李林甫奸诈无比，深得唐玄宗宠幸，玄宗欲无为交权于奸相。玄宗以公公霸占儿媳的方式，使杨贵妃登场。）

四载（乙酉，745年）

春，正月，庚午，上谓宰相曰："朕比以甲子日，于宫中为坛，为百姓祈福，朕自草黄素置案上，俄飞升天，闻空中语云：'圣寿延长。'又朕于嵩山炼药成，亦置坛上，及夜，左右欲收之，又闻空中语云：'药未须收，此自守护。'达曙乃收之。"太子、诸王、宰相，皆上表贺。

回纥怀仁可汗击突厥白眉可汗，杀之，传首京师。突厥毗伽可敦帅众来降。于是北边晏然，烽燧无警矣。

回纥斥地愈广，东际室韦，西抵金山，南跨大漠，尽有突厥故地。怀仁卒，子磨延啜立，号葛勒可汗。

二月，己酉，以朔方节度使王忠嗣兼河东节度使。忠嗣少以勇敢自

尚书裴敦复攻打海盗回来，接受别人的请求拜托，多记军功，裴宽暗中向玄宗奏明此事。李林甫将此事告诉裴敦复，裴敦复说裴宽也曾把他的亲戚朋友嘱托给我。李林甫说："您赶快向皇上奏明，不要落在别人后面。"裴敦复于是用五百金贿赂女官杨太真的姐姐，让她告诉玄宗。十二月初八日甲午，裴宽因此被贬为睢阳太守。

当初，武惠妃逝世，唐玄宗悼念不已，后宫中美女数千，没有一个合意的。有人说寿王的妃子杨氏的美丽，举世无双。唐玄宗见了很喜欢她，就叫王妃说是自己的意愿请求做女官，号太真，再为寿王娶左卫郎将韦昭训的女儿。暗中将太真接入宫中。太真肌肤丰满姿态艳丽，通晓音乐，禀性机敏而聪颖，很善于迎合玄宗的意思，不到一年，所受到玄宗的宠幸恩遇像惠妃一样，宫中称她为"娘子"，所有的礼仪体制都和皇后相同。

十二月十四日癸卯，以宗室女为和义公主，嫁给宁远奉化王阿悉烂达干。

十二月二十四日癸丑，唐玄宗祭祀九宫贵神，赦免天下。

初次下令规定老百姓十八岁为中，二十三岁成丁。

当初，唐玄宗从东都回来，李林甫知道玄宗讨厌巡幸，就与牛仙客谋划增加靠近京城的各道的粟米赋税以及购买民间粮食用以充实关中。几年后，积蓄渐渐丰足。玄宗悠闲自在地对高力士说："朕不出长安快十年了，天下安宁无事，我想高居君位无为而治，把政事都委托给林甫，怎么样？"高力士回道说："天子巡视天下，这是古代的制度。而且掌管天下的大权，不可随便给别人。别人的威势形成后，还有谁敢再议论他的是非呢！"唐玄宗听了很不高兴。高力士连忙磕头自我表白说："臣得了狂疾，大胆妄言，罪该万死。"唐玄宗于是为高力士摆设酒宴，左右的人都高呼万岁。高力士从此不敢深谈天下大事了。

唐玄宗天宝四载（乙酉，745年）

春季，正月十二日庚午，唐玄宗对宰相说："我最近在正月初六日甲子这一天，在宫中设立祭坛，为老百姓祈求福祉，我亲自用黄绢写好祝祷辞放在桌案上，忽然它飞上天空，听见空中有声音说：'圣上寿命延长。'另外在我嵩山炼成了丹药，也放在祭坛上，等到夜晚，左右想把它们收起来，又听见空中有声音说：'丹药不必收起，在此自有守护。'直到天亮才收起来。"太子、诸王及宰相，都上表庆贺。

回纥怀仁可汗攻打突厥白眉可汗，杀了他，把他的首级传送到京师。突厥毗伽可敦率领部众来投降。于是北方边境安然无事，没有烽火报警了。

回纥开拓的土地越来越广阔，东到室韦，西达金山，南跨大沙漠，占有突厥的全部故地。怀仁死后，儿子磨延啜即位，号称葛勒可汗。

二月二十一日己酉，命朔方节度使王忠嗣兼任河东节度使。王忠嗣年轻时以勇

负，及镇方面，专以持重安边为务，常曰："太平之将，但当抚循训练士卒而已，不可疲中国之力以邀功名。"有漆弓百五十斤，常贮之橐中，以示不用。军中日夜思战，忠嗣多遣谍人伺其间隙，见可胜，然后兴师，故出必有功。既兼两道节制，自朔方至云中，边陲数千里，要害之地，悉列置城堡，斥地各数百里。边人以为自张仁亶之后，将帅皆不及。

三月，壬申，上以外孙独孤氏为静乐公主，嫁契丹王李怀节；甥杨氏为宜芳公主，嫁奚王李延宠。

乙巳，以刑部尚书裴敦复充岭南五府经略等使。五月，壬申，敦复坐逗留不之官，贬淄川太守，以光禄少卿彭果代之。上嘉敦复平海贼之功，故李林甫陷之。

李适之与李林甫争权有隙。适之领兵部尚书，驸马张垍为侍郎，林甫亦恶之，使人发兵部铨曹奸利事，收吏六十余人付京兆与御史对鞫之，数日，竟不得其情。京兆尹萧炅使法曹吉温鞫之。温入院，置兵部吏于外，先于后厅取二重囚讯之，或杖或压，号呼之声，所不忍闻；皆曰："苟存余生，乞纸尽答。"兵部吏素闻温之惨酷，引入，皆自诬服，无敢违温意者。顷刻而狱成，验囚无榜掠之迹。六月，辛亥，敕诮责前后知铨侍郎及判南曹郎官而宥之。垍，均之兄；温，顼之弟子也。

温始为新丰丞，太子文学薛嶷荐温才，上召见，顾嶷曰："是一不良人，朕不用也。"

萧炅为河南尹，尝坐事，西台遣温往按之，温治炅甚急。及温为万年丞，未几，炅为京兆尹。温素与高力士相结，力士自禁中归，温度炅必往谢官，乃先诣力士，与之谈谑，握手甚欢，炅后至，温阳为惊避；力士呼曰："吉七不须避。"谓炅曰："此亦吾故人也。"召还，与炅坐。炅接之甚恭，不敢以前事为怨。他日，温谒炅曰："曩者温不敢隳国家法，自今请洗心事公。"炅遂与尽欢，引为法曹。

及林甫欲除不附己者，求治狱吏，炅荐温于林甫；林甫得之，大喜。

敢自负，等到他镇守西北边塞，一心一意把保持边塞安定作为首要任务，他常说："太平时期的将领，只要安抚训练士兵就行了，不能消耗中原的力量以求取功名。"他有一张须一百五十斤力量才能拉开的漆弓，经常放在弓袋里，以表示不使用它。部队中的将士日夜都想打仗，王忠嗣派遣许多间谍去侦察敌人寻找可乘之机，发现能够取胜，然后就派兵攻打，所以每次出兵必定有功。自从兼任两道的节度使，从朔方到云中，边陲几千里，战略要地，都建立城堡，开拓的土地分别有数百里远。边疆上的人们认为自从张仁亶以后，所有的将帅都不及他。

三月十四日壬申，玄宗让外孙女独孤氏为静乐公主，嫁给契丹王李怀节。外甥女杨氏为宜芳公主，嫁给奚王李延宠。

四月十八日乙巳，任命刑部尚书裴敦复担任岭南五府经略等使。五月十五日壬申，裴敦复因为逗留京师不及时上任，降为淄川太守，让光禄少卿彭果代替他。因为玄宗嘉奖裴敦复平定海盗有功，所以李林甫就陷害他。

李适之与李林甫因争权夺利而产生矛盾。李适之任兵部尚书，驸马张垍为侍郎，李林甫也厌恶他，让人揭发兵部铨选官员不法牟利的事情，逮捕官吏六十多人交付京兆尹与御史共同审理，审了好几天，竟然得不到他们的实情。京兆尹萧炅派法曹吉温去审理。吉温进入院中，把兵部的官吏留在外面，先在后厅提取两名罪重的囚犯审讯他们，时而用杖猛打，时而用重物重压，号叫呼喊之声，惨不忍闻。都说："只要能保全余生，请拿纸来全部招认。"兵部的官吏向来听说吉温的残酷，被带入后，都自诬而服罪，没有人敢违反吉温的意思。很快狱讼就审理完毕，检查囚犯也没发现被打的痕迹。六月二十五日辛亥，玄宗下敕书指责兵部前后主管铨选事务的侍郎以及吏部掌判选院事务的郎官并且原谅了他们的过错。张垍是张均的哥哥，吉温是吉顼弟弟的儿子。

吉温起初做新丰县丞，太子文学薛嶷推荐吉温有才干，玄宗召见他。回头对薛嶷说："这不是一个好人，我不用他。"

萧炅任河南尹，曾因事获罪，西京御史台派吉温前往审问。吉温审理萧炅十分急迫严厉。等到吉温做了万年县丞，不久，萧炅做了京兆尹。吉温平素和高力士有交情，高力士从宫中回来，吉温估计萧炅一定前往感谢新任的官位，于是就先去拜访高力士，同他有说有笑，握着手非常欢快，萧炅后到，吉温假装惊讶而回避，高力士喊道："吉七不必回避。"并对萧炅说："他也是我的老朋友。"说着把吉温叫回来，和萧炅坐在一起。萧炅对待吉温十分恭敬，不敢因以前的事情怨恨他。一天，吉温去拜见萧炅说："过去吉温不敢破坏国家的法律，从今以后愿意专心事奉您。"萧炅于是同吉温非常友好，引用他做了法曹。

等到李林甫想要清除不依附自己的人，就寻找善于审理狱讼的官吏，萧炅把吉

温常曰："若遇知己，南山白额虎不足缚也。"时又有杭州人罗希奭，为吏深刻，林甫引之，自御史台主簿再迁殿中侍御史。二人皆随林甫所欲深浅，锻炼成狱，无能自脱者，时人谓之"罗钳吉网"。

秋，七月，壬午，册韦昭训女为寿王妃。

（以上为第七段，写唐玄宗炼丹求长生，李林甫用酷吏为爪牙。君王怠政于上，奸臣为恶于下，国事日非。）

八月，壬寅，册杨太真为贵妃；赠其父玄琰兵部尚书，以其叔父玄珪为光禄卿，从兄铦为殿中少监，锜为驸马都尉。癸卯，册武惠妃女为太华公主，命锜尚之。及贵妃三姊，皆赐第京师，宠贵赫然。

杨钊，贵妃之从祖兄也，不学无行，为宗党所鄙。从军于蜀，得新都尉；考满，家贫不能自归，新政富民鲜于仲通常资给之。杨玄琰卒于蜀，钊往来其家，遂与其中女通。

鲜于仲通名向，以字行，颇读书，有材智，剑南节度使章仇兼琼引为采访支使，委以心腹。尝从容谓仲通曰："今吾独为上所厚，苟无内援，必为李林甫所危。闻杨妃新得幸，人未敢附之。子能为我至长安与其家相结，吾无患矣。"仲通曰："仲通蜀人，未尝游上国，恐败公事。今为公更求得一人。"因言钊本末。兼琼引见钊，仪观丰伟，言辞敏给；兼琼大喜，即辟为推官，往来浸亲密。乃使之献春绨于京师，将别，谓曰："有少物在郫，以具一日之粮，子过，可取之。"钊至郫，兼琼使亲信大赍蜀货精美者遗之，可直万缗。钊大喜过望，昼夜兼行，至长安，历抵诸妹，以蜀货遗之，曰："此章仇公所赠也。"时中女新寡，钊遂馆于其室，中分蜀货以与之。于是诸杨日夜誉兼琼；且言钊善樗蒲，引之见上，得随供奉官出入禁中，改金吾兵曹参军。

九月，癸未，以陕郡太守、江淮租庸转运使韦坚为刑部尚书，罢其诸使，以御史中丞杨慎矜代之。坚妻姜氏，皎之女，林甫之舅子也，故林甫昵之。及坚以通漕有宠于上，遂有入相之志，又与李适之善；林甫

温推荐给李林甫，李林甫得到他，非常高兴。吉温常说："如果遇到知己，就是南山白额虎也轻易地捆绑起来。"当时另有一位杭州人罗希奭，做官严厉刻薄，李林甫引荐他，从御史台主簿进而又提升为殿中侍御使。二人都紧随李林甫所要加罪的深浅，罗织罪名构成案件，没有人能够自我逃脱的，当时的人称他们为"罗钳吉网"。

秋季，七月二十六日壬午，册封韦昭训的女儿为寿王妃。

八月十七日壬寅，册封杨太真为贵妃，追赠贵妃的父亲杨玄琰为兵部尚书，任命她的叔父杨玄珪为光禄卿，堂兄杨铦为殿中少监，杨锜为驸马都尉。八月十八日癸卯，册封武惠妃的女儿为太华公主，命杨锜娶她为妻。就连贵妃的三个姐姐，也赐给京师的宅第，尊宠贵幸，无比显赫。

杨钊，是杨贵妃同曾祖父的哥哥，没有学问，品行不好，被宗族乡党的人瞧不起。在蜀地从军，做了新都县尉；任期届满，家里贫穷自己不能回里，新政县的有钱人鲜于仲通常常给他资助。杨玄琰死在蜀地，杨钊和他家有来往，因而和他的第二个女儿私通。

鲜于仲通名向，以字行，读了不少的书，很有才智，剑南节度使章仇兼琼推荐他做了采访支使，并把他当作心腹任用。章仇兼琼曾在闲谈中对鲜于仲通说："现在只有我一人被玄宗所亲厚，如果没有宫内的援助，必定被李林甫所危害。听说杨贵妃新近得到皇帝的宠幸，人们还不敢轻易依附。你若能替我到长安与杨家相结识，我就没有祸患了。"鲜于仲通说："我是蜀中人，未曾游历过京城，恐怕会坏了您的大事。现在替你另外找到一个人。"于是介绍了杨钊的详细情况。章仇兼琼接见杨钊，见他仪表堂堂，言谈敏捷；章仇兼琼非常高兴，立即召为推官，往来渐渐亲密。于是派遣他到京师去进献春绨，临别时，对他说："我有少许东西在郫县，聊作你路上的费用，你经过郫县时，可取去。"杨钊到郫县，章仇兼琼派亲信带大量精美的蜀中货物赠给他，价值一万缗。杨钊出乎意外地高兴，日夜兼程赶路，到达长安，依次拜访杨家每一个姊妹，把蜀货送给她们，说："这是章仇公所赠送的。"当时杨家二女儿刚死了丈夫，杨钊就住在她家里，也把蜀货分给她。于是杨家的人日夜赞扬章仇兼琼；又说杨钊很会玩樗蒲，带他去觐见玄宗，因此得以跟随供奉官出入宫中，改任他为金吾兵曹参军。

九月二十九日癸未，任命陕郡太守、江淮租庸转运使韦坚为刑部尚书，罢免其所有的使职，让御史中丞杨慎矜代替他。韦坚的妻子姜氏，是姜皎的女儿，李林甫舅舅的女儿，所以李林甫亲近他。等到韦坚因开通漕运而得到唐玄宗的宠幸，便有

由是恶之，故迁以美官，实夺之权也。

安禄山欲以边功市宠，数侵掠奚、契丹；奚、契丹各杀公主以叛，禄山讨破之。

陇右节度使皇甫惟明与吐蕃战于石堡城，为虏所败，副将褚诩战死。

冬，十月，甲午，安禄山奏："臣讨契丹至北平郡，梦先朝名将李靖、李勣从臣求食。"遂命立庙；又奏荐奠之日，庙梁产芝。

丁酉，上幸骊山温泉。

上以户部郎中王鉷为户口色役使，敕赐百姓复除。鉷奏征其辇运之费，广张钱数，又使市本郡轻货，百姓所输乃甚于不复除。旧制，戍边者免其租庸，六岁而更。时边将耻败，士卒死者皆不申牒，贯籍不除。王鉷志在聚敛，以有籍无人者皆为避课，按籍戍边六岁之外，悉征其租庸，有并征三十年者，民无所诉。上在位久，用度日侈，后宫赏赐无节，不欲数于左、右藏取之。鉷探知上指，岁贡额外钱百亿万，贮于内库，以供宫中宴赐，曰："此皆不出于租庸调，无预经费。"上以鉷为能富国，益厚遇之。鉷务为割剥以求媚，中外嗟怨。丙子，以鉷为御史中丞、京畿采访使。

杨钊侍宴禁中，专掌樗蒲文簿，钩校精密。上赏其强明，曰："好度支郎。"诸杨数征此言于上，又以属王鉷，鉷因奏充判官。

十二月，戊戌，上还宫。

（以上为第八段，写杨氏外戚因贵妃受宠而染指政坛。唐玄宗聚敛财货。）

五载（丙戌，746年）

春，正月，乙丑，以陇右节度使皇甫惟明兼河西节度使。

李适之性疏率，李林甫尝谓适之曰："华山有金矿，采之可以富国，主上未之知也。"他日，适之因奏事言之。上以问林甫，对曰："臣久知之，但华山陛下本命，王气所在，凿之非宜，故不敢言。"上以林甫为爱己，薄适之虑事不熟，谓曰："自今奏事，宜先与林甫议之，无得轻脱。"

了入朝做宰相的志向，而且又和李适之友好，李林甫因此讨厌他了，结果给他一个肥缺，实际上夺了他的权。

安禄山想要用守边的功劳来博得玄宗的恩宠，多次进攻奚、契丹；奚、契丹分别杀掉唐朝的公主而叛变，安禄山讨伐打败他们。

陇右节度使皇甫惟明与吐蕃在石堡城作战，被敌人打败，副将褚詡战死。

冬季，十月初十日甲午，安禄山上奏："臣讨伐契丹到北平郡，梦见先朝名将李靖、李勣向臣要食物吃。"于是唐玄宗命令为李靖、李勣建庙。安禄山又上奏说，进献祭品祭奠的当天，庙中梁上长出灵芝草。

十月十三日丁酉，玄宗驾临骊山温泉。

唐玄宗让户部郎中王鉷做户口色役使，敕命准许百姓免除赋税。王鉷上奏请向百姓征收运输的费用，广开财路，又使百姓购买本郡的轻货，老百姓所拿出的钱财比不免除赋税时还多。过去的制度规定，戍守边疆的人免交其租庸赋税，六年为限。当时的边防将领都以失败为耻辱，所以士卒战死了的都不向上申报名单，在他们的籍贯里户籍姓名也没除掉。王鉷的目的是要聚敛钱财，就把有户籍而人不在的都作为逃避交税，按照户籍记载戍守边疆六年以上的，都要征收他们的租庸赋税，有的人甚至连征三十年，老百姓无处申诉。玄宗在位年岁久了，用费日益增多，后宫的赏赐没有节制，又不想经常从左藏、右藏中支取财物。王鉷探明唐玄宗的意思，每年贡献额外的钱百亿万，贮藏在内库，以供玄宗在宫中宴乐和赏赐，说："这些钱都不是租庸调征来的，与国家正常的经费无关。"唐玄宗认为王鉷能使国家富足，更加优厚地对待他。王鉷一心一意地掠夺、残害百姓以讨好玄宗，朝廷内外叹息怨恨。十一月二十三日丙子，任命王鉷为御史中丞、京畿采访使。

杨钊在宫中侍奉玄宗宴饮，专管樗蒲的记录簿，记载核校精密无误。玄宗欣赏他的精明能干，说："是个很好的度支郎。"杨家的人多次在玄宗那里证实此话，又请托王鉷，王鉷因此上奏玄宗让杨钊任判官。

十二月十五日戊戌，玄宗回宫。

唐玄宗天宝五载（丙戌，746 年）

春季，正月十三日乙丑，任命陇右节度使皇甫惟明兼任河西节度使。

李适之性格粗疏率直，李林甫曾对李适之说："华山有金矿，开采它可以使国家富足，玄宗还不知道这个情况。"一天，李适之因上奏言事顺便谈及此事。玄宗询问李林甫，李林甫回答说："我早就知道了，但是华山是陛下的本命，是王气所在的地方，开凿它很不适宜，所以不敢向玄宗谈及。"玄宗认为李林甫是爱护自己，批评李

适之由是束手矣。适之既失恩，韦坚失权，益相亲密，林甫愈恶之。

初，太子之立，非林甫意。林甫恐异日为己祸，常有动摇东宫之志；而坚，又太子之妃兄也。皇甫惟明尝为忠王友，时破吐蕃，入献捷，见林甫专权，意颇不平。时因见上，乘间微劝上去林甫，林甫知之，使杨慎矜密伺其所为。会正月望夜，太子出游，与坚相见，坚又与惟明会于景龙观道士之室。慎矜发其事，以为坚戚里，不应与边将狎昵。林甫因奏坚与惟明结谋，欲共立太子。坚、惟明下狱，林甫使慎矜与御史中丞王鉷、京兆府法曹吉温共鞫之。上亦疑坚与惟明有谋而不显其罪，癸酉，下制，责坚以干进不已，贬缙云太守；惟明以离间君臣，贬播川太守；仍别下制戒百官。

以王忠嗣为河西、陇右节度使，兼知朔方、河东节度事。忠嗣始在朔方、河东，每互市，高估马价，诸胡闻之，争卖马于唐，忠嗣皆买之。由是胡马少，唐兵益壮。及徙陇右、河西，复请分朔方、河东马九千匹以实之，其军亦壮。忠嗣杖四节，控制万里，天下劲兵重镇，皆在掌握，与吐蕃战于青海、积石，皆大捷。又讨吐谷浑于墨离军，虏其全部而归。

夏，四月，癸未，立奚酋娑固为昭信王，契丹酋楷洛为恭仁王。

己亥，制："自今四孟月，皆择吉日祀天地、九宫。"

韦坚等既贬，左相李适之惧，自求散地。庚寅，以适之为太子少保，罢政事。其子卫尉少卿霅尝盛馔召客，客畏李林甫，竟日无一人敢往者。

以门下侍郎、崇玄馆大学士陈希烈同平章事。希烈，宋州人，以讲《老》《庄》得进，专用神仙符瑞取媚于上。李林甫以希烈为上所爱，且柔佞易制，故引以为相；凡政事一决于林甫，希烈但给唯诺。故事，宰相午后六刻乃出，林甫奏，今太平无事，巳时即还第，军国机务皆决于私家；主书抱成案诣希烈书名而已。

适之考虑事情不周到，对他说：“从今以后上奏言事，应该先同李林甫商量，不要轻率疏忽。”李适之因此束手失权。李适之已失去皇帝恩宠，韦坚也失去权力，互相间更加亲密，李林甫也更加讨厌他们。

当初，太子册立时，不是李林甫的心意。李林甫担心日后给自己带来祸患，时常有改立太子的意思。而韦坚，又是太子妃子的哥哥。皇甫惟明曾经是忠王的朋友，当时击败吐蕃，入朝进献战利品和俘虏，见李林甫专权，心中颇感愤愤不平。在觐见玄宗的时候，乘机暗中劝玄宗罢黜李林甫，李林甫知道了，派杨慎矜秘密监视他的所作所为。适逢正月十五的夜晚，太子出宫游赏，与韦坚相见，韦坚又与皇甫惟明在景龙观道士的房里相会。杨慎矜揭发了这件事，认为韦坚作为外戚，不应该与守边将领亲近。李林甫借机上奏韦坚与皇甫惟明密谋，想共同拥立太子。韦坚、皇甫惟明被捕入狱，李林甫派杨慎矜和御史中丞王鉷、京兆府法曹吉温共同审问他们。唐玄宗也怀疑韦坚和皇甫惟明有阴谋而并不张扬他们的罪过，正月二十一日癸酉，下制书，指责韦坚谋求加官晋爵没有止境，降为缙云太守，皇甫惟明离间君臣，降为播川太守，又另外下制书告诫百官。

任命王忠嗣为河西、陇右节度使，兼管朔方、河东节度使事。王忠嗣起初在朔方、河东，每当互市的时候，就把马的价格抬高，各地胡人听说后，争着把马卖给唐朝，王忠嗣便把马都买下。因此胡人的马匹少，唐朝的兵马越来越壮大。等到调任陇右、河西节度使，又请求分朔方、河东的九千匹马来充实兵力，因而兵力强大，王忠嗣手握四个符节，控制万里疆域，天下的劲兵重镇，都在他的掌握之下，与吐蕃在青海、积石打仗，都取得重大胜利。又在墨离军讨伐吐谷浑，俘虏其全部人马凯旋。

夏季，四月初一日癸未，册立奚部酋长娑固为昭信王，契丹酋长楷洛为恭仁王。

四月十七日己亥，下制书：“自今日起四个孟月，都选择吉日祭祀天地、九宫。”

韦坚等人被贬官后，左丞相李适之很害怕，自己请求退居闲散的官位。四月初八日庚寅，任李适之为太子少保，罢免政事职权。他的儿子卫尉少卿李霅曾设盛大的酒席请客，客人们畏惧李林甫，全天没有一个人敢前往赴宴的。

任命门下侍郎、崇玄馆大学士陈希烈为同平章事。陈希烈，是宋州人，因讲授《老子》《庄子》得以进用为官，专门用神仙符瑞学说讨好玄宗。李林甫认为陈希烈是玄宗所喜爱的人，而且善于阿谀逢迎容易被制服，所以推荐他做了宰相。所有的政事全部由李林甫决定，陈希烈只是唯唯诺诺地应承附和。按惯例，宰相午后六刻才退朝，李林甫上奏说，当今天下太平无事，巳时就可以回家，军中和国家的机要大事都在李林甫私人家里决定，主管文书的官员只须抱着已决定好的文件案卷找陈希烈签名就行了。

五月，壬子朔，日有食之。

乙亥，以剑南节度使章仇兼琼为户部尚书；诸杨引之也。

秋，七月，丙辰，敕："流贬人多在道逗留。自今左降官日驰十驿以上。"是后流贬者多不全矣。

（以上为第九段，写李林甫加害太子，排斥太子妃外戚韦氏子弟与李适之，巩固专擅之权。）

杨贵妃方有宠，每乘马则高力士执辔授鞭，织绣之工专供贵妃院者七百人，中外争献器服珍玩。岭南经略使张九章，广陵长史王翼，以所献精美，九章加三品，翼人为户部侍郎；天下从风而靡。民间歌之曰："生男勿喜女勿悲，君今看女作门楣。"妃欲得生荔支，岁命岭南驰驿致之，比至长安，色味不变。

至是，妃以妒悍不逊，上怒，命送归兄铦之第。是日，上不怿，比日中，犹未食，左右动不称旨，横被棰挞。高力士欲尝上意，请悉载院中储偫送贵妃，凡百余车；上自分御膳以赐之。及夜，力士伏奏请迎贵妃归院，遂开禁门而入。自是恩遇愈隆，后宫莫得进矣。

将作少匠韦兰、兵部员外郎韦芝为其兄坚讼冤，且引太子为言，上益怒。太子惧，表请与妃离婚，乞不以亲废法。丙子，再贬坚江夏别驾，兰、芝皆贬岭南。然上素知太子孝谨，故谴怒不及。李林甫因言坚与李适之等为朋党，后数日，坚长流临封，适之贬宜春太守，太常少卿韦斌贬巴陵太守，嗣薛王琄贬夷陵别驾，睢阳太守裴宽贬安陆别驾，河南尹李齐物贬竟陵太守，凡坚亲党坐流贬者数十人。斌，安石之子。琄，业之子，坚之甥也。琄母亦令随琄之官。

冬，十月，戊戌，上幸骊山温泉；十一月，乙巳，还宫。

赞善大夫杜有邻，女为太子良娣，良娣之姊为左骁卫兵曹柳勣妻。勣性狂疏，好功名，喜交结豪俊。淄川太守裴敦复荐于北海太守李邕，邕与之定交。勣至京师，与著作郎王曾等为友，皆当时名士也。

五月初一日壬子朔，日食。

五月二十四日乙亥，任命剑南节度使章仇兼琼为户部尚书，这是杨家所推荐的结果。

秋季，七月初六日丙辰，下敕书："流放贬官的人大多在路上逗留。从今以后凡是被贬逐的官员每天必须赶十个驿站以上的路程。"此后被流放贬官的人大多不能保全自己了。

杨贵妃正得宠，每次骑马高力士就替她牵马缰拿马鞭，专供贵妃院织绣的工人有七百人，朝廷内外争相进献器具服饰珍宝玩物。岭南经略使张九章，广陵长史王翼，因所进献的东西精美，张九章官阶加至三品，王翼入朝为户部侍郎。天下从风而靡。民间歌谣唱道："生了男孩莫欢喜，生了女孩莫悲伤，请看今日女孩光宗耀祖神采飞扬。"贵妃想要吃新鲜的荔枝，每年荔枝成熟时玄宗就命令岭南用驿马飞奔运送，等到了长安，荔枝的颜色和味道都没有改变。

就在这时，贵妃因嫉妒、泼辣、不恭逊，唐玄宗生气，下令把她送回她哥哥杨铦的家中。这一天，唐玄宗不高兴，快到中午，还没有吃饭，左右的人无论干什么都不合玄宗的心意，无缘无故地遭到棒打。高力士想试探玄宗的心意，请将贵妃院中储备的器物全部送给贵妃，共一百多车；唐玄宗亲自把自己的饭食分给她吃。到了夜晚，高力士跪伏奏请玄宗迎接贵妃回院，于是打开宫门而迎入。自此玄宗对贵妃的恩宠礼遇更加隆重，后宫再没有人得以进幸了。

将作少匠韦兰、兵部员外郎韦芝替他们的哥哥韦坚讼冤，而且还借太子来说话，唐玄宗更加生气。太子害怕，上表请求与妃子韦氏离婚，乞求不因亲属的关系而破坏国家法律。七月二十六日丙子，再贬韦坚为江夏别驾，韦兰、韦芝都贬往岭南。不过唐玄宗一向知道太子孝顺谨慎，所以并不责备他。李林甫乘机说韦坚与李适之等人结为朋党，过了几天，韦坚被永远流放在临封，李适之贬为宜春太守，太常少卿韦斌贬为巴陵太守，嗣薛王李瑁贬为夷陵别驾，睢阳太守裴宽贬为安陆别驾，河南尹李齐物贬为竟陵太守，韦坚的亲戚朋友连坐被流放贬官的共有几十人。韦斌是韦安石的儿子。李瑁是李业的儿子，韦坚的外甥。李瑁的母亲也被命令跟随李瑁到任所去。

冬季，十月二十日戊戌，唐玄宗驾临骊山温泉。十一月二十八日乙巳，回宫。

赞善大夫杜有邻，女儿为太子良娣，良娣的姐姐是左骁卫兵曹柳勣的妻子。柳勣的性格狂傲粗率，喜爱功名，喜欢结交豪杰俊士。淄川太定裴敦复把他推荐给北海太守李邕，李邕就与柳勣定交。柳勣到京师，与著作郎王曾等人结为朋友，他们

�与妻族不协，欲陷之，为飞语，告有邻妄称图谶，交构东宫，指斥乘舆。林甫令京兆士曹吉温与御史鞫之，乃勣首谋也。温令勣连引曾等入台。十二月，甲戌，有邻、勣及曾等皆杖死，积尸大理，妻子流远方；中外震栗。嗣虢王巨贬义阳司马，巨，邕之子也。别遣监察御史罗希奭往按李邕，太子亦出良娣为庶人。

乙亥，邺郡太守王琚坐赃贬江华司马。琚性豪侈，与李邕皆自谓耆旧，久在外，意怏怏，李林甫恶其负材使气，故因事除之。

（以上为第十段，写杨贵妃专宠，李林甫专权，继续加害太子之党及韦氏外戚。）

六载（丁亥，747 年）

春，正月，辛巳。李邕、裴敦复皆杖死。邕才艺出众，卢藏用常语之曰："君如干将、莫邪，难与争锋，然终虞缺折耳。"邕不能用。

林甫又奏分遣御史即贬所赐皇甫惟明、韦坚兄弟等死。罗希奭自青州如岭南，所过杀迁谪者，郡县惶骇。排马牒至宜春，李适之忧惧，仰药自杀。至江华，王琚仰药不死，闻希奭已至，即自缢。希奭又迂路过安陆，欲怖杀裴宽，宽向希奭叩头祈生，希奭不宿而过。乃得免。李适之子霅迎父丧至东京，李林甫令人诬告霅，杖死于河南府。给事中房琯坐与适之善，贬宜春太守。琯，融之子也。

林甫恨韦坚不已，遣使于循河及江、淮州县求坚罪，收系纲典船夫，溢于牢狱，征剥逋负，延及邻伍，皆裸露死于公府，至林甫薨乃止。

丁亥，上享太庙；戊子，合祭天地于南郊，赦天下。制免百姓今载田租。又令削绞、斩条。上慕好生之名，故令应绞斩者皆重杖流岭南，其实有司率杖杀之。又令天下为嫁母服三载。

上欲广求天下之士，命通一艺以上皆诣京师。李林甫恐草野之士对策斥言其奸恶，建言："举人多卑贱愚聩，恐有俚言污浊圣听。"乃令郡县长官精加试练，灼然超绝者，具名送省，委尚书覆试，御史中丞监之，取名实相副者闻奏。既而至者皆试以诗、赋、论，遂无一人及第者。林

都是当时的名士。

柳勣与妻子娘家的人不和，想要陷害他们，就散布流言，告杜有邻妄说图谶，结交太子，批评玄宗。李林甫命令京兆士曹吉温与御史共同审理，查知柳勣是首谋。吉温命柳勣牵连王曾等人下御史台狱。十二月二十七日甲戌，杜有邻、柳勣以及王曾等人都被杖打而死，尸首堆放在大理寺，妻子流放远方，朝廷内外非常震惊。嗣虢王李巨贬为义阳司马，李巨是李邕的儿子。另外派监察御史罗希奭去审问李邕，太子也逐出良娣，让她成为庶人。

十二月二十八日乙亥，邺郡太守王琚因犯贪赃罪被贬为江华司马。王琚性情豪放慷慨，与李邕都自称是老臣，却长期在外做官，心里愤愤不平，李林甫厌恶他恃才使气，所以借这件事而除掉他。

唐玄宗天宝六载（丁亥，747 年）

春季，正月初五日辛巳，李邕、裴敦复都被杖打而死。李邕才华出众，卢藏用常对他说："您就像宝剑干将、莫邪一样，别人难同您争锋芒，但终究怕有所缺损和折断啊。"李邕没能接受他的意见。

李林甫又上奏分别派遣御史到贬官处所赐皇甫惟明、韦坚兄弟等人死。罗希奭从青州到岭南，所到之处，把被贬逐的人都杀死，各地郡县惊恐不安。排马牒到了宜春，李适之忧伤恐惧，服毒药自杀。到了江华，王琚服毒药但没死，听说罗希奭已经到了，马上自缢而死。罗希奭又绕路经过安陆，想恐吓杀死裴宽，裴宽向罗希奭乞求饶命，罗希奭没住宿就走了，裴宽才得以免死。李适之的儿子李霅迎父亲的灵柩到东京，李林甫派人诬告李霅，用杖把他打死在河南府。给事中房琯因与李适之友好，贬为宜春太守。房琯，是房融的儿子。

李林甫痛恨韦坚不已，派使者在黄河及长江、淮河两岸的州县里搜集韦坚的罪状，逮捕纲吏及船夫，牢房里人满为患，强行征收榨取老百姓所欠租税，祸患蔓延到邻近的乡村，人们都是赤身露体地死在公府里，直到李林甫死时才停止。

正月十一日丁亥，玄宗祭祀太庙。正月十二日戊子，在南郊合祭天地之神，大赦天下。下令免除老百姓今年的田租。又下令废除绞刑、斩刑的法条。玄宗喜欢好生的名声，所以就下令那些应当处以绞刑、斩刑的犯人都被重重地杖打后流放到岭南，其实主管官员大都把他们打死了。又下令天下的人为改嫁的母亲服丧三年。

唐玄宗想广泛地征求天下的才士，命令凡是精通一种学艺以上的人都到京师来。李林甫担心乡野文士在对策时指责他的奸佞和罪恶，向玄宗建议说："应试的人大都卑贱愚昧，恐怕有粗言俗语污浊了圣上的视听。"于是就下令各地郡县长官精心加以考试训练，才能出众超群的，开列姓名送到省中，委托尚书复试，御史中丞监考，

甫乃上表贺野无遗贤。

（以上为第十一段，写李林甫一手遮天，用酷法对待政敌，用巧佞阻挡后进，唐玄宗全被蒙在鼓里。）

戊寅，以范阳、平卢节度使安禄山兼御史大夫。

禄山体充肥，腹垂过膝，尝自称腹重三百斤。外若痴直，内实狡黠。常令其将刘骆谷留京师诇朝廷指趣，动静皆报之；或应有笺表者，骆谷即为代作通之。岁献俘虏、杂畜、奇禽、异兽、珍玩之物，不绝于路，郡县疲于递运。

禄山在上前，应对敏给，杂以诙谐，上尝戏指其腹曰："此胡腹中何所有？其大乃尔！"对曰："更无余物，正有赤心耳！"上悦。又尝命见太子，禄山不拜。左右趣之拜，禄山拱立曰："臣胡人，不习朝仪，不知太子者何官？"上曰："此储君也，朕千秋万岁后，代朕君汝者也。"禄山曰："臣愚，向者惟知有陛下一人，不知乃更有储君。"不得已，然后拜。上以为信然，益爱之。上尝宴勤政楼，百官列坐楼下，独为禄山于御座东间设金鸡障，置榻使坐其前，仍命卷帘以示荣宠。命杨铦、杨锜、贵妃三姊皆与禄山叙兄弟。禄山得出入禁中，因请为贵妃儿。上与贵妃共坐，禄山先拜贵妃。上问何故，对曰："胡人先母而后父。"上悦。

李林甫以王忠嗣功名日盛，恐其入相，忌之。安禄山潜蓄异志，托以御寇，筑雄武城，大贮兵器，请忠嗣助役，因欲留其兵。忠嗣先期而往，不见禄山而还，数上言禄山必反；林甫益恶之。夏，四月，忠嗣固辞兼河东、朔方节度，许之。

（以上为第十二段，写安禄山巧佞，河西陇右节度使王忠嗣多次上奏安禄山必反，唐玄宗竟浑然不悟。）

冬，十月，己酉，上幸骊山温泉，改温泉宫曰华清宫。

河西、陇右节度使王忠嗣以部将哥舒翰为大斗军副使，李光弼为河西兵马使、充赤水军使。翰父祖本突骑施别部酋长，光弼，契丹王楷洛之子也，皆以勇略为忠嗣所重。忠嗣使翰击吐蕃，有同列为之副，倨慢

选取名实相符的人报告唐玄宗。接着用诗、赋、论来考他们，结果没有一个人及格中选。李林甫就上表唐玄宗祝贺民间没有遗漏的贤人。

三月初二日戊寅，任命范阳、平卢节度使安禄山兼任御史大夫。

安禄山身体肥胖，肚子下垂超过膝部，曾自称他的肚子重三百斤。外表好像憨厚正直，其实内心非常狡猾。曾命令他手下的将领刘骆谷留在京师窥探朝廷的意向，一有动静就向他报告。有时应该上奏表章，刘骆谷就替他写好送进朝中。每年进献无数俘虏、牲畜、奇禽、异兽及珍宝玩物等，道路上运送不断，沿途的郡县搞得疲惫不堪。

安禄山在玄宗面前，应对敏捷，言谈诙谐风趣，唐玄宗曾指着他的肚子开玩笑说："这个胡人的肚子里有些什么东西？它怎么这样大啊？"安禄山回答说："没有别的东西，只有赤胆忠心？"玄宗听了很高兴。玄宗又曾叫他见太子，安禄山见了不拜。左右的人催促他拜，安禄山拱手站着手："臣是胡人，不熟悉朝廷中的礼仪，不知道太子是什么官。"玄宗说："这是储君，朕死后，代替朕做你们的君主的人。"安禄山说："臣愚昧，过去只知道有陛下一个人，不知道还有储君。"不得已，然后才拜。唐玄宗以为他诚实可信，更加喜爱他。玄宗曾在勤政楼举行宴会，群臣百官依次坐在楼下，在玄宗座位的东间单独替安禄山设置了金鸡障，又放置坐榻让他坐在玄宗的前面，又叫他卷起帘子以表示荣耀和尊宠。命令杨铦、杨锜、贵妃三姊妹都和安禄山行兄弟之礼。安禄山能出入宫中，于是请求做贵妃的儿子。玄宗与贵妃坐在一起时，安禄山先拜贵妃。玄宗问其中的原因，安禄山回答说："胡人礼节先拜母亲后拜父亲。"唐玄宗很高兴。

李林甫因王忠嗣的功名日益盛大，害怕他入朝任宰相，嫉恨他。安禄山暗中怀有异心，以抵御敌寇为借口，修筑雄武城，大量贮藏武器，请王忠嗣派兵帮助修建，想乘机留下他的士兵。王忠嗣在约定的日期以前先到，不和安禄山会面就回去了，多次向唐玄宗进言说安禄山必定反叛；李林甫就更加厌恶王忠嗣。夏季，四月，王忠嗣坚决辞去兼任河东、朔方节度使，获得准许。

冬季，十月初七日己酉，玄宗驾临骊山温泉，把温泉宫改名为华清宫。

河西、陇右节度使王忠嗣用部将哥舒翰为大斗军副使，李光弼为河西兵马使、充任赤水军使。哥舒翰的父亲、祖父本是突骑施的别部酋长，李光弼，是契丹王李楷洛的儿子，都因为有勇有谋被王忠嗣所重视。王忠嗣派哥舒翰攻打吐蕃，有一个

不为用，翰棰杀之，军中股栗，累功至陇右节度副使。每岁积石军麦熟，吐蕃辄来获之，无能御者，边人谓之“吐蕃麦庄”。翰先伏兵于其侧，虏至，断其后，夹击之，无一人得返者，自是不敢复来。

上欲使王忠嗣攻吐蕃石堡城，忠嗣上言：“石堡险固，吐蕃举国守之，今顿兵其下，非杀数万人不能克；臣恐所得不如所亡，不如且厉兵秣马，俟其有衅，然后取之。”上意不快。将军董延光自请将兵取石堡城，上命忠嗣分兵助之。忠嗣不得已奉诏，而不尽副延光所欲，延光怨之。

李光弼言于忠嗣曰：“大夫以爱士卒之故，不欲成延光之功，虽迫于制书，实夺其谋也。何以知之？今以数万众授之而不立重赏，士卒安肯为之尽力乎！然此天子意也，彼无功，必归罪于大夫。大夫军府充牣，何爱数万段帛不以杜其谗口乎！”忠嗣曰：“今以数万之众争一城，得之未足以制敌，不得亦无害于国，故忠嗣不欲为之。忠嗣今受责天子，不过以金吾、羽林一将军归宿卫，其次不过黔中上佐；忠嗣岂以数万人之命易一官乎！李将军，子诚爱我矣，然吾志决矣，子勿复言。”光弼曰：“向者恐为大夫之累，故不敢不言。今大夫能行古人之事，非光弼所及也。”遂趋出。

延光过期不克，言忠嗣沮挠军计，上怒。李林甫因使济阳别驾魏林告“忠嗣尝自言我幼养宫中，与忠王相爱狎”，欲拥兵以尊奉太子。敕征忠嗣入朝，委三司鞫之。

（以上为第十三段，写李林甫加害功臣王忠嗣。王忠嗣破坏董延光的军事计划，致使唐军无功，亦是罪有应得。）

上闻哥舒翰名，召见华清宫，与语，悦之。十一月，辛卯，以翰判西平太守，充陇右节度使；以朔方节度使安思顺判武威郡事，充河西节度使。

户部侍郎兼御史中丞杨慎矜为上所厚，李林甫浸忌之。慎矜与王鉷父晋，中表兄弟也，少与鉷狎，鉷之入台，颇因慎矜推引。及鉷迁中丞，慎矜与语，犹名之；鉷自恃与林甫善，意稍不平。慎矜夺鉷职田，鉷母本贱，慎矜尝以语人；鉷深衔之。慎矜犹以故意待之，尝与之私语谶书。

同等官阶的人做他的副将，态度傲慢不听指挥，哥舒翰用杖把他打死，军中十分畏惧，积累功劳提升为陇右节度副使。每年积石军的麦子熟了，吐蕃就来收割，没有人能够抵御，边地上的人称之为“吐蕃麦庄”。哥舒翰先在两侧埋伏好军队。敌人来后，隔断他们的后路，前后夹攻，吐蕃没有一个人能够逃回，从此不敢再来。

唐玄宗想派王忠嗣去攻打吐蕃石堡城，王忠嗣向玄宗进言说：“石堡城险要坚固，吐蕃以全国的力量来守卫它，现在屯兵城下，非得杀死几万人不能攻克；臣担心所得到的不如损失的，不如厉兵秣马，等到有机可乘，然后攻取它。”玄宗心中不快。将军董延光自动请求带兵攻取石堡城，唐玄宗命令王忠嗣分一部分兵马帮助他。王忠嗣不得已接受诏书，但没有尽量满足董延光的要求，董延光因此怨恨他。

李光弼对王忠嗣说：“大夫因爱惜士卒的缘故，不想成就董延光的功劳，虽然是迫于玄宗的命令，其实是扰乱他的计划。我凭什么知道这一点呢？因为现在您把几万士兵给他但又不设立重赏，士兵们怎么肯替他卖力呢？然而这是皇帝的意思，他没有功劳，必然归罪于大夫您。大夫的军中府库货物充实，何必在乎几万匹缎帛而不用来堵塞他诿害您的借口呢！”王忠嗣说：“现在用多达数万人的代价去争夺一座城，得到它不足以制服敌人，得不到它也对国家没有什么损害，所以我王忠嗣不想这样做。忠嗣今天受到天子的责备，不过是叫我回去做个金吾将军或羽林将军来警卫京师，再次一等，也不过贬到黔中做个长史或司马；忠嗣怎么能够用数万人的生命来换取一个好官职呢！李将军，您的确是爱护我啊，然而我的志向已经决定了，您不必再说了。”李光弼说：“以前担心此事会连累大夫，所以不敢不说。现在大夫能按古人的风范行事，不是李光弼所能企及的。”于是快步走出。

董延光超过期限没有攻克，就向玄宗说是王忠嗣阻挠了军事计划，玄宗很生气。李林甫乘机让济阳别驾魏林上告“王忠嗣曾自己说‘我小时候在宫中抚养长大，与忠王相互亲近’”，想要拥兵以尊奉太子。玄宗下敕书征召王忠嗣回朝，委任三司来审问他。

唐玄宗听说了哥舒翰的名声，在华清宫召见他，与他谈话，很喜欢他。十一月十九日辛卯，任命哥舒翰判西平太守，充陇右节度使；任命朔方节度使安思顺判武威郡事，充河西节度使。

户部侍郎兼御史中丞杨慎矜被玄宗所亲厚，李林甫逐渐嫉恨他。杨慎矜与王鉷的父亲王晋是中表兄弟，小时候与王鉷亲昵，王鉷能够进御史台做官，在很大程度上得力于杨慎矜的推荐。等到王鉷提升为御史中丞，杨慎矜与他说话，仍然直呼其名；王鉷自恃和李林甫的关系好，心中有些不平。杨慎矜夺取了王鉷的职田，王鉷

慎矜与术士史敬忠善，敬忠言天下将乱，劝慎矜于临汝山中买庄为避乱之所。会慎矜父墓田中草木皆流血，慎矜恶之，以问敬忠。敬忠请禳之，设道场于后园，慎矜退朝，辄裸贯桎梏坐其中。旬日血止，慎矜德之。慎矜有侍婢明珠，色美，敬忠屡目之，慎矜即以遗敬忠，车载过贵妃姊柳氏楼下，姊邀敬忠上楼，求车中美人，敬忠不敢拒。明日，姊入宫，以明珠自随。上见而异之，问所从来，明珠具以实对。上以慎矜与术士为妖法，恶之，含怒未发。

杨钊以告铁，铁心喜，因侮慢慎矜；慎矜怒。林甫知铁与慎矜有隙，密诱使图之。铁乃遣人以飞语告“慎矜隋炀帝孙，与凶人往来，家有谶书，谋复祖业。”上大怒。收慎矜系狱，命刑部、大理与侍御史杨钊、殿中侍御史卢铉同鞫之。太府少卿张瑄，慎矜所荐也，卢铉诬瑄尝与慎矜论谶，拷掠百端，瑄不肯答辩。乃以木缀其足，使人引其枷柄，向前挽之，身加长数尺，腰细欲绝，眼鼻出血，瑄竟不答。

又使吉温捕史敬忠于汝州。敬忠与温父素善，温之幼也，敬忠常抱抚之。及捕获，温不与交言，锁其颈，以布蒙首，驱之马前。至戏水，温使吏诱之曰：“杨慎矜已款服，惟须子一辩，若解人意则生，不然必死，前至温汤，则求首不获矣。”敬忠顾谓温曰：“七郎，求一纸。”温阳不应。去温汤十余里，敬忠祈请哀切，乃于桑下令答三纸，辩皆如温意。温徐谓曰：“丈人且勿怪！”因起拜之。

至会昌，始鞫慎矜，以敬忠为证。慎矜皆引服，惟搜谶书不获。林甫危之，使卢铉入长安搜慎矜家，铉袖谶书入暗中，诟而出曰：“逆贼深藏秘记。”至会昌，以示慎矜。慎矜叹曰：“吾不蓄谶书，此何从在吾家哉！吾应死而已。”丁酉，赐慎矜及兄少府少监慎余、洛阳令慎名自尽；敬忠杖百，妻子皆流岭南；瑄杖六十，流临封，死于会昌。嗣虢王巨虽

的母亲本来出身低贱，杨慎矜曾经对别人说起。王鉷怀恨在心。杨慎矜仍然以旧友的情意对待他，曾和他私下谈论谶书。

杨慎矜和术士史敬忠关系友善，史敬忠说天下将要发生动乱，劝杨慎矜在临汝山中买庄园作为避乱的地方。恰巧杨慎矜父亲坟墓的田里草木都流血，杨慎矜很厌恶，便去询问史敬忠。史敬忠请求祭祷去灾，就在后园中设道场，杨慎矜退朝后，就赤身裸体戴着脚镣手铐坐在当中。过了十天血就不流了，杨慎矜很感激史敬忠。杨慎矜有一个侍婢名叫明珠，长得很美，史敬忠常目不转睛地看着她，杨慎矜就把她送给史敬忠。史敬忠与明珠坐着车子经过贵妃的姐姐柳氏的楼下，柳氏邀请史敬忠上楼，求取车中所载的美人，史敬忠不敢拒绝。第二天，柳氏进入宫中，让明珠跟随自己。玄宗看见后感到很惊异，问她是从哪里来的，明珠便将自己的情况如实地告诉了唐玄宗。玄宗对杨慎矜和术士一起作妖法的行为感到厌恶，忍住怒气没有发泄出来。

杨钊把此事告诉王鉷，王鉷心里很高兴，趁机侮辱怠慢杨慎矜，杨慎矜很生气。李林甫知道王鉷和杨慎矜有了矛盾，秘密地引诱王鉷谋害杨慎矜。王鉷于是派人散布流言告"杨慎矜是隋炀帝的孙子，同恶人来往，家里藏有谶书，图谋恢复祖业"。玄宗非常愤怒，逮捕杨慎矜下牢狱，命令刑部、大理寺和侍御史杨钊、殿中侍御史卢铉共同审问。太府少卿张瑄，是杨慎矜所推荐的，卢铉诬指张瑄曾与杨慎矜谈论谶书，百般拷打，张瑄就是不肯承认。于是就用木头绑在他的脚上，让人牵着他的枷锁把柄，用力向前拉，身体被拉长了好几尺，腰细得快要断了，眼睛，鼻子都出血，张瑄仍不答辩。

又派吉温在汝州逮捕史敬忠。史敬忠与吉温的父亲一向关系很好，吉温小的时候，史敬忠常常抱着抚爱他。等到捕获后，吉温并不跟他说话，锁住他的脖子，用布把头蒙起来，在马前赶着走。到了戏水，吉温派官吏去诱骗他说："杨慎矜已经老老实实地交代认罪了，只需要你作一个证词，如果善解人意则可以活命，否则就必死无疑，等到了前面温泉宫下的会昌，想要自首也办不到了。"史敬忠回头对吉温说："七郎，请求给一张纸。"吉温假装不理他。离会昌还有十几里时，史敬忠乞求之声悲哀恳切，才在桑树下叫他答辩三张纸，答词全都符合吉温的意思。吉温慢慢地对他说："老伯暂且不要见怪。"于是站起身来拜谢。

到了会昌，开始审问杨慎矜，以史敬忠的答词为证据。杨慎矜都承认了，只是没有搜查到谶书。李林甫感到有点麻烦，就派卢铉去长安搜查杨慎矜的家，卢铉袖子里藏着谶书走到黑暗的地方，骂着走出来说："叛逆之贼暗藏秘密书籍。"到会昌，拿给杨慎矜看。杨慎矜哀叹说："我从不收藏谶书，这书怎么会在我家呢！我该死罢了。"十一月二十五日丁酉，玄宗赐杨慎矜和他的哥哥少府少监杨慎余、洛阳令杨慎

不预谋，坐与敬忠相识，解官，南宾安置。自余连坐者数十人。慎名闻敕，神色不变，为书别姊；慎余合掌指天而缢。

三司按王忠嗣，上曰："吾儿居深宫，安得与外人通谋，此必妄也。但劾忠嗣沮挠军功。"哥舒翰之入朝也，或劝多赍金帛以救忠嗣。翰曰："若直道尚存，王公必不冤死；如其将丧，多赂何为！"遂单囊而行。三司奏忠嗣罪当死。翰始遇知于上，力陈忠嗣之冤，且请以己官爵赎忠嗣罪；上起，入禁中，翰叩头随之，言与泪俱。上感寤，己亥，贬忠嗣汉阳太守。

李林甫屡起大狱，别置推事院于长安。以杨钊有掖庭之亲，出入禁闼，所言多听，乃引以为援，擢为御史。事有微涉东宫者，皆指擿使之奏劾，付罗希奭、吉温鞫之。钊因得逞其私志，所挤陷诛夷者数百家，皆钊发之。幸太子仁孝谨静，张垍、高力士常保护于上前，故林甫终不能间也。

十二月，壬戌，发冯翊、华阴民夫筑会昌城，置百司。王公各置第舍，土亩直千金。癸亥，上还宫。

丙寅，命百官阅天下岁贡物于尚书省，既而悉以车载赐李林甫家。上或时不视朝，百司悉集林甫第门；台省为空。陈希烈虽坐府，无一人入谒者。

林甫子岫为将作监，颇以满盈为惧，尝从林甫游后园，指役夫言于林甫曰"大人久处钧轴，怨仇满天下，一朝祸至，欲为此得乎！"林甫不乐曰："势已如此，将若之何！"

先是，宰相皆以德度自处，不事威势，驺从不过数人，士民或不之避。林甫自以多结怨，常虞刺客，出则步骑百余人为左右翼，金吾静街，前驱在数百步外，公卿走避；居则重关复壁，以石甃地，墙中置板，如防大敌，一夕屡徙床，虽家人莫知其处。宰相驺从之盛，自林甫始。

（以上为第十四段，写李林甫谋害御史中丞杨慎矜。）

名自杀；史敬忠打一百杖，妻子儿女都被流放到岭南；张瑄打六十杖，流放临封，死在会昌。嗣虢王李巨虽然没有参与谋划，因与史敬忠相识，解除官职，安置在南宾。其余连累得罪的还有几十个人。杨慎名听到唐玄宗赐死的命令，神色一点也没改变，写了一封信和姐姐告别，杨慎余合掌指天自缢而死。

三司审问王忠嗣，玄宗说："我的儿子深居宫中，怎么会和外人勾结合谋呢，这一定是假的。只审问王忠嗣阻挠军功的罪过。"哥舒翰将入朝时，有人劝他多带些金银布帛以援救王忠嗣。哥舒翰说："如果正道还在，王公一定不会冤死；如果正道将要丧失，多带贿赂东西又有什么用？"于是只带了一个行李包裹就起程了。三司上奏玄宗王忠嗣犯了死罪。哥舒翰刚得到玄宗的赏识，极力陈述王忠嗣的冤枉，而且请求用自己的官职爵位来赎王忠嗣的罪过。玄宗起身，走入宫中，哥舒翰叩着头跟随，一边说一边流泪。唐玄宗有所感悟，十一月二十七日己亥，贬王忠嗣为汉阳太守。

李林甫多次兴起重大的狱案，另外在长安设置推事院。因杨钊与贵妃有亲戚关系，可出入宫门，宫中所谈论的事多半能听到，于是就拉拢他作为帮手，提升为御史。事情只要有一点点牵涉到太子的，都加以指摘揭发让杨钊弹劾奏报，交付罗希奭、吉温审问。杨钊因此得以满足他的私欲，所排挤陷害诛杀灭族的有好几百家，都是杨钊告发的。幸亏太子仁慈孝顺，谨慎沉静，张垍、高力士又经常在玄宗面前加以保护，所以李林甫终究不能离间。

十二月二十一日壬戌，征调冯翊郡、华阴郡的民工修筑会昌城，城内设置百官，王公大人也各自修建宅第，土地每亩价值千金。十二月二十二日癸亥，玄宗回宫。

十二月二十五日丙寅，命群臣百官到尚书省去检阅今年全国各地贡献的物品，然后全部用车子装起来赐给李林甫家。玄宗有时不上朝理事，群臣百官都集中在李林甫家里，御史台、尚书省无人办公。陈希烈虽然坐在相府里，但没有一个人进去拜见他。

李林甫的儿子李岫做将作监，对于家中权势太盛感到不安，曾跟随李林甫在后花园里游赏，指着做劳役的民工对李林甫说："大人您长期执掌国政，冤家仇人布满天下，一旦祸患到来，想要做一个劳役民工办得到吗？"李林甫不高兴地说："情势已经到了这一步，又该怎么办呢？"

先前，宰相都以道德气度自居，不用权威气势，车马前后的随从不过几个人，士人百姓有时也不回避。李林甫自以为结了很多怨恨，常常害怕刺客，出外时就有步兵骑兵一百多人在左右两翼保卫，掌管京城警备的金吾卫则负责肃清街道上的行人，前行的卫队走在几百步以外，公卿大人都匆忙躲避。家居时则设置重重机关层层墙壁，用石头铺地，在夹墙中放板子，如同预防大敌一般，一晚上要多次转移床铺，即使是家里人也不知道他住在哪里。宰相出行随从众多，就是从李林甫开始的。

初，将军高仙芝，本高丽人，从军安西。仙芝骁勇，善骑射，节度使夫蒙灵詧屡荐至安西副都护、都知兵马使，充四镇节度副使。

吐蕃以女妻小勃律王，及其旁二十余国，皆附吐蕃，贡献不入，前后节度使讨之，皆不能克。制以仙芝为行营节度使，将万骑讨之。自安西行百余日，乃至特勒满川，分军为三道，期以七月十三日会吐蕃连云堡下。有兵近万人，不意唐兵猝至，大惊，依山拒战，炮櫑如雨。仙芝以郎将高陵李嗣业为陌刀将，令之曰："不及日中，决须破虏。"嗣业执一旗，引陌刀缘险先登力战，自辰至巳，大破之，斩首五千级，捕虏千余人，余皆逃溃。中使边令诚以入虏境已深，惧不敢进，仙芝乃使令诚以羸弱三千守其城，复进。

三日，至坦驹岭，下峻阪四十余里，前有阿弩越城。仙芝恐士卒惮险，不肯下，先令人胡服诈为阿弩越城守者迎降，云："阿弩越赤心归唐，娑夷水藤桥已斫断矣。"娑夷水，即弱水也，其水不能胜草芥。藤桥者，通吐蕃之路也。仙芝阳喜，士卒乃下。又三日，阿弩越城迎者果至。

明日，仙芝入阿弩越城，遣将军席元庆将千骑前行，谓曰："小勃律闻大军至，其君臣百姓必走山谷，第呼出，取缯帛称敕赐之，大臣至，尽缚之以待我。"元庆如其言，悉缚诸大臣。王及吐蕃公主逃入石窟，取不可得。仙芝至，斩其附吐蕃者大臣数人。

藤桥去城犹六十里，仙芝急遣元庆往斫之，甫毕，吐蕃兵大至，已无及矣。藤桥阔尽一矢，力修之，期年乃成。

八月，仙芝虏小勃律王及吐蕃公主而还。九月，至连云堡，与边令诚俱。月末，至播密川，遣使奏状。

至河西，夫蒙灵詧怒仙芝不先言己而遽发奏，一不迎劳，骂仙芝曰："啖狗粪高丽奴！汝官皆因谁得，而不待我处分，擅奏捷书！高丽奴！汝罪当斩，但以汝新有功不忍耳！"仙芝但谢罪。边令诚奏仙芝深入万里，立奇功，今旦夕忧死。

（以上为第十五段，写高仙芝大破吐蕃。）

当初，将军高仙芝，本是高丽人，从军到安西。高仙芝矫健勇猛，善于骑马射箭，节度使夫蒙灵詧多次推荐，使他官职做到安西副都护、都知兵马使，充任四镇节度副使。

吐蕃把女儿嫁给小勃律王，小勃律以及旁边的二十几个小国，都归附吐蕃，不向唐朝进贡，前后所任节度使加以讨伐，都不能战胜。唐玄宗命令高仙芝行营节度使，统领一万骑兵去讨伐。从安西出发走了一百多天，才到达特勒满川，把部队分为三路，约定七月十三日在吐蕃连云堡下会合。连云堡有士兵近万人，没有料到唐军突然到来，非常惊慌，凭借山险来抵抗作战，炮石檑像雨点一样往下落。高仙芝让郎将高陵人李嗣业为陌刀将，命令他说："中午之前必须击败敌人。"李嗣业手拿一面旗帜，带领陌刀兵从险要的地方爬上来奋力作战，从辰时到巳时，大败敌人，斩了敌人五千首级，俘虏敌人一千多人，其余的都溃散逃走了。宫中派来监军的使者边令诚以为进入敌人境地已经很深了，害怕不敢再向前挺进。高仙芝就让边令诚带领伤病老弱者三千人守卫连云堡，继续进军。

过了三天，到达坦驹岭下，沿着峻峭的山路下行四十多里，前面有阿弩越城。高仙芝担心士卒害怕危险，不敢下山攻城，就先派人穿着胡服假装成阿弩越城的守军来迎降，说："阿弩越忠心归顺唐朝，娑夷河上的藤桥已经砍断了。"娑夷河，即弱水，它的水连草芥也不能浮起来。藤桥，是通往吐蕃的道路，高仙芝假装很欢喜，士兵们才敢下山。又过了三天，阿弩越城迎接的人果然到了。

第二天，高仙芝进入阿弩越城，派遣将军席元庆带领一千骑兵走在前面，对他说："小勃律听说大军来到，它的君臣百姓必然跑到山谷里去，你只管把他们喊出来，拿出缯帛说是玄宗赏赐给他们的，等那些大臣到了，全部捆绑起来等候我。"席元庆按照他的吩咐做了，把各位大臣全部捆绑起来。国王及吐蕃公主跑进石洞里，抓不到他们。高仙芝到后，杀了好几个归附吐蕃的大臣。

藤桥离城还有六十里，高仙芝急忙派席元庆去砍断它，刚砍断，吐蕃大军就来到，但是已来不及了。藤桥宽只有一箭的距离，竭力修建，也要一年才能完成。

八月，高仙芝俘虏小勃律王及吐蕃公主回来。九月，到连云堡，与边令诚会合。月底，到播密川，派使者向朝廷上奏捷报。

到白马河西，夫蒙灵詧对高仙芝不先和他商量就直接向朝廷奏报感到很生气，没有任何迎接和慰劳，他大骂高仙芝说："你这个吃狗粪的高丽奴才！你的官位都是靠谁才得到的，你不等我来处理，就擅自上奏捷书！高丽奴才！你罪当斩首，只不过因你刚刚有功劳才不忍杀你！"高仙芝只是不断地谢罪。边令诚向玄宗上奏说高仙芝深入敌境一万里，立下奇功，现在早晚都在担忧死罪。

【点评】

开元盛世由盛转衰。开元时期，唐玄宗纳谏用贤，日与士君子交接，励精图治，创造了开元盛世，史称明皇，是可以上比唐太宗的一位明主。天宝时期，唐玄宗炼丹求长生，醉心于祥瑞，因人造宝符而改元“天宝”，拒谏用佞，日与奸邪小人交接而耳聋目蒙，成为一个昏主。本卷集中点评，进入天宝，开元盛世是怎样由盛转衰、朝政腐败、国事日非的。

君明臣贤是清平盛世的政治基础，反之君暗臣奸则政治昏暗。本卷所载，唐玄宗器重的大臣，李林甫险诈、杨慎矜敛财、安禄山骄狂、杨国忠无行，还有一个多才善奉承的杨贵妃，他们全都在天宝初登上政治舞台，唐玄宗在这一群人的包围下陶醉其间。这个时期的政治，君王怠政于上，奸臣为恶于下，于是开元的盛世风采，日益衰微。不过整体社会仍是一片太平景象，人口继续增长，政治腐败，集中在上层，突出的表现是朝政腐败，用四个字概括就是“君暗臣奸”。

君王昏暗是朝政腐败的第一主因。由开元步入天宝，唐玄宗的骄侈心膨胀，怠于政事而成昏主。当时唐朝强大，四境平静，而唐玄宗没有巩固张说裁减边兵的成果，反而扩充武备，欲用强力以威四夷，沿边置十节度使，国家常备边兵五十万，不仅加重了人民的负担，而且轻启边衅，发动与吐蕃的战争，唐军先胜后败，有损国威。安禄山滥杀奚人、契丹人，制造边衅自重其身，不断邀功请赏，欺蒙唐玄宗，暗中图谋不轨，唐玄宗不察、不觉、不信，养虎为患。其昏者一。唐玄宗炼丹求长生，迷信神仙，歌舞升平，人造符瑞，改元“天宝”，沉醉不醒。其昏者二。唐玄宗远贤人，亲小人。任用杨慎矜敛财，韦坚课税，民怨沸腾。李林甫领吏部，选举凌迟，有交白卷的魁首。如此奸相，唐玄宗一度要交权李林甫，差点重演燕王哙让位子之的闹剧。其昏者三。唐玄宗乱伦霸占儿媳，专宠杨贵妃，从此君王不早朝。杨贵妃堂兄杨国忠，无行无德，为乡里所不齿，因贵妃专宠而腾达，唐玄宗委以国政，大唐政权落入无赖之手，潜伏的祸乱不可避免。其昏者四。唐玄宗的这些昏聩之举，宠爱杨贵妃、纵欲怠政是最大的昏乱行为。为祸唐室、葬送开元盛世的最大的两个奸人，则是杨国忠与安禄山，均与杨贵妃直接关联。杨国忠，贵妃之兄；安禄山，贵妃义子。如果说唐高宗夺父之妾带来武则天登台，唐祚一度中断；那么唐玄宗霸占儿媳而有安史之乱，生民遭涂炭。春秋时楚平王抢夺儿媳招来鞭尸三百的报复，楚国差点灭亡。女宠乱政，这是旧史家的观点，把祸国殃民的罪责推给女人，颠倒了主次，当然不对，但不能全盘否定。君王昏聩，不爱江山爱美人，对历史负责的首要人物是昏君，所以本卷点评，天宝朝政腐败，第一个应被谴责的人就是唐玄宗李隆基。

天宝前期朝政腐败的第二个主因是奸相李林甫执政。李林甫“口蜜腹剑”，他敢

在唐玄宗身边安插耳目，了解皇上的一举一动。兵部侍郎卢绚仪态端庄，动静有节，一派大臣风度，唐玄宗有好感。绛州刺史严挺之有好名声，传到了唐玄宗的耳里。李林甫打探到了这些消息，害怕唐玄宗重用两人，李林甫用甜言蜜语拉拢卢绚和严挺之，替两人的前途策划，结果是两人钻入了他的圈套而被唐玄宗弃置。凡有才望能力高于自己的人，李林甫就巧设陷阱，把他们挤出权力核心。为了更有效地掌控朝政，李林甫又引用酷吏为爪牙。武则天时酷吏吉顼的侄儿吉温，还有一个杭州人罗希奭，两人生性严厉刻薄，见风转舵，有奶便是娘。李林甫引荐为殿中侍御史，两人感戴李林甫的提拔，卖身投靠为爪牙。吉温经常说："如果遇到知己，就是南山白额虎也要抓起来。"凡是李林甫所要加罪的人，两人罗织罪状，严刑逼供，没有人能够逃脱。当时的人称这两人为"罗钳吉网"。李林甫的狡诈与狠毒，震慑朝野，一手遮天，竟然得以善终，未被中途罢相，在有唐一代，也是罕见的。李林甫的得志，反衬唐玄宗的昏聩。一个唐玄宗，开元时为明皇，天宝时为昏主，判若两人。

天宝初，社会承平，仍是一番太平景象，人口增殖，生产发展。政治腐败，集中在上层。唐玄宗原本是纨绔子弟，英年有为，靠的是政变夺权，他不知稼穑之艰难，不懂创业之困苦，经历不能与唐太宗相比。唐玄宗长期执政，骄矜自满，一旦意沮，一头倒在石榴裙下，遂致国事不可为。

唐纪三十二

唐玄宗天宝六载至十二载（747—753 年）

【起强圉大渊献（丁亥，747 年）十二月，尽昭阳大荒落（癸巳，753 年），凡六年有奇】

【大事提要】

本卷记事起公元 747 年十二月，讫公元 753 年，凡六年又一个月。当唐玄宗天宝六载十二月到天宝十二载。天宝后期，唐朝社会承继盛世惯性，仍呈现升平发展的表象，而上层政治在急速恶化。唐玄宗整日沉湎在深宫逸乐，更加迷信神仙求长生，只听奉承话，不听逆耳之言，对国家大事毫不知情。安禄山黠猾奉迎，完全蒙蔽了唐玄宗的视听。杨慎矜聚敛，府库充盈，唐玄宗尽情挥霍，不知民众艰难。府兵制败坏，募兵制也积弊丛生，劲兵置于沿边，中原空虚，武备废弛，中央与地方，尾大不掉，国家已处于动乱边缘，而唐玄宗浑然不觉，还在做虚幻的强国之梦，喜听沿边胜利消息。边将用诈术滥杀无辜冒功，四周局势紧张。唐军征南诏、讨西域、袭契丹，全线败没。李林甫未去，又来了一个杨国忠争权倾轧，政治一团混乱。李林甫死后，杨国忠主政，身兼四十余职，贪贿渎职，甚于李林甫。杨国忠滥授职官，收买人心，吏治大坏。杨国忠交恶安禄山，唯恐安禄山不反，加速了动乱的来临。

【原文】

玄宗至道大圣大明孝皇帝下之上

天宝六载（丁亥，747 年）

十二月，己巳，上以仙芝为安西四镇节度使，征灵詧入朝，灵詧大惧。仙芝见灵詧，趋走如故，灵詧益惧。副都护京兆程千里、押牙毕思琛及行官王滔等，皆平日构仙芝于灵詧者也，仙芝面责千里、思琛曰："公面如男子，心如妇人，何也？"又捽滔等，欲笞之，既而皆释之，谓曰："吾素所恨于汝者，欲不言，恐汝怀忧；今既言之，则无事矣。"军中乃安。

初，仙芝为都知兵马使，猗氏人封常清，少孤贫，细瘦颣目，一足偏短，求为仙芝傔，不纳。常清日候仙芝出入，不离其门，凡数十日，仙芝不得已留之。会达奚部叛，夫蒙灵詧使仙芝追之，斩获略尽。常清私作捷书以示仙芝，皆仙芝心所欲言者，由是一府奇之。仙芝为节度使，即署常清判官，仙芝出征，常为留后。仙芝乳母子郑德诠为郎将，仙芝遇之如兄弟，使典家事，威行军中。常清尝出，德诠自后走马突之而过。常清至使院，使召德诠，每过一门，辄阖之，既至，常清离席谓曰："常清本出寒微，郎将所知。今日中丞命为留后，郎将何得于众中相陵突！"因叱之曰："郎将须暂死以肃军政。"遂杖之六十，面仆地，曳出。仙芝妻及乳母于门外号哭救之，不及，因以状白仙芝，仙芝览之，惊曰："已死邪？"及见常清，遂不复言，常清亦不之谢。军中畏之惕息。

（以上为第一段，写封常清敢于惩治节度使的傲慢家奴，胆识不凡。）

自唐兴以来，边帅皆用忠厚名臣，不久任，不遥领，不兼统，功名著者往往入为宰相。其四夷之将，虽才略如阿史那社尔、契苾何力犹不专大将之任，皆以大臣为使以制之。及开元中，天子有吞四夷之志，为边将者十余年不易，始久任矣；皇子则庆、忠诸王，宰相则萧嵩、牛仙客，始遥领矣；盖嘉运、王忠嗣专制数道，始兼统矣。李林甫欲杜边帅入相之路，以胡人不知书，乃奏言："文臣为将，怯当矢石，不若用寒畯

【语译】

玄宗至道大圣大明孝皇帝下之上

唐玄宗天宝六载（丁亥，747 年）

十二月二十八日己巳，玄宗任命高仙芝为安西四镇节度使，征召夫蒙灵詧入朝，灵詧非常恐惧。高仙芝见到灵詧，像以前一样快步行走，灵詧更加恐惧。副都护京兆人程千里、押牙毕思琛以及行官王滔等人，都是平常在灵詧面前陷害高仙芝的人，高仙芝当面斥责程千里、毕思琛说："公等面貌像个男子汉，内心却像个妇人，这是为什么？"又揪住王滔等人，想要鞭打他们，随后又把他们都放了，对他们说："我平素痛恨你们，不想说出来，又怕你们心怀忧惧；今天既然说出来了，那就没事了。"军中的人心便安定下来了。

当初，高仙芝做都知兵马使，猗氏人封常清，从小孤苦贫穷，身材瘦小，眼睛有点毛病，一只脚偏短，要求做高仙芝的侍从，高仙芝不同意。封常清每天等候高仙芝出入，不离开他家的门口，一共有几十天，高仙芝不得已而收留了他。碰上达奚部叛乱，夫蒙灵詧派高仙芝追击他们，把他们几乎都斩杀或俘获。封常清私自写了报捷的文书拿给高仙芝看，都是高仙芝心中所想要说的话，因此全府中的人都很看重封常清。高仙芝任节度使，马上就让封常清代理判官；高仙芝外出征战，封常清经常做留后。高仙芝奶妈的儿子郑德诠任郎将，高仙芝待他就像兄弟一样，让他主管家中事务，在军中很有威望。封常清有一次外出，郑德诠骑马从他身后飞奔而过。封常清到节度使办公大院，派人叫来郑德诠，每经过一道门，就马上把门关上，等他到后，封常清起身对他说："我封常清本来出身寒微，这是郎将所知道的，今天中丞让我做留后，郎将怎么能在大众面前冒犯我！"因此大声责骂他说："必须立刻将你处死以严肃军纪。"于是打了他六十大棍，面朝地躺着，拉了出去。高仙芝的妻子和奶妈在门外放声大哭，要救他，已来不及，就把详情写成状子交给高仙芝，高仙芝看后，大惊道："已经死了吗？"等见到封常清，又不提起这事，封常清也不谢罪。军中非常畏惧封常清。

自从唐朝开国以来，守边的将帅都任用忠厚而有名望的大臣，不长久任职，不遥领远地，不兼统他镇，功名显著的人往往入朝做宰相。那些周边四夷的将领，即使才干谋略像阿史那社尔、契苾何力也不能独任大将的职务，都用大臣做元帅来制约他们。等到开元年间，天子有吞并周边四夷的志向，担任边将的人十几年不调换，才开始长期任职。皇子如庆王、忠王等，宰相如萧嵩、牛仙客等，才开始遥领远地；盖嘉运、王忠嗣专权统制数道，才开始兼统他镇。李林甫想杜绝边帅入朝为相的道

胡人；胡人则勇决习战，寒族则孤立无党，陛下诚以恩洽其心，彼必能为朝廷尽死。”上悦其言，始用安禄山。至是，诸道节度尽用胡人，精兵咸戍北边，天下之势偏重，卒使禄山倾覆天下，皆出于林甫专宠固位之谋也。

（以上为第二段，写李林甫迎合唐玄宗骄侈心，多引胡人为边将，固位误国。）

七载（戊子，748年）

夏，四月，辛丑，左监门大将军、知内侍省事高力士加骠骑大将军。力士承恩岁久，中外畏之，太子亦呼之为兄，诸王公呼之为翁，驸马辈直谓之爷。自李林甫、安禄山辈皆因之以取将相。其家富厚不赀。于西京作宝寿寺，寺钟成，力士作斋以庆之，举朝毕集。击钟一杵，施钱百缗，有求媚者至二十杵，少者不减十杵。然性和谨少过，善观时俯仰，不敢骄横，故天子终亲任之，士大夫亦不疾恶也。

五月，壬午，群臣上尊号曰开元天宝圣文神武应道皇帝；赦天下，免百姓来载租庸，择后魏子孙一人为三恪。

六月，庚子，赐安禄山铁券。

度支郎中兼侍御史杨钊善窥上意所爱恶而迎之，以聚敛骤迁，岁中领十五余使。甲辰，迁给事中，兼御史中丞，专判度支事，恩幸日隆。

苏冕论曰：设官分职，各有司存。政有恒而易守，事归本而难失，经远之理，舍此奚据！洎奸臣广言利以邀恩，多立使以示宠，刻下民以厚敛，张虚数以献状；上心荡而益奢，人望怨而成祸；使天子有司守其位而无其事，受厚禄而虚其用。宇文融首唱其端，杨慎矜、王鉷继遵其轨，杨国忠终成其乱。仲尼云：宁有盗臣而无聚敛之臣。诚哉是言！前车既覆，后辙未改，求达化本，不亦难乎！

冬，十月，庚戌，上幸华清宫。

十一月，癸未，以贵妃姊适崔氏者为韩国夫人，适裴氏者为虢国夫

路，认为胡人没有什么文化，就上奏说："文臣做将军，害怕抵挡敌人的弓箭炮石，不如用贫寒质朴的胡人；胡人勇敢果决善于作战，出身寒族而孤立无朋党，陛下真诚地用恩惠去感召他们的心，他们就一定会替朝廷卖死命。"玄宗很喜欢这番话，开始任用安禄山。这时，各道的节度使全都任用胡人，精兵都戍守在北方的边境上，天下的势力都偏重北方，终于使安禄山颠覆天下，这都是由于李林甫想独占恩宠固守相位的阴谋所造成的。

唐玄宗天宝七载（戊子，748 年）

夏季，四月初二日辛丑，左监门大将军、知内侍省事高力士加官为骠骑大将军。高力士承蒙玄宗恩宠年岁已久，朝廷内外都畏惧他，太子也称他为"兄"，诸王公称他为"翁"，驸马辈竟称他为"爷"。即使是李林甫、安禄山这样的人也都凭借他才取得大将和宰相的位置。他家财富丰厚得不可胜数。在西京修建宝寿寺，寺内大钟铸成时，高力士作斋以庆贺，满朝的官员都来参加。用杵敲一下钟，布施一百缗钱，有讨好的人用杵敲到二十下，敲得少的也不少于十下。然而高力士的性格谦和谨慎很少有过错，善于观察形势并随时调整自己的行动，不敢骄傲蛮横，所以天子始终亲近信任他，士大夫们也不痛恨讨厌他。

五月十三日壬午，群臣上尊号称唐玄宗为开元天宝圣文神武应道皇帝；大赦天下，免除老百姓来年的租庸，选择后魏的子孙一人为三恪。

六月初一日庚子，赏赐安禄山铁券。

度支郎中兼侍御史杨钊善于窥视玄宗心中的好恶而迎合玄宗。因会聚敛钱财而屡次升迁，一年内担任了十五个以上的使职。初五日甲辰，升任给事中，兼御史中丞，专判度支事，蒙受玄宗的恩宠越来越隆盛。

苏冕评论说：朝廷设立官位分掌职事，各有专门的主管人员。政事有常规而容易遵守，事物归其根本而很少失误，管理国家长治久安的道理，除此之外还有什么依据！等到奸臣们大谈财利以求得恩幸，朝廷多设立使职以表示荣宠，苛刻老百姓以厚敛钱财，夸张虚假的数字向玄宗呈报。玄宗心情浮荡而更加奢侈，人民怨声载道最终酿成灾祸；使得天子和群臣各居其位而无所事事，享受厚禄而耗费国家的用度。宇文融首开其端，杨慎矜、王鉷仿效其后，杨国忠最终酿成大乱。孔子说：国家宁愿有盗窃的臣子也不要有聚敛的臣子。这话说得太对了！前面的车子已经翻了，后面的车子仍然不加更改，想要企及教化的根本，不也太困难了吗？

冬季，十月十三日庚戌，玄宗驾临华清宫。

十一月十七日癸未，封杨贵妃嫁给崔氏的姐姐为韩国夫人，嫁给裴氏的姐姐为

人，适柳氏者为秦国夫人。三人皆有才色，上呼之为姨，出入宫掖，并承恩泽，势倾天下。每命妇入见，玉真公主等皆让不敢就位。三姊与铦、锜五家，凡有请托，府县承迎，峻于制敕；四方赂遗，辐凑其门，惟恐居后，朝夕如市。十宅诸王及百孙院婚嫁，皆以钱千缗赂韩、虢使请，无不如志。上所赐与及四方献遗，五家如一。竞开第舍，极其壮丽，一堂之费，动逾千万；既成，见他人有胜己者，辄毁而改为。虢国尤为豪荡，一旦，帅工徒突入韦嗣立宅，即撤去旧屋，自为新第，但授韦氏以隙地十亩而已。中堂既成，召工圬墁，约钱二百万；复求赏技，虢国以绛罗五百段赏之，嗤而不顾，曰："请取蝼蚁、蜥蜴，记其数置堂中，苟失一物，不敢受直。"

十二月，戊戌，或言玄元皇帝降于朝元阁，制改会昌县曰昭应，废新丰入昭应。辛酉，上还宫。

哥舒翰筑神威军于青海上，吐蕃至，翰击破之。又筑城于青海中龙驹岛，谓之应龙城，吐蕃屏迹不敢近青海。

是岁，云南王归义卒，子阁罗凤嗣，以其子凤迦异为阳瓜州刺史。

（以上为第三段，写宦官高力士专宠，杨国忠满门贵盛，炙手可热。）

八载（己丑，749年）

春，二月，戊申，引百官观左藏，赐帛有差。是时州县殷富，仓库积粟帛，动以万计。杨钊奏请所在粜变为轻货，及征丁租地税皆变布帛输京师；屡奏帑藏充牣，古今罕俦，故上帅群臣观之，赐钊紫衣金鱼以赏之。上以国用丰衍，故视金帛如粪壤，赏赐贵宠之家，无有限极。

三月，朔方节度等使张齐丘于中受降城西北五百余里木剌山筑横塞军，以振远军使郑人郭子仪为横塞军使。

夏，四月，咸宁太守赵奉璋告李林甫罪二十余条；状未达，林甫知之，讽御史逮捕，以为妖言，杖杀之。

先是，折冲府皆有木契、铜鱼，朝廷征发，下敕书、契、鱼，都督、郡府参验皆合，然后遣之。自募置彍骑，府兵日益堕坏，死及逃亡者，

虢国夫人，嫁给柳氏的姐姐为秦国夫人。这三人都有才艺和美色，玄宗称呼她们为“姨”，进出宫廷，共同蒙受皇帝的恩泽，权势倾盖天下。每当三位夫人入宫拜见玄宗，玉真公主等人都谦让不敢就座。贵妃的三个姐姐与杨铦、杨锜五家，凡是遇有请托之事，府、县奉承逢迎，比玄宗的制命还要看重；四面八方的贿赂，汇集在他们家门，唯恐落在后面，从早到晚门庭若市。十宅各王以及百孙院遇有结婚或嫁女的事情，都用一千缗钱贿赂韩国夫人、虢国夫人让她们向唐玄宗请托，没有不如愿以偿的。唐玄宗所赏赐的以及四方所贡献的礼物，五家一样多。五家竞相修建府第宅舍，极其壮观华丽，一个厅堂的费用，动辄超过千万钱；已经建好，看见他人有胜过自己的，就毁掉重新修建。虢国夫人尤其豪奢放荡，有一天，带领工匠突然进入韦嗣立的家中，立刻撤掉旧屋，自建新房，仅仅给韦氏十亩闲地而已。中堂建成后，叫泥瓦工来涂饰墙壁，费用大约是二百万；泥工又要求奖赏技艺，虢国夫人用深红色的罗缎五百段赏给他们。泥工不屑一顾地讥笑说：“请您拿出一些蝼蚁、蜥蜴来，记下它们的数目放在堂中，如果失去一个，就不敢接受工钱。”

十二月初二日戊戌，有人说玄元皇帝降临在朝元阁，玄宗下制书改会昌县为昭应县，废新丰县把它并入昭应县。二十五日辛酉，玄宗回宫。

哥舒翰在青海旁建神威军，吐蕃来了，哥舒翰就击溃他们。又在青海中的龙驹岛上筑城，名为应龙城，吐蕃敛迹不敢靠近青海。

这一年，云南王归义死，儿子阁罗凤继位，任命其子凤迦异为阳瓜州刺史。

唐玄宗天宝八载（己丑，749年）

春季，二月十三日戊申，玄宗带领百官视察国库之一的左藏，赏赐绢帛各按等级差别。这时各州、县都很殷实富足，仓库里积累的粮食和布帛，动辄数以万计。杨钊奏请玄宗命令各州县就所在地把粮食卖出变换为轻货，连同所征收的丁租地税都变成布帛运往京城；并多次上奏说国库已堆满，古今极少有能和这样的富足相匹敌的，所以玄宗带领群臣前来察看，并赏赐杨钊紫衣金鱼以嘉奖他。玄宗因为财货丰富，因此把金银财帛视为粪土，赏赐富贵宠幸的家族，毫无限度。

三月，朔方节度等使张齐丘在中受降城西北五百余里木剌山建横塞军，任用振远军使郑人郭子仪为横塞军使。

夏季，四月，咸宁郡太守赵奉璋上告李林甫罪过二十余条。状子尚未送到，李林甫就知道了，暗示御史逮捕他，说他散布妖言，用木棍把他打死。

先前，折冲府都有木契、铜鱼，朝廷要征调军队，就下敕书、木契、铜鱼，都督、郡府会同检验木契、铜鱼都符合，然后才派遣军队。自从招募设置彍骑，府兵

有司不复点补；其六驮马牛、器械、糗粮，耗散略尽。府兵入宿卫者，谓之侍官，言其为天子侍卫也。其后本卫多以假人，役使如奴隶；长安人羞之，至以相诟病。其戍边者，又多为边将苦使，利其死而没其财。由是应为府兵者皆逃匿，至是无兵可交。五月，癸酉，李林甫奏停折冲府上下鱼书；是后府兵徒有官吏而已。其折冲、果毅，又历年不迁，士大夫亦耻为之。其彍骑之法，天宝以后，稍亦变废，应募者皆市井负贩、无赖子弟，未尝习兵。时承平日久，议者多谓中国兵可销，于是民间挟兵器者有禁；子弟为武官，父兄摈不齿。猛将精兵，皆聚于西北，中国无武备矣。

太白山人李浑等上言见神人，言金星洞有玉板石记圣主福寿之符，命御史中丞王𫟹入仙游谷求而获之。上以符瑞相继，皆祖宗休烈，六月，戊申，上圣祖号曰大道玄元皇帝，上高祖谥曰神尧大圣皇帝，太宗谥曰文武大圣皇帝，高宗谥曰天皇大圣皇帝，中宗谥曰孝和大圣皇帝，睿宗谥曰玄真大圣皇帝，窦太后以下皆加谥曰顺圣皇后。

辛亥，刑部尚书、京兆尹萧炅坐赃左迁汝阴太守。

上命陇右节度使哥舒翰帅陇右、河西及突厥阿布思兵，益以朔方、河东兵，凡六万三千，攻吐蕃石堡城。其城三面险绝，惟一径可上，吐蕃但以数百人守之，多贮粮食，积檑木及石，唐兵前后屡攻之，不能克。翰进攻数日不拔，召裨将高秀岩、张守瑜，欲斩之，二人请三日期可克；如期拔之，获吐蕃铁刃悉诺罗等四百人，唐士卒死者数万，果如王忠嗣之言。顷之，翰又遣兵于赤岭西开屯田，以谪卒二千戍龙驹岛，冬冰合，吐蕃大集，戍者尽没。

闰月，乙丑，以石堡城为神武军，又于剑南西山索磨川置保宁都护府。

丙寅，上谒太清宫。丁卯，群臣上尊号曰开元天地大宝圣文神武应道皇帝，赦天下。禘、祫自今于太清宫圣祖前设位序正。

秋，七月，册突骑施移拨为十姓可汗。

就日益颓变败坏，有死亡和逃跑的，有司也不再招点补充。所用的六驮马和牛、器械、干粮，都快消耗散失完了。府兵进入宿卫的，称之为侍官，就是说他是天子的守卫。后来各宿卫都把士卒借给他人，像奴隶一样役使他们。长安人感到很羞耻，以致经常加以嘲笑。那些戍守边疆的人，又多被守边的将领当苦役差使，希望害死他们而没收他们的钱财。因此应该当府兵的人都逃跑躲藏起来，到这时已经没有兵可交给朝廷了。五月初十日癸酉，李林甫奏请停止折冲府和朝廷间的上下铜鱼和敕书，以后府兵仅仅只有官吏而已。那些折冲、果毅等军官，又多年得不到升迁，士大夫也耻于担任那样的官职。所谓彍骑之法，天宝以后，也渐渐颓变废弃，应募参军的都是一些走乡穿镇的小贩和无赖子弟，从未练习过军事技能。当时天下太平的时间很长了，议论的人多半认为中原的兵器可以销毁，于是就禁止民间私藏兵器。家中有子弟做军官，父兄辈就排斥看不起。猛将精兵，都聚集在西北边境，中原一带已没有武备了。

太白山人李浑等上书称见到神人，说在金星洞有玉板石记载着圣主福寿的符命，玄宗命令御史中丞王铁去仙游谷寻求而得到了符命。玄宗认为符命瑞兆相继出现，都意味着祖宗流传下来的事业盛美。六月十五日戊申，尊圣祖老子称号为大道玄元皇帝，尊唐高祖谥号为神尧大圣皇帝，唐太宗谥号为文武大圣皇帝，唐高宗谥号为天皇大圣皇帝，唐中宗谥号为孝和大圣皇帝，唐睿宗谥号为玄真大圣皇帝，窦太后以下都加谥号为顺圣皇后。

六月十八日辛亥，刑部尚书、京兆尹萧炅因贪赃罪贬官为汝阴郡太守。

唐玄宗命令陇右节度使哥舒翰带领陇右、河西及突厥阿布思的部队，加上朔方、河东的部队，共六万三千人，攻打吐蕃石堡城。这座城三面险峻，只有一条路可以上去，吐蕃只用几百人守卫，贮存很多粮食，聚集檑木和炮石，唐朝军队前后多次攻打它，都不能攻克。哥舒翰进攻了好多天都不能攻下，召来裨将高秀岩、张守瑜，想要斩掉他们，他们两人请求再宽限三日一定攻克，结果如期攻下了，俘虏吐蕃铁刃悉诺罗等四百人，唐朝士兵死亡好几万人，果然如同王忠嗣所说的那样。不久，哥舒翰又派兵在赤岭西部开垦屯田，用贬谪的士兵二千人戍守龙驹岛，冬天湖水结冰，吐蕃大军汇集攻打，戍守的士兵全部战死。

闰六月初三日乙丑，以石堡城为神武军，又在剑南西山索磨川设置保宁都护府。

闰六月初四日丙寅，唐玄宗拜谒太清宫。初五日丁卯，君臣给唐玄宗加尊号为开元天地大宝圣文神武应道皇帝，赦免天下，禘祭、祫祭祖宗，从今以后在太清宫圣祖前依昭穆次序设置神位。

秋季，七月，册封突骑施移拨为十姓可汗。

八月，乙亥，护密王罗真檀入朝，请留宿卫；许之，拜左武卫将军。

冬，十月，乙丑，上幸华清宫。

十一月，乙未，吐火罗叶护失里怛伽罗遣使表称："朅师王亲附吐蕃，困苦小勃律镇军，阻其粮道。臣思破凶徒，望发安西兵，以来岁正月至小勃律，六月至大勃律。"上许之。

（以上为第四段，写唐承平日久，府兵制坏废，募兵制敷衍，武备松弛，劲兵备边，国内空虚。）

九载（庚寅，750 年）

春，正月，己亥，上还宫。

群臣屡表请封西岳，许之。

二月，杨贵妃复忤旨，送归私第。户部郎中吉温因宦官言于上曰："妇人识虑不远，违忤圣心，陛下何爱宫中一席之地，不使之就死，岂忍辱之于外舍邪？"上亦悔之，遣中使赐以御膳。妃对使者涕泣曰："妾罪当死，陛下幸不杀而归之。今当永离掖庭，金玉珍玩，皆陛下所赐，不足为献，惟发者父母所与，敢以荐诚。"乃翦发一缭而献之。上遽使高力士召还，宠待益深。

时诸贵戚竞以进食相尚，上命宦官姚思艺为检校进食使，水陆珍羞数千盘，一盘费中人十家之产。中书舍人窦华尝退朝，值公主进食，列于中衢，传呼按辔出其间；宫苑小儿数百奋梃于前，华仅以身免。

安西节度使高仙芝破朅师，虏其王勃特没。三月，庚子，立勃特没之兄素迦为朅师王。

上命御史大夫王𫟹凿华山路，设坛场于其上。是春，关中旱；辛亥，岳祠灾；制罢封西岳。

夏，四月，己巳，御史大夫宋浑坐赃巨万，流潮阳。初，吉温因李林甫得进；及兵部侍郎兼御史中丞杨钊恩遇浸深，温遂去林甫而附之，为钊画代林甫执政之策。萧炅及浑，皆林甫所厚也，求得其罪，使钊奏而逐之，以翦其心腹，林甫不能救也。

八月十四日乙亥，护密王罗真檀来朝，请求留下来保卫皇宫。唐玄宗允许了，任命他为左武卫将军。

冬季，十月初四日乙丑，玄宗驾临华清宫。

十一月初五日乙未，吐火罗叶护失里怛伽罗派使者上表声称："朅师王亲近归附吐蕃，使镇守小勃律的军队陷入困苦的境地，阻碍他们运粮的道路。臣下想要打败这些凶恶之徒，希望征调安西军队，明年正月到达小勃律，六月到达大勃律。"唐玄宗准许了。

唐玄宗天宝九载（庚寅，750年）

春季，正月初十日己亥，唐玄宗回宫。

群臣多次上表请求封西岳，唐玄宗准许了。

二月，杨贵妃又一次违背玄宗的意愿，被送回杨家私宅。户部郎中吉温通过宦官对玄宗说："妇道人家识见不周考虑不远，违背了陛下的心意，陛下何必爱惜宫中的一席之地，不让她死在宫中，怎么忍心把她弃置宫外蒙受耻辱呢？"唐玄宗也后悔了，派宦官赏赐御膳给她。贵妃对使者哭泣着说："臣妾的罪过当死，陛下哀怜不杀送回娘家。从今以后应当永远离开宫舍，金玉珍宝等物，都是陛下所赏赐的，不足以献给陛下。只有头发是父母所给的，才敢把它进献给陛下留作纪念以表示我的诚意。"于是就剪下一绺头发献给唐玄宗，玄宗连忙派高力士召贵妃回宫，对她宠爱更深。

当时贵戚们以竞相向宫中进献食品为时尚，唐玄宗任命宦官姚思艺为检校进食使，水中和陆地所出产的珍贵菜肴有几千盘，一盘的费用就相当中等人家十户的家产。中书舍人窦华有一次退朝回家，正碰上公主在进献食品。陈列在宫中的街道上，窦华传呼左右控制马的缰绳慢慢地从行列中通过；好几百个宫苑小子拿着木棍上前要打他，窦华只身逃脱。

安西节度使高仙芝击败朅师，俘虏其王勃特没。三月十二日庚子，立勃特没的哥哥素迦为朅师王。

唐玄宗命令御史大夫王鉷开凿华山的道路，在山上设立祭祀的坛场。这年春天，关中干旱。三月二十三日辛亥，西岳祠庙发生火灾，玄宗下制书停止封祭西岳。

夏季，四月十一日己巳，御史大夫宋浑因贪赃巨万，被流放潮阳。起初，吉温靠李林甫的关系得到进用，等到兵部侍郎兼御史中丞杨钊受玄宗恩宠礼遇日益深厚，吉温便离开李林甫而依附杨钊，替杨钊谋划替代李林甫执政的策略。萧炅和宋浑都是李林甫的亲信，吉温找到他们的罪过，让杨钊上奏而放逐他们，以翦除李林甫的

五月，乙卯，赐安禄山爵东平郡王。唐将帅封王自此始。

秋，七月，乙亥，置广文馆于国子监，以教诸生习进士者。

八月，丁巳，以安禄山兼河北道采访处置使。

朔方节度使张齐丘给粮失宜，军士怒，殴其判官；兵马使郭子仪以身捍齐丘，乃得免。癸亥，齐丘左迁济阴太守，以河西节度使安思顺权知朔方节度事。

辛卯，处士崔昌上言："国家宜承周、汉，以土代火；周、隋皆闰位，不当以其子孙为二王后。"事下公卿集议。集贤殿学士卫包上言："集议之夜，四星聚于尾，天意昭然。"上乃命求殷、周、汉后为三恪，废韩、介、酅公；以昌为左赞善大夫，包为虞部员外郎。

冬，十月，庚申，上幸华清宫。

太白山人王玄翼上言见玄元皇帝，言宝仙洞有妙宝真符。命刑部尚书张均等往求，得之。时上尊道教，慕长生，故所在争言符瑞，群臣表贺无虚月。李林甫等皆请舍宅为观以祝圣寿，上悦。

（以上为第五段，写唐玄宗信奉神仙道教，醉心于符兆，与杨贵妃日处深宫逸乐，而国事日非。）

安禄山屡诱奚、契丹，为设会，饮以莨菪酒，醉而坑之，动数千人，函其酋长之首以献，前后数四。至是请入朝，上命有司先为起第于昭应。禄山至戏水，杨钊兄弟姊妹皆往迎之，冠盖蔽野；上自幸望春宫以待之。辛未，禄山献奚俘八千人，上命考课之日书上上考。前此听禄山于上谷铸钱五垆，禄山乃献钱样千缗。

杨钊，张易之之甥也，奏乞昭雪易之兄弟。庚辰，制引易之兄弟迎中宗于房陵之功，复其官爵；仍赐一子官。

钊以图谶有"金刀"，请更名；上赐名国忠。

十二月，乙亥，上还宫。

心腹，李林甫不能救助他们。

五月二十八日乙卯，赐封安禄山东平郡王爵位。唐朝将帅封王从这时开始。

秋季，七月十三日乙亥，在国子监里增置广文馆，用以教导准备考进士科目的学生。

八月初一日丁巳，任命安禄山兼河北道采访处置使。

朔方节度使张齐丘供应粮食不当，军士们愤怒，殴打他的判官。兵马使郭子仪用身体护卫张齐丘，他才免遭挨打。八月初七日癸亥，张齐丘贬官济阴郡太守，让河西节度使安思顺代理朔方节度使。

九月三十日辛卯，处士崔昌向唐玄宗进言说："国家应当直接继承周朝、汉朝，以土德代替火德。北周、隋朝都是非正统的帝位，不应该让他们的子孙为二王的后人。"唐玄宗就把此事交给公卿们集会商议。集贤殿学士卫包向玄宗进言说："集会商议的那天夜晚，有四颗星聚集在尾宿上，天意已经很明白了。"唐玄宗于是下令寻找殷朝、周朝、汉朝王族后裔为三恪，废弃韩公、介公、酅公；任命崔昌为左赞善大夫，卫包为虞部员外郎。

冬季，十月初五日庚申，唐玄宗驾临华清宫。

太白山人王玄翼上书唐玄宗说见到玄元皇帝老子，并声称宝仙洞里有妙宝真符。玄宗命令刑部尚书张均等人前往寻找，找到了它。当时玄宗尊崇道教，企慕长生，所以到处都争相上言宝符瑞兆，群臣没有一个月不上表祝贺的。李林甫等人都请求捐献自己的宅第作为道观来向玄宗祝寿，玄宗很高兴。

安禄山多次诱骗奚和契丹人，为他们设宴聚会，把莨菪酒给他们饮，等他们喝醉了就活埋掉，动辄就坑杀几千人。又把他们酋长的首级装在盒子里进献给朝廷，前后这样做了多次。到了这时安禄山要求入朝，玄宗命令有关部门事先在昭应替他修建宅第。安禄山到达戏水，杨钊兄弟姐妹都前往迎接他。车马冠盖满山遍野，玄宗也亲临望春宫接待他。十月十六日辛未，安禄山进献奚俘虏八千人，唐玄宗命令在考核官吏功绩的时候记为上上考。在此以前朝廷听任安禄山在上谷铸钱五垆，于是安禄山向朝廷进献所铸钱的样品一千缗。

杨钊，是张易之的外甥，他向玄宗奏请替张易之兄弟平反昭雪。十月二十五日庚辰，唐玄宗下制书援引张易之兄弟在房陵迎接中宗的功劳，恢复他们的官爵，并赐给他们的一个儿子官位。

杨钊因图谶书上有"金刀"字样，请求更改名字，玄宗赐名国忠。

十二月二十日乙亥，玄宗回宫。

关西游弈使王难得击吐蕃，克五桥，拔树敦城；以难得为白水军使。

安西四镇节度使高仙芝伪与石国约和，引兵袭之，虏其王及部众以归，悉杀其老弱。仙芝性贪，掠得瑟瑟十余斛，黄金五六橐驼，其余口马杂货称是，皆入其家。

杨国忠德鲜于仲通，荐为剑南节度使。仲通褊急，失蛮夷心。

故事，南诏常与妻子俱谒都督，过云南，云南太守张虔陀皆私之。又多所征求，南诏王阁罗凤不应，虔陀遣人詈辱之，仍密奏其罪。阁罗凤急忿怨，是岁，发兵反，攻陷云南，杀虔陀，取夷州三十二。

（以上为第六段，写唐玄宗好大喜功，边将以诈术杀戮周边民族百姓以冒功。）

十载（辛卯，751 年）

春，正月，壬辰，上朝献太清宫；癸巳，朝享太庙；甲子，合祭天地于南郊，赦天下，免天下今载地税。

丁酉，命李林甫遥领朔方节度使，以户部侍郎李暐知留后事。

庚子，杨氏五宅夜游，与广平公主从者争西市门，杨氏奴挥鞭及公主衣，公主坠马，驸马程昌裔下扶之，亦被数鞭。公主泣诉于上，上为之杖杀杨氏奴。明日，免昌裔官，不听朝谒。

上命有司为安禄山治第于亲仁坊，敕令但穷壮丽，不限财力。既成，具幄帟器皿，充牣其中，有帖白檀床二，皆长丈，阔六尺；银平脱屏风，帐方丈六尺；于厨厩之物皆饰以金银，金饭罂二，银淘盆二，皆受五斗，织银丝筐及笊篱各一；他物称是。虽禁中服御之物，殆不及也。上每令中使为禄山护役，筑第及造储偫赐物，常戒之曰：“胡眼大，勿令笑我。”

禄山入新第，置酒，乞降墨敕请宰相至第。是日，上欲于楼下击毬，遽为罢戏，命宰相赴之。日遣诸杨与之选胜游宴，侑以梨园教坊乐。上每食一物稍美，或后苑校猎获鲜禽，辄遣中使走马赐之，络绎于路。

关西游弈使王难得进攻吐蕃，攻克五桥，打下树敦城，任命王难得为白水军使。

安西四镇节度使高仙芝假装与石国缔结和约，带兵去偷袭它，俘虏了石国的国王及众多部下而回来，把那些年老和体弱的人都杀了。高仙芝性情贪婪，抢得十几斛碧珠，五六骆驼驮的黄金，还有与此价值数量相当的其他的人口马匹杂货，这些都归他自家所有。

杨国忠感谢鲜于仲通，推荐他做剑南节度使。鲜于仲通性格狭隘脾气急躁，失去蛮夷的人心。

按以往惯例，南诏王常带着妻子一起去拜谒都督，经过云南时，云南太守张虔陀都和他们的妻子私通。又过多地向南诏征求财物，南诏王阁罗凤不答应，张虔陀便派人去辱骂他，同时又秘密向玄宗奏报他的罪过。阁罗凤非常愤怒怨恨，这一年，他发兵反叛，攻陷了云南，杀死张虔陀，夺取了西南夷归附唐朝的三十二个州。

唐玄宗天宝十载（辛卯，751 年）

春季，正月初八日壬辰，玄宗朝拜祭献太清宫。初九日癸巳，玄宗朝拜享祭太庙。初十甲子，在南郊合祭天地之神，赦免天下，免除天下今年的地税。

正月十三日丁酉，任命李林甫遥领朔方节度使，让户部侍郎李暐主管留后事务。

正月十六日庚子，杨铦、杨锜及韩国、虢国、秦国三夫人等五家夜晚出游，与广平公主的随从争强西市门，杨家的奴仆挥动鞭子打到了公主的衣服，公主从马上掉下来，驸马程昌裔下马搀扶她，也被打了好几鞭子。公主哭着向玄宗诉说，玄宗因此把杨家的奴仆用棍打死。第二天，免去程昌裔的官职，不必上朝听政也不必拜谒。

唐玄宗命令有关部门在亲仁坊替安禄山修建宅第，下敕书命令只管尽量修得壮观华丽，不管花多少财力物力。宅第修好后，各种篷帐帷幕器皿，充满宅第中，有贴白玉的檀木床两张，都是一丈长，六尺宽；一个银平脱屏风帐，一丈六尺见方；厨房马厩中的东西都用金银装饰起来，有金饭罂两个，银淘米盆两个，都可以一次盛放五斗米，用银丝编织的筐子和笊篱一样一个，其他的物品也都和上述物品相称。就是皇宫中使用的东西，大概也比不上吧。玄宗每次命令宫中使者替安禄山监督工役、建筑宅第以及制造储备赏赐物品，经常告诫他们说：“胡人的眼界很大，不要让他笑话我们小气。”

安禄山入住新宅，设酒宴，请玄宗下墨敕让宰相到新宅来。这一天，玄宗本想在楼下打毬，于是立刻停止游戏，命令宰相前往赴宴。每天派遣杨家的人和他一起选择名胜之地游玩宴饮，并让梨园子弟演奏教坊音乐为他们助兴。玄宗每当吃到一种食物有点甘美，或者后苑中打猎获得新鲜的禽鸟，就派宫中使者骑马飞奔送去，

甲辰，禄山生日，上及贵妃赐衣服、宝器、酒馔甚厚。后三日，召禄山入禁中，贵妃以锦绣为大襁褓，裹禄山，使宫人以彩舆舁之。上闻后宫欢笑，问其故，左右以贵妃三日洗禄儿对。上自往观之，喜，赐贵妃洗儿金银钱，复厚赐禄山，尽欢而罢。自是禄山出入宫掖不禁，或与贵妃对食，或通宵不出，颇有丑声闻于外，上亦不疑也。

安西节度使高仙芝入朝，献所擒突骑施可汗、吐蕃酋长、石国王、朅师王。加仙芝开府仪同三司。寻以仙芝为河西节度使，代安思顺；思顺讽群胡割耳𠢕面请留己，制复留思顺于河西。

安禄山求兼河东节度。二月，丙辰，以河东节度使韩休珉为左羽林将军，以禄山代之。

户部郎中吉温见禄山有宠，又附之，约为兄弟。说禄山曰："李右丞相虽以时事亲三兄，不必肯以兄为相；温虽蒙驱使，终不得超擢。兄若荐温于上，温即奏兄堪大任，共排林甫出之，为相必矣。"禄山悦其言，数称温才于上，上亦忘曩日之言。会禄山领河东，因奏温为节度副使、知留后，以大理司直张通儒为留后判官，河东事悉以委之。

是时，杨国忠为御史中丞，方承恩用事。禄山登降殿阶，国忠常扶掖之。禄山与王𫓺俱为大夫，𫓺权任亚于李林甫。禄山见林甫，礼貌颇倨。林甫阳以他事召王大夫，𫓺至，趋拜甚谨；禄山不觉自失，容貌益恭。林甫与禄山语，每揣知其情，先言之，禄山惊服。禄山于公卿皆慢侮之，独惮林甫，每见，虽盛冬，常汗沾衣。林甫乃引与坐于中书厅，抚以温言，自解披袍以覆之。禄山忻荷，言无不尽，谓林甫为十郎。既归范阳，刘骆谷每自长安来，必问："十郎何言？"得美言则喜；或但云"语安大夫，须好检校！"辄反手据床曰："噫嘻，我死矣！"

禄山既兼领三镇，赏刑己出，日益骄恣。自以曩时不拜太子，见上

道路上来往马匹络绎不绝。

正月二十日甲辰，是安禄山生日，唐玄宗和杨贵妃赏赐的衣服、宝器、酒食非常丰厚。过了三天，叫安禄山进入宫中，杨贵妃用锦绣做了一个包小孩的大包被，裹住安禄山，让宫女用花桥抬着他。皇帝听到后宫里欢声笑语，就问是什么缘故，左右的人回答说是贵妃替禄儿洗三日澡。玄宗亲自前往观看，很高兴，赏赐贵妃洗儿金银钱，又重重地赏赐安禄山，尽情地欢乐以后才散去。从此安禄山出入宫舍毫无禁止，有时与杨贵妃对坐吃饭，有时通宵也不出宫，有不少丑闻传到外面，玄宗也不起疑心。

安西节度使高仙芝入朝，进献所俘获的突骑施可汗、吐蕃酋长、石国王、朅师王。玄宗加任高仙芝开府仪同三司。不久又任命高仙芝为河西节度使，代替安思顺。安思顺劝各部族胡人用刀割耳朵划破脸请求留住自己，唐玄宗下制书又把安思顺留在河西。

安禄山请求兼任河东节度使。二月初二日丙辰，任命河东节度使韩休珉为左羽林将军，让安禄山代替他做河东节度使。

户部郎中吉温看到安禄山得到唐玄宗的宠信，又去依附他，同他结为兄弟。他劝安禄山说："李右丞相虽然识时务亲近你，但不一定愿意让你为宰相。我吉温虽蒙驱使，始终得不到越级提拔。兄若推荐给皇帝，我吉温马上上奏皇帝说兄能够担当大任，我们一起把李林甫排挤出朝廷，兄就一定能够做宰相了。"安禄山听了他的话感到很高兴，多次在玄宗面前称赞吉温的才干，玄宗也忘记了过去说的话。等到安禄山领河东节度使，借机奏请吉温为节度副使、知留后，让大理司直张通儒为留后判官，河东道的事务完全委任他们处理。

这时，杨国忠任御史中丞，正受皇恩管理政事。安禄山上下宫殿的台阶，杨国忠常常去搀扶他。安禄山与王𫓩都为大夫，王𫓩的权力职位次于李林甫。安禄山看见李林甫，相当傲慢。李林甫假装有别的事叫王大夫，王𫓩来后，趋步礼拜非常恭敬；安禄山不自觉地感到自我失措，态度也渐渐恭敬。李林甫与安禄山谈话，每每揣摸了解到他的心思，就事先说出来，安禄山惊奇佩服。安禄山对朝廷公卿都加以轻慢侮辱，唯独害怕李林甫，每次相见，即使是隆冬严寒时，也常常汗湿衣服。李林甫就引着他坐在中书省的厅堂里，用温和的言语安抚他，亲自解下自己的披袍披在安禄山身上。安禄山心悦诚服，对李林甫言无不尽，称林甫为十郎。回到范阳后，刘骆谷每次从长安回来，安禄山必定要问："十郎说了什么？"听到美好的言语就高兴；有时只说："告诉安大夫，要好自检点！"安禄山就把手背在身后靠着床说："哎呀，我要死了！"

安禄山兼领三镇节度使后，赏罚出自一己之手，一天天地骄傲放肆起来。自以

春秋高，颇内惧；又见武备堕弛，有轻中国之心。孔目官严庄、掌书记高尚因为之解图谶，劝之作乱。

禄山养同罗、奚、契丹降者八千余人，谓之“曳落河”。曳落河者，胡言壮士也。及家僮百余人，皆骁勇善战，一可当百。又畜战马数万匹，多聚兵仗，分遣商胡诣诸道贩鬻，岁输珍货数百万。私作绯紫袍、鱼袋，以百万计。以高尚、严庄、张通儒及将军孙孝哲为腹心，史思明、安守忠、李归仁、蔡希德、牛廷玠、向润容、李庭望、崔乾祐、尹子奇、何千年、武令珣、能元皓、田承嗣、田乾真、阿史那承庆为爪牙。尚，雍奴人，本名不危，颇有辞学，薄游河朔，贫困不得志，常叹曰：“高不危当举大事而死，岂能啮草根求活邪！”禄山引置幕府，出入卧内。尚典笺奏，庄治簿书。通儒，万岁之子；孝哲，契丹也。承嗣世为卢龙小校，禄山以为前锋兵马使。尝大雪，禄山按行诸营，至承嗣营，寂若无人，入阅士卒，无一人不在者，禄山以是重之。

（以上为第七段，写安禄山狡黠，深得唐玄宗、杨贵妃宠信，被任命为平卢、范阳、河东三镇节度使而轻视唐室，遂有叛逆之心。）

夏，四月，壬午，剑南节度使鲜于仲通讨南诏蛮，大败于泸南。时仲通将兵八万分二道出戎、巂州，至曲州、靖州。南诏王阁罗凤谢罪，请还所俘掠，城云南而去，且曰：“今吐蕃大兵压境，若不许我，我将归命吐蕃，云南非唐有也。”仲通不许，囚其使。进军至西洱河，与阁罗凤战，军大败，士卒死者六万人，仲通仅以身免。杨国忠掩其败状，仍叙其战功。阁罗凤敛战尸，筑为京观，遂北臣于吐蕃。蛮语谓弟为“钟”，吐蕃命阁罗凤为“赞普钟”，号曰东帝，给以金印。阁罗凤刻碑于国门，言己不得已而叛唐，且曰：“我世世事唐，受其封爵，后世容复归唐，当指碑以示唐使者，知吾之叛非本心也。”

制大募两京及河南、北兵以击南诏；人闻云南多瘴疠，未战士卒死者什八九，莫肯应募。杨国忠遣御史分道捕人，连枷送诣军所。旧制，百姓有勋者免征役，时调兵既多，国忠奏先取高勋。于是行者愁怨，父母妻子送之，所在哭声振野。

为过去不跪拜太子，看到玄宗现在年事已高，内心非常恐慌；又看到朝廷武备弛废，便产生轻视中原的念头。孔目官严庄、掌书记高尚趁机替他讲解图谶书，劝他谋反作乱。

安禄山收养了同罗、奚、契丹各部族投降者八千多人，称他们为“曳落河”。所谓曳落河，胡语是壮士的意思。另有家僮一百多人，都骁勇善战，一可当百。他又蓄养战马好几万匹，聚集很多的兵器，分别派遣胡族商人到各道去贩卖做生意，每年运回珍贵的货物好几百万。私下制作绯紫袍、鱼袋，数以百万计。以高尚、严庄、张通儒及将军孙孝哲为心腹，以史思明、安守忠、李归仁、蔡希德、牛廷玠、向润容、李庭望、崔乾祐、尹子奇、何千年、武令珣、能元皓、田承嗣、田乾真、阿史那承庆为爪牙。高尚，是雍奴人，本名叫不危，很有文学修养，在河朔一带过着卑微的游宦生活，贫穷困苦很不得志，经常感叹说：“我高不危应当做大事而死，怎么能够靠吃草根活命呢？”安禄山把他请来安置在幕府里，出入卧房。高尚主管笺表奏章，严庄负责文书簿籍。张通儒，是张万岁的儿子；孙孝哲，是契丹人。田承嗣世世代代都是卢龙的小校尉，安禄山任命他为前锋兵马使。有一次下大雪，安禄山到各军营去巡视，到了田承嗣的军营，安静得就好像没有人一样，进去检阅士兵，没有一个人不在场，安禄山因此很看重他。

夏季，四月三十日壬午，剑南节度使鲜于仲通征讨南诏蛮，在泸水以南大败。当时鲜于仲通率领八万兵马分两路从戎州、巂州进军，到达曲州和靖州。南诏王阁罗凤向唐朝谢罪，请求归还所俘获的人员以及所掠夺的东西，修复云南城然后退回南诏，并且说：“当今吐蕃大兵压境，如果不允许我的请求，我就将归附于吐蕃，那么云南就不属于唐朝所有了。”鲜于仲通不同意他的请求，并囚禁了他的使者。进军到西洱河，与阁罗凤交战，唐军大败，士卒死了六万人，鲜于仲通仅仅只身逃脱。杨国忠掩盖他战败的实际情况，仍然记录他的战功。阁罗凤收殓战死的唐兵尸体，修筑了一个很高的土堆，于是北面向吐蕃称臣。蛮语称弟弟为“钟”，吐蕃任命阁罗凤为“赞普钟”，号称东帝，给他金印。阁罗凤在都城的大门前刻了一座石碑，说明自己不得已而背叛唐朝，并且说：“我世世代代事奉唐朝，接受唐朝的封爵，后世容许再归附唐朝，可以指着这个碑给唐朝的使者看，让他们知道我之所以背叛唐朝实非本意。”

唐玄宗下制书大量征募两京及河南、河北的士兵去攻打南诏；人们听说云南的瘴气瘟疫很厉害，还未开战士卒就已经死了十之八九，没有人愿意应募。杨国忠派御史到各地去抓壮丁，用枷锁着送到军营里去。按过去的制度，老百姓中有功勋的人免除出征打仗的兵役，因为当时调集的军队已经很多了，杨国忠便奏请玄宗先选

高仙芝之虏石国王也，石国王子逃诣诸胡，具告仙芝欺诱贪暴之状。诸胡皆怒，潜引大食欲共攻四镇。仙芝闻之，将蕃、汉三万众击大食，深入七百余里，至恒罗斯城，与大食遇。相持五日，葛罗禄部众叛，与大食夹攻唐军，仙芝大败，士卒死亡略尽，所余才数千人。右威卫将军李嗣业劝仙芝宵遁。道路阻隘，拔汗那部众在前，人畜塞路；嗣业前驱，奋大梃击之，人马俱毙，仙芝乃得过。

将士相失，别将汧阳段秀实，闻嗣业之声，诟曰："避敌先奔，无勇也；全己弃众，不仁也。幸而得达，独无愧乎！"嗣业执其手谢之，留拒追兵，收散卒，得俱免。还至安西，言于仙芝，以秀实兼都知兵马使，为己判官。

八月，丙辰，武库火，烧兵器三十七万。

安禄山将三道兵六万以讨契丹，以奚骑二千为乡导。过平卢千余里，至土护真水，遇雨。禄山引兵昼夜兼行三百余里，至契丹牙帐，契丹大骇。时久雨，弓弩筋胶皆弛，大将何思德言于禄山曰："吾兵虽多，远来疲弊，实不可用，不如按甲息兵以临之，不过三日，虏必降。"禄山怒，欲斩之，思德请前驱效死。思德貌类禄山，虏争击，杀之，以为已得禄山，勇气增倍。奚复叛，与契丹合，夹击唐兵，杀伤殆尽。射禄山，中鞍，折冠簪，失履，独与麾下二十骑走；会夜，追骑解，得入师州。归罪于左贤王哥解、河东兵马使鱼承仙而斩之。

平卢兵马使史思明惧，逃入山谷近二旬，收散卒，得七百人。平卢守将史定方将精兵二千救禄山，契丹引去，禄山乃得免。至平卢，麾下皆亡，不知所出。史思明出见禄山，禄山喜，起，执其手曰："吾得汝，复何忧！"思明退，谓人曰："向使早出，已与哥解并斩矣。"契丹围师州，禄山使思明击却之。

冬，十月，壬子，上幸华清宫。

取功勋高的人服兵役。因此被征募远行的人愁苦怨恨，父母妻小为他们送行，到处哭声震动原野。

高仙芝俘虏石国王的时候，石国王的儿子逃到各个胡人部落中去，向胡人详细报告高仙芝欺诈诱骗和贪婪凶暴的情形。各个胡族部落大怒，暗中联络大食想一同进攻四镇。高仙芝听说这个消息，率领蕃兵和汉兵三万多人进攻大食，深入七百多里，到达怛罗斯城，与大食的军队相遇。相互对峙了五天。葛罗禄的部队叛变，与大食军队夹攻唐军，高仙芝大败，士卒差不多全部死亡了，只剩下几千人。右威卫将军李嗣业劝高仙芝趁黑夜逃跑。道路狭窄，拔汗那的部队挡在前面，人和牲畜堵塞了道路；李嗣业在前面开路，举着大棍猛打，人马都被打死，高仙芝才得以通过。

将军和士兵相互失散，别将汧阳人段秀实听到李嗣业的声音，大骂道："躲避敌人率先逃跑，毫无勇气；保全自己抛弃大家，毫无仁义。即使侥幸得以逃脱，难道不感到惭愧吗？"李嗣业握着他的手谢罪，留下来抗拒追兵，收拾散兵，才得以全部脱身。回到安西，李嗣业把这事告诉高仙芝，高仙芝让段秀实兼都知兵马使，做自己的判官。

八月初六日丙辰，武库失火，烧毁兵器三十七万件。

安禄山率领幽州、平卢、河东三道兵马六万人去征讨契丹，让奚族骑兵二千人做向导。过了平卢一千多里，到达土护真水，遇到大雨。安禄山率领兵马昼夜兼行三百多里，到达契丹统帅的营帐前，契丹大惊。当时因大雨绵绵，弓弩的筋胶都松弛了，大将何思德对安禄山说："我们的兵马虽然很多，但是从远方赶来非常疲惫，实际上不能马上作战，不如暂时按兵不动休息调整以此来围攻紧逼，不出三天，敌人一定投降。"安禄山大怒，要斩杀他，何思德请求打前锋以死相报。何思德的相貌很像安禄山，敌人争相进攻，把他杀死，以为已经杀了安禄山，勇气倍增。奚人又背叛唐军，与契丹人联合，夹攻唐军，唐军几乎全部被杀死或杀伤。敌人箭射安禄山，射中他的马鞍，折断冠帽上的簪子，安禄山丢掉了鞋子，仅仅和部下二十人骑马逃走。到了夜晚，追赶的敌人骑兵松懈散去，安禄山等人才得以进入师州。安禄山把这次战败归罪于左贤王哥解和河东兵马使鱼承仙而把他们杀了。

平卢兵马使史思明很害怕，逃进山谷中近二十天，收拾散兵，得到七百人。平卢守将史定方率领精兵两千人援救安禄山，契丹撤兵，安禄山才得以脱身。到了平卢，部下都死亡散失了，不知如何是好。史思明出来见安禄山，安禄山很高兴，握着他的手说："我得到了你，还有什么忧愁呢？"史思明退出后，对别人说："假使我早些出来，就已经和哥解一起被杀了。"契丹包围师州，安禄山派史思明击退了他们。

冬季，十月初三日壬子，玄宗驾临华清宫。

杨国忠使鲜于仲通表请己遥领剑南；十一月，丙午，以国忠领剑南节度使。

（以上为第八段，写唐军征南诏、讨西域、袭契丹，全线败北。）

十一载（壬辰，752 年）

春，正月，丁亥，上还宫。

二月，庚午，命有司出粟帛及库钱数十万缗于两市易恶钱。先是，江、淮多恶钱，贵戚大商往往以良钱一易恶钱五，载入长安，市井不胜其弊，故李林甫奏请禁之，官为易取，期一月，不输官者罪之。于是商贾嚣然，不以为便。众共遮杨国忠马自言，国忠为之言于上，乃更命非铅锡所铸及穿穴者，皆听用之如故。

三月，安禄山发蕃、汉步骑二十万击契丹，欲以雪去秋之耻。初，突厥阿布思来降，上厚礼之，赐姓名李献忠，累迁朔方节度副使，赐爵奉信王。献忠有才略，不为安禄山下，禄山恨之；至是，奏请献忠帅同罗数万骑，与俱击契丹。献忠恐为禄山所害，白留后张晫，请奏留不行，晫不许。献忠乃帅所部大掠仓库，叛归漠北，禄山遂顿兵不进。

乙巳，改吏部为文部，兵部为武部，刑部为宪部。

户部侍郎、御史大夫、京兆尹王𫟹，权宠日盛，领二十余使。宅旁为使院，文案盈积，吏求署一字，累日不得前；中使赐赉不绝于门，虽李林甫亦畏避之。林甫子岫为将作监，𫟹子准为卫尉少卿，俱供奉禁中。准陵侮岫，岫常下之。然𫟹事林甫谨，林甫虽忌其宠，不忍害也。

准尝帅其徒过驸马都尉王繇，繇望尘拜伏；准挟弹命中于繇冠，折其玉簪，以为戏笑。既而繇延准置酒；繇所尚永穆公主，上之爱女也，为准亲执刀匕。准去，或谓繇曰："鼠虽挟其父势，君乃使公主为之具食，有如上闻，无乃非宜？"繇曰："上虽怒无害，至于七郎，死生所系，不敢不尔。"

杨国忠要鲜于仲通上表请求玄宗让自己遥领剑南节度使。十一月二十七日丙午，唐玄宗任命杨国忠领剑南节度使。

唐玄宗天宝十一载（壬辰，752年）

春季，正月初九日丁亥，玄宗回宫。

二月二十二日庚午，命令有关部门拿出粟米布帛以及国库里好几十万缗钱在两市交换恶钱。先前，江、淮一带有很多恶钱，朝廷的贵戚和大商人往往用一个好钱换五个恶钱，运到长安来使用，市井百姓受害极大。因此李林甫奏请唐玄宗加以禁止，官府出面交换兑取，期限一个月，逾期不把恶钱交给官府换好钱的人要治罪。于是商人们大吵大闹，认为很不方便。大家一起拦住杨国忠的马向他求情，杨国忠替他们在玄宗面前说话，于是就更改命令，凡不是用铅、锡所铸造的以及穿孔的钱，都可以像以前一样随便使用。

三月，安禄山调遣蕃汉步兵、骑兵二十万攻打契丹，想要雪洗去年秋天的耻辱。当初，突厥阿布思来投降，玄宗很优厚地礼待他，赐他姓名为李献忠，多次提拔他官至朔方节度副使，赐封他奉信王的爵位。李献忠很有才干和谋略，不愿屈居安禄山之下，安禄山很恨他。这时，奏请玄宗让李献忠率领同罗好几万骑兵，与他一起攻打契丹。李献忠担心遭到安禄山的陷害，告诉留后张晫，请他奏请玄宗让自己留下不参加这次军事行动，张晫不答应。李献忠于是就带领他的部下大肆抢掠仓库，背叛朝廷回到漠北，安禄山也因此按兵不动。

三月二十八日乙巳，把吏部改为文部，把兵部改为武部，把刑部改为宪部。

户部侍郎、御史大夫、京兆尹王鉷，权势和恩宠一天比一天隆盛，兼领二十多个官职。住的住宅旁边就是使院，文书案卷堆得满满的，官吏为了请他签一个字，好几天都不能接近。宫中使者赐送物品不绝于家门，即使是李林甫也是畏避他几分。李林甫的儿子李岫做将作监，王鉷的儿子王准任卫尉少卿，都在宫中供职。王准欺侮李岫，李岫常忍气吞声。然而王鉷事奉李林甫很恭敬，李林甫虽然嫉恨他受玄宗的恩宠，但也不忍心陷害他。

王准曾经带领他的部下去拜访驸马都尉王繇，王繇望着车驾叩拜王准，王准拿着弹弓射中王繇的帽子，折断帽子上的玉簪，以此为游戏玩笑。接着王繇设酒宴款待王准；王繇所娶的永穆公主，是玄宗的爱女，她亲自替王准拿刀子和汤匙。王准走后，有人对王繇说："鼠辈虽然依仗他父亲的权势，你却叫公主伺候他吃饭，如果让皇上知道了，那不是很不好吗？"王繇说："皇上虽然生气却没有什么妨害，至于王鉷，那是关系到个人生死大事，不敢不这样做啊。"

铁弟户部郎中焊，凶险不法，召术士任海川问："我有王者之相否？"海川惧，亡匿。铁恐事泄，捕得，托以他事杖杀之。王府司马韦会，定安公主之子，王繇之同产也，话之私庭。铁使长安尉贾季邻收会系狱，缢杀之。繇不敢言。

焊所善邢縡，与龙武万骑谋杀龙武将军，以其兵作乱，杀李林甫、陈希烈、杨国忠；前期二日，有告之者。夏，四月，乙酉，上临朝，以告状面授铁，使捕之。铁意焊在縡所，先使人召之，日晏，乃命贾季邻等捕縡。縡居金城坊，季邻等至门，縡帅其党数十人持弓刀格斗突出。铁与杨国忠引兵继至，縡党曰："勿伤大夫人。"国忠之傔密谓国忠曰："贼有号，不可战也。"縡斗且走，至皇城西南隅。会高力士引飞龙禁军四百至，击斩縡，捕其党，皆擒之。

国忠以状白上，曰："铁必预谋。"上以铁任遇深，不应同逆；李林甫亦为之辩解。上乃特命原焊不问，然意欲铁表请罪之；使国忠讽之，铁不忍，上怒。会陈希烈极言铁大逆当诛，戊子，敕希烈与国忠鞫之，仍以国忠兼京兆尹。于是任海川、韦会等事皆发，狱具，铁赐自尽，焊杖死于朝堂，铁子准、偁流岭南，寻杀之。有司籍其第舍，数日不能遍。铁宾佐莫敢窥其门，独采访判官裴冕收其尸葬之。

初，李林甫以陈希烈易制，引为相，政事常随林甫左右，晚节遂与林甫为敌，林甫惧。会李献忠叛，林甫乃请解朔方节制，且荐河西节度使安思顺自代；庚子，以思顺为朔方节度使。

五月，戊申，庆王琮薨，赠靖德太子。

（以上为第九段，写权臣倾轧，杨国忠逼杀御史大夫王铁，威震天下，李林甫亦畏避之。）

丙辰，京兆尹杨国忠加御史大夫、京畿关内采访等使，凡王铁所绾使务，悉归国忠。

初，李林甫以国忠微才，且贵妃之族，故善遇之。国忠与王铁俱为

王鉷的弟弟户部郎中王銲，凶恶阴险，无法无天，把术士任海川叫来问道："我是不是有王者的相貌？"任海川非常恐惧，逃走躲藏起来。王鉷担心事情泄露，把他抓到，假借其他的罪名把他打死。王府司马韦会，是安定公主的儿子，与王繇是同母异父的兄弟，在私下里谈及此事。王鉷派长安尉贾季邻把韦会关进监狱，用绳子把他吊死。王繇不敢作声。

王銲的好友邢縡，与龙武万骑谋划杀掉龙武将军，用他的部队作乱，杀李林甫、陈希烈、杨国忠等人；在行动日期前两天，有人告发了他们。夏季，四月初九日乙酉，玄宗亲临朝堂，把上告状当面交给王鉷，让他去逮捕这些企图作乱的人。王鉷猜想王銲在邢縡家里，先派人把王銲叫回来，傍晚，才命令贾季邻等人去逮捕邢縡。邢縡住在金城坊，贾季邻等人到了他家门口，邢縡带领他的党徒几十人手持弓箭和刀子格斗着突围出去。王鉷与杨国忠带领士兵随后赶到，邢縡的党徒说："不要伤害王大夫的人。"杨国忠的副官悄悄地对杨国忠说："贼党有暗号，不能与他们作战。"邢縡边打边跑，跑到皇城西南角。碰上高力士带领飞龙禁军四百人赶到，把邢縡杀死，逮捕他的党羽，把他们全部都活捉了。

杨国忠把详情报告玄宗，说："王鉷一定参与了这个阴谋。"玄宗认为王鉷受自己的信任和恩遇很深，不应该同谋叛逆；李林甫也替他辩解。玄宗就特别下令原谅王銲不治他的罪，但希望王鉷上表请求治他的罪；派杨国忠去暗示他，王鉷不忍心这样做，唐玄宗非常生气。碰上陈希烈极力称说王鉷大逆不道应当诛杀，四月十二日戊子，玄宗下敕书命令陈希烈和杨国忠一起审理此案，仍然让杨国忠兼任京兆尹。这时任海川、韦会等人的事情都揭发出来，狱讼完毕证据齐全，玄宗赐王鉷自杀，把王銲用棍子打死在朝堂上，王鉷的儿子王准、王偁流放岭南，不久也把他们杀了。有关部门抄检登记他的宅第房舍，好几天都不能抄检登记完毕。王鉷的宾客、助手没有一个人敢到他家去窥探的，只有采访判官裴冕收殓王鉷的尸体并安葬了他。

当初，李林甫以为陈希烈容易控制，就推荐他做了宰相。陈希烈处理政事常常跟随着李林甫的左右，晚年才开始与李林甫为敌，李林甫害怕了。碰上李献忠叛变，李林甫就请求解除朔方节度使的兼职，并且推荐河西节度使安思顺代替自己；二十四日庚子，任命安思顺为朔方节度使。

五月初三日戊申，庆王李琮逝世，赠谥靖德太子。

五月十一日丙辰，京兆尹杨国忠加任御史大夫、京畿、关内采访等使，凡是王鉷所管辖的使职事务，都归杨国忠管。

当初，李林甫认为杨国忠没有什么才干，又是杨贵妃的族亲，所以对他很好。

中丞，锇用林甫荐为大夫，故国忠不悦，遂深探邢縡狱，令引林甫交私锇兄弟及阿布思事状，陈希烈、哥舒翰从而证之；上由是疏林甫。国忠贵震天下，始与林甫为仇敌矣。

六月，甲子，杨国忠奏吐蕃兵六十万救南诏，剑南兵击破之于云南，克故隰州等三城，捕虏六千三百，以道远，简壮者千余人及酋长降者献之。

秋，八月，乙丑，上复幸左藏，赐群臣帛。癸巳，杨国忠奏有凤皇见左藏库屋，出纳判官魏仲犀言凤集库西通训门。

九月，阿布思入寇，围永清栅，栅使张元轨拒却之。

冬，十月，戊寅，上幸华清宫。

己亥，改通训门曰凤集门；魏仲犀迁殿中侍御史，杨国忠属吏率以凤皇优得调。

南诏数寇边，蜀人请杨国忠赴镇；左仆射兼右相李林甫奏遣之。国忠将行，泣辞，上言必为林甫所害，贵妃亦为之请。上谓国忠曰："卿暂到蜀区处军事，朕屈指待卿，还当入相。"林甫时已有疾，忧懑不知所为，巫言一见上可小愈；上欲就视之，左右固谏。上乃令林甫出庭中，上登降圣阁遥望，以红巾招之。林甫不能拜，使人代拜。国忠比至蜀，上遣中使召还，至昭应，谒林甫，拜于床下。林甫流涕谓曰："林甫死矣，公必为相，以后事累公！"国忠谢不敢当，汗出覆面。十一月，丁卯，林甫薨。

上晚年自恃承平，以为天下无复可忧，遂深居禁中，专以声色自娱，悉委政事于林甫。林甫媚事左右，迎合上意，以固其宠；杜绝言路，掩蔽聪明，以成其奸；妒贤嫉能，排抑胜己，以保其位；屡起大狱，诛逐贵臣，以张其势。自皇太子以下，畏之侧足。凡在相位十九年，养成天下之乱，而上不之寤也。

庚申，以杨国忠为右相，兼文部尚书，其判使并如故。

杨国忠和王铁都做中丞时，王铁因李林甫的推荐做了大夫，所以杨国忠很不高兴，于是就严厉深入地审理邢縡的案子，叫他牵连李林甫与王铁兄弟和阿布思暗中结交的情况，陈希烈、哥舒翰又跟着加以证实这些罪状；唐玄宗因此疏远李林甫。杨国忠显贵震惊天下，开始和李林甫为敌。

六月初七日甲子，杨国忠向玄宗奏报吐蕃派兵六十万去救南诏，剑南的军队在云南把他们击败，攻克以前失去的隰州等三座城池，俘虏敌人六千三百人，因为道路遥远，挑选身强力壮的一千多人以及投降的酋长进献给朝廷。

秋季，八月十五日乙丑，玄宗又一次驾临国库左藏，赏赐群臣布帛。八月十九日癸巳，杨国忠上奏唐玄宗有凤凰出现在左藏的库房上，出纳判官魏仲犀说凤凰聚集在库西的通训门。

九月，阿布思入侵，包围永清栅，栅使张元轨抵抗打退了他。

冬季，十月初五日戊寅，唐玄宗驾临华清宫。

十月二十六日己亥，把通训门改名为凤集门。魏仲犀提升为殿中侍御史，杨国忠的下属官吏大都因凤凰聚集的缘故而优先得到调动升迁。

南诏多次侵犯边境，蜀地人请求杨国忠去坐镇。左仆射兼右相李林甫上奏玄宗派遣他去。杨国忠将要启程上任，哭着向玄宗辞行，对唐玄宗说他一定会被李林甫所陷害，杨贵妃也替他说情。唐玄宗对杨国忠说："你先到蜀地处理军事事务，朕扳着指头计算时日等着你，你回来后还做宰相。"李林甫这时已经有病，忧愤苦闷，不知所措，巫医说见玄宗一面可以稍微好些；玄宗想去他家看望他，左右的人坚持劝说玄宗不要去。唐玄宗就让李林甫走到他家庭院中，玄宗登上降圣阁远远地看望他，用红手巾招呼致意。李林甫因病不能跪拜致谢，就派人代替他跪拜致谢。等杨国忠到了蜀地，玄宗便派宫中使者把他召回，到了昭应，去拜谒李林甫，在他床前行跪拜礼。李林甫流着眼泪对他说："我李林甫死后，您必定做宰相，我的后事全拜托给您啦！"杨国忠辞谢不敢担当，汗流满面。十一月二十四日丁卯，李林甫去世。

唐玄宗晚年自己仗着长期太平，以为天下不再有什么可忧虑的事情，于是就深居宫中，专心于音乐美色来自我娱乐，把国家政事完全委托给李林甫。李林甫在玄宗旁边奉承讨好，迎合玄宗的心意，以稳固玄宗对他的恩宠。杜绝君臣上下言路的畅通，蔽塞玄宗耳目，以实现他的奸佞阴谋。嫉妒痛恨那些贤能人才，排斥压制比自己强的人，以保全自己的权位。多次兴起大的案件，诛杀放逐显贵的臣子，以扩张他的势力。从皇太子以下的人，都害怕他而不敢正面看他。他在宰相的位置上一共有十九年，酿成天下大乱，然而玄宗却没有看清这一点。

十一月十七日庚申，唐玄宗任命杨国忠为右丞相，并兼文部尚书，以前所兼任的判官和节度使的官职全都照旧。

国忠为人强辩而轻躁，无威仪。既为相，以天下为己任，裁决机务，果敢不疑；居朝廷，攘袂扼腕，公卿以下，颐指气使，莫不震慑。自侍御史至为相，凡领四十余使。台省官有才行时名，不为己用者，皆出之。

或劝陕郡进士张彖谒国忠，曰："见之，富贵立可图。"彖曰："君辈倚杨右相如泰山，吾以为冰山耳！若皎日既出，君辈得无失所恃乎！"遂隐居嵩山。

国忠以司勋员外郎崔圆为剑南留后，征魏郡太守吉温为御史中丞，充京畿、关内采访等使。温诣范阳辞安禄山，禄山令其子庆绪送至境，为温控马出驿数十步。温至长安，凡朝廷动静，辄报禄山，信宿而达。

十二月，杨国忠欲收人望，建议："文部选人，无问贤不肖，选深者留之，依资据阙注官。"滞淹者翕然称之。国忠凡所施置，皆曲徇人所欲，故颇得众誉。

甲申，以平卢兵马使史思明兼北平太守，充卢龙军使。

丁亥，上还宫。

丁酉，以安西行军司马封常清为安西四镇节度使。

哥舒翰素与安禄山、安思顺不协，上常和解之，使为兄弟。是冬，三人俱入朝，上使高力士宴之于城东。禄山谓翰曰："我父胡，母突厥，公父突厥，母胡，族类颇同，何得不相亲？"翰曰："古人云，狐向窟嗥不祥，为其忘本故也。兄苟见亲，翰敢不尽心！"禄山以为讥其胡也，大怒，骂翰曰："突厥敢尔！"翰欲应之，力士目翰，翰乃止，阳醉而散，自是为怨愈深。

棣王琰有二孺人，争宠，其一使巫书符置琰履中以求媚。琰与监院宦者有隙，宦者知之，密奏琰祝诅上；上使人掩其履而获之，大怒。琰顿首谢："臣实不知有符。"上使鞫之，果孺人所为。上犹疑琰知之，囚于鹰狗坊，绝朝请，忧愤而薨。

故事，兵、吏部尚书知政事者，选事悉委侍郎以下，三注三唱，仍

杨国忠为人逞强好辩而且轻浮急躁，没有什么威望仪表。做了宰相后，以天下之事为己任，裁判决定国家机要大事，果断而毫不犹豫。在朝廷上，挽起衣袖握着手腕，对公卿以下的大臣，都颐指气使，没有人不震惊恐惧的。他从侍御史到做宰相，一共兼任了四十多个官职。御史台和中书省中有才干而闻名一时的人，凡是不被他所用的，都调走了。

有人劝告陕郡进士张彖拜谒杨国忠，说："拜见杨国忠，富贵马上就可实现。"张彖说："诸位依靠杨右相犹如泰山，我却认为好比冰山！如果光明的太阳升起，诸位不就失去依靠了吗？"于是隐居在嵩山。

杨国忠任用司勋员外郎崔圆为剑南留后，征召魏郡太守吉温为御史中丞，兼任京畿、关内采访等使。吉温去范阳向安禄山辞行，安禄山让他的儿子安庆绪送到边境，替吉温牵着马走出驿站好几十步。吉温到长安，凡是遇到朝廷有什么动静，就报告安禄山，信件消息一两天就到达了。

十二月，杨国忠想收买人心，就向玄宗建议："文部选用人员，不管是否贤能，选拔资深的人优先留用他们，依据资历和缺职任命官位。"长期滞留而得不到升迁的人都一致称赞他。杨国忠所有的措施设置，都曲从人们的欲望，所以很能得到大家的赞誉。

十二月十二日甲申，让平卢兵马使史思明兼北平太守，充卢龙军使。

十二月十五日丁亥，玄宗回宫。

十二月二十五日丁酉，任命安西行军司马封常清为安西四镇节度使。

哥舒翰平素就与安禄山、安思顺不和，玄宗曾替他们和解，让他们结为兄弟。这年冬天，三人一同来朝，玄宗派高力士在城东宴请他们。安禄山对哥舒翰说："我的父亲是胡人，母亲是突厥人，你的父亲是突厥人，母亲是胡人，我们的种族非常相同，为什么不能相互亲近呢？"哥舒翰说："古人说，狐狸向着洞穴号叫不吉祥，是因为它忘本的缘故。大哥假如和我亲近，哥舒翰怎么敢不尽心尽意！"安禄山认为这是讥讽他为胡人，非常生气，大骂哥舒翰说："你这个突厥小子竟敢如此！"哥舒翰想要回骂他，高力士用眼色向哥舒翰示意，哥舒翰才忍住了，假装喝醉酒而散席，从此以后两人之间的怨恨就更深了。

棣王李琰有两个妃子，互相争宠。其中有一个让巫师画符放在李琰的鞋子里以求得媚爱。李琰与监院宦官有矛盾，宦官知道这事后，秘密上奏说李琰诅咒玄宗；玄宗派人突然搜查李琰的鞋子而得画符，十分生气。李琰叩头谢罪说："臣实在不知道鞋里有符。"玄宗派人审讯，果然是王妃所为。玄宗还是怀疑李琰知道此事，把他囚禁在鹰狗坊，禁止他朝见，李琰忧愤而死。

根据惯例，兵部和吏部尚书担任宰相职务的，选举事务都委托侍郎以下的官员

过门下省审，自春及夏，其事乃毕。及杨国忠以宰相领文部尚书，欲自示精敏，乃遣令史先于私第密定名阙。

（以上为第十段，写杨国忠继李林甫为相，以滥授官职收买人心。）

十二载（癸巳，753 年）

春，正月，壬戌，国忠召左相陈希烈及给事中、诸司长官皆集尚书都堂，唱注选人，一日而毕，曰："今左相、给事中俱在座，已过门下矣。"其间资格差缪甚众，无敢言者。于是门下不复过官，侍郎但掌试判而已。侍郎韦见素、张倚趋走门庭，与主事无异。见素，凑之子也。

京兆尹鲜于仲通讽选人请为国忠刻颂，立于省门，制仲通撰其辞；上为改定数字，仲通以金填之。

杨国忠使人说安禄山诬李林甫与阿布思谋反，禄山使阿布思部落降者诣阙，诬告林甫与阿布思约为父子。上信之，下吏按问；林甫婿谏议大夫杨齐宣惧为所累，附国忠意证成之。时林甫尚未葬，二月，癸未，制削林甫官爵；子孙有官者除名，流岭南及黔中，给随身衣及粮食，自余赀产并没官；近亲及党与坐贬者五十余人。剖林甫棺，抉取含珠，褫金紫，更以小棺如庶人礼葬之。己亥，赐陈希烈爵许国公，杨国忠爵魏国公，赏其成林甫之狱也。

夏，五月，己酉，复以魏、周、隋后为三恪，杨国忠欲攻李林甫之短也。卫包以助邪贬夜郎尉，崔昌贬乌雷尉。

阿布思为回纥所破，安禄山诱其部落而降之，由是禄山精兵，天下莫及。

壬辰，以左武卫大将军何复光将岭南五府兵击南诏。

安禄山以李林甫狡猾逾己，故畏服之。及杨国忠为相，禄山视之蔑如也，由是有隙。国忠屡言禄山有反状；上不听。

陇右节度使哥舒翰击吐蕃，拔洪济、大漠门等城，悉收九曲部落。

初，高丽人王思礼与翰俱为押牙，事王忠嗣。翰为节度使，思礼为

办理，经过三注三唱的程序而合格者，还要送门下省审核，从春天到夏天，事情才能完结。等到杨国忠以宰相兼任文部尚书，想要自我显示精明敏捷，就派尚书省令史事先在他私人住宅中秘密决定姓名和缺职。

唐玄宗天宝十二载（癸巳，753年）

春季，正月二十日壬戌，杨国忠召集左相陈希烈和给事中、各司长官都会集在尚书都堂，唱名授官选举人才，一天的时间就完事了，说："今天左相、给事中都在座，就等于已经过门下省的审核了。"被选上的人员中间有很多人的资格有差错，没有人敢吭气。于是门下省就不再审定新授官员了，侍郎只管考试书判而已。侍郎韦见素、张倚来回奔走，与具体办事的主事没有什么差别。韦见素，是韦凑的儿子。

京兆尹鲜于仲通劝被选上的人请求替杨国忠刻碑颂功，竖立在中书省的门口，玄宗下制书让鲜于仲通撰写碑文。玄宗替他改定了几个字，鲜于仲通用黄金填写玄宗所改的文字。

杨国忠派人劝说安禄山诬陷李林甫与阿布思谋反，安禄山让阿布思部落投降的人到朝廷上去，诬告李林甫与阿布思结为父子。玄宗相信这事，交付法官审问；李林甫的女婿谏议大夫杨齐宣害怕被此事连累，就顺从杨国忠的意思作证定案。当时李林甫还没有安葬，二月十一日癸未，玄宗下令削去李林甫的官爵，子孙中做官的全部除名，流放到岭南和黔中，只准带随身穿的衣服和粮食，其余的财产全部被官府没收，近亲和党羽连坐被贬官的有五十多人。剖开李林甫的棺材，取出口中含珠，剥掉身上的金鱼袋和紫袍，换一口小棺材按平民的礼制埋葬他。二月二十七日己亥，玄宗赏赐陈希烈许国公的爵位，杨国忠魏国公的爵位，以嘉奖他们审定李林甫的案子。

夏季，五月初九日己酉，又以北魏、北周、隋朝的后裔为三恪，这是杨国忠有意攻击李林甫的过错。卫包因帮助李林甫干坏事被贬为夜郎县尉，崔昌被贬为乌雷尉。

阿布思被回纥击败，安禄山引诱他的部落来投降，因此安禄山的精兵，天下没有人能比得上。

六月二十三日壬辰，命左武卫大将军何复光率领岭南五府的兵马攻打南诏。

安禄山因李林甫比自己更狡猾，所以敬畏佩服他。等到杨国忠做宰相，安禄山轻视他，好像没有此人一样，因此两人产生矛盾。杨国忠多次向玄宗说安禄山有谋反的迹象，玄宗不听。

陇右节度使哥舒翰攻打吐蕃，攻下洪济、大漠门等城，全部收复九曲部落。

当初，高丽人王思礼与哥舒翰同为押牙，事奉王忠嗣。哥舒翰做节度使时，王

兵马使兼河源军使。翰击九曲，思礼后期；翰将斩之，既而复召释之。思礼徐曰：“斩则遂斩，复召何为！”

杨国忠欲厚结翰共排安禄山，奏以翰兼河西节度使。秋，八月，戊戌，赐翰爵西平郡王。翰表侍御史裴冕为河西行军司马。

是时中国盛强，自安远门西尽唐境万二千里，闾阎相望，桑麻翳野，天下称富庶者无如陇右。翰每遣使入奏，常乘白橐驼，日驰五百里。

九月，甲辰，以突骑施黑姓可汗登里伊罗蜜施为突骑施可汗。

北庭都护程千里追阿布思至碛西，以书谕葛逻禄，使相应。阿布思穷迫，归葛逻禄，葛逻禄叶护执之，并其妻子、麾下数千人送之。甲寅，加葛逻禄叶护顿毗伽开府仪同三司，赐爵金山王。

冬，十月，戊寅，上幸华清宫。

杨国忠与虢国夫人居第相邻，昼夜往来，无复期度，或并辔走马入朝，不施障幕，道路为之掩目。

三夫人将从车驾幸华清宫，会于国忠第；车马仆从，充溢数坊，锦绣珠玉，鲜华夺目。国忠谓客曰：“吾本寒家，一旦缘椒房至此，未知税驾之所，然念终不能致令名，不若且极乐耳。”杨氏五家，队各为一色衣以相别，五家合队，粲若云锦；国忠仍以剑南旌节引于其前。

国忠子暄举明经，学业荒陋，不及格。礼部侍郎达奚珣畏国忠权势，遣其子昭应尉抚先白之。抚伺国忠入朝上马，趋至马下；国忠意其子必中选，有喜色。抚曰：“大人白相公，郎君所试，不中程式，然亦未敢落也。”国忠怒曰：“我子何患不富贵，乃令鼠辈相卖！”策马不顾而去。抚惶遽，书白其父曰：“彼恃挟贵势，令人惨嗟，安可复与论曲直！”遂置暄上第。及暄为户部侍郎，珣始自礼部迁吏部，暄与所亲言，犹叹己之淹回，珣之迅疾。

国忠既居要地，中外饷遗辐凑，积缣至三千万匹。

思礼做兵马使兼河源军使。哥舒翰攻打九曲，王思礼未能如期抵达，哥舒翰准备杀掉王思礼，随后又把他叫来放掉他。王思礼慢条斯理地说："要杀就杀，为什么又把我叫来！"

杨国忠想与哥舒翰深交共同来排挤安禄山，就奏请玄宗任命哥舒翰兼任河西节度使。秋季，八月三十日戊戌，玄宗赐封哥舒翰为西平郡王的爵位。哥舒翰上表请裴冕做河西行军司马。

这时唐朝很强盛，从长安城安远门西面直到一万二千里远的唐朝领土上，房屋里巷相望不绝，桑树和麻田遮盖原野，天下被称为富庶的地方没有哪里赶得上陇右的。哥舒翰每次派使者回朝廷上奏章，经常骑着白骆驼，一天可跑五百里。

九月初六日甲辰，任命突骑施黑姓可汗登里伊罗蜜施为突骑施可汗。

北庭都护程千里追击阿布思到碛西，写信晓谕葛逻禄，让他接应。阿布思穷途末路，归附葛逻禄，葛逻禄叶护抓住他，连同他的妻子儿女、部下几千人送交唐朝。九月十六日甲寅，加封葛逻禄叶护顿毗伽开府仪同三司，并赐爵位金山王。

冬季，十月十一日戊寅，玄宗驾临华清宫。

杨国忠与虢国夫人的住宅相邻，两人白天黑夜都有来往，没有什么时间和限度，有时两人并排骑马上朝，不用障幕遮蔽，路人都捂住眼睛羞于看见。

韩国、虢国、秦国三夫人将要跟随玄宗的车驾光临华清宫，就先在杨国忠家里集合。她们的车马仆人随从，充满了好几个街坊，她们身上穿戴的锦衣绣服珍珠宝玉，鲜艳华丽光彩夺目。杨国忠对门客说："我本来出身贫寒家庭，一旦靠贵妃的关系而达到今天的地位，就不知道休息停止，然而我想到终究得不到美好的名声，还不如暂且及时行乐啊！"杨氏五家人，每家一队各穿着同一种颜色的衣服以便互相区别，五家队伍会合在一起，光辉灿烂好像云霞锦绣；杨国忠仍用剑南节度使的旌旗和符节在队伍前面引导。

杨国忠的儿子杨暄应明经科考试，因学业荒疏浅陋，没有及格。礼部侍郎达奚珣害怕杨国忠的权势，派他的儿子昭应县尉达奚抚先去告诉杨国忠。达奚抚窥见杨国忠入朝上马，就连忙跑到他的马跟前。杨国忠料想他的儿子必定考上，露出欣喜的脸色。达奚抚说："家父报告相公，令郎的考试，不符合录取标准，然而也不敢让他落选。"杨国忠生气地说："我的儿子何愁不能富贵，还要让你们这些鼠辈来品头论足！"用鞭抽着马头也不回地走了。达奚抚惶恐不安，写信告诉他的父亲说："他仗恃富贵挟持权势，令人痛心感叹，怎么能跟他再讲道理明是非呢？"于是就把杨暄列入上等。等杨暄做了户部侍郎，达奚珣才开始从礼部升到吏部，杨暄同他所亲近的人说及此事，还叹息自己官位升得太慢，达奚珣升得太快。

杨国忠位居要职以后，朝廷内外馈赠的礼物从四面八方汇集而来，所积存的缣

上在华清宫，欲夜出游，龙武大将军陈玄礼谏曰："宫外即旷野，安可不备不虞！陛下必欲夜游，请归城阙。"上为之引还。

是岁，安西节度使封常清击大勃律，至菩萨劳城，前锋屡捷，常清乘胜逐之。斥候府果毅段秀实谏曰："虏兵羸而屡北，诱我也；请搜左右山林。"常清从之。果获伏兵，遂大破之，受降而还。

中书舍人宋昱知选事，前进士广平刘迺以选法未善，上书于昱，以为："禹、稷、皋陶同居舜朝，犹曰载采有九德，考绩以九载。近代主司，察言于一幅之判，观行于一揖之间，何古今迟速不侔之甚哉！借使周公、孔子今处铨廷，考其辞华，则不及徐、庾，观其利口，则不若啬夫，何暇论圣贤之事业乎！"

（以上为第十一段，写杨国忠为相，与安禄山交恶。杨氏一门贵宠无比，满朝文武百官争相依附，而识者称之为冰山。）

多达三千万匹。

唐玄宗在华清宫，想要夜晚外出游玩，龙武大将军陈玄礼劝谏道："这里宫殿外面就是旷野之地，怎么能不预防不测呢？陛下如果一定要夜晚出游，请回到长安城里。"唐玄宗因此又带人折回。

这一年，安西节度使封常清进攻大勃律，到达菩萨劳城，前锋多次打胜仗，封常清乘胜追逐敌人。斥候府果毅段秀实劝阻说："敌兵疲惫而多次败北，这是引诱我军；请求搜查左右两边的山林。"封常清听从了他的意见。果然抓获了埋伏的敌兵，于是大败敌人，接受了他们的投降才回来。

中书舍人宋昱主管选举事务，前进士广平人刘迺认为选举之法不够完善，就上书宋昱，提出："禹、稷、皋陶同在舜的朝廷里做官，还要说选取有九种美德的人，考察九年的政绩。近代的主考官，只根据一篇判文来考察他的言辞，只根据一次拜揖来观察他的行为，为什么古今选取试用官吏的快慢不同竟有这么大的差距呢？假使周公、孔子今天到吏部考选人才的场所来应考，那么要考试他们的文辞华丽，将比不上徐陵和庾信，观察他们的口才，将比不上啬夫，又哪里有空同他们谈论圣贤的事业呢？"

【点评】

本卷记载天宝后期史事，大唐已处于动乱的前夜。天宝后期政治是前期政治的继续，君暗臣奸的格局不但没有改观，而且更加浑浊。君仍是原来的君，唐玄宗更加昏聩。臣还是原来的臣，李林甫继续执政，虎患未除，又添了两只恶狼，即安禄山和杨国忠。天宝后期，安、杨两人势力膨胀，与李林甫三人势均力敌，权奸窝里斗，加速了朝政的腐败与危机的来临。表面上，天宝后期还是一片升平，实际上已是山雨欲来风满楼，社会大动乱的时机已经成熟，只差一根导火索。具体说，天宝后期政治昏暗，已孕育出社会动乱的三大因素：一、武备废弛；二、权奸相继；三、唐玄宗意志消沉。

一、武备废弛。武备是国家政权最重要的支柱。司马迁说："非兵不强，非德不昌。"唐玄宗天宝时期，国家不是无兵，而是兵多，沿边十节使，常备兵五十万，是唐朝国力最强盛的时候，庞大的武备是靠开元盛世的国力支撑的。但为什么又说天宝时期武备废弛呢？第一，配置失衡，尾大不掉。开元时期，长期承平，四境安宁，张说提出了裁兵。可是唐玄宗好大喜功，一心要扩张国力，在沿边置十节度使，精兵强将置于边境，京师及内地空虚，尾大不掉，国家不知不觉处于极度危险的境地。特别是安禄山，身兼平卢、范阳、河东三镇节度使，掌握国家近半数的武装，不反何待！第二，掌御失控。唐中兴以来，以及开元时期，边帅皆用忠厚名臣，不久任，不遥领，不兼统，功名著者往往入为宰相。开元名臣张嘉贞、张说、姚崇都出将入相，兵权掌控在朝廷手中。四夷之将，如阿史那社尔、契苾何力，只任爪牙，不专大将之任。自唐玄宗有了吞四夷之心，为边将者十余年不易，始久任矣，诸王、宰相遥领边将，实不知兵，盖嘉运、王忠嗣专制数道，始兼统矣。李林甫为相，为了个人专断朝政，说服唐玄宗专用胡人勇将任边将，因胡人不知书，杜绝他们入朝任相。例如安禄山斗大字不识半升。胡人带兵，已与汉文化有距离，他们长期守边，兵将一体，国家武装成了骄兵悍将，形成地方割据。安禄山就是在这一背景下被制造出来的。即使忠于朝廷的边将，也往往不听指挥。河西陇右两镇节度使王忠嗣，不听朝廷调度攻取吐蕃石堡城。唐玄宗命王忠嗣协助将军董延光攻取石堡城，王忠嗣消极不配合，以致唐军无功。第三，承平日久，军无斗志。唐军征南诏、讨西域、袭契丹，全线败退。第四，纪律松弛，轻易犯上。朔方节度使张齐丘，发放军粮有克扣，兵士哗变，殴打判官，甚至想杀死张齐丘。一叶落而知秋，朔方节度使的士兵犯上，表明军纪松弛，兵士不堪被奴役，兵将积怨，国家武备成了一个火药桶。朔方节度使的兵变，发出了安史之乱的一个信号，只可惜唐玄宗还在蒙头睡大觉，安史之乱不可避免地要爆发了。

二、权奸相继。一个李林甫，就已经把唐朝政治搞得千疮百孔，好比是一个人身上的大脓疮，还没有被割除，又来了一个杨国忠，这个痈疽比李林甫还要溃烂。杨国忠为相，唐王朝不可救药。第一，杨国忠不学无术，原本就是一个无赖，不仅没有治世之才，而且没有大局观。他与安禄山有隙嫌，屡告安禄山谋反，唐玄宗不听，他身为国相，没有采取任何防范措施，却一门心思挑动安禄山谋反，把自己控制更大的权力寄托在安禄山谋反上，简直就是一个狂人。第二，他是国戚，靠杨贵妃的裙带关系，深受唐玄宗信任，身兼了四十多个头衔。据胡三省考证，重要职务有拜右相、御史大夫、判度支、权知太府卿事，兼蜀郡长史、剑南节度使、支度与营田等副大使，本道并兼山南西道采访处置使，两京太府出纳监仓、祠祭、木炭、宫市、长春、九成宫等使，关内道及京畿采访处置使，兼吏部尚书，集贤殿、崇玄馆学士，修国史、太清紫微宫使，兼掌租庸盐铁等使。国家人事、财政、监察、采购、文教等重权，杨国忠集于一身。兼职泛滥，有两大害处。其一，被兼职的国家机构，一人掌管，形同虚设，没有行政效率，政事完全败坏。其二，各种权力集于一身，为所欲为，官场腐败堕落，迅速恶化，政治越出了轨道，必然大乱。史称杨国忠滥授官职收买人心，无能之辈得了好处称颂杨国忠。而御史台和中书省有才干声望的人，杨国忠把他们一个一个赶走。杨国忠还仗着权势，对百官公卿颐指气使，甚至在大庭广众挽起袖子，指着公卿大臣的鼻子呵斥。如此宰相，只可能扰乱朝纲，焉能治国。势利小人蚁附杨国忠，有识之士称杨国忠是一座冰山。意思是说，太阳一出，他这座冰山就要化掉。

三、唐玄宗意志消沉。如果说唐玄宗在天宝初由于骄侈心，而由明转昏，到了天宝后期，唐玄宗连骄侈心也消尽，他对国家失去了自信，意气消沉，得过且过了。骄侈心是自大，还想有一番作为。意气消沉，就只是沉醉于灯红酒绿了。唐玄宗英年有为，纳谏用贤，励精图治，造就了开元盛世。长期承平，他认为天下无可忧虑，自从得了杨贵妃，就藏于深宫，专心于音乐美色来自我娱乐。国家大事一手交给了李林甫，然后是杨国忠。权奸专政，一心自利，只求奉承讨好皇上，稳固恩宠，杜绝君臣上下言路畅通，蔽塞皇帝耳目，以实现他的奸佞阴谋。久而久之，成为积习。天宝后期，安禄山反形已露，唐玄宗像其他亡国之君一样，听不进半句逆耳之言，他只求上苍保佑得过且过。唐玄宗对安禄山不但不采取节制措施，反而加大他的权势。由平卢、范阳两镇而又兼河东，成为三镇节度使。安禄山要求掌控牧马总兼，唐玄宗予以依从，安禄山挑选国家战马几千匹扩充个人武装。安禄山图谋异志，唐玄宗不是不知，但他已无进取心，想的是息事宁人，用恩宠来感化安禄山。唐玄宗给野心家增大权势，是意志消沉的集中表现。感化野心家，无异于与虎谋皮。群

臣势利，见风转舵，纷纷投靠安禄山。例如那个效忠李林甫的吉温，向安禄山摇尾，成了他在朝廷的耳目。宦官出使，也说安禄山的好话。这种局面，完全是唐玄宗一手导演出来的。局面至此，安史之乱只差一根导火索来引爆了。

唐纪三十三

唐玄宗天宝十三载至唐肃宗至德元载（754—756年）

【起阏逢敦牂（甲午，754年），尽柔兆涒滩（丙申，756年）四月，凡二年有奇】

【大事提要】

本卷记事起公元754年，讫公元756年四月，凡两年又四个月。当唐玄宗天宝十三载至十五载四月。天宝十四载（755）十一月九日甲子，安禄山反叛于范阳。本卷记事写安禄山反叛前与反叛后初期的政治形势。天宝十三载（754），安禄山入朝，求索无厌，求陇右群牧等使，掌控养马总监，立即挑选战马数千匹别养。又称所部将士征讨有功，大肆索求皇上告身，封赏所部士兵将官二千五百余人，收买人心。这些举动，昭示反形已露，唐玄宗加重恩赏以愧安禄山之心，其实是促使其速反，因反常的恩赏激发安禄山的骄侈，又增其猜疑心发展。权臣杨国忠则以交恶安禄山促其速反。这时唐玄宗与杨国忠对安禄山完全相反的态度与不当待遇双双推动安禄山速反。安禄山反叛后，因其长期蓄势，兵强马壮，挥师南下，河北、河南郡县大半陷落。官军仓促应战，封常清、高仙芝兵败东都，固守潼关，正当策略，反被冤杀，唐玄宗自毁长城，增强了贼人气焰。官军讨贼，民众响应。河北颜杲卿、颜真卿兄弟，河南张巡起义兵杀贼，鼓舞了官军士气，扭转了官军望风溃逃的局面，不断取得战斗胜利。洛阳丢失后，战局出现相持局面。

【原文】

玄宗至道大圣大明孝皇帝下之下

十三载（甲午，754 年）

春，正月，己亥，安禄山入朝。是时杨国忠言禄山必反，且曰："陛下试召之，必不来。"上使召之，禄山闻命即至。庚子，见上于华清宫，泣曰："臣本胡人，陛下宠擢至此，为国忠所疾，臣死无日矣！"上怜之，赏赐巨万，由是益亲信禄山，国忠之言不能入矣。太子亦知禄山必反，言于上，上不听。

甲辰，太清宫奏："学士李琪见玄元皇帝乘紫云，告以国祚延昌。"

唐初，诏敕皆中书、门下官有文者为之。乾封以后，始召文士元万顷、范履冰等草诸文辞，常于北门候进止，时人谓之"北门学士"。中宗之世，上官昭容专其事。上即位，始置翰林院，密迩禁廷，延文章之士，下至僧、道，书、画、琴、棋、数术之工皆处之，谓之"待诏"。刑部尚书张均及弟太常卿垍皆翰林院供奉。上欲加安禄山同平章事，已令张垍草制。杨国忠谏曰："禄山虽有军功，目不知书，岂可为宰相！制书若下，恐四夷轻唐。"上乃止。乙巳，加禄山左仆射，赐一子三品、一子四品官。

丙午，上还宫。

安禄山求兼领闲厩、群牧；庚申，以禄山为闲厩、陇右群牧等使。禄山又求兼总监；壬戌，兼知总监事。禄山奏以御史中丞吉温为武部侍郎，充闲厩副使，杨国忠由是恶温。禄山密遣亲信选健马堪战者数千匹，别饲之。

二月，壬申，上朝献太清宫，上圣祖尊号曰大圣祖高上大道金阙玄元大皇太帝。癸酉，享太庙，上高祖谥曰神尧大圣光孝皇帝，太宗谥曰文武大圣大广孝皇帝，高宗谥曰天皇大圣大弘孝皇帝，中宗谥曰孝和大圣大昭孝皇帝，睿宗谥曰玄真大圣大兴孝皇帝，以汉家诸帝皆谥孝故也。甲戌，群臣上尊号曰开元天地大宝圣文神武证道孝德皇帝。赦天下。

丁丑，杨国忠进位司空；甲申，临轩册命。

【语译】

玄宗至道大圣大明孝皇帝下之下

唐玄宗天宝十三载（甲午，754 年）

春季，正月初三日己亥，安禄山入朝。当时杨国忠说安禄山必定要反叛，并且对玄宗说："陛下召他来试一试，他肯定不会来。"唐玄宗派使者召见安禄山，安禄山接到命令马上就来了。初四日庚子，在华清宫晋见玄宗，哭着说："臣本是胡人，承蒙陛下恩宠提拔到现在的地位，因此被杨国忠所嫉恨，臣说不定哪一天就会被害死了！"玄宗很同情他，赏赐巨万，从此以后更加亲信安禄山，杨国忠的话也不再听得进去了。太子也知道安禄山必定反叛，告诉玄宗，唐玄宗不听。

正月初八日甲辰，太清宫上奏说："学士李琪看见玄元皇帝老子坐在紫云上，告诉他国运长久昌盛。"

唐初，皇帝的诏令敕书都是由中书省和门下省中文笔好的官员撰写。乾封以后，开始召文士元万顷、范履冰等人草拟各种文辞，时常在北门等候召命，当时的人称为"北门学士"。唐中宗时，上官昭容专门负责此事。现今唐玄宗即位，开始设立翰林院，翰林院紧靠宫廷，延请有才华的文士，下至精通佛学、道教、书法、绘画、弹琴、下棋及数术的人都安置在翰林院里，称为"待诏"。刑部尚书张均以及他弟弟太常卿张垍都是翰林院供奉。唐玄宗想要加任安禄山同平章事，已命令张垍写好制书。杨国忠劝告说："安禄山虽然立有军功，但他不认识字，怎么可以做宰相呢？制书如果颁下，恐怕周边四夷会轻视唐朝。"唐玄宗方才作罢。正月初九日乙巳，加任安禄山左仆射，赐封他的一个儿子三品官，一个儿子四品官。

正月初十日丙午，玄宗回宫。

安禄山请求兼领闲厩、群牧；正月二十四日庚申，任命安禄山为闲厩、陇右群牧等使。安禄山又请求兼任总监；正月二十六日壬戌，任命他兼知总监事。安禄山奏请让御史中丞吉温任武部侍郎，充闲厩副使，杨国忠因此厌恶吉温。安禄山秘密派遣亲信选择健壮的能够作战的好马几千匹，另外饲养。

二月初六日壬申，玄宗朝拜祭祀太清宫，上圣祖老子尊号为大圣祖高上大道金阙玄元大皇太帝。初七日癸酉，祭奠太庙，上唐高祖谥号为神尧大圣光孝皇帝，唐太宗谥号为文武大圣大广孝皇帝，唐高宗谥号为天皇大圣大弘孝皇帝，唐中宗谥号为孝和大圣大昭孝皇帝，唐睿宗谥号为玄真大圣大兴孝皇帝，这是因为汉朝各个皇帝的谥号都有孝字的缘故。初八日甲戌，群臣上唐玄宗尊号为开元天地大宝圣文神武证道孝德皇帝。赦免天下。

二月十一日丁丑，杨国忠升为司空。二月十八日甲申，唐玄宗在殿前宣读册文

己丑，安禄山奏：“臣所部将士讨奚、契丹、九姓、同罗等，勋效甚多，乞不拘常格，超资加赏，仍好写告身付臣军授之。”于是除将军者五百余人，中郎将者二千余人。禄山欲反，故先以此收众心也。

三月，丁酉朔，禄山辞归范阳。上解御衣以赐之，禄山受之惊喜。恐杨国忠奏留之，疾驱出关。乘船沿河而下，令船夫执绳板立于岸侧，十五里一更，昼夜兼行，日数百里，过郡县不下船。自是有言禄山反者，上皆缚送，由是人皆知其将反，无敢言者。

禄山之发长安也，上令高力士饯之长乐坡，及还，上问：“禄山慰意乎？”对曰：“观其意快快，必知欲命为相而中止故也。”上以告国忠，曰：“此议他人不知，必张垍兄弟告之也。”上怒，贬张均为建安太守，垍为卢溪司马，垍弟给事中埱为宜春司马。

哥舒翰亦为其部将论功，敕以陇右十将、特进、火拔州都督、燕山郡王火拔归仁为骠骑大将军，河源军使王思礼加特进，临洮太守成如璆、讨击副使范阳鲁炅、皋兰府都督浑惟明并加云麾将军，陇右讨击副使郭英乂为左羽林将军。英乂，知运之子也。翰又奏严挺之之子武为节度判官，河东吕諲为支度判官，前封丘尉高适为掌书记，安邑曲环为别将。

程千里执阿布思，献于阙下，斩之。甲子，以千里为金吾大将军，以封常清权北庭都护、伊西节度使。

（以上为第一段，写安禄山反状路人皆知，唐玄宗反而厚加恩宠以慰其心，实乃加速其反。）

夏，四月，癸巳，安禄山奏击奚破之，虏其王李日越。

六月，乙丑朔，日有食之，不尽如钩。

侍御史、剑南留后李宓，将兵七万击南诏。阁罗凤诱之深入，至大和城，闭壁不战。宓粮尽，士卒罹瘴疫及饥死什七八，乃引还，蛮追击之，宓被擒，全军皆没。杨国忠隐其败，更以捷闻，益发中国兵讨之，前后死者几二十万人；无敢言者。上尝谓高力士曰：“朕今老矣，朝事付之宰相，边事付之诸将，夫复何忧！”力士对曰：“臣闻云南数丧师，又

而委任他。

二月二十三日己丑，安禄山上奏说："臣所统帅的将士征讨奚、契丹、九姓、同罗等，功劳很多，请求不受常规限制，超越资历加倍赏赐，好写告身交付臣军授予他们。"于是升任将军的五百多人，任中郎将的两千多人。安禄山想反叛，所以先用这种方法来收买众人的心。

三月初一日丁酉朔，安禄山辞别唐玄宗回范阳。玄宗脱下身上的衣服赏赐他，安禄山接受后又惊又喜。他担心杨国忠奏请玄宗留住他，飞快地跑出潼关。乘船沿着黄河向下航行，叫船夫站在岸边手拿绳板拉船。十五里轮换一班，日夜兼程，每天行走好几百里，经过郡县都不下船。从此以后凡是有人说安禄山要谋反，玄宗都把他捆起来送交法官审问。因此人们都知道安禄山将要反叛，但没有人敢说。

安禄山离开长安回范阳时，唐玄宗命令高力士在长乐坡为他饯行，等高力士回来，玄宗便问他："安禄山满意吗？"高力士回答说："看他心情郁郁不乐的样子，一定是知道了要任命他为宰相后又中止的缘故。"玄宗把这事告诉杨国忠，杨国忠说："这个决议别人不知道，必定是张垍兄弟告诉他。"唐玄宗很生气，贬张均为建安太守，张垍为卢溪司马，张垍的弟弟张埱为宜春司马。

哥舒翰也替他部下的将官论功，皇帝下敕书任命陇右十将、特进、火拔州都督、燕山郡王火拔归仁为骠骑大将军，河源军使王思礼加官特进，临洮太守成如璆、讨击副使范阳人鲁炅、皋兰府都督浑惟明一起加官为云麾将军，陇右讨击副使郭英乂为左羽林将军。郭英乂，是郭知运的儿子。哥舒翰又奏请严挺之的儿子严武为节度判官，河东人吕諲为支度判官，前封丘县尉高适为掌书记，安邑人曲环为别将。

程千里俘虏了阿布思，献给朝廷，朝廷把他杀了。三月二十八日甲子，任命程千里为金吾大将军，任命封常清为北庭都护、伊西节度使。

夏季，四月二十八日癸巳，安禄山上奏进攻奚人并打败了他们，俘虏奚王李日越。

六月初一日乙丑朔，日食，太阳没有遮住的部分像钩一样。

侍御史、剑南留后李宓率领军队七万人攻打南诏。阁罗凤引诱唐军深入，到太和城，紧闭城门不与唐军交战。李宓的粮食吃完了，士卒感染瘴气瘟疫以及饿死的有十分之七八，于是就带兵撤退，蛮军从后追赶攻击唐军，李宓被俘，全军覆没。杨国忠隐瞒败情，改成胜利的消息向玄宗报告，更增调中原军队去讨伐南诏，前后战死的人近二十万人，没有人敢说明真情。唐玄宗曾对高力士说："朕现在老了，朝

边将拥兵太盛，陛下将何以制之！臣恐一旦祸发，不可复救，何得谓无忧也！”上曰：“卿勿言，朕徐思之。”

秋，七月，癸丑，哥舒翰奏：于所开九曲之地置洮阳、浇河二郡及神策军，以临洮太守成如璆兼洮阳太守，充神策军使。

杨国忠忌陈希烈，希烈累表辞位；上欲以武部侍郎吉温代之，国忠以温附安禄山，奏言不可；以文部侍郎韦见素和雅易制，荐之。八月，丙戌，以希烈为太子太师，罢政事；以见素为武部尚书、同平章事。

自去岁水旱相继，关中大饥。杨国忠恶京兆尹李岘不附己，以灾沴归咎于岘，九月，贬长沙太守。岘，祎之子也。

上忧雨伤稼，国忠取禾之善者献之，曰：“雨虽多，不害稼也。”上以为然。扶风太守房琯言所部水灾，国忠使御史推之。是岁，天下无敢言灾者。高力士侍侧，上曰：“淫雨不已，卿可尽言。”对曰：“自陛下以权假宰相，赏罚无章，阴阳失度，臣何敢言！”上默然。

冬，十月，乙酉，上幸华清宫。

十一月，己未，置内侍监二员，正三品。

河东太守兼本道采访使韦陟，斌之兄也，文雅有盛名，杨国忠恐其入相，使人告陟赃污事，下御史按问。陟赂中丞吉温，使求救于安禄山，复为国忠所发。闰月，壬寅，贬陟桂岭尉，温澧阳长史。安禄山为温讼冤，且言国忠谗疾。上两无所问。

戊午，上还宫。

是岁，户部奏天下郡三百二十一，县千五百三十八，乡万六千八百二十九，户九百六万九千一百五十四，口五千二百八十八万四百八十八。

（以上为第二段，写杨国忠隐瞒败报，隐瞒灾情，权倾人主，唐玄宗无可奈何，姑息度日。）

十四载（乙未，755 年）

春，正月，苏毗王子悉诺逻去吐蕃来降。

二月，辛亥，安禄山使副将何千年入奏，请以蕃将三十二人代汉将，上命立进画，给告身。韦见素谓杨国忠曰：“禄山久有异志，今又有此请，

廷的事务都交给宰相，边境上的事务都交给诸位将领，还有什么可忧虑的！”高力士回答说：“臣听说云南方面多次损兵折将，而且边疆将领拥有的军队太多，陛下靠什么来控制他们？臣担心一旦祸乱暴发，就再也不能挽救了，怎么能够说没有忧虑了呢？”唐玄宗说：“你不要再说了，让朕慢慢想一想。”

秋季，七月二十日癸丑，哥舒翰上奏请求在他所开辟的九曲之地设置洮阳、浇河二郡以及神策军，让临洮太守成如璆兼洮阳太守，充神策军使。

杨国忠嫉恨陈希烈，陈希烈多次上表要求辞去官位。玄宗想让武部侍郎吉温代替他，杨国忠因为吉温依附安禄山，上奏玄宗说不行。认为文部侍郎韦见素性情温顺容易控制，就推荐了韦见素。八月二十三日丙戌，任命陈希烈为太子太师，罢除政事；任命韦见素为武部尚书、同平章事。

自从去年水灾旱灾相继发生，关中出现大饥荒。杨国忠讨厌京兆尹李岘不依附自己，把灾害归咎于李岘，九月，贬李岘为长沙太守。李岘是李祎的儿子。

唐玄宗忧虑久雨伤害庄稼，杨国忠就选择好的禾苗进献给玄宗，说：“雨水虽然很多，但没有伤害庄稼。”玄宗信以为真。扶风太守房琯说他所管辖的地区发水灾，杨国忠派御史追问他。这一年，天下没有人敢说受灾的。高力士侍立在皇帝的身边，玄宗说：“阴雨不停地下，你可尽量说出你的意见。”高力士回答说：“自从陛下把大权交给宰相，赏罚没有规矩，阴阳也失去常度，臣如何敢说！”唐玄宗沉默无语。

冬季，十月二十三日乙酉，唐玄宗驾临华清宫。

十一月二十八日己未，设置内侍监二人，正三品。

河东太守兼本道采访使韦陟，是韦斌的哥哥，温文儒雅享有盛名，杨国忠害怕他入朝做宰相，派人告发韦陟贪污的事，交付御史调查审问。韦陟贿赂中丞吉温，派人向安禄山求救，又被杨国忠告发。闰十一月壬寅日，贬韦陟为桂岭县尉，吉温为澧阳长史。安禄山替吉温申冤，并且说杨国忠谗言害人。唐玄宗两边都不再过问。

十二月二十八日戊午，唐玄宗回宫。

这一年，户部奏报全国共有三百二十一个郡，一千五百三十八个县，一万六千八百二十九个乡，九百零六万九千一百五十四户，五千二百八十八万零四百八十八人。

唐玄宗天宝十四载（乙未，755年）

春季，正月，苏毗王子悉诺逻离开吐蕃来投降唐朝。

二月二十二日辛亥，安禄山派副将何千年入朝上奏，请求用蕃将三十二人代替汉人将领，玄宗命令中书省马上撰发御批敕命，给予委任状。韦见素对杨国忠说：

其反明矣。明日见素当极言；上未允，公其继之。”国忠许诺。壬子，国忠、见素入见，上迎谓曰：“卿等有疑禄山之意邪？”见素因极言禄山反已有迹，所请不可许，上不悦；国忠逡巡不敢言，上竟从禄山之请。他日，国忠、见素言于上曰：“臣有策可坐消禄山之谋。今若除禄山平章事，召诣阙，以贾循为范阳节度使，吕知诲为平卢节度使，杨光翙为河东节度使，则势自分矣。”上从之。已草制，上留不发，更遣中使辅璆琳以珍果赐禄山，潜察其变。璆琳受禄山厚赂，还，盛言禄山竭忠奉国，无有二心。上谓国忠等曰：“禄山，朕推心待之，必无异志。东北二虏，借其镇遏。朕自保之，卿等勿忧也！”事遂寝。循，华原人也，时为节度副使。

陇右、河西节度使哥舒翰入朝，道得风疾，遂留京师，家居不出。

三月，辛巳，命给事中裴士淹宣慰河北。

（以上为第三段，写宦官辅璆琳察安禄山反状，璆琳受贿误国。）

夏，四月，安禄山奏破奚、契丹。

癸巳，以苏毗王子悉诺逻为怀义王，赐姓名李忠信。

安禄山归至范阳，朝廷每遣使者至，皆称疾不出迎，盛陈武备，然后见之。裴士淹至范阳，二十余日乃得见，无复人臣礼。杨国忠日夜求禄山反状，使京兆尹围其第，捕禄山客李超等，送御史台狱，潜杀之。禄山子庆宗尚宗女荣义郡主，供奉在京师，密报禄山，禄山愈惧。六月，上以其子成婚，手诏禄山观礼，禄山辞疾不至。秋，七月，禄山表献马三千匹，每匹执控夫二人，遣蕃将二十二人部送。河南尹达奚珣疑有变，奏请“谕禄山以进车马宜俟至冬，官自给夫，无烦本军。”于是上稍寤，始有疑禄山之意。会辅璆琳受赂事亦泄，上托以他事扑杀之。上遣中使冯神威赍手诏谕禄山，如珣策；且曰：“朕新为卿作一汤，十月于华清宫待卿。”神威至范阳宣旨，禄山踞床微起，亦不拜，曰：“圣人安隐。”又曰：“马不献亦可，十月灼然诣京师。”即令左右引神威置馆舍，不复见；数日，遣还，亦无表。神威还，见上泣曰：“臣几不得见大家！”

"安禄山很久以来就存有异心，现在又有这样一个请求，他谋反的意图明显了。明天见唐玄宗我要极力进谏。玄宗如果不听从，您再接着进谏。"杨国忠答应了。二月二十三日壬子，杨国忠、韦见素入朝晋见，玄宗迎着他们说："卿等有怀疑安禄山的意思吗？"韦见素趁机极力说明安禄山谋反已有形迹，他的请求不能准许，玄宗听了不高兴，杨国忠迟疑不敢说，玄宗竟然准许了安禄山的请求。过了几天，杨国忠、韦见素对玄宗说："臣有计策可以坐着不动声色地消除安禄山的阴谋。现在如果任命安禄山为平章事，召他回朝，让贾循为范阳节度使，吕知诲为平卢节度使，杨光翙为河东节度使，那么他势力就自动分解了。"唐玄宗听从了这个意见。已经写好制书，玄宗留下没有发出，又派遣宫中使者辅璆琳带珍奇的水果去赏赐安禄山，暗中观察他的变化。辅璆琳接受安禄山很多贿赂，回来后，竭力说安禄山尽忠报国，没有二心。唐玄宗对杨国忠等人说："安禄山，朕推心置腹地对待他，他一定不会有异心。东北两边的敌人，依靠他来镇守遏制。朕保证他不反，卿等不必忧虑了！"事情因此搁下来了。贾循是华原人，这时任节度副使。

陇右、河西节度使哥舒翰入朝，在路上得了风寒病，于是留在京师，待在家里不出来。

三月二十二日辛巳，命令给事中裴士淹宣谕安抚河北。

夏季，四月，安禄山奏说攻破奚、契丹。

四月初四日癸巳，封苏毗王子悉诺逻为怀义王，赐他姓名为李忠信。

安禄山回到范阳，朝廷每次派遣使者到了，他都称病不出来迎接，而且大规模地陈列武器装备，然后再接见使者。裴士淹到了范阳，二十多天后才得以接见，不再有人臣的礼节。杨国忠日日夜夜地寻求安禄山造反的罪状，派京兆尹包围了他的宅第，逮捕了安禄山的门客李超等人，送进御史台监狱，暗地里杀了他们。安禄山的儿子安庆宗娶宗室女荣义郡主，在京师供职，将情况秘密报告安禄山，安禄山更加害怕。六月，唐玄宗因儿子要成婚，亲手写诏书命安禄山回朝观看婚礼，安禄山以生病推辞下来。秋季，七月，安禄山上表请求献马三千匹，每匹马配马夫两人，派遣蕃将二十二人分部送来。河南尹达奚珣怀疑有变故，奏请玄宗"晓谕安禄山进献车马应等到冬天，政府自己配给马夫，不必麻烦他的军队"。于是玄宗稍稍有所醒悟，开始有怀疑安禄山的心思。碰上辅璆琳接受贿赂的事情也泄露出来，玄宗便借其他的罪过把他打死。玄宗派宫中使者冯神威带着他亲手写的诏书去晓谕安禄山，按照达奚珣的计策；并且还说："朕新近为卿做了一个温泉池，十月份在华清宫等待卿。"冯神威到范阳宣读圣旨，安禄山蹲坐在床上微微地起了一下身，也不跪拜，

八月，辛卯，免今载百姓租庸。

冬，十月，庚寅，上幸华清宫。

安禄山专制三道，阴蓄异志，殆将十年，以上待之厚，欲俟上晏驾然后作乱。会杨国忠与禄山不相悦，屡言禄山且反，上不听；国忠数以事激之，欲其速反以取信于上。禄山由是决意遽反，独与孔目官太仆丞严庄、掌书记屯田员外郎高尚、将军阿史那承庆密谋，自余将佐皆莫之知，但怪其自八月以来，屡飨士卒，秣马厉兵而已。会有奏事官自京师还，禄山诈为敕书，悉召诸将示之曰："有密旨，令禄山将兵入朝讨杨国忠，诸君宜即从军。"众愕然相顾，莫敢异言。十一月，甲子，禄山发所部兵及同罗、奚、契丹、室韦凡十五万众，号二十万，反于范阳。命范阳节度副使贾循守范阳，平卢节度副使吕知诲守平卢，别将高秀岩守大同；诸将皆引兵夜发。

（以上为第四段，写杨国忠激使安禄山速反。）

诘朝，禄山出蓟城南，大阅誓众，以讨杨国忠为名，牓军中曰："有异议扇动军人者，斩及三族！"于是引兵而南。禄山乘铁舆，步骑精锐，烟尘千里，鼓噪震地。时海内久承平，百姓累世不识兵革，猝闻范阳兵起，远近震骇。河北皆禄山统内，所过州县，望风瓦解，守令或开门出迎，或弃城窜匿，或为所擒戮，无敢拒之者。禄山先遣将军何千年、高邈将奚骑二十，声言献射生手，乘驿诣太原。乙丑，北京副留守杨光翙出迎，因劫之以去。太原具言其状。东受降城亦奏禄山反。上犹以为恶禄山者诈为之，未之信也。

庚午，上闻禄山定反，乃召宰相谋之。杨国忠扬扬有德色，曰："今反者独禄山耳，将士皆不欲也。不过旬日，必传首诣行在。"上以为然，大臣相顾失色。上遣特进毕思琛诣东京，金吾将军程千里诣河东，各简募数万人，随便团结以拒之。辛未，安西节度使封常清入朝，上问以讨贼方略，常清大言曰："今太平积久，故人望风惮贼。然事有逆顺，势有

说："圣上还好吧。"又说："马不进献也可以，十月份一定进京师。"随即便命令左右的人带走冯神威安置在驿馆里，再也不见他；过了好几天，遣他回朝，也没有谢恩的表文。冯神威回来后，见了唐玄宗哭着说："臣差一点就再也见不到陛下了！"

八月初四日辛卯，玄宗免除今年老百姓的租、庸赋税。

冬季，十月初四日庚申，唐玄宗驾临华清宫。

安禄山一个人控制着范阳、平卢、河东三道，暗藏异心，将近十年。因玄宗待他优厚，想等玄宗死后再造反。碰上杨国忠与安禄山关系不好，多次说安禄山将要反叛，唐玄宗不听信；杨国忠屡次用事情来激化，想要他尽快反叛以便自己能获取玄宗的信任。安禄山因此决定尽快反叛，他单独和孔目官、太仆丞严庄，掌书记、屯田员外郎高尚，将军阿史那承庆秘密谋划，其他的将领和佐官都不知道这件事，只是对自从八月份以来，经常宴飨士兵、秣马厉兵感到奇怪而已。适逢有向玄宗奏报事情的官员从京师回来，安禄山就假造玄宗的敕书，召集所有的将军，向他们出示诏书说："玄宗有密旨，命令我们带领部队入朝讨伐杨国忠，诸位将军应当马上从军出征。"众人大吃一惊，你看我我看你，没有一个人敢表示不同的意思。十一月初九日甲子，安禄山发动他所统率的部队以及同罗、奚、契丹、室韦等共十五万人，号称二十万，在范阳反叛。他命令范阳节度副使贾循留守范阳，平卢节度副使吕知诲留守平卢，别将高秀岩留守大同，其余诸将都带兵连夜出发。

第二天早晨，安禄山到蓟城南，隆重地阅兵誓师，以征讨杨国忠为名，出榜告示军中说："有异议煽动军心的，诛灭三族！"于是带兵向南进发。安禄山乘坐铁车，步兵骑兵非常精锐，路上的烟尘飞扬千里，鼓声喧哗声震天动地。当时天下长期太平，老百姓好几代都没有经过战争，突然听说范阳起兵叛乱，远近都大为震惊。河北是安禄山管辖的地区，他所经过的州、县，都望风瓦解，城中的太守、县令有的打开城门出来欢迎，有的放弃城池逃窜躲藏，有的被活捉杀戮，没有人敢抵抗他。安禄山先派遣将军何千年、高邈带领奚族骑兵二十人，声称进献射生手，乘驿车到太原。十一月初十日乙丑，北京副留守杨光翙出城迎接，因此就把他劫持而去。太原把实情向朝廷报告。东受降城也上奏说安禄山反叛。玄宗还以为是讨厌安禄山的人假造的谣言，不愿相信这事。

十一月十五日庚午，唐玄宗听说安禄山确实反叛，才召集宰相商议对策。杨国忠露出得意扬扬的神色，说："现在造反的只有安禄山一个人，将领和士兵都不想造反。不过十天，必定把安禄山的头颅传送到长安来。"唐玄宗信以为真，大臣们面面相觑大惊失色。玄宗派遣特进毕思琛到东京，金吾将军程千里到河东，各自选募几万人，各随方便武装组织地方丁壮以抵抗叛军。十一月十六日辛未，安西节度使封

奇变，臣请走马诣东京，开府库，募骁勇，挑马棰渡河，计日取逆胡之首献阙下！”上悦。壬申，以常清为范阳、平卢节度使。常清即日乘驿诣东京募兵，旬日，得六万人；乃断河阳桥，为守御之备。

（以上为第五段，写安禄山反叛，封常清受命东都设防。）

甲戌，禄山至博陵南，何千年等执杨光翙见禄山，责光翙以附杨国忠，斩之以徇。禄山使其将安忠志将精兵军土门，忠志，奚人，禄山养为假子；又以张献诚摄博陵太守，献诚，守珪之子也。

禄山至藁城，常山太守颜杲卿力不能拒，与长史袁履谦往迎之。禄山辄赐杲卿金紫，质其子弟，使仍守常山；又使其将李钦凑将兵数千人守井陉口，以备西来诸军。杲卿归，途中指其衣谓履谦曰：“何为着此？”履谦悟其意，乃阴与杲卿谋起兵讨禄山。杲卿，思鲁之玄孙也。

丙子，上还宫。斩太仆卿安庆宗，赐荣义郡主自尽。以朔方节度使安思顺为户部尚书，思顺弟元贞为太仆卿。以朔方右厢兵马使、九原太守郭子仪为朔方节度使，右羽林大将军王承业为太原尹。置河南节度使，领陈留等十三郡，以卫尉卿猗氏张介然为之。以程千里为潞州长史。诸郡当贼冲者，始置防御使。

丁丑，以荣王琬为元帅，右金吾大将军高仙芝副之，统诸军东征。出内府钱帛，于京师募兵十一万，号曰天武军，旬日而集，皆市井子弟也。

十二月，丙戌，高仙芝将飞骑、彍骑及新募兵、边兵在京师者合五万人，发长安。上遣宦者监门将军边令诚监其军，屯于陕。

丁亥，安禄山自灵昌渡河，以緪约败船及草木横绝河流，一夕，冰合如浮梁，遂陷灵昌郡。禄山步骑散漫，人莫知其数，所过残灭。张介然至陈留才数日，禄山至，授兵登城，众恼惧，不能守。庚寅，太守郭纳以城降。禄山入北郭，闻安庆宗死，恸哭曰：“我何罪，而杀我子！”时陈留将士降者夹道近万人，禄山皆杀之以快其忿；斩张介然于军门。以其将李庭望为节度使，守陈留。

常清入朝，玄宗问他讨伐叛贼的方法和谋略，封常清夸口说："当今承平很久，所以人们看见叛贼的风尘就害怕他们。然而事情有逆境顺境，形势有奇异变化，臣请求骑马飞奔东京，打开府库，招募骁勇善战的人，挥舞马鞭直渡黄河，用不了几天就可以取叛逆胡贼的首级进献朝廷！"唐玄宗很高兴。十一月十七日壬申，任命封常清为范阳、平卢节度使。封常清当天就乘坐驿马到东京招募士兵，十天时间，就募得六万人；于是砍断河阳桥，作为防守抵御的准备。

十一月十九日甲戌，安禄山到达博陵南，何千年等人捆绑杨光翙来见安禄山，安禄山指责杨光翙依附杨国忠，把他斩首示众。安禄山派他的部将安忠志率领精兵驻扎在土门。安忠志，是奚族人，安禄山抚养为干儿子；又让张献诚代理博陵太守，张献诚，是张守珪的儿子。

安禄山到达藁城，常山太守颜杲卿无力抵抗，和长史袁履谦前往迎接叛军。安禄山就赏赐颜杲卿金鱼袋和紫衣，把他的儿子兄弟作为人质，让他仍旧做常山太守；又派他的部将李钦凑率领部队几千人守卫井陉口，以防备从西边来征讨的各路兵马。颜杲卿返回，在路上指着身上穿戴的衣物对袁履谦说："穿戴这种衣物干什么？"袁履谦明白他的意思，于是就暗中和颜杲卿一起谋划起兵讨伐安禄山。颜杲卿，是颜思鲁的玄孙。

十一月二十一日丙子，玄宗回宫。杀了太仆卿安庆宗，赐荣义郡主自杀。任命朔方节度使安思顺为户部尚书，安思顺的弟弟安元贞为太仆卿。任命朔方右厢兵马使、九原太守郭子仪为朔方节度使，右羽林大将军王承业为太原尹。设置河南节度使，管辖陈留等十三郡，让卫尉卿猗氏人张介然担任河南节度使。让程千里担任潞州长史。首当贼军冲击的各郡，开始设置防御使。

十一月二十二日丁丑，任命荣王李琬为元帅，右金吾大将军高仙芝为副元帅，统率各军东征。拿出内府的钱财布帛，在京师招募士兵十一万人，号称天武军，十来天就集中起来，都是些市井子弟。

十二月初一日丙戌，高仙芝率领飞骑、彍骑以及新募兵、边兵留在京师的共五万人，从长安出发。唐玄宗派遣宦官监门将军边令诚监督他的军队，驻扎在陕郡。

十二月初二日丁亥，安禄山从灵昌渡过黄河，用粗大的绳索把破旧的船只和草木连接起来横渡河流，只一个晚上的时间，冰冻住船只草木就像浮桥一样，因此就攻陷了灵昌郡。安禄山的步兵骑兵散漫混乱，人们不知道他究竟有多少兵马，凡是他的军队所经过的地方都遭到残杀毁灭。张介然到陈留才几天，安禄山就到了，他派兵登城，众人十分恐惧，不能防守。十二月初五日庚寅，太守郭纳献城投降。安禄山进入城北，听说安庆宗的死讯，痛哭说："我有什么罪过，竟杀了我的儿子！"

（以上为第六段，写安禄山叛军南下河北，如入无人之境，河北郡县皆下。高仙芝奉命东征。）

壬辰，上下制欲亲征，其朔方、河西、陇右兵留守城堡之外，皆赴行营，令节度使自将之；期二十日毕集。

初，平原太守颜真卿知禄山且反，因霖雨，完城浚壕，料丁壮，实仓廪；禄山以其书生，易之。及禄山反，牒真卿以平原、博平兵七千人防河津，真卿遣平原司兵李平间道奏之。上始闻禄山反，河北郡县皆风靡，叹曰："二十四郡，曾无一人义士邪！"及平至，大喜曰："朕不识颜真卿作何状，乃能如是！"真卿遣亲客密怀购贼牒诣诸郡，由是诸郡多应者。真卿，杲卿之从弟也。

安禄山引兵向荥阳，太守崔无诐拒之；士卒乘城者，闻鼓角声，自坠如雨。癸巳，禄山陷荥阳，杀无诐，以其将武令珣守之。禄山声势益张，以其将田承嗣、安忠志、张孝忠为前锋。封常清所募兵皆白徒，未更训练，屯武牢以拒贼，贼以铁骑蹂之，官军大败。常清收余众，战于葵园，又败；战上东门内，又败。丁酉，禄山陷东京，贼鼓噪自四门入，纵兵杀掠。常清战于都亭驿，又败；退守宣仁门，又败；乃自苑西坏墙西走。

河南尹达奚珣降于禄山。留守李憕谓御史中丞卢奕曰："吾曹荷国重任，虽知力不敌，必死之！"奕许诺。憕收残兵数百，欲战，皆弃憕溃去；憕独坐府中。奕先遣妻子怀印间道走长安，朝服坐台中，左右皆散。禄山屯于闲厩，使人执憕、奕及采访判官蒋清，皆杀之。奕骂禄山，数其罪，顾贼党曰："凡为人当知逆顺。我死不失节，夫复何恨！"憕，文水人；奕，怀慎之子；清，钦绪之子也。禄山以其党张万顷为河南尹。

封常清帅余众至陕，陕郡太守窦廷芝已奔河东，吏民皆散。常清谓高仙芝曰："常清连日血战，贼锋不可当。且潼关无兵，若贼豕突入关，

当时陈留将士投降的站在道路两旁将近一万人，安禄山把他们都杀死了以泄其忿恨；在军门前把张介然斩首。任命他的部将李庭望为节度使，留守陈留。

十二月初七日壬辰，玄宗下制书想要亲自征讨安禄山，所有朔方、河西、陇右士兵除留守城堡的外，都赶赴出征的军营，命令各节度使亲自率领；限期二十天全部会集。

当初，平原太守颜真卿知道安禄山将要反叛，趁连日阴雨的机会，修缮城墙，深挖壕沟，计算壮丁的数目，充实粮仓；安禄山因他是一介书生，所以轻视他。等到安禄山反叛，行文颜真卿让他用平原、博平的士兵七千人防守黄河的渡口，颜真卿派遣平原司兵李平抄小路奏报唐玄宗。唐玄宗开始听说安禄山反叛，河北各郡县都望风披靡，感叹道："二十四个郡，就没有一个人是义士吗！"等到李平来，唐玄宗大喜说："朕不知道颜真卿长得何模样，竟能如此！"颜真卿派遣亲信门客暗中怀着悬赏捉拿反贼的文书到各郡去，因此各郡有很多响应的人。颜真卿是颜杲卿的堂弟。

安禄山带兵向荥阳进发，太守崔无诐抵抗；叛军士兵登城的，听到战鼓号角声，像下雨一样自己掉下来。十二月初八日癸巳，安禄山攻陷荥阳，杀了崔无诐，让他的部将武令珣守卫荥阳。安禄山的声势更加嚣张，派他的部将田承嗣、安忠志、张孝忠为前锋。封常清所招募的士兵都是平民百姓，没有经过军事训练，驻扎在武牢以抵抗叛贼；叛贼用铁骑践踏他们，官军大败。封常清收拾剩余的部众，在葵园交战，又失败了；在洛阳上东门内交战，又战败了。十二月十二日丁酉，安禄山攻陷东京洛阳，反贼击鼓喧闹从四方的城门进入，安禄山放纵士兵杀人抢劫。封常清在都亭驿作战，又战败了；退守宣仁门，又失败了。于是就从宫苑西边的坏墙向西逃走。

河南尹达奚珣投降了安禄山。留守李憕对御史中丞卢奕说："我辈担负国家的重任，虽然明知力量敌不过叛贼，一定要以死报效国家！"卢奕答应了。李憕收拾残兵几百人，想要作战，残兵都抛弃李憕溃散逃走；李憕一个人坐在留守府中。卢奕先派妻子怀着官印抄小道跑回长安，自己穿着朝服坐在御史台中，左右的人都已散去。安禄山在闲厩驻扎，派人捉住李憕、卢奕以及采访判官蒋清，把他们都杀了。卢奕大骂安禄山，数落他的罪状，环顾贼党说："大凡做人应当知道叛逆和正道，我死了不失做人臣的节操，又有什么遗憾呢？"李憕是文水县人，卢奕是卢怀慎的儿子，蒋清是蒋钦绪的儿子。安禄山让他的党羽张万顷做河南尹。

封常清带领残兵到达陕郡，陕郡太守窦廷芝已逃奔河东，官吏百姓都已散去。封常清对高仙芝说："我连日浴血奋战，叛贼锋芒不可抵挡。而且潼关没有军队，如

则长安危矣。陕不可守，不如引兵先据潼关以拒之。”仙芝乃帅见兵西趣潼关。贼寻至，官军狼狈走，无复部伍，士马相腾践，死者甚众。至潼关，修完守备，贼至，不得入而去。禄山使其将崔乾祐屯陕，临汝、弘农、济阴、濮阳、云中郡皆降于禄山。是时，朝廷征兵诸道，皆未至，关中恼惧。会禄山方谋称帝，留东京不进，故朝廷得为之备，兵亦稍集。

（以上为第七段，写封常清、高仙芝集败兵守潼关。）

禄山以张通儒之弟通晤为睢阳太守，与陈留长史杨朝宗将胡骑千余东略地，郡县官多望风降走，惟东平太守嗣吴王祗、济南太守李随起兵拒之。祗，祎之弟也。郡县之不从贼者，皆倚吴王为名。单父尉贾贲帅吏民南击睢阳，斩张通晤。李庭望引兵欲东徇地，闻之，不敢进而还。

庚子，以永王璘为山南节度使，江陵长史源洧为之副；颍王璬为剑南节度使，蜀郡长史崔圆为之副。二王皆不出阁。洧，光裕之子也。

上议亲征，辛丑，制太子监国，谓宰相曰：“朕在位垂五十载，倦于忧勤，去秋已欲传位太子；值水旱相仍，不欲以余灾遗子孙，淹留俟稍丰。不意逆胡横发，朕当亲征，且使之监国。事平之日，朕将高枕无为矣。”杨国忠大惧，退谓韩、虢、秦三夫人曰：“太子素恶吾家专横久矣，若一旦得天下，吾与姊妹并命在旦暮矣！”相与聚哭。使三夫人说贵妃，衔土请命于上；事遂寝。

颜真卿召募勇士，旬日至万余人，谕以举兵讨安禄山，继以涕泣，士皆感愤。禄山使其党段子光赍李憕、卢奕、蒋清首徇河北诸郡，至平原，壬寅，真卿执子光，腰斩以徇；取三人首，续以蒲身，棺敛葬之，祭哭受吊。禄山以海运使刘道玄摄景城太守，清池尉贾载、盐山尉河内穆宁共斩道玄，得其甲仗五十余船；携道玄首谒长史李玮，玮收严庄宗族，悉诛之。是日，送道玄首至平原。真卿召载、宁及清河尉张澹诣平原计事。饶阳太守卢全诚据城不受代；河间司法李奂杀禄山所署长史王怀忠；李随遣游弈将訾嗣贤济河，杀禄山所署博平太守马冀；各有众数千或万人，共推真卿为盟主，军事皆禀焉。禄山使张献诚将上谷、博陵、

果叛贼突进关内，那么长安就很危险了。陕郡不可固守，不如带兵先占据潼关以抵抗叛贼。”高仙芝就率领现有的士兵向西赶到潼关。叛贼不久就到了，官军狼狈逃跑，队伍七零八落，士兵战马互相践踏，死了很多人。到潼关后，修筑好了防御工事，叛贼到后，不能入关而退去。安禄山派他的部将崔乾祐驻守陕郡，临汝、弘农、济阴、濮阳、云中郡都投降了安禄山。这时，朝廷向各道征兵，都还没有到，关中十分恐惧。适逢安禄山正谋划称帝，停留在东京没有前进，所以朝廷得以有时间做准备，部队也渐渐汇集起来。

安禄山让张通儒的弟弟张通晤做睢阳太守，与陈留长史杨朝宗率领胡族骑兵一千多人向东扩展，各郡县的官吏大都望风而降或逃走，只有东平太守嗣吴王李祗、济南太守李随起兵抵抗。李祗是李祎的弟弟。各郡县不愿意投降敌贼的人，都依靠吴王为领袖。单父县贾贲带领官吏平民向南进攻睢阳，杀了张通晤。李庭望想带兵向东攻占地盘，听到这个消息后，不敢进攻而退回去了。

十二月十五日庚子，唐玄宗任命永王李璘为山南节度使，江陵长史源洧为副节度使；颍王李璬为剑南节度使，蜀郡长史崔圆为副节度使。永王和颍王都不离开宫殿。源洧，是源光裕的儿子。

唐玄宗计划亲自出征，十二月十六日辛丑，下制书让太子留守代管国事。玄宗对宰相说：“朕在位将近五十年，对于国事的忧虑勤劳已感到厌倦，去年秋天已想传位给太子；正碰上水灾旱灾相继发生，不想让余灾遗累子孙，所以久留在位上想等年成稍稍丰足后再传位。没想到叛逆胡贼突然反叛，朕应当亲自出征，将让太子留守代管国事，乱事平定之时，朕将无忧无虑清静无为了。”杨国忠非常恐慌，退朝后对韩国、虢国、秦国三位夫人说：“太子平时就讨厌我们杨家专横太久了，如果太子一旦得到天下，我与姐妹们都命在旦夕呀！”互相聚在一起痛哭。杨国忠叫三位夫人游说贵妃，让她口中含土向玄宗请命阻止，事情因此作罢。

颜真卿招募勇士，十来天就招到一万多人，向他们晓以大义起兵讨伐安禄山，说完就悲痛地哭泣起来，士兵们都大受感动群情激愤。安禄山派他的党羽段子光带着李憕、卢奕、蒋清的首级到河北各郡示众，到达平原。十二月十七日壬寅，颜真卿捉住段子光，腰斩示众；取回李憕等三人的头，用蒲草做成身子和头连起来，用棺材收敛安葬他们，祭奠哭泣并接受人们哀悼。安禄山派海运使刘道玄代理景城太守，清池县尉贾载、盐山县尉河内人穆宁一同杀了刘道玄，得到他的盔甲兵器五十多船；携带道玄的首级拜谒长史李暐，李暐逮捕严庄的宗人族人，把他们全都杀死。这一天，把道玄的头送到平原。颜真卿召集贾载、穆宁以及清河县尉张澹到平原来商议事情。饶阳太守卢全诚占据郡诚不接受安禄山派来取代他的人；河间司法李奂

常山、赵郡、文安五郡团结兵万人围饶阳。

（以上为第八段，写颜真卿起兵河北抗击安禄山。）

高仙芝之东征也，监军边令诚数以事干之，仙芝多不从。令诚入奏事，具言仙芝、常清桡败之状，且云："常清以贼摇众，而仙芝弃陕地数百里，又盗减军士粮赐。"上大怒，癸卯，遣令诚赍敕即军中斩仙芝及常清。初，常清既败，三遣使奉表陈贼形势，上皆不之见。常清乃自驰诣阙，至渭南，敕削其官爵，令还仙芝军，白衣自效。常清草遗表曰："臣死之后，望陛下不轻此贼，无忘臣言！"时朝议皆以为禄山狂悖，不日授首，故常清云然。令诚至潼关，先引常清，宣敕示之；常清以表附令诚上之。常清既死，陈尸蘧蒢。仙芝还，至听事，令诚索陌刀手百余人自随，乃谓仙芝曰："大夫亦有恩命。"仙芝遽下，令诚宣敕。仙芝曰："我遇敌而退，死则宜矣。今上戴天，下履地，谓我盗减粮赐则诬也。"时士卒在前，皆大呼称枉，其声振地，遂斩之。以将军李承光摄领其众。

河西、陇右节度使哥舒翰病废在家，上藉其威名，且素与禄山不协，召见，拜兵马副元帅，将兵八万以讨禄山；仍敕天下四面进兵，会攻洛阳。翰以病固辞，上不许，以田良丘为御史中丞，充行军司马，起居郎萧昕为判官，蕃将火拔归仁等各将部落以从，并仙芝旧卒，号二十万，军于潼关。翰病，不能治事，悉以军政委田良丘；良丘复不敢专决，使王思礼主骑，李承光主步，二人争长，无所统壹。翰用法严而不恤，士卒皆懈弛，无斗志。

安禄山大同军使高秀岩寇振武军，朔方节度使郭子仪击败之，子仪乘胜拔静边军。大同兵马使薛忠义寇静边军，子仪使左兵马使李光弼、右兵马使高濬、左武锋使仆固怀恩、右武锋使浑释之等逆击，大破之，坑其骑七千。进围云中，使别将公孙琼岩将二千骑击马邑，拔之，开东

杀了安禄山所任命的长史王怀忠；李随派遣游弈将訾嗣贤渡过黄河，杀了安禄山所任命的博平太守马冀，各有部众数千人或一万人，共同推举颜真卿为盟主，军事方面的事情都向他禀告。安禄山派张献诚带领上谷、博陵、常山、赵郡、文安五郡的团结兵一万人包围饶阳。

高仙芝东征时，监军边令诚多次因事提出意见，高仙芝大都不听从。边令诚入朝向玄宗奏报事情，详细叙说高仙芝、封常清战败的情形，并且还说："封常清用乱贼来动摇部众的军心，而高仙芝则放弃陕郡几百里的地方，又盗窃扣减军士们的粮食赏赐。"唐玄宗非常生气，十二月十八日癸卯，派遣边令诚带着敕书到军中斩杀高仙芝和封常清。当初，封常清战败，三次派使者奉表文陈述叛贼形势，唐玄宗都不接见。封常清就亲自奔往京城，走到渭南，玄宗下敕书削去他的官职爵位，命令他回到高仙芝的军中，以平民的身份效力。封常清写遗表说："臣死了以后，希望陛下不要轻视这个叛贼，不要忘记臣所说的话！"当时朝廷的议论都认为安禄山狂妄悖逆，用不了几天就会被斩首，所以封常清才向玄宗这样说。边令诚到达潼关，先叫来封常清，向他宣读玄宗的敕书，封常清把遗表托付边令诚转呈玄宗。封常清被杀后，尸体放在苇草编的粗席子里。高仙芝回来，到办公处，边令诚找来陌刀手一百多人跟随自己，于是对高仙芝说："大夫也有皇上的恩命"。高仙芝马上跪下，边令诚宣读玄宗的敕书。高仙芝说："我碰上敌人而后退，死是应该的。今天对着头顶的苍天和脚踏的大地发誓，说我盗窃扣减军士的粮食赏赐那是冤枉啊。"当时士兵们都在面前，大声呼喊冤枉，声音震天动地，但边令诚还是把高仙芝杀了。任命将军李承光带领他的部众。

河西、陇右节度使哥舒翰因病在家休养，唐玄宗想借重他的威望和名声，而且他平素就与安禄山不和。玄宗召见哥舒翰，授予他兵马副元帅，率领部队八万人去讨伐安禄山；于是下敕书命令天下四面进兵，共同进攻洛阳。哥舒翰因为有病再三辞谢，唐玄宗不允许，任命田良丘为御史中丞，充行军司马，起居郎萧昕为判官，蕃将火拔归仁等人各自带领本部落随从出征，加上高仙芝原有的士兵，号称二十万，驻扎在潼关。哥舒翰因为有病，不能管理事务，把军政事务全部委托给田良丘；田良丘又不敢独自决断，让王思礼主管骑兵，李承光主管步兵，这两个人互相争夺指挥权，部队无法统一。哥舒翰用兵严厉而不体恤部下，士兵都懈怠松散，没有斗志。

安禄山的大同军使高秀岩侵犯振武军，朔方节度使郭子仪打败了他，郭子仪乘胜攻克了静边军。大同兵马使薛忠义侵犯静边军，郭子仪派左兵马使李光弼、右兵马使高濬、左武锋使仆固怀恩、右武锋使浑释之等迎头反击，把敌人打得大败，坑杀了敌人骑兵七千人。进一步围攻云中，派别将公孙琼岩带领两千骑兵攻打马邑，

陉关。甲辰，加子仪御史大夫。怀恩，哥滥拔延之曾孙也，世为金微都督。释之，浑部酋长，世为皋兰都督。

（以上为第九段，写封常清、高仙芝被冤杀。陇右节度使哥舒翰受命守潼关。）

颜杲卿将起兵，参军冯虔、前真定令贾深、藁城尉崔安石、郡人翟万德、内丘丞张通幽皆预其谋；又遣人语太原尹王承业，密与相应。会颜真卿自平原遣杲卿甥卢逖潜告杲卿，欲连兵断禄山归路，以缓其西入之谋。时禄山遣其金吾将军高邈诣幽州征兵，未还，杲卿以禄山命召李钦凑，使帅众诣郡受犒赉；丙午，薄暮，钦凑至，杲卿使袁履谦、冯虔等携酒食妓乐往劳之，并其党皆大醉。乃断钦凑首，收其甲兵，尽缚其党，明日，斩之，悉散井陉之众。有顷，高邈自幽州还，且至藁城，杲卿使冯虔往擒之。南境又白何千年自东京来，崔安石与翟万德驰诣醴泉驿迎千年，又擒之，同日致于郡下。千年谓杲卿曰："今太守欲输力王室，既善其始，当慎其终。此郡应募乌合，难以临敌，宜深沟高垒，勿与争锋。俟朔方军至，并力齐进，传檄赵、魏，断燕、蓟要膂。今且宜声云'李光弼引步骑一万出井陉'；因使人说张献诚云：'足下所将多团练之人，无坚甲利兵，难以当山西劲兵。'献诚必解围遁去。此亦一奇也。"杲卿悦，用其策，献诚果遁去，其团练兵皆溃。杲卿乃使人入饶阳城，慰劳将士。命崔安石等徇诸郡云："大军已下井陉，朝夕当至，先平河北诸郡。先下者赏，后至者诛！"于是河北诸郡响应，凡十七郡皆归朝廷，兵合二十余万；其附禄山者，唯范阳、卢龙、密云、渔阳、汲、邺六郡而已。

杲卿又密使人入范阳招贾循，郏城人马燧说循曰："禄山负恩悖逆，虽得洛阳，终归夷灭。公若诛诸将之不从命者，以范阳归国，倾其根柢，此不世之功也。"循然之，犹豫不时发。别将牛润容知之，以告禄山，禄山使其党韩朝阳召循。朝阳至范阳，引循屏语，使壮士缢杀之，灭其族；以别将牛廷玠知范阳军事。史思明、李立节将蕃、汉步骑万人击博陵、常山。马燧亡入西山；隐者徐遇匿之，得免。

攻克了它，打下东陉关。十二月十九日甲辰，加任郭子仪为御史大夫。仆固怀恩，是哥滥拔延的曾孙，世代做金微都督。浑释之，是浑部酋长，世代做皋兰都督。

颜杲卿将要起兵，参军冯虔、前真定县令贾深、藁城县尉崔安石、郡人翟万德、内丘县丞张通幽都参与谋划；又派人告诉太原尹王承业，暗中与他相呼应。适逢颜真卿从平原派颜杲卿的外甥卢逖悄悄跑来告诉颜杲卿，想联合两地兵马切断安禄山的退路，以延缓他向西进攻的计谋。当时安禄山派他的金吾将军高邈到幽州征兵，没有回，颜杲卿假借安禄山的命令召来李钦凑，派他带领部众到郡里接受犒劳赏赐。十二月二十一日丙午，傍晚，李钦凑到了，颜杲卿派袁履谦、冯虔等人携带好酒美食妓女乐队前往慰劳他，连同他的党羽都喝得大醉，于是砍下李钦凑的头，收缴他的盔甲兵器，把他的党羽全部捆绑起来，第二天，把他们都杀了，全部遣散驻守井陉口的士兵。不久，高邈从幽州回来，将要到藁城，颜杲卿派冯虔前往活捉他。南部边境又告知何千年从东京来，崔安石和翟万德飞骑到醴泉去迎何千年，又活捉了他，当天送到郡下。何千年对颜杲卿说："今天太守想要尽力于王室，头开得很好，应当有始有终。这个郡里应募的士卒都是乌合之众，难以临阵抗敌，最好深挖沟高筑垒，不要与敌人争锋。等到朔方大军到达，合力一起进攻，传送檄文到赵、魏，拦腰截断燕、蓟。现在暂且应声称说：'李光弼带领步兵骑兵一万人已经出了井陉口'；趁机派人劝说张献诚说：'足下所带领的大多是团练民兵，没有坚固的盔甲锐利的兵器，难以抵挡山西的强大兵力'，张献诚必定解除包围而逃走。这也是一个奇计。"颜杲卿很高兴，采用了他的计策，张献诚果然逃走了，他的团练民兵都溃散了。颜杲卿于是派人进入饶阳城，慰劳将士。命令崔安石等人向各郡宣示说："大军已经攻下井陉口，早晚就要来到，先平定河北各郡。先归顺的有赏，后来的诛灭！"于是河北各郡都响应，共有十七个郡归顺朝廷，士兵合计共有二十多万人。仍然依附安禄山的郡，只有范阳、卢龙、密云、渔阳、汲、邺六个郡而已。

颜杲卿又秘密派人进入范阳去招降贾循，郏城人马燧劝贾循说："安禄山辜负皇恩发动叛变，虽然得到洛阳，终究是要灭亡的。您如果诛杀那些不听从命令的将军，让范阳归顺国家，倾覆安禄山的根本，这就世上少有的功劳。"贾循同意他的说法，但犹豫不决没有及时行动。别将牛润容知道此事，报告了安禄山，安禄山派他的党羽韩朝阳去召见贾循。韩朝阳到了范阳，引贾循到没有人的地方说话，派壮士用绳子勒死他，夷灭他的家族，让别将牛廷玠主管范阳的军事。史思明、李立节率领蕃族、汉族步兵骑兵一万人进攻博陵、常山。马燧逃进西山，隐士徐遇把他藏起来，得以免死。

初，禄山欲自将攻潼关，至新安，闻河北有变而还。蔡希德将兵万人自河内北击常山。

戊申，荣王琬薨，赠谥靖恭太子。

是岁，吐蕃赞普乞梨苏笼猎赞卒，子娑悉笼猎赞立。

（以上为第十段，写颜杲卿起兵河北讨贼。）

肃宗文明武德大圣大宣孝皇帝上之上

至德元载（丙申，756年）

春，正月，乙卯朔，禄山自称大燕皇帝，改元圣武，以达奚珣为侍中，张通儒为中书令。高尚、严庄为中书侍郎。

李随至睢阳，有众数万。丙辰，以随为河南节度使，以前高要尉许远为睢阳太守兼防御使。濮阳客尚衡起兵讨禄山，以郡人王栖曜为衙前总管，攻拔济阴，杀禄山将邢超然。

颜杲卿使其子泉明、贾深、翟万德献李钦凑首及何千年、高邈于京师。张通幽泣请曰："通幽兄陷贼，乞与泉明偕行，以救宗族。"杲卿哀而许之。至太原，通幽欲自托于王承业，乃教之留泉明等，更其表，多自为功，毁短杲卿，别遣使献之。杲卿起兵才八日，守备未完，史思明、蔡希德引兵皆至城下。杲卿告急于承业，承业既窃其功，利于城陷，遂拥兵不救。杲卿昼夜拒战，粮尽矢竭；壬戌，城陷。贼纵兵杀万余人，执杲卿及袁履谦等送洛阳。王承业使者至京师，玄宗大喜，拜承业羽林大将军，麾下受官爵者以百数。征颜杲卿为卫尉卿。朝命未至，常山已陷。

杲卿至洛阳，禄山数之曰："汝自范阳户曹，我奏汝为判官，不数年超至太守，何负于汝而反邪？"杲卿瞋目骂曰："汝本营州牧羊羯奴，天子擢汝为三道节度使，恩幸无比，何负于汝而反？我世为唐臣，禄位皆唐有，虽为汝所奏，岂从汝反邪！我为国讨贼，恨不斩汝，何谓反也？臊羯狗，何不速杀我！"禄山大怒，并袁履谦等缚于中桥之柱而剐之。杲卿、履谦比死，骂不虚口。颜氏一门死于刀锯者三十余人。

（以上为第十一段，写颜杲卿兵败，从容就义。）

当初，安禄山想亲自带兵攻打潼关，到达新安，听说河北有变故就退回来了。蔡希德带兵一万人从河内向北进攻常山。

十二月二十三日戊申，荣王李琬去世，赠谥号靖恭太子。

这一年，吐蕃赞普乞梨苏笼猎赞死，儿子娑悉笼猎赞即位。

肃宗文明武德大圣大宣孝皇帝上之上

唐肃宗至德元载（丙申，756年）

春季，正月初一日乙卯朔，安禄山自称为“大燕皇帝”，改年号为圣武，任命达奚珣为侍中，张通儒为中书令。高尚、严庄为中书侍郎。

李随到达睢阳，有部众好几万人。正月初二日丙辰，任命李随为河南节度使，任命前高要县尉许远为睢阳太守兼防御使。濮阳宾客尚衡起兵讨伐安禄山，让本郡人王栖曜做衙前总管，攻克济阴，杀了安禄山的部将邢超然。

颜杲卿派他的儿子颜泉明、贾深、翟万德把李钦凑的首级以及何千年、高邈进献给京师。张通幽哭着请求说：“我的哥哥陷于贼党，请求和颜泉明一同进京，以挽救我的宗族。”颜杲卿可怜他便同意了。到达太原，张通幽想要依附于王承业，就叫王承业留下颜泉明等人，改写表文，把这些功劳多归于自己，诽谤颜杲卿，另外派使者进献朝廷。颜杲卿起兵才八天，防守设备都没有完善，史思明、蔡希德就带兵杀到城下了。颜杲卿向王承业告急，王承业已经窃取了他的功劳，认为常山城被攻陷对自己有利，于是拥兵不去援救。颜杲卿日夜抵抗战斗，粮食吃光了箭射完了。正月初八日壬戌，常山城陷落。叛贼放纵士兵杀了一万多人，把颜杲卿和袁履谦等人捆绑送往洛阳。王承业的使者到达京师，玄宗非常高兴，任命王承业为羽林大将军，部下接受官爵的数以百计。征召颜杲卿为卫尉卿。朝廷的命令还没有到，常山就已经陷落了。

颜杲卿被押送洛阳，安禄山数落他说：“你在范阳户曹的位上，我奏请皇上任命你为判官，不到几年时间就提升为太守，有什么亏待你的而你却背叛我？”颜杲卿怒目大骂说：“你本是营州放羊的羯族奴隶，天子提拔你为三道的节度使，恩惠宠幸无比，有什么亏待你的而你却反叛呢？我家世代都是唐朝的臣子，俸禄和官位都是唐朝给的，虽然经过你的奏请，怎么能跟随你反叛呢？我替国家讨伐叛贼，恨不得杀了你，怎么能说反叛你呢？你这腥膻的羯狗，为什么还不赶快杀了我？”安禄山大为恼怒，把颜杲卿和袁履谦等人一起绑在中桥的柱子上剐死。颜杲卿、袁履谦临死前，还不停地痛骂。颜氏一家被处死的有三十多人。

史思明、李立节、蔡希德既克常山，引兵击诸郡之不从者，所过残灭，于是邺、广平、钜鹿、赵、上谷、博陵、文安、魏、信都等郡复为贼守。饶阳太守卢全诚独不从，思明等围之。河间司法李奂将七千人、景城长史李暐遣其子祀将八千人救之，皆为思明所败。

上命郭子仪罢围云中，还朔方，益发兵进取东京；选良将一人分兵先出井陉，定河北。子仪荐李光弼，癸亥，以光弼为河东节度使，"分朔方兵万人与之。

甲子，加哥舒翰左仆射、同平章事，余如故。

置南阳节度使，以南阳太守鲁炅为之，将岭南、黔中、襄阳子弟五万人屯叶北，以备安禄山。炅表薛愿为颍川太守兼防御使，庞坚为副使。愿，故太子瑛之妃兄；坚，玉之曾孙也。

乙丑，安禄山遣其子庆绪寇潼关；哥舒翰击却之。

己巳，加颜真卿户部侍郎兼本郡防御使；真卿以李暐为副。

二月，丙戌，加李光弼魏郡太守、河北道采访使。

史思明等围饶阳二十九日，不下，李光弼将蕃、汉步骑万余人、太原弩手三千人出井陉。己亥，至常山，常山团练兵三千人杀胡兵，执安思义出降。光弼谓思义曰："汝自知当死否？"思义不应。光弼曰："汝久更陈行，视吾此众，可敌思明否？今为我计当如何？汝策可取，当不杀汝。"思义曰："大夫士马远来疲弊，猝遇大敌，恐未易当；不如移军入城，早为备御，先料胜负，然后出兵。胡骑虽锐，不能持重，苟不获利，气沮心离，于时乃可图矣。思明今在饶阳，去此不二百里。昨暮羽书已去，计其先锋来晨必至，而大军继之，不可不留意也。"光弼悦，释其缚，即移军入城。史思明闻常山不守，立解饶阳之围；明日未旦，先锋已至，思明等继之，合二万余骑，直抵城下。光弼遣步卒五千自东门出战，贼守门不退。光弼命五百弩于城上齐发射之，贼稍却；乃出弩手千人分为四队，使其矢发发相继，贼不能当，敛军道北。光弼出兵五千为枪城于道南，夹呼沱水而陈，贼数以骑兵搏战，光弼之兵射之，人马中矢者太半，乃退，小憩以俟步兵。有村民告贼步兵五千自饶阳来，昼夜行百七十里，至九门南逢壁，度憩息。光弼遣步骑各二千，匿旗鼓，并水潜行，至逢壁，贼方饭，纵兵掩击，杀之无遗。思明闻之，失势，退入九门。时常山九县，七附官军，惟九门、藁城为贼所据。光弼遣裨将张奉璋以兵五百戍石邑；余皆三百人戍之。

（以上为第十二段，写河东节度使李光弼光复常山，解饶阳之围，大败史思明。）

史思明、李立节、蔡希德攻克常山后，又带兵攻打各郡中不服从的，所到之处残杀毁灭，于是邺、广平、巨鹿、赵、上谷、博陵、文安、魏、信都等郡又被叛贼占据。只有饶阳太守卢全诚不服从，史思明等围攻他。河间司法李奂带领七千人、景城长史李暐派遣他的儿子李祀带领八千人前来援救，都被史思明所击败。

唐玄宗命令郭子仪停止围攻云中，回到朔方，增加兵力去进攻东京；选一个优秀将领分一部分兵先出井陉口，平定河北。郭子仪推荐李光弼，正月初九日癸亥，任命李光弼为河东节度使，分朔方兵马一万人给他。

正月初十日甲子，加任哥舒翰为左仆射、同平章事，其余的官职照旧。

设置南阳节度使，任命南阳太守鲁炅为南阳节度使，率领岭南、黔中、襄阳等郡的子弟兵马五万人驻扎在叶县北部，以防备安禄山。鲁炅上表奏请薛愿为颍川太守兼防御使，庞坚为副使。薛愿是已故太子李瑛妃子的哥哥，庞坚是庞玉的曾孙。

正月十一日乙丑，安禄山派他的儿子安庆绪进犯潼关，哥舒翰击退了他。

正月十五日己巳，加任颜真卿为户部侍郎兼本郡防御使，颜真卿让李暐为副使。

二月初二日丙戌，加任李光弼为魏郡太守、河北道采访使。

史思明等人围攻饶阳二十九天，攻不下来，李光弼率领蕃、汉步兵骑兵一万多人、太原弓弩手三千人出井陉口。二月十五日己亥，到达常山，常山的团练兵三千人杀死胡兵，活捉安思义出来投降。李光弼对安思义说：“你自己知道该死吗？”安思义不回答。李光弼说：“你久经沙场，你看我这些队伍，能不能抵挡史思明？现在你替我计划应当如何迎战？你的计策如果可取，将不杀你。”安思义说：“大夫的兵马远道而来疲惫不堪，突然遇到强大的敌手，恐怕不容易抵挡。还不如把军队移到城里，早作防备，事先衡量胜负，然后再出兵。胡人的兵马虽然很精锐，但不谨慎稳重，如果不能获胜，他们的士气就会低落人心就会离散，到那时候便可以攻打他们了。史思明现在饶阳，离这里不到两百里。昨天傍晚征调军队的紧急文书已经送去，估计他的先锋明天早晨必定会来到，而大军随后就会来到，不可不小心谨慎。”李光弼很高兴，给他松绑，马上把军队转移到城里。史思明听说常山失守，立刻解除对饶阳的包围；第二天天还没有亮，先头部队已经到达常山，史思明等人随后也到达了，一共有两万多骑兵，直接开到城下。李光弼派遣步兵五千人从东门出来迎战，贼兵坚守城门不往后退。李光弼命令五百个弓箭手从城上一齐发箭射向敌人，敌贼渐渐后退；又派出弓箭手一千人分为四队，叫他们不停地射箭，贼兵不能抵挡，收兵退到道北。李光弼派出士兵五千人手持长枪宛如城墙站在道南，夹着呼沱水而布阵；贼兵多次用骑兵来拼搏战斗，李光弼的士兵用箭射他们，人马中箭的有一大半，于是贼兵后退，稍作休息以等待步兵。有村民来报告敌贼步兵五千人从饶阳赶来，昼夜行走一百七十里，到九门县南边的逢壁，估计现在正在休息。李光

上以吴王祗为灵昌太守、河南都知兵马使。贾贲前至雍丘，有众二千。先是谯郡太守杨万石以郡降安禄山，逼真源令河东张巡使为长史，西迎贼。巡至真源，帅吏民哭于玄元皇帝庙，起兵讨贼，吏民乐从者数千人；巡选精兵千人西至雍丘，与贾贲合。

初，雍丘令令狐潮以县降贼，贼以为将，使东击淮阳救兵于襄邑，破之，俘百余人，拘于雍丘，将杀之，往见李庭望；淮阳兵遂杀守者，潮弃妻子走，故贾贲得以其间入雍丘。庚子，潮引贼精兵攻雍丘；贲出战，败死。张巡力战却贼，因兼领贲众，自称吴王先锋使。

三月，乙卯，潮复与贼将李怀仙、杨朝宗、谢元同等四万余众奄至城下；众惧，莫有固志。巡曰："贼兵精锐，有轻我心。今出其不意击之，彼必惊溃。贼势小折，然后城可守也。"乃使千人乘城；自帅千人，分数队，开门突出。巡身先士卒，直冲贼陈，人马辟易，贼遂退。明日，复进攻城，设百炮环城，楼堞皆尽；巡于城上立木栅以拒之。贼蚁附而登，巡束蒿灌脂，焚而投之，贼不得上。时伺贼隙，出兵击之，或夜缒斫营，积六十余日，大小三百余战，带甲而食，裹疮复战，贼遂败走。巡乘胜追之，获胡兵二千人而还，军声大振。

（以上为第十三段，写河南真源令张巡败贼于雍丘。）

初，户部尚书安思顺知禄山反谋，因入朝奏之。及禄山反，上以思顺先奏，不之罪也。哥舒翰素与之有隙，使人诈为禄山遗思顺书，于关门擒之以献，且数思顺七罪，请诛之。丙辰，思顺及弟太仆卿元贞皆坐死，家属徙岭外。杨国忠不能救，由是始畏翰。

弼派步兵骑兵各两千人，偃旗息鼓，挨着水边悄悄地行进，到达逢壁，敌贼刚刚在吃饭，李光弼纵兵突然攻击，把贼兵杀得一个不剩。史思明听说后，知道大势已去，就退回九门县。当时常山郡管九个县，其中七个县归顺政府军，只有九门县、藁城县被敌贼占据。李光弼派副将张奉璋带士兵五百人戍守石邑县；其余各县都用三百人戍守。

唐玄宗任命吴王李祗为灵昌太守、河南都知兵马使。贾贲前至雍丘，有部众两千人。在这以前谯郡太守杨万石带着全郡投降了安禄山，逼迫真源县令河东人张巡担任长史，向西迎接叛贼。张巡到真源，率领官吏和百姓在玄元皇帝庙里哭祭，起兵讨伐叛贼，官吏和百姓乐于跟从的有好几千人；张巡选择精兵一千人向西到雍丘，与贾贲会合。

当初，雍丘县令令狐潮带领全县投降叛贼，叛贼让他做了将领，派他向东到襄邑去攻打淮阳的救兵，打败了救兵，俘虏了一百多人，拘押在雍丘，准备杀死他们，去拜见李庭望。淮阳的士兵就杀死看守的人，令狐潮抛弃妻子儿女逃跑了，所以贾贲能够趁这个间隙进入雍丘。二月十六日庚子，令狐潮带领叛贼精兵攻打雍丘，贾贲出来迎战，战败而死。张巡奋力作战打退敌贼，因而兼领贾贲的部众，自称是吴王先锋使。

三月初二日乙卯，令狐潮又与敌贼将领李怀仙、杨朝宗、谢元同等四万多人突然来到城下。众人很害怕，没有坚守的意志。张巡说："贼兵精锐，有轻视我军的心理。今天我们出其不意地去进攻他们，他们一定惊慌溃散。贼兵的气势受到一些挫折，然后这座城才可以防守住。"于是便派一千人登上城墙；自己率领一千人，分成好几队，打开城门突然出击。张巡身先士卒，直接冲向敌人的营阵，人马惊退，叛贼于是向后撤。第二天，又来攻城，在城四周架设了一百座炮，城楼女墙都被毁坏；张巡在城上树立木栅栏来抵抗敌人。贼兵像蚂蚁一样贴着城墙向上爬，张巡捆起草把，浇灌油脂，点烧后投向敌人，贼兵不能登上城墙。张巡还不时观察敌人的空隙，出兵攻打他们。有时夜晚把人系在绳子上从城上放下去砍杀敌营。一连六十多天，大小三百多次战斗，将士们穿戴着盔甲吃饭，包扎着伤口继续战斗，贼兵因此败退撤走。张巡乘胜追击贼兵，俘虏胡兵两千人回来，军队的声势大振。

当初，户部尚书安思顺知道安禄山要反叛的阴谋，因此入朝奏报玄宗。等到安禄山反叛时，玄宗因安思顺事先奏报，便不治他的罪。哥舒翰平素就与安思顺有矛盾，派人伪造安禄山写给安思顺的书信，在潼关的关门口擒获进献给朝廷，而且历数安思顺的七条罪状，请求朝廷杀了他。三月初三日丙辰，安思顺和他的弟弟太仆

郭子仪至朔方，益选精兵，戊午，进军于代。

戊辰，吴王祗击谢元同，走之，拜陈留太守、河南节度使。

壬午，以河东节度使李光弼为范阳长史、河北节度使。加颜真卿河北采访使。真卿以张澹为支使。

先是清河客李萼，年二十余，为郡人乞师于真卿曰："公首唱大义，河北诸郡恃公以为长城。今清河，公之西邻，国家平日聚江、淮、河南钱帛于彼以赡北军，谓之'天下北库'；今有布三百余万匹，帛八十余万匹，钱三十余万缗，粮三十余万斛。昔讨默啜，甲兵皆贮清河库，今有五十余万事。户七万，口十余万。窃计财足以三平原之富，兵足以倍平原之强。公诚资以士卒，抚而有之，以二郡为腹心，则余郡如四支，无不随所使矣。"真卿曰："平原兵新集，尚未训练，自保恐不足，何暇及邻，虽然，借若诸子之请，则将何为乎？"萼曰："清河遣仆衔命于公者，非力不足而借公之师以尝寇也，亦欲观大贤之明义耳。今仰瞻高意，未有决辞定色，仆何敢遽言所为哉！"真卿奇之，欲与之兵。众以为萼年少轻虏，徒分兵力，必无所成，真卿不得已辞之。萼就馆，复为书说真卿，以为："清河去逆效顺，奉粟帛器械以资军，公乃不纳而疑之。仆回辕之后，清河不能孤立，必有所系托，将为公西面之强敌，公能无悔乎？"真卿大惊，遽诣其馆，以兵六千借之；送至境，执手别。真卿问曰："兵已行矣，可以言子之所为乎？"萼曰："闻朝廷遣程千里将精兵十万出崞口讨贼，贼据险拒之，不得前。今当引兵先击魏郡，执禄山所署太守袁知泰，纳旧太守司马垂，使为西南主人；分兵开崞口，出千里之师，因讨汲、邺以北至于幽陵郡县之未下者；平原、清河帅诸同盟，合兵十万，南临孟津，分兵循河，据守要害，制其北走之路。计官军东讨者不下二十万，河南义兵西向者亦不减十万。公但当表朝廷坚壁勿战，不过月余，贼必有内溃相图之变矣。"真卿曰："善！"命录事参军李择交及平原令范冬馥将其兵，会清河兵四千及博平兵千人军于堂邑西南。袁知泰遣其将白嗣恭等将二万余人来逆战，三郡兵力战尽日，魏兵大败，斩首万余级，捕虏千余人，得马千匹，军资甚众。知泰奔汲郡，遂克魏郡，军声大振。

（以上为第十四段，写平原、清河两郡合兵，大破贼兵。）

卿安元贞都因此罪而被杀，家属流放到五岭以南的地区。杨国忠不能救他们，从此开始畏惧哥舒翰。

郭子仪到达朔方，增选精兵，三月初五日戊午，进军到代州。

三月十五日戊辰，吴王李祗攻打谢元同，把他赶跑。吴王李祗被拜为陈留太守、河南节度使。

三月二十九日壬午，任命河东节度使李光弼为范阳长史、河北节度使。加任颜真卿为河北采访使。颜真卿让张澹做支使。

先前，清河客李萼，年龄二十多岁，替郡人向颜真卿借兵，说："公率先倡导大义，河北各郡都把您当作长城一样来依靠。现在，清河是您的西边邻居，国家平时把江、淮、河南的钱财布帛聚集在此地以供给北方的军队，称作'天下北库'；今天还有布三百多万匹，帛八十多万匹，钱三十多万缗，粮食三十多万斛。昔日征讨默啜，盔甲兵器都贮存在清河的仓库里，现在还有五十多万件。清河郡有七万户人家，十多万人口。我私下计算财帛足以是平原郡的三倍，兵力足以是平原郡的一倍。您如诚心借给士卒，安抚人民而统有财富，以这两个郡为腹心，其余的各郡好像四肢一样，没有什么不能随意指挥了。"颜真卿说："平原郡的士兵新近才集合起来，还没有训练，自保恐怕都不够，哪有多余的顾及邻近郡？尽管如此，假如同意你的请求，那么你将如何行动呢？"李萼说："清河郡的人派我受命于您，并不是力量不够才来借您的军队去试探敌寇，不过是想观察大贤的高义罢了。今天我瞻仰高义，没有决定的言辞和表情，我怎么还敢贸然谈论如何行动呢？"颜真卿很赏识他，想把军队借给他。众人认为李萼年少轻敌，白白地分散兵力，必定一事无成，颜真卿不得已而辞谢了他。李萼回到旅馆，又写书信劝说颜真卿，认为："清河郡脱离叛贼归顺朝廷，奉献米粮布帛兵器来资助军用，您却不接受而加以怀疑。我回去以后，清河不能孤立，必有所依托，清河将成为您西面的强敌，您能不后悔吗？"颜真卿大吃一惊，连忙赶到他住的客馆，拿六千士兵借给他。送他到边境，握着他的手分别。颜真卿问道："借给你的士兵已经出发了，可以谈谈你准备如何办吗？"李萼说："听说朝廷派遣程千里率领精兵十万人出崞口讨伐叛贼，叛贼占据险要抵抗他，他不能前进。现在应当带兵先去攻打魏郡，抓住安禄山所任命的太守袁知泰，接回原任太守司马垂，让他做西南面的主人。分兵打崞口，使程千里的部队得以出来，趁机讨伐汲郡、邺郡以北直到幽州各个尚未攻下的郡县。平原郡、清河郡率领各同盟军，会合十万兵马，南到孟津，分兵沿着黄河，占据防守要害地方，控制他们往北走的道路。统计官军向东讨伐的不下二十万人，河南义兵向西讨伐的也不少于十万人。您只要上表朝廷坚守壁垒不与叛贼交战，不超过一个多月，叛贼内部一定会发生溃散而互相谋害的变化。"颜真卿说："好！"命令录事参军李择交以及平原县令范冬

时北海太守贺兰进明亦起兵，真卿以书召之并力，进明将步骑五千渡河，真卿陈兵逆之，相揖，哭于马上，哀动行伍。进明屯平原城南，休养士马，真卿每事咨之，由是军权稍移于进明矣，真卿不以为嫌。真卿以堂邑之功让进明，进明奏其状，取舍任意。敕加进明河北招讨使，择交、冬馥微进资级，清河、博平有功者皆不录。进明攻信都郡，久之，不克；录事参军长安第五琦劝进明厚以金帛募勇士，遂克之。

李光弼与史思明相守四十余日，思明绝常山粮道。城中乏草，马食荐藉。光弼以车五百乘之石邑取草，将车者皆衣甲，弩手千人卫之，为方陈而行，贼不能夺。蔡希德引兵攻石邑，张奉璋拒却之。光弼遣使告急于郭子仪，子仪引兵自井陉出，夏，四月，壬辰，至常山，与光弼合，蕃、汉步骑共十余万。甲午，子仪、光弼与史思明等战于九门城南，思明大败。中郎将浑瑊射李立节，杀之。瑊，释之之子也。思明收余众奔赵郡，蔡希德奔钜鹿。思明自赵郡如博陵，时博陵已降官军，思明尽杀郡官。河朔之民苦贼残暴，所至屯结，多至二万人，少者万人，各为营以拒贼；及郭、李军至，争出自效。庚子，攻赵郡；一日，城降。士卒多虏掠，光弼坐城门，收所获，悉归之，民大悦。子仪生擒四千人，皆舍之，斩禄山太守郭献璆。光弼进围博陵，十日，不拔，引兵还恒阳就食。

杨国忠问士之可为将者于左拾遗博平张镐及萧昕，镐、昕荐左赞善大夫永寿来瑱，丙午，以瑱为颍川太守。贼屡攻之，瑱前后破贼甚众，加本郡防御使；人谓之“来嚼铁”。

安禄山使平卢节度使吕知诲诱安东副大都护马灵詧，杀之。平卢游弈使武陟刘客奴、先锋使董秦及安东将王玄志同谋讨诛知诲，遣使逾海

馥率领他们的兵马，会同清河郡的部队四千人以及博平郡的部队一千人驻扎在堂邑县的西南边。袁知泰派遣他的将领白嗣恭等人率领二万多人来迎战，三郡的士兵和他们拼命战斗了一整天，魏郡的部队被打得大败，斩首一万多，俘虏一千多人，获得战马一千匹以及很多的军事物品。袁知泰逃到汲郡，于是攻克了魏郡，政府军的声威大震。

当时北海太守贺兰进明也起兵，颜真卿写信请他合力讨伐叛贼。贺兰进明率领步兵骑兵五千人渡过黄河，颜真卿陈列大军迎接他，相互作揖，在马上痛哭，悲哀的情绪感动全军。贺兰进明驻扎在平原城南，休养士兵和战马，颜真卿每当有事便去向他征求意见，因此军权便渐渐转移到贺兰进明那里，颜真卿也不介意。颜真卿把堂邑之战的功劳让给贺兰进明，贺兰进明向玄宗奏报战况，任意取舍。玄宗敕命加任贺兰进明为河北招讨使，李择交、范冬馥仅稍微晋升资格和官阶，清河郡、博平郡有功劳的人都没有叙录。贺兰进明攻打信都郡，打了很久，也攻不下来。录事参军长安人第五琦建议贺兰进明多用金银财帛招募勇士，于是才攻下信都郡。

李光弼与史思明相互僵持了四十多天，史思明断绝了常山的运粮道路。城中缺乏喂马的草料，马都吃草垫子。李光弼派五百辆车子到石邑去取草，拉车的人都穿着铠甲，弓箭手一千人护卫车辆，排成方阵行走，贼兵不能夺取。蔡希德带兵攻打石邑，张奉璋抵抗并打退了他。李光弼派使者向郭子仪告急，郭子仪率兵从井陉出兵，夏季，四月初九日壬辰，到达常山，与李光弼会合，蕃、汉步兵骑兵共有十多万人。四月十一日甲午，郭子仪、李光弼与史思明等人在九门城南大战，史思明大败。中郎将浑瑊射中李立节，把他杀死。浑瑊，是浑释之的儿子。史思明收拾残兵逃往赵郡，蔡希德逃往巨鹿。史思明从赵郡到博陵，此时博陵已投降政府军，史思明把郡里的官吏都杀了。河朔地区的人民苦于叛贼的残酷凶暴，在贼兵所到之处互相团结起来，多的到两万人，少的有一万人，各自筑营垒以抗拒贼兵。等到郭子仪、李光弼的大军来到，就争相出来效力。四月十七日庚子，攻打赵郡，只一天的时间，就投降了。士兵大都抢掠财物，李光弼坐在城门上，没收所抢掠的东西，全部归还给老百姓，老百姓非常高兴。郭子仪活捉了四千人，全部释放，杀了安禄山的太守郭献璆。李光弼进兵围攻博陵，攻了十天，没有攻克，带兵回到恒阳解决军粮。

杨国忠向左拾遗博平人张镐和萧昕询问朝士中哪位可以做将军，张镐、萧昕推荐左赞善大夫永寿人来瑱，四月二十三日丙午任命来瑱为颍川太守。叛贼多次来攻，来瑱前后击败很多贼兵，加任他为本郡防御使，人们称他为“来嚼铁”。

安禄山派平卢节度使吕知诲诱骗安东副大都护马灵詧，杀了他。平卢游奕使武陟人刘客奴、先锋使董秦以及安东将王玄志共同谋划讨伐诛杀吕知诲，派使者过海

与颜真卿相闻，请取范阳以自效，真卿遣判官贾载赍粮及战士衣助之。真卿时惟一子颇，才十余岁，使诣客奴为质。朝廷闻之，以客奴为平卢节度使，赐名正臣；玄志为安东副大都护，董秦为平卢兵马使。

南阳节度使鲁炅立栅于滍水之南，安禄山将武令珣、毕思琛攻之。

（以上为第十五段，写河北讨贼诸路官军不能齐心协力，战局形成拉锯。）

来与颜真卿联系，请求攻取范阳来效力。颜真卿派判官贾载带着粮食和战士的衣服帮助他们。颜真卿当时只有一个儿子颜颇，才十几岁，派他到刘客奴那里做人质。朝廷听说后，任命刘客奴为平卢节度使，赐名为正臣；王玄志为安东副大都护，董秦为平卢兵马使。

南阳节度使鲁炅在滍水的南岸设立栅栏，安禄山的将领武令珣、毕思琛去攻打他。

【点评】

本卷点评安禄山叛乱留给人们的历史反思。以下三事，尤须记取。

一、安禄山叛乱的导火索。安禄山专制三镇，兼任平卢、范阳、河东节度使，手握强兵，蓄谋异志达十年之久，有识之士都看到了安禄山必反。河西节度使王忠嗣首发其奸，唐玄宗听不进去。由于唐玄宗是开元盛世的明君，有很高的声望，安禄山欲反有所畏惧。加之唐玄宗待安禄山有厚恩，安禄山想等到唐玄宗死后才反叛。可是天宝年间政治的急剧恶化，杨国忠入相的挑动，唐玄宗姑息养奸，制造了导火索，于是安禄山在天宝十四载（755）十一月九日甲子，反于范阳，祸及唐玄宗当世，虽然这是唐玄宗不想看到的一幕，但是也非始料所及。安禄山坐大，是唐玄宗一手栽培，安禄山反叛的导火索也是唐玄宗姑息养奸亲手所致。于是安禄山反叛，在唐玄宗当世爆发不可避免。

天宝十三载（754）正月三日己亥，唐玄宗征召安禄山入朝，制造了导火索。边疆大吏入朝贺新春，原来是正常的事。可是这一次，是杨国忠上奏安禄山必反，征召入朝，安禄山一定不来。安禄山入朝与不入朝，成了验证安禄山是否忠诚的一个标志，也是验证杨国忠与安禄山两人谁是忠臣、谁是奸佞的一个标志。唐玄宗对此，应当有一个判断，对安禄山反与不反，制订出两套预案措施。要么不理睬杨国忠的奏报，不征召安禄山入朝，徐图办法；要么征召安禄山入朝，来了绝不应当放回，留在京都任职。唐玄宗没有作为，把这一次征召作为考验，与安禄山打心理战。安禄山知道杨国忠的险恶用心，他采取了果决的行动，应征入朝，与唐玄宗打起了心理战。安禄山入朝，留京两月，直到三月一日丁酉才辞归范阳。安禄山利用这次入朝进行火力侦察。他向唐玄宗哭诉杨国忠陷害自己，指天发誓表忠心。安禄山留京住在自己的府邸不急于返回，以示忠心。他向唐玄宗求索兼领陇右群牧总监，又为所部将士讨告身。正常情况，这是造反行迹的显露，而现在是打心理战，试探唐玄宗的反应。安禄山的逆向思维还真的奏效了，打乱了唐玄宗的方寸。唐玄宗感到自己对安禄山的猜忌有愧，认为杨国忠的奏报伤害了安禄山，于是唐玄宗就用厚赏来安抚安禄山，对安禄山的求索一一依从。安禄山得逞，以群牧总监的职任密遣亲信挑选了几千匹战马以充军资，又讨得提拔部属将军五百余人、中郎将二千余人的告身。安禄山获得了意外的重赏，看透了唐玄宗只求安定、无所作为的心思。唐玄宗愈是厚赏，愈是煽起安禄山轻视朝廷的野心，加速了安禄山的反叛。

三月一日，安禄山辞行，留下一个儿子安庆宗在朝廷做耳目，并向唐玄宗求尚公主。唐玄宗以宗女荣义郡主下嫁安庆宗，任命安庆宗为太仆卿。安禄山的这一招，既留下了在京师的耳目，又麻痹了唐玄宗。此后，凡有人说安禄山反叛者，唐玄宗就把这人抓起来送给安禄山治罪。从此再没有人向唐玄宗提安禄山反叛的话。

安禄山入朝的这一场心理战，以安禄山大获全胜而告终。安禄山也知道自己出的是一个险招，他辞行后连夜倍道兼程而返，从此称病不朝，对朝廷使者能收买的就收买，不能收买的就怠慢，下定决心谋反。由此可见，天宝十三载正月征召安禄山入朝，加重了君臣的疑忌，是唐玄宗亲手制造的导火索。安禄山敢于应征入朝，表现了他是一个枭雄，耍弄机权手段，唐玄宗和杨国忠都不是他的对手。此外，安禄山收买大臣在京师有了耳目，这也是他敢于应征入朝的条件。御史中丞吉温，张说之子张钧、张垍兄弟供奉翰林，张垍还是唐玄宗的女婿，都被安禄山收买为耳目。还有杨贵妃这条内线，安禄山对唐玄宗的心理了如指掌。这次唐玄宗放虎归山，如同当年楚怀王放张仪归秦一样荒唐。

二、杨国忠点燃了导火索。安禄山骄狂自大，他认为自己的奸诈比不上李林甫，入朝只畏惧李林甫一人。安禄山看不起杨国忠，入朝连正眼都不看杨国忠一眼。于是杨国忠怀恨安禄山，又害怕安禄山的权势影响自己的专权。于是杨国忠视安禄山为眼中钉，必欲拔之而后快。杨国忠扳不倒安禄山就挑动安禄山造反。安禄山入朝返回范阳后，杨国忠成天找事，煽动唐玄宗今日遣使察其行迹，明日派人宣召入朝。安禄山不会上杨国忠的当，他以不变应万变，称疾不出，杨国忠莫奈其何。天宝十四载四月，杨国忠指使京兆尹搜查安禄山在京师的府邸，逮捕安禄山的宾客李超，送到御史台杀害。杨国忠的这一招点燃了导火索，安禄山决心反叛。天宝十四载七月，安禄山上表朝廷献马三千匹，每一匹马配备两名马夫，派胡将二十二人带领送京师，想借此偷袭京师。河南尹达奚珣识透了安禄山的阴谋，上奏唐玄宗遣使告谕安禄山十月入朝，至冬送马。安禄山见阴谋被识破，于是在十一月九日甲子公然造反。安禄山以奉密旨将兵入朝讨杨国忠为名反于范阳。安禄山蓄谋十年，兵强马壮，全国承平日久，老百姓几代人没见过战争，突然听到范阳兵起，远近震骇。杨国忠达到了挑动安禄山反叛的目的，得知消息后洋洋得意。杨国忠大言，只是安禄山一个人造反，将士都不追随他，不出十天，一定有人把安禄山的首级献到朝廷。满朝文武相顾失色，杨国忠却看得如此轻易。这说明无行无才的杨国忠，既不懂政治，也不懂军事，不顾大局，只为私利，轻易玩火。杨国忠也不懂安禄山造反是一把双刃剑，一边砍向唐王朝，一边砍向杨国忠。安禄山以清君侧，诛杨国忠为名，一旦官军失利，全国军民的愤怨都会指向杨国忠。杨国忠点燃导火索，他是火药桶爆炸首当其冲的蒙难者，杨氏族灭，罪有应得。可这时杨国忠还沾沾自喜。如此蠢猪把握朝政，焉能不乱。

三、唐玄宗自毁长城。安禄山叛军南下，河南、河北郡县望风投降。封常清、高仙芝都是久经沙场的骁勇战将，奉命东出平叛。封常清在东都洛阳临时招募义勇，百姓踊跃从军，十天时间就招募了六万人。人数虽众，却是乌合之众，没有受过军

事训练，用他们抵挡安禄山的铁甲是很不现实的。封常清守河阳失利，退守洛阳也连遭败北，再向西退到了陕县。这时高仙芝率领的飞骑、彍骑、河西边兵以及新募兵五万人从长安赶到了陕县。陕郡太守及原有官兵早已逃得无影无踪。人心惶惶，陕郡无险可守，野战又不敌叛军。为了保存实力，屏障京师长安，高仙芝采纳了封常清的建议，立即退守潼关。官军刚到潼关，叛军先锋随即追杀到了潼关。这时，朝廷向各道征兵勤王，都没有赶到，关中震恐。适逢安禄山在洛阳谋划称帝，没有急攻潼关，封常清与高仙芝得以在潼关完善守备，稳定了局势。高仙芝东征，唐玄宗派宦官边令诚监军，边令诚不懂军事，却偏偏干预高仙芝的行动。高仙芝不理睬，边令诚入朝奏事，诬陷封常清、高仙芝畏敌，丢失陕郡，克扣军饷，动摇军心。京师的大臣，尤其杨国忠大言安禄山狂悖，用不了多大力气就能斩其首。唐玄宗不察，轻信宦官谎报军情，下令诛杀二将。封常清临刑上遗表说："臣死，希望陛下不要轻视安禄山这个叛贼。"高仙芝临刑，指天发誓说："如果说我临敌退却该死，苍天在上，说我克扣军饷，实在冤枉。"在场士兵，齐声呼喊冤枉，声音震天动地。

当封常清、高仙芝被冤杀之时，河北、河南义士起兵抗贼。河北颜真卿、颜杲卿、河南真源令张巡率领军民，大破叛军。颜杲卿失败，从容就义，激发了军民斗志。河东节度使李光弼收复常山，解饶阳之围，大败史思明。安禄山叛乱，不得人心，官军稳住了阵脚，四面围剿，原本可以很快剿灭。可惜封常清、高仙芝二将被冤杀，大大打击了军民的士气。安禄山反叛，唐玄宗还没有从昏睡中惊醒，特别是信用宦官，为唐朝中期以后的政治腐败开了一个恶例，直到唐朝灭亡，也未能割除宦官这一个肿瘤。唐玄宗冤杀二将，自毁长城，仅仅是悲剧的开始。其后，哥舒翰守潼关，唐玄宗听信杨国忠谗言，派遣一批又一批宦官督战，迫使哥舒翰轻出兵败，导致河北战局官军全线败退，长安不守，玄宗蒙尘。皇权政治，没有问责的制衡，当君王由明转昏，再让他醒过来，那就太难了。

唐纪三十四

唐肃宗至德元载（756 年）

【起柔兆涒滩（丙申，756 年）五月，至九月，不满一年】

【大事提要】

本卷记事起公元 756 年五月，讫当年九月，凡五个月。当唐肃宗初即位之至德元载。因事繁剧变，不及半年而成一卷。半年间，政治军事发生重大变化，安史之乱出现了转折点。哥舒翰守潼关，扼制了叛军主力的进攻，河北官军郭子仪、李光弼大破史思明，官军由败退转入了反攻。由于唐玄宗的错误指挥，迫使哥舒翰轻出潼关，寻求全力决战，唐玄宗妄想毕其功于一役，结果官军大败，安禄山长驱入长安，导致河北官军全线败退，叛军达到了势力的巅峰。唐玄宗惊慌失措，西逃入蜀，至马嵬驿兵变，杨氏满门被诛，杨贵妃也香消玉殒，被赐缢杀。安禄山无远略，进兵长安，血洗皇族，没有乘胜追击，太子李亨留镇讨贼，从容北上灵武即位，是为肃宗。河西兵入援灵武，郭子仪勤王佐肃宗，李泌出山尽心辅佐，肃宗纳谏，君臣和谐，灵武新政权出现了新气象。唐玄宗听到太子即位，主动称太上皇，传国玺玉册于肃宗，至是全国政令统一。河南、河北义军奋起讨贼，双方形势转入相持。唐王朝度过了险关。

【原文】

肃宗文明武德大圣大宣孝皇帝上之下

至德元载（丙申，756年）

五月，丁巳，炅众溃，走保南阳，贼就围之。太常卿张垍荐夷陵太守虢王巨有勇略，上征吴王祗为太仆卿，以巨为陈留谯郡太守、河南节度使，兼统岭南节度使何履光、黔中节度使赵国珍、南阳节度使鲁炅。国珍，本牂柯夷也。戊辰，巨引兵自蓝田出，趣南阳。贼闻之，解围走。

令狐潮复引兵攻雍丘。潮与张巡有旧，于城下相劳苦如平生，潮因说巡曰："天下事去矣，足下坚守危城，欲谁为乎？"巡曰："足下平生以忠义自许，今日之举，忠义何在！"潮惭而退。

郭子仪、李光弼还常山，史思明收散卒数万踵其后。子仪选骁骑更挑战，三日，至行唐，贼疲，乃退。子仪乘之，又败之于沙河。蔡希德至洛阳，安禄山复使将步骑二万人北就思明，又使牛廷玠发范阳等郡兵万余人助思明，合五万余人，而同罗、曳落河居五分之一。子仪至恒阳，思明随至，子仪深沟高垒以待之；贼来则守，去则追之，昼则耀兵，夜斫其营，贼不得休息。数日，子仪、光弼议曰："贼倦矣，可以出战。"壬午，战于嘉山，大破之，斩首四万级，捕虏千余人。思明坠马，露髻跣足步走，至暮，杖折枪归营，奔于博陵；光弼就围之，军声大振。于是河北十余郡皆杀贼守将而降。渔阳路再绝，贼往来者皆轻骑窃过，多为官军所获，将士家在渔阳者无不摇心。

（以上为第一段，写郭子仪、李光弼在河北大破史思明。）

禄山大惧，召高尚、严庄诟之曰："汝数年教我反，以为万全。今守潼关，数月不能进，北路已绝，诸军四合，吾所有者止汴、郑数州而已，万全何在？汝自今勿来见我！"尚、庄惧，数日不敢见。田乾真自关下来，为尚、庄说禄山曰："自古帝王经营大业，皆有胜败，岂能一举而成！今四方军垒虽多，皆新募乌合之众，未更行陈，岂能敌我蓟北劲锐之兵，何足深忧！尚、庄皆佐命元勋，陛下一旦绝之，使诸将闻之，谁

【语译】

肃宗文明武德大圣大宣孝皇帝上之下

唐肃宗至德元载（丙申，756年）

五月初四日丁巳，鲁炅的部队溃散，逃往南阳坚守，敌贼赶来包围南阳。太常卿张垍推荐夷陵太守虢王李巨有勇有谋，唐玄宗征召吴王李祇为太仆卿，任命李巨为陈留谯郡太守、河南节度使，兼统岭南节度使何履光、黔中节度使赵国珍、南阳节度使鲁炅。赵国珍，本是牂柯夷人。十五日戊辰，李巨带兵从蓝田出发，赶往南阳，敌贼听说后，解围逃走。

令狐潮又带兵攻打雍丘。令狐潮和张巡是老朋友，在城下互相慰劳就像平时一样，令狐潮趁机游说张巡说："唐朝的天下已经失去，您坚守这座危城，是为谁守呢？"张巡说："您平生以忠义自许，今天的举止，忠义在哪里！"令狐潮惭愧退下。

郭子仪、李光弼回到常山，史思明收拾散兵好几万人跟随在后面。郭子仪挑选骁勇善战的骑兵轮番挑战，过了三天，到达行唐县，敌贼疲惫，就退兵了。郭子仪乘机出击，又在沙河把叛军打败。蔡希德到洛阳，安禄山让他率领步兵骑兵两万人向北靠拢史思明，又派牛廷玠调发范阳等郡的部队一万多人帮助史思明，共计五万多人，其中同罗、曳落河占五分之一。郭子仪到恒阳，史思明随后追上，郭子仪深挖沟濠高筑营垒等待他。贼兵来攻就固守，离开就追击，白天则炫耀兵力，夜里就袭击敌营，搞得叛军不得安宁。过了好几天，郭子仪、李光弼商议说："贼兵已经疲倦，我们可以出去交战了。"五月二十九日壬午，两军大战于嘉山，大败叛军，斩首四万，俘虏了一千多人。史思明从马上坠落下来，发髻散乱，光着脚步行而逃，到了傍晚，拄着折断了的长枪回到军营，然后又逃到博陵。李光弼赶上包围博陵，军队声势大振。于是河北地区十几个郡都杀了叛军的守将而归降朝廷。通往渔阳的道路再次被切断。贼兵来来往往都是轻骑偷偷摸摸地通过，大都被官军所俘获，家在渔阳的叛军将士们无不心中动摇。

安禄山十分恐惧，叫来高尚、严庄大骂他们说："你们多年来一直劝我反叛，并认为一定能够成功。现在被阻于潼关，好几个月都不能前进，北方的归路已经被切断，各路兵马从四面围攻我们，我所占据的只有汴州、郑州几个州而已，一定能成功在哪里？你们从今以后不要来见我！"高尚、严庄很害怕，好几天不敢见安禄山。田乾真从潼关下来，替高尚、严庄劝说安禄山说："自古以来帝王成就大业，都有胜利和失败，哪能够一举就成功呢！现在四方的官军虽然很多，都是些新招募的乌

不内惧！若上下离心，臣窃为陛下危之！”禄山喜曰：“阿浩，汝能豁我心事。”即召尚、庄，置酒酣宴，自为之歌以侑酒，待之如初。阿浩，乾真小字也。禄山议弃洛阳，走归范阳，计未决。

是时，天下以杨国忠骄纵召乱，莫不切齿。又，禄山起兵以诛国忠为名，王思礼密说哥舒翰，使抗表请诛国忠，翰不应。思礼又请以三十骑劫取以来，至潼关杀之，翰曰：“如此，乃翰反，非禄山也。”或说国忠：“今朝廷重兵尽在翰手，翰若援旗西指，于公岂不危哉！”国忠大惧，乃奏：“潼关大军虽盛，而后无继，万一失利，京师可忧，请选监牧小儿三千于苑中训练。”上许之，使剑南军将李福德等领之。又募万人屯灞上，令所亲杜乾运将之，名为御贼，实备翰也。翰闻之，亦恐为国忠所图，乃表请灞上军隶潼关；六月，癸未，召杜乾运诣关，因事斩之；国忠益惧。

会有告崔乾祐在陕，兵不满四千，皆羸弱无备，上遣使趣哥舒翰进兵复陕、洛。翰奏曰：“禄山久习用兵，今始为逆，岂肯无备！是必羸师以诱我，若往，正堕其计中。且贼远来，利在速战；官军据险以扼之，利在坚守。况贼残虐失众，兵势日蹙，将有内变；因而乘之，可不战擒也。要在成功，何必务速！今诸道征兵尚多未集，请且待之。”郭子仪、李光弼亦上言：“请引兵北取范阳，覆其巢穴，质贼党妻子以招之，贼必内溃。潼关大军，唯应固守以弊之，不可轻出。”国忠疑翰谋己，言于上，以贼方无备，而翰逗留，将失机会。上以为然，续遣中使趣之，项背相望。翰不得已，抚膺恸哭；丙戌，引兵出关。

己丑，遇崔乾祐之军于灵宝西原。乾祐据险以待之，南薄山，北阻河，隘道七十里。庚寅，官军与乾祐会战。乾祐伏兵于险，翰与田良丘浮舟中流以观军势，见乾祐兵少，趣诸军使进。王思礼等将精兵五万居

合之众，没有经过军训战斗，怎么能敌得过我蓟北强劲、精锐的部队呢！您根本不必过多担忧！高尚、严庄都是辅佐王命的元老功臣，陛下一旦抛弃他们，假使诸位将领听说后，哪一个不心中恐惧呢？如果上下离心，臣私下觉得陛下这样做太危险了！”安禄山高兴地说：“阿浩，你真能开通我的心事。”马上召来高尚、严庄，摆设酒席，开怀畅饮，安禄山还唱歌为他们喝酒助兴，待他们像以前一样。阿浩，是田乾真的小字。安禄山商议放弃洛阳，撤回范阳，计划还没决定下来。

这时，天下的人都认为是杨国忠骄奢放纵才导致大乱，无不切齿痛恨杨国忠。而且，安禄山起兵是以讨伐杨国忠为名，所以王思礼就秘密劝说哥舒翰，让他上表极力请求玄宗杀了杨国忠，哥舒翰不答应。王思礼又请求带三十个骑兵去把杨国忠劫持出来，到潼关后杀掉他，哥舒翰说：“如果这样做，那就是哥舒翰谋反，而不是安禄山了。”有人劝说杨国忠：“当今朝廷的重兵都在哥舒翰的手里，哥舒翰如果挥师西向京城，那么您不就很危险吗？”杨国忠非常害怕，就上奏说：“潼关驻守的大军虽然人数众多，但没有后继部队，万一失守，京师就难保了，请求选择监牧士卒三千人在禁苑中训练。”玄宗同意了，派剑南军将李德福等人统领这支队伍。又招募了一万人驻在灞上，命令他的亲信杜乾运率领，名义上是防御叛军，实际上是防备哥舒翰。哥舒翰听说后，也担心被杨国忠谋算，就上表请求将灞上军队隶属潼关指挥。六月初一日癸未，哥舒翰把杜乾运叫到潼关，借故把他杀了。杨国忠更加害怕。

适逢有人报告玄宗崔乾祐在陕郡，兵力不足四千人，都是些老弱兵，而且没有防备，玄宗就派使者催促哥舒翰进兵收复陕郡和洛阳。哥舒翰上奏说：“安禄山久经沙场善于用兵，现在刚举兵反叛，怎么能够没有防备呢？这一定是故意用衰弱的士兵来引诱我们，如果前往，正中了他们的计谋。再说敌贼远道而来，最有利的策略是速战速决；官军占据险要扼守，最有利的策略是长期坚守。况且贼兵残酷暴虐，失去民心，兵势日益衰退，不久将会发生内乱；到时候乘机进攻，可以不战而活捉敌人。我们最主要的目的是取胜，何必力求快速呢？现在各道所征的兵大都还没有集中起来，请求暂且等待一段时间。”郭子仪、李光弼也上书玄宗说：“请求带兵向北攻取范阳，捣毁敌人的巢穴，抓住叛贼党羽的妻子、儿女作为人质来招降他们，叛贼必然内部崩溃。潼关的大军，只应当固守使贼兵疲惫，不可轻易出关攻打敌人。”杨国忠怀疑哥舒翰要谋害自己，对玄宗说，叛军正无防备，而哥舒翰逗留不出击，将要失去机会。玄宗认为是这样，于是又派宦官去催促出兵，宦官来来往往，连续不断。哥舒翰不得已，抚胸痛哭。六月初四日丙戌，带兵出关。

六月初七日己丑，在灵宝西原官军与崔乾祐的军队相遇。崔乾祐占据险要以等待官军，南靠大山，北恃黄河，狭隘的小道有七十里长。六月初八日庚寅，官军和崔乾祐会战。崔乾祐在险要的地方埋伏士兵，哥舒翰和田良丘乘船在黄河中观察军

前，庞忠等将余兵十万继之，翰以兵三万登河北阜望之，鸣鼓以助其势。乾祐所出兵不过万人，什什伍伍，散如列星，或疏或密，或前或却，官军望而笑之。乾祐严精兵，陈于其后。兵既交，贼偃旗如欲遁者，官军懈，不为备。须臾，伏兵发，贼乘高下木石，击杀士卒甚众。道隘，士卒如束，枪槊不得用。翰以毡车驾马为前驱，欲以冲贼。日过中，东风暴急，乾祐以草车数十乘塞毡车之前，纵火焚之。烟焰所被，官军不能开目，妄自相杀，谓贼在烟中，聚弓弩而射之。日暮，矢尽，乃知无贼。乾祐遣同罗精骑自南山过，出官军之后击之，官军首尾骇乱，不知所备，于是大败；或弃甲窜匿山谷，或相挤排入河溺死，嚣声振天地，贼乘胜蹙之。后军见前军败，皆自溃，河北军望之亦溃。翰独与麾下数百骑走，自首阳山西渡河入关。关外先为三堑，皆广二丈，深丈，人马坠其中，须臾而满；余众践之以度，士卒得入关者才八千余人。辛卯，乾祐进攻潼关，克之。

翰至关西驿，揭牓收散卒，欲复守潼关。蕃将火拔归仁等以百余骑围驿，入谓翰曰："贼至矣，请公上马。"翰上马出驿，归仁帅众叩头曰："公以二十万众一战弃之，何面目复见天子！且公不见高仙芝、封常清乎？请公东行。"翰不可，欲下马。归仁以毛絷其足于马腹，及诸将不从者，皆执之以东。会贼将田乾真已至，遂降之，俱送洛阳。安禄山问翰曰："汝常轻我，今定何如？"翰伏地对曰："臣肉眼不识圣人。今天下未平，李光弼在常山，李祗在东平，鲁炅在南阳，陛下留臣，使以尺书招之，不日皆下矣。"禄山大喜，以翰为司空、同平章事。谓火拔归仁曰："汝叛主，不忠不义。"执而斩之。翰以书招诸将，皆复书责之。禄山知不效，乃囚诸苑中。潼关既败，于是河东、华阴、冯翊、上洛防御使皆弃郡走，所在守兵皆散。

（以上为第二段，写潼关兵轻出战败，导致河北官兵全线溃退。）

是日，翰麾下来告急，上不时召见，但遣李福德等将监牧兵赴潼关。

事形势，看见崔乾祐的兵力很少，就下令各军前进。王思礼等率领精兵五万人走到前面，庞忠等率领余下的士兵十万人跟在后面，哥舒翰带兵三万人登上黄河北岸的高坡上观察指挥，并鸣鼓助其攻势。崔乾祐所出动的士兵不过一万人，三五成群，就像天上的星星一样稀稀拉拉，或疏或密，或前或后，官军看见后都笑话他们。崔乾祐整备精兵，在后面布好阵势。两军一交战，贼兵就偃旗息鼓假装败逃，官军松懈，没有防备。不一会，叛军伏兵一起出动，贼兵占据高地推下滚木石块，打死很多士兵。道路狭窄，士兵像被捆绑起来一样无法动弹，刀枪伸展不开。哥舒翰命令马拉毡车为前锋，想要冲击敌人。过了中午，东风骤起，崔乾祐命令用几十辆草车堵塞在毡车的前面，放火焚烧。大火熊熊，浓烟滚滚，官军不能睁开眼睛，敌我不分，自相残杀，以为贼兵在烟雾之中，召集弓箭手、弩机手射击敌人。到了傍晚，弓箭射完了，才发现没有敌人。崔乾祐派同罗精锐骑兵绕过南山，从官军背后进攻，官军首尾受敌惊慌大乱，不知怎样防备，于是大败。有的丢盔弃甲逃进山谷躲起来，有的互相推挤掉进黄河淹死，号叫的声音震天动地，贼兵乘胜追击。官军后面的军队看见前面的军队失败了，都溃散了，河北的军队看见后也溃退。哥舒翰仅与部下几百骑兵逃脱，从首阳山向西渡过黄河进入潼关。潼关外面先前挖了三条深沟，都是两丈宽，一丈深，进关的人马掉进沟里，很快就把沟填满了。其余的人马踏着他们的尸体通过，士兵能够进入潼关的只有八千多人。六月初九日辛卯，崔乾祐进攻潼关，把它攻下。

哥舒翰逃到关西驿，张贴告示招收逃散的士卒，想要重新守住潼关。蕃人将领火拔归仁等带领一百多名骑兵围住驿站，进去对哥舒翰说："贼兵到了，请您快上马。"哥舒翰上马出了驿站，归仁率领部众叩头说："您率领二十万大军一战而全军覆没，有什么脸面再去见天子！而且您没见到高仙芝、封常清的下场吗？请您向东走。"哥舒翰不同意，想要下马。火拔归仁用毛绳把哥舒翰的脚捆在马肚上，连同诸位将领中不服从的，都一起捆起来向东走。碰上贼将田乾真已到，就投降了他，把他们都送往洛阳。安禄山问哥舒翰说："你常常轻视我，今天怎么了？"哥舒翰跪伏在地上回答说："臣凡人肉眼不识圣人。当今天下没有平定，李光弼在常山，李祗在东平，鲁炅在南阳，陛下留我性命，让我写信去招降他们，用不了几天就都会平定。"安禄山非常高兴，任命哥舒翰为司空、同平章事。又对火拔归仁说："你背叛自己的主子，不忠不义。"把他捆起来杀了。哥舒翰写信招降诸位将领，他们都回信责骂他。安禄山知道没有效果，就把他囚禁在东都的宫苑中。潼关失守，于是河东、华阴、冯翊、上洛等郡的防御使都弃郡逃跑，各处的守兵都溃散了。

这一天，哥舒翰的部下来报告紧急情况，唐玄宗没有及时召见，只是派遣李福

及暮，平安火不至，上始惧。壬辰，召宰相谋之。杨国忠自以身领剑南，闻安禄山反，即令副使崔圆阴具储偫，以备有急投之，至是首唱幸蜀之策。上然之。癸巳，国忠集百官于朝堂，惶懅流涕；问以策略，皆唯唯不对。国忠曰："人告禄山反状已十年，上不之信。今日之事，非宰相之过。"仗下，士民惊扰奔走，不知所之，市里萧条。国忠使韩、虢入宫，劝上入蜀。

甲午，百官朝者什无一二。上御勤政楼，下制，云欲亲征，闻者皆莫之信。以京兆尹魏方进为御史大夫兼置顿使；京兆少尹灵昌崔光远为京兆尹，充西京留守；将军边令诚掌宫闱管钥。托以剑南节度大使颍王璬将赴镇，令本道设储偫。是日，上移仗北内。既夕，命龙武大将军陈玄礼整比六军，厚赐钱帛，选闲厩马九百余匹，外人皆莫之知。乙未，黎明，上独与贵妃姊妹、皇子、妃、主、皇孙、杨国忠、韦见素、魏方进、陈玄礼及亲近宦官、官人出延秋门，妃、主、皇孙之在外者，皆委之而去。上过左藏，杨国忠请焚之，曰："无为贼守。"上愀然曰："贼来不得，必更敛于百姓；不如与之，无重困吾赤子。"是日，百官犹有入朝者，至宫门，犹闻漏声，三卫立仗俨然。门既启，则宫人乱出，中外扰攘，不知上所之。于是王公、士民四出逃窜，山谷细民争入宫禁及王公第舍，盗取金宝，或乘驴上殿。又焚左藏、大盈库。崔光远、边令诚帅人救火，又募人摄府、县官分守之，杀十余人，乃稍定。光远遣其子东见禄山，令诚亦以管钥献之。

上过便桥，杨国忠使人焚桥。上曰："士庶各避贼求生，奈何绝其路！"留内侍监高力士，使扑灭乃来。上遣宦者王洛卿前行，告谕郡县置顿。食时，至咸阳望贤宫，洛卿与县令俱逃，中使征召，吏民莫有应者。日向中，上犹未食，杨国忠自市胡饼以献。于是民争献粝饭，杂以麦豆；皇孙辈争以手掬食之，须臾而尽，犹未能饱。上皆酬其直，慰劳之。众皆哭，上亦掩泣。有老父郭从谨进言曰："禄山包藏祸心，固非一日；亦有诣阙告其谋者，陛下往往诛之，使得逞其奸逆，致陛下播越。

德等带领监牧兵奔赴潼关。等到晚上，报告平安的烽火没有传到京城，唐玄宗才开始害怕了。六月初十日壬辰，玄宗召集宰相商量对策，杨国忠因自己兼任剑南节度使，听到安禄山反叛的消息后，马上命令副使崔圆暗中准备物资，以备危急时使用，所以这时他带头提出玄宗到蜀中避难的计划。玄宗同意了。六月十一日癸巳，杨国忠把百官召集在朝堂上，大家惊恐不安痛哭流涕；杨国忠问他们有什么对策，都唯唯诺诺不知如何回答。杨国忠说："有人告发安禄山谋反的情况已有十年了，皇帝总是不相信这件事。今天的事变，不是宰相的过错。"罢朝，这时士人百姓都惊慌忙乱，东奔西跑，不知躲到哪里是好，市面上一片萧条景象。杨国忠派韩国夫人、虢国夫人进入宫中，劝说玄宗到蜀中去。

六月十二日甲午，百官上朝的还不到十分之一二。唐玄宗登临勤政楼，下制书，说要亲自率兵征讨，听到的人都不相信。任命京兆尹魏方进为御史大夫兼置顿使；京兆少尹灵昌人崔光远为京兆尹，充西京留守；将军边令诚掌管宫殿的钥匙。玄宗假称剑南节度大使颍王李璬将要赶赴镇守之地，命令剑南道准备所需物资。这一天，唐玄宗移居大明宫。天黑以后，命令龙武大将军陈玄礼整顿集合六军，重重地赏赐钱财布帛，挑选了闲厩中的骏马九百多匹，外面的人都不知道。六月十三日乙未，黎明，玄宗只与杨贵妃姐妹、皇子、妃子、公主、皇孙、杨国忠、韦见素、魏方进、陈玄礼以及亲近的宦官、宫人等从延秋门出发，妃子、公主、皇孙在宫外的，都弃而不顾，只管自己逃离。玄宗经过国库左藏时，杨国忠请求把它烧毁，并说："不要留给叛贼。"玄宗凄惨地说："叛贼来了得不到财宝，必然要加倍向老百姓征收；不如把这些东西留给他们，不要加重我的百姓的困苦。"这一天，百官中还有上朝的，到了宫门口，还听到更漏的声音，左右三卫仪仗队仍然整齐严肃地站立在那里。宫门打开后，只见宫里的人乱哄哄地逃出，宫里宫外一片混乱，都不知道玄宗到哪里去了。于是王公、士人百姓都四处逃难，山野小民争相进入宫禁及王公宅第中，盗取金银财宝，有的人还骑着驴子走上大殿。又放火烧了左藏大盈库。崔光远、边令诚带人救火，又招募人员代理府、县官吏分别把守，杀了十几个人，才渐渐稳定下来。崔光远派他的儿子向东去见安禄山，边令诚也把钥匙献给他。

唐玄宗经过便桥后，杨国忠派人烧桥。唐玄宗说："士人百姓都要各自避难求生，怎么能够断绝他们的生路呢？"留下内侍监高力士，让他灭掉火以后再赶来。唐玄宗派宦官王洛卿打前站，告诉各郡县做好准备。吃饭的时候，到了咸阳望贤宫，王洛卿与县令都逃跑了，宦官去征召，官吏百姓没有应征的。到了中午，唐玄宗还没有吃饭，杨国忠亲自去买胡饼进献玄宗。于是老百姓争着进献粗米饭，掺杂一些麦豆；皇孙们争着用手来抓吃，不一会儿就吃完了，还没有吃饱。玄宗都按价付给他们钱，并慰劳他们。众人都哭了，玄宗也捂着脸哭泣。有一位名叫郭从谨的老人

是以先王务延访忠良以广聪明，盖为此也。臣犹记宋璟为相，数进直言，天下赖以安平。自顷以来，在廷之臣以言为讳，惟阿谀取容，是以阙门之外，陛下皆不得而知。草野之臣，必知有今日久矣，但九重严邃，区区之心无路上达。事不至此，臣何由得睹陛下之面而诉之乎！”上曰：“此朕之不明，悔无所及。”慰谕而遣之。俄而尚食举御膳而至，上命先赐从官，然后食之。令军士散诣村落求食，期未时皆集而行。夜将半，乃至金城。县令亦逃，县民皆脱身走，饮食器皿具在，士卒得以自给。时从者多逃，内侍监袁思艺亦亡去。驿中无灯，人相枕藉而寝，贵贱无以复辨。王思礼自潼关至，始知哥舒翰被擒；以思礼为河西、陇右节度使，即令赴镇，收合散卒，以俟东讨。

（以上为第三段，写唐玄宗撤离长安，蒙尘入蜀。）

丙申，至马嵬驿，将士饥疲，皆愤怒。陈玄礼以祸由杨国忠，欲诛之，因东宫宦者李辅国以告太子，太子未决。会吐蕃使者二十余人遮国忠马，诉以无食，国忠未及对，军士呼曰：“国忠与胡虏谋反！”或射之，中鞍。国忠走至西门内，军士追杀之，屠割支体，以枪揭其首于驿门外，并杀其子户部侍郎暄及韩国、秦国夫人。御史大夫魏方进曰：“汝曹何敢害宰相！”众又杀之。韦见素闻乱而出，为乱兵所挝，脑血流地。众曰：“勿伤韦相公。”救之，得免。军士围驿，上闻喧哗，问外何事，左右以国忠反对。上杖屦出驿门，慰劳军士，令收队，军士不应。上使高力士问之，玄礼对曰：“国忠谋反，贵妃不宜供奉，愿陛下割恩正法。”上曰：“朕当自处之。”入门，倚杖倾首而立。久之，京兆司录韦谔前言曰：“今众怒难犯，安危在晷刻，愿陛下速决！”因叩头流血。上曰：“贵妃常居深宫，安知国忠反谋？”高力士曰：“贵妃诚无罪，然将士已杀国忠，而贵妃在陛下左右，岂敢自安！愿陛下审思之，将士安则陛下安矣。”上乃命力士引贵妃于佛堂，缢杀之。舆尸寘驿庭，召玄礼等入视之。玄礼等乃免胄释甲，顿首请罪，上慰劳之，令晓谕军士。玄礼等皆呼万岁，再拜而出，于是始整部伍为行计。谔，见素之子也。国忠妻裴柔与其幼子晞及虢国夫人、夫人子裴徽皆走，至陈仓，县令薛景仙帅吏士追捕，诛之。

进言说："安禄山包藏祸心，已经不是一天的事了；也有人到朝廷去告发他的阴谋，陛下却常常把这些人杀了，使得安禄山的奸计能够得逞，导致陛下流亡。因此先王专心延访忠良之士以扩大自己的视野，就是为了这个道理。臣还记得宋璟做宰相，多次向唐玄宗直言，天下得以安定太平。自那以后，在朝廷里的大臣都忌讳直言，只会阿谀奉承取悦陛下，因此宫门以外的事情，陛下都不能知道。那些在草野的臣民，很早就知道一定会有今天啊，然而宫禁森严，区区效忠之心没有途径上达玄宗。事情不弄到如今地步，臣怎么能够得见陛下而当面诉说呢？"玄宗说："这都是朕糊涂，后悔已经来不及了。"然后安慰郭从谨，让他走了。不一会主管玄宗饮食的官员拿着玄宗的膳食到了，玄宗命令先赏赐随从的官员，然后自己才吃，命令军士分散到各个村落去找食物，约好下午未时都集中起来再走。快到半夜的时候，才到了金城县。县令也逃跑了，县里的老百姓都脱身逃跑，饮食器皿都在，士卒得以自己做饭吃。当时随从的人大都逃走了，内侍监袁思艺也逃走了。驿站中没有灯，人们互相枕着身体而睡，尊卑贵贱都不管了。王思礼从潼关来，才知道哥舒翰被活捉了；任命王思礼为河西、陇右节度使，命令他马上赴任，收容溃散的士兵，等待东征。

六月十四日丙申，玄宗一行到达马嵬驿，将士们饥饿疲劳，都怨恨愤怒。陈玄礼认为这次祸乱是由杨国忠引起的，想要杀掉他，让东宫宦官李辅国转告太子，太子犹豫不决。碰上吐蕃使者二十多人拦住杨国忠的马，向他诉说没有食物吃，杨国忠还未来得及回答，军士们就大声呼喊道："杨国忠与胡人一起谋反！"有的人向杨国忠射箭，射中他的马鞍。杨国忠逃到马嵬驿的西门内，军士们追上去杀了他，并肢解了他的尸体，用枪挑着他的头颅竖立在驿站门口，同时把他的儿子户部侍郎杨暄以及韩国夫人、秦国夫人都杀了。御史大夫魏方进说："你们怎么敢杀害宰相！"众人又把魏方进杀了。韦见素听见外面大乱便出来察看，被乱兵鞭打，打得头破血流。众人说："不要伤害韦相公。"救了他，使他幸免一死。军士们包围驿站，玄宗听到外面的喧哗声，便问外面发生了什么事，左右的人回答说杨国忠谋反。玄宗拄着拐杖穿着麻鞋走出驿站的大门，慰劳军士们，命令他们把队伍撤走，军士们都不听从。玄宗派高力士去询问他们，陈玄礼回答说："杨国忠谋反，杨贵妃不宜侍奉玄宗，希望陛下割舍恩爱处死贵妃以正法。"玄宗说："朕将自己处置她。"进入驿站大门，依着拐杖侧着头站在那里。过了很久，京兆司录韦谔上前说道："现在众怒难犯，安危就在顷刻之间，请陛下快速决断！"因而不断叩头血流满面。玄宗说："贵妃一直居住在深宫里，哪里知道杨国忠造反的阴谋？"高力士说："杨贵妃确实没有罪过，然而，将士们已经杀了杨国忠，而贵妃还在陛下的身旁，他们怎么能够感到安稳呢？希望陛下好好地想一想，将士们安稳了，陛下就会安稳了。"唐玄宗于是命

（以上为第四段，写马嵬驿兵变，杨氏一门被诛，杨贵妃被赐自缢而死。）

丁酉，上将发马嵬，朝臣惟韦见素一人，乃以韦谔为御史中丞，充置顿使。将士皆曰："国忠谋反，其将吏皆在蜀，不可往。"或请之河、陇，或请之灵武，或请之太原，或言还京师。上意在入蜀，虑违众心，竟不言所向。韦谔曰："还京，当有御贼之备。今兵少，未易东向，不如且至扶风，徐图去就。"上询于众，众以为然，乃从之。及行，父老皆遮道请留，曰："宫阙，陛下家居，陵寝，陛下坟墓，今舍此，欲何之？"上为之按辔久之，乃令太子于后宣慰父老。父老因曰："至尊既不肯留，某等愿帅子弟从殿下东破贼，取长安。若殿下与至尊皆入蜀，使中原百姓谁为之主？"须臾，众至数千人。太子不可，曰："至尊远冒险阻，吾岂忍朝夕离左右。且吾尚未面辞，当还白至尊，更禀进止。"涕泣，跋马欲西。建宁王倓与李辅国执鞚谏曰："逆胡犯阙，四海分崩，不因人情，何以兴复！今殿下从至尊入蜀，若贼兵烧绝栈道，则中原之地拱手授贼矣。人情既离，不可复合，虽欲复至此，其可得乎！不如收西北守边之兵，召郭、李于河北，与之并力东讨逆贼，克复两京，削平四海，使社稷危而复安，宗庙毁而更存，扫除宫禁以迎至尊，岂非孝之大者乎！何必区区温凊，为儿女之恋乎！"广平王俶亦劝太子留。父老共拥太子马，不得行。太子乃使俶驰白上。上总辔待太子，久不至，使人侦之，还白状，上曰："天也！"乃分后军二千人及飞龙厩马从太子，且谕将士曰："太子仁孝，可奉宗庙，汝曹善辅佐之。"又谕太子曰："汝勉之，勿以吾为念。西北诸胡，吾抚之素厚，汝必得其用。"太子南向号泣而已。又使送东宫内人于太子，且宣旨欲传位，太子不受。俶、倓，皆太子之子也。

令高力士把杨贵妃带到佛堂，用绳子勒死了她。把尸体抬到驿站的庭院中，叫来陈玄礼等人查看尸体。陈玄礼等人才脱去甲胄，叩头谢罪，玄宗慰劳他们，命令晓谕军士们。陈玄礼等人都高呼万岁，再三拜谢而去，于是开始整理部队准备前进。韦谔，是韦见素的儿子。杨国忠的妻子裴柔和她的小儿子杨晞以及虢国夫人和她的儿子裴徽都逃跑了，逃到陈仓，被陈仓县令薛景仙带领官吏士兵追赶抓获，都被杀死。

六月十五日丁酉，唐玄宗将要从马嵬驿出发，朝臣中只有韦见素一个人，于是任命韦谔为御史中丞，充置顿使。将士们都说："杨国忠谋反，他手下的将领和官吏都在蜀地，不能到那里去。"有的人请求到河、陇一带去，有的人请求到灵武去，有的人请求去太原，还有的人说回京师。唐玄宗的意思是想入蜀，又担心违背众人的心愿，所以一直没有说明去向。韦谔说："回京师，应当有抵御敌贼的准备，现在兵力很少，不能轻易向东走，不如暂时到扶风，再慢慢商量去向。"唐玄宗向众人征询意见，大家都同意了，于是准备去扶风。等到临行时，当地的父老乡亲都拦住道路请求玄宗留下，说："宫殿，是陛下住家的房子；陵寝，是陛下先人的坟墓，今天把这些都放弃了，想到哪里去呢？"唐玄宗因此勒住马的缰绳停留许久，才命太子在后面安抚这些父老乡亲。父老乡亲因此对太子说："皇上既然不肯留下，我们愿意率领子弟跟随殿下向东去击败敌人，夺取长安。假如殿下和皇上都入蜀，那么谁来替中原老百姓做主呢？"不一会儿，群众多达好几千人。太子不同意，说："皇上冒艰历险避难远方，我怎么能够忍心早晚离开他的身旁。况且我还没有当面告辞，应当回去告诉皇上，然后再秉承圣上旨意以决定去留。"说着便哭起来，勒转马头想要向西走。建宁王李倓与李辅国拉住太子的马络头劝谏道："逆胡反叛朝廷进犯长安，天下分崩离析，如果不依靠民心，怎么能够复兴国家呢？今天殿下跟随皇上入蜀，如果敌人烧毁栈道，那么中原大地也就拱手让给叛贼了。人心离散后，就不能再聚合，即使想再回到这个地方来，怎么能够办得到呢！不如收拾防守西北边境的部队，召集河北的郭子仪、李光弼，与他们合力向东讨伐逆贼，收复两京，平定天下，使国家转危为安，宗庙毁而复存，然后打扫宫殿迎接皇上，这难道不是孝道中的大孝吗！何必尽区区之孝，像小儿女一样对皇上依恋不舍呢！"广平王李俶也劝太子留下。父老乡亲团团围住太子坐骑，不能前行。太子使李俶飞奔去报告玄宗。玄宗骑在马上等待太子，很久都不来，派人去察看，回来向玄宗报告情况，唐玄宗说："这是天意啊！"于是就把后军二千人和飞龙厩的好马分给太子，并且晓谕将士说："太子仁厚孝顺，可以继承帝业，你们要好好地辅佐他。"又晓谕太子说："你要努力去干，不要挂念我。西北地区各族胡人，我待他们一直很优厚，你一定能得到他们的帮助。"太子听后只有面朝南号啕大哭。玄宗又派人把东宫内人送给太子，并且宣旨

己亥，上至岐山。或言贼前锋且至，上遽过，宿扶风郡。士卒潜怀去就，往往流言不逊，陈玄礼不能制，上患之。会成都贡春彩十余万匹，至扶风，上命悉陈之于庭，召将士入，临轩谕之曰："朕比来衰耄，托任失人，致逆胡乱常，须远避其锋。知卿等皆苍猝从朕，不得别父母妻子，茇涉至此，劳苦至矣，朕甚愧之。蜀路阻长，郡县褊小，人马众多，或不能供，今听卿等各还家；朕独与子、孙、中官前行入蜀，亦足自达。今日与卿等诀别，可共分此彩以备资粮。若归，见父母及长安父老，为朕致意，各好自爱也！"因泣下沾襟。众皆哭，曰："臣等死生从陛下，不敢有贰！"上良久曰："去留听卿。"自是流言始息。

（以上为第五段，写唐玄宗西行入蜀，太子李亨留镇讨贼。）

太子既留，莫知所适。广平王俶曰："日渐晏，此不可驻，众欲何之？"皆莫对。建宁王倓曰："殿下昔尝为朔方节度大使，将吏岁时致启，倓略识其姓名。今河西、陇右之众皆败降贼，父兄子弟多在贼中，或生异图。朔方道近，士马全盛，裴冕衣冠名族，必无贰心。贼入长安方虏掠，未暇徇地，乘此速往就之，徐图大举，此上策也。"众皆曰："善！"至渭滨，遇潼关败卒，误与之战，死伤甚众。已，乃收余卒，择渭水浅处，乘马涉渡；无马者涕泣而返。太子自奉天北上，比至新平，通夜驰三百里，士卒、器械失亡过半，所存之众不过数百。新平太守薛羽弃郡走，太子斩之。是日，至安定，太守徐瑴亦走，又斩之。

庚子，以剑南节度留后崔圆为剑南节度等副大使。辛丑，上发扶风，宿陈仓。

太子至乌氏，彭原太守李遵出迎，献衣及糗粮。至彭原，募士，得数百人。是日至平凉，阅监牧马，得数万匹，又募士，得五百余人，军势稍振。

壬寅，上至散关，分扈从将士为六军。使颍王璬先行诣剑南，寿王瑁等分将六军以次之。丙午，上至河池郡。崔圆奉表迎车驾，具陈蜀土

想要传位给太子，太子没有接受。李俶、李倓都是太子的儿子。

六月十七日己亥，唐玄宗到达岐山。有人说叛贼的前锋快要来了，玄宗匆忙过了岐山，住宿在扶风郡。士兵们都暗中怀有各谋出路的想法，往往出言不逊，流言四起，陈玄礼不能制止，玄宗很担忧。适逢成都贡献春天织的彩色丝绸十多万匹，到了扶风，玄宗命令全部都放在庭院中，召随从将士进来，站在门槛前对他们说："朕近来衰老了，用人不当，以致逆胡叛乱，不得不远行以躲避其锋芒。朕知道你们跟朕出来很仓促，来不及和自己的父母妻儿告别，跋山涉水到达这里，非常辛苦，朕感到十分惭愧。去蜀中的路途艰难漫长，而且沿途的郡县都很狭小，人马众多，或许不能保证供给，今天任凭你们各自回家；朕只和儿子、孙子以及侍奉的宦官前往蜀地，也完全可以到达。今天和卿等分别，大家可以共同分掉这些彩色丝绸以作为路费。如果回去了，见到你们的父母和长安父老，请替朕向他们问好，大家好自珍重。"说罢泪流沾襟。众人都哭了，说："臣等不管死活都要跟随陛下，不敢有二心！"唐玄宗过了很久说："是去是留随你们自便。"从此流言才平息下来。

太子留下后，不知道到哪里去好。广平王李俶说："天色渐渐晚了，这里不能驻扎，大家想到哪里去？"众人都不说话。建宁王李倓说："殿下过去曾担任朔方节度大使，将领和官吏每年按时呈报笺启，我大略还记得他们的姓名。现在河西、陇右的部众都失败投降了敌贼，父兄子弟大都陷在敌贼中，恐怕会发生不测。朔方道路较近，兵马强壮，士气旺盛，河西行军司马裴冕出身名门世家大族，一定不会有二心。敌贼进入长安正在大肆抢掠，还没有功夫去攻占土地，乘此机会赶快前往朔方，再慢慢商量大计，这是上策啊。"众人都说："好！"到达渭水岸边，碰上了潼关战败退下来的士兵，误以为是叛军而与他们交战，死亡受伤的人很多。事后，便收拾剩余的士兵，选择渭河较浅的地方，乘马过河；没有马的人，哭哭啼啼地回去了。太子从奉天北上，等到了新平，一整夜共跑了三百里，士兵和器械损失过半，所剩下来的部众不过几百人。新平太守薛羽放弃全郡而逃走，太子把他杀了。这一天，到达安定，太守徐瑴也逃跑了，太子又把他杀了。

六月十八日庚子，唐玄宗任命剑南节度留后崔圆为剑南节度等副大使。六月十九日辛丑，玄宗从扶风出发，在陈仓住宿。

太子到达乌氏，彭原太守李遵出来迎接，并献上衣服和干粮。到彭原后，招募士兵，得到几百人。这一天到达平凉，检阅监牧马，得到好几万匹马，又招募士兵，招得五百多人，军队的气势稍稍得到振兴。

六月二十日壬寅，玄宗到达散关，把随从护卫的将士分为六军。派颍王李璬先行到剑南，寿王李瑁等分别率领六军紧随其后。六月二十四日丙午，唐玄宗到了河

丰稔，甲兵全盛。上大悦，即日，以圆为中书侍郎、同平章事，蜀郡长史如故。以陇西公瑀为汉中王，梁州都督、山南西道采访、防御使。瑀，琎之弟也。

王思礼至平凉，闻河西诸胡乱，还，诣行在。初，河西诸胡部落闻其都护皆从哥舒翰没于潼关，故争自立，相攻击；而都护实从翰在北岸，不死，又不与火拔归仁俱降贼。上乃以河西兵马使周泌为河西节度使，陇右兵马使彭元耀为陇右节度使，与都护思结进明等俱之镇，招其部落。以思礼为行在都知兵马使。

戊申，扶风民康景龙等自相帅击贼所署宣慰使薛总，斩首二百余级。庚戌，陈仓令薛景仙杀贼守将，克扶风而守之。

安禄山不意上遽西幸，遣使止崔乾祐兵留潼关，凡十日，乃遣孙孝哲将兵入长安，以张通儒为西京留守，崔光远为京兆尹；使安忠顺将兵屯苑中，以镇关中。孝哲为禄山所宠任，尤用事，常与严庄争权；禄山使监关中诸将，通儒等皆受制于孝哲。孝哲豪侈，果于杀戮，贼党畏之。禄山命搜捕百官、宦者、宫女等，每获数百人，辄以兵卫送洛阳。王、侯、将、相扈从车驾、家留长安者，诛及婴孩。陈希烈以晚节失恩，怨上，与张均、张垍等皆降于贼。禄山以希烈、垍为相，自余朝士皆授以官。于是贼势大炽，西胁汧、陇，南侵江、汉，北割河东之半。然贼将皆粗猛无远略，既克长安，以为得志，日夜纵酒，专以声色宝贿为事，无复西出之意，故上得安行入蜀，太子北行亦无追迫之患。

（以上为第六段，写反贼安禄山入长安滞留，太子顺利北行，唐玄宗从容入蜀，部署讨贼。）

李光弼围博陵未下，闻潼关不守，解围而南。史思明踵其后，光弼击却之，与郭子仪皆引兵入井陉，留常山太守王俌将景城、河间团练兵守常山。平卢节度使刘正臣将袭范阳，未至，史思明引兵逆击之，正臣大败，弃妻子走，士卒死者七千余人。初，颜真卿闻河北节度使李光弼出井陉，即敛军还平原，以待光弼之命。闻郭、李西入井陉，真卿始复区处河北军事。

池郡。崔圆手持表文迎接玄宗车驾，详细介绍了蜀地物产丰富，兵马强盛。唐玄宗很高兴，当天，就任命崔圆为中书侍郎、同平章事，蜀郡长史的职位照旧。任命陇西公李瑀为汉中王、梁州都督、山南西道采访、防御使。李瑀，是李琎的弟弟。

王思礼到达平凉，听说河西各部胡人叛乱，又回来，到玄宗的行在。当初，河西各胡族部落听说他们的都护都跟随哥舒翰死于潼关一战，所以就争着自立为王，互相攻击；而实际上都护跟随哥舒翰在黄河北岸，没有死，也没有和火拔归仁一起投降敌贼。于是唐玄宗就任命河西兵马使周泌为河西节度使，陇右兵马使彭元耀为陇右节度使，与都护思结进明等人一起到镇守的地方去，招抚各部落。任命王思礼为行在都知兵马使。

六月二十六日戊申，扶风郡的平民康景龙等人自己组织起来攻打叛贼所任命的宣慰使薛总，杀死二百多人。六月二十八日庚戌，陈仓县令薛景仙杀死叛贼守将，攻克扶风郡又派兵守着它。

安禄山没有料想到玄宗这么快就西去避难，派使者叫崔乾祐把兵停留在潼关，过了十天，才派孙孝哲率兵进入长安。任命张通儒为西京留守，崔光远为京兆尹；派安忠顺带兵驻守禁苑中，以镇抚关中。孙孝哲受到安禄山的宠信，特别专权用事，经常与严庄争权夺势。安禄山派他监督关中各位将领，张通儒等人都受到孙孝哲的控制。孙孝哲豪放奢侈，杀人果决，贼党里的人都很惧怕他。安禄山命令搜捕朝臣、宦官、宫女等，每当抓到好几百人后，就派兵护卫送往洛阳。王、侯、将、相跟随玄宗避难而家还留在长安的，全家杀光，连婴儿也不放过。陈希烈因为晚年失去玄宗的信任，抱怨玄宗，与张均、张垍等人都投降了叛贼。安禄山任命陈希烈、张垍为宰相，其余投降的朝臣都授予官职。因此叛贼的势力大盛，向西威胁汧、陇等地，向南侵扰江、汉流域，向北占领了河东道的一半。然而叛贼将领都是粗鲁勇猛而没有远大谋略的人，攻克长安后，就志满意得，日夜纵酒醉饮，以沉湎于声色犬马为能事，再没有向西进军的意图，所以玄宗得以平安地进入蜀中，太子北上也没有被急迫追赶的忧患。

李光弼包围博陵还没有攻下，听说潼关失守，就撤兵向南走。史思明跟在后面追赶，李光弼把他击退，与郭子仪一起都带兵进入井陉，留下常山太守王俌率领景城、河间的团练兵防守常山。平卢节度使刘正臣准备袭击范阳，还没有到达，史思明带兵迎战阻击，刘正臣大败，抛弃妻子儿女逃走，士兵死了七千多人。当初，颜真卿听说河北节度使李光弼出了井陉，就收兵回到平原，以等待李光弼的命令。此时又听说郭子仪、李光弼向西进入井陉，颜真卿才重新开始指挥河北地区的军事行动。

太子至平凉数日，朔方留后杜鸿渐、六城水陆运使魏少游、节度判官崔漪、支度判官卢简金、盐池判官李涵相与谋曰："平凉散地，非屯兵之所，灵武兵食完富，若迎太子至此，北收诸城兵，西发河、陇劲骑，南向以定中原，此万世一时也。"乃使涵奉笺于太子，且籍朔方士马、甲兵、谷帛、军须之数以献之；涵至平凉，太子大悦。会河西司马裴冕入为御史中丞，至平凉见太子，亦劝太子之朔方，太子从之。鸿渐，暹之族子；涵，道之曾孙也。鸿渐、漪使少游居后，葺次舍，庀资储，自迎太子于平凉北境，说太子曰："朔方，天下劲兵处也。今吐蕃请和，回纥内附，四方郡县大抵坚守拒贼以俟兴复。殿下今理兵灵武，按辔长驱，移檄四方，收揽忠义，则逆贼不足屠也。"少游盛治宫室，帷帐皆仿禁中，饮膳备水陆。秋，七月，辛酉，太子至灵武，悉命撤之。

甲子，上至普安，宪部侍郎房琯来谒见。上之发长安也，群臣多不知，至咸阳，谓高力士曰："朝臣谁当来，谁不来？"对曰："张均、张垍父子受陛下恩最深，且连戚里，是必先来。时论皆谓房琯宜为相，而陛下不用，又禄山尝荐之，恐或不来。"上曰："事未可知。"及琯至，上问均兄弟，对曰："臣帅与偕来，逗遛不进；观其意，似有所蓄而不能言也。"上顾力士曰："朕固知之矣。"即日，以琯为文部侍郎、同平章事。

初，张垍尚宁亲公主，听于禁中置宅，宠渥无比。陈希烈求解政务，上幸垍宅，问可为相者。垍未对。上曰："无若爱婿。"垍降阶拜舞。既而不用，故垍怀怏怏，上亦觉之。是时均、垍兄弟及姚崇之子尚书右丞奕、萧嵩之子兵部侍郎华、韦安石之子礼部侍郎陟、太常少卿斌，皆以才望至大官，上尝曰："吾命相，当遍举故相子弟耳。"既而皆不用。

裴冕、杜鸿渐等上太子笺，请遵马嵬之命，即皇帝位，太子不许。冕等言曰："将士皆关中人，日夜思归，所以崎岖从殿下远涉沙塞者，冀尺寸之功。若一朝离散，不可复集。愿殿下勉徇众心，为社稷计！"笺五上，太子乃许之。是日，肃宗即位于灵武城南楼，群臣舞蹈，上流涕

太子到平凉好几天，朔方留后杜鸿渐、六城水陆运使魏少游、节度判官崔漪、支度判官卢简金、盐池判官李涵等人商议说："平凉之地，不是驻扎屯集军队的地方，灵武的部队完整，粮食富足，如果迎接太子到这里来，北面收集各城的兵马，西面征发河西、陇右强劲的骑兵，向南进军以平定中原，这是成就大业的千载难逢的机遇。"便派李涵奉送笺表给太子，并且把朔方的士卒马匹、武器、粮食、布帛以及各种军需物资的数目账籍一起献给了太子。李涵到了平凉，太子非常高兴。碰上河西司马裴冕入朝任御史中丞，到平凉去拜见太子，也劝太子到朔方，太子听从了。杜鸿渐，是杜暹同族的侄子；李涵，是李道的曾孙。杜鸿渐、崔漪让魏少游留下来，修理房屋，准备食物用具，他们则亲自到平凉北方边境上去迎接太子，劝太子说："朔方，是天下精兵强将聚集的地方。现在吐蕃请求和好，回纥归附朝廷，境内各地郡县大都坚守城邑抵抗叛贼以等待大唐王朝的复兴。殿下现在在灵武统帅部队，挥师长驱，传檄四方，收揽忠义之士，那么叛贼就很容易被消灭。"魏少游大力修建宫室，帷帐等都模仿宫中的规格，饮食中水产陆产的美味佳肴都很齐备。秋季，七月初九日辛酉，太子到灵武，命令把这些东西全都撤掉。

七月十二日甲子，唐玄宗到了普安，宪部侍郎房琯来拜谒晋见。玄宗从长安出发时，群臣大都不知道，到咸阳后，玄宗对高力士说："朝中大臣谁应当赶来，谁不会赶来？"高力士回答说："张均、张垍兄弟和他们的父亲张说受陛下的恩惠最深，而且张垍还是驸马，与陛下有姻亲关系，所以他们兄弟俩一定会先赶来。当时的议论都说房琯适宜做宰相，但陛下没有任用他，而且安禄山还曾推荐过他，恐怕他不会赶来。"玄宗说："此事还难以预料。"等房琯来后，玄宗问张均兄弟的情况，房琯回答说："臣约他们一起来，他们逗留不来；看他们的意思，好像有什么难言之隐。"玄宗回头对高力士说："朕早就知道啊。"当天，就任命房琯为文部侍郎、同平章事。

当初，张垍娶宁亲公主为妻，唐玄宗允许他在宫中安置住宅，宠信无比。陈希烈请求解除政务，唐玄宗到张垍家里去，问他哪个人可以做宰相。张垍没有回答。唐玄宗说："没有人比得上我的爱婿。"张垍连忙走下台阶跪拜。但后来没有用他为宰相，所以张垍心里不高兴，唐玄宗也察觉到了。这时张均、张垍兄弟以及姚崇的儿子尚书右丞姚奕、萧嵩的儿子兵部侍郎萧华、韦安石的儿子礼部侍郎韦陟、太常少卿韦斌，都因有才能和声望而做到大官，唐玄宗曾经说："我任命宰相，就应当从以前宰相的子弟中普遍挑选。"但后来都没有任用。

裴冕、杜鸿渐等人向太子上笺表，请求他遵守玄宗在马嵬驿的命令，即皇帝位，太子不同意。裴冕等人说："将士们都是关中人，日夜思念家乡，之所以翻山越岭追随殿下跑到这遥远的边塞沙漠中来，是为了建功立业。如果这些人一旦离散，就不可能再聚集起来。希望殿下勉为其难地顺从民心，替国家着想！"笺表接连呈上五

歔欷。尊玄宗为上皇天帝，赦天下，改元。以杜鸿渐、崔漪并知中书舍人事，裴冕为中书侍郎、同平章事。改关内采访使为节度使，徙治安化，以前蒲关防御使吕崇贲为之。以陈仓令薛景仙为扶风太守，兼防御使；陇右节度使郭英乂为天水太守，兼防御使。时塞上精兵皆选入讨贼，惟余老弱守边，文武官不满三十人，披草莱，立朝廷，制度草创，武人骄慢。大将管崇嗣在朝堂，背阙而坐，言笑自若，监察御史李勉奏弹之，系于有司。上特原之，叹曰："吾有李勉，朝廷始尊！"勉，元懿之曾孙也。旬日间，归附者渐众。

张良娣性巧慧，能得上意，从上来朔方。时从兵单寡，良娣每寝，常居上前。上曰："御寇非妇人所能。"良娣曰："苍猝之际，妾以身当之，殿下可从后逸去。"至灵武，产子；三日起，缝战士衣。上止之，对曰："此非妾自养之时。"上以是益怜之。

（以上为第七段，写唐肃宗即位于灵武。）

丁卯，上皇制："以太子亨充天下兵马元帅，领朔方、河东、河北、平卢节度都使，南取长安、洛阳。以御史中丞裴冕兼左庶子，陇西郡司马刘秩试守右庶子；永王璘充山南东道、岭南、黔中、江南西道节度都使，以少府监窦绍为之傅，长沙太守李岘为都副大使；盛王琦充广陵大都督，领江南东路及淮南、河南等路节度都使，以前江陵都督府长史刘汇为之傅，广陵郡长史李成式为都副大使；丰王珙充武威都督，仍领河西、陇右、安西、北庭等路节度都使，以陇西太守济阴邓景山为之傅，充都副大使。应须士马、甲仗、粮赐等，并于当路自供。其诸路本节度使虢王巨等并依前充使。其署置官属及本路郡县官，并任自简择，署讫闻奏。"时琦、珙皆不出阁，惟璘赴镇。置山南东道节度使，领襄阳等九郡。升五府经略使为岭南节度，领南海等二十二郡。升五溪经略使为黔中节度，领黔中等诸郡。分江南为东、西二道，东道领余杭，西道领豫章等诸郡。先是四方闻潼关失守，莫知上所之，及是制下，始知乘舆所在。汇，秩之弟也。

安禄山使孙孝哲杀霍国长公主及王妃、驸马等于崇仁坊，刳其心，以祭安庆宗。凡杨国忠、高力士之党及禄山素所恶者皆杀之，凡八十三

次，太子才同意了。这一天，唐肃宗在灵武城南楼即位，群臣高兴得跳起舞来，肃宗也感动得流下眼泪。尊称唐玄宗为上皇天帝，赦免天下，改年号为至德。任命杜鸿渐、崔漪同为中书舍人，裴冕为中书侍郎、同平章事。改关内采访使为节度使，把治所迁到安化，任命前蒲关防御使吕崇贲为节度使。任命陈仓县令薛景仙为扶风郡太守，兼防御使；陇右节度使郭英乂为天水郡太守，兼防御使。当时塞外的精兵都挑选到塞内来讨伐叛贼，只剩下老弱病残者防守边疆，文武官吏不到三十人，披荆斩棘，建立朝廷，但因制度草创，武夫们骄横傲慢。大将管崇嗣在朝堂上，背对宫阙而坐，谈笑自如，监察御史李勉上奏弹劾他，把他关起来了。肃宗特别下令原谅他，感叹说："我有李勉，朝廷才开始有尊严！"李勉是李元懿的曾孙。肃宗即位十几天里，归附的人越来越多。

张良娣性情乖巧聪明，颇能讨得肃宗的欢心，跟从肃宗来到朔方。当时随从保卫的士兵势单力薄，张良娣每次睡觉，总是睡在肃宗的前面。肃宗说："抵御敌寇不是妇人的事情。"张良娣说："意外时刻，妾可用身体先抵挡一下，殿下可从后面逃走。"到灵武后，生下一个儿子；过了三天，就起来为战士们缝补衣服。肃宗制止她，她回答说："现在不是妾自我保养的时候。"肃宗因此更加怜爱她。

七月十五日丁卯，唐玄宗下制书说："任命太子李亨代理天下兵马元帅，统领朔方、河东、河北、平卢节度都使，向南攻取长安、洛阳。任命御史中丞裴冕兼左庶子，陇西郡司马刘秩试守右庶子；永王李璘充山南东道、岭南、黔中、江南西道节度都使，任命少府监窦绍做他的辅佐官，长沙太守李岘为都副大使；盛王李琦充广陵大都督，统领江南东路及淮南、河南等路节度都使，任命前江陵都督府长史刘汇做他的辅佐官，广陵郡长史李成式为都副大使；丰王李珙充武威都督，仍然统领河西、陇右、安西、北庭等路节度都使，任命陇西太守济阴人邓景山做他的辅佐官，充都副大使。一切所需的士卒、马匹、武器、仪仗、粮食、赏赐等物品，都由当地自己供给。其他各路原来的节度使虢王李巨等都仍旧为节度使。各王所任命的部下官吏以及本路的郡县官吏，都可以由自己挑选，任用完后再行奏报。"当时李琦、李珙都没出宫，只有永王李璘赴镇就职。设置山南东道节度使，统领襄阳等九郡。升五府经略使为岭南节度，统领南海等二十二郡。升五溪经略使为黔中节度，统领黔中等各郡。分江南道为东、西二道，江南东道统领余杭，江南西道统领豫章等各郡。在此之前，四方人士听说潼关失守，不知道玄宗到哪里去了，等到这个制书下达后，才开始知道玄宗所在的地方。刘汇是刘秩的弟弟。

安禄山派孙孝哲在崇仁坊杀死霍国长公主以及王妃、驸马等人，挖了他们的心，用来祭祀安庆宗。凡是杨国忠、高力士的党羽以及安禄山平素所厌恶的人都被杀掉，

人，或以铁棓揭其脑盖，流血满街。己巳，又杀皇孙及郡、县主二十余人。

庚午，上皇至巴西；太守崔涣迎谒。上皇与语，悦之，房琯复荐之，即日，拜门下侍郎、同平章事，以韦见素为左相。涣，玄暐之孙也。

（以上为第八段，写唐玄宗入蜀至巴西，安禄山在长安血洗皇族。）

初，京兆李泌，幼以才敏著闻，玄宗使与忠王游。忠王为太子，泌已长，上书言事。玄宗欲官之，不可；使与太子为布衣交，太子常谓之先生。杨国忠恶之，奏徙蕲春，后得归隐，居颍阳。上自马嵬北行，遣使召之，谒见于灵武。上大喜，出则联辔，寝则对榻，如为太子时，事无大小皆咨之，言无不从，至于进退将相亦与之议。上欲以泌为右相，泌固辞，曰："陛下待以宾友，则贵于宰相矣，何必屈其志！"上乃止。

同罗、突厥从安禄山反者屯长安苑中，甲戌，其酋长阿史那从礼帅五千骑，窃厩马二千匹逃归朔方，谋邀结诸胡，盗据边地。上遣使宣慰之，降者甚众。

贼遣兵寇扶风，薛景仙击却之。

安禄山遣其将高嵩以敕书、缯彩诱河、陇将士，大震关使郭英乂擒斩之。

同罗、突厥之逃归也，长安大扰，官吏窜匿，狱囚自出。京兆尹崔光远以为贼且遁矣，遣吏卒守孙孝哲宅。孝哲以状白禄山，光远乃与长安令苏震帅府、县官十余人来奔。己卯，至灵武，上以光远为御史大夫兼京兆尹，使之渭北招集吏民；以震为中丞。震，瓌之孙也。禄山以田乾真为京兆尹。侍御史吕諲、右拾遗杨绾、奉天令安平崔器相继诣灵武；以諲、器为御史中丞，绾为起居舍人、知制诰。

上命河西节度副使李嗣业将兵五千赴行在，嗣业与节度使梁宰谋，且缓师以观变。绥德府折冲段秀实让嗣业曰："岂有君父告急而臣子晏然不赴者乎！特进常自谓大丈夫，今日视之，乃儿女子耳！"嗣业大惭，即白宰如数发兵，以秀实自副，将之诣行在。上又征兵于安西；行军司马李栖筠发精兵七千人，励以忠义而遣之。

一共有八十三人，有的用铁棍揭开头盖骨，以致血流满街。七月十七日己巳，又杀死皇孙以及郡主、县主二十多人。

七月十八日庚午，太上皇玄宗到达巴西；太守崔涣迎接拜见。太上皇和他谈话，很喜欢他，房琯又推荐他，当天就任命他为门下侍郎、同平章事，任命韦见素为左相。崔涣是崔玄暐的孙子。

当初，京兆人李泌，小时候以才思聪敏而闻名，唐玄宗让他与忠王一起游玩。忠王做太子时，李泌已经长大成人，曾上书玄宗谈论国家事务。唐玄宗想任用他为官，他不同意；玄宗只好让他以平民身份与太子为友，太子常常称他为先生。杨国忠讨厌李泌，上奏玄宗把他迁到蕲春，后来得以回家乡做隐士，居住在颍阳县。肃宗从马嵬坡向北行走，派使者请他来，在灵武拜见肃宗。肃宗非常高兴，出门时与他并马而行，睡觉时与他对床而卧，就像做太子时一样，事情无论大小都向他咨询，他所提出的意思没有不听从的，甚至于连将相的任免都和他商量。肃宗想让李泌做右丞相，李泌坚决推辞，说："陛下把我作为宾客朋友来对待，比任用为宰相还要尊贵，何必要违背我的志愿呢？"唐肃宗这才作罢。

同罗、突厥中跟随安禄山反叛的驻扎在长安禁苑中，七月二十二日甲戌，他们的酋长阿史那从礼率领五千骑兵，偷得厩马两千匹逃回朔方，谋划约请各胡人部落，乘机占领边疆地区。肃宗派使者去宣谕安抚他们，降附的人很多。

叛军派兵进犯扶风，薛景仙击败了他们。

安禄山派他的将领高嵩带着敕书、丝绸引诱河、陇一带的将士，大震关使郭英义抓住他把他杀了。

同罗、突厥人逃回朔方，长安大乱，官吏逃避躲藏，监狱里的囚犯自己跑出来。京兆尹崔光远以为叛贼将要逃走，就派官吏士卒守住孙孝哲的住宅。孙孝哲把此事告诉安禄山，于是崔光远就和长安县令苏震一起带着府、县官员十几个人来投奔朝廷。七月二十七日己卯，到达灵武，肃宗任命崔光远为御史大夫兼京兆尹，派他到渭水以北去召集官吏和民众。任命苏震为御史中丞。苏震是苏瓌的孙子。安禄山任命田乾真为京兆尹。侍御史吕諲、右拾遗杨绾、奉天县令安平人崔器相继来到灵武；任命吕諲、崔器为御史中丞，杨绾为起居舍人、知制诰。

唐肃宗命令河西节度使李嗣业带兵五千人来灵武，李嗣业与节度使梁宰商议，将暂缓发兵以观察形势的变化。绥德府折冲段秀实指责李嗣业说："难道有君父告急而臣子安然不赴难的吗！您常常自称是大丈夫，今天看起来，不过是个小儿女罢了！"李嗣业非常惭愧，马上告诉梁宰如数发兵，让段秀实为副将，带兵去灵武。肃宗又在安西征兵。行军司马李栖筠调发精兵七千人，用忠义勉励他们然后送他们出发。

敕改扶风为凤翔郡。

庚辰，上皇至成都；从官及六军至者千三百人而已。

（以上为第九段，写李泌出山佐肃宗，河西兵入援灵武。唐玄宗入蜀。）

令狐潮围张巡于雍丘，相守四十余日，朝廷声问不通。潮闻玄宗已幸蜀，复以书招巡。有大将六人，官皆开府、特进，白巡以兵势不敌，且上存亡不可知，不如降贼。巡阳许诺。明日，堂上设天子画像，帅将士朝之，人人皆泣。巡引六将于前，责以大义，斩之。士心益劝。

中城矢尽，巡缚藁为人千余，被以黑衣，夜缒城下，潮兵争射之，久乃知其藁人；得矢数十万。其后复夜缒人，贼笑不设备，乃以死士五百斫潮营；潮军大乱，焚垒而遁，追奔十余里。潮惭，益兵围之。

巡使郎将雷万春于城上与潮相闻，贼弩射之，面中六矢而不动。潮疑其木人，使谍问之，乃大惊，遥谓巡曰："向见雷将军，方知足下军令矣，然其如天道何！"巡谓之曰："君未识人伦，焉知天道！"未几，出战，擒贼将十四人，斩首百余级。贼乃夜遁，收兵入陈留，不敢复出。

顷之，贼步骑七千余众屯白沙涡，巡夜袭击，大破之。还，至桃陵，遇贼救兵四百余人，悉擒之。分别其众，妫、檀及胡兵，悉斩之；荥阳、陈留胁从兵，皆散令归业。旬日间，民去贼来归者万余户。

河北诸郡犹为唐守，常山太守王俌欲降贼，诸将怒，因击球，纵马践杀之。时信都太守乌承恩麾下有朔方兵三千人，诸将遣使者宗仙运帅父老诣信都，迎承恩镇常山。承恩辞以无诏命，仙运说承恩曰："常山地控燕、蓟，路通河、洛，有井陉之险，足以扼其咽喉。顷属车驾南迁，李大夫收军退守晋阳，王太守权统后军，欲举城降贼，众心不从，身首异处。大将军兵精气肃，远近莫敌，若以家国为念，移据常山，与大夫首尾相应，则洪勋盛烈，孰与为比。若疑而不行，又不设备，常山既陷，信都岂能独全！"承恩不从。仙运又曰："将军不纳鄙夫之言，必惧兵少

唐肃宗下敕书改扶风为凤翔郡。

七月十八日庚辰，太上皇玄宗到达成都。随从官员及护卫六军跟着到达的只有一千三百人。

令狐潮在雍丘包围张巡，相持四十多天，与朝廷断绝联系。令狐潮听说玄宗已到蜀地，又写信招降张巡。张巡有六个大将，官位都是开府、特进，对张巡说，兵势悬殊，打不过敌人，况且肃宗是死是生也不知道，不如投降叛贼。张巡假装同意。第二天，在堂上摆设天子的画像，率领将士们朝拜，人人都哭了。张巡把六个大将带到前面来，申明大义，痛加责备，把他们杀了。从此军心更加坚定。

雍丘城里的箭射完了，张巡让士卒用稻草扎了一千多个草人，穿上黑色的衣服，夜间用绳子放到城下，令狐潮的士兵争相射箭，射了很久才知道是稻草人；张巡获得好几十万支箭。后来又在夜间用绳子把人放到城下，贼兵笑话他们，以为又是草人，不加防备，于是派五百人的敢死队去砍杀令狐潮的军队，令狐潮的军队大乱，焚烧了营垒就逃跑了，张巡的军队追杀了十几里路。令狐潮很惭愧，又增加兵力包围雍丘。

张巡派郎将雷万春在城上与令狐潮谈话，贼兵用弩机射他，雷万春脸上被射中了六箭但却岿然不动。令狐潮怀疑他是木头人，派间谍去侦察，得知确实是雷万春，就大为惊奇，远远地对张巡说："刚刚见到雷将军，才知道您的军令严格，然而凭这点怎么能改变天道呢？"张巡对他说："您连人伦都不懂，怎么谈得上知天道呢？"不久，出城交战，活捉贼兵将领十四人，杀死一百多人，于是贼兵连夜逃走，收兵进入陈留，不敢再出来作战。

不久，叛军步兵骑兵七千多人驻扎在白沙涡，张巡夜间去袭击，大败叛军。回来，走到桃陵，遇到叛贼救兵四百多人，全部把他们俘虏。张巡将俘虏分别处理，其中妫州、檀州兵以及胡人兵，全部杀掉；荥阳、陈留的胁从兵，全都遣散，命令他们回家各务其业。十来天的时间，民众离开叛贼来归附张巡的有一万多户。

河北各郡都还在为唐朝坚守，常山太守王俌想投降叛贼，各位将领都很愤怒，就借打毬的机会，纵马踩死了他。当时信都太守乌承恩的部下有朔方兵三千人，各位将领派使者宗仙运率领父老到信都，迎接乌承恩去镇守常山。乌承恩以没有肃宗诏令来推辞，宗仙运劝乌承恩说："常山地势控制着燕、蓟，道路可通往河、洛，又有井陉关的险要，足以扼住叛军咽喉。最近肃宗南迁，李光弼退守晋阳，王俌太守暂时统领后军，想要带领全城投降叛贼，众人不愿跟从，结果王俌太守被杀死。大将军您兵马精锐，军令严明，远近都无人匹敌，如果能以国家为重，移师常山，与李光弼首尾遥相呼应，那么所建立的丰功伟绩，哪一个人能比得上呢？如果犹豫不

故也。今人不聊生，咸思报国，竞相结聚，屯据乡村，若悬赏招之，不旬日十万可致；与朔方甲士三千余人相参用之，足成王事。若舍要害以授人，居四通而自安，譬如倒持剑戟，取败之道也。”承恩竟疑不决。承恩，承玼之族兄也。

是月，史思明、蔡希德将兵万人南攻九门。旬日，九门伪降，伏甲于城上。思明登城，伏兵攻之；思明坠城，鹿角伤其左胁，夜，奔博陵。

（以上为第十段，写河北、河南战事，张巡在河南，颜真卿在河北，以寡击众，英勇杀贼。）

颜真卿以蜡丸达表于灵武。以真卿为工部尚书兼御史大夫，依前河北招讨、采访、处置使，并致赦书，亦以蜡丸达之。真卿颁下河北诸郡，又遣人颁于河南、江、淮。由是诸道始知上即位于灵武，徇国之心益坚矣。

郭子仪等将兵五万自河北至灵武，灵武军威始盛，人有兴复之望矣。八月，壬午朔，以子仪为武部尚书、灵武长史，以李光弼为户部尚书、北都留守，并同平章事，余如故。光弼以景城、河间兵五千赴太原。

先是，河东节度使王承业军政不修，朝廷遣侍御史崔众交其兵，寻遣中使诛之；众侮易承业，光弼素不平。至是，敕交兵于光弼，众见光弼，不为礼，又不时交兵，光弼怒，收斩之，军中股栗。

回纥可汗、吐蕃赞普相继遣使请助国讨贼，宴赐而遣之。

癸未，上皇下制，赦天下。

北海太守贺兰进明遣录事参军第五琦入蜀奏事，琦言于上皇，以为：“今方用兵，财赋为急，财赋所产，江、淮居多，乞假臣一职，可使军无乏用。”上皇悦，即以琦为监察御史、江淮租庸使。

史思明再攻九门，辛卯，克之，所杀数千人；引兵东围藁城。

李庭望将蕃、汉二万余人东袭宁陵、襄邑，夜，去雍丘城三十里置

决，又不加紧防备，常山陷落后，信都又怎么能够保全呢？”乌承恩不听从。宗仙运又说：“将军您不采纳鄙人的意见，一定是担心兵少的缘故。现今民不聊生，都想报国，竞相聚集，占据乡村，如果悬赏招募他们，不到十天便可招到十万人；和朔方甲士三千多人相互配合，足以成就大事。如果舍弃常山要害之地把它让给敌人，居住在四通八达的信都以求得自己的安全，那就好比是倒拿剑戟，是自取失败。”乌承恩竟然还是犹豫不决。乌承恩是乌承玼同族的哥哥。

这个月，史思明、蔡希德带兵一万人向南攻打九门。过了十天，九门假装投降，在城上埋伏甲士。史思明登上城墙，伏兵攻击他；史思明从城上掉下来，被埋植在城下的树枝刺伤了左胁部，趁着夜晚，逃回博陵。

颜真卿用蜡丸密封奏表派人送到灵武。肃宗任命颜真卿为工部尚书兼御史大夫，仍旧为河北招讨、采访、处置使，并且给他送去赦书，也用蜡丸密封送达。颜真卿把赦书颁布到河北各郡，又派人颁布到河南、江、淮地区。至此各道才知道肃宗在灵武即位，坚守报国的信心就更加坚定了。

郭子仪等人率领士兵五万人从河北来到灵武，灵武的军威开始强盛，人们觉得复兴大唐有希望了。八月初一日壬午朔，任命郭子仪为武部尚书、灵武长史，任命李光弼为户部尚书、北都留守，二人并同平章事，其他官职照旧。李光弼带领景城、河间的士兵五千人奔赴太原。

先前，河东节度使王承业军事政务不加修整，朝廷派侍御史崔众收回他的兵权，不久又派宦官把他杀了；崔众侮辱轻视王承业，李光弼早就心中不平。到这时，肃宗下敕书命令崔众把兵权交给李光弼，崔众见到李光弼，不向他施礼，又不按时交出兵权，李光弼很生气，就把崔众抓起来杀了，军中因此感到十分恐惧。

回纥可汗、吐蕃赞普相继派使者请求帮助国家讨伐叛贼，肃宗宴请赏赐使者并送他们回去。

八月初二日癸未，太上皇玄宗下制书，大赦天下。

北海太守贺兰进明派遣录事参军第五琦到蜀地奏事，第五琦向玄宗进言，认为：“现在天下正在用兵打仗，财赋问题十分急切，财赋的出产，江、淮一带占了大部分，请求给我一个职务，可以保证军事上不缺乏财用。”玄宗很高兴，马上任命第五琦为监察御史、江淮租庸使。

史思明再次进攻九门，八月初十日辛卯，攻克九门，杀死好几千人，又带兵向东围攻藁城。

李庭望带领蕃、汉士兵两万多人向东袭击宁陵、襄邑。夜晚，在离雍丘城三十

营，张巡帅短兵三千掩击，大破之，杀获太半。庭望收军夜遁。

癸巳，灵武使者至蜀，上皇喜曰：“吾儿应天顺人，吾复何忧！”丁酉，制：“自今改制敕为诰，表疏称太上皇。四海军国事，皆先取皇帝进止，仍奏朕知；俟克复上京，朕不复预事。”己亥，上皇临轩，命韦见素、房琯、崔涣奉传国宝玉册诣灵武传位。

辛丑，史思明陷藁城。

初，上皇每酺宴，先设太常雅乐坐部、立部，继以鼓吹、胡乐、教坊、府、县散乐杂戏；又以山车、陆船载乐往来；又出宫人舞《霓裳羽衣》；又教舞马百匹，衔杯上寿；又引犀象入场，或拜，或舞。安禄山见而悦之，既克长安，命搜捕乐工，运载乐器、舞衣，驱舞马、犀、象皆诣洛阳。

（以上为第十一段，写郭子仪勤王灵武。唐玄宗称太上皇，传国宝玉册于肃宗。至是全国政令统一。）

臣光曰：圣人以道德为丽，仁义为乐；故虽茅茨土阶，恶衣菲食，不耻其陋，惟恐奉养之过以劳民费财。明皇恃其承平，不思后患，殚耳目之玩，穷声技之巧，自谓帝王富贵皆不我如，欲使前莫能及，后无以逾，非徒娱已，亦以夸人。岂知大盗在旁，已有窥窬之心，卒致銮舆播越，生民涂炭。乃知人君崇华靡以示人，适足为大盗之招也。

（以上为第十二段，写司马光对唐玄宗骄奢淫逸的批评。）

禄山宴其群臣于凝碧池，盛奏众乐；梨园弟子往往歔欷泣下，贼皆露刃睨之。乐工雷海清不胜悲愤，掷乐器于地，西向恸哭。禄山怒，缚于试马殿前，支解之。

禄山闻向日百姓乘乱多盗库物，既得长安，命大索三日，并其私财尽掠之。又令府县推按，铢两之物无不穷治，连引搜捕，支蔓无穷，民间骚然，益思唐室。

里的地方安置营地，张巡率领三千手持轻便武器的士兵去偷袭，大败叛军，杀死和俘虏一大半的敌人。李庭望收拾残兵连夜逃走。

八月十二日癸巳，灵武派来的使者到达蜀地，太上皇高兴地说："我的儿子顺应天道和民心，我还有什么忧虑的呢！"八月十六日丁酉，太上皇下制书说："从今以后改制书敕书为诰令，上表上疏一律称太上皇。国家的军政大事，都先奏报皇帝以决定可否，然后再奏报朕知即可；等收复京城后，朕就不再管事了。"八月十八日己亥，太上皇亲临殿前台阶，命令韦见素、房琯、崔涣奉送传国宝器玉册到灵武传皇帝位。

八月二十日辛丑，史思明攻陷藁城。

当初，太上皇每当与臣民欢宴时，都先让太常雅乐的坐部和立部演奏，接着演奏鼓吹乐、胡人乐、教坊乐、京兆府与长安、万年两县的散乐以及杂戏；又用山车、旱船载着乐工往来演奏；又让宫女表演《霓裳羽衣舞》；又让一百匹舞马，衔杯跳舞祝寿；又让犀牛和大象入场表演，或拜或舞。安禄山看了很喜欢，等攻克长安后，就命令搜捕乐工，装运乐器和舞衣，驱赶舞马、犀牛和大象，一起前往洛阳。

臣司马光评论说：圣人以道德为美，以仁义为乐；所以他们虽然住在以茅草为顶、以泥土台阶为床的房屋中，穿很差的衣服，吃粗糙的食物，但并不以生活简陋为羞耻，只是担心生活过于奢侈而劳民伤财。唐明皇依仗天下太平，不考虑以后会有祸患，只顾尽情享受耳目的欢乐，穷极声色舞技的精巧，自以为过去帝王的富贵都不如他，想要使前代的帝王比不上他，后代的帝王也不能超过他，不只是娱乐自己，也借此向别人夸耀。他哪里知道窃国大盗就在身旁，早已有觊觎皇位的野心，终于导致唐明皇自己颠沛流离，人民生灵涂炭。由此可知，人君如果崇尚华丽奢侈的生活以向人夸耀，那就足以成为招致大盗抢夺的目标。

安禄山在凝碧池宴请他的群臣，大肆演奏各种乐曲；梨园弟子常常叹息哭泣，贼兵则抽出刀子在旁边斜视他们。乐工雷海清不胜悲愤，把乐器扔在地上，向西痛哭。安禄山很生气，把他绑在试马殿前，肢解了他的身体。

安禄山听说前些时老百姓乘兵荒马乱时盗得很多国库中的宝物，攻克长安后，命令全城大肆搜索三天，连老百姓的私人财物也都被抢夺去。又命令府县官审讯逼供，一点一滴的财物都穷追恶要，牵连搜捕，纠缠无边，民间动乱，更加思念唐

自上离马嵬北行，民间相传太子北收兵来取长安，长安民日夜望之，或时相惊曰："太子大军至矣！"则皆走，市里为空。贼望见北方尘起，辄惊欲走。京畿豪杰往往杀贼官吏，遥应官军；诛而复起，相继不绝，贼不能制。其始自京畿、鄜、坊至于岐、陇皆附之，至是西门之外率为敌垒，贼兵力所及者，南不出武关，北不过云阳，西不过武功。江、淮奏请贡献之蜀、之灵武者，皆自襄阳取上津路抵扶风，道路无壅，皆薛景仙之功也。

九月，壬子，史思明围赵郡，丙辰，拔之；又围常山，旬日，城陷，杀数千人。

建宁王倓，性英果，有才略，从上自马嵬北行，兵众寡弱，屡逢寇盗；倓自选骁勇，居上前后，血战以卫上。上或过时未食，倓悲泣不自胜，军中皆属目向之。上欲以倓为天下兵马元帅，使统诸将东征，李泌曰："建宁诚元帅才；然广平，兄也。若建宁功成，岂可使广平为吴太伯乎！"上曰："广平，冢嗣也，何必以元帅为重！"泌曰："广平未正位东宫。今天下艰难，众心所属，在于元帅。若建宁大功既成，陛下虽欲不以为储副，同立功者其肯已乎！太宗、上皇，即其事也。"上乃以广平王俶为天下兵马元帅，诸将皆以属焉。倓闻之，谢泌曰："此固倓之心也！"

上与泌出行军，军士指之，窃言曰："衣黄者，圣人也。衣白者，山人也。"上闻之，以告泌，曰："艰难之际，不敢相屈以官，且衣紫袍以绝群疑。"泌不得已，受之；服之，入谢，上笑曰："既服此，岂可无名称！"出怀中敕，以泌为侍谋军国、元帅府行军长史。泌固辞，上曰："朕非敢相臣，以济艰难耳。俟贼平，任行高志。"泌乃受之。置元帅府于禁中，俶入则泌在府，泌入俶亦如之。泌又言于上曰："诸将畏惮天威，在陛下前敷陈军事，或不能尽所怀；万一小差，为害甚大。乞先令与臣及广平熟议，臣与广平从容奏闻，可者行之，不可者已之。"上许之。时军旅务繁，四方奏报，自昏至晓无虚刻，上悉使送府，泌先开视，有急切者及烽火，重封，隔门通进，余则待明。禁门钥契，悉委俶与泌掌之。

（以上为第十三段，写安史叛贼残虐，肃宗子建宁王李倓忠勇仁孝。）

王朝。

自从唐肃宗离开马嵬向北行进，民间就相传太子到北方去召集士兵要来收复长安，长安的老百姓日夜盼望，有时相互惊呼：“太子的大军到了！”于是大家都跑走了，街市为之一空。贼兵看见北方尘土飞扬，就惊慌失措想要逃走。京城附近的豪杰往往杀死叛贼的官吏，与唐朝官军遥相呼应；旧的豪杰被镇压了又有新的出现，前仆后继，叛贼不能制止。开始时从京城、鄜州、坊州直到岐州、陇州都起来响应，到这时，长安西门以外的地方到处都是抗敌的营垒，叛贼势力所能达到的地区，南面不出武关，北面不过云阳，西面不过武功。长江、淮河地区，有所奏疏和贡献的物资到蜀中或灵武，都从襄阳取道上津抵达扶风，沿路畅通无阻，这都是薛景仙的功劳。

九月初一日壬子，史思明包围赵郡，九月初五日丙辰，攻下赵郡；又围攻常山，攻了十天，常山城陷落，杀死好几千人。

建宁王李倓性格英明果断，有雄才大略，跟随肃宗从马嵬北上，兵力少而弱，经常碰上敌寇和盗贼；李倓亲自挑选骁勇士兵，走在肃宗的前后，浴血奋战保卫肃宗。肃宗有时过了吃饭的时间还未进食，李倓就悲伤哭泣不已，军中都看重他。肃宗想任命李倓为天下兵马元帅，让他统领各位将军东征，李泌说：“建宁王的确有元帅之才；但是，广平王是兄长。如果建宁王功成名就，难道说要让广平王做吴太伯吗？”肃宗说：“广平王是嫡长子，何必把元帅的职位看得那么重呢？”李泌说：“广平王还没有正式立为太子。现在天下形势正是艰难的时候，民心所向，在于元帅。如果建宁王大功告成了，陛下您虽然不想立他为太子，与他一起建立功业的人哪肯罢休呢！太宗和太上皇，就是很好的事例。”于是肃宗任命广平王李俶为天下兵马元帅，所有将领都属他指挥。李倓听说后，感谢李泌说：“这才是我的本意啊！”

唐肃宗与李泌外出行军，军士们指着他们，悄悄地说：“穿黄衣服的是圣人。穿白衣服的是山人。”唐肃宗听说后，就告诉李泌，说：“正值国家情况艰难之际，我不敢委屈您做官，请暂时穿上紫袍以杜绝大家的猜疑。”李泌不得已，只好接受了紫袍；他穿上紫袍，入宫谢恩，肃宗笑着说：“既然已经穿上紫袍，怎么可以没有官衔名称呢！”说着从怀中拿出敕书，任命李泌为侍谋军国、元帅府行军长史。李泌再三辞谢，肃宗说：“朕不敢以宰相的职位难为您，只是想请您来帮助度过目前的艰难时期。等到叛贼平定后，任凭您按自己的高尚志向行事。”李泌于是才接受官职。在宫禁中设置元帅府，李俶入宫，李泌就留在府中，李泌入宫，李俶就留在府中。李泌又对肃宗进言说：“诸位将领都畏惧陛下您的威严，在陛下面前陈述军事要务，有时不能畅所欲言；万一有什么小的差错，造成的损害就非常大。请令诸将先与臣和广平王认真商议，臣和广平王再有条不紊地向陛下奏报，可行的就下令实行，不可

阿史那从礼说诱九姓府、六胡州诸胡数万众，聚于经略军北，将寇朔方，上命郭子仪诣天德军发兵讨之。左武锋使仆固怀恩之子玢别将兵与虏战，兵败，降之；既而复逃归，怀恩叱而斩之。将士股栗，无不一当百，遂破同罗。

上虽用朔方之众，欲借兵于外夷以张军势，以豳王守礼之子承寀为敦煌王，与仆固怀恩使于回纥以请兵。又发拔汗那兵，且使转谕城郭诸国，许以厚赏，使从安西兵入援。李泌劝上："且幸彭原，俟西北兵将至，进幸扶风以应之；于时庸调亦集，可以赡军。"上从之。戊辰，发灵武。

内侍边令诚复自贼中逃归，上斩之。

丙子，上至顺化。韦见素等至自成都，奉上宝册，上不肯受，曰："比以中原未靖，权总百官，岂敢乘危，遽为传袭！"群臣固请，上不许，寘宝册于别殿，朝夕事之，如定省之礼。上以韦见素本附杨国忠，意薄之；素闻房琯名，虚心待之。琯见上言时事，辞情慷慨，上为之改容，由是军国事多谋于琯。琯亦以天下为己任，知无不为；诸相拱手避之。

上皇赐张良娣七宝鞍，李泌言于上曰："今四海分崩，当以俭约示人，良娣不宜乘此。请撤其珠玉付库吏，以俟有战功者赏之。"良娣自阁中言曰："乡里之旧，何至于是！"上曰："先生为社稷计也。"遽命撤之。建宁王倓泣于廊下，声闻于上；上惊，召问之，对曰："臣比忧祸乱未已，今陛下从谏如流，不日当见陛下迎上皇还长安，是以喜极而悲耳。"良娣由是恶李泌及倓。

上尝从容与泌语及李林甫，欲敕诸将克长安，发其冢，焚骨扬灰，

行的就下令停止。”肃宗同意了。当时军务繁多，四方送来的奏报，从傍晚到拂晓整夜没有空闲的时候，肃宗命令都送到元帅府，李泌先打开批阅，如有紧急事情和烽火战况，就重新封好，隔门通报进宫，其他不太紧急的奏报就等到天亮后才送入宫中。肃宗还把宫门的钥匙和符契，都委托李俶和李泌掌管。

阿史那从礼劝说引诱九姓府、六胡州各部落的胡人好几万人，聚集在经略军的北面，准备侵犯朔方，肃宗命令郭子仪到天德军调发部队去讨伐他们。左武锋使仆固怀恩的儿子仆固玢另外带兵与敌人作战，战败，投降了敌人；不久又逃回来了，仆固怀恩斥责他并把他杀了。军中将士都非常害怕，作战时无不以一当百，于是便打败了同罗。

唐肃宗虽然使用朔方的军队，但还想从外夷借兵以扩张军队的威势，任命豳王李守礼的儿子李承寀为敦煌王，让他和仆固怀恩一起出使回纥以借兵。又征调拔汗那的部队，并让他转告西域一带建有城郭的国家，许诺给他们重赏，让他们跟随安西部队一起来援助。李泌劝肃宗说：“暂时先到彭原，等西北的部队快要到时，再进到扶风以相接应；那时候征收的庸调赋税也到齐了，可以保证军队供给。”肃宗听从了。九月十七日戊辰，唐肃宗从灵武出发。

宦官边令诚又从叛贼中逃回来，肃宗把他杀了。

二十五日丙子，唐肃宗到达顺化。韦见素等从成都来，奉上国家宝器玉册，肃宗不肯接受，说：“近来中原战乱不平，我暂时管理百官，哪里敢乘此危难之际，马上就承袭皇位呢！”群臣再三请求，肃宗都不同意，于是就把宝器玉册放在另外一个殿里，早晚礼拜犹如行定省礼一样。肃宗因为韦见素本来依附杨国忠，所以心里很鄙视他；又因为久闻房琯大名，所以就很谦虚地对待他。房琯进见肃宗谈论时事，措辞情绪慷慨激昂，肃宗常被他所感动，因此军事国政大事大都和房琯商议。房琯也以天下为己任，尽其所知道的去做；其他的丞相都拱手避让。

太上皇赏赐张良娣一个七宝鞍，李泌向肃宗进言说：“当今天下分崩离析，应当以勤俭节约为人表率，良娣不应该使用这样的马鞍。请撤掉马鞍上的珍珠宝玉把它们交给府库官吏，等将来赏赐给那些有战功的人。”张良娣在宫中说：“我与李泌是同乡，何必这样做呢！”唐肃宗说：“李先生是为国家着想啊。”于是命令马上撤掉马鞍上的珍宝。建宁王李倓在廊下哭泣，哭声被肃宗听到；肃宗很惊奇，就召他来问他为什么要哭，建宁王回答说：“臣近来忧患战祸动乱不能平定，现在看见陛下从谏如流，过不了多久就会看到陛下迎接太上皇回长安，所以过分高兴而生悲泣。”张良娣因此厌恶李泌和李倓。

唐肃宗曾经在闲暇中与李泌谈及李林甫，想要下敕书命令诸将收复长安后，挖

泌曰："陛下方定天下，奈何雠死者！彼枯骨何知，徒示圣德之不弘耳。且方今从贼者皆陛下之雠也，若闻此举，恐阻其自新之心。"上不悦，曰："此贼昔日百方危朕，当是时，朕弗保朝夕。朕之全，特天幸耳！林甫亦恶卿，但未及害卿而死耳，奈何矜之！"对曰："臣岂不知！上皇有天下向五十年，太平娱乐，一朝失意，远处巴蜀。南方地恶，上皇春秋高，闻陛下此敕，意必以为用韦妃之故，内惭不怿。万一感愤成疾，是陛下以天下之大不能安君亲。"言未毕，上流涕被面，降阶，仰天拜曰："朕不及此，是天使先生言之也！"遂抱泌颈泣不已。

他夕，上又谓泌曰："良娣祖母，昭成太后之妹也，上皇所念。朕欲使正位中宫以慰上皇心，何如？"对曰："陛下在灵武，以群臣望尺寸之功，故践大位，非私己也。至于家事，宜待上皇之命，不过晚岁月之间耳。"上从之。

南诏乘乱陷越嶲会同军，据清溪关；寻传、骠国皆降之。

（以上为第十四段，写唐肃宗纳谏，李泌尽言，君臣和谐，朝廷以安。）

开李林甫的坟墓，焚烧他的尸骨并把骨灰扬弃，李泌说："陛下正在平定天下，何必要仇恨死者呢？李林甫的尸骨有什么知觉，这样做只能表示圣上的恩德不够宽容大量。而且现在跟随安禄山反叛的都是陛下的仇人，如果他们听到陛下这样的举动，恐怕会阻碍他们悔过自新的决心。"肃宗听后不大高兴，说："这个奸贼过去曾千方百计地要危害朕，那时，朕朝不保夕。朕之所以能够保全生命，实在是天幸啊！李林甫也厌恶先生您，只是来不及害死您罢了，为什么要可怜他？"李泌回答说："臣怎么不知道这些事！太上皇在帝位快五十年，太平娱乐，不料一朝祸起，只得远避巴蜀。南方地势不好，太上皇年事已高，如听到陛下这个敕书，心里一定以为是为了韦妃的缘故，内心惭愧而不高兴。万一感愤交集而生了病，那就使天下人认为陛下心胸狭隘，容不得君亲！"李泌的话还没说完，唐肃宗泪流满面，走下台阶，仰天拜谢说："朕没有想到这一点，这是上天让先生您来告诫我啊！"于是抱着李泌的脖子哭泣不已。

一天晚上，唐肃宗又对李泌说："张良娣的祖母，是太上皇母亲昭成太后的妹妹，太上皇十分思念她。朕想立良娣为皇后以慰藉太上皇的心，您以为如何？"李泌回答说："陛下在灵武时，因为群臣都希望建功立业，所以陛下才即帝位，这并不是陛下私心要做皇帝。至于家事，应该等待太上皇的命令，这不过是时间早晚的事。"唐肃宗同意了李泌的意见。

南诏乘中原战乱攻陷越嶲郡会同军，占据清溪关，寻传和骠国都降附了南诏。

【点评】

本卷点评三大事件：哥舒翰潼关败北、马嵬驿兵变、唐肃宗即位灵武。

一、哥舒翰潼关败北。哥舒翰率领二十万大军扼守潼关，兵多于贼，又占地利，安禄山求战不得，后退无出路，河北史思明连遭败绩，被困于博陵。河北十余郡兵民都起来杀了叛军守将投降官军。叛贼老巢范阳告急。郭子仪、李光弼上奏唐玄宗，请引兵北取范阳，攻下贼巢穴，贼必内溃。郭子仪、李光弼还告诫唐玄宗，潼关大军一定要固守拖住叛军，切不可轻出。叛军前敌将领崔乾祐行反间计，收买唐玄宗左右的人。报告说崔乾祐在陕，兵不满四千。唐玄宗遣中使督促哥舒翰出战。哥舒翰上奏唐玄宗，分析敌我形势，指出叛兵利在速战，官军利在据险，坚守以待勤王之兵四集，找寻战机然后出击，可以一战成功。杨国忠害怕哥舒翰拥兵图己，极力配合叛贼反间，奏称趁贼无备，要哥舒翰抓紧战机出击，不要拥兵逗留自重。这时的杨国忠唯恐哥舒翰不败，他煽起了唐玄宗的猜疑心，派出一批又一批宦官中使去督战。六月四日丙戌，哥舒翰不得已，抚膺恸哭，引兵出关。六月七日，官军进抵灵宝，叛军在七十里的隘道上设伏，只出动了一万人来会战，队伍零零落落，散如列星，诱使官军中伏。哥舒翰倾巢出动。十八万大军进击，王思礼将精兵五万为前锋，庞忠将十万为后继，哥舒翰自领三万登河北岸高阜鸣鼓助威。唐军轻敌，全军进入了叛军的伏击圈，既遭叛军乘高下木石，又遭叛军火攻，一日之内全军覆没。哥舒翰守关不出，叛军河北告急，安禄山进退维谷，正要退出洛阳，眼看大势已去，恰在此时昏君唐玄宗听了奸相杨国忠的奸计，逼迫哥舒翰出关，转眼间官军大败，叛军转危为安，安禄山攻入长安，唐王朝岌岌可危。唐玄宗仓皇出逃，河北官军也全线崩溃。叛军声势大振，唐朝官多数降贼，包括唐玄宗女婿张垍。如果叛军策略得当，不滥杀无辜，以诛杨国忠清君侧为辞，进入长安乘胜追击，也许唐王朝就此颠覆，或重创不起，亦未可知。安禄山残虐滥杀，激起民众反抗，进了长安就想称帝，使得唐玄宗能够入蜀，唐肃宗得以在灵武即位，勤王之师四集，双方形成了相持。

哥舒翰轻出潼关，全军败没，唐朝不灭，实乃天幸。唐军遭重创，叛军势力大振，延长了安史叛乱的时间，使两京以及河南河北生灵遭涂炭。哥舒翰的惨败，影响历史至巨。哥舒翰轻出是迫不得已，责任在唐玄宗和权奸杨国忠，但哥舒翰仍要承担两个方面的次要责任。第一，大敌当前，不应当内讧。哥舒翰的责任是守潼关，拒叛军，不应卷入清除杨国忠的斗争中。清除杨国忠是政治家的责任，哥舒翰应全力负责军事。哥舒翰并灞上之兵，杀杨国忠亲信杜乾运，把杨国忠逼上了绝路。困兽犹斗，结果哥舒翰反被杨国忠咬了一口。第二，全军败没，哥舒翰应负全责。首先，哥舒翰不应倾巢出动，以致潼关不守。其次，两军会战通过隘道，没有分批进

击，虽分为前后两军，仍然是全军中伏，哥舒翰亲自率后备队伍，隔河在北，救援不了河南岸之军，也望风崩溃。第三，哥舒翰明知敌人以逸待劳，设伏歼击官军，却轻敌冒进。哥舒翰身经百战，只因恃众轻敌，再一次验证了骄兵必败的硬道理，即便是良将，轻敌必遭擒，概莫能外。

二、马嵬驿兵变。马嵬驿在今陕西兴平西南。唐玄宗蒙尘入蜀，行军至马嵬驿，将士饥渴，全军愤怒。禁军首领陈玄礼在唐隆政变中助唐玄宗李隆基诛韦皇后，已有犯上前科。安禄山以诛杨国忠反叛，在舆论上杨国忠已是千夫所指。朝野上下都认为是杨国忠骄纵致乱，切齿痛恨。旧账来了，又添新账。逼迫哥舒翰出关，是杨国忠祸国的新账。乘舆出逃长安，杨国忠先是要烧毁库藏，随后要焚毁便桥，均被唐玄宗制止。唐玄宗说，把库藏留给叛军，使百姓少遭祸害。又说，小民百姓也要逃生，为什么要焚毁便桥断了百姓逃命的生路。相比之下，唐玄宗还有一丝顾念百姓之心，而杨国忠的可憎面目昭然若揭。正当变兵愤怒之时，恰好来了一队吐蕃使者，他们见了杨国忠就大喊："杨国忠是反贼。"不由分说就是一箭，射中了杨国忠坐骑的马鞍。杨国忠逃到了马嵬驿的西门，被乱兵砍杀。杨国忠的儿子户部侍郎杨暄，以及贵妃姐韩国夫人、秦国夫人皆被乱兵所杀。至此，哗变兵士仍聚而不散，包围驿馆，直到杨贵妃自缢，陈玄礼见了尸首，这才免胄释甲，叩首请罪。唐玄宗慰劳军士，众人齐呼万岁，兵变风波得以平息。

唐玄宗昏聩，奸臣当道，是致乱之源。安禄山反叛，唐玄宗和杨国忠并未反省，吸取教训，改弦易辙，昏君奸臣仍在误国，才又导致潼关之败。杨国忠不除，祸乱未已。马嵬驿兵变，杀了杨国忠和杨贵妃，两条祸根被拔除，平息了众怒，唐玄宗得以安然入蜀。马嵬驿兵变，唐玄宗的权威受到挑战，为新生政权的诞生扫清了障碍。

三、唐肃宗即位灵武。杨国忠兼剑南节度使，很多部属爪牙在蜀。唐玄宗入蜀即为杨国忠首先提出。马嵬驿兵变，诛杀了杨国忠，将士不愿入蜀，有的提出到河陇，有的提出北上灵武，或到太原。唐玄宗执意入蜀，关中父老拦道请留。唐玄宗留下太子李亨安慰父老。关中父老对太子说："皇上不愿留下，请殿下留下率领关中子弟东向破贼，取长安。"如果殿下与皇上都到了蜀地，中原百姓没了主人，那就真成了贼人的天下。不多会，来了几千群众，不让太子西行。太子李亨的第三子建宁王李倓多谋善断，他与宦官李辅国一齐拉着太子的马缰绳劝谏其留下讨贼。李倓说："如果殿下与皇上都到了蜀地，那么中原之地拱手与贼。违背众心，一旦人心散失，不可复聚，那时再想回来就不可能了。不如留下收拢西北守边之兵，召回河北郭子仪、李光弼的军队，并力讨贼，克复两京，平定四海，兴复国家，再打扫干净宫禁，迎请皇上回京，那才是大孝。国家存亡在此，不可效法儿女温情。"太子的长子广平

王李倓也劝太子留下。关中父老趁此围住太子坐骑，不让西行。唐玄宗在前面等了很久，不见太子跟来，打探消息后说："这是天意。"唐玄宗留下二千兵马护卫太子，又派人送东宫内人给太子。唐玄宗还传话太子，要传位给他。于是父子分道扬镳，唐玄宗入蜀，太子北上灵武。七月，太子李亨即位于灵武，改元至德，是为肃宗，唐王朝进入了平定叛乱的新局面。

唐玄宗入蜀，留下太子收拾乱局，并传话传位给太子，这是唐玄宗晚年办的最重要的一件大事。作为开元盛世的明君，唐玄宗并不糊涂。他挥泪赐死杨贵妃，从众留下太子并传位给太子，表现了他的罪己悔过，与天宝时期的昏暗之主决裂。司马光批评唐玄宗，恃其承平，骄奢淫逸，"殚耳目之玩，穷声技之巧"，岂不知大盗在旁，窃其国柄，终于导致大祸，玄宗蒙尘，生民涂炭。司马光的结论是："乃知人君崇华靡以示人，适足为大盗之招也。"唐玄宗昏而不暴，没有大恶，司马光的批评还是中肯的。

唐纪三十五

唐肃宗至德元载至二载（756—757年）

【起柔兆涒滩（丙申，756年）十月，尽强圉作噩（丁酉，757年）闰八月，不满一年】

【大事提要】

本卷记事起公元756年十月，讫公元757年闰八月，凡十一个月。当唐肃宗至德元载十月到至德二载闰八月。这是安史之乱战斗最为激烈的一年，双方投入兵力有百万之众，互有进退。广大中原地区到处是战火。官军方面，两攻长安不克，房琯兵败于前，郭子仪兵败于后。河北官军全线败退，史思明占据河北，兵进太原为李光弼所阻。河南鲁炅守南阳，淮北张巡、许远守睢阳，保护了淮南与江东的安宁。总的形势是，叛军气盛，处于进攻，官军稍弱，处于防守。唐室新政权肃宗已站稳脚跟，官军局部反攻，郭子仪收复了河东。由于双方都有内讧，影响战局发展。官军方面，张巡守睢阳，邻郡官军观望不救。永王李璘欲割据江东，差点危及大局。此时官军资给、唐皇室财货，都要仰赖江淮。叛军内讧，安庆绪弑父自立，史思明称雄河北。叛军势分，从此走入下坡路；官军日益占上风。

【原文】

肃宗文明武德大圣大宣孝皇帝中之上

至德元载（丙申，756年）

冬，十月，辛巳朔，日有食之，既。

上发顺化，癸未，至彭原。

初，李林甫为相，谏官言事皆先白宰相，退则又以所言白之；御史言事须大夫同署。至是，敕尽革其弊，开谏诤之涂。又令宰相分直政事笔、承旨，旬日而更，惩林甫及杨国忠之专权故也。

第五琦见上于彭原，请以江、淮租庸市轻货，溯江、汉而上至洋川，令汉中王瑀陆运至扶风以助军；上从之。寻加琦山南等五道度支使。琦作榷盐法，用以饶。

房琯喜宾客，好谈论，多引拔知名之士，而轻鄙庸俗，人多怨之。北海太守贺兰进明诣行在，上命琯以为南海太守，兼御史大夫，充岭南节度使；琯以为摄御史大夫。进明入谢，上怪之，进明因言与琯有隙，且曰："晋用王衍为三公，祖尚浮虚，致中原板荡。今房琯专为迂阔大言以立虚名，所引用皆浮华之党，真王衍之比也！陛下用为宰相，恐非社稷之福。且琯在南朝佐上皇，使陛下与诸王分领诸道节制，仍置陛下于沙塞空虚之地，又布私党于诸道，使统大权。其意以为上皇一子得天下，则己不失富贵，此岂忠臣所为乎！"上由是疏之。

房琯上疏，请自将兵复两京；上许之，加持节、招讨西京兼防御蒲潼两关兵马节度等使。琯请自选参佐，以御史中丞邓景山为副，户部侍郎李揖为行军司马，给事中刘秩为参谋。既行，又令兵部尚书王思礼副之。琯悉以戎务委李揖、刘秩，二人皆书生，不闲军旅。琯谓人曰："贼曳落河虽多，安能敌我刘秩！"琯分为三军：使裨将杨希文将南军，自宜寿入；刘贵哲将中军，自武功入；李光进将北军，自奉天入。光进，光弼之弟也。

以贺兰进明为河南节度使。

【语译】

肃宗文明武德大圣大宣孝皇帝中之上

唐肃宗至德元载（丙申，756年）

冬季，十月初一日辛巳朔，日全食。

唐肃宗从顺化出发，十月初三日癸未，到达彭原。

当初，李林甫做宰相，谏官要进谏事情都要先告诉宰相，退朝后又要把入朝所进谏的内容告诉宰相，御史进言事情也必须和大夫一起署名。到这时，肃宗下教书命令全部革除这些弊端，开通进谏的途径。又命令宰相在政事堂分别值日，接受皇帝的旨意，十天轮换一次，这都是鉴戒李林甫和杨国忠专权的缘故。

第五琦在彭原进见肃宗，请求用江、淮征收的租庸购买轻货，沿着长江、汉水而上运到洋川，命令汉中王李瑀再从陆地运到扶风以资助军用，肃宗听从了这个意见。不久即加任第五琦为山南等五道度支使。第五琦制定了榷盐法，使国家财用富足。

房琯喜欢结交朋友，爱好高谈阔论，引荐提拔了很多知名人士，而鄙视无名庸俗之辈，所以不少人都很怨恨他。北海太守贺兰进明到达天子巡行所在之地，肃宗命令房琯任用他为南海太守，兼御史大夫，充岭南节度使，而房琯却任用他为代理御史大夫。贺兰进明入谢，肃宗感到很奇怪，贺兰进明乘机说自己与房琯有矛盾，并且说："晋朝用王衍为三公，因崇尚浮华虚名，而导致中原社会动乱不安。现在房琯专门讲一些迂阔不切实际的大话来建立个人的虚名，所引荐任用的都是一些浮华之辈，真是和王衍差不多了！陛下任用他为宰相，恐怕对国家来说不是好事。况且房琯在南方朝廷辅佐太上皇，使陛下与诸王分别统领各道节制，而把陛下置于边塞沙漠空虚荒凉的地方，又把私人党羽分布在各道，让他们掌管大权。房琯的用心是他认为不管太上皇的哪一个儿子得到天下，他自己都不会失去富贵，这难道是忠臣所应该做的事吗？"肃宗因此疏远房琯。

房琯上疏，请求亲自率兵恢复长安、洛阳，肃宗同意了，于是加任他为持节、招讨西京兼防御蒲潼两关兵马、节度等使。房琯请求亲自挑选部下参佐，任命御史中丞邓景山为副将，户部侍郎李揖为行军司马，给事中刘秩为参谋。出发后，又命令兵部尚书王思礼做他的副手。房琯把军务都委托给李揖、刘秩，这两个人都是书生，不熟悉军事。房琯对别人说："贼兵精锐曳落河虽然很多，怎能敌得过我军的刘秩！"房琯把部队分为三军：派裨将杨希文率领南军，从宜寿进攻；派刘贵哲率领中军，从武功进攻；派李光进率领北军，从奉天进攻。李光进，是李光弼的弟弟。

唐肃宗任命贺兰进明为河南节度使。

颍王璬之至成都也，崔圆迎谒，拜于马首，璬不之止；圆恨之。璬视事两月，吏民安之。圆奏罢璬，使归内宅；以武部侍郎李峘为剑南节度使，代之。峘，岘之兄也。上皇寻命璬与陈王珪诣上宣慰，至是，见上于彭原。延王玢从上皇入蜀，追车驾不及；上皇怒，欲诛之。汉中王瑀救之，乃命玢亦诣上所。

甲申，令狐潮、王福德复将步骑万余攻雍丘。张巡出击，大破之，斩首数千级；贼遁去。

房琯以中军、北军为前锋，庚子，至便桥。辛丑，二军遇贼将安守忠于咸阳之陈涛斜。琯效古法，用车战，以牛车二千乘，马步夹之；贼顺风鼓噪，牛皆震骇。贼纵火焚之，人畜大乱，官军死伤者四万余人，存者数千而已。癸卯，琯自以南军战，又败，杨希文、刘贵哲皆降于贼。上闻琯败，大怒。李泌为之营救，上乃宥之，待琯如初。

（以上为第一段，写房琯兵败长安。）

以薛景仙为关内节度副使。

敦煌王承寀至回纥牙帐，回纥可汗以女妻之，遣其贵臣与承寀及仆固怀恩偕来，见上于彭原。上厚礼其使者而归之，赐回纥女号毗伽公主。

尹子奇围河间，四十余日不下，史思明引兵会之。颜真卿遣其将和琳将万二千人救河间，思明逆击，擒之，遂陷河间；执李奂送洛阳，杀之。又陷景城，太守李晫赴湛水死。思明使两骑赍尺书以招乐安，乐安即时举郡降。又使其将康没野波将先锋攻平原，兵未至，颜真卿知力不敌，壬寅，弃郡渡河南走。思明即以平原兵攻清河、博平，皆陷之。思明引兵围乌承恩于信都，承恩降，亲导思明入城，交兵马、仓库，马三千匹、兵万人。思明送承恩诣洛阳，禄山复其官爵。

饶阳裨将束鹿张兴，力举千钧，性复明辨；贼攻饶阳，弥年不能下。及诸郡皆陷，思明并力围之，外救俱绝，太守李系窘迫，赴火死，城遂陷。思明擒兴，立于马前，谓曰："将军真壮士，能与我共富贵乎？"兴曰："兴，唐之忠臣，固无降理。今数刻之人耳，愿一言而死。"思明曰："试言之。"兴曰："主上待禄山，恩如父子，群臣莫及，不知报德，乃兴

颍王李璬到达成都的时候，崔圆迎接谒见，在马前行拜礼，李璬没有停步，崔圆因此很恨他。李璬上任两个月，官吏和百姓安定。崔圆却奏请罢免李璬，让他回行宫内宅居住；任命武部侍郎李峘为剑南节度使，代替李璬。李峘，是李岘的哥哥。太上皇不久又命令李璬与陈王李珪到肃宗那里去慰问，这时，在彭原见到肃宗。延王李玢跟随太上皇进入蜀中，没有赶上太上皇的车驾；太上皇非常生气，想要杀掉他。汉中王李瑀救了他，于是命令李玢也到肃宗那里去。

十月初四日甲申，令狐潮、王福德又率领步兵、骑兵一万多人进攻雍丘。张巡出城攻击，大败叛军，杀了好几千人；贼兵逃走。

房琯让中军、北军为前锋，十月二十日庚子，到达便桥。十月二十一日辛丑，两军在咸阳的陈涛斜遇到贼将安守忠。房琯模仿古代战法，用车作战，用两千辆牛车，骑兵、步兵夹杂；贼兵顺风击鼓喊叫，牛都受到惊吓。贼兵放火焚烧，士兵牛马大乱，官军死伤四万多人，活下来的只有几千人。十月二十三日癸卯，房琯亲自率领南军作战，又失败了，杨希文、刘贵哲都投降了叛贼。肃宗听说房琯失败，非常愤怒。李泌出面营救他，肃宗才原谅了他，仍像过去那样对待房琯。

唐肃宗任命薛景仙为关内节度副使。

敦煌王李承寀来到回纥牙帐，回纥可汗把自己的女儿嫁给他，并派自己的亲贵大臣与李承寀和仆固怀恩同来，在彭原拜见肃宗。肃宗优厚礼待回纥使者并送他回去，赐封回纥可汗女儿名号为毗伽公主。

尹子奇围攻河间，四十多天未能攻下，史思明带兵与他会合。颜真卿派他的部将和琳带领一万二千人去援救河间，史思明迎头阻击，活捉和琳，于是攻陷河间，俘获李奂把他送往洛阳杀掉。又攻陷景城，太守李昧投河自杀。史思明派遣两名骑兵带着书信去招降乐安郡，乐安郡立刻全郡投降。又派他的部将康没野波带领先锋去攻打平原，兵还没到，颜真卿自知兵力敌不过，十月二十二日壬寅，放弃平原郡渡过黄河向南撤走。史思明马上用攻打平原郡的部队去攻打清河、博平，都攻陷了。史思明又带兵在信都包围乌承恩，乌承恩投降了，亲自带领史思明进城，交出兵马、仓库，共有三千匹马，一万名士兵。史思明把乌承恩送到洛阳，安禄山恢复了他的官职与爵位。

饶阳裨将束鹿人张兴，不仅力大无比，而且秉性明辨事理。贼兵进攻饶阳，攻了一年也攻不下来。等到各郡都陷落后，史思明合力围攻饶阳，外援全都断绝了，太守李系困窘急迫，跳火自杀，于是城被攻陷。史思明捉住张兴，站在马的前面，对他说："将军真是一个壮士，能和我一起共享富贵吗？"张兴说："我张兴，是唐朝的忠臣，绝对没有投降的道理。现在我的性命只有片刻，希望向你进一言而死。"史

兵指阙，涂炭生人。大丈夫不能剪除凶逆，乃北面为之臣乎！仆有短策，足下能听之乎？足下所以从贼，求富贵耳，譬如燕巢于幕，岂能久安！何如乘间取贼，转祸为福，长享富贵，不亦美乎！”思明怒，命张于木上，锯杀之，詈不绝口，以至于死。

贼每破一城，城中衣服、财贿、妇人皆为所掠。男子，壮者使之负担，羸、病、老、幼皆以刀槊戏杀之。禄山初以卒三千人授思明，使定河北，至是，河北皆下之，郡置防兵三千，杂以胡兵镇之；思明还博陵。

（以上为第二段，写贼将史思明攻陷河北郡县，官军全线败没。）

尹子奇将五千骑渡河，略北海，欲南取江、淮。会回纥可汗遣其臣葛逻支将兵入援，先以二千骑奄至范阳城下，子奇闻之，遽引兵归。

十二月，戊午，回纥至带汗谷，与郭子仪军合；辛酉，与同罗及叛胡战于榆林河北，大破之，斩首三万，捕虏一万，河曲皆平。子仪还军洛交。

上命崔涣宣慰江南，兼知选举。

令狐潮帅众万余营雍丘城北，张巡邀击，大破之，贼遂走。

永王璘，幼失母，为上所鞠养，常抱之以眠；从上皇入蜀。上皇命诸子分总天下节制，谏议大夫高适谏，以为不可；上皇不听。璘领四道节度都使，镇江陵。时江、淮租赋山积于江陵，璘召募勇士数万人，日费巨万。璘生长深宫，不更人事，子襄城王玚，有勇力，好兵，有薛镠等为之谋主，以为今天下大乱，惟南方完富，璘握四道兵，封疆数千里，宜据金陵，保有江表，如东晋故事。上闻之，敕璘归觐于蜀；璘不从。江陵长史李岘辞疾赴行在，上召高适与之谋。适陈江东利害，且言璘必败之状。十二月，置淮南节度使，领广陵等十二郡，以适为之；置淮南西道节度使，领汝南等五郡，以来瑱为之；使与江东节度使韦陟共图璘。

安禄山遣兵攻颍川。城中兵少，无蓄积，太守薛愿、长史庞坚悉力

思明说：“请说出来看看。”张兴说：“皇上对待安禄山，恩重如父子，群臣中没有一个比得上的，安禄山却不知道报答皇上恩德，反而兴兵攻打京城，使老百姓遭殃。大丈夫不能消灭叛逆元凶，难道还能北面称臣吗？我有一个小小的计策，足下能听一听吗？足下之所以跟随叛贼，只为了求得富贵，这好比是燕子筑巢在帐幕上，怎么能够长久安稳呢？不如乘机攻取叛贼，转祸为福，长久享受富贵，不也是一件美事吗？”史思明听后大怒，命令把张兴捆绑在木头上，用锯子把他锯死，张兴骂不绝口，直到死去。

叛贼每攻破一座城，就把城中的衣服、财物、妇女抢劫而去。至于男人，强壮的就让他们担负运输，老弱病幼的则都用刀枪像玩游戏一样杀死。安禄山当初交给史思明士卒三千人，让他平定河北，到这时，河北各郡都给平定了，每郡布置防守部队三千人，并混杂胡兵来镇守；史思明回到博陵。

尹子奇带领五千骑兵渡过黄河，攻打北海，想要向南攻取江淮一带。碰上回纥可汗派他的大臣葛逻支带兵来支援唐军，先派两千骑兵突然来到范阳城下，尹子奇听说后，连忙带兵回去。

十二［一］月，戊午，回纥到带汗谷，与郭子仪的军队会合。十二［一］月，辛酉，与同罗和反叛的胡兵在榆林黄河以北交战，大败叛军，杀死三万人，俘虏一万人，河曲一带都平定了。郭子仪回军驻扎在洛交。

唐肃宗命令崔涣慰问江南地区，并兼管选举事务。

令狐潮带领部众一万多人在雍丘城北面安营扎寨，张巡截击，大败他，贼兵于是逃走。

永王李璘，从小失去母亲，由肃宗抚养，常常抱着他睡觉，跟随太上皇进入蜀地。太上皇命令各个儿子分别统领天下的节度都使，谏议大夫高适劝谏，认为不能这样做，太上皇不听。李璘兼领四道节度都使，镇守江陵。当时江、淮地区的租赋像山一样堆积在江陵，李璘招募勇士好几万人，每天花费巨大。李璘在深宫里长大，不懂得世事人情，他的儿子襄城王李玚，勇武有力，喜好军事，有薛镠等人替他做参谋，以为现在天下大乱，只有南方完整富足，而李璘掌握四道部队，疆土好几千里，应该占据金陵，保有江东，像东晋王朝一样。肃宗听说后，敕令李璘回蜀中朝见太上皇，李璘不听。江陵长史李岘借口有病辞别李璘奔赴肃宗所在之地，肃宗召集高适和他商议。高适陈述江东的形势，并且说李璘必定失败的情况。十二月，设置淮南节度使，统领广陵等十二郡，任命高适为节度使。设置淮南西道节度使，统领汝南等五个郡，任命来瑱做节度使，让他们与江东节度使韦陟共同对付李璘。

安禄山派兵攻打颍川。城中兵力很少，没有积蓄，太守薛愿、长史庞坚全力抵

拒守，绕城百里庐舍、林木皆尽。期年，救兵不至，禄山使阿史那承庆益兵攻之，昼夜死斗十五日，城陷，执愿、坚送洛阳，禄山缚于洛滨冰上，冻杀之。

上问李泌曰："今敌强如此，何时可定？"对曰："臣观贼所获子女金帛，皆输之范阳，此岂有雄据四海之志邪！今独虏将或为之用，中国之人惟高尚等数人，自余皆胁从耳。以臣料之，不过二年，天下无寇矣。"上曰："何故？"对曰："贼之骁将，不过史思明、安守忠、田乾真、张忠志、阿史那承庆等数人而已。今若令李光弼自太原出井陉，郭子仪自冯翊入河东，则思明、忠志不敢离范阳、常山，守忠、乾真不敢离长安，是以两军絷其四将也，从禄山者，独承庆耳。愿敕子仪勿取华阴，使两京之道常通，陛下以所征之兵军于扶风，与子仪、光弼互出击之，彼救首则击其尾，救尾则击其首，使贼往来数千里，疲于奔命，我常以逸待劳，贼至则避其锋，去则乘其弊，不攻城，不遏路。来春复命建宁为范阳节度大使，并塞北出，与光弼南北掎角以取范阳，覆其巢穴。贼退则无所归，留则不获安，然后大军四合而攻之，必成擒矣。"上悦。

时张良娣与李辅国相表里，皆恶泌。建宁王倓谓泌曰："先生举倓于上，得展臣子之效，无以报德，请为先生除害。"泌曰："何也？"倓以良娣为言。泌曰："此非人子所言，愿王姑置之，勿以为先。"倓不从。

甲辰，永王璘擅引兵东巡，沿江而下，军容甚盛，然犹未露割据之谋。吴郡太守兼江南东路采访使李希言平牒璘，诘其擅引兵东下之意。璘怒，分兵遣其将浑惟明袭希言于吴郡，季广琛袭广陵长史、淮南采访使李成式于广陵。璘进至当涂，希言遣其将元景曜及丹徒太守阎敬之将兵拒之，李成式亦遣其将李承庆拒之。璘击斩敬之以徇，景曜、承庆皆降于璘，江、淮大震。高适与来瑱、韦陟会于安陆，结盟誓众以讨之。

于阗王胜闻安禄山反，命其弟曜摄国事，自将兵五千入援。上嘉之，拜特进，兼殿中监。

令狐潮、李庭望攻雍丘，数月不下，乃置杞州，筑城于雍丘之北以

抗，城周围百里之内的房屋、树木都毁掉了。过了一整年，救兵不来，安禄山派阿史那承庆增加兵力进攻他们，白天黑夜拼死战斗了十五天，城被攻陷，把薛愿、庞坚抓住送到洛阳，安禄山把他们捆绑在洛水的冰上，活活冻死。

唐肃宗问李泌说："现在敌人如此强大，什么时候才能够平定？"李泌回答说："臣看到叛贼所掠获的女人和金银财帛，都送往范阳，这哪里是雄踞天下的志向！现在只是胡人将领还有些为安禄山效力，汉人只有高尚等几个人，其他的人都是被迫胁从。根据臣的预料，不出两年，天下就没有贼寇了。"肃宗说："什么原因？"李泌回答说："叛贼的骁将，不过史思明、安守忠、田乾真、张忠志、阿史那承庆等几个人罢了。现在如果命令李光弼从太原出井陉关，郭子仪从冯翊进入河东，那么史思明、张忠志就不敢离开范阳、常山，安守忠、田乾真就不敢离开长安，这样用两支部队牵制住他的四员大将，跟随安禄山的，只有阿史那承庆了。希望陛下敕令郭子仪不要攻取华阴，让两京之间的道路经常畅通，陛下把所征调的部队驻扎在扶风，与郭子仪、李光弼交替出兵攻打，叛贼如果救头部，我们就攻打他们的尾部，如果救尾部，我们就攻打他们的头部，迫使叛贼在几千里战线上往来，疲于奔命，我军经常以逸待劳，叛贼来后就避开其锋芒，走时就乘其疲惫攻打，不攻打城池，不阻断道路。第二年春天，再任命建宁王为范阳节度大使，沿着边塞向北出击，与李光弼构成南北夹击之势以攻取范阳，倾覆叛贼的巢穴。叛贼后退则无处可回，留下不走则不得安宁，然后大军四面合围而进攻，就一定能够活捉安禄山。"唐肃宗听了很高兴。

当时张良娣与李辅国内外勾结，都讨厌李泌。建宁王李倓对李泌说："先生您在肃宗面前推举我，使我得以施展做臣子的忠效，没有什么可以报答先生的恩德，请为先生除去祸害。"李泌说："怎么回事？"李倓说出张良娣的事。李泌说："这不是做臣子说的话，希望您能搁置此事，不要先动手。"李倓不听。

十二月二十五日甲辰，永王李璘擅自率兵东巡，沿长江而下，军势非常强盛，但还没有露出割据一方的企图。吴郡太守兼江南东路采访使李希言写信给李璘，责备他擅自率兵东下的意图，李璘很生气，就分兵派遣他的部将浑惟明在吴郡袭击李希言，季广琛在广陵袭击广陵长史、淮南采访使李成式。李璘进军到当涂，李希言派他的部将元景曜以及丹徒太守阎敬之带兵抵抗，李成式也派他的部将李承庆抵抗。李璘击败阎敬之并将他斩首示众，于是元景曜、李承庆都投降了李璘，江、淮一带大为震动。高适与来瑱、韦陟在安陆会合，结盟誓师讨伐李璘。

于阗王尉迟胜听说安禄山谋反，命令他的弟弟尉迟曜代理国家大事，亲自带兵五千人来援助。唐肃宗嘉奖他，任命他为特进，兼殿中监。

令狐潮、李庭望进攻雍丘，好几个月都攻不下，于是便设置杞州，在雍丘北面

绝其粮援。贼常数万人，而张巡众才千余，每战辄克。河南节度使虢王巨屯彭城，假巡先锋使。是月，鲁、东平、济阴陷于贼。贼将杨朝宗帅马步二万，将袭宁陵，断巡后。巡遂拔雍丘，东守宁陵以待之，始与睢阳太守许远相见。是日，杨朝宗至宁陵城西北，巡、远与战，昼夜数十合，大破之，斩首万余级，流尸塞汴而下，贼收兵夜遁。敕以巡为河南节度副使。巡以将士有功，遣使诣虢王巨请空名告身及赐物，巨唯与折冲、果毅告身三十通，不与赐物。巡移书责巨，巨竟不应。

是岁，置北海节度使，领北海等四郡；上党节度使，领上党等三郡；兴平节度使，领上洛等四郡。

吐蕃陷威戎、神威、定戎、宣威、制胜、金天、天成等军，石堡城、百谷城、雕窠城。

初，林邑王范真龙为其臣摩诃漫多伽独所杀，尽灭范氏。国人立其王头黎之女为王，女不能治国，更立头黎之姑子诸葛地，谓之环王，妻以女王。

（以上为第三段，写永王李璘图谋割据江淮，河南张巡苦战雍丘。）

二载（丁酉，757年）

春，正月，上皇下诰，以宪部尚书李麟同平章事，总行百司，命崔圆奉诰赴彭原。麟，懿祖之后也。

安禄山自起兵以来，目渐昏，至是不复睹物；又病疽，性益躁暴，左右使令，小不如意，动加棰挞，或时杀之。既称帝，深居禁中，大将希得见其面，皆因严庄白事。庄虽贵用事，亦不免棰挞，阉宦李猪儿被挞尤多，左右人不自保。禄山嬖妾段氏，生子庆恩，欲以代庆绪为后。庆绪常惧死，不知所出。庄谓庆绪曰："事有不得已者，时不可失。"庆绪曰："兄有所为，敢不敬从。"又谓猪儿曰："汝前后受挞，宁有数乎！不行大事，死无日矣！"猪儿亦许诺。庄与庆绪夜持兵立帐外，猪儿执刀直入帐中，斫禄山腹。左右惧，不敢动。禄山扪枕旁刀，不获，撼帐竿，曰："必家贼也。"肠已流出数斗，遂死。掘床下深数尺，以毡裹其尸埋之，诫宫中不得泄。乙卯旦，庄宣言于外，云禄山疾亟。立晋王庆绪为太子，寻即帝位，尊禄山为太上皇，然后发丧。庆绪性昏懦，言辞无序，庄恐众不服，不令见人。庆绪日纵酒为乐，兄事庄，以为御史大夫、冯

修筑城池，以断绝雍丘城的粮食支援。贼兵经常有好几万人，然而张巡的部队才一千多人，每战则胜。河南节度使虢王李巨驻守彭城，让张巡代理先锋使。这个月，鲁郡、东平郡、济阴郡都被叛贼攻陷。贼将杨朝宗率领骑兵、步兵两万人，准备袭击宁陵，切断张巡的后路。于是张巡撤出雍丘，向东防守宁陵以等待叛贼，这时张巡才与睢阳太守许远相见。这一天，杨朝宗来到宁陵城西北，张巡、许远和他交战，一昼夜战了几十回合，大败杨朝宗，杀死一万多人，尸体塞满汴水顺流而下，叛贼收兵连夜逃走。肃宗敕命张巡为河南节度副使。张巡因为部下将士有功劳，就派使者到虢王李巨那里请求给予空白官吏委任状以及赏赐物品，李巨只给了折冲、果毅委任状三十份，没有给赏赐物品。张巡写信去责备李巨，李巨竟然不回应。

这一年，设置北海节度使，统领北海等四郡；设置上党节度使，统领上党等三郡；设置兴平节度使，统领上洛等四郡。

吐蕃攻陷威戎、神威、定戎、宣威、制胜、金天、天成等军，以及石堡城、百谷城和雕窠城。

当初，林邑王范真龙被他的大臣摩诃漫多伽独杀死，范氏也被族灭了。国人又立他们的国王头黎的女儿为王，女王不能治理国家，国人又改立头黎姑妈的儿子诸葛地，称他为环王，他娶女王为妻。

唐肃宗至德二载（丁酉，757 年）

春季，正月，太上皇颁下诰命，任命宪部尚书李麟同平章事，总管百官，命令崔圆奉诰命奔赴彭原。李麟，是懿祖光皇帝李天锡的后裔。

安禄山自从起兵叛乱以来，眼睛渐渐昏暗，到这时再也看不见东西了。又长了毒疮，性情更加暴躁，对左右使唤的人，稍微有点不如意的地方，动不动就加以鞭打，有时甚至杀掉。称帝以后，深居宫中，大将难得见他的面，都通过严庄报告事情。严庄虽然尊贵而有权势，但也免不了被鞭打，宦官李猪儿被打尤其多，安禄山左右的人都觉得不能自保。安禄山的爱妾段氏，生了一个儿子名叫庆恩，想要代替安庆绪为太子。安庆绪经常害怕被杀死，不知道怎么办才好。严庄对安庆绪说："事情往往有迫不得已的时候，时机不可失去。"安庆绪说："哥哥有所作为，小弟哪敢不恭敬相从。"严庄又对李猪儿说："你前前后后挨打，哪里数得清呢！如果再不干大事，说不定哪天就死了！"李猪儿也答应了。严庄和安庆绪夜晚拿着兵器站在帐外，李猪儿拿刀直接进入帐中，砍安禄山的腹部。左右的人都很害怕，不敢动。安禄山用手去摸枕头旁边的刀，没有摸到，就用手用力摇动帐竿，说："一定是家贼干的。"肠子已经流出好几斗来，于是死去。严庄等在床下挖了一个好几尺的深坑，用

翊王，事无大小，皆取决焉；厚加诸将官爵以悦其心。

（以上为第四段，写叛贼内讧，安禄山子安庆绪弑父自立。）

上从容谓李泌曰："广平为元帅逾年，今欲命建宁专征，又恐势分。立广平为太子，何如？"对曰："臣固尝言之矣，戎事交切，须即区处；至于家事，当俟上皇。不然，后代何以辨陛下灵武即位之意邪！此必有人欲令臣与广平有隙耳；臣请以语广平，广平亦必未敢当。"泌出，以告广平王俶，俶曰："此先生深知其心，欲曲成其美也。"乃入，固辞，曰："陛下犹未奉晨昏，臣何心敢当储副！愿俟上皇还宫，臣之幸也。"上赏慰之。

李辅国本飞龙小儿，粗闲书计，给事太子宫，上委信之。辅国外恭谨寡言而内狡险，见张良娣有宠，阴附会之，与相表里。建宁王倓数于上前诋讦二人罪恶，二人谮之于上曰："倓恨不得为元帅，谋害广平王。"上怒，赐倓死。于是广平王俶及李泌皆内惧。俶谋去辅国及良娣，泌曰："不可，王不见建宁之祸乎？"俶曰："窃为先生忧之。"泌曰："泌与主上有约矣。俟平京师，则去还山，庶免于患。"俶曰："先生去，则俶愈危矣。"泌曰："王但尽人子之孝。良娣妇人，王委曲顺之，亦何能为！"

上谓泌曰："今郭子仪、李光弼已为宰相，若克两京，平四海，则无官以赏之，奈何？"对曰："古者官以任能，爵以酬功。汉、魏以来，虽以郡县治民，然有功则锡以茅土，传之子孙，至于周、隋皆然。唐初，未得关东，故封爵皆设虚名，其食实封者，给缯布而已。贞观中，太宗欲复古制，大臣议论不同而止。由是赏功者多以官。夫以官赏功有二害，非才则废事，权重则难制。是以功臣居大官者，皆不为子孙之远图，务乘一时之权以邀利，无所不为。向使禄山有百里之国，则亦惜之以传子

毡包裹了安禄山的尸体把他埋了，并警告宫中的人不得泄露消息。初六日乙卯早晨。严庄对外宣布说，安禄山病重。立晋王安庆绪为太子，不久就即位称帝，尊称安禄山为太上皇，然后才发丧。安庆绪性情昏庸懦弱，说话语无伦次，严庄担心众人不服，不让他见人。安庆绪每天纵酒取乐，把严庄当作兄长一样看待，任命他为御史大夫、冯翊王，事无大小，都由严庄决定，并多加封诸将的官职和爵位以取得他们的欢心。

唐肃宗在闲谈中对李泌说："广平王做元帅已经一年多了，现在想命令建宁王专管征讨大事，又恐怕力量分散。立广平王为太子，怎么样？"李泌回答说："我曾多次说过，现在军事繁忙急迫，必须马上分别处理；至于立太子这样的家事，应当等待太上皇的命令。不然，后代怎么看待陛下在灵武即位的意图呢？这一定是有人想要让我和广平王产生矛盾，臣请求把此事告诉广平王，广平王也一定不敢接受。"李泌出来，把这事告诉了广平王李俶，李俶说："这是先生深知我的心意，想多方促成美事。"于是进宫，向肃宗坚决推辞说："陛下即帝位后还来不及向太上皇行早晚看望的礼节，臣怎么敢当太子呢？希望等太上皇回宫后再说，这就是臣的幸运。"肃宗奖赏安慰他。

李辅国本来是飞龙厩中小当差，略微懂得一些书写和计算，在太子宫中供事，肃宗很信任他。李辅国外表恭恭敬敬，寡言少语，然而内心却狡猾凶险，他看到张良娣得到肃宗宠爱，就暗中巴结依附她，与她内外勾结。建宁王李倓多次在肃宗面前揭发攻击两人的罪恶，两人就在肃宗那里谗言说："李倓怨恨没有做成元帅，要谋害广平王。"唐肃宗大怒，赐李倓自杀。于是广平王李俶以及李泌心中都很害怕。李俶想设法去掉李辅国及张良娣，李泌说："不能这样做，您没看见建宁王的杀身之祸吗？"李俶说："我暗地里替先生担忧啊。"李泌说："我与肃宗事先有约定。等平定京师后，就回到山中去，大概可以免除祸患。"李俶说："先生走了，那我就更加危险了。"李泌说："您只管尽人子的孝道。张良娣是个妇道人家，您委曲求全尽量顺从她，她又能把你怎么样呢？"

唐肃宗对李泌说："现在郭子仪、李光弼已经做了宰相，如果收复两京，平定天下，那就没有官职奖赏他们了，该怎么办呢？"李泌回答说："古时候官职任命给有才能的人，爵位酬答给有功的人。汉、魏以来，虽然设郡县来管理人民，但对有功的人则赐封土地，土地可以传给子孙，一直到北周和隋朝都是这样。唐朝初期，还没有得到关东地区，所以赐封爵位都是设的虚名，那些享受实封的人，只是赏给一些丝绸布帛而已。贞观年间，太宗想要恢复古代的制度，大臣们意见不一而没有实行。从此多用官职来奖赏有功的人。用官职奖赏功臣有两大危害，如果才非所任就

孙，不反矣。为今之计，俟天下既平，莫若疏爵土以赏功臣，则虽大国，不过二三百里，可比今之小郡，岂难制哉！于人臣乃万世之利也。”上曰：“善！”

上闻安西、北庭及拔汗那、大食诸国兵至凉、鄯，甲子，幸保定。

丙寅，剑南兵贾秀等五千人谋反，将军席元庆、临邛太守柳奕讨诛之。

河西兵马使盖庭伦与武威九姓商胡安门物等杀节度使周泌，聚众六万。武威大城之中，小城有七，胡据其五，二城坚守。支度判官崔称与中使刘日新以二城兵攻之，旬有七日，平之。

（以上为第五段，写唐肃宗听谗冤杀建宁王李倓，贼未平，已有猜忌功臣之心。）

史思明自博陵，蔡希德自太行，高秀岩自大同，牛廷介自范阳，引兵共十万，寇太原。李光弼麾下精兵皆赴朔方，余团练乌合之众不满万人。思明以为太原指掌可取，既得之，当遂长驱取朔方、河、陇。太原诸将皆惧，议修城以待之，光弼曰：“太原城周四十里，贼垂至而兴役，是未见敌先自困也。”乃帅士卒及民于城外凿壕以自固。作墼数十万，众莫知所用；及贼攻城于外，光弼用之增垒于内，坏辄补之。思明使人取攻具于山东，以胡兵三千卫送之，至广阳，别将慕容溢、张奉璋邀击，尽杀之。

思明围太原，月余不下，乃选骁锐为游兵，戒之曰：“我攻其北则汝潜趣其南，攻东则趣西，有隙则乘之。”而光弼军令严整，虽寇所不至，警逻未尝少懈，贼不得入。光弼购募军中，苟有小技，皆取之，随能使之，人尽其用，得安边军钱工三，善穿地道。贼于城下仰而侮詈，光弼遣人从地道中曳其足而入，临城斩之。自是贼行皆视地。贼为梯冲、土山以攻城，光弼为地道以迎之，近城辄陷。贼初逼城急，光弼作大炮，飞巨石，一发辄毙二十余人。贼死者什二三，乃退营于数十步外，围守益固。光弼遣人诈与贼约，刻日出降，贼喜，不为备。光弼使穿地道周贼营中，搘之以木。至期，光弼勒兵在城上，遣裨将将数千人出，如降

会荒废政事，如果权力太大就难以控制。因此，位居高官的功臣，都不替子孙深谋远虑，只是一心乘着一时的权势来谋取利益，不管什么样的事都干得出来。假使过去安禄山有百里的封地，那么他也会爱惜它并把它传给子孙，就不会反叛。从现在的情形考虑，等到天下平定后，不如分土封爵以奖赏功臣，那么即使是大的封国，也不过两三百里，相当于现在的一个小郡，难道不好控制吗！这样对于为臣子的人来说才是万代可以享用的长远利益。”肃宗说：“很好！”

唐肃宗听说安西、北庭及拔汗那、大食诸国的兵马到了凉州、鄯州，正月十五日甲子，驾临保定。

正月十七日丙寅，剑南士兵贾秀等五千人谋反，将军席元庆、临邛太守柳奕讨伐杀死他。

河西兵马使盖庭伦与武威九姓胡族商人安门物等杀了节度使周泌，聚集六万人。武威大城中有七个小城，胡人占据其中的五个，只有两个小城坚守不下。支度判官崔称与中使刘日新用两个城的兵马攻打胡人，打了十七天，把他们平定了。

史思明从博陵，蔡希德从太行，高秀岩从大同，牛廷介从范阳，总共率十万兵马，进犯太原。李光弼部下的精兵都奔赴朔方，剩下的团练乌合之众不满一万人。史思明以为太原唾手可得，如得到后，将乘机长驱直入夺取朔方、河、陇地区。太原的各位将领都很害怕，商议修筑城池以等待敌人来进攻，李光弼说：“太原城周围有四十里，在叛贼快要到来时而修筑城池，这是还没有见到敌人而先使自己疲劳。”于是率领士卒和百姓在城外挖壕沟以巩固自己。又做了好几十万块土砖，众人都不知道有什么用。等到叛贼在外面攻城，李光弼用这些土砖在城内增加壁垒，毁坏了马上就修补好。史思明派人到山东去取攻城的器具，用三千胡兵护送，走到广阳，别将慕容溢、张奉璋拦击，把他们都杀掉了。

史思明包围太原，一个多月攻不下来，就挑选骁勇精锐的士兵作游兵，告诫他们说：“我攻打城北时，你们就偷偷地跑到城南，我攻打城东时，你们就跑到城西，一有机会就乘机进攻。”然而，李光弼军令严整，即使是敌人没有进攻的地方，警戒巡逻部队也未曾有丝毫的松懈，因此，叛贼不能够攻入城内。李光弼在军中招募人才，只要有一技之长，都选取来，根据才能来使用他们，所以人尽其才。李光弼得到安边军三个铸钱的工匠，他们善于挖掘地道。当叛贼在城下仰头辱骂时，李光弼派人从地道中拉住叫骂人的脚，把他们拉进地道，抓到城墙上把他们杀死。从此叛贼行走时都看着地下。叛贼做了云梯冲车和土山用来攻城，李光弼挖地道迎战他们，叛贼一靠近城墙就陷入地中。叛贼开始逼近城池很急迫，李光弼就制作大炮，发射

状，贼皆属目。俄而营中地陷，死者千余人，贼众惊乱，官军鼓噪乘之，俘斩万计。会安禄山死，庆绪使思明归守范阳，留蔡希德等围太原。

（以上为第六段，写李光弼守太原，大破叛贼史思明。）

庆绪以尹子奇为汴州刺史、河南节度使。甲戌，子奇以归、檀及同罗、奚兵十三万趣睢阳。许远告急于张巡，巡自宁陵引兵入睢阳。巡有兵三千人，与远兵合六千八百人。贼悉众逼城，巡督励将士，昼夜苦战，或一日至二十合；凡十六日，擒贼将六十余人，杀士卒二万余，众气自倍。远谓巡曰："远懦，不习兵，公智勇兼济；远请为公守，公请为远战。"自是之后，远但调军粮，修战具，居中应接而已，战斗筹画一出于巡。贼遂夜遁。

郭子仪以河东居两京之间，得河东则两京可图。时贼将崔乾祐守河东，丁丑，子仪潜遣人入河东，与唐官陷贼者谋，俟官军至，为内应。

初，平卢节度使刘正臣自范阳败归，安东都护王玄志鸩杀之。禄山以其党徐归道为平卢节度使，玄志复与平卢将侯希逸袭杀之；又遣兵马使董秦将兵以苇筏渡海，与大将田神功击平原、乐安，下之。防河招讨使李铣承制以秦为平原太守。

二月，戊子，上至凤翔。

郭子仪自洛交引兵趣河东，分兵取冯翊。己丑夜，河东司户韩旻等翻河东城迎官军，杀贼近千人。崔乾祐逾城得免，发城北兵攻城，且拒官军，子仪击破之。乾祐走，子仪追击之，斩首四千级，捕虏五千人。乾祐至安邑，安邑人开门纳之，半入，闭门击之，尽殪。乾祐未入，自白径岭亡去。遂平河东。

（以上为第七段，写张巡、许远守睢阳，郭子仪讨贼平河东。）

上至凤翔旬日，陇右、河西、安西、西域之兵皆会，江、淮庸调亦至洋川、汉中。上自散关通表成都，信使骆驿。长安人闻车驾至，从贼

大石，一发就打死二十几人。叛贼被打死的有十分之二三，于是就退回好几十步以外安营扎寨，围城和守卫更加严密紧固。李光弼派人假装与叛贼订约，定好日期出城投降，叛贼很高兴，没有防备。李光弼让士卒在叛贼军营四周挖地道，用木头支撑。到了日期，李光弼率兵站在城上，派遣裨将带领几千人出城，好像投降的样子，叛贼都注意地观看。突然军营中的地陷落了，死了一千多人，叛贼惊慌失措乱了阵脚，官军击鼓呼喊乘机进攻，俘虏斩杀敌人数以万计。适逢安禄山死了，安庆绪派史思明回去守卫范阳，留下蔡希德等人包围太原。

安庆绪任命尹子奇为汴州刺史、河南节度使，正月二十五日甲戌，尹子奇带领归州、檀州以及同罗、奚的士兵十三万人赶往睢阳。许远向张巡告急，张巡从宁陵带兵进入睢阳。张巡有士兵三千人，与许远兵合计六千八百人。叛贼全部人马进逼睢阳城，张巡督促鼓励将士们，昼夜苦战，有时一天战至二十回合，一共打了十六天，俘获贼将六十多人，杀死士卒两万多人，士气倍增。许远对张巡说："我许远生性懦弱，不懂军事，先生智勇双全，我请求替您守备，您代我指挥作战。"从此以后，许远只是调配军粮，修整战斗器具，在城中接应而已，战斗筹划方面的事务全由张巡决定。叛贼于是连夜逃走了。

郭子仪认为河东郡位于西京和东京之间，得到河东郡，西京和东京就可谋取。当时叛贼将领崔乾祐守卫河东郡，正月二十八日丁丑，郭子仪暗中派人进入河东郡，与唐朝陷入叛贼中的官员谋划，等官军到达后，作为内应。

当初，平卢节度使刘正臣从范阳失败回来，安东都护王玄志用毒酒杀死他。安禄山任命他的党羽徐归道为平卢节度使，王玄志又与平卢将领侯希逸袭击杀死徐归道，又派遣兵马使董秦率领士兵乘苇筏渡过大海，与大将田神功一起攻打平原、乐安，把它们攻下。防河招讨使李铣以肃宗制书的名义任命董秦为平原太守。

二月初十日戊子，肃宗到达凤翔。

郭子仪从洛交带兵赶赴河东，分一部分兵力攻取冯翊。二月十一日己丑夜晚，河东司户韩旻等人翻越河东城迎接官军，杀死叛贼近千人。崔乾祐翻越城墙逃走得以幸免，征发城北的士兵来攻城，并且抵抗官军，郭子仪打败他。崔乾祐逃走，郭子仪追赶攻击，杀死四千人，俘虏五千人。崔乾祐到达安邑县，安邑人打开城门接纳他们，在部队进到一半的时候，关门攻击，把贼兵全部杀死。崔乾祐没有进城，从白迳岭逃走。于是平定河东。

唐肃宗到凤翔十天，陇右、河西、安西、西域的士兵都会合起来，江淮一带的庸调赋税也到了洋川、汉中。肃宗从散关送表文到成都，信使来往络绎不绝。长安

中自拔而来者日夜不绝。西师憩息既定，李泌请遣安西及西域之众，如前策并塞东北，自归、檀南取范阳。上曰："今大众已集，庸调亦至，当乘兵锋捣其腹心，而更引兵东北数千里，先取范阳，不亦迂乎？"对曰："今以此众直取两京，必得之。然贼必再强，我必又困，非久安之策。"上曰："何也？"对曰："今所恃者，皆西北守塞及诸胡之兵，性耐寒而畏暑，若乘其新至之锐，攻禄山已老之师，其势必克。两京春气已深，贼收其余众，遁归巢穴，关东地热，官军必困而思归，不可留也。贼休兵秣马，伺官军之去，必复南来，然则征战之势未有涯也。不若先用之于寒乡，除其巢穴，则贼无所归，根本永绝矣。"上曰："朕切于晨昏之恋，不能待此决矣。"

关内节度使王思礼军武功，兵马使郭英乂军东原，王难得军西原。丁酉，安守忠等寇武功，郭英乂战不利，矢贯其颐而走；王难得望之不救，亦走；思礼退军扶风。贼游兵至大和关，去凤翔五十里，凤翔大骇，戒严。

李光弼将敢死士出击蔡希德，大破之，斩首七万余级；希德遁去。

安庆绪以史思明为范阳节度使，兼领恒阳军事，封妫川王；以牛廷介领安阳军事；张忠志为常山太守兼团练使，镇井陉口；余各令归旧任，募兵以御官军。先是安禄山得两京，珍货悉输范阳。思明拥强兵，据富资，益骄横，浸不用庆绪之命；庆绪不能制。

戊戌，永王璘败死，其党薛镠皆伏诛。

时李成式与河北招讨判官李铣合兵讨璘，铣兵数千，军于扬子；成式使判官裴茂将兵三千，军于瓜步，广张旗帜，列于江津。璘与其子玚登城望之，始有惧色。季广琛召诸将谓曰："吾属从王至此，天命未集，人谋已隳，不如及兵锋未交，早图去就。死于锋镝，永为逆臣矣。"诸将皆然之；于是广琛以麾下奔广陵，浑惟明奔江宁，冯季康奔白沙。璘忧惧，不知所出。其夕，江北之军多列炬火，光照水中，一皆为两，璘军又以火应之。璘以为官军已济江，遽挈家属与麾下潜遁；及明，不见济

城中的人们听说肃宗驾到，从叛贼中逃出来投奔朝廷的日夜不绝。西方增援的部队休整充足后，李泌请求派遣安西以及西域的部队，照以前所计划的策略沿着边塞向东北进军，从归州、檀州向南攻取范阳。肃宗说：“现在大队人马已经聚集，庸调赋税也已运到，应当乘着兵马充足的势头直捣叛贼腹心，然而却带兵向东北走好几千里，首先攻取范阳，不是迂回了吗？”李泌回答说：“现在用这些部队直接攻取西京和东京，一定能攻下。然而，叛贼必定再次强盛，我军必定又会疲困，这不是长治久安的策略。”肃宗说：“为什么？”李泌回答说：“现在我们所依靠的，都是西北守卫边塞以及各胡族的士兵，他们生性耐寒而怕热，如果乘着刚到的锐气，攻打安禄山已经疲乏的军队，在形势上一定能战胜。但是西京、东京的天气已经到了暮春季节，叛贼如果收拾其残余部队，逃回巢穴，而关东一带天气炎热，官军一定困乏而想回去，不可能留下来。叛贼休整兵马，等官军离去后，一定再次向南方来，这样叛贼与官军征战的形势就会无休无止。不如先用兵于寒冷的地方，除掉叛贼的巢穴，而叛贼就无处可回，从根本上彻底平息战乱。”肃宗说：“朕急着要收复两京，迎回太上皇奉养，不能听从你的这个计策。”

关内节度使王思礼驻扎在武功，兵马使郭英义驻扎在东原，王难得驻扎在西原。二月十九日丁酉，安守忠等人侵犯武功，郭英义交战不利，箭射穿他的下巴而逃走。王难得看到他失败而不去救援，也逃走了，王思礼把部队撤退到扶风。叛贼的游兵到达大和关，离凤翔只有五十里，凤翔大为惊骇，全城戒严。

李光弼率领敢死队士兵出城攻击蔡希德，大败蔡希德，杀死七万多人，蔡希德逃走。

安庆绪任命史思明为范阳节度使，兼管恒阳军的事务，封他为妫川王，任命牛廷介掌管安阳军的事务，任命张忠志为常山太守兼团练使，镇守井陉口。其余的人都命令他们回到各自以前的任所，招募士兵以抵抗官军。先前，安禄山攻下西京和东京，把珍宝财货全都运往范阳。史思明拥有强大的兵力，凭借富足的财物，更加骄横，渐渐不听从安庆绪的命令，安庆绪也不能控制他。

二月二十日戊戌，永王李璘兵败死亡，他的党羽薛镠等都因罪被杀。

当时李成式与河北招讨判官李铣合兵讨伐李璘，李铣有兵马几千人，驻扎在扬子。李成式派判官裴茂带领三千兵马，驻扎在瓜步，广树旗帜，陈列在长江渡口。李璘和他的儿子李玚登上城墙张望，开始有惧怕的神情。季广琛召集各位将领说：“我辈跟随永王到这里，天命尚未降临，人谋已经败坏，还不如趁两军还没有交战以前，早做去留打算。要不然死于刀箭之下，就永远成为叛逆的臣子了！”各位将领都同意他的意见。于是季广琛带领部下逃到广陵，浑惟明逃到江宁，冯季康逃到白沙。李璘忧虑害怕，不知所措。这天晚上，长江北面的军队陈列了许多火炬，火光

者，乃复入城收兵，具舟楫而去。成式将赵侃等济江至新丰，璘使玚及其将高仙琦将兵击之；侃等逆战，射玚中肩，璘兵遂溃。璘与仙琦收余众，南奔鄱阳，收库物甲兵，欲南奔岭表，江西采访使皇甫侁遣兵追讨，擒之，潜杀之于传舍；玚亦死于乱兵。

侁使人送璘家属还蜀，上曰："侁既生得吾弟，何不送之于蜀而擅杀之邪！"遂废侁不用。

（以上为第八段，写唐肃宗讨叛贼，不纳李泌先取范阳之计，兵指长安。永王璘兵败身死。）

庚子，郭子仪遣其子旰及兵马使李韶光、大将王祚济河击潼关，破之，斩首五百级。安庆绪遣兵救潼关，郭旰等大败，死者万余人。李韶光、王祚战死，仆固怀恩抱马首浮渡渭水，退保河东。

三月，辛酉，以左相韦见素为左仆射，中书侍郎、同平章事裴冕为右仆射，并罢政事。

初，杨国忠恶宪部尚书苗晋卿，安禄山之反也，请出晋卿为陕郡太守，兼陕、弘农防御使。晋卿固辞老病，上皇不悦，使之致仕。及长安失守，晋卿潜窜山谷；上至凤翔，手敕征之为左相，军国大务悉咨之。

上皇思张九龄之先见，为之流涕，遣中使至曲江祭之，厚恤其家。

尹子奇复引大兵攻睢阳。张巡谓将士曰："吾受国恩，所守，正死耳。但念诸君捐躯命，膏草野，而赏不酬勋，以此痛心耳。"将士皆激励请奋。巡遂椎牛，大飨士卒，尽军出战。贼望见兵少，笑之。巡执旗，帅诸将直冲贼陈，贼乃大溃，斩将三十余人，杀士卒三千余人，逐之数十里。明日，贼又合军至城下，巡出战，昼夜数十合，屡摧其锋，而贼攻围不辍。

辛未，安守忠将骑二万寇河东，郭子仪击走之，斩首八千级，捕虏

照在水里，一个火炬都变成两个火炬，李璘的部队又用火炬来照应。李璘以为官军已经渡过长江，于是马上带领家属和手下的人偷偷地逃走。等到天亮，没有看见渡江的部队，便又进城收拾部队，准备好船桨就离去。李成式的部将赵侃等人渡过长江到达新丰，李璘派李玚和他的部将高仙琦率兵攻打；赵侃等与李玚交战，射中李玚的肩膀，李璘的部队便溃败了。李璘与高仙琦收拾残兵，向南逃往鄱阳，收集仓库里的兵器物资，想向南逃往岭表，江南西道采访使皇甫侁派兵追击讨伐，活捉了李璘，在客舍里把他暗中杀死；李玚也死于乱兵。

皇甫侁派人护送李璘家属回到蜀地，肃宗说："皇甫侁既然已经活捉了我的弟弟，为什么不送到蜀中而擅自杀死他呢？"于是废弃皇甫侁，不再任用。

二月二十二日庚子，郭子仪派他的儿子郭旰以及兵马使李韶光、大将王祚渡过黄河攻打潼关，攻下潼关，杀死五百人。安庆绪派兵救援潼关，郭旰等人大败，死了一万多人。李韶光、王祚战死，仆固怀恩抱着马头浮水渡过渭水，退回去保卫河东。

三月十三日辛酉，任命左相韦见素为左仆射，中书侍郎、同平章事裴冕为右仆射，两人同时被罢除政事。

当初，杨国忠讨厌宪部尚书苗晋卿，安禄山反叛时，请出苗晋卿为陕郡太守，兼任陕郡和弘农郡的防御使。苗晋卿以年老多病坚决辞谢，太上皇很不高兴，让他退休。等到长安失守，苗晋卿偷偷跑到山谷里躲起来。肃宗到达凤翔，亲自写敕书征召他为左相，军国大事都征求他的意见。

太上皇思念张九龄有先见之明，因此痛哭流涕，派中使到曲江去祭奠他，优厚地抚恤他的家属。

尹子奇又率领大军来攻打睢阳。张巡对将士们说："我身受国家恩惠，所以坚守，是为国家效命。但是一想到大家为国捐躯，血浸原野，而赏赐却不能酬劳功勋，因此心中万分悲痛。"将士们都受到很大激励，奋勇请战。张巡于是宰牛设宴，大肆犒劳士卒，率领全军出城作战。叛贼看见张巡的士兵很少，就嘲笑他们。张巡手拿旗帜，率领各部将直接冲向叛贼阵地，叛贼于是全军溃败，杀死将领三十多人，杀死士卒三千多人，追赶叛军好几十里。第二天，叛贼又会合部队来到城下，张巡出城作战，一昼夜打了好几十回合，多次挫败叛军的锋芒，然而贼兵仍然不停地围城攻打。

三月二十三日辛未，安守忠率领骑兵两万人侵犯河东，郭子仪把他打跑了，杀

五千人。

夏，四月，颜真卿自荆、襄北诣凤翔，上以为宪部尚书。

上以郭子仪为司空、天下兵马副元帅，使将兵赴凤翔。庚寅，李归仁以铁骑五千邀之于三原北，子仪使其将仆固怀恩、王仲昇、浑释之、李若幽伏兵击之于白渠留运桥，杀伤略尽，归仁游水而逸。若幽，神通之玄孙也。

子仪与王思礼军合于西渭桥，进屯潏西。安守忠、李归仁军于京城西清渠。相守七日，官军不进。五月癸丑，守忠伪退，子仪悉师逐之。贼以骁骑九千为长蛇陈，官军击之，首尾为两翼，夹击官军，官军大溃。判官韩液、监军孙知古皆为贼所擒，军资器械尽弃之。子仪退保武功，中外戒严。

（以上为第九段，写贼将尹子奇重兵围攻睢阳。郭子仪兵败长安。）

是时府库无蓄积，朝廷专以官爵赏功，诸将出征，皆给空名告身，自开府、特进、列卿、大将军，下至中郎、郎将，听临事注名。其后又听以信牒授人官爵，有至异姓王者。诸军但以职任相统摄，不复计官爵高下。及清渠之败，复以官爵收散卒。由是官爵轻而货重，大将军告身一通，才易一醉。凡应募入军者，一切衣金紫，至有朝士僮仆衣金紫，称大官，而执贱役者。名器之滥，至是而极焉。

房琯性高简，时国家多难，而琯多称病不朝谒，不以职事为意，日与庶子刘秩、谏议大夫李揖，高谈释、老，或听门客董庭兰鼓琴，庭兰以是大招权利。御史奏庭兰赃贿，丁巳，罢琯为太子少师。以谏议大夫张镐为中书侍郎、同平章事。上常使僧数百人为道场于内，晨夜诵佛。镐谏曰：“帝王当修德以弭乱安人，未闻饭僧可致太平也！”上然之。

（以上为第十段，写唐肃宗行在所大本营资粮匮乏。）

庚申，上皇追册上母杨妃为元献皇后。

山南东道节度使鲁炅守南阳，贼将武令珣、田承嗣相继攻之。城中食尽，一鼠直钱数百，饿死者相枕藉。上遣宦官将军曹日升往宣慰，围急，不得入。日升请单骑入致命，襄阳太守魏仲犀不许。会颜真卿自河北至，曰：“曹将军不顾万死以致帝命，何为沮之！借使不达，不过亡一

死八千人，俘虏五千人。

夏季，四月，颜真卿从荆州、襄阳向北到达凤翔，肃宗任命他为宪部尚书。

唐肃宗任命郭子仪为司空、天下兵马副元帅，让他带兵奔赴凤翔。四月十三日庚寅，李归仁用五千铁骑在三原北面拦击，郭子仪叫部将仆固怀恩、王仲升、浑释之、李若幽等埋伏起来，在白渠留连桥攻击，几乎全歼叛军，李归仁游水逃脱。李若幽是李神通的玄孙。

郭子仪与王思礼的军队在西渭桥会合，进军驻扎在潏水的西边。安守忠、李归仁驻扎在京城西边的清渠。两军相持七天，官军没有前进。五月初六日癸丑，安守忠假装撤退，郭子仪率领全军追赶他。叛贼用骁勇的骑兵九千人排成长蛇阵，官军攻击，首尾变成两翼，夹击官军，官军大败。判官韩液、监军孙知古都被叛贼所擒获，军用物资各种器械全都抛弃了。郭子仪退回来保卫武功，内外戒严。

这时候朝廷府库没有什么积蓄，朝廷只能用官爵来赏赐有功的人，各位将军出征时，都给以空白委任状，上自开府、特进、列卿、大将军，下到中郎、郎将等官爵，都随便由将军临时填上姓名。后来又允许用信牒授予官爵，甚至有异姓而封王的。各路军队只凭职务大小相互管辖，不再计较官爵的高低。等到这次清渠战败后，又用官爵来收拾散兵。从此官爵轻而财货重，一张大将军的委任状，只能换得醉酒一次。凡是应募当兵的，一律穿紫袍佩金鱼，甚至有朝廷官员的仆人也穿紫袍佩金鱼，号称大官，干的是卑贱的事务。唐朝封官赏爵名称之泛滥，这时已达到了极点。

房琯性情高雅简古，这时国家正是多灾多难，然而房琯却经常借口有病不上朝拜见肃宗，不把职事放在心上，每天和庶子刘秩、谏议大夫李揖，高谈阔论佛教与道教，有时听门客董庭兰弹琴，董庭兰也借机大肆招揽权利。御史上奏说董庭兰贪赃受贿，初十日丁巳，罢免房琯的官职让他做太子少师。任命谏议大夫张镐为中书侍郎、同平章事。肃宗经常让几百个僧人和尚在宫内设道场，早晨和晚上诵念佛经。张镐劝谏说："帝王应当修养德行来平息战乱安定人民，没有听说过布施僧人能够获得天下太平的！"肃宗认为他说的很对。

五月十三日庚申，太上皇追封肃宗的生母杨妃为元献皇后。

山南东道节度使鲁炅镇守南阳，叛贼将令武令珣、田承嗣相继攻之。城中的粮食吃完了，一只老鼠都值好几百钱，到处都是饿死的人。肃宗派遣宦官将军曹日升前往宣谕慰问，因为叛军包围得非常严密，不能进城。曹日升请求单枪匹马进城完成任务，襄阳太守魏仲犀不同意。适逢颜真卿从河北来，说："曹将军为了完成皇上

使者；达，则一城之心固矣。”日升与十骑偕往，贼畏其锐，不敢逼。城中自谓望绝，及见日升，大喜。日升复为之至襄阳取粮，以千人运粮而入，贼不能遏。炅在围中凡周岁，昼夜苦战，力竭不能支，壬戌夜，开城帅余兵数千突围而出，奔襄阳。承嗣追之，转战二日，不能克而还。时贼欲南侵江、汉，赖炅扼其冲要，南夏得全。

司空郭子仪诣阙请自贬；甲子，以子仪为左仆射。

尹子奇益兵围睢阳益急，张巡于城中夜鸣鼓严队，若将出击者；贼闻之，达旦儆备。既明，巡乃寝兵绝鼓。贼以飞楼瞰城中，无所见，遂解甲休息。巡与将军南霁云、郎将雷万春等十余将各将五十骑开门突出，直冲贼营，至子奇麾下，营中大乱，斩贼将五十余人，杀士卒五千余人。巡欲射子奇而不识，乃剡蒿为矢，中者喜，谓巡矢尽，走白子奇，乃得其状。使霁云射之，丧其左目，几获之。子奇乃收军退还。

六月，田乾真围安邑。会陕郡贼将杨务钦密谋归国，河东太守马承光以兵应之，务钦杀城中诸将不同己者，翻城来降。乾真解安邑，遁去。

（以上为第十一段，写鲁炅守南阳、张巡守睢阳，拒敌于江北，江南得全。）

将军王去荣以私怨杀本县令，当死。上以其善用炮，壬辰，敕免死，以白衣于陕郡效力。中书舍人贾至不即行下，上表，以为：“去荣无状，杀本县之君。《易》曰：‘臣弑其君，子弑其父，非一朝一夕之故，其所由来者渐矣。’若纵去荣，可谓生渐矣。议者谓陕郡初复，非其人不可守。然则他无去荣者，何以亦能坚守乎？陛下若以炮石一能即免殊死，今诸军技艺绝伦者，其徒寔繁。必恃其能，所在犯上，复何以止之！若止舍去荣而诛其余者，则是法令不一而诱人触罪也。今惜一去荣之材而不杀，必杀十如去荣之材者，不亦其伤益多乎！夫去荣，逆乱之人也，焉有逆于此而顺于彼，乱于富平而治于陕郡，悖于县君而不悖于大君欤！伏惟明主全其远者、大者，则祸乱不日而定矣。”上下其事，令百官议之。

的使命万死不辞，为什么要阻止他！假使他不能到达，也不过损失一个使者；假如能够到达，那么全城的人心就能稳定下来了。”曹日升和十个骑兵一同前往，叛贼害怕他们的锐气，不敢紧逼。城中的人自认为毫无希望，等看到曹日升，非常高兴。曹日升又去襄阳替南阳军民取粮，派一千人运粮而进城，叛贼不能阻挡。鲁炅被包围在城里整整一年，日夜苦战，力量用尽而不能坚持，五月十五日壬戌夜晚，打开城门率领剩余的几千士兵突围出去，奔往襄阳。田承嗣追击他们，辗转交战两天，不能取胜而退回。当时叛贼企图向南侵犯江汉一带，幸亏鲁炅扼守住了战略要地，南夏才得以保全。

司空郭子仪赴朝请求自我贬官，五月十七日甲子，任命郭子仪为左仆射。

尹子奇增兵包围睢阳更加急迫，张巡半夜里在城中击鼓严整队伍，好像要出城攻击的样子，叛贼听到鼓声，整夜戒备。天亮后，张巡才让士兵休息停止击鼓。叛贼靠飞楼来窥探城中的动静，但什么也看不见，于是便解甲休息。张巡和将军南霁云、郎将雷万春等十几个将领分别带领五十个骑兵打开城门突然出击，直接冲向叛贼的军营，来到尹子奇的将旗下，叛贼军营大乱，杀了五十几个贼将，杀死五千多名士卒。张巡想要射杀尹子奇，可是不认识他，就削蒿草为箭头，被射中的叛军十分高兴，认为张巡的箭用完了，跑去告诉尹子奇，张巡因此才认出他的相貌。派南霁云射箭，射瞎了他的左眼，差一点把他捉住。尹子奇于是收兵退走。

六月，田乾真包围安邑。碰上陕郡叛贼将领杨务钦密谋归顺朝廷，河东太守马承光派兵接应他，杨务钦杀死城中各位与自己意见不同的将领，翻越城墙前来投降，田乾真解除对安邑的包围，逃走了。

将军王去荣因私仇杀了本县的县令，应当处死。肃宗因为他善用火炮，六月十六日壬辰，赦免他的死罪，以平民的身份在陕郡效力。中书舍人贾至没有立刻颁下敕书，上表进谏，他认为：“王去荣罪大恶极，杀死本县的长官。《周易》说：‘臣子杀死君主，儿子杀死父亲，都不是一朝一夕的事，而是由来已久逐渐形成的。’如果放掉王去荣，可以说祸乱就逐渐产生了。有人认为陕郡刚刚恢复，没有这个人守不住。那么其他没有王去荣的郡县，为什么也能坚守呢？陛下如果因为他有善用炮石的一技之长就赦免他的死罪，那么现在各军中有绝技的人实在太多了。他们必然依仗自己的才能，在各地犯上作乱，又怎么能够制止他们！如果只是赦免王去荣而杀掉其他的人，那就是法令不能统一而诱导人们犯罪啊。今天怜惜一个王去荣的才能而不杀他，以后必然要杀十个像王去荣这样有才能的人，那样伤害的人不也更多吗？王去荣，是个叛逆作乱的人，他怎么可能在这里叛逆而在那里恭顺，在富平作乱而在陕郡治安，背叛于县令而不背叛于天子呢？敬请圣明的君主从长远着想，顾

太子太师韦见素等议，以为："法者天地大典，帝王犹不敢擅杀，是臣下之权过于人主也。去荣既杀人不死，则军中凡有技能者，亦自谓无忧，所在暴横。为郡县者，不亦难乎！陛下为天下主，爱无亲疏，得一去荣而失万姓，何利之有！于律，杀本县令，列于十恶。而陛下宽之，王法不行，人伦道屈，臣等奉诏，不知所从。夫国以法理，军以法胜；有恩无威，慈母不能使其子。陛下厚养战士而每战少利，岂非无法邪！今陕郡虽要，不急于法也。有法则海内无忧不克，况陕郡乎！无法则陕郡亦不可守，得之何益！而去荣末技，陕郡不以之存亡；王法有无，国家乃为之轻重。此臣等所以区区愿陛下守贞观之法。"上竟舍之。至，曾之子也。

（以上为第十二段，写唐肃宗不能严法。）

南充土豪何滔作乱，执本郡防御使杨齐鲁；剑南节度使卢元裕发兵讨平之。

秋，七月，河南节度使贺兰进明克高密、琅邪，杀贼二万余人。

戊申夜，蜀郡兵郭千仞等反，六军兵马使陈玄礼、剑南节度使李峘讨诛之。

壬子，尹子奇复征兵数万，攻睢阳。先是，许远于城中积粮至六万石，虢王巨以其半给濮阳、济阴二郡，远固争之，不能得；既而济阴得粮，遂以城叛，而睢阳城至是食尽。将士人廪米日一合，杂以茶纸、树皮为食，而贼粮运通，兵败复征。睢阳将士死不加益，诸军馈救不至，士卒消耗至一千六百人，皆饥病不堪斗，遂为贼所围，张巡乃修守具以拒之。贼为云梯，势如半虹，置精卒二百于其上，推之临城，欲令腾入。巡豫于城凿三穴，候梯将至，于一穴中出大木，末置铁钩，钩之使不得退；一穴中出一木，拄之使不得进；一穴中出一木，木末置铁笼，盛火焚之，其梯中折，梯上卒尽烧死。贼又以钩车钩城上棚阁，钩之所及，莫不崩陷。巡以大木，末置连锁，锁末置大镮，拓其钩头，以革车拔之入城，截其钩头而纵车令去。贼又造木驴攻城，巡熔金汁灌之，应投销铄。贼又于城西北隅以土囊积柴为磴道，欲登城。巡不与争利，每夜，潜以松明、干藁投之于中，积十余日，贼不之觉，因出军大战，使人顺

全大局，那么祸乱很快就可以平定。”肃宗把这件事交给下面，让百官讨论。

太子太师韦见素等人的意见是：“法律是天下最根本的大典，帝王还不敢擅自杀人，而王去荣竟敢随便杀县令，这是臣下的权力超过了人主。既然王去荣杀人没有死罪，那么军中凡是有一技之长的人，也可以自认为无忧无虑，到处横行霸道。做郡县长官的，不也太难了吗？陛下作为天下的君主，爱护臣民不分亲疏，得到一个王去荣而失去天下的百姓，有什么好处呢？从法律上讲，杀死本县县令，罪名列为‘十恶’之一。然而陛下竟然宽大处理他，王法得不到实行，人伦道德不能伸张，臣等奉行诏书，实在不知道如何遵从。国家靠法律治理，军队靠法令取胜；只有恩爱而没有威严，就是慈母也不能使唤她的子女。陛下厚待战士然而每次打仗却很少胜利，难道不是因为执行军法不严吗？现在陕郡虽然很要紧，但不比法律更要紧。有法律那么海内就没有什么忧患不能克服，何况陕郡呢！没有法律那么陕郡也不可能守住，得到王去荣有什么益处？而且王去荣不过有点雕虫小技，陕郡不靠他来决定存亡；有没有王法，直接关系到国家的安危。这是臣等之所以衷心希望陛下遵守贞观年间制定的法律的原因。”但唐肃宗最终赦免了他。贾至是贾曾的儿子。

南充土豪何滔叛乱，捉住本郡防御使杨齐鲁，剑南节度使卢元裕派兵讨平了他。

秋季，七月，河南节度使贺兰进明攻克高密、琅邪，杀死叛贼二万多人。

七月初二日戊申的夜晚，蜀郡士兵郭千仞等人谋反，六军兵马使陈玄礼、剑南节度使李峘讨伐杀了他们。

七月初六日壬子，尹子奇又征调士兵好几万人，攻打睢阳。先前，许远在城里积蓄粮食达到六万石，虢王李巨拿出一半给濮阳、济阴两个郡，许远坚持争辩不同意，意见不被采纳；济阴郡一得到粮食后，就举城叛变，而睢阳城里的粮食到这时已全部吃完了。将士每人每天给米一合，夹杂着茶纸、树皮一起吃，然而叛贼的粮道运输畅通，士兵伤亡后可再补充。睢阳城中的将士死后也得不到增补，各军不来救援接济，士卒损失得只剩下一千六百人，都是些又饿又病不能战斗的人，因而被贼兵所围困，张巡于是修整守城器具以抵抗敌人。叛军制作了云梯，形状像半个彩虹，云梯上部署了两百个精兵，把云梯推进到城墙边，想让精兵跳进城里。张巡预先在城墙上凿了三个洞，等云梯快要来到时，从一个洞里伸出一根大木头，前面绑上铁钩，钩住云梯使它不能后退；又一个洞里伸出一根木头，顶住云梯使它不能前进；又一个洞里伸出一根木头，木头的顶端安装了铁笼子，笼中装火焚烧云梯，云梯从中间折断，梯上的士卒都被烧死了。贼兵又用钩车来钩城上的棚阁，钩子所到之处，棚阁纷纷倒塌。张巡用大木头，顶端安置连锁，锁头又装上大环，套住贼兵

风持火焚之，贼不能救，经二十余日，火方灭。巡之所为，皆应机立办，贼服其智，不敢复攻。遂于城外穿三重壕，立木栅以守巡，巡亦于内作壕以拒之。

丁巳，贼将安武臣攻陕郡，杨务钦战死，贼遂屠陕。

崔涣在江南选补，冒滥者众，八月，罢涣为余杭太守、江东采访防御使。

以张镐兼河南节度、采访等使，代贺兰进明。

灵昌太守许叔冀为贼所围，救兵不至，拔众奔彭城。

睢阳士卒死伤之余，才六百人，张巡、许远分城而守之，巡守东北，远守西南，与士卒同食茶纸，不复下城。贼士攻城者，巡以逆顺说之，往往弃贼来降，为巡死战，前后二百余人。

是时，许叔冀在谯郡，尚衡在彭城，贺兰进明在临淮，皆拥兵不救。城中日蹙，巡乃令南霁云将三十骑犯围而出，告急于临淮。霁云出城，贼众数万遮之，霁云直冲其众，左右驰射，贼众披靡，止亡两骑。既至临淮，见进明，进明曰："今日睢阳不知存亡，兵去何益！"霁云曰："睢阳若陷，霁云请以死谢大夫。且睢阳既拔，即及临淮，譬如皮毛相依，安得不救！"进明爱霁云勇壮，不听其语，强留之，具食与乐，延霁云坐。霁云慷慨，泣且语曰："霁云来，睢阳之人不食月余矣！霁云虽欲独食，且不下咽。大夫坐拥强兵，观睢阳陷没，曾无分灾救患之意，岂忠臣义士之所为乎！"因啮落一指以示进明，曰："霁云既不能达主将之意，请留一指以示信归报。"座中往往为泣下。

霁云察进明终无出师意，遂去。至宁陵，与城使廉坦同将步骑三千人，闰月，戊申夜，冒围，且战且行，至城下，大战，坏贼营，死伤之外，仅得千人入城。城中将吏知无救，皆恸哭。贼知援绝，围之益急。

钩车的钩头，用兵车把它拉进城里，截断钩头然后放车子回去。贼兵又制造木驴来攻城，张巡就熔化金属液来浇灌木驴，木驴立刻被毁坏。叛军又在城西北角用土袋和木柴堆成磴道，想要登上城墙。张巡不和叛军交战，每天夜里，暗中将松明与干草放进正在堆积的磴道里，一连十几天，贼兵都没有察觉，张巡因此出兵大战，派人顺风放火焚烧磴道，贼兵不能救火，过了二十多天，火势才熄灭。张巡的所作所为，都是随机应变，办事果断，叛军都很佩服他的智谋，不敢再进攻。于是在城外挖了三道壕沟，竖立木栅栏以围困张巡，张巡也在城内挖壕沟以抵抗敌人。

七月十一日丁巳，叛军将领安武臣进攻陕郡，杨务钦战死，贼兵于是入陕郡屠杀。

崔涣在江南主持选举，作弊的人很多，八月，肃宗罢免崔涣为余杭太守、江东采访、防御使。

唐肃宗任命张镐兼任河南节度、采访等使，代替贺兰进明。

灵昌太守许叔冀被叛贼包围，救兵不来，只好率兵投奔彭城。

睢阳城里士卒死伤所剩下来的，只有六百人，张巡、许远把城分成两部分来守卫，张巡守东北，许远守西南，与士卒一同吃茶纸，不再下城墙。贼兵攻打城墙的，张巡用叛逆和归顺的道理劝说他们，常常有人脱离叛贼前来投降，替张巡拼死作战，这样的敌兵前后有两百多人。

这时，许叔冀在谯郡，尚衡在彭城，贺兰进明在临淮，都拥兵不救睢阳。城中的情况日益艰难，张巡就叫南霁云带领三十骑兵突围出去，向临淮告急。南霁云出城后，贼兵几万人阻击，霁云的骑兵横冲直撞，边骑马飞驰，边向左右射击敌人，所向披靡，只损失了两名骑兵。到了临淮后，见到贺兰进明，进明说："现在睢阳不知是否已攻陷，救兵去了又有什么益处？"南霁云说："睢阳如果陷落，霁云情愿以死来向大夫谢罪。况且睢阳如果被攻陷，马上就轮到临淮，好比皮毛相互依存，怎么能够不救呢？"贺兰进明很喜欢南霁云的勇猛强壮，不听从他的意见，还要强行把他留下，准备了酒食和音乐，请南霁云入座。南霁云慷慨激昂，哭着说："霁云来的时候，睢阳城里的人已经有一个多月没有吃东西了！霁云即使想独自吃饭，也吞不下去啊。大夫坐拥强兵，看着睢阳陷落，毫无救援分担灾患的意思，这难道是忠臣义士所应有的行为吗？"说完咬掉自己的一个手指头给贺兰进明看，并说："霁云既然不能完成主将交给的任务，请让我留下一个指头以表示信用好回去报告。"在座的人很多都替他落泪。

南霁云知道贺兰进明终究没有出兵的意思，就走了。到了宁陵，与城使廉坦一起率领步兵骑兵三千人，闰八月初三日戊申的夜晚，突进叛军的包围圈，边战边走，到了城下，和敌人大战，破坏了敌营，除去死伤人员外，仅仅只有一千人进入城里。

初，房琯为相，恶贺兰进明，以为河南节度使，以许叔冀为进明都知兵马使，俱兼御史大夫。叔冀自恃麾下精锐，且官与进明等，不受其节制。故进明不敢分兵，非惟疾巡、远功名，亦惧为叔冀所袭也。

戊辰，上劳飨诸将，遣攻长安，谓郭子仪曰："事之济否，在此行也！"对曰："此行不捷，臣必死之。"

辛未，御史大夫崔光远破贼于骆谷。光远行军司马王伯伦、判官李椿将二千人攻中渭桥，杀贼守桥者千人，乘胜至苑门。贼有先屯武功者闻之，奔归，遇于苑北，合战，杀伯伦，擒椿送洛阳。然自是贼不复屯武功矣。

贼屡攻上党，常为节度使程千里所败。蔡希德复引兵围上党。

（以上为第十三段，写张巡困守睢阳，邻郡官兵诸将拥兵不救。）

城里的将士官吏知道没有救兵，都大声痛哭。叛贼知道援救断绝，围城就更加紧急了。

当初，房琯做宰相时，讨厌贺兰进明，就让他做河南节度使，任命许叔冀为贺兰进明的都知兵马使，都兼任御史大夫。许叔冀自恃部下兵力精锐，而且官阶与贺兰进明相等，不受他的节制。所以贺兰进明不敢分兵救援睢阳，不只是嫉妒张巡、许远的功名，也害怕遭到许叔冀的袭击。

闰八月二十三日戊辰，肃宗犒劳诸位将领，让他们去进攻长安，对郭子仪说：“事情成功与否，在此一举！”郭子仪回答说：“这次如果不能取胜，臣一定以死相报。”

闰八月二十六日辛未，御史大夫崔光远在骆谷打败敌人。光远的行军司马王伯伦、判官李椿率领两千人进攻中渭桥，杀死守桥的叛军一千人，乘胜追到长安的苑门。叛贼先前驻扎在武功的部队听说后，逃回长安，在苑北与官军遭遇，两军交战，叛军杀死王伯伦，活捉李椿把他送往洛阳。然而从此以后，叛贼就不再驻扎武功了。

叛贼多次攻打上党，经常被节度使程千里所打败。蔡希德又带兵包围上党。

【点评】

本卷着重点评安史之乱战斗最激烈的时期，双方最高决策层的掌控者，他们的个人素质和决策是怎样影响战局发展的。点评两事：唐肃宗猜疑父杀子，安氏父子相仇子弑父。

一、唐肃宗猜疑父杀子。安史之乱，来势汹汹，但它只不过是一场海啸，大海总归是要平静的。因为唐王朝，已有一百余年的根基，出现了贞观之治和开元之治两个盛世，特别是开元之治，承平日久，生产发展，经济繁荣，人口增长，国力强大。唐玄宗英年时期的开明，贤相治国的成就，恩泽深入人心。安禄山、史思明，只不过是两个祸乱小丑，叛乱得势，实乃唐王朝奸臣祸国，唐玄宗晚年骄侈，于是祸从上起，全国民众，没有祸乱之心。颜真卿、颜杲卿、张巡等地方小吏，以及清河青年李萼振臂一呼，两河军民踊跃奋起杀贼就是证明。唐室力量大于叛军十倍，这场祸乱，本来可以很快平定，但因唐王朝决策者的错误，才导致形势急转。

唐玄宗不听郭子仪、李光弼取范阳之策，逼使哥舒翰轻出潼关，致使官军大败，全线溃退，长安不守，玄宗又远逃西蜀，中原无主，国家命绝一线。唐肃宗临危不惧，从马嵬民众之请，不追随玄宗入蜀，肩负国难，灵武即位，竖起讨贼大旗，使中原有主，凝聚军民，挽救了危局，是他对祖宗社稷的一大贡献。但唐肃宗心胸狭窄，多疑信谗，不是戡乱之主，失策，忌才，既昏又庸，把本该早日结束的战乱拖延下来，这又是唐肃宗之过、之失。

唐肃宗不纳李泌之言，先灭叛军巢穴范阳，而要先复两京，再次重犯唐玄宗之过，是最大的失策。唐肃宗曾问李泌，说："叛贼如此猖狂，何时才能平定。"李泌说："叛贼无远略，又无良辅，只靠几个骁勇贼将成不了大事。只要先灭其巢穴范阳，贼无所归，留则不安，然后大军四合，不过两年，祸乱可平。"至德二载二月，郭子仪攻取河东，肃宗移行在所于凤翔，西北诸镇边兵会集，江淮租庸调运到洋川、汉中。李泌请师长驱取范阳，肃宗认为攻克两京必得，远取范阳太迂。李泌说："西北边兵耐寒，趁春寒未尽，展其所长，北取范阳，断贼归路。如此官军新集之众，攻取两京必克，但贼人归逃河北，很快夏天到来，关东地热，官军困而思归，叛军休兵秣马，卷土重来，贼势再强，官军再困，战祸就会延长了。"肃宗不听，说："朕盼望太上皇回京以尽儿子之孝，不能等那么长的时间。"事势的发展不幸被李泌言中，郭子仪继房琯之后，再次兵败于长安，官军胜势丧失，延长了战祸。

李泌对敌我形势的分析，了如指掌，唐肃宗心里也明白。他为什么不赞同呢？由于私心作怪，猜疑心重，于是一叶障目，不见泰山。唐肃宗乘危即帝位，形近于篡位，尽管唐玄宗予以追认，已得到了传国玉玺，但心里仍不踏实，担心有人立功抢在了他的前面。最亲的弟弟永王李璘在江南公然反叛割据，已使唐肃宗落下了心

病。建宁王李倓，自己的亲儿子，有佐命之功，因贤能有英名，唐肃宗信谗将其赐死。如果官军先取范阳，则是天下兵马大元帅之任，功劳岂不归长子广平王李俶所有，唐肃宗担心儿子效法自己逼宫，要自建大功以巩固帝位，有了这个私心，他是非不分，忠言不听。他用早日迎立太上皇回京的理由作挡箭牌，用以堵塞李泌之口。由此可见，唐肃宗的失策不是无知，而是私心作祟。

唐肃宗忌才，信谗，忠奸不分，是非不明，害及亲子，有亏帝德。房琯不懂军事，迂腐好清谈，大言长安可克，结果丧师四万。因房琯无才，办事合于心意，兵败不给予惩罚，丧失正义。唐肃宗对待功臣，却忌疑心重。郭子仪、李光弼屡建奇功，两人是唐室赖以生存的中流砥柱，又在大敌未灭之时，担心功高不赏。唐肃宗对李泌说："今郭子仪、李光弼都已经是宰相，如果收复了两京，平定了四海，可没有更高的官职来酬劳他们，怎么办呢？"李泌回答说："古代任命官职是给有才的人来担任，有功的人用封爵来酬劳。"李泌又说："用官职赏功，有两大害处。才不胜任则废事，权力太重又难以控制。如果功臣当了大官，官职不能传子，他们就要充分发挥权力以谋当前自身利益，什么事都干得出来，安禄山就是这样产生的。现今最好的办法，是等到平乱以后，用封爵赏功，最大的封国不超过二三百里，很容易控制。"唐肃宗说："很好。"这一段君臣对话，表现了唐肃宗的猜疑心有多重。唐肃宗对儿子也不放心。长子广平王李俶任天下兵马元帅讨贼，唐肃宗担心儿子建功势大难制，打算立李俶为太子，把兵权交给建宁王李倓。唐肃宗是试探李俶的忠诚与孝心，被李泌看穿了，李泌巧妙地劝谏说："当前讨贼是紧急的国家大事，立皇太子是家事，还是等太上皇回京后再议吧。臣请转告广平王，广平王一定不会赞同的。"李俶得知，立即恳请唐肃宗等太上皇还宫，那时再议立太子的事。唐肃宗非常高兴。广平王之弟建宁王李倓就没有这样的幸运。建宁王马嵬劝留肃宗，乃为国深谋，肃宗以小人之心度儿子的君子之腹，由是忌疑建宁王。唐肃宗妻张皇后与宦官李辅国勾结，两个相互配合陷害建宁王，说建宁王要谋害广平王，唐肃宗不调查，不问是非，猜忌其子，狠心赐死李倓，连李泌也不敢为之一言。

二、安氏父相仇子弑父。再看叛贼一方，安禄山父子与史思明，比唐肃宗更是等而下之，父子相残。安史两人行伍出身，目不识丁，只知争战杀人，不懂治国要务，正如李泌所言，无远略，无良辅，成不了大事。安禄山攻下长安，就认为天下已定，忙着当皇帝，失去了乘胜追击彻底打击唐王朝的良机。等到官军缓过劲来，天下之兵四面合围，叛军只能被动挨打，坐以待毙。安庆绪杀父自立，叛军内讧，雪上加霜。由于唐肃宗不采纳李泌的正确策略，才延缓了叛军挣扎的时日。

叛军的内讧，安庆绪杀父自立，有以下五个原因：

安禄山蓄谋叛乱，只是割据称雄，他并无代唐全据天下的雄心。安禄山之所以

能反叛，一是奸臣误国，二是部下推动，也是为了自保。如果唐玄宗措施得宜，不使安禄山兼领三镇，或留京不遣，这场叛乱不会发生。尽管安禄山蓄谋十年，但是狐疑不决，因此没有治国方略，所以得胜后就急于称帝，遭受挫折就指责部属，诿过于人，没有权威。儿子杀父，积渐使然。此其一。

唐玄宗有厚恩于安禄山，而安禄山以怨报德，坏了良心，丧失道义，为儿子臣属立了榜样，安庆绪弑父，史思明杀安庆绪，以臣弑君，其后史思明亦为子所杀，循环无已，是安禄山自作孽所立的榜样。此其二。

安禄山征讨奚、契丹，一贯杀良冒功，养成习惯，叛军上下没有是非之心。叛军纪律极坏，史称“贼每破一城，城中衣服、财贿、妇人皆为所掠。男子、壮者使之负担，羸、病、老、幼，皆以刀槊戏杀之”。如此恶劣的武装集团，违背人性，不仅遭到民众的坚决抵抗，而且叛贼内部也是强欺弱，众暴寡。部属轻易犯上，扩而大之，子弑父。此其三。

安禄山起兵以后，眼睛瞎了，又背长脓疮，苦不堪言，无端责打身边的人。称帝后，深居宫中，与大臣不相见，只宠信一个严庄居中用事。这种情况，最易偾事。此其四。

安禄山宠妾段氏生子，名安庆恩。安禄山犯了许多平庸人常犯的共同错误，爱屋及乌，耳根子软，依宠妾之请，想立安庆恩为嗣子，取代长子安庆绪，安庆绪忧郁惧死，横下心来，杀父自立。此其五。

以上五因，导致安氏父子火并。一代不如一代，安庆绪生性昏懦，连整句话都说不清。盘踞老巢范阳的史思明看不起安庆绪，不听他的指挥，叛贼势分。此等情况，据有两京的安庆绪，只是一个坐守之贼，官军应予缓攻，集中兵力消灭范阳史思明，果真如此，安庆绪可以兵不血刃而降服。可惜的是，唐肃宗错过了这一战机，强攻两京，把河北河南的叛军推挤为一个整体，郭子仪又不幸战败，提高了安庆绪的声威，拖延了平乱时日，唐肃宗之过也。

唐纪三十六

唐肃宗至德二载至乾元元年（757—758年）

【起强圉作噩（丁酉，757年）九月，尽著雍阉茂（戊戌，758年），凡一年有奇】

【大事提要】

本卷记事起公元757年九月，讫公元758年，凡一年又四个月。当唐肃宗至德二载九月至乾元元年。至德二载，唐肃宗借兵回纥，收复两京，河南、河东悉平，叛军收缩河北。张巡、许远守睢阳，以一万之众抗贼重兵，捍卫江淮，坚守一年有余，大小四百余战，杀贼十二万人，矢尽粮绝，全军战没。睢阳城破三天以后，援军赶到。睢阳军民在黎明前曙光初露时覆灭，是因邻郡官军坐视不救所致，尤以贺兰进明为罪魁。太上皇唐玄宗返回长安，唐肃宗大赦天下，叛将史思明降唐，肃宗分别轻重，按六个等级处置降人，受到司马光的称赞。唐肃宗纳李泌之谏，立太子，定国本。残贼安庆绪盘据邺城，犹据七郡六十余城。唐肃宗与回纥和亲，命郭子仪大发兵二十万众讨贼，官军节节胜利，平叛指日可待。突然局势逆转，史思明复叛。先是，史思明降唐，唐肃宗委以重权，封为归义王，任范阳节度使处置失当。随后谋杀史思明泄漏，激使复叛。平卢节度使王玄志死，军士推侯希逸为节度使，唐肃宗认可，开了藩镇割据的恶例，遗患无穷。

【原文】

肃宗文明武德大圣大宣孝皇帝中之下

至德二载（丁酉，757 年）

九月，丁丑，希德以轻骑至城下挑战，千里帅百骑开门突出，欲擒之；会救至，收骑退还，桥坏，坠堑中，反为希德所擒。仰谓从骑曰："吾不幸至此，天也！归语诸将，善为守备，宁失帅，不可失城。"希德攻城，竟不克，送千里于洛阳，安庆绪以为特进，囚之客省。

郭子仪以回纥兵精，劝上益征其兵以击贼。怀仁可汗遣其子叶护及将军帝德等将精兵四千余人来至凤翔；上引见叶护，宴劳赐赉，惟其所欲。丁亥，元帅广平王俶将朔方等军及回纥、西域之众十五万，号二十万，发凤翔。俶见叶护，约为兄弟，叶护大喜，谓俶为兄。回纥至扶风，郭子仪留宴三日。叶护曰："国家有急，远来相助，何以食为！"宴毕，即行。日给其军羊二百口，牛二十头，米四十斛。

庚子，诸军俱发；壬寅，至长安西，陈于香积寺北沣水之东。李嗣业为前军，郭子仪为中军，王思礼为后军。贼众十万陈于其北，李归仁出挑战，官军逐之，逼于其陈；贼军齐进，官军却，为贼所乘，军中惊乱，贼争趣辎重。李嗣业曰："今日不以身饵贼，军无孑遗矣。"乃肉袒、执长刀，立于陈前，大呼奋击，当其刀者，人马俱碎，杀数十人，陈乃稍定。于是嗣业帅前军各执长刀，如墙而进，身先士卒，所向摧靡。都知兵马使王难得救其裨将，贼射之中眉，皮垂鄣目。难得自拔箭，掣去其皮，血流被面，前战不已。贼伏精骑于陈东，欲袭官军之后，侦者知之，朔方左厢兵马使仆固怀恩引回纥就击之，翦灭殆尽，贼由是气索。李嗣业又与回纥出贼陈后，与大军夹击，自午及酉，斩首六万级，填沟堑死者甚众，贼遂大溃。余众走入城，迨夜，嚣声不止。

仆固怀恩言于广平王俶曰："贼弃城走矣，请以二百骑追之，缚取安

【语译】

肃宗文明武德大圣大宣孝皇帝中之下

唐肃宗至德二载（丁酉，757 年）

九月初二日丁丑，蔡希德用轻骑在上党城下挑战，程千里带领一百骑兵打开城门突然出击，想要活捉蔡希德。碰上叛贼救兵来到，程千里就收兵退回，因护城河木桥坏了，程千里掉进壕沟，反被蔡希德活捉。程千里仰天对随从的骑兵说："我不幸落得这种下场，真是天意！回到城里请告诉各位将领，好好地守卫防备，宁可失去王帅，不可失去城池。"蔡希德攻城，一直攻不下来，于是把程千里送到洛阳，安庆绪任用他为特进，把他软禁在客省。

郭子仪认为回纥士兵精锐，劝肃宗多征召回纥兵来攻打叛贼。怀仁可汗派他的儿子叶护以及将军帝德等率领精兵四千多人来到凤翔。肃宗接见了叶护，设宴慰劳，赏赐财物，尽量满足他的欲望。九月十二日丁亥，元帅广平王李俶率领朔方等各镇军队以及回纥、西域的军队十五万人，号称二十万，从凤翔出发。李俶见到叶护，结为兄弟，叶护非常高兴，称李俶为兄。回纥兵到达扶风，郭子仪留他们设宴款待三天。叶护说："国家危急，远道来相助，怎么能只顾大吃大喝呢？"宴会完后，马上出发。每天供给他的部队二百头羊，二十头牛，四十斛米。

九月二十五日庚子，各路大军一起出发。九月二十七日壬寅，到达长安西边，在香积寺以北沣水以东摆开阵势。李嗣业为前军，郭子仪为中军，王思礼为后军。叛军十万人在北面布阵，李归仁出来挑战，官军上前追逐，逼近敌人阵前。叛军一起向前推进，官军退却，被叛军乘机攻击，官军惊恐慌乱，贼兵争相去抢夺官军辎重。李嗣业说："今天如果不亲自引诱敌人同他们拼死作战，那就会全军覆没。"于是他光着上身，手持长刀，立于阵前，大声喊叫，奋勇杀敌，贼兵碰上他的长刀的，人马纷纷落地，杀死好几十个人，阵势才慢慢稳定下来。于是李嗣业率领前军每人各拿一把长刀，排着整齐的队伍像墙壁一样向前推进，李嗣业身先士卒，官军所向披靡。都知兵马使王难得为了救他的裨将，被贼兵射中眼眉，眼皮垂下来遮住了眼睛。王难得自己拔出箭头，扯掉眼皮，血流满面，仍然不停地向前奋战。贼兵在阵地东面埋伏了精锐的骑兵，想要从后面袭击官军，被官军侦察兵发觉。朔方左厢兵马使仆固怀恩带领回纥兵前往攻击，叛军伏兵几乎全被消灭，贼兵士气因此大大低落。李嗣业又与回纥兵绕到贼兵阵势后面，与大军夹击叛贼，从中午到傍晚，杀死六万人，被填入沟堑中的尸体很多，叛贼因而大败溃退。其余的残兵逃入长安城，直到夜晚，喊叫喧闹声不停。

仆固怀恩对广平王李俶进言说："叛贼要弃城逃走，请用两百个骑兵追赶他们，

守忠、李归仁等。”俶曰：“将军战亦疲矣，且休息，俟明旦图之。”怀恩曰：“归仁、守忠，贼之骁将，骤胜而败，此天赐我也，奈何纵之！使复得众，还为我患，悔之无及！战尚神速，何明旦也！”俶固止之，使还营。怀恩固请，往而复反，一夕四五起。迟明，谍至，守忠、归仁与张通儒、田乾真皆已遁矣。癸卯，大军入西京。

初，上欲速得京师，与回纥约曰：“克城之日，土地、士庶归唐，金帛、子女皆归回纥。”至是，叶护欲如约。广平王俶拜于叶护马前曰：“今始得西京，若遽俘掠，则东京之人皆为贼固守，不可复取矣，愿至东京乃如约。”叶护惊跃下马答拜，跪捧王足，曰：“当为殿下径往东京。”即与仆固怀恩引回纥、西域之兵自城南过，营于浐水之东。百姓、军士、胡虏见俶拜，皆泣曰：“广平王真华、夷之主！”上闻之喜曰：“朕不及也！”俶整众入城，百姓老幼夹道欢呼悲泣。俶留长安，镇抚三日，引大军东出。以太子少傅虢王巨为西京留守。

（以上为第一段，写官兵借回纥之助，收复长安。）

甲辰，捷书至凤翔，百寮入贺。上涕泗交颐，即日，遣中使啖庭瑶入蜀奏上皇；命左仆射裴冕入京师，告郊庙及宣慰百姓。

上以骏马召李泌于长安。既至，上曰：“朕已表请上皇东归，朕当还东宫复修臣子之职。”泌曰：“表可追乎？”上曰：“已远矣。”泌曰：“上皇不来矣。”上惊，问故。泌曰：“理势自然。”上曰：“为之奈何？”泌曰：“今请更为群臣贺表，言自马嵬请留，灵武劝进，及今成功，圣上思恋晨昏，请速还京以就孝养之意，则可矣。”上即使泌草表。上读之，泣曰：“朕始以至诚愿归万机。今闻先生之言，乃寤其失。”立命中使奉表入蜀，因就泌饮酒，同榻而寝。而李辅国请取契钥付泌，泌请使辅国掌之；上许之。

泌曰：“臣今报德足矣，复为闲人，何乐如之！”上曰：“朕与先生累年同忧患，今方相同娱乐，奈何遽欲去乎！”泌曰：“臣有五不可留，愿

活捉安守忠、李归仁等人。”李俶说：“将军作战也很疲劳了，暂且休息一下，等到明天早晨再作计议。”仆固怀恩说：“李归仁和安守忠，是叛贼的骁将，我军突然取胜，叛贼突然失败，这是上天赐给我们的一个极好的机会，为什么要放虎归山呢！假使他们再聚集部众，又会成为我们的祸患，后悔就来不及了！兵贵神速，何必等到明天早晨！”李俶坚决加以制止，让他返回营地。仆固怀恩再三请求，来来回回，一晚上跑了四五趟。天快亮时，侦察人员回来报告，安守忠、李归仁和张通儒、田乾真都已逃跑了。九月二十八日癸卯，唐朝大军进入西京。

当初，唐肃宗想要迅速收回京师，与回纥相约说：“收复京城的时候，土地和百姓归唐朝所有，金帛和女人都归回纥所有。”到这时，叶护想要履行条约。广平王李俶在叶护马前行拜礼说：“现在刚刚收回西京，假如马上掳获女子抢掠财物，那么留在东京的人都会替叛贼死守，不可能再收复了，希望到东京后再履行条约。”叶护吃惊地从马上跳下来回拜，跪下来两手捧着广平王的脚，说：“应当替殿下直取东京。”叶护马上与仆固怀恩带着回纥、西域的部队从长安城南经过，驻扎在浐水的东边。老百姓、军士以及被俘的胡人看见广平王李俶下拜，都哭着说：“广平王真是华夏和四夷的君主啊！”肃宗听说此事后高兴地说：“朕不及他呀！”李俶整军进入长安城，城中百姓不分老幼夹道欢呼感动流泪。李俶停留长安，安抚三天，然后带领大军向东出征。任命太子少傅虢王李巨为西京留守。

九月二十九日甲辰，捷报送到凤翔，百官都入朝庆贺。唐肃宗泪流满面，当天就派宫中使者啖庭瑶到蜀地去奏报太上皇；命令左仆射裴冕进入京师，告祭郊庙并安抚百姓。

唐肃宗派骏马从长安召回李泌。李泌到后，肃宗说：“朕已上表请太上皇东来回京城，朕应当回到东宫再尽臣子的职守。”李泌说：“表文可以追回来吗？”肃宗说：“已经走远了。”李泌说：“太上皇不会来了。”唐肃宗大吃一惊，问是什么原因。李泌说：“根据道理和情势，自然如此。”肃宗说：“那怎么办呢？”李泌说：“现在请再写一份群臣的贺表，说自从在马嵬被请求留下，在灵武被劝说即帝位，直到现在克复京城，圣上时刻思念事奉太上皇，请太上皇尽快返回京城以便圣上能尽孝养之心，这样写就可以了。”唐肃宗当即让李泌起草一份表。肃宗读后，哭着说：“朕开始时真心诚意地愿把帝位归还给太上皇，现在听了先生的话，才发觉自己的失策。”马上命令宫中使者奉表进蜀中，然后与李泌一起饮酒，并同床而睡。李辅国请求把宫中的符契钥匙交付给李泌，李泌请求让李辅国掌管，肃宗准许了。

李泌说：“臣现在报答圣上恩德已经够了，再做一个隐士，该是多么快乐啊！”唐肃宗说：“朕与先生多年来同忧愁共患难，现在正要同享欢乐，为什么突然要离去

陛下听臣去，免臣于死。”上曰：“何谓也？”对曰：“臣遇陛下太早，陛下任臣太重，宠臣太深，臣功太高，迹太奇，此其所以不可留也。”上曰：“且眠矣，异日议之。”对曰：“陛下今就臣榻卧，犹不得请，况异日香案之前乎！陛下不听臣去，是杀臣也。”上曰：“不意卿疑朕如此，岂有如朕而办杀卿邪！是直以朕为勾践也！”对曰：“陛下不办杀臣，故臣求归；若其既办，臣安敢复言！且杀臣者，非陛下也，乃‘五不可’也。陛下向日待臣如此，臣于事犹有不敢言者，况天下既安，臣敢言乎！”

上良久曰：“卿以朕不从卿北伐之谋乎！”对曰：“非也，所不敢言者，乃建宁耳。”上曰：“建宁，朕之爱子，性英果，艰难时有功，朕岂不知之！但因此为小人所教，欲害其兄，图继嗣，朕以社稷大计，不得已而除之，卿不细知其故邪？”对曰：“若有此心，广平当怨之。广平每与臣言其冤，辄流涕呜咽。臣今必辞陛下去，始敢言之耳。”上曰：“渠尝夜扪广平，意欲加害。”对曰：“此皆出谗人之口，岂有建宁之孝友聪明，肯为此乎！且陛下昔欲用建宁为元帅，臣请用广平。建宁若有此心，当深憾于臣；而以臣为忠，益相亲善，陛下以此可察其心矣。”上乃泣下曰：“先生言是也。既往不咎，朕不欲闻之。”

泌曰“臣所以言之者，非咎既往，乃欲使陛下慎将来耳。昔天后有四子，长曰太子弘，天后方图称制，恶其聪明，鸩杀之，立次子雍王贤。贤内忧惧，作《黄台瓜辞》，冀以感悟天后。天后不听，贤卒死于黔中。其辞曰：‘种瓜黄台下，瓜熟子离离。一摘使瓜好，再摘使瓜稀，三摘犹为可，四摘抱蔓归！’今陛下已一摘矣，慎无再摘！”上愕然曰：“安有是哉！卿录是辞，朕当书绅。”对曰：“陛下但识之于心，何必形于外也！”是时广平王有大功，良娣忌之，潜构流言，故泌言及之。

郭子仪引蕃、汉兵追贼至潼关，斩首五千级，克华阴、弘农二郡。

呢？”李泌说：“臣有五条不能留下的理由，希望陛下听任臣离去，免臣一死。”肃宗说：“这话是什么意思？”李泌回答说：“臣与陛下相遇太早，陛下任用臣太重，宠爱臣太深，臣功劳太高，事迹太奇，这就臣之所以不能留下的原因。”肃宗说：“先睡觉吧，以后再商议这事。”李泌回答说：“陛下现在与臣同床而睡，尚且还不答应我的请求，更何况以后在朝廷的大殿上怎么会答应我的请求呢？陛下如果不准许臣离去，是在杀臣啊。”唐肃宗说：“没想到先生如此怀疑朕，哪有像朕这样而会做出杀害先生的事呢？这简直是把朕当作勾践了！”李泌回答说：“正因为陛下不会做杀臣的事，所以臣才请求归隐；假如陛下已经做了，臣怎么敢再说呢？况且杀臣的，不是陛下您，而是‘五条不能留下的理由’。陛下过去待臣这样好，臣对有些事还不敢尽言，更何况天下已安定，臣还敢再多说吗？”

唐肃宗过了许久才说：“先生是指朕没有听从先生北伐计谋那件事吗？”李泌回答说：“不是的，我所不敢说的，是指建宁王的事。”肃宗说：“建宁王，是朕的爱子，性情英明果断，国家艰难时刻立有大功，朕哪里不知道呢？只是因为他被小人教唆，想要谋害他的哥哥，图谋做太子，朕为了国家的大计，不得已而除掉他，先生不知道其中详细的缘故吗？”李泌回答说：“建宁王如果有谋害哥哥的心思，广平王应当怨恨他。但广平王每当和臣谈起他的冤枉，就哭泣呜咽。臣现在一定要辞谢陛下而离去，才敢说此事。”唐肃宗说：“建宁王曾经夜晚敲广平王的门，想要加害于他。”李泌说：“这都是出自坏人谗言之口，哪里有像建宁王这样孝顺友爱而又聪明的人，肯做这样的事呢？而且过去陛下想任用建宁王为元帅，臣请求任用广平王。建宁王如果真有谋害之心，应当深深地痛恨臣；而他却认为臣很忠诚，更加亲爱友善，陛下从这里就可以察知他的心意了。”肃宗于是流着眼泪说：“先生说得很对，既往不咎，朕不想再听这事了。”

李泌说：“臣之所以提起此事，并不是想追究过去的事情，而是想使陛下谨慎地处理将来的事情。从前则天皇后有四个儿子，长子是太子李弘，则天皇后正在图谋称帝，厌恶李弘的聪明，就把他毒死，立次子雍王李贤为太子。李贤内心忧虑恐惧，写了一篇《黄台瓜辞》，想借此来感悟则天皇后。则天皇后听不进去，李贤最后死在黔州。他所作的《黄台瓜辞》是：‘种瓜黄台下，瓜熟子离离。一摘使瓜好，再摘使瓜稀，三摘犹为可，四摘抱蔓归！’现在陛下已经采摘一次了，请慎重地不要再次采摘！”肃宗很惊慌地说：“怎么会有这样的事！请先生录下这首《黄台瓜辞》，朕应当把它写在绅带上牢牢记住。”李泌回答说：“陛下只要在心中记住，何必要表现在外面呢？”当时广平王立有大功，张良娣嫉恨他，暗中散布流言蜚语，因此，李泌要谈论这件事。

郭子仪带领蕃、汉兵马追赶叛贼到潼关，杀死五千人，攻克华阳、弘农二郡。

关东献俘百余人，敕皆斩之；监察御史李勉言于上曰："今元恶未除，为贼所污者半天下，闻陛下龙兴，咸思洗心以承圣化，今悉诛之，是驱之使从贼也。"上遽使赦之。

冬，十月，丁未，啖庭瑶至蜀。

壬子，兴平军奏：破贼于武关，克上洛郡。

（以上为第二段，写李泌善谏，劝唐肃宗远佞以保太子。）

吐蕃陷西平。

尹子奇久围睢阳，城中食尽，议弃城东走，张巡、许远谋，以为："睢阳，江、淮之保障，若弃之去，贼必乘胜长驱，是无江、淮也。且我众饥羸，走必不达。古者战国诸侯，尚相救恤，况密迩群帅乎！不如坚守以待之。"茶纸既尽，遂食马；马尽，罗雀掘鼠；雀鼠又尽，巡出爱妾，杀以食士，远亦杀其奴；然后括城中妇人食之，继以男子老弱。人知必死，莫有叛者，所余才四百人。

癸丑，贼登城，将士病，不能战。巡西向再拜曰："臣力竭矣，不能全城，生既无以报陛下，死当为厉鬼以杀贼！"城遂陷，巡、远俱被执。尹子奇问巡曰："闻君每战眦裂齿碎，何也？"巡曰："吾志吞逆贼，但力不能耳。"子奇以刀抉其口视之，所余才三四。子奇义其所为，欲活之。其徒曰："彼守节者也，终不为用。且得士心，存之，将为后患。"乃并南霁云、雷万春等三十六人皆斩之。巡且死，颜色不乱，扬扬如常。生致许远于洛阳。

巡初守睢阳时，卒仅万人，城中居人亦且数万，巡一见问姓名，其后无不识者。前后大小战凡四百余，杀贼卒十二万人。巡行兵不依古法教战陈，令本将各以其意教之。人或问其故，巡曰："今与胡虏战，云合鸟散，变态不恒，数步之间，势有同异。临机应猝，在于呼吸之间，而动询大将，事不相及，非知兵之变者也。故吾使兵识将意，将识士情，投之而往，如手之使指。兵将相习，人自为战，不亦可乎！"自兴兵，器械、甲仗皆取之于敌，未尝自修。每战，将士或退散，巡立于战所，

关东进献俘虏一百多人，肃宗敕命都杀掉，监察御史李勉对肃宗说：“现在元凶还没有除掉，叛贼污染了半个天下，他们听说陛下即帝位，都想洗心革面奉承圣明教化，如果现在把这些俘虏都杀掉，那是在驱使他们跟随叛贼啊。”唐肃宗马上派人赦免了这些俘虏。

冬季，十月初三日丁未，啖庭瑶到达蜀地。

十月初八日壬子，兴平军上奏说：在武关打败叛贼，攻克上洛郡。

吐蕃攻陷西平郡。

尹子奇长期包围睢阳，城中的粮食吃光了，大家商议放弃城池向东撤走，张巡、许远讨论后，认为：“睢阳是江淮的屏障，假如放弃睢阳而逃走，叛贼必定乘胜前进，长驱直入，因此，江淮一带就不保了。况且我军士卒又饥又弱，要撤退也一定走不脱。古代战国诸侯，同盟国尚且互相救援，何况近在咫尺的各个主帅呢？不如坚守以待救援。”茶纸吃完后，便吃马；马吃完后，就捕鸟雀捉老鼠；鸟雀老鼠又吃完后，张巡带出爱妾，杀掉分给士兵吃，许远也杀掉他的奴仆；然后搜寻城中的妇女来吃，接着又吃男人中的老人和衰弱的人。人人知道必定一死，没有人叛变，最后剩下的只有四百多人。

十月初九日癸丑，叛贼登上城墙，将士们体弱有病，不能作战。张巡面向西边拜了两拜说：“臣的力量已经用尽，不能保全城池，活着既然不能报答陛下，死后当变为厉鬼来杀叛贼！”城于是被攻陷，张巡、许远都被捉住。尹子奇问张巡说：“听说您每次作战都眼角睁裂，牙齿咬碎，这是为什么？”张巡说：“我志在吞灭叛贼，但力量不够。”尹子奇用力撬开张巡的口探看，牙齿只剩下三四颗。尹子奇认为他的行为非常忠义，不想杀他。他的部下说：“他是一个坚守节操的人，最终也不会为我们所用。而且他深得军心，留下他，将成为我们的后患。”于是连同南霁云、雷万春等三十六人都被杀掉。张巡临死时，神色自若，意气扬扬，像平常一样。许远被送往洛阳。

张巡当初守卫睢阳时，士卒有一万人，而城中居民也将近好几万人，张巡见第一次面便询问他的姓名，以后再见没有不认识的。前后大大小小的战斗打了四百多次，杀死叛军十二万人。张巡带兵不依照古代兵法教练作战阵势，命令部下将领各自按照自己的想法去教练士兵。有人询问其中的缘故，张巡说：“现在同胡虏作战，他们像云、鸟一样忽散忽合，变化无常，几步之间，势态就不同。临机应变，往往就在极短暂的时间之内，如果动辄询问大将的意见，事情就来不及了，这是不懂得作战应变的道理。所以我让士兵知道将军的意思，将军了解士兵的情况，这样将军

谓将士曰："我不离此，汝为我还决之。"将士莫敢不还，死战，卒破敌。又推诚待人，无所疑隐；临敌应变，出奇无穷；号令明，赏罚信，与众共甘苦寒暑，故下争致死力。

张镐闻睢阳围急，倍道亟进，檄浙东、浙西、淮南、北海诸节度及谯郡太守闾丘晓，使共救之。晓素傲很，不受镐命。比镐至，睢阳城已陷三日。镐召晓，杖杀之。

（以上为第三段，写睢阳不守，张巡、许远遇难。）

张通儒等收余众走保陕，安庆绪悉发洛阳兵，使其御史大夫严庄将之，就通儒以拒官军，并旧兵步骑犹十五万。己未，广平王至曲沃。回纥叶护使其将军鼻施吐拨裴罗等引军旁南山搜伏，因驻军岭北。郭子仪等与贼遇于新店，贼依山而陈，子仪等初与之战，不利，贼逐之下山。回纥自南山袭其背，于黄埃中发十余矢。贼惊顾曰："回纥至矣！"遂溃。官军与回纥夹击之，贼大败，僵尸蔽野。严庄、张通儒等弃陕东走，广平王俶、郭子仪入陕城，仆固怀恩等分道追之。

严庄先入洛阳告安庆绪。庚申夜，庆绪帅其党自苑门出，走河北；杀所获唐将哥舒翰、程千里等三十余人而去。许远死于偃师。

壬戌，广平王俶入东京。回纥意犹未厌，俶患之。父老请率罗锦万匹以赂回纥，回纥乃止。

成都使还，上皇诰曰："当与我剑南一道自奉，不复来矣。"上忧惧，不知所为。后使者至，言："上皇初得上请归东宫表，彷徨不能食，欲不归；及群臣表至，乃大喜，命食作乐，下诰定行日。"上召李泌告之曰："皆卿力也！"

泌求归山不已，上固留之，不能得，乃听归衡山。敕郡县为之筑室于山中，给三品料。

指挥士兵打仗，就像手使用自己的指头一样自如。士兵与将领互相熟悉，人自为战，不也很好吗？”自从与叛军交战以来，军用器械、甲仗都是从敌人那里夺取，自己从不修造。每次作战，将士中如果有人后退散开，张巡就站在战场上，对将士们说：“我不离开这里，你们为我回去继续与敌人决战。”将士们没有人敢不向前的，又拼死作战，最后总能打败敌人。张巡又能诚恳待人，没有什么猜疑狭隘心理；遇上敌人善于随机应变，出奇制胜；号令严明，赏罚分明，与大家同甘共苦，一起忍受严寒酷暑，所以部下都争相拼死效力。

张镐听说睢阳被围紧急，就加倍赶路快速前进，传檄浙东、浙西、淮南、北海各节度使，以及谯郡太守闾丘晓，让他们共同去救援。闾丘晓平时傲慢凶狠，不听从张镐的命令。等张镐到后，睢阳城已陷落三天。张镐叫来闾丘晓，用棍子把他打死。

张通儒等人收拾残余跑到陕郡坚守，安庆绪征发了洛阳的全部士兵，派他的御史大夫严庄率领，靠拢张通儒以抵抗官军，加上张通儒的旧部步兵骑兵还有十五万人。十月十五日己未，广平王到达曲沃。回纥叶护派他的将军鼻施吐拨裴罗等人带领军队沿着南山搜寻伏兵，因而驻扎在岭北。郭子仪等人与叛贼在新店遭遇，叛贼依山而列阵，郭子仪等人开始时与叛贼作战不利，叛贼把他们赶下山。回纥从南山袭击叛贼的背后，从黄色尘埃中发射了十几支箭。叛贼惊奇地回头看着说：“回纥兵来了！”于是便溃散。官军和回纥兵夹击叛贼，叛贼大败，尸横遍野。严庄、张通儒等人放弃陕郡向东逃跑，广平王李俶、郭子仪等进入陕郡，仆固怀恩等人分头追击叛贼。

严庄先进洛阳报告安庆绪。十月十六日庚申夜晚，安庆绪率领党羽从苑门逃出，逃往河北；杀掉所获俘的唐朝将领哥舒翰、程千里等三十多人而离去。许远死在偃师。

十月十八日壬戌，广平王李俶进入东京，回纥军的欲望还不满足，李俶很忧虑。父老们请求用一万匹绫罗锦缎来贿赂回纥，回纥才罢休。

派往成都的使者回来了，带回太上皇的诰命说：“只要给我剑南一道来养老就足够了，不想再回长安。”肃宗忧虑害怕，不知道怎么办。后来派去的使者回来，说：“太上皇起初得到皇上请求复为太子的表书后，彷徨不安，吃不下饭，不想回来；等群臣的贺表到后，才大为高兴，下令吃饭并演奏音乐，又颁下诰命确定起程日期。”肃宗召见李泌告诉他说：“这都是你的功劳啊！”

李泌请求归隐山中，肃宗再三挽留，不得已，只好听任他回到衡山。敕命郡县在山中替他修筑房屋，按三品官的待遇供给。

癸亥，上发凤翔，遣太子太师韦见素入蜀，奉迎上皇。

乙丑，郭子仪遣左兵马使张用济、右武锋使浑释之将兵取河阳及河内；严庄来降。陈留人杀尹子奇，举郡降。田承嗣围来瑱于颍川，亦遣使来降；郭子仪应之缓，承嗣复叛，与武令珣皆走河北。制以瑱为河南节度使。

丙寅，上至望贤宫，得东京捷奏。丁卯，上入西京。百姓出国门奉迎，二十里不绝，舞跃呼万岁，有泣者。上入居大明宫。御史中丞崔器令百官受贼官爵者皆脱巾徒跣立于含元殿前，搏膺顿首请罪，环之以兵，使百官临视之。太庙为贼所焚，上素服向庙哭三日。是日，上皇发蜀郡。

（以上为第四段，写两京光复，李泌归山以保太子。唐肃宗还长安，遣使入蜀奉迎太上皇。）

安庆绪走保邺郡，改邺郡为安成府，改元天成；从骑不过三百，步卒不过千人，诸将阿史那承庆等散投常山、赵郡、范阳。旬日间，蔡希德自上党，田承嗣自颍川，武令珣自南阳，各帅所部兵归之。又召募河北诸郡人，众至六万，军声复振。

广平王俶之入东京也，百官受安禄山父子官者陈希烈等三百余人，皆素服悲泣请罪。俶以上旨释之，寻勒赴西京。己巳，崔器令诣朝堂请罪，如西京百官之仪，然后收系大理、京兆狱。其府县所由、祗承人等受贼驱使追捕者，皆收系之。

初，汲郡甄济，有操行，隐居青岩山，安禄山为采访使，奏掌书记。济察禄山有异志，诈得风疾，舁归家。禄山反，使蔡希德引行刑者二人，封刀召之，济引首待刀；希德以实病白禄山。后安庆绪亦使人强舁至东京，月余，会广平王俶平东京，济起，诣军门上谒。俶遣诣京师，上命馆之于三司，令受贼官爵者列拜以愧其心，以济为秘书郎。国子司业苏源明称病不受禄山官，上擢为考功郎中、知制诰。壬申，上御丹凤门，下制："士庶受贼官禄，为贼用者，令三司条件闻奏；其因战被虏，或所居密近，因与贼往来者，皆听自首除罪，其子女为贼所污者，勿问。"

十月十九日癸亥，肃宗从凤翔出发，派太子太师韦见素进入蜀地，迎接太上皇。

十月二十一日乙丑，郭子仪派遣左兵马使张用济、右武锋使浑释之带兵收复河阳及河内；严庄前来投降。陈留人杀了尹子奇，全郡归降。田承嗣在颍川包围来瑱，也派使者来投降；郭子仪答应慢了一点，田承嗣又反叛，与武令珣一起逃到河北。肃宗下制书任命来瑱为河南节度使。

十月二十二日丙寅，肃宗到了望贤宫，得到收复东京的捷报。十月二十三日丁卯，肃宗进入西京。老百姓跑到都城门外迎接，接连二十里，手舞足蹈，高呼万岁，还有人哭泣。肃宗进入大明宫。御史中丞崔器命令朝廷官员中接受了叛贼官位爵位的人都解下头巾，赤脚站在含元殿前，让他们自己捶打胸口，叩头谢罪，周围站立着手持武器的士兵，并让百官站在台上观看他们。太庙被叛贼焚毁，肃宗穿着素服向太庙号哭了三天。这一天，太上皇从蜀郡出发。

安庆绪退守邺郡，把邺郡改名为安成府，改年号为天成；跟随他的骑兵不过三百人，步兵不过一千人，其他部将阿史那承庆等分别跑到常山、赵郡、范阳。十几天之内，蔡希德从上党，田承嗣从颍川，武令珣从南阳，各自率领本部兵马归来。又招募河北各郡的人马，士卒达到六万人，叛军的声势又振作起来。

广平王李俶进入东京时，百官中接受过安禄山父子官职的陈希烈等三百多人，都穿着白色的衣服痛哭请罪。李俶根据肃宗的意旨把他们都释放了，不久又把他们押送西京。十月二十五日己巳，崔器命令他们到朝堂请罪，就像西京接受伪职的官员所举行的仪式一样，然后把他们关进大理寺和京兆的狱中。各府县中为叛贼干过事的小官吏和衙役们，也都逮捕起来，关进狱中。

当初，汲郡的甄济，操行很好，隐居在青岩山，安禄山做采访使时，曾上奏任命他为掌书记。甄济觉察到安禄山有谋反的野心，假装中风，让人抬回家。安禄山反叛，派蔡希德带着两个刽子手，拿着大刀去召请他，甄济伸着头等着刀砍；蔡希德把他确实有病的情况向安禄山报告。后来安庆绪也派人强行把他抬到东京，一个多月后，就赶上广平王李俶平定东京，甄济起身，到军门去谒见李俶。李俶把甄济派往京师，肃宗让他住在三司的馆舍里，命令接受过叛贼官爵的人列队向他跪拜，让这些人内心里感到惭愧，任命甄济为秘书郎。国子司业苏源假称生病不接受安禄山的官职，肃宗提拔他为考功郎中、知制诰。十月二十八日壬申，肃宗亲临丹凤门，颁下制书："对于官吏和百姓中接受过叛贼官位和俸禄以及为叛贼干过事的人，让三司分别不同情况向肃宗奏报；那些因为战斗而被俘虏的，或者居住的地方靠近叛贼，因此与叛贼有所往来的，一律允许自首免罪；那些家中子女被叛贼所牵连的，一概不追究。"

癸酉，回纥叶护自东京还，上命百官迎之于长乐驿，上与宴于宣政殿。叶护奏以“军中马少，请留其兵于沙苑，自归取马，还为陛下扫除范阳余孽。”上赐而遣之。

十一月，广平王俶、郭子仪来自东京，上劳子仪曰：“吾之家国，由卿再造。”

张镐帅鲁炅、来瑱、吴王祗、李嗣业、李奂五节度徇河南、河东郡县，皆下之；惟能元皓据北海，高秀岩据大同未下。

己丑，以回纥叶护为司空、忠义王；岁遗回纥绢二万匹，使就朔方军受之。

以严庄为司农卿。

上之在彭原也，更以栗为九庙主；庚寅，朝享于长乐殿。

（以上为第五段，写叛贼龟缩河北，官军光复河南、河东。唐肃宗、太子恢复两京秩序。）

丙申，上皇至凤翔，从兵六百余人，上皇命悉以甲兵输郡库。上发精骑三千奉迎。十二月，丙午，上皇至咸阳，上备法驾迎于望贤宫。上皇在宫南楼，上释黄袍，著紫袍，望楼下马，趋进，拜舞于楼下。上皇降楼，抚上而泣，上捧上皇足，呜咽不自胜。上皇索黄袍，自为上著之，上伏地顿首固辞。上皇曰：“天数、人心皆归于汝，使朕得保养余齿，汝之孝也！”上不得已，受之。父老在仗外，欢呼且拜。上令开仗，纵千余人入谒上皇，曰：“臣等今日复睹二圣相见，死无恨矣！”上皇不肯居正殿，曰：“此天子之位也。”上固请，自扶上皇登殿。尚食进食，上品尝而荐之。丁未，将发行宫，上亲为上皇习马而进之上皇。上皇上马，上亲执鞚，行数步，上皇止之。上乘马前引，不敢当驰道。上皇谓左右曰：“吾为天子五十年，未为贵；今为天子父，乃贵耳！”左右皆呼万岁。上皇自开远门入大明宫，御含元殿，慰抚百官；乃诣长乐殿谢九庙主，恸哭久之；即日，幸兴庆宫，遂居之。上累表请避位还东宫，上皇不许。

辛亥，以礼部尚书李岘、兵部侍郎吕諲为详理使，与御史大夫崔器

十月二十九日癸酉，回纥叶护从东京回来，肃宗命令百官在长乐驿欢迎他，然后在宣政殿设宴款待他。叶护上奏认为："军中缺少马匹，请求把军队留在沙苑，自己回去取马，等回来后再替陛下扫除范阳叛军的残余。"肃宗赏赐他并派他回去。

十一月，广平王李俶、郭子仪从东京来，肃宗慰劳郭子仪说："我的家和国，是由你复兴的。"

张镐率领鲁炅、来瑱、吴王李祇、李嗣业、李奂五个节度使攻打河南、河东各郡县，都平定了，只有能元皓占据北海，高秀岩占据大同没有攻下。

十一月十五日己丑，任命回纥叶护为司空、忠义王；每年赠送回纥两万匹绢，让他们到朔方军去领取。

任命严庄为司农卿。

唐肃宗在彭原时，改用栗木为九庙中的神主；十一月十六日庚寅，肃宗在长乐殿中祭祀九庙神主。

十一月二十二日丙申，太上皇到达凤翔，跟随的士兵有六百多人，太上皇命令把铠甲武器全部交到凤翔郡的武库中。肃宗派精锐的骑兵三千人去迎接。十二月初三日丙午，太上皇到达咸阳，肃宗准备天子的车驾在望贤宫迎接。太上皇在望贤宫的南楼上，唐肃宗脱下黄袍，穿着紫袍，望楼下马，急趋进入，跪拜于楼下。太上皇下楼，抚摸肃宗而哭泣，肃宗手捧太上皇的脚，呜咽不止。太上皇要来黄袍，亲自替肃宗穿上，肃宗趴在地上叩头坚决推辞。太上皇说："天命与人心都归于你，使我能够安度晚年，就是你的孝心了！"唐肃宗不得已，接受了黄袍。站在仪仗外面的父老乡亲，都大声欢呼并且跪拜。肃宗命令仪仗卫士放开通道，放进一千多人拜谒太上皇，他们说："我们今天又重新见到两位圣人相逢，就是死也不感到遗憾了！"太上皇不肯住在正殿，说："这是天子的位置。"肃宗再三请求，亲自扶太上皇登上正殿。主管天子饮食的官进献食物，肃宗亲自品尝后再献给太上皇吃。十二月初四日丁未，准备从行宫出发，肃宗亲自为太上皇试马然后才牵给太上皇。太上皇上马后，肃宗亲自替他牵马。走了几步，太上皇制止了他。肃宗骑着马在前面带路，不敢走皇帝所走的正道。太上皇对左右的人说："我做了五十年的天子，并不感到尊贵；现在做了天子的父亲，才真正感到尊贵啊！"左右的人都高呼万岁。太上皇自开远门进入大明宫，驾临含元殿，慰问安抚百官；再到长乐殿前向九神庙主谢罪，痛哭了很久；当天，驾临兴庆宫，于是就住在那里。肃宗多次上表请求复位太子并退居东宫，但太上皇不同意。

十二月初八日辛亥，任命礼部尚书李岘、兵部侍郎吕諲为详理使，与御史大夫

共按陈希烈等狱。岘以殿中侍御史李栖筠为详理判官，栖筠多务平恕，故人皆怨谭、器之刻深，而岘独得美誉。

戊午，上御丹凤楼，赦天下，惟与安禄山同反及李林甫、王鉷、杨国忠子孙不在免例。立广平王俶为楚王，加郭子仪司徒，李光弼司空，自余蜀郡、灵武扈从立功之臣，皆进阶，赐爵，加食邑有差。李憕、卢奕、颜杲卿、袁履谦、许远、张巡、张介然、蒋清、庞坚等皆加赠官其子孙。战亡之家，给复二载。郡县来载租、庸三分蠲一。近所改郡名、官名，一依故事。以蜀郡为南京，凤翔为西京，西京为中京。以张良娣为淑妃，立皇子南阳王係为赵王，新城王仅为彭王，颍川王僴为兖王，东阳王侹为泾王，僙为襄王，倕为杞王，偲为召王，佋为兴王，侗为定王。

议者或罪张巡以守睢阳不去，与其食人，曷若全人。其友人李翰为之作传，表上之，以为："巡以寡击众，以弱制强，保江、淮以待陛下之师，师至而巡死，巡之功大矣。而议者或罪巡以食人，愚巡以守死，善遏恶扬，录瑕弃用，臣窃痛之。巡所以固守者，以待诸军之救；救不至而食尽，食既尽而及人，乖其素志。设使巡守城之初已有食人之心，损数百之众以全天下，臣犹曰功过相掩，况非其素志乎！今巡死大难，不睹休明，唯有令名是其荣禄。若不时纪录，恐远而不传，使巡生死不遇，诚可悲焉。臣敢撰传一卷献上，乞编列史官。"众议由是始息。是后赦令无不及李憕等，而程千里独以生执贼庭，不沾褒赠。

（以上为第六段，写太上皇还京师，唐肃宗大赦天下，封功臣，李翰为张巡作传。）

甲子，上皇御宣政殿，以传国宝授上，上始涕泣而受之。

安庆绪之北走也，其大将北平王李归仁及精兵曳落河、同罗、六州胡数万人皆溃归范阳，所过俘掠，人物无遗。史思明厚为之备，且遣使逆招之范阳境，曳落河、六州胡皆降。同罗不从，思明纵兵击之，同罗大败，悉夺其所掠，余众走归其国。

崔器共同审理陈希烈等人的案子，李岘任命殿中侍郎史李栖筠为详理判官，李栖筠多从宽处理，因此人们都怨恨吕諲、崔器的严酷，而李岘一个人独自获得人们的好评。

十二月十五日戊午，唐肃宗亲临丹凤楼，赦免天下，只有那些与安禄山一起谋反的以及李林甫、王鉷、杨国忠的子孙不在赦免之列。立广平王李俶为楚王，加升郭子仪为司徒，李光弼为司空，其他跟随太上皇和肃宗在蜀郡、灵武保驾立功的臣子们，都升官晋爵，加封多少不等的食邑。李憕、卢奕、颜杲卿、袁履谦、许远、张巡、张介然、蒋清、庞坚等人都加增官衔，并任命他们的子孙当官。战争中死亡的将士，免除他们的家人两年的赋役。各郡县明年的租、庸减免三分之一。近年来所改的郡名、官名，都恢复原来的名称。以蜀郡为南京，凤翔为西京，西京为中京。立张良娣为淑妃，立皇子南阳王李係为赵王，新城王李僅为彭王，颍川王李僩为兖王，东阳王李侹为泾王，李僙为襄王，李倕为杞王，李偲为召王，李佋为兴王，李侗为定王。

有人议论怪罪张巡死守睢阳，不肯撤离，与其在城中吃人充饥，还不如弃城而保全人的生命。张巡的友人李翰替他作了一篇传，上表给肃宗说："张巡打仗以少击众，以弱制强，保卫江淮一带以等待陛下的部队，陛下的部队到时，张巡已死，张巡的功劳太大了。有人议论怪罪张巡吃人，认为张巡死守很愚蠢，对于这种贬善扬恶，只说缺点而不提功劳的做法，臣私下感到非常痛心。张巡之所以死守睢阳，是要等待各路军马的救援，救援不来而粮食又吃完了，粮食吃完后只好吃人，这实在违背他平日的心愿。假使张巡在开始守城时就已有吃人的用心，杀了几百人而保全了天下，臣还要说他功劳和罪过相当，何况那样做并不是他平日的心愿！现在张巡已经为国难而死，看不到国家的昌明，只有美名是他的光荣和爵禄了。如果不及时记载他的事迹，恐怕时间久了就会失传，假使张巡生前和死后都不被赏识，那才是真正可悲的事啊。臣贸然撰写了一篇传记进献肃宗，请求交付史官编入国史。"众人的议论从此才开始平息下来。此后朝廷的赦免令没有一次不提到李憕等人，唯独程千里因曾被活捉到叛贼的朝廷中，享受不到褒誉和赠官的待遇。

十二月二十一日甲子，太上皇驾临宣政殿，把传国的宝器授予唐肃宗，肃宗这才流着眼泪接受了传国的宝器。

安庆绪率领部下向北逃走，他的大将北平王李归仁以及精兵曳落河、同罗、六州胡好几万人都溃退回到范阳，所经过的地方大肆俘虏掠夺，人财都被抢夺一空。史思明严加戒备，并且派使者迎接并把他们招抚到范阳境内，曳落河、六州胡都投降了。同罗不听从，史思明派军队攻打，同罗大败，所掠夺的东西都被史思明抢过

庆绪忌思明之强，遣阿史那承庆、安守忠往征兵，因密图之。判官耿仁智说思明曰："大夫崇重，人莫敢言，仁智愿一言而死。"思明曰："何也？"仁智曰："大夫所以尽力于安氏者，迫于凶威耳。今唐室中兴，天子仁圣，大夫诚帅所部归之，此转祸为福之计也。"裨将乌承玼亦说思明曰："今唐室再造，庆绪叶上露耳。大夫奈何与之俱亡！若归款朝廷，以自湔洗，易于反掌耳。"思明以为然。

承庆、守忠以五千劲骑自随，至范阳，思明悉众数万逆之，相距一里所，使人谓承庆等曰："相公及王远至，将士不胜其喜，然边兵怯懦，惧相公之众，不敢进，愿弛弓以安之。"承庆等从之。思明引承庆入内厅乐饮，别遣人收其甲兵，诸郡兵皆给粮纵遣之，愿留者厚赐，分隶诸营。明日，囚承庆等，遣其将窦子昂奉表以所部十三郡及兵八万来降，并帅其河东节度使高秀岩亦以所部来降。乙丑，子昂至京师。上大喜，以思明为归义王、范阳节度使，子七人皆除显官。遣内侍李思敬与乌承恩往宣慰，使将所部兵讨庆绪。

先是，庆绪以张忠志为常山太守，思明召忠志还范阳，以其将薛萼摄恒州刺史，开井陉路，招赵郡太守陆济，降之；命其子朝义将兵五千人摄冀州刺史，以其将令狐彰为博州刺史。乌承恩所至宣布诏旨，沧、瀛、安、深、德、棣等州皆降，虽相州未下，河北率为唐有矣。

（以上为第七段，写史思明降唐。）

上皇加上尊号曰光天文武大圣孝感皇帝。郭子仪还东都，经营河北。

崔器、吕諲上言："诸陷贼官，背国从伪，准律皆应处死。"上欲从之。李岘以为："贼陷两京，天子南巡，人自逃生。此属皆陛下亲戚或勋旧子孙，今一概以叛法处死，恐乖仁恕之道。且河北未平，群臣陷贼者尚多，若宽之，足开自新之路；若尽诛，是坚其附贼之心也。《书》曰：'歼厥渠魁，胁从罔理。'諲、器守文，不达大体。惟陛下图之。"争之累日，上从岘议，以六等定罪，重者刑之于市，次赐自尽，次重杖一百，

去，余下的残余逃回本国。

安庆绪嫉恨史思明的强大，派阿史那承庆、安守忠前往征调他的部队，并趁机暗中图谋他。判官耿仁智劝史思明说："大夫您官高位重，别人都不敢说话，我耿仁智愿冒死进一言。"史思明说："有什么事？"耿仁智说："大夫您之所以全力为安氏打仗，不过是迫于他们的凶恶和威势。现在唐朝中兴，天子仁义贤明，大夫如能真心率领部下归顺唐朝，这就是转祸为福的计策。"裨将乌承玼也劝史思明说："现在唐朝再次复兴，安庆绪不过是树叶上的露水罢了。大夫您为什么和他一起灭亡？如果归顺朝廷，以此来改过自新，真是易如反掌啊。"史思明认为他们说得对。

阿史那承庆、安守忠带着五千精锐的骑兵护卫，到了范阳，史思明带领全部士兵好几万人去迎接，相距一里路，派人对阿史那承庆等人说："相公与大王远道而来，范阳的将士们都十分高兴，然而守边的士兵胆怯懦弱，害怕相公的大军，不敢前进，希望你们收起弓箭刀枪以使他们安心。"阿史那承庆等人听从了。史思明带阿史那承庆到内厅作乐饮酒，另外派人收缴了他部下的武器，各郡的士兵都给他们粮食放他们走，愿意留下的则加以优厚的赏赐，分别隶属于各军营。第二天，史思明囚禁了阿史那承庆等人，派自己的部将窦子昂拿着表文把他所统领的十三个郡以及八万士兵归降朝廷，并率领他的河东节度使高秀岩也带着部下来归降。十二月二十二日乙丑，窦子昂到达京师，肃宗大喜，任命史思明为归义王、范阳节度使，七个儿子都授予显要的官职。派内侍李思敬与乌承恩前往宣示慰问，让他率领部下士兵去讨伐安庆绪。

先前，安庆绪任命张忠志为常山太守，史思明召张忠志回范阳，任命他的部将薛萼代理恒州刺史，打开井陉的通道，招降了赵郡太守陆济；命令他的儿子史朝义带领五千士兵代理冀州刺史，任命他的部将令狐彰为博州刺史。乌承恩所到之处宣布诏书的意旨，于是沧州、瀛州、安州、深州、德州、棣州等都归降朝廷，虽然相州还没有降服，但河北大部都归顺了唐朝。

太上皇加封唐肃宗尊号为光天文武大圣孝感皇帝。郭子仪回到东都，经营河北地区。

崔器、吕諲向唐肃宗进言："那些投降叛贼的官员，背叛国家，跟随伪朝，按照法律都应该判处死刑。"唐肃宗打算听从这个意见。李岘认为："叛贼攻陷两京，天子南巡避难，人人都各自逃生。这些投降的人都是陛下的亲戚或者是一些功臣的子孙，现在一概以叛国法律处死，恐怕有违仁恕之道。而且河北地区尚未平定，群臣中陷入叛贼的还很多，如果宽恕他们，就能够开启他们悔过自新的道路；如果全都杀死，就会使他们坚守依附叛贼的决心。《尚书》说：'首恶必办，胁从不问。'吕

次三等流、贬。壬申，斩达奚珣等十八人于城西南独柳树下，陈希烈等七人赐自尽于大理寺；应受杖者于京兆府门。

上欲免张均、张垍死，上皇曰："均、垍事贼，皆任权要。均仍为贼毁吾家事，罪不可赦。"上叩头再拜曰："臣非张说父子，无有今日。臣不能活均、垍，使死者有知，何面目见说于九泉！"因俯伏流涕。上皇命左右扶上起，曰："张垍为汝长流岭表，张均必不可活，汝更勿救。"上泣而从命。

安禄山所署河南尹张万顷独以在贼中能保庇百姓不坐。顷之，有自贼中来者，言"唐群臣从安庆绪在邺者，闻广平王赦陈希烈等，皆自悼，恨失身贼庭；及闻希烈等诛，乃止。"上甚悔之。

臣光曰：为人臣者，策名委质，有死无贰。希烈等或贵为卿相，或亲连肺腑，于承平之日，无一言以规人主之失，救社稷之危，迎合苟容以窃富贵；及四海横溃，乘舆播越，偷生苟免，顾恋妻子，媚贼称臣，为之陈力，此乃屠酤之所羞，犬马之不如。傥各全其首领，复其官爵，是谄谀之臣无往而不得计也。彼颜杲卿、张巡之徒，世治则摈斥外方，沉抑下僚；世乱则委弃孤城，齑粉寇手。何为善者之不幸而为恶者之幸，朝廷待忠义之薄而保奸邪之厚邪！至于微贱之臣，巡徼之隶，谋议不预，号令不及，朝闻亲征之诏，夕失警跸之所，乃复责其不能扈从，不亦难哉！六等议刑，斯亦可矣，又何悔焉！

故妃韦氏既废为尼，居禁中，是岁卒。

置左、右神武军，取元从子弟充，其制皆如四军，总谓之北牙六军。又择善骑射者千人为殿前射生手，分左、右厢，号曰英武军。

诬、崔器墨守法律条文，不识大局。请陛下慎重考虑。”争论了好几天，唐肃宗听从了李岘的意见，分别六等定罪，重罪者在街市上处死，其次赐他们自杀，再其次重打一百棍，以下三等是流放、贬官。十二月二十九日壬申，在城西南独柳树下将达奚珣等十八人斩首，赐陈希烈等七人在大理寺自尽，应该受棍打的在京兆府门前挨打。

唐肃宗想要免掉张均、张垍的死罪，太上皇说："张均、张垍事奉叛贼，都担任重要的职务，张均还替叛贼毁坏我们的家业，罪不能赦免。"肃宗叩头三拜请说："我不是因为张说父子的帮助，就没有今天。我如果不能使张均、张垍活着，假使死者有知，我有什么脸面在九泉之下去见张说！"说着趴在地上痛哭流涕。太上皇让左右的人扶起肃宗，说："看在你的面子上，让张垍永远流放到岭南，但张均绝对不能让他活着，你不要再为他说情了。"肃宗哭着听从了太上皇的命令。

只有安禄山所任命的河南尹张万顷，因为在叛贼中能保护老百姓而没有被判罪。不久，有人从叛贼中来，说："在邺郡跟随安庆绪的唐朝群臣，听说广平王赦免了陈希烈等人，都自己感到很痛心，悔恨失身于叛贼；等听说陈希烈等人被杀，便没有了悔恨之意。"唐肃宗听说后很后悔。

臣司马光评论说：做人臣的人，既然接受君主的任命，委身于国家，就是死也不能有二心。陈希烈等人有的贵为公卿宰相，有的是皇亲国戚，在承平的时候，没有说一句规劝人主过失的话，没有去拯救国家的危亡，只有一味地迎合人主的心意，苟且偷安以谋取富贵；等到天下大乱，皇帝迁徙流离，他们贪生怕死，顾恋妻子儿女献媚于叛贼，俯首称臣，替叛贼卖力，这种行为连屠夫卖酒的也感到羞耻，真是连犬马都不如。假如让他们都活命，并恢复其官职爵位，那么就会使得那些只会阿谀奉承的臣子们随心所欲了。而像颜杲卿、张巡这样的人，天下太平时，就会被排挤在外地做官，屈居卑微的官位；天下大乱时，就会被抛弃在孤城中，粉身碎骨于敌寇之手。为什么行善的人遭不幸而行恶的人却如此幸运？朝廷为什么待忠义之士这样薄而待奸邪小人这样厚？至于那些地位卑贱的小臣，巡逻传令的奴仆，不能参与国家大事的谋划，也没听到号令，早上才听说皇帝亲征的诏书，晚上却不知道皇帝到哪里去了，却备责他们没有随从保驾，不也是太过分了吗？按照六个等级定罪判刑，这也是合适的，肃宗又有什么可后悔的呢？

唐肃宗以前的妃子韦氏废为尼姑后，住在禁中，这一年死去。

建立左、右神武军，选取那些动乱中随从肃宗流离迁徙的子弟充当，其建制与左、右羽林，左、右龙武四军一样，总称为北牙六军。又选择善于骑马射箭的一千人为殿前射生手，分为左、右两厢，号称为英武军。

升河中防御使为节度，领蒲、绛等七州；分剑南为东、西川节度，东川领梓、遂等十二州；又置荆澧节度，领荆、澧等五州；夔峡节度，领夔、峡等五州；更安西曰镇西。

（以上为第八段，写肃宗分六等处置叛贼降人，受到司马光的称赞。）

乾元元年（戊戌，758 年）

春，正月，戊寅，上皇御宣政殿，授册，加上尊号。上固辞“大圣”之号，上皇不许。上尊上皇曰太上至道圣皇天帝。

先是，官军既克京城，宗庙之器及府库资财多散在民间，遣使检括，颇有烦扰；乙酉，敕尽停之，乃命京兆尹李岘安抚坊市。

二月，癸卯朔，以殿中监李辅国兼太仆卿。辅国依附张淑妃，判元帅府行军司马，势倾朝野。

安庆绪所署北海节度使能元皓举所部来降，以为鸿胪卿，充河北招讨使。

丁未，上御明凤门，赦天下，改元。尽免百姓今载租、庸，复以载为年。

庚午，以安东副大都护王玄志为营州刺史，充平卢节度使。

三月，甲戌，徙楚王俶为成王。

戊寅，立张淑妃为皇后。

镇西、北庭行营节度使李嗣业屯河内。癸巳，北庭兵马使王惟良谋作乱，嗣业与裨将荔非元礼讨诛之。

安庆绪之北走也，其平原太守王暕、清河太守宇文宽皆杀其使者来降；庆绪使其将蔡希德、安太清攻拔之，生擒以归，剐于邺市。凡有谋归者，诛及种、族，乃至部曲、州县、官属，连坐死者甚众。又与其群臣歃血盟于邺南，而人心益离。庆绪闻李嗣业在河内，夏，四月，与蔡希德、崔乾祐将步骑二万，涉沁水攻之，不胜而还。

癸卯，以太子少师虢王巨为河南尹，充东京留守。

辛卯，新主入太庙。甲寅，上享太庙，遂祀昊天上帝；乙卯，御明凤门，赦天下。

五月，壬午，制停采访使，改黜陟使为观察使。

张镐性简澹，不事中要，闻史思明请降，上言：“思明凶险，因乱窃

升河中防御使为节度使，管辖蒲州、绛州等七州；划分剑南节度使为东川、西川节度使，东川节度使管辖梓州、遂州等十二州；又置荆澧节度使，管辖荆州、澧州等五州；夔峡节度使，管辖夔州、峡州等五州；改安西为镇西。

唐肃宗乾元元年（戊戌，758 年）

春季，正月初五戊寅，太上皇驾临宣政殿，授肃宗传国宝，加肃宗尊号。肃宗坚决辞谢“大圣”的称号，太上皇不同意。肃宗尊太上皇为太上至道圣皇天帝。

先前，官军已经收复京城，宗庙里的器物以及府库中的财物大都散落民间，就派使者搜检，经常打扰百姓。正月十二日乙酉，肃宗下令停止一切搜检，又命令京兆尹李岘去安抚街市民众。

二月初一日癸卯朔，任命殿中监李辅国兼任太仆卿。李辅国依附张淑妃，兼任元帅府行军司马，权势压倒朝野人士。

安庆绪所任命的北海节度使能元皓率领部下前来归降，任命他为鸿胪卿，充河北招讨使。

二月初五日丁未，肃宗驾临明凤门，赦免天下，改年号。全部免去百姓今年的租、庸，又回改“载”为“年”。

二月二十八日庚午，任命安东副大都护王玄志为营州刺史，充平卢节度使。

三月初二日甲戌，移封楚王李俶为成王。

三月初六日戊寅，立张淑妃为皇后。

镇西、北庭行营节度使李嗣业驻扎河内。三月二十一日癸巳，北庭兵马使王惟良阴谋作乱，被李嗣业与裨将荔非元礼讨杀。

安庆绪向北逃走时，他的平原太守王暕、清河太守宇文宽都杀死了他的使者归降了朝廷。安庆绪派他的将领蔡希德、安太清攻克了平原和清河，活捉他们而归，将他们在邺城街市上处以剐刑。安庆绪对于凡是想归降朝廷的部下一律处死，并株连其部落和宗族，乃至部曲、州县的官属，受连累而死的人非常多。安庆绪又和群臣在邺城南歃血结盟，然而人心日益离散。安庆绪听说李嗣业在河内，夏季，四月，与蔡希德、崔乾祐率领步兵骑兵两万人，渡过沁水去攻打，没有取胜便回来了。

四月初二日癸卯，任命太子少师虢王李巨为河南尹，充东京留守。

四月初十日辛卯，将栗木做的新神主送进太庙。四月十三日甲寅，肃宗祭祀太庙，因而祭祀昊天上帝。四月十四日乙卯，驾临明凤门，大赦天下。

五月十一日壬午，下制书取消采访使，改黜陟使为观察使。

张镐性情简朴淡泊，不愿巴结身居要职的宦官，听说史思明请求归降，向肃宗

位，力强则众附，势夺则人离，彼虽人面，心如野兽，难以德怀，愿勿假以威权。”又言：“滑州防御使许叔冀，狡猾多诈，临难必变，请征入宿卫。”时上以宠纳思明，会中使自范阳及白马来，皆言思明、叔冀忠恳可信，上以镐为不切事机，戊子，罢为荆州防御使；以礼部尚书崔光远为河南节度使。

（以上为第九段，写唐肃宗宠信宦官李辅国，又假降贼史思明等以重权，留下隐患。）

张后生兴王佋，才数岁，欲以为嗣，上疑未决，从容谓考功郎中、知制诰李揆曰：“成王长，且有功，朕欲立为太子，卿意何如？”揆再拜贺曰：“此社稷之福，臣不胜大庆。”上喜曰：“朕意决矣。”庚寅，立成王俶为皇太子。揆，玄道之玄孙也。

乙未，以崔圆为太子少师，李麟为少傅，皆罢政事。上颇好鬼神，太常少卿王玙，专依鬼神以求媚，每议礼仪，多杂以巫祝俚俗。上悦之，以玙为中书侍郎、同平章事。

赠故常山太守颜杲卿太子太保，谥曰忠节，以其子威明为太仆丞。杲卿之死也，杨国忠用张通幽之谮，竟无褒赠。上在凤翔，颜真卿为御史大夫，泣诉于上，上乃出通幽为普安太守，具奏其状于上皇，上皇杖杀通幽。杲卿子泉明为王承业所留，因寓居寿阳，为史思明所虏，裹以牛革，送于范阳，会安庆绪初立，有赦，得免。思明降，乃得归，求其父尸于东京，得之，遂并袁履谦尸棺敛以归。杲卿姊妹女及泉明之子皆流落河北；真卿时为蒲州刺史，使泉明往求之，泉明号泣求访，哀感路人，久乃得之。泉明诣亲故乞索，随所得多少赎之，先姑姊妹而后其子。姑女为贼所掠，泉明有钱二百缗，欲赎己女，闵其姑愁悴，先赎姑女；比更得钱，求其女，已失所在。遇群从姊妹及父时将吏袁履谦等妻子流落者，皆与之归，凡五十余家，三百余口，均减资粮，一如亲戚。至蒲州，真卿悉加赡给，久之，随其所适而资送之。袁履谦妻疑履谦衣衾俭薄，发棺视之，与杲卿无异，乃始惭服。

进言说：“史思明凶恶阴险，趁着叛乱而窃取高位，力量强大时众人就依附，权势失落时众人就离散，他实在是人面兽心，难以用仁德去感化他，请不要给他权威。”又说：“滑州防御使许叔冀，狡猾多诈，一遇危难，必定生变，请征召他回京担任宿卫。”此时肃宗用恩宠来拉拢史思明，正好有宦官从范阳和白马来，都说史思明、许叔冀忠诚可信，因此，肃宗认为张镐不识时务，五月十七日戊子，把张镐贬为荆州防御使，任命礼部尚书崔光远为河南节度使。

张皇后所生的兴王李佋，才几岁，张皇后就要把他立为太子，肃宗犹豫不决，在闲谈时对考功郎中、知制诰李揆说：“成王年长，并且有战功，朕想立他为太子，你的意下以为如何？”李揆再次跪拜称贺说：“这真是国家的幸福，臣感到非常高兴。”肃宗欢喜地说：“朕的心意已经决定了。”五月十九日庚寅，肃宗立成王李俶为皇太子。李揆，是李玄道的玄孙。

五月二十四日乙未，任命崔圆为太子少师，李麟为少傅，都罢除他们的政事。肃宗很喜好鬼神，太常少卿王玙专门用鬼神之事来取悦肃宗，每当议论礼仪时，王玙就常常夹杂一些巫术和俚俗。肃宗很喜欢他，任命王玙为中书侍郎、同平章事。

追赠已故的常山太守颜杲卿为太子太保，谥号为“忠节”，任命他的儿子威明为太仆丞。颜杲卿死的时候，杨国忠听信张通幽的谮言，竟然没有任何褒奖追赠。肃宗在凤翔时，颜真卿做御史大夫，哭着把这事告诉了肃宗，肃宗于是把张通幽贬为普安郡太守，并把有关情况告诉了太上皇，太上皇命令用棍打死张通幽。颜杲卿的儿子颜泉明被王承业留下，因而寓居在寿阳县，被史思明俘虏，用牛皮裹住，送往范阳，碰上安庆绪刚即位，有赦免令，颜泉明免于一死。史思明投降后，他才得以回去，在东京寻找他父亲的尸体，找到后，便和袁履谦的尸体一道用棺材装敛送回。颜杲卿姐妹的女儿以及颜泉明自己的孩子都流落在河北。颜真卿当时任蒲州刺史，让颜泉明去寻找，颜泉明哭喊着四处求访，哀痛感动了路人，找了很久才找到。颜泉明到亲戚朋友那里去借钱，根据所借得的钱的多少去赎人，先是姑妈的女儿然后才是自己的孩子。姑妈的女儿被叛贼抢去，颜泉明有钱二百缗，想要赎回自己的女儿，又可怜他的姑妈愁苦憔悴，就先赎回姑妈的女儿。等到他借到钱，再找自己的女儿时，已经找不到了。颜泉明遇到许多流落在外的堂姊妹以及父亲在世时将吏袁履谦等人的妻子，都带上她们一起回来，一共有五十多家，三百多口人，一路上把资财和粮食平均分给大家，全都和亲戚一样。到了蒲州，颜真卿都给予他们接济，过了很长一段时间，便随他们的心意愿到哪里去就资助送他们到那里去。袁履谦的妻子怀疑袁履谦装殓时衣服比颜杲卿俭薄，等打开棺材察看，与颜杲卿没有区别，

六月，己酉，立太一坛于南郊之东，从王玙之请也。上尝不豫，卜云山川为祟，玙请遣中使与女巫乘驿分祷天下名山、大川。巫恃势，所过烦扰州县，干求受赃。黄州有巫，盛年美色，从无赖少年数十，为蠹尤甚，至黄州，宿于驿舍。刺史左震晨至驿，门扃锁，不可启，震怒，破锁而入，曳巫于阶下斩之，所从少年悉毙之。籍其赃，数十万，具以状闻，且请以其赃代贫民租，遣中使还京师，上无以罪也。

以开府仪同三司李嗣业为怀州刺史，充镇西、北庭行营节度使。

山人韩颖改造新历，丁巳，初行颖历。

（以上为第十段，写唐肃宗立太子，定国本。颜杲卿忠烈死贼获封赠。）

戊午，敕两京陷贼官，三司推究未毕者皆释之；贬、降者续处分。

太子少师房琯既失职，颇怏怏，多称疾不朝，而宾客朝夕盈门，其党为之扬言于朝云："琯有文武才，宜大用。"上闻而恶之，下制数琯罪，贬豳州刺史。前祭酒刘秩贬阆州刺史，京兆尹严武贬巴州刺史，皆琯党也。

初，史思明以列将事平卢军使乌知义，知义善待之。知义子承恩为信都太守，以郡降思明，思明思旧恩而全之。及安庆绪败，承恩劝思明降唐。李光弼以思明终当叛乱，而承恩为思明所亲信，阴使图之；又劝上以承恩为范阳节度副使，赐阿史那承庆铁券，令共图思明，上从之。

承恩多以私财募部曲，又数衣妇人服诣诸将营说诱之，诸将以白思明，思明疑未察。会承恩入京师，上使内侍李思敬与之俱至范阳宣慰。承恩既宣旨，思明留承恩馆于府中，帷其床，伏二人于床下。承恩少子在范阳，思明使省其父。夜中，承恩密谓其子曰："吾受命除此逆胡，当以吾为节度使。"二人于床下大呼而出。思明乃执承恩，索其装囊，得铁券及光弼牒，牒云："承庆事成则付铁券；不然，不可付也。"又得簿书数百纸，皆先从思明反者将士名。思明责之曰："我何负于汝而为此！"承恩谢曰："死罪，此皆李光弼之谋也。"思明乃集将佐吏民，西向大哭曰：

心中才惭愧信服。

六月初九日己酉，在南郊的东边设立太一坛，这是根据王玙的请求。肃宗曾经感到身体不适，占卜的结果说是山川在作祟，王玙请求派宦官和女巫乘驿马分别去祷告天下的名山大川。这些女巫依仗权势，所到之处都麻烦骚扰各州县的官吏百姓，索要财物，接受贿赂。黄州有一个女巫，年轻漂亮，身后跟随着几十名无赖少年，危害尤其严重，到黄州后，住在驿站馆舍。黄州刺史左震早晨到驿站，见馆舍门闩紧锁着，打不开，左震大怒，砸坏门锁就进去了，把女巫拉出来在台阶下杀了，随从的少年全都杀死。查点女巫贪污受贿的财物，有好几十万，把实际情形详细报告肃宗，并且请求把她的赃物用来代替贫民的租税，遣送宦官回京师，肃宗没有怪罪他。

任命开府仪同三司李嗣业为怀州刺史，充任镇西、北庭行营节度使。

山人韩颖改造新的历法，六月十七日丁巳，开始实行韩颖的新历。

六月十八日戊午，唐肃宗敕令两京沦陷时投降叛贼的官吏，三司审理尚未完毕的全都释放；被贬谪降官的人继续原来的处置。

太子少师房琯失去职位后，心里很不快活，常常假装有病不去上朝，而家里来往的宾客从早到晚川流不息，他的党羽替他在朝中扬言说："房琯是文武全才，应该重用。"肃宗听说后非常厌恶，于是下制书数落房琯的罪状，把他贬为豳州刺史。前任祭酒刘秩被贬为阆州刺史，京兆尹严武被贬为巴州刺史，这两人都是房琯的党羽。

当初，史思明以将领的身份事奉平卢军使乌知义，乌知义对他很好。乌知义的儿子乌承恩做信都太守，举郡投降了史思明，史思明念及旧恩而保全了他。等安庆绪失败时，乌承恩劝史思明投降唐朝。李光弼认为史思明最终还是会叛乱的，而乌承恩是史思明的亲信，所以就让他暗中图谋史思明。又劝肃宗任命乌承恩为范阳节度副使，赐给阿史那承庆铁券，命令他们一起来图谋史思明，肃宗听从了这个意见。

乌承恩多次用私人的财物去招募士卒，又多次穿着女人的服装到各将领的军营中去劝说诱降他们，各将领把这一情况告诉了史思明，史思明有所怀疑但没有追查。适逢乌承恩进入京城，肃宗派内侍李思敬和他一起去范阳宣谕慰问。乌承恩宣明圣旨后，史思明留下乌承恩住在府中，又用帷帐把他的床围起来，在床下埋伏了两个人。乌承恩的小儿子在范阳，史思明让他来看望父亲，半夜里，乌承恩悄悄地对他的儿子说："我受皇帝的命令来除掉这个逆贼，将让我做节度使。"这时埋伏在床下的两个人大叫而出。于是史思明就把乌承恩抓起来，搜查他的行李袋，得到了铁券和李光弼的公文，公文说："如果阿史那承庆事情办成了就给他铁券，否则不要交给

“臣以十三万众降朝廷，何负陛下，而欲杀臣！”遂榜杀承恩父子，连坐死者二百余人。承恩弟承玼走免。思明囚思敬，表上其状。上遣中使慰谕思明曰：“此非朝廷与光弼之意，皆承恩所为，杀之甚善。”

会三司议陷贼官罪状至范阳，思明谓诸将曰：“陈希烈辈皆朝廷大臣，上皇自弃之幸蜀，今犹不免于死，况吾属本从安禄山反乎！”诸将请思明表求诛光弼，思明从之，命判官耿仁智与其僚张不矜为表云：“陛下不为臣诛光弼，臣当自引兵就太原诛之。”不矜草表以示思明，及将入函，仁智悉削去之。写表者以白思明，思明命执二人斩之。仁智事思明久，思明怜，欲活之，复召入，谓曰：“我任使汝垂三十年，今日非我负汝。”仁智大呼曰：“人生会有一死，得尽忠义，死之善者也。今从大夫反，不过延岁月，岂若速死之愈乎！”思明怒，乱捶之，脑流于地。

乌承玼奔太原，李光弼表为昌化郡王，充石岭军使。

（以上为第十一段，写朝廷失策，唐肃宗密谋诛杀史思明而谋泄。）

秋，七月，丙戌，初铸当十大钱，文曰“乾元重宝”。从御史中丞第五琦之谋也。

丁亥，册命回纥可汗曰英武威远毗伽阙可汗，以上幼女宁国公主妻之。以殿中监汉中王瑀为册礼使，右司郎中李巽副之；命左仆射裴冕送公主至境上。戊子，又以司勋员外郎鲜于叔明为瑀副。叔明，仲通之弟也。甲子，上送宁国公主至咸阳，公主辞诀曰：“国家事重，死且无恨。”上流涕而还。

瑀等至回纥牙帐，可汗衣赭袍胡帽，坐帐中榻上，仪卫甚严，引瑀等立于帐外。瑀不拜而立，可汗曰：“我与天可汗两国之君，君臣有礼，何得不拜？”瑀与叔明对曰：“向者唐与诸国为婚，皆以宗室女为公主。今天子以可汗有功，自以所生女妻可汗。恩礼至重，可汗奈何以子婿傲

他。”又得到一个几百页的册子，上面全是以前跟随史思明反叛的将士的名单。史思明斥责他说：“我有什么亏待你而你竟然这样干！”乌承恩谢罪说：“有罪该死，这都是李光弼的计谋。”于是史思明就集合将领辅佐官吏百姓，面朝西大哭道：“我以十三万人的部众归降朝廷，有什么对不起陛下的，陛下却要杀我！”然后打死了乌承恩父子，连累而死的有两百多人。乌承恩的弟弟乌承玼逃脱了。史思明囚禁了李思敬，上表说明这一情况。肃宗派宦官来慰问晓谕史思明说：“这不是朝廷和李光弼的意思，都是乌承恩一个人干的，杀了他很好。”

这时三司处置投降叛贼官员的罪状书也传到范阳，史思明对各个将领说：“陈希烈等人都是朝廷的大臣，太上皇自己抛弃他们逃到蜀中，现在他们仍然不免于一死，何况我们这些人本来就是跟随安禄山一起反叛的！”各个将领请求史思明上表肃宗要求杀掉李光弼，史思明听从了，命令判官耿仁智和他的幕僚张不矜写表文说：“陛下如果不替臣诛杀李光弼，臣将亲自带兵去太原诛杀他。”张不矜起草表文给史思明看后，等到准备装入信函封好时，耿仁智把这些话全都删掉。抄写表文的人把这事告诉了史思明，史思明命令抓住两人斩首。耿仁智侍奉史思明很长时间，史思明怜惜他，想让他活命，又把他召进来，对他说：“我任用你将近三十年，今天不是我对不住你。”耿仁智大叫说：“人生总会有一死，能够尽忠尽义，就是死得其所。现在跟随大夫继续反叛，只不过是暂时拖延岁月，还不如赶快死了还好些！”史思明大怒，用乱棒打死他，脑浆流了一地。

乌承玼逃到太原，李光弼表请他为昌化郡王，充石岭军使。

秋季，七月十六日丙戌，开始铸造以一当十的大钱，名为“乾元重宝”。这是根据御史中丞第五琦的建议。

七月十七日丁亥，唐王朝册封回纥可汗为英武威远毗伽阙可汗，并把肃宗的幼女宁国公主嫁给回纥可汗为妻子。任命殿中监汉中王李瑀为册礼使，右司郎中李巽为副使，命令左仆射裴冕护送公主到边境上。七月十八日戊子，又命令司勋员外郎鲜于叔明为李瑀的副使。鲜于叔明，是鲜于仲通的弟弟。七月，甲子，肃宗送宁国公主到咸阳，宁国公主辞谢告别说：“国家的事情重要，我就是死了也无遗恨。”肃宗哭着回来了。

李瑀等人来到回纥的牙帐，可汗穿着红褐色的袍子，戴着胡人的帽子，坐在帐中的床上，仪仗和卫队非常严整，有人引李瑀等人站在帐外。李瑀见了可汗站在那里不跪拜，可汗说：“我和天可汗是两国的国君，君臣之间有礼节，为什么不跪拜？”李瑀和鲜于叔明回答说：“过去我们唐朝和其他国家通婚，都是拿宗室的女

妇翁，坐榻上受册命邪！”可汗改容，起受册命。明日，立公主为可敦，举国皆喜。

乙未，郭子仪入朝。

八月，壬寅，以青、登等五州节度使许叔冀为滑、濮等六州节度使。

庚戌，李光弼入朝。丙辰，以郭子仪为中书令，光弼为侍中。丁巳，子仪诣行营。

回纥遣其臣骨啜特勒及帝德将骁骑三千助讨安庆绪，上命朔方左武锋使仆固怀恩领之。

九月，庚午朔，以右羽林大将军赵泚为蒲、同、虢三州节度使。

丙子，招讨党项使王仲升斩党项酋长拓跋戎德，传首。

安庆绪之初至邺也，虽枝党离析，犹据七郡六十余城，甲兵资粮丰备。庆绪不亲政事，专以缮台沼楼船、酣饮为事。其大臣高尚、张通儒等争权不叶，无复纲纪。蔡希德有才略，部兵精锐，而性刚，好直言，通儒谮而杀之；麾下数千人皆逃散，诸将怨怒不为用。以崔乾祐为天下兵马使，总中外兵。乾祐愎戾好杀，士卒不附。

庚寅，命朔方郭子仪、淮西鲁炅、兴平李奂、滑濮许叔冀、镇西北庭李嗣业、郑蔡季广琛、河南崔光远七节度使及平卢兵马使董秦将步骑二十万讨庆绪；又命河东李光弼、关内泽潞王思礼二节度使将所部兵助之。上以子仪、光弼皆元勋，难相统属，故不置元帅，但以宦官开府仪同三司鱼朝恩为观军容宣慰处置使。观军容之名自此始。

（以上为第十二段，写唐肃宗与回纥和亲，大发兵讨叛贼安庆绪。）

癸巳，广州奏：大食、波斯围州城，刺史韦利见逾城走，二国兵掠仓库，焚庐舍，浮海而去。

冬，十月，甲辰，册太子，更名曰豫。自中兴以来，群下无复赐物，至是，始有新铸大钱，百官、六军沾赉有差。

郭子仪引兵自杏园济河，东至获嘉，破安太清，斩首四千级，捕虏五百人。太清走保卫州，子仪进围之；丙午，遣使告捷。鲁炅自阳武济，

儿作为公主。当今天子认为可汗有功劳，就把自己的亲生女儿嫁给可汗为妻，恩德礼遇极为隆重，可汗你怎么能够以女婿的身份而怠慢岳丈大人，坐在床上接受册命呢？”可汗连忙改变态度，起身接受册命。第二天，立公主为可敦，举国欢喜。

七月二十五日乙未，郭子仪入朝。

八月初三日壬寅，任命青州、登州等五个州的节度使许叔冀为滑州、濮州等六个州的节度使。

八月十一日庚戌，李光弼入朝。十七日丙辰，任命郭子仪为中书令，李光弼为侍中。八月十八日丁巳，郭子仪返回节度行营。

回纥派遣大臣骨啜特勒及帝德率领精锐骑兵三千人帮助唐朝讨伐安庆绪，肃宗命令朔方左武锋使仆固怀恩统领这支军队。

九月初一日庚午朔，任命右羽林大将军赵泚为蒲州、同州、虢州三州的节度使。

九月初七日丙子，招讨党项使王仲升杀了党项酋长拓拔戎德，传首级到京师。

安庆绪刚到邺城时，虽然各支各派分崩离析，但仍然占据着七个郡六十多座城，兵器物资粮食都很充足。安庆绪不亲自管理政事，一意大兴土木，修建亭台池沼楼船，以饮酒为乐事。他的大臣高尚、张通儒等人又因争权不和，不再有政令纲纪。蔡希德有才干，部下的士兵也很精锐，但性格刚强，喜欢直言，被张通儒谮言而杀掉。他的部下好几千人都四处逃散，各个将领也都怨恨生气，不为安庆绪所用。安庆绪就任命崔乾祐为天下兵马使，总揽内外兵权。崔乾祐刚愎乖戾，喜欢杀人，士卒都不愿为他卖力。

九月二十一日庚寅，命令朔方节度使郭子仪、淮西节度使鲁炅、兴平节度使李奂、滑濮节度使许叔冀、镇西、北庭节度使李嗣业、郑蔡节度使季广琛、河南节度使崔光远等七个节度使以及平卢兵马使董秦率领步兵骑兵二十万讨伐安庆绪；又命令河东节度使李光弼，关内、泽潞节度使王思礼等两个节度使率领部下的兵马去帮助。肃宗认为郭子仪、李光弼都是功臣元勋，难以相互统属，所以不设立元帅，只以宦官开府仪同三司鱼朝恩为观军容宣慰处置使。“观军容”的名称从这时开始。

九月二十四日癸巳，广州奏报说：“大食、波斯的军队包围了州城，刺史韦利见翻墙逃走了，这两个国家的士兵抢夺仓库，焚烧房屋，从海上乘船离去。”

冬季，十月初五日甲辰，册封太子，改名叫豫。自从唐朝中兴以来，没有给群臣赏赐过财物，到这时，开始有新铸造的大钱，因此百官和六军都得到数量不等的赏赐。

郭子仪率兵从杏园镇渡过黄河，东向到达获嘉县，打败安太清，杀死四千人，俘虏五百人。安太清逃走退保卫州，郭子仪进兵包围。初七日丙午，派使者回朝报

季广琛、崔光远自酸枣济，与李嗣业兵皆会子仪于卫州。庆绪悉举邺中之众七万救卫州，分三军，以崔乾祐将上军，田承嗣将下军，庆绪自将中军。子仪使善射者三千人伏于垒垣之内，令曰："我退，贼必逐我，汝乃登垒，鼓噪而射之。"既而与庆绪战，伪退，贼逐之，至垒下，伏兵起射之，矢如雨注，贼还走，子仪复引兵逐之，庆绪大败。获其弟庆和，杀之。遂拔卫州。庆绪走，子仪等追之至邺，许叔冀、董秦、王思礼及河东兵马使薛兼训皆引兵继至。庆绪收余兵拒战于愁思冈，又败。前后斩首三万级，捕虏千人。庆绪乃入城固守，子仪等围之。庆绪窘急，遣薛嵩求救于史思明，且请以位让之。思明发范阳兵十三万欲救邺，观望未敢进，先遣李归仁将步骑一万军于滏阳，遥为庆绪声势。

甲寅，上皇幸华清宫；十一月，丁丑，还京师。

崔光远拔魏州；丙戌，以前兵部侍郎萧华为魏州防御使。会史思明分军为三,一出邢、洺，一出冀、贝，一自洹水趣魏州。郭子仪奏以崔光远代华，十二月，癸卯，敕以光远领魏州刺史。

甲辰，置浙江西道节度使，领苏、润等十州，以升州刺史韦黄裳为之。庚戌，置浙江东道节度使，领越、睦等八州，以户部尚书李峘为之，兼淮南节度使。

己未，群臣请上尊号曰乾元大圣光天文武孝感皇帝，许之。

史思明乘崔光远初至，引兵大下，光远使将军李处崟拒之。贼势盛，处崟连战不利，还趣城。贼追至城下，扬言曰："处崟召我来，何为不出！"光远信之，腰斩处崟。处崟，骁将，众所恃，既死，众无斗志，光远脱身走还汴州。丁卯，思明陷魏州，所杀三万人。

（以上为第十三段，写郭子仪受命率领九节度使之兵讨安庆绪，史思明复叛。）

平卢节度使王玄志薨，上遣中使往抚将士，且就察军中所欲立者，授以旌节。高丽人李怀玉为裨将，杀玄志之子，推侯希逸为平卢军使。希逸之母，怀玉姑也，故怀玉立之。朝廷因以希逸为节度副使。节度使由军士废立自此始。

捷。鲁炅从阳武渡过黄河，季广琛、崔光远从酸枣渡过黄河，与李嗣业的部队一起在卫州与郭子仪会合。安庆绪调发邺中全部士卒七万人去援救卫州，分成三军，任命崔乾率领上军，田承嗣率领下军，安庆绪自己率领中军。郭子仪派善射手三千人埋伏在军营垒墙里面，命令他们说："我后退时，叛贼必定追赶我，你们便登上垒墙，擂鼓叫喊而射击他们。"随后与安庆绪交战，假装撤退，叛贼追赶他，到垒墙下，伏兵起来一起射击他们，箭如雨下，叛贼退走，郭子仪再带兵追击他们，安庆绪大败。抓住他的弟弟安庆和，杀了他。于是克复卫州。安庆绪逃走，郭子仪等人追赶到邺城，许叔冀、董秦、王思礼以及河东兵马使薛兼训都带兵相继赶到。安庆绪收拾残兵在愁思冈和官兵对抗作战，又失败了。前后杀死了三万人，俘虏一千人。安庆绪于是就进入邺城固守，郭子仪等人包围了邺城。安庆绪窘困急迫，派薛嵩向史思明求救，并且请求把自己的位置让给他。史思明调发范阳士兵十三万人想要去救援邺城，犹豫观望，不敢贸然前进，先派遣李归仁带步兵骑兵一万人驻扎在滏阳，与安庆绪遥相呼应。

十月十五日甲寅，太上皇驾临华清宫；十一月初八日丁丑，回到京师。

崔光远克复魏州，十一月，丙戌，任命前兵部侍郎萧华为魏州防御史。碰上史思明把军队分成三路，一路出邢州、洺州，一路出冀州、贝州，一路出洹水到魏州。郭子仪奏请任命崔光远代替萧华，十二月初五日癸卯，下敕书任命崔光远领魏州刺史。

十二月初六日甲辰，设置浙江西道节度使，管辖苏州、润州等十个州，任命升州刺史韦黄裳担任浙江西道节度使。十二月十二日庚戌，设置浙江东道节度使，管辖越州、睦州等八个州，任命户部尚书李峘担任江浙江东道节度使，兼淮南节度使。

十二月二十一日己未，群臣请求给肃宗上尊号为乾元大圣光天文武孝感皇帝，肃宗同意了。

史思明趁崔光远刚到，带兵大举进攻，崔光远派将军李处崟抵抗。叛军气势旺盛，李处崟接连战斗都失利，只得退回城里。叛贼追到城下，扬言说："处崟叫我们来的，为什么不出来？"崔光远听信叛贼离间谣言，腰斩了李处崟。李处崟，是一员猛将，深得军心，他死后，众人没有斗志，崔光远脱身逃回汴州。十二月二十九日丁卯，史思明攻陷魏州，杀死了三万人。

平卢节度使王玄志死了，肃宗派宦官前往安抚将士，并且去考察军中所要拥立的人，准备把旌节授予他。高丽人李怀玉做裨将，杀死王玄志的儿子，推举侯希逸为平卢军使。侯希逸的母亲，是李怀玉的姑妈，所以李怀玉拥立他。朝廷因此任命侯希逸为节度副使。节度使的职位由军士废立从此开始。

臣光曰：夫民生有欲，无主则乱。是故圣人制礼以治之。自天子、诸侯至于卿、大夫、士、庶人，尊卑有分，大小有伦，若纲条之相维，臂指之相使，是以民服事其上，而下无觊觎。其在《周易》，“上天、下泽，履。”，象曰：“君子以辨上下，定民志。”此之谓也。凡人君所以能有其臣民者，以八柄存乎己也。苟或舍之，则彼此之势均，何以使其下哉！

肃宗遭唐中衰，幸而复国，是宜正上下之礼以纲纪四方；而偷取一时之安，不思永久之患。彼命将帅，统藩维，国之大事也，乃委一介之使，徇行伍之情，无问贤不肖，惟其所欲与者则授之。自是之后，积习为常，君臣循守，以为得策，谓之姑息。乃至偏裨士卒，杀逐主帅，亦不治其罪，因以其位任授之。然则爵禄、废置、杀生、予夺，皆不出于上而出于下，乱之生也，庸有极乎！

且夫有国家者，赏善而诛恶，故为善者劝，为恶者惩。彼为人下而杀逐其上，恶孰大焉！乃使之拥旄秉钺，师长一方，是赏之也。赏以劝恶，恶其何所不至乎！《书》云：“远乃猷。”《诗》云：“猷之未远，是用大谏。”孔子曰：“人无远虑，必有近忧。”为天下之政而专事姑息，其忧患可胜校乎！由是为下者常眄眄焉伺其上，苟得间则攻而族之；为上者常惴惴焉畏其下，苟得间则掩而屠之；争务先发以逞其志，非有相保养为俱利久存之计也。如是而求天下之安，其可得乎！迹其厉阶，肇于此矣。

盖古者治军必本于礼，故晋文公城濮之战，见其师少长有礼，知其可用。今唐治军而不顾礼，使士卒得以陵偏裨，偏裨得以陵将帅，则将帅之陵天子，自然之势也。

由是祸乱继起，兵革不息，民坠涂炭，无所控诉，凡二百余年，

臣司马光评论说：人民天生有欲望，没有君主就会产生动乱。因此，圣人制定礼来治理国家。上自天子、诸侯，下至公卿、大夫、士人、庶人，尊卑有别，大小有序，好比大纲和条目相互维系，有条不紊，好比手臂与手指相互使唤，无不服从，因此人民服务事奉君上，而在下的人不会有夺取君位的野心。《周易》中的《象传》说："上面是天，下面是泽，这是《履》卦。"《象传》又说："君子以此来分别上下尊卑，安定人民的心志。"就是说的这个道理。大凡做人君的之所以能够保有自己的臣民，是因为驾驭臣民的八种权柄掌握在自己的手里。假如舍弃了这些权柄，那么君臣上下就会势均力敌，还怎么能够统治他的臣下呢？

肃宗遭遇唐朝中期的衰乱，有幸而复兴，应该端正君臣上下之礼以统治四方；而他却只想偷取一时的安定，不考虑长期的祸患。任命将帅，统治地方，本是国家的大事，却委派一个使者，曲从于士兵的情绪，不管贤能与否，只要有人想拥立谁就任命谁。从此以后，习以为常，国君与臣下都因循下去，以为是很好的政策，这就是"姑息"，即只求眼前的安宁。乃至于偏将士卒，杀死或驱逐主帅，也不治他们的罪，反而将主帅的位置授给他们。然而这样一来，君主驾驭臣下的八种权柄即爵禄、废置、杀生、予夺，都不出于肃宗而出于臣下，那么天下产生动乱还会结束吗？

而且治理国家的君主，要奖励善良，严惩凶恶，这样就使行善的人得到劝勉，行恶的人得到惩罚。那些做部下的人而杀死驱逐他的上司，没有比这更大的恶行了！竟然要他掌握生杀大权，统管一方，这实在是在奖赏啊。奖赏用来劝导行恶，恶行怎么能不到处产生呢？《尚书》说："谋划要为长远着想。"《诗经》说："国王鼠目寸光，我因而竭力进谏。"孔子说："人无远虑，必有近忧。"主管天下的政事而一味地追求暂时的安宁，那么，天下的忧患还能有个完吗？于是做臣下的往往蔑视君主窥伺其位，若有机会就会攻杀君上。为君上的常常因为畏惧臣下而惶惶不安，一旦有机会也会乘其不备而屠杀他；于是就争相先发制人以满足自己的心志，而没有互相保养双方有利的长治久安之计。这样下去想求得天下的安定，怎么能够办得到呢！考究唐朝后期祸乱的原因，就是由于朝廷任命侯希逸为平卢节度使这件事而引起的。

古人治理军队的根本在于礼法，所以春秋时晋文公在晋楚城濮之战中，看到自己的军队少长有礼，便知道可以用事。现在唐朝治军不顾礼法，使得士卒可以侮辱偏将副将，偏将副将可以侮辱将军主帅，那么将军主帅可以侮辱天子，就是很自然的情势了。

由此祸乱迭起，战争不止，生民涂炭，无处控诉，一共二百多年，然后才

然后大宋受命。太祖始制军法，使以阶级相承，小有违犯，咸伏斧质。是以上下有叙，令行禁止，四征不庭，无思不服，宇内乂安，兆民允殖，以迄于今，皆由治军以礼故也。岂非诒谋之远哉！

是岁，置振武节度使，领镇北大都护府、麟胜二州；又置陕虢华及豫许汝二节度使；安南经略使为节度使，领交、陆等十一州。

吐蕃陷河源军。

（以上为第十四段，写唐肃宗允许平卢士兵推举侯希逸为节度使，开了方镇割据的一个恶例，受到司马光的批评。）

是大宋受天命而有天下。宋太祖开始制定军法，让军队按照官阶军衔的高低相互承接制约，如稍有违反，就会招来杀身之祸。因此上下有序，令行禁止，征讨四方不守礼法的割据势力，无不顺服，天下太平安宁，百姓安居乐业，一直到今天，这都是由于用礼法来治军的缘故。这难道不是给子孙留下的深谋远虑吗？

这一年，设立振武节度使，管辖镇北大都护府、麟州胜州两个州；又设置陕州、虢州、华州以及豫州、许州、汝州两个节度使；改安南经略使为节度使，管辖交州、陆州等十一个州。

吐蕃攻陷河源军。

【点评】

本卷点评四事：李泌辞官、唐肃宗视民如草芥、张巡殉国之是非、司马光的两条史论。

一、李泌辞官。李泌，京兆人，青年时就以才敏著称，上书言事受到唐玄宗的赏识，召为待诏翰林，供奉东宫。李泌不肯为官，与太子李亨为布衣交，太子尊李泌为先生。李泌被杨国忠排挤出京，隐居在颍阳。唐肃宗在灵武即位，文武官不满三十人，其中没有特出的人才，他的身边还有宠妾张良娣、宦官李辅国两个佞人，带给肃宗重大的负面影响。这时郭子仪带兵勤王，唐肃宗召回李泌，唐肃宗有了这一文一武两个杰出的人才辅佐，才稳定了局势，进驻彭原（在今甘肃庆阳市南），指挥平叛战事。唐肃宗要李泌任右相，李泌坚决推辞，只做布衣先生，谋划军国大事，人称布衣宰相。肃宗听从李泌建议，以长子广平王李俶为天下兵马元帅。肃宗创立侍谋军国、元帅府行军长史的名号安置李泌处理军务，是全军第二号人物，又用李辅国为判元帅行军司马事，是全军第三号人物。以唐肃宗为首的全国平叛指挥部成立了，李泌是指挥部和全军的灵魂。按李泌的规划，两年平定叛乱。用兵方略是令李光弼出井陉，郭子仪入河东，使安禄山在河北的两员大将史思明、张忠志不敢离范阳、常山，在西京的安守忠、田乾真不敢离京一步。郭子仪入河东后牵制叛军东都留守阿史那承庆，朝廷驻兵扶风，与郭李两军轮番出击叛军，不攻取叛军城池，不断叛军走路，保持叛军两京畅通，只是打击叛军使之疲于奔命。越冬之后，派出建宁王李倓率主力军从北边进入河北攻取叛贼老巢范阳，李光弼从南进攻，夹击范阳。叛军范阳丢失，退无所归，朝廷四方勤王之军会集，一战可平。李泌的计划实行了一半，郭子仪进入了河东，西北勤王之师抵达凤翔，江淮军需运抵洋州，唐肃宗昏聩贪利，要自建奇功，先复两京，改变了李泌的计划，结果欲速不达，延长了战祸。李泌早已料到昏庸皇帝不可以共始终，他与唐肃宗相约，官军收复两京，立即归山。唐肃宗入长安，李泌辞行，以"五不可"为由，留则被杀以感悟肃宗，既自我保护，也保护太子李俶。李泌畅言建宁王被冤杀，提醒唐肃宗警惕张良娣与李辅国两个嬖人的谗慝之口。既往不咎，来者犹可追。李泌颂李贤所作《黄台瓜辞》意味深长。太子之得以保全，李泌功莫大焉。

李泌一身正气，淡泊名利，不做高官。功成即身退，始终以布衣身份历事唐肃宗、代宗、德宗三朝，为国展力，立下盖世奇功。三代皇帝都昏庸猜忌，奸佞也嫉恨加害，而李泌都以他的大智慧规避，而且做出贡献，不仅保护了自己，还保护了功臣郭子仪、李光弼，以及肃宗太子李俶。李泌处乱世的主要方法有三条：一是不做官；二是讲神仙辟谷以为烟幕；三是皇帝听劝即共事，不听则走。李泌是唐中期特殊时代，即昏君当道的乱世，所产生的特殊人物，以布衣为帝王师友，国家有难

则出，功成则退，明哲保身。李泌避开名与利，也就是避开了祸端来辅助唐朝，既显示了一个有为知识分子的大智慧，也表现了在专制政体下伴君如伴虎的无奈。在昏君奸臣当政的恶劣环境中，李泌保持了自己高贵的情操，也保持了自己的尊严，是一个值得尊敬的政治家，是中国传统士大夫杰出的代表。

二、唐肃宗视民如草芥。唐肃宗借兵回纥，他的视民如草芥在与回纥的誓约中暴露无遗。当初长安陷落，唐玄宗丢下黎民大众西逃入蜀，任凭黎民遭涂炭，迫于无奈，犹有说辞。唐肃宗反攻长安，为的是想早一天收复失地，于是借兵回纥，与之相约说："克城之日，土地、士庶归唐，金帛、子女皆归回纥。"这是唐肃宗秘密出卖两京黎民的丑恶行为。士庶归唐，即男子留下当炮灰，女人、孩子卖给回纥当奴仆，钱财任其抢掠，做如此伤天害理的买卖，唐肃宗还有一点人性吗？广平王李俶向回纥首领叶护一拜，结为兄弟，请求到东京践约。李俶说："如果抢掠长安，东京就会坚守。"李俶一拜回纥，不是因为爱心，而是担心东京居民誓死抵抗。于是东都洛阳的百姓就会遭大殃。《旧唐书·回纥传》载："及收东京，回纥遂入府库收财用，于市井村坊剽掠三日而止，财物不可胜计。"这哪里是救民于水火的王师，而是一群暴匪。唐肃宗出卖平民的行为，将永远地钉在历史的耻辱柱上。

三、张巡殉国之是非。张巡，郑州南阳人，开元末进士，由太子通事舍人出为清河令，转真源令。安史之乱，张巡起兵抗击，转战雍丘、宁陵一带，阻滞叛军进攻江南，达数月之久。至德元年十月，张巡救援睢阳（今河南商丘市），与睢阳太守许远合兵共守睢阳，诏拜张巡为御史中丞，史称张中丞。睢阳守军不足万人，在张巡、许远的爱国热情的激励下，团结如一人，英勇抗敌，坚守孤城达一年有余。大小四百余战，杀敌十二万人，捍卫江淮地区免遭叛军扰乱，同时保卫了江淮租庸运道，这是唐军的生命线。张巡、许远立下盖世奇功，应受到敬仰。睢阳四围邻郡官军，坐视不救，睢阳军民粮食吃完，茶叶、纸张充饥又吃完，战马吃完，雀鼠捕尽，张巡杀爱妾以犒士，然后吃城中妇女，继而吃男子老弱。最终睢阳不保，所存壮士三十六人，全部被害。城破三日后，救援官军才到，已于事无补。

张巡、许远殉国，有人罪其食人，张巡友人李翰为之作传，为张巡辩解，认为救兵不至，食尽而及人，固守以保全江淮和运道，有大功。即使食人，牺牲了几百人而保全了天下，至少也是功过相当，于是抨击之声始息。又过了三十年，有人诬张巡、许远降敌，为藩镇逐地争利辩说。元和二年（807）四月十三日，韩愈读李翰《张巡传》后，感慨万千，奋笔疾书作《张中丞传后叙》，补充史实，并发议论，进一步表彰张巡、许远的功绩，附于传后，所以称《张中丞传后叙》。到了宋代，《张巡传》亡佚，韩愈所作《后叙》收入《韩昌黎集》传于后世。司马光感佩张巡爱国激情，在《资治通鉴》中做了长篇记载，张巡、许远地下有知，亦当瞑目。但用现

代的观点反观张巡死战，食人坚守还是应当受到批评的。老弱妇孺无辜，在守军还能突围之时，应当护送他们出城，因老弱妇孺留于城中，没有战斗力，还要增加粮耗。即使不能护送，在守城绝望，已无一粒粮食之时，不应再坚守。已尽全力，再做徒劳牺牲，不合人道。但是我们又不能苛求古人。张巡时代，讲的是舍生取义，杀身成仁，即使近代，乃至今日，人在阵地在的精神还是要提倡。只是到了吃人才能生存时，那就是徒劳，无论古今，此时停止战斗，不应受责，反之，在古时可谅，在今时则不可取。

四、司马光的两条史论。司马光的第一段评议，主张对苟且偷生，变节投敌的高官，应给予惩处，赞赏唐肃宗对叛贼按六等议刑。先是广平王李俶克东都，俘获陈希烈等三百多个伪官，广平王以皇上旨意全部赦免。这些伪官押送长安，唐肃宗采纳礼部尚书李岘的建议，按六等治罪。罪大恶极的死刑，斩于闹市，次一等的死刑自裁，再次一等的杖三百，轻罪又分三等，判流或贬官。盘踞在河北邺城的伪官，听说陈希烈等被大赦，都痛恨自己失身叛贼，有悔改之意。后来听到陈希烈等被判刑受诛，于是死心塌地追随叛贼，唐肃宗十分后悔。司马光认为陈希烈等高级唐官，贵为卿相，平时尸位素餐，没有说一句规谏人主的话，只是阿谀逢迎保富贵，国家有难苟且偷生，投降叛贼，为之效力，还不如犬马。对这种人，摇身乞尾就官复原职，那样一来，岂不是在鼓励二三其德的人吗？又怎能对得起颜杲卿、张巡这些效忠舍命的人呢？如果这样，岂不是为恶的人得便宜，为善的人遭殃，是非颠倒，国家还能有忠义的人吗？按六等议罪，十分得当，有什么后悔的呢？司马光的这个批评与分析，是十分中肯的。唐肃宗对随后投降的史思明，不但大赦，还授以高官，没多久，史思明又重新叛变。为了安定社会，当然要赦免一些罪人，但不能不分青红皂白，一律免罪。做人的道德底线是不能践踏的。

司马光的第二段评议，主张以下犯上者必须严惩，不能姑息养奸，其理无可厚非。起因是平卢节度使王玄志死，裨将高丽人李怀玉杀了王玄志的儿子，推戴自己的姑表兄侯希逸为节度副使，唐肃宗所遣中使授以旌节，从此，节度使由军士废立，朝廷诏令不行，唐肃宗开了一个恶例。中唐之后藩镇割据，节度使父死子继，或强将逐主自任，以致唐末形成军阀大混战。唐肃宗平安史之乱而复国，更应该申明国法军纪，而不应偷取一时之安，留下无穷的祸患。只是司马光不是用法、用制度来纠正失误，说什么用礼来纲纪四方，把礼和法混为一谈，迂腐且不得要领。不过司马光的论说是传统的儒家观点。孔子主张："道之以政，齐之以刑，民免而无耻；道之以德，齐之以礼，有耻且格。"（《论语·为政》）孔子把礼置于法之上。几千年来，统治者总是宣扬执政为民，以礼维系上下尊卑，法只用来惩治下犯上，而不惩治上犯下，于是在台上的统治者好话说尽，坏事做绝。法讲平等，礼讲尊卑。司马光维

护专制政体，所以要混淆礼与法，说礼大于法，用礼统法，最后只有尊卑，没有平等，法只维护尊卑，不维护平等。最后的结果是，只许州官放火，不许百姓点灯。司马光的评议，理正而实非。理正，指社会要有秩序，如何维护秩序，就要有法、公正。而司马光说用礼维护秩序，那就是上下有序，只有尊卑，没有平等了，因此实质是错误的。

唐纪三十七

唐肃宗乾元二年至上元元年（759—760 年）

【起屠维大渊献（己亥，759 年），尽上章困敦（庚子，760 年），凡二年】

【大事提要】

本卷记事起公元 759 年，讫公元 760 年，凡二年。当唐肃宗乾元二年至上元元年。郭子仪讨贼，围困安庆绪于邺城。李光弼为后援，欲逼魏城，拖住史思明，邺城指日可破，史思明将不战自溃。唐肃宗派宦官鱼朝恩监军，鱼朝恩不懂军事却干预军事，阻止李光弼进攻叛军魏城的正确计谋，迫使官军会聚邺城达六十万众，史思明抄掠官军粮运，官军乏食，史思明进兵会战，官军大败，郭子仪被解职，李光弼为副元帅，退守河阳。史思明乘胜，火并安庆绪，自称“大燕皇帝”，率众南下，在河阳与李光弼大战，双方不分胜负，势均力敌。唐肃宗不信任诸将，忌刻功臣，任用宦官监军，郭子仪功败垂成，延长了战乱。宦官李辅国用事，恣意横行，竟逼迫太上皇玄宗迁出兴庆宫，移居大内。实乃唐肃宗忌疑，以便监控太上皇。唐肃宗不仁不武，徒使战祸蔓延。此时唐四境不宁，羌胡寇秦陇，刘展又反于淮南。

【原文】

肃宗文明武德大圣大宣孝皇帝下之上

乾元二年（己亥，759 年）

春，正月，己巳朔，史思明筑坛于魏州城北，自称大圣燕王；以周挚为行军司马。李光弼曰："思明得魏州而按兵不进，此欲使我懈惰，而以精锐掩吾不备也。请与朔方军同逼魏城，求与之战，彼惩嘉山之败，必不敢轻出。得旷日引久，则邺城必拔矣。庆绪已死，彼则无辞以用其众也。"鱼朝恩以为不可，乃止。

戊寅，上祀九宫贵神，用王玙之言也。乙卯，耕藉田。

镇西节度使李嗣业攻邺城，为流矢所中，丙申，薨；兵马使荔非元礼代将其众。初，嗣业表段秀实为怀州长史，知留后事。时诸军屯戍日久，财竭粮尽，秀实独运刍粟，募兵市马以奉镇西行营，相继于道。

二月，壬子，月食，既。先是百官请加皇后尊号曰"辅圣"，上以问中书舍人李揆，对曰："自古皇后无尊号，惟韦后有之，岂足为法！"上惊曰："庸人几误我！"会月食，事遂寝。后与李辅国相表里，横于禁中，干豫政事，请托无穷，上颇不悦，而无如之何。

郭子仪等九节度使围邺城，筑垒再重，穿堑三重，壅漳水灌之。城中井泉皆溢，构栈而居，自冬涉春，安庆绪坚守以待史思明，食尽，一鼠直钱四千，淘墙麸及马矢以食马。人皆以为克在朝夕，而诸军既无统帅，进退无所禀；城中人欲降者，碍水深，不得出。城久不下，上下解体。

思明乃自魏州引兵趣邺，使诸将去城各五十里为营，每营击鼓三百面，遥胁之。又每营选精骑五百，日于城下抄掠，官军出，辄散归其营；诸军人马牛车日有所失，樵采甚艰，昼备之则夜至，夜备之则昼至。时天下饥馑，转饷者南自江、淮，西自并、汾，舟车相继。思明多遣壮士窃官军装号，督趣运者，责其稽缓，妄杀戮人，运者骇惧；舟车所聚，则密纵火焚之；往复聚散，自相辨识，而官军逻捕不能察也。由是诸军

【语译】

肃宗文明武德大圣大宣孝皇帝下之上

唐肃宗乾元二年（己亥，759年）

春季，正月初一日己巳朔，史思明在魏州城北修筑祭坛，自称是“大圣燕王”；任命周挚为行军司马。李光弼说：“史思明得到魏州而按兵不动，这是想让我们松懈惰怠，然后用精锐部队攻我不备。请让我和朔方军一起进逼魏州，向史思明挑战，他有鉴于嘉山之败的教训，一定不敢轻易出兵。这样旷日持久，邺城就一定可以攻克。安庆绪若败死，史思明就没有借口来指挥他的部下了。”鱼朝恩认为不行，只好作罢。

正月初十日戊寅，肃宗祭祀九宫贵神，这是采纳王玙的意见。正月十一日己卯，肃宗亲自耕种藉田。

镇西节度使李嗣业进攻邺城，被乱箭射中。正月二十八日丙申，李嗣业去世。兵马使荔非元礼代替他率领部队。当初，李嗣业奏表请求段秀实任怀州长史，知留后事。当时各路军驻扎戍守时间很久，钱财用尽，粮食吃完，段秀实单独运送草料和粮食，招兵买马用以供应镇西行营，道路上络绎不绝。

二月十五日壬子，月全食。先前，百官请求加皇后尊号为“辅圣”，肃宗去征求中书舍人李揆的意见，李揆回答说：“自古以来皇后没有尊号，只有中宗时韦后有，怎么能够效法呢！”肃宗大惊，说：“这些庸人差点误了我的大事！”碰上月食，这件事就搁下来了。张皇后与李辅国互相勾结，在宫中横行无忌，干预朝政，请求拜托的事情没有止境，肃宗很不高兴，但也无可奈何。

郭子仪等九节度使包围邺城，筑营垒两道，挖壕沟三道，堵截漳河水灌城。城中井里的水都满溢出来，人们只好用木头搭起架子来住，从冬天到春天，安庆绪坚守以等待史思明，粮食吃光了，一只老鼠价值四千钱，淘洗墙上泥土中的碎麦壳以及马粪来喂养战马。人们都认为很快就会攻克邺城，然而唐朝各路军马没有统帅，进攻或退却也没有人指挥。城中的人想投降，因为水深的妨碍，不能出城。邺城久攻不下，官军上下松懈懒散。

史思明于是从魏州带兵赶往邺城，派各部将分别离城五十里安营扎寨，每个营寨里敲打三百面鼓，远远地呼应邺城，威胁官军。史思明又从各营中挑选精锐的骑兵五百人，每天去城下包抄抢夺，官军出来，就分散地回到自己的军营中；唐朝各军的人马牛车每天都有所损失，甚至连打柴割草都很困难，白天防备好了，叛贼骑兵就夜晚来，夜晚防备好了，他们就白天来。当时天下饥荒，辗转运送粮饷，南方来自江淮地区，西边来自并州、汾州，车辆和船只接连不断，史思明多次派遣勇敢

乏食，人思自溃。思明乃引大军直抵城下，官军与之刻日决战。

三月，壬申，官军步骑六十万陈于安阳河北，思明自将精兵五万敌之，诸军望之，以为游军，未介意。思明直前奋击，李光弼、王思礼、许叔冀、鲁炅先与之战，杀伤相半；鲁炅中流矢。郭子仪承其后，未及布陈，大风忽起，吹沙拔木，天地昼晦，咫尺不相辨，两军大惊，官军溃而南，贼溃而北，弃甲仗辎重委积于路。子仪以朔方军断河阳桥保东京。战马万匹，惟存三千；甲仗十万，遗弃殆尽。东京士民惊骇，散奔山谷；留守崔圆、河南尹苏震等官吏南奔襄、邓，诸节度各溃归本镇。士卒所过剽掠，吏不能止，旬日方定。惟李光弼、王思礼整勒部伍，全军以归。

（以上为第一段，写史思明救安庆绪，邺城之战，大破官军。）

子仪至河阳，将谋城守，师人相惊，又奔缺门。诸将继至，众及数万，议捐东京，退保蒲、陕。都虞候张用济曰："蒲、陕荐饥，不如守河阳，贼至，并力拒之。"子仪从之。使都游弈使灵武韩游瓌将五百骑前趣河阳，用济以步卒五千继之。周挚引兵争河阳，后至，不得入而去。用济役所部兵筑南、北两城而守之。段秀实帅将士妻子及公私辎重自野戍渡河，待命于河清之南岸，荔非元礼至而军焉。诸将各上表谢罪，上皆不问，惟削崔圆阶封，贬苏震为济王府长史，削银青阶。

史思明审知官军溃去，自沙河收整士众，还屯邺城南。安庆绪收子仪营中粮，得六七万石，与孙孝哲、崔乾祐谋闭门更拒思明。诸将曰："今日岂可复背史王乎！"思明不与庆绪相闻，又不南追官军，但日于军中飨士。张通儒、高尚等言于庆绪曰："史王远来，臣等皆应迎谢。"庆绪曰："任公暂往。"思明见之涕泣，厚礼而归之。经三日，庆绪不至。思明密召安太清令诱之，庆绪窘蹙，不知所为，乃遣太清上表称臣于思明，请待解甲入城，奉上玺绶。思明省表，曰："何至如此！"因出表遍示将士，咸称万岁。乃手疏唁庆绪而不称臣，且曰："愿为兄弟之国，更作藩篱之援。鼎足而立，犹或庶几；北面之礼，固不敢受。"并封表还之。庆

强壮的士兵窃取官军的服装和号令，督促运粮的人，责骂他们的迟缓，随便乱杀人，运粮饷的人都很惊慌害怕。在车船会集的地方，又暗中放火烧掉。神出鬼没，只有他们自己互相认识，而官军巡逻搜捕也不能察知。从此各种军马都缺乏食物。人心涣散。于是史思明就带领大军直抵城下，官军和他约定时间决战。

三月初六日壬申，官军步兵骑兵六十万在安阳河北岸摆开阵势，史思明亲自率领精兵五万人迎敌，各路官军看见他们，以为是流动部队，没有介意。史思明奋勇直前，率军冲锋，李光弼、王思礼、许叔冀、鲁炅先和他交战，双方伤亡各占一半；鲁炅被乱箭射中。郭子仪跟在后接应，还没来得及布阵，忽然刮起大风，飞沙走石，树木拔起，天昏地暗，咫尺之间相互不能辨别，两军都大为惊慌，官军向南溃退，叛贼向北溃退，所抛弃的武器盔甲辎重满路都是。郭子仪让朔方军队切断河阳桥以保卫东京。官军的战马一万匹，只剩下三千匹；盔甲武器十万件，几乎全被抛弃。东京的士人和老百姓都惊慌失措，纷纷逃向山中；留守崔圆和河南尹苏震等官吏向南逃到襄州、邓州；各节度使也都各自溃退到自己的镇所。这些败兵沿路大肆抢杀，官吏不能制止，过了十几天才安定下来。只有李光弼、王思礼严整队伍，全军而回。

郭子仪到了河阳，准备谋划防守河阳城，可是军中人员互相惊扰，又逃奔到缺门。各路将领相继赶到，人数达到好几万，大家商议放弃东京，后退保卫蒲州、陕州。都虞候张用济说："蒲州、陕州连年饥荒，不如坚守河阳，叛贼来时，我们合力抵抗他们。"郭子仪听从了他的建议。派都游弈使灵武人韩游瓌率领五百骑兵前往河阳，张用济率领步兵五千人跟随其后。贼将周挚带兵来争河阳，因后到，不能进城便回去了。张用济让他的部下士兵修筑南、北两座城以准备坚守河阳。段秀实率领将士家属以及公家和私人的辎重从野戍渡过黄河，在河清县的南岸待命，荔非元礼赶到后便驻扎下来。各位将领分别向肃宗上表请罪，肃宗对他们都不问罪，只是削去了崔圆的官阶和封号，把苏震贬职为济王府长史，削去其银青光禄大夫官阶。

史思明确知官军已经溃退，就在沙河收拾整顿部队，还军驻扎在邺城的南面。安庆绪收集郭子仪军营的粮食，得到六七万石，他与孙孝哲、崔乾祐谋划紧闭城门再次拒绝史思明。各位将领说："今天怎么可以再次背叛史大王呢？"史思明既不与安庆绪联系，又不南下追击官军，只是每天在军中宴请将士。张通儒、高尚等人对安庆绪说："史王远道而来，我们都应该去迎接感谢。"安庆绪说："随你们的便暂时去看看吧。"史思明见到他们哭了，赏给他们优厚的礼物然后送他们回去。过了三天，安庆绪还不来。史思明秘密吩咐安太清去引诱他，安庆绪困窘急迫，不知道怎么办才好，就派安太清向史思明上表称臣，请求等史思明安顿好部队进城后，就奉上皇帝玉玺印绶。史思明看了表文后说："何必这样做呢？"因而拿出表文给全军将

绪大悦，因请歃血同盟，思明许之。庆绪以三百骑诣思明营，思明令军士擐甲执兵以待之，引庆绪及诸弟入至庭下。庆绪再拜稽首曰："臣不克荷负，弃失两都，久陷重围，不意大王以太上皇之故，远垂救援，使臣应死复生，摩顶至踵，无以报德。"思明忽震怒曰："弃失两都，亦何足言。尔为人子，杀父夺其位，天地所不容。吾为太上皇讨贼，岂受尔佞媚乎！"即命左右牵出，并其四弟及高尚、孙孝哲、崔乾祐皆杀之；张通儒、李庭望等悉授以官。思明勒兵入邺城，收其士马，以府库赏将士，庆绪先所有州、县及兵皆归于思明。遣安太清将兵五千取怀州，因留镇之。思明欲遂西略，虑根本未固，乃留其子朝义守相州，引兵还范阳。

（以上为第二段，写史思明杀安庆绪，并其众。）

甲申，回纥骨啜特勒、帝德等十五人自相州奔还西京，上宴之于紫宸殿，赏赐有差。庚寅，骨啜特勒等辞还行营。

辛卯，以荔非元礼为怀州刺史，权知镇西、北庭行营节度使。元礼复以段秀实为节度判官。

甲午，以兵部侍郎吕諲同平章事。乙未，以中书侍郎、同平章事苗晋卿为太子太傅，王玙为刑部尚书，皆罢政事。以京兆尹李岘行吏部尚书，中书舍人兼礼部侍郎李揆为中书侍郎，及户部侍郎第五琦并同平章事。上于岘恩意尤厚，岘亦以经济为己任，军国大事多独决于岘。于是京师多盗，李辅国请选羽林骑士五百以备巡逻。李揆上疏曰："昔西汉以南北军相制，故周勃因南军入北军，遂安刘氏。皇朝置南、北牙，文武区分，以相伺察。今以羽林代金吾警夜，忽有非常之变，将何以制之！"乃止。

丙申，以郭子仪为东畿、山东、河东诸道元帅，权知东京留守。以河西节度使来瑱行陕州刺史，充陕、虢、华州节度使。

夏，四月，庚子，泽潞节度使王思礼破史思明将杨旻于潞城东。

士看，大家都高呼万岁。于是史思明亲自写信慰问安庆绪，并不称臣，并且说："愿与你结成兄弟国家，相互依靠、援助。我们平待相待，鼎足而立，这还差不多；北面称臣的礼节，实在不敢接受。"连表文一起封好，送还给安庆绪。安庆绪非常高兴，因而请求与史思明歃血结盟，史思明同意了。安庆绪带了三百骑兵到了史思明的军营中，史思明命令他的士兵全副武装地等待安庆绪，然后领着安庆绪和他的几个弟弟进到庭院中。安庆绪再拜叩头说："我没能担当重任，丢掉了东、西二都，长期被陷入重重包围之中，没想到大王您因为太上皇的缘故，远来救援，使我本应死而又复生，我万难报答您的大恩大德。"史思明忽然大怒说："丢掉东、西二都，有什么好说的。你身为人子，杀死父亲夺取君位，天地也不能容忍。我要替太上皇讨伐你这逆贼，怎么会受你的巧言佞色的欺骗呢？"当即命令左右的人把他带出去，连同他的四个弟弟以及高尚、孙孝哲、崔乾祐等人都杀了；张通儒、李庭望等人都授予官职。史思明整军进入邺城，收拾安庆绪的人马，把府库中的东西赏赐给将士，安庆绪以前所统有的州、县以及士兵都归属史思明。派安太清率兵五千人夺取怀州，并留下来镇守。史思明想要继续向西进攻，考虑到自己的大本营还不巩固，就留下他的儿子史朝义守卫相州，自己带兵回到范阳。

三月十八日甲申，回纥骨啜特勒、帝德等十五人从相州逃回西京，肃宗在紫宸殿宴请他们，赏赐他们数量不等的财物。二十四日庚寅，骨啜特勒等人告辞回到行营。

三月二十五日辛卯，任命荔非元礼为怀州刺史，代理镇西、北庭行营节度使。荔非元礼又用段秀实为节度判官。

三月二十八日甲午，肃宗任命兵部侍郎吕諲为同平章事。三月二十九日乙未，任命中书侍郎、同平章事苗晋卿为太子太傅，王玙为刑部尚书，都罢除政事。又任命京兆尹李岘兼代吏部尚书，中书舍人兼礼部侍郎李揆为中书侍郎，以及户部侍郎第五琦并为同平章事。肃宗对李岘的恩德尤其深厚，李岘也把经国治邦视为己任，军国大事大都由李岘单独决定。这时京师盗贼很多，李辅国请求挑选羽林军骑兵五百人以备巡逻。李揆上疏说："以前西汉用南军北军互相制约，所以周勃由南军进入北军，因而安定刘氏天下。我大唐朝设置南牙、北牙，文武分开，让他们互相监督。现在用羽林卫来代替金吾卫巡夜，如果有什么突发事变，将如何加以制止呢？"于是这事便作罢。

三月三十日丙申，任命郭子仪为东畿、山东、河东各道的元帅，代理东京留守。任命河西节度使来瑱兼代陕州刺史，充陕州、虢州、华州节度使。

夏季，四月初四日庚子，泽潞节度使王思礼在潞城东边击败史思明的部将杨旻。

太子詹事李辅国，自上在灵武，判元帅行军司马事，侍直帷幄，宣传诏命，四方文奏，宝印符契，晨夕军号，一以委之。及还京师，专掌禁兵，常居内宅，制敕必经辅国押署，然后施行，宰相百司非时奏事，皆因辅国关白、承旨。常于银台门决天下事，事无大小，辅国口为制敕，写付外施行，事毕闻奏。又置察事数十人，潜令于人间听察细事，即行推按，有所追索，诸司无敢拒者。御史台、大理寺重囚，或推断未毕，辅国追诣银台，一时纵之。三司、府、县鞫狱，皆先诣辅国咨禀，轻重随意，称制敕行之，莫敢违者。宦官不敢斥其官，皆谓之五郎。李揆山东甲族，见辅国执子弟礼，谓之五父。

及李岘为相，于上前叩头，论制敕皆应由中书出，具陈辅国专权乱政之状，上感寤，赏其正直；辅国行事，多所变更，罢其察事。辅国由是让行军司马，请归本官，上不许。制："比缘军国务殷，或宣口敕处分。诸色取索及杖配囚徒，自今一切并停。如非正宣，并不得行。中外诸务，各归有司。英武军虞候及六军诸使、诸司等，比来或因论竞，悬自追摄；自今须一切经台、府。如所由处断不平，听具状奏闻。""诸律令除十恶、杀人、奸、盗、造伪外，余烦冗一切删除，仍委中书、门下与法官详定闻奏。"辅国由是忌岘。

甲辰，置陈、郑、亳节度使，以邓州刺史鲁炅为之；以徐州刺史尚衡为青、密七州节度使；以兴平军节度使李奂兼豫、许、汝三州节度使；仍各于境上守捉防御。

（以上为第三段，写宦官李辅国掌禁军，专朝政。）

九节度之溃于相州也，鲁炅所部兵剽掠尤甚，闻郭子仪退屯河上，李光弼还太原，炅惭惧，饮药而死。

史思明自称大燕皇帝，改元顺天，立其妻辛氏为皇后，子朝义为怀王，以周挚为相，李归仁为将，改范阳为燕京，诸州为郡。

戊申，以鸿胪卿李抱玉为郑、陈、颍、亳节度使。抱玉，安兴贵之

太子詹事李辅国，自从肃宗在灵武的时候，就兼任元帅行军司马的职务，在肃宗左右侍奉，宣布传达诏书命令。四方进呈的文书奏章，宝印符契，早晚的军中号令，全都委任他负责。等回到京师，李辅国专门掌管禁兵，常常住在宫禁中官署宅舍里，肃宗的制书敕令必须经过李辅国签字盖章后，才能施行。宰相和百官临时有急事上奏肃宗，都要通过李辅国禀报，并由他传达肃宗的旨意。李辅国经常在银台门裁决天下大事，事情无论大小，都由李辅国口宣制书敕令，写好后交由外面的官员去施行，事情完毕后再向肃宗奏报。李辅国又设置察事几十人，暗中命令他们到民间去察访细小的事情，察到什么情况马上就进行审讯。如有什么追查和索取，各部门都不敢拒绝。关在御史台和大理寺的重刑犯人，有的审判还没有完结，李辅国就追到银台，一下子把他们都释放了。三司以及府、县审理案件，都先到李辅国那里咨询请示，量刑的轻重都随他的意思，他声称是奉皇帝的制书敕令而施行，没有人敢违背。宦官不敢直呼李辅国的官衔，都称他为“五郎”。李揆是山东地区的名门贵族，看见李辅国就行子弟的礼节，称他为“五父”。

等到李岘任宰相，就在肃宗面前叩头，论述制书和敕令都应该由中书省颁布，详细陈述了李辅国专权乱政的情况，肃宗醒悟过来，奖赏他的正直。李辅国处理事情的办法，多有变更，罢除他设立的察事。李辅国因此辞去行军司马，请求回到他本来的官位做太子詹事，肃宗不同意。肃宗下制书：“近来因为军事和国务繁忙，有时口头宣布敕命处理事情。各种名目的索求以及杖配囚徒，从今以后一律停止。如果不是‘正宣’，都不能施行。朝廷内外的一切事务，各归主管官员负责。英武军虞候以及六军诸使、诸司等，近来有时因为争论不已，就各自追查处理，从今以后一律要经过御史台、京兆府。如果负责官员处理判决不公正，允许写状上奏。各种刑法律令除了十恶、杀人、奸、盗、造伪以外，其他烦琐冗杂的条文全部删除，仍然委托中书省、门下省与法官详细审定后，再上奏肃宗。”李辅国因此嫉恨李岘。

四月初八日甲辰，设置陈州、郑州、亳州节度使，任命邓州刺史鲁炅来担任这一职务；任命徐州刺史尚衡为青州、密州等七个州的节度使；任命兴平军节度使李奂兼任豫州、许州、汝州三个州的节度使；各节度使仍然在自己的境内行使防御使和守捉使的职权。

九节度使在相州溃散时，鲁炅所统率的部下士兵抢掠尤其严重，听说郭子仪退兵驻扎在黄河岸边，李光弼回到太原，鲁炅感到很惭愧害怕，就喝毒药死了。

史思明自称“大燕皇帝”，改年号为顺天，立他的妻子辛氏为皇后，封他的儿子史朝义为怀王，任命周挚为宰相，李归仁为将军，把范阳改名为燕京，各州改称郡。

四月十二日戊申，任命鸿胪卿李抱玉为郑州、陈州、颍州、亳州节度使。李抱

后也，为李光弼裨将，屡有战功，自陈耻与安禄山同姓，故赐姓李氏。

回纥毗伽阙可汗卒，长子叶护先遇杀，国人立其少子，是为登里可汗。回纥欲以宁国公主为殉。公主曰："回纥慕中国之俗，故娶中国女为妇。若欲从其本俗，何必结婚万里之外邪！"然亦为之剺面而哭。

凤翔马坊押官为劫，天兴尉谢夷甫捕杀之。其妻讼冤。李辅国素出飞龙厩，敕监察御史孙蓥鞫之，无冤。又使御史中丞崔伯阳、刑部侍郎李晔、大理卿权献鞫之，与蓥同。犹不服。又使侍御史太平毛若虚鞫之，若虚倾巧士，希辅国意，归罪夷甫。伯阳怒，召若虚诘责，欲劾奏之。若虚先自归于上，上匿若虚于帘下。伯阳寻至，言若虚附会中人，鞫狱不直。上怒，叱出之。伯阳贬高要尉，献贬桂阳尉，晔与凤翔尹严向皆贬岭下尉，蓥除名，长流播州。吏部尚书、同平章事李岘奏伯阳无罪，责之太重，上以为朋党，五月，辛巳，贬岘蜀州刺史。右散骑常侍韩择木入对，上谓之曰："李岘欲专权，今贬蜀州，朕自觉用法太宽。"对曰："李岘言直，非专权。陛下宽之，祇益圣德耳。"若虚寻除御史中丞，威振朝廷。

壬午，以滑、濮节度使许叔冀为汴州刺史，充滑、汴等七州节度使；以试汝州刺史刘展为滑州刺史，充副使。

六月，丁巳，分朔方置邠、宁等九州节度使。

观军容使鱼朝恩恶郭子仪，因其败，短之于上。秋，七月，上召子仪还京师，以李光弼代为朔方节度使、兵马元帅。士卒涕泣，遮中使请留子仪。子仪绐之曰："我饯中使耳，未行也。"因跃马而去。

光弼愿得亲王为之副，辛巳，以赵王係为天下兵马元帅，光弼副之，仍以光弼知诸节度行营。光弼以河东骑五百驰赴东都，夜，入其军。光弼治军严整，始至，号令一施，士卒、壁垒、旌旗、精采皆变。是时朔方将士乐子仪之宽，惮光弼之严。

（以上为第四段，写史思明称帝，官军重新部署，李光弼代郭子仪为副元帅。）

左厢兵马使张用济屯河阳，光弼以檄召之。用济曰："朔方，非叛军

玉本是安兴贵的后人，担任李光弼的裨将，多次立下战功，自己上书说耻与安禄山同姓，所以肃宗赐姓李氏。

回纥毗伽阙可汗死了，长子叶护先前已被杀，国人立他的小儿子，这就是登里可汗。回纥想让宁国公主殉葬。公主说："回纥羡慕中原的风俗，所以娶中原的女子为妻。如果想要遵从本国的风俗，又何必到万里之外去缔结婚姻呢？"但是公主仍旧按回纥的风俗为毗伽阙可汗割破脸皮，流血哭泣。

凤翔管马坊的押官因为抢劫，被天兴县尉谢夷甫逮捕杀掉，押官的妻子替他告状申冤。李辅国本来出身于飞龙厩，敕命监察御史孙蓥审理此案，结果没有冤屈。又让御史中丞崔伯阳、刑部侍郎李晔、大理卿权献一起审讯，结果与孙蓥相同。押官的妻子还不服。又让侍御史太平人毛若虚审理。毛若虚是个投机取巧的人，迎合李辅国的意思，归罪于谢夷甫。崔伯阳大怒，把毛若虚叫来责问他，想要奏明肃宗弹劾。毛若虚预先跑到肃宗那里，肃宗把毛若虚藏在帘子后面。崔伯阳不久也到了，说毛若虚附会宦官，审判案件不公正。肃宗很生气，把崔伯阳叱责出去。崔伯阳被贬为高要县尉，权献被贬为桂阳县尉，李晔与凤翔尹严向都被贬到岭南做县尉，孙蓥被削去名籍，长期流放播州。吏部尚书、同平章事李岘上奏说崔伯阳没有罪过，处罚太重了，唐肃宗认为他们是结成朋党，五月十六日辛巳，把李岘贬为蜀州刺史。右散骑常侍韩择木入朝应付，唐肃宗对他说："李岘想专权，现在贬到蜀州，朕还觉得用法太宽大了。"韩择木回答说："李岘直言不讳，不是专权。陛下宽大处理，只会增加圣德。"不久，毛若虚被任命为御史中丞，威震朝廷。

五月十七日壬午，任命滑州、濮州节度使许叔冀为汴州刺史，兼任滑州、汴州等七州节度使；任命试汝州刺史刘展为滑州刺史，充当节度副使。

六月二十三日丁巳，划分朔方节度设置邠州、宁州等九州节度使。

观军容使鱼朝恩讨厌郭子仪，趁他这次打了败仗，在肃宗面前诋毁他。秋季，七月，肃宗召郭子仪回京师，任命李光弼代替他为朔方节度使、兵马元帅。士卒都哭了，拦住宫中使者请求留下郭子仪。郭子仪骗他们说："我给宫中使者饯行，并不是要走啊。"趁机跳上马就走了。

李光弼希望派亲王为主帅，他作副帅，七月十七日辛巳，任命赵王李係为天下兵马元帅，李光弼为副帅，仍然让李光弼主管各节度使的行营。李光弼带领河东五百骑兵奔赴东都，深夜，进入朔方军营。李光弼治军严整，刚刚到达，号令一发，士卒、壁垒、旌旗、军容都为之一变。当时朔方军的将士都喜欢郭子仪的宽松，害怕李光弼的严厉。

左厢兵马使张用济驻扎在河阳，李光弼发檄书召他来。张用济说："朔方军，不

也，乘夜而入，何见疑之甚邪！”与诸将谋以精锐突入东京，逐光弼，请子仪；命其士皆被甲上马，衔枚以待。都知兵马使仆固怀恩曰：“邺城之溃，郭公先去，朝廷责帅，故罢其兵柄。今逐李公而强请之，是反也，其可乎！”右武锋使康元宝曰：“君以兵请郭公，朝廷必疑郭公讽君为之，是破其家也。郭公百口何负于君乎！”用济乃止。光弼以数千骑东出汜水，用济单骑来谒。光弼责用济召不时至，斩之，命部将辛京杲代领其众。

仆固怀恩继至，光弼引坐，与语。须臾，阍者曰：“蕃、浑五百骑至矣。”光弼变色。怀恩走出，召麾下将，阳责之曰：“语汝勿来，何得固违！”光弼曰：“士卒随将，亦复何罪！”命给牛酒。

以潞沁节度使王思礼兼太原尹，充北京留守、河东节度使。

初，潼关之败，思礼马中矢而毙，有骑卒盩厔张光晟下马授之，问其姓名，不告而去。思礼阴识其状貌，求之不获。及至河东，或谮代州刺史河西辛云京，思礼怒之，云京惧，不知所出。光晟时在云京麾下，曰：“光晟尝有德于王公，从来不敢言者，耻以此取赏耳。今使君有急，光晟请往见王公，必为使君解之。”云京喜而遣之。光晟谒思礼，未及言，思礼识之曰：“噫！子非吾故人乎？何相见之晚邪！”光晟以实告。思礼大喜，执其手，流涕曰：“吾之有今日，皆子力也。吾求子久矣。”引与同榻坐，约为兄弟。光晟因从容言云京之冤。思礼曰：“云京过亦不细，今日特为故人舍之。”即日擢光晟为兵马使，赠金帛田宅甚厚。

辛卯，以朔方节度副使、殿中监仆固怀恩兼太常卿，进爵大宁郡王。怀恩从郭子仪为前锋，勇冠三军，前后战功居多，故赏之。

八月，乙巳，襄州将康楚元、张嘉延据州作乱，刺史王政奔荆州。楚元自称南楚霸王。

回纥以宁国公主无子，听归；丙辰，至京师。

戊午，上使将军曹日升往襄州慰谕康楚元，贬王政为饶州长史，以

是叛军，趁夜晚而进来，为什么有这么深的怀疑呢？”便与各位将领谋划派精锐部队突然进入东京，驱逐李光弼，请郭子仪回来。命令士兵口中衔枚，静静地整装待发。都知兵马使仆固怀恩说：“邺城溃散，郭公先领兵退却，朝廷责备主帅，所以罢免他的兵权。现在驱逐李公而强请郭公回来，是谋反的行为，这怎么能行呢！”左武锋使康元宝说：“您用兵请回郭公，朝廷必然怀疑是郭公劝您干的，这是在毁掉他的家庭啊。郭公百口之家有什么对不起您呢！”张用济才罢休。李光弼带着好几千骑兵东出汜水县，张用济单枪匹马前来谒见。李光弼责备张用济被召而不及时赶到，就杀了他，命令部将辛京杲带领他的队伍。

仆固怀恩接着赶到，李光弼招呼他就坐，与他谈话。不一会儿，守门人来报告：“蕃族和浑族的五百骑兵来到了。”李光弼一听便变了脸色。仆固怀恩走出来，把部下将领叫过来，假装责备他们说：“叫你们不要来，为什么非要违抗我呢！”李光弼说：“士兵跟随将领，又有什么罪过呢！”命令供给他们牛肉和酒。

任命潞沁节度使王思礼兼太原尹，充北京留守、河东节度使。

当初，潼关战败时，王思礼的马中箭而死，有骑兵盩厔人张光晟下马把自己的马给王思礼，王思礼问他的姓名，张光晟不告诉他便走了。王思礼暗暗地记下了他的长相，后来多方寻找也没找到。等到达河东后，有人谮言代州刺史河西人辛云京，王思礼非常愤怒，辛云京很害怕，不知道怎么办才好。张光晟当时是辛云京的部下，说：“我曾经帮助过王公，但从来不敢说起此事，耻于以此事来取得赏赐。现在刺史您有危急，我请求去见王公，一定替您解决危急。”辛云京高兴地派他前往。张光晟拜谒王思礼，还没有开口，王思礼就认出他来，说：“哎呀！您不是我的老朋友吗？为什么这么晚才相见啊！”张光晟把实情告诉他。王思礼十分高兴，拉着他的手，流着眼泪说：“我之所以有今天，都是因为有您的帮助啊。我找您很久了。”牵着他和自己一同坐在床上，相约结为兄弟。张光晟借机在聊天中说出辛云京的冤屈。王思礼说：“辛云京的过错也不小，今天看在您的面子上放掉他。”当天就提升张光晟为兵马使，赠给他很多的金银财帛田地宅舍。

七月二十七日辛卯，任命朔方节度副使、殿中监仆固怀恩兼任太常卿，进爵位为大宁郡王。仆固怀恩跟随郭子仪做前锋，勇冠三军，前前后后立下很多战功，所以奖赏他。

八月十二日乙巳，襄州将领康楚元、张嘉延占据本州作乱，刺史王政逃到荆州。康楚元自称为南楚霸王。

回纥因宁国公主没有儿子，听任她回到中原。八月二十三日丙辰，宁国公主回到京师。

八月二十五日戊午，肃宗派将军曹日升前往襄州慰问晓谕康楚元，把王政贬为

司农少卿张光奇为襄州刺史；楚元不从。

壬戌，以李光弼为幽州长史、河北节度等使。

九月，甲午，张嘉延袭破荆州，荆南节度使杜鸿渐弃城走，澧、朗、郢、峡、归等州官吏闻之，争潜窜山谷。

戊辰，更令绛州铸乾元重宝大钱，加以重轮，一当五十；在京百官，先以军旅皆无俸禄，宜以新钱给其冬料。

丁亥，以太子少保崔光远为荆、襄招讨使，充山南东道处置兵马都使；以陈、颍、亳、申节度使王仲升为申、沔等五州节度使，知淮南西道行营兵马。

史思明使其子朝清守范阳，命诸郡太守各将兵三千从己向河南，分为四道，使其将令狐彰将兵五千自黎阳济河取滑州，思明自濮阳，史朝义自白皋，周挚自胡良济河，会于汴州。

（以上为第五段，写官军副元帅李光弼整训军容，调整诸将，史思明大举南下。）

李光弼方巡河上诸营，闻之，还入汴州，谓汴滑节度使许叔冀曰："大夫能守汴州十五日，我则将兵来救。"叔冀许诺。光弼还东京。思明至汴州，叔冀与战，不胜，遂与濮州刺史董秦及其将梁浦、刘从谏、田神功等降之。思明以叔冀为中书令，与其将李详守汴州；厚待董秦，收其妻子，置长芦为质；使其将南德信与梁浦、刘从谏、田神功等数十人徇江、淮。神功，南宫人也，思明以为平卢兵马使。顷之，神功袭德信，斩之。从谏脱身走。神功将其众来降。

思明乘胜西攻郑州，光弼整众徐行，至洛阳，谓留守韦陟曰："贼乘胜而来，利在按兵，不利速战。洛城不可守，于公计何如？"陟请留兵于陕，退守潼关，据险以挫其锐。光弼曰："两敌相当，贵进忌退，今无故弃五百里地，则贼势益张矣。不若移军河阳，北连泽潞，利则进取，不利则退守，表里相应，使贼不敢西侵，此猿臂之势也。夫辨朝廷之礼，光弼不如公；论军旅之事，公不如光弼。"陟无以应。判官韦损曰："东京帝宅，侍中奈何不守？"光弼曰："守之，则汜水、崿岭、龙门皆应置兵，子为兵马判官，能守之乎！"遂移牒留守韦陟使帅东京官属西入关，牒河南尹李若幽使帅吏民出城避贼，空其城。光弼帅军士运油、铁诸物诣河阳为守备，光弼以五百骑殿。时思明游兵已至石桥，诸将请曰："今

饶州长史，任命司农少卿张光奇为襄州刺史，康楚元不服从。

八月二十九日壬戌，任命李光弼为幽州长史、河北节度等使。

九月，甲午，张嘉延袭击攻破荆州，荆南节度使杜鸿渐弃城而逃，澧州、郎州、郢州、陕州、归州等州的官吏听说这一消息，都争相躲藏到山谷里。

九月初五日戊辰，再次命令绛州铸造乾元重宝大钱，并在背面的边缘上加上重轮，一个大钱可以当五十个钱。在京城的百官，先前因为军费开支而没有领过俸禄，这时就用新铸造的钱支给官员作为冬季的俸禄。

九月二十四日丁亥，任命太子少保崔光远为荆州、襄州招讨使，充山南东道处置兵马都使；任命陈州、颍州、亳州、申州节度使王仲升为申州、沔州等五州节度使，兼管淮南西道行营兵马。

史思明派他的儿子史朝清守卫范阳，命令各郡太守分别带兵三千人跟随自己进攻河南，分兵四路，派他的部将令狐彰带兵五千人从黎阳渡河攻取滑州，史思明从濮阳，史朝义从白皋，周挚从胡良渡过黄河，在汴州会师。

李光弼正在黄河岸边各军营中巡视，听到这一消息，就回到汴州，对汴滑节度使许叔冀说："大夫能守住汴州十五天，我就会带兵来援救。"许叔冀答应了。李光弼返回东京。史思明到达汴州，许叔冀和他作战，不能取胜，于是就与濮州刺史董秦及其部将梁浦、刘从谏、田神功等人一起投降了史思明，史思明任命许叔冀为中书令，和他的将领李详一同防守汴州。史思明优待董秦，收取他的妻子儿女，把他们安置在长芦县作为人质。又派他的将领南德信和梁浦、刘从谏、田神功等好几十人攻打江、淮地区。田神功是南宫县人，史思明任命他为平卢兵马使。不久，田神功袭击南德信，把他杀了，刘从谏脱身逃走。田神功率领他的部众来投降。

史思明乘胜向西攻打郑州，李光弼整顿好部队，慢慢地行走，到达洛阳，对留守韦陟说："叛贼乘胜而来，对我们来说，按兵不动有利，速战速决不利。洛城不可能防守，您计划怎么办？"韦陟请求把部队留在陕郡，退守潼关，占据险要之地以挫败敌人的锐气。李光弼说："双方对阵，旗鼓相当，贵在前进，忌讳后退，现在无缘无故地放弃五百里土地，那么叛贼气势就会更加嚣张。不如转移部队，驻扎河阳，北边连接泽潞，有利就进取，不利则退守，里外相呼应，使叛贼不敢向西侵犯，这就好像猿猴的手臂，伸缩自如。辨别朝廷的礼仪，我不如您；谈论军事指挥，您不如我。"韦陟无以应答。判官韦损说："东京是帝王住宅所在地，李侍中您为什么不坚守？"李光弼说："如果坚守东京，那么汜水、崿岭、龙门等地都应该部署部队，您为兵马判官，能守得住吗？"于是送牒书给东京留守韦陟，让他率领东京的官吏

自洛城而北乎，当石桥而进乎？”光弼曰：“当石桥而进。”及日暮，光弼秉炬徐行，部曲坚重，贼引兵蹑之，不敢逼。光弼夜至河阳，有兵二万，粮才支十日。光弼按阅守备，部分士卒，无不严办。庚寅，思明入洛阳，城空，无所得，畏光弼掎其后，不敢入宫，退屯白马寺南，筑月城于河阳南以拒光弼。于是郑、滑等州相继陷没，韦陟、李若幽皆寓治于陕。

冬，十月，丁酉，下制亲征史思明；群臣上表谏，乃止。

史思明引兵攻河阳，使骁将刘龙仙诣城下挑战。龙仙恃勇，举右足加马鬣上，慢骂光弼。光弼顾诸将曰：“谁能取彼者？”仆固怀恩请行。光弼曰：“此非大将所为。”左右言“裨将白孝德可往”。光弼召问之。孝德请行。光弼问：“须几何兵？”对曰：“请挺身取之。”光弼壮其志，然固问所须。对曰：“愿选五十骑出垒门为后继，兼请大军助鼓噪以增气。”光弼抚其背而遣之。孝德挟二矛，策马乱流而进。半涉，怀恩贺曰：“克矣。”光弼曰：“锋未交，何以知之？”怀恩曰：“观其揽辔安闲，知其万全。”龙仙见其独来，甚易之；稍近，将动，孝德摇手示之，若非来为敌者，龙仙不测而止。去之十步，乃与之言，龙仙慢骂如初。孝德息马良久，因瞋目谓曰：“贼识我乎？”龙仙曰：“谁也？”曰：“我，白孝德也。”龙仙曰：“是何狗彘！”孝德大呼，运矛跃马搏之。城上鼓噪，五十骑继进。龙仙矢不及发，环走堤上。孝德追及，斩首，携之以归。贼众大骇。孝德，本安西胡人也。

（以上为第六段，写李光弼重兵守河阳，诱贼来战。）

思明有良马千余匹，每日出于河南渚浴之，循环不休以示多。光弼命索军中牝马，得五百匹，絷其驹于城内。俟思明马至水际，尽出之，马嘶不已，思明马悉浮渡河，一时驱之入城。思明怒，列战船数百艘，

及家属向西进入潼关，又送牒书给河南尹李若幽，让他率领官吏民众出城躲避叛军，使东京洛阳变成一座空城。李光弼率领军士运送油、铁等物资到河阳以备防守，李光弼带领五百骑兵殿后。当时史思明的巡逻兵已经到了石桥，各位将领请示说："现在是从洛阳城向北走呢，还是直奔石桥而向前进呢？"李光弼说："直接奔石桥而向前进。"等到傍晚，李光弼拿着火炬慢慢地前行，队伍严整沉着，叛贼带兵在后面跟踪，但不敢逼近。李光弼夜晚到达河阳，有士兵两万人，粮食只够支持十天。李光弼检阅守备，分布士卒，一丝不苟。九月二十七日庚寅，史思明进入洛阳，城内空荡荡的，一无所得，他害怕李光弼抄他的后路，不敢贸然进入宫中，退兵驻扎在白马寺的南边，在河阳城的南面修筑月城以抵抗李光弼。于是，郑州、滑州等州相继陷落，韦陟、李若幽都寄居在陕郡。

冬季，十月初四日丁酉，肃宗下制书要亲自带兵征讨史思明；群臣上表劝谏，方才作罢。

史思明率兵攻打河阳，派猛将刘龙仙到城下挑战。刘龙仙依仗他的勇猛，把右脚抬起来放在马鬣上，谩骂李光弼。李光弼回头对诸位将领说："谁能拿下他？"仆固怀恩请求让他去。李光弼说："这不是大将所做的事。"左右的人说："裨将白孝德可以前往。"李光弼把白孝德叫来询问。白孝德请求出战。李光弼问道："需要多少士兵？"白孝德回答说："请让我单枪匹马拿下他。"李光弼赞扬他的壮志，还是坚持问他需要什么。白孝德说："希望挑选五十个骑兵从垒门出去作为后援，并请大军击鼓叫喊相助，以增加我的勇气。"李光弼拍拍他的肩背便让他出战。白孝德手拿两根长矛，策马横渡河流向前进。渡过河水一半时，仆固怀恩便祝贺说："胜了！"李光弼说："还未交锋，凭什么知道胜了！"仆固怀恩说："我观他牵着马的缰绳沉着镇定，便知道万无一失。"刘龙仙见他独自一人前来，非常轻视他。等他稍稍走近，刘龙仙就准备动手。白孝德摇摇手向他示意，好像不是来对敌的，刘龙仙搞不清楚是什么意思便停下来了。白孝德走到相距十步的地方，才同他说话，刘龙仙仍像以前一样谩骂。白孝德停下马休息了很久，然后怒目刘龙仙说："你这个叛贼认识我吗？"刘龙仙说："你是谁？"回答说："我是白孝德。"刘龙仙说："你是哪里来的猪狗！"白孝德大声喊叫，挥矛飞马上前搏击。城上击鼓呼叫，五十个骑兵跟着杀出。刘龙仙来不及拉弓射箭，环绕河堤奔跑。白孝德追上他，砍下他的头，提着回来。叛军士卒非常惊骇。白孝德本是安西地区的胡人。

史思明有一千多匹好马，每天带到黄河南岸的沙滩上洗澡，循环不停，以显示他的马多。李光弼命令把军中的母马都牵出来，共有五百匹，把它们的小马驹都拴在城里。等史思明的马到了水边，就把这些母马都放出，一时马叫个不停，史思明

泛火船于前而随之，欲乘流烧浮桥。光弼先贮百尺长竿数百枚，以巨木承其根，毡裹铁叉置其首，以迎火船而叉之。船不得进，须臾自焚尽。又以叉拒战船，于桥上发炮石击之，中者皆沉没，贼不胜而去。

思明见兵于河清，欲绝光弼粮道，光弼军于野水渡以备之。既夕，还河阳，留兵千人，使部将雍希颢守其栅，曰："贼将高庭晖、李日越、喻文景，皆万人敌也，思明必使一人来劫我。我且去之，汝待于此。若贼至，勿与之战。降，则与之俱来。"诸将莫谕其意，皆窃笑之。既而思明果谓李日越曰："李光弼长于凭城，今出在野，此成擒矣。汝以铁骑宵济，为我取之，不得，则勿返。"日越将五百骑晨至栅下，希颢阻壕休卒，吟啸相视。日越怪之，问曰："司空在乎？"曰："夜去矣。""兵几何？"曰："千人。""将谁？"曰："雍希颢。"日越默计久之，谓其下曰："今失李光弼，得希颢而归，吾死必矣，不如降也。"遂请降。希颢与之俱见光弼，光弼厚待之，任以心腹。高庭晖闻之，亦降。或问光弼："降二将何易也？"光弼曰："此人情耳。思明常恨不得野战，闻我在外，以为必可取。日越不获我，势不敢归。庭晖才勇过于日越，闻日越被宠任，必思夺之矣。"庭晖时为五台府果毅，己亥，以庭晖为右武卫大将军。

思明复攻河阳，光弼谓郑陈节度使李抱玉曰："将军能为我守南城二日乎？"抱玉曰："过期何如？"光弼曰："过期救不至，任弃之。"抱玉许诺，勒兵拒守。城且陷，抱玉绐之曰："吾粮尽，明旦当降。"贼喜，敛军以待之。抱玉缮完城备，明日，复请战。贼怒，急攻之。抱玉出奇兵，表里夹击，杀伤甚众。

董秦从思明寇河阳，夜，帅其众五百，拔栅突围，降于光弼。时光弼自将屯中潬，城外置栅，栅外穿堑，深广二丈。乙巳，贼将周挚舍南城，并力攻中潬。光弼命荔非元礼出劲卒于羊马城以拒贼。光弼自于城

的马全都浮水渡过黄河来追母马，一同被赶进城内。史思明发怒，陈列了好几百艘战船，前面漂着燃烧的火船，战船跟在后面，想要顺流而下来烧毁浮桥。李光弼先准备了好几百根一百尺长的长竿子，用巨大的木头抵住长竿的尾部，把用毡裹住的铁叉安置在长竿的前端，迎着火船而把它们叉住。火船不能前进，很快就自行烧毁。又用铁叉抵住战船，在桥上发射炮石攻击战船，被炮石打中的船都沉到河里，叛军没能取胜便回去了。

史思明又出兵于河清县，想要断绝李光弼的粮道，李光弼驻军于野水渡以防备他。傍晚，回到河阳，留下一千士兵，让部将雍希颢守卫营栅，并说："叛军将领高庭晖、李日越、喻文景，都是力敌万人的勇将，史思明必定派他们中的一人前来劫我军营。我暂时离开这里，你在这里等候。如果叛贼到了，不要和他作战。如果他们投降，就带他们一起来见我。"各位将领没有一个人明白李光弼的用意，都暗暗地发笑。不久，史思明果然对李日越说："李光弼擅长守城，现在他驻扎在野外，正是活捉他的好机会。你带着铁骑连夜渡过黄河，替我把他捉来，捉不到，你就别回来。"李日越率领五百骑兵早晨来到营栅前，雍希颢的士兵守在战壕休息，看着他们唱歌吹口哨。李日越感到很奇怪，问道："司空在营中吗？"回答说："夜晚已经走了。"李日越又问："营中有兵多少？"回答说："一千人。"又问："将军是谁？"回答说："雍希颢。"李日越默默地盘算了很久，对他的部下说："今天失去了李光弼，得到雍希颢而回去，我必死无疑，还不如现在投降了。"于是请求投降。雍希颢带着他一起来见李光弼，李光弼待他很优厚，如同心腹一样任用他。高庭晖听说后，也来投降。有人问李光弼："降服两员大将怎么这么容易？"李光弼说："这是人之常情。史思明常常因不能与我在野外作战而感到遗憾，听说我在野外后，以为一定可以抓到我。李日越没有俘获我，势必不敢回去。高庭晖的才干勇气都超过李日越，听说李日越受到重用和信任，就必定想来争宠了。"高庭晖当时是五台府果毅，十月初六日己亥，朝廷任命高庭晖为右武卫大将军。

史思明再次攻打河阳，李光弼对郑陈节度使李抱玉说："将军能替我坚守南城两天吗？"李抱玉说："超过日期怎么办？"李光弼说："超过日期如救兵没到，就随你放弃。"李抱玉答应了，整兵抗敌守城。城快要被攻陷时，李抱玉欺骗敌人说："我的粮食快要吃光了，明天早晨就投降。"叛军很高兴，就收兵等待。李抱玉修缮城墙整好守备，第二天，又请战，叛军非常生气，急忙来进攻。李抱玉派出一支奇兵，内外夹击，杀伤很多敌人。

董秦跟随史思明侵犯河阳，趁夜里率领部下五百人，拔掉栅栏突围出去，投降了李光弼。当时李光弼亲自率兵驻扎在中潬城，城外设置了栅栏，栅栏外挖凿壕沟，深宽各二丈。十月十二日乙巳，叛贼将领周挚放弃南城，合力进攻中潬城。李光弼

东北隅建小朱旗以望贼。贼恃其众，直进逼城，以车载攻具自随，督众填堑，三面各八道以过兵，又开栅为门。光弼望贼逼城，使问元礼曰："中丞视贼填堑开栅过兵，晏然不动，何也？"元礼曰："司空欲守乎，战乎？"光弼曰："欲战。"元礼曰："欲战，则贼为吾填堑，何为禁之？"光弼曰："善，吾所不及，勉之！"元礼俟栅开，帅敢死士突出击贼，却走数百步。元礼度贼陈坚，未易摧陷，乃复引退，须其怠而击之。光弼望元礼退，怒，遣左右召，欲斩之。元礼曰："战正急，召何为？"乃退入栅中。贼亦不敢逼。良久，鼓噪出栅门，奋击，破之。

周挚复收兵趣北城。光弼遽帅众入北城，登城望贼曰："贼兵虽多，嚣而不整，不足畏也。不过日中，保为诸君破之。"乃命诸将出战。及期，不决，召诸将问曰："向来贼陈，何方最坚？"曰："西北隅。"光弼命其将郝廷玉当之。廷玉请骑兵五百，与之三百。又问其次坚者。曰："东南隅。"光弼命其将论惟贞当之。惟贞请铁骑三百，与之二百。光弼令诸将曰："尔曹望吾旗而战，吾飐旗缓，任尔择利而战；吾急飐旗三至地，则万众齐入，死生以之，少退者斩！"又以短刀置靴中，曰："战，危事，吾国之三公，不可死贼手，万一战不利，诸君前死于敌，我自刭于此，不令诸君独死也。"诸将出战，顷之，廷玉奔还。光弼望之，惊曰："廷玉退，吾事危矣。"命左右取廷玉首。廷玉曰："马中箭，非敢退也。"使者驰报。光弼令易马，遣之。仆固怀恩及其子开府仪同三司玚战小却，光弼又命取其首。怀恩父子顾见使者提刀驰来，更前决战。光弼连飐其旗，诸将齐进致死，呼声动天地，贼众大溃，斩首千余级，捕虏五百人，溺死者千余人，周挚以数骑遁去，擒其大将徐璜玉、李秦授。其河南节度使安太清走保怀州。思明不知挚败，尚攻南城，光弼驱俘囚临河示之，乃遁。

命令荔非元礼带领精兵到城外低墙内迎击敌军。李光弼自己在城的东北角树起一面小红旗，在那里观察敌情。叛贼依仗人多势众，直接进逼城下，用车子运载着攻城的器具跟在后面，督促士卒填壕沟，从三面分成八路让士兵通过，又打开栅栏作门。李光弼看见叛贼逼近城下，就派人问荔非元礼说："你看着叛贼填壕沟打开栅栏通过士兵，却安然不动，这是为什么？"荔非元礼说："司空想防守呢，还是想出战？"李光弼说："想出战。"荔非元礼说："既然想要出战，那么叛贼正是在替我们填壕沟，为什么要阻止他们呢？"李光弼说："很好，我没有想到这一点，好好地干。"荔非元礼等到栅栏打开，就率领敢死队突然出击攻打敌人，打退敌人好几百步。荔非元礼考虑叛贼阵地坚固，不易摧毁攻陷，就又带兵退回，想等到叛贼懈怠时再去攻打他们。李光弼看见荔非元礼后退，很生气，派左右的人去叫他，想要杀了他。荔非元礼说："战事正紧急，叫我做什么？"于是领兵退入栅栏中。叛贼也不敢紧逼。过了许久，荔非元礼又击鼓喊叫冲出栅栏门，奋力攻击，打败敌人。

周挚又收兵赶往北城，李光弼立刻率领士卒进入北城，登上城墙观望叛军说："贼兵虽然很多，嘈杂混乱而不整齐，用不着害怕。不超过中午，我保证替诸君打败敌人。"于是命令诸位将领出战。到了中午，还没有决出胜负，李光弼叫来诸位将领问道："近来你们与叛军交战，叛军阵势哪个地方最强？"诸位将领回答说："西北角。"李光弼命令他的部将郝廷玉去对付。郝廷玉请求给骑兵五百人，李光弼给他三百人。李光弼又问哪个地方的叛军第二强。回答说："东南角。"李光弼命令他的部将论惟贞去对付。论惟贞请求给铁骑三百，李光弼只给他两百。李光弼命令各位将领说："你们看我的旗帜而战，我慢慢地挥动旗帜，就随便你们选择有利时机作战；我急速地挥动旗帜三次到地面，那就是全军一起进攻，不管死活，稍有后退者斩首！"李光弼又把短刀插在自己的靴子中，说："打仗，是一件危险的事，我是国家的三公，不能死在叛贼的手中，万一战斗不利，诸位在前面死于敌手，我就在这里自杀，绝对不让诸位单独战死。"各位将领出战，不一会儿，郝廷玉就跑回来了。李光弼看见后，大惊道："郝廷玉后退，我的事情就危险了。"命令左右的人斩取郝廷玉的头。郝廷玉说："我的马被敌人射中，我不是敢后退呀。"使者飞奔回报。李光弼命令换马，派他再战。仆固怀恩和他的儿子开府仪同三司仆固玚与叛军交战稍有退却，李光弼又命令斩取他们的头。仆固怀恩父子看见使者提刀跑来，就又向前决一死战。李光弼不断地挥动旗帜，各位将领一起进攻拼死作战，呼叫声惊天动地，叛军大败溃散，杀死一千多人，俘虏五百人，淹死一千多人，周挚只和几个骑兵一起逃走，活捉叛军大将徐璜玉、李秦授。叛军的河南节度使安太清退保怀州。史思明不知道周挚被打败，还在进攻南城，李光弼把俘虏赶到黄河岸边给他看，他才退走。

丁巳，以李日越为右金吾大将军。

邛、简、嘉、眉、泸、戎等州蛮反。

十一月，甲子，以殿中监董秦为陕西、神策两军兵马使，赐姓李、名忠臣。

康楚元等众至万余人，商州刺史充荆、襄等道租庸使韦伦发兵讨之，驻于邓之境，招谕降者，厚抚之；伺其稍怠，进军击之，生擒楚元，其众遂溃；得其所掠租庸二百万缗，荆、襄皆平。伦，见素之从弟也。

发安西、北庭兵屯陕，以备史思明。

第五琦作乾元钱、重轮钱，与开元钱三品并行，民争盗铸，货轻物重，谷价腾踊，饿殍相望。上言者皆归咎于琦，庚午，贬琦忠州长史。御史大夫贺兰进明贬溱州员外司马，坐琦党也。

十二月甲午，吕諲领度支使。

乙巳，韦伦送康楚元诣阙，斩之。

史思明遣其将李归仁将铁骑五千寇陕州，神策兵马使卫伯玉以数百骑击破之于礓子阪，得马六百匹，归仁走。以伯玉为镇西、四镇行营节度使。李忠臣与归仁等战于永宁、莎栅之间，屡破之。

（以上为第七段，写李光弼讨贼，与史思明在河阳展开大决战，双方势均力敌。）

上元元年（庚子，760年）

春，正月，辛巳，以李光弼为太尉兼中书令，余如故。

丙戌，以于阗王胜之弟曜同四镇节度副使，权知本国事。

党项等羌吞噬边鄙，将逼京畿，乃分邠宁等州节度为鄜坊丹延节度，亦谓之渭北节度。以邠州刺史桑如珪领邠宁，鄜州刺史杜冕领鄜坊节度副使，分道招讨。戊子，以郭子仪领两道节度使，留京师，假其威名以镇之。

上祀九宫贵神。

二月，李光弼攻怀州，史思明救之。癸卯，光弼逆战于沁水之上，破之，斩首三千余级。

忠州长史第五琦既行，或告琦受人金二百两，遣御史刘期光追按之。琦曰："琦备位宰相，二百两金不可手挈；若付受有凭，请准律科罪。"期

十月二十四日丁巳，任命李日越为右金吾大将军。

邛州、简州、嘉州、眉州、泸州、戎州等州的蛮人反叛。

十一月初一日甲子，任命殿中监董秦为陕西、神策两军兵马使，赐姓李氏，名忠臣。

康楚元等聚众达到一万多人，商州刺史兼荆、襄等道租庸使韦伦调兵讨伐他，驻军在邓州境内，招抚晓谕投降的人，很优厚地安抚他们。趁康楚元稍微有些懈怠，就进军攻打，活捉了康楚元，他的部众就溃散了。得到他所掠夺的租庸二百万缗，荆、襄一带都平定了。韦伦是韦见素的堂弟。

征发安西、北庭的士兵驻扎陕郡，以防备史思明。

第五琦铸造乾元钱、重轮钱，和开元钱一起，三种钱同时流通，民间争相偷铸，钱币贬值，物品贵重，谷价飞涨，饿死了很多人。向肃宗进言的人都把此事归咎于第五琦，十一月初七日庚午，把第五琦贬为忠州长史。御史大夫贺兰进明被贬为溱州员外司马，因他是第五琦的同党。

十二月初二日甲午，吕諲任度支使。

十二月十三日乙巳，韦伦押送康楚元到朝廷，处死。

史思明派他的部将李归仁率领五千精锐骑兵侵犯陕州，神策兵马使卫伯玉带领好几百骑兵在礓子阪打败李归仁，获得战马六百匹，李归仁逃走。任命卫伯玉为镇西、四镇行营节度使。李忠臣和李归仁等在永宁、莎栅之间作战，多次打败他。

唐肃宗上元元年（庚子，760 年）

春季，正月十九日辛巳，肃宗任命李光弼为太尉兼中书令，其余的官职照旧。

正月二十四日丙戌，任命于阗国王尉迟胜的弟弟尉迟曜同四镇节度副使，代理本国政事。

党项等羌人部族侵吞唐朝的边疆，将要逼近京城附近的地方，于是就把邠宁等州节度分为鄜坊丹延节度，也称作渭北节度。任命邠州刺史桑如珪兼任邠宁节度副使，鄜州刺史杜冕兼任鄜坊节度副使，分道招抚讨伐羌族。正月二十六日戊子，任命郭子仪兼任邠宁、鄜坊两道节度使，留在京师，假借他的威名来镇抚两道。

唐肃宗祭祀九宫贵神。

二月，李光弼进攻怀州，史思明去援救。二月十一日癸卯，李光弼在沁水岸边迎战，打败史思明，杀死三千多人。

忠州长史第五琦已经上路赴任，有人告发他接受别人黄金二百两，朝廷派御史刘期光追究审查。第五琦说："我位至宰相，二百两黄金不可能拿在手里；如果有凭

光即奏琦已服罪。庚戌，琦坐除名，长流夷州。

三月，甲申，改蒲州为河中府。

庚寅，李光弼破安太清于怀州城下；夏，四月，壬辰，破史思明于河阳西渚，斩首千五百余级。

襄州将张维瑾、曹玠杀节度使史翙，据州反。制以陇州刺史韦伦为山南东道节度使。时李辅国用事，节度使皆出其门。伦既朝廷所除，又不谒辅国，寻改秦州防御使。己未，以陕西节度使来瑱为山南东道节度使。瑱至襄州，张维瑾等皆降。

闰月，丁卯，加河东节度使王思礼为司空。自武德以来，思礼始不为宰相而拜三公。

甲戌，徙赵王係为越王。

己卯，赦天下，改元。

追谥太公望为武成王，选历代名将为亚圣、十哲。其中祀、下祀并杂祀一切并停。

是日，史思明入东京。

五月，丙午，以太子太傅苗晋卿行侍中。晋卿练达吏事，而谨身固位，时人比之胡广。

宦者马上言受赂，为人求官于兵部侍郎、同中书门下三品吕諲，諲为之补官。事觉，上言杖死。壬子，諲罢为太子宾客。

癸丑，以京兆尹南华刘晏为户部侍郎，充度支、铸钱、盐铁等使。晏善治财利，故用之。

六月，甲子，桂州经略使邢济奏：破西原蛮二十万众，斩其帅黄乾曜等。

乙丑，凤翔节度使崔光远奏破泾、陇羌、浑十余万众。

三品钱行浸久，属岁荒，米斗至七千钱，人相食。京兆尹郑叔清捕私铸钱者，数月间，榜死者八百余人，不能禁。乃敕京畿，开元钱与乾元小钱皆当十，其重轮钱当三十，诸州更俟进止。是时史思明亦铸顺天、得一钱，一当开元钱百。贼中物价尤贵。

据，请按照法律定罪。”刘期光马上奏报肃宗说第五琦已经认罪。二月十八日庚戌，第五琦因此被削除名籍，永远流放在夷州。

三月二十三日甲申，改蒲州为河中府。

三月二十九日庚寅，李光弼在怀州城下打败安太清。夏季，四月初二日壬辰，又在河阳城西的沙洲上打败史思明，杀死一千五百多人。

襄州将领张维瑾、曹玠杀死节度使史翙，占据州城反叛。唐肃宗下制书任命陇州刺史韦伦为山南东道节度使。当时李辅国专权，节度使都出自他的门下。韦伦被朝廷任命后，又不去拜谒李辅国，不久就改任秦州防御使。四月二十九日己未，任命陕西节度使来瑱为山南东道节度使。来瑱到了襄州，张维瑾等人都投降了。

闰四月初七日丁卯，加任河东节度使王思礼为司空。从武德年间以来，王思礼是第一个没有做过宰相而拜为三公的人。

闰四月十四日甲戌，迁封赵王李系为越王。

闰四月十九日己卯，大赦天下，改年号为上元。

追谥西周的姜太公为武成王，挑选历代的名将为亚圣、十哲。其余的中祀、下祀和杂祀一律停止。

这一天，史思明进入东京。

五月十七日丙午，任命太子太傅苗晋卿为侍中。苗晋卿为人干练，善于处理官场事务，但处事谨慎，能稳住官位，当时的人把他比做东汉的胡广。

宦官马上言接受贿赂，替别人向兵部侍郎、同中书门下三品吕諲求官，吕諲帮他补了一个官职。这件事被发觉后，马上言受杖刑而死。五月二十三日壬子，吕諲被罢官为太子宾客。

五月二十四日癸丑，任命京兆尹南华人刘晏为户部侍郎，充度支、铸钱、盐铁等使。刘晏善于理财谋利，所以肃宗任用他。

六月初六日甲子，桂州经略使邢济上奏说：打败了西原蛮族二十万人，杀了他们的主帅黄乾曜等人。

六月初七日乙丑，凤翔节度使崔光远上奏说打败泾州、陇州的羌族和浑族十几万人。

开元钱、乾元钱和重轮钱这三种钱通行已久，碰上荒年，米价一斗达到七千钱，以致出现了人吃人的情况。京兆尹郑叔清逮捕私自铸钱的人，几个月的时间里，就打死了八百多人，还是不能禁止。于是肃宗就下令京城附近的地方，开元钱和乾元小钱都以一当十，重轮钱以一当三十，各州等待以后的命令再作规定。当时，史思明也铸造了顺天钱、得一钱，以一钱当开元钱的一百钱。因此叛贼占领的境内物价更加昂贵。

甲申，兴王佋薨。佋，张后长子也，幼曰定王侗。张后以故数欲危太子，太子常以恭逊取容。会佋薨，侗尚幼，太子位遂定。

乙酉，凤翔节度使崔光远破党项于普润。

平卢兵马使田神功奏破史思明之兵于郑州。

（以上为第八段，写唐肃宗朝政不肃，财政告危，河南讨贼诸军与贼拉踞相持。）

上皇爱兴庆宫，自蜀归，即居之。上时自夹城往起居，上皇亦间至大明宫。左龙武大将军陈玄礼、内侍监高力士久侍卫上皇；上又命玉真公主、如仙媛、内侍王承恩、魏悦及梨园弟子常娱侍左右。上皇多御长庆楼，父老过者往往瞻拜，呼万岁，上皇常于楼下置酒食赐之；又尝召将军郭英乂等上楼赐宴。有剑南奏事官过楼下拜舞，上皇命玉真公主、如仙媛为之作主人。

李辅国素微贱，虽暴贵用事，上皇左右皆轻之。辅国意恨，且欲立奇功以固其宠，乃言于上曰："上皇居兴庆宫，日与外人交通，陈玄礼、高力士谋不利于陛下。今六军将士尽灵武勋臣，皆反仄不安，臣晓谕不能解，不敢不以闻。"上泣曰："圣皇慈仁，岂容有此！"对曰："上皇固无此意，其如群小何！陛下为天下主，当为社稷大计，消乱于未萌，岂得徇匹夫之孝！且兴庆宫与阎闾相参，垣墉浅露，非至尊所宜居。大内深严，奉迎居之，与彼何殊，又得杜绝小人荧惑圣听。如此，上皇享万岁之安，陛下有三朝之乐，庸何伤乎！"上不听。兴庆宫先有马三百匹，辅国矫敕取之。才留十匹。上皇谓高力士曰："吾儿为辅国所惑，不得终孝矣。"

辅国又令六军将士，号哭叩头，请迎上皇居西内。上泣不应。辅国惧。会上不豫，秋，七月，丁未，辅国矫称上语，迎上皇游西内，至睿武门，辅国将射生五百骑，露刃遮道奏曰："皇帝以兴庆宫湫隘，迎上皇迁居大内。"上皇惊，几坠。高力士曰："李辅国何得无礼！"叱令下马。辅国不得已而下。力士因宣上皇诰曰："诸将士各好在！"将士皆纳刃，

六月二十六日甲申，兴王李佋去世。李佋是张皇后的长子，张皇后的小儿子是定王李侗。张皇后为了兴王，多次想危害太子，太子常常谦逊恭敬地讨好张皇后。碰上李佋死，李侗还年幼，太子的地位就稳固了。

六月二十七日乙酉，凤翔节度使崔光远在普润县打败党项军队。

平卢兵马使田神功上奏说在郑州打败史思明的军队。

太上皇喜爱兴庆宫，从蜀中回来后，就住在兴庆宫里。唐肃宗时常从夹城前往问候起居，太上皇也偶尔到大明宫去。左龙武大将军陈玄礼、内侍监高力士长期侍奉保卫太上皇。肃宗又命令玉真公主、如仙媛、内侍王承恩、魏悦以及梨园弟子经常在太上皇身边和他娱乐。太上皇常常登临长庆楼，父老乡亲经过楼下总是瞻仰下拜，高呼万岁，太上皇也常在楼下设酒宴赏赐他们。又曾经把将军郭英乂叫上楼来赏赐酒宴。有位从剑南来奏报事情的官员经过楼下向太上皇拜舞，太上皇就叫玉真公主、如仙媛做东款待他。

李辅国素来出身卑贱，虽然突然飞黄腾达，专权用事，但太上皇左右的人都轻视他。李辅国心中嫉恨，并且想建立奇功以巩固自己受宠信的地位，就对肃宗说："太上皇住在兴庆宫，天天和外面的人交往，陈玄礼、高力士谋划不利于陛下的事情。现在的六军将士都是在灵武拥立您的功臣，他们心中都恐慌不安，臣虽然多方向他们解释但没有用，所以不敢不向陛下报告。"肃宗哭着说："太上皇仁慈，怎么会容忍这样的事呢？"李辅国回答说："太上皇固然没有这样的意思，但手下的小人要这样干，他又有什么办法呢！陛下是天下的君主，应当为国家大计着想，把祸乱消灭在还没有萌芽之时，怎么能一心想着匹夫的孝道呢？况且兴庆宫紧挨着宫外的里巷，宫墙低矮，不是太上皇所应该居住的地方。宫内戒备森严，把太上皇迎进来居住，这与住在兴庆宫有什么区别，又可以杜绝小人迷惑太上皇的视听。这样一来，太上皇就可以享受长久的安宁，陛下也可以享受一日三次去请安问好的乐趣，这又有什么可伤心的呢？"肃宗不听从。兴庆宫以前有三百匹马，李辅国假借肃宗的敕令带走这些马，只留下十匹。太上皇对高力士说："我的儿子被李辅国所迷惑，不能够对我尽孝了。"

李辅国又命令六军将士，号哭叩头，请求迎接太上皇移居西内。唐肃宗哭着不答应，李辅国害怕了。适逢肃宗生病，秋季，七月十九日丁未，李辅国假称肃宗有话，迎接太上皇游玩西内，到达睿武门，李辅国率领射生手骑士五百人，拔刀出鞘拦住道路上奏说："皇帝因兴庆宫低湿矮小，请太上皇迁居宫内。"太上皇听后非常惊慌，差一点从马上掉下来。高力士说："李辅国不得无礼！"斥责他下马。李辅国

再拜，呼万岁。力士又叱辅国与己共执上皇马鞚，侍卫如西内，居甘露殿。辅国帅众而退。所留侍卫兵，才尪老数十人。陈玄礼、高力士及旧宫人皆不得留左右。上皇曰：“兴庆宫，吾之王地，吾数以让皇帝，皇帝不受。今日之徙，亦吾志也。”是日，辅国与六军大将素服见上，请罪。上又迫于诸将，乃劳之曰：“南宫、西内，亦复何殊！卿等恐小人荧惑，防微杜渐，以安社稷，何所惧也！”刑部尚书颜真卿首率百寮上表，请问上皇起居。辅国恶之，奏贬蓬州长史。

（以上为第九段，写唐肃宗纵容李辅国横恣。）

癸丑，敕天下重棱钱皆当三十，如畿内。

丙辰，高力士流巫州，王承恩流播州，魏悦流溱州，陈玄礼勒致仕；置如仙媛于归州，玉真公主出居玉真观。上更选后宫百余人，置西内，备洒扫。令万安、咸宜二公主视服膳；四方所献珍异，先荐上皇。然上皇日以不怿，因不茹荤，辟谷，浸以成疾。上初犹往问安，既而上亦有疾，但遣人起居。其后上稍悔寤，恶辅国，欲诛之，畏其握兵，竟犹豫不能决。

初，哥舒翰破吐蕃于临洮西关磨环川，于其地置神策军。及安禄山反，军使成如璆遣其将卫伯玉将千人赴难。既而军地沦入吐蕃，伯玉留屯于陕，累官至右羽林大将军。八月，庚午，以伯玉为神策军节度使。

丁亥，赠谥兴王佋曰恭懿太子。

九月，甲午，置南都于荆州，以荆州为江陵府，仍置永平军团练兵三千人，以扼吴、蜀之冲，从节度使吕諲之请也。

或上言：“天下未平，不宜置郭子仪于散地。”乙未，命子仪出镇邠州；党项遁去。戊申，制：“子仪统诸道兵自朔方直取范阳，还定河北，发射生英武等禁军及朔方、鄜坊、邠宁、泾原诸道蕃、汉兵共七万人，皆受子仪节度。”制下旬日，复为鱼朝恩所沮，事竟不行。

冬，十月，丙子，置青、沂等五州节度使。

不得已从马上下来。高力士因此宣读太上皇的诰命:"各位将士都好吗?"各位将士都收起刀,再三跪拜,高呼万岁。高力士又斥责李辅国,让他与自己一起牵着太上皇的马缰绳,侍卫太上皇到西内,住在甘露殿。李辅国率领众人退走,所留下的侍卫兵,只有老弱几十人。陈玄礼、高力士以及以前的宫人都不能留在太上皇身边。太上皇说:"兴庆宫,是我成就王业的地方,我曾多次让给皇帝,皇帝不接受。今天的迁出,也是我的愿望。"当天,李辅国与六军大将都身着白衣去见肃宗请罪。肃宗迫于诸位将领的压力,便慰劳他们说:"太上皇居住在兴庆宫或太极宫,又有什么区别呢?你们害怕小人蛊惑人心,防微杜渐,是为了安定社稷,又有什么可恐惧的!"刑部尚书颜真卿带头率领百官上表,请问太上皇的起居饮食。李辅国讨厌他,奏请肃宗把他贬为蓬州长史。

七月二十五日癸丑,敕令天下重轮钱都以一钱当三十钱,如同京城附近的地区一样。

七月二十八日丙辰,将高力士流放到巫州,王承恩流放到播州,魏悦流放到溱州,陈玄礼被强迫退休;把如仙媛安置在归州,玉真公主出宫住在玉真观。肃宗另外挑选了后宫一百多人,安置在西内,侍奉太上皇。命令万安、咸宜两位公主侍候太上皇的服饰饮食;四方所进献的珍贵奇异的东西,先进献给太上皇。然而太上皇的心情越来越不好,因而不吃荤菜,不吃五谷,渐渐地生了病。肃宗开始时还前往问安,后来肃宗自己也有病,只能派人去问候太上皇的起居。在这以后,肃宗慢慢有点后悔醒悟,讨厌李辅国,想要杀了他,又害怕他手上握有兵权,竟然犹豫不决。

当初,哥舒翰在临洮西关磨环川击败吐蕃,在当地设置神策军。等到安禄山反叛,军使成如璆派他的将军卫伯玉带领一千人来解救危难。不久神策军的地盘被并入吐蕃,卫伯玉留驻陕郡,官位做到右羽林大将军。八月十三日庚午,任命卫伯玉为神策军节度使。

八月三十日丁亥,追赠兴王李佋的谥号为恭懿太子。

九月初七甲午,在荆州设置南郡,以荆州为江陵府,仍然设置永平军团练兵三千人,以扼守吴、蜀两地的要冲,这是听从节度使吕諲的请求而设置的。

有人上书说:"天下还没有太平,不应当把郭子仪安置在闲散的位置上。"九月初八日乙未,命令郭子仪出镇邠州,党项人闻讯逃走了。九月二十一日戊申,下制书:"郭子仪统领诸道兵马从朔方直取范阳,然后回师平定河北,征调射生英武等禁军以及朔方、鄜坊、邠宁、泾原等各道的蕃兵和汉兵一共七万人,都受郭子仪指挥调度。"制书下后十天,又被鱼朝恩所阻挠,事情竟然作罢。

冬季,十月十九日丙子,设置青州、沂州等五州节度使。

十一月，壬辰，泾州破党项。

御史中丞李铣、宋州刺史刘展皆领淮西节度副使。铣贪暴不法，展刚强自用，故为其上者多恶之；节度使王仲升先奏铣罪而诛之。时有谣言曰："手执金刀起东方。"仲升使监军使、内左常侍邢延恩入奏："展倔强不受命，姓名应谣谶，请除之。"

延恩因说上曰："展与李铣一体之人，今铣诛，展不自安，苟不去之，恐其为乱。然展方握强兵，宜以计去之。请除展江淮都统，代李峘，俟其释兵赴镇，中道执之，此一夫力耳。"上从之，以展为都统淮南东、江南西、浙西三道节度使；密敕旧都统李峘及淮南东道节度使邓景山图之。

延恩以制书授展，展疑之，曰："展自陈留参军，数年至刺史，可谓暴贵矣。江、淮租赋所出，今之重任，展无勋劳，又非亲贤，一旦恩命宠擢如此，得非有谗人间之乎？"因泣下。延恩惧，曰："公素有才望，主上以江、淮为忧，故不次用公。公反以为疑，何哉？"展曰："事苟不欺，印节可先得乎？"延恩曰："可。"乃驰诣广陵，与峘谋，解峘印节以授展。展得印节，乃上表谢恩，牒追江、淮亲旧，置之心膂，三道官属遣使迎贺，申图籍，相望于道，展悉举宋州兵七千趣广陵。

延恩知展已得其情，还奔广陵，与李峘、邓景山发兵拒之，移檄州县，言展反。展亦移檄言峘反，州县莫知所从。峘引兵渡江，与副使润州刺史韦儇、浙西节度使侯令仪屯京口，邓景山将万人屯徐城。展素有威名，御军严整，江、淮人望风畏之。展倍道先期至，使人问景山曰："吾奉诏书赴镇，此何兵也？"景山不应。展使人呼于陈前曰："汝曹皆吾民也，勿干吾旗鼓。"使其将孙待封、张法雷击之，景山众溃，与延恩奔寿州。展引兵入广陵，遣其将屈突孝标将兵三千徇濠、楚，王晅将兵四千略淮西。

李峘辟北固为兵场，插木以塞江口。展军于白沙，设疑兵于瓜洲，多张火、鼓，若将趣北固者，如是累日。峘悉锐兵守京口以待之。展乃

十一月初六日壬辰，泾州打败党项。

御史中丞李铣、宋州刺史刘展都兼任淮西节度副使。李铣贪污强暴不遵守法纪，刘展刚愎自用，所以做他们上司的人大都厌恶他们，节度使王仲升抢先奏明李铣的罪过并杀了他。当时流传谣言说："手执金刀起东方。"王仲升让监军使、内左常侍邢延恩入朝上奏说："刘展倔强不接受命令，他的姓名也与谣言相符合，请求除掉他。"

邢延恩因此劝说肃宗："刘展与李铣是一丘之貉，现在李铣被杀，刘展心里不安，如果不去掉他，恐怕将要作乱。然而，刘展手上正握有强兵，应用计谋去掉他。请求任命刘展为江淮都统，代替李峘，等到他放下兵权去赴任时，中途把他捉住，这样只需要一个人的力量就够了。"肃宗听从了他的建议，任命刘展为都统淮南东、江南西、浙西三道节度使，并秘密命令旧都统李峘以及淮南东道节度使邓景山谋杀他。

邢延恩把制书交给刘展，刘展对此感到怀疑，说："我从陈留参军后，几年的工夫就做到刺史，可以说是突然富贵。江淮一带是供应国家租赋的地方，江淮都统是现今的一个重要职位，我既无功劳，又不是肃宗的亲戚贤人，一下子蒙受恩命如此宠信提拔，难道不是有小人在谗言离间谋害我吗？"因此哭泣起来。邢延恩很害怕，说："您平素有才干有威望，肃宗因忧虑江淮一带，所以才破格任用您。而您却反而怀疑，这是为什么呢？"刘展说："此事如果不是欺骗，是否可以把印玺和符节先给我？"邢延恩说："可以。"于是就飞奔到广陵，与李峘谋划，解下李峘的印玺和符节交给刘展。刘展得到印玺和符节，就上表感谢皇恩，然后下文书召来江淮一带的亲戚朋友，当作亲信，三道的官吏都派使者来迎接祝贺，申报地图簿籍，一路不绝，刘展率领宋州全部兵马七千人赶往广陵。

邢延恩知道刘展已了解内情，又连忙赶回广陵，与李峘、邓景山一起调兵抵抗他，并下檄书到各州、县，说刘展反叛。刘展也下檄书说李峘反叛，各州、县不知道谁是谁非，该听谁的。李峘带兵渡过长江，和副使润州刺史韦儇、浙西节度使侯令仪驻扎京口，邓景山率领一万人驻扎徐城。刘展平素就有威名，治军严整，江、淮一带的人闻风丧胆。刘展率兵昼夜兼程预先赶到，派人问邓景山说："我奉诏书之命前来赴任，这里的兵是做什么的？"邓景山不答应。刘展派人在阵前呼喊道："你们都是我的百姓，请不要阻拦我的部队。"然后派部将孙待封、张法雷攻打，邓景山的部队溃败，与邢延恩一起逃往寿州。刘展带兵进入广陵，派他的部将屈突孝标带兵三千人去攻掠濠州、楚州，王晅带兵四千人去攻掠淮西。

李峘开辟北固山作为战场，插木头以堵塞江口。刘展驻军在白沙，在瓜洲安排疑兵，设置了很多火把和战鼓，好像准备赶赴北固山，接连好几天都是这样。李峘

自上流济，袭下蜀。岠军闻之，自溃，岠奔宣城。

甲午，展陷润州。升州军士万五千人谋应展，攻金陵城，不克而遁。侯令仪惧，以后事授兵马使姜昌群，弃城走。昌群遣其将宗犀诣展降。丙申，展陷升州，以宗犀为润州司马、丹杨军使；使昌群领升州，以从子伯瑛佐之。

李光弼攻怀州，百余日，乃拔之，生擒安太清。

史思明遣其将田承嗣将兵五千徇淮西，王同芝将兵三千人徇陈，许敬江将二千人徇兖郓，薛鄂将五千人徇曹州。

十二月，丙子，党项寇美原、同官，大掠而去。

贼帅郭愔等引诸羌、胡败秦陇防御使韦伦，杀监军使。

兖郓节度使能元皓击史思明兵，破之。

李岠之去润州也，副使李藏用谓岠曰："处人尊位，食人重禄，临难而逃之，非忠也；以数十州之兵食，三江、五湖之险固，不发一矢而弃之，非勇也。失忠与勇，何以事君！藏用请收余兵，竭力以拒之。"岠乃悉以后事授藏用。藏用收散卒，得七百人，东至苏州募壮士，得二千人，立栅以拒刘展。

展遣其将傅子昂、宗犀攻宣州，宣歙节度使郑炅之弃城走，李岠奔淇州。

李藏用与展将张景超、孙待封战于郁墅，兵败，奔杭州。景超遂据苏州，待封进陷湖州。展以其将许峄为润州刺史，李可封为常州刺史，杨持璧苏州刺史，待封领湖州事。景超进逼杭州，藏用使其将温晁屯余杭。展以李晃为泗州刺史，宗犀为宣州刺史。

傅子昂屯南陵，将下江州，徇江西。于是屈突孝摽陷濠、楚州，王晅陷舒、和、滁、庐等州，所向无不摧靡，聚兵万人，骑三千，横行江、淮间。寿州刺史崔昭发兵拒之，由是晅不得西，止屯庐州。

初，上命平庐兵马使田神功将所部精兵五千屯任城；邓景山既败，与邢延恩奏乞敕神功救淮南，未报。景山遣人趣之，且许以淮南金帛子女为赂，神功及所部皆喜，悉众南下，及彭城，敕神功讨展。展闻之，始有惧色，自广陵将兵八千拒之，选精兵二千渡淮，击神功于都梁山，

用全部精锐士兵守卫京口以等待他。刘展于是从上流渡江，袭击下蜀城。李峘的部队闻讯后，自动溃散，李峘逃往宣城。

十一月初八日甲午，刘展攻陷润州。升州军士一万五千人计划响应刘展，进攻金陵城，没有攻克便逃走了。侯令仪害怕，就把后事托给兵马使姜昌群，弃城逃走了。姜昌群派他的部将宗犀到刘展那里去投降。十一月初十日丙申，刘展攻陷升州，任命宗犀为润州司马、丹阳军使；派姜昌群代理升州，并让自己的侄子刘伯瑛辅助他。

李光弼进攻怀州，攻了一百多天，才攻下来，活捉了安太清。

史思明派他的部将田承嗣带兵五千人攻掠淮西，王同芝带兵三千人攻掠陈州，许敬江带兵二千人攻掠兖州、郓州，薛鄂带兵五千人攻掠曹州。

十二月二十日丙子，党项侵犯美原、同官，大肆抢掠而去。

叛贼将帅郭愔等人带领各部羌人、胡人击败秦陇防御使韦伦，杀了监军使。

兖郓节度使能元皓攻击史思明的部队，打败了他。

李峘逃离润州时，副使李藏用对他说："身处重要的官位，享受优厚的俸禄，遇到危难而逃走，这是对国家的不忠。手握几十州的兵马和粮食，又可凭借三江、五湖的险要坚固，不发一箭就弃城逃跑，这是毫无勇气的表现。失掉了忠诚和勇气，靠什么来侍奉国君！李藏用请求收拾残兵，竭力抗拒敌人。"李峘便将后事全部托给李藏用。李藏用收拾散兵，得到七百人，又向东到苏州招募壮士，得到二千人，于是设立栅栏以抵抗刘展。

刘展派他的部将傅子昂、宗犀进攻宣州，宣歙节度使郑炅之弃城逃走，李峘逃往洪州。

李藏用与刘展的部将张景超、张待封在郁墅交战，战败了，逃往杭州。张景超占据苏州，孙待封攻陷湖州。刘展任命他的部将许峄为润州刺史，李可封为常州刺史，杨持璧为苏州刺史，孙待封兼管湖州事务。张景超进攻逼近杭州，李藏用派他的部将温晁驻扎余杭。刘展任命李晃为泗州刺史，宗犀为宣州刺史。

傅子昂驻扎南陵，想要攻下江州，进而占领江南西道。这时刘展的部将屈突孝摽攻陷濠州、楚州，王晅攻陷舒州、和州、滁州、庐州等州，所向披靡，无坚不摧，聚集兵力达一万人，骑兵三千人，横行江、淮一带。寿州刺史崔昭调兵抵抗，因此王晅不能再向西进攻，只好驻兵在庐州。

当初，唐肃宗命令平卢兵马使田神功率领部下精兵五千人驻扎任城；邓景山失败后，与邢延恩一起上奏请求敕命田神功援救淮南，没有得到回报。邓景山派人去催促田神功，并且许诺战胜后把淮南的金银财帛和女人作为报酬，田神功及其部下听说后非常高兴，带领全部人马南下，到了彭城，肃宗命田神功讨伐刘展的敕书才

展败，走至天长；以五百骑据桥拒战，又败，展独与一骑亡渡江。神功入广陵及楚州，大掠，杀商胡以千数，城中地穿掘略遍。

是岁，吐蕃陷廓州。

（以上为第十段，写唐四境不宁，羌胡寇秦陇，刘展又反于淮南。）

到达。刘展闻讯后，才开始感到惧怕，便从广陵率兵八千人抵抗，挑选精兵二千人渡过淮河，在都梁山攻打田神功，刘展战败，逃到天长县，依靠五百骑兵凭借桥梁抵抗作战，又战败了，刘展独自与一个骑兵渡江逃跑。田神功进入广陵及楚州，大肆抢夺，杀死几千个经商的胡人，为了寻求财宝，城中地面几乎挖遍了。

这一年，吐蕃攻陷了廓州。

【点评】

本卷点评官军九节度使兵败邺城、宦官李辅国横恣。

一、九节度使兵败邺城。叛军丢失西京，军心动摇，安庆绪放弃洛阳，逃往河北，盘踞邺城，仍据有七郡六十余城，有兵六万，仍是唐的劲敌。乾元元年（758）九月，郭子仪受命集七节度使进讨安庆绪，合计步骑二十余万。肃宗又命李光弼、王思礼两节度使率本部兵为后援。九节度使不相统属，使宦官鱼朝恩为观军容宣慰处置使，实际上是以鱼朝恩为全军统帅。唐肃宗不设元帅的理由是郭子仪、李光弼都是元勋，难相统属。这是一个借口。唐肃宗猜忌功臣，不让靖乱之功为郭、李所有，让鱼朝恩来贪天之功便于控制。这一错误决策给官军带来了灭顶之灾。

进兵之初，郭子仪率领七节度使之兵进围卫州，安庆绪率领邺城叛军，倾巢来救，郭子仪连战皆胜，大破叛军，包围安庆绪于邺城。从乾元元年十月至乾元二年二月，围贼数月，筑垒两层，穿堑三重，又引漳水灌城，城中井泉漫水，构栈而居。贼众食尽，掘鼠一只值钱四千，贼众将惊骇，邺城指日可破。安庆绪向史思明呼救，声言让位称臣。史思明率领十三万大军南下救援，李光弼阻击于魏州。监军观军容使宦官鱼朝恩催促李光弼并兵围邺城。李光弼说："史思明得魏州按兵不进，是在寻求战机，等待官军疲惫，出其不意打击官军。官军应将计就计，拖延史思明，邺城一定会被攻破。邺城被攻破，史思明孤军不战自破。"鱼朝恩不赞同，李光弼无可奈何地移师邺城，史思明紧追其后，离邺城五十里扎营。史思明每天擂鼓遥应邺城贼众，按兵不战，抄掠官军粮饷。此时官军会围邺城达六十万人。史思明选壮士假扮官军，烧毁粮库，官军乏食，士气低落。史思明抓住战机，引大军直逼城下。三月六日壬申，两军会战，官军大败。郭子仪朔方军，战马万匹，只存三千，甲仗十万，弃遗殆尽。官军四散，所过剽掠。九节度使只有李光弼、王思礼两节度使之兵，全军退回。官军功败垂成，贼势大胜。随后史思明火并安庆绪，引兵南下，东京不守，河南河北又是一片战火。此次官军五倍于敌，郭子仪、李光弼两员良将督阵，为何输得如此之惨，原因有五。唐肃宗借口郭子仪、李光弼都是元勋，难相统属不置元帅。步骑数十万，节度使九人，没有统帅，号令不一，这是失败的主要原因。宦官鱼朝恩不懂军事，唐肃宗用他为监军，首次设置观军容使之名，权在主将之上。鱼朝恩不听李光弼之言，迫使李光弼进军邺城，史思明于是跟随其后，与邺城贼众呼应，里应外合，这是失败的第二个原因。官军政出多头，以致粮饷被史思明假扮官军焚毁。官军无粮，士气低落，这是失败的第三个原因。三月六日，两军交战，突起大风，飞沙走石，两军不战自溃。贼众兵少而精，作困兽之斗，溃散而易整合。官军来自四面八方，人数太多，乌合之众，溃散难以收拢，这是失败的第四个原因。归根到底，唐肃宗忌疑主帅，用宦官遥控，政治腐败，这是失败的第五个原因，也

是最根本的原因。邺城之败，不在军事，而在政治，罪不在郭子仪，而在唐肃宗。宦官监军，是唐玄宗创立的一个恶例，封常清、高仙芝冤死于宦官之手，哥舒翰兵败潼关也毁于宦官之手。唐肃宗设观军容使，在监军之外创立了一个更大的恶例，良将受制，带来更大的失败。九节度使兵败邺城，鱼朝恩归罪于郭子仪，唐肃宗解除郭子仪的军权，用李光弼为朔方节度使，又重赏朔方节度副使仆固怀恩晋爵为郡王，使与李光弼地位相等，以分李光弼之权。昏君对功臣是如此的猜忌，对宦官是那样的宠信，唐王朝没有在战争中得到洗礼、净化，而是更加腐败。

二、宦官李辅国横恣。李辅国，原名李静忠。是历仕唐玄宗、肃宗、代宗三朝的大宦官。唐代宗宝应元年（762），李辅国要皇帝做傀儡，他对代宗说："大家但居禁中，外事听老奴处分。"代宗忍无可忍，派刺客将李辅国诛杀。

李辅国出身一个养马人之家，从小阉割入宫，在高力士手下当仆役。天宝中，李辅国进东宫作了太子侍卫。肃宗灵武即位，李辅国有拥立之功，成为肃宗心腹，被赐名护国，后改名辅国。肃宗拜李辅国为家令，判元帅行军司马，开创了唐朝宦官掌握禁军的先例。

至德二载（757），唐军收复长安，肃宗回京，任命李辅国为少府、殿中二监，封郕国公，加开府仪同三司，传达百官奏事，始专权自恣。李辅国为了巩固到手的权势，暗中与张良娣（后为张皇后）勾结，合谋陷害建宁王李倓。李倓是唐肃宗的第三子，胆识过人，又典亲军，为人耿直，看不惯张良娣放纵自恣，李辅国内外勾结、权倾朝野。李辅国与张良娣诬陷建宁王怀恨未掌兵权，阴蓄异志。肃宗猜疑，赐死李倓，李辅国更加肆无忌惮，欺负到了太上皇的头上。唐玄宗返回长安，常住兴庆宫。肃宗命陈玄礼、高力士旧人陪伴唐玄宗，旧时梨园弟子也伴随太上皇，奏乐解闷，其乐融融。兴庆宫长庆楼南临大道，唐玄宗在楼上不时与路过楼下的父老交流。李辅国不满高力士的傲慢，又深恐唐玄宗一旦得势或影响肃宗对己不利，李辅国设计拆散高力士、陈玄礼，掌控太上皇。李辅国利用肃宗的猜忌心，挑拨两代皇帝的父子关系。李辅国对肃宗说，太上皇住在靠近街市的地方，不便养老，高力士、陈玄礼等人伺机图谋不轨。李辅国建言迁太上皇到禁中，断绝与外人来往，才能免除后患。肃宗不忍，流着泪说："太上皇仁慈，不会有事。"李辅国悍然训斥说："太上皇没有夺位之心，身边的那一群小人靠不住。陛下为天下人之主，要为社稷大计，消乱于未萌，岂能效法匹夫之孝！太上皇入居深宫，杜绝小人荧惑圣听，有什么不好！"肃宗还是没有答应，李辅国就假传圣旨，强行迎请太上皇入居宫禁，高力士，陈玄礼等旧人全被斥逐。从此，唐玄宗也孑然一身，屈居西内。时逢端午节，肃宗惧怕李辅国与张皇后反对，竟然不敢到西内去探望父亲。太上皇形同软禁，闷闷不乐，一年多后就死了。

此时李辅国常居大内，制敕必经李辅国押署才能施行。宰相百官奏事，先要向李辅国报告，才能见皇上。御史台、大理寺重囚，李辅国说放就放。三司、府、县审案，事先要通报李辅国，重判轻判，都要随李辅国的意。李辅国为了监视朝官大臣，设置了特务机构，称察事厅子，窥探隐情，想要惩治某官，说办就办。察事厅子所到之处，横加追索，诸司不敢违抗。汉、唐、明三代，是宦官肆虐的三个朝代。中唐以后，皇帝废立都掌握在宦官之手。宦官如此猖獗，因其掌握禁军。始作俑者，唐肃宗也。皇帝猜忌将相，就倚重宦官，宦官权重，反制皇帝。宦官肆虐，实质是扭曲了皇权，也可以说是皇权的旁落。只要专制政体存在，宦官这一政治肿瘤就永远无法割除。

·文白对照本·

资治通鉴

（全十八册）

第十四册

卷第二百二十二至卷第二百三十五（唐纪三十八至唐纪五十一）

（宋）司马光　编著
张大可　语译

创于1897
商务印书馆
The Commercial Press

第十四册目录

卷第二百二十二　唐纪三十八
唐肃宗上元二年至唐代宗广德元年（761—763 年）…………… 8051

卷第二百二十三　唐纪三十九
唐代宗广德元年至永泰元年（763—765 年）……………………… 8089

卷第二百二十四　唐纪四十
唐代宗永泰元年至大历八年（765—773 年）……………………… 8127

卷第二百二十五　唐纪四十一
唐代宗大历九年至十四年（774—779 年）………………………… 8169

卷第二百二十六　唐纪四十二
唐代宗大历十四年至唐德宗建中二年（779—781 年）………… 8211

卷第二百二十七　唐纪四十三
唐德宗建中二年至三年（781—782 年）…………………………… 8255

卷第二百二十八　唐纪四十四
唐德宗建中四年（783 年）……………………………………………… 8297

卷第二百二十九　唐纪四十五
唐德宗建中四年至兴元元年（783—784 年）……………………… 8337

卷第二百三十　唐纪四十六
唐德宗兴元元年（784 年）……………………………………………… 8377

卷第二百三十一　唐纪四十七
唐德宗兴元元年至贞元元年（784—785 年）………………………… 8415

卷第二百三十二　唐纪四十八
唐德宗贞元元年至三年（785—787 年）………………………… 8455

卷第二百三十三　唐纪四十九
唐德宗贞元三年至七年（787—791 年）………………………… 8501

卷第二百三十四　唐纪五十
唐德宗贞元八年至十年（792—794 年）………………………… 8543

卷第二百三十五　唐纪五十一
唐德宗贞元十年至十六年（794—800 年）………………………… 8593

唐纪三十八

唐肃宗上元二年至唐代宗广德元年（761—763年）

【起重光赤奋若（辛丑，761年），尽昭阳单阏（癸卯，763年）六月，凡二年有奇】

【大事提要】

本卷记事起公元761年，讫公元763年六月，凡两年又六个月。当唐肃宗上元二年到唐代宗广德元年六月。此时期政治多故，唐王朝又处于崩溃前夜。唐玄宗、肃宗两代皇帝相继去世，宦官李辅国发动政变，诛杀张皇后，拥立代宗，跋扈嚣张，欲架空皇帝，代宗绝地反击，用暗杀手段，诛除李辅国。由于代宗仍然信任宦官，除了一虎又来一狼，宦官程元振代李辅国专权，朝纲依旧不立。地方多滥刑，诸镇兵将轻易杀逐主帅。官军讨贼，李光弼代郭子仪为副元帅，观军容使宦官鱼朝恩听信叛贼反间计，再次干预军事，迫使李光弼盲目决战，邙山大败，叛军史思明气盛，欲乘胜取长安。史朝义杀父自立，官军得以喘息。代宗借兵回纥，任用仆固怀恩为副元帅，复东京，降河北，史朝义授首，长达八年的安史之乱被平定。代宗姑息，任命安史旧将田承嗣、李宝臣、李怀仙、薛嵩四人分帅河北为节度使，此为仆固怀恩所树党援，为藩镇割据留下隐患。

【原文】

肃宗文明武德大圣大宣孝皇帝下之下

上元二年（辛丑，761年）

春，正月，癸卯，史思明改元应天。

张景超引兵攻杭州，败李藏用将李强于石夷门。孙待封自武康南出，将会景超攻杭州，温晁据险击败之；待封脱身奔乌程，李可封以常州降。丁未，田神功使特进杨惠元等将千五百人西击王晅。辛亥夜，神功先遣特进范知新等将四千人自白沙济，西趣下蜀；邓景山将千人自海陵济，东趣常州；神功与邢延恩将三千人军于瓜洲，壬子，济江。展将步骑万余陈于蒜山；神功以舟载兵趣金山，会大风，五舟飘抵金山下，展屠其二舟，沉其三舟，神功不得渡，还军瓜洲。而范知新等兵已至下蜀，展击之，不胜。弟殷劝展引兵逃入海，可延岁月，展曰："若事不济，何用多杀人父子乎！死，早晚等耳！"遂更率众力战。将军贾隐林射展，中目而仆，遂斩之。刘殷、许峄等皆死。隐林，滑州人也。杨惠元等击破晅于淮南，晅引兵东走，至常熟，乃降。孙待封诣李藏用降。张景超聚兵至七千余人，闻展死，悉以兵授张法雷，使攻杭州，景超逃入海。法雷至杭州，李藏用击破之，余党皆平。平卢军大掠十余日。安、史之乱，乱兵不及江、淮，至是，其民始罹荼毒矣。

荆南节度使吕諲奏：请以江南之潭、岳、郴、邵、永、道、连，黔中之涪州，皆隶荆南；从之。

（以上为第一段，写官军平定刘展之乱。）

二月，奴剌、党项寇宝鸡，烧大散关，南侵凤州，杀刺史萧㥜，大掠而西；凤翔节度使李鼎追击，破之。

戊辰，新罗王金嶷入朝，因请宿卫。

或言："洛中将士皆燕人，久戍思归，上下离心，击之，可破也。"陕州观军容使鱼朝恩以为信然，屡言于上，上敕李光弼等进取东京。光弼奏称："贼锋尚锐，未可轻进。"朔方节度使仆固怀恩，勇而愎，麾下皆

【语译】

肃宗文明武德大圣大宣孝皇帝下之下

唐肃宗上元二年（辛丑，761年）

春季，正月十七日癸卯，史思明改年号为应天。

张景超带兵攻打杭州，在石夷门击败李藏用的部将李强。孙待封从武康向南进发，将要和张景超会合一起攻打杭州，温晁凭借险要打败他们；孙待封脱身逃往乌程，李可封献出常州投降了。正月二十一日丁未，田神功派特进杨惠元等人率领一千五百人向西去攻打王暅。正月二十五日辛亥夜里，田神功先派遣特进范知新等人率领四千人从白沙渡江，向西赶往下蜀；邓景山率领一千人从海陵渡江，向东赶往常州；田神功与邢延恩率领三千人驻扎在瓜洲，二十六日壬子，渡过长江。刘展率领步兵骑兵一万多人在蒜山上摆好阵势，田神功用船装载士兵赶往金山，碰上大风，五条船飘抵金山脚下，刘展血洗了两条船，又弄沉了另外三条船，田神功不能渡江，回师瓜洲。但范知新等人的部队已经到达下蜀，刘展攻击他，不能战胜。刘展的弟弟刘殷劝刘展带兵逃到海上，可以拖延时间，刘展说："如果事情不能成功，何必要多杀人家的父子呢！要死，早晚都一样！"于是又率领部众奋力作战。将军贾隐林用箭射刘展，射中他的眼睛，刘展倒在地上，于是被杀了。刘殷、许峄等人都战死了。贾隐林是滑州人。杨惠元等人在淮南击败王暅，王暅带兵向东逃走，逃到常熟，便投降了。孙待封向李藏用投降。张景超聚集士兵达七千多人，听说刘展死了，就把军队全部交给张法雷，派他去进攻杭州，张景超自己则逃到海上。张法雷到达杭州，李藏用打败他，残余的军队全都被平定了。平卢军队大肆抢掠了十几天。安史之乱时，叛乱的军队还没有波及江淮一带，到这时，江淮一带的老百姓也开始遭受战乱的残害。

荆南节度使吕諲上奏：请求将江南的潭州、岳州、郴州、邵州、永州、道州、连州以及黔中的涪州，都隶属于荆南管辖。肃宗听从了这一意见。

二月，奴剌、党项侵犯宝鸡，焚烧大散关，向南侵犯凤州，杀死刺史萧忱，大肆抢掠后西去悃。凤翔节度使李鼎追击，打败他们。

二月十三日戊辰，新罗王金嶷来朝，因而请求留在京师守卫。

有人说："史思明驻扎在洛中的将士都是燕地人，长期戍守在外，很想回家，军中上下离心离德，攻打他们，就可以打败他们。"陕州观军容使鱼朝恩信以为然，多次向肃宗说起，肃宗便敕命李光弼等进攻夺取洛阳。李光弼上奏说："叛贼锋芒还很

蕃、汉劲卒，恃功，多不法，郭子仪宽厚曲容之，每用兵临敌，倚以集事，李光弼性严，一裁之以法，无所假贷。怀恩惮光弼而心恶之，乃附朝恩，言东都可取。由是中使相继，督光弼使出师，光弼不得已，使郑陈节度使李抱玉守河阳，与怀恩将兵会朝恩及神策节度使卫伯玉攻洛阳。

戊寅，陈于邙山。光弼命依险而陈，怀恩陈于平原，光弼曰："依险则可以进，可以退；若平原，战而不利则尽矣。思明不可忽也。"命移于险，怀恩复止之。史思明乘其陈未定，进兵薄之，官军大败，死者数千人，军资器械尽弃之。光弼、怀恩渡河走保闻喜，朝恩、伯玉奔还陕，抱玉亦弃河阳走，河阳、怀州皆没于贼。朝廷闻之，大惧，益兵屯陕。

（以上为第二段，写观军容使鱼朝恩中叛贼反间计，致使官军邙山大败。）

李揆与吕諲同为相，不相悦。諲在荆南，以善政闻，揆恐其复入相，奏言置军湖南非便，又阴使人如荆、湖求諲过失。諲上疏讼揆罪，癸未，贬揆袁州长史，以河中节度使萧华为中书侍郎、同平章事。

史思明猜忍好杀，群下小不如意，动至族诛，人不自保。朝义，其长子也，常从思明将兵，颇谦谨，爱士卒，将士多附之，无宠于思明。思明爱少子朝清，使守范阳，常欲杀朝义，立朝清为太子，左右颇泄其谋。思明既破李光弼，欲乘胜西入关，使朝义将兵为前锋，自北道袭陕城，思明自南道将大军继之。三月，甲午，朝义兵至礓子岭，卫伯玉逆击，破之。朝义数进兵，皆为陕兵所败。思明退屯永宁，以朝义为怯，曰："终不足成吾事！"欲按军法斩朝义及诸将。戊戌，命朝义筑三隅城，欲贮军粮，期一日毕。朝义筑毕，未泥，思明至，诟怒之，令左右立马监泥，斯须而毕。思明又曰："俟克陕州，终斩此贼。"朝义忧惧，不知所为。

思明在鹿桥驿，令腹心曹将军将兵宿卫；朝义宿于逆旅，其部将骆悦、蔡文景说朝义曰："悦等与王，死无日矣！自古有废立，请召曹将军谋之。"朝义俯首不应。悦等曰："王苟不许，悦等今归李氏，王亦不全

锐利，不能轻易进攻。”朔方节度使仆固怀恩，勇敢而刚愎自用，部下都是蕃族和汉族的强兵，仗恃有功，大都不遵守法纪，郭子仪性情宽厚，尽量容忍他们，每次遇敌用兵打仗，就依靠他们成功战事；李光弼性情严厉，一律按法律制裁，决不姑息容忍。仆固怀恩害怕李光弼而且心中厌恶他，就依附鱼朝恩，声称东都洛阳可以夺取。于是宫中使者接连不断，督促李光弼出兵，李光弼不得已，派郑陈节度使李抱玉守卫河阳，与仆固怀恩率领军队会鱼朝恩及神策节度使卫伯玉进攻洛阳。

二月二十三日戊寅，列阵于邙山。李光弼命令依靠险要而列阵，仆固怀恩却在平原列阵，李光弼说：“依靠险要可进可退；如果在平原，战斗不利就会全军覆没。对史思明不可忽视。”命令他移阵于险要之地，仆固怀恩再次停止不动。史思明趁他们列阵还没有部署完毕，就发起进攻，官军大败，死了好几千人，军需物资器械都抛弃了。李光弼、仆固怀恩渡过黄河退守闻喜，鱼朝恩、卫伯玉逃回陕郡，李抱玉也抛弃河阳逃跑了，河阳、怀州又都陷入叛贼手中。朝廷闻讯后，非常恐惧，再加派军队驻扎陕郡。

李揆与吕諲同时做宰相，两人相处很不愉快。吕諲在荆南，以善政闻名，李揆担心他再次入朝做宰相，上奏说在湖南设置军镇很不便利，又暗中派人到荆南、湖南去寻找吕諲的过失。吕諲也上疏控告李揆的罪过。二月二十八日癸未，把李揆贬为袁州长史，任命河中节度使萧华为中书侍郎、同平章事。

史思明性情猜忌残忍又好杀人，部下稍有不如意的地方，动辄就诛灭九族，人人都感到不能自保。史朝义是史思明的长子，经常跟随史思明带兵打仗，性情非常谦恭谨慎，爱护士卒，将士多依附于他，但得不到史思明的宠爱。史思明喜欢小儿子史朝清，让他守卫范阳，常常想杀掉史朝义，立史朝清为“太子”，左右的人泄露了不少史思明的阴谋。史思明打败李光弼后，想乘胜向西入关，派史朝义带兵做先锋，从北道进攻陕城，史思明亲自率大军从南道继续进攻。三月初九日甲午，史朝义的部队到达礓子岭，卫伯玉迎战，打败了他。史朝义多次进攻，都被陕地部队打败。史思明退驻永宁，认为史朝义怯懦，说：“终究不能成就我的事业！”想按军法斩杀史朝义和各位将领。三月十三日戊戌，命令史朝义修筑三隅城，想用来贮存军粮，限期一天修筑完毕。史朝义修筑完毕，还没有泥平，史思明就到了，生气地骂他，命令左右骑着马在那儿监督泥平城墙，一会儿墙就泥好了。史思明又说：“等攻克陕州后，终究要杀掉朝义这个坏东西。”史朝义忧虑恐惧，不知道怎么办才好。

史思明在鹿桥驿，命令他的心腹曹将军带兵守卫。史朝义在旅馆住宿，他的部将骆悦、蔡文景劝史朝义说：“我们与大王您，死到临头了！自古以来有废有立，请把曹将军叫来谋划。”史朝义低着头不答应。骆悦等人又说：“大王如果不允许，我

矣。”朝义泣曰：“诸君善为之，勿惊圣人！”悦等乃令许叔冀之子季常召曹将军，至，则以其谋告之；曹将军知诸将尽怨，恐祸及己，不敢违。是夕，悦等以朝义部兵三百被甲诣驿，宿卫兵怪之，畏曹将军，不敢动。悦等引兵入至思明寝所，值思明如厕，问左右，未及对，已杀数人，左右指示之。思明闻有变，逾垣至厩中，自鞴马乘之，悦傔人周子俊射之，中臂，坠马，遂擒之。思明问：“乱者为谁？”悦曰：“奉怀王命。”思明曰：“我朝来语失，宜其及此。然杀我太早，何不待我克长安！今事不成矣。”悦等送思明于柳泉驿，囚之，还，报朝义曰：“事成矣。”朝义曰：“不惊圣人乎？”悦曰：“无。”时周挚、许叔冀将后军在福昌，悦等使许季常往告之，挚惊倒于地；朝义引军还，挚、叔冀来迎，悦等劝朝义执挚，杀之。军至柳泉，悦等恐众心未壹，遂缢杀思明，以毡裹其尸，橐驼负归洛阳。

朝义即皇帝位，改元显圣。密使人至范阳，敕散骑常侍张通儒等杀朝清及朝清母辛氏并不附己者数十人。其党自相攻击，战城中数月，死者数千人，范阳乃定。朝义以其将柳城李怀仙为范阳尹、燕京留守。时洛阳四面数百里，州、县皆为丘墟，而朝义所部节度使皆安禄山旧将，与思明等夷，朝义召之，多不至，略相羁縻而已，不能得其用。

（以上为第三段，写叛贼内讧，史朝义杀父自立。）

李光弼上表，固求自贬；制以开府仪同三司、侍中，领河中节度使。

术士长塞镇将朱融与左武卫将军窦如玢等谋奉嗣岐王珍作乱，金吾将军邢济告之。夏，四月，乙卯朔，废珍为庶人，溱州安置，其党皆伏诛。珍，业之子也。丙辰，左散骑常侍张镐贬辰州司户。镐尝买珍宅故也。

己未，以吏部侍郎裴遵庆为黄门侍郎、同平章事。

乙亥，青密节度使尚衡破史朝义兵，斩首五千余级。

丁丑，兖郓节度使能元皓破史朝义兵。

们今天就归顺李氏，那么您也不能保全了。”史朝义哭着说：“诸君好好地处理这事，不要惊动圣人！”骆悦等人便让许叔冀的儿子许季常叫来曹将军，曹将军到来后，就把他们的谋划告诉他，曹将军知道各个将领都有怨恨，害怕祸乱涉及自己，不敢违抗。这天傍晚，骆悦等人带领史朝义部下的士兵三百人，全副武装来到驿站，守卫的士兵对他们感到很奇怪，害怕曹将军，不敢行动。骆悦等人带兵来到史思明睡觉的地方，正好史思明上厕所去了，便问左右的人，还没来得及回答，已经杀死了好几个人，于是左右的人便指示史思明的去向。史思明听到有变乱，翻墙来到马厩中，自己套好马骑着逃走，骆悦的副官周子俊向他射箭，射中了他的手臂，史思明便掉下马来被他们抓住。史思明问道：“作乱的是哪一个？”骆悦说：“我们奉怀王的命令。”史思明说：“我早上说话失口，应该得到这样的下场。然而现在杀我太早了一些，为什么不等我攻克长安以后再杀！如今我不能成就大业了。”骆悦等人押送史思明到柳桥驿，把他囚禁起来，回来向史朝义报告说：“事情成功了。”史朝义问“没有惊动圣人吗？”骆悦说：“没有。”当时周挚、许叔冀在福昌率领后军，骆悦等人派许季常前往告诉他们此事，周挚惊倒在地。史朝义率军回，周挚、许叔冀前来迎接，骆悦等人劝史朝义逮捕周挚，把他杀了。军队到达柳泉，骆悦等人害怕众人心志不一，便用绳子勒死了史思明，用毡子包裹了他的尸体，用骆驼运回洛阳。

史朝义即了“皇帝”位，改年号为显圣。秘密派人到范阳，敕命散骑常侍张通儒等人，杀死史朝清和史朝清的母亲辛氏以及不依附自己的几十个人。贼党自己互相攻击，在城中战斗了几个月，死了好几千人，范阳才安定下来。史朝义任命他的部将柳城人李怀仙为范阳尹、燕京留守。当时洛阳四面好几百里内，州、县都成为废墟，而且史朝义所统领的节度使都是安禄山的旧部将，与史思明同辈，史朝义召见他们，大都不到，相互之间只是大致维持表面的君臣关系，史朝义并不能使用他们。

李光弼上表，坚决要求将自己贬官，肃宗下制书任命他为开府仪同三司、侍中，兼河中节度使。

方士长塞镇将朱融与左武卫将军窦如玢等谋划拥戴嗣岐王李珍作乱，金吾将军邢济告发了他们。夏季，四月初一日乙卯朔，肃宗将李珍废为平民，安置在溱州，他的党羽都被诛灭。李珍是李业的儿子。初二丙辰，左散骑常侍张镐被贬为辰州司户。这是因为张镐曾经购买李珍住宅的缘故。

四月初五日己未，任命吏部侍郎裴遵庆为黄门侍郎、同平章事。

四月二十一日乙亥，青密节度使尚衡打败史朝义的部队，杀死五千多人。

四月二十三日丁丑，兖郓节度使能元皓打败史朝义的部队。

壬午，梓州刺史段子璋反。子璋骁勇，从上皇在蜀有功，东川节度使李奂奏替之，子璋举兵，袭奂于绵州。道过遂州，刺史虢王巨苍黄修属郡礼迎之，子璋杀之。李奂战败，奔成都，子璋自称梁王，改元黄龙，以绵州为龙安府，置百官，又陷剑州。

五月，己丑，李光弼自河中入朝。

初，李辅国与张后同谋迁上皇于西内。是日端午，山人李唐见上，上方抱幼女，谓唐曰："朕念之，卿勿怪也。"对曰："太上皇思见陛下，计亦如陛下之念公主也。"上泫然泣下，然畏张后，尚不敢诣西内。

癸巳，党项寇宝鸡。

初，史思明以其博州刺史令狐彰为滑郑汴节度使，将数千兵戍滑台。彰密因中使杨万定通表请降，徙屯杏园度。思明疑之，遣其将薛岌围之。彰与岌战，大破之，因随万定入朝。甲午，以彰为滑、卫等六州节度使。

戊戌，平卢节度使侯希逸击史朝义范阳兵，破之。

乙未，西川节度使崔光远与东川节度使李奂共攻绵州，庚子，拔之，斩段子璋。

复以李光弼为河南副元帅、太尉兼侍中，都统河南、淮南东西、山南东、荆南、江南西、浙江东西八道行营节度，出镇临淮。

（以上为第四段，写邙山之败，李光弼自请解职，一月之后，复职为河南副元帅。）

六月，甲寅，青密节度使能元皓败史朝义将李元遇。

江淮都统李峘畏失守之罪，归咎于浙西节度使侯令仪，丙子，令仪坐除名，长流康州；加田神功开府仪同三司，徙徐州刺史；征李峘、邓景山还京师。

戊寅，党项寇好畤。

秋，七月，癸未朔，日有食之，既，大星皆见。

以试少府监李藏用为浙西节度副使。

八月，癸丑朔，加开府仪同三司李辅国兵部尚书。乙未，辅国赴上，宰相朝臣皆送之，御厨具馔，太常设乐。辅国骄纵日甚，求为宰相，上曰："以卿之功，何官不可为，其如朝望未允何！"辅国乃讽仆射裴冕等

四月二十八日壬午，梓州刺史段子璋造反。段子璋健壮勇猛，跟随太上皇在蜀地有功，东川节度使李奂上奏请人替代他，段子璋发兵，在绵州偷袭李奂。路过遂州，刺史虢王李巨匆忙按照属郡的礼节迎接他，段子璋杀了李巨。李奂战败，逃往成都，段子璋自称为梁王，改年号为黄龙，以绵州为龙安府，设置百官，又攻陷剑州。

五月初五日己丑，李光弼从河中入朝。

当初，李辅国与张皇后一同谋划把太上皇迁居到西内。这一天是五月初五日端午节，山人李唐拜见唐肃宗，肃宗正抱着他的小女儿，并对李唐说："朕很想念她，请你不要见怪。"李唐回答说："太上皇想见到陛下，大概也同陛下想念公主一样。"唐肃宗流泪哭泣，然而因畏惧张皇后，还是不敢到西内去。

五月初九日癸巳，党项进犯宝鸡。

当初，史思明任命他的博州刺史令狐彰为滑郑汴节度使，率领几千士兵戍守滑台。令狐彰秘密地托宫中使者杨万定上表请求归降，并迁移到杏园度驻扎。史思明怀疑他，派部将薛岌包围了他。令狐彰与薛岌交战，大败薛岌，因此跟随杨万定入朝。五月初十日甲午，任命令狐彰为滑州、卫州等六个州的节度使。

五月十四日戊戌，平卢节度使侯希逸攻打史朝义的范阳兵，打败了他们。

五月十一日乙未，西川节度使崔光远与东川节度使李奂一起进攻绵州，五月十六日庚子，攻克绵州，杀了段子璋。

再次任命李光弼为河南副元帅、太尉兼侍中，都统河南、淮南东、淮南西、山南东、荆南、江南西、浙江东、浙江西八道行营节度，外出镇守临淮郡。

六月初一日甲寅，兖郓节度使能元皓打败史朝义的部将李元遇。

江淮都统李峘害怕朝廷治他失守的罪过，就把责任归咎于浙西节度使侯令仪，六月二十三日丙子，侯令仪因此被削除名籍，永远流放康州。加任田神功为开府仪同三司，迁为徐州刺史；征召李峘、邓景山回京师。

六月二十五日戊寅，党项进犯好畤县。

秋季，七月初一日癸未朔，日全食，大星都出现了。

任命试少府监李藏用为浙西节度副使。

八月初一日癸丑朔，加任开府仪同三司李辅国为兵部尚书。乙未日，李辅国赴省就职，宰相朝臣都去欢送他，由肃宗的厨房准备酒席，太常寺设乐队奏乐。李辅国的骄横放纵，一天比一天厉害，他向唐肃宗要求做宰相，肃宗说："以你的功劳，

使荐己。上密谓萧华曰："辅国求为宰相，若公卿表来，不得不与。"华出，问冕；曰："初无此事，吾臂可断，宰相不可得！"华入言之，上大悦；辅国衔之。

己巳，李光弼赴河南行营。

辛巳，以殿中监李若幽为镇西、北庭、兴平、陈郑等节度行营及河中节度使，镇绛州，赐名国贞。

九月，甲申，天成地平节，上于三殿置道场，以宫人为佛菩萨，武士为金刚神王，召大臣膜拜围绕。

壬寅，制去尊号，但称皇帝；去年号，但称元年；以建子月为岁首，月皆以所建为数；因赦天下。停京兆、河南、太原、凤翔四京及江陵南都之号。自今每除五品以上清望官及郎官、御史、刺史，令举一人自代，观其所举，以行殿最。

江、淮大饥，人相食。

冬，十月，江淮都统崔圆署李藏用为楚州刺史。会支度租庸使以刘展之乱，诸州用仓库物无准，奏请征验。时仓猝募兵，物多散亡，征之不足，诸将往往卖产以偿之。藏用恐其及己，尝与人言，颇有悔恨。其牙将高幹挟故怨，使人诣广陵告藏用反，先以兵袭之。藏用走，幹追斩之。崔圆遂簿责藏用将吏以验之，将吏畏，皆附成其状。独孙待封坚言不反，圆命引出斩之。或曰："子何不从众以求生！"待封曰："吾始从刘大夫，奉诏书来赴镇，人谓吾反；李公起兵灭刘大夫，今又以李公为反。如此，谁则非反者，庸有极乎！吾宁就死，不能诬人以非罪。"遂斩之。

建子月，壬午朔，上受朝贺，如正旦仪。

或告鸿胪卿康谦与史朝义通，事连司农卿严庄，俱下狱。京兆尹刘晏遣吏防守庄家。上寻敕出庄，引见。庄怨晏，因言晏与臣言，常道禁中语，矜功怨上。丁亥，贬晏通州刺史，庄难江尉，谦伏诛。戊子，御史中丞元载为户部侍郎，充句当度支、铸钱、盐铁兼江淮转运等使。载初为度支郎中，敏悟善奏对，上爱其才，委以江淮漕运，数月，遂代刘

什么官不能做，只是朝廷中有声望的大臣不同意怎么办呢！”李辅国于是就暗示仆射裴冕等人，让他们推荐自己。唐肃宗暗中对萧华说：“李辅国要求做宰相，如果公卿大臣们推荐他的表文来了，就不能不让他做了。”萧华出宫后去问裴冕，裴冕说：“根本就没有这回事，我的手臂可以断，他想得到宰相的职位绝对办不到！”萧华入宫报告肃宗，肃宗十分高兴，李辅国因此怀恨在心。

八月十七日己巳，李光弼奔赴河南行营。

八月二十七日辛巳，肃宗任命殿中监李若幽为镇西、北庭、兴平、陈郑等节度行营及河中节度使，镇守绛州，赐名为国贞。

九月初三日甲申，是天成地平节，唐肃宗在三殿设置道场，让宫人装扮佛、菩萨，让北门武士装扮金刚神王，召来大臣，在四周围绕膜拜。

九月二十一日壬寅，唐肃宗下制书除去尊号，只称皇帝，除去年号，只称元年，以建子月为一年的第一个月，每个月都按所建字为名次，大赦天下。停止京兆、河南、太原、凤翔四京以及江陵南都的名号。从今以后，每次新任命五品以上的清望官以及郎官、御史、刺史，都要他们推举一个人来代替自己，然后朝廷考察他们所推举的人，以确定先后的名次。

江淮地区发生大饥荒，出现人吃人的情况。

冬季，十月，江淮都统崔圆任命李藏用为楚州刺史。碰上支度租庸使因刘展的叛乱，各州使用仓库的物资没有准则，上奏请求查证检验。当时仓促招募士兵，物资多有散亡，检查数量不足时，各个将领往往变卖财产以补偿。李藏用担心此事会连累自己，曾经和人谈起，颇有悔恨的意思。李藏用的牙将高幹对他怀有旧恨，派人到广陵去控告李藏用谋反，并先带兵去袭击他。李藏用逃走，高幹追上去把他杀掉。崔圆于是按簿籍名册查问李藏用的部将和官吏，一一加以验证，那些部将和官吏都很害怕，都附和高幹的说法而证实李藏用谋反。只有孙待封坚持说李藏用没有谋反，崔圆命令把他带出去杀了。有人说：“你何必不随从大家的说法而求得生存呢？”孙待封说：“我先前跟随刘大夫，奉唐肃宗的诏书赴镇上任，人们说我造反；李公起兵消灭了刘大夫，现在又说李公是造反。照这样讲，哪一个人不是造反者，这样还有个完吗？我宁愿去死，也不能诬告没有罪的人。”于是他就被杀了。

十一月初一日壬午朔，肃宗接受群臣的朝贺，如同元旦的仪式。

有人控告鸿胪卿康谦与史朝义勾结，事情连累到司农卿严庄，两人都被关进监狱。京兆尹刘晏派官吏防守严庄的家。肃宗不久敕命释放严庄，带去觐见。严庄因为怨恨刘晏，就趁机说刘晏与他谈话，经常传出宫中的一些闲话，自恃有功而埋怨肃宗。十一月初六日丁亥，贬刘晏为通州刺史，严庄为难江县尉，康谦服罪被杀。十一月初七日戊子，御史中丞元载为户部侍郎，充句当度支使、铸钱使、盐铁使兼

晏，专掌财利。

戊戌，冬至；己亥，上朝上皇于西内。

神策节度使卫伯玉攻史朝义，拔永宁，破渑池、福昌、长水等县。

己酉，上朝献太清宫；庚戌，享太庙、元献庙。建丑月，辛亥朔，祀圜丘、太一坛。

平卢节度使侯希逸与范阳相攻连年，救援既绝，又为奚所侵，乃悉举其军二万余人袭李怀仙，破之，因引兵而南。

（以上为第五段，写唐肃宗受制于宦官李辅国，朝纲不振，地方亦多滥刑。）

宝应元年（壬寅，762年）

建寅月，甲申，追尊靖德太子琮为奉天皇帝，妃窦氏为恭应皇后，丁酉，葬于齐陵。

甲辰，吐蕃遣使请和。

李光弼拔许州，擒史朝义所署颍川太守李春；朝义将史参救之，丙午，战于城下，又破之。

戊申，平卢节度使侯希逸于青州北渡河而会田神功、能元皓于兖州。

租庸使元载以江、淮虽经兵荒，其民比诸道犹有赀产，乃按籍举八年租调之违负及逋逃者，计其大数而征之，择豪吏为县令而督之，不问负之有无，赀之高下，察民有粟帛者发徒围之，籍其所有而中分之，甚者什取八九，谓之白著。有不服者，严刑以威之。民有蓄谷十斛者，则重足以待命，或相聚山泽为群盗，州县不能制。

建卯月，辛亥朔，赦天下；复以京兆为上都，河南为东都，凤翔为西都，江陵为南都，太原为北都。

奴剌寇成固。

初，王思礼为河东节度使，资储丰衍，赡军之外，积米百万斛，奏请输五十万斛于京师。思礼薨，管崇嗣代之，为政宽弛，信任左右，数月间，耗散殆尽，惟陈腐米万余斛在。上闻之，以邓景山代之。景山至，则钩校所出入，将士辈多有隐没，皆惧。有裨将抵罪当死，诸将请之，

江淮转运使等职。元载起初做度支郎中时，敏捷聪明善于奏对，肃宗喜爱他的才干，委任他负责江淮的漕运事务，几个月后，便取代了刘晏，专门掌管财政事务。

十一月十七日戊戌，冬至；十一月十八日己亥，唐肃宗去西内朝见太上皇。

神策军节度使卫伯玉攻打史朝义，占领永宁，攻破渑池、福昌、长水等县的敌军。

十一月二十八日己酉，唐肃宗去太清宫朝拜祭祀。十一月二十九日庚戌，去太庙祭奠祖宗，去元献庙祭奠母后。十二月初一日建丑月辛亥朔，祭祀圜丘和太一坛。

平卢节度使侯希逸与范阳敌军相互攻击多年，救援断绝后，又受到奚人的侵扰，于是率领全军二万多人袭击李怀仙，打败他，便率军南归。

唐肃宗宝应元年（壬寅，762 年）

正月初四日建寅月甲申，追尊靖德太子李琮为奉天皇帝，妃子窦氏为恭应皇后，正月十七日丁酉，将他们葬在齐陵。

正月二十四日甲辰，吐蕃派使者来请求与唐朝和好。

李光弼攻克许州，活捉史朝义所任用的颍川太守李春。史朝义的部将史参去援救，正月二十六日丙午，在城下交战，又把史参击败。

正月二十八日戊申，平卢节度使侯希逸在青州北岸渡过黄河，与田神功、能元皓在兖州会合。

租庸使元载认为江淮地区虽然经历兵荒，但是当地人民与其他各道的人民比起来，财产还是多些，于是就按户籍检查出八年来租调未交者和逃亡者，然后估计一个大约的整数加以征收；元载选择一些富豪官吏做县令来督办此事，无论是否拖欠，家产有多少，只要查到人民有粮食和布帛，就派人将他们包围起来，登记所有的粮食、布帛数量，然后分取一半，有的甚至取走十分之八九，称之为“白著”。如有不服气的人，就用严刑来威胁他。有的百姓积蓄了十斛粮食，就战战兢兢地等待命令，有的就相互聚集在山林湖泽间做强盗，州县官府也不能制止。

二月初一日建卯月辛亥朔，大赦天下。又以京兆为上都，河南为东都，凤翔为西都，江陵为南都，太原为北都。

奴剌侵犯成固。

当初，王思礼为河东节度使时，储备了大量的物资，除供给军队以外，积蓄米粮一百万斛，上奏请求输送五十万斛到京师。王思礼去世后，管崇嗣代替他，处理政务宽松，信任左右的人，几个月的时间，这些粮食耗费散失殆尽，只剩下一万斛陈旧腐烂的米。唐肃宗听说后，任命邓景山代替管崇嗣。邓景山到任后，就核对米

不许；其弟请代兄死，亦不许；请入一马以赎死，乃许之。诸将怒曰：“我辈曾不及一马乎！”遂作乱，癸丑，杀景山。上以景山抚御失所以致乱，不复推究乱者，遣使慰谕以安之。诸将请以都知兵马使、代州刺史辛云京为节度使。云京奏张光晟为代州刺史。

绛州素无储蓄，民间饥，不可赋敛，将士粮赐不充，朔方等诸道行营都统李国贞屡以状闻；朝廷未报，军中咨怨。突将王元振将作乱，矫令于众曰：“来日修都统宅，各具畚锸，待命于门。”士卒皆怒，曰：“朔方健儿岂修宅夫邪！”乙丑，元振帅其徒作乱，烧牙城门。国贞逃于狱，元振执之，置卒食于前，曰：“食此而役其力，可乎！”国贞曰：“修宅则无之，军食则屡奏而未报，诸君所知也。”众欲退。元振曰：“今日之事，何必更问！都统不死，则我辈死矣。”遂拔刃杀之。镇西、北庭行营兵屯于翼城，亦杀节度使荔非元礼，推裨将白孝德为节度使，朝廷因而授之。

戊辰，淮西节度使王仲升与史朝义将谢钦让战于申州城下，为贼所虏，淮西震骇。会侯希逸、田神功、能元皓攻汴州，朝义召钦让兵救之。

绛州诸军剽掠不已，朝廷忧其与太原乱军合从连贼，非新进诸将所能镇服，辛未，以郭子仪为汾阳王，知朔方、河中、北庭、潞泽节度行营兼兴平、定国等军副元帅，发京师绢四万匹、布五万端、米六万石以给绛军。

建辰月，庚寅，子仪将行，时上不豫，群臣莫得进见。子仪请曰：“老臣受命，将死于外，不见陛下，目不瞑矣。”上召入卧内，谓曰：“河东之事，一以委卿。”

史朝义遣兵围李抱玉于泽州，子仪发定国军救之，乃去。

上召山南东道节度使来瑱赴京师；瑱乐在襄阳，其将士亦爱之，乃讽所部将吏上表留之；行及邓州，复令还镇。荆南节度使吕諲、淮西节度使王仲升及中使往来者言“瑱曲收众心，恐久难制。”上乃割商、金、

粮的收支情况，将士们大多数加以隐瞒，都很害怕。有一个副将按照罪过应当处死，各位将领去求情，邓景山不同意。副将的弟弟请求代替哥哥去死，邓景山也不同意。请求进献一匹马来赎取死罪，邓景山才同意了。各位将领都愤怒地说：“我们还不如一匹马吗？”于是便作乱。二月初三日癸丑，杀了邓景山。肃宗认为邓景山安抚驾驭部下不当，以致引起叛乱，就不再追究叛乱人的罪责，派使者慰问晓谕以安抚他们。各位将领请求任命都知兵马使、代州刺史辛云京为节度使。辛云京奏请让张光晟担任代州刺史。

绛州一向没有储蓄，民间有饥荒，无法征收赋税，将士们的粮食和赏赐都不充足，朔方等各道行营都统李国贞多次奏报这一情况，但朝廷没有答复，军中将士忧愁埋怨。突将王元振准备作乱，向士卒假传命令说：“来日修理都统的住宅，各人准备好挖运泥土的工具，在门口待命。”士卒都愤怒了，说：“朔方的健儿难道是修理住宅的民工吗！”二月十五日乙丑，王元振率领他的部下作乱，焚烧牙城门。李国贞逃进监狱，王元振抓住他，把士卒的饭食放在他的面前，说：“吃这种饭还要让他们出劳力，行吗？”李国贞说：“修理住宅是没有的事，至于军中粮食问题则是多次奏报而没有得到朝廷的答复，这是各位都知道的。”众人想要退下。王元振说：“今天的事情，何必再问！都统如果不死，那我们就会死。”于是拔刀杀了李国贞。镇西、北庭行营兵驻扎在翼城，也杀了节度使荔非元礼，推举裨将白孝德做节度使，朝廷因此就任命了白孝德为节度使。

二月十八日戊辰，淮西节度使王仲升与史朝义的部将谢钦让在申州城下交战，被叛贼所俘虏，震动淮西。适逢侯希逸、田神功、能元皓进攻汴州，史朝义征召谢钦让的部队去援救。

绛州各军抢劫掠夺不止，朝廷担心他们与太原叛乱的部队联合起来勾结叛贼，新近提拔起来的各位将领无法镇服，二月二十一日辛未，任命郭子仪为汾阳王，主掌朔方、河中、北庭、潞泽节度行营兼兴平、定国等军副元帅，调发京师四万匹绢、五万端布、六万石米以供给绛州各军。

三月十一日建辰月庚寅，郭子仪即将启程，此时肃宗有病，群臣都不能进见。郭子仪请求说：“老臣接受命令，将要死在外面，不见到陛下，死不瞑目。”肃宗把他叫进卧室内，对他说：“河东的事情，全都委托给你了。”

史朝义派部队在泽州包围李抱玉，郭子仪调定国军去援救，史朝义的部队才退去。

唐肃宗召山南东道节度使来瑱到京师来，来瑱喜欢待在襄阳，他的部将和士兵也喜欢他留在襄阳，于是他暗示部下的将领和官吏上表书请求留在襄阳，等他走到邓州时，肃宗又命令他返回镇所。荆南节度使吕諲、淮西节度使王仲升以及来来往

均、房别置观察使，令瑱止领六州。会谢钦让围王仲升于申州数月，瑱怨之，按兵不救，仲升竟败没。行军司马裴茙谋夺瑱位，密表瑱倔强难制，请以兵袭取之，上以为然。癸巳，以瑱为淮西、河南十六州节度使，外示宠任，实欲图之。密敕以茙代瑱为襄、邓等州防御使。

（以上为第六段，写租庸使元载不顾江淮大饥而苛征赋税。藩镇兵将轻易逐杀主帅。）

甲午，奴剌寇梁州，观察使李勉弃城走。以邠州刺史河西臧希让为山南西道节度使。

丙申，党项寇奉天。

李辅国以求宰相不得怨萧华。庚午，以户部侍郎元载为京兆尹，载诣辅国固辞，辅国识其意；壬寅，以司农卿陶锐为京兆尹。辅国言萧华专权，请罢其相，上不许。辅国固请不已，乃从之，仍引元载代华。戊申，华罢为礼部尚书，以载同平章事，领度支、转运使如故。

建巳月，庚戌朔，泽州刺史李抱玉破史朝义兵于城下。

壬子，楚州刺史崔侁表称，有尼真如，恍惚登天，见上帝，赐以宝玉十三枚，云："中国有灾，以此镇之。"群臣表贺。

甲寅，上皇崩于神龙殿，年七十八。乙卯，迁坐于太极殿。上以寝疾，发哀于内殿，群臣发哀于太极殿。蕃官剺面割耳者四百余人。丙辰，命苗晋卿摄冢宰。上自仲春寝疾，闻上皇登遐，哀慕，疾转剧，乃命太子监国。甲子，制改元；复以建寅为正月，月数皆如其旧；赦天下。

初，张后与李辅国相表里，专权用事，晚年，更有隙。内射生使三原程元振党于辅国。上疾笃，后召太子谓曰："李辅国久典禁兵，制敕皆从之出，擅逼迁圣皇，其罪甚大，所忌者吾与太子。今主上弥留，辅国阴与程元振谋作乱，不可不诛。"太子泣曰："陛下疾甚危，二人皆陛下勋旧之臣，一旦不告而诛之，必致震惊，恐不能堪也。"后曰："然则太子姑归，吾更徐思之。"太子出，后召越王係谓曰："太子仁弱，不能诛贼臣，

往的宫中使者都说："来瑱竭力收买人心，恐怕时间长了难以节制他。"肃宗便分出商州、金州、均州、房州另外设置观察使，命令来瑱只管辖六个州。适逢谢钦让在申州包围王仲升好几个月，来瑱怨恨他，按兵不动，不去救援，王仲升终于战败被俘。行军司马裴茙图谋夺取来瑱的位置，暗中上表说来瑱性情倔强难以制服，请求带兵袭击并逮捕他，肃宗认为可以。三月十四日癸巳，肃宗任命来瑱为淮西、河南十六个州的节度使，表面上表示宠爱信任，实际上是想除掉他。唐肃宗又秘密下令让裴茙代替来瑱做襄州、邓州等州防御使。

三月十五日甲午，奴剌侵犯梁州，观察使李勉弃城逃跑。任命邠州刺史河西人臧希让为山南西道节度使。

三月十七日丙申，党项侵犯奉天。

李辅国因为要求做宰相不得而怨恨萧华。庚午日（疑误），任命户部侍郎元载为京兆尹。元载到李辅国那里坚决辞谢，李辅国知道他的心意。三月二十三日壬寅，任命司农卿陶锐为京兆尹。李辅国说萧华专权，请求肃宗罢免他的宰相职位，肃宗不同意。李辅国再三请求不止，唐肃宗便同意了，李辅国就推荐元载来代替萧华。三月二十九日戊申，萧华被罢去宰相而做礼部尚书，任命元载同平章事，兼度支使、转运使照旧。

四月初一日建巳月庚戌朔，泽州刺史李抱玉在城下打败史朝义的部队。

四月初三日壬子，楚州刺史崔侁上表声称，有一位名叫真如的尼姑，恍恍惚惚地升上天空，见到上帝，上帝赏赐她十三枚宝玉，并说："中原有灾难，用这些宝玉可以镇压。"群臣都上表祝贺。

四月初五日甲寅，太上皇在神龙殿驾崩，享年七十八岁。四月初六日乙卯，将神座迁到太极殿。肃宗因为卧病不起，就在内殿里举哀，群臣就在太极殿里举哀。有四百多位蕃族官员划破面孔、割耳朵表示哀悼。四月初七日丙辰，命令苗晋卿总摄朝政。唐肃宗自从仲春以来，卧病不起，听说太上皇玄宗去世后，悲哀思念，病情加重，于是就命令太子监理国政。四月十五日甲子，下制书改年号，又以建寅月为正月，其他月份的次序都和以前一样，大赦天下。

当初，张皇后与李辅国相互勾结，专权用事，到了晚年，彼此产生矛盾。内射生使三原人程元振与李辅国结为朋党。唐肃宗病重，皇后召来太子对他说："李辅国长期掌管禁兵，皇上的制书敕令都是从他那里发出的，他擅自威逼太上皇迁居，他的罪行极大，他所嫉恨的是我和你。现在皇上已处在弥留之际，李辅国暗中与程元振阴谋作乱，不能不诛杀他们。"太子哭着说："陛下病重很危险，这两个人都是陛下以前有功劳的老臣，一旦不告诉陛下就把他们杀掉，必须会导致陛下震惊，恐怕

汝能之乎？”对曰：“能。”係乃命内谒者监段恒俊选宦官有勇力者二百余人，授甲于长生殿后。乙丑，后以上命召太子。元振知其谋，密告辅国，伏兵于陵霄门以俟之。太子至，以难告。太子曰：“必无是事，主上疾亟召我，我岂可畏死而不赴乎！”元振曰：“社稷事大，太子必不可入。”乃以兵送太子于飞龙厩，且以甲卒守之。是夜，辅国、元振勒兵三殿，收捕越王係、段恒俊及知内侍省事朱光辉等百余人，系之。以太子之命迁后于别殿。时上在长生殿，使者逼后下殿，并左右数十人幽于后宫，宦官宫人皆惊骇逃散。丁卯，上崩。辅国等杀后并係及兖王僩。是日，辅国始引太子素服于九仙门与宰相相见，叙上皇晏驾，拜哭，始行监国之令。戊辰，发大行皇帝丧于两仪殿，宣遗诏。己巳，代宗即位。

高力士遇赦还，至朗州，闻上皇崩，号恸，呕血而卒。

（以上为第七段，写唐玄宗、肃宗父子相继病殁，李辅国发动政变，杀张皇后，拥立代宗。）

甲戌，以皇子奉节王适为天下兵马元帅。

李辅国恃功益横，明谓上曰：“大家但居禁中，外事听老奴处分。”上内不能平，以其方握禁兵，外尊礼之。乙亥，号辅国为尚父而不名，事无大小皆咨之，群臣出入皆先诣，辅国亦晏然处之。以内飞龙厩副使程元振为左监门卫将军。知内侍省事朱光辉及内常侍啖庭瑶、山人李唐等二十余人皆流黔中。

初，李国贞治军严，朔方将士不乐，皆思郭子仪，故王元振因之作乱。子仪至军，元振自以为功，子仪曰：“汝临贼境，辄害主将，若贼乘其衅，无绛州矣。吾为宰相，岂受一卒之私邪！”五月，庚辰，收元振及其同谋四十人，皆杀之。辛云京闻之，亦推按杀邓景山者数十人，诛之。由是河东诸镇率皆奉法。

壬午，以李辅国为司空兼中书令。

陛下受不了。”皇后说：“那么太子暂且先回去吧，我再慢慢地考虑一下。”太子出来后，皇后把越王李係叫来对他说：“太子仁慈软弱，不能诛杀叛贼逆臣，你能够吗？”李係回答说：“能。”李係便命令内谒监者段恒俊挑选宦官中勇敢有力的二百多人，在长生殿后面把武器铠甲发给他们。四月十六日乙丑，皇后以唐肃宗的命令召见太子。程元振知道他们的计谋，就秘密地报告了李辅国，在陵霄门埋伏士兵等待太子。太子到后，就把皇后发难的事告诉他。太子说：“一定没有这事，皇上病重召见我，我怎么能够怕死而不去呢！”程元振说：“社稷事大，太子万万不能进去。”于是就让士兵护送太子到飞龙厩，并且让全副武装的士兵守卫他。这天夜晚，李辅国、程元振带兵来到三殿，收捕越王李係、段恒俊以及知内侍省事朱光辉等一百多人，将他们捆绑起来。以太子的命令把皇后迁到别殿。当时，唐肃宗在长生殿，使者逼迫皇后下殿，连同左右几十个人都幽禁在后宫，宦官和宫女都惊吓害怕四处逃散。四月十八日丁卯，唐肃宗驾崩。李辅国等人杀死皇后以及越王李係和兖王李僩。当天，李辅国才带着太子穿着白衣服在九仙门与宰相见面，叙述太上皇、肃宗驾崩后宫中的一系列变故，跪拜哭泣，太子才开始行使监国的权力。四月十九日戊辰，在两仪殿为大行皇帝发丧，宣读遗诏。四月二十日己巳，唐代宗即皇位。

高力士遇到大赦回来，走到朗州，听说太上皇玄宗驾崩，号啕大哭，万分悲痛，吐血而死。

四月二十五日甲戌，唐代宗任命皇子奉节王李适为天下兵马元帅。

李辅国仗恃有功更加专横，公开地对代宗说：“陛下只要住在宫中就行了，外面的事任由老奴来处理好了。”唐代宗内心愤愤不平，因李辅国正掌握禁兵，表面上不得不尊敬礼待他。四月二十六日乙亥，唐代宗尊称李辅国为尚父而不叫他的名字，事情无论大小都去咨询他，群臣出入朝廷也都先去拜访他，李辅国自己也安然处之。任命内飞龙厩副使程元振为左监门卫将军。知内侍省事朱光辉以及内常侍啖庭瑶、山人李唐等二十多人都流放黔中。

当初，李国贞治军严厉，朔方将士不高兴，都思念郭子仪，所以王元振趁机作乱。郭子仪到了军中，王元振自以为有功劳，郭子仪说：“你身处与敌贼相接的地方，擅自杀害主将，如果敌人乘机进攻，那么绛州就完了。我身为宰相，怎么能够接受一个士卒的私情呢！”五月初二日庚辰，郭子仪将王元振及其同谋四十余人，全都杀掉。辛云京听说后，也追究审理杀死邓景山的几十个人，把他们全都杀掉。从此河东各镇都遵纪守法。

五月初四日壬午，任命李辅国为司空兼中书令。

党项寇同官、华原。

甲申，以平卢节度使侯希逸为平卢、青淄等六州节度使，由是青州节度有平卢之号。

乙酉，徙奉节王适为鲁王。

追尊上母吴妃为皇太后。

壬辰，贬礼部尚书萧华为峡州司马。元载希李辅国意，以罪诬之也。

敕乾元大小钱皆一当一，民始安之。

（以上为第八段，写郭子仪诛兵变首领，整肃军纪。）

史朝义自围宋州数月，城中食尽，将陷，刺史李岑不知所为。遂城果毅开封刘昌曰："仓中犹有曲数千斤，请屑食之；不过二十日，李太尉必救我。城东南隅最危，昌请守之。"李光弼至临淮，诸将以朝义兵尚强，请南保扬州。光弼曰："朝廷倚我以为安危，我复退缩，朝廷何望！且吾出其不意，贼安知吾之众寡！"遂径趣徐州，使兖郓节度使田神功进击朝义，大破之。先是，田神功既克刘展，留连扬州未还，太子宾客尚衡与左羽林大将军殷仲卿相攻于兖、郓，闻光弼至，惮其威名，神功遽还河南，衡、仲卿相继入朝。

光弼在徐州，惟军旅之事自决之，自余众务，悉委判官张傪。傪吏事精敏，区处如流，诸将白事，光弼多令与傪议之，诸将事傪如光弼，由是军中肃然，东夏以宁。先是，田神功起偏裨为节度使，留前使判官刘位等于幕府，神功皆平受其拜；及见光弼与傪抗礼，乃大惊，遍拜位等曰："神功出于行伍，不知礼仪，诸君亦胡为不言，成神功之过乎！"

丁酉，赦天下。

立皇子益昌王邈为郑王，延为庆王，迥为韩王。

来瑱闻徙淮西，大惧，上言："淮西无粮，请俟收麦而行。"又讽将吏留己。上欲姑息无事，壬寅，复以瑱为山南东道节度使。

飞龙副使程元振谋夺李辅国权，密言于上，请稍加裁制。六月，己未，解辅国行军司马及兵部尚书，余如故，以元振代判元帅行军司马，

党项侵犯同官、华原。

五月初六日甲申，任命平卢节度使侯希逸为平卢、青、淄等六州节度使，从此，青州节度使有平卢的称号。

五月初七日乙酉，移封奉节王李适为鲁王。

追尊代宗的母亲吴妃为皇太后。

五月十四日壬辰，把礼部尚书萧华贬为峡州司马。这是元载迎合李辅国的心意，诬告萧华有罪的结果。

敕令乾元大钱和小钱，都一个钱当一个用钱，老百姓这才安定下来。

史朝义包围宋州已有好几个月，城中的粮食吃完了，将要被攻陷，刺史李岑不知道怎么办才好。遂城果毅开封人刘昌说："仓库里还有几千斤酒曲，请捣碎了吃；不出二十天，李太尉一定来援救我们。城的东南角最危险，我请求去防守该处。"李光弼到达临淮，各个将领都认为史朝义的军队还很强盛，请求向南去保卫扬州。李光弼说："朝廷依靠我来决定安危，我再退缩，朝廷还有什么希望？况且我军出其不意，叛军怎么知道我军人数的多少？"于是直接赶往徐州，派兖郓节度使田神功进攻史朝义，大败史朝义。先前，田神功攻克刘展后，流连扬州没有回去，太子宾客尚衡和左羽林大将军殷仲卿在兖州、郓州之间相互攻击，听说李光弼到了，都害怕他的威名，田神功连忙赶回河南，尚衡和殷仲卿也相继回到朝廷。

李光弼在徐州，只有军事指挥的事情由他自己决定，其余的众多事务都委托判官张傪，张傪从政办事非常精明，处理问题十分自如，各位将领禀告事情，李光弼大多让他们与张傪一起商议，各位将领事奉张傪如同事奉李光弼一样，因此军中十分整肃，东夏得以安宁。先前，田神功由裨将擢升为节度使，把前任节度使的判官刘位等人留用在自己的幕府里，田神功总是平身接受他们的跪拜；等见到李光弼与张傪以平等礼节相待，才大吃一惊，于是就一一拜见刘位等人说："我田神功出身行伍，不懂礼仪，诸位为什么也不说，造成我的过失呢！"

五月十九日丁酉，大赦天下。

立皇子益昌王李邈为郑王，李延为庆王，李迥为韩王。

来瑱听说自己被调到淮西，非常恐惧，上书说："淮西没有粮食，请求等到收割麦子时再去。"又暗示部将和官吏挽留自己。代宗想息事宁人，五月二十四日壬寅，又任命来瑱为山南东道节度使。

飞龙副使程元振阴谋夺取李辅国的权力，秘密向代宗进言，请求慢慢削弱限制李辅国的权力。六月十一日己未，解除李辅国行军司马及兵部尚书的职务，其他的

仍迁辅国出居外第。于是道路相贺。辅国始惧，上表逊位。辛酉，罢辅国兼中书令，进爵博陆王。辅国入谢，愤咽而言曰：“老奴事郎君不了，请归地下事先帝！”上犹慰谕而遣之。

（以上为第九段，写唐代宗解除李辅国军权。）

壬戌，以兵部侍郎严武为西川节度使。

襄邓防御使裴茙屯谷城，既得密敕，即帅麾下二千人沿汉趣襄阳；己巳，陈于谷水北。瑱以兵逆之，问其所以来，对曰：“尚书不受朝命，故来。若受代，谨当释兵。”瑱曰：“吾已蒙恩，复留镇此，何受代之有！”因取敕及告身示之，茙惊惑。瑱与副使薛南阳纵兵夹击，大破之，追擒茙于申口，送京师；赐死。

乙亥，以通州刺史刘晏为户部侍郎兼京兆尹，充度支、转运、盐铁、铸钱等使。

秋，七月，壬辰，以郭子仪都知朔方、河东、北庭、潞、仪、泽、沁、陈、郑等节度行营及兴平等军副元帅。

癸巳，剑南兵马使徐知道反，以兵守要害，拒严武，武不得进。

八月，桂州刺史邢济讨西原贼帅吴功曹等，平之。

己未，徐知道为其将李忠厚所杀，剑南悉平。

乙丑，山南东道节度使来瑱入朝谢罪，上优待之。

己巳，郭子仪自河东入朝。时程元振用事，忌子仪功高任重，数谮之于上。子仪不自安，表请解副元帅、节度使。上慰抚之，子仪遂留京师。

台州贼帅袁晁攻陷浙东诸州，改元宝胜；民疲于赋敛者多归之。李光弼遣兵击晁于衢州，破之。

乙亥，徙鲁王适为雍王。

九月，庚辰，以来瑱为兵部尚书、同平章事、知山南东道节度使。

乙未，加程元振骠骑大将军兼内侍监。

左仆射裴冕为山陵使，议事有与程元振相违者，丙申，贬冕施州刺史。

职务照旧，让程元振代理元帅行军司马，还把李辅国迁出皇宫到外面的宅第居住。因此人们互相庆贺。李辅国开始感到害怕，就上表请求让位。六月十三日辛酉，罢免李辅国兼任的中书令职务，进封爵位为博陆王。李辅国入宫谢恩，气愤哽咽地说："老奴事奉不了皇上，请让老奴到地下去事奉先帝吧！"代宗仍然安慰劝谕一番送走他。

六月十四日壬戌，唐代宗任命兵部侍郎严武为西川节度使。

襄邓防御使裴茙驻扎在谷城，接到代宗的秘密敕书后，立即率领部下两千人沿着汉水奔赴襄阳。六月二十一日己巳，在谷水北岸摆下阵势。来瑱带着部队来迎接他，问他为什么而来，裴茙回答说："尚书不接受朝廷的命令，所以前来。如果你接受被取代的命令，我自当撤兵而走。"来瑱说："我已经蒙受皇恩，又留在此地镇守，还有什么接受替代呢？"说着就取出代宗的敕令以及任命状给他看，裴茙惊疑不解。来瑱与副使薛南阳大举出兵两面夹攻，大败裴茙，在申口追上裴茙，将他活捉，送往京师，代宗敕令其自杀。

六月二十七日乙亥，任命通州刺史刘晏为户部侍郎兼任京兆尹，并担任度支使、转运使、盐铁使、铸钱使等职务。

秋季，七月十五日壬辰，任命郭子仪总管朔方、河东、北庭、潞州、仪州、泽州、沁州、陈州、郑州等节度行营，以及兴平等军副元帅。

七月十六日癸巳，剑南兵马使徐知道反叛，派兵守住交通要地，抗拒严武，严武不能前进。

八月，桂州刺史邢济讨伐西原叛贼主帅吴功曹等人，将他们平定。

八月十三日己未，徐知道被部将李忠厚杀掉，剑南叛军全部平定。

八月十九日乙丑，山南东道节度使来瑱入朝谢罪，唐代宗优待他。

八月二十三日己巳，郭子仪从河东入朝。当时程元振专权，嫉恨郭子仪功高任重，多次在代宗面前谗言。郭子仪心里不安，上表请求解除副元帅、节度使。唐代宗安慰他，于是郭子仪便留在京师。

台州叛贼主帅袁晁攻陷浙东各州，改年号为宝胜，老百姓因被朝廷的横征暴敛搞得痛苦不堪都跑去依附他。李光弼派兵在衢州攻打袁晁，打败了他。

八月二十九日乙亥，移封鲁王李适为雍王。

九月初四日庚辰，任命来瑱为兵部尚书、同平章事，兼山南东道节度使。

九月十九日乙未，加任程元振为骠骑大将军兼内侍监。

左仆射裴冕为山陵使，议论事情有时和程元振意见不一。九月二十日丙申，将裴冕贬为施州刺史。

（以上为第十段，写宦官程元振取代李辅国专朝政。）

上遣中使刘清潭使于回纥，修旧好，且征兵讨史朝义。清潭至其庭，回纥登里可汗已为朝义所诱，云“唐室继有大丧，今中原无主，可汗宜速来共收其府库。”可汗信之。清潭致敕书曰：“先帝虽弃天下，今上继统，乃昔日广平王，与叶护共收两京者也。”回纥业已起兵至三城，见州、县皆为丘墟，有轻唐之志，乃困辱清潭。清潭遣使言状，且曰：“回纥举国十万众至矣！”京师大骇。上遣殿中监药子昂往劳之于忻州南。初，毗伽阙可汗为登里求婚，肃宗以仆固怀恩女妻之，为登里可敦。可汗请与怀恩相见。怀恩时在汾州，上令往见之，怀恩为可汗言唐家恩信不可负，可汗悦，遣使上表，请助国讨朝义。可汗欲自蒲关入，由沙苑出潼关东向，药子昂说之曰：“关中数遭兵荒，州县萧条，无以供拟，恐可汗失望；贼兵尽在洛阳，请自土门略邢、洺、怀、卫而南，得其资财以充军装。”可汗不从；又请“自太行南下据河阴，扼贼咽喉”，亦不从；又请“自陕州大阳津渡河，食太原仓粟，与诸道俱进”，乃从之。

袁晁陷信州。

冬，十月，袁晁陷温州、明州。

以雍王适为天下兵马元帅。辛酉，辞行，以兼御史中丞药子昂、魏琚为左右厢兵马使，以中书舍人韦少华为判官，给事中李进为行军司马，会诸道节度使及回纥于陕州，进讨史朝义。上欲以郭子仪为适副，程元振、鱼朝恩等沮之而止。加朔方节度使仆固怀恩同平章事兼绛州刺史，领诸军节度行营以副适。

上在东宫，以李辅国专横，心甚不平，及嗣位，以辅国有杀张后之功，不欲显诛之。壬戌夜，盗入其第，窃辅国之首及一臂而去。敕有司捕盗，遣中使存问其家，为刻木首葬之，仍赠太傅。

丙寅，上命仆固怀恩与母、妻俱诣行营。

雍王适至陕州，回纥可汗屯于河北，适与僚属从数十骑往见之。可

唐代宗派遣宫中使者刘清潭出使回纥，重建过去友好的关系，并且征调回纥的军队去讨伐史朝义。刘清潭到了回纥的大本营，回纥的登里可汗已先被史朝义所诱惑，史朝义声称：“唐王室接连有大丧事，现在中原没有君主，可汗应快来和我一起收取他们府库中的财物。”可汗相信了他的话。刘清潭送上皇帝敕书说：“先帝虽然已经去世，但是现今的皇帝已即位，皇帝就是过去的广平王，曾与叶护共同收复两京。”此时回纥已经发兵到了三受降城，见到各州、县都是一片废墟，有轻视唐王朝的意思，于是就侮辱刘清潭。刘清潭派使者回朝汇报回纥的情况，并且说：“回纥调动全国十万大军来了。”京师闻讯大为震惊。唐代宗派遣殿中监药子昂前往沂州南边慰劳回纥军队。当初，毗伽阙可汗替登里求婚，肃宗让仆固怀恩的女儿嫁给登里为妻，称之为登里可敦。可汗请求与仆固怀恩相见，仆固怀恩此时在汾州，唐代宗命令他前去会见可汗，仆固怀恩对可汗说唐朝的恩德信义不能辜负，可汗很高兴，派使者上表书，请求帮助国家去讨伐史朝义。可汗想从蒲关进入，由沙苑出潼关向东走，药子昂劝他说：“关中多次遭受战乱，州县到处萧条，没有什么东西供给部队，恐怕可汗会感到失望。叛军都在洛阳，请从土门攻取邢州、洺州、怀州、卫州，然后向南进攻，得到他们的资产财物可以补充军备。”可汗不同意。药子昂又请可汗“从太行山南下占据河阴，扼住叛军的咽喉”，可汗也不同意。又请可汗“从陕州大阳津渡过黄河，食用太原仓的粟米，与各道的军队一起前进”，可汗这才同意了。

袁晁攻陷信州。

冬季，十月，袁晁攻陷温州、明州。

任命雍王李适为天下兵马元帅。十月十六日辛酉，李适向代宗辞行，又任命兼御史中丞药子昂、魏琚为左右厢兵马使，任命中书舍人韦少华为判官，给事中李进为行军司马，在陕州与各道节度使和回纥的军队会合，进军征讨史朝义。唐代宗想让郭子仪做李适的副手，程元振、鱼朝恩等人从中阻挠而作罢。加任朔方节度使仆固怀恩同平章事兼绛州刺史，统领各军节度行营并担任李适的副手。

唐代宗在东宫时，因李辅国专权蛮横，心里愤愤不平，等到继位后，因李辅国杀张皇后有功，不想公开地杀掉他。十月十七日壬戌夜里，有强盗进入李辅国的宅第，偷割了他的头以及一个手臂逃走了。唐代宗敕令有关部门追捕强盗，并派宦官去慰问他的家属，用木头刻了一个头把他埋葬了，还追赠他为太傅。

十月二十一日丙寅，唐代宗命令仆固怀恩与母亲、妻子一起到行营去以便与登里可汗及其妻子相会。

雍王李适到达陕州，回纥可汗驻扎在河北，李适与部属随从数十人骑马前往拜

汗责适不拜舞，药子昂对以礼不当然。回纥将军车鼻曰：“唐天子与可汗约为兄弟，可汗于雍王，叔父也，何得不拜舞？”子昂曰：“雍王，天子长子，今为元帅。安有中国储君向外国可汗拜舞乎！且两宫在殡，不应舞蹈。”力争久之，车鼻遂引子昂、魏琚、韦少华、李进各鞭一百，以适年少未谙事，遣归营。琚、少华一夕而死。

戊辰，诸军发陕州，仆固怀恩与回纥左杀为前锋，陕西节度使郭英乂、神策观军容使鱼朝恩为殿，自渑池入；潞泽节度使李抱玉自河阳入；河南等道副元帅李光弼自陈留入；雍王留陕州。辛未，怀恩等军于同轨。

史朝义闻官军将至，谋于诸将。阿史那承庆曰：“唐若独与汉兵来，宜悉众与战；若与回纥俱来，其锋不可当，宜退守河阳以避之。”朝义不从。壬申，官军至洛阳北郊，分兵取怀州；癸酉，拔之。乙亥，官军陈于横水。贼众数万，立栅自固，怀恩陈于西原以当之。遣骁骑及回纥并南山出栅东北，表里合击，大破之。朝义悉其精兵十万救之，陈于昭觉寺，官军骤击之，杀伤甚众，而贼陈不动；鱼朝恩遣射生五百人力战，贼虽多死者，陈亦如初。镇西节度使马璘曰：“事急矣！”遂单骑奋击，夺贼两牌，突入万众中。贼左右披靡，大军乘之而入，贼众大败；转战于石榴园、老君庙，贼又败；人马相蹂践，填尚书谷，斩首六万级，捕虏二万人，朝义将轻骑数百东走。怀恩进克东京及河阳城，获其中书令许叔冀、王伷等，承制释之。怀恩留回纥可汗营于河阳，使其子右厢兵马使玚及朔方兵马使高辅成帅步骑万余乘胜逐朝义，至郑州，再战皆捷。朝义至汴州，其陈留节度使张献诚闭门拒之，朝义奔濮州，献诚开门出降。

回纥入东京，肆行杀略，死者万计，火累旬不灭。朔方、神策军亦以东京、郑、汴、汝州皆为贼境，所过虏掠，三月乃已。比屋荡尽，士民皆衣纸。回纥悉置所掠宝货于河阳，留其将安恪守之。

（以上为第十一段，写唐代宗借兵回纥，大破史朝义，收复东都，回纥恣意抢掠，平民遭杀戮。）

见可汗。可汗责备李适见到他不行拜舞礼，药子昂回答说依照礼节不应当拜舞。回纥将军车鼻说：“唐朝天子与可汗结为兄弟，可汗对雍王来说，就是叔父，怎么能说不当拜舞呢？”药子昂说：“雍王，是天子的长子，现在是元帅。哪里有中国的储君向外国的可汗拜舞呢！况且太上皇和先帝都还没有下葬，也不应该舞蹈。”据理力争了好久，车鼻就带走药子昂、魏琚、韦少华、李进，对他们每人各鞭打一百下，以李适年少不懂事，遣送回宫。魏琚和韦少华过了一夜就死了。

十月二十三日戊辰，各军从陕州出发，仆固怀恩与回纥左杀担任前锋，陕西节度使郭英乂、神策观军容使鱼朝恩殿后，从渑池进攻；潞泽节度使李抱玉从河阳进攻；河南等道副元帅李光弼从陈留进攻；雍王李适留守陕州。十月二十六日辛未，仆固怀恩等驻扎在同轨。

史朝义听说官军就要到了，与各位将领谋划。阿史那承庆说：“唐朝如果只是单独派汉人部队来，我们就应当出动全部军队与他们决战。如果与回纥部队一起来，他们的锋芒就不可阻挡，我们就应当退守河阳以避开其锋芒。”史朝义不听从他的意见。十月二十七日壬申，官军到达洛阳北郊，分兵攻打怀州。十月二十八日癸酉，攻下怀州。十月三十日乙亥，官军在横水摆开阵势。叛军好几万人，设立栅栏，各自固守，仆固怀恩在西原列阵以抵挡叛军。派遣勇猛的骑兵以及回纥军队沿着南山出到营栅的东北，内外夹攻，大败叛军。史朝义率领他的全部十万精兵来援救，在昭觉寺摆开阵势，官军突然进攻他们，杀死杀伤很多叛军。但叛军的阵势却没有动摇。鱼朝恩派射生手五百人奋力冲杀，贼兵虽然死了很多，但阵势稳定依然像以前一样。镇西节度使马璘说：“事情危急啊！”说着便单枪匹马奋力冲击，夺得贼兵的两个盾牌，突然进入千军万马之中，左右两边的贼兵纷纷倒下溃散，唐朝大军乘机攻入敌阵，叛军大败。转战到石榴园、老君庙，叛军又败了。人马相互践踏，填满了尚书谷。官军一共杀死叛军六万人，俘虏两万人，史朝义率领轻骑数百人向东逃走。仆固怀恩进军攻克东京洛阳以及河阳城，抓获史朝义的中书令许叔冀、王伷等人，遵照代宗的命令又将他们释放了。仆固怀恩留下回纥可汗驻扎在河阳，让他的儿子右厢兵马使仆固玚以及朔方兵马使高辅成率领步兵骑兵一万多人乘胜追逐史朝义，到达郑州，再三交战，都取得了胜利。史朝义到达汴州，他的陈留节度使张献诚紧闭城门拒绝他，史朝义逃往濮州，张献诚便打开城门出来向官军投降。

回纥军队进入东京洛阳，大肆烧杀抢掠，死的人数以万计，大火烧了几十天都不熄灭。朔方、神策军也把东京、郑州、汴州、汝州都视为叛军统治的地区，所到之处也是大肆掠夺，过了三个月才停止下来。一排排的房屋荡然无存，士人和百姓都穿上纸做的衣服。回纥军队把所抢夺来的珍宝货物都放在洛阳，留下其部将安恪来看守。

十一月，丁丑，露布至京师。

朝义自濮州北渡河，怀恩进攻滑州，拔之，追败朝义于卫州。朝义睢阳节度使田承嗣等将兵四万余人与朝义合，复来拒战；仆固玚击破之，长驱至昌乐东。朝义帅魏州兵来战，又败走。于是邺郡节度使薛嵩以相、卫、洺、邢四州降于陈郑、泽潞节度使李抱玉，恒阳节度使张忠志以赵、恒、深、定、易五州降于河东节度使辛云京。嵩，楚玉之子也。抱玉等已进军入其营，按其部伍，嵩等皆受代；居无何，仆固怀恩皆令复位。由是抱玉、云京疑怀恩有贰心，各表言之，朝廷密为之备；怀恩亦上疏自理，上慰勉之。辛巳，制："东京及河南、北受伪官者，一切不问。"

己丑，以户部侍郎刘晏兼河南道水陆转运都使。

丁酉，以张忠志为成德军节度使，统恒、赵、深、定、易五州，赐姓李，名宝臣。初，辛云京引兵将出井陉，常山裨将王武俊说宝臣曰："今河东兵精锐，出境远斗，不可敌也。且吾以寡当众，以曲遇直，战则必离，守则必溃，公其图之。"宝臣乃撤守备，举五州来降。及复为节度使，以武俊之策为善，擢为先锋兵马使。武俊，本契丹也，初名没诺干。

郭子仪以仆固怀恩有平河朔功，请以副元帅让之。己亥，以怀恩为河北副元帅，加左仆射兼中书令、单于、镇北大都护、朔方节度使。

史朝义走至贝州，与其大将薛忠义等两节度合，仆固玚追之至临清。朝义自衡水引兵三万还攻之，玚设伏击走之。回纥又至，官军益振，遂逐之；大战于下博东南，贼大败，积尸拥流而下，朝义奔莫州。怀恩都知兵马使薛兼训、兵马使郝庭玉与田神功、辛云京会于下博，进围朝义于莫州，青淄节度使侯希逸继至。

十二月，庚申，初以太祖配天地。

（以上为第十二段，写官军穷追史朝义。）

十一月初二日丁丑，捷报送到京师。

史朝义从濮州向北渡过黄河，仆固怀恩进攻滑州，攻下滑州，在卫州追击打败史朝义。史朝义的睢阳节度使田承嗣等人率领士兵四万多人与史朝义会合，又来进行抵抗战斗；仆固玚击败他们，长驱直入，到达昌乐东面。史朝义率领魏州的军队来交战，又失败逃走了。于是史朝义的邺郡节度使薛嵩献出相州、卫州、洺州、邢州等四州，向陈郑、泽潞节度使李抱玉投降，恒阳节度使张忠志献出赵州、恒州、深州、定州、易州等五州，向河东节度使辛云京投降。薛嵩是薛楚玉的儿子。李抱玉等人已进军到薛嵩等人的军营中，检查他们的部队，薛嵩等人都接受了替代。没过多久，仆固怀恩命令他们都恢复原先的官职。因此，李抱玉、辛云京怀疑仆固怀恩有二心，各自上表说明此事，朝廷也暗中防备。仆固怀恩也上疏替自己申辩，代宗安慰勉励他。十一月初六日辛巳，代宗下制书："东京及河南、河北接受伪官的人，一律不追究。"

十一月十四日己丑，任命户部侍郎刘晏兼河南道水陆转运都使。

十一月二十二日丁酉，任命张忠志为成德军节度使，统领恒州、赵州、深州、定州、易州等五个州，赐姓李，名宝臣。当初，辛云京带兵准备出井陉时，常山裨将王武俊劝李宝臣说："如今河东的军队十分精锐，离开本地到远方战斗，无法抵抗。况且我军以少数对抗多数，以无理对抗有理，交战就必然离散，防守就必然溃败，请您好好考虑一下。"李宝臣于是撤除守备，率五州前来投降。等到李宝臣又做了节度使，认为王武俊的策略很好，便提拔他为先锋兵马使。王武俊本是契丹人，当初名叫没诺干。

郭子仪认为仆固怀恩有平定河朔的功劳，请求将副元帅的职位让给他。十一月二十四日己亥，任命仆固怀恩为河北副元帅，加任左仆射兼中书令、单于、镇北大都护、朔方节度使。

史朝义逃到贝州，与他的大将薛忠义等两个节度使会合，仆固玚追赶他到达临清。史朝义从衡水带领部队三万人回来进攻，仆固玚埋设伏兵把他打败赶走。回纥的军队又到达了，官军士气更加振奋，于是追逐史朝义。在下博县的东南边大战一场，叛军大败，成堆的尸体顺着河水流走了，史朝义逃到莫州。仆固怀恩的都知兵马使薛兼训、兵马使郝庭玉与田神功、辛云京在下博会合，进军莫州包围史朝义，青淄节度使侯希逸随后赶到。

十二月十六日庚申，开始用祭祀太祖来配合祭祀天地。

代宗睿文孝武皇帝上之上

广德元年（癸卯，763 年）

春，正月，己卯，追谥吴太后曰章敬皇后。

癸未，以国子祭酒刘晏为吏部尚书、同平章事，度支等使如故。

初，来瑱在襄阳，程元振有所请托，不从；及为相，元振谮瑱言涉不顺。王仲升在贼中，以屈服得全，贼平得归，与元振善，奏瑱与贼合谋，致仲升陷贼。壬寅，瑱坐削官爵，流播州，赐死于路，由是藩镇皆切齿于元振。

史朝义屡出战，皆败，田承嗣说朝义，令亲往幽州发兵，还救莫州，承嗣自请留守莫州。朝义从之，选精骑五千自北门犯围而出。朝义既去，承嗣即以城降，送朝义母、妻、子于官军。于是仆固玚、侯希逸、薛兼训等帅众三万追之，及于归义，与战，朝义败走。

时朝义范阳节度使李怀仙已因中使骆奉仙请降，遣兵马使李抱忠将兵三千镇范阳县，朝义至范阳，不得入。官军将至，朝义遣人谕抱忠以大军留莫州、轻骑来发兵救援之意，因责以君臣之义，抱忠对曰："天不祚燕，唐室复兴，今既归唐矣，岂可更为反覆，独不愧三军邪！大丈夫耻以诡计相图，愿早择去就以谋自全。且田承嗣必已叛矣，不然，官军何以得至此！"朝义大惧，曰："吾朝来未食，独不能以一餐相饷乎！"抱忠乃令人设食于城东。于是范阳人在朝义麾下者，并拜辞而去，朝义涕泣而已，独与胡骑数百既食而去。东奔广阳，广阳不受；欲北入奚、契丹，至温泉栅，李怀仙遣兵追及之；朝义穷蹙，缢于林中，怀仙取其首以献。仆固怀恩与诸军皆还。

甲辰。朝义首至京师。

（以上为第十三段，写史朝义授首，官军平定安史之乱。）

闰月，己酉夜，有回纥十五人犯含光门，突入鸿胪寺，门司不敢遏。

癸亥，以史朝义降将薛嵩为相、卫、邢、洺、贝、磁六州节度使，

代宗睿文孝武皇帝上之上

唐代宗广德元年（癸卯，763 年）

春季，正月初五日己卯，追赠吴太后的谥号为章敬皇后。

正月初九日癸未，任命国子祭酒刘晏为吏部尚书、同平章事，度支使等职照旧。

当初，来瑱在襄阳时，程元振有所请求拜托，来瑱没有听从。等来瑱做了宰相，程元振就谮言说来瑱的言辞有不恭顺的地方。王仲升陷入叛贼之中，因屈服而保全性命，叛贼平定后得以回朝，他与程元振的关系很好，上奏说来瑱与叛贼合谋，导致王仲升陷入叛贼之中。正月二十八日壬寅，来瑱因此被削去官职爵位，流放播州，在路上赐令他自杀。从此各藩镇都对程元振恨得咬牙切齿。

史朝义多次出兵应战，都失败了，田承嗣劝说史朝义，让他亲自前往幽州调兵，回来援救莫州，田承嗣自己请求留守莫州。史朝义听从了他的建议，挑选精锐的骑兵五千人从北门突围出去。史朝义走后，田承嗣马上率领全城投降，把史朝义的母亲、妻子、儿子都送给官军。于是仆固玚、侯希逸、薛兼训等人率领部众三万人追赶史朝义，到了归义，与史朝义交战，史朝义失败逃走。

这时史朝义的范阳节度使李怀仙已经通过宫中使者骆奉仙请求投降，派遣兵马使李抱忠带兵三千人镇守范阳县，史朝义到达范阳，不能进去。官军就要到了，史朝义派人向李抱忠说明大军留在莫州，自己带轻骑来调兵救援的意思，并且用君臣大义来责备他。李抱忠回答说："上天不保佑燕国，唐朝又复兴了，现在我已归顺唐朝，怎么能够再反反复复呢，那不是愧对三军将士吗？大丈夫以用诡计图谋别人为耻辱，希望你趁早决定去就以谋求自我保全的办法。况且田承嗣一定已经叛变了，不然的话，官军怎么能够追到这里呢！"史朝义非常恐惧，说："我从早上到现在还没有吃饭，难道说不能招待我们吃顿饭吗？"李抱忠便让人在城东摆好食物。于是范阳人在史朝义部下的，都一起向史朝义叩拜辞别而去，史朝义只是哭泣而已，独自一人与几百个胡人骑兵吃完饭便离去了。向东跑到广阳，广阳不接受他们；想往北进入奚、契丹，到达温泉栅时，李怀仙派兵追上了他们；史朝义走投无路，在树林中上吊自杀，李怀仙取下他的头去献给朝廷。仆固怀恩与各军都回来了。

正月三十日甲辰，史朝义的头被送到京师。

闰正月初五日己酉，夜晚，有十五个回纥兵进犯含光门，突然闯入鸿胪寺，守门官吏不敢阻止。

闰正月十九日癸亥，任命史朝义的降将薛嵩为相州、卫州、邢州、洺州、贝州、

田承嗣为魏、博、德、沧、瀛五州都防御使，李怀仙仍故地为幽州、卢龙节度使。时河北诸州皆已降，嵩等迎仆固怀恩，拜于马首，乞行间自效；怀恩亦恐贼平宠衰，故奏留嵩等及李宝臣分帅河北，自为党援。朝廷亦厌苦兵革，苟冀无事，因而授之。

回纥登里可汗归国，其部众所过抄掠，廪给小不如意，辄杀人，无所忌惮。陈郑、泽潞节度使李抱玉欲遣官属置顿，人人辞惮，赵城尉马燧独请行。比回纥将至，燧先遣人赂其渠帅，约毋暴掠，帅遗之旗曰："有犯令者，君自戮之。"燧取死囚为左右，小有违令，立斩之。回纥相顾失色，涉其境者皆拱手遵约束。抱玉奇之，燧因说抱玉曰："燧与回纥言，颇得其情。仆固怀恩恃功骄蹇，其子玚好勇而轻，今内树四帅，外交回纥，必有窥河东、泽潞之志，宜深备之。"抱玉然之。

初，长安人梁崇义以羽林射生从来瑱镇襄阳，累迁右兵马使。崇义有勇力，能卷铁舒钩；沉毅寡言，得众心。瑱之入朝也，命诸将分戍诸州，瑱死，戍者皆奔归襄阳。行军司马庞充将兵二千赴河南，至汝州，闻瑱死，引兵还袭襄州；左兵马使李昭拒之，充奔房州。崇义自邓州引戍兵归，与昭及副使薛南阳相让为长，久之不决，众皆曰："兵非梁卿主之不可。"遂推崇义为帅。崇义寻杀昭及南阳，以其状闻，上不能讨。三月甲辰，以崇义为襄州刺史、山南东道节度留后。崇义奏改葬瑱，为之立祠，不居瑱听事及正堂。

辛酉，葬至道大圣大明孝皇帝于泰陵；庙号玄宗。庚午，葬文明武德大圣大宣孝皇帝于建陵；庙号肃宗。

夏，四月，庚辰，李光弼奏擒袁晁，浙东皆平。时晁聚众近二十万，转攻州县，光弼使部将张伯仪将兵讨平之。伯仪，魏州人也。

郭子仪数上言："吐蕃、党项不可忽，宜早为之备。"

辛丑，遣兼御史大夫李之芳等使于吐蕃，为虏所留，二年乃得归。

磁州等六州节度使，任命田承嗣为魏州、博州、德州、沧州、瀛州等五州都防御使，李怀仙仍然留在原地做幽州、卢龙节度使。当时河北各州都已投降，薛嵩等人迎接仆固怀恩，在他的马前叩拜，请求留在军中效力。仆固怀恩也担心叛贼平定后代宗对自己的恩宠减少，所以奏请留下薛嵩等人以及李宝臣，让他们分别统帅河北地区，成为自己的党羽和外援。朝廷也厌恶过去的战争，只希望平安无事，因此就将河北交给他们。

回纥登里可汗回国，他的部下所经过的地方都任意抢劫掠夺，各地官府供给稍不如意，就随便杀人，无所顾忌。陈郑、泽潞节度使李抱玉想派遣官员部属去安顿他们，人人都害怕推辞，只有赵城县尉马燧一个人请求去办理此事。等回纥部队快要到来时，马燧先派人贿赂他们的主将，约束部队不要强暴掠夺，主将送给他一面旗帜说："有违背命令的，您可以自行杀掉他。"马燧让死囚作为他的左右随从，稍有违反命令者，立即斩首。回纥士兵相互对视，大惊失色，于是经过境内的回纥士兵都规规矩矩，约束自己。李抱玉对此感到非常惊奇，马燧趁机劝李抱玉说："我与回纥人交谈，了解不少内情。仆固怀恩恃功倨傲，他的儿子仆固玚好逞强而轻浮。现在仆固怀恩在国内树立了四个主帅，在国外结交回纥，一定有窥伺河东、泽潞的意图，应该认真地防备他。"李抱玉认为很对。

当初，长安人梁崇义以羽林射生跟随来瑱镇守襄阳，不断升迁，做到右兵马使。梁崇义勇敢有力，能够弯曲铁器，舒展铁钩；他性格沉静坚毅，言语很少，很得人心。来瑱入朝为相时，命令各位将领分别戍守各州，来瑱死后，戍守者都逃回襄阳。行军司马庞充带兵二千人奔赴河南，到达汝州时，听说来瑱死了，就带兵回来袭击襄州；左兵马使李昭抵抗他，庞充逃到房州。梁崇义从邓州率领戍守士兵回来，他与李昭及副使薛南阳相互推让不肯做首领，长时间不能决定下来。众人都说："军队非梁崇义做统帅不可。"于是推举梁崇义为统帅。梁崇义不久便杀了李昭和薛南阳，并向朝廷奏报情况，代宗不能讨伐他。三月初一日甲辰，任命梁崇义为襄州刺史、山南东道节度留后。梁崇义上奏改葬来瑱，替他建立祠堂，自己也不住在来瑱的办公厅和正堂。

三月十八日辛酉，将至道大圣大明孝皇帝葬在泰陵，庙号为玄宗。三月二十七日庚午，将文明武德大圣大宣孝皇帝葬在建陵，庙号为肃宗。

夏季，四月初七日庚辰，李光弼奏报抓住袁晁，浙东都平定了。当时袁晁聚众将近二十万人，辗转攻打各州县，李光弼派部将张伯仪率兵讨伐平定他们。张伯仪是魏州人。

郭子仪多次上书说："吐蕃、党项不可忽视，应该早做准备。"

四月二十八日辛丑，派遣兼御史大夫李之芳等人出使吐蕃，被吐蕃人扣留，过

群臣三上表请立太子；五月，癸卯，诏许倓秋成议之。

丁卯，制分河北诸州：以幽、莫、妫、檀、平、蓟为幽州管；恒、定、赵、深、易为成德军管；相、贝、邢、洺为相州管；魏、博、德为魏州管；沧、棣、冀、瀛为青淄管；怀、卫、河阳为泽潞管。

（以上为第十四段，写仆固怀恩奏请安史旧将田承嗣、李宝臣、李怀仙、薛嵩四人分帅河北为节度使，自为党援，唐代宗姑息从之，为藩镇割据留下隐患。）

六月，癸酉，礼部侍郎华阴杨绾上疏，以为："古之选士必取行实，近世专尚文辞。自隋炀帝始置进士科，犹试策而已；至高宗时，考功员外郎刘思立始奏进士加杂文，明经加帖，从此积弊，转而成俗。朝之公卿以此待士，家之长老以此训子，其明经则诵帖括以求侥幸。又，举人皆令投牒自应，如此，欲其返淳朴，崇廉让，何可得也！请令县令察孝廉，取行著乡闾，学知经术者，荐之于州。刺史考试，升之于省。任各占一经，朝廷择儒学之士，问经义二十条，对策三道，上第即注官，中第得出身，下第罢归。又道举亦非理国，望与明经、进士并停。"上命诸司通议，给事中李栖筠、左丞贾至、京兆尹严武并与绾同。至议以为："今试学者以帖字为精通，考文者以声病为是非，风流颓弊，诚当厘改。然自东晋以来，人多侨寓，士居乡土，百无一二；请兼广学校，保桑梓者乡里举焉，在流寓者庠序推焉。"敕礼部具条目以闻。绾又请置五经秀才科。

庚寅，以魏博都防御使田承嗣为节度使。承嗣举管内户口，壮者皆籍为兵，惟使老弱者耕稼，数年间有众十万；又选其骁健者万人自卫，谓之牙兵。

同华节度使李怀让为程元振所谮，恐惧，自杀。

（以上为第十五段，写改革科举，以经术与对策取士。）

了两年才得以回到唐朝。

群臣三次上表请求立太子，五月初一日癸卯，唐代宗下诏书许诺等秋收后再商议此事。

五月二十五日丁卯，唐代宗下制书，划分河北各州：把幽州、莫州、妫州、檀州、平州、蓟州划归幽州统管，把恒州、定州、赵州、深州、易州划归成德军统管，把相州、贝州、邢州、洺州划归相州统管，把魏州、博州、德州划归魏州统管，把沧州、棣州、冀州、瀛州划归青淄统管，把怀州、卫州、河阳划归泽潞统管。

六月初一日癸酉，礼部侍郎华阴人杨绾上疏，他认为："古代选拔士人必定考察他的生平事迹，近代选拔士人专门崇尚文辞。从隋炀帝开始设置进士科，还只是考试策论而已；到了唐高宗时，考功员外郎刘思立开始奏请进士科加试杂文，明经科加试帖经，从此积成弊端，转而变成习俗。朝廷的公卿大人以此来看待士人，家中长辈以此来教训儿子，那些考试明经科的人，只知背诵'帖括'以求得侥幸及第。而且，让举人呈递谱牒自由报考，这样一来，想让他们返璞归真，崇尚廉洁礼让，又怎么办得到呢！请求命令县令察举孝廉之士，选取那些在乡里德行突出，学问上又通晓经术的人，推荐到州里。州刺史经过考试后，再把他们送到尚书省。任由他们各自口述一部经书，朝廷选择精通儒学的人，考问他们二十条经书义理，三道对策。考试成绩上等的马上按名次授予官职，中等的获得一种做官的身份或资格，下等的让他们回去。另外道学科举也与治理国家无关，希望与明经科、进士科一起停止。"唐代宗命令各有关部门共同商议，给事中李栖筠、左丞贾至、京兆尹严武都与杨绾的意见相同。贾至的议论认为："现在考试学问以会帖经为精通，考试文章以懂声病为是非，这种风气颓废败坏，确实应当改革。然而自从东晋以来，很多人侨居他乡，士人居住在本乡本土的，不到百分之一二；请求朝廷广设学校，留在故乡的人由乡里推举，寄居他乡的由学校推举。"唐代宗命令礼部制定详细考试科目呈报上来。杨绾又请求设置五经秀才科。

六月十八日庚寅，任命魏博都防御使田承嗣为节度使。田承嗣检查所管辖的区域内户籍人口，年轻力壮的都入册当兵，年老体弱的都去种田，几年之间便拥有军队十万人。又从中挑选勇猛强健的士兵一万人保卫自己，称他们为牙兵。

同华节度使李怀让为程元振所谮言，恐惧万分，最后自杀。

【点评】

本卷记载肃宗死，代宗继位，平定安史之乱进入最后阶段。两年间发生了许多重大的政治和军事事件，值得点评的有以下四件大事。

一、邙山之战，李光弼败北。邺城之战，唐肃宗罢免郭子仪，改用资望较轻的李光弼统军，同时又进用仆固怀恩以分李光弼之权，还要加一个观军容使宦官鱼朝恩来掌控，战局的前景可想而知。

肃宗乾元二年（759），史思明率大军南下取汴州、郑州。李光弼兵少，退出东京扼守河阳，牵制叛军得了东都却不敢西进长安。史思明引军来争河阳，李光弼大破史思明，史思明逃回东都，战争胶着相持。叛军利在速决，官军坚守河阳，援军大集，李光弼可稳操胜券。叛贼史思明反间计蛊惑官军观军容使鱼朝恩，说："洛中将士皆燕人，久戍思归，上下离心，击之可破也。"李光弼上奏："贼锋尚锐，未可轻进。"肃宗不听，逼迫李光弼进军取东都。仆固怀恩想取代李光弼，于是依附鱼朝恩，上书说东京可取。肃宗上元二年（761）二月，宦官使者一批接一批地催促李光弼，李光弼不得已进兵洛阳，两军在邙山会战。仆固怀恩不听李光弼节制，在邙山下平原布阵，唯恐官军不败。结果官军大败，诸将散走，河阳、怀州等军事要地失守，唐王朝再度陷入危机。史思明乘胜进攻陕州，兵指西京，朝廷大惧。正在紧急关头，史思明被儿子史朝义杀死，史朝义称帝。叛贼内讧，停止了进攻。

邙山之败，是官军继邺城之败的又一次惨败。李光弼因战败被解除兵权，改任河中节度使，仆固怀恩接任朔方节度使，成为代替郭、李的统兵副元帅。罪魁祸首鱼朝恩依然得到宠任。郭子仪、李光弼是唐军的名将，唐王朝赖以生存的中流砥柱，可是在唐肃宗猜忌之下，宦官的干预之下成为败军之将。昏君依靠功臣来维持朝廷，却要用宦官来监控他们，宁愿冒败军的风险，也要听信宦官的谗言。因为宦官是执行皇帝的意志。皇帝总以为宦官是家奴好控制，其实奴大欺主，宦官权重反过来控制了皇帝。邙山战后的第二年，唐肃宗病重，宦官李辅国和程元振发动政变，杀张皇后，拥立太子李豫，即李俶即位，是为代宗。唐肃宗惊吓而死。

二、代宗借兵回纥，太子取辱，东京遭劫难。公元762年，代宗即位，他仍然是一个昏君。代宗同其父一样，猜忌郭子仪、李光弼，他要收复东京，消灭史朝义，借兵回纥，用太子李适为天下兵马元帅，仆固怀恩为副元帅。回纥登里可汗亲自率兵来内地，目的是要抢掠财物，代宗效法乃父出卖东京百姓财物。登里可汗趾高气扬，轻视唐朝，强迫李适行拜舞礼。随从唐臣力争，说雍王李适是天子的长子，今为元帅，哪有储君向外国可汗行跪拜礼的。回纥车鼻将军说："唐天子与可汗约为兄弟，可汗对于雍王是叔父，为什么不拜？"回纥争的是敌国平等礼，唐臣争的是大唐天朝至高无上。回纥鞭打抗礼的唐臣各一百鞭，批评李适年幼无知，免其行礼。

唐代宗不信任郭子仪、李光弼忠臣良将，却信任依附宦官桀骜不驯的仆固怀恩，不信任本国兵力而借兵回纥，自取其辱，是极大的失策和错误。李渊起兵灭隋，借兵突厥，只是象征性，为的是笼络突厥不为敌，没有给中原带来祸害。肃宗借兵回纥复两京，在东都烧杀抢掠，已是一场大祸。代宗再次借兵回纥，攻入东京，又肆行杀戮，死者万计，火累旬不灭。更有甚者，这次官军也把东京、郑州、汴州、汝州当作贼境，所过掳掠，达三个月之久。河南民众，抵抗叛军，渴望官军解救，希望官军把他们救出水火，结果盼来洪水猛兽。这真是官匪不分，甚至是官比匪更凶恶。郭、李兵败，官军四散，也乱抢一气。仆固怀恩为胡将，抢掠固其天性，人民遭受的灾难就更为沉重。

三、代宗任用仆固怀恩为元帅，姑息河北降将割河北，是极大的错误。太子任兵马元帅只是挂名，仆固怀恩为副元帅，实际是全军主帅。仆固怀恩为胡人，其生性和文化，重义不重忠。仆固怀恩之女代公主和亲回纥。仆固怀恩有异志，则以回纥为外援。公元763年，史朝义自杀，史朝义部下诸节度使投降官军，安史之乱形式上被平定。仆固怀恩鉴于郭、李遭遇，为了避免“狡兔死，走狗烹”的结局，仆固怀恩表奏河北叛将归降分帅河北为节度使，以为党援。代宗姑息，居然下诏：“东京及河南、北受伪官者，一切不问。”认可仆固怀恩之请，河北叛贼四位降将田承嗣、李宝臣、李怀仙、薛嵩分帅河北为节度使。田承嗣为魏博节度使、李宝臣为成德节度使，李怀仙为幽州卢龙节度使，薛嵩为相卫节度使。八年安史之乱，唐王朝倾全力讨贼。付出了几千万人生命的代价，最终结果只是叛将名义归顺朝廷而已。

代宗姑息苟安，对强横不法的武夫，愈是强横，得到的待遇愈是优厚。对顺从朝命的功臣，愈是功大，愈遭猜忌，郭子仪功绩最大，遭到猜忌的程度最深。无论功臣和武夫，为了自保，都不肯轻易放弃兵权和防地，于是藩镇割据在代宗的姑息下基本格局在其后期就形成了。而郭子仪忠贞无私，罢了兵权，连亲兵都解散了，实在是难能可贵。

四、昏君误国，最大祸害是重用宦官。安史之乱，叛军只拥有河北数镇，军力、财力、人口不及全唐天下的十分之一，为何叛乱达八年之久！如果肃、代二宗不用宦官监军，郭子仪、李光弼，以及诸多良将，有足够能力早日平定叛乱，也不用借兵回纥。官军重大的失利，哥舒翰潼关不守，郭子仪邺城之败，李光弼邙山之败，全都是宦官监军造成。由于安史之乱，皇帝不思自己的过错，不从政治腐败找原因，反而猜忌功臣，更加宠信宦官。肃代二宗不仅用宦官监军，还用宦官掌控禁军。代宗之世，李辅国、程元振、鱼朝恩相继掌控神策军。宦官用事，代行皇帝之权，乱政乱军，皇帝兜着。忠臣良将要诛除宦官，投鼠忌器。无行武夫投靠宦官，嚣张跋扈，加剧割据势力的发展。如同华节度使周智光投靠鱼朝恩，无恶不作，敢擅杀他

州刺史，活埋杜冕家属八十一人以泄私愤。宦官往往是割据称雄武夫的保护伞。当宦官权重危及皇帝时，皇帝也只是杀了宦官再换一个。代宗是一个典型。他除掉李辅国，换了程元振，除了程元振，又换了鱼朝恩。安史之乱，久久不能平定，宦官之祸占了决定性的因素。

公元 755 年，安史之乱初起，全国人口五千三百万，到公元 763 年安史之乱被平定，第二年人口普查全国只剩一千七百万，死亡人口三千六百万，达百分之七十以上。强大的唐王朝从此一蹶不振，以后的近二百统治，长期处于藩镇割据战乱之中，全国民众陷入了大灾大难。玄宗致乱，肃代不武，不作为之皇帝，应负全部责任。

唐纪三十九

唐代宗广德元年至永泰元年（763—765年）

【起昭阳单阏（癸卯，763年）七月，尽旃蒙大荒落（乙巳，765年）十月，凡二年有奇】

【大事提要】

本卷记事起公元763年七月，讫公元765年十月，凡两年又四个月。当唐代宗广德元年到永泰元年十月。唐代宗执政十四年，此为代宗初即位的头两年，安史之乱已平定，正是中兴大有为之时，由于代宗平庸，处理安史之乱善后不当，事事姑息，是非不明，逼反仆固怀恩，形势急转，唐室再现危局。仆固怀恩两次连兵回纥、吐蕃入寇，一度攻占长安，代宗蒙尘，幸赖郭子仪被重新起用，和好回纥，大破吐蕃，才又使唐室转危为安。代宗亲信宦官，初受制于李辅国，继为程元振掌控，导致吐蕃犯阙，文武百官愤恨，赶走了程元振，又来了鱼朝恩。代宗依赖宦官是政治的一大失误。正是由于宦官监军，导致郭子仪、李光弼两位中兴良将在荡平安史之乱前夕被罢职。仆固怀恩摘取胜利之果，保奏河北降将以为党援，于是河北四镇承德李宝臣、魏博田承嗣、相卫薛嵩、卢龙李怀仙，再加一个山南东道梁崇义，互为婚姻，连体相依，日渐成为割据之势。

【原文】

代宗睿文孝武皇帝上之下

广德元年（癸卯，763年）

秋，七月，壬寅，群臣上尊号曰宝应元圣文武孝皇帝。壬子，赦天下，改元。诸将讨史朝义者进官阶、加爵邑有差。册回纥可汗为颉咄登蜜施合俱录英义建功毗伽可汗，可敦为娑墨光亲丽华毗伽可敦；左、右杀以下，皆加封赏。

戊辰，杨绾上贡举条目：秀才问经义二十条，对策五道；国子监举人，令博士荐于祭酒，祭酒试通者升之于省，如乡贡法。明法，委刑部考试。或以为明经、进士，行之已久，不可遽改。事虽不行，识者是之。

以仆固玚为朔方行营节度使。

吐蕃入大震关，陷兰、廓、河、鄯、洮、岷、秦、成、渭等州，尽取河西、陇右之地。唐自武德以来，开拓边境，地连西域，皆置都督、府、州、县。开元中，置朔方、陇右、河西、安西、北庭诸节度使以统之，岁发山东丁壮为戍卒，缯帛为军资，开屯田，供糗粮，设监牧，畜马牛，军城戍逻，万里相望。及安禄山反，边兵精锐者皆征发入援，谓之行营，所留兵单弱，胡虏稍蚕食之；数年间，西北数十州相继沦没，自凤翔以西，邠州以北，皆为左衽矣。

（以上为第一段，写吐蕃趁安史之乱，夺取大唐西北陇右河西数十州之地。）

初，仆固怀恩受诏与回纥可汗相见于太原；河东节度使辛云京以可汗乃怀恩婿，恐其合谋袭军府，闭城自守，亦不犒师。及史朝义既平，诏怀恩送可汗出塞，往来过太原，云京亦闭城不与相闻。怀恩怒，具表其状，不报。怀恩将朔方兵数万屯汾州，使其子御史大夫玚将万人屯榆次，裨将李光逸等屯祁县，李怀光等屯晋州，张维岳等屯沁州。怀光，本勃海靺鞨也，姓茹，为朔方将，以功赐姓。中使骆奉仙至太原，云京厚结之。为言怀恩与回纥连谋，反状已露。奉仙还，过怀恩，怀恩与饮于母前，母数让奉仙曰："汝与吾儿约为兄弟，今又亲云京，何两面也！"酒酣，怀恩起舞，奉仙赠以缠头彩。怀恩欲酬之，曰："来日端午，当更乐饮一日。"奉仙固请行，怀恩匿其马，奉仙谓左右曰："朝来责我，又匿

【语译】

代宗睿文武皇帝上之下

唐代宗广德元年（癸卯，763 年）

秋季，七月初一日壬寅，群臣为代宗上尊号为宝应元圣文武孝皇帝。七月十一日壬子，大赦天下，改年号为广德。参与讨伐史朝义的各位将领都进升官阶、增加爵位和封邑各有等差。册封回纥可汗为颉咄登密施合俱录英义建功毗伽可汗，可敦为娑墨光亲丽华毗伽可敦，左、右杀以下的官员，都有封赏。

七月二十七日戊辰，杨绾进上贡举考试条目：秀才考问经义二十条，对策五道；国子监推举的人才，先让博士推荐给国子祭酒，国子祭酒考试通过后再送到尚书省，和乡贡的办法相同。明法科的考试，委托刑部主考。有人认为明经科、进士科，已经实行很久了，不可以突然改变。杨绾的建议虽然没有实行，但有识之士都认为很好。

任命仆固玚为朔方行营节度使。

吐蕃侵入大震关，攻陷兰州、廓州、河州、鄯州、洮州、岷州、秦州、成州、渭州等州，全部占领了河西、陇右地区。唐朝自从武德年间以来，开拓边疆，国土与西域相连，都设置了都督、府、州、县。开元年间，唐朝设置朔方、陇右、河西、安西、北庭各节度使来统治，每年都调发山东地区的壮丁作为戍守边疆的士卒，用丝织品作为军费开支，开荒屯田，供应军粮，设置监牧，蓄养牛马，军队戍守城镇，来回巡逻，万里之间，相互呼应。等到安禄山造反时，守边的精锐士兵都征调回来援救朝廷，称之为“行营”，所留下的士兵单薄老弱，吐蕃军队就渐渐地蚕食领土，数年时间，西北好几十个州相继沦陷，凤翔以西，邠州以北，都被吐蕃占领了。

当初，仆固怀恩接受代宗诏书，在太原与回纥可汗相见，河东节度使辛云京认为回纥可汗是仆固怀恩的女婿，担心他们合谋袭击军府，紧闭城门自我坚守，也不犒劳他们的部队。等到史朝义平定后，代宗诏令仆固怀恩送回纥可汗出塞，往来经过太原，辛云京也闭城不见。仆固怀恩大怒，上表朝廷说明情况，朝廷没有答复。仆固怀恩率领朔方军队好几万人驻扎在汾州，派他的儿子御史大夫仆固玚率领一万人驻扎在榆次，裨将李光逸等人驻扎在祁县，李怀光等人驻扎在晋州，张维岳等人驻扎在沁州。李怀光本来是勃海靺鞨人，姓茹，任朔方将领，因有功赐姓李。宫中使者骆奉仙到达太原，辛云京与他深交，对他说仆固怀恩与回纥合谋，反叛的迹象已经暴露。骆奉仙回京，经过仆固怀恩军营，仆固怀恩和他在自己的母亲面前一起饮酒，仆固怀恩的母亲多次责备骆奉仙说：“你与我儿结为兄弟，现在又与辛云京亲

我马，将杀我也。”夜，逾垣而走；怀恩惊，遽以其马追还之。八月，癸未，奉仙至长安，奏怀恩谋反；怀恩亦具奏其状，请诛云京、奉仙；上两无所问，优诏和解之。

怀恩自以兵兴以来，所在力战，一门死王事者四十六人，女嫁绝域，说谕回纥，再收两京，平定河南、北，功无与比，而为人构陷，愤怨殊深，上书自讼，以为：“臣昨奉诏送可汗归国，倾竭家赀，俾之上道。行至山北，云京、奉仙闭城不出祇迎，仍令潜行窃盗。回纥怨怒，亟欲纵兵，臣力为弥缝，方得出塞。云京、奉仙恐臣先有奏论，遂复妄称设备，与李抱玉共相组织。臣静而思之，其罪有六：昔同罗叛乱，臣为先帝扫清河曲，一也；臣男玢为同罗所虏，得间亡归，臣斩之以令众士，二也；臣有二女，远嫁外夷，为国和亲，荡平寇敌，三也；臣与男玚不顾死亡，为国效命，四也；河北新附，节度使皆握强兵，臣抚绥以安反侧，五也；臣说谕回纥，使赴急难，天下既平，送之归国，六也。臣既负六罪，诚合万诛，惟当吞恨九泉，衔冤千古，复何诉哉！臣受恩深重，夙夜思奉天颜，但以来瑱受诛，朝廷不示其罪，诸道节度，谁不疑惧！近闻诏追数人，尽皆不至，实畏中官谗口，虚受陛下诛夷；岂惟群臣不忠，正为回邪在侧。且臣前后所奏骆奉仙，词情非不摭实，陛下竟无处置，宠任弥深；皆由同类比周，蒙蔽圣听。窃闻四方遣人奏事，陛下皆云与骠骑议之，曾不委宰相可否，或稽留数月不还，远近益加疑阻。如臣朔方将士，功效最高，为先帝中兴主人，乃陛下蒙尘故吏，曾不别加优奖，反信谗嫉之词。子仪先已被猜，臣今又遭诋毁，弓藏鸟尽，信匪虚言。陛下信其矫诬，何殊指鹿为马！傥不纳愚恳，且贵因循，臣实不敢保家，陛下岂能安国！忠言利行，惟陛下图之。臣欲公然入朝，恐将士留沮。今托巡晋、绛，于彼迁延，乞陛下特遣一介至绛州问臣，臣即与之同发。”

近，为什么要做两面派呢？”酒喝到兴起时，仆固怀恩起身跳舞，骆奉仙赠送给他缠头彩。仆固怀恩想要酬谢他，说：“明天是端午节，我们应该再痛痛快快地喝一天。”骆奉仙再三要求返回京师，仆固怀恩就把他的马藏起来，骆奉仙对左右的人说：“早上，仆固怀恩的母亲责备我，现在仆固怀恩又藏了我的马，他们这是准备杀掉我啊。”到了夜晚，骆奉仙就翻墙逃走了；仆固怀恩大惊，立刻追上去把马还给他。八月十三日癸未，骆奉仙回到长安，上奏代宗说仆固怀恩谋反。仆固怀恩也把详情向唐代宗奏明，请求杀掉辛云京、骆奉仙。唐代宗对两方面都不追究，宽容地下诏书让他们和解。

仆固怀恩自认为从安禄山反叛、自己参与起兵征讨以来，到处奋力作战，全家为报效朝廷而死的就有四十六人，女儿远嫁回纥，劝说回纥出兵，帮助收复西京和东京，平定河南、河北地区，功劳之大，无人可比，却受到诬陷，气愤怨恨之情特别强烈，因此上书代宗，自我申辩，他认为：“臣先前奉诏令送回纥可汗回国，倾家荡产，才使可汗上路。到了太原，辛云京、骆奉仙紧闭城门不出来恭候迎接，让我们悄悄行走像盗贼一样。回纥人非常怨恨恼怒，很想纵兵攻打，臣竭力从中劝解，才使得回纥平安地出塞回国。辛云京、骆奉仙害怕臣先上奏申明，于是就假装声称设军备以预防，和李抱玉联合组织起来。臣静心思考，自己的罪过有六点：过去同罗叛乱，臣替先帝平定河曲，此其一；臣的儿子仆固玢被同罗俘虏，乘机逃回，臣把他杀了以号令将士，此其二；臣有两个女儿，为了国家的和亲需要以及消灭敌寇而远嫁外夷，此其三；臣与儿子仆固玚不顾生死，为国效命，此其四；河北地区新近归附朝廷，各个节度使手上都握有强大的兵力，臣安抚他们使他们不再疑虑反叛，此其五；臣劝说回纥，让他们出兵解救朝廷的危难，天下平定后，又送他们回国，此其六。臣既然有这六点罪过，确实罪该万死，只该含恨九泉，含冤千古，还有什么可申诉的呢！臣蒙受皇恩深重，日夜都想回朝事奉陛下，但因来瑱被杀，朝廷没有宣布他的罪状，各道节度使，谁不疑虑害怕！最近听说代宗下诏令召回好几个人，他们都不敢来，实际上是害怕宦官的谗言，冤枉地遭受陛下的诛杀；难道是大臣们不忠诚吗？不，这正是因为陛下的身边有邪恶的小人。而且臣前后所奏报关于骆奉仙的事，言词和事情都是确实的，陛下竟然不加以处理，反而更深地宠爱信任他。这都是因为小人们相互勾结，蒙蔽陛下视听的缘故。臣私下听说，四方派人上奏事情，陛下总是说去和骠骑将军商议，不曾委托宰相来决定可否，有的奏报甚至拖延好几个月不给答复，使得远近地方官吏更加疑虑和疏远。比如臣所率领的朔方将士，功劳最大，是先帝中兴的主力，又是陛下蒙尘落难时的旧部，陛下未曾特别给以优待嘉奖，反而听信那些诬陷之词。郭子仪先前已经受到猜疑，臣今天又遭受诋毁，鸟尽弓藏的古话，确实一点也不假。陛下相信那些诬陷之词，这与指鹿为马有什么

九月，壬戌，上遣裴遵庆诣怀恩谕旨，且察其去就。怀恩见遵庆，抱其足号泣诉冤。遵庆为言圣恩优厚，讽令入朝。怀恩许诺。副将范志诚以为不可，曰："公信其甘言，入则为来瑱，不复还矣！"明日，怀恩见遵庆，以惧死为辞，请令一子入朝，志诚又以为不可，遵庆乃还。御史大夫王翊使回纥还，怀恩先与可汗往来，恐翊泄其事，遂留之。

（以上为第二段，写仆固怀恩上奏诉冤，唐代宗无辞以对，和稀泥，君臣相猜，暗伏危机。）

吐蕃之入寇也，边将告急，程元振皆不以闻。冬，十月，吐蕃寇泾州，刺史高晖以城降之，遂为之乡导，引吐蕃深入；过邠州，上始闻之。辛未，寇奉天、武功，京师震骇。诏以雍王适为关内元帅，郭子仪为副元帅，出镇咸阳以御之。

子仪闲废日久，部曲离散，至是召募，得二十骑而行，至咸阳，吐蕃帅吐谷浑、党项、氐、羌二十余万众，弥漫数十里，已自司竹园渡渭，循山而东。子仪使判官中书舍人王延昌入奏，请益兵，程元振遏之，竟不召见。癸酉，渭北行营兵马使吕月将将精卒二千破吐蕃于盩厔之西。乙亥，吐蕃寇盩厔，月将复与力战，兵尽，为虏所擒。

上方治兵，而吐蕃已度便桥，仓猝不知所为，丙子，出幸陕州，官吏藏窜，六军逃散。郭子仪闻之，遽自咸阳归长安，比至，车驾已去。上才出苑门，渡浐水，射生将王献忠拥四百骑叛还长安，胁丰王珙等十王西迎吐蕃。遇子仪于开远门内，子仪叱之，献忠下马，谓子仪曰："今主上东迁，社稷无主，令公身为元帅，废立在一言耳。"子仪未应。珙越次言曰："公何不言！"子仪责让之，以兵援送行在。丁丑，车驾至华州，官吏奔散，无复供拟，扈从将士不免冻馁。会观军容使鱼朝恩将神策军自陕来迎，上乃幸朝恩营。丰王珙见上于潼关，上不之责，退至幕中，有不逊语；群臣奏议诛之，乃赐死。

区别？倘若陛下不采纳我诚恳的意见，而且仍然因循守旧，臣实在不敢说能保卫家业，陛下又怎么能安定国家呢？忠言逆耳利于行，只有请陛下认真考虑。臣想公开回到朝廷，但担心将士们拘留阻拦。现在臣借巡视晋州和绛州之机，在那里多停留一段时间，请求陛下特派一个使者来绛州问候臣，臣就立即与他一同出发。”

九月二十二日壬戌，唐代宗派遣裴遵庆到仆固怀恩那里去宣谕圣旨，并且去观察他的去留动向。仆固怀恩见到裴遵庆，就抱住他的脚痛哭流涕，诉说冤枉。裴遵庆向他说圣恩优厚，暗示他回朝拜见代宗。仆固怀恩答应了。但他的副将范志诚认为不行，并说："你如果相信他的甜言蜜语，回朝后就成为又一个来瑱，不能再回来了！"第二天，仆固怀恩见到裴遵庆，以怕死为借口，请求让他的一个儿子回朝，范志诚又认为不行，裴遵庆便回去了。御史大夫王翊出使回纥返回，仆固怀恩先前与回纥可汗往来，他害怕王翊泄露此事，于是就将他扣留下来。

吐蕃入侵唐朝，守卫边疆的将领向朝廷告急，程元振都不向唐代宗报告。冬季，十月，吐蕃侵犯泾州，刺史高晖率全城投降吐蕃，并替吐蕃做向导，带领吐蕃军队深入唐朝境内。过了邠州后，唐代宗方才知道这个消息。十月初二日辛未，吐蕃侵犯奉天、武功，京师震惊。代宗下诏书任命雍王李适为关内元帅，郭子仪为副元帅，出兵镇守咸阳以防御吐蕃。

郭子仪在京城闲居已久，部下四处离散，到这时临时招募，只召得二十骑而行，到达咸阳时，吐蕃率领吐谷浑、党项、氐、羌等各族军队二十多万人，漫山遍野，前后几十里连成一片，已经从司竹园渡过渭水，沿着山路向东前进，郭子仪派判官中书舍人王延昌入朝上奏，请求增加兵力，程元振从中加以阻止，竟然没有得到代宗召见。十月初四日癸酉，渭北行营兵马使吕月将率领精锐士卒两千人在盩厔的西边打败吐蕃。十月初六日乙亥，吐蕃进犯盩厔，吕月将又与吐蕃人奋力作战，部队全部战死，他自己也被吐蕃人俘虏了。

唐代宗正在训练军队，然而吐蕃军队已经渡过便桥，代宗在仓促之间不知道怎么办才好。十月初七日丙子，唐代宗出城逃到陕州，官吏们躲藏逃窜，六军也四处逃散。郭子仪闻讯后，立刻从咸阳回到长安，等他到达长安时，代宗已经走了。代宗刚刚出了宫苑门。渡过浐水，射生将王献忠就率领四百个骑兵叛变返回长安，胁迫丰王李珙等十个王向西迎接吐蕃军。在开远门内遇到郭子仪，郭子仪大声呵斥，王献忠跳下马来，对郭子仪说："如今皇上已经东迁，社稷没有君主，您身为元帅，皇上的废立就在于您的一句话了。"郭子仪没有答应。李珙抢上前说："你为什么不说话？"郭子仪责备他，并派兵护送他到代宗所在地去。十月初八日丁丑，代宗到达华州，地方官吏早已逃散，没有人给代宗一行提供食宿，随从将士不免饥寒交迫。

戊寅，吐蕃入长安，高晖与吐蕃大将马重英等立故邠王守礼之孙承宏为帝，改元，置百官，以前翰林学士于可封等为相。吐蕃剽掠府库市里，焚闾舍，长安中萧然一空。苗晋卿病卧家，遣人舆入，迫胁之，晋卿闭口不言，虏不敢杀。于是六军散者所在剽掠，士民避乱，皆入山谷。

辛巳，上至陕，百官稍有至者。郭子仪引三十骑自御宿川循山而东，谓王延昌曰："六军将士逃溃者多在商州，今速往收之，并发武关防兵，数日间，北出蓝田以向长安，吐蕃必遁。"过蓝田，遇元帅都虞候臧希让、凤翔节度使高升，得兵近千人。子仪与延昌谋曰："溃兵至商州，官吏必逃匿而人乱。"使延昌自直径入商州抚谕之。诸将方纵兵暴掠，闻子仪至，皆大喜听命。子仪恐吐蕃逼乘舆，留军七盘，三日乃行，比至商州，行收兵，并武关防兵合四千人，军势稍振。子仪乃泣谕将士以共雪国耻，取长安，皆感激受约束。子仪请太子宾客第五琦为粮料使，给军食。上赐子仪诏，恐吐蕃东出潼关，征子仪诣行在。子仪表称："臣不收京城无以见陛下，若出兵蓝田，虏必不敢东向。"上许之。鄜延节度判官段秀实说节度使白孝德引兵赴难，孝德即日大举，南趣京畿，与蒲、陕、商、华合势进击。

吐蕃既立广武王承宏，欲掠城中士、女、百工，整众归国。子仪使左羽林大将军长孙全绪将二百骑出蓝田观虏势，令第五琦摄京兆尹，与之偕行，又令宝应军使张知节将兵继之。全绪至韩公堆，昼则击鼓张旗帜，夜则多然火，以疑吐蕃。前光禄卿殷仲卿聚众近千人，保蓝田，与全绪相表里，帅二百余骑直渡浐水。吐蕃惧，百姓又绐之曰："郭令公自商州将大军不知其数至矣！"虏以为然，稍稍引军去。全绪又使射生将王甫入城阴结少年数百，夜击鼓大呼于朱雀街，吐蕃惶骇，庚寅，悉众遁去。高晖闻之，帅麾下三百余骑东走，至潼关，守将李日越擒而杀之。

适逢观军容使鱼朝恩率领神策军从陕州来迎接代宗，代宗便到了鱼朝恩的军营中。丰王李珙在潼关见到代宗，代宗没有责备他。但是李珙退回营帐中，却出言不逊，群臣上奏建议杀掉他，于是代宗便赐他自杀。

十月初九日戊寅，吐蕃军进入长安，高晖与吐蕃大将马重英等人拥立已故邠王李守礼的孙子李承宏为皇帝，改年号，设置百官，任命前翰林学士于可封等人为宰相。吐蕃军队大肆抢劫府库和民间的财物，焚烧住宅房舍，长安城中一片萧条。苗晋卿因病躺在家里。吐蕃派人把他抬到朝廷，胁迫他担任官职，苗晋卿闭口不言，吐蕃也不敢杀他。此时，逃散的六军士兵也到处抢劫，士人百姓为了躲避战乱，都逃进山谷之中。

十月十二日辛巳，唐代宗到达陕州，百官中也渐渐有些人来到了。郭子仪带领三十个骑兵从御宿川沿着山路向东行进，他对王延昌说："六军将士逃跑溃散的大都在商州，现在要赶快前去收集他们，并调发防守武关的部队，在数日之内，北出蓝田，向长安进发。吐蕃必然逃走。"经过蓝田时，遇到元帅都虞候臧希让、凤翔节度使高升，得到士兵近千人。郭子仪与王延昌谋划说："溃散的士兵到了商州，地方官吏必然逃跑躲藏，当地人也就一片混乱。"于是就派王延昌直接进入商州安抚晓谕百姓。各个将领正准备纵兵抢掠，听说郭子仪来了，都非常高兴并听从他的命令。郭子仪担心吐蕃进逼代宗，就把军队留在七盘山，过了三天才行动，等到商州后，边走边收集散兵，与武关的守军合起来共有四千人，军势稍微有些振作。于是，郭子仪哭着晓谕将士，勉励大家共雪国耻，夺取长安，将士们皆感动愿受约束。郭子仪请太子宾客第五琦做粮料使，负责供给军中粮草。唐代宗赐郭子仪诏书，担心吐蕃军队东出潼关，征召郭子仪去皇帝所在地。郭子仪上表说："臣不收复京城，无法来见陛下，如果从蓝田出兵，吐蕃必定不敢东进。"唐代宗同意了。鄜延节度判官段秀实劝说节度使白孝德率兵解救国家危难，白孝德当天就大举进兵，向南赶往京畿，与蒲州、陕州、商州、华州的军队联合起来，共同进击吐蕃。

吐蕃人拥立广武王李承宏为皇帝后，便想掠夺城中的士人、女子以及工匠，然后整队回国。郭子仪派左羽林大将军长孙全绪率领二百个骑兵从蓝田出发去观察吐蕃人的形势，命令第五琦代理京兆尹，和他一同去，又命令宝应军使张知节率兵接应。长孙全绪到达韩公堆，白天就击鼓张扬旗帜，夜晚就点燃很多火把，迷惑吐蕃人，前光禄卿殷仲卿聚集了近千人，保卫蓝田，与长孙全绪相互呼应，率领两百多个骑兵直接渡过浐水。吐蕃人害怕了，老百姓又骗他们说："郭令公从商州率领不计其数的大军来到！"吐蕃人信以为真，慢慢地就带领部队离去了，长孙全绪又派射生将王甫进城暗中联络几百个少年，夜晚在朱雀街击鼓大声呼叫，吐蕃人惊恐，十月二十一日庚寅，全部逃走。高晖闻讯后，率领部下三百多个骑兵向东逃跑，跑到

壬辰，诏以元载判元帅行军司马，以第五琦为京兆尹。癸巳，以郭子仪为西京留守。甲午，子仪发商州。己亥，以鱼朝恩部将皇甫温为陕州刺史，周智光为华州刺史。

（以上为第三段，写吐蕃入长安，代宗蒙尘。勤王之师驱走吐蕃，转危为安。）

骠骑大将军、判元帅行军司马程元振专权自恣，人畏之甚于李辅国。诸将有大功者，元振皆忌疾欲害之。吐蕃入寇，元振不以时奏，致上狼狈出幸。上发诏征诸道兵，李光弼等皆忌元振居中，莫有至者，中外咸切齿而莫敢发言。太常博士柳伉上疏，以为："犬戎犯关度陇，不血刃而入京师，劫宫闱，焚陵寝，武士无一人力战者，此将帅叛陛下也。陛下疏元功，委近习，日引月长，以成大祸，群臣在廷，无一人犯颜回虑者，此公卿叛陛下也。陛下始出都，百姓填然，夺府库，相杀戮，此三辅叛陛下也。自十月朔召诸道兵，尽四十日，无只轮入关，此四方叛陛下也。内外离叛，陛下以今日之势为安邪，危邪？若以为危，岂得高枕，不为天下讨罪人乎！臣闻良医疗疾，当病饮药，药不当病，犹无益也。陛下视今日之病，何繇至此乎？必欲存宗庙社稷，独斩元振首，驰告天下，悉出内使隶诸州，持神策兵付大臣，然后削尊号，下诏引咎，曰：'天下其许朕自新改过，宜即募士西赴朝廷；若以朕恶不悛，则帝王大器，敢妨圣贤，其听天下所往。'如此，而兵不至，人不感，天下不服，臣请阖门寸斩以谢陛下。"上以元振尝有保护功，十一月，辛丑，削元振官爵，放归田里。

（以上为第四段，写宦官程元振专权自恣，诸将百官共愤，唐代宗放归田里。）

王甫自称京兆尹，聚众二千余人，署置官属，暴横长安中。壬寅，郭子仪至浐水西，甫按兵不出。或谓子仪，城不可入。子仪不听，引三十骑徐进，使人传呼召甫；甫失据，出迎拜伏，子仪斩之，其兵尽散。白孝德与邠宁节度使张蕴琦将兵屯畿县，子仪召之入城，京畿遂安。

潼关时，被守将李日越活捉，并被杀掉。

十月二十三日壬辰，代宗下诏书任命元载代理元帅行军司马，任命第五琦为京兆尹。十月二十四日癸巳，任命郭子仪为西京留守。十月二十五日甲午，郭子仪从商州出发。十月三十日己亥，代宗任命鱼朝恩的部将皇甫温为陕州刺史，周智光为华州刺史。

骠骑大将军、判元帅行军司马程元振专权放肆，人们害怕程元振的程度比害怕李辅国更厉害。对那些功劳卓著的将领，程元振都非常嫉恨，总想加害于他们。吐蕃入侵，程元振不及时上奏，导致代宗狼狈逃避。代宗发诏书征调各道兵马，李光弼等人都忌恨程元振身居要职，没有人来，朝廷内外都对程元振恨得咬牙切齿，但没有人敢公开发表意见。太常博士柳伉上疏，认为："吐蕃进犯大震关，穿过陇山，兵不血刃，直接进入京师，抢劫宫禁，焚烧陵寝，武士们没有一个奋力作战的，这是将帅叛陛下。陛下疏远元勋功臣，亲近奸佞小人，日积月累，酿成大祸，群臣在朝廷没有一个人敢冒犯龙颜使陛下回心转意，这是公卿大臣背叛陛下。陛下刚离开都城，老百姓便争先恐后地跑出来，抢夺府库，互相杀戮，这是三辅地区背叛陛下。从十月初一日征召各道军队，到现在已经四十天了，没有一只车轮入关，这是四方背叛陛下，朝廷内外都离散背叛，陛下认为今天的形势是安全呢，还是危险呢？如果认为危险，怎么能高枕无忧，而不替天下讨伐罪人呢？臣听说良医治病，对症吃药，药不对症，就没有益处。陛下看今天的这个病症，是因为什么原因才发展到这样的地步？如果一定想要保存宗庙社稷，只有砍下程元振的头，驰告天下，把担任内诸司使的所有宦臣都迁出宫中，隶属各州管辖，将神策军交付大臣掌管，然后削去皇上自己的尊号，下诏书引咎自责，说：'天下的人如果允许朕改过自新，那么当立即招募士兵西来救援朝廷；如果认为朕的罪恶不能悔改，那么帝王的大位，岂敢妨碍圣贤去坐，朕愿意任凭天下的人推举圣贤来做帝王。'如果这样做，而救援的士兵不来，百姓不受感动，天下不服从，臣情愿全家碎尸万段来向陛下谢罪。"代宗认为程元振曾经有保驾的功劳，十一月初二日辛丑，削去程元振的官职和爵位，放回乡里。

王甫自称为京兆尹，聚众两千多人，任命设置官员下属，在长安城中横行霸道。十一月初三日壬寅，郭子仪到达浐水西边，王甫按兵不动。有人对郭子仪说，不能进城。郭子仪不听，带领三十个骑兵慢慢前进，派人传呼召来王甫。王甫进退两难，只好出来迎接叩拜，郭子仪把他杀了，他的部下都散去。白孝德与邠宁节度使张蕴琦率兵驻扎在畿县，郭子仪召他们进城，于是京畿地区才安定下来。

宦官广州市舶使吕太一发兵作乱，节度使张休弃城奔端州。太一纵兵焚掠，官军讨平之。

吐蕃还至凤翔，节度使孙志直闭城拒守，吐蕃围之数日。镇西节度使马璘闻车驾幸陕，将精骑千余自河西入赴难；转斗至凤翔，值吐蕃围城，璘帅众持满外向，突入城中，不解甲，背城出战，单骑先士卒奋击，俘斩千计而归。明日，虏复逼城请战，璘开悬门以待之。虏引退，曰："此将军不惜死，宜避之。"遂去，居于原、会、成、渭之地。

十二月，丁亥，车驾发陕州。左丞颜真卿请上先谒陵庙，然后还宫，元载不从，真卿怒曰："朝廷岂堪相公再坏邪！"载由是衔之。甲午，上至长安，郭子仪帅城中百官及诸军迎于浐水东，伏地待罪。上劳之曰："用卿不早，故及于此。"

以鱼朝恩为天下观军容宣慰处置使，总禁兵，权宠无比，筑城于鄠县及中渭桥，屯兵以备吐蕃。以骆奉仙为鄠县筑城使，遂将其兵。

乙未，以苗晋卿为太保，裴遵庆为太子少傅并罢政事；以宗正卿李岘为黄门侍郎、同平章事。遵庆既去，元载权益盛，以货结内侍董秀，使主书卓英倩潜与往来，上意所属，载必先知之，承意探微，言无不合；上以是益爱之。英倩，金州人也。

吐蕃既去，广武王承宏逃匿草野；上赦不诛，丙申，放之于华州。

程元振既得罪，归三原，闻上还宫，衣妇人服，私入长安，复规任用，京兆府擒之以闻。

吐蕃陷松、维、保三州及云山新筑二城，西川节度使高适不能救，于是剑南西山诸州亦入于吐蕃矣。

（以上为第五段，写唐代宗返回长安，宦官鱼朝恩用事。）

二年（甲辰，764 年）

春，正月，壬寅，敕称程元振变服潜行，将图不轨，长流溱州。上念元振之功，寻复令于江陵安置。

担任广州市舶使的宦官吕太一起兵作乱，节度使张休弃城逃往端州。吕太一纵兵烧杀抢掠，官军讨伐平定了他。

吐蕃军队回到凤翔，节度使孙志直闭城拒守，吐蕃军队包围了凤翔城好几天。镇西节度使马璘听说代宗到了陕州，就率领精锐的骑兵一千多人从河西前来救援。一路转战来到凤翔，正碰上吐蕃军队围城，马璘就率领部下下手持满弓，面向外直指敌人，突破包围圈进入城中，没有解下铠甲休息，又出城作战。马璘单枪匹马，身先士卒，奋勇攻击，俘虏斩杀数以千计的敌人才回。第二天，敌人又逼近城下挑战，马璘打开悬门，严阵以待。敌人撤退，说："这位将军不怕死，应该避开他。"于是就离去了，留居在原州、会州、成州、渭州等地。

十二月十九日丁亥，代宗从陕州出发。左丞颜真卿请求代宗先拜谒陵庙，然后回宫。元载不同意，颜真卿愤怒地说："难道朝廷还能经受你的再次破坏吗？"元载因此对他怀恨在心。十二月二十六日甲午，唐代宗到达长安，郭子仪率领城中百官及各路军队在浐水东边迎接，并伏地等待代宗治罪。代宗慰劳他说："朕没有及早任用你，所以才导致这种结果。"

唐代宗任命鱼朝恩为天下观军容宣慰处置使，总管禁兵，权势和恩宠没有人比得上。在鄠县和中渭桥修筑城池，在那里屯兵防备吐蕃。任命骆奉仙为鄠县筑城使，因而统率那里的军队。

十二月二十七日乙未，唐代宗任命苗晋卿为太保，裴遵庆为太子少傅，都罢除政事。任命宗正卿李岘为黄门侍郎、同平章事。裴遵庆离去后，元载的权力更大，用钱财勾结内侍董秀，派主书卓英倩暗中与他往来，代宗有什么想法，元载必定预先知道，于是就顺承代宗心意，探求唐代宗的微旨，所说的话无不与代宗心里所想的符合，因此代宗就更加宠爱他。卓英倩是金州人。

吐蕃走后，广武王李承宏躲藏在野外，唐代宗赦免不杀他，十二月二十八日丙申，把他流放到华州。

程元振已因罪撤职，回到三原，听说代宗回到宫中，就穿上女人的衣服，私自进入长安，企图再被任用，京兆府抓住他，奏报朝廷。

吐蕃攻陷松州、维州、保州等三个州以及云山新修的两座城，西川节度使高适不能救援，于是剑南西山各州也落入吐蕃之手。

唐代宗广德二年（甲辰，764年）

春季，正月初四日壬寅，唐代宗下敕书说程元振换穿女人的衣服潜入长安，将要图谋不轨，将他长期流放到溱州。唐代宗顾念程元振有保驾之功，不久又下令在

癸卯，合剑南东、西川为一道，以黄门侍郎严武为节度使。

丙午，遣检校刑部尚书颜真卿宣慰朔方行营。上之在陕也，颜真卿请奉诏召仆固怀恩，上不许。至是，上命真卿说谕怀恩入朝。对曰："陛下在陕，臣往，以忠义责之，使之赴难，彼犹有可来之理；今陛下还宫，彼进不成勤王，退不能释众。召之，庸肯至乎！且言怀恩反者，独辛云京、骆奉仙、李抱玉、鱼朝恩四人耳，自余群臣皆言其枉。陛下不若以郭子仪代怀恩，可不战而服也。"时汾州别驾李抱真，抱玉之从父弟也，知怀恩有异志，脱身归京师。上方以怀恩为忧，召见抱真问计，对曰："此不足忧也。朔方将士思郭子仪，如子弟之思父兄。怀恩欺其众云，郭子仪已为鱼朝恩所杀，众信之，故为其用耳。陛下诚以子仪领朔方，彼皆不召而来耳。"上然之。

甲寅，礼仪使杜鸿渐奏："自今祀圜丘、方丘请以太祖配，祈谷以高祖配，大雩以太宗配，明堂以肃宗配。"从之。

乙卯，立雍王适为皇太子。

吐蕃之入长安也，诸军亡卒及乡曲无赖子弟相聚为盗；吐蕃既去，犹窜伏南山子午等五谷，所在为患。丁巳，以太子宾客薛景仙为南山五谷防御使，以讨之。

魏博节度使田承嗣奏名所管曰天雄军，从之。

仆固怀恩既不为朝廷所用，遂与河东都将李竭诚潜谋取太原；辛云京觉之，杀竭诚，乘城设备。怀恩使其子玚将兵攻之，云京出与战，玚大败而还，遂引兵围榆次。上谓郭子仪曰："怀恩父子负朕实深。闻朔方将士思公如枯旱之望雨，公为朕镇抚河东，汾上之师必不为变。"戊午，以子仪为关内、河东副元帅、河中节度等使。怀恩将士闻之，皆曰："吾辈从怀恩为不义，何面目见汾阳王！"

癸亥，以刘晏为太子宾客，李岘为詹事，并罢政事。晏坐与程元振交通；元振获罪，岘有力焉，由是为宦官所疾，故与晏皆罢。以右散骑常侍王缙为黄门侍郎，太常卿杜鸿渐为兵部侍郎，并同平章事。

江陵安置他。

正月初五日癸卯，把剑南东、西川合为一道，任命黄门侍郎严武为节度使。

正月初八日丙午，派遣检校刑部尚书颜真卿前去宣抚安慰朔方行营。唐代宗在陕州时，颜真卿请求奉诏书去召来仆固怀恩，唐代宗不同意。到这时，代宗命令颜真卿劝说晓谕仆固怀恩入朝，颜真卿回答说："陛下在陕州时，臣前往，用忠义的道理责备他，使他前来解救国家的危难，他还有可能到朝廷来的理由。如今陛下已经回宫，他进没有起兵救援王朝的功劳，退则不能向大家解释，召他来，他怎么肯来呢！况且说仆固怀恩谋反的，只有辛云京、骆奉仙、李抱玉和鱼朝恩四个人，其余大臣都说他是冤枉。陛下不如让郭子仪代替仆固怀恩，可以不战而使他服从。"当时汾州别驾李抱真，是李抱玉的堂弟，他知道仆固怀恩有反叛的志向，就脱身回到京师。代宗正在为仆固怀恩的事感到忧虑，就召见李抱真询问计策，李抱真回答说："这件事不值得忧虑，朔方将士思念郭子仪，就好像子弟思念父兄一样。仆固怀恩欺骗他的部下说，郭子仪已被鱼朝恩所杀，部下都相信了，所以为他所用。陛下如果真让郭子仪统领朔方，他们都会不召而来的。"代宗同意了。

正月十六日甲寅，礼仪使杜鸿渐上奏说："从今以后，祭祀圜丘、方丘时请配祭太祖，祈祷谷神时祭高祖，大雩祀时配祭太宗，明堂祭祀时配祭肃宗。"唐代宗同意了。

正月十七日乙卯，立雍王李适为皇太子。

吐蕃进入长安时，各军中逃亡的士卒以及乡里中的无赖子弟相互聚集在一起做强盗；吐蕃走后，他们就逃窜潜伏在南山的子午谷等五个山谷中，成为当地一大祸患。正月十九日丁巳，任命太子宾客薛景仙为南山五谷防御使，去讨伐他们。

魏博节度使田承嗣上奏请求把他所管辖的地区取名为天雄军，唐代宗同意了。

仆固怀恩既然不被朝廷重用，便与河东都将李竭诚暗中谋划攻取太原；辛云京觉察出来了，杀掉李竭诚，登城设防。仆固怀恩派他的儿子仆固玚率兵进攻太原，辛云京出城与他交战，仆固玚大败而回，于是便带兵包围榆次。代宗对郭子仪说："仆固怀恩父子辜负朕实在太深了。听说朔方将士思念你就像久旱盼望下雨一样，请你替朕去镇抚河东，汾阳的朔方军一定不会叛变。"正月二十日戊午，任命郭子仪为关内、河东副元帅、河中节度等使。仆固怀恩的将士闻讯后，都说："我们跟随仆固怀恩做不义的事，还有什么脸面去见汾阳王！"

正月二十五日癸亥，任命刘晏为太子宾客，李岘为詹事，一并罢除他们的政事，刘晏是因为与程元振结交，程元振被治罪，李岘出了大力，因此被宦臣所忌恨，所以和刘晏一起罢除政事。任命右散骑常侍王缙为黄门侍郎，太常卿杜鸿渐为兵部侍郎，二人并同平章事。

丁卯，以郭子仪为朔方节度大使。二月，子仪至河中。云南子弟万人戍河中，将贪卒暴，为一府患，子仪斩十四人，杖三十人，府中遂安。

癸酉，上朝献太清宫；甲戌，享太庙；乙亥，祀昊天上帝于圜丘。

（以上为第六段，写仆固怀恩反叛，唐代宗重新起用郭子仪为朔方节度大使以招怀旧部。）

仆固玚围榆次，旬余不拔；遣使急发祁县兵，李光逸尽与之。士卒未食，行不能前，十将白玉、焦晖以鸣镝射其后者，军士曰："将军何乃射人？"玉曰："今从人反，终不免死；死一也，射之何伤！"至榆次，玚责其迟，胡人曰："我乘马，乃汉卒不行耳。"玚捶汉卒，卒皆怨怒，曰："节度使党胡人。"其夕，焦晖、白玉帅众攻玚，杀之。仆固怀恩闻之，入告其母。母曰："吾语汝勿反，国家待汝不薄，今众心既变，祸必及我，将如之何！"怀恩不对，再拜而出。母提刀逐之曰："吾为国家杀此贼，取其心以谢三军。"怀恩疾走，得免，遂与麾下三百渡河北走。

时朔方将浑释之守灵州，怀恩檄至，云全军归镇，释之曰："不然，此必众溃矣。"将拒之，其甥张韶曰："彼或翻然改图，以众归镇，何可不纳也！"释之疑未决。怀恩行速，先候者而至，释之不得已纳之。张韶以其谋告怀恩，怀恩以韶为间，杀释之而收其军，使韶主之；既而曰："释之，舅也，彼尚负之，安有忠于我哉！"他日，以事杖之，折其胫，置于弥峨城而死。

都虞候张维岳在沁州，闻怀恩去，乘传至汾州，抚定其众，杀焦晖、白玉而窃其功，以告郭子仪。子仪使牙官卢谅至汾州，维岳赂谅，使实其言。子仪奏维岳杀玚，传首诣阙。群臣入贺，上惨然不悦，曰："朕信不及人，致勋臣颠越，深用为愧，又何贺焉！"命辇怀恩母至长安，给待优厚，月余，以寿终，以礼葬之，功臣皆感叹。

正月二十九日丁卯，唐代宗任命郭子仪为朔方节度大使。二月，郭子仪到达河中。当时，云南籍的士兵一万人戍河中，将领贪婪，士兵残暴，成为当地一大祸患，郭子仪杀了十四人，棍打三十人，河中府才安定下来。

二月初五日癸酉，唐代宗在太清宫朝拜祭奠；二月初六日甲戌，享祭太庙；二月初七日乙亥，在圜丘祭祀昊天上帝。

仆固玚包围榆次，十几天都攻不下来；派使者紧急征调祁县的部队，李光逸把祁县的部队都给了他。士卒没有吃东西，不能向前行进，十将白玉、焦晖用响箭射那些落伍的人，军士说："将军为什么射人？"白玉说："如今跟随别人造反，终究免不了要死；反正总是一死，用箭射人又有什么关系？"到达榆次，仆固玚指责他们来迟了，胡人士兵说："我们骑马，是汉人士卒走不动才迟到的。"仆固玚鞭打汉人士卒，士卒们都很怨恨愤怒，说："节度使偏袒胡人士兵。"当天晚上，焦晖、白玉率领部众攻打仆固玚，把他杀了，仆固怀恩闻讯后立即回家告诉他的母亲。他的母亲说："我劝你不要谋反，国家待你不薄，现在士兵已经变心，祸害必然牵连我，这将如何是好！"仆固怀恩无言以答，就拜了两拜出门走了。他的母亲提着刀出来追赶他说："我替国家杀掉这个叛贼，挖出你的心来向三军将士谢罪。"仆固怀恩飞快逃跑，得以免死，于是便与部下三百人渡过黄河向北逃走。

当时朔方将领浑释之守卫灵州，仆固怀恩的檄文到了，说他要率领全军回到镇所，浑释之说："不对，这一定是军队溃散了。"准备拒绝他，他的外甥张韶说："仆固怀恩也许是幡然悔改，率领部队返回镇所，为什么不让他进城呢？"浑释之犹豫不决。仆固怀恩行动迅速，在迎接宾客的官吏还没有出来以前就已经先到达了，浑释之不得已而接纳了他。张韶把浑释之的谋划告诉仆固怀恩，仆固怀恩让张韶做他的内应，杀掉浑释之而接管了他的军队，让张韶统领。不久，仆固怀恩又认为："浑释之是张韶的舅舅，张韶尚且还要背叛他，又怎么会忠实于我呢？"有一天，仆固怀恩借故用棍打他，打断了他的小腿，将他弃置在弥峨城而死。

都虞候张维岳在沁州，听说仆固怀恩离去，便乘驿马到汾州，安抚稳定他的部下，杀死焦晖、白玉然后窃取他们的功劳，向郭子仪报告。郭子仪派牙官卢谅到汾州，张维岳贿赂卢谅，让他证实自己所说的事。郭子仪奏报说张维岳杀了仆固玚，把仆固玚的首级传送到宫中，群臣都入朝庆贺，但代宗却忧郁不乐，说："朕的诚心不能使人相信，以致功臣死亡，深深地感到惭愧，又有什么好庆贺的呢？"下令用车子把仆固怀恩的母亲接到长安，供给待遇非常优厚，一个多月后，她寿终正寝，按照礼仪将她安葬，功臣们对此都感动赞叹。

戊寅，郭子仪如汾州，怀恩之众，悉归之，咸鼓舞涕泣，喜其来而悲其晚也。子仪知卢谅之诈，杖杀之。上以李抱真言有验，迁殿中少监。

（以上为第七段，写郭子仪入汾州，怀恩之众，涕泣归服。）

上之幸陕也，李光弼竟迁延不至；上恐遂成嫌隙，其母在河中，数遣中使存问之。吐蕃退，除光弼东都留守以察其去就；光弼辞以就江、淮粮运，引兵归徐州。上迎其母至长安，厚加供给，使其弟光进掌禁兵，遇之加厚。

戊子，赦天下。

自丧乱以来，汴水堙废，漕运者自江、汉抵梁、洋，迂险劳费，三月己酉，以太子宾客刘晏为河南、江、淮以来转运使，议开汴水。庚戌，又命晏与诸道节度使均节赋役，听便宜行毕以闻。时兵火之后，中外艰食，关中米斗千钱，百姓挼穗以给禁军，宫厨无兼时之积。晏乃疏浚汴水，遗元载书，具陈漕运利病，令中外相应。自是每岁运米数十万石以给关中，唐世推漕运之能者，推晏为首，后来者皆遵其法度云。

甲子，盛王琦薨。

党项寇同州，郭子仪使开府仪同三司李国臣击之，曰："虏得间则出掠，官军至则逃入山，宜使羸师居前以诱之，劲骑居后以覆之。"国臣与战于澄城北，大破之，斩首捕虏千余人。

（以上为第八段，写刘晏为河南江淮转运使，漕运畅通。）

夏，五月，癸丑，初行《五纪历》。

庚申，礼部侍郎杨绾奏岁贡孝弟力田无实状，及童子科皆侥幸；悉罢之。

郭子仪以安、史昔据洛阳，故诸道置节度使以制其要冲；今大盗已平，而所在聚兵，耗蠹百姓，表请罢之，仍自河中为始。六月，敕罢河中节度及耀德军。子仪复请罢关内副元帅；不许。

二月初十日戊寅，郭子仪到汾州，仆固怀恩的部下都归附郭子仪，他们既欢欣鼓舞，双悲伤哭泣，高兴的是郭子仪终于来了，悲哀的是他来得太晚了。郭子仪了解卢谅的欺诈，就用棍子把他打死。代宗认为李抱真说的话被证实了，就提升他为殿中少监。

唐代宗驾临陕州时，李光弼竟然拖延时间不去救援，唐代宗担心因此产生隔阂，正好他的母亲在河中，便多次派遣宫中使者去慰问。吐蕃军撤退后，唐代宗又任命李光弼为东都留守，以此来观察他的去留动向。李光弼借口江淮粮运事加以辞谢，率军回到徐州。唐代宗接他的母亲到长安，供给丰厚，任命他的弟弟李光进掌管禁兵，待遇优厚。

二月二十日戊子，大赦天下。

自从安史之乱以来，汴水淤塞废弃，漕运都是从长江、汉水运到梁州、洋州，路途曲折危险，劳费财力，三月十二日己酉，任命太子宾客刘晏为河南、江淮以来转运使，商议开通汴水。三月十三日庚戌，又任命刘晏与诸道节度使平均调节赋税和劳役，准他见机行事，事后再奏报朝廷。当时正值战乱以后，京城内外粮食匮乏，关中的米价每斗一千钱，老百姓揉搓谷穗来供应禁军，宫中的厨房没有长期的存粮。刘晏便疏通汴水，写信给元载，详细陈述漕运的利弊，让朝廷内外的有关官员响应。从此以后，每年运米好几十万石以供给关中，唐代掌管漕运很有才能的人首推刘晏，后来的人都遵循刘晏的法度。

三月二十七日甲子，盛王李琦去世。

党项侵犯同州，郭子仪派开府仪同三司李国臣去攻打党项，说："党项一有机会就出来抢夺，官军到后他们就逃到山里，应该派老弱士兵在前面引诱他们，把精锐的骑兵放在后面去消灭他们。"李国臣在澄城北面与党项交战，大败他们，杀死俘虏一千多人。

夏季，五月十七日癸丑，开始实行《五纪历》。

五月二十四日庚申，礼部侍郎杨绾上奏说每年各地方选择孝弟力田科的举人与实际不符，考中童子科的都属于侥幸，朝廷将这两科全部取消。

郭子仪认为安禄山、史思明过去占据洛阳，所以各道都设置节度使以控制交通要道。现在安史之乱已经平定，而各节度使仍在当地聚集部队，消耗侵蚀老百姓的财力物力，所以就上表请求取消各节度使，就从河中节度使开始。六月，唐代宗敕令罢除河中节度使以及耀德军。郭子仪又请求罢免自己的关内副元帅职务，代宗不同意。

仆固怀恩至灵武，收合散亡，其众复振。上厚抚其家。癸未，下诏，称其“勋劳著于帝室，及于天下。疑隙之端，起自群小，察其深衷，本无他志；君臣之义，情实如初。但以河北既平，朔方已有所属，宜解河北副元帅、朔方节度等使，其太保兼中书令、大宁郡王如故。但当诣阙，更勿有疑。”怀恩竟不从。

秋，七月，庚子，税天下青苗钱以给百官俸。

太尉兼侍中、河南副元帅、临淮武穆王李光弼，治军严整，指顾号令，诸将莫敢仰视，谋定而后战，能以少制众，与郭子仪齐名。及在徐州，拥兵不朝，诸将田神功等不复禀畏，光弼愧恨成疾，己酉，薨。八月，丙寅，以王缙代光弼都统河南、淮西、山南东道诸行营。

郭子仪自河中入朝，会泾原奏仆固怀恩引回纥、吐蕃十万众将入寇，京师震骇，诏子仪帅诸将出镇奉天。上召问方略，对曰:“怀恩无能为也。”上曰:“何故？”对曰:“怀恩勇而少恩，士心不附，所以能入寇者，因思归之士耳。怀恩本臣偏裨，其麾下皆臣部曲，必不忍以锋刃相向，以此知其无能为也。”辛巳，子仪发，赴奉天。

甲午，加王缙东都留守。

河中尹兼节度副使崔寓发镇兵西御吐蕃，为法不一。九月，丙申，镇兵作乱，掠官府及居民，终夕乃定。

丙午，加河东节度使辛云京同平章事。

辛亥，以郭子仪充北道邠宁、泾原、河西以来通和吐蕃使，以陈郑、泽潞节度使李抱玉充南道通和吐蕃使。子仪闻吐蕃逼邠州，甲寅，遣其子朔方兵马使晞将兵万人救之。

己未，剑南节度使严武破吐蕃七万众，拔当狗城。

关中虫蝗、霖雨，米斗千余钱。

仆固怀恩前军至宜禄，郭子仪使右兵马使李国臣将兵为郭晞后继。邠宁节度使白孝德败吐蕃于宜禄。冬，十月，怀恩引回纥、吐蕃至邠州，白孝德、郭晞闭城拒守。

庚午，严武拔吐蕃盐川城。

仆固怀恩与回纥、吐蕃进逼奉天，京师戒严。诸将请战，郭子仪不

仆固怀恩到了灵武，收集散失的士卒，他的部队又复兴起来。唐代宗优厚地安抚他的家属。六月十七日癸未，唐代宗下诏书，称仆固怀恩“对皇室和天下都功勋卓著。猜疑和嫌隙的产生，来自一些小人，考察他的内心，本来就没有反叛的意图；群臣之间的情义，实际上宛如当初，只是因为河北已经平定，朔方已有了归属，所以应当解除河北副元帅、朔方节度使等职；他的太保兼中书令、大宁郡王等官爵照旧。但仆固怀恩应当入朝，再不要迟疑”。仆固怀恩竟然不服从。

秋季，七月初五日庚子，征收天下青苗钱税，以供给百官俸禄。

太尉兼侍中、河南副元帅、临淮武穆王李光弼，治军严整，指挥号令，各个将军都很畏惧，不敢仰视，计谋决定后再作战，能以少胜多，与郭子仪齐名。等到驻扎在徐州时，便拥有大军而不朝见代宗，诸将如田神功等人就不再受命和畏惧他了，李光弼惭愧悔恨，积郁成疾，七月十四日己酉，去世。八月初一日丙寅，任命王缙代替李光弼统帅河南、淮西、山南东道各行营。

郭子仪从河中入朝，适逢泾原上奏说仆固怀恩带领回纥、吐蕃部队十万人将要入侵，京师惊恐，代宗诏令郭子仪率众将出兵镇守奉天。代宗询问对策，郭子仪回答说：“仆固怀恩将无所作为。”代宗问：“什么原因？”郭子仪回答说：“仆固怀恩虽然勇猛但对部下缺少恩惠，士卒的心愿并不是想归附他，之所以前来进犯，是因为士卒都思归故里。仆固怀恩本是臣的一个偏将，他的部下实际上都是臣的部下，必然不忍心兵刃相见，由此可知，仆固怀恩将无所作为。”八月十六日辛巳，郭子仪发兵，奔赴奉天。

八月二十九日甲午，加任王缙为东都留守。

河中尹兼节度副使崔寓调镇兵向西去抵御吐蕃，军队法令不统一。九月初二日丙申，镇兵作乱，掠夺官府及居民的财物，持续了一个晚上才平息下来。

九月十二日丙午，加任河东节度使辛云京同平章事。

九月十七日辛亥，任命郭子仪兼北道邠宁、泾原、河西以来通和吐蕃使，任命陈郑、泽潞节度使李抱玉兼南道通和吐蕃使。郭子仪听说吐蕃逼近邠州，九月二十日甲寅，派他的儿子朔方兵马使郭晞率兵一万人去救援。

九月二十五日己未，剑南节度使严武打败吐蕃七万人，攻下当狗城。

关中地区闹蝗灾，又连遭阴雨，米价一斗一千多钱。

仆固怀恩的先头部队到达宜禄，郭子仪派右兵马使李国臣带兵做郭晞的后续部队。邠宁节度使白孝德在宜禄打败吐蕃。冬季，十月，仆固怀恩带领回纥、吐蕃的军队到达邠州，白孝德、郭晞闭城坚守。

十月初六日庚午，严武攻下吐蕃的盐川城。

仆固怀恩与回纥、吐蕃部队进逼奉天，京师戒严。各将领请求出战，郭子仪不

许，曰："虏深入吾地，利于速战，吾坚壁以待之，彼以吾为怯，必不戒，乃可破也。若遽战而不利，则众心离矣。敢言战者斩！"辛未夜，子仪出陈于乾陵之南，壬申未明，虏众大至。虏始以子仪为无备，欲袭之，忽见大军，惊愕，遂不战而退。子仪使裨将李怀光等将五千骑追虏，至麻亭而还。虏至邠州，丁丑，攻之，不克；乙酉，虏涉泾而遁。

怀恩之南寇也，河西节度使杨志烈发卒五千，谓监军柏文达曰："河西锐卒，尽于此矣，君将之以攻灵武，则怀恩有返顾之虑，此亦救京师之一奇也！"文达遂将众击摧砂堡、灵武县，皆下之，进攻灵州。怀恩闻之，自永寿遽归，使蕃、浑二千骑夜袭文达，大破之，士卒死者殆半。文达将余众归凉州，哭而入。志烈迎之曰："此行有安京室之功，卒死何伤。"士卒怨其言。未几，吐蕃围凉州，士卒不为用；志烈奔甘州，为沙陀所杀。沙陀姓朱耶，世居沙陀碛，因以为名。

（以上为第九段，写李光弼拥兵徐州，忧愤而死。郭子仪击退仆固怀恩连引回纥、吐蕃之入寇。）

十一月，丁未，郭子仪自行营入朝，郭晞在邠州，纵士卒为暴，节度使白孝德患之，以子仪故，不敢言；泾州刺史段秀实自请补都虞候，孝德从之。既署一月，晞军士十七人入市取酒，以刃刺酒翁，坏酿器，秀实列卒取十七人首注槊上，植市门。晞一营大噪，尽甲，孝德震恐，召秀实曰："奈何？"秀实曰："无伤也，请往解之。"孝德使数十人从行，秀实尽辞去，选老躄者一人持马至晞门下。甲者出，秀实笑且入，曰："杀一老卒，何甲也！吾戴吾头来矣。"甲者愕。因谕曰："常侍负若属邪，副元帅负若属邪？奈何欲以乱败郭氏！"晞出，秀实让之曰："副元帅勋塞天地，当念始终。今常侍恣卒为暴，行且致乱，乱则罪及副元帅；乱由常侍出，然则郭氏功名，其存者几何！"言未毕，晞再拜曰："公幸教晞以道，恩甚大，敢不从命！"顾叱左右："皆解甲，散还火伍中，敢哗者死！"秀实因留宿军中。晞通夕不解衣，戒候卒击柝卫秀实。旦，俱至孝德所，谢不能，请改。邠州由是无患。

同意，说：“敌人深入我境，利在速战，我们坚守壁垒以等待他们，他们以为我们胆怯，必然戒备松懈，这样就可以打败他们了，如果马上作战而形势又不利的话，那么军心就会涣散。谁再敢说出战就斩首！”十月初七日辛未夜里，郭子仪带兵出城在乾陵南面列阵，十月初八日壬申，天还没亮，敌人的大队人马就到了。敌人开始以为郭子仪没有防备，想要偷袭，忽然见到郭子仪的大军，大为震惊，于是便不战而退。郭子仪派裨将李怀光等人率领五千骑兵追赶敌人，追到了麻亭才回来。敌人到达邠州，十月十三日丁丑，攻打邠州，没有攻下；十月二十一日乙酉，敌人便渡过泾河逃走了。

仆固怀恩向南进犯时，河西节度使杨志烈调兵五千人，对监军柏文达说：“河西精锐部队都在这里了，您带领他们去进攻灵武，那么仆固怀恩就有后顾之忧，这也是救援京师的一大奇计！”于是柏文达就率领部队去进攻摧砂堡、灵武县，都攻下了，然后又进攻灵州。仆固怀恩听说后，从永寿县连忙回来，派蕃族、浑族骑兵二千人夜袭柏文达，大败柏文达，士卒死了近一半。柏文达率领残余部队回到凉州，痛哭着进了城。杨志烈迎接他说：“这次行动有安定京城的功劳，死了一些士卒有什么关系。”士卒对这话都非常怨恨。不久，吐蕃包围凉州，士卒都不听指挥，杨志烈逃到甘州，被沙陀所杀。沙陀姓朱耶，世代居住在沙陀碛，因此以沙陀为名。

十一月十四日丁未，郭子仪从行营入朝，郭晞在邠州，放纵士兵横行霸道，节度使白孝德感到很棘手，因为郭子仪的缘故，不敢声张。泾州刺史段秀实自动请求白孝德补任他为都虞候，白孝德同意了。任职一个月后，郭晞的十七个军士到街市上去喝酒，用刀刺酿酒的老人，砸毁酿酒的器具。段秀实派兵围捕，砍下这十七个人的头，插在长矛上，树立在集市的街口。郭晞的军营中大为喧闹，士兵们都穿上铠甲，白孝德非常震惊恐慌，把段秀实叫来问：“怎么办？”段秀实说：“没有关系，请让我前去解决。”白孝德派几十个人随行，段秀实把他们辞掉了，只挑选了一个年老跛脚的人，为他牵马，来到郭晞的门口。身穿铠甲的士兵们出来了，段秀实边笑着边走进去，说：“杀一个老兵，哪里用得着穿铠甲？我是带着我的头来的。”甲士们都很惊愕。段秀实趁机晓谕他们说：“郭常侍对不起你们吗？副元帅对不起你们吗？为什么想要作乱来败坏郭家呢！”这时郭晞出来了，段秀实责备他说：“副元帅功盖天地，应当想到善始善终。如今常侍你放纵士兵横行霸道，这种行为将会变乱，发生变乱就会连累副元帅。乱子是由常侍你造成的，然而郭家的功名，还能留存多少！”话还没有说完，郭晞连忙拜了又拜，说：“幸亏您用道义来教导我，您的恩情太大了，我怎敢不从命呢！”回头叱责左右的人说：“都脱下铠甲，各自回到自己的

五谷防御使薛景仙讨南山群盗，连月不克，上命李抱玉讨之。贼帅高玉最强，抱玉遣兵马使李崇客将四百骑自洋州入，袭之于桃虢川，大破之；玉走成固。庚申，山南西道节度使张献诚擒玉，献之，余盗皆平。

十二月，乙丑，加郭子仪尚书令。子仪以为："自太宗为此官，累圣不复置，近皇太子亦尝为之，非微臣所宜当。"固辞，不受，还镇河中。

是岁，户部奏：户二百九十余万，口一千六百九十余万。

上遣于阗王胜还国，胜固请留宿卫，以国授其弟曜，上许之；加胜开府仪同三司，赐爵武都王。

（以上为第十段，写段秀实智勇，申军法，大义晓谕服郭晞。）

永泰元年（乙巳，765 年）

春，正月，癸卯朔，改元；赦天下。

戊申，加陈郑、泽潞节度使李抱玉凤翔、陇右节度使，以其从弟殿中少监抱真为泽潞节度副使。抱真以山东有变，上党为兵冲，而荒乱之余，土瘠民困，无以赡军，乃籍民，每三丁选一壮者，免其租、徭，给弓矢，使农隙习射，岁暮都试，行其赏罚。比三年，得精兵二万，既不费廪给，府库充实，遂雄视山东。由是天下称泽潞步兵为诸道最。

二月，戊寅，党项寇富平，焚定陵殿。

庚辰，仪王璲薨。

三月，壬辰朔，命左仆射裴冕、右仆射郭英乂等文武之臣十三人于集贤殿待制。左拾遗洛阳独孤及上疏曰："陛下召冕等待制以备询问，此五帝盛德也。顷者陛下虽容其直而不录其言，有容下之名，无听谏之实，遂使谏者稍稍钳口饱食，相招为禄仕，此忠鲠之人所以窃叹，而臣亦耻之。今师兴不息十年矣，人之生产，空于杼轴。拥兵者第馆亘街陌，奴婢厌酒肉，而贫人羸饿就役，剥肤及髓。长安城中白昼椎剽，吏不敢诘，官乱职废，将堕卒暴，百揆隳刺，如沸粥纷麻，民不敢诉于有司，有司

队伍中，谁再敢闹事就处死！”段秀实因而留宿军营中。郭晞整夜未脱衣服，告诫哨兵敲木梆守卫段秀实。早晨，段秀实和郭晞一同来到白孝德的官署，郭晞谢治军不严之罪，请求让他改过。邠州从此平安无事。

五谷防御使薛景仙讨伐南山的强盗，连续几个月都没有成功，唐代宗命令李抱玉去讨伐。强盗首领中高玉实力最强，李抱玉派兵马使李崇客率领四百骑兵从洋州进山，在桃虢川袭击高玉，大败高玉，高玉逃到成固。十一月二十七日庚申，山南西道节度使张献诚活捉高玉，献给朝廷，其余的强盗都平定了。

十二月初二日乙丑，加任郭子仪为尚书令。郭子仪认为：“自从唐太宗做过这个官后，历朝的皇帝都不再设立这个官职。近来皇太子也曾做过尚书令，这个官职不是我所应该担任的。”再三辞谢，不接受，又回去镇守河中。

这一年，户部奏报：全国有二百九十多万户，一千六百九十多万人口。

唐代宗派遣于阗王尉迟胜回国，尉迟胜坚决请求留下来在京城守卫，把国家交给他弟弟尉迟曜去治理，唐代宗同意了，加任尉迟胜为开府仪同三司，赐爵位为武都王。

唐代宗永泰元年（乙巳，765年）

春季，正月，癸卯朔，改年号为永泰，大赦天下。

正月十六日戊申，加任陈郑、泽潞节度使李抱玉为凤翔、陇右节度使，任命他的堂弟殿中少监李抱真为泽潞节度副使。李抱真认为山东如有变乱，上党就是军事要地，可是在兵荒马乱之后，地瘠民贫，没有力量供给军队，于是就登记百姓户籍，每三个成年人中挑一个身体强壮的人，免去他的租税和徭役，发给弓箭，让他们在农闲时练习骑马射箭，年终集中考试，进行赏罚。过了三年，便得到精兵二万人，既不耗费官府的给养，又使得官府的仓库充实，于是李抱真威震山东。从此，天下都称赞泽潞节度的步兵是各道最强大的。

二月十六日戊寅，党项侵犯富平，焚烧了定陵的前殿。

二月十八日庚辰，仪王李璲去世。

三月初一日壬辰朔，命令左仆射裴冕、右仆射郭英乂等文武大臣十三人在集贤殿值班。左拾遗洛阳人独孤及上疏说：“陛下叫裴冕等人值班以备随时询问，这是五帝的盛德。近来陛下虽然能够容忍臣下的直率但不记录他们的言词，有容忍臣下之名，无听从劝谏之实，于是使得劝谏的人慢慢闭口不言，饱食终日，为了俸禄官位而相互应付，这正是忠诚耿直的人之所以私下叹息的原因，也使臣感到羞耻。如今战乱不停已达十年，百姓停止生产，妇女不能纺织，拥有军队的人住宅公馆在街道上连绵不断，他们的奴婢连酒肉都吃厌了，而贫穷人家虚弱饥饿去服劳役，忍受着

不敢闻于陛下，茹毒饮痛，穷而无告。陛下不以此时思所以救之之术，臣实惧焉。今天下惟朔方、陇西有吐蕃、仆固之虞，邠、泾、凤翔之兵足以当之矣。自此而往，东洎海，南至番禺，西尽巴、蜀，无鼠窃之盗而兵不为解。倾天下之货，竭天下之谷，以给不用之军，臣不知其故。假令居安思危，自可厄要害之地，俾置屯御，悉休其余，以粮储扉屦之资，充疲人贡赋，岁可减国租之半。陛下岂可持疑于改作，使率土之患日甚一日乎！”上不能用。

丙午，以李抱玉同平章事，镇凤翔如故。

庚戌，吐蕃遣使请和，诏元载、杜鸿渐与盟于兴唐寺。上问郭子仪："吐蕃请盟，何如？"对曰："吐蕃利我不虞，若不虞而来，国不可守矣。"乃相继遣河中兵戍奉天，又遣兵巡泾原以觇之。

是春不雨，米斗千钱。

（以上为第十一段，写左拾遗独孤及建言裁减诸节度镇兵，省军费，轻税赋，以抒民困，唐代宗不听。）

夏，四月，丁丑，命御史大夫王翊充诸道税钱使。河东道租庸、盐铁使裴谞入奏事，上问："榷酤之利，岁入几何？"谞久之不对。上复问之，对曰："臣自河东来，所过见菽粟未种，农夫愁怨，臣以为陛下见臣，必先问人之疾苦，乃责臣以营利，臣是以未敢对也。"上谢之，拜左司郎中。谞，宽之子也。

辛卯，剑南节度使严武薨。武三镇剑南，厚赋敛以穷奢侈；梓州刺史章彝小不副意，召而杖杀之；然吐蕃畏之，不敢犯其境。母数戒其骄暴，武不从；及死；母曰："吾今始免为官婢矣！"

五月，癸丑，以右仆射郭英乂为剑南节度使。

畿内麦稔，京兆尹第五琦请税百姓田，十亩收其一，曰："此古什一之法也。"上从之。

平卢节度使侯希逸镇淄青，好游畋，营塔寺，军州苦之。兵马使李

敲骨吸髓的盘剥。长安城里，光天化日之下杀人劫财，官吏不敢追究，将军堕落，士卒凶暴，百官之事，犹如沸粥乱麻一团糟，老百姓不敢向有关部门申诉，有关部门也不敢报告陛下，大家都忍受毒害和痛苦，穷困潦倒而无处诉说。陛下不在此时思考能够解救危难的办法，臣实在感到害怕。当今天下只有朔方、陇西有吐蕃和仆固怀恩的忧患，而邠州、泾州、凤翔的部队足以抵挡他们。从今以后，东到大海，南到番禺，西至巴蜀，已经没有盗寇，然而各地的军队还不遣散。倾尽天下的货物，竭尽天下的粮食，来供给闲置的军队，我不知道这是什么缘故。假若是居安思危，自然只需在要害之地，派军队驻守防御，其余的军队全部遣散，用于这些军队的粮食、服装和鞋子等军用物资，来充当贫困人家的赋税，一年可减少国家一半的租税。陛下怎么能够迟疑于改革，使国家的忧患日益加重呢？”唐代宗没有采用他的意见。

三月十五日丙午，任命李抱玉同平章事，照旧镇守凤翔。

三月十九日庚戌，吐蕃派使者来请求讲和，唐代宗诏令元载、杜鸿渐与吐蕃在兴唐寺结盟。代宗问郭子仪：“吐蕃请求结盟，你看怎么办？”郭子仪回答说：“我们没有防备对吐蕃有利，如果我们没有防备他们就来了，那么国家就守不住了。”于是相继派遣河中部队戍守奉天，又派遣士兵巡逻泾原以侦察吐蕃的动向。

这年春天没有下雨，米价一斗一千钱。

夏季，四月十六日丁丑，任命御史大夫王翊代理诸道税钱使。河东道租庸、盐铁使裴谞入朝奏报事情，唐代宗问：“卖酒专利，一年收入多少？”裴谞沉默很久没有回答。唐代宗又问他，裴谞回答说：“臣从河东来，沿途看到地里没有种庄稼，农民都抱怨发愁，臣以为陛下见到臣，一定会先问百姓的疾苦，然而陛下却以营利的事情责问臣，臣因此不敢回答。”唐代宗感谢他，任命他为左司郎中。裴谞是裴宽的儿子。

四月三十日辛卯，剑南节度使严武去世。严武前后三次镇守剑南，横征暴敛，穷奢极欲；梓州刺史章彝稍微有点不合他的意，就叫来用棍子把章彝打死；然而吐蕃很畏惧他，不敢侵犯他的辖区。他的母亲多次告诫他不要骄横残暴，严武不听；等严武死后，他的母亲说：“我如今才可以免于做官府的奴婢了。”

五月二十二日癸丑，任命右仆射郭英乂为剑南节度使。

京城附近地区的麦子成熟了，京兆尹第五琦请求征收老百姓的田税，十亩田收取一亩田的麦子作租税，说：“这是古代征收十分之一的税法。”代宗同意了。

平卢节度使侯希逸镇守淄青，喜欢打猎，建造宝塔佛寺，所在军州备受其苦。

怀玉得众心，希逸忌之，因事解其军职。希逸与巫宿于城外，军士闭门不纳，奉怀玉为帅。希逸奔滑州，上表待罪，诏赦之，召还京师。秋，七月，壬辰，以郑王邈为平卢、淄青节度大使，以怀玉知留后，赐名正己。时承德节度使李宝臣，魏博节度使田承嗣，相卫节度使薛嵩，卢龙节度使李怀仙，收安、史余党，各拥劲卒数万，治兵完城，自署文武将吏，不供贡赋，与山南东道节度使梁崇义及正己皆为婚姻，互相表里。朝廷专事姑息，不能复制，虽名藩臣，羁縻而已。

甲午，以上女昇平公主嫁郭子仪之子暧。

太子母沈氏，吴兴人也；安禄山之陷长安也，掠送洛阳宫。上克洛阳，见之，未及迎归长安；会史思明再陷洛阳，遂失所在。上即位，遣使散求之，不获。己亥，寿州崇善寺尼广澄诈称太子母，按验，乃故少阳院乳母也，鞭杀之。

（以上为第十二段，写河北四镇承德、魏博、相卫、卢龙节度使皆安史旧将，再加一个山南东道梁崇义，互为婚姻，渐成割据之势。）

九月，庚寅朔，置百高座于资圣、西明两寺，讲《仁王经》，内出经二宝舆，以人为菩萨、鬼神之状，导以音乐卤簿，百官迎于光顺门外，从至寺。

仆固怀恩诱回纥、吐蕃、吐谷浑、党项、奴剌数十万众俱入寇，令吐蕃大将尚结悉赞摩、马重英等自北道趣奉天，党项帅任敷、郑庭、郝德等自东道趣同州，吐谷浑、奴剌之众自西道趣盩厔，回纥继吐蕃之后，怀恩又以朔方兵继之。

郭子仪使行军司马赵复入奏曰："虏皆骑兵，其来如飞，不可易也。请使诸道节度使凤翔李抱玉、滑濮李光庭、邠宁白孝德、镇西马璘、河南郝庭玉、淮西李忠臣各出兵以扼其冲要。"上从之。诸道多不时出兵；李忠臣方与诸将击球，得诏，亟命治行。诸将及监军皆曰："师行必择日。"忠臣怒曰："父母有急，岂可择日而后救邪！"即日勒兵就道。

怀恩中途遇暴疾而归；丁酉，死于鸣沙。大将张韶代领其众，别将徐璜玉杀之，范志诚又杀璜玉而领其众。怀恩拒命三年，再引胡寇，为

兵马使李怀玉很得人心，侯希逸嫉妒他，借故解除了他的军职。侯希逸与巫师在城外睡觉，军士们关闭城门不让他进来，尊奉李怀玉为主帅。侯希逸到滑州，上表代宗，等待治罪，唐代宗诏令赦免他，把他叫回京师。秋季，七月初二日壬辰，任命郑王李邈为平卢、淄青节度大使，任命李怀玉知留后，并赐名为正己。当时承德节度使李宝臣，魏博节度使田承嗣，相卫节度使薛嵩，卢龙节度使李怀仙，收集安禄山、史思明的余党。各自拥有强兵好几万人，他们训练部队，修筑城池，自行任命文武官员，不向朝廷进贡交税，与山南东道节度使梁崇义及李正己都结为姻亲，互为表里，遥相呼应。然而朝廷对此一味姑息，不能再控制他们，他们名义上虽然是朝廷的藩臣，但实际上朝廷只不过笼络他们使其不生异心罢了。

七月初四日甲午，把唐代宗的女儿升平公主嫁给郭子仪的儿子郭暧。

太子的母亲沈氏，是吴兴人。安禄山攻陷长安时，沈氏被强迫送到洛阳的宫中，唐代宗收复洛阳，见到沈氏，还没有来得及迎她回长安，碰上史思明再次攻陷洛阳，于是就失去了下落。代宗即位后，派人四处寻找，没有找到。七月初九日己亥，寿州崇善寺的尼姑广澄假称是太子的母亲，经核实，此人原来是以前少阳院的奶妈，就用鞭子把她打死了。

九月初一日庚寅朔，在资圣寺和西明寺中设置百尺高座，请高僧宣讲《仁王经》，从宫中运出两车佛经，让人扮作菩萨、鬼神的模样，前面用音乐仪仗队开道，百官在光顺门外迎接，跟随到寺里。

仆固怀恩引诱回纥、吐蕃、吐谷浑、党项、奴剌数十万人一起来犯，命吐蕃大将尚结悉赞摩、马重英等从北路奔赴奉天，党项主帅任敷、郑庭、郝德等人从东道奔赴同州，吐谷浑、奴剌的军队从西道奔赴盩厔，回纥军队跟在吐蕃军队后面，仆固怀恩又带领朔方军队跟在后面。

郭子仪派行军司马赵复入朝上奏说：“敌人都是骑兵，他们的行动迅猛如飞，不可轻视。请求陛下派遣凤翔节度使李抱玉、滑濮节度使李光庭、邠宁节度使白孝德、镇西节度使马璘、河南节度使郝庭玉、淮西节度使李忠臣，各自分别出兵扼守军事要地。”唐代宗同意了他的意见。但各道的节度使大都不及时出兵。李忠臣正和部下各将领打球，得到诏令后，马上下令整装出发。各将领及监军都说：“部队出发一定要选择吉利的日子。”李忠臣气愤地说：“父母有急难，难道说也要选择吉利的日子然后再去援救吗？”李忠臣当天就率领军队出发了。

仆固怀恩中途得了急病被迫回去，九月初八日丁酉，在鸣沙死去。大将张韶代替他率领部队，别将徐璜玉杀死张韶，范志诚又杀死徐璜玉来统率部队。仆固怀恩

国大患，上犹为之隐，前后敕制未尝言其反；及闻其死，悯然曰：“怀恩不反，为左右所误耳！”

吐蕃至邠州，白孝德婴城自守。甲辰，上命宰相及诸司长官于西明寺行香设素馔，奏乐。是日，吐蕃十万众至奉天，京城震恐。朔方兵马使浑瑊、讨击使白元光先戍奉天，虏始列营，瑊帅骁骑二百冲之，身先士卒，虏众披靡。瑊挟虏将一人跃马而还，从骑无中锋镝者。城上士卒望之，勇气始振。乙巳，吐蕃进攻之，虏死伤甚众，数日，敛众还营；瑊夜引兵袭之，杀千余人，前后与虏战二百余合，斩首五千级。丙午，罢百高座讲；召郭子仪于河中，使屯泾阳。己酉，命李忠臣屯东渭桥，李光进屯云阳，马璘、郝庭玉屯便桥，李抱玉屯凤翔，内侍骆奉仙、将军李日越屯盩厔，同华节度使周智光屯同州，鄜坊节度使杜冕屯坊州，上自将六军屯苑中。

庚戌，下制亲征。辛亥，鱼朝恩请索城中，括士民私马，令城中男子皆衣皂，团结为兵，城门皆塞二开一。士民大骇，逾垣凿窦而逃者甚众，吏不能禁。朝恩欲奉上幸河中以避吐蕃，恐群臣议论不一，一旦，百官入朝，立班久之，阁门不开，朝恩忽从禁军十余人操白刃而出，宣言：“吐蕃数犯郊畿，车驾欲幸河中，何如？”公卿皆错愕不知所对。有刘给事者，独出班抗声曰：“敕使反邪！今屯军如云，不勠力扞寇，而遽欲胁天子弃宗庙社稷而去，非反而何！”朝恩惊沮而退，事遂寝。

自丙午至甲寅，大雨不止，故虏不能进。吐蕃移兵攻醴泉，党项西掠白水，东侵蒲津。丁巳，吐蕃大掠男女数万而去，所过焚庐舍，蹂禾稼殆尽。周智光引兵邀击，破之于澄城，因逐北至鄜州。智光素与杜冕不协，遂杀鄜州刺史张麟，坑冕家属八十一人，焚坊州庐舍三千余家。

（以上为第十三段，写仆固怀恩再引回纥、吐蕃连兵入冠，唐代宗下诏亲征。仆固怀恩病死。吐蕃退兵。）

冬，十月，己未，复讲经于资圣寺。

拒绝代宗诏命长达三年，两次带领胡寇侵犯，是国家的大患，但代宗仍然替他隐讳，前后所发布的敕令制书都不曾提及他反叛，等到他死后，又悲怜地说："仆固怀恩不想反叛，是被左右的人所误啊！"

吐蕃到达邠州，白孝德环城固守。九月十五日甲辰，唐代宗命令宰相及各部门长官到西明寺烧香摆设素食，演奏音乐。当天，吐蕃十万大军到达奉天，京城震动恐慌。朔方兵马使浑瑊、讨击使白元光预先戍守奉天，敌人刚开始布列阵营，浑瑊就率领勇猛的骑兵二百人冲击敌阵，他身先士卒，所向披靡。浑瑊抓住敌人一个将领，跃马飞奔而回，随从骑兵没有一个人被敌人兵器所击中。城墙上的士卒看到这一情景，勇气开始倍增。九月十六日乙巳，吐蕃进攻奉天，士兵伤亡惨重，攻了好几天，便收兵回营。浑瑊夜晚带领部队去袭击他们，杀死一千多人，前后与敌人交战二百多个回合，杀死五千人。九月十七日丙午，唐代宗罢除在百尺高座上宣讲佛经；又从河中征召郭子仪，让他驻守泾阳。九月二十日己酉，命令李忠臣驻守东渭桥，李光进驻守云阳，马璘、郝庭玉驻守便桥，李抱玉驻守凤翔，内侍骆奉仙、将军李日越驻守盩厔，同华节度使周智光驻守同州，鄜坊节度使杜冕驻守坊州，代宗亲自统率六军驻守禁苑中。

九月二十一日庚戌，代宗下制书表示要亲自出征。九月二十二日辛亥，鱼朝恩请求在京城里搜查，收括士民私人的马匹，命令城里的人都穿上黑衣服，组成民团，按士兵来训练，四面城门都堵塞两个只开放一个。士人和百姓都大为惊慌，翻墙打洞逃跑的人很多，官吏不能禁止。鱼朝恩想要代宗去河中以避吐蕃，害怕群臣议论不一。一天早晨，百官入朝，分班站立了很久，东西阁门没有打开，鱼朝恩忽然率领十几个禁卫军手上拿着亮晃晃的刀子出来，宣布说："吐蕃多次侵犯京畿郊县地区，皇上想要驾临河中，你们觉得怎么样？"公卿大臣们都惊慌失措，不知道如何回答。有一位刘给事，独自走出朝班大声说："宦官想要造反吗！现在守军云集，你不齐心合力地抵抗敌寇，反而想匆忙胁迫天子放弃宗庙社稷而逃跑，不是造反又是什么！"鱼朝恩惊慌沮丧地退下去，于是这件事便作罢。

从九月十七日丙午到九月二十五日甲寅，大雨下个不停，因此敌人不能进军。吐蕃便调动部队进攻醴泉，党项西攻掠白水，向东侵犯蒲津。九月二十八日丁巳，吐蕃大肆掠夺男男女女好几万人回去，所经过的地方都焚烧房屋，把庄稼几乎践踏光了。周智光率兵拦击，在澄城北面打败吐蕃，于是趁机向北追逐敌人直到鄜州。周智光平时就与杜冕关系不和，于是便杀了鄜州刺史张麟，活埋了杜冕家属八十一人，焚烧房屋三千多家。

冬季，十月初一日己未，代宗又恢复在资圣寺宣讲佛经。

吐蕃退至邠州，遇回纥，复相与入寇，辛酉，至奉天。癸亥，党项焚同州官廨、民居而去。

丙寅，回纥、吐蕃合兵围泾阳，子仪命诸将严设守备而不战。及暮，二虏退屯北原，丁卯，复至城下。是时，回纥与吐蕃闻仆固怀恩死，已争长，不相睦，分营而居，子仪知之。回纥在城西，子仪使牙将李光瓒等往说之，欲与之共击吐蕃。回纥不信，曰："郭公固在此乎？汝绐我耳。若果在此，可得见乎？"光瓒还报，子仪曰："今众寡不敌，难以力胜。昔与回纥契约甚厚，不若挺身往说之，可不战而下也。"诸将请选铁骑五百为卫从，子仪曰："此适足为害也。"郭晞扣马谏曰："彼，虎狼也；大人，国之元帅，奈何以身为虏饵！"子仪曰："今战，则父子俱死而国家危；往以至诚与之言，或幸而见从，则四海之福也！不然，则身没而家全。"以鞭击其手曰："去！"遂与数骑开门而出。使人传呼曰："令公来！"回纥大惊。其大帅合胡禄都督药葛罗，可汗之弟也，执弓注矢立于阵前。子仪免胄释甲投枪而进，回纥诸酋长相顾曰："是也！"皆下马罗拜。子仪亦下马，前执药葛罗手，让之曰："汝回纥有大功于唐，唐之报汝亦不薄，奈何负约，深入吾地，侵逼畿县，弃前功，结怨仇，背恩德而助叛臣，何其愚也！且怀恩叛君弃母，于汝国何有！今吾挺身而来，听汝执我杀之，我之将士必致死与汝战矣。"药葛罗曰："怀恩欺我，言天可汗已晏驾，令公亦捐馆，中国无主，我是以敢与之来。今知天可汗在上都，令公复总兵于此，怀恩又为天所杀。我曹岂肯与令公战乎！"子仪因说之曰："吐蕃无道，乘我国有乱，不顾舅甥之亲，吞噬我边鄙，焚荡我畿甸，其所掠之财不可胜载，马牛杂畜，长数百里，弥漫在野，此天以赐汝也。全师而继好，破敌以取富，为汝计，孰便于此！不可失也。"药葛罗曰："吾为怀恩所误，负公诚深，今请为公尽力，击吐蕃以谢过。然怀恩之子，可敦兄弟也，愿舍之勿杀。"子仪许之。回纥观者为两翼，稍前，子仪麾下亦进，子仪挥手却之，因取酒与其酋长共饮。药葛罗使子仪先执酒为誓，子仪酹地曰："大唐天子万岁！回纥可汗亦万岁！两国将相亦万岁！有负约者，身陨陈前，家族灭绝。"杯至药葛罗，亦酹地曰："如令公誓！"于是诸酋长皆大喜曰："向以二巫师从军，巫言此行甚安隐，不与唐战，见一大人而还，今果然矣。"子仪遗之彩三千匹，酋长分以赏巫。子仪竟与定约而还。吐蕃闻之，夜，引兵遁去。回纥遣其酋长石野那等六人入见天子。

吐蕃退到邠州，遇上回纥，又联合起来进犯唐朝，十月初三日辛酉，到达奉天。十月初五日癸亥，党项军队焚烧同州的官府房舍和老百姓的居室，然后撤军而去。

十月初八日丙寅，回纥、吐蕃两军会合围攻泾阳，郭子仪命令各位将领严加防守而不要与敌军作战。等到晚上，回纥、吐蕃两军退驻北原，十月初九日丁卯，又来到城下。这时，回纥与吐蕃听说仆固怀恩死了，开始争夺统帅位置，不相和睦，分别设置营帐而居住，郭子仪了解到这一情况。回纥军队在城西，郭子仪派牙将李光瓒等人前往游说回纥，想与回纥军共同攻击吐蕃。回纥军不信，说："郭公真的在这里吗？你们在骗我们，假若果真在这里，可以见见面吗？"李光瓒回来报告，郭子仪说："现在我们寡不敌众，难以凭实力取胜。过去我们与回纥的盟约非常深厚，不如我挺身前往劝说他们，可以不战而胜。"各位将领请求挑铁骑五百人作为卫队随从，郭子仪说："这样做足以害了我。"郭晞拉住郭子仪的马劝阻道："他们是虎狼，大人您是国家的元帅，怎么能够拿自己的性命去做敌人的饵食呢？"郭子仪说："如果现在交战，那么我们父子都会战死而国家就很危险；我前去真心诚意与他们交涉，也许能有幸使他们听从我的意见，那就是天下的福分了！假如他们不听从我的意见，那么我死了但我的一家还能保全。"说着就用马鞭抽打郭晞的手说："走开！"于是就只和几个骑兵打开城门出去，派人传呼说："郭令公来啦！"回纥人大吃一惊。回纥大帅合胡禄都督药葛罗，是可汗的弟弟，拉满弓箭上弦，站在阵前。郭子仪脱掉铠甲，把枪丢在地上向前，回纥的各位酋长相互看了看说："是他来了！"都下马列队叩拜，郭子仪也下马，上前握着药葛罗的手，责备他说："你们回纥对唐朝有大功劳，唐朝报答你们也不薄，为什么要背叛盟约，深入我唐朝的境地，侵犯进逼京畿郊县地区，抛弃以前的功劳，结下怨仇，背弃恩德而帮助叛臣，这是多么愚蠢啊！而且仆固怀恩背叛君主抛弃母亲，对你们国家有什么用处！今天我挺身而来，任凭你捉住我杀死我，但我的将士必然誓死与你们血战到底。"药葛罗说："仆固怀恩欺骗了我，他说天可汗已经驾崩，令公你也去世，中原没有做主的人，我因此才敢同他一起来。现在知道天可汗在京城长安，令公你也在这里统率部队，仆固怀恩又遭天杀，我们哪里肯与您作战啊？"郭子仪趁机劝他说："吐蕃不讲道义，趁我国有变乱，不顾舅甥之间的亲戚关系，吞噬我边疆，焚烧扫荡我京畿地区，他们所掠夺的财物装也装不完，牛马及各种牲畜的队伍长达好几百里，弥漫在原野上，这是上天赐给你们的。既能保全军队又能和唐朝继续修好，打败敌人而夺取财富，替你们着想，还有比这更有利的事吗？机不可失啊。"药葛罗说："我被仆固怀恩所误，实在对不起您，今天请求替您尽心尽力，攻击吐蕃以谢过错。然而仆固怀恩的儿子，是我们可敦的兄弟，希望放过他不要杀他。"郭子仪答应了。这时，回纥围观的人分成两侧队。渐渐向前靠近，郭子仪的部下也向前靠近，郭子仪挥手叫他们退下，因而

药葛罗帅众追吐蕃，子仪使白元光帅精骑与之俱；癸酉，战于灵台西原，大破之，杀吐蕃万计，得所掠士女四千人。丙子，又破之于泾州东。

丁丑，仆固怀恩将张休藏等降。

辛巳，诏罢亲征，京城解严。

初，肃宗以陕西节度使郭英乂领神策军，使内侍鱼朝恩监其军；英乂入为仆射，朝恩专将之。及上幸陕，朝恩举在陕兵与神策军迎扈，悉号神策军，天子幸其营。及京师平，朝恩遂以军归禁中，自将之，然尚未得与北军齿。至是，朝恩以神策军从上屯苑中，其势寖盛，分为左、右厢，居北军之右矣。

郭子仪以仆固名臣、李建忠等皆怀恩骁将，恐逃入外夷，请招之。名臣，怀恩之侄也，时在回纥营。上敕并旧将有功者皆赦其罪，令回纥送之。壬午，名臣以千余骑来降。子仪使开府仪同三司慕容休贞以书谕党项帅郑庭、郝德等，皆诣凤翔降。

甲申，周智光诣阙献捷，再宿归镇。智光负专杀之罪未治。上既遣而悔之。

乙酉，回纥胡禄都督等二百余人入见，前后赠赉缯帛十万匹；府藏空竭，税百官俸以给之。

（以上为第十四段，写郭子仪诚信感回纥，连兵大破吐蕃。）

拿出酒来与回纥酋长共饮，药葛罗让郭子仪先拿着酒发誓，郭子仪把酒浇在地上说："大唐天子万岁！回纥可汗万岁！两国将相也万岁！如有违背盟约的，就身死阵前，家族灭绝。"酒杯递给药葛罗，他也把酒浇在地上说："如郭令公的誓言一样！"于是各位酋长都非常高兴地说："出发时我们带着两个巫师随军，巫师说这次行动很安稳，不会与唐朝交战，见到一位大人就回来，今天果然如此。"郭子仪送给回纥彩帛三千匹，酋长分一部分奖赏给巫师。郭子仪终于同回纥定好盟约而回。吐蕃闻讯后，深夜带兵逃走。回纥派他们的酋长石野那等六人入朝拜见天子。

药葛罗率领部队追击吐蕃军，郭子仪派白元光率领精锐骑兵与他一起追击；十月十五日癸酉，在灵台西原与吐蕃军交战，大败吐蕃，杀死吐蕃士兵数以万计，截获吐蕃所掠的士人妇女四千人。十月十八日丙子，又在泾州东面打败吐蕃军。

十月十九日丁丑，仆固怀恩的将领张休藏等人投降。

十月二十二日辛巳，唐代宗下诏书停止亲征，京城解除戒严。

当初，肃宗任命陕西节度使郭英义统领神策军，让宦官鱼朝恩为神策军的监军。郭英义入朝任仆射，鱼朝恩便专门统领神策军。等代宗去陕州，鱼朝恩便率领全部在陕州的部队与神策军前去迎驾扈从，都号称神策军，天子驾临他的军营中。到京师平定，鱼朝恩便把军队归属宫中，由自己统率，但神策军尚未获得与北门六军相匹敌的地位。到了这个时候，鱼朝恩率领神策军跟随代宗驻扎在禁苑中，他的势力越来越强，便把神策军分为左右厢，其地位在北门六军之上。

郭子仪认为仆固名臣、李建忠等人都是仆固怀恩的猛将，担心他们外逃，请求唐代宗招降他们。仆固名臣是仆固怀恩的侄子，当时他正在回纥军营中。唐代宗敕令赦免仆固名臣等人及有功劳的旧将的罪过，命令回纥送他们回来。十月二十四日壬午，仆固名臣率领一千多骑兵来降。郭子仪派开府仪同三司慕容休贞带着书信去晓谕党项的主帅郑庭、郝德等人，他们都到凤翔来投降。

十月二十六日甲申，周智光到朝廷来献俘虏和战利品，住了两个晚上才回到镇所。周智光有擅自杀人的罪过而没有受到惩治，代宗让他走后又有些后悔。

十月二十七日乙酉，回纥胡禄都督等二百多人入朝进见，朝廷前后赠送他们的丝帛有十万匹；府库储存的丝帛都用光了，只好征收百官俸禄税来供给回纥人。

【点评】

本卷记事为代宗初即位头两年的史事。值得点评的有以下四件大事：一、安史乱平，代宗善后失宜。二、吐蕃入长安，代宗蒙尘。三、仆固怀恩反叛。四、郭子仪诚信感动回纥，再造唐室。

一、安史乱平，代宗善后失宜。代宗忌郭子仪、李光弼功臣建立奇功，平定安史之乱的收尾之战不用郭、李，而用仆固怀恩，借兵回纥。这本身就是失计。李光弼被罢黜元帅，出镇临淮，心怀怨恨，以致吐蕃入长安，李光弼拥兵徐州不勤王，事后忧死，唐王朝折了一员良将，此其一失。仆固怀恩挟私智，表请河北降将分帅河北，开启了藩镇割据的先声，到代宗末年，藩镇割据的格局形成，祸及子孙，此其二失。代宗不听独孤及裁减诸镇兵员的建言，乱平而听任诸镇拥强兵，以致叛服不定，祸及自身，此其三失。解除郭子仪兵权，以朔方节度使授仆固怀恩，假兵柄于跋扈镇将，此其四失。太原节度使辛云京与仆固怀恩有隙，回纥还军，路过太原，仆固怀恩奉命护送回纥，辛云京闭门不接待，危及两国亲和，激化仆固怀恩怨忿，过在辛氏，不在仆固怀恩。辛云京自我辩护，诬奏仆固怀恩勾结回纥有异心，未有证据。仆固怀恩上奏诉冤，代宗不回答，两不过问，是非混淆，直接激起了仆固怀恩的反叛。此其五失。仆固怀恩为臣不忠，代宗为君亦不仁、不明，君臣两失。仆固怀恩之反，代宗难辞其咎。

二、吐蕃入长安，代宗蒙尘。吐蕃趁安史之乱，夺取大唐西北陇右河西之地，兰、河、鄯、洮、岷、秦、成、渭等州尽入吐蕃。广德元年（763），七月，吐蕃大举入寇，宦官程元振封锁消息，等到吐蕃过了邠州，前锋达到奉天、武功，代宗才得知，情况危急，赶紧起用郭子仪为关内副元帅出镇咸阳。郭子仪闲废日久，部曲离散，临时招募，到达咸阳，仅有二十骑跟随。吐蕃二十万众，铺天盖地而来，郭子仪上奏请求增派军队，程元振又扣住不使上闻。吐蕃兵临长安，代宗匆匆出逃，到达陕州，入鱼朝恩神策军营。代宗下诏勤王，没有人听命，拥兵徐州的李光弼，也不赴难。郭子仪赶往商州，手中只有三十个骑兵。郭子仪在商州收聚散兵，又调发武关守军，总计才四千人。郭子仪大胆进兵蓝田，虚张声势，鄜延节度使白孝德引兵南趋京畿，蒲、陕、商、华合势进击，吐蕃大掠长安后退走。

代宗返长安，太常博士柳伉上书指陈时弊，柳伉说："吐蕃长驱入长安，将士纷纷逃避，这是将帅背叛朝廷。功臣被疏远，嬖倖受重任，直到大祸造成，群臣没有一个敢直言，这是公卿背叛朝廷。这次车驾刚出长安，百姓就哄抢府库，这是京城百姓背叛朝廷。十月一日，皇上下诏征兵，四十天之后，没有一兵一卒勤王，这是四方都背叛朝廷了。"柳伉指出四条严峻形势后，义正词严直问代宗："陛下以今日之势为安全呢，还是危险呢？如果认为危险，岂能高枕无忧，不惩治罪人吗？"柳

伉要求代宗斩程元振，斥退宦官，神策军交由大臣统率，然后皇上下罪己诏，问天下百姓允不允许自己改过自新，如果得不到允许，皇上就该退位让贤。这是正义的抗争，可以说振聋发聩。柳伉代表了百官群臣的公意。代宗不得已罢了程元振的官，依然用鱼朝恩为天下观军容宣慰处置使，宠信宦官的热情不减。代宗还加重了奸相元载的权势，依靠他来弹压百官。昏君是不会以史为鉴的。

三、仆固怀恩反叛。仆固怀恩，铁勒部九姓之一。贞观二十二年（648），铁勒九姓大首领降唐，唐太宗授歌滥拔延为右武卫大将军、金微都督。仆固怀恩为拔延之孙，世袭都督。肃宗即位于灵武，仆固怀恩为郭子仪部属，从郭子仪赴行在，是郭子仪最得力的战将之一，成为副手。仆固怀恩作战英勇，一门尽力王事，战死四十六人，女为公主，远嫁回纥和亲。官军收两京，平定河南、河北，剿灭史朝义，仆固怀恩立下卓越战功。仆固怀恩不为天下兵马副元帅，在郭子仪麾下，不失为忠臣良将，所建勋劳仅次于郭子仪、李光弼，是平定安史之乱的第三大功臣。代宗猜忌郭子仪、李光弼，用仆固怀恩取代，煽起了他的野心，自以为功大，不满意朝廷的待遇。而代宗照例猜忌功臣，现在轮到了猜忌仆固怀恩。辛云京、李抱玉与宦官骆奉仙、鱼朝恩，添油加醋地打小报告。代宗下诏召仆固怀恩入朝，要收他的兵权，仆固怀恩称病不入朝。双方关系迅速恶化。代宗广德二年（764），代宗用李抱玉计谋，重新任用郭子仪为朔方节度使。朔方将士听到郭子仪到任，纷纷离开仆固怀恩，欢迎郭子仪。仆固怀恩率领三百亲兵逃到灵武，收合散兵，招引回纥、吐蕃两次大举入寇。代宗永泰元年（765），九月，仆固怀恩第二次引回纥、吐蕃、吐谷浑三十余万大军入寇，深入奉天，京师大骇。九月八日，仆固怀恩病死，郭子仪与回纥结盟，连兵击退吐蕃，唐王朝才转危为安。仆固怀恩，一个盖世功臣，以叛臣贼子落幕，令人悲悯。代宗内心有愧，前后所下敕书，从不言仆固怀恩反叛，并在京师养其母，抚其女。代宗听到仆固怀恩死亡消息后，也怆然曰："怀恩不反，为左右所误耳。"误怀恩者，实代宗也。

四、郭子仪诚信感动回纥，再造唐室。仆固怀恩第二次引回纥、吐蕃大举入寇，郭子仪守奉天，仆固怀恩不敢与之交战，回纥、吐蕃之兵取道泾阳指向京师。长安士民惊恐。代宗下诏亲征，实欲逃往河东。在这千钧一发之关头，郭子仪驰援泾阳，立脚未稳，回纥十余万大军围攻上来，吐蕃继其后。官军人心惶惶，强行拒战，泾阳不守，一定会全军覆灭。回纥与唐和亲，助唐平定安史之乱，获得唐朝丰厚回报。回纥留在长安的商人、办事人员有数千人，作奸犯科，代宗一概不问。每年互市，唐朝用重金购回纥的瘦马，以维护关系。郭子仪与回纥将领并肩作战，关系友好。回纥之所以入寇，一定是仆固怀恩挑拨，而今仆固怀恩已死，挑拨的源头没有了，郭子仪决定身入虎穴，以大义谕说回纥与唐联合共击吐蕃。众将军不同意，认为冒

险，一定要去，请选派五百精骑保护。郭子仪对众将说：“打硬仗是以卵击石。与回纥重申盟好，只有这一条路。担心回纥杀我，派五百人也没有用，只是增加无谓的牺牲。回纥不是豺狼虎豹，胡人讲诚信。我诚心而去，只要有一线希望，便是国家之福，如果殉职，这是军人的责任。”最后，郭子仪带领数十骑，不穿甲胄而往。回纥全副武装迎接，如临大敌。郭子仪令人传呼：“令公来了。”郭子仪官拜中书令，人称“令公”。回纥人见到郭子仪，大吃一惊。回纥大帅药葛罗，是回纥可汗的弟弟，也是郭子仪的老朋友。药葛罗拉弓搭箭站在队列，见郭子仪赤手空拳而来，十分感动，扔下兵器，纳头便拜，其他卫士也高兴地拜迎郭子仪。郭子仪扶起药葛罗，既亲切又严肃地责备说：“回纥有大功于唐，唐也回报丰厚，为何有始无终，负约侵犯？仆固怀恩叛君弃母，值得回纥帮助吗？我如今挺身而来，你们可以杀我，我的将士将会和你们拼命。”回纥说：“仆固怀恩骗了我们，说皇帝和令公都死了，中国无主，我们才来的。现在仆固怀恩被杀了，我们怎敢与令公交战。”郭子仪趁机说回纥，吐蕃无道，夺地掠民，抢了许多财物。回纥与唐重归于好，共同打败吐蕃，所有财物全归回纥。药葛罗于是与郭子仪执酒为誓。吐蕃听到消息，连夜逃跑。唐军与回纥军并兵追击，大破吐蕃军，斩首以万计，解救被吐蕃抢掠的百姓四千多人。

郭子仪善用兵，懂外交，讲仁德，所以声威远播，回纥人很敬仰他，这是他的资本。李抱玉向代宗推荐郭子仪，说：“仆固怀恩反叛，不足忧虑。朔方将士想念郭子仪，如同子弟想念父兄。陛下只要起用郭子仪为朔方节度使，朔方将士不召自来。”事实果然如此。不过郭子仪与回纥行盟，毕竟是身入虎穴，不仅要有大勇，而且要有高度的爱国精神，这正是郭子仪受人敬仰的内在原因。郭子仪既诚信，义利分析得当，又诱以厚利，所以赢得了回纥人的信任。假如吐蕃再入长安，回纥助纣为虐，势将激起河北兵变，唐王朝真的就要完蛋。郭子仪诚信感回纥，不仅退了吐蕃军，而且是再造了唐王朝。

资治通鉴（文白对照本） 卷第二百二十四

唐纪四十

唐代宗永泰元年至大历八年（765—773年）

【起旃蒙大荒落（乙巳，765年）闰月，尽昭阳赤奋若（癸丑，773年），凡八年有奇】

【大事提要】

本卷记事起公元765年闰月，讫公元773年，凡八年又三个月。当唐代宗永泰元年闰十月到大历八年。此时为唐代宗执政中期，宦官程元振、鱼朝恩相继用事，元载专权，代宗佞佛，政刑废弛，赋敛无度，国库仍然空虚，百官用职田之入充军粮。刘晏、第五琦、韩滉诸人掌理财赋，国用稍足，民更困矣。代宗姑息，诸镇兵将屡屡犯上逐帅，朝廷随即安抚，以致蜀中大乱，幽州兵将两度自立边帅，华州刺史周智光桀骜不驯，岭南蛮夷叛乱，举国不宁，局部变乱不断。幸赖郭子仪等良将健在，维护了国家的统一，打击吐蕃入侵，巩固了西北的边防。和亲、互市、维护了与回纥的和平。代宗平庸，不能裁减诸镇之兵，不能剪除强梁镇将，不能控御权臣，只是维持了唐朝的统治。代宗仁厚，不兴大狱，所以能维护大局平稳。

【原文】

代宗睿文孝武皇帝中之上

永泰元年（乙巳，765年）

闰十月，乙巳，郭子仪入朝。子仪以灵武初复，百姓凋弊，戎落未安，请以朔方军粮使三原路嗣恭镇之；河西节度使杨志烈既死，请遣使巡抚河西及置凉、甘、肃、瓜、沙等州长史。上皆从之。

丁未，百官请纳职田充军粮；许之。

戊申，以户部侍郎路嗣恭为朔方节度使。嗣恭披荆棘，立军府，威令大行。

己酉，郭子仪还河中。

初，剑南节度使严武奏将军崔旰为利州刺史；时蜀中新乱，山贼塞路，旰讨平之。及武再镇剑南，赂山南西道节度使张献诚以求旰，献诚使旰移疾自解，诣武。武以为汉州刺史，使将兵击吐蕃于西山，连拔其数城，攘地数百里；武作七宝舆迎旰入成都以宠之。

武薨，行军司马杜济知军府事。都知兵马使郭英幹，英乂之弟也，与都虞候郭嘉琳共请英乂为节度使；旰时为西山都知兵马使，与所部共请大将王崇俊为节度使。会朝廷已除英乂，英乂由是衔之，至成都数日，即诬崇俊以罪而诛之。召旰还成都，旰辞以备吐蕃，未可归，英乂愈怒，绝其馈饷以困之。旰转徙入深山，英乂自将兵攻之，声言助旰拒守。会大雪，山谷深数尺，士马冻死者甚众，旰出兵击之，英乂大败，收余兵，才及千人而还。

英乂为政，严暴骄奢，不恤士卒，众心离怨。玄宗之离蜀也，以所居行宫为道士观，仍铸金为真容。英乂爱其竹树茂美，奏为军营，因徙去真容，自居之。旰宣言英乂反，不然，何以徙真容自居其处！于是帅所部五千余人袭成都。辛巳，战于城西，英乂大败。旰遂入成都，屠英乂家。英乂单骑奔简州。普州刺史韩澄杀英乂，送首于旰。邛州牙将柏茂琳、泸州牙将杨子琳、剑州牙将李昌巎各举兵讨旰，蜀中大乱。旰，卫州人也。

【语译】

代宗睿文孝武皇帝中之上

唐代宗永泰元年（乙巳，765年）

闰十月十七日乙巳，郭子仪回到京城朝见天子。郭子仪认为灵武刚刚收复，老百姓损伤破败，戎族部落尚未安定，请求任用朔方军粮使三原人路嗣恭去镇抚灵武；河西节度使杨志烈已死，请派遣使者去巡抚河西并且设置凉州、甘州、肃州、瓜州、沙州等州的长史。唐代宗都听从了这些建议。

闰十月十九日丁未，群臣请求征收职分田的田税以充实军粮，唐代宗准许了。

闰十月二十日戊申，任命户部侍郎路嗣恭为朔方节度使。路嗣恭上任后披荆斩棘，设立军府，威严的号令通行无阻。

闰十月二十一日己酉，郭子仪返回河中。

当初，剑南节度使严武奏请任命将军崔旰为利州刺史；当时蜀地刚刚发生动乱，山林盗贼堵塞道路，崔旰前去讨伐并平定了他们。等到严武再次出镇剑南时，就贿赂山南西道节度使张献诚以便得到崔旰，张献诚就让崔旰上书称病辞职，自动解除印绶，前往严武处。严武任命他为汉州刺史，让他率领部队在西山攻打吐蕃，连续攻克吐蕃好几座城池，夺取好几百里土地；严武特意制作七宝车把崔旰迎进成都以表示对他的宠爱。

严武去世后，行军司马杜济负责军府事务。都知兵马使郭英幹是郭英乂的弟弟，与都虞候郭嘉琳共同请郭英乂为节度使。崔旰当时是西山都知兵马使，与他的部下共同请大将王崇俊为节度使。适逢朝廷已经任命郭英乂为节度使，郭英乂因而对崔旰等人怀恨在心，他到达成都几天后，就诬陷王崇俊有罪而把王崇俊杀掉。又要把崔旰召回成都，崔旰借口要防备吐蕃，不能回来，郭英乂就更加愤怒，便断绝崔旰的粮饷使他陷入困境。崔旰转移到深山老林中，郭英乂又亲自带兵去进攻他，声称是帮助崔旰防守吐蕃。碰上下大雪，山谷里积雪好几尺深，士兵马匹冻死很多，崔旰出兵攻打，郭英乂大败，收集残兵，只有一千人，就返回了成都。

郭英乂施政，严酷残暴，骄奢淫逸，从不体恤士卒，众人离心离德，怨声载道。玄宗离开蜀中时，把所居住的行宫作为道士观，用金铸了一个真容塑像。郭英乂喜爱那里竹木盛美，上奏改为军营，于是迁走真容塑像，自己居住在观中。崔旰扬言郭英乂谋反，不然的话，为什么要迁走真容塑像自己居住在观中。于是率领部下五千多人袭击成都。十一月二十四日辛巳，在城西交战，郭英乂大败。崔旰便进入成都，屠杀郭英乂的家人。郭英乂单独一人骑马逃到简州。普州刺史韩澄杀死郭英乂，把他的首级送给崔旰。邛州牙将柏茂琳、泸州牙将杨子琳、剑州牙将李昌巎各

华原令顾繇上言，元载子伯和等招权受贿，十二月，戊戌，繇坐流锦州。

自安、史之乱，国子监室堂颓坏，军士多借居之。祭酒萧昕上言："学校不可遂废"。

（以上为第一段，写蜀中大乱。）

大历元年（丙午，766 年）

春，正月，乙酉，敕复补国子学生。

丙戌，以户部尚书刘晏为都畿、河南、淮南、江南、湖南、荆南、山南东道转运、常平、铸钱、盐铁等使，侍郎第五琦为京畿、关内、河东、剑南、山南西道转运等使，分理天下财赋。

周智光至华州，益骄横，召之，不至，上命杜冕从张献诚于山南以避之；智光遣兵于商山邀之，不获。智光自知罪重，乃聚亡命、无赖子弟，众至数万，纵其剽掠以悦其心，擅留关中所漕米二万斛，藩镇贡献，往往杀其使者而夺之。

二月，丁亥朔，释奠于国子监。命宰相帅常参官、鱼朝恩帅六军诸将往听讲，子弟皆服朱紫为诸生。朝恩既贵显，乃学讲经为文，仅能执笔辨章句，遽自谓才兼文武，人莫敢与之抗。

辛卯，命有司修国子监。

元载专权，恐奏事者攻讦其私，乃请："百官凡论事，皆先白长官，长官白宰相，然后奏闻。"仍以上旨谕百官曰："比日诸司奏事烦多，所言多谗毁，故委长官、宰相先定其可否。"

刑部尚书颜真卿上疏，以为："郎官、御史，陛下之耳目。今使论事者先白宰相，是自掩其耳目也。陛下患群臣之为谗，何不察其言之虚实！若所言果虚宜诛之，果实宜赏之。不务为此，而使天下谓陛下厌听览之烦，托此为辞以塞谏争之路，臣窃为陛下惜之！太宗著《门司式》云：'其无门籍人，有急奏者，皆令门司与仗家引奏，无得关碍。'所以防壅蔽也。天宝以后，李林甫为相，深疾言者，道路以目。上意不下逮，下情不上达，蒙蔽喑呜，卒成幸蜀之祸。陵夷至于今日，其所从来者渐

自发兵讨伐崔旰，蜀中因而大乱。崔旰是卫州人。

华原县令顾繇上书说，元载的儿子元伯和等人招揽权势，接受贿赂，十二月十一日戊戌，顾繇获罪被流放到锦州。

自从安史之乱以后，国子监的教室厅堂都破旧败坏，军队多借居在里面。祭酒萧昕上书说："学校不能因此而荒废。"

唐代宗大历元年（丙午，766 年）

春季，正月二十九日乙酉，唐代宗下敕书恢复补充国子监学生。

正月三十日丙戌，任命户部尚书刘晏为都畿、河南、淮南、江南、湖南、荆南、山南东道转运使、常平使、铸钱使、盐铁使等职，任命侍郎第五琦为京畿、关内、河东、剑南、山南西道转运使等职，分别管理国家的财政赋税。

周智光到达华州，更加骄横，朝廷征召他，他也不去，代宗命令杜冕跟随张献诚去山南躲避他；周智光派兵在商山拦截，没有截到。周智光自己知道罪过深重，就聚集亡命之徒及无赖子弟，人数多达好几万，放纵他们去到处抢夺以博取他们的欢心，又擅自截留关中由水路运来的米二万斛，各藩镇向朝廷贡献的物品，常常被周智光杀掉使者而夺走。

二月初一日丁亥朔，在国子监祭奠文宣王孔子。代宗命令宰相率领常参官、鱼朝恩率领六军各位将领前往听讲，子弟们都穿着红色和紫色的衣服作学生。鱼朝恩已经尊贵显要，就学着讲经典写文章，他仅仅只会拿笔辨认章节句读，就马上自以为兼有文武之才，人们都不敢和他对抗。

二月初五日辛卯，代宗命令有关部门维修国子监。

元载专权，害怕向代宗奏事的人攻击揭露他的私心，于是就请求："百官凡是奏论事情，都首先报告长官，长官报告宰相，然的再上奏代宗。"他还以唐代宗的圣旨晓谕百官说："近来各部门上奏事情繁杂太多，所说的大都是些谗言诋毁的话，所以委托各长官、宰相先决定所说的事是否可以上奏。"

刑部尚书颜真卿上疏，认为："郎官和御史，是陛下的耳目。现在让上奏论事的人先报告宰相，是自己掩盖自己的耳目。陛下担心群臣谗言，为什么不考察一下群臣言论的真假虚实呢？假如群臣所说的话真是虚假的，就应该杀了他们；假如是真实的，就应该奖赏他们。现在不这样做，而使天下的人认为陛下对听取和阅读臣下的奏章已经感到厌烦，以此为借口来堵塞臣下劝谏和争辩的途径，臣私下替陛下感到惋惜！太宗所著的《门司式》说：'那些没有出入宫门通行证的人，如有急事上奏，都让宫门负责人和宿卫五仗的执事带领他们去奏报，不许有任何阻碍。'用这

矣。夫人主大开不讳之路，群臣犹莫敢尽言，况令宰相大臣裁而抑之，则陛下所闻见者不过三数人耳。天下之士从此钳口结舌，陛下见无复言者，以为天下无事可论，是林甫复起于今日也！昔林甫虽擅权，群臣有不咨宰相辄奏事者，则托以他事阴中伤之，犹不敢明令百司奏事皆先白宰相也。陛下傥不早寤，渐成孤立，后虽悔之，亦无及矣！”载闻而恨之，奏真卿诽谤；乙未，贬峡州别驾。

（以上为第二段，写元载专权。）

己亥，命大理少卿杨济修好于吐蕃。

壬子，以杜鸿渐为山南西道、剑南东西川副元帅、剑南西川节度使，以平蜀乱。

以四镇、北庭行营节度使马璘兼邠宁节度使。璘以段秀实为三使都虞候。卒有能引弓重二百四十斤者，犯盗当死，璘欲生之，秀实曰：“将有爱憎而法不一，虽韩、彭不能为理。”璘善其议，竟杀之。璘处事或不中理，秀实力争之。璘有时怒甚，左右战栗，秀实曰：“秀实罪若可杀，何以怒为！无罪杀人，恐涉非道。”璘拂衣起，秀实徐步而出；良久，璘置酒召秀实谢之。自是军州事皆咨秀实而后行。璘由是在邠宁，声称殊美。

癸丑，以山南西道节度使张献诚兼剑南东川节度使，邛州刺史柏茂琳为邛南防御使；以崔旰为茂州刺史，充西山防御使。三月，癸未，献诚与旰战于梓州，献诚军败，仅以身免，旌节皆为旰所夺。

夏，五月，河西节度使杨休明徙镇沙州。

秋，八月，国子监成；丁亥，释奠。鱼朝恩执《易》升高座，讲“鼎覆餗”以讥宰相。王缙怒，元载怡然。朝恩谓人曰：“怒者常情，笑者不可测也。”

种办法来防止言路堵塞、蒙蔽。天宝以后，李林甫做宰相，对进言的人深恶痛绝，人们在路上相遇不敢交谈，只能用眼神示意。致使君主的意旨不能下传，而下面的情况也不能上达，君主被蒙蔽，臣下缄口不言，最后酿成玄宗逃奔蜀中的大祸。国家衰败到了今天这种地步，其中的原因都是慢慢积累而形成的。陛下即使大开直言不讳之路，群臣尚且不敢畅所欲言，更何况让宰相大臣裁决并压制，那么陛下所能听到和看见的人只不过三两个罢了。天下的人士从此将闭口不言，陛下见到不再有进言的人，便认为天下没有事情可能奏论，这就是李林甫在今天又复活了！过去李林甫虽然专权，但群臣仍有不征求宰相意见就奏报事情的，而李林甫只能借口其他的事情来暗中伤害他们，还不敢明目张胆地下令各部门奏报事情都先报告宰相。陛下假若不早点醒悟，就会逐渐孤立，以后虽然后悔，也来不及了！”元载听说后很嫉恨颜真卿，上奏说颜真卿有意诽谤。二月初九日乙未，唐代宗将颜真卿贬为峡州别驾。

二月十三日己亥，任命大理少卿杨济负责与吐蕃重建友好关系。

二月二十六日壬子，任命杜鸿渐为山南西道、剑南东西川副元帅、剑南西川节度使，去平定蜀中的动乱。

任命四镇、北庭行营节度使马璘兼任邠宁节度使。马璘任命段秀实为三使都虞候。士卒中有一个人能拉开重达二百四十斤的弓，犯了盗窃罪应当处死，马璘想免他死罪，段秀实说：“将军对人有爱憎之别，执法就会不一，即使是韩信、彭越这样的名将也不能治好军队。”马璘认为他的意见很好，终于把那个士卒杀了。马璘处理事情有时不合理，段秀实就据理力争。马璘有时非常生气，左右的人都吓得胆战心惊，段秀实说：“我如果犯了可以杀头的罪过，你为什么要大发脾气呢？如果杀了没有罪过的人，恐怕是没有道理的。”马璘气得拂袖而起，段秀实则慢慢地走出去。过了许久，马璘设酒宴叫来段秀实表示歉意和感谢。从此军州事务都征求段秀实的意见后再施行。马璘因此在邠宁一带的声誉非常好。

二月二十七日癸丑，任命山南西道节度使张献诚兼任剑南东川节度使，邛州刺史柏茂琳为邛南防御使；任命崔旰为茂州刺史，兼任西山防御使。三月二十八日癸未，张献诚与崔旰在梓州交战，张献诚战败，仅仅只身逃脱。旌旗和符节都被崔旰夺走。

夏季，五月，河西节度使杨休明把镇所迁移到沙州。

秋季，八月，国子监修成。八月初四日丁亥，在国子监祭奠孔子。鱼朝恩拿着《易经》登上高座，宣讲《易经》中所说的“鼎一折足，鼎中美食就会倾覆”，以此来讽刺宰相。王缙非常气愤，元载却和颜悦色。鱼朝恩对别人说：“发怒是人之常

杜鸿渐至蜀境，闻张献诚败而惧，使人先达意于崔旰，许以万全。旰卑辞重赂以迎之，鸿渐喜；进至成都，见旰，但接以温恭，无一言责其干纪，州府事悉以委旰。又数荐之于朝，因请以节制让旰，以柏茂琳、杨子琳、李昌巙各为本州刺史。上不得已从之。壬寅，以旰为成都尹、西川节度行军司马。

甲辰，以鱼朝恩行内侍监、判国子监事。中书舍人京兆常衮上言："成均之任，当用名儒，不宜以宦者领之。"丁未，命宰相以下送朝恩上。

京兆尹黎幹自南山引涧水穿漕渠入长安，功竟不成。

冬，十月，乙未，上生日，诸道节度使献金帛、器服、珍玩、骏马为寿，共直缗钱二十四万。常衮上言，以为："节度使非能男耕女织，必取之于人。敛怨求媚，不可长也。请却之。"上不听。

京兆尹第五琦什一税法，民苦其重，多流亡。十一月，甲子，日南至，赦，改元，悉停什一税法。

十二月，癸卯，周智光杀陕州监军张志斌。智光素与陕州刺史皇甫温不协，志斌入奏事，智光馆之，志斌责其部下不肃，智光怒曰："仆固怀恩不反，正由汝辈激之。我亦不反，今日为汝反矣！"叱下斩之，脔食其肉。朝士举选人，畏智光之暴，多自同州窃过，智光遣将将兵邀之于路，死者甚众。戊申，诏加智光检校左仆射，遣中使余元仙持告身授之。智光慢骂曰："智光有大功于天下国家，不与平章事而与仆射！且同、华地狭，不足展材，若益以陕、虢、商、鄜、坊五州，庶犹可耳。"因历数大臣过失，且曰："此去长安百八十里，智光夜眠不敢舒足，恐踏破长安城，至于挟天子令诸侯，惟周智光能之。"元仙股栗。郭子仪屡请讨智光，上不许。

郭子仪以河中军食常乏，乃自耕百亩，将校以是为差，于是士卒皆不劝而耕。是岁，河中野无旷土，军有余粮。

情，而微笑是深不可测的啊。”

杜鸿渐到达蜀地，听说张献诚失败而感到恐惧，派人先向崔旰表达自己的意思，保证他绝对安全。崔旰用谦辞重赂来迎接杜鸿渐的使者，杜鸿渐很高兴。进到成都，会见崔旰，杜鸿渐以温和谦恭的态度与崔旰交往，没有一句话责备他违法乱纪，州府中事务都委托给崔旰。又多次向朝廷推荐崔旰，而且请求把节度使的职位让给崔旰，任命柏茂琳、杨子琳、李昌巎各自做本州的刺史。代宗不得已而同意了他的建议。八月十九日壬寅，任命崔旰为成都尹、西川节度行军司马。

八月二十一日甲辰，任命鱼朝恩为内侍监并掌管国子监事务。中书舍人京兆人常衮上书说：“国子监的职位，应当任用有名的大儒，不应当让宦官来主管。”八月二十四日丁未，代宗命令宰相以下的官员送鱼朝恩上任。

京兆尹黎幹从南山引涧水开凿渠道进入长安，但这项工程最终没有成功。

冬季，十月十三日乙未，唐代宗的生日，各道的节度使贡献金银玉帛、器物服装、珍宝古玩及骏马作为寿礼，一共价值缗钱二十四万。常衮上书，认为：“节度使本人都不能从事男女耕织之类的生产，这些财物寿礼必然是从百姓那里索取而来的，以聚集人民的怨恨来向上献媚，这种风气不可助长。请求陛下将这些财物寿礼退掉。”唐代宗不听从常衮的意见。

京兆尹第五琦实行十分取一的税法，老百姓深受重税之苦，很多人流亡他乡。十一月十二日甲子，冬至，大赦天下，改年号为大历，全部停止十分取一的税法。

十二月二十二日癸卯，周智光杀死陕州监军张志斌。周智光平时就与陕州刺史皇甫温关系不好，张志斌入朝奏事路过，周智光留他住宿馆舍，张志斌责备他的部下纪律不严，周智光愤怒地说：“仆固怀恩不想造反，正是由于你这样的人刺激他造反。我也不想造反，今天因为你而造反了！”说着叱令拉下斩首，并且把他的尸体切成肉块吃了。朝廷官员推举应选的士子，都惧怕周智光的残暴，大多数人都从同州偷偷地经过，周智光派将领率兵在路上截击。被杀死的人很多。十二月二十七日戊申，唐代宗下诏书加任周智光为检校左仆射，派宫中使者余元仙拿着委任状去授予周智光。周智光谩骂道：“我周智光对国家天下有大功劳，不给平章事而给仆射！况且同州、华州地方狭小。不足以施展我的才能，如果再增加陕州、虢州、商州、鄜州、坊州五个州，那还差不多。”因而历数大臣们的过失，并且说：“这里离长安只有一百八十里，我周智光夜晚睡觉不敢伸脚，恐怕会踏破长安城。至于挟天子而令诸侯，只有我周智光能够办到。”余元仙吓得双腿发抖，郭子仪多次请求讨伐周智光，唐代宗不同意。

郭子仪因为河中军队的粮食常缺，就亲自耕了一百亩田地，将军和校尉耕田数根据一百亩的标准而分别不同，因此士卒都无须劝说督促而自动耕田。这一年，河

以陇右行军司马陈少游为桂管观察使。少游，博州人也，为吏强敏而好贿，善结权贵，以是得进。既得桂州，恶其道远多瘴疠；宦官董秀掌枢密，少游请岁献五万缗，又纳贿于元载子仲武。内外引荐，数日，改宣歙观察使。

（以上为第三段，写华州刺史周智光桀骜不驯；元载为相排斥异己；第五琦聚敛。）

二年（丁未，767 年）

春，正月，丁巳，密诏郭子仪讨周智光，子仪命大将浑瑊、李怀光军于渭上；智光麾下闻之，皆有离心。己未，智光大将李汉惠自同州帅所部降于子仪。壬戌，贬智光澧州刺史。甲子，华州牙将姚怀、李延俊杀智光，以其首来献。

淮西节度使李忠臣入朝，以收华州为名，帅所部兵大掠，自潼关至赤水二百里间，财畜殆尽，官吏有衣纸，或数日不食者。己巳，置潼关镇兵二千人。

壬申，分剑南置东川观察使，镇遂州。

二月，丙戌，郭子仪入朝。上命元载、王缙、鱼朝恩等互置酒于其第，一会之费至十万缗。上礼重子仪，常谓之大臣而不名。

郭暧尝与昇平公主争言，暧曰：“汝倚乃父为天子邪？我父薄天子不为！”公主恚，奔车奏之。上曰：“此非汝所知。彼诚如是，使彼欲为天子，天下岂汝家所有邪！”慰谕令归。子仪闻之，囚暧，入待罪。上曰：“鄙谚有之：‘不痴不聋，不作家翁。’儿女子闺房之言，何足听也！”子仪归，杖暧数十。

夏，四月，庚子，命宰相、鱼朝恩与吐蕃盟于兴唐寺。

杜鸿渐请入朝奏事，以崔旰知西川留后。六月，甲戌，鸿渐来自成都，广为贡献，因盛陈利害，荐旰才堪寄任；上亦务姑息，乃留鸿渐复知政事。秋，七月，丙寅，以旰为西川节度使，杜济为东川节度使。旰厚敛以赂权贵，元载擢旰弟宽至御史中丞，宽兄审至给事中。

中地区没有荒废的土地，军队中也有了余粮。

任命陇右行军司马陈少游为桂管观察使。陈少游是博州人，做官强悍敏捷，喜欢贿赂，善于结交权贵，因此得以升迁。得到掌管桂州的任命后，他讨厌桂州道路远，又多瘴疠之气，宦官董秀掌管枢密事务，陈少游请求每年献给他五万缗钱，又向元载的儿子元仲武行贿。这样宫廷内外都向代宗推荐陈少游。几天后，唐代宗就改任他为宣歙观察使。

唐代宗大历二年（丁未，767 年）

春季，正月初六日丁巳，唐代宗秘密诏令郭子仪讨伐周智光，郭子仪命令大将浑瑊、李怀光把军队驻扎在渭水岸边；周智光部下闻讯后，都产生离散之心。正月初八日己未，周智光的大将李汉惠从同州率领他的部下投降郭子仪。正月十一日壬戌，代宗把周智光贬为澧州刺史。正月十三日甲子，华州牙将姚怀、李延俊杀死周智光，并把他的头带来献给朝廷。

淮西节度使李忠臣入朝，以收复华州为名，率领部下士兵大肆掠夺，从潼关到赤水的二百里之间，财产和牲畜几乎被抢光了，官吏中有人穿着纸做的衣服，或者好几天没有饭吃的。正月十八日己巳，在潼关设置镇守部队二千人。

二十一日壬申，从剑南节度使中分置东川观察使，镇守遂州。

二月，丙戌，郭子仪入朝。唐代宗令元载、王缙、鱼朝恩等人轮流在家里摆设酒席款待郭子仪，一次宴会的花费就多达十万缗钱。代宗礼遇尊重郭子仪，常常称他为大臣而不叫他的名字。

郭暧曾经与升平公主争吵，郭暧说：“你倚仗你的父亲是天子吗？我的父亲不屑于做天子！”公主很生气，驱车飞奔回宫奏报此事。唐代宗说：“这事不是你所能知道的。他确实是不屑于做天子，假如想做天子，天下哪里是你家所有呢！”安慰晓谕一番后就叫她回去了。郭子仪听说后，囚禁了郭暧，入宫等待代宗治罪。唐代宗说：“俗话说：‘不痴不聋，不能做家长。’儿女闺房中的话，哪值得听信呢！”郭子仪回去后，用棍子把郭暧打了几十下。

夏季，四月二十一日庚子，命令宰相、鱼朝恩与吐蕃在兴唐寺结盟。

杜鸿渐请求入朝奏报事情，让崔旰担任西川留后。六月二十六日甲辰，杜鸿渐从成都来，进贡了大量财物，趁机极力陈述利害关系，推荐只有崔旰才可承担此任。唐代宗也一味姑息，于是留下杜鸿渐让他再做宰相。秋季，七月十九日丙寅，任命崔旰为西川节度使，杜济为东川节度使。崔旰大力征收赋税以贿赂权贵，元载就提拔崔旰的弟弟崔宽为御史中丞，提拔崔宽的哥哥崔审为给事中。

丁卯，鱼朝恩奏以先所赐庄为章敬寺，以资章敬太后冥福，于是穷壮极丽，尽都市之财不足用，奏毁曲江及华清宫馆以给之，费逾万亿。卫州进士高郢上书，略曰："先太后圣德，不必以一寺增辉；国家永图，无宁以百姓为本。舍人就寺，何福之为！"又曰："无寺犹可，无人其可乎！"又曰："陛下当卑宫室，以夏禹为法，而崇塔庙踵梁武之风乎！"又上书，略曰："古之明王积善以致福，不费财以求福；修德以消祸，不劳人以禳祸。今兴造急促，昼夜不息，力不逮者随以榜笞，愁痛之声盈于道路，以此望福，臣恐不然。"又曰："陛下回正道于内心，求微助于外物，徇左右之过计，伤皇王之大猷，臣窃为陛下惜之！"皆寝不报。

始，上好祠祀，未甚重佛。元载、王缙、杜鸿渐为相，三人皆好佛；缙尤甚，不食荤血，与鸿渐造寺无穷。上尝问以"佛言报应，果为有无？"载等奏以："国家运祚灵长，非宿植福业，何以致之！福业已定，虽时有小灾，终不能为害，所以安、史悖逆方炽而皆有子祸；仆固怀恩称兵内侮，出门病死；回纥、吐蕃大举深入，不战而退：此皆非人力所及，岂得言无报应也！"上由是深信之，常于禁中饭僧百余人；有寇至则令僧讲《仁王经》以禳之，寇去则厚加赏赐。胡僧不空，官至卿监，爵为国公，出入禁闼，势移权贵，京畿良田美利多归僧寺。敕天下无得棰曳僧尼。造金阁寺于五台山，铸铜涂金为瓦，所费巨亿；缙给中书符牒，令五台僧数十人散之四方，求利以营之。载等每侍上从容，多谈佛事，由是中外臣民承流相化，皆废人事而奉佛，政刑日紊矣。

（以上为第四段，写唐代宗笃信佛法，政刑废弛。）

八月，庚辰，凤翔等道节度使、左仆射、平章事李抱玉入朝，固让仆射，言辞确至，上许之；癸丑，又让凤翔节度使，不许。

丁酉，杜鸿渐饭千僧，以使蜀无恙故也。

七月二十日丁卯，鱼朝恩奏请把先前所赏赐的庄园改为章敬寺，用来为章敬太后祈求冥福。于是，鱼朝恩把章敬寺修得极其宏伟壮丽，耗尽都市储存的木材也不够用，又奏请拆卸曲江和华清宫馆舍的木料来供给。卫州进士高郢上书，大略说："先太后的圣德，不必靠一座寺庙来增辉。国家要长治久安，不如以百姓的利益为根本。舍弃百姓而去修建寺庙，怎么能够得福呢？"又说："没有寺庙还可以，没有百姓那怎么可以呢！"又说："陛下不应当看重宫室，以夏禹为榜样，不能步梁武帝的后尘崇尚佛塔寺庙！"又上书，大略说："古代贤明的君王积善以得福，不浪费财物来求福；修养德行以消除灾祸，而不是劳累百姓以消除灾祸。现在急急忙忙地大兴土木，日夜不停，对体力不支的人随便鞭打，道路上充满了哀愁痛苦的声音。用这种方法来希望得福，臣认为恐怕不行。"又说："陛下在内心里回避了正当的道义，希求外物微小的帮助，顺从身边人错误的计策，损害了帝王重要的规划，臣私下为陛下感到惋惜！"这些上书都被搁下没有答复。

起初，唐代宗喜好祠堂祭祀，并不很重视佛教。元载、王缙、杜鸿渐做宰相，这三个人都喜欢佛教，王缙信奉的程度最深，不吃荤食，与杜鸿渐一起不停地修建寺庙。代宗曾经问："佛教说因果报应，果真有吗？"元载等人回答说："国家之所以命运长久，如果不是平素种下福业，怎么能够办到？福业已定，虽然有时有些小的灾难，终究不能造成大的危害，所以安禄山和史思明叛乱气势正盛时，便都遭受了他们的儿子所带来的杀身之祸，仆固怀恩举兵入侵，出门就病死了；回纥、吐蕃军队大举进攻，深入我国境内，没有交战就撤退了。这些都不是人力所能办到的。怎么能说没有因果报应呢？"唐代宗因此非常相信佛教的报应说，经常在宫中招待一百多个僧人吃饭；有敌寇侵犯就让僧人讲《仁王经》以消灾，敌寇走了就大赏僧人。胡族僧人不空，官位到卿监，爵位为国公，出入宫中，威震权贵。京畿地区的良田和获利大的行业大都归佛寺所有。代宗下敕书命令天下的人不得鞭打和无礼僧人、尼姑。在五台山上修建金阁寺，铸造鎏金铜瓦，所耗费的资金数以亿计。王缙发给中书省的符信和公文，让五台山的几十个僧人分散到全国的各地，去募捐集资，用来修建佛寺。元载等人每当侍奉代宗闲暇时，就常常谈论佛事，因此朝廷内外的臣子及百姓，深受这种风气的影响，互相仿效，都废弃人事而信奉佛教，国家的政务和法令日益紊乱。

八月初三日庚辰，凤翔等道节度使、左仆射、平章事李抱玉入朝，坚决辞让仆射的官职，言辞十分恳切，代宗便同意了；癸丑日（疑误），又辞让凤翔节度使的官职，唐代宗不同意。

八月二十日丁酉，杜鸿渐招待一千名僧人吃饭，因为蜀地平安无事的缘故。

九月，吐蕃众数万围灵州，游骑至潘原、宜禄；诏郭子仪自河中帅甲士三万镇泾阳，京师戒严。甲子，子仪移镇奉天。

山獠陷桂州，逐刺史李良。

冬，十月，戊寅，朔方节度使路嗣恭破吐蕃于灵州城下，斩首二千余级；吐蕃引去。

十二月，庚辰，盗发郭子仪父冢，捕之，不获。人以为鱼朝恩素恶子仪，疑其使之。子仪自奉天入朝，朝廷忧其为变；子仪见上，上语及之，子仪流涕曰："臣久将兵，不能禁暴，军士多发人冢。今日及此，乃天谴，非人事也。"朝廷乃安。

是岁，复以镇西为安西。

新罗王宪英卒，子乾运立。

（以上为第五段，写郭子仪宽厚，不以私害公，避免兴大狱。）

三年（戊申，768年）

春，正月，乙丑，上幸章敬寺，度僧尼千人。

赠建宁王倓为齐王。

二月，癸巳，商州兵马使刘洽杀防御使殷仲卿，寻讨平之。

甲午，郭子仪禁无故军中走马。南阳夫人乳母之子犯禁，都虞候杖杀之。诸子泣诉于子仪，且言都虞候之横，子仪叱遣之。明日，以事语僚佐而叹息曰："子仪诸子，皆奴材也。不赏父之都虞候而惜母之乳母子，非奴材而何！"

庚子，以后宫独孤氏为贵妃。

三月，乙巳朔，日有食之。

夏，四月，戊寅，山南西道节度使张献诚，以疾举从父弟右羽林将军献恭自代，上许之。

壬寅，西川节度使崔旰入朝。

初，上遣中使征李泌于衡山，既至，复赐金紫，为之作书院于蓬莱殿侧，上时衣汗衫、蹑屦过之，自给、舍以上及方镇除拜、军国大事，皆与之议。又使鱼朝恩于白花屯为泌作外院，使与亲旧相见。

九月，吐蕃军队发几万人包围了灵州，巡逻的骑兵到达潘原、宜禄，诏令郭子仪从河中率领士兵三万人镇守泾阳，京师戒严。九月十七日甲子，郭子仪移兵镇守奉天。

山獠攻陷桂州，驱逐刺史李良。

冬季，十月初一日戊寅，朔方节度使路嗣恭在灵州城下打败吐蕃，杀死两千多人。吐蕃撤走。

十二月初四日庚辰，强盗挖了郭子仪父亲的坟，官府追捕强盗，没有抓到。人们认为鱼朝恩平素厌恶郭子仪，就怀疑是鱼朝恩派人干的。郭子仪从奉天入朝，朝廷担心他会生变乱。郭子仪拜见代宗，唐代宗谈及此事，郭子仪流着眼泪说："臣长期带兵，却不能禁止残暴的行为，士兵中有很多人去挖掘别人的坟墓。今天挖到我的头上，这是上天的谴责，与人事无关。"朝廷这才安定下来。

这一年，又改镇西为安西。

新罗王金宪英死了，他的儿子金乾运继承王位。

唐代宗大历三年（戊申，768年）

春季，正月二十日乙丑，唐代宗驾临章敬寺，主持仪式使一千名俗人出家为僧人、尼姑。

追赠建宁王李倓为齐王。

二月十八日癸巳，商州兵马使刘洽杀死防御使殷仲卿，不久便被讨伐平定下去。

二月十九日甲午，郭子仪禁止无故在军中跑马。南阳夫人奶妈的儿子违犯了禁令，都虞候用棍子把他打死。郭子仪的几个儿子在他面前哭诉告状，并且说都虞候专横，郭子仪叱责并赶走了他们。第二天，郭子仪把这件事告诉僚属并叹息道："我郭子仪的几个儿子，都是奴才，他们不赞赏父亲的都虞候，反而怜惜母亲奶妈的儿子，这不是奴才又是什么！"

二月二十五日庚子，册封后宫的独孤氏为贵妃。

三月初一日乙巳朔，日食。

夏季，四月初四日戊寅，山南西道节度使张献诚，因为有病推举堂弟右羽林将军张献恭代替自己，代宗同意了。

四月二十八日壬寅，西川节度使崔旰入朝。

当初，唐代宗派宫中使者在衡山征召李泌，李泌到后，又赐给他金鱼袋和紫袍，替他在蓬莱殿的旁边修建了一个书院，唐代宗有时穿着汗衫、拖着鞋去看望他。从给事中、中书舍人以上的官职到各方镇节度使的任免以及军国大事，都和李泌商议。

上欲以泌为门下侍郎、同平章事，泌固辞。上曰："机务之烦，不得晨夕相见，诚不若且居密近，何必署敕然后为宰相邪！"后因端午，王、公、妃、主各献服玩，上谓泌曰："先生何独无所献？"对曰："臣居禁中，自巾至履皆陛下所赐，所余惟一身耳，何以为献！"上曰："朕所求正在此耳。"泌曰："臣身非陛下有，谁则有之？"上曰："先帝欲以宰相屈卿而不能得，自今既献其身，当惟朕所为，不为卿有矣！"泌曰："陛下欲使臣何为？"上曰："朕欲卿食酒肉，有室家，受禄位，为俗人。"泌泣曰："臣绝粒二十余年，陛下何必使臣隳其志乎！"上曰："泣复何益！卿在九重之中，欲何之？"乃命中使为泌葬二亲，又为泌娶卢氏女为妻，资费皆出县官。赐第于光福坊，令泌数日宿第中，数日宿蓬莱院。

上与泌语及齐王倓，欲厚加褒赠，泌请用岐、薛故事赠太子，上泣曰："吾弟首建灵武之议，成中兴之业，岐、薛岂有此功乎！竭诚忠孝，乃为谗人所害。向使尚存，朕必以为太弟。今当崇以帝号，成吾夙志。"乙卯制，追谥倓曰承天皇帝；庚申，葬顺陵。

崔旰之入朝也，以弟宽为留后，泸州刺史杨子琳帅精骑数千乘虚突入成都；朝廷闻之，加旰检校工部尚书，赐名宁，遣还镇。

（以上为第六段，写代宗招李泌入京，付与军国大事，优礼有加。）

六月，壬辰，幽州兵马使朱希彩、经略副使昌平朱泚、泚弟滔共杀节度使李怀仙，希彩自称留后。闰月，成德军节度使李宝臣遣将将兵讨希彩，为希彩所败；朝廷不得已宥之。庚申，以王缙领卢龙节度使；丁卯，以希彩领幽州留后。

崔宽与杨子琳战，数不利，秋，七月，崔宁妾任氏出家财数十万，募兵得数千人，帅以击子琳，破之；子琳走。

乙亥，王缙如幽州，朱希彩盛兵严备以逆之。缙晏然而行，希彩迎

又派鱼朝恩在白花屯为李泌修建外院，以便让李泌与亲朋故旧见面。

唐代宗想任命李泌为门下侍郎、同平章事，李泌坚决辞谢。唐代宗说："国家军政大事十分繁重，我们不能早晚相见，实在不如暂时住得近一些，何必要下敕书任命然后才当宰相呢！"后过端午节，王、公、妃子、分主都分别向代宗进献服饰和玩物，代宗对李泌说："为什么唯独您没有进献什么东西呢？"李泌回答说："臣居住在宫中，从头巾到鞋子都是陛下所赏赐的，所剩下的只有我的一个身躯了，拿什么来进献呢？"唐代宗说："朕所要求的正是您这个人。"李泌说："臣的身躯如果不属陛下所有，那归谁所有呢？"唐代宗说："先帝想要用宰相的职位来委屈您办不到，从今以后，您既然将自身献给朕，就应当为朕所用，而不归您自己所有。"李泌说："陛下想使臣干什么？"代宗说："朕想让您吃肉喝酒，拥有家室，接受俸禄爵位，做一个俗人。"李泌哭着说："臣不吃五谷已有二十多年，陛下为什么一定要让臣毁了自己的志向呢？"代宗说："哭又有什么用处！您现在在深宫之中，还想到哪里去呢？"于是就命令宫中使者替李泌安葬他的双亲，又替李泌娶卢氏女子为妻子，所有费用都由朝廷提供。代宗还赏赐给他一所在光福坊的住宅，让李泌在这个住宅里住几天，然后在蓬莱院住几天。

唐代宗和李泌谈及齐王李倓，想要给予他隆厚的褒扬和追赠，李泌请求依照岐王李范和薛王李业死后追赠为太子的先例，代宗哭着说："是我的弟弟首先提出先帝北上灵武的建议，成就了中兴的大业，岐王、薛王那里有这么大的功劳呢？他竭尽忠孝，却被小人的谗言所加害。假使他还活着，朕一定要让他做皇太弟。现在应当用皇帝的称号来推崇他，以完成我的夙愿。"五月十二日乙卯，唐代宗下制书，追谥李倓为承天皇帝；五月十七日庚申，将李倓安葬在顺陵。

崔旰入朝时，让他的弟弟崔宽为留后。泸州刺史杨子琳率领精锐骑兵好几千人乘虚突然进入成都，朝廷闻讯后，加任崔旰为检校工部尚书，赐名字为宁，派他回去镇守成都。

六月二十日壬辰，幽州兵马使朱希彩、经略副使昌平人朱泚以及朱泚的弟弟朱滔一起杀死了节度使李怀仙，朱希彩自称为留后。闰六月，成德军节度使李宝臣派将领率兵讨伐朱希彩，被朱希彩打败；朝廷不得已而原谅了他。闰六月十八日庚申，唐代宗任命王缙兼任卢龙节度使。闰六月二十五日丁卯，让朱希彩兼任幽州留后。

崔宽与杨子琳交战多次，都失利。秋季，七月，崔宁的妾任氏拿出自家的钱财好几十万，招募士兵得到几千人，率领这些士兵去进攻杨子琳，打败了他；杨子琳逃跑了。

七月初四日乙亥，王缙到了幽州，朱希彩部署了很多部队，戒备森严地迎接他。

谒甚恭。缙度终不可制，劳军，旬余日而还。

回纥可敦卒，庚辰，以右散骑常侍萧昕为吊祭使。回纥庭诘昕曰："我于唐有大功，唐奈何失信，市我马，不时归其直？"昕曰："回纥之功，唐已报之矣。仆固怀恩之叛，回纥助之，与吐蕃连兵入寇，逼我郊畿。及怀恩死，吐蕃走，然后回纥惧而请和，我唐不忘前功，加惠而纵之。不然，匹马不归矣。乃回纥负约，岂唐失信邪！"回纥惭，厚礼而归之。

丙戌，内出盂兰盆赐章敬寺。设七庙神座，书尊号于幡上，百官迎谒于光顺门。自是岁以为常。

八月，壬戌，吐蕃十万众寇灵武，丁卯，吐蕃尚赞摩二万众寇邠州，京师戒严；邠宁节度使马璘击破之。

庚午，河东节度使、同平章事辛云京薨，以王缙领河东节度使，余如故。

九月，壬申，命郭子仪将兵五万屯奉天以备吐蕃。

丁丑，济王环薨。

壬午，朔方骑将白元光击吐蕃，破之。壬辰，元光又破吐蕃二万众于灵武。凤翔节度使李抱玉使右军都将临洮李晟将兵五千击吐蕃，晟曰："以力则五千不足用；以谋则太多。"乃将千人出大震关；至临洮，屠吐蕃定秦堡，焚其积聚，虏堡帅慕容谷种而还。吐蕃闻之，释灵州之围而去。戊戌，京师解严。

颍州刺史李岵以事忤滑亳节度使令狐彰，彰使节度判官姚奭按行颍州，因代岵领州事，且曰："岵不受代，即杀之。"岵知之，因激怒将士，使杀奭，与奭同死者百余人。岵走依河南节度使田神功于汴州。冬，十月，乙巳，彰表言其状，岵亦上表自理。上命给事中贺若察往按之。

丁卯，郭子仪自奉天入朝。

十一月，丁亥，以幽州留后朱希彩为节度使。

郭子仪还河中。元载以吐蕃连岁入寇，马璘以四镇兵屯邠宁，力不能拒，而郭子仪以朔方重兵镇河中，深居腹中无事之地，乃与子仪及诸

王缙安然而行，朱希彩欢迎拜谒非常谦恭。王缙考虑到终究不能制约他，于是慰劳军队，过了十几天就回去了。

回纥可敦死了，七月初九日庚辰，任命右散骑常侍萧昕为吊祭使。回纥人当庭责问萧昕说："我回纥对唐朝有大功劳，唐朝为什么失信，买我们的马，不按时归还我们马钱？"萧昕说："回纥的功劳，唐朝早已报答了。仆固怀恩叛乱，回纥帮助他，与吐蕃军队联合入侵唐朝，逼近我京畿郊县地区。等到仆固怀恩死，吐蕃军队撤走，然后回纥就感到害怕而请求讲和，我唐朝没有忘记回纥以前的功劳，施恩惠放你们回去。不然的话，你们一匹马也别想回去。这是回纥负约，哪里是我唐朝失信呢？"回纥人感到惭愧，厚加礼遇而让萧昕回到唐朝。

七月十五日丙戌，从宫内拿出盂兰盆赐给章敬寺。代宗设置七庙神灵牌座，把七代祖先的尊号都写在旗幡上，百官在光顺门前迎拜。从此以后，每年都照例举行这样的仪式。

八月二十一日壬戌，吐蕃部队十万人侵犯灵武。八月二十六日丁卯，吐蕃尚赞摩率军两万人侵犯邠州，京城戒严，邠宁节度使马璘打败吐蕃军队。

八月二十九日庚午，河东节度使、同平章事辛云京去世，任命王缙兼任何东节度使，其余的官职照旧。

九月初一日壬申，任命郭子仪率领部队五万人驻扎在奉天以防备吐蕃。

九月初六日丁丑，济王李环去世。

九月十一日壬午，朔方骑兵将领白元光攻打吐蕃，打败吐蕃。九月二十一日壬辰，白元光又在灵武打败吐蕃军队两万人。凤翔节度使李抱玉派右军都将临洮人李晟率军五千人攻打吐蕃，李晟说："用武力五千人是不够用的，用智谋五千人就太多了。"于是就率领一千人从大震关出兵，到了临洮，屠灭了吐蕃的定秦堡，焚烧了他们聚积的军用物资，俘虏了城堡的主帅慕容谷种而回。吐蕃人闻讯后，就解除对灵州的包围而撤走。九月二十七日戊戌，京师解除戒严。

颍州刺史李岵因事触怒了滑亳节度使令狐彰，令狐彰派节度判官姚奭巡视颍州，于是代替李岵主管州中事务，并且说："李岵如果不接受代替，就立即杀掉他。"李岵知道了，就激怒将士，让他们杀死姚奭，与姚奭一同死的有一百多人。李岵往汴州投奔河南节度使田神功。冬季，十月初五日乙巳，令狐彰上表说明情况，李岵也上表替自己申辩。代宗命令给事中贺若察前往调查此事。

十月二十七日丁卯，郭子仪从奉天入朝。

十一月十七日丁亥，任命幽州留后朱希彩为节度使。

郭子仪返回河中。元载认为吐蕃连年入侵，马璘用四镇的兵力驻扎在邠宁，力量无法与吐蕃对抗，而郭子仪用朔方的重兵镇守河中，深居在内地没有战事的地方，

将议，徙璘镇泾州，而使子仪以朔方兵镇邠州，曰："若以边土荒残，军费不给，则以内地租税及运金帛以助之。"诸将皆以为然。十二月，己酉，徙马璘为泾原节度使，以邠、宁、庆三州隶朔方。璘先往城泾州，以都虞候段秀实知邠州留后。

初，四镇、北庭兵远赴中原之难，久羁旅，数迁徙，四镇历汴、虢、凤翔，北庭历怀、绛、鄜然后至邠，颇积劳弊。及徙泾州，众皆怨诽。刀斧兵马使王童之谋作乱，期以辛酉旦警严而发。前夕，有告之者；秀实阳召掌漏者，怒之，以其失节，令每更来白，辄延之数刻，遂四更而曙，童之不果发。秀实欲讨之而乱迹未露，恐军中疑其冤。告者又云："今夕欲焚马坊草，因救火谋作乱。"中夕，火果起，秀实命军中行者皆止，坐者勿起，各整部伍，严守要害。童之白请救火，不许。及旦，捕童之及其党八人，皆斩之。下令曰："后徙者族，流言者刑！"遂徙于泾。

癸亥，西川破吐蕃万余众。

平卢行军司马许杲将卒三千人驻濠州不去，有窥淮南意，淮南节度使崔圆令副使元城张万福摄濠州刺史；杲闻，即提卒去，止当涂。是岁，上召万福，以为和州刺史、行营防御使，讨杲。万福至州，杲惧，移军上元，又北至楚州大掠，淮南节度使韦元甫命万福追讨之；未至淮阴，杲为其将康自劝所逐。自劝拥兵继掠，循淮而东，万福倍道追而杀之，免者什二三。元甫将厚赏将士，万福曰："官健常虚费衣粮，无所事。今方立小功，不足过赏，请用三分之一。"

（以上为第七段，写吐蕃屡次犯边，唐代宗调整西北边防部署，以郭子仪朔方兵镇邠州。）

四年（己酉，769 年）

春，正月，丙子，郭子仪入朝，鱼朝恩邀之游章敬寺。元载恐其相结，密使子仪军吏告子仪曰："朝恩谋不利于公。"子仪不听。吏亦告诸将，将士请衷甲以从者三百人。子仪曰："我，国之大臣，彼无天子之命，

就与郭子仪以及各位将领商议，迁移马璘去镇守泾州，而让郭子仪带领朔方兵镇守邠州，元载说道："如果因为边疆土地荒芜破坏，军费不足，那么就用土地的租税以及运送金银财帛来帮助。"各位将领都认为这个办法好。十二月初九日己酉，唐代宗让马璘移任为泾原节度使，让邠州、宁州、庆州三个州隶属朔方。马璘先动身前往修建泾州城，让都虞候段秀实主管邠州留后。

当初，四镇、北庭的部队远距离地奔赴中原去解救中原的危难，长期客居他乡，多次迁移，四镇的部队经历了汴州、虢州、凤翔，北庭的部队经历了怀州、绛州、鄜州然后又到邠州，士兵颇为辛劳疲惫。等到迁移泾州，大家都牢骚满腹。刀斧兵马使王童之谋划作乱，约定在十二月二十一日辛酉天快亮时击警鼓而发难。前一天晚上，有人告发了这个阴谋。段秀实假装召见掌管报更漏的人，对他们大发脾气，说因为他们的失职，命令他们今晚每一更都报告，每一更都故意延长好几刻钟点，于是到四更时天已大亮，王童之来不及按时发难。段秀实想讨伐他们，但因他们叛乱的迹象还没有暴露，恐怕军中的人怀疑他们冤枉。告发者又说："他们今天晚上想要焚烧马坊草，趁救火时图谋作乱。"半夜里，火果然烧起来了，段秀实命令军中走动的人都停止走动，坐着的人也不要起来，各自整理好队伍，严守要害地方。王童之报告请求救火，段秀实不同意。等天亮后，逮捕王童之及其党羽八人，都把他们斩首。并且下令说："迁移落后的人要族灭，散布流言的要严刑惩处！"于是部队全部迁移到泾州。

十二月二十三日癸亥，西川击溃吐蕃军队一万多人。

平卢行军司马许杲率领士卒三千人驻扎在濠州不离去，有窥伺淮南的意图，淮南节度使崔圆命令副使元城人张万福代理濠州刺史；许杲听说后，马上带领士卒离开濠州，停留在当涂。这一年，代宗召见张万福，任命他为和州刺史、行营防御使，去讨伐许杲。张万福到了和州，许杲害怕了，把军队移到上元，又北到楚州大肆掠夺，淮南节度使韦元甫命令张元福去追赶讨伐，还没有到淮阴，许杲就被他的部将康自劝所驱逐。康自劝率军队继续掠夺，沿着淮河向东走，张万福兼程追赶，把他杀死，能够免于被杀的不过十之二三。韦元甫要对将士大加奖赏，张万福说："官军常常白白耗费公家的衣服粮食，没有做什么事。现在刚立了小功，不足以过分奖赏，请用大赏的三分之一去奖赏他们。"

唐代宗大历四年（己酉，769年）

春季，正月初七日丙子，郭子仪入朝，鱼朝恩邀请他游览章敬寺。元载害怕他们相互结交，就暗中派郭子仪的军吏去告诉郭子仪说："鱼朝恩想要对您图谋不轨。"郭子仪不听。军吏又把这个消息告诉了各位将领，有三百名将士请求内披衣甲随从

安敢害我！若受命而来，汝曹欲何为！”乃从家僮数人而往。朝恩迎之，惊其从者之约。子仪以所闻告，且曰：“恐烦公经营耳。”朝恩抚膺捧手流涕曰：“非公长者，能无疑乎！”

壬午，流李岵于夷州。

乙酉，郭子仪还河中。

辛卯，赐李岵死。

二月，壬寅，以京兆之好畤、凤翔之麟游、普润隶神策军，从鱼朝恩之请也。

杨子琳既败还泸州，招聚亡命，得数千人，沿江东下，声言入朝；涪州守捉使王守仙伏兵黄草峡，子琳悉擒之，击守仙于忠州，守仙仅以身免。子琳遂杀夔州别驾张忠，据其城。荆南节度使卫伯玉欲结以为援，以夔州许之，为之请于朝。阳曲人刘昌裔说子琳遣使诣阙请罪，子琳从之。乙巳，以子琳为峡州团练使。

初，仆固怀恩死，上怜其有功，置其女宫中，养以为女。回纥请以为可敦，夏，五月，辛卯，册为崇徽公主，嫁回纥可汗。壬辰，遣兵部侍郎李涵送之，涵奏祠部郎中虞乡董晋为判官。六月，丁酉，公主辞行，至回纥牙帐。回纥来言曰：“唐约我为市，马既入，而归我贿不足，我于使人乎取之。”涵惧，不敢对，视晋，晋曰：“吾非无马而与尔为市，为尔赐不既多乎！尔之马岁至，吾数皮而归资。边吏请致诘也，天子念尔有劳，故下诏禁侵犯。诸戎畏我大国之尔与也，莫敢校焉。尔之父子宁而畜马蕃者，非我谁使之！”于是其众皆环晋拜。既又相帅南面序拜，皆举两手曰：“不敢有意大国。”

戊申，王缙表让副元帅、都统、行营使。

辛酉，郭子仪自河中迁于邠州，其精兵皆自随，余兵使裨将将之，分守河中、灵州。军士久家河中，颇不乐徙，往往自邠逃归；行军司马严郢领留府，悉捕得，诛其渠帅，众心乃定。

郭子仪前往。郭子仪说："我是国家的大臣，他没有天子的命令，怎么敢害我！如果他受天子的命令而来，你们又想怎么办呢？"于是就只带了几个家僮随从前往。鱼朝恩迎接郭子仪，看到随从人员很少而惊奇。郭子仪把他所听说的消息告诉鱼朝恩，并且说："怕麻烦你张罗了。"鱼朝恩拍着胸脯，握着郭子仪的手流泪说："如果不是您这样的长者，能不怀疑我吗？"

正月十三日壬午，把李岵流放到夷州。

正月十六日乙酉，郭子仪返回河中。

正月二十二日辛卯，赐李岵自杀。

二月初三日壬寅，把京兆的好畤，凤翔的麟游、普润隶属于神策军，这是听从鱼朝恩的请求。

杨子琳失败后回到泸州，召集亡命之徒，得到好几千人，沿着长江向东行，声称要带兵入朝。涪州守捉使王守仙在黄草峡埋伏部队，杨子琳把这些伏兵都捉住了，在忠州攻打王守仙，王守仙仅仅只身逃脱。杨子琳便杀了夔州别驾张忠，占据了夔州城。荆南节度使卫伯玉想要结交杨子琳作为自己的后援，就把夔州许给他，替他向朝廷请求。阳曲人刘昌裔劝说杨子琳派使者到朝廷里去请罪，杨子琳同意了。二月初六日乙巳，任命杨子琳为峡州团练使。

当初，仆固怀恩死时，代宗怜惜他有功劳，就把他的女儿安置在宫中，收为养女。回纥请求把她嫁给可汗做可敦。夏季，五月二十四日辛卯，册封她为崇徽公主，嫁给回纥可汗。五月二十五日壬辰，派遣兵部侍郎李涵护送她，李涵奏请让祠部郎中虞乡人董晋为判官。六月初一日丁酉，公主向代宗辞行后，到达回纥的牙帐。回纥派人来说："唐朝约请我们做买卖，我们的马已经送给唐朝，但唐朝还我们的钱不够，我们要向使者索取。"李涵害怕了，不敢回答，看着董晋，董晋说："我们唐朝并不是没有马才向你们买马，我们所给予你们的不是已经很多吗？你们的马每年进来后，我们仅数一下马匹的数量而不管是死是活，就一律马上付钱给你们。守边的官员请求朝廷责问此事，但天子考虑到你们过去有功劳，所以就下诏令禁止侵犯你们。各戎族部落害怕我们这样的大国与你们交往，都不敢与你们较量。你们的百姓生活安宁，牲畜马匹繁殖兴旺，不是我大唐，谁能使你们这样！"于是回纥的众人都围着董晋下拜。后来又相互跟着排列有序地面向南边唐朝的方向而下拜，都举起双手说："我们不敢对大国有异心。"

六月二十日戊申，王缙上表辞让副元帅、都统、行营使。

六月二十五日辛酉，郭子仪从河中迁到邠州，他的精锐的部队都跟随自己，其余的部队就让裨将带领，分别守卫河中、灵州。军士们长期家居河中，都很不乐意迁移，常常从邠州逃回来。行军司马严郢负责河中留守，将这些逃兵全部抓获，杀

秋，九月，吐蕃寇灵州；丁丑，朔方留后常谦光击破之。

河东兵马使王无纵、张奉璋等恃功骄蹇，以王缙书生，易之，多违约束。缙受诏发兵诣盐州防秋，遣无纵、奉璋将步骑三千赴之。奉璋逗遛不进，无纵托他事擅入太原城；缙悉擒斩之，并其党七人，诸将悍戾者殆尽，军府始安。

冬，十月，常谦光奏吐蕃寇鸣沙，首尾四十里。郭子仪遣兵马使浑瑊将锐兵五千救灵州，子仪自将进至庆州，闻吐蕃退，乃还。

黄门侍郎、同平章事杜鸿渐以疾辞位，壬申，许之；乙亥，薨。鸿渐病甚，令僧削发，遗令为塔以葬。

丙子，以左仆射裴冕同平章事。初，元载为新平尉，冕尝荐之，故载举以为相，亦利其老病易制。受命之际，蹈舞仆地，载趋而扶之，代为谢词。十二月，戊戌，冕薨。

（以上为第八段，写郭子仪光明磊落，不听元载挑拨。唐代宗养仆固怀恩之女为公主，与回纥和亲。）

五年（庚戌，770 年）

春，正月，己巳，羌酋白对蓬等各帅部落内属。

观军容宣慰处置使、左监门卫大将军兼神策军使、内侍监鱼朝恩，专典禁兵，宠任无比，上常与议军国事，势倾朝野。朝恩好于广座恣谈时政，陵侮宰相，元载虽强辩，亦拱默不敢应。

神策都虞候刘希暹，都知兵马使王驾鹤，皆有宠于朝恩；希暹说朝恩于北军置狱，使坊市恶少年罗告富室，诬以罪恶，捕系地牢，讯掠取服，籍没其家赀入军，并分赏告捕者；地在禁密，人莫敢言。朝恩每奏事，以必允为期；朝廷政事有不豫者，辄怒曰：“天下事有不由我者邪！”上闻之，由是不怿。

朝恩养子令徽尚幼，为内给使，衣绿，与同列忿争，归告朝恩。朝

掉他们的首领，军心才得以稳定。

秋季，九月，吐蕃军队侵犯灵州；九月十二日丁丑，朔方留后常谦光打败他们。

河东兵马使王无纵、张奉璋等人仗恃有功，骄横狂妄，认为王缙是个书生，轻视他，多次违反军纪。王缙接受诏令调兵到盐州去保护秋收以防外敌入侵，派王无纵、张奉璋率领步兵、骑兵三千人奔赴盐州。张奉璋逗留不前进，王无纵借口其他的事情擅自进入太原城。王缙把他们都抓起来杀了，并将他们的同党七个人一起杀掉，那些强悍蛮横的将领几乎都清除了，军府才得以安宁。

冬季，十月，常谦光上奏说吐蕃侵犯鸣沙，部队首尾长达四十里。郭子仪派兵马使浑瑊率精锐的部队五千人去救援灵州，郭子仪亲自率军进到庆州，听说吐蕃军队撤退后，才返回。

黄门侍郎、同平章事杜鸿渐因为患病要求辞去相位，十一月初八日壬申，代宗同意了。十一月十一日乙亥，杜鸿渐去世。杜鸿渐病重时，命令僧人给他剃去头发，留下遗嘱他死后建造宝塔来安葬。

十一月十二日丙子，任命左仆射裴冕为同平章事。起初，元载做新平县尉时，裴冕曾经推荐他，所以元载就推举裴冕为宰相，同时也因为裴冕年老多病，便于控制。裴冕接受任命，谢礼时摔倒在地，元载连忙上前扶起他，代他致谢辞。十二月初四日戊戌，裴冕去世。

唐代宗大历五年（庚戌，770 年）

春季，正月初五日己巳，羌人酋长白对蓬等人各自率领本部落归附唐朝。

观军容宣慰处置使、左监门卫大将军兼神策军使、内侍监鱼朝恩，专门掌管禁军，代宗对他无比宠幸，经常和他商议军国大事，权倾朝野。鱼朝恩喜欢在大庭广众面前肆意谈论时事政事，侮辱宰相，元载虽然能言善辩，但也只好拱手沉默，不敢应对。

神策都虞候刘希暹，都知兵马使王驾鹤，都受到鱼朝恩的宠爱。刘希暹劝说鱼朝恩在北军中设置监狱，唆使街坊市里的无赖少年罗织罪名告发富人家，诬蔑他们有罪，把他们逮捕起来关进地牢里，严刑拷打使他们屈服，没收他们的家产归于北军所有，并分别奖赏给诬告和搜捕的人。地牢在宫中的隐秘处，人们都不敢说。鱼朝恩每次上奏论事，事先就期望必然会得到代宗的允许。朝廷的政事若有事先不同他商议的，他就发怒说:“天下的事情有不由我决定的吗？”代宗听说后，因此不高兴。

鱼朝恩的养子鱼令徽年龄还小，做内给使，穿绿色朝服，他与同事争吵，回家

恩明日见上曰："臣子官卑，为侪辈所陵，乞赐之紫衣。"上未应，有司已执紫衣于前，令徽服之，拜谢。上强笑曰："儿服紫，大宜称。"心愈不平。

元载测知上指，乘间奏朝恩专恣不轨，请除之；上亦知天下共怨怒，遂令载为方略。朝恩每入殿，常使射生将周皓将百人自卫，又使其党陕州节度使皇甫温握兵于外以为援；载皆以重赂结之，故朝恩阴谋密语，上一一闻之，而朝恩不之觉也。

辛卯，载为上谋，徙李抱玉为山南西道节度使，以温为凤翔节度使，外重其权，实内温以自助也。载又请割郿、虢、宝鸡、鄠、盩厔隶抱玉，兴平、武功、天兴、扶风隶神策军，朝恩喜于得地，殊不以载为虞，骄横如故。

壬辰，加河南尹张延赏为东京留守；罢河南等道副元帅，以其兵属留守。延赏，嘉贞之子也。

二月，戊戌，李抱玉徙镇盩厔，军士愤怒，大掠凤翔坊市，数日乃定。

刘希暹颇觉上意异，以告鱼朝恩，朝恩始疑惧。然上每见之，恩礼益隆，朝恩亦以此自安。皇甫温至京师，元载留之未遣，因与温及周皓密谋诛朝恩。既定计，载白上。上曰："善图之，勿反受祸！"

三月，癸酉，寒食，上置酒宴贵近于禁中，载守中书省。宴罢，朝恩将还营，上留之议事，因责其异图。朝恩自辩，语颇悖慢，皓与左右擒而缢杀之，外无知者。上下诏，罢朝恩观军容等使，内侍监如故。诈云"朝恩受诏乃自缢"，以尸还其家，赐钱六百万以葬。

丁丑，加刘希暹、王驾鹤御史中丞，以慰安北军之心。丙戌，赦京畿系囚，命尽释朝恩党与，且曰："北军将士，皆朕爪牙，并宜仍旧。朕今亲御禁旅，勿有忧惧。"

己丑，罢度支使及关内等道转运、常平、盐铁使，其度支事委宰相

告诉了鱼朝恩。鱼朝恩第二天拜见代宗说："臣的儿子官职卑微，被同辈所欺负，乞求赐给他紫衣。"代宗还没有答应，有关部门官员已经拿着紫衣走上前来，鱼令徽穿上紫衣，向代宗拜谢。唐代宗勉强地笑着说："小孩子穿紫色衣服很合适。"但心里更加愤愤不平。

元载猜测到代宗的心思，乘机上奏鱼朝恩独断专行，图谋不轨，请求除掉他。唐代宗也知道天下对鱼朝恩都很怨恨和愤怒，于是就命令元载策划。鱼朝恩每次进入宫殿，经常派射生将周皓率一百人保卫自己，又派他的党羽陕州节度使皇甫温掌握部队作为外援；元载都用重金贿赂结交他们，因此，鱼朝恩阴谋诡计和机密的谈话，都一一被代宗了解，而鱼朝恩本人还没有察觉。

正月二十七日辛卯，元载为唐代宗谋划，把李抱玉迁任为山南西道节度使，任命皇甫温为凤翔节度使，从外表上看是加重他的权力，实际上是让皇甫温靠近京城以帮助朝廷。元载又请求分割郿、虢、宝鸡、鄠、盩厔等县隶属于李抱玉管辖，将兴平、武功、天兴、扶风等县划归神策军管辖。鱼朝恩得到地盘很高兴、完全不把元载放在心上，仍像过去一样骄横。

正月二十八日壬辰，加任河南尹张延赏为东京留守，罢免河南等道的副元帅，把他们的部队归属留守。张延赏是张嘉贞的儿子。

二月初五日戊戌，李抱玉迁移镇守盩厔，军士们都很愤怒，大肆抢掠凤翔城的街市，过了好几天才平定下来。

刘希暹已经察觉代宗对鱼朝恩另有打算，就告诉了鱼朝恩，鱼朝恩才开始怀疑和恐惧。然而代宗每次见到他，恩遇更加隆重，鱼朝恩也就因此感到自己很安稳。皇甫温到京师，元载就留下他不让他走，因而同皇甫温以及周皓密谋杀掉鱼朝恩。计谋定好后，元载就向代宗报告。代宗说："好好地去干，不要反受其祸！"

三月初十日癸酉，寒食节，代宗在宫中摆酒席宴请显贵和近臣，元载守候中书省。宴会结束后，鱼朝恩准备回营，代宗留下他商议事情，乘机责备他图谋不轨。鱼朝恩自我辩解，言语颇为顶撞傲慢，周皓和左右的人捉住他，用绳子把他勒死，外面没有人知道。唐代宗下诏书，罢免鱼朝恩的观军容使等职务，内侍监一职照旧保留。又对外谎称说："鱼朝恩接受诏命后便上吊自杀了。"把他的尸体送回家，赐钱六百万来安葬。

三月十四日丁丑，加任刘希暹、王驾鹤为御史中丞，以安慰稳定北军的军心。三月二十三日丙戌，代宗赦免京畿囚犯，命令释放鱼朝恩所有党羽，并且说："北军将士，都是朕的亲信，一切仍按过去的办。朕今天亲自掌管禁军，大家不要忧虑和害怕。"

三月二十六日己丑，罢免度支使及关内等道的转运使、常平使、盐铁使，委托

领之。

敕皇甫温还镇于陕。

元载既诛鱼朝恩，上宠任益厚，载遂志气骄溢，每众中大言，自谓有文武才略，古今莫及，弄权舞智，政以贿成，僭侈无度。吏部侍郎杨绾，典选平允，性介直，不附载；岭南节度使徐浩，贪而佞，倾南方珍货以赂载。载以绾为国子祭酒，引浩代之。浩，越州人也。载有丈人自宣州来，从载求官，载度其人不足任事，但赠河北一书而遣之。丈人不悦，行至幽州，私发书视之，书无一言，惟署名而已。丈人大怒，不得已试谒院僚，判官闻有载书，大惊，立白节度使，遣大校以箱受书，馆之上舍，留宴数日，辞去，赠绢千匹。其威权动人如此。

夏，四月，庚子，湖南兵马使臧玠杀观察使崔瓘；澧州刺史杨子琳起兵讨之，取赂而还。

泾原节度使马璘屡诉本镇荒残，无以赡军，上讽李抱玉以郑、颍二州让之；乙巳，以璘兼郑颍节度使。

庚申，王缙自太原入朝。

癸未，以左羽林大将军辛京杲为湖南观察使。

荆南节度使卫伯玉遭母丧，六月，戊戌，以殿中监王昂代之。伯玉讽大将杨鉥等拒昂留己；甲寅，诏起复伯玉镇荆南如故。

秋，七月，京畿饥，米斗千钱。

刘希暹内常自疑，有不逊语，王驾鹤以闻。九月，辛未，赐希暹死。

吐蕃寇永寿。

冬，十一月，郭子仪入朝。

上悉知元载所为，以其任政日久，欲全始终，因独见，深戒之；载犹不悛，上由是稍恶之。

载以李泌有宠于上，忌之，言："泌常与亲故宴于北军，与鱼朝恩亲善，宜知其谋。"上曰："北军，泌之故吏也，故朕使之就见亲故。朝恩之

宰相管理有关度支事务。

代宗敕令皇甫温仍旧回去镇守陕州。

元载杀了鱼朝恩后，代宗对他的宠爱信任更加深厚。元载于是趾高气扬，骄横放肆，每每当众大言不惭，自吹有文武才略，古往今来没有人比得上他，玩弄权术和智谋，施政办事全由贿赂决定，僭越礼制生活奢侈，没有止境。吏部侍郎杨绾，掌管选举事务，性情耿直，不依附元载。岭南节度使徐浩，贪婪而奸佞，竭尽南方的珍宝财货来贿赂元载。元载让杨绾任国子祭酒，引荐徐浩代替杨绾任吏部侍郎。徐浩是越州人。元载有位长辈从宣州来，找元载要官做，元载估计这个人不足以任用官职，只给他一封信往河北就把他打发走了。这位长辈很不高兴，走到幽州时，就私自打开书信来看一看，只见信中没有一句话，只有元载的署名而已。这位长辈非常愤怒，不得已去试着拜谒节度使院的僚属。节度判官听说有元载的书信，大吃一惊。连忙报告了节度使，派遣大校用箱子来盛放元载的书信，招待这位长辈在上等的馆舍住宿，留下宴请了他好几天。临走时，又送给他绢帛一千匹。元载的威势和权力就是如此惊人。

夏季，四月初八日庚子，湖南兵马使臧玠杀了观察使崔灌，澧州刺史杨子琳起兵讨伐他，接受贿赂后就回来了。

泾原节度使马璘多次上诉说本镇的土地荒芜破坏，不能供给军队，唐代宗便劝说李抱玉把郑州、颍州两个州让给他。四月十三日乙巳，任命马璘任郑颍节度使。

四月二十八日庚申，王缙从太原入朝。

五月二十一日癸未，任命左羽林大将军辛京杲为湖南观察使。

荆南节度使卫伯玉遇到母亲的丧事，六月初七日戊戌，任命殿中监王昂代替他。卫伯玉暗示大将杨鉥等人拒绝王昂请留自己。六月二十三日甲寅，诏令恢复卫伯玉镇守荆南照旧。

秋季，七月，京畿地区饥荒，米价一斗值一千钱。

刘希暹内心经常感到忧虑不安，说了些不恭敬的话，王驾鹤报告了代宗。九月十二日辛未，赐刘希暹自杀。

吐蕃侵犯永寿。

冬季，十一月，郭子仪入朝。

代宗对元载的作为一清二楚，因为他担任宰相的职务时间很长，所以想保全他善始善终，因此单独召见他，深切地告诫他。元载还是不改，唐代宗因此慢慢开始讨厌他。

元载认为李泌得到唐代宗的宠信，就嫉妒他，说："李泌经常与亲友故旧在北军举行宴会，与鱼朝恩亲密友好，应该知道他们的阴谋。"代宗说："北军诸将领都是

诛，泌亦预谋，卿勿以为疑。”载与其党攻之不已；会江西观察使魏少游求参佐，上谓泌曰：“元载不容卿，朕今匿卿于魏少游所。俟朕决意除载，当有信报卿，可束装来。”乃以泌为江西判官，且属少游使善待之。

（以上为第九段，写元载设谋诛除了鱼朝恩，更加飞扬跋扈，排挤李泌出京。）

六年（辛亥，771年）

春，二月，壬寅，河西、陇右、山南西道副元帅兼泽潞、山南西道节度使李抱玉上言：“凡所掌之兵，当自训练。今自河、陇达于扶、文，绵亘二千余里，抚御至难。若吐蕃道岷、陇俱下，臣保固汧、陇则不救梁、岷，进兵扶、文则寇逼关辅，首尾不赡，进退无从。愿更择能臣，委以山南，使臣得专备陇坻。”诏许之。

郭子仪还邠州。

岭南蛮酋梁崇牵自称平南十道大都统，据容州，与西原蛮张侯、夏永等连兵攻陷城邑，前容管经略使元结等皆寄治苍梧。经略使王翃至藤州，以私财募兵，不数月，斩贼帅欧阳珪，驰诣广州，见节度使李勉，请兵以复容州；勉以为难，翃曰：“大夫如未暇出兵，但乞移牒诸州，扬言出千兵为援，冀藉声势，亦可成功。”勉从之。翃乃与义州刺史陈仁璀、藤州刺史李晓庭等结盟讨贼。翃募得三千余人，破贼数万众；攻容州，拔之，擒梁崇牵，前后大小百余战，尽复容州故地。分命诸将袭西原蛮，复郁林等诸州。

先是，番禺贼帅冯崇道，桂州叛将朱济时，皆据险为乱，陷十余州，官军讨之，连年不克；李勉遣其将李观与翃并力攻讨，悉斩之，三月，五岭皆平。

河北旱，米斗千钱。

夏，四月，己未，澧州刺史杨子琳入朝，上优接之，赐名猷。

庚申，以典内董秀为内常侍。

吐蕃请和；庚辰，遣兼御史大夫吴损使于吐蕃。

成都司录李少良上书言元载奸赃阴事，上置少良于客省。少良以上语告友人韦颂，殿中侍御史陆珽以告载，载奏之。上怒，下少良、颂、珽御史台狱。御史奏少良、颂、珽凶险比周，离间君臣，五月，戊申，

李泌的旧部，所以是朕派李泌去见见这些亲友故旧。鱼朝恩被诛杀，李泌也参与谋划，你不要怀疑他。”但元载和他的党羽不停地攻击李泌。适逢江西观察使魏少游要一个参谋辅佐的官员。唐代宗对李泌说：“元载容不下你，朕现在把你藏在魏少游那里。等朕下决心除掉元载后，就会有信来通报你，到时你可整装前来。”于是就任命李泌为江西观察判官，并且嘱咐魏少游好好对待李泌。

唐代宗大历六年（辛亥，771年）

春季，二月十五日壬寅，河西、陇右、山南西道副元帅兼泽潞、山南西道节度使李抱玉上书说：“凡是所掌握的军队，都应当亲自训练。现在从河西、陇右直到扶州、文州，绵延二千多里，巡抚和控制非常困难。如果吐蕃军队取道岷州、陇州同时进犯，臣保卫固守汧阳、陇州，就不能援救梁州、岷州。进军扶州、文州，那么敌寇就会进逼关辅地区。首尾来不及互相照应，进退无所适从。希望另外选择能干大臣，把山南委托给他，使臣能够专心防备陇坻。”代宗下诏书同意了他的建议。

郭子仪返回邠州。

岭南蛮人酋长梁崇牵自称为平南十道大都统，占据容州，与西原蛮人的张侯、夏永等人联合部队攻陷城邑，前容管经略使元结等人都把治所寄设在苍梧。经略使王翃到藤州，用私人财产招募部队，不到几个月，就杀了叛贼的统帅欧阳珪。王翃飞奔到广州，拜见节度使李勉，请求派兵去收复容州。李勉认为很困难，王翃说：“大夫如果无暇派兵，只需下公文到各州，扬言派出士兵一千人作为后援，凭借这样的声势，也可以成功。”李勉同意了。王翃就与义州刺史陈仁璀、藤州刺史李晓庭等人结盟讨伐叛贼。王翃招募到三千多人，打败叛贼好几万人。攻打容州，并把容州攻克，活捉梁崇牵，前后打了大小一百多次仗，全部收复容州以前的辖地。又分别命令诸将袭击西原蛮人，收复郁林等各州。

先前，番禺叛贼统帅冯崇道，桂州反叛将领朱济时，都占据险要地方作乱，攻陷了十几个州，官军讨伐他们，连年都不能成功。李勉派他的部将李观与王翃合力进攻讨伐，把他们都杀了。三月，五岭全部平定。

河北干旱，米价一斗值一千钱。

夏季，四月初三日己未，澧州刺史杨子琳入朝，代宗优厚接待他，赐名为猷。

四月初四日庚申，任命典内董秀为内常侍。

吐蕃请求讲和。四月二十四日庚辰，派遣兼御史大夫吴损出使吐蕃。

成都司录李少良上书说元载奸邪贪赃的秘事，唐代宗把李少良安置在客省。李少良把代宗的话告诉了友人韦颂，殿中侍御史陆珽又转告元载，元载奏报代宗。唐代宗发怒，把李少良、韦颂、陆珽关进御史台监狱。御史上奏说李少良、韦颂、陆

敕付京兆，皆杖死。

秋，七月，丙午，元载奏，凡别敕除文、武六品以下官，乞令吏部、兵部无得检勘，从之。时载所奏拟多不遵法度，恐为有司所驳故也。

八月，丁卯，淮西节度使李忠臣将兵二千屯奉天防秋。

上益厌元载所为，思得士大夫之不阿附者为腹心，渐收载权。丙子，内出制书，以浙西观察使李栖筠为御史大夫，宰相不知，载由是稍绌。

九月，吐蕃下青石岭，军于那城；郭子仪使人谕之，明日，引退。

是岁，以尚书右丞韩滉为户部侍郎、判度支；自兵兴以来，所在赋敛无度，仓库出入无法，国用虚耗。滉为人廉勤，精于簿领，作赋敛出入之法，御下严急，吏不敢欺；亦值连岁丰穰，边境无寇，自是仓库蓄积始充。滉，休之子也。

（以上为第十段，写李勉讨平岭南蛮夷叛乱，代宗渐收元载之权。）

七年（壬子，772 年）

春，正月，甲辰，回纥使者擅出鸿胪寺，掠人子女；所司禁之，殴击所司，以三百骑犯金光、朱雀门。是日，宫门皆闭，上遣中使刘清潭谕之，乃止。

三月，郭子仪入朝；丙午，还邠州。

夏，四月，吐蕃五千骑至灵州，寻退。

五月，乙未，赦天下。

秋，七月，癸巳，回纥又擅出鸿胪寺，逐长安令邵说至含光门街，夺其马；说乘他马而去，弗敢争。

卢龙节度使朱希彩既得位，悖慢朝廷，残虐将卒；孔目官李怀瑗因众怒，伺间杀之。众未知所从；经略副使朱泚营于城北，其弟滔将牙内兵，潜使百余人于众中大言曰："节度使非朱副使不可。"众皆从之。泚遂权知留后，遣使言状。冬，十月，辛未，以泚为检校左常侍、幽州卢龙节度使。

十二月，辛未，置永平军于滑州。

（以上为第十一段，写幽州再度兵乱，自立节度，唐代宗姑息听之。）

珽凶狠阴险，结党营私，离间群臣关系。五月二十三日戊申，代宗敕令交付京兆尹，都用棍子打死。

秋季，七月二十二日丙午，元载上奏说，凡是另外敕令任命文，武六品以下的官员，请求命令吏部、兵部不得进行检查核正，唐代宗准许了。这是因为当时元载所上奏拟定的事情大都不遵守法度，他担心被有关部门所反驳的缘故。

八月十四日丁卯，淮西节度使李忠臣率领部队二千人驻扎奉天保护秋收。

唐代宗越来越讨厌元载的所作所为，想得到士大夫中刚正不阿的人为心腹，慢慢地收回元载的权力。八月二十三日丙子，从宫内颁布代宗的制书，任命浙西观察使李栖筠为御史大夫，宰相事先不知道，元载的权力从此渐渐受到遏制。

九月，吐蕃军队攻下青石岭，驻军在那城。郭子仪派人晓谕吐蕃，第二天，吐蕃军队撤退。

这一年，任命尚书右丞韩滉为户部侍郎、判度支。自从战乱发生以来，到处毫无节制地征收赋税，仓库货物的进出没有法令制度，国家财用空虚耗尽。韩滉为人廉洁勤勉，精于账簿登记管理，制定了赋税进出收支的法规，统治部下严格认真，官吏不敢欺骗。同时又遇到连年丰收，边境没有敌寇侵扰，从此仓库积蓄开始充实。韩滉是韩休的儿子。

唐代宗大历七年（壬子，772 年）

春季，正月二十二日甲辰，回纥使者擅自走出鸿胪寺，抢夺百姓的子女。主管官员出面禁止，被他们殴打。他们还率领三百个骑兵进犯金光门和朱雀门。这一天，宫门全部关闭，代宗派宫中使者刘清潭去晓谕回纥人，才制止了他们。

三月，郭子仪入朝。三月二十五日丙午，返回邠州。

夏季，四月，吐蕃的五千骑兵到达灵州，不久就撤退了。

五月十五日乙未，大赦天下。

秋季，七月十四日癸巳，回纥人又擅自走出鸿胪寺，把长安令邵说撵到了含光门街道，夺了他的马，邵说只好骑别的马离开，不敢和他们争辩。

卢龙节度使朱希彩得到官位后，顶撞朝廷，傲慢无礼，残酷地虐待将士。孔目官李怀瑗利用众人的愤怒，找个机会把他杀了。众人无所适从。经略副使朱泚在城北扎营，他的弟弟朱滔率领牙内兵，暗中派了一百多个人在众人中大喊大叫："节度使非朱副使当不可。"众人都听从了。朱泚暂时代理留后，派使者到朝廷说明情况。冬季，十月二十四日辛未，任命朱泚为检校左常侍，幽州、卢龙节度使。

十二月二十五日辛未，在滑州设置永平军。

八年（癸丑，773 年）

春，正月，昭义节度使、相州刺史薛嵩薨。子平，年十二，将士胁以为帅，平伪许之；既而让其叔父崿，夜奉父丧，逃归乡里。壬午，制以崿知留后。

二月，壬申，永平节度使令狐彰薨。彰承滑、亳离乱之后，治军劝农，府廪充实。时藩镇率皆跋扈，独彰贡赋未尝阙；岁遣兵三千诣京西防秋，自赍粮食，道路供馈皆不受，所过秋豪不犯。疾亟，召掌书记高阳齐映，与谋后事，映劝彰请代人，遣子归私第；彰从之，遗表称："昔鱼朝恩破史朝义，欲掠滑州，臣不听，由是有隙。及朝恩诛，值臣寝疾，以是未得入朝，生死愧负。臣今必不起，仓库畜牧，先已封籍，军中将士，州县官吏，按堵待命。伏见吏部尚书刘晏、工部尚书李勉可委大事，愿速以代臣。臣男建等，今勒归东都私第。"彰薨，将士欲立建，建誓死不从，举家西归。三月，丙子，以李勉为永平节度使。

吏部侍郎徐浩、薛邕，皆元载、王缙之党；浩妾弟侯莫陈忿为美原尉，浩属京兆尹杜济虚以知驿奏优，又属邕拟长安尉。忿参台，御史大夫李栖筠劾奏其状，敕礼部侍郎万年于邵等按之。邵奏邕罪在赦前，应原除，上怒。夏，五月，乙酉，贬浩明州别驾，邕歙州刺史；丙戌，贬济杭州刺史，邵桂州长史，朝廷稍肃。

辛卯，郑王邈薨，赠昭靖太子。

回纥自乾元以来，岁求和市，每一马易四十缣，动至数万匹，马皆驽瘠无用；朝廷苦之，所市多不能尽其数，回纥待遣、继至者常不绝于鸿胪。至是，上欲悦其意，命尽市之。秋，七月，辛丑，回纥辞归，载赐遗及马价，共用车千余乘。

（以上为第十二段，写永平节度使令狐彰恪尽职守，唐用重金买回纥瘦弱无用之马以维护和平。）

八月，己未，吐蕃六万骑寇灵武，践秋稼而去。

唐代宗大历八年（癸丑，773 年）

春季，正月，昭义节度使、相州刺史薛嵩去世。他的儿子薛平，年龄十二岁，将士们胁迫他做主帅，薛平假装答应了。不久就把主帅的位置让给他的叔叔薛崿，夜晚护送父亲的灵柩，逃回乡里。正月初六日壬午，下制书任命薛崿任留后。

二月二十七日壬申，永平节度使令狐彰去世。令狐彰接受经过战乱的滑州、亳州的乱摊子以后，整治军队，鼓励农耕，因此府库充实。当时各藩镇大都飞扬跋扈，唯独令狐彰上交朝廷的赋税从未缺过。每一年派遣部队三千人到京西去保护秋收，自带粮食，路途中各方所供给和赠送的东西也不接受，所经过的地方秋毫不犯。病重时，召见掌书记高阳人齐映，和他一起商量后事。齐映劝令狐彰向朝廷请求替代自己的人，遣送自己的儿子回家。令狐彰听从了这一建义，写下遗表说："以前鱼朝恩打败史朝义，想要掠夺滑州，臣不听从，由此产生矛盾。等到鱼朝恩被杀时，臣正重病不起，因此无法入朝拜见陛下，生前死后都感到惭愧对不起。臣现在病重一定不会好，仓库的货物以及牧养的牲畜都已经先登记封存，军中将士、州县官吏，安居待命。臣个人认为吏部尚书刘晏、工部尚书李勉可以委任大事，希望赶快让他们来代替臣。臣的儿子令狐建等人，如今已勒令他们回到东都私宅。"令狐彰去世后，将士们想要拥立令狐建，令狐建誓死不从，带领全家西归东都。三月初一日丙子，任命李勉为永平节度使。

吏部侍郎徐浩、薛邕都是元载、王缙的党羽。徐浩妾的弟弟侯莫陈怤为美原县尉，徐浩拜托京兆尹杜济虚报侯莫陈怤掌管驿站工作成绩突出，胜过其他各县，又拜托薛邕拟任用他为长安县尉。侯莫陈怤参拜御史台，御史大夫李栖筠弹劾他并奏明他的情况。唐代宗敕令礼部侍郎万年人于邵等人审查此事。于邵上奏说薛邕的罪过在大赦以前，应该原谅免罪。唐代宗很生气。夏季，五月十一日乙酉，把徐浩贬为明州别驾，把薛邕贬为歙州刺史。五月十二日丙戌，又把杜济贬为杭州刺史，把于邵贬为桂州长史。于是朝廷的纲纪稍稍得到一些整肃。

五月十七日辛卯，郑王李邈去世，追赠为昭靖太子。

回纥自从乾元年间以来，每年都请求唐朝议价购买他们的马匹，每一匹马换四十匹绢，动不动就是好几万匹马，而且这些马都是瘦弱无用的。朝廷感到很苦恼，常常不能尽数购买，因此住在鸿胪寺等待回去以及接踵而来的回纥人络绎不绝。到了此时，代宗想要满足他们的心意，命令把他们的马全部购买下来。秋季，七月二十八日辛丑，回纥人辞别而回，运载朝廷的赏赐和卖马得到的财物，一共用了一千多辆车子。

八月十六日己未，吐蕃六万骑兵侵犯灵武，践踏秋季的庄稼后回去。

辛未，幽州节度使朱泚遣弟滔将五千精骑诣泾州防秋。自安禄山反，幽州兵未常为用，滔至，上大喜，劳赐甚厚。

壬申，回纥复遣使者赤心以马万匹来求互市。

九月，壬午，循州刺史哥舒晃杀岭南节度使吕崇贲，据岭南反。

癸未，晋州男子郇模，以麻辫发，持竹筐苇席，哭于东市。人问其故，对曰："愿献三十字，一字为一事；若言无所取，请以席裹尸，贮筐中，弃于野。"京兆以闻。上召见，赐新衣，馆于客省。其言"团"者，请罢诸州团练使也；"监"者，请罢诸道监军使也。

魏博节度使田承嗣为安、史父子立祠堂，谓之四圣，且求为相；上令内侍孙知古因奉使讽令毁之。冬，十月，甲辰，加承嗣同平章事以褒之。

灵州破吐蕃万余众。吐蕃众十万寇泾、邠，郭子仪遣朔方兵马使浑瑊将步骑五千拒之。庚申，战于宜禄。瑊登黄菅原望虏，命据险布拒马以备其驰突。宿将史抗、温儒雅等意轻瑊，不用其命；瑊召使击虏，则已醉矣；见拒马，曰："野战，乌用此为！"命撤之。叱骑兵冲虏陈，不能入而返；虏蹑而乘之，官军大败，士卒死者什七八，居民为吐蕃所掠千余人。

甲子，马璘与吐蕃战于盐仓，又败。璘为虏所隔，逮暮未还，泾原兵马使焦令谌等与败卒争门而入。或劝行军司马段秀实乘城拒守，秀实曰："大帅未知所在，当前击虏，岂得苟自全乎！"召令谌等让之曰："军法，失大将，麾下皆死。诸君忘其死邪！"令谌等惶惧拜请命。秀实乃发城中兵未战者悉出，陈于东原，且收散兵，为将力战状。吐蕃畏之，稍却。既夜，璘乃得还。

郭子仪召诸将谋曰："败军之罪在我，不在诸将。然朔方兵精闻天下，今为虏败，何策可以雪耻？"莫对。浑瑊曰："败军之将，不当复预议。然愿一言今日之事，惟理瑊罪，不则再见任。"子仪赦其罪，使将兵趣朝那。虏既破官军，欲掠汧、陇。盐州刺史李国臣曰："虏乘胜必犯郊畿，我掎其后，虏必返顾。"乃引兵趣秦原，鸣鼓而西。虏闻之，至百

八月二十八日辛未，幽州节度使朱泚派他的弟弟朱滔率领五千骑兵到泾州保护秋收。自从安禄山反叛后，幽州的军队不曾被朝廷所调用，朱滔到后，唐代宗非常高兴，慰劳赏赐极为优厚。

八月二十九日壬申，回纥又派使者赤心带一万匹马来要求与唐朝交易。

九月初十日壬午，循州刺史哥舒晃杀死岭南节度使吕崇贲，占据岭南反叛。

九月十一日癸未，晋州男子郇模用麻绳扎发辫，手持竹筐苇席，在长安东市痛哭。人们问他为什么这样做，他回答说：“我愿意贡献三十个字，一个字反映一件事，如果我所说的话一无可取，请求用苇席裹住我的尸体，装进竹筐中，抛弃在野外。”京兆府把这件事报告代宗。代宗召见郇模，赐给他新衣服，让他住在客省里。他说“团”字，是请求罢除各州团练使；说“监”字，是请求罢除各道监军使。

魏博节度使田承嗣为安禄山、史思明父子建立祠堂，称他们为“四圣”，并且请求做宰相。代宗命令内侍孙知古借奉命出使的机会，婉言劝说田承嗣拆毁祠堂。冬季，十月初二日甲辰，加任田承嗣同平章事以此来褒奖他。

灵州打败吐蕃军队一万多人。吐蕃军队十万人侵犯泾州、邠州，郭子仪派朔方兵马使浑瑊率领步兵骑兵五千人抵抗他们。十月十八日庚申，双方在宜禄交战。浑瑊登上黄菼原，瞭望敌人，命令依据险要地方布置防御战具，以防止敌骑冲击。老将史抗、温儒雅等人心里瞧不起浑瑊，不服从他的命令。浑瑊派人叫他们去攻打敌人，他们已喝醉了。他们看见防御战具说：“野外作战，用这东西干什么！”命令把它撤掉。叱令骑兵冲向敌人阵地，不能冲进敌阵便退回来了。敌人紧跟在后，乘机进攻，官军大败，士卒死了十分之七八，居民被吐蕃军抢走一千多人。

十月二十二日甲子，马璘和吐蕃军在盐仓交战，又失败了。马璘被敌人阻隔，到了黄昏的时候还没有回来，泾原兵马使焦令谌等人与败兵争着进入城门。有人劝说行军司马段秀实登上城墙据守，段秀实说：“大帅不知道在哪里，应当向前攻打敌人，怎么能够苟且偷生自我保全呢？”把焦令谌等人叫来责备说：“按照军法，失去大将，部下都要死。各位忘记了自己的死罪吗？”焦令谌等人都惶恐不安，跪拜向段秀实请战。段秀实于是调集城中还没有作战的士兵全部出城，在东原布下阵势，并且收集散失的士兵，做出准备拼死作战的样子。吐蕃军害怕了，稍稍向后撤退。夜里，马璘得以返回。

郭子仪召集诸将谋划说：“军队战败的罪过在我身上，不在诸位将领身上，然而朔方军队精锐闻名天下，现在被敌人打败，有什么计策可以雪耻？”没有人回答。浑瑊说：“败军之将，本不当再参与商议军事。但是我愿意说一说今天的事情，此事只该治我的罪，否则就再派我去战斗。”郭子仪赦免他的罪过，让他率兵奔赴朝那。敌人打败官军后，想要攻掠汧阳、陇州。盐州刺史李国臣说：“敌人乘胜必然进犯京

城，返，浑瑊邀之于隘，尽复得其所掠；马璘亦出精兵袭虏辎重于潘原，杀数千人，虏遂遁去。

乙丑，以江西观察使路嗣恭，讨哥舒晃。

初，元载尝为西州刺史，知河西、陇右山川形势。是时，吐蕃数为寇，载言于上曰："四镇、北庭既治泾州，无险要可守。陇山高峻，南连秦岭，北抵大河。今国家西境尽潘原，而吐蕃戍摧沙堡，原州居其中间，当陇山之口，其西皆监牧故地，草肥水美，平凉在其东，独耕一县，可给军食，故垒尚存，吐蕃弃而不居。每岁盛夏，吐蕃畜牧青海，去塞甚远，若乘间筑之，二旬可毕。移京西军戍原州，移郭子仪军戍泾州，为之根本，分兵守石门、木峡，渐开陇右，进达安西，据吐蕃腹心，则朝廷可高枕矣。"并图地形献之，密遣人出陇山商度功用。会汴宋节度使田神功入朝，上问之，对曰："行军料敌，宿将所难，陛下奈何用一书生语，欲举国从之乎！"载寻得罪，事遂寝。

有司以回纥赤心马多，请市千匹。郭子仪以为如此，逆其意太甚，自请输一岁俸为国市之。上不许。十一月，戊子，命市六千匹。

（以上为第十三段，写吐蕃入侵，大败而返。）

畿郊县地区，我们在他们后面进行牵制，敌人一定会回头照顾。”于是就带兵奔赴秦原，一路上击鼓西行。敌人听到后，到了百城就往回撤。浑瑊在山隘里截击，把敌人所掠夺的人员财物全都夺回来了。马璘也派出精锐部队在潘原袭击敌人的辎重，杀死好几千敌人，敌人于是便逃走。

十月二十三日乙丑，命令江西观察使路嗣恭讨伐哥舒晃。

当初，元载曾任西州刺史，了解河西、陇右的山川地势。这里，吐蕃多次侵犯，元载对唐代宗说：“四镇、北庭的治所已经设在泾州，没有险要之地可以防守。陇山高峻，南连秦岭，北抵黄河。如今国家西方的边境到潘原为止，而吐蕃戍守摧沙堡，原州夹在中间，正当陇山的山中，它的西部都是设监放牧的地区，草肥水美，平凉在他的东部，是原州唯一的农耕县，可以供给军用粮食，过去的堡垒还保存着。吐蕃人放弃这些堡垒而不居住。每一年的盛夏，吐蕃人在青海放牧牲畜，离开边塞很远，如果乘机修筑城墙，二十天就可完毕。调遣京西的军队去戍守原州，调遣郭子仪的军队戍守泾州，以此作为根本办法，分兵把守石门关、木峡关，逐渐开辟陇右，进而到达安西，占据吐蕃的腹地，那么朝廷就可以高枕无忧了。”元载又画了一幅地形图献给代宗，暗中派人出陇山估计工程费用。适逢汴宋节度使田神功入朝，代宗询问他对此事的看法，田神功回答说：“调兵打仗，预料敌情，就是久经沙场的老将也感到是很困难的事，陛下为什么采用一介书生的话，想要让全国上下都听从他呢？”元载不久获罪，这件事也就搁置作罢。

有关部门认为回纥使者赤心所带来的马匹太多，请求只购买一千匹。郭子仪认为这样办，就会违背回纥人的意愿太大，请求拿出自己一年的俸禄替国家买下回纥人的马。唐代宗不同意。十一月十七日戊子，代宗命令购买六千匹马。

【点评】

本卷记载代宗中期执政，八年有余。安史之乱平定后，唐王朝应有一番中兴气象，由于唐代宗昏而庸，懦而阴，猜忌功臣，宠信宦官，放任权臣，姑息藩镇，祸乱不断，无善政可言。但唐代宗不兴大狱，不滥杀无辜，维持政局相对稳定，也算一个中庸之君。本卷点评，唐代宗可以称述的一些中庸事务。

中庸之主唐代宗。唐代宗之女升平公主下嫁郭子仪之子郭暧，小夫妻有口舌之争。有一次，郭暧气愤，口无遮拦，大言说："你仗势你父亲是皇帝吗？我的父亲看不起皇帝之位才不做。"此言大逆不道，有杀身之祸。升平公主也不思后果，耍孩子脾气，气急败坏入宫上奏，可是代宗没有护短听信儿女私情的话，平心静气地教导公主，说："你不懂事，你的丈夫说得对，他的父亲要当天子，皇帝还是你家的吗？"代宗安抚公主一番，打发她回家。郭子仪知道了，把郭暧抓起来，入宫请罪。代宗开导说："俗话说，'不呆不聋，做不了公公'，儿女私房语，不要去听。"唐代宗极为清醒明白，公主仗势，才有驸马发怒，从容地与郭子仪聊家常，在诙谐之中保护了功臣。就事论事，唐代宗不失为一个明主。代宗临终，嘱咐太子李适，国家有急，郭子仪堪大用。代宗昏庸，猜忌心扭曲了他的人性。清醒时，却又明智可爱。

唐代宗宠信宦官，放纵奸相元载，他两用权臣与宦官，保持权力平衡。宦官李辅国、程元振、鱼朝恩，权臣元载，该诛除时就诛除，元恶止其身，不兴大狱，不滥杀无辜，在当时乱世环境，亦不失为明智之举。权臣元载不容李泌，代宗不想立即诛除元载，于是外放李泌为江西判官，保护起来。代宗对李泌说："等朕决意除掉元载后，再找你回来。"唐代宗直到后期大历十二年（777）才诛杀元载，籍没家产，单是胡椒就有八百石。其他珍宝不计其数。第二年，代宗召回李泌，对李泌说，好容易八年才杀了元载这个贼臣。李泌说："臣下有罪，应该及早处置，不要宽容太过。"唐代宗说："做事应该十全，不可轻发。"这些谈话，可见代宗把优柔看作智谋，自以为是，不可救药，过了几天，唐代宗又听了宰相常衮的话，又把李泌外放做州刺史，考察他的行政能力。代宗耳根子软，有人说东就是东，有人说西就是西，心无定见，这也是昏庸的一种表现。

唐代宗也擅长权谋，诛除鱼朝恩，用心细密。吐蕃入长安，代宗蒙尘入鱼朝恩神策军营，鱼朝恩自以为功大，权势日隆，贪心越来越大。鱼朝恩不满足于军功显贵，还胁迫代宗任命他掌管国子监，附庸风雅，还自吹自擂文武双全，大言不惭地登坛讲《易经》。鱼朝恩当众讥讽宰相元载等人，狂妄声称："决定天下事不能没有我鱼朝恩。"鱼朝恩在神策军府私设牢狱，唆使京城恶少诬告京城富室，捕入牢狱，拷打成罪，然后没收富人资财，巧取豪夺，市民称其牢狱为"地牢"。万年县吏贾明观依靠鱼朝恩撑腰，捕人收财，家资巨万。鱼朝恩骄恣，甚至不把代宗放在眼

里。鱼朝恩为他的养子鱼令徽求高官，有一次鱼朝恩在殿上对代宗说：“臣的儿子官小，遭到小青年的凌辱，乞赐紫衣。”唐代宗还没有说话，有人就拿紫衣披在鱼令徽身上。代宗很尴尬，苦笑着说：“儿服紫，大宜称。”心里很不畅快。元载抓住机会，指控鱼朝恩专恣不轨，请求诛除。代宗嘱咐元载说：“善图之，勿反受祸。”因为鱼朝恩，不仅握有神策军，还有藩镇亲信，同华节度使周智光，陕州节度使皇甫温，凤翔节度使李抱玉，都近在咫尺，代宗不能不小心。大历二年，唐代宗密诏郭子仪征讨同华，杀了周智光。大历五年，元载又收买了皇甫温，以及鱼朝恩的身边侍从卫士长周皓，完全掌握了鱼朝恩的动向。为了麻痹鱼朝恩，表面上又把兴平、武功、天兴、扶风等地划归神策军。鱼朝恩喜得地盘，骄横如故。大历五年三月寒食节，唐代宗设宴于禁中，宴会后，唐代宗以议事为由留下鱼朝恩，周皓将其擒获缢杀。诡谲权诈，唐代宗超过了肃宗。

唐纪四十一

唐代宗大历九年至十四年（774—779年）

【起阏逢摄提格（甲寅，774年），尽屠维协洽（己未，779年）七月，凡五年有奇】

【大事提要】

本卷记事起公元774年，讫公元779年七月，凡五年又七个月。当唐代宗大历九年到大历十四年七月。此时期为代宗晚年执政，比前期略有一番作为。卢龙节度使朱泚听命入朝，带兵防秋。魏博节度使田承嗣骄慢，唐代宗征调九节度使征讨，虽然无功，但表现了朝廷反对割据的姿态。平定了汴宋留后李灵曜的叛乱。裁撤诸州团练使，额定诸州守兵，统一京师以及地方各级官吏的俸禄，清理积弊，法制粗定。诛杀了权臣元载。吐蕃在西北、西南全线频繁入侵，也为诸镇边兵击退。但唐代宗终非中兴之主，平庸姑息如故，田承嗣战事不利，上表服罪，只是一句空话，代宗不问。田承嗣死，田悦继位，唐代宗听之任之，藩镇割据之势不可逆转。唐代宗崩，德宗立，锐意兴革，释禁苑走兽，出宫女，治刑狱，倡节俭，罢奉献，禁中使向地方求索，德宗还整顿京师秩序，拆毁逾制豪宅，约束回纥商人，罢天下榷酒收利，中外皆悦，天下以为太平之治庶几可望。

【原文】

代宗睿文孝武皇帝中之下

大历九年（甲寅，774年）

春，正月，壬寅，田神功薨于京师。

澧朗镇遏使杨猷自澧州沿江而下，擅出境至鄂州，诏听入朝。猷遂溯汉江而上，复州、郢州皆闭城自守，山南东道节度使梁崇义发兵备之。

二月，辛未，徐州军乱，刺史梁乘逾城走。

谏议大夫吴损使吐蕃，留之累年，竟病死虏中。

庚辰，汴宋兵防秋者千五百人，盗库财溃归，田神功薨故也。己丑，以神功弟神玉知汴宋留后。

癸巳，郭子仪入朝，上言："朔方，国之北门，中间战士耗散，什才有一。今吐蕃兼河、陇之地，杂羌、浑之众，势强十倍。愿更于诸道各发精卒，成四五万人，则制胜之道必矣。"

三月，戊申，以皇女永乐公主许妻魏博节度使田承嗣之子华。上意欲固结其心，而承嗣益骄慢。

以澧朗镇遏使杨猷为洮州刺史、陇右节度兵马使。

夏，四月，甲申，郭子仪辞还邠州。复为上言边事，至涕泗交流。

壬辰，赦天下。

五月，丙午，杨猷自澧州入朝。

泾原节度使马璘入朝，讽将士为己表求平章事。丙寅，以璘为左仆射。

六月，卢龙节度使朱泚遣弟滔奉表请入朝，且请自将步骑五千防秋；上许之，仍为先筑大第于京师以待之。

癸未，兴善寺胡僧不空卒，赠开府仪同三司、司空，赐爵肃国公，谥曰大辩正广智不空三藏和尚。

京师旱，京兆尹黎幹作土龙祈雨，自与巫觋更舞。弥月不雨，又祷于文宣王。上闻之，命撤土龙，减膳节用。秋，七月，戊午，雨。

【语译】

代宗睿文孝武皇帝中之下

唐代宗大历九年（甲寅，774 年）

春季，正月初三日壬寅，田神功在京师去世。

澧朗镇遏使杨猷从澧州沿长江而下，擅自出境到了鄂州，唐代宗下诏让他入朝。杨猷于是溯汉江而上，复州、郢州都闭城自守，山南东道节度使梁崇义调兵防备他。

二月初二日辛未，徐州军队叛乱，刺史梁乘翻越城墙逃走。

谏议大夫吴损出使吐蕃，被留在那些里好几年，最后病死在吐蕃。

二月十一日庚辰，汴宋调去保护秋收的部队一千五百人，盗窃仓库财物溃散逃归，这是因为田神功去世的缘故。二月二十日己丑，任命田神功的弟弟田神玉为汴宋留后。

二月二十四日癸巳，郭子仪入朝，向代宗进言说："朔方是国家的北大门，那里的战士消耗散失，仅仅剩下十分之一。现在吐蕃兼有河陇地区，杂聚羌、吐谷浑的部众，势力比以前强大十倍。请求各道再分别派遣精兵，组成一支四五万人的部队，那么就一定能克敌制胜。"

三月初九日戊申，将代宗女儿永乐公主许配给魏博节度使田承嗣的儿子田华为妻。代宗想要牢固地得到田承嗣的忠心，但田承嗣却更加骄横傲慢。

任命澧朗镇遏使杨猷为洮州刺史、陇右节度兵马使。

夏季，四月十六日甲申，郭子仪辞别唐代宗返回邠州时，再次向代宗谈论边疆事情，以致痛哭流涕。

四月二十四日壬辰，大赦天下。

五月初八日丙午，杨猷从澧州来入朝。

泾原节度使马璘入朝，暗示将士们替自己上表请求任平章事的职位。五月二十八日丙寅，任命马璘为左仆射。

六月，卢龙节度使朱泚派他的弟弟朱滔拿着表书请求入朝，并且请求亲自率领步兵、骑兵五千人去保护秋收，代宗同意了，并事先替他在京师修了一座高大的宅第等待他回来。

六月十五日癸未，兴善寺的胡族僧人不空圆寂，追赠他为开府仪同三司、司空，赐爵号为肃国公，谥号为大辩正广智不空三藏和尚。

京师旱灾，京兆尹黎幹做了一条土龙求雨，亲自和巫师巫妇交替舞蹈。过了一个月仍不见下雨，又向文宣王孔子祈祷。代宗听说后，命令撤掉土龙，减少膳食，节约费用。秋季，七月二十一日戊午，天下雨。

朱泚入朝，至蔚州，有疾，诸将请还，俟间而行。泚曰：“死则舆尸而前！”诸将不敢复言。九月，庚子，至京师，士民观者如堵。辛丑，宴泚及将士于延英殿，犒赏之盛，近时未有。

壬寅，回纥擅出鸿胪寺，白昼杀人，有司擒之；上释不问。

甲辰，命郭子仪、李抱玉、马璘、朱泚分统诸道防秋之兵。

冬，十月，壬申，信王瑝薨。乙亥，梁王璿薨。

魏博节度使田承嗣诱昭义将吏使作乱。

（以上为第一段，写郭子仪入朝言边事，卢龙节度使朱泚带兵防秋。）

十年（乙卯，775 年）

春，正月，丁酉，昭义兵马使裴志清逐留后薛崿，帅其众归承嗣。承嗣声言救援，引兵袭相州，取之。崿奔洺州，上表请入朝，许之。

辛丑，郭子仪入朝。

壬寅，寿王瑁薨。

乙巳，朱泚表请留阙下，以弟滔知幽州、卢龙留后，许之。

昭义裨将薛择为相州刺史，薛雄为卫州刺史，薛坚为洺州刺史，皆薛嵩之族也。戊申，上命内侍魏知古如魏州谕田承嗣，使各守封疆；承嗣不奉诏，癸丑，遣大将卢子期取洺州，杨光朝攻卫州。

乙卯，西川节度使崔宁奏破吐蕃数万于西山，斩首万级，捕虏数千人。

丙辰，诏：“诸道兵有逃亡者，非承制敕，无得辄召募。”

二月，乙丑，田承嗣诱卫州刺史薛雄，雄不从，使盗杀之，屠其家，尽据相、卫四州之地，自置长吏，掠其精兵良马，悉归魏州；逼魏知古与共巡磁、相二州，使其将士割耳剺面，请承嗣为帅。

朱泚入朝，到达蔚州时，生了病，诸位将领劝他回去，等病好了再启程去京城。朱泚说：“如果我病死，就用车子载着我的尸体前行！”诸位将领不敢再说什么了。九月初四日庚子，到达京师，士人和百姓围观的很多，好像排成人墙一样。九月初五日辛丑，唐代宗在延英殿宴请朱泚及其将士，犒劳和赏赐之盛大，是近年来所没有过的。

九月初六日壬寅，回纥人擅自走出鸿胪寺，光天化日之下杀人，有关部门捉住他们，唐代宗竟释放他们而不追究。

九月初八日甲辰，任命郭子仪、李抱玉、马璘、朱泚分别统领各道保护秋收的部队。

冬季，十月初六日壬申，信王李瑝去世。初九日乙亥，梁王李璿去世。

魏博节度使田承嗣诱使昭义的将领官吏叛乱。

唐代宗大历十年（乙卯，775年）

春季，正月初三日丁酉，昭义兵马使裴志清驱逐留后薛崿，率领他的部众归附田承嗣，田承嗣声称去救援，带兵袭击相州，攻下相州。薛崿逃到洺州，上表请求入朝，唐代宗同意了。

正月初七日辛丑，郭子仪入朝。

正月初八日壬寅，寿王李瑁去世。

正月十一日乙巳，朱泚上表请求留在京师，并任命他弟弟朱滔为幽州、卢龙留后，唐代宗同意了。

昭义副将薛择为相州刺史，薛雄为卫州刺史，薛坚为洺州刺史，他们都是薛嵩的族人。十四日戊申，唐代宗命令内侍魏知古到魏州去晓谕田承嗣，让他们各自严守自己的疆界。田承嗣不接受诏令，正月十九日癸丑，派大将卢子期攻取洺州，杨光朝攻打卫州。

正月二十一日乙卯，西川节度使崔宁奏报说在西山打败吐蕃好几万人，杀死一万人，俘虏几千人。

正月二十二日丙辰，代宗诏令：“各道士兵有逃亡的，没有接到朕的敕命，不得随便招募。”

二月初一日乙丑，田承嗣引诱卫州刺史薛雄，薛雄不服从，就派强盗把薛雄杀了，并杀光了他的家属，完全占据了相州、卫州等四个州的地方，擅自设置长官，收编这些地方的精兵良马，把他们都归属于魏州。又逼迫魏知古和他一起巡视磁州、相州两个州，让这两州的将士用刀割耳划脸，请求封田承嗣为主帅。

辛未，立皇子述为睦王，逾为郴王，连为恩王，遘为鄜王，迅为随王，造为忻王，暹为韶王，运为嘉王，遇为端王，遹为循王，通为恭王，达为原王，逸为雅王。

丙子，以华州刺史李承昭知昭义留后。

河阳三城使常休明，苛刻少恩。其军士防秋者归，休明出城劳之，防秋兵与城内兵合谋攻之，休明奔东都；军士奉兵马使王惟恭为帅，大掠，数日乃定。上命监军冉庭兰慰抚之。

三月，甲午，陕州军乱，逐兵马使赵令珍。观察使李国清不能禁，卑辞，遍拜将士，乃得脱去。军士大掠库物。会淮西节度使李忠臣入朝，过陕，上命忠臣按之；将士畏忠臣兵威，不敢动。忠臣设棘围，令军士匿名投库物，一日，获万缗，尽以给其从兵为赏。

乙巳，薛嵎、常休明皆诣阙请罪，上释不问。

初，成德节度使李宝臣、淄青节度使李正己，皆为田承嗣所轻。宝臣弟宝正娶承嗣女，在魏州，与承嗣子维击球，马惊，误触维死；承嗣怒，囚宝正，以告宝臣。宝臣谢教敕不谨，封杖授承嗣，使挞之；承嗣遂杖杀宝正，由是两镇交恶。及承嗣拒命，宝臣、正己皆上表请讨之，上亦欲因其隙讨承嗣。夏，四月，乙未，敕贬承嗣为永州刺史，仍命河东、成德、幽州、淄青、淮西、永平、汴宋、河阳、泽潞诸道发兵前临魏博，若承嗣尚或稽违，即令进讨；罪止承嗣及其侄悦，自余将士弟侄苟能自拔，一切不问。

时朱滔方恭顺，与宝臣及河东节度使薛兼训攻其北，正己与淮西节度使李忠臣等攻其南。五月，乙未，承嗣将霍荣国以磁州降。丁未，李正己攻德州，拔之。李忠臣统永平、河阳、怀、泽步骑四万进攻卫州。六月，辛未，田承嗣遣其将裴志清等攻冀州，志清以其众降李宝臣。甲戌，承嗣自将围冀州，宝臣使高阳军使张孝忠将精骑四千御之，宝臣大军继至；承嗣烧辎重而遁。孝忠，本奚也。

田承嗣以诸道兵四合，部将多叛而惧，秋，八月，遣使奉表，请束

二月初七日辛未，唐代宗立皇子李述为睦王，李逾为郴王，李连为恩王，李遘为鄜王，李迅为随王，李造为忻王，李暹为韶王，李运为嘉王，李遇为端王，李遹为循王，李通为恭王，李达为原王，李逸为雅王。

二月十二日丙子，任命华州刺史李承昭为昭义留后。

河阳三城使常休明，对部下刻薄寡恩。他的军士保护秋收归来，常休明出城去慰劳他们。护秋的士兵与城内的士兵合谋攻打常休明，常休明逃往东都洛阳。军士拥立兵马使王惟恭为主帅，大肆抢掠，过了好几天才平定下来，唐代宗命令监军冉庭兰前往慰问安抚。

三月初一日甲午，陕州军队叛乱，驱逐兵马使赵令珍。观察使李国清不能加以禁止，只好低三下四地说好话，并到处求拜将士，才得以脱身。军士大肆掠夺仓库财物。适逢淮西节度使李忠臣入朝，经过陕州，唐代宗命令李忠臣去制止他们。陕州将士慑于李忠臣的军威，不敢轻举妄动。李忠臣用荆棘围出一块地方，命令军士以不计名的方式将所抢夺的仓库财物投放在里面。一天的时间，就获得价值万缗的财物，全部分给他的随从士兵作为奖赏。

三月十二日乙巳，薛崿、常休明都到朝廷去请罪，唐代宗放过他们不加追究。

当初，成德节度使李宝臣、淄青节度使李正己都被田承嗣所瞧不起。李宝臣的弟弟李宝正娶田承嗣的女儿为妻，李宝正在魏州与田承嗣的儿子田维打马球，马受了惊，误将田维撞死。田承嗣发怒，囚禁了李宝正，将此事告诉李宝臣。李宝臣以管教不严表示歉意，将棍杖封好交给田承嗣，让他责打李宝正。田承嗣于是将李宝正打死，从此两镇结下怨仇。等到田承嗣抗拒朝廷的命令时，李宝臣和李正己都上表请求讨伐他，唐代宗也想利用他们之间的矛盾讨伐田承嗣。夏季，四月初三日乙未，唐代宗敕令把田承嗣贬为永州刺史，并令河东、成德、幽州、淄青、淮西、永平、汴宋、河阳、泽潞各道派兵前往魏博，假如田承嗣还要拖延违抗的话，就进军讨伐他；只惩治田承嗣和他的侄儿田悦的罪行，其他将士及其兄弟侄儿如能自省的话，一律不追究。

当时朱滔很恭顺，他与李宝臣及河东节度使薛兼训从北面进攻，李正己和淮西节度使李忠臣等人从南面进攻。五月初三日乙未，田承嗣的部将霍荣国以磁州城投降。五月十五日丁未，李正己攻打德州，把德州攻下。李忠臣统率永平、河阳、怀、泽等地的步兵骑兵四万人进攻卫州。六月初九日辛未，田承嗣派他的部将裴志清等人进攻冀州，裴志清带领他的部下投降了李宝臣。六月十二日甲戌，田承嗣亲自率兵包围冀州，李宝臣派高阳军使张孝忠率领精锐的骑兵四千人前去抵御，李宝臣的大军随后赶到。田承嗣烧毁辎重逃走了。张孝忠本是奚族人。

田承嗣因为各道军队四面合力进攻，部将又多叛变而感到害怕。秋季，八月，

身归朝。

辛巳，郭子仪还邠州。子仪尝奏除州县官一人，不报，僚佐相谓曰：“以令公勋德，奏一属吏而不从，何宰相之不知体！”子仪闻之，谓僚佐曰：“自兵兴以来，方镇武臣多跋扈，凡有所求，朝廷常委曲从之；此无他，乃疑之也。今子仪所奏事，人主以其不可行而置之，是不以武臣相待而亲厚之也；诸君可贺矣，又何怪焉！”闻者皆服。

己丑，田承嗣遣其将卢子期寇磁州。

九月，戊申，回纥白昼刺市人肠出，有司执之，系万年狱；其酋长赤心驰入县狱，斫伤狱吏，劫囚而去。上亦不问。

壬子，吐蕃寇临泾，癸丑，寇陇州及普润，大掠人畜而去；百官往往遣家属出城窜匿。丙辰，凤翔节度使李抱玉奏破吐蕃于义宁。

李宝臣、正己会于枣强，进围贝州，田承嗣出兵救之。两军各飨士卒，成德赏厚，平卢赏薄；既罢，平卢士卒有怨言，正己恐其为变，引兵退，宝臣亦退。李忠臣闻之，释卫州，南渡河，屯阳武。宝臣与朱滔攻沧州，承嗣从父弟庭玠守之；宝臣不能克。

吐蕃寇泾州，泾原节度使马璘破之于百里城。戊午，命卢龙节度使朱泚出镇奉天行营。

冬，十月，辛酉朔，日有食之。

卢子期攻磁州，城几陷；李宝臣与昭义留后李承昭共救之，大破子期于清水，擒子期送京师；斩之。河南诸将又大破田悦于陈留；田承嗣惧。

初，李正己遣使至魏州，承嗣囚之，至是，礼而遣之，遣使尽籍境内户口、甲兵、谷帛之数以与之，曰：“承嗣今年八十有六，溘死无日，诸子不肖，悦亦孱弱，凡今日所有，为公守耳，岂足以辱公之师旅乎！”立使者于庭，南向，拜而授书；又图正己之像，焚香事之。正己悦，遂按兵不进。于是河南诸道兵皆不敢进。承嗣既无南顾之虞，得专意北方。

派使者上表，愿缚身回朝请罪。

八月二十日辛巳，郭子仪返回邠州。郭子仪曾经奏请任命州县官一人，没有得到答复，僚属们互相议论说："以郭令公的功勋和德行，奏请一个下属官吏而不被批准，宰相怎么这样不识大体？"郭子仪听说后，对僚属说："自从战乱以来，方镇武臣大都飞扬跋扈，凡是有所请求，朝廷都委曲求全地满足他们的要求；这并不是因为别的，而是对他们抱有疑虑。如今我上奏的事情，皇上认为不可行而搁置起来，这正表明是不把我像其他武臣那样看待，而是对我特别亲厚；各位应当祝贺，又有什么责怪呢？"听了郭子仪的这番话，大家都心悦诚服。

八月二十八日己丑，田承嗣派他的部将卢子期侵犯磁州。

九月十七日戊申，回纥人在光天化日之下将一市民的肠子都捅出来了，有关部门逮捕了凶手，把他关在万年县的牢狱里；回纥酋长赤心驰入牢狱。砍伤狱吏，劫狱而去。唐代宗也不追问。

九月二十一日壬子，吐蕃侵犯临泾，九月二十二日癸丑，侵犯陇州及普润，大肆掠夺人员牲畜而离去，百官往往将家属送出城关去逃窜躲藏。九月二十五日丙辰，凤翔节度使李抱玉奏报在义宁打败吐蕃。

李宝臣和李正己在枣强会合，进而包围贝州，田承嗣派兵去救援。两军分别犒赏士兵，成德军的犒赏丰厚，平卢军的犒赏微薄；事后，平卢军的士卒都有怨言，李正己害怕他们发生变乱，便带领部队撤退了，李宝臣也撤退了。李忠臣闻讯后，就放弃围攻卫州，向南渡过黄河。驻扎在阳武城。李宝臣与朱滔一起进攻沧州，田承嗣的堂弟田庭玠守卫沧州；李宝臣不能攻克。

吐蕃侵犯泾州，泾原节度使马璘在百里城打败吐蕃。九月二十七日戊午，任命卢龙节度使朱泚出京城去镇守奉天行营。

冬季，十月初一日辛酉朔，日食。

卢子期进攻磁州，州城几乎被攻陷。李宝臣与昭义留后李承昭共同去援救，在清水大败卢子期，并活捉卢子期把他送往京师，被斩首。河南各个将领又在陈留大败田悦，田承嗣感到很害怕。

当初，李正己派使者到魏州，田承嗣把使者囚禁起来，到此时，他礼待使者并送使者回去，并将境内的户口、甲兵、粮食和布帛的数量全部登记后交给使者，说道："我田承嗣今年八十六岁，离死也不远了，我的几个儿子没有一个成器的，田悦也柔弱无能，我今天所有的一切，都不过是替李公看守罢了，难道还值得有劳李公兴师动众吗？"田承嗣让李正己的使者站在庭中，自己面向南方，伏拜后才授给使者书信；又画了一幅李正己的肖像，烧香供奉。李正己非常高兴，于是便按兵不动。因此河南各道的军队都不敢前进。田承嗣既然没有南顾之忧，就集中力量对付北方。

上嘉李宝臣之功，遣中使马承倩赍诏劳之；将还，宝臣诣其馆，遗之百缣，承倩诟詈，掷出道中，宝臣惭其左右。兵马使王武俊说宝臣曰："今公在军中新立功，竖子尚尔，况寇平之后，以一幅诏书召归阙下，一匹夫耳，不如释承嗣以为己资。"宝臣遂有玩寇之志。

承嗣知范阳宝臣乡里，心常欲之，因刻石作谶云："二帝同功势万全，将田为侣入幽燕"，密令瘗宝臣境内，使望气者言彼有王气，宝臣掘而得之。又令客说之曰："公与朱滔共取沧州，得之，则地归国，非公所有。公能舍承嗣之罪，请以沧州归公，仍愿从公取范阳以自效。公以精骑前驱，承嗣以步卒继之，蔑不克矣。"宝臣喜，谓事合符谶，遂与承嗣通谋，密图范阳，承嗣亦陈兵境上。

宝臣谓滔使者曰："闻朱公仪貌如神，愿得画像观之。"滔与之。宝臣置于射堂，与诸将共观之，曰："真神人也！"滔军于瓦桥，宝臣选精骑二千，通夜驰三百里袭之，戒曰："取貌如射堂者。"时两军方睦，滔不虞有变，狼狈出战而败，会衣他服得免。宝臣欲乘胜取范阳，滔使雄武军使昌平刘怦守留府。宝臣知有备，不敢进。

承嗣闻幽、恒兵交，即引军南还，使谓宝臣曰："河内有警，不暇从公，石上谶文，吾戏为之耳！"宝臣惭怒而退。宝臣既与朱滔有隙，以张孝忠为易州刺史，使将精骑七千以备之。

丙寅贵妃独孤氏薨，丁卯，追谥贞懿皇后。

十一月，丁酉，田承嗣将吴希光以瀛州降。

岭南节度使路嗣恭擢流人孟瑶、敬冕为将，讨哥舒晃。瑶以大军当其冲，冕自间道轻入，丁未，克广州，斩哥舒晃及其党万余人。

嗣恭之讨晃也，容管经略使王翃遣将将兵助之；西原贼帅覃问乘虚袭容州，翃伏兵击擒之。

十二月，回纥千骑寇夏州，州将梁荣宗破之于乌水。郭子仪遣兵

唐代宗为嘉奖李宝臣的功劳。派遣宫中使者马承倩带着诏书前去慰劳。准备返回时，李宝臣来到他住的馆舍，送他一百匹绢。马承倩大骂李宝臣一顿，并把绢扔在路上，李宝臣环顾左右的人，感到很惭愧。兵马使王武俊劝李宝臣说："现在您刚在军中立了战功，这个宫中小人尚且这样对待您，更何况敌寇平定后，只一道诏书就把您召归朝廷，到那时您仅仅是一个匹夫而已，不如放过田承嗣作为自己日后的资本。"李宝臣于是就有了放纵敌人为己所用的意图。

田承嗣知道范阳是李宝臣的家乡，心里一直想着得到范阳，就在一块石碑上刻了这样两句谶语："二帝同功势万全，将田为侣入幽燕。"秘密让人埋在李宝臣管辖的境内，让风水先生说那里有帝王之气，李宝臣挖到这块石碑。田承嗣又派人去游说李宝臣说："您与朱滔共同攻取沧州，攻下后，土地归国家所有，不归您所有。您如果能放弃惩治田承嗣的罪过，请求将沧州归您所有，还愿跟着您为攻取范阳而效力。您以精锐的骑兵做前锋，田承嗣率领步兵随后赶到，还会攻打不下来吗。"李宝臣非常高兴，认为此事符合谶语，于是派人与田承嗣合谋，秘密图谋范阳，田承嗣也陈兵边境。

李宝臣对朱滔的使者说："听说朱公仪表相貌如神仙一般，希望得到他的画像看看。"朱滔就把画像给他了。李宝臣就把画像挂在射堂里，和部下诸将一起观看，说："真是一个神人啊！"朱滔驻军在瓦桥，李宝臣挑选精锐的骑兵二千人，连夜奔驰三百里去袭击，并告诫将士们说："捉拿相貌如同射堂上画像一样的人。"当时两军关系和睦，朱滔没有想到有变。狼狈出来应战，很快战败，恰巧朱滔穿着别的衣服才得以脱身。李宝臣想乘胜攻取范阳，朱滔派雄武军使昌平人刘怦守卫留府。李宝臣知道有所防备，不敢前进。

田承嗣听说幽州、恒州交战，马上率领部队回南方，派人对李宝臣说："河内有警报，没有功夫跟随您出战范阳，石碑上的谶语，是我跟您开玩笑故意刻的！"李宝臣又惭愧又愤怒地撤退了。李宝臣既已和朱滔产生矛盾，就任命张孝忠为易州刺史，让他率领精锐的骑兵七千人去防备朱滔。

十月初六日丙寅，贵妃独孤氏去世，十月初七日丁卯，追赠谥号为贞懿皇后。

十一月初七日丁酉，田承嗣的部将吴希光率瀛州投降。

岭南节度使路嗣恭提拔被流放的人孟瑶、敬冕为将领，讨伐哥舒晃。孟瑶率领大军占据交通要道，敬冕从小道率轻骑偷袭，十一月十七日丁未，攻克广州，杀了哥舒晃及其党羽一万多人。

路嗣恭讨伐哥舒晃时，容管经略使王翃派遣将领率兵帮助他，西原叛贼主帅覃问乘虚袭击容州，王翃埋伏部队攻打并活捉了他。

十二月，回纥骑兵一千人侵犯夏州，州将梁荣宗在乌水打败回纥骑兵。郭子仪

三千救夏州，回纥遁去。

元载、王缙奏魏州盐贵，请禁盐入其境以困之。上不许，曰：“承嗣负朕，百姓何罪！”

田承嗣请入朝，李正己屡为之上表，乞许其自新。

（以上为第二段，写唐代宗征九节度使之兵讨魏博节度使田承嗣，无果而终，朝廷威望受损。）

十一年（丙辰，776 年）

春，正月，壬辰，遣谏议大夫杜亚使魏州宣慰。

辛亥，西川节度使崔宁奏破吐蕃四节度及突厥、吐谷浑、氐、羌群蛮众二十余万，斩首万余级。

二月，庚辰，田承嗣复遣使上表，请入朝。上乃下诏，赦承嗣罪，复其官爵，听与家属入朝，其所部拒朝命者，一切不问。

辛巳，增朔方五城戍兵，以备回纥。

三月，戊子，河阳军乱，逐监军冉庭兰出城，大掠三日。庭兰成备而入，诛乱者数十人，乃定。

五月，汴宋留后田神玉卒。都虞候李灵曜杀兵马使、濮州刺史孟鉴，北结田承嗣为援。癸巳，以永平节度使李勉兼汴、宋等八州留后。乙未，以灵曜为濮州刺史，灵曜不受诏。六月，戊午，以灵曜为汴宋留后，遣使宣慰。

秋，七月，田承嗣遣兵寇滑州，败李勉。

吐蕃寇石门，入长泽川。

八月，丙寅，加卢龙节度使朱泚同平章事。

李灵曜既为留后，益骄慢，悉以其党为管内八州刺史、县令，欲效河北诸镇。甲申，诏淮西节度使李忠臣、永平节度使李勉、河阳三城使马燧讨之。淮南节度使陈少游、淄青节度使李正己皆进兵击灵曜。

汴宋兵马使、摄节度副使李僧惠，灵曜之谋主也。宋州牙门将刘昌遣僧神表潜说僧惠；僧惠召问计，昌为之泣陈逆顺。僧惠乃与汴宋牙将高凭、石隐金遣神表奉表诣京师，请讨灵曜。九月，壬戌，以僧惠为宋州刺史，凭为曹州刺史，隐金为郓州刺史。

派兵三千人救援夏州，回纥军队便逃走了。

元载、王缙上奏说魏州的盐很贵，请求禁止将盐运入魏州境内以围困田承嗣。唐代宗不同意，说：“田承嗣对不起朕，老百姓又有什么罪过！”

田承嗣请求入朝，李正己也多次替他上表，请求代宗允许他悔过自新。

唐代宗大历十一年（丙辰，776年）

春季，正月初三日壬辰，唐代宗派遣谏议大夫杜亚出使魏州宣抚慰问。

正月二十二日辛亥，西川节度使崔宁上奏报捷，打败了吐蕃的四节度以及突厥、吐谷浑、氐、羌等族部众二十多万人，杀死一万多人。

二月二十二日庚辰，田承嗣又派使者上表，请求入朝。代宗于是下诏书，赦免田承嗣的罪过，恢复他的官职爵位，允许他和家属一起入朝，他的部下抗拒朝廷命令的，一律不追究。

二月二十三日辛巳，增加戍守朔方五城的军队，以防备回纥。

三月初一日戊子，河阳军队变乱。驱逐监军冉庭兰出城，大肆掠夺了三天。冉庭兰重整军队进入城内，杀死叛乱的好几十人，才使河阳平定下来。

五月，汴宋留后田神玉去世。都虞候李灵曜杀死兵马使、濮州刺史孟鉴，勾结北面的田承嗣作为后援。五月初七日癸巳，任命永平节度使李勉兼汴州、宋州等八个州的留后。五月初九日乙未，任命李灵曜为濮州刺史，李灵曜不接受诏令。六月初二日戊午，唐代宗任命李灵曜为汴宋留后，派使者慰问李灵曜。

秋季，七月，田承嗣派兵侵犯滑州，打败了李勉。

吐蕃侵犯石门，进入长泽川。

八月十一日丙寅，加任卢龙节度使朱泚同平章事。

李灵曜做了留后以后，更加骄横傲慢，全部用他的党羽担任他所管辖的八个州的刺史和县令，想要仿效河北各镇的做法。八月二十九日甲申，代宗诏令淮西节度使李忠臣、永平节度使李勉、河阳三城使马燧去讨伐李灵曜。淮南节度使陈少游、淄青节度使李正已都进兵攻击李灵曜。

汴宋兵马使、摄节度副使李僧惠，是李灵曜的主要参谋。宋州牙门将刘昌派僧人神表暗中劝说李僧惠；李僧惠召见刘昌询问计策，刘昌哭着向他陈述了叛逆和顺从朝廷的利害关系。李僧惠就与汴宋牙将高凭、石隐金一起派神表携带奏表前往京师，请求讨伐李灵曜。九月初八日壬戌，任命李僧惠为宋州刺史、高凭为曹州刺史、石隐金为郓州刺史。

乙丑，李忠臣、马燧军于郑州，灵曜引兵逆战；两军不意其至，退军荥泽，淮西军士溃去者什五六。郑州士民皆惊，走入东都。忠臣将归淮西，燧固执不可，曰：“以顺讨逆，何忧不克，奈何自弃功名！”坚壁不动。忠臣闻之，稍收散卒，数日皆集，军势复振。

戊辰，李正己奏克郓、濮二州。壬申，李僧惠败灵曜兵于雍丘。冬，十月，李忠臣、马燧进击灵曜，忠臣行汴南，燧行汴北，屡破灵曜兵；壬寅，与陈少游前军合，与灵曜大战于汴州城西，灵曜败，入城固守。癸卯，忠臣等围之。

田承嗣遣田悦将兵救灵曜，败永平、淄青兵于匡城，乘胜进军汴州，营于城北数里。丙午，忠臣遣裨将李重倩将轻骑数百夜入其营，纵横贯穿，斩数十人而还，营中大骇；忠臣、燧因以大军乘之，鼓噪而入，悦众不战而溃。悦脱身北走，将士死者相枕藉，不可胜数。灵曜闻之，开门夜遁，汴州平。重倩，本奚也。丁未，灵曜至韦城，永平将杜如江擒之。

燧知忠臣暴戾，以己功让之，不入汴城，引军西屯板桥。忠臣入城，果专其功；宋州刺史李僧惠与之争功，忠臣因会击杀之；又欲杀刘昌，昌遁逃得免。

甲寅，李勉械送李灵曜至京师，斩之。

十二月，丁亥，李正己、李宝臣并加同平章事。

泾原节度使马璘疾亟，以行军司马段秀实知节度事，付以后事。秀实严兵以备非常，丙申，璘薨，军中奔哭者数千人，喧咽门屏，秀实悉不听入。命押牙马頔治丧事于内，李汉惠接宾客于外，妻妾子孙位于堂，宗族位于庭，将佐位于前，牙士卒哭于营伍，百姓各守其家。有离立偶语于衢路，辄执而囚之；非护丧从行者无得远送。致祭拜哭，皆有仪节，送丧近远，皆有定处，违者以军法从事。都虞候史廷幹、兵马使崔珍、十将张景华谋因丧作乱，秀实知之，奏廷幹入宿卫，徙珍屯灵台，补景华外职，不戮一人，军府晏然。

九月十一日乙丑，李忠臣、马燧驻军郑州，李灵曜带兵迎战；李忠臣和马燧两军没有料到李灵曜的突然到来，就把军队撤退到荥泽。淮西军士溃散逃走的有十分之五六。郑州的百姓都惊慌失措，逃入东都。李忠臣打算返回淮西，马燧坚持认为这样做不行，他说道：“用正义来讨伐叛逆，何必担心不能战胜敌人，为什么要自己放弃建立功名的机会？”他坚守壁垒，不轻易出动。李忠臣听说后，渐渐收拢散卒，几天后全部集中，士气又振作起来。

九月十四日戊辰，李正己奏报攻克郓、濮二州。九月十八日壬申，李僧惠在雍丘击败李灵曜。冬季，十月，李忠臣、马燧进兵攻击李灵曜，李忠臣在汴南行动，马燧在汴北行动，多次打败李灵曜的部队。十月十八日壬寅，与陈少游前锋部队会合，在汴州城西与李灵曜大战，李灵曜失败，进入城中固守。十月十九日癸卯，李忠臣等人包围了汴州。

田承嗣派遣田悦带兵救援李灵曜，在匡城打败了永平、淄青的部队，乘胜进军汴州，在城北几里的地方安营扎寨。十月二十二日丙午，李忠臣派副将李重倩率领轻骑几百人夜晚攻入田悦的军营，横冲直撞，杀死几十个人而返回，田悦军营中大为惊骇。李忠臣、马燧乘机率领大军进攻，击鼓呐喊着进入敌营，田悦的部队不战而溃。田悦只身向北逃走，将士们的尸体堆积在路上，数也数不清。李灵曜闻讯后，打开城门连夜逃走，汴州平定。李重倩本是奚人。十月二十三日丁未，李灵曜跑到韦城，永平将领杜如江活捉了他。

马燧知道李忠臣性情暴躁凶狠，就把自己的功劳让给他，没有进入汴州城，率领部队向西驻扎在板桥。李忠臣进城后，果然把所有功劳都归在他一个人身上。宋州刺史李僧惠和他争功，李忠臣借会面的机会把他杀了，又想杀刘昌，刘昌逃走才得以幸免。

十月三十日甲寅，李勉押送李灵曜到京师，朝廷杀了李灵曜。

十二月初四日丁亥，李正己、李宝臣同时被加任为同平章事。

泾原节度使马璘病很重，让行军司马段秀实掌管节度事务，并把后事托付给他。段秀实严整部队以防备不测。十二月十三日丙申，马璘去世，军队中奔丧痛哭的有好几千人，门庭屏墙外一片号哭声，段秀实一概不许他们入内。命令押牙马頔在里面办理丧事，李汉惠在外面接待宾客，妻妾子孙位于灵堂中，宗族父老位居庭院中，将领佐吏位居门前，士卒留在军营里哭丧，老百姓各自留守家中。如果有两个以上的人站在街道上窃窃私语，就捉拿囚禁起来；不是护丧而跟在丧葬队伍后面的人不得远送。吊唁哭拜，都有仪式礼节，送丧远近，都有规定，违者以军法处置。都虞候史廷幹、兵马使崔珍、十将张景华阴谋借丧事而作乱，段秀实知道他们的阴谋。奏请史廷幹入京师宿卫，让崔珍移军驻守灵台，将张景华补任外职，没有杀一个人，

璘家富有无算，治第京师，甲于勋贵，中堂费二十万缗，他室所减无几，其子孙无行，家赀寻尽。

戊戌，昭义节度使李承昭表称疾笃；以泽潞行军司马李抱真兼知磁、邢两州留后。

庚戌，加淮西节度使李忠臣同平章事，仍领汴州刺史，治汴州。

（以上为第三段，写官军平定汴宋留后李灵曜之乱。）

十二年（丁巳，777年）

春，三月，乙卯，兵部尚书、同平章事、凤翔怀泽潞秦陇节度使李抱玉薨，弟抱真仍领怀泽潞留后。

癸亥，以河东行军司马鲍防为河东节度使。防，襄州人也。

田承嗣竟不入朝，又助李灵曜，上复命讨之。承嗣乃复上表谢罪。上亦无如之何，庚午，悉复承嗣官爵，仍令不必入朝。

中书侍郎、同平章事元载专横，黄门侍郎、同平章事王缙附之，二人俱贪。载妻王氏及子伯和、仲武，缙弟、妹及尼出入者，争纳贿赂。又以政事委群吏，士之求进者，不结其子弟及主书卓英倩等，无由自达。上含容累年，载、缙不悛。

上欲诛之，恐左右漏泄，无可与言者，独与左金吾大将军吴凑谋之。凑，上之舅也。会有告载、缙夜醮图为不轨者，庚辰，上御延英殿，命凑收载、缙于政事堂，又收仲武及卓英倩等系狱。命吏部尚书刘晏与御史大夫李涵等同鞫之，问端皆出禁中，仍遣中使诘以阴事，载、缙皆伏罪。是日，先杖杀左卫将军、知内侍省事董秀于禁中，乃赐载自尽于万年县。载请主者："愿得快死！"主者曰："相公须受少污辱，勿怪！"乃脱秽袜塞其口而杀之。王缙初亦赐自尽，刘晏谓李涵等曰："故事，重刑覆奏，况大臣乎！且法有首从，宜更禀进止。"涵等从之。上乃贬缙栝州刺史。载妻王氏，忠嗣之女也，及子伯和、仲武、季能皆伏诛。有司籍载家财，胡椒至八百石，他物称是。

而节度军府安然无事。

马璘家的财富多得没法计算，京师所建的宅第，在功臣权贵中首屈一指，修建一中堂就花费了二十万缗钱，其他居室的费用也少不了多少，他的子孙不成器，没有多久就把他的家产花光了。

十二月十五日戊戌，昭义节度使李承昭上表称病重；任命泽潞行军司马李抱真兼任磁州、邢州两州留后。

十二月二十七日庚戌，加任淮西节度使李忠臣同平章事，仍兼领汴州刺史，治汴州。

唐代宗大历十二年（丁巳，777 年）

春季，三月初三日乙卯，兵部尚书、同平章事、凤翔怀泽潞秦陇节度使李抱玉去世，他的弟弟李抱真仍兼任怀泽潞留后。

三月十一日癸亥，任命河东行军司马鲍防为河东节度使，鲍防是襄州人。

田承嗣终究没有入朝，又帮助李灵曜，唐代宗又下令讨伐他。田承嗣于是再次上表谢罪，唐代宗对他还是无可奈何，三月十八日庚午，全部恢复田承嗣的官职爵位，还命令他不必入朝。

中书侍郎、同平章事元载专横，黄门侍郎、同平章事王缙依附他，两个人都很贪婪。元载的妻子王氏及其儿子元伯和、元仲武，王缙的弟弟、妹妹及出入他家的一些尼姑，都争相收取贿赂。元载、王缙又把政事委托给官吏们办理，士人想要进入官场的，若不结交他们的子弟及主书卓英倩等人，便无法进入仕途。代宗多年来包涵容忍，但元载、王缙仍不悔改。

唐代宗想要杀掉他们，担心左右的人泄露消息，又没有可以商议的人，只有与左金吾大将军吴凑谋划。吴凑是唐代宗的舅舅。正好有人控告元载、王缙夜里请道士设坛祈祷，图谋不轨。三月二十八日庚辰，唐代宗驾临延英殿，命令吴凑在政事堂逮捕元载、王缙，又把元仲武及卓英倩等人逮捕入狱。命令吏部尚书刘晏与御史大夫李涵等人一起审理此案，起诉文书都出自宫中，还派遣宫中使者责问他们阴谋勾当，元载、王缙都认罪。当天，先用棍子在宫中打死左卫将军、知内侍省事董秀，后又赐令元载在万年县自杀。元载请求主持行刑的官员说："希望能让我快点死！"主持行刑的人说："相公，你必须受点侮辱，请不要见怪！"于是脱下臭袜子塞进元载嘴里而把他杀死。王缙起初也被赐令自杀，刘晏对李涵等人说："按照惯例，施用重刑的都要复查上奏，何况大臣呢！而且法律上有首犯和从犯的区别，应当再次禀告皇帝听候处置。"李涵等人同意了。于是唐代宗把王缙贬为栝州刺史。元载的妻子王氏，是王忠嗣的女儿，她和儿子元伯和、元仲武、元季能都被处死。有关部门登

夏，四月，壬午，以太常卿杨绾为中书侍郎，礼部侍郎常衮为门下侍郎，并同平章事。绾性清俭简素，制下之日，朝野相贺。郭子仪方宴客，闻之，减坐中声乐五分之四。京兆尹黎幹，驺从甚盛，即日省之，止存十骑。中丞崔宽，第舍宏侈，亟毁撤之。

癸未，贬吏部侍郎杨炎、谏议大夫韩洄、包佶、起居舍人韩会等，皆载党也。炎，凤翔人。载常引有文学才望者一人亲厚之，异日欲以代己，故炎及于贬。洄，滉之弟。会，南阳人也。上初欲尽诛炎等，吴凑谏救百端，始贬官。

丁酉，吐蕃寇黎、雅州；西川节度使崔宁击破之。

元载以仕进者多乐京师，恶其逼己，乃制俸禄，厚外官而薄京官，京官不能自给，常从外官乞贷。杨绾、常衮奏京官俸太薄；己酉，诏加京官俸，岁约十五万六千余缗。

（以上为第四段，写唐代宗诛除元载。）

五月，辛亥，诏自都团练使外，悉罢诸州团练守捉使。又令诸使非军事要急，无得擅召刺史及停其职务，差人权摄。又定诸州兵，皆有常数，其召募给家粮、春冬衣者，谓之“官健”；差点土人，春夏归农、秋冬追集、给身粮酱菜者，谓之“团结”。自兵兴以来，州县官俸给不一，重以元载、王缙随情徇私，刺史月给或至千缗、或数十缗，至是，始定节度使以下至主簿、尉俸禄，掊多益寡，上下有叙，法制粗立。

庚午，上遣中使发元载祖父墓，斫棺弃尸，毁其家庙，焚其木主。戊寅，卓英倩等皆杖死。英倩之用事也，弟英璘横于乡里。及英倩下狱，英璘遂据险作乱；上发禁兵讨之，乙巳，金州刺史孙道平击擒之。

上方倚杨绾，使厘革弊政，会绾有疾，秋，七月，己巳，薨。上痛悼之甚，谓群臣曰：“天不欲朕致太平，何夺朕杨绾之速！”

记元载的家产，仅胡椒就多达八百石，其他物品的数量也与此类似。

夏季，四月初一日壬午，任命太常卿杨绾为中书侍郎，礼部侍郎常衮为门下侍郎，两人同时为同平章事，杨绾性格清廉简仆，任职制书下达之日，朝野上下相互祝贺。郭子仪正在宴请宾客，闻讯后，便将在座旁演奏的声乐队减少了五分之四，京兆尹黎幹，随从人马很多，从当天起大加裁减，只留下十名骑从。中丞崔宽，宅第房舍宏大奢侈，也赶紧毁掉拆除。

四月初二日癸未，吏部侍郎杨炎，谏议大夫韩洄、包佶，起居舍人韩会等人都被贬官，他们都是元载的党羽。杨炎是凤翔人。元载常推举一位有文学才望的人，特别亲近和厚待他，打算以后让这个人来代替自己，所以杨炎受牵连被贬了官。韩洄是韩滉的弟弟。韩会是南阳人。代宗当初想全部杀掉杨炎等人，吴凑百般劝谏解救，他们才受到贬官的处置。

四月十六日丁酉，吐蕃侵犯黎州、雅州，西川节度使崔宁打败他们。

元载因为进入仕途的人大都喜欢在京师里任职，厌恶这些人接近自己的官位，于是规定俸禄制度，出任外官的俸禄优厚，任职京官的俸禄微薄，致使京官的生活不能自给，经常向外官请求借贷。杨绾、常衮上奏说京官的俸禄太微薄。四月二十八日己酉，唐代宗诏令增加京官的俸禄，每年大约增加十五万六千余缗钱。

五月初一日辛亥，唐代宗诏令除都团练使以外，各州团练守捉使一律取消，又命令各使非军事紧急要务，不得擅自召集刺史及停其职务，派人代理。又规定各州军队的规模，都有一定的人数，各州所招募的供给家人粮食、春季冬季衣服的士兵，称之为“官健”；差遣点召当地人，春夏回乡种田，秋冬召集训练，由官府供给本人粮食和酱菜的，称之为“团结”。自从战乱以来，州县官吏俸禄供给不一，加上元载、王缙任意徇私情，刺史每月的俸禄有的多达一千缗，有的只有几十缗，到这时，才规定节度使以下到主簿、县尉俸禄的数额，减多补少，上下有序，有关的法令制度才大致确立。

五月二十日庚午，唐代宗派遣宫中使者挖了元载祖父的坟墓，砍开棺材，扔掉尸体，毁坏他的家庙。焚烧他祖先的神主牌位。五月二十八日戊寅，卓英倩等人都被用棍子打死。卓英倩当权时，他的弟弟卓英璘横行于乡里。等到卓英倩被捕下狱，卓英璘便占据险要地方作乱。唐代宗调动禁军去讨伐他。六月二十五日乙巳，金州刺史孙道平打败活捉了卓英璘。

唐代宗正依靠杨绾，让他革除朝政的弊病，不巧杨绾生病，秋季，七月二十日己巳去世。唐代宗非常悲痛地哀悼他，对群臣说：“上天不想让朕得到天下太平，为什么这么快就从朕手里夺去了杨绾的生命！”

八月，癸未，赐东川节度使鲜于叔明姓李氏。

元载、王缙之为相也，上日赐以内厨御馔，可食十人，遂为故事。癸卯，常衮与朱泚上言："餐钱已多，乞停赐馔。"许之。衮又欲辞堂封，同列不可而止。时人讥衮，以为："朝廷厚禄，所以养贤，不能，当辞位，不当辞禄。"

臣光曰：君子耻食浮于人；衮之辞禄，廉耻存焉，与夫固位贪禄者，不犹愈乎！诗云："彼君子兮，不素餐兮！"如衮者，亦未可以深讥也。

杨绾、常衮荐湖州刺史颜真卿，上即日召还；甲辰，以为刑部尚书。绾、衮又荐淮南判官汲人关播，擢为都官员外郎。

九月，辛酉，以四镇、北庭行营兼泾原、郑颍节度副使段秀实为节度使。秀实军令简约，有威惠，奉身清俭，室无姬妾，非公会，未尝饮酒听乐。

（以上为第五段，写唐代宗裁撤诸州团练，额定诸州守兵，统一各级政府官吏俸禄，厘革弊政，法制粗立。）

吐蕃八万众军于原州北长泽监，己巳，破方渠，入拔谷；郭子仪使裨将李怀光救之，吐蕃退。庚午，吐蕃寇坊州。

冬，十月，乙酉，西川节度使崔宁奏大破吐蕃于望汉城。

先是，秋霖，河中府池盐多败。户部侍郎判度支韩滉恐盐户减税，丁亥，奏雨虽多，不害盐，仍有瑞盐生。上疑其不然，遣谏议大夫义兴蒋镇往视之。

吐蕃寇盐、夏州，又寇长武；郭子仪遣将拒却之。

以永平军押牙匡城刘洽为宋州刺史。仍以宋、泗二州隶永平军。

京兆尹黎幹奏秋霖损稼，韩滉奏幹不实；上命御史按视，丁未，还奏，"所损凡三万余顷。"渭南令刘澡阿附度支，称县境苗独不损；御史赵计奏与澡同。上曰："霖雨溥博，岂得渭南独无！"更命御史朱敖视之，损三千余顷。上叹息久之，曰："县令，字人之官，不损犹应言损，乃不仁如是乎！"贬澡南浦尉，计澧州司户，而不问滉。

八月初四日癸未，赐东川节度使鲜于叔明姓李氏。

元载、王缙做宰相时，唐代宗每天赏赐他们宫中御厨所做的美味佳肴，可供十人食用，于是成为惯例。八月二十四日癸卯，常衮与朱泚对代宗进言说："宰相的膳食费已够多了，请求停止赏赐御用食品。"代宗同意了。常衮又想辞去宰相的封邑。同僚认为不行才作罢。当时的人讥笑常衮，认为："朝廷优厚的俸禄，是用来供养贤才的，如果没有才能，就应当辞去职位，而不应当辞去俸禄。"

臣司马光评论说：君子以多受人家的食禄为耻，常衮辞去优俸禄，说明他还有廉耻之心，与那些只知保住官位，贪求俸禄的人相比，不是强多了吗？《诗经》上说："那些贵族官吏啊，还不是不劳而食吗？"像常衮这样的人，也不可以过分地讥刺。

杨绾、常衮推荐湖州刺史颜真卿，代宗当天就召他返回京城。八月二十五日甲辰，任命为刑部尚书。杨绾、常衮又推荐淮南判官汲县人关播，把他提拔为都官员外郎。

九月十三日辛酉，任命四镇、北庭行营兼泾原、郑颍节度副使段秀实为节度使。段秀实军令简明扼要，有威望，对将士也有恩惠，生活清廉节俭，家无姬妾，不是因公聚会，从不饮酒听音乐。

吐蕃军队八万人驻扎在原州北面的长泽监，九月二十一日己巳，攻破方渠县，侵入拔谷；郭子仪派副将李怀光去援救，吐蕃军撤退。九月二十二日庚午，吐蕃军侵犯坊州。

冬季，十月初七日乙酉，西川节度使崔宁奏报在望汉城大败吐蕃军队。

先前，秋雨绵绵，河中府的池盐大都被损坏。户部侍郎判度支韩滉唯恐盐户减税，十月初九日丁亥，上奏说雨水虽然很多，但并不妨碍盐的生产，仍然有表示灵瑞的好盐生产。唐代宗怀疑情况不是这样，派遣谏议大夫义兴人蒋镇前往视察。

吐蕃军队侵犯盐州、夏州，又侵犯长武城。郭子仪派遣部将抵抗并打退他们。

任命永平军押牙匡城人刘洽为宋州刺史，仍让宋州、泗州二州隶属永平军。

京兆尹黎幹上奏说连日秋雨损害庄稼，韩滉上奏说黎幹所奏情况不实。唐代宗命令御史去视察核实。十月二十九日丁未，御史回报说："所损坏的庄稼共有三万多顷。"渭南县令刘澡阿谀附和度支韩滉，声称唯独渭南县境内的禾苗没有损坏；御史赵计上奏与刘澡的说法相同。代宗说："连日来各地普降秋雨，难道单单渭南无雨？"又命御史朱敖去视察，损坏了三千多顷。唐代宗叹息了很久，说："县令，是

十一月，壬子，山南西道节度使张献恭奏破吐蕃万余众于岷州。

丙辰，蒋镇还，奏言“瑞盐实如韩滉所言”，仍上表贺，请宣付史臣，锡以嘉名。上从之，赐号宝应灵应池，时人丑之。

十二月，丙戌，朱泚自泾州还京师。

丁亥，崔宁奏破吐蕃十余万众，斩首八千余级。

庚子，以朱泚兼陇右节度使，知河西、泽潞行营。

平卢节度使李正己先有淄、青、齐、海、登、莱、沂、密、德、棣十州之地，及李灵曜之乱，诸道合兵攻之，所得之地，各为己有，正己又得曹、濮、徐、兖、郓五州，因自青州徙治郓州，使其子前淄州刺史纳守青州。正己用刑严峻，所在不敢偶语；然法令齐一，赋均而轻，拥兵十万，雄据东方，邻藩皆畏之。是时田承嗣据魏、博、相、卫、洺、贝、澶七州，李宝臣据恒、易、赵、定、深、冀、沧七州，各拥众五万；梁崇义据襄、邓、均、房、复、郢六州，有众二万；相与根据蟠结，虽奉事朝廷而不用其法令，官爵、甲兵、租赋、刑杀皆自专之，上宽仁，一听其所为。朝廷或完一城，增一兵，辄有怨言，以为猜贰，常为之罢役；而自于境内筑垒、缮兵无虚日。以是虽在中国名藩臣，而实如蛮貊异域焉。

（以上为第六段，写吐蕃在西北、西南沿边不断侵扰，为诸镇边兵击破。平卢、魏博、山南东道诸镇，不行朝廷政令，名为藩臣，实为割据。）

十三年（戊午，778 年）

春，正月，辛酉，敕毁白渠支流碾硙以溉田。昇平公主有二硙，入见于上，请存之。上曰：“吾欲以利苍生，汝识吾意，当为众先。”公主即日毁之。

戊辰，回纥寇太原，河东押牙泗水李自良曰：“回纥精锐远来求斗，难与争锋；不如筑二垒于归路，以兵戍之。虏至，坚壁勿与战，彼师老自归，乃出军乘之。二垒抗其前，大军蹙其后，无不捷矣。”留后鲍防不从，遣大将焦伯瑜等逆战；癸酉，遇虏于阳曲，大败而还，死者万余人。回纥纵兵大掠。二月，代州都督张光晟击破之于羊武谷，乃引去。上亦

抚养百姓的父母官，没有损坏也应该说有损坏，但他们竟不仁到这种地步！”于是把刘澡贬为南浦县尉，赵计贬为澧州司户，但没有追究韩滉。

十一月初四日壬子，山南西道节度使张献恭上奏报告说在岷州打败吐蕃军队一万多人。

十一月初八日丙辰，蒋镇返回，上奏说：“灵瑞之盐的生产确实如韩滉所说的那样。”还上表祝贺，请求交付史官记录，赐给好名字。唐代宗同意了，给盐池赐名号为宝应灵应池。当时人认为这是件丑事。

十二月初八日丙戌，朱泚从泾州返回京师。

十二月初九日丁亥，崔宁奏报说打败吐蕃军队十几万人，杀死八千多人。

十二月二十二日庚子，任命朱泚兼任陇右节度使，执掌河西、泽潞行营。

平卢节度使李正己占有淄、青、齐、海、登、莱、沂、密、德、棣十州地方，等到李灵曜之乱时，各道联合部队攻打他，所攻得的地方，都各自占为己有，李正己又得到曹、濮、徐、兖、郓五州，因此把自己的治所从青州移到郓州，派儿子、前淄州刺史李纳守青州。李正己使用刑法严酷，人们都不敢聚众交谈；然后他的法令整齐划一，赋税平均而且很轻微，拥有军队十万人，雄踞东方，邻近的藩镇都很畏惧他。这时田承嗣占据魏、博、相、卫、洺、贝、澶七州，李宝臣占据恒、易、赵、定、深、冀、沧七州，各拥有军队五万人；梁崇义占据襄、邓、均、房、复、郢六州，有军队两万人；他们盘踞一方，相互勾结，虽然表面上事奉朝廷但不用朝廷的法令，官爵、士兵、租赋和刑杀都由自己掌握，代宗宽容仁慈，完全听任他们所作所为。朝廷有时要修缮一座城，增加一个士兵，他们就有怨言，认为朝廷猜疑有二心，事情经常因此而作罢。但他们却在自己的辖境内天天修筑城垒，完善军备。因此，他们虽然名为中原的藩镇大臣，而实际上同异域蛮夷一样。

唐代宗大历十三年（戊午，778 年）

春季，正月十四日辛酉，唐代宗敕令拆毁白渠支流上的水磨，以利于灌溉田地。升平公主有两个水磨，她入宫面见代宗，请求保留。唐代宗说：“我想为天下百姓谋利，你能懂我的意思，就应当率先拆毁。”升平公主当天就拆毁了她的水磨。

正月二十一日戊辰，回纥人侵犯太原，河东押牙泗水人李自良说：“回纥精锐部队从远处赶来挑战，难以同他们交锋；不如在他们返回的路上修筑两座堡垒，派兵戍守。敌人来了，就坚守堡垒不与他们交战，他们疲劳后就会自动撤回，这时我们再乘机出击。两座堡垒的士兵在前面抵抗，大部队在后面追击，就不会不取得胜利。”留后鲍防不听从这个建议，派大将焦伯瑜等人迎战。正月二十六日癸酉，在阳

不问回纥入寇之故，待之如初。

己亥，吐蕃遣其将马重英帅众四万寇灵州，夺填汉、御史、尚书三渠水口以弊屯田。

三月，甲戌，回纥使还，过河中，朔方军士掠其辎重，因大掠坊市。

夏，四月，甲辰，吐蕃寇灵州，朔方留后常谦光击破之。

六月，戊戌，陇右节度使朱泚献猫鼠同乳不相害者以为瑞；常衮帅百官称贺。中书舍人崔祐甫独不贺，曰："物反常为妖。猫捕鼠，乃其职也，今同乳，妖也。何乃贺为！宜戒法吏之不察奸、边吏之不御寇者，以承天意。"上嘉之。祐甫，沔之子也。秋，七月，以祐甫知吏部选事。祐甫数以公事与常衮争，由是恶之。

戊午，郭子仪奏以回纥犹在塞上，边人恐惧，请遣邠州刺史浑瑊将兵镇振武军，从之。回纥始去。

辛未，吐蕃将马重英二万众寇盐、庆二州，郭子仪遣朔方都虞候李怀光击却之。

八月，乙亥，成德节度使李宝臣请复姓张，许之。

吐蕃二万众寇银、麟州，略党项杂畜，郭子仪遣李怀光击破之。

上悼念贞懿皇后不已，殡于内殿，累年不忍葬；丁酉，始葬于庄陵。

九月，庚午，吐蕃万骑下青石岭，逼泾州；诏郭子仪、朱泚与段秀实共却之。

冬，十二月，丙戌，以吏部尚书、转运盐铁等使刘晏为左仆射，知三铨及使职如故。

郭子仪入朝，命判官京兆杜黄裳主留务。李怀光阴谋代子仪，矫为诏书，欲诛大将温儒雅等。黄裳察其诈，以诘怀光；怀光流汗服罪。于是诸将之难制者，黄裳矫子仪之命，皆出之于外，军府乃安。

以给事中杜亚为江西观察使。

上召江西判官李泌入见，语以元载事，曰："与卿别八年，乃能诛此

曲县遇到敌人，大败而回，死了一万多人。回纥放纵士兵大肆掠夺。二月，代州都督张光晟在羊武谷打败回纥部队，回纥才带兵退走。唐代宗也不追究回纥人入侵的原因，仍像以前一样对待他们。

二月二十二日己亥，吐蕃派遣将领马重英率领部队四万人侵犯灵州，夺取了填汉、御史、尚书三个渠道的出水口，以此破坏唐朝的屯田。

三月二十八日甲戌，回纥使者返回时，路过河中，朔方军士抢夺了他们的辎重，回纥人因而大肆掠夺街坊市井。

夏季，四月二十八日甲辰，吐蕃侵犯灵州，朔方留后常谦光打败他们。

六月二十四日戊戌，陇右节度使朱泚向唐代宗进献同乳却不相害的猫鼠，认为这是祥瑞吉兆。常衮率领百官表示祝贺。唯独中书舍人崔祐甫没有表示祝贺，他说："事物反常就是妖怪。猫捉老鼠，是它的天职，如今猫鼠同乳，分明就是妖怪。有什么好祝贺的？应当告诫那些不明察奸邪的法官以及不抵御敌寇的边防官，以顺应上天的意志。"代宗称赞了他。崔祐甫是崔沔的儿子。秋季，七月，任命崔祐甫为吏部选事。崔祐甫多次因为公事与常衮发生争执，常衮因此厌恶崔祐甫。

七月十四日戊午，郭子仪上奏说，因回纥人还在塞上，边塞的百姓恐惧不安，请派遣邠州刺史浑瑊率兵镇守振武军，唐代宗同意了。回纥人才离去。

七月二十七日辛未，吐蕃将领马重英率领部队二万人侵犯盐州、庆州两个州，郭子仪派朔方都虞候李怀光打退他们。

八月初二日乙亥，成德节度使李宝臣请求恢复姓张，唐代宗同意了。

吐蕃军队两万人侵犯银州、麟州，掠夺党项人的牲畜，郭子仪派遣李怀光打败他们。

唐代宗对贞懿皇后悼念不已，灵柩停放在内殿，多年不忍心安葬。八月二十四日丁酉，才安葬于庄陵。

九月二十七日庚午，吐蕃骑兵一万人从青石岭下来，直逼泾州。代宗诏令郭子仪，朱泚与段秀实共同退敌。

冬季，十二月十四日丙戌，任命吏部尚书、转运盐铁等使刘晏为左仆射，主管三铨和使职照旧。

郭子仪入朝，任命判官京兆人杜黄裳主持留守事条。李怀光阴谋取代郭子仪，诈称有代宗诏书，想杀掉大将温儒雅等人。杜黄裳察觉了他的伪诈，因而严厉责问他；李怀光吓得汗流浃背，连忙服罪。于是对那些难以驾驭的将领，杜黄裳都假借郭子仪的命令，把他们都派到外地去，军府中才安然无事。

任命给事中杜亚为江西观察使。

唐代宗召江西判官李泌入朝相见，对他谈起元载的事，说："与你分别八年，才

贼。赖太子发其阴谋，不然，几不见卿。”对曰：“臣昔日固尝言之。陛下知群臣有不善，则去之；含容太过，故至于此。”上曰：“事亦应十全，不可轻发。”上因言：“朕面属卿于路嗣恭，而嗣恭取载意，奏卿为虔州别驾。嗣恭初平岭南，献琉璃盘，径九寸，朕以为至宝。及破载家，得嗣恭所遗载琉璃盘，径尺。俟其至，当与卿议之。”泌曰：“嗣恭为人，小心，善事人，畏权势，精勤吏事而不知大体。昔为县令，有能名；陛下未暇知之，而为载所用，故为之尽力。陛下诚知而用之，彼亦为陛下尽力矣。虔州别驾，臣自欲之，非其罪也。且嗣恭新立大功，陛下岂得以一琉璃盘罪之邪！”上意乃解，以嗣恭为兵部尚书。

郭子仪以朔方节度副使张昙性刚率，谓其以武人轻己，衔之；孔目官吴曜为子仪所任，因而构之。子仪怒，诬奏昙扇动军众，诛之。掌书记高郢力争之，子仪不听，奏贬郢猗氏丞。既而僚佐多以病求去，子仪悔之，悉荐之于朝，曰：“吴曜误我。”遂逐之。

常衮言于上曰：“陛下久欲用李泌，昔汉宣帝欲用人为公卿，必先试理人，请且以为刺史，使周知人间利病，俟报政而用之。”

（以上为第七段，写唐代宗召回李泌，试用为刺史。郭子仪知过则改。）

十四年（己未，779 年）

春，正月，壬戌，以李泌为澧州刺史。

二月，癸未，魏博节度使田承嗣薨。有子十一人，以其侄中军兵马使悦为才，使知军事，而诸子佐之。甲申，以悦为魏博留后。

淮西节度使李忠臣，贪残好色，将吏妻女美者，多逼淫之，悉以军政委妹婿节度副使张惠光。惠光挟势暴横，军州苦之。忠臣复以惠光子为牙将，暴横甚于其父。左厢都虞候李希烈，忠臣之族子也，为众所服。希烈因众心怨怒，三月，丁未，与大将丁暠等杀惠光父子而逐忠臣。忠臣单骑奔京师，上以其有功，使以检校司空、同平章事留京师；以希烈为蔡州刺史、淮西留后。以永平节度使李勉兼汴州刺史，增领汴、颍二州，徙镇汴州。

能杀掉此贼。幸亏太子发现他的阴谋，要不然，几乎见不到你了。”李泌回答说：“臣以前曾经一再说过，陛下如果察知群臣中有图谋不轨的，就将他除掉，由于陛下过分地包涵容忍，所以才到了这种地步。”代宗说：“考虑事情也应该周全，不能轻举妄动。”代宗进一步说：“朕曾当面将你嘱托给路嗣恭，路嗣恭却听取元载的意见，上奏让你担任虔州别驾。路嗣恭当初平定岭南，献给我一个琉璃盘，直径九寸，我以为是天下至宝，到元载被抄家时，得到路嗣恭送给元载的琉璃盘，直径一尺。等他来后，应当跟你商议一下怎样处置他。”李泌说：“路嗣恭为人，谨慎小心，善于事奉别人，畏惧权势，做官精明勤勉但不识大局。过去做县令，有能干的名声，陛下没有顾得上了解他，而被元载所使用，所以他替元载尽力。陛下如果真能了解他的才能而加以任用，他也会为陛下尽力的，虔州别驾的职位，是我自己求的，不算是他的罪过。况且路嗣恭新近立了大功，陛下怎么能因一个玻璃盘而治他的罪呢？”唐代宗这才消解了他心中的怒气，任命路嗣恭为兵部尚书。

郭子仪因为朔方节度副使张昙性格刚强直率，他曾说郭子仪以武将的身份而轻视自己，因而怀恨在心。孔目官吴曜是郭子仪所信任的人，他从中挑战诬陷。郭子仪很愤怒，诬奏张昙煽动军队谋反，把他杀了。掌书记高郢据理力争，郭子仪不听，奏贬高郢为猗氏县丞。此后，郭子仪的许多僚属佐吏都纷纷称病要求离去，郭子仪非常后悔，将他们全部推荐给朝廷，并说：“吴曜害了我。”于是将吴曜赶走。

常衮对代宗说：“陛下早就想起用李泌，以前汉宣帝想用人做公卿大臣，必定先试试他治理百姓的才能，请暂且任命他为刺史，让他广泛了解民间的利弊，等他有了政绩上报后再重用他。”

唐代宗大历十四年（己未，779年）

春季，正月二十一日壬戌，任命李泌为澧州刺史。

二月十二日癸未，魏博节度使田承嗣去世。他有十一个儿子，因只有他的侄子中军兵马使田悦有才能，所以让他主持军务，而让儿子们辅佐他。二月十三日甲申，任命田悦为魏博留后。

淮西节度使李忠臣，贪婪好色，将领佐吏的妻子女儿有长得漂亮的，多被他逼迫奸淫，他将军事政务全部委托给妹夫节度副使张惠光。张惠光依仗权势，残暴专横，军中将士和州中官民深受其苦，李忠臣又任命张惠光的儿子为牙将，其残暴专横胜过他的父亲。左厢都虞候李希烈，是李忠臣的族侄，为众人所拥护。李希烈借民心怨恨愤怒，三月初六日丁未，与大将丁暠等人杀死张惠光父子而赶走了李忠臣。李忠臣只身单骑逃往京师，唐代宗认为他有功劳，让他留在京师担任检校司空、同平章事；又任命李希烈为蔡州刺史、淮西留后。任命永平节度使李勉兼任汴州刺史，

辛酉，以容管经略使王翃为河中少尹、知府事。河东副元帅留后部将凌正暴横，翃抑之。正与其徒乘夜作乱，翃知之，故缩漏水数刻以差其期，贼惊，溃走，擒正，诛之，军府乃安。

成德节度使张宝臣既请复姓，又不自安，更请赐姓；夏，四月，癸未，复赐姓李。

（以上为第八段，写田悦、李希烈非其道得任节度使，其后成为割据藩镇。）

五月，癸卯，上始有疾，辛酉，制皇太子监国。是夕，上崩于紫宸之内殿，遗诏以郭子仪摄冢宰。癸亥，德宗即位，在谅阴中，动遵礼法；尝召韩王迥食，食马齿羹，不设盐、酪。

常衮性刚急，为政苛细，不合众心。时群臣朝夕临，衮哭委顿，从吏或扶之。中书舍人崔祐甫指以示众曰："臣哭君前，有扶礼乎！"衮闻，益恨之。会议群臣丧服，衮以为："礼，臣为君斩衰三年。汉文权制，犹三十六日。高宗以来，皆遵汉制。及玄宗、肃宗之丧，始服二十七日。今遗诏云，'天下吏人，三日释服。'古者卿大夫从君而服，皇帝二十七日而除，在朝群臣亦当如之。"祐甫以为："遗诏，无朝臣、庶人之别。朝野内外，莫非天下，凡百执事，孰非吏人！皆应释服。"相与力争，声色陵厉。衮不能堪，乃奏祐甫率情变礼，请贬潮州刺史；上以为太重，闰月，壬申，贬祐甫为河南少尹。

初，肃宗之世，天下务殷，宰相常有数人，更直决事，或休沐各归私第，诏直事者代署其名而奏之，自是踵为故事。时郭子仪、朱泚虽以军功为宰相，皆不预朝政，衮独居政事堂，代二人署名奏祐甫。祐甫既贬，二人表言其非罪，上问："卿向言可贬，今云非罪，何也？"二人对，初不知。上初即位，以衮为欺罔，大骇。甲辰，百官衰绖，序立于月华门，有制，贬衮为潮州刺史，以祐甫为门下侍郎、同平章事，闻者震悚。祐甫至昭应而还。既而群臣丧服竟用衮议。

增加统领汴州、颍州两个州，并将治所移至汴州。

三月二十日辛酉，任命容管经略使王翃为河中少尹，主管府中事务。河东副元帅留后的部将凌正残暴专横，王翃对他加以抑制。凌正和他的党羽想乘黑夜作乱，王翃知道了，故意缩减漏水计时器上的时刻数，让他们在时间上产生差错，叛贼大惊，溃散逃走，凌正被活捉，并被处死，军府中才安然无事。

成德节度使张宝臣请求恢复张姓后，自己心中又感到不安，再次请求代宗赐姓。夏季，四月十三日癸未，唐代宗再次赐他姓李。

五月初三日癸卯，唐代宗开始生病，五月二十一日辛酉，下制书让皇太子监国。当天晚上，代宗在紫宸殿的内殿中驾崩，遗诏任命郭子仪总摄群臣，辅佐朝政。五月二十三日癸亥，德宗即位，在居丧处服丧，举止遵循礼法，德宗曾经召韩王李迥前来进餐。吃的是马齿苋羹，不放盐和乳酪。

常衮性情刚强急躁，为政苛求细致，不合众人心意。当时群臣早晚临丧，常衮痛哭不已极度疲困，随从官吏中有人去扶他。中书舍人崔祐甫指着他们对大家说："大臣在君主灵前哭丧，有搀扶的礼节吗？"常衮听到后，就更加痛恨崔祐甫。适逢群臣讨论丧服的事情，常衮认为："按丧礼，大臣为君主服丧三年。汉文帝临时制定的丧礼，也有三十六天。高宗以来，都依照汉制服丧。等到玄宗、唐肃宗治丧时，才开始服丧二十七天。如今遗诏上说：'天下的官吏百姓，三天后就除丧。'但自古以来公卿大夫服丧与君主一样，皇帝是二十七天除丧。在朝的群臣也应当如此。"崔祐甫认为："遗诏中并没有区别朝臣和百姓。朝野内外，难道不都是一个天下？所有任职管事的人，哪一个不是朝廷的官吏？都应该三天后除丧。"他们相互力争，声色俱厉。常衮感到受不了，就上奏说崔祐甫任意变更丧礼，请求把他贬为潮州刺史。唐德宗认为处罚太重，闰五月初三日壬申，将崔祐甫贬为河南少尹。

当初，在唐肃宗时代，天下事务繁多，宰相常常有几个人，轮班处理日常事务，有时有的宰相休息各自回到家中，便诏令值班宰相代他们署名上奏，从此成为惯例。此时郭子仪、朱泚虽然以军功而出任宰相，但都不参与朝政，只有常衮独居政事堂，他便代郭子仪、朱泚署名奏告崔祐甫。崔祐甫被贬官后，郭、朱二人上表说他无罪，德宗问道："你们先说他可以贬官，现在又说他无罪，这是为什么？"二人回答说，他们起初并不知道这件事。德宗刚即位，便认为常衮是在欺骗蒙蔽他，大为震惊。闰五月初五日甲戌，群臣身着丧服，依次排列站立在月华门前，唐德宗颁发制令，将常衮贬为潮州刺史，任命崔祐甫为门下侍郎、同平章事，听到这个消息的人都感到震惊和恐惧。崔祐甫到达昭应县后就返回京师。不久，群臣还是采用常衮的建议服丧。

上时居谅阴，庶政皆委于祐甫，所言无不允。初，至德以后，天下用兵，诸将竞论功赏，故官爵不能无滥。及永泰以来，天下稍平，而元载、王缙秉政，四方以贿求官者相属于门，大者出于载、缙，小者出于卓英倩等，皆如所欲而去。及常衮为相，思革其弊，杜绝侥幸，四方奏请，一切不与；而无所甄别，贤愚同滞。崔祐甫代之，欲收时望，推荐引拔，常无虚日；作相未二百日，除官八百人，前后相矫，终不得其适。上尝谓祐甫曰："人或谤卿，所用多涉亲故，何也？"对曰："臣为陛下选择百官，不敢不详慎。苟平生未之识，何以谙其才行而用之。"上以为然。

臣光曰：臣闻用人者，无亲疏、新故之殊，惟贤、不肖之为察。其人未必贤也，以亲故而取之，固非公也；苟贤矣，以亲故而舍之，亦非公也。夫天下之贤，固非一人所能尽也，若必待素识熟其才行而用之，所遗亦多矣。古之为相者则不然，举之以众，取之以公。众曰贤矣，己虽不知其详，姑用之，待其无功，然后退之，有功则进之；所举得其人则赏之，非其人则罚之。进退赏罚，皆众人所共然也，己不置豪发之私于其间。苟推是心以行之，又何遗贤旷官之足病哉！

（以上为第九段，写代宗崩，德宗立，崔祐甫代常衮为首辅，用人唯亲。）

诏罢省四方贡献之不急者，又罢梨园使及乐工三百余人，所留者悉隶太常。

郭子仪以司徒、中书令领河中尹、灵州大都督、单于镇北大都护、关内河东副元帅、朔方节度、关内支度盐池、六城水运大使、押蕃部并营田及河阳道观察等使，权任既重，功名复大，性宽大，政令颇不肃，代宗欲分其权而难之，久不决。甲申，诏尊子仪为尚父，加太尉兼中书令，增实封满二千户，月给千五百人粮、二百马食，子弟、诸婿迁官者十余人，所领副元帅诸使悉罢之；以其裨将河东、朔方都虞候李怀光为河中尹、邠宁庆晋绛慈隰节度使，以朔方留后兼灵州长史常谦光为灵州

唐德宗此时正在居丧，各种政务都委托给崔祐甫，对他所说的事没有不同意的。当初，至德年间以后，天下不断用兵，各个将领竞相论功邀赏，所以加官晋爵不能不杂滥。等到永泰年间以来，天下渐渐平定下来，而元载、王缙当政掌权，四面八方的人纷纷上门贿赂求官，大官出自元载、王缙之手，小官出自卓英倩等人之手，求官的人都能如愿以偿地离去。等到常衮做宰相，想要革除这种弊病，杜绝人们侥幸得官的途径，对四面八方上奏请求做官的，一律不准许，而不加以甄别，致使贤能与蠢材同样滞留在原位而得不到提拔。崔祐甫代替常衮做宰相，想要拉拢人心，提高声望，于是各方引荐推举的人很多，每天不断。他做宰相不到二百天，就授官八百人。前后两位宰相都相互矫枉过正，终究没有找到一种适当的办法。唐德宗曾经对崔祐甫说："有人诽谤你，说你所任用的人大都涉及亲朋故旧，这是为什么？"崔祐甫回答说："臣为陛下选择百官，不敢不周密谨慎。如果是平生不认识的人，凭什么熟悉他的才能德行而任用他呢。"唐德宗同意他的看法。

臣司马光评论说：我听说任用人才，没有亲疏、新旧之别，只以贤能和无能作为考察对象。其人并非贤能，因为是亲朋故旧的关系而被任用，这固然不公正；如果某人贤能，因为亲朋故旧的关系而舍弃，这也是不公正的。天下的贤才，本不是一个人所能全部认识的，如果必须等待平时就认识并熟悉其才能德行，然后才加以任用，那么所遗漏的人才也就很多了。古代做宰相的人就不是这样做的，而是由众人推荐，然后以公正的态度量才任用。众人都说某人贤能，自己虽然不知道他的详细情况，也姑且试用，等到他没有什么功绩，然后再辞退他，如果有功绩，就提拔他；被推荐的人确实是人才，就奖赏推荐的人，否则，就惩罚推荐的人。晋升、黜退、奖赏和惩罚，都由大家所公认，宰相本人不在中间添加自己丝毫的私心。假如推广这种态度来任用人才，又怎么会遗漏贤才或才能不能胜任官职，足以造成弊端呢？

诏令取消各地贡献非急需的物资，又裁撤梨园使及乐工三百多人，所留下的人都归属于太常。

郭子仪以司徒、中书令的身份兼河中尹、灵州大都督、单于镇北大都护、关内河东副元帅、朔方节度和关内支度、盐池、六城水运大使、押蕃部并营田及河阳道观察等使，权势大，责任重，功名也大，而他性情宽宏大量，行政法令很不严肃，唐代宗想分散他的权力而感到有些为难，长期以来犹豫不决。闰五月十五日甲申，唐德宗下诏书尊郭子仪为尚父，加任太尉兼中书令，增加实封满二千户，每月供给一千五百人的粮食、两百匹马的饲料、他的子弟、女婿们升官的有十几个人，郭子仪所兼任的副元帅与诸使职全部免去；任命他的裨将河东、朔方都虞候李怀光为河

大都督、西受降城定远天德盐夏丰等军州节度使，振武军使浑瑊为单于大都护、东中二受降城、振武镇北绥银麟胜等军州节度使，分领其任。

丙戌，诏曰："泽州刺史李鷃上《庆云图》。朕以时和年丰为嘉祥，以进贤显忠为良瑞，如卿云、灵芝、珍禽、奇兽、怪草、异木，何益于人！布告天下，自今有此，无得上献。"内庄宅使上言诸州有官租万四千余斛，上令分给所在充军储。先是，诸国屡献驯象，凡四十有二，上曰："象费豢养而违物性，将安用之！"命纵于荆山之阳，及豹、貀、斗鸡、猎犬之类，悉纵之；又出宫女数百人。于是中外皆悦，淄青军士，至投兵相顾曰："明主出矣，吾属犹反乎！"

戊子，以淮西留后李希烈为节度使。

辛卯，以河阳镇遏使马燧为河东节度使。河东承百井之败，骑士单弱，燧悉召牧马厮役，得数千人，教之数月，皆为精骑。造甲必为长短三等，称其所衣，以便进趋。又造战车，行则载兵甲，止则为营陈，或塞险以遏奔冲；器械无不精利。居一年，得选兵三万。辟兖州人张建封为判官，署李自良代州刺史，委任之。

兵部侍郎黎幹，狡险谀佞，与宦官特进刘忠翼相亲善。忠翼本名清潭，恃宠贪纵。二人皆为众所恶。时人或言幹、忠翼尝劝代宗立独孤贵妃为皇后，妃子韩王迥为太子。上即位，幹密乘舆诣忠翼谋事；事觉，丙申，幹、忠翼并除名长流，至蓝田，赐死。

以户部侍郎判度支韩滉为太常卿，以吏部尚书刘晏判度支。先是晏、滉分掌天下财赋，晏掌江南、山南、江淮、岭南，滉掌关内、河东、剑南，至是，晏始兼之。上素闻滉掊克过甚，故罢其利权，寻出为晋州刺史。

至德初，第五琦始榷盐以佐军用，及刘晏代之，法益精密。初岁入钱六十万缗，末年所入逾十倍，而人不厌苦。大历末，计一岁所入总一千二百万缗，而盐利居其太半。以盐为漕佣，自江、淮至渭桥，率万

中尹，邠、宁、庆、晋、绛、慈、隰等州节度使，任命朔方留后兼灵州长史常谦光为灵州大都督，西受降城、定、远、天德、盐、夏、丰等军州节度使，任命振武军使浑瑊为单于大都护，东中二受降城与振武、镇北、绥、银、麟、胜等军州节度使，分别承担郭子仪的职务。

闰五月十七日丙戌，德宗下诏书说："泽州刺史李鷃上《庆云图》。朕认为时和年丰为吉祥，进荐贤士表现忠诚为良兆，至于卿云、灵芝、珍禽、奇兽、怪草、异木，对人们有什么益处？现布告天下，从此以后，凡是有这些东西，都不许向上贡献。"内庄宅使上奏说各州所收的官租有一万四千多斛，德宗命令分给各地当作军粮储备。先前，各国多次进献驯象，共有四十二头，德宗说："豢养驯象花费很大，并且违反了动物的天性，养着它们有什么用处！"于是命令将驯象放到荆山南边，另外所有的豹、貀、斗鸡、猎犬之类的禽兽，也都放归山林，同时又放了好百个宫女出宫。于是朝野内外都欢欣鼓舞，淄青的军士，甚至扔掉兵器，相互看着说："圣明的君主出现了，我们还要造反吗？"

闰五月十九日戊子，任命淮西留后李希烈为节度使。

闰五月二十二日辛卯，任命河阳镇遏使马燧为河东节度使，河东自百井之战失败后，骑兵部队势单力薄，马燧征召所有牧马劳役，得到几千人，把他们训练了几个月，都成为精锐的骑兵。制作铠甲一定要分为长短不同的三种尺寸，骑兵们穿上合身，以便快速前进。又制造战车，行走时运载武器装备，停放时便列为营阵，有时堵塞险要地方以遏制敌人冲锋，各种军用器械无不精锐锋利。过了一年，得到经过挑选的士兵三万人。征召兖州人张建封为判官，任命李自良为代州刺史，委以重任。

兵部侍郎黎幹，狡猾阴险，阿谀逢迎，与宦官特进刘忠翼关系很好。刘忠翼本来名字叫刘清潭，仗恃唐代宗的宠信而贪婪放纵。两个人都被众人所厌恶。当时有人说黎幹和刘忠翼曾经劝代宗立独孤贵妃为皇后，立独孤贵妃的儿子韩王李迥为太子。唐德宗即位后，黎幹秘密乘车找刘忠翼谋划此事，事情被发觉。闰五月二十七日丙申，黎幹、刘忠翼同时被除名永久流放，到达蓝田时，被赐自杀。

任命户部侍郎判度支韩滉为太常卿，任命吏部尚书刘晏为判度支。先前，是由刘晏、韩滉分别掌管天下的财赋，刘晏掌管江南、山南、江淮、岭南，韩滉掌管关内、河东、剑南，到这时，才由刘晏一人兼管。德宗平时就听说韩滉征收赋税过于凶狠贪婪，所以罢除了他的财政大权，不久又将他调出京城作晋州刺史。

至德初年，第五琦开始实行食盐专卖以补充军事费用，等到刘晏代替他以后，专卖的办法更加精细完善。开始一年收入钱财六十万缗，到最后一年收入超过十倍，而老百姓并不感到厌恶痛苦。大历末年，统计一年的收入总共有一千二百万缗，而

斛佣七千缗，自淮以北，列置巡院，择能吏主之，不烦州县而集事。

（以上为第十段，写德宗初即位，锐意兴革，释放禁苑珍禽走兽，出宫女数百归民，整顿武备财赋，初露明主风采。）

六月，己亥朔，赦天下。

西川节度使崔宁、永平节度使李勉并同平章事。

诏：“天下冤滞，州府不为理，听诣三司使，以中丞、舍人、给事中各一人，日于朝堂受词。推决尚未尽者，听挝登闻鼓。自今无得复奏置寺观及请度僧尼。”于是挝登闻鼓者甚众。右金吾将军裴谞上疏，以为：“讼者所争皆细故，若天子一一亲之，则安用吏理乎！”上乃悉归之有司。

制：“应山陵制度，务从优厚，当竭帑藏以供其费。”刑部员外郎令狐峘上疏谏，其略曰：“臣伏读遗诏，务从俭约，若制度优厚，岂顾命之意邪！”上答诏，略曰：“非唯中朕之病，抑亦成朕之美，敢不闻义而徙！”峘，德棻之玄孙也。

庚子，立皇子诵为宣王，谟为舒王，谌为通王，谅为虔王，详为肃王。乙巳，立皇弟迺为益王，傀为蜀王。

丙午，举先天故事，六品以上清望官，虽非供奉、侍卫之官，日令二人更直待制，以备顾问。

庚戌，以朱泚为凤翔尹。

代宗优宠宦官，奉使四方者，不禁其求取。尝遣中使赐妃族，还，问所得颇少，代宗不悦，以为轻我命；妃惧，遽以私物偿之。由是中使公求赂遗，无所忌惮。宰相尝贮钱于阁中，每赐一物，宣一旨，无徒还者；出使所历州县，移文取货，与赋税同，皆重载而归。上素知其弊。遣中使邵光超赐李希烈旌节；希烈赠之仆、马及缣七百匹，黄茗二百斤。上闻之，怒，杖光超六十而流之。于是中使之未归者，皆潜弃所得于山谷，虽与之，莫敢受。

甲子，以神策都知兵马使、右领军大将军王驾鹤为东都园苑使，以

食盐专卖的收入占了其中的一大半。将食盐的收入作为漕运雇工的费用，从江、淮地区运到渭桥，大约是一万斛的数量支付漕运雇工工钱七千缗，从淮河以北，沿路设置巡院，选择有能力的官吏负责此事，不烦劳州县而事情却办得很好。

六月初一日己亥朔，大赦天下。

西川节度使崔宁、永平节度使李勉同时任同平章事。

唐德宗下诏说："天下冤案积压很多，州府不予受理，听任人们去找三司使，让御史中丞、中书省舍人、门下省给事中各一人，每天在朝堂接受讼词。还不能完全推断决定的，听任他们敲击登闻鼓。从今以后不许再上奏请求设置寺观以及剃度和尚、尼姑这类事。"于是敲登闻鼓的人很多。右金吾将军裴谞上疏德宗，认为："诉讼的人所争论的都是些鸡毛蒜皮的小事，如果天子一一亲自过问，那何必任用狱吏去审理案子呢？"德宗这才将全部诉讼事务交给有关部门处理。

唐德宗下令："所有帝陵修建制度，务必从优从厚，应当竭尽国库财物来供应修建费用。"刑部员外郎令狐峘上疏劝谏，大意是说"臣拜读遗诏，先帝要求修陵务从俭省节约，如果制度要求优厚，哪里是先帝遗命的用意呢？"德宗回诏书，大意是说："这不仅正说中朕的过失，而且还成朕之美，朕哪敢不听从大义而改正过失呢？"令狐峘是令狐德棻的玄孙。

六月初二日庚子，立皇子李诵为宣王，李谟为舒王，李谌为通王，李谅为虔王，李详为肃王。六月初七日乙巳，立德宗的弟弟李迺为益王，李傀为蜀王。

六月初八日丙午，依照先天年间的成例，六品以上的清望官，虽然不是供奉官、侍卫官，但命令每天必须有两个人轮流值班等候诏令，以备德宗随时有事顾问。

六月十二日庚戌，任命朱泚为凤翔尹。

唐代宗优待宠信宦官，奉命出使四方的宦官，都不禁止他们求取财物，唐代宗曾经派宦官去赏赐某妃子的家族，回来后，代宗询问宦官，得知所得到的酬谢很少，就很不高兴，认为这是轻视他的命令。那个妃子非常害怕，连忙把自己的私房拿出来作为补偿。从此，宫中宦官公开地求取贿赂，无所顾忌。宰相们都曾经把钱存放在省阁中，每次德宗命宦官来赏赐一物，或宣读一道圣旨，都没有空着手回去的。宦官出使经过各州县，发放公文，收取财物，就如同征收赋税一样，都是满载而归。唐德宗平素就知道这个弊病。派宫中宦官邵光超赏赐李希烈旌节，李希烈使送给他仆人、马匹以及缣七百匹，黄茗二百斤。唐德宗听说后，十分生气，打了邵光超六十大棍然后把他流放。于是那些出使还没有回朝的宦官，都偷偷地把所获得的财物丢弃在山谷里，即使有人给他们东西，他们也不敢接受。

六月二十六日甲子，任命神策都知兵马使、右领军大将军王驾鹤为东都园苑使，

司农卿白琇珪代之，更名志贞。驾鹤典禁兵十余年，权行中外，上恐其生变；崔祐甫召驾鹤与语，留连久之，琇珪已视事矣。

李正己畏上威名，表献钱三十万缗；上欲受之恐见欺，却之则无辞。崔祐甫请遣使慰劳淄青将士，因以正己所献钱赐之，使将士人人戴上恩；又诸道闻之，知朝廷不重货财。上悦，从之。正己大惭服。天下以为太平之治，庶几可望焉。

（以上为第十一段，写唐德宗治刑狱，倡节俭，罢奉献，严禁中使向地方求索，表现中兴气象。）

秋，七月，戊辰朔，日有食之。

礼仪使、吏部尚书颜真卿上言："上元中，政在宫壸，始增祖宗之谥；玄宗末，奸臣窃命，累圣之谥，有加至十一字者。按周之文、武，称文不称武，言武不称文，岂盛德所不优乎？盖群臣称其至者故也。故谥多不为褒，少不为贬。今累圣谥号太广，有逾古制，请自中宗以上皆从初谥，睿宗曰圣真皇帝，玄宗曰孝明皇帝，肃宗曰宣皇帝，以省文尚质，正名敦本。"上命百官集议，儒学之士，皆从真卿议；独兵部侍郎袁傪，官以兵进，奏言"陵庙玉册、木主皆已刊勒，不可轻改，"事遂寝。不知陵中玉册所刻，乃初谥也。

初，代宗之世，事多留滞，四夷使者及四方奏计，或连岁不遣，乃于右银台门置客省以处之；及上书言事、失职未叙，亦置其中，动经十岁。常有数百人，并部曲、畜产动以千计，度支廪给，其费甚广。上悉命疏理，拘者出之，事竟者遣之，当叙者任之，岁省谷万九千二百斛。

壬申，毁元载、马璘、刘忠翼之第。初，天宝中，贵戚第舍虽极奢丽，而垣屋高下，犹存制度，然李靖家庙已为杨氏马厩矣。及安、史乱后，法度堕弛，大臣将帅竞治第舍，各穷其力而后止，时人谓之木妖。上素疾之，故毁其尤者，仍命马氏献其园，隶宫司，谓之奉成园。

任命司农卿白琇珪代替他的职务，改名为白志贞。王驾鹤掌管禁军长达十几年，权势通行于朝廷内外，德宗担心他产生变乱。崔祐甫因此召见王驾鹤，有意留住他拖延了很长时间，白琇珪那边已接管完毕。

李正己畏惧德宗的威名，上表表示奉献三十万缗钱；德宗想接受又怕受骗，想推辞又没有借口，崔祐甫请求派遣使者慰劳淄青将士，乘机将李正己所贡献的钱赏赐给他们，这样使得将士们人人都对德宗感恩戴德；另外让各道听说后，也知道朝廷是不重视财物的。德宗很高兴。听从了崔祐甫的建议。李正己非常惭愧、佩服。天下人认为太平之治，差不多就可以看到了。

秋季，七月初一日戊辰朔，日食。

礼仪使、吏部尚书颜真卿向德宗进言说："上元年间，武后专政，开始增加祖宗的谥号。玄宗末年，奸臣当权，历朝皇帝的谥号，有增加到十一个字的。按周代的文王和武王，称文就不称武，称武就不称文，难道他们的大德就不崇高吗？这大概是群臣认为文、武是最高的称呼的缘故。所以，谥号的字多并不意味着褒扬，字少也不意味着贬低。现在历朝皇帝的谥号字数太多，超过了古代的制度，请求自中宗以上的皇帝，都依从最初的谥号，中宗以下，睿宗称圣真皇帝，玄宗称孝明皇帝，肃宗称宣皇帝，以求减少文字，崇尚质朴，辨正名分，注重根本。"德宗命令百官集中讨论，儒学之士，都同意颜真卿的建议。只有兵部侍郎袁傪，因军功而加官，他上奏说："陵庙中的玉册、神位牌都已经刊刻，不可以轻易改动。"于是这事便搁置起来。殊不知皇陵中玉册所刻的本来就是最初的谥号。

当初，在唐代宗时期，朝廷的许多事情都拖延未办，四夷使者以及各地奏报计划的官员，有的一连好几年都不遣返，于是在右银台门设置客省安置他们。还有上书议事的、失职未再任的，也安置在客省里，动辄一住就是十年。经常住在那里的有好几百人，加上随从、牲畜，动辄就是数以千计，由度支供给粮食饲料，费用很大。德宗下令全面治理整顿，被拘留的放出来，事情办完了遣返，应当按次第进职的就任命，一年就节省粮食一万九千二百斛。

七月初五日壬申，毁掉元载、马璘、刘忠翼的宅第。起初，在天宝年间，贵戚的宅第房舍虽然极其奢侈华丽，然而围墙房屋的高低，还符合有关的规章制度，然而李靖的家庙已经改作杨氏的马厩了。等到安史之乱以后，法令制度全被破坏废弛，大臣将帅竞相修建宅第房舍，各人都竭尽自己的力量才罢休，当时人称之为木妖。德宗平时就很痛恨这种做法，就折毁其中特别奢华的宅第，还命马氏献出他的园林，归宫司掌管，称之为奉成园。

癸丑，减常贡宫中服用锦千匹、服玩数千事。

庚辰，诏回纥诸胡在京师者，各服其服，无得效华人。先是回纥留京师者常千人，商胡伪服而杂居者又倍之，县官日给饔饩，殖赀产，开第舍，市肆美利皆归之，日纵贪横，吏不敢问。或衣华服，诱取妻妾，故禁之。

辛卯，罢天下榷酒收利。

上之在东宫也，国子博士河中张涉为侍读，即位之夕，召涉入禁中，事无大小皆咨之；明日，置于翰林为学士，亲重无比。乙未，以涉为右散骑常侍，仍为学士。

（以上为第十二段，写德宗大刀阔斧处理积案，拆毁权臣达官逾制的住宅，整顿京师秩序，约束回纥商人。）

七月，癸丑，减少经常贡奉宫中服用的织锦一千匹，以及服装玩物好几千件。

七月十三日庚辰，诏令在京师的回纥及各族胡人，各自穿本民族的服装，不得效仿汉人。先前，滞留在京师的回纥人常常上千人，而经商的胡人穿着汉人服装与汉人杂居的又多一倍，官府每天要供给他们大量的食物，他们却大置产业，修筑宅第房舍，在市场上大做买卖，优厚的利润都归他们所得，日益放纵、贪婪、横暴，官吏不敢责问追究他们。有人穿着汉人的衣服，骗娶妻妾，因此德宗下令禁止他们穿汉人服装。

七月二十四日辛卯，取消天下酒的专卖来增加国家税收。

唐德宗当年在东宫做太子时，国子监博士河中人张涉做他的侍读，唐德宗即位的当晚，就把张涉召进宫中，事情无论大小都向他咨询。第二天，就把他安排在翰林做学士，无比地信任和重视。七月二十八日乙未，唐德宗任命张涉为右散骑常侍，仍然担任学士。

【点评】

本卷记载代宗晚年执政和德宗初即位，共五年又七个月。本卷点评代宗晚年的作为与德宗即位之初的兴革。

一、代宗晚年清理积弊。王夫之论唐高宗有言：“至弱之主，必有暴怒；至暗之主，必有微明。”（《读通鉴论》卷二十一）唐代宗姑息藩镇，涵容权臣元载，晚年一奋而起，讨魏博，诛李灵曜，杀元载，表现了中唐皇权仍有控制朝政的能力。魏博节度使田承嗣是河北诸镇中最为骄慢的割据者。代宗为了笼络田承嗣，把皇女永乐公主许妻田承嗣之子田华，唐代宗为此是要拉近与田承嗣的关系，可是田承嗣不买账，更加骄慢。田承嗣不听朝廷号令，不入朝，不派兵防秋。当时吐蕃经常寇边，常于秋天扰乱收割，朝廷征兵诸镇防秋。代宗大历九年（774），幽州卢龙节度使朱泚入朝，亲自带领五千士卒防秋，代宗给予很高礼遇。朱泚表请留阙下，推荐其弟朱滔知幽州卢龙留后，代宗听之，朱滔效顺。又成德节度使李宝臣、淄青节度使李正己，两人皆为田承嗣所轻视，上表请求讨伐田承嗣。代宗于是利用诸镇之间的矛盾，在大历十年四月三日乙未下诏贬田承嗣为永州刺史，征调河东、成德、幽州、淄青、淮西、永平、汴宋、河阳、泽潞等九节度使之兵，大举讨伐田承嗣。这是朝廷平定安史之乱以来的最大规模用兵。代宗此举，志在必得。朝廷无权威良将统率诸镇，没有统帅，诸镇各自为战，田承嗣分化瓦解，各个击破，拉拢李正己中立，挑起了朱滔与李宝臣交斗，其余诸镇各自退兵。田承嗣上表谢罪，代宗就势下坡，征讨田承嗣不了了之。随后汴宋留后李灵曜反叛，北连田承嗣。代宗命李忠臣、马燧进讨，又反正了汴宋兵马使李僧惠，授命李僧惠为宋州刺史。李僧惠是李灵曜的谋主，李僧惠反戈一击，李灵曜军心瓦解。诸军进击，十月汴州城破，诛杀了李灵曜。李灵曜之死，使朝廷挽回了一些面子。

田承嗣上表入朝，李正己随后上表替田承嗣说情，请求允许他自新改过。两人配合演双簧，田承嗣终究没有入朝，又帮助李灵曜反叛，代宗再次下令征讨，田承嗣又上表谢罪。代宗没有办法，只好下诏，恢复田承嗣官爵，免其入朝。此时郭子仪健在，代宗忌刻功臣而不用，是以建功不成。代宗刻忌功臣，又表现了一个昏君的常态。

奸相元载专横纳贿，黄门侍郎、同平章事王缙党附。元载妻王氏，元载之子元伯和、元仲武，以及王缙之弟、妹，争纳贿赂。士人求进，百官晋升，都要通过元载、王缙两人的子弟及主书卓英倩等，纳贿办事，否则无由仕进。大历十二年（777）三月，代宗单独与左金吾大将军吴凑密谋诛元载。吴凑是代宗的舅舅。谋定使人上告元载、王缙图谋不轨。三月二十八日庚辰，代宗驾临延英殿，命吴凑到政事堂逮捕元载、王缙，及其同党。元载及卓英倩等被诛，王缙贬官为栝州刺史。

唐代宗诛杀元载后，清理积弊，额定百官俸禄，裁撤诸州团练使，又定员诸州守兵，皆有常数，史称“法制粗立”。

大历十四年（779）五月二十一日辛酉，代宗崩，德宗即位。

二、德宗初即位急躁轻率。德宗即位，时年三十九岁，曾参加平定安史之乱，年富力强，阅历已久，即位之初，表现了励精图治之志。居丧期间，下诏罢四方贡献，又罢梨园及乐工三百余人，释放禁苑走兽归山林，出宫女数百人。又下诏天下各州平反冤狱，不准全国各地增修寺观，不准剃度增加僧尼。禁止外出中使向地方求索。德宗派中使邵光超赐淮西节度使李希烈旌节，李希烈送给邵光超仆从、良马，以及谦七百匹，黄茗茶二百斤。唐德宗大怒，处邵光超杖刑二百，流放边地。其他各道中使无人敢接受馈赠。于是中外大悦，认为明主出世，天下庶几可治。其实德宗仍是一个昏君。肃宗、代宗处事优柔寡断，姑息藩镇，只求苟安。德宗处事举重若轻，急躁妄动，刚愎自用，即位旬日之间就表现出来。朝廷为代宗治丧，群臣议丧服。宰相常衮主张按惯例服丧二十七日除服，中书舍人崔祐甫主张依从代宗遗诏，三日除服。两人争执，恶语相加。常衮上奏德宗说崔祐甫任意变更丧礼，请求贬为潮州刺史。德宗认为太重，于闰五月三日壬申，贬崔祐甫为河南少尹。常衮的上奏，有郭子仪、朱泚两人副署。两人以军功为宰相，并不到政事堂办事。唐肃宗时，事务繁多，宰相有好几个人，轮流值班。有时有宰相休假，值班宰相奏事，代休假宰相署名上奏，成为惯例。这次常衮上奏，代郭子仪、朱泚署名，合于惯例。常衮刚直，得罪了许多人，这些人抓住这件事做文章，德宗也想树立一下威望，加罪常衮欺君，贬常衮为潮州刺史。常衮欲贬崔祐甫为潮州刺史，德宗用在了常衮自己身上，然后把崔祐甫召回来代替了常衮的位置。而丧服礼却按照常衮的意见执行。唐德宗五月二十三日即位，十天后于闰五月三日贬崔祐甫，第三天闰五月五日倒过来贬宰相常衮。德宗和其父其祖代、肃二宗大相径庭，急躁轻率，唐朝在他的统治下，结束了苟安，但带来的不是治世，而是动荡危难。急躁的昏君比宽厚的昏君更容易偾事。肃宗、代宗、德宗，本质上都是昏君，昏聩的最大特点就是忠奸不分，猜忌功臣。德宗对功臣的猜忌，更甚于其父其祖，耍弄的小聪明也甚于其父其祖。德宗初即位，就免去郭子仪的一切军职，用郭子仪的三个部将李怀光、常谦光、浑瑊分掌兵权。代宗想分郭子仪的兵权，久久不能决定，临终也没有办成。德宗一上台便办了，表面上却尊崇郭子仪为尚父，给予优厚的生活待遇，增加封邑到二千户，实权却剥夺殆尽，包括郭子仪的子侄。中唐昏君，刻忌功臣，仿佛有基因遗传，一代甚过一代。

唐纪四十二

唐代宗大历十四年至唐德宗建中二年（779—781年）

【起屠维协洽（己未，779年）八月，尽重光作噩（辛酉，781年）五月，凡一年有奇】

【大事提要】

本卷记事起公元779年八月，讫公元781年五月，凡一年又十个月。当唐代宗大历十四年八月到唐德宗建中二年五月。这是唐德宗初即位，欲有一番大作为的时期。德宗即位之年三十八岁，正当盛壮年富力强之时。安史之乱平定后，经代宗十余年的休养生息，唐朝恢复了一定的国力。天下税户三百八十五万余，籍兵七十六万余，税钱一千又八十九万余缗，谷二百七十万余斛。德宗重整朝纲，有一定的实力。德宗革除积弊，采纳杨炎建议，在建中元年实施两税法，是中国财政史上的一次大变革。德宗又将宦官所掌管的天下财赋转归户部左藏管理，惩贪，罢贡奉，节制方镇，和好吐蕃，确实有了一番新气象。但所用非人，德宗的革新大打折扣。杨炎入相大权独揽之后就专以报仇害人为能事，冤杀理财家刘晏是唐朝政治的一大损失。不久卢杞入相，奸诈误国，德宗朝政治很快走了下坡路。德宗性格偏执，因曾受回纥之辱，即位后指使振武节度使张光晟滥杀九姓回纥商人，是外交上的一大败笔。

【原文】

代宗睿文孝武皇帝下

大历十四年（己未，779 年）

八月，甲辰，以道州司马杨炎为门下侍郎，怀州刺史乔琳为御史大夫，并同平章事。上方励精求治，不次用人，卜相于崔祐甫，祐甫荐炎器业，上亦素闻其名，故自迁谪中用之。琳，太原人，性粗率，喜诙谐，无他长，与张涉善，涉称其才可大用，上信涉言而用之；闻者无不骇愕。

代宗之世，吐蕃数遣使求和，而寇盗不息，代宗悉留其使者，前后八辈，有至老死不得归者；俘获其人，皆配江、岭。上欲以德怀之，乙巳，以随州司马韦伦为太常少卿，使于吐蕃，悉集其俘五百人，各赐袭衣而遣之。

协律郎沈既济上选举议，以为："选用之法，三科而已：曰德也，才也，劳也。今选曹皆不及焉；考校之法，皆在书判、簿历、言词、俯仰而已。夫安行徐言，非德也；丽藻芳翰，非才也；累资积考，非劳也。执此以求天下之士，固未尽矣。今人未土著，不可本于乡闾；鉴不独明，不可专于吏部。臣谨详酌古今，谓五品以上及群司长官，宜令宰臣进叙，吏部、兵部得参议焉。其六品以下或僚佐之属，许州、府辟用，其牧守、将帅或选用非公，则吏部、兵部得察而举之，罪其私冒。不慎举者，小加谴黜，大正刑典。责成授任，谁敢不勉！夫如是，则贤者不奖而自进，不肖者不抑而自退，众才咸得而官无不治矣。今选法皆择才于吏部，试职于州郡。若才职不称，紊乱无任，责于刺史，则曰命官出于吏曹，不敢废也；责于侍郎，则曰量书判、资考而授之，不保其往也；责于令史，则曰按由历、出入而行之，不知其他也。黎庶徒弊，谁任其咎！若牧守自用，则罪将焉逃！必州郡之滥，独换一刺史则革矣。如吏部之滥，虽更其侍郎无益也。盖人物浩浩，不可得而知，法使之然，非主司之过。今诸道节度、都团练、观察、租庸等使，自判官、副将以下，皆使自择，纵其间或有情故，大举其例，十犹七全。则辟吏之法，已试于今，但未

【语译】

代宗睿文孝武皇帝下

唐代宗大历十四年（己未，779 年）

八月初七日甲辰，朝廷任命道州司马杨炎为门下侍郎，怀州刺史乔琳为御史大夫，一并授予同平章事头衔。德宗正励精图治，破格用人，为选择宰相而征询崔祐甫的意见，崔祐甫举荐了杨炎的器识和业绩，德宗也早已听说杨炎的名声，因此任用正在受降职处分的杨炎为宰相。乔琳是太原人，性情粗疏随意，喜欢开玩笑，又没有什么长处，与张涉是好朋友，张涉说乔琳是个可以起大作用的能干之才，德宗相信了张涉的话而任用乔琳为宰相；听到乔琳被任用为宰相消息的人，无不感到震惊和诧异。

在代宗朝，吐蕃屡次派遣使臣向朝廷求和，却又不停地越境侵犯骚扰，因此代宗把派来求和的吐蕃使臣都拘留起来，前后共有八批，有的使者直到老死都没能回归；而在交战中所俘虏的吐蕃人，都发配流放到江南或五岭以外。德宗想以恩德来感化怀柔他们，八月初八日乙巳，便任命随州司马韦伦为太常少卿，派韦伦出使吐蕃，并集中所有被流放的吐蕃俘虏共五百余人，赐予每人一套衣服并将他们遣送回去。

协律郎沈既济上奏议论有关人才选举的事宜，沈既济认为："选拔任用人才的办法，只根据三条标准就行了，这三条标准就是德操、才学和劳绩。而现在负责选用人才的官署都没有考虑到这三条标准；他们考核人才的办法，全都在于书法是否优雅，文理是否通畅，资历是否深长，言语表达和辩论是否流利，言谈举止是否妥当，待人处事是否得体等等方面而已。大凡步履稳重，言语徐缓，并不表明此人有德行；辞藻华丽，书法清秀，并不表明此人有才干；资历深长，屡受考核，并不表明此人有功劳。根据这些标准来选拔天下的贤能之士，当然就不可能得到完全令人满意的结果。现在有些人长期不住在自己家乡，因此乡邻地方对他的评价不足为凭；单一的鉴定考察不可能做到特别清楚，那么选拔人才，就不能完全由吏部操持。臣下认真详细地研究了古今择人任官的办法，认为五品以上的官员和中央各官署内的负责官员，应当下令由宰相推荐叙用，吏部和兵部可以参与任用他们的讨论。六品以下官员和幕僚佐吏一类的人员，允许州、府自行辟举任用，如果州府长官和将帅有选任不公正的事情发生，那么吏部和兵部都要查明冒滥为官的行为。而那些不能谨慎推荐人才的官员，轻则申斥贬官，重则依法严惩。被任用官员，要责令他取得相应的政绩，谁还敢不勤勉努力呢？这样一来，那么贤能之士不需要勉励就会自求进取，无才无德的人也不需要压制就会被自行淘汰，各种人才都可以任职，那么政务没有

及于州县耳。利害之理，较然可观。向令诸使僚佐尽受于选曹，则安能镇方隅之重，理财赋之殷乎！”既济，吴人也。

（以上为第一段，写杨炎入相，沈既济上奏选举议案。）

初，衡州刺史曹王皋有治行，湖南观察使辛京杲疾之，陷以法，贬潮州刺史。时杨炎在道州，知其直，及入相，复擢为衡州刺史。始，皋之遭诬在治，念太妃老，将惊而戚，出则囚服就辩，入则拥笏垂鱼，即贬于潮，以迁入贺；及是，然后跪谢告实。皋，明之玄孙也。

朔方、邠宁节度使李怀光既代郭子仪，邠府宿将史抗、温儒雅、庞仙鹤、张献明、李光逸功名素出怀光右，皆怏怏不服。怀光发兵防秋，屯长武城，军期进退，不时应令。监军翟文秀劝怀光奏令宿卫，既离营，使人追捕，诬以他罪，且曰：“黄萯之败，职尔之由！”尽杀之。

九月，甲戌，改淮西曰淮宁。

西川节度使、同平章事崔宁，在蜀十余年，恃地险兵强，恣为淫侈，朝廷患之而不能易；至是，入朝，加司空，兼山陵使。

治理不好的。现在的铨选办法，都是由吏部选拔人才，送到州郡试用。如果才能和职务不相称，办事杂乱无章而失职，责备刺史用人不当，刺史就会推脱责任说他所任用的官员都是吏部选派下来的，不敢弃而不用；责备吏部侍郎，吏部侍郎就会推脱责任说他完全是考量书法文章、资历考绩等条件而任命的，不能担保他日后政绩如何；责备掌管文案基层的令史，他们就会辩解说是根据他的籍贯和资历材料来执行的，对其他情况一概不知。黎民百姓无故受害，罪责究竟应由谁来承担呢？如果这种不称职的官员是州郡长官自己任用的，那么州郡长官怎能推卸自己的罪责呢？如果肯定是州郡长官虚妄不实而造成弊端，那么只要换个刺史就可革除了。如果是吏部虚妄不实，那么即使更换了吏部侍郎也于事无补。现在人员众多，朝廷不可能掌握全面情况，是制度法规不当造成了这样的结果，不是主管部门的过错。当今各道节度使、都团练使、观察使、租庸使，从判官、副将以下的官吏，都让他们自己选拔任用，即使中间可能因人情世故而营私舞弊，但总的看来，十人之中应有七人是名实相符、才职相称的。而征辟官吏的办法，现在已经试行，只是还没有普及到州县罢了。什么有利什么有害，道理非常明白。以前的各道长官的幕僚、佐辅人员都由吏部选派，他们怎么能够承担起镇守一方的重任，管理征收赋税的繁杂工作呢？”沈既济是吴县人。

当初，衡州刺史曹王李皋很有治政业绩，湖南观察使辛京杲嫉恨他，设置圈套使他触犯法律，贬官为潮州刺史。当时杨炎在道州，知道曹王李皋为人正直，等到杨炎入朝做了宰相，就提拔李皋为衡州刺史。当初，在李皋受诬陷被当作囚犯受审期间，担心母亲郑太妃年事已高，如果知道此事会受刺激而替李皋担忧，所以出庭受审时就身穿囚服进行申辩，回家时就换去囚服，手持笏板，身佩金鱼袋，盛装一如往常，即使是被贬任潮州刺史时，也仍向母亲报喜说自己被升迁了；直到此时重任衡州刺史，才跪在母亲面前认错并说出了实情。李皋是曹王李明的玄孙。

朔方、邠宁节度使李怀光取代了郭子仪的职务之后，邠宁节度使属下的旧将史抗、温儒雅、庞仙鹤、张献明、李光逸等人，功勋名望一向都在李怀光之上，对受制于李怀光都不服。李怀光调兵防守秋收，驻扎于长武城，军队调发驻屯，老将们都不按规定时间执行命令。监军翟文秀建议李怀光上奏朝廷，请下令将他们调作宫廷宿卫，等他们离开军营后，便派人追捕，给他们捏造别的罪名，并且说：“黄萯原之所以被打败，完全是由这伙人违背命令造成的！”于是将他们全部杀掉了。

九月初七日甲戌，把淮西节度使改称为淮宁军。

西川节度使、同平章事崔宁，在蜀地经营了十多年，倚仗地势险要和兵力强大，为所欲为，奢侈荒淫，朝廷虽然认为崔宁是一大祸害，却无法更换崔宁的职位；直

南诏王阁罗凤卒，子凤迦异前死，孙异牟寻立。

冬，十月，丁酉朔，吐蕃与南诏合兵十万，三道入寇，一出茂州，一出扶、文，一出黎、雅，曰："吾欲取蜀以为东府。"崔宁在京师，所留诸将不能御，虏连陷州、县，刺史弃城走，士民窜匿山谷。上忧之，趣宁归镇。宁已辞，杨炎言于上曰："蜀地富饶，宁据有之，朝廷失其外府，十四年矣。宁虽入朝，全师尚守其后，贡赋不入，与无蜀同。且宁本与诸将等夷，因乱得位，威令不行。今虽遣之，必恐无功；若其有功，则义不可夺。是蜀地败固失之，胜亦不得也。愿陛下熟察。"上曰："然则奈何？"对曰："请留宁，发朱泚所领范阳兵数千人，杂禁兵往击之，何忧不克！因而得内亲兵于其腹中，蜀将必不敢动，然后更授他帅，使千里沃壤复为国有，是因小害而收大利也。"上曰："善。"遂留宁。

初，马璘忌泾原都知兵马使李晟功名，遣入宿卫，为右神策都将。上发禁兵四千人，使晟将之，发邠、陇、范阳兵五千，使金吾大将军安邑曲环将之，以救蜀。东川出兵，自江油趋白坝，与山南兵合击吐蕃、南诏，破之。范阳兵追及于七盘，又破之，遂克维、茂二州。李晟追击于大渡河外，又破之。吐蕃、南诏饥寒陨于崖谷死者八九万人。吐蕃悔怒，杀诱导使之来者。异牟寻惧，筑苴咩城，延袤十五里，徙居之。吐蕃封之为日东王。

上用法严，百官震悚。以山陵近，禁人屠宰；郭子仪之隶人潜杀羊，载以入城，右金吾将军裴谞奏之。或谓谞曰："郭公有社稷大功，君独不为之地乎？"谞曰："此乃吾所以为之地也。郭公勋高望重，上新即位，以为群臣附之者众，吾故发其小过，以明郭公威权不足畏也。如此，上尊天子，下安大臣，不亦可乎！"

到此时崔宁入朝，才趁机给崔宁加授司空头衔，兼任山陵使。

南诏王阁罗凤去世，儿子凤迦异死在阁罗凤之前，孙子异牟寻立为南诏王。

冬季，十月初一日丁酉朔，吐蕃与南诏联合，派遣军队十万，分成三路进犯唐朝疆域，一路进犯茂州，一路进犯扶州、文州，一路进犯黎州、雅州，并且声言："我们目标是攻下蜀地作为东府。"当时崔宁正在京城，留守蜀地的众将领无法抵挡三路进攻，吐蕃与南诏接连攻陷蜀地的州、县，唐朝的刺史弃城逃亡，士人平民逃往深山幽谷之中躲藏。德宗为此非常担忧，催促崔宁归蜀镇守。崔宁已向德宗辞行，杨炎对德宗说："蜀地富饶，崔宁据守它而视为己有，朝廷丧失这所京外的府库，至今已经有十四年了。现在崔宁虽然入朝为官，但崔宁的全部军队还留守后方，贡物和赋税不上缴，朝廷虽有蜀地，实际情形与无蜀相同。况且崔宁的地位本来与其他一些将领差不多，由于乘乱夺得高位，因此无威望，命令也难以执行。现在即使将崔宁派遣回去，恐怕也不会有什么成效；假如崔宁能退敌建功，那么按理就不能撤换崔宁西川节度使的职务。因此，蜀地作战失败，固然要丧失它，即使取胜，朝廷实际上也无法得到蜀地。希望陛下深思熟虑。"德宗问："既然如此，那该怎么办才好？"杨炎回答说："请求将崔宁留在京城，调发朱泚率领的几千范阳兵，编入宫廷的禁卫军一起攻击敌人，还怕不能克敌制胜？同时还能够将亲信的禁卫军安插在蜀的腹地中，蜀地将领一定不敢轻举妄动，然后另外任命一人为蜀地统帅，使广袤富饶之地重新为国家所有，这正是借小害的机会而获大利。"德宗听后说道："好！"于是把崔宁留在京城。

当初，因马璘妒忌泾原都知兵马使李晟功高名重，派遣李晟入朝廷值勤警卫，担任禁卫军右神策都将。德宗调发禁卫军四千人，让李晟统领，又调集邠宁、陇右、范阳之兵五千名，由金吾大将军安邑人曲环率领，用来援救蜀地。他们同时从东川出兵，从江油向白坝进发，与山南守军合击吐蕃、南诏，打败了来犯之敌。范阳军追击到七盘，再次打败敌人，于是攻下了维州、茂州。李晟领军追击敌人到大渡河外，又打了一次胜仗。吐蕃、南诏的军队饥寒交迫，掉到悬崖深谷中而死的多达八九万人。吐蕃军悔怒之下，杀死当初引诱他们进攻蜀地的人。异牟寻非常害怕，构筑起苴咩城，城垣和防御工事长达十五里，将首府迁居到这里。吐蕃封他为日东王。

德宗实施法令严厉，文武百官都非常震惊恐惧。由于临近大行皇帝代宗的陵寝，因此禁止一般人屠宰牲畜；郭子仪的仆人偷偷地宰杀羊只，将它运进京城，右金吾将军裴谞将此事上奏给朝廷。有人对裴谞说："郭公立有保卫国家社稷的大功劳，难道你就不给他留点余地吗？"裴谞说："我这样做，就是为他着想啊！郭公功劳大名望重，皇上刚继位，认为满朝大臣中有很多人都归附于郭公，因此我故意揭发他的

己酉，葬睿文孝武皇帝于元陵；庙号代宗。将发引，上送之，见辒辌车不当驰道，稍指丁未之间，问其故，有司对曰：“陛下本命在午，不敢冲也。”上哭曰：“安有枉灵驾而谋身利乎！”命改辕直午而行。肃宗、代宗皆喜阴阳鬼神，事无大小，必谋之卜祝，故王屿、黎幹皆以左道得进。上雅不之信，山陵但取七月之期，事集而发，不复择日。

（以上为第二段，写唐军击退吐蕃、南诏联兵进犯西州。德宗安葬代宗。）

十一月，丁丑，以晋州刺史韩滉为苏州刺史、浙江东西观察使。

乔琳衰老耳聩，上或时访问，应对失次，所谋议复疏阔。壬午，以琳为工部尚书，罢政事。上由是疏张涉。

杨炎既留崔宁，二人由是交恶。炎托以北边须大臣镇抚，癸巳，以京畿观察使崔宁为单于镇北大都护、朔方节度使，镇坊州。以荆南节度使张延赏为西川节度使。又以灵盐节度都虞候醴泉杜希全知灵、盐州留后；代州刺史张光晟知单于振武等城、绥银麟胜州留后；延州刺史李建徽知鄜、坊、丹州留后。时宁既出镇，不当更置留后，炎欲夺宁权，且窥其所为，令三人皆得特奏事，仍讽之使伺宁过失。

（以上为第三段，写杨炎裁制崔宁。）

十二月，乙卯，立宣王诵为皇太子。

旧制，天下金帛皆贮于左藏，太府四时上其数，比部覆其出入。及第五琦为度支、盐铁使，时京师多豪将，求取无节，琦不能制，乃奏尽贮于大盈内库，使宦官掌之，天子亦以取给为便，故久不出。由是以天下公赋为人君私藏，有司不复得窥其多少，校其赢缩，殆二十年。宦官领其事者三百余员，皆蚕食其中，蟠结根据，牢不可动。杨炎顿首于上前曰：“财赋者，国之大本，生民之命，重轻安危，靡不由之，是以前世皆使重臣掌其事，犹或耗乱不集。今独使中人出入盈虚，大臣皆不得知，

小过错，借以表明郭公的威望权势并不足以令人生畏。这样一来，就能够对上尊重当今天子，对下安定群臣，这样做不也是恰如其分的吗？”

十月十三日己酉，安葬睿文孝武皇帝于元陵，庙号为代宗。在灵柩即将启运前往元陵的时候，德宗出来送丧，发现丧车不是朝向道路的中间，而是稍微有点偏西，便问其中的原因，主管丧事的官员回答说：“陛下的本命在‘午’，方向为南，不敢用先帝的灵车冲犯啊。”德宗哭着说：“哪有让先帝的灵驾受委屈而谋求自身利益的事呢？”命令把灵车对准子午方向的路中央行进。肃宗、代宗都喜欢阴阳鬼神这一套，事情无论大小，都一定要求神问卜，因此王屿、黎幹都凭借旁门左道而受进用。德宗一贯不相信阴阳鬼神之说，先帝下葬，只按照治丧礼仪规定停殡七个月，当各种事务都办妥之后就出殡，而不再另外选择吉日。

十一月十一日丁丑，将晋州刺史韩滉任命为苏州刺史和浙江东、西观察使。

乔琳体衰年迈，耳朵失聪，德宗有时因事咨询，乔琳应答的时候语无伦次，而且谋划和建议又多迂阔不切实际。十一月十六日壬午，德宗将乔琳任命为工部尚书，罢免了乔琳处理朝政的职权。德宗还因此疏远了举荐乔琳的张涉。

杨炎将崔宁留在京城之后，于是两人的关系紧张，结下仇怨。杨炎以北部边疆须派大臣镇守安抚为托词，十一月二十七日癸巳，改任担任京畿观察使的崔宁为单于镇北大都护、朔方节度使，镇守坊州。改任荆南节度使张延赏任西川节度使。又改派担任灵盐节度都虞候的醴泉人杜希全为掌管灵州、盐州各种事务的留后；改任代州刺史张光晟为掌管单于、振武等都护府和绥州、银州、麟州、胜州事务的留后；改任延州刺史李建徽担任掌管鄜州、坊州、丹州事务的留后。当时崔宁已经担任节度使职务，按规定不应该在辖区内再设置留后职务，杨炎这样做，就是想要剥夺崔宁的权力，而且还能够监视崔宁的所作所为，因此给予杜希全、张光晟，李建徽三人直接向朝廷汇报情况和提出建议的特权，还暗示他们要窥探崔宁的过错。

十二月十九日乙卯，册立宣王李诵为皇太子。

按常规制度，征敛的天下财赋都储备在国库之中，由太府每年按四季上报储藏数量，由比部审核支出收入。等到第五琦担任了度支和盐铁使职务，由于当时京城中有众多居功自傲和手握大权的桀骜将领，向国库索要钱物，毫无节制，第五琦约束不住他们，于是上奏把天下财赋全部贮藏在皇家内库百宝大盈库中，指派宦官负责管理。天子也认为这样取用和赏拨比较方便，所以征敛的财赋长期都贮藏在内库而不支出。因此，就把天下征敛而来的公赋当作了君主的私有财产，主管官署不能探知征敛的财赋究竟有多少，无法核实收入支出的盈亏，这种情况持续了将近二十

政之蠹敝，莫甚于此。请出之以归有司。度宫中岁用几何，量数奉入，不敢有乏。如此，然后可以为政。”上即日下诏：“凡财赋皆归左藏，一用旧式，岁于数中择精好者三、五千匹，进入大盈。”炎以片言移人主意，议者称之。

丙寅晦，日有食之。

湖南贼帅王国良阻山为盗，上遣都官员外郎关播招抚之。辞行，上问以为政之要，对曰：“为政之本，必求有道贤人与之为理。”上曰：“朕比以下诏求贤，又遣使臣广加搜访，庶几可以为理乎！”对曰：“下诏所求及使者所荐，惟得文词干进之士耳，安有有道贤人肯随牒举选乎！”上悦。

崔祐甫有疾，上令肩舆入中书，或休假在第，大事令中使咨决。

（以上为第四段，写杨炎善谏，为国家从宦官手中夺回财赋。）

德宗神武孝文皇帝一

建中元年（庚申，780 年）

春，正月，丁卯朔，改元。群臣上尊号曰圣神文武皇帝；赦天下。始用杨炎议，命黜陟使与观察、刺史“约百姓丁产，定等级，改作两税法。比来新旧征科色目，一切罢之；二税外辄率一钱者，以枉法论。”

唐初，赋敛之法曰租、庸、调，有田则有租，有身则有庸，有户则有调。玄宗之末，版籍浸坏，多非其实。及至德兵起，所在赋敛，迫趣取办，无复常准。赋敛之司增数而莫相统摄，各随意增科，自立色目，

年。掌理内库收支的宦官有三百多人，都不断从中贪污盗窃，他们串通一气结成死党，根深蒂固不动摇。杨炎在德宗面前叩头进言说：“财赋，是江山社稷的根本，是民众得以维持生命的源泉，国家的盛衰安危，无不由财赋收入的多少来维持，因此前朝都是指派国家的重臣掌管其事，即使如此，仍难免发生损耗和混乱不清的情况。如今却完全指派宦官们掌管收支，核实盈亏，而大臣们都不知道实情，朝政的毁损败坏，没有比这更严重的了。臣下请将掌管财赋的大权移交出来，重归主管官署。计算一下宫中全年所需费用有多少，让主管官署按数额送上纳入内库，他们一定不敢使宫中用度缺乏。只有这样，才能够好好地治理国家政事。”德宗当天颁布诏令：“凡是征收所得财赋，都归国库储备，一切都依照旧有规矩办事，每年从中选择精美上佳的布帛三五千匹，送进百宝大盈内库。”杨炎用简洁的几句话便改变了德宗的想法，议论这件事的人都称赞杨炎。

十二月三十日晦丙寅，出现日食。

湖南盗寇头目王国良凭借山势险要，劫掠为害，德宗派遣都官员外郎关播去招抚他。关播辞行的时候，德宗询问治理国家最重的是什么，关播回答说：“治理国政的根本之处，在于必须找寻德才兼备的人，让他参与治理天下。”德宗说：“我近来颁诏求贤，又派使臣到各地广泛寻访，这样一来，大概可以把天下治理好了吧？”关播回答说：“陛下颁诏所要征召的和使臣们推荐的那些人，只能是一些凭文采辞章求取官职的士人，哪有德养深厚的贤才愿意凭州县的文书，就甘心接受推举的呢？”德宗听了非常高兴。

崔祐甫患病，德宗便命令用轿子将崔祐甫抬进中书省来议事，有时崔祐甫在府第休假，遇有大事，就派宦官去向崔祐甫咨询解决的办法。

德宗神武孝文皇帝一

唐德宗建中元年（庚申，780 年）

春季，正月初一日丁卯朔，改年号为建中。群臣为德宗奏上尊号称圣神文武皇帝；大赦天下。德宗开始采用杨炎的建议，命令黜陟使与观察使、刺史“估算统计各地百姓的成丁和田地财产，制定民户等级，征收国家赋税改行两税法。近来出现的各种繁杂的税收名目，一律予以取消。在二税以外，如果官吏滥收百姓一文钱的，以违犯国法论处”。

唐朝初期，征收的赋税有租、庸、调三种，有田地的就要缴纳田租，有人口的就要按人丁缴纳服役费用称“庸”，有家庭的就要按户口缴纳丝麻制品称“调”。唐玄宗末年，户口逐渐混乱不堪，大多户籍册与实际情况不相符合。到了至德年间，

新故相仍，不知纪极。民富者丁多，率为官、为僧以免课役，而贫者丁多，无所伏匿，故上户优而下户劳。吏因缘蚕食，旬输月送，不胜困弊，率皆逃徙为浮户，其土著百无四五。至是，炎建议作两税法：先计州县每岁所应费用及上供之数而赋于人，量出以制入。户无主、客，以见居为簿；人无丁、中，以贫富为差；为行商者，在所州县税三十之一，使与居者均，无侥利。居人之税，秋、夏两征之。其租、庸、调杂徭悉省，皆总统于度支。上用其言，因赦令行之。

初，左仆射刘晏为吏部尚书，杨炎为侍郎，不相悦。元载之死，晏有力焉。及上即位，晏久典利权，众颇疾之，多上言转运使可罢；又有风言晏尝密表劝代宗立独孤妃为皇后者。杨炎为宰相，欲为元载报仇，因为上流涕言："晏与黎干、刘忠翼同谋，臣为宰相不能讨，罪当万死。"崔祐甫言："兹事暧昧，陛下已旷然大赦，不当复究寻虚语。"炎乃建言："尚书省，国政之本，比置诸使，分夺其权，今宜复旧。"上从之。甲子，诏天下钱谷皆归金部、仓部，罢晏转运、租庸、青苗、盐铁等使。

（以上为第五段，写杨炎施行两税法，刘晏被罢官。）

二月，丙申朔，命黜陟使十一人分巡天下。先是，魏博节度使田悦事朝廷犹恭顺，河北黜陟使洪经纶，不晓时务，闻悦军七万人，符下，罢其四万，令还农。悦阳顺命，如符罢之。既而集应罢者，激怒之曰："汝曹久在军中，有父母妻子，今一旦为黜陟使所罢，将何资以自衣食乎！"众大哭。悦乃出家财以赐之，使各还部伍。于是军士皆德悦而怨朝廷。

崔祐甫以疾，多不视事；杨炎独任大政，专以复恩仇为事，奏用元

战乱发生，各地的赋税征敛，被迫按上级命令催办，不再有固定标准。征税机构数目增加，而朝廷却无法进行统一管理，以至于各机构任意增加赋税的数额，自行设立赋税的种类，新旧相重，没有终止的时候。百姓中富有而人丁众多的家庭，大部分都得到官家或者寺院的庇护而免除赋税和徭役。然而，百姓中贫穷而人丁兴旺的人家没有地方藏匿，所以大户逍遥而小户困顿。官吏们乘机从中不断贪赃肥私，租赋十天或满月就要上缴一次，老百姓无法承受这种折腾，于是大多逃亡移居外地，成为飘忽不定的流动户口，而真正定居在本乡本土的，不到总数的百分之四五。事情发展到这种地步，杨炎建议征收两税法：先计算州县每年应支出的费用和应上缴给中央政府的数额，根据支出总数制定征收赋税的总额。户口不再分定居本土的，还是迁移流动的，都以现居住地登记户籍；人口不分丁男、中男，只按贫富状况区别等级；外出买卖经商的，于所在州县内纳三十分之一的盈利，使他们与定居户均等纳税，而不至于逃税获侥幸之利。定居户的赋税，在夏、秋两季征缴。而以前规定的租、庸、调和各种杂役等一律免除，赋税征收全部由度支负责管理。德宗采纳了杨炎的建议，于是颁令免除百姓以前尚未缴清的赋税，全面推行两税法。

当初，左仆射刘晏任吏部尚书，杨炎任吏部侍郎，两人相处很不融洽。元载之所以被处死，刘晏曾暗中落井下石，起了很大作用。等到德宗继位时，刘晏长久掌管财赋职权，很多人怨恨他，不少人建议撤销转运使。又有谣言传说刘晏曾密本上奏，劝代宗册立独孤妃为皇后。杨炎当上宰相后，要替元载报仇，便痛哭流涕地对德宗说："刘晏与黎斡、刘忠翼同谋叛逆，臣身为宰相而无法讨伐他们，罪该万死！"崔祐甫对德宗说："这件事真暧昧不清，既然陛下已宽宏大量地赦免了当事人，那么就不应该再去追究那些流言蜚语。"杨炎于是建议："尚书省是治理国政最重要的机构，近来设置的诸使，分散夺去了尚书省的权力，现在应该恢复旧制。"德宗听从了杨炎的意见。甲子这一天，德宗颁布诏令天下所有钱粮事务都归金部、仓部掌管，免去了刘晏转运、租庸、青苗、盐铁使等职务。

二月初一日丙申朔，朝廷命令黜陟使十一人分头巡视各地。此前，魏博节度使田悦事奉朝廷还算恭敬顺服。河北黜陟使洪经纶，对时政不甚明了，听说田悦统领的军队人数达七万之多，便按规定下了一道命令，裁减田悦部众四万，将他们遣散回家务农。田悦表面接受了命令，按照命令裁军。不久却召集应当被裁的部众，激怒他们说："你们长期在军队中服役，上有父母，下有妻儿，如今一旦被黜陟使下令裁减，将靠什么财产来养家糊口呢？"众人大哭起来。田悦于是拿出自己家中的钱财分赐给他们，让他们各归原来的部队。因此，军士们都感激田悦而怨恨朝廷。

崔祐甫因疾病缠身，基本不过问政事；杨炎因而得以独掌朝政，专干报恩复仇

载遗策城原州，又欲发两京、关内丁夫浚丰州陵阳渠，以兴屯田。上遣中使诣泾原节度使段秀实，访以利害，秀实以为："今边备尚虚，未宜兴事以召寇。"炎怒，以为沮己，征秀实为司农卿。丁未，邠宁节度使李怀光兼四镇、北庭行营、泾原节度使，使移军原州，以四镇、北庭留后刘文喜为别驾。京兆尹严郢奏："按朔方五城，旧屯沃饶之地，自丧乱以来，人功不及，因致荒废，十不耕一。若力可垦辟，不俟浚渠。今发两京、关辅人于丰州浚渠营田，计所得不补所费，而关辅之人不免流散，是虚畿甸而无益军储也。"疏奏，不报。既而陵阳渠竟不成，弃之。

上用杨炎之言，托以奏事不实，己酉，贬刘晏为忠州刺史。

癸丑，以泽潞留后李抱真为节度使。

杨炎欲城原州以复秦、原，命李怀光居前督作，朱泚、崔宁各将万人翼其后。诏下泾州为城具，泾之将士怒曰："吾属为国家西门之屏，十余年矣。始居邠州，甫营耕桑，有地著之安。徙屯泾州，披荆榛，立军府；坐席未暖，又投之塞外。吾属何罪而至此乎！"李怀光始为邠宁帅，即诛温儒雅等，军令严峻；及兼泾原，诸将皆惧，曰："彼五将何罪而为戮？今又来此，吾属能无忧乎！"刘文喜因众心不安，据泾州，不受诏，上疏复求段秀实为帅，不则朱泚。癸亥，以朱泚兼四镇、北庭行营、泾原节度使，代怀光。

三月，翰林学士、左散骑常侍张涉受前湖南观察使辛京杲金，事觉；上怒，欲置于法。李忠臣以检校司空、同平章事、奉朝请，言于上曰："陛下贵为天子，而先生以乏财犯法，以臣愚观之，非先生之过也。"上意解，辛未，放涉归田里。辛京杲以私忿杖杀部曲，有司奏京杲罪当死，上将从之。李忠臣曰："京杲当死久矣！"上问其故。忠臣曰："京杲诸父

的事情。杨炎奏请采用元载生前提出的计划，修筑原州城，又想征发两京、关内地区的壮丁夫役疏浚丰州的陵阳渠，以便兴办屯田。德宗派宦官作为使者去见泾原节度使段秀实，咨询利害关系。段秀实认为："当今边防还比较空虚，不太适宜调动力役大兴工程，招致敌人入侵。"杨炎对此大为震怒，认为他故意跟自己过不去，于是召回段秀实担任司农卿，夺其兵权。二月十二日丁未，朝廷命令邠宁节度使李怀光兼任四镇、北庭行营、泾原节度使，并指派他将部队移驻原州，任命四镇、北庭留后刘文喜为别驾。京兆尹严郢上奏说："考察朔方五城，原来所屯垦的是一片肥沃丰饶之地，自从发生战乱以来，劳动力严重不足，于是造成沃土荒废，被耕种的土地还不到十分之一。如果有足够的劳动力可以耕垦，就不必等到疏通渠道以后再去屯田了。现在如果征发两京、关内地区的人力去丰州疏通渠道，垦荒耕种，仔细计算实在得不偿失，而关内一带的老百姓难免会因此逃亡流散，结果不但会造成京师周围地区的人丁空虚，而且也无助于增加军粮储备。"奏疏呈上后，没有得到答复。结果，疏通陵阳渠的工程始终都没能够完成，半途而废了。

德宗采纳了杨炎的意见，二月十四日己酉，以刘晏的奏请不实为借口，把刘晏贬谪为忠州刺史。

二月十八日癸丑，朝廷任命泽潞留后李抱真为节度使。

杨炎打算通过修筑原州城，来恢复秦州、原州，命令李怀光前往监督工程的进行，朱泚、崔宁各领军万人在后辅助。德宗颁下诏令，命泾州负责准备筑城器具，泾州的将士对此大为愤怒，他们说："我们保卫国家西边的大门，已经十余年了。最初驻屯邠州，刚刚开出荒芜之地，经营农桑，开始有安心驻守此地的愿望时，把我们又调往泾州屯田，我们披荆斩棘，辛苦地建起军营，可是我们在这里连座位都还没有坐热，又要将我们抛到苦寒的塞外之地。我们到底犯了什么罪，要受这等折磨？"李怀光刚就任邠宁节度使时，就处死了温儒雅等老将，而且军令严厉；等到兼任泾原节度使后，部属将领都非常恐惧。他们说："温儒雅、史抗、庞仙鹤、张献明、李光逸五位将领犯了什么罪而将他们杀了？现在他又来此统帅我们，我们能不忧心吗？"刘文喜趁众将士惶惶不安之机占据泾州，不接受朝廷的诏令，上奏请求朝廷派段秀实重回泾州来担任统帅，否则就派朱泚任节度使。二月二十八日癸亥，朝廷任命朱泚兼任四镇、北庭行营、泾原节度使，取代了李怀光。

三月，翰林学士、左散骑常侍张涉收受了前任湖南观察使辛京杲的贿赂，事情暴露以后，德宗震怒，准备依法严惩张涉。李忠臣以检校司空、同平章事、奉朝请的身份，进言德宗说："陛下贵为天子，而您的老师却因为家贫而犯法，依臣下个人的愚见，这并非您老师的过错。"德宗的怒气消了许多。三月初六日辛未，德宗将张涉解职放回原籍。辛京杲因为私忿，用杖刑处死了一个家仆，有关官署奏请按照法

兄弟皆战死，独京杲至今尚存，臣故以为当死久矣。”上悯然，左迁京杲诸王傅。忠臣乘机救人，多此类。

杨炎罢度支、转运使，命金部、仓部代之。既而省职久废，耳目不相接，莫能振举，天下钱谷无所总领。癸巳，复以谏议大夫韩洄为户部侍郎、判度支，以金部郎中万年杜佑权江、淮水陆转运使，皆如旧制。

刘文喜又不受诏，欲自邀旌节；夏，四月，乙未朔，据泾州叛，遣其子质于吐蕃以求援。上命朱泚、李怀光讨之，又命神策军使张巨济将禁兵二千助之。

吐蕃始闻韦伦归其俘，不之信，及俘入境，各还部落，称：“新天子出宫人，放禽兽，英威圣德，洽于中国。”吐蕃大悦，除道迎伦。赞普即发使随伦入贡，且致赙赠。癸卯，至京师，上礼接之。既而蜀将上言：“吐蕃豺狼，所获俘不可归。”上曰：“戎狄犯塞则击之，服则归之。击以示威，归以示信。威信不立，何以怀远！”悉命归之。

代宗之世，每元日、冬至、端午、生日，州府于常赋之外竞为贡献，贡献多者则悦之。武将、奸吏，缘此侵渔下民。癸丑，上生日，四方贡献皆不受。李正己、田悦各献缣三万匹，上悉归之度支以代租赋。

（以上为第六段，写德宗锐意兴革，惩贪、罢贡奉、节制方镇，所用非人，得失参半。）

五月，戊辰，以韦伦为太常卿；乙酉，复遣伦使吐蕃。伦请上自为载书，与吐蕃盟；杨炎以为非敌，请与郭子仪辈为载书以闻，令上画可而已，从之。

朱泚等围刘文喜于泾州，杜其出入，而闭壁不与战，久之不拔。天

律的相应条文，应将辛京杲判死罪，德宗准备依奏处理。李忠臣又上奏德宗说："辛京杲早就该死了！"德宗问他说这话的缘故，李忠臣回答说："辛京杲的父辈和兄弟们都为国战死了，唯独辛京杲一人死里逃生，至今还活着，因此我认为辛京杲早就该死了。"德宗听罢，动了恻隐之心，将辛京杲降职为诸王师傅。李忠臣常在关键时刻救人，多是采用这种方式。

杨炎撤销了度支和转运使，由金部和仓部取代其职责。不久，因为尚书省官员长期没有管理过这类事务，职事荒废了，上下接应不上，没有人能把工作开展起来，以至于天下钱粮的征收、储藏、转运等无人统筹处置。三月二十八日癸巳，又任命谏议大夫韩洄为户部侍郎，管理度支事务，任命金部郎中万年人杜佑代理江淮水陆转运使，完全恢复了先前的规章制度。

刘文喜再度不服从朝廷诏命，打算自任泾原节度使。夏季，四月初一日乙未朔，刘文喜割据泾州反叛朝廷，派遣儿子去吐蕃做人质，请求吐蕃援助。德宗命令朱泚、李怀光率部讨伐刘文喜，又派神策军使张巨济统领禁卫军两千人前去增援。

吐蕃起初听说韦伦代表朝廷要将战俘送还吐蕃，还不相信此事，等到战俘回到境内，各自回归原来的部落，到处宣传"新皇帝将宫女放还家园，将奇禽异兽放归山林，皇上英姿圣明的威德，使中原一派祥和、安定"。吐蕃非常高兴，洒扫行道隆重迎接韦伦。吐蕃赞普随即派出使节跟着韦伦入朝进贡，并且为代宗的丧事送了份厚礼。四月初九日癸卯，吐蕃使节到达京城长安，德宗按礼仪接见了吐蕃使节。不久，蜀地的守将上奏说："吐蕃豺狼成性，俘虏的人不能放回去。"德宗说："戎狄侵犯边塞，就予以还击，如果他们服顺，就放回俘虏。坚决还击在于向他们显示威力，归还战俘在于向他们显示诚信。如果没有威力和诚信，用什么去怀柔周边的夷狄呢？"命令放回所有战俘。

在代宗朝，每逢正月初一、冬至和端午等节日，以及皇上的生日，各州府在规定的赋税之外，竞相向皇上进贡，进贡数额多的，皇上就喜欢他们。武将、奸吏因此趁机侵夺下属和百姓的财产。四月十九日癸丑，是德宗的生日，全国各地进贡的生日礼物，德宗一概不接受。李正己、田悦每人给皇帝献上细绢三万匹，德宗全部交付给度支，用来抵充应缴纳的租赋。

五月初五日戊辰，朝廷任命韦伦为太常卿；五月二十二日乙酉，又派遣韦伦出使吐蕃。韦伦请求德宗亲笔写一份双方结好的誓约文书，与吐蕃结盟；杨炎认为吐蕃与唐朝的地位不对等而德宗不必亲自动手，请求与郭子仪等人拟定结盟文书后，由德宗认可就行了，德宗采纳了杨炎的建议。

朱泚等众将领把刘文喜围在泾州城，封锁了刘文喜的进出道路，而刘文喜却关

方旱，征发馈运，内外骚然，朝臣上书请赦文喜以苏疲人者，不可胜纪。上皆不听，曰：“微孽不除，何以令天下！”文喜使其将刘海宾入奏，海宾言于上曰：“臣乃陛下藩邸部曲，岂肯附叛臣，必为陛下枭其首以献。但文喜今所求者节而已，愿陛下姑与之，文喜必怠，则臣计得施矣。”上曰：“名器不可假人，尔能立效固善，我节不可得也。”使海宾归以告文喜，而攻之如初。减御膳以给军士，城中将士当受春服者，赐予如故。于是众知上意不可移。时吐蕃方睦于唐，不为发兵，城中势穷。庚寅，海宾与诸将共杀文喜，传首，而原州竟不果城。

自上即位，李正己内不自安，遣参佐入奏事；会泾州捷奏至，上使观文喜之首而归。正己益惧。

六月，甲午朔，门下侍郎、同平章事崔祐甫薨。

术士桑道茂上言：“陛下不出数年，暂有离宫之厄。臣望奉天有天子气，宜高大其城以备非常。”辛丑，命京兆发丁夫数千，杂六军之士，筑奉天城。

初，回纥风俗朴厚，君臣之等不甚异，故众志专一，劲健无敌。及有功于唐，唐赐遗甚厚，登里可汗始自尊大，筑宫殿以居，妇人有粉黛文绣之饰；中国为之虚耗，而虏俗亦坏。及代宗崩，上遣中使梁文秀往告哀，登里骄不为礼。九姓胡附回纥者，说登里以中国富饶，今乘丧伐之，可有大利。登里从之，欲举国入寇。其相顿莫贺达干，登里之从父兄也，谏曰：“唐，大国也，无负于我，吾前年侵太原，获羊马数万，可谓大捷，而道远粮乏，比归，士卒多徒行者。今举国深入，万一不捷，将安归乎！”登里不听。顿莫贺乘人心之不欲南寇也，举兵击杀之，并九姓胡二千人，自立为合骨咄禄毗伽可汗，遣其臣聿达干与梁文秀俱入见，愿为藩臣，垂发不翦，以待诏命。乙卯，命京兆少尹临漳源休册顿莫贺为武义成功可汗。

闭城门坚守，不与朱泚等人交战，朱泚等人久攻不下。当时正值天旱，又要征发百姓为军队运输粮饷，由此导致朝野骚动。朝廷大臣上书德宗请求赦免刘文喜、用以缓解军疲民困的状况，上奏的人多得不可胜数。德宗一概不采纳，并且说："像刘文喜这样小小的孽臣都不能消灭，用什么来号令天下呢？"刘文喜派手下将领刘海宾入朝面奏德宗，刘海宾对德宗说："臣子本是陛下从前藩镇行营中的部属，哪肯随从叛逆皇上的罪臣呢？我一定会为陛下砍下刘文喜的头献上来。但刘文喜现在所求的，不过是一个旌节，希望陛下暂且给他，刘文喜一定会因此懈怠，而我的计划就能够实现了。"德宗说："名位官爵不可以随便给人，你能为朝廷效劳立功，固然是好事，但刘文喜休想得到我赐给他节度使的名位。"让刘海宾返回泾州向刘文喜转告朝廷的态度，同时继续围攻泾州城。德宗省减自己的膳食开销以补贴前线将士的军费。城中将士应发春季服装的，也照旧赐予。因此众人都知道德宗要消灭刘文喜的意志是坚定不移的。当时吐蕃正着手与唐朝建立睦邻友好关系，不肯为刘文喜派援兵，泾州城内势单力穷。五月二十七日庚寅，刘海宾与各位将领联手杀了刘文喜，将他的头颅传送京城。原州因为这场战事最终没有把城建起来。

自德宗继位以来，李正己内心就惶惶不安，派遣一个幕僚入朝奏事；正巧攻破泾州的捷报传到，德宗让他看了刘文喜的首级后再回去，于是李正己更加畏惧。

六月初一日甲午朔，门下侍郎、同平章事崔祐甫去世。

有个名为桑道茂的方术之士对德宗说："陛下在不久的几年之内，暂时会有被迫离宫的厄运。臣子观测，奉天一带有天子云气，应当扩大这座城池，以防备非常的事情发生。"六月初八日辛丑，朝廷命令京兆地区征发壮丁夫役几千名，加入六军士兵，修建奉天城。

起初，回纥风俗朴实淳厚，君臣间的等级差别不太悬殊，因此众心团结专一，勇猛强健而所向无敌。等到后来协助唐朝剿灭安史之乱有功，唐朝对他们的赏赐和赠送的东西非常丰厚，登里可汗从此妄自尊大，修建宫殿居住，后宫粉饰打扮，服饰华丽；唐朝为登里可汗耗费了大量钱财，而回纥的风俗也变坏了。等到代宗逝世，德宗派遣宦官梁文秀作使者前往回纥报丧，登里可汗态度傲慢，对待唐使有失礼节。于是九姓回纥投其所好，劝说登里可汗，认为唐朝物产丰富，应趁唐朝国丧之机，出兵征伐，可以获得很大利益。登里可汗采纳了这一建议，想出动全国力量，大举进犯唐朝。回纥宰相顿莫贺达干，是登里可汗的堂兄，劝谏登里可汗说："唐朝，是个强大的国家，没有对不起我们的地方，我们前年进犯太原，掠获几万羊马，可以称得上大胜，但是路途遥远且粮草缺乏，等到返回时，士卒多半是步行走回来的。现在出动全部力量，深入唐朝境内，万一不胜，将如何返回呢？"登里可汗没有听从他的意见。顿莫贺便乘人心不想南下犯唐之机，发兵杀死登里可汗，兼并九姓胡

秋，七月，丙寅，邵州贼帅王国良降。国良本湖南牙将，观察使辛京杲使戍武冈，以扞西原蛮。京杲贪暴，国良家富，京杲以死罪加之；国良惧，据县叛，与西原蛮合，聚众千人，侵掠州县，濒湖千里，咸被其害。诏荆、黔、洪、桂诸道合兵讨之，连年不能克。及曹王皋为湖南观察使，曰："驱疲甿，诛反仄，非策之得者也。"乃遗国良书，言："将军非敢为逆，欲救死耳。我与将军俱为辛京杲所构，我已蒙圣朝湔洗，何心复加兵刃于将军乎！将军遇我，不速降，后悔无及。"国良且喜且惧，遣使乞降，犹疑未决。皋乃假为使者，从一骑，越五百里，抵国良壁，鞭其门，大呼曰："我曹王也，来受降！"举军大惊。国良趋出，迎拜请罪。皋执其手，约为兄弟，尽焚攻守之具，散其众，使还农。诏赦国良罪，赐名惟新。

辛巳，遥尊上母沈氏为皇太后。

荆南节度使庾准希杨炎指，奏忠州刺史刘晏与朱泚书求营救，辞多怨望，又奏召补州兵，欲拒朝命，炎证成之；上密遣中使就忠州缢杀之，己丑，乃下诏赐死。天下冤之。

（以上为第七段，写德宗和好吐蕃、回纥，讨平叛逆，冤杀刘晏。）

初，安、史之乱，数年间，天下户口什亡八九，州县多为藩镇所据，贡赋不入，朝廷府库耗竭，中国多故，戎狄每岁犯边，所在宿重兵，仰给县官，所费不赀，皆倚办于晏。晏初为转运使，独领陕东诸道，陕西皆度支领之，末年兼领，未几而罢。

晏有精力，多机智，变通有无，曲尽其妙。常以厚直募善走者，置

二千人，自立为合骨咄禄毗伽可汗，派遣大臣聿达干与梁文秀一同入朝晋见皇帝，表示愿归顺朝廷充当藩臣，并且披散头发不剪，以等待朝廷的诏命。六月二十二日，朝廷派遣京兆少尹临漳人源休前往回纥册封顿莫贺为武义成功可汗。

秋季，七月初四日丙寅，邵州叛贼首领王国良向朝廷投降。王国良原是湖南驻军的一个亲随将领，观察使辛京杲派遣他率部戍守武冈，用以抵御西原蛮的侵扰。辛京杲生性贪婪暴虐，因王国良家中富有，辛京杲给他加了一条死罪，王国良非常害怕，便占据武冈县城反叛，与西原蛮联合起来，聚兵一千多人，侵扰劫掠州县，沿湖一带上千里的地方，都遭受到王国良的危害。德宗诏令荆南节度使、黔中观察使、江南西道观察使、桂管经略观察使等联合出兵讨伐，但连年都无法击败王国良。到曹王李皋担任湖南观察使时，李皋认为："驱使疲惫不堪的老百姓，来诛讨发动反叛的人，这并不是十分恰当的策略啊。"于是给王国良写了封信，信中称："将军你并不敢反叛朝廷，不过是想解救自己性命。我和将军都被辛京杲所诬陷，我蒙皇恩已昭雪，怎忍心再用武力来对付你呢？将军你遇到我领军来到而不立即投降，将会后悔莫及。"王国良得信后既高兴又害怕，便派使者前来求降，但还心存疑惑，犹豫不决。于是曹王李皋假扮前去劝降的使者，带着一个随从，骑马翻山越岭五百里，抵达王国良据守的营垒，用鞭抽打营门，大声呼喊说："我是曹王，快来受降。"全军大惊。王国良急忙跑出来，迎拜请求恕罪。李皋拉着王国良的手，与他结拜为兄弟，将攻守兵器统统烧光，遣散了王国良的士兵，让他们返乡务农。德宗颁诏赦免了王国良之罪，并赐名为惟新。

七月十九日辛巳，德宗遥望东都尊崇母亲沈氏为皇太后。

荆南节度使庾准迎合杨炎的旨意，向德宗呈奏诬告忠州刺史刘晏写信给朱泚，请求朱泚营救自己，而且信中有许多怨恨朝廷的话。又奏称刘晏征召、补充忠州的兵员，打算抗拒朝廷的命令，杨炎从旁边证明而使冤案成立；于是德宗秘密派宦官前往忠州，绞杀刘晏，七月二十七日己丑，德宗下颁诏赐刘晏自杀。天下人都认为刘晏死得冤枉。

当初，安史之乱爆发，短短几年内，百姓流离而天下户口损失十之八九，州县多半被藩镇控制，征敛的赋税不上缴国库，朝廷的府库耗费一空，国内变故连连发生，周边的戎狄等部连年进犯边疆，朝廷在边塞驻扎重兵，后勤给养全赖朝廷供给，所耗费的钱财无法计算，都倚仗刘晏筹办。刘晏当初担任转运使时，只负责管理陕东各道的财政，陕西各道则都归度支掌管，刘晏任职后期才兼管陕西各道，不久便被罢官了。

刘晏精力充沛，非常机智，理财的方式十分灵活，处处设法做到恰到好处。他

递相望，觇报四方物价，虽远方，不数日皆达使司，食货轻重之权，悉制在掌握，国家获利而天下无甚贵甚贱之忧。常以为："办集众务，在于得人，故必择通敏、精悍、廉勤之士而用之；至于句检簿书，出纳钱谷，必委之士类；吏惟书符牒，不得轻出一言。"常言："士陷赃贿，则沦弃于时，名重于利，故士多清修；吏虽洁廉，终无显荣，利重于名，故吏多贪污。"然惟晏能行之，他人效者终莫能逮。其属官虽居数千里外，奉教令如在目前，起居语言，无敢欺绐。当时权贵，或以亲故属之者，晏亦应之，使俸给多少，迁次缓速，皆如其志，然无得亲职事。其场院要剧之官，必尽一时之选。故晏没之后，掌财赋有声者，多晏之故吏也。

晏又以为户口滋多，则赋税自广，故其理财以爱民为先。诸道各置知院官，每旬月，具州县雨雪丰歉之状白使司，丰则贵籴，歉则贱粜，或以谷易杂货供官用，及于丰处卖之。知院官始见不稔之端，先申，至某月须如干蠲免，某月须如干救助，及期，晏不俟州县申请，即奏行之，应民之急，未尝失时，不待其困弊、流亡、饿殍，然后赈之也。由是民得安其居业，户口蕃息。晏始为转运使，时天下见户不过二百万，其季年乃三百余万；在晏所统则增，非晏所统则不增也。其初财赋岁入不过四百万缗，季年乃千余万缗。

晏专用榷盐法充军国之用。时自许、汝、郑、邓之西，皆食河东池盐，度支主之；汴、滑、唐、蔡之东，皆食海盐，晏主之。晏以为官多则民扰，故但于出盐之乡置盐官，收盐户所煮之盐转鬻于商人，任其所之，自余州县不复置官。其江岭间去盐乡远者，转官盐于彼贮之。或商

常用高薪招募善于走路的人，在各地设站传递消息，前后相望，让他们查访各地的物价，随时汇报，虽相距遥远，但没有几天就可送达转运使司，粮食货物价格涨跌的支配大权，全都在控制之中，国家获得了实际利益，天下民众也没有粮食货物价格暴涨暴跌的担忧。刘晏常认为：“要办好各项事务，关键在于选择任用合适的人才，所以必须选择通达敏捷、精明干练、廉洁勤奋的人才，使其发挥才干；至于整理核查账簿，收支钱财谷物，就必须委任谨慎的士人来办理；胥吏则只让他们干些缮写文书的事，不可以随便发表意见。”刘晏还常常说：“士人要是沦落到收取赃物、谋求贿赂的境地，就自绝于社会而断送前程，对他们而言，声誉更重于财利，所以士人大多能够以清廉自守；胥吏即使廉洁奉公，但最后也不会有显赫的荣耀，对他们而言，实际利益重于声誉，所以胥吏们大多会贪污。”然而只有刘晏能够让士人和胥吏廉而不贪，别人要效仿，最终也难以做到。刘晏的属官即使身在数千里之外，遵奉刘晏的教令就像在刘晏的眼前一样，生活起居、举止言行，没有人敢蒙骗。当时一些权贵之人，有把自己的亲戚故旧拜托给刘晏以求一官半职的，刘晏也应承下来，而且给这些人薪俸多少，升迁官职的级别和快慢，都能满足权贵们的意思，然而就是不让他们插手职事。那些转运使属下的各个要职，一定选择当时最合适的人担任。因此刘晏去世以后，掌管财赋事务而又有声望的人，大多是刘晏以前的部属。

刘晏又认为国家的户口增多，那么赋税的来源自然就会扩大，因此他掌管财赋，把爱护百姓放在首位。在各道都设置负责巡视下情的知院官，每十天或一个月，都要将各州县下雨降雪和收成丰歉的具体情况上报转运使司，丰年就高价买入粮食，歉收就将库存粮食低价卖出，或者用库存粮食向民众换取各种物品，供应官府的需用，以及把这些物品运往粮食丰收的地方出卖。知院官在开始发现辖地有危及丰收的迹象时，先要向转运使司申报情况，甚至说明某月需要朝廷免除多少赋税，某月需要提供多少救济。到那时刘晏不等州县向朝廷申请，就上奏核准实施，解救百姓的危急，不曾错过时机，而不至于百姓陷入贫困破败、背井离乡、饿死路途的境地，才去救济。因此百姓得以安居乐业，而户口也大量增长。刘晏开始担任转运使时，天下统计户口不超过二百万户，到刘晏任职的后期，户籍总数竟达三百余万户；而且是刘晏辖区之内户口就增长，不是刘晏的辖区，户口就没有增多。他任转运使之初，国家财赋收入每年不超过四百万缗，到他任职的后期，国家财赋收入每年竟达一千多万缗。

刘晏用官府掌管食盐专卖的方式筹集经费，供军队和朝廷开支。当时，自许州、汝州、郑州、邓州以西地区，居民吃的都是河东盐池出产的食盐，由度支掌管；而汴州、滑州、唐州、蔡州以东地区，吃的都是海盐，由刘晏掌管。刘晏认为官员越多，百姓受到的滋扰就越大，因此只在产盐地设置盐官，收购盐户煮制的食盐转卖

绝盐贵，则减价鬻之，谓之常平盐，官获其利而民不乏盐。其始江、淮盐利不过四十万缗，季年乃六百余万缗，由是国用充足而民不困弊。其河东盐利，不过八十万缗，而价复贵于海盐。

先是，远关东谷入长安者，以河流湍悍，率一斛得八斗至者，则为成劳，受优赏。晏以为江、汴、河、渭，水力不同，各随便宜，造运船，教漕卒，江船达扬州，汴船达河阴，河船达渭口，渭船达太仓，其间缘水置仓，转相受给。自是每岁运谷或至百余万斛，无斗升沈覆者。船十艘为一纲，使军将领之，十运无失，授优劳，官其人。数运之后，无不斑白者。晏于扬子置十场造船，每艘给钱千缗。或言“所用实不及半，虚费太多。”晏曰：“不然，论大计者固不可惜小费，凡事必为永久之虑。今始置船场，执事者至多，当先使之私用无窘，则官物坚牢矣。若遽与之屑屑校计锱铢，安能久行乎！异日必有患吾所给多而减之者；减半以下犹可也，过此则不能运矣。”其后五十年，有司果减其半。及咸通中，有司计费以给之，无复羡余，船益脆薄易坏，漕运遂废矣。

晏为人勤力，事无闲剧，必于一日中决之，不使留宿，后来言财利者皆莫能及之。

（以上为第八段，回顾刘晏理财政绩。）

八月，甲午，振武留后张光晟杀回纥使者董突等九百余人。董突者，武义可汗之叔父也。代宗之世，九姓胡常冒回纥之名，杂居京师，殖货纵暴，与回纥共为公私之患；上即位，命董突尽帅其徒归国，辎重甚盛。至振武，留数月，厚求资给，日食肉千斤，他物称是，纵樵牧者暴践果稼，振武人苦之。光晟欲杀回纥，取其辎重，而畏其众强，未敢发。九姓胡闻其种族为新可汗所诛，多道亡，董突防之甚急；九姓胡不得亡，

给盐商，听任盐商贩运往各地去卖；其余州县不再设置盐官。江岭一带那些远离产盐区的地方，就将官盐转运到那里储存起来，如果盐商贩运断绝而盐价暴涨，就将官盐削价出售，这种盐称为常平盐，官府获得了卖盐的利益而百姓又不会买不起盐。当初江淮一带每年的食盐利润不超过四十万缗；而刘晏任职后期，每年竟达到六百余万缗，因此国家用度充足而百姓没有增加负担之苦。只有河东池盐之利，每年不超过八十万缗，价格却比海盐贵。

此前，将关东的谷物运往长安，因河流湍急凶险，大约运一斛有八斗到达目的地的，就算很有成效了，要受到优厚的奖赏。刘晏从为长江、汴河、黄河、渭水，水利不尽相同，要各自视情况方便与否，建造运船，培训行船运输的士卒。由长江来的运船抵达扬州进入淮河，而汴河来的运船从清口抵达河阴，黄河来的运船抵达渭河入黄河的河口，渭河来的运船将粮食转运到太仓。这中间在沿河岸边设置粮仓，在各仓库之间装卸转运。从此每年运送粮食到京达百余万斛，而没有一斗一升翻沉到江河中。运船每十艘编为一队，派军队将领带队，运输粮食十次没有损失了，就计功而予以优待，提升官职。经过几次运送后，押运者因操劳过度，无人不头发花白。刘晏在长江沿岸建造十个造船工场，每艘船付给工钱一千缗。有人认为“造船所花费的钱实际上不到所付的一半，白花的钱实在太多”。刘晏说：“不对，要考虑大事的人，本来就不能吝啬小的花费。凡是干一件事，一定要作长远的打算。现今刚刚设置造船工场，操持造船事务的人非常多，应先让他们私人不缺钱用，那么造出的官船才会牢固耐用。如果开始就在费用方面同他们斤斤计较，怎能希望造出的船能够长期使用呢？日后一定有不满我多给了钱而要减少的人；减少的数额不超过一半的话还行，如果超过了一半，造出的船就不能运粮了。”过了五十年，主管官署果然将造船费用减少了一半。到了咸通年间，主管官署核算造船费用如数支付，除工料款以外没有一点赚头，造出来的船更加脆薄易损，水运粮食的事务便废弛了。

刘晏为人勤恳努力，凡事不论轻重缓急，一定要在当日处理完毕，决不留过一宿，后来执掌财政的人没有一个能赶上他。

八月初三日甲午，振武留后张光晟杀了回纥的使臣突董等九百多人。突董是武义可汗的叔父。在代宗朝，九姓胡人经常冒充回纥人的身份，杂居在唐朝的京城，贱买贵卖牟利，为非作歹恣行，与回纥人一起成为官府和百姓的共同祸患；当今皇上德宗继位后，命令突董率领所有的九姓胡和回纥人返还回纥居住地，他们装载的各种货物、器具非常多。到了振武，他们滞留了好几个月，要求官府供应大量钱物，他们每天光吃肉就要上千斤，别的耗费也和这差不多，突董放纵手下砍柴和放牧，

又不敢归，乃密献策于光晟，请杀回纥。光晟喜其党自离，许之。上以陕州之辱，心恨回纥；光晟知上旨，乃奏称："回纥本种非多，所辅以强者，群胡耳。今闻其自相鱼肉，顿莫贺新立，移地健有孽子，及国相、梅录各拥兵数千人相攻，国未定。彼无财则不能使其众，陛下不乘此际除之，乃归其人，与之财，正所谓借寇兵赍盗粮者也。请杀之。"三奏，上不许。光晟乃使副将过其馆门，故不为礼；董突怒，执而鞭之数十。光晟勒兵掩击，并群胡尽杀之，聚为京观。独留一胡，使归国为证，曰："回纥鞭辱大将，且谋袭据振武，故先事诛之。"上征光晟为右金吾将军，遣中使王嘉祥往致信币。回纥请得专杀者以复仇，上为之贬光晟为睦王傅以慰其意。

加卢龙、陇右、泾原节度使朱泚兼中书令，卢龙、陇右节度如故。以舒王谟为四镇、北庭行军、泾原节度大使，以泾州牙前兵马使河中姚令言为留后。谟，邈之子也，早孤，上子之。

癸丑，诏赠太后父、祖、兄、弟官，及自余宗族男女拜官封邑者告第告身，凡百二十有七通；中使以马负而赐之。

（以上为第九段，写振武节度使张光晟杀跋扈作歹的回纥使臣而滥及经商的九姓回纥。）

九月，壬午，将作奏宣政殿廊坏，十月魁冈，未可修。上曰："但不妨公害人，则吉矣。安问时日！"即命修之。

大历以前，赋敛出纳俸给皆无法，长吏得专之；重以元、王秉政，货赂公行，天下不按赃吏者殆二十年。惟江西观察使路嗣恭按虔州刺史源敷翰，流之。上以宣歙观察使薛邕，文雅旧臣，征为左丞；邕去宣州，

任意糟践粮田和果木，振武人苦不堪言。张光晟想杀了这群回纥人，夺取他们的物资装备，但又怕他们人多势大，不敢贸然行事。九姓胡人听说本族的人全部被新可汗杀了，大多在途中逃亡，突董对他们严加防范；九姓胡人逃跑不成，又不敢随突董一道回归回纥，于是秘密地向张光晟献计，请求杀死这群回纥人。张光晟非常乐见突董徒众自行分裂，就答应了九姓胡的请求。德宗因在陕州受辱而心里痛恨回纥人，张光晟体察德宗的心意，于是上奏朝廷说："回纥中纯种的回纥人并不多，协助回纥使之强大的，不过是其他种群的胡人。如今听说他们自相残杀，顿莫贺刚立为可汗，登里可汗移地健还留有一个孽子，以及回纥国相、梅录将军也都各自带兵几千人相互攻掠，国中局势还不稳定。他们没有财物就难以驱使各自的部下，陛下不乘此机会除掉回纥，却放回他们的人马，赐予他们财物，这正是所谓将兵器借给敌寇，将粮食送给盗贼啊。请求让我杀掉他们。"三次奏杀回纥，德宗均未允许。张光晟于是指使他一位副将，经过回纥使臣所住客馆门前，故意做出失礼的举止；突董大为愤怒，把这名副将抓去打了几十鞭。张光晟以此为借口，统率士兵发动突然袭击，将回纥人和其他胡人全都杀掉，并将尸首堆积成丘，供人观赏。只留下一个胡人，让这人回国为这件事作证，对这人说："回纥使臣用鞭抽打唐朝的大将并加以侮辱，而且策划袭击官军，占据振武，因此我们先行杀了他们。"德宗征召张光晟为右金吾将军，派遣宦官王嘉祥作使者前往回纥送达符信和钱财。回纥可汗请求引渡擅自杀死突董的人以报仇，德宗为此将张光晟贬为睦王傅来安抚回纥可汗。

朝廷给卢龙、陇右、泾原节度使朱泚加官中书令一职，仍旧担任卢龙、陇右节度使。任命舒王李谟为四镇、北庭行营、泾原节度大使一职，任命泾州军队中的牙前兵马使河中人姚令言为泾原留后。李谟是李邈的儿子，早年就死了父亲，德宗把李谟收为养子。

八月二十二日癸丑，德宗颁诏赠太后的父亲、祖父、兄弟们官职，以及给宗族中其余的男女们授官封邑，都颁给策命和委任状，共有一百二十七件；由宫中的宦官用马驮着分赐给他们。

九月二十一日壬午，掌管土木工程建设的将作监上奏称宣政殿的廊庑损坏，而十月份正值关天冈、河魁禁忌，不宜兴工修建。德宗说："只要不妨碍公务、危害众人，那就吉利，哪管是什么时日！"当即下令缮修。

大历年间以前，赋税的收入支出和官吏的薪俸多少，都没有一定的章程，具体办理这些事情的官吏得以擅自做主；再加上元载、王缙把持政权，贿赂公行，各地不惩治贪官污吏将近二十年。只有江西观察使路嗣恭惩治了虔州刺史源敷翰，将这

盗隐官物以巨万计，殿中侍御史员寓发之。冬，十月，己亥，贬连山尉。于是州县始畏朝典，不敢放纵。

上初即位，疏斥宦官，亲任朝士，而张涉以儒学入侍，薛邕以文雅登朝，继以赃败。宦官武将得以借口，曰："南牙文臣赃动至巨万，而谓我曹浊乱天下，岂非欺罔邪！"于是上心始疑，不知所倚仗矣。

中书舍人高参请分遣诸沈访求太后，庚寅，以睦王述为奉迎使，工部尚书乔琳副之，又命诸沈四人为判官，与中使分行诸道求之。

十一月，初令待制官外，更引朝集使二人，访以时政得失，远人疾苦。

先是，公主下嫁者，舅姑拜之，妇不答。上命礼官定公主拜见舅、姑及婿之诸父、兄、姊之仪，舅、姑坐受于中堂，兄、姊立受于东序，如家人礼。有县主将嫁，择用丁丑，是日，上之从父妹卒，命罢之。有司奏："供张已备，且殇服不足废事。"上曰："尔爱其费，我爱其礼。"卒罢之。至德以来，国家多事，公主、郡、县主多不以时嫁，有华发者，虽居禁中，或十年不见天子；上始引见诸宗女，尊者致敬，卑者存慰，悉命嫁之。所赍小大之物，必经心目。己卯、庚辰二日，嫁岳阳等九十一县主。

吐蕃见韦伦再至，益喜。十二月，辛卯朔，伦还，吐蕃遣其相论钦明思等入贡。

是岁，册太子母王氏为淑妃。

天下税户三百八万五千七十六，籍兵七十六万八千余人，税钱一千八十九万八千余缗，谷二百一十五万七千余斛。

（以上为第十段，写德宗和好吐蕃，嫁公主，治职弊，此时天下户口繁息，国库

个贪官流放了。德宗认为宣歙观察使薛邕温文尔雅，还是先帝的旧臣，于是征召入朝担任左丞；薛邕离开宣州时，盗窃吞没官府的财物，其价值以亿计数，这件事被殿中侍御史员寓揭发出来。冬季，十月初九日己亥，德宗将薛邕贬谪为连山县尉，从此，州县官吏才开始畏惧朝廷的法典，不敢任意妄为。

德宗刚刚继位时，疏远排斥宦官，亲近倚重文臣，而张涉凭借通晓儒学入侍皇帝，薛邕凭借文采优雅担任朝臣，都相继以受贿贪赃受到惩处。宦官、武将们以此作借口，说："尚书、中书、门下各省文官贪赃受贿的数目动不动就高达亿万，却说我们这些人淆乱了天下，这不是弥天大谎吗？"于是德宗心中开始产生了疑惑，而不知道究竟该倚仗哪些人了。

中书舍人高参请求德宗派遣皇太后沈氏族人，分别到各地去寻访下落不明的沈太后，十月二十日庚寅，任命睦王李述为奉迎使，工部尚书乔琳为奉迎副使；又任命四位沈氏族人为判官，会同宫中宦官，分道出行寻访沈太后。

十一月，朝廷首次命令除待制官以外，另外带领两名朝集使巡视各地，咨询时下朝政的得与失，访察边远地区民众的疾苦。

此前，公主们嫁到丈夫家中，公婆都要向新媳妇下拜，而新媳妇不须回礼。德宗命令礼官制定公主嫁夫时拜见公婆和丈夫的父辈、哥哥、姐姐们的礼仪规范，规定公婆坐在中堂接受新媳妇的行礼，哥哥、姐姐站在中堂的东边接受行礼，所行之礼为家人礼节。有位藩王的孙女县主即将出嫁，选择的黄道吉日为十一月十七日丁丑，正巧这一天，德宗的堂妹去世，因而命令暂停婚娶。主管官员奏称："所有的陈设都已备齐，而且比较疏远的未成年亲戚去世并不影响办婚事。"德宗说："你吝惜为办婚嫁花费的钱财，而我看重的是礼仪规定。"最终还是取消了当天的婚礼。自从至德年间以来，国家多有变故，公主、郡主、县主大多不能够按时出嫁，有的头发都花白了，她们虽然深居宫禁之中，有的十年也见不到皇帝一面；德宗开始接见各位宗室女性，对辈分高、年龄大的，便致以敬意，对辈分低、年轻的，便表示安慰。命令为他们寻找合适的婆家，都嫁出去。她们携带到夫家的大小陪嫁物件，德宗都必须亲自过目和亲自过问。十一月十九日己卯、二十日庚辰两天，嫁出岳阳等县主共九十一位。

吐蕃首领见韦伦再次以唐使身份来到吐蕃，更加高兴。十二月初一日辛卯朔，韦伦自吐蕃启程回国，吐蕃首领派遣国相论钦明思等同行入朝进贡。

在这一年，册封皇太子的生母王氏为淑妃。

天下本年的纳税户有三百零八万五千零七十六户，注册在军籍的士兵有七十六万八千余人，征收的税钱有一千零八十九万八千余缗，谷物则有二百一十五万七千余斛。

充盈。）

二年（辛酉，781年）

春，正月，戊辰，成德节度使李宝臣薨。宝臣欲以军府传其子行军司马惟岳，以其年少暗弱，豫诛诸将之难制者深州刺史张献诚等，至有十余人同日死者。宝臣召易州刺史张孝忠，孝忠不往，使其弟孝节召之。孝忠使孝节谓宝臣曰："诸将何罪，连颈受戮！孝忠惧死，不敢往，亦不敢叛，正如公不入朝之意耳。"孝节泣曰："如此，孝节必死。"孝忠曰："往则并命，我在此，必不敢杀汝。"遂归，宝臣亦不之罪也。兵马使王武俊，位卑而有勇，故宝臣特亲爱之，以女妻其子士真，士真复厚结其左右；故孝忠、武俊独全。

及薨，孔目官胡震，家僮王他奴劝惟岳匿丧二十余日，诈为宝臣表，求令惟岳继袭，上不许；遣给事中汲人班宏往问宝臣疾，且谕之。惟岳厚赂宏，宏不受，还报。惟岳乃发丧，自为留后，使将佐共奏求旌节，上又不许。

初，宝臣与李正己、田承嗣、梁崇义相结，期以土地传之子孙，故承嗣之死，宝臣力为之请于朝，使以节授田悦；代宗从之。悦初袭位，事朝廷礼甚恭，河东节度使马燧表其必反，请先为备。至是悦屡为惟岳请继袭，上欲革前弊，不许；或谏曰："惟岳已据父业，不因而命之，必为乱。"上曰："贼本无资以为乱，皆藉我土地，假我位号，以聚其众耳。向日因其所欲而命之多矣，而乱日益滋。是爵命不足以已乱而适足以长乱也。然则惟岳必为乱，命与不命等耳。"竟不许。悦乃与李正己各遣使诣惟岳，潜谋勒兵拒命。

唐德宗建中二年（辛酉，781年）

春季，正月初九日戊辰，成德节度使李宝臣去世，李宝臣本来打算将自己所拥有节度使的职权传给儿子行军司马李惟岳，觉得儿子年轻懦弱而不通世故，所以事先就杀了属下将领中难以制约的深州刺史张献诚等人，甚至有十几个将领在一天中被杀死。李宝臣想把易州刺史张孝忠召回治所恒州，但张孝忠不来，李宝臣又指使张孝忠的弟弟张孝节去召请。张孝忠让孝节回复李宝臣说："各位将领犯了什么罪，竟把他们一起杀死？我张孝忠怕死，不敢前往恒州见您，又不敢背叛您，我的心思正如您不入朝觐见皇帝一样。"张孝节哭着说："这样一来，我肯定会被李宝臣处死。"张孝忠说："我要是去的话，那么我们兄弟俩都会丧命，而我留在这里，李宝臣一定不敢杀你。"于是张孝节回恒州复命，李宝臣也没有将张孝节治罪。兵马使王武俊这个人，地位虽然卑微，但十分勇武，因此李宝臣特别喜欢，把自己的女儿嫁给王武俊的儿子王士真为妻，王士真同李宝臣身边的亲信关系又特别好；所以只有张孝忠、王武俊两人保全了性命。

等到李宝臣死时，孔目官胡震和李氏家仆王他奴劝李惟岳秘不发丧长达二十余天，而伪托李宝臣的名义奏报朝廷，要求让李惟岳继承节度使的职位。德宗没有同意，而是派遣给事中汲县人班宏前往恒州探视李宝臣的病情，并晓以大义。李惟岳用重礼贿赂班宏，班宏不接受，返回朝廷向德宗如实汇报。李惟岳这才发丧，自封为留后，指使属下的将官僚佐联名上奏朝廷，要求朝廷赐给节度使旌旗符节，德宗仍没有允许。

早先，李宝臣与李正己、田承嗣、梁崇义相互勾结，都希望将土地传给子孙。因此田承嗣死后，李宝臣为田承嗣卖力地向朝廷说情，让代宗将节度使职位授给田悦；代宗依了李宝臣。田悦开始承袭节度使时，事奉朝廷非常恭顺，河东节度使马遂上表朝廷，认为田悦一定会反叛，请求事先对他多加防备。到这时，田悦多次请求朝廷让李惟岳承袭节度使，德宗想革除以前的弊政，不同意他的请求；有人劝谏德宗说："李惟岳事实上已经据有他父亲的权力和职位，不就此任命他为节度使，他一定会叛乱。"德宗说："叛贼们本来没有什么资本来反叛朝廷，都是借国家的土地，借朝廷所赐的权位与名号，来聚集他们的党羽罢了。从前为满足他们的欲望而任命官位的事很多，可是乱局日益滋长。这是因为赐予官位并不能够阻止祸乱，反而助长了祸乱。既然李惟岳必定要反叛，那么任不任命他为节度使，结果都是一样。"最后还是没有同意。田悦于是与李正己各自派出使者去见李惟岳，暗中策划率兵抗拒朝廷的命令。

魏博节度副使田庭玠谓悦曰："尔藉伯父遗业，但谨事朝廷，坐享富贵，不亦善乎！奈何无故与恒、郓共为叛臣！尔观兵兴以来，逆乱者谁能保其家乎？必欲行尔之志，可先杀我，无使我见田氏之族灭也。"因称病卧家。悦自往谢之，庭玠闭门不内，竟以忧卒。

成德判官邵真闻李惟岳之谋，泣谏曰："先相公受国厚恩，大夫衰绖之中，遽欲负国，此甚不可。"劝惟岳执李正己使者送京师，且请讨之，曰："如此，朝廷嘉大夫之忠，则旄节庶几可得。"惟岳然之，使真草奏。长史毕华曰："先公与二道结好二十余年，奈何一旦弃之！且虽执其使，朝廷未必见信。正己忽来袭我，孤军无援，何以待之！"惟岳又从之。

前定州刺史谷从政，惟岳之舅也，有胆略，颇读书，王武俊等皆敬惮之，为宝臣所忌，从政乃称病杜门。惟岳亦忌之，不与图事，日夜独与胡震、王他奴等计议，多散金帛以悦将士。从政往见惟岳曰："今海内无事，自上国来者，皆言天子聪明英武，志欲致太平，深不欲诸侯子孙专地。尔今首违诏命，天子必遣诸道致讨。将士受赏，皆言为大夫尽死；苟一战不胜，各惜其生，谁不离心！大将有权者，乘危伺便，咸思取尔以自为功矣。且先相公所杀高班大将，殆以百数，挠败之际，其子弟欲复仇者，庸可数乎！又，相公与幽州有隙，朱滔兄弟常切齿于我，今天子必以为将；滔与吾击柝相闻，计其闻命疾驱，若虎狼之得兽也，何以当之！昔田承嗣从安、史父子同反，身经百战，凶悍闻于天下，违诏举兵，自谓无敌；及卢子期就擒，吴希光归国，承嗣指天垂泣，身无所措。赖先相公按兵不进，且为之祈请，先帝宽仁，赦而不诛，不然，田氏岂有种乎！况尔生长富贵，齿发尚少，不更艰危，乃信左右之言，欲效承嗣所为乎！为尔之计，不若辞谢将佐，使惟诚摄领军府，身自入朝，乞留宿卫，因言惟诚且留摄事，恩命决于圣志；上必悦尔忠义，纵无大位，不失荣禄，永无忧矣。不然，大祸将及。吾亦知尔素疏忌我，顾以舅甥之情，事急，不得不言耳！"惟岳见其言切，益恶之。从政乃复归，杜门称病。惟诚者，惟岳之庶兄也，谦厚好书，得众心，其母妹为李正己子妇。是日，惟岳送惟诚于正己，正己使复姓张，遂仕淄青。惟岳遣王他奴诣从政家，察其起居，从政饮药而卒；且死，曰："吾不惮死，哀张

魏博节度副使田庭玠对田悦说："你凭借你伯父田承嗣的遗业，只要恭谨地事奉朝廷，就能坐享荣华富贵，不也是很好的吗？为什么无缘无故地与成德节度使、淄青节度使共同去当叛臣？你看自战乱发生以来，反叛朝廷者，谁能保全他家庭呢？你一定要一意孤行，对抗朝廷，可以先杀我，不要让我看到田氏被灭族。"于是称病卧床不出。田悦亲自前往田庭玠家认错，田庭玠闭门拒绝，终于因忧虑过度而死。

成德判官邵真得悉李惟岳的计划，流着眼泪规劝李惟岳说："你的先公蒙受国家的大恩，而你正在居丧期间，立刻就想要背叛朝廷，这样做实在行不通。"劝李惟岳将李正己的使者抓起来送交朝廷，并请求朝廷让自己带兵讨伐李正己，说："这样，朝廷将会嘉许你的忠诚，那么任命你为节度使的事也许很快能办成。"李惟岳认为邵真说的对，就让邵真草拟奏章。长史毕华说："先公与成德、淄青二道结交友好关系二十多年，怎能突然之间背弃他们呢？而且即使抓了他们的来使，朝廷也未必信任你。李正己要是突然袭击我们，而我们孤军无援，用什么来对付呢？"李惟岳又听从了毕华的意见。

前定州刺史谷从政，是李惟岳的舅父，此人有胆识谋略，读过不少书，王武俊等人都敬畏谷从政，因而被李宝臣嫉妒，谷从政于是就称病不出。李惟岳也嫉妒谷从政，有事都不同谷从政一起商量，日夜只与胡震、王他奴等商议，在将士身上大把花钱以笼络他们。谷从政去见李惟岳，说："当今天下平安无事，从京城来的人，都说当今皇帝聪明英武，立志要让国泰民安，非常不希望各地诸侯的子孙割地专权。你现在第一个违抗诏令，皇帝一定会派遣各道大军来讨伐。你部下的将士在受到赏赐时，都说要为你拼死效力；假如一仗不能取胜，他们各自吝惜自己的生命，谁还与你同心同德呢？有权的大将，都想乘情况危急，窥伺机会，砍下你的头来使自己立功。而且先公所杀的那些高级将领，大约数以百计，在你遭受挫败的时候，他们的子弟想复仇的，不知有多少人。另外，先公与幽州留后朱滔结怨，朱滔兄弟时时对我们恨得咬牙切齿，当今皇帝必定选朱滔为主将率兵前来；而且朱滔又与我们地盘接壤，打更的声音都听得到，料想朱滔一接到朝廷的命令，一定会快速行动起来，就像虎狼捕捉猎物一样势不可挡，我们又如何抵御？往年田承嗣追随安禄山、史思明父子一起反叛朝廷，历经百战，以凶悍闻名天下，违抗朝廷命令，举兵造反，自以为天下无敌；等到卢子期束手就擒，吴希光归附朝廷，田承嗣只能仰天流泪，找不到立身之地。全靠先公按兵不动，没有对田承嗣发起攻击，还在朝廷为田承嗣求情，先帝宽厚仁慈，予以赦免而没有杀田承嗣，不然，田氏家族哪还有人活到今天？何况你生长在荣华富贵中，年龄还小，没有经历过什么艰难危殆，于是就相信了你身边亲信的话，打算效仿田承嗣来反叛朝廷吗！为你作长远之计，还不如暂时辞别你身边的将领、僚属，让你兄长李惟诚代理成德节度使，自己赴京入朝，请求

氏今族灭矣！”

刘文喜之死也，李正己、田悦等皆不自安；刘晏死，正己等益惧，相谓曰：“我辈罪恶，岂得与刘晏比乎！”会汴州城隘广之，东方人讹言：“上欲东封，故城汴州。”正己惧，发兵万人屯曹州；田悦亦完聚为备，与梁崇义、李惟岳遥相应助，河南士民骚然惊骇。

永平旧领汴、宋、滑、亳、陈、颍、泗七州，丙子，分宋、亳、颍别为节度使，以宋州刺史刘洽为之；以泗州隶淮南；又以东都留守路嗣恭为怀、郑、汝、陕四州、河阳三城节度使。旬日，又以永平节度使李勉都统洽、嗣恭二道，仍割郑州隶之，选尝为将者为诸州刺史，以备正己等。

（以上为第十一段，写成德、魏博、淄青、襄州等四镇勾结要维护节度世袭制，德宗要革除积弊，因李宝臣之死为导火索，加深朝廷与四镇之间的矛盾，双方备战，大战一触即发。）

初，高力士有养女嫠居东京，颇能言宫中事，女官李真一意其为沈太后，诣使者具言其状。上闻之，惊喜。时沈氏故老已尽，无识太后者。上遣宦官、宫人往验视之，年状颇同，宦官、宫人不审识太后，皆言是。高氏辞称实非太后，验视者益疑之，强迎入上阳宫。上发宫女百余人，赍乘舆服御物就上阳宫供奉。左右诱谕百方，高氏心动，乃自言是。验视者走马入奏，上大喜。二月，辛卯，上以偶日御殿，群臣皆入贺。诏有司草仪奉迎。高氏弟承悦在长安，恐不言，久获罪，遽自言本末。上命力士养孙樊景超往覆视，景超见高氏居内殿，以太后自处，左右侍卫

留在京城宿卫，乘机说明李惟诚是暂时留在军府中代理职务，任命谁做节度使，完全由皇帝决定；皇帝对你的忠义一定会感到高兴，即使你得不到显赫权位，也不会失去显荣厚禄，一辈子高枕无忧。否则，将大祸临头。我也清楚你一贯疏远、嫉恨我，但看在舅甥关系的情分上，事情又如此危急，我不得不说这些话！”而李惟岳见谷从政说的话过于实在，更加厌恶谷从政。于是谷从政又回到家里，闭门称病不出。李惟诚是李惟岳同父异母的庶出兄长，为人谦逊宽厚，爱好读书，深得民心，同母异父的妹妹是李正己的儿媳。当天，李惟岳将李惟诚送往李正己那里，李正己让惟诚恢复原来的张姓，于是李惟诚留在淄青为官。李惟岳派王他奴到谷从政家，观察谷从政的生活起居，谷从政喝毒药自尽；谷从政在快要断气时说：“并不是我怕死，而是为张氏要被灭族感到悲哀啊！”

当去年四镇北庭留后刘文喜被杀之时，李正己、田悦等人都感到惶恐；左仆射刘晏被赐死后，李正己等人更加害怕，互相议论说：“我们这些人的罪恶，哪能与刘晏相提并论呢？”正好朝廷认为汴州城太狭窄，加以扩建，京东的人就散布谣言说“皇帝想扩展对东边疆域的控制，所以要扩建汴州城”。李正己恐惧，调动军队万余人驻扎曹州；田悦也修整城防，调集兵马备战，与梁崇义、李惟岳遥相呼应，互为援助，河南的军队和民众对此骚动不安，惊恐不已。

永平军原来统辖汴、宋、滑、亳、陈、颍、泗七州的防务，正月十七日丙子，朝廷将宋州、亳州、颍州分出来另设节度使，任命宋州刺史刘洽为节度使；将泗州改属淮南军；又任命东都留守路嗣恭为怀州、郑州、汝州、陕州等四州及河阳等三城的节度使。十天后，又派永平节度使李勉全权指挥刘洽、路嗣恭管辖的两道，又分出郑州直属李勉，选择曾经当过将领的人担任上述各州的刺史，用来防备李正己等人作乱。

先前，高力士有个养女寡居在东京洛阳，能说不少皇宫中的旧事，宫中女官李真一怀疑她就是失踪的沈太后，于是到负责寻找沈太后下落的使臣那里详细地讲述了这一情况。德宗听到消息，又惊又喜。当时沈家同沈太后有交往的老辈们都去世了，已没有认识沈太后的人。德宗派遣宦官、宫人前往洛阳审察验证，因为年龄和容貌都很相同，宦官和宫女虽不是真正认识沈太后，却异口同声说这人就是沈太后。高氏声称自己确实不是沈太后，负责审察验证的人更加怀疑而不信她的话，用强迫手段将她迎进了上阳宫。德宗派出一百多名宫女，备办车舆、衣服和各种皇室用的东西送到上阳宫去供奉她。左右侍从千方百计地诱导，要她承认自己就是沈太后，

甚严。景超谓高氏曰："姑何自置身于俎上！"左右叱景超使下，景超抗声曰："有诏，太后诈伪，左右可下。"左右皆下殿。高氏乃曰："吾为人所强，非己出也。"以牛车载还其家。上恐后人不复敢言太后，皆不之罪，曰："吾宁受百欺，庶几得之。"自是四方称得太后者数四，皆非是，而真太后竟不知所之。

（以上为第十二段，写德宗千方百计寻找生母沈太后，高力士养女几乎被强行冒名顶替。）

御史中丞卢杞，奕之子也，貌丑，色如蓝，有口辩；上悦之，丁未，擢为大夫，领京畿观察使。郭子仪每见宾客，姬妾不离侧。杞尝往问疾，子仪悉屏侍妾，独隐几待之。或问其故，子仪曰："杞貌陋而心险，妇人辈见之必笑，他日杞得志，吾族无类矣！"

杨炎既杀刘晏，朝野侧目，李正己累表请晏罪，讥斥朝廷。炎惧，遣腹心分诣诸道，以宣慰为名，实使之密谕节度使云："晏昔朋附奸邪，请立独孤后，上自恶而杀之。"上闻而恶之，由是有诛炎之志，隐而未发。乙巳，迁炎为中书侍郎，擢卢杞为门下侍郎，并同平章事，不专任炎矣。杞蕞陋，无文学，炎轻之，多托疾不与会食；杞亦恨之。杞阴狡，欲起势立威，小不附者必欲置之死地，引太常博士裴延龄为集贤殿直学士，亲任之。

丙午，更汴宋军曰宣武。

振武节度使彭令芳苛虐，监军刘惠光贪婪；乙卯，军士共杀之。

高氏动心了，于是就自称是失踪的太后。负责审察验证的人快马疾驰入朝汇报，德宗非常高兴。二月初二日辛卯，德宗一反常规，在双日登殿临朝，文武群臣都入朝向德宗祝贺。德宗下令有关官署拟定礼仪，来奉迎皇太后。高氏的弟弟高承悦住在长安，担心如果不说出事情的真相，日久一旦被识破就免不了要治罪，马上主动向朝廷说明了此事的前后经过。德宗令高力士的养孙樊景超前往洛阳复查。樊景超看见高氏住在内殿，俨然以皇太后的身份自居，四周侍从警卫森严。樊景超对高氏说："姑妈您为什么不顾性命而把自己放在砧板上呢？"侍卫大声呵斥樊景超，命令樊景超走开，樊景超高呼道："皇上有诏令，皇太后是欺诈冒充的，侍卫全部退下。"侍卫们听到诏令后都退下大殿。于是高氏解释道："我是被人强迫的，并不是我自己要冒充太后啊。"樊景超用牛车将高氏载回家里。德宗担心以后人们不再敢提寻找沈太后，对所有的人员都不怪罪，还说："我宁愿受一百次蒙骗，也许有一次真能找到太后。"此后各地声称找到沈太后的事情再三再四发生，但都不是，而真太后一直不知下落。

御史中丞卢杞是卢奕的儿子，相貌长得丑，面色深青，但是能言善辩；德宗喜欢他，二月十八日丁未，卢杞被提升为御史大夫，兼任京畿观察使。郭子仪每次会见宾客，他的姬妾都不离身边。卢杞曾经去郭子仪那里探视病情，郭子仪将所有的侍妾都支走，独自躲在几案后接待卢杞。有人就问这样做的缘故，郭子仪回答说："卢杞相貌丑陋而心地险恶，妇道人家见了卢杞肯定会讥笑，有朝一日，卢杞得志，那么我们郭家就没有人能保住性命了！"

杨炎杀死刘晏以后，朝野官员都不敢正视杨炎，李正己多次上表要求公布刘晏的罪名，讽刺指责朝廷处事失当。杨炎对此感到害怕，于是就派遣心腹们分别前往各道，借宣抚安慰的名义，实际上是让他们暗中对节度使们说："刘晏以前依附奸邪之人，结为同党，请先帝立独孤氏为皇后，是皇上本人恨刘晏而将他杀了。"德宗知道此事后，非常厌恶杨炎，因此就有了除掉杨炎的想法，只是隐忍在心中没有发作。二月十六日乙巳，将杨炎调任中书侍郎，提升卢杞为门下侍郎，给两人都授予同平章事的头衔，共同理政而不再只专门任用杨炎了。卢杞身材矮小而长相丑陋，又没有文采学识，杨炎瞧不起卢杞，经常假称有病而不愿同卢杞一起进餐，卢杞为此也痛恨杨炎。卢杞阴毒狡猾，想培植自己的势力，建立自己的威望，稍有不附从他的人，一定将其置于死地才罢休。卢杞援引太常博士裴延龄为集贤殿直学士，对裴延龄亲近信任。

二月十七日丙午，改称汴宋军为宣武军。

振武节度使彭令芳苛刻暴虐，监军刘惠光为人贪婪，二月二十六日乙卯，军士

发京西防秋兵万二千人戍关东。上御望春楼宴劳将士，神策军士独不饮，上使诘之，其将杨惠元对曰："臣等发奉天，军帅张巨济戒之曰：'此行大建功名，凯还之日，相与为欢。'故不敢奉诏。"及行，有司缘道设酒食，独惠元所部瓶罂不发。上深叹美，赐书劳之。惠元，平州人也。

三月，置溵州于郾城。

辛巳，以汾州刺史王翃为振武军使，镇北、绥、银等州留后。

遣殿中少监崔汉衡使于吐蕃。

梁崇义虽与李正己等连结，兵势寡弱，礼数最恭。或劝其入朝，崇义曰："来公有大功于国，上元中为阉宦所谗，迁延稽命；及代宗嗣位，不俟驾入朝，犹不免族诛。吾岁久衅积，何可往也！"淮宁节度使李希烈屡请讨之，崇义惧，益修武备。流人郭昔告崇义为变，崇义闻之，请罪，上为之杖昔，远流之；使金部员外郎李舟诣襄州谕旨以安之。舟尝奉使诣刘文喜，为陈祸福，文喜囚之，会帐下杀文喜以降，诸道跋扈者闻之，谓舟能覆城杀将。至襄州，崇义恶之；舟又劝崇义入朝，言颇切直，崇义益不悦。及遣使宣慰诸道，舟复诣襄州，崇义拒境不内，上言"军中疑惧，请易以他使。"时两河诸镇方猜阻，上欲示恩信以安之，夏，四月，庚寅，加崇义同平章事，妻子悉加封赏，赐以铁券；遣御史张著赍手诏征之，仍以其裨将蔺杲为邓州刺史。

五月，丙寅，以军兴，增商税为什一。

田悦卒与李正己、李惟岳定计，连兵拒命，遣兵马使孟佑将步骑五千北助惟岳。薛嵩之死也，田承嗣盗据洺、相二州，朝廷独得邢、磁二州及临洺县。悦欲阻山为境，曰："邢、磁如两眼，在吾腹中，不可不取。"乃遣兵马使康愔将八千人围邢州，别将杨朝光将五千人栅于邯郸西

们一齐动手杀了这两人。

调动驻扎在京西的防秋士兵一万二千人去戍守关东。德宗亲临望春楼设宴慰劳出征的将士，唯独神策军将士们不喝酒。德宗派人查问原因，神策军将领杨惠元回答说："我们从奉天出发时，军帅张巨济告诫我们说：'这次出兵如果能大建功名，凯旋的日子我们再举杯共饮。'我们遵守军帅的诫令，所以不敢奉诏饮酒。"等到部队将要出发，有关官署沿途摆设酒菜，只有杨惠元率领的神策军将士不打开酒瓶。德宗大为赞赏，亲笔写信慰问。杨惠元是平州人。

三月，在鄮城设置溵州。

三月二十二日辛巳，任命汾州刺史王翃为振武军使、镇北绥银等州留后。

派遣殿中少监崔汉衡出使吐蕃。

虽然梁崇义与李正己等人相互联合，结成同党，但因势单兵弱，对朝廷的礼数算是最恭顺的了。有人劝梁崇义入京朝见德宗，梁崇义说："来瑱曾为朝廷立下莫大功劳，上元年间被宦官谗言诬陷，肃宗延缓了来瑱的生命。等到代宗继承皇位时，来瑱不等车马备好就入朝晋见，尚且不免族诛之祸。我与朝廷多年积下仇怨，哪里还能够入朝啊？"淮宁节度使李希烈多次请求朝廷出兵讨伐梁崇义，梁崇义十分害怕，更加强了军事准备。有个名叫郭昔的人向朝廷告发梁崇义图谋叛乱，梁崇义知道这件事后，奏请朝廷治郭昔诬告罪，德宗为梁崇义对郭昔施了杖刑，将他流放到很远的地方；并派金部员外郎李舟到襄州传达德宗安慰梁崇义谕旨。李舟曾作为朝廷使者到泾州刘文喜处，陈说违旨和顺命的利害祸福，刘文喜不听而将李舟囚禁起来，正好碰上刘文喜的部将杀了刘文喜投降朝廷。各道中那些飞扬跋扈的节度使得悉此事，都说李舟能攻陷城池，手刃将领。因此李舟到达襄州时，梁崇义很厌恶李舟；李舟又劝说梁崇义入朝，语气相当直率急切，梁崇义更加不高兴。到后来朝廷派遣使臣到各道慰问安抚，李舟再次前往襄州，梁崇义拒之于州境外而不接纳李舟，上奏朝廷说"军中将领对李舟心怀疑惧，请改派一位使者前来"。当时正值河南、河北各镇互相猜疑，德宗想通过表示恩义和诚信来安抚他们。夏季，四月初二日庚寅，德宗加授梁崇义同平章事职衔，梁崇义的妻儿也都加了封赏，并赐给梁崇义铁券；派遣御史张著带着德宗亲笔诏书去征召梁崇义入朝，还任命梁崇义的副将蔺杲为邓州刺史。

五月初八日丙寅，因为要调兵作战，将商税由原三十税一提高到十税一。

田悦终于与李正己、李惟岳商定，联合起来，以武力抗拒朝廷的命令。田悦派兵马使孟祐率领步兵、骑兵五千人开往北方去协助李惟岳。在薛嵩死后，田承嗣窃据洺州、相州，朝廷只能控制邢州、磁州和临洺县。田悦打算凭借山势划分边境，说："邢州、磁州就像朝廷的两个耳目，在我的心腹中，不能不攻下来。"于是派兵

北以断昭义救兵，悦自将兵数万围临洺；邢州刺史李共、临洺将张伾坚壁拒守。

贝州刺史邢曹俊，田承嗣旧将也，老而有谋，悦宠信牙官扈崿而疏之，及攻临洺，召曹俊问计，曹俊曰："兵法十围五攻；尚书以逆犯顺，势更不侔。今顿兵坚城之下，粮竭卒尽，自亡之道也。不若置万兵于崞口以遏西师，则河北二十四州皆为尚书有矣。"诸将恶其异己，共毁之，悦不用其策。

（以上为第十三段，写卢杞入相。河北、山东方镇成德、魏博、淄青联兵反叛朝廷。）

马使康愔统领八千人马包围邢州，派别将杨朝光统领五千人马在邯郸西北设置营寨，用以阻断昭义军派出的救兵。田悦亲率几万将士围攻临洺城；邢州刺史李共、临洺守将张伾坚守营垒，奋力抵抗田悦的进攻。

贝州刺史邢曹俊，是田承嗣的旧将，年老而有计谋，田悦宠信牙官扈崿而疏远邢曹俊，等到进攻临洺的时候，田悦才召见邢曹俊询问作战计谋，邢曹俊回答："《孙子兵法》讲十围五攻，而尚书你却是反叛朝廷，势力又众寡不敌。如今我军围攻的是防守坚固的城池，直到粮草断绝、兵力耗尽，也不能取胜，这是一条自取灭亡的道路。不如在崞口驻守一万大军阻断朝廷西边来的救兵，这样一来，黄河以北的二十四州都会成为你的地盘了。"众将领都憎恶邢曹俊的意见与自己不同，不约而同地毁谤邢曹俊，田悦也就没有采用邢曹俊的策略。

【点评】

本卷点评三大史事：刘晏理财、杨炎行两税法、张光晟杀九姓回纥。

一、刘晏理财。刘晏，字士安，曹州南华县（今山东东明县）人。刘晏是历仕中唐肃宗、代宗、德宗三朝的理财家，勋劳卓著。刘晏理财，“广军国之用”而“未尝有搜求苛敛于民”（王夫之语，《读通鉴论》卷二十四）。安史之乱，天下户口十亡八九，州县多为藩镇所据，贡赋入不敷出。肃宗任命刘晏为转运使，当时国家掌控户口只有二百万户，岁入四百万缗，到刘晏被罢官的德宗初年，户口增加到三百余万户，财政岁入一千二百余万缗，其中盐利近半。刘晏上任时江淮地区盐利岁入只有八十万缗，季年达六百万缗。肃宗、代宗两朝的军国之用，皆倚办于晏。同代的人都称赞刘晏能干，把他与管仲、萧何相提并论。他的理财方针和用人原则，是我国古代文化的一笔宝贵遗产。

与刘晏同时的一些理财大臣，都是些不管百姓死活的聚敛之臣，他们的办法是巧立名目，强征暴取，乃至逼良为盗。刘晏的理财方针，与此相反，以爱民为先，用发展生产的办法，主要从市场筹钱，安定社会。具体措施是改革漕运，整顿盐法，转买谷物，平抑物价。唐初漕运是国家用行政办法强迫地方负担，沉重的费用和徭役都摊派在农民身上，人不堪命，皆离乡为盗。刘晏改为政府造船，招募船工，组成专业运输船队，把农民从沉重的漕运负担中解放出来，安心生产。造船及运输的经费，从盐利收入中解决。唐初任民自己煮盐自售，每斗盐值十文钱。后来官卖食盐，每斗盐一百到二百文，涨了十多倍，贫苦农民只好淡食。销路萎缩，盐利寡少，大部为盐官耗费，抬高盐价，销路更窄，成了恶性循环。刘晏决心改革，他大量裁撤盐官，减少开支，官卖食盐改为官办漕运，商卖食盐，官府掌控的食盐运往各地作为平价储备。刘晏不是抬高盐价，而是平抑盐价，扩大销路，扩大生产，官府从生产利润和税收中得利。这个办法是“官获其利，而民不乏盐”，而国家收入增加了近十倍。为了防止谷贱伤农，水旱民散，刘晏多购谷物转运各地，“丰则贵籴，歉则贱粜”。这个办法，既救了灾，又不损国用，还刺激了生产。刘晏从实践中总结经验说：“王者爱人，不在赐与，当使之耕耘织纴，常岁平敛之，荒年国救之。”（《新唐书·刘晏传》）刘晏还扩大常平仓的储粮，他所管辖的州县，保持储粮三百万石，以作备灾备荒之用。

有了好的理财方针，还要有精明强干的人来执行。刘晏说，“办集众务，在于得人”。刘晏的用人原则是“择通敏、精悍、廉勤之士而用之”，即精明能干，忠于职守，廉洁奉公。至于各部门的负责官吏要求更高，必须具有声望，“其场院要剧之官，必尽一时之选”。场官是管理盐场的“盐监”。院官，是刘晏在各地设置的了解市场经济情报的“知院官”。这些官员，不仅仅是管理，还要懂得技术，用今天的话

说是专业人才。刘晏选用的人才，大多为“新进”之士，年轻有为，积极创新的人才。刘晏理财成绩的奥秘之一就是选拔人才，委用专家。至于权贵请托，以及故旧庸官，刘晏用高薪把他们养起来，按时升迁，但不准他们干预生产。这样的用人原则，说起来简单，做起来甚难，只有公忠体国的人才能做到。所以史称刘晏用人的办法，只有他才能做到。刘晏所任使的后进，如韩洄、元琇、裴腆、李衡、包佶、卢徵、李若初等，都是一时之选。刘晏理财，培养了一大批专家。刘晏死后，掌财赋有声望的人，大多是刘晏的故吏。总括为一句话：“屏绝权贵干扰，坚持任才使能。”这一用人原则，既简单，又难办，直到今天仍有借鉴意义。

如上所述，刘晏是一个实干家。刘晏又廉洁奉公，身为财政大臣，却两袖清风。但在专制制度下，往往功高犯忌，廉洁遭妒。宰相常衮就忌晏有公望而排挤他。杨炎则视刘晏为仇，公元780年，刘晏被罢官贬为忠州刺史，接着又诬以“谋反”赐死。刘晏死年六十五岁。家属流放岭南，被牵连这一冤案的有数十人，天下皆以为冤。司马光用大篇幅在本卷记载刘晏的理财功绩，是刘晏应得的褒奖，历史不应忘记。

二、杨炎行两税法。杨炎，字公南，凤翔天兴县（今陕西宝鸡市凤翔区）人。代宗朝宰相元载与杨炎同郡，元载提拔杨炎任吏部侍郎，时刘晏任吏部尚书是正长官。刘晏弹劾元载罢相，杨炎以元载同党被贬为道州司马。德宗即位，宰相崔祐甫推荐，公元780年，杨炎入相，改革税制实施两税法，得到德宗宠信，杨炎借此报仇害人，使刘晏蒙冤，这是杨炎执政的一大败笔。杨炎也因此受到诟病，卢杞借机排挤，第二年就被罢相贬死，算是罪有应得。

杨炎很有才干，善著文，书法也好，美姿容，两税法的成功，使他名声很高。但杨炎为人心胸狭窄，害人害己，十分可惜。

唐初推行均田制，征税称租庸调，以丁男为中心。男子二十一至五十九为丁。成丁农民授田一百亩，其中八十亩为口分田，二十亩为永业田。丁男每年向国家交纳粟二石，称作租。交纳绢二丈、绵三两或布二丈五尺，麻三斤，称为调。每丁每年服徭役二十天，如不服役，每天输绢三尺或布三尺七寸五分，称作庸。官僚贵族享有租庸调的蠲免权。由此可见租庸调只问丁身，不问财产。其后人口增加，土地集中于官吏地主之手，均田制无法推行。特别是安史战乱，大批农民流离失所或死亡，按丁征税无法维持。为了军国之用，官府巧立名目，各种苛捐杂税兴起，财赋制度十分混乱。初唐各地设置的义仓演变成为地税。代宗朝依据资产分天下户为九等，按户纳税为户税。为了合理分摊，增加国库收入，使财税走上正轨，保障社会生产，杨炎向德宗建言实行两税法，只按资产征税，不以丁身为本。基本内容如次：其一，取消租庸调及各种杂税，只保留户税和地税。其二，量出制入。政府预算开

支，以此确定征税总额。其三，户税按户等高低征税，户等分为上上至下九共九等。一品官准上上户，九品准下下户。达官贵人，也一律纳税。其四，地税按地亩征收谷物。其五，无论户税和地税均按夏秋两季征收，夏税限六月纳毕，秋税限十一月纳毕，所以新税制称为两税法。商贾征三十税一，后改为征十分之一。

两税法的改革具有重大意义。首先，按资产征税，资产多者税多，资产少者税少，无产者无税，不仅使人民负担合理，而且扩大了征税面，国库增加。推行两税法之前，国家岁入一千二百万缗，其中盐利居其半，推行两税法，单是两税就达到一千三百万缗，增长了一倍。这为德宗的用兵河北创造了条件。其次，按资产征税，不按丁身，减轻了农民的人身依附，也是一大进步。再次，两税改实物为货币，具有深远意义。杨炎是中国财政史上著名的理财家。

起初推行两税，国家规定，地方官吏在两税之外多征一文钱以枉法论。但是这一局面没有维持多久，随后德宗用兵，各种苛捐杂税卷土重来，加之钱重物轻，人民的负担成倍增加，生活比以前更加困苦。

三、张光晟杀九姓回纥。唐回纥有九姓部落，称九姓胡。九姓胡在代宗朝冒回纥之名，杂居京师，经营商业，横暴京师。代宗宝应元年（762），德宗李适时为太子，任天下兵马元帅，回纥登里可汗入援唐军征讨史思明。李适与回纥可许在陕州相见，回纥可汗声称与代宗结为兄弟，是德宗之叔，要德宗以侄礼相见，拜舞于庭。德宗不肯，回纥可汗杖责从官药子昂、韦少华、魏琚等。韦少华、魏琚因此而死。德宗认为奇耻大辱，对回纥怀恨在心，不顾国家安危，一心与吐蕃联系，进攻回纥。当时形势，回纥势衰，吐蕃正盛，是唐朝西边的最大敌国。德宗为报私仇，做了许多蠢事。德宗即位，回纥使臣董突是武义可汗的叔父，驻留京师。德宗命董突率领全部九姓胡商人九百多人回国，途经振武，留后张光晟将董突和九姓回纥全部杀灭。回纥责问，索要专杀者，德宗贬张光晟为睦王傅，搪塞责任。当时回纥一心要与唐朝和好，才没有扩大事态。德宗心胸如此偏狭与任性，他贻误许多军国大事，也就不言而喻了。

资治通鉴（文白对照本） 卷第二百二十七

唐纪四十三

唐德宗建中二年至三年（781—782年）

【起重光作噩（辛酉，781年）六月，尽玄默阉茂（壬戌，782年），凡一年有奇】

【大事提要】

本卷记事起公元781年六月，讫公元782年，凡一年又七个月。当唐德宗建中二年六月到建中三年。此期间德宗讨伐河北叛逆，战火蔓延河南、淮西，这是中唐继安史之乱以后又一次朝廷与地方割据的大冲突。河北魏博田承嗣、成德李宝臣，与山东淄青李正己相约节度使职传子，相互勾结对抗朝廷。代宗大历十四年（779），田承嗣死，田悦继位，代宗姑息，加以任命。德宗建中二年（781）成德李宝臣死，其子李惟岳继位，德宗正当锐意兴革关头，不予准许。田悦、李正己、李惟岳联合对抗朝廷，襄州梁崇义遥相呼应。德宗大发诸镇兵讨伐叛逆，这是一场带有决定性的大战役，朝廷取胜将抑制地方割据，朝廷失败，则藩镇割据不可逆转。起初德宗讨伐河北、山东三镇，意气很甚，一心进攻，不惜开辟两线战场，使淮西李希烈等讨梁崇义。公元781年，李希烈讨平梁崇义，居功狂悖而野心勃发，朝廷去一狼而生一虎。公元782年官军打败田悦，成德归顺，淄青李纳战败请降，官军两条战线均取得胜利。德宗处置失当，田悦未灭，立即又爆发了朱滔、王武俊的背叛，李纳也重整旗鼓。叛军声势更大，叛臣相约称王。朱滔自称冀王、田悦称魏王、王武俊称赵王、李纳称齐王。朱滔为盟主。四人称王，表示不再是唐朝的叛臣，此举标志唐藩镇割据正式形成。

【原文】

德宗神武圣文皇帝二

建中二年（辛酉，781年）

六月庚寅，以浙江东西观察使、苏州刺史韩滉为润州刺史、浙江东西节度使，名其军曰镇海。

张著至襄阳，梁崇义益惧，陈兵而见之。蔺杲得诏不敢发，驰见崇义请命。崇义对著号泣，竟不受诏。著复命。

癸巳，进李希烈爵南平郡王，加汉南、汉北兵马招讨使，督诸道兵讨之。杨炎谏曰："希烈为董秦养子，亲任无比，卒逐秦而夺其位。为人狼戾无亲，无功犹倔强不法，使平崇义，何以制之！"上不听。炎固争之，上益不平。

荆南牙门将吴少诚以取梁崇义之策干李希烈，希烈以少诚为前锋。少诚，幽州潞人也。

时内自关中，西暨蜀、汉，南尽江、淮、闽、越，北至太原，所在出兵，而李正己遣兵扼徐州甬桥、涡口，梁崇义阻兵襄阳，运路皆绝，人心震恐。江、淮进奉船千余艘，泊涡口不敢进。上以和州刺史张万福为濠州刺史。万福驰至涡口，立马岸上，发进奉船，淄青将士停岸睥睨不敢动。

辛丑，汾阳忠武王郭子仪薨。子仪为上将，拥强兵，程元振、鱼朝恩谗毁百端，诏书一纸征之，无不即日就道，由是谗谤不行。尝遣使至田承嗣所，承嗣西望拜之曰："此膝不屈于人若干年矣！"李灵曜据汴州作乱，公私物过汴者皆留之，惟子仪物不敢近，遣兵卫送出境。校中书令考凡二十四，月入俸钱二万缗，私产不在焉；府库珍货山积。家人三千人，八子、七婿皆为朝廷显官；诸孙数十人，每问安，不能尽辩，颔之而已。仆固怀恩、李怀光、浑瑊皆出麾下，虽贵为王公，常颐指役使，趋走于前，家人亦以仆隶视之。天下以其身为安危殆三十年，功盖天下而主不疑，位极人臣而众不疾，穷奢极欲而人不非之，年八十五而终。其将佐至大官，为名臣者甚众。

【语译】

德宗神武圣文皇帝二

唐德宗建中二年（辛酉，781 年）

六月初三日庚寅，任命浙江东西观察使、苏州刺史韩滉为润州刺史、浙江东西观察使，命名韩滉所统领的军镇为镇海军。

张著到达襄阳后，梁崇义心里更害怕，竟在府邸布兵列阵来接见张著。蔺杲接到德宗的诏令后不敢去邓州赴任，驱马急驰到襄阳面见梁崇义请示。梁崇义对着朝使张著放声大哭，始终不接受诏书。张著只得回朝廷复命。

六月初六日癸巳，朝廷给李希烈加封南平郡王的爵位，又加授汉南、汉北兵马诏讨使的职务，负责督率各道军队共同讨伐梁崇义。杨炎劝谏德宗说："李希烈为董秦的养子，董秦对他特别亲信重用，最终他还是驱逐了董秦而夺其节度使的权位。他为人凶狠暴戾而六亲不认，在无寸尺之功的时候，尚且倔强任性不守朝廷法度，假使他讨平了梁崇义，将用什么办法来制约他？"德宗不听杨炎的意见，杨炎固执地急辩不已，德宗心中更加愤愤不平。

荆南牙门将吴少诚以攻灭梁崇义的计策去求见李希烈，李希烈便委任他为讨梁联军的前锋。吴少诚是幽州潞县人。

当时内地自关中，西到蜀、汉，南到江、淮、闽、越，北到太原，各地都在出动军队，但李正已派兵控制着徐州的交通要道甬桥、涡口，梁崇义拥兵盘踞襄阳，主要运输道路都被切断，人心惶恐不安。江淮一带给朝廷进贡物品的一千多只船，停泊在涡口不敢继续前往。德宗委任和州刺史张万福为濠州刺史。张万福驰骑赶到涡口，勒马站在河岸边，催发进贡的船只，李正已的军队呆站在河岸边，眼睁睁地望着船队经过而不敢动手。

六月十四日辛丑，汾阳忠武王郭子仪逝世。郭子仪位至大将军，拥有强大的军队，程元振、鱼朝恩这些人千方百计地诬蔑毁谤郭子仪，郭子仪忠于朝廷，只要皇帝一纸诏书征召，不管发生什么情况，郭子仪都会当天上路，因此在皇帝面前那些诬蔑毁谤都不起作用。郭子仪曾派使者到田承嗣那里去，承嗣遥望西方向郭子仪跪拜说："我的双膝，不向人下跪已有多年了！"李灵曜占据汴州作乱时，经过汴州的公私钱财货物，全都扣留下来，唯有郭子仪的货物过汴州时，他不敢靠近，并且还派兵护送出境。郭子仪担任中书令共二十四年，每月收入官俸多达二万缗，私有财产还不包括在内；家中仓库里珍宝奇货堆积如山。郭子仪有三千家人，八个儿子和七个女婿都在朝廷担任高官要职；孙子辈的有几十人，他们每次来问候请安，郭子仪不能都叫得出名字，只能对他们点点头而已。仆固怀恩、李怀光、浑瑊都出自郭

壬子，以怀、郑、河阳节度副使李芃为河阳、怀州节度使，割东畿五县隶焉。

北庭、安西自吐蕃陷河、陇，隔绝不通，伊西、北庭节度使李元忠、四镇留后郭昕帅将士闭境拒守，数遣使奉表，皆不达，声问绝者十余年；至是，遣使间道历诸胡自回纥中来，上嘉之。秋，七月，戊午朔，加元忠北庭大都护，赐爵宁塞郡王；以昕为安西大都护、四镇节度使，赐爵武威郡王；将士皆迁七资。元忠姓名，朝廷所赐也，本姓曹，名令忠；昕，子仪弟（之子）也。

李希烈以久雨未进军，上怪之，卢杞密言于上曰："希烈迁延，以杨炎故也。陛下何爱炎一日之名而堕大功；不若暂免炎相以悦之，事平复用，无伤也。"上以为然。庚申，以炎为左仆射，罢政事。以前永平节度使张镒为中书侍郎、同平章事。镒，齐丘之子也。以朔方节度使崔宁为右仆射。

（以上为第一段，写唐中兴名将郭子仪辞世，卢杞构陷杨炎。）

丙子，赠故伊州刺史袁光庭工部尚书。光庭天宝末为伊州刺史，吐蕃陷河、陇，光庭坚守累年，吐蕃百方诱之，不下。粮竭兵尽，城且陷，光庭先杀妻子，然后自焚。郭昕使至，朝廷始知之，故赠官。

辛巳，以邠宁节度使李怀光兼朔方节度使。

癸未，河东节度使马燧，昭义节度使李抱真，神策先锋都知兵马使李晟，大破田悦于临洺。

时悦攻临洺，累月不拔，城中食且尽，府库竭，士卒多死伤。张伾饰其爱女，使出拜将士曰："诸君守战甚苦，伾家无他物，请鬻此女为将

子仪的帐下，他们虽然贵为王公，但郭子仪常对他们颐指气使，任意使唤，他们也奔走效命于郭子仪跟前，而郭子仪家里的人也把他们当作家仆一样对待。天下安危系于郭子仪一人身上前后将近有三十年，郭子仪功劳超群绝伦，但是皇帝毫不怀疑郭子仪的忠诚，权位到达做臣子的顶点，但是众官员都不嫉恨，郭子仪穷奢极欲地纵情享受，但是人们并不指责，郭子仪以八十五岁高寿而终。郭子仪的部将僚佐任大官，成为朝中名臣的人非常多。

六月二十五日壬子，任命怀州、郑州、河阳节度副使李艽为河阳、怀州节度使，并将东都地区的五县划归他管辖。

自从吐蕃攻占了河西、陇右之后，北庭、安西与朝廷交通隔绝而消息不通。伊西、北庭节度使李元忠、四镇留后郭昕率领将士封闭边塞据守，多次派遣使者入朝上奏，都没送到，因此同朝廷断绝音讯十几年；直到此时，派使者抄小路偷偷地经过诸胡地区，取道回纥抵达京城，德宗对他们非常赞赏。秋季，七月初一日戊午朔，加授李元忠为北庭大都护，赐封宁塞郡王；任命郭昕为安西大都护、四镇节度使，赐封武威郡王；所有将士都提升七级。李元忠的姓和名，都是朝廷所赐，他本姓曹，名令忠；郭昕是郭子仪弟弟的儿子。

李希烈因天气久雨不停而没有率军进发，德宗对此困惑不解。卢杞趁机向德宗密报:“李希烈之所以拖延进军，是因为杨炎的缘故啊。陛下何必因爱惜杨炎一时之名，而丧失了成就平叛的大事呢？还不如暂时免除杨炎的宰相职务，而让李希烈高兴进剿叛逆，等到平定了梁崇义之后，再重新任命杨炎为宰相，也没有什么妨害吧。”德宗认为卢杞说得很对。七月初三日庚申，命令杨炎担任左仆射，免除了他主持朝政的权力。任命前永平节度使张镒为中书侍郎、同平章事。张镒是张齐丘的儿子。任命朔方节度使崔宁为右仆射。

七月十九日丙子，追赠已故伊州刺史袁光庭为工部尚书。袁光庭在天宝末年任伊州刺史，吐蕃攻陷河西、陇右之后，袁光庭率部坚守伊州达数年之久，吐蕃想方设法诱其投降，都没有得逞。当粮竭兵尽，城池马上就要被攻破的时候，袁光庭先杀了妻儿，然后自焚而死。郭昕派的使者抵达京师，朝廷才知道此事，因此朝廷给他追赠官衔。

七月二十四日辛巳，朝廷命令邠宁节度使李怀光兼任朔方节度使。

七月二十六日癸未，河东节度使马燧、昭义节度使李抱真、神策先锋都知兵马使李晟合力在临洺把田悦打得大败。

当时田悦攻打临洺，几个月没有攻下来，临洺城中的粮食将要耗尽，府库的储备已用完，将士大多非死即伤。守将张伾将自己的爱女打扮了一番，带着她出来向

士一日之费。”众皆哭，曰：“愿尽死力，不敢言赏。”李抱真告急于朝，诏马燧将步骑二万与抱真讨悦，又遣李晟将神策兵与之俱；又诏幽州留后朱滔讨惟岳。

燧等军未出险，先遣使持书谕悦，为好语，悦谓燧畏之，不设备。燧与抱真合兵八万，东下壶关，军于邯郸，击悦支军，破之。悦方急攻临洺，分李惟岳兵五千助杨朝光。明日，燧等进攻朝光栅，悦将万余人救之，燧命大将李自良等御之于双冈，令之曰：“悦得过，必斩尔！”自良等力战，悦军却。燧推火车焚朝光栅，斩朝光，获首虏五千余级。居五日，燧等进军至临洺，悦悉众力战，凡百余合，悦兵大败，斩首万余级。悦引兵夜遁，邢州围亦解。

时平卢节度使李正己已薨，子纳秘之，擅领军务。悦求救于纳及李惟岳，纳遣大将卫俊将兵万人，惟岳遣兵三千人救之。悦收合散卒，得二万余人，军于洹水；淄青军其东，成德军其西，首尾相应。马燧帅诸军进屯邺，奏求河阳兵自助；诏河阳节度使李艽将兵会之。

八月，李纳始发丧，奏请袭父位，上不许。

梁崇义发兵攻江陵，至四望，大败而归，乃收兵襄、邓。李希烈引军循汉而上，与诸道兵会；崇义遣其将翟晖、杜少诚逆战于蛮水，希烈大破之；追至疎口；又破之。二将请降，希烈使将其众先入襄阳慰谕军民。崇义闭城拒守，守者开门争出，不可禁。崇义与妻赴井死，传首京师。

范阳节度使朱滔将讨李惟岳，军于莫州；张孝忠将精兵八千守易州，滔遣判官蔡雄说孝忠曰：“惟岳乳臭儿，敢拒朝命；今昭义、河东军已破田悦，淮宁李仆射克襄阳，计河南诸军，朝夕北向，恒、魏之亡，可伫立而须也。使君诚能首举易州以归朝廷，则破惟岳之功自使君始，此转

将士们行礼说："各位守城与敌人苦战，我家已没有别的什么东西了，让我卖了这个女儿，作为各位将士一天所需的费用。"在场的众将士都感动得哭了，说："我们愿拼死力战坚守城池，而不敢提任何奖赏。"李抱真向朝廷告急，德宗颁诏让马燧率领步骑兵二万人与李抱真共同讨伐田悦，并派李晟率领神策军与他们一起合击田悦；又颁诏令幽州留后朱滔率兵讨伐李惟岳。

马燧等率军在还没有开出壶关险要之前，先派使者带着书信去劝谕田悦，信中说了不少好听的话，田悦以为马燧害怕自己，因而对他们率军前来不加防备。马燧与李抱真合兵八万人，由壶关向东边挺进，驻扎在邯郸，对田悦的一支部队发起攻击，打败了他们。这时田悦正急攻临洺，只能将李惟岳援兵中的五千人派出支援杨朝光。第二天，马燧等率军向杨朝光的营寨发起攻击，田悦亲自率领一万多人来救援，马燧命令大将李自良等在双冈阻击田悦，并命令李自良说："如果田悦过了双冈，就砍你的头！"李自良等人尽力死战，田悦的军队被打退。马燧推出燃烧的车辆焚毁杨朝光的营寨，将杨朝光斩首，获取敌方首级五千多。过了五天，马燧等进军到临洺，田悦出动全军竭力应战，总共交手一百多个回合，田悦的军队大败，被斩首达一万多人。田悦带领残部连夜逃遁，邢州的围困随即也被解除了。

当时平卢节度使李正己已经逝世，儿子李纳把此事隐瞒下来，擅自统领军务。田悦向李纳和李惟岳求援，李纳派大将卫俊率兵一万人，李惟岳派兵三千人前去援救。田悦收编散兵，共计得到二万多人，驻扎在洹水县；李纳的援军驻扎在东边，李惟岳的援军驻扎在西边，首尾相互呼应。马燧率领各部进驻邺县，奏请朝廷令河阳的军队就地援助；德宗颁诏令河阳节度使李艽率部与马燧会合。

八月，李纳这才为父亲李正己发丧，奏请朝廷自己承袭父亲的职位，德宗没有答应。

梁崇义发兵进攻江陵，到达四望山时，被朝廷军队打得大败而归，于是集合自己的部队，驻扎在襄阳和邓州。李希烈领军溯汉水而上，与各道的军队会合，梁崇义派将领翟晖、杜少诚在蛮水迎战，被李希烈打得大败；李希烈乘胜追击到疏口，又打败了他们。翟晖和杜少诚请求投降，李希烈命令他们带领残部先进襄阳去安抚、晓谕军民。梁崇义关闭城门，想抗拒朝廷的军队，但守城的士兵打开城门，纷纷争着逃出城，根本无法禁止。梁崇义只得和妻子投井自杀，梁崇义的头颅被砍下传送到京城。

范阳节度使朱滔即将发兵讨伐李惟岳，把军队驻扎在莫州；张孝忠统领精锐士兵八千人据守易州，朱滔派判官蔡雄前往易州劝说张孝忠："李惟岳是个乳臭未干的毛孩子，竟敢抗拒朝廷的命令；现在昭义军、河东军已打败田悦，淮宁节度使李希烈仆射攻陷了襄阳城，估计在河南的各路军队，要不了多久就会向北挺进，李惟岳

祸为福之策也。”孝忠然之，遣牙官程华诣滔，遣录事参军董稹奉表诣阙，滔又上表荐之；上悦。九月，辛酉，以孝忠为成德节度使。命惟岳护丧归朝，惟岳不从。孝忠德滔，为子茂和娶滔女，深相结。

壬戌，加李希烈同平章事。

初，李希烈请讨梁崇义，上对朝士亟称其忠。黜陟使李承自淮西还，言于上曰：“希烈必立微功；但恐有功之后，偃蹇不臣，更烦朝廷用兵耳！”上不以为然。

希烈既得襄阳，遂据之为己有，上乃思承言。时承为河中尹，甲子，以承为山南东道节度使。上欲以禁兵送上，承请单骑赴镇；至襄阳，希烈置之外馆，迫胁万方，承誓死不屈，希烈乃大掠阖境所有而去。承治之期年，军府稍完。希烈留牙将于襄州，守其所掠财，由是数有使者往来。承亦遣其腹心臧叔雅往来许、蔡，厚结希烈腹心周曾等，与之阴图希烈。

初，萧嵩家庙临曲江，玄宗以娱游之地，非神灵所宅，命徙之。杨炎为相，恶京兆尹严郢，左迁大理卿；卢杞欲陷炎，引郢为御史大夫。先是，炎将营家庙，有宅在东都，凭河南尹赵惠伯卖之，惠伯买以为官廨，郢按之，以为有羡利。杞召大理正田晋议法。晋以为：“律，监临官市买有羡利，以乞取论，当夺官。”杞怒，贬晋衡州司马。更召他吏议法，以为：“监主自盗，罪当绞。”炎庙正直萧嵩庙地，杞因谮炎，云“兹地有王气，故玄宗令嵩徙之；炎有异志，故于其地建庙。”冬，十月，乙未，炎自左仆射贬崖州司马；未至崖州百里，缢杀之。惠伯自河中尹贬费州多田尉；寻亦杀之。

（以上为第二段，写马燧率领官军解临洺之围，大败田悦叛军。李希烈讨平襄州梁崇义，居功狂悖而野心勃发，朝廷去一狼而生一虎。德宗信卢杞谗言杀杨炎。）

和田悦的灭亡，已经是指日可待了。假使你真的能够领头率易州归顺朝廷，那么平定李惟岳的头功便是你的，这是你转祸为福、转危为安的良策啊。”张孝忠觉得他说得很对，于是派牙官程华前去见朱滔，另外又派录事参军董稹奉表入朝以表示忠诚，朱滔也上表推荐他；德宗对此十分高兴。九月初六日辛酉，朝廷任命张孝忠为成德节度使。又命令李惟岳限期护送其父李宝臣的灵柩回朝，李惟岳不服从命令。张孝忠非常感激朱滔，替儿子张茂和娶了朱滔的女儿为妻，使双方加深了感情。

九月初七日壬戌，加授李希烈同平章事职衔。

起初，李希烈请求朝廷让自己征讨梁崇义，德宗对满朝大臣再三赞赏李希烈的忠心。黜陟使李承从淮西回到朝廷，对德宗说："李希烈一定能够建立微小的战功；只是怕他在有功之后，恃功自傲而不服从朝廷的命令，那么更要烦劳朝廷对他用兵了！”德宗对李承的话不以为然。

李希烈攻取襄阳后，马上就把它据为己有，德宗这才想到李承的预见正确。当时李承正担任河中尹的职务，九月初九日甲子，朝廷任命李承为山南东道节度使。德宗打算派禁卫军护送他去襄阳上任，李承却请求单枪匹马赴军就职；到达襄阳之后，李希烈将他安置在驿馆中，不让李承入军府，李希烈千方百计地威胁逼迫，李承誓死不向李希烈屈服，李希烈无可奈何而大掠襄阳全境的财物之后离开。李承治理了整整一年时间，被抢掠的军府才逐渐复原。李希烈把一个牙将留在襄州，守护所抢得的财物，因此常有使者来来往往。李承也派遣亲信臧叔雅往来于许州、蔡州之间，与李希烈的亲信周曾等人，结为深交，与他们暗中图谋李希烈。

起初，萧嵩的家庙建在曲江边，唐玄宗认为曲江是娱乐游览的地方，不适宜作为神灵的居所，命令将萧嵩的家庙迁走了。杨炎任宰相后，厌恶京兆尹严郢，将严郢降职为大理卿；卢杞想陷害杨炎，便举荐严郢担任了御史大夫。此前，杨炎打算修建家庙，有座宅院在东都洛阳，委托河南尹赵惠伯把它卖掉，赵惠伯便买下来用作官舍，严郢将此事检举出来，认为杨炎从中谋取了厚利。卢杞召大理正田晋来讨论如何惩处，田晋认为："按照法律，主管官员负责购买东西而从中渔利的话，以勒索贿赂论罪，当处以撤职。”卢杞为十分震怒，将田晋贬职为衡州司马。转而召集别的官员讨论处罚事宜，他们认为："负责的主管官，在自己经管的财物中窃取利益，是监守自盗，论罪当处绞刑。”杨炎修建的家庙正好位于萧嵩家庙原址，卢杞因此散布毁谤的话，说“那个地方有作帝王的瑞气，所以玄宗命令萧嵩将家庙迁走；而杨炎心怀不良图谋，所以在那里修建家庙”。冬季，十月初十日乙未，杨炎从左仆射的官位上被贬为崖州司马；在赴任途中离崖州还有一百里路程的地方，朝廷下令绞死了杨炎。赵惠伯也从河中尹任上被贬为费州多田县尉；没过多久也被处死了。

辛巳，册太子妃萧氏。

癸卯，袷太庙。先是，太祖既正东向之位，献、懿二祖皆藏西夹室，不飨；至是，复奉献祖东向而飨之。

徐州刺史李洧，正己之从父兄也。李纳寇宋州，彭城令太原白季庚说洧举州归国；洧从之，遣摄巡官崔程奉表诣阙，且使口奏，并白宰相，以"徐州不能独抗纳，乞领徐、海、沂三州观察使，况海、沂二州，今皆为纳有。洧与刺史王涉、马万通素有约，苟得朝廷诏书，必能成功。"程自外来，以为宰相一也，先白张镒，镒以告卢杞。杞怒其不先白己，不从其请。戊申，加洧御史大夫，充招谕使。

十一月，戊午，以永乐公主适检校比部郎中田华，上不欲违先志故也。

蜀王傀更名遂。

辛酉，宣武节度使刘洽，神策都知兵马使曲环，滑州刺史襄平李澄，朔方大将唐朝臣，大破淄青、魏博之兵于徐州。

先是，李纳遣其将王温会魏博将信都崇庆共攻徐州，李洧遣牙官温人王智兴诣阙告急。智兴善走，不五日而至。上为之发朔方兵五千人，以朝臣将之，与洽、环、澄共救之。时朔方军资装不至，旗服弊恶，宣武人嗤之曰："乞子能破贼乎！"朝臣以其言激怒士卒，且曰："都统有令，先破贼营者，营中物悉与之。"士皆愤怒争奋。

崇庆、温攻彭城，二旬不能下，请益兵于纳；纳遣其将石隐金将万人助之，与刘洽等相拒于七里沟。日向暮，洽引军稍却，朔方马军使杨朝晟言于唐朝臣曰："公以步兵负山而陈，以待两军，我以骑兵伏于山曲，贼见悬军势孤，必搏之；我以伏兵绝其腰，必败之。"朝臣从之。崇庆等果将骑二千逾桥而西，追击官军，伏兵发，横击之；崇庆等兵中断，狼

十月辛巳日（疑误），册立萧氏为太子妃。

十月十八日癸卯，在太庙合祭列祖列宗。在此之前，太祖的灵位已经供奉在正东向的位置上，太祖的祖父和父亲献、懿二祖的灵位都藏在太庙的西夹室内，没有对他们四时祭祀；而到这时，又把献祖的灵位供奉在太庙东向的位置而受到四时祭祀。

徐州刺史李洧，是李正己的堂兄。李纳攻打宋州，彭城县令太原人白季庚游说李洧率领徐州全境归附朝廷；李洧听从了这个意见，派遣摄巡官崔程奉表入朝表示忠诚，并指派他口头奏报德宗，同时禀告宰相，声称："仅凭徐州的力量不能单独抵抗李纳，请求朝廷任命兼理徐州、海州、沂州的观察使，何况海、沂二州，目前都被李纳据有。我李洧和海、沂二州刺史王涉、马万通平时已有约定，如果朝廷颁诏任命我为三州观察使，那么海、沂二州一定能和徐州一起抵抗李纳。"崔程由外地来朝廷，误以为各个宰相的权位都是相同的，禀告谁都一样，便把李洧的话先向张镒汇报，张镒再将内容告诉卢杞。卢杞对崔程不先禀告自己十分恼怒，因此没有接受李洧的请求。十月二十三日戊申，朝廷加授李洧御史大夫官衔，命令李洧充当招谕使。

十一月初四日戊午，德宗把永乐公主嫁给检校比部郎中田华，这是因为德宗不想违背先帝的意愿的缘故。

蜀王李傀改名叫李遂。

十一月初七日辛酉，宣武节度使刘洽、神策军都知兵马使曲环、滑州刺史襄平人李澄、朔方军大将唐朝臣等，在徐州将淄青节度使李纳、魏博节度使田悦的军队打得大败。

在此之前，李纳派遣将领王温会同魏博的将领信都崇庆一起进攻徐州，徐州刺史李洧派牙官温县人王智兴向朝廷告急。王智兴擅长行走，不到五日就到达了京城。德宗为徐州调发了朔方士兵五千人为援军，命令唐朝臣率领，与刘洽、曲环、李澄共同前去援救。当时朔方军的物资装备还没有及时运到，军队的旗帜和服装都破烂不堪，宣武军的官兵们都嗤笑他们："叫花子也能去消灭敌人吗？"唐朝臣用这些话来激怒部下士兵，并且说："李都统下了命令，率先攻破敌人营垒的人，营中的财物全部赏给他。"士兵们无不愤怒而奋力争先杀敌。

信都崇庆、王温攻打彭城，二十天还未能攻下，于是请求李纳增兵，李纳派遣将领石隐金率兵一万来援助，与刘洽等人率领的朝廷军队在七里沟对峙。天快黑的时候，刘洽率军稍稍后撤，朔方军的马军使杨朝晟对唐朝臣说："唐公你率步兵背山列阵，以待魏博、淄青两镇的军队，我统领骑兵在山坳中埋伏，敌人见你们孤军作战，一定认为势单力弱而向你进攻；我乘机率埋伏的骑兵拦腰截击，一定会打败他

狈而返，阻桥以拒官军。其兵有争桥不得，涉水而渡者。朝晟指之曰："彼可涉，吾何为不涉！"遂涉水击，据桥者皆走，崇庆等兵大溃；洽等乘之，斩首八千级，溺死过半。朔方军尽得其辎重，旗服鲜华，乃谓宣武人曰："乞子之功，孰与宋多？"宣武人皆惭。官军乘胜逐北，至徐州城下，魏博、淄青军解围走，江、淮漕运始通。

己巳，诏削李惟岳官爵；募所部降者，赦而赏之。

甲申，淮南节度使陈少游遣兵击海州，其刺史王涉以州降。

十二月，李纳密州刺史马万通乞降；丁酉，以为密州刺史。

崔汉衡至吐蕃，赞普以敕书称贡献及赐，全以臣礼见处；又，云州之西，当以贺兰山为境，邀汉衡更请之。丁未，汉衡遣判官与吐蕃使者入奏。上为之改敕书、境土，皆如其请。

加马燧魏博招讨使。

（以上为第三段，写官军大败淄青李纳叛军，疏通了江淮漕运。）

三年（壬戌，782年）

春，正月，河阳节度使李艽引兵逼卫州，田悦守将任履虚诈降，既而复叛。

马燧等诸军屯于漳滨。田悦遣其将王光进筑月城以守长桥，诸军不得渡。燧以铁锁连车数百，实以土囊，塞其下流，水浅，诸军涉渡。时军中乏粮，悦等深壁不战。燧命诸军持十日粮，进屯仓口，与悦夹洹水而军。李抱真、李艽问曰："粮少而深入，何也？"燧曰："粮少则利速战，今三镇连兵不战，欲以老我师；我若分军击其左右，悦必救之，则我腹背受敌，战必不利。故进军逼悦，所谓攻其所必救也。彼苟出战，必为诸君破之。"乃为三桥逾洹水，日往挑战，悦不出。燧令诸军夜半起食，

们。”唐朝臣听从了这个建议。信都崇庆等人果然率领骑兵二千人过桥往西，追击官兵，伏兵突然出动，拦腰截击；信都崇庆等人的军队前后中断，只得狼狈逃回，倚仗桥头来抵御官军。没有挤上桥头的叛军，于是涉水渡河。杨朝晟指着叛军说：“他们能够涉水过河，我们为什么不照办？”于是率部涉水攻击敌人，据守桥头的叛军都逃跑了，信都崇庆等的军队溃不成军；刘洽等乘机出击，斩杀敌人首级八千，溺死水中的超过一半。朔方军缴获了敌军所有的物资装备，旗帜和军服都鲜艳华美，焕然一新，于是他们对宣武军说：“叫花子立的功劳，与你军相比究竟谁多？”宣武军的士兵都觉得惭愧。各支官军乘胜向北追击，直达徐州城下，魏博、淄青的军队解除了对徐州的包围而逃走，江淮的漕运到这时才又通畅起来。

十一月十五日己巳，德宗颁诏命令削夺李惟岳的官职爵位；招募李惟岳的部属中投降朝廷的将士，一律赦免不予追究，而且还加以奖赏。

十一月三十日甲申，淮南节度使陈少游派军队攻击海州，海州刺史王涉率领海州归降朝廷。

十二月，李纳部下的密州刺史马万通向朝廷求降；十二月十三日丁酉，朝廷仍任命马万通为密州刺史。

崔汉衡出使到达吐蕃，赞普认为德宗的敕书在涉及双方关系时称“贡献”和“赐”等，完全以对待臣属的礼仪用于吐蕃；又认为灵州的西边，应以贺兰山为边界，要求崔汉衡再次代为请求朝廷加以更改。十二月二十三日丁未，崔汉衡派遣判官与吐蕃的使者入奏朝廷，德宗为吐蕃修改了敕书的措辞和边界，都满足了赞普的请求。

加授马燧魏博招讨使职衔。

唐德宗建中三年（壬戌，782 年）

春季，正月，河阳节度使李艽挥兵进逼卫州，田悦派遣驻守卫州的将领任履虚假装投降朝廷，不久再次反叛。

马燧等各支官兵驻扎在漳水之滨。田悦派遣将领王光进修筑两端临水的拱形月城来守卫长桥，马燧等各支官兵不能过河。于是马燧用铁链将几百辆车串在一起，在车厢中装满土袋，填塞到长桥的下游，河水变浅后，各路人马涉水渡过漳水。当时朝廷军队中粮食缺乏，田悦等叛军加深加固营垒坚守不出来迎战。马燧命令各支官兵带上十天的粮食，进驻仓口，与田悦的部队隔着洹水在两岸对峙。李抱真、李艽问马燧说：“我军粮草缺乏而深入敌人腹地，为什么呢？”马燧回答说：“粮草缺乏，只有靠速战速决才对我们有利，眼下魏博、淄青、成德三镇集结军队而不出兵

潜师循洹水直趋魏州，令曰：“贼至，则止为陈。”留百骑击鼓鸣角于营中，仍抱薪持火，俟诸军毕发，则止鼓角匿其旁；俟悦军毕渡，焚其桥。军行十里所，悦闻之，帅淄青、成德步骑四万逾桥掩其后，乘风纵火，鼓噪而进。燧按兵不动，先除其前草莽百步为战场，结陈以待之，募勇士五千余人为前列。悦军至，火止，气衰，燧纵兵击之，悦军大败。神策、昭义、河阳军小却，见河东军捷，还斗，又破之。追奔至，三桥已焚，悦军乱，赴水溺死不可胜纪，斩首二万余级，捕虏三千余人，尸相枕藉三十余里。

悦收余兵千余人走魏州。马燧与李抱真不协，顿兵平邑浮图。悦夜至南郭，大将李长春闭关不内，以俟官军，久之，天且明，长春乃开门内之。悦杀长春，婴城拒守。城中士卒不满数千，死者亲戚，号哭满街。悦忧惧，乃持佩刀，乘马立府门外，悉集军民，流涕言曰：“悦不肖，蒙淄青、成德二丈人保荐，嗣守伯父业，今二丈人即世，其子不得承袭，悦不敢忘二丈人大恩，不量其力，辄拒朝命，丧败至此，使士大夫肝脑涂地，皆悦之罪也。悦有老母，不能自杀，愿诸公以此刀断悦首，持出城降马仆射，自取富贵，无为与悦俱死也！”因从马上自投地。将士争前抱持悦曰：“尚书举兵徇义，非私己也。一胜一负，兵家之常。某辈累世受恩，何忍闻此！愿奉尚书一战，不胜则以死继之。”悦曰：“诸公不以悦丧败而弃之，悦虽死，敢忘厚意于地下！”乃与诸将各断发，约为兄弟，誓同生死；悉出府库所有及敛富民之财，得百余万，以赏士卒；众心始定。复召贝州刺史邢曹俊，使之整部伍，缮守备，军势复振。

迎战，想要拖垮我们的军队；我们如果分散兵力，向田悦军的两边出击，田悦一定发兵援救，那么我们将腹背受敌，作战必然不利。因此主动出击，进逼田悦，这就是兵法所谓的攻其必救吧。田悦如果出兵迎战，就一定会被你们各位击败。”于是建造了三座桥，使军队过了洹水，天天到田悦军前挑战，田悦就是坚守不出。马燧命令各部半夜起来吃饭，悄悄地沿着洹水直向魏州城进发，又命令各军：“敌军一到，就马上停止前进，并排列战阵。”同时留下一百名骑兵在兵营中击鼓吹号，仍像往日一样抱来柴草薪，打着火把。等待各路军队都出发后，就停止击鼓吹号，隐藏在旁边，就等田悦的军队过了河，立即将桥烧毁。马燧等人率军行进到十里左右的地方，田悦得到这一消息，就率领淄青、成德两镇的步兵、骑兵共四万人过桥，尾随着马燧等人，还借助风势一路放火，呐喊着向前进攻。马燧当即命令军队停止行进，先将前方一百步内的树木杂草清除作战场，然后部署兵力列阵以待，又招集五千余名勇士排在阵前作先头部队。田悦的军队到达时，火也熄灭了，士气也衰退了，马燧挥军出击，田悦军被打得大败。神策、昭义、河阳三军虽在进攻中受挫稍退，但看到马燧的河东军打了胜仗，便回过头来重新投入战斗，再次把田悦的军队打败。朝廷的军队追击逃敌到洹水时，河上的三座桥早已被埋伏的骑兵烧毁，田悦军阵脚大乱，跳河逃走而被淹死的无法统计，官军斩获敌人首级二万多，抓捕俘虏三千多，死尸躺卧相叠长达三十余里。

田悦收拾残兵败将一千多人逃往魏州。由于马燧与李抱真关系不和，官军停留在平邑的寺庙区。田悦连夜逃到魏州的南门城外，大将李长春关闭城门，不让田悦进入，想等待官军到来，时间过了很久，天就要亮了，官军还没有到来，李长春这才开了城门接纳田悦进入。于是田悦杀了李长春，紧闭城门固守。这时魏州城内的士兵只有几千人，满街都是战死将士的亲属在号啕痛哭。田悦既担心又害怕，于是手持佩刀，骑马伫立于军府门外，集合城中所有军民，痛哭流涕地说道：“我不成器，承蒙淄青李正己、成德李宝臣两位老前辈保荐，继承看管我伯父的大业，现在两位老前辈都已去世，而他们的公子都无法承袭节度使的职位，我不敢忘记两位老前辈的深恩大德，自不量力，就违抗起朝廷的命令来，以至于失败到这种程度，造成士大夫们的惨死，都是我田悦的罪过。但是我有年迈的母亲，不能自杀，只希望诸位用这把刀把我的头砍下来，拿着出城向朝廷的马燧仆射投降，去求得荣华富贵，千万不要同我一起去死呀！”于是从马上翻身滚下。将士们纷纷争着上前抱住田悦说：“田尚书你起兵行义，并非只为自己。打仗有胜有负，本来是兵家常事。我等世代受你家的恩惠，怎能忍心听你说这样的话呢？我们愿意跟随尚书你再决一战，打不了胜仗就拿性命奉陪。”田悦说：“各位不因我田悦打了败仗而抛弃我，我田悦即便死掉，九泉之下也不敢忘记你们的深厚情谊！”于是与众将领各自剪断头发，结

李纳军于濮阳，为河南军所逼，奔还濮州，征援兵于魏州。田悦遣军使符璘将三百骑送之，璘父令奇谓璘曰："吾老矣，历观安、史辈叛乱者，今皆安在！田氏能久乎！汝因此弃逆从顺，是汝扬父名于后世也。"啮臂而别。璘遂与其副李瑶帅众降于马燧。悦收族其家，令奇慢骂而死。瑶父再春以博州降，悦从兄昂以洺州降，王光进以长桥降。悦入城旬余日，马燧等诸军始至城下，攻之，不克。

（以上为第四段，写魏博招讨使马燧在卫州大破田悦军，却因官军将领失和，未能追歼穷寇，田悦逃至魏州，得以喘息，死灰复燃。）

丙寅，李惟岳遣兵与孟祐守束鹿，朱滔、张孝忠攻拔之，进围深州。惟岳忧惧，掌书记邵真复说惟岳，密为表，先遣弟惟简入朝；然后诛诸将之不从命者，身自入朝，使妻父冀州刺史郑诜权知节度事，以待朝命。惟简既行，孟祐知其谋，密遣告田悦。悦大怒，使衙官扈岌往见惟岳，让之曰："尚书举兵，正为大夫求旌节耳，非为己也。今大夫乃信邵真之言，遣弟奉表，悉以反逆之罪归尚书，自求雪身，尚书何负于大夫而至此邪！若相为斩邵真，则相待如初；不然，当与大夫绝矣。"判官毕华言于惟岳曰："田尚书以大夫之故陷身重围，大夫一旦负之，不义甚矣。且魏博、淄青兵强食富，足抗天下，事未可知，奈何遽为二三之计乎！"惟岳素怯，不能守前计，乃引邵真，对扈岌斩之；发成德兵万人，与孟祐俱围束鹿。丙寅，朱滔、张孝忠与战于束鹿城下，惟岳大败，烧营而遁。

兵马使王武俊为左右所构，惟岳疑之，惜其才，未忍除也。束鹿之战，使武俊为前锋，私自谋曰："我破朱滔，则惟岳军势大振，归，杀我必矣。"故战不甚力而败。

为兄弟，立誓同生共死；拿出府库储藏的所有钱财，加上向富户征敛的钱财，共有一百多万，全部赏给士兵；城中的军民这才安定下来。田悦又召来贝州刺史邢曹俊，让他负责整饬军队，修缮武器和工事，加强军备，全军的声势和士气再次振作起来。

李纳驻军在濮阳，受到河南军的进攻逼迫，便逃回了濮州，接着向魏州请求派兵增援。田悦派军使符璘统领三百名骑兵送往李纳军中，符璘的父亲符令奇对符璘说："我已老了，我曾亲眼见过的安禄山、史思明那一伙反叛作乱的人，如今还有哪个活在世上？田氏又能长久维持吗？你如果找机会离弃叛贼，归顺朝廷，那就是你将父亲的名声传扬于后世而尽了大孝。"说完咬着儿子的臂膀作别。于是符璘与副手李瑶统领部众向马燧投降。田悦收捕了符璘的全族家人，全部杀死，符令奇不停地辱骂田悦而死。李瑶的父亲李再春率领博州军民投降朝廷，田悦的堂兄李昂率领洺州军民投降，王光进率领长桥军民投降。田悦退入魏州城十几天后，马燧等率领的各路人马才到达魏州城下，向魏州发动进攻，没有攻下来。

正月十二日丙寅，李惟岳派援兵与孟祐共同防守束鹿县城，朱滔、张孝忠攻克了这座县城，进兵包围深州。李惟岳因此既担心又害怕，掌书记官邵真再次规劝李惟岳，让李惟岳秘密上表归顺朝廷，先派弟弟李惟简进京入朝；然后对众将领中不服从命令的人格杀勿论，再亲自入朝，而让岳父冀州刺史郑诜代理节度使的职务，等待朝廷的命令。李惟简已经出发前往京城，孟祐知道了邵真的计划，于是秘密派人将这事告诉了田悦。田悦大怒，派衙官扈岌前去见李惟岳，责备李惟岳说："田尚书起兵对抗朝廷，完全是为大夫你向朝廷求取节度使职务而已，并不是为了自己。现在大夫你竟然听从了邵真的主意，派弟弟奉表入朝，完全把反叛的罪名归于田尚书，以求得为自己洗脱罪责，田尚书有什么地方对不起你，以至于你这样对待田尚书呢？如果你为田尚书杀了邵真，那么田尚书会一如既往地对待你，否则，必将与大夫你断绝一切交往！"判官毕华对李惟岳说："田尚书因为你的缘故而身陷朝廷军队的重围中，假如大夫你一旦背叛了田尚书，那就太不讲义气了。何况魏博、淄青二镇兵力强大，粮储丰足，足以与天下抗衡，现在事情的成败还难以预料，为什么突然三心二意采取背叛同盟的下策呢？"李惟岳为人一向怯懦，不能坚持早先已经决定了的计划，竟将邵真召来，当着扈岌的面杀了；又调动成德镇一万兵马，前去与孟祐一起围困束鹿城。正月十二日丙寅，朱滔、张孝忠与李惟岳的军队在束鹿城下交战，结果李惟岳军被打得大败，焚烧营寨而逃。

兵马使王武俊被李惟岳身边的亲信所诬陷，李惟岳便对王武俊心存猜疑，只是爱惜王武俊人才难得，所以才不忍心将王武俊除掉。在束鹿的战斗中，李惟岳指派王武俊当先锋打头阵，而王武俊私下为自己盘算说："我如果打败了朱滔，李惟岳军

朱滔欲乘胜攻恒州，张孝忠引军西北，军于义丰。滔大惊，孝忠将佐皆怪之，孝忠曰："恒州宿将尚多，未易可轻。迫之则并力死斗，缓之则自相图。诸君第观之，吾军义丰，坐待惟岳之殄灭耳。且朱司徒言大而识浅，可与共始，难与共终也！"于是滔亦屯束鹿，不敢进。

惟岳将康日知以赵州归国，惟岳益疑王武俊，武俊甚惧。或谓惟岳曰："先相公委腹心于武俊，使之辅佐大夫，又有骨肉之亲。武俊勇冠三军，今危难之际，复加猜阻；若无武俊，欲使谁为大夫却敌乎！"惟岳以为然，乃使步军使卫常宁与武俊共击赵州，又使王士真将兵宿府中以自卫。

癸未，蜀王遂更名遡。

淮南节度使陈少游拔海、密二州，李纳复攻陷之。

王武俊既出恒州，谓卫常宁曰："武俊今幸出虎口，不复归矣！当北归张尚书。"常宁曰："大夫暗弱，信任左右，观其势终为朱滔所灭。今天子有诏，得大夫首者，以其官爵与之，中丞素为众所服，与其出亡，曷若倒戈以取大夫，转祸为福，特反掌耳；事苟不捷，归张尚书，未晚也。"武俊深以为然。会惟岳使要藉谢遵至赵州城下，武俊引遵同谋取惟岳；遵还，密告王士真。闰月，甲辰，武俊、常宁自赵州引兵还袭惟岳；遵与士真矫惟岳命，启城门内之。黎明，武俊帅数百骑突入府门；士真应之于内，杀十余人。武俊令曰："大夫叛逆，将士归顺，敢违拒者族！"众莫敢动。遂执惟岳，收郑诜、毕华、王它奴等，皆杀之。武俊以惟岳旧使之子，欲生送之长安。常宁曰："彼见天子，将复以叛逆之罪归咎于中丞。"乃缢杀之，传首京师。深州刺史杨荣国，惟岳姊夫也，降于朱滔；滔使复其位。

的势力就会因此大振，班师后李惟岳一定会杀掉我。”因此在战斗中不太卖力，结果被打败了。

朱滔打算乘势进攻恒州，而张孝忠却带领自己的军队往西北进发，驻军于义丰县城。朱滔大为惊异，张孝忠的部将僚佐对此也都感到奇怪，张孝忠解释说：“恒州还有很多身经百战的老将，不能轻易地看待他们。一旦我们进逼恒州，他们就会齐心合力拼死一战，如果暂缓进攻，他们内部就会相互算计以图自保。你们各位尽管等着瞧吧，我们驻扎义丰，坐待李惟岳军被消灭就是了。况且，朱司徒只会说大话，见识却很浅陋，可以与他在初始时一起合作，却难以共同分享最后的成果！”这样一来，朱滔也只得驻军束鹿，不敢贸然进攻恒州。

李惟岳的将领康日知率领赵州归附朝廷，李惟岳由此更加猜疑王武俊，王武俊非常害怕。有人对李惟岳说：“您的先公把王武俊视为心腹，极为信任，让王武俊辅佐大夫您，而且两家又有骨肉之亲。王武俊是三军中以勇猛著称的大将，时下这种危急的时候，还对王武俊加以猜忌和限制；如果没有王武俊，那又打算派谁来为您击退敌方的军队呢？”李惟岳觉得此话有理，于是指派步军使卫常宁与王武俊共同进攻赵州，又指派王武俊的儿子王士真带兵在军府中值宿保卫自己。

正月二十九日癸未，蜀王李遂改名为李游。

淮南节度使陈少游攻克海、密二州，却又被李纳夺回。

王武俊离开恒州后，便对卫常宁说：“我王武俊今日有幸逃出虎口，是不打算再回去了！我将北上投奔张孝忠尚书。”卫常宁说：“李惟岳大夫昏庸怯弱，信任身边的小人，观察今日态势，最终会被朱滔所灭。现今皇帝有诏书，凡能砍掉李大夫头的人，就赐予李惟岳的官职和爵位，中丞你一向为众人所信服，与其出走逃生，还不如反戈一击杀了李大夫，这样转祸为福，不过易如反掌罢了；若是事情不成功，投奔张孝忠尚书，也不算晚吧！”王武俊认为这段话说得非常有道理。当时正遇上李惟岳指派节度使衙前要藉官谢遵来到赵州城下王武俊的军营中，王武俊便将谢遵拉进来共同策划除掉李惟岳；谢遵回到恒州，将此计划密告王武俊的儿子王士真。闰正月二十一日甲辰，王武俊、卫常宁从赵州带领军队返回恒州袭击李惟岳，谢遵与王士真诈称李惟岳的命令，打开城门将军队接纳进城。黎明时分，王武俊率领几百名骑兵冲进节度使军府大门；王士真在府内接应，杀死十几个人。王武俊命令说：“李惟岳大夫反叛作乱，将士们已归顺朝廷，谁敢违背抗拒命令，就灭了全族！”众人都不敢轻举妄动。于是抓住了李惟岳，逮捕了郑诜、毕华、王它奴等人，将他们全都杀了。王武俊因为李惟岳是已故节度使李宝臣的儿子的缘故，打算把他活着送往长安。卫常宁对王武俊说：“李惟岳如果见到皇上，将会把反叛朝廷的罪责又推到中丞你的头上。”于是王武俊绞杀了李惟岳，将李惟岳的首级传送到京城。深州刺史

复榷天下酒，惟西京不榷。

（以上为第五段，写成德叛军首领李惟岳被部属王武俊所杀，田悦困守魏州，河北叛乱基本平定。）

二月，戊午，李惟岳所署定州刺史杨政义降。时河北略定，惟魏州未下；河南诸军攻李纳于濮州，纳势日蹙。朝廷谓天下不日可平；甲子，以张孝忠为易、定、沧三州节度使，王武俊为恒冀都团练观察使，康日知为深赵都团练观察使，以德、棣二州隶朱滔，令还镇。滔固请深州，不许，由是怨望，留屯深州。王武俊素轻张孝忠，自以手诛李惟岳，功在康日知上，而孝忠为节度使，己与康日知俱为都团练使，又失赵、定二州，亦不悦。又诏以粮三千石给朱滔，马五百匹给马燧。武俊以为朝廷不欲使故人为节度使，魏博既下，必取恒冀，故分其粮马以弱之，疑，未肯奉诏。

田悦闻之，遣判官王侑、许士则间道至深州，说朱滔曰："司徒奉诏讨李惟岳，旬朔之间，拔束鹿，下深州，惟岳势蹙，故王大夫因司徒胜势，得以枭惟岳之首，此皆司徒之功也。又天子明下诏书，令司徒得惟岳城邑，皆隶本镇；今乃割深州以与日知，是自弃其信也。且今上志欲扫清河朔，不使藩镇承袭，将悉以文臣代武臣，魏亡，则燕、赵为之次矣；若魏存，则燕、赵无患。然则司徒果有意矜魏博之危而救之，非徒得存亡继绝之义，亦子孙万世之利也。"又许以贝州赂滔。滔素有异志，闻之，大喜，即遣王侑归报魏州，使将士知有外援，各自坚。又遣判官王郅与许士则俱诣恒州，说王武俊曰："大夫出万死之计，诛逆首，拔乱根，康日知不出赵州，岂得与大夫同日论功！而朝廷褒赏略同，谁不为大夫愤邑者！今又闻有诏支粮马与邻道，朝廷之意，盖以大夫善战，恐为后患，先欲贫弱军府，俟平魏之日，使马仆射北首，朱司徒南向，共相灭耳。朱司徒亦不敢自保，使郅等效愚计，欲与大夫共救田尚书而存之。大夫自留粮马以供军；朱司徒不欲以深州与康日知，愿以与大夫，请早定刺史以守之。三镇连兵，若耳目手足之相救，则他日永无患矣！"武俊亦喜，许诺，即遣判官王巨源使于滔，且令知深州事，相与刻日举

杨荣国，是李惟岳的姐夫，杨荣国向朱滔投降，朱滔便让杨荣国官复原职。

朝廷恢复了在全国各地由官府专卖酒的制度，唯有西京长安不实行专卖。

二月初五日戊午，李惟岳委任的定州刺史杨政义向官军投降。当时河北地区基本上已经平定，仅有魏州还没有攻下；河南的各支官军军队在濮州进攻李纳，李纳的每况愈下，形势日益窘迫。朝廷认为天下不久就可平定；二月十一日甲子，朝廷任命张孝忠为易、定、沧三州节度使，任命王武俊为恒冀都团练观察使，任命康日知为深、赵都团练观察使，将德州、棣州交给朱滔管辖，命令朱滔回归幽州本镇驻守。朱滔向朝廷再三要求将深州交给自己管辖，未获批准，因此对朝廷产生怨恨，不听命令而留下驻军深州。王武俊一贯瞧不起张孝忠，自认为亲手杀了李惟岳，功劳要比康日知大，然而张孝忠却当了节度使，自己与康日知一样只担任都团练使，另外在辖地内还划出赵州、定州，心里也为此不高兴。德宗又颁诏书让王武俊送三千石粮食给朱滔，送五百匹马给马燧。王武俊认为这是因为朝廷不想让叛军的旧将做节度使的缘故，当田悦的魏博镇叛军平定后，一定会夺取恒冀，所以将他的粮食和马匹分别调运他处，以削弱他的实力，由于有此疑虑，王武俊不肯执行诏令。

田悦得悉此事，便派遣判官王侑、许士则秘密地抄小路前往深州，游说朱滔道：“朱司徒您奉皇帝诏令征讨李惟岳，短短的十天半月之间，就已经攻克束鹿城，夺取了深州，李惟岳的军势日渐窘迫，于是王武俊便借助司徒您不断取胜的优势，才能砍下李惟岳的首级，这完全是司徒您的功劳啊。另外，皇上明确地颁下诏书，命令朱司徒一旦夺得了李惟岳的城池，都要划归您管辖；现在竟然把深州划归康日知管辖，这是自食其言，背信弃义，而且当今皇上立志要扫清河朔一带与朝廷作对的势力，不让藩镇的后代世袭权位，将要完全用文臣取代武臣的职事，就像从前魏国被灭亡，而燕国和赵国就紧随其后一样；如果魏国还存在，那么燕国和赵国就会安然没有祸患。要是朱司徒您果然真心怜悯魏博镇的危难处境而想救援的话，就不只是收到存亡继绝的大义之名，而且也是替自己的子孙创下万代的利益啊！”田悦还许诺把贝州作为礼物送给朱滔。朱滔一贯对朝廷存有反叛的念头，听了这番话，大为高兴，立即就让王侑返回魏州去报信，使魏州将士知道有外援力量，各自坚守阵地。又派遣判官王郅与许士则一起前往恒州，向王武俊游说：“王大夫您定下九死一生的计谋，杀了反叛朝廷的罪魁祸首，拔除了祸乱的根源，康日知的脚并没有迈出赵州一步，怎能与大夫您的功劳相提并论呢？然而朝廷对你们两人的褒奖封赏却差不多，谁都会为您感到愤愤不平！如今又听说皇上下诏令将您的粮食和马匹调派给邻道，

兵南向。滔又遣人说张孝忠，孝忠不从。

（以上为第六段，写河北风云突变，由于德宗刚愎自用，善后失计，田悦策反朱滔，河北方镇又联兵对抗朝廷。）

宣武节度使刘洽攻李纳于濮州，克其外城。纳于城上涕泣求自新，李勉又遣人说之，癸卯，纳遣其判官房说以其母弟经及子成务入见。会中使宋凤朝称纳势穷蹙，不可舍，上乃囚说等于禁中，纳遂归郓州，复与田悦等合。朝廷以纳势未衰，三月，乙未，始以徐州刺史李洧兼徐、海、沂都团练观察使，海、沂已为纳所据，洧竟无所得。

李纳之初反也，其所署德州刺史李西华备守甚严，都虞候李士真密毁西华于纳，纳召西华还府，以士真代之。士真又以诈召棣州刺史李长卿，长卿过德州，士真劫之，与同归国。夏，四月，戊午，以士真、长卿为二州刺史。士真求援于朱滔，滔已有异志，遣大将李济时将三千人声言助士真守德州，且召士真诣深州议军事，至则留之，使济时领州事。

（以上为第七段，写征讨淄青的官军大破叛军之后，因朝廷不接受李纳投降，功亏一篑。）

庚申，吐蕃归向日所俘掠兵民八百人。

上遣中使发卢龙、恒冀、易定兵万人诣魏州讨田悦。王武俊不受诏，执使者送朱滔，滔言于众曰：“将士有功者，吾奏求官勋，皆不遂；今欲与诸君敕装共趋魏州，击破马燧以取温饱，何如？”皆不应。三问，乃曰：“幽州之人，自安、史之反，从而南者无一人得还，今其遗人痛入骨髓。况太尉、司徒皆受国宠荣，将士亦各蒙官勋，诚且愿保目前，不敢

朝廷的用意，大概是认为大夫您英勇善战，恐怕成为日后的心腹之患，打算先削弱您军府的实力，等到扫平魏州之日，再指派马燧仆射率军向北，朱滔司徒率兵向南，共同夹击来消灭您啊。朱滔司徒也不敢自保无忧，所以派我王郅等人来向您献上愚笨的计策，打算与大夫您一起救助田悦尚书，使他的势力得以保存。大夫您把粮食和马匹自己留下来供给军中的将士使用；朱滔司徒不想将深州交给康日知，想将它交给您，请您尽早确定刺史去镇守深州。假如范阳、恒冀、魏博三镇能联合起来，就像耳目手足一样彼此救助，那么以后大家都永远没有忧患了！”王武俊听后也喜不自禁，便同意了，随即派遣判官王巨源出使到朱滔那里，并命令王巨源代理深州刺史的各项事务，与朱滔相互约定时间率兵南下救援田悦。朱滔又派人去游说张孝忠，但张孝忠没有应允。

宣武节度使刘洽进攻固守在濮州的李纳，攻克了濮州外城。李纳在城墙上哭着要求改过自新，李勉又派人去规劝，癸卯这天，李纳派遣手下的判官房说带着胞弟李经和儿子李成务入京朝见德宗以示归顺。正遇上中使宋凤朝回京报告说李纳已到势衰力竭的地步，不能就这样放过李纳，于是德宗将房说等拘押在宫禁中，李纳便逃到郓州，再次与田悦等人聚集在一起。朝廷认为李纳的势力并没有衰竭，三月十三日乙未，才命令徐州刺史李洧兼任徐、海、沂三州都团练观察使，海州、沂州已被李纳占据，李洧实际上一无所得。

李纳起初反叛朝廷的时候，他所委任的德州刺史李西华备战防守非常严密，都虞候李士真暗中在李纳面前诋毁李西华，李纳把李西华召回军府，让李士真替代任德州刺史，李士真又假冒李纳的命令召见棣州刺史李长卿，李长卿应召经过德州时，李士真劫持了李长卿，与李长卿一起归附了朝廷。夏季，四月初六日戊午，朝廷任命李士真、李长卿为德州、棣州刺史。李士真向朱滔求援兵，当时朱滔已有反叛的意图，就派遣大将李济时率兵三千人声称去帮助李士真防守德州，而且召李士真前往深州共同讨论军事，李士真到达深州，便遭朱滔软禁，而指派李济时代理德州刺史职事。

四月初八日庚申，吐蕃送回以前俘虏的军民八百人。

德宗派遣宦官为使者征调卢龙、恒冀、易定三镇兵力一万人前往魏州攻打田悦。王武俊不服从德宗诏令，把使者抓起来送给朱滔，朱滔向部下将领们鼓励说：“将士中有功劳的人，我向朝廷奏请封官嘉奖，都没有能实现；我现在打算与你们整装出发同赴魏州，打败马燧来求得个温饱，你们看怎么样？”大家都没有回答。问了三遍，才有人说：“幽州将士，自从安禄山、史思明反叛朝廷以来，随他们南下作战

复有侥冀。”滔默然而罢。乃诛大将数十人，厚抚循其士卒。

康日知闻其谋，以告马燧，燧以闻。上以魏州未下，王武俊复叛，力未能制滔，壬戌，赐滔爵通义郡王，冀以安之。滔反谋益甚，分兵营于赵州以逼康日知，以深州授王巨源，武俊以其子士真为恒、冀、深三州留后，将兵围赵州。

涿州刺史刘怦闻滔欲救田悦，以书谏之曰：“今昌平故里，朝廷改为太尉乡、司徒里，此亦丈夫不朽之名也。但以忠顺自持，则事无不济。窃思近日务大乐战，不顾成败而家灭身屠者，安、史是也。怦忝密亲，默而无告，是负重知。惟司徒图之，无贻后悔。”滔虽不用其言，亦嘉其尽忠，卒无疑贰。

滔将起兵，恐张孝忠为后患，复遣牙官蔡雄往说之。孝忠曰：“昔者司徒发幽州，遣人语孝忠曰：‘李惟岳负恩为逆’，谓孝忠归国即为忠臣。孝忠性直，用司徒之教。今既为忠臣矣，不复助逆也。且孝忠与武俊皆出夷落，深知其心最喜翻覆。司徒勿忘鄙言，他日必相念矣！”雄复欲以巧辞说之，孝忠怒，欲执送京师；雄惧，逃归。滔乃使刘怦将兵屯要害以备之。孝忠完城砺兵，独居强寇之间，莫之能屈。

滔将步骑二万五千发深州，至束鹿，诘旦将行，吹角未毕，士卒忽大乱，喧噪曰：“天子令司徒归幽州，奈何违敕南救田悦！”滔大惧，走入驿后堂避匿。蔡雄与兵马使宗项等矫谓士卒曰：“汝辈勿喧，听司徒传令。”众稍止。雄又曰：“司徒将发范阳，恩旨令得李惟岳州县即有之，司徒以幽州少丝纩，故与汝曹竭力血战以取深州，冀得其丝纩以宽汝曹赋率，不意国家无信，复以深州与康日知。又，朝廷以汝曹有功，赐绢人

的，没有一个人能活着回来，直到今天，他们的遗属仍然悲痛万分。何况太尉和司徒您在朝廷中都享有宠信和荣耀，将士们也都蒙受朝廷赐予的官职和勋阶，我们实在只求能够保持现状，不敢再有什么侥幸企望。”朱滔当时沉默作罢，而随后却杀了几十位大将，然后对部属士兵们厚加安抚。

康日知得悉朱滔的阴谋以后，便告诉了马燧，马燧立即奏报朝廷。德宗认为魏州还没有攻下，王武俊再次反叛了朝廷，一时没有力量去制服朱滔，四月初十日壬戌，赐予朱滔通义郡王的爵位，希望以此来稳住朱滔。不料朱滔的反叛活动更加厉害，分派一部驻扎赵州来威逼康日知，把深州交给王武俊的部属王巨源统辖，王武俊任命儿子王士真为恒州、冀州、深州三州的留后，自己率兵马去围攻赵州。

涿州刺史刘怦获悉朱滔想去救助田悦，就写了封信规劝说：“如今你朱滔和朱泚兄弟俩的故乡昌平，朝廷已改称为太尉乡、司徒里了，这也是大丈夫世代不朽的功名了。你只要保持对朝廷忠心顺服，那就没有办不成的事。我私下思量，你近来一心务求大举，以发动战争为乐事，而不顾成败后果，最终导致家破身亡的，成为安禄山、史思明这样的人。我刘怦有幸能与司徒你关系亲密，如果现在保持沉默不提醒你，那就辜负了你对我的推重和赏识。但愿司徒你自己考虑周详，免得后悔不及。”朱滔虽没有听从刘怦的劝告，但也赞赏刘怦对自己无保留的忠心，始终都没有对刘怦产生过怀疑。

朱滔马上就要发兵援救田悦，但担心张孝忠成为自己的后顾之忧，于是又派遣牙官蔡雄去劝说张孝忠。张孝忠对蔡雄说：“过去朱司徒从幽州出兵时，派人对我说：‘李惟岳辜负皇恩是朝廷的叛贼。’言下之意，只要我张孝忠归顺朝廷，就是皇上的忠臣。我张孝忠为人耿直，一直按朱司徒的指教行事。如今我既然已经作了皇帝的忠臣，那就不再帮助反叛朝廷的逆贼。何况我张孝忠和王武俊都是塞外夷狄部族人，非常了解王武俊是个反复无常而最没有信义的人。但愿朱司徒不要忘记我这一席话，将来必有一天会想起我这番苦心的！”蔡雄还想花言巧语地游说张孝忠，张孝忠为此震怒，准备将蔡雄押送京城，蔡雄非常恐惧，逃回去了。于是朱滔派刘怦率兵驻扎在要害地带来防备张孝忠。张孝忠修缮城墙，磨砺兵器，严加戒备，独自处在强大的敌人之间，没有人能让张孝忠屈服。

朱滔统领步兵和骑兵二万五千人从深州出发，到达束鹿。第二天清晨，准备继续行进，出发的号角还没有停止，队伍忽然大乱，士兵们吵闹起来：“皇上命令朱司徒返回幽州去，为什么违抗朝廷命令南进援救田悦？”朱滔惊恐万分，跑到驿站后堂里躲了起来。蔡雄和兵马使宗项等人哄骗士兵们说：“你们不要喧哗！听候司徒传达命令。”士兵们才渐渐安静下来。蔡雄又说：“当朱滔司徒在范阳将要发兵时，皇上下旨允诺凡是攻占了李惟岳州县的人，所占州县就属他统辖，朱司徒因为幽州之

十四，至魏州西境，尽为马仆射所夺。司徒但处范阳，富贵足矣；今兹南行，乃为汝曹，非自为也。汝曹不欲南行，任自归北，何用喧悖，乖失军礼！”众闻言，不知所为，乃曰：“敕使何得不为军士守护赏物！”遂入敕使院，擘裂杀之。又呼曰：“虽知司徒此行为士卒，终不如且奉诏归镇。”雄曰：“然则汝曹各还部伍，诘朝复往深州，休息数日，相与归镇耳。”众然后定。滔即引军还深州，密令诸将访察唱率为乱者，得二百余人，悉斩之，余众股栗；乃复引军而南，众莫敢前却。进，取宁晋，留屯以待王武俊。武俊将步骑万五千取元氏，东趣宁晋。

武俊之始诛李惟岳也，遣判官孟华入见。华性忠直，有才略，应对慷慨；上悦，以为恒冀团练副使。会武俊与朱滔有异谋，上遽遣华归谕旨。华至，武俊已出师，华谏曰：“圣意于大夫甚厚，苟尽忠义，何患官爵之不崇，土地之不广！不日天子必移康中丞于他镇，深、赵终为大夫之有，何苦遽自同于逆乱乎！异日无成，悔之何及！”华向在李宝臣幕府，以直道已为同列所忌，至是为副使，同列尤疾之，言于武俊曰：“华以军中阴事奏天子，请为内应，故得超迁；是将覆大夫之军，大夫宜备之。”武俊以其旧人，不忍杀，夺职，使归私第。

田悦恃援兵将至，遣其将康愔将万余人出城西，与马燧等战于御河上，大败而还。

（以上为第八段，写朱滔、王武俊挟制部属反叛朝廷，朱滔为其罪魁。）

时两河用兵，月费百余万缗，府库不支数月。太常博士韦都宾、陈

地缺少丝绵，所以与你们一起竭尽全力血战以攻取深州，希望得到深州的丝绵，以减轻你们的赋税，没料到朝廷言而无信，又把深州划归了康日知。另外，朝廷因为你们对国家有功，赏赐每人绢十匹，当运送到魏州西部的时候，全部被马燧仆射掠夺去了。只管个人，朱司徒仅有范阳，就足以自保荣华富贵；如今他率军南下，正是为了你们，而不是为了自己。你们不愿意南下，那么可以随意回北方去，也不用喧闹抵触，违抗军纪啊！”大家听了这番话，不知应该怎么办才好，就说道：“朝廷派来传敕令的使臣为什么不为我们这些士兵守护好皇帝赏赐的东西！”于是闯进敕使院，将敕使四肢撕裂而杀死了他。又高呼道：“我们虽然知道司徒南下是为了士兵，但是终究不如暂且遵照皇帝的诏令回到幽州去！”蔡雄说：“那么你们各自归队，明日早上再前往深州，到那里休息几天后，再一起返回幽州吧。”众人这才平静下来。朱滔马上率军返回深州，秘密下令各位将领明察暗访最先出头制造混乱的人，一共查得二百多人，将他们全部杀了，其余的人都吓得双腿颤抖；朱滔于是又率领军队南下，士兵中再没有一个人敢领头抗拒。一路进军。攻克了宁晋县，便在当地驻扎下来等待王武俊。王武俊率领步兵和骑兵一万五千人攻克元氏县后，向东奔赴宁晋。

王武俊当初杀了李惟岳，马上就派判官孟华入京城朝见德宗。孟华为人忠诚耿直，有才能而通谋略，与德宗交谈对答自如，慷慨陈词；德宗很欣赏他，任命他为恒冀团练副使。正遇上王武俊与朱滔定下了反叛朝廷的计划，德宗立即派遣孟华回去传达德宗的谕旨。孟华到达恒州，王武俊已经率军出发了，孟华劝谏他说：“皇上对王大夫你寄予厚望，假如你对皇上尽忠尽义，那还用担心什么官职爵位不高，统辖的土地不广呢？不久皇上定会将康日知中丞调往其他镇，深州、赵州最终将会为你所有，你何苦轻率地与反叛朝廷的人搅到一起呢？如果往后事情不成功，那将追悔莫及！”孟华从前在李宝臣幕府供职的时候，由于为人正直，心里想什么就说什么，被同僚们忌妒，到这时做了团练副使，往日的同僚们更加嫉恨，都在王武俊面前中伤孟华说：“孟华把我军的秘密情况都奏报给皇上，请求皇上让他充当内应，因此能够得到越级提拔；他的这些主张，实际上是想要消灭大夫您的军队，大夫应该多加戒备。”王武俊因为孟华是自己的旧属，不忍心杀掉孟华，只是褫夺了孟华的职务，让孟华回家去了。

田悦倚仗增援的兵马就要到了，派遣大将康愔统领士兵万余人出了城西，与马燧等人的官军在御河岸边交战，结果大败而回。

当时朝廷对河南、河北用兵，每月要支出军费一百多万缗，国库亏空，已有几

京建议，以为："货利所聚，皆在富商，请括富商钱，出万缗者，借其余以供军。计天下不过借一二千商，则数年之用足矣。"上从之。甲子，诏借商人钱，令度支条上。判度支杜佑大索长安中商贾所有货，意其不实，辄加搒捶，人不胜苦，有缢死者，长安嚣然如被寇盗。计所得才八十余万缗。又括僦柜质钱，凡蓄积钱帛粟麦者，皆借四分之一，封其柜窖；百姓为之罢市，相帅遮宰相马自诉，以千万数。卢杞始慰谕之，势不可遏，乃疾驱自他道归。计并借商所得，才二百万缗，人已竭矣。京，叔明之五世孙也。

（以上为第九段，写两河用兵，朝廷滥征苛税以足军用。）

甲戌，以昭义节度副使、磁州刺史卢玄卿为洺州刺史兼魏博招讨副使。

初，李抱真为泽潞节度使，马燧领河阳三城；抱真欲杀怀州刺史杨鉥，鉥奔燧，燧纳之，且奏其无罪，抱真怒。及同讨田悦，数以事相恨望，二人怨隙遂深，不复相见。由是诸军逗桡，久无成功，上数遣中使和解之。及王武俊逼赵州，抱真分麾下二千人戍邢州，燧大怒曰："余贼未除，宜相与戮力，乃分兵自守其地！"欲引兵归。李晟说燧曰："李尚书以邢、赵连壤，分兵守之，诚未有害。今公遽自引去，众谓公何！"燧悦，乃单骑造抱真垒，相与释憾结欢。会洺州刺史田昂请入朝，燧奏以洺州隶抱真，请玄卿为刺史，兼充招讨之副。李晟军先隶抱真，又请兼隶燧，以示协和。上皆从之。

卢龙节度行军司马蔡廷玉恶判官郑云逵，奏贬莫州参军。云逵妻，朱滔之女也，滔复奏为掌书记。云逵深构廷玉于滔，廷玉又与检校大理少卿朱体微言于泚曰："滔在幽镇，事多专擅，其性非长者，不可以兵权

个月没有支付军费。太常博士韦都宾、陈京便提出建议，认为："货物交易的利益，都落到富商手中，请朝廷下令搜刮富商们的财利，让这些富商们拿出一万缗钱财来，其余的全部借来供应军队。估算起来，只不过借用了一二千个富商的钱财，足可供应军队几年的用度。"德宗接受了这一建议。四月十二日甲子，德宗下诏向商人借钱，让度支负责登记上报朝廷。负责度支事务的杜佑在长安城的商人中大肆调查全部财物数量，如果怀疑商人们有所瞒报，就任意对他们进行拷打、鞭笞，商人们无法忍受这种痛苦，竟有上吊自杀的，整个长安城一片混乱，就像遭受了敌寇和强盗们的劫掠一样。这样大肆搜刮，总共才借得商人钱财八十多万缗。朝廷又搜刮钱庄和当铺的钱财，凡是储积钱币、衣帛、粟麦的人，都得借出储积数量的四分之一，并查封了各钱庄、当铺的柜台和窖藏，市内的商人们为此关门停业，相互间串联起来阻拦宰相的坐骑来诉苦，人数成千上万。宰相卢杞开始还安慰拦路的人，并向他们解释，但赶来挡道的人越来越多而难以阻遏，就急忙驱马从另一条路回府了。这样，朝廷总共才借得二百多万缗，但商人们已钱尽财竭了。陈京是陈叔明的五世孙。

四月二十二日甲戌，朝廷任命泽潞节度副使、磁州刺史卢玄卿为洺州刺史兼魏博招讨副使。

起初，李抱真担任泽潞节度使时，马燧兼管河阳三城；李抱真打算杀掉怀州刺史杨鉥，杨鉥投奔马燧，马燧容留了他，并且向朝廷奏称杨鉥没有罪责，李抱真因此对马燧十分恼怒。等到他们一同征讨田悦时，彼此多次由于具体事情相互怨恨和敌视，二人裂痕越来越深，不再相见议事。这样一来，各部之间拖延、观望，以致征讨田悦拖了很久没有成功。德宗多次派身边的宦官作使者去调和二人的关系。等到王武俊率军进逼赵州时，李抱真将自己的部属分出二千人去戍守邢州，马燧勃然大怒说："残敌还没有扫除，大家应当彼此合作，全力以赴，他竟然分散兵力去守护自己的地盘！"马燧也打算率兵撤回自己的军镇。李晟劝马燧说："李抱真尚书因为邢州、赵州接壤，分出一支人马去防守邢州，对整个战局确实没有害处。此时您如果轻率地带兵撤回军镇去，众人都将会如何看待您呢？"马燧转怒为喜，认为李晟说得有理，于是独自驱马前往李抱真的兵营中拜访，两人彼此尽释前嫌，欣然结好。正巧洺州刺史田昂请求入朝，马燧便上奏皇帝将洺州划归李抱真统辖，又请朝廷指派卢玄卿为洺州刺史，兼任招讨副使。李晟所率军队先前隶属于李抱真，此时又请求也同时隶属于马燧，以显示双方协调融洽。德宗对这些请求都予以接受。

卢龙节度行军司马蔡廷玉讨厌判官郑云逵，奏请朝廷将他贬谪为莫州参军。郑云逵的妻子是朱滔的女儿，朱滔又向朝廷奏请任命郑云逵为掌书记。郑云逵于是在朱滔面前极力诬陷蔡廷玉，蔡廷玉又与检校大理少卿朱体微向朱滔的哥哥朱泚诉说：

付之。”滔知之，大怒，数与泚书，请杀二人者，泚不从；由是兄弟颇有隙。及滔拒命，上欲归罪于廷玉等以悦滔，甲子，贬廷玉柳州司户，体微万州南浦尉。

宣武节度使刘洽攻李纳之濮阳，降其守将高彦昭。

朱滔遣人以蜡书置髻中遗朱泚，欲与同反；马燧获之，并使者送长安，泚不之知。上驿召泚于凤翔，至，以蜡书并使者示之，泚惶恐顿首请罪。上曰：“相去千里，初不同谋，非卿之罪也。”因留之长安私第，赐名园、腴田、锦彩、金银甚厚，以安其意；其幽州卢龙节度、太尉、中书令并如故。

（以上为第十段，写河北叛军联兵救田悦，大敌当前，官军统帅马燧与李抱真释嫌言和，协力讨逆，官军摆脱危机。）

上以幽州兵在凤翔，思得重臣代之。卢杞忌张镒忠直，为上所重，欲出之于外，己得专总朝政，乃对曰：“朱泚名位素崇，凤翔将校班秩已高，非宰相信臣，无以镇抚，臣请自行。”上俯首未言，杞又曰：“陛下必以臣貌寝，不为三军所伏，固惟陛下神算。”上乃顾镒曰：“才兼文武，望重内外，无以易卿。”镒知为杞所排而无辞以免，因再拜受命。戊寅，以镒兼凤翔尹、陇右节度等使。

初，卢杞与御史大夫严郢共构杨炎、赵惠伯之狱，炎死，杞复忌郢。会蔡廷玉等贬官，殿中侍御史郑詹误递文符至昭应送之，廷玉等行已至蓝田，召还而东，廷玉等以为执己送朱滔，至灵宝西，赴河死。上闻之，骇异，卢杞因奏：“朱泚必疑以为诏旨，请遣三司使案詹。”又言：“御史所为，必禀大夫，请并郢案之。”狱未具，壬午，杞奏杖杀詹于京兆府；贬郢费州刺史，卒于贬所。

“朱滔在幽州军镇，处理事务大多独断专行，这样的性情绝非长者风度，不能够把兵权交付给朱滔。”朱滔获悉此事后，大为恼怒，多次给朱泚写信，请他杀了这两人，朱泚都没有听从；这样一来，兄弟之间的关系产生了明显裂痕。后来朱滔违抗朝廷命令，德宗打算通过归罪于蔡廷玉等人来取悦朱滔，四月十二日甲子，将蔡廷玉贬谪为柳州司户，将朱体微贬谪为万州南浦县尉。

宣武节度使刘洽攻打李纳的濮阳，收降了濮阳守将高彦昭。

朱滔写了一封信用蜡加封，派人藏在发髻中送交朱泚，想联络他一同反叛朝廷；马燧抓获了朱滔的使者并搜出了这封信，派人将信件连同使者押送到京城长安，朱泚并不知道这件事。德宗命令通过驿递迅速从凤翔把朱泚宣召入朝，朱泚到了朝廷，德宗将朱滔的信件和派遣的使者展示在朱泚面前，朱泚惶恐地连忙向德宗叩头请求罪。德宗说：“你们兄弟相距千里，从开始就没有同谋反叛，这并非你的罪过。”随即将朱泚软禁在朱泚长安的私宅中，赏赐著名的园林、肥沃的田地、绫罗锦缎和大量的金银财宝，来安定朱泚的情绪；朱泚所担任的幽州和卢龙节度使、太尉、中书令等职务仍旧保留不变。

德宗认为朱泚所统领的幽州军驻扎在离长安不远的凤翔，考虑到得派一个朝廷的重要大臣去取代朱泚。卢杞嫉妒张镒为人忠诚耿直，受到德宗的倚重，打算把张镒排挤到朝廷之外，使自己能够专擅朝政，于是就对德宗说：“朱泚的名望和地位向来很高，驻扎在凤翔的军中将领和校官们的官职级别也已超出一般军镇，如果不是像宰相这样朝中的亲信大臣，是不能镇抚他们的，因此我请求去代理朱泚的职务。”德宗低头沉吟，没有表态，卢杞又对皇帝说：“陛下一定认为我其貌不扬，不会被三军将士所折服，那就只有请陛下您自行英明决断了。”德宗于是回头看着张镒说：“身兼文武之才，朝廷内外都称上德高望重的，那就没有人能取代替你了。”张镒明知被卢杞所排挤，但又没有什么托词可以避免受命，因而只得再三向德宗拜谢，接受了任命。四月二十六日戊寅，朝廷任命张镒兼任凤翔尹、陇右节度使。

起初，卢杞与御史大夫严郢共同制造了杨炎、赵惠伯的冤案。杨炎死后，卢杞又忌恨严郢。当时正遇上蔡廷玉等人遭贬官，殿中侍御史郑詹误将文书传到昭应派人解送，蔡廷玉等已经行进到蓝田，又被召回向东进发，蔡廷玉等以为自己会被解送给朱滔，他们走到灵宝县西境时，都投入黄河自杀了。德宗得悉这一消息，震惊不已，卢杞乘机上奏说：“朱泚一定会怀疑这件事是陛下诏书的旨意，请派遣三司使去审讯郑詹。”又说：“御史干这件事，一定向御史大夫禀报过，请将严郢一并审讯。”案情还没有完全弄清楚，四月三十日壬午，卢杞奏请在京兆府中用杖刑处死了郑詹，又将严郢贬谪为费州刺史，后来严郢死在费州。

上初即位，崔祐甫为相，务崇宽大，故当时政声蔼然，以为有贞观之风；及卢杞为相，知上性多忌，因以疑似离间群臣，始劝上以严刻御下，中外失望。

淮南节度使陈少游奏，本道税钱每千请增二百。五月，丙戌，诏增他道税钱皆如淮南；又盐每斗价皆增百钱。

朱滔、王武俊自宁晋南救魏州，辛卯，诏朔方节度使李怀光将朔方及神策步骑万五千人东讨田悦，且拒滔等。滔行至宗城，掌书记郑云逵、参谋田景仙弃滔来降。

丁酉，加河东节度使马燧同平章事。

辛亥，置义武军节度于定州，以易、定、沧三州隶之。

张光晟之杀突董也，上欲遂绝回纥，召册可汗使源休还太原。久之，乃复遣休送突董及翳密施、大小梅录等四丧还其国，可汗遣其宰相颉子斯迦等迎之。颉子斯迦坐大帐，立休等于帐前雪中，诘以杀突董之状，欲杀者数四；供待甚薄；留五十余日，乃得归。可汗使人谓之曰："国人皆欲杀汝以偿怨，我意则不然。汝国已杀突董等，我又杀汝，如以血洗血，污益甚耳！今吾以水洗血，不亦善乎！唐负我马直百八十万匹，当速归之。"遣其散支将军康赤心随休入见，休竟不得见可汗而还。己卯，至长安，诏以帛十万匹、金银十万两偿其马直。休有口辩，卢杞恐其见上得幸，乘其未至，先除光禄卿。

（以上为第十一段，写奸相卢杞专权，排斥朝中大臣。回纥主动结好于唐。）

朱滔、王武俊军至魏州，田悦具牛酒出迎，魏人欢呼动地。滔营于惬山，是日，李怀光军亦至，马燧等盛军容迎之。滔以为袭己，遽出陈；怀光勇而无谋，欲乘其营垒未就击之。燧请且休将士，观衅而动，怀光曰："彼营垒既立，将为后患，此时不可失也。"遂击滔于惬山之西，杀

德宗当初即位的时候，崔祐甫担任宰相，为政极力推崇宽大仁慈，因此当时朝廷理政的声誉很好，被认为具备太宗时期“贞观之治”的风尚；后来卢杞担任了宰相，了解德宗为人多存猜疑，于是常常用自己怀疑、猜想的事情在德宗面前拨弄是非，离间君臣关系，还试着劝德宗以严厉的手段来统驾群臣，以至于朝野对德宗都大失所望。

淮南节度使陈少游上奏朝廷，请求在本道内的征税数量按每一千钱再增加二百钱。五月初四日丙戌，德宗下诏各道增收税额增加如同淮南道的标准；另外，每斗食盐的价钱都增加了一百钱。

朱滔、王武俊统领兵马从宁晋南下援救魏州的田悦。五月初九日辛卯，德宗下诏朔方节度使李怀光统领朔方和神策军的一万五千步骑兵东讨田悦，同时抵御朱滔所率的叛军。朱滔行军到达宗城时，掌书记郑云逵、参谋田景仙背弃朱滔向朝廷投降。

五月十五日丁酉，加授河东节度使马燧为同平章事。

五月二十九日辛亥，在定州设立义武军节度使，将易州、定州、沧州三州隶属义武军管辖。

张光晟杀掉突董以后，德宗打算立即与回纥断绝交往，宣召传送册封可汗的使臣源休返回太原。过了很久，才再次派遣源休将突董以及翳密施、大梅录、小梅录等四人的尸体送往回纥，回纥的可汗派出宰相颉子斯迦等来迎接。颉子斯迦坐在大帐里面，让源休等唐使站立在大帐前的雪地当中，责问杀死突董的情况，多次动了杀掉源休的念头，而且对这些唐使的生活供应和招待都很差；把源休等人扣留在回纥长达五十余日，才放他们回唐。可汗派人对源休说：“我们回纥人都想杀掉你来报仇，我自己的想法则同他们不一样。你的朝廷已经杀了突董等人，假如我又杀了你这个唐使，那就如同用血来洗涤血污，越洗就越不干净！现今我用水来洗血污，不也是很好的吗？唐朝欠我们的马匹价值相当绢一百八十万匹，应当立即归还给我们！”派遣散支将军康赤心随同源休入长安朝见，源休竟没能见到可汗一面就返回朝廷。六月二十八日己卯，他们一行抵达长安，德宗下诏用绢帛十万匹、金银十万两充当买马的钱还给回纥。源休能言善辩，卢杞担心他见了德宗而受到赏识，乘源休还在赶往长安的途中，就先行授予了源休光禄卿的职务。

朱滔、王武俊的军队到达魏州，田悦置办了牛酒盛宴出城迎接，魏州地方的人为援军的到来而欢声震天动地。朱滔的军队驻扎在惬山。这一天，李怀光的军队也到了，马燧等带领军队排着整齐的队列隆重迎接李怀光。朱滔以为他们要来袭击自己，仓促调兵布阵；李怀光作战虽然英勇却没有谋略，他打算乘朱滔的营寨还没有

步卒千余人，滔军崩沮；怀光按辔观之，有喜色。士卒争入滔营取宝货，王武俊引二千骑横冲怀光军，军分为二；滔引兵继之，官军大败，蹙入永济渠溺死者不可胜数，人相蹈藉，其积如山，水为之不流，马燧等各收军保垒。是夕，滔等堰永济渠入王莽故河，绝官军粮道及归路，明日，水深三尺余。马燧惧，遣使卑辞谢滔，求与诸节度归本道，奏天子，请以河北事委五郎处之。滔欲许之，王武俊以为不可；滔不从。秋七月，燧与诸军涉水而西，退保魏县以拒滔，滔乃谢武俊，武俊由是恨滔。后数日，滔等亦引兵营魏县东南，与官军隔水相拒。

李纳求救于滔等，滔遣魏博兵马使信都承庆将兵助之。纳攻宋州，不克，遣兵马使李克信、李钦遥戍濮阳、南华以拒刘洽。

（以上为第十二段，写李怀光轻敌，导致官军魏州惨败。从此，河北方镇割据形势，不可逆转。）

甲辰，以淮宁节度使李希烈兼平卢、淄青、兖郓、登莱、齐州节度使，讨李纳；又以河东节度使马燧兼魏博、澶相节度使；加朔方、邠宁节度使李怀光同平章事。

神策行营招讨使李晟请以所将兵北解赵州之围，与张孝忠分势图范阳，上许之。晟自魏州引兵北趋赵州，王士真解围去。晟留赵州三日，与孝忠合兵北略恒州。

演州司马李孟秋举兵反，自称安南节度使；安南都护辅良交讨斩之。

八月，丁未，置河东、西水陆运、两税、盐铁使二人，度支总其大要而已。

辛酉，以泾原留后姚令言为节度使。

修建好就去袭击。马燧请他暂且先让将士们进行休整，静观敌方的变化而伺机采取行动。李怀光说：“如果他们把营寨修建好了，就将为我们进攻留下后患，眼下的机会千万不能错过。”于是率领军队在惬山之西向朱滔发动进攻，杀掉敌方的步兵一千多名，朱滔的军队被打得溃不成军；李怀光勒马伫立观看到这一场面，得意扬扬而面有喜色。李怀光的部属士卒争相杀入朱滔的营寨中抢掠金银财宝，王武俊带领两千骑兵朝李怀光军队中部横冲而来，把李怀光的军队拦腰截成两段；朱滔于是也率领部属将士紧随王武俊之后向李怀光军发起进攻，结果官军被打得大败，被逼得跳入永济渠中淹死的人，多得不可胜数，自己人互相践踏，尸体堆积如山，渠水因此阻塞不流，马燧等各自收拾残部，退入营垒以自保。这天晚间，朱滔等率军筑坝阻水，把永济渠水引入王莽故河，断绝了官军的运粮通道和退路。第二天，官军驻地的周围水深已达三尺多。马燧非常害怕，派遣使者低声下气地向朱滔赔罪道歉，请求朱滔网开一面，放自己与各位节度使各自退回本道，并奏报德宗，请求朝廷将河北地区的事务都交付朱五郎处理。朱滔打算答应马燧的请求，王武俊认为不能答应；朱滔没有接受王武俊的主张。秋季，七月，马燧与各道节度使统领军队涉水过河，向西边撤兵，退守魏县来抵御朱滔，到这时朱滔才向王武俊致歉，王武俊因此对朱滔怀恨在心。以后几天，朱滔等人也带领人马驻扎在魏县东南，与官军隔水对峙。

李纳向朱滔等请求救兵，朱滔派遣魏博镇兵马使信都承庆统兵去助战。李纳攻打宋州，没有攻克，派遣兵马使李克信、李钦遥戍守濮阳县、南华县以抵御刘洽。

七月二十三日甲辰，朝廷任命淮宁节度使李希烈兼任平卢、淄青、兖郓、登莱、齐州节度使，率兵征讨李纳；又任命河东节度使马燧兼任魏博、澶相节度使；加授朔方、邠宁节度使李怀光同平章事。

神策行营招讨使李晟请求统率所部将士向北进发去解赵州之围，与张孝忠分兵图谋夺取范阳，德宗采纳了这一意见。李晟从魏州统兵向北方的赵州进发，王士真解除了对赵州的围困，撤走了军队。李晟在赵州滞留了三天，于是与张孝忠的军队联合起来，向北攻取恒州。

演州司马李孟秋起兵反叛朝廷，自称安南节度使；安南都护辅良交发兵讨伐，杀了李孟秋。

八月初七日丁未，朝廷设置河东和河西的水陆转运、两税、盐铁使二人，度支只是从总体方面管理一些重要事务而已。

八月十一日辛酉，朝廷任命泾原留后姚令言为节度使。

卢杞恶太子太师颜真卿，欲出之于外。真卿谓杞曰："先中丞传首至平原，真卿以舌舐面血。今相公忍不相容乎！"杞矍然起拜，然恨之益甚。

九月癸卯，殿中少监崔汉衡自吐蕃归，赞普遣其臣区颊赞随汉衡入见。

冬，十月，辛亥，以湖南观察使曹王皋为江南西道节度使。皋至洪州，悉集将佐，简阅其才，得牙将伊慎、王锷等，擢为大将，引荆襄判官许孟容置幕府。慎，兖州人；孟容，长安人也。

慎常从李希烈讨梁崇义，希烈爱其才，欲留之，慎逃归。希烈闻皋用慎，恐为己患，遗慎七属甲，诈为复书，坠之境上。上闻之，遣中使即军中斩慎，皋为之论雪；未报。会江贼三千余众入寇，皋遣慎击贼自赎；慎击破之，斩首数百级而还，由是得免。

卢杞秉政，知上必更立相，恐其分己权，乘间荐吏部侍郎关播儒厚，可以镇风俗；丙辰，以播为中书侍郎、同平章事。政事皆决于杞，播但敛衽无所可否。上尝从容与宰相论事，播意有所不可，起立欲言，杞目之而止。还至中书，杞谓播曰："以足下端悫少言，故相引至此，向者奈何发口欲言邪！"播自是不复敢言。

戊辰，遣都官员外郎樊泽使于吐蕃，告以结盟之期。

丙子，肃王详薨。

（以上为第十三段，写官军魏州战败后，朝廷重新部署全国讨逆事宜。吐蕃遣使和好唐朝。）

十一月，己卯朔，加淮南节度使陈少游同平章事。

田悦德朱滔之救，与王武俊议奉滔为主，称臣事之，滔不可，曰：

卢杞憎恶太子太师颜真卿，打算把颜真卿从朝廷排挤出去。颜真卿对卢杞说："令尊先中丞被斩，首级传到平原，我颜真卿可是用舌头将令尊脸上的血迹舐得干干净净。现在相公你竟然忍心不能容我吗？"卢杞闻言而不安地左右顾盼，起身下拜，但更加痛恨颜真卿。

九月二十三日癸卯，殿中少监崔汉衡从吐蕃返回朝廷，赞普派遣使臣区颊赞随崔汉衡入朝拜见德宗。

冬季，十月初二日辛亥，朝廷任命湖南观察使曹王李皋为江南西道节度使。李皋到达洪州，将所有的将领和佐吏都召集起来，检查考核他们的才能，发现了牙将伊慎、王锷等人，将他们提拔为大将，延请荆襄判官许孟容，安排他作为自己幕府的成员。伊慎是兖州人；许孟容是长安人。

伊慎曾经跟随李希烈征讨梁崇义，李希烈赏识伊慎的才能，打算挽留伊慎，伊慎不愿意，只身逃回洪州。李希烈得知李皋重用伊慎，担心他将成为自己的祸患，赠予伊慎七捆犀甲，并且冒充伊慎的名义写回信，故意将信丢弃在伊慎驻地境内。德宗听到这件事，派出宦官作为使者去李皋军中要将伊慎斩首，李皋为此向德宗申诉洗冤；而没有得到德宗的答复。正好遇上长江中的盗贼三千多人进入江南西道劫掠，李皋派遣伊慎领军攻击盗贼来赎罪；伊慎击败了盗贼，斩获几百个盗贼首级，于是免于一死。

卢杞掌管朝廷政事，知道德宗肯定会再任命一个人为宰相，担心新任的宰相会分享自己的权力，寻求机会推荐吏部侍郎关播，称赞关播儒雅仁厚，可以担当整肃风气习俗的职任；十月初七日丙辰，朝廷任命关播为中书侍郎、同平章事。但是一切政务都由卢杞做决定，关播只是袖手画诺，凡事都不做明确表态。有一次德宗曾从容地与两位宰相讨论国事，关播有点不同的意见，起身想要说出来，卢杞递个眼色制止了关播。两人回到中书省官邸后，卢杞对关播说："只是因为你端庄稳重、寡言少语，我才向皇帝引荐使你位至宰相，刚才你为什么要开口说话呢？"从此以后关播不敢再说话了。

十月十八日戊辰，朝廷派遣都官员外郎樊泽出使吐蕃，告诉吐蕃赞普双方缔结盟约的日期。

十月二十六日丙子，皇子肃王李详逝世。

十一月初一日己卯朔，加授淮南节度使陈少游同平章事。

田悦对朱滔的救援感恩戴德，与王武俊商讨拥戴朱滔为君，而自称臣子的名分

“惬山之捷，皆大夫二兄之力，滔何敢独居尊位！”于是幽州判官李子千、恒冀判官郑濡等共议：“请与郓州李大夫为四国，俱称王而不改年号，如昔诸侯奉周家正朔。筑坛同盟，有不如约者，众共伐之。不然，岂得常为叛臣，茫然无主，用兵既无名，有功无官爵为赏，使将吏何所依归乎！”滔等皆以为然。滔乃自称冀王，田悦称魏王，王武俊称赵王，仍请李纳称齐王。是日，滔等筑坛于军中，告天而受之。滔为盟主，称孤；武俊、悦、纳称寡人。所居堂曰殿，处分曰令，群下上书曰笺。妻曰妃，长子曰世子。各以其所治州为府，置留守兼元帅，以军政委之；又置东西曹，视中书、门下省；左右内史，视侍中、中书令；余官皆仿天朝而易其名。

武俊以孟华为司礼尚书，华竟不受，呕血死；以兵马使卫常宁为内史监，委以军事。常宁谋杀武俊，武俊腰斩之。武俊遣其将张终葵寇赵州，康日知击斩之。

李希烈帅所部三万徙镇许州，遣所亲诣李纳，与谋共袭汴州；遣使告李勉，云已兼领淄青，欲假道之官。勉为之治桥、具馔以待之，而严为之备。希烈竟不至，又密与朱滔等交通，纳亦数遣游兵渡汴以迎希烈。由是东南转输者皆不敢由汴渠，自蔡水而上。

十二月，丁丑，李希烈自称天下都元帅、太尉、建兴王。时朱滔等与官军相拒累月，官军有度支馈粮，诸道益兵，而滔与王武俊孤军深入，专仰给于田悦，客主日益困弊。闻李希烈军势甚盛，颇怨望，乃相与谋遣使诣许州，劝希烈称帝，希烈由是自称天下都元帅。

司天少监徐承嗣请更造《建中正元历》；从之。

（以上为第十四段，写公元782年，朱滔、田悦、王武俊、李纳结盟称王，标志唐后期藩镇割据正式形成。）

来事奉他，朱滔不同意这一主张，说：“惬山所取得的大捷，都是大夫您与王二兄的功劳，我朱滔岂敢独居帝王之尊位！”于是幽州判官李子千、恒冀判官郑濡等人共同商议：“请与郓州李纳大夫一起成为四国，都称王而不更改李氏唐王朝的年号，就像过去各诸侯国奉周王朝为正统一样。筑设祭坛，结为同盟，有不遵守同盟誓约的，大家一起来讨伐他。否则，岂能像这样总是做朝廷的叛臣，茫然不知所从，用兵没有正当的名义，对立功之将士又无官职、爵位作为奖赏，使将领、官吏不知应该依附于谁！”朱滔等人都认为这一建议有道理。于是朱滔就自称冀王，田悦称魏王，王武俊称赵王，还敦请李纳称齐王。这一天，朱滔等在军营中设祭坛，祭告上天而拜受王号。朱滔当了盟主，称呼自己为“孤”；王武俊、田悦、李纳都称呼自己为“寡人”。他们居住的地方称为“殿”，处理各种事务的文书称为“令”，众部属上书称为“笺”。他们的妻子称为“妃”，长子称为“世子”。他们各自以直接辖治的州的所在地为王府，设置留守兼元帅，把军务、政事委托给他们管理；又设置东曹、西曹，负责处理中书省、门下省事务；设置左右内史，比照侍中、中书令处理事务；其余的各级官员都模仿朝廷而只是改变了它们的名称。

王武俊委任孟华为司礼尚书，孟华一直不肯接受，最终吐血而死；任命兵马使卫常宁为内史监，把军事委托给他掌管。卫常宁暗地策划谋杀王武俊没获成功，王武俊将卫常宁腰斩。王武俊派遣将领张终葵进犯赵州，康日知将张终葵击败，并且将张终葵斩首。

李希烈统领所部将士三万人移驻许州，派遣自己的心腹去李纳那里，与他共同策划袭击汴州事宜；又派使者去通报李勉，说自己已兼任淄青节度使，打算借道李勉的辖区赴任。李勉为李希烈走马上任架设桥梁，准备好饮食等他到来，而又严密布防对他有所戒备。李希烈最终还是没有来，却又在暗中与朱滔等人联络，李纳也多次派遣小股部队渡过汴河去迎接李希烈。这样一来，由东南地区转运到首都长安的物资都不敢途经汴渠，而改道从蔡水北上。

十二月二十九日丁丑，李希烈自称天下都元帅、太尉、建兴王。这时朱滔已与官军对峙了几个月，官军有度支负责运送粮草等，各道也派遣兵马增援，而朱滔与王武俊都因孤军深入，一切供应只得依赖田悦筹办，宾主双方都日益感到困弊不堪。他们获悉李希烈军队势力非常强盛，都怨恨他不给予援助，于是就相互商量派遣使者前往许州，劝说李希烈称帝，李希烈因此自称天下都元帅。

司天少监徐承嗣请求德宗重新编制《建中正元历》；德宗采纳了这一建议。

【点评】

德宗用兵河北，志在消除割据，结果是：军事胜利，政治失败，河北风云突变，爆发更大的动乱，叛逆四镇称王，割据形势反而不可逆转。风云突变原因，是本卷点评的重点。

一、德宗用兵河北。代宗时淄青节度使李正己、魏博节度使田承嗣、成德节度使李宝臣、襄州节度使梁崇义四镇互相结成死党，通婚相连，共同对抗朝廷，维护传子制。大历十四年（779），田承嗣死，田悦继位，李宝臣为之代请节度旌节，代宗应允。建中元年（780），德宗继位，李宝臣死，其子李惟岳继位，田悦为之代请节度旌节，德宗不允许，志在削除藩镇割据。其时，刘晏的盐利整顿与杨炎推行两税法，国家财政岁入近两千万缗，国库充盈，加之新君即位，德宗表现出革除积弊的锐气，决心用兵河北。田悦、李正己、李惟岳联兵反叛朝廷，坚决维护传子制，实现藩镇割据。叛军以田悦为首，魏博兵力最强。官军以河东节度使马燧、昭义节度使李抱真、神策先锋都知兵马使李晟等为主力征讨叛军。双方在临洺城展开大战。战事方起，李正己死，其子李纳继位，德宗当然不允许。李纳兵围徐州，要切断江淮漕运。官军以宣武节度使刘洽、朔方大将唐朝臣、神策都知兵马使曲环为主力救徐州。德宗又命淮宁节度使李希烈讨伐梁崇义。一场维护中央统一与藩镇割据的大战役就这样全面展开。这是一场决定性的大战争，如果官军胜利，割据势力就大为削弱，反之，则割据势力不可逆转。当时官军占有绝对优势，马燧、李抱真、李晟、唐朝臣等都是良将，朝廷财力雄厚，官军兵力众多，交战顺利，官军全线取胜。马燧在临洺大破田悦军，田悦退保邺城，马燧等官军进围邺城。范阳节度使朱滔奉命南下征讨成德。成德易州刺史张孝忠反正。随后成德大将王武俊杀李惟岳归顺朝廷，成德叛乱被平定。马燧乘胜再次大破田悦于邺城，魏博精锐丧失殆尽，田悦领残兵退保魏州。南线，李希烈平定梁崇义，官军又大破李纳于徐州，李纳退逃濮州请降。官军讨逆，不到一年，河北叛乱基本被平定。由于朝政腐败，德宗昏庸，风云突变，战争出人意料地扩大，形势逆转。官军的局部胜利，不能改变唐王朝整个局面的大破败。德宗把唐王朝带入了安史之乱以来更大的危困局面，德宗未能成为亡国之君，实属万幸。

二、德宗躁急，军事胜利，政治失败。德宗是一个轻躁冒进的昏君，与肃宗、代宗两个昏君有所不同。昏君的共同点是没有自信，犯忌功臣，不用人才用奴才，唐代宦官得势，原因在此。德宗聪明能干，有魄力，举重若轻，敢做大手笔，这是他的优点，行两税，大举讨叛，肃、代二宗做不到。肃、代二宗被史家称为“温仁”“宽厚”，而两代皇帝用姑息办法维持局面。德宗刚愎自用，偏狭固执，猜忌心尤为突出，又死不改过，于是转化他的优点成为缺点。举重若轻，变成了轻躁冒进。

德宗讨逆，既无周密的计划，也没有长远的考虑。李希烈是一个背主的野心家，用他讨伐梁崇义，是去一狼而生一虎。朝臣建言，德宗不听，果然自食恶果。德宗猜忌功臣，河北官军不设统帅。马燧与李抱真失和，官军邺城大胜没有乘胜追讨，放纵田悦逃回魏州，得以喘息。更大的失策是德宗自己践踏人伦诚信的道德底线，食言承诺，对河北三镇的处置失宜，导致政治大失败，立即招来更大的战争。

德宗处置成德降将，以最效顺的张孝忠为易、定、沧三州节度使，以王武俊为恒、冀二州都团练使，以另一降将康日知为赵、深二州都团练使。王武俊杀李惟岳，自认为功大，又素来位在张孝忠、康日知之上，今地位反在张孝忠之下，耻于与康日知为伍。德宗的如意算盘是分散成德旧势力，目的太明显，王武俊抗命。朱滔南讨，德宗许以割深州为奖励，而今深州划归康日知，以德、棣二州代替。德、棣二州远离范阳，朱滔不答应。田悦乘机游说朱滔、王武俊反叛。德宗不接受李纳请降，李纳困兽犹斗。于是田悦、王武俊、李纳与朱滔联兵反叛，形成新的更大的反叛集团。朱滔、王武俊救魏州，德宗令朔方节度使李怀光入援马燧。李怀光轻敌，官军在魏州吃了大败仗。叛军声势复振，共推朱滔为盟主，相约称王，表示不再是唐臣，也就不再是叛臣，而要与唐王朝分庭抗礼。朱滔称冀王、田悦称魏王、王武俊称赵王、李纳称齐王。四王又向淮西李希烈劝进，拥戴他做皇帝。李希烈接受推戴，反叛朝廷，先自称天下都元帅。李希烈兵强，又挡在漕运之侧，威胁唐朝的生命线。朝廷于是罢兵河北征讨，北守南攻，战场转移到河南。德宗锐气尽失，从一心进攻转为一心防守，遥控军事，招致一连串的失败，以至蒙尘出逃。

三、马燧与李抱真释嫌言和，苦撑河北战局。早先，李抱真为泽潞节度使，马燧领河阳三镇，两人为邻。李抱真要杀所属怀州刺史杨鉥，杨鉥逃到河阳请求马燧保护，马燧接受杨鉥请求，于是与李抱真结仇。两人会兵讨伐河北叛逆，又多次发生意见相左。两人不和，官军久无战功。德宗任命马燧为招讨使，李抱真意更不平。官军邺城大胜，两人不能协力，官军没有乘胜追击田悦，功亏一篑。河北四镇反叛，王武俊兵围赵州，李抱真分兵守邢州。马燧大怒，也要撤兵回河东。在这危急关头，李晟劝马燧顾全大局，与李抱真释嫌共赴危难。马燧不愧为大将风度，单骑拜访李抱真军营，李抱真被马燧的真诚感动，两人结欢。碰巧魏博洺州刺史田昂请求归顺朝廷，洺州与邢州接壤，马燧借花献佛，上奏朝廷把洺州划归李抱真，并请求朝廷任命李抱真为副招讨使。李晟受命李抱真节制，至此，李晟上表兼隶马燧，表示接受两人的节制。德宗一一批准。马燧、李抱真、李晟三大良将，在紧急关头团结起来，虽然苦撑，却也牢牢控制了河北战局，双方处于相持。李抱真还策动王武俊归顺朝廷，对抗朱滔。不久，京师动乱，朱泚称帝，河北未遭大害。三大将的团结起了至关作用。

唐纪四十四

唐德宗建中四年（783年）

【起昭阳大渊献（癸亥，783年）正月，尽十月，不满一年】

【大事提要】

本卷记事起公元783年正月，讫当年十月，共十个月，当德宗建中四年正月到十月。本卷记事不足一年，正表明这是一个多事之秋的年份，德宗蒙尘，出逃奉天，唐王朝处于危亡的紧急关头。田悦等叛乱四王向淮西节度使李希烈劝进，李希烈反叛，先称天下都元帅，战火扩大到河南，并成为重要战场。德宗遥控战局，导致汴军大败，襄城危急。陆贽上疏论治国之要，提出重根本、重民生，即加强京师防务，不要滥征苛税。陆贽还建议调整讨逆方略。德宗皆不采纳。其时，国库空竭，朝廷强征间架税和除陌钱，民怨沸腾。泾原兵东调河南，途经京师，因犒赏菲薄而导致兵乱，陆贽的担忧不幸被言中。德宗仓皇出逃奉天，朱泚借乱兵僭号称帝，兵围奉天，赖浑瑊坚守，德宗才没被俘虏。奸臣卢杞误国，他趁李希烈之叛，借刀杀人，上奏德宗派颜真卿为宣慰使召抚李希烈，等于是以肉投饿虎，时人都知颜真卿不返。到了奉天，卢杞仍唆使德宗诛杀忠良。陆贽上疏论乱由人为而非天命，隐喻卢杞误国，德宗充耳不闻。正当朱泚急攻奉天之时，河北官军撤退勤王，叛军却内部有隙，王武俊因与朱滔不和而反正，西川节度使韦皋从叛军手中攻克凤翔，李怀光入援奉天，朱泚兵败，唐皇室才转危为安。

【原文】

德宗神武圣文皇帝三

建中四年（癸亥，783 年）

春，正月，丁亥，陇右节度使张镒与吐蕃尚结赞盟于清水。

庚寅，李希烈遣其将李克诚袭陷汝州，执别驾李元平。元平，本湖南判官，薄有才艺，性疏傲，敢大言，好论兵；关播奇之，荐于上，以为将相之器，以汝州距许州最近，擢元平为汝州别驾，知州事。元平至汝州，即募工徒治城；希烈阴使壮士应募执役，入数百人，元平不之觉。希烈遣克诚将数百骑突至城下，应募者应之于内，缚元平驰去。元平为人眇小，无须，见希烈恐惧，便液污地。希烈骂之曰："盲宰相以汝当我，何相轻也！"以判官周晃为汝州刺史，又遣别将董待名等四出抄掠，取尉氏，围郑州，官军数为所败。逻骑西至彭婆，东都士民震骇，窜匿山谷；留守郑叔则入保西苑。

上问计于卢杞，对曰："希烈年少骁将，恃功骄慢，将佐莫敢谏止；诚得儒雅重臣，奉宣圣泽，为陈逆顺祸福，希烈必革心悔过，可不劳军旅而服。颜真卿三朝旧臣，忠直刚决，名重海内，人所信服，真其人也！"上以为然。甲午，命真卿诣许州宣慰希烈。诏下，举朝失色。

（以上为第一段，写李希烈反叛，卢杞上奏德宗派颜真卿为宣慰使召抚李希烈，实乃借刀杀人，其为人阴险如此。）

真卿乘驿至东都，郑叔则曰："往必不免，宜少留，须后命。"真卿曰："君命也，将焉避之！"遂行。李勉表言："失一元老，为国家羞，请留之。"又使人邀真卿，不及。真卿与其子书，但敕以"奉家庙、抚诸孤"而已。至许州，欲宣诏旨，希烈使其养子千余人环绕慢骂，拔刃拟

【语译】

德宗神武圣文皇帝三

唐德宗建中四年（癸亥，783 年）

春季，正月初十日丁亥，陇右节度使张镒和吐蕃的代表尚结赞在清水县缔结了唐朝与吐蕃睦邻盟约。

正月十三日庚寅，李希烈派遣将领李克诚袭击汝州，攻陷了汝州城，抓获了汝州别驾李元平。李元平原本担任湖南判官，略有才识技艺，但性情疏阔傲慢，敢于夸夸其谈，又喜好议论军事；宰相关播认为李元平是一名少有的奇才，将李元平推荐给皇帝，认为李元平具备担任将相的气度。由于汝州距离许州最近，提拔李元平任汝州别驾，执掌处理汝州事务。李元平到达汝州之后，马上就招募工匠役夫，修城筑墙；李希烈私下派军中壮士伪装后应李元平的招募去修城筑墙，进来了好几百人，李元平对此全无知觉。李希烈派遣李克诚带领几百名骑兵突然袭击到汝州城下，乔装应募入城的民工在城内接应，将李元平绑缚急驰而去。李元平身体短小，又不长胡须，见了李希烈以后十分恐惧，以致大小便失禁，弄得污秽满地。李希烈骂李元平道："宰相真是个瞎子，竟然把你派来与我抗衡，为什么轻视我到这种地步？"于是任命判官周晁为汝州刺史，又派遣别将董待名等人四出抢掠，攻占了尉氏县，进而围困郑州，朝廷军队屡次被叛军打败。叛军巡逻的骑兵往西边到了彭婆镇，使得东都洛阳一带的士绅、民众惊恐不已，纷纷逃进山谷中隐藏起来；东都留守郑叔则退入洛阳守卫在西苑。

德宗向卢杞询问对策，卢杞回答道："李希烈是个年轻气盛、骁勇善战的将领，依仗有功而骄横傲慢，部下的将校和僚佐中无人敢对他的行动进行劝阻；如果能够有一名德高望重的朝廷大臣，去对李希烈宣谕陛下的诏旨，陈说反叛朝廷的祸患和归顺朝廷的福祚，李希烈一定会洗心革面，自新悔过，那么就可以不必烦劳出动军旅，兵不血刃地使他顺服。颜真卿是玄宗、肃宗、代宗三朝的元老旧臣，为人忠心正直，办事刚毅有决断，盛名享誉海内，为朝野人士所信服，真是办理此事的合适人选啊！"德宗认为有道理。正月十七日甲午，派遣颜真卿前往许州宣谕德宗的旨意，安抚李希烈。诏书下达后，满朝文武大臣都大惊失色。

颜真卿乘坐驿车到达东都洛阳，洛阳留守郑叔则对颜真卿说："你此去许州，一定难以幸免，最好稍微逗留一下，等待朝廷稍后的命令。"颜真卿说："我出使许州是国君的命令，这怎么能回避呢？"于是启程去许州。李勉向德宗上表奏称："如果失去了一位朝廷的元老，那就是国家的羞耻，请将他留下来。"同时又派人在半路上

之，为将剸啖之势；真卿足不移，色不变。希烈遽以身蔽之，麾众令退，馆真卿而礼之。希烈欲遣真卿还，会李元平在座，真卿责之，元平惭而起，以密启白希烈；希烈意遂变，留真卿不遣。

朱滔、王武俊、田悦、李纳各遣使诣希烈，上表称臣，劝进，使者拜舞于希烈前，说希烈曰："朝廷诛灭功臣，失信天下；都统英武白天，功烈盖世，已为朝廷所猜忌，将有韩、白之祸，愿亟称尊号，使四海臣民知有所归。"希烈召颜真卿示之曰："今四王遣使见推，不谋而同，太师观此事势，岂吾独为朝廷所忌无所自容邪！"真卿曰："此乃四凶，何谓四王！相公不自保功业，为唐忠臣，乃与乱臣贼子相从，求与之同覆灭邪！"希烈不悦，扶真卿出。他日，又与四使同宴，四使曰："久闻太师重望，今都统将称大号而太师适至，是天以宰相赐都统也。"真卿叱之曰："何谓宰相！汝知有骂安禄山而死者颜杲卿乎？乃吾兄也。吾年八十，知守节而死耳，岂受汝辈诱胁乎！"四使不敢复言。希烈乃使甲士十人守真卿于馆舍，掘坎于庭，云欲坑之，真卿怡然，见希烈曰："死生已定，何必多端！亟以一剑相与，岂不快公心事邪！"希烈乃谢之。

（以上为第二段，写颜真卿痛责李希烈背叛朝廷。）

戊戌，以左龙武大将军哥舒曜为东都、汝州节度使，将凤翔、邠宁、泾原、奉天、好畤行营兵万余人讨希烈，又诏诸道共讨之。曜行至郏城，遇希烈前锋将陈利贞，击破之；希烈势小沮。曜，翰之子也。

希烈使其将封有麟据邓州，南路遂绝，贡献、商旅皆不通。壬寅，诏治上津山路，置邮驿。

去拦截颜真卿，结果没有赶上。颜真卿写给儿子的书信，只是要儿子“恭奉祖庙，抚育宗族的孤弱”而已。颜真卿到达许州，想向李希烈宣谕皇帝的诏旨，李希烈指派一千多名养子围住颜真卿吵嚷谩骂，他们还拔出刀剑威胁，摆出一副要把颜真卿剁碎吃掉的架势；颜真卿镇定自若，脚跟不移，面不改色。李希烈这时突然上前用身体遮挡住颜真卿，命令众养子退下，将颜真卿请进馆舍，按照礼节来接待。李希烈打算让颜真卿返回长安去，正巧碰到李元平也在座，颜真卿义正词严地训斥李元平，李元平惭愧不已地起身离去，写了封密函将此事禀告给李希烈；李希烈于是改变了主意，把颜真卿扣留在许州，而不许颜真卿回长安。

朱滔、王武俊、田悦、李纳各自派遣使者前往李希烈那里，向李希烈上表称臣，劝李希烈即位称帝，各位使者来到李希烈面前隆礼重拜，劝说李希烈道：“朝廷诛杀功臣，失信于天下；都统您英武天赋，功业盖世，如今您已经受到朝廷的猜忌，马上就会有如同韩信、白起那样的祸患。希望您赶快称帝，使四海之内的臣民知道有所归附。”李希烈召来颜真卿，向颜真卿展示这一场面说：“现在四王派遣使者来拥戴我，他们不谋而合，颜太师您看到了这种态势，难道唯独我被朝廷猜忌而无地自容吗？”颜真卿说：“这四个人分明是四凶，为什么称他们四王？相公不能够守住自己的功业，做朝廷的忠臣，而与乱臣贼子们同流合污，想和他们一同覆灭吗？”李希烈很不高兴，把颜真卿扶了出去。又有一天，颜真卿与朱滔等的四名使者同赴宴会，四位使者说：“久仰颜太师德高望重，如今李都统马上就要称帝而太师您恰好来了，这是上天把宰相的合适人选赐给李都统啊！”颜真卿怒斥他们道：“什么叫宰相？你们知道有因大骂安禄山而死的颜杲卿这个人吗？他就是我的兄长。时下我已年满八十，懂得应该为朝廷守节而死，难道还会受你们的引诱和胁迫吗？”四位使者不敢再说什么。于是李希烈就派遣十个全副武装的士兵在馆舍看守颜真卿，他们在庭院中挖掘了一个坑，扬言要活埋颜真卿，颜真卿怡然自得，见到李希烈时说：“我的生死已经被定了下来，你何必千方百计制造事端？立即给我一剑，那样你不就称心了吗？”李希烈便向颜真卿赔礼道歉。

正月二十一日戊戌，朝廷任命左龙武大将军哥舒曜为东都、汝州节度使，率领凤翔、邠宁、泾原、奉天、好畤行营的军队一万多人讨伐李希烈，德宗又下诏各道共同讨伐李希烈。哥舒曜率军到达郏城县，遭遇上李希烈的先锋陈利贞，打败了陈利贞所统领的军队；李希烈士气受到小小挫折。哥舒曜是哥舒翰的儿子。

李希烈派出部将封有麟占据了邓州，于是切断了朝廷与南方各地联系的通道，南方向朝廷的进贡物品、商人和旅客都不能通行。正月二十五日壬寅，德宗下诏修整上津县的山路，并在途中设置邮驿。

二月，戊申朔，命鸿胪卿崔汉衡送区颊赞还吐蕃。

丙寅，以河阳三城、怀、卫州为河阳军。

丁卯，哥舒曜克汝州，擒周晃。

三月，戊寅，江西节度使曹王皋败李希烈将韩霜露于黄梅，斩之；辛卯，拔黄州。时希烈兵栅蔡山，险不可攻。皋声言西取蕲州，引舟师溯江而上，希烈之将引兵循江随战。去蔡山三百余里，皋乃复放舟顺流而下，急攻蔡山，拔之。希烈兵还救之，不及而败。皋遂进拔蕲州，表伊慎为蕲州刺史，王锷为江州刺史。

淮宁都虞候周曾、镇遏兵马使王玢、押牙姚憺、韦清密输款于李勉。李希烈遣曾与十将康秀琳将兵三万攻哥舒曜，至襄城，曾等密谋还军袭希烈，奉颜真卿为节度使，使玢、憺、清为内应。希烈知之，遣别将李克诚将骡军三千人袭曾等，杀之，并杀玢、憺及其党。甲午，诏赠曾等官。始，韦清与曾等约，事泄不相引，故独得免。清恐终及祸，说希烈请诣朱滔乞师，希烈遣之，行至襄邑，逃奔刘洽。希烈闻周曾等有变，闭壁数日；其党寇尉氏、郑州者闻之，亦遁归。希烈乃上表归咎于周曾等，引兵还蔡州，外示悔过从顺，实待朱滔等之援也。置颜真卿于龙兴寺。

丁酉，荆南节度使张伯仪与淮宁兵战于安州，官军大败，伯仪仅以身免，亡其所持节。希烈使人以其节及俘馘示颜真卿；真卿号恸投地，绝而复苏，自是不复与人言。

夏，四月，上以神策军使白志贞为京城召募使，募禁兵以讨李希烈。志贞请诸尝为节度、观察、都团练使者，不问存没，并勒其子弟帅奴马自备资装从军，授以五品官；贫者甚苦之，人心始摇。

上命宰相、尚书与吐蕃区颊赞盟于丰邑里，区颊赞以清水之盟，疆

二月初一日戊申朔，朝廷命令鸿胪卿崔汉衡护送吐蕃使者区颊赞返回吐蕃。

二月十九日丙寅，朝廷将河阳三城、怀州、卫州建置为河阳军。

二月二十日丁卯，哥舒曜率军攻克汝州城，擒获了李希烈的汝州刺史周晃。

三月初一日戊寅，江西节度使曹王李皋在黄梅县击败了李希烈的部将韩霜露，并斩杀了韩霜露。三月十四日辛卯，曹王李皋率军攻占了黄州。此时李希烈的军队在黄梅境内蔡山设寨建营。此处地势险峻，难以攻陷。李皋扬言要向西进军以夺取蕲州，并带领水军溯江而上，李希烈的部将也带兵沿江跟踪追击李皋。在距离蔡山三百多里的地方，李皋突然率水军调转船头，顺流而下，向蔡山发动猛攻，终于攻下蔡山。李希烈的军队又急忙返回救援蔡山，还没有到达蔡山就被李皋击破了。于是李皋向西进军攻占了蕲州，上表朝廷任命了伊慎为蕲州刺史，王锷为江州刺史。

淮宁都虞候周曾、镇遏兵马使王玢、押牙姚憺、韦清等人，暗中向李勉表示他们对朝廷的忠诚。李希烈派遣周曾与十将康秀琳率领三万兵马进攻哥舒曜，抵达襄城县一带，周曾等人秘密策划反戈袭击李希烈，而拥戴颜真卿为节度使，让王玢、姚憺、韦清作为内应。李希烈获悉了这一情况，派遣别将李克诚带领精锐的骡军三千人袭击周曾等人，杀了周曾，同时还杀了王玢、姚憺和他们的党羽。三月十七日甲午，德宗颁诏追赠周曾等人官职。当初，韦清与周曾等人事先约定，如果事情泄露了，绝不相互牵连，所以唯有韦清一人得以幸免。韦清担心最终难逃祸殃，就劝说李希烈请求自己前往朱滔军中乞求救兵，李希烈派韦清前去，到达襄邑县的时候，便逃跑投奔了刘洽。李希烈获悉周曾等人要发动兵变，将兵营大门紧紧关闭了许多天；李希烈的部众在劫掠尉氏县和郑州时听到这件事后，也都各自逃跑回去了。于是李希烈就向德宗呈上奏表，将所有罪过推给已死去的周曾等人，自己率兵回归蔡州，在表面上向朝廷显示悔过自新，归顺服从，实际上是等待朱滔等人的增援。李希烈达到蔡州之后，便将颜真卿软禁在龙兴寺。

三月二十日丁酉，荆南节度使张伯仪与李希烈属下的淮宁兵在安州交战，结果官军大败，节度使张伯仪孤身一人从死里逃生，而且丢掉了朝廷所赐的节度使旌节。李希烈派人把张伯仪的旌节和割下的俘虏左耳拿给颜真卿看；颜真卿悲痛欲绝而号啕大哭，一时气绝昏倒在地，苏醒过来以后，从此不再与人说话。

夏季，四月，德宗命令神策军使白志贞担任京城招募使，招募禁兵来征讨李希烈。白志贞向朝廷建议让那些曾经担任过节度使、观察使、都团练使的人，不管他们本人是否去世或健在，勒令他们的子弟统领家奴和私人的马匹，一律自备军资行装入伍，授给他们五品官衔；家境败落的节度使等人深为这一措施所苦，人心也随之动摇不定。

德宗命令宰相、尚书与吐蕃使者区颊赞在丰邑里缔结盟约，而区颊赞则觉得清

埸未定，不果盟。己未，命崔汉衡入吐蕃，决于赞普。

庚申，加永平、宣武、河阳都统李勉淮西招讨使，东都、汝州节度使哥舒曜为之副，以荆南节度使张伯仪为淮西应援招讨使，山南东道节度使贾耽、江西节度使曹王皋为之副。上督哥舒曜进兵，曜至颍桥，遇大雨，还保襄城。李希烈遣其将李光辉攻襄城；曜击却之。

（以上为第三段，写官军征讨李希烈。唐与吐蕃会盟划界。）

五月，乙酉，颍王璬薨。

乙未，以宣武节度使刘洽兼淄青招讨使。

李晟谋取涿、莫二州，以绝幽、魏往来之路，与张孝忠之子昇云围朱滔所署易州刺史郑景济于清苑，累月不下。滔以其司武尚书马寔为留守，将步骑万余守魏营，自将步骑万五千救清苑。李晟军大败，退保易州。滔还军瀛州，张昇云奔满城。会晟病甚，引军还保定州。

王武俊以滔既破李晟，留屯瀛州，未还魏桥，遣其给事中宋端趣之。端见滔，言颇不逊，滔怒，使谓武俊曰："滔以热疾，暂未南还，大王二兄遽有云云。滔以救魏博之故，叛君弃兄，如脱屣耳。二兄必相疑，惟二兄所为！"端还报，武俊自辨于马寔，寔以状白滔，言："赵王知宋端无礼于大王，深加责让，实无他志。"武俊亦遣承令官郑和随寔使者见滔，谢之。滔乃悦，相待如初。然武俊以是益恨滔矣。

六月，李抱真使参谋贾林诣武俊壁诈降。武俊见之。林曰："林来奉诏，非降也。"武俊色动，问其故，林曰："天子知大夫宿著诚效，及登坛之日，抚膺顾左右曰：'我本徇忠义，天子不察。'诸将亦尝共表大夫之志。天子语使者曰，'朕前事诚误，悔之无及。朋友失意，尚可谢，况朕为四海之主乎！"'武俊曰："仆胡人也，为将尚知爱百姓；况天子，岂专以杀人为事乎！今山东连兵，暴骨如莽，就使克捷，与谁守之！仆不惮归国，但已与诸镇结盟。胡人性直，不欲使曲在己，天子诚能下诏赦诸

水之盟并没有将吐蕃与唐朝的疆域问题解决，最终没有签下盟约。四月十三日己未，德宗命令崔汉衡前往吐蕃，将结盟事宜交付吐蕃赞普来裁决。

四月十四日庚申，朝廷加授永平、宣武、河阳都统李勉为淮西招讨使，加授东都、汝州节度使哥舒曜为淮西招讨副使，任命荆南节度使张伯仪为淮西应援招讨使，任命山南东道节度使贾耽、江南西道节度使曹王李皋为淮西应援招讨副使。德宗督促哥舒曜进军讨伐李希烈，哥舒曜到达襄城县颍桥城时，遇上天降大雨，便率军退守襄城县。李希烈派遣部将李光辉攻打襄城县，哥舒曜击退了李光辉。

五月初九日乙酉，颍王李璬逝世。

五月十九日乙未，朝廷任命宣武节度使刘洽兼任淄青招讨使。

李晟谋划攻取涿州和莫州，切断幽州和魏州往来通行之路。李晟与张孝忠的儿子张昇云率军围攻朱滔任命的易州刺史郑景济驻守的清苑县，一连攻了几个月都没攻下来。朱滔任命司武尚书马寔为留守，统领步兵、骑兵一万多人坚守魏州营寨，自己则率领步兵、骑兵一万五千人前去解救清苑县。于是李晟的军队被打得大败，李晟率军退保易州。朱滔率军回归瀛州，张昇云逃奔到满城县。正好遇上李晟病得很厉害，因而带领军队退回驻守定州。

王武俊因朱滔已经打败了李晟，却留军驻扎在瀛州，没有返回魏桥，于是就派给事中宋端去催促朱滔率军南归。宋端见到朱滔，说话有些不礼貌，朱滔十分恼怒，派遣使者对王武俊说："我朱滔因天热得了病，只是暂时停留在此而没有返回南方，大王二兄即刻就送来闲言碎语，我朱滔因为要解救魏博镇而背叛朝廷，舍弃兄长，如同甩掉一双拖鞋那样轻而易举。二兄你一定要怀疑我的话，那就随便你怎么办吧！"宋端回去向王武俊禀报后，王武俊亲自去向马寔作解释，马寔将这些情况向朱滔汇报说："赵王王武俊知道宋端对大王您无礼，狠狠地训斥责骂了宋端一顿，实在是没有别的意思。"王武俊也派遣承令官郑和随同马寔的使者去瀛州见朱滔，向朱滔道歉。朱滔这才高兴起来，对待王武俊的态度一如既往。但是，王武俊因为这件事更加痛恨朱滔。

六月，李抱真派参谋贾林前往王武俊的军营中伪装投降。王武俊见了贾林。贾林说："我来这儿是奉命宣谕皇上诏旨的，并不是来投降的。"王武俊听后变了脸色，询问贾林究竟是怎么回事，贾林说："皇上知道大夫您对朝廷一向怀有忠诚报效之心，即便是到了登坛结盟称王时，您还抚摸着胸膛回顾左右的人说：'我本来是践行对朝廷尽忠守义的，但是皇上不能体察我的心意。'众位将领也曾共同表示过与大夫您一样的愿望。我来此之前，皇上对我说：'朕先前对王武俊的所作所为实在不对，已经后悔不及。朋友之间发生误会，还可以道歉赔罪，况且朕还是四海之内的君王

镇之罪，仆当首唱从化；诸镇有不从者，请奉辞伐之。如此，则上不负天子，下不负同列，不过五旬，河朔定矣。”使林还报抱真，阴相约结。

（以上为第四段，写王武俊与朱滔有隙，暗中与李抱真联络，萌生归顺之意，为德宗兴元大赦张本。）

庚戌，初行税间架、除陌钱法。时河东、泽潞、河阳、朔方四军屯魏县，神策、永平、宣武、淮南、浙西、荆南、江泗、沔鄂、湖南、黔中、剑南、岭南诸军环淮宁之境。旧制，诸道军出境，皆仰给度支；上优恤士卒，每出境，加给酒肉，本道粮仍给其家，一人兼三人之给，故将士利之。各出军才逾境而止，月费钱百三十余万缗，常赋不能供。判度支赵赞乃奏行二法：所谓税间架者，每屋两架为间，上屋税钱二千，中税千，下税五百，吏执笔握算，入人室庐计其数。或有宅屋多而无他资者，出钱动数百缗。敢匿一间，杖六十，赏告者钱五十缗。所谓除陌钱者，公私给与及卖买，每缗官留五十钱，给他物及相贸易者，约钱为率。敢隐钱百，杖六十，罚钱二千，赏告者钱十缗，其赏钱皆出坐事之家。于是愁怨之声，盈于远近。

丁卯，徙郴王逾为丹王，鄜王遘为简王。

庚午，答蕃判官监察御史于頔与吐蕃使者论刺没藏至自青海，言疆埸已定，请遣区颊赞归国。秋，七月，甲申，以礼部尚书李揆为入蕃会盟使。壬辰，诏诸将相与区颊赞盟于城西。李揆有才望，卢杞恶之，故使之入吐蕃。揆言于上曰：“臣不惮远行，恐死于道路，不能达诏命！”上为之恻然，谓杞曰：“揆无乃太老！”杞曰：“使远夷，非谙练朝廷故事

呢？’”王武俊说：“我是个胡人，做个将领都还知道爱护百姓；何况是皇上，怎么会专门把杀人当成自己的事业呢？如今山东一带连年战事不断，死人的骸骨暴露野外，随处可见，即使是克敌制胜，人都死光了，又交给谁来守着这片荒凉之地经营呢？我并不害怕归附朝廷，但是已经与各镇立誓结盟。我们胡人性格直爽，不愿意做出什么让自己觉得是理亏的事情，如果皇上真能颁布一道诏令赦免我们各镇节度使的罪责，我一定首先倡议大家归顺朝廷接受教化；如果有哪一镇不归附的，我将请求奉皇上的诏令去讨伐他。这样一来，就会上不辜负皇上，下对得起各位同仁，不会超过五十天，河朔地区就可以平定了。”王武俊于是让贾林回去向李抱真报告，暗中与李抱真联络。

六月初五日庚戌，开始施行“税间架”和“除陌钱”的征税办法。当时河东、泽潞、河阳、朔方四镇的军队驻扎在魏县，神策、永平、宣武、淮南、浙西、荆南、江西、沔鄂、湖南、黔中、剑南、岭南等地的军队都还以环状包围着淮宁之境。依照旧有的制度规定，各镇的军队出了本道的辖区，所有供给都由度支解决；德宗对士兵们抚恤优待，每当他们出境远征，给养要另加酒和肉，本道的饷粮仍给士兵家里，因而一个人几乎兼得了三个人的供给，所以将士们都以此为利。于是各镇投机取巧，军队刚过自己的边境后就停止进发，朝廷每月支出的军费高达一百三十余万缗，正常的赋税收入难以供给。掌管度支事务的赵赞因此上奏施行两种办法：所谓“税间架”，就是房屋以两架壁墙为一间的标准进行计量，上等的房屋每间交税二千钱，中等的交税一千钱，下等的交税五百钱，具体执行的税吏拿着纸笔算盘，进入民房内登记数额。有的人家房屋的间数多而没有其他资产的，缴纳的间架税动不动就有几百缗。假如有了隐匿一间不上报的，就要处以杖刑六十下，奖赏告发的人五十缗钱。所谓“除陌钱”，就是官府或私人给予的各种钱财和买卖的收入，每一缗钱，官府就要征收五十钱，给的是实物以及相互间以物易物的，都折算成钱按规定比率缴纳。如果敢于隐藏一百钱的，要处以杖刑六十下，并罚款二千钱，奖赏告发的人十缗钱，这些赏钱都由被揭发的户主给付。于是无论远近，到处充满了愁苦的呻吟和抱怨的声音。

六月二十二日丁卯，迁调改封皇弟郴王李逾为丹王，鄜王李遘为简王。

六月二十五日庚午，答蕃判官、监察御史于頔和吐蕃的使者论剌没藏一同从青海来到长安，声称吐蕃与唐朝的疆界已经议定，请让区颊赞返回吐蕃。秋季，七月初九日甲申，朝廷任命礼部尚书李揆为赴吐蕃缔结盟约的会盟使。七月十七日壬辰，德宗诏令各位将相在京城西边与区颊赞缔结盟约。李揆具有才能威望，卢杞讨厌李揆，因此就派李揆出使吐蕃。李揆对德宗说：“微臣我并不惧怕为国出使远方，但是

者不可。且揆行，则自今年少于揆者不敢辞远使矣。”

（以上为第五段，写唐朝廷国库空竭，强征间架税和除陌钱以补军用，士民苦之。）

八月，丁未，李希烈将兵三万围哥舒曜于襄城，诏李勉及神策将刘德信将兵救之。乙卯，希烈将曹季昌以随州降，寻复为其将康叔夜所杀。

初，上在东宫，闻监察御史嘉兴陆贽名，即位，召为翰林学士，数问以得失。时两河用兵久不决，赋役日滋，贽以兵穷民困，恐别生内变，乃上奏，其略曰：“克敌之要，在乎将得其人；驭将之方，在乎操得其柄。将非其人者，兵虽众不足恃；操失其柄者，将虽材不为用。”又曰：“将不能使兵，国不能驭将，非止费财玩寇之弊，亦有不戢自焚之灾。”又曰：“今两河、淮西为叛乱之帅者，独四五凶人而已。尚恐其中或遭诖误，内蓄危疑；苍黄失图，势不得止。况其余众，盖并胁从，苟知全生，岂愿为恶！”又曰：“无纾目前之虞，或兴意外之变。人者，邦之本也。财者，人之心也。其心伤则其本伤，其本伤则枝干颠瘁矣。”又曰：“人摇不宁，事变难测，是以兵贵拙速，不贵巧迟。若不靖于本而务救于末，则救之所为，乃祸之所起也。”又论关中形势，以为：“王者蓄威以昭德，偏废则危；居重以驭轻，倒持则悖。王畿者，四方之本也。太宗列置府兵，分隶禁卫，大凡诸府八百余所，‘而在关中者殆五百焉。举天下不敌关中，则居重驭轻之意明矣。承平渐久，武备浸微，虽府卫具存而卒乘罕习。故禄山窃倒持之柄，乘外重之资，一举滔天，两京不守。尚赖西边有兵，诸牧有马，每州有粮，故肃宗得以中兴。乾元之后，继有外虞，悉师东讨，边备既弛，禁戎亦空，吐蕃乘虚，深入为寇，故先皇帝莫与为御，避之东游。是皆失居重驭轻之权，忘深根固柢之虑。内寇则崤、函失险，外侵则汧、渭为戎。于斯之时，虽有四方之师，宁救一朝之患？陛下追想及此，岂不为之寒心哉！今朔方、太原之众，远在山东；神策六军之兵，继出关外。傥有贼臣啖寇，黠虏觑边，伺隙乘虚，微犯亭障，此愚臣所窃忧也。未审陛下其何以御之！侧闻伐叛之初，议者多易其事，佥谓有征无战，役不逾时，计兵未甚多，度费未甚广，于事为无扰，于人为不劳；曾不料兵连祸拏，变故难测，日引月长，渐乖始图。往岁为天下所患，咸谓除之则可致升平者，李正己、李宝臣、梁崇义、田悦是也。

担心会死在半路上，不能向吐蕃送达陛下的诏书！”德宗听了这话也很同情伤感，回头对卢杞说：“派李揆出使恐怕他太老吧？”卢杞说：“出使遥远的夷狄地区，不是熟悉朝廷各种章程的人不行。况且李揆出使了吐蕃，那么朝中所有比李揆年龄要小的人，从此就不敢借故推辞出使远方的差事了。”

八月初二日丁未，李希烈统领三万人马将哥舒曜围困在襄城县内，德宗下诏李勉和神策军将领刘德信率军前去救援。八月初十日乙卯，李希烈的部将曹季昌在随州向朝廷投降，不久又被自己的部将康叔夜所杀。

当初，德宗还是皇太子的时候，就听说监察御史嘉兴人陆贽很有名气，到了登上皇位之后，马上将陆贽召至身边任命为翰林学士，多次向陆贽询问军国大事的得失。当时朝廷用兵河北、河南，长久不能决出胜负，赋税和徭役日益增长，陆贽鉴于兵疲民困的现状，担心另有内乱爆发，于是向德宗上奏，大意是说：“打败敌军的关键，在于选任最合适的将领；而制约将领的方法，在于能够掌控权柄。假如用人不当，军队再多也不能依靠；而失去了控制权，即便是能干之材也不能为我所用。”又说：“将领不会统兵，朝廷又不能制约将领，不仅是空费钱财放纵叛逆的弊端，而且还会有引火自焚的灾难。”又说：“如今在河北、河南、淮西充当反叛朝廷首领的人，只有四五个元凶而已。恐怕这四五个人中间还有是受连累或受欺蒙而反叛朝廷的，他们对反叛心存疑惧；在仓皇之中一时失策，结果弄得局势也无法挽回。更何况他们作乱的部属，大抵都是被威胁而随从的人，如果他们知道还有活路，难道还会有人反叛作恶吗？”又说：“朝廷如果不缓解眼前这些忧患，也许会引发意想不到的变乱。人民，是国家的根基；钱财，是人民心中所向往的。在人心方面伤害了老百姓，那么就损伤了国家的根基，国家的根基伤了，那么根基上的枝干就会枯萎凋落。”又说：“人心动摇则不得安宁，事情的变化是很难预料的，因此用兵贵在看似笨拙而要迅速，不以精巧而迟缓为可贵。如果不从根本上安定天下局面，而一味地采用治标的举措，那么实施救治的所作所为，就是引起祸乱发生的根源啊。”陆贽又详细讨论关中地区的形势，认为：“作君王的人应该既蓄积威势，又昭示恩德，倘若偏废一个方面就有危险；而且君王应当居住在重兵防卫的地方；如果情况相反，就不合事理。京都一带，是天下四方的根本。太宗当年设置府兵，都分别隶属于朝廷的禁卫军，全国各地总计驻兵八百多所，而在关中地区驻扎的差不多有五百所。集中全天下各地兵府的力量也不能与关中的兵力匹敌，可见太宗采用居重驭轻的意图是非常明显的。天下太平的日子延续很久了，因而朝廷的武备就会渐渐地松弛下来而使力量削弱，虽然府兵戍卫的制度依然保留，但各府兵马却很少操练演习。所以安禄山趁外重内轻的机会窃取了兵权，凭借外地藩镇兵强马壮的资本，一举发动反

往岁为国家所信，咸谓任之则可除祸乱者，朱滔、李希烈是也。既而正已死，李纳继之；宝臣死，惟岳继之；崇义平，希烈叛；惟岳戮，朱滔携。然则往岁之所患者，四去其三矣，而患竟不衰；往岁之所信，今则自叛矣，而余又难保。是知立国之安危在势，任事之济否在人。势苟安，则异类同心也；势苟危，则舟中敌国也。陛下岂可不追鉴往事，惟新令图，修偏废之柄以靖人，复倒持之权以固国！而乃孜孜汲汲，极思劳神，徇无已之求，望难必之效乎！今关辅之间，征发已甚，宫苑之内，备卫不全。万一将帅之中，又如朱滔、希烈，或负固边垒，诱致豺狼，或窃发郊畿，惊犯城阙，此亦愚臣所窃为忧者也，未审陛下复何以备之！陛下傥过听愚计，所遣神策六军李晟等及节将子弟，悉可追还；明敕泾、陇、邠、宁，但令严备封守，仍云更不征发，使知各保安居。又降德音，罢京城及畿县间架等杂税，则冀已输者弭怨，见处者获宁，人心不摇，邦本自固。”上不能用。

叛，闯下了滔天大祸，以至于东都洛阳、西京长安相继失守。全靠当时朝廷在西边还有兵力，各牧场中还喂养着军马，每个州内还有储备的粮食，因此肃宗能够平定安、史之乱而中兴唐朝。肃宗乾元之后，相继有外患发生，朝廷集中所有兵力向东征伐，不仅边疆的防备松弛了，而且关中地区驻军的实力也很空虚，于是吐蕃得以乘虚出兵，深入到我们的腹地来抢劫烧杀，所以先皇代宗没有军队来抵御，因此只能到东边去避难。这都是因为失去了内重外轻的控制权，忘却了加深根本巩固根基的策略所造成的。结果内乱起来，殽关、函谷关失去了险要；外族进犯，汧水、渭水沦为戎狄的牧场。到这种时候，即使拥有全国各地的军队，难道能够解救突发的危难吗？陛下您如果想到这一点，怎能不忧心忡忡啊！现在朔方、太原的兵马，远在山东；朝廷神策禁卫所属的六支军队，也相继调出关外。假如有叛贼引狼入室，而狡黠的戎狄窥伺边境，等待时机乘虚而入，偷袭边塞，这正是愚臣我私下所担心的啊。这种情况一旦发生，臣真不知道陛下您将用什么来抵御？当朝廷讨逆之初，我从侧面了解到，谈论讨逆的人多半都认为解决起来轻而易举，都说只要派军出征，根本无须打仗，整个战局不会拖过一个季度，估计动用的兵力不会太多，预算要花的费用也不会很大，不会对政事有什么妨碍，也不会对百姓带来困乏。谁都没有料到会兵连祸接，一再发生难以预测的变故，天长日久，事情的发展逐渐与当初所计划的相背离。前几年为害天下的人，都说除掉他们，天下就可变得太平，这些人就是李正己、李宝臣、梁崇义、田悦他们。前几年为朝廷所信任的人，都说只要重用他们，就可以为国家铲除祸乱，朱滔、李希烈就是这种人。然而后来李正己死了，有李纳继之而起；李宝臣死了，有李惟岳继之而起；平定了梁崇义，李希烈又起兵反叛朝廷；李惟岳被杀死了，朱滔又带着叛逆之心割据。这样一来，前几年被认为是祸害天下的人，虽然四个之中已经除掉了三个，但是祸乱却没有衰减；前几年朝廷所信任的人，如今却各自叛变了，而且其余的人，又难以保证他们不反叛朝廷。由此可知，国家的安危在于掌控形势，而办理事务能否成功在于选用合适的人。如果朝野内外形势安定，那么即便是边塞戎狄部族，也会与我们同心同德；如果朝廷内外形势危急，那么即使是同舟共济的人，也会互相敌对。陛下您怎么能不追思往事而引以为戒，改革政治，励精图治，夺回旁落的权柄以安定人心，恢复被倒置的权威以巩固国基！而您却如此勤勤恳恳殚精竭虑，毫不停止地去追求，希望得到难以达到的成效呢？现在关中和长安地区，被征调派出的士兵已经太多了，皇宫禁苑的守备卫兵已不健全。万一在将帅之中，又有像朱滔、李希烈一样的人，或者倚仗有坚固的边疆营垒，与边塞的外敌勾结，引狼入室，或者是暗中向长安附近出兵，进犯京城而惊动宫阙，这也是愚臣我私下为陛下您忧虑的，不知道遇上这种情况，陛下您又采取什么措施来防备？倘若陛下屈尊听从愚臣我的这一计策，将所派出关

壬戌，以汴西运使崔纵兼魏州四节度都粮料使。纵，涣之子也。

（以上为第六段，写陆贽上疏论治国之要，重根本，重民生，即加强京师防务，不要滥征苛税，建议朝廷调整讨逆方略，德宗没有采纳。）

九月，丙戌，神策将刘德信、宣武将唐汉臣与淮宁将李克诚战，败于沪涧。时李勉遣汉臣将兵万人救襄城，上遣德信帅诸将家应募者三千人助之。勉奏："李希烈精兵皆在襄城，许州空虚，若袭许州，则襄城围自解。"遣二将趣许州，未至数十里，上遣中使责其违诏，二将狼狈而返，无复斥候。克诚伏兵邀之，杀伤太半。汉臣奔大梁，德信奔汝州；希烈游兵剽掠至伊阙。勉复遣其将李坚帅四千人助守东都，希烈以兵绝其后，坚军不得还。汴军由是不振，襄城益危。

上以诸军讨淮宁者不相统壹，庚子，以舒王谟为荆襄等道行营都元帅，更名谊；以户部尚书萧复为长史，右庶子孔巢父为左司马，谏议大夫樊泽为右司马，自余将佐皆选中外之望。未行，会泾师作乱而止。复，嵩之孙也；巢父，孔子三十七世孙也。

（以上为第七段，写德宗遥控军事，导致汴军大败，襄城危急。）

上发泾原诸道兵救襄城。冬，十月，丙午，泾原节度使姚令言将兵五千至京师。军士冒雨，寒甚，多携子弟而来，冀得厚赐遗其家，既至，一无所赐。丁未，发至浐水，诏京兆尹王翃犒师，惟粝食菜啖；众怒，蹴而覆之，因扬言曰："吾辈将死于敌，而食且不饱，安能以微命拒白刃邪！闻琼林、大盈二库，金帛盈溢，不如相与取之。"乃擐甲张旗鼓噪，还趣京城。令言入辞，尚在禁中，闻之，驰至长乐阪，遇之。军士射令

外的神策六军李晟等人的部队以及节度使等将领的子弟，都全部追召返回关中；明令泾州、陇右、邠州、宁州，只让驻军严密防备，谨守边疆，并对他们说明不再征调他们外出，让他们知道只是各自保卫驻守地并安定居住。再下一道诏书，废除长安城内以及京城附近各县所征收的间架税、除陌钱等杂税，这样才有可能让已经缴纳了税钱的人消除心中的怨恨，让那些无法完税而遭受处罚的人重新获得安宁。只要人心不发生动摇，那么国家的根基自然就稳固了。”德宗没能接受陆贽的建议。

八月二十七日壬戌，朝廷任命汴西运使崔纵兼任为开府魏州的河东、泽潞、河阳、朔方四节度都粮料使，负责军队后勤。崔纵是崔涣的儿子。

九月十二日丙戌，神策军中的将领刘德信、宣武节度使部下的将领唐汉臣与李希烈的淮宁镇将领李克诚交战，官军在沪涧地区被打败。此时李勉派遣唐汉臣率领将士一万人去援救襄城，德宗派遣刘德信率领从各将领家中征召的士兵三千人去增援。李勉上奏说：“李希烈的精锐人马都在襄城，许州空虚，如果袭击许州，那么自然就解了襄城的围。”于是径自派遣刘德信、唐汉臣二将率领所部直奔许州，还差几十里地就可到达许州时，德宗派中使赶来斥责他们违反诏令，刘、唐二将无所适从而狼狈地退回原地，并且不再侦察敌情以加强戒备。李克诚设下埋伏截击他们，兵力死伤了一大半。唐汉臣逃往大梁，刘德信逃往汝州；李希烈部下巡游的士兵竟烧杀抢掠到了伊阙一带。李勉又派遣他的部将李坚率兵四千去协助保卫东都，李希烈派兵切断了他的后路，使李坚的部队不能撤回。宣武军的将士因此一蹶不振，襄城处境更加危急。

德宗认为各路征讨淮宁的官军不能统一行动，九月二十六日庚子，任命舒王李谟为荆襄等道行营都元帅，李谟改名为李谊；任命户部尚书萧复为长史，右庶子孔巢父为左司马，谏议大夫樊泽为右司马，其余的一些将领和僚佐也都选用了在朝野内外很有名望的人士。但他们赴任还没有成行，正好遇到泾原军发生叛乱而作罢。萧复是萧嵩的孙子。孔巢父是孔子的三十七世孙。

德宗调发泾原各道兵马去救援襄城。冬季，十月初二日丙午，泾原节度使姚令言统兵五千到了京城。士兵们冒雨进军，极为寒冷，他们多数携带着子弟同来，希望得到朝廷的重赏让他们的子弟带回家，但是到达长安之后，却没有任何赏赐。十月初三日丁未，泾原兵出发到达浐水，德宗诏令京兆尹王翃犒劳军队，供给的只是一些粗饭淡菜，士兵们大怒，抬腿就踢翻了饭菜，因而扬言：“我们即将赴敌战死，却连口饱饭都吃不上，怎能拿这条小命去抗拒刀山剑丛呢？听说琼林、大盈两个内

言，令言抱马鬣突入乱兵，呼曰："诸君失计！东征立功，何患不富贵，乃为族灭之计乎！"军士不听，以兵拥令言而西。上遽命赐帛，人二匹；众益怒，射中使。又命中使宣慰，贼已至通化门外，中使出门，贼杀之。又命出金帛二十车赐之；贼已入城，喧声浩浩，不复可遏。百姓狼狈骇走，贼大呼告之曰："汝曹勿恐，不夺汝商货僦质矣！不税汝间架陌钱矣！"上遣普王谊、翰林学士姜公辅出慰谕之；贼已陈于丹凤门外，小民聚观者以万计。

初，神策军使白志贞掌召募禁兵，东征死亡者志贞皆隐不以闻，但受市井富儿赂而补之，名在军籍受给赐，而身居市廛为贩鬻。司农卿段秀实上言："禁兵不精，其数全少，卒有患难，将何待之！"不听。至是，上召禁兵以御贼，竟无一人至者。贼已斩关而入，上乃与王贵妃、韦淑妃、太子、诸王、唐安公主自苑北门出，王贵妃以传国宝系衣中以从；后宫诸王、公主不及从者什七八。

初，鱼朝恩既诛，宦官不复典兵，有窦文场、霍仙鸣者，尝事上于东宫，至是，帅宦官左右仅百人以从，使普王谊前驱，太子执兵以殿。司农卿郭曙以部曲数十人猎苑中，闻跸，谒道左，遂以其众从。曙，暧之弟也。右龙武军使令狐建方教射于军中，闻之，帅麾下四百人从，乃使建居后为殿。

姜公辅叩马言曰："朱泚尝为泾帅，坐弟滔之故，废处京师，心尝怏怏。臣谓陛下既不能推心待之，则不如杀之，毋贻后患。今乱兵若奉以为主，则难制矣。请召使从行。"上仓猝不暇用其言，曰："无及矣！"遂行。夜至咸阳，饭数匕而过。时事出非意，群臣皆不知乘舆所之。卢杞、关播逾中书垣而出。白志贞、王翃及御史大夫于颀、中丞刘从一、户部侍郎赵赞、翰林学士陆贽、吴通微等追及上于咸阳。颀，頔之从父兄弟；

廷府库里装满了金银布帛，我们何不如一同去自个领取吧。”于是披甲举旗，喧哗着赶往长安。当时姚令言入宫辞行，人还在宫禁之中，获悉部下闹事的消息，急驰回营，行至长乐阪，遇到这些士兵。士兵张起弓箭射向姚令言，姚令言伏在马背上驰入叛乱的士兵中，高声呼喊：“各位做错了！只要东征叛军，立下功劳，还愁不富贵吗？这是在犯灭族的大罪啊！”士兵们不服从，用兵器簇拥着他西归京城。德宗急忙命令赏赐士兵锦帛，每人二匹；这更激起了众怒，他们用弓箭射德宗的使者。德宗再派出宫中使者去宣谕安抚，但叛乱的士兵们已经到达通化门外，德宗的使者刚出通化门，叛军就把使者杀死了。德宗又命令拿出金帛二十车赏赐给士兵们，但叛军们已经进入城内，沿途喧哗，乱成一片，再也不能加以遏制。百姓们惊恐万状，狼狈逃生，叛军们大声对他们呼喊：“你们不必惶恐，不会有人抢夺你们的商货钱财！更不会有人向你们征收间架税和除陌钱了！”德宗派普王李谊、翰林学士姜公辅出来安抚慰问他们；叛军们已经在皇城的丹凤门外排兵布列，前来围观的平民百姓数以万计。

起初，神策军使白志贞主持招募禁军事务，东征死亡的人，白志贞一律隐瞒不报，可是却接受市井中富贵子弟的贿赂，把他们的名字冒名补上，这些冒名子弟却登记在军籍上接受朝廷的供给和赏赐，自己却身居闹市做买卖。司农卿段秀实上奏德宗说：“禁卫士兵不精良，数额齐全的也不多，突然间发生祸乱灾难，那将怎么应付呢？”德宗不接受这个意见。到这时，德宗召集禁兵来抵御叛军，竟然没有一个人奉命而来，叛军已经攻下城门，进入宫禁，德宗才与王贵妃、韦淑妃、太子、诸王、唐安公主等人从宫苑的北门逃出，王贵妃把传国玉玺系在衣服内跟在德宗后面；后宫中的诸王、公主来不及追着逃命的人十成中占了七八成。

先前，鱼朝恩被杀后，宦官就不再执掌兵权，有两个名叫窦文场、霍仙鸣的宦官，在德宗做太子的时候，曾经侍奉过他，到这时，二人带领宦官侍从，仅有一百多人跟随德宗，德宗指派普王李谊在前面开道，皇太子手执兵器殿后。司农卿郭曙带着几十个部属正在禁苑中狩猎，听说德宗车驾到来，便在道路左边谒见了德宗，于是带着部属随行护驾。郭曙是郭暧的弟弟。右龙武军使令狐建正在宫中教士兵们练习射箭，得知变故后，便率领部下四百人随行，德宗于是让令狐建断后护驾。

姜公辅跪拜在德宗的马前说：“朱泚曾任泾原军的统帅，由于受他弟弟朱滔反叛的连累，而被罢黜，闲居长安，心情一直怏怏不乐。微臣认为陛下既然不能推心置腹地信任他，那么不如杀掉他，不可留下后患。此时如果叛军拥戴他为统帅，那么事态就难以控制了，请将他召来，跟陛下一起走。”德宗在仓促之间无暇依照姜公辅的提议去做，说：“来不及了！”便出发了。晚上抵达咸阳，大家匆匆地吃了几口饭。当时事情大出人们的意料之外，朝中的群臣都不知道皇帝到哪儿去了。宰相卢

从一，齐贤之从孙也。

贼入宫，登含元殿，大呼曰："天子已出，宜人自求富！"遂欢噪，争入府库，运金帛，极力而止。小民因之，亦入宫盗库物，通夕不已。其不能入者，剽夺于路。诸坊居民各相帅自守。姚令言与乱兵谋曰："今众无主，不能持久，朱太尉闲居私第，请相与奉之。"众许诺。乃遣数百骑迎泚于晋昌里第。夜半，泚按辔列炬，传呼入宫，居含元殿，设警严，自称权知六军。

戊申旦，泚徙居白华殿，出榜于外，称："泾原将士久处边陲，不闲朝礼，辄入宫阙，致惊乘舆，西出巡幸。太尉已权临六军，应神策军士及文武百官凡有禄食者，悉诣行在；不能往者，即诣本司。若出三日，检勘彼此无名者，皆斩！"于是百官出见泚，或劝迎乘舆；泚不悦，百官稍稍遁去。

源休以使回纥还，赏薄，怨朝廷，入见泚，屏人密语移时，为泚陈成败，引符命，劝之僭逆。泚喜，然犹未决。宿卫诸军举白幡降者，列于阙前甚众。泚夜于苑门出兵，旦自通化门入，骆驿不绝，张弓露刃，欲以威众。

上思桑道茂之言，自咸阳幸奉天。县僚闻车驾猝至，欲逃匿山谷，主簿苏弁止之。弁，良嗣之兄孙也。文武之臣稍稍继至。己酉，左金吾大将军浑瑊至奉天。瑊素有威望，众心恃之稍安。

（以上为第八段，写泾原兵出征，变起京师，德宗蒙尘，出逃奉天。）

庚戌，源休劝朱泚禁十城门，毋得出朝士，朝士往往易服为佣仆潜出。休又为泚说诱文武之士，使之附泚。检校司空、同平章事李忠臣久失兵柄，太仆卿张光晟自负其才，皆郁郁不得志，泚悉起而用之。工部

杞、关播翻过中书省的墙垣跑了。白志贞、王翃和御史大夫于颀、中丞刘从一、户部侍郎赵赞、翰林学士陆贽、吴通微等人一直追到咸阳，与德宗相聚。于颀是于頔的堂兄弟；刘从一是刘齐贤的侄孙。

叛军进入皇宫，登上含元殿，大声喊叫："天子已经逃出皇宫，该我们各自发财了！"于是纷纷喧哗鼓噪，争相进入府库，搬运金银财帛，直到体力不支才停止下来。平民百姓借此机会，也进入宫禁盗窃库房内的各种物品，整整一夜都没有停歇。那些无法进入宫禁的人，便拦路抢劫。各个街区的居民，都聚居街区内相互保护财产和家人。姚令言给叛乱的士兵们出主意说："目前群龙无首，这样无法持久下去，朱泚太尉闲居在自己的家中，请各位共同拥戴他吧。"大家都表示同意，于是派遣几百名骑兵前往晋昌里朱泚的私宅去迎接他。夜半时分，朱泚勒马徐行，一路火把成行，传呼此伏彼起，拥入皇宫，朱泚当晚就在含元殿中住下，设置严密警戒，自称暂时掌管六军事务。

十月初四日戊申清晨，朱泚搬到白华殿居住，在宫门外张榜公告，内称："泾原军的将士们长期戍守边疆，不熟悉朝廷的礼仪，随便闯入宫禁大门，以至于陛下受到惊吓，而到西边巡行各地去了。朱泚太尉已暂时掌管六军，所有的神策军士及文武百官中凡在职领官俸的人，应该全都前往陛下出巡的地方；不能前往的人，立即到本官官署来。如果超过三日，查出两处都没有报到的人，一律斩首！"于是文武百官都出来见朱泚，其中有人劝朱泚将德宗迎归还宫；朱泚对此大为不悦，所以文武百官渐渐地逃走了。

源休出使回纥归来，因所受赏赐太少而怨恨朝廷，此时他进宫面见朱泚，屏退在场的人，同朱泚密谈了很长时间，为朱泚陈述成败谋略，又引用天命征兆的说法，劝朱泚僭越叛逆称帝。朱泚虽然很高兴，但对源休的建议仍犹豫不决。卫戍皇宫的各支禁军打着白旗降附朱泚的人，聚焦排列在宫门外非常之多。朱泚又在夜间把士兵从宫苑门调出去，让他们清晨从通化门入宫，这些士兵络绎不绝，剑拔弩张，朱泚想借此威慑压服众人。

德宗想起了桑道茂以前说的话，于是从咸阳临幸奉天。县府中的官吏听说德宗突然到来，都想逃到山谷中隐藏起来；但是主簿苏弁阻止了他们。苏弁是苏良嗣兄长的孙子。后来，文武大臣们渐渐地相继来到德宗身边。十月初五日己酉，左金吾大将军浑瑊到达奉天。浑瑊向来有威望，众人都依仗着浑瑊，才渐渐安下心来。

十月初六日庚戌，源休劝朱泚将长安十个城门戒严，不让任何朝廷官员出城，朝廷官员们往往装成仆人或雇工模样，偷偷逃出长安城。源休又为朱泚在朝廷游说、劝诱文武官员们，要他们投靠朱泚。检校司空、同平章事李忠臣久失兵权，太仆卿

侍郎蒋镇出亡，坠马伤足，为泚所得。先是休以才能，光晟以节义，镇以清素，都官员外郎彭偃以文学，太常卿敬钎以勇略，皆为时人所重，至是皆为泚用。

凤翔、泾原将张廷芝、段诚谏将数千人救襄城，未出潼关，闻朱泚据长安，杀其大将陇右兵马使戴兰，溃归于泚。泚于是自谓众心所归，谋反遂定。以源休为京兆尹、判度支，李忠臣为皇城使。百司供亿，六军宿卫，咸拟乘舆。

辛亥，以浑瑊为京畿、渭北节度使，行在都虞候白志贞为都知兵马使，令狐建为中军鼓角使，以神策都虞候侯仲庄为左卫将军兼奉天防城使。

朱泚以司农卿段秀实久失兵柄，意其必怏怏，遣数十骑召之。秀实闭门拒之，骑士逾垣入，劫之以兵。秀实自度不免，乃谓子弟曰："国家有患，吾于何避之，当以死徇社稷；汝曹宜人自求生。"乃往见泚。泚喜曰："段公来，吾事济矣。"延坐问计。秀实说之曰："公本以忠义著闻天下，今泾军以犒赐不丰，遽有披猖，使乘舆播越。夫犒赐不丰，有司之过也，天子安得知之！公宜以此开谕将士，示以祸福，奉迎乘舆，复归宫阙，此莫大之功也！"泚默然不悦，然以秀实与己皆为朝廷所废，遂推心委之。左骁卫将军刘海宾、泾原都虞候何明礼、孔目官岐灵岳，皆秀实素所厚也，秀实密与之谋诛泚，迎乘舆。

上初至奉天，诏征近道兵入援。有上言："朱泚为乱兵所立，且来攻城，宜早修守备。"卢杞切齿言曰："朱泚忠贞，群臣莫及，奈何言其从乱，伤大臣心！臣请以百口保其不反。"上亦以为然。又闻群臣劝泚奉迎，乃诏诸道援兵至者皆营于三十里外。姜公辅谏曰："今宿卫单寡，防虑不可不深，若泚竭忠奉迎，何惮于兵多；如其不然，有备无患。"上乃悉召援兵入城，卢杞及白志贞言于上曰："臣观朱泚心迹，必不至为逆，愿择大臣入京城宣慰以察之。"上以诸从臣皆畏惮，莫敢行；金吾将军吴溆独请行，上悦。溆退而告人曰："食其禄而违其难，何以为臣！吾幸托

张光晟恃才自负，二人因未受重用而郁郁寡欢，朱泚起用了他们并委以重任。工部侍郎蒋镇逃出城后，从马背上掉下来，摔伤了脚，被朱泚的部下抓获。先前，源休凭借其才能，张光晟凭借其节义，蒋镇凭借其清正俭朴，都官员外郎彭偃凭借其文学造诣，太常卿敬釭凭借其有勇有谋，都受到当时人的推重，至此全被朱泚所任用。

凤翔、泾原军的将领张廷芝、段诚谏率领几千人马去救援襄城，还没有出潼关，听说朱泚已占据长安，便杀了统军的大将陇右兵马使戴兰，向西溃散，投奔朱泚。朱泚于是自以为众望所归，便决定谋反篡位。他任命源休为京兆尹、判度支，李忠臣为皇城使。各官署的职守和待遇，六军值勤警卫宫禁的章程，都比照皇帝君临天下的制度实行。

十月初七日辛亥，朝廷任命浑瑊为京畿、渭北节度使，行在都虞候白志贞为都知兵马使，令狐建为中军鼓角使，任命神策都虞候侯仲庄为左卫将军兼奉天防城使。

朱泚因为司农卿段秀实长期失去兵权，断定段秀实一定对朝廷不满，于是派出几十名骑兵去传召。段秀实关闭大门，拒绝朱泚的召见，骑兵们翻墙入室，用兵器威逼，劫持了段秀实。段秀实预料自己此次很难幸免，就对子弟们说："国家有祸患，我能逃避到哪里去呢？我决定以死殉国；你们最好各自谋求生路。"于是去见朱泚。朱泚十分高兴地说："段公前来帮我，我的事就要告成了。"请段秀实入座询问大计。段秀实规劝朱泚道："朱公你本以忠义之声名扬天下，如今泾原军的士兵们因朝廷犒劳赏赐不够丰厚，突然猖狂地发难起事，使得皇上出宫流亡。至于说犒劳赏赐不够丰厚，那是下面主管官署的过错，天子怎能知道这件事？朱公你应当用这些道理来开导将士们，向他们指出这样下去的利害祸福，迎接皇上重返宫廷，除此以外，就再也不会建立比这更大的功劳了！"朱泚沉默不语，极不高兴，但是仍然认为段秀实跟自己一样，都是被朝廷罢黜的人，因此还是推心置腹地对待段秀实，左骁卫将军刘海宾、泾原都虞候何明礼、孔目官岐灵岳，都是段秀实以往厚待的人，段秀实暗中与他们策划除掉朱泚，迎接德宗回宫。

德宗刚抵达奉天的时候，下诏附近各道的人马前来增援。有人上奏说："朱泚已经被叛乱的士兵立为统帅，将要来攻打奉天城，应当及早做好防守的准备。"卢杞却咬牙切齿地说："朱泚对朝廷的忠贞不贰，文武群臣中没有谁比得上，怎么能说朱泚依附乱军，而伤害大臣的心呢？我愿意以全家一百口人的性命担保朱泚不会反叛。"德宗也认为卢杞的说法有道理。又听说群臣规劝朱泚奉迎自己回宫，德宗于是又下诏各道援兵到达奉天，都要在距城三十里外的地方扎营。姜公辅劝谏德宗说："如今卫戍部队力量单薄，防范的计划不能不细致周全，假如朱泚竭诚尽忠地来奉迎陛下，又怎么会害怕汇聚在陛下周围的兵多呢？假如朱泚并非如此，那我们也有备无患。"

肺附，非不知往必死，但举朝无蹈难之臣，使圣情慊慊耳！”遂奉诏诣泚。泚反谋已决，虽阳为受命，馆溆于客省，寻杀之。溆，凑之兄也。

泚遣泾原兵马使韩旻将锐兵三千，声言迎大驾，实袭奉天。时奉天守备单弱，段秀实谓岐灵岳曰：“事急矣！”使灵岳诈为姚令言符，令旻且还，当与大军俱发。窃令言印未至，秀实倒用司农印印符，募善走者追之。旻至骆驿，得符而还。秀实谓同谋曰：“旻来，吾属无类矣！我当直搏泚杀之，不克则死，终不能为之臣也！”乃令刘海宾、何明礼阴结军中之士，欲使应之于外。旻兵至，泚、令言大惊；岐灵岳独承其罪而死，不以及秀实等。

是日，泚召李忠臣、源休、姚令言及秀实等议称帝事。秀实勃然起，夺休象笏，前唾泚面，大骂曰：“狂贼！吾恨不斩汝万段，岂从汝反邪！”因以笏击泚，泚举手扞之，才中其额，溅血洒地，泚与秀实相搏恟恟，左右猝愕，不知所为。海宾不敢进，乘乱而逸。忠臣前助泚，泚得匍匐脱走。秀实知事不成，谓泚党曰：“我不同汝反，何不杀我！”众争前杀之。泚一手承血，一手止其众曰：“义士也！勿杀。”秀实既死，泚哭之甚哀，以三品礼葬之。海宾缞服而逃，后二日，捕得，杀之；亦不引何明礼。明礼从泚攻奉天，复谋杀泚，亦死。上闻秀实死，恨委用不至，涕泗久之。

（以上为第九段，写变乱之中，忠奸分明，源休助贼，段秀实殉国。奸相卢杞继续作恶，排抑大臣，德宗昏愚，竟不知觉。）

壬子，以少府监李昌巙为京畿、渭南节度使。

凤翔节度使、同平章事张镒，性儒缓，好修饰边幅，不习军事，闻

德宗于是这才将所有援兵召入奉天城内。卢杞和白志贞向德宗建议说："臣下观察朱泚的真实用心，一定不至于造反作乱，希望陛下选择大臣进入长安去宣谕、慰问，并且观察他的表现。"德宗因为跟随而来的文武群臣都害怕，而无人敢去长安，只有金吾将军吴溆请求让自己担当此任，德宗很是高兴。吴溆退朝后对人说："享受朝廷的俸禄而逃避朝廷的危难，那算什么大臣？我有幸成为皇室的外戚，并非不知道此去必死无疑，但是整个朝廷之中竟然没有为国赴难的大臣，这也太让皇上感到遗憾了！"于是奉诏前往朱泚那里。朱泚反叛朝廷的计划已经决定，虽表面上接受了德宗的诏令，将吴溆安置在客省馆舍中，但不久便把吴溆杀了。吴溆是吴凑的哥哥。

朱泚派遣泾原兵马使韩旻带领精锐部队三千人，声称奉迎德宗回宫，实际上是要袭击奉天。此时奉天城防守力量薄弱，段秀实对岐灵岳说："事情紧急了！"他让岐灵岳盗用姚令言的印符，命令韩旻暂时带领人马回来，到时候与大军一同出发。岐灵岳还没有将盗取的印符送到，段秀实便把司农卿的印符倒过来印在命令上，招募善于奔跑的人去追赶韩旻。韩旻已出发抵达骆驿。接到命令后就撤军返回。段秀实对同谋者说："韩旻一旦回来，我们就没命了！我们当与朱泚直接搏斗，亲手杀了朱泚，如不成功就是一死，终归不能做朱泚的臣属！"于是指派刘海宾、何明礼暗中与军中的士兵们联络，打算让他们在外作为接应。韩旻率兵撤回长安，朱泚、姚令言十分震惊，岐灵岳独自承担了此事的责任而被杀，没有牵连到段秀实等人。

当天，朱泚召集李忠臣、源休、姚令言以及段秀实等人商讨称帝的事宜。段秀实忽然站了起来，夺过源休的象牙笏板，走上前来吐了朱泚一脸口水，大骂道："你这猖狂的叛贼，我恨不得将你斩成万段，岂能追随你造反呢？"随即将笏板砸向朱泚，朱泚举手阻挡，只砸中了朱泚的前额，血浆溅出洒了一地。朱泚与段秀实互相吆喝着搏斗，朱泚的随从因事出突然，不知所措。刘海宾不敢上前，乘着混乱之机逃了出去。李忠臣上前来帮助朱泚，朱泚连滚带爬，才得以脱身。段秀实知道事情难以成功，对朱泚的党羽说："我不同你们一起反叛，你们为什么不上来杀我？"于是众人争着上前来杀段秀实。朱泚一手捂着流血的额头，一面挥手阻止众人说："段秀实是义士，不要杀害！"段秀实死后，朱泚为他哭得十分伤心，于是按朝廷三品官员的礼仪为段秀实治丧。刘海宾穿着丧服逃跑了，两天后，被朱泚的人抓获，刘海宾被处死，也没有牵连何明礼。何明礼跟随朱泚去攻打奉天城，策划谋杀朱泚，也未成功而被杀。德宗听到段秀实的死讯，悔恨当初没有重用段秀实，涕泪交加，哭了很久。

十月初八日壬子，朝廷任命少府监李昌巎为京畿、渭南节度使。

凤翔节度使、同平章事张镒，性清儒雅缓和，喜欢修饰边幅，不懂军事，听说

上在奉天，欲迎大驾，具服用货财，献于行在。后营将李楚琳，为人剽悍，军中畏之，尝事朱泚，为泚所厚。行军司马齐映与同幕齐抗言于镒曰："不去楚琳，必为乱首。"镒命楚琳出戍陇州。楚琳托事不时发。镒方以迎驾为忧，谓楚琳已去矣。楚琳夜与其党作乱，镒缒城而走，贼追及，杀之，判官王沼等皆死。映自水窦出，抗为佣保负荷而逃，皆免。

始，上以奉天迫隘，欲幸凤翔，户部尚书萧复闻之，遽请见曰："陛下大误，凤翔将卒皆朱泚故部曲，其中必有与之同恶者。臣尚忧张镒不能久，岂得以銮舆蹈不测之渊乎！"上曰："吾行计已决，试为卿留一日。"明日，闻凤翔乱，乃止。

齐映、齐抗皆诣奉天，以映为御史中丞，抗为侍御史。楚琳自为节度使，降于朱泚；陇州刺史郝通奔于楚琳。

商州团练兵杀其刺史谢良辅。

朱泚自白华殿入宣政殿，自称大秦皇帝，改元应天。癸丑，泚以姚令言为侍中、关内元帅，李忠臣为司空兼侍中，源休为中书侍郎、同平章事、判度支，蒋镇为吏部侍郎，樊系为礼部侍郎，彭偃为中书舍人，自余张光晟等各拜官有差。立弟滔为皇太弟。姚令言与源休共掌朝政，凡泚之谋画、迁除、军旅、资粮，皆禀于休。休劝泚诛翦宗室在京城者以绝人望，杀郡王、王子、王孙凡七十七人。寻又以蒋镇为门下侍郎，李子平为谏议大夫，并同平章事。镇忧惧，每怀刀欲自杀，又欲亡窜，然性怯，竟不果。源休劝泚诛朝士之窜匿者以胁其余，镇力救之，赖以全者甚众。樊系为泚撰册文，既成，仰药而死。大理卿胶水蒋沇诣行在，为贼所得，沇绝食称病，潜窜得免。

哥舒曜食尽，弃襄城奔洛阳；李希烈陷襄城。

（以上为第十段，写朱泚潜号称帝，官军在各条战线失利，襄城失守，贼势炽盛。）

德宗来到奉天城，打算去迎接德宗，准备好各种衣服、用具、金钱和财物，进献给奉天行宫。后营将领李楚琳，性情强悍凶狠，军中的将士都害怕他。李楚琳曾经跟随过朱泚，朱泚待李楚琳十分优厚。行军司马齐映与同僚齐抗对张镒说："如果不清除李楚琳，李楚琳一定会成为叛乱的祸首。"张镒于是命令李楚琳离开凤翔去戍守陇州。李楚琳寻找借口不按时出发。张镒正为奉迎德宗大驾的事担忧，还以为李楚琳已离开了凤翔城。当晚李楚琳与同党在城中叛乱。张镒系绳吊下城墙逃跑，被李楚琳的叛军追上杀掉，判官王沼等人都死了。齐映从城内的水洞逃往城外，齐抗被仆人背着逃出城，两个人都免于一死。

刚到达奉天的时候，德宗认为奉天城狭小，想前往凤翔城，户部尚书萧复听说了这件事，立即求见德宗说："陛下的想法是个大错，在凤翔驻扎的将士都是朱泚过去的部下，其中肯定有与朱泚同谋作恶的。我担心张镒在那里尚且不能持久，岂能让陛下的车驾陷于难以预测的深渊呢？"德宗说："我去凤翔的事已经决定，冲你的这一番话，我就试试暂时在此多留一天吧。"第二天，获悉凤翔发生叛乱，德宗才打消了前往凤翔的念头。

齐映、齐抗都逃往奉天城，朝廷任命齐映为御史中丞，齐抗为侍御史。李楚琳自任节度使，向朱泚投降。而陇州刺史郝通投奔了李楚琳。

商州的团练兵杀了本州的刺史谢良辅。

朱泚从白华殿迁往宣政殿，自称"大秦皇帝"，改年号为"应天"。十月初九日癸丑，朱泚任命姚令言为侍中、关内元帅，李忠臣为司空兼侍中，源休为中书侍郎、同平章事、判度支，蒋镇为吏部侍郎，樊系为礼部侍郎，彭偃为中书舍人，其余如张光晟等也都分别授予了级别不等的官职。朱泚又册立弟弟朱滔为"皇太弟"。姚令言和源休共同执掌朝政，大凡朱泚的筹谋策划、升迁任免官职、军旅事务，以及物资粮草，都要向源休禀报。源休劝朱泚除掉皇族在京城中的成员，借以断绝人们对朝廷的期望，于是朱泚下令杀了郡王、王子、王孙等共七十七人。不久，朱泚又任命蒋镇为门下侍郎，李子平为谏议大夫，又任命二人为同平章事。蒋镇为此担惊受吓，常常怀揣短刀，准备自杀，又打算逃亡流窜，但终因性格怯懦，始终未能实施。源休劝说朱泚诛杀朝廷百官中那些曾经逃跑隐匿的人，借以胁迫其他朝臣就范，蒋镇竭尽全力营救这些人，赖此得到保全性命的人有很多。樊系为朱泚撰写好了称帝的册文之后，便服毒自杀了。担任大理卿的胶水人蒋沇在秘密前往奉天城的途中，被朱泚的部属抓住，于是蒋沇拒绝进食，假装有病，得以偷偷地逃生。

哥舒曜的军粮耗尽，不得不放弃襄城，投奔洛阳去了。李希烈便攻下了襄城。

右龙武将军李观将卫兵千余人从上于奉天，上委之召募，数日，得五千余人，列之通衢，旗鼓严整，城人为之增气。

姚令言之东出也，以兵马使京兆冯河清为泾原留后，判官河中姚况知泾州事。河清、况闻上幸奉天，集将士大哭，激以忠义，发甲兵、器械百余车，通夕输行在。城中方苦无甲兵，得之，士气大振。诏以河清为四镇、北庭行营、泾原节度使，况为行军司马。

上至奉天数日，右仆射、同平章事崔宁始至，上喜甚，抚劳有加。宁退，谓所亲曰："主上聪明英武，从善如流，但为卢杞所惑，以至于此！"因潸然出涕。杞闻之，与王翃谋陷之。翃言于上曰："臣与宁俱出京城，宁数下马便液，久之不至，有顾望意。"会朱泚下诏，以左丞柳浑同平章事，宁为中书令。浑，襄阳人也，时亡在山谷。翃使盩厔尉康湛诈为宁遗朱泚书，献之。杞因谮宁与朱泚结盟，约为内应，故独后至。乙卯，上遣中使引宁就幕下，云宣密旨，二力士自后缢杀之，中外皆称其冤；上闻之，乃赦其家。

朱泚遣使遗朱滔书，称："三秦之地，指日克平；大河之北，委卿除殄，当与卿会于洛阳。"滔得书，宣示军府，移牒诸道，以自夸大。

上遣中使告难于魏县行营，诸将相与恸哭。李怀光帅众赴长安，马燧、李艽各引兵归镇，李抱真退屯临洺。

（以上为第十一段，写官军收缩战线，布防奉天。德宗蒙尘，仍昏愚不悟，惑于卢杞，继续诛杀忠良。）

丁巳，以户部尚书萧复为吏部尚书，吏部郎中刘从一为刑部侍郎，翰林学士姜公辅为谏议大夫，并同平章事。

朱泚自将逼奉天，军势甚盛。以姚令言为元帅，张光晟副之，以李忠臣为京兆尹、皇城留守，仇敬忠为同、华等州节度、拓东王，以扞关东之师，李日月为西道先锋经略使。

右龙武将军李观带领护卫士兵一千多人跟随德宗到了奉天城，德宗将招募新兵的任务交给李观，几天之内，就招募到新兵五千余名，李观将这支军队排列在奉天的交通要道上，军容仪仗十分严整，奉天城中的人士为此勇气倍增。

姚令言在向东出发去援救襄城的时候，任命部下的兵马使京兆人冯河清为泾原留后，判官河中人姚况掌管泾州的大小事务。冯河清、姚况获悉皇帝被迫巡幸奉天城，召集驻地的将士当着他们的面大哭了一场，还用忠烈道义激励将士们，调拨了一百多车的盔甲、兵器和各种器械，彻夜不停地运往奉天城。当时奉天城中正苦于没有盔甲、兵器，得到了这一百多车的军事装备，士气大振。德宗颁诏任命冯河清为四镇、北庭行营、泾原节度使，姚况为行军司马。

德宗抵达奉天城几天以后，右仆射、同平章事崔宁才赶到，德宗对这位重臣的到来极为高兴，倍加安抚、慰问。崔宁退朝后，对亲信们说："皇上圣明英武，从善如流，只可惜被卢杞所迷惑，以至于落到这种境地！"于是禁不住地流下眼泪。卢杞知道了崔宁说的这一席话，便与王翃谋划陷害崔宁。王翃对德宗说："我曾与崔宁一同出京城，崔宁多次下马解小便，过了很长时间还不归队，这一定是犹豫不决，心存观望啊。"正好碰上朱泚这时诏令任命左丞柳浑为同平章事，崔宁为中书令。柳浑是襄阳人，当时正逃亡到山谷中躲了起来。王翃指使盩厔县尉康湛假冒崔宁之名给朱泚写输诚信，并将信交给了朝廷。卢杞乘机诬陷崔宁与朱泚暗中结盟，相约充当朱泚的内应，因此一个人后到。十月十一日乙卯，德宗派宦官去将崔宁带到幕府来，声称传达密旨，却派出两个大力士从背后上来勒死了崔宁，朝廷内外都认为崔宁冤枉。德宗听说后，才赦免了崔宁的家室。

朱泚遣派使者给朱滔送去一封信，称："三秦之地，我几天内就可以将它平定；黄河以北，就全部交给你来征服了，我将与你在洛阳会师。"朱滔收到朱泚的信后，马上在军府中全文公布，并且将信的内容作为公文向各道转发，借以自我炫耀。

德宗派遣宦官使者前往魏县行营通报自己蒙难的情况，在魏县的各位大将闻讯后，互相抱头号啕大哭。李怀光马上统领部下将士赶赴长安，马燧、李艽各自带领人马撤回镇守之地太原、河阳，李抱真退守临洺。

十月十三日丁巳，朝廷任命户部尚书萧复为吏部尚书，吏部郎中刘从一为刑部侍郎，翰林学士姜公辅为谏议大夫，均加任同平章事。

朱泚亲自率部进逼奉天城，军队声势极为强大。任命姚令言为元帅，张光晟为姚令言的副职，任命李忠臣为京兆尹、皇城留守，仇敬忠为同、华等州节度使兼拓东王，让他们抵御关东的勤王官军，还任命李日月为西道先锋经略使。

邠宁留后韩游瓌，庆州刺史论惟明，监军翟文秀，受诏将兵三千拒泚于便桥，与泚遇于醴泉。游瓌欲还趣奉天，文秀曰：“我向奉天，贼亦随至，是引贼以迫天子也。不若留壁于此，贼必不敢越我向奉天；若不顾而过，则与奉天夹攻之。”游瓌曰：“贼强我弱，若贼分军以缀我，直趣奉天，奉天兵亦弱，何夹攻之有！我今急趣奉天，所以卫天子也。且吾士卒饥寒而贼多财，彼以利诱吾卒，吾不能禁也。”遂引兵入奉天；泚亦随至。官军出战，不利，泚兵争门，欲入；浑瑊与游瓌血战竟日。门内有草车数乘，瑊使虞候高固帅甲士以长刀斫贼，皆一当百，曳车塞门，纵火焚之，众军乘火击贼，贼乃退。会夜，泚营于城东三里，击柝张火，布满原野，使西明寺僧法坚造攻具，毁佛寺以为梯冲。韩游瓌曰：“寺材皆干薪，但具火以待之。”固，侃之玄孙也。泚自是日来攻城，瑊、游瓌等昼夜力战。幽州兵救襄城者闻泚反，突入潼关，归泚于奉天，普润戍卒亦归之，有众数万。

（以上为第十二段，写逆贼朱泚攻围奉天，浑瑊城守，以弱抗强，初战取胜，稳住了局势。）

上与陆贽语及乱故，深自克责。贽曰：“致今日之患，皆群臣之罪也。”上曰：“此亦天命，非由人事。”贽退，上疏，以为：“陛下志壹区宇，四征不庭，凶渠稽诛，逆将继乱，兵连祸结，行及三年。征师日滋，赋敛日重，内自京邑，外洎边陲，行者有锋刃之忧，居者有诛求之困。是以叛乱继起，怨讟并兴，非常之虞，亿兆同虑。唯陛下穆然凝邃，独不得闻，至使凶卒鼓行，白昼犯阙，岂不以乘我间隙，因人携离哉！陛下有股肱之臣，有耳目之任，有谏诤之列，有备卫之司，见危不能竭其诚，临难不能效其死；臣所谓致今日之患，群臣之罪者，岂徒言欤！圣旨又以国家兴衰，皆有天命。臣闻天所视听，皆因于人。故祖伊责纣之辞曰：‘我生不有命在天！’武王数纣之罪曰：‘乃曰吾有命，罔惩其侮。’此又舍人事而推天命必不可之理也！《易》曰：‘视履考祥。’又曰：‘吉凶者，失得之象。’此乃天命由人，其义明矣。然则圣哲之意，《六经》会通，皆谓祸福由人，不言盛衰有命。盖人事理而天命降乱者，未之有

邠宁留后韩游瓌，庆州刺史论惟明，监军翟文秀，接受诏令率兵三千在便桥阻击朱泚，官军在醴泉与朱泚相遇。韩游瓌打算回军直奔奉天，翟文秀说："我们退往奉天，那么敌人也就尾随而到，这就是引来敌人逼迫天子。不如留下扎营驻守此地，叛贼一定不敢越过我们的防守而进逼奉天城。如果叛军无视我军而超越过去逼向奉天城，那么我军将与奉天城守军夹击叛军。"韩游瓌说："叛贼强大，我军弱小，如果敌军分出兵力纠缠我们，大队直逼奉天城，奉天城的守军力量也很薄弱，哪有什么力量夹攻敌人呢？目前我们快速赶赴奉天城，目的就在于保卫天子。更何况我军士兵饥寒交迫，而叛军钱粮充足，如果他们用财物引诱我军士兵，那我将无法禁止。"于是率领人马进入奉天城；朱泚的军队也跟随抵达了奉天城下。官军出城迎战，战斗失利，朱泚的士兵争夺城门，准备冲进城内；浑瑊与韩游瓌率领将士与朱泚的人马血战一整天。城门内有几乘装载草料的车辆，浑瑊派虞候高固率领身披甲胄的士兵用长刀砍杀敌人，这批士兵都以一当百，他们将草车拉去堵住城门，纵火焚烧，官军各部将士乘着火势攻击叛军，叛军这才败退下去。到了夜晚，朱泚的人马在奉天城东三里的地方驻扎，他们敲打木梆，设置火把，布满了原野，并指派西明寺的僧人法坚制造攻城器具，拆毁了佛寺，取其木材制造云梯和冲车。韩游瓌说："寺庙中的木材都像干柴，只须准备好火把等敌人送上门来。"高固是高侃的玄孙。朱泚从这一天起发动对奉天城的进攻，浑瑊、韩游瓌等人率领将士昼夜力战。派去增援襄城的幽州军队听说朱泚造反，便冲入潼关，在奉天城下投奔了朱泚，戍守普润县的军队也投奔了朱泚，于是朱泚就拥有了几万人马。

德宗同陆贽谈论发生变乱的原因，深刻地做了自我检讨。陆贽说："导致今天这种祸乱忧患，都是各位大臣的罪过。"德宗说："这也是天命，并不是人为造成的。"陆贽退朝后，就给德宗上了一折奏疏，认为："陛下矢志统一天下，四出征讨叛逆之徒，凶暴的祸首刚刚消灭，反叛的将领又接着作乱，以致战事频仍，祸乱不绝，到如今已近三年了。出征的军队日益增多，收敛的赋税日益沉重，内自京城，外到边塞，行路之人有遇上兵刃相逼的忧患，居家之人又有苛捐杂税无止境的困扰，因此叛乱相继发生，怨言便纷繁地冒了出来，非常事件的发生，全天下的百姓都在担心。只有陛下您一个人被蒙在鼓里，无法知道事情的真相，以至于凶悍的士卒鼓噪横行，在光天化日之下侵犯皇城宫禁，这难道不是趁着朝廷出现了问题，凭借人心背离而胡作非为吗？陛下您有辅政的亲信大臣，有专门负责情报的机构，有职司规劝谏诤的言官，有负责防卫京城、戍守皇宫的官署，但都不能在国家遇到危机的关键时刻竭诚尽忠，又不能在陛下您遇到灾难的时候以身殉职；以上就是臣说的导致今日的祸患，是朝廷中百官的罪过，这难道是随便说出的空话吗？圣上的旨意认为国家的

也；人事乱而天命降康者，亦未之有也。自顷征讨颇频，刑网稍密，物力耗竭，人心惊疑，如居风涛，汹汹靡定。上自朝列，下达蒸黎，日夕族党聚谋，咸忧必有变故，旋属泾原叛卒，果如众庶所虞。京师之人，动逾亿计，固非悉知算术，皆晓占书，则明致寇之由，未必尽关天命。臣闻理或生乱，乱或资理，有以无难而失守，有以多难而兴邦。今生乱失守之事，则既往而不可复追矣；其资理兴邦之业，在陛下克励而谨修之。何忧乎乱人，何畏于厄运！勤励不息，足致升平，岂止荡涤妖氛，旋复宫阙而已！”

（以上为第十三段，写陆贽上疏，论乱由人为而非天命，隐喻权奸卢杞误国，德宗仍是充耳不闻。）

田悦说王武俊，使与马寔共击李抱真于临洺。抱真复遣贾林说武俊曰：“临洺兵精而有备，未易轻也。今战胜得地，则利归魏博；不胜，则恒冀大伤。易、定、沧、赵，皆大夫之故地也，不如先取之。”武俊乃辞悦，与马寔北归。壬戌，悦送武俊于馆陶，执手泣别，下至将士，赠遗甚厚。

先是，武俊召回纥兵，使绝李怀光等粮道，怀光等已西去，而回纥达干将回纥千人、杂虏二千人适至幽州北境。朱滔因说之，欲与俱诣河南取东都，应接朱泚，许以河南子女赂之。滔娶回纥女为侧室，回纥谓之朱郎，且利其俘掠，许之。

兴盛与衰弱，都是有天命的。臣下听说过，老天的所见所闻，都是凭借人的所见所闻才会有的。因此祖尹指责商纣王的话说：‘我的生存不是有天命的护佑吗？’周武王数落商纣王的罪行时说：‘我有天命护佑，不肯以所受的欺侮为戒。’这岂不是说抛开人事而希求天命，一定是不可靠的吗？《易经》说：‘要依据行事来考察吉凶。’又说：‘吉凶只是得失的表象。’这就是说天命是由人事决定的，其中道理说得很明确。那么以先哲先圣们的思想，融会《六经》中的主张，都认为是祸是福，完全由人们自己把握，而不说什么兴盛或衰落由天命来定夺。大凡把人事治理顺畅了而上天却降下祸乱的，还未曾有过；反之，把人事处理得乱七八糟而上天却降下安乐的，也未曾有过。近来征讨叛逆的战争相当频繁，刑法之网渐渐严密，财力物力消耗殆尽，民心疑惑惊恐，就像身处大风大浪中，动荡不定。上自朝廷群臣，下至平民百姓，宗族邻里日夜相聚谈论，都担心时局一定会出现大变故，不久在京城就发生泾原士卒的反叛，这正如民众所担忧的那样。京城内的人，成千上万，人数极多，他们根本不懂推算之术，不通晓占卜的书籍，却预见了变乱的发生，这正说明导致叛逆作乱的原因，未必都会与天命有关。臣听说治理国家有时难免会发生变乱，变乱发生有时反过来也有助于治理；也有并无内忧外患而亡国丧家的，也有因多灾多难却兴邦振国的。如今已发生反过来变乱和失去所守的事情，则已成为过去，无法再追悔了；那些有助于治理天下、兴邦振国的功业，就在于陛下您能够自励而谨慎地建树了。叛乱的贼人哪值得担心！时运困厄哪值得害怕！只要勤勉发奋，持久不息，足以达到太平之世，哪里只是扫平叛乱，返回皇城宫禁而已？”

田悦劝王武俊，要王武俊与马寔共同攻击驻守在临洺的李抱真。李抱真又派遣贾林去劝告王武俊说：“驻扎在临洺的军队相当精锐，而且有所防备，不要随意轻视。现今您即使打了胜仗，攻取了临洺，得到的利益全归魏博的田悦所有；假如战败了，那么恒冀的实力将大受损伤。易、定、沧、赵等各州，都是大夫您原来的地盘，不如先出兵夺取这些地方。”于是王武俊推辞了田悦的请求，与马寔一起领军北归驻地。十月十八日壬戌，田悦在馆陶给王武俊送行，握着王武俊的手，挥泪告别，下至王武俊的将士，每人也赠送一份相当丰厚的礼品。

此前，王武俊召集回纥士兵，指派他们切断李怀光等官军的粮草运输线，而李怀光等人已率军西赴长安，回纥达干便带领回纥兵一千名和各族人马二千名也到达了幽州北部地区。朱滔乘机游说回纥人，打算让他们同自己一起去河南夺取东都洛阳，接应朱泚，并许诺用河南的男女回报他们。朱滔还娶了一个回纥女人为小妾，回纥人便把朱滔称为“朱郎”，而且贪图前去河南有俘获掳掠的利益，因此答应了朱滔。

贾林复说武俊曰：“自古国家有患，未必不因之更兴；况主上九叶天子，聪明英武，天下谁肯舍之共事朱泚乎！滔自为盟主以来，轻蔑同列。河朔古无冀国，冀乃大夫之封域也。今滔称冀王，又西倚其兄，北引回纥，其志欲尽吞河朔而王之，大夫虽欲为之臣，不可得矣。且大夫雄勇善战，非滔之比；又本以忠义手诛叛臣，当时宰相处置失宜，为滔所诳诱，故蹉跌至此。不若与昭义并力取滔，其势必获。滔既亡，则泚自破矣。此不世之功，转祸为福之道也。今诸道辐凑攻泚，不日当平。天下已定，大夫乃悔过而归国，则已晚矣！”时武俊已与滔有隙，因攘袂作色曰：“二百年天子吾不能臣，岂能臣此田舍儿乎！”遂与抱真及马燧相结，约为兄弟；然犹外事滔，礼甚谨，与田悦各遣使见滔于河间，贺朱泚称尊号，且请马寔之兵共攻康日知于赵州。

汝、郑应援使刘德信将子弟军在汝州，闻难，引兵入援，与泚众战于见子陵，破之；以东渭桥有转输积粟，癸亥，进屯东渭桥。

朱泚夜攻奉天东、西、南三面。甲子，浑瑊力战却之；左龙武大将军吕希倩战死。乙丑，泚复攻城，将军高重捷与泚将李日月战于梁山之隅，破之；乘胜逐北，身先士卒，贼伏兵擒之。其麾下十余人奋不顾死，追夺之；贼不能拒，乃斩其首，弃其身而去。麾下收之入城，上亲抚而哭之尽哀，结蒲为首而葬之，赠司空。朱泚见其首，亦哭之曰：“忠臣也！”束蒲为身而葬之。李日月，泚之骁将也，战死于奉天城下；泚归其尸于长安，厚葬之。其母竟不哭，骂曰：“奚奴！国家何负于汝而反？死已晚矣！”及泚败，贼党皆族诛，独日月之母不坐。

己巳，加浑瑊京畿、渭南北、金商节度使。

贾林再次去游说王武俊道："自古以来，国家有忧患，未必不能借此复兴；何况皇上已是第九代天子，聪慧明达，英杰勇武，天下谁肯舍弃这样的皇帝而去事奉朱泚呢？朱滔自从当了盟主以来，瞧不起原先与他平起平坐的人。河朔自古以来都没有一个冀国，冀州这片地方是大夫您的疆域。如今朱滔自称冀王，又向西依靠他的哥哥朱泚，还从北边招引回纥人，朱滔的志向是要吞并河朔的所有地区称王，到时大夫您即使想做朱滔的臣属，也不可能了。何况大夫您英勇善战，不是朱滔所能比的；您又本着忠义之心亲手杀了朝廷的叛逆李惟岳，只是由于当时宰相在处理此事时有失公允，又被朱滔欺骗引诱，因此才失误栽到这一地步。您不如与昭义军合力进攻朱滔，势必获得成功。朱滔一旦被消灭，那么朱泚自然也就会破败。这种功劳千载难遇，也是您转祸为福的一条道路。目前各道从四面八方汇聚进攻朱泚，过不了多久就会平定朱泚。到天下已经安定之时，大夫您才悔悟过错而归顺朝廷，那就太晚了！"当时王武俊与朱滔已有了隔阂，因而挽起袖子，愤然变脸说："我不当二百年代代相承的天子的臣属，怎能当这乡间小子的臣属呢？"于是就与李抱真和马燧联络，结成异姓兄弟；但是在表面上仍然事奉朱滔，而且礼节十分恭谨，同田悦各自派使者前往河间见朱滔，祝贺朱泚称帝登位，而且请求与马寔的军队共同向驻在赵州的康日知发起进攻。

汝州、郑州应援使刘德信率领京师将领的子弟兵驻扎在汝州，获悉德宗蒙难出走，马上带兵进京增援，与朱泚的部众在见子陵激战，刘德信打败了朱泚军。由于东渭桥有朝廷囤积的、尚未转运走的粮食，十月十九日癸亥，刘德信率领人马进驻东渭桥。

朱泚夜间向奉天城东、西、南三面发起进攻。十月二十日甲子，浑瑊率领军队奋力作战，击退了朱泚的进攻；左龙武大将军吕希倩在此役中战死。十月二十一日乙丑，朱泚再次攻打奉天城，将军高重捷与朱泚部将李日月在梁山下激战，打败了李日月，高重捷乘胜追击逃敌，身先士卒，结果被埋伏的叛军擒获。高重捷的部下十余人奋不顾身，拼命追赶争夺，叛军抵挡不住，于是砍了高重捷的头，丢弃高重捷的身躯跑了。部下将其身躯收殓带回奉天城内，德宗亲自抚尸痛哭，极其悲哀，让人用蒲草编成首级配在尸身上埋葬了高重捷，追赠高重捷为司空。朱泚见到高重捷的首级，也哭着说："高重捷是一个忠臣啊！"也让人用蒲草编成一个身躯埋葬。李日月是朱泚的骁勇战将，战死在奉天城下；朱泚派人把李日月的尸体送回长安，加以厚葬。李日月的母亲竟没有哭泣，还骂李日月道："这个奴才！朝廷在什么地方亏待了你而要叛逆作乱？真是死得太迟了！"等到后来朱泚失败时，朱泚的党羽都被处以灭族，唯独李日月的母亲没有遭受连坐之罪。

十月二十五日己巳，德宗加授浑瑊为京畿、渭南、渭北、金商节度使。

壬申，王武俊与马寔至赵州城下。

初，朱泚镇凤翔，遣其将牛云光将幽州兵五百人戍陇州，以陇右营田判官韦皋领陇右留后。及郝通奔凤翔，牛云光诈疾，欲俟皋至，伏兵执之以应泚，事泄，帅其众奔泚。至汧阳，遇泚遣中使苏玉赍诏书加皋中丞，玉说云光曰："韦皋，书生也。君不如与我俱之陇州，皋幸而受命，乃吾人也；不受命，君以兵诛之，如取孤犳耳！"云光从之。皋从城上问云光曰："向者不告而行，今而复来，何也？"云光曰："向者未知公心，今公有新命，故复来，愿托腹心。"皋乃先纳苏玉，受其诏书；谓云光曰："大使苟无异心，请悉纳甲兵，使城中无疑，众乃可入。"云光以皋书生，易之，乃悉以甲兵输之而入。明日，皋宴玉、云光及其卒于郡舍，伏甲诛之；筑坛，盟将士曰："李楚琳贼虐本使，既不事上，安能恤下，宜相与讨之！"遣兄平弇诣奉天，复遣使求援于吐蕃。

（以上为第十四段，写王武俊反正，与李抱真、马燧结盟为兄弟，韦皋收复凤翔，朱泚挫于奉天，官军走出低谷，形势胶着，陷于相持。）

十月二十八日壬申，王武俊与马寔率军抵达赵州城下。

起初，朱泚担任凤翔节度使时，曾派遣部将牛云光带领幽州士兵五百人前去戍守陇州，指派陇右营田判官韦皋兼任陇右留后。等到郝通逃奔凤翔，牛云光假托有病，打算等韦皋到达以后，埋伏士兵，将韦皋抓起来以响应朱泚，事情败露，牛云光便带领部众去投奔朱泚。他们走到汧阳县时，碰到了朱泚派遣的宦官使者苏玉携带着诏书来加授韦皋中丞一职，苏玉规劝牛云光说："韦皋只是一介书生。你不如与我一起前往陇州，假如韦皋肯受诏命，那么他是我们的同路人；假如不肯接受诏命，那么你就带兵杀掉韦皋，这就像获取小猪一样易如反掌！"牛云光接受了苏玉的劝告，随苏玉来到陇州。韦皋从城上向牛云光问道："前些时你不辞而别，如今你又回来了，这是为了什么？"牛云光说："前些时不明白您的心意，而今您即将担任新的职务，因此我再次回来，愿意充当您的亲信。"韦皋于是先让苏玉入城，接受了苏玉带来了诏书；然后对牛云光说："牛大使你如果对我没有二心的话，那么请将盔甲、兵器全部交出来，使城中军民不怀疑你，你的部众才能进城。"牛云光认为韦皋是个书生，而轻视韦皋，于是将所带盔甲、兵器都送交韦皋，再率众入城。第二天，韦皋在郡中客舍宴请苏玉、牛云光以及他们的士卒，埋伏甲兵将他们全部杀掉。然后筑坛，与将士盟誓说："李楚琳这个叛贼残害了本军节度使张镒，既然不能侍奉上司，那么又怎能体恤部下呢？我们应当共同去讨伐李楚琳！"韦皋派遣兄长韦平、韦弇前往奉天请命，又派遣使者前往吐蕃求援。

【点评】

本卷点评李希烈兵乱淮西、苛税重起、陆贽上奏论治国之要、德宗蒙尘等四件史事。

一、李希烈兵乱淮西。李希烈，辽西人，年少从军平卢军，为李忠臣部属。李忠臣任淮西节度使，署李希烈为偏将。代宗末，李忠臣荒废军政，李希烈因众怨逐走李忠臣，任淮西节度留后，德宗即位提升李希烈为淮西节度使，改称淮宁军。德宗用兵河北，李希烈请缨讨梁崇义，德宗嘉奖，封李希烈南平郡王，加汉南、汉北兵马招讨使。杨炎固谏认为李希烈狼子野心，不可授以方面重任。德宗不悦，卢杞趁机构陷，杨炎遭贬杀，李希烈如愿以偿，得以专征方面。黜陟使李承从淮西还朝，也上奏德宗，认为李希烈取胜，将是朝廷大害。德宗不以为然。梁崇义被平定，李希烈果然野心狂悖，欲据襄州为己有，目的未达，于是与李纳勾结，接受河北四镇的推戴，自号建兴王，天下都元帅，反叛朝廷。李希烈与河北四镇五贼，兵连祸结，扰乱唐朝半壁江山，李希烈于公元 782 年反叛，一度称帝，建伪号为楚，杀害宣慰使颜真卿。至公元 785 年，李希烈为部将陈仙奇所杀，淮西乱平。李希烈为害淮西河南达四年之久，人民遭涂炭，中原人口为之一空。李希烈这一祸国大盗，完全是德宗拒谏而一手栽培起来的。

二、苛税重起。唐制，节度使出兵，只要出境，一切用度由国库承担。两河用兵，月耗军资一百余万缗。国库很快空竭。朝廷重征酒税，这自然是杯水车薪。太常博士韦都宾、陈京出歪招，建言向商人借款，凡富有超过一万缗者借其余，只要向全国一两千商人借款，就可筹措数年之军费，长安一地可筹五百万缗。德宗采纳，诏命判度支杜佑大索长安商贾所有钱物，拷打强索，逼人上吊。接着又征收典当铺制钱。长安全城遭浩劫，才搜刮到八十万缗。地方商借，凡家有钱帛储粮的人家，强征四分之一，总计所得，也才二百万缗。建中四年（783），又初行间架税和除陌钱法。间架税，就是开征房产税，两架为一间，上等屋税两千，中等税一千，下等税五百文。除陌钱，凡交易，甚至馈赠，抽百分之五营业税。两税法施行才二三年，各种巧设名目的苛税接踵而至，民怨沸腾，困苦不堪。

三、陆贽上奏论治国之要。陆贽，字敬舆，苏州嘉兴（今浙江嘉兴市）人。唐代著名政论家和名臣。年十八登进士第，代宗末，官至监察御史。德宗在东宫时，已仰慕陆贽名声。德宗即位，召陆贽为翰林学士，以备顾问应对。陆贽忠直敢言，时政有缺，巨细必陈。建中四年，朱泚叛乱，德宗出亡奉天，陆贽从驾，军国事务，千头万绪，陆贽草诏，思如泉涌，下笔成章，莫不如意。陆贽奏议，直言时政，是当时历史横切面的写照，在中国政治史上占有重要的地位。陆贽奏议收入《翰苑集》中有五十六篇，《资治通鉴》只摘录了十余篇，只占一小部分，但已经生动地描绘了

德宗的昏愚，刻画其猜忌凶暴的嘴脸，栩栩如生。陆贽对时务的洞察深刻入骨，见微知著，料事如神。建中四年八月，两河争战正酣，赋役日滋，陆贽忧心兵穷民困，恐生内变，于是上奏德宗论治国之要，重根本，重民生，掌控大局。形势在君，异类同心，形势倾危，同舟之人都是敌人。陆贽反对泾原兵东调，提出调整讨逆官军部署，加重京师防务，否则变生肘腋。泾原兵变，德宗诿过于天命。陆贽正言，祸由人起，不是天命，灾祸之源就是德宗本人，并讽喻德宗除奸，罢免奸相卢杞。不过，这一切苦口婆心，大都对牛弹琴，德宗很少采纳。德宗在颠沛流离之中，不得不依靠陆贽支撑大局，多少采纳了一些建议，改善了一些政治，尽管是短暂的，却拨正了唐皇室航船的方向，渡过了险滩，如发布兴元大赦诏就出自陆贽的建议和陆贽之手。

四、德宗蒙尘。建中四年十月，德宗调泾原兵五千东出救援襄城。泾原兵路过京师，因不犒赏，士兵哗变，攻入京城，德宗蒙尘，仓皇逃奔奉天，随从只有宦官一百余人，朝士百官都丢在京师。过了两三天，左金吾卫大将军浑瑊率家属到奉天，附近诸镇派出勤王援军赶来奉天，有了浑瑊统兵，人心始安。浑瑊是郭子仪旧将。德宗即位伊始，就迫不及待解除郭子仪兵权，分郭子仪所管军州为三个节度使，浑瑊是其中之一。当年，德宗又调浑瑊入京任左金吾卫大将军，仍是猜忌而夺其兵权。浑瑊成了挽救危局的决定性人物。德宗未被叛军俘虏，全靠浑瑊。

朱泚，是朱滔的哥哥，曾任泾原节度使。朱滔反叛，德宗软禁朱泚于京师。德宗出逃，谏议大夫姜公辅叩马谏德宗，请求立即杀掉朱泚，若被变兵拥为首领，必为大害。德宗只顾逃命，说：“来不及了。”变兵果然拥护朱泚为首领，朱泚连夜入宫居含元殿，自称权知六军。十月三日，泾原兵变，十月四日朱泚登白华殿召会百官，初九日登宣政殿，自称“大秦皇帝”，改元“应天”。百官变服出逃者有之，出任伪职者有之。劝进者为京兆尹源休，他出使回纥回京，因赏薄而怨恨，特为朱泚论成败，引符命，劝其僭逆称帝。朱泚愚蠢无比，真的忙于称帝，丧失了追击擒获德宗的最佳良机，也未能迎请德宗挟天子以令诸侯。朱泚的浅薄，成就了德宗的侥幸。

唐纪四十五

唐德宗建中四年至兴元元年（783—784 年）

【起昭阳大渊献（癸亥，783 年）十一月，尽阏逢困敦（甲子，784 年）正月，不满一年】

【大事提要】

本卷记事起公元 783 年十一月，讫公元 784 年正月，共三个月。当唐德宗建中四年十一月到兴元元年正月。这三个月是唐王朝与德宗个人转危为安的紧要关头，发生一系列大事件。首先是李怀光解奉天之围，朱泚龟缩京师坐以待毙。其次，河南战场李希烈势盛，南方诸镇守境自保，扩充实力，观望形势。李希烈南犯江淮，东西受阻，曹王李皋、鄂州刺史李兼立下大功，稳定了河南局势。其三，陆贽上言德宗下罪己诏书以挽救时局。德宗蒙尘纳其言，下诏改元兴元，于正月元旦发布大赦诏，河北王武俊、田悦与山东李纳接受赦令归顺朝廷，朱滔陷于孤立。史称兴元大赦诏。正当形势大好之际，奸臣卢杞破坏了这一局面。卢杞阻挠德宗召见李怀光，李怀光怏怏不乐，挟重兵，强谏德宗贬逐卢杞出朝而心不自安，埋下了李怀光背叛的祸根。

【原文】

德宗神武圣文皇帝四

建中四年（癸亥，783年）

十一月，乙亥，以陇州为奉义军，擢皋为节度使。泚又使中使刘海广许皋凤翔节度使；皋斩之。

灵武留后杜希全、盐州刺史戴休颜、夏州刺史时常春会渭北节度使李建徽合兵万人入援，将至奉天，上召将相议道所从出。关播、浑瑊曰："漠谷道险狭，恐为贼所邀。不若自乾陵北过，附柏城而行，营于城东北鸡子堆，与城中掎角相应，且分贼势。"卢杞曰："漠谷道近，若为贼所邀，则城中出兵应接可也。傥出乾陵，恐惊陵寝。"瑊曰："自泚攻城，斩乾陵松柏，以夜继昼，其惊多矣。今城中危急，诸道救兵未至，惟希全等来，所系非轻，若得营据要地，则泚可破也。"杞曰："陛下行师，岂比逆贼！若令希全等过之，是自惊陵寝。"上乃命希全等自漠谷进。丙子，希全等军至漠谷，果为贼所邀，乘高以大弩、巨石击之，死伤甚众；城中出兵应接，为贼所败。是夕，四军溃，退保邠州。泚阅其辎重于城下，从官相视失色。休颜，夏州人也。

泚攻城益急，穿堑环之。泚移帐于乾陵，下视城中，动静皆见之，时遣使环城招诱士民，笑其不识天命。

神策河北行营节度使李晟疾愈，闻上幸奉天，帅众将奔命。张孝忠迫于朱滔、王武俊，倚晟为援，不欲晟行，数沮止之。晟乃留其子凭，使娶孝忠女为妇，又解玉带赂孝忠亲信，使说之，孝忠乃听晟西归，遣大将杨荣国将锐兵六百与晟俱。晟引兵出飞狐道，昼夜兼行，至代州。丁丑，加晟神策行营节度使。

【语译】

德宗神武圣文皇帝四

唐德宗建中四年（癸亥，783 年）

十一月初二日乙亥，朝廷在陇州设置奉义军，提升韦皋担任节度使。朱泚又派宦官使者刘海广前往陇州，许诺授予韦皋凤翔节度使；韦皋杀了刘海广。

灵武留后杜希全、盐州刺史戴休颜、夏州刺史时常春会同渭北节度使李建徽，聚集兵力一万人进入关中援救皇帝，快要到达奉天城的时候，德宗召集将军、宰相一起商议这支军队入援奉天的路线。关播、浑瑊说："漠谷道既险峻又狭窄，走这条路恐怕被叛军设伏截击。不如从乾陵的北边经过，沿着乾陵的柏树林行军，在城东北的鸡子堆建寨设营，与奉天城形成犄角之势，互相接应，而且可以分散叛贼的兵力。"卢杞说："漠谷道离城比较近，走这条路如果被敌人截击，那么奉天城出兵接应就行了。倘若走乾陵这一线，恐怕惊扰了先帝们的陵寝。"浑瑊说："自从朱泚攻打奉天城以来，叛军砍伐乾陵松柏，夜以继日，未曾停歇，先帝们的陵寝所受惊扰太多了。目前奉天城中相当危急，各道的救兵都还没有到达，只有杜希全等人的人马来了，他们的作用举足轻重，如能占据要害之地扎营，那么朱泚就可以被我们打败了。"卢杞说："陛下用兵，怎么能同叛贼相提并论呢？假如让杜希全等人的人马从乾陵旁经过。那么就是我们自己去惊扰先帝们的陵寝。"于是德宗命令杜希全的军队取道漠谷入援。十一月初三日丙子，杜希全等人的军队到达漠谷时，果然被朱泚叛军截击，叛军凭借占据道旁高山的优势，用大弩、巨石向山谷中的朝廷官军发动攻击，杜希全等人的人马死伤很多；奉天城派兵出来接应，也被叛军击败。当晚，杜希全、戴休颜、时常春、李建徽等的四支军队被叛军击溃，于是撤退回防邠州。朱泚在城下检阅缴获的装备辎重，随从官员看到如此情景，无不大惊失色。戴休颜是夏州人。

朱泚攻打奉天城越来越猛烈，叛军在奉天城外挖了一道战壕，把奉天城包围起来。朱泚移指挥帷帐到乾陵，在此俯视奉天城内，所有动静都能看得清清楚楚，常派使者环绕城墙，招引诱骗城中的士兵和百姓投降，并且嘲笑他们不知道顺应天命。

神策军河北行营节度使李晟病愈，听说德宗抵达奉天城，统率各位将领就要赶去增援效命。张孝忠迫于朱滔、王武俊两支反叛军队的强大压力，依靠李晟的军队为后援，不想让李晟成行，多次阻挠李晟出发。于是李晟就留下了他的儿子李凭，要他娶张孝忠的女儿为妻，又解下自己的玉腰带收买张孝忠的亲信，让他去劝说张孝忠，张孝忠才听任李晟率军西归关中，并派自己的大将杨荣国带领六百人的精锐部队与李晟一同出发。李晟率兵从飞狐道挺进，日夜兼程，抵达代州。十一月初四

王武俊、马寔攻赵州不克。辛巳，寔归瀛州，武俊送之五里，犒赠甚厚；武俊亦归恒州。

上之出幸奉天也，陕虢观察使姚明敭以军事委都防御副使张劝，去诣行在。劝募兵得数万人。甲申，以劝为陕虢节度使。

朱泚攻围奉天经月，城中资粮俱尽。上尝遣健步出城觇贼，其人恳以苦寒为辞，跪奏乞一襦袴。上为之寻求不获，竟悯默而遣之。时供御才有粝米二斛，每伺贼之休息，夜，缒人于城外，采芜菁根而进之。上召公卿将吏谓曰：“朕以不德，自陷危亡，固其宜也。公辈无罪，宜早降以救室家。”群臣皆顿首流涕，期尽死力，故将士虽困急而锐气不衰。

上之幸奉天也，粮料使崔纵劝李怀光令入援，怀光从之。纵悉敛军资与怀光皆来。怀光昼夜倍道，至河中，力疲，休兵三日。河中尹李齐运倾力犒宴，军尚欲迁延。崔纵先辇货财渡河，谓众曰：“至河西，悉以分赐。”众利之，西屯蒲城，有众五万。齐运，恽之孙也。

李晟行且收兵，亦自蒲津济，军于东渭桥；其始有卒四千，晟善于抚御，与士卒同甘苦，人乐从之，旬月间至万余人。

神策兵马使尚可孤讨李希烈，将三千人在襄阳，自武关入援，军于七盘，败泚将仇敬，遂取蓝田。可孤，宇文部之别种也。

镇国军副使骆元光，其先安息人，骆奉先养以为子，将兵守潼关近十年，为众所服。朱泚遣其将何望之袭华州，刺史董晋弃州走行在。望之据其城，将聚兵以绝东道；元光引关下兵袭望之，走还长安。元光遂军华州，召募士卒，数日，得万余人。泚数遣兵攻元光，元光皆击却之，贼由是不能东出。上即以元光为镇国军节度使，元光乃将兵二千西屯昭应。

日丁丑，朝廷加授李晟神策军行营节度使。

王武俊、马寔进攻赵州没有什么战果。十一月初八日辛巳，马寔撤军回瀛州，王武俊为他送行五里路，给他的犒赏和赠送物品十分丰厚；王武俊也回到了恒州。

德宗出奔奉天时，陕虢观察使姚明扬把军事指挥权都交给防御副使张劝代理，自己来到奉天城德宗身边。张劝在当地招募士兵，得到了几万人。十一月十一日甲申，朝廷命张劝为陕虢节度使。

朱泚围攻奉天城已有整整一个月，城中的物资和粮食都消耗完了。德宗曾经派遣一个善于行走的人出城去侦察叛军的情况，这个人以天气酷寒为理由，跪地恳求德宗给一身短袄和裤子。德宗为他四处寻找都无法找到，最后只能带着哀怜之心，默默地让这个人去执行任务。当时德宗的供应仅有粗米二斛，人们常常抓住叛军们休息的时机，在夜间将人用绳子吊放到城外，采掘一点点野生的芜菁根进献给德宗作为食物。德宗召集王公、卿相、将领、官员们说道："我由于没有德行，自身陷入危亡的境地，这本来是应该的。可是你们都没有罪过，最好及早投降来挽救自己的家室。"群臣都跪地叩头，痛哭流涕，期待能拼死尽力，因此将士们虽然处在极度困穷之中，但是战斗的锐气丝毫不减。

德宗出奔奉天时，魏县行营掌管后勤的粮料使崔纵劝说李怀光入援关中，李怀光听从了。于是崔纵把军需物资全部集中起来，与李怀光一同来增援奉天城。李怀光率领人马昼夜兼程，抵达河中境内时，已是人困马乏，便让士兵们休整了三天。河中府尹李齐运倾其全力设宴犒劳军队，士兵们还想再拖延些时日。崔纵先装载物资钱财悉数运过了黄河，并对众士兵说："到达河西后，将全部钱财物资分赐给大家。"士兵们都贪图这些钱财之利，渡过黄河向西开拔，进驻蒲城时，军队已增到五万人。李齐运是蒋王李恽的孙子。

李晟边行进边招募士兵，也从蒲津渡口过了黄河，在东渭桥设营驻扎；起初只有士兵四千人，但李晟善于安抚、约束部下，能够与士兵们同甘共苦，人们都乐意追随，短短的一个月李晟的士兵就扩充到一万多人。

神策兵马使尚可孤征讨李希烈，率领三千人驻扎在襄阳，从武关前来援救奉天城，把营垒设在七盘岭，打败了朱泚的将领仇敬，于是乘胜攻占了蓝田城。尚可孤是宇文部落一个分支的首领。

镇国军副使骆元光，祖先是西域安息国人，骆奉先将骆元光收为养子。骆元光领兵守卫潼关将近十年，为部下众将士所信服。朱泚派遣部将何望之带兵袭击华州，华州刺史董晋放弃华州，逃奔奉天城德宗的身边。何望之占据华州，正要集中兵力断绝东方进入关中的通道；骆元光带领潼关的军队袭击何望之，何望之逃回长安城，于是骆元光驻扎在华州，招募士兵，几天之内，就召到了一万多名新兵。朱泚多次

马燧遣其行军司马王权及其子汇将兵五千人入援，屯中渭桥。

于是泚党所据惟长安而已，援军游骑时至望春楼下。李忠臣等屡出兵皆败，求援于泚，泚恐民间乘弊抄之，所遣兵皆昼伏夜行。

泚内以长安为忧，乃急攻奉天，使僧法坚造云梯，高广各数丈，裹以兕革，下施巨轮，上容壮士五百人；城中望之恟惧。上以问群臣，浑瑊、侯仲庄对曰："臣观云梯势甚重，重则易陷，臣请迎其所来凿地道，积薪蓄火以待之。"神武军使韩澄曰："云梯小伎，不足上劳圣虑，臣请御之。"乃度梯之所傃，广城东北隅三十步，多储膏油松脂薪苇于其上。丁亥，泚盛兵鼓噪攻南城，韩游瓌曰："此欲分吾力也。"乃引兵严备东北。戊子，北风甚迅，泚推云梯，上施湿毡，悬水囊，载壮士攻城，翼以辒辒，置人其下，抱薪负土填堑而前，矢石火炬所不能伤。贼并兵攻城东北隅，矢石如雨，城中死伤者不可胜数。贼已有登城者，上与浑瑊对泣，群臣惟仰首祝天。上以无名告身自御史大夫、实食五百户以下千余通授瑊，使募敢死士御之，仍赐御笔，使视其功之大小书名给之，告身不足则书其身，且曰："今便与卿别。"瑊俯伏流涕，上拊其背，歔欷不自胜。时士卒冻馁，又乏甲胄，瑊抚谕，激以忠义，皆鼓噪力战。瑊中流矢，进战不辍，初不言痛。会云梯辗地道，一轮偏陷，不能前却，火从地中出，风势亦回，城上人投苇炬，散松脂，沃以膏油，欢呼震地。须臾，云梯及梯上人皆为灰烬，臭闻数里，贼乃引退。于是三门皆出兵，太子亲督战，贼徒大败，死者数千人。将士伤者，太子亲为裹疮。入夜，泚复来攻城，矢及御前三步而坠；上大惊。

（以上为第一段，写官军勤王之师会集关中，朱泚叛军急攻奉天，万分危急。）

派兵进攻骆元光，都被骆元光击退，叛军由此无法东出。于是德宗任命骆元光为镇国军节度使，骆元光率领二千兵力，向西进驻昭应。

马燧遣派行军司马王权以及儿子马汇带领五千人马来增援奉天城，在中渭桥驻扎。

到了这时，朱泚一伙所占据的范围只有长安一座孤城而已，救援官军的巡逻骑兵经常来到望春楼下。李忠臣等人屡次出兵交战都吃了败仗，于是向朱泚求援，朱泚担心周围的民众乘自己困敝为难之时，前来抄劫袭击，因此所派出的援兵都是白天隐蔽，晚上行军。

朱泚的内心深为长安的局势感到担忧，于是猛烈进攻奉天城，指派僧人法坚制造云梯，高度和宽度各有几丈，外面蒙着犀牛皮，下部安装巨大的车轮承载，云梯上部可以容纳五百名壮士；奉天城内的人看见这一庞然大物都震惊恐惧。德宗询问群臣对策，浑瑊、侯仲庄回答说："臣观察云梯的样子很沉重，既然沉重，就容易下陷，臣请求对着云梯来的方向挖掘地道堆积干柴，备好火种来等候它。"神武军使韩澄说："云梯这东西只是攻战中的小小伎俩，不足以烦劳陛下过分忧虑，请让我来抵御它。"于是韩澄推测了云梯行进的方向，把城墙东北角向外延伸了三十步，在上面储备了大量的膏油、松脂和干柴、芦苇。十一月十四日丁亥，朱泚的人马大举出动，喧嚣着进攻奉天的南城，韩游瓌说："这是打算分散我们的兵力。"于是带兵在城东北严加防备。十一月十五日戊子，北风刮得极为迅猛，朱泚的人马推出了云梯，云梯上面铺着湿透了的毡子，还悬挂着一些水袋，运载精兵来攻打奉天城，云梯两翼还有助攻的战车，躲在战车下部的士兵抱着干柴，身背泥土，填埋壕沟，向前推进，箭石火把都不能伤到他们。叛军合兵向奉天城东北角猛攻，箭石如雨，奉天城内死伤的人多得数不胜数。当时叛军已有人登上了奉天城墙，德宗与浑瑊相对哭泣，群臣束手无策而只有仰天祈祷苍天保佑。德宗将一千多份上自御史大夫、实封食邑五百户以下各级官吏的空白委任书交给了浑瑊，指派他招募敢死队伍抗击攻城的叛军，还把御笔赐给浑瑊，让浑瑊按照这些人战功的大小，在委任书上写上姓名发放给他们，如果分发的委任书不够，就直接写在立功者的身上，而且说："现在就与你诀别了。"浑瑊扑倒在地上，痛哭流涕，德宗抚摸着浑瑊的脊背，抽咽不止，难以自控。当时士兵们饥寒交迫，又缺少护身的盔甲，浑瑊抚慰劝导他们，还用忠义来激发他们的斗志，士兵们都擂鼓呐喊，竭力奋战。浑瑊被飞来的箭矢射中，仍然挺身奋战不息，当时也无暇顾及伤口疼痛。这时正碰上云梯的巨轮辗在地道上面，一个轮子偏斜塌陷，进退两难，火焰从地道中冒了出来，风势也转换方向吹了回去，奉天城上的守军将芦苇扎的火把投到云梯上，撒上松脂，浇上膏油，欢叫呼喊之声，震天动地。片刻之间，云梯和梯上的人全都化为灰烬，散发出的臭味儿几里以外都

李怀光自蒲城引兵趣泾阳，并北山而西，先遣兵马使张韶微服间行诣行在，藏表于蜡丸。韶至奉天，值贼方攻城，见韶，以为贱人，驱之使与民俱填堑；韶得间，逾堑抵城下呼曰："我朔方军使者也。"城上人下绳引之，比登，身中数十矢，得表于衣中而进之。上大喜，舁韶以徇城，四隅欢声如雷。癸巳，怀光败泚兵于澧泉。泚闻之惧，引兵遁归长安。众以为怀光复三日不至，则城不守矣。

泚既退，从臣皆贺。汴滑行营兵马使贾隐林进言："陛下性太急，不能容物，若此性未改，虽朱泚败亡，忧未艾也！"上不以为忤，甚称之。侍御史万俟著开金、商运路，重围既解，诸道贡赋继至，用度始振。

朱泚至长安，但为城守之计，时遣人自城外来，周走呼曰："奉天破矣！"欲以惑众。泚既据府库之富，不爱金帛以悦将士，公卿家属在城者皆给月俸。神策及六军从车驾及哥舒曜、李晟者，泚皆给其家粮；加以缮完器械，日费甚广。及长安平，府库尚有余蓄，见者皆追怨有司之暴敛焉。

或谓泚曰："陛下既受命，唐之陵庙不宜复存。"泚曰："朕尝北面事唐，岂忍为此！"又曰："百官多缺，请以兵胁士人补之。"泚曰："强授之则人惧。但欲仕者则与之，何必叩户拜官邪！"泚所用者惟范阳、神策团练兵；泾原卒骄，皆不为用，但守其所掠资货，不肯出战；又密谋杀泚，不果而止。

能闻到，叛军这才退却下去。于是奉天城东、西、南三个城门大开，兵马涌出，皇太子亲自督战，叛军被打得大败，死者就有几千人。负伤的朝廷将士，皇太子亲自为他们包扎伤口。到了夜间，朱泚又率叛军来攻城，乱箭落在离德宗三步远的地方，德宗大惊失色。

李怀光从蒲城带领军队奔赴泾阳，沿着北山山麓向西挺进，先派兵马使张韶装扮成百姓模样偷偷地前往奉天城，身上携带藏于蜡丸中的上奏表章。张韶到达奉天城时，正碰上叛军开始攻城，叛军见到了张韶，以为他是贫贱的百姓，于是驱使张韶和百姓一起抱柴背土填壕沟；张韶得到机会，翻越壕沟，跑到城墙下面，向城上呼喊："我是从朔方军来的使者。"城上守军放下绳子将张韶吊上去，等到登上城墙时，张韶身上已中了几十箭，从衣服里把李怀光的表章拿出来进呈给德宗。德宗极为高兴，让人抬着张韶在城内绕行以示表彰，每个角落得到消息都欢声雷动。十一月二十日癸巳，李怀光在澧泉打败了朱泚的叛军。朱泚闻讯后非常害怕，带领余部逃回长安。此时大家都认为，如果李怀光再过三天还不来增援的话，那么奉天城就一定会失守。

朱泚撤退后，随从的大臣们都向德宗表示祝贺。汴滑行营兵马使贾隐林向德宗建议说："陛下您的性情太急躁，待人又不够宽容，如果这种禀性不改的话，那么即使朱泚失败了，而忧患还不能到此为止啊！"德宗并不认为这是冒犯龙颜，反而对贾隐林极为称许。侍御史万俟著打通了从金州到商州两地之间的运输路线，朝廷支出的费用才渐渐地宽裕起来。

朱泚退到长安，只作守城的准备，经常派人从城外进来，满城奔跑呼喊说："奉天城已被我们攻陷了！"打算用这种方法来迷惑长安城内的民众。朱泚据有朝廷府库里的财富以来，毫不吝惜地将这些财富赏赐给将士。出逃的朝廷公卿们的家属只要在长安城中的，照例都给每月薪俸。神策军和六军中跟随皇帝车驾的将士及哥舒曜、李晟的部下，朱泚都给他们的家属发粮食；加上修缮各种器具装备，每天的费用非常大。到朝廷军队收复长安时，府库里还存有剩余的钱财物资，凡是见过的人，都怨恨先前主管官署对百姓横征暴敛的行为。

有人对朱泚说："陛下您已经秉承天命，登上皇位，那么唐朝皇帝的陵庙就不应当保存。"朱泚说："我曾经向唐朝称过臣，怎能忍心干这种事呢？"又有人说："朝廷文武百官多半空缺，请派兵胁迫读书人来补足。"朱泚说："强行给人授官任职，那么人们一定会恐惧。只给那些想做官的人授予官职，何必敲门叩户地给人家封官授职呢？"朱泚所能调用的军队只有范阳军和神策军的团练兵；泾原军的士兵都很骄悍，全都不听从朱泚的指挥，他们只守着自己劫掠来的物资钱财，不肯出动为朱

李怀光性粗疏，自山东来赴难，数与人言卢杞、赵赞、白志贞之奸佞，且曰：“天下之乱，皆此曹所为也！吾见上，当请诛之。”既解奉天之围，自矜其功，谓上必接以殊礼。或说王翃、赵赞曰：“怀光缘道愤叹，以为宰相谋议乖方，度支赋敛烦重，京尹犒赐刻薄；致乘舆播迁者，三臣之罪也。今怀光新立大功，上必披襟布诚，询得失，使其言入，岂不殆哉！”翃、赞以告卢杞，杞惧，从容言于上曰：“怀光勋业，社稷是赖，贼徒破胆，皆无守心，若使之乘胜取长安，则一举可以灭贼，此破竹之势也。今听其入朝，必当赐宴，留连累日，使贼入京城，得从容成备，恐难图矣！”上以为然。诏怀光直引军屯便桥，与李建徽、李晟及神策兵马使杨惠元刻期共取长安。怀光自以数千里竭诚赴难，破朱泚，解重围，而咫尺不得见天子，意殊怏怏，曰：“吾今已为奸臣所排，事可知矣！”遂引兵去，至鲁店，留二日乃行。

（以上为第二段，写李怀光解奉天之围，因卢杞奸诈阻隔，没有受到德宗召见，心怀怏怏进兵长安，埋下隐患。）

剑南西山兵马使张朏以所部兵作乱，入成都，西川节度使张延赏弃城奔汉州；鹿头戍将叱干遂等讨之，斩朏及其党，延赏复归成都。

淮南节度使陈少游将兵讨李希烈，屯盱眙，闻朱泚作乱，归广陵，修堑垒，缮甲兵。浙江东、西节度使韩滉闭关梁，禁马牛出境，筑石头城，穿井近百所，缮馆第数十，修坞壁，起建业，抵京岘，楼堞相属，以备车驾渡江，且自固也。少游发兵三千大阅于江北；滉亦发舟师三千曜武于京江以应之。

盐铁使包佶有钱帛八百万，将输京师。陈少游以为贼据长安，未期

泚作战；而且他们密谋过杀掉朱泚，因没有成功而只好作罢。

李怀光性格粗放，不细心，从山东昼夜兼程赶赴奉天救国解难，途中多次对人们说起卢杞、赵赞、白志贞的奸佞言行，并且宣称："天下的混乱局面，都是这伙人所造成的，我拜见皇上时，一定请求诛杀他们！"在奉天之围解除后，李怀光自以为功劳很大，认为德宗一定会以超出常规的礼仪来接待他。有人劝王翃、赵赞说："李怀光沿路愤然感慨认为宰相的谋划和议论都太离谱，度支征敛赋税十分繁重，京兆尹犒赏泾原将士非常刻薄；以致皇上的车驾被迫出亡，这都是宰相、度支、京兆尹三个大臣的罪责。如今李怀光又刚刚立下大功，皇上一定会对他敞开胸襟，坦诚相对，征询政事得失，假如李怀光的那些话传到了皇上的耳中，难道你们不危险吗？"王翃、赵赞把这番话告诉了卢杞，卢杞感受到恐慌，便装出一副若无其事的样子对德宗说："李怀光所建树的功勋业绩，正是国家安危的根本倚赖，叛军被李怀光的英名吓破了胆，全都没有固守长安来抗拒朝廷之心，如果派李怀光乘胜追击，攻下长安，那么就可以一举消灭叛军，而且势如破竹，轻而易举。假如现在让李怀光入城朝见，陛下一定会设宴招待，因而就会拖延几天，致使叛军顺利进入京城，能够从从容容地做好准备工作，到那时恐怕就难以攻下长安城了！"德宗认为卢杞说得很有理。于是诏令李怀光直接带领兵马在便桥驻扎，与李建徽、李晟和神策兵马使杨惠元在指定日期内合兵攻取长安城。李怀光认为自己以数千里之远，日夜兼程，竭尽忠诚来救援天子，击败了朱泚，解除了奉天的重围，但近在咫尺，却不能够见上天子一面，心里极不快乐，说："现在我已被奸臣们排挤了，这事明摆着再清楚不过了！"随即带兵离开了奉天城，到达鲁店这个地方，停留了两天，才向长安进发。

剑南西山兵马使张朏率领所部士卒发动叛乱，攻进了成都城，西川节度使张延赏丢弃成都城，逃奔汉州；戍守鹿头关的将领叱干遂等人率兵征讨张朏，杀了张朏及其党羽，张延赏重又返回成都。

淮南节度使陈少游率领人马讨伐李希烈，驻扎在盱眙县境内，获悉朱泚在长安城叛乱，便回归广陵，整治战壕和营垒，修缮盔甲和兵器。浙江东道、西道节度使韩滉封锁关隘桥梁，禁止牛马出境，又建筑了石头城，在城内开凿了近一百口井，修整馆舍府第几十处，还营建了土堡和壁垒，从建业县起，一直抵达京岘山，瞭望城楼与防御城墙互相联结，这既是为德宗车驾南渡长江做准备，也是为了巩固自己的守备。陈少游调动兵马三千在长江北岸大规模演习，韩滉也派出水军三千人在京江水域耀武扬威，与陈少游相互呼应。

盐铁使包佶征敛的盐铁税共有八百万钱帛，将要运往长安。陈少游认为叛军占

收复，欲强取之。佶不可，少游欲杀之；佶惧，匿妻子于案牍中，急济江。少游悉收其钱帛；佶有守财卒三千，少游亦夺之。佶才与数十人俱至上元，复为韩滉所夺。

时南方藩镇各闭境自守，惟曹王皋数遣使间道贡献。李希烈攻逼汴、郑，江、淮路绝，朝贡皆自宣、饶、荆、襄趣武关。皋治邮驿，平道路，由是往来之使，通行无阻。

（以上为第三段，写南方各藩镇对德宗蒙尘做出的应对反应，多为守境自保，扩充实力以待时机。）

上问陆贽以当今切务。贽以向日致乱，由上下之情不通，劝上接下从谏，乃上疏，其略曰："臣谓当今急务，在于审察群情，若群情之所甚欲者，陛下先行之，所甚恶者，陛下先去之。欲恶与天下同而天下不归者，自古及今，未之有也。夫理乱之本，系于人心，况乎当变故动摇之时，在危疑向背之际，人之所归则植，人之所去则倾，陛下安可不审察群情，同其欲恶，使亿兆归趣，以靖邦家乎！此诚当今之所急也。"又曰："顷者窃闻舆议，颇究群情，四方则患于中外意乖，百辟又患于君臣道隔。郡国之志不达于朝廷，朝廷之诚不升于轩陛。上泽阙于下布，下情壅于上闻，实事不必知，知事不必实，上下否隔于其际，真伪杂糅于其间，聚怨嚣嚣，腾谤籍籍，欲无疑阻，其可得乎！"又曰："总天下之智以助聪明，顺天下之心以施教令，则君臣同志，何有不从！远迩归心，孰与为乱！"又曰："虑有愚而近道，事有要而似迂。"

疏奏旬日，上无所施行，亦不诘问。贽又上疏，其略曰："臣闻立国之本，在乎得众，得众之要，在乎见情。故仲尼以谓人情者圣王之田，言理道所生也。"又曰："《易》，乾下坤上曰泰，坤下乾上曰否，损上益

据着长安，朝廷军队能否收复也无望，打算强行夺取包佶的这些钱财。包佶不肯交出来，于是陈少游就准备杀了他；包佶感到害怕，将自己的妻儿老小藏匿在文书档案中间，急急忙忙地渡过长江，陈少游将他押运的钱财全部收缴过来；包佶手下有守护钱财的士兵三千人，陈少游也强行收编为自己的部下。包佶仅仅偕同几十人逃往上元县，又遭到韩滉的一次劫掠。

此时南方的藩镇节度使各自封锁边境以自保，只有江南西道的节度使曹王李皋屡次派遣使者抄小路向在奉天城的朝廷进献贡物。李希烈叛军进攻不断逼近汴州、郑州，江淮通往奉天的道路被隔绝，各道给朝廷的贡赋都改道从宣州、饶州、荆州、襄州一线直赴武关而运抵奉天。李皋整饬境内的邮驿设施，平治道路，于是来来往往的使者得以通行无阻。

德宗询问陆贽什么是当前最急需办理的事务。陆贽认为近期导致变乱的根源，在于朝廷内外的情况互不相通，劝说德宗听取下情，接受谏劝，于是上疏，大致意思是说："臣认为当今最急迫的事务，在于仔细了解天下民众的情况，如果是天下民众最希望的，那么陛下您就要优先去实施它，如果是他们十分厌恶的，那么陛下您就要优先去除掉它。人主的好恶与天下民众相同，而天下民众不肯归附于他的事情，从古到今，就不曾发生过。说到治与乱的根本，就是人心的向背，更何况当前正处在变故突发，众心动摇的时期，在朝士疑虑、民心向背都难以捉摸的关头，如果是人心所归，那么就能够建树功业，人心涣散，那么就会政权倾颓，陛下您怎能不仔细考察民众实情，与他们好恶一致，让天下万民归心朝廷，从而安定国家呢？这实在是朝廷目前最须急于解决的事啊。"又说："近来臣私下已听到过众多议论，对各方面的情况也稍稍做了一些探究，全国地方担忧朝廷内外政见不一，朝廷百官担忧君臣之间的沟通被阻隔。地方上的意见不能上达于朝廷，朝廷百官的诚意，不能上达圣听。皇上的恩泽很少向下流布，下面的实情被阻塞不能上闻，于是真实的情况不一定知悉，知悉的情况不一定真实。由于上下之间阻滞不通，导致了解的情况真伪夹杂，聚集的怨苦之声铺天盖地，喧闹地流言蜚语层出不穷，想要上下之间没有疑忌和阻隔，那可能吗？"又说："汇聚天下人的智慧来帮助陛下做到耳聪目明，顺应天下人的心愿施行政教律令，那么就会君臣同心，有谁会不听从命令！远近都归服，谁还来作乱呢！"又说："有的谋虑看上去很愚却切近事理，有的事情极为切合实际，看上去却似乎相当迂阔。"

陆贽的奏疏上呈后已有十来天，德宗没有施行任何举措，也不向陆贽追问其中原委。于是陆贽又上奏德宗，疏奏的大意是说："臣下我听说立国的根本在于得到广大民众，而得到广大民众最重要的是体察民情。因此孔子认为民情是产生圣王的土

下曰益，损下益上曰损。夫天在下而地处上，于位乖矣，而反谓之泰者，上下交故也。君在上而臣处下，于义顺矣，而反谓之否者，上下不交故也。上约己而裕于人，人必说而奉上矣，岂不谓之益乎！上蔑人而肆诸己，人必怨而叛上矣，岂不谓之损乎！”又曰：“舟即君道，水即人情。舟顺水之道乃浮，违则没；君得人之情乃固，失则危。是以古先圣王之居人上也，必以其欲从天下之心，而不敢以天下之人从其欲。”又曰：“陛下愤习俗以妨理，任削平而在躬，以明威照临，以严法制断，流弊自久，浚恒太深。远者惊疑而阻命逃死之祸作，近者畏慑而偷容避罪之态生。君臣意乖，上下情隔，君务致理，而下防诛夷，臣将纳忠，又上虑欺诞，故睿诚不布于群物，物情不达于睿聪。臣于往年曾任御史，获奉朝谒，仅欲半年，陛下严邃高居，未尝降旨临问，群臣跼蹐趋退，亦不列事奏陈。轩陛之间，且未相谕，宇宙之广，何由自通！虽复例对使臣；别延宰辅，既殊师锡，且异公言。未行者则戒以枢密勿论，已行者又谓之遂事不谏，渐生拘碍，动涉猜嫌，由是人各隐情，以言为讳。至于变乱将起，亿兆同忧，独陛下恬然不知，方谓太平可致。陛下以今日之所睹验往时之所闻，孰真孰虚，何得何失，则事之通塞备详之矣！人之情伪尽知之矣！”

上乃遣中使谕之曰：“朕本性甚好推诚，亦能纳谏。将谓君臣一体，

壤，就是说民情是治国之道产生的基础。”又说：“在《易经》中，乾卦在下而坤卦在上叫作‘泰’，坤卦在下而乾坤在上叫作‘否’，损卦在上而益卦在下叫作‘益’，损卦在下而益卦在上叫作‘损’。说到天处在下面，而地处在上面，这本是位置颠倒，但是反而被称为‘泰’，这是上下相交融通达的缘故啊。君王在上，而大臣在下，这在道义上完全是顺理成章的，反而被称为‘否’，那是上与下不相沟通交往的缘故。人君约束自己而宽怀大度地待人，人们必然会喜欢他而事奉他，这难道不应该叫作‘益’吗？人君蔑视他人而肆意妄为，人们必然会怨恨他而背叛他，这难道不应该叫作‘损’吗？”又说：“船就好比是为君之道，而水好比是天下的民情。船顺应了水的规律就会浮流水上，如果违背了水的规律，那么船就会沉没；君主能够了解天下的民情，江山大业就能巩固，反之，如果不能体察天下的民情，那么江山大业就危险了。因此古代的那些圣明君王身居天下百姓之上，必定要使自己的欲望顺从天下百姓的心愿，而不敢让天下百姓来屈从自己的欲望。”陆贽还说：“陛下十分愤恨藩镇割据已成习惯，妨碍了天下治理，便以削平藩镇为己任，以圣明的威严君临天下，用严厉的法度裁决万事。然而流弊相承已经很久了，而陛下革除的目标和要求又太重太远。因此那些您所疏远的人惊恐猜疑，因而阻抗朝廷命令以求逃脱死罪的叛乱就发生了；同时您所亲近的人，畏懦恐惧，因而苟安偷生、逃避罪责的情形就出现了。君王和大臣的意图互相违背，上下之间情况阻塞，不得沟通。君王务求政治清明，天下大治，而臣下却时刻在防备诛杀灭族之祸。臣下准备向君王交付一片忠心，而君王总是担心受欺瞒。因此皇帝的诚意不能散播于天下万众，而万众的愿望也不能转达到皇帝那里。我从前曾担任过监察御史，得以侍奉朝见陛下，仅有不到半年的时间，况且陛下深威莫测，高高在上，一次也不曾见陛下降旨征询群臣的意见，群臣小心谨慎，恭敬进退，也不肯提出各种事项条列陈奏。在朝堂之上的君臣尚且未能互相交流、沟通，宇宙如此广阔，又怎能自由通达呢！虽然陛下按惯例与大臣们交谈，还另外延请宰相们商议政务，但这既与君臣共同参与讨论不同，而且也异于当朝公开进言。对还没有施行的事情，大臣们都认定是机密，以不讨论为戒；对已经实施的举措，大臣们又认为已经是发生的事了，不必再去诤谏。于是大臣们渐渐产生了拘谨和顾忌，动不动就牵连到受猜疑的事情上，这样一来大家都各自隐瞒真实情况，都忌讳站出来讲话。以至于将要发生变乱的时候，天下臣民同感忧虑，唯独陛下一人因为不知道实情而满不在乎，还以为太平之世就要到来。陛下您以今日所亲眼见到的事实来验证一下您以往听说的一些话，区分哪些是实的，哪些是虚假的，得在哪里，失在何处，那么事情的通达与阻塞情况，不就全都明白了吗！臣民的忠诚与虚伪，不就全都掌握了吗！”

于是德宗派宦官去谕示陆贽说：“朕本身的性格是很喜欢对人推心置腹的，也

全不堤防，缘推诚不疑，多被奸人卖弄。今所致患害，朕思亦无他，其失反在推诚。又，谏官论事，少能慎密，例自矜衒，归过于朕以自取名。朕从即位以来，见奏对论事者甚多，大抵皆是雷同，道听途说，试加质问，遽即辞穷。若有奇才异能，在朕岂惜拔擢。朕见从前已来，事祇如此，所以近来不多取次对人，亦非倦于接纳。卿宜深悉此意。”贽以人君临下，当以诚信为本。谏者虽辞情鄙拙，亦当优容以开言路，若震之以威，折之以辩，则臣下何敢尽言，乃复上疏，其略曰：“天子之道，与天同方，天不以地有恶木而废发生，天子不以时有小人而废听纳。”又曰：“唯信与诚，有失无补。一不诚则心莫之保，一不信则言莫之行。陛下所谓失于诚信以致患害者，臣窃以斯言为过矣。”又曰：“驭之以智则人诈，示之以疑则人偷。上行之则下从之，上施之则下报之。若诚不尽于己而望尽于人，众必怠而不从矣。不诚于前而曰诚于后，众必疑而不信矣。是知诚信之道，不可斯须而去身。愿陛下慎守而行之有加，恐非所以为悔者也！”又曰：“臣闻仲虺赞扬成汤，不称其无过而称其改过；吉甫歌诵周宣，不美其无阙而美其补阙。是则圣贤之意较然著明，惟以改过为能，不以无过为贵。盖为人之行己，必有过差，上智下愚，俱所不免。智者改过而迁善，愚者耻过而遂非；迁善则其德日新，遂非则其恶弥积。”又曰：“谏官不密自矜，信非忠厚，其于圣德固亦无亏。陛下若纳谏不违，则传之适足增美；陛下若违谏不纳，又安能禁之勿传！”又曰：“侈言无验不必用，质言当理不必违。辞拙而效速者不必愚，言甘而利重者不必智。是皆考之以实，虑之以终，其用无他，唯善所在。”又曰：“陛下所谓‘比见奏对论事皆是雷同道听途说者’，臣窃以众多之议，足见人情，必有可行，亦有可畏，恐不宜一概轻侮而莫之省纳也。陛下又谓‘试加质问，即便辞穷。’臣但以陛下虽穷其辞而未穷其理，能服其口而未服其心。”又曰：“为下者莫不愿忠，为上者莫不求理。然而下每苦上之不理，上每苦下之不忠。若是者何？两情不通故也。下之情莫不愿达于上，上之情莫不求知于下，然而下恒苦上之难达，上恒苦下之难知。若是者何？九弊不去故也。所谓九弊者，上有其六而下有其三：好胜人，耻闻过，骋辩给，眩聪明，厉威严，恣强愎，此六者，君上之弊也；谄谀，顾望，畏愞，此三者，臣下之弊也。上好胜必甘于佞辞，上耻过必忌于直谏，如是则下之谄谀者顺指而忠实之语不闻矣。上骋辩必剿说而折人以言，上眩明必臆度而虞人以诈，如是则下之顾望者自便而切磨之辞不尽矣。上厉威必不能降情以接物，上恣愎必不能引咎以受规，如是

能够采纳臣下所提的意见。而且我觉得君与臣应该是一个整体，因此对臣下毫无提防，一向推诚相待，不加猜疑，但多次被奸佞诡诈的人出卖和愚弄。导致今天这种祸乱的局面，朕考虑不是别的原因，失误反而在于我对人家太诚心诚意了。另外，谏官议论军国大事，很少有人能把事情说得严谨周密的，照例都是高谈阔论，自我夸示炫耀，把过错全推在朕的身上，来为自己博取高名。朕从继承皇位以来，看到大臣们上奏、议对，以及讨论的事情甚多，但所谈的东西大体上都互相雷同，不外乎道听途说。朕尝试加以质疑问难，马上就会无言以对。假如真有特殊的才能，朕怎么会舍不得提拔他们呢？朕观察从先前到如今，事情都只是这个样子，所以新近以来，从不依例向大家咨询各种意见，但也不是说我懒得接受人家的意见。卿应当深切体会朕的这番心意。”陆贽认为帝王统治天下，应当以诚和信作为根本原则。即便进谏人的言辞和态度都很粗鄙迂拙，皇帝也应该宽容大度地对待他们，以便开通言路，假如用威严来震慑他们，用辩难之词来当庭挫伤他们，那么臣下怎么敢毫无保留地表达自己的主张呢？于是再次上奏，大致意思是说：“做天子的道理，与上天统驭万物的方式一样，上天不会由于地上长出了坏树就禁止万物生长，天子也不能因为经常出现小人便废除采纳臣下的意见。”又说：“能够用来治理天下的，只有信和诚，二者一旦失去就无法弥补。一旦有不诚心待人的事发生，那么就设法保有天下人的心，一旦有不守信用的事情发生，那么天子的言语就无人会遵行。陛下您说自己失误的地方在于对待臣下过分真心诚义，才导致了祸乱的发生，臣下私下觉得这话说得过分了。”又说：“用智谋来控制臣下，那么人们就会变得狡诈，向臣下表示猜疑的态度，那么人们就会变得苟且。上面推行什么，下面就跟随执行什么，上面对下面施恩，下面就会对上面报德。如果自己做不到竭诚待人，却指望别人竭诚对待自己，大家必然会消极懈怠，不会听从。先前待人不诚而许诺以后会待人以诚，人们一定会表示怀疑而不信任。由此可知，真诚和信义这一准则，是一刻也不能离开自身的，希望陛下您谨慎地坚持这一准则，并且身体力行更加认真，恐怕不是让陛下您后悔的事情吧！”又说：“臣听说仲虺在颂扬成汤时，不是赞扬周宣王没有过错，而是赞扬周宣王能改正过错；尹吉甫称颂周宣王时，不是赞美成汤没有缺失，而是赞美成汤能够补救缺失。由此可知圣贤的意思非常明确，只以改正过错为贤能，而不以没有过错为可贵。本来任何人行事，必定会有过失、差错，无论是最聪明的人，还是最愚笨的人，都在所难免。明智的人通过改正过错而朝向善良，愚笨的人耻于改正过错而顺遂错误；朝向善良，德行一天会比一天进步，顺遂错误，罪恶会越积越多。”又说：“谏官建言有失缜密，而且自夸炫耀，那实在是欠缺忠诚和厚道，但对于陛下的德望本也没有什么损害。陛下如果能够接受谏官的直言规劝，而不拒绝，那么此事一旦传出去，正好足以给您的德行增美；陛下如果拒绝接受直言劝谏，

则下之畏愞者避辜而情理之说不申矣。夫以区域之广大，生灵之众多，宫阙之重深，高卑之限隔，自黎献而上，获睹至尊之光景者，逾亿兆而无一焉，就获睹之中得接言议者，又千万不一；幸而得接者，犹有九弊居其间，则上下之情所通鲜矣。上情不通于下则人惑，下情不通于上则君疑；疑则不纳其诚，惑则不从其令；诚而不见纳则应之以悖，令而不见从则加之以刑；下悖上刑，不败何待！是使乱多理少，从古以然。”又曰：“昔赵武呐呐而为晋贤臣，绛侯木讷而为汉元辅，然则口给者事或非信，辞屈者理或未穷。人之难知，尧、舜所病，胡可以一酬一诘而谓尽其能哉！以此察天下之情，固多失实，以此轻天下之士，必有遗才。”又曰：“谏者多，表我之能好；谏者直，示我之能容；谏者之狂诬，明我之能恕；谏者之漏泄，彰我之能从；是则人君与谏者交相益之道也。谏者有爵赏之利，君亦有理安之利；谏者得献替之名，君亦得采纳之名。然犹谏者有失中而君无不美，唯恐谠言之不切，天下之不闻，如此则纳谏之德光矣。”上颇采用其言。

（以上为第四段，陆贽上奏论人君治国之道，用贤纳谏是根本，隐喻卢杞专权误国，德宗文过饰非，自用如故。）

又怎么能禁止人们不传播此事呢？”又说：“说空话而没有实际效验的进谏不能采用，言辞朴素而符合事理的进谏不必拒绝。言词笨拙而收效迅速的进谏，不一定是愚昧的，话说得甜美动听而不及弊端的谏言，不一定是聪明的。这些都要根据实际情况来考察，而且还要分析思考后果，总之采用进谏之言，没有别的标准，只看对事情是否有益。”又说：“陛下所说的‘近来所见上奏、议对及讨论事情都互相雷同，不外乎道听途说’这句话，臣私下认为，人人都议论的事情，足以反映了大多数人的心愿，必定会有切实可行的建议，当然也会有令人担忧的意见，恐怕陛下不能一概加以轻视侮慢，而不加深思、采纳。陛下您又说‘尝试加以质疑问难，马上就会无言以对’。臣个人认为，陛下您虽能诘难奏对大臣无话可说，但不能认定人家就毫无道理，您只是让人口服而不能让人心服。”又说：“作为臣下，没有不愿对君王竭尽忠诚的，作为帝王，没有不追求治理天下太平的。但是臣下总是以帝王不能导致天下太平而愁苦，帝王也总是为臣下不能尽忠竭诚而苦恼。这究竟是为了什么呢？不过是上下两方面情况无法沟通的缘故罢了。下面的情况没有不愿意传达给帝王的，帝王的情况也没有不寻求让臣下知道的，然而臣下总是苦于下情难上达，帝王则总是苦于臣下难以知道上情。这又是什么原因呢？不过是没有清除九弊的缘故罢了。所谓九弊，帝王就占了六项而臣下占有三项：待人争强好胜、耻于听别人指出自己的过失、口若悬河地雄辩、炫耀自己的聪慧明智、务求仪容威严、刚愎无节制，这六个方面，是帝王的弊端；谄媚阿谀、观望犹豫、畏惧怯懦，这三个方面，是臣下的弊端。皇上热衷于争强好胜，一定乐闻巧舌奉承之辞，皇上耻于听说自己的过错，一定以诤言劝谏为忌讳，这么一来，臣下中的阿谀谄媚者就去迎合帝王的意图，那么帝王就听不到忠诚真实的话了。帝王喜欢口若悬河的雄辩，必然会大讲抄袭来的理论而打断别人讲话；帝王炫耀自己的聪慧明智，一定会随意揣测而担心别人诳骗自己，这么一来，臣下中瞻前顾后之徒一定会见风使舵，而经过反复斟酌取舍的言辞一定会没完没了。帝王务求仪容威严，一定不会屈尊自谦地待人接物；帝王刚愎无节制，一定不会承认自己的过失而接受臣下的规劝，这么一来，臣下中的那些畏惧怯懦的人将会逃避罪责，而合情合理的辩解就得不到申诉了。由于天下的地域幅员广阔，天下的生灵多得数不胜数，而皇城宫门幽深重叠，上下尊卑的等级限制和阻隔，从众多普通民众的贤能之士中，能够有幸得见帝王威仪和风采的人，在超过亿万人之中难得有一名；而又在有幸得见帝王威仪的人中，能够与帝王直接交谈、议论国家大事的人，又是千万人中难得有一名；在有幸能够受帝王接待的人中，又有九项弊端横阻其间，那么，上与下的情况所能沟通的就极其稀罕了。上情不能下达，那么臣下就心存困惑，而下情不能上达，那么帝王就会在心中猜疑。帝王怀疑臣下，那么就不会接纳臣下的诚意，臣下困惑，就不会服从帝王的命令；忠诚不被

李怀光顿兵不进，数上表暴扬卢杞等罪恶；众论喧腾，亦咎杞等。上不得已，十二月，壬戌，贬杞为新州司马，白志贞为恩州司马，赵赞为播州司马。宦者翟文秀，上所信任也，怀光又言其罪，上亦为杀之。

乙丑，以翰林学士、祠部员外郎陆贽为考功郎中，金部员外郎吴通微为职方郎中。贽上奏，辞以“初到奉天，扈从将吏例加两阶，今翰林独迁官。夫行罚先贵近而后卑远，则令不犯；行赏先卑远而后贵近，则功不遗。望先录大劳，次遍群品，则臣亦不敢独辞”。上不许。

上在奉天，使人说田悦、王武俊、李纳，赦其罪，厚赂以官爵；悦等皆密归款，而犹未敢绝朱滔，各称王如故。滔使其虎牙将军王郅说悦曰：“日者八郎有急，滔与赵王不敢爱其死，竭力赴救，幸而解围。今太

接受，那么就会采取悖逆的行为对待帝王，帝王的命令不被臣下所服从，那么帝王就用刑罚来对付臣下；臣下悖逆帝王而帝王施用刑罚，国家不败亡更待何时？因此，天下变乱蜂起而太平时日稀少，自古以来都是如此。”又说：“过去赵武说话口吃，但却做了晋国的贤臣，绛侯周勃朴实寡言，但却做了汉朝的丞相。这样看来，辩才出众的人所说的事情未必可信，而言语短拙的人所说的话未必不切中事理。人是难以了解透彻的，即便是尧、舜这些圣君都有短处，怎么能仅凭君臣之间一问一答，就断定此人的才能不过如此呢？用这种方式来考察天下的事情，原本就有很多缺失，因此而轻视天下的士人，那么一定会有弃置不用的贤才。”陆贽还说：“进谏规劝的人多，正好表现君王喜欢纳言听谏；进谏的人敢于犯颜直谏，正显示君王能有容人的宽宏大量；进谏的人狂妄诬罔，正表明君王能够宽恕待人；进谏的人能够言无不尽，正彰显了君王能从善如流；这就是帝王与进谏者之间相互沟通补益的途径。进谏的人能够获得官爵赏赐的利益，帝王就会获得治理天下太平的大利；进谏的人获得进献忠言的名声，帝王就会获得采纳意见的美名。尽管进谏的人有的失于中肯，而帝王却只会得到好处。那么帝王应担忧的只是臣下的正直之言还不够切中要害，以及天下人听不到臣下提的这些问题。倘若能达到这种境地，那么陛下善于纳谏的美德就会光耀无际了。”德宗接受了陆贽的一些主张。

李怀光屯驻兵马于途中，不进发，屡次上书德宗揭露卢杞等人罪恶行径；于是朝野舆论喧哗起来，也都把罪责归于卢杞等人。德宗迫不得已，十二月十九日壬戌，将卢杞贬谪为新州司马，将白志贞贬谪为恩州司马，将赵赞贬谪为播州司马。宦官翟文秀，也是德宗信赖重用的人，李怀光又检举翟文秀的罪行，德宗因此又将翟文秀处死。

十二月二十二日乙丑，朝廷任命翰林学士、祠部员外郎陆贽为考功郎中，任命金部外员郎吴通微为职方郎中。陆贽上奏，推辞任命，说自己“刚到奉天城，跟随皇帝的护驾将士们，依照惯例应该提升两级，如今却只有翰林学士升官。按照惯例，在施行惩罚的时候，要先从显贵和亲近的人开始，然后是卑微和疏远的人，这样，发布的命令就不会有人违犯；而行赏的先后正好相反，先从卑微和疏远的人开始，然后才是显贵和亲近的人，这样，所有的功劳都不会遗漏。希望陛下能先行奖赏、升迁有大功劳的人，其次再遍及各级文武官吏，那么我也不敢独自推辞对我的迁升任命”。但没有得到德宗的准许。

德宗在奉天的时候，派遣使者前往田悦、王武俊、李纳那里去宣旨，劝他们归顺朝廷，许诺赦免他们的罪行，增加高官显爵；田悦等人暗中都向朝廷表示归降的诚意，但还不敢与朱滔断绝交往，一如既往地各自称王。朱滔让虎牙将军王郅去劝

尉三兄受命关中，滔欲与回纥共往助之，愿八郎治兵，与滔渡河共取大梁。”悦心不欲行而未忍绝滔，乃许之。滔复遣其内史舍人李琯见悦，审其可否，悦犹豫不决，密召扈崿议之。司武侍郎许士则曰：“朱滔昔事李怀仙为牙将，与兄泚及朱希彩共杀怀仙而立希彩。希彩所以宠信其兄弟至矣，滔又与判官李子瑗谋杀希彩而立泚。泚既为帅，滔乃劝泚入朝而自为留后，虽劝以忠义，实夺之权也。平生与之同谋共功如李子瑗之徒，负而杀之者二十余人。今又与泚东西相应，使滔得志，泚亦不为所容，况同盟乎！滔为人如此，大王何从得其肺腑而信之邪！彼引幽陵、回纥十万之兵屯于郊坰，大王出迎，则成擒矣。彼囚大王，兼魏国之兵，南向渡河，与关中相应，天下其孰能当之！大王于时悔之无及。为大王计，不若阳许偕行而阴为之备，厚加迎劳，至则托以他故，遣将分兵而随之。如此，大王外不失报德之名而内无仓猝之忧矣。”扈崿等皆以为然。王武俊闻李琯适魏，遣其司刑员外郎田秀驰见悦曰：“武俊向以宰相处事失宜，恐祸及身，又八郎困于重围，故与滔合兵救之。今天子方在隐忧，以德绥我，我曹何得不悔过而归之邪！舍九叶天子不事而事滔乎！且泚未称帝之时，滔与我曹比肩为王，固已轻我曹矣。况使之南平汴、洛，与泚连衡，吾属皆为虏矣！八郎慎勿与之俱南，但闭城拒守；武俊请伺其隙，连昭义之兵，击而灭之，与八郎再清河朔，复为节度使，共事天子，不亦善乎！”悦意遂决，绐滔云：“从行，必如前约。”

丁卯，滔将范阳步骑五万人，私从者复万余人，回纥三千人，发河

说田悦道："先前八郎你处于危急的时候，我朱滔与赵王一道不惜性命，竭尽全力赶来救援，有幸解除了对你的围困。目前我做太尉的三哥在关中承受天命而登上皇位，我朱滔打算与回纥兵一同前去援助，希望八郎你能整饬兵马，与我朱滔一道渡过黄河，共同攻占大梁。"田悦内心不愿意与朱滔一起去攻大梁，但又不忍心拒绝，于是就答应了。朱滔又派遣内史舍人李琯去见田悦，观察田悦是否打算出兵，田悦犹豫不决，暗中召扈崿来商议这件事。司武侍郎许士则说："朱滔先前事奉李怀仙为牙将，与兄长朱泚以及朱希彩共同杀了李怀仙，并拥立了朱希彩。朱希彩因此极其宠信朱泚兄弟俩，而朱滔却又与判官李子瑗共谋杀掉了朱希彩，并拥立了朱泚。朱泚做了节度使后，朱滔接着又劝朱泚只身进京入朝，自己担任留后，虽然劝导朱泚是满口忠义之言，而实际上是夺走了朱泚的权力。毕生都帮朱滔出谋划策，共立大功的人如李子瑗这伙人，遭朱滔背弃而杀害的，达二十余人。如今朱滔又与朱泚东西相互策应，如果朱滔一旦达到目的，那么就连朱泚也不会被朱滔所容，何况只是同盟者呢？既然朱滔的为人如此反复无常，大王怎么能相信朱滔还会对您发出肺腑之言呢？朱滔带领十万幽州、回纥兵驻扎在城外郊野，大王您如果出去迎接，就会被生擒。朱滔囚禁了大王您，吞并了魏国的兵马，随即南下渡过黄河，与关中地区互相呼应，那么天下还有谁能与朱滔抗衡呢？大王您到时候后悔都来不及了。设身处地来为大王您考虑，不如表面上许诺与朱滔一同南下，而暗地里做好防备，用隆重的迎接和殷勤的慰劳应付朱滔，等朱滔抵达时，就找一个别的借口推托，另派将领带兵跟随朱滔。这么一来，大王您对外就不会丧失知恩报德的名声，对内也不用担心突然发生变乱了。"扈崿等人都认为许士则说得有道理。王武俊获悉李琯去了魏博田悦那里的消息，就派司刑员外郎田秀骑马急驰去见田悦说："我王武俊一向认为是当朝宰相处理事情不适宜，恐怕危害到自己的生命，加上八郎你陷入重重围困之中，因此才与朱滔一起合兵来救援你。目前皇帝正处在深深的忧患之中，还能用恩德来抚慰我们，我们怎能不悔过自新而归顺朝廷呢？又怎能舍弃九世代代相承的天子不去侍奉，而去侍奉反叛朝廷的朱滔呢？况且朱泚在没有称皇帝的时候，朱滔与我辈原本是平起平坐，相互称王，那时他已开始轻视我辈了。何况再让朱滔南下夺取汴州和东都洛阳，与朱泚联成横贯之势，那我们大家不都成了朱滔的奴隶吗！八郎你要十分谨慎，不要与朱滔一同南下，只要紧闭城门，坚守抵抗就行；请让我王武俊侦伺朱滔的破绽，联合昭义军的兵马，发动袭击并消灭朱滔，我与八郎合力再次扫清河朔地区，重新担任朝廷的节度使，共同事奉皇帝，这不也是很好的选择吗？"田悦于是下定决心这样做，哄骗朱滔说："我跟随你一起去，一定按照以前约定的那样去做。"

十二月二十四日丁卯，朱滔带领范阳的五万步兵、骑兵，作为私属跟随的又有

间而南，辎重首尾四十里。

李希烈攻李勉于汴州，驱民运土木，筑垒道，以攻城；忿其未就，并人填之，谓之湿薪。勉城守累月，外救不至，将其众万余人奔宋州。庚午，希烈陷大梁。滑州刺史李澄以城降希烈，希烈以澄为尚书令兼永平节度使。勉上表请罪，上谓其使者曰："朕犹失守宗庙，勉宜自安。"待之如初。

刘洽遣其将高翼将精兵五千保襄邑，希烈攻拔之，翼赴水死。希烈乘胜攻宁陵，江、淮大震。陈少游遣参谋温述送款于希烈曰："濠、寿、舒、庐，已令弛备，韬戈卷甲，伏俟指麾。"又遣巡官赵诜结李纳于郓州。

中书侍郎、同平章事关播罢为刑部尚书。

以给事中孔巢父为淄青宣慰使，国子祭酒董晋为河北宣慰使。

（以上为第五段，写李怀光挟领兵之重强谏，倒奸相卢杞。官军河南战事吃紧，李希烈势盛。朝廷分化招降河北叛军，朱滔陷于孤立。）

陆贽言于上曰："今盗遍天下，舆驾播迁，陛下宜痛自引过以感人心。昔成汤以罪己勃兴，楚昭以善言复国。陛下诚能不吝改过，以言谢天下，使书诏无所避忌，臣虽愚陋，可以仰副圣情，庶令反侧之徒革心向化。"上然之，故奉天所下书诏，虽骄将悍卒闻之，无不感激挥涕。

术者上言："国家厄运，宜有变更以应时数。"群臣请更加尊号一二字。上以问贽，贽上奏，以为不可，其略曰："尊号之兴，本非古制。行于安泰之日，已累谦冲，袭乎丧乱之时，尤伤事体。"又曰："嬴秦德衰，兼皇与帝，始总称之；流及后代，昏僻之君，乃有圣刘、天元之号。是知人主轻重，不在名称。损之有谦光稽古之善，崇之获矜能纳谄之讥。"又曰："必也俯稽术数，须有变更，与其增美称而失人心，不若黜旧号以祗天戒。"上纳其言，但改年号而已。

一万多人，还有回纥兵三千人，从河间开拔，举兵南下，运输辎重的车队首尾相连，长达四十里。

李希烈对驻扎在汴州的李勉发起进攻，驱赶民众运送土木材料，在地面筑起很高的攻城营垒和栈道，李希烈因为恼怒工程很久没有完成，便将活人随土填埋到地基中，把这些人称为“湿柴”。李勉固守汴州城好几个月，外边的救兵还未抵达，于是率领部下一万多将士逃往宋州投靠刘洽。十二月二十七日庚午，李希烈攻陷了大梁。滑州刺史李澄带领全城投降李希烈，李希烈任命李澄为尚书令兼永平节度使。李勉上表请求惩处，德宗对李勉派来的使者说：“我尚且弃守京城丧失宗庙，李勉自己应该安心才是。”德宗对待李勉与先前一样。

刘洽派遣将领高翼带领精锐部队五千人去防卫襄邑城，李希烈攻克了襄邑，高翼投水身亡。李希烈乘胜攻打宁陵县，江淮局势大为震动。陈少游派遣参谋温述向李希烈表达诚意说：“濠州、寿州、舒州、庐州，我已命令他们放松戒备，兵器和甲胄都收藏起来了，敬候您前来指挥。”又派遣巡官赵诜去郓州与李纳联络。

中书侍郎、同平章事关播被免职，贬为刑部尚书。

朝廷任命给事中孔巢父为淄青宣慰使，国子祭酒董晋为河北宣慰使。

陆贽对德宗建言说：“如今叛军遍布天下，陛下的车驾流亡迁徙，陛下应当痛切地引咎自责以感化民众之心。过去成汤因自己承担罪责而勃然兴盛，楚昭王因善意的讲话而终于复国。如果陛下确实能够不惜改过，公开地向天下人谢罪，颁下的诏书无所避讳，臣虽愚昧浅陋，能够让草拟的诏书，上可以符合陛下的深心，下可以让那些反复无常之徒洗心革面，归附朝廷。”德宗认为陆贽说得好，因此在奉天城所颁布的诏书词情恳切，即使是骄兵悍将听到后，也没有不感动得挥泪不已的。

有方术之士进言朝廷说：“国家蒙受了厄运，应当有所变化，以顺应时运的更变。”群臣们请为德宗的尊号再加上一两个字。德宗询问陆贽对此事的看法，陆贽上奏，认为不能这么做，奏疏大致的意思是说：“给皇帝添加尊号这件事，本来就不是古代传承下来的制度。在国家安定太平的时候施行，本来就已经拖累了皇帝谦逊冲和的美德，何况在国家处在丧乱之际袭用，再给皇帝加尊号，尤其有伤体统。”又说：“嬴姓秦朝德行衰败，兼用皇与帝两个名称，始将二者合称皇帝；此事流传到后代，昏庸邪僻的帝王，才有汉哀帝的‘圣刘’之号，周宣帝的‘天元’之称。由此可知，帝王是否伟大、渺小，不在于他有个什么名称。相反，降低尊号，就会有谦逊和顺从古制的美誉，增大尊号，只能获得炫耀才能和接受谄媚的讥讽。”又说：

上又以中书所撰赦文示贽，贽上言，以为：“动人以言，所感已浅，言又不切，人谁肯怀！今兹德音，悔过之意不得不深，引咎之辞不得不尽，洗刷疵垢，宣畅郁堙，使人人各得所欲，则何有不从者乎！应须改革事条，谨具别状同进。舍此之外，尚有所虞。窃以知过非难，改过为难；言善非难，行善为难。假使赦文至精，止于知过言善，犹愿圣虑更思所难。”上然之。

（以上为第六段，写陆贽上奏德宗，改弦更张政治来挽救时局，而下诏罪己挽回人心是实际改弦更张的起点。）

兴元元年（甲子，784年）

春，正月，癸酉朔，赦天下，改元，制曰：“致理兴化，必在推诚；忘己济人，不吝改过。朕嗣服丕构，君临万邦，失守宗祧，越在草莽。不念率德，诚莫追于既往；永言思咎，期有复于将来。明征其义，以示天下。

“小子惧德弗嗣，罔敢怠荒，然以长于深宫之中，暗于经国之务，积习易溺，居安忘危，不知稼穑之艰难，不恤征戍之劳苦，泽靡下究，情未上通，事既拥隔，人怀疑阻。犹昧省己，遂用兴戎，征师四方，转饷千里，赋车籍马，远近骚然，行赍居送，众庶劳止，或一日屡交锋刃，或连年不解甲胄。祀奠乏主，室家靡依，死生流离，怨气凝结，力役不息，田莱多荒。暴令峻于诛求，疲甿空于杼轴，转死沟壑，离去乡闾，邑里丘墟，人烟断绝。天谴于上而朕不寤，人怨于下而朕不知，驯致乱阶，变兴都邑，万品失序，九庙震惊，上累于祖宗，下负于蒸庶，痛心腼貌，罪实在予，永言愧悼，若坠泉谷。自今中外所上书奏，不得更言‘圣神文武’之号。

“假如陛下一定要屈身迎合时运术数，希望变更称号，与其给自己增加美称而丧失民心，不如废除原有的尊号而表示恭奉上天的儆诫。”德宗接受了陆贽的主张，仅仅是改换了来年的年号。

德宗又把中书官署撰写的赦免文书给陆贽看，陆贽上书德宗，认为：“用言语打动别人，使人所受的感动本来就淡泊，而如果所说的话不切实际，那又有谁会放在心上呢？而今陛下的这篇诏书，追悔过失的意思不能不深切，引咎自责的措辞不能不详尽，这样来洗刷自己缺点和错误，宣泄大家心中久埋的抑郁，使人们各自得到所希望的满足，那么还有谁会不听命于朝廷呢？应当及时变革的各个事项，我恭敬地另写了一个条陈同时进呈。除此之外，我还有所担忧。臣以为承认自己的过错并不难，但要改正过错却太难。话讲得好并不难，但事做得好却很难。假如这篇赦罪文书写得极为精致，那也只是停留在承认自己的过错和讲得动听，还希望陛下更多地考虑切实改正过错这一更难办的事吧。”德宗觉得陆贽说得有理。

唐德宗兴元元年（甲子，784 年）

春季，正月初一日癸酉朔，朝廷大赦天下，改年号为兴元，颁布制书说：“务求天下太平，振兴四方教化，一定在于开诚布公；克制自己的欲求，去帮助救济民众，不惜改正错误和过失。朕继承大统，主宰天下，但却使京城的宗庙失守沦陷，自身也亡命于荒野之中。这是由于没能念念不忘遵循德教，实在无法追悔以往；只有长久地审思自己的过错，希望将来复兴国家。现把这个意思公开表达出来，展示在天下人的面前。

“朕担心自己的德行难以继承先帝们的业绩，因此临朝不敢荒淫懈怠，然而由于长期居住在深宫内廷之中，不熟悉治理国家的事务，积习沉迷，不加更改，当身处平安之世，便忘却天下会有危难，不知道农事的艰难，不体恤征戍将士的劳苦，恩泽没能广施下层百姓，而他们的情况也没能上通朝廷，上下双方的情况阻隔壅塞，民众心怀疑虑而忧愁。这时朕仍不懂得深刻反省自己，因而兴起了战乱，征发兵马，遍布四方之地，传输粮饷，连绵千里之遥，征用民间车马，致使远近骚动不安，出征的人要自带衣食，而居家的人则服役输送，民众都受尽了辛苦，有时一天之内会发生几场战事，将士们连续几年不能解甲休整。以至于祭祀祖先没有主人，家庭失去了依靠，百姓生死无定，流离失所，怨恨之气，凝结集聚，征发劳役未曾停息，农田长草多半荒芜。残暴的官吏严厉索讨钱粮，困疲的农妇不再织布，人们流离转徙死于沟壑之中，背井离乡，以至于城镇、乡村荒废为丘墟，杳无人烟。苍天的谴责，朕没有醒悟，下民的怨尤，朕不知晓，于是渐渐沦入祸乱的境地，变乱兴起于都城，一切都丧失了秩序，九朝祖宗震惊不已。朕对上拖累了祖宗，对下有负于民

“李希烈、田悦、王武俊、李纳等，咸以勋旧，各守藩维，朕抚御乖方，致其疑惧；皆由上失其道而下罹其灾，朕实不君，人则何罪！宜并所管将吏等一切待之如初。

“朱滔虽缘朱泚连坐，路远必不同谋，念其旧勋，务在弘贷，如能效顺，亦与惟新。

“朱泚反易天常，盗窃名器，暴犯陵寝，所不忍言，获罪祖宗，朕不敢赦。其胁从将吏百姓等，但官军未到京城以前，去逆效顺并散归本道、本军者，并从赦例。

“诸军、诸道应赴奉天及进收京城将士，并赐名奉天定难功臣，其所加垫陌钱、税间架、竹、木、茶、漆、榷铁之类，悉宜停罢。”

赦下，四方人心大悦。及上还长安明年，李抱真入朝为上言：“山东宣布赦书，士卒皆感泣，臣见人情如此，知贼不足平也！”

命兵部员外郎李充为恒冀宣慰使。

朱泚更国号曰汉，自号汉元天皇，改元天皇。

（以上为第七段，写德宗采纳陆贽建言，在兴元元年的元旦日颁布兴元大赦诏。）

王武俊、田悦、李纳见赦令，皆去王号，上表谢罪。惟李希烈自恃兵强财富，遂谋称帝，遣人问仪于颜真卿，真卿曰：“老夫尝为礼官，所记惟诸侯朝天子礼耳！”希烈遂即皇帝位，国号大楚，改元武成。置百官，以其党郑贲为侍中，孙广为中书令，李绶、李元平同平章事。以汴州为大梁府，分其境内为四节度。希烈遣其将辛景臻谓颜真卿曰：“不能屈节，当自焚！”积薪灌油于其庭。真卿趋赴火，景臻遽止之。

众，痛心不已，惭怍羞愧，这些罪责实在都应该由朕一人承担，为此长久地惭愧和悲伤，就像坠入九泉幽谷中一样。从今以后，朝廷内外所上奏的书表奏章，一概不允许再称‘圣神文武’的尊号。

“李希烈、田悦、王武俊、李纳等人，都是有功旧臣，各自驻守在藩镇。朕安抚、控驭失当，致使他们对朝廷疑惑畏惧，这都是由于上面失道而导致下面深受灾害，朕实在是有失为君的规范，他人有什么罪呢？应当把李希烈等人连同他们的部属将士等一并对待如同当初。

“朱滔虽然由于朱泚反叛而应获连坐之罪，但二人相距遥远不是同谋，念他先前建有功勋，也一定宽大恕罪，如果能够归顺朝廷，为国效命，那么也准许他反省自新。

“朱泚违背天道而移易了君臣的上下秩序，篡窃权位，严重侵扰了先皇陵寝，所作所为令人实在不忍称说，犯了得罪列祖列宗的罪恶，朕不敢赦免。那些因受朱泚威胁而被迫跟随的将士、官吏、百姓等人，只要是在朝廷尚未打到京城以前，离开叛军而效顺朝廷，或者能够散伙后投奔本道、本军的人，一律依照赦免条例办理。

“诸军、诸道凡应召奔赴奉天救难和进军收复京城的将士，一并赐予‘奉天定难功臣’的称号。那些加征的除陌钱、间架税，以及竹、木、茶、漆税和专营铁器等项税赋，全部停止征收。”

赦罪文书颁行天下，四方民心大快，万众欢欣。等到德宗重返长安的第二年，李抱真入朝为此对德宗说：“山东颁布赦罪文书之时，士兵们都感动流泪，我见民情如此归向朝廷，就知道平定叛军实在不足挂齿了！”

朝廷任命兵部员外郎李充为恒冀宣慰使。

朱泚更改国号为“汉”，自称“汉元天皇”，改换年号为“天皇”。

王武俊、田悦、李纳见到德宗的赦罪文书后，都除掉了自封的诸侯王的称号，上表朝廷认罪。只有李希烈倚仗自己军力强大，资财富足，竟然谋划称帝，派人向颜真卿询问登临皇位的典礼仪式，颜真卿说：“老夫曾担任礼官，所记得的只有诸侯朝见天子的礼仪罢了！”李希烈于是就登上了皇帝之位，国号为“大楚”，改换年号为“武成”。设置文武百官，让党羽郑贲担任侍中，孙广担任中书令，李缓与李元平为同平章事。把汴州改称为大梁府，划分所统辖的地域为四个节度区。李希烈派将领辛景臻对颜真卿说：“你既然不肯屈节侍奉我，那就应该自焚求死！”在颜真卿的庭院中堆积干柴，还在上面浇透了油脂。颜真卿快步走向火堆，辛景臻急忙把颜真卿拉住。

希烈又遣其将杨峰赍赦赐陈少游及寿州刺史张建封，建封执峰徇于军，腰斩于市，少游闻之骇惧。建封具以少游与希烈交通之状闻，上悦，以建封为濠、寿、庐三州都团练使。希烈乃以其将杜少诚为淮南节度使，使将步骑万余人先取寿州，后之江都，建封遣其将贺兰元均、邵怡守霍丘秋栅。少诚竟不能过，遂南寇蕲、黄，欲断江路。时上命包佶自督江、淮财赋，溯江诣行在；至蕲口，遇少诚入寇。曹王皋遣蕲州刺史伊慎将兵七千拒之，战于永安戍，大破之，少诚脱身走，斩首万级，包佶乃得前。后佶入朝，具奏陈少游夺财赋事；少游惧，厚敛所部以偿之。李希烈以夏口上流要地，使其骁将董侍募死士七千袭鄂州，刺史李兼偃旗卧鼓闭门以待之。侍撤屋材以焚门，兼帅士卒出战，大破之。上以兼为鄂、岳、沔都团练使。于是希烈东畏曹王皋，西畏李兼，不敢复有窥江、淮之志矣。

（以上为第八段，写李希烈南犯江淮，东西受阻，再不敢南犯。）

朱滔引兵入赵境，王武俊大具犒享；入魏境，田悦供承倍丰，使者迎候，相望于道。丁丑，滔至永济，遣王郅见悦，约会馆陶，偕行渡河。悦见郅曰：“悦固愿从五兄南行，昨日将出军，将士勒兵不听悦出，曰：‘国兵新破，战守逾年，资储竭矣。今将士不免冻馁，何以全军远征！大王日自抚循，犹不能安；若舍城邑而去，朝出，暮必有变！’悦之志非敢有贰也，如将士何！已令孟祐备步骑五千，从五兄供刍牧之役。”因遣其司礼侍郎裴抗等往谢滔。滔闻之，大怒曰：“田悦逆贼，向在重围，命如丝发，使我叛君弃兄，发兵昼夜赴之，幸而得存。许我贝州，我辞不取；尊我为天子，我辞不受。今乃负恩，误我远来，饰辞不出！”即日，遣马寔攻宗城、经城，杨荣国攻冠氏，皆拔之；又纵回纥掠馆陶顿幄帟、器皿、车、牛以去。悦闭城自守。壬午，滔遣裴抗等还，分兵置吏守平恩、永济。

李希烈又派出部将杨峰携带赦书去送给陈少游和寿州刺史张建封。张建封让人绑着杨峰在军中示众，然后在街市中将杨峰腰斩，陈少游听到消息后震惊惧怕。张建封将陈少游与李希烈互相勾结的情况上奏给朝廷，德宗非常高兴，任命张建封为濠州、寿州、庐州都团练使。李希烈任命部将杜少诚为淮南节度使，率领步兵、骑兵一万多人先去攻占寿州，然后再前往江都赴任，张建封派遣部将贺兰元均、邵怡防御霍邱县的秋栅，杜少诚被阻截无法通过，无奈之中便向南侵犯蕲州、黄州，准备截断长江通道。这时德宗命令包佶亲自督运江、淮一带征敛的财赋，溯江而行，前往德宗所在的奉天城；到了蕲口，遭遇到杜少诚的侵扰。曹王李皋派遣蕲州刺史伊慎带领七千人马阻击杜少诚，双方在永安戍交战，伊慎大败杜少诚，杜少诚脱身逃走，官军斩获叛军首级一万多，包佶这才得以继续前进。后来包佶入朝晋见德宗，把陈少游夺取朝廷财赋的事情原原本本地奏报了；陈少游获悉后感到害怕，在控制的地域内大肆搜刮来补偿朝廷。李希烈认为夏口这个地方系长江上游的要害之地，便派出骁将董侍招募敢死士卒七千人奔袭鄂州，鄂州刺史李兼偃伏军旗，停敲军鼓，关闭城门，以待董侍。董侍命令部下拆除城外民房的木材，运到城下来焚烧城门，李兼带领将士们出城交战，把董侍的人马打得大败。德宗任命李兼为鄂州、岳州、沔州都团练使。于是李希烈东怕曹王李皋，西怕李兼，不敢再有窥伺江淮的想法了。

朱滔带领兵马进入赵州境内，王武俊为朱滔备办了丰厚的犒赏军食；随后，朱滔兵马进入魏州境内，田悦供应奉献的物品加倍丰厚，派去迎候朱滔的使者很多，沿途一个接着一个。正月初五日丁丑，朱滔抵达永济县，派遣王郅去见田悦，准备约田悦率领军队在馆陶会合，然后同行南渡黄河。田悦接见王郅时说："我田悦本来愿意随从五哥进军南下，而昨天将要带兵出城的时候，将士们按兵不动，不服从我的命令出城，他们说：'我们魏国的军队前不久被马燧打败，而且在这里攻战、守御已有一年多，物资储备全都耗尽了。如今将士们难以避免挨饿受冻，全军凭借什么远征作战呢？大王您每日都要亲自安抚慰谕将士，军心还不能安定下来；假如放弃驻守的城邑南下，早上开出城门，日落后必定会发生兵变！'我田悦的本意是不敢对五哥怀有二心的，但又能拿将士们怎么办呢？我已经命令孟祐准备步兵、骑兵五千人，随从五哥，供五哥用作割草喂马的贱役。"于是派遣司礼侍郎裴抗等人前往朱滔那里赔罪。朱滔获悉这一消息后，大怒骂道："田悦这个背信弃义的逆贼，先前身陷重围之时，性命如同头发丝那样纤弱，怂恿我背叛皇帝，离弃兄弟，发动兵马，昼夜兼程地赶赴增援，侥幸保住了他的性命。田悦许诺把贝州送给我，我推辞没有接受；拥戴我做皇帝，我也推辞不肯接受。到如今却辜负恩德，害得我率军远行而来，田悦竟然花言巧语推托而不肯出兵！"当天，便派遣马寔带兵攻打田悦占据的

丙戌，以吏部侍郎卢翰为兵部侍郎、同平章事。翰，义僖之七世孙也。

朱滔引兵北围贝州，引水环之，刺史邢曹俊婴城拒守；纵范阳及回纥兵大掠诸县，又拔武城，通德、棣二州，使给军食；遣马寔将步骑五千屯冠氏以逼魏州。

以给事中杜黄裳为江淮宣慰副使。

（以上为第九段，写王武俊、田悦、李纳接受赦令归顺朝廷，河北朱滔仍负隅顽抗。）

上于行宫庑下贮诸道贡献之物，榜曰琼林大盈库。陆贽以为战守之功，赏赉未行而遽私别库，则士卒怨望，无复斗志，上疏谏，其略曰："天子与天同德，以四海为家，何必挠废公方，崇聚私货！降至尊而代有司之守，辱万乘以效匹夫之藏，亏法失人，诱奸聚慝，以斯制事，岂不过哉！"又曰："顷者六师初降，百物无储，外扞凶徒，内防危堞，昼夜不息，殆将五旬，冻馁交侵，死伤相枕，毕命同力，竟夷大艰。良以陛下不厚其身，不私其欲，绝甘以同卒伍，辍食以啖功劳。无猛制而人不携，怀所感也；无厚赏而人不怨，悉所无也。今者攻围已解，衣食已丰，而谣讟方兴，军情稍阻，岂不以勇夫恒性，嗜利矜功，其患难既与之同忧而好乐不与之同利，苟异恬默，能无怨咨！"又曰："陛下诚能近想重围之殷忧，追戒平居之专欲，凡在二库货贿，尽令出赐有功，每获珍华，先给军赏，如此，则乱必靖，贼必平，徐驾六龙，旋复都邑，天子之贵，岂当忧贫！是乃散其小储而成其大储，损其小宝而固其大宝也。"上即命去其榜。

宗城县、经城县，派遣杨荣国带兵攻打冠氏县，都攻克了；还纵容回纥兵大肆抢劫馆陶，将驿站、馆舍内的帷帐及各种器具、车辆、牛群掳掠而去。田悦关闭城门，防守自卫。正月初十日壬午，朱滔打发裴抗等人返回魏州，又分派兵马，设置官吏，守备平恩县和永济县。

正月十四日丙戌，朝廷任命吏部侍郎卢翰为兵部侍郎、同平章事。卢翰是卢义僖的第七代孙。

朱滔带领军队北进围困贝州，引来河水，将贝州城环绕起来，贝州刺史邢曹俊据城抵御朱滔的围攻；朱滔纵容范阳和回纥兵马在贝州各县大肆抄劫掳掠，又攻克了武城县，连通了德、棣两个州，并让德、棣二州供给军队的粮草。派遣马寔率步兵、骑兵五千人屯驻在冠氏县，逼迫魏州。

朝廷任命给事中杜黄裳为江淮宣慰副使。

德宗在行宫廊庑之下贮藏着各道贡献的物品，挂起一个题写“琼林大盈库”字样的牌子。陆贽认为将士们征战杀敌和固守奉天城的功劳，一直没有颁行赏赐，却急忙将财物另存私库，那么就会引起士兵们的怨恨，再不会有出生入死的战斗意志，因而上疏劝谏，奏疏的大意是说：“天子应有与上天同样的德行，以四海为家园，为什么一定要自坏法度，为私己聚敛财货呢？把至高无上的地位降低为看守财物的主管官吏，辱没天子无上的尊崇而去效仿平民百姓私藏物品，这样既坏了法度，又失了人心，诱导奸邪，蓄养大恶，用这种方式来处置事务，难道不是错误的吗？”又说：“不久以前，随皇上前往奉天城的军队，刚到的时候，各种物资储备都没有，他们对外要抵御凶狠的叛军，对内要加固、防守垂危的城楼，昼夜连续战斗，前后将近五十天，大家饥寒交迫，丧命和负伤的人纵横相枕，但他们拼死力战，同心同德，最终克服了巨大的艰难。这确实是因为陛下您没有贪图个人享受，不去满足自己的私欲，弃绝甘美的饮食，与士兵们同甘共苦，甚至停用御膳，以省下食物赐给立功的将士。当时未施严厉的惩罚，而大家并没有背叛，这是由于被陛下的恩德感动了；对将士们没有丰厚的赏赐，而大家并没怨言，这是由于他们知道当时已没有东西可赏。如今叛军的进攻和围困都已解除，提供的衣食都已充裕起来，然而军中的谣言和怨声正在兴起，士气渐趋败坏，这难道不是因为勇夫们的共性都是喜好财利、自夸功劳，在患难之时能与他们分担忧患，而在欢乐之时却不能有福同享造成的吗？假使陛下已不像当时那样恬淡沉稳，怎么能禁止将士们没有怨言呢？”又说：“陛下果真能好好回想不久前被重重围困的深切忧虑，戒除往常只满足个人欲望的缺点，

萧复尝言于上曰："宦官自艰难以来，多为监军，恃恩纵横。此属但应掌宫掖之事，不宜委以兵权国政。"上不悦。又尝言："陛下践阼之初，圣德光被，自杨炎、卢杞黩乱朝政，以致今日。陛下诚能变更睿志，臣敢不竭力。傥使臣依阿苟免，臣实不能！"又尝与卢杞同奏事，杞顺上旨，复正色曰："卢杞言不正！"上愕然，退，谓左右曰："萧复轻朕！"戊子，命复充山南东西、荆湖、淮南、江西、鄂岳、浙江东西、福建、岭南等道宣慰、安抚使，实疏之也。既而刘从一及朝士往往奏留复，上谓陆贽曰："朕思迁幸以来，江、淮远方，或传闻过实，欲遣重臣宣慰，谋于宰相及朝士。佥谓宜然。今乃反覆如是，朕为之怅恨累日。意复悔行，使之论奏邪？卿知萧复何如人？其不欲行，意趣安在？"贽上奏，以为："复痛自修励，慕为清贞，用虽不周，行则可保。至于轻诈如此，复必不为。借使复欲逗留，从一安肯附会！今所言矛盾，愿陛下明加辩诘。若萧复有所请求，则从一何容为隐！若从一自有回互，则萧复不当受疑。陛下何惮而不辩明，乃直为此怅恨也！夫明则罔惑，辩则罔冤；惑莫甚于逆诈而不与明，冤莫痛于见疑而不与辩。是使情伪相糅，忠邪靡分。兹实居上御下之要枢，惟陛下留意。"上亦竟不复辩也。

辛卯，以王武俊为恒、冀、深、赵节度使。壬辰，加李抱真、张孝

下令把凡是贮存在大盈、琼林两个府库中的金银财货，全部拿出来赏赐有功人员，每当获得华美珍贵的物件，先拿来用作军中的赏赐，这样一来，那么天下的变乱必定会平定下来，叛贼也必定会被芟除，到时候，您从容地统领六军将士，凯旋班师，复归京城，以天子的尊贵，难道用得着担忧会遭受贫困吗？这样只是散去了陛下的小小储蓄，而成就了陛下一统天下的巨大储蓄，虽然损耗了陛下的小宝物，而巩固了陛下的万世根基这个大宝物啊。”德宗立即命令拆除了“琼林大盈库”的牌子。

萧复曾对德宗说：“宦官自从国家发生祸乱以来，大多派往各镇担任监军，他们倚仗皇帝的恩宠而飞扬跋扈。这伙人只应掌管皇宫内的事务，不应当把指挥军队和商议国政的权力委托给他们。”德宗听完就感到不高兴。萧复还曾经对德宗说过：“陛下继承皇位的初期，德泽四溢，光耀天下，然而自从杨炎、卢杞扰乱冒黩朝纲朝政，以至于形成了目前这种局面。倘若陛下真能够改变一下以前的主张，臣怎敢不竭尽全力报效朝廷呢？假如要让臣凡事依附，苟且自保，那臣实在无法做到！”萧复又曾经与卢杞同时上朝奏议政事，卢杞迎合皇帝的旨意说话，萧复面色严肃地说：“卢杞讲话虚伪不正直！”德宗听了感到惊愕，退朝之后，还对身边的人说：“萧复他太不把朕放在眼里！”正月十六日戊子，德宗任命萧复充当山南东西道、荆湖、淮南、江西、鄂岳、浙江东西道、岭南等道的宣慰、安抚使，这实际上是疏远萧复。稍后，刘从一和朝中官员们纷纷上奏德宗，请求把萧复留在朝中，德宗对陆贽说：“朕考虑到自从出奔奉天城以来，因江、淮地区所在遥远，对那边的情势不甚了解，有的传闻言过其实，准备派遣一个德高望重的大臣去宣谕安抚，将此事征求宰相和朝臣们的意见，都以为应该照此处理。而现在派萧复去，朝臣们却纷纷奏留，这样翻来覆去，朕一连恼恨了几天。猜想或许是萧复不愿意赴任，而指使朝臣上奏议论让自己留下吗？卿知道萧复是什么样的人吗？他不想赴任，究竟意图何在？”陆贽上奏，认为：“萧复痛下决心去修身自励，希望做到清正廉洁，虽然言行有许多不够周详之处，但是他的品德还是毋庸置疑的。至于采取如此轻贱的诡计，萧复一定不会这样做。假使萧复打算逗留朝中，那刘从一怎么肯附和萧复呢？此刻陛下所说的话有矛盾，希望陛下明加辨察，追问清楚。倘若萧复对刘从一有什么请托的话，那么刘从一怎敢替萧复隐瞒呢？倘若刘从一自愿回护萧复，那么萧复就不应当受到怀疑。陛下为什么担心而不查明此事，竟然为此而耿耿于怀呢？事情搞清楚了，就不会有困惑，要是让当事人申辩，就不会有冤枉。疑惑，没有比被人欺诳而没法辨明更糟的了；冤屈，没有比人猜疑而不能辨明更痛心的了。这样会使真伪糅杂，忠奸难辨了。这确实是君临天下控御群臣的关键，希望陛下留意。”德宗最终还是没有对此事重加辨察。

正月十九日辛卯，朝廷任命王武俊为恒、冀、深、赵四州节度使。正月二十日

忠并同平章事。丙申，加田悦检校左仆射。以山南东道行军司马樊泽为本道节度使，前深、赵观察使康日知为同州刺史、奉诚军节度使，曹州刺史李纳为郓州刺史、平卢节度使。

戊戌，加刘洽汴、滑、宋、亳都统副使，知都统事，李勉悉以其众授之。

辛丑，六军各置统军，秩从三品，以宠勋臣。

吐蕃尚结赞请出兵助唐收京城。庚子，遣秘书监崔汉衡使吐蕃，发其兵。

（以上为第十段，写德宗猜疑、贪财秉性难移，局势好转旧病复犯，由于尚在蒙尘之中，京城未复，才勉强听取了陆贽的劝谏。）

壬辰，一并加授李抱真、张孝忠为同平章事。正月二十四日丙申，加授田悦为检校左仆射。任命山南东道行军司马樊泽为本道的节度使，任命前深、赵二州观察使康日知为同州刺史、奉诚军节度使，任命曹州刺史李纳为郓州刺史、平卢节度使。

正月二十六日戊戌，加授刘洽为汴、滑、宋、亳四州都统副使，代理都统职务，命令李勉把自己率领的兵马全部交给刘洽。

正月二十九日辛丑，朝廷在六军中各设统军一职，品级为从三品，用来表示对有功之臣的宠信。

吐蕃的尚结赞请求出动兵马援助唐朝收复京城长安。正月二十八日庚子，朝廷派遣秘书监崔汉衡出使吐蕃，调动吐蕃军队来援。

【点评】

本卷点评卢杞之贬和德宗罪己两大事件。

一、卢杞之贬。卢杞，字子良，滑州灵昌（今河南滑县西南）人。出身官僚世家，父、祖皆唐玄宗朝重臣，祖卢怀慎，宰相；父卢奕，御史大夫。卢杞门荫入仕，代宗末官至虢州刺史。建中二年（781），征为御史大夫，旬日之间升为宰相。建中四年（783）末贬为新州司马。为相三年，蒙蔽圣听，堕乱朝典，残害忠良，致乱危国，是唐代，也是中国历史上著名的奸相。卢杞貌丑，面色如蓝，人们把他看成鬼怪。郭子仪病重，百官看望，郭子仪不回避婢仆。卢杞造访，郭子仪让所有婢仆回避，自己一人正襟危坐接待卢杞。事后家人问原因，郭子仪说："卢杞貌丑，婢仆们见了暗中嘲笑，卢杞一旦掌权，我们家就要灭族。"郭子仪历练世故，一眼看穿了卢杞的奸恶。可是多数人识不透，见卢杞穿粗衣，吃粗饭，认为他有父祖清廉之风，这说明卢杞善于伪装。

卢杞妒贤害能，小有违逆，必置人于死地。杨炎看不起卢杞貌丑，便遭杀身之祸。颜真卿为人耿直正义，卢杞上奏德宗派颜真卿为淮西宣慰使，借李希烈之手杀害忠良。宰相张镒忠正有才，卢杞妒忌，上奏德宗出张镒为凤翔节度使。宰相崔宁来到奉天，德宗慰劳有加，卢杞忌惮，借口朱泚任命崔宁为中书令，诬陷崔宁来奉天是为朱泚作内应，德宗不察，暗杀了崔宁。诸镇勤王之师到奉天，卢杞以全家百口性命担保朱泚不反，不让勤王之师进奉天城，劝德宗不在奉天设军备，以此来向朱泚示之以诚。谏议大夫姜公辅强谏，反驳卢杞，如果朱泚不反，还怕天子之兵多吗？有备才能无患。诸镇之兵，这才得以进奉天城。灵武、盐州等一万多勤王之师将到奉天，有两条路可以进城。一条路经漠谷，道近艰险，如中敌伏则危殆，一条路经乾陵，道稍远平坦，可保无虞。关播、浑瑊主张援军途经乾陵入城。卢杞反对，说援军经乾陵惊扰祖宗。浑瑊说："朱泚叛兵，砍伐乾陵松柏，日夜不停，早已惊扰多时。"卢杞说："天子之兵，怎能与贼兵相比。"结果灵盐援兵经漠谷，全军覆没。卢杞大奸似忠，如此祸国，百官咬牙切齿，无人敢言。李怀光解奉天之围，自以为功大，期待德宗召见。卢杞担心李怀光入朝对己不利，冠冕堂皇上奏德宗下诏，让李怀光乘胜追击朱泚，不必入朝晋见。李怀光不满，认为被卢杞出卖，屯兵咸阳不进，连上数道奏章揭发卢杞罪恶，百官也议论纷纷，德宗不得已贬卢杞为新州司马。德宗回到京师，念念不忘卢杞，又要起用他，遭到朝臣反对。德宗说："众人都说卢杞奸邪，朕怎么认识不到。"李勉回答："卢杞奸邪，天下人皆知，只有陛下不知，这正是卢杞之所以为奸也。"德宗无话可说。卢杞善逢迎，他摸透德宗自大忌刻的心理，总是顺着德宗的心意去办事，卢杞的罪恶，其实就是德宗的罪恶。苛捐杂税的征收，杀崔宁、杀杨炎，以及不准勤王之师进奉天城、路经漠谷遭覆灭等等，均为

德宗之意，通过卢杞之口说出而已。一个愚笨的昏君，如遇良辅，尚可治国，三国蜀汉刘禅，有贤相诸葛亮、蒋琬为辅，国可治，而一个自以为是又有些才干的昏君，如殷纣王、如隋炀帝，有神仙相辅也没有用。德宗乃殷纣王、隋炀帝之流，逼反李怀光，第二次蒙尘，罪有应得，没有做亡国之君，真是万幸。

二、德宗罪己。德宗蒙尘，出逃奉天，收缩河北之军勤王，魏县行营解散，李抱真退屯临洺，观望形势。李抱真利用王武俊与朱滔的矛盾，劝说王武俊归唐。德宗困在奉天，陆贽进言，说“昔成汤以罪己勃兴，楚昭以善言复国”，希望德宗能够下罪己诏，推诚改过，赦免叛臣，允许他们革新改过，可以早日结束战争。德宗采纳，派人游说田悦、王武俊、李纳，允许他们改过，以朝命委任他们做节度使。本来这三人要的就是割据，传子继承。名义上归唐，揭去叛臣帽子，何乐而不为，三人于是秘密答应了。公元 784 年正月一日，德宗改元兴元，发布大赦诏，史称兴元大赦诏，也就是德宗的罪己诏。诏书开门见山，德宗表示推诚改过。制曰：“致理兴化，必在推诚；忘己济人，不吝改过。朕嗣服丕构，君临万邦，失守宗祧，越在草莽。不念率德，诚莫追于既往；永言思咎，期有复于将来。明征其义，以示天下。”说得情真意切。诏书宣布，四方人心大快，河北那些骄兵悍将，也无不感激涕零。田悦、王武俊、李纳上表谢罪。德宗任命王武俊为恒、冀、深、赵四州节度使，李纳为平卢节度使，田悦已为节度使，加官检校左仆射。朱滔于公元 785 年病死，将士立刻拥立刘怦，朝廷授任为幽州、卢龙节度使。公元 786 年，李希烈为部将陈仙奇所杀，接着淮西将吴少诚杀陈仙奇，自为留后，朝廷认可。这样由节度使传子制引发的一场大战，祸乱唐朝半壁江山，德宗两度蒙尘，最终以皇帝罪己告终，藩镇割据成为定局。陆贽的出现，促使德宗最后关头转变，使唐王朝度过了危机。陆贽政治上的运筹帷幄，军事上的洞察预测，起了中流砥柱的作用。陆贽是一个杰出的政治家。

唐纪四十六

唐德宗兴元元年（784 年）

【起阏逢困敦（甲子，784 年）二月，尽四月，不满一年】

【大事提要】

本卷记事起公元 784 年二月，讫四月，共三个月。当德宗兴元元年二月到四月。德宗偏狭、任性而急躁，遥控战事，拒谏而自用，促成李怀光反叛，唐朝再度陷于危局。德宗被迫逃奔汉中，甚至有效法唐玄宗避蜀的打算。幸赖陆贽支撑大局，李晟分兵驻屯，阻止了李怀光与朱泚合势，逼迫李怀光东走入据河中，缓解了形势。陆贽直谏，德宗不平，外亲内疏，陆贽有宰相之实而无宰相之名，时人称其为内相。山南东道节度使贾耽识大体，奉君命，从容让位下属，留给了蒙尘中的德宗一块立足之地。河北战事，王武俊与李抱真释嫌联兵救贝州。魏博田绪杀田悦归顺朝廷，朱滔陷于孤立。

【原文】

德宗神武圣文皇帝五

兴元元年（甲子，784 年）

二月，戊申，诏赠段秀实太尉，谥曰忠烈，厚恤其家。时贾隐林已卒，赠左仆射，赏其能直言也。

李希烈将兵五万围宁陵，引水灌之；濮州刺史刘昌以三千人守之。

滑州刺史李澄密遣使请降，上许以澄为汴滑节度使。澄犹外事希烈；希烈疑之，遣养子六百人戍白马，召澄共攻宁陵。澄至石柱，使其众阳惊，烧营而遁。又讽养子令剽掠，澄悉收斩之，以白希烈，希烈无以罪也。

刘昌守宁陵，凡四十五日不释甲。韩滉遣其将王栖曜将兵助刘洽拒希烈，栖曜以强弩数千游汴水，夜，入宁陵城。明日，从城上射希烈，及其坐幄，希烈惊曰："宣、润弩手至矣！"遂解围去。

（以上为第一段，写淮西军事，官军与叛贼李希烈拉锯相持。）

朱泚自奉天败归，李晟谋取长安。刘德信与晟俱屯东渭桥，不受晟节制；晟因德信至营中，数以沪涧之败及所过剽掠之罪，斩之；因以数骑驰入德信军，劳其众，无敢动者，遂并将之，军势益振。

李怀光既胁朝廷逐卢杞等，内不自安，遂有异志。又恶李晟独当一面，恐其成功，奏请与晟合军；诏许之。晟与怀光会于咸阳西陈涛斜，筑垒未毕，泚众大至。晟谓怀光曰："贼若固守宫苑，或旷日持久，未易攻取；今去其巢穴，敢出求战，此天以贼赐明公，不可失也！"怀光曰："军适至，马未秣，士未饭，岂可遽战邪！"晟不得已乃就壁。晟每与怀光同出军，怀光军士多掠人牛马，晟军秋豪不犯。怀光军士恶其异己，分所获与之，晟军终不敢受。

【语译】

德宗神武圣文皇帝五

唐德宗兴元元年（甲子，784 年）

二月初七日戊申，德宗下诏追赠段秀实为太尉，赐给谥号“忠烈”，还特别优厚地抚恤他的家人。这时贾隐林已经去世，追赠贾隐林为左仆射，以奖赏贾隐林在世时能够正言直谏。

李希烈率领军队五万人包围宁陵城，挖沟引水灌城；濮州刺史刘昌率领三千人守卫宁陵城。

滑州刺史李澄秘密派遣使者到奉天诚请求归顺朝廷，德宗承诺授给李澄为汴滑节度使。李澄在表面上仍然服从李希烈；李希烈对李澄有了怀疑，派遣自己的六百名养子去戍守白马城，召令李澄率军与他一起去攻打宁陵城。李澄率军到了石柱这个地方，指使部下佯装受到侵袭，烧毁自己的营房后逃跑了。又派人暗地引诱李希烈的养子们在外盗劫抢掠，然后全部将他们抓起来杀了，并将他们的罪行都报告给了李希烈，李希烈也没有办法加罪于李澄。

刘昌防守宁陵，连续四十五天没有脱卸身上的铠甲。浙江东道、西道节度使韩滉派出部将王栖曜率兵协助刘洽抵御李希烈，王栖曜派出强健精锐的弩弓手几千人游过汴水，晚上进入宁陵城。第二天，弩弓手们从宁陵城上射击李希烈，箭矢落到了李希烈的坐帐之上，李希烈大吃一惊说：“宣州、润州的弩弓手来了！”于是解除了对宁陵城的包围，率军离去。

朱泚从奉天城战败，逃回到长安，李晟谋划攻取长安城。刘德信军与李晟军都驻扎在东渭桥，但刘德信不服从李晟的指挥；李晟乘刘德信到自己军营中的机会，列举刘德信在沪涧战败以及率军沿途抢劫掳掠的罪行，把刘德信杀了；接着率领几名随从驰入刘德信军营中，去慰劳他的部众，他的部众中没有人敢起来反抗的，于是李晟一并统帅了刘德信队伍，军队的声势更加振作。

李怀光胁迫朝廷贬逐了卢杞等人之后，自己内心也惴惴不安，于是便有了反叛朝廷的打算。又嫉妒李晟独当一面，害怕李晟取得成功，便上奏朝廷请求与李晟的军队联合在一起；德宗下诏同意。李晟与李怀光在咸阳西边陈涛斜这个地方会师，营垒还没有完全修好，朱泚的大批军队就蜂拥而来。李晟对李怀光说：“假如叛军们固守宫城和苑城，也许会旷日持久，不容易攻下长安城；现在他们离开了自己的巢穴，竟敢出城来挑战，这是上天将叛军赐给您来消灭，这种时机一定不能丧失啊！”李怀光说：“我们的军队才到这里，战马尚未吃草料，战士还没有吃饭，怎么能马上

怀光屯咸阳累月，逗留不进；上屡遣中使趣之，辞以士卒疲弊，且当休息观衅。诸将数劝之攻长安，怀光不从，密与朱泚通谋。李晟屡奏，恐其有变，为所并，请移军东渭桥；上犹冀怀光革心，收其力用，寝晟奏不下。

怀光欲缓战期，且激怒诸军，奏言："诸军粮赐薄，神策独厚。厚薄不均，难以进战。"上以财用方窘，若粮赐皆比神策，则无以给之，不然，又逆怀光意，恐诸军觖望；乃遣陆贽诣怀光营宣慰，因召李晟参议其事。怀光意欲晟自乞减损，使失士心，沮败其功，乃曰："将士战斗同而粮赐异，何以使之协力！"贽未有言，数顾晟。晟曰："公为元帅，得专号令；晟将一军，受指踪而已。至于增减衣食，公当裁之。"怀光默然，又不欲自减之。遂止。

时上遣崔汉衡诣吐蕃发兵，吐蕃相尚结赞言："蕃法发兵，以主兵大臣为信；今制书无怀光署名，故不敢进。"上命陆贽谕怀光，怀光固执以为不可，曰："若克京城，吐蕃必纵兵焚掠，谁能遏之！此一害也。前有敕旨，募士卒克城者人赏百缗，彼发兵五万，若援敕求赏，五百万缗何从可得！此二害也。虏骑虽来，必不先进，勒兵自固，观我兵势，胜则从而分功，败则从而图变，谲诈多端，不可亲信，此三害也。"竟不肯署敕；尚结赞亦不进军。

（以上为第二段，写李怀光奉命讨朱泚，心怀异志而按兵不动，德宗派陆贽宣慰，观察军情。）

就出来迎战呢？”李晟迫不得已，只得回到自己的营垒里去。李晟每次都与李怀光一同派出军队，李怀光的士兵总是抢掠平民百姓以及牛马，而李晟的军队纪律严整，秋毫不犯。李怀光的士兵憎恶李晟的军队与自己不同，把抢劫来的东西分给他们，但李晟的军士始终都不敢接受。

李怀光在咸阳一连驻扎了几个月，却按兵不动，不肯攻城；德宗多次派宦官使者催促李怀光攻打长安城，李怀光总是以士兵疲惫不堪，应当休养军力，以便寻找战机。各位将领也多次劝李怀光攻打长安城，李怀光仍然不听，而秘密地与朱泚勾结合谋。李晟屡次上奏朝廷，担心李怀光有变故，军队被李怀光兼并，请求朝廷让自己的军队移往东渭桥；德宗仍然希望李怀光洗心革面，争取能让李怀光为朝廷效劳，所以将李晟的奏疏压下来，没有批示。

李怀光想延缓作战的时间，而且还想激怒统帅下的各支军队，挑拨他们的关系，就上奏说：“各军的粮食供给很少，只有神策军的供应丰厚。这样厚薄不平均，难以进军出战。”德宗因为财物用度正处于困难之中，如果各军的粮食供给都同神策军一样，就没有那么多粮食供给，但如果不增加对各军的供给，又怕违逆了李怀光的心意，引起各支军队的不满情绪；于是就派陆贽去李怀光营中宣谕、安抚，顺便传召李晟参与讨论如何处理这件事。李怀光的意思是想让李晟自己开口请求朝廷减少对他的军队的供给，这样便会让李晟在自己军中丧失人心，以败坏李晟所建立的功劳，于是就说：“各军将士出征与敌人作战相同，但粮食供给却不同，那怎么能让他们齐心协力呢？”陆贽当场不说话，只是多次示意李晟表态。李晟说：“您是军中元帅，有权发号施令；我李晟只不过带领一支军队，接受您的指挥而已。至于是否要增减衣服和粮食供给，一切都应由您裁断。”李怀光沉默不语，又不愿意亲口说出裁减李晟军队的供给，事情就此搁置下来。

当时德宗派遣秘书监崔汉衡出使吐蕃，请求他们调发援兵，吐蕃的国相尚结赞说：“按照吐蕃调派援兵的约定，要由对方主掌兵权大臣的署名为凭信；现在带来的求援制书上没有李怀光的签名，所以我们不敢进军。”德宗派陆贽去李怀光那里做工作，但李怀光坚持认为不能让吐蕃发兵来援助，说：“如果攻下了京城，那吐蕃一定会放纵他们的士卒在城中烧杀抢掠，到时又有谁能阻止他们？这是第一个害处。前不久曾颁布过的皇帝敕书中规定，凡是招募来的士兵参与攻克长安城的人，每个人奖赏钱一百缗，吐蕃发兵五万人，如果他们以敕书为依据请求赏赐，那五百万缗钱从哪里弄呢？这是第二个害处。吐蕃的骑兵虽然来了，一定不肯率先进军攻城，在一旁停兵不进，保存实力，并且观察我军的情况，如果攻城成功，那么他们会跟着瓜分功劳。如果攻城失败，那么他们会乘机图谋生事，他们诡计多端，不能亲近信任。这是第三个害处。”李怀光始终不肯签署自己的名字，尚结赞也没有派出援军。

陆贽自咸阳还，上言："贼泚稽诛，保聚宫苑，势穷援绝，引日偷生。怀光总仗顺之师，乘制胜之气，鼓行芟翦，易若摧枯，而乃寇奔不追，师老不用，诸帅每欲进取，怀光辄沮其谋。据兹事情，殊不可解。陛下意在全护，委曲听从，观其所为，亦未知感。若不别务规略，渐思制持，惟以姑息求安，终恐变故难测。此诚事机危迫之秋也，固不可以寻常容易处之。今李晟奏请移军，适遇臣衔命宣慰，怀光偶论此事，臣遂泛问所宜。怀光乃云：'李晟既欲别行，某亦都不要藉。'臣犹虑有翻覆，因美其军盛强。怀光大自矜夸，转有轻晟之意。臣又从容问云：'回日，或圣旨顾问事之可否，决定何如？'怀光已肆轻言，不可中变，遂云：'恩命许去，可亦无妨。'要约再三，非不详审，虽欲追悔，固难为辞。伏望即以李晟表出付中书，敕下依奏，别赐怀光手诏，示以移军事由。其手诏大意云：'昨得李晟奏，请移军城东以分贼势。朕本欲委卿商量，适会陆贽回奏云，见卿语及于此，仍言许去事亦无妨，遂敕本军允其所请。'如此，则词婉而直，理顺而明，虽蓄异端，何由起怨！"上从之。

晟自咸阳结陈而行，归东渭桥。时鄜坊节度使李建徽、神策行营节度使杨惠元犹与怀光联营，陆贽复上奏曰："怀光当管师徒，足以独制凶寇，逗留未进，抑有他由。所患太强，不资傍助。比者又遣李晟、李建徽、杨惠元三节度之众附丽其营，无益成功，祇足生事。何则？四军接垒，群帅异心，论势力则悬绝高卑，据职名则不相统属。怀光轻晟等兵微位下而忿其制不从心，晟等疑怀光养寇蓄奸而怨其事多陵己；端居则互防飞谤，欲战则递恐分功，龃龉不和，嫌衅遂构，俾之同处，必不两全。强者恶积而后亡，弱者势危而先覆，覆亡之祸，翘足可期！旧寇未

陆贽从咸阳回到奉天城，上奏说：“叛贼朱泚为拖延被诛灭的时间，集中兵力退保皇城和禁苑，大势已去，外援又断绝，不过是迁延时日、苟且偷生罢了。李怀光统领正义之师，乘着大获全胜的气势，如果击鼓进军，消灭敌人，就像摧枯拉朽那样容易，但是李怀光在叛军逃窜时不追击，坐等自己军队士气低落，而不见机用兵，各军主帅每每打算出兵杀敌攻城，李怀光总是阻止他们。根据这一情形看来，他的意图何在，很难理解。陛下一心一意地要维护保全李怀光，对李怀光委曲求全，言听计从。现在观察李怀光的所作所为，并没有因陛下的宽容而有所感动。如果不采取另外措施和谋略，渐渐地想法去控制李怀光，只是一味地去姑息，以求得平安，最终可能还是要发生意想不到的变乱。现在正处在危机四伏的关键时刻，当然不能用通常的措施，随便的态度来对待。现在李晟上奏朝廷请求将军队移调别处，正好遇上臣奉陛下之命去那里宣抚、安慰，李怀光偶尔谈论到李晟要移防别处的事，臣于是不经意地问该如何处理。李怀光便说：‘李晟既然想去别的地方驻扎，我也不必借力李晟来为我效命！’臣还是担心李怀光在这事上有所反复，因此就称赞李怀光的军力强盛。李怀光大大地自我吹嘘了一通，转而露出了轻视李晟的意思。臣又不慌不忙地问李怀光：‘臣回朝时，或许皇上会下诏询问这个事情是可行还是不可行，不知你如何决定这事？’李怀光在前面已经说了大话，不能中途变卦，于是就说：‘如果皇上诏令允许他转移，也不妨碍什么事。’臣为此事与李怀光再三约定，不能不说是十分周密慎重的了，即使李怀光打算反悔，也恐怕不好意思说出口。希望陛下马上将李晟的上奏转给中书，并下诏书批准李晟调军别处的请求，另外再赐给李怀光一份您的手谕，告诉调离李晟部队的理由。这份手谕的大致意思是说：‘昨天收到李晟的奏疏，李晟请求将军队调往长安城的东边，借此分散敌人的兵力。朕本来想就这事同你商量，正巧陆贽从你那里回来上奏说，与你相见时曾谈到这事，你一直说允许李晟撤出你的驻地，对事情没什么妨碍，所以就下令应允李晟军队调往别处的请求。’这样一来，措辞很委婉而意思很明确，道理很顺畅又十分清楚，李怀光虽然久怀异心，但没有任何理由抱怨朝廷！”德宗采纳了陆贽的建议。

李晟将军队按战斗队形从咸阳出发，回到东渭桥。当时鄜坊节度使李建徽、神策军行营节度使杨惠元还与李怀光驻军在一起，陆贽又上奏说：“李怀光现在管辖的军队，以他自己一支军队的力量就可以制服凶恶的叛贼，他在这里一直逗留不前，也许有别的什么原因。李怀光令人担忧的是他的军队力量太强，不需要借助别人的帮助。不久前朝廷又派遣李晟、李建徽、杨惠元三个节度使辖下的军队挨着李怀光的军营驻扎，这不仅不利于攻城作战，反而只会出生事端。这是什么原因呢？由于四支军队的营垒连接，而各支军队主帅的意图又各不相同，以各军的实力来看，他们相互间力量很悬殊，主帅的官位也没有统属关系。李怀光轻视李晟等人兵力弱小、

平，新患方起，忧叹所切，实堪疚心！太上消慝于未萌，其次救失于始兆，况乎事情已露，祸难垂成，委而不谋，何以宁乱！李晟见机虑变，先请移军，建徽、惠元势转孤弱，为其吞噬，理在必然，他日虽有良图，亦恐不能自拔；拯其危急，唯在此时。今因李晟愿行，便遣合军同往，托言晟兵素少，虑为贼泚所邀，藉此两军迭为掎角，仍先谕旨，密使促装，诏书至营，即日进路，怀光意虽不欲，然亦计无所施。是谓先人有夺人之心，疾雷不及掩耳者也。解斗不可以不离，救焚不可以不疾，理尽于此，惟陛下图之。"上曰："卿所料极善。然李晟移军，怀光不免怅望，若更遣建徽、惠元就东，恐因此生辞，转难调息，且更俟旬时。"

（以上为第三段，写陆贽建言德宗，应采纳李晟分兵驻屯的策略，转移李晟等三支官军以分李怀光兵势，德宗折衷，半信半疑，结果只移动李晟一军。）

辛酉，加王武俊同平章事兼幽州、卢龙节度使。

李晟以为："怀光反状已明，缓急宜有备，蜀、汉之路不可壅，请以裨将赵光铣等为洋、利、剑三州刺史，各将兵五百以防未然。"上疑未决，欲亲总禁兵幸咸阳，以慰抚为名，趣诸将进讨。或谓怀光曰："此汉祖游云梦之策也！"怀光大惧，反谋益甚。

上垂欲行，怀光辞益不逊，上犹疑谗人间之，甲子，加怀光太尉，增实食，赐铁券，遣神策右兵马使李卞等往谕旨。怀光对使者投铁券于地曰："圣人疑怀光邪？人臣反，赐铁券；怀光不反，今赐铁券，是使之

地位低下，但又对不能随心所欲地节制他们而恼火，李晟等人又怀疑李怀光养寇蓄奸，而对李怀光处理事情上以势压人深怀不满；在平时，他们要互相防备飞短流长的诽谤和指责，而将要出阵作战时，他们又各自担心功劳被对方分去，他们表里不和，于是就产生了矛盾和冲突，如果让他们仍然驻扎在一起，强弱的双方一定不会两全。势力强盛的一方，虽然恶行积累，但却最后才败亡，势力微弱的一方，形势危险，会先遭失败，他们这种两败俱伤的祸患，随时都可能会到来！原先的叛贼尚未消灭，新的祸患又产生了，这是使人忧心忡忡的关节点，实在让人痛心疾首啊！最佳的办法是将这种危机消灭在尚未萌芽的状态中，其次是在危机刚刚出现时就马上采取补救措施，何况现在事情已经露出了端倪，祸患和灾难马上就要到来，如果把这事放到一边，不采取措施，到时用什么来平息祸乱？李晟认识到了这种危机，顾虑出现变故，所以先行上奏请求调离军队，驻屯别处，李建徽、杨惠元两支军队的势力转而会变得孤单弱小，被李怀光吞并，这在情理上是必然的，到事情出现时，虽然采取了很好的措施，恐怕也会无济于事；要解决危机拯救李建徽、杨惠元的军队，只能现在就当机立断地采取行动。现在正好乘李晟自愿调移军队的机会，下令另外两支军队与李晟联军同去，借口李晟兵一向弱小，恐怕为叛贼朱泚截击，必须借助这两支军队互相援助，可以先派人去李、杨两军中传达诏令，而暗中命令他们赶快整理行装，只等诏书下到军营中，当天就出发上路。即使李怀光内心不想让他们走，也无计可施。这就是所谓先发制人以震慑对方的迅雷不及掩耳的策略。排解争斗，不能不让双方分开，抢救火灾，不能不快速行动，所要讲的道理，就全部在这里了，请陛下设法处理。”德宗说：“你所设想的方法十分周全。但李晟将军队调往他处，李怀光不免要耿耿于怀，如果再将李建徽、杨惠元调往长安城东边，恐怕李怀光因此找借口，到时反而更难调解关系，那就暂缓行动，再等十天左右吧。”

二月二十日辛酉，德宗加授王武俊同平章事兼幽州、卢龙节度使。

李晟认为：“李怀光反叛朝廷的迹象已经十分明显，无论事缓、事急都要有所防备，蜀地、汉中的交通要道不能堵塞，因此请委任臣手下的裨将赵光铣等人去担任洋州、利州、剑州三个州的刺史，各让他们率领士兵五百人去，以防患于未然。”德宗对李晟的建议犹豫不决，准备亲自总领禁军巡视咸阳城，以安抚、慰问将士为名，督促各个将领们率军攻打长安城。有人便对李怀光说：“这是汉高祖巡游云梦泽的计策啊！”李怀光听了后十分恐惧，反叛朝廷的计划更为加紧了。

德宗将要前往咸阳之际，李怀光对朝廷的言论更加出语不逊，德宗这时仍然怀疑是喜欢挑拨是非的人在离间李怀光，二月二十三日甲子，还加封李怀光为太尉，增加李怀光实封的食邑户口，赏赐可免死罪的铁券，并派遣神策军右兵马使李卞等

反也！”辞气甚悖。朔方左兵马使张名振当军门大呼曰：“太尉视贼不许击，待天使不敬，果欲反邪！功高太山，一旦弃之，自取族灭，富贵他人，何益哉！我今日必以死争之。”怀光闻之，谓曰：“我不反，以贼方强，故须蓄锐俟时耳。”怀光又言：“天子所居必有城隍。”乃发卒城咸阳，未几，移军据之。张名振曰：“乃者言不反，今日拔军此来，何也？何不攻长安，杀朱泚，取富贵，引军还邠邪！”怀光曰：“名振病心矣！”命左右引去，拉杀之。

右武锋兵马使石演芬，本西域胡人，怀光养以为子。怀光潜与朱泚通谋，演芬遣其客部成义诣行在告之，请罢其都统之权。成义至奉天，告怀光子璀；璀密白其父。怀光召演芬责之曰：“我以尔为子，奈何欲破我家！今日负我，死甘心乎？”演芬曰：“天子以太尉为股肱，太尉以演芬为心腹；太尉既负天子，演芬安得不负太尉乎！演芬胡人，不能异心，惟知事一人。苟免贼名而死，死甘心矣！”怀光使左右脔食之，皆曰：“义士也！可令快死。”以刀断其喉而去。

李卞等还，言怀光骄慢之状，于是行在始严门禁，从臣皆密装以待。

（以上为第四段，写德宗欲巡幸李怀光军营，又赐以不死铁券以宠之，适得其反，李怀光忌疑而加紧谋叛。）

乙丑，加李晟河中、同绛节度使；上犹以为薄，丙寅，又加同平章事。

上将幸梁州，山南节度使盐亭严震闻之，遣使诣奉天奉迎，又遣大将张用诚将兵五千至盩厔以来迎卫。用诚为怀光所诱，阴与之通谋，上闻而患之。会震继遣牙将马勋奉表，上语之故；勋请“亟诣梁州取严震

人去李怀光那里传达圣旨。李怀光当着朝廷使者的面将免罪铁券扔到地上说："是皇上怀疑我李怀光了吧？在臣下造反的时候，皇上才赐给免罪铁券；我李怀光不反叛朝廷，现在赏给我免罪铁券，这是逼我造反呀！"说话的言语和神态都十分无礼。朔方军的左兵马使张名振挡在军门门口大声呼喊道："太尉对待叛军，不允许我等出击，对待朝廷的使者，极不恭敬，是果真要造反吗？你的功劳像泰山一样高，一旦抛弃了这些，那是自取满门被灭之祸，让他人享受富贵，这有什么好处呢？我今天拼着一死，也要与你争辩到底。"李怀光听了，对张名振说："我不反叛朝廷，只是敌军正处在强盛时期，所以必须让将士养精蓄锐，以等待时机。"李怀光又说："天子居住的地方一定得有很深的城濠。"于是调派士兵修筑咸阳城，过了不久，他就调移军队，进入咸阳。张名振说："才说不反叛朝廷，现在你调动军队到这里来，那又是干什么？为什么不去进攻长安城，诛杀了朱泚，获取功名富贵，带领将士们回邠宁故地去呢？"李怀光说："张名振神智错乱了！"下令身边的人将张名振拖到外面，把张名振活活拉扯死了。

右武锋兵马使石演芬，本是西域胡人，李怀光将他收为养子。李怀光暗中与朱泚相勾结，石演芬派他的门客郜成义去奉天汇报这件事，请求德宗罢免李怀光的都统权力。郜成义到了奉天城，告诉了李怀光的儿子李璀；李璀秘密地将石演芬的事情告诉了父亲李怀光。李怀光将石演芬召来，斥责石演芬说："我把你当成自己的儿子看待，你为什么想要把我弄得家破人亡呢？你今天辜负了我，我让你死，你不后悔吗？"石演芬说："天子把太尉您视为辅佐朝政举足轻重的大臣，太尉您视我石演芬为心腹亲信；太尉您既然辜负了皇上，那我石演芬怎么能不辜负太尉您呢？我石演芬是胡人，不知道朝秦暮楚，心存二意，只知道事奉一人。如果能免于蒙上叛贼之名，那将死而无憾了！"李怀光命令侍卫将石演芬一刀一刀地割死。然后吃石演芬的肉。这些侍从们都说："石演芬是一位侠义之士，应该让石演芬死个痛快。"于是大家用刀割断石演芬的喉咙，就都离开了。

李卞等人回到奉天城，汇报了李怀光骄悍、傲慢无礼的各种情况，于是朝廷加强了宫门城关的警戒，德宗的侍从大员都在暗中整理行装，做好离开奉天城的准备。

二月二十四日乙丑，德宗加封李晟为河中、同绛节度使；德宗觉得这样对待李晟还是太薄了一点，二月二十五日丙寅，又加授李晟为同平章事。

德宗将要去梁州，山南节度使盐亭人严震听说这件事后，派遣专使到奉天城去迎接德宗，又派手下大将张用诚率领将士五千人到盩厔县来迎接、护卫德宗的车驾。张用诚被李怀光高官重利所收买，暗中与李怀光勾结、同谋，德宗知道后十分担心。

符召用诚还府；若不受召，臣请杀之。”上喜曰：“卿何时复至此？”勋刻日时而去。既得震符，请壮士五人与之俱出骆谷。用诚不知事泄，以数百骑迎之，勋与之俱入驿。时天寒，勋多然藁火于驿外，军士皆往附火。勋乃从容出怀中符，以示用诚曰：“大夫召君。”用诚错愕起走，壮士自后执其手擒之。用诚子在勋后，斫伤勋首。壮士格杀其子，仆用诚于地，跨其腹，以刀拟其喉曰：“出声则死！”勋入其营，士卒已擐甲执兵矣。勋大言曰：“汝曹父母妻子皆在汉中，一朝弃之，与张用诚同反，于汝曹何利乎！大夫令我取用诚，不问汝曹，无自取族灭！”众皆詟服。勋送用诚诣梁州，震杖杀之，命副将领其众。勋裹其首，复命于行在，愆期半日。

李怀光夜遣人袭夺李建徽、杨惠元军，建徽走免，惠元将奔奉天，怀光遣兵追杀之。怀光又宣言曰：“吾今与朱泚连和，车驾且当远避！”

怀光以韩游瓌朔方将也，掌兵在奉天，与游瓌书，约使为变，游瓌密奏之；明日，又以书趣之。上称其忠义，因问：“策安出！”对曰：“怀光总诸道兵，故敢恃众为乱。今邠宁有张昕，灵武有宁景璇，河中有吕鸣岳，振武有杜从政，潼关有唐朝臣，渭北有窦觎，皆守将也。陛下各以其地及其众授之，尊怀光之官，罢其权，则行营诸将各受本府指麾矣。怀光独立，安能为乱！”上曰：“罢怀光兵权，若朱泚何？”对曰：“陛下既许将士以克城殊赏，将士奉天子之命以讨贼取富贵，谁不愿之！邠府兵以万数，借使臣得而将之，足以诛泚；况诸道必有杖义之臣，泚不足忧也！”上然之。

（以上为第五段，写李怀光反叛，兼并李建徽、杨惠元军。）

正好严震接着又派遣牙将马勋去奉天城上奏表，德宗将事情的原委告诉给马勋；马勋向德宗请求“赶快去梁州取严震的兵符召张用诚回府，如果他不接受命令，请让我杀了张用诚”。德宗高兴地说：“你什么时候能再到这里来？”马勋给自己限定日期之后快速离去。马勋得到严震调兵的兵符后，请严震派五名勇士与他一起出了骆谷。张用诚不知道与李怀光同谋的事情已经泄露，亲自带几名骑兵前来迎接马勋，马勋与张用诚一起进了驿站。当时天寒地冻，马勋让人在驿站外燃起许多堆火，张用诚的士兵一到，就都去火堆烤火。马勋这才不慌不忙地从怀中掏出严震的兵符，把它给张用诚看说：“严大夫召您回府。”张用诚猝然惊异，站起来就要逃跑，马勋带来的勇士从后边擒获了张用诚。张用诚的儿子站在马勋后面，用剑砍伤了马勋的脑袋。勇士们杀了张用诚的儿子，将张用诚摔在地上，脚踏在张用诚的肚子上，用刀抵在张用诚的喉头上说：“出声就杀了你！”马勋进入张用诚的军营中，士兵们已穿上铠甲，全副武装了。马勋对他们大声喊道：“你们的父母、妻儿都在汉中，你们一旦抛弃了他们，与张用诚一道反叛朝廷，对你们有什么好处吗？严大夫命令我来拘捕张用诚，不追究你们，你们不要自取灭族之祸！”将士们都很害怕，被马勋所慑服。马勋送张用诚到梁州，严震命人用军棍打死了张用诚，命令副将统帅张用诚的部众。马勋带着张用诚的人头，去奉天城向德宗复命，比约定时间仅慢了半天。

李怀光半夜派遣部队突然袭击李建徽、杨惠元两支军队，李建徽脱身，仅免一死，杨惠元将要向奉天方向逃跑，李怀光派兵追击，杀了杨惠元。李怀光又扬言道：“我现在已经与朱泚联结一起，皇帝的车驾应该远远回避！”

李怀光以为韩游瓌是朔方军的旧将，现在在奉天城掌握着兵权，于是给韩游瓌写了封信，约他发动叛乱，韩游瓌将这事秘密向德宗上报；第二天，李怀光又派人送信给韩游瓌，催促韩游瓌起事。韩游瓌再次向德宗上奏此事，德宗称赞韩游瓌对朝廷忠义，于是问韩游瓌：“现在该采取什么措施？”韩游瓌回答说：“李怀光统辖各道军队，所以才敢依仗军力强大叛乱。现在邠宁有张昕，灵武有宁景璿，河中有吕鸣岳，振武有杜从政，潼关有唐朝臣，渭北有窦觎，都是守护当地的将领。陛下将各个地方的军队都交给这些将领统辖和指挥，提升李怀光的官职，罢免他的兵权，那么在行营的各个将领都分别受各自军府的指挥了。李怀光被孤立以后，还怎么能造反作乱呢？”德宗问：“罢免了李怀光的兵权，那怎么对付朱泚呢？”韩游瓌说：“陛下既然许诺给攻下长安城的将士以特殊的赏赐，那么将士们奉天子的命令，去讨伐叛贼以获得富贵，还有谁不愿意立功呢？邠宁军府的士兵有一万多人，假如陛下能让我率领，这支军队就足以诛灭朱泚了；何况各道之中，一定会有主持正义的臣属，朱泚实在不足以令人担忧！”德宗觉得韩游瓌说得有道理。

丁卯，怀光遣其将赵升鸾入奉天，约其夕使别将达奚小俊烧乾陵，令升鸾为内应以惊胁乘舆。升鸾诣浑瑊自言，瑊遽以闻，且请决幸梁州。上命瑊戒严，瑊出，部勒未毕，上已出城西，命戴休颜守奉天，朝臣将士狼狈扈从。戴休颜徇于军中曰："怀光已反！"遂乘城拒守。

朱泚之称帝也，兵部侍郎刘迺卧病在家，泚召之，不起；使蒋镇自往说之，凡再往，知不可诱胁，乃叹曰："镇亦忝列曹，不能舍生，以至于此，岂可复以己之腥臊污漫贤者乎！"歔欷而返。迺闻帝幸山南，搏膺大呼，自投于床，不食数日而卒。

太子少师乔琳从上至盩厔，称老疾不堪山险，削发为僧，匿于仙游寺；泚闻之，召至长安，以为吏部尚书。于是朝士之窜匿者多出仕泚矣！

怀光遣其将孟保、惠静寿、孙福达将精骑趣南山邀车驾，遇诸军粮料使张增于盩厔。三将曰："彼使我为不臣，我以追不及报之，不过不使我将耳。"因目增曰："军士未朝食，如何？"增绐其众曰："此东数里有佛祠，吾贮粮焉。"三将帅众而东，纵之剽掠，由是百官从行者皆得入骆谷，以追不及还报，怀光皆黜之。

河东将王权、马汇引兵归太原。

（以上为第六段，写李怀光欲偷袭奉天，德宗仓皇出奔山南。）

李晟得除官制，拜哭受命，谓将佐曰："长安，宗庙所在，天下根本，若诸将皆从行，谁当灭贼者！"乃治城隍，缮甲兵，为复京城之计。先是东渭桥有积粟十余万斛，度支给李怀光军，几尽。是时怀光、朱泚连兵，声势甚盛，车驾南幸，人情扰扰；晟以孤军处二强寇之间，内无资粮，外无救援，徒以忠义感激将士，故其众虽单弱而锐气不衰。又以书遗怀光，辞礼卑逊，虽示尊崇而谕以祸福，劝之立功补过，故怀光惭恧，未忍击之。晟曰："畿内虽兵荒之余，犹可赋敛。宿兵养寇，患莫大焉！"乃以判官张彧假京兆尹，择四十余人，假官以督渭北刍粟，不旬日，皆

二月二十六日丁卯，李怀光派遣部将赵升鸾进了奉天城，约定当天晚上让别将达奚小俊火烧乾陵，由赵升鸾在奉天城中作内应，以惊扰、胁迫德宗的车驾。赵升鸾到浑瑊那里将这事主动说了，浑瑊立即将此事向德宗汇报，而且请求德宗的车驾赶快去梁州。德宗命令浑瑊采取严密的防范措施。浑瑊出了宫门，部署工作尚未做好，德宗已仓促向西而去，命令戴休颜守卫奉天，朝廷大臣和护卫将士狼狈跟从。戴休颜在军营中巡行说："李怀光已经造反！"于是率众登上城楼，严密防守。

朱泚称了"皇帝"之后，兵部侍郎刘迺卧病在家，朱泚派人征召他来做官，他不肯响应，朱泚又派蒋镇去那里劝说，蒋镇前后去了两次，知道刘迺这个人不受威逼利诱，感叹地说："我蒋镇也曾忝列朝臣，不能够舍弃生命，所以落到了这种地步，难道还要用自己污秽的行为去玷辱贤德之人吗？"叹息良久，回去了。刘迺听说德宗出走山南，捶胸大呼大叫，号啕痛哭，一头栽倒在床上，几天不吃不喝而死。

太子少师乔琳跟随德宗到了盩厔县，声称年纪大身体有病，忍受不了跋涉山路的艰险，在此削发为僧，藏身于仙游寺中；朱泚听说后，派人把乔琳征召到长安，任命乔琳担任吏部尚书。自此以后，到处躲藏的朝廷大臣有很多人都出来在朱泚手下做官了！

李怀光派出部将孟保、惠静寿、孙福达率领精锐的骑兵急奔南山去拦截德宗的车驾，半路在盩厔县境碰上了诸军粮料使张增。这三位将领相互商量说："李怀光让我们干反叛皇上的事，我们就回报说追赶不到，这样只不过不让我们做将领罢了。"于是向张增示意说："我们的士兵们还没有吃早饭，该怎么办？"张增骗他们的部众说："从这往东边几里有一座佛寺，中间有我储存的粮食。"三位将领率领部众向东而去，放纵他们抢劫掳掠，因此德宗和朝廷中跟随德宗的文武百官能有时间全部进入骆谷，脱离危险，三位将领回来报告说没有追赶上，李怀光将他们全部罢免了。

河东将领王权、马汇带领军队返回太原。

李晟得到新官委任书后，哭泣着跪拜受命，对将吏、僚佐们说："长安城，是国家宗庙的所在地，是天下的根本，如果各路将领都跟随去护卫皇上，那由谁来承担消灭叛贼的任务呢？"于是修筑城墙，深挖壕沟，修理、整治铠甲、兵器，做好收复京城的准备。早些时候，在东渭桥还有储存的粮食十几万斛，度支将它拨给李怀光的军队，几乎都快用光了。这时李怀光和朱泚联合兵力，声势浩大，而德宗的车驾出走南逃，人心慌乱不堪；李晟仅凭一支孤立的军队夹在两支强盛的叛军中间，内无装备粮食供应，外无援兵来救，只能以忠义的精神来感动、激励将士，所以他的军队虽然势单力弱，但战斗锐气丝毫不减。李晟又写信给李怀光，措辞十分恭谦

充羡；乃流涕誓众，决志平贼。

田悦用兵数败，士卒死者什六七，其下皆厌苦之。上以给事中孔巢父为魏博宣慰使。巢父性辩博，至魏州，对其众为陈逆顺祸福；悦及将士皆喜。兵马使田绪，承嗣之子也，凶险，多过失，悦不忍杀，杖而拘之。悦既归国，内外撤警备。三月，壬申朔，悦与巢父宴饮，绪对弟侄有怨言，其侄止之，绪怒，杀侄，既而悔之，曰："仆射必杀我！"既夕，悦醉，归寝，绪与左右密穿后垣入，杀悦及其母、妻等十余人，即帅左右执刀立于中门之内夹道。将旦，以悦命召行军司马扈崿、判官许士则、都虞候蒋济议事；府署深邃，外不知有变，士则、济先至，召入，乱斫杀之。绪恐既明事泄，乃出门，遇悦亲将刘忠信方排牙，绪疾呼谓众曰："刘忠信与扈崿谋反，昨夜刺杀仆射。"众大惊，喧哗。忠信未及自辩，众分裂杀之。扈崿来，及戟门遇乱，招谕将士，将士从之者三分之一。绪惧，登城而立，大呼谓众曰："绪，先相公之子，诸君受先相公恩，若能立绪，兵马使赏缗钱二千，大将半之，下至士卒，人赏百缗，竭公私之货，五日取办。"于是将士回首杀扈崿，皆归绪，军府乃安。因请命于孔巢父，巢父命绪权知军府。后数日，众乃知绪杀其兄，虽悔怒，而绪已立，无如之何。绪又杀悦亲将薛有伦等二十余人。

李抱真、王武俊引兵将救贝州，闻乱，不敢进。朱滔闻悦死，喜曰："悦负恩，天假手于绪也！"即遣其执宪大夫郑景济等，将步骑五千助马寔，合兵万二千人攻魏州。寔军王莽河，纵骑兵及回纥四出剽掠，滔

有礼，虽然对李怀光表示了尊敬和推崇，但还是用祸福的道理开导他，劝他为朝廷立功，以弥补过失，所以李怀光内心惭愧，也不忍心向李晟发起攻击。李晟对部将们说："京畿地区虽然经受战乱的洗劫，但仍然可以征收赋税。长期屯兵不出，让敌人养精蓄锐，那才是最大的祸患啊！"于是委任判官张彧暂时代理京兆尹，选拔四十多人出来，都让他们暂时代理某官某职，去渭北地区催办粮草，不到十天，粮草等物都十分充足了；于是李晟流着眼泪与部下将士们宣誓，决心消灭叛贼。

田悦带兵打仗屡战屡败，士兵们死去的占总数的十分之六七，部下都讨厌战事。德宗派遣给事中孔巢父为魏博宣慰使。孔巢父生性能言善辩，到了魏州之后，对着田悦的部下们陈述反叛朝廷的危害和归顺朝廷的好处；田悦和将士们听了以后都很高兴。田悦的兵马使田绪，是前节度使田承嗣的儿子，为人凶悍阴险，犯了很多过失，田悦不忍心杀田绪，往往只打一顿军棍，然后关押起来了事。田悦归顺朝廷后，里里外外都撤除了警备。三月初一日壬申朔，田悦与孔巢父在席间饮酒，田绪向侄儿说了些不满的话，侄儿制止，田绪勃然大怒，杀了侄儿，事后又后悔了，说："仆射一定会杀我！"当天晚上，田悦喝醉了酒，回家睡觉，田绪与自己的心腹们秘密地从后院墙上翻进去，杀了田悦及田悦的母亲、妻子等十几人，随即率领亲信们提着刀站在中门的内夹道上。天快要亮的时候，假借田悦的命令召行军司马扈崿、判官许士则、都虞候蒋济进府商议事情；军府衙门的庭院深邃，外面的人不知道里面发生了变故，许士则、蒋济先到，田绪将二人传召进去，用乱刀砍死。田绪害怕天亮后事情泄露出去，于是出了军府之门，正遇上田悦的亲信将领刘忠信在操练卫队，田绪大声对卫队将士喊道："刘忠信与扈崿阴谋造反，昨天晚上刺杀了田仆射。"卫队将士大为震惊，喊叫声乱成一团。刘忠信还来不及自我辩白，众士兵就将刘忠信分尸了。扈崿赶往军府，到军府门外时碰上了事变，劝说将士们不要混乱，将士们听从扈崿的占三分之一。田绪害怕了，登上城墙，大声对众将士们喊道："我田绪是前节度使的儿子，各位都是受了先公之恩的，你们如果能拥立我田绪，担任兵马使这一官职的人，奖赏缗钱二千，担任大将一职的赏缗钱一千，下至普通士兵，每人赏钱一百缗，我要竭尽公府和我私人的钱财，在五天之内兑现。"于是将士们回头杀了扈崿，全都投奔了田绪，这样军府衙门内外才安定下来。田绪于是向孔巢父请示，孔巢父命令田绪暂时代理军府事务。过了几天，将士们才知道是田绪杀了堂兄，虽然后悔、愤怒，但田绪已经被拥立，大家也没有别的办法。田绪又杀了田悦的亲信将领薛有伦等二十多人。

李抱真、王武俊带领军队将要去援救贝州，听说田悦军府中发生了事变，不敢贸然进军。朱滔听说田悦死了，很高兴地说："田悦忘恩负义，上天假借田绪之手杀了田悦！"马上就派遣执宪大夫郑景济等人率领步兵、骑兵五千人去协助马寔，联

别遣人说绪，许以本道节度使。绪方危急，遣随军侯臧诣贝州送款于滔，滔喜，遣臧还报，使亟定盟约。时绪部署城内已定，李抱真、王武俊又遣使诣绪，许以赴援，如悦存日之约。绪召将佐议之，幕僚曾穆、卢南史曰："用兵虽尚威武，亦本仁义，然后有功。今幽陵之兵恣行杀掠，白骨蔽野，虽先仆射背德，其民何罪！今虽盛强，其亡可跂立而待也。况昭义、恒冀方相与攻之，奈何以目前之急欲从人为反逆乎！不若归命朝廷，天子方蒙尘于外，闻魏博使至必喜，官爵旋踵而至矣。"绪从之，遣使奉表诣行在，城守以俟命。

（以上为第七段，写魏博镇兵变，田绪杀田悦奉表归顺。）

上之发奉天也，韩游瓌帅其麾下八百余人还邠州。李怀光以李晟军浸盛，恶之，欲引军自咸阳袭东渭桥；三令其众，众不应，窃相谓曰："若与我曹击朱泚，惟力是视；若欲反，我曹有死，不能从也！"怀光知众不可强，问计于宾佐，节度巡官良乡李景略曰："取长安，杀朱泚，散军还诸道，单骑诣行在，如此，臣节亦未亏，功名犹可保也。"顿首恳请，至于流涕，怀光许之。都虞候阎晏等劝怀光东保河中，徐图去就，怀光乃说其众曰："今且屯泾阳，召妻孥于邠，俟至，与之俱往河中。春装既办，还攻长安，未晚也。东方诸县皆富实，军发之日，听尔俘掠。"众许之。怀光乃谓景略曰："向者之议，军众不从，子宜速去，不且见害！"遣数骑送之。景略出军门，恸哭曰："不意此军陷于不义！"

怀光遣使诣邠州，令留后张昕悉发所留兵万余人及行营将士家属会泾阳，仍遣其将刘礼等将三千余骑胁迁之。韩游瓌说昕曰："李太尉功高，自蹈祸机；中丞今日可以自求富贵，游瓌请帅麾下以从。"昕曰："昕

合兵力一万二千人进攻魏州。马寔的军队驻扎在王莽河，放纵骑兵和回纥人四出烧杀抢掠。朱滔另外派人去魏州城劝说田绪与自己联合，承认田绪为魏博节度使。田绪正处在危急关头，派遣随军官侯臧去贝州给朱滔表达忠心，朱滔很高兴，打发侯臧回来报告，让田绪赶快与朱滔订定盟约。当时，田绪在魏州城内的各项部署已经停当，李抱真、王武俊又各派使者去魏州田绪那儿，答应援救田绪来，就像田悦健在时约定的一样。田绪召集将领、僚佐们讨论此事，幕僚曾穆、卢南史说："用兵之道，虽然崇尚威武的军力，但也要以仁义作为根本，然后才会获得成功。现在朱滔的幽州兵肆意烧杀抢掠，尸横遍野，虽然已故仆射辜负了朱滔的援救恩德，但老百姓又有什么罪过呢？现在朱滔的势力虽然强盛，但如同用脚尖站立，不用多久就要灭亡。何况昭义军、恒冀军正一起向朱滔进攻，怎么能以目前情况紧急，就想跟着别人反叛朝廷呢？不如归顺朝廷，现今皇上正蒙难在京城之外，听说魏博派使者去表示效忠，一定会很高兴，那么您的官爵马上就可得到了。"田绪采纳了这一建议，派遣使者带着效忠的表章去德宗巡幸的地方，防守魏州城以等待朝廷的命令。

德宗从奉天前往梁州的时候，邠宁留后韩游瓌率领部下八百多人返回邠州。李怀光因为李晟的军队势力日益强盛，对李晟很是厌恶，打算率军从咸阳出发，袭击东渭桥；李怀光对部众三次下达袭击的命令，但将士们都不服从，他们还私下表示说："如果命令我们进攻朱泚，我们一定要尽最大努力；如果命令我们反叛朝廷，我们唯有一死，决不服从！"李怀光知道不能强迫部众反叛，就向宾客、僚佐们询问对策，节度巡官良乡人李景略说："攻下长安城，杀了朱泚，然后解散大军，让他们各回本道，你单骑到行在所晋见皇上，这样的话，做臣属的操守不算亏缺，您的功名也还可以保得住。"李景略向李怀光伏地叩拜，恳切请求，以至于涕泪交流，李怀光答应了。都虞候阎晏等人劝李怀光率军向东进发，据守河中，慢慢考虑该怎么办，于是李怀光就对将士们说："我们现在暂且屯守泾阳，将妻儿老小从邠州召来，等家眷都来了，同他们一起去河中地区。把春天的衣装置办好了后，再回来攻打长安城，到时也还不晚。东边的各个县都很富裕，军队出发的那一天，听任你们随便掳掠。"将士们都答应东进。李怀光便对李景略说："你日前的建议，因为将士们不答应，你赶快离开这里，否则的话，就会被他们杀害！"并派遣几名骑兵护送李景略。李景略走出军门后，悲哀地痛哭，说道："我没料到这支军队竟然会陷于不义的泥淖之中！"

李怀光派使者到邠州，命令留后张昕将所有留在此地的士兵一万多人以及行营中的将士家属都带上，去泾阳会合，还派将领刘礼等人率领三千多名骑兵去胁迫他们迁移调动。韩游瓌劝张昕说："李太尉功业崇高，却踏上取祸的机关，张中丞您现

微贱，赖李太尉得至此，不忍负也！”游瓌乃谢病不出，阴与诸将高固、杨怀宾等相结。时崔汉衡以吐蕃兵营于邠南，高固曰：“昕以众去，则邠城空矣。”乃诈为浑瑊书，召吐蕃使稍逼邠城。昕等惧，竟不敢出。昕等谋杀诸将之不从者，游瓌知之，先与高固等举兵杀昕，遣杨怀宾奉表以闻，且遣人告崔汉衡。汉衡矫诏以游瓌知军府事，军中大喜。怀光子旻在邠，游瓌遣之，或曰：“不杀旻，何以自明？”游瓌曰：“杀旻，怀光怒，其众必至，不如释旻以走之。”时杨怀宾子朝晟在怀光军中为右厢兵马使，闻之，泣白怀光曰：“父立功于国，子当诛夷，不可典兵。”怀光囚之。于是游瓌屯邠宁，戴休颜屯奉天，骆元光屯昭应，尚可孤屯蓝田，皆受李晟节度，晟军声大振。

始，怀光方强，朱泚畏之，与怀光书，以兄事之，约分帝关中，永为邻国。及怀光决反，逼乘舆南幸，其下多叛之，势益弱。泚乃赐怀光诏书，以臣礼待之，且征其兵。怀光惭怒，内忧麾下为变，外怒李晟袭之，遂烧营东走，掠泾阳等十二县，鸡犬无遗。及富平，大将孟涉、段威勇将数千人奔于李晟，将士在道散亡相继。至河中，或劝河中守将吕鸣岳焚桥拒之，鸣岳以兵少恐不能支，遂纳之，河中尹李齐运弃城走。怀光遣其将赵贵先筑垒于同州，刺史李纾惧，奔行在；幕僚裴向摄州事，诣贵先，责以逆顺之理，贵先感寤，遂请降，同州由是获全。向，遵庆之子也。怀光使其将符峤袭坊州，据之，渭北守将窦觎帅猎团七百围之；峤请降。诏以觎为渭北行军司马。

（以上为第八段，写李怀光众叛亲离，烧营东走，入据河中。）

在可以自个独立求富求贵了，我韩游瓌请率部下将士跟您一块去。”张昕说：“我张昕本卑微下贱之人，完全靠李太尉的提拔，才有今天这个地位，我不忍心背叛！”韩游瓌从此称病，闭门不出，但暗中与将领中的高固、杨怀宾等人相互联络。当时崔汉衡让吐蕃派出的援兵驻扎在邠州的南面，高固说：“张昕带领将士、家属去泾阳的话，那邠州城就会空虚。”于是假冒浑瑊之名写封信，去传召吐蕃，让吐蕃的军队稍稍向北移动，威逼邠州城。张昕等人害怕，终究不敢带人出城。张昕等人策划杀害将领中不听指挥的人，韩游瓌得到这一消息，抢先下手，与高固等人起兵杀了张昕，派遣杨怀宾带着表章到德宗巡行的梁州汇报，并且派人把这件事的原委告诉崔汉衡。崔汉衡假传德宗的诏令，任命韩游瓌主持邠宁军府事务，邠宁军中将士都很高兴。李怀光的儿子李旻在邠州城，韩游瓌打发李旻出走，有人说：“不杀了李旻，怎么向皇帝交代此事呢？”韩游瓌说：“如果杀了李旻，李怀光会大怒，他的兵马必然会大举而来，还不如放走李旻让李怀光离开。”当时杨怀宾的儿子杨朝晟在李怀光军中担任右厢军马使，听说邠州城的事变后，哭着对李怀光说：“我父亲杀张昕，为朝廷立了功，我是杨怀宾的儿子应受诛灭，不能再掌兵权。”李怀光就将杨朝晟关押起来。在这个时候，韩游瓌驻守邠宁，戴休颜驻守奉天，骆元光驻守昭应，尚可孤驻守蓝田，各军都受李晟的调度指挥，李晟军队的声势大振。

当初，李怀光的力量正强大的时候，朱泚害怕李怀光，在写给李怀光的信中，都称李怀光为兄，约定两人分别在关中地区称帝，永远互为友好邻国。等到李怀光决定反叛朝廷，逼迫德宗的车驾南行梁州，而李怀光的部属很多都背叛了李怀光，势力日益衰弱。朱泚于是向李怀光颁赐诏书，以对待臣属的礼仪对待李怀光，而且还要调动李怀光的军队。李怀光既愧疚，又愤怒，对内担心部下叛变，对外又恼怒李晟的袭击，于是烧毁了军营向东边逃走，对泾阳地区的十二个县大肆烧杀抢掠，害得当地鸡犬不留。李怀光的军队开到富平时，大将孟涉、段威勇又带着几千人投奔了李晟，部下将士在途中一个接一个地逃跑。到了河中府，有人劝河中府的守将吕鸣岳烧毁黄河上的蒲津桥来阻抗李怀光，但吕鸣岳担心兵力太少恐怕难以长久支撑，于是让李怀光过桥进入河中府，河中府尹李齐运丢下城池逃走了。李怀光派将领赵贵先在同州修建防御堡垒，同州刺史李纾害怕，便逃奔德宗的行所在梁州；幕僚裴向代理同州事务，裴向到赵贵先那里，用叛逆与归顺朝廷的利害关系来责备赵贵先，赵贵先受到感召后省悟，于是请求投降，同州因此而获得保全。裴向是肃宗朝宰相裴遵庆的儿子。李怀光派部将符峤袭击坊州，占领了坊州，渭北守将窦觎率领由猎户组成的队伍七百人包围了坊州，符峤请求投降。德宗下诏任命窦觎为渭北行军司马。

丁亥，以李晟兼京畿、渭北、鄜、坊、丹、延节度使。

庚寅，车驾至城固。唐安公主薨，上长女也。

上在道，民有献瓜果者，上欲以散试官授之，访于陆贽，贽上奏，以为："爵位恒宜慎惜，不可轻用。起端虽微，流弊必大。献瓜果者，止可赐以钱帛，不当酬以官。"上曰："试官虚名，无损于事。"贽又上奏，其略曰："自兵兴以来，财赋不足以供赐，而职官之赏兴焉；青朱杂沓于胥徒，金紫普施于舆皂。当今所病，方在爵轻，设法贵之，犹恐不重，若又自弃，将何劝人！夫诱人之方，惟名与利，名近虚而于教为重，利近实而于德为轻。专实利而不济之以虚，则耗匮而物力不给；专虚名而不副之以实，则诞谩而人情不趋。故国家命秩之制，有职事官，有散官，有勋官，有爵号，然掌务而授俸者，唯系职事之一官也，此所谓施实利而寓虚名者也。其勋、散、爵号三者所系，大抵止于服色、资荫而已，此所谓假虚名而佐实利者也。今之员外、试官，颇同勋、散、爵号，虽则授无费禄，受不占员，然而突铦锋、排患难者则以是赏之，竭筋力、展劳效者又以是酬之。若献瓜果者亦授试官，则彼必相谓曰：'吾以忘躯命而获官，此以进瓜果而获官，是乃国家以吾之躯命同于瓜果矣。'视人如草木，谁复为用哉！今陛下既未有实利以敦劝，又不重虚名而滥施，人无藉焉。则后之立功者，将曷用为赏哉！"

贽在翰林，为上所亲信，居艰难中，虽有宰相，大小之事，上必与贽谋之，故当时谓之内相，上行止必与之俱。梁、洋道险，尝与贽相失，经夕不至，上惊忧涕泣，募得贽者赏千金。久之，乃至，上喜甚，太子以下皆贺。然贽数直谏，迕上意，卢杞虽贬官，上心庇之。贽极言杞奸邪致乱，上虽貌从，心颇不悦，故刘从一、姜公辅皆自下陈登用，贽恩遇虽隆，未得为相。

三月十六日丁亥，德宗任命李晟兼京畿、渭北、鄜、坊、丹、延地区节度使。

三月十九日庚寅，德宗的车驾到了城固这个地方。唐安公主去世，唐安公主是德宗的长女。

德宗在行走的途中，有个百姓进献瓜果，想授给这人一个散试官的职务，就这事询问陆贽如何处理，陆贽上奏，认为："授赐官爵名位，一定要十分爱惜和慎重，不能轻易地任命。事情起初看起来很小，但以后将造成很大的流弊。对于献瓜果的人，只能赏赐钱财布帛，不应该用官职来酬谢。"德宗说："试官只是一个虚名，对大事毫无损害。"陆贽又上奏，其大致意思是说："自从发生战乱以来，征收的赋税满足不了支出和赏赐，于是用官职来奖赏的办法就兴起来了；身着青色、朱色官服的人有许多混杂在小吏和衙役之中，金鱼袋和紫朝服普遍赐给了低贱的人。现在人们所担心的，正在于爵位太轻，而千方百计使爵位高贵起来，唯恐爵位不重，如果朝廷再轻视爵位，那又用什么办法来劝勉人们呢？本来诱导人的方法，只有名与利两种，名誉看似虚空但却对教化很重要，利益看似实在但对于培养德行却是次要的。专门用物资实利来奖励而不借助名誉，那么就会耗尽钱财但还供不应求；专用虚名来奖励而不辅之以实利，那么就近乎欺骗，而人们不去追求它。所以国家命官授爵的制度，虽然有职事官、散官、勋官、爵号等名目，但是掌管实际事务，并且给薪俸的，只有职事官，这就是所谓的给其实利而寓名誉于其中啊。而勋官、散官、爵号三种，大抵上都只是赐给象征地位的官服以及子孙按品级蒙受荫庇而已，这就是所谓的给他们的名誉而辅之以实利的做法。现在的员外、试官，很有点像勋官、散官、爵号一样，虽然授给他们官职并不实际给俸禄，也不占实官的名额。现今对那些冲锋陷阵解除祸患的人，就是用这种方式来奖赏，对那些为国竭精尽力，艰辛劳苦的人，也是用这种方式来酬劳。如果陛下对进献瓜果的人也给他一个试官名目，那么那些劳苦功高、出生入死的人们就一定会议论说：'我们舍生忘死才获得的官职，而一个献瓜果的人也获得这一官职，看来朝廷是把我们的生命等同瓜果了。'如果待人像对待草木一样，那还有谁会为国家效劳呢？现今陛下既没有实际利益奖赏以劝勉人们，又不重视名誉职位而随意滥加赏赐，人们行事就没有标准可以凭借了。那么以后立了功的人，将用什么来奖赏呢？"

陆贽身在翰林院，受到德宗的亲近和信任，德宗在颠沛流离的艰难日子里，朝廷中虽然有宰相，但无论大事小事，德宗都一定要同陆贽商议，所以当时的人都称陆贽为"内相"，德宗无论出行和居住，一定与陆贽在一起。梁州、洋州道路险阻多，德宗曾与陆贽走散，过了一整晚上，陆贽还没有赶来，德宗惊恐忧愁地哭了起来，征召能够把陆贽找来的人，给赏钱一千金。过了很久，陆贽才赶来，德宗异常高兴，太子以下的文武官员都去向德宗道喜。但是陆贽多次犯颜直谏，违背德宗的

（以上为第九段，写陆贽谏阻德宗滥授职官，德宗不平，因正倚重陆贽，外亲内疏，故陆贽有宰相之职责，而无宰相之名，时人谓之内相。）

壬辰，车驾至梁州。山南地薄民贫，自安、史以来，盗贼攻剽，户口减耗太半，虽节制十五州，租赋不及中原数县。及大驾驻跸，粮用颇窘。上欲西幸成都，严震言于上曰："山南地接京畿，李晟方图收复，藉六军以为声援。若幸西川，则晟未有收复之期也。"众议未决，会李晟表至，言："陛下驻跸汉中，所以系亿兆之心，成灭贼之势；若规小舍大，迁都岷、峨，则士庶失望，虽有猛将谋臣，无所施矣！"上乃止。严震百方以聚财赋，民不至困穷而供亿无乏。牙将严砺，震之从祖弟也，震使掌转饷，事甚修辨。

初，奉天围既解，李楚琳遣使入贡，上不得已除凤翔节度使，而心恶之。议者言楚琳凶逆反覆，若不堤防，恐生窥伺；由是楚琳使者数辈至，上皆不引见，留之不遣。甫至汉中，欲以浑瑊代楚琳镇凤翔，陆贽上奏，以为："楚琳杀帅助贼，其罪固大，但以乘舆未复，大憝犹存，勤王之师悉在畿内，急宣速告，晷刻是争。商岭则道迂且遥，骆谷复为盗所扼，仅通王命，唯在褒斜，此路若又阻艰，南北遂将夐绝。以诸镇危疑之势，居二逆诱胁之中，汹汹群情，各怀向背。傥或楚琳发憾，公肆猖狂，南塞要冲，东延巨猾，则我咽喉梗而心膂分矣。今楚琳能两端顾望，乃是天诱其衷，故通归涂，将济大业。陛下诚宜深以为念，厚加抚循，得其迟疑，便足集事。必欲精求素行，追抉宿疵，则是改过不足以补愆，自新不足以赎罪。凡今将吏，岂得尽无疵瑕，人皆省思，孰免疑畏！又况阻命之辈，胁从之流，自知负恩，安敢归化！斯衅非小，所宜速图。伏愿陛下思英主大略，勿以小不忍亏挠兴复之业也。"上释然开悟，善待楚琳使者，优诏存慰之。

意旨。卢杞虽然被贬官，但德宗内心还在庇护卢杞。陆贽极力陈说是卢杞奸诈邪恶才导致了战乱，德宗虽然表面上同意，但内心实际上很不高兴，因此刘从一、姜公辅都由较低的职位高登宰相之职，而陆贽虽受德宗特别信任和优待，但却没有担任宰相一职。

三月二十一日壬辰，德宗的车驾到了梁州。山南地区土地瘠薄，百姓贫困，自从安史之乱以来，强盗、流贼进攻抢劫，户口减损了一多半，虽然统辖着十五个州，但征收上来的赋税还不到中原地区几个县的多。等到德宗及随从人员到这里住下之后，粮食和钱财显得十分窘迫。德宗想向西边去成都，严震对德宗说："山南地区接近京畿，李晟正在计划收复京城，他要借助陛下统领而来的六军作为声援。如果您去了西川地区，那么李晟收复京城便遥遥无期了。"群臣商议讨论，还没有决定下来，正好李晟派人送的表章到了，说："陛下车驾驻扎汉中，是维系天下民心，形成消灭叛贼形势的保证；如果只考虑用度而移驾成都，放弃收复京城、消灭叛贼的大业，迁都城于岷、峨一带，那么天下的士人和百姓都会大失所望，虽然有勇猛的战将和妙算的谋臣，也无计可施了！"德宗这才打消了去成都的念头。严震千方百计地征收赋税，使老百姓不至于穷困而供应给朝廷的东西也不匮乏。牙将严砺，是严震的同门堂弟，严震让严砺负责转运粮饷，严砺把各个事项都办得很周到。

当初，奉天城的包围解除之后，李楚琳派遣使者入朝进贡，德宗迫不得已才给了李楚琳任职凤翔节度使，但内心却很厌恶李楚琳。商议这事的人都说李楚琳凶险忤逆，反复无常，如果不采取提防措施，恐怕李楚琳还会伺机作乱；因此，李楚琳的使者派到奉天城来的有好几批，德宗一概不予接见，把他们留下来不让回去。德宗刚到汉中的时候，想派浑瑊去代理李楚琳坐镇凤翔。陆贽为此上奏德宗，认为："李楚琳杀了自己的主帅而协助叛贼朱泚，其罪过固然很大，但由于陛下的车驾还没有回到京城，罪魁祸首还活着，援救朝廷的各支军队都在京畿地区，一旦有急事要宣诏，必须迅速传达，每时每刻都要争取。而商岭一带的道路既迂回遥远，骆谷又被敌寇控制，要向京畿内的军队传达陛下的意旨，只有褒斜这一条道路，这条路如果再有阻碍，那么山南和京畿地区的联系就被切断，不能互通信息了。目前形势各镇危急又心怀疑虑，而又处在两个叛贼朱泚、李怀光的引诱和胁迫之中，人心惶惶不安，各自处在归向或背叛朝廷的关头。假如让李楚琳对朝廷产生怨恨，而公然肆意妄行的话，在南边阻塞向北进的交通要道，在东边迎来凶恶的叛贼，那么我们的咽喉就被扼住，而心脏就与脊梁骨分开了。现在李楚琳对朝廷和叛贼处于摇摆观望之中，这正是上天在诱导他归顺朝廷，有意开通向京城的归路，将要助成收复京城、平定叛乱的大业。陛下应该深深记住这一点，以优厚的待遇来安抚李楚琳，只要

丁酉，加宣武节度使刘洽同平章事。

己亥，以行在都知兵马使浑瑊同平章事兼朔方节度使，朔方、邠宁、振武、永平、奉天行营兵马副元帅。

庚子，诏数李怀光罪恶，叙朔方将士忠顺功名，犹以怀光旧勋，曲加容贷，其副元帅、太尉、中书令、河中尹并朔方诸道节度、观察等使，宜并罢免，授太子太保；其所管兵马，委本军自举一人功高望重者便宜统领，速具奏闻，当授旌旄，以从人欲。

夏，四月，壬寅，以邠宁兵马使韩游瓌为邠宁节度使。癸卯，以奉天行营兵马使戴休颜为奉天行营节度使。

灵武守将宁景璿为李怀光治第，别将李如暹曰："李太尉逐天子，而景璿为之治第，是亦反也！"攻而杀之。

甲辰，加李晟鄜坊、京畿、渭北、商华副元帅。晟家百口及神策军士家属皆在长安，朱泚善遇之。军中有言及家者，晟泣曰："天子何在，敢言家乎！"泚使晟亲近以家书遗晟曰："公家无恙。"晟怒曰："尔敢为贼为间！"立斩之。军士未授春衣，盛夏犹衣裘褐，终无叛志。

乙巳，以陕虢防遏使唐朝臣为河中、同绛节度使。前河中尹李齐运为京兆尹，供晟军粮役。

庚戌，以魏博兵马使田绪为魏博节度使。

（以上为第十段，写德宗建行在所于山南，调整官军部署，以李晟为主将讨贼。）

能拖延李楚琳保持犹豫不决的时间，便能够成就大事。如果陛下一定要深究人们平日行为，追究举发以往的过失，那么就是改正了过错也不足以弥补以前的过失，重新做人也不足以赎罪。现今所有的将佐官吏，哪能十全十美没有过失呢？人人都在反思自己的过失，那又有谁能够免除疑虑与畏惧呢？更何况那些抗拒朝廷命令而叛逆，以及被裹胁的人，自己知道辜负了皇上的恩德，怎么敢归顺朝廷呢？处置李楚琳事关重大，应该赶快采取对策。恳切希望陛下想想英明君主的雄才大略，千万不要因为对一些小事不能忍耐而损害和妨碍了收复京城的大业啊。”德宗经陆贽这么一说，顿时豁然省悟，于是很好地对待李楚琳派来的使者，还颁下诏书，以好言宽慰李楚琳。

三月二十六日丁酉，德宗加授宣武节度使刘洽同平章事。

三月二十八日己亥，德宗任命行在都知兵马使浑瑊为同平章事，兼任朔方节度使和朔方、邠宁、振武、永平、奉天行营各军兵马副元帅。

三月二十九日庚子，德宗下诏指责李怀光所犯的罪行，表彰朔方军将士忠于国家、效顺朝廷的功名，但仍然看在李怀光曾为朝廷立过大功的份上，曲加宽容，宣布罢免李怀光担任的副元帅、太尉、中书令、河中尹以及朔方诸道节度使、观察使等职务，给了李怀光一个太子太保的职位；李怀光所统领的兵马，委托本军自行推举一个功劳大、德高望重的人全权统领，事情办停当以后立即上奏朝廷，以便朝廷授给新任职者以旌节，以此来顺从人们的愿望。

夏季，四月初二日壬寅，德宗任命邠宁兵马使韩游瓌为邠宁节度使。四月初三日癸卯，任命奉天行营兵马使戴休颜为奉天行营节度使。

灵武的守将宁景璿为李怀光建造私宅，别将李如暹说：“李太尉驱逐皇上，而宁景璿却为李怀光修建私宅，这也是反叛朝廷啊！”于是率军攻打并杀了宁景璿。

四月初四日甲辰，德宗加授李晟为鄜坊、京畿、渭北、商华等军副元帅。李晟家族中有一百人，以及神策军士的家属都在长安城内，朱泚对他们都加以厚待。李晟的军中有人说到家室之事，李晟哭着说：“天子现在哪里，怎敢顾及自个儿的家？”朱泚派遣李晟亲近的人把家信送到李晟手里说：“你的家人全都平安无事。”李晟勃然大怒地说：“你竟敢为叛贼做奸细！”立即杀了这个亲信。李晟军中的将士都没有春天的服装，到了酷热的盛夏，还穿着裘衣麻袄，但他们始终都没有背叛李晟的打算。

四月初五日乙巳，德宗任命陕虢防遏使唐朝臣为河中、同绛节度使。任命前河中府尹李齐运为京兆尹，负责给李晟供应军粮事务。

四月初十日庚戌，德宗任命魏博兵马使田绪为魏博节度使。

浑瑊帅诸军出斜谷，崔汉衡劝吐蕃出兵助之，尚结赞曰："邠军不出，将袭我后。"韩游瓌闻之，遣其将曹子达将兵三千往会瑊军，吐蕃遣其将论莽罗依将兵二万从之。李楚琳遣其将石锽将卒七百从瑊拔武功，庚戌，朱泚遣其将韩旻攻武功，锽以其众迎降。瑊战不利，收兵登西原。会曹子达以吐蕃至，击旻，大破之于武亭川，斩首万余级，旻仅以身免。瑊遂引兵屯奉天，与李晟东西相应，以逼长安。

上欲为唐安公主造塔，厚葬之，谏议大夫、同平章事姜公辅表谏，以为"山南非久安之地，公主之葬，会归上都，此宜俭薄，以副军须之急。"上使谓陆贽曰："唐安造塔，其费甚微，非宰相所宜论。公辅正欲指朕过失，自求名耳。相负如此，当如何处之？"贽上奏，以为公辅任居宰相，遇事论谏，不当罪之，其略曰："公辅顷与臣同在翰林，臣今据理辩直则涉于私党之嫌，希旨顺成则违于匡辅之义；涉嫌止贻于身患，违义实玷于君恩。徇身忘君，臣之耻也！"又曰："唯暗惑之主，则怨讟溢于下国而耳不欲闻，腥德达于上天而心不求寤，迨乎颠覆，犹未知非。"又曰："当问理之是非，岂论事之大小！《虞书》曰：'兢兢业业，一日二日万几。'唐、虞之际，主圣臣贤，虑事之微，日至万数。然则微之不可不重也如此，陛下又安可忽而不念乎！"又曰："若以谏争为指过，则剖心之主不宜见罪于哲王；以谏争为取名，则匪躬之臣不应垂训于圣典。"又曰："假有意将指过，谏以取名，但能闻善而迁，见谏不逆，则所指者适足以彰陛下莫大之善，所取者适足以资陛下无疆之休。因而利焉，所获多矣。傥或怒其指过而不改，则陛下招恶直之讥；黜其取名而不容，则陛下被违谏之谤；是乃掩己过而过弥著，损彼名而名益彰。果而行之，所失大矣。"上意犹怒，甲寅，罢公辅为左庶子。

（以上为第十一段，写宰相姜公辅谏阻德宗厚葬唐安公主而被罢相，德宗偏狭而刚愎本性暴露无遗。）

浑瑊率领各路人马出师斜谷，崔汉衡劝说吐蕃人派军队协助浑瑊，尚结赞说："邠宁的军队不调出来协助，恐怕要从后边来袭击我们啊！"韩游瓌听说后，马上派遣将领曹子达率兵三千人去与浑瑊的军队会合，吐蕃接着就派遣将领论莽罗依率兵二万人跟随在后。李楚琳派部将石锽率领七百士兵跟随浑瑊攻下了武功县。四月初十日庚戌，朱泚派遣部将韩旻率军攻打武功县，石锽带着自己的部下迎接韩旻，并投降了韩旻。浑瑊所部官军作战失利，浑瑊收缩队伍，登上西原高地。正好曹子达与吐蕃兵赶来，向韩旻进攻，在武亭川大败韩旻，杀敌一万多人，韩旻仅仅只身逃脱。浑瑊于是率领各支人马驻扎奉天，与李晟东西相应，以进逼长安城。

德宗打算为唐安公主建造塔寺，隆礼厚葬她，谏议大夫、同平章事姜公辅上表谏劝德宗，认为："山南地区不是陛下长住久安的地方，安葬公主，应该在返回首都长安之后，在这里暂厝灵柩，应该从薄从俭，节省费用以供应军队战事的急需。"德宗派使者对陆贽说："为唐安公主建造塔寺，开支很小，这不应该是宰相所要议论的事情。姜公辅正打算通过指责朕的过失，以求得自己的名声。作为宰相，如此辜负朕，应当如何处置他呢？"陆贽上奏德宗，认为姜公辅身居宰相职位，遇到事情，议论谏劝，不应当加罪，这篇奏疏的大意是说："姜公辅不久以前与臣同在翰林院供职，臣现在如果根据道理为姜公辅辩白，那么就涉及营结私党的嫌疑；如果迎合意旨，顺着皇上的说法，那又违背了匡正、辅佐的大义。如果涉及嫌疑，那不过只给自己留下祸患；而违背匡正、辅佐的大义，却实在是玷污了皇上对我的恩典。只顾自身利害，忘记皇上的大事，那是为臣的耻辱啊！"又说："只有昏庸糊涂的君主，才在怨声四起时，还不愿意听听是怎么回事，在污秽的行为激怒了上天时，仍然不自我反省，等到国家要颠覆的时候，还不知道自己的过错。"又说："应该问道理是对还是错，怎么能只问事情的大与小呢？《虞书》上说：'行事必须谨慎小心，一天又一天要日理万机。'在唐尧、虞舜统治时期，国君圣明，大臣贤达，考虑事情非常细微，以至于每天要处理上万件事。这就说明细小的事情也不能不重视，陛下怎么能忽视小事，而不仔细想想呢？"又说："如果认为谏劝是在有意指责过失，那么像商纣王这种挖剖贤臣心脏的暴君就不应该受到后来贤明君主的指责；如果认为谏劝是为自己谋取名声，那么舍身忘己、为国尽忠的大臣就不会记载在圣人的经典上，留作后人的榜样了。"又说："假如谏臣是有意指责陛下的过错，通过谏劝来获取自己的名声，陛下只要能够听到好的意见就改正，遇到犯颜直谏的人不反感，那么，指责的人适足以彰明陛下的仁善美德，所得到的足以显示陛下无边无际的恩德。陛下由此而得到益处，实在是太多了。假如陛下对指责的过失大为恼火而不改正，那么陛下就会招来厌恶直言进谏的讥讽；贬斥那些谋取名声的人而不宽容，那么陛下就会蒙上拒谏的诽谤；这就是所谓掩饰自己的过错，反而使过错变得更加明显，贬

加西川节度使张延赏同平章事，赏其供亿无乏故也。

朱泚、姚令言数遣人诱泾原节度使冯河清，河清皆斩其使者。大将田希鉴密与泚通，杀河清，以军府附于泚；泚以希鉴为泾原节度使。

上问陆贽："近有卑官自山北来者，率非良士。有邢建者，论说贼势，语最张皇，察其事情，颇似窥觇，今已于一所安置。如此之类，更有数人，若不追寻，恐成奸计。卿试思之，如何为便？"贽上奏，以为今盗据宫阙，有冒涉险远来赴行在者，当量加恩赏，岂得复猜虑拘囚！其略曰："以一人之听览而欲穷宇宙之变态，以一人之防虑而求胜亿兆之奸欺，役智弥精，失道弥远。项籍纳秦降卒二十万，虑其怀诈复叛，一举而尽坑之，其于防虞，亦已甚矣。汉高豁达大度，天下之士至者，纳用不疑，其于备虑，可谓疏矣。然而项氏以灭，刘氏以昌，蓄疑之与推诚，其效固不同也。秦皇严肃雄猜，而荆轲奋其阴计；光武宽容博厚，而马援输其款诚。岂不以虚怀待人，人亦思附；任数御物，物终不亲！情思附则感而悦之，虽寇仇化为心膂矣；意不亲则惧而阻之，虽骨肉结为仇慝矣。"又曰："陛下智出庶物，有轻待人臣之心；思周万机，有独驭区寓之意；谋吞众略，有过慎之防；明照群情，有先事之察；严束百辟，有任刑致理之规；威制四方，有以力胜残之志。由是才能者怨于不任，忠荩者忧于见疑，著勋业者惧于不容，怀反侧者迫于及讨，驯致离叛，构成祸灾。天子所作，天下式瞻，小犹慎之，矧又非小，愿陛下以覆车之辙为戒，实宗社无疆之休。"

（以上为第十二段，写陆贽上奏德宗，厚待从叛臣敌占区投奔行在所的吏民，以鼓励天下士民效顺。）

损别人的名声，而别人的名声反而更加彰扬。果真要对姜公辅治罪，那陛下的损失就太大了。”德宗仍然怒气未消，四月十四日甲寅，罢免了姜公辅的宰相之职，而降为左庶子。

德宗加授西川节度使张延赏同平章事，用以奖赏张延赏能对朝廷的供应无缺。

朱泚、姚令言多次派人去拉拢、引诱泾原节度使冯河清，冯河清把派来的使者都杀了。冯河清属下的大将田希鉴暗中与朱泚勾结，杀了冯河清，献出泾原军府投靠了朱泚；朱泚任命田希鉴为泾原节度使。

德宗询问陆贽说：“近来有一些从北边岐州、雍州来的低级官员，都不是贤良之士。有一个叫邢建的人，谈论叛贼的形势，夸大其词，观察这个人的情况，很有点像在窥探情报，现在已经将他们安置在一个地方。像邢建这样的人，还有几个，如果对他们不加追查考究，恐怕就会成全他们通贼的奸计。卿试想一想，应该怎样处置为好？”陆贽上奏德宗，认为现在叛贼占据皇宫，有人冒着危险、跋山涉水、远道投奔陛下，应当酌量施恩给赏，哪能反而对他们猜疑和囚禁呢？这份奏疏的大意是说：“凭一个人的所见所闻，想弄清宇宙间无穷无尽事物的情况和变化，凭一个人的思虑和防范措施，来战胜天下人的欺诈和邪恶，那么用的心智越是精细、深入，就离正确的处理办法越远。项羽接受了投降的秦朝士兵二十万人，担心他们心怀鬼胎，会再次反叛，于是一下子将他们全部活埋了。项羽在防备祸患方面，也是做得太过分了。汉高祖刘邦为人胸襟豁达，气度很大，天下的士人投奔到刘邦那里，全都接纳、任用，而不猜疑他们，刘邦在防备和疑虑方面，可以说是太疏忽了。但是项羽因此而灭亡，刘邦因此而昌盛，心存怀疑与竭诚待人，其效果本来就不相同啊。秦始皇严厉苛刻，遇事猜疑，但荆轲却奋不顾身地执行刺杀秦始皇的计划；东汉光武帝刘秀为人宽宏大量，博爱仁厚，而马援这样的人能对他竭诚尽忠。这岂不是能够虚怀若谷地对待别人，而别人也一心一意地归附他；凭权术来驾驭别人，别人也不会亲附他！要想让人真心归附，那么就要感化而使人愉快，虽然曾是仇敌，也能变为心腹；对归附的人不亲近，那么就会使人害怕，从而加以排斥，这样即使是有骨肉手足之情，也会变成仇敌。”陆贽又说：“陛下的智慧超出万事万物，因而有看不起群臣的心思；陛下的思虑遍及万事万物，因而有独自驾驭天下的想法；陛下的谋划盖过了群臣的计策，那将是谨慎的防范过了头，陛下的英明洞照群情，所以往往有先见之明；陛下严厉管束百官，有专用刑罚以达到修明政治的规划；陛下的威严统御四方，有用武力战胜凶恶敌人的志向。因此有才能的人因得不到任用而怨恨，竭尽忠诚的人因遭受猜忌而忧虑，功勋卓著的人害怕君王不容而畏惧，心怀反复的人因迫于被讨伐而渐渐背叛朝廷，造成灾祸，天子的所作所为，被看作是天下人的

丁巳，以前山南东道节度使南皮贾耽为工部尚书。先是，耽使行军司马樊泽奏事行在，泽既复命，方大宴，有急牒至，以泽代耽为节度使。耽内牒怀中，宴饮如故，颜色不改；宴罢，召泽告之，且命将吏谒泽。牙将张献甫怒曰："行军为尚书问天子起居，乃敢自图节钺，夺尚书土地，事人不忠，请杀之。"耽曰："是何言也！天子所命，即为节度使矣！"即日离镇，以献甫自随，军府遂安。

左仆射李揆自吐蕃还，甲子，薨于凤州。

韩游瓌引兵会浑瑊于奉天。

丙寅，加平卢节度使李纳同平章事。

丁卯，义王玭薨。

（以上为第十三段，写山南东道节度使贾耽识大体，奉君命，从容让位下属，史特为载之。）

朱滔攻贝州百余日，马寔攻魏州亦逾四旬，皆不能下。贾林复为李抱真说王武俊曰："朱滔志吞贝、魏，复值田悦被害，傥旬日不救，则魏博皆为滔有矣。魏博既下，则张孝忠必为之臣。滔连三道之兵，益以回纥，进临常山，明公欲保其宗族，得乎！常山不守，则昭义退保西山，河朔尽入于滔矣。不若乘贝、魏未下，与昭义合兵救之；滔既破亡，则关中丧气，朱泚不日枭夷，銮舆反正，诸将之功，孰有居明公之右者哉！"武俊悦，从之。

戊辰，武俊军于南宫东南，抱真自临洺引兵会之，与武俊营相距十里。两军尚相疑，明日，抱真以数骑诣武俊营；宾客共谏止之，抱真命行军司马卢玄卿勒兵以俟，曰："吾之此举，系天下安危，若其不还，领军事以听朝命亦惟子，励将士以雪仇耻亦惟子。"言终，遂行。武俊严备

榜样，对于微小的事情，尚且要十分谨慎地对待，况且现在所面临又不是小事呢？恳切希望陛下以前车的翻覆为鉴戒，这实在是宗庙社稷无穷的福分。”

四月十七日丁巳，德宗任命前山南东道节度使南皮人贾耽为工部尚书。在此之前，贾耽派他的行军司马樊泽到行在所奏事，樊泽返回复命，正赶上贾耽大摆酒宴，这时突然送来朝廷的紧急公文，是任命樊泽代替贾耽担任节度使职务，贾耽将公文揣进怀里，照常进行宴会，面色丝毫没有改变；宴会结束，贾耽宣召樊泽告知朝廷的决定，而且下令军府中的将领、官吏来拜见樊泽。牙将张献甫愤怒地说：“行军司马替尚书去问候皇帝的衣食起居，竟敢自己向皇帝求取节度使的旌节，夺走尚书统辖的土地！樊泽事奉上司不忠心耿耿，请让我杀了樊泽。”贾耽说：“你这说的是什么话？皇帝下诏任命的人，他就是节度使！”当天，贾耽就离开山南东道军府，带着张献甫跟随自己，军府内外于是安定下来。

左仆射李揆从吐蕃回来，四月二十四日甲子，在凤州去世。

韩游瓌率领军队与浑瑊在奉天会合。

四月二十六日丙寅，德宗加授平卢节度使李纳同平章事。

四月二十七日丁卯，义王李玭去世。

朱滔围攻贝州一百多天，马寔攻打魏州城也有四十多天，但都没能攻下。贾林再次为李抱真去劝说王武俊道：“朱滔企图吞并贝州、魏州，又正值田悦遇难了，假若我们在十天之内不去援救，那么魏博镇就全被朱滔占领了。魏博镇被攻下之后，那么张孝忠一定会成为朱滔的臣属。朱滔集中幽州、易定、魏博三镇的兵力，再加上回纥的人马，进军常山郡，那时明公想保全自己的宗族，能做得到吗？常山守不住，那我们昭义军就要退守西山，而河朔地区就会全部被朱滔占领。不如乘贝州、魏州还没有被朱滔攻陷的时候，与我们昭义军联合兵力去援救贝州、魏州，朱滔被我们打败了，那么关中的朱泚就会丧失斗志，朱泚不久也要被剿灭了，皇上的车驾返都回宫，各位将领的功劳，又有谁能比得上您呢？”王武俊很高兴，听从了贾林的劝说。

四月二十八日戊辰，王武俊进军在南宫东南驻扎，李抱真从临洺带兵前来与王武俊会合，与王武俊军队驻扎的营地相距十里远。当时两支军队仍然彼此猜疑。第二天，李抱真带着几名随从要去王武俊的军营中；门客和将吏们都劝说李抱真不要去，李抱真命令行军司马卢玄卿统兵全面戒备，等待消息，说：“我采取这一措施，

以待之，抱真见武俊，叙国家祸难，天子播迁，持武俊哭，流涕纵横。武俊亦悲不自胜，左右莫能仰视，遂与武俊约为兄弟，誓同灭贼。武俊曰："相公十兄名高四海，向蒙开谕，得弃逆从顺，免菹醢之罪，享王公之荣。今又不间胡虏，辱为兄弟，武俊当何以为报乎！滔所恃者回纥耳，不足畏也。战日，愿十兄按辔临视，武俊决为十兄破之。"抱真退入武俊帐中，酣寝久之；武俊感激，待之益恭，指心仰天曰："此身已许十兄死矣！"遂连营而进。

山南地热，上以军士未有春服，亦自御夹衣。

（以上为第十四段，写王武俊与李抱真释嫌联兵救贝州，讨逆朱滔。）

关系到天下的安定与危亡，如果我回不来了，统领军队，听从朝廷的命令就靠你了，激励将士，为我报仇，为昭义军雪耻也靠你了。”说完，就带人去了。王武俊戒备森严，等候李抱真的到来，李抱真进营见了王武俊，陈述了国家面临的灾祸患难，说到皇帝流离失所时，李抱真拉着王武俊就哭起来，满脸泪水。王武俊也禁不住悲痛起来，周围的人都难过地低着头，李抱真于是与王武俊相约结成兄弟，发誓要一起消灭叛贼。王武俊说：“相公十哥你的名望高扬四海，从前我蒙受你的开导，得以背弃叛贼，归顺朝廷，避免了要被剁成肉酱的罪过，能够享受王公大臣的荣耀。如今你又不嫌我是胡人，屈尊与我结为兄弟，我王武俊用什么来报答你呢？朱滔所依仗的不过是回纥兵，实际上回纥兵并不可怕。到打仗的那天，希望十哥你只管骑在马上观战，我王武俊一定要为十哥打败他们。”李抱真来到王武俊的营帐之中，在那里酣睡了很长时间；王武俊对李抱真的信任不疑非常感激，对李抱真更加恭敬，扪心仰天发誓说：“此身决心为十哥而死！”于是双方连营行军。

山南地区天气炎热，德宗因为将士们还没有穿上春天的服装，自己也穿上夹袄以表明与将士们同甘共苦。

【点评】

本卷点评德宗借兵吐蕃、李怀光反叛、姜公辅罢相三事，从侧面看德宗的昏愚误国。

一、德宗借兵吐蕃。德宗向吐蕃借兵平叛。按吐蕃国法，吐蕃出兵，要唐朝统兵大将在制书上签名，担保并肩作战的唐兵信誉。皇帝制书没有李怀光的签名，吐蕃相尚结赞率领的吐蕃兵不肯进攻。德宗命陆贽劝说李怀光副署，李怀光不赞同，他指出借吐蕃兵平乱有三害。攻破长安，吐蕃纵兵抢掠，此其一害。按约定，取胜之后，每一个士兵赏钱一百文，吐蕃兵五万，赏钱五百万缗，从哪里找这笔钱？此其二害。吐蕃狡猾，不肯先出战，骑墙观察形势，官军胜利了就来抢功劳，官军失败了，趁火打劫，此其三害。李怀光所言三害，还不止此。安史之乱吐蕃趁火打劫，攻陷河西陇右，切断了唐朝与西域的联系。西域北庭节度使李元忠、安西四镇留后郭昕率军坚守，公元781年使者间道入朝，朝廷才知道北庭、安西二镇尚存。德宗为了借兵吐蕃，竟然私许割弃两镇给吐蕃，简直是一个卖国之君。后来李怀光反叛，吐蕃背约大掠武功撤走，德宗听了非常忧愁，陆贽上奏，吐蕃退走是大好事，平定叛乱要信任将帅。其后李晟灭朱泚，马燧、浑瑊除掉李怀光，这些事实生动地说明，借兵吐蕃，实属多余。可是德宗为什么不惜一切代价，乃至卖国都要借兵吐蕃呢？德宗此举有两个卑鄙目的。一是结和吐蕃，打击回纥，以报个人受辱之私仇。二是猜忌功臣，借兵分功。李怀光摸透了德宗的心理，遂生不臣之心，才敢于把底牌揭穿。如果说吐蕃退兵，是一件好事，而李怀光之叛乱，差点要了德宗的老命，给唐王朝制造了极大的危害。

二、李怀光反叛。李怀光，渤海靺鞨人。本姓茹，其父因战功赐姓李。李怀光年少从军，武艺精良，朔方名将，隶属郭子仪。德宗即位，罢郭子仪兵权，分其军为三节度使，由李怀光、常谦光、浑瑊分掌。李怀光镇邠宁，借故杀害功名比自己高的朔方大将温儒雅等人，李怀光就是这样的一个暴戾的阴谋家，德宗却要信任他。物以类聚，人以群分。德宗猜疑心强，本能地畏惧忠直，亲近小人，也许德宗认为，身上有毛病的人便于掌控，否则，他对李怀光的信任不可理解。

德宗罢泾原节度使段秀实，任命李怀光兼任。段秀实忠贞，死于朱泚之难。段秀实用计延迟了朱泚进兵奉天，救了德宗的命。泾原兵拒绝李怀光到任，德宗改任朱泚。恰恰就是一个朱泚，一个李怀光，德宗任用的两个奸人，一前一后地逼使德宗两次蒙尘。昏君总是亲小人，远贤臣，德宗猜疑忠正之臣，信用奸邪小人，搬起石头砸了自己的脚。

李怀光屯兵咸阳，迟延不进，已萌生异志。李怀光有兵五万，李晟率兵一万，鄜坊节度使李建徽、神策行营节度使杨惠元各有兵数千，皆受李怀光节制。李晟请

战，李怀光不许。李晟觉察情况不妙，请求移军别屯，德宗扣下奏报，派陆贽为宣慰使，到李怀光军营察看动静。陆贽认为李怀光“总仗顺之师，乘制胜之气，鼓行芟翦，易若摧枯，而乃寇奔不追，师老不用”，必有异志。陆贽动用智慧，激发李怀光说大话，赞同李晟移军。陆贽从咸阳劳军回行在，建言德宗受命李建徽、杨惠元两军与李晟一同移军，保存实力。德宗不听，只让李晟一军转移。等到李怀光叛逆，果然李、杨两军为李怀光吞没。这是德宗遥控军情带来的恶果。

李怀光奏言狂悖，反形已露，德宗却赐以不死之铁券，还想亲自巡幸以安李怀光之心。后得知李怀光要偷袭奉天，才仓皇逃奔山南，路上还差点被截击。李怀光反叛后，形势极为险恶。许多隐伏在京师的朝官，认为大势已去，纷纷投靠朱泚。河东节度使马燧也感到绝望，撤回勤王之兵，收缩保卫河东。这时李晟受命于危难之际，为讨逆主将，是决定唐王朝命运的关键人物。

李晟驻军东渭桥，一支孤军夹在朱泚和李怀光两强之中，处境极为艰难。李怀光部众拒绝公开反叛，反对攻击李晟，众叛亲离，逃往河中。邠宁、奉天、昭应、蓝田等地的唐军集结长安，接受李晟指挥，声势大振。德宗要陆贽规划进兵方略。陆贽拒绝做规划，劝谏德宗不要遥控军事，说：“君上之权，特异臣下，惟不自用，乃能用人。”德宗不得已由李晟自主用兵，李晟很快攻入长安，朱泚败亡。公元785年，马燧、浑瑊围攻河中，李怀光自杀。从公元781年，德宗用兵河北三镇开始，到此战祸才算基本结束。德宗遥控军事，一个错误接着一个错误，把战祸从河北引向河南，又引到长安城。幸亏有浑瑊、李晟、马燧、李抱真一批良将，危急关头有陆贽筹划，才算保住了唐王朝。

三、姜公辅罢相。德宗蒙尘山南，在汉中建行在所。山南地薄民贫，从安史之乱以来，盗贼横行，户口又减去了一大半。山南节制十五州，租赋赶不上江淮几个县。德宗大驾驻跸，增加了成倍的官兵与朝廷官吏，粮食都很紧张。此时，德宗爱女唐安公主，还未出嫁，死在城固。德宗为唐安公主造塔，还要厚葬。宰相姜公辅兼谏议大夫之职，上表谏曰：“山南非久安之地，公主之葬，会归上都，此宜俭薄，以副军须之急。”姜公辅提出，在非常时期，战事紧张，供应短缺，应当薄葬，何况又是临时安葬，等回到京都以后，再隆重举行葬礼不迟。德宗却认为姜公辅辜负了皇上恩德，故意找错，以求名声。陆贽剖析，姜公辅身为宰辅，职责所系，并非求名找错，君王应虚心纳谏。德宗仍然气愤难平，罢了姜公辅的官，改任为闲职左庶子。德宗偏狭而自用的本性原本就是这样。

唐纪四十七

唐德宗兴元元年至贞元元年（784—785年）

【起阏逢困敦（甲子，784年）五月，尽旃蒙赤奋若（乙丑，785年）七月，凡一年有奇】

【大事提要】

本卷记事起公元784年五月，讫公元785年七月，凡一年又三个月。当唐德宗兴元元年五月到贞元元年七月。此时期官军在艰难险阻中四处奏凯歌，节节胜利，唐王朝露出了一丝复兴的曙光。先是吐蕃盟军撤离长安，陆贽上奏称这是大好事，劝谏德宗不要遥控前线军事，委署李晟讨逆大权。李晟不负众望，很快攻克长安，整肃纲纪，诛杀泾州边将田希鉴等三十余人，因其屡叛附贼朱泚。河北李抱真、王武俊合兵大破朱滔。淮西李希烈穷途末路杀害颜真卿。李泌单骑入陕州不费兵卒平叛乱。可惜德宗是一个昏君，他返回长安并不是励精图治，而是立刻猜忌功臣。李勉抗击李希烈、韩滉竭尽忠心调集江南财货供应军资，立下大功，却受德宗猜疑，幸亏李泌善谏，全力保护，李勉、韩滉才免于难。德宗返京，重新启用宦官掌兵权，又欲赦免李怀光以减杀功臣之过。李晟上奏李怀光五不可赦，德宗才不得已从之。

【原文】

德宗神武圣文皇帝六

兴元元年（甲子，784年）

五月，盐铁判官万年王绍以江、淮缯帛来至，上命先给将士，然后御衫。韩滉欲遣使献绫罗四十担诣行在，幕僚何士干请行；滉喜曰："君能相为行，请今日过江。"士斡许诺，归别家，则家之薪米储偫已罗门庭矣；登舟，则资装器用已充舟中矣；下至厨筹，滉皆手笔记列，无不周备。每担夫，与白金一版置腰间。又运米百艘以饷李晟，自负囊米置舟中，将佐争举之，须臾而毕。艘置五弩手以为防援，有寇则叩舷相警，五百弩已彀矣。比至渭桥，盗不敢近。时关中兵荒，米斗直钱五百；及滉米至，减五之四。滉为人强力严毅，自奉俭素，夫人常衣绢裙，破，然后易。

（以上为第一段，写韩滉效忠朝廷，在紧要关头抢运物资供给朝廷。）

吐蕃既破韩旻等，大掠而去。朱泚使田希鉴厚以金帛赂之，吐蕃受之；韩游瓌以闻。浑瑊又奏："尚结赞屡遣人约刻日共取长安，既而不至；闻其众今春大疫，近已引兵去。"上以李晟、浑瑊兵少，欲倚吐蕃以复京城，闻其去，甚忧之，以问陆贽。贽以为吐蕃贪狡，有害无益，得其引去，实可欣贺；乃上奏，其略曰："吐蕃迁延顾望，反覆多端，深入郊畿，阴受贼使，致令群帅进退忧虞：欲舍之独前，则虑其怀怨乘蹑；欲待之合势，则苦其失信稽延。戎若未归，寇终不灭。"又曰："将帅意陛下不见信任，且患蕃戎之夺其功；士卒恐陛下不恤旧劳，而畏蕃戎之专其利；贼党惧蕃戎之胜，不死则悉遗人禽；百姓畏蕃戎之来，有财必尽为所掠。是以顺于王化者其心不得不怠，陷于寇境者其势不得不坚。"又曰："今怀光别保蒲、绛，吐蕃远避封疆，形势既分，腹背无患，瑊、晟诸帅，才力得伸。"又曰："但愿陛下慎于抚接，勤于砥砺，中兴大业，旬月可期，不宜尚眷眷于犬羊之群，以失将士之情也。"

（以上为第二段，写陆贽上奏论吐蕃背约撤军是大好事，劝谏德宗平定叛乱，依

【语译】

德宗神武圣文皇帝六

唐德宗兴元元年（甲子，784 年）

五月，盐铁判官万年人王绍押运江淮地区的丝绸布帛到了梁州，德宗下令先供应将士换衣装，然后自己才换了单衣。韩滉打算派遣使者运送绫罗四十担到行在所进献给朝廷，幕僚何士干请求押运前行；韩滉高兴地说："你能替我去一趟，那么请今天就过江成行。"何士干答应下来，回来与家人道别时，看到韩滉已派人将家用的柴米储备放满庭院的空地上了；何士干登上船只时，韩滉已经派人将各种物资、装备、用具装满了船；就连厕所所用的竹筹，韩滉都一一亲手记录，十分周全详备。每一个挑绫罗的担夫，都发给他们一块白银缠住腰间。又运送一百船大米到关中给李晟作军饷，韩滉自己亲自背着米袋上船，他的部属部将领、僚佐争先恐后地背米上船，一会儿一百船米就装好了。韩滉在每艘船上布置五名弩弓手，用以防御抢劫和各船互相援助，如果有盗贼袭击，就敲响船舷，互通警报，五百名弩弓手张弓拉箭，严阵以待。一直到渭桥，盗贼们都不敢接近运粮船队。当时关中地区正因为兵荒马乱，一斗米价值五百钱；等韩滉的一百船米运到，米价下跌了五分之四。韩滉为人强悍有力、严明果断，自己平时生活十分俭朴，他的夫人经常穿很普通的绢裙，等到穿烂了以后，才再换一件。

吐蕃军队打败了韩旻等人以后，在关中大肆抢掠了一阵，便离开了。朱泚让田希鉴用很厚重的金钱布帛贿赂吐蕃，吐蕃接受了；韩游瓌将此事上奏给了德宗。浑瑊又上奏德宗说："尚结赞多次派人同我们约定时刻，共同攻打长安城，但到了时间却不来；听说吐蕃境内今年春天流行瘟疫，最近已带兵回去了。"德宗认为李晟、浑瑊的兵力弱小，想依靠吐蕃军队收复京城，听说他们回去了，非常担心，就此事来询问陆贽。陆贽认为吐蕃人贪婪狡猾，对朝廷只有害处，并无益处，现在他们自己回去了，实在值得庆幸；于是就上奏德宗，大意是说："吐蕃人拖延时间，两边观望，他们反复无常，诡计多端，深入我们的京畿地区，暗中接受叛贼的指使，以至于各军将帅进退两难：如果将他们抛到一边，独自进攻长安城，又担心他们心怀怨恨，乘机跟在后面捣乱；如果等他们前来，联合兵力攻打长安城，又怕他们不守信用，耽误时间。如吐蕃不回到自己的地方，那么寇患最终还是难以消除。"又说："各军将帅们心中猜想陛下不信任自己，又担心吐蕃人与他们争夺功劳；士兵们害怕陛下不体恤他们往日的劳绩，又担心吐蕃人独占了陛下的赏赐；叛贼朱泚的党羽害怕吐蕃取得胜利后，即使不死，也要被擒获；老百姓害怕吐蕃人到来，即使有点钱

靠效忠朝廷的官军才是根本。）

上复使谓贽曰："卿言吐蕃形势甚善，然瑊、晟诸军当议规画，令其进取。朕欲遣使宣慰，卿宜审细条流以闻。"贽以为："贤君选将，委任责成，故能有功。况今秦、梁千里，兵势无常，遥为规画，未必合宜。彼违命则失君威，从命则害军事，进退羁碍，难以成功；不若假以便宜之权，待以殊常之赏，则将帅感悦，智勇得伸。"乃上奏，其略曰："锋镝交于原野而决策于九重之中，机会变于斯须而定计于千里之外，用舍相碍，否臧皆凶。上有掣肘之讥，下无死绥之志。"又曰："传闻与指实不同，悬算与临事有异。"又曰："设使其中有肆情干命者，陛下能于此时戮其违诏之罪乎？是则违命者既不果行罚，从命者又未必合宜，徒费空言，祗劳睿虑，匪惟无益，其损实多。"又曰："君上之权，特异臣下，惟不自用，乃能用人。"

（以上为第三段，写陆贽上奏德宗，劝谏不要遥控前线军事。）

癸酉，泾王侹薨。

徐、海、沂、密观察使高承宗卒，甲戌，使其子明应知军事。

乙亥，李抱真、王武俊距贝州三十里而军。朱滔闻两军将至，急召马寔，寔昼夜兼行赴之。或谓滔曰："武俊善野战，不可当其锋，宜徙营稍前逼之，使回纥绝其粮道。我坐食德、棣之餫，依营而陈，利则进攻，

财，也会被他们掳掠一空。因此，顺从君王教化的人，他们的心意也不得不懈怠，而陷于叛贼境内的人，他们也将不肯归附朝廷。”又说：“现今李怀光退保蒲州、绛州，吐蕃人又远离我国的边境，那么李怀光和吐蕃人呼应的形势已经分离，官军已经摆脱了腹背受敌的祸患，浑瑊、李晟等各支官军的主帅，他们的才干和能力都能够得到施展了。”又说：“只希望陛下能够谨慎地对待和安抚将士们，经常砥砺自己，那么中兴家国的宏伟大业，将在很短的时间内就可以完成，不应该对吐蕃这群犬羊念念不忘，而失去了将士的效忠之心。”

德宗又派使者对陆贽说：“卿所论的吐蕃形势非常好，但是对浑瑊、李晟等各支军队，应当议定出灭敌的方略，好让他们按计划进攻长安城。朕打算派遣使者去安抚他们，卿应该详细地列出该办的事目让朕知道。”陆贽认为：“贤明的君主选任将帅，委以大权，责其成效，所以能够获得成功。何况现在咸阳离梁州一千余里，军队作战，双方情况变化无常，在遥远的地方策划方略，未必符合实际需要。如果他们不按照朝廷的命令去办事，便有失君王的威严，如果他们按命令行事，就对打胜仗有损害，他们进攻、撤退，都有羁绊和妨碍，就很难获得成功。不如给他们见机行事的权力，用特殊的奖赏对待他们，那么将帅们就会衷心感激，他们的智慧和勇武就都能施展开来。”于是上奏德宗，奏疏的大意是说：“战争在遥远的原野上进行，而决策却在深宫大院中做出，战争时机瞬息万变，但制定计策却在千里之外，将帅们遵命和不遵命都会碍事，无论在深宫中做出的决策是好是坏，都对打胜仗不利。不但朝廷要遭受掣肘将帅的讥讽，而且臣下也就没有了奋不顾身、拼死力战的斗志。”又说：“传闻的东西往往与实际情况不相符合，遥远筹划与亲临现场办事大有区别。”又说：“假如将帅之中有专横武断，违抗朝命的人，陛下难道能在此时就以违抗朝廷命令之罪杀了他吗？由此看来，违抗朝廷命令既然不能立即采取惩罚手段，服从朝廷命令的行为也未必符合实际情况，这样做只是白白浪费言辞，而让陛下忧劳思虑，不但没有什么益处，而且损失实在太大。”又说：“君王的权力，与臣下的权力很不相同，只有不自以为是，才能善于任用别人。”

五月初三日癸酉，泾王李侹逝世。

徐、海、沂、密四州观察使高承宗去世，五月初四日甲戌，朝廷任命高承宗的儿子高应明代理军中事务。

五月初五日乙亥，李抱真、王武俊在距离贝州城三十里远的地方驻扎下来。朱滔听说李抱真、王武俊的两支军队就要开过来了，紧急征召马寔支援，马寔率军昼夜不停地赶路，来援助朱滔。有人对朱滔说：“王武俊善于在原野上作战，不能与他

否则入保，待其饥疲，然后可制也。”滔疑未决。会马寔军至，滔命明日出战。寔言：“军士冒暑困惫，请休息数日乃战。”

常侍杨布、将军蔡雄引回纥达干见滔，达干曰：“回纥在国与邻国战，常以五百骑破邻国数千骑，如扫叶耳。今受大王金帛、牛酒前后无算，思为大王立效，此其时矣。明日，愿大王驻马高丘，观回纥为大王翦武俊之骑，使匹马不返。”布、雄曰：“大王英略盖世，举燕、蓟全军，将扫河南，清关中，今见小敌冘豫不击，失远近之望，将何以成霸业乎！达干请战是也。”滔喜，遂决意出战。

丙子旦，武俊遣其兵马使赵琳将五百骑伏于桑林，抱真列方陈于后，武俊引骑兵居前，自当回纥。回纥纵兵冲之，武俊使其骑控马避之。回纥突出其后，将还，武俊乃纵兵击之，赵琳自林中出横击之，回纥败走。武俊急追之，滔骑兵亦走，自践其步陈，步骑皆东奔，滔不能制，遂走趣其营，抱真、武俊合兵追击之。时滔引三万人出战，死者万余人，逃溃者亦万余人，滔才与数千人入营坚守。会日暮，昏雾，两军不能进，抱真军其营之西北，武俊军其东北。滔夜焚营，引兵出南门，趣德州遁去，委弃所掠资财山积；两军以雾，不能追也。

滔杀杨布、蔡雄而归幽州，心既内惭，又恐范阳留守刘怦因败图己。怦悉发留守兵夹道二十里，具仪仗，迎之入府，相对悲喜，时人多之。

（以上为第四段，写王武俊与李抱真联兵大败朱滔。）

初，张孝忠以易州归国，诏以孝忠为义武节度使，以易、定、沧三州隶之。沧州刺史李固烈，李惟岳之妻兄也，请归恒州，孝忠遣押牙安

正面交锋，而应该把营垒向前稍稍移动一些，来逼迫他，派回纥兵从后面截断他的运粮之道。我军只要坐吃德州、棣州送来的粮饷，背靠营垒布列战阵，有机可乘时就进攻，形势不利的时候就退进营垒中防卫，等待王武俊军队饥饿、疲劳的时候，就能够制服他了。”朱滔对这一建议迟疑不决。正好马寔的军队赶来了，朱滔于是命令军队第二天出营作战。马寔说：“将士们冒着酷暑炎热赶来，极为困乏疲惫，请让他们休息几天再去作战吧。”

朱滔的常侍杨布、将军蔡雄领着回纥兵的首领达干来见朱滔，达干说：“我们回纥军在本国的时候，与邻国交战，经常以五百名骑兵就把邻国的几千骑兵打得大败，就像狂风卷树叶一样容易。现在我们收受了大王您的金钱布帛、牛肉美酒，多得无数，想要为大王您效劳，现在正是时候了。明天，希望大王您骑马站在高处，观看回纥军为大王您消灭王武俊的骑兵，会将敌人杀得一匹马也不剩下。”杨布、蔡雄说：“大王您雄才大略，盖世无双，率领燕、蓟地区的全部人马，将要横扫河南，清除关中，现在遇到的只是小股敌人就犹豫不决，不肯攻击，使远近各地的人都感到失望，那将怎么能成就您的霸业呢？达干请求出战的做法是对的啊。”朱滔听了很高兴，于是决定出营作战。

五月初六日丙子清晨，王武俊派他的兵马使赵琳带领五百名骑兵埋伏在桑林中，李抱真的军队布列成方阵排在后面，王武俊带领骑兵列阵在前面，亲自抵挡回纥骑兵。回纥兵放马向这边冲过来，王武俊指挥骑兵驭马避开回纥的兵锋。回纥兵冲到了王武俊骑兵的后面，将要回马还阵的时候，王武俊才指挥骑兵全线冲击回纥兵，赵琳率部从桑林中杀出，拦腰截击，回纥兵被打败，逃走了。王武俊率部急速追击，朱滔的骑兵也开始逃跑，向后践踏了自己的步兵阵列，步兵、骑兵一起向东逃命，朱滔无法控制，于是也逃回营垒中，李抱真、王武俊两军联合追击。当时朱滔带领三万人出来作战，结果战死的有一万多人，逃跑、溃散的也有一万多人，朱滔只带着几千人退回营垒坚守。这时天正黑下来，加上浓雾弥漫，李抱真、王武俊两支军队不能前进，于是李抱真驻扎在朱滔营垒的西北边，王武俊驻扎在朱滔营垒的东北边。当晚，朱滔放火烧营，率军从南门出来，直向德州方向逃去，丢下所抢掠的各种物资、钱财堆得像小山一样；李抱真、王武俊因为雾大，不能出兵追击。

朱滔杀了杨布、蔡雄，回到幽州，内心又气又愧，还担心范阳留守刘怦趁自己战败而加以谋害。刘怦将范阳的留守兵全部派出来，夹道二十里，准备好仪仗队，将朱滔迎入府中，两人相对，悲喜交集，当时很多人都对刘怦称赞不已。

当初，张孝忠率领易州军民归顺朝廷，德宗下诏任命张孝忠为义武节度使，将易、定、沧三州划归他管辖。沧州刺史李固烈，是李惟岳妻子的哥哥，他请求回恒

喜程华交其州事。固烈悉取军府绫、缣、珍货数十车，将行，军士大譟曰：“刺史扫府库之实以行，将士于后饥寒，奈何！”遂杀固烈，屠其家。程华闻乱，自窦逃出，乱兵求得之，请知州事；华不得已，从之。孝忠闻之，即版华摄沧州刺史。华素宽厚，推心以待将士，将士安之。

会朱滔、王武俊叛，更遣人招华，华皆不从。时孝忠在定州，自沧如定，必过瀛州，瀛隶朱滔，道路阻涩。沧州录事参军李宇说华，表陈利害，请别为一军，华从之，遣宇奉表诣行在。上即以华为沧州刺史、横海军副大使、知节度事，赐名日华，令日华岁供义武租钱十二万缗。

王武俊又使人说诱之；时军中乏马，日华绐使者曰：“王大夫必欲相属，当以二百骑相助。”武俊给之，日华悉留其马，遣其士归。武俊怒，而方与马燧等相拒，不能攻取，日华由是获全。及武俊归国，日华乃遣人谢过，偿其马价，且赂之。武俊喜，复与交好。

（以上为第五段，写程华节度横海军始末。）

庚寅，李晟大陈兵，谕以收复京城。先是，姚令言等屡遣谍人觇晟进军之期，皆为逻骑所获。晟引示以所陈兵，谓曰：“归语诸贼：努力固守，勿不忠于贼也！”皆饮之酒，给钱而纵之。遂引兵至通化门外，曜武而还，贼不敢出。晟召诸将，问兵所从入，皆请“先取外城，据坊市，然后北攻宫阙。”晟曰：“坊市狭隘，贼若伏兵格斗，居人惊乱，非官军之利也。今贼重兵皆聚苑中，不若自苑北攻之，溃其腹心，贼必奔亡。如此，则宫阙不残，坊市无扰，策之上者也！”诸将皆曰：“善！”乃牒浑瑊及镇国节度使骆元光、商州节度使尚可孤，刻期集于城下。

州去，张孝忠派遣他的押牙官安喜人程华去沧州与李固烈交接沧州事务。李固烈将军府中库存的绫绢、缣帛、珍货财物全部装进几十辆车上，将要出发到恒州的时候，将士们大声喧哗，喊道："刺史将库存的财物席卷一空，要全部带走，将士们以后要饥寒交迫了，怎么办？"于是，沧州将士杀了李固烈及其全家人。程华听说将士们起事，从城墙上的洞里逃了出去，被起事的将士们找到，请求程华主持州内军政大事；程华迫不得已，顺从了将士们的要求。张孝忠听说这件事后，当即授权程华代理沧州刺史。程华平素为人宽仁厚道，对将士们能推心置腹，将士们于是都安定下来。

正好这时朱滔、王武俊反叛朝廷，两人多次派遣使者来诏诱程华，程华一概不听。这时张孝忠坐镇定州，从沧州去定州，中途一定要经过瀛州，瀛州在朱滔的统辖之下，两州往来的道理被阻塞了。沧州的录事参军李宇劝说程华，要程华上奏朝廷，在此地另设一军，程华采纳了李宇的意见，派遣李宇带着表章去德宗所在的奉天。德宗立即委任程华为沧州刺史、横海军副大使、代理节度使等职务，并给程华赐名为日华，命令程日华每年为义武军提供租钱十二万缗。

王武俊又派人劝说、引诱程日华归附，当时程日华的军中正缺马匹，程日华骗王武俊的使者说："王大夫一定想要我们隶属的话，就应当派二百名骑兵来援助我们。"王武俊将人马给了程日华，但程日华将马全部留下，打发两百名骑兵回去了。王武俊恼羞成怒，但因为正与马燧等人的军队作战，相持不下，腾不出力量来攻打沧州，程日华的沧州因此得到保全。等到王武俊归顺朝廷之后，程日华就派人去王武俊那里道歉，并偿还了王武俊两百匹马的价钱，还送给王武俊很多东西。王武俊很高兴，又与程日华复归旧好。

五月二十日庚寅，李晟将军队列成阵势，举行阅兵式，他向将士们宣布就要发起攻击，收复京城。在此之前，姚令言等人多次派间谍出来刺探李晟攻城的日期，都被李晟的巡逻骑兵抓获了。李晟让这些间谍看所布军阵，对他们说："你们回去对叛贼们说：努力防守城池，不要做出不忠于叛贼朱泚的事情！"李晟让他们都喝了酒，又每人给了些钱，便放他们回去了。随后李晟率领军队到长安城的通化门外，耀武扬威一番后就回营来了，叛军们眼睁睁地看着不敢出城。李晟召集各位将领，询问他们大军从什么方向攻入长安城，将领都请求："先攻下长安外城，占领街区闹市，然后向北进攻皇宫。"李晟说："街区闹市十分狭窄，如果叛军们在这里埋伏人马与官军搏斗，就会使周围的居民受惊扰而造成混乱，这对官军不利。现在叛贼们的主要兵力都集中在禁苑之中，不如从禁苑的北边向宫苑进攻，先将敌人的要害部位打垮，叛贼们就一定会四散逃跑。这样一来，皇宫就不会受损失，街区闹市也不

壬辰，尚可孤败泚将仇敬忠于蓝田西，斩之。乙未，李晟移军于光泰门外米仓村。丙申，晟方自临筑垒，泚骁将张庭芝、李希倩引兵大至，晟谓诸将曰:“始吾忧贼潜匿不出，今来送死，此天赞我，不可失也！”命副元帅兵马使吴诜等纵兵击之。时华州营在北，兵少，贼并力攻之，晟命牙前将李演等帅精兵救之。演等力战，贼败走；演等追之，乘胜入光泰门；再战，又破之。会夜，晟敛兵还。贼余众走入白华门，夜，闻恸哭。希倩，希烈之弟也。

丁酉，晟复出兵，诸将请待西师至夹攻之。晟曰:“贼数败，已破胆，不乘胜取之，使其成备，非计也。”贼又出战，官军屡捷；骆元光败泚众于浐西。戊戌，晟陈兵于光泰门外，使李演及牙前兵马使王佖将骑兵，牙前将史万顷将步兵，直抵苑墙神麢村。晟先使人夜开苑墙二百余步，比演等至，贼已树栅塞之，自栅中刺射官军，官军不得进。晟怒，叱诸将曰:“纵贼如此，吾先斩公辈矣！”万顷惧，帅众先进，拔栅而入，佖、演引骑兵继之，贼众大溃，诸军分道并入。姚令言等犹力战，晟命决胜军使唐良臣等步骑蹙之，且战且前，凡十余合，贼不能支。至白华门，有贼数千骑出官军之背，晟帅百余骑回御之，左右呼曰:“相公来！”贼皆惊溃。

先是，泚遣张光晟将兵五千屯九曲，去东渭桥十余里，光晟密输款于晟。及泚败，光晟劝泚出亡，泚乃与姚令言帅余众西走，犹近万人。光晟送泚出城，还，降于晟。晟遣兵马使田子奇以骑兵追泚。晟屯含元殿前，舍于右金吾仗，令诸军曰:“晟赖将士之力，克清宫禁。长安士庶，

受到战斗的侵扰，这才是最好的出兵策略啊！”各位将领都点头说：“高明！”于是李晟给浑瑊和镇国军节度使骆元光、商州节度使尚可孤送去文书，约定时间，将各支军队调集长安城下。

五月二十二日壬辰，尚可孤在蓝田之西打败叛军将领仇敬忠，并杀了他。五月二十五日乙未，李晟军队调移到光泰门外的米仓村。五月二十六日丙申，李晟亲临阵地，指挥将士修建营垒，朱泚的骁将张庭芝、李希倩率领大批人马蜂拥而来，李晟对各位将领说：“我开始还担心叛贼会躲在禁苑中不出来，现在他们出来送死，真是上天帮助我，这一良机决不能丧失！”于是李晟命令副元帅府的兵马使吴诜等人带兵出去攻打叛军。当时，骆元光的华州军驻扎在皇城外的北边，兵力很少，叛军集中兵力向骆元光进攻，李晟命令牙前将领李演等人率领精锐部队前去援救骆元光。李演等人率军拼死力战，叛军被打败后逃向城内；李演等率军紧追不舍，乘胜攻进了光泰门；又与叛军交战，再次打败了叛军。这时正好到了晚上，李晟鸣锣收兵，回到营地。叛军的残余人马逃到了白华门内，当天晚上，在城外可以听到城内十分悲痛的嚎哭声。李希倩是李希烈的弟弟。

五月二十七日丁酉，李晟再次出兵作战，各位将领请求等待西边浑瑊的军队赶来时夹击敌人。李晟说：“叛军多次被我们打败，现在已经吓破了胆，我们不如乘胜向他们发动进攻，如果让他们做好防备，那就不好办了。”叛军们又出城外与官军交战，官军多次取得胜利；骆元光在浐水西边也打败了朱泚的军队。五月二十八日戊戌，李晟在光泰门外布阵，派牙前将李演和牙前兵马使王佖率领骑兵，牙前将史万顷率领步兵，直抵宫墙外边的神麚村。李晟事先派人在夜晚将宫苑城墙凿开了两百余步宽的大口子，等到李演等人率军赶来时，叛军已经在此竖起栅栏，堵住了宫墙上的缺口，并从栅栏的缝隙中刺杀射击官军，官军前进受阻。李晟勃然大怒，训斥诸将说：“你们如此放纵敌人，我先杀了你们。”史万顷害怕，率领部众冒死前进，在前面拔掉了栅栏进入城内，王佖、李演率领骑兵紧随其后，叛军们纷纷溃散、逃窜，各支人马分路进入宫苑中。姚令言等人率众拼死力战，李晟命令决胜军使唐良臣等人率领步兵、骑兵紧逼姚令言，边作战边向前进，总计来回拉锯了十多个回合，叛军就支撑不住了。到了白华门，有一股由几千名骑兵组成的叛军抄到了官军的背后，李晟马上率领一百多名骑兵回头抵御，李晟的侍从们大声呼喊道：“李相公来了！”叛军听说李晟来了，都惊慌失措地溃散逃跑。

在此之前，朱泚派遣张光晟率领五千军队驻扎在九曲这个地方，这里离东渭桥只有十几里远，张光晟暗中向李晟表示诚服之意。等到朱泚失败了，张光晟劝朱泚弃城出逃，朱泚于是和姚令言率领残余部众向西逃跑，随行的还将近有一万人。张光晟送朱泚出城以后，回城内向李晟投降。李晟派遣兵马使田子奇带领骑兵追击朱

久陷贼庭，若小有震惊，非吊民伐罪之意。晟与公等室家相见非晚，五日内无得通家信。”命京兆尹李齐运等安慰居人。晟大将高明曜取贼妓，尚可孤军士擅取贼马，晟皆斩之，军中股栗。公私安堵，秋毫无犯，远坊有经宿乃知官军入城者。

是日，浑瑊、戴休颜、韩游瓌亦克咸阳，败贼三千余众，闻泚西走，分兵邀之。

己亥，晟使京西兵马使孟涉屯白华门，尚可孤屯望仙门，骆元光屯章敬寺，晟以牙前三千人屯安国寺，以镇京城；斩泚党李希倩、敬釭、彭偃等八人于市。

（以上为第六段，写李晟率领官军攻克长安，朱泚出逃。）

王武俊既破朱滔，还恒州，表让幽州、卢龙节度使，上许之。

六月，癸卯，李晟遣掌书记吴人于公异作露布上行在，曰：“臣已肃清宫禁，祗谒寝园，钟簴不移，庙貌如故。”上泣下曰：“天生李晟，以为社稷，非为朕也。”

晟在渭桥，荧惑守岁，久之乃退，宾佐皆贺，曰：“荧惑退舍，皇家之福也！宜速进兵。”晟曰：“天子野次，臣下知死敌而已；天象高远，谁得知之！”既克长安，乃谓之曰：“向非相拒也，吾闻五星赢、缩无常，万一复来守岁，吾军不战自溃矣！”皆谢曰：“非所及也！”

朱泚将奔吐蕃。其众随道散亡，比至泾州，才百余骑。田希鉴闭城拒之，泚谓之曰：“汝之节，吾所授也。奈何临危相负！”使焚其门；希鉴取节投火中曰：“还汝节！”泚众皆哭。泾卒遂杀姚令言，诣希鉴降。泚独与范阳亲兵及宗族、宾客北趣驿马关；宁州刺史夏侯英拒之。至彭原西城屯，其将梁庭芬射泚坠坑中，韩旻等斩之，诣泾州降。源休、李

泚。李晟驻军于含元殿前，自己住在右金吾仪仗队的房舍，下令各支军队说："我李晟全凭将士们的力量，终于扫除了宫禁内的叛贼。长安城内的士绅百姓，长久以来处在叛贼的统治之下，如果士绅百姓稍有震动和被侵扰，就违背了拯救百姓、讨伐罪人的本意。我李晟与诸位同家人相见的时间不会太久了，但诸位五天之内不得擅自同家人联系。"李晟命令京兆尹李齐运等人去街道抚慰平民百姓。李晟的大将高明曜抢占了叛军的妓女，尚可孤的士兵擅自牵走了叛军的马匹，李晟把他们都杀了，于是军中将士十分害怕。长安城内相安无事，军队对百姓丝毫不加侵扰，离得很远的街区还有人过了一夜才知道官军已经进入了城内。

就在这一天，浑瑊、戴休颜、韩游瓌也率军攻下了咸阳城，打败叛军三千多人，他们听说朱泚向西边逃跑的消息后，便分兵拦截朱泚。

五月二十九日己亥，李晟让京西兵马使孟涉驻扎白华门，尚可孤驻扎望仙门，骆元光驻扎章敬寺，李晟自己带牙前卫队三千人驻扎在安国寺，分兵镇守京城；李晟杀了朱泚的党羽李希倩、敬釭、彭偃等八人，在闹市示众。

王武俊打败朱滔之后，回到恒州，上表朝廷，请求辞去幽州、卢龙节度使的职务，德宗同意了。

六月初四日癸卯，李晟派掌书记吴县人于公异草拟捷报上奏行在所，奏报说："臣已经肃清了在京城的叛贼，恭恭敬敬地拜谒先帝们的寝陵，里面连钟磬的支架也未曾移动，宗庙的面貌一如往昔，没有丝毫变化。"德宗听后激动得流着眼泪说："上天降生了李晟这个人，是为了天下社稷，而不是为了朕啊！"

李晟在渭桥驻军的时候，天空上，火星停留在木星旁边，过了很长时间才分离开来，李晟的宾客幕僚们都向他表示祝贺，说："火星退离木星，这是皇家的福兆啊！请赶快下令出兵攻城。"李晟说："皇帝流离在京城以外，作臣下的只知道为战胜敌人而死；上天之象，深奥难测，谁又能将它弄清楚呢？"等攻下长安城后，李晟才对宾客幕僚们说："从前我并不是有意要否定你们的说法，我听说金、木、水、火、土五星的进出、隐现，没有常规，万一火星再次靠近木星，那我们的军队岂不就会不战自溃吗？"宾客僚佐们都向他道歉："我们没有想到这一层啊！"

朱泚打算向吐蕃方向逃亡，部众沿途溃散、逃亡，等赶到泾州城时，只剩下一百多人。泾原节度使田希鉴关闭城门，不让朱泚进城，朱泚在城下对田希鉴吼道："你田希鉴这个节度使，还是我朱泚任命的，你怎么能在我面临危难的时候背叛我呢？"说完派人去焚烧泾州城的城门，田希鉴取出朱泚所授节度使旌节，投到火中说："还给你旌节！"朱泚的随从们见此情景，都大哭起来。原泾州的士兵杀了姚令

子平奔凤翔，李楚琳斩之，皆传首行在。

上命陆贽草诏赐浑瑊，使访求奉天所失裹头内人。贽上奏，以为："巨盗始平，疲瘵之民，疮痍之卒，尚未循拊，而首访妇人，非所以副惟新之望也。谋始尽善，克终已稀；始而不谋，终则何有！所赐瑊诏，未敢承旨。"上遂不降诏，竟遣中使求之。

乙巳，诏吏部侍郎班宏充宣慰使，劳问将士，抚慰蒸黎。

丙午，李晟斩文武官受朱泚宠任者崔宣、洪经纶等十余人；又表守节不屈者刘迺、蒋沇等。

己酉，以李晟为司徒、中书令，骆元光、尚可孤各迁官有差。以检校御史中丞田希鉴为泾原节度使。

诏改梁州为兴元府。

甲寅，以浑瑊为侍中，韩游瓌、戴休颜各迁官有差。

朱泚之败也，李忠臣奔樊川，擒获，丙辰，斩之。

（以上为第七段，写叛臣朱泚之死，以及德宗封赏复国功臣。）

上问陆贽："今至凤翔有迎驾诸军，形势甚盛，欲因此遣人代李楚琳，何如？"贽上奏，以为："如此则事同胁执，以言乎除乱则不武，以言乎务理则不诚，用是时巡，后将安入！议者或谓之权，臣窃未谕其理。夫权之为义，取类权衡，今辇路所经，首行胁夺，易一帅而亏万乘之义，得一方而结四海之疑，乃是重其所轻而轻其所重，谓之权也，不亦反乎！以反道为权，以任数为智，君上行之必失众，臣下用之必陷身，历代之所以多丧乱而长奸邪，由此误也。不如奠枕京邑，征授一官，彼喜于恩宥，将奔走不暇，安敢辄有旅拒，复劳诛锄哉！"

言，向田希鉴投降。朱泚只得与从范阳带出来的卫兵、宗族成员和幕僚宾客们向北边的驿马关赶去；宁州刺史夏侯英拒绝让朱泚过关，他们一行改道逃窜到达彭原县，在城西驻停，朱泚的部将梁庭芬一箭将朱泚射落在坑中，韩旻等人上去杀了朱泚，然后带着朱泚的人头回到泾州向田希鉴投降。源休、李子平逃向凤翔，李楚琳将他们斩杀。朱泚、姚令言、源休、李子平等人的脑袋都被传送到德宗的行在所梁州。

德宗下令陆贽草拟诏令给浑瑊，让他寻访在奉天失散的缠头宫女。陆贽上奏德宗，认为："大盗才刚刚平定下来，疲惫不堪的百姓，满身伤病的士卒，都还没有来得及安抚，而首先就下令访查一个妇人，陛下的这种做法不符合人们要革新政治的愿望。即使开始时谋划得尽善尽美，也很少能将事情做得尽善尽美。如果开头就谋划不好，那更没有完美的结局！陛下要赐给浑瑊的诏令，恕臣不敢接旨草拟。"德宗于是没有下此诏，最后只好派宦官去寻找这个宫女。

六月初六日乙巳，德宗下诏任命吏部侍郎班宏为宣慰使，前去京城慰问将士，安抚平民百姓。

六月初七日丙午，李晟杀了朱泚宠信的文武官员崔宣、洪经纶等十几人；又上表朝廷表彰坚守节操、威武不屈的刘迺、蒋沇等人。

六月初十日己酉，德宗任命李晟为司徒、中书令，对骆元光、尚可孤各升官晋级不等。命检校御史中丞田希鉴为泾原节度使。

德宗下诏将梁州改为兴元府。

六月十五日甲寅，德宗任命浑瑊为侍中，对韩游瓌、戴休颜各升官晋级不等。

朱泚被打败后，李忠臣逃向樊川，被官军抓获了，六月十七日丙辰，被处决。

德宗询问陆贽说："现今到凤翔来迎接车驾的各支军队，声势极为浩大，我想乘此机会派人代替李楚琳担任凤翔节度使，你看怎么样？"陆贽上奏德宗，认为："如果这样做的话，事情就有点像以武力胁迫拘捕，将这种方式说成是清除祸乱，那么算不上是勇武，将这种方式说成是务求修明政治，那也算不上诚信，若说这是天子巡视的收获，那以后又怎么能堂皇地入京城呢？也许议政者中有人将这种方式说成是权宜之举，但臣私下却不以为然。本来，权宜之举的本质在于衡量两种事情的轻重，然后采取措施，现今皇上车驾经过的地方，第一站就以威势剥夺军镇节帅的权力，换了一个镇将损害了天子的大义，得了一个地方使全天下的人疑虑，这正是看重了本该看轻的东西，而看轻了本该看重的东西，把这叫作权宜之举，不正好弄反了吗？以违背君王统御四海之道为权宜之举，以任用权术、谋略为机智，君王如果采取这种方式，一定会丧失人心，臣下如果采取这种方式，一定会自害其身，自古

戊午，车驾发汉中。

李晟综理长安以备百司，自请至凤翔迎扈，上不许。内常侍尹元贞奉使同华，辄诣河中招谕李怀光。晟奏：“元贞矫制擅赦元恶，请理其罪！”

秋，七月，丙子，车驾至凤翔，斩乔琳、蒋镇、张光晟等。李晟以光晟虽臣贼，而灭贼亦颇有力，欲全之；上不许。

副元帅判官高郢数劝李怀光归款，怀光遣其子璀诣行在谢罪，请束身归朝。庚辰，诏遣给事中孔巢父赍先除怀光太子太保敕诣河中宣慰，朔方将士悉复官爵如故。

壬午，车驾至长安，浑瑊、韩游瓌、戴休颜以其众扈从，李晟、骆元光、尚可孤以其众奉迎，步骑十余万，旌旗数十里。晟谒见上于三桥，先贺平贼，后谢收复之晚，伏路左请罪。上驻马慰抚，为之掩涕，命左右扶上马。至宫，每闲日，辄宴勋臣，赏赐丰渥，李晟为之首，浑瑊次之，诸将相又次之。

曹王皋遣其将伊慎、王锷围安州，李希烈遣其甥刘戒虚将步骑八千救之；皋遣其别将李伯潜逆之于应山，斩首千余级。生擒戒虚，徇于城下，安州遂降，以伊慎为安州刺史。又击希烈将康叔夜于厉乡，走之。

丁亥，孔巢父至河中，李怀光素服待罪，巢父不之止。怀光左右多胡人，皆叹曰：“太尉无官矣！”巢父又宣言于众曰：“军中谁可代太尉领军者？”于是怀光左右发怒喧噪；宣诏未毕，众杀巢父及中使啖守盈，怀光亦不之止，复治兵为拒守之备。

（以上为第八段，写德宗回长安，遣使招降李怀光，所任非人，功败垂成。）

以来之所以出现很多丧乱祸患、奸邪滋长的事情，都是由这一错误引起的啊！陛下不如在京城安定下来以后，再征召李楚琳，另外给他升一官职，他会对陛下的恩泽、宽恕感到高兴，将会为朝廷奔走效劳，哪里还有时间敢来聚众起事，抗拒朝命，又要朝廷带神费力地去铲除呢？”

六月十九日戊午，德宗的车驾从汉中启程回京。

李晟全面主持长安城内事务，使各个职能机构完备起来，向朝廷请求自己亲自到凤翔迎接皇帝的车驾，德宗没有允许。内常侍尹元贞奉德宗命令出使同华，却自作主张地去河中府劝说李怀光归顺朝廷。李晟向德宗上奏说：“尹元贞假托陛下诏令，擅自赦免罪魁祸首，请治尹元贞的罪！”

秋季，七月初七日丙子，德宗的车驾到了凤翔，德宗下令杀了乔琳、蒋镇、张光晟等人。李晟因为张光晟虽然做了叛贼朱泚的臣属，但在消灭朱泚的叛军时也出了大力，想救他一命；德宗没有允许。

前副元帅府的判官高郢多次劝说李怀光归降朝廷，于是，李怀光派儿子李璀到行在所认罪，请求只身到朝廷来投案。七月十一日庚辰，德宗下诏给事中孔巢父带着朝廷原先任命李怀光为太子太保的敕文到河中府安抚李怀光，并宣布恢复朔方将士们从前的一切官职爵位。

七月十三日壬午，德宗的车驾回到长安，浑瑊、韩游瓌、戴休颜各自率领自己的部属随从护卫德宗的车驾，李晟、骆元光、尚可孤也各自率领自己的部众迎接德宗的车驾，步兵、骑兵共有十几万人，旗帜连绵几十里路。李晟在京西三桥晋见德宗，首先向德宗祝贺已经平定了朱泚，接着为收复京城太晚向德宗请罪，跪伏在道路的左边不起来。德宗停下马来慰问、安抚李晟，为李晟的忠心感动得流下眼泪，命令左右随从扶李晟上马。回到皇宫后，每逢双日不上朝的时候，德宗总是大摆宴席，款待有功之臣，并赏赐十分丰厚，每次都以李晟所得最多，浑瑊仅次于李晟，各位将领和宰相们又次于浑瑊。

曹王李皋遣将伊慎、王锷围攻安州，李希烈派他的外甥刘戒虚率领步骑八千人去救援安州；李皋派遣别将李伯潜在应山县阻击刘戒虚，杀了一千多人，活捉了刘戒虚，在安州城下绕城示众，安州于是投降了。朝廷任命伊慎为安州刺史。李皋的军队又在厉乡攻击李希烈的部将康叔夜，将康叔夜赶走了。

七月十八日丁亥，孔巢父一行到了河中府，李怀光穿着一身白色的衣服，等待朝待治罪，孔巢父没有制止他。李怀光的左右亲信多是胡人，他们都哀叹道：“李太尉保不住官爵了！”孔巢父又大声问众人道：“军中有谁能代替李太尉统领军队呢？”于是，李怀光的亲信们听了大怒，他们喧哗闹事；孔巢父还没有宣读完朝廷的诏书，李怀光的人就拥上来杀了孔巢父和宦官使者啖守盈。对此，李怀光也不制

辛卯，赦天下。

初，肃宗在灵武，上为奉节王，学文于李泌。代宗之世。泌居蓬莱书院，上为太子，亦与之游。及上在兴元，泌为杭州刺史，上急诏征之，与睦州刺史杜亚俱诣行在。乙未，以泌为左散骑常侍，亚为刑部侍郎；命泌日直西省以候对，朝野皆属目附之。上问泌："河中密迩京城，朔方兵素称精锐，如达奚小俊等皆万人敌，朕昼夕忧之，奈何？"对曰："天下事甚有可忧者；若惟河中，不足忧也。夫料敌者，料将不料兵。今怀光，将也；小俊之徒乃兵耳，何足为意！怀光既解奉天之围，视朱泚垂亡之虏不能取，乃与之连和，使李晟得取以为功。今陛下已还宫阙，怀光不束身归罪，乃虐杀使臣，鼠伏河中，如梦魇之人耳！但恐不日为帐下所枭，使诸将无以藉手也。"

初，上发吐蕃以讨朱泚，许成功以伊西、北庭之地与之；及泚诛，吐蕃来求地，上欲召两镇节度使郭昕、李元忠还朝，以其地与之。李泌曰："安西、北庭，人性骁悍，控制西域五十七国及十姓突厥，又分吐蕃之势，使不能并兵东侵，奈何拱手与之！且两镇之人，势孤地远，尽忠竭力，为国家固守近二十年，诚可哀怜。一旦弃之以与戎狄，彼其心必深怨中国，他日从吐蕃入寇，如报私仇矣。况日者吐蕃观望不进，阴持两端，大掠武功，受赂而去，何功之有！"众议亦以为然，上遂不与。

（以上为第九段，写德宗征召李泌入朝辅政，听从李泌建言，拒绝割地伊西、北庭与吐蕃。）

李希烈闻李希倩伏诛，忿怒，八月，壬寅，遣中使至蔡州杀颜真卿。中使曰："有敕。"真卿再拜。中使曰："今赐卿死。"真卿曰："老臣无状，罪当死。不知使者几日发长安？"使者曰："自大梁来，非长安也。"真卿

止，而再次修理兵器，整顿军队，做好抵御进攻的准备。

七月二十二日辛卯，德宗大赦天下。

当初，肃宗出走灵武的时候，德宗还是奉节王，跟李泌学习文章技巧。代宗时期，李泌都在蓬莱书院居住，德宗当上太子以后，也经常与李泌交往。等到德宗出巡兴元府时，李泌担任了杭州刺史，德宗下急命，征召李泌，李泌与睦州刺史杜亚一同奉命赶往德宗所在的兴元府。七月二十六日乙未，德宗任命李泌为左散骑常侍，杜亚为刑部侍郎。命令李泌每天在中书省值班，以等候德宗的召询，在朝在野的人士都争相讨好巴结李泌。德宗问李泌说："河中府离京城很近，朔方镇的士兵一向十分精锐，像达奚小俊等人都有抵挡万人之勇，朕日夜为此担忧，你看该怎么办？"李泌回答说："天下还有很多值得十分忧虑的事情；如果只是河中，那就不值得陛下担忧了。要说预料敌情，是预料将领，而不预料士兵。现今的李怀光，是将领；而达奚小俊之类不过是一个小兵而已，哪值得陛下为这些人担忧呢？李怀光解除了奉天城包围后，眼看着朱泚即将败灭而不去消灭，反而与朱泚联合在一起，终于给李晟一个攻取京城、消灭朱泚的机会。现在陛下已经返回皇宫，李怀光不自缚手脚到朝廷来认罪，反而残暴地杀害了朝廷的使臣，像老鼠一样躲藏在河中，其实如同噩梦一样惊恐不安！只怕不久就要被部下杀头示众，而使朝廷诸将没有机会下手啊！"

当初，德宗征调吐蕃出兵来讨伐朱泚，答应事情成功之后，将安西、北庭管辖的地方送给吐蕃。朱泚被消灭后，吐蕃派人来向朝廷要求给他们土地，德宗打算召回安西、北庭两镇的节度使郭昕、李元忠，将这两处地方送给吐蕃。李泌说："安西、北庭这两个地方，百姓们天性骁勇剽悍，这两地控制着西域地区的五十七个国家以及十个姓族的突厥人，又牵制着吐蕃的力量，使他们不能联合兵力大举向东侵扰泾州、邠州、陇州等地，怎么能轻易地就送给他们呢？而且这两个节镇的将士，势力孤单，离内地遥远，他们能竭尽忠诚和气力，为国家坚守边防将近二十年，实在令人哀伤怜悯。一旦将他们遗弃，将他们交给戎狄之人统治，那么他们心中一定会深深怨恨我大唐朝廷，以后他们随同吐蕃来侵扰内地，就像报私仇一样了。何况从前吐蕃心存观望，不肯进攻，暗中同朱泚也有往来，事后对武功县一带大肆抢劫，还接受了大量的赠馈以后才肯回去，他们有什么功劳可言？"群臣也都持这种看法，德宗于是就没有把这两地送给吐蕃。

李希烈听说弟弟李希倩在长安被处死刑，十分怨恨、恼怒，八月初三日壬寅，派遣宦官去蔡州杀害颜真卿。李希烈的使者对颜真卿说："皇上有敕文到。"颜真卿连忙伏地再拜。使者说："现在要赐你去死。"颜真卿说："老臣办事没有任何成绩可

曰：“然则贼耳，何谓敕邪！”遂缢杀之。

李晟以泾州倚边，屡害军帅，常为乱根，奏请往理不用命者，力田积粟以攘吐蕃。癸卯，以晟兼凤翔、陇右节度等使及四镇、北庭、泾原行营副元帅，进爵西平王。时李楚琳入朝，晟请与俱至凤翔而斩之，以惩逆乱。上以新复京师，务安反仄，不许。

先是，上命浑瑊、骆元光讨李怀光军于同州，怀光遣其将徐庭光以精卒六千军于长春宫以拒之，瑊等数为所败，不能进。时度支用度不给，议者多请赦怀光，上不许。李怀光遣其妹婿要廷珍守晋州，牙将毛朝敭守隰州，郑抗守慈州，马燧皆遣人说下之。上乃加浑瑊河中、绛州节度使，充河中、同华、陕虢行营副元帅，加马燧奉诚军、晋慈隰节度使，充管内诸军行营副元帅，与镇国节度使骆元光、鄜坊节度使唐朝臣合兵讨怀光。

初，王武俊急攻康日知于赵州，马燧奏请诏武俊与李抱真同击朱滔，以深、赵隶武俊，改日知为晋、慈、隰节度使，上从之。日知未至而三州降燧，故上使燧兼领之。燧表让三州于日知，且言因降而授，恐后有功者，踵以为常，上嘉而许之。燧遣使迎日知，既至，籍府库而归之。

甲辰，以凤翔节度使李楚琳为左金吾大将军。

丙午，加浑瑊朔方行营元帅。

李晟至凤翔，治杀张镒之罪，斩裨将王斌等十余人。

朱滔为王武俊所攻，殆不能军，上表待罪。

癸未，马燧将步骑三万攻绛州。

度支以李怀光所部将士数万与怀光同反，不给冬衣，上曰：“朔方军累代忠义，今为怀光所制耳，将士何罪！”冬，十月，诏：“朔方及诸军在怀光所者，冬衣及赏钱皆当别贮，俟道路稍通，即时给之。”

言，论罪该死。不知道使者您哪天从长安出发的？”使者说：“我从大梁来，不是从长安来的。”颜真卿说：“这么说来，你们原是朝廷的叛贼，怎么还说是敕令呢？”李希烈的使者于是下令勒死了颜真卿。

李晟认为泾州依临边疆，这里的将士多次谋杀军中的主帅，是经常发生祸乱的根源，上奏德宗请求去泾州处治那些不服从朝廷命令的人，督促军民努力耕种，储积粮食，以准备打击、防御吐蕃。八月初四日癸卯，德宗任命李晟兼任凤翔、陇右等地节度使以及四镇、北庭、泾原行营副元帅，进封爵号为西平王。这时李楚琳已经入朝，李晟请求德宗让李楚琳与自己一同去凤翔，好在凤翔杀了李楚琳，以惩治反叛朝廷的变乱。德宗认为最近才收复京城，一定要安定惶惑不定的人心，所以没有答应李晟的请求。

先前，德宗命令浑瑊、骆元光讨伐同州的李怀光。李怀光派部将徐庭光率领精锐部队六千人驻守长春宫抵御浑瑊、骆元光等，浑瑊、骆元光多次被徐庭光打败，不能前进一步。当时度支的开支太大，供应不足，朝廷讨论此事的人很多都请求赦免李怀光，德宗没有答应。李怀光派妹夫要廷珍防守晋州，牙将毛朝敭防守隰州，郑抗防守慈州，马燧派人去劝说，他们都投奔了马燧。德宗于是加封浑瑊河中、绛州节度使，充任河中、同华、陕虢行营副元帅，加封马燧奉诚军和晋、慈、隰节度使，充任所管辖区域内各支军队的行营副元帅，命令他们与镇国军节度使骆元光、鄜坊镇节度使唐朝臣联合兵力去讨伐李怀光。

当初，王武俊急攻赵州的康日知，马燧上奏朝廷请德宗下诏王武俊与李抱真一起进攻朱滔，将深州、赵州划归王武俊统辖，改任康日知为晋、慈、隰三州节度使，德宗采纳了建议。康日知还没有赶赴上任，晋、慈、隰三州已向马燧投降，因此，德宗让马燧兼任晋、慈、隰三州节度使。马燧上表朝廷请求把晋、慈、隰三州节度使让给康日知，而且说因为三州向自己投降，就把官职授给自己，恐怕以后有功劳的人因袭，成为常例。皇帝嘉勉马燧，采纳了马燧的意见。马燧派使者去迎接康日知来三州任职，康日知来了后，马燧命人将库存财物登记造册，一并交给了康日知。

八月初五日甲辰，德宗任命凤翔节度使李楚琳为左金吾大将军。

八月初七日丙午，德宗加封浑瑊为朔方行营元帅。

李晟到了凤翔，惩治杀害前任节度使张镒的罪犯，杀了裨将王斌等十几个人。

朱滔被王武俊攻击，几乎溃不成军，于是上表朝廷，等候治罪。

八月癸未日（疑误），马燧率领步兵和骑兵三万人进攻绛州。

度支的主管官吏认为李怀光统辖的几万将士同李怀光一道反叛朝廷，所以不给他们供应冬季服装，德宗说：“朔方军几代以来都是忠诚于朝廷的，现在不过是受了李怀光的控制而已，将士们有什么罪过？”冬季，十月，德宗下诏说：“朔方军以及

李勉累表乞自贬，辛丑，罢免都统、节度使，其检校司徒、同平章事如故。

丙辰，李怀光将阎晏寇同州。官军败于沙苑。诏征邠州之军，韩游瓌将甲士六千赴之。

乙丑，马燧拔绛州，分兵取闻喜、万泉、虞乡、永乐、猗氏。

初，鱼朝恩既诛，代宗不复使宦官典兵。上即位，悉以禁兵委白志贞，志贞得罪，上复以宦官窦文场代之，从幸山南，两军稍集。上还长安，颇忌宿将握兵多者，稍稍罢之。戊辰，以文场监神策军左厢兵马使，王希迁监右厢兵马使，始令宦官分典禁旅。

（以上为第十段，写李希烈途穷杀颜真卿。德宗部署各路官军进逼李怀光，因忌疑功臣重新起用宦官掌兵权。）

闰月，丙子，以泾原节度使田希鉴为卫尉卿。

李晟初至凤翔，希鉴遣使参候，晟谓使者曰："泾州逼近吐蕃，万一入寇，州兵能独御之乎？欲遣兵防援，又未知田尚书意。"使者归，以告希鉴，希鉴果请援兵，晟遣腹心将彭令英等戍泾州。晟寻托巡边诣泾州，希鉴出迎，晟与之并辔而入，道旧结欢。希鉴妻李氏，以叔父事晟，晟谓之田郎。晟命具三日食，曰："巡抚毕，即还凤翔。"希鉴不复疑。晟置宴，希鉴与将佐俱至晟营。晟伏甲于外庑，既食而饮，彭令英引泾州诸将下堂，晟曰："我与汝曹久别，各宜自言姓名。"于是得为乱者石奇等三十余人，让之曰："汝曹屡为逆乱，残害忠良，固天地所不容！"悉引出，斩之。希鉴尚在座，晟顾曰："田郎亦不得无过，以亲知之故，当使身首得完。"希鉴曰："唯。"遂引出，缢杀之，并其子萼。晟入其营，谕以诛希鉴之意，众股栗，无敢动者。

（以上为第十一段，写李晟整肃纲纪，诛杀泾州数叛朝廷的大恶田希鉴等数十人。）

在李怀光统领下的各军将士，他们的冬季服装和赏钱都应当另外存放起来，等到交通道路渐渐开通之后就马上按时发给他们。”

李勉多次上表朝廷，请求贬职，十月初三日辛丑，德宗罢免了李勉都统、节度使的职务，仍保有检校司徒、同平章事。

十月十八日丙辰，李怀光的将领阎晏侵扰同州，官军在沙苑这个地方打了败仗。德宗下令征调邠州的军队，韩游瓌率领六千甲士赶赴同州。

十月二十七日乙丑，马燧攻下了绛州，然后分兵攻取闻喜、万泉、虞乡、水乐、猗氏等地。

当初，大宦官鱼朝恩被杀以后，代宗不再让宦官掌管兵权。德宗即位以后，将所有的禁卫军都交给白志贞统领，白志贞获罪被贬职以后，德宗又让宦官窦文场代替白志贞统领禁卫军，跟随德宗出走山南，神策的左右两军又逐渐壮大。德宗回到长安之后，对掌握很多兵马的老将很有顾忌，而陆续一一罢免。十月三十日戊辰，德宗任命窦文场为监督神策军左厢兵马使，王希迁为监督神策军的右厢兵马使，开始让宦官分别掌管中央禁卫军。

闰十月初八日丙子，德宗任命泾原节度使田希鉴为卫尉卿。

李晟刚到凤翔的时候，田希鉴派遣使者来参见问候，李晟对使者说：“泾州紧挨着吐蕃，万一吐蕃前来侵犯，泾州的兵力能单独抵挡得住吗？我想派兵去增强防御力量，又不知道田尚书是什么意见。”使者回到泾州，把这个意思告诉了田希鉴，田希鉴果然向李晟请求派去援兵，李晟于是派遣心腹将领彭令英等人率军去戍守泾州。不久，李晟借口巡视边疆到了泾州，田希鉴远道出迎，李晟与田希鉴并骑入城，谈论往事，相处融洽。田希鉴的妻子姓李，她用对待叔父一样的礼仪待李晟，李晟因此称田希鉴为“田郎”。李晟命令田希鉴只准备三天的伙食，对田希鉴说：“我巡察安抚完毕，马上就回凤翔。”田希鉴对李晟不再怀疑。李晟摆下宴席款待泾州的将吏，田希鉴和将领、僚佐们都到了李晟的军营内。李晟在军营的外边廊庑下埋伏了甲兵，在田希鉴等人开始吃喝以后，彭令英将泾州的各位将领带到堂下，李晟对他们说：“我与你们分别很久了，你们最好各自说出姓名。”于是从中得悉犯上作乱的石奇等三十多人，李晟斥责他们说：“你们多次反叛朝廷，残害国家的忠良大臣，这确是天地不能容忍的！”李晟下令将他们全部拉出去斩首。田希鉴这时还在座位上，李晟对田希鉴说：“田郎你也不能说没罪，看在你我亲近友好的份上，我自当让你身首完整。”田希鉴只说了声“是”，就被拉出去，绞死了，田希鉴的儿子田萼同时也被绞死。李晟进入田希鉴的军营中，向众人宣布了杀田希鉴的原因，众人吓得腿直发抖，没有人敢动一下。

李希烈遣其将翟崇晖悉众围陈州，久之，不克。李澄知大梁兵少，不能制滑州，遂焚希烈所授旌节，誓众归国。甲午，以澄为汴滑节度使。

宋亳节度使刘洽遣马步都虞候刘昌与陇右、幽州行营节度使曲环等将兵三万救陈州，十一月，癸卯，败翟崇晖于州西，斩首三万五千级，擒崇晖以献。乘胜进攻汴州，李希烈惧，奔归蔡州。李澄引兵趣汴州，至城北，恇怯不敢进；刘洽兵至城东。戊午，李希烈守将田怀珍开门纳之。明日，澄入，舍于浚仪；两军之士，日有忿阋。会希烈郑州守将孙液降于澄，澄引兵屯郑州。诏以都统司马宝鼎薛珏为汴州刺史。

李勉至长安，素服待罪；议者多以“勉失守大梁，不应尚为相。”李泌言于上曰：“李勉公忠雅正，而用兵非其所长。及大梁不守，将士弃妻子而从之者殆二万人，足以见其得众心矣。且刘洽出勉麾下，勉至睢阳，悉举其众以授之，卒平大梁，亦勉之功也。”上乃命勉复其位。议者又言：“韩滉闻銮舆在外，聚兵修石头城，阴蓄异志。”上疑之，以问李泌，对曰：“滉公忠清俭，自车驾在外，滉贡献不绝。且镇江东十五州，盗贼不起，皆滉之力也。所以修石头城者，滉见中原板荡，谓陛下将有永嘉之行，为迎扈之备耳。此乃人臣忠笃之虑，奈何更以为罪乎！滉性刚严，不附权贵，故多谤毁，愿陛下察之，臣敢保其无他。”上曰：“外议汹汹，章奏如麻，卿弗闻乎？”对曰：“臣固闻之。其子皋为考功员外郎，今不敢归省其亲，正以谤语沸腾故也。”上曰：“其子犹惧如此，卿奈何保之？”对曰：“滉之用心，臣知之至熟。愿上章明其无他，乞宣示中书，使朝众皆知之。”上曰：“朕方欲用卿，人亦何易可保！慎勿违众，恐并为卿累也。”泌退，遂上章，请以百口保滉。他日，上谓泌曰：“卿竟上章，已为卿留中。虽知卿与滉亲旧，岂得不自爱其身乎！”对曰：“臣岂肯私于亲旧以负陛下！顾滉实无异心，臣之上章，以为朝廷，非为身也。”上曰：“如何其为朝廷？”对曰“今天下旱、蝗，关中米斗千钱，仓廪耗竭，而江东丰稔。愿陛下早下臣章以解朝众之惑，面谕韩皋使之归觐，令滉感激无自疑之心，速运粮储，岂非为朝廷邪！”上曰：“善！朕深谕之矣。”即下泌章，令韩皋谒告归觐，面赐绯衣，谕以“卿父比有谤言，朕今知其所以，释然不复信矣。”因言：“关中乏粮，归语卿父，宜速致之。”皋至润州，滉感悦流涕，即日，自临水滨发米百万斛，听皋留五日即还

李希烈遣将翟崇晖带领所有人马围攻陈州，攻了很久，不能攻克。李澄知道大梁的兵马很少，控制不了滑州，于是就焚烧了李希烈授予的节度使旌节，与部众宣誓效忠朝廷。闰十月二十六日甲午，德宗任命李澄为汴滑节度使。

宋亳节度使刘洽派遣马步都虞候刘昌与陇右、幽州行营节度使曲环等人率兵三万人去援救陈州。十一月初六日癸卯，刘昌、曲环等在陈州西边打败翟崇晖，杀敌三万五千人，活捉了翟崇晖，押送京师。刘昌、曲环乘胜进攻汴州，李希烈这时很害怕，逃奔蔡州。李澄率兵扑向汴州，到了汴州城北，胆怯畏缩，不敢进攻；此时，刘洽率兵赶到了汴州城东。十一月二十一日戊午，李希烈的汴州守将田怀珍打开城门，放进了刘洽的军队。第二天，李澄的军队才进去，驻扎在浚仪县；两支军队的士兵，每天发生争斗。正好李希烈的郑州守将孙液向李澄投降，于是，李澄带兵驻扎郑州。德宗下诏委任都统司马宝鼎人薛珏为汴州刺史。

李勉到了长安，身穿白色衣服，等待朝廷治罪；朝廷中商议讨论此事的人大多认为："李勉没有守住大梁，不应该继续担任宰相职务。"李泌对德宗说："李勉为人公平、忠诚、文雅、正直，但指挥军队打仗不是他的长处。在大梁失守之后，将士们抛家弃子而跟随李勉的将近二万人，这足以证明李勉深得人心。而且刘洽原来是李勉的部下，李勉到了睢阳县以后，马上将所率部队全部交给刘洽指挥，终于平定了大梁，这也是李勉的功劳啊。"德宗于是下令李勉官复原职。朝廷中论事的人又说："韩滉听说德宗的车驾出行在京城之外，于是调集兵力修筑石头城，这是心中暗藏反叛朝廷的意图。"德宗于是怀疑韩滉，就这事询问李泌，李泌回答说："韩滉为人公正、忠诚、清廉、俭朴，自从陛下的车驾出行在外之后，韩滉对朝廷的各种物资供应从未断绝。而且镇守江东十五州，那里没有盗贼出现，这都是韩滉做出的努力啊。他之所以要修筑石头城，是因为他见中原地区动荡不宁，想到陛下将会有晋元帝永嘉年间那样南渡长江之行，那是为了迎接陛下车驾做的准备啊。这是作为人臣而尽忠陛下的表现啊，怎么能反把它说成罪过呢？韩滉性格刚强、严肃，不攀附有权有势的人，所以别人往往诽谤韩滉，希望陛下细心审察，臣敢担保韩滉没有别的意图。"德宗说："外面对韩滉的议论很厉害，参奏的章疏多如乱麻，卿没听说过吗？"李泌回答说："我当然早就听说了。韩滉的儿子韩皋担任考功员外郎，现在不敢回去省亲，就是因为对韩滉飞短流长的原因啊。"德宗说："韩滉的儿子对这事尚且如此担心害怕，卿为什么要为韩滉担保呢？"李泌回答说："韩滉的用意，我了解得非常清楚。所以愿意上奏替韩滉担保他没有图谋不轨，请求陛下将这份奏章发给中书省，让满朝文武大臣都知道。"德宗说："朕正打算重用你，要担保一个人谈何容易！卿千万不要违背大家的意见，这恐怕会给你添不少麻烦。"李泌退朝后，仍然上疏，请求以全家百口性命为韩滉担保。后来有一天，德宗对李泌说："卿竟然还是

朝。皋别其母，啼声闻于外；滉怒，召出，挞之，自送至江上，冒风涛而遣之。既而陈少游闻滉贡米，亦贡二十万斛。上谓李泌曰：“韩滉乃能化陈少游贡米矣！”对曰：“岂惟少游，诸道将争入贡矣！”

（以上为第十二段，写李泌善谏，不顾个人安危保护李勉、韩滉两位忠义大臣。）

吏部尚书、同平章事萧复奉使自江、淮还，与李勉、卢翰、刘从一俱见上。勉等退，复独留，言于上曰：“陈少游任兼将相，首败臣节，韦皋幕府下僚，独建忠义，请以皋代少游镇淮南。”上然之。寻遣中使马钦绪揖刘从一，附耳语而去。诸相还阁。从一诣复曰：“钦绪宣旨，令从一与公议朝来所言事，即奏行之，勿令李、卢知。敢问何事也？”复曰：“唐、虞黜陟，岳牧佥谐。爵人于朝，与士共之。使李、卢不堪为相，则罢之。既在相位，朝廷政事，安得不与之同议而独隐此事乎！此最当今之大弊，朝来主上已有斯言，复已面陈其不可，不谓圣意尚尔。复不惜与公奏行之，但恐浸以成俗，未敢以告。”竟不以语从一。从一奏之，上愈不悦，复乃上表辞位，乙丑，罢为左庶子。

上了奏章，朕已经将你的奏章扣留在禁中了。朕虽然知道你与韩滉亲近、交好，但怎么能不自爱呢？”李泌回答说：“臣岂敢以私心来保护旧友亲朋，而辜负陛下的恩德呢？臣只是看到韩滉实在是没有背叛朝廷的企图，臣之所以上奏章，是为了朝廷，而不是为了自身啊。”德宗问：“那卿是怎么为朝廷的？”李泌回答说：“现在天下发生了旱灾和蝗灾，关中地区一斗米价值一千钱，朝廷的粮库都消耗光了，但江东地区粮食获得了丰收。希望陛下早日将臣的奏章发给中书省，以便解除朝廷群臣对韩滉的疑惑，请陛下当面对韩皋说，准许回去探亲，让韩滉心中感激，打消内心的怀疑念头，立即向朝廷运送储备的粮食，这难道不是为朝廷吗？”德宗说：“好！我明白了。”当即把李泌的奏章发给中书省，又命韩皋回去探亲。德宗当着朝廷文武大臣之面赐给韩皋绯色朝服，告诉韩皋说：“最近有许多对你父亲不利的流言，朕现在已经知道了是怎么回事，不再相信这些谣言了。”又对韩皋说“关中地区缺乏粮食，你回去后告诉你父亲，最好快点运送粮食过来。”韩皋到了润州后，韩滉感激万分，高兴地流下眼泪，当天，就亲自到漕运处，调集粮食一百万斛运往关中，只让韩皋在家逗留五天的时间，就让韩皋回朝。韩皋与他的母亲告别，啼啼哭哭的声音外边传到了外边；韩滉大为恼火，将韩皋召呼出来，用鞭子抽打韩皋，亲自把韩皋送到江边的船上，让韩皋顶着风浪回朝了。不久，陈少游听说韩滉向朝廷进献粮食，自己也向朝廷进献大米二十万斛。德宗对李泌说：“韩滉竟然能感化陈少游向朝廷进献大米！”李泌回答说：“韩滉感化的岂止是陈少游，各道都有要争着向朝廷进贡了！”

吏部尚书、同平章事萧复奉命出使江、淮回朝，与宰相李勉、卢翰、刘从一一同晋见德宗。李勉等人退下以后，只有萧复一个人留下来，对德宗说：“陈少游兼任大将和宰相的职务，却首先败坏了做人臣忠贞不贰的节操，韦皋是他幕府中的一般幕僚，却独有忠诚朝廷的义举，请陛下任命韦皋代替陈少游的职务镇守淮南。”德宗同意了这个建议。马上就派宦官马钦绪去见刘从一，对着刘从一的耳朵细说了些什么就走了。各位宰相回到自己办公的阁室中。刘从一来到萧复的阁室对萧复说：“马钦绪传达皇上的圣旨，让我与您商议您早上所说的事情，商议完后马上上奏，不要让李勉、卢翰知道。请问究竟是什么事？”萧复回答说：“唐尧、虞舜升降百官朝内朝外的官员都要协调一致。在朝同一爵位的人，应当共掌朝政。假如李勉、卢翰不适于担当宰相之职，那么就应该罢免他们。既然他们身居宰相职位，那么朝廷中的大小事务，怎么能不同他们商量，而唯独对他们隐瞒这一事情呢？这是目前朝廷政事中的最大弊端，早上皇上已对我说过这话。我已经向皇帝当面陈说这样做不好，没想到皇上的想法仍然如此。并不是我不愿意与您商议后上奏皇上，但恐怕渐渐地形成一种惯例，所以不敢告诉您。”最终也没有将这一事情告诉刘从一。刘从一将

刘洽克汴州，得《李希烈起居注》，云“某月日，陈少游上表归顺。”少游闻之惭惧，发疾，十二月，乙亥，薨，赠太尉，赙祭如常仪。

淮南大将王韶欲自为留后，令将士推己知军事，且欲大掠，韩滉遣使谓之曰：“汝敢为乱，吾即日全军渡江诛汝矣！”韶等惧而止。上闻之喜，谓李泌曰：“滉不惟安江东，又能安淮南，真大臣之器，卿可谓知人！”庚辰，加滉平章事、江淮转运使。滉运江、淮粟帛入贡府，无虚月，朝廷赖之，使者劳问相继，恩遇始深矣。

是岁蝗遍远近，草木无遗，惟不食稻，大饥，道殣相望。

（以上为第十三段，写萧复因忠直而被罢相。中原大闹蝗灾。）

贞元元年（乙丑，785年）

春，正月，丁酉朔，赦天下，改元。

癸丑，赠颜真卿司徒，谥曰文忠。

新州司马卢杞遇赦，移吉州长史，谓人曰：“吾必再入。”未几，上果用为饶州刺史。给事中袁高应草制，执以白卢翰、刘从一曰：“卢杞作相，致銮舆播迁，海内疮痍，奈何遽迁大郡！愿相公执奏。”翰等不从，更命他舍人草制。乙卯，制出，高执之不下，且奏：“杞极恶穷凶，百辟疾之若雠，六军思食其肉，何可复用！”上不听。补阙陈京、赵需等上疏曰：“杞三年擅权，百揆失叙，天地神祇所知，华夏、蛮貊同弃。傥加巨奸之宠，必失万姓之心。”丁巳，袁高复于正牙论奏。上曰：“杞已再更赦。”高曰：“赦者止原其罪，不可为刺史。”陈京等亦争之不已，曰：“杞之执政，百官常如兵在其颈；今复用之，则奸党皆唾掌而起。”上大怒，左右辟易，谏者稍引却；京顾曰：“赵需等勿退，此国大事，当以死争之。”上怒稍解。戊午，上谓宰相：“与杞小州刺史，可乎？”李勉曰：“陛下欲与之，虽大州亦可，其如天下失望何！”壬戌，以杞为澧州别驾。使谓袁高曰：“朕徐思卿言，诚为至当。”又谓李泌曰：“朕已可袁高所奏。”泌曰：“累日外人窃议，比陛下于桓、灵；今承德音，乃尧、舜之不逮也！”

这一事上奏，德宗听了更加对萧复不满，萧复于是上表请求辞去宰相职位。十一月二十八日乙丑，德宗罢免萧复的宰相之职，改任为左庶子。

刘洽攻下了汴州，缴获一部《李希烈起居注》，上面写有“某月某日，陈少游上奏表章，表示归顺”。陈少游听说这一事后，既惭愧又害怕，就发疾病倒，十二月初八日乙亥，去世，朝廷追赠陈少游为太尉，并按常规给了丧葬费用，举行了祭祀。

淮南镇的大将王韶想自己担任淮南留后，下令让将士们推举自己代理军中事务，而且准备对地方实行大规模的抢掠，韩滉派遣使者去对王韶说：“你胆敢为害地方，我马上就率全军横渡长江来杀了你！”王韶等人因害怕而打消了原来的念头。德宗听说这一事后，十分高兴，对李泌说：“韩滉不仅能安定江东，而且还能安定淮南，真有大臣的才干和胆识，卿可说是善于识人！”十二月十三日庚辰，德宗加封韩滉平章事、江淮转运使职务。韩滉将江东、淮南地区的粮食、布帛转运到关中朝廷仓库中，没有哪一月间断过。朝廷的用度主要依靠韩滉，派出去慰问他的使者一个接着一个，德宗对韩滉的恩宠厚待开始加深起来。

这一年的蝗虫灾害遍及各地，草木都被吃光了，它们只是不吃稻谷，因此发生了大饥荒，饿死在路边的人，沿途不绝。

唐德宗贞元元年（乙丑，785 年）

春季，正月初一日丁酉朔，德宗大赦天下，改年号为贞元。

正月十七日癸丑，朝廷追赠颜真卿为司徒，赠谥号曰“文忠”。

新州司马卢杞遇到德宗的赦令，改任吉州长史，卢杞对别人说：“我一定能再次回到朝廷。”没多久，德宗果然要起用卢杞为饶州刺史。给事中袁高奉命草拟委任卢杞的文件，袁高拉着卢翰、刘从一的手对他们说：“卢杞担任宰相，导致皇上的车驾流离于京城之外，天下到处都遭受战争之灾，怎么能一下子就将他升任一个大郡的刺史呢？希望你们对这个任命去谏劝皇上。”卢翰等人没有听从，改命其他人重新起草委任书。正月十九日乙卯，委任卢杞的文件发到中书省，袁高拿着委任书不肯下发，而且向德宗上奏说：“卢杞穷凶极恶，朝廷百官恨之入骨，六军将士恨不得吃了卢杞的肉，像这样的人，怎么能再次起用呢？”德宗根本不听这个意见。补阙官陈京、赵需等人给德宗上奏说：“卢杞专权三年，使朝廷文武百官的职掌失去秩序，这是天地神灵所知道的，为华夏和蛮貊各族共同抛弃，倘若给这样的巨奸大恶之人再加要职之宠，那么一定会丧失天下万姓黎民的心。”正月二十一日丁巳，袁高又在大明宫含光殿向德宗上奏反对这项任命。德宗说：“卢杞已经获得两次赦免。”袁高说：“皇上的赦免，只是原谅了卢杞的罪过，不应该任命卢杞为刺史。”陈京等人也就此争论不休，他们说：“卢杞当朝执政，文武百官就像刀剑经常架在脖子上；现在

上悦。杞竟卒于澧州。高，恕己之孙也。

（以上为第十四段，写给事中袁高强谏德宗阻止起用卢杞。）

三月，李希烈陷邓州。

戊午，以汴滑节度使李澄为郑滑节度使。

以代宗女嘉诚公主妻田绪。

李怀光都虞候吕鸣岳密通款于马燧，事泄，怀光杀之，屠其家。事连幕僚高郢、李鄘，怀光集将士而责之，郢、鄘抗言逆顺，无所惭隐，怀光囚之。鄘，邕之侄孙也。马燧军宝鼎，败怀光兵于陶城，斩首万余级；分兵会浑瑊，逼河中。

夏，四月，丁丑，以曹王皋为荆南节度；李希烈将李思登以随州降之。

壬午，马燧、浑瑊破李怀光兵于长春宫南，遂掘堑围宫城；怀光诸将相继来降。诏以燧、瑊为招抚使。

五月，丙申，刘治更名玄佐。

韩游瓌请兵于浑瑊，共取朝邑；李怀光将阎晏欲争之，士卒指邠军曰："彼非吾父兄，则吾子弟，奈何以白刃相向乎！"语甚嚣。晏遽引兵去。怀光知众心不从，乃诈称欲归国，聚货财，饰车马，云俟路通入贡，由是得复逾旬月。

六月，辛巳，以刘玄佐兼汴州刺史。

辛卯，以金吾大将军韦皋为西川节度使。

又要起用他，那么那些奸邪的恶人再度兴起就易如反掌了。”德宗听了以后勃然大怒，吓得左右侍从躲闪避退，谏劝论争的人也渐渐退下去；陈京回头对他们说：“赵需等人不要退下去，这是国家大事，应当冒死抗争！”这时德宗的怒气才稍稍消了一些。正月二十二日戊午，德宗对宰相们说：“给卢杞一个小州的刺史职务，你们看行吗？”李勉说：“陛下如果想给他的话，虽然是大州的刺史也未尝不可，只是让天下人失望了，那该怎么办呢？”正月二十六日壬戌，德宗任命卢杞为澧州别驾，派人对袁高说：“我慢慢琢磨你说的话，实在是非常恰当的。”又对李泌说：“朕已经批准了袁高的奏议。”李泌说：“连日来，外边的人都在悄悄议论，将陛下比成东汉的桓帝和灵帝；现在听了您的这句话，真是唐尧、虞舜等圣君明主也赶不上陛下啊！”德宗十分高兴。卢杞最后死于澧州。袁高是袁恕己的孙子。

三月，李希烈攻占了邓州。

三月二十三日戊午，德宗任命汴滑节度使李澄为郑滑节度使。

德宗把代宗之女嘉诚公主许配给田绪为妻。

李怀光的都虞候吕鸣岳暗中向马燧表明归顺朝廷的心意，事情泄露后，李怀光杀了吕鸣岳，并且屠杀了吕氏全家。这一事情牵连了李怀光的幕僚高郢、李鄘，李怀光召集将士当面斥责他们俩，高郢、李鄘大声剖析、陈说反叛和归顺的利害关系，毫不畏惧隐瞒，李怀光将他们关押起来。李鄘是李邕的侄孙。马燧的军队驻扎在宝鼎县，在陶城打败了李怀光的军队，杀敌一万多人；此后马燧分兵与浑瑊的军队会合，进逼河中。

夏季，四月十三日丁丑，德宗任命曹王李皋为荆南节度使；李希烈的部将李思登献出随州投降官军。

四月十八日壬午，马燧、浑瑊在长春宫南面打败了李怀光的军队，他们于是在长春宫外挖掘壕沟，包围宫城；李怀光的各个将领纷纷向他们投降。德宗下诏委任马燧、浑瑊为招抚使。

五月初二日丙申，刘洽改名为刘玄佐。

韩游瓌请求浑瑊出兵，共同攻取朝邑，李怀光的部将阎晏想去争夺，他的士兵们指着韩游瓌带领的邠州军队说：“他们不是我们的父兄之辈，就是我们的子弟之辈，怎么能拿刀剑对着他们呢？”士兵们语气激烈。阎晏马上带着军队离开了。李怀光知道部属将士们不跟从自己，就假称想归顺朝廷，聚积财物，装饰车马，说等道路通了以后就向朝廷进贡，因此，李怀光又苟延残喘了一个多月。

六月十八日辛巳，德宗任命刘玄佐兼任汴州刺史。

六月二十八日辛卯，德宗任命金吾大将军韦皋为西川节度使。

朱滔病死，将士奉前涿州刺史刘怦知军事。

时连年旱、蝗，度支资粮匮竭，言事者多请赦李怀光。李晟上言：“赦怀光有五不可：河中距长安才三百里，同州当其冲，多兵则未为示信，少兵则不足堤防，忽惊东偏，何以制之！一也；今赦怀光，必以晋、绛、慈、隰还之，浑瑊既无所诣，康日知又应迁移，土宇不安，何以奖励！二也；陛下连兵一年，讨除小丑，兵力未穷，遽赦其反逆之罪；今西有吐蕃，北有回纥，南有淮西，皆观我强弱，不谓陛下施德泽，爱黎元，乃谓兵屈于人而自罢耳，必竞起窥觎之心，三也；怀光既赦，则朔方将士皆应叙勋行赏，今府库方虚，赏不满望，是愈激之使叛，四也；既解河中，罢诸道兵，赏典不举，怨言必起，五也。今河中斗米五百，刍藁且尽，墙壁之间，饿殍甚众。且军中大将杀戮略尽，陛下但敕诸道围守旬时，彼必有内溃之变，何必养腹心之疾为他日之悔哉！”又请发兵二万，自备资粮，独讨怀光。秋，七月，甲午朔，马燧自行营入朝，奏称：“怀光凶逆尤甚，赦之无以令天下，愿更得一月粮，必为陛下平之。”上许之。

（以上为第十五段，写李晟上奏大赦李怀光五不可，德宗从之。）

陕虢都兵马使达奚抱晖鸩杀节度使张劝，代总军务，邀求旌节，且阴召李怀光将达奚小俊为援。上谓李泌曰：“若蒲、陕连衡，则猝不可制。且抱晖据陕，则水陆之运皆绝矣。不得不烦卿一往。”辛丑，以泌为陕虢都防御水陆运使。上欲以神策军送泌之官，问“须几何人？”对曰：“陕城三面悬绝，攻之未可以岁月下也，臣请以单骑入之。”上曰：“单骑如何可入？”对曰：“陕城之人，不贯逆命，此特抱晖为恶耳。若以大兵临之，彼闭壁定矣。臣今单骑抵其近郊，彼举大兵则非敌，若遣小校来杀臣，未必不更为臣用也。且今河东全军屯安邑，马燧入朝，愿敕燧与臣同辞皆行，使陕人欲加害于臣，则畏河东移军讨之，此亦一势也。”上曰：“虽然，朕方大用卿，宁失陕州，不可失卿，当更使他人往耳。”对曰：“他人

朱滔病死，将士推举前涿州刺史刘怦主持军中事务。

当时连年发生旱灾、蝗灾，度支的物资、粮食都用光了，朝中议事的大臣很多人都请示德宗赦免李怀光。李晟上奏德宗说："有五大理由说明不能赦免李怀光：河中府离长安城才三百里路，同州正是这两地的冲要，多派兵马去驻守，就不能显示朝廷赦免李怀光的信义，派兵少了则不足以防备万一发生的情况，如果同州突然被李怀光攻占，那将如何控制李怀光呢？此其一；现在朝廷赦免了李怀光，一定会把晋、绛、慈、隰四州还给他统辖，这样浑瑊就不能统辖这一地区，又要让康日知改任别的地方，会使地方上弄得不安宁，那怎么能体现奖励功臣的恩泽呢？此其二；陛下接连用兵一年，讨伐消灭了跳梁小丑朱泚，但军力并没有用尽。倘若马上赦免了李怀光反叛朝廷的罪行，那么现在西边有吐蕃，北边有回纥，南边有淮西的李希烈，都在观察我们是强是弱，他们不会说赦免李怀光是陛下广施恩泽，爱护天下百姓，而是说我们兵力不足，向人屈服，而主动停止用兵，他们一定会竞相伺机觊觎，此其三；李怀光赦免后，那么朔方军的将士们就应以解奉天之围论功行赏，但现在朝廷的府库正处在空虚时期，赏赐满足不了欲望，那就更会激起他们的叛乱，此其四；既然解除了对河中地区的包围，停用了各道的兵力，不能够对将士们赏赐财物，晋升官级，那么一定会产生怨恨情绪，此其五。现在河中地区一斗米值五百钱，青蒿野草都被吃光了，房室之中，饿死的人很多。而且李怀光军中的大将已差不多被杀光了，陛下只要下令各道兵马包围十来天时间，李怀光军中一定会发生内变，何必姑息这一心腹之患，为将来留下悔恨呢？"李晟又请求德宗增派二万兵力，由他们自筹物资和粮食，独自带领去讨伐李怀光。秋季，七月初一日甲午朔，马燧从行营入京上朝，上奏说："李怀光反叛朝廷，穷凶极恶，赦免李怀光，无法号令天下，请陛下再拨给我一个月的军粮，我一定为陛下消灭李怀光。"德宗答应了他。

陕虢都知兵马使达奚抱晖下毒杀害了节度使张劝，由自己代理军中一切事务，希望朝廷授予节度使的旌节，而且还暗中招引李怀光的部将达奚小俊作后援。德宗对李泌说："如果李怀光与达奚抱晖联合起来抗拒朝廷，仓促之间，恐怕难以制服。况且达奚抱晖控制了陕州，通向长安的水路和陆路运输线全都被切断。事关重大，不得不劳你去走一趟。"七月初八日辛丑，任命李泌为陕虢都防御水陆运使。德宗打算派神策军护送李泌去陕州上任，问李泌此行需要带兵马多少，李泌回答说："陕州城三面都是悬崖绝壁，要进攻陕州城，不知哪年哪月能攻得下，所以臣请求单人匹马进去。"德宗问："单人匹马怎么能进去？"李泌说："陕州城内的军民，还不习惯于违抗朝廷的命令，这只是达奚抱晖一个人作恶而已。如果派遣大量兵马压境，那么达奚抱晖一定会关壁坚守。臣现在一个人去陕州城的近郊地区，他如果大举发兵

必不能入。今事变之初，众心未定，故可出其不意，夺其奸谋。他人犹豫迁延，彼既成谋，则不得前矣。”上许之。泌见陕州进奏官及将吏在长安者，语之曰：“主上以陕、虢饥，故不授泌节而领运使，欲令督江、淮米以赈之耳。陕州行营在夏县，若抱晖可用，当使将之；有功，则赐旌节矣。”抱晖觇者驰告之，抱晖稍自安。泌具以语白上曰：“欲使其士卒思米，抱晖思节，必不害臣矣！”上曰：“善！”戊申，泌与马燧俱辞行。庚戌，加泌陕虢观察使。

泌出潼关，鄜坊节度使唐朝臣以步骑三千布于关外，曰：“奉密诏送公至陕。”泌曰：“辞日奉进止，以便宜从事。此一人不可相蹑而来，来则吾不得入陕矣。”唐臣以受诏不敢去，泌写宣以却之，因疾驱而前。

抱晖不使将佐出迎，惟侦者相继。泌宿曲沃，将佐不俟抱晖之命来迎，泌笑曰：“吾事济矣！”去城十五里，抱晖亦出谒。泌称其摄事保完城隍之功，曰：“军中烦言，不足介意。公等职事皆按堵如故。”抱晖出而喜。泌既入城视事，宾佐有请屏人白事者。泌曰：“易帅之际，军中烦言，乃其常理，泌到，自妥贴矣，不愿闻也。”由是反仄者皆自安。泌但索簿书，治粮储。明日，召抱晖至宅，语之曰：“吾非爱汝而不诛，恐自今有危疑之地，朝廷所命将帅皆不能入，故丐汝余生。汝为我赍版、币祭前使，慎无入关，自择安处，潜来取家，保无他也。”泌之辞行也，上籍陕将预于乱者七十五人授泌，使诛之。泌既遣抱晖，日中，宣慰使至。泌奏：“已遣抱晖，余不足问。”上复遣中使至陕，必使诛之。泌不得已，械兵马使林滔等五人送京师，恳请赦之。诏谪戍天德；岁余，竟杀之。而

找不到对手，如果派个小官吏带人来杀我，那这些人未必不会被我利用。而且现在河东马燧的军队都驻扎在安邑一带，马燧已经入朝，希望陛下下令马燧与我一同在朝廷辞行出发，即使陕州的人想加害于我，也害怕河东马燧调兵讨伐他们，这也是一个可以利用的形势。”德宗说：“虽然如此，但朕现在正重用你，宁可丢掉陕州，也不能失去你，那么我另派他人去算了。”李泌回答说：“如果另派他人，那一定不能进入陕州城。现在是事变发生的初期，陕州城内的人心还不稳定，所以臣能够出其不意，去挫败他们的阴谋。如果别人去，犹豫不决，拖延时间，使达奚抱晖完成各种安排和准备之后，那就谁也进不去了。”德宗这才答应了。李泌在长安城内会见了陕州派来入朝上奏的官员和将士们，对他们说：“皇上认为陕、虢一带发生饥荒，所以不给我授节度使职务，而让我担任水陆运使，是想让我去督运江东、淮南一带的粮食来赈济汴陕虢的军民。陕州的行营驻扎在夏县，如果达奚抱晖服从命令，自当率领行营。如果立下功勋，那么皇上就会赐给达奚抱晖节度使的旌节了。”达奚抱晖派来侦察动静的探子连忙驰马回去报告，达奚抱晖这才稍微安下心来。李泌将这一情况全部向德宗汇报了，说：“要让陕虢的将士们想得到粮食，让达奚抱晖想得到节度使的旌节，那么他们一定就不会加害于臣了！”德宗说：“很好！”七月十五日戊申，李泌与马燧一起在朝向德宗辞行。七月十七日庚戌，德宗加授李泌为陕虢观察使。

李泌出了潼关之后，鄜坊节度使唐朝臣率领步兵、骑兵三千人布置在潼关之外，对李泌说：“我奉皇上的密诏护送你去陕州。”李泌说：“我向皇上辞行的时候，已经得到圣旨，给了我见机行事的权力。这一次一个人也不能跟着我来，跟来一个人，我就进不了陕州城。”唐朝臣因受德宗诏命，所以不敢擅自离开，李泌于是写了一份文书，打发他回关，自己急马快鞭地向陕州城奔去。

达奚抱晖不让将吏、僚佐们出来迎接李泌，只是接二连三地派人刺探。李泌在曲沃过夜时，将吏、僚佐们不等达奚抱晖下命令，就出来迎接李泌。李泌笑着说：“看来我的事要办成功了！”在离陕州城十五里的地方，达奚抱晖也出来拜见李泌。李泌称赞达奚抱晖代理事务、保全城池的功劳，说：“军中的流言蜚语，不值得在意。你和将吏们的职责、任务一切照旧。”达奚抱晖出来后，感到很高兴。李泌进城就职后，开始处理各项事务，宾客僚佐中有人请求李泌屏退其他人而单独汇报事情，李泌说：“更换节度使人选的这一阶段，军中出现流言蜚语，这是很正常的事情，我李泌来了以后，都自然会平息、安定下来，你要说的话，我不愿意听。”这样一来，那些疑惑不定的人都安静下来。李泌只是向官吏们要账簿、文书之类，处理粮食储备事宜。第二天，李泌召达奚抱晖到自己的住宅中，说：“我并不是爱护你才不杀你，而是担心今后有危急疑虑的地方，朝廷任命的将帅不能进入，所以才给你

抱晖遂亡命不知所之。

达奚小俊引兵至境，闻泌已入陕而还。

壬辰，以刘怦为幽州、卢龙节度使。

大旱，灞、浐将竭，长安井皆无水。度支奏中外经费才支七旬。

（以上为第十六段，写文臣李泌单骑入陕除叛乱。）

留了一条活路。你立即替我带着灵牌和奠祭的物品去祭祀前任节度使张劝，你要小心别进潼关去，自己找一个安身之地，暗中来此接走一家老小，我担保你不会发生什么意外。”李泌向德宗辞行的时候，德宗把记着陕虢将领中参与谋杀张劝的七十五人名单给了李泌，让李泌杀了这些人。李泌将达奚抱晖打发走了以后，这天中午时分，朝廷的宣慰使来了。李泌上奏章说：“我已经打发走了达奚抱晖，其余的人不必再去追究。”德宗又派宦官出使陕州，一定要李泌杀了这些犯上作乱的人。李泌迫不得已，派人将兵马使林滔等五人押解京城，还上奏恳请德宗将他们赦免。德宗下诏将林滔等人削职，送往天德军去戍守；过了一年多时间，还是下令杀了他们。但达奚抱晖却不知逃到什么地方去了。

达奚小俊率领兵马到了陕虢边境，听说李泌已经进入陕州，就带兵回去了。

七月十九日壬辰（疑误），德宗任命刘怦为幽州、卢龙节度使。

天气久旱不下雨，灞水、浐水都快干涸，长安城内所有水井都没水了。度支上奏朝野的经费只够维持七十天了。

【点评】

本卷点评四事：李晟收复长安、颜真卿骂贼成仁、李泌单骑入陕除叛贼、德宗问计于李泌。

一、李晟收复长安。李晟，字良器，洮州临潭（今甘肃临潭）人。身长六尺，善骑射，勇敢绝伦，称万人敌。初在西北为裨将，屡立战功，调任神策军都将。德宗用兵河北，以李晟为神策先锋都知兵马使，隶属河东节度使马燧讨田悦。李晟在临洺斩杀田悦将杨朝光，居间调停马燧与昭义节度使李抱真释嫌和好，应对河北朱滔反叛后的紧急局面，李晟功不可没。朱泚叛乱，李晟回军勤王，奉天解围，进兵长安。李怀光反叛，李晟孤军支撑危局，以忠义感奋将士，巍然屹立赢得诸镇友军的拥戴。李晟军纪严明，对民众秋毫无犯。李怀光军抢掠，分给李晟军，士兵不敢取。李晟攻破长安，下令诸军说："长安士庶，久陷贼庭，若小有震惊，非吊民伐罪之意。"要求军中将官，五天之内不得撤离职守与家属联系。大将高时曜私取叛贼的女乐，尚可孤军士擅取贼马，李晟杀头示众，毫不姑息。全军震动，公私安然如平常。长安士民，有人过了一天多，才知道官军入城。

李晟把收复长安的消息报告德宗，德宗感慨地流下眼泪，说："天生李晟，以为社稷，非为朕也。"可是德宗回朝，很快好了伤疤忘了痛，猜忌李晟，夺了他的兵权，幸赖李泌护佑，李晟才免遭诛杀。

二、颜真卿骂贼成仁。颜真卿，字清臣，京兆万年（今陕西西安市）人。唐名臣，历仕玄宗、肃宗、代宗、德宗四朝，官至吏部尚书、太子太师，封鲁郡公，人称"颜鲁公"。颜真卿善书法，有颜体书法和文集《颜鲁公文集》行于世。安史之乱，颜真卿任平原太守，与从兄颜杲卿常山太守相约起兵抵抗，河北十七郡同日响应，共推颜真卿为帅，合兵二十万，迟滞安禄山不敢急攻潼关。后兵败，颜杲卿被俘，骂贼而死。颜真卿回朝，肃宗任以为宪部尚书，寻加御史大夫。得罪李辅国，弹劾权臣元载，两次遭贬逐。元载诛，授刑部尚书，杨炎为相，恶之，改太子少傅。卢杞专权，忌颜真卿忠直，改太子少师，处以闲职。李希烈反叛，卢杞借刀杀人，奏请颜真卿宣慰淮西。诏出，百官愕然，朝廷失色。颜真卿到达东都，观察使郑叔则留颜真卿不往，说："颜老前去必为贼所害。"颜真卿说："这是君上的命令，不可逃避。"颜真卿义无反顾急行淮西。汴宋节度使李勉上奏德宗说："朝廷失去元老，是国家的羞耻。"李勉派人追赶颜真卿，没有追上，颜真卿到了淮西。李希烈软硬兼施，要颜真卿屈膝为伪相，不然要活埋他，又要架火烧他，颜真卿毫无惧色，视死如归。李希烈软禁颜真卿于汝州（今河南汝州市）龙兴寺。颜真卿度必死，于是自作遗表、墓志铭、祭文。经常手指寝室西墙壁下的地方说："这就是埋我的地方。"朱泚败亡，李希烈之弟李希倩在朱泚党中被杀头，李希烈暴怒，于兴元元年八月初

三日派阉奴缢杀颜真卿于龙兴寺。颜真卿骂贼而死，时年七十七岁。淮西平定，颜真卿归丧京师，德宗十分哀痛，废朝五日，谥曰“文忠”。

三、李泌单骑入陕除叛贼。李泌以布衣交辅佐肃宗、代宗两朝，遭元载排斥，出为杭州刺史。肃宗时，德宗为奉节王，学文于李泌。代宗时，德宗立为太子，继续与李泌交游。德宗蒙尘到汉中，派人宣召李泌。德宗还京，任李泌为左散骑常侍，每天值守中书省以备应对，朝野都寄托很大的希望。贞元元年（785）七月，陕虢都兵马使达奚抱晖杀节度使张劝，要挟朝廷封他为节度使。陕虢是陕州、虢州的合称。陕州（今河南三门峡市），虢州在陕州西南。陕虢地区在潼关以东，控制黄河交通。唐朝京都长安依赖江淮财赋与粮食供应，陕虢在交通线上。当时，朱泚刚灭，京都百废待兴，急需江淮财赋。李怀光割据河中，李希烈为害淮西，两贼尚未歼灭。达奚抱晖如果正式背叛，割据陕虢，将把北起河中，南到淮西连成一片，整个中原大地就会动荡起来。所以，迅速扑灭陕虢的叛乱之火，不使燎原，是唐王朝的头等大事。

四、德宗问计于李泌。李泌说：“陕州城三面悬绝，濒临黄河，易守难攻，发兵征讨，不知施到何年何月才能攻下，这样会导致形势变坏。臣有一计，臣单骑入陕州，必能安定，请陛下勿忧。”德宗不答应，说：“朕正要重用卿，朕宁失陕州，不能失卿，朕派别的人去。”李泌说，别的人进不了陕州。德宗要派五千神策兵护送，李泌说，臣带了五千兵，就进不了陕州了。德宗最终同意了李泌的计划，完全按照李泌的布置，出其不意，李泌单骑入陕州，竟然控制了局面，不费一兵一卒安定了陕州，产生了极大的震动。河中叛将李怀光闻讯后丧失了斗志，很快被马燧讨灭。淮西叛乱者李希烈没多久也被部下陈仙奇杀死，陈仙奇归顺朝廷，淮西的叛乱也被平定了。

李泌大智大勇，达奚抱晖只是一个小丑。小丑不敌智勇，理所当然。但是李泌身入虎穴，不可保以百全，他的忠贞和正气，才是取胜的决定因素。安禄山、史思明、田悦、李惟岳、朱泚、李希烈、李怀光，都不过是一群小丑，一个个急于割地称雄，甚至急于称王称帝，只逞一时之气，毫无远略之虑。朱泚最为典型。李怀光兵强，朱泚以兄事之，相约分帝关中；李怀光军势稍弱，立即板起面孔，以臣礼待之，要征其兵，化友为敌，见识何其浅薄。反观唐室，良将辈出。平定安史之乱有郭子仪、李光弼，平定朱泚与李怀光，有李晟、浑瑊、马燧、李抱真。文臣有颜真卿、陆贽、李泌。广大军民仍效忠唐室。贞观与开元盛世，恩泽深固民心。德宗虽然愚而昏，也有清醒之时，危急时刻任用英才。中唐几度危如累卵而后得安，原因在此。正如德宗所说：“天生李晟，以为社稷，非为朕也。”同理，天生陆贽、李泌，以及广大军民，奋起灭贼，乃是效忠唐室，非为德宗也。

唐纪四十八

唐德宗贞元元年至三年（785—787年）

【起旃蒙赤奋若（乙丑，785年）八月，尽强圉单阏（丁卯，787年）七月，凡二年】

【大事提要】

本卷记事起公元785年八月，讫公元787年七月，凡两年。当唐德宗贞元元年八月到贞元三年七月。这一时期，李怀光与李希烈两个叛臣被消灭。平定李怀光，马燧立首功。德宗采纳李泌之计，赦免李希烈以安天下反侧子之心，待其自毙，不久，李希烈果为部将所杀，淮西乱平。李晟功高受猜疑被罢兵权。吐蕃背盟，德宗诿过于马燧，马燧亦被罢兵权。陕虢观察使李泌八面埋伏，奇计灭叛兵。官军久经战阵，锤炼出一批名将，李晟、马燧、浑瑊、李抱真等，他们讨逆平叛，才维系了唐王朝的政权。然而这些功臣良将，无端受到德宗的无妄猜疑，德宗两度出亡而不灭，实在是天幸。李泌入朝拜相，力保李晟、马燧，为国家护长城。李泌劝谏德宗释猜疑、清吏治、勘两税、免积欠、籍胡客，立于猜忌之朝而能推行一些利国利民的事，表现了他非凡的卓越才能。李泌借复府兵制为题实际推行寓兵于农，屯垦边地的政策，减轻国用而增强了边防。德宗拜李泌为相，是这个昏君屈指可数的善政之一。

【原文】

德宗神武圣文皇帝七

贞元元年（乙丑，785 年）

八月，甲子，诏凡不急之费及人冗食者皆罢之。

马燧至行营，与诸将谋曰：“长春宫不下，则怀光不可得。长春宫守备甚严，攻之旷日持久，我当身往谕之。”遂径造城下，呼怀光守将徐庭光，庭光帅将士罗拜城上。燧知其心屈，徐谓之曰：“我自朝廷来，可西向受命。”庭光等复西向拜。燧曰：“汝曹自禄山已来，徇国立功四十余年，何忽为灭族之计！从吾言，非止免祸，富贵可图也。”众不对。燧披襟曰：“汝不信吾言，何不射我！”将士皆伏泣。燧曰：“此皆怀光所为，汝曹无罪。弟坚守勿出。”皆曰：“诺。”

壬申，燧与浑瑊、韩游瓌进军逼河中，至焦篱堡；守将尉珪以七百人降。是夕，怀光举火，诸营不应。骆元光在长春宫下，使人招徐庭光；庭光素轻元光，遣卒骂之，又为优胡于城上以侮之，且曰：“我降汉将耳！”元光使白燧，燧还至城下，庭光开门降。燧以数骑入城慰抚，其众大呼曰：“吾辈复为王人矣！”浑瑊谓僚佐曰：“始吾谓马公用兵不吾远也，今乃知吾不逮多矣！”诏以庭光试殿中监兼御史大夫。

甲戌，燧帅诸军至河西，河中军士自相惊曰：“西城擐甲矣！”又曰：“东城娖队矣！”，须臾，军士皆易其号为“太平”字，怀光不知所为，乃缢而死。

初，怀光之解奉天围也，上以其子璀为监察御史，宠待甚厚。及怀光屯咸阳不进，璀密言于上曰：“臣父必负陛下，愿早为之备。臣闻君、父一也；但今日之势，陛下未能诛臣父，而臣父足以危陛下。陛下待臣

【语译】

德宗神武圣文皇帝七

唐德宗贞元元年（乙丑，785年）

八月初二日甲子，德宗下诏命令把一切不是急需的开支和在官府吃闲饭的多余人员一律裁撤。

马燧从朝廷出发，回到行营后，立即与各位将领商议说："如果攻不下长春宫，就不能擒拿李怀光。但长春宫防守极为严密，要攻打的话，一定会旷日持久，我要亲临城下去劝说他们。"于是径直来到城下，向上呼叫李怀光的守将徐庭光，徐庭光率领将士在城上列队向马燧行礼下拜。马燧知道徐庭光内心已经屈服，便慢慢地对他们说："我才从朝廷来，你们应该西向接受朝廷的命令。"徐庭光等人又向西边行礼下拜。马燧说："你们自从安禄山叛乱以来，报效国家，屡立功勋，已长达四十余年，为什么突然做出这害身灭族的事情呢。你们听我的话，不但可以免杀身之祸，还可能求得荣华富贵。"大家都不回答。马燧敞开胸脯对他们说："你们如果不相信我说的话，那怎么不朝我射箭？"将士们都伏在城上哭起来。马燧说："这都是李怀光一个人造成的，你们无罪。你们只管坚守城池不出来就是了。"众人都齐声回答说："是！"

八月初十日壬申，马燧与浑瑊、韩游瓌联合兵力，进逼河中地区，大军到了焦篱堡；李怀光的守将尉珪率七百人投降。当天晚上，李怀光燃烽火调兵，各个营垒里的将士都不理睬。骆元光在长春宫城下，派人去招降徐庭光，徐庭光一向看不起骆元光，派士兵在城上谩骂骆元光，又让人在城上扮演胡人小丑的模样以羞辱骆元光，而且说："我徐庭光只向汉族将领投降！"骆元光派人向马燧报告，马燧立即回来赶到长春宫城下，徐庭光开城门向马燧投降。马燧仅带几名骑兵入城安抚投降将士，投降的将士们大声高呼："我们又成了皇上的臣民了！"浑瑊感慨地对自己的幕僚们说："起初我总觉得马公用兵并不比我高明，现在我才知道我比他差得远了！"德宗下诏任命徐庭光为试殿中监兼御史大夫。

八月十二日甲戌，马燧率领各支军队进逼河西，李怀光的河中将士自相惊扰，他们说："西城的官军穿上铠甲了！"又说："东城的官军已经排好队列了！"不久，李怀光的将士们全将旗号改写上"太平"二字；李怀光不知该如何办才好，于是自缢而死。

当初，李怀光解救了奉天的包围，德宗赐官李怀光的儿子李璀任监察御史，对李璀非常宠信优待。李怀光屯兵咸阳，不进攻长安时，李璀密奏德宗说："臣的父亲肯定会辜负陛下，希望陛下早点对他做好防备。臣知道事君、事父的态度应该是相

厚，胡人性直，故不忍不言耳。”上惊曰：“知卿大臣爱子，当为朕委曲弥缝，而密奏之！”对曰：“臣父非不爱臣，臣非不爱其父与宗族也；顾臣力竭，不能回耳。”上曰：“然则卿以何策自免！”对曰：“臣之进言，非苟求生；臣父败，则臣与之俱死矣，复有何策哉！使臣卖父求生，陛下亦安用之！”上曰：“卿勿死，为朕更至咸阳谕卿父，使君臣父子俱全，不亦善乎！”璀至咸阳而还，曰：“无益也，愿陛下备之，勿信人言。臣今往，说谕万方，臣父言：‘汝小子何知！主上无信，吾非贪富贵也，直畏死耳，汝岂可陷吾入死地邪！’”

及李泌赴陕。上谓之曰：“朕所以再三欲全怀光者，诚惜璀也；卿至陕，试为朕招之。”对曰：“陛下未幸梁、洋，怀光犹可降也。今则不然。岂有人臣迫逐其君，而可复立于其朝乎！纵彼颜厚无惭，陛下每视朝，何心见之！臣得入陕，借使怀光请降，臣不敢受，况招之乎！李璀固贤者，必与父俱死矣；若其不死，则亦无足贵也。”及怀光死，璀先刃其二弟，乃自杀。

朔方将牛名俊断怀光首出降。河中兵犹万六千人，燧斩其将阎晏等七人，余皆不问。燧自辞行至河中平，凡二十七日。燧出高郢、李鄘于狱，皆奏置幕下。

韩游瓌之攻怀光也，杨怀宾战甚力，上命特原其子朝晟；游瓌遂以朝晟为都虞候。

（以上为第一段，写官军平定李怀光，马燧立首功。李怀光之子李璀尽忠朝廷而连坐受祸。）

上使问陆贽：“河中既平，复有何事所宜区处？”令悉条奏。贽以河中既平，虑必有希旨生事之人，以为王师所向无敌，请乘胜讨淮西者。李希烈必诱谕其所部及新附诸帅曰：“奉天息兵之旨，乃因窘而言，朝廷

同的；但现在的形势是，陛下不能够杀了臣的父亲，但臣的父亲的势力却足以危及陛下。陛下待臣极好，而臣们胡人性情直爽，所以不忍心不对陛下说明这件事。”德宗很吃惊地说：“朕知道你是李怀光的爱子，你应该想方设法为朕去做你父亲的工作，而你却秘密地奏告他！”李璀回答说：“臣的父亲不是不爱臣，臣也不是不爱自己的父亲和自己宗族亲戚；臣考虑到竭尽全力，也不能够挽回父亲的态度啊。”德宗说：“那么，你想什么方法可以免除自己的杀身之祸呢？”李璀说：“臣之所以向陛下进言，并不是为了苟且偷生；臣的父亲失败之后，臣会与他一起去死，没有什么自我开脱的办法。如果臣出卖自己的父亲以求活下去，那陛下又怎么能还任用臣呢？”德宗说：“你不要死，为朕再去咸阳开导你的父亲，让我们的君臣关系、你们的父子关系都能保全，那不更好吗？”李璀到咸阳后还朝，对德宗说：“没有什么办法了，希望陛下早日做好防备，不要相信别人说的好话。臣这次去，千方百计地劝说、开导，臣的父亲对臣说：‘你小孩子知道什么？皇上不讲信用，我并不是贪图富贵，我只是怕死而已，你怎么能让我陷入死地呢？’”

后来，李泌赶赴陕州前，德宗对李泌说：“朕之所以一而再，再而三地想保全李怀光，实在是因为爱惜李璀啊；你到了陕州，试着为朕招抚李怀光。”李泌说：“陛下还没有出行梁州、洋州的时候，还可以让李怀光投降。现在就不行了，哪有做臣子的逼迫、驱逐君王，还可以再容他立于朝廷的呢？即使李怀光厚颜无耻地能这样做，而陛下每当看见李怀光，那又是一种什么心情呢？臣如能进入陕州，即使李怀光向臣请求投降，那臣也不敢接受，更何况臣去主动招抚呢？李璀的确是一个有贤德的人，一定会与他的父亲一道去死；如果他不死的话，那也就不值得称道了。”李怀光自杀后，李璀先杀了两个弟弟，然后自杀。

朔方军的将领牛名俊从李怀光的尸体上割下脑袋，出营垒投降。当时河中地区李怀光的兵还有一万六千人，马燧杀了李怀光的部将阎晏等七人，对其余的人一概不追究。马燧自从在朝廷向德宗辞行到平定河中，总共二十七天。马燧把高郢、李鄘从监狱中放出来，上奏德宗后都收入自己的幕府中。

韩游瓌发动对李怀光的进攻，杨怀宾作战极为卖力，因此德宗特别开恩原宥、宽恕了杨怀宾的儿子杨朝晟；韩游瓌于是让杨朝晟做了自己的都虞候。

德宗派使者询问陆贽：“河中平定以后，还有什么事情应该处理的？”命陆贽一条条列出来上奏。陆贽认为河中平定后，令人担忧的是那些迎合圣旨节外生枝的人，会觉得朝廷的军队所向无敌，请求乘胜讨伐淮西李希烈。李希烈也肯定会引诱、劝

稍安，必复诛伐。”如此，则四方负罪者孰不自疑，河朔、青齐固当响应，兵连祸结，赋役繁兴，建中之忧，行将复起。乃上奏，其略曰：“福不可以屡徼，幸不可以常觊。臣姑以生祸为忧，未敢以获福为贺。”又曰：“陛下怀悔过之深诚，降非常之大号，所在宣扬之际，闻者莫不涕流。假王叛换之夫，削伪号以请罪；观衅首鼠之将，一纯诚以效勤。”又曰：“曩讨之而愈叛，今释之而毕来；曩以百万之师而力殚，今以咫尺之诏而化洽。是则圣王之敷理道，服暴人，任德而不任兵，明矣；群帅之悖臣礼，拒天诛，图活而不图王，又明矣。是则好生以及物者，乃自生之方；施安以及物者，乃自安之术。挤彼于死地而求此之久生也，措彼于危地而求此之久安也，从古及今，未之有焉。”又曰：“一夫不率，阖境罹殃；一境不宁，普天致扰。”又曰：“亿兆污人，四三叛帅，感陛下自新之旨，悦陛下盛德之言，革面易辞，且修臣礼，其于深言密议固亦未尽坦然，必当聚心而谋，倾耳而听，观陛下所行之事，考陛下所誓之言。若言与事符，则迁善之心渐固；傥事与言背，则虑祸之态复兴。”又曰：“朱泚灭而怀光戮，怀光戮而希烈征，希烈傥平，祸将次及，则彼之蓄素疑而怀宿负者，能不为之动心哉！”又曰：“今皇运中兴，天祸将悔，以逆泚之偷居上国，以怀光之窃保中畿，岁未再周，相次枭殄，实众慝惊心之日，群生改观之时。威则已行，惠犹未洽。诚宜上副天眷，下收物情，布恤人之惠以济威，乘灭贼之威以行惠。”又曰：“臣所未敢保其必从，唯希烈一人而已。揆其私心，非不愿从也；想其潜虑，非不追悔也。但以猖狂失计，已窃大号，虽荷陛下全宥之恩，然不能不自靦于天地之间耳。纵未顺命，斯为独夫，内则无辞以起兵，外则无类以求助，其计不过厚抚部曲，偷容岁时，心虽陆梁，势必不致。陛下但敕诸镇各守封疆，彼既气夺算穷，是乃狴牢之类，不有人祸，则当鬼诛。古之不战而屈人之兵者，此之谓欤！”

（以上为第二段，写德宗采纳陆贽建言，平定李怀光后，朝廷罢兵，赦免李希烈，待其自毙，以安天下反侧子之心。）

说部将和那些刚归附朝廷的如李纳、王武俊、田绪等将帅说：“去年皇上在奉天颁布的停战赦免诏书，是因为朝廷当时处境困难才做出的，朝廷稍微安定下来以后，一定又会来征讨我们的。”这样一来，那些以前有罪于朝廷的将帅谁不担心难保性命呢？河朔的王武俊、田绪、刘怦；青齐的李纳等一定会响应李希烈，势必又会战事连绵，祸灾无穷，频征赋税，劳役不断，建中年间的忧患又将重新出现。于是上奏德宗，大意是说：“福分不可以多次侥幸取得，幸运不可以经常希图。臣宁肯担心有祸患、忧虑产生，不敢以获得幸福向陛下道贺。”又说：“陛下怀着悔过的深切诚意，颁布了不同寻常的特赦诏书，当诏书向各地宣布的时候，凡是听到的人没有不痛哭流涕的。自称王号、飞扬跋扈的将帅，没有不削除王号、请求朝廷治罪的；那些心存观望，左右摇摆的将领们，一心一意地竭诚为朝廷效劳。”又说：“从前讨伐叛逆，愈讨愈叛，如今宽恕了他们却都归顺朝廷；从前征调百万大军去讨伐，而终于兵穷力尽，而现在仅以不满一尺的诏书就感化了天下。由此可见，圣明的君王治理国家，征服凶恶残暴的人，应当用道德来感化而不是用武力来镇压，这道理是十分明显的；各地的节帅违背做臣子的仪节，抗拒朝廷的诛伐，是谋求活下去，而不是谋求称王，这又是显而明了的道理。由此看来，把让人生存下去的这种心情遍施世间万物，这就是使自己生存下去的最好方法；把给别人以安定的心思普施世间万物，这就是让自己安定下去的最好手段。把别人挤压到必死的境地，而想让自己长久生存，把别人弄到危险的境地，而想让自己长久安宁，从古代到现在，还没有过这事。”又说：“一个人不守法，那么整个地方都要遭殃；一个地方不平静，那么整个天下都会受骚扰。”又说：“天下众多昏昧糊涂的人，以及那三四个反叛朝廷的节帅，都被陛下自新朝政的诏书所感动，为陛下含美蕴德的话语而高兴，于是都洗心革面，改变不敬的言辞，而且谨修做人臣的礼仪。但他们对诏书真诚深切的言语和周密细致的考虑，还没有全都领会，一定会专心致志地去考虑，认认真真地去细听，观察陛下所做的事情，印证陛下所发的誓言。如果陛下说的与做的相符合，那么他们改过从善的心意会逐渐坚定起来；如果陛下做的事与说的语相违背，那么他们顾虑有杀身之祸的心思就又会抬头。”又说：“消灭了朱泚，又诛杀了李怀光，李怀光被杀之后又征讨李希烈，如果李希烈平定了，那灾祸又将依次连及别人，那些一向心怀疑虑而又野心勃勃的人，对此能不怀疑朝廷吗？”又说：“如今国运将要振兴，上天所降的灾祸行将过去，就拿叛贼朱泚来说，他窃居京城长安，李怀光窃据河中都畿之县，在不到两年的时间里，二人相继被消灭，这实在是各个叛将心惊胆战的日子，天下百姓改变对朝廷看法的时候。朝廷的威严已经施行天下，但陛下的恩泽还没有遍及民众。陛下实在应该对上顺应苍天的眷顾，对下广收民心，借广布体恤百姓的恩惠来增加朝廷的威严，又乘着消灭了叛贼们的声威来对天下人普施恩惠。”又说：“臣不敢担

丁卯，诏以“李怀光尝有功，宥其一男，使续其后，赐之田宅，归其首及尸使葬。加马燧兼侍中，浑瑊检校司空；余将卒赏赉各有差。诸道与淮西连接者，宜各守封疆，非彼侵轶，不须进讨。李希烈若降，当待以不死；自余将士百姓，一无所问。”

初，李晟尝将神策军戍成都，及还，以营妓高洪自随。西川节度使张延赏怒，追而还之，由是有隙。至是，刘从一有疾，上召延赏入相，晟表陈其过恶；上重违其意，以延赏为左仆射。

骆元光将杀徐庭光，谋于韩游瓌曰：“庭光辱吾祖考，吾欲杀之，马公必怒，公能救其死乎！”游瓌曰：“诺。”壬午，遇庭光于军门之外，揖而数其罪，命左右碎斩之。入见马燧，顿首请罪，燧大怒曰：“庭光已降，受朝廷官爵，公不告辄杀之，是无统帅也！”欲斩之。游瓌曰：“元光杀裨将，公犹怒如此。公杀节度使，天子其谓何！”燧默然；浑瑊亦为之请，乃舍之。

浑瑊镇河中，尽得李怀光之众，朔方军自是分居邠、蒲矣。

卢龙节度使刘怦疾病，九月，己亥，诏以其子行军司马济权知节度

保一定会服从朝廷的，只有李希烈一个人。我揣摩李希烈的内心，并不是不想归顺朝廷；推测李希烈深藏的考虑，也并不是不追悔自己的过去。只是因为一时糊涂而肆意妄为，已经窃称帝号，即使承蒙了陛下宽恕而保全的恩典，但自己也再无颜生活在天地之间了。即使不能够归顺朝廷，也要成为孤家寡人，对内再没有什么理由动员部属兴战起兵，对外则更没有可供求助的同类之人，策略不过是优厚地对待、安抚部下，拖延时日，苟且偷生，虽然仍有逞强施虐之心，但形势却难以做到。陛下只下敕令，让各镇自己守护各自的疆域，李希烈胆气丧尽，计策已完，那就只是一个像囚在牢笼中的人，如果里面不发生人祸，那么就会有厉鬼去报应。古代所说的不战而屈人之兵，指的就是这个意思啊！”

八月初五日丁卯，德宗下诏说："李怀光曾对国家有功，现在宽恕李怀光一个儿子，使他能承续李怀光的香火，赐给田地住宅，归还李怀光的尸首由其埋葬。加授马燧兼任侍中，加授浑瑊为检校司空；其余的将士们的赏赐各有等级。各道和淮西李希烈连接的节帅，都应该各自守护自己的疆域，如果不是李希烈侵扰，就不得主动出兵征讨。李希烈如果投降的话，应该给他留条活命；其余的将士和他属下的百姓，一概不予追究。"

当初，李晟曾经率领神策军士兵去戍守过成都，回到朝廷时，把成都军中的一个妓女高洪带走了。西川节度使张延赏对此十分恼怒，派人追赶，从李晟那里要回了高洪，由此两人便有了矛盾。而到了现在，宰相刘从一生了重病，德宗要征召张延赏入朝担任宰相，李晟上奏陈述张延赏的过失和缺点；德宗不好违背李晟的意见，只任命张延赏担任左仆射。

骆元光打算要杀掉徐庭光，与韩游瓌商量说："徐庭光侮辱我的父祖先人，我想杀了徐庭光，马公一定会大发雷霆，到时您能救我一命吗？"韩游瓌答应说："好吧。"八月二十日壬午，骆元光在军营门外遇到了徐庭光，命人把徐庭光抓起来，一一列举徐庭光的罪过，下令随从人员把徐庭光碎尸万段。骆元光然后去见马燧，伏地叩头请求治杀徐庭光之罪，马燧勃然大怒说："徐庭光已经投降，接受朝廷的官爵，你不向我汇报，就随便杀人，这是目无统帅之罪！"想杀了骆元光。韩游瓌在一边说："骆元光杀了您的裨将，您尚且如此愤怒。如果您杀了节度使，那皇上对此又会怎么样？"马燧听了沉默不语；浑瑊也为骆元光向马燧求情，马燧于是不再追究骆元光。

浑瑊镇守河中府，将李怀光的部众全部接收下来，朔方军的部众从此分为两部，驻守在邠州和蒲州。

卢龙节度使刘怦生了重病，九月初七日己亥，德宗下诏让刘怦的儿子行军司马

事；怦寻薨。

己未，中书侍郎、同平章事刘从一罢为户部尚书；庚申，薨。

冬，十月，癸卯，上祀圜丘，赦天下。

十二月，甲戌，户部奏今岁入贡者凡百五十州。

于阗王曜上言："兄胜让国于臣，今请复立胜子锐。"上以锐检校光禄卿，还其国。胜固辞曰："曜久行国事，国人悦服。锐生长京华，不习其俗，不可往。"上嘉之，以锐为韶王谘议。

（以上为第三段，写李晟与张延赏结怨，骆元光因泄私愤而擅杀大将。）

二年（丙寅，786年）

春，正月，壬寅，以吏部侍郎刘滋为左散骑常侍，与给事中崔造、中书舍人齐映并同平章事。滋，子玄之孙也。

造少居上元，与韩会、卢东美、张正则为友，以王佐自许，时人谓之"四夔"。上以造在朝廷敢言，故不次用之。滋、映多让事于造。造久在江外，疾钱谷诸使罔上之弊，奏罢水陆运使、度支巡院、江淮转运使等，诸道租赋悉委观察使、刺史遣官部送诣京师。令宰相分判尚书六曹：齐映判兵部，李勉判刑部，刘滋判吏部、礼部，造判户部、工部；又以户部侍郎元琇判诸道盐铁、榷酒，吉中孚判度支两税。

李希烈将杜文朝寇襄州；二月，癸亥，山南东道节度使樊泽击擒之。

崔造与元琇善，故使判盐铁。韩滉奏论盐铁过失，甲戌，以琇为尚书右丞。陕州水陆运使李泌奏："自集津至三门，凿山开车道十八里，以避底柱之险。"是月道成。

三月，李希烈别将寇郑州，义成节度使李澄击破之。希烈兵势日蹙，会有疾，夏，四月，丙寅，大将陈仙奇使医陈山甫毒杀之；因以兵悉诛其兄弟妻子，举众来降。甲申，以仙奇为淮西节度使。

关中仓廪竭，禁军或自脱巾呼于道曰："拘吾于军而不给粮，吾罪人

刘济暂时代理节度使事务；刘怦不久就去世了。

九月二十七日己未，免去刘从一中书侍郎、同平章事的职位，改任为户部尚书。九月二十八日庚申，刘从一去世。

冬季，十月，癸卯（疑误）这一天，德宗在天坛祭天，大赦天下。

十二月十三日甲戌，户部上奏今年入贡的地方总共只有一百五十州。

于阗王尉迟曜上奏说："我哥哥尉迟胜把国王之位让给我，现在我请求把尉迟胜的儿子尉迟锐立为国王。"德宗任命尉迟锐为检校光禄卿，回于阗国去。尉迟胜坚决推辞说："尉迟曜久执国政，国内人对他都心悦诚服。尉迟锐从小生长在京城长安，不熟悉于阗国的习俗，不可回去为王。"德宗对此很是嘉许，任命尉迟锐为韶王李暹的谘议。

唐德宗贞元二年（丙寅，786年）

春季，正月十一日壬寅，德宗任命吏部侍郎刘滋任左散骑常侍，与给事中崔造、中书舍人齐映均为同平章事。刘滋是刘子玄的孙子。

崔造年轻时住在上元县，与韩会、卢东美、张正则结为朋友，自认为有辅佐帝王的才能，当时的人称他们为"四夔"。德宗因为崔造在朝廷中敢于议论政事，所以，破格重用。刘滋、齐映多把朝政让给崔造处理。崔造长期生活在江南，痛恨负责征集、转运钱粮的各使欺瞒朝廷的弊端，上奏德宗废除水陆运使、度支巡院、江淮转运使等机构，各道的租赋一切都交给观察使、刺史派官吏运送到京城。又请任命宰相分别掌管尚书省的六部：齐映掌管兵部，李勉掌管刑部，刘滋掌管吏部、礼部，崔造掌管户部、工部；又让户部侍郎元琇负责各道的盐铁税和专卖酒的事务，让吉中孚负责度支两税事务。

李希烈的部将杜文朝率部侵扰襄州；二月初三日癸亥，山南东道节度使樊泽出击，打败并活捉了杜文朝。

崔造与元琇关系很好，所以让元琇主持盐铁事务。韩滉上奏朝廷，议论盐铁事务中的过失。二月十四日甲戌，德宗任命元琇为尚书右丞。陕州水陆运使李泌上奏说："请准许我从集津仓到三门，开劈山石，凿出山间运输车路十八里，以便运船避开黄河底柱天险。"就在这个月内，山间车道修好了。

三月，李希烈的别将寇略郑州，被义成节度使李澄打败。李希烈的军势日益削弱，正好李希烈又生了重病，夏季，四月初七日丙寅，李希烈的大将陈仙奇指使医生陈山甫用毒药谋杀了李希烈；陈仙奇率兵将李希烈的兄弟、妻子儿女全杀了，带领军队投降朝廷。三月二十五日甲申，德宗任命陈仙奇为淮西节度使。

关中库存的粮食已经用光，禁军中有人摘下头巾，在道路上大声呼喊："把我约

也！”上忧之甚，会韩滉运米三万斛至陕，李泌即奏之。上喜，遽至东宫，谓太子曰：“米已至陕，吾父子得生矣！”时禁中不酿，命于坊市取酒为乐。又遣中使谕神策六军，军士皆呼万岁。

时比岁饥馑，兵民率皆瘦黑，至是麦始熟，市有醉人，当时以为嘉瑞。人乍饱食，死者复伍之一。数月，人肤色乃复故。

以横海军使程日华为节度使。

秋，七月，淮西兵马使吴少诚杀陈仙奇，自为留后。少诚素狡险，为李希烈所宠任，故为之报仇。己酉，以虔王谅为申、光、随、蔡节度大使，以少诚为留后。

以陇右行营节度使曲环为陈许节度使。陈许荒乱之余，户口流散。曲环以勤俭率下，政令宽简，赋役平均，数年之间，流亡复业，兵食皆足。

八月，癸未，义成节度使李澄薨，其子士宁谋总军务，秘不发丧。

丙戌，吐蕃尚结赞大举寇泾、陇、邠、宁，掠人畜，芟禾稼，西鄙骚然，州县各城守。诏浑瑊将万人，骆元光将八千人屯咸阳以备之。

（以上为第四段，写德宗急躁，起用享有虚名的轻进少年崔造为相，贸然改革财赋机构，留下隐患。李希烈为其部将所杀。）

初，上与李泌议复府兵，泌因为上历叙府兵自西魏以来兴废之由，且言：“府兵平日皆安居田亩，每府有折冲领之，折冲以农隙教习战陈。国家有事征发，则以符契下其州及府，参验发之，至所期处。将帅按阅，有教习不精者，罪其折冲，甚者罪及刺史。军还，则赐勋加赏，便道罢之。行者近不逾时，远不经岁。高宗以刘仁轨为洮河镇守使以图吐蕃，于是始有久戍之役。武后以来，承平日久，府兵浸堕，为人所贱；百姓耻之，至蒸熨手足以避其役。又，牛仙客以积财得宰相，边将效之；山东戍卒多赍缯帛自随，边将诱之寄于府库，昼则苦役，夜絷地牢，利其死而没入其财。故自天宝以后，山东戍卒还者什无二三，其残虐如此。

束在军队中，却不给粮食吃，我们简直成了罪人！”德宗对此极为忧虑，正好韩滉从江淮运送三万斛粮食到了陕州，李泌马上向德宗奏报。德宗十分高兴，急忙赶到东宫，对太子说：“粮食已经运到陕州了，我们父子能够活下来了！”当时宫禁中不让造酒，德宗下令去街市上买酒回来庆贺。又派人把粮食运来的消息告诉给神策六军，将士们都高兴地直呼“万岁”。

当时连年发生饥荒，军民们的脸上都是又瘦又黑，到这时麦子开始成熟收获，街市上有喝醉酒的人，当时的人们都认为这是一个好征兆。人们突然一下子吃得太饱，因此而死的人占五分之一。几个月以后，人们的肤色又恢复到原来的样子。

德宗任命横海军使程日华为节度使。

秋季，七月，淮西兵马使吴少诚杀了淮西节度使陈仙奇，自己担任留后职务。吴少诚一向阴险狡猾，被李希烈宠信、重用，所以杀陈仙奇为李希烈报仇。七月二十二日己酉，德宗任命虔王李谅担任申州、光州、随州、蔡州的节度大使，任命吴少诚为留后。

德宗委任陇右行营节度使曲环为陈许节度使。陈州、许州在兵荒马乱之后，人户流离散失。曲环以勤俭的作风约束、督导部下，施行的政治和法令务求宽大、简要，百姓承担的赋税和劳役都很平均，几年之间，流失逃亡的人都回到故土，恢复生业，士兵们的粮食都充足起来。

八月二十七日癸未，义成军节度使李澄去世，李澄的儿子李克宁企图接管军事事务，隐瞒父亲去世的消息，没有发讣告。

八月三十日丙戌，吐蕃的国相尚结赞率领人马大举侵入泾州、陇州、邠州、宁州，抢掠人口和牲畜，毁坏庄稼，西部边疆骚动不宁，各州各县都据城自守。诏令浑瑊率兵一万人，骆元光率兵八千人驻守咸阳，以防御吐蕃的进攻。

当初，德宗与李泌商量恢复府兵制的问题，李泌就此为德宗陈述了府兵制从西魏以来各代兴起和废弃的因由，并且说：“府兵平时都安心在家乡耕田种地，每一军府都设有折冲都尉统领府兵，折冲都尉在农闲的时候，对府兵进行战阵训练。当国家有事要征发府兵时，就把兵符下发到所在的州与折冲府，检验调兵符契后，按照规定征发府兵限期到达指定地点。将帅检阅府兵，对战阵训练不符合标准的，要处罚折冲府的长官，对严重失职的，还要处罚该州的刺史。完成军事任务返回后，便论功劳大小加以奖赏和赐爵位，然后即行遣散归农。凡应征的府兵，短期的不超过三个月，时间长的不超过一年。本朝高宗皇帝委任刘仁轨为洮河镇守使，以防御吐蕃，从此之后，才有长期驻守的兵役。自从武后统治时期以来，天下太平日子长了，

然未尝有外叛内侮，杀帅自擅者，诚以顾恋田园，恐累宗族故也。自开元之末，张说始募长征兵，谓之彍骑，其后益为六军。及李林甫为相，奏诸军皆募人为之；兵不土著，又无宗族，不自重惜，忘身徇利，祸乱遂生，至今为梗。向使府兵之法常存不废，安有如此下陵上替之患哉！陛下思复府兵，此乃社稷之福，太平有日矣。”上曰：“俟平河中，当与卿议之。”

（以上为第五段，写李泌以议恢复府兵制为话题，迂回实施北连回纥以抗吐蕃的战略，良苦用心深矣。）

九月，丁亥，诏十六卫各置上将军，以宠功臣；改神策左、右厢为左、右神策军，殿前射生左、右厢为殿前左、右射生军，各置大将军二人、将军二人。

庚寅，李克宁始发父澄之丧，杀行军司马马铉，墨缞出视事，增兵城门。刘玄佐出师屯境上以制之，且使告谕切至，克宁乃不敢袭位。丁酉，以东都留守贾耽为义成节度使。克宁悉取府库之财夜出，军士从而剽之，比明殆尽。淄青兵数千自行营归，过滑州，将佐皆曰：“李纳虽外奉朝命，内蓄兼并之志，请馆其兵于城外。”贾耽曰：“奈何与人邻道而野处其将士乎！”命馆于城中。耽时引百骑猎于纳境，纳闻之，大喜，服其度量，不敢犯也。

吐蕃游骑及好畤；乙巳，京城戒严，复遣左金吾将军张献甫屯咸阳。民间传言上复欲出幸以避吐蕃，齐映见上言曰：“外间皆言陛下已理装，

府兵就逐渐没落，受到人们的轻视；老百姓也以当府兵为耻，甚至烫伤手脚以逃避去服兵役。另外，牛仙客因为能囤积财物而谋得宰相职位，守边的将领就纷纷仿效他；山东地区戍边的士兵常常随身带着自家的丝帛布匹，守边的将领就诱骗他们将这些东西存放在仓库中，白天让他们服苦役，晚上又把他们关在地牢中，希望把他们弄死而将他们的财产没收。所以从天宝时期以后，山东戍边的士兵能够回家去的十人之中不到二三人，守边将领的残暴竟到这种地步。但是，还不曾发生叛乱或内讧，以及杀害将帅来谋夺权位的事情，这实在是因为他们眷恋自己的故土田园，担心连累宗族内的老小。到开元末年，张说开始招募佣兵，把他们称为'彍骑'，后来又将彍骑增编为六军。到李林甫担任宰相时，上奏请求各军全都由招募来的士兵组成；士兵们不再在本地当兵，已经没有宗族的人在附近牵连着，所以他们不再自我尊重、爱惜，而是忘记自身的死活，不顾一切地追求利益，灾祸、叛乱于是就不断发生，至今为恶不止。假如从前的府兵制度长期存在下来，而不废弃，那怎么会有犯上作乱、纲纪废弛的祸患呢？陛下想恢复府兵，这是国家社稷的福分，这样，太平盛世的到来就为时不远了。"德宗说："一等河中地区平定，就马上与卿商议此事。"

九月初一日丁亥，诏令十六卫各设上将军一职，以示对功臣的宠信；把神策左、右厢改为左、右神策军，把殿前射生左、右厢改为殿前左、右射生军，每军中设置大将军二人、将军二人。

九月初四日庚寅，李克宁才把父亲李澄的死讯向外界公布，杀了行军司马马铉，穿着黑色的丧服出来办理各项事务，在各个城门口都增派了兵力。刘玄佐派出军队驻扎在义成军的辖境内，以牵制李克宁的行为，而且派遣使者前去，极为严厉地劝告李克宁，李克宁这才没敢轻率地承袭父亲节度使的职位。九月十一日丁酉，德宗任命东都留守贾耽担任义成军节度使。李克宁将府库中储存的钱财全部弄出来，连夜出走，军中的将士们跟随着开始抢劫财物，等到天亮的时候，东西几乎全被抢光。李纳的淄青兵有几千人从行营中回去，途中路过滑州，贾耽的将吏、幕僚们都说："李纳虽然表面上服从朝廷的命令，但内心却暗藏着吞并这片土地的阴谋，请将他的这批军队安排在城外驻扎吧。"贾耽说："我们与李纳是接壤的邻道，怎么能将李纳的将士安排在城外野地里住宿呢？"下令将这支军队安排在城内住宿。贾耽经常带领一百名左右骑兵在李纳管辖的境内打猎，李纳听说这事以后，十分高兴，极为佩服贾耽的度量和胆识，不敢越境侵犯义成军。

吐蕃军队的侦察骑兵已经到了离京城不远的好畤地区；九月十九日乙巳，京城长安实施戒严。德宗又派遣左金吾将军张献甫率军驻守咸阳。这时民间到处传言德

具糗粮，人情恟惧。夫大福不再，陛下奈何不与臣等熟计之！”因伏地流涕，上亦为之动容。

李晟遣其将王佖将骁勇三千伏于汧城，戒之曰：“虏过城下，勿击其首；首虽败，彼全军而至，汝弗能当也。不若俟前军已过，见五方旗，虎豹衣，乃其中军也，出其不意击之，必大捷。”佖用其言，尚结赞败走。军士不识尚结赞，仅而获免。

尚结赞谓其徒曰：“唐之良将，李晟、马燧、浑瑊而已。当以计去之。”入凤翔境内，无所俘掠，以兵二万直抵城下曰：“李令公召我来，何不出犒我！”经宿，乃引退。

冬，十月，癸亥，李晟遣蕃落使野诗良辅与王佖、将步骑五千袭吐蕃摧砂堡；壬申，遇吐蕃众二万，与战，破之，乘胜逐北，至堡下，攻拔之，斩其将扈屈律悉蒙，焚其蓄积而还。尚结赞引兵自宁、庆北去，癸酉，军于合水之北；邠宁节度使韩游瓌遣其将史履程夜袭其营，杀数百人。吐蕃追之，游瓌陈于平川，潜使人鼓于西山；虏惊，弃所掠而去。

十一月，甲午，立淑妃王氏为皇后。

乙未，韩滉入朝。

丁酉，皇后崩。

辛丑，吐蕃寇盐州，谓刺史杜彦光曰：“我欲得城，听尔率人去。”彦光悉众奔鄜州，吐蕃入据之。

刘玄佐在汴，习邻道故事，久未入朝。韩滉过汴，玄佐重其才望，以属吏礼谒之。滉相约为兄弟，请拜玄佐母；其母喜，置酒见之。酒半，滉曰：“弟何时入朝？”玄佐曰：“久欲入朝，但力未办耳！”滉曰：“滉力可及，弟宜早入朝。丈母垂白，不可使更帅诸妇女往填宫也！”母悲泣不自胜。滉乃遗玄佐钱二十万缗，备行装。滉留大梁三日，大出金帛赏

宗又要离开京城，出行他地，以躲避吐蕃人的进攻，宰相齐映面见德宗说：“外面都说陛下已经整理好行装，备办了干粮，现在人们惶恐不安。大福不可能再次从天而降，陛下怎么能不就这件事与我们好好商议一下呢？”说完后伏在地上痛哭流涕，德宗也为之很伤心。

李晟派将领王佖率领三千勇猛精悍的战士埋伏在汧城，并告诫王佖说：“敌人经过汧城时，不要攻击他们的先头部队；敌人的先头部队虽然被打败，但他们的主力过来了，你们就不能抵挡了。不如等敌人的先头部队经过以后，看见打着五方旗，穿着有虎豹花纹衣服的人马，那就是敌人的主力军队，在此时发起突然袭击，就一定能大获全胜。”王佖完全按李晟的计策行事，结果尚结赞的人马被打得大败而逃。将士们不认识尚结赞，尚结赞才得以逃脱。

尚结赞对手下人说：“唐朝的良将，只有李晟、马燧、浑瑊三个人罢了，我们应该用计策除掉他们。”尚结赞进入凤翔境内，没有抢掠到什么东西，就率领二万人一直开到凤翔城下说：“李令公召见我们到这里来的，你们怎么不开城门来犒劳我们。”在城下闹了一个晚上，尚结赞才领着人退走。

冬季，十月初七日癸亥，李晟派遣蕃落使野诗良辅与王佖一起率领步骑兵五千人去袭击吐蕃的摧砂堡；十月十六日壬申，野诗良辅、王佖率部与两万吐蕃军队相遇，同他们交战，打败了吐蕃军队，乘胜追击，直到摧砂堡下，向城堡发起攻击，攻了进去，杀了吐蕃的将领扈屈律悉蒙，焚烧了他们蓄积的财物之后，得胜而回。尚结赞率领人马从宁州、庆州向北逃走，十月十七日癸酉，他们在合水县的北边驻扎下来。邠宁节度使韩游瓌派出部将史履程带人晚上偷袭吐蕃的军营，杀了几百个敌人。吐蕃军队出来追赶史履程，韩游瓌在平川布下战阵，暗中派人在西山上擂起战鼓以迷惑敌人；吐蕃军队惊慌失措，将抢掠来的东西全部丢下，狼狈逃跑了。

十一月初八日甲午，德宗册立淑妃王氏为皇后。

十一月初九日乙未，韩滉从京口进京朝见德宗。

十一月十一日丁酉，皇后去世。

十一月十五日辛丑，吐蕃的军队侵犯盐州，他们对盐州刺史杜彦光说：“我们只想要你们的城池，可以让你们把人都带走。”于是，杜彦光率领所有的军队逃向鄜州，吐蕃的军队进占盐州城。

刘玄佐在汴州任宋亳节度使，仿效周围各道以前的成例，很长时间没有进京朝见皇帝。镇守两浙地区的节度使韩滉进京经过汴州，刘玄佐敬重韩滉的才干和威望，自己以下属官吏的礼节拜见韩滉。韩滉与刘玄佐约定结成兄弟，请求拜见刘玄佐的母亲；刘玄佐的母亲十分高兴，置办酒宴会见韩滉。在他们饮酒到半酣状态时，韩滉对刘玄佐说：“贤弟什么时候进京朝见皇上？”刘玄佐回答说：“我很早就想进京

劳，一军为之倾动。玄佐惊服，既而遣人密听之，滉问孔目吏，“今日所费几何？”诘责甚细。玄佐笑曰：“吾知之矣！”壬寅，玄佐与陈许节度使曲环俱入朝。

崔造改钱谷法，事多不集。诸使之职，行之已久，中外安之。元琇既失职，造忧惧成疾，不视事。既而江、淮运米大至，上嘉韩滉之功，十二月，丁巳，以滉兼度支、诸道盐铁、转运等使；造所条奏皆改之。

吐蕃又寇夏州，亦令刺史托跋乾晖帅众去，遂据其城。又寇银州，州素无城，吏民皆溃；吐蕃亦弃之，又陷麟州。

韩滉屡短元琇于上；庚申，崔造罢为右庶子，琇贬雷州司户。以吏部侍郎班宏为户部侍郎、度支副使。

韩游瓌奏请发兵攻盐州，吐蕃救之，则使河东袭其背。丙寅，诏骆元光及陈许兵马使韩全义将步骑万二千人会邠宁军，趣盐州，又命马燧以河东军击吐蕃。燧至石州，河曲六胡州皆降，迁于云、朔之间。

工部侍郎张彧，李晟之婿也。晟在凤翔，以女嫁幕客崔枢，礼重枢过于彧；彧怒，遂附于张延赏；给事中郑云逵尝为晟行军司马，失晟意，亦附延赏；上亦忌晟功名。会吐蕃有离间之言，延赏等腾谤于朝，无所不至。晟闻之，昼夜泣，目为之肿，悉遣子弟诣长安，表请削发为僧，上慰谕，不许。辛未，入朝，见上，自陈足疾，恳辞方镇，上不许。韩滉素与晟善，上命滉与刘玄佐谕旨于晟，使与延赏释怨。晟奉诏，滉等引延赏诣晟第谢，结为兄弟，因宴饮尽欢；又宴于滉、玄佐之第，亦如

朝见皇上，但是物力还不具备啊！”韩滉说：“我的物力还能够你置办进京朝见的物品，贤弟应该早点进京朝见皇上才是。伯母年事已高，决不能让她带着自家的各位女眷，被迫进入后宫去做各种贱役啊！”刘玄佐的母亲听了这话，情不自禁地哭得很悲伤。韩滉于是赠送给刘玄佐二十万缗钱，让他置办进京朝见的行装。韩滉在大梁逗留了三天，拿出大量的钱帛奖赏、慰劳刘玄佐的将士，全军将士都被韩滉的行为感动了。刘玄佐既吃惊，又佩服，随即暗中派人去探听韩滉的情况，听到韩滉询问孔目官说：“今天花了多少钱？”对钱的用途和每个事项用钱多少都问得很详细。刘玄佐听到后笑着说：“我明白他的用意了！”十一月十六日壬寅，刘玄佐与陈许节度使曲环都进京朝见德宗。

崔造改革征收各地钱财、粮食的办法，所做的事情大多没有成功。盐铁、转运等使的职责，已经实行了很长时间，朝野内外都很习惯这种方式。负责盐铁事务的元琇被撤职以后，崔造又忧愁、又害怕，因此而生了病，不再入阁办事，不久，江东、淮南一带运送了很多粮食到关中，德宗对韩滉十分嘉许。十二月初二日丁巳，德宗任命韩滉兼任度支、诸道的盐铁、转运等使。宰相崔造以前上奏实行的措施一条条都被更改过来。

吐蕃军队又侵犯夏州，也让夏州刺史托跋乾晖带领夏州的军民撤离，吐蕃占领了夏州城。吐蕃军队又侵犯银州，银州向来没有城区，官吏、百姓都逃散了。吐蕃也放弃了银州，但又攻下了麟州。

韩滉屡次在德宗面前指责元琇的过失；十二月初五日庚申，德宗罢免崔造的宰相职务，降职为右庶子，将元琇贬职到遥远的雷州担任司户。德宗又任命吏部侍郎班宏为户部侍郎、度支副使。

韩游瓌上奏朝廷，请求增派兵力去进攻盐州城，如果吐蕃的军队来援救，那么就让河东马燧的军队从背后袭击。十二月十一日丙寅，德宗下诏命令骆元光和陈许兵马使韩全义率领步骑兵一万二千人前去与邠宁军的军队会合，一起逼向盐州，德宗又下令马燧带领河东的军队攻击吐蕃。马燧率军到达石州，黄河河曲的六胡州全部向他投降，马燧于是将他们迁移到云州、朔州。

工部侍郎张彧是李晟的女婿。李晟在凤翔镇守的时候，把另一个女儿嫁给了自己的幕客崔枢，对崔枢的礼遇和器重超过了张彧；张彧对此极为恼火，于是就投靠了左仆射张延赏；给事中郑云逵曾担任过李晟军中的行军司马，李晟不太赏识郑云逵，郑云逵这时也投靠了张延赏；德宗对李晟的功勋和威望有所顾忌。正好吐蕃使离间计陷害李晟，一时间，张延赏等人在朝廷中多方毁谤李晟，对李晟的攻击无所不至。李晟听说了这事后，整天整夜地痛哭，眼睛哭得红肿，将所有的子弟都送到长安城内以表达对皇上的忠诚，并且上奏德宗，请求削发为僧，德宗派人安慰李晟，

之。滉因使晟表荐延赏为相。

（以上为第六段，写李晟功高受猜疑，吐蕃犯边，韩滉入朝恢复理财旧制，崔造所为，尽行罢之。）

三年（丁卯，787 年）

春，正月，壬寅，以左仆射张延赏同平章事。李晟为其子请婚于延赏；延赏不许；晟谓人曰："武夫性快，释怨于杯酒间，则不复贮胸中矣。非如文士难犯，外虽和解，内蓄憾如故，吾得无惧哉！"

初，李希烈据淮西，选骑兵尤精者为左右门枪、奉国四将，步兵尤精者为左、右克平十将。淮西少马，精兵皆乘骡，谓之骡军。

陈仙奇举淮西降，才数月，诏发其兵于京西防秋。仙奇遣都知兵马使苏浦悉将淮西精兵五千人以行。会仙奇为吴少诚所杀，少诚密遣人召门枪兵马使吴法超等使引兵归；浦不之知。法超等引步骑四千自鄜州叛归，浑瑊使其将白娑勒追之，反为所败。

丙午，上急遣中使敕陕虢观察使李泌发兵防遏，勿令济河。泌遣押牙唐英岸将兵趣灵宝，淮西兵已陈于河南矣。泌乃命灵宝给其食，淮西兵亦不敢剽掠。明日，宿陕西七里。泌不给其食，遣将将选士四百人分为二队，伏于太原仓之隘道，令之曰："贼十队过，东伏则大呼击之，西伏亦大呼应之，勿遮道，勿留行，常让以半道，随而击之。"又遣虞候集近村少年各持弓、刀、瓦石蹑贼后，闻呼亦应而追之。又遣唐英岸将千五百人夜出南门，陈于涧北。明日四鼓，淮西兵起行入隘，两伏发，贼众惊乱，且战且走，死者四之一；进遇唐英岸，邀而击之，贼众大败，擒其骡军兵马使张崇献。泌以贼必分兵自山路南遁，又遣都将燕子楚将兵四百自炭窦谷趣长水。贼二日不食，屡战皆败，英岸追至永宁东，贼皆溃入山谷。吴法超果帅其众太半趣长水，燕子楚击之，斩法超，杀其

不批准李晟的请求。十二月十六日辛未，李晟进京入朝，晋见德宗，述说自己的腿脚得了很重的病，恳请辞去节度使职务，德宗还是不答应。韩滉一向和李晟关系很好，德宗于是命令韩滉和刘玄佐一起去李晟那里传达德宗的旨意，让李晟和张延赏消除怨恨和误会。李晟接受了诏旨，韩滉等人就带着张延赏到李晟的家中道歉，二人结为兄弟，李晟设宴招待众人，大家同饮尽兴而归。又在韩滉、刘玄佐家设宴款待李晟、张延赏二人，大家也像在李晟家中一样同饮尽欢而散。韩滉乘机请求李晟上表朝廷，推荐张延赏担任宰相一职。

唐德宗贞元三年（丁卯，787 年）

春季，正月十七日壬寅，德宗任命左仆射张延赏为同平章事。李晟请求张延赏把女儿嫁给自己的儿子为妻，张延赏没有答应。李晟对人说："我们武夫性情直爽，在杯酒之间就消除了怨恨和误会，那就不再把这些怨嫌放在心上了；不像文人那样不能冒犯，他们表面上虽然说彼此和解了，但心中的怨恨依然如故，我能不心怀畏惧吗？"

当初，李希烈占据淮西，从骑兵中挑选最精锐的人组建左、右门枪和奉国四将等军队，从步兵中挑选最精锐的人组建左、右克平十将等军队。淮西一带缺少马匹，这些精兵都骑骡子，人们因此称他们为"骡军"。

陈仙奇带着淮西投降了朝廷，才过了几个月，德宗就下诏令征调淮西的军队去京城西边驻守防秋。陈仙奇派都知兵马使苏浦带着淮西的所有精锐部队五千人去京城以西。适逢陈仙奇被吴少诚杀死，吴少诚秘密派人征召门枪兵马使吴法超等人带领防秋兵回淮西；苏浦对此事一无所知。吴法超等人率领步骑兵四千人在鄜州反叛朝廷，返回淮西，浑瑊派他的部将白婆勒率部追击，反而被吴法超等人打败。

正月二十一日丙午，德宗紧急派遣宦官使者，敕令陕虢观察使李泌派兵防御、阻截吴法超等人的叛军，不要让他们渡过黄河。李泌立即派遣押牙官唐英岸率兵赶往灵宝县，这时淮西的叛军已经渡过黄河，在黄河南岸列成阵势了。李泌于是命令灵宝县给他们提供粮食，淮西的叛军也不敢出去抢劫财物。第二天，叛军在离陕州城西七里的地方宿营。李泌不给他们提供粮食，并且派遣部将率领从军中精选出来的四百人，分成二队，埋伏在太原仓狭窄的险路上，并下达命令说："等淮西的叛军经过十队以后，埋伏在路东边的人就大声呼叫着发起进攻，埋伏在路西边的人也大声呼喊以相接应，不要阻拦通道，不要让他们停止不前，要经常让出半边道路，尾随追击。"又派虞候官召集附近村庄中的青少年人，各自带着弓箭、大刀和瓦块、石头等跟在叛军们的后边，听到官军呼叫也响应追击叛军。李泌又派遣唐英岸率领一千五百人在晚上从陕州城南门出去，在涧水的北面布列阵势。第二天早上四更天

士卒三分之二。上以陕兵少，发神策军步骑五千往助泌，至赤水，闻贼已破而还。上命刘玄佐乘驿归汴，以诏书缘道诱之，得百三十余人，至汴州，尽杀之。其溃兵在道，复为村民所杀，得至蔡者才四十七人。吴少诚以其少，悉斩之以闻；且遣使以币谢李泌，为其诛叛卒也。泌执张崇献等六十余人送京师，诏悉腰斩于鄜州军门，以令防秋之众。

（以上为第七段，写陕虢观察使李泌八面埋伏，奇计灭叛兵。）

初，云南王阁罗凤陷巂州，获西泸令郑回。回，相州人，通经术，阁罗凤爱重之。其子凤迦异及孙异牟寻、曾孙寻梦凑皆师事之，每授学，回得挞之。及异牟寻为王，以回为清平官。清平官者，蛮相也，凡有六人，而国事专决于回。五人者事回甚卑谨，有过，则回挞之。

云南有众数十万，吐蕃每入寇，常以云南为前锋，赋敛重数，又夺其险要立城堡，岁征兵助防，云南苦之。回因说异牟寻复自归于唐曰：“中国尚礼义，有惠泽，无赋役。”异牟寻以为然，而无路自致，凡十余年。及西川节度使韦皋至镇，招抚境上群蛮，异牟寻潜遣人因群蛮求内附。皋奏：“今吐蕃弃好，暴乱盐、夏，宜因云南及八国生羌有归化之心招纳之，以离吐蕃之党，分其势。”上命皋先作边将书以谕之，微观其趣。

张延赏与齐映有隙，映在诸相中颇称敢言，上浸不悦；延赏言映非

的时候，淮西的叛军们起来向狭窄的小路进发，两边埋伏的官军发起攻击，叛军惊慌失措，乱作一团，他们边战边逃，被打死的人占总数的四分之一。叛军们向前逃跑，遭遇唐英岸的拦截阻击，淮西的叛军被打得大败而逃，唐英岸活捉了骡军兵马使张崇献。李泌认为叛军一定会兵分两路，从山路上向南方逃跑，于是又派遣都将燕子楚率兵四百人从炭窦谷直奔长水县而去。叛军们两天没有吃饭，屡战屡败，唐英岸率兵追赶到永宁县东边，叛军都溃散逃入山谷之中。吴法超果然如李泌所估计的，带领手下的绝大部分人马奔向长水县，燕子楚率军攻击，杀了吴法超，将吴法超所带的人马杀了三分之二。德宗觉得陕州的兵力太少，派遣神策军步骑兵五千人前去援助李泌，他们到了赤水镇，听说叛贼已经被打败，就回京城去了。德宗命令刘玄佐乘驿马紧急赶回汴州，让刘玄佐沿途用诏书劝诱淮西军，共一百三十多人，刘玄佐到了汴州，把这一百三十多人全杀了。那些溃散在路上的淮西叛兵，又被村民们杀掉了，能够脱险回到蔡州的才四十七人。吴少诚因为回来的人太少，便将他们全杀了，上报朝廷。而且又派遣使者带着礼物前去陕州答谢李泌，说是为自己诛杀了叛乱的将士。李泌将张崇献等六十多人押解到京城，德宗下令将他们全部在鄜州军门前腰斩，借此警戒防秋的将士。

当初，云南王阁罗凤攻陷了巂州，将西泸县令郑回抓走了。郑回是相州人，通晓经学之术，阁罗凤对他很爱护和尊重。阁罗凤的儿子凤迦异以及孙子异牟寻、曾孙寻梦凑都以对待老师的礼仪事奉郑回，每当郑回讲课授学的时候，都能够用鞭子抽打他们。到异牟寻做云南王的时候，任命郑回担任清平官。所谓清平官，就是南诏的宰相，担任这一职务共有六人，而国家大事却全部都由郑回决定。其他五个清平官都毕恭毕敬地小心事奉郑回，如果他们犯了过失，那么郑回就用鞭子抽打他们。

云南有数十万人口，吐蕃的军队每次向唐朝内地侵犯，常常派云南人打前锋，对他们征收的赋税十分繁重，又夺占了云南的险要之地，建立城堡，每年都要征调云南的兵员协助他们防守，云南人吃尽了苦头。郑回于是就劝说异牟寻重新归顺唐朝，说："大唐王朝崇尚礼义，对我们只会施加恩泽，不会征发赋税徭役。"异牟寻认为郑回说的有道理，但是由于道路不通，无法主动向唐朝表达自己的诚意，这种情况一直持续了十几年。等到西川节度使韦皋到任之后，大力招抚西川境内各个蛮族的人，异牟寻暗中派人随着蛮族人一起请求归附朝廷。韦皋上奏说："吐蕃现在背弃友好关系，残暴地侵扰盐州、夏州，应该乘云南和八国生羌有归顺朝廷意愿的时候，招抚、接纳他们，这样可以分化吐蕃的联盟，削弱吐蕃的势力。"德宗命令韦皋先以边境将领的名义发布文书晓谕他们，暗中观察他们的动静。

张延赏与齐映有矛盾，齐映在各位宰相之中是个很敢于直言的人，德宗渐渐地

宰相器。壬子，映贬夔州刺史。刘滋罢为左散骑常侍，以兵部侍郎柳浑同平章事。

韩滉性苛暴，方为上所任，言无不从；他相充位而已，百吏救过不赡。浑虽为滉所引荐，正色让之曰："先相公以褊察为相，不满岁而罢，今公又甚焉。奈何榜吏于省中，至有死者！且作福作威，岂人臣所宜！"滉愧，为之少霁威严。

二月，壬戌，以检校左庶子崔澣充入吐蕃使。

戊寅，镇海节度使、同平章事、充江、淮转运使韩滉薨。滉久在二浙，所辟僚佐，各随其长，无不得人。尝有故人子谒之，考其能，一无所长，滉与之宴，竟席，未尝左右视及与并坐交言。后数日，署为随军，使监库门。其人终日危坐，吏卒无敢妄出入者。

分浙江东、西道为三：浙西，治润州；浙东，治越州；宣、歙、池，治宣州；各置观察使以领之。

上以果州刺史白志贞为浙西观察使，柳浑曰："志贞，憸人，不可复用。"会浑疾，不视事；辛巳，诏下，用之。浑疾间，遂乞骸骨；不许。

甲申，葬昭德皇后于靖陵。

（以上为第八段，写张延赏为相受宠，排斥异己，为误导德宗结和吐蕃受欺张本。韩滉知人，理财有方，入朝拜相不久去世，朝廷一大损失。）

三月，丁酉，以左庶子李铦充入吐蕃使。

初，吐蕃尚结赞得盐、夏州，各留千余人戍之，退屯鸣沙；自冬入春，羊马多死，粮运不继，又闻李晟克摧砂，马燧、浑瑊等各举兵临之，大惧，屡遣使求和，上未之许。乃遣使卑辞厚礼求和于马燧，且请修清水之盟而归侵地，使者相继于路。燧信其言，留屯石州，不复济河，为之请于朝。

不喜欢齐映；张延赏也在德宗面前说齐映没有做宰相的才识。正月二十七日壬子，齐映被降职为夔州刺史。刘滋也罢去宰相职务，降为左散骑常侍，德宗委任兵部侍郎柳浑担任同平章事。

韩滉性情苛刻粗暴，正受到德宗的重用，德宗对他言听计从；其他宰相不过充数罢了，而朝廷中的文武百官也总有弥补不完的过失。宰相柳浑虽然是韩滉向德宗推荐的，但还是严肃地责备韩滉说："您父亲韩休担任宰相，因为气量太小，苛究小事，结果担任宰相不满一年就被罢免了，现在您又比您父亲更为厉害了。您怎么能在听政的地方拷打官吏，以至于打死人呢？而且妄自尊大，滥用职权，这哪里是做臣子的人该干的呢？"韩滉听了以后很惭愧，因此稍稍收敛了一些。

二月初七日壬戌，德宗委派检校左庶子崔澣充当去吐蕃的使者。

二月二十三日戊寅，镇海节度使、同平章事、充任江淮转运使职务的韩滉逝世。韩滉长期镇守两浙地区，所选任的各级官吏和幕僚，都能根据每个人的长处任用合适的官事，没有发生过用人不当的事情。曾经有位老朋友的儿子来拜见，韩滉考察其能力，没有发现任何长处，韩滉带这人一同赴宴，直到宴席结束了，这人都不曾看一次左右两边的人，也不与同席的人说一句话。过了几天后，韩滉任命这人担任随军一职，让这人看管库房的大门。这个人整天在库房门前端正地坐着，守库房的小官和士兵们没有一个人敢随便出入的。

朝廷将浙东西道分为三部分：浙西的治所在润州；浙东的治所在越州；宣州、歙州、池州地区的治所在宣州，在这三个地区各设置观察使来分别统领。

德宗任命果州刺史白志贞为浙西观察使，柳浑说："白志贞是一个奸佞的小人，不能再重用。"正好柳浑生了病，不能处理政事；二月二十六日辛巳，诏书颁布下来，还是任用了白志贞。柳浑的病情好转之后，向德宗请求辞职退休，德宗没有答应。

二月二十九日甲申，在靖陵安葬了昭德皇后。

三月十三日丁酉，德宗委派左庶子李铦充当吐蕃的使者。

当初，吐蕃的国相尚结赞攻占了盐州和夏州，在这两个地方各留下一千多人驻守，自己则率军退到鸣沙县驻扎；从冬天转入春天后，羊和马大多死了，粮食运输供应不上，又听说李晟的人马攻下了摧砂堡，而马燧、浑瑊等人率军要来攻鸣沙，尚结赞非常害怕，多次派遣使者向唐朝求和，德宗都没有答应。尚结赞于是派遣使者带着厚重的礼物，低声下气地向马燧求和，而且请求重新遵守建中四年修订的盟

李晟曰："戎狄无信，不如击之。"韩游瓌曰："吐蕃弱则求盟，强则入寇，今深入塞内而求盟，此必诈也！"韩滉曰："今两河无虞，若城原、鄯、洮、渭四州，使李晟、刘玄佐之徒将十万众戍之，河、湟二十余州可复也。其资粮之费，臣请主办。"上由是不听燧计，趣使进兵。燧请与吐蕃使论颊热俱入朝论之，会滉薨，燧、延赏皆与晟有隙，欲反其谋，争言和亲便。上亦恨回纥，欲与吐蕃和，共击之，得二人言，正会己意，计遂定。

延赏数言"晟不宜久典兵，请以郑云逵代之。"上曰："当令自择代者。"乃谓晟曰："朕以百姓之故，与吐蕃和亲决矣。大臣既与吐蕃有怨，不可复之凤翔，宜留朝廷，朝夕辅朕；自择一人可代凤翔者。"晟荐都虞候邢君牙。君牙，乐寿人也。丙午，以君牙为凤翔尹兼团练使。丁未，加晟太尉、中书令，勋、封如故；余悉罢之。

晟在凤翔，尝谓僚佐曰："魏徵好直谏，余窃慕之。"行军司马李叔度曰："此乃儒者所为，非勋德所宜。"晟敛容曰："司马失言。晟任兼将相，知朝廷得失不言，何以为臣！"叔度惭而退。及在朝廷，上有所顾问，极言无隐；性沈密，未尝泄于人。

辛亥，马燧入朝。燧既来，诸军皆闭壁不战，尚结赞遽自鸣沙引归，其众乏马，多徒行者。

（以上为第九段，写德宗因猜疑而又偏狭，急欲结盟吐蕃以抗回纥，中吐蕃离间计罢李晟兵权。张延赏挟私愤排斥李晟，实为误国之罪臣。）

约，向唐朝归还他们曾经侵占的土地，派到马燧这里的使者一个接一个。马燧轻信了尚结赞的话，率军在石州驻扎下来，不再渡过黄河，并且为吐蕃向朝廷求情。

李晟说："吐蕃人从来不讲信用，不如向他们发起进攻。"韩游瓌说："吐蕃人势力比我们弱小的时候，就请求结盟，他们势力比我们强的时候，就来侵犯我们，现在他们大军深入我们的境内而请求与我们结盟，这中间一定有什么诡计！"韩滉说："现在两河一带没什么后顾之忧，如果在原州、鄯州、洮州、渭州四个地区修筑城池，让李晟、刘玄佐等人率领十万大军去驻守，就能够从吐蕃手中收复河、湟等二十几州的地方。他们所需的物资、粮草等方面的费用，请让我来主办。"德宗于是就不采纳马燧的建议，还派使者督促他进军鸣沙。马燧请求与吐蕃派来的使者论颊热一起进京入朝讨论结盟的事情，正碰上韩滉去世了，而马燧、张延赏都与李晟有很深的矛盾，准备推翻李晟等人的谋略，在德宗面前争着说与吐蕃和好的便利。德宗也因以前在陕州的事，一直痛恨回纥人，打算与吐蕃人和好，一起进攻回纥人，听了马燧、张延赏两个人的意见，正符合自己的想法，于是决定了与吐蕃议和。

张延赏多次在德宗面前说："李晟不适合长期执掌军事大权，请让郑云逵来代替李晟。"德宗说："应该让李晟自己选择代替自己的人。"于是就对李晟说："为了百姓安居乐业的缘故，我已经决定与吐蕃人和好结盟了。你既然与吐蕃人有怨仇，那么就不能再去凤翔带兵镇守，应该留在朝廷内，时刻辅佐我；你就自己选择一个人代替代镇守凤翔吧。"李晟推荐了都虞候邢君牙。邢君牙是乐寿县人。二月二十二日丙午，德宗任命邢君牙为凤翔府尹，兼任凤翔团练使。二月二十三日丁未，德宗加封李晟为太尉、中书令，以前所给上柱国的勋位和所封的西平王一切照旧，其他职务全都罢免了。

李晟在凤翔的时候，曾经对属吏、僚佐们说："魏徵喜欢直言谏诤，我私下很是仰慕。"行军司马李叔度说："直言劝谏皇帝是文人做的事，不是像您这种有功勋、有威望的人应该做的。"李晟面色严肃地对李叔度说："李司马这话说错了。我的职位兼任了将军和宰相，如果知道朝廷事务什么地方做得对，什么地方做得不对，而不肯说出来，那算是一个什么大臣呢？"李叔度听了很惭愧地退下去了。等到李晟在朝廷任职的时候，凡是德宗询问问题，都要坦率地直说，决不隐瞒什么；李晟生性沉着缜密，从来没有向别人泄露过什么秘密。

二月二十七日辛亥，马燧进京入朝。马燧进入朝廷以后，各支军队都关闭营垒，不再出去作战，尚结赞于是急忙从鸣沙率军撤退回去了，尚结赞的部队缺少马匹，很多人都徒步行走。

崔澣见尚结赞，责以负约。尚结赞曰："吐蕃破朱泚，未获赏，是以来，而诸州各城守，无由自达。盐、夏守将以城授我而遁，非我取之也。今明公来，欲践修旧好，固吐蕃之愿也。今吐蕃将相以下来者二十一人，浑侍中尝与之共事，知其忠信。灵州节度使杜希全、泾原节度使李观皆信厚闻于异域，请使之主盟。"

夏，四月，丙寅，澣至长安。辛未，以澣为鸿胪卿，复使入吐蕃语尚结赞曰："希全守灵，不可出境，李观已改官，今遣浑瑊盟于清水。"且令先归盐、夏二州。五月，甲申，浑瑊自咸阳入朝；以为清水会盟使。戊子，以兵部尚书崔汉衡为副使，司封员外郎郑叔矩为判官，特进宋奉朝为都监。己丑，瑊将二万余人赴盟所。

乙巳，尚结赞遣其属论泣赞来言："清水非吉地，请盟于原州之土梨树；既盟而归盐、夏二州。"上皆许之。神策将马有麟奏："土梨树多阻险，恐吐蕃设伏兵，不如平凉川坦夷。"时论泣赞已还，丁未，遣使追告之。

申蔡留后吴少诚，缮兵完城，欲拒朝命，判官郑常、大将杨冀谋逐之，诈为手诏赐诸将申州刺史张伯元等；事泄，少诚杀常、冀、伯元。大将宋旻、曹济奔长安。

闰月，己未，韦皋复与东蛮和义王苴那时书，使诇伺导达云南。

庚申，大省州、县官员，收其禄以给战士，张延赏之谋也。时新除官千五百人，而当减者千余人，怨嗟盈路。

初，韩滉荐刘玄佐可使将兵复河、湟，上以问玄佐，玄佐亦赞成之。滉薨，玄佐奏言："吐蕃方强，未可与争。"上遣中使劳问玄佐，玄佐卧而受命。张延赏知玄佐不可用，奏以河、湟事委李抱真；抱真亦固辞。皆由延赏罢李晟兵柄，故武臣皆愤怒解体，不肯为用故也。

崔澣见了尚结赞，指责尚结赞背弃了友好盟约。尚结赞说："我们吐蕃的军队打败了朱泚，没有得到朝廷的赏赐，所以就来了，而你们各个州都据城守卫，我们的要求无法传达到朝廷。盐州、夏州两地驻守的将领把城池给我们后逃走了，并不是我们攻占的。现在您来了，打算履行以前订立的盟约，恢复原来的友好关系，这本来就是我们吐蕃人的愿望啊。现在我们吐蕃到这里来的有将相二十一人，你们的浑侍中与他们都曾经一起打过朱泚，知道他们都是忠诚、有信义的人。你们的灵州节度使杜希全、泾原节度使李观讲信义，为人厚道，他们在我们那里都很有声望，请让他们来主持我们双方的结盟事宜吧。"

夏季，四月十二日丙寅，崔澣回到了长安城。四月十七日辛未，德宗任命崔澣为鸿胪卿，让崔澣再次出使吐蕃，对尚结赞说："杜希全要防守灵州一带，不能够离开本州的疆境，李观已经改任别的官职，现在派浑瑊到清水与你们结盟。"而且要让吐蕃先归还盐州和夏州。五月初一日甲申，浑瑊从咸阳进京入朝，德宗任命他为清水会盟使。五月初五日戊子，德宗任命兵部尚书崔汉衡为清水会盟副使，任命司封中外郎郑叔矩为清水会盟判官，任命特进官宋奉朝为清水会盟都监。五月初六日己丑，浑瑊率领二万多人前去会盟地点。

五月二十二日乙巳，尚结赞派遣下属论泣赞来朝廷说："清水不是一个吉祥的地方，请求在原州土梨树这个地方订立盟约，盟约订立后，就归还盐州和夏州。"这些条件，德宗都答应了。神策军的将领马有麟上奏德宗说："土梨树这个地方的地势复杂、险要，恐怕吐蕃人会在这里埋伏军队，不如将会盟地点改在平凉州，那里地势很平坦。"当时，论泣赞已经回去了，五月二十四日丁未，德宗派遣使者追赶上了论泣赞，告诉了变化情况。

申蔡留后吴少诚整修兵器，加固城防，准备抗拒朝廷的命令。判官郑常、大将杨冀暗中策划驱逐吴少诚，假造皇帝的亲笔诏书，赐给申州刺史张伯元等各位将领。事情泄露以后，吴少诚杀了郑常、杨冀和张伯元。大将宋旻、曹济逃到了长安城。

闰五月初七日己未，西川节度使韦皋又写信给东蛮和义王苴那时，让苴那时派密探带送信人到云南去。

闰五月初八日庚申，朝廷大规模裁减州、县的官吏，将这些官吏的薪俸收回来以供应军中的将士，这种做法是宰相张延赏出的主意。当时，新任命的官员有一千五百多人，而应当裁减有一千多人，所以人们怨声载道。

当初，韩滉推荐刘玄佐，认为让他带兵可以收复河、湟等二十几州失地，德宗就此事征询刘玄佐的意见，刘玄佐也表示赞成。韩滉去世以后，刘玄佐向德宗上奏说："吐蕃正是力量强大的时候，不能与他们争斗。"德宗派遣宦官使者去慰问刘玄佐，刘玄佐装病在床，接受了圣旨。张延赏知道刘玄佐难以听命于他，就上奏德宗

上以襄、邓扼淮西冲要，癸亥，以荆南节度使曹王皋为山南东道节度使，以襄、邓、复、郢、安、随、唐七州隶之。

浑瑊之发长安也，李晟深戒之以盟所为备不可不严。张延赏言于上曰：“晟不欲盟好之成，故戒瑊以严备。我有疑彼之形，则彼亦疑我矣，盟何由成！”上乃召瑊，切戒以推诚待虏，勿自为猜贰以阻虏情。

瑊奏吐蕃决以辛未盟，延赏集百官，以瑊表称诏示之曰：“李太尉谓吐蕃和好必不成，此浑侍中表也，盟日定矣。”晟闻之，泣谓所亲曰：“吾生长西陲，备谙虏情，所以论奏，但耻朝廷为犬戎所侮耳！”

上始命骆元光屯潘原，韩游瓌屯洛口，以为瑊援。元光谓瑊曰：“潘原距盟所且七十里，公有急，元光何从知之！请与公俱。”瑊以诏指固止之。元光不从，与瑊连营相次，距盟所三十余里。元光壕栅深固，瑊壕栅皆可逾也。元光伏兵于营西，韩游瓌亦遣五百骑伏于其侧，曰：“若有变，则汝曹西趣柏泉以分其势。”

尚结赞与瑊约，各以甲士三千人列于坛之东西，常服者四百人从至坛下。辛未，将盟，尚结赞又请各遣游骑数十更相觇索，瑊皆许之。吐蕃伏精骑数万于坛西，游骑贯穿唐军，出入无禁；唐骑入虏军，悉为所擒，瑊等皆不知，入幕，易礼服。虏伐鼓三声，大噪而至，杀宋奉朝等于幕中。瑊自幕后出，偶得他马乘之，伏鬣入其衔，驰十余里，衔方及马口，故矢过其背而不伤。唐将卒皆东走，虏纵兵追击，或杀或擒之，死者数百人，擒者千余人，崔汉衡为虏骑所擒。浑瑊至其营，则将卒皆

把收复河、湟二十几州失地的重任交给李抱真，李抱真也坚决推辞不干。这都是因为张延赏罢免了李晟的兵权，武将们对此都十分愤怒，心灰意冷，而不肯为张延赏效劳的缘故。

德宗认为襄州、邓州处在淮西地区通往外界的交通要道上，闰五月十一日癸亥，德宗任命荆南节度使曹王李皋为山南东道节度使，把襄、邓、复、郢、安、随、唐七州划归李皋管辖。

浑瑊从长安出发去会盟地点前，李晟十分郑重地告诫浑瑊，对会盟地点的防备措施不可不严密。张延赏把这一事告诉德宗说："李晟不希望朝廷与吐蕃结成盟约关系，所以告诫浑瑊对吐蕃采取严密防备措施。如果我们有了怀疑吐蕃的表现，那么吐蕃人也会怀疑我们是否有诚意了，这样一来，还怎么能订立盟约呢？"德宗于是召见浑瑊，反复告诫浑瑊，必须对吐蕃有诚意，不要因为自己对吐蕃的怀疑而破坏同吐蕃谈和的气氛。

浑瑊上奏朝廷说，吐蕃人决定在闰五月十九日辛未这天订立盟约，宰相张延赏召集朝廷文武百官，把浑瑊上奏的表章拿给大家看，说："李太尉说吐蕃与我们和好的盟约一定订不成功，可这是浑侍中上奏的表章，会盟的日期都定下来了。"李晟听说了这事后，哭着对他亲信的人说："我生长在西部边疆地区，对吐蕃人的情况非常熟悉，我之所以要上奏反对与吐蕃人订立盟约，只是不愿看到朝廷遭受吐蕃的侮辱罢了！"

德宗当初命令骆元光率军驻守潘原县，命令韩游瓌率军驻守洛口，让他们作浑瑊的援助力量。骆元光对浑瑊说："潘原县距离会盟的地点将近七十里地，倘若您那边发生了什么紧急事情，我从哪里得到您的消息呢？我请求率兵与您一起去。"浑瑊用德宗诏令坚决阻止骆元光。但骆元光不听浑瑊的劝阻，带着军队与浑瑊的随行人马的营地紧挨着驻扎下来，这里离会盟的地点还有三十多里路远。骆元光军营的壕沟很深，栅栏很牢固，但浑瑊军营的壕沟很浅，容易跨过去。骆元光在军营的西边埋下伏兵，韩游瓌也派了五百名骑兵埋伏在这附近，韩游瓌命令这些伏兵说："如果发生了变故，那么你们要向西直奔柏泉一带，以便分散吐蕃人的势力。"

尚结赞与浑瑊约定，双方各派身穿铠甲的士兵三千人，排列在会盟坛的东西两边，再派穿着普通服装的士兵四百人跟随主盟官员来到会盟坛下面。闰五月十九日辛未，即将要订立盟约时，尚结赞又请求双方各派几十个流动巡逻的骑兵，到对方去检查事情的进展，浑瑊对这些条件都答应了。吐蕃人在会盟坛的西边埋伏了几万精锐的骑兵，他们派出的流动巡逻骑兵在唐朝军队中穿来穿去，进进出出，毫无限制。而唐朝派出的巡逻骑兵进入吐蕃的军营以后，全部被他们抓起来了，浑瑊等人对这一情况毫不清楚，他们进到设在会盟坛附近的帐幕之中，去换礼服。这时吐蕃

遁去，营空矣。骆元光发伏成陈以待之，虏追骑愕眙。瑊入元光营，追骑顾见邠宁军西驰，乃还。元光以辎重资瑊，与瑊收散卒，勒兵整陈而还。

（以上为第十段，写吐蕃背信结盟，给德宗的刚愎自用一记当头棒喝，大唐不堪其侮。）

是日上临朝，谓诸相曰："今日和戎息兵，社稷之福！"马燧曰："然。"柳浑曰："戎狄，豺狼也，非盟誓可结。今日之事。臣窃忧之！"李晟曰："诚如浑言。"上变色曰："柳浑书生，不知边计；大臣亦为此言邪！"皆伏地顿首谢，因罢朝。是夕，韩游瓌表言"虏劫盟者，兵临近镇。"上大惊，街递其表以示浑。明旦，谓浑曰："卿书生，乃能料敌如此其审乎！"上欲出幸以避吐蕃，大臣谏而止。

李晟大安园多竹，复有为飞语者，云"晟伏兵大安亭，谋因仓猝为变。"晟遂伐其竹。

癸酉，上遣中使王子恒赍诏遗尚结赞，至吐蕃境，不纳而还。浑瑊留屯奉天。

甲戌，尚结赞至故原州，引见崔汉衡等曰："吾饰金械，欲械瑊以献赞普。今失瑊，虚致公辈。"又谓马燧之侄弇曰："胡以马为命，吾在河曲，春草未生，马不能举足，当是时，侍中渡河掩之，吾全军覆没矣！所以求和，蒙侍中力。今全军得归，奈何拘其子孙！"命弇与宦官俱文珍、浑瑊将马宁俱归。分囚崔汉衡等于河、廓、鄯州。上闻尚结赞之言，由是恶马燧。

军队进攻的战鼓响了三声，吐蕃的骑兵呼叫着蜂拥而来，在唐朝的帐幕中杀了都监宋奉朝等人。浑瑊从帐幕的后边逃出来，偶然得到一匹别人的马骑了上去，他揪着马鬃，伏在马背后，往马口上戴嚼子，这样跑了十几里，嚼子才戴到马口上，箭从背后飞过，但没有伤着他的身体。唐朝将士都向东边逃跑了，吐蕃纵兵跟踪追击，唐朝将士杀的被杀，捉的被捉，死的人有好几百，被捉的有一千多人，兵部尚书崔汉衡被吐蕃的骑兵抓住了。浑瑊跑回他自己的军营，将士们都逃跑了，军营中已经空无一人。骆元光指挥埋伏的士兵排列成战阵以迎击吐蕃军，吐蕃骑兵看到这阵势感到十分惊愕。浑瑊进入骆元光的军营中，追赶他的吐蕃骑兵回头看到邠宁的军队向西边杀去，于是也收兵回去了。骆元光把自己的物资装备送给浑瑊，与浑瑊一起召集逃散的士兵，整顿阵容，统率军队回去了。

就在这一天，德宗上朝处理事务，对各位宰相说："今天要与吐蕃订立友好盟约，停止战争，这是国家社稷的大福啊！"马燧说："的确是这样的。"宰相柳浑说："吐蕃人像豺狼一样，不是订立盟约、对天发誓就可建立友好关系的。对今天的事情，我心里总在担心啊！"李晟说："这事情实在就像柳浑说的一样。"德宗一下子变了脸说："柳浑是一个书生，不知道边疆大计；你也一样说这种话！"柳浑、李晟等人都伏在地上，向德宗叩头谢罪，于是朝会不欢而散。这一天晚上，韩游瓌向德宗奏报"吐蕃劫持了会盟的官员，他们的兵马已经到了靠近都城的州镇"。德宗一下子惊慌失措，马上让衔头的吏役将韩游瓌的奏章送到柳浑家里去。第二天早上，德宗对柳浑说："你是一个书生，竟然能将敌人的情况预料得如此准确啊！"德宗打算离开京城，出走他地以躲避吐蕃军队，经过大臣们规劝才打消了这个念头。

李晟的大安园内长满了大片竹子，又有制造流言蜚语的人说："李晟在大安亭内埋伏了兵力，企图乘国家遇到突然变故时起来作乱。"李晟于是让人把竹子全砍伐了。

闰五月二十一日癸酉，德宗派遣宦官使者王子恒带着诏书去送给尚结赞，王子恒到了吐蕃境内，没有人接待，只得回来。浑瑊留在奉天驻扎下来。

闰五月二十二日甲戌，尚结赞来到已成废墟的原州城旧址，接见被俘的崔汉衡等人说："我准备了一个金枷锁，打算用它锁着浑瑊献给我们的赞普。现在没有抓到浑瑊，却白抓了你们这些人。"尚结赞又对马燧的侄儿马弇说："我们胡族人以马匹为自己的生命，我当时在河曲地区时，春天的草还没有生长出来，马饿得抬不起腿，如果在那个时候，马侍中渡过黄河来进攻的话，那我就会全军覆没了！我们之所以向唐朝求和成功，全靠马侍中在朝廷为我们出力说话。现在我能够全军人马都回来，怎么能够扣押马侍中的子孙们呢？"命令马弇与宦官俱文珍、浑瑊的部将马宁一起

六月，丙戌，以马燧为司徒兼侍中，罢其副元帅、节度使。

初，吐蕃尚结赞恶李晟、马燧、浑瑊，曰："去三人，则唐可图也。"于是离间李晟，因马燧以求和，欲执浑瑊以卖燧，使并获罪，因纵兵直犯长安，会失浑瑊而止。张延赏惭惧，谢病不视事。

以陕虢观察使李泌为中书侍郎、同平章事。

河东都虞候李自良从马燧入朝，上欲以为河东节度使，自良固辞曰："臣事燧日久，不欲代之为帅。"乃以为右龙武大将军。明日，自良入谢，上谓之曰："卿于马燧，存军中事分，诚为得礼。然北门之任，非卿不可。"卒以自良为河东节度使。

吐蕃之戍盐、夏者，馈运不继，人多病疫思归，尚结赞遣三千骑逆之，悉焚其庐舍，毁其城，驱其民而去。灵盐节度使杜希全遣兵分守之。

韦皋以云南颇知书，壬辰，自以书招谕之，令趣遣使入见。

（以上为第十一段，写德宗昏悖，吐蕃背盟，委过于马燧，马燧继李晟之后被解除兵权。）

李泌初视事，壬寅，与李晟、马燧、柳浑俱入见。上谓泌曰："卿昔在灵武，已应为此官，卿自退让。朕今用卿，欲与卿有约，卿慎勿报仇，有恩者朕当为卿报之。"对曰："臣素奉道，不与人为仇。李辅国、元载皆害臣者，今自毙矣。素所善及有恩者，率已显达，或多零落，臣无可报也。"上曰："虽然，有小恩者，亦当报之。"对曰："臣今日亦愿与陛下为约，可乎？"上曰："何不可！"泌曰："愿陛下勿害功臣。臣受陛下厚恩，固无形迹。李晟、马燧有大功于国，闻有谗之者，虽陛下必不听，然臣今日对二人言之，欲其不自疑耳。陛下万一害之，则宿卫之士，方镇之臣，无不愤惋而反仄，恐中外之变不日复生也！人臣苟蒙人主爱信则幸矣，官于何有！臣在灵武之日，未尝有官，而将相皆受臣指画；陛

回归朝廷。尚结赞将崔汉衡等人分别囚禁在河州、廓州和鄯州。德宗听到尚结赞说的话之后，开始厌恶马燧了。

六月初五日丙戌，德宗任命马燧为司徒兼侍中，罢免了马燧的副元帅和节度使。

当初，吐蕃国相尚结赞怀恨李晟、马燧、浑瑊，说："除掉了这三个人，那么就有希望攻下唐朝了。"于是设法离间朝廷和李晟的关系，利用马燧向唐朝求和，打算捉住浑瑊，借以出卖马燧，使他们都受到罪罚，再乘机大举发兵，直接进攻长安，这个如意打算由于浑瑊没被抓到而作罢。宰相张延赏又惭愧又害怕，声称自己生了病，不再处理朝廷政事。

德宗任命陕虢观察使李泌为中书侍郎、同平章事。

河东都虞候李自良跟随马燧入朝觐见德宗，德宗打算让李自良担任河东节度使，李自良坚决推辞，说："我事奉马燧的时间已经很长了，不想代替马燧担任河东的主帅。"德宗于是就任命李自良为右龙武大将军。第二天，李自良上朝向德宗谢恩，德宗对他说："你这样做对马燧来说，照顾到了军中上下级关系的体统，实在很符合礼仪。但是，镇守国家北门的重大任务，非由你来承担不可。"德宗终于任命李自良为河东节度使。

吐蕃驻守盐州、夏州的军队，因为粮食、装备不能按时接继，很多人生了病，都想回吐蕃去，尚结赞派了三千骑兵去接回他们，他们焚烧了这两地所有的房屋，毁坏了城墙，驱散了当地居民，然后才离去。灵盐节度使杜希全派遣兵力分别守卫这些地方。

韦皋认为云南人知书达理，六月十一日壬辰，韦皋亲自写了信去招抚晓谕他们，敦促他们赶快派遣使者入朝觐见皇帝。

李泌开始在政事堂处理朝廷内的大小事务，六月二十一日壬寅，与李晟、马燧、柳浑一起去见德宗。德宗对李泌说："卿从前在灵武的时候，早已应该担任宰相官位，但卿自己谦让，才没有担任宰相。朕现在委任你担任宰相一职，打算与卿有一个约定：卿千万谨慎小心，不要报什么私仇，对你有恩的人，朕自当为你报答。"李泌回答说："臣一向遵奉道家无为，不同别人结仇。前朝宰相李辅国、元载都是陷害臣的人，但他们现在都自取灭亡了。一向和臣关系很友善和对臣有恩德的人，都早已有高名显位了，其中很多人都已经去世，臣已经没有什么可以报答他们的了。"德宗说："虽然是这样的，但对卿小有恩德的人，也应当要报答他们。"李泌说："我今天也希望与陛下有个约定，不知道行不行？"德宗说："那有什么不行的！"李泌说："希望陛下不要加害有功劳的大臣。我蒙受陛下的深恩厚德，自然没有受到迫害

下以李怀光为太尉而怀光愈惧，遂至于叛。此皆陛下所亲见也。今晟、燧富贵已足，苟陛下坦然待之，使其自保无虞，国家有事则出从征伐；无事则入奉朝请，何乐如之！故臣愿陛下勿以二臣功大而忌之，二臣勿以位高而自疑，则天下永无事矣。”上曰：“朕始闻卿言，耸然不知所谓。及听卿剖析，乃知社稷之至计也！朕谨当书绅，二大臣亦当共保之。”晟、燧皆起，泣谢。

（以上为第十二段，写李泌入朝为相，力保李晟、马燧，为国家护长城。）

上因谓泌曰：“自今凡军旅粮储事，卿主之；吏、礼委延赏；刑法委浑。”泌曰：“不可。陛下不以臣不才，使待罪宰相。宰相之职，不可分也，非如给事则有吏过、兵过，舍人则有六押；至于宰相，天下之事咸共平章。若各有所主，是乃有司，非宰相也。”上笑曰：“朕适失辞，卿言是也。”泌请复所减州、县官。上曰：“置吏以为人也，今户口减于承平之时三分之二，而吏员更增，可乎？”对曰：“户口虽减，而事多于承平且十倍，吏得无增乎！且所减皆有职而冗官不减，此所以为未当也。至德以来置额外官，敌正官三分之一，若听使计日得资然后停，加两选授同类正员官，如此，则不惟不怨，兼使之喜矣。”又请诸王未出阁者不除府官，上皆从之。乙卯，诏先所减官，并复故。

和猜忌。李晟、马燧两位，是对国家立下了巨大功劳的人，听说有人在朝廷说他们的坏话，这些毁谤他们的话，尽管陛下一定不会相信，但我今天当着他们二人的面说这件事，是想让他们不要自己心存疑虑。陛下要是万一加害了他们，那么保卫朝廷的禁军士兵，镇守一方的节帅武臣，都会一一愤恨而反叛，恐怕过不了多久，朝野内外发生变乱的事情又要发生啊！做大臣的，如果能蒙受君王的爱护、信任，那就十分幸运了，还谈什么官职的大小呢？臣从前在灵武的时候，并没有担任什么官职，但是将领、宰相们都接受臣的意见和指点；陛下委任李怀光做太尉，但李怀光内心更加害怕，终于反叛朝廷。这都是陛下亲眼所见到的事情。现在李晟、马燧二人已经够富贵的了，如果陛下能够坦诚无忌地对待他们，让他们自己保持这种富贵地位，而没有什么疑虑，那么国家有战事的时候，他们就出朝为陛下去征讨敌人；国家平安无事的时候，他们就入朝事奉陛下，君臣之间，还有什么比这更快乐的事情呢？所以我希望陛下不要因为他们二位大臣功勋巨大而猜忌他们，他们二位大臣也不要因为官职很高而自生疑心，这样一来，天下就永远平安无事了。”德宗说：“朕开始听你的话，很是突然，不知道你在说什么。等听到你的分析剖解之后，才知道这是国家社稷的根本大计啊！朕自己会将这事写在绅带上牢牢记住，对李晟、马燧二位大臣，朕与卿应该共同来保护。”李晟、马燧都站起来，哭泣着向德宗谢恩。

德宗于是对李泌说：“从今以后，凡是有军队和粮食储运方面的事情，都由卿负责主持；吏部和礼部的事情交给张延赏主持；刑法方面的事情交给柳浑主持。”李泌说：“这样做不行。陛下不觉得我没什么才能，才让我担任宰相。宰相的职责，是不能分开的，不像给事中那种官职要具体主持吏部、兵部官员过失的纠正和辨别，也不像中书舍人这一官职下面分成六部签署画押。至于宰相一职，要负责对天下的事情共同商议处理。如果宰相各自主管一个方面，那就成了专管一事的职能部门，而不是宰相了。”德宗笑着说：“朕刚才的话说错了，卿说的是对的。”李泌请求德宗恢复被削减的州、县官吏。德宗说：“官吏设置，是为老百姓着想的，现在的户口同太平时期相比，减少了三分之二，而官员反有增加，这样做可行吗？”李泌回答说：“户口虽说是减少了许多，但事情同太平时期相比，多了将近十倍，在这种情况能不增加官吏吗？而且所削减的都是担任实际职务的人，那些领薪俸不干事的闲散官吏反而没有削减，这就是削减官吏之所以不妥当的原因啊。自从至德年间以来，设置的额外官职，相当于正式官职的三分之一，如果根据他们任职的日期核定资历，然后停罢他们现任的官职，让他们参加文官、武官的选拔，再授予和他们资历相符的正式官职。这样一来，他们不但不会怨恨朝廷，反而会十分高兴。”又请求让那些没有到封地的诸王不要任命本王府官员。德宗全都采纳了这些意见。六月乙卯（疑误）

初，张延赏在西川，与东川节度使李叔明有隙。上入骆谷，值霖雨，道涂险滑，卫士多亡归朱泚，叔明之子昇及郭子仪之子曙、令狐彰之子建等六人，恐有奸人危乘舆，相与啮臂为盟，著行幐、钉鞋，更鞚上马以至梁州，他人皆不得近。及还长安，上皆以为禁卫将军，宠遇甚厚。张延赏知昇私出入郜国大长公主第，密以白上。上谓李泌曰："郜国已老，昇年少，何为如是！殆必有故，卿宜察之。"泌曰："此必有欲动摇东宫者。谁为陛下言之？"上曰："卿勿问，第为朕察之。"泌曰："必延赏也。"上曰："何以知之？"泌具为上言二人之隙，且曰："昇承恩顾，典禁兵，延赏无以中伤，而郜国乃太子萧妃之母也，故欲以此陷之耳，"上笑曰："是也。"泌因请除昇他官，勿令宿卫以远嫌。秋，七月，以昇为詹事。郜国，肃宗之女也。

甲子，割振武之绥、银二州，以右羽林将军韩潭为夏、绥、银节度使，帅神策之士五千、朔方、河东之士三千镇夏州。

时关东防秋兵大集，国用不充，李泌奏："自变两税法以来，藩镇、州、县多违法聚敛。继以朱泚之乱，争榷率、征罚以为军资，点募自防；泚既平，自惧违法，匿不敢言。请遣使以诏旨赦其罪，但令革正，自非于法应留使、留州之外，悉输京师。其官典逋负，可征者征之，难征者释之，以示宽大；敢有隐没者，重设告赏之科而罪之。"上喜曰："卿策甚长，然立法太宽，恐所得无几！"对曰："兹事臣固熟思之，宽则获多而速，急则获少而迟。盖以宽则人喜于免罪而乐输，急则竞为蔽匿，非推鞫不能得其实，财不足济今日之急而皆入于奸吏矣。"上曰："善！"以度支员外郎元友直为河南、江、淮南句勘两税钱帛使。

这一天，德宗下诏命令对以前裁减的官员，一律恢复原职。

当初，张延赏在西川担任节度使时，与东川节度使李叔明有嫌隙。德宗从奉天出走山南进入骆谷的时候，正碰上连日大雨，沿途山路又滑又险，德宗的卫士们很多都逃跑，投奔了朱泚，李叔明的儿子李昇与郭子仪的儿子郭曙、令狐彰的儿子令狐建等六人，担心有奸邪之人谋害德宗，他们在一起互相咬手臂，立盟发誓。他们绑着裹腿、穿着底上钉有钉子的皮鞋，轮流为德宗牵马，一直到达梁州城，其他人一概不准靠近德宗的车驾。等到回到长安城，德宗把他们六人都任命为禁卫将军，对他们十分宠信，所给待遇极为优厚。张延赏探到李昇经常私自进出郜国大长公主的府第，就秘密地把这事告诉给德宗。德宗对李泌说："郜国大长公主的年龄已经很大了，而李昇还年纪轻轻的，怎么能做这种事呢？大概一定有什么缘故，你好好察明这件事情。"李泌说："这一定是有人要动摇东宫太子的地位。李昇出入郜国大长公主府第的事是谁说给陛下听的？"德宗说："你不要细问了，慢慢地为我把这件事察清楚。"李泌说："说这话的人一定是张延赏了。"德宗问道："你是怎么知道的？"李泌就把张延赏与李昇的父亲李叔明之间的矛盾原原本本地说给德宗听了，还说道："李昇承蒙陛下的恩宠眷顾，掌管禁卫亲兵，张延赏无法伤害、毁谤，而郜国大长公主是太子妃萧氏的母亲，所以想用这件事来陷害。"德宗笑着说："原来是这么回事。"李泌因此请求德宗任命李昇担任别的官职，不要让他再领禁军守卫皇宫，以避嫌疑。秋季，七月，德宗任命李昇为詹事。郜国大长公主是肃宗皇帝的女儿。

七月十三日甲子，朝廷将振武军统辖的绥州、银州划出来，任命右羽林将军韩潭担任夏州、绥州、银州节度使，让韩潭率领神策军五千人和由朔方军、河东镇派出的三千将士去镇守夏州。

当时，关东派出的防秋将士在京城西边已经完全结集，国家的用度因此不够充足，李泌上奏说："自从征收赋税改为实行两税法以来，各个藩镇、州、县往往违背朝廷规定，大肆搜刮百姓的钱财。接着就发生了朱泚之乱，各地争着征收专卖物品的钱和征收有罪人士用来赎罪的钱财，通过这些办法来筹集军事费用，以招募士兵防卫自己的境内。朱泚被平定以后，各地都因违反朝廷规定征收钱财而感到害怕，都将这些事情隐瞒下来不敢讲出来。请陛下派遣使者，带着诏旨，赦免他们的罪过，只要让他们改正以前的错误做法，将那些非法征收的钱财，除按规定留下应该留给军镇、州县用的部分外，其余的全部运往京城，上缴国库。各地官员要妥善地处理好逃失和拖欠的赋税，对能够征收的，就征收上来，对难以征收的，就准予免缴，以显示朝廷的宽大政策；如果有胆敢隐瞒实情和贪污钱财的，可设立重赏给举报的人，以便惩处他们。"德宗高兴地说："你的这些办法想得长远，但是所采取的措施过于宽大了，担心到时朝廷得不到什么！"李泌回答说："对这件事，我自然深思熟

初，河、陇既没于吐蕃，自天宝以来，安西、北庭奏事及西域使人在长安者，归路既绝，人马皆仰给于鸿胪，礼宾委府、县供之，于度支受直。度支不时付直，长安市肆不胜其弊。李泌知胡客留长安久者，或四十余年，皆有妻子，买田宅，举质取利，安居不欲归，命检括胡客有田宅者停其给。凡得四千人，将停其给。胡客皆诣政府诉之，泌曰："此皆从来宰相之过，岂有外国朝贡使者留京师数十年不听归乎！今当假道于回纥，或自海道各遣归国。有不愿归，当于鸿胪自陈，授以职位，给俸禄为唐臣。人生当乘时展用，岂可终身客死邪！"于是胡客无一人愿归者，泌皆分隶神策两军，王子、使者为散兵马使或押牙，余皆为卒，禁旅益壮。鸿胪所给胡客才十余人，岁省度支钱五十万缗；市人皆喜。

（以上为第十三段，写李泌劝谏德宗释猜疑，清吏治，勘两税，免积欠，籍胡客，立于猜忌之朝，而能推行利国利民之政治，表现了卓越的才能。）

上复问泌以复府兵之策。对曰："今岁征关东卒戍京西者十七万人，计岁食粟二百四万斛。今粟斗直百五十，为钱三百六万缗。国家比遭饥乱，经费不充，就使有钱，亦无粟可籴，未暇议复府兵也。"上曰："然则奈何？亟减戍卒归之，何如？"对曰："陛下用臣之言，可以不减戍卒，不扰百姓，粮食皆足，粟麦日贱，府兵亦成。"上曰："苟能如是，何为不用！"对曰："此须急为之，过旬日则不及矣。今吐蕃久居原、会之间，以牛运粮，粮尽，牛无所用，请发左藏恶缯染为采缬，因党项以市之，每头不过二三匹，计十八万匹，可致六万余头。又命诸冶铸农器，籴麦种，分赐沿边军镇，募戍卒，耕荒田而种之，约明年麦熟倍偿其种，其

虑过，如果采取宽大措施，那么朝廷得到的钱财就很多，而且很快见效，如果采取严苛的措施，那么朝廷收到的钱财少，而且见效慢。这是因为采取宽大措施，人们会为能免于惩处而高兴，就很乐于向朝廷上缴赋税，采取严苛的措施，人们就争相隐瞒、藏匿，不经过审讯不能够得到实情，这样一来，征收的钱财就不足以应付现在朝廷的急需，而都进了各地奸邪官吏的腰包了。”德宗说：“好！”于是任命度支员外郎元友直担任河南、江东、淮南的勾勘两税钱帛使。

当初，河州、陇州被吐蕃攻陷。从天宝年间以来，安西、北庭来朝廷奏事的人，以及西域各地派在长安城的使节，回去的路已经断绝了，他们这些人员和马匹的粮草都要依靠鸿胪寺供给，鸿胪寺的礼宾院又把供应他们粮草的任务交给京畿地区的府、县，让他们在度支领取这些钱粮。度支却经常不按时发给他们，以至于使长安城内的店铺因他们不断赊贷不还而负担沉重。李泌了解到这些胡族客人居留长安，长的已达四十多年，他们都娶妻生子，购买田地、住宅，在这里放高利贷谋取钱财，安居乐业，不打算回故乡去。于是下令官员去检查、核实这些胡族人有田地、有住宅的人，停发他们的给养。这样总共检查出四千人，准备停发他们的给养。于是这些胡族客人都跑到宰相办公的地方来申诉这件事，李泌说：“这都是以前的宰相们的过错，哪有让外国来的朝贡使者在京城居留几十年不回去的？现在应该让他们向回纥借道，或者走海路，各自打发他们回国。有不愿意回国的人，应当立即前去鸿胪寺自行说明，然后授给他们一定的职位，给他们俸禄，让他们作唐朝的臣民。人生一世，应当趁年轻力壮时展露才干，怎么能终身客死异国他乡呢？”于是，这些胡族客人们没有一个愿意回国的，李泌将他们全部划属神策左、右两军之内，胡人中的王子和使节担任神策军中的散兵马使或押牙官，其余的一概当士兵，这样一来，禁军的力量更为强大。鸿胪寺给胡族客人提供给养的才十几个人，每年共节省开支五十万缗钱；长安城内的商人们也十分高兴。

德宗又问起李泌恢复府兵的办法。李泌回答说：“今年征调关东地区的士兵到京城西边来防守的一共有十七万人，他们一共一年要吃掉粮食二百零四万斛。现在粮食每斗的价钱是一百五十钱，这十七万人一年的用度换算成钱一共要三百零六万缗。国家连年遭受饥荒战乱之害，经费不充足。即使是有钱，也没有粮食可以买进来的，所以没有时间商议恢复府兵的事啊。”德宗说：“那又怎么办呢？赶快裁减保护秋收士兵的数量，你看这样行不行？”李泌回答说：“陛下如果采用臣的办法，那么就可以不裁减保护秋收的士兵，不用打扰平民百姓，而能令粮食充足，谷子和麦子的价钱一天天下跌，府兵也能够重新形成。”德宗说：“如果能够有这种效果，那朕为什么不采纳卿的建议呢？”李泌说：“这件事必须立即去办，超过十天就办不成

余据时价五分增一，官为籴之。来春种禾亦如之。关中土沃而久荒，所收必厚。戍卒获利，耕者浸多。边地居人至少，军士月食官粮，粟麦无所售，其价必贱，名为增价，实比今岁所减多矣。”上曰：“善！”即命行之。

泌又言：“边地官多阙，请募人入粟以补之，可足今岁之粮。”上亦从之，因问曰：“卿言府兵亦集，如何？”对曰：“戍卒因屯田致富，则安于其土，不复思归。旧制，戍卒三年而代，及其将满，下令有愿留者，即以所开田为永业。家人愿来者，本贯给长牒续食而遣之。据应募之数，移报本道，虽河朔诸帅得免更代之烦，亦喜闻矣。不过数番，则戍卒土著，乃悉以府兵之法理之，是变关中之疲弊为富强也。”上喜曰：“如此，天下无复事矣。”泌曰：“未也。臣能不用中国之兵使吐蕃自困。”上曰：“计将安出？”对曰：“臣未敢言之，俟麦禾有效，然后可议也。”上固问，不对。泌意欲结回纥、大食、云南与共图吐蕃，令吐蕃所备者多；知上素恨回纥，恐闻之不悦，并屯田之议不行，故不肯言。既而戍卒应募，愿耕屯田者什五六。

壬申，赐骆元光姓名李元谅。

左仆射、同平章事张延赏薨。

（以上为第十四段，写李泌寓兵于农，屯垦边地，减轻国用增强边防。）

了。现在吐蕃人长期居住在原州、会州，他们用牛向这里运送粮食，粮食运完之后，牛就没有什么用处了。请陛下将皇宫左藏中质地很差的丝帛调出来，染成颜色鲜艳的丝帛，通过党项人将这些丝帛卖给吐蕃人，每头牛不过花费二三匹丝帛，总共调出十八万匹丝帛，可以换来六万多头牛。再命令各冶炼场铸造各种农耕器具，买进麦种，将这些东西分发给各靠近边境的军镇，让他们招募戍守边疆的士兵，开垦荒废的田地，进行耕种，与他们约定：第二年麦子成熟后加倍偿还所用的麦种，其余的粮食，根据当时的粮价，再增价五分之一，由官府收买进来。来年春天种庄稼还是采用这种办法。关中地区土地肥沃，而且长久没有种庄稼了，这样开荒种地，收获一定很多。戍边的士兵获得了很多利益，那么耕田种地的人就会渐渐多起来。边境地区的居民很少，军中将士们都吃官府供应的粮食，谷子和麦子没有什么地方可卖的，那么价钱一定会很低，名义上，官府收购要给他们加价，实际上要比今年收购粮食的价格低得多。”德宗说：“好！”立即下令实行这些措施。

李泌又说：“边境地区的官吏缺员很多，请公开招募人们向官府交纳粮食，然后将他们补任为边境地区的官吏，这样可以使今年的粮食用度充足。”德宗也采纳了，接着就问李泌：“你说府兵也可以组办起来，那究竟是怎么回事？”李泌回答说：“戍守的士卒因为屯垦荒田发财致富了，那么他们就会安心在这里住下去，不再想回家乡去。根据以前的制度规定，戍守的士兵三年一更换，等他们三年快要满期的时候，下令：有愿意留在这里的人，就把他们所开垦的田地给他们作永久的田产。如果戍兵的家属愿意到这里来定居的，由原籍官府发给官文书，沿途所经由官府供给饮食遣送他们到达目的地。屯垦所在地的官府，要根据招募垦耕田地的人数，如实上报给本道长官。这样一来，用重兵驻守的河朔地区，各位边镇节帅因能免去换替戍卒的烦劳，也会很高兴地接受这种办法了。这样经过几次轮番替代，那么戍守的士兵就成了定居边疆的当地人了，于是对他们完全采取统领府兵的办法管理他们，这样就能改变关中地区人力物力贫乏的状况而成为富强之地啊。”德宗高兴地说：“采取这种措施，那么天下就会平安无事了。”李泌说：“这倒未必。臣还能不使用大唐的军队而使吐蕃陷于困境。”德宗说：“这要采取什么计谋？”李泌说：“臣还不敢说出来，要等垦种庄稼的事情有收效了，才能再商议这一事情。”德宗再三追问李泌，李泌不回答。李泌打算团结回纥、大食、云南等地区，与他们一起对付吐蕃，让吐蕃人多方面防备。但他知道德宗一向痛恨回纥人，担心德宗知道这一计策之后不高兴，连屯垦的措施也不施行了，所以不肯对德宗说。不久，戍守边疆的士兵响应官府招募，愿意留下来耕种田地的人占十分之五六。

七月二十一日壬申，德宗赐骆元光改姓名为李元谅。

左仆射、同平章事张延赏去世。

【点评】

本卷点评李泌奇计灭叛兵、吐蕃劫盟、李泌拜相三件史事。

一、李泌奇计灭叛兵。淮西平定后，德宗征召淮西兵到西北防秋，抗御吐蕃入侵。陈仙奇精选五千淮西兵应命。李希烈旧将吴少诚趁机杀了陈仙奇，名义上为李希烈报仇，实质是夺取淮西地割据造反。吴少诚密令西行的五千淮西兵返回。德宗贞元三年（787）正月，淮西兵返回。此时，淮西兵已驻守在鄜州（今陕西富县）。淮西兵门枪兵马使吴法超得到吴少诚密令后，私自引兵回归，这是叛乱行为。淮西叛兵东归，经蒲州过黄河，穿晋西南再南下渡黄河进入陕州西界。浑瑊派兵追击，被淮西兵打得大败，由此可见这支淮西兵的战斗力。

陕虢观察使李泌奉命拦截。陕州守兵只有二千人，战斗力又弱，与淮西兵硬拼，肯定不敌。李泌用奇计，设下十面埋伏。太仓隘道是淮西兵必经之地，李泌用一千多士兵等在隘道出口埋伏，官用四百士兵分为两队埋伏于隘道东西两侧，并下令："淮西兵过隘道，让前队通过，淮西兵全面进入隘道，东西伏兵轮番杀出，东边伏兵攻击，西边伏兵只呐喊助威；西边伏兵出击，东边伏兵只呐喊助威。"李泌又动员村中百姓组成上千民兵，各执弓刀、瓦石，只在淮西兵后面呐喊，追杀散兵。淮西兵走出太仓隘道，一定会从山路南逃窜，李泌派四百精兵在灵宝谷长水地方伏击。部署停当，只等淮西兵来钻入天网。

当淮西兵进入陕州界，李泌派专使迎接，供应酒食，晓谕淮西兵安静。淮西兵见了丰盛食物，放松了戒备，也约束自己不掳掠地方。这样过了两天，第三天淮西兵接近太仓隘道，李泌停止供食。黎明时分，淮西兵空着肚子进入太仓隘道，前队刚出隘道，一声呐喊，隘道东边伏兵杀出，淮西兵惊慌失措，夺路西边山脚，西边伏兵杀出，淮西兵掉头东边山脚。两边伏兵，一会让出西边，一会让出东边，不堵死淮西兵归路，避免淮西兵死战。李泌伏兵只是惊扰淮西兵，利用其归心似箭的心理，留出半道让他们逃命，打散淮西兵队形，截杀散兵。淮西兵果然中计，分头出逃，丧失了整体的战斗力。官军和民兵，以整体对散兵，歼灭一千多名淮西兵。

逃出太仓隘道的淮西兵，又饥又渴，且战且走，尚有四千之众。当他们惊魂未定之时，一千多埋伏的官兵杀出，埋伏于隘道出口的官军杀出，夹击淮西兵，民兵呐喊助威，淮西兵抵挡不住，全面溃散逃往山谷。还有一小部分在门枪将吴法超率领下转向长水方向。等在那里的是四百精锐官兵，一场战斗，淮西兵三分之二被杀死，一些落入长水，一些四散奔逃，吴法超战死。最后五千淮西兵，只有四十七人逃回淮西，吴少诚只见这几个人回来，为了掩盖自己的罪行，把逃回的四十七人全部杀死，诿过于吴法超。

李泌奇计，在淮西兵的归路上层层设伏，事先供给饮食，麻痹淮西兵不做战斗

准备，突然断食，先在隘道惊扰，然后连续打击散乱之兵，分股消灭。官军兵力不足，动员用民兵，用训练有素的官兵正面击敌，用民兵助威，追歼散兵，民兵也成了劲旅，李泌用兵之妙，罕与其比。

二、吐蕃劫盟。德宗为了回纥，一心要与吐蕃和好。当时回纥衰落，要与唐朝和亲，联手抗击吐蕃。而吐蕃是唐朝西方劲敌，趁安史之乱，夺取了河西、陇右，又臣服南诏，从西川、西北两个方向侵扰唐朝。秋高马肥，吐蕃入侵，破坏唐朝秋收。唐朝每年东调各节度使官兵防秋，就是抗御吐蕃。德宗完全不顾敌我形势，为报个人受辱之耻，不顾国家利益，联吐蕃击回纥，完全是错误的。公元 784 年，德宗回到长安，吐蕃来索要安西、北庭两镇。德宗竟然要召回郭昕和李元忠，割两镇给吐蕃。李泌劝谏德宗说，两镇将士尽忠竭力，为国固守近二十年，一旦割弃，不但忠良将士寒心，人民怨恨，而且两镇士民痛恨朝廷，将被吐蕃驱赶报仇，岂不是唐朝的大害。再说，吐蕃大掠武功撤走，并没有进攻朱泚，没有理由索要两镇。朝臣赞助李泌，两镇才得以保留。吐蕃一计不成，又生一计。吐蕃认为，唐朝良将只有李晟、浑瑊、马燧三人，用计除掉三人，就可以夺取唐朝。公元 786 年，吐蕃派兵二万到凤翔城下，声称是李晟召来的，要求犒赏，第二天就退走。如此拙劣伎俩，德宗信以为真。这时李晟已被解除兵权，宰相张延赏乘机诽谤李晟，李晟朝不保夕，向德宗哭诉，请求出家为僧。公元 787 年，吐蕃又使人向马燧求和，马燧对李晟有嫌隙，附和张延赏，力主与吐蕃媾和。吐蕃指定浑瑊为会盟使，并按照吐蕃选定的原州土梨树地方会盟。浑瑊出行，德宗再三嘱咐浑瑊要对吐蕃“推诚”。李晟冒死劝谏，吐蕃狼子野心，不可不备，德宗不听。浑瑊会盟，果如李晟所料，遭吐蕃劫盟，浑瑊冒死逃回，打破了吐蕃杀害自己的计划。吐蕃才没有进兵长安。

德宗猜忌功臣，最不推诚，而对有狼子野心的吐蕃，却要推诚，如此荒谬，遭到吐蕃的侮弄，算是给昏君一个当头棒喝。

三、李泌拜相。会盟吐蕃几乎招来战争。但危机并没有结束。是非颠倒，李晟忠正，反遭猜忌，失去兵权，武臣们都愤怒解体，李抱真等名将不愿再为朝廷出力。君臣相疑，内外解体的态势隐约显现。德宗也感到了危险。他赶紧召李泌为相，消除危局。李泌也感到了非任职不可，他打破只为帝王布衣之交的自我约束，应诺出任宰相。李泌历事肃宗、代宗两代昏君，也早与德宗交往，深透了解德宗的内心，也自信有能力有智慧说透利害，自己年事已高，为苍生社稷解忧患，非做宰相不可。这时候，也确实只有李泌一人可以解救危局。陆贽洞察时务，虽能直言敢谏，但不幽默，不会委婉，德宗当作耳旁风，只有李泌的比譬设谕，才能调教刚愎自用的德宗做一些好事。

李泌入相，带着马燧、李晟去晋见德宗。德宗与李泌相互定约。德宗要李泌做

相，不要报仇。李泌说："臣不与人结仇，也没有私恩要报。倒是陛下不要猜忌功臣。李晟、马燧有大功于国，一旦被害，恐怕内外愤怒，大乱立刻就会到来。希望陛下诚心对待两位功臣，国家有事，他们出征，无事在朝任职。李晟、马燧，两人也不要功高自疑。这样君臣和谐，天下无事，不是很好吗？"德宗答应，不害李晟、马燧，二人也涕泣拜谢，表示感戴。唐王朝一个紧要关头的危机，就这样被李泌化解了。

李泌用恢复府兵制为话题，巧计寓兵于农，屯垦边地，既减轻了国家负担，又增强了边防。更深层的意义是李泌迂回说服德宗北连回纥，南结云南王，孤立吐蕃，用心良苦，做到了别人不能做的事。公元 788 年，回纥可汗得唐朝许婚，非常喜悦，愿为唐朝牵制吐蕃。公元 793 年，南诏也脱离吐蕃，恢复与唐朝的亲善关系。吐蕃的两个盟国变成了敌国，唐朝得回纥、南诏之助，在西北、西南两条战线接连取胜，吐蕃迅速衰落，唐朝西疆没有了大害。李泌孤立吐蕃战略的实施与实现，对唐朝与吐蕃都有深远的影响，这也是李泌政治业绩最大的成功。

李泌与德宗经常进行有意义的争论，改善了中唐的政治。具体表现为释猜疑，清吏治，勘两税，免积欠，籍胡客等一系列施政方针。李泌立于猜忌之朝而能推行一些利国利民的政治，表现出他卓越的政治才能。

唐纪四十九

唐德宗贞元三年至七年（787—791年）

【起强圉单阏（丁卯，787年）八月，尽重光协洽（辛未，791年），凡四年有奇】

【大事提要】

本卷记事起公元787年八月，讫公元791年，凡四年又五个月。当唐德宗贞元三年八月到贞元七年。此时期，李泌为相，政治平稳。李泌敢直言而善说理，护佑太子，化解妖僧李软奴谋反大案，保护李晟、韩游瓌等宿将，以及朝中大臣，挫败了幕后奸谋。李泌说服德宗放弃仇视回纥，拒绝吐蕃勒索，提出“北和回纥，南通云南，西结大食、天竺”以困吐蕃的计划，改变了一个昏君固执的偏见，实在不容易。德宗与李泌议论本朝宰相，各有长短，唯有李泌使德宗心服，德宗说李泌敢言而论理透彻，是最佳的良相。李泌是一个奇人，他摸透了猜疑心特强的昏君心理，又有说情喻理的本领，能够从昏君手里夺权，替国家和民众做了许多好事，维护了唐王朝的政权。李泌是李唐的功臣，也是国家和民族的功臣。吐蕃失掉回纥与南诏两个盟国，从此衰落，使唐朝西疆稳固，延长了寿命。这也是李泌政治生涯中的一大成功，值得大书特书。本卷载司马光两条评论，一条贬斥德宗是一个昏君，其言中肯；一条批评李泌限制德宗聚敛，反说为导诱德宗贪财，则迂腐不堪。

【原文】

德宗神武圣文皇帝八

贞元三年（丁卯，787 年）

八月，辛巳朔，日有食之。

吐蕃尚结赞遣五骑送崔汉衡归，且上表求和；至潘原，李观语之以“有诏不纳吐蕃使者”，受其表而却其人。

初，兵部侍郎、同平章事柳浑与张延赏俱为相，浑议事数异同，延赏使所亲谓曰：“相公旧德，但节言于庙堂，则重位可久。”浑曰：“为吾谢张公，柳浑头可断，舌不可禁！”由是交恶。上好文雅酝藉，而浑质直轻侻，无威仪，于上前时发俚语。上不悦，欲黜为王府长史，李泌言：“浑褊直无他。故事，罢相无为长史者。”又欲以为王傅，泌请以为常侍，上曰：“苟得罢之，无不可者。”己丑，浑罢为左散骑常侍。

初，郜国大长公主适驸马都尉萧升；升，复之从兄弟也。公主不谨，詹事李昪、蜀州别驾萧鼎、彭州司马李万、丰阳令韦恪，皆出入主第。主女为太子妃，始者上恩礼甚厚，主常直乘肩舆抵东宫；宗戚皆疾之。或告主淫乱，且为厌祷。上大怒，幽主于禁中，切责太子；太子不知所对，请与萧妃离婚。

上召李泌告之，且曰：“舒王近已长立，孝友温仁。”泌曰：“何至于是！陛下惟有一子，奈何一旦疑之，欲废之而立侄，得无失计乎！”上勃然怒曰：“卿何得间人父子！谁语卿舒王为侄者？”对曰：“陛下自言之。大历初，陛下语臣，‘今日得数子’。臣请其故，陛下言‘昭靖诸子，主上令吾子之。’今陛下所生之子犹疑之，何有于侄！舒王虽孝，自今陛下宜努力，勿复望其孝矣！”上曰：“卿不爱家族乎？”对曰：“臣惟爱家族，故不敢不尽言。若畏陛下盛怒而为曲从，陛下明日悔之，必尤臣

【语译】

德宗神武圣文皇帝八

唐德宗贞元三年（丁卯，787年）

八月初一日辛巳朔，日食。

吐蕃国相尚结赞派遣五名骑兵护送被俘的兵部尚书崔汉衡回朝廷，而且向唐朝上表章，请求和好。他们到达潘原县的时候，泾原节度使李观对他们说“朝廷有诏令，不接待吐蕃使者”，只接受了他们带来的求和表章，拒绝放进他们一行人。

当初，兵部侍郎、同平章事柳浑与张延赏一起担任宰相职务，柳浑在商议朝廷政事的时候，多次与张延赏的意见不同，张延赏派亲近的人去柳浑那里说：“柳公是德高望重的老臣，只要在朝堂上少发表意见，那么宰相这一重要职位就可长久的保持下去。”柳浑说：“你替我向张公道歉，我柳浑的头可以被砍下来，但舌头要讲话是不能禁止的！”于是两个人的关系越变越坏。德宗喜欢温文尔雅、含而不露的人，但柳浑却生性质朴、直爽，不够庄重、含蓄，不讲究仪表，在德宗面前经常说一些家乡的方言。德宗不太喜欢他，打算罢免他的宰相，改任为王府的长史，李泌对德宗说：“柳浑气量狭小，但为人正直，没有二心。依照以前的惯例，没有罢免了宰相职位后担任王府长史的人。”德宗又想让柳浑担任诸王的师傅，李泌请求让柳浑担任常侍一职，德宗说：“只要能罢免柳浑的宰相职务，无论给一个什么官职都行。”八月初九日己丑，德宗罢免了柳浑的宰相职务，降职为左散骑常侍。

当初，郜国大长公主嫁给了驸马都尉萧升。萧升是萧复的堂兄弟。郜国大长公主的行为不检点，担任詹事的李昇、蜀州别驾萧鼎、彭州司马李万、丰阳县令韦恪等人，都出入她的私宅。她的女儿做了太子的妃子，一开始时，德宗对她的恩典和礼仪很是厚重，她经常坐着轿子直接到太子住的东宫里去，皇室的宗亲外戚都痛恨她。有人告发她荒淫乱伦，而且做过诅咒皇上的事情。德宗听到这事后非常震怒，将郜国大长公主囚禁在宫中，严厉斥责皇太子。太子不知道该怎么回答，只是请求准许休掉萧妃。

德宗召来李泌，告知了这件事，而且说：“舒王近来已经长大成人，性情孝顺、友爱、温和、厚道。”李泌说：“怎么会到这种地步呢？陛下只有一个儿子，怎么能一时对儿子有怀疑之心，就想废黜，而册立侄儿为太子，这不是很失策吗？”德宗勃然大怒地说：“卿怎么能挑拨我们父子之间的关系！谁对卿说舒王是我的侄儿？”李泌回答说：“这是陛下自己说的，大历初年，陛下亲口对臣说：‘今天我得了几个儿子。’臣问陛下说这话的缘故，陛下说：‘这是昭靖太子的几个儿子，皇上命令我把他们当自己的。’现在，陛下连自己亲生的儿子尚且还怀疑，那对侄儿又会怎么

云：‘吾独任汝为相，不力谏，使至此；必复杀而子。’臣老矣，余年不足惜，若冤杀臣子，使臣以侄为嗣，臣未知得歆其祀乎！”因呜咽流涕。上亦泣曰：“事已如此，使朕如何而可？”对曰：“此大事，愿陛下审图之。臣始谓陛下圣德，当使海外蛮夷皆戴之如父母，岂谓自有子而疑之至此乎！臣今尽言，不敢避忌讳。自古父子相疑未有不亡国覆家者。陛下记昔在彭原，建宁何故而诛？”上曰：“建宁叔实冤，肃宗性急，谮之者深耳！”泌曰：“臣昔以建宁之故，固辞官爵，誓不近天子左右；不幸今日复为陛下相，又睹兹事。臣在彭原，承恩无比，竟不敢言建宁之冤，及临辞乃言之，肃宗亦悔而泣。先帝自建宁之死，常怀危惧，臣亦为先帝诵《黄台瓜辞》以防谗构之端。”上曰：“朕固知之。”意色稍解，乃曰：“贞观、开元皆易太子，何故不亡？”对曰：“臣方欲言之。昔承乾屡尝监国，托附者众，东宫甲士甚多，与宰相侯君集谋反，事觉，太宗使其舅长孙无忌与朝臣数十人鞫之，事状显白，然后集百官而议之。当时言者犹云：‘愿陛下不失为慈父，使太子得终天年。’太宗从之，并废魏王泰。陛下既知肃宗性急，以建宁为冤，臣不胜庆幸。愿陛下戒覆车之失，从容三日，究其端绪而思之，陛下必释然知太子之无他矣。若果有其迹，当召大臣知义理者二十人与臣鞫其左右，必有实状，愿陛下如贞观之法行之，并废舒王而立皇孙，则百代之后，有天下者犹陛下子孙也。至于开元之末，武惠妃谮太子瑛兄弟杀之，海内冤愤，此乃百代所当戒，又可法乎！且陛下昔尝令太子见臣于蓬莱池，观其容表，非有蜂目豺声商臣之相也，正恐失于柔仁耳。又，太子自贞元以来常居少阳院，在寝殿之侧，未尝接外人，预外事，安有异谋乎！彼谮人者巧诈百端，虽有手书如晋愍怀，衷甲如太子瑛，犹未可信，况但以妻母有罪为累乎！幸陛下语臣，臣敢以家族保太子必不知谋。向使杨素、许敬宗、李林甫之徒承此旨，已就舒王图定策之功矣！”上曰：“此朕家事，何豫于卿，而力争如此？”对曰：“天子以四海为家。臣今独任宰相之重，四海之内，一物失所，责归于臣。况坐视太子冤横而不言，臣罪大矣！”上曰：“为卿迁延至明日思之。”泌抽笏叩头而泣曰：“如此，臣知陛下父子慈孝如初矣！然陛下还宫，当自审思，勿露此意于左右；露之，则彼皆欲树功于舒王，太子危矣！”上曰：“具晓卿意。”泌归，谓子弟曰：“吾本不乐富贵，而命与愿违，今累汝曹矣。”

样！舒王虽然很孝顺，如果今天将其立为太子，陛下日后还是自己勉力而为，不要再指望舒王孝顺了！”德宗说：“卿不爱惜自个的家族吗？”李泌回答说：“臣正是爱惜臣的家族，所以不敢不把要说的话说完。如果臣怕惹得陛下恼怒，而曲从陛下的意见，那么明天陛下对做这事后悔了，一定会责怪臣说：‘朕专任卿一人为宰相，卿却不能竭尽全力劝阻朕，使事情弄到这步田地。朕一定也要将你的儿子杀了。’臣已经老了，剩下的晚年没有什么值得顾惜的，如果陛下冤枉地杀了臣的儿子，让臣以侄作为后嗣，臣不知道将来能否享受到侄儿的祭祀。”说着就呜呜咽咽地哭着流下了眼泪。德宗也哭泣着说：“事情已经到了这一地步，那让朕怎么办才好呢？”李泌说：“这是至关重要的大事，希望陛下反复思考该如何处理。臣最初还说陛下圣明仁德，会使大唐以外的蛮夷之邦都爱戴陛下如爱戴他们的父母一样，哪知道陛下自己有儿子，而对他怀疑到如此地步的呢？臣今天把要说的话说完，不敢隐瞒陛下不愿听的事。自古以来，父亲与儿子互相怀疑，没有不亡国败家的。陛下还记得从前朝廷在彭原的时候，建宁王为什么被杀这件事吗？”德宗说：“建宁王叔叔实在是很冤枉，这是由于肃宗皇帝性子急躁，而陷害他们的人又工于心计罢了！”李泌说：“臣从前因为建宁王被冤杀的缘故，坚决辞掉了官职、爵位，发誓不再靠近天子的左右，不幸的是，臣现在又做了陛下的宰相，又目睹了这一事件。臣从前在彭原的时候，承蒙肃宗皇帝无可比拟的恩宠，但最终不敢说一句建宁王冤枉的话，直到要辞去官职爵位时才说出来，肃宗皇帝听了后也后悔得哭了。自从建宁王死了以后，先皇帝常常心存危险和畏惧，臣也为先皇帝诵读《黄台瓜辞》这篇文章，以防止进谗言诬陷的事情出现。”德宗说：“我自然知道这些事情。”态度和脸色这才稍稍缓和了一点，又问道：“本朝贞观、开元年间都改立过太子，为什么没有亡国之祸发生？”李泌回答说：“臣正要对陛下说这件事。从前的太子李承乾在太宗皇帝出京外巡时，多次代为处理国政，投靠归附他的人很多，他所居住的东宫卫士又十分多，与宰相侯君集一起策划阴谋造反，事情被发觉以后，太宗皇帝让太子的舅舅长孙无忌与朝廷大臣几十个人一起审问，事情的前后经过调查得清清白白，然后，太宗皇帝召集满朝文武大臣商议处理这一事件。当时的言官还说：‘希望陛下不要失去作为慈父的名声，让太子能够寿终正寝吧。’太宗皇帝采纳了这一意见，将太子连同魏王李泰都一起废为庶人了。陛下已经知道了肃宗皇帝性情急躁，认为建宁王死得冤枉，这对臣来说，是万分值得庆幸的。希望陛下以从前失败的教训作为鉴戒，宽限三天，抓住这一事件的各个头绪来思考，陛下就一定会豁然明白太子决无二心了。如果太子的确有犯上的行迹，陛下应该召集大臣中深明大义的二十人，与臣一起审问太子身边的人，如果确有其事的话，希望陛下仿效贞观年间太宗皇帝的办法来处置，将太子连同舒王一起废为庶人，册立皇孙为继承人，那么虽然经过一百代，但统治天下的

太子遣人谢泌曰：“若必不可救，欲先自仰药，何如？”泌曰：“必无此虑。愿太子起敬起孝。苟泌身不存，则事不可知耳。”

间一日，上开延英殿独召泌，流涕阑干，抚其背曰：“非卿切言，朕今日悔无及矣！皆如卿言，太子仁孝，实无他也。自今军国及朕家事，皆当谋于卿矣。”泌拜贺，因曰：“陛下圣明，察太子无罪，臣报国毕矣。臣前日惊悸亡魂，不可复用，愿乞骸骨。”上曰：“朕父子赖卿得全，方属子孙，使卿代代富贵以报德，何为出此言乎！”甲午，诏李万不知避宗，宜杖死。李昇等及公主五子，皆流岭南及远州。

（以上为第一段，写柳浑忠直而被罢相，李泌亦直言护佑太子，临难不屈，竟获成功。）

人仍然是陛下的子孙啊。至于开元末年，武惠妃诬陷太子李瑛兄弟，让玄宗皇帝杀了他们，天下人对此都感到冤枉和愤怒，这一事件，世世代代都应当引为警戒，又怎么能够效仿呢？而且陛下从前曾经让太子在大明宫蓬莱池见过臣，臣观察太子的容颜和仪表，并没有楚成王的儿子商臣一副蜂眼外突、声如豺狼的叛逆之相，臣正担心太子太过于柔弱仁慈了。另外，太子自从贞元年间以来，就一直住在少阳院内，这地方就在陛下寝殿的旁边，太子一直不曾与外边的人交往，没有参与外界的事情，怎么会有犯上作乱的企图呢？那些诬陷别人的人机巧奸诈，诡计多端，即便是像西晋元康年间愍怀太子手写的反书，本朝开元年间的太子李瑛身披铠甲进入皇宫，犯上作乱的事情都不可相信，何况现在的太子只是因为岳母有罪受到牵连呢？幸亏陛下把这事告诉臣了，臣敢以全家族人的性命担保太子一家不知道这一阴谋。如果碰上像隋朝宰相杨素、本朝宰相许敬宗、李林甫一类人秉承陛下改立太子的旨意，他们早已到舒王那里去求取改立太子计策的功劳了！”德宗说：“这是朕家庭的私事，与卿毫不相干，为什么要这样拼死力争呢？”李泌回答说：“天子把天下四海之内当作自己的家。臣现在一个人单独承担宰相的全部重任，在四海之内，如果有一件小事处理不好，那么责任就全在臣一人身上。何况是眼睁睁地看着太子横遭莫大的冤枉而不出言相救，那臣的罪过就太大了！”德宗说：“看在卿的面子上，这件事推迟到明天思考处置。”李泌这时抽出上朝用的笏板，向德宗叩头，哭着说：“陛下这样做，臣就知道陛下父子之间父慈子孝，和好如初了！但是陛下回宫之后，这件事只能独自地反复认真思考，不要把这个意思向左右侍从们透露。这事一透露出来，那么，陛下的左右侍从们都想在舒王面前树立功劳，而太子就危险了！”德宗说：“卿说的意思朕全懂了。”李泌回到自己家里，对他的子弟们说：“我本来不愿意享受大富大贵的生活，但命运与愿望相违背，现在连累你们了。”

太子派人向李泌道谢说：“如果肯定不能挽回的话，我想先服毒药自杀，你看该怎么办？”李泌说：“一定不要有这种考虑。希望太子对陛下谨奉孝敬之道。假如我不在了，就不知道这事情会成一个什么样子了。”

隔了一天后，德宗特别开了延英殿的大门，单独传召李泌进去议事，德宗泪流满面，抚摸着李泌的背说：“如果不是你极力劝谏，朕今天连后悔都来不及了！一切都正如你说的那样，太子仁厚孝顺，实在是别无二心。从今以后，天下的军事和朝政大事以及朕的家内事情，一切都应该与卿一起商量了。”李泌向德宗行礼祝贺，乘机说：“陛下神圣英明，已经察明太子清白无罪，那臣报效国家的任务就算完成了。臣前日心惊胆战，失魂落魄，已经没有办事能力了，希望陛下准许我告老还乡。”德宗说：“朕父子之间的关系全靠卿才得以保全，朕正要叮嘱子孙，要让你的子子孙孙都富贵下去，以报答你的大德，那卿又为什么提出这个要求呢？”八月十四日甲午，

戊申，吐蕃帅羌、浑之众寇陇州，连营数十里，京城震恐。九月，丁卯，遣神策将石季章戍武功，决胜军使唐良臣戍百里城。丁巳，吐蕃大掠汧阳、吴山、华亭，老弱者杀之，或断手凿目，弃之而去；驱丁壮万余悉送安化峡西，将分隶羌、浑，乃告之曰："听尔东向哭辞乡国！"众大哭，赴崖谷死伤者千余人。未几，吐蕃之众复至，围陇州，刺史韩清沔与神策副将苏太平夜出兵击却之。

上谓李泌曰："每岁诸道贡献，共直钱五十万缗，今岁仅得三十万缗。言此诚知失体，然宫中用度殊不足。"泌曰："古者天子不私求财，今请岁供宫中钱百万缗，愿陛下不受诸道贡献及罢宣索。必有所须，请降敕折税，不使奸吏因缘诛剥。"上从之。

回纥合骨咄禄可汗屡求和亲，且请昏；上未之许。会边将告乏马，无以给之，李泌言于上曰："陛下诚用臣策，数年之后，马贱于今十倍矣！"上曰："何故？"对曰："愿陛下推至公之心，屈己徇人，为社稷大计，臣乃敢言。"上曰："卿何自疑若是！"对曰："臣愿陛下北和回纥，南通云南，西结大食、天竺，如此，则吐蕃自困，马亦易致矣。"上曰："三国当如卿言，至于回纥则不可！"泌曰："臣固知陛下如此，所以不敢早言。为今之计，当以回纥为先，三国差缓耳。"上曰："唯回纥卿勿言。"泌曰："臣备位宰相，事有可否在陛下，何至不许臣言！"上曰："朕于卿言皆听之矣，至于回纥，宜待子孙；于朕之时，则固不可！"泌曰："岂非以陕州之耻邪！"上曰："然。韦少华等以朕之故受辱而死，朕岂能忘之！属国家多难，未暇报之，和则决不可。卿勿更言！"泌曰："害少华者乃牟羽可汗，陛下即位，举兵入寇，未出其境，今合骨咄禄可汗杀之。然则今可汗乃有功于陛下，宜受封赏，又何怨邪！其后张光晟杀突董等

德宗下诏说：彭州司马李万不知道回避同宗女眷，应该被杖杀，詹事李昇等人以及郜国大长公主的五个儿子，流放到岭南和遥远的州县。

八月二十八日戊申，吐蕃率领羌族、吐谷浑的人马大举侵犯陇州，敌人的营地连绵几十里，京城长安内的人都感到震惊而恐惧。九月十七日丁卯，德宗派遣神策军的将领石季章去守卫武功县，派遣决胜军使唐良臣去守卫百里城。九月初七日丁巳，吐蕃的军队在汧阳县、吴山县、华亭县一带大肆焚杀抢掠，对老弱病残的人，或者杀掉，或者砍断手臂，挖去眼珠，然后丢下他们走了。吐蕃的军队将这一带健壮的男丁一万多人全部都驱赶到安化峡的西边，将要把他们分给羌族、吐谷浑的时候，才对他们说："准许你们向东方哭泣，以告别家乡故国！"被抓来的人一起号啕大哭，跳到悬崖下和山谷中而死的、受伤的多达一千余人。不久，吐蕃的大批人马又来了，他们包围了陇州城，陇州刺史韩清沔和神策军的副将苏太平夜晚带兵出城袭击，打退了吐蕃军队。

德宗对李泌说："每年各道贡献给宫内的物品，一共价值五十万缗钱，今年仅仅才收到进贡的钱三十万缗。说这件事，我确实知道有失体统，但宫中的用度实在是太不够了。"李泌说："古时候，天子都不为自己私谋钱财，现在请准许每年给宫中提供一百万缗钱的用度，希望陛下不再接受各道进贡来的物品，并停止派宦官使者去各地颁布圣旨，求取财物。如果有一定需要用的东西，请陛下下达敕令，将这些东西折合税款，不让奸邪的贪官污吏借这个机会搜刮钱财。"德宗采纳了李泌的建议。

回纥的头领合骨咄禄可汗多次向唐朝政府请求和好，而且向唐朝皇室求婚；德宗对这些要求一概不答应。正好这时候，守卫边疆的将领上奏朝廷说军中缺少马匹，朝廷没办法给他们补充，李泌对德宗说："如果陛下下决心采纳我的计策的话，那么几年以后，马匹的价钱要比现在便宜十倍！"德宗说："这又是什么缘故呢？"李泌回答说："希望陛下用最公正的态度对待这件事，委屈自己，为天下百姓造福，这是为国家社稷的长远考虑，我才敢说出来。"德宗说："卿为何这样吞吞吐吐呢？"李泌回答说："臣希望陛下能够在北边，与回纥结成和好关系，在南边，联络南诏的各族，西边与大食国、天竺国结交，这样一来，吐蕃就会自己陷于困窘的境地，马匹也容易买到了。"德宗说："与南诏、大食、天竺三个国家建立友好关系，就按卿说的办，至于回纥，那决不可以！"李泌说："臣本来就知道陛下会是这种态度，所以早先不敢把这一策略说出来。从现在的局势来考虑，应当以与回纥建立和好关系为第一步，其余三国可以稍稍推迟一些。"德宗说："唯有与回纥建立和好关系这件事，卿不要谈。"李泌说："臣担任着宰相这一职位，天下事情能行与不能行，决定权在

九百余人，合骨咄禄竟不敢杀朝廷使者，然则合骨咄禄固无罪矣。”上曰：“卿以和回纥为是，则朕固非邪？”对曰：“臣为社稷而言，若苟合取容，何以见肃宗、代宗于天上！”上曰：“容朕徐思之。”自是泌凡十五余对，未尝不论回纥事，上终不许。泌曰：“陛下既不许回纥和亲，愿赐臣骸骨。”上曰：“朕非拒谏，但欲与卿较理耳，何至遽欲去朕邪！”对曰：“陛下许臣言理，此固天下之福也。”上曰：“朕不惜屈己与之和，但不能负少华辈。”对曰：“以臣观之，少华辈负陛下，非陛下负之也。”上曰：“何故？”对曰：“昔回纥叶护将兵助讨安庆绪，肃宗但令臣宴劳之于元帅府，先帝未尝见也。叶护固邀臣至其营，肃宗犹不许。及大军将发，先帝始与相见。所以然者，彼戎狄豺狼也，举兵入中国之腹，不得不过为之防也。陛下在陕，富于春秋，少华辈不能深虑，以万乘元子径造其营，又不先与之议相见之仪，使彼得肆其桀骜，岂非少华辈负陛下邪？死不足偿责矣。且香积之捷，叶护欲引兵入长安，先帝亲拜之于马前以止之，叶护遂不敢入城。当时观者十万余人，皆叹息曰：‘广平王真华、夷主也！’然则先帝所屈者少，所伸者多矣。叶护乃牟羽之叔父也。牟羽身为可汗，举全国之兵赴中原之难，故其志气骄矜，敢责礼于陛下；陛下天资神武，不为之屈。当是之时，臣不敢言其他，若可汗留陛下于营中，欢饮十日，天下岂得不寒心哉！而天威所临，豺狼驯扰，可汗母捧陛下于貂裘，叱退左右，亲送陛下乘马而归。陛下以香积之事观之，则屈己为是乎？不屈为是乎？陛下屈于牟羽乎？牟羽屈于陛下乎？”上谓李晟、马燧曰：“故旧不宜相逢。朕素怨回纥，今闻泌言香积之事，朕自觉少理。卿二人以为何如？”对曰：“果如泌所言，则回纥似可恕。”上曰：“卿二人复不与朕，朕当奈何！”泌曰：“臣以为回纥不足怨，向来宰相乃可怨耳。今回纥可汗杀牟羽，其国人有再复京城之勋，夫何罪乎！吐蕃幸国之灾，陷河、陇数千里之地，又引兵入京城，使先帝蒙尘于陕，此乃必报之仇，况其赞普尚存，宰相不为陛下别白言此，乃欲和吐蕃以攻回纥，此为可怨耳。”上曰：“朕与之为怨已久，又闻吐蕃劫盟，今往与之和，得无复拒我，为夷狄之笑乎？”对曰：“不然。臣曩在彭原，今可汗为胡禄都督，与今国相白婆帝皆从叶护而来，臣待之颇亲厚，故闻臣为相而求和，安有复相拒乎！臣今请以书与之约：称臣，为陛下子，每使来不过二百人，印马不过千匹，无得携中国人及商胡出塞。五者皆能如约，则主上必许和亲。如此，威加北荒，旁詟吐蕃，足以快陛下平昔之心矣。”上曰：“自至德以来，与为兄弟之国，今一旦欲臣之，彼安肯和乎？”对

陛下，但还不至于不让臣说话吧！”德宗说：“朕对卿的话，一切都听了，至于与回纥建立和好关系，应该留给朕的子孙们来办；朕在位期间，这是绝不可能的！”李泌说：“这不就是陛下从前在陕州受回纥的耻辱而造成的吗？”德宗说：“是的。韦少华等人因为朕的缘故，受回纥人的侮辱而死，朕怎么能忘了这件事呢？当前正值国家多灾多难之际，没有时间来报这个仇，与他们和好则绝不可能。请卿不要再说了！”李泌说：“杀害韦少华等人的是回纥的牟羽可汗，陛下继承皇位以后，牟羽可汗率领大军来侵犯我们，但还没有走出自己的境内，就被现在的合骨咄禄可汗杀了。这样说来，现在的可汗合骨咄禄对陛下有功，应该受封爵和赏赐，又怎么能怨恨呢？后来张光晟杀了回纥的使者突董等九百余人，合骨咄禄始终不敢杀朝廷派去的使者，这样看来，合骨咄禄本来就没什么罪过了。”德宗说：“卿认为与回纥和好是对的，那朕当然是不对的了？”李泌回答说：“臣完全是为国家社稷的安全说这些话的，如果臣随便迎合陛下的意见，以求陛下的认可，到时候，臣有什么脸面到天上去见肃宗皇帝和代宗皇帝呢？”德宗说：“这件事让朕慢慢来思考。”此后李泌与德宗奏问对答达十五次以上，每次李泌都要讨论与回纥和好的事，德宗始终不批准。李泌说：“既然陛下不答应同回纥建立和好关系，那就请准许臣告老还乡。”德宗说：“不是朕拒绝接受卿的规劝，只是想与卿把其中的道理论清楚，卿何必要马上要离开呢？”李泌回答说：“陛下允许臣讲道理，这本来就是天下人的福气啊。”德宗说：“朕不惜委屈自身，与回纥建立和好关系，但朕不能对不起韦少华这些人。”李泌说：“按照臣的看法，是韦少华等人对不起陛下，而不是陛下对不起他们。”德宗问：“卿讲这话有什么理由呢？”李泌回答说：“从前回纥的叶护率兵帮助朝廷讨伐叛逆安庆绪，肃宗皇帝只让臣在元帅府里设宴慰劳他们，身为元帅的先帝代宗皇帝一直没有出来接见叶护等人。即便是叶护坚持邀请臣去他的军营中做客，肃宗皇帝还不答应。等到大军将要出发的时候，先皇帝才出来与叶护等人相见。之所以这样做，因为回纥是戎狄，他们豺狼成性，发兵大举进入唐朝的中原腹地，我们不能不对他们作特别小心谨慎的防备。陛下在陕州的时候，正值年轻气盛，韦少华等人做事没能深思熟虑，就引着皇储直接去回纥人的军营中，又不事先与回纥人商议好见面的礼仪，以至于让回纥人十分放肆，为所欲为，这难道不是韦少华等人对不起陛下吗？他们死了也不足以偿清罪责啊。而且，香积寺一战，我军大获全胜时，叶护想带领回纥兵进入长安城内，先皇帝亲自在叶护的马前行礼，阻止回纥军队进去，叶护于是就没有敢进长安城。当时在周围围观的人有十万多，他们都感慨地称赞先皇帝说：‘广平王真是我华夏与蛮夷之族的共主啊！’这样看来，先皇帝对别人屈尊下驾的时候少，而得偿所愿的时候多。叶护是牟羽可汗的叔叔。牟羽身为回纥的可汗，带领他们国内的全部兵力来解救中原地区的祸难，所以心志十分傲慢自大，也敢于向陛

曰："彼思与中国和亲久矣，其可汗、国相素信臣言，若其未谐，但应再发一书耳。"上从之。

既而回纥可汗遣使上表称儿及臣，凡泌所与约五事，一皆听命。上大喜，谓泌曰："回纥何畏服卿如此！"对曰："此乃陛下威灵，臣何力焉！"上曰："回纥则既和矣，所以招云南、大食、天竺奈何？"对曰："回纥和，则吐蕃已不敢轻犯塞矣。次招云南，则是断吐蕃之右臂也。云

下要求礼遇。陛下天资神明英武，没有被其压力所屈服。在那个时候，臣不敢说别的什么，如果牟羽可汗挽留陛下在回纥军营中，欢快饮酒十天，天下人都会对陛下大失所望的！而陛下的天威所照之处，连豺狼野兽都驯顺起来了，牟羽可汗的母亲双手捧着貂皮裘衣献给陛下，斥责牟羽可汗身边的人，亲自护送陛下骑马而回。陛下就拿香积寺这一事来比较，那么委屈的说法对呢，还是没有委屈的说法对呢？是陛下向牟羽可汗屈服了呢？还是牟羽可汗向陛下屈服了呢？”德宗听了以后对在场的李晟、马燧说：“过去的旧友最好是不要再度重逢。一直痛恨回纥人，现在听李泌谈起香积寺的旧事，自己感觉到有些理亏，卿两人有什么看法吗？”李晟、马燧说：“如果真的像李泌说的那样，那回纥看来似乎是可以原谅的。”德宗说：“卿两人也不支持朕，那该怎么办呢？”李泌说：“臣认为回纥人不值得怨恨，相反近年以来的宰相们才是值得怨恨的。现任的回纥可汗杀了牟羽，而他们的国人又两次帮助朝廷收复京城的功劳，那他们又有什么罪过呢？吐蕃庆幸我们国内出现灾祸，乘机攻占了河州、陇州几千里的地方，又带兵进入京城，致使先皇帝代宗蒙尘，流落陕州，这才是一定要报的怨仇，况且吐蕃的赞普还活着，前任宰相们不向陛下讲清楚这一事情，还想与吐蕃建立和好关系，以便向回纥进攻，这才是值得怨恨的啊。”德宗说：“朕与回纥人结怨已经很久了，他们又听说了我们与吐蕃结盟时，吐蕃人劫持了我们的会盟使者，现在前去与回纥人和好，那他们会不会又拒绝我们，让夷狄之族耻笑呢？”李泌回答说：“不会这样的。臣从前在彭原的时候，现今的可汗担任胡禄都督，与现任国相白婆帝都跟着叶护前来中原，臣对待他们都很亲善、优厚，所以他们听说臣担任宰相后就要求建立和好关系，那怎么会又拒绝和好呢？臣现在请陛下准许臣写信与他们相约：让可汗向朝廷称臣，做陛下的儿子，他们每次派使者来朝，随从人员不超过二百，他们带来互市的马不能超过一千匹，不得携带中原地区的人以及胡族的商人出塞到他们那里去。如果回纥能够遵守这五条规定，那么陛下就一定会答应与他们和好。这样一来，陛下的威严就可以临照北部荒野的地区，震慑吐蕃人，足以让陛下平时对这两地的劳虑之心大快了。”德宗说：“从至德年间以来，我们与回纥人结成兄弟间的关系，现在一旦要他们臣服我们，那他们肯与我们和好吗？”李泌回答说：“他们想与我们建立和好关系已经很久了，他们的可汗、国相一向相信说的话，如果中间还有什么处理不妥当的地方，只要再给他们送一封信就行了。”德宗采纳了李泌的主张。

不久，回纥可汗派遣使者向德宗上表章，自称儿子和臣属，李泌与他们相约定的五件事，他们一概服从。对此，德宗非常高兴，对李泌说：“回纥人怎么这样害怕和服从卿呢？”李泌回答说：“这都是陛下的声威和神明才得到的，臣哪有什么力量？”德宗说：“回纥人，我们已经同他们建立了和好关系，那采取什么办法去招服

南自汉以来臣属中国，杨国忠无故扰之使叛，臣于吐蕃，苦于吐蕃赋役重，未尝一日不思复为唐臣也。大食在西域为最强，自葱岭尽西海，地几半天下，与天竺皆慕中国，代与吐蕃为仇，臣故知其可招也。”

癸亥，遣回纥使者合阙将军归，许以咸安公主妻可汗，归其马价绢五万匹。

（以上为第二段，写李泌劝谏德宗与回纥释嫌通好，重结和亲。）

吐蕃寇华亭及连云堡，皆陷之。甲戌，吐蕃驱二城之民数千人及邠、泾人畜万计而去，置之弹筝峡西。泾州恃连云为斥候，连云既陷，西门不开，门外皆为虏境，樵采路绝。每收获，必陈兵以扞之，多失时，得空穗而已。由是泾州常苦乏食。

冬，十月，甲申，吐蕃寇丰义城，前锋至大回原，邠宁节度使韩游瓌击却之；乙酉，复寇长武城，又城故原州而屯之。

妖僧李软奴自言：“本皇族，见岳、渎神。命己为天子。”结殿前射生将韩钦绪等谋作乱。丙戌，其党告之，上命捕送内侍省推之。李晟闻之，遽仆于地曰：“晟族灭矣！”李泌问其故。晟曰：“晟新罹谤毁，中外家人千余，若有一人在其党中，则兄亦不能救矣。”泌乃密奏：“大狱一起，所连引必多，外间人情恟惧，请出付台推。”上从之。钦绪，游瓌之子也，亡抵邠州；游瓌出屯长武城，留后械送京师。壬辰，腰斩软奴等八人，北军之士坐死者八百余人，而朝廷之臣无连及者。韩游瓌委军诣阙谢，上遣使止之，委任如初。游瓌又械送钦绪二子；上亦宥之。

云南、大食、天竺呢？”李泌说：“与回纥和好以后，那么吐蕃人就不敢再轻易地侵犯我们的边境了。接着招抚云南，那就是斩断了吐蕃的右臂。云南从汉朝以来，一直臣属于中原，本朝玄宗皇帝时的宰相杨国忠无缘无故骚扰他们，以至于使他们背叛了朝廷，向吐蕃称臣。但他们又被吐蕃的繁重赋税和力役弄得极为困苦，没有一刻不想再作大唐的臣属的。大食在西域各国中力量最为强盛，他们的疆域东起葱岭，西达西海边，疆域几乎占了天下的一半。大食与天竺都仰慕中原，世世代代都与吐蕃人为仇，臣因此知道他们都是可以招抚联结的。”

九月十三日癸亥，德宗让回纥的使者合阙将军回归，答应把自己的女儿咸安公主嫁给可汗为妻。并用五万匹绢偿还回纥以前的马价。

吐蕃侵犯华亭县和险要的连云堡，把这两个地方都攻陷了。九月二十四日甲戌，吐蕃驱赶着这两座城池的百姓几千人以及在邠州、泾州抢掠的人和牲口一万多离去了，把这些人和牲口都安置在弹筝峡的西边。泾州一直依靠连云堡作抗敌的前哨据点，连云堡被吐蕃人攻陷以后，泾州城的西门不再打开，西门外的大片地方成了吐蕃人活动的区域，城内去打柴的路都被切断了。每逢收获庄稼的时候，一定要布防军队才能去收割，经常不能按时收获粮食，收回来的往往是些没有籽粒的空穗。从此以后，泾州城常常因为缺乏粮食而困苦不堪。

冬季，十月初四日甲申，吐蕃侵犯丰义城，他们的前锋到了大回原，邠宁节度使韩游瓌率军击退了吐蕃。十月初五日乙酉，吐蕃又侵犯长武城，还在原州旧城的废墟上修建城池，驻扎兵马。

兴妖作祟的僧人李软奴自称：“我本是皇室成员，看见五岳、四渎的神仙，他们命令我来做皇帝。”李软奴笼络禁军中的殿前射生将韩钦绪等人，与他们阴谋策划叛乱。十月初六日丙戌，李软奴的同伙把这件事向朝廷告发了，德宗下令拘捕李软奴，送交内侍省审讯。李晟听说这件事后，一头栽倒在地上说：“我李晟要被灭族了。”李泌询问这是什么缘故，李晟说：“我最近才受了各种毁谤，在朝野内外，我的家人有一千多口，如果有一个人在李软奴的乱党中，那仁兄你也不能挽救我了。”于是，李泌就秘密上奏德宗说：“一旦大案发生，牵连的人一定很多，朝廷内外的人们惊恐不安，请把这个案子由内侍省转交给御史台去审讯。”德宗采纳了这一建议。韩钦绪是韩游瓌的儿子，逃到邠州。韩游瓌正率军驻守长武城，邠宁留后将韩钦绪押送京城。十月十二日壬辰，德宗下令将李软奴等八人腰斩于市，禁军中的北军将士受这一事件牵连被处死的有八百多人，但朝廷中的大臣没有一个人受连累和波及。韩游瓌把军队留下，自己到朝廷谢罪，德宗派使者制止，对韩游瓌的重用同以前一样。

吐蕃以苦寒不入寇，而粮运不继；十一月，诏浑瑊归河中，李元谅归华州，刘昌分其众归汴州，自余防秋兵退屯凤翔、京兆诸县以就食。

十二月，韩游瓌入朝。

（以上为第三段，写李泌化解妖僧李软奴谋反大案，护佑李晟、韩游瓌等宿将，以及朝中大臣，挫败了幕后的奸谋。）

自兴元以来，是岁最为丰稔，米斗直钱百五十、粟八十，诏所在和籴。

庚辰，上畋于新店，入民赵光奇家，问："百姓乐乎？"对曰："不乐。"上曰："今岁颇稔，何为不乐？"对曰："诏令不信。前云两税之外悉无他傜，今非税而诛求者殆过于税。后又云和籴，而实强取之，曾不识一钱。始云所籴粟麦纳于道次，今则遣致京西行营，动数百里，车摧马毙，破产不能支。愁苦如此，何乐之有！每有诏书优恤，徒空文耳！恐圣主深居九重，皆未知之也！"上命复其家。

臣光曰：甚矣唐德宗之难寤也！自古所患者，人君之泽壅而不下达，小民之情郁而不上通；故君勤恤于上而民不怀，民愁怨于下而君不知，以至于离叛危亡，凡以此也。德宗幸以游猎得至民家，值光奇敢言而知民疾苦，此乃千载之遇也。固当按有司之废格诏书，残虐下民，横增赋敛，盗匿公财，及左右谄谀日称民间丰乐者而诛之；然后洗心易虑，一新其政，屏浮饰，废虚文，谨号令，敦诚信，察真伪，辨忠邪，矜困穷，伸冤滞，则太平之业可致矣。释此不为，乃复光奇之家；夫以四海之广，兆民之众，又安得人人自言于天子而户户复其傜赋乎！

韩游瓌又将韩钦绪的两个儿子押送到京城，德宗也宽恕了他们。

吐蕃军队因为天气严寒，不再来侵犯边疆，而同时朝廷驻防京西军队的粮食运输也接济不上。十一月，德宗下令浑瑊率领军队回到河中，李元谅率军回到华州，刘昌分出部分人马回到汴州，其他的防秋兵回撤到凤翔、京兆府的各县驻扎，以便就地得到粮食供应。

十二月，韩游瓌入京朝见德宗。

自兴元年间以来，以这一年粮食收成为最好，一斗米值一百五十钱，一斗粟子值八十钱，德宗下诏丰收地区由官府收购粮食。

十二月初一日庚辰，德宗去新店一带打猎，来到百姓赵光奇的家里，德宗询问赵光奇："现今老百姓的生活安乐吗？"赵光奇回答说："老百姓不安乐。"德宗问："今年是一个丰收年，那百姓为什么不安乐呢？"赵光奇说："诏令没有信用。以前说除两税以外，其他一切徭役都要免除，现今官府征收的杂税比两税还要多。后来又说让官府收购粮食，而实际上是官府强行夺走了粮食，还不曾给我们一个钱。开始的时候说官府收购的粮食只要在路旁交纳就行，现在却要送到京城西边的军营中去，动不动就好几百里，车也推坏了，马也拉死了，破了全部的家产，还不能支撑。忧愁困苦到了这种状况，百姓哪里还有安乐可言？每每朝廷下诏书说优待、体恤百姓，都只是一纸空文罢了！恐怕这是因为圣明的皇上深居在九重后宫里面，对这些事情都不清楚吧！"德宗下令免除赵光奇一家的赋税徭役。

臣司马光评论说：唐德宗实在是太难以醒悟了！自古以来一直让人们担忧的情况是，君王的恩泽被堵塞了，不能普施到百姓身上，百姓的情绪压抑在心头，不能通达到皇帝那里去。所以君王在上面经常下令要体恤爱护百姓，但百姓并不感怀君王的恩德；百姓在下面忧愁怨恨，但君王却不知道，最后导致百姓流离反叛，天下陷入危亡之境，都是因为有这些祸患的缘故啊。德宗皇帝幸亏因为外出打猎，得以到百姓家中，又正碰上赵光奇敢于说话，而了解百姓们的疾苦，这正是千载难以遇到的机会啊。本来，德宗皇帝应该审讯、处置有关部门违抗诏令，残暴地虐待百姓，横暴地增加赋税徭役，盗窃、私吞公家的财产，以及身边那些天天说民间喜获丰收、百姓安居乐业的阿谀逢迎者，诛杀这些罪大恶极的人。然后洗掉旧念，改变政策一新朝政，屏除浮华的形式，废弃空洞的文件，谨慎地整饬官吏，敦促诚实和守信的风气，识别事情的真假，辨清官吏的忠诚与邪恶，怜惜困苦贫穷的百姓，为蒙冤受屈的人平反昭雪，这样

李泌以李软奴之党犹有在北军未发者，请大赦以安之。

（以上为第四段，写德宗深居宫中不了解民情，不体恤百姓，既知民情却不禁暴惩贪，只做个案免除一个家庭的赋税徭役，受到司马光的批评。）

四年（戊辰，788年）

春，正月，庚戌朔，赦天下；诏两税等第，自今三年一定。

李泌奏京官俸太薄，请自三师以下悉倍其俸；从之。

壬申，以宣武行营节度使刘昌为泾原节度使。甲戌，以镇国节度使李元谅为陇右节度使。昌、元谅，皆帅卒力田，数年，军食充羡，泾、陇稍安。

韩游瓌之入朝也，军中以为必不返，饯送甚薄。游瓌见上，盛陈筑丰义城可以制吐蕃；上悦，遣还镇。军中忧惧者众，游瓌忌都虞候虞乡范希朝有功名，得众心，求其罪，将杀之。希朝奔凤翔，上召之，置于左神策军。游瓌帅众筑丰义城，二版而溃。

二月，元友直运淮南钱帛二十万至长安，李泌悉输之大盈库。然上犹数有宣索，仍敕诸道勿令宰相知。泌闻之，惆怅而不敢言。

臣光曰：王者以天下为家，天下之财皆其有也。阜天下之财以养天下之民，已必豫焉。或乃更为私藏，此匹夫之鄙志也。古人有言：贫不学俭。夫多财者，奢欲之所自来也。李泌欲弭德宗之欲而丰其私财，财丰则欲滋矣。财不称欲，能无求乎！是犹启其门而禁其出也！虽德宗之多僻，亦泌所以相之者非其道故也。

（以上为第五段写德宗背约，派中使向地方索取财物，司马光认为是李泌多给钱财，开启了德宗的私欲，不非君反责臣，非中肯之言。）

一来，就可以实现天下太平的大业了。但德宗皇帝将这些重要的事情丢在一边不去做，却只免除了赵光奇一家的赋税徭役。天下四海，极广极大，百姓众多，又怎么能人人都亲自向皇帝讲明实情，而户户都能免除赋税徭役呢？

李泌认为李软奴的党羽在禁军的北军中还有没被揭发出来的人，请求德宗赦免了他们，以安定北军的军心。

唐德宗贞元四年（戊辰，788年）

春季，正月初一日庚戌朔，大赦天下。诏令从今年开始，征收两税的等级每隔三年重定一次。

李泌上奏京官的薪俸太少了，请求在太师、太傅、太保三师以下的各级官员现在薪俸基础上加倍发给薪俸，德宗允准执行。

正月二十三日壬申，德宗任命宣武行营节度使刘昌担任泾原节度使。正月二十五日甲戌，任命镇国军节度使李元谅担任陇右节度使。刘昌、李元谅各率部众在镇守地努力耕田种地，几年以后，军中粮食充足，还有盈余，泾州、陇州一带逐渐安定下来。

韩游瓌入京上朝，邠宁镇的军中将士都认为韩游瓌不会再回来任节度使，饯行和送的礼物都极为简单。韩游瓌见了德宗以后，极力陈说如果修筑丰义城，就可以制服吐蕃人，德宗听了以后很高兴，派他回邠宁镇守。邠宁军中对韩游瓌回来既忧愁又害怕的人有很多，韩游瓌嫉恨都虞候虞乡人范希朝有功劳和名声，深得将士们的拥戴，便查究范希朝的罪过，准备把范希朝杀了。范希朝逃到了凤翔，德宗将他征召入朝，安置在左神策军中。韩游瓌率领将士们修筑丰义城，只修筑到四尺高的时候，城墙就倒塌下来。

二月，元友直运送淮南的二十万钱帛抵达京城长安，李泌将这些钱财全部拨给了皇帝的私库大盈库。但是德宗仍然多次派宦官使者去各地宣诏，索要财物，还下令各道，此事不能让宰相知道。李泌听说这件事以后，心中烦闷但又不敢说出来。

臣司马光评论说：君王以天下四海为家，天下的一切钱财都属他所有。让天下的财物丰盛起来，用它来抚养天下的百姓，君王自己也一定快乐安逸。如果君王还要经营私人财产，这不过是凡夫俗子的粗俗愿望。古人说过这么一句话：贫穷的人用不着学习俭朴这一美德。钱财多了，就成了产生奢侈欲望的根源。李泌想消除德宗皇帝储积财产的欲望，但却为皇帝聚积私财，殊不知私财越多，私欲也就越加膨胀。私财不能满足欲望，那他能不到处去索要吗？这就好像是为他开了门，却又禁止他出门一样！虽然德宗皇帝的行为多有怪癖毛

咸阳人或上言："臣见白起，令臣奏云：'请为国家扞御西陲。正月，吐蕃必大下，当为朝廷破之以取信。'"既而吐蕃入寇，边将败之，不能深入。上以为信然，欲于京城立庙，赠司徒。李泌曰："臣闻'国将兴，听于人。'今将帅立功而陛下褒赏白起，臣恐边臣解体矣！若立庙京城，盛为祈祷，流闻四方，将长巫风。今杜邮有旧祠：请敕府县葺之，则不至惊人耳目矣。且白起列国之将，赠三公太重，请赠兵部尚书可矣。"上笑曰："卿于白起亦惜官乎！"对曰："人神一也。陛下傥不之惜，则神亦不以为荣矣。"上从之。

泌自陈衰老，独任宰相，精力耗竭，既未听其去，乞更除一相；上曰："朕深知卿劳苦，但未得其人耳。"上从容与泌论即位以来宰相曰："卢杞忠清强介，人言杞奸邪，朕殊不觉其然。"泌曰："人言杞奸邪而陛下独不觉其奸邪，此乃杞之所以为奸邪也。傥陛下觉之，岂有建中之乱乎！杞以私隙杀杨炎，挤颜真卿于死地，激李怀光使叛，赖陛下圣明窜逐之，人心顿喜，天亦悔祸。不然，乱何由弭！"上曰："杨炎以童子视朕，每论事，朕可其奏则悦，与之往复论难，即怒而辞位；观其意以朕为不足与言故也。以是交不可忍，非由杞也。建中之乱，术士豫请城奉天，此盖天命，非杞所能致也！"泌曰："天命，他人皆可以言之，惟君相不可言。盖君相所以造命也。若言命，则礼乐刑政皆无所用矣。纣曰：'我生不有命在天！'此商之所以亡也！"上曰："朕好与人较量理体：崔祐甫性褊躁，朕难之，则应对失次，朕常知其短而护之。杨炎论事亦有可采，而气色粗傲，难之辄勃然怒，无复君臣之礼，所以每见令人忿发。余人则不敢复言。卢杞小心，朕所言无不从；又无学，不能与朕往复，故朕所怀常不尽也。"对曰："杞言无不从，岂忠臣乎！夫'言而莫予违'，此孔子所谓'一言丧邦'者也！"上曰："惟卿则异彼三人者。朕言当，卿有喜色；不当，常有忧色。虽时有逆耳之言，如向来纣及丧邦之类。

病，但也是由于李泌不用正道辅佐他的缘故啊！

咸阳有个人向朝廷进言说："我梦见了著名战将白起，白起让我上奏朝廷说：'请让我为国家来捍卫西部边疆。本年正月，吐蕃一定会大举下山来侵犯，我自当替朝廷打败他们，以让别人相信我。'"不久，吐蕃军队侵犯边疆，戍守边疆的将领率军打败了他们，使他们不能深入中原腹地。德宗认为咸阳那个人上奏的话很灵验，打算在京城为白起建立祠庙，并追赠白起为司徒。李泌说："臣听说'国家要振兴起来，就要借重人的力量'这句古话。现在守卫边疆的将帅们立功了，但陛下却要褒奖追封白起，我担心这样做会使守卫边疆的将帅人心涣散！如果在京城给白起建立祠庙，大肆祈祷、祭祀，这事流传到各地以后，将会助长相信巫祝的风气。而今在杜邮这个地方还存有白起的祠庙，请陛下敕令所在府县整修一下祠庙，就不至于惊扰人们的视听了。而且白起只是一名诸侯国的大将，追赠给他一个属于三公的职位，那官爵也太重了，请追赠给他一个兵部尚书职位就行了。"德宗笑着说："卿对白起这位古人也吝惜官爵吗？"李泌回答说："封爵授官对人对神都要一样。如果陛下不吝惜官爵，那么神接受了追封也不会认为是件荣耀的事情了。"德宗采纳了李泌的意见。

李泌向德宗说自己年老体衰，一个人单独担任宰相职务，精神和体力都消耗殆尽，既然陛下不让他告老还乡，那就请陛下再任命一个人来做宰相。德宗说："朕十分清楚你的辛苦，只是没有找到合适的宰相人选。"德宗从容地与李泌议论从自己继承皇位以来的各位宰相说："卢杞为人忠诚、廉洁、精明强干、耿直，人们都说卢杞奸佞邪恶，但朕一点也不觉得他是这样。"李泌说："人们都说卢杞奸佞邪恶，只有陛下一人不觉得他奸佞邪恶，这就是卢杞之所以奸佞邪恶的地方。如果陛下觉察到了卢杞的奸佞邪恶，哪里会有建中时期的变乱发生呢？卢杞因为私人关系不和杀了宰相杨炎，排斥颜真卿到必死之地，激怒李怀光，使他背叛了朝廷，幸亏陛下神圣英明，将卢杞贬职流放，人们的心情一下子都高兴起来，上天也为造成的灾祸而追悔。要不是这样，那叛乱怎么能平息呢？"德宗说："杨炎把朕当小孩子看待，每逢议论事情，朕批准了上奏的事情就高兴，与他反复讨论辩问，他马上就气冲冲地要辞去宰相职位，推测杨炎的心思，他认为我不配与他讨论事情，才会出现这种样子。因为这个原因，朕与他相互都不能容忍了，这并不是卢杞造成的。建中时期的变乱，道术之士桑道茂预先便请求朝廷修筑奉天城，这都是由于天命，不是卢杞能够招致的！"李泌说："要说天命，其他的人都可以说说，只有君王、宰相不能谈。这是因为君王和宰相是创造命运的人。如果要谈到天命如此，那么礼、乐、刑、政都没有什么用处了。商纣王说：'我一生下来不就是由天命决定的吗？'这就是商朝所以灭

朕细思之，皆卿先事而言，如此则理安，如彼则危乱，言虽深切而气色和顺，无杨炎之陵傲。朕问难往复，卿辞理不屈，又无好胜之志，直使朕中怀已尽屈服而不能不从，此朕所以私喜于得卿也。”泌曰：“陛下所用相尚多，今皆不论，何也？”上曰：“彼皆非所谓相也。凡相者，必委以政事；如玄宗时牛仙客、陈希烈，可以谓之相乎！如肃宗、代宗之任卿，虽不受其名，乃真相耳。必以官至平章事为相，则王武俊之徒皆相也。”

（以上为第六段，写德宗与李泌议论本朝各位宰相，德宗认为李泌事上，礼仪得体，敢言而说理透彻，是最佳良相。）

刘昌复筑连云堡。

夏，四月，乙未，更命殿前左、右射生曰神威军，与左、右羽林、龙武、神武、神策号曰十军。神策尤盛，多戍京西，散屯畿甸。

福建观察使吴诜轻其军士脆弱，苦役之。军士作乱，杀诜腹心十余人，逼诜牒大将郝诚溢掌留务。诚溢上表请罪，上遣中使就赦以安之。

乙未，陇右节度使李元谅筑良原故城而镇之。

亡的原因啊！”德宗说：“我喜欢与人辩论治理天下的法则。崔祐甫这个人，性情狭隘急躁，朕每次提问，他的回答总是语无伦次，朕知道这是崔祐甫的短处，就经常有意袒护崔祐甫。杨炎议论事情，也有可以采纳的意见，但是杨炎的态度和面部表情很粗率傲慢，朕一诘问，他动不动就勃然大怒，而不再顾及君臣之间应有的礼节。所以每见杨炎一次，就令人生气，在场的其他人也就不敢说什么了。卢杞为人小心翼翼，凡是朕说的事情，他没有不听从的，但他没有什么学问，不能与朕就事理反复讨论，所以朕常常不能与他畅所欲言。”李泌说：“卢杞对陛下说的话无不言听计从，那难道能说卢杞是忠臣吗？所谓‘我说的话，没有人敢违背’，这正是孔子所说的‘讲一句话可以丧邦灭国’的话啊！”德宗说：“只有卿与他们三个人都不同。朕说的话恰当，卿就面有喜色；朕说的话不恰当，卿的脸色就经常忧愁不堪。虽然时常说些不中听的话，就像刚才说的商纣王以及丧邦灭国的话。仔细地思考一下，你讲的话都是在事情没有发生前就说出来的，都是说采取这样的措施，那么就会政治清明，国家安定，采取那样的措施，那么就会导致危亡，招来变乱。话虽然说得深刻，切中问题的要害，但态度和缓，面色温顺，不像杨炎那样盛气凌人，狂傲无比。我与你反复辩论，你在言辞和道理上并不屈从于朕，而且你又没有争强好胜之心，一直让朕把想说的话都说完，屈服于道理，而不能不听从卿的意见，这是朕之所以为任命卿担任宰相而高兴的理由啊！”李泌说：“陛下所任用的宰相还有很多人，现在都没有去评论，那是为什么呢？”德宗说：“他们都不是人们心中的真正宰相。凡是担任宰相职务的人，一定要把国家的政事都交给他处理。像本朝玄宗皇帝时候的牛仙客、陈希烈这种人，也可以称他们为宰相吗？像肃宗皇帝、代宗皇帝任用卿，虽然没有给卿宰相的名称，但这才是真正的宰相职权了。一定以为官职到了平章事就是宰相了，那王武俊这些人就都是宰相了。”

泾原节度使刘昌率兵重新修筑连云堡。

夏季，四月十八日乙未，德宗下令把殿前左、右射生军改名为神威军，左、右神威军与左、右羽林军，左、右龙武军，左、右神武军，左、右神策军一起总称十军。以左、右神策军的力量最为强盛，大部分驻守在京城西边，小部分零散地驻扎在京畿地区的各县。

福建观察使吴诜看不起部属士兵认为他们怯懦软弱，就强迫他们做苦役。士兵们起来作乱，杀了吴诜的心腹亲信十几人，还逼迫吴诜写下字据召大将郝诚溢主持留后事宜。郝诚溢上表朝廷请求治罪，德宗派遣宦官使者去福建就地赦免，以安定人心。

四月，乙未［丁未］，陇右节度使李元谅修筑良原的旧县城，并在此镇守。

云南王异牟寻欲内附，未敢自遣使，先遣其东蛮鬼主骠旁、苴梦冲、苴乌星入见。五月，乙卯，宴之于麟德殿，赐赉甚厚，封王给印而遣之。

辛未，以太子宾客吴凑为福建观察使，贬吴诜为涪州刺史。

吐蕃三万余骑寇泾、邠、宁、庆、鄜等州。先是，吐蕃常以秋冬入寇，及春多病疫而退。至是，得唐人，质其妻子，遣其将将之，盛夏入寇；诸州皆城守，无敢与战者，吐蕃俘掠人畜万计而去。

夏县人阳城以学行著闻，隐居柳谷之北，李泌荐之；六月，征拜谏议大夫。

韩游瓌以吐蕃犯塞，自戍宁州；病，求代归。秋，七月，庚戌，加浑瑊邠宁副元帅，以左金吾将军张献甫为邠宁节度使，陈许兵马使韩全义为长武城行营节度使。献甫未至，壬子夜，游瓌不告于众，轻骑归朝。戍卒裴满等惮献甫之严，乘无帅之际，癸丑，帅其徒作乱。曰："张公不出本军，我必拒之。"因剽掠城市，围监军杨明义所居，使奏请范希朝为节度使。都虞候杨朝晟避乱出城，闻之，复入，曰："所请甚契我心，我来贺也！"乱卒稍安。朝晟潜与诸将谋，晨勒兵，召乱卒谓曰："所请不行，张公已至邠州，汝辈作乱当死，不可尽杀，宜自推列唱帅者。"遂斩二百余人，帅众迎献甫。上闻军众欲得范希朝，将授之。希朝辞曰："臣畏游瓌之祸而来，今往代之，非所以防窥觎，安反仄也。"上嘉之，擢为宁州刺史，以副献甫。游瓌至京师，除右龙武统军。

振武节度使唐朝臣不严斥候，己未，奚、室韦寇振武，执宣慰中使二人，大掠人畜而去。时回纥之众逆公主者在振武，朝臣遣七百骑与回纥数百骑追之，回纥使者为奚、室韦所杀。

云南王异牟寻想向内归附朝廷，但又不敢自行派遣使者，于是首先派遣东蛮的鬼主骠旁、苴梦冲、苴乌星进京朝见皇帝。五月初八日乙卯，德宗在麟德殿设宴招待他们，赏赐给他们很多东西，都封为王，发给印绶，打发他们回去。

五月二十四日辛未，德宗任命太子宾客吴凑担任福建观察使，将吴诜降职为涪州刺史。

三万多吐蕃骑兵侵犯泾、邠、宁、庆、鄜等州。先前，吐蕃常常在秋季、冬季来侵犯边疆，到了春天，多因生病和瘟疫流行而退回去。这一次，吐蕃军掳掠唐朝的男子，把他们的妻子、儿女扣作人质，派遣将领统领他们在盛夏时节侵犯边疆。各个州都据城防守，不敢与他们交战，吐蕃又俘虏抢掠数以万计的百姓和牲口回去了。

夏县人阳城以学识渊博、德行高操而闻名于世，隐居在柳谷的北边，李泌向德宗推荐。六月，德宗派人去征召，并任阳城为谏议大夫。

因为吐蕃军队侵犯边疆，韩游瓌亲自率军守卫宁州。生了病，请求朝廷派人来替代，自己辞职回朝。秋季，七月初五日庚戌，德宗加封浑瑊为邠宁副元帅，委派左金吾将军张献甫担任邠宁节度使，委派陈许兵马使韩全义担任长武城行营节度使。张献甫还没有到任，七月初七日壬子的晚上，韩游瓌没有向大家打声招呼，便轻骑简从上路回朝去了。在这里驻防的士兵裴满等人都害怕张献甫治军太严，乘军队没有主帅的时机，在七月初八日癸丑这一天，带着党徒们起来兴风作乱，他们说："张公不是我们朔方军出身，我们一定要抵制。"于是在城内闹市去抢劫，包围了监军杨明义住的地方，让杨明义上奏朝廷请派范希朝来担任节度使。都虞候杨朝晟躲避这场祸乱，逃出城外，听说这件事以后，又进城来，对作乱的士兵们说："你们要求请范希朝来担任节度使，正符合我的心意，我是来向大家祝贺的！"作乱的士兵们才渐渐安定下来。杨朝晟暗中与各位将领们商议布置，第二天早晨带着兵马，召集作乱的士兵们，对他们说："你们所请求的事情实现不了，张公已经到了邠州，你们这些人兴风作乱，应当被处死，但我不能把你们都杀了，你们最好是自己揭发出带头的人来。"于是就杀了作乱的士兵二百多人，带领将士去迎接张献甫。德宗听说邠宁军中的士兵们希望范希朝去任主帅，准备任命范希朝为节度使，范希朝推辞说："我是害怕韩游瓌杀我才跑出来的，现在回去接替节度使，这可不是防范阴谋、安定军心的好办法啊。"德宗对范希朝很是嘉许，提升为宁州刺史，以作张献甫的副手。韩游瓌回到京城，德宗任命韩游瓌为右龙武军的统军。

振武节度使唐朝臣不能严密侦查、防范敌人，七月十四日己未，奚人和室韦人侵犯振武，抓走了朝廷派来宣慰的两个宦官使者，还大肆抢掠人口和牲畜后离去。当时回纥派遣来唐朝迎接咸安公主的大队人马正在振武城，唐朝臣派七百名骑兵与

九月，庚申，吐蕃尚志董星寇宁州，张献甫击却之；吐蕃转掠鄜、坊而去。

元友直句检诸道税外物，悉输户部，遂为定制，岁于税外输百余万缗、斛，民不堪命。诸道多自诉于上，上意寤，诏："今年已入在官者输京师，未入者悉以与民；明年以后，悉免之。"于是东南之民复安其业。

回纥合骨咄禄可汗得唐许昏，甚喜，遣其妹骨咄禄毗伽公主及大臣妻并国相、跌跌都督以下千余人来迎可敦，辞礼甚恭，曰："昔为兄弟，今为子婿，半子也。若吐蕃为患，子当为父除之！"因詈辱吐蕃使者以绝之。冬，十月，戊子，回纥至长安，可汗仍表请改回纥为回鹘；许之。

（以上为第七段，写邠宁兵变，被及时平息。回纥与唐和亲，更名回鹘。）

吐蕃发兵十万将寇西川，亦发云南兵；云南内虽附唐，外未敢叛吐蕃，亦发兵数万屯于泸北。韦皋知云南计方犹豫，乃为书遗云南王，叙其叛吐蕃归化之诚，贮以银函，使东蛮转致吐蕃。吐蕃始疑云南，遣兵二万屯会川，以塞云南趣蜀之路。云南怒，引兵归国。由是云南与吐蕃大相猜阻，归唐之志益坚；吐蕃失云南之助，兵势始弱矣。然吐蕃业已入寇，遂分兵四万攻两林、骠旁，三万攻东蛮，七千寇清溪关，五千寇铜山。皋遣黎州刺史韦晋等与东蛮连兵御之，破吐蕃于清溪关外。

庚子，册命咸安公主，加回鹘可汗长寿天亲可汗。十一月，以刑部尚书关播为送咸安公主兼册回鹘可汗使。

吐蕃耻前日之败，复以众二万寇清溪关，一万攻东蛮；韦皋命韦晋镇要冲城，督诸军以御之。巂州经略使刘朝彩出关连战，自乙卯至癸亥，大破之。

李泌言于上曰："江、淮漕运以甬桥为咽喉，地属徐州，邻于李纳，

几百名回纥骑兵一起去追赶奚人和室韦人，回纥使者反而被奚人和室韦人杀了。

九月十一日庚申，吐蕃的尚志董星侵犯宁州，张献甫击败了他们。吐蕃的军队转道抢掠鄜州、坊州后离去。

元友直检核各道征收的两税以外的财物，把这些财物全部运交户部，于是这种做法就成了一种制度，每年在两税之外，还向朝廷上交钱一百余万缗，粮食一百余万斛，百姓忍受不了这种搜刮。各道都上奏诉说这一情况，德宗这才醒悟过来，于是下令："今年已经收进官府的全部送往京城，还没有收进官府，全部把它交还给百姓。从明年开始，一概停征。"于是东南地区的百姓又安心下来从事生产。

回纥的合骨咄禄可汗得到唐朝皇帝答应赐婚的消息之后，非常高兴，派遣妹妹骨咄禄毗伽公主以及大臣的妻子们，连同国相、跌跌都督以下一千多人，前来唐朝迎接国后，他们的言辞和礼仪都十分恭谨。合骨咄禄可汗说："从前我们是兄弟之国，现在成了女婿，女婿就是半个儿子。如果吐蕃人侵犯大唐边疆，做儿子的应该为父皇除掉这一祸患！"于是就侮骂吐蕃的使者，同吐蕃断绝了关系。冬季，十月十四日戊子，回纥使者到了长安，合骨咄禄可汗上表朝廷请求将回纥改为回鹘，德宗同意了。

吐蕃调动兵力十万准备侵犯西川，吐蕃还征发了云南的军队。云南虽然从心里已经归附了唐朝，但不敢在表面上背叛吐蕃人，也只得调派几万军队去泸水北岸驻扎。西川节度使韦皋知道云南王对何去何从还犹豫不决，于是就给云南王写了一封信，信中十分赞赏云南王背叛吐蕃，归顺朝廷的诚意，装在一个银制的信盒里，故意让东蛮转交给吐蕃人。吐蕃人开始怀疑云南王，派二万兵马驻守在会川，以堵塞云南往蜀地的道路。云南王对此大为震怒，率领军队回云南去了。从此以后，云南王与吐蕃人，彼此之间相互猜忌，云南王归顺唐朝的意志更加坚定。吐蕃人失去了云南的协助，军队的声势开始削弱了。但是吐蕃人已经出兵侵犯西川，骑虎难下，于是分出四万兵马攻打两林、骠旁，派出三万兵力攻打东蛮，另派七千兵马侵犯清溪关，派出五千兵马侵犯铜山。韦皋派遣黎州刺史韦晋等人与东蛮联合兵力抵御吐蕃，在清溪关外打败了吐蕃的军队。

十月二十六日庚子，德宗册封咸安公主，加封回鹘可汗为长寿天亲可汗。十一月，德宗任命刑部尚书关播护送咸安公主去回鹘成婚，并兼任册封回鹘可汗的使者。

吐蕃人以在清溪关打了败仗感到耻辱，又以二万军队侵犯清溪关，一万军队攻打东蛮。韦皋命令韦晋镇守要冲城，率领各路人马抵御吐蕃人的进攻。巂州经略使刘朝彩率兵出到清溪关外与吐蕃人连续作战，从十一月十一日乙卯交战到十九日癸亥，将吐蕃军队打得大败。

李泌对德宗说："江淮一带运往京城的漕运通道以甬桥这一地方为咽喉要地，这

刺史高明应年少不习事，若李纳一旦复有异图，窃据于徐州，是失江、淮也，国用何从而致！请徙寿、庐、濠都团练使张建封镇徐州，割濠、泗以隶之；复以庐、寿归淮南，则淄青惕息而运路常通，江、淮安矣。及今明应幼騃可代，宜征为金吾将军。万一使他人得之，则不可复制矣。”上从之。以建封为徐、泗、濠节度使。建封为政宽厚而有纲纪，不贷人以法，故其下无不畏而悦之。

横海节度使程日华薨，子怀直自知留后。

吐蕃屡遣人诱胁云南。

（以上为第八段，写吐蕃侵扰西川，为韦皋所败。德宗采纳李泌建言，加强徐州守备，维护漕运交通。）

五年（己巳，789 年）

春，二月，丁亥，韦皋遗异牟寻书，称：“回鹘屡请佐天子共灭吐蕃，王不早定计，一旦为回鹘所先，则王累代功名虚弃矣。且云南久为吐蕃屈辱，今不乘此时依大国之势以复怨雪耻，后悔无及矣。”

戊戌，以横海留后程怀直为沧州观察使。怀直请分弓高、景城为景州，仍请朝廷除刺史。上喜曰：“三十年无此事矣！”乃以员外郎徐伸为景州刺史。

中书侍郎、同平章事李泌屡乞更命相。上欲用户部侍郎班宏，泌言宏虽清强而性多凝滞，乃荐窦参通敏，可兼度支盐铁；董晋方正，可处门下。上皆以为不可。参，诞之玄孙也，时为御史中丞兼户部侍郎；晋为太常卿。至是泌疾甚，复荐二人。庚子，以董晋为门下侍郎，窦参为中书侍郎兼度支转运使，并同平章事。以班宏为尚书，依前度支转运副使。

参为人刚果峭刻，无学术，多权数，每奏事，诸相出，参独居后，

里属徐州管辖，徐州与淄青的李纳邻境接壤，徐州刺史高明应年轻，不太熟悉政务，如果李纳一旦又有背叛朝廷的企图，出兵占据徐州的话，那么朝廷就丧失了江淮的大片地方，国家的用度到时从哪里弄来呢？请调任寿州、庐州、濠州都团练使张建封去镇守徐州，分出濠州、泗州隶属于张建封。再把庐州、寿州划归淮南，那么在淄青的李纳就会害怕而使江南的漕运之路畅通无阻，江东、淮南就能得到安定。趁高应明现在年轻无知，可以替代，最好将高应明征召入朝，担任金吾将军。万一让别人得到了徐州，便难以再对徐州加以控制了。”德宗采纳了李泌的建议，任命张建封为徐州、泗州、濠州节度使。张建封处理政事宽大仁厚，而又纲纪严明，对违犯法度者决不姑息，所以部属们没有人不怕，而又心悦诚服。

横海军节度使程日华去世，儿子程怀直自己代行留后职务。

吐蕃多次派人来利诱、威胁云南王。

唐德宗贞元五年（己巳，789年）

春季，二月十四日丁亥，西川节度使韦皋写信给云南王异牟寻，信中说：“回鹘人屡次请求辅佐天子，一起剿灭吐蕃，大王如果不早拿定主意，一旦消灭吐蕃之事被回鹘人抢到前面去了，那么大王几代人积累下来的功劳和声名就白白地丢弃了。而且云南长期受吐蕃人的欺负和侮辱，现今不趁这一大好时机，依靠大唐的威势来报仇雪耻，那将后悔莫及。”

二月二十五日戊戌，德宗任命横海军的留后程怀直担任沧州观察使。程怀直请求朝廷将自己所管辖的弓高县和景城县划出来设置景州，还请求朝廷任命景州刺史。德宗高兴地说：“已经有三十年没有这一可喜的事情了！”于是任命员外郎徐伸担任景州刺史。

中书侍郎、同平章事李泌多次请求德宗另行任命宰相。德宗打算任用户部侍郎班宏为宰相，李泌说班宏清廉刚直，但性情比较迟钝拖拉，于是向皇帝推荐窦参，说窦参通达政事，敏捷能干，可以管度支和盐铁事务；推荐董晋，说董晋为人耿直端庄，可以主管门下省的事务。德宗觉得这两个人都不行。窦参是唐朝初年窦诞的玄孙，当时正担任御史中丞兼户部侍郎职务，董晋正担任着太常卿一职。到了这时，李泌的病情十分严重，又向德宗推荐这两个人。二月二十七日庚子，任命董晋为门下侍郎，窦参为中书侍郎兼度支转运使，两人同为同平章事。又任命班宏为户部尚书，仍然同以前一样兼任着度支转运副使职务。

窦参为人刚毅果断、严厉苛刻，没有什么学问，但是很有权术。每逢上朝奏报

以奏度支事为辞，实专大政，多引亲党置要地，使为耳目；董晋充位而已。然晋为人重慎，所言于上前者未尝泄于人，子弟或问之，晋曰：“欲知宰相能否，视天下安危。所谋议于上前者，不足道也。”

三月，甲辰，李泌薨。泌有谋略而好谈神仙诡诞，故为世所轻。

（以上为第九段，写西川节度使韦皋策动云南王归附唐朝共抗吐蕃。一代乱世贤相李泌去世。）

初，上思李怀光之功，欲宥其一子，而子孙皆已伏诛；戊辰，诏以怀光外孙燕八八为怀光后，赐姓名李承绪，除左卫率胄曹参军，赐钱千缗，使养怀光妻王氏及守其墓祀。

冬，十月，韦皋遣其将曹有道将兵与东蛮、两林蛮及吐蕃青海、腊城二节度战于嶲州台登谷，大破之，斩首二千级，投崖及溺死者不可胜数，杀其大兵马使乞藏遮遮。乞藏遮遮，虏之骁将也，既死，皋所攻城栅无不下；数年，尽复嶲州之境。

易定节度使张孝忠兴兵袭蔚州，驱掠人畜；诏书责之，逾旬还镇。

琼州自乾封中为山贼所陷，至是，岭南节度使李复遣判官姜孟京与崖州刺史张少迁攻拔之。

十二月，庚午，闻回鹘天亲可汗薨，戊寅，遣鸿胪卿郭锋册命其子为登里罗没密施俱录忠贞毗伽可汗。先是，安西、北庭皆假道于回鹘以奏事，故与之连和。北庭去回鹘尤近，诛求无厌，又有沙陀六千余帐与北庭相依。及三葛禄、白服突厥皆附于回鹘，回鹘数侵掠之。吐蕃因葛禄、白服之众以攻北庭，回鹘大相颉干迦斯将兵救之。

云南虽贰于吐蕃，亦未敢显与之绝。壬辰，韦皋复以书招谕之。

（以上为第十段，写德宗为李怀光立后嗣。西川节度使韦皋大败吐蕃。吐蕃侵扰北庭，回鹘出兵助唐。）

事情的时候，各位宰相都一起退出来了，唯有窦参一个人留在后面，借口奏报有关度支的事宜，实际上是独揽朝政，将很多亲信同伙都提拔上来，安插在要害职位上，让他们作自己的耳目。董晋不过是充一个宰相职位罢了，但董晋为人十分小心慎重，在德宗面前所说的事情从来不告诉别人，子弟中有人问他与皇上谈些什么，董晋说："想要知道宰相是否能干，要看天下安定，还是危乱。我在皇上面前商议谈论了些什么，是不值得说出来的。"

三月初二日甲辰，李泌去世。李泌广有谋略，但喜欢谈论神仙诡异怪诞的事情，因而受到世人轻视。

当初，德宗想起李怀光立下的功劳，打算宽恕李怀光的一个儿子，但是李怀光的子孙都因受牵连而被杀。三月二十六日戊辰，德宗下诏命令以李怀光的外孙燕八八作李怀光的后嗣，并给燕八八赐名为李承绪，任命为左卫率胄曹参军，赏赐钱一千缗，让李承绪奉养李怀光的妻子王氏，以及为李怀光守墓祭祀。

冬季，十月，韦皋派部将曹有道率领军队同东蛮、两林蛮以及吐蕃的青海、腊城两节度在巂州的台登谷交战，将他们打得大败，杀敌二千人，敌人投下悬崖以及跳水而死的人多得无法计算，还杀了吐蕃军队的大兵马使乞藏遮遮。乞藏遮遮是吐蕃的一员勇将，他死了以后，韦皋进攻吐蕃的城池、堡垒，连战连捷。几年之间，完全收复了巂州全境。

易定节度使张孝忠发兵袭击蔚州，驱赶、掳掠人口和牲畜。德宗下诏训斥张孝忠，张孝忠过了十多天才回守本镇。

琼州自从高宗乾封年间被山中的黎族人攻陷之后，到现在，岭南节度使李复派遣判官姜孟京与崖州刺史张少迁一起率军才又攻下琼州城。

十二月初三日庚午，德宗得到回鹘天亲可汗去世的消息，十二月十一日戊寅，派遣鸿胪卿郭锋去回鹘册命天亲可汗的儿子为登里罗没密施俱录忠贞毗伽可汗。在此之前，安西、北庭都护都从回鹘借道向朝廷奏报事情，所以同回鹘建立和好关系。北庭都护府离回鹘很近，回鹘人对他索要东西，搜刮财物没有止境。另外又有沙陀六千多个营帐的人马与北庭互相依存。后来三葛禄人、白服突厥人都归附了回鹘，而回鹘人却多次侵犯、抢掠他们。吐蕃人乘机利用葛禄人和白服突厥人进攻北庭，回鹘的大国相颉干迦斯率兵去援救北庭。

云南王虽然对吐蕃有二心，便也不敢完全与吐蕃断绝交往。十二月二十五日壬辰，西川节度使韦皋又写信给云南王，加以招抚晓谕。

六年（庚午，790 年）

春，诏出岐山无忧王寺佛指骨迎置禁中，又送诸寺以示众，倾都瞻礼，施财巨万；二月，乙亥，遣中使复葬故处。

初，朱滔败于贝州，其棣州刺史赵镐以州降于王武俊，既而得罪于武俊，召之不至。田绪残忍，其兄朝，仕李纳为齐州刺史。或言纳欲纳朝于魏，绪惧；判官孙光佐等为绪谋，厚赂纳，且说纳招赵镐取棣州以悦之，因请送朝于京师；纳从之。丁酉，镐以棣州降于纳。三月，武俊使其子士真击之，不克。

回鹘忠贞可汗之弟弑忠贞而自立，其大相颉干迦斯西击吐蕃未还，夏，四月，次相帅国人杀篡者而立忠贞之子阿啜为可汗，年十五。

五月，王武俊屯冀州，将击赵镐，镐帅其属奔郓州；李纳分兵据之。田绪使孙光佐如郓州。矫诏以棣州隶纳；武俊怒，遣其子士清伐贝州，取经城等四县。

回鹘颉干迦斯与吐蕃战不利，吐蕃急攻北庭。北庭人苦于回鹘诛求，与沙陀酋长朱邪尽忠皆降于吐蕃。节度使杨袭古帅麾下二千人奔西州。六月，颉干迦斯引兵还国，次相恐其有废立，与可汗皆出郊迎，俯伏自陈擅立之状，曰："今日惟大相死生之。"盛陈郭锋所赍国信，悉以遗之。可汗拜且泣曰："儿愚幼，若幸而得立，惟仰食于阿多，国政不敢豫也。"虏谓父为阿多，颉干迦斯感其卑屈，持之而哭，遂执臣礼，悉以所遗颁从行者，己无所受。国中由是稍安。

秋，颉干迦斯悉举国兵数万将复北庭，又为吐蕃所败，死者大半。袭古收余众数百，将还西州，颉干迦斯绐之曰："且与我同至牙帐；"既而留不遣，竟杀之。安西由是遂绝，莫知存亡，而西州犹为唐固守。

唐德宗贞元六年（庚午，790 年）

春季，德宗下诏取出岐山无忧王寺中的佛指骨，把它迎来安放在宫廷中，又派人送到京城各寺庙中展示，让人们观看。一时间，全京城的人都去瞻仰礼拜佛指骨，给佛指骨布施的钱财成千上万。二月初八日乙亥，德宗又派宦官使者把佛指骨送回无忧王寺，葬在旧址。

当初，朱滔在贝州打了败仗，朱滔统管的棣州刺史赵镐带着棣州军民投降了王武俊，不久，赵镐又因事情得罪了王武俊，王武俊传召赵镐，赵镐不听。田绪生性残酷暴虐，哥哥田朝在李纳的手下担任齐州刺史。有人对田绪说李纳想把田朝交还给魏博，田绪听了以后很害怕，判官孙光佐等人为田绪出谋划策，便向李纳赠送丰厚的礼品，而且劝说李纳去招降赵镐，占领棣州，以此让李纳高兴，借机请求李纳把田朝送到京师，李纳采纳了田绪的建议。二月三十日丁酉，赵镐又带着棣州投降了李纳。三月，王武俊指使儿子王士真进攻棣州，没有攻下。

回鹘忠贞可汗的弟弟杀了忠贞可汗，自立为可汗，回鹘的大相国颉干迦斯率军西征攻打吐蕃，还没有回来。夏季，四月，回鹘的次相国带领国人杀了篡位者，拥立忠贞可汗的儿子阿啜为可汗，阿啜才十五岁。

五月，王武俊率军驻扎在冀州，准备攻打赵镐，赵镐率领部属逃到了郓州。李纳派出一支军队占领了棣州。田绪派判官孙光佐到郓州去，假称有诏令划出棣州，隶属于李纳管辖。王武俊大为震怒，派儿子王士清率领兵马攻打贝州，占据经城等四个县。

回鹘的大相国颉干迦斯与吐蕃人交战，打了败仗，吐蕃军队加紧对北庭进攻。北庭地区的人苦于被回鹘人索要、搜刮财物，与沙陀酋长朱邪尽忠都投降了吐蕃。北庭节度使杨袭古率领部属二千多人逃到西州。六月，颉干迦斯带领军队回到了回鹘，回鹘的次相恐怕颉干迦斯对可汗另有所废立，于是就同可汗一起都来到郊外远迎颉干迦斯，次相伏在地上向颉干迦斯陈述擅自立可汗的情况，说："今天甘愿由大相国来决定我的生死。"详细陈述了唐朝册封使郭锋带来的印绶、礼品等，将这些东西全部交给了颉干迦斯。年轻的可汗向颉干迦斯行礼，而且哭着说："我愚昧年幼，如果有幸能得大相国立为可汗，只愿依赖阿多生活，一切国务大政，都不敢参与。"回鹘人称父亲为阿多，颉干迦斯被可汗的卑躬屈膝所感动，也拉着他哭起来了，于是，颉干迦斯向可汗行大臣的礼节，并把可汗送给他的东西都分给随他出征的将士们，自己一点东西都没有接受。于是，回鹘国内又渐渐安定下来。

秋季，颉干迦斯集中回鹘全国的全部兵力几万人再次西征要收复北庭，再次被吐蕃的军队打得大败，战死了一大半兵马。北庭节度使杨袭古收拢余下的几百人，打算回西州去，颉干迦斯欺骗杨袭古说："你暂且同我一起去牙帐吧。"但杨袭古去

（以上为第十一段，写回鹘内乱，仍全力助唐攻击吐蕃。）

葛禄乘胜取回鹘之浮图川，回鹘震恐，悉迁西北部落于牙帐之南以避之；遣达北特勒梅录随郭锋偕来，告忠贞可汗之丧，且求册命。先是，回鹘使者入中国，礼容骄慢，刺史皆与之钧礼。梅录至丰州，刺史李景略欲以气加之，谓梅录曰："闻可汗新没，欲申吊礼。"景略先据高垄而坐，梅录俯偻前哭。景略抚之曰："可汗弃代，助尔哀慕。"梅录骄容猛气，索然俱尽。自是回鹘使至，皆拜景略于庭，威名闻塞外。

冬，十月，辛亥，郭锋始自回鹘还。

十一月，庚午，上祀圜丘。

上屡诏李纳以棣州归王武俊，纳百方迁延，请以海州易之于朝廷；上不许。乃请诏武俊先归田绪四县；上从之。十二月，纳始以棣州归武俊。

（以上为第十二段，写回鹘势衰，事唐恭顺。朝廷调停河北藩镇摩擦。）

七年（辛未，791 年）

春，正月，己巳，襄王僙薨。

二月，癸卯，遣鸿胪少卿庾鋋册回鹘奉诚可汗。

戊戌，诏泾原节度使刘昌筑平凉故城，以扼弹筝峡口；浃辰而毕，分兵戍之。昌又筑朝谷堡，甲子，诏名其堡曰彰信；泾原稍安。

初，上还长安，以神策等军有卫从之劳，皆赐名兴元元从奉天定难功臣，以官领之，抚恤优厚。禁军恃恩骄横，侵暴百姓，陵忽府县，至诟辱官吏，毁裂案牍。府县官有不胜忿而刑之者，朝笞一人，夕贬万里，由是府县虽有公严之官，莫得举其职。市井富民，往往行赂寄名军籍，则府县不能制。辛巳，诏：神威、六军吏士与百姓讼者，委之府县，小事牒本军，大事奏闻。若军士陵忽府县，禁身以闻，委御史台推覆。县

了牙帐之后，颉干迦斯竟将杨袭古扣留起来，不让回去，最后还杀了杨袭古。安西地区从此音讯断绝，大唐朝廷不知道安西是存是亡，但是西州地区仍然在唐朝军队的固守之中。

葛禄人乘胜攻占了回鹘的浮图川，回鹘人受到震动而恐慌，将西北地区的各部落全部迁移到牙帐的南面来，以躲避葛禄人的攻击，并且派遣达北特勒的梅录随册封使郭锋一起来到朝廷，上报忠贞可汗的丧事，还要求朝廷册封新的可汗。先前，回鹘的使者到唐朝来，他们的礼仪和态度都十分骄横简慢，大唐刺史一级都要与他们以平辈之礼相待。这次的梅录到了丰州，丰州刺史李景略准备在气势上压倒回鹘的使者，对梅录说："听说你们的可汗新近去世，我要向你表示一下哀悼的礼仪。"李景略占了一个高地坐下来，梅录低着头、佝偻着腰对着李景略哭起来，李景略安慰他说："可汗去世，提起这事来，反而引起了你的悲痛和哀思了。"梅录骄横的态度和凶猛的气焰，都荡然丧失了。从此以后，每有回鹘的使者到唐朝来，都要在庭中拜见李景略，李景略的威望和名声远传塞外的回鹘各地。

冬季，十月十九日辛亥，郭锋才从回鹘返回朝廷。

十一月初八日庚午，德宗在圜丘祭天。

德宗多次下诏命令李纳将棣州归还给王武俊，李纳千方百计地推迟拖延，还向朝廷请求用海州替换棣州给王武俊，德宗没有答应。于是李纳请求德宗命令王武俊先把经城等四个县归还给田绪，德宗听从了他的意见。十二月，李纳才把棣州归还给王武俊。

唐德宗贞元七年（辛未，791年）

春季，正月初八日己巳，襄王李僙去世。

二月十二日癸卯，德宗派遣鸿胪少卿庾鋋为使者去册封回鹘奉诚可汗。

二月初七日戊戌，诏令泾原节度使刘昌修筑平凉的旧城，以便控制弹筝峡的出入口。刘昌总共用了十二天就修好这座旧城，派出军队去守卫。刘昌修筑了朝谷堡。三月初四日甲子，德宗下诏把朝谷堡命名为彰信堡；泾原地区这才渐渐安定下来。

当初，德宗从梁州回到京城长安，因为神策等禁卫军有保卫护驾的功劳，一律都赐名为"兴元元从奉天定难功臣"，委任官员统领他们，对他们的慰劳和体恤都十分优厚。禁军凭仗着德宗的恩典，骄横跋扈，侵害、压榨平民百姓，无视、欺凌府县官员，以至于诟骂凌辱官吏，毁坏府县的公文档案。有一个府县的官员愤怒难忍，对违法禁军施以刑罚，拷打了一个禁军士卒，傍晚就被朝廷贬职到万里之外。从此以后，府县虽然有公正、严明的官员，但都没有办法行使自己的职责。街市中富裕

吏辄敢笞辱，必从贬谪。

癸未，易定节度使张孝忠薨。

（以上为第十三段，写神策军恃恩骄横。）

安南都护高正平重赋敛，夏，四月，群蛮酋长杜英翰等起兵围都护府，正平以忧死，群蛮闻之皆降。五月，辛巳，置柔远军于安南。

端王遇薨。

韦皋比年致书招云南王异牟寻，终未获报。然吐蕃每发云南兵，云南与之益少。皋知异牟寻心附于唐，讨击副使段忠义，本阁罗凤使者也，六月，丙申，皋遣忠义还云南，并致书敦谕之。

秋，七月，戊寅，以定州刺史张昇云为义武留后。

庚辰，以虔州刺史赵昌为安南都护，群蛮遂安。

八月，丙午，以翰林学士陆贽为兵部侍郎，余职皆解；窦参恶之也。

吐蕃攻灵州，为回鹘所败，夜遁。九月，回鹘遣使来献俘；冬，十二月，甲午，又遣使献所获吐蕃酋长尚结心。

福建观察使吴凑，为治有声，窦参以私憾毁之，且言其病风；上召至京师，使之步以察之，知参之诬，由是始恶参。丁酉，以凑为陕虢观察使以代参党李翼。

睦王述薨。

吐蕃知韦皋使者在云南，遣使让之。云南王异牟寻绐之曰："唐使，本蛮也，皋听其归耳，无他谋也。"因执以送吐蕃。吐蕃多取其大臣之子

的人，往往通过贿赂的办法把自己的名字挂在军队的花名册中，于是，府县官员便无法控制这些人了。三月二十一日辛巳，德宗下诏命令：凡是禁军中的神威与六军的将士同百姓打官司的，将案件的当事人交给府县官员处理，如果是小事情，府县发文书通告当事人所属的本军长官，如果是大事情，府县要上奏朝廷。如果是军中士兵无视、欺凌府县官员的，应该将其人拘禁起来，上奏朝廷，交给御史台审讯核查。县中的官吏如果胆敢随便拷打、侮辱禁军将士的，一定要按规定贬斥、降职处罚。

三月二十三日癸未，易定节度使张孝忠去世。

安南都护高正平征收赋税十分苛重，夏季，四月，安南各部落的酋长杜英翰等人发兵包围了安南都护府，高正平因担忧而死，各部落的人听到这一消息后，都向都护府归降了。五月二十二日辛巳，朝廷在安南地区设置柔远军。

端王李遇去世。

西川节度使韦皋连年写信去招抚云南王异牟寻，但始终都没有得到回答。不过，吐蕃每次征调云南的兵马，云南王异牟寻给他们派出的人越来越少。韦皋知道异牟寻从内心里归附了唐朝。韦皋的讨击副使段忠义，本来是异牟寻的祖父阁罗凤派到唐朝来的使者。六月初七日丙午，韦皋派遣段忠义回云南去，并且让段忠义带信给异牟寻，敦促、劝导异牟寻归顺朝廷。

秋季，七月十九日戊寅，任命定州刺史张昇云为义武军的留后。

七月二十一日庚辰，任命虔州刺史赵昌为安南都护，安南各部落于是安定下来。

八月十八日丙午，任命翰林学士陆贽为兵部侍郎，陆贽担任的其他的职务都被解除，这是因为宰相窦参讨厌他的缘故。

吐蕃进攻灵州，被回鹘军队打败，连夜逃回去了。九月，回鹘派使者到唐朝来进献抓获的吐蕃俘虏。冬季，十二月初八日甲午，回鹘又派使者向唐朝进献他们抓获的吐蕃酋长尚结心。

福建观察使吴凑治理地方很有声誉，宰相窦参因私人的怨恨诋毁吴凑，而且还说吴凑患了行走不便的风湿病。德宗将吴凑召回朝廷，让吴凑来回行走，观察吴凑是否有腿脚不方便的毛病，知道是窦参诬陷吴凑，德宗从此就开始厌恶窦参。十二月十一日丁酉，德宗任命吴凑担任陕虢观察使，以取代窦参的党羽李翼。

睦王李述去世。

吐蕃了解到韦皋的使者在云南王那里，就派使者去谴责云南王。云南王异牟寻欺骗吐蕃的使者说："唐朝的使者，本来是我云南部落人，韦皋听任这个人回来，并

为质，云南愈怨。

勿邓酋长苴梦冲，潜通吐蕃，扇诱群蛮，隔绝云南使者。韦皋遣三部落总管苏嵬将兵至琵琶川。

（以上为第十四段，写云南王欲附唐而不与吐蕃绝交，首鼠两端。）

没有别的什么企图。”于是便把韦皋派来的使者抓起来，送给了吐蕃人。吐蕃人将很多云南大臣的儿子作为人质带到吐蕃去，云南因此越来越痛恨吐蕃人。

勿邓部落的酋长苴梦冲，暗中与吐蕃人相勾结，在各个部落中煽动和诱惑，阻断隔绝云南的使者与唐朝的往来，韦皋于是派遣两林、勿邓、丰琶三个部落的总管苏嵬率领兵马来到琵琶川。

【点评】

本卷点评李泌救太子、李软奴谋反案，以及司马光的两条评论。

一、李泌救太子。专制政体，废嫡立庶，乱了宗法制度，大都要引发动乱，尤其是大乱甫平的德宗之世，废嫡立庶更易引发动乱，要么就是奸人得逞。保持政治稳定，是李泌为相的重中之重。德宗所立太子李诵，是昭德皇后唯一所生的儿子。皇后和太子都无恶行，李诵以慈孝闻名，突然被废，将是一场政治地震，李泌要全力来避免。德宗有十一个儿子，亲子九人，养子二人。亲子中有八子皆庶出。养子二人，一为舒王李谟，后改为李谊，是德宗弟弟李邈的儿子，德宗喜爱，养以为子，年长。二是文敬太子李源，本是太子李诵之子，德宗喜爱，命以为子，年幼。太子李诵娶郜国长公主之女为妃。郜国长公主，肃宗之女，德宗之姑。郜国长公主寡居，与彭州司马李万等人奸乱事发，德宗幽囚郜国长公主，罪及太子，动了废嫡立庶的念头。德宗召问李泌，要立舒王李谟为太子。德宗性急，刚愎自用，往往感情用事，不计后果。李泌谏阻，要冒族诛的危险。太子向德宗提出与妃离婚，德宗不许。太子打算吞药自杀。李泌对太子说："你和往常一样起居，尽人子之孝，只要我李泌在，就有你的安全，如果老臣不在，事情就难说了。"这表明李泌以生死保太子。德宗召问李泌不是征询他的意见，而是通报李泌，这是朕的家事，只是要李泌同意、支持，如果李泌反对，不但有遭身诛的危险，而且可能要遭族诛。如果是杨素、许敬宗、李林甫遇上这等机会，早就唯命是从，去巴结新太子以图定策功了。杨素助隋炀帝夺位，废太子；许敬宗助武后夺正宫，废王皇后；李林甫助武惠妃夺嫡，使唐玄宗杀太子瑛及兄弟三人，故李泌有是言。李泌以社稷为重，冒死救太子。他不是直接替太子诉冤，那样会更激怒德宗，岂不是昭示父亲害儿子吗？俗话说："虎毒不食子。"李泌的办法是煽动父子亲情，让德宗自己醒悟。李泌开门见山地说："陛下怎么用侄儿来取代儿子呢？"言外之意，亲儿子都靠不住，侄儿靠得住吗？德宗愤怒，不准说舒王是侄儿。李泌话锋一转，哀哭自己要遭族诛，可能只能过继侄儿来奉祭香火了，越说越动情，招引德宗也感动而泣。李泌此法，效战国时触龙说赵太后，出长安君为质的办法，十分奏效。德宗气消，李泌娓娓道来废易太子覆国祸家的故事，慢慢消解德宗满耳的谗言。李泌不说太子李诵蒙冤，而说德宗所亲见的肃宗子建宁王蒙冤的事，用以启发德宗。李泌不要求德宗当面改主意，要他独自想一想事件的前因后果，三天后再拿定主意。德宗隔了一夜就想通了。太子丈母娘生活不检点，与太子有什么相干。其中必有奸人为非，是否舒王李谟在谋算呢？不久前宰相张延赏就借郜国长公主生活问题告刁状，被李泌揭穿，事才罢了。德宗不敢想，也再不追究，打消了更易太子的念头。但猜忌成性的德宗，又担心起太子妃怨恨，最终无辜地杀了太子妃，这事才算了结。

李泌保太子，也惊出了一身冷汗。他回家对子弟们说："我本来就不乐富贵，命运偏偏让我做宰相，今天恐怕要连累你们了。"伴君如伴虎，大智大慧的李泌不免说出酸楚的话，使人听了不寒而栗。

二、李软奴谋反案。李软奴是一个不甘寂寞、兴风作浪的和尚，史称妖僧。《旧唐书·韩游瓌》传载，妖僧名李广弘。妖僧诡称五岳之神与河神托梦给他，说他当立为天子。邠宁节度使韩游瓌之子韩钦绪为禁军殿前射生将，他与妖僧两人同谋作乱。事发，李晟惊吓倒地，说："李晟要被灭族了。"原来德宗与李泌相约，不害功臣李晟、马燧，但德宗的猜忌并没有消除，不时有流言蜚语攻击李晟。妖僧事发前，有蜚语说，李晟在后花园埋伏杀手发动政变。李晟后花园有一片竹林，李晟连忙砍伐了竹林。李晟合家主仆上千口，只要有一人卷入，奸险的人就可大做文章。李泌得知，马不停蹄，立即密奏德宗，要求把谋反大案交给国家司法机关审判。禁军属宫廷内政，应交内侍省审理。内侍省审理，直接由德宗掌控，奸邪会乘虚而入，德宗捕风捉影，又有权任意杀人，一场大案就不可避免了。李泌以谋反大案触犯最高国法为由，应当交给御史台审理也名正言顺。德宗听从，交御史台审理，李泌就可以掌控了，因此没有牵连外朝一个人。一场弥天大案，可能要株连功臣宿将，杀灭几千几万人的事，被李泌化解了。宿卫军被诛杀者八百人，其中大多数都应是冤死者。不如此，无以塞责。挽救禁军中的冤死者，李泌也无能为力。为了大局，牺牲一些禁军，也只能如此了。

三、司马光的两条评论。司马光的两条评论，一条贬君，评价德宗是一个昏君；一条贬臣，批评李泌行政不走正道，是引导德宗贪婪的纵欲者。贞元三年（787）十二月一日，德宗游猎，微服私访，希望听到百姓安居乐业的赞颂。被造访的人家叫赵光奇，他胆大说了真话，埋怨朝廷苛捐杂税繁重，优惠诏书是一纸空文，百姓生活困苦，天子身居九重，不恤民间疾苦。德宗就免了赵光奇这一家人的赋税徭役。司马光批评德宗，了解民情，没有形成改善政治的政策，而只是免除一家人苛税，天下千千万万的人，怎么可能家家户户向天子申诉呢？司马光的这一批评中肯而得体。德宗向李泌诉苦，以前各道进奉年收五十万缗，现在只有三十万绪，不够用度。李泌说，臣每年输大盈库一百万缗，请陛下停止收进奉钱。德宗得了一百万缗，仍然背着宰相向诸道索要进奉。贞元四年（788）二月，勾勘东南两税钱帛使元友直送淮南钱帛二十万缗到长安，李泌全部输给大盈库。德宗仍然向诸道求索，还嘱咐不要让宰相知道。李泌见德宗如此贪婪，也不敢劝谏。司马光批评李泌不走正道，加倍给德宗钱财，是在引导纵欲。司马光的逻辑是："夫多财者，奢欲之所自来也。"就是说，钱越多越贪，俗话就有为富不仁的说法。可能人的私欲，大抵如此，特别是贪官污吏，更是如此。司马光的批评有一定道理。但他指责李泌不走正道就全错

了。李泌想的是高薪养廉，这是一条现代文明的公理，特别是帝王以天下为家，怎能无限膨胀私欲呢！德宗的贪婪，是专制帝王的权力不受节制，这才是根源，并不是李泌诱导的。德宗贪婪，不听劝谏，司马光不责君反责臣，不只是迂腐，简直是痴人说梦。难道李泌少给德宗钱财，德宗就不贪了吗？表面看，是李泌多给德宗钱财，实质是在限制德宗用财，暗示德宗，君王用财也是有额度的。只有劝谏责任的人臣，除此没有别的办法。德宗不接受限制，表明劝谏无效，李泌也没有办法。德宗贪财的事例，生动地说明，一种缺乏制衡的权力，要消除贪污腐败，只能是天方夜谭。

唐纪五十

唐德宗贞元八年至十年（792—794年）

【起玄黓涒滩（壬申，792年），尽阏逢阉茂（甲戌，794年）五月，凡二年有奇】

【大事提要】

本卷记事起公元792年，讫公元794年五月，凡两年又五个月。当唐德宗贞元八年到贞元十年五月。此时期陆贽拜相，继李泌推动政治改革步上正轨。陆贽建言，由各部门长官推举部属升迁，不由宰相包办，用人要考核实际才能，不凭巧言，要给被惩官吏留下自新之路。又奏政府赈济灾民要及时。国际贸易不宜征税，招徕商人繁荣经济。陆贽还提出均平赋税与节用开支共六条措施。陆贽还上奏边防体制六大失误，调整边防驻军，充实国家粮食储备。陆贽忧国忧民，有言必发，他的奏议直切明快，针砭与建言都能切中要害。陆贽缺乏李泌以柔克刚的手腕，所提善言大多不被采纳。陆贽只做了两年多的宰相，最终被贬逐。德宗信谗自用，本性不移。德宗能用李泌、陆贽，可是更信赖奸人卢杞、裴延龄等，所以政治清浊混流，时好时坏。

【原文】

德宗神武圣文皇帝九

贞元八年（壬申，792年）

春，二月，壬寅，执梦冲，数其罪而斩之；云南之路始通。

三月，丁丑，山南东道节度使曹成王皋薨。

宣武节度使刘玄佐有威略，每李纳使至，玄佐厚结之，故常得其阴事，先为之备；纳惮之。其母虽贵，日织绢一匹，谓玄佐曰："汝本寒微，天子富贵汝至此，必以死报之。"故玄佐始终不失臣节。庚午，玄佐薨。

山南东道节度判官李实知留后事，性刻薄，裁损军士衣食。鼓角将杨清潭帅众作乱，夜，焚掠城中，独不犯曹王皋家；实逾城走免。明旦，都将徐诚缒城而入，号令禁遏，然后止；收清潭等六人斩之。实归京师，以为司农少卿。实，元庆之玄孙也。丙子，以荆南节度使樊泽为山南东道节度使。

初，窦参为度支转运使，班宏副之。参许宏，俟一岁以使职归之，岁余，参无归意。宏怒。司农少卿张滂，宏所荐也，参欲使滂分主江、淮盐铁，宏不可；滂知之，亦怨宏。及参为上所疏，乃让度支使于宏，又不欲利权专归于宏，乃荐滂于上；以滂为户部侍郎、盐铁转运使，仍隶于宏以悦之。

窦参阴狡而愎，恃权而贪，每迁除，多与族子给事中申议之。申招权受赂，时人谓之"喜鹊"。上颇闻之，谓参曰："申必为卿累，宜出之以息物议。"参再三保其无他，申亦不悛。左金吾大将军虢王则之，巨之子也，与申善，左谏议大夫、知制诰吴通玄与陆贽不叶，窦申恐贽进用，阴与通玄、则之作谤书以倾贽；上皆察知其状。夏，四月，丁亥，贬则之昭州司马，通玄泉州司马，申道州司马；寻赐通玄死。

【语译】

德宗神武圣文皇帝九

唐德宗贞元八年（壬申，792 年）

春季，二月十七日壬寅，西川节度使韦皋活捉了苴梦冲，历数苴梦冲的罪状后，把苴梦冲杀了。唐朝与云南的交往之路又开始畅通了。

三月二十三日丁丑，山南东道节度使曹成王李皋去世。

宣武军节度使刘玄佐有威望和谋略，每当李纳使者到来，刘玄佐厚加结纳，所以能够了解李纳的一些谋略，事先对李纳做好防备。李纳因此很怕刘玄佐。刘玄佐的母亲虽然地位很尊贵，但还是每天亲手织一匹绢，她对刘玄佐说："你的出身本来十分寒微，天子让你富裕、尊贵到这一地步，你一定要不惜身死来报答天子。"所以刘玄佐始终都没有背叛朝廷，丧失做大臣的节操。三月十六日庚午，刘玄佐去世。

山南东道的节度判官李实主持留后事务，李实生性刻薄，经常克扣军士给养。鼓角将杨清潭率众作乱。晚上，作乱的士兵们在城内到处烧杀抢掠，唯独不去侵扰曹王李皋的家。李实跳城逃走，才得免一死。第二天早晨，都将徐诚抓着绳子爬进城内，发布禁令，变乱这才停止下来。徐诚将杨清潭等六人抓起来杀了。李实跑回京城，德宗任命他为司农少卿。李实是唐高祖的儿子道王李元庆的玄孙。三月二十二日丙子，德宗任命荆南节度使樊泽为山南东道节度使。

当初，宰相窦参担任度支转运使，班宏做副手。窦参向班宏许诺，等一年以后将度支转运使的职务交由班宏担任，过了一年多，窦参没有把度支转运使职务交给班宏的意思，班宏对此很恼怒。司农少卿张滂，是班宏推荐的，窦参打算让张滂分管江东、淮南一带的盐铁事务，班宏不同意。张滂知道这件事以后，很怨恨班宏。后来，窦参被德宗疏远，才将度支转运使职务交给班宏担任，但又不想将度支转运使的利益和权力全部交给班宏，于是向德宗推荐张滂，任命张滂为户部侍郎、盐铁转运使，仍然隶属于班宏，以让班宏高兴。

窦参为人阴险狡猾又刚愎自用，依仗权势，贪赃枉法，每当提升、任命官员的时候，多半都与本家任给事中的侄儿窦申商议谋划。窦申借此机会招引权贵、收受贿赂，当时的人称他叫"喜鹊"。德宗对这件事很了解，对窦参说："窦申的所作所为一定会连累你，最好是将他外放出朝，以平息人们的议论。"窦参向德宗再三保证说窦申没有做什么坏事，窦申也不改过自新。左金吾大将军虢王李则之，是李巨的儿子，与窦申关系很好。左谏议大夫、知制诰吴通玄与陆贽关系不好，窦申担心陆贽被德宗提拔、重用，便暗中与吴通玄、李则之一起编造毁谤陆贽的书信，想用这种办法来排挤陆贽。德宗对这些事情都很知情。夏季，四月初三日丁亥，德宗将李

刘玄佐之丧，将佐匿之，称疾请代，上亦为之隐，遣使即军中问“以陕虢观察使吴凑为代可乎？”监军孟介、行军司马卢瑗皆以为便，然后除之。凑行至汜水，玄佐之柩将发，军中请备仪仗，瑗不许，又令留器用以俟新使；将士怒。玄佐之婿及亲兵皆被甲，拥玄佐之子士宁释衰绖，登重榻，自为留后。执城将曹金岸、浚仪令李迈，曰：“尔皆请吴凑者！”遂冎之；卢瑗逃免。士宁以财赏将士，劫孟介以请于朝。上以问宰相，窦参曰：“今汴人指李纳以邀制命，不许，将合于纳。”庚寅，以士宁为宣武节度使。士宁疑宋州刺史翟良佐不附己，托言巡抚，至宋州，以都知兵马使刘逸准代之。逸准，正臣之子也。

（以上为第一段，写山南东道、宣武两镇节度易帅。宰相窦参贪黩、擅权、忌才，与班宏、陆贽不睦，为其被诛张本。）

乙未，贬中书侍郎、同平章事窦参为郴州别驾，贬窦申锦州司户。以尚书左丞赵憬、兵部侍郎陆贽并为中书侍郎、同平章事。憬，仁本之曾孙也。

张滂请盐铁旧簿于班宏，宏不与。滂与宏共择巡院官，莫有合者，阙官甚多。滂言于上曰：“如此，职事必废，臣罪无所逃。”丙午，上命宏、滂分掌天下财赋，如大历故事。

壬子，吐蕃寇灵州，陷水口支渠，败营田。诏河东、振武救之，遣神策六军二千戍定远、怀远城；吐蕃乃退。

陆贽请令台省长官各举其属，著其名于诏书，异日考其殿最，并以升黜举者。五月，戊辰，诏行贽议。

未几，或言于上曰：“诸司所举皆有情故，或受货赂，不得实才。”上

则之贬职为昭州司马，将吴通玄贬职为泉州司马，将窦申贬职为道州司马。不久，德宗又赐吴通玄自杀。

刘玄佐去世以后，部将们将实情隐瞒下来，向朝廷谎称刘玄佐病重，请派人代替。德宗也装着不了解实情，替他们隐瞒，还派遣使者去宣武军中询问将领们："用陕虢观察使吴凑来代替刘玄佐行不行？"朝廷派驻宣武的监军孟介、宣武军的行军司马卢瑗都觉得这样好，德宗这才任命吴凑为宣武军节度使。吴凑来到汜水县的时候，刘玄佐的灵柩要出殡，军中的将士们请求置办仪仗为玄佐送行，卢瑗不答应。卢瑗又命令把前节度使的器物用具留下来，以等待新任节度使来办移交，将士们对此十分愤怒。刘玄佐的女婿和亲信卫兵们都身披铠甲，簇拥着刘玄佐的儿子刘士宁脱下丧服，登上节帅的宝座，自命为宣武节度留后。他们把守城的将领曹金岸、浚仪县令李迈拘捕了，对他们说："你们俩人都是主张迎请吴凑的人！"于是将他们两人活活剐死。卢瑗逃跑，得免一死。刘士宁用钱财赏给将士们，劫持监军孟介，让他上奏朝廷请任命刘士宁。德宗就这事询问宰相的意见，窦参说："现在汴人借着李纳的声势，要求朝廷任命节帅，如果不答应的话，他们将会同李纳联合在一起。"四月初六日庚寅，德宗任命刘士宁为宣武军节度使。刘士宁怀疑宋州刺史翟良佐不归顺听命，借口到境内各地巡察抚慰，到了宋州，让都知兵马使刘逸准代替了翟良佐的宋州刺史职务。刘逸淮是前平卢节度使刘正臣的儿子。

四月十一日乙未，德宗贬中书侍郎、同平章事窦参为郴州别驾，紧接着再次贬窦参为锦州司户。德宗任命尚书左丞赵憬、兵部侍郎陆贽同为中书侍郎、同平章事。赵憬是赵仁本的曾孙。

张滂向班宏索要以前盐铁事务的账簿，班宏不给他。张滂和班宏共同选择各道盐铁转运使的巡院官，两人所选择的人没有一个是一致的，所以巡院官缺员很多。张滂对德宗说："这样下去，盐铁和转运的事务肯定会荒废，那我就是罪责难逃了。"四月二十二日丙午，德宗命令班宏、张滂分别掌管朝廷的财税事务，其办法仿效大历年间第五琦、刘晏分管的旧例。

四月二十八日壬子，吐蕃军队侵犯灵州，毁坏了水口一带的灌溉渠道，破坏了当地戍卫士兵经营的屯田。德宗下诏命令河东、振武两镇派兵前去救援，又派遣神策六军二千人去守卫定远城和怀远城。吐蕃军队这才撤退回去。

陆贽请求下令中书、门下、尚书三省和御史台的官员各自推举自己的下属官员，将他们的名字登录在诏书上面，以便日后考察他们的政绩优劣，并以此作为升迁、贬黜举荐他们的依据。五月十四日戊辰，德宗下诏推行陆贽建议。

不久，就有人对德宗说："各个部门所推举的下属官员都有私情和亲朋关系，有

密谕贽："自今除改，卿宜自择，勿任诸司。"贽上奏，其略曰："国朝五品以上，制敕命之，盖宰相商议奏可者也。六品以下则旨授，盖吏部铨材署职，诏旨画闻而不可否者也。开元中，起居、遗、补、御史等官，犹并列于选曹。其后幸臣专朝，舍佥议而重己权，废公举而行私惠，是使周行庶品，苟不出时宰之意，则莫致也。"又曰："宣行以来，才举十数，议其资望，既不愧于班行，考其行能，又未闻于阙败。而议者遽以腾口，上烦圣聪。道之难行，亦可知矣！请使所言之人指陈其状，某人受贿，某举有情，付之有司，核其虚实；谬举者必行其罚，诬善者亦反其辜。何必贷其奸赃，不加辩诘，私其公议，不出主名，使无辜见疑，有罪获纵，枉直同贯，人何赖焉！又，宰相不过数人，岂能遍谙多士！若令悉命群官，理须展转询访；是则变公举为私荐，易明扬以暗投，情故必多，为弊益甚。所以承前命官，罕不涉谤。虽则秉钧不一，或自行情，亦由私访所亲，转为所卖。其弊非远，圣鉴明知。"又曰："今之宰相则往日台省长官，今之台省长官乃将来之宰相，但是职名暂异，固非行举顿殊。岂有为长官之时则不能举一二属吏，居宰相之位则可择千百具僚；物议悠悠，其惑斯甚。盖尊者领其要，卑者任其详，是以人主择辅臣，辅臣择庶长，庶长择佐僚，将务得人，无易于此。夫求才贵广，考课贵精。往者则天欲收人心，进用不次，非但人得荐士，亦得自举其才。然而课责既严，进退皆速，是以当代谓知人之明，累朝赖多士之用。"又曰："则天举用之法伤易而得人，陛下慎简之规太精而失士。"上竟追前诏不行。

（以上为第二段，写陆贽拜相，建言台省长官推举部属升迁，不由宰相包办，因遭物议，未能推行。）

的还是接受贿赂后推荐的，得不到真实才干的人。”德宗暗中对陆贽说：“从今以后任职和改官，都由你一个人亲自去选择，不交给各部门。”陆贽上奏德宗，大意是说：“本朝的制度：对五品以上的官员，都要通过皇帝所下的敕文任命，这是因为这些官员都是通过宰相们商量议论后，才上奏皇帝批准的。对六品以下的官员，则是由吏部铨选署职，皇帝下达圣旨生效。玄宗皇帝开元年间，起居郎、舍人、拾遗、补阙和御史等官职，还是与其他官一起由吏部选择上报的。而在此之后，宠臣专揽朝政，抛开公议而由个人说了算，放弃推举而专行私惠，这样一来，使宰相奏任官员的办法遍施于各级官员，但如果不经过宰相的同意，就不能到职任官。”又说：“自从推行由各部门长官推举下属官员的办法以来，总共才推举出了十几个人，评议他们的资历和声望，既不逊色于朝中同辈官员，考察他们的德行和能力，也没有听说有什么失德和不好的情况。而突然间有很多人议论纷纷，流言蜚语满天飞，搅扰陛下的视听。正义事业难以执行，也由此可见一斑了！请让那些进言的人指出、陈述具体情况，让他们讲清楚哪个人是接受了贿赂的，哪个人被推举是因为私下有交情的，移交给主管部门，审核事情是虚是实，对推举失误的人一定要实施惩罚，而对诬陷好人的人，也要反过来治罪。为什么一定要宽大那些奸邪与贪赃的人而不加审查与追究呢？如果把公论变成了私议，不提出举告人的姓名，使无辜的人受到无端的怀疑，而放纵有罪的人，对无理与有理的人都一样对待，那么人们还有什么依靠呢？另外，担任宰相职务的不过几个人，哪里能够了解天下所有有才能的人士呢？如果让宰相来选择、任命朝廷内外的所有官员，按理应该多方询问访查，这样一来，岂不又是把公开举用变成了私下推荐，改变察举贤良成了暗中投靠，种种内幕一定很多，所带来的弊端会更加严重。所以，依照这种方式来任命官员，相关的人没有不受到非议的。虽然宰相对于权力的使用，选择人的标准，不能一致，有的会私下送人情，也有由于私访多是自己的亲故，反而被亲故出卖了。这种弊端的产生是不久以前的事，陛下稍加考察，便会清楚这一事情。”又说：“现在的宰相，就是以前中央各部门的长官，现在中央各部门的长官就是将来的宰相，因此，台省长官与宰相只是职务分工与名称暂时不同，本来并不是推举任用官员有天差地别。哪有担任部门长官的时候，不能够推举一二个属下的官吏，而担任宰相职务的时候，就可以选择、任命成百上千个官员的道理呢？人们众说纷纭，其迷惑、糊涂竟到了这种地步！要说起来，职位尊贵的上级要抓住事情的纲领、要害，地位卑下的下级负责办理具体事务，所以君王要选择辅佐自己治理天下的宰辅大臣，宰辅大臣要选择各部门的长官，各部门的长官要选择负责各项具体事务的佐官、僚属。要想用人得当，没有比这更好的办法。说起选拔人才，贵在选择范围广泛，而考核官员的品德、政绩，贵在标准精细。以前武则天皇后当政时期，想收买天下的人心，任用、

癸酉，平卢节度使李纳薨，军中推其子师古知留后。

六月，吐蕃千余骑寇泾州，掠田军千余人而去。

岭南节度使奏："近日海舶珍异，多就安南市易，欲遣判官就安南收市，乞命中使一人与俱。"上欲从之。陆贽上言，以为："远国商贩，惟利是求，缓之斯来，扰之则去。广州素为众舶所凑，今忽改就安南，若非侵刻过深，则必招携失所，曾不内讼，更荡上心。况岭南、安南，莫非王土，中使、外使，悉是王臣，岂必信岭南而绝安南，重中使以轻外使。所奏望寝不行。"

秋，七月，甲寅朔，户部尚书判度支班宏薨。陆贽请以前湖南观察使李巽权判度支，上许之。既而复欲用司农少卿裴延龄，贽上言，以为："今之度支，准平万货，刻吝则生患，宽假则容奸。延龄诞妄小人，用之交骇物听。尸禄之责，固宜及于微臣；知人之明，亦恐伤于圣鉴。"上不从。己未，以延龄判度支事。

河南、北、江、淮、荆、襄、陈、许等四十余州大水，溺死者二万余人，陆贽请遣使赈抚。上曰："闻所损殊少，即议优恤，恐生奸欺。"贽上奏，其略曰："流俗之弊，多徇谄谀，揣所悦意则侈其言，度所恶闻则小其事，制备失所，恒病于斯。"又曰："所费者财用，所收者人心，苟不

提拔官吏不拘泥于资历、等级，不但人们可以推荐有才之士，个人也可以向官府自我推荐才干和能力。加之，那时对官员的考核、惩罚都很严，官员的升任和降废也很迅速，所以当时的人们都认为武则天有知人之明，以后连续几朝都依靠她选拔出来的众多人才为朝廷效力。”又说：“武则天选用人才的失误在于升任废降得太快，但确实获得有真实才干的人。而陛下慎重选择人才，但所定立的条规过于精细烦琐，往往会失去任用贤能之士的机会。”德宗于是收回以前颁布的诏令，不再实行下去。

五月十九日癸酉，平卢节度使李纳去世，军中的将士们推举李纳的儿子李师古主持留后事务。

六月，一千多名吐蕃骑兵侵犯泾州，掳掠走了一千多名屯田军士。

岭南节度使上奏说：“近一些时候，装载奇珍异品的海上货船，多半都开往安南，停在那里做买卖。我打算派判官去安南征收交易税钱，请陛下派一位宦官使者与判官一起去。”德宗打算批准。陆贽上奏，认为：“远方各国商贩，获利是他们唯一的追求，宽待、优遇他们，那么他们就来做生意，骚扰、侵犯他们，那么他们就离开这里，到别处去。广州一向是各国商船集中的地方，现今商船突然离开，改到安南去做交易，如果不是这里官吏对他们侵害、剥夺过于厉害，那么就一定是这里的官员招抚各国商人的办法不得当的后果，这些官员不首先自我反省，相反却要动摇陛下博大包容的心胸。更何况岭南、安南，都是陛下的国土，宦官使者和在安南负责交易事务的使者，都是陛下的臣子，怎么能只相信在岭南做交易，而拒绝在安南做交易，只重视朝廷派出的宦官使者，而轻视朝廷派出的负责交易的使者呢？请陛下将岭南节度使的奏议搁置起来，不予理睬。”

秋季，七月初一日甲寅朔，户部尚书判度支班宏去世。陆贽请求让前任湖南观察使李巽暂时代理判度支，德宗同意了。但不久，德宗又想任用司农少卿裴延龄主管度支事务，陆贽向德宗上奏，认为：“现在的度支这一职务，负责制定均平天下各种货物的价格标准，如果担任这一职务的人刻薄、吝啬的话，那么就容易产生祸患，如果过于宽大、徇行私情的话，那么就容易姑息养奸。裴延龄是一个诡诞虚妄的小人，如果任用，人们会产生惊骇。坐拿俸薪，不负责任，本来也应加上我这个卑微小臣，要说有知人之明，臣不敢自专，恐怕也会有损于陛下。”德宗没有听。七月初六日己未，任命裴延龄负责度支事务。

黄河南北，以及江淮地区，荆、襄、陈、许等四十多个州都遭了洪水泛滥之灾，淹死的有二万多人。陆贽奏请朝廷派出使者到灾区赈济、抚慰。德宗说：“听说这一带的损失很少，如果马上就商议进行优厚的抚恤的话，恐怕会引起奸邪欺诈的事情产生。”陆贽专题上奏，大意是说：“世俗的流弊，多半都是阿谀逢迎，揣测上头高

失人，何忧乏用！”上许为遣使，而曰：“淮西贡赋既阙，不必遣使。”贽复上奏，以为：“陛下息师含垢，宥彼渠魁，惟兹下人，所宜矜恤。昔秦、晋仇敌，穆公犹救其饥，况帝王怀柔万邦，唯德与义，宁人负我，无我负人。”八月，遣中书舍人京兆奚陟等宣抚诸道水灾。

以前青州刺史李师古为平卢节度使。

韦皋攻维州，获其大将论赞热。

（以上为第三段，写陆贽奏请对国际贸易，不宜征税，又奏请德宗赈济灾民。）

陆贽上言，以边储不赡，由措置失当，蓄敛乖宜，其略曰：“所谓措置失当者，戍卒不隶于守臣，守臣不总于元帅。至有一城之将，一旅之兵，各降中使监临，皆承别诏委任。分镇亘千里之地，莫相率从；缘边列十万之师，不设谋主。每有寇至，方从中覆，比蒙征发赴援，寇已获胜罢归。吐蕃之比中国，众寡不敌，工拙不侔，然而彼攻有余，我守不足。盖彼之号令由将，而我之节制在朝，彼之兵众合并而我之部分离析故也。所谓蓄敛乖宜者，陛下顷设就军、和籴之法以省运，制与人加倍之价以劝农，此令初行，人皆悦慕。而有司竞为苟且，专事纤啬，岁稔则不时敛藏，艰食则抑使收籴。遂使豪家、贪吏，反操利权，贱取于人以俟公私之乏。又有势要、近亲、羁游之士，委贱籴于军城，取高价于京邑，又多支缔纻充直。穷边寒不可衣，鬻无所售，上既无信于下，下亦以伪应之，度支物估转高，军城谷价转贵。度支以苟售滞货为功利，军城以所得加价为羡余。虽设巡院，转成囊橐。至有空申簿帐，伪指囷仓，计其数则亿万有余，考其实则百十不足。”

兴听的话就夸大其词，估计上头不喜欢听的就欺瞒隐藏，大事化小，朝廷若无预备措施，处置不当的毛病一再重犯，原因就在这里。”又说：“朝廷派遣使者去赈抚灾区，所花费的不过是钱财，但所收获的却是百姓的拥护，如果不失去人的拥护，那怎么用得着担心缺乏用度呢？”德宗答应给受灾地区派遣使者，但是却说：“淮西地区既然不向朝廷缴纳赋税，那就不必给这一地区派遣赈灾使者了。”陆贽再次上奏，认为：“陛下含垢忍辱而停止用兵，宽恕了兴风作浪的罪魁，而对那些平民百姓，更应该怜悯抚恤。从前秦国、晋国是敌对的诸侯国，秦穆公还救济晋国的饥荒。何况帝王君临天下，招抚、怀柔万邦，所凭借的只有恩德和仁义，宁可让别人辜负我，也不能让我辜负别人。”八月，德宗派遣中书舍人京兆人奚陟等去宣抚各道遭受水灾的灾民。

德宗任命前青州刺史李师古担任平卢节度使。

西川节度使韦皋进攻维州，擒获了吐蕃军的大将论赞热。

陆贽上奏，认为边疆的粮食等储备不充足，是由于部署和处理不妥当，粮食储蓄和赋税征收不合时宜造成的。奏疏的大意是说：“所说的部署和处理不妥当，就是指戍守边疆的士兵不直接隶属于守卫边疆的将领，而守卫边疆的将领也不由元帅统领。以至形成同是一座城池的将领，同属一个编制的军队，朝廷都分别派宦官使者去监军，而中使监军受不同的诏旨被委以重任。朝廷划分的守边军镇各守一地，绵延千里，但彼此互不统属；沿着边境地区布防的军队有十万人之多，但没有一个主持谋略的主管人物。每当有敌人侵犯的时候，才由朝廷商议对策，给军中传达命令，等到朝廷调派援军去增援的时候，入侵的敌人已经取得胜利，罢兵回去了。吐蕃与大唐相比，我众敌寡，势力根本不相匹敌，策略也是我高敌低，相差悬殊，但是，吐蕃进攻我们，总有余力，我们疲于防守，还感到力量不足。这主要是由于敌军的发号施令权在领兵的将领，而我军的控制调度权在朝廷，敌军的兵力能集合成一个整体，而我军却分散在各处。所说的储蓄粮食和征收赋税不合时宜，是指陛下最近才实行的让守边的将士在驻扎地附近垦荒种田，而由当地官府就地高价收购粮食，日后供应给驻军，以节省运输费用的办法，规定收购粮食价钱加倍，以奖劝农耕，这个法令刚刚开始实行的时候，万众欢腾。但主管部门办事不力，专做些与屯田的军士和百姓斤斤计较的事情，在丰收年景，不按时收购、储藏粮食，但在粮食歉收的时候，便采取强制手段收购粮食。于是就让那些富裕家庭、贪赃枉法的官吏反而能够从中操纵，牟取暴利，粮食价钱便宜的时候，他们向人们收买、储存起来，坐等着官府和百姓缺粮时高价卖出。另外，那些有权有势的家庭、达官贵人的近亲、

又曰："旧制以关中用度之多，岁运东方租米，至有斗钱运斗米之言。习闻见而不达时宜者，则曰：'国之大事，不计费损，虽知劳烦，不可废也。'习近利而不防远患者，则曰：'每至秋成之时，但令畿内和籴，既易集事，又足劝农。'臣以两家之论，互有长短，将制国用，须权重轻。食不足而财有余，则弛于积财而务实仓廪；食有余而财不足，则缓于积食而啬用货泉。近岁关辅屡丰，公储委积，足给数年；今夏江、淮水潦，米贵加倍，人多流庸。关辅以谷贱伤农，宜加价以籴而无钱；江、淮以谷贵人困，宜减价以粜而无米。而又运彼所乏，益此所余，斯所谓习见闻而不达时宜者也。今江、淮斗米直百五十钱，运至东渭桥，僦直又约二百，米糙且陈，尤为京邑所贱。据市司月估，斗粜三十七钱。耗其九而存其一，馁彼人而伤此农，制事若斯，可谓深失矣！顷者每年自江、湖、淮、浙运米百一十万斛，至河阴留四十万斛，贮河阴仓，至陕州又留三十万斛，贮太原仓，余四十万斛输东渭桥。今河阴、太原仓见米犹有三百二十余万斛，京兆诸县斗米不过直钱七十，请令来年江、淮止运三十万斛至河阴，河阴、陕州以次运至东渭桥，其江、淮所停运米八十万斛，委转运使每斗取八十钱于水灾州县粜之，以救贫乏，计得钱六十四万缗，减僦直六十九万缗。请令户部先以二十万缗付京兆，令籴米以补渭桥仓之缺数，斗用百钱以利农人；以一百二万六千缗付边镇，使籴十万人一年之粮，余十万四千缗以充来年和籴之价。其江、淮米钱、僦直并委转运使折市绫、绢、纯、绵以输上都，偿先贷户部钱。"

四处游旅的士人，用较低的价格委托边防军镇的统领们买进粮食，运往京城高价出售，又多半用葛、麻织成的劣质布匹折成粮价付给边镇。致使贫穷的边塞之地的将士们在寒冷的时候，这些劣质布匹不能做御寒的衣服，要卖掉这些布匹，又无人来买。上边既然失信于下边，那么下边也用虚假的东西应付上边，于是度支抬高了物价，而边镇军城的粮食价钱上涨。度支以暂且能售卖陈积的劣质货物谋取利益，而军城也以收购的粮食和加价部分为盈余。虽说度支在各地设置了负责监督物价和买卖的巡院，实际上巡院反倒成了填不满的大口袋，甚至有的军镇和州县假造账簿，谎报储备粮食的数目，统计起他们所报的数目来，过亿过万，但检查他们的实际储藏，还不到百分之十。”

陆贽又说：“因为关中地区的用度很大，以前的制度规定每年要从东部地区运送大量的粮食到关中来，但运费很贵，甚至有一斗米的运费要一斗钱的说法。那些习惯听信传闻而不能通晓事务、随机应变的人就会说：‘这是有关国家的大事，不应当计较费用和损耗，虽然明知运粮之事劳民伤财，但也不能废止了。’那些习惯于考虑眼前利益，而不预防长远祸患的人就会说：‘每到秋天要收获的时节，只让京畿地区的府县收购粮食，这样做既容易把事情办得很好，又能够奖劝农耕。’我觉得这两种人的议论，各有短处和长处，为了保障国家的用度而制定法令，一定要权衡轻重。在粮食不充足而钱财有盈余的时候，就应该暂缓积累钱财，而务必要将仓库储满粮食；在粮食充足而钱财缺乏的时候，那么就应该暂缓储积粮食，而节约用钱。近年来，关中地区粮食连年丰收，官府仓库储存了很多粮食，足够供应好几年的用度；今年夏天，江东、淮南一带大片地区普遍遭受洪涝灾害，这里的米价涨了一倍，人们流离远乡，乞讨帮工。关中地区因为谷子价钱太低而伤害了农耕的积极性，官府应该提高粮价买进粮食，但却没钱；江东、淮南地区因为粮价太贵，人们困穷不堪，官府应该降低粮价卖出粮食，但仓库却没有库存的米。朝廷反而还要他们运粮食到关中来，又陡增了关中地区的粮食储存，这就是所说的习惯于听信传闻而不能通晓事务、随机应变的人的做法啊。现在江东、淮南一带一斗米价值一百五十钱，将这里的米运到关中的东渭桥，全程的雇工花费每斗米又大约为二百钱，运来的米既粗糙，又是陈年旧米，京城的人们很看不中它。根据负责管理交易的市司每月上报的估计价格，运来的米贴价卖出去每斗大约三十七钱。米运到关中，损耗了价值的十分之九。而仅存十分之一，让江淮一带的人挨饿，而又伤害了关中地区的农耕，处理事情到了这种地步，可以说是重大失误了！以前每年从江东、两湖、淮南、两浙一带运送大米一百一十万斛，到河阴留下四十万斛，贮存在河阴仓内，到了陕州，又留下三十万斛，贮存在太原仓内，其余的四十万斛运到东渭桥。现在河阴仓、太原仓所存的米还有三百二十多万斛。京兆府的各个县每斗米不过值七十钱，请陛下

九月，诏西北边贵籴以实仓储，边备浸充。

（以上为第四段，写陆贽上奏调整边防驻军，充实国家粮食储备。）

冬，十一月，壬子朔，日有食之。

吐蕃、云南日益相猜，每云南兵至境上，吐蕃辄亦发兵，声言相应，实为之备。辛酉，韦皋复遗云南王书，欲与共袭吐蕃，驱之云岭之外，悉平吐蕃城堡，独与云南筑大城于境上，置戍相保，永同一家。

左庶子姜公辅久不迁官，诣陆贽求迁，贽密语之曰："闻窦相屡奏拟，上不允，有怒公之言。"公辅惧，请为道士。上问其故，公辅不敢泄贽语，以闻参言为对。上怒参归怨于君；己巳，贬公辅为吉州别驾，又遣中使责参。

庚午，山南西道节度使严震奏败吐蕃于芳州及黑水堡。

初，李纳以棣州蛤蜾有盐利，城而据之；又戍德州之南三汊城，以通田绪之路。及李师古袭位，王武俊以其年少，轻之，是月，引兵屯德、棣，将取蛤蜾及三汊城；师古遣赵镐将兵拒之。上遣中使谕止之，武俊乃还。

下令明年江东、淮南一带只运三十万斛米到河阴仓，河阴仓和陕州的太原仓按顺序将这三十万斛来运抵东渭桥，而将江东、淮南一带停运朝廷的其余八十万斜大米，交给转运使，每斗米只收取八十钱向受水灾的州县贴钱出售粮食，以拯救贫困缺粮的平民百姓，估计此项可以收得钱六十四万缗，减去停运八十万斛米所节省下来的工钱六十九万缗。这笔钱，我建议陛下让户部先将二十万缗钱交给京兆府，让他们在关中地区高价买进粮食，以补充东渭桥仓库库存所缺的数额，每斗用一百钱买进来，这样让农耕的百姓得利。再将一百零二万六千缗钱交给各个边镇，让他们购买十万将士一年所需要的粮食。剩下的十万四千缗钱，用作来年购买粮食的款项。在江东、淮南等地出售大米所得的钱和节省下来转运大米的工钱，一并交给转运使用绫、绢、絁、绵来折算，运到首都长安来，以抵偿前面户部先借给京兆府和边镇的钱。”

九月，诏令西北边镇用高价买进粮食，以充实仓库，这样一来，守卫边疆军队的粮食储备渐渐充裕起来。

冬季，十一月初一日壬子朔，发生日食。

吐蕃与云南越来越相互猜忌、关系紧张，每次云南军队到了边境地区，吐蕃也马上调派军队来，说是与云南军队互相接应，实际上是防备云南军队。十一月初十日辛酉，西川节度使韦皋又给云南王异牟寻写了封信，信中说打算与云南王一起袭击吐蕃人，将吐蕃人赶到云岭以外的地方去，攻毁吐蕃人所有的城堡，只与云南王在边境上共同修筑一座大城池，在这里部署防卫军队，相互保护，永远相待同一家人一样。

左庶子姜公辅很久没有升官，私下跑到宰相陆贽那里谋求升官，陆贽悄悄地对姜公辅说：“听说窦宰相多次上奏，请皇上批准提升你，但皇上不答应，对你还说了些怨恨的话。”姜公辅听了以后很害怕，请求辞官去做道士。德宗询问其中的缘故，姜公辅不敢泄露是陆贽说的话，而回答说是窦参告诉了这一事情的原委。德宗对窦参将怨恨之事归咎于君王的做法大为震怒。十一月十八日己巳，将姜公辅贬职为吉州别驾，又派宦官使者去郴州斥责窦参。

十一月十九日庚午，山南西道节度使严震上奏，说在芳州和黑水堡一带打败了吐蕃人。

当初，李纳认为棣州蛤蜾这个地方有煮盐的利益，便在此修筑城池，派兵占据了。李纳又派兵在德州的南部三汊城驻守，以保证与魏博镇田绪联络通畅。后来，李师古继承其父李纳平卢节度使之后，王武俊因为李师古年轻，不熟悉政事，很是轻视李师古。于是在这个月，带领军队驻扎在德州和棣州，准备攻占蛤蜾和三汊城。

初，刘怦薨，刘济在莫州，其母弟澭在父侧，以父命召济而以军府授之。济以澭为瀛州刺史，许他日代己。既而济用其子为副大使，澭怨之，擅通表朝廷，遣兵千人防秋。济怒，发兵击澭，破之。

左神策大将军柏良器，募才勇之士以易贩鬻者，监军窦文场恶之。会良器妻族饮醉，寓宿宫舍。十二月，丙戌，良器坐左迁右领军。自是宦官始专军政。

（以上为第五段，写云南与吐蕃离心，河北诸镇之间争利矛盾，宦官始专军政。）

九年（癸酉，793 年）

春，正月，癸卯，初税茶。凡州、县产茶及茶山外要路，皆估其直，什税一，从盐铁使张滂之请也。滂奏："去岁水灾减税，用度不足，请税茶以足之。自明年以往，税茶之钱，令所在别贮，俟有水旱，以代民田税。"自是岁收茶税钱四十万缗，未尝以救水旱也。

滂又奏："奸人销钱为铜器以求赢，请悉禁铜器。铜山听人开采，无得私卖。"

二月，甲寅，以义武留后张昇云为节度使。

初，盐州既陷，塞外无复保障；吐蕃常阻绝灵武，侵扰鄜坊。辛酉，诏发兵三万五千人城盐州，又诏泾原、山南、剑南各发兵深入吐蕃以分其势，城之二旬而毕；命盐州节度使杜彦光戍之，朔方都虞候杨朝晟戍木波堡，由是灵、夏、河西获安。

上使人谕陆贽，以"要重之事，勿对赵憬陈论，当密封手疏以闻；"又"苗粲以父晋卿往年摄政，尝有不臣之言，诸子皆与古帝王同名，今不欲明行斥逐，兄弟亦各除外官，勿使近屯兵之地；"又"卿清慎太过，诸道馈遗，一皆拒绝，恐事情不通，如鞭靴之类，受亦无伤。"贽上

李师古派遣赵镐率兵来抵御王武俊。德宗派遣宦官使者去制止，王武俊才带兵回去了。

当初，节度使刘怦去世的时候，刘济正在莫州，刘济的同母弟弟刘澭在父亲身边，以父亲的名义召回刘济，把主持节度使军府的大权交给了刘济。刘济任命刘澭为瀛州刺史，许诺以后让刘澭代替自己担任节度使。不久，刘济任用儿子做军府的副大使，刘澭为此深恨刘济，自作主张上表朝廷，派遣一千兵马去京城西边防秋。刘济大为震怒，调兵攻打刘澭，打败了刘澭。

左神策军的大将军柏良器，招募有才能又健壮的人来替代军中的买卖人，监军窦文场憎恨柏良器这种做法。正好柏良器妻子那边的亲戚喝醉了酒，寄宿在宫廷警卫值勤的禁军宿舍中，犯了大禁。十二月初五日丙戌，柏良器受到这一事件的牵连，降职担任右神策军的领军。从此以后，宦官又开始掌管军事大权。

唐德宗贞元九年（癸酉，793 年）

春季，正月二十四日癸卯，朝廷开始征收茶税。对凡是出产茶叶的州、县和运茶的交通要道，都要依据产量估计价值，征收十分之一的税钱。这是德宗依准了盐铁使张滂的奏请后决定的。张滂奏章上说："去年各地遭受了水灾，减少了朝廷的税收，以致用度不充足，请求征收茶叶税来补充。从明年开始起，征收上来的茶叶税钱，让各所在地另外储存起来，等到发生水灾和旱灾的时候，用它来代交百姓田地歉收而征不上来的税钱。"从这一年开始，征收茶叶税钱四十万缗，但从来没有用它来赈济水灾和旱灾。

张滂又上疏说："奸邪之人销毁铜钱来铸造铜质器皿，以获取盈利，请朝廷下令禁止销售和使用一切铜质器皿。产铜的矿山听任人们去开采，但不能让他们私自售卖。"

二月初五日甲寅，任命义武军留后张昇云为义武军节度使。

当初，盐州被吐蕃人攻陷，塞外地区便没有安全保障。吐蕃人经常阻断灵武与朝廷的交通路线，侵扰鄜坊。二月十二日辛酉，诏令派三万五千兵马去盐州修筑城防，又命令泾原、山南、剑南各靠近吐蕃的军镇深入吐蕃境内，以分散吐蕃的军势，赢得了二十天时间修好了盐州城防。下令盐州节度使杜彦光防守盐州城，下令朔方军的都虞候杨朝晟守卫木波堡。这样一来，灵州、夏州和河西地区才重新获得安宁。

德宗告谕宰相陆贽说，"凡是重要的事情，千万不要在宰相赵憬面前陈说讨论，应当写成奏章，密封后呈送宫内"。另外，又说："苗粲因为他的父亲苗晋卿当年代理过朝廷大政，曾说过一些不符合大臣身份的狂妄之言，苗晋卿的几个儿子都与古代的帝王同名字，理应惩处，现在不想公开下令贬黜苗粲，苗粲的兄弟们也都只能

奏，其略曰：“昨臣所奏，惟赵憬得闻，陛下已至劳神，委曲防护。是于心膂之内，尚有形迹之拘，迹同事殊，鲜克以济。恐爽无私之德，且伤不吝之明。”又曰：“爵人必于朝，刑人必于市，惟恐众之不睹，事之不彰。君上行之无愧心，兆庶听之无疑议，受赏安之无怍色，当刑居之无怨言，此圣王所以宣明典章，与天下公共者也。凡是谮诉之事，多非信实之言，利于中伤，惧于公辩。或云岁月已久，不可究寻；或云事体有妨，须为隐忍；或云恶迹未露，宜假他事为名；或云但弃其人，何必明言责辱。词皆近于情理，意实苞于矫诬，伤善售奸，莫斯为甚！若晋卿父子实有大罪，则当公议典宪；若被诬枉，岂令阴受播迁。夫听讼辨谗，必求情辨迹，情见迹著，辞服理穷，然后加刑罚焉，是以下无冤人，上无谬听。”又曰：“监临受贿，盈尺有刑，至于士吏之微，尚当严禁，矧居风化之首，反可通行！贿道一开，展转滋甚，鞭靴不已，必及金玉。目见可欲，何能自窒于心！已与交私，何能中绝其意！是以涓流不绝，溪壑成灾矣。”又曰：“若有所受，有所却，则遇却者疑乎见拒而不通矣；若俱辞不受，则咸知不受者乃其常理，复何嫌阻之有乎！”

（以上为第六段，写陆贽上奏德宗，宰相议事要透明，惩罚臣下要按制度，主政的长官，尤其是宰相不得收礼，防微杜渐以拒贪。）

初，窦参恶左司郎中李巽，出为常州刺史。及参贬郴州，巽为湖南

去担任地方官，而且不要让他们靠近驻扎军队的地区。”又说：“卿清廉谨慎有点过分了，各道赠送给卿的东西，卿一概都拒绝接收，只怕也太不通人情世故，像马鞭、皮靴之类的东西，卿接受了也不妨事。”陆贽于是上奏德宗，大意是说：“昨天臣上奏的事情，只因为赵憬知道了，陛下就已经很是劳力费神，想方设法，对赵憬加以防范。这就是陛下在亲近的心腹宰臣中，尚有亲此疏彼的举动，表面一样，遇事对待不同，那么很少能成就事情。这样做只怕要有失陛下大公无私的圣德，而且还会损害陛下不吝改正过错的英明。”又说：“对人封官赐爵，一定要在朝廷上举行，对人惩罚行刑，一定要在热闹的市区执行，所怕的只是好事不广为人知，坏事不广为人晓。君王要问心无愧地实行公正的赏罚，天下亿万的士人百姓知道后，也毫无疑问和异议，接受赏赐的人心安理得，受到重刑惩处的人也不怨天尤人。这就是圣明的君王之所以要明确地向天下宣布法典政令的原因，为的是要与天下的人共同遵行啊。凡是暗中进谗言诉说的事情，多半都是不实的，只能暗中伤害别人，而害怕进行公开辩论。对于这些谗言，有的人说年月已经很久远了，不可能再去查询追究；有的人说这事情有伤体统，不宜公开；有的人说苗晋卿的恶劣罪行并没有暴露出来，应该找别的借口来处治他的子弟；有的人说只要屏退斥逐他的子弟们就行了，何必公开他们的罪行加以谴责羞辱呢？这些看法都似乎接近情理，但他们实际上是包藏着是非不明的诬陷。伤害善良的人，让自己的诡计得逞，没有比这更厉害的方法了！如果苗晋卿父子们确实犯有大逆不道的罪行，那么就应当在公堂上按法典论处，如果他们是受诬陷遭冤枉的，怎么能让他们不明不白地受流放的惩处呢？说到审理诉讼，辩明诬陷谗言，一定要合于情理而又有事实依据，如果实情明显、罪行昭彰，无话可说而又无理可辩，然后再对他们用刑法来惩处，这样下面就不会有蒙冤含屈的人，而君王也不会有误信谗言、受人欺诈之过了。”又说：“各主要监督官和各部门主要长官，接受了贿赂，所收的东西折合成布，只要满了一尺就要受刑法惩处，而对于低级、卑贱的官吏，尚且对他们收受贿赂如此严格禁止，何况是位居移风化俗之首要位置的宰相，怎么能反而可以接受贿赂呢？受贿之路一打开，那么就会愈演愈烈，不光是马鞭、皮靴之类的小东西，一定会送金送玉。眼睛看到了很想得到的东西，怎么能压抑在心中而不去想法得到它呢？已经接受了别人的私下贿赂，怎么能拒绝别人的托请而不满足他的要求呢？如果不阻断行贿的涓涓细流，那么就会汇成江河，泛滥成灾了。”又说：“如果臣接受了某些人的赠馈，又拒绝某些人的赠馈，那么遭到拒绝的人就会怀疑自己要办的事情难以办好了；如果一概加以拒绝，那么他们就知道不收受赠馈，是理所当然的事情，又怎么会对臣生出阻遏事情的嫌疑来呢？”

当初，宰相窦参厌恶左司郎中李巽，便外放出朝去担任常州刺史。后来窦参被

观察使。汴州节度使刘士宁遗参绢五十匹，巽奏参交结藩镇。上大怒，欲杀参，陆贽以为参罪不至死，上乃止，既而复遣中使谓贽曰：“参交结中外，其意难测，社稷事重，卿速进文书处分。”贽上言：“参朝廷大臣，诛之不可无名。昔刘晏之死，罪不明白，至今众议为之愤邑，叛臣得以为辞。参贪纵之罪，天下共知；至于潜怀异图，事迹暧昧。若不推鞫，遽加重辟，骇动不细。窦参于臣无分，陛下所知，岂欲营救其人，盖惜典刑不滥。”三月，更贬参驩州司马，男女皆配流。

上又命理其亲党，贽奏：“罪有首从，法有重轻，参既蒙宥，亲党亦应末减；况参得罪之初，私党并已连坐，人心久定，请更不问。”从之。上又欲籍其家赀，贽曰：“在法，反逆者尽没其财，赃污者止征所犯，皆须结正施刑，然后收籍。今罪法未详，陛下已存惠贷，若簿录其家，恐以财伤义。”时宦官左右恨参尤深，谤毁不已。参未至驩州，竟赐死于路。窦申杖杀，货财、奴婢悉传送京师。

海州团练使张昇璘，昇云之弟，李纳之婿也，以父大祥归于定州，尝于公座骂王武俊，武俊奏之。夏，四月，丁丑，诏削其官，遣中使杖而囚之。定州富庶，武俊常欲之，因是遣兵袭取义丰，掠安喜、无极万余口，徙之德、棣。昇云闭城自守，屡遣使谢之，乃止。

上命李师古毁三汊城，师古奉诏；然常招聚亡命，有得罪于朝廷者，皆抚而用之。

（以上为第七段，写德宗信谗，违制处死已贬宰相窦参。）

贬职到郴州，李巽这时担任湖南观察使。汴州节度使刘士宁送给窦参绢五十匹，李巽上奏朝廷说窦参与藩镇节帅结交。德宗对此大为恼怒，打算杀了窦参，陆贽认为窦参罪不至死，德宗这才没有杀窦参。不久，德宗又派宫中的宦官使者对陆贽说："窦参结交朝廷内外的人，他的意图难以揣测，国家社稷的安全要紧，你赶快进呈一份处治窦参的公文来。"陆贽上奏德宗说："窦参是朝廷的大臣，要杀不能没有名义。从前刘晏被杀了，罪过不够清楚，直到今天，大家都还在为刘晏的死愤愤不平，叛逆朝廷的臣子们也以此作借口。窦参贪婪，纵容窦申招权纳贿的罪过，是天下人皆知道的。至于心中暗藏反叛朝廷的图谋，事实含混不清。如果不详细审讯，就马上施以杀头重刑，造成的惊吓和纷扰恐怕不小。窦参与臣没有什么私人交情，陛下是知道的，臣哪里是要救这个人呢？只是担心朝廷的司法政令滥用。"三月，德宗将窦参再次贬职为驩州司马，家中的男女老幼都流放到边远地区。

德宗又命令陆贽惩处窦参的亲信党羽，陆贽上奏说："罪行有首罪和从罪，法律有重惩和轻罚的区别，窦参既然已经蒙陛下宽恕，那么窦参的亲信党羽也是应该从轻论处。何况窦参在刚刚判罪受惩的时候，亲信私党们已经一并因牵连受到惩罚，现在与之相关的人们的内心已经长久安定下来，请陛下不要再追究了。"德宗采纳了这个建议。德宗又想没收窦参的家产，陆贽说："按照法律规定，对反叛朝廷的人，要没收他的所有财产，对接受贿赂和贪污公家财产的人，只没收他犯罪所得部分，这都必须立案审理，施行刑罚之后，才能没收他们的财产。现在窦参的罪行和应受的惩罚都不明确，陛下对窦参已施恩德，加以宽大处理，如果登记造册抄收了其家产，恐怕会因没收财产而伤害了道义。"当时德宗身边的宦官们十分痛恨窦参，在德宗那里不断地说窦参的坏话。窦参还没有到驩州，德宗最终还是命令他在半路上自裁而死。窦申被乱棍打死。窦参的家产和奴婢全部都传送到京城长安。

海州团练使张昇璘，是易定节度使张昇云的弟弟，李纳的女婿，因为父亲的两周年忌日要举行祭祀而回到了定州，曾在公开场合当众辱骂了王武俊，王武俊将这事上奏了朝廷。夏季，四月二十九日丁丑，德宗下诏革了张昇璘的官职，派遣宫中的宦官使者对张昇璘施加杖刑，并且囚禁起来。定州是一个富裕的地方，王武俊时常想得到它，因此就派兵袭击，攻占了义丰，在安喜、无极抢掠一万多人，将他们迁移到德州和棣州。张昇云关闭城门，防守自卫，多次派遣使者去向王武俊谢罪，王武俊才肯停兵息战。

德宗命令李师古拆毁三汉城，李师古执行了皇帝的命令。但是，李师古经常召集一些逃亡的人，其中有的人还是对朝廷犯有罪行的，李师古都招抚、任用他们。

五月，甲辰，以中书侍郎赵憬为门下侍郎、同平章事；义成节度使贾耽为右仆射，右丞卢迈守本官，并同平章事。迈，翰之族子也。憬疑陆贽恃恩，欲专大政，排己置之门下，多称疾不豫事，由是与贽有隙。

陆贽上奏论备边六失，以为："措置乖方，课责亏度，财匮于兵众，力分于将多，怨生于不均，机失于遥制。

"关东戍卒，不习土风，身苦边荒，心畏戎虏。国家资奉若骄子，姑息如倩人。屈指计归，张颐待哺；或利王师之败，乘扰攘而东溃；或拔弃城镇，摇远近之心。岂惟无益，实亦有损。复有犯刑谪徙者，既是无良之类，且加怀土之情，思乱幸灾，又甚戍卒。可谓措置乖方矣。

"自顷权移于下，柄失于朝，将之号令既鲜克行之于军，国之典常又不能施之于将，务相遵养，苟度岁时。欲赏一有功，翻虑无功者反仄；欲罚一有罪，复虑同恶者忧虞。罪以隐忍而不彰，功以嫌疑而不赏，姑息之道，乃至于斯。故使忘身效节者获诮于等夷，率众先登者取怨于士卒，偾军蹙国者不怀于愧畏，缓救失期者自以为智能。此义士所以痛心，勇夫所以解体。可谓课责亏度矣。

"虏每入寇，将帅递相推倚，无敢谁何，虚张贼势上闻，则曰兵少不敌。朝廷莫之省察，唯务征发益师，无裨备御之功，重增供亿之弊。闾井日耗，征求日繁，以编户倾家、破产之资，兼有司榷盐、税酒之利，总其所入，岁以事边。可谓财匮于兵众矣。

五月二十七日甲辰，任命中书侍郎赵憬为门下侍郎、同平章事；任命义成军节度使贾耽为右仆射，右丞卢迈担任原职，一并担任同平章事。卢迈是卢翰的族侄。赵憬怀疑陆贽凭杖德宗的特别恩宠，想独揽朝廷的大权，排挤自己，而将自己安排在门下侍郎的位置上，于是经常称有病，不参与政事。由此开始与陆贽有矛盾。

陆贽向德宗上奏，概论边疆防备体制的六大问题，陆贽认为："边疆防备部署不当；考核赏罚没有法度；财税全被军队耗尽；将领众多、分散了兵力；待遇不均而使士卒心怀怨恨；朝廷遥控兵权而致使战机丧失。

"关东中原士兵到京城西北守卫边疆，不服当地的水土，身受边塞天寒地冻、缺衣少食之苦，内心又畏惧外族胡人的侵入。国家拿出大量钱财供养他们，就像家长对待娇生惯养的儿子一样；姑息、宽容他们，就像岳父对待女婿一样。而他们每天却屈指计算着回家的日期，张嘴等待别人给他喂食。他们或者利用朝廷军队打了败仗的机会，乘着混乱之机向东边故乡方向溃逃；或者抛弃镇守的城池、市镇，动摇远近各地的人心。调遣这些将士守卫边疆，不但无益，反而有害。还有一些触犯刑法被贬谪、流放的人，本来就不是什么善良之人，加上他们怀念故乡的情绪，他们希望发生变乱，幸灾乐祸，这些人引发的祸灾比守边戍兵就更厉害了。这可以说是边疆防备部署不当了。

"近年来权力逐渐转移到了下面，朝廷也失去了威权，将领的命令很难在军队中执行下去，国家的法令也时常不能在将帅身上施行，彼此都在姑息，苟且偷安地混日子。要想奖赏一个有功的人员，反而会顾虑到那些无功人员的心怀不满；想惩罚一个有罪的官员，却又担心与他犯有同样罪过的官员会忧虑不安。有人犯罪，却要隐瞒而不敢公开，有人立功，因为有猜忌而得不到奖赏。姑息的风气，竟到了如此地步。所以使得舍生忘死、竭诚尽忠的人受到同辈们的嘲笑讥讽，身先士卒、带头攻克敌人堡垒的战将受到士兵们的怨恨，而丧师失地、对国家有罪的将领居然毫无羞愧、恐惧之感，故意拖延而救援误期的将领还自以为明智能干。这就是忠贞的道义之士所以痛心疾首、勇敢的战将所以涣散斗志的原因。这可以说考核赏罚没有了法度。

"寇虏每次侵犯边疆，将帅们便彼此推诿，互相扯皮，没有人敢说话，于是就夸大敌人的势力上报朝廷，说什么兵力太少，不能够抵挡。朝廷对这种奏报也不仔细调查实情，只是一味地调派军队去增加兵力，这样做不但对加强边疆防卫无益，反而带来加重军需物品供应的弊端。以至于村庄百姓的资财日益消耗，官府的征税和索求日益增多，把平民百姓倾家荡产上交的钱财，以及主管部门征收盐、酒专卖的税钱，全部合在一起，每年都全花在守卫边疆的将士们身上。可以说全国的财税都被军队消耗尽了。

“吐蕃举国胜兵之徒，才当中国十数大郡而已，动则中国惧其众而不敢抗，静则中国惮其强而不敢侵，厥理何哉？良以中国之节制多门，蕃丑之统帅专一故也。夫统帅专一，则人心不分，号令不贰，进退可齐，疾徐如意，机会靡愆，气势自壮。斯乃以少为众，以弱为强者也。开元、天宝之间，控御西北两蕃，唯朔方、河西、陇右三节度。中兴以来，未遑外讨，抗两蕃者亦朔方、泾原、陇右、河东四节度而已。自顷分朔方之地，建牙拥节者凡三使焉，其余镇军，数且四十，皆承特诏委寄，各降中贵监临，人得抗衡，莫相禀属。每俟边书告急，方令计会用兵，既无军法下临，惟以客礼相待。夫兵，以气势为用者也；气聚则盛，散则消；势合则威，析则弱。今之边备，势弱气消，可谓力分于将多矣。

“理戎之要，在于练核优劣之科以为衣食等级之制，使能者企及，否者息心，虽有厚薄之殊而无觖望之衅。今穷边之地，长镇之兵，皆百战伤夷之余，终年勤苦之剧，然衣粮所给，唯止当身，例为妻子所分，常有冻馁之色。而关东戍卒，怯于应敌，懈于服劳，衣粮所颁，厚逾数等。又有素非禁旅，本是边军，将校诡为媚词，因请遥隶神策，不离旧所，唯改旧名，其于廪赐之饶，遂有三倍之益。夫事业未异而给养有殊，苟未忘怀，孰能无愠！可谓怨生于不均矣。

“凡欲选任将帅，必先考察行能，可者遣之，不可者退之，疑者不使，使者不疑，故将在军，君命有所不受。自顷边军去就，裁断多出宸

“在整个吐蕃国内，能够手使兵器出征的人，才不过相当于大唐十几个大郡的守军数量罢了。但是他们一有行动，我们大唐就恐惧他们人马众多，而不敢出兵抵抗，他们平时不出兵来侵犯我们的时候，我们大唐又害怕他们强大，而不敢主动出兵进攻他们，这究竟是什么道理呢？这实在是由于我们大唐的军队要受多个部门的控制，而吐蕃军队却统率在一个人手中的缘故。要说由一个人统率军队，那么人心就不会分散，而且号令统一，军队进攻，撤退都能够整齐划一，出击敌人速度的快慢都能按统帅的意图办事，这样就不会错失战机，军队的气势就自然很雄壮了。这就是变少为多，变弱为强的缘由啊。开元、天宝年间，朝廷控制、防御西北吐蕃、突厥两族胡人，只有朔方、河西、陇右三个节镇的军队。自从国家中兴以来，朝廷还来不及对外讨伐，抗御吐蕃、回纥两族胡人的也是朔方、泾原、陇右、河东四个节镇的军队。自从近年来朝廷把朔方镇统辖的区域划分成几块，建立军府、拥有旌节的就共有三个节度使了，其他地区的军镇数将近四十个，军中主帅都是接受特别诏旨委任的，陛下又各派宫中亲信宦官前去监督，他们能够同军中主帅地位平等，互不统属。每当边疆告急文书送到，朝廷才下令让他们相互商量如何采取军事行动，既然朝廷没有军法明令谁主谁从，那么他们也只能以宾客之礼相互对待。要说采取军事行动，全凭气势。士气凝聚，那么军势就旺盛；士气散漫，那么军势就衰疲。军势会合，那么军力就威猛；军势分离，那么军力就软弱。现在朝廷的边防力量，可以说是将领众多，分散了兵力。

“治理军队的要领，在于严格考核将士平时训练的优劣等级，然后以此为依据制订相应的衣食待遇等级，使得能干的将士企望达到最高水准，而没什么能力的将士不会有非分的想法，虽然将士的待遇有丰厚、菲薄的区别，但不会因怨恨不满产生事端。现在穷困的边塞地区，长期驻守的将士，都是身经百战，伤痕累累的人，整年经受着劳苦和艰辛，但所得到的衣服和粮食，仅能满足本人需要，这些东西通常要被他们家中的妻儿老小分去一部分，所以他们经常受寒挨饿。而在关东地区守卫的士兵，害怕与敌人对阵，懒于担承辛苦的劳作，但朝廷供给他们的衣服和粮食，比戍守边疆的士兵高出几等。又有一些一向不属于禁军，本是边疆的防卫军队，因他们将领们诡诈地向上面说些奉迎的话，乘机请求遥遥隶属于神策军，尽管没有离开以前驻守的旧地，只是改掉了过去的番号，而得到了朝廷发给的丰厚衣食，收到了是过去三倍的好处。所承担的任务没有变化，但是发给的衣食却大有区别，假如他们没有忘记从前待遇菲薄的困苦，那谁又能不对这待遇不公感到愤怒呢？可以说怨恨、不满产生于待遇不均。

“凡是要选拔、任用军队的将帅，一定要首先考察他们的品行和能力，对合适的人就派去任职，对不合格的人便摒弃不用，对他们的忠诚有怀疑，就不要任用，

衷，选置戎臣，先求易制，多其部以分其力，轻其任以弱其心，遂令爽于军情亦听命，乖于事宜亦听命。戎虏驰突，迅如风飙，驲书上闻，旬月方报。守土者以兵寡不敢抗敌，分镇者以无诏不肯出师，贼既纵掠退归，此乃陈功告捷。其败丧则减百而为一，其捃获则张百而成千。将帅既幸于总制在朝，不忧罪累，陛下又以为大权由己，不究事情。可谓机失于遥制矣。

“臣愚谓宜罢诸道将士防秋之制，令本道但供衣粮，募戍卒愿留及蕃、汉子弟以给之。又多开屯田，官为收籴，寇至则人自为战，时至则家自力农，与夫倏来忽往者，岂可同等而论哉！又宜择文武能臣为陇右、朔方、河东三元帅，分统缘边诸节度使，有非要者，随所便近而并之。然后减奸滥虚浮之费以丰财，定衣粮等级之制以和众，弘委任之道以宣其用，悬赏罚之典以考其成。如是，则戎狄威怀，疆埸宁谧矣！”上虽不能尽从，心甚重之。

（以上为第八段，写陆贽上奏论边防体制六大失误，德宗只是赞赏，而没有认真采纳。）

韦皋遣大将董勔等将兵出西山，破吐蕃之众，拔堡栅五十余。

丙午，门下侍郎、同平章事董晋罢为礼部尚书。

云南王异牟寻遣使者三辈，一出戎州，一出黔州，一出安南，各赍生金、丹砂诣韦皋，金以示坚，丹砂以示赤心，三分皋所与书为信，皆达成都。异牟寻上表请弃吐蕃归唐，并遗皋帛书，自称唐云南王孙、吐蕃赞普义弟日东王。皋遣其使者诣长安，并上表贺。上赐异牟寻诏书，令皋遣使慰抚之。

对任用的人，就不要怀疑他的忠诚，所以前人说领军在外打仗的将军，君王的命令有的可以不接受。近年来，对镇守边疆将领的任用和更换，大多数都取决于陛下的心意。选派、任用武将的标准，首要的条件就是对他要容易控制，然后分散兵力多置番号，以此削弱将帅的权势，再降低他们的职任，用以削弱他们的野心。这样一来，将帅们对不符军情的朝廷命令也要听，对违反实际的事情也要遵守，胡虏的兵马突然来袭，迅速得如同暴风刮过一样，边镇用驿站向朝廷传送军情，十天半月才到朝廷。守卫边镇的将领因为兵力弱小，不敢出营抗击敌人，附近分镇戍守的将帅，因为没有朝廷的诏命，不肯出兵援救，等到敌人已经大事抢掠，退回去以后，边将这才向朝廷报捷邀功。如果战败丧失军队和土地，上报时，将一百缩减为一，如果战胜了，有所俘获，上报时，却将一百夸大成一千。将帅们私下庆幸指挥、调度军队的大权在朝廷，不必担忧战败会受到惩罚，陛下又因为大权操在自己手中，也就不好对将帅们深究下去。这可以说是朝廷遥控兵权而致使战机丧失的原因。

“依臣下愚昧的看法，应该废除各道将士去京城西边保护秋收的制度，而下令各道只供应衣服和粮食，招募自愿兵留守边疆以及胡汉子弟，供给他们衣服和粮食。同时又让他们大量开荒垦田，耕种粮食，官府替他们收购。虏寇入侵的时候，人人就起来抗击敌人。农忙季节到了，就在家里努力耕种田地，这哪能是忽来忽去、不断调防的士兵可以相提并论的呢？另外，最好选择通文习武的能干大臣分别担任陇右、朔方、河东三地的元帅，各自统领周围边镇的各节度使，对不重要的边镇，就近合并在其他军镇之中。然后减少那些不正当的和不必要的费用，以充裕朝廷的财用，制订发给衣服、粮食的等级制度，以协调军中将士的关系，扩大朝廷信用将帅的原则，以表明对他们的重用，明确公布奖赏和惩罚和标准，用以考核他们的成绩。这样一来，胡虏就会畏惧朝廷的威势而归顺，那么边疆就会安宁无事了。”德宗虽然未能完全采纳陆贽的建议，但内心却对陆贽十分推重。

西川节度使韦皋派遣大将董勔等人攻击西山，打败了吐蕃军队，攻下了堡垒、营栅五十多座。

五月二十九日丙午，门下侍郎、同平章事董晋被罢免，降任礼部尚书。

云南王异牟寻派遣三批使者，一路走戎州，一路走黔州，一路走安南，各自都带着金矿石和丹砂到韦皋那里去，用金矿石表明归顺朝廷的意志坚决，用丹砂表示归顺朝廷的一片红心，又将韦皋三次写给他的信，交给三路使者各一份以作为凭证，这三批使者都到达了成都。异牟寻上表朝廷，请求与吐蕃断绝所有关系，归附唐朝，同时还用帛给韦皋写了封信，自称是大唐云南王孙、吐蕃赞普的义弟日东王。韦皋打发人把云南王派来的使者送到京城长安，并且上表朝廷，表示祝贺。德宗给异牟

贾耽、陆贽、赵憬、卢迈为相，百官白事，更让不言。秋，七月，奏请依至德故事，宰相迭秉笔以处政事，旬日一易；诏从之。其后日一易之。

剑南、西山诸羌女王汤立志、哥邻王董卧庭、白狗王罗陀忽、弱水王董辟和、南水王薛莫庭、悉董王汤悉赞、清远王苏唐磨、咄霸王董邈蓬及逋租王，先皆役属吐蕃，至是各帅众内附。韦皋处之于维、保、霸州，给以耕牛种粮。立志、陀忽、辟和入朝，皆拜官，厚赐而遣之。

癸卯，户部侍郎裴延龄奏："自判度支以来，检责诸州欠负钱八百余万缗，收诸州抽贯钱三百万缗，呈样物三十余万缗，请别置欠负耗剩季库以掌之，染练物则别置月库以掌之。"诏从之。欠负皆贫人无可偿，徒存其数者，抽贯钱给用随尽，呈样、染练皆左藏正物。延龄徙置别库，虚张名数以惑上。上信之，以为能富国而宠之，于实无所增也，虚费吏人簿书而已。

京城西污湿地生芦苇数亩，延龄奏称长安、咸阳有陂泽数百顷，可牧厩马。上使有司阅视，无之，亦不罪也。

左补阙权德舆上奏，以为："延龄取常赋支用未尽者充羡余以为己功。县官先所市物，再给其直，用充别贮。边军自今春以来并不支粮。陛下必以延龄孤贞独立，时人丑正流言，何不遣信臣覆视，究其本末，明行赏罚。今群情众口喧于朝市，岂京城士庶皆为朋党邪！陛下亦宜稍回圣虑而察之。"上不从。

八月，庚戌，太尉、中书令、西平忠武王李晟薨。

冬，十月，甲子，韦皋遣其节度巡官崔佐时赍诏书诣云南，并自为

寻颁赐诏书，并且下令韦皋派使者去云南慰问、招抚。

贾耽、陆贽、赵憬、卢迈四人担任宰相职务，朝廷文武百官上报事情，他们互相推诿，不发表意见。秋季，七月，他们上奏德宗请求依照至德年间的旧例，宰相轮流执笔审批和处理政务，每隔十天换班一次，德宗下诏批准了。后来又改成每天轮换一人。

居住在剑南、西山的各部羌人，女王汤立志、哥邻王董卧庭、白狗王罗陀忽、弱水王董辟和、南水王薛莫庭、悉董王汤悉赞，清远王苏唐磨、咄霸王董邈蓬以及逋租王等各个部落，早先都归顺吐蕃，受吐蕃的驱使，到这时候各自率领自己的部众归附唐朝。韦皋将他们安置在维州、保州、霸州，给他们提供耕牛和粮种。汤立志、罗陀忽、董辟和进京入朝，朝廷都封给他们官职，对他们给予了十分优厚的赏赐，打发回去了。

七月二十七日癸卯，户部侍郎裴延龄上奏说："自从我负责财政事务以来，检查追收各州拖欠上缴给朝廷的钱八百多万缗，收取了各州留下的抽贯钱三百万缗，以及各州献给陛下的贡品三十多万缗，请求另设置季库，储存、管理所收各州拖欠的钱和损耗后剩下的钱粮，把染了色的绢织品再设置月库来储存、管理。"德宗下诏批准这个建议。拖欠钱粮的人，都是无力上缴的穷人，只是一些数字记在账上而已，抽贯钱随收随用，都用光了，而上贡的礼品，染色的绢织物本来都是皇宫左藏中要收藏的财物。裴延龄将这些东西转移到别的仓库中储放，不过是虚设名目，夸张数字来蒙骗德宗罢了。德宗相信裴延龄，认为裴延龄能使国家富裕起来，因而宠信裴延龄，但是实际上没有增加任何收入，只是烦劳官吏们去记一个空账罢了。

京城长安的西边有一片低洼污秽的湿地，里面生长了几亩田的芦苇，裴延龄于是上奏说长安城、咸阳城附近有数百顷沼泽地，可以放牧养马。德宗派有关部门的官吏去查看，根本就没有这种地方，德宗并没有治他谎奏之罪。

左补阙权德舆上奏德宗，认为："裴延龄将正常征收的赋税没有用完的部分，拿来充当盈余，作为自己的功劳。下令官员先购买物品，再付给买东西的钱，以此充当所谓盈余的物品另外储存起来。自从今年春天以来，就没有给守边的军队支付口粮。陛下一定以为裴延龄是独具忠心、出类拔萃的能干大员，但当前的人，无论是奸恶，还是正直，都一致对裴延龄满怀怨言。陛下何必不派遣一个值得信任的忠正之臣去核实检查，考察事情的前后经过，公开实行奖赏和惩罚。现在群情激愤，在朝廷、闹市对他议论纷纷，难道是京城内的官吏和百姓都结成朋党了吗？陛下也应该稍微改变一下对裴延龄的宠信，好好审查一下。"德宗没有采纳。

八月初四日庚戌，太尉、中书令、西平忠武王李晟去世。

冬季，十月十八日甲子，韦皋派遣节度巡官崔佐时把德宗的诏书送到云南去，

帛书答之。

十一月，乙酉，上祀圜丘，赦天下。

（以上为第九段，写云南王遣使入朝，德宗宠信佞臣户部侍郎裴延龄。）

刘士宁既为宣武节度使，诸将多不服。士宁淫乱残忍，出畋辄数日不返，军中苦之。都知兵马使李万荣得众心，士宁疑之，夺其兵权，令摄汴州事。十二月，乙卯，士宁帅众二万畋于外野；万荣晨入使府，召所留亲兵千余人，诈之曰："敕征大夫入朝，以吾掌留务，汝辈人赐钱三十缗。"众皆拜。又谕外营兵，皆听命。乃分兵闭城门，使驰白士宁曰："敕征大夫，宜速即路，少或迁延，当传首以献。"士宁知众不为用，以五百骑逃归京师，比至东都，所余仆妾而已。至京师，敕归第行丧，禁其出入。

淮西节度使吴少诚闻变，发兵屯鄢城，遣使问故，且请战。万荣以言戏之，少诚惭而退。

上闻万荣逐士宁，使问陆贽，贽上奏，以为今军州已定，宜且遣朝臣宣劳，徐察事情，冀免差失，其略曰："今士宁见逐，虽是众情，万荣典军，且非朝旨。此安危强弱之机也，愿陛下审之慎之。"上复使谓贽："若更淹迟，恐于事非便。今议除一亲王充节度使，且令万荣知留后，其制即从内出。"贽复上奏，其略曰："臣虽服戎角力谅匪克堪，而经武伐谋或有所见。夫制置之安危由势，付授之济否由才。势如器焉，惟在所置，置之夷地则平；才如负焉，唯在所授，授逾其力则踣。万荣今所陈奏，颇涉张皇，但露徼求之情，殊无退让之礼，据兹鄙躁，殊异循良。又闻本是滑人，偏厚当州将士，与之相得，才止三千，诸营之兵已甚怀怨。据此颇僻，亦非将材，若得志骄盈，不悖则败，悖则犯上，败则偾军。"又曰："苟邀则不顺，苟允则不诚，君臣之间，势必嫌阻。与其图之于滋蔓，不若绝之于萌芽。"又曰："为国之道，以义训人，将教事君，先令顺长。"又曰："方镇之臣，事多专制，欲加之罪，谁则无辞！若使倾夺之徒

韦皋自己也用帛写了一封回信给云南王异牟寻。

十一月初十日乙酉，德宗在圜丘祭天，下令大赦天下。

刘士宁担任宣武军节度使以后，部下的将领很多人在心里都不服从。刘士宁放纵淫乱，生性残忍，他出城去打猎，动不动一连几天都不回城，军中的将士困苦不堪。宣武军的都知兵马使李万荣深得将士们的拥戴，刘士宁很猜忌，剥夺了李万荣带兵的权力，让李万荣去代理汴州事务。十二月初十日乙卯，刘士宁率领二万将士到离城很远的地方去打猎。李万荣早晨乘机进入节度使的军府内，召集刘士宁留下来的亲信卫兵一千多人，欺骗他们说："皇上下敕令征召刘大夫进京入朝，让我掌管留后事务，还赏赐给你们每人三十缗钱。"大家都向李万荣拜谢，表示服从。李万荣又劝导外营中的士兵，他们都服从李万荣的命令。李万荣于是调派兵力，关闭、防守城门，又派使者骑马跑去对刘士宁说："皇上下敕令征召大夫，大夫应该马上上路，如果稍微有点拖延的话，我就要将大夫头颅传送到京城了。"刘士宁知道部众不服从自己的命令，带着五百名骑兵逃向京城长安，等到达东都洛阳时，刘士宁身边仅剩下仆人和姬妾了。到了京城长安，德宗下令让刘士宁回自家的住宅为父亲刘玄佐行孝守丧，禁止随便出入自家的院门。

淮西节度使吴少诚听说宣武军发生内变，调动兵马驻扎在郾城县，派遣使者去质问李万荣驱逐刘士宁的缘由，并且向李万荣挑战。李万荣对使者说了番嘲讽戏弄吴少诚的话，吴少诚心怀惭愧地撤退走了。

德宗得知李万荣驱逐刘士宁的事件后，派人去询问陆贽如何处理，陆贽上奏德宗，认为现在宣武军和所属各州已经安定下来，最好暂时派遣朝廷大臣去宣布诏旨，安抚、慰问，慢慢地观察事态的发展，这样可望避免一切差错。这篇奏疏的大意是说："现在刘士宁被驱逐，虽然是出自大家的心愿，但是李万荣掌管军事大权，也并不是朝廷下令委任的。这是关系国家安危强弱的重要时机，希望陛下处理这事时，反复思考，慎重从事。"德宗又派使者对陆贽说："如果再拖延迟疑下去，恐怕对事情不利。现在商议任命一个亲王去担任节度使，暂时让李万荣掌管留后事务，这份委任文书马上就要从宫中下发了。"陆贽再次上奏说："臣虽然不能胜任披挂上阵与敌人角力斗勇，但是筹划军事谋略，也许还有一些见地。说到掌握国家安危的，全在于形势的判断和对形势的把握，把官职交给某人，事情是否成功，全在所任用者的才能。形势就像一件器物，关键在于放在什么地方，如果放在平坦的地方就会四平八稳。人的才能就好像是背东西，关键在于给他多少重量，给他的重量超过了他所能承受的压力，就会摔倒在地。李万荣现在上奏朝廷的表章，其内容很是猖狂，

便得代居其任，利之所在，人各有心，此源潜滋，祸必难救。非独长乱之道，亦关谋逆之端。”又曰：“昨逐士宁，起于仓卒，诸郡守将固非连谋，一城师人亦未协志。各计度于成败之势，回遑于逆顺之名，安肯捐躯与之同恶！”又曰：“陛下但选文武群臣一人命为节度，仍降优诏，慰劳本军。奖万荣以抚定之功，别加宠任，褒将士以辑睦之义，厚赐资装，揆其大情，理必宁息。万荣纵欲跋扈，势何能为！”又曰：“傥后事有愆素，臣请受败桡之罪。”上不从。壬戌，以通王谌为宣武节度大使，以万荣为留后。

丁卯，纳故驸马都尉郭暧女为广陵王淳妃。淳，太子之长子。妃母，即升平公主也。

（以上为第十段，写德宗姑息宣武都知兵马使李万荣驱逐主帅而委任为留后。）

十年（甲戌，794年）

春，正月，剑南、西山羌、蛮二万余户来降；诏加韦皋押近界羌、蛮及西山八国使。

只是强横地要求任命，没有一点谦让的礼节，看看他表现出的鄙陋浮躁，绝不是一个善良的人。又听说他是滑州人，对本州的将士特别偏爱、厚待。与他关系相处得很好的将士，总共才只有三千人，而各个军营的士兵对他已经极为不满。根据他这种厚此薄彼的做法来看，李万荣也不是一个将才。如果他如愿以偿，就会骄横自得，不是做出悖逆的事情，就会出战自取失败。做出悖逆的事，就会犯上作乱，出战失败，就会损失朝廷的军队。”又说：“臣下非分地要求朝廷任命自己的官职，那就是不顺从，君王答应了下面不该答应的要求，那就是不诚实。这种情况产生在君王和大臣之间，势必会相互猜疑而产生隔阂。与其在相互猜疑滋长蔓延开来以后采取对策，不如在萌芽阶段时就将它铲除。”又说：“治理天下的正确原则在于以正义引导天下士人，而要教导人们尊事君王，那么得先让人们从敬顺尊长开始。”又说：“掌握一镇军事大权的节度使，处理事情大多独断专行，如果想治他们的罪，在谁的身上找不到借口呢？假如让那些利用倾覆、侵夺上司权力的人，能够顺利地取代上司，那么这就是有利可图，人们就会各怀此心，这种欲望一旦暗中滋长起来，所引起的祸患一定难以挽救。这不仅只是助长了作乱的做法，而且更会催化谋反叛逆的发端。”又说：“日前发生宣武军将士驱逐刘士宁的事件，是仓促出现的个别事件，各个州县的守卫将领们本来就没有一同策划，汴州城内的军队也未必与李万荣同心协力。他们各自在思考、揣度着是成是败的各种可能的发展势态，彷徨徘徊在叛逆作乱和顺从朝廷之间，在这种情况下，谁肯不顾身家性命，与李万荣一起背叛朝廷呢？”又说：“陛下只要从朝廷的文武群臣中选择一个人，任命他担任宣武军节度使，再下一道优待将士的诏令，慰劳、安抚宣武军的将士。奖赏李万荣安抚、稳定本军的功劳，对李万荣另加恩宠和委任，表扬宣武军将士能团结、和谐，赏赐给他们优厚的物资装备。这样一来，估计宣武军的大致情况，按理说是会安宁、稳定的。李万荣即使是想骄横跋扈，也不会有什么作为。”又说：“假若以后势态的发展出现了臣未曾预料的差错，臣愿承受一切失败的罪过。”德宗不采纳陆贽的建议。十二月十七日壬戌，德宗任命通王李谌为宣武军节度大使，任命李万荣担任留后职务。

十二月二十二日丁卯，德宗为广陵王李淳聘娶已故驸马都尉郭暧的女儿为妃子。李淳是皇太子的长子。广陵王妃的母亲就是升平公主。

唐德宗贞元十年（甲戌，794年）

春季，正月，剑南、西山一带的羌人和蛮人部落民二万多户归顺唐朝。德宗下诏加封西川节度使韦皋为负责管理靠近边界的羌人、蛮人以及西山一带部落事务的八国使。

崔佐时至云南所都羊苴咩城，吐蕃使者数百人先在其国，云南王异牟寻尚不欲吐蕃知之，令佐时衣牂柯服而入。佐时不可，曰：“我大唐使者，岂得衣小夷之服！”异牟寻不得已，夜迎之。佐时大宣诏书，异牟寻恐惧，顾左右失色；业已归唐，乃歔欷流涕，俯伏受诏。郑回密见佐时教之，故佐时尽得其情，因劝异牟寻悉斩吐蕃使者，去吐蕃所立之号，献其金印，复南诏旧名；异牟寻皆从之。仍刻金契以献。异牟寻帅其子寻梦凑等与佐时盟于点苍山神祠。

先是，吐蕃与回鹘争北庭，大战，死伤甚众，征兵万人于云南。异牟寻辞以国小，请发三千人，吐蕃少之；益至五千，乃许之。异牟寻遣五千人前行，自将数万人踵其后，昼夜兼行，袭击吐蕃，战于神川，大破之，取铁桥等十六城，虏其五王，降其众十余万。戊戌，遣使来献捷。

瀛州刺史刘澭为兄济所逼，请西扞陇坻，遂将部兵千五百人、男女万余口诣京师，号令严整，在道无一人敢取人鸡犬者。上嘉之，二月，丙午，以为秦州刺史、陇右经略军使，理普润。军中不击柝，不设音乐。士卒病者，澭亲视之，死者哭之。

乙丑，义成节度使李融薨。丁卯，以华州刺史李复为义成节度使。复，齐物之子也。复辟河南尉洛阳卢坦为判官。监军薛盈珍数侵军政，坦每据理以拒之。盈珍常曰：“卢侍御所言公，我固不违也。”

横海节度使程怀直入朝，厚赐遣归。

夏，四月，庚午，宣武军乱，留后李万荣讨平之。先是，宣武亲兵三百人素骄横，万荣恶之，遣诣京西防秋；亲兵怨之。大将韩惟清、张彦琳诱亲兵作乱，攻万荣；万荣击破之。亲兵掠而溃，多奔宋州，宋州刺史刘逸准厚抚之。惟清奔郑州，彦琳奔东都。万荣悉诛乱者妻子数千

崔佐时来到云南的都城羊苴咩城，吐蕃派到云南来的使者几百人在崔佐时来之前已经到达，云南王异牟寻还不想让吐蕃人知道崔佐时来了，让崔佐时穿牂柯部落的服装进入羊苴咩城。崔佐时不同意，说："我是大唐派来的使者，怎么能穿你们蛮夷小国的服装呢？"异牟寻迫不得已，在夜晚出来迎接崔佐时。崔佐时大声宣读朝廷的诏书，异牟寻十分害怕，张望着前后左右的人，吓得脸色都变了。但他已经归降了大唐朝廷，只得抽抽泣泣地流着眼泪，跪伏在地上接受朝廷的诏书。云南国相郑回暗中去见崔佐时，告诉崔佐时应该如何办，所以崔佐时对云南王的情况知道得非常清楚，于是劝说异牟寻将吐蕃派来的使者全部杀掉，废除吐蕃授予的封号，献出吐蕃人授予的金印，恢复南诏的旧名称，对这些要求，异牟寻都接受了。还镌刻金质的契约进献给朝廷。异牟寻带着儿子寻梦凑等人与崔佐时在点苍山的神庙中订立盟约。

在此之前，吐蕃人与回鹘人争夺北庭，双方发生大规模的激烈战斗，吐蕃的兵马死伤很多，于是向云南征调兵员一万。异牟寻以自己国小人少，请求只派三千兵马，吐蕃人嫌少。云南增加兵马到五千人，吐蕃人才答应了。异牟寻派遣五千兵马在前面出发，亲自率领几万兵马跟随在后面，日夜兼程赶路，战机一来突然发起攻击，与吐蕃人在神川交战，把吐蕃军队打得大败，攻占了铁桥等十六座城池，俘虏了吐蕃的五位王公，招降了他们十几万部众。正月二十四日戊戌，云南王异牟寻派遣使者到朝廷传送捷报。

瀛州刺史刘澭被他的哥哥刘济逼迫，向朝廷请求到西边去守卫陇坻地区，因此率领自己统辖的军队一千五百人，以及男女家眷一万多人前往京城长安。刘澭的军纪十分严明，沿途没有一个人敢抢掠百姓鸡狗的。德宗大加称赞。二月初三日丙午，德宗任命刘澭为秦州刺史和陇右经略使，治所在普润。刘澭不在军中实行敲更巡逻的制度，也不设置歌舞奏乐的艺人。士兵中有生病的人，刘澭会亲自去探视，士兵如果死了，他也去哭吊。

二月二十二日乙丑，义成军节度使李融去世。二月二十四日丁卯，德宗任命华州刺史李复为义成军节度使。李复是李齐物的儿子。李复征召担任河南尉的洛阳人卢坦做判官。义成军的监军薛盈珍屡次干涉军中事务，卢坦每次都据理反对他。薛盈珍常常对别人说："卢侍御所讲的话都很公正，我自然不能违背他。"

横海军节度使程怀直进京入朝，德宗给予很丰厚的赏赐，打发程怀直回去了。

夏季，四月二十八日庚午，宣武军内发生变乱，留后李万荣率兵平定了作乱的叛兵。在此之前，前宣武军节度使刘士宁的亲信卫兵三百人一向骄横跋扈，李万荣很憎恶他们，派遣他们去京城西边防秋，这些卫兵们因此而痛恨李万荣。大将韩惟清、张彦琳引诱卫兵起来叛乱，攻打李万荣，李万荣带人打败了叛军。卫兵们一边

人。有军士数人呼于市曰："今夕兵大至，城当破。"万荣收斩之，奏称刘士宁所为。五月，庚子，徙士宁于郴州。

钦州蛮酋黄少卿反，围州城，邕管经略使孙公器奏请发岭南兵救之；上不许，遣中使谕解之。

（以上为第十一段，写云南王附唐，大败吐蕃军。李万荣讨平宣武兵变。）

陵贽上言："郊礼赦下已近半年，而窜谪者尚未沾恩。"乃为三状拟进。上使谓之曰："故事，左降官准赦量移，不过三五百里，今所拟稍似超越，又多近兵马及当路州县，事恐非便。"贽复上言，以为："王者待人以诚，有责怒而无猜嫌，有惩沮而无怨忌。斥远以儆其不恪，甄恕以勉其自新；不儆则浸及威刑，不勉而复加黜削，虽屡进退，俱非爱憎。行法乃暂使左迁，念材而渐加进叙，又知复用，谁不增修！何忧乎乱常，何患乎蓄憾！如或以其贬黜，便谓奸凶，恒处防闲之中，长从摈弃之例，则是悔过者无由自补。蕴才者终不见伸。凡人之情，穷则思变，含凄贪乱，或起于兹。今若所移不过三五百里，则有疆域不离于本道，风土反恶于旧州。徒有徙家之劳，实增移配之扰。又，当今郡府，多有军兵，所在封疆，少无馆驿，示人疑虑，体又非弘。乞更赐裁审。"

上性猜忌，不委任臣下，官无大小，必自选而用之，宰相进拟，少所称可；及群臣一有谴责，往往终身不复收用；好以辩给取人，不得敦

抢掠一边溃散而去，很多人都逃奔到宋州，宋州刺史刘逸准很优厚地安抚他们。韩惟清逃到了郑州，张彦琳逃到了东都洛阳。李万荣将叛乱士兵们妻儿老小几千人全部杀光了。有几个士兵在闹市高喊道："今天晚上，有大批兵马开过来，汴州城一定会被攻下来。"李万荣将这几个人抓起来杀了，上奏朝廷说这一切都是刘士宁指使干的。五月二十八日庚子，朝廷将刘士宁迁移到郴州去居住。

钦州西原黄洞蛮的酋长黄少卿起来造反，包围了钦州城，邕管经略使孙公器上奏朝廷，请求调派岭南的军队去救援钦州，德宗没有答应，而是派遣宫中的宦官使者去疏导劝解造反者。

陆贽上奏德宗说："自从陛下在举行郊祀大典颁下赦令以来，到现在已经接近半年了，但是贬谪流放的人还没蒙受大赦的恩泽。"于是就拟定了三个赦免罪犯的方案进呈。德宗派使者对陆贽说："按照以往的规则，对受降职处分的官吏，可以根据赦令，允许酌情向内地迁移，但距离不超过三五百里。现在你拟定的方案似乎稍微超出以往规则的界限，而且安置的地点又多半接近驻扎军队以及通往京城交通要道上的州县，这恐怕不太妥当。"陆贽再次上奏德宗，认为："君王对待臣民要诚实，可以斥责愤怒，但不要猜忌和怀疑，对臣下的无能和误事，可以惩罚、贬职，但不要怨恨、顾忌。斥退、流放臣下到边远之地，用以警告他们没有恪任职守，甄别、考察，宽恕臣下的过失，以鼓励他们改过自新。不加以惩罚警告，就会使臣下渐渐侵害到权威和刑法；不加以勉励，就会使臣下再遭斥退和贬职。虽然朝廷屡有提升和罢免官吏的做法，但都不是出于私人的爱憎。依法办事，这是暂时让臣下降职，但因为爱惜人才，那么就逐渐对他加以升任和重用。臣下知道自己还能再次被起用，那谁还不努力加强修养呢？又何必怕打乱了常规发愁，又何必怕留下遗憾而担心呢？如果因为臣下受到降职、放逐的处分，就觉得他们是凶恶奸险之人，时时刻刻都防备着他们，长期废免了，不再起用他们，那么这就是让悔改罪过的人不能够弥补过失，让满身才华的人始终不能一展抱负。人之常情，在走投无路的时候，就会想到要有所变化，身处凄苦的环境中便图谋犯上作乱，其根源也多半发生在这种情况下。现在，如果对流放有罪官吏内移不能超过三五百里，那就有可能仍然没有离开被贬职流放的州道，而的风土人情反而比原来的还要差，岂不空有内移家室的恩劳，而实际却增加了发配、流放的烦扰。另外，现在的州郡，往往都驻有军队，在他们所发配的州县境内，很少有或没有可用以驿传的站舍，对他们防范到如此地步，显得对他们也太不够宽宏大量了。恳请陛下对这一事情再加考虑裁定。"

德宗生性喜欢怀疑、猜忌别人，不肯把权力交给臣下，任命官职，无论大小，一定要亲自选择任命，宰相们提名或建议的，德宗很少有认为可以而加以任命的。

实之士！艰于进用，群材滞淹。贽上奏谏，其略曰："夫登进以懋庸，黜退以惩过，二者迭用，理如循环。进而有过则示惩，惩而改修则复进，既不废法，亦无弃人，虽纤介必惩而用材不匮；故能使黜退者克励以求复，登进者警饬而恪居，上无滞疑，下无蓄怨。"又曰："明主不以辞尽人，不以意选士，如或好善而不择所用，悦言而不验所行，进退随爱憎之情，离合系异同之趣，是由舍绳墨而意裁曲直，弃权衡而手揣重轻，虽甚精微，不能无谬。"又曰："中人以上，迭有所长，苟区别得宜，付授当器，各适其性，各宣其能，及乎合以成功，亦与全才无异。但在明鉴大度，御之有道而已。"又曰："以一言称惬为能而不核虚实，以一事违忤为咎而不考忠邪，其称惬则付任逾涯，不思其所不及，其违忤则罪责过当，不恕其所不能，是以职司之内无成功，君臣之际无定分。"上不听。

（以上为第十二段，写陆贽上奏德宗，惩罚官吏应给予自新机会，用人要考核实际才能，不能只凭巧言善辩，德宗不听。）

贽又请均节财赋，凡六条：

其一，论两税之弊，其略曰："旧制赋役之法，曰租、调、庸。丁男一人受田百亩，岁输粟二石，谓之租。每户各随土宜出绢若绫若絁共二丈，绵三两，不蚕之土输布二丈五尺，麻三斤，谓之调。每丁岁役，则收其庸，日准绢三尺，谓之庸。天下为家，法制均一，虽欲转徙，莫容其奸，故人无摇心而事有定制。及羯胡乱华，黎庶云扰，版图堕于避地，赋法坏于奉军。建中之初，再造百度，执事者知弊之宜革而所作兼

然而群臣中一旦有人犯有过失遭到谴责，往往一辈子也得不到重新起用。德宗喜欢以臣下是否能言善辩作为任用人才的标准，所以敦厚、务实的人士总是难于提升，使得许多人才都被积压。陆贽对此上奏劝说德宗，大意是说："任用、提拔官职，是为了鼓励人们立功；降免废退官员，是为了惩罚他们所犯的罪过。这两种方式交互使用，就同日月昼夜循环的道理一样。提拔、任用的官员如果犯了过失，那么就要对他实行惩罚，惩罚之后，能改正过失，修养德行，那么就再度任用，这样做，既不会使法令松弛，也不会弃失人才。虽然对官员的微小过失都要惩处，但是需要的人才却不至于因此就缺乏。所以，这样可以使被降任、免职的官员奋发自励，以求得复职任用，受重用和被提拔的官员则时刻约束、警诫自己要忠于职守。这样皇上就不会有难解的疑虑，而臣下也没有因不受任用而蓄积怨气。"又说："圣明的君王不应只依据能言善辩来使用人才，不用主观臆想去选拔士人。如果因为喜欢某人，就不加选择而任用他，喜欢听一个人的说话就不去检验一下他的实际行为，升官、降职全凭个人的好恶，亲信、疏远都取决于爱好是否与自己相同，这好比是放弃绳线、墨斗，而根据个人意志裁断是非，抛掉称量的器物，而凭着手的掂量，来估计重轻，这样做即便十分精细，也还是不能没有错误。"又说："中等才能以上的人，互有长短，如果分辨出他们各自适合干什么，委任的官职应与他们的才能相当，适应他们各自的性情，也都能各自发挥他们的才干，一旦把大家的力量结合起来，就能够办成大事，他们所发挥的作用也与一个才能全面的人没有差别。这只是要善于识人，而又胸怀大度，再加上很好的驾驭方法罢了。"又说："由于一句话说得正合自己的心意，就觉得说话者有才能，而不考察他才干的虚实；由于一件事办得违背了自己的想法，就觉得办事者有罪过，而不核实一下他是忠诚还是奸邪。对说话正合自己心意的人，就交给他超越自己能力的重任，而不考虑他是不能胜任的；对办事违背自己想法的人，将有失公正的罪责加在他身上，而不宽恕他在这一事情上无能为力。这样就使得人们在任职之内不能够成就事功，而使君臣之间没有确定的责任。"德宗不听陆贽的劝说。

陆贽又上奏德宗，请求平均、节省财赋，一共有六条，如次：

其一，是论述实行两税法的弊病。大致意思是说："本朝以前征收赋税徭役的制度，称作租、调、庸。这个制度规定：成年男子每人可以得到田地一百亩，每年要上缴朝廷粮食二石，这个称为租。每户人家各自根据本地出产的物品，向上交纳绢，或者绫，或者绝，共二丈，另交丝绵三两。不出产蚕茧的地方上缴布二丈五尺，另加麻三斤，这个称为调。每个成年男子每年要承担国家征发的徭役，则是采取征收雇人代替应该支付的佣金，按照每天收绢三尺作标准，这个称为庸。在这一制度下，

失其原，知简之可从而所操不得其要。凡欲拯其弊，须穷致弊之由，时弊则但理其时，法弊则全革其法，所为必当，其悔乃亡。兵兴以来，供亿无度，此乃时弊，非法弊也。而遽更租、庸、调法，分遣使者，搜擿郡邑，校验簿书，每州取大历中一年科率最多者以为两税定额。夫财之所生，必因人力，故先王之制赋入，必以丁夫为本。不以务穑增其税，不以辍稼减其租，则播种多；不以殖产厚其征，不以流寓免其调，则地著固；不以饬励重其役，不以窳怠蠲其庸，则功力勤。如是，故人安其居，尽其力矣。两税之立，惟以资产为宗，不以丁身为本；曾不寤资产之中，有藏于襟怀囊箧，物虽贵而人莫能窥；其积于场圃囷仓，直虽轻而众以为富。有流通蕃息之货，数虽寡而计日收赢；有庐舍器用之资，价虽高而终岁无利。如此之比，其流实繁，一概计估算缗，宜其失平长伪。由是务轻资而乐转徙者，恒脱于徭税；敦本业而树居产者，每困于征求。此乃诱之为奸，驱之避役，力用不得不弛，赋入不得不阙。复以创制之首，不务齐平，供应有烦简之殊，牧守有能否之异，所在徭赋，轻重相悬，所遣使臣，意见各异，计奏一定，有加无除。又大历中供军、进奉之类，既收入两税，今于两税之外，复又并存，望稍行均减，以救凋残。”

天下就像是一家，法令制度到处都是均平的，即使有人辗转迁移，但也不能找借口不向朝廷交纳租、调、庸，所以当时人们没有动摇不定的心思，而缘于办事有固定的规矩。后来羯胡安禄山、史思明大乱中原大地，天下的百姓备受侵扰，户籍簿册和各式各样的地图都毁坏在转移避难的过程中，征收赋税的制度因为供应军队需要而遭到破坏。在建中初年，重新制定各种规章制度，执掌朝廷大政的人知道弊端应该革除，但制订新的制度时，把原有制度的优点都丢掉了，知道政令简明，人们容易听从，但所拟定的新的规章制度却没有抓住要害。凡是想要纠正以往的各种弊病，必须首先弄清楚产生弊端的根源。如果是当时形势带来的弊病，那么就只针对当时的形势加以治理，如果是法令不当造成的弊病，那么就应该完全革除造成弊病的法令，而采取的措施一定要得当，以避免日后的悔恨。自从发生战争以来，对军队的供应没有限度，这就是时势造成的弊病，而不是由法令造成的弊病。主持朝政的人匆忙就改变了租庸调这种征收赋税的办法，向各地分别派遣使者，搜刮郡县，核实检查征收赋税的账簿、文书，在每个州里，选择大历年间征收赋税最多的一年作为实行两税法的基本定额。说起来，财富的产生，一定是由人力创造出来的，所以前代的君王们制定征收赋税的数额，一定以成年男子作为依据。不因为人们努力耕种而增加他们的赋税，也不因为人们停种庄稼就减免他们的田租，这样一来，人们便愿意多种田地了；不因为人们增加了产业，就加重对他们征收赋税，不因为人们流居他乡就免除他们应交的调税，这样一来，人们就会在本地安居乐业；不因为人们勤勉自励而加重他们的劳役，不因为人们顽劣懈怠而减免他们应交的庸税，这样一来，人们就会勤苦劳作了。采取上述措施，人们就会安定地居住在故土，努力地从事各种劳作了。设立两税法之后，完全只以人们钱财产业作为根据，不以成年男丁的数量作标准；竟然不懂在钱财产业中，有的是可以藏在怀中，或者在箱袋中，东西虽然很贵重，但别人不能窥察探视到；而堆积在场院、仓库中的，价值虽然很低廉，但人们会觉得这是很富有的。有可以经过流通产生利息的财物，数量虽然很少，但能够按天数收取盈利；有房屋、器具用品这一类的资产，价值虽然很高，但整年都不会带来利息。像这种可以比较的东西、品类实在很多，一律对它们估价折算成钱，自然会有失公正，而助长作伪欺诈的行为。由此一来，那些一味追求将资产换成细软贵重物品的人，乐于经常迁徙移居，以便经常逃脱负担国家的赋税徭役。那些勤事农耕而在故土置办产业的人，却往往被频繁纳税和承担劳役所疲困。这样做，就是引诱人们去行奸为诈，促使他们去逃避国家的徭役。于是国家的劳役废弛，赋税缺乏。再加上创设新的规章制度的初期，就没有尽力做到均一、公平，以至于使各地的供应有的烦琐，有的简单，而州县的长官有的能干，有的无能，由于各地的徭役、赋税，有轻与重的悬殊，朝廷派遣去征税的使臣，他们的意见也不可能一致，

其二，请二税以布帛为额，不计钱数，其略曰："凡国之赋税，必量人之力，任土之宜，故所入者惟布、麻、缯、纩与百谷而已。先王惧物之贵贱失平，而人之交易难准，又定泉布之法以节轻重之宜，敛散弛张，必由于是。盖御财之大柄，为国之利权，守之在官，不以任下。然则谷帛者，人之所为也；钱货者，官之所为也。是以国朝著令，租出谷，庸出绢，调出缯、纩、布，曷尝有禁人铸钱而以钱为赋者也！今之两税，独异旧章，但估资产为差，便以钱谷定税，临时折征杂物，每岁色目颇殊，唯计求得之利宜，靡论供办之难易。所征非所业，所业非所征，遂或增价以买其所无，减价以卖其所有，一增一减，耗损已多。望勘会诸州初纳两税年绢布，定估比类当今时价，加贱减贵，酌取其中，总计合税之钱，折为布帛之数。"又曰："夫地力之生物有大限，取之有度，用之有节，则常足。取之无度，用之无节，则常不足。生物之丰败由天，用物之多少由人，是以圣王立程，量入为出，虽遇灾难，下无困穷。理化既衰，则乃反是，量出为入，不恤所无。桀用天下而不足，汤用七十里而有余，是乃用之盈虚在节与不节耳。"

其三，论长吏以增户、加税、辟田为课绩，其略曰："长人者罕能推忠恕易地之情，体至公徇国之意，迭行小惠，竞诱奸甿，以倾夺邻境为智能，以招萃逋逃为理化，舍彼适此者既为新收而有复，倏往忽来者又

他们根据自己的估计，一旦上奏朝廷，数量只会增加，不会减少。另外，大历年间征收的供军与进奉既然都收到两税中去了，而现在却在两税之外，又加征这两种税。希望陛下能慢慢地采取均平、削减的措施，以救济凋困疲惫不堪的百姓。”

其二，是请求用布帛的数额作为征收两税的标准，不再以钱的数量作为标准。大意是说：“大凡国家征收赋税，一定要首先估价百姓的承受能力，依据当地出产什么来制定应缴纳的东西，因此国家征收的只有布、麻、丝织品、丝绵和各种粮食等东西。以前的君王害怕货物的价钱高低不等，有失平衡，使人们之间的以物换物的交易失去标准，又制定了钱币制度，以调节物品交易中价钱高低的调节物。财货的聚集与流通，废弛与兴盛，一定遵守轻重平衡的规律。因此，管理财经这一重大事务，是国家的利益和权力，只能由官府掌管，不能将它交给普通人去办理。但是粮食和布帛等物品，都是普通百姓创造出来的；而钱币则是由官府制造的。所以，本朝的法令明确规定：用粮食交田租，用绢交庸税，用丝织品、丝绵和布交调税，何曾有过既然已经禁止人们私铸钱币，而又用钱来交赋税的事呢？唯有现在实行的两税，却与以往的制度有区别，这种办法只估价财物产业来定征税的等级，把应征收的钱谷折成钱税定额，临时换算为所征的其他杂物。每年的名目都有很大的差别。官府只是考虑征收赋税的方便和利益，不考虑备办这些物品的艰难程度。官府所征收的物品不是百姓耕种的，百姓所耕种的又不是官府所要征收的，于是百姓有时要加价买进他们不生产的东西以交纳赋税，降价卖出他们所生产的物品，这样一加价、一减价，百姓的消耗和损失已经很多了。希望陛下下令各州，核实最初交纳两税那一年的绢和布的数量，与现今的时价比较，价钱偏低就加价，价钱偏高就减价，根据两方面价钱的比较，选取一个中间价，然后统计总共要交赋税的钱额，再折算成布和帛的数额。”陆贽又说：“土地的肥力所能生长的农作物，在数量上是有最大限度的，有限度地从中索取，消费也要有节制，那么财用才能经常充足。如果索取没有限度，消费起来毫不节省，那么财用就会经常缺乏。生长物品丰收歉收与否，完全靠天气的好坏，使用、消费物品的多少，完全由人来支配。因此圣明的君王立下规定：估量收入的多少以确定支出的多少。这样，虽然遭遇了天灾和祸乱，百姓仍然不会困顿贫穷。而治理和教化衰败以后，情况正好与这相反，估量支出的多少制定征收赋税的数额，根本不考虑百姓的贫穷与困难。夏桀使用全天下出产的物品，仍然感觉不够用，商汤只使用方圆七十里出产的物品，却有盈余，这就说明国家的财用盈余、亏虚与否，完全在于是否节约用度了。”

其三，论述是否应当用增加户口、增税收、广开田地作为考察行政长官政绩的标准。大意是说：“大凡担任行政长官的人很少能够推广忠诚、宽恕之道，设身处地地为下面的人和百姓着想的，也很少能够公正无私，为国献身的。他们大多是交

以复业而见优。唯怀土安居，首末不迁者，则使之日重，敛之日加。是令地著之人恒代惰游赋役，何异驱之转徙，教之浇讹。此由牧宰不克弘通，各私所部之过也。”又曰：“立法齐人，久无不弊，理之者若不知维御损益之宜，则巧伪萌生，恒因沮劝而滋矣。请申命有司，详定考绩。若当管之内，人益阜殷，所定税额有余，任其据户口均减，以减数多少为考课等差。其当管税物通比，每户十分减三者为上课，减二者次焉，减一者又次焉。如或人多流亡，加税见户，比校殿罚亦如之。”

其四，论税限迫促，其略曰：“建官立国，所以养人也；赋人取财，所以资国也。明君不厚其所资而害其所养，故必先人事而借其暇力，先家给而敛其余财。”又曰：“蚕事方兴，已输缣税，农功未艾，遽敛谷租。上司之绳责既严，下吏之威暴愈促，有者急卖而耗其半直，无者求假而费其倍酬。望更详定征税期限。”

其五，请以税茶钱置义仓以备水旱，其略曰：“古称九年、六年之蓄者，率土臣庶通为之计耳，固非独丰公庾，不及编甿也。近者有司奏请税茶，岁约得五十万贯，元敕令贮户部，用救百姓凶饥。今以蓄粮，适副前旨。”

替着给下面的人和百姓们小恩小惠，争相引诱奸诈之民，以倾覆、争夺相邻州境作为选才标准，以能召集逃亡的人口作为治理地方、政治清明的标志。对那些抛离故土，迁移新地的人，因为是才收纳的人户，所以免除他们的赋税，对飘来忽去的人，又因为他们是恢复从事故业，而在征收赋税方面受到优待。只有那些依恋故土，安心定居，始终没有迁移外地的人户，对他们日益加重役使，日益增加赋税。这样做就是让长久安居故土的百姓，总是代替那些懒惰游走的人交纳赋税，代服徭役，这和驱赶人们辗转迁徙，唆使人们浮薄诈伪有什么两样！这都是州牧县令的见识不通达，各自只照顾自己统辖区域内的事务的过错啊。”陆贽又说：“设立法令规章，治理百姓，时间一长，没有不产生弊病的。如果负责治理的官吏，不知道掌握法令应与时势的不同而有所废止和增加，那么就使投机取巧、奸诈欺伪的事情萌生，并常常阻恶扬善更加滋长起来。请陛下下令主管考核官吏的部门，详细制定考核政绩办法。如果是在官员所管辖区之内，人口增加，物资丰盛，百姓富裕，完成上缴朝廷规定的税额之后还有盈余，那就听凭官员根据户口数量，平均减少每户应交的税额，以每户减少上交税赋的数额多少确定考核政绩等级。在官员所管辖区之内，各种赋税全部加起来，每户比原来减少税额十分之三的，官员的政绩是上等，每户能够减少十分之二的，官员的政绩为中等，每户能够减少十分之一的，官员的政绩是下等。如果人口很多都流亡散失，在现在户口上每户征收赋税的，官员的考核政绩为劣等，其等次和惩罚办法也依照上述形式实行。”

其四，论述限定的收税时间过于紧张短促。大意是说：“建立国家，设置百官，目的在于教养百姓。向百姓征收赋税财物，目的在于供应国家必要的开支。贤明的君王不会为了充实国家的用度，而损害所教养的百姓。所以一定首先办好百姓的事情，然后借用百姓的余力，必须首先让百姓的家用富足，然后才征收他们剩余的财物。”陆贽又说：“养蚕的季节才开始，百姓立即要交纳丝绢税；农田的耕种、收获还没有完毕，官府就急急忙忙来征收粮食了。既然上级官员期限和敦促十分严厉，那么下级官吏对百姓的欺压就更加紧迫了，百姓中还有库存东西的，就急忙出卖东西交税，但要损耗一半的价值；家中没有东西可卖的，就要向别人借贷交税，到时要加倍还债。希望陛下更认真审定征税的时间。”

其五，请求将征收的茶叶税钱，设置义仓，以防备水旱灾害。大意是说：“古代所谓国家需要有九年、六年的用度储蓄，是包括了普天之下的全体臣民的生计需要而言的，当然不只是说公家的仓库充足，而不包括黎民百姓。近来有关部门上奏请求征收茶叶税，每年大概可以征收税钱五十万贯左右。陛下以前的敕令将这一笔钱存在户部，用以救济百姓遇到的灾荒年月。现在用这笔钱购买粮食储存起来，正好符合陛下以前所下诏令的意思。”

其六，论兼并之家，私敛重于公税，其略曰：“今京畿之内，每田一亩，官税五升，而私家收租殆有亩至一石者，是二十倍于官税也。降及中等，租犹半之。夫土地王者之所有，耕稼农夫之所为，而兼并之徒，居然受利。”又曰：“望凡所占田，约所条限，裁减租价，务利贫人。法贵必行，慎在深刻，裕其制以便俗，严其令以惩违，微损有余，稍优不足。失不损富，优可赈穷。此乃安富恤穷之善经，不可舍也。”

（以上为第十三段，写陆贽上奏建言均平赋税与节用开支六条议案。）

其六，论述兼并穷人土地的富豪人家，私下收取的田租比官府征收的税要繁重得多。大意是说："现在京城周围的郊区，每耕种一亩田地，官府征收粮食五升，而富豪之家则私下收取田租，每亩收租高达一石粮食，这是官府征税的二十倍。就是中等田地的中等田租，也有半石之多。说起来，土地属于君王所有，耕种收获的任务是农夫们承担的。但是，兼并穷人土地的富豪之家，居然坐收利益。"陆贽又说："希望对一切被占用的田地，都要制定条款加以限制，裁减田租的数量，务必让贫穷的人得到好处。设置法令制度，而法令制度，可贵之处在于必须坚决推行下去，最慎重的是不要太苛刻严峻，法令制度要有宽松的精神，是为了方便普通人，法令制度严厉，是为了惩罚违法的人，要让富裕人家的利益微微有所损失，而对贫穷的人家要稍稍加以顾照。富裕人家的一点小小损失，对他们的富裕并没有什么损伤，而对贫穷人的优惠是赈济贫穷，正确措施，这是不能舍弃不用的啊。"

【点评】

本卷专题点评陆贽，评说陆贽拜相、不收礼品、上奏边防积弊、上奏均节财赋六条，以及各种超前的思想与建议。陆贽是一个优秀的政治家。

一、陆贽拜相。德宗贞元八年（792）四月十一日，德宗罢李泌所荐宰相窦参，陆贽入相。早在德宗蒙尘奉天、山南之时，陆贽就很受器重。当时政务艰难而繁重，德宗狼狈，六神无主，引陆贽为翰林，事无巨细，都依靠陆贽筹办谋划。德宗从奉天逃往山南，君臣二人行止都在一起。有一天，两人在山路上失散，德宗像丢了魂一样，整夜涕泣不眠，悬赏千金寻找陆贽。第二天，陆贽赶到，德宗大喜，太子以下都来庆贺。但是陆贽好直谏，德宗只是依靠陆贽办事，表面亲近，内心不喜欢，所以陆贽只有宰相之实，而无宰相之名，时人称之为内相。嗣后李泌入相，陆贽受冷落。李泌病重，德宗要李泌推荐继任者，李泌推荐窦参。窦参贪黩，又阴狡而自用，被德宗罢官，一时没有更好的人选，才勉强用陆贽为相。李泌为何没有推荐陆贽？以李泌之明，为何推荐非人？德宗认为窦参不宜为相，李泌两次力荐，窦参才被任职为宰相。李泌固执地推荐一个不称职的宰相，是否用此办法给陆贽留相位呢，这是一个谜，史不细载，如今已无法考究。总之，陆贽迟迟才被拜相，德宗只是借陆贽的声望来稳定政局罢了，所以很少采纳陆贽的建议。

二、陆贽不收礼品。德宗贪财，求索诸道进奉。地方进奉，稍带一点土特产给宰相，也在情理之中。陆贽一概不受。君贪臣廉，德宗在面子上很不好受，就手诏陆贽说："卿太廉洁谨慎，不通人情，像马鞭靴子之类小物品，收一点有什么关系。"陆贽上奏说："按法律，各监察官和各部门长官，接受贿赂折合成一尺布，就要受到惩罚，而位居移风化俗的宰相，怎么可以受贿呢？接受贿赂之门一打开，那就不是皮鞭、靴子这类小东西，送金送玉的都来了。接受了贿赂，怎么能拒绝别的请托呢！如果不阻断行贿的涓涓细流，那就会泛滥成溪成壑而为灾了。"陆贽义正词严，很不合德宗心意，难怪德宗念念不忘卢杞了。

三、陆贽上奏边防积弊。吐蕃与大唐相比，敌寡我众，策略敌低我高，势力相差悬殊，敌弱我强。但是吐蕃进攻，总有余力，大唐防守，疲于奔命，这是什么原因呢？陆贽总结边防积弊有六。其一，边疆防备部署不当。沿边军镇各守一方，绵延千里的边防，没有统一的指挥。不仅神策军与地方军队互不统属，而且同一座城，同一个编制的军队，朝廷却分别派宦官去监军，按不同的诏书委任，命令不一。边将手脚被绑束。其二，考核赏罚没有法度。有功不得奖，有罪不受罚，姑息怠惰，军队丧失战斗力。其三，边兵过多，耗尽财税。特别关东士兵到西北防秋，水土不服，军无斗志。战斗一来，就败溃东逃。其四，将领众多，兵力分散。其五，神策军与地方兵待遇不均而使士卒心怀怨恨，涣散斗志。其六，朝廷遥控兵权而使战机

丧失。每当敌人入侵，要由朝廷商议对策，调派援兵。等到朝廷命令到达，援兵到来，敌人早已大掠而去。陆贽建议，废除每年由各道派兵防秋的制度，下令各道只供应衣服和粮食，招募自愿兵戍守，带家属屯田边地，官府供给衣粮，屯兵生产的粮食由政府收购。这样，戍边士兵，农忙耕种，敌人入侵，拿起武器抗击。设立统一指挥的将领，严格考核制度，奖有功，罚有罪。这样一来，胡人就会畏惧大唐而不敢入侵，边疆就会安然无事了。陆贽奏议的核心是废除监军与朝廷遥控，德宗自然不会答应。陆贽的办法虽好，却只是空谈。

四、陆贽上奏均节财赋六条。战争期间，施行各种苛捐杂税，搜刮民财以足军用，尚可理解。战争结束，各种苛捐杂税成了惯例，民贫财尽，应当立即刹车，停止搜刮，使民休养生息。陆贽上奏提出均节财赋六条建议。其一，改进两税法，消除其弊端。其二，请求两税征收布帛，不征钱币。其三，不以户口增加、税额增加，垦田多为官吏考核标准，而改为征税总额不变，每户减少纳税多少为考核标准。每户比原来减税十分之三的为上等，减税十分之二的为中等，减税十分之一的为下等。人口逃亡流散的地区，官吏考核为劣等。其四，放宽收税时限，不要过于迫促。其五，征收的茶叶税，专用于购粮，设置义仓，以备水旱之灾。其六，限制土地兼并，限制富人收取田租。陆贽的六条建议，有的不合时宜。陆贽留恋租庸调制度，批评两税制度，不合时宜，租庸调制度已经一去不复返，两税法以财户多少征税是时代的进步，不可否定。苛捐杂税应当免除，但与两税法无关，不容混为一谈。有的无法操作，例如以减少每户税收为考绩之法，只能是一种理想。限制土地兼并，限制田租，历朝历代都没有行得通。陆贽的均节财赋六条建议，只能流于空论。

陆贽确实是一位忧国忧民的宰相。他时时处处都在关心民瘼，关心社会，不停地上奏德宗提建议。陆贽主张国际贸易不征税，招徕外商，繁荣经济；陆贽主张及时赈济灾民，防止民众流失；陆贽主张由各级行政长官推荐人才，反对宰相包办，实质是反对德宗包办用人；陆贽主张用人要考核实绩，不能只凭巧言；陆贽还主张要给受惩罚的人留一条自新之路，珍惜人才。今天来看，陆贽有许多超前的思想，可以说他是一个有思想的政治家。

唐纪五十一

唐德宗贞元十年至十六年（794—800年）

【起阏逢阉茂（甲戌，794年）六月，尽上章执徐（庚辰，800年），凡六年有奇】

【大事提要】

本卷记事起公元794年六月，讫公元800年，凡六年又七个月。当唐德宗贞元十年六月到贞元十六年。此时期是德宗的晚年政治，陆贽被逐，朝中再无贤相，德宗贪婪本性肆无忌惮。德宗还京施行两大弊政：一是宠信宦官，不断加重护军中尉军权，宦官权倾朝野，为唐代后期皇权受制于家奴埋下祸根；二是聚敛财货，大盈库向户部索要巨资，又向藩镇求索贡奉，开宫市强夺民财。德宗回报地方贡奉，滥授加官，所用多为奸佞，裴延龄、李齐运等大受诟病。淮西吴少诚反叛，德宗竟用一个被士兵逐走的夏绥银宥节度使韩全义为帅，官军惨败可想而知。这时只有一个叫阳城的谏官，平时慎言慎行，危难时挺身而出，阳城为陆贽辩护，揭发奸人裴延龄，被贬外任，造福一方。韩弘镇宣武，尽诛倡乱者，安定了一镇。而德宗放任诸镇监军为所欲为，各地兵变不断。个别官吏的清廉，无补昏君带来的满朝混浊。

【原文】

德宗神武圣文皇帝十

贞元十年（甲戌，794 年）

六月，壬寅朔，昭义节度使李抱真薨。其子殿中侍御史缄与抱真从甥元仲经谋，秘不发丧，诈为抱真表，求以职事授缄；又诈为其父书，遣裨将陈荣诣王武俊假货财。武俊怒曰："吾与乃公厚善，欲同奖王室耳，岂与汝同恶邪！闻乃公已亡，乃敢不俟朝命而自立，又敢告我，况有求也！"使荣归，寄声质责缄。

昭义步军都虞候王延贵，汝州梁人也，素以义勇闻。上知抱真已薨，遣中使第五守进往观变，且以军事委王延贵。守进至上党，缄称抱真有疾不能见。三日，缄乃严兵诣守进，守进谓之曰："朝廷已知相公捐馆，令王延贵权知军事。侍御宜发丧行服。"缄愕然，出，谓诸将曰："朝廷不许缄掌事，诸君意如何？"莫对。缄惧，乃归发丧，以使印及管钥授监军。守进召延贵，宣口诏令视事，趣缄赴东都。元仲经出走，延贵悉归罪于仲经，捕斩之。诏以延贵权知昭义军事。

云南王异牟寻遣其弟凑罗楝献地图、土贡及吐蕃所给金印，请复号南诏。癸丑，以祠部郎中袁滋为册南诏使，赐银窠金印，文曰："贞元册南诏印"。滋至其国，异牟寻北面跪受册印，稽首再拜，因与使者宴，出玄宗所赐银平脱马头盘二以示滋。又指老笛工、歌女曰："皇帝所赐《龟兹乐》，惟二人在耳。"滋曰："南诏当深思祖考，子子孙孙尽忠于唐。"异牟寻拜曰："敢不谨承使者之命！"

赐义武节度使张昇云名茂昭。

御史中丞穆赞按度支吏赃罪，裴延龄欲出之，赞不从；延龄谮之，

【语译】

德宗神武圣文皇帝十

唐德宗贞元十年（甲戌，794年）

六月初一日壬寅朔，昭义军节度使李抱真去世。其担任殿中侍御史的儿子李缄与李抱真的外甥元仲经密谋策划，先不公布李抱真去世的消息，以李抱真的名义伪造上奏的表章，要求朝廷把节度使的职位授给李缄。李缄又假造父亲的书信，派遣裨将陈荣到王武俊那里去借钱财。王武俊愤怒地说："我与你父亲友情十分深厚，那是想共同辅佐朝廷，怎么能与你一起为非作歹呢！听说你父亲已经去世，你竟敢不等候朝廷的任命便自立为节度使，又胆敢向我借钱财，还求我帮助！"王武俊打发陈荣回去，要陈荣向李缄转告自己质问、斥责的话。

昭义军步军都虞候王延贵是汝州梁县人，一向以讲义气和勇敢而闻名。德宗知道李抱真已经去世，便派遣宫中的宦官使者第五守进前去昭义军观察事态的发展，并且把昭义军的军事大权交给王延贵掌管。第五守进到达上党以后，李缄说李抱真病重不能会见第五守进。过了三天，李缄才带着全副武装的卫队去第五守进那里，第五守进对李缄说："朝廷已经知道李相公去世了，下令王延贵暂时管理军中事务。侍御最好还是把相公去世的消息公布于世，为你父亲守丧行孝。"李缄大吃一惊，出来后，对各位将领们说："朝廷不让我掌管军事大权，不知你们的意见如何？"各位将领都不回答。李缄害怕了，于是回去发布父亲去世的消息，把节度使的印信和库房等钥匙都交给了监军。第五守进召见王延贵，传达德宗的口谕诏旨，命令王延贵掌管昭义军的军事大权，催促李缄去东都洛阳。元仲经逃跑了，王延贵将一切罪过都加在元仲经身上，逮捕后杀死元仲经。德宗下诏命令王延贵暂时代理昭义军的军中事务。

云南王异牟寻派遣弟弟凑罗楝进京入朝，呈献云南的地图、土产贡品和吐蕃人给他的金质印信，请求恢复南诏这一国号。六月十二日癸丑，任命祠部郎中袁滋为册封南诏的使者，赐给异牟寻以银作底座的金印，印文刻着"贞元册南诏印"。袁滋到了南诏，异牟寻面朝北方跪拜，接受了朝廷的册封和赐给的印信，叩头再拜。然后设宴招待使者，拿出当年玄宗皇帝赐予的两个银平脱马头盘给袁滋看。又指着年迈的吹笛人和歌女说："玄宗当年赐给我的《龟兹乐》的乐班，现在只剩下他们二人还健在了。"袁滋说："南诏应该深思祖先们与唐朝的关系，子子孙孙都要对唐朝忠心耿耿。"异牟寻向袁滋行礼说："我怎敢不恭谨地接受使者的教导呢！"

德宗赐名义武军节度使张昇云为张茂昭。

御史中丞穆赞弹劾度支部门官吏的贪赃罪行，裴延龄想为他们开脱罪责，穆赞

贬饶州别驾，朝士畏延龄侧目。赞，宁之子也。

韦皋奏破吐蕃于峨和城。

秋，七月，壬申朔，以王延贵为昭义留后，赐名虔休。

昭义行军司马、摄洺州刺史元谊闻虔休为留后，意不平，表请以磁、邢、洺别为一镇。昭义精兵多在山东，谊厚赉以悦之。上屡遣中使谕之，不从。

临洺守将夏侯仲宣以城归虔休，虔休遣磁州刺史马正卿督裨将石定蕃等将兵五千击洺州；定蕃帅其众二千叛归谊，正卿退还。诏以谊为饶州刺史，谊不行；虔休自将兵攻之，引洺水以灌城。

黄少卿陷钦、横、浔、贵等州，攻孙公器于邕州。

九月，王虔休破元谊兵，进拔鸡泽。

（以上为第一段，写昭义军节度使李抱真死后，洺州刺史不听朝命发动叛乱。）

裴延龄奏称官吏太多，自今缺员请且勿补，收其俸以实府库。上欲修神龙寺，须五十尺松，不可得，延龄曰："臣近见同州一谷，木数千株，皆可八十尺。"上曰："开元、天宝间求美材于近畿犹不可得，今安得有之？"对曰："天生珍材，固待圣君乃出，开元、天宝，何从得之！"

延龄奏："左藏库司多有失落，近因检阅使置薄书，乃于粪土之中得银十三万两，其匹段杂货百万有余。此皆已弃之物，即是羡余，悉应移入杂库以供别敕支用。"太府少卿韦少华不伏，抗表称："此皆每月申奏见在之物，请加推验。"执政请令三司详覆；上不许，亦不罪少华。延龄每奏对，恣为诡谲，皆众所不敢言亦未尝闻者，延龄处之不疑。上亦颇知其诞妄，但以其好诋毁人，冀闻外事，故亲厚之。

不同意。裴延龄在德宗面前诬陷穆赞，穆赞被贬职为饶州别驾，朝廷文武百官害怕裴延龄，都不敢正眼看裴延龄。穆赞是玄宗皇帝时期起兵讨伐安禄山的穆宁的儿子。

西川节度使韦皋上奏朝廷说在峨和城打败了吐蕃人。

秋季，七月初一日壬申朔，德宗任命王延贵为昭义军留后，赐名为王虔休。

昭义军的行军司马、代理洺州刺史元谊听说王虔休担任节度使留后的消息后，心中愤愤不平，上奏朝廷，请求将磁州、邢州、洺州另外设一个军镇。昭义军的精锐兵马都驻扎在潞州东边的磁州、邢州、洺州，元谊用丰厚的赏赐来拉拢这些军队。德宗多次派遣宫中的宦官使者去开导，但元谊不接受。

临洺守城的将领夏侯仲宣率领全城投靠了王虔休，王虔休派遣磁州刺史马正卿督统裨将石定蕃等人率领士兵五千人进攻洺州。石定蕃带着部下二千人叛变，投奔了元谊，马正卿只得率军退回去了。德宗下诏任命元谊为饶州刺史，元谊不去赴任。王虔休亲自率领军队攻打元谊，还开渠引来洺水淹灌洺州城。

黄少卿攻占了钦、横、浔、贵等州地方，又在邕州向邕管经略使孙公器发起进攻。

九月，王虔休打败了元谊的兵马，进而攻下了鸡泽县。

裴延龄上奏说官吏人数太多，请求从现在起，官吏中出现缺员，暂时不要补充，把要支出的这笔薪水开支省下来，充实国家的库存。德宗打算修建神龙寺，需要五十尺长的巨大松树，但是无法弄到。裴延龄说："我最近在同州，看到一个山谷中有松树几千棵，都高达八十尺。"德宗说："开元、天宝年间在京城近郊地区寻找上好的高大松树，一棵都找不到，现在怎么会有这么多？"裴延龄回答说："上天降生的珍贵木材，本来就是等待圣明的君王问世以后才出现的，开元、天宝年间，怎么会有这些呢？"

裴延龄上奏说："左藏库中的财物很多都遗失了，最近去检查，让他们对财物登记造册，竟然在垃圾中找出白银十三万两，其他如布匹等杂货的价值有一百多万。这些东西都是丢掉了的，把它们收集起来就是盈余，应该将它们全部移放到杂库中去，以便供陛下作额外的诏命使用。"太常府的少卿韦少华不同意这种说法，上书反对裴延龄的意见说："这都是每月申报上奏的现存物品，请派人仔细推究、检验。"主持政务的宰相请求德宗下令让御史台等三司一起详细审核后上奏，德宗没有答应，但也没有给韦少华加罪。裴延龄每次上奏和回答德宗的提问，毫无顾忌地说些怪诞荒唐的事情，这都是大家不敢说、也没有听说过的事情，裴延龄毫不犹豫地都说了出来，德宗也很了解他的荒诞虚妄，但由于裴延龄喜欢说别人的坏话，德宗想从他

群臣畏延龄有宠，莫敢言，惟盐铁转运使张滂、京兆尹李充、司农卿李铦以职事相关，时证其妄，而陆贽独以身当之，日陈其不可用。十一月，壬申，贽上书极陈延龄奸诈，数其罪恶，其略曰："延龄以聚敛为长策，以诡妄为嘉谋，以掊克敛怨为匪躬，以靖谮服谗为尽节，总典籍之所恶以为智术，冒圣哲之所戒以为行能，可谓尧代之共工，鲁邦之少卯也。迹其奸蠹，日长月滋，阴秘者固未尽彰，败露者尤难悉数。"又曰："陛下若意其负谤，则诚宜亟为辩明。陛下若知其无良，又安可曲加容掩！"又曰："陛下姑欲保持，曾无诘问，延龄谓能蔽惑，不复惧思；移东就西，便为课绩，取此适彼，遂号羡余，愚弄朝廷，有同儿戏。"又曰："矫诡之能，诬罔之辞，遇事辄行，应口便发，靡日不有，靡时不为，又难以备陈也。"又曰："昔赵高指鹿为马，臣谓鹿之与马，物理犹同；岂若延龄掩有为无，指无为有。"又曰："延龄凶妄，流布寰区，上自公卿近臣，下逮舆台贱品，喧喧谈议，亿万为徒，能以上言，其人有几！臣以卑鄙，任当台衡，情激于衷，虽欲罢而不能自默也。"书奏，上不悦，待延龄益厚。

十二月，王虔休乘冰合度壕，急攻洺州。元谊出兵击之，虔休不胜而返；日暮冰解，士卒死者太半。

中书侍郎、同平章事陆贽以上知待之厚，事有不可，常力争之。所亲或规其太锐，贽曰："吾上不负天子，下不负所学，他无所恤。"裴延龄日短贽于上。赵憬之入相也，贽实引之，既而有憾于贽，密以贽所讥弹延龄事告延龄，故延龄益得以为计，上由是信延龄而不直贽。贽与憬约至上前极论延龄奸邪，上怒形于色，憬默而无言。壬戌，贽罢为太子宾客。

那里多听些外边的事，因此就很亲信、优待裴延龄。

文武百官都害怕深受德宗宠信的裴延龄，没有人敢说裴延龄的坏话，只有盐铁转运使张滂、京兆尹李充、司农卿李铦因为职务和所管事务与裴延龄有关系，可以经常出面证实裴延龄说的事情是虚假的，宰相陆贽更是挺身而出，每天都向德宗陈说裴延龄不能任用。十一月初三日壬申，陆贽上书德宗，极力陈说裴延龄奸邪狡诈，历数裴延龄所犯下的罪行。大意是说："裴延龄以搜刮钱财为头等的策略，以诡诈虚假为最好的计谋，以苛待百姓聚集怨恨当作奋不顾身，以专事诬陷、贯进谗言当作尽臣节，总括了历代典籍中丑恶智谋当成是自己的智谋权术，违犯圣贤先哲的告诫作为自己的品行和能力，可以称裴延龄是唐尧时的共工，春秋时期鲁国的少正卯。考察裴延龄的奸恶行为，每天每月都在滋长、蔓延，隐秘的事情自然没有完全显露出来，已经败露了的事情尤其难以一一列举。"陆贽又说："陛下如果觉得裴延龄是受了诽谤，那么实在是应该让裴延龄立即分辨清楚。陛下如果知道裴延龄不是正派好人，那又怎么能够想方设法容忍、掩饰呢？"陆贽又说："陛下如果暂时想保全裴延龄，对裴延龄的罪行不加斥责。裴延龄就觉得自己能够蒙蔽、欺惑陛下，不再有什么畏惧之心。裴延龄将东边的东西移到西边去，就成了自己的政绩，把这里的东西拿到那里去，于是就称这是额外的盈余，欺骗、糊弄朝廷，就像小孩玩游戏一样。"陆贽又说："裴延龄虚假奸邪的才能，诬陷欺诈的言辞，一遇到事情就表现出来了，随口就讲出来了，这种事情，没有哪一天没有，没有哪一时刻不做，他的这些事情难以一一陈述了。"陆贽又说："从前赵高在秦二世面前指鹿为马，臣觉得鹿和马，还可以说是同一类东西。那怎么比得上裴延龄将有的掩盖起来说成没有，将不存在的东西说成是存在的呢？"陆贽又说："裴延龄凶恶虚妄，已经影响天下。上自三公卿相，下至奴婢仆人，成千上万的人，对裴延龄议论纷纷，但能够向陛下陈述意见的，又有几个人！臣以卑微之身，担当着宰相的职任，对裴延龄深恶痛绝之情激荡在心中，虽然不想管，但也不能就这样沉默下去啊。"这份奏疏上奏后，德宗很不高兴，反而更加亲近裴延龄了。

十二月，王虔休乘河面结冰的时候，率兵越过护壕沟，急速进攻洺州。元谊派出兵马迎战，王虔休不能取得胜利，只得退回去。傍晚时分河冰融化了，王虔休的士兵们因此而淹死在护城壕沟的有一半以上。

中书侍郎、同平章事陆贽因为德宗对自己十分优厚，凡是遇到不该做的事情，总是竭力劝告、反对。关系亲近的人规劝陆贽言辞太锋芒毕露了，陆贽说："只要我对上不辜负天子，对下不辜负自己平生的学问，别的事情就不必考虑了。"裴延龄每天在德宗面前说陆贽的坏话。赵憬之所以能担任宰相职务，实际上是陆贽推荐的，不久，因为改任门下侍郎而怨恨陆贽，暗中将陆贽在德宗面前指责、弹劾裴延

初，勃海文王钦茂卒，子宏临早死，族弟元义立。元义猜虐，国人杀之，立宏临之子华屿，是为成王，改元中兴。华屿卒，复立钦茂少子嵩邻，是为康王，改元正历。

（以上为第二段，写德宗宠信佞臣裴延龄，陆贽被罢相。陆贽贞元八年四月拜相，任职两年又八个月罢相。）

十一年（乙亥，795年）

春，二月，乙巳，册拜嵩邻为忽汗州都督、勃海王。

陆贽既罢相，裴延龄因谮京兆尹李充、卫尉卿张滂、前司农卿李铦党于贽。会旱，延龄奏言："贽等失势怨望，言于众曰，'天下旱，百姓且流亡，度支多欠诸军刍粮，军中人马无所食，其事奈何！'以动摇众心，其意非止欲中伤臣而已。"后数日，上猎苑中，适有神策军士诉云："度支不给马刍。"上意延龄言为信，遽还宫。夏，四月，壬戌，贬贽为忠州别驾，充为涪州长史，滂为汀州长史，铦为邵州长史。

初，阳城自处士征为谏议大夫，拜官不辞。未至京师，人皆想望风采，曰："城必谏诤，死职下。"及至，诸谏官纷纷言事细碎，天子益厌苦之。而城方与二弟及客日夜痛饮，人莫能窥其际，皆以为虚得名耳。前进士河南韩愈作《争臣论》以讥之，城亦不以屑意。有欲造城而问者，城揣知其意，辄强与酒。客或时先醉仆席上，城或时先醉卧客怀中，不能听客语。及陆贽等坐贬，上怒未解，中外惴恐，以为罪且不测，无敢救者。城闻而起曰："不可令天子信用奸臣，杀无罪人。"即帅拾遗王仲舒、归登、右补阙熊执易、崔邠等守延英门，上疏论延龄奸佞，贽等无罪。上大怒，欲加城等罪。太子为之营救，上意乃解，令宰相谕遣之。于是金吾将军张万福闻谏官伏阁谏，趋往至延英门，大言贺曰："朝廷有直臣，天下必太平矣！"遂遍拜城与仲舒等，已而连呼"太平万岁！太平万岁！"万福，武人，年八十余，自此名重天下。登，崇敬之子也。

龄的话告诉给了裴延龄，所以裴延龄更加能够采取有利对策攻击陆贽，德宗于是开始信任裴延龄，而不觉得陆贽是对的了。陆贽与赵憬约好在德宗面前极力论说裴延龄的虚假邪恶，德宗的怒气已显现在脸上，但赵憬始终沉默，不说一句话。十二月二十三日壬戌，陆贽的宰相职务被罢免，降职为太子宾客。

当初，勃海国的文王大钦茂死了，儿子大宏临早已死去，由族内的堂弟大元义继位，大元义生性猜忌、残暴，勃海国人起来杀了大元义，拥立大宏临的儿子大华屿为国王，大华屿就是勃海国的成王，年号改为“中兴”。大华屿死了后，大钦茂的小儿子大嵩邻又被拥立为王，大嵩邻就是勃海国的康王，将年号改为“正历”。

唐德宗贞元十一年（乙亥，795年）

春季，二月初七日乙巳，德宗册封大嵩邻为忽汗州都督、勃海王。

陆贽被罢免位相后，裴延龄在德宗那里诬告京兆尹李充、卫尉卿张滂、前任司农卿李铦与陆贽结党营私。正好这时气候干旱，裴延龄上奏说：“陆贽等人因为失去了权势，而心怀不满，他们对大家说：‘天下干旱，百姓们就要流离散亡了，度支拖欠各年粮草的数量很多，各军中的将士与马匹没有吃的东西，这事情该如何办呢！’说这些话来动摇人心，用意不仅仅在于中伤臣一个人。”过了几天，德宗在禁苑中打猎，正好有个神策军的士兵上诉说：“度支不发给我们喂马的草料。”德宗觉得裴延龄前几天说的话的是对的，于是急忙回到宫中。夏季，四月二十五日壬戌，德宗将陆贽贬职为忠州别驾，将李充贬职为涪州长史，将张滂贬职为汀州长史，将李铦贬职为邵州长史。

当初，阳城从一个普通的士人被朝廷征聘为谏议大夫，阳城对任命没有推辞。人还没有到京城，人们都想一睹阳城的风采，并认为：“阳城肯定会拼死向皇上规劝直谏，忠于职守的。”等到阳城到了京城后，各位谏官向德宗纷纷进言，所说都是些鸡毛蒜皮的琐碎事情，德宗对此更加厌烦苦恼。但是阳城却正与他的两个弟弟以及客人们整日整夜地开怀畅饮，没人能看出阳城的心思，都认为阳城不过是徒有虚名而已。前进士河南人韩愈写了一篇《争臣论》的文章来讥笑、嘲讽阳城，阳城对此也满不在乎。有想拜访阳城而探问阳城心意的人来，阳城揣摩来客的心思，就强行与客人饮酒。有时候是来客先醉倒在席子上，有时候是阳城先醉了，躺在客人的怀中，总是不能听来客问他什么。后来，陆贽等人被加罪受贬，德宗对他们的怒气还没有消除，朝廷内外的人都忧心忡忡，十分害怕，认为他们会遭到难以预料的罪罚，没有人敢出面来营救。阳城听说了后，站起来说：“不能让天子亲近任用奸邪之臣，杀害没有罪过的人。”立即带领拾遗官王仲舒、归登，右补阙官熊执易、崔邠等人守

时朝夕相延龄，阳城曰："脱以延龄为相，城当取白麻坏之，恸哭于庭。"有李繁者，泌之子也，城尽疏延龄过恶，欲密论之，以繁故人子，使之缮写，繁径以告延龄。延龄先诣上，一一自解。疏入，上以为妄，不之省。

（以上为第三段，写谏议大夫阳城，平时装糊涂，在危急时刻挺身而出，犯颜揭发裴延龄奸佞，疏救陆贽。）

丙寅，幽州奏破奚王啜利等六万余众。

回鹘奉诚可汗卒，无子，国人立其相骨咄禄为可汗。骨咄禄本姓跌跌氏，辩慧有勇略，自天亲时，典兵马用事，大臣诸酋长皆畏服之。既为可汗，冒姓药葛罗氏，遣使来告丧。自天亲可汗以上子孙幼稚者，皆内之阙庭。

五月，丁丑，以宣武留后李万荣、昭义左司马领留后王虔休皆为节度使。

甲申，河东节度使李自良薨。戊子，监军王定远奏请以行军司马李说为留后。说，神通之五世孙也。

庚寅，遣秘书监张荐册拜回鹘可汗骨咄禄为腾里逻羽录没密施合胡禄毗伽怀信可汗。

癸巳，以李说为河东留后，知府事。说深德王定远，请铸监军印。监军有印自定远始。

秋，七月，丙寅朔，阳城改国子司业，坐言裴延龄故也。

王定远自恃有功于李说，专河东军政，易置诸将；说不能尽从，由是有隙。定远以私怒拉杀大将彭令茵，埋马矢中，将士皆愤怒。说奏其状，定远闻之，直诣说，拔刀刺之；说走免。定远召诸将，以箱贮敕及

候在延英门外，向德宗呈上奏章，论说裴延龄奸邪谄谀，陆贽等人无罪。德宗勃然大怒，打算将阳城等人治罪。太子出面营救阳城等人，德宗的怒气才缓解下来，让宰相宣旨打发他们离开。这个时候，金吾将军张万福听说谏官们跪在延英殿上劝谏德宗，急忙赶到延英殿门外，大声祝贺道："朝廷中有正直的大臣，天下就一定会太平无事！"于是一个个地向阳城、王仲舒等人行礼，接着又连声高呼"太平万岁！太平万岁！"张万福是一员武将，年龄已有八十多岁，从此以后，名声就遍传天下，为人们推重。归登是四朝旧臣归崇敬的儿子。当时德宗随时都有任命裴延龄为宰相的可能，阳城说："如果任命裴延龄为宰相，那么我就把写在白麻纸上的裴延龄的委任书毁坏，然后在朝廷上痛哭一场。"有一个叫李繁的人，是已故宰相李泌的儿子，阳城将裴延龄的所有过失、罪行都写在奏疏上，想秘密地弹劾裴延龄。因为李繁是老朋友的儿子，就让李繁誊抄一遍。李繁却将这一事情完全告诉了裴延龄。裴延龄先到德宗那里，一条一条地自我开脱。阳城的奏疏进呈后，德宗觉得说的都是不实之词，连看都不看。

四月二十九日丙寅，幽州向朝廷上奏说打败了奚王啜利等人的部众六万多人。

回鹘的奉诚可汗去世，没有儿子，回鹘国的人们拥立相国骨咄禄为可汗。骨咄禄本来姓跌跌氏，能言善辩、聪慧、勇敢、有谋略，自从天亲可汗时代开始掌管兵马大权，处理政事，回鹘的大臣和各部落的酋长们都害怕而服从。骨咄禄登位可汗之后，改冒前可汗的姓氏药葛罗氏，派遣使者到朝廷来报丧。还将天亲可汗以前可汗们年幼的子孙全部都送到朝廷来。

五月十一日丁丑，德宗任命宣武军留后李万荣、昭义军左司马兼留后王虔休各为本军节度使。

五月十八日甲申，河东节度使李自良去世。五月二十二日戊子，河东镇的监军王定远上奏朝廷请求任命行军司马李说为留后。李说是李神通的五世孙。

五月二十四日庚寅，德宗派遣秘书监张荐去册封回鹘可汗骨咄禄为腾里逻羽录没密施合胡禄毗伽怀信可汗。

五月二十七日癸巳，德宗任命李说为河东镇留后，代理河南府事务。李说深深感激王定远，请求朝廷铸造监军的印信。监军有印信是从王定远开始的。

秋季，七月初一日丙寅朔，阳城被改任国子监的司业，这是因为阳城上书、责难裴延龄的缘故。

王定远依仗着自己对李说担任留后有功劳，便独揽河东镇的军事大权，调动、安排各个将领的职务，李说不能对王定远一切都言听计从，于是两人有了矛盾。王定远因为私人怨恨将大将彭令茵打死了，埋在马粪中，军中的将士们对此都十分不

告身二十余通，示之曰：“有敕，今说诣京师，以行军司马李景略为留后，诸君皆迁官。”众皆拜。大将马良辅窃视箱中，皆定远告身及所受敕也，乃麾众曰：“敕告皆伪，不可受也。”定远走登乾阳楼，呼其麾下，莫应，逾城而坠，为枯枿所伤而死。

八月，辛亥，司徒兼侍中北平庄武王马燧薨。

闰月，戊辰，元谊以洺州诈降；王虔休遣裨将将二千人入城，谊皆杀之。

九月，丁巳，加韦皋云南安抚使。

横海节度使程怀直，不恤士卒，猎于野，数日不归。怀直从父兄怀信为兵马使，因众心之怨，闭门拒之；怀直奔归京师。冬，十月，丁丑，以怀信为横海留后。

南诏攻吐蕃昆明城，取之；又虏施、顺二蛮王。

（以上为第四段，写阳城直谏被贬官，河东监军王定远跋扈自毙。）

十二年（丙子，796年）

春，正月，庚子，元谊、石定蕃等帅洺州兵五千人及其家人万余口奔魏州；上释不问，命田绪安抚之。

乙丑，以浑瑊、王武俊并兼中书令。己巳，加严震、田绪、刘济、韦皋并同平章事；天下节度、观察使，悉加检校官以悦其意。

三月，甲午，韦皋奏降西南蛮高万唐等二万余口。

乙巳，以闲厩、宫苑使李齐运为礼部尚书，户部侍郎裴延龄为户部尚书，使职如故。齐运无才能学术，专以柔佞得幸于上，每宰相对罢，则齐运次进决其议；或病卧家，上欲有所除授，往往遣中使就问之。

丙子，韶王暹薨。

满。李说将这一事件上奏给了朝廷，王定远听说了以后，直接跑到李说那里，拔刀要杀李说，李说逃出来才免一死。王定远召集军中各位将领，拿出箱子中放着的皇帝敕书和官职委任书二十多通给大家看，说："皇帝有敕令，命令李说前往京城，让行军司马李景略担任留后职务，各位将军都要升官晋级。"大家都向李景略行礼，表示服从。大将马良辅偷偷看箱子中的东西，发现都是王定远的委任书和所接受的敕令，于是就召集大家说："敕令和委任书都是假的，我们不能接受啊。"王定远见势不妙，逃跑出去，爬上了城南的乾阳楼，喊叫着招呼部下，但没有一个部下响应。王定远于是翻城墙出逃，但摔了下来，被枯树枝戳伤而死。

八月十七日辛亥，担任司徒、兼任侍中职务的北平庄武王马燧去世。

闰八月初四日戊辰，元谊假称洺州归降王虔休，王虔休于是派遣裨将率领二千军士进入洺州城，全部都被元谊杀害了。

九月二十三日丁巳，德宗加封西川节度使韦皋为云南安抚使。

横海军节度使程怀直不体恤士兵，在野外打猎，一连几天都不回城。程怀直的堂兄程怀信担任兵马使职务，乘着将士们对程怀直心怀不满，就关闭城门，将程怀直拒之门外，程怀直只得逃回京城长安去。冬季，十月十四日丁丑，德宗任命程怀信为横海军留后。

南诏进攻吐蕃的昆明城，占领了该城，又俘虏了施、顺这两个部族的蛮王。

唐德宗贞元十二年（丙子，796年）

春季，正月初七日庚子，元谊、石定蕃等人带着洺州的军队五千人以及他们的家属一万多人投奔了魏州。德宗没有追查他们的罪过，命令魏博节度使田绪安抚他们。

二月初三日乙丑，德宗任命浑瑊、王武俊一起兼任中书令。二月初七日己巳，德宗加官严震、田绪、刘济、韦皋为同平章事，对全国各地的节度使、观察使，通通都加封检校官，以讨他们的喜欢。

三月初二日甲午，韦皋上奏朝廷说降服了西南蛮高万唐等二万多人口。

三月十三日乙巳，德宗任命管理宫中养马和禁苑的闲厩、宫苑使李齐运为礼部尚书，任命户部侍郎裴延龄为户部尚书，仍兼任原有的判度支使。李齐运没有什么才能和学问，专门以顺从、谄媚的手段取得德宗的信任，每当宰相们回答完德宗的提问，接着，李齐运就上来进言裁断是非。有时候卧病在家里，德宗打算任命什么人的官职，往往派遣宫中的宦官使者去询问李齐运的意见。

三月二十四日丙子（疑误），韶王李暹去世。

魏博节度使田绪尚嘉诚公主；有庶子三人，季安最幼，公主子之，以为副大使。夏，四月，庚午，绪暴薨；左右匿之，使季安领军事，年十五。乙亥；发丧，推季安为留后。

庚辰，上生日，故事，命沙门、道士讲论于麟德殿，至是，始命以儒士参之。四门博士韦渠牟嘲谈辩给，上悦之，旬月，迁右补阙，始有宠。

五月，丙申，邠宁节度使张献甫暴薨，监军杨明义请都虞候杨朝晟权知留后。甲辰，以朝晟为邠宁节度使。

（以上为第五段，写德宗对地方各道诸使滥授加官，在朝中则又偏爱巧言令色之徒李齐运、裴延龄等六部长官置于宰相之上，荒悖如此。）

六月，乙丑，以监句当左神策窦文场、监句当右神策霍仙鸣皆为护军中尉，监左神威军使张尚进、监右神威军使焦希望皆为中护军。初，上置六统军，视六尚书，以处节度使罢镇者，相承用麻纸写制。至是，文场讽宰相比统军降麻。翰林学士郑絪奏言："故事惟封王、命相用白麻，今以命中尉，不识陛下特以宠文场邪，遂为著令也？"上乃谓文场曰："武德、贞观时，中人不过员外将军同正耳，衣绯者无几。自辅国以来，堕坏制度。朕今用尔，不谓无私。若复以麻制宣告天下，必谓尔胁我为之矣。"文场叩头谢。遂焚其麻，命并统军自今中书降敕。明日，上谓絪曰："宰相不能违拒中人，朕得卿言方悟耳。"是时窦、霍势倾中外，藩镇将帅多出神策军，台省清要亦有出其门者矣。

宣武节度使李万荣病风，昏不知事，霍仙鸣荐宣武押牙刘沐可委军政。辛巳，以沐为行军司马。

宣歙观察使刘赞卒。

初，上以奉天窘乏，故还宫以来，尤专意聚敛。藩镇多以进奉市恩，

魏博节度使田绪娶嘉诚公主为妻，田绪有三个庶出的儿子，田季安年龄最小，嘉诚公主把田季安当成自己的儿子，帮助田季安担任了魏博节度副使的职务。夏季，四月初九日庚午，田绪突然去世。亲信们将田绪去世的消息隐瞒下来，让田季安统领军中事务，田季安才十五岁。三月十四日乙亥，他们发布讣告，推举田季安担任留后。

三月十九日庚辰，这一天是德宗的生日，按照以前的惯例，要让僧人、道士在麟德殿讲经论道，这一次，开始让儒学之士也参与进来。四门博士韦渠牟在讲论之中，幽默诙谐，能言善辩，德宗很喜欢韦渠牟，过了一个多月，就提升为右补阙官，开始受到宠信。

五月初六日丙申，邠宁节度使张献甫突然去世，监军杨明义请求朝廷任命都虞候杨朝晟暂时代理留后事务。五月十四日甲辰，德宗任命杨朝晟为邠宁节度使。

六月初六日乙丑，德宗任命监句当左神策窦文场、监句当右神策霍仙鸣都担任护军中尉，任命监左神威军使张尚进、监右神威军使焦希望都担任中护军。当初，德宗设置六军的统军职务，类似于朝廷中的六部尚书，以安置罢免了军镇节度使的人，按照流传下来的习惯用麻纸来书写委任他们的状书。到现在，窦文场暗示宰相要和统军一样，给他们颁布白麻纸书写的委任书。翰林学士郑絪上奏疏说："按照惯例，只有封拜王位、任命宰相用白麻纸写委任书，现在要用白麻纸任命护军中尉，不知是陛下要特别宠信窦文场，还是就此成为固定下来的制度呢？"德宗这才对窦文场说："本朝武德、贞观年间，宫中宦官的职位不过是与员外将军同品级别而已，能穿戴绯色朝服的人没有几个。自从李辅国以来，破坏了这一制度。朕现在任用你，不能说没有私情。如果再用白麻纸书写委任书，公告天下，那么天下的人一定会说是你逼迫朕这样做的了。"窦文场向德宗叩头谢罪。于是德宗将白麻纸写的委任书烧了，下令从今以后，连同统军一职的委任书也由中书省颁下敕书。第二天，德宗对郑絪说："宰相们也不能违抗、拒绝宦官们的意见，朕听了你的话以后才算醒悟了。"这个时候，窦文场、霍仙鸣的权势压倒朝廷内外的官员，各个藩镇的节度使和将领大多出自神策军，朝廷三省六部的长官也有出自他们两个人门下的。

宣武节度使李万荣中风，昏迷不醒，不能处理军政大事，霍仙鸣推荐宣武军的押牙官刘沐处理军政大事。六月二十二日辛巳，德宗任命刘沐为行军司马。

宣歙观察使刘赞去世。

当初，德宗被困在奉天城的时候，开支极为窘迫缺乏，所以自从回京还宫以后，

皆云“税外方圆”，亦云“用度羡余”，其实或割留常赋，或增敛百姓，或减刻利禄，或贩鬻蔬果，往往私自入，所进才什一二。李兼在江西有月进，韦皋在西川有日进。其后常州刺史济源裴肃以进奉迁浙东观察使，刺史进奉自肃始。及刘赞卒，判官严绶掌留务，竭府库以进奉，征为刑部员外郎，幕僚进奉自绶始。绶，蜀人也。

（以上为第六段，写德宗还京两大弊政：其一，宠信宦官，加重护军中尉权势，倾动朝野；其二，聚敛财货，向藩镇求索贡奉。两大弊政，留下无穷后患。）

李万荣疾病，其子迺为兵马使。甲申，迺集诸将责李湛、伊娄说、张丕以不忧军事，斥之外县。上遣中使第五守进至汴州，宣慰始毕，军士十余人呼曰：“兵马使勤劳无赏；刘沐何人，为行军司马！”沐惧，阳中风，舁出。军士又呼曰：“仓官刘叔何给纳有奸。”杀而食之。又欲斫守进，迺止之。迺又杀伊娄说、张丕。都虞候匡城邓惟恭与万荣乡里相善，万荣常委以腹心，迺亦倚之。至是，惟恭与监军俱文珍谋，执迺，送京师。秋，七月，乙未，以东都留守董晋同平章事，兼宣武节度使，以万荣为太子少保，贬迺虔州司马。丙申，万荣薨。

邓惟恭既执李迺，遂权军事，自谓当代万荣，不遣人迎董晋。晋既受诏，即与傔从十余人赴镇，不用兵卫。至郑州，迎者不至，郑州人为晋惧，或劝晋且留观变。有自汴州出者，言于晋曰：“不可入。”晋不对，遂行。惟恭以晋来之速，不及谋；晋去城十余里，惟恭乃帅诸将出迎。晋命惟恭勿下马，气色甚和，惟恭差自安。既入，仍委惟恭以军政。

初，刘玄佐增汴州兵至十万，遇之厚，李万荣、邓惟恭每加厚焉。士卒骄，不能御，乃置腹心之士，幕于公庭庑下，挟弓执剑以备之，时劳赐酒肉。晋至之明日，悉罢之。

特别注意搜刮财物。各地的军镇节帅多半都用进贡的形式以换取德宗的恩宠，这种进贡的东西被称为“税外方圆”，也称作“用度羡余”。实际上，这些东西或者是截留正常应交的赋税，或者是加重对百姓的搜刮，或者是削减、克扣官吏们的俸禄，或者是贩卖蔬菜瓜果而来的，将帅们往往中饱私囊，进贡的数量才不过是搜刮东西的十分之一二。李兼在江西每月都要向德宗进贡，韦皋在西川每天都向皇帝进贡。后来，常州刺史济源人裴肃因为向皇帝进贡，得以升迁为浙东观察使，担任刺史职务的人向德宗进贡从裴肃开始。刘赞去世后，判官严绶掌管留后事务，将军府的全部库存的东西都弄出来进献给德宗，被征召入朝，担任刑部员外郎。幕僚向德宗进贡从严绶开始。严绶是蜀人。

李万荣病得很重，儿子李乃担任兵马使职务。六月二十五日甲申，李乃把各位将领都召集起来，当众斥责李湛、伊娄说、张丕，说他们不关心军事，将他们斥逐到汴州城外的县里去了。德宗派遣宫中的宦官使者第五守进到汴州。宣抚慰劳刚结束，士兵中就有十几个人高声呼叫道：“兵马使辛苦勤劳，朝廷没有奖赏，刘沐是个什么人物，竟然让刘沐担任行军司马？”刘沐非常害怕，假装得了中风病，被人抬了出去。士兵们又高声呼叫道：“管理库房的仓官刘叔何在财物收支上作弊、贪污。”大家上前杀了刘叔何，并且吃了刘叔何的肉。士兵们又打算杀掉第五守进，李乃制止了他们。李乃又杀了伊娄说、张丕。都虞候匡城人邓惟恭与李万荣是同乡，关系很好，是李万荣的心腹，李乃也很依赖邓惟恭。到了这个时候，邓惟恭与监军俱文珍策划，把李乃抓起来了，押送到京城。秋季，七月初六日乙未，德宗任命东都留守董晋为同平章事，兼任宣武军节度使，任命李万荣为太子少保，将李乃贬职为虔州司马。七月初七日丙申，李万荣去世。

邓惟恭将李乃抓起来以后，就代理军中事务，自认为应当代替李万荣担任节度使，不派人去迎接新任节度使董晋。董晋接到诏令以后，立即带着十多个随从人员赶赴汴州，不带军队护卫。到了郑州，迎接的人没来。郑州的人都替董晋担心，有的人还劝董晋暂时留在郑州，观察汴州事态的发展。有从汴州城出来的人，对董晋说：“您不能进汴州城去。”董晋没有回答，带着人就上路了。因为董晋到汴州来得极快，邓惟恭还来不及策划、安排。董晋一行离汴州城还有十几里远的时候，邓惟恭才带着各位将领出城迎接。董晋让邓惟恭不要下马来，而且脸色和态度非常平和，邓惟恭这才逐渐放心。董晋进汴州城就职后，仍然将军政大事交给邓惟恭处理。

当初，刘玄佐将汴州的军队增加到十万人，对待他们很优厚，李万荣、邓惟恭掌管军事大权后，对士兵们更优厚。士兵们因此骄纵，不能控制。他们只得安排亲信的士兵们，在官署的走廊下扎着帐篷，带着弓、剑，防备骄纵的士兵们攻击官署，

戊戌，韩王迥薨。

壬子，诏以宣武将士邓惟恭等有执送李迺功，各迁官赐钱；其为迺所胁，邀逼制使者，皆勿问。

八月，乙未朔，日有食之。

己巳，以田季安为魏博节度使。

丙子，以汝州刺史陆长源为宣武行军司马。朝议以董晋柔仁多可，恐不能集事，故以长源佐之。长源性刚刻，多更张旧事；晋初皆许之，案成则命且罢，由是军中得安。

丙戌，门下侍郎、同平章事赵憬薨。

初，上不欲生代节度使，常自择行军司马以为储帅。李景略为河东行军司马，李说忌之。回鹘梅录入贡，过太原，说与之宴，梅录争坐次，说不能遏。景略叱之，梅录识其声，趋前拜之曰："非丰州李端公邪？"又拜，遂就下坐。座中皆属目于景略。说益不平，乃厚赂中尉窦文场，使去之。会有传回鹘将入寇者，上忧之，以丰州当虏冲，择可守者；文场因荐景略。九月，甲午，以景略为丰州都防御使。穷边气寒，土瘠民贫，景略以勤俭帅众，二岁之后，储备完实，雄于北边。

卢迈得风疾，庚子，贾耽私忌，宰相绝班，上遣中使召主书承旨。

丙午，户部尚书、判度支裴延龄卒；中外相贺，上独悼惜之。

壬子，吐蕃寇庆州。

冬，十月，甲戌，以谏议大夫崔损、给事中赵宗儒并同平章事。损，

对这些守卫官署的士兵们，他们经常赐酒给肉，加以慰劳。董晋到任的第二天，就把驻扎在官署走廊下的警卫士兵全撤除了。

七月初九日戊戌，韩王李迥去世。

七月二十三日壬子，德宗下诏：因为宣武军的将士邓惟恭等人有将李乃抓起来送到京城的功劳，所以分别提升官职，发给赏钱。对那些受李乃胁迫，拦截、逼迫宫廷使者的人，一概不加追究。

八月，乙未朔，发生日食。

八月十一日己巳，德宗任命田季安为魏博节度使。

八月十八日丙子，德宗任命汝州刺史陆长源担任宣武军的行军司马。朝廷大臣们议论认为董晋柔软仁慈，对别人的要求多半顺从，恐怕不能把事情办好，所以德宗派陆长源去协助。陆长源为人刚直、严厉，改变了很多老的规定；董晋在开始时都答应下来，但等新的制度定下以后，董晋就命令陆长源暂时停止，这样一来，军中才安定下来。

八月二十八日丙戌，门下侍郎、同平章事赵憬去世。

当初，德宗不打算在各军镇节度使还健在的时候就让人顶替他们，所以经常自己挑选各军镇的行军司马，以作为节度使去世后的接班人。李景略担任河东镇的行军司马，节度使李说对李景略很妒忌。回鹘的梅录来向朝廷进贡，经过太原，李说设宴招待，在宴会上，梅录与李说的官员们争座位的上下，李说没办法制止。李景略大声呵斥梅录，梅录分辨出是李景略的声音，连忙快步向前，对李景略行礼说："这不是丰州的李端公吗？"再次向李景略下拜，然后就坐了下座。满座人都吃惊地注视着李景略，对李景略很是佩服。这样李说更加心怀不悦，于是用很重的礼物贿赂护军中尉窦文场，让他把李景略调走。正好有人流传说回鹘人将要来侵犯，德宗对此十分担忧，觉得丰州正在回鹘人南下的交通要道上，要选择可以防守这一地方的人。窦文场乘机向德宗推荐了李景略。九月初六日甲午，德宗任命李景略为丰州都防御史。丰州地处边塞，气候寒冷，土地贫瘠，百姓穷困，李景略以身作则，勤劳俭朴，过了两年，这里粮储丰富，边备充实，丰州成为称雄北部边疆的一个重要军镇。

宰相卢迈得了严重的中风病，九月二十日庚子，是宰相贾耽亲人的忌日，这一天没有宰相上班，德宗派遣宫中的宦官使者召来低级官员主书来承接诏旨。

九月十八日丙午，户部尚书、判度支裴延龄死了。朝野内外的人见面都互相祝贺，只有德宗一个人悼念、怜悯裴延龄。

九月二十四日壬子，吐蕃人侵犯庆州。

冬季，十月十七日甲戌，德宗任命谏议大夫崔损、给事中赵宗儒一同担任平章

玄晔之弟孙也，尝为裴延龄所荐，故用之。

十一月，乙未，以右补阙韦渠牟为左谏议大夫。上自陆贽贬官，尤不任宰相，自御史、刺史、县令以上皆自选用，中书行文书而已。然深居禁中，所取信者裴延龄、李齐运、户部郎中王绍、司农卿李实、翰林学士韦执谊及渠牟，皆权倾宰相，趋附盈门。绍谨密无损益；实狡险掊克；执谊以文章与上唱和，年二十余，自右拾遗召入翰林；渠牟形神佻躁，尤为上所亲狎，上每对执政，漏不过三刻，渠牟奏事率至六刻，语笑款狎往往闻外；所荐引咸不次迁擢，率皆庸鄙之士。

宣武都虞候邓惟恭内不自安，潜结将士二百余人谋作乱；事觉，董晋悉捕斩其党，械惟恭送京师。己未，诏免死，汀州安置。

（以上为第七段，写宣武镇的动荡。）

十三年（丁丑，797年）

春，正月，壬寅，吐蕃遣使请和亲；上以吐蕃数负约，不许。

上以方渠、合道、木波皆吐蕃要路，欲城之，使问邠宁节度使杨朝晟："须几何兵？"对曰："邠宁兵足以城之，不烦他道。"上复使问之曰："向城盐州，用兵七万，仅能集事。今三城尤逼虏境，兵当倍之，事更相反，何也？"对曰："城盐州之众，虏皆知之。今发本镇兵，不旬日至塞下，出其不意而城之，虏谓吾众亦不减七万，其众未集，不敢轻来犯我。不过三旬，吾城已毕，留兵戍之，虏虽至，无能为也。城旁草尽，不能久留，虏退则运刍粮以实之，此万全之策也。若大集诸道兵，逾月始至，虏亦集众而来，与我争战，胜负未可知，何暇筑城哉！"上从之。二月，朝晟分军为三，各筑一城。军吏曰："方渠无井，不可屯军。"判官孟子周曰："方渠承平之时，居人成市，无井何以聚人乎！"命浚眢井，果得甘泉。三月，三城成。夏，四月，庚申，杨朝晟军还至马岭，吐蕃始出兵追之，相拒数日而去。朝晟遂城马岭而还，开地三百里，皆如其素。

事。崔损是中宗皇帝时期的功臣崔玄暐弟弟的孙子，曾经得到裴延龄的推荐，所以德宗就任用了。

十一月初八日乙未，任命右补阙韦渠牟为左谏议大夫。德宗自从陆贽被贬职以后，特别不信任宰相，从御史、刺史、县令以上的官员，都亲自挑选、任用，中书省不过负责写写委任书而已。但德宗深居宫中，所相信和任用的是裴延龄、李齐运，户部郎中王绍，司农卿李实，翰林学士韦执谊以及韦渠牟，他们的权势都压倒了宰相，投靠、趋附他们的人挤满门庭。王绍为人谨慎周密，一切按以前的规定办事，不做增减，李实狡猾、阴险，以搜刮民财为特长，韦执谊用文章与德宗互相唱和，年龄才二十多岁，就从右拾遗的位置上被召进翰林院，韦渠牟形貌神态轻佻浮躁，特别被德宗亲近，德宗每次与主持朝政的官员谈论事情，时间不会超过三刻，但韦渠牟上奏事情时间往往长达六刻，亲昵的谈笑声从外边都能听到，韦渠牟所推荐的人都能得到越级提拔，但都是些平庸、粗俗的人。

宣武都虞候邓惟恭内心深感不安，暗中勾结二百多名将士阴谋叛乱，事情暴露出来了，董晋将邓惟恭的党徒全部抓起来杀了，将邓惟恭套上枷锁，押送京城。十二月初二日己未，德宗下诏免邓惟恭一死，流放到汀州安置。

唐德宗贞元十三年（丁丑，797年）

春季，正月十五日壬寅，吐蕃派遣使者到朝廷来请求和好。德宗因为吐蕃以前多次背弃和约，就没有答应。

德宗认为方渠、合道、木波这些地方都是吐蕃通向东边的要害之地，计划在这里筑城防守，于是就派遣使者去询问邠宁节度使杨朝晟："修筑这几座城需要多少兵力？"杨朝晟回答说："邠宁镇的现有兵力就足以修筑好这几座城，不用烦劳其他军镇了。"德宗又派使者去问："前不久修筑盐州城，动用兵力七万人，才刚刚能够把事情办成。现在要建的这三座城特别靠近吐蕃的边境，照说兵力应该比修盐州城翻倍，但你说的情况正好相反，这是什么道理？"杨朝晟回答说："修筑盐州城军队的数量，吐蕃人都知道。现在我调派本镇的兵马，不过十天就到达目的地，出乎吐蕃人的预料，立即筑城，吐蕃人会觉得我们的兵马也不少于七万人，他们的兵马还没有聚集起来，不敢轻易地来侵犯我们。不超过三十天，我们就把城修筑好了，留下兵力在那里守卫，吐蕃人尽管来了，也无能为力。城堡附近的草被吃光以后，吐蕃的骑兵就不能在这里久留下去，敌人一退却，那么我们立即将粮草运进城堡去充实储备，这是各方面都周全的计策。如果大规模地调集各军镇的兵力，一个月以后，人马才到目的地，敌人也会聚集他们的兵马来，与我们交战，谁胜谁负还不知道，哪里有时间来修筑城堡呢？"德宗采取了杨朝晟的意见。二月，杨朝晟将自己的军

庚午，义成节度使李复薨。庚辰，以陕虢观察使姚南仲为义成节度使。监军薛盈珍方大会，闻之，言曰：“姚大夫书生，岂将才也！”判官卢坦私谓人曰：“姚大夫外虽柔，中甚刚，监军侵之，必不受。军府之祸，自此始矣，吾恐为所留。”遂自他道潜去。南仲果以牒请之，不遇，得免。既而盈珍与南仲有隙，幕府多以罪贬，有死者。

吐蕃赞普乞立赞卒，子足之煎立。

六月，壬午，韦皋奏吐蕃入寇，巂州刺史曹高仕破之于台登城下。

光禄少卿同正张茂宗，茂昭之弟也，许尚义章公主；未成婚，茂宗母卒，遗表请终嘉礼，上许之。秋，八月，癸酉，起复茂宗左卫将军同正。左拾遗义兴蒋乂上疏谏，以为：“兵革之急，古有墨衰从事者，未闻驸马起复尚主也。”上遣中使谕之，不止，乃特召对于延英，谓曰：“人间多借吉成婚者，卿何执此之坚？”对曰：“婚姻、丧纪，人之大伦，吉凶不可渎也。委巷之家，不知礼教，其女孤贫无恃，或有借吉从人，未闻男子借吉娶妇者也。”太常博士韦彤、裴堪复上疏谏；上不悦，命趣下嫁之期，辛巳，成婚。

九月，己丑，中书侍郎、同平章事卢迈以病罢为太子宾客。

（以上为第八段，写邠宁节度使杨朝晟用智计筑边城，不战而推进边塞数百里，有力地抑制了吐蕃势力。德宗违礼嫁公主。）

队一分为三，分别修筑一座城堡。军中的低级官吏说：“方渠这个地方没有水井，不能够驻扎军队。”判官孟子周说：“方渠在天下太平的时候，很多人到这里定居，成了闹市，没有水井怎么能有很多人口聚集在这里呢？”于是下令士兵们疏淘旧井，果然得到甘美的泉水井。三月，三座城堡都修好了。夏季，四月初五日庚申，杨朝晟的军队撤回去，到了马岭这个地方，吐蕃人才派出军队来追赶，与杨朝晟的军队对抗了几天就退回去了。杨朝晟于是在马岭又修建了一座城堡，回到了邠宁。杨朝晟在这里开拓了三百里疆域，一切都像起初预料的那样。

四月十五日庚午，义成军节度使李复去世。四月二十五日庚辰，德宗任命陕虢观察使姚南仲担任义成军节度使。监军薛盈珍正在召集将吏们商议事情，听到这一消息后，说：“姚大夫是一介书生，哪里是一个将帅之才呢？”判官卢坦私下对人说：“姚大夫表面虽然柔弱，但骨子里却很刚强，监军如有冒犯，姚大夫一定不会甘心接受。军府内的祸乱，就要从这里开始了，我担心要被姚大夫留用。”于是走别的路悄悄离开了这里。姚南仲果然发出公文请卢坦任职，但没有找到，所以卢坦才避免了征召。不久，薛盈珍与姚南仲有矛盾，许多幕僚都获罪贬官，还有因此而丧命的。

吐蕃赞普乞立赞死了，儿子足之煎继任赞普。

六月二十八日壬午，韦皋上奏朝廷说吐蕃前来侵犯，巂州刺史曹高仕在台登城下打败了吐蕃。

光禄少卿同正张茂宗，是义武军节度使张茂昭的弟弟，已经同德宗之女义章公主定下了婚约。在还没有结婚时，张茂宗的母亲就死了，她死前留下表章请求德宗让儿子与公主完婚，德宗答应了。秋季，八月二十日癸酉，张茂宗在为母亲守丧期间被德宗起用为左卫将军同正。担任左拾遗的义兴人蒋乂上疏劝谏德宗，认为：“在军情危急的时候，古代有身穿黑麻丧服就上战场的先例，但没有听说驸马在服丧不满的情况下，就聘娶公主的事情。”德宗派遣宫中宦官使者去开导他，但蒋乂并不停止劝谏此事。于是德宗就将蒋乂召到延英殿来，对蒋乂说：“民间往往有在服丧期间完成婚礼的，你为什么如此坚决地反对呢？”蒋乂回答说：“婚姻和丧事，是人世最重要的伦理，吉礼和凶礼是不能够亵渎的。陋巷中的人家，不知道礼仪教化，那些贫困无依、丧失双亲的孤女，有的也在服丧期间出嫁的，但没有听说男子在服丧期间娶妻的事情。”太常博士韦彤、裴堪又上奏疏劝谏，德宗很不高兴，命令有关部门赶紧选择公主下嫁的日期。八月二十八日辛巳，张茂宗与义章公主举行婚礼。

九月初七日己丑，中书侍郎、同平章事卢迈因为得了中风病，被罢免了宰相职务，改任太子宾客。

冬，十月，淮西节度使吴少诚擅开刀沟入汝，上遣中使谕止之，不从。命兵部郎中卢群往诘之，少诚曰：“开此水，大利于人。”群曰：“君令臣行，虽利，人臣敢专乎！公承天子之令而不从，何以使下吏从公之令乎！”少诚遽为之罢役。

十二月，徐州节度使张建封入朝。先是，宫中市外间物，令官吏主之，随给其直。比岁以宦者为使，谓之宫市，抑买人物，稍不如本估。其后不复行文书，置白望数百人于两市及要闹坊曲，阅人所卖物，但称宫市，则敛手付与，真伪不复可辩，无敢问所从来及论价之高下者，率用直百钱物买人直数千物，多以红紫染故衣、败缯，尺寸裂而给之，仍索进奉门户及脚价钱。人将物诣市，至有空手而归者，名为宫市，其实夺之。商贾有良货，皆深匿之；每敕使出，虽沽浆、卖饼者皆撤业闭门。尝有农夫以驴负柴，宦者称宫市取之，与绢数尺，又就索门户，仍邀驴送柴至内。农夫啼泣，以所得绢与之不肯受，曰：“须得尔驴。”农夫曰：“我有父母妻子，待此然后食。今以柴与汝，不取直而归，汝尚不肯，我有死而已。”遂殴宦者。街吏擒以闻，诏黜宦者，赐农夫绢十匹。然宫市亦不为之改，谏官御史数谏，不听。建封入朝，具奏之，上颇嘉纳；以问户部侍郎判度支苏弁，弁希宦者意，对曰：“京师游手万家，无土著生业，仰宫市取给。”上信之，故凡言宫市者皆不听。

（以上为第九段，写德宗兴宫市之弊。）

十四年（戊寅，798 年）

春，二月，乙亥，名申、光、蔡军曰彰义。

夏，闰五月，庚申，以神策行营节度使韩全义为夏、绥、银、宥节

冬季，十月，淮西节度使吴少诚擅自凿通刀沟，放水进入汝水。德宗派遣宫中宦官使者去劝阻、制止，但吴少诚不服从。德宗又命令兵部郎中卢群去责问，吴少诚说："凿开刀沟之后，对百姓十分有利。"卢群说："君主的命令臣子要执行，尽管有利，但做臣子的敢独断专行吗？你接到天子的命令，但却不服从，那你又用什么办法让部下将吏服从你呢？"吴少诚听了后，赶快将这项工程停止下来。

十二月，徐州节度使张建封进京入朝。在此之前，宫中购买外面的物品，都由官吏来主持这一事情，都能够随时按价给钱。近年来改由宦官作为负责此事的使者，名义上说是为宫市，实际上压低价钱买进物品，逐渐低于本钱。后来，再也不拿宫中采买所持的公文凭证，在长安东西两市和各热闹场所、大街小巷安置几百个四处张望的"白望"人，到处察看百姓们出卖的各种物品，只要声称是宫廷要购买，百姓就只得拱手把东西白送给他们，人们分不清楚这些人的真假，也不敢询问他们从哪里来，也不敢讨论价钱的高低。这些宦官往往用价值一百钱的物品换取别人价值几千钱的物品，还多半是用染上红色、紫色的旧衣服和变质的丝帛，按照尺寸撕下来给卖主，还要索取所谓的进奉门户钱和脚夫钱。有的人把东西送到市场上去卖，甚至有两手空空回家去的，名义上是宫市，实际上是强行抢夺。商人们有好的货物，都想方设法藏好。每当宫中使者出来的时候，即使是卖汤水、卖饼食的人，都连忙收拾家什，关门闭户。曾经有一个农夫用驴子驮着柴火去出卖，宦官声称宫中要采买，于是将柴禾收下，给农夫几尺绢作报酬，又向农夫索要进奉门户钱，又下令农夫用驴子把柴禾送进宫中。农夫哭了起来，把给的几尺绢又还给宦官，以免送柴去宫中。但宦官不接受，说："那就要了你的驴子。"农夫说："我家里有父母和妻儿，都要靠这匹驴子劳动才有饭吃。现在把柴禾送给你，不要钱空手回去，你还不放过我，那我只有一死了。"于是就殴打了这个宦官。管理街市的街吏把农夫抓起来，将这一事情上报给朝廷，德宗下诏将宦官废免出宫，赏赐给这位农夫十匹绢。但是，宫中宦官们的采买也没有因此而改变。谏官、御史们多次劝谏德宗，德宗都不理睬。张建封进京入朝，把这些事情都上奏给了德宗，德宗称赞不已，听取了张建封的意见，拿这件事来问户部侍郎、负责度支事务的苏弁，苏弁为了迎合宦官们的心思，回答说："京城里游手好闲的有上万的人家，没有固定的住所和职业，都依靠宫廷采买来养活家小。"德宗相信苏弁的话，所以后来凡是劝谏取消宫市的奏疏，一概不予理睬。

唐德宗贞元十四年（戊寅，798 年）

春季，二月二十四日乙亥，朝廷把申州、光州、蔡州命名为彰义军。

夏季，闰五月十一日庚申，德宗任命神策行营节度使韩全义为夏、绥、银、宥

度使。全义时屯长武城，诏帅其众赴镇。士卒以夏州碛卤，又盛夏，不乐徙居；辛酉，军乱，杀大将王栖岩，全义逾城走。都虞候高崇文诛首乱者，众然后定。崇文，幽州人也。丙子，以崇文为长武城都知兵马使，不降敕，令中使口宣授之。

秋，七月，壬申，给事中、同平章事赵宗儒罢为右庶子，以工部侍郎郑余庆为中书侍郎、同平章事。

八月，初置左、右神策统军。时禁军戍边，禀赐优厚，诸将多请遥隶神策军，称行营，皆统于中尉，其军遂至十五万人。

京兆尹吴凑屡言宫市之弊。宦者言凑屡奏宫市，皆右金吾都知赵洽、田秀嵓之谋也；丙午，洽、秀嵓坐流天德军。

九月，丙申，以陕虢观察使于頔为山南东道节度使。

丁卯，杞王倕薨。

彰武节度使吴少诚遣兵掠寿州霍山，杀镇遏使谢详，侵地五十余里，置兵镇守。

太学生薛约师事司业阳城，坐言事，徙连州；城送之郊外。上以城党罪人，己巳，左迁城道州刺史。城治民如治家，州之赋税不登，观察使数加诮让，城自署其考曰："抚字心劳，征科政拙，考下下。"观察使遣判官督其赋，至州，城先自囚于狱。判官大惊，驰入，谒城于狱曰："使君何罪！某奉命来候安否耳。"留一二日未去，城不复归；馆门外有故门扇横地，城昼夜坐卧其上，判官不自安，辞去。其后又遣他判官往按之，他判官载妻子中道逸去。

冬，十月，丁酉，通王谌薨。

庚子，夏州节度使韩全义奏破吐蕃于盐州西北。

明州镇将栗锽杀刺史卢云，诱山越作乱，攻陷浙东州县。

（以上为第十段，写韩全义不武，就任夏绥银宥节度使为士兵所逐，为讨吴少诚

四州节度使。韩全义当时驻守在长武城，德宗下诏命令韩全义率领部众赶赴新镇就任。士兵们认为夏州是沙漠盐碱的不毛之地，又正是酷热的盛夏，都不愿意迁移去。闰五月十二日辛酉，军中发生叛乱，士兵们杀了大将王栖岩，韩全义翻过城墙逃走了。都虞候高崇文杀了叛乱的领头人，将士们才安定下来。高崇文是幽州人。闰五月二十七日丙子，德宗任命高崇文为长武城都知兵马使，不颁下敕令，让宫中宦官使者口头传达旨意，宣布高崇义的任职。

秋季，七月二十五日壬申，给事中、同平章事赵宗儒被罢去宰相职务，降任右庶子。德宗任命工部侍郎郑余庆为中书侍郎、同平章事。

八月，开始设置左、右神策军的统军职务。当时中央禁军戍守边疆，粮草等给养和赏赐十分优厚，其他各镇的将领们很多都请求隶属于神策军，受神策军遥控，称为行营，都属神策军的护军中尉统领，这样一来，神策军的数量就增加到了十五万人。

京兆尹吴凑多次上奏谈论宫市的弊病。宦官们对德宗说吴凑屡次上奏取消宫市，都是担任右金吾都知的赵洽、田秀岩的主意。八月二十九日丙午，赵洽和田秀岩因罪被流放到天德军去了。

九月，丙申这一天，德宗任命陕虢观察使于頔为山南东道节度使。

九月二十一日丁卯，杞王李倕去世。

彰义军节度使吴少诚派兵去抢掠寿州的霍山县，杀了这里的镇遏使谢详，侵占土地五十多里，派遣军队镇守。

太学生薛约拜国子监的司业阳城为老师，因为上言朝廷获罪，被流放到连州。临行，阳城将薛约送到长安城的郊外。德宗认为阳城与有罪的人勾结，九月二十三日己巳，将阳城降职为道州刺史。阳城治理道州的人民就像治理自己的家一样，道州的赋税不能按数征收上来，湖南观察使多次责备，阳城为自己的政绩写考评语说：“安抚、养育百姓，十分劳心费神，征收赋税，政绩拙劣，政绩考核为下下等。”观察使委派判官来道州督促上缴赋税，判官到了道州城，阳城先就将自己关到监狱内。判官非常惊讶，急忙跑去，在监狱中见阳城说：“你有什么罪呢？我不过是奉命问你是否平安罢了。”判官在道州停留了一两天还没离开，阳城便不回家。招待客人的馆舍门外有一扇旧门板掉在地上，阳城就整日整夜地或坐或睡在这扇旧门板上，判官内心感到很不安，便告辞回去了。后来，观察使又派遣其他的判官到道州去问阳城的罪，但这个判官半路上带着妻儿老小逃跑了。

冬季，十月二十一日丁酉，通王李谌去世。

二十四日庚子，夏州节度使韩全义上奏朝廷说在盐州西北一带打败了吐蕃人。

镇守明州的将领栗锽杀了明州刺史卢云，引诱山越人反叛，攻陷了浙东一带的县城。

兵败张本。阳城为官，在朝危言直行，外任为官，造福一方。）

十五年（己卯，799 年）

春，正月，甲寅，雅王逸薨。

二月，丁丑，宣武节度使董晋薨；乙酉，以其行军司马陆长源为节度使。长源性刻急，恃才傲物。判官孟叔度，轻佻淫纵，好慢侮将士，军中皆恶之。董晋薨，长源知留后，扬言曰："将士弛慢日久，当以法齐之耳！"众皆惧。或劝之发财以劳军，长源曰："我岂河北贼，以钱买健儿求节钺邪！"故事，主帅薨，给军士布以制服，长源命给其直；叔度高盐直，下布直，人不过得盐三二斤。军中怨怒，长源亦不为之备。是日，军士作乱，杀长源、叔度，脔食之。立尽。监军俱文珍以宋州刺史刘逸准久为宣武大将，得众心，密书召之；逸准引兵径入汴州，乱众乃定。

以常州刺史李锜为浙西观察使、诸道盐铁转运使。锜，国贞之子也。闲厩、宫苑使李齐运受其赂数十万，荐之于上，故用之。锜刻剥以事进奉，上由是悦之。

庚辰，浙东观察使裴肃擒栗锽于台州，斩之。

己丑，以刘逸准为宣武节度使，赐名全谅。

三月，甲寅，吴少诚遣兵袭唐州，杀监军邵国朝、镇遏使张嘉瑜，掠百姓千余人而去。

戊午，昭义节度使王虔休薨；戊辰，以河阳、怀州节度使李元淳为昭义节度使。

夏，四月，癸未，以安州刺史伊慎为安、黄等州节度使。

癸巳，山南西道节度使严震薨。

南诏异牟寻遣使与韦皋约共击吐蕃，皋以兵粮未集，请俟他年。

山南西道都虞候严砺谄事严震，震病，使知留后，遗表荐之。秋，七月，乙巳，以砺为山南西道节度使。

（以上为第十一段，写宣武换帅再度发生兵变。浙西观察使李锜、山南西道节度

唐德宗贞元十五年（己卯，799年）

春季，正月初九日甲寅，雅王李逸去世。

二月初三日丁丑，宣武军节度使董晋去世。二月十一日乙酉，德宗任命宣武军的行军司马陆长源为节度使。陆长源秉性严厉、急躁，凭借自己的才华，瞧不起别人。判官孟叔度，为人轻佻淫纵，喜欢欺负、侮辱军中的将士，将士们都憎恨他。董晋去世后，陆长源主持留后事务，声称："将士军纪松弛、懒散的时间太长了，现在应当用军法来整顿！"军中的将士都很害怕。有人劝陆长源拿出库存的钱财出来慰劳将士，陆长源却说："我怎么能像黄河北边的盗贼那样，用钱来收买将士们，以求朝廷任命我为节度使呢？"按以前的惯例，军中的主帅去世后，要发给每一位士兵布匹，让他们制作衣服。陆长源下令改为发钱买布。孟叔度从中抬高盐的价钱，压低布的价钱，每个士兵不过才得两三斤盐。军中将士对此怨恨、不满，陆长源也没有作什么防备。就在这一天，将士们起来哗变，杀了陆长源和孟叔度，将他们切割成碎片来吃，一会儿就被吃光了。监军俱文珍觉得宋州刺史刘逸准长时间以来就一直是宣武军的大将，深得人心，派人秘密送信召他来。刘逸准带领军队直接进入汴州，叛乱的士兵这才平安下来。

德宗任命常州刺史李锜为浙西观察使和各道盐铁转运使。李锜是李国贞的儿子。担任闲厩和宫苑使的李齐运接受李锜的贿赂几十万缗钱，于是就把李锜推荐给德宗，所以德宗任用了李锜。李锜刻薄地搜刮财物，进献给德宗，德宗因此非常喜欢李锜。

二月初六日庚辰，浙东观察使裴肃在台州将叛乱的栗锽抓获，把栗锽杀了。

二月十五日己丑，德宗任命刘逸准为宣武军节度使，赐名为刘全谅。

三月初十日甲寅，吴少诚派兵袭击唐州，杀了监军邵国朝和镇遏使张嘉瑜，抢掠了一千多老百姓回去了。

三月十四日戊午，昭义军节度使王虔休去世。三月二十四日戊辰，德宗任命河阳、怀州节度使李元淳担任昭义军节度使。

夏季，四月初九日癸未，德宗任命安州刺史伊慎为安州、黄州等州节度使。

四月十九日癸巳，山南西道节度使严震去世。

南诏王异牟寻派遣使者到西川来，与韦皋相约，一起进攻吐蕃人，韦皋以兵马和粮草还没有聚集起来为借口，请等到来年。

山南西道都虞候严砺对严震奉迎拍马，严震病了以后，便让严砺主持留后事务，并留下表章向朝廷推荐严砺担任节度使。秋季，七月初三日乙巳，德宗任命严砺为山南西道节度使。

使严砺，不择手段向上爬，德宗所用非人。）

八月，陈许节度使曲环薨。乙未，吴少诚遣兵掠临颍，陈州刺史上官涚知陈许留后，遣大将王令忠将兵三千救之，皆为少诚所虏。丙午，以涚为陈许节度使，少诚遂围许州。涚欲弃城走，营田副使刘昌裔止之曰："城中兵足以办贼，但闭城勿与战，不过数日，贼气自衰，吾以全制其弊，蔑不克矣。"少诚昼夜急攻，昌裔募勇士千人凿城出击少诚，大破之，城由是全。昌裔，兖州人也。少诚又寇西华，陈许大将孟元阳拒却之。陈许都知兵马使安国宁与上官涚不叶，谋翻城应少诚；刘昌裔以计斩之。召其麾下，人给二缣；伏兵要巷，见持缣者悉斩之，无得脱者。

庚辰，宣武节度使刘全谅薨。军中思刘玄佐之恩，推其甥都知兵马使匡城韩弘为留后。弘将兵，识其材鄙勇怯，指顾必堪其事。

丙辰，诏削夺吴少诚官爵，令诸道进兵讨之。

辛酉，以韩弘为宣武节度使。先是，少诚与刘全谅约共攻陈许，以陈州归宣武。使者数辈犹在馆，弘悉驱出斩之；选卒三千，会诸军击少诚于许下。少诚由是失势。

冬，十月，乙丑，邕王谅薨。太子之子也，上爱而子之，及薨，谥曰文敬太子。

山南东道节度使于頔、安黄节度使伊慎、知寿州事王宗与上官涚、韩弘进击吴少诚，屡破之。十一月，壬子，于頔奏拔吴房、朗山。

十二月，辛未，中书令、咸宁王浑瑊薨于河中。瑊性谦谨，虽位穷将相，无自矜大之色；每贡物必躬自阅视，受赐如在上前，由是为上所亲爱。上还自兴元，虽一州一镇有兵者，皆务姑息。瑊每奏事，不过，

八月，陈许节度使曲环去世。八月二十四日乙未，吴少诚派兵去抢掠临颍。陈州刺史上官涚代理陈许节度使留后事务，派遣大将王令忠率领三千兵马去援救临颍，这些人都被吴少诚俘虏了。九月初五日丙午，德宗任命上官涚为陈许节度使。吴少诚于是带兵围攻许州城。上官涚打算丢下许州城逃跑，营田副使刘昌裔制止他说："许州城内的兵力足够打败敌人的，只要紧闭城门，不与他们交战，过不了几天，敌人的士气自然就会衰减，我们以全部的精锐之师来攻击疲惫的敌人，一定能够取胜的。"吴少诚昼夜急速进攻，刘昌裔招募勇敢的战士一千人凿开城墙，向吴少诚的军队发起攻击，将他们打得大败，许州城因此得以保全。刘昌裔是兖州人。吴少诚又侵犯西华县，陈许节度使手下的大将孟元阳率军抵御，打退了吴少诚。陈许都知兵马使安国宁与上官涚关系不好，图谋在许州城内造反以接应吴少诚。刘昌裔用计谋杀了安国宁，并召集安国宁的部下，每人发给布帛两匹，然后在城内重要巷道上布下伏兵，见到拿着布帛的士兵就一律杀掉，结果安国宁的部下没有一个人逃脱的。

九月初九日庚辰（疑误），宣武军节度使刘全谅去世。军中将士思念刘玄佐的恩德，于是推举他的外甥、担任都知兵马使的匡城人韩弘为节度使留后。韩弘带军，了解每个部下才能的大小，是勇敢还是怯懦，凡是委派的任务，将士们都一定能完成。

九月十五日丙辰，德宗下诏革除吴少诚的官职和爵位，命令各道进军讨伐吴少诚。

九月二十日辛酉，德宗任命韩弘为宣武军节度使。在此之前，吴少诚派使者到宣武与刘全谅相约，共同进攻陈许地区，事后将陈州划归宣武军。吴少诚派来的几批使者还住在宣武军的馆舍中，韩弘将他们全部赶出来杀了。韩弘还挑选三千名骑士，与各道的军队会合，共同在许州城下向吴少诚进攻。吴少诚的势力因此大大削弱。

冬季，十月，乙丑这一天，邕王李谅去世。李谅是太子的儿子，德宗很喜欢，对李谅就像自己的儿子一样，去世后，德宗赐谥号为"文敬太子"。

山南东道节度使于頔、安黄节度使伊慎、主持寿州事务的王宗与上官涚、韩弘等人率军共同攻击吴少诚，多次将他打败。十一月十二日壬子，于頔上奏朝廷说攻下了吴房和朗山。

十二月初二日辛未，中书令、咸宁王浑瑊在河中府去世。浑瑊生性谦虚，谨小慎微，虽然位居作为臣子顶点的将相，但从没有炫耀和自高自大的神色。每次向德宗进贡的物品，一定要亲自察看，身在外地，接受了德宗的赏赐，恭谨的神态就像

辄私喜曰：“上不疑我。”故能以功名终。

六州党项自永泰以来居于石州，永安镇将阿史那思暕侵渔不已，党项部落悉逃奔河西。

诸军讨吴少诚者既无统帅，每出兵，人自规利，进退不壹。乙未，诸军自溃于小溵水，委弃器械、资粮，皆为少诚所有。于是始议置招讨使。

吐蕃众五万分击南诏及嶲州，异牟寻与韦皋各发兵御之；吐蕃无功而还。

（以上为第十二段，写朝廷大发兵征讨淮西吴少诚。诸镇官兵不设统帅，溃败于小溵水。）

十六年（庚辰，800 年）

春，正月，恒冀、易定、陈许、河阳四军与吴少诚战，皆不利而退。夏绥节度使韩全义本出神策军，中尉窦文场爱厚之，荐于上，使统诸军讨吴少诚。二月，乙酉，以全义为蔡州四面行营招讨使，十七道兵皆受全义节度。

宣武军自刘玄佐薨，凡五作乱，士卒益骄纵，轻其主帅。韩弘视事数月，皆知其主名；有郎将刘锷，常为唱首。三月，弘陈兵牙门，召锷及其党三百人，数之以“数预于乱，自以为功”，悉斩之，血流丹道。自是至弘入朝二十一年，士卒无一人敢欢呼于城郭者。

义成监军薛盈珍为上所宠信，欲夺节度使姚南仲军政，南仲不从，由是有隙。盈珍谮其幕僚马总，贬泉州别驾。福建观察使柳冕谋害总以媚盈珍，遣幕僚宝鼎薛戎摄泉州事，使按致总罪，戎为辩析其无辜；冕怒，召戎，囚之，使守卒恣为侵辱。如此弥月，徐诱之使诬总，戎终不从；总由是获免。冕，芳之子也。

盈珍屡毁南仲于上，上疑之。盈珍乃遣小吏程务盈乘驿诬奏南仲罪。

在德宗的面前一样，因此他深得德宗的亲近和宠爱。德宗从兴元府还朝回宫以后，对一州一镇的带兵的将帅所上奏的事、都一味地姑息批准。但浑瑊每次上奏事情，德宗总是将奏章留在宫中，而浑瑊总是私下很高兴地说："皇上不怀疑我。"所以浑瑊能够保持功名直到去世。

六州党项部落自从永泰年间就一直定居在石州，永安镇将阿史那思暕对他们不停侵扰掠夺，使得党项部落都逃到河西一带去了。

各道军队讨伐吴少诚，没有统一的统帅，每次出兵，大家都图谋私利。军队的行动步调不能统一。十二月二十六日乙未，各路兵马在小溵水自我溃散了，丢下了很多器械装备和粮食，全被吴少诚收拾去了。从这时开始，朝廷才商议设置招讨使。

吐蕃军队五万人分成两支，进攻南诏和巂州，异牟寻和韦皋各自调兵抵御，吐蕃人一无所获，只得退回去了。

唐德宗贞元十六年（庚辰，800 年）

春季，正月，恒冀、易定、陈许、河阳四镇的军队与吴少诚交战，全都失败逃回去了。夏绥节度使韩全义本来出自神策军，护军中尉窦文场十分喜欢他，向德宗推荐，让他统帅各路军队讨伐吴少诚。二月十七日乙酉，德宗任命韩全义担任蔡州四面行营招讨使，十七个军镇的兵马都受韩全义的指挥。

宣武军自从刘玄佐去世以后，将士总共哗变了五次，士兵们越来越骄横放纵，轻视他们的节度使。韩弘就职理事几个月以后，基本搞清了哗变事件的领头人，有一个名叫刘锷的郎将，经常是哗变的首领。三月，韩弘在军府的牙门外布置重兵，召集刘锷及其党羽三百多人，历数他们的罪过是"多次参与叛乱，还自认为立了功"，将他们全部杀了，血流满地，连路都染红了。从此以后，直到韩弘进入朝廷，在这二十一年中，没有一个将士敢在城内外大声喧哗、起哄的。

义成军的监军薛盈珍特别受德宗的宠信，想将节度使姚南仲在军中的大权夺到自己手中，姚南仲不肯答应，于是两个人之间就有了矛盾。薛盈珍诬陷姚南仲的幕僚马总，马总被贬职为泉州别驾。福建观察使柳冕策划陷害马总，以讨好薛盈珍，派遣幕僚宝鼎人薛戎去主持泉州的事务，收集马总的罪名，薛戎为马总辩解，认为马总无罪。柳冕勃然大怒，召回薛戎，囚禁起来，让守卫监狱的士兵肆意侮辱、伤害。这样过了一个多月，柳冕又慢慢引诱薛戎，让薛戎诬陷马总，薛戎始终不干，马总也因此得免一死。柳冕是柳芳的儿子。

薛盈珍多次在德宗面前说姚南仲的坏话，德宗开始怀疑姚南仲。薛盈珍于是派

牙将曹文洽亦奏事长安，知之，晨夜兼行，追及务盈于长乐驿，与之同宿，中夜，杀之，沈盈珍表于厕中；自作表雪南仲之冤，且首专杀之罪，亦作状白南仲，遂自杀。明旦，门不启，驿吏排之入，得表、状于文洽尸旁。上闻而异之，征盈珍入朝；南仲恐盈珍谗之益深，亦请入朝。夏，四月，丙子，南仲至京师，待罪于金吾；诏释之，召见。上问："盈珍扰卿邪？"对曰："盈珍不扰臣，但乱陛下法耳。且天下如盈珍辈，何可胜数！虽使羊、杜复生，亦不能行恺悌之政，成攻取之功也。"上默然，竟不罪盈珍，仍使掌机密。

盈珍又言于上曰："南仲恶政，皆幕僚马少微赞之也。"诏贬少微江南官，遣中使送之，推坠江中而死。

（以上为第十三段，写韩弘镇宣武尽诛倡乱者，一方始安。德宗放纵各镇中使监军为所欲为，义成军监军薛盈珍罪恶昭著，德宗释而不问。）

黔中观察使韦士宗，政令苛刻；丁亥，牙将傅近等逐之，出奔施州。

新罗王敬则卒，庚寅，册命其嫡孙俊邕为新罗王。

韩全义素无勇略，专以巧佞货赂结宦官得为大帅，每议军事，宦者为监军者数十人坐帐中争论，纷然莫能决而罢。天渐暑，士卒久屯沮洳之地，多病疫，人有离心。五月，庚戌，与吴少诚将吴秀、吴少阳等战于溵南广利原，锋镝才交，诸军大溃；秀等乘之，全义退保五楼。少阳，沧州清池人也。

山南东道节度使于頔因讨吴少诚，大募战士，缮甲厉兵，聚敛货财，恣行诛杀，有据汉南之志，专以慢上陵下为事。上方姑息藩镇，知其所为，无如之何。頔诬邓州刺史元洪赃罪，朝廷不得已流洪端州，遣中使

遣一个小官叫程务盈的人乘驿车去朝廷诬奏姚南仲的罪过。义成军的牙将曹文洽也要到长安城去奏报事情，知道了这件事，于是，日夜兼程，马不停蹄，在长安城附近的长乐驿站追上程务盈，同住一个房间，半夜时分，将程务盈杀了，然后把薛盈珍上奏德宗诬陷姚南仲的表章沉入厕所中。自己写了一份表章为姚南仲洗雪冤枉，然后自首了擅自杀死程务盈的罪过，还写了一份给姚南仲禀告事情经过的状文，然后自杀了。第二天早上，曹文洽住的房门打不开，驿站的官吏撞门而入，在曹文洽的尸体旁发现了曹文洽写的表章和状文。德宗听说这件事后，感到很惊异，马上征召薛盈珍进京入朝。姚南仲担心薛盈珍在德宗面前更变本加厉地诬陷自己，也请求进京入朝。夏季，四月初八日丙子，姚南仲到了京城，在金吾仗内等候德宗治罪，德宗下诏开释姚南仲无罪，并且召见姚南仲，问道："薛盈珍干扰了你的事情吗？"姚南仲回答说："薛盈珍没有干扰我。他只是扰乱了陛下的法度而已。而且，天下像薛盈珍这种扰乱法度的人，数都数不清！即使是晋朝的羊祜、杜预这种能人复活，也不能推行和谐的政治、成就开疆拓土的功业啊。"德宗默不作声，最后还是没有治薛盈珍的罪，继续让薛盈珍掌管机密事务。

薛盈珍又对德宗说："姚南仲的政绩如此恶劣，都是幕僚马少微造成的。"德宗下诏将马少微贬职到长江以南去做官，派遣宫中宦官使者押送，将马少微推到长江中淹死了。

黔中观察使韦士宗这个人，采取的法令和措施十分严厉刻薄。四月十九日丁亥，牙将傅近等人将他驱逐出去，韦士宗逃到施州去了。

新罗王金敬则去世，四月二十二日庚寅，德宗册封金敬则的嫡孙金俊邕为新罗王。

韩全义一向既不勇敢，又无谋略，专门靠奉承拍马和行贿与宦官拉关系，才担任了统率各支军队的主帅。每次讨论军事策略时，担任监军的宦官几十人坐在主帅军帐中争论不休，议论纷纷，韩全义难以裁决，只好作罢。天气渐渐炎热起来，士兵们长期驻扎在低洼潮湿地区，很多人都得了瘟疫，人们都有叛离之心。五月十三日庚戌，朝廷的各支军队在溵水南面广利原一带与吴少诚的将领吴秀、吴少阳等人的军队交战，双方才一交锋，朝廷军队就纷纷溃散，吴秀等人乘胜进击，韩全义只得退保五楼这个地方。吴少阳是沧州清池县人。

山南东道节度使于頔乘着讨伐吴少诚的机会，大肆招募士兵，修整铠甲武器，搜刮百姓的钱财，肆无忌惮地诛杀所不喜欢的人，有占据汉水以南地区的企图，平时一味地怠慢朝廷，欺凌属下。德宗这时对各军镇正一味宽纵，知道于頔的所作所

护送至枣阳。岈遣兵劫取归襄州，中使奔归。岈表洪责太重，上复以洪为吉州长史；乃遣之。又怒判官薛正伦，奏贬峡州长史；比敕下，岈怒已解，复奏留为判官。上一一从之。

（以上为第十四段，写官军招讨使韩全义无勇无谋，被吴少诚叛军大败于溵水南。山南东道节度使于岈以讨逆为名大募战士以图割据，德宗姑息不问。）

徐、泗、濠节度使张建封镇彭城十余年，军府称治，病笃，请除代人。辛亥，以苏州刺史韦夏卿为徐、泗、濠行军司马。敕下，建封已薨。夏卿，执谊之从祖兄也。徐州判官郑通诚知留后，恐军士为变，会浙西兵过彭城，通诚欲引入城为援。军士怒，壬子，数千人斧库门，出甲兵擐执之，围牙城，劫建封子前虢州参军愔令知军府事，杀通诚及大将段伯熊等数人，械系监军。上闻之，以吏部员外郎李鄘为徐州宣慰使。鄘直抵其军，召将士宣朝旨，谕以祸福，脱监军械，使复其位，凶党不敢犯。愔上表称兵马留后，鄘以非朝命，不受，使削去，然后受之以归。

灵州破吐蕃于乌兰桥。

丙寅，韦士宗复入黔中。

湖南观察使河中吕渭奏发永州刺史阳履赃贿；履表称所敛物皆备进奉，上召诣长安，丁丑，命三司使鞫之，诘其物费用所归，履曰："已市马进之矣。"又诘"马主为谁？马齿几何？"对曰："马主，东西南北之人，今不知所之；按《礼》，齿路马有诛，故不知其齿。"所对率如此。上悦其进奉之言，释之，但免官而已。

丙戌，加淄青节度使李师古同平章事。

徐州乱兵为张愔表求旌节，朝廷不许；加淮南节度使杜佑同平章事，兼徐、濠、泗节度使，使讨之。佑大具舟舰，遣牙将孟准为前锋；济淮

为，却不敢把他怎么样。于頔诬陷邓州刺史元洪贪污受贿，朝廷迫不得已，将元洪流放到端州去，派遣宫中宦官使者将元洪送到枣阳时，于頔派兵将元洪劫持到襄州，护送的宫中宦官使者逃回长安城。于頔上表朝廷说元洪的罪责太重，德宗只得又将元洪贬职为吉州长史，于頔这才放元洪走。于頔又对判官薛正伦十分愤怒，上奏朝廷将薛正伦贬职为峡州长史，等到朝廷批准的敕令下来时，于頔的怒气已经消了，他又上奏朝廷将薛正伦继续留任判官。德宗对此都一一依从。

徐、泗、濠三州节度使张建封镇守彭城十几年，镇内的军政事务治理得很好，病得十分厉害，上奏朝廷请求任命代替自己职务的人。五月十四日辛亥，德宗任命苏州刺史韦夏卿担任徐、泗、濠三州行军司马。朝廷的敕令颁下时，张建封已经去世。韦夏卿是韦执谊的堂兄。徐州判官郑通诚负责留后事宜，担心军中将士发生叛变，正好浙西的军队经过彭城，郑通诚想把他们迎进城来作为援助。军中将士对此十分愤怒。五月十五日壬子，几千将士用斧头劈开军械库的大门，拿出铠甲兵器，全副武装，包围了军府所在地，劫持曾是前任虢州参军的张建封的儿子张愔，让张愔来主持军府事务，将士们杀了郑通诚和大将段伯熊等几个人，将监军用刑具关押起来。德宗听说了这件事，任命吏部员外郎李鄘为徐州宣慰使。李鄘直接到了军府中，召集将士们宣读朝廷的诏书，给他们讲清楚避祸求福的道理，把监军从被关押处放了出来，官复原职，参加叛乱的一帮将士不敢冒犯李鄘。张愔上表朝廷自称兵马留后，李鄘认为兵马留后职务不是朝廷任命，就不接受张愔的表章，让张愔削去兵马留后一词，然后才收下张愔的奏章，回到了朝廷。

灵州的军队在乌兰桥一带打败了吐蕃人。

五月二十九日丙寅，黔中观察使韦士宗又回到了黔中。

湖南观察使河中人吕渭上奏朝廷，告发永州刺史阳履贪污受贿。阳履上表朝廷说自己搜刮的钱财都是准备进贡的，德宗将阳履召到长安。五月三十日丁丑，德宗下令御史等三司会审阳履，讯问他搜刮的钱财都到哪里去了，阳履回答说："已经买马进献给皇帝了。"又问阳履："卖马的人是谁？马的年龄有多大？"阳履回答道："卖马的主人是东西南北各地的人，现在不知道他们到哪里去了。《典礼》上说：要知道君王的马的年龄，是要受惩罚的。所以我不知道那些马有多大年龄。"阳履回答的问题大多与这相同。德宗喜欢阳履所说的是进奉朝廷的话，没有治阳履的罪，仅仅是罢免了阳履的官职而已。

六月十九日丙戌，德宗加官淄青节度使李师古同平章事。

徐州叛乱的士兵为张愔向朝廷请求授给节度使的旌节，朝廷不答应。德宗加官淮南节度使杜佑同平章事，让杜佑兼任徐、濠、泗节度使，命令杜佑率军讨伐徐州。

而败，佑不敢进。泗州刺史张伾出兵攻埇桥，大败而还。朝廷不得已除愔徐州团练使，以伾为泗州留后，濠州刺史杜兼为濠州留后，仍加佑兼濠泗观察使。

（以上为第十五段，写徐泗濠军镇因换帅而引发动乱，德宗不得已任命张愔为留后，杜佑只为名义观察使。）

兼，正伦五世孙也，性狡险强忍。建封之疾亟也，兼阴图代之，自濠州疾驱至府。幕僚李藩与同列，入问建封疾，出见之，泣曰："仆射疾危如此，公宜在州防遏，今弃州此来，欲何为也！宜速去，不然，当奏之。"兼错愕出不意，遂径归。建封薨，藩归扬州，兼诬奏藩于建封之薨摇动军情，上大怒，密诏杜佑使杀之；佑素重藩，怀诏旬日不忍发，因引藩论佛经曰，"佛言果报，有诸？"藩曰："有之。"佑曰："审如此，君宜遇事无恐。"因出诏示藩。藩神色不变，曰："此真报也。"佑曰："君慎勿出口，吾已密论，用百口保君矣。"上犹疑之，召藩诣长安，望见藩仪度安雅，乃曰："此岂为恶者邪！"即除秘书郎。

新罗王俊邕卒，国人立其子重熙。

秋，七月，吴少诚进击韩全义于五楼，诸军复大败，全义夜遁，保溵水县城。

卢龙节度使刘济弟源为涿州刺史，不受济命；济引兵击擒之。

九月，癸卯，义成节度使卢群薨；甲戌，以尚书左丞李元素代之。贾耽曰："凡就军中除节度使，必有爱憎向背，喜惧者相半，故众心多不安。自今愿陛下只自朝廷除人，庶无他变。"上以为然。

中书侍郎、同平章事郑余庆与户部侍郎、判度支于頔素善，頔所奏事，余庆多劝上从之。上以为朋比，庚戌，贬余庆郴州司马，頔泉州司

杜佑大力备置舰船，派遣牙将孟准作为进攻的前锋。但孟准渡淮水失败，杜佑也就不敢贸然前进。泗州刺史张伾派兵攻打埇桥，被打得大败，退回泗州。朝廷被迫任命张愔为徐州团练使，又任命张伾为泗州留后，任命濠州刺史杜兼为濠州留后，仍然加授杜佑兼任濠泗观察使。

杜兼是太宗皇帝、高宗皇帝时宰相杜正伦的五世孙子，生性狡猾阴险、强悍残忍。张建封病重时，杜兼暗中策划取代张建封的职务，从濠州急速骑马赶到军府。幕僚李藩的地位与杜兼相同，进去问候了张建封的病情，出来见了杜兼，哭着对杜兼说："张仆射病情危急到这样子，你应该在本州内镇守防御，现在你把本州事务丢在一边，跑到这里来，打算干什么呢？你最好赶快回去，要不然，我就要把你的事情上奏给朝廷了。"杜兼出乎意料，一时惊讶得不知如何办才好，于是就径直回濠州去了。张建封去世后，李藩回到扬州，杜兼向朝廷上奏，诬告李藩在张建封去世时动摇军心，图谋不轨，德宗知道后勃然震怒，颁下密诏给杜佑，让杜佑杀了李藩。杜佑一向很敬重李藩，怀揣德宗的诏书十多天，不忍心拿出来公布，于是找借口与李藩讨论佛教经典说："佛家讲究因果报应，有这种事吗？"李藩说："有这种事情。"杜佑说："果真如此的话，你最好是遇到什么事情不要害怕。"于是拿出德宗的诏书给李藩看。李藩神色不变，说道："这是真的报应啊。"杜佑说："你千万不要把这件事透露出去，我已经向皇帝上了一道密奏，用我全家的生命来担保你无罪。"即使是这样，德宗还是怀疑李藩，就召李藩到长安城来，远远看去，李藩的风度和神态安详儒雅，德宗这才说："这哪里是犯上作乱的人呢？"当即就任命李藩为秘书郎。

新罗王金俊邕去世，新罗国人拥立金俊邕的儿子金重熙为王。

秋季，七月，吴少诚在五楼发起对韩全义的进攻，韩全义统领的各支军队被打得大败，韩全义率军连夜逃走，退保溵水县城。

卢龙节度使刘济的弟弟刘源担任涿州刺史，但不服从刘济的命令，刘济率兵攻击涿州，抓获了刘源。

九月初八日癸卯，义成军节度使卢群去世。九月初九日甲戌，德宗任命尚书左丞李元素去代替卢群的节度使职务。贾耽说："凡是在本军镇挑选出一人任命为节度使，这个人一定有好恶向背，军中欢迎和害怕的各占一半，所以总弄得军心不安。从今以后，希望陛下只从朝廷内选拔人，任命为节度使，这样才有可能不发生其他变故。"德宗觉得贾耽说得很有道理。

中书侍郎、同平章事郑余庆与户部侍郎、负责度支事务的于丕两人关系一向很好，于丕向德宗陈奏事情，郑余庆总是劝德宗采纳。德宗觉得他们两人拉帮结派。

户。颈，頔之兄也。

癸丑，吴少诚进逼溵水数里置营，韩全义复帅诸军退保陈州。宣武、河阳兵私归本道，独陈许将孟元阳、神策将苏光荣帅所部留军溵水。全义以诈诱昭义将夏侯仲宣、义成将时昂、河阳将权文变、河中将郭湘等，斩之，欲以威众。全义至陈州，刺史刘昌裔登城谓之曰："天子命公讨蔡州，今乃来此，昌裔不敢纳，请舍于城外。"既而昌裔赍牛酒入全义营犒师，全义惊喜，心服之。己未，孟元阳等与吴少诚战，杀二千余人。

庚申，以太常卿齐抗为中书舍人、同平章事。

癸亥，以张愔为徐州留后。

冬，十月，吴少诚引兵还蔡州。先是，韦皋闻诸军讨少诚无功，上言"请以浑瑊、贾耽为元帅，统诸军。若重烦元老，则臣请以精锐万人下巴峡，出荆楚以剪凶逆。不然，因其请罪而赦之，罢两河诸军以休息公私，亦策之次也。若少诚一旦罪盈恶稔，为麾下所杀，则又当以其爵位授之，是除一少诚，生一少诚，为患无穷矣。"贾耽言于上曰："贼意盖亦望恩贷，恐须开其生路。"上从之。会少诚致书币于监官军者求昭洗，监军奏之。戊子，诏赦少诚及彰义将士，复其官爵。

己丑，河东节度使李说薨；甲午，以其行军司马郑儋为节度使。上择可以代儋者，以刑部员外郎严绶尝以幕僚进奉，记其名，即用为行军司马。

吐蕃数为韦皋所败，是岁，其曩贡、腊城等九节度婴、笼官马定德帅其部落来降。定德有智略，吐蕃诸将行兵，皆禀其谋策，常乘驿计事，至是以兵数不利，恐获罪，遂来奔。

（以上为第十六段，写德宗讨叛无恒心，少信心，吴少诚兵败上书朝廷宽大，德宗借势发布赦令，朝廷征讨淮西，无功而终。）

九月十五日庚戌，将郑余庆贬职为郴州司马，将于丕贬职为泉州司户。于丕是于頔的哥哥。

九月十八日癸丑，吴少诚向韩全义的军队逼近，在离溵水县城几里远的地方扎营，韩全义又率领各路军马退到陈州防卫。宣武军和河阳军的兵马不听调遣，私自回到本道去了，只有陈许镇的将领孟元阳、神策军的将领苏光荣率领自己的部下驻扎在溵水县。韩全义使用欺骗手段将昭义军的将领夏侯仲宣、义成军的将领时昂、河阳军的将领权文变、河中军的将领郭湘等人引诱来陈州，将他们都杀了，打算借此威慑各军。韩全义到了陈州，陈州刺史刘昌裔登上陈州城墙上对韩全义说："天子命令您带兵讨伐蔡州，您现在却到了这里，我不敢让你们进城，就请在城外扎营住宿吧。"不久，刘昌裔又带着牛肉和酒到韩全义的营中来慰劳将士，韩全义十分惊喜，内心对刘昌裔十分佩服。九月二十四日己未，孟元阳等人与吴少诚的军队交战，杀了吴少诚两千多将士。

九月二十五日庚申，德宗任命太常卿齐抗为中书舍人、同平章事。

九月二十八日癸亥，德宗任命张愔为徐州留后。

冬季，十月，吴少诚带兵回到蔡州。在此之前，韦皋听说各路军马讨伐吴少诚没有成功，上奏德宗说："请求任命浑瑊、贾耽为元帅，统领各支军队。如果陛下不想烦劳德高望重的元老，那么我请求率领一万人的精锐军队顺巴山峡谷而下，东出荆楚地区，前去剿灭凶恶的叛逆。如果不这样做的话，就乘吴少诚承认罪过之前赦免，停息黄河、淮河一带的各军人马的战事，让官府和百姓都能休养生息，这也是次一等的策略。如果吴少诚恶贯满盈，被部下杀死了，那么又得把官职爵位给杀吴少诚的那个人，这样是除掉一个吴少诚，又生出一个吴少诚，这样造成的祸患就无穷了。"贾耽对德宗说："叛贼们的内心其实也希望陛下对他们宽大处理，恐怕还是需要给他们放一条生路。"德宗采纳了贾耽的主张。正好吴少诚给朝廷军队的监军送去书信和钱财，希望平反冤屈，监军把这事上奏给德宗。十月二十三日戊子，德宗下诏赦免了吴少诚和彰义军的将士，恢复吴少诚的官职爵位。

十月二十四日己丑，河东节度使李说去世。十月二十九日甲午，德宗任命河东的行军司马郑儋为节度使。皇帝选择能够替代郑儋职务的人，因为刑部员外郎严绶在做幕僚时曾经向朝廷进贡，德宗记住了严绶的名字，就任命严绶为河东军的行军司马。

吐蕃多次被韦皋打败，这一年，吐蕃曩贡、腊城等九节度婴和笼官马定德率领他们的部众向韦皋投降。马定德有智慧、谋略，吐蕃的各将领用兵，都向马定德请教计策，马定德经常坐在驿车中筹划事情。但到这个时候，因用兵多次失败，担心被治罪，所以向韦皋投降了。

【点评】

本卷点评三事：陆贽罢相、阳城谏诤、德宗还京兴弊政。

一、陆贽罢相。陆贽于贞元八年四月拜相，到贞元十年十二月罢相，任职两年又八个月。不久，再贬为忠州别驾。德宗自逐陆贽出京，不再设用宰相。十年无赦，陆贽死于贬所。

户部侍郎、判度支裴延龄，是一个不懂财务的奸佞小人，他是由奸相卢杞、窦参提拔起来的奸臣。裴延龄的奸佞之术，青出于蓝而胜于蓝，卢杞、窦参皆难以望其项背。裴延龄造假账，声称国库年年有余额，另造新库储藏余额以供德宗挥霍。裴延龄转移库藏，甲库转乙库，乙库转丙库，转移中扣出白银布帛，妄称从垃圾中拾得，另立杂库供德宗调用。裴延龄还对德宗说："《礼经》上说，天下财赋都是天子的私产。财赋分为三份，一份供宗庙，一份充宾客，一份为庖厨生活费用。"德宗说："经义如此，为什么没人对朕说过。"裴延龄说："愚儒不通经术，只有臣一人懂得，陛下有事问臣就对了。"如此狂愚之言，德宗迷惑地点头而已。德宗要造神龙寺，发愁找不到五十尺长的松木，裴延龄说："同州有一条山谷，有数千株长八十尺的松木。"德宗说："开元、天宝时要找这样的松木，都是到岚州、胜州采购，近处并没有这等松木。"裴延龄说："高大树木是圣君出现才生长，开元、天宝时不配有这样的高大树木。"裴延龄的荒诞大多如此，德宗却宠遇日隆。群臣敢怒不敢言。只有陆贽一个人揭露裴延龄奸佞，德宗反以为陆贽妒忌，更加信任裴延龄。陆贽左右亲近的人劝陆贽不要太露锋芒。陆贽说："我上不辜负天子，下不辜负平生所学，其他的事顾不上了。"于是上了一道痛陈裴延龄的奏章，德宗十分恼怒，罢了陆贽的相位。裴延龄乘机妄奏陆贽怨望，有非常举动。德宗为了耳根清净，当然不察虚实，贬陆贽出京，远放为忠州别驾。

忠州刺史李吉甫，是陆贽当政时被贬的。陆贽的亲人对陆贽的安危捏了一把汗，陆贽也有愧对之心。李吉甫却用宰相礼迎接陆贽，两人成了好朋友，陆贽的安全得到了保障。公理自在人心。陆贽伴昏君，是他的不幸。陆贽能得善终，则是有幸。

二、阳城谏诤。阳城，字亢宗，北平（今河北满城）人。家贫不能得书，自求为集贤院抄书手，偷读官书，昼夜不出房，苦读六年，自学成才，成为通儒，隐居于中条山。李泌为相，荐为著作郎，不就。德宗以谏议大夫征召，阳城不再推辞。人们寄予厚望，都认为阳城会极言时务，恐怕要死在谏臣职位上。阳城到京，整日与宾客饮酒，不过问政事，人们大失所望。等到陆贽遭贬，盐铁转运使张滂、京兆尹李充、司农卿李铦等耿正财务大臣，裴延龄不能容，被诬为陆贽同党亦遭贬，事态还在扩大有兴大狱之势。这时阳城拍案而起，说："不可令天子信用奸臣，杀无罪人。"阳城为首与左拾遗王仲舒、归登与右补阙熊执易、崔邠等守延英门，上疏痛陈

裴延龄奸恶，陆贽无罪。阳城被降职，最终亦被贬出京。不久，裴延龄死，朝野相庆，只有德宗一个人哀痛。

德宗是一个昏君，却又有一些小聪明。昏愚如三国蜀汉阿斗刘禅，安于昏愚，还好治理，德宗昏而好自用，难以侍候。危难时用忠臣，这是德宗之明，他知道只有忠臣才能救驾，安定下来，德宗就只信用奸佞，排斥忠良，因为奸佞在位，皇帝才可为所欲为。所以德宗安定时，唐王朝就是一个危邦。昏君与奸佞一个鼻孔出气，忠贞之臣就要遭殃。所以孔子说："天下有道则见，无道则隐。"又说："邦有道，危言危行；邦无道，危行言逊。"德宗是一个无道之君，所以阳城学成而归隐，以待天下清。李泌亲自造访阳城，推荐他为著作郎，阳城不就征。召他为谏官，阳城立即上道，到了任上却无所事事。实际阳城是在韬晦，他已经修养到"邦无道，危行言逊"的境界。可是到了最关键的时刻，阳城挺身而出，弹劾奸臣，大造声势，阻止了裴延龄拜相，化解了大案的发生。鸡毛蒜皮的事，阳城不去争辩。大是大非，阳城当仁不让。人们这才看清了阳城就征谏议大夫的意义了。

三、德宗还京兴弊政。德宗返回京师，没有吸取蒙尘的教训，反而变本加厉地推行弊政。总其要，有三大弊政。其一，宦官专军权。朱泚之乱，李怀光反叛，并不是他们手中有军权，而是君不君，御臣不以道，忠奸不分，才搬起石头砸自己的脚。猜忌良将，是导致骄兵悍将叛乱的根源。昏君总是反向吸取经验和教训，德宗返京，更加猜忌功臣宿将，李晟等被解除兵权，而宦官却被授以兵权。公元 784 年，德宗使宦官窦文场、霍仙鸣监左、右神策军，公元 796 年，提升二人直接任左、右神策军中尉。从此，宦宦掌军权，为唐代后期宦官挟兵权主宰废立的局面奠定了基础，贻害无穷。其二，信用奸佞，斥逐忠良。皇帝亲理小事，直接用人。一个县令的任免，德宗都要亲自过问，而对一州一镇拥有兵权的悍将，德宗却一味姑息，要留后给留后，要节度给节度，用兵河北时的进取心，一丝也不存在。其三，贪进奉，兴宫市。李泌为相，岁入大盈库一百万缗，希望德宗罢进奉。德宗不但不罢进奉，反而变本加厉，又兴起了宫市。所谓宫市，就是宫廷采购。德宗派宦官到京师市场上采购宫中用品，用一百文钱强买价值几千文的物品，或者用宫中霉烂之物，在市场强行换取价贵质好的物品。宫市，实质就是用皇上的招牌明火执仗地抢夺细民百姓的财物。一个皇帝如此贪财，难怪中国历代贪官污吏成堆了。国家最高领袖都在贪财，怎么能有一个廉洁的政府呢？

综上三大弊政，可以看出德宗猜忌功臣、信用奸佞、贪婪财货、愚而好自用的昏君嘴脸。

·文白对照本·

资治通鉴

（全十八册）

第十五册

卷第二百三十六至卷第二百五十（唐纪五十二至唐纪六十六）

（宋）司马光　编著
张大可　语译

创于1897 商務印書館 The Commercial Press

第十五册目录

卷第二百三十六　唐纪五十二
唐德宗贞元十七年至唐顺宗永贞元年（801—805 年）………… 8637

卷第二百三十七　唐纪五十三
唐宪宗元和元年至四年（806—809 年）…………………………… 8677

卷第二百三十八　唐纪五十四
唐宪宗元和四年至七年（809—812 年）…………………………… 8719

卷第二百三十九　唐纪五十五
唐宪宗元和七年至十一年（812—816 年）………………………… 8765

卷第二百四十　唐纪五十六
唐宪宗元和十二年至十四年（817—819 年）……………………… 8809

卷第二百四十一　唐纪五十七
唐宪宗元和十四年至唐穆宗长庆元年（819—821 年）………… 8849

卷第二百四十二　唐纪五十八
唐穆宗长庆元年至二年（821—822 年）…………………………… 8887

卷第二百四十三　唐纪五十九
唐穆宗长庆三年至唐文宗太和二年（823—828 年）…………… 8921

卷第二百四十四　唐纪六十
唐文宗太和三年至七年（829—833 年）…………………………… 8963

卷第二百四十五　唐纪六十一
唐文宗太和八年至开成二年（834—837 年）…… 9001

卷第二百四十六　唐纪六十二
唐文宗开成三年至唐武宗会昌二年（838—842 年）…… 9043

卷第二百四十七　唐纪六十三
唐武宗会昌三年至四年（843—844 年）…… 9087

卷第二百四十八　唐纪六十四
唐武宗会昌四年至唐宣宗大中三年（844—849 年）…… 9125

卷第二百四十九　唐纪六十五
唐宣宗大中四年至十三年（850—859 年）…… 9167

卷第二百五十　唐纪六十六
唐懿宗咸通元年至八年（860—867 年）…… 9209

唐纪五十二

唐德宗贞元十七年至唐顺宗永贞元年（801—805年）

【起重光大荒落（辛巳，801年），尽旃蒙作噩（乙酉，805年），凡五年】

【大事提要】

本卷记事起公元801年，讫公元805年，凡五年。当唐德宗贞元十七年到唐顺宗永贞元年。此时期为德宗、顺宗、宪宗交接之际，五年间朝廷轮番换了三个皇帝。浙东判官齐总巧取盘剥百姓资财进奉，德宗诏命升迁齐总为衢州刺史，给事中许孟容封还诏命，受到德宗嘉奖，这是德宗晚年闪烁的一丝霞光。其间顺宗皇帝于永贞元年正月二十四日即位，八月初九日退位，在位不足八个月，任用王叔文、王伾施行一场改革，史称永贞革新。顺宗得中风病不能说话，王叔文等受器重主政，赦天下，蠲免积欠，罢进奉，罢宫市，取缔五坊小儿，减盐价，平反和量移前朝被贬大臣，召回陆贽和阳城。又起用老将范希朝为左右神策、京西诸城行营节度使，欲夺宦官军权，遭到宦官和反对派大臣的反扑，他们釜底抽薪，拥立顺宗长子李纯即位，是为宪宗。顺宗退位为太上皇。宪宗全面贬逐永贞革新之臣，王叔文被贬杀，王伾病死。同一天被贬的名士大臣柳宗元、刘禹锡等八人为地方州司马，史称八司马。宪宗忌惮太上皇而尽逐先帝之臣，从此开了一个恶例，其后继位的皇帝均把自己用的人当作私党，把先帝用的人当作异己，不分功过是非，一概斥逐。军镇换帅，事故层出不穷，刘南金之死与来希皓之让，反映弱肉强食的军纪风气。

【原文】

德宗神武圣文皇帝十一

贞元十七年（辛巳，801 年）

春，正月，甲寅，韩全义至长安，窦文场为掩其败迹；上礼遇甚厚。全义称足疾，不任朝谒，遣司马崔放入对。放为全义引咎，谢无功，上曰："全义为招讨使，能招来少诚，其功大矣，何必杀人然后为功邪！"闰月，甲戌，归夏州。

韦士宗既入黔州，妄杀长吏，人心大扰。士宗惧，三月，脱身亡走。夏，四月，辛亥，以右谏议大夫裴佶为黔州观察使。

五月，壬戌朔，日有食之。

朔方邠、宁、庆节度使杨朝晟防秋于宁州，乙酉，薨。

初，浑瑊遣兵马使李朝寀将兵戍定平。瑊薨，朝寀请以其众隶神策；诏许之。

杨朝晟疾亟，召僚佐谓曰："朝晟必不起，朔方命帅多自本军，虽徇众情，殊非国体。宁州刺史刘南金，练习军旅，宜使摄行军，且知军事，比朝廷择帅，必无虞矣。"又以手书授监军刘英倩，英倩以闻。军士私议曰："朝廷命帅，吾纳之，即命刘君，吾事之；若命帅于他军，彼必以其麾下来，吾属被斥矣，必拒之。"

己丑，上遣中使往察军情，军中多与南金。辛卯，上复遣高品薛盈珍赍诏诣宁州。六月，甲午，盈珍至军，宣诏曰："朝寀所将本朔方军，今将并之，以壮军势，威戎狄，以李朝采为使，南金副之，军中以为何如？"诸将皆奉诏。

丙申，都虞侯史经言于众曰："李公命收弓刀而送甲胄二千。"军士皆曰："李公欲内麾下二千为腹心，吾辈妻子其可保乎！"夜，造刘南金，欲奉以为帅，南金曰："节度使固我所欲，然非天子之命则不可；军

【语译】

德宗神武圣文皇帝十一

唐德宗贞元十七年（辛巳，801 年）

春季，正月二十一日甲寅，韩全义回到了长安，窦文场为韩全义遮掩军队败迹，德宗用隆重的礼仪接待韩全义。韩全义声称腿脚有病，不能上朝谒见德宗，派遣司马崔放入朝回答德宗的问题。崔放替韩全义承认有过失，以没有战绩向德宗谢罪。德宗说："韩全义担任招讨使，能够为朝廷招抚吴少诚，这个功劳就很大了，为什么一定要杀了他们，才算是有功劳呢？"闰正月十一日甲戌，韩全义回夏州去了。

韦士宗重新回到黔州以后，任意杀害高级官吏，弄得人心大为混乱。对此，韦士宗害怕了，三月，脱身逃出了黔州。夏季，四月二十日辛亥，德宗任命右谏议大夫裴佶为黔州观察使。

五月初一日壬戌，发生日食。

朔方地区邠、宁、庆三州节度使杨朝晟在宁州保护秋收。五月二十四日乙酉，杨朝晟去世。

当初，浑瑊派遣兵马使李朝寀率兵去戍守定平县。浑瑊去世后，李朝寀请求将自己的部队隶属于神策军，德宗下诏同意了。

杨朝晟病得很厉害，召集幕佐们说："我的病是好不了的，对朔方军任命主帅，多半从本军中挑选。虽然这样符合了大家的心愿，但实在是不合国家的体制。宁州刺史刘南金，熟悉用兵作战的事情，最好让刘南金代理行军司马职务，暂时主持军中事务，等待选派主帅，一定不会有事件发生。"杨朝晟又亲自写一封信给监军刘英倩，刘英倩将这一事情上奏给了朝廷。军中的将士们私下议论说："朝廷任命的主帅，我们接受，即使任命刘南金，我们也接受，如果任命的主帅出自其他军镇，一定会将部下都带过来，那么我们就要受排斥了，所以我们一定要抵制。"

五月二十八日己丑，德宗派遣宫中宦官使者去邠宁观察军中的形势，军中将士大多希望刘南金担任主帅。五月三十日辛卯，德宗派遣宫中的高级宦官薛盈珍带着诏书到宁州去。六月初三日甲午，薛盈珍来到邠宁军中，宣布德宗的诏令说："李朝寀率领的军队原本属于朔方军，现在准备与邠宁军合并，这样可以壮大军队的势力，威镇戎狄。现任命李朝寀为节度使，刘南金做副手，军中将士，你们觉得怎么样呢？"各位将领都接受了诏令。

六月初五日丙申，都虞候史经对大家说："李朝寀命令收缴弓箭刀剑，还要送去两千套铠甲。"将士们都说："李朝寀打算从自己的部下中弄两千人作为心腹亲信，那我们的妻儿老小还能保全吗？"当天晚上，他们去刘南金的家中，想推举刘南金

中岂无他将乎！”众曰：“弓刀皆为官所收，惟军事府尚有甲兵，欲因以集事。”南金曰：“诸君不愿朝采为帅，宜以情告敕使。若操甲兵，乃拒诏也。”命闭门不内。军士去，诣兵马使高固，固逃匿；搜得之，固曰：“诸君能用吾言则可。”众曰：“惟命。”固曰：“毋杀人，毋掠金帛。”众曰：“诺。”乃共诣监军，请奏之。众曰：“刘君既得朝旨为副帅，必挠吾事。”诈称监军命，召计事，至而杀之。

戊戌，制以李朝采为邠宁节度使。是日，宁州告变者至，上追还制书，复遣薛盈珍往诇军情。壬寅，至军，军中以高固为请，盈珍即以上旨命固知军事。

或传戊戌制书至邠州，邠军惑，不知所从，奸人乘之，且为变。留后孟子周悉内精甲于府廷，日飨士卒，内以悦众心，外以威奸党。邠军无变，子周之谋也。

李锜既执天下利权，以贡献固主恩，以馈遗结权贵，恃此骄纵，无所忌惮，盗取县官财，所部官属无罪受戮者相继。浙西布衣崔善贞诣阙上封事，言宫市、进奉及盐铁之弊，因言锜不法事。上览之，不悦，命械送锜。锜闻其将至，先凿坑于道旁；己亥，善贞至，并锁械内坑中，生瘗之。远近闻之，不寒而栗。锜复欲为自全计，增广兵众，选有材力善射者谓之挽强，胡、奚杂类谓之蕃落，给赐十倍他卒。转运判官卢坦屡谏不悛，与幕僚李约等皆去之。约，勉之子也。

己酉，以高固为邠宁节度使。固，宿将，以宽厚得众，节度使忌之，置于散地，同列多轻侮之；及起为帅，一无所报复，军中遂安。

担任主帅，刘南金说："节度使固然是我想得到的，但不是天子任命的我就不担任。难道军中没有别的将领可以拥戴吗？"大家说："弓箭刀剑都被官员收缴了，只有节度使的军府中还藏着铠甲兵器，我们想借军府中的武器起事。"刘南金说："大家不希望李朝寀担任主帅，应该把这一情况报告给陛下派来的使者。如果舞兵弄刀的，那就是拒绝服从皇帝的诏令。"于是下令关闭军府的大门，不让他们进来。将士们离开后，到了兵马使高固家里，高固逃跑出去躲了起来。将士们到处搜索，找到了高固，高固说："大家能听我的话，那么我就出头举事。"大家齐声说："我们唯你的命令是从。"高固说："不要杀人，不要抢掠钱财。"大家回答说："好！"于是，高固和将士们一起到监军那里去，请求监军将这一事情向朝廷奏报。将士们又说："刘南金已经接受朝廷的封授，出任副帅，一定会阻挠我们的事情。"于是谎称监军有命令，召刘南金来商议事情，刘南金一来，就被将士们杀了。

六月初八日戊戌，德宗颁发李朝寀担任邠宁节度使的任命书。就在这一天，报告宁州将士叛乱的人到了朝廷，德宗将任命书收回，又派薛盈珍前去宁州侦察军中的情况。六月十一日壬寅，薛盈珍到了军中，军中将士请求朝廷任命高固为节度使，薛盈珍立即以德宗旨意的名义命令高固掌管军中事务。

有人将六月初八日戊戌朝廷颁布委任书的消息传到了邠州，邠州的军队迷惑犹豫，不知道该怎么办，奸邪之人乘机煽动，将要发生哗变。留后孟子周全部将精锐的铠甲兵安置在官署的院子中，每天犒赏士兵们，对内是讨将士们的欢心，对外是威慑那些准备哗变的奸邪之人。邠州的军队最终没有发生变乱，全是孟子周的计策。

李锜掌握全国财政权力之后，不断向宫廷进贡钱财以巩固德宗对他的恩宠，又赠送东西拉拢权贵人物。凭借着这些，骄横放纵，毫无顾忌，盗取国库中的钱财，属下的官员和僚佐们没有罪过而惨遭杀害的人，一个接一个。浙西的平民崔善贞进京向德宗秘密上奏，谈到宫廷采买、向宫廷进贡以及经营盐铁的弊端，乘机也说了李锜违法乱政的事情。德宗看了这份疏章后，大为不快，下令将崔善贞用枷锁锁上，押送给李锜。李锜听说崔善贞快要被送来了，事先让人在路边挖了一个坑。六月初九日己亥，崔善贞被押送李锜那里。李锜连枷锁都没打开，就将崔善贞推进坑中活埋了。远近各地的人听说这事后都不寒而栗。李锜又采取保全自己的措施，增加兵员，选择有才能、力量很大而又善于射箭的人，称他们叫"挽强"，选择胡、奚各族人，称他们为"蕃落"，发给他们的衣食等待遇是普通士兵的十倍。转运判官卢坦多次劝阻他，但李锜不肯改变。于是卢坦与李锜的幕僚李约等人都离开了李锜。李约是前宰相李勉的儿子。

六月十八日己酉，德宗任命高固为邠宁节度使。高固是一员老将，因待人宽仁厚道，得到大家的拥护，以前的节度使总是嫉妒高固，给高固安排一个不重要的职

丁巳，成德节度使王武俊薨。

秋，七月，戊寅，吐蕃寇盐州。

辛巳，以成德节度副使王士真为节度使。

（以上为第一段，写邠宁换帅发生兵变，宁州刺史刘南金守法而少谋被乱兵杀害。诸道盐铁转运使李锜骄纵不法。）

己丑，吐蕃陷麟州，杀刺史郭锋，夷其城郭，掠居人及党项部落而去。锋，曜之子也。

僧延素为虏所得。虏将有徐舍人者，谓延素曰："我英公五代孙也。武后时，吾高祖建义不成，子孙流播异域，虽代居禄位典兵，然思本之心不忘，顾宗族大，无由自拔耳。今听汝归。"遂纵之。

上遣使敕韦皋出兵深入吐蕃以分其势，纾北边患。皋遣将将兵二万分出九道，攻吐蕃维、保、松州及栖鸡、老翁城。

河东节度使郑儋暴薨，不及命后事，军中喧哗，将有他变。中夜，十余骑执兵召掌书记令狐楚至军门，诸将环之，使草遗表。楚在白刃之中，操笔立成。楚，德棻之族也。八月，戊午，以河东行军司马严绶为节度使。

九月，韦皋奏大破吐蕃于雅州。

左神策中尉窦文场致仕，以副使杨志廉代之。

韦皋屡破吐蕃，转战千里，凡拔城七，军镇五，焚堡百五十，斩首万余级，捕虏六千，降户三千，遂围维州及昆明城。冬，十月，庚子，加皋检校司徒兼中书令，赐爵南康郡王。南诏王异牟寻虏获尤多，上遣中使慰抚之。

戊午，盐州刺史杜彦先弃城奔庆州。

（以上为第二段，写唐西北州郡屡遭吐蕃侵犯，由于南诏归附唐朝，韦皋在西南深入吐蕃，多次大获全胜。）

位，平级官员很多都轻视、欺侮高固。等到高固被起用为节度使，高固无论对谁都不报复，邠宁军中于是就安定下来。

六月二十六日丁巳，成德军节度使王武俊去世。

秋季，七月十八日戊寅，吐蕃人侵犯盐州。

七月二十一日辛巳，德宗任命成德军节度副使王士真为节度使。

七月二十九日己丑，吐蕃军队攻下了麟州，杀了刺史郭锋，把麟州城夷为平地，掳掠百姓和在这里的党项部落后退回去了。郭锋是郭曜的儿子。

僧人延素被吐蕃人俘虏。吐蕃军队中有一个将领叫徐舍人的，对延素说："我是英国公李勣的五世孙。武则天皇后时期，我的高祖徐敬业竖起驱逐武氏的义举没有成功，子孙们都逃亡流散到异国他乡。我们虽然在这里世世代代身居高位，手握兵权，但思念故土之心从未泯灭，只是因为顾及我们的宗族人很多，没有机会从中跑出来而已。现今听凭你回归。"于是就释放了延素。

德宗派遣使者去命令韦皋派兵深入吐蕃境内，牵制、分散吐蕃人的兵力，以便缓解吐蕃人对唐朝北部边疆的侵犯。韦皋派遣将领率二万兵马，分九路进攻吐蕃的维州、保州、松州以及栖鸡城、老翁城。

河东节度使郑儋突然去世，还来不及安排后事。军中将士喧闹不已，马上就要发生变乱。半夜时分，十几名骑兵带着武器把掌书记令狐楚召到军府门内，各位将领将令狐楚围在中间，让令狐楚假借郑儋的名义起草给朝廷的临终表章。令狐楚在刀剑的包围之中，提笔就将表章写好了。令狐楚是令狐德棻的同族人。八月二十八日戊午，德宗任命河东行军司马严绶担任节度使。

九月，韦皋向朝廷奏报说在雅州大败吐蕃人。

左神策军护军中尉窦文场退休，德宗任命左神策军中尉副使杨志廉接替窦文场。

韦皋多次打败吐蕃人，转战几千里，共攻下城池七座、军镇五个，焚毁城堡一百五十个，杀敌一万多人，活捉敌人六千，招降吐蕃人三千户，进而包围了维州和昆明城。冬季，十月十一日庚子，德宗加授韦皋为检校司徒兼任中书令，赐给南康郡王的爵位。南诏王异牟寻抓获了很多吐蕃人，德宗派遣宫中宦官使者去慰问安抚。

十月二十九日戊午，盐州刺史杜彦先丢下盐州城，逃到庆州去了。

十八年（壬午，802 年）

春，正月，骠王摩罗思那遣其子悉利移入贡。骠国在南诏西南六千八百里，闻南诏内附而慕之，因南诏入见，仍献其乐。

吐蕃遣其大相兼东鄙五道节度使论莽热将兵十万解维州之围，西川兵据险设伏以待之。吐蕃至，出千人挑战，虏悉众追之，伏发，虏众大败，擒论莽热，士卒死者太半。维州、昆明竟不下，引兵还。乙亥，皋遣使献论莽热，上赦之。

浙东观察使裴肃既以进奉得进，判官齐总代掌后务，刻剥以求媚又过之。三月，癸酉，诏擢总为衢州刺史。给事中长安许孟容封还诏书，曰："衢州无他虞，齐总无殊绩，忽此超奖，深骇群情。若总必有可录，愿明书劳课，然后超资改官，以解众疑。"诏遂留中。己亥，上召孟容，慰奖之。

秋，七月，辛未，嘉王府谘议高弘本正牙奏事，自理逋债。乙亥，诏"公卿庶僚自今勿令正牙奏事，如有陈奏，宜延英门请对。"议者以为："正牙奏事，自武德以来未之或改，所以达群情，讲政事；弘本无知，黜之可也，不当因人而废事。"

淮南节度使杜佑累表求代，冬，十月，丁亥，以刑部尚书王锷为淮南副节度使兼行军司马。

己酉，鄜坊节度使王栖曜薨，中军将何朝宗谋作乱，夜，纵火；都虞候裴玢潜匿不救火，旦，擒朝宗，斩之。以同州刺史刘公济为鄜坊节度使，以玢为行军司马。

（以上为第三段，写西川节度使韦皋再次大败吐蕃。给事中许孟容封还对奸佞之臣齐总的任命诏书，受到德宗嘉奖。）

唐德宗贞元十八年（壬午，802 年）

春季，正月，骠国国王摩罗思那派遣他的儿子悉利移进京朝贡。骠国在南诏西南六千八百里远的地方，听说南诏归附朝廷后，对唐朝产生羡慕之心，于是随南诏一起进京朝见，还贡上了他们的音乐。

吐蕃赞普派遣大相国兼东部边境五道节度使论莽热率领十万兵力来解救韦皋对维州的包围，韦皋的西川兵马占据险要位置，设下埋伏，等待吐蕃人的到来。吐蕃的军队来了之后，韦皋派出一千人马去挑战，吐蕃人全力追赶这一千兵马，这时，埋伏的西川兵全部出击，吐蕃的军队被打得大败，西川兵生擒了论莽热，吐蕃的士兵死的超过一半多。但韦皋最后还是没有攻下维州城和昆明城，只得带兵返回。正月十八日乙亥，韦皋派遣使者将论莽热进献给朝廷，德宗赦免了论莽热。

浙东观察使裴肃因为向朝廷进贡，得以升迁职务，裴肃死后，判官齐总代理留后事务，比裴肃更加苛刻地搜刮钱财以进献朝廷讨好德宗。三月十七日癸酉，德宗下诏提升齐总为衢州刺史。给事中长安人许孟容不肯宣读诏书，将这份委任书原封不动地退还给德宗，说："衢州没有别的忧患，齐总也没有什么特别的政绩，陛下突然如此破格地奖励、提拔，使大家感到十分惊异，如果齐总确实有可以记录的成绩，希望将齐总的功劳和成绩明确地写出来，然后再破格改授官职，以消除大家心中的疑虑。"于是任命齐总的诏书就留在宫中，没有颁布下来。（四月）十三日己亥，德宗召见许孟容，加以安慰奖励。

秋季，七月十七日辛未，嘉王李运府谘议高弘本在正殿奏事，说了欠债由自己偿还的话。七月二十一日乙亥，德宗下诏说："从今以后，王公将相与僚属不要到正殿奏报事情，如果有什么事情要奏报的话，最好在延英门去求见。"议论此事的人认为："在正殿奏报事情，从武德年间以来，一直没有变过，这是为了了解下情而采取的政治措施。高弘本愚昧无知，将他免职就行了，不应当因为一个人而废除了这一制度。"

淮南节度使杜佑多次上表朝廷请求派人代替自己的职务。冬季，十月初四日丁亥，德宗任命刑部尚书王锷担任淮南节度副使，兼任行军司马。

十月十六日己酉，鄜坊节度使王栖曜去世。鄜坊镇的中军将何朝宗阴谋叛乱，在晚上，他手下的人纵起火来。都虞候裴玢躲起来，不出面救火，第二天早上，裴玢将何朝宗抓获，杀了何朝宗。德宗任命同州刺史刘公济为鄜坊节度使，任命裴玢为行军司马。

十九年（癸未，803 年）

春，二月，丁亥，名安黄军曰奉义。

己亥，安南牙将王季元逐其观察使裴泰，泰奔朱鸢。明日，左兵马使赵匀斩季元及其党，迎泰而复之。

甲辰，杜佑入朝。三月，壬子朔，以佑检校司空、同平章事；以王锷为淮南节度使。

鸿胪卿王权请迁献、懿二祖于德明、兴圣庙，每禘祫，正太祖东向之位；从之。

乙亥，以司农卿李实兼京兆尹。实为政暴戾，上爱信之。实恃恩骄傲，许人荐引，不次拜官，及诬谮斥逐，皆如期而效，士大夫畏之侧目。

夏，四月，泾原节度使刘昌奏请徙原州治平凉；从之。

乙亥，吐蕃遣其臣论颊热入贡。

六月，辛卯，以右神策中尉副使孙荣义为中尉，与杨志廉皆骄纵招权，依附者众，宦官之势益盛。

壬辰，遣右龙武大将军薛伾使于吐蕃。

陈许节度使上官涚薨，其婿田偁欲胁其子使袭军政；牙将王沛，亦涚之婿也，知其谋，以告监军范日用，讨擒之。乙未，以陈许行军司马刘昌裔为节度使。沛，许州人也。

自正月不雨至于秋七月。

己未，中书侍郎、同平章事齐抗以疾罢为太子宾客。

（以上为第四段，写吐蕃与唐朝廷互相遣使通好。宦官为神策军中尉，朝官依附者众，势力益炽。）

初，翰林待诏王伾善书，山阴王叔文善棋，俱出入东宫，娱侍太子。伾，杭州人也。

叔文谲诡多计，自言读书知治道，乘间常为太子言民间疾苦。太子尝与诸侍读及叔文等论及宫市事，太子曰："寡人方欲极言之。"众皆称

唐德宗贞元十九年（癸未，803年）

春季，二月初六日丁亥，德宗将安黄军改名叫奉义军。

二月十八日己亥，安南的牙将王季元驱逐安南观察使裴泰，裴泰逃到朱鸢县。第二天，安南的左兵马使赵匀杀了王季元及其同伙，迎接裴泰回来，官复原职。

二月二十三日甲辰，杜佑回京朝见德宗。三月初一日壬子，德宗任命杜佑为检校司空、同平章事，任命王锷为淮南节度使。

鸿胪卿王权请求将献祖宣皇帝、懿祖光皇帝的神主移到曾经供奉过德明皇帝、兴圣皇帝神主的祠庙中，每次祭祀列祖列宗时，就将太祖的神主牌位安放在朝正东方向的位置上，德宗采纳了王权的建议。

三月二十四日乙亥，德宗任命司农卿李实兼任京兆尹。李实为政凶暴乖张，但德宗却相信、喜欢李实。李实凭借德宗的恩宠，骄横傲慢，答应给某人向德宗推荐，就让某人破格升官，要诬陷、毁谤、贬斥、流放某人，也都能按自己的意思办到。所以朝廷文武百官对李实十分害怕。

夏季，四月，泾原节度使刘昌上奏朝廷请求将治所从原州迁到平凉去，德宗同意了。

五月二十六日乙亥，吐蕃派遣大臣论颊热来朝贡。

六月十二日辛卯，德宗任命右神策军中尉副使孙荣义为右神策军护军中尉，孙荣义与杨志廉都骄横放纵，招权纳贿，朝野内外依附他们的人很多，宦官的势力更加壮大。

六月十三日壬辰，德宗派遣右龙武大将军薛伾出使吐蕃。

陈许节度使上官涚去世，女婿田偁想胁持上官涚的儿子，让上官涚的儿子承袭军事大权，陈许的牙将王沛，也是上官涚的女婿，知道田偁的这一阴谋，就把这一事情报告给了监军范日用，范日用派兵讨伐，捉住了田偁。六月十六日乙未，德宗任命陈许行军司马刘昌裔担任节度使。王沛是许州人。

从春天的正月到秋天的七月，关中地区一直没有下雨。

七月初十日己未，中书侍郎、同平章事齐抗因为病重，被罢免了宰相职务，改任为太子宾客。

当初，翰林待诏王伾擅长书法，山阴人王叔文擅长下棋，他们两个人都在东宫太子那里出出进进，陪太子娱乐。王伾是杭州人。

王叔文诡计多端，自称读过许多书，了解治理国家的办法，经常借机给太子讲论民间百姓的痛苦情况。太子曾经与各位侍读和王叔文等人讨论到宫市的事情，太

赞，独叔文无言。既退，太子自留叔文，谓曰：“向者君独无言，岂有意邪！”叔文曰：“叔文蒙幸太子，有所见，敢不以闻。太子职当视膳问安，不宜言外事。陛下在位久，如疑太子收人心，何以自解！”太子大惊，因泣曰：“非先生，寡人无以知此。”遂大爱幸，与王伾相依附。

叔文因为太子言：“某可为相，某可为将，幸异日用之。”密结翰林学士韦执谊及当时朝士有名而求速进者陆淳、吕温、李景俭、韩晔、韩泰、陈谏、柳宗元、刘禹锡等，定为死友。而凌准、程异等又因其党以进，日与游处，踪迹诡秘，莫有知其端者。藩镇或阴进资币，与之相结。淳，吴人，尝为左司郎中；温，渭之子，时为左拾遗；景俭，瑀之孙，进士及第；晔，滉之族子；谏，尝为侍御史；宗元、禹锡，时为监察御史。

左补阙张正一上书，得召见。正一与吏部员外郎王仲舒、主客员外郎刘伯刍等相亲善，叔文之党疑正一言己阴事，令执谊反谮正一等于上，云其朋党，游宴无度。九月，甲寅，正一等皆坐远贬，人莫知其由。伯刍，迺之子也。

盐夏节度判官崔文先权知盐州，为政苛刻。冬，闰十月，庚戌，部将李庭俊作乱，杀而脔食之。左神策兵马使李兴幹戍盐州，杀庭俊以闻。

丁巳，门下侍郎、同平章事崔损薨。

十一月，戊寅朔，以李兴幹为盐州刺史，得专奏事；自是盐州不隶夏州。

十二月，庚申，以太常卿高郢为中书侍郎，吏部侍郎郑珣瑜为门下侍郎，并同平章事。珣瑜，余庆之从父兄弟也。

建中初，敕京城诸使及府县系囚，每季终委御史巡按，有冤滥者以闻；近岁，北军移牒而已。监察御史崔薳遇下严察，下吏欲陷之，引以入右神策军。军使以下骇惧，具奏其状。上怒，杖薳四十，流崖州。

子说："我正准备向父皇极力劝谏这一事情。"大家对此都表示赞同，只有王叔文一个人不作声。大家退下去后，太子亲自将王叔文留下来，说："刚才只有你不作声，那是不是有什么别的想法呢？"王叔文说："我承蒙殿下的信任和爱护，要是有什么想法，敢不告诉给殿下吗？殿下的职责现在应该是察问陛下的饮食，问候陛下是否平安，不应该谈论宫廷外边的事情。陛下在位的时间很长久了，要是怀疑殿下收买人心，那殿下将怎么辩解呢？"太子大吃一惊，哭着对王叔文说："如果不是先生提醒，我就无法知道这个道理。"于是对王叔文大加宠信。王叔文开始与王伾相互依附。

王叔文乘机对太子说："某某可以担任宰相，某某可以担任将帅，希望陛下将来任用他们。"王叔文暗中与翰林学士韦执谊以及当时在朝廷中有名望而又想尽快提升的官员陆淳、吕温、李景俭、韩晔、韩泰、陈谏、柳宗元、刘禹锡等人结交，相约为生死相依的朋友。而凌准、程异等人又靠这一帮人得以任用，也整天与王叔文他们一起游玩、相处。他们一帮人的行踪十分神秘，没有人能知道他们在干什么。各地的军镇节帅，也有暗中给他们送钱财，与他们结交的。陆淳是吴人，曾任左司郎中。吕温是吕渭的儿子，当时任左拾遗。李景俭是汉中王李瑀的孙子，进士及第出身。韩晔是韩滉族侄。陈谏曾任侍御史。柳宗元、刘禹锡，当时任监察御史。

左补阙张正一上书德宗，得到了德宗的召见。张正一与吏部员外郎王仲舒、主客员外郎刘伯刍等人感情亲密，王叔文的同伙怀疑张正一在德宗面前谈论了他们暗中进行的事情，让韦执谊在德宗面前诬告张正一等人，称张正一等人拉帮结伙，交游、宴饮没有节制。九月初六日甲寅，张正一等人都获罪，被贬职到遥远的地方，大家都不知道这其中的缘故。刘伯刍是刘乃的儿子。

盐夏节度判官崔文先代理盐州军政事务，处理政事凶暴苛刻。冬季，闰十月初三日庚戌，部将李庭俊叛乱，将崔文先剁成碎块，给大家吃了。左神策军的兵马使李兴干戍守盐州，杀了李庭俊，将此事向朝廷奏报。

闰十月初十日丁巳，门下侍郎、同平章事崔损去世。

十一月初一日戊寅，德宗任命李兴干为盐州刺史，允许李兴干单独向朝廷上奏事情，从此以后，盐州不再隶属于夏州了。

十二月十三日庚申，德宗任命太常卿高郢为中书侍郎、吏部侍郎郑珣瑜为门下侍郎，一并担任同平章事。郑珣瑜是郑余庆的堂兄弟。

建中初年，德宗下令在每个季度末的时候，派御史巡查京城各使以及各府县拘押的囚犯，有冤枉和错误的情况要向朝廷奏报纠正。近年来，北军只发一道公文就算交差了。监察御史崔薳对待下属极为严厉苛刻，下属官吏们想陷害崔薳，就故意诱使崔薳到右神策军中去。神策军使以下的官员对崔薳的到来十分震惊，据实向德

京兆尹嗣道王实务征求以给进奉，言于上曰：“今岁虽旱而禾苗甚美。”由是租税皆不免，人穷至坏屋卖瓦木、麦苗以输官。优人成辅端为谣嘲之；实奏辅端诽谤朝政，杖杀之。

监察御史韩愈上疏，以“京畿百姓穷困，应今年税钱及草粟等征未得者，请俟来年蚕麦。”愈坐贬阳山令。

（以上为第五段，写王叔文、王伾受到太子宠信，联结成一股新兴政治势力。监察御史韩愈直谏缓征贫民赋税，被贬为县令。）

二十年（甲申，804年）

春，正月，丙戌，天德军都防御团练使、丰州刺史李景略卒。初，景略尝宴僚佐，行酒者误以醯进。判官京兆任迪简以景略性严，恐行酒者得罪，强饮之，归而呕血；军士闻之泣下。及李景略卒，军士皆曰判官仁者，欲奉以为帅。监军抱置别室，军士发扃取之。监军以闻，诏以代景略。

吐蕃赞普死，其弟嗣立。

夏，四月，丙寅，名陈许军曰忠武。

左金吾大将军李昇云将禁兵镇咸阳，疾病，其子政諲与虞候上官望等谋效山东藩镇，使将士奏摄父事。六月，壬子，昇云卒。甲寅，诏追削昇云官爵，籍没其家。

昭义节度使李长荣薨，上使中使以手诏授本军大将，但军士所附者即授。时大将来希皓为众所服，中使将以手诏付之。希皓言于众曰：“此军取人，合是希皓，但作节度使不得。若朝廷以一束草来，希皓亦必敬事。”中使言：“面奉进止，只令此军取大将拔与节钺，朝廷不别除人。”希皓固辞。兵马使卢从史其位居四，潜与监军相结，起出伍曰：“若来大夫不肯受诏，从史请且句当此军。”监军曰：“卢中丞若如此，此亦固合圣旨。”中使因探怀取诏以授之。从史捧诏，再拜舞蹈。希皓亟回挥同列，北面称贺。军士毕集，更无一言。秋，八月，己未，诏以从史为节度使。

宗奏报了。德宗勃然大怒，下令罚崔薳四十军棍，把崔薳流放到崖州。

任京兆尹承袭道王爵位的李实一味地横征暴敛来向德宗进贡，对德宗说："今年虽然干旱，但是禾苗还是长得很好。"于是没有减免赋税，老百姓穷到了拆毁房屋、卖掉屋瓦和木料以及麦苗等来交纳赋税的地步。演戏的人成辅端作了一首歌谣来嘲讽这件事，李实上奏朝廷说成辅端毁谤朝廷政治，德宗下令用军棍将成辅端打死。

监察御史韩愈上奏说："京畿一带的百姓穷困潦倒，对今年没能征收上来的税钱以及牧草、谷物等，应等明年蚕茧出来和麦子熟了再征收。"韩愈因此获罪，被贬到阳山县去做县令。

唐德宗贞元二十年（甲申，804年）

春季，正月初十日丙戌，天德军都防御团练使、丰州刺史李景略去世。当初，李景略曾经设宴招待僚属辅佐，倒酒的人错把醋当成酒倒进酒杯送上桌来。判官京兆府人任迪简觉得李景略性情严厉，恐怕倒酒的人要被治罪，就找借口将这些醋都喝下去，回去后就不断吐血，军中将士听说这件事后都感动得哭了。李景略去世后，军中将士都说判官任迪简仁慈，打算拥立为主帅。监军把任判官反锁在另外的屋里，将士们把锁打开，将判官接出来。监军把这件事报告给朝廷，德宗下诏任命任迪简接替李景略的职务。

吐蕃的赞普死了，赞普的弟弟继位。

夏季，四月二十二日丙寅，德宗改名陈许军为忠武军。

左金吾大将军李昇云率领禁军镇守咸阳，得了重病，儿子李政諲与虞候上官望等人谋划仿效山东地区军镇的做法，要求将士们上奏朝廷让李政諲代理父亲的职位。六月初九日壬子，李昇云去世。六月十一日甲寅，德宗下诏追夺李昇云的官职爵位，抄没李昇云的家产。

昭义军节度使李长荣去世，德宗派遣宫中的宦官使者带着亲笔诏书准备授予昭义军中的大将，只要将士们都拥戴的，就把主帅一职授予。当时，大将来希皓受到大家的尊重和拥戴，使者将要把委任诏书交给来希皓。来希皓对大家说："在本军中挑选主帅，应该是我来希皓，但我自认为不适合当节度使。如果朝廷以一束草来做节度使，我也一定恭敬地事奉它。"使者说："我面承皇上旨意，只在本军中选择大将，授予节度使的旌节，朝廷不再另外任命别的人。"来希皓坚决推辞。兵马使卢从史在军中位居第四，暗中与监军勾结，这时从同级官员中站出来说："如果来大夫不肯接受诏书的任命，那就请让我暂时管理这支军队吧。"监军说："卢中丞如果这样做，这也当然符合皇上的旨意。"使者于是就从怀中掏出诏书授职给卢从史。卢从史

九月，太子始得风疾，不能言。

（以上为第六段，写天德军、昭义军换帅，从本镇遴选众所服者，平稳顺利没有兵变。昭义大将来希皓谦让，为史所称。）

顺宗至德弘道大圣大安孝皇帝

永贞元年（乙酉，805年）

春，正月，辛未朔，诸王、亲戚入贺德宗，太子独以疾不能来，德宗涕泣悲叹，由是得疾，日益甚。凡二十余日，中外不通，莫知两宫安否。

癸巳，德宗崩；苍猝召翰林学士郑䌹、卫次公等至金銮殿草遗诏。宦官或曰："禁中议所立尚未定。"众莫敢对。次公遽言曰："太子虽有疾，地居冢嫡，中外属心。必不得已，犹应立广陵王；不然，必大乱。"䌹等从而和之，议始定。次公，河东人也。太子知人情忧疑，紫衣麻鞋，力疾出九仙门，召见诸军使，人心粗安。

甲午，宣遗诏于宣政殿，太子缞服见百官；丙申，即皇帝位于太极殿。卫士尚疑之，企足引领而望之，曰："真太子也！"乃喜而泣。

时顺宗失音，不能决事，常居宫中施帘帷，独宦者李忠言、昭容牛氏侍左右；百官奏事，自帷中可其奏。自德宗大渐，王伾先入，称诏召王叔文，坐翰林中使决事。伾以叔文意入言于忠言，称诏行下，外初无知者。以杜佑摄冢宰。二月，癸卯，上始朝百官于紫宸门。

已酉，加义武节度使张茂昭同平章事。

捧着诏书，行了两次礼，高兴得手舞足蹈。来希皓赶忙转身指挥军中将士，面朝北方表示祝贺。将士们全部集合起来，大家也没有表示异议。秋季，八月十七日己未，德宗下诏任命卢从史为节度使。

九月，太子得了中风病，不能讲话。

顺宗至德弘道大圣大安孝皇帝

唐顺宗永贞元年（乙酉，805 年）

春季，正月初一日辛未，各位亲王、皇室的亲戚都进宫向德宗祝贺新年，只有太子一个人因为生病不能前来，德宗流着眼泪，伤心叹息，从此就卧床不起，而且一天比一天加重。总共有二十多天，宫中与朝廷断绝了信息，外面的人都不知道德宗与太子是否平安。

正月二十三日癸巳，德宗驾崩。宫廷匆匆忙忙将翰林学士郑絪、卫次公等人召到金銮殿去草拟德宗的遗诏。有宦官说："宫廷商议册立谁还没有定。"大家都不敢答话。卫次公急忙说道："太子殿下虽然患了病，但他位居嫡长子，为朝野内外的人心所归向。到了万不得已的时候，还是应该册立太子殿下的长子广陵王。如果不这样做，天下一定会大乱。"郑絪等人马上附和卫次公的意见，这样册立谁的事才定下来。卫次公是河东人。太子知道人们还处在忧虑、怀疑的状态中，匆忙间来不及改换丧服，仍身穿紫衣，脚穿戴孝的麻鞋，支撑着病体，走出九仙门，召见禁军的各位军使，这时人心才略微安定了一些。

正月二十四日甲午，德宗的遗诏在宣政殿公布下来。太子身穿孝服接见朝廷文武百官。正月二十六日丙申，太子在太极殿继承皇位。宫廷的卫士们这时还在怀疑，提起脚跟，伸着脖子仔细观望，说："这真的是太子殿下！"于是都高兴得哭起来了。

当时，顺宗不能讲话，无法处理朝廷事务，住在宫中，经常是周围挂着帘幕，只有宦官李忠信和昭容牛氏在左右服侍。朝廷文武百官上奏事情，顺宗从帘幕中批准奏章。自从德宗病情垂危以来，王伾首先进了宫廷，声称有诏令使召王叔文，让王叔文坐在翰林院中处理朝廷政事。王伾把王叔文的意思告诉李忠信，以诏令的形式颁布，起初朝廷中无人知道这一点。委任杜佑全面处理朝廷事务。二月初三日癸卯，顺宗开始在紫宸门接受朝廷文武百官的朝见。

二月初九日己酉，顺宗加封义武军节度使张茂昭为同平章事。

辛亥，以吏部郎中韦执谊为尚书左丞、同平章事。王叔文欲掌国政，首引执谊为相，己用事于中，与相唱和。

壬子，李师古发兵屯西境以胁滑州。时告哀使未至诸道，义成牙将有自长安还得遗诏者，节度使李元素以师古邻道，欲示无外，遣使密以遗诏示之。师古欲乘国丧侵噬邻境，乃集将士谓曰："圣上万福，而元素忽传遗诏，是反也，宜击之。"遂杖元素使者，发兵屯曹州，且告假道于汴。宣武节度使韩弘使谓曰："汝能越吾界而盗邪！有以相待，无为空言！"元素告急，弘使谓曰："吾在此，公安无恐。"或告："翦棘夷道，兵，且至矣，请备之。"弘曰："兵来，不除道也。"不为之应。师古诈穷变索，且闻上即位，乃罢兵。元素表请自贬，朝廷两慰解之。元素，泌之族弟也。

吴少诚以牛皮鞋材遗师古，师古以盐资少诚，潜过宣武界，事觉，弘皆留，输之库，曰："此于法不得以私相馈。"师古等皆惮之。

辛酉，诏数京兆尹道王实残暴掊敛之罪，贬通州长史；市井欢呼，皆袖瓦砾遮道伺之，实由间道获免。

（以上为第七段，写德宗崩，顺宗即位。宣武军韩弘威镇一方，李师古、吴少诚不敢因国丧而轻举妄动。）

壬戌，以殿中丞王伾为左散骑常侍，依前翰林待诏，苏州司功王叔文为起居舍人、翰林学士。

伾寝陋、吴语，上所亵狎；而叔文颇任事自许，微知文义，好言事，上以故稍敬之，不得如伾出入无阻。叔文入至翰林，而伾入至柿林院，见李忠言、牛昭容计事。大抵叔文依伾，伾依忠言，忠言依牛昭容，转相交结。每事先下翰林，使叔文可否，然后宣于中书，韦执谊承而行之。外党则韩泰、柳宗元等主采听外事。谋议唱和，日夜汲汲如狂，互相推奖，曰伊、曰周、曰管、曰葛，僴然自得，谓天下无人；荣辱进退，生于造次，惟其所欲，不拘程式。士大夫畏之，道路以目。素与往还者，相次拔擢，至一日除数人。其党或言曰，"某可为某官，"不过一二日，

二月十一日辛亥，顺宗任命吏部郎中韦执谊为尚书左丞、同平章事。王叔文想执掌国家大政，首先就让韦执谊担任宰相，自己在宫廷内当权，与韦执谊相互呼应。

二月十二日壬子，李师古派兵屯驻在本道西部边境上，威胁滑州。当时，朝廷通告国丧的使者还没有到各道去，义成军有一个牙将从京城长安回来，知道了德宗遗诏的内容，节度使李元素因为李师古是相邻的道，为了表示不把李师古当外人，派遣使者偷偷地将德宗的遗诏内容告诉了李师古。李师古却想乘国丧之机吞并邻道的土地，于是就召集将士对他们说："皇上万寿无疆，但李元素突然传布遗诏，这是反叛朝廷，我们应该攻打他。"于是就用军棍打李元素的使者，调兵屯驻曹州，而且派人去汴州向韩弘借路。宣武军节度使韩弘派人对李师古说："你能越过我的边界去做坏事吗？我等着你，绝不是说的空话！"李元素向韩弘告急，韩弘派使者对李元素说："有我在这里，请你放心，不用害怕。"有人告诉韩弘说："李师古正在砍除荆棘，填平道路，军队马上就要过来了，请对李师古做好防备。"韩弘说："如果真是军队开过来，就不清除道路了。"韩弘不作防备。李师古机变诈谋都用尽了，而且又听说顺宗已经继位，这才停止出兵。李元素上表朝廷请求将自己贬职，朝廷派人对李元素、李师古双方都劝慰安抚。李元素是李泌的族弟。

吴少诚把准备做靴子的牛皮赠送给李师古，李师古把食盐资助给吴少诚，他们的东西在偷偷经过宣武军境内时，被发现了，韩弘将这些东西全部扣留下来，送缴国库，说："按照国法规定，这些东西不能私下互相赠送。"李师古等人都害怕韩弘。

二月二十一日辛酉，顺宗下诏历数任京兆尹的道王李实残暴地搜刮百姓财物的罪过，将他贬职为通州长史。长安城内，大街小巷对此欢呼跳跃，人们都拿着砖头瓦块拦路等着他，李实由小路去通州，才逃避了百姓的惩罚。

二月二十二日壬戌，顺宗任命殿中丞王伾为左散骑常侍，仍然担任翰林待诏，任命苏州司功王叔文为起居舍人、翰林学士。

王伾相貌丑陋，一口吴地乡音，是顺宗十分亲近的人。但王叔文很以能够处理朝政为自豪，略微懂得一些文章义理，喜欢评论国家大事，顺宗因为这个缘故，对王叔文稍微还有点尊重，王叔文不像王伾那样通行无阻地出入宫禁。王叔文进入翰林院，而王伾进入柿林院，得以与李忠言和牛昭容商议事情。大抵上是王叔文依附王伾，王伾依附李忠信，李忠言依附牛昭容，他们互相间辗转交结。朝廷中的每件事情，总是交给翰林院，让王叔文先做裁断，然后向中书省宣示处理意见，由韦执谊接受后照着意思执行。他们在宫廷外的同党就有韩泰、柳宗元等，主持搜集朝廷内外的情报。他们商议事情一唱一和，日夜不停，就像发了狂一样。他们互相间彼

辄已得之。于是叔文及其党十余家之门，昼夜车马如市。客候见叔文、伾者，至宿其坊中饼肆、酒垆下，一人得千钱，乃容之。伾尤阘茸，专以纳贿为事，作大匮贮金帛，夫妇寝其上。

甲子，上御丹凤门，赦天下，诸色逋负，一切蠲免，常贡之外，悉罢进奉。贞元之末政事为人患者，如宫市、五坊小儿之类，悉罢之。

先是，五坊小儿张捕鸟雀于闾里者，皆为暴横以取人钱物，至有张罗网于门不许人出入者，或张井上使不得汲者，近之，辄曰"汝惊供奉鸟雀！"即痛殴之，出钱物求谢，乃去。或相聚饮食于酒食之肆，醉饱而去，卖者或不知，就索其直，多被殴詈；或时留蛇一囊为质，曰："此蛇所以致鸟雀而捕之者，今留付汝，幸善饲之，勿令饥渴。"卖者愧谢求哀，乃携挈而去。上在东宫，皆知其弊，故即位首禁之。

乙丑，罢盐铁使月进钱。先是，盐铁月进羡余而经入益少；至是，罢之。

三月，辛未，以王伾为翰林学士。

德宗之末，十年无赦，群臣以微过谴逐者皆不复叙用，至是始得量移。壬申，追忠州别驾陆贽、郴州别驾郑余庆、杭州刺史韩皋、道州刺史阳城赴京师。

贽之秉政也，贬驾部员外郎李吉甫为明州长史，既而徙忠州刺史。贽昆弟门人咸以为忧，至而吉甫忻然以宰相礼事之。贽初犹惭惧，后遂为深交。吉甫，栖筠之子。韦皋在成都，屡上表请以贽自代。贽与阳城皆未闻追诏而卒。

（以上为第八段，写永贞革新，顺宗罢进奉，罢宫市，取缔五坊小儿，平反和量

此吹捧，说谁是伊尹，谁是周公，谁是管仲，谁是诸葛亮。他们昂首挺胸得意非凡，认为天下没有什么人能超过他们。他们给人的荣耀、耻辱，升任、降贬，往往产生于仓促之间，只要他们想怎么做，并不考虑正常的程序。士大夫们害怕他们，不敢说什么，只能对他们怒目而视。一向同他们交往的人，一个接一个地被提拔，甚至有一天任命几个人官职的。他们的同伙有人说："某某可以担任某官。"不过一两天，那人就真的得到了那个官职。这样一来，王叔文及其同伙十几家的门口，昼夜车水马龙，如同闹市。等候晋见王叔文、王伾的客人，甚至有的住到他们那条街坊的饼店、酒坊中，每个人要交一千钱住宿费，店家才收留他们。王伾尤其卑贱猥琐，专门索取贿赂，他让人做了一个大柜子存放金银财宝，晚上，他们夫妇俩就睡在这个柜子上。

二月二十四日甲子，顺宗在丹凤门宣布大赦天下，下令免除百姓的各种欠债，将正常赋税收入以外的进贡全部停止。在贞元末年一些给百姓带来灾祸的措施，如宫市和五坊小儿等名目，全部撤除。

在此之前，在乡里张网捕捉鸟雀的五坊小儿们，都用残暴蛮横的手段索要百姓的钱财，甚至有在人家门前张网不准人出入，有在水井上张网不让人去取水，如果有人靠近，就说"你惊跑了供奉宫廷的鸟雀！"马上就把那人痛打一顿，那人拿出钱财来谢罪，五坊小儿们才离开。五坊小儿们有时候相聚在饭店酒馆吃喝，酒足饭饱之后大摇大摆地离去，有的店家不知道他们的身份，就赶上去向他们要酒饭钱，多半都要被他们又打又骂。有的还在酒足饭饱之后留下一袋蛇作抵押，对店家说："这些蛇是用来诱捕鸟雀的饵，现在把它们交给你，希望你好好地饲养，不要让它们饥渴。"店家害怕得连忙道歉、赔罪、求饶，他们才提着蛇袋离去。顺宗在东宫的时候，对这些弊病知道得十分清楚，所以继位之后首先就下令禁止。

二月二十五日乙丑，顺宗下令废除盐铁使的月进钱。在此之前，盐铁使每月都向朝廷进献所谓的盈余，但经常性的正当赋税却日益减少。到这时，顺宗下令废止。

三月初二日辛未，顺宗任命王伾为翰林学士。

德宗末年，十年之内没有赦免过罪犯，朝廷群臣中以小小过失被贬斥、流放的人，一概不再起用，到现在才得以甄别内迁。三月初三日壬申，顺宗下令追召忠州别驾陆贽、郴州别驾郑余庆、杭州刺史韩皋、道州刺史阳城回到京城长安。

陆贽在担任宰相，主持朝政时，把驾部员外郎李吉甫贬职为明州长史，不久，李吉甫调任忠州刺史。陆贽的兄弟和门人对此都十分忧虑，到了忠州之后，李吉甫很高兴地用对待宰相的礼仪对待陆贽。陆贽起初还感到惭愧疑惧，后来两人就渐渐成了交情很深的密友。李吉甫是代宗时期正直之臣李栖筠的儿子。西川节度使韦皋在成都，多次上奏朝廷请求让陆贽代替自己的职位。陆贽和阳城都没有听到皇帝下

移前朝贬逐之臣。）

丙戌，加杜佑度支及诸道盐铁转运使。以浙西观察使李锜为镇海节度使，解其盐铁转运使。锜虽失利权而得节旄，故反谋亦未发。

戊子，名徐州军曰武宁，以张愔为节度使。

加彰义节度使吴少诚同平章事。

以王叔文为度支、盐铁转运副使。先是叔文与其党谋，得国赋在手，则可以结诸用事人，取军士心，以固其权，又惧骤使重权，人心不服，借杜佑雅有会计之名，位重而务自全，易可制，故先令佑主其名，而自除为副以专之。叔文虽判两使，不以簿书为意，日夜与其党屏人窃语，人莫测其所为。

以御史中丞武元衡为左庶子。德宗之末，叔文之党多为御史，元衡薄其为人，待之莽卤。元衡为山陵仪仗使，刘禹锡求为判官，不许。叔文以元衡在风宪，欲使附己，使其党诱以权利，元衡不从，由是左迁。元衡，平一之孙也。

侍御史窦群奏屯田员外郎刘禹锡挟邪乱政，不宜在朝。又尝谒叔文，揖之曰："事固有不可知者。"叔文曰："何谓也？"群曰："去岁李实怙恩挟贵，气盖一时，公当此时，逡巡路旁，乃江南一吏耳。今公一旦复据其地，安知路旁无如公者乎！"其党欲逐之，韦执谊以群素有强直名，止之。

上疾久不愈，时扶御殿，群臣瞻望而已，莫有亲奏对者，中外危惧；思早立太子，而王叔文之党欲专大权，恶闻之。宦官俱文珍、刘光琦、薛盈珍皆先朝任使旧人，疾叔文、忠言等朋党专恣，乃启上召翰林学士郑絪、卫次公、李程、王涯入金銮殿，草立太子制。时牛昭容辈以广陵王淳英睿，恶之；絪不复请，书纸为"立嫡以长"字呈上；上颔之。癸巳，立淳为太子，更名纯。程，神符五世孙也。

诏将他们召回京城的消息就去世了。

三月十七日丙戌，顺宗加授杜佑为度支和诸道盐铁转运使。任命浙西观察使李锜为镇海节度使，解除了他的盐铁转运使职务。李锜虽然失去控制赋税财政的大权，却得到了节度使的旌节，所以他反叛朝廷的计划也就没有暴露出来。

三月十九日戊子，顺宗把徐州军改名为武宁军，任命张愔为节度使。

顺宗加授彰义军节度使吴少诚为同平章事。

顺宗任命王叔文为度支、盐铁转运副使。在这以前，王叔文与他的同党策划，如果将国家赋税收入的权力操在手中，那么就可以用它来结交权贵，收买军心，借以巩固自己的权力，但他们又害怕突然一下子掌握大权，朝野内外，人心不服，就借杜佑向来有擅长理财的名声，而又知道他地位很高，又一味地自我保全，比较容易控制，所以先让杜佑在名义上作主管，而任命自己为副职来掌管大权。王叔文虽然身兼度支、盐铁转运两使的职位，但对这两使所要管辖的事务账目并不放在心上，整日整夜地与他的同党避开别人，暗中商谈，别人都弄不清楚他们在干什么。

顺宗任命御史中丞武元衡为左庶子。德宗末年，王叔文的同党多半担任御史职务，武元衡瞧不起这些人，对待他们随随便便。武元衡担任皇陵仪仗使的时候，刘禹锡要求做判官，他没有答应。王叔文因为武元衡在御史台担任主管中丞之职，希望武元衡依附自己，就让同党以权力、利益去诱惑、拉拢武元衡，武元衡毫不理睬，因此就被降职为左庶子。武元衡是武则天时期的隐士武平一的孙子。

侍御史窦群上奏朝廷说屯田员外郎刘禹锡存邪恶之心，扰乱朝政，不应该留在朝廷内。窦群又曾经拜访过王叔文，对王叔文行礼说："任何事情，本来就是无法预料的。"王叔文问："你说的是什么意思？"窦群回答说："去年，李实凭仗皇上的恩宠和自己地位的尊贵，一时间，气焰压倒了众人，你那个时候，还在官场边上徘徊，不过是江南的一名小吏而已。现在你顶替了李实的位子，怎么知道在官场边上没有像你这样的人呢？"王叔文的同党准备将窦群贬职流放，韦执谊认为窦群一向有刚强正直的名声，阻止了他们。

顺宗的病长久好不了，经常在人的扶持下上殿，朝廷群臣不过就是远远瞻望一下而已，没有人能与顺宗亲自奏对政事，朝廷内外的人都感觉到危险和恐惧，希望尽快册立太子。但王叔文的同党们想专揽朝廷大权，不喜欢听册立太子的话。宦官俱文珍、刘光琦、薛盈珍都是先朝受重用的旧人，痛恨王叔文、李忠信等结成朋党独断专行，于是启奏顺宗召翰林学士郑絪、卫次公、李程、王涯进金銮殿草拟册立太子的制书。当时牛昭容等人因为广陵王李淳英明睿智，就讨厌李淳。郑絪不再禀问，只在纸上写了"册立嫡长子"几个字呈献给顺宗，顺宗点头认可。三月二十四

贾耽以王叔文党用事，心恶之，称疾不出，屡乞骸骨。丁酉，诸宰相会食中书。故事，宰相方食，百寮无敢谒见者。叔文至中书，欲与执谊计事，令直省通之，直省以旧事告，叔文怒，叱直省。直省惧，入白。执谊逡巡惭赧，竟起迎叔文，就其阁语良久。杜佑、高郢、郑珣瑜皆停箸以待，有报者云："叔文索饭，韦相公已与之同食阁中矣。"佑、郢心知不可，畏叔文、执谊，莫敢出言。珣瑜独叹曰："吾岂可复居此位！"顾左右，取马径归，遂不起。二相皆天下重望，相次归卧，叔文、执谊益无所顾忌，远近大惧。

（以上为第九段，写王叔文、王伾等专权用事。）

夏，四月，壬寅，立皇弟谔为钦王，诫为珍王；子经为郯王，纬为均王，纵为溆王，纾为莒王，绸为密王，总为郇王，约为邵王，结为宋王，缃为集王，綵为冀王，绮为和王，绚为衡王，纁为会王，绾为福王，纮为抚王，绲为岳王，绅为袁王，纶为桂王，缂为翼王。

乙巳，上御宣政殿，册太子。百官睹太子仪表，退，皆相贺，至有感泣者，中外大喜。而王叔文独有忧色，口不敢言，但吟杜甫题《诸葛亮祠堂》诗曰："出师未捷身先死，长使英雄泪满襟。"闻者哂之。

先是，太常卿杜黄裳为裴延龄所恶，留滞台阁，十年不迁，及其婿韦执谊为相，始迁太常卿。黄裳劝执谊帅群臣请太子监国，执谊惊曰："丈人甫得一官，奈何启口议禁中事！"黄裳勃然曰："黄裳受恩三朝，岂得以一官相买乎！"拂衣起出。

戊申，以给事中陆淳为太子侍读，仍更名质。韦执谊自以专权，恐太子不悦，故以质为侍读，使潜伺太子意，且解之。及质发言，太子怒曰："陛下令先生为寡人讲经义耳，何为预他事！"质惶惧而出。

日癸巳，册立李淳为太子，改名为李纯。李程是淮安王李神通弟弟李神符的五世孙。

宰相贾耽因为王叔文的同党专政，十分讨厌他们，声称有病，不上朝办公，多次请求退休回乡。三月二十八日丁酉，各位宰相在中书省内会餐。以前的惯例，宰相们正在吃饭的时候，朝廷文武百官没有谁敢去拜见的。这一天，王叔文到了中书省，想与韦执谊商量事情，让中书省中值班的人去通报，值班的人将这一惯例告诉王叔文，王叔文大怒，叱骂值班的人。值班的人害怕了，进去告诉韦执谊。韦执谊犹豫不决，脸色通红，最后还是起身迎接王叔文，到王叔文办公的阁子里谈论了很久。杜佑、高郢、郑珣瑜都停下筷子等待韦执谊，有人来通报说："王叔文要吃饭，韦相公已经与王叔文在阁子中一起吃饭了。"杜佑、高郢心里都清楚这件事是不对的，但都害怕王叔文、韦执谊，不敢说什么。只有郑珣瑜一个人叹息道："我岂能再在这个位子上坐下去了！"看了左右的人一眼，就牵马径直回家去了，于是就不再上朝办公。贾耽、郑珣瑜两位宰相都是德高望重的人物，他们相继归家，隐退下去，王叔文和韦执谊就更加没有顾虑。朝廷内外的人都十分害怕他们。

夏季，四月初三日壬寅，册立顺宗的弟弟李谔为钦王，李诚为珍王。册立皇子李经为郯王，李纬为均王，李纵为溆王，李纾为莒王，李绸为密王，李总为郇王，李约为邵王，李结为宋王，李缃为集王，李絿为冀王，李绮为和王，李绚为衡王，李纁为会王，李绾为福王，李纮为抚王，李绲为岳王，李绅为袁王，李纶为桂王，李缂为翼王。

四月初六日乙巳，顺宗上宣政殿册立太子。朝廷文武百官目睹太子仪表堂堂，退朝以后，都互相祝贺，甚至有感动得哭泣的，朝野内外都十分欢喜。只有王叔文一个人面带忧虑的神色，口里不敢说什么，只是吟诵杜甫题写的《蜀相》一诗中的句子："出师未捷身先死，长使英雄泪满襟。"听到的人都讥笑王叔文。

在此之前，太常卿杜黄裳遭到权臣裴延龄的迫害，一直停留在侍御史的职位上，十年得不到升迁。后来女婿韦执谊做了宰相，杜黄裳才升任太常卿。杜黄裳劝韦执谊率领朝中群臣请求太子代理国政，韦执谊吃惊地说："岳丈大人刚刚才得升任官职，为什么一开口就谈论宫禁中的事情呢？"杜黄裳顿时勃然大怒，说："我杜黄裳蒙受肃宗皇帝、代宗皇帝、德宗皇帝三朝的恩典，怎么能给一个官职就收买了我呢？"说完将衣袖一甩，生气地离开了。

四月初九日戊申，顺宗任命给事中陆淳为太子侍读，将陆淳的名字改为陆质。韦执谊自己感觉到专揽朝政，恐怕太子不满，因此让陆质担任侍读，要陆质暗中窥伺太子的意见，而且加以劝解。等到陆质就事情发表意见时，太子愤怒地说："陛下只让先生为我讲解经书义理，先生为什么要干预其他事情呢？"陆质十分恐惧地退

五月，辛未，以右金吾大将军范希朝为左、右神策京西诸城镇行营节度使。甲戌，以度支郎中韩泰为其行军司马。王叔文自知为内外所憎疾，欲夺取宦官兵权以自固，藉希朝老将，使主其名，而实以泰专其事；人情不测其所为，益疑惧。

辛卯，以王叔文为户部侍郎，依前充度支、盐铁转运副使。俱文珍等恶其专权，削去翰林之职。叔文见制书，大惊，谓人曰："叔文日时至此商量公事，若不得此院职事，则无因而至矣。"王伾即为疏请，不从。再疏，乃许三五日一入翰林，去学士名。叔文始惧。

六月，己亥，贬宣歙巡官羊士谔为汀州宁化尉。士谔以公事至长安，遇叔文用事，公言其非。叔文闻之，怒，欲下诏斩之，执谊不可；则令杖煞之，执谊又以为不可；遂贬焉。由是叔文始大恶执谊，往来二人门下者皆惧。

先时，刘辟以剑南支度副使将韦皋之意于叔文，求都领剑南三川，谓叔文曰："太尉使辟致微诚于公，若与某三川，当以死相助；若不与，亦当有以相酬。"叔文怒，亦将斩之，执谊固执不可。辟尚游长安未去，闻贬士谔，遂逃归。执谊初为叔文所引用，深附之，既得位，欲掩其迹，且迫于公议，故时时为异同；辄使人谢叔文曰："非敢负约，乃欲曲成兄事耳！"叔文诟怒，不之信，遂成仇怨。

癸丑，韦皋上表，以为："陛下哀毁成疾，重劳万机，故久而未安，请权令皇太子亲监庶政，候皇躬痊愈，复归春宫。臣位兼将相，今之所陈，乃其职分。"又上太子笺，以为："圣上远法高宗，亮阴不言，委政臣下，而所付非人。王叔文、王伾、李忠言之徒，辄当重任，赏罚任情，堕纪紊纲。散府库之积以赂权门。树置心腹；遍于贵位；潜结左右，忧在萧墙。窃恐倾太宗盛业，危殿下家邦，愿殿下即日奏闻，斥逐群小，

了出来。

五月初三日辛未，顺宗任命左金吾大将军范希朝为左、右神策军驻守京西各镇的行营节度使。五月初六日甲戌，顺宗任命度支郎中韩泰为范希朝的行军司马。王叔文自己知道被朝野内外的人所憎恶痛恨，打算剥夺宦官们的兵权以加强自己的地位，借范希朝是军中老将的名义，让范希朝做挂名的主管，实际上让韩泰掌管军中大权。上上下下的人都摸不透王叔文想干什么，大家更加怀疑害怕。

五月二十三日辛卯，顺宗任命王叔文为户部侍郎，仍然充任度支、盐铁转运副使。宦官俱文珍等人憎恨王叔文专揽朝政，削去了他的翰林职务。王叔文看到削除他翰林一职的文书后，大吃一惊，对人说："我每时每日到翰林院去商量国家大事，如果不担任翰林院的职务，那就没有理由去那里了。"王伾马上就上疏顺宗，为求情，顺宗不答应。王伾再次上疏，顺宗才允许王叔文每隔三五天去翰林院一趟，但削除了王叔文翰林院学士的头衔。王叔文这才开始恐惧起来。

六月初二日己亥，顺宗下令贬职宣歙巡官羊士谔为汀州宁化县尉。羊士谔因为办公事到了长安城，碰上王叔文专揽朝政，就公开抨击王叔文，王叔文得知这一消息后，十分恼怒，打算让顺宗下诏杀了羊士谔，宰相韦执谊不同意。王叔文又要下令用军棍打死羊士谔，韦执谊还是不同意。于是王叔文就将羊士谔贬职。从此以后，王叔文就开始十分痛恨韦执谊了，而在王、韦二人门下经常往来的人都很恐惧。

在早些时候，刘辟以剑南支度副使的身份奉韦皋之命，把韦皋的意图转达给王叔文，要求统领剑南三川地区，刘辟对王叔文说："韦太尉让我向您致意，如果将剑南三川地区给我韦某统领的话，我就竭尽死力来帮助您。如果不给的话，我韦某也自当有办法来回报您。"王叔文十分生气，也准备下令杀了刘辟，韦执谊坚持认为这不行。刘辟当时还在长安城内逗留，没有离开，听说羊士谔被贬职的消息后，就逃回去了。韦执谊最初是因为王叔文的推荐才被顺宗重用的，十分依附王叔文。但当得到宰相职位后，为了掩盖与王叔文的这层关系，而且迫于公众舆论的压力，因此就经常与王叔文的意见不同。事后他就派人去向王叔文道歉说："我并不是敢违背我们之间的约定，只是想用多种方法来成全仁兄的大事！"王叔文怒气冲冲地侮骂，不相信韦执谊，于是两人就成为仇敌。

六月十六日癸丑，韦皋上奏表，认为："陛下因为失去亲人而悲痛，损坏了身体，以至于得了病，又加上操劳国事，日理万机，所以身体很久都还不能复原，请陛下暂时让皇太子亲自监理朝政，等候身体完全好了，再让皇太子回到东宫去。臣身兼将领和宰相之职，现在陈奏的事情，完全是自己分内的事情。"他又给太子上了一份奏疏，认为："圣上遥仿高宗皇帝，居丧不理朝政，将政事都委任给臣下，但所托付的人选不合适。像王叔文、王伾、李忠言之徒，轻易地承担处理朝廷大政的重

使政出人主，则四方获安。”皋自恃重臣，远处西蜀，度王叔文不能动摇，遂极言其奸。俄而荆南节度使裴均、河东节度使严绶笺表继至，意与皋同，中外皆倚以为援，而邪党震惧。均，光庭之曾孙也。

（以上为第十段，写王叔文与韦执谊交恶，革新派发生内讧而势分，王叔文刚愎自用，内结怨于众朝臣，外受韦皋等重镇之逼，危如累卵，朝不保夕。）

王叔文既以范希朝、韩泰主京西神策军，诸宦者尚未寤。会边上诸将各以状辞中尉，且言方属希朝。宦者始寤兵柄为叔文等所夺，乃大怒曰：“从其谋，吾属必死其手。”密令其使归告诸将曰：“无以兵属人。”希朝至奉天，诸将无至者。韩泰驰归白之，叔文计无所出，唯曰：“奈何！奈何！”无几，其母病甚。丙辰，叔文盛具酒馔，与诸学士及李忠言、俱文珍、刘光琦等饮于翰林。叔文言曰：“叔文母病，以身任国事之故，不得亲医药，今将求假归侍。叔文比竭心力，不避危难，皆为朝廷之恩。一旦去归，百谤交至，谁肯见察以一言相助乎？”文珍随其语辄折之，叔文不能对，但引满相劝，酒数行而罢。丁巳，叔文以母丧去位。

秋，七月，丙子，加李师古检校侍中。

王叔文既有母丧，韦执谊益不用其语。叔文怒，与其党日夜谋起复，必先斩执谊而尽诛不附己者，闻者恟惧。

自叔文归第，王伾失据，日诣宦官及杜佑请起叔文为相，且总北军；既不获，则请以为威远军使、平章事，又不得；其党皆忧悸不自保。是日，伾坐翰林中，疏三上，不报，知事不济，行且卧，至夜，忽叫曰：“伾中风矣！”明日，遂舆归不出。己丑，以仓部郎中、判度支案陈谏为河中少尹；伾、叔文之党至是始去。

任，他们奖赏和惩罚一味地凭自己的好恶，败坏了法纪，扰乱了政纲。他们将国库中的钱财拿出来贿赂权门贵族，培植心腹党羽，让他们处在显要位置上。暗中与皇帝身边的人相勾结，祸患就在萧墙之内。臣私下担心他们会倾毁了太宗皇帝所建立起来的江山大业，危及殿下的家国，希望殿下立即将此事向皇帝奏报，驱逐这帮小人，使一切政令重新掌握在君王的手中，那么天下就会获得安宁。”韦皋凭借自己是朝廷重臣，又远在西蜀之地，预料到王叔文不能动摇自己的地位，于是就极力将王叔文的奸邪之事都说了出来。不久，荆南节度使裴均、河东节度使严绶的表章、奏疏都相继到了朝廷，所谈的意见与韦皋相同，朝廷内外的人都依靠他们作为援助，而王叔文的邪奸之党因此受震动而恐惧。裴均是玄宗皇帝时期的宰相裴光庭的曾孙。

王叔文任用范希朝、韩泰主管京城西边驻扎的神策军后，各个宦官还没有醒悟过来。等到守卫边疆的各位将领以各种理由向护军中尉辞别，而且都说将要隶属于范希朝。宦官们这才意识到自己的兵权被王叔文等人夺走了，于是十分恼怒地说：“如果让他们的计谋得逞，那我们这些人都将死在他们手里。”于是秘密下令各军的使者们回去后告诉将领说：“不要带着军队隶属于别人。”范希朝到了奉天，各位将帅没有一个赶去的。韩泰骑马赶回朝廷，将事情对王叔文说了，王叔文已无计可施，只是说：“这该怎么办！这该怎么办！”没过几天，王叔文的母亲病得很厉害。六月十九日丙辰，王叔文在翰林院中置办很丰盛的酒席，宴请翰林院的各位学士以及李忠言、俱文珍、刘光琦等人。王叔文说道：“我的母亲病了，因为我一直承担着处理国家大事的重任，不能够亲自侍奉汤药，现在将告假回家侍候母亲。我王叔文竭心尽力，不避任何危难的事情，都是因为身受了皇帝的恩典。要是我一旦离开朝廷，各种毁谤都会纷纷而来，谁能体察我的苦心，帮我说一句话呢？”俱文珍跟着他的话头一一驳斥，王叔文不能回答，只是给各位斟满酒杯劝大家喝酒，酒过几巡就散席了。六月二十日丁巳，王叔文因为母亲去世而离职。

秋季，七月初九日丙子，顺宗加封李师古为检校侍中。

王叔文因为母丧离职在家，韦执谊更加不采纳他的意见。王叔文很恼火，与同党日夜策划重新回朝廷担任旧职，而且扬言一定要先杀了韦执谊，铲除那些不依附自己的人，听说这事的人都极为害怕。

自从王叔文回家守丧之后，王伾便失去了依靠，每天都跑到宦官和宰相杜佑那里请求起用王叔文为宰相，并且统领神策军。这个目的没达到，又请求任命王叔文为威远军使、平章事，也没有达到目的。他们的党羽都担惊受怕，感到难以自我保全。这一天，王伾坐在翰林院中，三次上疏顺宗，都得不到回应，王伾知道事情成功不了，急得坐卧不安，到了夜晚，忽然大叫一声：“我中风了！”第二天，就坐车

癸巳，横海军节度使程怀信薨，以其子副使执恭为留后。

乙未，制以“积疾未复，其军国政事，权令皇太子纯句当。”时内外共疾王叔文党与专恣，上亦恶之；俱文珍屡启上请令太子监国，上固厌倦万机，遂许之。又以太常卿杜黄裳为门下侍郎，左金吾大将军袁滋为中书侍郎，并同平章事。俱文珍等以其旧臣，故引用之。又以郑珣瑜为吏部尚书，高郢为刑部尚书，并罢政事。太子见百官于东朝堂，百官拜贺；太子涕泣，不答拜。

八月，庚子，制“令太子即皇帝位，朕称太上皇，制敕称诰。”

辛丑，太上皇徙居兴庆宫，诰改元永贞，立良娣王氏为太上皇后。后，宪宗之母也。

壬寅，贬王伾开州司马，王叔文渝州司户。伾寻病死贬所。明年，赐叔文死。

（以上为第十一段，写王叔文因母丧离职，革新派倒了支柱。顺宗禅位宪宗，王叔文等立即遭斥逐。永贞革新历八个月而失败。）

乙巳，宪宗即位于宣政殿。

丙午，升平公主献女口五十。上曰：“上皇不受献，朕何敢违！”遂却之。庚戌，荆南献毛龟二，上曰：“朕所宝惟贤。嘉禾、神芝，皆虚美耳，所以《春秋》不书祥瑞。自今凡有嘉瑞，但准令申有司，勿复以闻。及珍禽奇兽，皆毋得献。”

癸丑，西川节度使南康忠武王韦皋薨。皋在蜀二十一年，重加赋敛，丰贡献以结主恩，厚给赐以抚士卒，士卒婚嫁死丧，皆供其资费，以是得久安其位而士卒乐为之用，服南诏，摧吐蕃。幕僚岁久官崇者则为刺史，已复还幕府，终不使还朝，恐泄其所为故也。府库既实，时宽其民，

回家，不再出门。七月二十二日己丑，顺宗任命仓部郎中、判度支案陈谏为河中府少尹。王伾、王叔文的党羽从这时开始渐渐在朝廷中失势。

七月二十六日癸巳，横海军节度使程怀信去世，顺宗任命程怀信的儿子节度副使程执恭为留后。

七月二十八日乙未，顺宗下诏书说："由于朕患病已久，没有康复，国家的军政大事，暂时让皇太子李纯代理。"当时，朝野内外都痛恨王叔文的党羽们独断专行，顺宗对此也很厌恶，俱文珍多次上奏顺宗，请求让太子监理国政，顺宗本来就厌倦了日理万机的繁忙，于是就同意了。顺宗又任命太常卿杜黄裳为门下侍郎，任命左金吾大将军袁滋为中书侍郎，两人一同担任同平章事。俱文珍等人因为他们是前朝的旧臣，所以就推荐给顺宗任用。顺宗又任命郑珣瑜为吏部尚书，任命高郢为刑部尚书，但同时罢免了他们的宰相职权。太子在东朝堂接见朝廷文武百官，百官向太子行礼道贺，太子伤心得哭了起来，不回大臣们的礼。

八月初四日庚子，顺宗制书称："让太子继承皇位，朕号称太上皇，朕颁布的制书、敕令称为诰。"

八月初五日辛丑，太上皇移居兴庆宫，下诰书改年号为永贞，册立良娣王氏为太上皇后。太上皇后是宪宗皇帝的生母。

八月初六日壬寅，宪宗贬王伾为开州司马，贬王叔文为渝州司户。王伾不久就死在被贬的地方。第二年，宪宗下令让王叔文自杀。

八月初九日乙巳，宪宗皇帝在宣政殿继承皇位。

八月初十日丙午，升平公主进献女子五十人，宪宗说："连太上皇都不接受进献，朕怎么能违背这一规定呢？"于是就拒绝了。八月十四日庚戌，荆南节度使向宫廷进献了两个长毛的乌龟，宪宗说："朕所当成宝贝的只有贤才。像嘉禾、神芝这些东西，都只有一个空的好名，因此《春秋》这本书上不记载祥兆瑞征。从今以后，凡是有什么美好的征兆，只准上报有关部门知道，不要再报告给朝廷。另外，也不要向朝廷进献珍禽奇兽。"

八月十七日癸丑，西川节度使、南康忠武王韦皋去世。韦皋镇守蜀地二十一年，加重对老百姓征收赋税，向朝廷进献很多东西，用来加强君主的恩宠，给将士的待遇很优厚，将士家里有婚嫁死丧的事情，韦皋都向他们提供钱财资助，因此，韦皋能够长时间安稳地坐在官位上，而将士们也乐意为韦皋效力，韦皋招服南诏，打垮

三年一复租赋，蜀人服其智谋而畏其威，至今画像以为土神，家家祀之。

支度副使刘辟自为留后。

朗州武陵、龙阳江涨，流万余家。

壬午，奉义节度使伊慎入朝。

辛卯，夏绥节度使韩全义入朝。全义败于溵水而还，不朝觐而去，上在藩邸，闻其事而恶之；全义惧，乃请入朝。

刘辟使诸将表求节钺，朝廷不许；己未，以袁滋为剑南东、西川、山南西道安抚大使。

度支奏裴延龄所置别库，皆减正库之物别贮之。请并归正库，从之。

辛酉，遣度支、盐铁转运副使潘孟阳宣慰江、淮，行视租赋、榷税利害，因察官吏否臧，百姓疾苦。

癸亥，以尚书左丞郑余庆同平章事。

九月，戊辰，礼仪使奏："曾太皇太后沈氏岁月滋深，迎访理绝。按晋庾蔚之议，寻求三年之外，俟中寿而服之。伏请以大行皇帝启攒宫日，皇帝帅百官举哀，即以其日为忌。"从之。

壬申，监修国史韦执谊奏，始令史官撰《日历》。

己卯，贬神策行军司马韩泰为抚州刺史，司封郎中韩晔为池州刺史，礼部员外郎柳宗元为邵州刺史，屯田员外郎刘禹锡为连州刺史。

冬，十月，丁酉，右仆射、同平章事贾耽薨。

戊戌，以中书侍郎、同平章事袁滋同平章事，充西川节度使；征刘辟为给事中。

舒王谊薨。

太常议曾太皇太后谥曰睿真皇后。

山人罗令则自长安如普润，矫称太上皇诰，征兵于秦州刺史刘澭，

吐蕃。幕僚在幕府内时间长了，官位高了，就外放他们去做刺史，做了一任刺史以后还是回到幕府来，始终不让他们回朝廷去，这是因为担心他们会泄露自己在这里干了些什么的缘故。仓库充实以后，就经常宽免百姓，隔三年就免除他们一年的租赋，蜀人佩服韦皋的智谋，同时又害怕韦皋的威权，至今还画韦皋的像当作神供奉，家家都祭祀。

西川支度副使刘辟自己担任留后职务。

朗州的武陵、龙阳一带江水上涨，淹没了一万多户人家。

八月壬午（疑误）这一天，奉义节度使伊慎入朝觐见。

八月辛卯（疑误）这一天，夏绥节度使韩全义入朝觐见。韩全义在溵水打了败仗后回朝，没有朝见德宗就去了镇所，那时，宪宗还是藩王，听到这事后痛恨韩全义。韩全义害怕了，于是就进京入朝。

刘辟让各位将领上表朝廷为自己请求节度使的旌节，朝廷不答应。八月二十三日己未，宪宗任命袁滋为剑南东川、西川和山南西道的安抚大使。

度支上奏裴延龄以前所设置的别库，都是将正库的钱扣减下来以后另外贮存的，请求将这些东西归藏正库，宪宗答应了。

八月二十五日辛酉，宪宗派遣度支、盐铁转运副使潘孟阳去江淮一带安抚慰问，巡视租税和各项专卖物品的利弊得失，顺便考察官员们的好坏以及老百姓的疾苦。

八月二十七日癸亥，宪宗任命尚书左丞郑余庆为同平章事。

九月初二日戊辰，礼仪使上奏宪宗说："曾太皇太后沈氏失踪已经很久了，按情理已经没有寻访迎接回来的可能。根据晋朝庾蔚之的说法，寻找亲人三年以后还没有找到的话，便等到他（她）八十岁寿辰的时候，为他（她）服丧。请在大行德宗皇帝开启攒宫，即行葬礼的日子，由陛下率朝廷文武百官前去哭祭志哀，就把这一天定为曾太皇太后沈氏的忌日。"宪宗采取了这个意见。

九月初六日壬申，监修国史的韦执谊上奏说，已开始下令史官编撰《日历》。

九月十三日己卯，宪宗贬神策军行军司马韩泰为抚州刺史，贬司封郎中韩晔为池州刺史，贬礼部员外郎柳宗元为邵州刺史，贬屯田员外郎刘禹锡为连州刺史。

冬季，十月初二日丁酉，右仆射、同平章事贾耽去世。

十月初三日戊戌，宪宗任命中书侍郎、同平章事袁滋为同平章事，充任西川节度使。征召刘辟入朝担任给事中。

舒王李谊去世。

太常寺商议给曾太皇太后沈氏立谥号为"睿真皇后"。

平民罗令则从长安到普润去，假称是太上皇的命令，向秦州刺史刘澭征调军队，

且说濉以废立；濉执送长安，并其党杖杀之。

己酉，葬神武孝文皇帝于崇陵，庙号德宗。

十一月，己巳，祔睿真皇后、德宗皇帝主于太庙。礼仪使杜黄裳等议，以为：“国家法周制，太祖犹后稷，高祖犹文王，太宗犹武王，皆不迁。高宗在三昭三穆之外，请迁主于西夹室。”从之。

壬申，贬中书侍郎、同平章事韦执谊为崖州司马。执谊以尝与王叔文异同，且杜黄裳婿，故独后贬。然叔文败，执谊亦自失形势，知祸将至，虽尚为相，常不自得，奄奄无气，闻人行声，辄惶悸失色，以至于贬。

戊寅，以韩全义为太子少保，致仕。

刘辟不受征，阻兵自守；袁滋畏其强，不敢进。上怒，贬滋为吉州刺史。

复以右庶子武元衡为御史中丞。

朝议谓王叔文之党或自员外郎出为刺史，贬之太轻；己卯，再贬韩泰为虔州司马，韩晔为饶州司马，柳宗元为永州司马，刘禹锡为朗州司马；又贬河中少尹陈谏为台州司马，和州刺史凌准为连州司马，岳州刺史程异为郴州司马。

回鹘怀信可汗卒，遣鸿胪少卿孙杲临吊，册其嗣为腾里野合俱录毗伽可汗。

十二月，甲辰，加山南东道节度使于頔同平章事。

以奉义节度使伊慎为右仆射。

己酉，以给事中刘辟为西川节度副使、知节度事。上以初嗣位，力未能讨故也。右谏议大夫韦丹上疏，以为：“今释辟不诛，则朝廷可以指臂而使者，惟两京耳。此外谁不为叛！”上善其言。壬子，以丹为东川节度使。丹，津之五世孙也。

辛酉，百官请上上皇尊号曰应乾圣寿太上皇；上尊号曰文武大圣孝

而且劝说刘澭废掉宪宗。刘澭将罗令则抓起来押送到长安城，罗令则及其同党都被杖杀。

十月十四日己酉，葬神武孝文皇帝于崇陵，庙号为德宗。

十一月初四日己巳，将睿真皇后和德宗的神主安置在太庙中合祭。礼仪使杜黄裳等人商议后，认为："国家效法周朝的规定，太祖犹如后稷，高祖犹如周文王，太宗犹如周武王，他们的神主都不能迁移。但高宗已经位列三昭三穆之外了，请将高宗的神主迁移到西夹室中去。"顺宗同意了。

十一月初七日壬申，宪宗贬中书侍郎、同平章事韦执谊为崖州司马。韦执谊因为曾经时常与王叔文意见不合，而且是宰相杜黄裳的女婿，所以得以最后才被贬职。但王叔文失败后，韦执谊也自然失去了原来的权势基础，知道大祸就要降临，虽然还担任着宰相职务，但却经常坐卧不宁，神形疲惫，有气无力，听到行人走路的声音，都会惊恐万分，丧神失色，这种情况一直到被贬职。

十一月十三日戊寅，宪宗任命韩全义为太子少保，韩全义退休。

刘辟不接受朝廷的征召，布防军队，自我守卫。袁滋害怕刘辟的势力强大，不敢前去西川。宪宗很生气，将袁滋贬为吉州刺史。

宪宗将右庶子武元衡重新起用为御史中丞。

朝廷大臣商议认为王叔文的党羽有的从朝廷的员外郎放出去任刺史，所受处分太轻了。十一月十四日己卯，朝廷再次将韩泰贬职为虔州司马，将韩晔贬职为饶州司马，将柳宗元贬职为永州司马，将刘禹锡贬职为朗州司马。又将河中府少尹陈谏贬职为台州司马，将和州刺史凌准贬职为连州司马，将岳州刺史程异贬职为郴州司马。

回鹘的怀信可汗去世，宪宗派遣鸿胪寺少卿孙杲前去吊唁，并册封怀信可汗的儿子为滕里野合俱录毗伽可汗。

十二月初九日甲辰，宪宗加授山南东道节度使于頔为同平章事。

宪宗任命奉义节度使伊慎为右仆射。

十二月十四日己酉，宪宗任命给事中刘辟为西川节度副使，代理节度使的事务。这是因为宪宗觉得才继位，没有力量去讨伐刘辟的缘故。右谏议大夫韦丹上疏宪宗，认为："现在放了刘辟而不去惩治，那么朝廷能够灵活调动、指挥的就只有东京洛阳、西京长安的军队了。这两地之外的军队，谁还不想反叛朝廷呢？"宪宗觉得韦丹说得很好。十二月十七日壬子，宪宗任命韦丹为东川节度使。韦丹是韦津的五世孙。

十二月二十六日辛酉，朝廷文武百官请求给太上皇顺宗上尊号为"应乾圣寿太

德皇帝。上许上上皇尊号而自辞不受。

壬戌，以翰林学士郑细为中书侍郎、同平章事。

以刑部郎中杜兼为苏州刺史。兼辞行，上书称李锜且反，必奏族臣；上然之，留为吏部郎中。

（以上为第十二段，写宪宗即位，葬德宗，调整太庙祖宗神位，全面贬逐永贞革新之臣，被贬重臣为司马者八人，故史有八司马之称。）

上皇”，给宪宗上尊号为“文武大圣孝德皇帝”。宪宗允许给太上皇顺宗上“应乾圣寿太上皇”的尊号，但自己却拒绝接受尊号。

十二月二十七日壬戌，宪宗任命翰林学士郑䌹为中书侍郎、同平章事。

宪宗任命刑部郎中杜兼为苏州刺史。杜兼向皇帝辞行时，上书奏称李锜将要造反，就一定会上奏将自己的全家杀了。宪宗觉得杜兼说得对，将杜兼留在朝廷担任吏部郎中。

【点评】

本卷点评永贞革新和八司马之贬。

一、永贞革新。公元805年，唐顺宗永贞元年。正月二十三日，德宗崩，二十六日皇太子李诵即位，是为唐顺宗。当年八月九日，顺宗禅位皇太子李纯，是为唐宪宗。顺宗即位时，已得中风病。口不能言，在位只有八个月。一个不能说话的而在位又只有几个月的皇帝，却干了一件惊天动地的大事，改革德宗弊政，吹响了反宦官、反割据的号角，虽然失败了，但这场革新的政治运动在中唐，乃至在中国政治史上产生深远影响，史称永贞革新。主持革新的领袖人物为王伾、王叔文，赞助革新的有韦执谊、韩晔、韩泰、陈谏、柳宗元、刘禹锡、凌准、程异等八人。革新失败，十人全都遭贬，都为远州司马。史又称永贞革新为二王八司马之变。

永贞革新的最高目的是打击宦官和藩镇割据。顺宗为皇太子二十余年，亲身参加奉天保卫战，经历过艰难困苦，对宦官专权和藩镇割据深恶痛绝。对宦官祸国的认识尤深，“未尝以颜色假借宦官”。所以顺宗即位伊始，立即引用王伾、王叔文等人推行改革。永贞革新首先从革除弊政入手。罢进奉、罢宫市、取缔五坊小儿、平反和量移前朝被贬大臣。召陆贽、阳城还京。不过陆贽、阳城还没有等到还京追诏，永贞革新就失败了，陆贽最终死于贬所忠州。

藩镇割据与宦官专政是革新最要害的两个课题。西川节度使韦皋在王叔文当政后，派刘辟到京师威胁利诱王叔文，要求朝廷授命韦皋兼任东川和山南节度使，想领有剑南三川，即西川、东川、山南广大地盘，扩张割据势力。王叔文毫不假借，下令斩杀刘辟，刘辟狼狈逃跑。为了铲除宦官专权，王叔文启用朔方老将范希朝为左右神策、京西诸城镇行营节度使，以韩泰为行军司马，接管宦官手中的兵权。此举被宦官觉察，密令各镇诸将抗拒范希朝、韩泰，事情未果。宦官集团立即发动反扑，与藩镇勾结，内外攻击革新派。西川节度使韦皋、荆南节度使裴均、河东节度严绶，纷纷上表朝廷施压，称顺宗久病，防止王叔文等奸人窃国，要求立太子，让皇太子监国。许多守旧官僚站到宦官集团一边，四月初六日立皇太子，八月初六日皇太子李纯即位，顺宗禅让。宦官集团首领是俱文珍，他釜底抽薪，用宫廷政变废了顺宗。永贞革新宣告失败。

俱文珍发动的宫廷政变，以和平手段冠冕为“禅让”，实际上已开了唐代宦官挟兵权擅废立的恶例。

二、八司马之贬。被打为王叔文同党遭贬的八司马是：贬韦执谊为崖州司马，贬韩晔为饶州司马，贬韩泰为虔州司马，贬陈谏为台州司马，贬柳宗元为永州司马，贬刘禹锡为朗州司马，贬凌准为连州司马，贬程异为郴州司马。点评八司马之贬，旨在说明永贞革新失败的原因。

永贞革新失败最根本的原因是基础薄弱。表现在两个方面，其一，是顺宗不幸得病，中风相当严重，口不能言，皇帝权威大打折扣，宦官集团发动宫廷政变也以此为借口。其二，是革新集团缺少有名望的文武重臣，也许德宗的猜忌影响太子过于谨慎，未与朝中大臣结缘，只在太子侍读宾友小圈子中培植革新势力，可以说是先天不足。二王八司马资望都不高。王伾，翰林待诏。王叔文，太子侍书。韦执谊，吏部郎中。韩泰，户部郎中。陈谏、柳宗元、刘禹锡、程异，监察御史。凌准，侍御史。韩晔，无职名。比拟于现今官员，多数为司局级，最高副部级。由于革新集团成员资望低，他们主政后官位也不高。王伾为左散骑常侍。王叔文为户部侍郎、判度支盐铁转运副使。韩晔，尚书省司封郎中。韩泰，神策行营节度使行军司马，未到任。陈谏，河中少尹。柳宗元，礼部员外郎。刘禹锡，屯田员外郎。程异，虞部员外郎。凌准，翰林学士。只有韦执谊入相，为中书令。这样一个班底，运转不了朝廷行政机构，只好采取非常手段。革新集团的主将是王叔文，他只能入翰林决策，由王伾入居宫中柿林院，再通过宦官李忠言、嫔妃牛昭容与顺宗联系。新政推行，由王叔文决断，王伾转授，韦执谊在中书为文诰执行。如此运转，极容易被攻击为朋党。根基薄弱是革新集团的致命伤。此外，王叔文躁急，夺宦官兵权，为时太早，甚至与韦执谊发生内讧。策略也不周密，王叔文胸无韬略，既没有去争取太子，也没有利用韦皋做策略性联盟。关键时候，王叔文又丁母忧，革新派倒了大将，没有了主心骨。失败也就是必然的了。

唐纪五十三

唐宪宗元和元年至四年（806—809年）

【起柔兆阉茂（丙戌，806年），尽屠维赤奋若（己丑，809年）六月，凡三年有奇】

【大事提要】

本卷记事起公元806年，讫公元809年六月，凡三年又六个月。当唐宪宗元和元年到元和四年六月。唐宪宗在唐代算是一位有为之君。他在位十五年，最大的贡献是削弱了藩镇的割据势力，朝廷一度收回了节度使的任免权力，振兴朝纲，出现了新气象。宪宗为皇太孙时，就对藩镇跋扈，切齿于心。即位伊始就把注意力集中在如何削弱藩镇势力上。宪宗初即位，剑南西川节度使韦皋病死，支度副使刘辟自称留后，并要求兼领三川，朝廷拒绝，刘辟乃发兵攻打东川，反叛朝廷。宪宗采用宰相杜黄裳、翰林学士李吉甫的建议，坚定地用武力征讨，活捉了刘辟。接着讨平夏绥兵变，第二年又平定了镇海节度使李锜的叛乱。元和三年（808），又解决了山南东道节度使于頔的割据倾向，使其入朝，长留京师。这些成绩的取得是因为此时宪宗能纳谏用贤。杜黄裳为首辅，正气立于朝，翰林学士白居易、李吉甫等敢直言进谏。宪宗又举贤良言时政，牛僧孺、李宗闵等多有诤言。宪宗又因天旱，下诏降天下系囚，蠲租税，出宫人，绝进奉，禁掠卖，还推倒了宦官吐突承璀迎逢所立的圣德碑，禁边将邀功，结和吐蕃。沙陀人降唐，设置阴山都督府安置之。李师道抗拒朝命得节度，此为策略性姑息。

【原文】

宪宗昭文章武大圣至神孝皇帝上之上

元和元年（丙戌，806年）

春，正月，丙寅朔，上帅群臣诣兴庆宫上上皇尊号。

丁卯，赦天下，改元。

辛未，以鄂岳观察使韩皋为奉义节度使。癸酉，以奉义留后伊宥为安州刺史兼安州留后。宥，慎之子也。壬午，加成德节度使王士真同平章事。

甲申，上皇崩于兴庆宫。

刘辟既得旌节，志益骄；求兼领三川，上不许。辟遂发兵围东川节度使李康于梓州，欲以同幕卢文若为东川节度使。推官莆田林蕴力谏辟举兵，辟怒，械系于狱，引出，将斩之，阴戒行刑者使不杀，但数砺刃于其颈，欲使屈服而赦之。蕴叱之曰："竖子，当斩即斩，我颈岂汝砥石邪！"辟顾左右曰："真忠烈之士也！"乃黜为唐昌尉。

上欲讨辟而重于用兵，公卿议者亦以为蜀险固难取，杜黄裳独曰："辟狂戆书生，取之如拾芥耳！臣知神策军使高崇文勇略可用，愿陛下专以军事委之，勿置监军，辟必可擒。"上从之。翰林学士李吉甫亦劝上讨蜀，上由是器之。戊子，命左神策行营节度使高崇文将步骑五千为前军，神策京西行营兵马使李元奕将步骑二千为次军，与山南西道节度使严砺同讨辟。时宿将名位素重者甚众，皆自谓当征蜀之选；及诏用崇文，皆大惊。

上与杜黄裳论及藩镇，黄裳曰："德宗自经忧患，务为姑息，不生除节帅；有物故者，先遣中使察军情所与则授之。中使或私受大将赂，归而誉之，即降旄钺，未尝有出朝廷之意者。陛下必欲振举纲纪，宜稍以法度裁制藩镇，则天下可得而理也。"上深以为然，于是始用兵讨蜀，以至威行两河，皆黄裳启之也。

（以上为第一段，写唐宪宗振举朝纲，裁制藩镇，发兵讨西川。）

【语译】

宪宗昭文章武大圣至神孝皇帝上之上

唐宪宗元和元年（丙戌，806 年）

春季，正月初一日丙寅，唐宪宗率领朝廷文武群臣去兴庆宫给太上皇进献尊号。

正月初二日丁卯，宪宗下诏赦免天下，改年号。

正月初六日辛未，宪宗任命鄂岳观察使韩皋为奉义节度使。正月初八日癸酉，宪宗任命奉义军留后伊宥为安州刺史兼任安州留后。伊宥是伊慎的独生子。正月十七日壬午，宪宗加授成德军节度使王士真为同平章事。

正月十九日甲申，太上皇在兴庆宫驾崩。

刘辟得到西川节度使的任命后，越发骄横，要求兼管剑南西川、东川和山南西道等地，宪宗不答应。刘辟于是调兵包围梓州，攻打东川节度使李康，想让幕僚卢文若担任东川节度使。推官莆田人林蕴极力劝阻刘辟出兵东川，刘辟大怒，将林蕴套上枷锁，关在监狱中，然后又把林蕴提出来，做出要杀林蕴的样子，又暗中告诫行刑的人不要真杀林蕴，只在林蕴的脖子上用刀刃磨几下，打算这样让林蕴屈服之后，再赦免林蕴。林蕴呵斥道："小子，要杀就杀，我的脖子难道是磨刀石吗？"刘辟对左右的人说："真是忠烈之士啊！"于是将林蕴贬职为唐昌县尉。

宪宗打算讨伐刘辟，但不敢轻易用兵，王公卿相们商议也认为蜀地险固，难以攻下，只有杜黄裳一个人说："刘辟是一个狂妄、蠢笨的书生，打败刘辟就像拾取草芥一样容易。据我了解，神策军使高崇文既勇敢，又有谋略，可以重用，希望陛下将军事大权全部交给高崇文，不要设置监军，刘辟一定会被活捉的。"宪宗采纳了杜黄裳的意见。翰林学士李吉甫也劝宪宗讨伐蜀地，宪宗因此而器重李吉甫。正月二十三日戊子，宪宗命令左神策军行营节度使高崇文率领步骑五千人为前头部队，神策军京西行营兵马使李元奕率领步骑二千人为后续部队，与山南西道节度使严砺一同讨伐刘辟。当时朝廷中的老将，声名和地位很重的人有很多，都称自己应当是征讨蜀地军事首领的人选。后来宪宗下诏任用高崇文为帅，大家都大吃一惊。

宪宗与杜黄裳讨论藩镇割据的问题，杜黄裳说："德宗皇帝自从经历了朱泚作乱的忧患之后，一味地姑息各军镇，不在节度使还活着时任命别的人来代替。节度使有去世的，就派遣宫中宦官使者去察看军中的情势，将节度使授给人心所归的人。宫中宦官使者有的接受了大将的贿赂，回朝廷后就为这个人美言，德宗皇帝就将节度使职务授给这个人，对节度使的任命，没有一个人选是出自朝廷意见的。陛下一定要整顿纲纪，那么就应该渐渐地用纲纪法度来约束和削弱藩镇，这样天下就可以太平了。"宪宗认为杜黄裳讲得非常正确，于是就开始调派兵讨伐蜀地，终于使朝廷

高崇文屯长武城，练卒五千，常如寇至，卯时受诏，辰时即行，器械糗粮，一无所阙。甲午，崇文出斜谷，李元奕出骆谷，同趣梓州。崇文军至兴元，军士有食于逆旅，折人匕箸者，崇文斩之以徇。

刘辟陷梓州，执李康。二月，严砺拔剑州，斩其刺史文德昭。

奚王诲落可入朝。丁酉，以诲落可为饶乐郡王，遣归。

癸丑，加魏博节度使田季安同平章事。

戊午，上与宰相论“自古帝王，或勤劳庶政，或端拱无为，互有得失，何为而可？”杜黄裳对曰：“王者上承天地宗庙，下抚百姓四夷，夙夜忧勤，固不可自暇自逸。然上下有分，纪纲有叙；苟慎选天下贤材而委任之，有功则赏，有罪则刑，选用以公，赏刑以信，则谁不尽力，何求不获哉！明主劳于求人而逸于任人，此虞舜所以能无为而治者也。至于狱市烦细之事，各有司存，非人主所宜亲也。昔秦始皇以衡石程书，魏明帝自按行尚书事，隋文帝卫士传餐，皆无补于当时，取讥于后来，其耳目形神非不勤且劳也，所务非其道也。夫人主患不推诚，人臣患不竭忠。苟上疑其下，下欺其上，将以求理，不亦难乎！”上深然其言。

（以上为第二段，写唐宪宗与杜黄裳论治国之道，人君有为不在劳逸，关键是任贤而不疑，人主推诚，人臣尽忠，国无不治。）

三月，丙寅，以神策行营京西节度使范希朝为右金吾大将军。

高崇文引兵自阆州趣梓州，刘辟将邢泚引兵遁去，崇文入屯梓州。辟归李康于崇文以求自雪，崇文以康败军失守，斩之。

的威严遍及河北、河南各地，这都是从杜黄裳的建议开始的。

高崇文驻扎在长武城，训练了五千士兵，经常就像敌人来了那样做好战斗准备。在卯时接受诏令，辰时就可以出发，武器装备和粮食草料，一样都不缺少。正月二十九日甲午，高崇文从斜谷出兵，李远奕从骆谷出兵，两支军队一同赴向梓州城。高崇文的军队到了兴元府，途中，将士们在旅店吃饭，有人把主人的汤匙、筷子折断了，高崇文就将这人斩首示众。

刘辟攻下了梓州，抓住了东川节度使李康。二月，严砺攻下了剑州，杀了剑州刺史文德昭。

奚王诲落可进京朝见。二月初三日丁酉，宪宗封诲落可为饶乐郡王，打发诲落可回去了。

二月十九日癸丑，宪宗加授魏博节度使田季安为同平章事。

二月二十四日戊午，宪宗与宰相们讨论治国问题，宪宗说："自古以来的帝王，有的处理国家大事勤勤恳恳，有的清闲拱手，无为而治，他们各自都有成功和失败的地方，应该怎么办才好呢？"杜黄裳回答说："君王对上，要承担天和先祖们所赋予的使命，对下要安抚天下百姓和周边各族，朝朝夕夕，忧劳辛苦，自然不能够自求清闲，自我享乐。但是君王与臣下之间有区别，纲常法纪有一定的秩序。如果君王能够慎重地选择天下的贤才而任用他们，有功劳的就奖赏，有罪过的就惩罚，选拔和任用都很公正，奖赏和惩罚都讲求信用，那么谁又能不尽力地为朝廷效劳，朝廷有什么目标不能实现呢？圣明的君王在寻求贤才方面十分辛劳，但在任用了贤才之后又十分安逸，这就是虞舜能够清静无为，却达到天下大治的缘故。至于处理诉讼囚犯和钱财方面的琐碎事情，各自有相关部门负责，不是君王应该亲自处理的事。从前秦始皇每天用衡器称量一天要批阅的奏章，魏明帝亲自到尚书省去检查具体事务，隋文帝勤于政事，连吃饭都是卫士送来，但对当时的治理没有什么补益，反而受到后世的讥笑，他们的耳朵、眼睛、形体、精神不能说不勤奋和辛苦，但他们所致力做的事情，并不是他们应该做的。说起来作为君王忧患的是不能对臣下推心置腹，作为人臣忧患的是不能对君王竭尽忠心。君王怀疑臣下，臣下欺骗君王，这样想求得天下太平无事，那不也是很难的吗？"宪宗认为杜黄裳说得很有道理。

三月初三日丙寅，宪宗任命神策军京西行营节度使范希朝为右金吾大将军。

高崇文带兵从阆州赶赴梓州，刘辟的将领邢泚带兵逃跑，高崇文率军进驻梓州城。刘辟向高崇文交还李康，以求为自己洗刷罪责，因为李康丧军失城，高崇文就将李康杀了。

丙子，严砺奏克梓州。丁丑，制削夺刘辟官爵。

初，韩全义入朝，以其甥杨惠琳知夏绥留后。杜黄裳以全义出征无功，骄蹇不逊，直令致仕；以右骁卫将军李演为夏绥节度使。惠琳勒兵拒之，表称“将士逼臣为节度使。”河东节度使严绶表请讨之，诏河东、天德军合击惠琳，绶遣牙将阿跌光进及弟光颜将兵赴之。光进本出河曲步落稽，兄弟在河东军，皆以勇敢闻。辛巳，夏州兵马使张承金斩惠琳，传首京师。

东川节度使韦丹至汉中，表言“高崇文客军远斗，无所资，若与梓州，缀其士心，必能有功。”夏，四月，丁酉，以崇文为东川节度副使、知节度事。

潘孟阳所至，专事游晏，从仆三百人，多纳贿赂，上闻之，甲辰，以孟阳为大理卿，罢其度支、盐铁转运副使。

丙午，策试制举之士，于是校书郎元稹、监察御史独孤郁、校书郎下邽白居易、前进士萧俛、沈传师出焉。郁，及之子；俛，华之孙；传师，既济之子也。

杜佑请解财赋之职，仍举兵部侍郎、度支使、盐铁转运副使李巽自代。丁未，加佑司徒，罢其盐铁转运使，以巽为度支、盐铁转运使。自刘晏之后，居财赋之职者，莫能继之。巽掌使一年，征课所入，类晏之多，明年过之，又一年加一百八十万缗。

（以上为第三段，写唐宪宗讨平夏绥军乱，李巽善理财，比肩刘晏。）

戊申，加陇右经略使、秦州刺史刘澭保义军节度使。

辛酉，以元稹为左拾遗，白居易为盩厔尉、集贤校理，萧俛为右拾遗，沈传师为校书郎。

稹上疏论谏职，以为：“昔太宗以王珪、魏徵为谏官，宴游寝食未尝不在左右，又命三品以上入议大政，必遣谏官一人随之，以参得失，故天下大理。今之谏官，大不得豫召见，次不得参时政，排行就列，朝谒

三月十二日丙子，严砺上奏朝廷说已经攻下了梓州。三月十三日丁丑，宪宗下制书削夺了刘辟的官职和爵位。

当初，韩全义进京入朝，让外甥杨惠琳代理夏绥的留后事务。宰相杜黄裳认为韩全义出征打了败仗，回来后又假称脚有病不去朝拜皇帝，有失恭敬，所以就直接让韩全义退休，而任命右骁卫将军李演为夏绥节度使。杨惠琳让全军戒备，拒绝李演上任，还上表称“将士们逼迫我做节度使”。河东节度使严绶上表朝廷请求征讨杨惠琳。宪宗下诏命令河东军和天德军夹击杨惠琳。严绶派遣牙将阿跌光进和弟弟阿跌光颜率兵前去讨伐杨惠琳。阿跌光进本是河曲一带的步落稽人，兄弟俩在河东军中，都以勇敢而闻名。三月十七日辛巳，夏州兵马使张承金杀了杨惠琳，将杨惠琳的首级传到京城长安。

东川节度使韦丹去上任到了汉中，上表朝廷称：“高崇文率领外地军队长途远征，没有什么可依靠，如果把梓州给他管辖，可以维系和团结将士，这样一定可以立功。”夏季，四月初四日丁酉，宪宗任命高崇文为东川节度副使，暂时代理节度使的职权。

潘孟阳所到之处，一味地游玩，跟随他的仆人有三百人，收受了很多贿赂。宪宗听说这事之后，四月十一日甲辰，任命潘孟阳为大理卿，停止了潘孟阳度支、盐铁转运副使的职务。

四月十三日丙午，宪宗亲自考试特别优秀的人才，在这次考试中，校书郎元稹、监察御史独孤郁、校书郎下邽人白居易、前进士萧俛、沈传师都脱颖而出。独孤郁是独孤及的儿子。萧俛是萧华的孙子。沈传师是沈既济的儿子。

宰相杜佑请求解除自己主管财赋的职务，还向宪宗推荐兵部侍郎、度支使、盐铁转运副使李巽来代替自己主管财赋的职务。四月十四日丁未，宪宗加授杜佑为司徒，免除他的盐铁转运使职务，任命李巽为度支、盐铁转运使。自刘晏之后，担当度支、盐铁转运使职务的人，没有一个人赶得上刘晏的。但李巽在位一年，征收的赋税收入就有刘晏时那么多，第二年超过了刘晏，第三年比刘晏时多收一百八十万缗。

四月十五日戊申，宪宗加官陇右经略使、秦州刺史刘澭为保义军节度使。

四月二十八日辛酉，宪宗任命元稹为左拾遗，任命白居易为盩厔县尉、集贤校理，任命萧俛为右拾遗，任命沈传师为校书郎。

元稹上疏讨论谏官职责，认为：“从前太宗皇帝任命王珪、魏徵为谏官，无论是宴会、游玩，还是吃饭睡觉，从来都让他们跟在身边，又下令三品以上的大臣入朝商议国家大事，一定派一名谏官跟着，以便评论意见的正确和错误，所以政治清明，

而已。近年以来，正牙不奏事，庶官罢巡对，谏官能举职者，独诰命有不便则上封事耳。君臣之际，讽谕于未形，筹画于至密，尚不能回至尊之盛意，况于既行之诰令，已命之除授，而欲以咫尺之书收丝纶之诏，诚亦难矣。愿陛下时于延英召对，使尽所怀，岂可置于其位而屏弃疏贱之哉！”

顷之，复上疏，以为：“理乱之始，必有萌象。开直言，广视听，理之萌也。甘谄谀，蔽近习，乱之象也。自古人君即位之初，必有敢言之士，人君苟受而赏之，则君子乐行其道，小人亦贪得其利，不为回邪矣。如是，则上下之志通，幽远之情达，欲无理得乎！苟拒而罪之，则君子卷怀括囊以保其身，小人阿意迎合以窃其位矣。如是，则十步之事，皆可欺也，欲无乱得乎！昔太宗初即政，孙伏伽以小事谏，太宗喜，厚赏之。故当是时，言事者惟患不深切，未尝以触忌讳为忧也。太宗岂好逆意而恶从欲哉？诚以顺适之快小，而危亡之祸大故也。陛下践阼，今以周岁，未闻有受伏伽之赏者。臣等备位谏列，旷日弥年，不得召见，每就列位，屏气鞠躬，不敢仰视，又安暇议得失，献可否哉！供奉官尚尔，况疏远之臣乎！此盖群下因循之罪也。”因条奏请次对百官、复正牙奏事、禁非时贡献等十事。

稹又以贞元中王伾、王叔文以伎术得幸东宫，永贞之际几乱天下，上书劝上早择修正之士使辅导诸子，以为：“太宗自为藩王，与文学清修之士十八人居。后代太子、诸王，虽有僚属，日益疏贱，至于师傅之官，非眊聩废疾不任事者，则休戎罢帅不知书者为之。其友谕赞议之徒，尤

天下大治。现在的谏官，从大处上说，得不到陛下的召见，从小的方面说，不能参与时政，平日只是排在百官的行列中，朝见参拜天子而已。近年以来不让在正殿陈奏事情，轮流召见百官，回答问题的制度也停止了，谏官能奉行自己职责的地方，只有在诏命不太合适时，上密封的奏章劝谏而已。君臣之间，臣下在君王过失还没有出现的时候，就在无形之中加以劝谏、暗示，即便是筹划得极为周密，还不能使君王回心转意，更何况是已经颁布的诏令，已经宣布了的官职委任，要想通过谏官短短的一尺左右的奏章就能让君王收回诏令，那实在是太难了啊。希望陛下能经常在延英殿召见谏官，回答各种问题，让他们把心中的意见都讲出来，既然把他们安置在谏官的位子上，又怎能忽视疏远他们呢？"

没过多久，元稹又上疏，认为："国家无论是治理或是动乱，一定都有征兆。君王打开直言劝谏的通路，拓宽接纳意见的范围，这就是达到政治清明、天下大治的征兆。君王喜欢听阿谀奉承的话，被周围亲信的人蒙蔽，那就是天下将要大乱的迹象。自古以来，君王在继位的开初，一定有敢于直言进谏的人士，君王如果接受了他的建议，并奖赏他，那么正人君子们就乐于为他们所追求的理想而奉献，而世俗小人也乐于进言得利，不做奸邪的事情了。这样一来，君王和臣下的心意相通，幽隐、遥远地方的事情也能上达朝廷，能不政治清明吗？如果拒绝直言之士的意见，而且治他的罪，那么正人君子就会闭口不言政事，隐退保身了，世俗的小人便会出来曲意迎合上面的意见，窃居本该是正人君子的地位了。这样一来，即使是君王周围的事情，都可以欺瞒下去，要想不扰乱天下，那能做到吗？从前太宗皇帝刚即位的时候，孙伏伽因为小事情向皇上劝谏，太宗皇帝十分高兴，重重地赏赐了孙伏伽。因此，在那个时候，谈论政事的人所担心的只是谈得不够深刻和切中要害，从来没有以触犯什么忌讳担忧过。太宗皇帝难道是喜欢不同意见和厌恶臣下顺从自己的心思吗？实在是因为臣下顺适心意所得的快乐小，而国家危亡的祸患大的缘故啊。陛下继承皇位，现在已经一年了，还没有听说有像孙伏伽那样受奖赏的人。我们身居谏官的位置，整天整年地浪费时间，从没得到过陛下的召见，次第站在上朝大臣的行列中，总是屏住呼吸，毕恭毕敬地弯着腰，连对陛下都不敢仰视，哪里还有时间来议论朝政的得失，向陛下进献自己的意见呢？像我们这些供奉官尚且如此，何况那些受疏远的臣子呢？这都是群臣因袭旧习惯的过失啊。"于是逐条地陈奏请求皇帝依次召见群臣问话、恢复正殿中奏事、禁止臣下违背时令额外进贡等十件事。

元稹又以贞元年间王伾、王叔文以雕虫小技得到东宫太子的宠信，在永贞年间几乎祸乱天下为事例，上奏疏劝宪宗尽早选择德操清正的读书人辅导各位皇子，说："太宗皇帝自从做藩王时候起，就与十八位博学雅文、德行清高的人住在一起。后来各代的皇太子、诸王，虽然也有幕僚人员，但他们却一天天受轻视和疏远，至于

为冗散之甚，搢绅皆耻由之。就使时得僻老儒生，越月逾时，仅获一见，又何暇傅之德义，纳之法度哉！夫以匹士爱其子，犹知求明哲之师而教之，况万乘之嗣，系四海之命乎！”上颇嘉纳其言，时召见之。

壬戌，邵王约薨。

（以上为第四段，写新科制举进士元稹任左拾遗，连上数奏言事，论谏臣职责，论皇子教育，唐宪宗嘉纳其言。）

五月，丙子，以横海留后程执恭为节度使。

庚辰，尚书左丞、同平章事郑余庆罢为太子宾客。

辛卯，尊太上皇后为皇太后。

刘辟城鹿头关，连八栅，屯兵万余人以拒高崇文。六月，丁酉，崇文击败之。辟置栅于关东万胜堆。戊戌，崇文遣骁将范阳高霞寓攻夺之，下瞰关城；凡八战皆捷。

加卢龙节度使刘济兼侍中。己亥，加平卢节度使李师古兼侍中。

庚子，高崇文破刘辟于德阳；癸卯，又破之于汉州；严砺遣其将严秦破辟众万余人于绵州石碑谷。

初，李师古有异母弟曰师道，常疏斥在外，不免贫窭。师古私谓所亲曰：“吾非不友于师道也，吾年十五拥节旄，自恨不知稼穑之艰难。况师道复减吾数岁，吾欲使之知衣食之所自来，且以州县之务付之，计诸公必不察也。”及师古疾笃，师道时知密州事，好画及觱篥。师古谓判官高沐、李公度曰：“迨吾之未乱也，欲有问于子。我死，子欲奉谁为帅乎？”二人相顾未对。师古曰：“岂非师道乎？人情谁肯薄骨肉而厚他人，顾置帅不善，则非徒败军政也，且覆吾族。师道为公侯子孙，不务训兵理人，专习小人贱事以为己能，果堪为帅乎？幸诸公审图之！”闰月，壬戌朔，师古薨。沐、公度秘不发丧，潜逆师道于密州，奉以为节

负责教育的师傅官职，不是眼花耳聋，废残病重不能干事的人，就是军队中退休和罢免了将帅职务不识字的人担任着。而各王府中的宾客、司议郎、谕德、赞善等身负辅导之责的官员，尤其为闲散之职，士大夫们都觉得担任这些官职是一种耻辱。即便是有时能找到没见过什么世面的老儒生来担任这种官职，往往是每过一个多月，仅能召见一次，他们哪有时间来用道德义理辅导诸王，使他深知国家的法令制度呢？即便是地位卑微的人士爱他们的儿子，也还知道寻找通晓事理的老师来教导，何况皇太子、诸王都是天子的后嗣，事关国家前途命运呢？”宪宗对元稹的建议十分嘉许，采纳了不少意见，并且经常召见元稹。

四月二十九日壬戌，邵王李约去世。

五月十三日丙子，宪宗任命横海军留后程执恭为节度使。

五月十七日庚辰，尚书左丞，同平章事郑余庆被罢免宰相职务，降职为太子宾客。

五月二十八日辛卯，尊奉太上皇后为皇太后。

刘辟在鹿头关修城堡，将八座营栅连在一起，在此驻扎兵力一万多人抵抗高崇文。六月初五日丁酉，高崇文把刘辟打败。刘辟又在鹿头关的东边万胜堆一带修建营栅。六月初六日戊戌，高崇文派遣猛将范阳人高霞寓率兵攻占了万胜堆，在万胜堆可以俯视鹿头关全城。总共交战八次，高崇文都打了胜仗。

宪宗加授卢龙节度使刘济兼任侍中。六月初七日己亥，加授平卢节度使李师古兼任侍中。

六月初八日庚子，高崇文在德阳打败了刘辟。六月十一日癸卯，又在汉州打败刘辟。严砺派遣将领严秦率兵在绵州的石碑谷打败了刘辟的一万多人。

当初，李师古有个异母弟弟叫李师道，经常遭到疏远冷落，排斥在外地，难免贫困潦倒。李师古私下对亲近的人说：“我并不是不爱护我的弟弟师道，我年仅十五岁就做了节度使，自己常常恨自己不知道耕种和收获的艰难。何况师道又小我几岁，我想让他知道衣食是从哪里来的，将把州县城的事务交给他管理，我猜想各位一定没有看出我的用意来。”后来李师古病得极厉害，李师道当时主持密州政务，喜欢画画和吹奏胡族人的乐器觱篥。李师古对判官高沐、李公度说：“乘我神志还清醒的时候，我想询问一下你们。如果我死了，那你们将拥立谁作军中主帅呢？”两人对视了半天，没有回答。李师古说：“那难道不是李师道吗？人之常情，谁肯亏待自己的兄弟骨肉，而厚待其他人呢？只是主帅人选不合适，不但败坏了军政大事，而且将

度副使。

秋，七月，癸丑，高崇文破刘辟之众万人于玄武。甲午，诏："凡西川继援之兵，悉取崇文处分。"

壬寅，葬至德大圣大安孝皇帝于丰陵，庙号顺宗。

八月，壬戌，以妃郭氏为贵妃。

丁卯，立皇子宁为邓王，宽为澧王，宥为遂王，察为深王，寰为洋王，寮为绛王，审为建王。

李师道总军务，久之，朝命未至。师道谋于将佐，或请出兵掠四境；高沐固止之，请输两税；申官吏，行盐法，遣使相继奉表诣京师。杜黄裳请乘其未定而分之；上以刘辟未平，己巳，以师道为平卢留后、知郓州事。

堂后主书滑涣久在中书，与知枢密刘光琦相结；宰相议事有与光琦异者，令涣达意，常得所欲，杜佑、郑絪等皆低意善视之。郑余庆与诸相议事，涣从旁指陈是非，余庆怒叱之；未几，罢相。四方赂遗无虚日，中书舍人李吉甫言其专恣，请去之。上命宰相阖中书四门搜掩，尽得其奸状，九月，辛丑，贬涣雷州司户，寻赐死；籍没，家财凡数千万。

壬寅，高崇文又败刘辟之众于鹿头关；严秦败刘辟之众于神泉。河东将阿跌光颜将兵会高崇文于行营，愆期一日，惧诛，欲深入自赎，军于鹿头之西，断其粮道，城中忧惧。于是辟、绵江栅将李文悦、鹿头守将仇良辅皆以城降于崇文；获辟婿苏强，士卒降者万计。崇文遂长驱直指成都，所向崩溃，军不留行；辛亥，克成都。刘辟、卢文若帅数十骑西奔吐蕃，崇文使高霞寓等追之，及于羊灌田；辟赴江不死，擒之。文若先杀妻子，乃系石自沉。崇文入成都，屯于通衢，休息士卒，市肆不惊，珍货山积，秋豪不犯，槛刘辟送京师。斩辟大将邢泚、馆驿巡官沈

会倾覆我们全族。李师道身为公侯的后代，不致力于训练军队，治理百姓，专门学习些小人们干的卑贱勾当，以此作为自己的才能，他果真能够胜任主帅的职权吗？希望你们仔细审察考虑吧！”闰六月初一日壬戌，李师古去世。高沐、李公度将丧事封锁下来，暗中派人去密州迎接李师道，拥立李师道担任节度副使。

秋季，七月癸丑（疑误）这一天，高崇文在玄武打败了刘辟的一万多人。七月初三日甲午，宪宗下诏命令：“凡是相继赴西川增援的军队，一概都要听高崇文指挥调遣。”

七月十一日壬寅，下葬至德大圣大安孝皇帝于丰陵，庙号为顺宗。

八月初二日壬戌，宪宗册封妃子郭氏为贵妃。

八月初七日丁卯，宪宗册立皇子李宁为邓王，李宽为澧王，李宥为遂王，李察为深王，李寰为洋王，李寮为绛王，李审为建王。

李师道总揽军中事务，过了很长时间，朝廷的任命还没有下来。李师道与将吏僚佐们商量办法，有的人建议出兵向周边各地的邻境去抢掠，高沐坚决劝止，请求李师道向朝廷上缴两税，申请委派官吏，执行朝廷的食盐专卖法，一个接一个地派遣使者带着表章去京城。宰相杜黄裳请求皇帝乘李师道还没有稳定的时候，分散李师道的权力。宪宗认为刘辟还没有平定，于是在八月初九日己巳，任命李师道为平卢留后，并掌管郓州事务。

堂后主书滑涣长时间在中书省供职，与负责机密事务的刘光琦勾结，宰相们在议事中有与刘光琦意见不同的人，刘光琦便让滑涣传达自己的意图，经常能够得到满足，杜佑、郑絪等都低声下气，很友好地对待滑涣。郑余庆与各位宰相商议政事，滑涣从旁指点是非，郑余庆愤怒地斥责了滑涣。没过多久，郑余庆就被罢免了宰相职务。各地给滑涣行贿、赠送东西的事情，没有一天停止过，中书舍人李吉甫上奏说滑涣肆意专权，请求罢免滑涣。宪宗命令宰相们关闭中书省衙门，进行突然搜查，滑涣奸邪的罪状全都暴露出来了。九月十一日辛丑，宪宗将滑涣贬职为雷州司户，不久就下令滑涣自杀，抄没了滑涣的家产，滑涣的家财总共有数千万缗。

九月十二日壬寅，高崇文又在鹿头打败了刘辟的军队，严秦又在神泉打败了刘辟的军队。河东军的将领阿跌光颜率兵与高崇文在行营相会，耽误了一天时间，因为害怕军法制裁，就想通过深入敌境来赎罪，率军驻扎在鹿头的西边，断绝了刘辟军队的运粮之路，在鹿头关内的人又忧虑，又害怕。于是，刘辟军队的绵江营栅的守卫将领李文悦和鹿头关的守卫将领仇良辅都带着全城人马向高崇文投降了，还活捉了刘辟的女婿苏强，刘辟的士兵投降的人数以万计。高崇文于是长驱直入。九月二十一日辛亥，攻下了成都。刘辟、卢文若率领几十个骑兵向西逃奔吐蕃，高崇文派高霞寓等人追击，在羊灌田这个地方追上了他们，刘辟投江自杀，没有淹死，被

衔，余无所问。军府事无巨细，命一遵韦南康故事，从容指㧑，一境皆平。

初，韦皋以西山运粮使崔从知邛州事，刘辟反，从以书谏辟；辟发兵攻之，从婴城固守；辟败，乃得免。从，融之曾孙也。

韦皋参佐房式、韦乾度、独孤密、符载、郗士美、段文昌等素服麻屦，衔土请罪；崇文皆释而礼之，草表荐式等，厚赆而遣之。目段文昌曰："君必为将相，未敢奉荐。"载，庐山人；式，琯之从子；文昌，志玄之玄孙也。

辟有二妾，皆殊色，监军请献之，崇文曰："天子命我讨平凶竖，当以抚百姓为先，遽献妇人以求媚，岂天子之意邪！崇文义不为此。"乃以配将吏之无妻者。

杜黄裳建议征蜀及指受高崇文方略，皆悬合事宜。崇文素惮刘澭，黄裳使谓之曰："若无功，当以刘澭相代。"故能得其死力。及蜀平，宰相入贺，上目黄裳曰："卿之功也！"

辛巳，诏征少室山人李渤为左拾遗；渤辞疾不至，然朝政有得失，渤辄附奏陈论。

冬，十月，甲子，易定节度使张茂昭入朝。

制割资、简、陵、荣、昌、泸六州隶东川。房式等未至京师，皆除省寺官。丙寅，以高崇文为西川节度使。戊辰，以严砺为东川节度使。

庚午，以将作监柳晟为山南西道节度使。晟至汉中，府兵讨刘辟还，未至城，诏复遣戍梓州；军士怨怒，胁监军，谋作乱。晟闻之，疾驱入城，慰劳之，既而问曰："汝曹何以得成功？"对曰："诛反者刘辟耳。"晟曰："辟以不受诏命，故汝曹得以立功，岂可复使他人诛汝以为功邪？"众皆拜谢，请诣戍所如诏书。军府由是获安。

活捉。卢文若先杀了妻儿老小，然后把石头系在身上投水自杀。高崇文进入成都之后，将军队驻扎在交通要道上，让士兵们休整，市中的商铺和行人不受惊扰，珍奇的货物像山一样堆积着，但高崇文的军队却秋毫不犯，高崇文将刘辟装进槛车，送往京城。杀了刘辟的大将邢泚和馆驿巡官沈衍，其他的人一概不问。西川军府中的事情，无论大小，高崇文下令一律遵循南康郡王韦皋时期的旧例，从容不迫地指挥，整个西川境内都平定下来。

当初，韦皋任命西山运粮使崔从主持邛州事务，刘辟反叛朝廷，崔从写信去劝阻刘辟，但刘辟却调兵来攻打，崔从据城坚守。直到刘辟失败，才得以幸免。崔从是武后时期文人崔融的曾孙。

韦皋的参谋辅佐房式、韦乾度、独孤密、符载、郗士美、段文昌等人都穿着白色衣服和麻鞋，口里含着土块请求宽恕。高崇文将他们都释放了，而且对他们以礼相待，还草拟表章向朝廷推荐房式等人，送给他们很多钱财，打发他们走了。高崇文看着段文昌说："你今后一定会做将相，所以我不敢推荐你。"符载是庐山人。房式是肃宗皇帝时宰相房琯的侄儿。段文昌是唐代开国功臣段志玄的玄孙。

刘辟有两个侍妾，都长得绝顶美艳，监军请求高崇文将她们进献给宫廷，高崇文说："天子命令我讨伐平定凶恶的叛逆，我应当以安抚百姓为首要任务，立即向宫廷进献妇人，讨好天子，这难道是天子的本意吗？我高崇文本着一个义字，不能这样做。"于是就将这两个美妾许配给将吏中还没有妻子的人。

杜黄裳建议讨伐蜀地以及向高崇文指示的战略，都与事情的发展完全符合。高崇文一向害怕刘澭，杜黄裳就派人对高崇文说："你如果不能取胜，那就要让刘澭取代你。"所以，高崇文能够拼死力战。蜀地平定以后，宰相们向宪宗祝贺，宪宗看着杜黄裳说："这都是你的功劳啊！"

辛巳这一天，宪宗下诏征聘少室山人李渤担任左拾遗，李渤以有病为借口推辞了，但是朝廷政事中有成功和失败的地方，李渤随时寄上奏疏，陈述自己的意见。

冬季，十月初五日甲子，易定节度使张茂昭进京入朝。

宪宗下制书将资、简、陵、荣、昌、泸六州分割出来，隶属于东川节度使管辖。房式等人还没有到京城长安，都被宪宗任命为省寺官。十月初七日丙寅，宪宗任命高崇文为西川节度使。十月初九日戊辰，宪宗任命严砺为东川节度使。

十月十一日庚午，宪宗任命将作监柳晟为山南西道节度使。柳晟到了汉中，被征调去讨伐刘辟的汉中府兵返回，他们还没有进城，宪宗又下诏调派他们回去戍守梓州。将士们大为愤怒，胁迫监军，准备叛乱。柳晟听说这事之后，快鞭策马，急速进城，慰问犒劳这些将士，一会儿，柳晟问将士们说："你们为什么能取得成功呢？"将士们回答说："这是因为去杀反叛的刘辟。"柳晟说："刘辟因为不接受诏命，

壬申，以平卢留后李师道为节度使。

戊子，刘辟至长安，并族党诛之。

武宁节度使张愔有疾，上表请代。十一月，戊申，征愔为工部尚书，以东都留守王绍代之，复以濠、泗二州隶武宁军。徐人喜得二州，故不为乱。

丙辰，以内常侍吐突承璀为左神策中尉。承璀事上于东宫，以干敏得幸。

是岁，回鹘入贡，始以摩尼偕来，于中国置寺处之。其法日晏乃食，食荤而不食湩酪。回鹘信奉之，可汗或与议国事。

（以上为第五段，写平卢节度使李师道抗拒朝命得节度，为其失败张本。高崇文平定西川。）

二年（丁亥，807年）

春，正月，辛卯，上祀圜丘；赦天下。

上以杜佑高年重德，礼重之，常呼司徒而不名。佑以老疾，请致仕；诏令佑每月入朝不过再三，因至中书议大政；他日听归樊川。

门下侍郎、同平章事杜黄裳，有经济大略而不修小节，故不得久在相位。乙巳，以黄裳同平章事，充河中、晋、绛、慈、隰节度使。己酉，以户部侍郎武元衡为门下侍郎，翰林学士李吉甫为中书侍郎，并同平章事。吉甫闻之感泣，谓中书舍人裴垍曰：“吉甫流落江、淮，逾十五年，一旦蒙恩至此。思所以报德，惟在进贤，而朝廷后进，罕所接识，君有精鉴，愿悉为我言之。”垍取笔疏三十余人；数月之间，选用略尽。当时翕然称吉甫为得人。

二月，癸酉，邕州奏破黄贼，获其酋长黄承庆。

夏，四月，甲子，以右金吾大将军范希朝为朔方、灵、盐节度使，以右神策、盐州、定远兵隶焉，以革旧弊，任边将也。

（以上为第六段，写杜黄裳因不修小节而失相位，继任者李吉甫用人举贤。）

所以你们能够立功，怎么能又让别的人来杀你们而作为他们的功劳呢？”将士们都向柳晟行礼谢罪，请求像诏书命令的那样去守卫梓州。军府这样才获得了安定。

十月二十三日壬申，宪宗任命平卢留后李师道为节度使。

十月二十九日戊子，刘辟被押到长安，和他的族人、同党一起被杀。

武宁军节度使张愔得了重病，上表朝廷请求派人代替自己。十一月十九日戊申，宪宗征召张愔担任工部尚书，派东都洛阳留守王绍去接替节度使，又把濠州、泗州重新划归武宁军管辖。徐州地的人因为得到这两个州很高兴，所以没有发生变乱。

十一月二十七日丙辰，宪宗任命内常侍吐突承璀为左神策军护军中尉。吐突承璀在宪宗还在做东宫太子的时候侍奉过，因办事干练、敏捷得到了宪宗的宠信。

这一年，回鹘入京朝贡，开始带着摩尼教的僧人一起来，朝廷在国内建立寺庙让他们居住。摩尼教的教规规定，天快黑下来的时候才开始进食，能够吃荤腥的肉菜，但不吃奶酪。回鹘人信奉摩尼教，可汗有时还与僧人一起商议国家大事。

唐宪宗元和二年（丁亥，807年）

春季，正月，辛卯，宪宗祭祀圜丘，大赦天下。

宪宗因杜佑年迈，品德高尚，以隆重的礼数对待他，经常称呼他为司徒，而不直呼其名。杜佑因年老多病，请求退休，宪宗颁诏令杜佑每月来朝廷朝见不超过两三次，并趁此机会前往中书省计议重大的政务。其他日子准许他回到樊川府第。

门下侍郎、同平章事杜黄裳，具有经国济民的远大谋略，但对生活小事不加检点，所以没有能够长期保持宰相的职位。乙巳，宪宗让杜黄裳挂衔同平章事，充任河中、晋、绛、慈、隰节度使。己酉，宪宗任命户部侍郎武元衡为门下侍郎，翰林学士李吉甫为中书侍郎，两人一并同平章事。李吉甫得知消息以后，感动得哭了，他告诉中书舍人裴垍说：“我漂泊江、淮，穷困失意，超过了十五年，现在忽然蒙受朝廷的恩典达到如此地步。我想到的报答朝廷恩德的途径，只有引进贤明之士，但是我很少接触并结识朝廷中后来入仕的人们。您是善于识别人才的，希望您向我讲出您的所有意见。”于是，裴垍拿起笔来，开列了三十多人的名单。在几个月内，李吉甫将这些人几乎都选拔起用了，当时人们纷纷称道李吉甫用人得当。

二月，癸酉，邕州奏报击败黄氏乱民，俘获了他们的酋长黄承庆。

夏季，四月，甲子，宪宗任命右金吾大将军范希朝为朔方、灵、盐节度使，将右神策军、盐州、定远的兵马归属给他，为的是以此革除以往的弊病，由朝廷直接任命驻守边塞的将领。

秋，八月，刘济、王士真、张茂昭争私隙，迭相表请加罪。戊寅，以给事中房式为幽州、成德、义武宣慰使，和解之。

九月，乙酉，密王绸薨。

夏、蜀既平，藩镇惕息，多求入朝。镇海节度使李锜亦不自安，求入朝；上许之，遣中使至京口慰抚，且劳其将士。锜虽署判官王澹为留后，实无行意，屡迁行期，澹与敕使数劝谕之；锜不悦，上表称疾，请至岁暮入朝。上以问宰相，武元衡曰："陛下初即政，锜求朝得朝，求止得止，可否在锜，将何以令四海！"上以为然，下诏征之。锜诈穷，遂谋反。

王澹既掌留务，于军府颇有制置，锜益不平，密谕亲兵使杀之。会颁冬服，锜严兵坐幄中，澹与敕使入谒，有军士数百噪于庭曰："王澹何人，擅主军务！"曳下，脔食之；大将赵琦出慰止，又脔食之；注刃于敕使之颈，诟詈，将杀之；锜阳惊，救之。

冬，十月，己未，诏征锜为左仆射，以御史大夫李元素为镇海节度使。庚申，锜表言军变，杀留后、大将。先是锜选腹心五人为所部五州镇将，姚志安处苏州，李深处常州，赵惟忠处湖州，丘自昌处杭州，高肃处睦州，各有兵数千，伺察刺史动静。至是，锜各使杀其刺史，遣牙将庾伯良将兵三千治石头。常州刺史颜防用客李云计，矫制称招讨副使，斩李深，传檄苏、杭、湖、睦，请同进讨。湖州刺史辛秘潜募乡闾子弟数百，夜袭赵惟忠营，斩之。苏州刺史李素为姚志安所败，生致于锜，具桎梏钉于船舷，未及京口，会锜败，得免。

乙丑，制削李锜官爵及属籍。以淮南节度使王锷统诸道兵为招讨处置使；征宣武、义宁、武昌兵并淮南、宣歙兵俱出宣州，江西兵出信州，浙东兵出杭州，以讨之。

秋季，八月，刘济、王士真、张茂昭因为私人之间的怨仇争端，一个接一个地向朝廷上奏章，要求将对方治罪。八月二十一日戊寅，宪宗任命给事中房式为幽州、成德、义武宣慰使，去调解他们之间的关系。

九月初一日乙酉，密王李绸去世。

夏州的杨惠琳、西川的刘辟被平定后，各地的军镇都诚惶诚恐，很多人都请求进京入朝。镇海节度使李锜也惴惴不安，要求进京入朝，宪宗同意了，派宫中宦官使者去京口安抚慰问他，而且犒劳他的将士们。李锜虽然任命判官王澹为留后，其实没有离开京口去京城的意思，多次改变出发日期，王澹与朝廷的使者多次劝导他，李锜很不高兴，上表朝廷，声称有病，请到了年底再入朝。宪宗就这事问宰相们的意见，武元衡说："陛下即位不久，李锜要求入朝就准许入朝，要求停止入朝就准许停止入朝，这个决定权在李锜那里，这样下去，怎么能号令天下呢？"宪宗觉得武元衡说的对，于是下令征召李锜入朝。李锜欺诈的伎俩用尽，于是策划反叛朝廷。

王澹掌管留后事务后，对军府中的制度和人事都有改动，李锜内心更加气愤，暗中指使卫兵杀死王澹。正好给将士们发冬装，李锜在帐帷中坐着，四周戒备森严，王澹与朝廷的使者进去见李锜，有几百名士兵在门庭内鼓噪说："王澹是什么东西，竟敢擅自主持军中事务？"将王澹拉出去，剁成碎片吃了。大将赵琦出来劝阻，也被士兵们剁成碎片吃了。士兵们将刀刃对着朝廷使者的脖子，痛骂朝廷使者，准备把使者也杀了。李锜假装大吃一惊，将使者救了。

冬季，十月初五日己未，宪宗下诏征召李锜入朝担任左仆射，委任御史大夫李元素为镇海节度使。十月初六日庚申，李锜上表朝廷说军队发生了哗变，杀了留后和大将。在这之前，李锜挑选心腹亲信五人担任管辖之内的五个州和镇守将领，姚志安在苏州，李深在常州，赵惟忠在湖州，丘自昌在杭州，高肃在睦州，各自带兵几千人，观察刺史们的动静。到这个时候，李锜派人通知他们，让他们各自杀了本州刺史，又派遣牙将庾伯良率兵三千人去修建石头城。常州刺史颜防运用宾客李云的计策，假称皇帝有命令担任招讨副使，杀了李深，向苏州、杭州、湖州、睦州传送檄文，请他们共同讨伐李锜。湖州刺史辛秘暗中招募乡下子弟几百人，乘夜袭击了赵惟忠的营地，杀了赵惟忠。苏州刺史李素被姚志安打败，姚志安将李素用枷锁锁住，钉挂在船舷上，要将李素活着送给李锜，船还没有到京口，正好李锜吃了败仗，李素才得以免于一死。

十月十一日乙丑，宪宗下制书，削除了李锜的官职爵位和皇室的名籍。任命淮南节度使王锷为招讨处置使，统率各道军队。征调宣武军、武宁军和武昌军的兵马以及淮南军和宣歙的军队从宣州出发，征调江西的军队从信州出发，浙东的军队从杭州出发，一同讨伐李锜。

高崇文在蜀期年，一旦谓监军曰："崇文，河朔一卒，幸有功，致位至此。西川乃宰相回翔之地，崇文叨居日久，岂敢自安！"屡上表称"蜀中安逸，无所陈力，愿效死边陲。上择可以代崇文者而难其人。"丁卯，以门下侍郎、同平章事武元衡同平章事，充西川节度使。

李锜以宣州富饶，欲先取之，遣兵马使张子良、李奉仙、田少卿将兵三千袭之。三人知锜必败，与牙将裴行立同谋讨之。行立，锜之甥也，故悉知锜之密谋。三将营于城外，将发，召士卒谕之曰："仆射反逆，官军四集，常、湖二将继死，其势已蹙。今乃欲使吾辈远取宣城，吾辈何为随之族灭！岂若去逆效顺，转祸为福乎！"众悦，许诺，即夜，还趋城。行立举火鼓噪，应之于内，引兵趋牙门。锜闻子良等举兵，怒，闻行立应之，抚膺曰："吾何望矣！"跣走，匿楼下。亲将李钧引挽强三百趋山亭，欲战；行立伏兵邀斩之。锜举家皆哭，左右执锜，裹之以幕，缒于城下，械送京师。挽强、蕃落争自杀，尸相枕藉。癸酉，本军以闻。乙亥，群臣贺于紫宸殿。上愀然曰："朕之不德，致宇内数有干纪者，朕之愧也，何贺之为！"

宰相议诛锜大功以上亲，兵部郎中蒋乂曰："锜大功亲，皆淮安靖王之后也。淮安有佐命之功，陪陵、享庙，岂可以末孙为恶而累之乎！"又欲诛其兄弟，乂曰："锜兄弟，故都统国贞之子也，国贞死王事，岂可使之不祀乎！"宰相以为然。辛巳，锜从父弟宋州刺史铦等皆贬官流放。

十一月，甲申朔，锜至长安，上御兴安门，面诘之。对曰："臣初不反，张子良等教臣耳。"上曰："卿为元帅，子良等谋反，何不斩之，然后入朝？"锜无以对。乃并其子师回腰斩之。

高崇文在蜀地担任西川节度使满了一年，有一天早晨，对监军说："我高崇文，不过是河朔地区的一个士兵，侥幸为国家立了功，才有了现在这一地位。西川是宰相回旋翱翔的地方，我高崇文在此愧居太久了，哪能心安理得呢？"多次向朝廷上表称："蜀地平安无事，在这里没有可以尽力的地方，我希望到边疆为国家拼死效力。"宪宗选择可以去代替高崇文的人，感到很难找到合适的人选。十月十三日丁卯，宪宗任命门下侍郎、同平章事武元衡仍任同平章事，充任西川节度使。

李锜认为宣州物产丰盛，打算先攻占这里，于是派遣兵马使张子良、李奉仙、田少卿率兵三千人去袭击。他们三人知道李锜肯定会失败，就与牙将裴行立共同商议讨伐李锜。裴行立是李锜的外甥，所以对李锜的各种暗中策划全都知道。张子良等三人率兵在城外扎营，在即将出发的时候，他们召集将士们，劝导说："李仆射反叛朝廷，朝廷的军队已聚集在我们四周，常州、湖州的守将相继被杀，李仆射的处境已经十分艰难了。现今让我们长途跋涉，去攻占宣城，我们为什么要追随他遭灭族呢？不如离开逆贼，归顺朝廷，那不就是转祸为福吗？"将士们都很高兴，答应脱离李锜。当天晚上，军队又回到城下。裴行立在城下举着火把呐喊，在城内响应，带兵直奔军府的牙门而去。李锜听说张子良等人起兵反叛他，十分恼怒，又听说裴行立也起兵响应，捶着胸脯说："我还有什么指望呢？"赤着脚逃走，躲藏到楼下。李锜的亲信将领李钧带领着三百名"挽强"弓箭手奔到山亭上面，准备应战，被裴行立设下的伏兵拦腰斩杀了。李锜的全家都号啕痛哭，随从们抓住了李锜，用幕帐布将李锜裹了起来，用绳子系着吊下城去，用枷锁锁着押送京师。李锜组建的特种军"挽强"、"蕃落"都争相自杀，尸首互相压叠在一起。十月十九日癸酉，镇海军被平定的事上奏到朝廷。十月二十一日乙亥，朝廷文武群臣在紫宸殿向宪宗道贺平定了叛乱。宪宗十分忧伤地说："这都是朕的不德，以至国内不断有人犯上作乱，朕很惭愧啊，有什么值得祝贺的呢？"

宰相们商议要杀掉李锜堂兄弟姊妹以上的亲属，兵部郎中蒋乂说："李锜堂兄弟姊妹以上的亲属，都是淮安靖王李神通的后代。淮安王有辅佐太祖、太宗创建国家的功勋，他死后享受陪葬献陵，神主配祀于高祖祠庙的待遇，怎么能以他后世一个不成器的子孙的罪过来连累他的盛名呢？"宰相们商议要杀了李锜的兄弟，蒋乂说："李锜的兄弟，是已故都统李国贞的儿子，李国贞为朝廷献出了生命，怎么能让李国贞没有后代来祭祀呢？"宰相们觉得蒋乂说的有道理。十月二十七日辛巳，将李锜的堂兄弟、担任宋州刺史的李铦等人都只是贬职流放。

十一月初一日甲申，李锜被押解到京城长安。宪宗来到兴安门，当面责问李锜。李锜回答说："臣最初没有造反，这都是张子良等人教臣这样做的。"宪宗说："卿是镇海军的元帅，张子良等人阴谋造反，为什么不杀他们，然后进京入朝呢？"李锜

有司请毁锜祖考冢庙，中丞卢坦上言："李锜父子受诛，罪已塞矣。昔汉诛霍禹，不罪霍光；先朝诛房遗爱，不及房玄龄。《康诰》曰：'父子兄弟，罪不相及。'况以锜为不善而罪及五代祖乎！"乃不毁。

有司籍锜家财输京师。翰林学士裴垍、李绛上言，以为："李锜僭侈，割剥六州之人以富其家，或枉杀其身而取其财。陛下闵百姓无告，故讨而诛之，今辇金帛以输上京，恐远近失望。愿以逆人资财赐浙西百姓，代今年租赋。"上嘉叹久之，即从其言。

昭义节度使卢从史，内与王士真、刘济潜通，而外献策请图山东，擅引兵东出。上召令还，从史托言就食邢、洺，不时奉诏；久之，乃还。

（以上为第七段，写镇海节度使李锜叛乱，旋即被讨灭。）

他日，上召李绛对于浴堂，语之曰："事有极异者，朕比不欲言之。朕与郑䌹议敕从史归上党，续征入朝。䌹乃泄之于从史，使称上党乏粮，就食山东。为人臣负朕乃尔，将何以处之？"对曰："审如此，灭族有余矣！然䌹、从史必不自言，陛下谁从得之？"上曰："吉甫密奏。"绛曰："臣窃闻搢绅之论，称䌹为佳士，恐必不然。或者同列欲专朝政，疾宠忌前，愿陛下更熟察之，勿使人谓陛下信谗也！"上良久曰："诚然，䌹必不至此。非卿言，朕几误处分。"

上又尝从容问绛曰："谏官多谤讪朝政，皆无事实，朕欲谪其尤者一二人以儆其余，何如？"对曰："此殆非陛下之意，必有邪臣以壅蔽陛下之聪明者。人臣死生，系人主喜怒，敢发口谏者有几！就有谏者，皆昼度夜思，朝删暮减，比得上达，什无二三。故人主孜孜求谏，犹惧不至，况罪之乎！如此，杜天下之口，非社稷之福也。"上善其言而止。

答不出话来。宪宗于是下令将李锜及其儿子李师回一起腰斩。

主管部门请求毁掉李锜祖坟和家祠，中丞卢坦上奏说："李锜父子受到诛杀，已经就抵偿罪过了。从前汉代诛杀了霍禹，但不加罪于霍光，本朝之初，杀了房遗爱，但不加罪于房玄龄。《康诰》说：'父子兄弟之间，有罪受罚，互相不牵连。'况且是李锜犯罪，怎么能牵连到他的五世祖呢？"李锜的祖坟和家祠这才没有被毁掉。

主管部门抄没了李锜的家产送往京城。翰林学士裴垍、李绛上奏说："李锜逾越他的本分，奢侈豪华，盘剥搜刮六州的老百姓，让自己一家富有，甚至滥杀无罪之人，以剥夺他们的财产。陛下怜悯老百姓们告状无门，所以派兵讨伐并杀了李锜，现在将李锜的钱财用车送到京城长安，恐怕会使天下的百姓们失望。希望陛下将李锜的家产赏赐给浙西各州的百姓们，用它来代交今年的田租赋税。"宪宗嘉许、感慨了很长时间，随即就采纳了他们的意见。

昭义军节度使卢从史，私下与王士真和刘济暗中勾通，而表面上又向朝廷献计献策，请求去攻打太行山东边的魏博、恒冀等军镇，并且擅自带兵东出太行山。宪宗下诏命令卢从史回原地，卢从史以要到邢州、洺州获取粮食为借口，不按规定时间服从诏令。过了很久，才率兵回到原地。

有一天，宪宗在浴堂殿召见李绛问话，宪宗对李绛说："有件非常奇怪的事情，我本来不想说出来。朕曾经与郑絪商议下诏命令卢从史回上党去，然后再征召入朝。郑絪却将这一秘密泄露给了卢从史，让卢从史声称上党缺乏粮食，而去太行山东边获取给养。一个重要的官员竟然如此辜负朕，那将怎么处置呢？"李绛回答说："如果真的是这样的话，诛灭了郑絪的全族都还有余罪！但是郑絪、卢从史一定不会自己把这件事说出来，那么，陛下是从什么地方得到这一消息的呢？"宪宗说："这是李吉甫秘密上奏说的。"李绛说："臣私下听到士大夫们议论，都称赞郑絪是德行高尚的官员，恐怕郑絪一定不会这样做的。可能是同僚想独揽朝廷大权，嫉忌郑絪得到陛下宠信和位置排在自己前面的缘故，希望陛下再仔细地考察一下，不要让人说陛下相信诬陷之词！"宪宗沉思了很久说："确实如此，郑絪一定不会这样做。如果不是你提醒，朕几乎要对郑絪做出错误的处分了。"

宪宗还曾从容地向李绛询问说："谏官们往往毁谤朝廷的大政，全都没有事实根据，朕打算将其中一二个突出的人贬职流放，借以警告其他人，你看怎么样？"李绛回答说："这大概不是陛下的意思，一定有奸邪的臣子想蒙蔽和掩盖陛下对天下情况的视听。做人臣的生与死，完全由君主的喜怒来决定，敢于向君王开口劝谏的人能有几个呢？即便是对要劝谏的事情，都是白天揣摸，晚上思考，早上删改，晚上省减，反复思量的，等到要上达到君主之手时，内容已经是原稿的十分之二三了。

群臣请上尊号曰睿圣文武皇帝；丙申，许之。

盩厔尉、集贤校理白居易作乐府及诗百余篇，规讽时事，流闻禁中；上见而悦之，召入翰林为学士。

十二月，丙辰，上谓宰相曰："太宗以神圣之资，群臣进谏者犹往复数四，况朕寡昧，自今事有违，卿当十论，无但一二而已。"

丙寅，以高崇文同平章事，充邠宁节度、京西诸军都统。

（以上为第八段，写李绛善应对，劝宪宗纳谏，宪宗心悦而从之。）

山南东道节度使于頔惮上英威，为子季友求尚主；上以皇女普宁公主妻之。翰林学士李绛谏曰："頔，虏族，季友，庶孽，不足以辱帝女，宜更择高门美才。"上曰："此非卿所知。"己卯，公主适季友，恩礼甚盛；頔出望外，大喜。顷之，上使人讽之入朝谢恩，頔遂奉诏。

是岁，李吉甫撰《元和国计簿》上之，总计天下方镇四十八，州府二百九十五，县千四百五十三。其凤翔、鄜坊、邠宁、振武、泾原、银夏、灵盐、河东、易定、魏博、镇冀、范阳、沧景、淮西、淄青等十五道七十一州不申户口外，每岁赋税倚办止于浙江东西、宣歙、淮南、江西、鄂岳、福建、湖南八道四十九州，一百四十四万户，比天宝税户四分减三。天下兵仰给县官者八十三万余人，比天宝三分增一，大率二户资一兵。其水旱所伤，非时调发，不在此数。

（以上为第九段，写宪宗时，唐王朝户口减四分之三，而常备兵三分增一，大率两户养一兵，民不堪命。）

三年（戊子，808年）

春，正月，癸巳，群臣上尊号曰睿圣文武皇帝；赦天下。"自今长吏诣阙，无得进奉。"知枢密刘光琦奏分遣诸使赍赦诣诸道，意欲分其馈

因此君主努力不懈地要求谏官们上言劝谏，谏官也还是害怕，不敢劝谏，更何况要加罪于他们呢？这样一来，就是封住了天下人的嘴巴，这不是国家的福。”宪宗觉得李绛说得很好，就打消了惩罚谏官的念头。

朝廷群臣请求为宪宗上尊号“睿圣文武皇帝”。十一月十三日丙申，宪宗同意了。

担任盩厔县尉和集贤校理的白居易创作乐府和诗歌一百多篇，规劝和讽刺当时的政事，这些作品流传到了宫中，宪宗见了很喜欢，征召白居易到翰林院做了学士。

十二月初三日丙辰，宪宗对宰相们说：“太宗皇帝天资英明神圣，群臣中劝谏的人还再三再四地对事情反复劝谏，何况我孤陋寡闻、平庸愚昧呢？从今以后，凡是有事情做得不对的，你们应当将事情原原本本地说出来，不要只说十分之一二的意见就算了。”

十二月十三日丙寅，宪宗任命高崇文为同平章事，担任邠宁节度使和京城西边各支军队的都统职务。

山南东道节度使于頔害怕宪宗的英明和兵威，为儿子于季友请求娶公主为妻，宪宗把女儿普宁公主许配给于季友。翰林学士李绛劝谏皇帝说：“于頔是胡人。于季友是于頔庶出的儿子，没有资格娶陛下的女儿，应该为公主另外选择高门第的优秀人才。”宪宗说：“这其中缘由不是你能知道的。”十二月二十六日己卯，宪宗将普宁公主嫁给于季友，对于季友的恩典和礼遇十分隆重，完全出乎于頔的意料之外，非常高兴。不久，宪宗让人去劝导于頔入朝谢恩，于頔于是就遵命入朝了。

这一年，李吉甫编撰《元和国计簿》进呈给宪宗，这本书总共记载了天下的四十八个军镇二百九十五个州府，一千四百五十三个县的情况。除了凤翔、鄜坊、邠宁、振武、泾原、银夏、灵盐、河东、易定、魏博、镇冀、范阳、沧景、淮西、淄青等十五道七十一个州没有申报户口外，每年的赋税征收只得靠浙江东、浙江西、宣歙、淮南、江西、鄂岳、福建、湖南八个道四十九个州了，这里总共有一百四十四万编户，比天宝年间缴税的户口减少了四分之三。天下的军队完全依靠国库供应的有八十三万人，比天宝年间增加了三分之一，大概每二户人家要供养一个士兵。水灾、旱灾的损失，临时征调的税收，还不包括在内。

唐宪宗元和三年（戊子，808 年）

春季，正月十一日癸巳，朝廷文武群臣给宪宗上尊号为“睿圣文武皇帝”。宪宗大赦天下，并宣布：“从今以后，地方长官进京朝见，不准进献钱财物品。”知枢密

遗，翰林学士裴垍、李绛奏“敕使所至烦扰，不若但附急递。”上从之。光琦称旧例，上曰：“例是则从之，苟为非是，奈何不改！”

临泾镇将郝玼以临泾地险要，水草美，吐蕃将入寇，必屯其地，言于泾原节度使段祐，奏而城之，自是泾原获安。

二月，戊寅，咸安大长公主薨于回鹘。三月，回鹘腾里可汗卒。

癸巳，郇王总薨。

辛亥，御史中丞卢坦奏弹前山南西道节度使柳晟、前浙东观察使阎济美违赦进奉。上召坦褒慰之，曰：“朕已释其罪，不可失信。”坦曰：“赦令宣布海内，陛下之大信也。晟等不畏陛下法，奈何存小信弃大信乎！”上乃命归所进于有司。

夏，四月，上策试贤良方正直言极谏举人，伊阙尉牛僧孺、陆浑尉皇甫湜、前进士李宗闵皆指陈时政之失，无所避；吏部侍郎杨於陵、吏部员外郎韦贯之为考策官，贯之署为上第。上亦嘉之，诏中书优与处分。李吉甫恶其言直，泣诉于上，且言“翰林学士裴垍、王涯覆策。湜，涯之甥也，涯不先言；垍无所异同。”上不得已，罢垍、涯学士，垍为户部侍郎，涯为都官员外郎，贯之为果州刺史。后数日，贯之再贬巴州刺史，涯贬虢州司马。乙亥，以杨於陵为岭南节度使，亦坐考策无异同也。僧孺等久之不调，各从辟于藩府。僧孺，弘之七世孙；宗闵，元懿之玄孙；贯之，福嗣之六世孙；湜，睦州新安人也。

丁丑，罢五月朔宣政殿朝贺。

以荆南节度使裴均为右仆射。均素附宦官得贵显，为仆射，自矜大。尝入朝，逾位而立；中丞卢坦揖而退之，均不从。坦曰：“昔姚南仲为仆射，位在此。”均曰：“南仲何人？”坦曰：“是守正不交权幸者。”坦寻改右庶子。

五月，翰林学士、左拾遗白居易上疏，以为：“牛僧孺等直言时事，

刘光琦上奏分别派遣使者带着赦令到各道去，刘光琦的小算盘是准备分得各使者们接受的馈赠，翰林学士裴垍和李绛上奏说："朝廷派出的使者所到之处都会给各地带来麻烦和骚扰，不如只交给驿站快速传递。"宪宗采纳了他们的意见。刘光琦说这是以前的惯例，宪宗说："惯例是好的就依从，如果不好，那为什么不改正过来呢？"

镇守临泾的将领郝玼认为临泾地区地势险要，水草肥美，吐蕃军队如果侵犯边疆，就肯定会在这里驻扎，郝玼把这一想法对泾原节度使段祐说了，段祐向宪宗上奏后在临泾修建城堡，从此以后，泾原地区平安无事。

二月二十六日戊寅，咸安大长公主在回鹘去世。三月，回鹘腾里可汗去世。

三月十一日癸巳，郇王李总去世。

三月二十九日辛亥，御史中丞卢坦上奏弹劾前山南西道节度使柳晟、前浙东观察使阎济美违犯了宪宗的赦令，向宫廷进献财物。宪宗召见卢坦，给予褒奖、安慰，说："朕已经免了他们的罪，不能失掉了信用。"卢坦说："把赦令向四海之内宣布，是陛下的最大信用。柳晟等人不害怕陛下的法令，陛下为什么只讲小的信用，而不讲大的信用呢？"宪宗于是命令把他们进献的财物交给有关部门。

夏季，四月，宪宗以贤良方正和直言极谏为名目，亲自主持考试以选择人才，伊阙县尉牛僧孺、陆浑县尉皇甫湜、前进士李宗闵都陈述、指责当时朝政失误的地方，毫不避讳。吏部侍郎杨於陵和吏部员外郎韦贯之是主考官，韦贯之将他们都列为上等。宪宗对他们也很赞赏，下令中书省优先安置他们。李吉甫恨他们直言不隐，在宪宗面前哭诉，而且说："翰林学士裴垍和王涯负责复试。皇甫湜是王涯的外甥，王涯事先没有做说明，裴垍也没有提出异议。"宪宗迫不得已，罢免了裴垍、王涯的翰林学士职务，任命裴垍为户部侍郎，任命王涯为都官员外郎，外放韦贯之为果州刺史。过了几天后，又将韦贯之贬职为巴州刺史，将王涯贬职为虢州司马。四月二十三日乙亥，宪宗任命杨於陵为岭南节度使，杨於陵也是因为主持考试没有提出不同意见而受牵连的。牛僧孺等人长时期得不到调职任用，分别被藩镇召聘为幕僚。牛僧孺是隋朝宰相牛弘的七世孙。李宗闵是郑王李元懿的玄孙。韦贯之是韦福嗣的六世孙。皇甫湜是睦州新安人。

二十五日丁丑，宪宗下令停止五月初一日在宣政殿群臣朝贺的惯例。

宪宗任命荆南节度使裴均为右仆射。裴均一向依附宦官，才得到显赫富贵的地位，任右仆射后，更是骄傲自大。曾经上朝，在超出自己官职的地方站着，中丞卢坦向裴均行礼，请裴均退回原位，裴均不听从。卢坦说："从前姚南仲担任仆射时，姚南仲的位置就在这里。"裴均说："姚南仲是个什么人。"卢坦说："姚南仲是一个坚守正义，不交结有权势显贵宠臣的人。"卢坦不久就被降职为右庶子。

五月，翰林学士、左拾遗白居易上奏说："牛僧孺等人直言不讳地谈论朝政，蒙

恩奖登科，而更遭斥逐，并出为关外官。杨於陵等以考策敢收直言，裴垍等以覆策不退直言，皆坐谴谪。卢坦以数举职事黜庶子。此数人皆今之人望，天下视其进退以卜时之否臧者也。一旦无罪悉疏弃之，上下杜口，众心汹汹，陛下亦知之乎？且陛下既下诏征之直言，索之极谏，僧孺等所对如此，纵未能推而行之，又何忍罪而斥之乎！昔德宗初即位，亦征直言极谏之士，策问天旱，穆质对云：'两汉故事，三公当免；卜式著议，弘羊可烹。'德宗深嘉之，自畿尉擢为左补阙。今僧孺等所言未过于穆质，而遽斥之，臣恐非嗣祖宗之道也！"质，宁之子也。

（以上为第十段，写牛僧孺、李宗闵等举贤良，直言时政，宰臣李吉甫忌疑之。）

丙午，册回鹘新可汗为爱登里啰汨密施合毗伽保义可汗。

西原蛮酋长黄少卿请降；六月，癸亥，以为归顺州刺史。

沙陀劲勇冠诸胡，吐蕃置之甘州，每战，以为前锋。回鹘攻吐蕃，取凉州；吐蕃疑沙陀贰于回鹘，欲迁之河外。沙陀惧，酋长朱邪尽忠与其子执宜谋复自归于唐，遂帅部落三万，循乌德鞬山而东。行三日，吐蕃追兵大至，自洮水转战至石门，凡数百合；尽忠死，士众死者太半。执宜帅其余众犹近万人，骑三千，诣灵州降。灵盐节度使范希朝闻之，自帅众迎于塞上，置之盐州，为市牛羊，广其畜牧，善抚之。诏置阴山府，以执宜为兵马使。未几，尽忠弟葛勒阿波又帅众七百诣希朝降；诏以为阴山府都督。自是，灵盐每有征讨，用之所向皆捷，灵盐军益强。

秋，七月，辛巳朔，日有食之。

以右庶子卢坦为宣歙观察使。苏强之诛也，兄弘在晋州幕府，自免

陛下恩典而登上科第，却又遭到排斥，都在外边军镇中做官。杨於陵等人因为负责考试，敢于录取直言论事的人，裴垍等人因为复试没有斥退这些被录取的人，都获罪贬职和流放外地。卢坦因多次履行自己的职责而被降职为右庶子。这些人都是现在众望所归的人物，天下的人们就是通过观察他们的升降职务来猜测朝政好坏的。朝廷在他们无罪的情况下，一下子将他们都疏远、贬斥了，这样使得朝野内外，上上下下都闭口不谈朝政，大家内心惶惶不安，陛下对这种情况也知道吗？而且陛下既然下诏令征求直言不讳地谈论朝政，要求人们极言劝谏，牛僧孺等人所作的策对，正是根据陛下诏书的要求来做的，即使他们所议论的事情不能推广施行，但又怎么能忍心加罪于他们，将他们斥逐在外呢？从前德宗皇帝刚刚继位的时候，也召征直言极谏的人士，当时策试和询问的有关天气干旱的问题，穆质回答说：'按照两汉时期惯例，天气干旱的，应当将三公罢免。根据卜式的说法，桑弘羊应当受烹刑。'德宗皇帝对穆质很是欣赏，把穆质从京城郊区的县尉提升为朝廷的左补阙官。现在牛僧孺等人所说的事情，激烈程度没有超过穆质，但却被朝廷急忙驱逐了，我担心这不是保护祖宗基业的正当方法啊！”穆质是玄宗皇帝时期功臣穆宁的儿子。

五月二十五日丙午，宪宗派人册封回鹘的新可汗为爱登里啰汨密施合毗伽保义可汗。

西原蛮酋长黄少卿请求向朝廷投降。六月十二日癸亥，宪宗任命黄少卿为归顺州刺史。

沙陀人在各胡人中最为勇敢强悍，吐蕃将他们安置在甘州，每次出去作战，都让沙陀人充当先锋。回鹘人进攻吐蕃，占领了凉州。吐蕃怀疑沙陀人暗中听回鹘的指挥，打算把他们迁移到黄河以西的地区。沙陀人很害怕，酋长朱邪尽忠和他的儿子朱邪执宜商量再次主动归顺唐朝，于是就带领全部落的三万人马沿着乌德鞬山向东出发。他们走了三天，吐蕃的大批军队追赶上来了，沙陀人从洮水转战到石门河一带，总共交战几百次，朱邪尽忠战死，沙陀士兵和百姓死了一多半。朱邪执宜带着其余的将近一万人和骑兵三千，到灵州向唐朝投降。灵盐节度使范希朝听说这件事后，亲自带领人马在边塞上去迎接，将他们安置在盐州，为他们购买牛羊，扩大他们的畜牧范围，很好地安抚了他们。宪宗下诏设置阴山府，任命朱邪执宜为兵马使。不久，朱邪尽忠的弟弟葛勒阿波又带着部众七百人到范希朝这里投降。宪宗下诏任命葛勒阿波为阴山府的都督。从此以后，灵盐地区凡是要出征作战，都调用沙陀人打仗，总是打到哪里，都能取胜，这样，灵盐地区的军事实力更加强大了。

秋季，七月初一日辛巳，发生日食。

宪宗任命右庶子卢坦为宣歙观察使。刘辟的女婿苏强被杀之后，苏强的哥哥苏

归，人莫敢辟。坦奏：“弘有才行，不可以其弟故废之，请辟为判官。”上曰：“向使苏彊不死，果有才行，犹可用也，况其兄乎！”坦到官，值旱饥，谷价日增，或请抑其价。坦曰：“宣、歙土狭谷少，所仰四方之来者；若价贱，则商船不复来，益困矣。”既而米斗二百，商旅辐凑。

九月，庚寅，以于頔为司空，同平章事如故；加右仆射裴均同平章事，为山南东道节度使。

淮南节度使王锷入朝。锷家巨富，厚进奉及赂宦官，求平章事。翰林学士白居易以为：“宰相人臣极位，非清望大功不应授。昨除裴均，外议已纷然，今又除锷，则如锷之辈皆生冀望。若尽与之，则典章大坏，又不感恩；不与，则厚薄有殊，或生怨望。幸门一启，无可奈何。且锷在镇五年，百计诛求，货财既足，自入进奉。若除宰相，四方藩镇皆谓锷以进奉得之，竞为刻剥，则百姓何以堪之！”事遂寝。

壬辰，加宣武节度使韩弘同平章事。

丙申，以户部侍郎裴垍为中书侍郎、同平章事。上虽以李吉甫故罢垍学士，然宠信弥厚，故未几复擢为相。

初，德宗不任宰相，天下细务皆自决之，由是裴延龄辈得用事。上在藩邸，心固非之；及即位，选擢宰相，推心委之，尝谓垍等曰：“以太宗、玄宗之明，犹藉辅佐以成其理，况如朕不及先圣万倍者乎！”垍亦竭诚辅佐。上尝问垍：“为理之要何先？”对曰：“先正其心。”旧制，民输税有三：一曰上供；二曰送使；三曰留州。建中初定两税，货重钱轻；是后货轻钱重，民所出已倍其初；其留州、送使者，所在又降省估就实估，以重敛于民。及垍为相，奏：“天下留州、送使物，请一切用省估；其观察使，先税所理之州以自给，不足，然后许税于所属之州。”由

弘在晋州幕府中担任官职，主动请求免职回家，各地长官都不敢任用。卢坦上奏皇帝说：“苏弘有才能，德行也好，不能因为弟弟的缘故而荒废了这样一个人才，我请求征聘苏弘为判官。”宪宗说：“假如以前苏强没有被诛杀，真的有才能和德行好的话，也还可以任用，更何况是苏强的哥哥呢？”卢坦到宣歙走马上任，正碰上这里因天旱引起饥荒，谷子的价钱每天都在上涨，有人请压低谷价。卢坦说：“宣歙地区土地面积狭小，出产的粮食少，粮食主要依靠四方的商旅运来。如果粮食价钱低了。那么运粮的商船就不再来了，那这里的粮食就更加困窘。”不久每斗米值二百钱，各地的商人纷纷运粮食到这里来。

九月十一日庚寅，宪宗任命于頔为司空，先前所任同平章事仍然保留。宪宗加授右仆射裴均为同平章事，担任山南东道节度使。

淮南节度使王锷进京入朝。王锷家财万贯，十分富有，对宫廷的进奉十分厚重，并花大量钱财贿赂、结交宦官，谋求担任平章事。翰林学士白居易上疏说：“宰相职务是做臣子的最高职位，如果不是德高望重和立下了很大功勋的人，就不应该授予这一职务。昨天任命裴均为宰相，外头已经议论纷纷，今天又要任命王锷为宰相，那么像王锷这类人都要萌生担任宰相的奢望。如果都让他们担任宰相，那么国家的法令规章就要受到很大破坏，而且，他们还不会感恩戴德。如果不把宰相职务给他们，那就有厚此薄彼的嫌疑，有的人就会怨恨朝廷。让他们侥幸任职的大门一经打开，就不好收拾了。而且王锷在军镇任职五年，千方百计地搜刮财物，钱财多了，自然要向朝廷进献一部分。如果任命他为宰相，那么各地军镇的主帅都认为王锷是因为向宫廷进献财物得到官职的，就会竞相搜刮、盘剥老百姓，那老百姓又怎么能忍受得了呢？”任命王锷为宰相的事情就搁置下来了。

九月十三日壬辰，宪宗加授宣武军节度使韩弘为同平章事。

九月十七日丙申，宪宗任命户部侍郎裴垍为中书侍郎、同平章事。宪宗虽然因为李吉甫哭诉的缘故罢免了裴垍翰林学士的职务，但是对裴垍却更加宠信，因此，没过多久就又提升裴垍为宰相。

当初，德宗不信任宰相，天下大小事情都亲自裁决，所以，像裴延龄这种人就能独揽朝廷大权。宪宗还是藩王时，本来就从内心觉得这样做不对。等到继承皇位之后，选拔宰相，推心置腹地信任他们，宪宗曾经对裴垍说：“凭太宗皇帝、玄宗皇帝那样英明，也还要借助辅佐大臣才得以达到天下大治，何况我不如先圣们万分之一呢？”裴垍也竭尽全力辅佐宪宗。宪宗曾问裴垍：“要达到天下大治，最先做什么事情？”裴垍回答说：“先端正自己的心术。”以前制度规定，老百姓缴纳的赋税有三个名目：一是上供给朝廷，二是送交节度、观察使，三是留给州县开支。建中初年制定两税法，租税实物折算为钱，起初物贵钱轻，后来物轻钱贵，于是农民上交

是江、淮之民稍苏息。先是，执政多恶谏官言时政得失，垍独赏之。垍器局峻整，人不敢干以私。尝有故人自远诣之，垍资给优厚，从容款狎。其人乘间求京兆判司，垍曰："公不称此官，不敢以故人之私伤朝廷至公。他日有盲宰相怜公者，不妨得之，垍则必不可。"

戊戌，以中书侍郎、同平章事李吉甫同平章事，充淮南节度使。

河中、晋绛节度使邠宣公杜黄裳薨。

冬，十二月，庚戌，置行原州于临泾，以镇将郝玼为刺史。

南诏王异牟寻卒，子寻阁劝立。

（以上为第十一段，写沙陀部众降唐，置阴山都督府以安置之。翰林学士白居易、宰辅裴垍尽职直言，宪宗推心采纳。）

四年（己丑，809年）

春，正月，戊子，简王遘薨。

渤海康王嵩璘卒，子元瑜立，改元永德。

南方旱饥。庚寅，命左司郎中郑敬德等为江、淮、二浙、荆、湖、襄、鄂等道宣慰使，赈恤之。将行，上戒之曰："朕宫中用帛一匹，皆籍其数，惟赒救百姓，则不计费，卿辈宜识此意，勿效潘孟阳饮酒游山而已。"

给事中李藩在门下，制敕有不可者，即于黄纸后批之。吏请更连素纸，藩曰："如此，乃状也，何名批敕！"裴垍荐藩有宰相器。上以门下侍郎、同平章事郑䌹循默取容，二月，丁卯，罢䌹为太子宾客，擢藩为门下侍郎、同平章事。藩知无不言，上甚重之。

的赋税已比当初增加了一倍。那些留给州县，送交节度、观察使的部分，不按官价而按市价要农民交钱，这样又加重了老百姓的赋税负担。当裴垍担任了宰相，他上奏宪宗说："全国各地留给州县和送交节度、观察使的赋税，请一律都按都省规定的价钱为标准征收。各观察使，先在直辖的州内收税供应开支，不足的部分，才允许他们在管辖下的州收税。"这样一来，江淮一带的老百姓才稍稍能喘一口气。以前，掌管朝廷大政的人都讨厌谏官议论朝政的得失，只有裴垍一个人欣赏谏官们的意见。裴垍仪表威武严峻，别人不敢在他那里谋私利。曾经有个老朋友从很远的地方来，裴垍给了很优厚的资助，他们十分闲散地叙旧。老朋友乘机向裴垍要求担任京兆府的参军职务，裴垍说："你不胜任这一官职，我不能因为和你有老朋友的交情损害朝廷正大光明的形象。以后哪一天，有哪位瞎子宰相怜悯你，你不妨得到这个官职，但我绝对是不会给你的。"

九月十九日戊戌，宪宗任命中书侍郎、同平章事李吉甫仍然担任同平章事，充任为淮南节度使。

河中、晋绛节度使杜黄裳去世。

冬季，十二月初二日庚戌，朝廷在临泾这个地方设置行原州，任命镇守将领郝玼为刺史。

南诏王异牟寻去世，儿子寻阁劝继承了王位。

唐宪宗元和四年（己丑，809 年）

春季，正月十一日戊子，简王李遘去世。

渤海康王大嵩璘去世，儿子大元瑜继承王位，改年号为"永德"。

南方地区因天气久旱不下雨引起饥荒。正月十三日庚寅，宪宗任命左司郎中郑敬等人为江、淮、两浙、荆、湖、襄、鄂等道的宣尉使，去赈济抚恤老百姓。他们将要出发的时候，宪宗告诫他们说："我在宫中用一匹绢帛，都要在账上记数，只要赈救百姓，就不必计算会花多少钱财，你们应该了解我这份心意，不要效仿潘孟阳只是去饮酒作乐，游山玩水。"

给事中李藩在门下省供职，凡是宪宗下的敕令中有不合适的地方，李藩就在写着敕令的黄纸后面写批语。办事的官吏请李藩写在白纸上，附在敕令的后面，李藩说："如果这样做那就是状文了，怎么能叫批敕呢？"裴垍向宪宗推荐李藩，说有宰相的气度。宪宗觉得门下侍郎、同平章事郑絪苟且敷衍，只求明哲保身，二月二十一日丁卯，罢免了郑絪的宰相职务，降职为太子宾客。提升李藩为门下侍郎、

河东节度使严绶，在镇九年，军政补署一出监军李辅光，绶拱手而已。裴垍具奏其状，请以李鄘代之。三月，乙酉，以绶为左仆射，以凤翔节度使李鄘为河东节度使。

成德节度使王士真薨，其子副大使承宗自为留后。河北三镇，相承各置副大使，以嫡长为之，父没则代领军务。

上以久旱，欲降德音，翰林学士李绛、白居易上言，以为“欲令实惠及人，无如减其租税。”又言“宫人驱使之余，其数犹广，事宜省费，物贵徇情。”又请“禁诸道横敛以充进奉。”又言“岭南、黔中、福建风俗，多掠良人卖为奴婢，乞严禁止。”闰月，己酉，制降天下系囚，蠲租税，出宫人，绝进奉，禁掠卖，皆如二人之请。己未，雨。绛表贺曰：“乃知忧先于事，故能无忧；事至而忧，无救于事。”

初，王叔文之党既贬，有诏，虽遇赦无得量移。吏部尚书、盐铁转运使李巽奏：“郴州司马程异，吏才明辨，请以为杨子留后。”上许之。巽精于督察，吏人居千里之外，战栗如在巽前。异句检簿籍，又精于巽，卒获其用。

魏徵玄孙稠贫甚，以故第质钱于人，平卢节度使李师道请以私财赎出之。上命白居易草诏，居易奏言：“事关激劝，宜出朝廷。师道何人，敢掠斯美！望敕有司以官钱赎还后嗣。”上从之，出内库钱二千缗赎赐魏稠，仍禁质卖。

（以上为第十二段，写宪宗因旱求直言，特诏降天下系囚，蠲租税，出宫人，绝进奉，禁掠卖。）

王承宗叔父士则以承宗擅自立，恐祸及宗，与幕客刘栖楚俱自归京师；诏以士则为神策大将军。

翰林学士李绛等奏曰：“陛下嗣膺大宝，四年于兹，而储闱未立，典册不行，是开窥觎之端，乖重慎之义，非所以承宗庙、重社稷也。伏望

同平章事。李藩知道什么不对就说出来，宪宗因此十分重视李藩。

河东节度使严绶，在军镇任主帅九年，无论是军政大事，还是补官任职，完全都由监军李辅光决定，严绶不过袖手表示同意罢了。裴垍将这个情况向宪宗奏报了，请求用李鄘来代替严绶。三月初九日乙酉，宪宗任命严绶为左仆射，任用凤翔节度使李鄘去担任河东节度使。

成德节度使王士真去世，儿子副大使王承宗自任为留后。河北地区的三个军镇，各自父子承袭，设置副大使一职，由嫡长子担任，父亲去世后，就由副大使代理军中事务。

因为天气久旱不雨，宪宗打算向全国颁布慰问的诏令，翰林学士李绛、白居易上奏宪宗，认为："要想让百姓都得到实惠，不如减免他们的田租赋税。"又说："宫人们除了供驱使以外，剩下很多的闲人，如果简放宫女，既省费用，又顺乎人情。"白居易又请求"禁止各道横征暴敛钱财以向宫中进献"。又说："岭南、黔中、福建的风俗，是喜欢抢劫良民，将他们卖给人家做奴婢，请求严厉禁止。"闰三月初三日己酉，宪宗下诏，减轻对全国囚犯的处罚，免除百姓本年的赋税，将宫中妇女放回老家，杜绝各道进献钱财，禁止掠卖人口。其内容完全是李绛、白居易所请求的。闰三月十三日己未，天下了雨。李绛上表向宪宗祝贺说："在事情还没发生前，如能考虑周详，就可以消除忧患，忧虑在事情发生之后，那就不能挽救了。"

当初，王叔文的同党遭到贬斥之后，有诏令规定：他们遇到大赦也不能酌情向内地迁移。吏部尚书、盐城运转使李巽上奏宪宗说："郴州司马程异，是做官吏的材料，能明辨是非，请任命他为杨子巡院的留后。"宪宗同意了。李巽精于督察部属之道，下属官员虽然远在千里之外，但战战兢兢地就像在李巽面前。程异检查、审核财产的账簿文书，又比李巽精明，最终得到了任用。

魏徵的玄孙魏稠十分贫困，以祖传老宅作抵押向别人借钱，平卢节度使李师道请求朝廷允许他用私人财产为魏稠赎回老宅。宪宗命令白居易草拟认可的诏书，白居易上奏宪宗说："这件事关系到对臣下的激励和劝勉，这个事情应该由朝廷办理。李师道是什么人，竟敢抢这一美名？希望陛下敕令有关部门用官府的钱赎回魏徵的老宅，交给魏徵的后人。"宪宗采纳了这一建议，拿出宫中内库的钱二千缗赎回老宅，赐给魏稠，还禁止典当和出卖这座老宅。

王承宗的叔父王士则因为王承宗擅自担任留后职务，担心祸害到整个宗族，于是与幕客刘栖楚一起从那里回到京城。宪宗下诏任命王士则为神策大将军。

翰林学士李绛等人上奏宪宗说："陛下继承皇位以来，到现在已经四年了，但是还没有确立太子，颁行册命，这将形成某些人暗中窥求这一位置的野心，违背了对

抑抟谦之小节，行至公之大典。”丁卯，制立长子邓王宁为太子。宁，纪美人之子也。

辛未，灵盐节度使范希朝奏以太原兵六百人衣粮给沙陀；许之。

夏，四月，山南东道节度使裴均恃有中人之助，于德音后进银器千五百余两。翰林学士李绛、白居易等上言：“均欲以此尝陛下，愿却之。”上遽命出银器付度支。既而有旨谕进奏院：“自今诸道进奉，无得申御史台；有访问者，辄以名闻。”白居易复以为言，上不听。

上欲革河北诸镇世袭之弊，乘王士真死，欲自朝廷除人；不从则兴师讨之。裴垍曰：“李纳跋扈不恭，王武俊有功于国，陛下前许师道，今夺承宗，沮劝违理，彼必不服。”由是议久不决。上以问诸学士，李绛等对曰：“河北不遵声教，谁不愤叹，然今日取之，或恐未能。成德自武俊以来，父子相承四十余年，人情贯习，不以为非。况承宗已总军务，一旦易之，恐未必奉诏。又范阳、魏博、易定、淄青以地相传，与成德同体，彼闻成德除人，必内不自安，阴相党助，虽茂昭有请，亦恐非诚。今国家除人代承宗，彼邻道劝成，进退有利。若所除之人得入，彼则自以为功；若诏令有所不行，彼因潜相交结；在于国体，岂可遽休！须兴师四面攻讨，彼将帅则加官爵，士卒则给衣粮，按兵玩寇，坐观胜负，而劳费之病尽归国家矣。今江、淮水，公私困竭，军旅之事，殆未可轻议也。”

左军中尉吐突承璀欲希上意，夺裴垍权，自请将兵讨之。宗正少卿李拭奏称：“承宗不可不讨。承璀亲近信臣，宜委以禁兵，使统诸军，谁敢不服！”上以拭状示诸学士曰：“此奸臣也，知朕欲将承璀，故上此奏。

册立太子极为慎重的原则，不是尊重祖宗，爱护国家的做法。希望陛下抑制谦逊的小节，实施天下最公正的册封大典。”闰三月二十一日丁卯，宪宗颁布制书册立长子邓王李宁为太子。李宁是纪美人所生的儿子。

二十五日辛未，灵盐节度使范希朝上奏宪宗，请求将太原防秋军队六百人的衣服粮食拨给沙陀人，宪宗同意了。

夏季，四月，山南东道节度使裴均依仗宫中有宦官相助，在宪宗颁布赐给各地恩典的诏书之后，还向宫中进奉了银器一千五百多两。翰林学士李绛、白居易等人上奏宪宗说：“裴均想用这些东西试探一下陛下，希望陛下拒绝。”宪宗连忙下令将银器交给度支收管。不久宪宗又有旨意传给各军镇设在京城的进奏院：“从今以后，各道向宫中进献钱物，不能把这事告诉御史台。有访查这一事的人，马上就把他们的名字奏报上来。”白居易就这件事又一次上奏，但宪宗不接受。

宪宗打算革除河北地区各军镇主帅世袭的弊病，利用王士真之死，想从朝廷中派人去担任主帅。如果成德军的人不服从，就派兵去讨伐。裴垍说：“李纳飞扬跋扈，对朝廷极不恭敬，王武俊对国家立有功勋，陛下在前面已经允许了李师道承袭李师古的主帅职务，现在要剥夺王承宗的主帅职务，那就是有功的人被夺，跋扈的人得奖励，不合情理，成德军一定不服。”因此，这一事情长时间没有决定下来。宪宗就此事征询各位翰林学士的意见，李绛等人回答说：“河北地区各军镇不遵从陛下的诏令、教化，谁不为此而愤慨呢？但是现在要攻下他们，也恐怕还不可能。成德军的主帅自从王武俊担任以来，父子继承已有四十多年，当地人已经习以为常，不觉得这样做不对。何况王承宗实际上已经接管，一旦要改派别人，恐怕他抗拒命令。另外，范阳、魏博、易定、淄青等军镇都是父死子承，与成德军情况相同，他们听到朝廷任命成德军的主帅后，一定会内心惶恐不安，暗中互相结党和帮助。虽然张茂昭请求朝廷派人去担任成德军主帅，也恐怕不是出自诚心诚意。现在朝廷任命主帅去代替王承宗，他的相邻军镇劝朝廷办成这件事，或进或退都有利。如果朝廷任命的人能进入成德军，那么这些邻道就认为是自己的功劳。如果成德军不服从诏令，就会乘机暗中勾结。朝廷为了国家的体统，怎么能立即罢休呢？一定会调兵四面进攻。这些邻道的将帅们就会被加官晋爵，朝廷要给他们的士兵供应衣服、粮食，他们却按兵不动，把朝廷的命令当成儿戏，在一旁坐观胜负。而兴师动众，花费钱财的弊端全被朝廷承担了。现在江淮一带大水成灾，官府和百姓们都十分贫穷困窘，出兵打仗的事情，恐怕不能轻易地下决定吧。”

左神策军护军中尉吐突承璀想迎合宪宗的心意，剥夺裴垍的权力，请求自己率兵前去征讨。宗正少卿李拭上奏宪宗说：“王承宗不能不讨伐。吐突承璀是陛下的亲信近臣，应该把禁军交给吐突承璀，派吐突承璀统领各路军马，那谁还敢不服从？”

卿曹记之，自今勿令得进用。”

昭义节度使卢从史遭父丧，朝廷久未起复；从史惧，因承璀说上，请发本军讨承宗。壬辰，起复从史左金吾大将军，余如故。

初，平凉之盟，副元帅判官路泌、会盟判官郑叔矩皆没于吐蕃。其后吐蕃请和，泌子随三诣阙号泣上表，乞从其请；德宗以吐蕃多诈，不许。至是，吐蕃复请和，随又五上表，诣执政泣请，裴垍、李藩亦言于上，请许其和；上从之。五月，命祠部郎中徐复使吐蕃。

六月，以灵盐节度使范希朝为河东节度使。朝议以沙陀在灵武，迫近吐蕃，虑其反复，又部落众多，恐长谷价，乃命悉从希朝诣河东。希朝选其骁骑千二百，号沙陀军，置使以领之，而处其余众于定襄川。于是执宜始保神武川之黄花堆。

左军中尉吐突承璀领功德使，盛修安国寺，奏立圣德碑，高大一准《华岳碑》，先构碑楼，请敕学士撰文，且言“臣已具钱万缗，欲酬之。”上命李绛为之，绛上言：“尧、舜、禹、汤，未尝立碑自言圣德，惟秦始皇于巡游所过，刻石高自称述，未审陛下欲何所法！且叙修寺之美，不过壮丽观游，岂所以光益圣德！”上览奏，承璀适在旁，上命曳倒碑楼。承璀言：“碑楼甚大，不可曳，请徐毁撤。”冀得延引，乘间再论，上厉声曰：“多用牛曳之！”承璀乃不敢言。凡用百牛曳之，乃倒。

（以上为第十三段，写唐宪宗结和吐蕃，推倒圣德碑，表现明主风采。）

宪宗将李拭的奏章拿给各位翰林学士看，并说："李拭是个奸臣，知道我想让吐突承璀为统帅，所以就上了这一道奏章。你们记住，以后千万不要重用李拭。"

昭义军节度使卢从史为父亲守丧，朝廷长时间没有重新起用。卢从史很害怕，就托吐突承璀在宪宗那里求情，请求调派昭义军去讨伐王承宗。四月十七日壬辰，宪宗起用卢从史为左金吾大将军，其他职务一如从前。

当初，朝廷与吐蕃结"平凉之盟"，副元帅判官路泌和会盟判官郑叔矩都被吐蕃人捉去了。后来，吐蕃向朝廷求和，路泌的儿了路随三次到皇宫前嚎哭着上奏表章，请求答应吐蕃人的要求。德宗认为吐蕃诡计多端，不答应。到这时，吐蕃又来朝廷求和，路随又五次向宪宗上表，哭着到朝廷的当权者那里去请求，裴垍、李藩也向宪宗谈了这事，请求宪宗同意吐蕃的求和，宪宗这才同意了。五月，宪宗任命祠部郎中徐复出使吐蕃。

六月，宪宗将灵盐节度使范希朝调任为河东节度使。朝廷中议论沙陀人在灵武，靠近吐蕃，担心他们会反复无常，又因为他们的部落众多，恐怕会使当地粮食价格上涨，于是就命令沙陀人全部跟随范希朝去河东军。范希朝从中选择出勇猛的骑兵一千二百人，号称"沙陀军"，设置军使统领他们，而把其余的沙陀人安置在定襄川一带。到这个时候，朱邪执宜才开始驻守神武川的黄花堆。

左神策军护军中尉吐突承璀兼任功德使，大肆修建安国寺，上奏宪宗请求竖立圣德碑，其长宽高与玄宗皇帝竖立的"华岳碑"相同。先修建好碑楼，请宪宗下令翰林学士撰写碑文，而且还说："臣已经准备了一万缗钱，作为碑文的报酬。"宪宗下令李绛来撰写碑文，李绛上奏宪宗说："尧、舜、禹、汤，都没有竖立石碑来歌颂自己的功德，不知道陛下想效仿哪一种人？而且叙述修建安国寺的美妙，不过是建构如何壮丽和供游人观览一类的话，那怎么能光大和增进陛下圣明的德操呢？"宪宗看这份奏章时，吐突承璀正好在旁边，宪宗命令将碑楼拉倒。吐突承璀说："碑楼很大，不能拉倒，请允许将它慢慢拆毁。"希望拖延时间，找机会再辩解，宪宗严厉地说："多用些牛将碑楼拉倒！"吐突承璀这才不敢说什么。总共动用了一百头牛，才将碑楼拉倒。

【点评】

本卷点评五事：高崇文建功、潘孟阳任大理卿、李锜反叛、宪宗下嫁普宁公主、宪宗推倒圣德碑。

一、高崇文建功。永贞元年（805）八月六日，宪宗即皇帝位。八月十七日，西川节度使韦皋病死，支度副使刘辟自为留后。宪宗认为自己初即位，西川路途艰险，出兵不易，姑且任命刘辟为西川留后，代理节度使之职。刘辟得寸进尺，要求兼领三川，即要求朝廷把东川、山南两镇也划归西川，遭到王叔文的拒绝，如今刘辟如此嚣张，此乃螳臂当车，自不量力。右谏议大夫韦丹上疏，如果不诛讨刘辟，全国各节度使将争相效法，恐怕朝廷的号令只能行用于两京了。宪宗不想轻易用兵，交给朝廷议论，公卿大臣都认为蜀险难取。宰相杜黄裳独持异议，认为刘辟不过是一个疯狂而呆笨的书生，讨伐他就像捡拾东西一样容易。杜黄裳认为神策军使高崇文有勇有谋，可以担当重任。但要求宪宗做到两条，一不要遥控，二不要设置监军，全权交给高崇文，平叛之事一定成功。事情的发展，完全如杜黄裳所料，高崇文一路势如破竹，三月进兵，九月就讨平了西川。宪宗乘势，又讨平了夏绥兵变。高崇文建功如此顺利，刘辟不懂兵略，此为原因之一。西川兵在西南镇守防御吐蕃，惯于征战，高崇文征讨使之迅速瓦解，更重要的原因，是宪宗不遥控，不设监军，官兵义正，奋勇杀敌，此其二。西川广大将士不愿背叛，不似河北诸镇，长期割据养成习惯，此其三。嗣后宪宗用兵河北，用宦官吐突承璀征讨，官军以众临寡却遭败北。宪宗用兵淮西，宰相裴度坐镇，李愬建功，如同高崇文征西川，没有宦官掣肘才取得的。成功与失败，对比是这样的鲜明，宪宗又号称英明，为什么成功于前，失败于后呢？因为宪宗骨子里仍然信用宦官，昏君基因的遗传不可救药。宪宗之后，唐室政权，如同日落西山，由中唐进入了晚唐。

二、潘孟阳任大理卿。潘孟阳，刘晏外孙，礼部侍郎潘炎之子，以门荫入仕。德宗末，官至户部侍郎。宪宗即位，盐铁转运使请潘孟阳为副，任盐铁转运副使。宪宗委派潘孟阳为宣慰使，巡察江淮财赋，并考察地方官吏善恶。潘孟阳生活豪侈，他带领随从三百多人，一路观山玩景，达旦欢宴。走一路，贪赃一路，不惩贪官，只是委任新官。回到京师，宪宗罢了潘孟阳财税官盐铁转运副使之职，改任大理卿，相当于现今的最高法院院长，负责中央百官犯罪的审理，以及由刑部转来地方死刑犯的复审。官僚腐败，根源是惩治不力，在刑不上大夫的时代，根本就不惩贪。秦汉以后，法律健全，甚至有朱元璋剥贪官人皮的惩治手段，也不能禁绝贪赃。只有法律健全，而无制衡机制与透明的监察手法，法律、法官都是摆设品。贪官出任法官，欲使政治清廉，简直是缘木求鱼，南辕北辙，其结果可想而知。此外，潘孟阳贪赃未受惩罚而改任大理卿，这也是官僚政治的一种积弊，历朝历代都没有改变。

换个部门，或易地做官，代替惩贪，这一做法，恰恰是腐败的温床。

三、李锜反叛。李锜，唐皇室亲族，是唐高祖堂弟开国功臣李神通玄孙，其父李国贞，官至河中节度使，为官清正廉洁，死于兵乱。李锜以父荫入仕，德宗时累官润州刺史，兼盐铁使。李锜利用掌盐铁的赋入，用重金贿赂宫人、宦官，大量钱物进奉德宗，蒙受恩宠。浙西人崔善贞到京师上奏封事，揭发李锜贪赃欺压民众罪行，德宗用囚车送赐李锜，李锜活埋了崔善贞。李锜用重金招募一批善射弓箭手，为随身警卫，称为“挽硬随身”，又招募一批善斗的胡人、奚人，名为“蕃落健儿”，这两种警卫各一个营。德宗晚年在润州置镇海军，辖苏、杭、湖、睦、润五州。宪宗即位，诸镇入朝，李锜也上表请入朝，只是试探宪宗，并不真心入朝。宪宗准奏征李锜入朝，李锜不肯，于是发兵反叛。未等朝廷征讨大军到达，李锜被其部将张子良等擒获。去逆效顺的主谋人正是李锜的外甥裴行立，由此可见李锜不得人心如此。李锜被擒，他的两营警卫“挽硬”“蕃落”，表示效忠，纷纷自杀，或投井而死。李锜被押送京城，宪宗亲自审问，责问李锜为何反叛。李锜诿过部属，说张子良等逼他造反。宪宗说：“你身为主帅，部属造反，为什么不杀掉造反的部属，到朝廷来报告。”李锜无言以对，与其子一门被腰斩于市。

李锜反叛，只掀起一个小小的风波，却有非常典型的意义，有多方面的教训。其一，李锜无德无行，他的野心是德宗一手培养起来的。李锜犯国法，德宗不但没有惩罚，反而把举报人员交给李锜报复。其二，德宗为何不惩贪，反而提升贪官，因为德宗吃人嘴短，拿人手软，他吃了进奉，无可奈何。官僚政治的贪黩腐败，亦如是也。其三，李锜靠两个营的贴心警卫就敢造反，可见唐朝自安史之乱以后政风的败坏。

四、宪宗下嫁普宁公主。普宁公主，宪宗最亲爱的女儿。山南东道节度使于頔想巩固自己的地位，替自己的儿子于季友向宪宗求娶公主为妻，宪宗应允，许嫁普宁公主。翰林学士李绛劝宪宗，普宁公主应嫁给汉族高门的优秀子弟，怎么可能嫁给胡人的庶出儿子呢？于季友没有资格娶普宁公主。宪宗说：“朕下嫁公主有原因，李学士你不懂。”元和二年（807）十二月二十六日，宪宗下嫁普宁公主给于季友，婚礼隆重举行，嫁妆丰厚，于頔大喜过望。过不多久，宪宗使人暗示于頔入朝，于頔听从。于頔主动入朝，为诸镇节度使表率。这一桩政治婚姻，宪宗用心良苦。

五、宪宗推倒圣德碑。元和四年（809），吐突承璀任功德使，大肆修建安国寺，树了一座高大的圣德碑，称颂宪宗。吐突承璀用一万缗的重金征求碑文，上奏宪宗令翰林学士李绛来写碑文。李绛借机谏奏，说：“尧、舜、禹、汤，都没有立碑来夸耀功德，他们是圣王；只有秦始皇到处刻石颂功，不知陛下想效法哪一种人。”宪宗批阅这份奏章时，正好吐突承璀在身旁。宪宗命吐突承璀推倒碑楼。吐突承璀想拖

延时间，找机会游说，就诡称碑楼重，难以推倒。宪宗厉声呵斥说："多用些牛拉倒碑楼。"吐突承璀不敢再说话，用了一百头牛才把碑楼拉倒。这一年，宪宗因天旱不雨，下诏求直言。翰林学士李绛和白居易上奏说，求直言，还不如办一些实事。奏疏陈述了蠲租税，出宫人，绝进奉，禁掠卖人口为奴仆。宪宗一一采纳。史称宪宗嗣位之初，捧读先帝实录，立志效法太宗、玄宗贞观与开元之治，重开延英殿议政，要求辅臣同心辅助，放权宰相。元稹、李绛、白居易等，一批新进，敢言、直言，宪宗择善而从，唐王朝出现了中兴气象。可惜宪宗持志不坚，刚一安定就服食仙丹求长生。宪宗宠信宦官而被宦官所害，英年早逝。元和中兴，昙花一现。

资治通鉴（文白对照本）　卷第二百三十八

唐纪五十四

唐宪宗元和四年至七年（809　812 年）

【起屠维赤奋若（己丑，809 年）七月，尽玄黓执徐（壬辰，812 年）九月，凡三年有奇】

【大事提要】

本卷记事起公元 809 年七月，讫公元 812 年九月，凡三年又两个月。当唐宪宗元和四年七月到元和七年九月。此时期宪宗施政，最大的失败是违众用兵河北，无功而返，朝廷威信大失。亦有最大的成功是外出吐突承璀，用李绛为相。吐突承璀，字仁贞，闽人，即今福建人，少小入宫，给事皇太子李诵，即顺宗李诵，为东宫小黄门。吐突承璀聪明机灵，年纪与皇太孙，即宪宗李纯相仿，两人关系自小密切。宪宗即位，便任吐突承璀为内常侍，知内侍省事，总领宦官。不久，又任命吐突承璀为神策军中尉，掌管禁军。元和四年（809），成德节度使王士真死，长子王承宗自为留后。河北三镇相沿成习，以节度使嫡长子为副大使，父死便称留后，朝廷正式任命即为节度使。宪宗要革除这一藩镇世袭的积弊。宪宗想借官军平定西川和镇海两节度之乱，乘胜用兵河北。朝臣都不赞同，认为河北三镇世袭节度，蔓延连势，已成积习，革除要等待时机。当时淮西吴少阳自为留后，朝臣主张讨伐，杜绝世袭积弊在内地蔓延，且淮西地少势孤，容易建功。唐宪宗忌刻朝臣建功，用吐突承璀为主将用兵河北，诸道并进，动员官军达二十万之众，十倍于成德叛军，结果劳而无功。此时宪宗还算清醒，他明白欲要建功必须起用朝官。吐突承璀败军，又受赂案发，李绛弹劾，宪宗不得已外出吐突承璀，任用李绛为相，后果收李绛善谋之效，王承宗、田兴，不待加兵而自服。宪宗又纳李吉甫之言，淘汰冗官。又尝与宰臣论宽严之政，盛暑而不知倦。

【原文】

宪宗昭文章武大圣至神孝皇帝上之下

元和四年（己丑，809年）

秋，七月，壬戌，御史中丞李夷简弹京兆尹杨凭，前为江西观察使贪污僭侈；丁卯，贬凭临贺尉。夷简，元懿之玄孙也。上命尽籍凭资产，李绛谏曰："旧制，非反逆不籍其家。"上乃止。

凭之亲友无敢送者，栎阳尉徐晦独至蓝田与别。太常卿权德舆素与晦善，谓之曰："君送杨临贺，诚为厚矣，无乃为累乎！"对曰："晦自布衣蒙杨公知奖，今日远谪，岂得不与之别！借如明公他日为谗人所逐，晦敢自同路人乎！"德舆嗟叹，称之于朝。后数日，李夷简奏为监察御史。晦谢曰："晦平生未尝得望公颜色，公何从而取之！"夷简曰："君不负杨临贺，肯负国乎！"

上密问诸学士曰："今欲用王承宗为成德留后，割德、棣二州更为一镇以离其势，并使承宗输二税，请官吏，一如师道，何如？"李绛等对曰："德、棣之隶成德，为日已久，今一旦割之，恐承宗及其将士忧疑怨望，得以为辞。况其邻道情状一同，各虑他日分割，或潜相构扇；万一旅拒，倍难处置，愿更三思。所是二税、官吏，愿因吊祭使至彼，自以其意谕承宗，令上表陈乞如师道例，勿令知出陛下意。如此，则幸而听命，于理固顺，若其不听，体亦无损。"

上又问："今刘济、田季安皆有疾，若其物故，岂可尽如成德付授其子，天下何时当平！议者皆言'宜乘此际代之，不受则发兵讨之，时不可失。'如何？"对曰："群臣见陛下西取蜀，东取吴，易于反掌，故谄谀躁竞之人，争献策画，劝开河北，不为国家深谋远虑，陛下亦以前日成功之易而信其言。臣等夙夜思之，河北之势与二方异。何则？西川、浙西皆非反侧之地，其四邻皆国家臂指之臣。刘辟、李锜独生狂谋，其下

【语译】

宪宗昭文章武大圣至神孝皇帝上之下

唐宪宗元和四年（己丑，809年）

秋季，七月十八日壬戌，御史中丞李夷简弹劾京兆尹杨凭此前在担任江西观察使职务时贪污受贿，过于奢侈。七月二十三日丁卯，宪宗将杨凭贬职为临贺县尉。李夷简是郑王李元懿的玄孙。宪宗下令抄收杨凭的家产，李绛劝谏说："按以前的规定，不犯反叛的罪行，不抄没家产。"宪宗这才没有抄没杨凭家产。

杨凭的亲朋好友没有敢送行的，只有栎阳县尉徐晦一个人到蓝田与杨凭道别。太常卿权德舆一向与徐晦关系很好，就对徐晦说："你给杨临贺送行，实在是厚道的举动，但你不怕受连累吗？"徐晦回答说："我徐晦还是一个平头百姓时，就受到杨公的知遇和奖掖，现在杨公被贬职到很远的地方，怎么能不去道别呢？假如您有一天受诬陷被放逐外地，我徐晦敢像路人一样对待您吗？"权德舆感慨了半天，在朝廷中称赞徐晦的品德。过了几天，李夷简上奏宪宗任命徐晦为监察御史。徐晦向李夷简道谢说："我平时都不曾与您谋面，您根据什么任用我呢？"李夷简说："你不辜负杨临贺，怎么会辜负朝廷呢？"

宪宗私下征询各位学士说："现在想任命王承宗为成德军的留后，划割德、棣二个州出来，另设一个军镇，来分割王承宗的势力，并且让王承宗向朝廷缴纳两税，向朝廷请求任命当地官员，情形像李师道一样，你们看怎么样？"李绛等人回答说："德州和棣州隶属于成德军，时间已经很长了，现在突然一下子将它们分割出来，恐怕王承宗及其将士们忧虑怀疑，怨恨朝廷，得以找到犯上的借口。况且王承宗的各个邻道情况相同，各自担心自己的辖地在日后会被分割出去，有的就会暗中相互勾结，蛊惑煽动了。万一他们抵制、抗拒的话，朝廷处理起来就会有加倍的困难，希望陛下再三考虑。而要王承宗上缴两税和向朝廷申请任免官吏，希望陛下乘派吊唁使者去成德的机会，让吊唁使者用这个意思来开导王承宗，上奏表章请求效仿李师道的做法，还不要让王承宗知道这是陛下的意见。这样一来，王承宗如果听命于朝廷，正好合乎情理，如果王承宗不服从朝廷命令，也不损害朝廷的体面。"

宪宗又问道："现在刘济和田季安都生了重病，如果他们死了，怎么能像成德军那样就把主帅职位交给他们的儿子？那天下什么时候才能平定下来呢？议论这件事的人都说：'应乘这个机会派人去代替他们，如果不服从朝廷命令，就调兵去讨伐，时机不可错过。'你们觉得该怎么办？"李绛等人回答说："朝廷群臣看到陛下西边攻下蜀地，东边攻下吴地，事情易如反掌，所以想奉迎阿谀和争权夺利的人争着为陛下出谋划策，劝说陛下打开河北地区，而不为国家的长远大计深入地思考。陛下

皆莫之与，辟、锜徒以货财啖之，大军一临，则涣然离耳。故臣等当时亦劝陛下诛之，以其万全故也。成德则不然，内则胶固岁深，外则蔓连势广，其将士百姓怀其累代煦妪之恩，不知君臣逆顺之理，谕之不从，威之不服，将为朝廷羞。又，邻道平居或相猜恨，及闻代易，必合为一心，盖各为子孙之谋，亦虑他日及此故也。万一余道或相表里，兵连祸结，财尽力竭，西戎、北狄乘间窥窬，其为忧患可胜道哉！济、季安与承宗事体不殊，若物故之际，有间可乘，当临事图之；于今用兵，则恐未可。太平之业，非朝夕可致，愿陛下审处之。”

时吴少诚病甚，绛等复上言：“少诚病必不起。淮西事体与河北不同，四旁皆国家州县，不与贼邻，无党援相助；朝廷命帅，今正其时，万一不从，可议征讨。臣愿舍恒冀难致之策，就申蔡易成之谋。脱或恒冀连兵，事未如意，蔡州有衅，势可兴师，南北之役俱兴，财力之用不足。傥事不得已，须赦承宗，则恩德虚施，威令顿废。不如早赐处分，以收镇冀之心，坐待机宜，必获申蔡之利。”既而承宗久未得朝命，颇惧，累表自诉。八月，壬午，上乃遣京兆少尹裴武诣真定宣慰，承宗受诏甚恭，曰：“三军见迫，不暇俟朝旨，请献德、棣二州以明恳款。”

丙申，安南都护张舟奏破环王三万众。

九月，甲辰朔，裴武复命。庚戌，以承宗为成德节度使、恒冀深赵州观察使，德州刺史薛昌朝为保信军节度、德棣二州观察使。昌朝，嵩

也因为以前取得胜利很容易，而听信了他们的意见。我们日夜思考这一事情，觉得河北地区的情况和形势与蜀、吴两地不同。为什么呢？西川和浙西都不是经常变乱、反复无常的地区，它们四边相邻的州县都是朝廷能随意调动指挥的。只有刘辟、李锜产生了狂妄的图谋，他们的部下都不赞同。刘辟、李锜只能用钱财来拉拢他们，朝廷的大军一到，他们就分崩离析了。因此我们当时也劝陛下派兵去诛杀他们，这是因为万无一失的缘故啊。成德军的情况就不相同，内部上下之间牢固地纠结在一起已经很长时间了，外部与各邻道相互勾连，势力很大。成德军的将士和百姓都感念王氏家族几代人养育的恩德，不清楚君主与臣子，反叛和顺从之间的道理，劝导他们不听从，威慑他们不服从，就会使朝廷蒙受羞辱。另外，相邻的各道平时有的互相猜忌和愤恨，要是听到朝廷派人去代换他们，一定会拧成一股绳，这是因为他们都要为子孙后代考虑，也担心日后有一天自己也会遇上的缘故。万一其他各道有的与他们相互应援，那么战祸就会接连不断，国家就耗尽人力。而吐蕃、回鹘等乘机窥伺中原，那样造成的祸患能说得完吗？刘济和田季安，与王承宗的情况大体相同，在他们死的时候，如果有机可乘，应该在事情发生后再采取对策。要是现在对他们以武力相逼，恐怕不是很合适。天下太平的大业，不是一朝一夕可以达到的，希望陛下审慎地处理这件事。”

这时吴少诚病得十分厉害，李绛等人又向宪宗进言说：“吴少诚这一病，一定好不了。淮西的情况与河北地区的情况不同，它的四周都是朝廷控制的州县，它不与其他的叛逆州道相邻，没有同党可以援助它。朝廷向淮西派出主帅，现在正是时候，万一他们不服从，可以商议出兵讨伐。臣等希望陛下舍弃对恒冀动武这一难以取得成果的计划，转而筹谋淮西这一容易达到目的的策略。假如恒冀各镇联合起来，事情就不能按计划进行，但蔡州出现了问题，形势就允许派兵去征讨。如果南北两地都开战，朝廷的财政费用就不足了。倘如事情出于不得已，必须赦免王承宗，那就会使陛下的恩德白白地给了，朝廷的威严和号令一下子失去了效力。不如尽快采取措施，来收揽恒冀地区的人心，然后坐等合适的机会，一定会获得收申州、蔡州于朝廷控制之下的利益。”不久以后，王承宗因为长久没有得到朝廷的任命，很恐惧，接连向朝廷上奏章表白自己归顺朝廷的心迹。八月初九日壬午，宪宗才派遣京兆府少尹裴武去真定宣旨安抚，王承宗十分恭谨地接受了诏令，说：“我受了属下各支军队逼迫，来不及等候朝廷的命令就担任了主帅，请让我把德州和棣州献给朝廷以表明我的诚意。”

八月二十三日丙申，安南都护张舟向朝廷上奏称打败了林邑的三万人马。

九月初一日甲辰，裴武回朝奏报完成了使命。九月初七日庚戌，宪宗任命王承宗为成德军节度使和恒冀深赵四州观察使，任命德州刺史薛昌朝为保信军节度使和

之子，王氏之婿也，故就用之。田季安得飞报，先知之，使谓承宗曰："昌朝阴与朝廷通，故受节钺。"承宗遽遣数百骑驰入德州，执昌朝，至真定，囚之。中使送昌朝节过魏州，季安阳为宴劳，留使者累日，比至德州，已不及矣。

上以裴武为欺罔，又有谮之者曰："武使还，先宿裴垍家，明旦乃入见。"上怒甚，以语李绛，欲贬武于岭南，绛曰："武昔陷李怀光军中，守节不屈，岂容今日遽为奸回！盖贼多变诈，人未易尽其情。承宗始惧朝廷诛讨，故请献二州；既蒙恩贷，而邻道皆不欲成德开分割之端，计必有间说诱而胁之，使不得守其初心者，非武之罪也。今陛下选武使入逆乱之地，使还，一语不相应，遽窜之遐荒，臣恐自今奉使贼庭者以武为戒，苟求便身，率为依阿两可之言，莫肯尽诚具陈利害，如此，非国家之利也。且垍、武久处朝廷，谙练事体，岂有使还未见天子而先宿宰相家乎！臣敢为陛下必保其不然，此殆有谗人欲伤武及垍者，愿陛下察之。"上良久曰："理或有此。"遂不问。

（以上为第一段，写河北三镇世袭节度使，蔓连势广，已成积弊，宪宗度察形势，不得已而授王承宗节钺。）

丙辰，振武奏吐蕃五万余骑至拂梯泉。辛未，丰州奏吐蕃万余骑至大石谷，掠回鹘入贡还国者。

左神策军吏李昱贷长安富人钱八千缗，满三岁不偿，京兆尹许孟容收捕械系，立期使偿，曰："期满不足，当死。"一军大惊。中尉诉于上，上遣中使宣旨，付本军，孟容不之遣。中使再至，孟容曰："臣不奉诏，当死。然臣为陛下尹京畿，非抑制豪强，何以肃清辇下！钱未毕偿，昱不可得。"上嘉其刚直而许之，京城震栗。

德棣二州观察使。薛昌朝是薛嵩的儿子，是王氏家族的女婿，所以朝廷就地任用了薛昌朝。田季安得到快马传递的这一消息，事先就知道了朝廷的任命，于是派使者去对王承宗说："薛昌朝暗中与朝廷沟通，因此得以被任命为德、棣二州的主帅。"王承宗连忙派遣几百名骑兵快速赶到德州，把薛昌朝抓了起来，押到真定，关押起来。宫中使者给薛昌朝送旌节，经过魏州，田季安表面上设宴慰劳使者，将使者一连几天留在魏州，等到赶赴德州时，薛昌朝已经被抓走了。

宪宗认为裴武在欺瞒朝廷，又有诬陷裴武的人说："裴武出使回来，先住在裴垍家里，第二天早上才进宫朝见。"宪宗对裴武非常生气，将此事说给李绛听，打算将裴武贬职流放到岭南去，李绛说："裴武从前沦落在李怀光的军队中，坚守节操，毫不屈服，现在怎么会突然去做奸邪的事情？大概是叛贼诡计多端，一般人不完全了解他情况的缘故。王承宗开始害怕朝廷派兵讨伐，所以请求将德、棣二州献给朝廷。自蒙受陛下恩典宽大处理以后，相邻各道都不希望成德军开分割地盘的先例，我估计肯定有人暗中劝说、利诱而威胁王承宗，使王承宗不能坚持最初的意见，这并不是裴武的罪过。现在陛下挑选裴武出使反叛作乱的地方，出使回来，事情与裴武说的话一句不合，就马上要将裴武流放到荒远的地方去，我担心从今以后，奉命出使叛逆地方的人要以裴武为鉴戒，只是谋求便利自己，都说些模棱两可的话，不肯竭尽诚心陈述利害关系，这样一来，对国家是不利的。而且裴垍、裴武在朝廷待了很长时间，熟悉朝廷中的各种礼仪制度，哪里有出使回来还没有朝见天子，就先住在宰相家的事情呢？我敢为陛下作肯定的担保，他们不会这样做，这大概是有奸邪之人想中伤裴武和裴垍，希望陛下将这事弄清楚。"宪宗思考了很久说："从情理上讲，事情可能是这样的。"于是就不再追究裴武了。

九月十三日丙辰，振武军向朝廷奏报吐蕃有五万多骑兵到了拂梯泉一带。九月二十八日辛未，丰州向朝廷奏报吐蕃一万多骑兵到了大石谷，把入朝进贡后回去的回鹘使者劫掠走了。

左神策军的官吏李昱向长安城的富人借了八千缗钱，过了三年还不偿还，京兆尹许孟容将李昱逮捕，用枷锁锁住，关押起来，说："如果在期限满了以后不还完，那就要杀你的头。"全军大为震惊。左神策军护军中尉把这一事告到宪宗那里。宪宗派遣宫中使者向许孟容传达旨意，要把李昱交给左神策军处置，许孟容扣住李昱，不让他走。宫中使者再次来，许孟容说："我不服从诏令，罪该处死。但臣下为陛下治理京畿地区，不抑制打击豪强，怎么能把陛下的京城治理得太平无事呢？李昱的钱没有还完的话，左神策军就不能领回李昱。"宪宗称赞许孟容刚强正直，就答应了这个要求，这事使京城的人震动恐惧。

上遣中使谕王承宗，使遣薛昌朝还镇；承宗不奉诏。冬，十月，癸未，制削夺承宗官爵，以左神策中尉吐突承璀为左右神策、河中、河阳、浙西、宣歙等道行营兵马使、招讨处置等使。

翰林学士白居易上奏，以为："国家征伐，当责成将帅，近岁始以中使为监军。自古及今，未有征天下之兵，专令中使统领者也。今神策军既不置行营节度使，则承璀乃制将也；又充诸军招讨处置使，则承璀乃都统也。臣恐四方闻之，必窥朝廷；四夷闻之，必笑中国。陛下忍令后代相传云以中官为制将、都统自陛下始乎！臣又恐刘济、茂昭及希朝、从史乃至诸道将校皆耻受承璀指麾，心既不齐，功何由立！此是资承宗之计而挫诸将之势也。陛下念承璀勤劳，贵之可也；怜其忠赤，富之可也。至于军国权柄，动关理乱，朝廷制度，出自祖宗，陛下宁忍徇下之情而自隳法制，从人之欲而自损圣明，何不思于一时之间而取笑于万代之后乎！"时谏官、御史论承璀职名太重者相属，上皆不听。戊子，上御延英殿，度支使李元素、盐铁使李鄘、京兆尹许孟容、御史中丞李夷简、给事中吕元膺、穆质、右补阙独孤郁等极言其不可；上不得已，明日，削承璀四道兵马使，改处置为宣慰而已。

李绛尝极言宦官骄横，侵害政事，谗毁忠贞，上曰："此属安敢为谗！就使为之，朕亦不听。"绛曰："此属大抵不知仁义，不分枉直，惟利是嗜，得赂则誉跖、蹻为廉良，怫意则毁龚、黄为贪暴，能用倾巧之智，构成疑似之端，朝夕左右浸润以入之，陛下必有时而信之矣。自古宦官败国者，备载方册，陛下岂得不防其渐乎！"

己亥，吐突承璀将神策兵发长安，命恒州四面藩镇各进兵招讨。

初，吴少诚宠其大将吴少阳，名以从弟，署为军职，出入少诚家如

宪宗派遣宫中使者去晓谕王承宗，让他打发薛昌朝回本镇去，王承宗不服从诏令。冬季，十月十一日癸未，宪宗下制书削去了王承宗的官职爵位，任命左神策军中尉吐突承璀为左、右神策军以及河中、河阳、浙西、宣歙等行营兵马使和招讨处置等使。

翰林学士白居易上奏宪宗，认为："国家派兵征讨叛逆，应该把责任交给将帅来完成，近年来才派宫中使者做监军。从古代到现在，没有征调天下各地的军队、专门任用宫中使者作统帅的事情。现在神策军不设置行营节度使，那么吐突承璀就是军中的主将了。他又充当各路军马的招讨处置使，那么就成了各军的统帅了。臣下担心天下各地听到这一消息后，就会窥探朝廷中失误之处。周边各胡族人听到这一消息后，一定会耻笑大唐无人。陛下怎么能忍受得了让后代的人们相互传说以宦官作主将和统帅的事情是从陛下开始的呢？臣下又担心刘济、张茂昭以及范希朝、卢从史，乃至于各道的将领们都以受吐突承璀的指挥为耻辱。他们既然不能同心对敌，那怎么能为朝廷立功呢？这是帮助王承宗的措施而挫伤了各位将领的力量。陛下如果念及吐突承璀很勤劳，让他地位显贵就行了；如果怜惜他忠心赤诚，让他富有就行了。至于军旅和朝廷的大权，动一下都关系到天下是否清明或祸乱。而且朝廷的制度，是列祖列宗定下的，难道陛下宁肯忍受顺从下人的要求而自己毁坏国家的法令制度，满足别人的欲望而损害自己的神圣和英明吗？陛下为什么不能认真思考一下，却要招致万世以后的嘲笑呢？"当时，谏官和御史们认为吐突承璀职位与名声太重而劝谏的人一个接一个，宪宗都不理睬。十月十六日戊子，宪宗驾临延英殿，度支使李元素、盐铁使李鄘、京兆尹许孟容、御史中丞李夷简、给事中吕元膺、穆质、右补阙独孤郁等人都极力上言，认为任命吐突承璀不可以。宪宗迫不得已，第二天，削掉吐突承璀的四道兵马使职务，又改处置使改为宣慰使。

李绛曾经极力向宪宗陈说宦官们傲慢专横、侵扰损害朝廷的政治事务，诬陷毁谤忠诚的大臣，宪宗说："他们这一伙人哪敢向我进谗言呢？即使是有，朕也不会听信的。"李绛说："这一伙人大抵上不知道仁义道理，不分辨是非曲直，唯利是图。只要得了贿赂，就能把盗跖和庄跻这种恶人说成是廉洁和善良的人，如果违背了他们的心愿，就能把龚遂、黄霸这种廉洁、贤良的人毁谤成为贪婪、残暴的人。他们能用奸诈的机智捏造出是非难明的事端，他们朝夕在陛下身边叙说，将谗言渐渐地夹进来，陛下有时候也一定会相信他们的话的。自古以来宦官们败坏朝廷大政的事，书籍上全都记载下来了，陛下怎么能不对他们的浸染加以防范呢？"

十月二十七日己亥，吐突承璀率领神策军从长安城出发，下令恒州四面的军镇各自调兵讨伐王承宗。

当初，吴少诚宠信大将吴少阳，称之为堂弟，安排吴少阳在军中任职，吴少阳

至亲，累迁申州刺史。少诚病，不知人，家僮鲜于熊儿诈以少诚命召少阳摄副使知军州事。少诚有子元庆，少阳杀之。十一月，己巳，少诚薨，少阳自为留后。

是岁，云南王寻阁劝卒，子劝龙晟立。

（以上为第二段，写唐宪宗违众任用宦官吐突承催征讨成德王承宗。淮西吴少阳自为留后。）

田季安闻吐突承璀将兵讨王承宗，聚其徒曰："师不跨河二十五年矣，今一旦越魏伐赵；赵虏，魏亦虏矣，计为之奈何？"其将有超伍而言者，曰："愿借骑五千以除君忧。"季安大呼曰："壮哉！兵决出，格沮者斩！"

幽州牙将绛人谭忠为刘济使魏，知其谋，入谓季安曰："如某之谋，是引天下之兵也。何者？今王师越魏伐赵，不使耆臣宿将而专付中臣，不输天下之甲而多出秦甲，君知谁为之谋？此乃天子自为之谋，欲将夸服于臣下也。若师未叩赵而先碎于魏，是上之谋反不如下，且能不耻于天下乎！既耻且怒，必任智士画长策，仗猛将练精兵，毕力再举涉河，鉴前之败，必不越魏而伐赵，校罪轻重，必不先赵而后魏，是上不上，下不下，当魏而来也。"季安曰："然则若之何？"忠曰："王师入魏，君厚犒之。于是悉甲压境，号曰伐赵；而可阴遗赵人书曰：'魏若伐赵，则河北义士谓魏卖友；魏若与赵，则河南忠臣谓魏反君。卖友反君之名，魏不忍受。执事若能阴解陴障，遗魏一城，魏得持之奏捷天子以为符信，此乃使魏北得以奉赵，西得以为臣，于赵有角尖之耗，于魏获不世之利，执事岂能无意于魏乎！'赵人脱不拒君，是魏霸基安矣。"季安曰："善！先生之来，是天眷魏也。"遂用忠之谋，与赵阴计，得其堂阳。

出入吴少诚的家就像最亲的亲属一样，一直升任到申州刺史的职务。吴少诚病重，不省人事，家仆鲜于熊儿假称吴少诚的命令，召来吴少阳，让吴少阳代理节度副使的职务，主持军中与地方事务。吴少诚有一个儿子吴元庆，吴少阳杀了吴元庆。十一月二十七日己巳，吴少诚去世，吴少阳自任为留后。

这一年，云南王寻阁劝去世，儿子劝龙晟继承王位。

田季安听到朝廷派吐突承璀率兵讨伐王承宗的消息后，召集部下说："朝廷军队不跨过黄河已经二十五年了，现在一下子要越过魏地而讨伐赵地，如果王承宗的赵地被朝廷收复了，那么我们的魏博也要被收复了，应该采取什么样的对策呢？"一个将领超越级别站出来说："希望能借给我五千骑兵，我来为您排解忧患。"田季安大声喊道："真是个壮士！我已决定出兵，谁要是阻拦就杀谁！"

幽州的牙将绛州人谭忠为刘济出使魏博，知道了田季安的策略，进去对田季安说："要是按那个人的计策行事，那就是将天下的兵马都招引到魏博来了。为什么这么说呢？现在朝廷的军队越过魏博境内去讨伐成德军，不派德高望重的大臣和老将统领军队，而由宫中使臣作统帅，不调遣天下各地的军队，而以关中地区的军队为主，您知道这是谁的策略？这是天子自己谋划的，想以此向大臣们夸耀，让臣下敬服。如果朝廷的军队还没有去攻打赵地，就先在魏博被打败了，这就说明皇帝的谋略反而不如臣下的谋略，这事不就让皇帝在天下觉得耻辱吗？感到耻辱而且愤怒，皇帝就一定任用聪明人筹划长远的策略，任用勇猛的将领训练精锐的士兵，竭尽全力再次渡过黄河，鉴于以前失败的教训，一定不会越过魏博去讨伐赵地，比较罪责的轻重，一定不会先打赵地而后攻魏博，这就是不上不下，直冲魏博而来。"田季安问："那么应该怎么办呢？"谭忠说："朝廷军队进入魏博境内，您应该重重地加以犒赏。乘机将所有的军队都调到成德军的边境上，号称要讨伐赵地。而暗中可以派人给王承宗送信说：'如果魏博要攻打赵地，那么河北的仁义之士就会说魏博出卖朋友；如果魏博与赵地结成一伙的话，那么河南地区的忠臣又会说魏博反叛君主。出卖朋友和反叛君王的名声，魏博都不能忍受。如果您能暗中解除防备，送给魏博一座城池，魏博就能拿它作为向天子报捷的凭据。这样就能使魏博向北与赵结成友好关系，向西能作天子的顺臣。对赵而言，不过是一点小小的损耗，对魏博而言，却是获得了极大的利益，难道您一点也不被魏博的利益打动吗？'王承宗如果不拒绝您，那么魏博的霸业基础就牢靠了"田季安说："好！先生到魏博来，真是上天要帮助魏博啊。"于是就运用谭忠的计策，与赵地暗中商议，得到了成德军的堂阳县。

忠归幽州，谋欲激刘济讨王承宗；会济合诸将言曰："天子知我怨赵，今命我伐之，赵亦必大备我。伐与不伐孰利？"忠疾对曰："天子终不使我伐赵，赵亦不备燕。"济怒曰："尔何不直言济与承宗反乎！"命系忠狱。使人视成德之境，果不为备；后一日，诏果来，令济"专护北疆，勿使朕复挂胡忧，而得专心于承宗。"济乃解狱召忠曰："信如子断矣；何以知之？"忠曰："卢从史外亲燕，内实忌之；外绝赵，内实与之。此为赵画曰：'燕以赵为障，虽怨赵，必不残赵，不必为备。'一且示赵不敢抗燕，二且使燕获疑天子。赵人既不备燕，潞人则走告于天子曰：'燕厚怨赵，赵见伐而不备燕，是燕反与赵也。'此所以知天子终不使君伐赵，赵亦不备燕也。"济曰："今则奈何？"忠曰："燕、赵为怨，天下无不知。今天子伐赵，君坐全燕之甲，一人未济易水，此正使潞人以燕卖恩于赵，败忠于上，两皆售也。是燕贮忠义之心，卒染私赵之口，不见德于赵人，恶声徒嘈嘈于天下耳。惟君熟思之！"济曰："吾知之矣。"乃下令军中曰："五日毕出，后者醢以徇！"

（以上为第三段，写幽州牙将谭忠，效忠朝廷，以纵横术离间魏博、卢龙两镇不与成德合谋一体反叛，使成德孤立无援。）

五年（庚寅，810 年）

春，正月，刘济自将兵七万人击王承宗，时诸军皆未进，济独前奋击，拔饶阳、束鹿。

河东、河中、振武、义武四军为恒州北面招讨，会于定州。会望夜，军吏以有外军，请罢张灯。张茂昭曰："三镇，官军也，何谓外军！"命张灯，不禁行人，不闭里门，三夜如平日，亦无敢喧哗者。

丁卯，河东将王荣拔王承宗洄湟镇。吐突承璀至行营，威令不振，与承宗战，屡败；左神策大将军郦定进战死。定进，骁将也，军中夺气。

谭忠回到幽州后，打算用计谋激刘济去讨伐王承宗。正碰上刘济召集各位将领说：“天子了解我怨恨王承宗，现在下令我去讨伐王承宗，成德军也一定对我们做了充分防备。去讨伐和不去讨伐，究竟哪种有利？”谭忠连忙回答说：“天子最终不会让我们去讨伐王承宗，王承宗也不会防备我们。”刘济恼怒地说：“你为什么不直接说我刘济与王承宗一同反叛朝廷呢？”于是下令将谭忠关押到监狱中去。刘济又派人去视察成德军的边境，王承宗果然没有作防备。过了一天，朝廷的诏令也真下来了，命令刘济“专心保护北部边疆，不要让朕又挂记着胡人来侵犯，能够一心一意地讨伐王承宗”。刘济才打开监狱，将谭忠召来说：“事情真像你判断的那样，你是根据什么知道的？”谭忠说：“卢从史表面上与我们亲近，而实际上却嫉恨我们。他在外表上与成德断绝了关系，而实际上却在援助王承宗。他为王承宗筹划道：‘卢龙镇以成德镇为屏障，虽然恨成德镇，但一定不会来攻打成德，所以成德不必防备卢龙。’这一方面是要暗示成德不敢与卢龙镇对抗，另一方面是要让卢龙镇受到天子的怀疑。成德人既然不向卢龙镇设防戒备，那么卢从史就会跑去奏报天子说：‘卢龙镇与成德镇结怨很深，成德镇被讨伐，但却不防备卢龙镇，这就是卢龙镇反过来援助成德镇了。’这就是我知道天子最终不让你讨伐成德，而成德也不防备我们的理由。”刘济问：“那现在该怎么办？”谭忠说：“卢龙与成德结怨，天下没有什么人不知道。现在天子调兵讨伐成德，您动员了卢龙镇的全部军队，却没有一个人渡过易水的，这正是让卢从史抓住破绽用卢龙镇的现状对成德镇施小恩小惠，而又在皇上面前败坏您忠诚的名声，在这两个方面都达到了目的。这就使卢龙镇空有忠义之心，却招来私下与成德勾结的口实，不但成德人不感激我们，而且还让我们的恶名在天下闹得沸沸扬扬。希望您认真思考这一件事！”刘济说：“我已经清楚了。”于是向全军下令说：“五天之内全军出动讨伐成德，谁要是落后了，就把谁剁成肉酱示众！”

唐宪宗元和五年（庚寅，810 年）

春季，正月，刘济亲自率兵七万人进攻王承宗。当时各支军队都还没有出动，只有刘济一支军队独自向前进攻王承宗，攻下了饶阳和束鹿。

河东、河中、振武、义武四支军队担任从恒州北面向王承宗进攻的任务，他们在定州会合。正碰上十五日夜晚，义武军中的官吏认为定州驻有外地的军队，请求停止张灯结彩过元宵。张茂昭说：“河东、河中、振武三镇军队，都是朝廷的军队，怎么能说是外地的军队呢？”于是下令在城内张灯结彩，不禁止人们通行，不关闭里坊的大门，一连三个晚上都像平时一样，也没有人敢大声喧闹。

正月二十六日丁卯，河东军将领王荣攻下了王承宗的洄湟镇。吐突承璀到了行营之后，军威和命令不严整，与王承宗交战，屡战屡败。左神策军的大将军郦定进

河南尹房式有不法事，东台监察御史元稹奏摄之，擅令停务；朝廷以为不可，罚一季俸，召还西京。至敷水驿，有内侍后至，破驿门呼骂而入，以马鞭击稹伤面；上复引稹前过，贬江陵士曹。翰林学士李绛、崔群言稹无罪。白居易上言："中使陵辱朝士，中使不问而稹先贬，恐自今中使出外益暴横，人无敢言者。又，稹为御史，多所举奏，不避权势，切齿者众，恐自今无人肯为陛下当官执法，疾恶绳愆，有大奸猾，陛下无从得知。"上不听。

（以上为第四段，写唐宪宗袒护宦官而压抑朝士，元稹被贬官。）

上以河朔方用兵，不能讨吴少阳。三月，己未，以少阳为淮西留后。

诸军讨王承宗者久无功，白居易上言，以为："河北本不当用兵，今既出师，承璀未尝苦战，已失大将，与从史两军入贼境，迁延进退，不惟意在逗留，亦是力难支敌。希朝、茂昭至新市镇，竟不能过；刘济引全军攻围乐寿，久不能下。师道、季安元不可保，察其情状，似相计会，各收一县，遂不进军。陛下观此事势，成功有何所望！以臣愚见，须速罢兵，若又迟疑，其害有四：可为痛惜者二，可为深忧者二。何则？

"若保有成，即不论用度多少；既的知不可，即不合虚费赀粮。悟而后行，事亦非晚。今迟校一日则有一日之费，更延旬月，所费滋多，终须罢兵，何如早罢！以府库钱帛、百姓脂膏资助河北诸侯，转令强大。此臣为陛下痛惜者一也。

"臣又恐河北诸将见吴少阳已受制命，必引事例轻重，同词请雪承宗。若章表继来，即义无不许。请而后舍，体势可知，转令承宗胶固同类。如此，则与夺皆由邻道，恩信不出朝廷，实恐威权尽归河北。此为

也战死了。郦定进是一员猛将，神策军将士因此士气低落。

河南府尹房式有违犯法令的事情，东都洛阳的监察御史元稹上奏将房式拘捕，而且自作主张地让房式停职，朝廷认为这样处理不合适，罚了元稹三个月的薪俸，把元稹召回西京长安。元稹到了华阴县内的敷水驿站，有宫廷的宦官从后面赶来撞破驿站的大门，呼叫谩骂着进去，用马鞭打伤了元稹的脸。宪宗又提起元稹以前的过失，将元稹贬职为江陵士曹。翰林学士李绛、崔群上奏宪宗说元稹没有过错。白居易上奏说："宫中使者凌辱了朝廷大臣，陛下不追究宫中使者，却将元稹贬职外放，恐怕从今以后，宫中使者到外面去更加残暴蛮横，没有人再敢来说什么。另外，元稹身为御史，向朝廷检举、奏报了不少事情，他不回避有权有势的人，痛恨他的人很多，恐怕从今以后，没有人敢为陛下恪尽职守，执行法令，痛恨邪恶而惩治罪人了，即使有大奸大恶的人，陛下也无法知道了。"宪宗没有听从白居易的劝谏。

宪宗认为河朔一带正在调兵打仗，不能同时讨伐吴少阳。三月十九日己未，任命吴少阳为淮西留后。

各路军队进攻王承宗，久战没有什么建树，白居易上奏宪宗，认为："河北地区本来不应该动用武力，现在派兵出征之后，吐突承璀不曾艰苦力战，就先失掉了军中大将。吐突承璀与卢从史两支军队进入叛贼的境内，拖延、推迟行动，不仅仅是有意停滞不前，而且也是他们的兵力难以抵挡王承宗的军队。范希朝和张茂昭到了新市镇，竟然不能通过，刘济带领全军围攻乐寿县，这么长时间都攻不下来。李师道、田季安原来就不作什么指望，观察他们的情形，好像相互间商议过，他们各自攻下了一个县以后，就不再进军了。陛下看看这种形势，成功哪里有什么把握？根据臣下的愚昧见解，必须迅速停止用兵，如果又迟疑不决的话，那么危害就有四个方面：其中应为陛下痛惜的有两个方面，应为陛下深深担忧的有两个方面。为什么这样说呢？

"如果确保战事能够获得成功，那就可以不考虑花费多少钱财。既然明确知道战事不可能获得成功，那就不应该白白浪费钱财和粮食。如果弄清楚了这个道理以后再行动，为时也不晚。现在，晚一天纠正过失，就会有一天的费用，再拖延十天半月的，所花费用就很多了，最后还是要停止用兵的，何不早点停止用兵！用国家库存的钱财和老百姓的血汗去资助河北地区的各镇主帅，反而让他们强大起来。这就是臣下为陛下痛惜的第一点。

"臣下又担心河北地区的各个将帅见到吴少阳已经受到朝廷的任命，一定会援引这一事情作例子来比较，大家会一致要求朝廷为王承宗洗雪罪名。如果他们上奏表章一份接一份地送上来，按道理讲不能不答应。经过河北各镇的请求后停止对王

陛下痛惜者二也。

“今天时已热，兵气相蒸，至于饥渴疲劳，疾疫暴露，驱以就战，人何以堪！纵不惜身，亦难忍苦。况神策乌杂城市之人，例皆不惯如此，忽思生路，一人若逃，百人相扇，一军若散，诸军必摇，事忽至此，悔将何及！此为陛下深忧者一也。

“臣闻回鹘、吐蕃皆有细作，中国之事，小大尽知。今聚天下之兵，唯讨承宗一贼，自冬及夏，都未立功，则兵力之强弱，资费之多少，岂宜使西戎、北虏一一知之！忽见利生心，乘虚入寇，以今日之势力，可能救其首尾哉！兵连祸生，何事不有！万一及此，实关安危。此其为陛下深忧者二也。”

（以上为第五段，写白居易上奏请罢河北征讨之军，若不及时撤军当有四害。）

卢从史首建伐王承宗之谋，及朝廷兴师，从史逗留不进，阴与承宗通谋，令军士潜怀承宗号；又高刍粟之价以败度支，讽朝廷求平章事，诬奏诸道与贼通，不可进兵。上甚患之。

会从史遣牙将王翊元入奏事，裴垍引与语，为言为臣之义，微动其心，翊元遂输诚，言从史阴谋及可取之状。垍令翊元还本军经营，复来京师，遂得其都知兵马使乌重胤等款要。垍言于上曰：“从史狡猾骄很，必将为乱。今闻其与承璀对营，视承璀如婴儿，往来都不设备；失今不取，后虽兴大兵，未可以岁月平也。”上初愕然，熟思良久，乃许之。

承宗的讨伐，那种情形可想而知，这样只能使王承宗与同类型的人更加紧密地抱成一团。这样一来，对王承宗的处置决定权就操在他相邻的各军镇手中，对王承宗的恩典和信义就都不来自于朝廷，臣下实在担心朝廷的威严和权力全都归河北各军镇所有了。这是为陛下痛惜的第二点。

“现在天气已经开始炎热起来，战事和天气都烧烤着将士们，以至于将士们饥渴疲劳，疾病和瘟疫流行，露宿野外，还赶着他们去打仗，那他们怎么受得了？即使他们不爱惜生命，也难以忍受痛苦。何况神策军中的士兵都是城市中悠闲的人，他们毫不例外地都不习惯于这种艰苦的战事，如果突然想到要找一条生路，如果一个逃走的话，那么就有一百人受到这一行为的煽动。一支军队如果溃散了的话，那么各支军队的军心都一定会受到动摇，如果事情一下子到了这一地步，怎么来得及后悔啊！这是臣下为陛下深深担忧的第一件事。

“我听说回鹘、吐蕃都有间谍在京城，他们对我大唐的事情，大大小小的都十分清楚。现在陛下调集天下的兵力，只讨伐王承宗这一个叛贼，从冬天到夏天，旷日持久，没有什么进展，那么兵力的强弱，钱财花费了多少，这些哪能让吐蕃、回鹘都一一知道呢！如果他们突然看到有利可图而产生歹心，乘我们防备空虚来侵犯边塞，以朝廷现在的实力，怎么有可能兼顾两头呢？战事相连，祸患丛生，那什么事情不会发生？万一到了这一地步，实在关系到国家安危。这是我为陛下深深担忧的第二件事。”

卢从史是第一个向朝廷提出讨伐王承宗建议的人，等到朝廷调兵遣将攻打王承宗时，卢从史却故意逗留，驻军不前，暗中还与王承宗相互勾结，下令将士们暗中藏着王承宗的行军番号。卢从史又抬高粮草的价格，破坏度支对各支军队的供应，暗示朝廷要求加官平章事，向朝廷诬奏各个道的主帅与王承宗相勾结，建议不能向王承宗进军。宪宗对此非常忧虑。

正好卢从史派遣牙将王翊元到朝廷来奏报事情，宰相裴垍将王翊元带到一边谈话，讲了作臣子应尽的义务，渐渐打动了王翊元，王翊元于是向朝廷表达了自己的诚心，讲了卢从史的阴谋和潞州可以攻取的情况。裴垍命王翊元回到本军去做各种谋划和安排，然后再到京城长安来，王翊元于是得到了都知兵马使乌重胤等人诚心相助。裴垍对宪宗说：“卢从史阴险狡猾，骄横凶狠，一定会发生叛乱的。现在听说他与吐突承璀军营面对面扎营，把吐突承璀当小孩子看待，平时来来往往都不作防备。要是失掉了这个机会不抓住他的话，以后即使调集大量兵马，也不可能在短时间内将他平定。”宪宗最初听到了非常吃惊，经过很长时间的深入思考后，才允许这样做。

从史性贪，承璀盛陈奇玩，视其所欲，稍以遗之；从史喜，益相昵狎。甲申，承璀与行营兵马使李听谋，召从史入营博，伏壮士于幕下，突出，擒诣帐后缚之，内车中，驰诣京师。左右惊乱，承璀斩十余人，谕以诏旨。从史营中士闻之，皆甲以出，操兵趋哗。乌重胤当军门叱之曰：“天子有诏，从者赏，敢违者斩！”士卒皆敛兵还部伍。会夜，车疾驱，未明，已出境。重胤，承洽之子；听，晟之子也。

丁亥，范希朝、张茂昭大破承宗之众于木刀沟。

上嘉乌重胤之功，欲即授以昭义节度使；李绛以为不可，请授重胤河阳，以河阳节度使孟元阳镇昭义。会吐突承璀奏，已牒重胤句当昭义留后，绛上言：“昭义五州据山东要害，魏博、恒、幽诸镇蟠结，朝廷惟恃此以制之。邢、磁、洺入其腹内，诚国之宝地，安危所系也。向为从史所据，使朝廷旰食，今幸而得之，承璀复以与重胤，臣闻之惊叹，实所痛心！昨国家诱执从史，虽为长策，已失大体。今承璀又以文牒差人为重镇留后，为之求旌节，无君之心，孰甚于此！陛下昨日得昭义，人神同庆，威令再立；今日忽以授本军牙将，物情顿沮，纪纲大紊。校计利害，更不若从史为之。何则？从史虽蓄奸谋，已是朝廷牧伯。重胤出于列校，以承璀一牒代之，窃恐河南、北诸侯闻之，无不愤怒，耻与为伍；且谓承璀诱重胤逐从史而代其位，彼人人麾下各有将校，能无自危乎！傥刘济、茂昭、季安、执恭、韩弘、师道继有章表陈其情状，并指承璀专命之罪，不知陛下何以处之？若皆不报，则众怒益甚，若为之改除，则朝廷之威重去矣。”上复使枢密使梁守谦密谋于绛曰：“今重胤已总军务，事不得已，须应与节。”对曰：“从史为帅不由朝廷，故启其邪心，终成逆节。今以重胤典兵，即授之节，威福之柄不在朝廷，何以异于从史乎！重胤之得河阳，已为望外之福，岂敢更为旅拒！况重胤所以能执从史，本以杖顺成功；一旦自逆诏命，安知同列不袭其迹而动乎！重胤军中等夷甚多，必不愿重胤独为主帅。移之他镇，乃惬众心，何忧其致乱乎！”上悦，皆如其请。壬辰，以重胤为河阳节度使，元阳为昭义节度使。

卢从史生性贪婪，吐突承璀将各种珍奇的玩赏物品都摆出来，看卢从史喜欢什么，便逐渐拿来送给卢从史。卢从史很高兴，对吐突承璀更加亲昵。四月十五日甲申，吐突承璀与神策军行营兵马使李听策划，将卢从史召到军营来赌博，在帷幕后埋伏一些勇健的士兵，突然冲出来，将卢从史抓到帷帐的后面捆起来，放进车内，向京城长安飞奔而去。卢从史的左右侍从惊慌作乱，吐突承璀下令杀了他们十几人，宣布宪宗诏书的意旨。卢从史军营中的士兵听说这件事后，都披着铠甲出营，拿着兵器边跑边大声喧哗。乌重胤挡在军营的大门前，大声呵斥他们道："天子有诏令，服从的人给赏赐，胆敢违抗的人杀头！"士兵们都收起兵器回到自己的队伍中去了。当时正好是晚上，装着卢从史的车急速奔驰，天还没有亮，就离开了卢从史统辖的区域。乌重胤是乌承洽的儿子。李听是李晟的儿子。

四月十八日丁亥，范希朝、张茂昭在木刀沟一带将王承宗的人马打得大败。

宪宗嘉奖乌重胤的功劳，打算就地任命为昭义军节度使。李绛认为不能这样做，请求任命乌重胤为河阳节度使，而调任河阳节度使孟元阳为昭义节度使。正好吐突承璀上奏宪宗，说已发布文书，让乌重胤暂时负责昭义军留后。李绛上奏宪宗说："昭义军的泽、潞、邢、洺、磁五州处在太行山东边的要害之地，魏博、恒州、幽州各军镇互相勾结，朝廷只有凭借这五个州来控制他们。邢州、磁州、洺州深入这些军镇的腹地，实在是国家的战略宝地，关系着朝廷的安危。这里从前被卢从史所有，使朝廷时时刻刻忧心忡忡，现在万幸将它得到了，吐突承璀却又给了乌重胤，臣下听说这事后很惊讶和叹息，实在是非常痛心！不久前朝廷才用计诱捕了卢从史，这虽然是从长远打算的策略，但已很失体统。现在吐突承璀又用一纸文书就差遣一个人担任重要军镇的留后，并为之索求节度使的旌节，目无君王之心，还有什么比这更厉害呢？陛下昨日得了昭义军，人神都一同庆贺，朝廷的威望和号令又树立起来了。今天却突然又把它交给昭义军的一个牙将，使得天下人心一下子沮丧下去，朝纲政纪大为紊乱。比较一下这一事情的利害关系，还不如卢从史担任节度使。为什么这样说？卢从史虽然心生奸邪的计划，但已是朝廷任命的一方主帅。乌重胤只是众多将领中的一员，仅凭吐突承璀的一份文书就代替了卢从史。我私下担心河南、河北各军镇的主帅听到这一消息后，没有不愤怒的，对与乌重胤平起平坐感到耻辱。而且他们还会说吐突承璀引诱乌重胤驱逐卢从史，而取代卢从史的位置，他们人人的属下都有不少将领，怎么能不感到自己也很危险呢？假如刘济、张茂昭、田季安、程执恭、韩弘和李师道等人相继上奏表章，陈说这一情况，并且指责吐突承璀有专擅朝命的罪过，不知道陛下将怎么处理这件事？如果对他们的表章都不予理睬，那么他们就会更加愤怒。如果按他们的要求改任节度使，那么朝廷便会失去自己的威严了。"宪宗又派枢密使梁守谦与李绛秘密商议说："现在乌重胤已经总揽军政事务，

戊戌，贬卢从史驩州司马。

（以上为第六段，写裴垍巧计除掉卢从史，李绛妥善酬功乌重胤。）

五月，乙巳，昭义军三千余人夜溃，奔魏州。刘济奏拔安平。

庚申，吐蕃遣其臣论思邪热入见，且归路泌、郑叔矩之柩。

甲子，奚寇灵州。

六月，甲申，白居易复上奏，以为："臣比请罢兵，今之事势，又不如前，不知陛下复何所待！"是时，上每有军国大事，必与诸学士谋之；尝逾月不见学士，李绛等上言："臣等饱食不言，其自为计则得矣，如陛下何！陛下询访理道，开纳直言，实天下之幸，岂臣等之幸！"上遽令"明日三殿对来"。

白居易尝因论事，言"陛下错"，上色庄而罢，密召承旨李绛，谓"白居易小臣不逊，须令出院。"绛曰："陛下容纳直言，故群臣敢竭诚无隐。居易言虽少思，志在纳忠。陛下今日罪之，臣恐天下各思箝口，非所以广聪明，昭圣德也。"上悦，待居易如初。

事情已出于迫不得已了，还是应该给节度使的旌节。”李绛回答说：“卢从史担任主帅不是出自朝廷的意见，所以开启了卢从史奸邪的念头，最后成了朝廷的叛逆。现在因为乌重胤手中掌管了军队，就马上把节度使职务给他，那么赏罚的大权就不操在朝廷手中了，这又同卢从史的情况有什么区别呢？乌重胤能担任河阳节度使，已经是出乎意料的福分了，哪里敢再起兵反抗呢？何况乌重胤之所以能捉住卢从史，本来就是依仗朝廷的力量。一旦乌重胤自己违抗朝廷的命令，怎么知道以前同级的将领不效仿他的做法来行动呢？乌重胤在昭义军中的同级将领有很多，他们一定不希望乌重胤一个人独自担任主帅。将乌重胤调移到别的军镇去任职，大家才会感到满意，哪里用得着为将要导致祸乱而担忧呢？”宪宗对此很高兴，完全按照李绛的请求去做了。四月二十三日壬辰，宪宗任命乌重胤为河阳节度使，任命孟元阳为昭义节度使。

四月二十九日戊戌，宪宗将卢从史贬职为驩州司马。

五月初六日乙巳，昭义军的士兵三千多人在夜间溃散，逃奔到了魏州。刘济上奏朝廷说攻下了安平县。

五月二十一日庚申，吐蕃派遣大臣论思邪热进京朝见，而且还归还了路泌、郑叔矩的灵柩。

五月二十五日甲子，奚人侵犯灵州。

六月十五日甲申，白居易又上奏宪宗，认为：“臣下多次请求陛下停止在河北用兵，现在战事的形势，又不如从前了，不知道陛下还要等待什么？”在这一段时间，宪宗每遇到有军国的大事情，一定要与翰林院的各个学士商量对策。宪宗曾有一个多月没有召见学士们，李绛等人上奏宪宗说：“臣等饱食终日，不说什么话，要是从臣等自己的立场上考虑，这是很好的事情，但这对陛下有什么益处呢？陛下征求询问治理天下的意见和方针，广开言路，采纳劝谏的直言，这实在是天下的幸事，哪里只是臣等的幸运呢？”宪宗连忙下令他们：“明天到麟德殿来奏对。”

白居易曾在一次议事时说“这事陛下错了”，宪宗神色严峻地停止了谈话，暗中将翰林院承旨李绛召来，说：“白居易一个小小的臣子，竟敢出言不逊，必须将他调出翰林院。”李绛说：“陛下容忍直言，采纳各方意见，因此朝廷群臣敢于竭尽忠诚，毫不隐讳地将事情说出来。白居易说话虽然没有注意方式，但目的在于向陛下进献自己的忠诚。陛下如果今天将白居易治罪，臣下担心天下的人都要闭口不谈政事了，这不是扩大视听，彰明陛下神圣的德操的办法。”宪宗听了很高兴，对白居易如从前一样。

上尝欲近猎苑中，至蓬莱池西，谓左右曰：“李绛必谏，不如且止。”

秋，七月，庚子，王承宗遣使自陈为卢从史所离间，乞输贡赋，请官吏，许其自新。李师道等数上表请雪承宗，朝廷亦以师久无功，丁未，制洗雪承宗，以为成德军节度使，复以德、棣二州与之；悉罢诸道行营将士，共赐布帛二十八万端匹；加刘济中书令。

刘济之讨王承宗也，以长子绲为副大使，掌幽州留务。济军瀛州，次子总为瀛州刺史，济署行营都知兵马使，使屯饶阳。济有疾，总与判官张玘、孔目官成国宝谋，诈使人从长安来，曰：“朝廷以相公逗留无功，已除副大使为节度使矣。”明日，又使人来告曰：“副大使旌节已至太原。”又使人走而呼曰：“旌节已过代州。”举军惊骇。济愤怒，不知所为，杀大将素与绲厚者数十人，追绲诣行营，以张玘兄皋代知留务。济自朝至日昃不食，渴索饮，总因置毒而进之。乙卯，济薨。绲行至涿州，总矫以父命杖杀之，遂领军务。

（以上为第七段，写朝廷征讨成德无功而罢军，幽州刘总弑父杀兄自领军务。）

岭南监军许遂振以飞语毁节度使杨於陵于上，上命召于陵还，除冗官。裴垍曰：“于陵性廉直，陛下以遂振故黜藩臣，不可。”丁巳，以于陵为吏部侍郎。遂振寻自抵罪。

八月，乙亥，上与宰相语及神仙，问：“果有之乎？”‘李藩对曰：“秦始皇、汉武帝学仙之效，具载前史，太宗服天竺僧长年药致疾，此古今之明戒也。陛下春秋鼎盛，方励志太平，宜拒绝方士之说。苟道盛德充，人安国理，何忧无尧、舜之寿乎！”

九月，己亥，吐突承璀自行营还，辛亥，复为左卫上将军，充左军中尉，裴垍曰：“承璀首唱用兵，疲弊天下，卒无成功，陛下纵以旧恩不加显戮，岂得全不贬黜以谢天下乎！”给事中段平仲、吕元膺言承璀可

宪宗曾经想去宫苑中打猎，一行人已经来到靠近宫苑的蓬莱池西边，对左右随从们说："李绛一定要进言劝谏，不如现在就停下来吧。"

秋季，七月初二日庚子，王承宗派遣使者到朝廷来陈说自己受了卢从史的挑拨离间，请求允许向朝廷交缴赋税，请朝廷委派官吏，允许他改过自新。李师道等人也几次上表朝廷，请求为王承宗平反，朝廷也因为大军征讨，长时间没什么建树，七月初九日丁未，宪宗下制书为王承宗平反，任命为成德军节度使，还将德、棣两州重新给了王承宗。将各道出征的将士全部遣返回去，一共赏赐布帛二十八万端匹。加授刘济为中书令。

刘济出征讨伐王承宗的时候，任命长子刘绲为节度副使，负责幽州留后事务。刘济驻扎在瀛州，二儿子刘总担任瀛州刺史，刘济任命刘总为行营都知兵马使，去驻守饶阳。刘济生了重病，刘总与判官张玘、孔目官成国宝策划，让人假冒从京城长安前来，对刘济说："朝廷因为您在此停军不前，没有建树，已经任命副大使为节度使了。"第二天，又派人来告诉刘济说："朝廷任命大使刘绲的节度使旌节已经送到太原了。"又派人边跑边呼叫道："节度使的旌节已经送过代州了。"使得全军都十分惊恐不安。刘济对此十分愤怒，不知道该怎么办，就下令杀了大将中一向与刘绲关系很好的几十人，召刘绲马上到行营来，任命张玘的哥哥张皋代理幽州留后职务。刘济从早上到太阳西沉，一直没有进食，觉得口渴，要水喝，刘总乘机将毒药投进水中给刘济喝。七月十七日乙卯，刘济去世。刘绲到了涿州，刘总假称是父亲的命令，将刘绲用军棍打死，于是自己就总揽军中事务。

岭南的监军许遂振用流言蜚语在宪宗那里毁谤岭南节度使杨於陵，宪宗就下令将杨於陵召回朝廷，任了他一个闲散的官职。裴垍说："杨於陵性格廉洁正直，陛下因为许遂振几句话的缘故就罢免了一方的主帅，这样不合适。"七月十九日丁巳，宪宗任命杨於陵为吏部侍郎。不久，许遂振承担了这一事件的罪责。

八月初七日乙亥，宪宗与宰相谈到了有关神仙的问题，宪宗问道："果真有神仙吗？"李藩回答说："秦始皇和汉武帝学习神仙方术的效果，以前的历史书籍上记载得清清楚楚，太宗皇帝服了天竺僧人的长寿药后得了疾病，这就是学习神仙方术从古到今的明确鉴戒啊。陛下年富力强，正下决心要将天下治理清平安乐，应该拒绝方术之士的游说。如果能够使道德盛大，百姓安乐，国家平安，那还用得着担心没有尧、舜那样长的年岁吗？"

九月初二日己亥，吐突承璀从行营中回到朝廷。九月十四日辛亥，宪宗又任命吐突承璀为右卫上将军，充任左神策军护军中尉。裴垍说："吐突承璀最先倡议朝廷对王承宗动用武力，使天下百姓疲劳困乏，最后还是没有成功。即使陛下顾念旧

斩。李绛奏称：“陛下不责承璀，他日复有败军之将，何以处之？若或诛之，则同罪异罚，彼必不服；若或释之，则谁不保身而玩寇乎！愿陛下割不忍之恩，行不易之典，使将帅有所惩劝。”间二日，上罢承璀中尉。降为军器使；中外相贺。

裴垍得风疾，上甚惜之，中使候问旁午于道。

丙寅，以太常卿权德舆为礼部尚书、同平章事。

义武节度使张茂昭请除代人，欲举族入朝。河北诸镇互遣人说止之，茂昭不从，凡四上表；上乃许之。以左庶子任迪简为义武行军司马。茂昭悉以易、定二州簿书管钥授迪简，遣其妻子先行，曰：“吾不欲子孙染于污俗。”

茂昭既去，冬，十月，戊寅，虞候杨伯玉作乱，囚迪简。辛巳，义武将士共杀伯玉。兵马使张佐元又作乱，囚迪简，迪简乞归朝。既而将士复杀佐元，奉迪简主军务。时易定府库罄竭，闾阎亦空，迪简无以犒士，乃设粝饭与士卒共食之，身居戟门下经月，将士感之，共请迪简还寝；然后得安其位。上命以绫绢十万匹赐易定将士；壬辰，以迪简为义武节度使。甲午，以张茂昭为河中、慈、隰、晋、绛节度使，从行将校皆拜官。

右金吾大将军伊慎以钱三万缗赂右军中尉第五从直，求河中节度使；从直恐事泄，奏之。十一月，庚子，贬慎为右卫将军，坐死者三人。

初，慎自安州入朝；留其子宥主留事，朝廷因以为安州刺史，未能去也。会宥母卒于长安，宥利于兵权，不时发丧。鄂岳观察使郗士美遣僚属以事过其境，宥出迎，因告以凶问，先备篮舆，即日遣之。

甲辰，会王纁薨。

日的恩情，不立即将吐突承璀杀头示众，怎么能一点也不加贬斥，来向天下人谢罪呢？”给事中段平仲、吕元膺上奏宪宗说应该将吐突承璀处斩。李绛上奏说：“陛下如果不惩罚吐突承璀，哪一天又有一个打了败仗的将领，那将如何处置呢？假如将败将杀了，那败将与吐突承璀罪责相同，惩处却不一样，那败将一定内心不服。假如将败将无罪释放，那又有谁在打仗中不明哲保身而与敌人随意周旋呢？希望舍弃不忍下手的私恩，行使不可更改的刑罚，使将帅们都得到警戒和劝勉。”过了两天，宪宗罢免了吐突承璀左神策军护军中尉的职务，降职为军器使。朝廷内外的人都为此相互祝贺。

裴垍得了中风，宪宗很怜惜，接二连三地派宫中使者去询问病情。

九月二十九日丙寅，宪宗任命太常卿权德舆为礼部尚书、同平章事。

义武军节度使张茂昭请求朝廷任命人来代替自己，打算带全族的人进京入朝。河北地区的各军镇主帅交相派人去劝说他不要这样做，但张茂昭一概不听，一共向朝廷上表四次，宪宗才同意派人的请求。宪宗任命左庶子任迪简为义武军的行军司马。张茂昭将易、定二州的账簿文书和府库钥匙全都给了任迪简，打发妻儿老小先去京城长安，说：“我不想让子孙们沾染上这里的污浊习俗。”

张茂昭离开义武军以后，冬季，十月十一日戊寅，虞候杨伯玉起兵叛乱，将任迪简关押起来。十月十四日辛巳，义武军的将士们一起杀了杨伯玉。兵马使张佐元起兵叛乱，将任迪简再次关押起来，任迪简请求让他回到朝廷去。不久，将士们又起来杀了张佐元，拥戴任迪简主持军中事务。当时易、定两州的库存东西都用光了，居民也逃散一空。任迪简没有什么东西犒劳将士们，于是就烧煮粗米饭，与士兵们一起吃，他还在军府的大门前与士兵们同住了一个多月，将士受了感动，一起请求任迪简回军府内就寝。这样，任迪简的地位才巩固下来。宪宗下令赏赐给易定地区的将士们绫绢十万匹。十一月二十五日壬辰，宪宗任命任迪简为义武军节度使。十一月二十七日甲午，宪宗任命张茂昭为河中、慈、隰、晋、绛节度使，跟随他一起入朝的将吏们都分别被朝廷委任了官职。

右金吾大将军伊慎用三万缗钱贿赂右军中尉第五从直，谋求出任河中节度使。第五从直担心这事泄露出去，把这事向宪宗奏报了。十一月初三日庚子，宪宗将伊慎贬职为右卫将军，有三人因这一事件获罪被处死。

当初，伊慎从安州进京入朝，留下儿子伊宥为安州刺史，所以他没有离开安州。正好伊宥的母亲在长安去世了，伊宥贪恋手中的兵权，不按时将母亲的死讯公布。鄂岳观察使郗士美派遣属下官吏办事经过安州境内，伊宥出来迎接，才将母亲的死讯告诉了来人，而且事先准备好了竹轿，当天就把来人打发上路了。

十一月初七日甲辰，会王李纁去世。

庚戌，以前河中节度使王锷为河东节度使。上左右受锷厚赂，多称誉之，上命锷兼平章事，李藩固执以为不可。权德舆曰：“宰相非序进之官。唐兴以来，方镇非大忠大勋，则跋扈者，朝廷或不得已而加之。今锷既无忠勋，朝廷又非不得已，何为遽以此名假之！”上乃止。

锷有吏才，工于完聚。范希朝以河东全军出屯河北，耗散甚众；锷到镇之初，兵不满三万人，马不过六百匹，岁余，兵至五万人，马有五千匹，器械精利，仓库充实。又进家财三十万缗，上复欲加锷平章事，李绛谏曰：“锷在太原，虽颇著绩效，今因献家财而命之，若后世何！”上乃止。

中书侍郎裴垍数以疾辞位；庚申，罢为兵部尚书。

十二月，戊寅，张茂昭入朝，请迁祖考之骨于京兆。

壬午，以御史中丞吕元膺为鄂岳观察使。元膺尝欲夜登城，门已锁，守者不为开。左右曰：“中丞也。”对曰：“夜中难辨真伪，虽中丞亦不可。”元膺乃还。明日，擢为重职。

翰林学士、司勋郎中李绛面陈吐突承璀专横，语极恳切。上作色曰：“卿言太过！”绛泣曰：“陛下置臣于腹心耳目之地，若臣畏避左右，爱身不言，是臣负陛下；言之而陛下恶闻，乃陛下负臣也。”上怒解，曰：“卿所言皆人所不能言，使朕闻所不闻，真忠臣也。他日尽言，皆应如是。”己丑，以绛为中书舍人，学士如故。

绛尝从容谏上聚财，上曰：“今两河数十州，皆国家政令所不及，河、湟数千里，沦于左衽，朕日夜思雪祖宗之耻，而财力不赡，故不得不蓄聚耳。不然，朕宫中用度极俭薄，多藏何用邪！”

（以上为第八段，写李绛直言敢谏善谏，唐宪宗能黜抑吐突承催者，李绛之力

十一月十三日庚戌，宪宗任命前河中节度使王锷为河东节度使。宪宗身边的侍从接受了王锷的很多贿赂，都在宪宗面前为王锷美言，宪宗下令王锷兼任平章事，李藩坚持认为这样做不合适。权德舆说：“宰相不是循资升迁的官职。大唐兴起以来，各方的镇帅不是大忠臣和有大勋，就是专横跋扈的人，朝廷出于迫不得已，才给他们加授这一职务。现在王锷既不是忠臣，又没有功勋，朝廷也不是出于迫不得已，为什么急忙将这一职位授予呢？”宪宗这才作罢。

王锷有治理事务的才干，擅长修缮城郭和储备财物。范希朝带着河东的全部人马驻扎河北，征讨王承宗，损失和逃亡的人很多。王锷到河东镇的时候，士兵不满三万人，马不超过六百匹，一年多以后，士兵增加到了五万人，马有五千匹，兵器装备精良锋利，仓库中的储藏很充实。王锷又向朝廷进献了私人财产三十万缗，宪宗又打算加授王锷平章事，李绛劝谏说：“王锷在太原，虽然干出了成绩，现在如果因为王锷向朝廷进献私人财产，就任命为宰相，那怎么向后世交代呢？”宪宗这才作罢。

中书侍郎裴垍因为病重，多次向宪宗要求辞去职位，十一月二十三日庚申，裴垍被免去宰相职务，改任兵部尚书。

十二月十二日戊寅，张茂昭进京向宪宗要求允许自己将祖父和父亲的尸骨从河北迁移到京兆府来。

十二月十六日壬午，宪宗任命御史中丞吕元膺为鄂岳观察使。吕元膺曾经打算在晚上进城，但城门已经锁了，守门的人不开门。吕元膺的随行人员说：“这是吕中丞啊。”守门的人回答说：“晚上难以分辨真假，即使是吕中丞，我也不能开门。”吕元膺只得回去了。第二天，吕元膺将守门的人提升到重要职位上。

翰林学士、司勋郎中李绛向宪宗当面陈说吐突承璀专横独断，话说得十分恳切。宪宗听了后声色俱厉地说：“你说得太过分了！”李绛哭着说：“陛下将臣下安置在视为心腹和耳目的职位上，如果我害怕和回避陛下身边随从，爱惜自身，不直率言事，那就是臣下辜负了陛下。如果臣下说了，但是陛下讨厌听这些事，那就是陛下对不起臣下了。”宪宗的怒气才缓解了，说：“你所说的事情都是别人所不能说的，你让我听到了难以听到的事情，你真是一个忠臣。以后谈事把话说完，就应该像今天这样。”十二月二十三日己丑，宪宗任命李绛为中书舍人，仍然同以前一样担任翰林学士职务。

李绛曾经很从容地劝谏宪宗不要聚敛钱财，宪宗说：“现在河南、河北几十个州，都是朝廷政令达不到的地方；河、湟等地几千里的地方，沦陷在胡人手中，我日夜都在打算为祖宗洗雪这一耻辱，但是财力不雄厚，所以不得不蓄积钱财。如果不是这样，我宫廷中的用度极为俭省，储藏许多财物又有什么用处呢？”

也。又写王锷有干练之才而品德不济。）

六年（辛卯，811年）

春，正月，甲辰，以彰义留后吴少阳为节度使。

庚申，以前淮南节度使李吉甫为中书侍郎、同平章事。二月，壬申，李藩罢为太子詹事。

己丑，忻王造薨。

宦官恶李绛在翰林，以为户部侍郎，判本司。上问："故事，户部侍郎皆进羡余，卿独无进，何也？"对曰："守土之官，厚敛于人以市私恩，天下犹共非之；况户部所掌，皆陛下府库之物，给纳有籍，安得羡余！若自左藏输之内藏以为进奉，是犹东库移之西库，臣不敢踵此弊也。"上嘉其直，益重之。

乙巳，上问宰相："为政宽猛何先？"权德舆对曰："秦以惨刻而亡，汉以宽大而兴。太宗观《明堂图》，禁抶人背，是故安、史以来，屡有悖逆之臣，皆旋踵自亡，由祖宗仁政结于人心，人不能忘故也。然则宽猛之先后可见矣。"上善其言。

夏，四月，戊辰，以兵部尚书裴垍为太子宾客，李吉甫恶之也。

庚午，以刑部侍郎、盐铁转运使卢坦为户部侍郎、判度支。或告泗州刺史薛謇为代北水运使，有异马不以献；事下度支，使巡官往验，未返，上迟之，使品官刘泰昕按其事。卢坦曰："陛下既使有司验之，又使品官继往，岂大臣不足信于品官乎！臣请先就黜免。"上召泰昕还。

五月，前行营粮料使于皋谟、董溪坐赃数千缗，敕贷其死；皋谟流春州，溪流封州，行至潭州，并追遣中使赐死。权德舆上言，以为："皋谟等罪当死，陛下肆诸市朝，谁不惧法！不当已赦而杀之。"溪，晋之子也。

唐宪宗元和六年（辛卯，811 年）

春季，正月初九日甲辰，宪宗任命彰义留后吴少阳为节度使。

正月二十五日庚申，宪宗任命前淮南节度使李吉甫为中书侍郎、同平章事。二月初七日壬申，李藩被罢免宰相职务，改任太子詹事。

二月二十四日己丑，忻王李造去世。

宦官们讨厌李绛在翰林院任职，就想办法让李绛去做了户部侍郎，负责度支事务。宪宗问："根据以前的惯例，户部侍郎都要向宫廷进献盈余的钱财，只有你一个人不进献，那是为什么？"李绛回答说："守护疆土的地方官，加重向百姓征收赋税，进献朝廷为自己换取恩宠，天下的人尚且都非难，何况户部所掌管的，都是陛下府库中的钱财，支出和收入都记录在案，哪有什么盈余？如果把钱财从朝廷的左藏送到宫廷的内藏中去，作为对陛下的一种进献，那就像把东库的东西转移到西库一样，我不敢承袭这一弊端。"宪宗很赞赏李绛的直率，更加重视李绛。

三月十一日乙巳，宪宗问宰相："治理国家宽和与威严，哪一种放在前面？"权德舆回答说："秦朝执政因为残酷狠毒而灭亡，汉朝执政因为宽和大度而兴盛。我朝太宗皇帝看了《明堂图》以后，禁止鞭打人的脊背。因此，安禄山、史思明叛乱以来，多次出现背叛朝廷的逆臣，但他们转眼间都灭亡了。这是因为列祖列宗施行仁政团结了天下的人心，人们不能忘却的缘故啊。那么，治理天下，宽和与威严的先后次序就清楚了。"宪宗觉得这话说得很好。

夏季，四月初四日戊辰，宪宗把兵部尚书裴垍降职为太子宾客，这是由于李吉甫讨厌裴垍的缘故。

四月初六日庚午，宪宗任命刑部侍郎、盐铁转运使卢坦为户部侍郎、判度支。有人上告泗州刺史薛謇担任代北水运使的时候，发现了一匹不同寻常的好马，却不进献给宫廷。宪宗把这个事情交由度支处理，卢坦派巡官去核查，派去的人还没有回来，宪宗觉得处理得太缓慢了，就派宫中的品官刘泰昕去查证这一事情。卢坦说："陛下既然让有关部门去查处这一事情，又派品官跟着去处理，这难道不是相信大臣的程度还不如品官吗？请陛下先罢免了臣下的官职。"宪宗只好将刘泰昕召回。

五月，从前征讨王承宗的行营粮料使于皋谟和董溪因为贪污几千缗钱财，犯了罪，宪宗下令免了他们的死罪。于皋谟被流放到春州，董溪被流放到封州，他们走到潭州的时候，宪宗追派宫中使者赐令他们自杀。权德舆上奏宪宗，认为："于皋谟等人的罪行应当处死，陛下将他们诛杀在闹市，那还有谁不畏惧法律呢？不应该已经赦免了他们又杀他们。"董溪是董晋的儿子。

庚子，以金吾大将军李惟简为凤翔节度使。陇州地与吐蕃接，旧常朝夕相伺，更入攻抄，人不得息。惟简以为边将当谨守备，蓄财谷以待寇，不当睹小利，起事盗恩，禁不得妄入其地；益市耕牛，铸农器，以给农之不能自具者，增垦田数十万亩。属岁屡稔，公私有余，贩者流及他方。

（以上为第九段，写唐宪宗与宰臣论宽严之政，李惟简出镇凤翔，和好吐蕃，不邀边功，社会安定，人口增长。）

赐振武节度使阿跌光进姓李氏。

六月，丁卯，李吉甫奏："自秦至隋十有三代，设官之多，无如国家者。天宝以后，中原宿兵，见在可计者八十余万，其余为商贾、僧、道不服田亩者什有五六，是常以三分劳筋苦骨之人奉七分待衣坐食之辈也。今内外官以税钱给俸者不下万员，天下［千］三百余县，或以一县之地而为州，一乡之民而为县者甚众，请敕有司详定废置，吏员可省者省之，州县可并者并之，入仕之涂可减者减之。又，国家旧章，依品制俸，官一品月俸钱三十缗；职田禄米不过千斛。艰难以来，增置使额，厚给俸钱，大历中，权臣月俸至九千缗，州无大小，刺史皆千缗。常衮为相，始立限约，李泌又量其闲剧，随事增加，时谓通济，理难减削。然犹有名存职废，或额去俸存，闲剧之间，厚薄顿异。请敕有司详考俸料、杂给，量定以闻。"于是命给事中段平仲、中书舍人韦贯之、兵部侍郎许孟容、户部侍郎李绛同详定。

秋，九月，富平人梁悦报父仇，杀秦杲，自诣县请罪。敕："复仇，据《礼经》则义不同天，征法令则杀人者死。礼、法二事，皆王教之大端，有此异同，固资论辩，宜令都省集议闻奏。"职方员外郎韩愈议。以为："律无其条，非阙文也。盖以不许复仇，则伤孝子之心而乖先王之训；许复仇，则人将倚法专杀，无以禁止其端矣。故圣人丁宁其义于经，而深没其文于律，其意将使法吏一断于法，而经术之士得引经而议也。宜

五月初七日庚子，宪宗任命金吾大将李惟简担任凤翔节度使。陇州与吐蕃的疆境连接，以前经常天天互相侦察，交互攻入对方的境内烧杀抢掠，弄得人们不得安宁。李惟简认为守卫边疆的将领应该谨慎地防备，蓄积钱财粮食以备敌人入侵，不应当见到小利就攻入对方境内，挑起事端，窃取官家的赏赐。李惟简严禁将士随便进入吐蕃人的境内。同时增加购买耕牛的数量，铸造农耕的器具，以供应给那些要耕种田地而不具备耕牛和农具的人，这样增垦田地几十万亩。一连几年都获得丰收，公家和私人都有了余粮，贩卖粮食的人远走外地去销售。

宪宗赐振武节度使阿跌光进姓李。

六月初四日丁卯，李吉甫上奏宪宗说："自秦朝到隋朝，一共有十三个朝代，各朝设置官员的数量，没有比本朝更多的。天宝年间以后，中原地区驻扎的军队，现在能够统计出来的就有八十多万人，其余的作商贾、僧人、道士等不耕种田地的人，就占总人口的十分之五六，这就是经常用占总人口十分之三的人辛勤劳动，来养活占总人口十分之七的不经过自己的劳动就获得衣食的人。现在朝廷内外要用征收的赋税供给薪俸的官员不少于一万人，全国一千三百多个县中，以一个县的地方设置一个州，以一个乡的人口编成一个县的情况很普通，请陛下下令有关部门详细审定州县的废除和设置，官吏可以省去的就省去，州县可以合并的就合并，做官的途径可以减少的就减少。另外，国家以前的制度规定，根据官职的品级制定供给薪俸的标准，一品官每个月的薪俸为三十缗钱，因职务而发给的禄田出产的粮食不超过一千斛。自从安史之乱以来，国家增设官职的名目和数额，给官吏提供优厚的薪俸。大历年间，当权大臣的月薪高达九千缗钱。州不论大小，刺史的月薪都有一千缗。常衮担任宰相时，才开始设置限制进行约束，李泌又酌量职务的闲散和繁重，根据情况增加薪俸，当时称这样做通情达理，能办成事情，按理说难以削减。但是，却还存在着只存名义，职事荒废，或者存在薪俸，员额却没有了，以及闲散和繁重之间，薪俸优厚和微薄差别很大的各种情况。请陛下敕令有关部门详细审查薪俸和杂项供给，根据情况审定后上奏。"宪宗于是下令给事中段平仲、中书舍人韦贯之、兵部侍郎许孟容、户部侍郎李绛一同详细加以审定。

秋季，九月，富平县人梁悦为了替父亲报仇，杀了秦杲，然后自己跑到县府请求治罪。宪宗下敕令说："关于复仇这个问题，根据《礼记》的说法，杀父之仇不共戴天。但按照法令条文的规定，那么杀人要处以死刑。礼仪和法令两方面，都是君王教化天下的重要依据，二者存在着如此不同的差别，固然可供辩论商议，应该让尚书省召集人员议论后上奏。"职方员外郎韩愈认为："在律令中，没有对这一条作规定，并不是在制定时漏掉了。这大概是因为不允许别人报杀父之仇，就伤害孝子

定其制曰：‘凡复父仇者，事发，具申尚书省集议奏闻，酌其宜而处之。’则经律无失其指矣。”敕：“梁悦杖一百，流循州。”

甲寅，吏部奏准敕并省内外官计八百八员，诸司流外一千七百六十九人。

黔州大水坏城郭，观察使窦群发溪洞蛮以治之；督役太急，于是辰、溆二州蛮反，群讨之，不能定。戊午，贬群开州刺史。

冬，十一月，弓箭库使刘希光受羽林大将军孙璹钱二万缗，为求方镇，事觉，赐死。事连左卫上将军、知内侍省事吐突承璀，丙申，以承璀为淮南监军。上问李绛：“朕出承璀何如？”对曰：“外人不意陛下遽能如是。”上曰：“此家奴耳，向以其驱使之久，故假以恩私；若有违犯，朕去之轻如一毛耳！”

十六宅诸王既不出阁，其女嫁不以时，选尚者皆由宦官，率以厚赂自达。李吉甫上言：“自古尚主必择其人，独近世不然。”十二月，壬申，诏封恩王等六女为县主，委中书、门下、宗正、吏部选门地人才称可者嫁之。

己丑，以户部侍郎李绛为中书侍郎、同平章事。李吉甫为相，多修旧怨，上颇知之，故擢绛为相。吉甫善逢迎上意，而绛鲠直，数争论于上前；上多直绛而从其言，由是二人有隙。

闰月，辛卯朔，黔州奏：辰、溆贼帅张伯靖寇播州、费州。

的心，而违背了先王以孝治天下的训令。允许别人报杀父之仇，那么人们就会根据这条法令擅自杀人，而没有办法禁止这种杀人现象的发生了。所以先圣们就在经书中反复强调子报父仇的道理，而在法律条文中，却看不出这种规定，这一用意就在于让执法的官吏一概以律令为依据裁断，而尊奉经典的饱学之士又得以引经据典地进行议论。应该就处理这种事情制定一个条文为：‘凡是报杀父之仇的，事情发生后，一概要申报尚书省讨论上奏，根据实际情况作适当的处置。’这样就能使经典和法律都不失旨意。”宪宗下敕令道：“打梁悦一百棍，流放到循州。”

九月二十二日甲寅，吏部上奏说：“依据敕令合并机构和减省官吏的旨意，一共减省朝野内外各级官员八百零八人，以及各部门九品以下的吏员一千七百六十九人。”

黔州发大水冲坏了城墙，观察使窦群调集溪洞蛮各部落的人来修筑城墙。因为对工程催促得太急切，于是，辰州和溆州的蛮人起来造反，窦群率军讨伐，不能平定反叛。九月二十六日戊午，宪宗将窦群贬职为开州刺史。

冬季，十一月，弓箭库使刘希光接受了羽林大将军孙璹贿赂的钱二万缗，便为孙璹游说外出担任节度使，事情泄露以后，宪宗赐令刘希光自杀。这个事情牵连了左卫上将军、负责内侍省事务的吐突承璀。十一月初五日丙申，宪宗将吐突承璀贬职为淮南监军。宪宗问李绛道：“我把吐突承璀贬职外放，你觉得怎么样？”李绛回答说：“外边的人没有想到陛下会采取这种措施。”宪宗说：“吐突承璀是一个家奴，以前是因为使唤他很长时间了，所以因私恩宽大了他。如果他有违法乱纪的事情，我抛弃他就像丢掉一根毫毛一样！”

居住宫院十六宅的各位封王都没有离京到封地去，他们的女儿不按时出嫁，选择匹配公主的男子，都由宦官负责，这些男子大都用很厚重的钱财贿赂宦官们来推荐自己。李吉甫上奏宪宗说：“自古以来娶公主的人，一定要选择合适的人选，只是近年来没有这样做。”十二月十一日壬申，宪宗下诏册封恩王等人的六个女儿为县主，委托中书省、门下省、宗正寺和吏部选择门第、人才合适的人士，将县主嫁给他们。

十二月二十八日己丑，宪宗任命户部侍郎李绛为中书侍郎、同平章事。李吉甫出任宰相后，经常向过去与自己结怨的人报复，宪宗对这一情况很了解，所以提拔李绛担任宰相。李吉甫善于迎合宪宗的心意，而李绛为人却十分耿直，他们多次在宪宗面前发生争执，宪宗多半认为李绛正直并采纳李绛的意见。因此，李绛与李吉甫有了矛盾。

闰十二月初一日辛卯，黔州上奏朝廷说：辰州和溆州叛贼的头目张伯靖侵扰播州和费州。

试太子通事舍人李涉知上于吐突承璀恩顾未衰，乃投匦上疏，称“承璀有功，希光无罪。承璀久委心腹，不宜遽弃。”知匦使、谏议大夫孔戣见其副章，诘责不受；涉乃行赂，诣光顺门通之。戣闻之，上疏极言“涉奸险欺天，请加显戮。”戊申，贬涉峡州司仓。涉，渤之兄；戣，巢父之子也。

辛亥，惠昭太子宁薨。

是岁，天下大稔，米斗有直二钱者。

（以上为第十段，写宪宗纳李吉甫之奏沙汰冗官，听李绛之言外出吐突承催，采韩愈之奏，朝议复仇杀人刑事案，表现明主风采。）

七年（壬辰，812 年）

春，正月，辛未，以京兆尹元义方为鄜坊观察使。初，义方媚事吐突承璀，李吉甫欲自托于承璀，擢义方为京兆尹。李绛恶义方为人，故出之。义方入谢，因言“李绛私其同年许季同，除京兆少尹，出臣鄜坊，专作威福，欺罔聪明。”上曰：“朕谙李绛不如是。明日，将问之。”义方惶愧而出。明日，上以诘绛曰：“人于同年固有情乎！”对曰：“同年，乃九州四海之人偶同科第，或登科然后相识，情于何有！且陛下不以臣愚，备位宰相，宰相职在量才授任，若其人果才，虽在兄弟子侄之中犹将用之，况同年乎！避嫌而弃才，是乃便身，非徇公也。”上曰：“善，朕知卿必不尔。”遂趣义方之官。

振武河溢，毁东受降城。

三月，丙戌，上御延英殿，李吉甫言：“天下已太平，陛下宜为乐。”李绛曰：“汉文帝时兵木无刃，家给人足，贾谊犹以为厝火积薪之下，不可谓安。今法令所不能制者，河南、北五十余州；犬戎腥膻，近接泾、陇，烽火屡惊；加之水旱时作，仓廪空虚，此正陛下宵衣旰食之时，岂得谓之太平，遽为乐哉！”上欣然曰：“卿言正合朕意。”退，谓左右曰：

担任试太子通事舍人这一官职的李涉知道宪宗对吐突承璀的恩宠眷顾并没有减弱，于是以投匦上疏宪宗，说："吐突承璀有功劳，刘希光没有罪过。吐突承璀长期被陛下亲近信任，不应该马上就抛弃他。"担任匦使和谏议大夫的孔戣看到了李涉上疏的副本，斥责李涉，不接受这份疏章。李涉于是向守门的人行贿，跑到光顺门上疏。孔戣听说后，上疏宪宗，极力陈说："李涉奸邪险恶，欺蒙天下，请将李涉在闹市中处斩示众。"闰十二月十八日戊申，宪宗将李涉贬职为峡州司仓。李涉是李渤的哥哥。孔戣是孔巢父的儿子。

十二月二十一日，惠昭太子李宁去世。

这一年，天下粮食大获丰收，有的地方一斗米只值二文钱。

唐宪宗元和七年（壬辰，812 年）

春季，正月十一日辛未，朝廷任命京兆尹元义方为鄜坊观察使。当初，元义方向吐突承璀奉迎献媚，李吉甫想以吐突承璀为靠山，于是就提拔元义方担任了京兆府尹。李绛讨厌元义方的品性和为人，因此就将元义方调出朝廷，到外边任职。元义方进宫向宪宗谢恩，乘机告状说："李绛为他同年科举的许季同谋私利，任命许季同为京兆府少尹，让臣到鄜坊去任职，李绛专横独断，作威作福，欺蒙陛下的视听。"宪宗说："朕对李绛的为人很熟悉，李绛一定不会这样做。明天，我要问问这事。"元义方内心很惶恐，惭愧地出了宫。第二天，宪宗责问李绛说："人们一般会对自己同年登科举的人徇私情吗？"李绛回答说："所谓同年，就是分布在九州四海的人偶然在一年科考登进士第，有的人是登科以后才结识，那又有什么私情可言？而且陛下不嫌弃臣下愚昧无知，让臣下担任宰相之职。宰相的职责就在于根据才能的大小给予一个合适的官职和职责。如果那个人真的有才能虽然是自己的兄弟子侄，也还是要任用，何况只是一个同榜的进士呢？为了避嫌而抛弃人才，那就是专门为自身利益考虑，而不是一心为公。"宪宗说："你说得好！我知道你一定不会徇私情。"于是就催促元义方到鄜坊去赴任。

振武军内的黄河大水漫出来，毁坏了东受降城。

三月二十八日丙戌，宪宗驾临延英殿，李吉甫说："天下已经治理得太平无事了，陛下应该好好享乐了。"李绛说："汉文帝时期兵器没有锋刃，家家充实，人人富足，贾谊还觉得这种盛世是将火种放在堆积的柴火之下，不能说是平安无事。现有朝廷法令不能触及的地方，在黄河南、北地区有五十多个州。吐蕃、回鹘的踪迹，靠近泾州和陇州，边疆上的烽火屡次报警。加上水灾旱灾时常发生，国家仓库储藏

“吉甫专为悦媚；如李绛，真宰相也！”

上尝问宰相：“贞元中政事不理，何乃至此？”李吉甫对曰：“德宗自任圣智，不信宰相而信他人，是使奸臣得乘间弄威福。政事不理，职此故也。”上曰：“然此亦未必皆德宗之过。朕幼在德宗左右，见事有得失，当时宰相亦未有再三执奏者，皆怀禄偷安，今日岂得专归咎于德宗邪！卿辈宜用此为戒，事有非是，当力陈不已，勿畏朕谴怒而遽止也。”

李吉甫尝言：“人臣不当强谏，使君悦臣安，不亦美乎！”李绛曰：“人臣当犯颜苦口，指陈得失，若陷君于恶，岂得为忠！”上曰：“绛言是也。”吉甫至中书，卧不视事，长吁而已。李绛或久不谏，上辄诘之曰：“岂朕不能容受邪，将无事可谏也？”

李吉甫又尝言于上曰：“赏罚，人主之二柄，不可偏废。陛下践阼以来，惠泽深矣；而威刑未振，中外懈惰，愿加严以振之。”上顾李绛曰：“何如？”对曰：“王者之政，尚德不尚刑，岂可舍成、康、文、景而效秦始皇父子乎！”上曰：“然。”后旬余，于頔入对，亦劝上峻刑。又数日，上谓宰相曰：“于頔大是奸臣，劝朕峻刑，卿知其意乎？”皆对曰：“不知也。”上曰：“此欲使朕失人心耳。”吉甫失色，退而抑首不言笑竟日。

夏，四月，丙辰，以库部郎中、翰林学士崔群为中书舍人，学士如故。上嘉群谠直，命学士“自今奏事，必取崔群连署，然后进之。”群曰：“翰林举动皆为故事。必如是，后来万一有阿媚之人为之长，则下位直言无从而进矣。”固不奉诏。章三上，上乃从之。

五月，庚申，上谓宰相曰：“卿辈屡言淮、浙去岁水旱，近有御史自

空虚，这正是陛下要夜以继日、辛勤操劳的时候，哪能说得上是太平无事，可以立即享乐呢？”宪宗很高兴地说：“卿说的正合我的心意。”宪宗退朝后，对左右侍从说：“李吉甫一味地献媚讨好朕。像李绛，才是真正的宰相啊！”

宪宗曾经问宰相道：“贞元年间，朝廷政治不清明，究竟是什么导致这样的呢？”李吉甫回答说：“德宗皇帝只用自己圣明的智慧办事，不信任宰相而相信别人，这样就使得奸邪之臣乘机作威作福。朝廷政治不清明，就是这个缘故啊。”宪宗说：“但政治不清明也未必都是德宗皇帝的过错。朕年纪还小的时候，随侍在德宗皇帝身边，见到事情在成败得失的关头，当时的宰相也没有反复据理力争的人，他们都贪恋俸禄、苟且偷安。现在怎么能将过错全归罪于德宗皇帝呢！你们应该以此为鉴戒，凡是在事情有得失的关头，应当不停地极力陈说，不要害怕朕生气和谴责而立即停止劝谏。”

李吉甫曾经说：“做人臣的人，不应该强行劝谏。让君主高兴，臣下安宁，不也是很美的事吗？”李绛说：“做人臣的，应当敢冒犯圣上，苦口婆心，陈说事情的得失，如果不这样做，让君王陷入恶名流传的境况中，那怎么能说是忠诚呢？”宪宗说：“李绛的话说得对。”李吉甫来到中书省后，躺在那里不处理政事，只是一味地长吁短叹。李绛有时候很长时间不劝谏宪宗，宪宗就要责问李绛说：“难道是我不能接受你的规劝吗？或者是没有什么事情要规劝呢？”

李吉甫又曾经对宪宗说：“奖赏与惩罚，是君王的两大权力，不能够偏废。陛下继承皇位以来，给天下的实惠恩泽够多的了。但是威严和刑罚却没有大用，以致朝野内外都松懈懒惰，希望陛下严厉地施行刑罚来激发他们。”宪宗看着李绛说：“你觉得怎么样？”李绛回答说：“圣明君王的政治，崇尚道德而不崇尚刑罚，怎么能舍弃了周成王、周康王、汉文帝、汉景帝的做法，而效仿秦始皇父子呢？”宪宗说：“你说的对。”过了十多天，于頔入朝奏对，也劝皇帝用严刑。又过了几天，宪宗对宰相们说：“于頔是个大奸臣，劝告我用严刑峻法，你们知道于頔的用意吗？”宰相们都回答说：“不知道。”宪宗说：“他这样做是要让朕丧失天下的人心。”李吉甫大惊失色，退朝后一直低着头，一整天不说话不谈笑。

夏季，四月二十九日丙辰，宪宗任命库部郎中、翰林学士崔群为中书舍人，仍担任翰林学士。宪宗欣赏崔群能够直言议事，于是下令翰林学士“从今以后奏报事情，一定要同崔群一起署名，然后才能上奏”。崔群说：“翰林院的一举一动都会成为惯例。一定要这样做，如果以后万一有一个阿谀逢迎的人做了翰林院的长官，那么下面敢于直言议事的人的看法就无法上奏了。”崔群坚持不服从这一道诏令，向宪宗三次上奏章，宪宗才采纳了崔群的意见。

五月初三日庚申，宪宗对宰相说：“你们多次谈到淮南、两浙一带去年发生了水

彼还，言不至为灾，事竟如何？”李绛对曰：“臣按淮南、浙西、浙东奏状，皆云水旱，人多流亡，求设法招抚，其意似恐朝廷罪之者，岂肯无灾而妄言有灾邪！此盖御史欲为奸谀以悦上意耳，愿得其主名，按致其法。”上曰：“卿言是也。国以人为本，闻有灾当亟救之，岂可尚复疑之邪！朕适者不思，失言耳。”命速蠲其租赋。上尝与宰相论治道于延英殿，日旰，暑甚，汗透御服，宰相恐上体倦，求退。上留之曰：“朕入禁中，所与处者独宫人、宦官耳，故乐与卿等且共谈为理之要，殊不知倦也。”

（以上为第十一段，写唐宪宗思治，与宰臣论治，虽盛暑而不知倦。李吉甫逢迎上意，李绛耿直正言，二人每议必急，于是有隙。）

六月，癸巳，司徒、同平章事杜佑以太保致仕。

秋，七月，乙亥，立遂王宥为太子，更名恒。恒，郭贵妃之子也。诸姬子澧王宽，长于恒，上将立恒，命崔群为宽草让表，群曰：“凡推己之有以与人谓之让。遂王，嫡子也，宽何让焉！”上乃止。

八月，戊戌，魏博节度使田季安薨。

初，季安娶洺州刺史元谊女，生子怀谏，为节度副使。牙内兵马使田兴，庭玠之子也，有勇力，颇读书，性恭逊。季安淫虐，兴数规谏，军中赖之。季安以为收众心，出为临清镇将，将欲杀之。兴阳为风痹，灸灼满身，乃得免。季安病风，杀戮无度，军政废乱，夫人元氏召诸将立怀谏为副大使，知军务，时年十一；迁季安于别寝，月余而薨。召田兴为步射都知兵马使。

辛亥，以左龙武大将军薛平为郑滑节度使，欲以控制魏博。

上与宰相议魏博事，李吉甫请兴兵讨之，李绛以为魏博不必用兵，当自归朝廷。吉甫盛陈不可不用兵之状，上曰：“朕意亦以为然。”绛曰：“臣窃观两河藩镇之跋扈者，皆分兵以隶诸将，不使专在一人，恐其权任

旱灾害，最近有御史从那里回朝，没有一句话提到受灾的事，这究竟怎么回事？”李绛回答说：“臣分析了淮南、浙西、浙东给朝廷上奏的章疏，都谈到遭受水旱灾害，百姓很多都流散逃亡了，要求想办法招抚，他们的意思好像担心朝廷要治他们的罪似的，哪有没发生灾害而瞎说受灾的事呢？这大概是御史想欺瞒奉迎，以讨得陛下的欢心罢了。我希望知道这个御史是谁，对这个人进行审查治罪。”宪宗说：“卿说得很对。国家以百姓为根本，听说有灾害，就应当立即赈救，哪能还怀疑事情是假的呢？朕刚才没有认真思考，所以失言了。”于是下令立即免除受灾地的赋税。宪宗曾经与宰相们在延英殿讨论治理国家的策略，天色已晚，天气极热，宪宗身上的衣服都被汗水湿透了，宰相们担心宪宗身体疲倦，要求退朝。宪宗挽留他们说：“朕一进宫禁中，与朕相处的都是些宫女和宦官，所以朕很高兴与众卿商谈治理天下的关键事项，一点也不觉得疲倦。”

六月初七日癸巳，司徒、同平章事杜佑以太保的职位退休。

秋季，七月十九日乙亥，宪宗册立遂王李宥为太子，给太子改名为李恒。李恒是郭贵妃所生的儿子。澧王李宽是妃子生的儿子，比李恒年龄大。宪宗准备册立李恒为太子时，下令崔群为李宽草拟推让皇太子的表章，崔群说：“一般来说，把自己拥有的东西给别人叫作推让。遂王是陛下的正妻生的儿子，澧王李宽推让了什么？”宪宗于是作罢。

八月十二日戊戌，魏博节度使田季安去世。

当初，田季安娶了洺州刺史元谊的女儿为妻，生了个儿子叫田怀谏，让田怀谏担任了节度副使。牙内兵马使田兴是田庭玠的儿子，勇猛有力气，读过一些书，性格很恭谨谦逊。田季安为人荒淫残暴，田兴多次劝阻，军中将士都把希望寄托在田兴身上。田季安认为田兴拉拢人心，将田兴斥逐到临清去任镇守将领，并打算杀田兴。田兴假装得了风湿病，用艾草将全身炙灼了一遍，才得免于一死。田季安得了疯病，没有限制地随便杀人，军政事务荒废混乱，夫人元氏召集各位将领立田怀谏为副大使，让田怀谏掌管军中事务，这一年田怀谏才十一岁。又将田季安迁移到别的地方去住，过了一个多月，田季安去世。田怀谏召回田兴，让田兴担任步射都兵马使。

八月二十五日辛亥，宪宗任命左龙武大将军薛平为郑滑节度使，用意是要控制魏博的局势。

宪宗与宰相们商议魏博的事情，李吉甫请求派兵去讨伐，李绛认为魏博不需要派兵征讨，魏博会自动归顺朝廷。李吉甫极力陈说不能不派兵征讨的理由，宪宗说：“我也觉得应该采取军事行动。”李绛说：“臣下私下分析黄河南北军镇中专横跋扈的

太重，乘间而谋己故也。诸将势均力敌，莫能相制，欲广相连结，则众心不同，其谋必泄；欲独起为变，则兵少力微，势必不成。加以购赏既重，刑诛又峻，是以诸将互相顾忌，莫敢先发，跋扈者恃此以为长策。然臣窃思之，若常得严明主帅能制诸将之死命者以临之，则粗能自固矣。今怀谏乳臭子，不能自听断，军府大权必有所归，诸将厚薄不均，怨怒必起，不相服从，则向日分兵之策，适足为今日祸乱之阶也。田氏不为屠肆，则悉为俘囚矣，何烦天兵哉！彼自列将起代主帅，邻道所恶，莫甚于此。彼不倚朝廷之援以自存，则立为邻道所齑粉矣。故臣以为不必用兵，可坐待魏博之自归也。但愿陛下按兵养威，严敕诸道选练士马以须后敕。使贼中知之，不过数月，必有自效于军中者矣。至时，惟在朝廷应之敏速，中其机会，不爱爵禄以赏其人，使两河藩镇闻之，恐其麾下效之以取朝廷之赏，必皆恐惧，争为恭顺矣。此所谓不战而屈人兵者也。”上曰：“善！”

他日，吉甫复于延英盛陈用兵之利，且言刍粮金帛皆已有备。上顾问绛，绛对曰：“兵不可轻动。前年讨恒州，四面发兵二十万，又发两神策兵自京师赴之，天下骚动，所费七百余万缗，讫无成功，为天下笑。今疮痍未复，人皆惮战；若又以敕命驱之，臣恐非直无功，或生他变。况魏博不必用兵，事势明白，愿陛下勿疑。”上奋身抚案曰：“朕不用兵决矣。”绛曰：“陛下虽有是言，恐退朝之后，复有荧惑圣听者。”上正色厉声曰：“朕志已决，谁能惑之！”绛乃拜贺曰：“此社稷之福也。”

既而田怀谏幼弱，军政皆决于家僮蒋士则，数以爱憎移易诸将，众

主帅，他们都把军队分给各位将领统领，不专任一个人掌握兵权，这是因为恐怕这个人权力太大，乘机会对自己下手的缘故。各位将领的兵力都相当，不能相互控制，如果他们想广泛地联合起来，那么大家的心思并不一致，计划一定会泄露出去。如果打算一个人独力发动兵变，兵力太少，力量微弱，从形势上讲是无法成功的。加上各镇主帅悬赏十分厚重，刑罚又极为严厉，因此将领们之间互相顾虑猜忌，不敢率先发难，专横跋扈的主帅就凭仗着这一形势，作自己长远的打算。但臣下私下考虑，如果长期有一个严明的主帅能够控制各位将领为自己拼死效力，那么他的统治就可以稍稍让局面平稳。现在田怀谏是一个乳臭未干的小毛孩，不能够自己处理政事，军府中的大权一定会落到什么人手里，如果对待各位将领厚此薄彼，不很平均，那么一定产生怨恨，而不肯服从上司的命令，以前所采取的分散兵力的策略，恰恰成了现在发生祸乱的阶梯。田氏家族不是全被杀戮，就是全成了阶下囚，那还用得着麻烦朝廷军队去征讨吗？那个人从各位将领中出来代替主帅，相邻各道所憎恨的，没有比这一点更厉害了。他如果不依靠朝廷的援助而自我生存下来，那么就会立刻被相邻的军队打得粉碎。因此臣下认为不需对魏博用兵，可以袖手等待魏博主动归顺朝廷。只希望陛下驻兵不动，蓄养声威，严令各军镇挑选训练人马，随时等待朝廷命令。不要让魏博的将士们知道这件事，过不了几个月，魏博军中一定会有效命朝廷的人站出来。到那个时候，只要朝廷响应和反应敏捷迅速，抓住机会，不要吝啬官爵俸禄，用它来赏赐给合适的人，让黄河南北各军镇主帅都知道这种赏赐，从而担心自己的部下起来效仿而获得朝廷的奖赏，他们一定都会诚惶诚恐，争着要恭敬地顺从朝廷。这就是通常所说的不使用武力便可以让敌人屈服的办法啊。”宪宗说：“很好！”

又一天，李吉甫又在延英殿向宪宗极力陈说对魏博动用武力的好处，而且说粮草钱财都已经准备好了。宪宗询问李绛的意见，李绛回答说：“不能够轻易使用武力。前年讨伐王承宗的时候，朝廷调集恒州四面军镇的军队二十万，又派遣左右神策军从京城出发去征讨，弄得天下骚动不安，花钱七百多万缗，最后没有获得成功，被天下的人们耻笑。现在，战争的创伤没有恢复，人们都害怕打仗。如果又下命令赶他们上前线打仗，臣下担心不但不会成功，而且可能发生其他变故。何况对魏博不必动用武力，事情和形势都十分清楚，希望陛下不要再怀疑。”宪宗突然起身拍着桌子说：“我已经决定不使用武力了。”李绛说：“陛下虽然已经说出了这个决定，但恐怕退朝以后，还会有人来迷惑陛下的视听啊。”宪宗面色严肃，厉声说道：“我的心意已经决定下来。谁还能够迷惑我？”李绛于是向宪宗行礼祝贺道：“这就是国家的福气啊。”

不久，因为田怀谏年幼力弱，军政事务都由他的家仆蒋士则决断，蒋士则多次

皆愤怒。朝命久不至，军中不安。田兴晨入府，士卒数千人大噪，环兴而拜，请为留后。兴惊仆于地，众不散；久之，兴度不免，乃谓众曰："汝肯听吾言乎！"皆曰："惟命。"兴曰："勿犯副大使，守朝廷法令，申版籍，请官吏，然后可。"皆曰"诺。"兴乃杀蒋士则等十余人，迁怀谏于外。

（以上为第十二段，写李绛识大局，善应对，朝廷不用兵戈而魏博归顺。）

以自己的好恶调动、改任各位将领，大家都十分愤怒。而且朝廷对主帅的任命长时间不颁布，军中将士很是不安。田兴早晨进入军府，有几千名士兵喧闹起哄，围着田兴行礼，请求田兴担任留后职务。田兴吃惊地扑倒在地，士兵们仍不散开。过了很长时间，田兴估计自己无法拒绝，才对大家说："你们肯听我的话吗？"大家都说："只听你的号令。"田兴说："不要冒犯副大使，遵守朝廷的法令，向朝廷申报版图户籍，申请朝廷委派官吏，你们答应了这些，我才担任留后。"大家都说："好！"田兴于是就杀了蒋士则等十几人，将田怀谏迁移到军府之外去居住。

【点评】

本卷点评三事：吐突承璀兵败河北、李绛入相、宪宗问宰臣宽严之政。

一、吐突承璀兵败河北。当初，元和元年（806），宪宗兵征西川刘辟，这时淄青节度使李师古去世。李师古异母弟李师道自为留后，宰相杜黄裳主张讨伐，宪宗认为刘辟还没有平定，不愿两线用兵，姑息李师道，任命为节度使。嗣后王士真的儿子王承宗自为留后，此时宪宗意欲革除军镇世袭的弊政，打算用兵征讨。宰相裴垍和翰林学士李绛都认为河北三镇世袭节度已相沿成习，三镇又唇齿相依，不易征讨。淮西吴少诚当年自为留后而被朝廷任命，现已患病，朝廷派人去取代，若不受命，派兵征讨，因环绕淮西诸镇皆为朝廷控制，淮西得不到邻镇的援助，官军可以取胜，阻止军镇世袭蔓延到内地。这一正确方针，宪宗不予采纳。神策军中尉吐突承璀请命征讨河北，宪宗听从。吐突承璀自小入宫，给事东宫侍奉顺宗，年纪与宪宗相当，两人自幼交好。宪宗即位，用为神策军中尉。吐突承璀还掌控内侍省，是宦官的总头领，宪宗宠信无比。既然朝官反对用兵河北，宪宗索性任用吐突承璀为统帅，任命吐突承璀为左、右神策，河中、河阳、浙西、宣歙等道行营兵马使、招讨处置使，统兵讨伐王承宗。白居易等朝臣群起反对任用宦官为兵马统帅，各镇将领以受宦官指挥为耻辱，不肯用命。宪宗固执己见，他只是在名义上取消吐突承璀行营兵马使的头衔，改招讨使为宣慰使，仍用吐突承璀为统帅，集中官军二十余万十倍于王承宗的优势讨伐成德，果如朝臣所料，各镇官兵互相观望，河北三镇联合对抗，久不建功。朝廷花了七百多万缗军费，财力不支，只好接受王承宗的归顺，任命他为节度使，朝廷罢兵。

元和五年（810），吐突承璀回朝，宪宗不追究吐突承璀的败军之罪，仍用为神策军中尉，李绛等朝官力争，宪宗不得已贬吐突承璀为军器使。第二年，吐突承璀贪赃事发，出为淮南监军。宪宗对李绛说，吐突承璀只是一个家奴，无论给他多大权力，去掉他就像去掉一根毛。宪宗违众任用吐突承璀为统帅，认为军队在家奴手中就是在自己手中，吐突承璀胜利了，就是皇上英明，使群臣畏服。宪宗的心理深处，仍是猜忌朝官和诸将，自己站到宦官一边。宦官从小在宫中，不知稼穑之艰难，哪能体恤人民的疾苦。宦官多不读书，不明礼义。宦官身为刑余之人，身心遭受严重摧残，整日目睹皇上与嫔妃花天酒地的豪侈生活，颐指气使家奴的威风，日久天长，怎不染上权力之欲。所以宦官一旦擅权，十之八九皆为祸患，唐宪宗视为一根毛，大错特错。正是这一错误观念，让很多君主疏远朝官，信用家奴，最终失控，受制于家奴。宪宗最终死于宦官之手，这是他做梦也想不到的，悲哉，惜也。

二、李绛入相。河北用兵的失败，使唐宪宗认识到，不信用朝官，想有一番作为是不可能的。唐宪宗当时还有进取心，这是他的英明处，为了任用李绛为相，唐

宪宗才贬吐突承璀为淮南监军，当唐宪宗要一脚踢开李绛时，吐突承璀又被召还为相，这是后话，按下不提。

李绛，字深之，赵郡赞皇（今河北赞皇）人。历仕德宗、顺宗、宪宗、穆宗、敬宗、文宗六朝，清正廉直。居官庙堂，以匡谏为己任，外任地方，恪尽职守。终官山南西道节度使，死于监军煽动的乱兵之手。贞元末，李绛任监察御史，宪宗即位，拜李绛为翰林学士，策划军国事务。诛李锜，推倒圣德碑，皆李绛之力。李绛是当时朝官耿直派的代表，深恶宦官。宪宗用兵河北失败，转而起用李绛为相，贬吐突承璀出京，标志朝官耿直派得势，朝廷政治出现了振兴的气象。元和七年（812），魏博镇内讧，将士拥立田弘正为留后。田弘正举魏博六州地归顺朝廷。其经始营创，也是李绛之力。宪宗曾与李绛讨论玄宗一朝，为什么开元大治，天宝大乱，一个人前后治乱相反。李绛说，开元之时，任用姚崇、宋璟贤才辅政，玄宗皇帝纳谏思治，君臣同心，中外安宁。开元后朝，奸人李林甫、杨国忠为相，诱以兴利，武夫说以开边，玄宗皇帝听不到直言，骄侈逸乐，导致天宝大乱。治乱安危，全取决于皇上的所作所为。宪宗说，人主怎样办才好呢？李绛说，只要人主不吝改过，从善如流，臣等敢言，什么事情都能办好。宪宗说，朕任用卿等，就是希望卿等直言，不要有什么保留，以弥补朕的不足。唐宪宗只是这样说，时间一长就动摇了立场。唐宪宗和德宗一样，宠信宦官且贪财。宪宗罢免了进奉，不久又恢复了进奉。宪宗贬逐了吐突承璀，时时想到召回，而且李绛之言，只要涉及宦官，就不采用。宪宗仍然是腐朽势力的代表，而非真正的中兴之主。局势好转，宪宗的感情就倒向了与宦官勾结的宰相李吉甫一边。李绛与李吉甫道不同不相为谋，两人在宪宗面前总是争执。宪宗心知李绛忠直，总是采纳李绛的论奏。元和九年（814），宪宗终于沉不住气了，罢了李绛的相职，召吐突承璀还朝，李吉甫得势。李绛只做了三年的宰相，也是唐宪宗为明君的时期。

三、宪宗问宰臣宽严之政。元和六年（811）三月十一日，宪宗问宰臣，治理国家，宽和与威严，哪一个应当放在首位。宰相权德舆回答说："秦王朝施政威严而灭亡，汉朝施政宽和而兴盛。本朝太宗皇帝，禁止用刑时鞭打人的背。因此，安史之乱以来，叛乱不断发生，但转眼间反叛的人都灭亡了。这是因为列祖列宗施行宽和的仁政，凝聚了天下人心，唐室总是转危为安。这样看来，治理天下，宽和与威严，哪个在先，不是很清楚了吗。"鞭刑杖臀，只伤皮肉，若杖人之背，往往打死人。权德舆以此为喻，刑杖为的是治病救人，不是把人打死，就是宽和，打死人就是苛严。德宗后期政治，十年不赦。宪宗即位，不问是非轻重，所谓王叔文同党，一概贬逐。德宗、宪宗，深恶朝臣朋党，因此，朝臣是不是朋党，只要认定，一概斥逐，施以苛严。权德舆主张用政尚宽，回答宪宗之问，宪宗认为有道理。被贬八司马之程异

等，得到了重新任用。

有一天李吉甫劝宪宗要施威严整顿纲纪。宪宗问李绛："卿的意见如何？" 李绛回答说："圣明君主的政治，崇尚道德而不崇尚刑罚。怎么能够放弃周成王、周康王、汉文帝、汉景帝的做法，而效法秦始皇、秦二世呢？" 周与汉行仁政，有成康之治与文景之治，秦政苛酷，二世而亡。这次谈话过了十多天，山南东道节度使于頔入朝，劝宪宗用严刑。于是宪宗对宰臣们说："于頔是个大奸臣，他劝朕用严刑峻法，卿等知道于頔的用心吗？" 宰臣们回答："不知道。" 宪宗说："于頔的用意是让朕丧失人心。" 李吉甫惊了一身冷汗。此事表明，宪宗清醒时还是能明辨是非。

唐纪五十五

唐宪宗元和七年至十一年（812—816年）

【起玄黓执徐（壬辰，812年）十月，尽柔兆涒滩（丙申，816年），凡四年有奇】

【大事提要】

本卷记事起公元812年十月，讫公元816年，凡四年又三个月。当唐宪宗元和七年十月到元和十一年。此时期是唐宪宗执政取得辉煌成绩的时期，李绛为相，直言敢谏，又善策划。元和七年（812），魏博节度使田季安死，其子田怀谏，年十一，被军士立为留后，宰相李吉甫主张用兵，李绛认为，只要朝廷不派中使慰问，不授节钺，魏博镇当自归于朝。事势发展果如李绛之策。魏博效顺，重赏将士，处置事宜，皆为李绛所策。李吉甫善逢迎，和柔自媚，排挤李绛。唐宪宗思念吐突承璀，元和九年（814），唐宪宗召吐突承璀回京师，官复原职，为左神策军中尉，李绛罢相。淮西节度使吴少阳死，其子吴元济自领军务，朝廷大发十六道兵征讨。淄青节度使李师道出兵阳为讨贼，暗助淮西。李师道还派刺客到京师暗杀宰相武元衡，伤裴度，又欲血洗东都，为东都留守李元膺挫败。韩愈上平淮西之策。柳宗元著政论《梓人传》《种树郭橐驼传》讽喻时政。成德王承宗再叛助贼，唐宪宗违众开辟河北第二战场，志在表明讨逆决心。

【原文】

宪宗昭文章武大圣至神孝皇帝中之上

元和七年（壬辰，812 年）

冬，十月，乙未，魏博监军以状闻，上亟召宰相，谓李绛曰："卿揣魏博若符契。"李吉甫请遣中使宣慰以观其变，李绛曰："不可。今田兴奉其土地兵众，坐待诏命，不乘此际推心抚纳，结以大恩，必待敕使至彼，持将士表来为请节钺，然后与之，则是恩出于下，非出于上，将士为重，朝廷为轻，其感戴之心亦非今日之比也。机会一失，悔之无及！"吉甫素与枢密使梁守谦相结，守谦亦为之言于上曰："故事，皆遣中使宣劳，今此镇独无，恐更不谕。"上竟遣中使张忠顺如魏博宣慰，欲俟其还而议之。癸卯，李绛复上言："朝廷恩威得失，在此一举，时机可惜，奈何弃之！利害甚明，愿圣心勿疑。计忠顺之行，甫应过陕，乞明旦即降白麻除兴节度使，犹可及也。"上且欲除留后，绛曰："兴恭顺如此，自非恩出不次，则无以使之感激殊常。"上从之。甲辰，以兴为魏博节度使。忠顺未还，制命已至魏州。兴感恩流涕，士众无不鼓舞。

庚戌，更名皇子宽曰恽，察曰悰，寰曰忻，寮曰悟，审曰恪。

李绛又言："魏博五十余年不沾皇化，一旦举六州之地来归，刳河朔之腹心，倾叛乱之巢穴，不有重赏过其所望，则无以慰士卒之心，使四邻劝慕。请发内库钱百五十万缗以赐之。"左右宦官以为"所与太多，后有此比，将何以给之？"上以语绛，绛曰："田兴不贪专地之利，不顾四邻之患，归命圣朝，陛下奈何爱小费而遗大计，不以收一道人心！钱用尽更来，机事一失不可复追。借使国家发十五万兵以取六州，期年而克之，其费岂止百五十万缗而已乎！"上悦，曰："朕所以恶衣菲食，蓄聚

【语译】

宪宗昭文章武大圣至神孝皇帝中之上

唐宪宗元和七年（壬辰，812 年）

冬季，十月初十日乙未，魏博监军把将士们拥戴田兴而废黜田怀谏的事情向朝廷奏报，宪宗紧急召见宰相，对李绛说："你对魏博的事态发展，真是料事如神。"李吉甫请求宪宗派遣使者去魏博安抚，并观察事态的发展，李绛说："不能这样做。现在田兴将魏博的土地军队和百姓进献给朝廷，正等待着朝廷的诏令，如果不乘这个机会对田兴推心置腹，安抚接纳，用很大的恩宠团结田兴，而一定让敕使去那里以后，带回将士们为田兴请求节度使旌节的表章回朝，然后再把节度使职务授给田兴，那么就是恩惠来自田兴的将士们，而不是出自陛下。将士们在田兴的心中重要，而朝廷在田兴的心中不重要，那个时候田兴对朝廷感恩戴德的心意是不能和现在的期望相比了。机会一丧失，后悔就来不及了。"李吉甫一向与枢密使梁守谦相交结，梁守谦也为李吉甫对宪宗说："从前的惯例，都要派遣宫中使者去宣旨慰劳，现在只有魏博一镇不这样，恐怕魏博人更难知道朝廷的意向了。"宪宗最后还是派遣宫中的宦官使者张忠顺去魏博镇宣旨慰问，打算等张忠顺回来以后再商议主帅任命事宜。十月十八日癸卯，李绛又对宪宗说："朝廷施行的恩典和威严，成功与失败，就在此一举了。好的机会，应该特别珍惜，怎么能随便放弃呢？处理这一事情的利弊是非常清楚的，希望陛下的心里不要再怀疑。估计张忠顺的行程，应该才过了陕州，请求陛下明天早上就颁布白麻纸诏书，任命田兴为节度使，这样还来得及。"宪宗还打算暂时任命田兴为留后，李绛说："田兴对朝廷如此恭谨顺从，如果朝廷不对田兴施行非同寻常的恩典，那就不能让田兴对朝廷有超常的感激。"宪宗采纳了他的主张。十月十九日甲辰，宪宗任命田兴为魏博节度使。张忠顺还没有踏上回程，宪宗的任命就到了魏州。田兴感谢皇帝的恩典，激动得泪流满面，全军将士没有不受鼓舞的。

二十五日庚戌，宪宗给皇子们改名，李宽改为李恽，李察改为李悰，李寰改为李忻，李寮改为李悟，李审改为李恪。

李绛又对宪宗说："魏博的人已经五十多年没有沾润君王恩德的教化了。现在突然一下子带着全镇六州的土地归顺了朝廷，等于挖了河朔地区的心脏，倾覆了黄河南北地区反叛作乱的巢穴，朝廷如果没有超出他们意料的重赏，那么就难以安慰将士们的忠心，而让相邻四周各道的人们受到劝勉而羡慕了。请陛下拿出宫中内库的钱一百五十万缗来赏赐给他们。"宪宗身边的宦官们认为："如果赏赐得太多，以后再有相同的事情，那又用什么来赏赐呢？"宪宗将这话说给李绛听，李绛说："田兴不贪图专擅一地的权利，不顾忌四方邻道的危害，归顺朝廷，陛下怎么能吝惜小小

货财，正为欲平定四方；不然，徒贮之府库何为！”十一月，辛酉，遣知制诰裴度至魏博宣慰，以钱百五十万缗赏军士，六州百姓给复一年。军士受赐，欢声如雷。成德、兖郓使者数辈见之，相顾失色，叹曰：“倔强者果何益乎！”

度为兴陈君臣上下之义，兴听之，终夕不倦，待度礼极厚，请度遍至所部州县，宣布朝命。奏乞除节度副使于朝廷，诏以户部郎中河东胡证为之。兴又奏所部缺官九十员，请有司注拟，行朝廷法令，输赋税。田承嗣以来室屋僭侈者，皆避不居。

郓、蔡、恒遣游客间说百方，兴终不听。李师道使人谓宣武节度使韩弘曰：“我世与田氏约相保援，今兴非田氏族，又首变两河事，亦公之所恶也！我将与成德合军讨之。”弘曰：“我不知利害，知奉诏行事耳。若兵北渡河，我则以兵东取曹州！”师道惧，不敢动。

田兴既葬田季安，送田怀谏于京师。辛巳，以怀谏为右监门卫将军。

（以上为第一段，写唐宪宗重赏魏博归顺将士，处置事宜皆为李绛所策划。）

李绛奏振武、天德左右良田可万顷，请择能吏开置营田，可以省费足食，上从之。绛命度支使卢坦经度用度，四年之间，开田四千八百顷，收谷四千余万斛，岁省度支钱二十余万缗，边防赖之。

上尝于延英谓宰相曰：“卿辈当为朕惜官，勿用之私亲故。”李吉甫、权德舆皆谢不敢。李绛曰：“崔祐甫有言，‘非亲非故，不谙其才。’谙者尚不与官，不谙者何敢复与！但问其才器与官相称否耳。若避亲故之嫌，使圣朝亏多士之美，此乃偷安之臣，非至公之道也。苟所用非其人，则朝廷自有典刑，谁敢逃之！”上曰：“诚如卿言。”

的花费而耽误了大事，不借此收拢一道的人心呢？钱用光了还会再来，好的时机一丧失，就再也无法追回来了。假如朝廷调派十五万兵力去攻这六个州，以一年为期限攻下来的话，花费难道只有这一百五十万缗吗？”宪宗很高兴，说道：“朕之所以穿粗劣的衣服，吃俭省的食物，蓄积钱财，正是为了要平定天下四方。要不然，将钱财白白地存在仓库里干什么呢？”十一月初六日辛酉，宪宗派遣担任知制诰的裴度去魏博镇宣旨慰劳，带去一百五十万缗钱赏赐给军中将士，免除六州的老百姓一年赋税。军中将士接受了朝廷的赏赐，发出雷鸣般的欢呼声。成德、淄青、平卢三镇的几批使者见到这种场面，相视着，脸上黯然失色，感叹道：“支持不服从朝廷命令的人真的会有什么好处呢！”

裴度替田兴讲述君臣上下之间关系的原则，田兴听了一整夜都不觉得疲倦，他对待裴度的礼仪极为周到，请裴度走遍他统辖下的所有州县，向军民宣布朝廷的命令。田兴上奏朝廷请求任命节度副使，宪宗下诏任命担任户部郎中的河东人胡证去做节度副使。田兴又上奏朝廷说他的属下还缺九十名官员，请求有关部门选拔派任，奉行朝廷的法令，向朝廷交纳赋税。田承嗣就任节度使以来建造的超过规定的豪华房屋，田兴一律回避，不去居住。

郓州李师道、蔡州吴少阳、恒州王承宗都派遣说客去魏博千方百计地劝说田兴不要归顺朝廷，田兴始终不理睬。李师道派人对宣武节度使韩弘说：“我李家世代与田家约定互相保护援助。现在田兴不是田承嗣的同宗，又首先改变了黄河南北地区军镇的规矩，这也是您所厌恶的！我准备派兵与成德军一同讨伐田兴。”韩弘说：“我不知道你说的利害关系，只知道遵奉朝廷的命令行事。如果你的兵马向北渡过黄河，那我就派兵东进，攻下你的曹州！”李师道害怕了，不敢出兵。

田兴安葬了田季安以后，就把田怀谏送到了京城长安。十一月二十六日辛巳，宪宗任命田怀谏为右监门卫将军。

李绛上奏振武军和天德军一带有良田将近一万顷，请选择能干的官吏负责开垦营田，能够节省驻军的衣服和粮食开支，宪宗采纳了这一建议。李绛命令度支使卢坦编列所需费用，在四年之内，开垦田地四千八百顷，收获谷物四十多万斛，每年节省度支的开支二十多万缗钱，边防驻军依靠营田收入来维持开销。

宪宗曾经在延英殿对宰相们说：“卿等应该为朕珍惜官职，不要把它给亲戚朋友。”李吉甫和权德舆都表示不敢这样做。李绛说：“以前的宰相崔祐甫说过一句话：‘不是亲戚和朋友，就不熟悉他的才能。’对熟悉的人尚且不能给一个官职，对不熟悉的人，怎么敢给官职呢？只要追问这个人的才能和器识与他的官职是否相称而已。如果回避任用亲朋的嫌疑，使本朝没有人才济济的美称，这是得过且过，只求自己

是岁，吐蕃寇泾州，及西门之外，驱掠人畜而去。上患之，李绛上言："京西、京北皆有神策镇兵，始，置之欲以备御吐蕃，使与节度使犄角相应也。今则鲜衣美食，坐耗县官，每有寇至，节度使邀与俱进，则云申取中尉处分；比其得报，虏去远矣。纵有果锐之将，闻命奔赴，节度使无刑戮以制之，相视如平交，左右前却，莫肯用命，何所益乎！请据所在之地士马及衣粮、器械皆割隶当道节度使，使号令齐壹，如臂之使指，则军威大振，虏不敢入寇矣。"上曰："朕不知旧事如此，当亟行之。"既而神策军骄恣日久，不乐隶节度使，竟为宦者所沮而止。

（以上为第二段，写唐宪宗宠信宦官重于朝士，李绛之言，只要事及宦官，则不得施行。）

八年（癸巳，813 年）

春，正月，癸亥，以博州刺史田融为相州刺史。融，兴之兄也。融、兴幼孤；融长，养而教之。兴尝于军中角射，一军莫及。融退而挞之曰："尔不自晦，祸将及矣！"故兴能自全于猜暴之时。

勃海定王元瑜卒，弟言义权知国务。庚午，以言义为勃海王。

李吉甫、李绛数争论于上前，礼部尚书、同平章事权德舆居中无所可否；上鄙之。辛未，德舆罢守本官。

辛卯，赐魏博节度使田兴名弘正。

司空、同平章事于頔久留长安，郁郁不得志。有梁正言者，自言与枢密使梁守谦同宗，能为人属请，頔使其子太常丞敏重赂正言，求出镇。久之，正言诈渐露，敏索其赂不得，诱其奴，支解之，弃溷中。事觉，頔帅其子殿中少监季友等素服诣建福门请罪，门者不内；退，负南墙而立，遣人上表，阁门以无印引不受，日暮方归，明日，复至。丁酉，頔左

安稳的臣子做法，不符合大公无私的原则。假如用人不当，那么朝廷自有法典刑律，谁又敢逃脱惩罚呢？”宪宗说：“实在是应该按卿说的那样做。”

这一年，吐蕃侵犯泾州地区。敌人到了泾州城西门外边，驱赶、掳掠人口和牲畜回去了。宪宗很为此事担忧，李绛上奏说：“京城西边和北边都有神策军的镇守部队，最初，把他们安置在那里是为了防备和抵御吐蕃军队，让他们与各边镇节度使的军队形成犄角，互相策应。现在他们穿着华美的衣服，吃着鲜美的食物，坐在那里消耗朝廷的钱财。每当有敌人来的时候，边镇节度使要求他们一同出击抗敌，他们就说要报告给护军中尉，听候护军中尉的指示，等得到护军中尉的答复时，敌人早已远离了。即使是有果断的神策军将领，听到命令后立即出击，但节度使没有行使刑罚和处死的权力来约束他们，对待他们就像平级官员一样，节度使指挥他们前进或后退，他们不肯服从命令。让他们驻守在那里有什么用处呢？请陛下根据他们所在的地点，将人马和衣服粮食、武器装备分割出来，划给当地节度使管辖，使号令整齐，指挥自如，那么就能使军队的声威大为振作，敌人就不敢侵犯了。”宪宗说：“朕不知道原来情况是这样的，应该立即采取这一措施。”不久，因为神策军骄横惯了，不愿意隶属于节度使，这事最后因宦官们劝阻而作罢。

唐宪宗元和八年（癸巳，813 年）

春季，正月初九日癸亥，宪宗任命博州刺史田融为相州刺史。田融是田兴的哥哥。田融和田兴在年龄很小的时候就失去了父母。田融年龄大一些，抚育并教养了田兴。田兴曾在军中与将士们比赛射箭，全军将士没有人比得上田兴。田融退场后鞭打了田兴，对他说：“你不能自我隐藏才能，就会大祸临头！”所以田兴能够在猜疑、残暴的田季安统治时期自我保全下来。

渤海定王大元瑜去世，弟弟大言义暂代理渤海国内事务。正月十六日庚午，宪宗册封大言义为渤海王。

李吉甫和李绛多次在宪宗面前争论事情，礼部尚书、同平章事权德舆在中间不偏不倚，宪宗很瞧不起权德舆。正月十七日辛未，权德舆被罢免宰相职务，仍担任礼部尚书一职。

二月初七日辛卯，宪宗给魏博节度使田兴赐名为田弘正。

司空、同平章事于頔长期居留在京城长安，闷闷不乐，难以伸展平生志向。有一个叫梁正言的人，自称和枢密使梁守谦同一宗族，能够为别人办好所托的事情，于頔就让他的儿子太常丞于敏用很厚重的礼物贿赂梁正言，要求让自己出去做节度使。过了很长时间后，梁正言行骗的事情渐渐暴露出来，于敏追索不回所贿赂的东西，就以利诱惑梁正言的家奴，把梁正言杀了后肢解，丢到厕所里。事情暴露后，

授恩王傅，仍绝朝谒；敏流雷州，季友等皆贬官，僮奴死者数人；敏至秦岭而死。

事连僧鉴虚。鉴虚自贞元以来，以财交权幸，受方镇赂遗，厚自奉养，吏不敢诘。至是，权幸争为之言，上欲释之，中丞薛存诚不可。上遣中使诣台宣旨曰："朕欲面诘此僧，非释之也。"存诚对曰："陛下必欲面释此僧，请先杀臣，然后取之，不然，臣期不奉诏。"上嘉而从之。三月，丙辰，杖杀鉴虚，没其所有之财。

甲子，征前西川节度使、同平章事武元衡入知政事。

夏，六月，大水。上以为阴盈之象，辛丑，出宫人二百车。

（以上为第三段，写唐宪宗惩治请托，贬于頔，杖杀僧人鉴虚。）

秋，七月，振武节度使李光进请修受降城，兼理河防。时受降城为河所毁，李吉甫请徙其徒于天德故城，李绛及户部侍郎卢坦以为："受降城，张仁愿所筑，当碛口，据虏要冲，美水草，守边之利地。今避河患，退二三里可矣，奈何舍万代永安之策，徇一时省费之便乎！况天德故城僻处确瘠，去河绝远，烽候警急不相应接，虏忽唐突，势无由知，是无故而蹙国二百里也。"及城使周怀义奏利害，与绛、坦同。上卒用吉甫策，以受降城骑士隶天德军。

李绛言于上曰："边军徒有其数而无其实，虚费衣粮，将帅但缘私役使，聚货财以结权幸而已，未尝训练以备不虞，此不可不于无事之时豫留圣意也。"时受降城兵籍旧四百人，及天德军交兵，止有五十人，器械止有一弓，自余称是。故绛言及之。上惊曰："边兵乃如是其虚邪！卿曹

于頔带着儿子殿中少监于季友等人穿着素色衣服到建福门前去请宪宗治罪，守门的人不让他们进去。他们退下来后，背朝着南墙站着，派人上奏表给宪宗，阁门中值班的人因为表章上没有印信不接受。他们一行到天黑时才回家，第二天，又到这里来了。二月十三日丁酉，宪宗把于頔降职为恩王傅，禁止于頔奉朝请。把于敏流放到雷州，于季友等人都被贬职，奴仆为此事而死的有好几个人，于敏走到秦岭时就死了。

这件事牵连到僧人鉴虚。鉴虚自贞元年间以来，用钱财交结权贵宠臣，接受各地军镇的贿赂和赠馈，使自己生活得十分优裕，官吏们也不敢过问鉴虚的事。到这时，权贵宠臣纷纷争着为鉴虚说情，宪宗准备赦免鉴虚的罪行，御史中丞薛存诚认为不能这样做。宪宗派宫中使者前去御史台宣布意旨说："朕想当面责问这个僧人，不是要释放这僧人。"薛存诚回答说："陛下如果一定要当面释放这个僧人，那么就请先杀了臣下，然后再将他从御史台提走，否则，臣下肯定不会接受诏令。"宪宗对薛存诚很赞赏，就听从了他的意见。三月初三日丙辰，朝廷将鉴虚用军棍打死，没收了这僧人的所有财产。

三月十一日甲子，宪宗征召前任西川节度使、同平章事武元衡入朝处理朝廷事务。

夏季，六月，发生了洪水灾害。宪宗认为这是阴气太盛的缘故，六月初五日辛丑，放出了二百车宫女回家乡。

秋季，七月，振武节度使李光进请求朝廷修筑受降城，兼带治理黄河堤防。当时受降城被黄河冲毁，李吉甫请求将受降城的人迁移到天德军的旧城中去，李绛和户部侍郎卢坦认为："受降城是中宗皇帝时期张仁愿修建的，地处大沙漠的出口，占据着控制异族人的要害之地，这里水草肥美，是防守边疆很有利的地方。现在为了躲避黄河水患，退后二三里就行了，怎么能舍弃万代安定的长远大计，而只为一时节省开支的便利着想呢？何况天德军旧城地处偏远的贫寒之地，离黄河极远，烽火报警告急不能互相接应，胡虏突然前来侵犯，势必无法预先得知，这是无缘无故地缩减国土二百里啊。"后来受降城的城防使周怀义上奏朝廷，讲述修城与否的利弊得失，想法与李绛和卢坦相同。但宪宗最后却采用了李吉甫的建议，将受降城的骑兵划归天德军统辖。

李绛对宪宗说："边防军只有数字而实际上没有那么多人，白白浪费了衣服和粮食，将帅们只知道假公济私，储积钱财以交结权贵宠臣，未曾训练士兵，以防备不测，这种情况不能不请陛下事先注意。"当时受降城的士兵名册上本有四百人，等到与天德军移交兵员的时候，只有五十人，武器装备只有一张弓，其余的东西跟这差

当加按阅。”会绛罢相而止。

乙巳，废天威军，以其众隶神策军。

丁未，辰、溆贼帅张伯靖请降。辛亥，以伯靖为归州司马，委荆南军前驱使。

（以上为第四段，写唐宪宗惜小费，李吉甫顺适圣意排挤李绛，不纳李绛策，以至于受降城失修缩地二百里，边兵空缺，不加按阅。）

初，吐蕃欲作乌兰桥，先贮材于河侧，朔方常潜遣人投之于河，终不能成。虏知朔方、灵盐节度使王佖贪，先厚赂之，然后并力成桥，仍筑月城守之。自是朔方御寇不暇。

冬，十月，回鹘发兵度碛南，自柳谷西击吐蕃。壬寅，振武、天德军奏回鹘数千骑至鹈鹕泉，边军戒严。

振武节度使李进贤，不恤士卒；判官严澈，绶之子也，以刻核得幸于进贤。进贤使牙将杨遵宪将五百骑趣东受降城以备回鹘，所给资装多虚估；至鸣沙，遵宪屋处而士卒暴露；众发怒，夜，聚薪环其屋而焚之，卷甲而还。庚寅夜，焚门，攻进贤，进贤逾城走，军士屠其家，并杀严澈。进贤奔静边军。

群臣累表请立德妃郭氏为皇后。上以妃门宗强盛，恐正位之后，后宫莫得进，托以岁时禁忌，竟不许。

丁酉，振武监军骆朝宽奏乱兵已定，请给将士衣。上怒，以夏绥节度使张煦为振武节度使，将夏州兵二千赴镇，仍命河东节度使王锷以兵二千纳之，听以便宜从事。骆朝宽归罪于其将苏若方而杀之。

发郑滑、魏博卒凿黎阳古河十四里，以纾滑州水患。

上问宰相：“人言外间朋党大盛，何也？”李绛对曰：“自古人君所甚

不多。因此李绛就谈到了这一事情。宪宗吃惊地说："边防军队竟然这样虚弱吗？你们应该仔细加以追查。"适逢李绛被罢相，这事就无人过问了。

八月二十五日乙巳，宪宗撤销天威军，把天威军的人马划归神策军统辖。

八月二十七日丁未，辰州和溆州叛乱的首领张伯靖请求向朝廷投降。九月初二日辛亥，宪宗任命张伯靖为归州司马，交给荆南节度使差遣。

当初，吐蕃人想修建乌兰桥，先在黄河边上储存了木材，朔方军经常暗中派人去把木材丢进黄河流走，乌兰桥始终没有架成。吐蕃人知道朔方和灵盐节度使王佖贪婪，就先用很厚重的礼物贿赂他，然后集中力量把桥架好了，还在桥旁修筑一座月牙形的城墙防守。从此以后，朔方地区抵御吐蕃入侵的战事就接连不断了。

冬季，十月，回鹘调兵穿越沙漠南下，从柳谷渡向西攻击吐蕃。十月二十三日壬寅，振武军和天德军上奏朝廷说回鹘几千名骑兵到了鹏鹈泉，边防军队加强了警备。

振武军节度使李进贤不体恤士兵。判官严澈是严绶的儿子，因为对人刻薄严厉而得到李进贤的宠信。李进贤派遣牙将杨遵宪率领五百名骑兵赶赴东受降城去防备回鹘，所发给物资装备多半不是原物，而是用另外的东西折价给的。这支军队到了鸣沙县，杨遵宪一个人住在屋里，将士们都宿营在露天里。大家十分愤怒，晚上，弄了许多柴草堆集在杨遵宪住的房屋四周，放火烧死了杨遵宪，然后收起铠甲回到振武军。十月十一日庚寅晚上，他们烧毁了振武军城的城门，向李进贤发起攻击，李进贤翻城墙逃走，将士们杀了他的全家，并把严澈也杀了。李进贤逃奔到静边军那里。

朝廷群臣多次上表请求宪宗册立德妃郭氏为皇后。宪宗因为郭妃是郭子仪的孙女，这一家族势力强盛，担心册立她为皇后以后，就不能亲近其他嫔妃了，于是以岁时禁忌为借口，最后还是没有答应。

十月十八日丁酉，振武军的监军骆朝宽上奏朝廷说叛乱的士兵已经平定，请求发给将士们衣服。宪宗很生气，调任夏绥节度使张煦为振武节度使，张煦带领夏州的两千人马去就任，宪宗还命令河东节度使王锷带领二千人马去迎接，让张煦见机行事。骆朝宽将罪责都归在将领苏若方身上，就将他杀了。

宪宗调集郑滑、魏博的士兵开凿黎阳山附近的黄河故道十四里，以便缓解滑州的水灾。

宪宗问宰相们说："人们说朝廷内外拉结朋党的风气很盛，这是为什么？"李绛

恶者，莫若人臣为朋党，故小人谮君子必曰朋党。何则？朋党言之则可恶，寻之则无迹故也。东汉之末，凡天下贤人君子，宦官皆谓之党人而禁锢之，遂以亡国。此皆群小欲害善人之言，愿陛下深察之！夫君子固与君子合，岂可必使之与小人合，然后谓之非党邪！”

（以上为第五段，写边将贪暴，或受赂吐蕃，或不恤士卒以致兵变，而朝廷惩治不力，宪宗却忌刻朋党。）

九年（甲午，814年）

春，正月，甲戌，王锷遣兵五千会张煦于善羊栅。乙亥，煦入单于都护府，诛乱者苏国珍等二百五十三人。二月，丁丑，贬李进贤为通州刺史。甲午，骆朝宽坐纵乱者，杖之八十，夺色，配役定陵。

李绛屡以足疾辞位；癸卯，罢为礼部尚书。

初，上欲相绛，先出吐突承璀为淮南监军，至是，上召还承璀，先罢绛相。甲辰，承璀至京师，复以为弓箭库使、左神策中尉。

李吉甫奏：“国家旧置六胡州于灵、盐之境，开元中废之，更置宥州以领降户；天宝中，宥州寄理于经略军，宝应以来，因循遂废。今请复之，以备回鹘，抚党项。”上从之。夏，五月，庚申，复置宥州，理经略军，取鄜城神策屯兵九千以实之。

先是，回鹘屡请昏，朝廷以公主出降，其费甚广，故未之许。礼部尚书李绛上言，以为：“回鹘凶强，不可无备，淮西穷蹙，事要经营。今江、淮大县，岁所入赋有二十万缗者，足以备降主之费，陛下何爱一县之赋，不以羁縻劲虏！回鹘若得许昏，必喜而无猜，然后可以修城堑，蓄甲兵，边备既完，得专意淮西，功必万全。今既未降公主而虚弱西城；碛路无备，更修天德以疑虏心。万一北边有警，则淮西遗丑复延岁月之命矣！傥虏骑南牧，国家非步兵三万，骑五千，则不足以抗御！借使一岁而胜之，其费岂特降主之比哉！”上不听。

回答说："自古以来君主最痛恨的事情，就是臣子们结成朋党，所以小人要诬陷君子就一定要说他们结成朋党。这是为什么呢？这是因为拉结朋党这一事情是可恶的，但仔细追查却没有什么痕迹。东汉末年，凡是天下的贤人和君子，宦官们都称他们是朋党中的人而永不任用他们，于是终于使东汉王朝灭亡了。这都是小人们想陷害好人的话，希望陛下深入地考察一下！一般说来，君子总是与君子在一起，难道能够一定让他们与小人们合群，然后才说他们不是朋党中的人吗？"

唐宪宗元和九年（甲午，814年）

春季，正月二十六日甲戌，王锷派遣五千兵马在善羊栅与张煦会合。正月二十七日乙亥，张煦进入单于都护府城内，杀了叛乱的苏国珍等二百五十三人。二月丁丑日，宪宗把李进贤贬为通州刺史。二月十六日甲午，骆朝宽因为纵容叛乱将士而获罪，被打了八十军棍，削夺了官品和官服，发配到定陵服劳役。

李绛多次因脚病向宪宗请求辞职。二月二十五日癸卯，李绛被罢免宰相职务，改任礼部尚书。

当初，宪宗准备提拔李绛为宰相，就先把吐突承璀外放去担任淮南的监军，到这时，宪宗要召回吐突承璀，就先罢免了李绛的宰相职务。二月二十六日甲辰，吐突承璀回到京城长安，宪宗又让他担任弓箭库使和左神策军护军中尉。

李吉甫上奏说："朝廷以前在灵州和盐州境内设置六个胡州，开元年间废除了，另外设置宥州统领归降的胡人。天宝年间，宥州附属于经略军治理。宝应年间以来，遵循旧制又废除了宥州。现在请陛下恢复宥州，以防备回鹘，安抚党项。"宪宗采纳了李吉甫的建议。夏季，五月十四日庚申，朝廷恢复宥州，治所在经略军，将驻防鄜城的神策军九千人调来充实宥州的力量。

在此之前，回鹘可汗多次向朝廷请求娶公主为妻。朝廷认为公主出嫁远地，要花费很多钱，所以就没有答应。礼部尚书李绛上奏宪宗，认为："回鹘凶猛强悍，不能没有防备。淮西地区穷迫困窘，要经营收复大计。现在江淮一带的大县，每年向朝廷交纳的赋税都有二十万缗钱，足够备办公主下嫁的费用，陛下为什么珍惜一个县的赋税收入，而不用它来牵制、维系强悍的胡人？回鹘如果得到迎娶公主的许可，一定会很高兴，而不猜疑朝廷。然后朝廷可以修筑城墙沟堑，储存铠甲武器，等边疆防备巩固以后，就能够专心致志地对付淮西地区，这样一定会获得万无一失的成功。现在既不下嫁公主而使受降城防卫空虚，又不防备沙漠的南路，还在天德军修建东受降城，让回鹘心中疑虑。万一北部边疆有异族入侵，那么淮西的残余叛逆就又可以苟延残喘了！假如回鹘的战马南侵，朝廷若没有三万步兵、五千骑兵，就无法阻挡抵御。假如在一年之内打败了回鹘人，那所花的费用岂是下嫁公主所花的钱

乙丑，桂王纶薨。

六月，壬寅，以河中节度使张弘靖为刑部尚书、同平章事。弘靖，延赏之子也。

翰林学士独孤郁，权德舆之婿也。上叹郁之才美曰：“德舆得婿郁，我反不及邪！”先是尚主皆取贵戚及勋臣之家，上始命宰相选公卿、大夫子弟文雅可居清贯者；诸家多不愿，惟杜佑孙司议郎悰不辞。秋，七月，戊辰，以悰为殿中少监、驸马都尉，尚岐阳公主。公主，上长女，郭妃所生也。八月，癸巳，成昏。公主有贤行，杜氏大族，尊行不翅数十人，公主卑委怡顺，一同家人礼度，二十年间，人未尝以丝发间指为贵骄。始至，则与悰谋曰：“上所赐奴婢，卒不肯穷屈，奏请纳之，悉自市寒贱可制指者。”自是闺门落然不闻人声。

（以上为第六段，写唐宪宗召吐突承璀入朝复任中尉，李绛罢相。宪宗长女岐阳公主贤淑。）

闰月，丙辰，彰义节度使吴少阳薨。少阳在蔡州，阴聚亡命，牧养马骡，时抄掠寿州茶山以实其军。其子摄蔡州刺史元济，匿丧，以病闻，自领军务。

上自平蜀，即欲取淮西。淮南节度使李吉甫上言：“少阳军中上下携离，请徙理寿州以经营之。”会朝廷方讨王承宗，未暇也。及吉甫入相，田弘正以魏博归附。吉甫以为汝州扞蔽东都，河阳宿兵，本以制魏博，今弘正归顺，则河阳为内镇，不应屯重兵以示猜阻。辛酉，以河阳节度使乌重胤为汝州刺史，充河阳、怀、汝节度使，徙理汝州。己巳，弘正检校右仆射，赐其军钱二十万缗，弘正曰：“吾未若移河阳军之为喜也。”

九月，庚辰，以洺州刺史李光颜为陈州刺史，充忠武都知兵马使；以泗州刺史令狐通为寿州防御使。通，彰之子也。丙戌，以山南东道节

能比的吗？”宪宗对这个建议不予理睬。

五月十九日乙丑，桂王李纶去世。

六月二十七日壬寅，宪宗任命河中节度使张弘靖为刑部尚书、同平章事。张弘靖是张延赏的儿子。

翰林学士独孤郁是权德舆的女婿。宪宗称赞独孤郁才华横溢说：“权德舆能够以独孤郁为女婿，朕反而比不上权德舆吗？”在此之前，聘娶公主的人都是权贵、皇室的亲戚以及功勋卓著的家族的子弟，宪宗这才命令宰相选择王公卿相、大臣的子弟们中温文尔雅、可以担当清闲职位的人。但很多家庭都不愿意高攀公主，只有司议郎杜佑的孙子杜悰不推辞。秋季，七月十八日戊辰，宪宗任命杜悰为殿中少监、驸马都尉，娶岐阳公主。岐阳公主是宪宗的长女，是郭妃生的。八月十三日癸巳，杜悰与岐阳公主完成婚礼。岐阳公主有贤淑的品行，杜氏家族是一个大家族，是公主长辈的有几十人，岐阳公主对他们都很谦卑和蔼，对待他们和对待自己家人的礼数一样。在二十年内，杜家人没有丝毫的借口指责公主娇贵傲慢。岐阳公主刚到杜家时，就与杜悰商量说：“陛下赐给我们的奴仆，他们终究不肯屈从的，上奏请陛下将他们收回去，我们所有的奴仆都从市场上买那些出身寒微贫贱可以使唤的人。”从此以后，闺门之内十分清静，闲言碎语的声音再也听不到了。

闰八月十二日丙辰，彰义节度使吴少阳去世。吴少阳在蔡州，暗中召集各地的亡命之徒，放养马骡，经常抢劫寿州茶山的钱财来充实军需。吴少阳的儿子、蔡州代理刺史吴元济封锁吴少阳的死讯，向朝廷上奏说吴少阳病了，自己掌管了军中事务。

宪宗自从平定西蜀的刘辟以后，就想攻占淮西。当时的淮南节度使李吉甫上奏宪宗说：“吴少阳军中上下之间人心离散，请允许我将治所移到寿州去筹划这件事。”但正值朝廷出兵讨伐王承宗，没有力量考虑这事。后来李吉甫入朝担任宰相，田弘正带着魏博镇归顺朝廷。李吉甫认为汝州护卫着东都洛阳，驻扎在河阳军的军队，本来是用来控制魏博镇的，现在田弘正归顺了朝廷，那么河阳就成了内地军镇，不应该再在这里屯驻重兵，来表示对魏博的猜疑。闰八月十七日辛酉，宪宗任命河阳节度使乌重胤为汝州刺史，让他充任河阳、怀州、汝州地区的节度使，将治所迁移到汝州。闰八月二十五日己巳，宪宗任命田弘正为检校右仆射，赏赐给魏博军钱二十万缗，田弘正说：“这些给我带来的喜悦，都比不上朝廷将河阳的军队移到汝州啊。”

九月初七日庚辰，宪宗任命洺州刺史李光颜为陈州刺史，充任忠武军都兵马使。任命泗州刺史令狐通为寿州防御使。令狐通是令狐彰的儿子。九月十三日丙戌，宪

度使袁滋为荆南节度使，以荆南节度使严绶为山南东道节度使。

吴少阳判官苏兆、杨元卿、大将侯惟清皆劝少阳入朝；元济恶之，杀兆，囚惟清。元卿先奏事在长安，具以淮西虚实及取元济之策告李吉甫，请讨之。时元济犹匿丧，元卿劝吉甫，凡蔡使入奏者，所在止之。少阳死近四十日，不为辍朝，但易环蔡诸镇将帅，益兵为备。元济杀元卿妻及四男以圬射堋。淮西宿将董重质，吴少诚之婿也，元济以为谋主。

戊戌，加河东节度使王锷同平章事。

李吉甫言于上曰："淮西非如河北，四无党援，国家常宿数十万兵以备之，劳费不可支也。失今不取，后难图矣。"上将讨之，张弘靖请先为少阳辍朝、赠官，遣使吊赠，待其有不顺之迹，然后加兵，上从之，遣工部员外郎李君何吊祭。元济不迎敕使，发兵四出，屠舞阳，焚叶，掠鲁山、襄城，关东震骇。君何不得入而还。

冬，十月，丙午，中书侍郎、同平章事赵公李吉甫薨。

壬戌，以忠武节度副使李光颜为节度使。甲子，以严绶为申、光、蔡招抚使，督诸道兵招讨吴元济；乙丑，命内常侍知省事崔潭峻监其军。戊辰，以尚书左丞吕元膺为东都留守。

党项寇振武。

十二月，戊辰，以尚书右丞韦贯之同平章事。

（以上为第七段，写淮西节度使吴少阳死，其子吴元济不发丧，自领军务，唐宪宗与宰臣决策征讨。）

十年（乙未，815年）

春，正月，乙酉，加韩弘守司徒。弘镇宣武，十余年不入朝，颇以兵力自负，朝廷亦不以忠纯待之。王锷加平章事，弘耻班在其下，与武元衡书，颇露不平之意。朝廷方倚其形势以制吴元济，故迁官使居锷上以宠慰之。

宗将山南东道节度使袁滋调任荆南节度使，调荆南节度使严绶为山南东道节度使。

吴少阳的判官苏兆、杨元卿和大将侯惟清都劝说吴少阳进京入朝，吴元济讨厌他们，杀了苏兆，囚禁了侯惟清。杨元卿因为入朝奏事已到长安，就把淮西的各种情况和攻取吴元济的策略告诉了李吉甫，请求派兵讨伐。当时吴元济还隐瞒着父亲死亡的消息，杨元卿劝李吉甫，凡是蔡州派来的使者，他们走到哪里就将他们阻留在哪里。吴少阳死了将近四十天，宪宗没有为吴少阳而停止上朝，只是将蔡州四周各军镇的将帅们调换了，增加兵力，加强防备。吴元济杀了杨元卿的妻子和四个儿子，将他们的血涂在箭靶上。淮西的旧将董重质是吴少诚的女婿，吴元济便让董重质作为主要策划人。

九月二十五日戊戌，宪宗加授河东节度使王锷为同平章事。

李吉甫对宪宗说："淮西的情况不同于河北地区，它的四周没有同伙可以支援，朝廷经常在这里驻扎几十万军队防备它，将士的辛劳和朝廷的开支都难以支撑下去，如果失掉现在的机会不去攻打它，那以后就很难下手了。"宪宗准备派兵去讨伐，张弘靖请求先为吴少阳的死停止上朝，给吴少阳追赠官爵，派遣使者去吊祭和赠送治丧的钱财，等吴元济有不恭顺朝廷的迹象，然后才使用武力，宪宗采纳了张弘靖的建议，派遣工部员外郎李君何去吊丧。吴元济不迎接朝廷的使者，调兵四面出击，血洗舞阳，焚烧叶城，抢劫了鲁山和襄城，关东地区受到了极大的震动。李君何不能进蔡州，只好回朝了。

冬季，十月初三日丙午，中书侍郎、同平章事赵公李吉甫去世。

十月十九日壬戌，宪宗任命忠武节度副使李光颜为节度使。十月二十一日甲子，宪宗任命严绶为申州、光州和蔡州招抚使，督促各道军队招抚讨伐吴元济。十月二十二日乙丑，宪宗命令负责内侍省事务的内常侍崔潭峻担任严绶的监军。十月二十五日戊辰，宪宗任命尚书左丞吕元膺为东都留守。

党项人侵犯振武军的防地。

十二月二十五日戊辰，宪宗任命尚书右丞韦贯之为同平章事。

唐宪宗元和十年（乙未，815年）

春季，正月十三日乙酉，宪宗加授韩弘司徒职位。韩弘镇守宣武军，十几年一直不进京入朝，因为自己兵力强大，很自负，朝廷也不把韩弘当作竭诚尽忠的臣子看待。朝廷加授王锷同平章事之后，韩弘以自己位在王锷之下为耻辱，写了一封信给宰相武元衡，露出了一些愤愤不平的意向。朝廷正想利用韩弘统辖地区的有利形

吴元济纵兵侵掠，及于东畿。己亥，制削元济官爵，命宣武等十六道进军讨之。严绶击淮西兵，小胜，不设备，淮西兵夜还袭之；二月，甲辰，绶败于磁丘，却五十余里，驰入唐州而守之。寿州团练使令狐通为淮西兵所败，走保州城，境上诸栅尽为淮西所屠。癸丑，以左金吾大将军李文通代之，贬通昭州司户。

诏鄂岳观察使柳公绰以兵五千授安州刺史李听，使讨吴元济，公绰曰："朝廷以吾书生不知兵邪！"即奏请自行，许之。公绰至安州，李听属櫜鞬迎之。公绰以鄂岳都知兵马使、先锋行营兵马都虞候二牒授之，选卒六千以属听，戒其部校曰："行营之事，一决都将。"听感恩畏威，如出麾下。公绰号令整肃，区处军事，诸将无不服。士卒在行营者，其家疾病死丧，厚给之，妻淫泆者，沉之于江，士卒皆喜曰："中丞为我治家，我何得不前死！"故每战皆捷。公绰所乘马，踶杀圉人，公绰命杀马以祭之，或曰："圉人自不备耳，此良马，可惜！"公绰曰："材良性驽，何足惜也！"竟杀之。

（以上为第八段，写唐宪宗大发兵十六道讨淮西。鄂岳观察使柳公绰公忠体国顾大局，虽为文士，而带兵有方，士兵乐为死战。）

河东将刘辅杀丰州刺史燕重旰，王锷诛之，及其党。

王叔文之党坐谪官者，凡十年不量移，执政有怜其才欲渐进之者，悉召至京师；谏官争言其不可，上与武元衡亦恶之，三月，乙酉，皆以为远州刺史，官虽进而地益远。永州司马柳宗元为柳州刺史，朗州司马刘禹锡为播州刺史。宗元曰："播非人所居，而梦得亲在堂，万无母子俱往理。"欲请于朝，愿以柳易播。会中丞裴度亦为禹锡言曰："禹锡诚有罪，然母老，与其子为死别，良可伤！"上曰："为人子尤当自谨，勿贻亲忧，此则禹锡重可责也。"度曰："陛下方侍太后，恐禹锡在所宜矜。"上良久，乃曰："朕所言，以责为人子者耳；然不欲伤其亲心。"退，谓左右曰："裴度爱我终切。"明日，禹锡改连州刺史。

势来制服吴元济，所以给韩弘加授的官职在王锷之上，以表示对韩弘的宠信和安慰。

吴元济放纵兵马出去侵扰抢劫，到了东都洛阳的近郊地区。正月二十七日己亥，宪宗下制书削夺吴元济的官职爵位，命令宣武等十六道进军讨伐吴元济。严绶进攻淮西的军队，获得一场小胜利，由于不设防备，结果被淮西军队在夜晚返回袭击。二月初二日甲辰，严绶在磁丘战败，后退五十多里，进入唐州防守。寿州团练使令狐通被淮西的军队打败，退保寿州城，寿州边境上的各个营栅都被淮西兵血洗。二月十一日癸丑，宪宗任命左金吾大将军李文通代替令狐通，将令狐通贬为昭州司马。

宪宗下诏命令鄂岳观察使柳公绰将五千将士交给安州刺史李听统领，让他去讨伐吴元济，柳公绰说："朝廷认为我是一个书生，不懂得用兵的方法吗？"于是立即就向朝廷上奏，请求自己带兵去讨伐吴元济，朝廷同意了。柳公绰到了安州，李听让军中将领们前去迎接他。柳公绰将鄂岳都知兵马使和先锋行营兵马都虞候的两项委任书给了李听，从军中挑选六千名士兵交给李听统辖，柳公绰还告诫自己的部下说："行军打仗的事情，一切由都将决定。"李听感激柳公绰的恩德，敬畏柳公绰的威严，就像柳公绰的部下一样。柳公绰的军令整齐严肃，处理军中各种事务，将领们没有不服从的。出征打仗的士兵，如果家中有生病和死亡的事情，柳公绰就给他们丰厚供给；如果军人妻子有与别人淫乱的，就把她沉在江中，士兵们都高兴地说："柳中丞为我们治理家务，我们还有什么理由不为他拼命打仗呢？"因此每打一仗都取得了胜利。柳公绰平时骑的一匹马，踢死了养马的人，柳公绰下令杀了马来祭祀那个养马的人，有人说："养马的自己不提防才被踢死的，这是匹好马，杀了可惜！"柳公绰说："这匹马善于奔跑，但性子顽劣，杀了它哪里值得可惜呢？"最后还是将马杀了。

河东军的将领刘辅杀了丰州刺史燕重旰，王锷杀了刘辅及其同伙。

王叔文的同党因罪被贬官流放的，一共有十年没有按赦免诏令酌情内移，朝中执掌大政的人怜惜他们的才能，打算逐渐起用他们，就将他们全都召到京城长安。谏官们纷纷上奏说这样做不合适，宪宗和武元衡也讨厌这些人。三月十四日己酉，将他们全任命为边远州的刺史，他们虽然升了官，但是去的地方却更加偏远。永州司马柳宗元担任柳州刺史，朗州司马刘禹锡担任播州刺史。柳宗元说："播州不是人能住的地方，刘梦得的母亲还健在，万万没有母亲和儿子一起去的道理。"打算向朝廷请求，愿意将柳州刺史一职换为播州刺史。正好御史中丞裴度也为刘禹锡向宪宗求情说："刘禹锡实在是有罪的，但刘禹锡的母亲老了，要她同儿子作生死离别，实在是太伤心了！"宪宗说："作为儿子的，尤其应该自我谨慎，不要给双亲带来忧虑，要说起来，刘禹锡是应该重加责罚的。"裴度说："陛下正侍奉太后，恐怕应对

宗元善为文，尝作《梓人传》，以为："梓人不执斧斤刀锯之技，专以寻引、规矩、绳墨度群木之材，视栋宇之制，相高深、圆方、短长之宜，指麾众工，各趋其事，不胜任者退之。大夏既成，则独名其功，受禄三倍。亦犹相天下者，立纲纪、整法度，择天下之士使称其职，居天下之人使安其业，能者进之，不能者退之，万国既理，而谈者独称伊、傅、周、召，其百执事之勤劳不得纪焉。或者不知体要，衒能矜名，亲小劳，侵众官，听听于府庭，而遗其大者远者，是不知相道者也。"

又作《种树郭橐驼传》曰："橐驼之所种，无不生且茂者。或问之，对曰：'橐驼非能使木寿且孳也。凡木之性，其根欲舒，其土欲故，既植之，勿动勿虑，去不复顾。其莳也若子，其置也若弃，则其天全而性得矣。他植者则不然，根拳而土易，爱之太恩，忧之太勤，旦视而暮抚，已去而复顾，甚者爪其肤以验其生枯，摇其本以观其疏密，而木之性日以离矣。虽曰爱之，其实害之；虽曰忧之，其实仇之。故不我若也！为政亦然。吾居乡见长人者，好烦其令，若甚怜焉而卒以祸之。旦暮吏来，聚民而令之，促其耕获，督其蚕织，吾小人辍饔飧以劳吏之不暇，又何以蕃吾生而安吾性邪！凡病且怠，职此故也。'"此其文之有理者也。

（以上为第九段，摘引柳宗元论时政的讽喻散文，认为执政者要用人唯才，垂拱无为，如梓人之使能，如种树人之植树一样，任人办事而拱手无为，没有不能治理的。）

庚子，李光颜奏破淮西兵于临颍。

田弘正遣其子布将兵三千助严绶讨吴元济。

刘禹锡有所怜悯吧。”宪宗深思了很久，才说：“朕刚才说的话，那只是责备做儿子的人而已，但并不是想要让刘禹锡的母亲伤心。”退朝以后，宪宗对身边的侍从说：“裴度对朕爱护得很深切啊。”第二天，宪宗将刘禹锡改任为连州刺史。

柳宗元很会写文章，曾写了一篇《梓人传》，在文中谈道：“负责作房屋的工匠头目，不使用斧头、刀锯的技巧，专门用长尺、圆规角尺以及墨斗来估量各种木料的用途，他考察房屋的格局，观测高度、方圆、长短是否合适，指挥各位工匠，各负责自己的事情，不能够胜任职责的人就辞退他们。房屋建成之后，功劳只是他一个人的，他所得的酬金是工匠们的三倍。朝廷的宰相也同他的情况一样，建立政纲法纪，整肃法令制度，选择天下的人才，让他们与担负的职位相称，让天下的百姓都安居下来，各自安心从事自己的职业，有才能的人就提拔起来，没有才能的人就斥退出去。天下得到治理后，谈论这一事情的人只称赞伊尹、傅说、周公、召公等宰相，其他的朝廷文武百官的辛勤和劳苦都不能够记载下来。有的宰相不知道为政大体，只是一味地炫耀自己的才能，夸张自己的名声，亲自做些琐碎的小事，侵犯百官职责内的事情，在官署中争论不休，而没有抓住朝廷政务中重要和长远的事情，这是因为他们不知道做宰相的原则啊。”

柳宗元又写了一篇《种树郭橐驼传》说：“郭橐驼所种的树，没有不能活下来而且长势茂盛的。有人问他其中的道理，郭橐驼回答说：‘并不是我郭橐驼能够使树木长寿而且滋长繁茂。一般来说，树木的特性是，它的根要舒展，它周围的泥土要随移植而来。把树栽下以后，就不要动它，不要为它担心，离开这里不再来看它。栽种树木的时候要像子女一样爱护，栽进泥土之后就像丢弃的东西一样，那么，树木的特性就能保存下来而生长自得。其他栽树的人就不一样，将树根盘拳起来而换了树苗原来的泥土，爱护它太过于深切了，为它担忧得太殷勤了，早上去看，晚上去摸，已经离开了又回来看。甚至抓破树皮，来检查树是活的，还是枯死了，摇晃着树干来观察两树之间的疏离距离，而使树木一天天脱离了自然本性。虽然说是爱护它，实际上是害了它；虽然说是为它担心，实际上却是在仇恨它。所以他们都不如我了！处理政事也是这样。我住在乡下，看到当官的人，喜欢不断地发号施令，像是很爱惜老百姓，最后却是祸害老百姓。早晚都有官吏来，召集老百姓发号施令，催促他们去耕种和收获，督促他们养蚕织布，使这些平民百姓忙得放下饭碗，去慰劳官吏还来不及，这又哪里是让他们休养生息，增殖生计，安宁地生活呢！要说老百姓困窘懈怠，都是这个原因造成的。’”这是柳宗元具有深刻道理的文章。

三月二十九日庚子，李光颜又向朝廷奏报说在临颍打败了淮西军队。

田弘正派儿子田布率三千名士兵协助严绶进攻吴元济。

甲辰，李光颜又奏破淮西兵于南顿。

吴元济遣使求救于恒、郓；王承宗、李师道数上表请赦元济，上不从。是时发诸道兵讨元济而不及淄青，师道使大将将二千人趣寿春，声言助官军讨元济，实欲为元济之援也。

师道素养刺客奸人数十人，厚资给之，其人说师道曰："用兵所急，莫先粮储。今河阴院积江、淮租赋，请潜往焚之。募东都恶少年数百，劫都市，焚宫阙，则朝廷未暇讨蔡，先自救腹心。此亦救蔡一奇也。"师道从之。自是所在盗贼窃发。辛亥暮，盗数十人攻河阴转运院，杀伤十余人，烧钱帛三十余万缗匹，谷三万余斛，于是人情恇惧。群臣多请罢兵，上不许。

诸军讨淮西久未有功，五月，上遣中丞裴度诣行营宣慰，察用兵形势。度还，言淮西必可取之状，且曰："观诸将，惟李光颜勇而知义，必能立功。"上悦。

考功郎中、知制诰韩愈上言，以为："淮西三小州，残弊困剧之余，而当天下之全力，其破败可立而待。然所未可知者，在陛下断与不断耳。"因条陈用兵利害，以为："今诸道发兵各二三千人，势力单弱，羁旅异乡，与贼不相谙委，望风慑惧。将帅以其客兵，待之既薄，使之又苦；或分割队伍，兵将相失，心孤意怯，难以有功。又其本军各须资遣，道路辽远，劳费倍多。闻陈、许、安、唐、汝、寿等州与贼连接处，村落百姓悉有兵器，习于战斗，识贼深浅，比来未有处分，犹愿自备衣粮，保护乡里。若令召募，立可成军。贼平之后，易使归农。乞悉罢诸道军，募土人以代之。"又言："蔡州士卒皆国家百姓，若势力穷不能为恶者，不须过有杀戮。"

（以上为第十段，写淄青节度使李师道暗助淮西吴元济，烧官军给养，扰乱东都。韩愈上奏平淮西之策。）

丙申，李光颜奏败淮西兵于时曲。淮西兵晨压其垒而陈，光颜不得

四月初三日甲辰，李光颜又向朝廷奏报说在南顿县打败了淮西军队。

吴元济派遣使者向王承宗和李师道求救，王承宗、李师道多次上奏请求赦免吴元济，宪宗不答应。当时朝廷调派各道军队讨伐吴元济，但没有命令淄青镇参与，李师道就派大将率两千人马赶到寿春，名义上是帮助朝廷讨伐吴元济，实际上是想援助吴元济。

李师道一直豢养着几十个刺客和奸邪之徒，给他们的待遇十分优厚，他们劝李师道说："派兵打仗最急需的东西，没有先于粮食储备的了。现在河阴转运院聚积着江淮一带的赋税，请让我们去暗中烧毁了它。再在东都洛阳招募几百名不良少年，让他们抢劫都市，焚烧宫殿，那么朝廷就没有时间来攻打蔡州，而会先去援救自己的核心后方。这也是一条援救蔡州的奇策。"李师道采纳了他们的建议。从此以后，各地都有盗贼暗中活动。四月初十日辛亥的傍晚，几十名盗贼进攻河阴转运院，杀死杀伤护院的十几人，烧毁了钱币、布帛三十多万缗、匹和谷物三万多斛，这样一来，人们就感到惶恐不安了。很多朝廷大臣都请求停止军事行动，宪宗不肯答应。

各路军队攻打淮西，很长时间都没有获得成功。五月，宪宗派遣御史中丞裴度到行营去慰问将士，察看打仗的形势。裴度回来，谈了淮西一定能攻下的情况，而且还说："观察各位将领，只有李光颜勇敢善战，懂得为朝廷效忠，一定能立下功勋。"宪宗听后很高兴。

担任考功郎中和知制诰的韩愈上奏朝廷，认为："淮西地区仅有三个小州，在残破困顿、难以支撑的形势下，面对着全国军力的攻打，其失败是可以预料的。但是现在所不清楚的，是陛下有没有真正做出决断。"于是逐条陈说用兵的利害，认为："现在各道调派二三千人出征，势单力弱，将士们因为客居异地他乡，不了解敌人的情况，一遇见敌人就感到害怕。将帅们因为他们是外地来的军队，给他们的待遇菲薄，但又极力役使他们。甚至将他们原来的队伍拆散，使原来的士兵和将领们相互分离，以致将士们深感孤单，心怀胆怯，很难立下战功。另外，各道又各自为派出的军队运送给养，道路遥远，辛劳和花费成倍增多。听说陈、许、安、唐、汝、寿等州与敌人相邻接壤，各个村落的老百姓家家有武器，已经习惯与敌人打仗，非常熟悉敌人的详情，近来虽然没有招募他们，但他们还是愿意自己准备衣服和粮食，保卫家乡的平安。如果下令招募他们，就可以立即组成军队。敌人被平定以后，也容易让他们回乡务农。请撤回各道的军队，招募当地的老百姓来代替。"又说："蔡州地区的士兵都是朝廷的百姓，如果吴元济山穷水尽不能够再作恶下去时，不必过多地杀害他们。"

五月二十六日丙申，李光颜上奏朝廷说在时曲打败了淮西军队。淮西兵一早上

出，乃自毁其栅之左右，出骑以击之。光颜自将数骑冲其陈，出入数四，贼皆识之，矢集其身如猬毛；其子揽辔止之，光颜举刃叱去。于是人争致死，淮西兵大溃，杀数千人。上以裴度为知人。

上自李吉甫薨，悉以用兵事委武元衡。李师道所养客说李师道曰：“天子所以锐意诛蔡者，元衡赞之也，请密往刺之。元衡死，则他相不敢主其谋，争劝天子罢兵矣。”师道以为然，即资给遣之。

王承宗遣牙将尹少卿奏事，为吴元济游说。少卿至中书，辞指不逊，元衡叱出之；承宗又上书诋毁元衡。

六月，癸卯，天未明，元衡入朝，出所居靖安坊东门；有贼自暗中突出射之，从者皆散走，贼执元衡马行十余步而杀之，取其颅骨而去。又入通化坊击裴度，伤其首，坠沟中，度毡帽厚，得不死；傔人王义自后抱贼大呼，贼断义臂而去。京城大骇，于是诏宰相出入，加金吾骑士张弦露刃以卫之，所过坊门呵索甚严。朝士未晓不敢出门。上或御殿久之，班犹未齐。

贼遗纸于金吾及府、县，曰：“毋急捕我，我先杀汝。”故捕贼者不敢甚急。兵部侍郎许孟容见上言：“自古未有宰相横尸路隅而盗不获者，此朝廷之辱也！”因涕泣。又诣中书挥涕言：“请奏起裴中丞为相，大索贼党，穷其奸源。”戊申，诏中外所在搜捕，获贼者赏钱万缗，官五品；敢庇匿者，举族诛之。于是京城大索，公卿家有复壁、重橑者皆索之。

成德军进奏院有恒州卒张晏等数人，行止无状，众多疑之。庚戌，神策将军王士则等告王承宗遣晏等杀元衡。吏捕得晏等八人，命京兆尹裴武、监察御史陈中师鞫之。癸亥，诏以王承宗前后三表出示百僚，议其罪。

就紧逼着李光颜的营垒摆开阵势，李光颜的军队不能出营作战，李光颜于是将营垒左右边的栅栏毁掉，派骑兵出去攻打。李光颜亲自率领几名骑兵冲锋陷阵，多次出入敌人军中，敌人都认识李光颜，射箭都射到李光颜身上，使他像刺猬一样，儿子拉着李光颜的战马劝止，李光颜对儿子举着刀，把儿子喝骂走了。于是，将士们争相拼死杀敌，淮西军队大规模溃散，被杀了几千人。宪宗觉得裴度善于识别人才。

自从李吉甫去世以后，宪宗就把调兵征讨的事全交给武元衡处理。李师道豢养的刺客劝李师道说："天子之所以要坚决讨伐蔡州，都是由于武元衡的赞同，请允许我们秘密地去刺杀他。武元衡死了，那么其他宰相就不敢主持讨伐蔡州的行动，会纷纷劝说皇上停止用兵了。"李师道觉得有道理，就给了很多钱打发他们去行刺。

王承宗派遣牙将尹少卿入朝奏报事情，为吴元济说情。尹少卿到了中书省，说的话很不谦逊，武元衡当场将尹少卿呵斥出去。此后，王承宗又向宪宗上书攻击毁谤武元衡。

六月初三日癸卯，天还没有亮，武元衡去上朝，出了所居住的靖安坊的东门，有贼寇从暗地里突然跑出来向武元衡射箭，随从人员都纷纷逃散，贼寇牵着武元衡的马走了十几步，就把武元衡杀了，砍下武元衡的头颅后离开了。贼寇又闯进通化坊去袭击裴度，伤了裴度的头，裴度掉到沟里，因为头上的毡帽很厚，裴度才得以幸免一死。裴度的侍从王义从背后抱住一个贼寇大喊大叫，贼寇砍断了王义的手臂后就跑了。京城为此大为震惊，于是宪宗下诏令宰相出住宅和入朝堂，都加派金吾骑兵全副武装保卫，他们所经过的街坊大门，都严格搜索。要上朝的大臣天不亮不敢出家门。宪宗有时候上殿很久了，上朝的人还没有到齐。

贼寇在金吾卫和京兆府与各县留下纸条威胁说："你们不要急着搜捕我们，否则，我们就先拿你们开刀。"因此，各个搜捕贼寇的人不敢太急。兵部侍郎许孟容去见宪宗说："自古以来，没有宰相横尸大街，而没有抓获刺杀者的事情，这是朝廷的奇耻大辱啊！"说着就泪流满面。许孟容又到中书省抹着眼泪说："请上奏任用裴中丞为宰相，大规模搜捕贼寇的同党，查清他们谋杀的根源。"六月初九日戊申，宪宗下诏京城内外各地搜捕贼寇，只要抓获行刺的贼寇，就赏钱一万缗，给五品官职。胆敢包庇窝藏的，就杀窝藏者的全家。于是，在京城大规模地进行了搜捕，王公卿相家有夹层墙壁的、双层楼层的，都进行了搜索。

成德军在京城长安的进奏院中有恒州来的士兵张晏等几人，他们行踪诡秘，很多人都怀疑他们是刺客。六月初十日庚戌，神策军的将军王士则等人上告王承宗派遣张晏等人刺杀了武元衡。官吏们逮捕了张晏等八人，宪宗下令京兆尹裴武、监察御史陈中师审讯他们。六月二十三日癸亥，宪宗下诏把王承宗上的前后三个奏章给群臣看，商议如何处置王承宗。

裴度病疮，卧二旬，诏以卫兵宿其第，中使问讯不绝。或请罢度官以安恒、郓之心，上怒曰："若罢度官，是奸谋得成，朝廷无复纲纪。吾用度一人，足破二贼。"甲子，上召度入对。乙丑，以度为中书侍郎、同平章事。度上言："淮西，腹心之疾，不得不除；且朝廷业已讨之，两河藩镇跋扈者，将视此为高下，不可中止。"上以为然，悉以用兵事委度，讨贼甚急。初，德宗多猜忌，朝士有相过从者，金吾皆伺察以闻，宰相不敢私第见客。度奏："今寇盗未平，宰相宜招延四方贤才与参谋议"，始请于私第见客，许之。

陈中师按张晏等，具服杀武元衡；张弘靖疑其不实，屡言于上，上不听。戊辰，斩晏等五人，杀其党十四人，李师道客竟潜匿亡去。

（以上为第十一段，写淄青刺客杀宰相武元衡于京师，宪宗任裴度为相，矢志讨淮西。）

秋，七月，庚午朔，灵武节度使李光进薨。光进与弟光颜友善，光颜先娶，其母委以家事。母卒，光进后娶，光颜使其妻奉管钥，籍财物，归于其姒。光进反之曰："新妇逮事先姑，先姑命主家事，不可易也。"因相持而泣。

甲戌，诏数王承宗罪恶，绝其朝贡，曰："冀其翻然改过，束身自归。攻讨之期，更俟后命。"

八月，己亥朔，日有食之。

李师道置留后院于东都，本道人杂沓往来，吏不敢诘。时淮西兵犯东畿，防御兵悉屯伊阙；师道潜内兵于院中，至数十百人，谋焚宫阙，纵兵杀掠，已烹牛飨士，明日，将发。其小卒诣留守吕元膺告变，元膺亟追伊阙兵围之；贼众突出，防御兵踵其后，不敢迫，贼出长夏门，望山而遁。是时都城震骇，留守兵寡弱；元膺坐皇城门，指使部分，意气自若，都人赖以安。

裴度养伤，在家卧床二十天，宪宗下诏派宫廷卫士去守卫裴度的住宅，宫中使者去询问病情的人轮流不断。有人请求宪宗罢免裴度的官职来安定恒州和郓州的人心，宪宗十分生气地说："如果罢免了裴度，那就让王承宗等人的阴谋得逞了，朝廷再没有纲常政纪可言。朕任用裴度一人，就足以打败这两个叛贼。"六月二十四日甲子，宪宗召裴度入朝商议事情。六月二十五日乙丑，宪宗任命裴度为中书侍郎、同平章事。裴度对宪宗说："淮西地区是朝廷的心腹大患，不能不消灭。而且朝廷已经在进攻吴元济，黄河南北军镇中专横跋扈的人，将以此来衡量他们同朝廷谁的力量强大，决不能中止军事行动。"宪宗觉得裴度说的对，就把打仗用兵的事务全部交给裴度处理，加紧进攻吴元济。当初，宪宗对朝廷大臣多有怀疑之心，大臣们有相互交往的，金吾卫的人都暗中侦察，上报给皇帝，宰相不敢在自家宅第中会见客人。裴度上奏说："现在叛贼们还没有平定，宰相应该招揽延引四方的贤能人才参与平叛事宜。"开始请求在自己家里会见客人，宪宗同意了。

陈中师讯问张晏等人，他们都承认刺杀了武元衡。宰相张弘靖怀疑这与实情不符，多次向宪宗谈到这件事，宪宗不听从。六月二十八日戊辰，杀了张晏等五人，还杀了他们的同伙十四人，最后竟让李师道派来的刺客暗中逃跑了。

秋季，七月初一日庚午，灵武节度使李光进去世。李光进与弟弟李光颜关系很好，李光颜先娶妻室，他们的母亲就将家事交给李光颜的妻子处理。他们的母亲去世后，李光进才娶妻室，李光颜让他的妻子将钥匙和记载财产的账本交给嫂子保管。李光进又送回给李光颜说："弟媳曾侍奉过先母，先母让她主持家务，这不能更改。"于是兄弟俩握着手哭起来。

七月初五日甲戌，宪宗下诏列举王承宗所犯罪恶，不让王承宗再进京朝贡，说："希望王承宗幡然醒悟，改过自新，入朝负荆请罪。进攻讨伐的日期，再等以后的命令。"

八月初一日己亥，发生日食。

李师道在东都洛阳设立了留后院，所在一道的人员纷纷往来于留后院，洛阳的官吏不敢盘问。当时淮西的军队侵犯东都近郊，洛阳的防御兵全部驻守在伊阙。李师道暗中派士兵住在洛阳的留后院中，人数达到了几十上百人，他们策划焚烧宫殿，派士兵在城中烧杀抢劫，已经炖了牛肉犒劳士兵，准备在第二天起事。其中有一名士兵到东都留守吕元膺那里告发了这一阴谋，吕元膺紧急调伊阙的守军回洛阳包围留后院。贼寇们冲出包围，防御兵紧跟在后边，但不敢太迫近了。贼寇们出了长夏门之后，朝山上逃跑了，当时东都全城震惊，留守的兵力人数少力量弱。吕元膺坐

东都西南接邓、虢，皆高山深林，民不耕种，专以射猎为生，人皆趫勇，谓之山棚。元膺设重购以捕贼。数日，有山棚鬻鹿，贼遇而夺之，山棚走召其侪类，且引官军共围之谷中，尽获之。按验，得其魁，乃中岳寺僧圆净；故尝为史思明将，勇悍过人，为师道谋，多买田于伊阙、陆浑之间，以舍山棚而衣食之。有訾嘉珍、门察者，潜部分以属圆净，圆净以师道钱千万，阳为治佛光寺，结党定谋，约令嘉珍等窃发城中，圆净举火于山中，集二县山棚入城助之。圆净时年八十余，捕者既得之，奋锤击其胫，不能折。圆净骂曰："鼠子，折人胫且不能，敢称健儿！"乃自置其胫，教使折之。临刑，叹曰："误我事，不得使洛城流血！"党与死者凡数千人。留守、防御将二人及驿卒八人皆受其职名，为之耳目。

元膺鞫訾嘉珍、门察，始知杀武元衡者乃师道也，元膺密以闻；以槛车送二人诣京师。上业已讨王承宗，不复穷治。元膺上言："近日藩镇跋扈不臣，有可容贷者。至于师道谋屠都城，烧宫阙，悖逆尤甚，不可不诛。"上以为然；而方讨吴元济，绝王承宗，故未暇治师道也。

（以上为第十二段，写东都留守吕元膺挫败李师道血洗东都的阴谋。）

乙丑，李光颜败于时曲。

初，上以严绶在河东，所遣裨将多立功，故使镇襄阳，且督诸军讨吴元济。绶无他材能，到军之日，倾府库，赉士卒，累年之积，一朝而尽；又厚赂宦官以结声援，拥八州之众万余人屯境上，闭壁经年，无尺寸功。裴度屡言其军无政。

九月，癸酉，以韩弘为淮西诸军都统。弘乐于自擅，欲倚贼自重，不愿淮西速平。李光颜在诸将中战最力，弘欲结其欢心，举大梁城索得一美妇人，教之歌舞丝竹，饰以珠玉金翠，直数百万钱，遣使遗之。使

在皇城门前，指挥部署，神态自如，东都的人依赖吕元膺才安心下来。

东都西南部与邓州和虢州接壤，都是高山密林，老百姓不耕田种地，以打猎为生，人们都矫健勇猛，被称为山棚。吕元膺设重金来鼓励人们捉捕贼寇。过了几天，有一个山棚去卖鹿，与贼寇相遇，鹿被夺走，山棚跑回去召集同伙，并且带领官府的军队一起将贼寇包围在山谷中，将他们全部捉住。经过审讯，知道了这次贼寇的头目是中岳寺的和尚圆净。圆净曾经做过史思明的将领，凶猛强悍超出常人，曾向李师道建议，在伊阙和陆浑之间多买田地，让打猎的山棚们居住下来，并给他们提供衣服粮食。有訾嘉珍、门察这两个人，暗中组织部属交给圆净统领，圆净用李师道的钱上千万，名义上是修建佛光寺，实际上是用来集结同党，约定訾嘉珍等人暗中在洛阳城起事，圆净在山中举火把作号令，召集伊阙、陆浑两县的山棚进洛阳城援助。圆净当时已经八十多岁了，搜捕的人抓到圆净以后，用锤子奋力猛击圆净的小腿，但还是打不断。圆净骂他们说："你们这些无名鼠辈，连别人的小腿都打不断，还敢称是什么健儿！"于是就自己伸出小腿来，教他们折断了自己小腿。圆净受刑前叹息说："你们耽误了我的大事，不让我使洛阳血流满城了！"被杀的圆净的同党总共有几千人。有两名东都留守和防御的将领、八名驿站的士兵都暗中接受了李师道的委任，替李师道刺探各种消息。

吕元膺审讯訾嘉珍、门察后，才知道刺杀宰相武元衡的主谋是李师道。吕元膺将此事密奏给宪宗，又用囚车将訾嘉珍、门察送到京城长安。宪宗因为已经声讨过王承宗，就不再彻底追究李师道了。吕元膺上奏说："近些日子以来，军镇专横跋扈，不臣服朝廷的，有可以宽容处置的人。但是李师道阴谋策划血洗都城，焚烧宫殿，背叛陛下，忤逆朝廷极为厉害，不能不杀了他。"宪宗觉得吕元膺说得对，但是当时正在讨伐吴元济，又禁绝王承宗向朝廷进贡，所以没有时间来惩治李师道。

八月二十七日乙丑，李光颜在时曲打了败仗。

当初，宪宗认为严绶以前曾担任河东主帅，这次派出严绶的部将多半都立了功劳，因此就派严绶镇守襄阳，而且还统领各军进攻吴元济。严绶没有什么才能，到襄阳赴任时，就把军府库存的钱财拿出来赏赐给将士们，军府多年的积蓄，一下子就用光了。严绶又用很多钱财贿赂宦官，让他们在朝廷为自己通气声援，他率领襄、邓、唐、随、均、房、郢、复八州的一万多兵力驻扎在边境上，整年守在营垒中，没有建一点功劳。裴度多次向宪宗说严绶的军队没有军纪军威。

九月初五日癸酉，宪宗任命韩弘为进攻淮西的各支军队的都统。韩弘独断专行，打算借助敌人的力量抬高自己的地位，不希望淮西马上就平定下来。李光颜在各位将领中作战最卖力，韩弘打算取得李光颜的欢心，就在整个大梁城中到处搜寻，找

者先致书。光颜大飨将士，使者进妓，容色绝世，一座尽惊。光颜谓使者曰："相公愍光颜羁旅，赐以美妓，荷德诚深。然战士数万，皆弃家远来，冒犯白刃，光颜何忍独以声色自娱悦乎！"因流涕，座者皆泣；即于席上厚以缯帛赠使者，并妓返之，曰："为光颜多谢相公，光颜以身许国，誓不与逆贼同戴日月，死无贰矣！"

冬，十月，庚子，始分山南东道为两节度，以户部侍郎李逊为襄、复、郢、均、房节度使；以右羽林大将军高霞寓为唐、随、邓节度使。朝议以唐与蔡接，故使霞寓专事攻战，而逊调五州之赋以饷之。

辛丑，刑部侍郎权德舆奏："自开元二十五年修《格式律令事类》后，至今《长行敕》，近删定为三十卷，请施行。"从之。

（以上为第十三段，写李光颜尽心讨贼。）

上虽绝王承宗朝贡，未有诏讨之。魏博节度使田弘正屯兵于其境，承宗屡败之；弘正忿，表请击之，上不许。表十上，乃听至贝州。丙午，弘正军于贝州。

庚戌，东都奏盗焚柏崖仓。

十一月，寿州刺史李文通奏败淮西兵。

壬申，韩弘请命众军合攻淮西；从之。

李光颜、乌重胤败淮西兵于小溵水，拔其城。

乙亥，以严绶为太子少保。

盗焚襄州佛寺军储。尽徙京城积草于四郊以备火。

丁丑，李文通败淮西兵于固始。

戊寅，盗焚献陵寝宫、永巷。

诏发振武兵二千，会义武军以讨王承宗。

己丑，吐蕃款陇州塞，请互市，许之。

初，吴少阳闻信州人吴武陵名，邀以为宾友，武陵不答。及元济反，

到一个美丽的女人，教给她歌舞演奏的技巧，再在她身上装饰金银珠宝，总价值有几百万钱，派使者赠送给李光颜。使者先给李光颜送了信。李光颜正大规模地犒劳将士们，韩弘的使者送进这个歌女，她的姿色容貌举世无双，满座将士都惊呆了。李光颜对使者说："韩相公怜悯我身在军旅之中，赏赐给我一个美丽的歌女，我所蒙受的恩德实在是深厚。但是几万将士，都是离家远道来这里作战，他们出生入死拼命战斗，我李光颜怎么能忍心一个人用声色来娱乐自己呢？"说着就流下了眼泪，在座的将士们都哭起来。李光颜就在宴席上，将很多丝帛送给使者，并且要使者将歌女送回给韩弘，说："你要替我多多向韩相公表示谢意，我将身体交给了国家，发誓与叛贼势不两立，不共戴天，死了也不会有二心！"

冬季，十月初三日庚子，朝廷开始将山南东道分成两个军镇，任命户部侍郎李逊为襄、复、郢、均、房五州节度使，任命右羽林大将军高霞寓为唐、随、邓三州节度使。朝廷大臣商议唐州与蔡州相邻，所以让高霞寓专门进攻吴元济，而李逊征调所辖五州的赋税来供应高霞寓的军队。

十月初四日辛丑，刑部侍郎权德舆上奏宪宗说："自开元二十五年修撰《格式律令事类》后，到现行《长行敕》的有关律令，最近已删定为三十卷，请陛下下令施行。"宪宗采纳了他的建议。

宪宗虽然禁止王承宗朝贡，但没有下诏讨伐王承宗。魏博节度使田弘正在王承宗的边境驻扎军队，多次被王承宗打败。田弘正很恼火，上表请求进攻王承宗，宪宗不同意。田弘正上了十次奏表，宪宗才允许田弘正到贝州。十月初九日丙午，田弘正率军驻扎在贝州。

十月十三日庚戌，东都上奏盗贼烧毁了清河县的柏崖仓。

十一月，寿州刺史李文通上奏说打败了淮西的军队。

十一月初五日壬申，韩弘请求宪宗下令各路军队联合攻打淮西，宪宗同意了。

李光颜、乌重胤在小溵水打败了淮西军队，攻下了溵水县城。

十一月初八日乙亥，宪宗任命严绶为太子少保。

盗贼烧毁了设在襄州佛教寺庙的军用物资。朝廷下令将京城内堆积的柴草全部移到四周郊外，以防备盗贼纵火。

十一月初十日丁丑，李文通在固始县打败了淮西军队。

十一日戊寅，盗贼烧毁了献陵的寝宫、永巷。

宪宗下诏征调振武军的士兵二千人，与义武军会合，共同讨伐王承宗。

十一月二十二日己丑，吐蕃与陇州交好，请求双方往来交易货物，宪宗同意了。

当初，吴少阳听说了信州人吴武陵的名声，邀请吴武陵来做自己的宾客和朋友，

武陵以书谕之曰：“足下勿谓部曲不我欺；人情与足下一也。足下反天子，人亦欲反足下。易地而论，则其情可知矣。”

丁酉，武宁节度使李愿奏败李师道之众。时师道数遣兵攻徐州，败萧、沛数县，愿悉以步骑委都押牙温人王智兴，击破之。十二月，甲辰，智兴又破师道之众，斩首二千余级，逐北至平阴而还。愿，晟之子也。

东都防御使吕元膺请募山棚以卫宫城，从之。

乙丑，河东节度使王锷薨。

王承宗纵兵四掠，幽、沧、定三镇皆苦之，争上表请讨承宗。上欲许之，中书侍郎、同平章事张弘靖以为：“两役并兴，恐国力所不支，请并力平淮西，乃征恒冀。”上不为之止，弘靖乃求罢。

（以上为第十四段，写淄青李师道、成德王承宗公开助贼反叛朝廷，李师道寇徐州，王承宗纵兵四掠。）

十一年（丙申，816 年）

春，正月，己巳，以弘靖同平章事，充河东节度使。

幽州节度使刘总奏败成德兵，拔武强，斩首千余级。

庚辰，翰林学士、中书舍人钱徽，驾部郎中、知制诰萧俛，各解职，守本官。时群臣请罢兵者众，上患之，故黜徽、俛以警其余。徽，吴人也。

癸未，制削王承宗官爵，命河东、幽州、义武、横海、魏博、昭义六道进讨。韦贯之屡请先取吴元济、后讨承宗，曰：“陛下不见建中之事乎？始于讨魏及齐，而蔡、燕、赵皆应，卒致朱泚之乱，由德宗不能忍数年之愤邑，欲太平之功速成故也。”上不听。

甲申，盗断建陵门戟四十七枝。

二月，西川奏吐蕃赞普卒，新赞普可黎可足立。

乙巳，以中书舍人李逢吉为门下侍郎、同平章事。逢吉，玄道之曾孙也。

吴武陵不理睬。后来吴元济反叛朝廷，吴武陵写信劝导吴元济说：“您不要以为部下不会欺蒙自己，您部下的心思与您的心思一样。你要反叛天子，您的部下也想反叛您。您要换到他们的位置上去考虑这事，那您就了解这种情况了。”

十一月三十日丁酉，武宁节度使李愿上奏朝廷说打败了李师道的军队。当时李师道多次派兵攻打徐州，打下萧县、沛县等好几个县。李愿将全部步兵、骑兵都交给担任都押牙官的温州人王智兴指挥，打败了李师道的军队。十二月初七日甲辰，王智兴又打败了李师道的军队，杀敌二千多人，乘胜追击敌人到平阴县才返回。李愿是李晟的儿子。

东都防御使吕元膺上奏朝廷请求招募打猎的山棚来保卫宫城，宪宗同意了。

十二月二十八日乙丑，河东节度使王锷去世。

王承宗放纵军队四处抢劫掳掠，幽州、沧州、定州三个军镇都被他害苦了，争相上表朝廷请求讨伐王承宗。宪宗准备答应，中书侍郎、同平章事张弘靖认为，南北两地都调兵打仗，恐怕国力难以支撑，等集中力量平定淮西以后，再去讨伐王承宗。宪宗不肯打消讨伐王承宗的念头，张弘靖于是请求辞去宰相职务。

唐宪宗元和十一年（丙申，816年）

春季，正月初三日己巳，宪宗任命张弘靖为同平章事，出朝廷充任河东节度使。

幽州节度使刘总上奏朝廷说打败了成德的军队，攻占了武强县城，杀敌一千多人。

十二月十四日庚辰，翰林学士、中书舍人钱徽和驾部郎中、知制诰萧俛，都被解除翰林学士的职务，回到原来的官位。当时朝廷大臣中请求停止军事行动的人很多，宪宗很厌恶他们，因此罢免钱徽、萧俛的官职以警告其他的人。钱徽是吴地人。

十二月十七日癸未，宪宗下制书削除了王承宗的官职爵位，下令河东、幽州、义武、横海、魏博和昭义六道军队讨伐王承宗。宰相韦贯之多次请求宪宗先攻下吴元济，然后再讨伐王承宗，说：“陛下难道不知道建中年间的事情吗？开始是攻打魏博的田悦和淄青的李纳，但是蔡州的李希烈、卢龙的朱滔和恒冀的王武俊都起兵响应田悦和李纳，最后导致了朱泚的叛乱，这是因为德宗皇帝不能够忍下几年的愤怒，想很快就使天下太平无事的缘故。”宪宗对韦贯之的意见不理睬。

正月十八日甲申，强盗折断了建陵的门戟四十七枝。

二月，西川节度使上奏称吐蕃赞普死了，新赞普可黎可足继位。

二月初九日乙巳，宪宗任命中书舍人李逢吉为门下侍郎、同平章事。李逢吉是太宗皇帝时期文学馆学士李玄道的曾孙。

乙卯，昭义节度使郗士美奏破成德兵，斩首千余级。

南诏劝龙晟淫虐不道，上下怨疾，弄栋节度王嵯巅弑之，立其弟劝利。劝利德嵯巅，赐姓蒙氏，谓之“大容”。容，蛮言兄也。

己未，刘总破成德兵，斩首千余级。

荆南节度使袁滋父祖墓在朗山，请入朝，欲劝上罢兵。行至邓州，闻萧俛、钱徽贬官；及见上，更以必克劝之，仅得还镇。

辛酉，魏博奏败成德兵，拔其固城；乙丑，又奏拔其鸦城。

三月，庚午，太后崩。辛未，敕以国哀，诸司公事权取中书门下处分，不置摄冢宰。

寿州团练使李文通奏败淮西兵于固始，拔鏉山。己卯，唐邓节度使高霞寓奏败淮西兵于朗山，斩首千余级，焚二栅。

幽州节度使刘总围乐寿。

夏，四月，庚子，李光颜、乌重胤奏败淮西兵于陵云栅，斩首三千级。

辛亥，司农卿皇甫镈以兼中丞权判度支。镈始以聚敛得幸。

乙卯，刘总奏破成德兵于深州，斩首二千五百级。乙丑，义武节度使浑镐奏破成德兵于九门，杀千余人。镐，瑊之子也。

宥州军乱，逐刺史骆怡；夏州节度使田进讨平之。

五月，壬申，李光颜、乌重胤奏败淮西兵于陵云栅，斩首二千余级。

六月，甲辰，高霞寓大败于铁城，仅以身免。时诸将讨淮西者，胜则虚张杀获，败则匿之；至是，大败不可掩，始上闻，中外骇愕。宰相入见，将劝上罢兵，上曰：“胜负兵家之常，今但当论用兵方略，察将帅之不胜任者易之，兵食不足者助之耳。岂得以一将失利，遽议罢兵邪！”于是独用裴度之言，他人言罢兵者亦稍息矣。己酉，霞寓退保唐州。

二月十九日乙卯，昭义节度使郗士美上奏朝廷说打败了成德的军队，杀敌一千多人。

南诏王劝龙晟荒淫残暴，上上下下都痛恨劝龙晟，弄栋节度使王嵯巅起来杀了劝龙晟，拥立劝龙晟的弟弟劝利为南诏王，劝利感激王嵯巅，给王嵯巅赐姓为蒙氏，称之为“大容”。“容”在蛮语中是“哥哥”的意思。

二月二十三日己未，刘总打败成德的军队，杀敌一千多人。

荆南节度使袁滋的父亲和祖父的坟墓在朗山县，请求进京入朝，打算劝说宪宗停止军事行动。走到邓州的时候，听说萧俛和钱徽被贬职的消息。后来晋见宪宗，反过来用一定会攻下蔡州的话劝说宪宗继续采取行动，这才得以返回镇所。

二十五日辛酉，魏博镇上奏说打败了成德的军队，攻下了固城。二月二十九日乙丑，魏博镇又上奏说攻下了鸦城。

三月初四日庚午，皇太后王氏去世。三月初五日辛未，宪宗敕令说因为遭逢国丧，朝廷各部的事情暂由中书省和门下省处理，不再设置首相。

寿州团练使李文通上奏朝廷说在固始县打败了淮西的军队，攻下了鏉山。三月十三日己卯，唐邓节度使高霞寓上奏说在朗山打败了淮西的军队，杀死一千多人，烧毁了敌人两处营栅。

幽州节度使刘总包围了乐寿鸦城。

夏季，四月初五日庚子，李光颜、乌重胤上奏说在陵云栅打败了淮西军队，杀敌三千多人。

四月十六日辛亥，司农卿皇甫镈因兼任御史中丞而暂负责度支事务。皇甫镈因为善于搜刮钱财而得到宪宗的宠幸。

四月二十日乙卯，刘总上奏说在深州打败了成德的军队，杀敌二千五百人。四月三十日乙丑，义武节度使浑镐上奏称在九门打败成德军队，杀敌一千多人。浑镐，是浑瑊的儿子。

宥州发生士兵哗变，驱逐了刺史骆怡。夏州节度使田进派兵讨伐，平定了宥州的叛乱。

五月初七日壬申，李光颜、乌重胤上奏说在陵云栅打败了淮西的军队，杀敌两千多人。

六月初十日甲辰，高霞寓在铁城打了一个败仗，仅仅自己一人幸免于难。当时各个进攻淮西的将帅，打了胜仗就虚张声势，谎报杀敌和俘虏的数量，打了败仗就隐瞒不报。到这时，打了大败仗不能掩盖了，才上奏给朝廷，朝野内外听到这一消息都十分震惊。宰相入朝见宪宗，准备劝说宪宗停止军事行动，宪宗说：“胜败是打仗人经常遇到的事情，现在你们只应该讨论用兵策略，将不胜任的将帅撤换，军队

（以上为第十五段，写唐宪宗违众开辟第二条战线，诏命六道进兵讨成德。两线作战，官军势分，讨淮西兵失利，罢兵之声再起，宪宗不听，独用裴度之言，坚决征讨。）

上责高霞寓之败，霞寓称李逊应接不至。秋，七月，贬霞寓为归州刺史，逊亦左迁恩王傅。以河南尹郑权为山南东道节度使。以荆南节度使袁滋为彰义节度、申光蔡唐随邓观察使，以唐州为理所。

壬午，宣武军奏破郾城之众二万，杀二千余人，捕虏千余人。

田弘正奏破成德兵于南宫，杀二千余人。

中书侍郎、同平章事韦贯之，性高简，好甄别流品，又数请罢用兵；左补阙张宿毁之于上，云其朋党，八月，壬寅，贯之罢为吏部侍郎。

诸军讨王承宗者互相观望，独昭义节度使郗士美引精兵压其境；己未，士美奏大破承宗之众于柏乡，杀千余人，降者亦如之，为三垒以环柏乡。

庚申，葬庄宪皇后于丰陵。

九月，乙亥，右拾遗独孤朗坐请罢兵，贬兴元府仓曹。朗，及之子也咀。

饶州大水，漂失四千七百户。

丙子，以韦贯之为湖南观察使，犹坐前事也。辛巳，以吏部侍郎韦颉、考功员外郎韦处厚等皆为远州刺史，张宿谗之，以为贯之之党也。颉，见素之孙；处厚，夐之九世孙也。

乙酉，李光颜、乌重胤奏拔吴元济陵云栅。丁亥，光颜又奏拔石、越二栅；寿州奏败殷城之众，拔六栅。

冬，十一月，壬戌朔，容管奏黄洞蛮为寇。乙丑，邕管奏击黄洞蛮，却之，复宾、蛮等州。

丙寅，加幽州节度使刘总同平章事。

李师道闻拔陵云栅而惧，诈请输款；上以力未能讨，加师道检校

粮食不充足就想法供应而已。怎么能因为一个将领打了败仗，就马上商议停止军事行动呢？”于是，宪宗只采纳裴度的意见，其他人主张停止军事行动的言论也渐渐消失了。六月十五日己酉，高霞寓退守唐州。

宪宗责问高霞寓失败的原因，高霞寓说李逊没有及时来接应。秋季，七月，宪宗将高霞寓贬为归州刺史，将李逊降职去担任恩王傅。任命河南府尹郑权为山南东道节度使。又任命荆南节度使袁滋为彰义节度使和申、光、蔡、唐、随、邓六州观察使，以唐州为治所。

七月十八日壬午，宣武军上奏说打败了郾城的两万多叛军，杀敌两千多人，抓获俘虏一千多人。

田弘正上奏说在南宫县打败成德的军队，杀敌两千多人。

中书侍郎、同平章事韦贯之，性格清高孤傲，喜欢品评官吏士人才能和德行的等级，又多次请求宪宗停止军事行动。左补阙张宿就在宪宗面前毁谤韦贯之，说韦贯之与人结成朋党。八月初九日壬寅，韦贯之被罢免宰相职务，降任吏部侍郎。

各支讨伐王承宗的军队互相观望，踟蹰不前，只有昭义节度使郗士美率领精锐军队逼近王承宗的境内。八月二十六日己未，郗士美上奏说在柏乡县将王承宗的军队打得大败，杀敌一千多人，敌人投降的也有一千多人，昭义军已修建三个营垒将柏乡城围了起来。

八月二十七日庚申，把庄宪皇后安葬在丰陵。

九月十三日乙亥，右拾遗独孤朗因请求宪宗停止军事行动而获罪，被贬到兴元府去任仓曹。独孤朗是独狐及的儿子。

饶州发生洪水，淹没了四千七百户人家。

九月十四日丙子，宪宗任命韦贯之为湖南观察使，这是对韦贯之请求停止军事行动的处罚。九月十九日辛巳，宪宗把吏部侍郎韦颉和考功员外郎韦处厚等人都贬到偏远地方担任刺史。张宿诬陷他们，说他们是韦贯之的同党。韦颉是玄宗皇帝时期宰相韦见素的孙子。韦处厚是后周时韦敻的九世孙。

九月二十三日乙酉，李光颜、乌重胤上奏说攻占了吴元济的陵云栅。九月二十五日丁亥，李光颜又上奏说攻下了石、越两个营栅。寿州上奏说打败了殷城的敌人，攻占了六个营栅。

冬季，十一月初一日壬戌，容管上奏说黄洞蛮人侵扰当地。十一月初四日乙丑，邕管上奏说进攻黄洞蛮人，打退了他们，收复了宾州和蛮州等地。

十一月初五日丙寅，宪宗加授幽州节度使刘总为同平章事。

李师道听说吴元济的陵云栅被攻占之后，感到恐惧，假意请求为朝廷效忠。宪

司空。

王锷家二奴告锷子稷改父遗表，匿所献家财，上命鞫于内仗，遣中使诣东都检括锷家财。裴度谏曰："王锷既没，其所献之财已为不少。今又因奴告检括其家，臣恐诸将帅闻之，各以身后为忧。"上遽止使者。已巳，以二奴付京兆，杖杀之。

庚午，以给事中柳公绰为京兆尹。公绰初赴府，有神策小将跃马横冲前导，公绰驻马，杖杀之。明日，入对延英，上色甚怒，诘其专杀之状，对曰："陛下不以臣无似，使待罪京兆。京兆为辇毂师表，今视事之初，而小将敢尔唐突，此乃轻陛下诏命，非独慢臣也。臣知杖无礼之人，不知其为神策军将也。"上曰："何不奏？"对曰："臣职当杖之，不当奏。"上曰："谁当奏者？"对曰："本军当奏；若死于街衢，金吾街使当奏；在坊内，左右巡使当奏。"上无以罪之，退，谓左右曰："汝曹须作意此人，朕亦畏之。"

讨淮西诸军近九万，上怒诸将久无功，辛巳，命知枢密梁守谦宣慰，因留监其军，授以空名告身五百通及金帛，以劝死事。庚寅，先加李光颜等检校官，而诏书切责，示以无功必罚。

辛卯，李文通奏败淮西兵于固始，斩首千余级。

十二月，壬寅，程执恭奏败成德兵于长河，斩首千余级。

义武节度使浑镐与王承宗战屡胜，遂引全师压其境，距恒州三十里而军。承宗惧，潜遣兵入镐境，焚掠城邑，人心始内顾而摇。会中使督其战，镐引兵进薄恒州，与承宗战，大败，奔还定州。丙午，诏以易州刺史陈楚为义武节度使，军中闻之，掠镐及家人衣，至于倮露。陈楚驰入定州，镇遏乱者，敛军中衣以归镐，以兵卫送还朝。楚，定州人，张茂昭之甥也。

宗因为没有力量讨伐李师道，就加授李师道检校司空一职。

王锷家的两个仆人告发王锷的儿子王稷私下篡改了父亲留下的表章，隐瞒了王锷要进献给朝廷的家产。宪宗下令在朝堂的内廊中审讯此案，又派遣宫中使者到东都洛阳去搜查审核王锷的家产。裴度规劝宪宗说："王锷已经死了，向朝廷进献的财产已经为数不少了。现在又因为家仆上告而搜查王锷的家，臣下担心各个将帅听说这事以后，各自都会担忧死后的家事。"宪宗连忙停派使者去东都。十一月初八日己巳，宪宗下令把王锷的两个家仆交给京兆府，将他们用棍棒打死。

十一月初九日庚午，宪宗任命给事中柳公绰为京兆尹。柳公绰刚到任的时候，有一个神策军的下级将领策马横冲直撞柳公绰前面的仪卫，柳公绰停下马，下令用军棍将此人打死。第二天，柳公绰到延英殿去奏对，宪宗神色十分愤怒，责问柳公绰擅自杀人的情况，柳公绰回答说："陛下不觉得臣下愚昧不才，让我担任京兆尹。京兆府是首都所在，为全国的表率。现在我就职刚开始，就有下级将领胆敢如此冒犯，这是他轻视陛下的诏令，而不仅仅是侮辱臣下一个人。我只知道要杖杀一个无礼的人，不知道他是神策军的将领。"宪宗说："那你为什么不上奏？"柳公绰回答说："我的职责应该是杖杀他，而不应该是上奏这件事。"宪宗问："那谁应该将这事上奏呢？"柳公绰回答说："这个人所属军队的主帅应该上奏。如果死在大街上，那么金吾左右巡逻的街使应该上奏。如果死在坊市里，那么御史台的左右巡使应该上奏。"宪宗没有理由加罪于柳公绰。退朝以后，宪宗对身边的侍从们说："你们必须小心谨慎地对待这个人，朕也畏惧他。"

征讨淮西地区的各路军队将近九万人，宪宗对各个将领久战无功很恼怒。二十日辛巳，下令负责枢密事务的梁守谦慰问将士，就此留下来监督各军进攻，还交给他空着姓名的官职委任书五百份以及大量金银布帛，来劝勉将士们拼死作战。十一月二十九日庚寅，宪宗先给李光颜等人加授了检校官，然后在诏书中严厉地责备他们，表示如果他们不立战功就一定要受到惩罚。

十一月三十日辛卯，李文通上奏说在固始打败了淮西军队，杀敌一千多人。

十二月十一日壬寅，程执恭上奏说在长河打败了成德军队，杀敌一千多人。

义武节度使浑镐与王承宗交战，多次打胜仗，于是就带领全军人马开进王承宗的境内，在离恒州三十里远的地方驻扎下来。王承宗很恐惧，暗中派兵进入浑镐的境内，在城镇中烧杀抢劫，浑镐的军心开始因顾念家园而受动摇。正好宫中使者来督促他们作战，浑镐带兵进逼恒州，与王承宗交战，被打得大败，逃回定州。十二月十五日丙午，宪宗下诏任命易州刺史陈楚为义武节度使，军中的士兵们听到这一消息后，抢劫浑镐和他家人的衣服，甚至让他们赤身露体。陈楚快马奔入定州，制止了作乱的人，从将士手中将衣服收缴回来还给浑镐，派兵护送他回朝。陈楚是定

丁未，以翰林学士王涯为中书侍郎、同平章事。

袁滋至唐州，去斥候，止其兵不使犯吴元济境，元济围其新兴栅，滋卑辞以请之，元济由是不复以滋为意。朝廷知之，甲寅，以太子詹事李愬为唐、随、邓节度使。愬，听之兄也。

初置淮、颍水运使。杨子院米自淮阴溯淮入颍，至项城入溵，输于郾城，以馈讨淮西诸军，省汴运之费七万余缗。

己未，容管奏黄洞蛮屠岩州。

（以上为第十六段，写两线讨逆官军均连连告捷。柳公绰为京兆尹，当街杖杀犯禁的神策军将官。）

州人，他是张茂昭的外甥。

十二月十六日丁未，宪宗任命翰林学士王涯为中书侍郎、同平章事。

袁滋到了唐州，撤除了巡逻哨，不让军队进犯吴元济的境内。吴元济包围了袁滋的新兴栅，袁滋用卑谦的言辞请求吴元济撤军，吴元济从此不再把袁滋放在心上。朝廷知道了这件事，十二月二十三日甲寅，宪宗任命太子府詹事李愬担任唐、随、邓三州节度使。李愬是李听的哥哥。

朝廷开始设置淮、颍水运使。杨子转运院的大米从淮阴溯淮水而上进入颍水，到了项城以后进入溵水，运到郾城，以供应攻打淮西的各支军队，从而节省了通过汴水漕运的费用七万多缗钱。

十二月二十八日己未，容管上奏说黄洞蛮人血洗了岩州。

【点评】

本卷点评三事：宪宗惩治请托、柳公绰杖杀神策军小将、柳宗元著文讽喻时政。

一、宪宗惩治请托。请托，今谓之“走后门”，就是运用各种手段，疏通人际关系，给个人捞好处。元和八年（813），于頔居留京师，担任检校司空、同平章事的闲职，闷闷不乐。于頔的儿子太常丞于敏找了一个叫梁正言的人，用厚礼托梁正言疏通大宦官枢密使梁守谦的关系，替于頔谋节度使的职位。梁正言是个骗子，疏通不了这个关系。于敏损失了许多钱财要不回来，就杀了梁正言。事发后，于頔降职为恩王傅，于敏被流放到雷州，走出京师不远，到秦岭就死了。这件事牵连了僧人鉴虚。鉴虚是当时的一个政治掮客，用贿赂与权贵宠臣和地方各镇将帅交结。许多权贵替鉴虚说话，宪宗准备赦免他。御史中丞薛存诚抗旨，坚决不放鉴虚，宪宗很赞赏，最终用军棍打杀鉴虚，没收了鉴虚的财产。

二、柳公绰杖杀神策军小将。柳公绰，字起之，唐代著名书法家柳公权之兄，京兆华原（今陕西铜川耀州区）人。历仕德宗、顺宗、宪宗、穆宗、敬宗、文宗六朝，唐代著名的耿正大臣，能文能武，不畏强暴，深受朝野敬重。元和十一年（816），柳公绰以给事中为京兆尹。柳公绰初上任出行，就有神策军一个下级军官，跑马横冲直撞，冒犯了柳公绰的前行卫队。柳公绰立即下马，当场擒拿神策军小将，杖杀在路边。第二天，宪宗怒气冲冲地传召柳公绰，亲自责问他擅自杀人的过错。打狗还看主人面，神策军驾前卫队，主子就是皇帝，柳公绰没有请旨就把他杀了，是大不敬。柳公绰没有被宪宗的满面怒气所吓倒，而是从容不迫地说：“臣职为京兆尹，一举一动要为全国做表率。臣刚上任就遭这个下级军官的冒犯，不仅是侮辱大臣，而且是蔑视诏令，臣杀的是一个无礼之人，不知道他是神策军将领。”宪宗明知柳公绰是有意借神策军小将的头来立威，整治纲纪，没有理由加罪柳公绰。宪宗退朝，对身边的人说：“你们见了柳公绰要小心谨慎，朕也惧怕他三分。”

柳公绰杖杀神策军小将，冒了杀头的危险，不如此不能整肃京师风气，惩治豪强就要敢打老虎，拍几个苍蝇无济于事。柳公绰敢摸老虎屁股，表现了一个尽忠职守的大臣的风采。唐宪宗折服于理，不护短神策军，也表现了明君的风采。唐宪宗时昏时明，是一个多面性的人物。

三、柳宗元著文讽喻时政。柳宗元，字子厚，河东解县（今山西运城柳州镇）人。唐代著名文学家、哲学家，世称柳河东，贞元进士。柳宗元参与永贞革新被贬为永州司马，后量移柳州刺史，故又称柳柳州。与韩愈倡导古文运动，同列入“唐宋八大家”，并称“韩柳”。柳宗元的散文峭拔矫健，说理透彻，关切时政，尖锐有力。司马光引的《梓人传》和《种树郭橐驼传》两文就是柳氏散文中典型的时政论，用通俗的类比，把深奥的政治说得通透明白。柳宗元认为宰相，其实是指君主，讽

喻唐宪宗，劝谏君主治理国家，要像一个建筑师和种树人一样，任用贤才，无为而治。梓人，木工头，今称之建筑师。建筑师本人并不使用刀锯斧刨，只是指挥百工劳作，可是大厦建成，只留下建筑师的姓名，百工没有份。人君就应当是一个政治梓人，任使贤才治国，而不是事事亲为。人君还应当像一个种树人一样，不要拔苗助长，而是让树木自然生长。人君治政，应当无为而治，少干预老百姓，让百姓休养生息。柳宗元正如范仲淹在《岳阳楼记》中所说的那样："居庙堂之高，则忧其民；处江湖之远，则忧其君。"柳宗元长期处于远州贬所，仍然在忧国忧民，写出《梓人传》《种树郭橐驼传》这样精彩的散文，所以司马光才大段引入史中。在《资治通鉴》全书中是不多见的。

唐纪五十六

唐宪宗元和十二年至十四年（817—819年）

【起强圉作噩（丁酉，817年），尽屠维大渊献（己亥，819年）正月，凡二年有奇】

【大事提要】

本卷记事起公元817年，讫公元819年正月，凡两年又一个月。当唐宪宗元和十二年到元和十四年一月。此时期唐宪宗为政之要，仍是征讨不服朝命的藩镇，裴度为相，李愬为将，取得讨平淮西的成绩，又移兵淄青，取得决定性的胜利。当高霞寓和袁滋两路官军为淮西所败，停战之声大起。唐宪宗起用李愬为将，代袁滋领军。李愬智勇双全，至军存抚士卒，先计后战，战则必胜，积小胜为大胜，一个一个攻取淮西外围据点，连战皆捷，提振官军士气。李愬不杀俘虏，用恩信和大义诱降，使淮西勇将丁士良、吴秀琳战败请降。唐宪宗增兵李愬，又移河北之师于淮西，裴度又自请督师，奏罢中使监军，由诸将自专军事，故所战皆捷。淮西震恐，李愬雪夜进兵，智破蔡州，擒吴元济，淮西平定。李师道、王承宗恐惧，皆上表请罪自新。唐宪宗恢复王承宗官爵，集中全力讨淄青，官军节节进逼，李师道旦夕覆灭，已成定局。胜利冲昏了宪宗的头脑，猜忌功臣，以朋党为名压抑朝官，又一头扎进宦官的怀抱，任用奸邪小人皇甫镈为相，五坊使作威作福，宪宗还求神拜佛，服食金丹求长生，大做佛教功德，迎佛骨入京。韩愈上表谏迎佛骨，被贬潮州。

【原文】

宪宗昭文章武大圣至神孝皇帝中之下

元和十二年（丁酉，817年）

春，正月，甲申，贬袁滋为抚州刺史。

李愬至唐州，军中承丧败之余，士卒皆惮战，愬知之，有出迓者，愬谓之曰："天子知愬柔懦，能忍耻，故使来拊循尔曹。至于战攻进取，非吾事也。"众信而安之。

愬亲行视士卒，伤病者存恤之，不事威严。或以军政不肃为言，愬曰："吾非不知也。袁尚书专以恩惠怀贼，贼易之，闻吾至，必增备，吾故示之以不肃。彼必以吾为懦而懈惰，然后可图也。"淮西人自以尝败高、袁二帅，轻愬名位素微，遂不为备。

遣盐铁副使程异督财赋于江、淮。

回鹘屡请尚公主，有司计其费近五百万缗，时中原方用兵，故上未之许。二月，辛卯朔，遣回鹘摩尼僧等归国；命宗正少卿李诚使回鹘谕意，以缓其期。

李愬谋袭蔡州，表请益兵；诏以昭义、河中、鄜坊步骑二千给之。丁酉，愬遣十将马少良将十余骑巡逻，遇吴元济捉生虞候丁士良，与战，擒之。士良，元济骁将，常为东边患；众请刳其心，愬许之。既而召诘之，士良无惧色。愬曰："真丈夫也！"命释其缚。士良乃自言："本非淮西士，贞元中隶安州，与吴氏战，为其所擒，自分死矣，吴氏释我而用之，我因吴氏而再生，故为吴氏父子竭力。昨日力屈，复为公所擒，亦分死矣，今公又生之，请尽死以报德。"愬乃给其衣服器械，署为捉生将。

己亥，淮西行营奏克蔡州古葛伯城。

丁士良言于李愬曰："吴秀琳拥三千之众，据文城栅，为贼左臂，官

【语译】

宪宗昭文章武大圣至神孝皇帝中之下

唐宪宗元和十二年（丁酉，817年）

春季，正月二十四日甲申，宪宗将袁滋贬为抚州刺史。

李愬去唐州赴任，唐州军队在经历死丧战败之后，将士们都害怕打仗，李愬了解这一情况，有出来迎接他的人，李愬就对他们说："天子知道我李愬柔弱怯懦，能忍受耻辱，所以让我来安抚你们。至于进攻打仗，攻城略地，那就不是我的事了。"大家都听信李愬的话而安下心来。

李愬亲自巡视看望将士们，士兵中有受伤生病的，李愬就安慰抚恤，一点也没有主帅的威风和严厉。有人对李愬说军中政事不够整肃，李愬说："我不是不知道这件事。袁尚书一味用恩惠安抚感召敌人，敌人轻视他，听说我来了，一定会加强防备，所以我故意要做出军民不整肃的样子。他们一定会认为我懦弱而放松警惕，这样我们才能想法去攻打他们。"淮西的那些人自以为曾经打败过高霞寓和袁滋两位主帅，轻视李愬的名声和地位一直很卑微，于是就不加防备。

宪宗派遣盐铁转运副使程异在江淮一带督促征收赋税。

回鹘可汗多次请求娶公主为妻，有关部门计算下嫁公主去回鹘的花费将近五百万缗钱，当时中原地区正在打仗，所以宪宗没有答应。二月初一日辛卯，宪宗打发回鹘的摩尼僧人等回去；命令宗正少卿李诚出使回鹘，向他们说明朝廷的意图，以便延缓婚期。

李愬计划袭击蔡州，上表朝廷请求增加兵力。宪宗下诏命令将昭义、河中、鄜坊三军的步兵、骑兵共二千人拨给李愬。二月初七日丁酉，李愬派遣下级军官马少良带十几名骑兵巡逻，遇到了吴元济的捉生虞候丁士良，与丁士良交战，抓住了丁士良。丁士良是吴元济的一员猛将，经常祸害唐州和邓州的东部地区。将士们请求挖了丁士良的心，李愬同意了。不久李愬又召见了丁士良，加以责问，丁士良毫无惧色。李愬说："这是一个真正的男子汉！"于是下令给丁士良松绑。丁士良这才主动地说："我本来不是淮西的士兵，贞元年间我是安州的士兵，与吴少阳作战，被他抓住了，当时我自以为要被杀，但吴氏没有杀我，还任用我，我因为吴氏而获得再生，因此就为吴氏父子竭尽全力。昨日我兵力不够，又被您捉住了，也以为要被杀，现在您又让我活下去，请允许我拼尽死力来报答您的恩德。"李愬于是就发给丁士良衣服和武器，任命丁士良为捉生将。

二月初九日己亥，淮西行营上奏说攻占了蔡州的古城葛伯城。

丁士良对李愬说："吴秀琳率领三千将士，占据着文城栅，为吴元济的左臂，朝

军不敢近者，有陈光洽为之谋主也。光洽勇而轻，好自出战，请为公先擒光洽，则秀琳自降矣。”戊申，士良擒光洽以归。

鄂岳观察使李道古引兵出穆陵关；甲寅，攻申州，克其外郭，进攻子城。城中守将夜出兵击之，道古之众惊乱，死者甚众。道古，皋之子也。

淮西被兵数年，竭仓廪以奉战士，民多无食，采菱芡鱼鳖鸟兽食之，亦尽，相帅归官军者前后五千余户；贼亦患其耗粮食，不复禁。庚申，敕置行县以处之，为择县令，使之抚养，并置兵以卫之。

三月，乙丑，李愬自唐州徙屯宜阳栅。

郗士美败于柏乡，拔营而归，士卒死者千余人。

戊辰，赐程执恭名权。

戊寅，王承宗遣兵二万入东光，断白桥路；程权不能御，以众归沧州。

吴秀琳以文城栅降于李愬。戊子，愬引兵至文城西五里，遣唐州刺史李进诚将甲士八千至城下，召秀琳，城中矢石如雨，众不得前。进诚还报：“贼伪降，未可信也。”愬曰：“此待我至耳。”即前至城下，秀琳束兵投身马足下；愬抚其背慰劳之，降其众三千人。秀琳将李宪有材勇，愬更其名曰忠义而用之，悉迁妇女于唐州。于是唐、邓军气复振，人有欲战之志。贼中降者相继于道，随其所便而置之；闻有父母者，给粟帛遣之，曰：“汝曹皆王人，勿弃亲戚。”众皆感泣。

官军与淮西兵夹溵水而军，诸军相顾望，无敢渡溵水者。陈许兵马使王沛先引兵五千渡溵水，据要地为城，于是河阳、宣武、河东、魏博等军相继皆渡，进逼郾城。丁亥，李光颜败淮西兵三万于郾城，走其将张伯良，杀士卒什二三。

己丑，李愬遣山河十将董少玢等分兵攻诸栅；其日，少玢下马鞍山，

廷的军队不敢接近，这是因为有陈光洽做主谋。陈光洽勇敢而轻率，喜欢亲自出营交战，请允许我为您先抓住陈光洽，那么吴秀琳自然就会投降了。”二月十八日戊申，丁士良擒获陈光洽回营。

鄂岳观察使李道古率领军队出了穆陵关。二月二十四日甲寅，进攻申州，攻下了外城，又进军攻打内城。申州城的守将晚上带兵袭击，李道古的军队受惊慌乱，死的人很多。李道古是曹成王李皋的儿子。

淮西地区受战火之灾多年，将仓库中的储藏全都用光，以供应作战的士兵，百姓很多人都没有粮食吃，就采猎菱角、芡实、鱼鳖和鸟兽来吃，这些东西也都吃光了，相继投奔朝廷军队的有五千多户人家。吴元济也担心他们消耗粮食，不再禁止他们投奔朝廷军队。二月三十日庚申，宪宗下令暂时设置一个行县来安置他们，为他们选择县令，让县令负责抚恤和教养事宜，还派兵保护他们。

三月初五日乙丑，李愬从唐州移军驻扎宜阳栅。

郗士美在柏乡打了败仗，撤营而回，士兵战死的有一千多人。

三月初八日戊辰，宪宗给程执恭赐名为程权。

三月十八日戊寅，王承宗派兵二万进入东光县，切断了通往白桥的道路。程权抵挡不住，带领军队回到沧州。

吴秀琳率领文城栅的军队向李愬投降。三月二十八日戊子，李愬带兵到了文城栅西边五里远的地方，派遣唐州刺史李进诚带领八千名身穿铠甲的将士到了文城营栅下面，召吴秀琳出城投降，从城上射下的箭和石头像雨一样密集，将士们不能前进。李进诚回来向李愬报告说：“敌人假装投降，不能让我们相信。”李愬说：“他们这样做是等我去而已。”李愬马上就来到文城下面，吴秀琳将兵器收藏起来，扑在李愬的马足前面，李愬抚摸着吴秀琳的背加以安慰，接受了吴秀琳三千将士的投降。吴秀琳的将领李宪有才能又勇敢，李愬给他改名叫李忠义并重用他，又将文城的妇女全部迁移到唐州。这样一来，唐州和邓州军队的士气又振作起来了，将士们又有了出去打仗的决心。敌人投降李愬的络绎不绝，李愬根据他们的实际情况一一做出安排处置，听说投降者中有父母在家的，就发给粮食布帛打发他们回家，还说道：“你们都是天子的臣民，不要扔下父母不管。”大家都感动得哭了。

朝廷军队和淮西军队隔着溵水驻扎，朝廷的各支军队互相观望，没有敢渡过溵水的。陈许兵马使王沛率先带领五千名将士渡过了溵水，占据险要地势修建营垒，于是河阳、宣武、河东、魏博等各支军队相继都渡过了溵水，逼近郾城。三月二十七日丁亥，李光颜在郾城打败淮西的军队三万人，赶走了这里的将领张伯良，杀死的敌人占总数的十分之二三。

三月二十九日己丑，李愬派遣山河子弟的十将军官董少玢等人各带人马进攻淮

拔路口栅。夏，四月，辛卯，山河十将马少良下嵖岈山，擒淮西将柳子野。

吴元济以蔡人董昌龄为郾城令，质其母杨氏。杨氏谓昌龄曰："顺死贤于逆生，汝去逆而吾死，乃孝子也；从逆而吾生，是戮吾也。"会官军围青陵，绝郾城归路，郾城守将邓怀金谋于昌龄，昌龄劝之归国。怀金乃请降于李光颜曰："城人之父母妻子皆在蔡州，请公来攻城，吾举烽求救，救兵至，公逆击之，蔡兵必败，然后吾降，则父母妻子庶免矣。"光颜从之。乙未，昌龄、怀金举城降，光颜引兵入据之。吴元济闻郾城不守，甚惧。时董重质将骡军守洄曲，元济悉发亲近及守城卒诣重质以拒之。

李愬山河十将妫雅、田智荣下冶炉城。丙申，十将阎士荣下白狗、汶港二栅。癸卯，妫雅、田智荣破西平。丙午，游弈兵马使王义破楚城。

五月，辛酉，李愬遣柳子野、李忠义袭朗山，擒其守将梁希果。

六镇讨王承宗者兵十余万，回环数千里，既无统帅，又相去远，期约难壹，由是历二年无功，千里馈运，牛驴死者什四五。刘总既得武强，引兵出境才五里，留屯不进，月给度支钱十五万缗。李逢吉及朝士多言"宜并力先取淮西，俟淮西平，乘其胜势，回取恒冀，如拾芥耳！"上犹豫，久乃从之。丙子，罢河北行营，各使还镇。

丁丑，李愬遣方城镇遏使李荣宗击青喜城，拔之。

（以上为第一段，写李愬代袁滋为将讨淮西。李愬抚巡士卒，励其斗志，连战皆捷，官军士气大振。唐宪宗又移讨成德之军增益李愬，集中全力讨淮西。）

愬每得降卒，必亲引问委曲，由是贼中险易远近虚实尽知之。愬厚待吴秀琳，与之谋取蔡。秀琳曰："公欲取蔡，非李祐不可，秀琳无能为也。"祐者，淮西骑将，有勇略，守兴桥栅，常陵暴官军。庚辰，祐率士

西的一些营垒。当天，董少玢攻占了马鞍山和路口栅。夏季，四月初二日辛卯，山河子弟的十将军官马少良攻下了山岈山，擒获了淮西将领柳子野。

吴元济任命蔡州人董昌龄为郾城县令，将董昌龄的母亲杨氏扣为人质。杨氏对董昌龄说："归顺朝廷而死比反叛朝廷而活下去要强，你脱离叛贼，而我因此死了，那你才是孝子。你协从叛贼，而我因此能活下去，那就等于是杀了我。"正好朝廷军队包围了青陵这个地方，切断了郾城通向蔡州的归路，郾城的守将邓怀金与董昌龄商议对策，董昌龄劝邓怀金归顺朝廷。邓怀金于是去向李光颜请求投降说："守郾城的将士父母妻子儿女都在蔡州，请您前来攻城，我点起烽火求救，蔡州的救兵到来，您就迎面攻击，蔡州的军队一定会战败，然后我再向您投降，那么这些人的父母妻子儿女就大概可以免于一死了。"李光颜采纳了他的建议。四月初六日乙未，董昌龄和邓怀金带领全城将士向李光颜投降，李光颜带兵进城驻守。吴元济听说郾城失守，非常恐惧。当时，董重质带着骡军防守洄曲，吴元济把亲信将士和守蔡州城的士兵全部派到董重质那里，全力抵抗李光颜。

李愬的山河十将军官妫雅、田智荣攻占了炉城。四月初七日丙申，十将军官阎士荣攻占了白狗和汶港两座营栅。十四日癸卯，妫雅和田智荣攻克了西平城。四月十七日丙午，游弈兵马使王义攻下了楚城。

五月初二日辛酉，李愬派遣柳子野、李忠义袭击朗山，擒获守将梁希果。

河东、幽州、义武、横海、魏博、昭义等六个军镇讨伐王承宗的军队有十几万，绵延包围几千里，既没有一个节制各军的统帅，各军镇的军队又相隔很远，很难采取统一的军事行动，因此经过两年的征战却没有什么建树，朝廷千里迢迢运送军用物资，牛和驴死掉的有十分之四五。刘总攻占武强县以后，带兵离开武强县境内才五里远，驻扎在那里不进攻，每个月度支都要给他军费十五万缗钱。李逢吉和朝廷中的大臣很多都向宪宗进言说："应该集中力量先攻下淮西，等淮西平定之后，乘打了胜仗的形势，再回师攻占恒冀地区，那就像拾根草一样容易！"宪宗犹豫不决，过了很久才采纳这一建议。五月十七日丙子，宪宗下令撤除河北行营，让各支军队返回本军镇去。

五月十八日丁丑，李愬派遣方城镇遏使李荣宗进攻青喜城，攻占了该城。

李愬每当获得敌人的投降士兵，一定让人带来亲自询问各种情况，因此，敌人的险要和容易攻占的地方、什么地方远、什么地方近以及哪里空虚、哪里充实等情况，都了解得十分清楚。李愬对吴秀琳十分优厚，与吴秀琳商议攻占蔡州的事情。

卒刈麦于张柴村，愬召厢虞候史用诚，戒之曰："尔以三百骑伏彼林中，又使人摇帜于前，若将焚其麦积者。祐素易官军，必轻骑来逐之。尔乃发骑掩之，必擒之。"用诚如言而往，生擒祐以归。将士以祐向日多杀官军，争请杀之；愬不许，释缚，待以客礼。

时愬欲袭蔡，而更密其谋，独召祐及李忠义屏人语，或至夜分，他人莫得预闻。诸将恐祐为变，多谏愬；愬待祐益厚。士卒亦不悦，诸军日有牒称祐为贼内应，且言得贼谍者具言其事。愬恐谤先达于上，已不及救，乃持祐泣曰："岂天不欲平此贼邪！何吾二人相知之深而不能胜众口也。"因谓众曰："诸君既以祐为疑，请令归死于天子。"乃械祐送京师，先密表其状，且曰："若杀祐，则无以成功。"诏释之，以还愬。愬见之喜，执其手曰："尔之得全，社稷之灵也！"乃署散兵马使，令佩刀巡警，出入帐中；或与之同宿，密语不寐达曙，有窃听于帐外者，但闻祐感泣声。时唐、随牙队三千人，号六院兵马，皆山南东道之精锐也。愬又以祐为六院兵马使。

旧军令，舍贼谍者屠其家。愬除其令，使厚待之，谍反以情告愬，愬益知贼中虚实。乙酉，愬遣兵攻朗山，淮西兵救之，官军不利；众皆怅恨，愬独欢然曰："此吾计也！"乃募敢死士三千人，号曰突将，朝夕自教习之，使常为行备，欲以袭蔡。会久雨，所在积水，未果。

闰月，己亥，程异还自江、淮，得供军钱百八十五万缗。

谏议大夫韦绶兼太子侍读，每以珍膳饷太子，又悦太子以诙谑，上闻之，丁未，罢绶侍读，寻出为虔州刺史。绶，京兆人。

吴秀琳说："你要攻占蔡州，没有李祐这个人，我实在无能为力。"李祐是淮西的骑兵将领，既勇敢又有谋略，防守着兴桥栅，经常欺凌侮辱朝廷的军队。五月二十一日庚辰，李祐带士兵到张柴村割麦子，李愬召唤厢虞候史用诚，告诫史用诚说："你带三百名骑兵埋伏在那一带的树林中，又派人在李祐的前面摇旗呐喊，做出像是要去烧他们的麦堆的样子。李祐一向轻视朝廷的军队，一定只带几名轻装骑兵来追赶。你这时就带埋伏的骑兵来袭击他，就一定能抓住他。"史用诚按照李愬说的去做，将李祐活捉回来了。将士们因为李祐往日杀害了很多朝廷的将士，争着要求李愬杀了李祐。李愬不同意，给李祐松了绑，用宾客礼对待他。

当时李愬想袭击蔡州，一切策划更加保密，只召见李祐和李忠义单独商议，有时商议到半夜，其他人没有机会参与讨论。各位将士担心李祐叛变，都来劝阻李愬，李愬待李祐反而更优厚。士兵们也不高兴，各支军队每天都有文书来声称李祐要做吴元济的内应，而且说是抓获的敌人的间谍交代的这一事情。李愬担心毁谤的话先传到宪宗那里，自己就来不及救李祐了，于是拉着李祐的手哭着说："难道是上天不想平定吴元济这个叛贼吗？为什么我们两人彼此了解得这样深刻，还抵挡不住大家的议论呢？"于是就对大家说："大家既然怀疑李祐，那么就请大家允许送李祐到朝廷，让天子来处死李祐吧。"于是就将李祐锁起来押送京城，事先向宪宗上一密奏讲明与李祐商议袭击蔡州的事，而且说："如果杀了李祐，攻占蔡州就无法成功。"宪宗下诏赦免李祐无罪，将李祐交还给李愬。李愬见李祐回来很高兴，拉着李祐的手说："你得以保全，是社稷的福分啊！"就任命李祐为散兵马使，让李祐佩带刀剑巡视警戒，自由出入军帐中。李愬有时与李祐同住一处，秘密交谈，整夜不睡，直到天亮，有在军帐边偷听的人，只听到李祐受感动的哭泣声。当时唐州和随州节度使的卫队有三千人，号称六院兵马，都是山南东道的精锐将士。李愬又任命李祐为六院兵马使。

根据以前的军令，对窝藏敌人间谍的人，要杀了窝藏者全家。李愬废除了这条军令，让人们厚待窝藏者的家人。这样，敌人的间谍反而把各种情况告诉了李愬，李愬更加了解敌人的虚实。五月二十六日乙酉，李愬派兵攻打朗山，淮西的军队来援救，朝廷军队吃了败仗，将士们都惆怅恼恨，只有李愬高兴地说："这是我的计策啊！"李愬于是招募敢死将士三千人，号称突将，自己亲自早晚训练，让他们经常做好出发的准备，打算用他们来袭击蔡州。正碰上长期下雨，很多地方都积了很深的水，袭击没有成功。

闰五月初十日己亥，程异从江淮地区回朝，督收供应军需的钱一百八十五万缗。

谏议大夫韦绶兼任太子侍读，总是拿些山珍海味来让太子吃，又说些诙谐的笑话让太子高兴。宪宗知道了这件事，闰五月十八日丁未，罢免了韦绶的太子侍读职

吴元济见其下数叛，兵势日蹙，六月，壬戌，上表谢罪，愿束身自归。上遣中使赐诏，许以不死；而为左右及大将董重质所制，不得出。

秋，七月，大水，或平地二丈。

（以上为第二段，写李愬以恩信招降，迅速攻下淮西外围防线，吴元济始惧。）

初，国子祭酒孔戣为华州刺史，明州岁贡蚶、蛤、淡菜，水陆递夫劳费，戣奏疏罢之。甲辰，岭南节度使崔咏薨，宰相奏拟代咏者数人，上皆不用，曰："顷有谏进蚶、蛤、淡菜者为谁，可求其人与之。"庚戌，以戣为岭南节度使。

诸军讨淮、蔡，四年不克，馈运疲弊，民至有以驴耕者。上亦病之，以问宰相。李逢吉等竞言师老财竭，意欲罢兵；裴度独无言，上问之，对曰："臣请自往督战。"乙卯，上复谓度曰："卿真能为朕行乎！"对曰："臣誓不与此贼俱生。臣比观吴元济表，势实窘蹙，但诸将心不壹，不并力迫之，故未降耳。若臣自诣行营，诸将恐臣夺其功，必争进破贼矣。"上悦，丙戌，以度为门下侍郎、同平章事、兼彰义节度使，仍充淮西宣慰招讨处置使。又以户部侍郎崔群为中书侍郎、同平章事。制下，度以韩弘已为都统，不欲更为招讨，请但称宣慰处置使；仍奏刑部侍郎马总为宣慰副使，右庶子韩愈为彰义行军司马，判官、书记，皆朝廷之选，上皆从之。度将行，言于上曰："臣若贼灭，则朝天有期；贼在，则归阙无日。"上为之流涕。

八月，庚申，度赴淮西，上御通化门送之。右神武将军张茂和，茂昭弟也，尝以胆略自衒于度；度表为都押牙，茂和辞以疾，度奏请斩之。上曰："此忠顺之门，为卿远贬。"辛酉，贬茂和永州司马。以嘉王傅高承简为都押牙。承简，崇文之子也。

务，不久就外放为虔州刺史。韦绶是京兆府人。

吴元济见部下很多人背叛，军事形势日益窘迫，六月初四日壬戌，向朝廷上表称自己有罪，愿意入朝投案。宪宗派遣宫中使者赐给吴元济一个诏令，答应免吴元济一死。但吴元济被身边的人和大将董重质控制了，不能出蔡州。

秋季，七月，发生了严重的洪水，有的地方平地涨了二丈深的水。

当初，国子祭酒孔戣担任华州刺史，明州每年要向朝廷进贡蚶子、蛤蜊、淡菜等水产品，水陆长途转运的运夫既辛苦，耗费也多，孔戣上奏朝廷请求停止这项进贡。七月十七日甲辰，岭南节度使崔咏去世，宰相上奏了几个代替崔咏职务的人选，宪宗都没有看中，说："近年进谏停贡蚶子、蛤蜊、淡菜的那个人是谁，可以找到这个人，把岭南节度使的职务交给这个人。"七月二十三日庚戌，宪宗任命孔戣为岭南节度使。

各路攻打淮西的官军，历时四年攻不下蔡州，军需物资的转运弄得人们疲惫不堪，老百姓甚至有因为牛死了用驴耕田的。宪宗也一直担忧这事，就征询宰相们的意见。李逢吉等人争相说军队士气衰竭，钱财消费已尽，意思是想停止军事行动。只有裴度一个人不说话，宪宗询问裴度，裴度回答说："我请求亲自前去督战。"七月二十八日乙卯，宪宗又对裴度说："你真能为我去前线督战吗？"裴度回答说："我发誓不与吴元济同在人世。我近来观看吴元济上的奏章，吴元济的形势已到了十分窘迫的境地，只是我们各路讨伐的主帅心不齐，没有集中力量进攻，所以吴元济才没有投降。如果臣下亲自去行营督战，各位主帅担心臣下会争夺他们的功劳，一定会争着进攻消灭敌人了。"宪宗很高兴，八月二十九日丙戌（丙辰）这一天，任命裴度为门下侍郎、同平章事，兼任彰义节度使，还充当淮西宣慰招讨处置使。宪宗又任命户部侍郎崔群为中书侍郎、同平章事。委任的诏令颁布后，裴度认为韩弘已经做了都统，不想再担任招讨一职，请宪宗只给自己宣慰处置使职务。裴度还上奏请刑部侍郎马总担任宣慰副使，让右庶子韩愈担任彰义行军司马，判官和书记官都从朝廷中挑选，宪宗答应了这些要求。裴度将要出发时，对宪宗说："如果我消灭了吴元济，那么就会回来朝见陛下；如果吴元济还在，那我就不会回朝。"宪宗听了流下眼泪。

八月初三日庚申，裴度前往淮西，宪宗在通化门为裴度送行。右神武将军张茂和，是张茂昭的弟弟，曾经在裴度面前炫耀自己有胆识和谋略。裴度上奏章请求任命张茂和为自己去淮西督战的都押牙官，张茂和以有病为借口加以推辞，裴度上奏请宪宗杀了张茂和。宪宗说："他们张家一门忠诚恭顺朝廷，朕为你将他贬斥到遥远

李逢吉不欲讨蔡，翰林学士令狐楚与逢吉善，度恐其合中外之势以沮军事，乃请改制书数字，且言其草制失辞；壬戌，罢楚为中书舍人。

李光颜、乌重胤与淮西战；癸亥，败于贾店。

裴度过襄城南白草原，淮西人以骁骑七百邀之；镇将楚丘曹华知而为备，击却之。度虽辞招讨名，实行元帅事，以郾城为治所。甲申，至郾城。先是，诸道皆有中使监陈，进退不由主将，胜则先使献捷，不利则陵挫百端；度悉奏去之，诸将始得专军事，战多有功。

（以上为第三段，写裴度自请督师，奏罢中使监军，诸将始专军事，战多有功。）

九月，庚子，淮西兵寇溵水镇，杀三将，焚刍藁而去。

初，上为广陵王，布衣张宿以辩口得幸；及即位，累官至比部员外郎。宿招权受赂于外，门下侍郎、同平章事李逢吉恶之。上欲以宿为谏议大夫，逢吉曰："谏议重任，必能可否朝政，始宜为之。宿小人，岂得窃贤者之位！必欲用宿，请去臣乃可。"上由是不悦。逢吉又与裴度异议，上方倚度以平蔡；丁未，罢逢吉为东川节度使。

甲寅，李愬将攻吴房，诸将曰："今日往亡。"愬曰："吾兵少，不足战，宜出其不意。彼以往亡不吾虞，正可击也。"遂往，克其外城，斩首千余级。余众保子城，不敢出，愬引兵还以诱之，淮西将孙献忠果以骁骑五百追击其背；众惊，将走，愬下马据胡床，令曰："敢退者斩！"返旆力战，献忠死，淮西兵乃退。或劝愬乘胜攻其子城，可拔也。愬曰："非吾计也。"引兵还营。

李祐言于李愬曰："蔡之精兵皆在洄曲，及四境拒守，守州城者皆

的地方去。”八月初四日辛酉，宪宗把张茂和贬为永州司马。任命嘉王傅高承简为都押牙。高承简是高崇文的儿子。

李逢吉不想讨伐蔡州，翰林学士令狐楚与李逢吉关系很好，裴度担心他们联合宫廷内外的势力阻挠军事行动，就请求宪宗在制书上改动几个字，并且说令狐楚起草诏制措辞失当。八月初五日壬戌，宪宗将令狐楚降职为中书舍人。

李光颜、乌重胤与淮西军队交战，八月初六日癸亥，在贾店打了败仗。

裴度经过襄城南边白草原这个地方时，淮西派出七百名精悍的骑兵来袭击，当地镇守的将领楚丘人曹华事先得知这事，做了准备，将敌人打退了。裴度虽然辞去了招讨的官名，实际上却行使元帅的职责，以郾城为指挥所。八月二十七日甲申，裴度到了郾城。在此之前，各道的军队都有宫中使者监战，军队进攻撤退不由主帅决定，如果打了胜仗，监军就率先派人向朝廷报捷，如果打了败仗，监军就百般凌辱将帅。裴度上奏宪宗撤除所有监军，各位将帅才得以一心一意指挥军队，作战多有建树。

九月十四日庚子，淮西军队侵犯溵水镇，杀死三个将领，烧毁喂牲口的草料后离开了。

当初，宪宗做广陵王的时候，平民百姓张宿因为能言善辩得到了宠信。宪宗即位之后，张宿一直升官到刑部的比部员外郎。张宿在朝廷内外结纳权贵人物，收受贿赂，门下侍郎、同平章事李逢吉很讨厌他。宪宗打算任命张宿为谏议大夫，李逢吉说：“谏议大夫责任重大，一定要能判断朝廷的是非，才适宜担任这一职务。张宿是一个小人，怎么能够窃得贤明者的职位呢？陛下一定要任用张宿，那就请先免了臣下的职务。”宪宗因此不高兴。李逢吉又与裴度持不同意见，宪宗正依靠裴度平定蔡州。九月二十一日丁未，宪宗罢免了李逢吉的宰相职务，改任为东川节度使。

九月二十八日甲寅，李愬准备攻打吴房县，各位将领说：“今天是不利于前去攻战的往亡日啊。”李愬说：“我们的兵力太少，不能够正式与敌人交战，应该采取出乎敌人意料的行动。敌人因为今天是往亡日，不会防备我们，我们正好乘这一机会去进攻。”于是带军前去，攻下吴房县的外城，杀敌一千多人。残余的敌人退保里城，不敢出城迎战，李愬就带兵回去，借以引诱敌人出城，淮西将领孙献忠果然中计，带领五百精锐骑兵跟着李愬后面追击。李愬的将士惊慌失措，准备逃走，李愬下马坐在胡床上，下令说：“谁敢后退就杀谁！”将士们回军与敌人拼死作战，孙献忠被杀。淮西士兵这才退回去。有人劝李愬乘胜去攻吴房县城，说可以攻占。李愬说：“打吴房不是我的策略。”于是带领军队回营。

李祐对李愬建议道：“蔡州的精兵都在洄曲和四面边境上抵御，防守蔡州城的都

羸老之卒，可以乘虚直抵其城。比贼将闻之，元济已成擒矣。”愬然之。冬，十月，甲子，遣掌书记郑澥至郾城，密白裴度。度曰：“兵非出奇不胜，常侍良图也。”

上竟用张宿为谏议大夫，崔群、王涯固谏，不听；乃请以为权知谏议大夫，许之。宿由是怨执政及端方之士，与皇甫镈相表里，谮去之。

裴度帅僚佐观筑城于沱口，董重质帅骑出五沟，邀之，大呼而进，注弩挺刃，势将及度。李光颜与田布力战，拒之，度仅得入城。贼退，布扼其沟中归路，贼下马逾沟，坠压死者千余人。

辛未，李愬命马步都虞候、随州刺史史旻留镇文城，命李祐、李忠义帅突将三千为前驱，自与监军将三千人为中军，命李进诚将三千人殿其后。军出，不知所之；愬曰：“但东行！”行六十里，夜，至张柴村，尽杀其戍卒及烽子。据其栅，命士少休，食干糒，整羁靮，留义成军五百人镇之，以断洄曲及诸道桥梁，复夜引兵出门；诸将请所之，愬曰：“入蔡州取吴元济！”诸将皆失色。监军哭曰：“果落李祐奸计！”时大风雪，旌旗裂，人马冻死者相望。天阴黑，自张柴村以东道路，皆官军所未尝行，人人自以为必死；然畏愬，莫敢违。夜半，雪愈甚，行七十里，至州城；近城有鹅鸭池，愬令击之以混军声。

自吴少诚拒命，官军不至蔡州城下三十余年，故蔡人不为备。壬申，四鼓，愬至城下，无一人知者。李祐、李忠义䦆其城，为坎以先登，壮士从之；守门卒方熟寐，尽杀之，而留击柝者，使击柝如故。遂开门纳众，及里城，亦然，城中皆不之觉。鸡鸣，雪止，愬入居元济外宅。或告元济曰：“官军至矣！”元济尚寝，笑曰：“俘囚为盗耳！晓当尽戮之。”又有告者曰：“城陷矣！”元济曰：“此必洄曲子弟就吾求寒衣也。”起，听于廷，闻愬军号令曰：“常侍传语。”应者近万人。元济始惧，曰：“何

是老弱的士兵，可以乘蔡州空虚直接进攻蔡州城。等到敌人的将领们听到这一消息，吴元济已经被我们擒获了。”李愬同意李祐的意见。冬季，十月初八日甲子，李愬派遣掌书记郑澥到郾城去，将这个计划秘密地告诉给裴度。裴度说：“用兵，如果不能采取奇袭措施，就不能取胜，李常侍的计划很好。”

宪宗最后还是要任用张宿作谏议大夫，崔群和王涯坚持劝谏，但宪宗不采纳他们的意见。于是，他们就请宪宗让张宿暂时代理谏议大夫一职，宪宗同意了。张宿从此以后怨恨执掌朝政的人和品德端正的人士，与皇甫镈勾结，诬陷这些人，将他们赶出朝廷。

裴度带着部下僚属去视察沱口的筑城情况，董重质带领骑兵从五沟这个地方出来，拦击裴度一行，大声呼叫着向前冲锋，张弓拔剑，看情况马上就要接近裴度了。李光颜和田布率军拼命迎战，抵挡住了敌人。裴度才得以进入沱口城内。敌人撤退，田布控制了敌人退回五沟的归路，敌人纷纷下马跨沟，掉到沟里和压死的有一千多人。

十月十五日辛未，李愬命令马步都虞候、随州刺史史旻留在文城镇守，命令李祐和李忠义率领三千名突将作前锋，自己与监军带三千名将士作中军，命令田进诚率领三千名将士作后卫。军队出发后，将领们不知要去哪里。李愬说：“你们只管向东前进！”行军六十里，晚上，到达张柴村，他们将淮西在这里守卫的士兵和负责守候烽火报警的士兵全部杀光。占领了这里的营垒，李愬下令士兵们稍事休息，吃一些干粮，整理一下马身上的器具，留下义成军的五百名将士在这里镇守，以切断洄曲和各条通往蔡州道路上的桥梁。李愬又连夜带着军队出了营门。各位将领们询问军队要去哪里，李愬说：“进蔡州城活捉吴元济！”各位将领都大惊失色。监军哭着说道：“我们果然中了李祐的奸计了！”当时正刮大风，下着大雪，军旗都被风撕破了，被冻死的人和马随处可以见到。天气阴沉漆黑，从张柴村到东边去的路，官军以前都没有行走过，人人都自以为此行一定活不成了。但是又害怕李愬，不敢违抗命令。到了半夜的时候，雪下得更大，军队行军七十里，到了蔡州城下。靠近蔡城边有一个满是鹅鸭的水池，李愬下令去扰击鹅鸭，以掩盖军队行动的声音。

自从吴少诚抗拒朝廷的命令以来，官军有三十几年没有到蔡州城下来了，所以蔡州人没有防备。十月十六日壬申凌晨四更时分，李愬的军队来到蔡州城下，蔡州城内没有一个人知道。李祐和李忠义先用锄头在城墙上挖掘，弄成梯坎，率先登城，让强壮的士兵接着上城。守卫城门的士兵们正在熟睡，他们将这些人杀光，只留下敲更的人，让他继续敲更。然后打开城门放军队进城，军队到了里城，也跟前面一样，城内没有一个人知道这事的。鸡叫的时候，大雪停止了，李愬已经进入了吴元济的外宅。有人告诉吴元济说：“官军到了！”吴元济那时还在睡觉，笑着说：

等常侍，能至于此！”乃帅左右登牙城拒战。

时董重质拥精兵万余人据洄曲。愬曰：“元济所望者，重质之救耳！”乃访重质家，厚抚之，遣其子传道持书谕重质；重质遂单骑诣愬降。

愬遣李进诚攻牙城，毁其外门，得甲库，取器械。癸酉，复攻之，烧其南门，民争负薪刍助之，城上矢如猬毛。晡时，门坏，元济于城上请罪，进诚梯而下之。甲戌，愬以槛车送元济诣京师，且告于裴度。是日，申、光二州及诸镇兵二万余人相继来降。

自元济就擒，愬不戮一人，凡元济官吏、帐下、厨厩之卒，皆复其职，使之不疑，然后屯于鞠场以待裴度。

（以上为第四段，写李愬雪夜取蔡州。）

以淮南节度使李鄘为门下侍郎、同平章事。

己卯，淮西行营奏获吴元济，光禄少卿杨元卿言于上曰：“淮西大有珍宝，臣能知之，往取必得。”上曰：“朕讨淮西，为人除害，珍宝非所求也。”

董重质之去洄曲军也，李光颜驰入其壁，悉降其众。庚辰，裴度遣马总先入蔡州慰抚。辛巳，度建彰义军节，将降卒万余人入城，李愬具櫜鞬出迎，拜于路左。度将避之，愬曰：“蔡人顽悖，不识上下之分，数十年矣，愿公因而示之，使知朝廷之尊。”度乃受之。

李愬还军文城，诸将请曰：“始公败于朗山而不忧，胜于吴房而不取，冒大风甚雪而不止，孤军深入而不惧，然卒以成功，皆众人所不谕也，敢问其故？”愬曰：“朗山不利，则贼轻我而不为备矣。取吴房，则其众奔蔡，并力固守，故存之以分其兵。风雪阴晦，则烽火不接，不知吾至。孤军深入，则人皆致死，战自倍矣。夫视远者不顾近，虑大者不详细，

“这是被俘的囚徒们在闹事！天亮后一定把他们全杀了。”又有人告诉吴元济说：“州城已经沦陷了！”吴元济说：“这一定是洄曲的士兵们到这里来找我要御寒衣服的。”他起床，在厅堂中处理事情，听到李愬的军队传达号令的声音：“常侍传令。”响应的人将近一万人。吴元济这才害怕起来，说：“这是什么样的常侍，竟然能到这里来！”于是率领侍卫登上军府的牙城上抵抗。

当时，董重质带着一万多精锐军队守在洄曲一带。李愬说：“吴元济所希望的，只是董重质的救援而已！”于是去拜访董重质的家，很优厚地安抚他的家人，派他的儿子董传道带着自己的信去劝说董重质，董重质最终单人匹马到李愬这里来投降。

李愬派遣李进诚进攻吴元济的军府城墙，毁坏城墙的外门，得到武器库，取出兵器。十月十七日癸酉，李愬的军队又进攻，烧毁了吴元济军府的南门，老百姓争着背柴草来帮助攻打吴元济，官军射到城墙上的箭像刺猬的毛一样多。到太阳西沉的时候，城门被攻破，吴元济在城墙上请求治罪，李进诚用梯子让吴元济下来。十月十八日甲戌，李愬用囚车将吴元济押送到京城长安去，并且向裴度报告了。这一天，申州和光州的将士，一些军镇援助淮西的军队二万多人，相继向官军投降。

自从吴元济被擒以后，李愬不再杀一人，凡是吴元济的官吏和军帐下、马厩、厨房的士兵，李愬一概让他们恢复原来的职事，让他们不起疑心。然后将军队驻扎在鞠球场上等候裴度的到来。

宪宗任命淮南节度使李鄘为门下侍郎、同平章事。

十月二十三日己卯，淮西行营上奏擒获了吴元济。光禄少卿杨元卿对宪宗说：“淮西有不少珍奇宝贝，臣下对此了解得很清楚，让臣下去淮西，一定能够找到。”宪宗说：“朕派兵征讨淮西，目的在于为民除害，珍奇宝贝不是朕所要找的。”

董重质离开洄曲的军队，李光颜率军奔进洄曲的军营，招降了这里的全部敌军。十月二十四日庚辰，裴度派遣马总先进蔡州城去安抚百姓和投降将士。十月二十五日辛巳，裴度打出彰义军的节度使标志，带着投降的将士一万多人进蔡州城，李愬全副武装出来迎接，在路的左边向裴度行礼。裴度准备回避李愬的拜礼，李愬说：“蔡州人愚顽悖逆，不懂得上级和下级的名分礼数，已经几十年了。希望您借此做给他们看，让他们知道朝廷的尊严。”裴度才接受李愬的行礼。

李愬带军队回去，驻扎在文城，各位将领请教说：“开始，您在朗山打了败仗而不忧虑，在吴房打了胜仗却又不攻下县城，顶冒着大风大雪行军不止，用一支孤军深入敌人的境内却不畏惧，然而最终取得了胜利，这都是我们大家所不明白的，请问这是什么缘故？”李愬说：“在朗山战事中失利，那么敌人就会轻视我们而不加防备了。要是攻占吴房县，那么敌人就会逃向蔡州，集中力量固守蔡州，所以不攻占

若矜小胜，恤小败，先自挠矣，何暇立功乎！”众皆服。愬俭于奉己而丰于待士，知贤不疑，见可能断，此其所以成功也。

（以上为第五段，写李愬智勇，与诸将论取胜之道。）

裴度以蔡卒为牙兵，或谏曰：“蔡人反仄者尚多，不可不备。”度笑曰：“吾为彰义节度使，元恶既擒，蔡人则吾人也，又何疑焉！”蔡人闻之感泣。先是吴氏父子阻兵，禁人偶语于涂，夜不然烛，有以酒食相过从者罪死。度既视事，下令惟禁盗贼，余皆不问，往来者不限昼夜，蔡人始知有生民之乐。

甲申，诏韩弘、裴度条列平蔡将士功状及蔡之将士降者，皆差第以闻。淮西州县百姓，给复二年；近贼四州，免来年夏税。官军战亡者，皆为收葬，给其家衣粮五年；其因战伤残废者，勿停衣粮。

十一月，上御兴安门受俘，遂以吴元济献庙社，斩于独柳之下。

初，淮西之人劫于李希烈、吴少诚之威虐，不能自拔，久而老者衰，幼者壮，安于悖逆，不复知有朝廷矣。自少诚以来，遣诸将出兵，皆不束以法制，听各以便宜自战，故人人得尽其才。韩全义之败于溵水也，于其帐中得朝贵所与问讯书，少诚束以示众曰：“此皆公卿属全义书，云破蔡州日，乞一将士妻女为婢妾。”由是众皆愤怒，以死为贼用；虽居中土，其风俗犷戾过于夷貊。故以三州之众，举天下之兵环而攻之，四年然后克之。

官军之克元济也，李师道募人通使于蔡，察其形势，牙前虞候刘晏

吴房县，是为了将敌人的兵力分散。在大风大雪的阴暗天气中出兵，那么敌人的烽火不能连接传递，就不知道我们要到了。我们以孤军深入敌人境内，那么将士们就都要拼死力战，打起仗来就会使军力倍增了。一般来说，看得远的人不会顾及近处的事情，考虑大事的人不必知道琐细的事情，如果因一次小胜利而洋洋自得，因一次小失败而忧心忡忡，那首先就搅乱了自己的阵脚，哪里还有时间来立功呢？”大家听了以后都十分佩服。李愬自己生活节俭，但对将士们却很优厚，任用贤明的人不再怀疑，了解到可以实行的事能够当机立断，这就是他获得成功的原因。

裴度用蔡州降兵作节度使的卫队，有人劝阻说：“蔡州人中反复无常的人还很多，不能不作防备。”裴度笑着说：“我担任彰义节度使，元凶既然已被擒获，那么蔡州人就是我们的自己人，对他们又有什么要怀疑的呢？”蔡州人听了这话感动得哭了。在此之前，吴少阳、吴元济父子拥兵抗拒朝廷，禁止有两人以上的人在路上说话，不准人家晚上点蜡烛，有用酒和食品相互招待的人，就犯了死罪。裴度主持政事之后，下令只是禁止盗贼，其余的一概不管，人们相互往来没有白天黑夜的限制，蔡州人这才知道有人生的正常乐趣。

十月二十八日甲申，宪宗下诏韩弘和裴度，要他们罗列平定蔡州的将士们的功劳情况和蔡州投降的将士名单，都分等级上奏朝廷。免除淮西各州县百姓的赋税两年。靠近淮西的四个州，都免除明年的夏税。朝廷军队战死的人，都要收尸埋葬，发给他们的家属五年的衣服和粮食；那些在战场上受伤残废的人，要一直供应他们的衣服和粮食。

十一月，宪宗到兴安门去接受俘虏，将吴元济带到宗庙社稷前献祭后，在独柳树下将他斩首。

当初，淮西百姓受李希烈、吴少诚暴政的威胁，无法从中超脱出来，时间一长，年老的人衰弱了，年幼的成了壮年，他们都安于悖逆朝廷的现状，不再知道有朝廷了。自吴少诚统治以来，派遣各位将领出兵抢掠进攻，都不用法令制度来约束他们，听任他们根据实际情况自己指挥打仗，所以每个人都能施展自己的才干。韩全义在溵水被打败以后，淮西兵在他的营帐中得到朝廷中的权贵们写给他们的问候信，吴少诚把信件捆起来给大家看，说：“这都是王公卿相们给韩全义的信，说在攻下蔡州的那一天，要求弄一个蔡州将士的妻子和女儿作奴婢和小妾。”于是众人都非常愤怒，拼命为叛贼效力。淮西虽在中原，但这里民风剽悍暴戾，比周边胡人还厉害。所以，吴元济凭借三个州的军民，朝廷用全国的兵力四面围攻，攻打了四年才攻下来。

官军攻打吴元济的时候，李师道招募人作使者去蔡州通风报信，并考察蔡州的

平应募，出汴、宋间，潜行至蔡。元济大喜，厚礼而遣之。晏平还至郓，师道屏人而问之，晏平曰："元济暴兵数万于外，阽危如此，而日与仆妾游戏博弈于内，晏然曾无忧色。以愚观之，殆必亡，不久矣！"师道素倚淮西为援，闻之惊怒，寻诬以他过，杖杀之。

戊子，以李愬为山南东道节度使，赐爵凉国公；加韩弘兼侍中；李光颜、乌重胤等各迁官有差。

旧制，御史二人知驿；壬辰，诏以宦者为馆驿使。左补阙裴潾谏曰："内臣外事，职分各殊，切在塞侵官之源，绝出位之渐。事有不便，必戒于初；令或有妨，不必在大。"上不听。

甲午，恩王连薨。

辛丑，以唐、随兵马使李祐为神武将军，知军事。

裴度以马总为彰义留后；癸丑，发蔡州。上封二剑以授梁守谦，使诛吴元济旧将；度至郾城，遇之，复与俱入蔡州，量罪施刑，不尽如诏旨，仍上疏言之。

十二月，壬戌，赐裴度爵晋国公，复入知政事。以马总为淮西节度使。

初，吐突承璀方贵宠用事，为淮南监军；李鄘为节度使，性刚严，与承璀互相敬惮，故未尝相失。承璀归，引鄘为相；鄘耻由宦官进，及将佐出祖，乐作，鄘泣下曰："吾老安外镇，宰相非吾任也！"戊寅，鄘至京师，辞疾，不入见，不视事，百官到门，皆辞不见。

庚辰，贬淮西降将董重质为春州司户。重质为元济谋主，屡破官军；上欲杀之，李愬奏先许重质以不死。

（以上为第六段，写裴度优抚淮西士民，处置善后事宜。）

形势，担任牙前虞候的刘晏平应召，从汴州和宋州之间出发，暗中来到蔡州。吴元济非常高兴，送给他很重的礼物打发他回去。刘晏平回到郓州之后，李师道让其他人走开，单独询问情况，刘晏平说："吴元济将几万兵马派到外地防守，形势如此危险，但吴元济整天与仆人侍妾在城内赌博下棋，寻欢作乐，没有一点忧虑的神色。依我的愚见，吴元济肯定会败亡，时间不会太长了！"李师道一向依靠淮西作为后援，听到这话又惊讶又恼怒，不久就借别的过错，用军棍打死了刘晏平。

十一月初三日戊子，宪宗任命李愬为山南东道节度使，赐封凉国公。加授韩弘兼任侍中职务。对李光颜、乌重胤等人都有不同等级的升迁。

以前的制度规定，用两名监察御史管理全国驿站。十一月初七日壬辰，宪宗下诏任命宦官为馆驿使。左补阙裴潾劝谏宪宗说："宫廷内的臣子和朝廷的事务，职责和名分各自不同。最重要的是堵住侵犯官员职守的根源，杜绝越官任职的势头。如果事情处理得不合适，一定在最初就引起警惕，颁行的命令如果有妨碍，不一定是大事情才纠正。"宪宗不采纳这一意见。

十一月初九日甲午，恩王李连去世。

十一月十六日辛丑，宪宗任命唐州、随州兵马使李祐为神武将军，掌管军中事务。

裴度任命马总为彰义留后。十一月二十八日癸丑，裴度从蔡州出发回朝。宪宗将两把宝剑封好授予梁守谦，让梁守谦去杀吴元济的旧日将领。裴度到郾城，遇到梁守谦，又与梁守谦一起进蔡州城，根据罪行对吴元济的部将实施刑罚，不完全按宪宗的诏令旨意办事，随之上奏陈述自己的意见。

十二月初七日壬戌，宪宗封赐裴度为晋国公，让裴度再入朝处理政事。宪宗任命马总为淮西节度使。

当初，吐突承璀正受宪宗宠信而手握大权，担任淮南监军。李鄘担任淮南节度使，性格刚直威严，与吐突承璀互相敬畏，所以关系没有弄僵。吐突承璀回朝以后，就推荐李鄘为宰相。李鄘以被宦官推荐为耻辱，后来将领僚佐们为他饯行，当乐声大作时，李鄘流着眼泪对大家说："我到老都安于在军镇任外官，宰相一职不是我能胜任的啊！"十二月二十三日戊寅，李鄘到了京城长安，以生病辞职，不进宫朝见宪宗，不去处理政事，朝廷文武百官到家门口拜会，李鄘一概推辞，不肯接见。

十二月二十五日庚辰，宪宗将淮西降将董重质贬为春州司户。董重质是吴元济的主谋，多次打败过官军。宪宗打算杀董重质，李愬上奏说事先已答应董重质不处死他。

十三年（戊戌，818年）

春，正月，乙酉朔，赦天下。

初，李师道谋逆命，判官高沐与同僚郭昈、李公度屡谏之。判官李文会、孔目官林英素为师道所亲信，涕泣言于师道曰："文会等尽心为尚书忧家事，反为高沐等所疾，尚书奈何不爱十二州之土地，以成沐等之功名乎！"师道由是疏沐等，出沐知莱州。会林英入奏事，令进奏吏密申师道云："沐潜输款于朝廷。"文会从而构之，师道杀沐，并囚郭昈，凡军中劝师道效顺者，文会皆指为高沐之党而囚之。

及淮西平，师道忧惧，不知所为。李公度及牙将李英昙因其惧而说之，使纳质献地以自赎。师道从之，遣使奉表，请使长子入侍，并献沂、密、海三州。上许之。乙巳，遣左常侍李逊诣郓州宣慰。

上命六军修麟德殿；右龙武统军张奉国、大将军李文悦以外寇初平，营缮太多，白宰相，冀有论谏；裴度因奏事言之。上怒，二月，丁卯，以奉国为鸿胪卿，壬申，以文悦为右武卫大将军，充威远营使。于是浚龙首池，起承晖殿，土木浸兴矣。

李愬奏请判官、大将以下官凡百五十员；上不悦，谓裴度曰："李愬诚有奇功，然奏请过多。使如李晟、浑瑊，又何如哉！"遂留中不下。

李鄘固辞相位，戊戌，以鄘为户部尚书。以御史大夫李夷简为门下侍郎、同平章事。

初，渤海僖王言义卒，弟简王明忠立，改元太始；一岁卒，从父仁秀立，改元建兴。乙巳，遣使来告丧。

横海节度使程权自以世袭沧景，与河朔三镇无殊，内不自安；己酉，遣使上表，请举族入朝，许之。横海将士乐自擅，不听权去，掌书记林蕴谕以祸福，权乃得出。诏以蕴为礼部员外郎。

唐宪宗元和十三年（戊戌，818 年）

春季，正月初一日乙酉，大赦天下。

当初，李师道策划抗拒朝廷，判官高沐和同僚郭昈、李公度多次劝阻李师道。判官李文会、孔目官林英一向受李师道的亲近信任，流着眼泪对李师道说："我们这些人尽心尽力地为您担忧操持家务事情，反而受高沐等人的憎恨，您为什么不爱惜自己十二个州的土地，而用它来成就高沐等人的功名呢？"李师道从此以后就疏远高沐等人，把高沐外放到莱州去做刺史。正好林英入京上奏事情，他让淄青设在京城长安的进奏院的官吏秘密报告李师道说："高沐等人暗中向朝廷表示忠诚。"李文会接着就诬陷高沐等人。李师道于是就杀了高沐，并囚禁了郭昈，凡是军中劝说李师道为朝廷效力的人，都被李文会指责为高沐的党羽而囚禁起来。

等到淮西被朝廷平定，李师道既担忧又害怕，不知所措。李公度和牙将李英昙乘李师道害怕而劝说李师道，让李师道向朝廷派出人质，献出土地来自我赎罪。李师道采纳了这一建议，派遣使者向朝廷上奏，请求让长子进京侍奉宪宗，并且向朝廷献出沂、密、海三个州。宪宗同意了。正月二十一日乙巳，宪宗派遣左常侍李逊去郓州宣诣慰问。

宪宗下令中央禁军的六军修建麟德殿。右龙武统军张奉国和大将军李文悦认为外地的寇贼才平定，营造缮修的地方太多了，就把这事向宰相说了，希望能有所论议和劝谏。裴度乘上奏事情的时候向宪宗谈了这件事。宪宗很生气。二月十三日丁卯，宪宗将张奉国降职为鸿胪卿。二月十八日壬申，宪宗将李文悦改任为右武卫大将军，让他担任威远营使。这以后，朝廷调集人力疏通了龙首池，建起了承晖殿，宪宗开始渐渐地大兴土木。

李愬向宪宗上奏请求任命判官、大将军以下的官员共有一百五十人。宪宗对此很不高兴，对裴度说："李愬确实建立了功劳，但上奏请求任命的官员太多了，假使像李晟、浑瑊那样立了功劳，那又该怎么办呢？"于是将李愬的奏章留在宫中，不下发给中书省。

李鄘坚决辞去宰相职位，三月十四日戊戌，宪宗任命李鄘为户部尚书。宪宗又任命御史大夫李夷简为门下侍郎、同平章事。

当初，渤海国的僖王大言义去世，弟弟简王大明忠继位，改年号为太始，一年以后就死了。叔叔大仁秀继位，改年号为建兴。三月二十一日乙巳，大仁秀派遣使者向朝廷报丧。

横海节度使程权自己觉得世代承袭沧州、景州地区的主帅职位，与河朔地区三个军镇没有什么区别，内心很是不安。三月二十五日己酉，派遣使者上表朝廷，请求率领全族人口进京入朝，宪宗同意了。横海军的将士喜欢自作主张，不听朝廷命

（以上为第七段，写朝廷平定淮西，淄青李师道恐惧，假意效顺，称将派长子入朝为质。）

裴度之在淮西也，布衣柏耆以策干韩愈曰："吴元济既就擒，王承宗破胆矣，愿得奉丞相书往说之，可不烦兵而服。"愈白度，为书遣之。承宗惧，求哀于田弘正，请以二子为质，及献德、棣二州，输租税，请官吏。弘正为之奏请，上初不许；弘正上表相继，上重违弘正意，乃许之。夏，四月，甲寅朔，魏博遣使送承宗子知感、知信及德、棣二州图印至京师。

幽州大将谭忠说刘总曰："自元和以来，刘辟、李锜、田季安、卢从史、吴元济，阻兵冯险，自以为深根固蒂，天下莫能危也。然顾盼之间，身死家覆，皆不自知，此非人力所能及，殆天诛也。况今天子神圣威武，苦身焦思，缩衣节食，以养战士，此志岂须臾忘天下哉！今国兵骎骎北来，赵人已献城十二，忠深为公忧之。"总泣且拜曰："闻先生言，吾心定矣。"遂专意归朝廷。

戊辰，内出废印二纽，赐左、右三军辟仗使。旧制，以宦官为六军辟仗使，如方镇之监军，无印。及张奉国得罪，至是始赐印，得纠绳军政，事任专达矣。

庚戌，诏洗雪王承宗及成德将士，复其官爵。
（以上为第八段，写成德效顺，朝廷恢复王承宗官爵。）

李师道暗弱，军府大事，独与妻魏氏、奴胡惟堪、杨自温、婢蒲氏、袁氏及孔目官王再升谋之，大将及幕僚莫得预焉。魏氏不欲其子入质，与蒲氏、袁氏言于师道曰："自先司徒以来，有此十二州，奈何无故割而献之！今计境内之兵不下数十万，不献三州，不过以兵相加。若力战不胜，献之未晚。"师道乃大悔，欲杀李公度，幕僚贾直言谓其用事奴曰："今大祸将至，岂非高沐冤气所为！若又杀公度，军府其危哉！"乃囚之。迁李英昙于莱州，未至，缢杀之。

令，不让程权离开，掌书记林蕴用祸福的道理开导他们，程权才得以离开。宪宗下诏任命林蕴为礼部员外郎。

裴度在淮西的时候，有一个叫柏耆的平民百姓向韩愈献计策，说：“吴元济已经被擒，王承宗就被吓破了胆，我希望能够带着宰相写的信去劝说王承宗，可以不用麻烦朝廷用兵而让他归顺。”王承宗很害怕，向田弘正哀求，请求让两个儿子做人质，而且还向朝廷献出德、棣二个州，向朝廷交纳赋税，请朝廷委派官吏。田弘正为王承宗向朝廷上奏请求，宪宗当初不同意。田弘正一个接一个地上奏章，宪宗不想违背田弘正的意见于是就同意了。夏季，四月初一日甲寅，田弘正派遣使者送王承宗的儿子王知感、王知信和德、棣二州的地图、印信到了京城长安。

幽州的大将谭忠劝刘总说：“自从元和年间以来，刘辟、李锜、田季安、卢从史、吴元济凭借着军队和地势险要违抗朝廷，自认为根深蒂固，天下的人不能危害他们。但是在短暂的时间内，他们一个个身首异处，家族覆没，这都是他们无自知之明，这不是人力能够达到的，而是上天要杀戮他们啊。况且现在的天子神圣英明，威严勇武，苦心思虑，节衣缩食来供养战士，皇帝的这个志向，难道有片刻忘记了天下的安宁吗？现在朝廷的军队快速向北挺进，王承宗已经向朝廷进献了德州和棣州共十二个县的土地，我谭忠深深为您的处境担忧。”刘总流着眼泪向谭忠行礼说：“听了先生的一席话，我的决定就下定了。”于是决意归顺朝廷。

四月十五日戊辰，宪宗从宫内拿出两枚废弃了的印信，赐给左、右三军辟仗使。以前的制度规定，让宦官担任中央禁军六军的辟仗使，职掌与外面军镇的监军相同，但没有印信。张奉国因事获罪以后，到此时宪宗才赐给辟仗使印信，可以处置军政事务，处理意见可以直接上奏宪宗。

四月二十七日［庚辰］，宪宗下诏为王承宗和成德军的将士们洗雪罪名，恢复他们的官职爵位。

李师道昏庸怯懦，军府中的事情，只与妻子魏氏，奴仆胡惟堪、杨自温，婢妾蒲氏、袁氏以及孔目官王再升商议，军中的大将和幕僚们都不能参与。魏氏不想让自己的儿子入朝作人质，就和蒲氏、袁氏一起向李师道说：“自已故司徒李公以来，我们就拥有这十二个州的地方，为什么要无故割让出来献给朝廷呢？现在合计境内我们的兵力不下几十万人，如果不献出三州来，朝廷不过就是对我们使用武力。如果我们拼出全力作战，打不赢的话，再向朝廷献出三个州也不晚。”李师道听后十分后悔，打算杀了李公度。幕僚贾直言对李师道亲信的奴仆说：“现在大祸就要临头了，这难道不是高沐冤死的魂魄造成的吗？如果又杀了李公度，那军府就十分危险

李逊至郓州，师道大陈兵迎之，逊盛气正色，为陈祸福，责其决语，欲白天子。师道退，与其党谋之，皆曰："弟许之，他日正烦一表解纷耳。"师道乃谢曰："向以父子之私，且迫于将士之情，故迁延未遣。今重烦朝使，岂敢复有二三！"逊察师道非实诚，归，言于上曰："师道顽愚反覆，恐必须用兵。"既而师道表言军情，不听纳质割地。上怒，决意讨之。

贾直言冒刃谏师道者二，舆榇谏者一，又画缚载槛车妻子系累者以献；师道怒，囚之。

五月，丙申，以忠武节度使李光颜为义成节度使，谋讨师道也。以淮西节度使马总为忠武节度使、陈许溵蔡州观察使。以申州隶鄂岳，光州隶淮南。

辛丑，以知勃海国务大仁秀为勃海王。

以河阳都知兵马使曹华为棣州刺史，诏以河阳兵送至滴河。会县为平卢兵所陷，华击却之，杀二千余人，复其县以闻；诏加横海节度副使。

六月，癸丑朔，日有食之。

丁丑，复以乌重胤领怀州刺史，镇河阳。

秋，七月，癸未朔，徙李愬为武宁节度使。

乙酉，下制罪状李师道，令宣武、魏博、义成、武宁、横海兵共讨之，以宣歙观察使王遂为供军使。遂，方庆之孙也。

上方委裴度以用兵，门下侍郎、同平章事李夷简自谓才不及度，求出镇。辛丑，以夷简同平章事，充淮南节度使。

八月，壬子朔，中书侍郎、同平章事王涯罢为兵部侍郎。

（以上为第九段，写李师道反复无常，唐宪宗用兵淄青。）

了啊！”李师道于是将李公度囚禁起来。又调李英昙去莱州任职，李英昙还在赴任的路上，就被李师道派人勒死了。

李逊到了郓州，李师道大规模地布置军阵来迎接他。李逊的态度很强硬，用极严肃的语气向李师道陈说利害祸福，要他一句话决定何去何从，准备回去奏报天子。李师道回去以后，与亲信们商议这件事。亲信都说：“先答应好了，以后只需要写一纸奏章就解决问题。”李师道于是向李逊道歉说：“以前只因为父子的私情，而且迫于将士们的压力，所以就耽搁了事情，没有派儿子入朝。现在又麻烦朝廷的使者远道而来，我怎么敢再三心二意呢？”李逊看出李师道没有诚意，回到朝廷，对宪宗说：“李师道愚妄顽固，反复无常，恐怕一定要动用武力。”不久，李师道上表奏说军中情况，将士们不让自己向朝廷献土地，送人质。宪宗发怒，决定讨伐李师道。

贾直言冒死规劝李师道两次，抬着棺材死谏李师道一次，又画了李师道被捆绑在囚车中，妻儿老小被囚的图画献给李师道来劝止他。李师道很恼火，将贾直言囚禁起来。

五月十三日丙申，宪宗调任忠武节度使李光颜为义成节度使，这是策划讨伐李师道的措施。任命淮西节度使马总为忠武节度使和陈州、许州、溵州、蔡州等地观察使。将申州划归鄂岳观察使统辖，将光州划归淮南节度使管辖。

五月十八日辛丑，宪宗册封代理渤海国事务的大仁秀为渤海王。

宪宗任命河阳都知兵马使曹华为棣州刺史，诏令河阳的军队护送曹华到滴河去。正好滴河县被李师道的军队攻下，曹华率军进攻，打退了李师道的军队，杀敌两千多人，恢复了滴河县的秩序，曹华将此事上奏朝廷，宪宗下诏加授曹华为横海节度副使。

六月初一日癸丑，出现日食。

六月二十五日丁丑，宪宗又任命乌重胤兼任怀州刺史，镇守河阳。

秋季，七月初一日癸未，宪宗又将李愬调任为武宁节度使。

七月初三日乙酉，宪宗颁下制书数列李师道的罪状，下令宣武、魏博、义成、武宁、横海各军出兵共同讨伐李师道，任命宣歙观察使王遂为供应军队后勤需要的供军使。王遂是王方庆的孙子。

宪宗正任用裴度负责讨伐李师道的事宜，门下侍郎、同平章事李夷简自认为才能赶不上裴度，要求宪宗允许自己外出担任节度使。七月二十八日辛丑，宪宗任命李夷简为同平章事，担任淮南节度使。

八月初一日壬子，中书侍郎、同平章事王涯被罢去宰相职位，改任兵部侍郎。

吴元济既平，韩弘惧，九月，自将兵击李师道，围曹州。

淮西既平，上浸骄侈。户部侍郎判度支皇甫镈、卫尉卿、盐铁转运程异晓其意，数进羡余以供其费，由是有宠。镈又以厚赂结吐突承璀。甲辰，镈以本官、异以工部侍郎并同平章事，判使如故。制下，朝野骇愕，至于市井负贩者亦嗤之。

裴度、崔群极陈其不可，上不听。度耻与小人同列，表求自退；不许。度复上疏，以为："镈、异皆钱谷吏，佞巧小人，陛下一旦置之相位，中外无不骇笑。况镈在度支，专以丰取刻与为务，凡中外仰给度支之人无不思食其肉；比者裁损淮西粮料，军士怨怒；会臣至行营晓谕慰勉，仅无溃乱。今旧将旧兵悉向淄青，闻镈入相，必尽惊忧，知无可诉之地矣。程异虽人品庸下，然心事和平，可处烦剧，不宜为相。至如镈，资性狡诈，天下共知，唯能上惑圣聪，足见奸邪之极。臣若不退，天下谓臣不知廉耻；臣若不言，天下谓臣有负恩宠。今退既不许，言又不听，臣如烈火烧心，众镝丛体。所可惜者，淮西荡定，河北底宁，承宗敛手削地，韩弘舆疾讨贼，岂朝廷之力能制其命哉？直以处置得宜，能服其心耳。陛下建升平之业，十已八九，何忍还自堕坏，使四方解体乎！"上以度为朋党，不之省。

镈自知不为众所与，益为巧谄以自固，奏减内外官俸以助国用；给事中崔植封还敕书，极论之，乃止。植，祐甫之弟子也。

时内出积年缯帛付度支令卖，镈悉以高价买之，以给边军。其缯帛朽败，随手破裂，边军聚而焚之。度因奏事言之，镈于上前引其足曰："此靴亦内库所出，臣以钱二千买之，坚完可久服。度言不可信。"上以为然。由是镈益无所惮。程异亦自知不合众心，能廉谨谦逊，为相月余，

吴元济被平定后，韩弘害怕。九月，亲自率领军队进攻李师道，包围了曹州。

淮西地区被平定以后，宪宗渐渐骄傲奢侈。担任户部侍郎、负责度支事务的皇甫镈和担任卫尉卿、盐铁转运使的程异了解宪宗的心意，多次向宪宗进贡盈余以供开销，两人因此受宪宗的宠信。皇甫镈又用厚重礼物贿赂、巴结吐突承璀。九月二十三日甲辰，皇甫镈以现任官职、程异以工部侍郎的官职一同担任同平章事，两人各自像从前一样负责度支和盐转运事务。委任书一颁布，朝野十分惊讶，甚至连街市上贩卖东西的小商人也都嘲笑他们。

裴度和崔群极力陈说这一任命不合适，但宪宗对他们的意见毫不理会。裴度以与这样的小人平起平坐为耻辱，上表请求宪宗允许自己辞去宰相一职，宪宗不同意。裴度又上疏宪宗，认为："皇甫镈和程异都是负责钱粮方面的官吏，是奸诈取巧的小人，陛下突然一下子任命他们为宰相，宫廷内外没有人不诧异和嘲笑的。何况皇甫镈负责度支事务，一味地以多多收取，刻薄地拨给为职事，凡是宫廷内外依靠度支拨给钱粮的人，没有哪一个不想生吃了他的肉。以前裁减进攻淮西各支军队的粮草，军中将士怨恨愤怒。正好臣下去行营开导，劝慰将士们，才得以避免了军队的溃败。现在都是攻打淮西的原班将领和士兵去围攻李师道，他们听说皇甫镈担任宰相，一定都吃惊忧虑，知道再没有可以申诉的地方了。程异虽然人品平庸，但心地平和，可以让程异处理繁杂的重任，但不适合让程异做宰相。至于皇甫镈，生性狡诈奸邪，天下的人都知道，皇甫镈能迷惑陛下的视听，由此可见皇甫镈奸诈邪恶到了极点。臣下如果不向陛下陈说这一意见，天下的人就会说臣下辜负了陛下对我的恩典和宠爱。现今臣的辞职，既然陛下不准许，臣的意见陛下又不接受，臣现今的情况正如烈火烧心、万箭穿体一样。最可惜的是，淮西的奸贼才清除，河北地区也才安宁，王承宗拱手割让土地，韩弘带病讨伐李师道，这难道是朝廷的力量控制他们的命运取得的吗？这只是因为对他们采取的措施合适，能够让他们从内心服从啊。陛下要创建天下太平的宏伟大业，十分已经完成了八九分，怎么能够忍心返回去自行破坏，让天下的人心涣散呢？"宪宗觉得裴度与人结成了朋党，不肯考虑裴度的意见。

皇甫镈知道自己不被大家接受，就更加投机取巧向宪宗献媚，以巩固自己的地位，上奏减省朝廷内外官员的薪俸，来资助国家的开支。给事中崔植把宪宗批准皇甫镈建议的诏书封好退回宫中，极力反对这样做，宪宗才作罢。崔植是德宗时宰相崔祐甫弟弟的儿子。

当时，宪宗将宫廷内库存的陈年丝帛交给度支让他们出卖，皇甫镈用度支的钱高价将这些丝帛买了下来，将它拨给守卫边疆的军队。这些丝帛都朽烂毁坏了，随手一拿就破烂不堪，边防军把这些东西堆在一起焚烧了。裴度向宪宗陈奏事情时说了这件事，皇甫镈当着宪宗的面伸出脚说："这双靴子也是从宫廷内库中来的，我花

不敢知印秉笔，故终免于祸。

五坊使杨朝汶妄捕系人，迫以考捶，责其息钱，遂转相诬引，所系近千人。中丞萧俛劾奏其状，裴度、崔群亦以为言。上曰：“姑与卿论用兵事，此小事朕自处之。”度曰：“用兵事小，所忧不过山东耳；五坊使暴横，恐乱辇毂。”上不悦，退，召朝汶责之曰：“以汝故，令吾羞见宰相！”冬，十月，赐朝汶死，尽释系者。

（以上为第十段，写唐宪宗骄侈，宦官得势，奸邪小人为相，五坊使擅作威福。）

上晚节好神仙，诏天下求方士。宗正卿李道古先为鄂岳观察使，以贪暴闻，恐终获罪，思所以自媚于上，乃因皇甫镈荐山人柳泌，云能合长生药。甲戌，诏泌居兴唐观炼药。

十一月，辛巳朔，盐州奏吐蕃寇河曲、夏州。灵武奏破吐蕃长乐州，克其外城。

柳泌言于上曰：“天台山神仙所聚，多灵草，臣虽知之，力不能致，诚得为彼长吏，庶几可求。”上信之。丁亥，以泌权知台州刺史，仍赐服金紫。谏官争论奏，以为：“人主喜方士，未有使之临民赋政者。”上曰：“烦一州之力而能为人主致长生，臣子亦何爱焉！”由是群臣莫敢言。

甲午，盐州奏吐蕃遁去。

（以上为第十一段，写唐宪宗因骄侈而昏庸，好神仙，妄求长生，任用方士为刺史。）

壬寅，以河阳节度使乌重胤为横海节度使。丁未，以华州刺史令狐楚为河阳节度使。重胤以河阳精兵三千赴镇，河阳兵不乐去乡里，中道溃归，又不敢入城，屯于城北，将大掠。令狐楚适至，单骑出，慰抚之，与俱归。

了两千钱买下了它，结实牢固，可以久穿。裴度说的话不能相信。”宪宗觉得皇甫镈说的对。从此以后，皇甫镈更加肆无忌惮。程异也自知不合众人的心意，却能够廉洁、谨慎、谦虚、礼让，担任宰相一个多月，不敢持印提笔处理政事，所以最后能免遭灾祸。

五坊使杨朝汶随便拘捕普通百姓，拷打刑问，索要利息钱，于是转相牵连、诬陷，拘囚了将近一千人。御史中丞萧俛将这一事件弹劾上奏，裴度和崔群也向宪宗反映这件事。宪宗说：“暂且与你们讨论用兵的事情，这是件小事，我自然会处理。”裴度说：“用兵的事情小，所担忧的不过是太行山以东地区而已。但五坊使残暴蛮横，恐怕要扰乱京城。”宪宗听了很不高兴，退朝以后，召见杨朝汶，斥责说：“因为你的缘故，使得朕羞于见宰相们！”冬季，十月，宪宗赐令杨朝汶自杀，将五坊使拘捕的人全放了出来。

宪宗晚年喜欢神仙长生之术，下令天下寻求方士。宗正卿李道古以前担任过鄂岳观察使，以贪婪残暴闻名，担心最后会被治罪，就想办法向宪宗献媚，于是就通过皇甫镈向宪宗推荐了山野人柳泌，说他能够制造长生不老的药物。十月二十四日甲戌，宪宗下诏命令柳泌住进兴唐观内炼制长生不老药。

十一月初一日辛巳，盐州上奏说吐蕃侵犯河曲和夏州地区。灵武节度使上奏攻破吐蕃占据的长乐州，攻下了长乐州的外城。

柳泌对宪宗说：“天台山是神仙们聚集的地方，那里多生长灵草，臣下虽然知道这一情况，但却没有能力将灵草弄来，真的要是成了那里的地方官，灵草就都可以求到了。”宪宗相信柳泌说的话。十一月初七日丁亥，宪宗任命柳泌暂代理台州刺史，还赐予金紫色的官服。谏官们争相上奏劝阻宪宗这样做，他们认为：“君王喜欢方术之土，但还没有让方术之土统领百姓，处理政务的先例。”宪宗说：“麻烦一个州的人力物力，但能够为君王求得长生不老，做臣子的又有什么可吝惜的呢？”从此以后，朝廷文武大臣都不敢说这件事。

十一月十四日甲午，盐州上奏称吐蕃军队逃走了。

十一月二十二日壬寅，宪宗任命河阳节度使乌重胤为横海节度使。十一月二十七日丁未，任命华州刺史令狐楚为河阳节度使。乌重胤带着河阳军的三千名精锐将士去横海军就职，河阳的士兵们不愿意离开自己的故乡，走到半路就溃散了，但他们又不敢进河阳军镇所在的城内，驻扎在城外的北边，准备对河阳城大肆抢掠。

先是，田弘正请自黎阳渡河，会义成节度使李光颜讨李师道，裴度曰：“魏博军既渡河，不可复退，立须进击，方有成功。既至滑州，即仰给度支，徒有供饷之劳，更生观望之势。又或与李光颜互相疑阻，益致迁延。与其渡河而不进，不若养威于河北。宜且使之秣马厉兵，俟霜降水落，自杨刘渡河，直指郓州，得至阳谷置营，则兵势自盛，贼众摇心矣。”上从之。是月，弘正将全师自杨刘渡河，距郓州四十里筑垒；贼中大震。

功德使上言：“凤翔法门寺塔有佛指骨，相传三十年一开，开则岁丰人安。来年应开，请迎之。”十二月，庚戌朔，上遣中使帅僧众迎之。

戊辰，以春州司户董重质为试太子詹事，委武宁军驱使，李愬请之也。

戊寅，魏博、义成军送所获李师道都知兵马使夏侯澄等四十七人，上皆释弗诛，各付所获行营驱使，曰：“若有父母欲归者，优给遣之。朕所诛者，师道而已。”于是贼中闻之，降者相继。

初，李文会与兄元规皆在李师古幕下。师古薨，师道立，元规辞去，文会属师道亲党请留。元规将行，谓文会曰：“我去，身退而安全；汝留，必骤贵而受祸。”及官军四临，平卢兵势日蹙，将士喧然，皆曰：“高沐、郭昈、李存为司空忠谋，李文会奸佞，杀沐，囚昈、存，以致此祸。”师道不得已，出文会摄登州刺史，召昈、存还幕府。

上常语宰相，人臣当力为善，何乃好立朋党！朕甚恶之。裴度对曰：“方以类聚，物以群分，君子、小人志趣同者，势必相合。君子为徒，谓之同德；小人为徒，谓之朋党；外虽相似，内实悬殊，在圣主辨其所为

正好令狐楚到了河阳城镇，他单人匹马地出到城外，慰问安抚溃散回来的将士们，与他们一同进城。

在此之前，田弘正请求从黎阳南渡过黄河，与义成节度使李光颜会合，一起攻打李师道，裴度说：“魏博军渡过黄河以后，不能再退回去，必须立即进攻李师道，才能有所成功。他们要是到了义成军的治所滑州后，马上就要度支给他们提供军需物资，这样一来，朝廷空有供应军饷的烦劳，却反而使魏博产生观望情绪。田弘正或许会与李光颜相互间怀疑猜忌，更加贻误战机。与其让他渡过黄河不向李师道进攻，不如就让他在黄河水退以后，从杨刘镇渡过黄河，直接向郓州逼近，得以在阳谷县境设营驻军，那么军势自然会盛大，敌人就会军心动摇了。”宪宗采纳了裴度的意见。在这个月中，田弘正率领全部军队从杨刘镇渡过黄河，在距郓州四十里的地方修建营垒。敌人大为震惊。

功德使上奏宪宗说：“凤翔的法门寺塔中有佛祖的手指骨，相传每隔三十年打开一次，如果打开了藏佛祖手指骨的塔门，就庄稼丰收，百姓平安。明年应该打开法门寺塔，请陛下派人去迎接佛祖手指骨。”十二月初一日庚戌，宪宗派遣宫中使者率领一些僧人去迎接佛祖手指骨。

十二月十九日戊辰，宪宗任命春州司户董重质担任试太子詹事一职，让董重质去为武宁军效劳，这是根据李愬的请求而做的。

十二月二十九日戊寅，魏博和义成军向朝廷送来俘虏的李师道的都知兵马使夏侯澄等四十七人，宪宗都未将他们治罪，不加杀头，让他们去俘虏他们的行营效劳，说道：“他们中如果有父母健在，想回家的，从优发给路费，打发他们回家。我要诛杀的，只有李师道一个人而已。”这样一来，敌人听说了这件事后，一个接一个地向朝廷军队投降。

当初，李文会与哥哥李元规都在李师古的手下任职。李师古去世后，李师道继位，李元规辞去官职离开，李文会嘱托李师道的亲信请李元规留下来。李元规准备离开的时候，对李文会说：“我离开这里，人一去就会获得安全；你留下来，一定会一下子就显贵起来，但会遭受灾祸。”等到朝廷军队从四面逼近郓州，平卢的军事形势日益窘困，将士们吵吵闹闹，都说：“高沐、郭昈、李存为李司空忠心耿耿地出谋划策，李文会奸邪险诈，杀害了高沐，囚禁了郭昈和李存，才导致了今天的灾祸。”李师道迫不得已，将李文会外放出去，代理登州刺史，召回郭昈和李存回幕府内任职。

宪宗时常对宰相们说：“做人臣的，应该竭力做好事，为什么喜欢树朋立党呢？朕非常讨厌做这种事的人。”裴度回答说：“事情的法则是同一类别相聚一处，万事万物是按着群体而区分的。无论是君子，还是小人，他们的志向和趣味相同，就一

邪正耳。”

武宁节度使李愬与平卢兵十一战，皆捷。乙卯晦，进攻金乡，克之。李师道性懦怯，自官军致讨，闻小败及失城邑，辄忧悸成疾，由是左右皆蔽匿，不以实告。金乡，兖州之要地也，既失之，其刺史驿骑告急，左右不为通，师道至死竟不知也。

（以上为第十二段，写诸镇讨李师道，节节进逼。唐宪宗深忌朋党。）

十四年（己亥，819年）

春，正月，辛巳，韩弘拔考城，杀二千余人。

丙戌，师道所署沭阳令梁洞以县降于楚州刺史李听。

吐蕃遣使者论短立藏等来修好，未返，入寇河曲。上曰：“其国失信，其使何罪！”庚寅，遣归国。

壬辰，武宁节度使李愬拔鱼台。

中使迎佛骨至京师，上留禁中三日，乃历送诸寺，王公士民瞻奉舍施，惟恐弗及，有竭产充施者，有然香臂顶供养者。

刑部侍郎韩愈上表切谏，以为：“佛者，夷狄之一法耳。自黄帝以至禹、汤、文、武，皆享寿考，百姓安乐，当是时，未有佛也。汉明帝时，始有佛法。其后乱亡相继，运祚不长。宋、齐、梁、陈、元魏已下，事佛渐谨，年代尤促。惟梁武帝在位四十八年，前后三舍身为寺家奴，竟为侯景所逼，饿死台城，国亦寻灭。事佛求福，乃更得祸。由此观之，佛不足信亦可知矣！百姓愚冥，易惑难晓，苟见陛下如此，皆云‘天子犹一心敬信，百姓微贱，于佛岂可更惜身命。’佛本夷狄之人，口不言先王之法言，身不服先王之法服，不知君臣之义、父子之恩。假如其身尚在，奉国命来朝京师，陛下容而接之，不过宣政一见，礼宾一设，赐衣一袭，卫而出之于境，不令惑众也。况其身死已久，枯朽之骨，岂宜以入宫禁！古之诸侯行吊于国，尚先以桃茢祓除不祥，今无故取朽秽之物亲视之，巫祝不先，桃茢不用，群臣不言其非，御史不举其罪，臣实耻

定会聚集结合在一起。君子们结成一团，那么就称他们是同德的人；小人们抱成一团，那么就称他们是朋党中人。这两者外表上虽然相似，但实质上却有天壤差别。这就在于圣明的君主如何辨别他们是邪恶的，还是正派的而已。”

武宁节度使李愬与李师道的军队打了十一次仗，每次都取得了胜利。十二月十五日己未晚上，李愬进攻金乡县，攻克了这里。李师道生性胆小怯懦，自从朝廷讨伐他以来，一听到打了小败仗和失掉了城镇，马上忧急交加，以致生病，因此他身边的人都隐瞒情况，不把实情告诉他。金乡县是兖州地势险要的地方，失掉金乡县以后，兖州刺史的驿传兵向郓州告急，李师道身边的人没有把这一情况报告给李师道，李师道到死也不知道这一情况。

唐宪宗元和十四年（己亥，819 年）

春季，正月初二日辛巳，韩弘攻下了考城县，杀敌两千多人。

正月初七日丙戌，李师道委任的沭阳县令梁洞带领全县军民向楚州刺史李听投降。

吐蕃派遣使者论短立藏等人到唐朝来要求建立和好关系，他们还没有回去，吐蕃军队就侵犯了河曲地区。宪宗说：“这是他们的国家失去信用，他们的使者又有什么罪过呢？”正月十一日庚寅，打发他们回国。

正月十三日壬辰，武宁节度使李愬攻下了鱼台县。

宫中使者将佛祖手指骨迎回京城，宪宗把佛手指骨在宫禁中留了三天，才送到各寺庙去。王公大臣，士绅百姓瞻仰供奉佛指骨，进行施舍，唯恐没有机会。有的人将财产全部施舍给了佛寺，有的人在手臂和头顶上燃香供佛。

刑部侍郎韩愈向宪宗上奏章极力劝阻这样做，认为：“佛教只是异族人的一个信仰。从黄帝到夏禹、商汤、周文王、周武王，都享有高寿，百姓们安居乐业。那个时候，还没有佛教。汉明帝时期，中国才开始有佛教。这之后，天下大乱，王朝衰亡的事情一件接一件，每个王朝的国运都不长久。南朝宋、齐、梁、陈和北魏以来，君王信奉佛教渐渐恭谨，在位年数都很短促。只有梁武帝在位四十八年，先后三次将自身施舍给寺庙作奴仆，最后落得被侯景逼迫，饿死在台城的下场，国家不久也灭亡了。梁武帝信奉佛教是为了求福，却相反得到了祸患。由这一事情，佛教不值得信奉也就可知了！平民百姓愚昧无知，容易被迷惑而难以明白其中的道理，他们如果看到陛下这样信佛，都会说：‘天子还这样一心一意敬奉佛教，我们地位卑贱的平民百姓，信奉佛教，怎么能更爱惜身家性命呢？’佛祖本来是异族的人，所说的不是先王们传下来的言语，身上不穿先王们确立下来的服饰，不知道君臣之间的上下法则和父子之间的恩泽。假如佛祖还健在的话，奉他们国王之命来京城朝见，陛

之！乞以此骨付有司，投诸水火，永绝根本，断天下之疑，绝后代之惑，使天下之人知大圣人之所作为，出于寻常万万也，岂不盛哉！佛如有灵，能作祸福，凡有殃咎，宜加臣身。”

上得表，大怒，出示宰相，将加愈极刑。裴度、崔群为言：“愈虽狂，发于忠恳，宜宽容以开言路。”癸巳，贬愈为潮州刺史。

自战国之世，老、庄与儒者争衡，更相是非。至汉末，益之以佛，然好者尚寡。晋、宋以来，日益繁炽，自帝王至于士民，莫不尊信。下者畏慕罪福，高者论难空有。独愈恶其蠹财惑众，力排之，其言多矫激太过。惟《送文畅师序》最得其要，曰：“夫鸟俯而啄，仰而四顾，兽深居而简出，惧物之为己害也，犹且不免焉。弱之肉，强之食。今吾与文畅安居而暇食，优游以生死，与禽兽异者，宁可不知其所自邪！”

丙申，田弘正奏败淄青兵于东阿，杀万余人。

沧州刺史李宗奭与横海节度使郑权不叶，不受其节制；权奏之。上遣中使追之，宗奭使其军中留己，表称惧乱未敢离州。诏以乌重胤代权，将吏惧，逐宗奭，宗奭奔京师，辛丑，斩于独柳之下。

丙午，田弘正奏败平卢兵于阳谷。

（以上为第十三段，写韩愈上表谏阻唐宪宗迎佛骨，被贬潮州。）

下宽容而接见，只不过是在宣政殿见他一面，在礼宾院设宴招待一次，赏赐给一套衣服，派人护送出国境，这是为了不让佛祖蛊惑天下的百姓。何况佛祖已经死了很久，枯朽的骨头，怎么适宜让其进入宫禁呢？古时候，诸侯为别人吊丧，先都要用桃木笤帚扫除不祥之气。现在陛下却无缘无故地将朽烂污秽的东西弄到宫中，亲自去察看，还不让巫祝们先用桃木笤帚除邪，满朝文武大臣不说这样做的不是，御史们不弹劾与这事相关的有罪之人，我实在是以此为耻辱！请求陛下将这根骨头交给有关部门，丢到水或火中去，永远断绝了根源，消除天下人的疑虑和后人的迷惑，让天下的人都知道伟大的先圣先贤们的所作所为，高出一般事情的万万倍，这不是件很盛大的事情吗？佛祖如果有灵，能够左右福祸之事，所有的灾殃罪过，应该全加在臣身上。”

宪宗看了韩愈的表章后，大为恼怒，拿给宰相们看，准备对韩愈处以极刑。裴度和崔群为韩愈解释说：“韩愈虽然狂妄，但出自一片忠心，应该宽容对待，以便广开言路。”十二月十四日癸巳，宪宗将韩愈贬职为潮州刺史。

自从战国时期以来，老子和庄子的学说与儒家学说争论长短，互相之间认为自己对，对方错。到东汉末年，又加上了一个佛教，但当时信奉的人还不多。晋朝和刘宋以来，佛教一天天兴盛，从帝王到官吏百姓，没有不尊敬信奉的。普通人害怕获罪和祈求得福，高层的人就讨论空无和实有的问题，只有韩愈一人憎恨佛教蛊惑百姓，消耗财力，竭力排斥，韩愈说的话很多都太激烈，太过分。只有《送文畅师序》一文抓住了关键，说：“要说鸟儿低头啄食，总抬头左顾右盼，野兽深居简出，这都是害怕别的东西伤害它们，这样小心还难以避免灾祸。弱者的肉，是强者的食物。现有我与文畅安宁地居住，悠闲地生活，自由自在地生或死，和飞禽走兽们不同，难道能不知道这种生活是怎么来的吗？”

十二月十七日丙申，田弘正上奏称在东阿县一带打败了李师道的军队，杀敌一万多人。

沧州刺史李宗奭与横海节度使郑权有矛盾，不接受郑权的调动和控制。郑权把这事上奏朝廷。宪宗派宫中使者来收回李宗奭的印信，李宗奭让军中将士挽留自己，他上表称怕军中变乱，不敢离开沧州。宪宗诏令乌重胤来代替郑权，沧州将士害怕了，他们驱逐了李宗奭。李宗奭逃往京城。十二月二十二日辛丑，李宗奭在独柳树下被斩首。

十二月二十七日丙午，田弘正上奏说在阳谷县打败了平卢李师道的军队。

【点评】

本卷点评三事：裴度督师讨淮西、李愬雪夜取蔡州、韩愈谏阻宪宗迎佛骨。

一、裴度督师讨淮西。吴元济割据淮西，地处南北漕运交通线之侧，正当唐王朝的心脏地区，威胁朝廷的生命线，征讨吴元济，势在必行。淮西处在中原朝廷控制的各镇包围之中，取胜应在情理之中。宪宗意志坚决，起用主战的裴度为相，主持征讨大局。裴度，字中立，河东闻喜县（今属山西）人，贞元进士，由监察御史升为御史中丞。裴度力主削除藩镇，宪宗任为宰相。淮西只有申、光、蔡三小州，朝廷动员了数倍于敌的十余万大军，征讨四年，不见成功。官军众不敌寡，有多种原因。其一，诸镇出兵，总量多于敌，而各镇分散，每一路官军则少于敌，故常败北。其二，神策军与各镇官兵待遇悬殊，影响士气。其三，诸镇互相观望，莫肯先进。宣武镇韩弘，兵力最强，又为行营都统，但韩弘不愿速胜，存敌以为己功，作战不肯卖力。其四，淄青、成德两镇为淮西声援。李师道用游击战骚扰东都，派刺客杀害宰相武元衡，刺伤了裴度，企图挫伤朝廷的作战决心。其五，宪宗违众，征讨成德，两线用兵，分散了力量。其六，朝廷遥控，监军掣肘，将帅离心，这是官军怠惰的根本原因。征讨淮西，四年不决，双方疲困。吴元济请降。宰相三人，李逢吉、王涯力主罢兵，趁势下坡，裴度坚决主战，自请督师。裴度对宪宗说："臣与贼势不两立。从吴元济奏章看，贼已势困，只是各镇官军主帅心不齐，吴元济得以苟安。臣自请督师，集中力量进攻，定能取胜。如果臣消灭了吴元济，那就回来见陛下，吴元济不灭，臣就不会回朝。"裴度被刺，头部受重伤，不但没有被叛臣的刺刀吓倒，而且更坚定了灭贼的决心。裴度自请督师，誓死效忠。宪宗这次做出了英明的决策，征讨计划，一一听从裴度之请，撤了前线各镇官兵监军，齐心合力，一战功成。其中李愬直捣叛贼巢穴，擒获吴元济，立下大功。吴元济被灭，结束了淮西李希烈以来四十余年的割据，河北藩镇大惧，多表示效顺朝廷。唐朝藩镇割据的局面，受到抑制，暂告结束。唐宪宗一朝的中兴气象达于鼎盛。裴度也以名臣垂名汗青。晚年因宦官专权，裴度辞官退居东都。

二、李愬雪夜取蔡州。李愬，字元直，唐洮州临潭县（今属甘肃）人，中唐名将李晟之子，在朝做太子詹事，一个闲差小京官。李愬有筹略，胸怀壮志，他在等待时机，为国展力。宪宗元和八年（813），官军分东西南北四道征讨淮西吴元济。征战四年，官军南北两路略有收获，东西两路都吃败仗。西路军为主力，由山南东道节度使严绶统领。严绶连吃败仗，元和十年（815），西路军改由唐随邓节度使高霞寓指挥，也被吴元济打败。元和十一年（816），由袁滋接替高霞寓，袁滋更是一个窝囊废，他不敢打仗，讨好吴元济。这年冬，李愬请缨，宰相李逢吉推荐，宪宗委任李愬为唐邓随节度使。唐西路军，两年内四易其帅，加之李愬素无名望，受到

吴元济的轻视。这时官军加强了北路进攻。元和十二年（817），宰相裴度继李愬之后，也是主动请缨到淮西督师，坐镇北路。主战场转移到了北面，西路唐军成为牵制淮西军的侧翼。

李愬到镇，他利用吴元济轻视自己，不用重兵防备的时机，进一步示弱麻痹敌人。李愬故意对迎接的人说："皇上知道我能忍让，派我来慰问你们，打仗，我是外行，皇上也没有给我这个任务。"当时西路官军连吃败仗，士气低落，论敌色变，害怕打仗，李愬的一席话，给官军吃了定心丸，大家安下心来。李愬亲自劳问将士，抚恤伤病，受到大家的拥戴。

军心安定以后，李愬利用淮西后防空虚的机会，大胆策划深入巢穴、奇计破敌的战略方针。达此目的，要有两个条件，一是先打小仗，战则必胜，提高士气。二是"以敌制敌"，擒获敌人勇将反为我用。淮西军队中有两员勇将，一个低级军官丁士良，一个中级军官李祐，两人作战勇敢，生性残暴，抓了官军将士就加以杀害。官军恨之入骨，又十分害怕。李愬用计擒获了两人，特地奏本宪宗赦免李祐。两人感恩，决定改邪归正，反戈一击报效国家。丁士良，原本不是淮西人，十年前是安州的官兵，与淮西作战被擒，吴少阳没有杀他，他于是为吴氏父子卖命。如今被李愬擒获，回到了官军，李愬给他重新做人的机会，打仗更是勇气倍增。

李愬接连攻占了几座淮西前哨敌栅，官军士气高涨，不害怕打仗，还争先杀敌，立功受赏。李愬俘获了几千淮西兵，他们长年打仗，有很强的战斗力。李愬安抚他们，从中挑选三千精兵，进行强化训练，称为"突将"。做好这一切准备，奇袭蔡州的条件成熟。李祐了解蔡州部署，在李祐引导下，李愬选择了一个大风雪的夜晚强行军到蔡州城下，官军已无后退之路，必须死战取胜求活。这就是西汉名将韩信破赵置背水阵的策略，兵法上叫"置之死地而后生"。李愬，名将之后，不仅熟读兵法，而且家风熏染，有谋略，有勇气，在实战中学习，先集小胜为大胜，打仗一次次升级，创造条件，然后奇袭。李愬不像赵括那样纸上谈兵，"以敌制敌"，活用兵法知彼知己，所以一战功成。可以说李愬请缨，是"受任于败军之际，奉命于危难之间"，不负宪宗皇帝重托，奇袭蔡州，生擒吴元济，结束了淮西数十年的割据，在中国军事史上创造了雪夜奔袭，深入虎穴，出奇制胜的光辉战例。

淮西乱平，宪宗进授李愬山南东道节度使，封凉国公。

三、韩愈谏阻宪宗迎佛骨。韩愈，字退之，唐代文学家，哲学家，河南河阳县（今河南孟州市）人，自称郡望昌黎，世称韩昌黎，贞元进士，任监察御史，宪宗朝官至刑部侍郎，卒谥文，世称韩文公。政治上，韩愈反对藩镇割据，思想上尊儒排佛，文学上主张散文，反对六朝以来的骈体文风。韩愈提倡古文运动，以先秦两汉散文为基础，创新发展，为文气势雄健，被尊为唐宋八大家之首，有《昌黎先生集》

行于世。

唐宪宗取得淮西军事胜利之后，河北诸镇纷纷效顺，逐渐产生了骄侈心，修道求长生不死。元和十五年（820），宪宗服药中毒，被宦官杀死，享年四十三岁。一个本应大有作为之君，由于愚昧妄诞，英年被家奴所弑，黯然谢幕，出人意料，令人深思。

用兵淮西胜利以前，唐宪宗尚能纳谏，依靠朝官和忠臣良将取得消灭藩镇割据的胜利，由于长期战争，国穷民困，胜利后的要务是改善政治，纾缓民困，休养生息，巩固统一。唐宪宗却不是这样，自以为立了大功，开始对朝官猜疑，回到宠信家奴的老路上，把一切权力都交给宦官，在宦官导引下享乐，再也不听劝谏，由一个明君转化为一个昏君，中唐政治急转直下，唐宪宗死后，唐王室步入了晚唐。

元和十三年（818）十二月一日，唐宪宗派宦官带领一批僧人到凤翔法门寺迎接佛祖的手指骨。功德使上奏宪宗，说："法门寺塔中的佛指骨，每隔三十年打开一次，迎来京师供人观览供奉，可保年丰人安。"元和十四年（819）正月十三日，佛指骨迎回京城，在皇宫中摆放了三天，然后送到各寺庙巡回展放。王公大臣、士绅百姓瞻仰膜拜，唯恐落后。有的人把全部家产施舍给佛寺，有的人在手臂和头顶上燃香供佛。把整个京城闹得乌烟瘴气。宪宗以此为升平景象，替自己求福。

时任刑部侍郎的韩愈，拍案而起，奋笔疾书，上奏宪宗，极力陈词佞佛祸国殃民，南朝宋齐梁陈，以及北魏佞佛而国运短祚，禹汤文武时没有佛教，国君高寿，国运昌盛。百姓佞佛，是愚昧无知，如果天子也一心敬佛，上行下效，整个社会，就更加愚昧荒唐。韩愈请求宪宗把佛指骨交给有关部门销毁，或投入水中，或用火化，永除祸患。佛祖果真有灵，降下灾难，韩愈自己一人承担。宪宗览奏，大为恼怒，他把奏章给宰臣们传观，要处韩愈以极刑。裴度和崔群，两位宰相极力劝解，说韩愈狂悖，一片忠心用错了地方，请皇上宽容，以广开言路。此时的宪宗已听不进劝谏了，碍于立大功的裴度的情面，韩愈才保住了性命，被贬为潮州刺史。

唐纪五十七

唐宪宗元和十四年至唐穆宗长庆元年（819—821 年）

【起屠维大渊献（己亥，819 年）二月，尽重光赤奋若（辛丑，821 年）六月，凡二年有奇】

【大事提要】

本卷记事起公元 819 年二月，讫公元 821 年六月，凡两年又四个月，即唐宪宗元和十四年二月至唐穆宗长庆元年六月。两年多的时间是短暂的，但唐代政治却发生了重大转折。表现在两个方面：第一，唐宪宗之死和唐穆宗之立，不是正常的两代皇帝交替，而是突发事件，宦官梁守谦、陈弘志、王守澄等杀唐宪宗，朝官不敢追问，王守澄等立穆宗，杀澧王李浑，朝官亦无反映。皇帝废立完全操纵于宦官之手，从此唐政权旁落宦官，皇帝成了傀儡。第二，伴随宪宗之死，中唐中兴的曙光戛然而止，此后藩镇割据，农民起义，边患不断，战乱不止，直到唐朝之灭，社会没有一天安宁。用一句话概括，唐代政治由中唐步入了晚唐。唐宪宗元和十四年，官军杀李师道，朝廷收复淄、青等十二州，接着横海镇节度使程权自请离镇做朝官，幽州镇节度使刘总上表归顺，成德镇王承宗上表求自新，中唐时期的藩镇割据基本被消灭，唐朝实现了全国统一，唐宪宗的事业达于巅峰，进尊号，赦天下，庆成功，唐朝政治呈现中兴气象。唐宪宗毕竟不是一个真正的中兴之君，他宠信宦官而猜疑朝官。他依靠朝官，依靠贤相裴度取得了削藩的胜利，不采纳李翱上奏修德政，而是反其道，不信朝官信家奴，排斥裴度，权移宦官，又求长生服仙丹中毒，性情乖张，被宦官毒杀。继立者穆宗是一个昏君，嬉戏玩乐无度，政权完全被宦官把持，唐朝的衰落无可避免。

【原文】

宪宗昭文章武大圣至神孝皇帝下

元和十四年（己亥，819 年）

二月，李听袭海州；克东海、朐山、怀仁等县。李愬败平卢兵于沂州，拔丞县。

李师道闻官军侵逼，发民治郓州城堑，修守备，役及妇人，民益惧且怨。

都知兵马使刘悟，正臣之孙也，师道使之将兵万余人屯阳谷以拒官军。悟务为宽惠，使士卒人人自便，军中号曰刘父。及田弘正渡河，悟军无备，战又数败。或谓师道曰："刘悟不修军法，专收众心，恐有他志，宜早图之。"师道召悟计事，欲杀之。或谏曰："今官军四合，悟无逆状，用一人言杀之，诸将谁肯为用！是自脱其爪牙也。"师道留悟旬日，复遣之，厚赠金帛以安其意。悟知之，还营，阴为之备。师道以悟将兵在外，署悟子从谏门下别奏。从谏与师道诸奴日游戏，颇得其阴谋，密疏以白父。

又有谓师道者曰："刘悟终为患，不如早除之。"丙辰，师道潜遣二使赍帖授行营兵马副使张暹，令斩悟首献之，勒暹权领行营。时悟方据高丘张幕置酒，去营二三里。二使至营，密以帖授暹。暹素与悟善，阳与使者谋曰："悟自使府还，颇为备，不可匆匆，暹请先往白之，云'司空遣使存问将士，兼有赐物，请都头速归，同受传语'。如此，则彼不疑，乃可图也。"使者然之，暹怀帖走诣悟，屏人示之。悟潜遣人先执二使，杀之。

时已向暮，悟按辔徐行还营，坐帐下，严兵自卫。召诸将，厉色谓之曰："悟与公等不顾死亡以抗官军，诚无负于司空。今司空信谗言，来取悟首。悟死，诸公其次矣。且天子所欲诛者独司空一人，今军势日蹙，吾曹何为随之族灭！欲与诸公卷旗束甲，还入郓州，奉行天子之命，岂徒免危亡，富贵可图也。诸公以为何如？"兵马使赵垂棘立于众首，良

【语译】

宪宗昭文章武大圣至神孝皇帝下

唐宪宗元和十四年（己亥，819 年）

二月，李听袭击海州，占领了东海、朐山、怀仁等县。李愬在沂州打败平卢兵，攻克丞县。

李师道听说官军渐渐逼近，分派民众修治郓州城防和守备工事，连妇人也被征派，民众更加惧怕，而且怨恨。

都知兵马使刘悟，是刘正臣的孙子，李师道命他带领士兵万余人驻扎在阳谷以抵抗官军。刘悟尽量采取宽惠的措施，使士卒都比较自由，军中称他为“刘父”。等到田弘正军渡过黄河，刘悟的军队尚未做好防守准备，几次交战均被打败。有人对李师道说：“刘悟不整顿军队的法纪，只知收买人心，恐怕有其他意图，应当早些处置他才是。”李师道召刘悟来讨论军事，想借机杀了他。有人劝阻李师道说：“今官军四面包围过来，刘悟没有叛逆行为，只听信一个人的话就把他杀死，其他将领谁肯再为你所用！其结果将是你自己使将领疏远。”李师道留刘悟住了十天，然后打发他回营去，并且赠给他很多金帛财物，以使他安心。刘悟知道李师道的图谋，回到军营，暗地里做了防备。李师道以刘悟将兵在外，不放心，就任命刘悟的儿子刘从谏为门下别奏。刘从谏和李师道手下的奴仆们时常在一起玩耍，得知李师道的阴谋，就秘密地写信告诉了父亲。

又有人对李师道说：“刘悟始终是一个祸患，不如趁早杀了他。”二月初八日丙辰，李师道暗地派遣两名使者带着文帖送给行营兵马副使张暹，命令他杀死刘悟并献上首级，令张暹暂时兼任行营长官。当时刘悟正在一个离营地二三里的高丘上设置帐幕，举行酒宴。两名使者到军营，秘密地将文帖交给张暹。张暹素来和刘悟要好，假意与使者商量说：“刘悟从节度使府回来后，多有防备，不可急忙行事，让我先去告诉他，说‘司空派人来慰问将士，并有赏赐物品，请都头马上回去，共同听取传达上司的话语’。这样做，刘悟不至于怀疑，就可以照办了。”使者同意这样做。张暹带着文帖跑到刘悟那里，避开旁人把文帖给刘悟看。刘悟于是暗地派人先把两名使者抓起来，随即杀掉。

当时已是傍晚，刘悟骑马缓缓回军营，坐在帐下，设置森严的警卫，召集诸将，严厉地对他们说：“我与你们不顾生死地抵抗官军，实在没有对不起司空的地方。现在司空听信谗言，来取我的头。我一死，接下来就轮到你们了。再说天子所要诛杀的只有司空一人，现在军事形势一天天危急，我们为什么要跟随着送死灭族！我想与你们挥旗整装，挥军回袭郓州，奉行天子的命令，不仅可避免危亡，还能够得到

久，对曰：“事果济否？”悟应声骂曰：“汝与司空合谋邪！”立斩之。偏问其次，有迟疑未言者，悉斩之，并斩军中素为众所恶者，凡三十余，尸于帐前。余皆股栗，曰：“惟都头命，愿尽死！”

乃令士卒曰：“人郓，人赏钱百缗，惟不得近军帑。其使宅及逆党家财，任自掠取；有仇者报之。”使士皆饱食执兵，夜半听鼓三声绝即行，人衔枚，马缚口，遇行人，执留之，人无知者。距城数里，天未明，悟驻军，使听城上柝声绝，使十人前行，宣言“刘都头奉帖追入城”。门者请俟写简白使，十人拔刃拟之，皆窜匿；悟引大军继至，城中噪哗动地。比至，子城已洞开，唯牙城拒守，寻纵火斧其门而入。牙中兵不过数百，始犹有发弓矢者，俄知力不支，皆投于地。

悟勒兵升听事，使捕索师道。师道与二子伏厕床下，索得之，悟命置牙门外隙地，使人谓曰：“悟奉密诏送司空归阙，然司空亦何颜复见天子！”师道犹有幸生之意，其子弘方仰曰：“事已至此，速死为幸！”寻皆斩之。自卯至午，悟乃命两都虞候巡坊市，禁掠者，即时皆定。大集兵民于毬场，亲乘马巡绕，慰安之。斩赞师道逆谋者二十余家，文武将吏且惧且喜。悟见李公度，执手歔欷；出贾直言于狱，置之幕府。

（以上为第一段，写官军压境，平卢都知兵马使刘悟火并李师道，割据六十年的平卢被平定。）

悟之自阳谷还兵趋郓也，潜使人以其谋告田弘正：“事成，当举烽相白；万一城中有备不能入，愿公引兵为助。功成之日，皆归于公，悟何敢有之。”且使弘正进据己营。弘正见烽，知得城，遣使往贺。悟函师道父子三首遣使送弘正营，弘正大喜，露布以闻。淄、青等十二州皆平。

弘正初得师道首，疑其非真，召夏侯澄使识之。澄熟视其面，长号陨绝者久之，乃抱其首，舐其目中尘垢，复恸哭。弘正为之改容，义而不责。

壬戌，田弘正捷奏至。乙丑，命户部侍郎杨於陵为淄青宣抚使。己

富贵。你们认为这样好不好？”兵马使赵垂棘站在众人前头，沉默了一会，回答说：“事情能成功吗？”刘悟应声骂道：“你与司空合谋是不是！”立即杀了赵垂棘。遍问其余的人，一些迟疑没有表态的，都被杀了，并杀了那些在军队中向来为群众所讨厌的人，一共三十多个，把尸体摆在军帐前。其余的人吓得两腿发抖，说：“听从都头的命令，愿尽死力！”

刘悟于是命令士卒说：“攻入郓城，每人赏钱一百串，只是不得接近军需仓库。节度使的住宅和叛逆者的家财，随各人掠取，有仇人的可以报仇。”命令士兵吃饱饭带上武器，半夜听到三声鼓响后就出发。士兵口中衔着枚，战马缚着嘴，遇上过路的人，就扣留起来，外人没有知道部队行动的。在离郓州城数里之处，天尚未明，刘悟停止了进军，先派人打听到城上巡夜的梆声停了，就派十人打前站，宣称“刘都头奉文帖召入城”。守门的人要求等候书面报告节度使，十人抽出刀比划着要杀人的样子，守门人都逃走了；刘悟带领大军接着到来，城里鼓噪喧哗之声震动天地。大军到达时，子城已大开，只有牙城有人防守抵抗，不久便放火劈开城门攻进城去。牙城中守兵不过数百人，开始还有射箭的，一会儿知道寡不敌众不是对手后，就都放下了武器。

刘悟带兵到厅堂上，派人搜捕李师道。李师道和他的两个儿子躲在床边，被搜出来后，刘悟命令把他们捆在牙门外空地上，派人对李师道说：“刘悟奉密诏送司空回朝廷，然而司空又有什么脸面见天子呢！”李师道还希望有一条生路，他的儿子李弘方抬头说：“事情已到了这一步，只希望快点死！”不久就都被杀了。从早晨到中午，刘悟派了两个都虞候巡视街坊市场，禁止抢掠，随即稳定了城中秩序。在毬场召开了兵民大会，刘悟亲自乘马巡绕，慰问安抚他们。把二十多家赞成李师道谋反的人都杀了，文武将吏又惧怕，又高兴。刘悟会见李公度，握手抽噎；从狱中放出了贾直言，安置他在幕府任职。

刘悟从阳谷回兵袭郓州的时候，暗地派人把行动计划告诉田弘正：“事情成功了，就举烽烟相告；万一城中有备攻不下，希望您引兵相助。功成的时候，皆归功于您，刘悟不敢占有。”并且要田弘正尽据自己的营地。田弘正见烽烟，知已得郓州，派人前去祝贺。刘悟把李师道父子三人的头用盒子装着派人送至田弘正营，田弘正大喜，用露布的形式向朝廷报捷。淄、青等十二州就这样平定了。

田弘正刚收到李师道的头，怀疑它不是真的，叫夏侯澄来认识。夏侯澄仔细看其脸面，放声痛哭以致气绝了好一会儿，他抱着那个头颅，舔去眼中尘垢，又痛哭起来。田弘正被其感动，认为他很讲情义而不责备他。

二月十四日壬戌，田弘正报捷的奏疏送到。二月十七日乙丑，任命户部侍郎杨

巳，李师道首函至。自广德以来，垂六十年，藩镇跋扈河南、北三十余州，自除官吏，不供贡赋，至是尽遵朝廷约束。

上命杨於陵分李师道地，於陵按图籍，视土地远迩，计士马众寡，校仓库虚实，分为三道，使之适均：以郓、曹、濮为一道，淄、青、齐、登、莱为一道，兖、海、沂、密为一道；上从之。

刘悟以初讨李师道诏云："部将有能杀师道以众降者，师道官爵悉以与之。"意谓尽得十二州之地，遂补署文武将佐，更易州县长吏；谓其下曰："军府之政，一切循旧。自今但与诸公抱子弄孙，夫复何忧！"

上欲移悟他镇，恐悟不受代，复须用兵，密诏田弘正察之。弘正日遣使者诣悟，托言修好，实观其所为。悟多力，好手搏，得郓州三日，则教军中壮士手搏，与魏博使者庭观之，自摇肩攘臂，离坐以助其势。弘正闻之，笑曰："是闻除改，登即行矣，何能为哉！"庚午，以悟为义成节度使。悟闻制下，手足失坠；明日，遂行。弘正已将数道，比至城西二里，与悟相见于客亭，即受旌节，驰诣滑州，辟李公度、李存、郭旿、贾直言以自随。

悟素与李文会善，既得郓州，使召之，未至。闻将移镇，旿、存谋曰："文会佞人，败乱淄青一道，灭李司空之族，万人所共雠也！不乘此际诛之，田相公至，务施宽大，将何以雪三齐之愤怨乎！"乃诈为悟帖，遣使即文会所至，取其首以来。使者遇文会于丰齐驿，斩之。比还，悟及旿、存已去，无所复命矣。文会二子，一亡去，一死于狱，家赀悉为人所掠，田宅没官。

（以上为第二段，写唐宪宗徙置刘悟为义成节度使，是稳定平卢局势最为妥善的善后措施。）

诏以淄青行营副使张暹为戎州刺史。

癸酉，加田弘正检校司徒、同平章事。

先是，李师道将败数月，闻风动鸟飞，皆疑有变，禁郓人亲识宴聚

於陵为淄青宣抚使。二月二十一日己巳，装着李师道人头的盒子送到了。自从代宗广德年间以来，将近六十年，藩镇专横跋扈黄河南北三十余州，他们自己任命官吏，不向朝廷交纳赋税，到现在才回归朝廷的管辖。

宪宗命令杨於陵分划李师道原来管辖的地盘，杨於陵按照地图，就土地的远近，计算兵马的多少，审核仓库的盈亏，分为三道，让各方面都比较平均：以郓、曹、濮三州为一道，淄、青、齐、登、莱五州为一道，兖、海、沂、密四州为一道。宪宗同意了这种划分。

刘悟根据当初讨伐李师道的诏书所说："部将中有谁能杀死李师道并率领其兵众投降朝廷，李师道所任官爵就都给予他。"以为可以全部得到十二州的领地，于是补充任命了一批文武官吏，调换了一些州县的长官，并向其部下说："军中和府衙的一切事务，依照先前的旧例办理。从现在起只管和大家抱子弄孙享清福，还忧虑什么呢！"

宪宗想把刘悟调到别镇去，怕他不接受更代，以致又要打仗，就秘密地叫田弘正去观察刘悟的情况。田弘正经常派使者到刘悟那里去，借口搞好关系，实际上是观察他的所作所为。刘悟力气大，喜欢徒手搏斗，攻克郓州才三天，就训练军队中的壮士进行徒手搏斗，他和魏博镇使者在庭前观看，自己也摇肩举臂，有时还离开座位去为他们助威。田弘正听到这种情况，笑着说："他听到改授别官，马上就会启行，还能做其他什么啊！"二月二十二日庚午，任命刘悟为义成节度使。刘悟听到宪宗调职的命令，一时手足无措，第二天，就出发上任。田弘正已经带领几道的兵马，和他并行到城西二里处，与刘悟在客亭相见，刘悟接受了旌旗符节以后，就往滑州进发，同时聘请李公度、李存、郭昈、贾直言跟随自己赴任。

刘悟素来与李文会友好，既得郓州，派人去请他来，尚未到达。听说刘悟要调到别镇去，郭昈、李存商量说："李文会是个奸巧之徒，他败乱了淄青一道，使李师道遭灭族之祸，是大家共同仇恨的人！如果不乘这个机会杀掉他，等到田弘正来了以后，务求政策宽大，那时如何洗雪三齐地方的愤怒呢！"于是假造刘悟的文帖，派人到李文会所在地，杀了他取其头来回话。使者在丰齐驿遇到了李文会，把他杀了。等使者回到郓州，刘悟和郭昈、李存已经离开了那里，回报的地方都没有了。李文会的两个儿子，一个逃走了，一个死在监狱中，家财都被人抢走，田地房屋被官府没收。

宪宗颁诏书任命淄青行营副使张暹为戎州刺史。

二月二十五日癸酉，加田弘正检校司徒、同平章事。

此前，即李师道失败的前数月，听到风动鸟飞，大家都疑惑是否将发生变乱，

及道路偶语，犯者有刑。弘正既入郓，悉除苛禁，纵人游乐，寒食七昼夜不禁行人。或谏曰："郓人久为寇敌，今虽平，人心未安，不可不备。"弘正曰："今为暴者既除，宜施以宽惠，若复为严察，是以桀易桀也，庸何愈焉！"

先是，贼数遣人入关，截陵戟，焚仓场，流矢飞书，以震骇京师，沮挠官军。有司督察甚严，潼关吏至发人囊箧以索之，然终不能绝。及田弘正入郓，阅李师道簿书，有赏杀武元衡人王士元等及赏潼关、蒲津吏卒案，乃知向者皆吏卒受赂于贼，容其奸也。

裴度纂述蔡、郓用兵以来上之忧勤机略，因侍宴献之，请内印出付史官。上曰："如此，似出朕志，非所欲也。"弗许。

三月，戊子，以华州刺史马总为郓、曹、濮等州节度使。己丑，以义成节度使薛平为平卢节度，淄、青、齐、登、莱等州观察使。以淄青四面行营供军使王遂为沂、海、兖、密等州观察使。

横海节度使乌重胤奏："河朔藩镇所以能旅拒朝命六十余年者，由诸州县各置镇将领事，收刺史、县令之权，自作威福。向使刺史各得行其职，则虽有奸雄如安、史，必不能以一州独反也。臣所领德、棣、景三州，已举牒各还刺史职事，应在州兵并令刺史领之。"夏，四月，丙寅，诏诸道节度、都团练、都防御、经略等使所统支郡兵马，并令刺史领之。自至德以来，节度使权重，所统诸州各置镇兵，以大将主之，暴横为患，故重胤论之。其后河北诸镇，惟横海最为顺命，由重胤处之得宜故也。

辛未，工部侍郎、同平章事程异薨。

（以上为第三段，写唐宪宗调任节度使，削弱领兵权，加强中央对地方的控制。）

裴度在相位，知无不言，皇甫镈之党阴挤之。丙子，诏度以门下侍郎、同平章事，充河东节度使。

皇甫镈专以掊克取媚，人无敢言者，独谏议大夫武儒衡上疏言之。镈自诉于上，上曰："卿以儒衡上疏，将报怨邪！"镈乃不敢言。儒衡，

李师道于是禁止郓州人亲朋好友聚会，以及在大路上会面说话，违令者要受处罚。田弘正进驻郓州后，把苛刻的禁令都废除了，让人们尽情游乐，寒食节期间七天七夜不禁止行人往来。有人劝谏说："郓州人长久与朝廷为敌，现在虽然平定了，人心尚未安定，不可不防备。"田弘正说："现在暴虐的人已经除掉了，应当用宽惠的政策对待民众，要是再采取严厉的措施，便是用暴君更换暴君，又好在哪里呢！"

先前，反叛者屡次派人入关，抢劫陵园和官府，焚烧仓库货场，放暗箭及投寄匿名信，用这些活动来扰乱京师，以阻挠朝廷出兵平定叛乱。有关部门严厉追查，守潼关的官吏甚至要打开过往人的口袋箱子进行搜查，就是这样也不能杜绝祸患。等到田弘正入郓州，查看李师道的官署文书档案材料，其中有奖赏杀武元衡凶手王士元等和奖赏潼关、蒲津关吏卒的文书记载，这才知道过去官府吏卒是从叛贼那里得到贿赂，因而容许杀人凶手得逞的。

裴度编纂了蔡州、郓州用兵以来宪宗忧国勤政的计谋事略，乘侍宴的时候献给宪宗，请求让内侍盖上大印交给史馆的官员。宪宗说："这样做，就好像是出于我的意图，我不想这么干。"宪宗没有答应。

三月初十日戊子，以华州刺史马总为郓、曹、濮等州节度使。三月十一日己丑，以义成军节度使薛平为平卢节度使兼淄、青、齐、登、莱等州观察使。以淄青四面行营供军使王遂为沂、海、兖、密等州观察使。

横海节度使乌重胤上奏："河朔藩镇所以能够共同抗拒朝廷命令达六十多年的原因，就在于诸州县各置镇将领事，将刺史、县令的权力夺去，擅自作威作福。过去要是刺史都能行使其职权，那么虽然有奸雄如安禄山、史思明，却一定不能凭借一州之地反叛朝廷。臣所领辖的德、棣、景三州，已发公文，把刺史职权都还给他们，属于各州的州兵仍归刺史统领。"夏季，四月十九日丙寅，宪宗下令各道节度使、都团练使、都防御使、经略使等所统支郡兵马，都归刺史来统领。自从唐肃宗至德年间以来，节度使权力大，所统各州都设镇兵，由大将来统领，暴虐专横，成为祸患，所以乌重胤对此进行评论和改革。从此以后黄河以北各镇，横海镇最为服从朝廷命令，这是由于乌重胤处置得宜的缘故。

四月二十四日辛未，工部侍郎、同平章事程异去世。

裴度担任宰相时，知无不言，皇甫镈那一派人就暗地排挤他。四月二十九日丙子，任命裴度以门下侍郎、同平章事的官衔担任河东节度使。

皇甫镈专门用苛刻的手段掠取财物来讨好宪宗，大臣中没有敢说话的，只有谏议大夫武儒衡上疏指责他。皇甫镈亲自向宪宗辩解，宪宗说："你因为武儒衡上疏告

元衡之从父弟也。

史馆修撰李翱上言，以为："定祸乱者，武功也；兴太平者，文德也。今陛下既以武功定海内，若遂革弊事，复高祖、太宗旧制；用忠正而不疑，屏邪佞而不迩；改税法，不督钱而纳布帛；绝进献，宽百姓租赋；厚边兵，以制戎狄侵盗；数访问待制官，以通塞蔽；此六者，政之根本，太平之所以兴也。陛下既已能行其难，若何不为其易乎！以陛下天资上圣，如不惑近习容悦之辞，任骨鲠正直之士，与之兴大化，可不劳而成也。若不以此为事，臣恐大功之后，逸欲易生。进言者必曰：'天下既平矣，陛下可以高枕自安逸'，如是，则太平未可期矣！"

秋，七月，丁丑朔，田弘正送杀武元衡贼王士元等十六人，诏使内京兆府、御史台遍鞫之；皆款服。京兆尹崔元略以元衡物色询之，则多异同。元略问其故，对曰："恒、郓同谋遣客刺元衡，而士元等后期，闻恒人事已成，遂窃以为己功，还报受赏耳。今自度为罪均，终不免死，故承之。"上亦不欲复辨正，悉杀之。

戊寅，宣武节度使韩弘始入朝，上待之甚厚。弘献马三千，绢五千，杂缯三万，金银器千，而汴之库厩尚有钱百余万缗，绢百余万匹，马七千匹，粮三百万斛。

己丑，群臣上尊号曰元和圣文神武法天应道皇帝；赦天下。

（以上为第四段，写史馆修撰李翱上奏唐宪宗修德政。唐宪宗进尊号，赦天下，庆成功。）

兖、海、沂、密观察使王遂，本钱谷吏，性狷急，无远识。时军府草创，人情未安，遂专以严酷为治，所用杖绝大于常行者；每詈将卒，辄曰"反虏"；又盛夏役士卒营府舍，督责峻急；将卒愤怨。

辛卯，役卒王弁与其徒四人浴于沂水，密谋作乱，曰："今服役触罪亦死，奋命立事亦死，死于立事，不犹愈乎！明日，常侍与监军、副使有宴，军将皆在告，直兵多休息，吾属乘此际出其不意取之，可以万

了状，要对他进行报复吗？”皇甫镈于是不敢说话了。武儒衡是武元衡的堂弟。

史馆修撰李翱向宪宗上奏疏，认为：“平定祸乱，靠武功；使国家长治久安，靠礼乐教化等德政。今皇上既然用武功平定了海内，要立即革除弊政，恢复高祖、太宗时的制度；任用忠良正直的臣子而不猜疑，屏弃奸邪狡诈的臣子而不与他们接近；改变征税办法，不只计钱而应收布帛实物；禁止额外献纳，放宽对百姓交纳租赋的时限；增强边疆兵力，以防止外族的侵盗；多去访问以备顾问的待制官，以沟通上下关系、了解民情等。这六个方面，是政治上的根本问题，国家的长治久安就靠它。皇上难的既然都已经做到了，为什么容易的不去做呢！凭着皇上天生的才智，如若不被身边那些逢迎阿谀之辞所迷惑，任用骨鲠之臣、正直之士，和他们一起推行长治久安的治国之道，不需要花很大的力量就可以取得成功。假如不这么做，为臣的恐怕在大功之后，贪图安逸的欲望就容易滋生。那些向皇上进言的人一定会说：‘天下既已太平，皇上可以高枕无忧自享安乐了’，要是这样，那么国家长治久安就难以实现了！”

秋季，七月初一日丁丑，田弘正押送杀害武元衡的凶手王士元等十六人到京师，宪宗下诏送交京兆府和御史台一一审问，都供认不讳。京兆尹崔元略让他们描述武元衡的形貌体征，各人说的多不一样。崔元略追问原因，犯人回答说：“恒、郓两镇同谋派刺客杀武元衡，等我们稍后赶到时，听说恒州人已行刺成功，就假说是自己的功劳，好回话受赏赐。如今我们考虑所犯罪过是一样的，终究免不了一死，所以就承认了杀武元衡之罪。”宪宗也不想再来弄清楚这个问题，就把王士元等都杀了。

七月初二日戊寅，宣武节度使韩弘第一次朝见天子，宪宗待他很优厚。韩弘献上马三千匹，绢五千匹，杂缯三万匹，金银器一千件，而汴州的仓库和马厩里尚有钱百万缗，绢百余万匹，马七千匹，粮食三百万斛。

七月十三日己丑，群臣给宪宗献上尊号，称为“元和圣文神武法天应道皇帝”，大赦天下。

兖、海、沂、密四州观察使王遂，本来是管钱谷的小官吏，性情狭隘急躁，无远见。当时军府刚刚建立，人情未安，而王遂只知用严厉残酷的手段进行治理，他用的刑杖比一般的刑杖大得多；每每责骂将卒，动不动就称“反虏”；又在盛夏的日子里驱使士卒修造府舍，监督催促十分严厉紧急，将士吏卒都很愤怨。

七月十五日辛卯，服役的士兵王弁和他的徒弟四人在沂水洗澡，密谋作乱，王弁说：“现在服劳役得罪上司是犯死罪，拼着命去建立事业也是犯死罪，为建立事业而犯死罪，不是还好一些吗！第二日，观察使和监军、副使有宴会，军中将吏都

全。”四人皆以为然，约事成推弁为留后。

壬辰，遂方宴饮，日过中，弁等五人突入，于直房前取弓刀，径前射副使张敦实，杀之。遂与监军狼狈起走，弁执遂，数之以盛暑兴役，用刑刻暴，立斩之。传声勿惊监军，弁即自称留后，升厅号令，与监军抗礼，召集将吏参贺，众莫敢不从。监军具以状闻。

甲午，韩弘又献绢二十五万匹，絁三万匹，银器二百七十；左右军中尉各献钱万缗。自淮西用兵以来，度支、盐铁及四方争进奉，谓之“助军”；贼平又进奉，谓之“贺礼”；后又进奉，谓之“助赏”；上加尊号又进奉，亦谓之“贺礼”。

丁酉，以河阳节度使令狐楚为中书侍郎、同平章事。楚与皇甫镈同年进士，故镈引以为相。

朝廷闻沂州军乱，甲辰，以棣州刺史曹华为沂、海、兖、密观察使。

韩弘累表请留京师，八月，己酉，以弘守司徒，兼中书令。癸丑，以吏部尚书张弘靖同平章事，充宣武节度使。弘靖，宰相子，少有令闻，立朝简默；河东、宣武阙帅，朝廷以其位望素重，使镇之。弘靖承王锷聚敛之余”，韩弘严猛之后，两镇喜其廉谨宽大，故上下安之。

己未，田弘正入朝，上待之尤厚。

戊辰，陈许节度使郗士美薨，以库部员外郎李渤为吊祭使。渤上言：“臣过渭南，闻长源乡旧四百户，今才百余户，阌乡县旧三千户，今才千户。其他州县大率相似。迹其所以然，皆由以逃户税摊于比邻，致驱迫俱逃，此皆聚敛之臣剥下媚上，惟思竭泽，不虑无鱼。乞降诏书，绝摊逃之弊；尽逃户之产偿税，不足者乞免之。计不数年，人皆复于农矣。”执政见而恶之，渤遂谢病，归东都。

癸酉，吐蕃寇庆州，营于方渠。

朝廷议兴兵讨王弁，恐青、郓相扇继变，乃除弁开州刺史，遣中使赐以告身。中使绐之曰：“开州计已有人迎候道路，留后宜速发。”弁即日

在休假，值勤的卫兵多半在休息，我们乘这个机会夺取军政大权，是完全可以成功的。”四人都认为分析得对，约定事情成功后推举王弁为节度使留后。

七月十六日壬辰，王遂正在宴会上饮酒，刚过中午，王弁等五人突然冲进来，在值班室夺取弓箭刀枪，径直向前射副使张敦实，把他杀了。王遂与监军狼狈跳起来想逃走，王弁抓住王遂，数落他在盛暑天大兴土木，刑罚刻毒残暴，随即杀了王遂。王弁传话不要惊骇了监军，并自称留后，坐于厅堂上发布号令，与监军分庭抗礼，召集将吏，要他们参见并祝贺，众人没有敢不听从的。监军把这些情况报告了朝廷。

七月十八日甲午，韩弘又献上绢二十五万匹，絁三万匹，银器二百七十件；左右军中尉各献钱一万缗。自从对淮西镇用兵以来，度支使、盐铁使和四方官员争着进献财物，叫作“助军”；叛逆者平定后又进奉，叫作“贺礼”；以后又进奉，叫作“助赏”；宪宗加尊号又进奉，也叫作“贺礼”。

七月二十一日丁酉，任命河阳节度使令狐楚为中书侍郎、同平章事。令狐楚与皇甫镈是同年考中进士的，所以皇甫镈推荐他为宰相。

朝廷听到沂州军中发生叛乱，七月二十八日甲辰，任命棣州刺史曹华为沂、海、兖、密四州观察使。

韩弘多次上表请求留在京师，八月初三日己酉，任命韩弘守司徒，兼中书令。八月初七日癸丑，任命吏部尚书张弘靖同平章事，担任宣武节度使。张弘靖是宰相张延赏的儿子，年少时就有好名声，在朝廷中简朴不多言；河东、宣武两镇缺统帅，朝廷认为他的地位威望素来就很高，于是派他去镇守。张弘靖的前任河东王锷专事聚敛，宣武韩弘法治严猛，两镇喜欢张弘靖的廉谨宽大，所以上下相安无事。

八月十三日己未，田弘正回到朝廷，宪宗待他很优厚。

八月二十二日戊辰，陈许节度使郗士美去世，宪宗任命库部员外郎李渤为吊祭使。李渤上奏说：“臣经过渭南，听说长源乡原有四百户人家，现在只有百余户了，阌乡县原有三千户，现在只有一千户了，其他州县情况都差不多。追究其原因，都是由于把逃亡户的赋税分摊给了邻居，迫使大家都逃走，这都是那些聚敛的臣子剥削小民向上级献媚，只知尽量搜刮，不考虑后果所导致的。我请求皇上发下诏令，杜绝因摊派而引起民众逃亡的弊病；只把逃户所有的财产偿还欠税，不够的部分请求免除。估计不到几年，人们都会回来务农了。”皇甫镈看到李渤的奏疏很反感，李渤就假装有病辞去官职，回东都去了。

八月二十七日癸酉，吐蕃侵扰庆州，在方渠扎营。

朝廷讨论起兵征讨王弁，又害怕青、郓等州相互煽动又起变乱，于是任命王弁为开州刺史，派中使赐给他委任状。中使欺骗他说：“开州估计已有人在路上迎接

发沂州，导从尚百余人，入徐州境，所在减之，其众亦稍逃散。遂加以杻械，乘驴入关。九月，戊寅，腰斩东市。

先是，三分郓兵以隶三镇，及王遂死，朝廷以为师道余党凶态未除，命曹华引棣州兵赴镇以讨之。沂州将士迎候者，华皆以好言抚之，使先入城，慰安其余，众皆不疑。华视事三日，大飨将士，伏甲士千人于幕下，乃集众而谕之曰："天子以郓人有迁徙之劳，特加优给，宜令郓人处左，沂人处右。"既定，令沂人皆出，因阖门，谓郓人曰："王常侍以天子之命为帅于此，将士何得辄害之！"语未毕，伏者出，围而杀之，死者千二百人，无一得脱者。门屏间赤雾高丈余，久之方散。

臣光曰：《春秋》书"楚子虔诱蔡侯般杀之于申"。彼列国也，孔子犹深贬之，恶其诱讨也，况为天子而诱匹夫乎！

王遂以聚敛之才，殿新造之邦，用苛虐致乱。王弁庸夫，乘衅窃发，苟沂帅得人，戮之易于犬豕耳，何必以天子诏书为诱人之饵乎！且作乱者五人耳，乃使曹华设诈，屠千余人，不亦滥乎！然则自今士卒孰不猜其将帅，将帅何以令其士卒！上下盻盻，如寇仇聚处，得间则更相鱼肉，惟先发者为雄耳，祸乱何时而弭哉！

惜夫！宪宗削平僭乱，几致升平，其美业所以不终。由苟徇近功不敦大信故也。

（以上为第五段，写唐宪宗计除兖海沂密王弁之乱，使用诈计滥杀无辜，受到司马光的严厉批评。）

甲辰，以田弘正兼侍中，魏博节度使如故。弘正三表请留，上不许。弘正常恐一旦物故，魏人犹以故事继袭，故兄弟子侄皆仕诸朝，上皆擢居显列，朱紫盈庭，时人荣之。

乙巳，上问宰相："玄宗之政，先理而后乱，何也？"崔群对曰："玄宗用姚崇、宋璟、卢怀慎、苏颋、韩休、张九龄则理，用宇文融、李林

了，留后应该赶快出发。”王弁当天就从沂州出发，开始时，导引和随从者尚有一百多人，进入徐州地界，当地官员命他减少随从人员，随从也渐渐逃走。于是他被套上脚镣手铐，用驴子载着进入关中。九月初三日戊寅，王弁在东市被腰斩。

此前，把郓镇兵分为三部分属三镇统领，直到王遂被杀，朝廷认为李师道余党凶恶的态度并未改变，命令曹华带领棣州兵赶去讨伐他们。沂州将士前来迎候的，曹华都用好话安慰他们，叫他们先入城，以安慰其他的兵众，大家都未产生疑心。曹华上任的第三天，大张宴席招待将士，埋伏甲士千人在幕下，召集军众并告谕他们说：“天子认为郓人有迁徙的辛劳，特别加以优待，应当使郓人在左边，沂人在右边。”定位以后，叫沂人都出去，关上门，对郓人说：“王常侍奉天子的命令在这里任统帅，将士们哪能随便杀害他！”话还未讲完，埋伏的甲士都跑出来，围住郓人并把他们杀死，共杀死一千二百人，没有一个逃脱的。门屏中间赤色雾气一丈多高，很久才消散。

臣司马光评论说:《春秋》中记载楚子虔把蔡侯般诱到申以后杀了他。那是列国的事，孔子还深深贬斥，讨厌这种欺骗的手法，何况是天子去诱骗平民呢！

王遂凭着会搜刮钱财的本领，镇守新平定的地方政府，由于苛责暴虐而引起变乱。王弁是个平庸之人，乘机会起事，假若沂州统帅选得好，杀掉王弁等和杀死猪狗一样容易，何必要用天子的诏书为诱饵呢！况且作乱的只有五个人，让曹华设诈，屠杀千余人，不是太过分了吗！然而从此以后，士卒谁不猜疑他们的将帅，将帅又如何去领导他的士卒！上下互相仇恨，好像敌人一样聚在一起，只要有机会就互相吞噬，先动手的就成为霸主，祸乱什么时候才能停止啊！

真是可惜！宪宗平定叛乱，几乎达到了天下太平，他的完美大业最后未能完成，是由于只追求眼前的功利而不注重长远的信用的缘故。

九月二十九日甲辰，宪宗任命田弘正兼侍中，魏博节度使照旧担任。田弘正三次上表请求留在京师，宪宗没有答应。田弘正经常担心死后，魏博人还会沿引故事推举他的亲属继任节度使，所以他让兄弟子侄都在朝廷做官，宪宗把他们都安排在显要的职位上。穿红带紫的高官出自一家的很多，当时的人都认为那是很光荣的。

九月三十日乙巳，宪宗问宰相：“玄宗时代的政事，开始治理得很好，后来就败乱了，是什么原因呢？”崔群回答说：“玄宗任用姚崇、宋璟、卢怀慎、苏颋、韩

甫、杨国忠则乱。故用人得失，所系非轻。人皆以天宝十四年安禄山反为乱之始，臣独以为开元二十四年罢张九龄相，专任李林甫，此理乱之所分也。愿陛下以开元初为法，以天宝末为戒，乃社稷无疆之福！”皇甫镈深恨之。

冬，十月，壬戌，容管奏安南贼杨清陷都护府，杀都护李象古及妻子、官属、部曲千余人。象古，道古之兄也，以贪纵苛刻失众心。清世为蛮酋，象古召为牙将，清郁郁不得志。象古命清将兵三千讨黄洞蛮，清因人心怨怒，引兵夜还，袭府城，陷之。

初，蛮贼黄少卿，自贞元以来数反覆，桂管观察使裴行立、容管经略使阳旻欲徼幸立功，争请讨之；上从之。岭南节度使孔戣屡谏曰：“此禽兽耳，但可自计利害，不足与论是非。”上不听，大发江、湖兵会容、桂二管入讨，士卒被瘴疠，死者不可胜计。安南乘之，遂杀都护。行立、旻竟无功，二管凋弊，惟戣所部晏然。

丙寅，以唐州刺史桂仲武为安南都护；赦杨清，以为琼州刺史。

是岁，吐蕃节度论三摩等将十五万众围盐州，党项亦发兵助之。刺史李文悦竭力拒守，凡二十七日，吐蕃不能克。灵武牙将史奉敬言于朔方节度使杜叔良，请兵三千，赍三十日粮，深入吐蕃以解盐州之围。叔良以二千五百人与之。奉敬行旬余，无声问，朔方人以为俱没矣。无何，奉敬自他道出吐蕃背，吐蕃大惊，溃去。奉敬奋击，大破，不可胜计。奉敬与凤翔将野诗良辅、泾原将郝玼皆以勇著名于边，吐蕃惮之。

（以上为第六段，写南疆安南蛮夷反叛、西疆吐蕃犯边。）

柳泌至台州，驱吏民采药，岁余，无所得而惧，举家逃入山中；浙东观察使捕送京师。皇甫镈、李道古保护之，上复使待诏翰林；服其药，日加躁渴。

起居舍人裴潾上言，以为：“除天下之害者受天下之利，同天下之乐者飨天下之福，自黄帝至于文、武，享国寿考，皆用此道也。自去岁以

休、张九龄为宰相，国家就治理得很好，任用宇文融、李林甫、杨国忠为宰相，国家就乱。所以用人的得失，关系是很重大的。一般人都认为天宝十四年是安禄山反叛为乱的开始，臣独认为开元二十四年罢免宰相张九龄，专任李林甫，才是由治到乱的分水岭。愿陛下以开元初做榜样，用天宝末为鉴戒，这才是国家的最大幸福！”皇甫镈对崔群的话深深地记恨在心。

冬季，十月十七日壬戌，容管观察使报告说安南贼杨清攻陷都护府，杀了都护李象古和其妻子、官属、部下士卒一千多人。李象古是李道古的兄长，由于贪污放纵苛刻而失去了民心。杨清世代都是蛮人首领，李象古召他来担任牙将，杨清郁郁不得志。李象古命令他带领三千兵去征讨黄洞蛮人，杨清利用人们对李象古的怨恨和愤怒，带兵在夜间返回，偷袭都护府城，把城攻下了。

当初，蛮人黄少卿自贞元年间以来多次投顺、反叛，桂管观察使裴行立、容管经略使阳旻想侥幸立功，争相请求去讨伐黄少卿，宪宗答应了。岭南节度使孔戣多次上疏谏说：“这些蛮人同禽兽一般，只考虑自己的利害关系，不必和他们评论是非。”宪宗不听，大量征发江西、湖南士兵合容、桂二管兵进行征讨，士卒多染上瘴疠恶疾，死了很多人。安南叛将乘这样一个机会，于是杀了都护。裴行立、杨旻最终一点战功也没有，反而使二管地区人穷财尽，民生凋敝，只有孔戣所统辖的地方平安无事。

十月二十一日丙寅，任命唐州刺史桂仲武为安南都护；赦免了杨清的罪，任命他为琼州刺史。

这一年，吐蕃节度使论三摩等带领十五万兵众围盐州，党项也发兵帮助他们。盐州刺史李文悦竭力抵抗防守，经过二十七天，吐蕃未能攻下盐州。灵武牙将史奉敬向朔方节度使杜叔良求援，请求杜叔良给他三千兵，带三十天的粮食，深入到吐蕃去解盐州之围。杜叔良给了史奉敬二千五百人。史奉敬走了十多天，一点音讯也没有，朔方人以为他被吐蕃消灭了。不久，史奉敬从另外一条路出现在吐蕃的后面，吐蕃大惊，溃败而走。史奉敬奋勇追击，大破吐蕃军，杀死和俘虏的吐蕃兵不计其数。史奉敬与凤翔将领野诗良辅、泾原将领郝玼都由于勇敢而在边境著名，吐蕃很惧怕他们。

柳泌到台州，驱使官民都去采药，经过一年多，没有采到什么，柳泌因而惧怕，全家逃入山中，浙东观察使逮捕了他们并送到京师。皇甫镈、李道古保护柳泌，宪宗又让他任待诏翰林官；吃了他的药，宪宗一天比一天暴躁焦渴。

起居舍人裴潾上奏，认为：“除去为害天下的人，就能享受天下之利，和天下的人同乐，就能享受天下之福，从黄帝到周文王、周武王，他们在位时间既久，寿命

来，所在多荐方士，转相汲引，其数浸繁。借令天下真有神仙，彼必深潜岩壑，惟畏人知。凡候伺权贵之门，以大言自炫奇技惊众者，皆不轨徇利之人，岂可信其说而饵其药邪！夫药以愈疾，非朝夕常饵之物；况金石酷烈有毒，又益以火气，殆非人五藏之所能胜也。古者君饮药，臣先尝之，乞令献药者先自饵一年，则真伪自可辨矣。”上怒，十一月，己亥，贬潾江陵令。

初，群臣议上尊号，皇甫镈欲增“孝德”字，中书侍郎、同平章事崔群曰：“言圣则孝在其中矣。”镈谮于上曰：“群于陛下惜‘孝德’二字。”上怒。时镈给边军赐与，多不时得，又所给多陈败，不可服用，军士怨怒，流言欲为乱。李光颜忧惧，欲自杀；遣人诉于上，上不信。京师恟惧，群具以中外人情上闻。镈密言于上曰：“边赐皆如旧制，而人情忽如此者，由群鼓扇，将以卖直，归怨于上也。”上以为然。十二月，乙卯，以群为湖南观察使，于是中外切齿于镈矣。

中书舍人武儒衡，有气节，好直言，上器之，顾待甚渥，人皆言且入相。令狐楚忌之，思有以沮之者，乃荐山南东道节度推官狄兼謩才行。癸亥，擢兼謩左拾遗内供奉。兼謩，仁杰之族曾孙也。楚自草制辞，盛言：“天后窃位，奸臣擅权，赖仁杰保佑中宗，克复明辟。”儒衡泣诉于上，且言：“臣曾祖平一，在天后朝，辞荣终老。”上由是薄楚之为人。

（以上为第七段，写唐宪宗受奸相皇甫镈蛊惑，迷恋方士服金丹，贬谪直臣。）

十五年（庚子，820 年）

春，正月，沂、海、兖、密观察使曹华请徙理兖州，许之。

义成节度使刘悟入朝。

初，左军中尉吐突承璀谋立澧王恽为太子，上不许。及上寝疾，承璀谋尚未息；太子闻而忧之，密遣人问计于司农卿郭钊，钊曰：“殿下但尽孝谨以俟之，勿恤其他。”钊，太子之舅也。

上服金丹，多躁怒，左右宦官往往获罪，有死者，人人自危；庚子，

又长，都是由于这个原因所致。从去年以来，各地多推荐方士，辗转互相引进，人数就越来越多。假使天下真有神仙，他们一定深藏在山野僻静处，怕别人知道。凡是在权贵之门伺候，用大话来炫耀自己的奇技以使别人感到惊异的，都是些行为不正，专门谋利之徒，怎么可以信他们的话而吃他们的药呢！药是用来治病的，不是早晚常常吃的东西，况且金石之类的药物酷烈有毒，又加以用火炼了，不是人的五脏所能承受的。古时候君主饮药，臣子先尝，让献药的人自己先吃一年，那么真假就可以分辨得很清楚了。”宪宗很生气，十一月二十五日己亥，贬裴潾为江陵令。

此前，群臣讨论宪宗尊号，皇甫镈想增加“孝德”二字，中书侍郎、同平章事崔群说：“有圣字就包括孝的内容了。”皇甫镈在宪宗面前毁谤崔群道：“崔群吝惜把‘孝德’二字加于陛下。”宪宗很恼怒。当时皇甫镈发给边军的赏赐，多数不能按时送到，而且多半是陈旧腐败的东西，不能服用，军士怨怒，流传出要作乱的话。李光颜对此很忧惧，想自杀，派人向宪宗诉苦，宪宗不相信。京师方面也很恐惧，崔群把朝廷和地方上的民情动态具体地报告给宪宗。皇甫镈秘密地对宪宗说：“边军的赏赐都是照老规矩办的，而民情突然这样不安的原因，是由于崔群从中鼓动，拿这来炫耀自己的正直，让大家埋怨皇上。”宪宗也认为是这么一回事。十二月二十一日乙卯，贬崔群为湖南观察使，这样一来从中央到地方都非常痛恨皇甫镈了。

中书舍人武儒衡，有气节，喜欢讲直话，宪宗很器重他，对待他很优厚，人们都说不久他将要做宰相。令狐楚很嫉妒他，想方设法阻止他入相，于是推荐山南东道节度推官狄兼謩的才华品行。十二月二十九日癸亥，提升狄兼謩为左拾遗内供奉。狄兼謩是狄仁杰的族曾孙。令狐楚亲自起草任命书，夸张地说：“天后窃取皇帝位置，奸臣掌握国家大权，全靠狄仁杰保佑中宗，才能恢复皇位。”武儒衡向宪宗哭诉，认为令狐楚这番话是影射自己的祖先，并说：“臣曾祖武平一，在天后时代，辞去了官职养老在家。”所以宪宗很鄙薄令狐楚的人品。

唐宪宗元和十五年（庚子，820年）

春季，正月，沂、海、兖、密四州观察使曹华请求把治所从沂州迁到兖州，朝廷答应了。

义成节度使刘悟入京朝见天子。

当初，左军中尉吐突承璀谋划立澧王李恽为太子，宪宗不允许。等到宪宗病重时，吐突承璀的谋划还未停止。太子听到这件事很担忧，秘密派人去向司农卿郭钊问对策，郭钊说：“殿下只管尽心孝谨以等待形势的发展，不要顾虑其他的事。”郭钊是太子的舅父。

宪宗服食金丹以后，时常暴躁发脾气，左右的宦官往往获罪，有被处死的，人

暴崩于中和殿。时人皆言内常侍陈弘志弑逆，其党类讳之，不敢讨贼，但云药发，外人莫能明也。

中尉梁守谦与诸宦官马进潭、刘承偕、韦元素、王守澄等共立太子，杀吐突承璀及澧王恽，赐左、右神策军士钱人五十缗，六军、威远人三十缗，左、右金吾人十五缗。

（以上为第八段，写宦官梁守谦发动宫廷政变，弑宪宗，立穆宗。）

闰月，丙午，穆宗即位于太极殿东序。是日，召翰林学士段文昌等及兵部郎中薛放、驾部员外郎丁公著对于思政殿。放，戎之弟；公著，苏州人；皆太子侍读也。上未听政，放、公著常侍禁中，参预机密，上欲以为相，二人固辞。

丁未，辍西宫朝临，集群臣于月华门外。贬皇甫镈为崖州司户；市井皆相贺。

上议命相，令狐楚荐御史中丞萧俛；辛亥，以俛及段文昌皆为中书侍郎、同平章事。楚、俛与皇甫镈皆同年进士，上欲诛镈，俛及宦官救之，故得免。

壬子，杖杀柳泌及僧大通，自余方士皆流岭表；贬左金吾将军李道古循州司马。

癸丑，以薛放为工部侍郎，丁公著为给事中。

乙卯，尊郭贵妃为皇太后。

丁卯，上与群臣皆释服从吉。

二月，丁丑，上御丹凤门楼，赦天下。事毕，盛陈倡优杂戏于门内而观之。丁亥，上幸左神策军观手搏杂戏。

庚寅，监察御史杨虞卿上疏，以为：“陛下宜延对群臣，周遍顾问，惠以气色，使进忠若趋利，论政若诉冤，如此而不致升平者，未之有也。”衡山人赵知微亦上疏谏上游畋无节。上虽不能用，亦不罪也。

（以上为第九段，写穆宗即位，逐杀方士，罢皇甫镈相位。）

壬辰，废邕管，命容管经略使阳旻兼领之。

安南都护桂仲武至安南，杨清拒境不纳。清用刑惨虐，其党离心；仲武遣人说其酋豪，数月间，降者相继，得兵七千余人。朝廷以仲武为逗遛，甲午，以桂管观察使裴行立为安南都护。乙未，以太仆卿杜式方

人自危。正月二十七日庚子，宪宗突然死于中和殿。当时人们都说是内常侍陈弘志杀死的，他们的党羽忌讳这件事，不敢讨伐凶手，只说宪宗是由于丹药毒性发作而死，外面的人也弄不明白这件事。

中尉梁守谦与其他宦官马进潭、刘承偕、韦元素、王守澄等共立太子，杀了吐突承璀和澧王李恽，赏赐左、右神策军士每人五十串钱，六军、威远军士每人三十串钱，左、右金吾卫军士每人十五串钱。

闰正月初三日丙午，穆宗在太极殿东厢房即皇帝位。这天，召见翰林学士段文昌等和兵部郎中薛放、兵部驾部员外郎丁公著等，在思政殿谈话。薛放是薛戎的弟弟；丁公著，苏州人。二人都是太子的侍读。穆宗还没有听政时，薛放、丁公著常在禁中侍奉他，参加机密大事的筹划，穆宗想任命他们为宰相，二人坚决推辞了。

闰正月初四日丁未，停止向西宫宪宗的灵堂吊丧，召集群臣在月华门外会见。把皇甫镈贬为崖州司户，市民们都为此而庆贺。

穆宗提出任命宰相的事，令狐楚推荐御史中丞萧俛；闰正月初八日，任命萧俛和段文昌为中书侍郎、同平章事。令狐楚、萧俛和皇甫镈都是同年中的进士，穆宗想杀掉皇甫镈，萧俛和宦官从中救他，所以皇甫镈免于一死。

闰正月初九日壬子，用杖刑处死了柳泌和僧人大通，其余的方士都流放去岭南；把左金吾将军李道古贬为循州司马。

闰正月初十日癸丑，任命薛放为工部侍郎，丁公著为给事中。

闰正月十二日乙卯，尊郭贵妃为皇太后。

闰正月二十四日丁卯，穆宗与群臣都脱去丧服穿上吉服。

二月初五日丁丑，穆宗登上丹凤门楼，宣布大赦天下。完事以后，在门内大设各种杂耍戏乐让大家观看。二月十五日丁亥，穆宗到左神策军观看摔斗杂戏。

二月十八日庚寅，监察御史杨虞卿上疏，认为：“陛下应当接见群臣并和他们谈话，广泛地征求意见，给他们和善的态度，使臣下进忠言如追求财利一样，讨论政事如诉说冤屈一样，这样做而达不到天下太平，那是没有的事。”衡山人赵知微也上疏劝谏穆宗游乐狩猎要有节制。穆宗虽不能照办，也不处罚他们。

二月二十日壬辰，撤销邕管，命令容管经略使阳旻兼领原邕管之事。

安南都护桂仲武到安南，杨清在边境拒绝接纳他上任。杨清用刑残酷，他的党徒都和他离心离德；桂仲武派人去说服那些小头目，几个月时间，归降的人一个接一个，得到降兵七千多人。朝廷认为桂仲武逗留不进，二月二十二日甲午，任命桂

为桂管观察使。丙申，贬仲武为安州刺史。

丹王逾薨。

吐蕃寇灵武。

宪宗之末，回鹘遣合达干来求昏尤切；宪宗许之。三月，癸卯朔，遣合达干归国。

上见夏州观察判官柳公权书迹，爱之。辛酉，以公权为右拾遗、翰林侍书学士。上问公权："卿书何能如是之善？"对曰："用笔在心，心正则笔正。"上默然改容，知其以笔谏也。公权，公绰之弟也。

辛未，安南将士开城纳桂仲武，执杨清，斩之。裴行立至海门而卒；复以仲武为安南都护。

吐蕃寇盐州。

（以上为第十段，写安南再乱，吐蕃犯边。）

初，膳部员外郎元稹为江陵士曹，与监军崔潭峻善。上在东宫，闻宫人诵稹歌诗而善之；及即位，潭峻归朝，献稹歌诗百余篇。上问"稹安在？"对曰："今为散郎。"夏，五月，庚戌，以稹为祠部郎中、知制诰。朝论鄙之。会同僚食瓜于阁下，有青蝇集其上，中书舍人武儒衡以扇挥之曰："适从何来，聚集于此！"同僚皆失色，儒衡意气自若。

庚申，葬神圣章武孝皇帝于景陵；庙号宪宗。

六月，以湖南观察使崔群为吏部侍郎，召对别殿。上曰："朕升储副，知卿为羽翼。"对曰："先帝之意，久属圣明，臣何力之有！"

太后居兴庆宫，每朔望，上帅百官诣宫上寿。上性侈，所以奉养太后尤为华靡。

秋，七月，乙巳，以郓、曹、濮节度为天平军。

门下侍郎、同平章事令狐楚坐为山陵使，部吏盗官物，又不给工人佣直，收其钱十五万缗为羡余献之，怨诉盈路，丁卯，罢为宣、歙、池观察使。

八月，癸巳，发神策兵二千浚鱼藻池。

管观察使裴行立为安南都护。二月二十三日乙未，任命太仆卿杜式方为桂管观察使。二月二十四日丙申，贬桂仲武为安州刺史。

丹王李逾死。

吐蕃侵扰灵武。

宪宗末年，回鹘派合达干来求婚，态度很殷切，宪宗答应了。三月初一日癸卯，打发合达干回国。

穆宗看到夏州观察判官柳公权书法手迹，很喜爱。三月十九日辛酉，任命柳公权为右拾遗、翰林侍书学士。穆宗问柳公权："你的书法为什么这样好？"柳公权回答说："用笔在心思，心思端正笔就端正。"穆宗默默动容，知道柳公权是借用写字进行劝谏。柳公权，是柳公绰的弟弟。

三月二十九日辛未，安南将士开城接纳桂仲武，把杨清抓起来杀掉。裴行立到达海门镇死了，朝廷再次任命桂仲武为安南都护。

吐蕃侵扰盐州。

先前，膳部员外郎元稹为江陵士曹，和监军崔潭峻很友好。穆宗在东宫时，听到宫人朗诵元稹的诗歌就喜欢这个人，等到做了皇帝，潭峻回到朝廷，向他献上元稹的诗歌一百多篇。穆宗问："元稹在什么地方？"潭峻回答说："现在是散郎。"夏季，五月初九日庚戌，任命元稹为祠部郎中、知制诰；朝廷中人都鄙薄元稹的为人。恰遇同事们在省阁中吃瓜，有青蝇飞集在瓜上，中书舍人武儒衡用扇子驱赶青蝇并说："刚才从那里飞来的，一下就聚集在这里了！"同僚们听他用苍蝇来讽刺元稹，都变了脸色，武儒衡却和平时一样若无其事。

五月十九日庚申，将神圣章武孝皇帝葬在景陵，庙号宪宗。

六月，任命湖南观察使崔群为吏部侍郎，在别殿召见了他。穆宗说："朕被立为皇太子时，知道你尽了羽翼之力。"崔群回答说："先帝的意思，早就定了是陛下，臣没有出什么力！"

太后居兴庆宫，每月的初一、十五，穆宗带领百官到宫中祝贺问安。穆宗喜欢奢侈，所以奉养太后更是华丽奢靡。

秋季，七月初五日乙巳，将郓、曹、濮节度命名为天平军。

门下侍郎、同平章事令狐楚兼任山陵使，部吏盗窃公家的东西，又不给工人工资，将聚敛的十五万串钱作为节余献给穆宗，路上到处是埋怨哭诉的人，七月二十七日丁卯，罢免令狐楚相位，改任宣、歙、池观察使。

八月二十四日癸巳，派遣二千名神策兵去疏浚鱼藻池。

戊戌，以御史中丞崔植为中书侍郎、同平章事。

己亥，再贬令狐楚衡州刺史。

上甫过公除，即事游畋声色，赐与无节。九月，欲以重阳大宴，拾遗李珏帅其同僚上疏曰："伏以元朔未改，园陵尚新，虽陛下就易月之期，俯从人欲；而《礼经》著三年之制，犹服心丧。遵同轨之会始离京，告远夷之使未复命。遏密弛禁，盖为齐人；合乐后庭，事将未可。"上不听。

戊午，加邠宁节度使李元颜、武宁节度使李愬并同平章事。

冬，十月，王承宗薨；其下秘不发丧，子知感、知信皆在朝，诸将欲取帅于属内诸州。参谋崔燧以承宗祖母凉国夫人命，告谕诸将及亲兵，立承宗之弟观察支使承元。

承元时年二十，将士拜之，承元不受，泣且拜；诸将固请不已，承元曰："天子遣中使监军，有事当与之议。"及监军至，亦劝之。承元曰："诸公未忘先德，不以承元年少，欲使之摄军务，承元请尽节以遵忠烈之志，诸公肯从之乎！"众许诺。承元乃视事于都将听事，令左右不得谓己为留后，委事于参佐，密表请朝廷除帅。

庚辰，监军奏承宗疾亟，弟承元权知留后，并以承元表闻。

党项复引吐蕃寇泾州，连营五十里。

辛巳，遣起居舍人柏耆诣镇州宣慰。

壬午，群臣入阁。谏议大夫郑覃、崔郾等五人进言："陛下宴乐过多，畋游无度。今胡寇压境，忽有急奏，不知乘舆所在。又晨夕与倡优狎昵，赐与过厚。夫金帛皆百姓膏血，非有功不可与。虽内藏有余，愿陛下爱之，万一四方有事，不复使有司重敛百姓。"时久无阁中论事者，上始甚讶之，谓宰相曰："此辈何人？"对曰："谏官。"上乃使人慰劳之，曰："当依卿言。"宰相皆贺，然实不能用也。覃，珣瑜之子也。

上尝谓给事中丁公著曰："闻外间人多宴乐，此乃时和人安，足用为慰。"公著对曰："此非佳事，恐渐劳圣虑。"上曰："何故？"对曰："自天

八月二十九日戊戌，任命御史中丞崔植为中书侍郎、同平章事。

八月三十日己亥，再贬令狐楚为衡州刺史。

穆宗刚刚过了公除日，就从事游玩、打猎、声色等活动，赏赐没有节制。九月，穆宗想在重阳节举行大宴会，拾遗李珏带领他的同事上疏说："臣下认为年号还没有改，先帝陵墓尚是新的，虽然陛下顺应天下人要求，按期除去了丧服；而《礼经》上规定三年的丧期，在内心上还应记得。全国参加葬礼的人才离开京师，派到边远四夷的告哀使还没有回来复命。开放娱乐活动是为了全国百姓，但在皇宫后庭奏乐是很不应当的。"穆宗不听。

九月十九日戊午，穆宗加授邠宁节度使李光颜、武宁节度使李愬为同平章事。

冬季，十月，王承宗死，他的部下隐瞒不公布丧事消息，王承宗的儿子王知感、王知信都在都城朝廷中，王承宗的将领想在所属的州内选立统帅。参谋崔燧以王承宗祖母凉国夫人命令的名义，将王承宗去世消息遍告诸将和亲兵，立王承宗的弟弟观察支使王承元为统帅。

王承元当时二十岁，将士拜见他，王承元不接受，边哭边回拜；诸将不停地请求，王承元说："天子派遣中使监军，有关大事应当和他商议。"等到监军来后，也劝王承元接受继任的事。王承元说："诸公未忘记先人的恩德，不认为承元年少，想要我暂时主持军务，承元请求尽忠于国以遵从忠烈公的志愿，诸公肯依从我吗！"众人应承。王承元于是在都将大厅上开始办公，命令左右之人不得称自己为留后，把政事交给参军和僚佐去办，秘密上表请求朝廷任命统帅。

十月十一日庚辰，监军报告说王承宗病危，他的弟弟王承元暂时担任留后，并且把王承元的奏表也呈给了穆宗。

党项又引导吐蕃侵扰泾州，驻营连接达五十里。

十月十二日辛巳，穆宗派起居舍人柏耆到镇州去表达朝廷的慰问之意。

十月十三日壬午，群臣到便殿去朝见穆宗，谏议大夫郑覃、崔郾等五人向穆宗说："陛下饮宴娱乐过多，狩猎游玩没有节制。现在胡寇逼近边境，忽然有紧急报告，不知道皇上在哪里。又早晚都和歌伎杂耍艺人在一起，赏赐过于优厚。金银绸帛都是民脂民膏，没有功劳的人不能给予。虽然宫内库藏还很多，希望陛下珍惜它，万一四方发生变故，不再要有司向老百姓征敛就可以应付。"当时很久没有在阁中议论政事了，穆宗开始感到很惊讶，向宰相说："这些是什么人？"宰相回答说："谏官。"穆宗就派人慰劳他们，并说："应当照你们说的去做。"宰相都向穆宗表示祝贺，然而实际上穆宗并未接受。郑覃，是郑珣瑜的儿子。

穆宗曾向给事中丁公著说："听说外面的人多举行宴乐，这是社会稳定人民安泰的表现，是很值得高兴的。"丁公著回答说："这不是好事，恐怕慢慢要劳皇上操

宝以来，公卿大夫竞为游宴，沈酣昼夜，优杂子女，不愧左右。如此不已，则百职皆废，陛下能无独忧劳乎！愿少加禁止，乃天下之福也。”

（以上为第十一段，写唐穆宗初即位，游畋声色无度。）

癸未，泾州奏吐蕃进营距州三十里，告急求救；以右军中尉梁守谦为左、右神策，京西、北行营都监，将兵四千人，并发八镇全军救之；赐将士装钱二万缗。以郯王府长史邵同为太府少卿兼御史中丞，充答吐蕃请和好使。

初，秘书少监田洎入吐蕃为吊祭使，吐蕃请与唐盟于长武城下，洎恐吐蕃留之不得还，唯阿而已。既而吐蕃为党项所引入寇，因以为辞曰：“田洎许我将兵赴盟。”于是贬洎郴州司户。

成德军始奏王承宗薨。乙酉，徙田弘正为成德节度使，以王承元为义成节度使，刘悟为昭义节度使，李愬为魏博节度使。又以左金吾将军田布为河阳节度使。

渭州刺史郝玼数出兵袭吐蕃营，所杀甚众。李光颜发邠宁兵救泾州。邠宁兵以神策受赏厚，皆愠曰：“人给五十缗而不识战斗者，彼何人邪！常额衣资不得而前冒白刃者，此何人邪！”汹汹不可止。光颜亲为开陈大义以谕之，言与涕俱，然后军士感悦而行。将至泾州，吐蕃惧而退。丙戌，罢神策行营。

西川奏吐蕃寇雅州；辛卯，盐州奏吐蕃营于乌、白池，寻亦皆退。

十一月，癸卯，遣谏议大夫郑覃诣镇州宣慰，赐钱一百万缗以赏将士。王承元既请朝命，诸将及邻道争以故事劝之；承元皆不听。及移镇义成，将士喧哗不受命，承元与柏耆召诸将以诏旨谕之，诸将号哭不从。承元出家财以散之，择其有劳者擢之，谓曰：“诸公以先代之故，不欲承元去，此意甚厚。然使承元违天子之诏，其罪大矣。昔李师道之未败也，朝廷尝赦其罪，师道欲行，诸将固留之；其后杀师道者亦诸将也。诸将勿使承元为师道，则幸矣。”因涕泣不自胜，且拜之。十将李寂等十余人固留承元；承元斩以徇，军中乃定。丁未，承元赴滑州。将吏或以镇州器用财货行，承元悉命留之。

（以上为第十二段，写成德留后王承元遵奉朝命。）

心。”穆宗说：“为什么？”回答说：“自从天宝年间以来，公卿大夫争着游玩饮宴，日夜沉醉酣饮之中，倡优男女混杂在一起，不知羞耻。这样发展下去，那么什么工作都会停顿，陛下能不为之担忧吗！希望稍稍加以禁止，那就是天下的福分了。”

十月十四日癸未，泾州报告说吐蕃推进营地离州城只三十里了，告急求救。任命右军中尉梁守谦为左、右神策，京西、北行营都监，带领四千兵，并征发八镇的全部人马去救援。赏赐将士行装钱二万串。任命郑王府长史邵同为太府少卿兼御史中丞，充当答吐蕃请和好使。

当初，秘书少监田洎为告哀使到吐蕃去，吐蕃请求和唐朝在长武城下签订盟约，田洎怕吐蕃扣留他不能回朝，就唯唯诺诺应付过去了。接着吐蕃为党项引导侵扰边境，并拿其做借口，说是：“田洎答应我带领军队来参加盟会。”于是把田洎贬为郴州司户。

成德军这时才上奏称王承宗已死。十月十六日乙酉，迁田弘正为成德节度使，任命王承元为义成节度使，刘悟为诏义节度使，李愬为魏博节度使，又任命左金吾将军田布为河阳节度使。

渭州刺史郝玼多次出兵袭击吐蕃营，杀伤敌兵很多。李光颜派出邠宁兵去救援泾州。邠宁兵认为神策兵得到的赏赐多，都恼怒地说：“每人赏给五十串钱而不知道打仗的，都是些什么人！按常规应给的衣服资粮都领不到而在前线和敌人搏斗的，这又是些什么人！”吵闹不停。李光颜亲自讲说大义来劝说他们，声泪俱下，然后军士们情绪才稳定下来，高兴地出发了。邠宁军快到达泾州时，吐蕃人害怕撤退了。十月十七日丙戌，裁撤神策军行营。

西川节度使奏报说吐蕃侵扰雅州；十月二十二日辛卯，盐州奏报说吐蕃在乌、白池扎营，不久也退走了。

十一月初五日癸卯，派遣谏议大夫郑覃到镇州去表达慰问。赏赐将士们一百万串钱。王承元已经请求朝廷任命元帅，诸将和邻道争着用过去的事例劝阻他不要那样做，王承元一概不听。等到朝廷命令他改任义成节度使时，将士吵闹着不接受命令，王承元和柏耆召集诸将把穆宗的诏旨告诉他们，诸将号哭着不服从。王承元把家中的财产拿出来散发给他们，选择有功劳的人加以提拔，并对他们说：“诸位由于先人的关系，不想承元离开这里，这种情意十分深厚。但如果让我王承元违抗天子的诏命，那罪就很大了。过去李师道在未破败的时候，朝廷曾赦免了他的罪，李师道想离开郓州，诸将坚决要留住他；后来李师道被杀就是诸将的责任了。诸将不要让承元和李师道一样，那就算我的幸运了。”王承元流泪不止，非常悲伤，并且向诸将下拜。牙将李寂等十多人还坚持要挽留王承元，王承元杀了他们示众，军中才稳

上将幸华清宫，戊午，宰相率两省供奉官诣延英门，三上表切谏，且言：“如此，臣辈当扈从。”求面对，皆不听。谏官伏门下，至暮，乃退。己未，未明，上自复道出城，幸华清宫，独公主、驸马、中尉、神策六军使帅禁兵千余人扈从，晡时还宫。

十二月，己巳朔，盐州奏：吐蕃千余人围乌、白池。

庚辰，西川奏南诏二万人入界，请讨吐蕃。

癸未，容管奏破黄少卿万余众，拔营栅三十六。时少卿久未平，国子祭酒韩愈上言：“臣去年贬岭外，熟知黄家贼事。其贼无城郭可居，依山傍险，自称洞主，寻常亦各营生，急则屯聚相保。比缘邕管经略使多不得人，德既不能绥怀，威又不能临制，侵欺虏缚，以致怨恨；遂攻劫州县，侵暴平人，或复私仇，或贪小利，或聚或散，终亦不能为事。近者征讨本起裴行立、阳旻，此两人者本无远虑深谋，意在邀功求赏。亦缘见贼未屯聚之时，将谓单弱，争献谋计。自用兵以来，已经二年，前后所奏杀获计不下二万余人，傥皆非虚，贼已寻尽。至今贼犹依旧，足明欺罔朝廷。邕、容两管，经此凋弊，杀伤疾疫，十室九空，如此不已，臣恐岭南一道未有宁息之时。自南讨已来，贼徒亦甚伤损，察其情理，厌苦必深。贼所处荒僻，假如尽杀其人，尽得其地，在于国计不为有益。若因改元大庆，赦其罪戾，遣使宣谕，必望风降伏。仍为选择有威信者为经略使，苟处置得宜，自然永无侵叛之事。”上不能用。

（以上为第十三段，写韩愈上奏安抚岭南之策，穆宗不纳。）

穆宗睿圣文惠孝皇帝上

长庆元年（辛丑，821年）

春，正月，辛丑，上礼圜丘；赦天下，改元。河北诸道各令均定

定下来。十一月初九日，王承元赶往滑州上任。将吏们有把镇州的用具财务等带走的，王承元命令都要留下来。

穆宗打算到华清宫去，十一月二十日戊午，宰相带领中书、门下两省供奉官到延英门，三次上表恳切地劝阻，并且说："这样做，臣下们应当跟随去。"请求当面对话，穆宗都不听。谏官们伏在延英门下，到傍晚才回家。十一月二十一日己未，天还未亮，穆宗从复道出城去华清宫，只有公主、驸马、中尉、神策六军使带领禁兵千余人跟随，下午晡时才回宫。

十二月初一日己巳，盐州奏报吐蕃千余人围乌、白池。

十二月十二日庚辰，西川奏报南诏二万人从边界进来，请求讨伐吐蕃。

十二月十五日癸未，容管奏报打败了黄少卿一万多人，攻占营栅三十六处。当时黄少卿久未平定，国子祭酒韩愈上奏说："臣去年贬官到岭外，熟悉黄家贼的底细。他们没有城郭可以居住，依靠山岩险要的地方自守，自己称自己为洞主，平常都是各自去经营生计，在危急时才聚居在一起团结自卫。近来因为邕管经略使大多没有找到合适的人选，既不能用德惠去安抚他们，又不能用武力去制服他们，只知侵扰、欺凌、奴役、束缚，引起他们的怨恨；他们因而就攻劫州县，侵暴平民，或报私仇，或贪小利，或聚或散，最终他们是不能有什么作为的。近来的征讨本来起因于裴行立、阳旻，这两个人原来就没有深谋远虑，用意只在立功得到赏赐。也是因为看到叛贼未聚集的时候，以为势单力弱，才争相提出征服他们的办法。自从发兵征讨以来，已经两年，前后奏报杀死俘获总共两万余人，倘若都不假，敌人已经接近全部消灭了。至今叛贼还是和从前一样，足以证明下面是欺骗了朝廷。邕、容两管所属的地方，经过这次战争的摧残，因杀伤和疾疫而死伤，已是十室九空，照这样下去，臣恐怕岭南一道没有安宁的时候了。自从对南方用兵以来，叛贼也受到很大的损伤，观察他们的情况，一定也深深地对战争感到厌恶和愁苦。叛贼居住的地方很荒僻，即使把他们都杀了，把土地都占领了，对于国家也没有什么好处。要是借着改年号举行庆祝典礼这个时机，赦免他们的罪过，派遣使者去告谕他们，他们一定会听到风声就投降。再为他们选择有威信的经略使，假若处置得宜，自然永远不会再有侵扰叛乱的事情发生了。"穆宗没能采纳韩愈的意见。

穆宗睿圣文惠孝皇帝上

唐穆宗长庆元年（辛丑，821年）

春季，正月初四日辛丑，穆宗到圜丘祭天，大赦天下，改年号为长庆。命令河

两税。

门下侍郎、同平章事萧俛，介洁疾恶，为相，重惜官职，少所引拔。西川节度使王播大修贡奉，且以赂结宦官，求为相，段文昌复左右之；诏征播诣京师。俛屡于延英力争，言："播纤邪，物论沸腾，不可以污台司。"上不听，俛遂辞位。己未，播至京师。壬戌，俛罢为右仆射。俛固辞仆射，二月，癸酉，改吏部尚书。

卢龙节度使刘总既杀其父兄，心常自疑，数见父兄为祟；常于府舍饭僧数百，使昼夜为佛事，每视事退则处其中，或处他室，则惊悸不敢寐。晚年，恐惧尤甚；亦见河南、北皆从化，己卯，奏乞弃官为僧；仍乞赐钱百万缗以赏将士。

上面谕西川节度使王播令归镇，播累表乞留京师。会中书侍郎、同平章事段文昌请退，壬申，以文昌同平章事，充西川节度使；以翰林学士杜元颖为户部侍郎、同平章事；以播为刑部尚书，充盐铁转运使。元颖，淹之六世孙也。

回鹘保义可汗卒。

三月，癸丑，以刘总兼侍中，充天平节度使；以宣武节度使张弘靖为卢龙节度使。

乙卯，以权知京兆尹卢士玫为瀛莫观察使。

丁巳，诏刘总兄弟子侄皆除官，大将僚佐亦宜超擢，百姓给复一年，军士赐钱一百万缗。

戊午，立皇弟憬为鄜王，悦为琼王，惇为沔王，怿为婺王，愔为茂王，怡为光王，协为淄王，憺为衢王，惋为澶王；皇子湛为景王，涵为江王，凑为漳王，溶为安王，瀍为颍王。

刘总奏恳乞为僧，且以其私第为佛寺；诏赐总名大觉，寺名报恩，遣中使以紫僧服及天平节钺、侍中告身并赐之，惟其所择。

诏未至，总已削发为僧，将士欲遮留之，总杀其唱帅者十余人，夜，以印节授留后张玘，遁去；及明，军中始知之。玘奏总不知所在；癸亥，卒于定州之境。

（以上为第十四段，写刘氏割据幽州历三世，至刘聪而灭。）

北各道把两税的税额定下来。

门下侍郎、同平章事萧俛，耿直廉洁，痛恨坏人坏事，任宰相时，对官位看得重，很少提拔人。西川节度使王播向朝廷供奉很多财物，又用贿赂交结宦官，请求任宰相，段文昌又从中帮助王播，穆宗下诏叫王播到京师来。萧俛多次在延英殿极力阻止，并说："王播吝啬奸巧，社会上议论他的人很多，不能让他玷污了宰相的职位。"穆宗不听，萧俛就辞职。正月二十二日己未，王播到达京师。正月二十五日壬戌，萧俛被降职为右仆射。萧俛坚决辞右仆射，二月初六日癸酉，改为吏部尚书。

卢龙节度使刘总把父兄杀了之后，心中常常疑惧不安，多次看到变为鬼神的父兄作怪，他常在府中养着几百名僧人，叫他们白天黑夜都念经拜佛，刘总公事办完了就与和尚们混在一起，要是到别的房间去，就会惊恐不敢睡觉。到了晚年，更加惊恐不安。他又看到大河南北都已归顺朝廷，二月十二日己卯，上奏请求放弃官位去做和尚，仍请求赐钱百万串用来赏给将士。

穆宗当面告谕西川节度使王播要他回到西川节度使任上，王播多次上表请求留任京师。恰遇中书侍郎、同平章事段文昌请求辞去相位，二月初五日壬申，穆宗任命段文昌带着同平章事官衔，充任西川节度使；任命翰林学士杜元颖为户部侍郎、同平章事；任命王播为刑部尚书，充当盐铁转运使。杜元颖是杜淹的六世孙。

回鹘保义可汗逝世。

三月十七日癸丑，任命刘总兼侍中，担任天平节度使；任命宣武节度使张弘靖为卢龙节度使。

三月十九日乙卯，任命代理京兆尹职务的卢士枚为瀛莫观察使。

三月二十一日丁巳，穆宗诏令刘总的兄弟子侄都授予官职，大将僚佐也应提升官位，给百姓免除一年的赋税，赏赐军士一百万串钱。

三月二十二日戊午，穆宗册立弟弟李憬为鄜王，李悦为琼王，李惲为沔王，李怿为婺王，李愔为茂王，李怡为光王，李协为淄王，李憺为衢王，李惋为澶王；册立儿子李湛为景王，李涵为江王，李凑为漳王，李溶为安王，李瀍为颍王。

刘总上奏恳切请求为僧，并且把他的私人住宅作为佛寺；穆宗下诏赐刘总佛名大觉，寺名报恩，派遣中使把紫色的僧衣和天平军的符节斧钺、侍中的任命书都给他，听随他自己选择。

诏书尚未送到，刘总已经剃去头发做和尚，将士想阻止他，刘总把那些为首的十多人杀了，到夜晚，把大印和符节交给留后张玘，逃走了。等到天亮，军队中才知道此事。张玘上奏说不知刘总在什么地方。三月二十七日癸亥，刘总死在定州地界。

翰林学士李德裕，吉甫之子也，以中书舍人李宗闵尝对策讥切其父，恨之。宗闵又与翰林学士元稹争进取有隙。右补阙杨汝士与礼部侍郎钱徽掌贡举，西川节度使段文昌、翰林学士李绅各以书属所善进士于徽；及榜出，文昌、绅所属皆不预，及第者，郑朗，覃之弟；裴语课，度之子；苏巢，宗闵之婿；杨殷士，汝士之弟也。

文昌言于上曰："今岁礼部殊不公，所取进士皆子弟无艺，以关节得之。"上以问诸学士，德裕、稹、绅皆曰："诚如文昌言。"上乃命中书舍人王起等覆试。夏，四月，丁丑，诏黜朗等十人，贬徽江州刺史，宗闵剑州刺史，汝士开江令。

或劝徽奏文昌、绅属书，上必悟，徽曰："苟无愧心，得丧一致，奈何奏人私书，岂士君子所为邪！"取而焚之，时人多之。绅，敬玄之曾孙；起，播之弟也。自是德裕、宗闵各分朋党，更相倾轧，垂四十年。

（以上为第十五段，写唐李宗闵、李德裕党争，史称牛李党争，长庆元年贡举案，此是第一回合。）

丙戌，册回鹘嗣君为登啰羽录没密施句主毗伽崇德可汗。

五月，丙申朔，回鹘遣都督、宰相等五百余人来逆公主。

壬子，盐铁使王播奏：约榷茶额，每百钱加税五十。右拾遗李珏等上疏，以为"榷茶近起贞元多事之际，今天下无虞，所宜宽横敛之目；而更增之，百姓何时当得息肩！"不从。

丙辰，建王恪薨。

癸亥，以太和长公主嫁回鹘。公主，上之妹也。吐蕃闻唐与回鹘婚，六月，辛未，寇青塞堡；盐州刺史李文悦击却之。戊寅，回鹘奏："以万骑出北庭，万骑出安西，拒吐蕃以迎公主。"

初，刘总奏分所属为三道：以幽、涿、营为一道，请除张弘靖为节度使；平、蓟、妫、檀为一道，请除平卢节度使薛平为节度使；瀛、莫为一道，请除权知京兆尹卢士玫为观察使。

弘靖先在河东，以宽简得众，总与之邻境，闻其风望，以燕人桀骜日久，故举弘靖自代以安辑之。平，嵩之子，知河朔风俗，而尽诚于国，

翰林学士李德裕，是李吉甫的儿子，由于中书舍人李宗闵曾在对策时讥笑李德裕的父亲，李德裕很憎恨李宗闵。李宗闵又和翰林学士元稹因争夺官位而产生矛盾。右补阙杨汝士和礼部侍郎钱徽主持进士考试，西川节度使段文昌、翰林学士李绅各自写信把投考进士的亲友嘱托给钱徽；等到发榜，段文昌、李绅所嘱托的人都落选了。考取进士的人中，郑朗是郑覃的弟弟，裴譔是裴度的儿子，苏巢是李宗闵的女婿，杨殷士是杨汝士的弟弟。

段文昌向穆宗说："今年礼部很不公平，所录取的进士都是些无本领的公卿子弟，是通过拉关系取得的。"穆宗就此事问学士们，李德裕、元稹、李绅都说："段文昌说的是实话。"穆宗就命令中书舍人王起等举行复试。夏季，四月十一日丁丑，穆宗下诏免去郑朗等十人的进士资格，贬钱徽为江州刺史、李宗闵为剑州刺史、杨汝士为开江县令。

有人劝钱徽把段文昌、李绅写的嘱托信交上去，穆宗看了以后一定会领悟其中的关系，钱徽说："只要问心无愧，得失都一样，为什么要把别人的私信交出，这难道是读书人应当做的吗！"于是把信拿来烧了，当时人都赞美他这种做法。李绅是李敬玄的曾孙；王起是王播的弟弟。从这时候起，李德裕、李宗闵各分党派、互相倾轧将近四十年之久。

四月二十日丙戌，册封回鹘嗣君为登啰羽录没密施句主毗伽崇德可汗。

五月初一日丙申，回鹘派遣都督、宰相等五百多人来迎接公主。

五月十七日壬子，盐铁使王播上奏，规定收茶税的数额，在原来每百钱的基础上再增加五十文。右拾遗李珏等上疏，认为："征茶税起始于贞元年间以来国家动乱的时候，如今国家安定了，应当放宽征税，减少收税名目。现在反而增加收税，老百姓什么时候才能喘一口气！"朝廷不听。

五月二十一日丙辰，建王李恪去世。

五月二十八日癸亥，把太和长公主嫁给回鹘可汗。公主是穆宗的妹妹。吐蕃听到唐朝和回鹘通婚，六月初七日，侵扰青塞堡。盐州刺史李文悦把他们打退了。六月十四日，回鹘上奏说："用一万骑兵从北庭开出，一万骑兵从安西开出，防备吐蕃的进攻以迎接公主。"

当初，刘总奏请把所统属的地方分为三道：把幽、涿、营三州为一道，请求任命张弘靖为节度使；平、蓟、妫、檀四州为一道，请求任命平卢节度使薛平为节度使；瀛、莫二州为一道，请求任命暂兼京兆尹的卢士玫为观察使。

张弘靖先在河东任职的时候，由于施政宽大简易，很得民心，刘总和他辖地相邻，听到他的风度名望，认为燕人很久以来就凶暴不逊，就推荐张弘靖代替自己以

故举之。士玫，则总妻族之亲也。

总又尽择麾下伉健难制者都知兵马使朱克融等送之京师，乞加奖拔，使燕人有慕羡朝廷禄位之志。又献征马万五千匹，然后削发委去。克融，滔之孙也。

是时上方酣宴，不留意天下之务，崔植、杜元颖无远略，不知安危大体，苟欲崇重弘靖，惟割瀛、莫二州，以士玫领之，自余皆统于弘靖。朱克融等久羁旅京师，至假匄衣食，日诣中书求官，植、元颖不之省。及除弘靖幽州，勒克融辈归本军驱使，克融辈皆愤怨。

先是，河北节度使皆亲冒寒暑，与士卒均劳逸。及弘靖至，雍容骄贵，肩舆于万众之中，燕人讶之。弘靖庄默自尊，涉旬乃一出坐决事，宾客将吏罕得闻其言，情意不接，政事多委之幕僚。而所辟判官韦雍辈多年少轻薄之士，嗜酒豪纵，出入传呼甚盛，或夜归烛火满街，皆燕人所不习也。诏以钱百万缗赐将士，弘靖留其二十万缗充军府杂用，雍辈复裁刻军士粮赐，绳之以法，数以反虏诟责吏卒，谓军士曰："今天下太平，汝曹能挽两石弓，不若识一丁字！"由是军中人人怨怒。

（以上为第十六段，写穆宗游宴，辅臣无远略，丧失抚慰幽州最佳时机，朱克融回镇，乱将再起。）

安辑燕人。薛平是薛嵩的儿子，了解河朔地方的风俗，对国家很忠诚，所以推荐薛平管理河朔地区。卢士玫是刘总妻子的亲戚。

刘总又把部下那些傲慢强健、难以控制的人如都知兵马使朱克融等，全部挑选出来送往京师，请求加以奖赏提拔，使燕人有羡慕朝廷禄位的意愿。又献上征马一万五千匹，然后剃去头发当和尚去了。朱克融是朱滔的孙子。

当时穆宗正贪图饮宴，不关心国家大事，崔植、杜元颖没有长远治国方略，不知安危大体，只想到尊崇张弘靖，仅割瀛、莫二州，由卢士玫统领，其余都归张弘靖统辖。朱克融等人长期在京师逗留，以致穿衣吃饭都要向别人借贷，时常去中书省请求授官的事，做宰相的崔植和杜元颖又不关心他们。等到任命张弘靖为幽州节度使后，强令朱克融等人回到本军去服役，朱克融等人都非常愤怨。

先前，河北节度使都是不顾寒暑，和士兵们同甘共苦。等到张弘靖到任，便摆出雍容娇贵的态度，坐着轿子到人群中去，燕人都感到惊讶。张弘靖庄严沉默显示出自尊自大，十多天才出来办理一次政事，宾客将吏很少听到他的讲话，平时不交流感情，政事多半交给幕僚去处理。而他所任用的判官韦雍等人多半年少轻薄，既好饮酒，又放荡不受约束，进进出出都要大量使唤人，有时晚上回来烛火满街都是，这些都是燕人所看不惯的。朝廷诏令赐给将士一百万串钱，张弘靖从中扣留二十万串作为军府的杂用，韦雍等又裁剪克扣军士粮饷和赏赐，稍有不满就用法令制裁他们，还多次用“反虏”的字眼责骂吏卒，向军士说：“今天下太平，你们能拉开两石弓，比不上认识一个‘丁’字！”由于这样，军中人人既怨恨，又愤怒。

【点评】

唐宪宗靖乱，削平藩镇割据，高奏凯歌，又正当英年，当大有作为之时，突发政变，有为之君却死于竖臣之手，唐王室亦由此衰落不振。伴随唐宪宗之死，唐王朝由中唐政治步入了晚唐政治。如何评价宪宗功过，透视当时的各种社会矛盾，这是本卷点评的重点。

一、宪宗之功。宪宗是中唐政治的终结者。中唐时期，从唐玄宗天宝元年（742）起到唐宪宗元和十五年（820）止，共78年，历玄宗后期、肃宗、代宗、德宗、顺宗、宪宗六代皇帝。中唐是唐王朝的乱世，前期是安史之乱，中后期是藩镇割据，与朝廷对立，统一与割据成为压倒一切的主要矛盾。唐宪宗28岁即位，年轻有为，雄心勃勃，有振作朝廷的意愿，也有掌控执政的能力。唐德宗不委政宰相，人间细务，都要亲自过问，宰相备位，实际大权旁落。自贞元十年以后，朝廷威福日削，方镇权重，无视朝廷。宪宗慕唐太宗创业之为人，尊为先圣。从太子监国，以至临御，讫于元和，军国枢机，尽归之于宰相。宪宗所用宰相杜黄裳、武元衡、裴垍、李绛、裴度等，皆一时之选，李吉甫善逢迎，还不是奸佞。后期用皇甫镈，皇甫镈是依附宦官的奸佞小人，但为时不长，未造成大害。宪宗有纳谏的雅量，也多少做了一些改革，因此在政治上出现中兴的新气象，军事上获得了讨伐叛逆的成功，朝廷重新控制了河北三镇，扫平淮西、淄青的割据，全国统一于中央。唐宪宗是安史之乱以来六代帝王中最有为的一代明君，他胜过了肃宗、代宗、德宗、顺宗这些先辈，更超过了晚唐穆宗、敬宗、文宗、武宗、宣宗等后辈。《旧唐书·宪宗本纪》史臣蒋系评价说：“中外咸理，纪律再张，果能剪削乱阶，诛除群盗。睿谋英断，近古罕俦，唐室中兴，章武而已。”这个评价是符合实际的。

二、宪宗之过。但是宪宗没有成为中兴之主，唐王朝没有像西汉那样出现昭宣中兴，宪宗死于宦官之手，既是他个人的悲剧，也是唐王朝的悲剧。宪宗死后，不过三年，河朔再失，统一局面丧失，宪宗一朝经过十余年的统一战争成就，顿时化为乌有。主要责任是继任者穆宗、敬宗两代皇帝误国，而祸乱之端也是宪宗一手制造的，这就是宪宗之过。

晚唐政治有三大社会主要矛盾：一是藩镇跋扈，无视中央；二是宦官专政，为祸朝野；三是朋党倾轧，南北司对立。穆宗长庆二年（822），朝廷放弃统一河朔，藩镇与朝廷对立的矛盾退居次要，宦官擅权与朋党倾轧上升为主要的两个矛盾，其中宦官擅权是最主要的矛盾。这两大矛盾都在宪宗朝表面化。宦官之祸不自宪宗始，而宪宗的宠信，强化了宦官之祸的体制，使皇帝的家奴骑在了主子的头上。唐代宦官得势，始于唐玄宗宠信高力士，宦官监军也是唐玄宗开的恶例。肃宗朝的李辅国、程元振，代宗朝的鱼朝恩，都是跋扈一时的大宦官。德宗任用宦官为中尉掌控神策

军，宦官掌握了军权。代宗设枢密二人凌驾于宰相之上，出纳章奏与传达诏令，代皇帝立言。宰相的任用，先由皇帝与枢密商量，听取枢密意见。这样，宦官既掌握了军权，又掌握了宰辅的任用之权，于是宦官擅权凌驾在皇权之上。宫中左右枢密与左右神策军中尉被称为“四贵”，是最有权势的宦官。而且从唐代宗时起，节度使多从禁军将领派出，宦官势力从朝内扩大到了地方。唐宪宗忌惮功臣与朝士大夫，而宠信宦官，认为宦官是家奴好控制，他没有削弱宦官权力，反而强化了“四贵”的权力，导致宪宗被宦官弑杀，朝官不敢追问。晚唐宦官掌控皇帝废立，追根溯源，宪宗的前代皇帝有责任，宪宗也难辞其咎。

宪宗讨逆，本可大有为而无大为，则是他刚愎的个性和猜忌心理造成的。唐肃宗平定安史之乱，德宗用兵河朔，都派宦官监军，控制诸将不得自专。用兵将领，战败要承担责任，战胜功归监军，因此消极作战，官军总是在优势状态中打败仗，几乎败坏国事。宪宗讨逆，高崇文平定西川之乱，李愬平定淮西之乱，田弘正平定淄青之乱，都是由宰相掌控大政，撤除监军或削弱监军职权取得的。唐宪宗明明知道这才是用兵的正轨，但他却违众用吐突承璀为统帅，更违众加给吐突承璀诸道行营兵马使、招讨处置使之职，用兵河朔讨王承宗。朝官群起反对，宪宗仍固执己见，用吐突承璀为主帅，只是名义上改为宣慰使。官军动员二十万以上，十倍于叛军，耗费军资七百余万缗，无功而返，使朝廷威信大损为天下笑。唐玄宗逃蜀，马嵬兵变，使以后的各代皇帝错误地吸取教训，猜忌功臣，信用家奴。吐突承璀的失败，严酷的现实给唐宪宗上了一课，他认识到与割据势力做斗争，要想有成就，必须任用李绛等朝官。李绛是一个直臣，与宦官势不两立。用李绛就得抑制宦官。元和五年（810），唐宪宗出吐突承璀为淮南监军，李绛为相，一群直臣得势，朝廷才颇有振作气象。按照李绛的策划，朝廷不用兵而魏博归服。对于李绛的才智，唐宪宗不是重用，反而猜疑，于是元和九年（814），李绛罢相，吐突承璀还朝，重任神策军中尉，宦官势力上升，朝官势力下降。当元和十五年（820），宦官杀唐宪宗，立唐穆宗，朝官不敢过问，开了宦官废立皇帝的先例，从此宦官掌握唐政权，皇帝成了傀儡。唐宪宗以家奴待宦官，任其权力扩张，中尉掌禁军，枢密定宰相，宦官势力尾大不掉，这是唐宪宗施政的最大失败，也是唐宪宗的最大之过。

三、宪宗之短。短与过有别。过是指犯错误，短是指缺失，有局限。唐宪宗刚愎而固执，小气无大量，这是他的短，从而障蔽了他的明识与决断，是以建功不深。史馆修撰李翱上奏宪宗兴文德，即革新政治，提出六条主张：其一，恢复唐高祖、唐太宗之旧制，指武德、贞观年间的善政；其二，用忠直，远邪佞；其三，改税法，以布帛代钱缴纳，减轻民众负担；其四，绝进献，宽百姓租赋；其五，厚边兵，以制戎狄侵盗；其六，访问待制官，以通塞蔽。这些政治主张如果得以施行，唐朝中

兴有望。唐宪宗能用忠直，但不远邪佞；唐宪宗尚能纳谏，但用心不专，更信用宦官，唐宪宗在六条中做到了两个半条，取得了显著成绩。其他各条，唐宪宗能做也不做。各道州府进献，实质是变相卖官，这一弊政，皇帝心知肚明，但就是割舍不下。皇帝贪财怎能明？厚边兵，以制戎狄侵盗，在圣明之朝，三尺童子都明白的道理，但是政治腐败，触及既得利益者，这一至关国防的善政，也就推不动了。例如驻京西、京北的神策军，本是加强边防以御回鹘、吐蕃。由于神策军掌握在宦官手中，平时给养优厚，战时不听边将指挥，引起边兵不满，反而削弱了战斗力。边将吃空额，兵不满员，武备废弛。李绛提出，把驻防京西、京北的神策军划归节度使统率。李绛又提出检阅边兵，革除边将吃空额的积弊。如受降城，额定四百名守军，实际只有五十人，武器只有弓一张。这些具体建议，触犯宦官和边将利益，都被唐宪宗搁置。像这样边防要事而只是涉及局部人利益的事唐宪宗都做不到，那涉及全国民生国计的大政，当然就更做不到了。

宪宗无容人之量，为朋党倾轧树立了坏的榜样。朋党比周，就是不分是非，排斥异己。永贞革新，有许多利国利民的善政，唐宪宗统统取消，二王八司马全都一棍子打死。唐宪宗以市井小民报私仇的心态来处置不同政见的朝士，从此开了一个恶例，皇帝用人，当作自己的奴仆，后任皇帝把前任皇帝所用的人看作是前任皇帝的奴仆，不分功过是非，一律排斥。朋党倾轧在宪宗朝方兴未艾。宪宗本意也是忌惮朋党比周，但自己行事却党同伐异，欲要臣属坦坦荡荡，自然是不可能了。

此外，唐宪宗处置沂州兵变，派中使授予兵变头目王弁开州刺史，在半道设伏捕拿，用欺诈手段行法，又滥杀无辜，五人作乱，杀了一千多人。堂堂皇帝，处置一个小州的兵变，采用下流手段，食言不信，受到司马光严厉批评，说唐宪宗开了中兴事业的头，却不能完成中兴的事业，就是由于只追求眼前功利而丢了长远大信的缘故。司马光的批评是中肯的，但没有触及根本。专制帝王不受制衡力的约束，没有几个不食言的，因此我们也就不能苛责古人了。

“性格决定成败”，这句话也适用于唐宪宗。

唐纪五十八

唐穆宗长庆元年至二年（821—822 年）

【起重光赤奋若（辛丑，821 年），七月，尽玄黓摄提格（壬寅，822 年），凡一年有奇】

【大事提要】

本卷记事起公元 821 年，讫公元 822 年，凡一年又六个月。当唐穆宗长庆元年至二年。穆宗李恒继位，河北三镇归服，应是安史之乱以来形势最好的时候，即使是一个中庸之君也可有一番作为。无奈李恒是一个典型的花花太岁，只知吃喝玩乐，即位伊始就游宴无度，放手宦官恣意妄为，逐走贤相裴度，政治急转直下。幽州、成德、相州、瀛州、武宁、宣武接二连三地发生兵变，朱克融据幽州，王庭凑据成德，河北复乱。穆宗发诸镇兵讨成德，虽然起用裴度为招讨使，又有乌重胤、李光颜等当时名将助阵，但由于朝政不肃、宰相庸劣、宦官监军，使得裴度及各镇主将受多方牵制，官军虽然十倍于叛军，以十五万之众讨一万余之叛军，却屡战不胜，屯围逾年，竟无成功，财竭力尽。白居易上奏靖乱良策，穆宗不纳，而是姑息，授节朱克融与王庭凑，各为节度使，朝廷再失河朔，直至灭亡，不能复取。兵部侍郎韩愈宣慰成德，不辱君命。

【原文】

穆宗睿圣文惠孝皇帝中

长庆元年（辛丑，821 年）

秋，七月，甲辰，韦雍出，逢小将策马冲其前导，雍命曳下，欲于街中杖之。河朔军士不贯受杖，不服。雍以白弘靖，弘靖命军虞候系治之。是夕，士卒连营呼噪作乱，将校不能制，遂入府舍，掠弘靖货财、妇女，囚弘靖于蓟门馆，杀幕僚韦雍、张宗元、崔仲卿、郑埙、都虞候刘操、押牙张抱元。明日，军士稍稍自悔，悉诣馆谢弘靖，请改心事之，凡三请，弘靖不应，军士乃相谓曰："相公无言，是不赦吾曹。军中岂可一日无帅！"乃相与迎旧将朱洄，奉以为留后。洄，克融之父也，时以疾废卧家，自辞老病，请使克融为之；众从之。众以判官张彻长者，不杀。彻骂曰："汝何敢反，行且族灭！"众共杀之。

壬子，群臣上尊号曰文武孝德皇帝；赦天下。

甲寅，幽州监军奏军乱；丁巳，贬张弘靖为宾客、分司；己未，再贬吉州刺史。庚申，以昭义节度使刘悟为卢龙节度使。悟以朱克融方强，奏请"且授克融节钺，徐图之。"乃复以悟为昭义节度使。

（以上为第一段，写幽州军变起，朱克融据幽州。）

辛酉，太和公主发长安。

初，田弘正受诏镇成德，自以久与镇人战，有父兄之仇，乃以魏兵二千从赴镇，因留以自卫，奏请度支供其粮赐。户部侍郎、判度支崔倰，性刚褊，无远虑，以为魏、镇各自有兵，恐开事例，不肯给。弘正四上表，不报；不得已，遣魏兵归。倰，沔之孙也。

弘正厚于骨肉，兄弟子侄在两都者数十人，竞为侈靡，日费约二十万，弘正辇魏、镇之货以供之，相属于道；河北将士颇不平。诏以钱百万缗赐成德军，度支辇运不时至，军士益不悦。

都知兵马使王庭凑，本回鹘阿布思之种也，性果悍阴狡，潜谋作乱，

【语译】

穆宗睿圣文惠孝皇帝中

唐穆宗长庆元年（辛丑，821年）

秋季，七月初十日甲辰，韦雍外出，遇到小将领骑马冲撞了他前头的随从，韦雍命令把小将领从马上拉下来，想在街道中用杖打他一顿。河朔军士不习惯受杖刑，不服从。韦雍把这件事报告给张弘靖，张弘靖命令军虞候把那人抓起来治罪。当晚，各营地士卒呼叫作乱，将校已不能控制。他们冲入节度使府中，抢掠张弘靖的财物、妇女，把张弘靖囚禁在蓟门馆，杀死幕僚韦雍、张宗元、崔仲卿、郑埙，都虞候刘操，押牙张抱元。第二天，军士稍微有点后悔，都到蓟门馆去向张弘靖认罪，请求改正错误并服侍他，请求了三次，张弘靖都未答话，军士们于是互相说："相公不说话，就是不肯赦免我们的罪。军中哪能一天没有统帅！"于是共同去接旧将朱洄，推举他为留后。朱洄是朱克融的父亲，当时因为生病，在家卧床养病。他以年老有病拒绝了军士的请求，要他们请朱克融担任这个职务，大家同意了。军众认为判官张彻是一个宽厚谨慎的人，没有杀他。张彻却骂道："你们怎敢造反，要遭灭族之灾的！"大家这才把他杀了。

七月十八日壬子，群臣上尊号称文武孝德皇帝；大赦天下。

七月二十日甲寅，幽州监军报告军士作乱；七月二十三日丁巳，贬张弘靖为太子宾客，分司东都；七月二十五日己未，再贬吉州刺史。七月二十六日庚申，任命昭义节度使刘悟为卢龙节度使。刘悟认为朱克融势力正强大，上奏请求"暂时任命朱克融为节度使，慢慢再来惩治他"。于是又以刘悟为昭义节度使。

七月二十七日辛酉，太和公主从长安出发，前往回鹘。

当初，田弘正被任命为成德军节度使。他自己觉得过去长期与镇州人作战，有杀死他们父兄的仇隙，于是带了两千魏博士兵跟随到镇州去，把他们留下来做侍卫，奏请度支供应他们粮饷和赏赐。户部侍郎兼度支崔倰，性情刚直褊狭，没有远见，认为魏州和镇州各自都有兵众，怕开先例，不肯发给粮饷。田弘正四次上表，没有回音；不得已，只好把魏博士兵打发回去。崔倰就是崔沔的孙子。

田弘正对自己的骨肉之亲很优厚，兄弟子侄在两都的有数十人，争着过奢侈的生活，每天用费大约要二十万钱，田弘正从魏、镇二州运财货供应亲戚的车子，在路上络绎不绝，河北将士很反感。穆宗命令拿一百万串钱赐给成德军，度支没有及时运到，军士更加不高兴。

都知兵马使王庭凑，本是回鹘阿布思的后裔，性情果敢、强悍、阴险、狡猾，

每抉其细故以激怒之，尚以魏兵故，不敢发。及魏兵去，壬戌夜，庭凑结牙兵噪于府署，杀弘正及僚佐、元从将吏并家属三百余人。廷凑自称留后，逼监军宋惟澄奏求节钺。八月，癸巳，惟澄以闻，朝廷震骇。崔倰崔植为再从兄，故时人莫敢言其罪。

初，朝廷易置魏、镇帅臣，左金吾将军杨元卿上言，以为非便，又诣宰相深陈利害；及镇州乱，上赐元卿白玉带。辛未，以元卿为泾原节度使。

瀛莫将士家属多在幽州，壬申，莫州都虞候张良佐潜引朱克融兵入城，刺史吴晖不知所在。

癸酉，王庭凑遣人杀冀州刺史王进岌，分兵据其州。

魏博节度使李愬闻田弘正遇害，素服令将士曰“魏人所以得通圣化，至今安宁富乐者，田公之力也。今镇人不道，辄敢害之，是轻魏以为无人也。诸君受田公恩，宜如何报之？”众皆恸哭。深州刺史牛元翼，成德良将也，愬使以宝剑、玉带遗之，曰：“昔吾先人以此剑立大勋，吾又以之平蔡州，今以授公，努力剪庭凑。”元翼以剑、带徇于军，报曰：“愿尽死！”愬将出兵，会疾作，不果。元翼，赵州人也。

乙亥，起复前泾原节度使田布为魏博节度使，令乘驿之镇。布固辞不获，与妻子宾客诀曰：“吾不还矣！”悉屏去旌节导从而行，未至魏州三十里，被发徒跣，号哭而入，居于垩室；月俸千缗，一无所取，卖旧产，得钱十余万缗，皆以颁士卒，旧将老者兄事之。

丙子，瀛州军乱，执观察使卢士玫及监军僚佐送幽州，囚于客馆。

王庭凑遣其将王立攻深州，不克。

丁丑，诏魏博、横海、昭义、河东、义武诸军各出兵临成德之境，若王庭凑执迷不复，宜即进讨。成德大将王俭等五人谋杀王庭凑，事泄，并部兵三千人皆死。

己卯，以深州刺史牛元翼为深冀节度使。

丁亥，以殿中侍御史温造为起居舍人，充镇州四面诸军宣慰使，历泽潞、河东、魏博、横海、深冀、易定等道，谕以军期。造，大雅之五

暗地谋划作乱，每每利用一些小事来激怒士兵，开始由于魏博士兵还在，不敢行动。等到魏博士兵离开了，七月二十八日壬戌晚上，王庭凑纠集牙兵在节度使府作乱，杀死田弘正和幕僚佐吏、随从将士和家属三百多人。王庭凑自称留后，逼迫监军宋惟澄上奏求做节度使。八月初六日癸巳［己巳］，宋惟澄上报这件事，朝廷震动和惊骇。崔倰是崔植的同族兄弟，所以当时人们不敢说崔倰的坏话。

原先，朝廷调换魏州、镇州的节度使，左金吾将军杨元卿上奏，认为不合适，又到宰相那里陈述利害关系；等到镇州军叛乱，穆宗赏赐杨元卿白玉带。八月初八日辛未，任命杨元卿为泾原节度使。

瀛莫将士家属多半住在幽州，八月初九日壬申，莫州都虞候张良佐暗地引导朱克融兵入城，刺史吴晖不知跑到什么地方去了。

八月初十日癸酉，王庭凑派人杀了冀州刺史王进岌，分派军队占领其地。

魏博节度使李愬听到田弘正被杀害，穿着丧服对将士说：“魏州人之所以能接受朝廷教化，至今安宁富乐，是因为田公尽了力。现在镇州人不遵法度，随意杀害田公，是看不起魏州，认为没有能人。诸君受田公的恩惠，应当如何报答他呢？”大家都失声痛哭。深州刺史牛元翼，是成德军的良将，李愬派人把宝剑、玉带赠给他，说：“从前我的先辈用这柄剑立了大功，我又用它平定了蔡州吴元济，现在赠给你，希望你努力翦灭王庭凑。”牛元翼把宝剑和玉带在军中展示，回报李愬说：“愿尽死力！”李愬将要出兵，恰巧疾病发作，未能如愿。牛元翼是赵州人。

八月十二日乙亥，穆宗起用前泾原节度使田布为魏博节度使，命令他乘驿站车马赴任。田布坚决推辞未获允许，只得与妻子宾客告别说：“我这次可能回不来了！”他旌旗符节和随从都不带就出发了，离魏州还有三十里，他披头散发赤着脚，号哭进入魏州城。他居住在居丧才用的白色粉刷的房子里；一千串钱的月俸，一点也未动用，卖掉旧有的产业，得钱十多万串，都用来分给士卒；对旧将中年纪大的，如兄长般对待。

八月十三日丙子，瀛洲军作乱，观察使卢士玫和监军僚佐都被抓起来送去幽州，囚禁在客馆中。

王庭凑派属将王立攻深州，未攻下。

八月十四日丁丑，诏令魏博、横海、昭义、河东、义武诸军各出兵到成德军所辖的边境去，如果王庭凑执迷不悟，应当立即进行征讨。成德军大将王俭等五人谋划杀掉王庭凑，事机泄露，和部下士兵三千人都被杀了。

八月十六日己卯，任命深州刺史牛元翼为深冀节度使。

八月二十四日丁亥，任命殿中侍御史温造为起居舍人，充任镇州四面诸军宣慰使，并到泽潞、河东、魏博、横海、深翼、易定等各道去，告诉他们进军的日期。

世孙也。己丑，以裴度为幽、镇两道招抚使。

癸巳，王庭凑引幽州兵围深州。

（以上为第二段，写成德都知兵马使王庭凑杀田弘正叛据镇州。）

九月，乙巳，相州军乱，杀刺史邢濋。

吐蕃遣其礼部尚书论纳罗来求盟。庚戌，以大理卿刘元鼎为吐蕃会盟使。

壬子，朱克融焚掠易州、涞水、遂城、满城。

自定两税以来，钱日重，物日轻，民所输三倍其初，诏百官议革其弊。户部尚书杨於陵以为："钱者所以权百货，贸迁有无，所宜流散，不应蓄聚。今税百姓钱藏之公府；又，开元中天下铸钱七十余炉，岁入百万，今才十余炉，岁入十五万，又积于商贾之室及流入四夷。又，大历以前淄青、太原、魏博贸易杂用铅铁，岭南杂用金、银、丹砂、象齿，今一用钱。如此，则钱焉得不重，物焉得不轻！今宜使天下输税课者皆用谷、帛，广铸钱而禁滞积及出塞者，则钱日滋矣。"朝廷从之，始令两税皆输布、丝、纩，独盐、酒课用钱。

冬，十月，丙寅，以盐铁转运使、刑部尚书王播为中书侍郎、同平章事，使职如故。播为相，专以承迎为事，未尝言国家安危。

以裴度为镇州四面行营都招讨使。左领军大将军杜叔良，以善事权倖得进；时幽、镇兵势方盛，诸道兵未敢进，上欲功速成，宦官荐叔良，以为深州诸道行营节度使。以牛元翼为成德节度使。

癸酉，命宰相及大臣凡十七人与吐蕃论讷罗盟于城西；遣刘元鼎与讷罗入吐蕃，亦与其宰相以下盟。

乙亥，以沂州刺史王智兴为武宁节度副使。先是，副使皆以文吏为之，上闻智兴有勇略，欲用之于河北，故以是宠之。

丁丑，裴度自将兵出承天军故关以讨王庭凑。

朱克融遣兵寇蔚州。

戊寅，王庭凑遣兵寇蔚州。

温造是温大雅的五世孙。八月二十六日己丑，任命裴度为幽、镇两道招抚使。

八月三十日癸巳，王庭凑带领幽州兵围深州。

九月十二日乙巳，相州军作乱，杀死刺史邢濋。

吐蕃派他的礼部尚书论讷罗来请求签订盟约。九月十七日庚戌，任命大理卿刘元鼎为吐蕃会盟使。

九月十九日壬子，朱克融焚烧抢掠易州、涞水、遂城、满城等地。

自从制定实施两税法以来，钱币一天天贵重，实物价格一天天轻贱，百姓缴纳的赋税是当初的三倍，穆宗诏令百官讨论如何改革这种弊病。户部尚书杨於陵认为："钱是用来交换百货的，在买卖过程中使有无相通，它应当流通分散，不应蓄聚起来不使用，现在百姓交纳的税钱藏在国家仓库里。另外，开元年间国家铸钱七十多炉，每年收进来百万，现在才十多炉，每年收进来十五万，又聚积在富商大贾家里和流散到四方外族手中。还有，大历年间以前淄青、太原、魏博诸道贸易杂用铅铁，岭南杂用金、银、丹砂、象齿，现在一概用钱。这样一来，钱哪能不贵重，货物哪能不轻贱！今天应当使天下都用谷、帛纳赋税，增加铸钱的数量并且禁止储积铜钱和流出边关，那么钱就会一天天多起来了。"朝廷采纳了杨於陵的意见，开始命令两税都交纳布、丝、丝棉，只有盐、酒税还是交钱。

冬季，十月初三日丙寅，任命盐铁转运使、刑部尚书王播为中书侍郎、同平章事，转运使的职仍旧兼任。王播任宰相，只知奉承逢迎，对于国家安危大事没有听他议论过。

任命裴度为镇州四面行营都招讨使。左领军大将军杜叔良，由于善于侍奉权贵而得到重用；当时幽州和镇州兵力正强大，诸道征讨兵不敢向前进攻，穆宗想很快就取得成功，宦官推荐杜叔良，于是任命他为深州诸道行营节度使。任命牛元翼为成德军节度使。

十月初十日癸酉，命令宰相和大臣共十七人与吐蕃论讷罗在城西会盟；派遣刘元鼎与论讷罗去吐蕃，也与吐蕃宰相以下诸官会盟。

十月十二日乙亥，任命沂州刺史王智兴为武宁节度副使。以前，副使都由文职官员担任，穆宗听说王智兴有勇有谋，想让他到河北任职，所以就用这样的职位宠待他。

十月十四日丁丑，裴度亲自带兵从承天军故关出发讨伐王庭凑。

朱克融派兵侵扰蔚州。

十月十五日戊寅，王庭凑派兵侵扰贝州。

己卯，易州刺史柳公济败幽州兵于白石岭，杀千余人。

庚辰，横海军节度使乌重胤奏败成德兵于饶阳。

辛巳，魏博节度使田布将全军三万人讨王庭凑，屯于南宫之南，拔其二栅。

翰林学士元稹与知枢密魏弘简深相结，求为宰相，由是有宠于上，每事咨访焉。稹无怨于裴度，但以度先达重望，恐其复有功大用，妨己进取，故度所奏画军事，多与弘简从中沮坏之。度乃上表极陈其朋比奸蠹之状，以为："逆竖构乱，震惊山东；奸臣作朋，挠败国政。陛下欲扫荡幽、镇，先宜肃清朝廷。何者？为患有大小，议事有先后。河朔逆贼，只乱山东；禁闱奸臣，必乱天下；是则河朔患小，禁闱患大。小者臣与诸将必能剪灭，大者非陛下觉寤制断无以驱除。今文武百寮，中外万品，有心者无不愤忿，有口者无不咨嗟，直以奖用方深，不敢抵触，恐事未行而祸已及，不为国计，且为身谋。臣自兵兴以来，所陈章疏，事皆要切，所奉书诏，多有参差，蒙陛下委付之意不轻，遭奸臣抑损之事不少。臣素与佞倖亦无仇嫌，正以臣前请乘传诣阙，面陈军事，奸臣最所畏惮，恐臣发其过，百计止臣。臣又请与诸军齐进，随便攻讨，奸臣恐臣或有成功，曲加阻碍，逗遛日时；进退皆受羁牵，意见悉遭蔽塞。但欲令臣失所，使臣无成，则天下理乱，山东胜负，悉不顾矣。为臣事君，一至于此！若朝中奸臣尽去，则河朔逆贼不讨自平；若朝中奸臣尚存，则逆贼纵平无益。陛下傥未信臣言，乞出臣表，使百官集议，彼不受责，臣当伏辜。"表三上，上虽不悦，以度大臣，不得已，癸未，以弘简为弓箭库使，稹为工部侍郎。稹虽解翰林，恩遇如故。

宿州刺史李直臣坐赃当死，宦官受其赂，为之请，御史中丞牛僧孺固请诛之。上曰："直臣有才，可惜！"僧孺对曰："彼不才者，无过温衣饱食以足妻子，安足虑！本设法令，所以擒制有才之人。安禄山、朱泚皆才过于人，法不能制者也。"上从之。

十月十六日己卯，易州刺史柳公济在白石岭打败幽州兵，杀死一千多人。

十月十七日庚辰，横海军节度使乌重胤奏报在饶阳打败成德兵。

十月十八日辛巳，魏博节度使田布带领全军三万人讨伐王庭凑，驻扎在南宫县以南，攻占了两个营栅。

翰林学士元稹和知枢密魏弘简结交很深，求当宰相，渐渐为穆宗所宠信，穆宗事事都征求元稹的意见。元稹对裴度本来无怨隙，只是由于裴度本是先达，威望高，元稹害怕裴度再立大功而受到重用，妨碍自己取得高位，所以裴度上奏的军事谋略，元稹多和魏弘简从中加以阻挠破坏。裴度于是上表极力陈述他们狼狈为奸的状态，以为："叛逆者作乱，震惊山东；奸臣结成党，败坏国家政事。陛下要想扫平幽、镇两镇的叛乱，首先就应当肃清朝廷内的奸臣。为什么这么说？造成的祸患有大小，谋议的国事就有先后。河朔叛逆的贼徒，只在山东一方作乱；禁闱中的奸臣，必然要使天下都大乱；可见河朔祸患小，禁闱祸患大。小的祸患臣与诸将一定能平定，大的祸患除非陛下明白决断，否则是不能驱除的。现在文武百官、中外各类人物，有心对朝廷尽忠的没有不愤怒的，能说话的没有不叹息的，只是由于朝廷正在奖赏信用这些奸臣，才不敢抵触他们，担心检举的事尚未开始而祸患已经临头，不为国家打算，暂且为自己谋划而已。臣自从战事兴起以来，所陈章疏，讲的内容都是重要迫切的事，收到的书函诏令，内容却很不一致，承蒙陛下重托，责任不轻，遭奸臣抑制贬损的事件不少。臣向来与奸臣没有什么仇隙猜疑，只是由于臣前时请求乘驿传回朝，向皇上面陈军事情况，奸臣最惧怕这件事，恐怕臣揭发他们的罪过，千方百计阻止臣回来。臣又请与诸军齐举进攻，随机攻讨叛乱，奸臣担心臣或许能取得成功，想方设法加以阻碍，拖延时间。臣进退都受到牵制，意见都遭受塞隔。他们只想使臣失去依靠，让臣一无所成，而天下治乱、山东胜负，什么都可不管了。为臣侍奉君主，竟然达到如此地步！假如朝廷中奸臣都消除了，那么河朔叛逆不讨伐也会平定，假如朝廷中奸臣依然存在，那么叛贼即使平定了也没有好处。陛下倘若不信臣的话，请求把臣的表章拿出来，交给百官讨论，如果奸臣不受到责备，臣当即伏罪。"奏表三次呈上，穆宗虽然不高兴，由于裴度是元老大臣，才没有阻止，十月二十日癸未，改任魏弘简为弓箭库使，元稹为工部侍郎。元稹虽然被解除翰林职务，恩宠待遇还和过去一样。

宿州刺史李直臣因贪赃枉法犯了死罪，宦官收受了他的贿赂，为他在穆宗面前说情，御史中丞牛僧孺则坚决请求杀掉李直臣。穆宗说："李直臣有才干，杀了可惜！"牛僧孺回答说："那些没有才干的人，不过追求衣食温饱和养活妻子，对他们不用担心！设置法令的本意，就是用来对付有才干的人。安禄山、朱泚都是才干超人，而法令又控制不了的人。"穆宗依从了牛僧孺的意见。

横海节度使乌重胤将全军救深州，诸军倚重胤独当幽、镇东南，重胤宿将，知贼未可破，按兵观衅。上怒，以杜叔良为横海节度使，徙重胤为山南西道节度使。

灵武节度使李进诚奏败吐蕃三千骑于大石山下。

十一月，辛酉，淄青节度使薛平奏突将马廷崟作乱，伏诛。时幽、镇兵攻棣州，平遣大将李叔佐将兵救之。刺史王稷供馈稍薄，军士怨怒，宵溃，推廷崟为主，行且收兵至七千余人，径逼青州。城中兵少，不敌，平悉发府库及家财召募，得精兵二千人，逆战，大破之，斩廷崟，其党死者数千人。

横海节度使杜叔良将诸道兵与镇人战，遇敌辄北；镇人知其无勇，常先犯之。十二月，庚午，监军谢良通奏叔良大败于博野，失亡七千余人。叔良脱身还营，丧其旌节。

丁丑，义武节度使陈楚奏败朱克融兵于望都及北平，斩获万余人。

戊寅，以凤翔节度使李光颜为忠武节度使、兼深州行营节度使，代杜叔良。

自宪宗征伐四方，国用已虚，上即位，赏赐左右及宿卫诸军无节，及幽、镇用兵久无功，府藏空竭，势不能支。执政乃议："王庭凑杀田弘正而朱克融全张弘靖，罪有重轻，请赦克融，专讨庭凑。"上从之。乙酉，以朱克融为平卢节度使。

戊子，义武奏破莫州清源等三栅，斩获千余人。

（以上为第三段，写唐穆宗发诸镇兵讨成德，朝政不肃，招讨使裴度受诸多牵制，官军多于贼而屡战不胜。）

二年（壬寅，822 年）

春，正月，丁酉，幽州兵陷弓高。先是，弓高守备甚严，有中使夜至，守将不内，旦，乃得入，中使大诟怒。贼谍知之，他日，伪遣人为中使，投夜至城下，守将遽内之；贼众随之，遂陷弓高。又围下博。中书舍人白居易上言，以为："自幽、镇逆命，朝廷征诸道兵，计十七八万，四面攻围，已逾半年，王师无功，贼势犹盛。弓高既陷，粮道不通，下博、深州，饥穷日急。盖由节将太众，其心不齐，莫肯率先，

横海节度使乌重胤带领全军援救深州，诸军倚靠乌重胤独挡幽州、镇州东南方面，乌重胤是老将，知道敌人不能一下攻破，于是按兵不动等待进攻的机会。穆宗大怒，任命杜叔良为横海节度使，调迁乌重胤为山南西道节度使。

灵武节度使李进诚奏报，称在大石山下打败吐蕃骑兵三千人。

十一月二十八日辛酉，淄青节度使薛平奏称突将马廷崟作乱，已被处决。当时幽州和镇州兵进攻棣州，薛平派大将李叔佐带兵去救援。刺史王稷供应粮饷稍微少一点，军士怨怒，在晚上溃逃了，推选马廷崟为主将，边走边收揽溃兵达七千多人，径直逼近青州。青州城兵少，不能抵挡，薛平把府库的钱财和家中的钱财都拿出来招募战士，得精兵二千人，迎战马廷崟，大破叛军，杀死了马廷崟，马的党徒死的有数千人。

横海节度使杜叔良率领诸道兵马和镇州人作战，遇到敌人就逃跑；镇州人知道他怕死，常常先进攻他。十二月初八日庚午，监军谢良通奏报杜叔良在博野被打得大败，损失七千多人。杜叔良逃脱回军营，把旌旗符节都丢了。

十二月十五日丁丑，义武节度使陈楚奏报在望都和北平打败了朱克融的军队，杀死和俘虏的共一万多人。

十二月十六日戊寅，任命凤翔节度使李光颜为忠武节度使，兼深州行营节度使，以取代杜叔良。

自从宪宗征伐四方以来，国家财政已经空虚，穆宗即位以后，赏赐左右和宿卫诸军又不节制，等到幽州和镇州用兵很久不能结束，国库完全空竭，看形势不能再支持下去了。当权的大臣于是商议："王庭凑杀了田弘正而朱克融保全了张弘靖，他们犯的罪重轻有不同，请赦免朱克融的罪，专门讨伐王庭凑。"穆宗依从了。十二月二十三日乙酉，任命朱克融为卢龙节度使。

十二月二十六日戊子，义武节度使奏报攻破莫州清源等三个敌人的营栅，杀死和俘虏一千多人。

唐穆宗长庆二年（壬寅，822 年）

春季，正月初五日丁酉，幽州兵攻占弓高。本来弓高守备很严密，有朝廷中使晚上到达，守将不让进城，早晨，才允许进城，中使发怒大骂。敌人的间谍知道了这件事，有一天，派人假装中使，晚上到城下，守将连忙让他进城；众多的叛贼跟在后面，把弓高攻下了。同时又包围了下博。中书舍人白居易上奏，认为："自从幽州和镇州反叛朝廷以来，朝廷征伐各道的士兵，共计有十七八万人，四面围攻，已经超过半年，王师没有取得成功，叛贼的势力还是很强大。弓高已经被占领，运粮

递相顾望。又，朝廷赏罚，近日不行，未立功者或已拜官，已败衄者不闻得罪；既无惩劝，以至迁延，若不改张，必无所望。请令李光颜将诸道劲兵约三四万人从东速进，开弓高粮路，解深、邢重围，与元翼合势。令裴度将太原全军兼招讨旧职，西面压境，观衅而动。若乘虚得便，即令同力剪除；若战胜贼穷，亦许受降纳款。如此，则夹攻以分其力，招谕以动其心，必未及诛夷，自生变故。又请诏光颜选诸道兵精锐者留之，其余不可用者悉遣归本道，自守土疆。盖兵多而不精，岂唯虚费衣粮，兼恐挠败军陈故也。今既只留东、西二帅，请各置都监一人，诸道监军，一时停罢。如此，则众齐令一，必有成功。又，朝廷本用田布，令报父仇，今领全师出界，供给度支，数月已来，都不进讨，非田布固欲如此，抑有其由。闻魏博一军，屡经优赏，兵骄将富，莫肯为用。况其军一月之费，计实钱二十八万缗，若更迁延，将何供给？此尤宜早令退军者也。若两道止共留兵六万，所费无多，既易支持，自然丰足。今事宜日急，其间变故远不可知。苟兵数不抽，军费不减，食既不足，众何以安！不安之中，何事不有！况有司迫于供军，百端敛率，不许即用度交阙，尽许则人心无憀。自古安危皆系于此，伏乞圣虑察而念之。”疏奏，不省。

（以上为第四段，写中书舍人白居易上奏靖乱良策，唐穆宗不纳。）

己亥，度支馈沧州粮车六百乘，至下博，尽为成德军所掠。时诸军匮乏，供军院所运衣粮，往往不得至院，在途为诸军邀夺，其悬军深入者，皆冻馁无所得。

初，田布从其父弘正在魏，善视牙将史宪诚，屡称荐，至右职；及为节度使，遂寄以腹心，以为先锋兵马使，军中精税，悉以委之。宪诚之先，奚人也，世为魏将；魏与幽、镇本相表里，及幽、镇叛，魏人固摇心。布以魏兵讨镇，军于南宫，上屡遣中使督战，而将士骄惰，无斗志，又属大雪，度支馈运不继。布发六州租赋以供军，将士不悦，曰：

的道路也被堵塞了，下博和深州，饥饿和穷困一天比一天厉害。原因大概是由于节度使将领太多，他们不能齐心协力，没有人肯带头进攻，互相观望。另外，朝廷赏罚，近日也没有切实执行，未立功的人有的已升了官，已经打了败仗的人没有听到治罪；既然没有惩罚和奖励，必然带来拖延观望，假若不改变这种状态，一定不会有胜利的希望。请令李光颜带领诸道精兵约三四万人从东道速进，打通弓高运粮的道路，解救深州的围困，与牛元翼的兵力汇合。命令裴度带领太原全部军队以招讨使的名义，从西面逼近镇州，看到有机会就发动进攻。要是遇到好的机会，就命令共同歼灭敌人，要是打了胜仗，敌人已穷途末路了，也允许他们接受敌人投降。这样，用夹攻分散敌人的兵力，用招降动摇敌人的军心，一定会在还没有消灭敌人的时候，敌人内部就发生变故。又请诏令李光颜挑选诸道兵中精锐的人留下来，其余不能用的都打发回本道去，自守土地和疆域。因为兵多而不精良，不仅白白浪费衣服粮饷，还恐怕败坏军阵。现在既然只留下东西两位将帅，请各派都监一人就可以了，其他各道监军，暂时都可以不用。这样，就能士众齐心，军令统一，一定能取得成功。再有，朝廷本用田布，使报杀父之仇，现在他带领全部军队出界，由度支供给粮饷，几个月以来，全不进行征讨，不是田布本来就想这样，其中也是有原因的。听说魏博镇这支军队，屡次得到朝廷重赏，士兵骄傲将领富有，不肯听从指挥。况且这支军队一个月的费用，需要钱二十八万串，要是驻扎久一些，怎么供应得起？这就尤其应当下命令让他们早些撤回本镇去。假若东西两道共只留兵六万人，所需的费用不太多，自然容易支持，可以充分满足。现在时机很紧急，中间的变故很难预先知道。假若兵数不抽调，军费不减少，粮食不足，兵众怎么能安心！在不安心的情况下，什么事情做不出来！何况有关部门由于供应军队的紧迫任务，千方百计聚敛搜刮，不许他们那样做就会无法支付军费，放任他们去做就会动摇人心。自古以来国家安危都联系在这件事上，请求皇上明察深思。”奏疏呈上去了，穆宗没有看。

正月初七日己亥，度支运往沧州的粮车六百辆，行到下博地方，都被成德军抢走了。当时诸军都缺乏粮饷，供军院运送的衣粮，往往到不了供军院，在路上就被那些军队拦路抢走了，那些孤军深入敌人边境的，都因得不到衣粮而挨饿受冻。

起初，田布跟随他父亲田弘正在魏博，对牙将史宪诚很好，多次称赞推荐史宪诚，使他升到高位；等到田布担任节度使，就将史宪诚作为心腹对待，任命他为先锋兵马使，军队中的精锐部队，都交给他领导。史宪诚的祖先，是奚族人，世代为魏博将领；魏博和幽、镇二州本来是互相依从，互为表里的，到幽、镇二州反叛，魏州人也已动摇了。田布统帅魏州兵讨伐镇州，在南宫驻扎，穆宗多次派遣中使督

“故事，军出境，皆给朝廷，今尚书刮六州肌肉以奉军，虽尚书瘠己肥国，六州之人何罪乎！”宪诚阴蓄异志，因众心不悦，离间鼓扇之。会有诏分魏博军与李光颜，使救深州，庚子，布军大溃，多归宪诚；布独与中军八千人还魏，壬寅，至魏州。

癸卯，布复召诸将议出兵，诸将益偃蹇，曰：“尚书能行河朔旧事，则死生以之；若使复战，则不能也！”布无如之何，叹曰：“功不成矣！”即日，作遗表具其状，略曰：“臣观众意，终负国恩；臣既无功，敢忘即死。伏愿陛下速救光颜、元翼，不然者，忠臣义士皆为河朔屠害矣！”奉表号哭，拜授幕僚李石，乃入启父灵，抽刀而言曰：“上以谢君父，下以示三军。”遂刺心而死。宪诚闻布已死，乃谕其众，遵河北故事。众悦，拥宪诚还魏，奉为留后。戊申，魏州奏布自杀。己酉，以宪诚为魏博节度使。宪诚虽喜得旄钺，外奉朝廷，然内实与幽、镇连结。

庚戌，以德州刺史王日简为横海节度使。日简，本成德牙将也。壬子，贬杜叔良为归州刺史。

王庭凑围牛元翼于深州，官军三面救之，皆以乏粮不能进，虽李光颜亦闭壁自守而已。军士自采薪刍，日给不过陈米一勺。深州围益急，朝廷不得已，二月，甲子，以庭凑为成德节度使，军中将士官爵皆复其旧；以兵部侍郎韩愈为宣慰使。

上之初即位也，两河略定，萧俛、段文昌以为“天下已太平，渐宜消兵，请密诏天下，军镇有兵处，每岁百人之中限八人逃、死”。上方荒宴，不以国事为意，遂可其奏。军士落籍者众，皆聚山泽为盗；及朱克融、王庭凑作乱，一呼而亡卒皆集。诏征诸道兵讨之，诸道兵既少，皆临时召募，乌合之众；又，诸节度既有监军，其领偏军者亦置中使监陈，主将不得专号令，战小胜则飞驿奏捷，自以为功，不胜则迫胁主将，以罪归之；悉择军中骁勇以自卫，遣羸懦者就战，故每战多败。又凡用兵，举动皆自禁中授以方略，朝令夕改，不知所从；不度可否，惟督令速战。

战，然而将士骄惰，没有斗志，又加上下大雪，度支不能按时送来粮饷。田布征发所领柳州的租赋用来供应军队，将士不高兴，说："按照过去的事例，军队出州境，都由朝廷供给军饷，现在尚书搜刮六州的民脂民膏用来供奉军队，虽然尚书损了自己肥了国家，但六州的人民为什么要受这种痛苦呢！"史宪诚暗地里有反叛的打算，利用众将兵的不悦心情，从中离间鼓动他们。恰遇到有诏令分派魏博军归李光颜指挥，使救深州，正月初八日庚子，田布军大乱溃散，多数投归史宪诚；田布单独和中军八千人转向魏州，正月初十日壬寅，到达魏州。

正月十一日癸卯，田布再次召集诸将议论出兵的事，诸将更加傲慢，说："尚书如能按照河朔旧章行事，那么死生如何都为你尽力，若要再去打镇州，那是不能够的。"田布拿他们没有办法，叹着气说："功业完不成了！"当天，写好遗表具体说明一切情况，大略是说："臣观察众人的心意，最终是要背叛国家的；臣既然没有功劳，怎敢忘记立即殉职。唯愿陛下赶快去救援李光颜、牛元翼，不然的话，忠臣义士都被河朔屠杀了！"他捧着遗表大哭，跪着交给幕僚李石，于是入内在父亲的灵位前禀告，抽出佩刀说："上以向君父谢罪，下以向三军表明心迹。"就自杀身亡了。史宪诚听说田布已死，于是告谕他的部下，按照河北的旧章行事。军众很高兴，簇拥着史宪诚回到魏州，推举他为留后。正月十六日戊申，魏州宣布田布自杀。正月十七日己酉，任命史宪诚为魏博节度使。史宪诚虽然高兴地得到节度使官职，表面上尊奉朝廷法令，然而在内部实际上和幽州、镇州勾结在一起。

正月十八日庚戌，任命德州刺史王日简为横海节度使。王日简，本是成德军的牙将。正月二十日壬子，贬杜叔良为归州刺史。

王庭凑把牛元翼包围在深州，官军从东、西、北三个方面去救援他，都因为缺乏军粮不能前进，就是李光颜也只能关闭壁垒自守而已。军士自己去打柴割草，每天发给的粮食不过是一点陈米。深州被围困更加紧急，朝廷不得已，在二月初二日甲子，任命王庭凑为成德节度使，军中将士官爵都照旧恢复；任命兵部侍郎韩愈为宣慰使。

穆宗初即位的时候，两河地区大体平定，萧俛、段文昌以为"天下已经太平，应当逐渐减少兵员，请求秘密诏令全国，军镇驻扎军队的地方，每年在一百人中限定要有八人或逃或死除去军籍"。穆宗当时正沉湎于饮宴，不把国家的大事放在心上，就批准了萧、段的奏折。军士被除名的人很多，都聚集在山寨水泽当强盗；等到朱克融、王庭凑作乱，一声召唤，那些逃亡的兵卒都集中到他们那里去了。下诏令征发诸道兵去讨伐，诸道兵既少，又都是临时招募的乌合之众；同时，诸节度使处既有监军，那些分设偏军的地方也置中使监督作战，主将不能独自发号施令，打了小胜仗就赶快乘驿马报捷，认为是自己的功劳，失败了就威胁逼迫主将，把罪责

中使道路如织，驿马不足，掠行人马以继之，人不敢由驿路行。故虽以诸道十五万之众，裴度元臣宿望，乌重胤、李光颜皆当时名将，讨幽、镇万余之众，屯守逾年，竟无成功，财竭力尽。

崔植、杜元颖为相，皆庸才，无远略。史宪诚既逼杀田布，朝廷不能讨，遂并朱克融、王庭凑以节授之。由是再失河朔，迄于唐亡，不能复取。

朱克融既得旌节，乃出张弘靖及卢士玫。

丙寅，以牛元翼为山南东道节度使，以左神策行营乐寿镇兵马使清河傅良弼为沂州刺史，以瀛州博野镇遏使李寰为忻州刺史。良弼、寰所戍在幽、镇之间，朱克融、王庭凑互加诱胁，良弼、寰不从，各以其众坚壁，贼竟不能取，故赏之。

（以上为第五段，写穆宗姑息，庸臣当道，宦官监军，主将不得专号令，是以官军无功，朝廷再失河朔，直至唐亡，不能复取。）

丙子，赐横海节度使王日简姓名为李全略。

辛巳，中书侍郎、同平章事崔植罢为刑部尚书，以工部侍郎元稹同平章事。

癸未，加李光颜横海节度、沧景观察使，其忠武、深州行营节度如故。以横海节度使李全略为德棣节度使。时朝廷以光颜悬军深入，馈运难通，故割沧景以隶之。

王庭凑虽受旌节，不解深州之围。丙戌，以知制诰东阳冯宿为山南东道节度副使，权知留后，仍遣中使入深州督牛元翼赴镇。裴度亦与幽，镇书，责以大义；朱克融即解围去，王庭凑虽引兵少退，犹守之不去。

元稹怨裴度，欲解其兵柄，故劝上雪廷凑而罢兵。丁亥，以度为司空、东都留守，平章事如故。谏官争上言："时未偃兵，度有将相全才，不宜置之散地。"上乃命度入朝，然后赴东都。

以灵武节度使李听为河东节度使。初，听为羽林将军，有良马，上

都推给主将；又把军队中勇敢的士兵全部挑选出来保护自己，只派遣那些懦弱胆小的人去作战，所以作战多半遭到失败。另外，凡是派兵打仗，一举一动都要由禁中指示方略，朝令夕改，不知所以；又不考虑是可行还是不可行，只晓得催促迅速作战。中使在路上往来如穿梭织布一样络绎不绝，驿站的马匹供应不上，就抢行人的马来满足需要，使得人们都不敢在驿路上行走。所以虽调用诸道十五万人马，有裴度这样有威望的老臣，乌重胤、李光颜这样当时的名将，征讨幽州、镇州一万多军队，驻扎攻守超过了一年，结果还是未取得胜利，弄得人财两空。

崔植、杜元颖为宰相，都是平庸的人，没有远见。史宪诚既逼使田布自杀，朝廷又没有力量讨伐他，就连同朱克融、王庭凑一起任命他们为节度使。就这样，再度丢了河朔地方，一直到唐朝灭亡，都没有能够再收复。

朱克融既然得到节度使，于是就释放了张弘靖和卢士玫。

二月初四日丙寅，任命牛元翼为山南东道节度使，任命左神策行营乐寿镇兵马节度使清河人傅良弼为沂州刺史，任命瀛州博野镇遏使李寰为忻州刺史。傅良弼和李寰所戍守的地方处在幽州和镇州的中间，朱克融、王庭凑引诱、威胁他们，傅良弼和李寰都不理，各自带领部下坚壁防守，敌人最终也没能攻下来，所以朝廷奖赏他们。

二月十四日丙子，赐横海节度使王日简姓名为李全略。

二月十九日辛巳，中书侍郎、同平章事崔植降职，改任刑部尚书，任命工部侍郎元稹同平章事。

二月二十一日癸未，加李光颜为横海节度使兼沧景观察使，他原任忠武节度使兼深州行营节度使还照旧担任。改任横海节度使李全略为德棣节度使。当时朝廷认为李光颜孤军深入，难得运送军粮，所以把沧、景二州划归他领属。

王庭凑虽然得到旌节，仍不解除对深州的包围。二月二十四日丙戌，任命知制诰东阳人冯宿为山南东道节度副使，暂时担任留后，仍旧派遣中使去深州催促牛元翼上任。裴度也给幽州和镇州写信，向他们晓以大义；朱克融当即撤了包围走了，王庭凑虽带兵稍稍退后了一点，还是驻守在那里不离开。

元稹怨恨裴度，想解除他的兵权，所以劝穆宗赦免王庭凑的罪而结束战争。二月二十五日丁亥，任命裴度为司空、东都留守，同平章事仍旧。谏官争着向穆宗说："现在还没有罢兵，裴度有将相才能，不应当把他摆在闲散的地方。"穆宗于是令裴度先来朝廷，然后再去东都上任。

任命灵武节度使李听为河东节度使。原先，李听为羽林军将军，有良马，穆宗

为太子，遣左右讽求之，听以职总亲军，不敢献。及河东缺帅，上曰："李听不与朕马，是必可任。"遂用之。

昭义监军刘承偕恃恩，陵轹节度使刘悟，数众辱之，又纵其下乱法。阴与磁州刺史张汶谋缚悟送阙下，以汶代之；悟知之，讽其军士作乱，杀汶。围承偕，欲杀之，幕僚贾直言入，责悟曰："公所为如是，欲效李司空邪！此军中安知无如公者，使李司空有知，得无笑公于地下乎！"悟遂谢直言，救免承偕，囚之府舍。

初，上在东宫，闻天下厌苦宪宗用兵，故即位，务优假将卒以求姑息。三月，壬辰，诏："神策六军使及南牙常参武官具由历、功绩，牒送中书，量加奖擢。其诸道大将久次及有功者，悉奏闻，与除官。应天下诸军，各委本道据守旧额，不得辄有减省。"于是商贾、胥吏争赂藩镇，牒补列将而荐之，即升朝籍。奏章委积，士大夫皆扼腕叹息。

武宁节度副使王智兴将军中精兵三千讨幽、镇，节度使崔群忌之，奏请即用智兴节度使，不则召诣阙，除以他官。事未报，智兴亦自疑；会有诏赦王庭凑，诸道皆罢兵；智兴引兵先期入境。群惧，遣使迎劳，且使军士释甲而入；智兴不从。乙巳，引兵直进，徐人开门待之，智兴杀不同己者十余人，乃入府牙，见群及监军，拜伏曰："军众之情，不可如何！"为群及判官、从吏具人马及治装，皆素所办也，遣兵卫从群，至埇桥而返。遂掠盐铁院钱帛，及诸道进奉在汴中者，并商旅之物，皆三分取二。

（以上为第六段，写穆宗昏庸，削裴度之权，又处置失宜，逼反武宁军镇。）

丙午，加朱克融、王庭凑检校工部尚书。上闻其解深州之围，故褒之，然庭凑之兵实犹在深州城下。

韩愈既行，众皆危之；诏愈至境更观事势，勿遽入，愈曰："止，君之仁；死，臣之义。"遂往。至镇，庭凑拔刃弦弓以逆之，及馆，甲士罗于庭。庭凑言曰："所以纷纷者，乃此曹所为，非庭凑心。"愈厉声曰："天子以尚书有将帅材，故赐之节钺，不知尚书乃不能与健儿语邪！"甲

当时还是太子，派左右的人暗示索要那匹马，李听由于担任亲军总领的关系，不敢把马献给太子。等到河东需要继任元帅，穆宗说：“李听没有把马给我，这件事说明他是可以信任的。”就重用他。

昭义军监军刘承偕依仗有拥立穆宗的功劳，欺压节度使刘悟，多次当众凌辱他，又放纵他的下属违抗法令。还暗地里和磁州刺史张汶阴谋捆押刘悟送往京城，让张汶取代刘悟为节度使；刘悟发觉了这个阴谋，暗地煽动军士作乱，杀了张汶。又包围刘承偕，想杀掉他。幕僚贾直言进来，责备刘悟，说：“您这样做，想效法李师道吗！在这些将卒中怎么知道会没有和你一样的人呢，假如李师道尚有感知，能不在地下笑你吗！”刘悟就向贾直言谢罪，把刘承偕救出来，囚禁在府舍内。

过去，穆宗在东宫，听到天下人对宪宗出兵打仗很厌恶，很苦恼，所以即位以后，尽量对将士兵卒采取优惠宽缓政策以求得暂时的安定。三月初一日壬辰，下诏令：“神策六军使和南牙常参武官，将得官的原因、经历、功绩具体写出来，送到中书省，酌量加以奖赏和提拔。其他各道的大将长久在职和有功绩的，都奏报上来，给予升迁官职。当前天下的各军，各交付本道按照旧的数额为准审定，不得随便减省。”于是富商大贾和差役小吏争相贿赂藩镇，填写漏掉列将的名册而向朝廷推荐，随即升为朝官的名籍。这种推荐人员的奏章堆积很多，士大夫都愤懑叹息。

武宁节度副使王智兴带领军中三千精兵参加讨伐幽、镇二州的叛乱，节度使崔群妒忌他，奏请朝廷任命王智兴为节度使，否则召他到京城去，另外安排官职。朝廷没有回答，王智兴也产生了猜疑；恰遇有诏旨赦免王庭凑，各道都收兵，王智兴带领军队早于预定日期就进入州境。崔群很恐惧，派人迎接慰劳，并且要军士脱去铠甲进城，王智兴没有听从。三月十四日乙巳，王智兴带领军队挺进徐州城，守城人开城门迎接。王智兴杀了不拥护自己的十多人，于是进入节度使府的衙门，进见崔群和监军，跪着说：“军众要这么做，我也没有办法！”他为崔群和判官、随从官吏准备的人马和行装，都预先办好了，派士兵护卫崔群，到埇桥就返回来。在埇桥，他掠取了盐铁院的钱、绸、帛以及诸道行驶在汴河中船只上进奉的财物。商人旅客的财物，也都被抢去了三分之二。

三月十五日丙午，加给朱克融、王庭凑检校工部尚书官衔。穆宗听到他们解除了对深州的包围，所以就褒奖他们，然而王庭凑的军队实际上还在深州城下。

韩愈将要出发，众人都担忧他的安危；朝廷诏令他到边境上再观察形势，不要马上进去。韩愈说：“停止而不立刻进去，是君主的仁慈；不畏死而随即进入，是臣子应尽的义务。”于是就去了。到达镇州，王庭凑使士兵抽出刀，箭扣在弓弦上来迎接他，到客馆，穿着铠甲的士兵罗列在庭院中。王庭凑说：“这样纷纷扰扰的原因，

士前曰："先太师为国击走朱滔，血衣犹在，此军何负朝廷，乃以为贼乎！"愈曰："汝曹尚能记先太师则善矣。夫逆顺之为祸福岂远邪！自禄山、思明以来，至元济、师道，其子孙有今尚存仕宦者乎！田令公以魏博归朝廷，子孙虽在孩提，皆为美官；王承元以此军归朝廷，弱冠为节度使；刘悟、李祐，今皆为节度使；汝曹亦闻之乎！"庭凑恐众心动，麾之使出；谓愈曰："侍郎来，欲使庭凑何为？"愈曰："神策六军之将如牛元翼者不少，但朝廷顾大体，不可弃之耳！尚书何为围之不置？"庭凑曰："即当出之。"因与愈宴，礼而归之。未几，牛元翼将十骑突围出，深州大将臧平等举城降，庭凑责其久坚守，杀平等将吏百八十余人。

戊申，裴度至长安，见上，谢讨贼无功。先是，上诏刘悟送刘承偕诣京师，悟托以军情，不时奉诏。上问度："宜如何处置？"度对曰："承偕在昭义，骄纵不法，臣尽知之，悟在行营与臣书，具论其事。时有中使赵弘亮在军中，持悟书去，云'欲自奏之'，不知尝奏不？"上曰："朕殊不知也，且悟大臣，何不自奏！"对曰："悟武臣，不知事体。然今事状籍籍如此，臣等面论，陛下犹不能决，况悟当日单辞，岂能动圣听哉！"上曰："前事勿论，直言此时如何处置？"对曰："陛下必欲收天下心，止应下半纸诏书，具陈承偕骄纵之罪，令悟集将士斩之，则藩镇之臣，孰不思为陛下效死！非独悟也。"上俛首良久，曰："朕不惜承偕，然太后以为养子，今兹囚絷，太后尚未知之，况杀之乎！卿更思其次。"度乃与王播等奏请"流承偕于远州，必得出。"上从之。后月余，悟乃释承偕。

李光颜所将兵闻当留沧景，皆大呼西走，光颜不能制，因惊惧成疾。己酉，上表固辞横海节，乞归许州，许之。

壬子，以裴度为淮南节度使，余如故。

加刘悟检校司徒，余如故。自是悟浸骄，欲效河北三镇，招聚不逞，

是这些士兵要这么做，不是我王庭凑的心意。”韩愈厉声说：“天子认为尚书有将帅才具，所以委托你为节度使，谁知道尚书竟然指挥不动这些士卒！”有甲士上前说：“先太师为国家打败朱滔，染血的衣服还留着，这支军队对朝廷有什么对不起的地方，竟然把我们当贼！”韩愈说：“你们还能记得先太师，这很好。由叛逆而转为顺从，因祸转为福的事例难道很远吗！自从安禄山、史思明以来，到吴元济、李师道，他们的子孙有现在还在做官的吗！田令公把魏博的政权交还朝廷，子孙哪怕是小孩，都得到美官；王承元把成德这支军队交给朝廷调配，二十岁就当上了节度使；刘悟、李祐现在都是节度使；你们也听说了吧！”王庭凑怕军众听了韩愈的话思想动摇，挥手叫他们离开，对韩愈说：“侍郎到这里来，想叫我做些什么？”韩愈说：“神策军等六军中的将领和牛元翼一样的人还很多，但是朝廷从大体考虑，不能抛弃牛元翼！尚书为什么到现在仍围着他不放呢？”王庭凑说：“马上放他出来。”随即设宴招待韩愈，用客礼送他回朝。不久，牛元翼带领十位骑士突围出来。深州大将臧平等弃城投降了，王庭凑责备臧平等长久坚守不屈，杀了臧平等将吏一百八十多人。

三月十七日戊申，裴度到长安，拜见穆宗，为讨贼没有成功而谢罪。前时，穆宗诏令刘悟把刘承偕送回京师，刘悟借口军事形势问题，没有按时间要求执行诏命。穆宗问裴度：“应当如何处理这件事？”裴度回答说：“刘承偕在昭义军时，骄横放纵不遵守法度，臣都了解，刘悟在行营给臣的信中，详尽叙述了那些事。当时有中使赵弘亮在军队中，把刘悟的信拿去了，说是‘要亲自向皇上报告’，不知他报告没有？”穆宗说：“朕一点不知道，再说刘悟是大臣，为何不亲自上奏？”裴度回答说：“刘悟是武臣，不懂得办事情。然而现在这件事情这么议论纷纷，臣等当面陈述，陛下还是不能做出决断，何况刘悟当时是一面之词，难道能打动皇上吗！”穆宗说：“过去的不谈了，只说当前如何处理？”裴度回答说：“陛下要想使天下民心归附，只要发下半张纸的诏书，具体陈述刘承偕骄横放纵的罪恶，命令刘悟召集将士把刘承偕杀掉，那么藩镇大臣，谁不想为陛下出死力！岂止是刘悟一个人。”穆宗低头沉默了好一会，说：“朕不可惜刘承偕，然而太后把他收为养子，现在囚禁了他，还不敢让太后知道，更何况是把他杀了！你再想其他办法吧。”裴度于是和王播等奏请：“把刘承偕流放到僻远的州县去，刘悟一定会将刘承偕放出来。”穆宗依从了。过了一个多月，刘悟把刘承偕释放了。

李光颜统领的军队听说要留在沧景镇，都大喊大叫向西边逃跑，李光颜制止不了他们，因而惊慌惧怕病倒了。三月十八日己酉，送上坚决辞去横海节度使职务的奏表，请求回到许州去，朝廷答应了。

三月二十一日壬子，任命裴度为淮南节度使，其余的官职仍旧不变。

加授刘悟检校司徒官衔，其他官职照旧。从这时起，刘悟逐渐骄傲起来，想仿

章表多不逊。

裴度之讨幽、镇也，回鹘请以兵从；朝议以为不可，遣中使止之。回鹘遣其臣李义节将三千人已至丰州北，却之，不从；诏发缯帛七万匹以赐之，甲寅，始还。

王智兴遣轻兵二千袭濠州；丙辰，刺史侯弘度弃城奔寿州。

言事者皆谓裴度不宜出外，上亦自重之。戊午，制留度辅政；以中书侍郎、同平章事王播同平章事，代度镇淮南，仍兼诸道盐铁转运使。

李寰帅其众三千出博野，王庭凑遣兵追之；寰与战，杀三百余人，庭凑兵乃还，余众二千犹固守博野。

朝廷以新罢兵，力不能讨徐州，己未，以王智兴为武宁节度使。

复以德棣节度使李全略为横海节度使。

夏，四月，辛酉朔，日有食之。

甲戌，以傅良弼、李寰为神策都知兵马使。

（以上为第七段，写韩愈宣抚成德，不辱君命，裴度再被任用为宰相。）

户部侍郎、判度支张平叔上言：“官自粜盐，可以获利一倍；”又请“令所由将盐就村粜易”；又乞“令宰相领盐铁使”；又请“以粜盐多少为刺史、县令殿最”；又乞“检责所在实户，据口团保，给一年盐，使其四季输价”；又“行此策后，富商大贾或行财贿，邀截喧诉，其为首者所在杖杀，连状人皆杖脊”。诏百官议其可否。

兵部侍郎韩愈上言，以为：“城郭之外，少有见钱籴盐，多用杂物贸易。盐商则无物不取，或赊贷徐还，用此取济，两得利便。今令吏人坐铺自粜，非得见钱，必不敢受。如此，贫者无从得盐，自然坐失常课，如何更有倍利！又若令人吏将盐家至而户粜，必索百姓供应，骚扰极多。又，刺史、县令职在分忧，岂可惟以盐利多少为之升黜，不复考其理行！又，贫家食盐至少，或有淡食动经旬月，若据户给盐，依时征价，

效河北三镇一样，召集那些不满现实和不得志的人，因此送给朝廷的章表大多不谦逊了。

裴度在征讨幽州和镇州叛乱的时候，回鹘请求派兵相助；经朝廷讨论以后认为不妥当，于是派中使去阻止派兵。回鹘派大臣李义节带领三个人已经到达丰州北面，要他们退回去，他们不愿意；穆宗命令赏赐他们缯帛七万匹，三月二十三日甲寅，他们才回去。

王智兴派遣轻装士兵两千人袭击濠州；三月二十五日丙辰，刺史侯弘度弃城投奔寿州。

担任向穆宗进谏的言官都说裴度不应当离开朝廷去做地方官，穆宗自己也很看重他。三月二十七日戊午，下令留裴度在朝廷辅政；任命中书侍郎、同平章事王播同平章事，代裴度为淮南节度使，仍旧兼任诸道盐铁转运使。

李寰率领部队三千人离开博野，王庭凑派兵追击他；李寰奋起反击，杀死王庭凑士兵三百多人，王庭凑的追兵只好退回。李寰留下的两千人还固守在博野。

朝廷由于刚刚结束战争，还没有力量讨伐徐州，三月二十八日己未，任命王智兴为武宁节度使。

又任命德棣节度使李全略为横海节度使。

夏季，四月初一日辛酉，发生了日食。

四月十四日甲戌，任命傅良弼、李寰为神策军的都知兵马使。

户部侍郎、判度支张平叔上奏说："由官府直接卖盐，可以得到加倍的利益。"又请求："叫所有官吏把盐拿到村里去发卖。"又请求："命令宰相兼任盐铁转运使的官职。"又请求："把卖盐多少作为考核刺史、县令政绩的根据。"又请求："核实各地实有户口，依据户口互相出具担保证明，由政府给予一年的盐，然后叫他们按四季交纳盐价款。"又要求："实行这一政策以后，富商大贾有用财物进行贿赂，拦路喧闹告状的，为首的人就地用杖打死，连名告状的人都要受杖脊背的刑罚。"穆宗下诏令百官讨论这一政策是可行还是不可行。

兵部侍郎韩愈向穆宗进言，认为："城郊以外，用现钱买盐的人很少，他们多用杂物来交换盐。盐商在交易中什么东西都收，有的还可以赊贷，以后慢慢归还盐款，用这种办法做补充，两方面都得到好处。现在要官吏坐在店铺内卖盐，不是现钱的话，一定不会接受。这样，贫穷的人得不到盐，自然平常的盐税也会收不到，哪里还会有加倍的利益！要是又使官吏把盐拿到各家各户去卖，必定又要向老百姓任意索取，骚扰一定是很多的。再说，刺史、县令的主要职责在于办好民事以分担皇上

官吏畏罪，必用威刑，臣恐因此所在不安，此尤不可之大者也。”

中书舍人韦处厚议，以为：“宰相处论道之地，杂以鹾务，实非所宜。窦参、皇甫镈皆以钱谷为相，名利难兼，卒蹈祸败。又欲以重法禁人喧诉，夫强人之所不能，事必不立；禁人之所必犯，法必不行矣。”事遂寝。

平叔又奏征远年逋欠。江州刺史李渤上言：“度支征当州贞元二年逃户所欠钱四千余缗，当州今岁旱灾，田损什九。陛下奈何于大旱中征三十六年前逋负！”诏悉免之。

（以上为第八段，写唐穆宗罢盐铁专卖和三十六年前欠赋。）

邕州人不乐属容管，刺史李元宗以吏人状授御史，使奏之。容管经略使严公素闻之，遣吏按元宗擅以罗阳县归蛮酋黄少度。五月，壬寅，元宗将兵百人并州印奔黄洞。

王庭凑之围牛元翼也，和王傅于方欲以奇策干进，言于元稹，请“遣客王昭、于友明间说贼党，使出元翼。仍赂兵、吏部令史伪出告身二十通，令以便宜给赐”。稹皆然之。有李赏者，知其谋，乃告裴度，云方为稹结客刺度，度隐而不发。赏诣左神策告其事。丁巳，诏左仆射韩皋等鞫之。

戊午，幽州节度使朱克融进马万匹，羊十万口，而表云先请其直充犒赏。

三司按于方刺裴度事，皆无验。六月，甲子，度及元稹皆罢相，度为右仆射，稹为同州刺史；以兵部尚书李逢吉为门下侍郎、同平章事。

党项寇灵州、渭北，掠官马。

谏官上言：“裴度无罪，不当免相。元稹与于方为邪谋，责之太轻。”上不得已，壬申，削稹长春宫使。

吐蕃寇灵武。

庚辰，盐州奏党项都督拔跋万诚请降。

忧民之心，怎能只用得到盐利的多少来决定他们的升降，不再考核他们治民的政绩！另外，贫穷人家盐吃得很少，有的甚至一个月也不吃盐，假若按每户给盐，按时来征收盐款，官吏怕收不齐盐款而得罪，一定会用严厉的刑罚，臣恐怕这样一来到处都不会安宁，这是不能做的最重要的一个原因。”

中书舍人韦处厚认为：“宰相的职位是议论国家大政的，夹杂着管理盐的买卖的职务，实在是不相宜。窦参、皇甫镈都是兼管钱谷的宰相，名和利不能并有，最后都走上了犯罪的道路。又想用严刑重法禁止人民说话、告状，强迫百姓去做难以做到的事，这种事一定做不好；禁止百姓不去触犯那种百姓必定会触犯的法律，这种法律一定不能执行。”这件事就作罢了。

张平叔又奏请征收好些年前拖欠的赋税。江州刺史李渤上奏说：“度支征收本州贞元二年逃亡户所欠税钱四千多串，本州今年遭旱灾，田禾十亩中有九亩受灾，陛下为什么在大旱灾的年份中催征三十六年前的欠税！”于是穆宗下诏令赋税都免收。

邕州人不愿意划归容管领属，刺史李元宗把官吏们的奏状交给御史，请转奏朝廷。容管经略使严公素听到这件事，派遣官吏去审查李元宗擅自把罗阳县划归蛮酋黄少度一事。五月十二日壬寅，李元宗带领一百士兵连同州印投奔黄洞去了。

王庭凑在围困牛元翼的时候，和王李绮的老师于方想通过献奇异计策求得升官，对元稹说：“请派说客王昭、于友明私下游说贼党，放出牛元翼。再贿赂兵部和吏部的令史，假造告身二十张，叫王昭他们根据情况赏赐给对方。”元稹都答应了。有个叫李赏的，知道了这个计谋，就告诉裴度。说是于方为元稹勾结刺客要杀裴度，裴度隐匿了这件事而没有揭发。李赏又到左神策军那里报告这件事。五月二十七日丁巳，诏令左仆射韩皋等审理这件事。

五月二十八日戊午，幽州节度使朱克融进献一万匹马，十万头羊，但是在奏表中却请求先给价钱以便做犒赏之用，然后再将这些马、羊送来。

三司审理于方谋刺裴度一事，都没有证据。六月初五甲子，裴度和元稹都罢了宰相，裴度为右仆射，元稹为同州刺史。任命兵部尚书李奉吉为门下侍郎、同平章事。

党项侵扰灵州、渭北，抢掠官马。

谏官向穆宗说：“裴度无罪，不应当罢免宰相。元稹和于方一起策划奸邪之事，对他们的处置太轻了。”穆宗不得已，六月十三日，免去元稹长春宫使的兼职。

吐蕃侵扰灵武。

六月二十一日庚辰，盐州奏报党项都督拓跋万诚请求投降。

壬午，吐蕃寇盐州。

戊子，复置邕管经略使。

初，张弘靖为宣武节度使，屡赏以悦军士，府库虚竭。李愿继之，性奢侈，赏劳既薄于弘靖时，又峻威刑，军士不悦。愿以其妻弟窦瑗典宿直兵，瑗骄贪，军中恶之。牙将李臣则等作乱，秋，七月，壬辰夜，即帐中斩瑗头，因大呼，府中响应。愿与一子逾城奔郑州。乱兵杀其妻，推都押牙李㝏为留后。

丙申，宋王结薨。

戊戌，宣武监军奏军乱。庚子，李㝏自奏已权知留后。

乙巳，诏三省官与宰相议汴州事，皆以为宜如河北故事，授李㝏节。李逢吉曰："河北之事，盖非获已。今若并汴州弃之，则是江、淮以南皆非国家有也。"杜元颖、张平叔争之曰："奈何惜数尺之节，不爱一方之死乎！"议未决，会宋、亳、颍三州各上奏，请别命帅。上大喜，以逢吉议为然，遣中使诣三州宣慰。逢吉因请"以将军征㝏入朝，以义成节度使韩充镇宣武。充，弘之弟，素宽厚得众心。脱㝏旅拒，则命徐、许两军攻其左右而滑军蹙其北，充必得入矣。"上皆从之。

丙午，贬李愿为随州刺史，以韩充为宣武节度兼义成节度使。征李㝏为右金吾将军，㝏不奉诏。宋州刺史高承简斩其使者，㝏遣兵二千攻之，陷宁陵、襄邑。宋州有三城，贼已陷其南城，承简保北二城，与贼十余战。癸丑，忠武节度使李光颜将兵二万五千讨李㝏，屯尉氏。兖海节度使曹华闻㝏作乱，不俟诏，即发兵讨之。㝏遣兵三千人攻宋州，适至城下，丙辰，华逆击，破之。丁巳，李光颜败宣武兵于尉氏，斩获二千余人。

八月，辛酉，大理卿刘元鼎自吐蕃还。

甲子，韩充入汴境，军于千塔。武宁节度使王智兴与高承简共破宣武兵，斩首千余级，余从遁去。壬申，韩充败宣武兵于郭桥，斩首千余级，进军万胜。

六月二十三日壬午，吐蕃侵扰盐州。

六月二十九日戊子，又设置邕管经略使一职。

从前，张弘靖担任宣武节度使的时候，屡次奖赏军士以取得他们的欢心，府库的钱财都用完了。李愿接任以后，性奢侈，奖赏既比张弘靖任职时少，又用严刑峻法对待他们，军士们很不高兴。李愿任用他的妻弟窦瑗主管宿卫当值的军队，窦瑗骄傲贪财，军队中的人都讨厌他。牙将李臣则等作乱，秋季，七月初四日壬辰晚上，就在军帐中杀了窦瑗，接着大声呼叫，府中都响应他们。李愿和他的一个儿子跑出城逃到郑州。乱兵杀了李愿的妻子，推举都押牙李岕为留后。

七月初八日丙申，宋王李结死。

七月初十日戊戌，宣武军监军奏报本军作乱。七月十二日庚子，李岕自己上奏称已暂时担任留后。

七月十七日乙巳，下诏令三省官和宰相一起商议汴州反叛事，都认为应当照河北成例，授予李岕节钺。李逢吉说："河北那种做法，实在是不得已。现在要是连汴州也放弃，那么江淮以南的地方都不在国家控制之内了。"杜元颖、张平叔争论道："为什么要爱惜数尺长的符节，而不怜悯一个地方百姓的死难呢！"商议还没结果，恰遇宋、亳、颍三州刺史各上奏本，请朝廷不要承认李岕，另外任命节度使。穆宗大喜，认为李逢吉的意见是对的，随即派中使到三州去表示安抚和慰问。李逢吉接着请求："用提升为将军的名义命令李岕到朝廷来，任命义成节度使韩充为宣武节度使。韩充是韩弘的弟弟，向来以宽容厚道为百姓所敬重。假若李岕他们拒不接受命令，就要徐州和许州两支军队从左右两个方向向他进攻，而滑州军队从北面向他压过来，这样韩充一定能进入汴州。"穆宗答应了。

七月十八日丙午，贬李愿为随州刺史，任命韩充为宣武节度使兼义成节度使。征召李岕担任左金吾将军，李岕不接受诏命。宋州刺史高承简杀了李岕派去的使者，李岕派了两千士兵去攻打他，占领了宁陵、襄邑两县。宋州有三座城池，敌人已攻占了南城，高承简保卫着北边两座城，与敌人打了十多仗。二十五日癸丑，忠武节度使李光颜带领两万五千军队讨伐李岕，驻所在尉氏县。兖海节度使曹华听说李岕作乱，没有等穆宗下诏令，就发兵讨伐他。李岕派遣三千人攻打宋州，刚到城下，二十八日丙辰，曹华迎击，打败了他们。七月二十九日丁巳，李光颜在尉氏打败宣武兵，斩首和俘虏的共两千多人。

八月初三日辛酉，大理寺卿刘元鼎从吐蕃回朝。

八月初六日甲子，韩充进入汴州境内，在千塔驻扎。武宁节度使王智兴和高承简共同打败了宣武军的部队，杀了一千多敌人，其余敌人逃走了。十四日，韩充在郭桥打败了宣武兵，杀了一千多人，军队进到万胜。

初，李岕既为留后，以都知兵马使李质为腹心；及岕除将军，不奉诏，质屡谏不听。会岕疽发于首，遣李臣则等将兵拒李光颜于尉氏。既而官军四集，后屡败，岕疾甚，悉以军事属李质，卧于家。丙子，质与监军姚文寿擒岕，杀之；诈为岕牒，追臣则等，至，皆斩之；执岕四子送京师。

韩充未至，质权知军务，时牙兵三千人，日给酒食，物力不能支。质曰："若韩公始至而罢之，则人情大去矣！不可留此弊以遗吾帅。"既命罢给而后迎充。丁丑，充入汴。

癸未，以韩充专为宣武节度使，以曹华为义成节度使，高承简为兖、海、沂、密节度使，加李光颜兼侍中，以李质为右金吾将军。

韩充既视事，人心粗定，乃密籍军中为恶者千余人，一朝，并父母妻子悉逐之，曰："敢少留境内者斩。"于是军政大治。

九月，戊子朔，浙西观察使京兆窦易直奏大将王国清作乱，伏诛。初，易直闻汴州乱而惧，欲散金帛以赏军士，或曰："赏之无名，恐益生疑。"乃止。而外已有知之者，故国清作乱。易直讨擒之，并杀其党二百余人。

德州刺史王稷，承父锷余赀，家富厚；横海节度使李景略利其财，丙申，密教军士杀稷，屠其家，纳其女为妾，以军乱闻。

朝廷之讨李岕也，遣司门郎中韦文恪宣慰魏博，史宪诚表请授岕旌节，又于黎阳筑马头，为渡河之势，见文恪，辞礼倨慢；及闻岕死，辞礼顿恭，曰："宪诚，胡人，譬如狗，虽被捶击，终不离主耳。"

冬，十一月，庚午，皇太后幸华清宫。辛未，上自复道幸华清宫，遂畋于骊山，即日还宫。太后数日乃返。

丙子，集王缃薨。

庚辰，上与宦者击毬于禁中，有宦者坠马，上惊，因得风疾，不能履地，自是人不闻上起居；宰相屡乞入见，不报。裴度三上疏请立太子，

原先，李岕既担任了留后，把都知兵马使李质当作心腹之人对待；等到李岕被任命为将军，不接受诏令，李质多次劝他都不听。恰逢李岕头上长疽，派遣李臣则等带兵在尉氏抵抗李光颜。接着官军从四面包围过来，军队又多次打败仗，李岕的病加重了，把作战之事都交给李质负责，自己躺在家里。八月十八日丙子，李质和监军姚文寿抓住李岕，把他杀了；又假称是李岕的文牒，追李臣则等回来，他们一到达，就全部杀掉；又把李岕的四个儿子抓起来，送去京师。

在韩充还未抵达汴州时，李质暂时主管军队事务，当时府衙中有兵三千人，每天供应他们酒食，物资方面维持不下来。李质说："要是韩公一到就撤除酒食供应，那么做是很不得人心的！不要把这个弊病留给我们的统帅。"当即命令撤除供给而后迎接韩充。八月十九日丁丑，韩充进入汴州。

八月二十五日癸未，命韩充只担任宣武节度使，调曹华为义成节度使，高承简继曹华为兖、海、沂、密节度使，加李光颜兼侍中，任命李质为右金吾将军。

韩充已经上任，人心大体已安定，于是秘密登记军中做坏事的一千多人，一天早上，连同他们的父母妻子一起驱逐出境，说："有敢稍稍在境内逗留的，处死。"于是军政大治。

九月初一日戊子，浙西观察使京兆人窦易直奏大将王国清作乱，已被杀死。原先，窦易直听说汴州军士作乱，因而恐惧，想散发金钱布帛奖赏军士，有人对他说："没有名义的赏赐，恐怕更加容易引起军士猜疑。"于是作罢。然而外面已有人知道了这回事，所以引起王国清作乱。窦易直平定了作乱的人，杀了王国清和他的同党二百多人。

德州刺史王稷，继承了他父亲王锷留下的大宗财产，家里非常富有；横海节度使李全略贪图他的财产，初九，秘密指使军士杀了王稷及其全家，把他的女儿收为妾，向朝廷报告说军士发生变乱。

朝廷在讨伐李岕的时候，派遣司门郎中韦文恪到魏博军进行宣劳慰问，史宪诚上表请求授给李岕旌节，又在黎阳修建码头，做出要派兵渡过黄河以支援李岕的态势，见到韦文恪，说话、礼节之中表现很傲慢；等到听说李岕被杀，说话、礼节马上恭敬很多，并说："宪诚是胡人，好比狗一样，虽被主人鞭打，终究是不会离开主人的。"

冬季，十一月十四日庚午，皇太后到华清宫。十一月十五日辛未，穆宗从复道到华清宫，就在骊山打猎，当天回到宫中。太后停了几天才回宫。

十一月二十日丙子，集王李缃死。

十一月二十四日庚辰，穆宗和宦官在宫中打毬，有宦官从马上掉下来，穆宗受到惊吓，因而得了一种风病，不能行走，从此人们听不到穆宗的生活情况的消息了；

且请入见。十二月，辛卯，上见群臣于紫宸殿，御大绳床，悉去左右卫官，独宦者十余人侍侧，人情稍安。李逢吉进言："景王已长，请立为太子。"裴度请速下诏，副天下望。既而两省官亦继有请立太子者。癸巳，诏立景王湛为皇太子。上疾浸瘳。

是岁，初行《宣明历》

（以上为第九段，写宣武兵变被韩充抚定。穆宗册立景王李湛为太子。）

宰相多次请求进宫见穆宗，都没有得到答复。裴度三次上疏请求立太子，并且请求入宫见穆宗。十二月初五日辛卯，穆宗在紫宸殿接见群臣，坐在大绳床上，左右卫官一个也不用。只有十多个宦官在旁边侍候，大家的情绪才稍稍安定下来。李逢吉向穆宗说："景王已经长大了，请立为太子。"裴度请求迅速下诏令，以满足天下人的愿望。接着两省的官员也继续有人请求立太子的。十二月初七日癸巳，下诏立景王李湛为皇太子。穆宗的病渐渐好起来。

这一年，开始用《宣明历》。

【点评】

本卷点评河朔再失、白居易上奏靖乱良策、韩愈宣慰成德。

一、河朔再失。唐穆宗李恒昏庸懦弱，只知游乐嬉戏，根本不懂治国为何物。穆宗是依靠大宦官王守澄发动宫廷政变上的台，甘心做傀儡。宦官势力抬头，以裴度为首的耿直派朝官受到压迫。见风使舵的朝官则投靠宦官来争权。中唐著名诗人元稹，宪宗朝进士，元和五年贬为江陵士曹，于是得以与监军崔潭峻交结，他写的诗歌为穆宗所称善。崔潭峻归朝，向穆宗献元稹诗百余首，元稹因之得官为祠部郎中知制诰。元稹走宦官门路，被朝官们鄙视。有一次同僚相聚吃瓜，有苍蝇飞来，中书舍人武儒衡挥扇驱蝇，随口指桑骂槐说："这东西从哪里来的，也到此凑热闹。"朝官们把依附宦官的朝官视作苍蝇，双方积怨很深，把个人斗气凌驾于国家大政之上。河北战事重起，元稹帮助宦官破坏裴度对叛镇的用兵计划，穆宗长庆二年（822），河北战事结束，官军无功，裴度被宦官排挤出朝，元稹入相，达到个人的目的，朝廷却丢掉了河北三镇。

河北战事重启，起于成德节度使王承宗之死，朝廷错误调防节度，引起战乱。元和十五年（820）宪宗死，穆宗立，新君威望不孚。河北三镇，骄兵悍将，不听朝廷号令，积习日久。三镇归顺以后，朝廷应慎择主将以便控驭。元和十五年十月，成德节度使王承宗死，朝廷趁此调换节度，以王承宗之弟王承元为义成节度使，徙义成节度使刘悟为昭义节度使，徙昭义节度使李愬为魏博节度使，徙魏博节度使田弘正为成德节度使。朝廷调换节度使，目的有二：一是不让王承元留在成德，杜绝世袭，二是各镇换帅避免兵将长期结合形成一体的割据势力。初衷是好的，也显示朝廷的威望。由于田弘正是讨伐成德最卖力的主将，成德骄兵悍将视田弘正为仇人。田弘正要求带领二千魏博士兵赴任，朝廷不供给养，田弘正只好让魏博士兵回镇。徙田弘正为成德节度就是一个错误，不让田弘正带魏博士兵赴任又是一个错误。幽州节度使刘总弑父杀兄自为留后，良心受到谴责，夜不能寐，主动辞官出家，朝廷派张延赏为幽州镇节度使，处事不当激起兵变。成德都知兵马使王庭凑趁机杀田弘正，发动叛乱。唐穆宗发六镇兵讨成德，招讨使裴度受诸多牵制，元稹与枢密使魏弘简狼狈为奸，唯恐裴度建功，破坏裴度奏划的军事，是以无功。又不幸的是，魏博节度使李愬病死，朝廷任命田弘正之子田布为魏博节度使。魏博先锋兵马使史宪诚暗中与成德相勾结。田布悉以精兵委史宪诚。史宪诚阴蓄异志，煽动士兵离心，田布大败自杀，史宪诚自为留后，朝廷授以节钺。史宪诚外奉朝廷，内实与幽镇连结。河北三镇于是再叛。

唐宪宗征伐四方，国库已虚，穆宗即位，游宴无度，又赏赐宿卫禁军没有节制，河朔再次用兵，国库不能支撑。河朔战事引发连锁变乱。相州军乱，瀛州军乱，武

宁、宣武也发生兵变。长庆二年（822），朝廷放弃河朔三镇，罢兵停战，姑息割据，直至唐亡。

二、白居易上奏靖乱良策。白居易，字乐天，太原人，中唐大诗人。德宗贞元十四年（798），白居易进士及第入仕，为秘书省校书郎。唐宪宗元和元年（806），白居易应策试制举为第四等，授盩厔县尉、集贤校理。白居易所著诗歌，皆意存讽喻，针砭时弊，补政之缺，受到士大夫的称赞。白居易上百篇诗文流入禁中，宪宗纳谏思治，非常欣赏。元和二年（807）十一月，宪宗召白居易入翰林为学士，三年五月拜左拾遗，元和十年（815）授太子左赞善大夫。白居易守官正直，敢直言切谏，能言人之难言者，宪宗多有采纳。执政恶白居易言直，一度贬白居易为江州司马。元和十三年（818）冬，白居易任忠州刺史，元和十四年（819）冬，召还京师，拜司门员外郎。穆宗即位，转主客郎中，知制诰，加朝散大夫。长庆元年（821）十月，转中书舍人。白居易仕进二十余年，因其言直，才未尽其用。当河朔战事再起，穆宗荒纵，宰执非其人，白居易上奏靖乱良策。指出官军十七八万，四面围攻，已过半年，还没有成功。白居易总结原因有四：一是节度将领太多，没有统一指挥；二是赏罚不明；三是供应短缺；四是官军人数虽众而不精。如不改变现状，没有人带头进攻，互相观望，恐有军溃之虞。白居易建议，裁撤各道官军回本镇，只留李光颜和裴度两支军队夹攻镇州，留下各道精兵五六万人，也易于供应，减轻财政负担。再用招降办法动摇敌人军心。这样士众一心，军令统一，一定能取得成功。白居易奏疏呈上，穆宗根本就不看。从白居易奏议的内容，以及所遭冷遇，可见当时政治已腐败到极点，将士怎能用命打仗。宦官不愿看到裴度取胜，南司望重，元稹不愿看到裴度取胜，深恐阻碍自己的仕途。穆宗长庆二年（822）二月，元稹进言穆宗罢兵，解除了裴度的兵权，元稹达到了入相的目的。

元稹，字微之，与白居易同科进士，两人友善，诗才与白居易齐名，并称元白。白居易为官守正仕途不显，元稹党附宦官而得宰相。故两人品德不可同日而语。

三、韩愈宣慰成德。韩愈，字退之，河北昌黎人。唐代大文学家，古文运动的发起者，被尊为唐宋八大家之首。韩愈亦进士出身，德宗朝官至监察御史。德宗晚年，韩愈上奏极言宫市之弊，被贬为连州阳山令，量移江陵府掾曹。元和初召为国子博士，迁都官员外郎。裴度督师淮西，兼彰义军节度使，请韩愈为行军司马。淮西平，韩愈随裴度还朝，授刑部侍郎。元和十四年（819），宪宗迎佛骨入宫，韩愈上疏谏迎佛骨，谓东汉奉佛以来，信佛帝王“乱亡相继，运祚不长”，“事佛求佛，乃更得祸”。宪宗太怒，要对韩愈处以极刑，宰相裴度、崔群，乃至国戚诸贵交章救护，减刑贬为潮州刺史，量移袁州刺史。元和十五年（820），穆宗即位，征韩愈为国子祭酒，转兵部侍郎。河朔再度用兵，王庭凑围深州，上表效顺。穆宗加王庭凑

检校工部尚书，令韩愈往镇州宣慰。王庭凑阳奉阴违，实际未解深州之围。朝臣忧虑韩愈的安全，穆宗诏命韩愈到了镇州，观察形势，不要贸然进入。韩愈慷慨陈词曰：“诏令臣停止，是皇上的仁爱；不畏死而立即进入，是臣子应当做的。”韩愈视死如归，毫不迟疑入镇州宣尉。韩愈意气轩昂，义正辞严责王庭凑以大义，谕以顺逆祸福，辞情恳切，王庭凑敬畏有加，以礼相待。韩愈奉使叛军贼臣，不辱君命，是士人的脊梁。

韩愈奉使回京，改吏部侍郎，长庆四年（824）十二月，韩愈卒于官，享年五十七岁，赠礼部尚书，谥曰文。

唐纪五十九

唐穆宗长庆三年至唐文宗太和二年（823—828 年）

【起昭阳单阏（癸卯，823 年），尽著雍涒滩（戊申，828 年），凡六年】

【大事提要】

本卷记事起公元 823 年，讫公元 828 年，凡六年。当唐穆宗长庆三年至唐文宗太和二年。一卷书记事，仅六年时间，历穆宗、敬宗至文宗初年，说明此时期乃多事之秋。穆宗、敬宗都是昏庸皇帝，共同的特点是都在宦官手下做傀儡，他们只要求奢侈放纵得到满足，根本不关心朝政。穆宗、敬宗又都懦弱无能，穆宗识李逢吉之奸，却畏而用之，敬宗明李绅之冤，容忍李逢吉排挤李绅出朝，只是嗟叹而已。裴度再度入相，曾巧谏敬宗罢游幸东都，但无大的作为。惩治宦官扰乱市井的县令崔发遭系狱，以致牛僧孺畏惧宦官而主动离相位。穆宗服食长生药而死，敬宗竟被宦官刘克明所杀。枢密使王守澄等四贵拥立文宗即位，杀了已经接见过朝官的绛王李悟，朝官们只能噤若寒蝉。宦官权力凌驾在皇权之上，唐文宗感到自身危险，想要诛除宦官。名士刘蕡应贤良方正科，对策公开反对宦官，主考官不敢录取，刘蕡虽然落第，却发出了清流朝官反击宦官的信号。南衙北司之争在文宗朝表面化，潜伏着重大的政治危机。

【原文】

穆宗睿圣文惠孝皇帝下

长庆三年（癸卯，823年）

春，正月，癸未，赐两军中尉以下钱。二月，辛卯，赐统军、军使等绵彩、银器各有差。

户部侍郎牛僧孺，素为上所厚。初，韩弘之子右骁卫将军公武为其父谋，以财结中外。及公武卒，弘继薨，稺孙绍宗嗣，主藏奴与吏讼于御史府。上怜之，尽取弘财簿自阅视，凡中外主权，多纳弘货，独朱句细字曰："某年月日，送户部牛侍郎钱千万，不纳。"上大喜，以示左右曰："果然，吾不缪知人！"三月，壬戌，以僧孺为中书侍郎、同平章事。

时僧孺与李德裕皆有入相之望；德裕出为浙西观察使，八年不迁，以为李逢吉排己，引僧孺为相。由是牛、李之怨愈深。

夏，四月，甲午，安南奏陆州獠攻掠州县。

丙申，赐宣徽院供奉官钱，紫衣者百二十缗，下至承旨各有差。

（以上为第一段，写牛僧孺不受贿而得相，李德裕疑是李逢吉引援牛僧孺，由是牛李之怨益深。）

初，翼城人郑注，眇小，目下视，而巧谲倾谄，善揣人意，以医游四方，羁贫甚。尝以药术干徐州牙将，牙将悦之，荐于节度使李愬。愬饵其药颇验，遂有宠，署为牙推，浸预军政，妄作威福，军府患之。监军王守澄以众情白愬，请去之，愬曰："注虽如是，然奇才也，将军试与之语，苟无可取，去之未晚。"乃使注往谒守澄，守澄初有难色，不得已见之，坐语未久，守澄大喜，延之中堂，促膝笑语，恨相见之晚。明日，谓愬曰："郑生诚如公言。"自是又有宠于守澄，权势益张，愬署为巡官，列于宾席。注既用事，恐牙将荐己者泄其本末，密以他罪谮之于愬，愬杀之。及守澄入知枢密，挈注以西，为立居宅，赡给之，遂荐于上，上亦厚遇之。

【语译】

穆宗睿圣文惠孝皇帝下

唐穆宗长庆三年（癸卯，823 年）

春季，正月二十七日癸未，赏赐钱给神策军左右中尉以下的官员。二月初六日辛卯，按品级赏赐统军、军使等官员锦彩、银器等物。

户部侍郎牛僧孺，一向为穆宗所厚待。前些时，韩弘的儿子右骁卫将军韩公武为他父亲谋划，用钱财交结朝廷内外有权势的官吏。等到韩公武死时，其父韩弘也接着死去，幼小的孙子韩绍宗继承家业，主管财产的家奴与官吏向御史府起诉韩家行贿。穆宗怜惜韩家境况，把韩弘家的财产账簿都拿来亲自查看，凡是朝廷内外掌权的官吏，多数接受了韩弘的财货，只有一处用红笔小字写道："某年月日，送户部牛侍郎一千万钱，不收。"穆宗大喜，把这给左右的侍从看，并说："果然如此，我没有看错人！"三月初七日壬戌，任命牛僧孺为中书侍郎、同平章事。

当时牛僧孺与李德裕都有入朝任宰相的希望，李德裕调任浙西观察使，八年没有升迁，以为是李逢吉排挤自己，引荐牛僧孺为宰相。因此，牛李两派结怨，日益加深。

夏季，四月初十日甲午，安南奏报陆州的獠人攻打抢掠州县。

四月十二日丙申，赏赐宣徽院供奉官钱，服紫衣品级的一百二十串，以下直到承旨，按等级给予。

起初，翼城人郑注，个子矮小，眼睛习惯往下看，奸巧诡诈，擅长谄媚，善于揣摩人意，以行医为名，游走四方，寄食旅途，非常贫困。曾凭借医药技术谒见徐州节度使府牙将，牙将喜欢他，把他推荐给节度使李愬。李愬吃了他的药颇有效验，于是宠信他，任命他为牙推。郑注渐渐干预军政，任意作威作福，军府中的人都厌恶他。监军王守澄把大家不满的情况告诉李愬，请求把郑注辞掉，李愬说："郑注虽然这样，然而是一个有奇才的人，将军与他谈话试试看，若是没有什么用，再辞掉他也不迟。"于是叫郑注前去谒见王守澄。王守澄开始不愿接见，后不得已接见了他，坐下谈话不久，王守澄大喜，请他到中堂，促膝谈笑，相见恨晚。第二天，王守澄告诉李愬说："郑先生的确如你所说，是一个奇人。"从这时起，郑注又为王守澄所宠信，权势更大，李愬任命郑注为巡官，列在宾客的席位之中。郑注既已受到重用，担心推荐自己的牙将泄露自己的身世，秘密地以其他的罪过向李愬诬陷牙将，李愬便把牙将杀掉了。等到王守澄到朝廷任枢密使，把郑注也带去了，为郑注建立

自上有疾，守澄专制国事，势倾中外；注日夜出入其家，与之谋议，语必通夕，关通赂遗，人莫能窥其迹。始则有微贱巧宦之士，或因以求进，数年之后，达官车马满其门矣。工部尚书郑权，家多姬妾，禄薄不能赡，因注通于守澄以求节镇；己酉，以权为岭南节度使。

五月，壬申，以尚书左丞柳公绰为山南东道节度使。公绰过邓县，有二吏，一犯赃，一舞文，众谓公绰必杀犯赃者。公绰判曰："赃吏犯法，法在；奸吏乱法，法亡。"竟诛舞文者。

（以上为第二段，写王守澄、郑注两人狼狈为奸，专擅弄权。）

丙子，以晋、慈二州为保义军，以观察使李寰为节度使。

六月，己丑，以吏部侍郎韩愈为京兆尹；六军不敢犯法，私相谓曰："是尚欲烧佛骨，何可犯也！"

秋，七月，癸亥，岭南奏黄洞蛮寇邕州，破左江镇。丙寅，邕州奏黄洞蛮破钦州千金镇，刺史杨屿奔石南砦。

南诏劝利卒，国人请立其弟丰祐。丰祐勇敢，善用其众，始慕中国，不与父连名。

八月，癸巳，邕管奏破黄洞蛮。

丙申，上自复道幸兴庆宫，至通化门楼，投绢二百匹施山僧。上之滥赐皆此类，不可悉纪。

癸卯，以左仆射裴度为司空、山南西道节度使，不兼平章事。李逢吉恶度，右补阙张又新等附逢吉，竞流谤毁伤度，竟出之。又新，荐之子也。

九月，丙辰，加昭义节度使刘悟同平章事。

李逢吉为相，内结知枢密王守澄，势倾朝野。惟翰林学士李绅每承顾问，常排抑之，拟状至内庭，绅多所臧否；逢吉患之，而上待遇方厚，不能远也。会御史中丞缺，逢吉荐绅清直，宜居风宪之地；上以中丞亦次对官，不疑而可之。会绅与京兆尹、御史大夫韩愈争台参及他职事，文移往来，辞语不逊；逢吉奏二人不协，冬，十月，丙戌，以愈为兵部侍郎，绅为江西观察使。

居宅，供给衣食，又把郑注推荐给穆宗，穆宗对郑注也很器重。

自从穆宗得病，王守澄独掌国家大权，势力超过了朝廷内外任何人；郑注日夜和他来往，商量谋划，谈话通宵达旦，他们通关节，行贿赂，一般人看不到他们干坏事的痕迹。开始时有些微贱钻营之士，借助郑注以求进取，数年以后，达官贵人的车马挤满了郑注门前。工部尚书郑权，家里姬妾很多，俸禄少不能赡养，通过郑注向王守澄请求担任节度使；四月二十五日己酉，任命郑权为岭南节度使。

五月十八日壬申，任命尚书左丞柳公绰为山南东道节度使。柳公绰督察邓县时，该县有二吏，一个犯有贪赃罪，一个犯有舞文罪，大家认为柳公绰一定会杀掉犯贪赃罪的人。柳公绰判决说："贪赃的官吏犯法，有法令在；奸巧的官吏搅乱法，法令将消亡。"最后把犯有舞文罪的人杀了。

五月二十二日丙子，在晋、慈二州设置保义军，任命观察使李寰为节度使。

六月初六日己丑，任命吏部侍郎韩愈为京兆尹；六军不敢犯法，私下里互相说："他是佛骨都想烧的人，怎么敢触犯！"

秋季，七月十一日癸亥，岭南奏报，黄洞蛮侵扰邕州，攻破左江镇。七月十四日丙寅，邕州奏报，黄洞蛮攻破钦州千金镇，此时杨屿奔往石南砦。

南诏劝利死，国人要求立他的弟弟丰祐继位。丰祐勇敢，善于领导民众，开始仰慕中原，取名时不采用与父亲名连一字的旧习惯。

八月十一日癸巳，邕管上奏打败了黄洞蛮。

八月十四日丙申，穆宗从复道去兴庆宫，到达通化门城楼时，投下二百匹绢，布施山僧。穆宗随意不受限制的赏赐，像这一类事情，不能一一记载下来。

八月二十一日癸卯，改任左仆射裴度为司空、山南西道节度使，不兼平章事。李逢吉憎恨裴度，右补阙张又新等人依附李逢吉，争相制造流言，诽谤裴度，终于把裴度排挤出朝廷。张又新是张荐的儿子。

九月初五日丙辰，加官昭义节度使刘悟同平章事。

李逢吉任宰相，勾结担任枢密使的宦官王守澄，权势压倒了朝廷内外所有官员。只有翰林学士李绅每次接受穆宗咨询时，常常排抑李逢吉，草拟的文书送到宫内，李绅常常给以评论，指出好与坏；李逢吉觉得李绅是一个祸患，但穆宗对李绅很宠信，李逢吉不敢立刻疏远李绅。恰好遇到御史中丞缺人，李逢吉推荐李绅清廉正直，应当担任掌管风纪法度的官职；穆宗认为御史中丞也是次对官，就毫不怀疑地答应了。正值李绅和京兆尹兼御史大夫韩愈争论台参和其他职事，双方文件往来，言辞尖刻；李逢吉就上奏章，说二人不和，冬季，十月初五日丙戌，改任韩愈为兵部侍郎，李绅为江西观察使。

己丑，以中书侍郎、同平章事杜元颖同平章事、充西川节度使。

辛卯，安南奏黄洞蛮为寇。

韩愈、李绅入谢，上各令自叙其事，乃深寤。壬辰，复以愈为吏部侍郎，绅为户部侍郎。

（以上为第三段，写李逢吉挑动韩愈与李绅二人相争以排之，唐穆宗优柔，识李逢吉之奸，仍用之不疑。）

四年（甲辰，824 年）

春，正月，辛亥朔，上始御含元殿朝会。

初，柳泌等既诛，方士稍复因左右以进，上饵其金石之药。有处士张皋者上疏，以为："神虑澹则血气和，嗜欲胜则疾疢作。药以攻疾，无疾不可饵也。昔孙思邈有言，'药势有所偏助，令人藏气不平，借使有疾用药，犹须重慎。'庶人尚尔，况于天子！先帝信方士妄言，饵药致疾，此陛下所详知也，岂得复循其覆辙乎！今朝野之人纷纭窃议，但畏忤旨，莫敢进言。臣生长蓬艾，麋鹿与游，无所邀求，但粗知忠义，欲裨万一耳！"上甚善其言，使求之，不获。

丁卯，岭南奏黄洞蛮寇钦州，杀将吏。

庚午，上疾复作；壬申，大渐，命太子监国。宦官欲请郭太后临朝称制，太后曰："昔武后称制，几危社稷。我家世守忠义，非武氏之比也。太子虽少，但得贤宰相辅之，卿辈勿预朝政，何患国家不安！自古岂有女子为天下主而能致唐、虞之理乎！"取制书手裂之。太后兄太常卿钊闻有是议，密上笺曰："苟果徇其请，臣请先帅诸子纳官爵归田里。"太后泣曰："祖考之庆，钟于吾兄。"是夕，上崩于寝殿。癸酉，以李逢吉摄冢宰。丙子，敬宗即位于太极东序。

初，穆宗之立，神策军士人赐钱五十千，宰相议以太厚难继，乃下诏称："宿卫之勤，诚宜厚赏，属频年旱歉，御府空虚，边兵尚未给衣，沾恤期于均济。神策军士人赐绢十匹、钱十千，畿内诸镇又减五千。仍出内库绫二百万匹付度支，充边军春衣。"时人善之。

十月初八日己丑，任命中书侍郎、同平章事杜元颖同平章事、充西川节度使。

十月初十日辛卯，安南奏报黄洞蛮侵扰边地。

韩愈、李绅入宫辞谢，穆宗要他们各自叙述不和之事，于是彻底了解了内中底细。十月十一日壬辰，又改任韩愈为吏部侍郎，李绅为户部侍郎。

唐穆宗长庆四年（甲辰，824年）

春季，正月初一日辛亥，穆宗第一次到含元殿举行大朝会。

起初，柳泌等被杀以后，方士们渐渐通过穆宗左右得到进用，穆宗服食他们的金石药物。处士张皋上疏，认为："思虑不过度血气就和畅，纵欲疾病就会发生。药物是用来治病的，没有病不应当吃药。从前大医学家孙思邈说过：'药力是偏向某个方面的，乱服药的人，内脏气血不得和平，即使有病用药，也要特别慎重。'平民尚且如此，何况天子呢！先帝听信方士的胡言乱语，服食他们的药物得病，这是陛下都知道的，怎能又照旧走这条路！现在朝野的人都私下纷纷议论，但怕得罪皇上，没有人敢向你说实话。臣生长在草野荒郊，与麋鹿同游，没有什么奢求，但略知忠义，想对国家有万分之一补益就满足了！"穆宗认为张皋说得好，派人找他，没有找到。

正月十七日丁卯，岭南奏报黄洞蛮侵扰钦州，杀戮将吏。

正月二十日庚午，穆宗旧病复发；正月二十二日壬申，病危，命太子监国处理政事。宦官想请郭太后出来掌管国政，太后回答说："从前武后主国政，几乎使国家灭亡。我家世代以忠义传家，不是武氏那一类人。太子虽年少，只要得到贤能宰相辅佐，你们这些人不要干预朝政，用不着担心国家不安定！从古以来难道有女子为天下君主而能使国家治理得如唐虞时代吗！"随即把制书拿来撕碎了。太后兄太常卿郭钊听到要太后称制的言论，秘密给太后写信说："假如真正答应了宦官的请求，臣请预先就带领诸子交出官爵回老家去。"太后流着泪说："祖先的福庆，集中表现在哥哥身上。"当晚，穆宗在寝殿去世。正月二十三日癸酉，任命李逢吉为冢宰。正月二十六日丙子，敬宗在太极殿东厢正式即皇帝位。

当初，穆宗即位，对神策军士每人赐钱五十千，宰相商议，认为太多难以继续，于是下诏令说："担任宿卫是很辛苦的，实在应当给以优厚的赏赐，由于连年干旱歉收，宫中府库空虚，边兵尚未给衣，布施的恩惠希望公平一些。神策军士每人赏赐绢十匹，钱十千。京畿内各镇又减少五千。仍然从内库取出绫二百万匹交给度支，用来作边军春衣之用。"当时人认为这件事办得好。

自戊寅至庚辰，上赐宦官服色及锦彩金银甚众，或今日赐绿，明日赐绯。

（以上为第四段，写唐穆宗步宪宗后尘，食金丹而亡，敬宗即位。）

初，穆宗既留李绅，李逢吉愈忌之。绅族子虞颇以文学知名，自言不乐仕进，隐居华阳川。及从父耆为左拾遗，虞与耆书求荐，误达于绅；绅以书诮之，且以语于众人。虞深怨之，乃诣逢吉，悉以绅平日密论逢吉之语告之。逢吉益怒，使虞与补阙张又新及从子前河阳掌书记仲言等伺求绅短，扬之于士大夫间；且言："绅潜察士大夫有群居议论者，辄指为朋党，白之于上。"由是士大夫多忌之。

及敬宗即位，逢吉与其党快绅失势，又恐上复用之，日夜谋议，思所以害绅者。楚州刺史苏遇谓逢吉之党曰："主上初听政，必开延英，有次对官，惟此可防。"其党以为然，亟白逢吉曰："事迫矣，若俟听政，悔不可追！"逢吉乃令王守澄言于上曰："陛下所以为储贰，臣备知之，皆逢吉之力也。如杜元颖、李绅辈，皆欲立深王。"度支员外郎李续之等继上章言之。上时年十六，疑未信。会逢吉亦有奏，言："绅不利于上，请加贬谪。"上犹再三覆问，然后从之。二月，癸未，贬绅为端州司马。逢吉仍帅百官表贺，既退，百官复诣中书贺，逢吉方与张又新语，门者弗内；良久，又新挥汗而出，旅揖百官曰："端溪之事，又新不敢多让。"众骇愕辟易，惮之。右拾遗内供奉吴思独不贺，逢吉怒，以思为吐蕃告哀使。丙戌，贬翰林学士庞严为信州刺史，蒋防为汀州刺史。严，寿州人，与防皆绅所引也。给事中于敖，素与严善，封还敕书，人为之惧，曰："于给事为庞、蒋直冤，犯宰相怒，诚所难也！"及奏下，乃言贬之太轻。逢吉由是奖之。

张又新等犹忌绅，日上书言贬绅太轻，上许为杀之；朝臣莫敢言，独翰林侍读学士韦处厚上疏，指述："绅为逢吉之党所谗，人情叹骇。绅蒙先朝奖用，借使有罪，犹宜容假，以成三年无改之孝，况无罪乎！"于是上稍开寤，会阅禁中文书，有穆宗所封文书一箧，发之，得裴度、

从正月二十八日戊寅到三十日庚辰，敬宗赏赐给宦官的服饰和锦彩、金银很多，有的今日赐绿色服，明日赐红色服。

当初，穆宗既留李绅，李逢吉更加忌恨他。李绅的族子李虞由于文学而出名，说自己不喜欢当官，隐居在华阳川。等到他的叔父李耆担任左拾遗时，李虞就写信给李耆，请求推荐，信被误送到李绅手里；李绅写信责备李虞，并且把这件事公之于众。李虞深深怨恨李绅，于是跑到李逢吉那里，详细把李绅平日秘密议论李逢吉的话都告诉了他。李逢吉愈益愤怒，指使李虞与补阙张又新及侄子前河阳掌书记李仲言等窥伺搜求李绅的短处，在士大夫之间张扬；并且说："李绅在暗地里侦查士大夫有群聚在一起议论的，就指为朋党，报告皇上。"由于这件事，士大夫多忌恨李绅。

等到敬宗即位，李逢吉和同党为李绅失去依靠而高兴，又怕敬宗再用李绅，日夜谋划陷害李绅的办法。楚州刺史苏遇向李逢吉的党羽说："主上初听政，必定开延英殿，召见次对官问话，只有这一招可以防止皇上复用李绅。"李逢吉的党羽认为是可行，马上向李逢吉说："事情很紧迫了，若是等到皇上听政，后悔都来不及了！"李逢吉于是叫王守澄向敬宗说："陛下能当储君的原因，臣都知道，都是李逢吉出力助成的。至于杜元颖、李绅他们，都想立深王。"度支员外郎李续之等接着上奏章说这件事。敬宗当时十六岁，有怀疑，未相信。遇到李逢吉也有奏章，说："李绅对陛下不利，请求加以贬谪。"敬宗虽然再三查问，最后还是听从了李逢吉的话。二月初三日癸未，贬李绅为端州司马。李逢吉因而带领百官上表朝贺，退朝以后，百官又到中书省祝贺，当时李逢吉正与张又新在里面谈话，守门的人不让入内；过了好一会，张又新擦着汗出来，向百官一一拜揖说："端州这件事，又新不敢多谦让。"众人为之惊愕而不觉后退，都有点怕他。右拾遗内供奉吴思不去道贺，李逢吉很生气，就让吴思去当赴吐蕃的告哀使。二月初六，贬翰林学士庞严为信州刺史，蒋防为汀州刺史。庞严是寿州人，与蒋防都是李绅所引荐的。给事中于敖，向来与庞严友好，把敬宗的敕书封好退回，人们都为于敖担心，并说："于给事为庞、蒋申冤，不怕触犯宰相发怒，真是难得！"等到奏章发下来，才知道于敖封还敕书是说贬得太轻。李逢吉因此奖励了于敖。

张又新等人还是忌恨李绅，每日上书说，处置李绅太轻了，敬宗于是答应对李绅重加贬斥。朝臣都不敢说话，只有翰林学士韦处厚上疏，陈述说："李绅为李逢吉一党的人所谗害，人们都叹息惊骇。李绅承蒙先帝奖赏信用，即使有罪，还应该宽容，以实现三年不改变父亲成规的孝道，何况他没有罪呢！"于是敬宗开始有所

杜元颖、李绅疏请立上为太子，上乃嗟叹，悉焚人所上谮绅书，虽未即召还，后有言者，不复听矣。

（以上为第五段，写唐敬宗优柔寡断，既识奸相李逢吉排挤李绅出朝，只是嗟叹而不敢召还。）

己亥，尊郭太后为太皇太后。

乙巳，尊上母王妃为皇太后。太后，越州人也。

丁未，上幸中和殿击毬，自是数游宴、击毬、奏乐，赏赐宦官、乐人，不可悉纪。

三月，壬子，赦天下；诸道常贡之外，毋得进奉。

甲寅，上始对宰相于延英殿。

初，牛元翼在襄阳，数赂王庭凑以请其家，庭凑不与；闻元翼薨，甲子，尽杀之。

上视朝每晏，戊辰，日绝高尚未坐，百官班于紫宸门外，老病者几至僵踣。谏议大夫李渤白宰相曰："昨日疏论坐晚，今晨愈甚，请出阁待罪于金吾仗。"既坐班退，左拾遗刘栖楚独留，进言曰："宪宗及先帝皆长君，四方犹多叛乱。陛下富于春秋，嗣位之初，当宵衣求理；而嗜寝乐色，日晏方起，梓宫在殡，鼓吹日喧，令闻未彰，恶声遐布。臣恐福祚之不长，请碎首玉阶以谢谏职之旷。"遂以额叩龙墀，见血不已，响闻阁外。李逢吉宣曰："刘栖楚休叩头，俟进止！"栖楚捧首而起，更论宦官事，上连挥令出。栖楚曰："不用臣言，请继以死。"牛僧孺宣曰："所奏知，门外俟进止！"栖楚乃出，待罪于金吾仗，于是宰相赞成其言。上命中使就仗，并李渤宣慰令归。寻擢栖楚为起居舍人，仍赐绯。栖楚辞疾不拜，归东都。

庚午，赐内教坊钱万缗，以备行幸。

夏，四月，甲午，淮南节度使王播罢盐铁转运使。

乙未，以布衣姜洽为补阙，试大理评事陆洿、布衣李虞、刘坚为拾遗。时李逢吉用事，所亲厚者张又新、李仲言、李续之、李虞、刘栖楚、姜洽及拾遗张权舆、程昔范，又有从而附丽之者，时人恶逢吉者，目之

明白，又逢翻阅宫中文书时，看到穆宗封存的一箱文书，打开之后，内有裴度、杜元颖、李绅请求立敬宗为太子的奏疏，敬宗感叹不已，于是把别人所上毁谤李绅的奏疏全部烧了，虽然没有立即把李绅召回来，但以后再有说李绅坏话的，就听不进去了。

二月十九日己亥，尊郭太后为太皇太后。

二月二十五日乙巳，尊母亲王妃为皇太后，太后是越州人。

二月二十七日丁未，敬宗到中和殿击毬，从这以后多次游宴、击毬、奏乐，赏赐宦官、乐人财物，多得记也记不完。

三月初三日壬子，大赦天下；诸道常规贡品以外，不需要再进奉财物。

三月初五日甲寅，敬宗第一次在延英殿召见宰相问话和回答问题。

从前，牛元翼镇襄阳时，多次送财物给王庭凑，请求释放他的家属，王庭凑不答应；听说牛元翼去世，三月十五日甲子，王庭凑把他的家属全部杀死了。

敬宗上朝常常很晚，三月十九日戊辰，太阳很高了，还没有坐朝，百官在紫宸门外排列着，等久了，有的年老有病的人都要跌倒了。谏议大夫李渤问宰相说："昨日上疏讲到坐朝太晚，今天早晨更晚了，请出阁的人留下来，向皇上进谏。"坐朝退班以后，左拾遗刘栖楚一个人留下来，向敬宗进谏说："宪宗和先帝穆宗都是年长的君主，四方还发生不少叛乱事件，陛下年纪很轻，继承皇位的开始，应当辛勤地把国家治理好；然而贪睡好色，很晚才起床。先帝的棺椁还停在那里，就日夜奏乐，好的名声没有，坏的名声却传播很远。臣担心国家福禄不会长久，请让我死在玉阶之前为没有尽到谏官的职责谢罪。"于是用额头叩御座前台阶，血流不止，叩头声阁门外都听得到。李逢吉宣布旨意说："刘栖楚不要叩头了，等候皇上的处置！"刘栖楚捧着头站起来，又讲宦官的有关事情，敬宗连连挥手叫他出去。刘栖楚说："不采纳我的意见，就请让我死在这里。"牛僧孺宣布旨意说："你上奏的话，皇上已经知道了，在门外等候处置！"刘栖楚这才退出朝堂，但仍留在金吾仗中等待再谏。于是宰相都赞成刘栖楚的话。敬宗命令中使到金吾仗，连同李渤一起安慰刘栖楚，叫他回家。不久，提升刘栖楚为起居舍人，还赐给他红色的袍服。刘栖楚借口有病不接受新的官职，回到东都洛阳。

三月二十一日庚午，赏赐内教坊一万串钱，准备将来皇上去那里时方便一些。

夏季，四月十五日甲午，免去淮南节度使王播的盐铁转运使职务。

四月十六日乙未，任命布衣姜洽为补阙，试大理评事陆洿、布衣李虞、刘坚为拾遗。当时李逢吉当权，他所亲近的人有张又新、李仲言、李续之、李虞、刘栖楚、姜洽及拾遗张权舆、程昔范，又有跟从依附他们的人，当时憎恨李逢吉的人，称他

为八关、十六子。

卜者苏玄明与染坊供人张韶善，玄明谓韶曰："我为子卜，当升殿坐，与我共食。今主上昼夜毬猎，多不在宫中，大事可图也。"韶以为然，乃与玄明谋结染工无赖者百余人，丙申，匿兵于紫草，车载以入银台门，伺夜作乱。未达所诣，有疑其重载而诘之者，韶急，即杀诘者，与其徒易服挥兵，大呼趣禁庭。

上时在清思殿击毬，诸宦者见之，惊骇，急入闭门，走白上。盗寻斩关而入。先是右神策中尉梁守谦有宠于上，每两军角伎艺，上常佑右军。至是，上狼狈欲幸右军，左右曰："右军远，恐遇盗，不若幸左军近。"上从之。左神策中尉河中马存亮闻上至，走出迎，捧上足涕泣，自负上入军中，遣大将康艺全将骑卒入宫讨贼。上忧二太后隔绝，存亮复以五百骑迎二太后至军。

张韶升清思殿，坐御榻，与苏玄明同食，曰："果如子言！"玄明惊曰："事止此邪！"韶惧而走。会康艺全与右军兵马使尚国忠引兵至，合击之，杀韶、玄明及其党，死者狼藉。逮夜始定，余党犹散匿禁苑中；明日，悉擒获之。

时宫门皆闭，上宿于左军，中外不知上所在，人情恇骇。丁酉，上还宫，宰相帅百官诣延英门贺，来者不过数十人。盗所历诸门，监门宦者三十五人法当死；己亥，诏并杖之，仍不改职任。壬寅，厚赏两军立功将士。

五月，乙卯，以吏部侍郎李程、户部侍郎、判度支窦易直并同平章事。上问相于李逢吉，逢吉列上当时大臣有资望者，程为之首，故用之。上好治宫室，欲营别殿，制度甚广，李程谏，请以所具木石回奉山陵，上即从之。

六月，己卯朔，以左神策大将军康艺全为鄜坊节度使。

（以上为第六段，写唐敬宗好游宴击毬，日晏方起，刘栖楚强谏不听，招致宫廷变乱。）

们为八关、十六子。

从事占卜业的苏玄明与在染坊做事的张韶交情好，苏玄明向张韶说："我为你占卜过，你会到金殿上坐皇位，和我一起进食。现在皇上日夜只知击毬、打猎，很多时候都不在皇宫中，夺取他的皇位是可以考虑的。"张韶认为对，于是和苏玄明商量，勾结染坊中无生活依靠的一百多人，四月十七日丙申，把兵器藏在柴草车中，从银台进入皇宫，等晚上发起叛乱。还没有到达目的地，有人因怀疑他们的车子装载着重物而盘问他们，张韶很着急，就把盘问的人杀了，与他的同伙换了衣服举着武器，大声呼唤着直向禁中跑去。

敬宗当时在清思殿击毬，那些宦官看见举事的人，既震惊又害怕，急忙入内关上门，跑去告诉敬宗。叛乱的人不久冲破宫门进到里面。原先右神策军中尉梁守谦为敬宗所宠爱，每每两军比赛武艺，敬宗常常偏袒右军。这次敬宗狼狈之中欲到右军去，左右侍从说："右军隔得远，怕在途中遇上叛乱的人，不如到左军去路近。"敬宗依从了。左神策军中尉河中府人马存亮听说敬宗到来，忙跑出来迎接，捧着敬宗的脚直哭，亲自背着敬宗到军营中，派遣大将康艺全带领骑卒入宫讨贼。敬宗担心与两位太后分开，马存亮又派五百名骑兵迎接两位太后到军中来。

张韶登上清思殿。坐在御榻上，与苏玄明共同吃饭，说："和你说的一样！"苏玄明吃惊地说："事情也就只能到此结束！"张韶感到惧怕而逃走了。康艺全与右军兵马使尚国忠带的兵马到了，合兵攻打叛军，杀死了张韶、苏玄明和他们的党徒，死的人到处都是。到晚上才安定下来，残余的党徒还分散躲藏在禁苑中，第二天，都被抓起来了。

当时宫门都关闭了，敬宗住在左军中，朝廷内外不知道敬宗在什么地方，人们都惊慌不安。四月十八日丁酉，敬宗回宫，宰相带领百官到延英门祝贺，只有数十人参加。叛乱者所经过那些宫门，守门的宦官三十五人依法应当处死；四月二十日己亥，诏令都只受杖罚，仍旧叫他们官复原职。四月二十三日壬寅，给神策军左右两军立功将士以优厚的赏赐。

五月初七日乙卯，任命礼部侍郎李程、户部侍郎、判度支窦易直并同平章事。敬宗问李逢吉谁适合任宰相，李逢吉把当时大臣中有资望的人列举出来，以李程为首，所以就任命李程为相。敬宗喜欢修治宫室，想营建一所别殿，规模很大，李程进谏，请求把准备了的木材石料拿去修陵墓，敬宗立即依从了。

六月初一日己卯，任命左神策军大将军康艺全为鄜坊节度使。

上闻王庭凑屠牛元翼家，叹宰辅非才，使凶贼纵暴。翰林学士韦处厚因上疏曰：“裴度勋高中夏，声播外夷，若置之岩廊，委其参决，河北、山东必禀朝算。管仲曰：‘人离而听之则愚，合而听之则圣。’理乱之本，非有他术，顺人则理，违人则乱。伏承陛下当食叹息，恨无萧、曹，今有裴度尚不能留，此冯唐所以谓汉文得廉颇、李牧不能用也。夫御宰相，当委之，信之，亲之，礼之，于事不效，于国无劳，则置之散寮，黜之远郡，如此，则在位者不敢不厉，将进者不敢苟求。臣与逢吉素无私嫌，尝为裴度无辜贬官。今之所陈，上答圣明，下达群议耳。”上见度奏状无平章事，以问处厚。处厚具言李逢吉排沮之状。上曰：“何至是邪！”李程亦劝上加礼于度。丙申，加度同平章事。张韶之乱，马存亮功为多，存亮不自矜，委权求出；秋，七月，以存亮为淮南监军使。

夏绥节度使李祐入为左金吾大将军，壬申，进马百五十匹；上却之。甲戌，侍御史温造于阁内奏弹祐违敕进奉，请论如法，诏释之。祐谓人曰：“吾夜半入蔡州城取吴元济，未尝心动，今日胆落于温御史矣！”

八月，丁卯朔，安南奏黄蛮入寇。

龙州刺史尉迟锐上言：“牛心山素称神异，有掘断处，请加补塞。”从之。役数万人于绝险之地，东川为之疲弊。

九月，丁未，波斯李苏沙献沉香亭子材。左拾遗李汉上言：“此何异瑶台、琼室！”上虽怒，亦优容之。汉，道明之六世孙也。

冬，十月，戊戌，翰林学士韦处厚谏上宴游曰：“先帝以酒色致疾损寿，臣是时不死谏者，以陛下年已十五故也。今皇子才一岁，臣安敢畏死而不谏乎！”上感其言，赐锦彩百匹、银器四。

十一月，戊午，安南奏：黄蛮与环王合兵攻陷陆州，杀刺史葛维。

敬宗听说王庭凑屠杀了牛元翼全家，感叹宰相辅臣无才能，致使凶贼残暴放纵。翰林学士韦处厚因而上书说："裴度在全国功勋是很高的，声誉已传播到四夷，要是把他安置在朝廷中，把参谋决定国家大事的权力交给他，河北、山东等地方的割据势力一定会遵从朝廷的旨意办事。管仲说过：'人只听个别人的话就是愚昧，兼听众人的话就会聪明。'治乱的根本问题，并没有别的方法，顺乎人心国家就能治理好，违反了人心，国家就会发生动乱。看到陛下在吃饭时叹息，遗憾没有萧何、曹参辅政，现在有裴度尚且不能留在朝廷中，这就是冯唐所说的汉文帝虽得到廉颇、李牧也不能用的原因。任用宰相时，应当交给他工作，信任他、亲近他、尊重他，对于工作未办好，对国家没有贡献的，就要撤换他，安置在闲散的位置上去，或贬黜到边远的州郡去，这样，那些正在任职的人，不敢不自我勉励，将要来任职的也不敢苟且妄求了。臣与李逢吉向来没有个人恩怨，曾被裴度在没有过错的情况下贬了官。现在所陈述的，在上是用以报答圣明的皇上，在下是转达了大家意见而已。"敬宗见裴度奏状上无平章事官衔，就问韦处厚。韦处厚详细讲了李逢吉如何排挤裴度的情况。敬宗听了说："为何做到这个地步！"李程也劝敬宗对裴度加以礼遇。六月十八日丙申，加给裴度同平章事官衔。平定张韶的叛乱，马存亮功劳最大，马存亮不夸耀自己的功劳，愿意交出兵权到地方任职；秋季，七月，任命马存亮为淮南监军使。

夏绥节度使李祐调到京城任左金吾大将军，七月二十五日壬申，进献马一百五十匹，敬宗拒绝了。七月二十七日甲戌，侍御史温造在阁内上奏弹劾李祐违反敕令，进奉马匹，请求按照法令治罪，诏令免予追究。李祐对旁人说："我夜半攻入蔡州城捉拿吴元济，一点也不惧怕，今天温御史使我的胆都被吓掉了！"

八月初一日丁卯，安南奏报黄洞蛮侵扰边境。

龙州刺史尉迟锐上奏说："牛心山向来以神异著称，有被挖断了的地方，请求加以填补充塞。"敬宗依从了。在危险的地方使数万人服劳役，东川地方被这件事弄得疲弊不堪。

九月初二日丁未，波斯李苏沙进献沉香亭子的材料。左拾遗李汉上奏说："这和瑶台、琼室有什么不同呢？"敬宗虽然不高兴，也宽容了他。李汉是李道明的第六代孙。

冬季，十月二十三日戊戌，翰林学士韦处厚劝谏敬宗宴游说："先帝由于酒色引起疾病以致缩短了寿命，臣当时不拼死进谏的原因，是因为陛下已经有十五岁了。现在皇子才一岁，臣哪里敢因怕死而不敢进谏呢！"敬宗为他的话所感动，赏赐他锦彩一百匹，银器四件。

十一月十三日戊午，安南都护奏报，黄洞蛮和环王联合出兵攻陷了陆州，刺史葛维被杀。

庚申，葬睿圣文惠孝皇帝于光陵；庙号穆宗。

王播以钱十万缗赂王守澄，求复领利权，十二月，癸未，谏议大夫独孤朗、张仲方、起居郎柳公权、起居舍人宋申锡、拾遗李景让、薛廷老请开延英论其奸邪。上问："前廷争者不在中邪？"即日，除刘栖楚谏议大夫。景让，憕之曾孙；廷老，河中人也。

十二月，庚寅，加天平节度使乌重胤同平章事。

乙未，徐泗观察使王智兴以上生日，请于泗州置戒坛，度僧尼以资福，许之。自元和以来，敕禁此弊，智兴欲聚货，首请置之，于是四方辐凑，江、淮尤甚，智兴家资由此累钜万。浙西观察使李德裕上言："若不钤制，至降诞日方停，计两浙、福建当失六十万丁。"奏至，即日罢之。

是岁，回鹘崇德可汗卒，弟曷萨特勒立。

（以上为第七段，写唐敬宗纳韦处厚之谏，起用裴度，听王智兴之请，剃度僧尼，是一个与善人处则为善，与恶人处则为恶的中庸之君。）

敬宗睿武昭愍孝皇帝

宝历元年（乙巳，825年）

春，正月，辛亥，上祀南郊；还，御丹凤楼，赦天下，改元。

先是鄠令崔发闻外喧嚣，问之，曰："五坊人殴百姓。"发怒，命擒以入，曳之于庭。时已昏黑，良久，诘之，乃中使也。上怒，收发，系御史台。是日，发与诸囚立金鸡下，忽有品官数十人执梃乱捶发，破面折齿，绝气乃去；数刻而苏，复有继来求击之者，台吏以席蔽之，仅免。上命复系发于台狱而释诸囚。

中书侍郎、同平章事牛僧孺以上荒淫，嬖幸用事，又畏罪不敢言，但累表求出。乙卯，升鄂岳为武昌军，以僧孺同平章事、充武昌节度使。中旨复以王播兼盐铁转运使，谏官屡争之，上皆不纳。

牛僧孺过襄阳，山南东道节度使柳公绰服櫜鞬候于馆舍，将佐谏曰：

十一月十五日庚申，将睿圣文惠孝皇帝安葬在光陵，庙号穆宗。

王播用十万串钱贿赂王守澄，请求仍旧兼任盐铁转运使。十二月初九，谏议大夫独孤朗、张仲方，起居郎柳公权，起居舍人宋申锡，拾遗李景让、薛廷老请求开延英殿讨论王播的奸邪事迹。敬宗问道："以前廷争的那个人怎么不在其中啊？"当天，任命刘栖楚为谏议大夫。李景让是李憕的曾孙；薛廷老是河中府人。

十二月十六日庚寅，加给天平节度使乌重胤同平章事。

十二月二十一日乙未，徐泗观察使王智兴为祝贺敬宗的生日，请求在泗州设置戒坛，接受僧尼受戒以求福祐，敬宗答应了。自从元和年间以来，曾下令禁止这种弊端，王智兴想聚敛财产，以他为首请求设置戒坛，于是四面八方的人都聚集到这里来，江、淮一带来的人更多，王智兴的家财由于这件事积累到很多万贯。浙西观察使李德裕上奏说："假若不加控制，到生日那天才停止，算计两浙、福建会失去六十万服役纳税的丁口。"奏章送到朝廷，当天就停止了剃度僧尼的事。

这一年，回鹘崇德可汗死，弟弟曷萨特勒继位。

敬宗睿武昭愍孝皇帝

唐敬宗宝历元年（乙巳，825 年）

春季，正月初七日辛亥，敬宗到南郊举行祭天仪式；回来时，登上丹凤门城楼，发布大赦天下的命令，改年号为宝历。

此前，鄠县县令崔发听到外面喧闹，问旁人，回答说："是五坊的人殴打百姓。"崔发大怒，命令把殴打百姓的人抓起来，拖到厅堂上。当时天已昏黑，过了好一会，盘问那人，才知是中使。敬宗大怒，把崔发抓起来，押在御史台。大赦那天，崔发和其他的囚犯站在金鸡竿下，等候释放，忽然有品级的宦官数十人执木棒乱打崔发，脸被打破了，牙齿被打掉了，直到昏过去才离开，过了几刻钟崔发才苏醒过来，又有人要来继续殴打崔发，御史台的小吏用席子遮住崔发，才避免了他再挨打。敬宗命令再把崔发关押在御史台的监狱中，而把其他的囚犯释放了。

中书侍郎同平章事牛僧孺看到敬宗荒淫无道，任用宠信的人掌握国家大权，又怕得罪敬宗因而不敢直说，只是多次上表请求调到外地去任职。正月十一日乙卯，升鄂岳地方为武昌军，任命牛僧孺同平章事、充武昌军节度使。朝廷又任命王播兼盐铁转运使，谏官多次争论这件事，敬宗都不采纳。

牛僧孺经过襄阳，山南东道节度使柳公绰全副武装地在客馆等候着，将佐谏止

“襄阳地高于夏口，此礼太过！”公绰曰：“奇章公甫离台席，方镇重宰相，所以尊朝廷也。”竟行之。

上游幸无常，昵比群小，视朝月不再三，大臣罕得进见。

二月，壬午，浙西观察使李德裕献《丹扆六箴》：一曰《宵衣》，以讽视朝希晚，二曰《正服》，以讽服御乖异；三曰《罢献》，以讽征求玩好；四曰《纳诲》，以讽侮弃谠言；五曰《辨邪》，以讽信任群小；六曰《防微》，以讽轻出游幸。其《纳诲箴》略曰：“汉骜流湎，举白浮钟；魏叡侈汰，陵霄作宫。忠虽不忤，善亦不从。以规为瑱，是谓塞聪。”《防微箴》曰：“乱臣猖獗，非可遽数。玄服莫辨，触瑟始仆。柏谷微行，豺豕塞路。睹貌献餐，斯可戒惧！”上优诏答之。

上既复系崔发于狱，给事中李渤上言：“县令不应曳中人，中人不应殴御囚，其罪一也。然县令所犯在赦前，中人所犯在赦后。中人横暴，一至于此。若不早正刑书，臣恐四方藩镇闻之，则慢易之心生矣。谏议大夫张仲方上言，略曰：“鸿恩将布于天下而不行御前，霈泽遍被于昆虫而独遗崔发。”自余谏官论奏甚众，上皆不听。戊子，李逢吉等从容言于上曰：“崔发辄曳中人，诚大不敬，然其母，故相韦贯之之姊也，年垂八十，自发下狱，积忧成疾。陛下方以孝理天下，此所宜矜念。”上乃愍然曰：“比谏官但言发冤，未尝言其不敬，亦不言有老母。如卿所言，朕何为不赦之！”即命中使释其罪，送归家，仍慰劳其母。母对中使杖发四十。

（以上为第八段，写唐敬宗荒淫，嬖幸用事，惩治中人的县令崔发遭系狱。牛僧孺畏懦离朝，李德裕献箴言讽谏。）

三月，辛酉，遣司门郎中于人文册回鹘曷萨特勒为爱登里啰汨没密施合毗伽昭礼可汗。

夏，四月，癸巳，群臣上尊号曰文武大圣广孝皇帝；赦天下。赦文但云：“左降官已经量移者，宜与量移。”不言未量移者。翰林学士韦处厚上言：“逢吉恐李绅量移，故有此处置。如此，则应近年流贬官，因李绅一人皆不得量移也。”上即追赦文改之。绅由是得移江州长史。

说:“襄阳的政治地位比夏口高，这种礼节太过分了！”柳公绰说:“奇章公刚离开相位，方镇尊重宰相，也就是尊重朝廷。”最终照柳公绰的意见办了。

敬宗游玩没有节制，和一群小人混在一起，十分亲近，一个月上朝不过两三次，大臣都难得被接见。

二月初八日壬午，浙西观察使李德裕献《丹扆六箴》：一曰《宵衣》，是讽谏敬宗坐朝少，时间晚；二曰《正服》，是讽谏服饰的奇形怪状，不合礼制；三曰《罢献》，是讽谏征求珍奇玩乐的东西；四曰《纳诲》，是讽谏轻视或不接受正直的劝谏；五曰《辨邪》，是讽谏信任那些小人；六曰《防微》，是讽谏轻易外出游玩。其中《纳诲箴》大略说:“汉成帝刘骜好喝酒，举着大酒杯只顾痛饮；魏明帝曹睿生活奢侈，修造的宫殿高出云霄。虽然不打击忠良之臣，对于善良的意见也不接受。把规劝的话当作塞耳的玉，这叫堵塞聪明。”《防微箴》说:“乱臣猖獗，数也数不清。穿着黑色衣服的刺客分辨不出来，阴谋杀害皇帝的马何罗因触瑟跌倒了才被发现。汉武帝微服出行到柏谷，豺狼、野猪塞满路，因缘形貌奇伟才得食，这要吸取教训啊！”敬宗下诏书褒扬李德裕。

敬宗既然又把崔发投入监狱，给事中李渤上奏说:“县令不应该拖中人，中人不应该打御囚，他们所犯的罪是一样的。然而县令所犯的罪在大赦以前，中人所犯的罪在大赦以后。中人竟横暴到这种地步！若不及早按刑法治罪，臣恐怕四方藩镇听到了，会产生看不起朝廷的念头。”谏议大夫张仲方上奏，大略说:“陛下的恩惠散布于天下，而在御前却没有，恩霈雨泽连昆虫也都沾了光而只有崔发被遗忘。”其余的谏官上奏议论的很多，敬宗都听不进去。二月十四日戊子，李逢吉等人从容地对敬宗说:“崔发擅自拖扯中人，实在是犯了大不敬罪，然而他的母亲，是过去宰相韦贯之的姐姐，快八十了，自从崔发坐牢后，因忧伤而得了病。陛下正用孝来治理天下，在这件事上应该怜悯他。”敬宗于是怜惜地说:“每每谏官只说崔发冤枉，没有讲到他的不敬罪，也没有讲到还有老母。如果像你这样说，我为什么不赦免他呢！”随即命令中使赦免了崔发的罪，送他回家，又安慰他的母亲。崔发的母亲当着中使的面，打了崔发四十棒。

三月十七日辛酉，派遣司门郎中于人文册回鹘曷萨特勒为爱登里啰汩没密欬合毗伽昭礼可汗。

夏季，四月二十日癸巳，群臣给敬宗加上文武大圣广孝皇帝的尊号，大赦天下。赦文只说:“左降官已经酌情移往近处任职的人，应当再酌情迁移任职。”没有讲到未酌情移往近处任职的人，翰林学士韦处厚上奏说:“李逢吉担心李绅酌情移往近处任职，所以有这样的处置。这样一来，近年来流贬的官吏，因为李绅一个人的缘故

秋，七月，甲辰，盐铁使王播进羡余绢百万匹。播领盐铁，诛求严急，正入不充而羡余相继。

己未，诏王播造竞渡船二十艘，运材于京师造之，计用转运半年之费。谏议大夫张仲方等力谏，乃减其半。

谏官言京兆尹崔元略以诸父事内常侍崔潭峻；丁卯，元略迁户部侍郎。

昭义节度使刘悟之去郓州也，以郓兵二千自随为亲兵。八月，庚戌，悟暴疾薨，子将作监主簿从谏匿其丧，与大将刘武德及亲兵谋，以悟遗表求知留后。司马贾直言入责从谏曰："尔父提十二州地归朝廷，其功非细，只以张汶之故，自谓不洁淋头，竟至羞死。尔孺子，何敢如此！父死不哭，何以为人！"从谏恐悚不能对，乃发丧。

初，陈留人武昭罢石州刺史，为袁王府长史，郁郁怨执政。李逢吉与李程不相悦，水部郎中李仍叔，程之族人，激怒之云，程欲与昭官，为逢吉所沮。昭因酒酣，对左金吾兵曹茅汇言欲刺逢吉，为人所告；九月，庚辰，诏三司鞫之。前河阳掌书记李仲言谓汇曰："君言李程与昭谋则生，不然必死。"汇曰："冤死甘心！诬人自全，汇不为也！"狱成，冬，十月，甲子，武昭杖死，李仍叔贬道州司马，李仲言流象州，茅汇流崖州。

上欲幸骊山温汤，左仆射李绛、谏议大夫张仲方等屡谏不听，拾遗张权舆伏紫宸殿下，叩头谏曰："昔周幽王幸骊山，为犬戎所杀；秦始皇葬骊山，国亡；玄宗宫骊山而禄山乱；先帝幸骊山，享年不长。"上曰："骊山若此之凶邪？我宜一往以验彼言。"十一月，庚寅，幸温汤，即日还宫，谓左右曰："彼叩头者之言，安足信哉！"

丙申，立皇子普为晋王。

朝廷得刘悟遗表，议者多言上党内镇，与河朔异，不可许。左仆射

都得不到酌情移往近处任职了。”敬宗立即追回赦文进行了修改。李绅由此得到移为江州长史。

秋季，七月初二日甲辰，盐铁转运使王播进羡余绢一百万匹。王播兼任盐铁转运使，向老百姓征求严厉急迫，正额的赋税未收齐而羡余却不断送来。

七月十七日己未，诏令王播制造竞渡船二十艘，把材料运到京师去建造，计算要用去盐铁转运半年的收入。谏议大夫张仲方等尽力劝谏，于是减少制造任务的一半。

谏官说京兆尹崔元略用对伯父叔父的礼节侍奉内常侍崔潭峻；七月二十五日丁卯，崔元略迁为户部侍郎。

昭义节度使刘悟离开郓州的时候，带领郓兵两千人作为亲兵跟随自己。八月初十日庚戌，刘悟得暴病死了，他的儿子、担任将作监主簿的刘从谏，秘不发丧，与大将刘武德及亲兵商量，想用刘悟遗表的方式请求担任留后。司马贾直言入府内直言责备刘从谏说："你的父亲拿着十二州土地归顺朝廷，对国家功劳并非不大，只是因为张汶的缘故才没有得到朝廷的表彰和重用，他自以为这是把屎盆子往自己头上扣，竟至羞愧而死。你这个小孩子，怎么敢这么干！父亲死了不哭，怎么在社会上做人！"刘从谏惶恐而无话可说，于是宣布刘悟去世这件事。

当初，陈留人武昭被免去石州刺史，改任袁王府长史，心情郁郁不乐，埋怨朝廷当权的人。李逢吉与李程二人不和，水部郎中李仍叔是李程同族之人，故意激怒武昭说："李程想给你一个好官职，被李逢吉阻止而未成。"武昭借着酒醉，对左金吾卫兵曹茅汇说，想刺杀李逢吉，被别人告发了这件事。九月初十日庚辰，诏令三司共同审理这个案子。从前担任过河阳掌书记的李仲言对曹茅汇说："你说出李程与武昭合谋之事就有生路，不然的话一定会被判死刑。"曹茅汇说："我心甘情愿含冤而死！诬陷别人来保全自己，我不做那种事！"狱讼审理完毕定了案。冬季，十月二十五日甲子，武昭被杖死，李仍叔被贬为道州司马，李仲言被流放到象州，曹茅汇被流放到崖州。

敬宗想到骊山温泉去，左仆射李绛、谏议大夫张仲方等屡谏止都不听，拾遗张权舆拜伏在紫宸殿下，叩头谏说："从前周幽王到骊山，被犬戎杀死；秦始皇葬在骊山，不久亡国；玄宗在骊山建华清宫而有安禄山之乱；先帝穆宗到骊山，享年不长久。"敬宗说："骊山真的这样凶险吗？我应当去试验一下，看张权舆的话对不对。"十一月二十一日庚寅，敬宗到温泉，当天回到宫中，向左右说："那个叩头人讲的话，哪里值得相信！"

十一月二十七日丙申，立皇子李普为晋王。

朝廷收到刘悟的遗表，议论的人多半说上党昭义军是内地方镇，与河北诸镇不

李绛上疏，以为："兵机尚速，威断贵定，人情未一，乃可伐谋。刘悟死已数月，朝廷尚未处分，中外人意，共惜事机。今昭义兵众，必不尽与从谏同谋，纵使其半叶同，尚有其半效顺。从谏未尝久典兵马，威惠未加于人。又此道素贫，非时必无优赏。今朝廷但速除近泽潞一将充昭义节度使，令兼程赴镇，从谏未及布置，新使已至潞州，所谓'先人夺人之心也'。新使既至，军心自有所系；从谏无位，何名主张，设使谋挠朝命，其将士必不肯从。今朝廷久无处分，彼军不晓朝廷之意，欲效顺则恐忽授从谏，欲同恶则恐别更除人，犹豫之间，若有奸人为之画策，虚张赏设钱数，军士觊望，尤难指挥。伏望速赐裁断，仍先下明敕，宣示军众，奖其从来忠节，赐新使缯五十万匹，使之赏设；续除刘从谏一刺史。从谏既粗有所得，必且择利而行，万无违拒。设不从命，臣亦以为不假攻讨。何则？臣闻从谏已禁山东三州军士不许自畜兵刀，足明群心殊未得一，帐下之事亦在不疑。熟计利害，决无即授从谏之理。"时李逢吉、王守澄计议已定，竟不用绛等谋。十二月，辛丑，以从谏为昭义留后。刘悟烦苛，从谏济以宽厚，众颇附之。

李绛好直言，李逢吉恶之。故事，仆射上日，宰相送之，百官立班，中丞列位于廷，尚书以下每月当牙，元和中，伊慎为仆射，太常博士韦谦上言旧仪太重，削去之。御史中丞王播恃逢吉之势，与绛相遇于涂，不之避。绛引故事上言："仆射，国初为正宰相，礼数至重。傥人才忝位，自宜别授贤良；若朝命守官，岂得有亏法制。乞下百官详定。"议者多从绛议。上听行旧仪。甲子，以绛有足疾，除太子少师、分司。

言事者多称裴度贤，不宜弃之藩镇，上数遣使至兴元劳问度，密示以还期；度因求入朝，逢吉之党大惧。

（以上为第九段，写唐敬宗偏听亲信，不纳忠言，轻授刘从谏节度，李绛反遭贬黜。）

同，不应该允许它自置留后。左仆射李绛上奏疏，认为："兵机的掌握要快，决断要有坚定意志，敌人意见未统一，就可用计谋战胜他。刘悟已经死几个月了，朝廷尚未做出安排，朝廷内外的人，都惋惜没有及时抓住事机。现在昭义的兵众，不一定都是和刘从谏站在一起的，即使有一半人和他协力同心，还有一半是效忠朝廷的。刘从谏没有长久地领导军队，在将士中还没有威信。而这个道向来贫穷，不是特殊的时节一定没有过多的赏赐。现在朝廷只要迅速任命邻近泽州、潞州的一员将领担任昭义节度使，命令他赶快赴镇上任，刘从谏还未安排好，新节度使已经到潞州，这就是前人所说的'先发制人便可压倒对方心理'。新的节度使既然来了，军心就有所维系了；刘从谏没有职位，拿什么名义提出主张？假使刘从谏要阻挠朝廷的命令，他的将士必定不会依从。现在朝廷久不安排，那些军众不晓朝廷的旨意，想效忠朝廷就怕忽然叫刘从谏作节度使，想同刘从谏一道行动又怕朝廷另外任命节度使，在犹豫不决的时候，要是有坏人为他们出谋划策，虚妄地大张赏格，定出钱数，军士抱着获赏的希望，就更难指挥了。希望皇上赶快做出决定，先下一道明确的诏书，告诉军众，奖励、褒赏该道从来就忠于朝廷的，赐新上任的节度使缯五十万匹，让他用来奖赏将士，再授给刘从谏一个刺史的官职。刘从谏既然略有所得，一定会选择有利的事去做，肯定不会抗拒的。假设刘从谏不服从朝廷命令，臣也以为不要去讨伐他。为什么呢？臣听说刘从谏已禁止山东三个州的军士，不允许他们私藏武器，足以证明军心还不一致，很明显他的部下有反对他的。仔细分析利害关系，绝对没有需要授予刘从谏以节镇之权的理由。"当时李逢吉、王守澄已经商量好了办法，最终没有采用李绛的谋略。十二月初三日辛丑，任命刘从谏为昭义节度使留后。刘悟政令繁杂苛刻，刘从谏用宽厚来补救以前的不足，群众比较愿意服从他。

李绛喜欢讲直话，李逢吉不喜欢他。按照旧例，仆射在上朝的那一天，宰相要为仆射送行，百官要排列班序，中丞要排列站立门廷中，尚书以下每月还要到牙门中去参拜。元和年间，伊慎为仆射，太常博士韦谦上奏说旧仪太繁重，削去了那一套。御史中丞王播倚仗李逢吉的权势，和李绛在路上相遇，不回避他，李绛援引旧例上奏说："仆射，国初是正宰相，礼数是很庄重的。倘若人才不胜任职位，就应当另外选择贤良的人担任；要是朝廷认为这人还可以任职，怎么能不遵守法制。请求交给百官议定这件事。"参加讨论的人多数依从李绛的意见。敬宗听从按旧仪行事的意见。十二月二十六日甲子，因李绛有足疾，任命他为太子少师、分司东都。

进言的人大多称赞裴度贤能，不应久在藩镇任职，敬宗多次派遣使者到兴元去慰问裴度，还暗地告诉回朝的时期，裴度因而要求入朝，李逢吉的党羽大为恐惧。

二年（丙午，826年）

春，正月，壬辰，裴度自兴元入朝，李逢吉之党百计毁之。先是民间谣云："绯衣小儿坦其腹，天上有口被驱逐。"又，长安城中有横亘六冈，如乾象，度宅偶居第五冈。张权舆上言："度名应图谶，宅占冈原，不召而来，其旨可见。"上虽年少，悉察其诬谤，待度益厚。

度初至京师，朝士填门，度留客饮。京兆尹刘栖楚附度耳语，侍御史崔咸举觞罚度曰："丞相不应许所由官呫嗫耳语。"度笑而饮之。栖楚不自安，趋出。

二月，丁未，以度为司空、同平章事。度在中书，左右忽白失印，闻者失色。度饮酒自如。顷之，左右白复于故处得印，度不应。或问其故，度曰："此必吏人盗之以印书券耳，急之则投诸水火，缓之则复还故处。"人服其识量。

上自即位以来，欲幸东都，宰相及朝臣谏者甚众，上皆不听，决意必行，已令度支员外郎卢贞按视，修东都宫阙及道中行宫。裴度从容言于上曰："国家本设两都以备巡幸，自多难以来，兹事遂废。今宫阙、营垒、百司廨舍率已荒阤，陛下傥欲行幸，宜命有司岁月间徐加完葺，然后可往。"上曰："从来言事者皆云不当往，如卿所言，不往亦可。"会朱克融、王庭凑皆请以兵匠助修东都。三月丁亥，敕以修东都烦扰，罢之，召卢贞还。

先是，朝廷遣中使赐朱克融时服，克融以为疏恶，执留敕使；又奏"当道今岁将士春衣不足，乞度支给三十万端匹"；又奏"欲将兵马及丁匠五千助修宫阙"。上患之，以问宰相，欲遣重臣宣慰，仍索敕使。裴度对曰："克融无礼已甚，殆将毙矣！譬如猛兽，自于山林中咆哮跳踉，久当自困，必不敢辄离巢穴。愿陛下勿遣宣慰，亦勿索敕使，旬日之后，徐赐诏书云：'闻中官至彼，稍失去就，俟还，朕自有处分。时服，有司制造不谨，朕甚欲知之，已令区处。其将士春衣，从来非朝廷征发，皆本道自备。朕不爱数十万匹物，但素无此例，不可独与范阳。'所称助修宫阙，皆是虚语，若欲直挫其奸，宜云'丁匠宜速遣来，已令所在排比

唐敬宗宝历二年（丙午，826 年）

春季，正月二十四日壬辰，裴度从兴元入京朝见敬宗，李逢吉的党人千方百计诋毁他。从前民间有歌谣云："绯衣小儿坦其腹，天上有口被驱逐。"还有，长安城中有横着的六条高坡，如乾卦六画的样子，裴度的住宅偶然处在第五条高坡末端。张权舆上奏说："裴度是名字和图谶相应验，住宅又占在冈原之上，没有被召就来京师，他的不可告人的用意是看得出来的。"敬宗虽然年纪轻，但对于他们的诬陷和诽谤都看出来了，对待裴度更加亲近。

裴度刚回到京师，拜谒的朝廷士大夫挤满家门，裴度留他们饮酒。京兆尹刘栖楚贴近裴度的耳朵说话，侍御史崔咸举起酒杯要罚裴度饮酒，并说："丞相不应当允许所由官轻声附耳说话。"裴度笑着把罚酒饮了。刘栖楚感到不自在，偷偷溜走了。

二月初九日丁未，任命裴度为司空、同平章事。裴度在中书省，左右忽然告诉他官印不见了，听到这话的人都大惊失色。裴度饮酒自如，隔了一会，左右又告诉他在原地找到了官印，裴度也不说话。有人问他为什么这样，裴度说："这一定是吏人偷了去盖文书罢了，如果追查急了他就会把印丢在水火中毁掉，不马上追究所以又回到原来的地方。"众人叹服他的见识和度量。

敬宗从即位以来，就想到东都去看一看，劝阻的宰相和朝臣很多。敬宗都听不进去，坚决表示一定要去，已经命令度支员外郎卢贞先去察看，修整东都宫阙和沿途的行宫。裴度从容地对敬宗说："国家设两个都城本来就是为了皇上巡幸的，自从发生几次叛乱以后，巡幸的事就停止了。今宫阙、营房、百官署舍大都已经荒废了，陛下倘若想到那里去，应当命令有关部门在一段时间里慢慢把它修缮好，然后就可以去了。"敬宗说："从来进言的人都说不应当去，像你说的这样，不去也可以。"恰遇朱克融、王庭凑都请求派兵匠协助修复东都。三月二十日丁亥，诏敕说由于修缮东都太烦扰了，放弃这项工程，把卢贞也召了回来。

前些时，朝廷派遣中使赏赐朱克融时令衣服，朱克融认为太粗糙了，把使者扣留下来；上奏"本道今年将士春衣不足，请求度支发给三十万匹绸布"，又奏"想带兵马和工匠五千帮助修缮宫阙"。敬宗忧虑这件事，就问宰相怎么处理，并说想派大臣去慰劳，并领回被扣留的使者。裴度回答说："朱克融无礼已甚，大概快要死了！好像一头猛兽，自己在山林中咆哮跳跃，时间久了就会疲倦，一定不敢随意离开巢穴。希望陛下不要派使者慰劳，也不要索取被扣使者，隔十天以后，赐给朱克融诏书说：'听说中使到了你那里，行动有稍失礼的地方，等中使回朝后，朕自有处分。时令服装，有司制造不谨慎，朕很想了解毛病在哪里，以便进行处理。你那里将士的春衣，从来就不是由朝廷分发，都是由本道自己准备。朕不会吝惜数十万匹布物，

供拟。’彼得此诏，必苍黄失图。若且示含容，则云‘修宫阙事在有司，不假于匠远来’。如是而已。不足劳圣虑也。”上悦，从之。

立才人郭氏为贵妃。妃，晋王普之母也。

横海节度使李全略薨。其子副大使同捷擅领留后，重赂邻道，以求承继。

夏，四月，戊申，以昭义留后刘从谏为节度使。

五月，幽州军乱，杀朱克融及其子延龄，军中立其少子延嗣主军务。

（以上为第十段，写裴度入朝重执相印，巧谏唐敬宗罢游幸东都，裴度又筹策拒绝幽州求索，朱克融果自毙。）

六月，甲子，上御三殿，令左右军、教坊、内园为击毬、手搏、杂戏。戏酣，有断臂、碎首者，夜漏数刻乃罢。

己卯，上幸兴福寺，观沙门文溆俗讲。

癸未，衡王绚薨。

壬辰，宣索左藏见在银十万两金七千两，悉贮内藏，以便赐与。

道士赵归真说上以神仙，僧惟贞、齐贤、正简说上以祷祠求福，皆出入宫禁，上信用其言。山人杜景先请遍历江、岭，求访异人。有润州人周息元，自言寿数百岁，上遣中使迎之。八月，乙巳，息元至京师，上馆之禁中山亭。

朱延嗣既得幽州，虐用其人；都知兵马使李载义与弟牙内兵马使载宁共杀延嗣，并屠其家三百余人。载义权知留后，九月，数延嗣之罪以闻。载义，承乾之后也。

庚申，魏博节度使史宪诚妄奏李同捷为军士所逐，走归本道，请束身归朝。寻奏同捷复归沧州。

壬申，以中书侍郎、同平章事李程同平章事、充河东节度使。

冬，十月，己亥，以李载义为卢龙节度使。

十一月，甲申，以门下侍郎、同平章事李逢吉同平章事、充山南东道节度使。

只是向来没有这个先例，不能只给范阳一个道。’朱克融所说的帮助修宫阙，都是空话，假若要直率打击他的奸计，就应说：‘丁匠应该快些派来，已命令各地安排了供应。’朱克融得到这封诏书，必定是慌忙不知如何办才好。假若要表示宽容一些，就说：‘修宫阙的事有关方面去办，不需要借重你那里的工匠从远地赶来。’这样便可以了，不值得圣上辛劳忧虑。”敬宗很高兴，依从了裴度的意见。

立才人郭氏为贵妃。郭妃是晋王李普的生母。

横海节度使李全略去世。其子副大使李同捷擅自担任留后的职务，向相邻各道送很多贿金，以求继承他父亲的官位。

夏季，四月十一日戊申，任命昭义留后刘从谏为节度使。

五月，幽州军发生变乱，杀死了朱克融和他的儿子朱延龄，军中立他的小儿子朱延嗣主持军务。

六月二十八日甲子，敬宗到三殿，命令左右军、教坊、内园进行击毬、手搏和杂戏。杂戏进行到剧烈的时候，有折断手臂的，有打破头的，到夜深了方才散场。

秋季，七月十四日己卯，敬宗到兴福寺，观看沙门文溆浅俗讲述佛学。

七月十八日癸未，衡王李绚去世。

七月二十七日壬辰，宣旨索取左藏现存银十万两、金七千两，都存放在内藏，以便作赏赐之用。

道士赵归真用神仙一类事向敬宗进说，僧人惟贞、齐贤、正简用祷祠求福一类事劝说敬宗信佛，他们都在宫禁中进进出出，敬宗相信了他们的话。号称山人的杜景先请求敬宗让他周游江、岭等地，访问异人。有润州人周息元，自称有数百岁年寿了，敬宗派中使去迎接他。八月初十日乙巳，周息元到京师，敬宗把他安置在宫中山亭的客馆中。

朱延嗣取得了幽州的统治权之后，对百姓很暴虐；都知兵马使李载义和弟弟牙内兵马使李载宁共杀朱延嗣，并把朱延嗣家里三百多人都杀了。李载义临时担任留后职务，九月，把朱延嗣的罪过一一报告朝廷。李载义，是李承乾的后裔。

八月二十五日庚申，魏博节度使史宪诚虚妄地奏报李同捷被军士驱逐，逃到本道来了，请求自缚归顺朝廷；不久又上奏李同捷又回到沧州去了。

九月初八日壬申，改任中书侍郎、同平章事李程同平章事、充河东节度使。

冬季，十月初五日己亥，任命李载义为卢龙节度使。

十一月二十一日甲申，改任门下侍郎、同平章事李逢吉同平章事、充山南东道节度使。

上游戏无度，狎昵群小，善击毬，好手搏，禁军及诸道争献力士，又以钱万缗付内园令召募力士，昼夜不离侧；又好深夜自捕狐狸。性复褊急，力士或恃恩不逊，辄配流、籍没；宦官小过，动遭捶挞，皆怨且惧。十二月，辛丑，上夜猎还宫，与宦官刘克明、田务澄、许文端及击毬军将苏佐明、王喜宪、石从宽、阎惟直等二十八人饮酒。上酒酣，入室更衣，殿上烛忽灭，苏佐明等弑上于室内。刘克明等矫称上旨，命翰林学士路隋草遗制，以绛王悟权句当军国事。

壬寅，宣遗制，绛王见宰相百官于紫宸外庑。

（以上为第十一段，写唐敬宗好神仙，食金丹，喜怒无常，被宦官刘克明弑杀。）

克明等欲易置内侍之执权者，于是枢密使王守澄、杨承和、中尉魏从简、梁守谦定议，以卫兵迎江王涵入宫，发左、右神策、飞龙兵进讨贼党，尽斩之。克明赴井，出而斩之。绛王为乱兵所害。

时事起苍猝，守澄以翰林学士韦处厚博通古今，一夕处置，皆与之共议。守澄等欲号令中外，而疑所以为辞。处厚曰："正名讨罪，于义何嫌；安可依违，有所讳避！"又问："江王当如何践阼？"处厚曰："诘朝，当以王教布告中外以已平内难。然后群臣三表劝进，以太皇太后令册命即皇帝位。"当时皆从其言，时不暇复问有司，凡百仪法，皆出于处厚，无不叶宜。

癸卯，以裴度摄冢宰。百官谒见江王于紫宸外庑，王素服涕泣。甲辰，见诸军使于少阳院。赵归真等诸术士及敬宗时佞幸者，皆流岭南或边地。

乙巳，文宗即位，更名昂。戊申，尊母萧氏为皇太后，王太后为宝历太后。是时，郭太后居兴庆宫，王太后居义安殿，萧太后居大内。上性孝谨，事三宫如一，每得珍异之物，先荐郊庙，次奉三宫，然后进御。萧太后，闽人也。

庚戌，以翰林学士韦处厚为中书侍郎、同平章事。

敬宗游戏没有节制，和一群小人亲近玩耍。敬宗很会打毬，又喜欢摔跤，禁军和各道争着进献大力士，又用钱一万缗交给内园，叫他们招募大力士，那些大力士一天到晚跟着敬宗；敬宗又喜欢在深夜亲自去捉狐狸。敬宗性情又特别狭隘急躁，大力士有的仗着有恩宠而不谦恭，就被流放到边远地方并没收其财物；宦官有小过错，动不动就挨鞭打，大家既怨恨，又惧怕。十二月初八日日辛丑，敬宗晚上打猎后回到皇宫，和宦官刘克明、田务澄、许文端及击毬军将苏佐明、王嘉宪、石从宽、阎惟直等二十八人饮酒。敬宗喝足了酒，到室内去解大小便，殿上的灯烛忽然熄灭，苏佐明等在室内把敬宗杀死了。刘克明等假称敬宗的圣旨，命令翰林学士路隋起草遗诏，命绛王李悟临时主持国家军政大事。

十二月初九日壬寅，宣布遗诏，绛王在紫宸殿外廊接见宰相和百官。

刘克明等人想更换宦官中掌权的人，于是枢密使王守澄、杨承和，中尉魏从简、梁守谦商议决定，派禁卫兵迎接江王李涵入宫，命令左右神策兵和飞龙兵进攻敬宗的贼党，把他们都杀了。刘克明跳入井中躲避，也被拖出来杀死。绛王也被乱兵杀掉。

当时乱事发生很突然，王守澄认为翰林学士韦处厚通晓古今大事，整晚的所有安排，都和韦处厚共同商量后才决定。王守澄等人想向朝廷内外发号施令，而又不知道用什么口实。韦处厚说："名正言顺地讨伐罪人，对于大义来说是不用怀疑了，不要犹豫不决，有所顾忌！"又问："江王应当怎样继承皇位？"韦处厚说："明天早上，应当用江王的教令布告中外，说已经平定了内难。然后群臣三次上表劝江王即位，再用太皇太后的命令，赐给他册书命他即皇帝位。"大家都听从韦处厚的意见，没有时间再去问有关的部门，所有的各种仪制法式，都由韦处厚提出，没有不合乎制度的事。

十二月初十日癸卯，任命裴度为冶丧冢宰。百官在紫宸殿外廊拜见江王，江王穿着白色衣服不停地涕泣。十二月十一日甲辰，在少阳院接见各军使。赵归真等术士和敬宗时一班奸巧得幸的人，都被流放到岭南或边远地方。

十二月十二日乙巳，文宗即皇帝位，改名李昂。十二月十五日戊申，尊生母萧氏为皇太后，王太后为宝历太后。当时，郭太后居兴庆宫，王太后居义安殿，萧太后居大内。文宗本性很孝谨，侍奉三公太后都一个样子，每次收到珍贵奇异的东西，先拿去祭祀天地和宗庙，然后奉献给三宫皇太后，最后才自己享用。萧太后是福建人。

十二月十七日庚戌，任命翰林学士韦处厚为中书侍郎、同平章事。

上自为诸王，深知两朝之弊，及即位，励精求治，去奢从俭。诏宫女非有职掌者皆出之，出三千余人。五坊鹰犬，准元和故事，量留校猎外，悉放之。有司供宫禁年支物，并准贞元故事。省教坊、翰林、总监冗食千二百余员，停诸司新加衣粮。御马坊场及近岁别贮钱谷、所占陂田，悉归之有司。先宣索组绣、雕镂之物，悉罢之。敬宗之世，每月视朝不过一二，上始复旧制，每奇日未尝不视朝，对宰相群臣延访政事，久之方罢。待制官旧虽设之，未尝召对，至是屡蒙延问。其辍朝、放朝皆用偶日，中外翕然相贺，以为太平可冀。

（以上为第十二段，写宦官王守澄拥立唐文宗，唐文宗初即位励精求治，去奢从俭，中外翕然望治。）

文宗元圣昭献孝皇帝上之上

太和元年（丁未，827 年）

春，二月，乙巳，赦天下，改元。

李同捷擅据沧景，朝廷经岁不问。同捷冀易世之后或加恩贷，三月，壬戌朔，遣掌书记崔从长奉表与其弟同志、同巽俱入见，请遵朝旨。

上虽虚怀听纳而不能坚决，与宰相议事已定，寻复中变。夏，四月，丙辰，韦处厚于延英极论之，因请避位；上再三慰劳之。

忠武节度使王沛薨。庚申，以太仆卿高瑀为忠武节度使。

自大历以来，节度使多出禁军，其禁军大将资高者，皆以倍称之息贷钱于富室，以赂中尉，动逾亿万，然后得之，未尝由执政。至镇，则重敛以偿所负。及沛薨，裴度、韦处厚始奏以瑀代之。中外相贺曰："自今债帅鲜矣！"

五月，丙子，以天平节度使乌重胤为横海节度使，以前横海节度副使李同捷为兖海节度使。朝廷犹虑河南、北节度使构扇同捷使拒命，乃加魏博史宪诚同平章事。丁丑，加卢龙李载义、平卢康志睦、成德王庭凑检校官。

盐铁使王播自淮南入朝，力图大用，所献银器以千计，绫绢以十万计。六月，癸巳，以播为左仆射、同平章事。

文宗从做王的时候起，就深深了解穆宗和敬宗两朝存在的弊病，等到自己做了皇帝，励精图治，去掉奢侈，力求节俭。诏令宫女不是担任了职务的都放回家去，总共放出三千多人。五坊驯养的鹰犬等物，按照元和年间的规定，只酌量留下校猎需用的，其余都放走了。有司供应宫禁中按年支给的物品，都按照贞元年间的标准办理。减教坊、翰林院、苑总监闲散人员一千二百多人，停止宫内各司新增加的衣粮。御马坊场和近年另外贮存的钱谷，占有的陂田，都交给有关部门。以前宣诏索取的刺绣、雕刻物品，都不要了。敬宗在位的时候，每月上朝不过一两次，文宗开始恢复旧时规定，每逢单日没有不上朝的，面对宰相群臣询访国家大事，很久才结束。待制官过去虽然设置了，但没有召见询问，到这个时候才多次被召见询问。停止上朝或放假不朝都在双日，朝廷内外互相道贺，认为太平盛世有希望了。

文宗元圣昭献孝皇帝上之上

唐文宗太和元年（丁未，827 年）

春季，二月十三日乙巳，大赦天下，改年号为太和。

李同捷擅自据沧景，朝廷近一年未追究。李同捷希望换了帝王之后会加以恩准。三月初一日壬戌，李同捷派遣掌书记崔从长带着奏表与他的弟弟李同志、李同巽一同入朝见天子，请求遵照朝廷的旨意办事。

文宗虽虚怀纳谏，但是不能做到坚定不移，和宰相商议决定了的事情，不久又中途改变主意。夏季，四月二十五日丙辰，韦处厚在延英殿严厉地谏诤文宗的这种态度，因而请求辞职；文宗再三安慰挽留了他。

忠武节度使王沛去世。四月二十九日庚申，任命太仆卿高瑀为忠武节度使。

自大历年间以来，节度使多半从禁军中选拔，那些禁军大将中资历高的人，都用高利贷向富有之家借钱，用来贿赂神策军中尉，动不动就是数万贯，然后得到任命，这事是不经过宰相的；到了节镇，就加重剥削人民以归还所欠的债。到王沛死的时候，裴度、韦处厚才奏请用高瑀接替王沛。朝廷内外互相道贺说："从今以后靠借债当上节度使的人就少了！"

五月十五日丙子，任命天平节度使乌重胤为横海节度使，以前横海节度副使李同捷为兖海节度使。朝廷还担心河南、北各节度使煽动李同捷不服从命令，于是加给魏博节度使史宪诚同平章事官衔。五月十六日丁丑，加给卢龙李载义、平卢节度使康志睦、成德节度使王庭凑检校官。

盐铁转运使王播从淮南回到朝廷，力求得到朝廷重用，他进献的银器数千件，绫绢数十万匹。六月初三日癸巳，任命王播为左仆射、同平章事。

秋，七月，癸酉，葬睿武昭愍孝皇帝于庄陵，庙号敬宗。

李同捷托为将士所留，不受诏；乙酉，武宁节度使王智兴奏请将本军三万人，自备五月粮以讨同捷，许之。八月，庚子，削同捷官爵，命乌重胤、王智兴、康志睦、史宪诚、李载义与义成节度使李听、义武节度使张璠各帅本军讨之。

同捷遣其子弟以珍玩、女妓赂河北诸镇。戊午，李载义执其侄，并所赂献之。

史宪诚与李全略为婚姻，及同捷叛，密以粮助之。裴度不知其所为，谓宪诚无贰心。宪诚遣亲吏至中书请事，韦处厚谓曰："晋公于上前以百口保尔使主；处厚则不然，但仰俟所为，自有朝典耳！"宪诚惧，不敢复与同捷通。

王庭凑为同捷求节钺不获，乃助之为乱，出兵境上以挠魏师；又遣使厚赂沙陀酋长朱邪执宜，欲与之连兵，执宜拒不受。

冬，十月，天平、横海节度使乌重胤击同捷，屡破之。十一月，丙寅，重胤薨。庚辰，以保义节度使李寰为横海节度使。从王智兴之请也。

十二月，庚戌，加王智兴同平章事。

（以上为第十三段，写李同捷据沧景叛乱。）

二年（戊申，828年）

春，三月，己卯，王智兴攻棣州，焚其三门。

自元和之末，宦官益横，建置天子在其掌握，威权出人主之右，人莫敢言。上亲策制举人，贤良方正昌平刘蕡对策，极言其祸，其略曰："陛下宜先忧者，宫闱将变、社稷将危、天下将倾、海内将乱。"又曰："陛下将杜篡弑之渐，则居正位而近正人，远刀锯之贱，亲骨鲠之直，辅相得以专其任，庶职得以守其官，奈何以亵近五六人总天下大政！祸稔萧墙，奸生帷幄，臣恐曹节、侯览复生于今日。"又曰："忠贤无腹心之寄，阍寺持废立之权，陷先君不得正其终，致陛下不得正其始。"又曰："威柄陵夷，藩臣跋扈。或有不达人臣之节，首乱者以安君为名；不究《春秋》之微，称兵者以逐恶为义。则政刑不由乎天子，征伐必自于诸侯。"又曰："陛下何不塞阴邪之路，屏亵狎之臣，制侵陵迫胁之心，复门

秋季，七月十三日癸酉，葬睿武昭愍孝皇帝于庄陵，庙号敬宗。

李同捷借口被将士留住，不接受诏命；七月二十五日乙酉，武宁节度使王智兴奏请带领本镇军三万人，自己准备五个月的粮食伐以讨伐李同捷，朝廷答应了。八月十一日庚子，削去李同捷官爵，命令乌重胤、王智兴、康志睦、史宪诚、李载义和义成节度使李听、义武节度使张播各领本镇军讨伐李同捷。

李同捷派遣他的子弟带着珍玩、女伎贿赂河北各藩镇。八月二十九日戊午，李载义把李同捷的侄子抓起来，连同他送的贿赂献给朝廷。

史宪诚与李全略是姻亲关系，到李同捷反叛时，史宪诚秘密用粮食帮助他。裴度不知他的这些事，向文宗说史宪诚不会不忠于朝廷。史宪诚派亲信到中书省请示有关政事，韦处厚对他说："晋国公在皇上面前用自己一百名家口担保你的主人无二心；我韦处厚就不那样，只知看着你们的所作所为，根据朝廷的法典办事而已！"史宪诚感到有些惧怕，不敢再和李同捷串通。

王庭凑为李同捷请求担任节度使不成功，于是帮助他作乱，出兵到边境上以阻挠魏博军。又派遣使者厚礼贿赂沙陀酋长朱邪执宜，想和他合兵抗拒朝廷，朱邪执宜拒绝了他的要求。

冬季，十月，天平、横海节度使乌重胤攻打李同捷，多次打败了他。十一月初八日丙寅，乌重胤去世。十一月二十二日庚辰，任命保义节度使李寰为横海节度使，这是依从了王智兴的请求做的。

十二月二十三日庚戌，加给王智兴同平章事的官衔。

唐文宗太和二年（戊申，828 年）

春季，三月二十三日己卯，王智兴攻打棣州，烧了三处城门。

自从元和末年以来，宦官更加专横，天子的废立都在他们手掌之中，威权比君主还要大，没有人敢说话。文宗亲自参加考试对策举人，贤良方正昌平人刘蕡对策，尽情指出宦官对国家的危害，大略是说："陛下应当首先忧虑的事是，宫廷中将有变乱，国家会遇到危险，天下将要倾覆，海内将要大乱。"又说："陛下想要杜绝弑君篡位的事发生，就要有皇帝的尊严而接近正直的群臣，疏远宦官一类低贱人，亲近耿直忠良的贤人，使宰相能够充分行使其职权，百官能够在位尽其职守，为什么要让亲近的五六个人总揽国家的大政呢！祸患在宫内酝酿，奸谋在帷幄间产生，臣担心在今天又会出现像曹节、侯览那样专横擅权的宦官。"又说："对于忠良贤能的臣子没有完全信任他们，却让宦官掌握了废立君主的大权，使得先君敬宗未能得到善终，致使陛下即位不能名正言顺。"又说："朝廷权力削弱了，方镇藩臣却飞扬跋

户扫除之役，戒其所宜戒，忧其所宜忧！既不能治于前，当治于后；既不能正其始，当正其终，则可以虔奉典谟，克承丕构矣。昔秦之亡也失于强暴，汉之亡也失于微弱。强暴则贼臣畏死而害上，微弱则奸臣窃权而震主。伏见敬宗皇帝不虞亡秦之祸，不剪其萌。伏惟陛下深轸亡汉之忧，以杜其渐，则祖宗之鸿业可绍，三、五之遐轨可追矣。”又曰：“臣闻昔汉元帝即位之初，更制七十余事，其心甚诚，其称甚美，然而纪纲日紊，国祚日衰，奸宄日强，黎元日困者，以其不能择贤明而任之，失其操柄也。”又曰：“陛下诚能揭国权以归相，持兵柄以归将，则心无不达，行无不孚矣。”又曰：“法宜画一，官宜正名。今分外官、中官之员，立南司、北司之局，或犯禁于南则亡命于北，或正刑于外则破律于中，法出多门，人无所措，实由兵农势异而中外法殊也。”又曰：“今夏官不知兵籍，止于奉朝请；六军不主兵事，止于养勋阶。军容合中官之政，戎律附内臣之职。首一戴武弁，疾文吏如仇雠；足一蹈军门，视农夫如草芥。谋不足以剪除凶逆而诈足以抑扬威福，勇不足以镇卫社稷而暴足以侵轶里闾。羁绁藩臣，干陵宰辅，隳裂王度，汩乱朝经。张武夫之威，上以制君父；假天子之命，下以御英豪。有藏奸观衅之心，无伏节死难之义。岂先王经文纬武之旨邪！”又曰：“臣非不知言发而祸应，计行而身戮，盖痛社稷之危，哀生人之困，岂忍姑息时忌，窃陛下一命之宠哉！”

闰月，丙戌朔，史宪诚奏遣其子副大使唐、都知兵马使亓志绍将兵二万五千趣德州讨李同捷。时宪诚欲助同捷，唐泣谏，且请发兵讨之！宪诚不能违。

扈。有的不懂得作臣子的礼节，为首作乱的反用安君为名号；不了解《春秋》书中的微言大义，兴兵作乱的人还用驱逐恶人为借口。那么国家的赏罚大权已经不掌握在天子手中，军事上的征伐大事一定由诸侯所决定。”又说：“陛下何不堵塞通向阴邪之人的道路，不接近那些贱俗的宦官，控制他们欺压胁迫人的心思，恢复他们打扫门户的工作，应该警戒的事，就及早警戒，应当担心的事，就时刻记在心！既然不能把以前的事办好，就应当把以后的事办好；既然不能有一个好的开头，就应当有一个好的结尾；这样就称得上是尊奉先贤的告诫，能继承祖先的大业了。从前秦朝的灭亡由于强暴，汉朝的灭亡由于微弱，那么奸臣就会窃取权力而使主上感到不安。臣看到敬宗皇帝没有想到秦朝灭亡的祸患，因而未翦除发生祸患的根子，臣希望陛下深深思虑汉朝灭亡的灾祸，早些防止它发生，那么祖宗的大业就可以继承，三皇五帝远古的道路就可以追求了。”又说：“臣听说从前汉元帝刚即位的时候，改革七十多项旧制度，他的心意是很诚恳的，他的名誉也是很好的，然而国纪朝纲一天比一天紊乱，国运一天比一天衰弱，奸邪之人一天比一天强大，黎民百姓一天比一天穷困，这是为什么呢？就是因为他不能选择贤明的臣子担任国家的要职，把统治国家的大权给丢了。”又说：“陛下真能把国家的行政权力交给宰相，把兵权交给领军的大将，那么心想的事一定能办到，所作所为一定会为大家所尊信了。”又说：“法令应当统一并严格执行，官吏应当名实相副。现在分为外官、中官两部分，建立南司、北司两个系统，有人在南司犯法就逃往北司，有人在外官中要受刑法的处分而在中官中却可以不受法律制裁，各个部门法令不一样，人们不知怎么办才好，这实在是由于士兵和农民地位不一样而朝廷内外法令不相同的缘故。”又说：“现在兵部不知道士兵的情况，只是参加朝会而已；六军的将领不统领士兵作战，只是享受勋阶的俸禄。把军事职务合并到中官的工作中去了，军中的法纪附在内臣的职务之中。头上把武士的帽子一戴，就把文官看成仇敌一样；脚刚踏进军队中，就把农夫看成草芥一般。论计谋在翦除凶逆时毫无作用，讲奸诈在作威作福时却大有作为；勇敢不能用来保卫国家，暴逆足以欺压邻里百姓。随意拘押边藩大臣，冒犯欺侮宰相，毁坏国家制度，扰乱朝廷纲纪。助长武夫的权力，从上面控制君父；假借天子的名义，在下面驾驭英豪。有藏奸观衅的坏心思，无伏节死难的气节。这难道是先王用文武两方面的人才治理国家的本意吗！”又说：“臣不是不知道把话讲出来就要遭祸，计议如果实行而自身就要被杀，实在是痛心国家危艰，哀惜生民的困苦，怎能忍心不去说那些犯忌讳的话而窃取陛下一官半职的恩惠啊！”

闰三月初一日丙戌，史宪诚奏说派遣他的儿子副大使史唐、都知兵马使亓志绍带领二万五千人前往德州讨伐李同捷。当时史宪诚想帮助李同捷，史唐涕泣苦谏，并且请求发兵去讨伐；史宪诚不能违背。

甲午，贤良方正裴休、李郃、李甘、杜牧、马植、崔玙、王式、崔慎由等二十二人中第，皆除官。考官左散骑常侍冯宿等见刘蕡策，皆叹服，而畏宦官，不敢取。诏下，物论嚣然称屈。谏官、御史欲论奏，执政抑之。李郃曰："刘蕡下第，我辈登科，能无厚颜！"乃上疏，以为："蕡所对策，汉、魏以来无与为比。今有司以蕡指切左右，不敢以闻，恐忠良道穷，纲纪遂绝。况臣所对不及蕡远甚，乞回臣所授以旌蕡直。"不报。蕡由是不得仕于朝，终于使府御史。牧，佑之孙；植，勋之子；式，起之子；慎由，融之玄孙也。

（以上为第十四段，写刘蕡对策，直言宦官之祸，主考不敢取，刘蕡落第。）

夏，六月，晋王普薨；辛酉，谥悼怀太子。

初，萧太后幼去乡里，有弟一人；上即位，命福建观察使求访，莫知所在。有茶纲役人萧洪，自言有姊流落，商人赵缜引之见太后近亲吕璋之妻，亦不能辩，与之俱见太后。上以为得真舅，甲子，以为太子洗马。

峰州刺史王升朝叛；庚辰，安南都护武陵韩约讨斩之。

王庭凑阴以兵及盐粮助李同捷，上欲讨之；秋，七月，甲辰，诏中书集百官议其事。宰相以下莫敢违，卫尉卿殷侑独以为："庭凑虽附凶徒，事未甚露，宜且含容，专讨同捷。"己巳，下诏罪状庭凑，命邻道各严兵守备，听其自新。

九月，丁亥，王智兴奏拔棣州。

李寰自晋州引兵赴镇，不戢士卒，所过残暴，至则拥兵不进，但坐索供馈。庚寅，以寰为晋绥节度使。

甲午，诏削夺王庭凑官爵，命诸军四面进讨。

加王智兴守司徒，以前夏绥节度使傅良弼为横海节度使。

岳王绲薨。

庚戌，容管奏安南军乱，逐都护韩约。

冬，十月，洋王忻薨。

魏博败横海兵于平原，遂拔之。

闰三月初九日甲午，贤良方正裴休、李郃、李甘、杜牧、马植、崔玙、王式、崔慎由等二十二人中第，皆授予官职。考官左散骑常侍冯宿等人看到刘蕡的对策，都很赞叹佩服，但是惧怕宦官，不敢录取他。录取的诏令颁发后，社会舆论纷纷叫屈。谏官和御史想弹劾考官，被宰相阻止了。李郃说："刘蕡落第，我们登科，能不感到羞愧吗！"于是呈上奏疏，认为："刘蕡所写的对策，汉、魏以来没有哪个人比得上。现在有关部门由于刘蕡指责文宗左右的人，不敢把策文报告朝廷，这样恐怕会让忠良之臣无路可走，国家的法纪也不存在了。况且臣所作的对策远远赶不上刘蕡，请求把臣所得官职转给刘蕡，用来表扬他的正直。"朝廷没有答复。刘蕡由于这样不能在朝廷做官，最终只担任了节度使府御史。杜牧是杜佑的孙子；马植是马勋的儿子；王式为王起的孙子；崔慎由是崔融的玄孙。

夏季，六月，晋王李普死。六月初七日辛酉，赠悼怀太子。

从前，萧太后年幼离开乡里，知道家里有个弟弟，文宗即位后，叫福建观察使探求访问，没有下落。有一个在茶纲服役的萧洪，自己说有姐姐流落在外，商人赵缜把萧洪带去和太后的近亲吕璋的妻子见面，也分不清真假，于是一同去谒见太后。文宗以为找到了真的舅舅，六月初十日甲子，任命他为太子洗马。

峰州刺史王升朝反叛；六月二十六日庚辰，安南都护武陵人韩约讨伐并把他杀了。

王庭凑暗地里派兵和用盐粮帮助李同捷，文宗想讨伐他；秋季，七月二十日甲辰，诏令中书省召集百官讨论这件事。宰相以下的官吏不敢不同意文宗的意见，只有卫尉卿殷侑认为："王庭凑虽然和凶徒勾结在一起，但这件事尚未完全暴露出来，应当暂时包涵一下，集中力量讨伐李同捷。"八月十六日己巳，下诏令宣布王庭凑的罪状，命令与成德临近的各道严兵防守，等待王庭凑改过自新。

九月初四日丁亥，王智兴奏报攻下了棣州。

李寰从晋州带兵到横海镇去，沿途不管束士兵，经过的地方都受到骚扰，到达时虽拥有大量军队却不进攻敌人，只是驻守索取供应和赏赐。九月初七日庚寅，任命李寰为夏绥节度使。

九月十一日甲午，下诏削去王庭凑的官爵，命令各路军队从四面进行讨伐。

加给王智兴守司徒的官衔，任命前夏绥节度使傅良弼为横海节度使。

岳王李绲死。

九月二十七日庚戌，容管奏报安南军队发生叛乱，赶走了都护韩约。

冬季，十月，洋王李忻死。

魏博镇的军队在平原打败了横海镇的军队，于是攻下了平原县。

十一月，癸未朔，易定节度使柳公济奏攻李同捷坚固寨，拔之；又破其兵于寨东。时河南、北诸军讨同捷久未成功，每有小胜，则虚张首虏以邀厚赏，朝廷竭力奉之，江、淮为之耗弊。

傅良弼至陕而薨。乙酉，以左金吾大将军李祐为横海节度使。

甲辰，禁中昭德寺火，延及宫人所居，烧死者数百人。

十二月，丁巳，王智兴奏兵马使李君谋将兵济河，破无棣。

壬申，中书侍郎、同平章事韦处厚薨。

李同捷军势日蹙，王庭凑不能救，乃遣人说魏博大将亓志绍，使杀史宪诚父子取魏博；志绍遂作乱，引所部兵二万人还逼魏州。丁丑，命谏议大夫柏耆宣慰魏博，且发义成、河阳兵以讨志绍。

戊寅，以翰林学士路隋为中书侍郎、同平章事。

辛巳，史宪诚奏亓志绍兵屯永济，告急求援；诏义成节度使李听帅沧州行营诸军以讨志绍。

（以上为第十五段，写唐文宗诏命讨贼王庭凑，河北战事又起。）

十一月初一日癸未，易定节度使柳公济奏报进攻李同捷防守的坚固寨，并攻下了；又在寨东打败了他的军队。当时河南、河北各路军队讨伐李同捷久未成功，每每打了小胜仗，就虚报斩首和俘虏的数字以求得到重赏，朝廷尽全力供应他们，江淮一带因为这个缘故被弄得衰敝不堪。

傅良弼到陕州时就死了。十一月初三日乙酉，任命左金吾大将军李祐为横海节度使。

十一月二十二日甲辰，禁中的昭德寺发生火灾，蔓延到了宫人居住的地方，烧死了数百名宫人。

十二月初六日丁巳，王智兴奏报兵马使李君谋带兵渡河，攻下了无棣。

十二月二十一日壬申，中书侍郎、同平章事韦处厚去世。

李同捷的军事势力一天天缩小，王庭凑不能去救，于是派人去劝说魏博军的大将亓志绍，让他杀史宪诚父子，夺取魏博。亓志绍于是作乱，带领他的部队两万人回头进逼魏州。十二月二十六日丁丑，命令谏议大夫柏耆到魏博镇去安抚慰劳，并且派义成、河阳二镇兵用以讨伐亓志绍。

十二月二十七日戊寅，任命翰林学士路隋为中书侍郎、同平章事。

十二月三十日辛巳，史宪诚奏报亓志绍的军队已经进驻到了永济，特向朝廷告急，请求支援，于是诏令义成节度使李听带领沧州行营所属各军队去讨伐亓志绍。

【点评】

本卷点评穆、敬二宗昏庸误国，宦官专皇权，刘蕡对策反对宦官三大史事。

一、穆、敬二宗昏庸误国。宪宗用武，削平藩镇割据，收功实在穆宗即位之初。头一年，李师道授首，平卢平；穆宗即位当年，王承宗死，承元归命，成德平；明年刘总尽纳其土地兵马，为僧以去，卢龙平。至是，河北三镇归朝廷，割据跋扈之风，消尽无余。穆宗赶上了旷世澄清的时代，当励精图治，重振唐室雄风，但穆宗却游宴无节度，君不像君；所用之臣崔植、杜元颖等庸懦不知远略，臣不像臣；张弘靖出镇卢龙，骄贵不明政事，帅不像帅。未几，朱克融首乱，囚张弘靖，穆宗则授以卢龙节钺；史宪诚逼迫忠孝之田布以死，而授以魏博节钺；王庭凑杀忠诚平贼之田弘正，而授以成德节钺，于是河朔三镇再失，唐之不可以复兴而至灭亡，这是一个先兆。穆宗如此，敬宗更如此，比穆宗还要骄恣而狂愚，成天与嬖幸打闹在一起，击毬、酗酒，晏睡不早朝。历仕宪宗、穆宗、敬宗、文宗、武宗五朝的大宦官仇士良，在会昌三年（843）致仕时告诫宦官们说："侍奉天子，不能让他有闲暇时间，一有闲暇，他就要看书，会见儒臣，就会纳谏，这样天子就会增长见识，深谋远虑，就不会再去追求享受、游山玩水，那么我们这些人就不会受到宠信，就掌控不了大权了。"穆、敬二宗正是在仇士良及其同伙的掌控之中，不问国事，不知创业之艰难，不恤黎庶之疾苦，错误地认为只要威权在手，就可任意胡为，就可控驭万方。敬宗整夜在殿中踢毬，卜者苏玄明与染坊杂役张韶轻易地发动了一场入宫坐御榻的闹剧，敬宗仍不知省，最后在酗酒游宴中遭到宦官的毒手。穆宗二十七岁即位，三十一岁食金丹中毒而亡，在位四年。敬宗十五岁即位，十八岁被宦官杀害，在位仅三年。一个是青年皇帝，一个是少年天子，都正当盛年而横死，完全是咎由自取。两代皇帝的荒淫，不但害了自身，因其为皇帝，更害了国家。敬宗之早死不幸，实乃唐王室社稷之福。设若敬宗不早死，唐王室将有可能毁于他之手。

二、宦官专皇权。唐宪宗元和十五年（820），宪宗死，穆宗立，中唐政治结束，进入了晚唐政治。宦官专皇权与朋党之争交织，是晚唐政治的特点。宪宗之死，为宦官所杀；穆宗之立，为宦官拥戴。事后，朝官无人声讨，由是宦官专权，以至于专皇权，开了宦官废立皇帝的先例。

宦官专皇权，有一个渐进的过程。唐宪宗尊宠宦官，四贵权力足以与朝官争衡。主管宦官的内侍省在大内之北，称北司。唐宰相办公的尚书省在大内之南，称南衙或南省。习惯上以北司为宦官之代称，南衙为宰相和朝官之代称。正常情况下，太子之立是皇帝与宰辅大臣商定，按宗法制度是立嫡长子。太子之废立，皇帝即位，是国家大政，宦官没有插嘴的地方。中唐自肃宗以后，宦官权力日增，由于皇帝的宠信，宦官插足，但没有朝官的支持，宦官不具有单独废立的权力。宪宗元和六年

（811）十二月，宪宗之惠昭太子死，第二年七月，宪宗召群臣商议另立太子，当时有两个人选。一是澧王李恽，年长，但非嫡子；二是遂王李恒，年次李恽，但为嫡子。朝官按宗法，主张立遂王李恒。但这时宦官已有能力插手，分为两派。最受宪宗宠信的吐突承璀与澧王李恽关系友好，主张立李恽。另一派大宦官梁守谦、王守澄想通过拥立太子与吐突承璀争权，支持朝官拥立李恒。当吐突承璀外出为淮南监军时，梁守谦与朝官联合确立李恒为太子。但是吐突承璀不死心，他回朝后极力主张更换太子。元和十五年（820）正月，宪宗食金丹染疾，梁守谦、王守澄先下手为强，发动宫廷政变，杀了唐宪宗，立太子李恒为帝，是为穆宗。穆宗立，杀吐突承璀及澧王李恽。由于李恒是合法储君，又是朝官拥立的，投鼠忌器，不敢追究唐宪宗之死，于是开了宦官废立皇帝的恶例。敬宗宝历三年（827），宦官刘克明杀敬宗，拥立绛王李悟，还以唐敬宗遗诏名义向百官宣布，以绛王李悟主持军国事务，李悟又在紫宸殿外厅接见宰相与百官，算是已经准备登位的皇帝了。枢密使王守澄、杨承和，中尉魏从简、梁守谦等四贵合议，紧急发动兵变，用禁军迎立江王李涵即皇帝位，杀宦官刘克明和绛王李悟。江王即位，是为文宗，更名李昂。这一次废立完全由宦官一手导演，还翻了朝官的案，没有一个人敢吭声。这一事件，巩固了宦官专皇权的体制，直至唐亡，唐王室的皇帝逃不出宦官的掌控。

宦官专权，带来了两个严重的后果。一是皇帝感到自身难保，唐文宗就不甘心做傀儡，想从朝官方面取得一些力量来和宦官对抗，皇帝有了这一倾向，朝官也就敢和宦官对抗。唐文宗发动了两次诛灭宦官的行动，虽然失败了，但鼓励了南衙对抗北司，皇帝一得势就宠信宦官，用内朝控制外朝。皇帝在宦官与朝官之间摇摆，激起南北司的斗争，南北司势同水火。二是宦官权重，吸引奸佞小人依附，分化朝官对立，加剧朋党斗争。朋党之争的实质是争夺仕途职位。唐高祖定制，“工商杂类，无预士流”。宦官的出身属于杂类，宦官权势扩张，朝官的职位遭侵夺，宦官的权力一直在上升，职官被侵夺的范围也一直在扩大。宦官统率神策军，给工商杂类大开方便之门，长安富家子弟贿赂宦官，便可入神策军籍。穆宗即位，重奖神策军士。随后又开禁，非正式取消杂类不得入仕的限制，允许神策军及京外各镇保荐有功将士，因此大批商贾、胥吏用贿赂取得朝官资格，士流无法抵制。宦官是工商杂类在政治上的代表，朝官是士流的代表，也就是宦官一方是官职的侵夺者，朝官一方是被侵夺者，南北司水火不容，其根本原因就在这里。三是宦官贪婪纳贿，政治腐败，激化社会矛盾。自唐代宗时起，节度使多从禁军派出。禁军大将用高利向富家借款，送给中尉，然后出朝作节度使，到镇后，加紧敲剥搜刮民财来还本付息，利息一般是本钱的三倍。时人称这种贿买来的节度使为“债帅”。节度使要入朝为相，或得到加官荣衔，地方刺史等要入朝做京官，奸佞小人依附宦官，都要行贿赂。

以上就是宦官专权带来的社会三害，造成唐统治集团内部纷争不断，各方势力为争夺官位而狂斗，已得职位的官吏敲骨吸髓刻剥民众。这就是晚唐宦官专权带来的黑暗政治。穆、敬二宗之得位大宝与横死，确立了宦官专权的体制。

三、刘蕡对策反对宦官。文宗太和二年（828），文宗下诏求言，开举贤良方正科。名士刘蕡在对策中，旗帜鲜明地反对宦官。刘蕡说：法律应该统一，官位应该正名。现在官员分为外官、内官，政权分为南司、北司，在南司犯法，跑到北司就没有事，有的外官判了刑，内官认为无罪。法出多门，是非混乱，根源就是兵与农地位悬殊，中官外官各自有法。刘蕡还说：现在兵部不管军政，六军将领只存空名，军政大权，全归中官掌控。头一戴武士帽，便把文官看作仇敌，脚一踏进军门，便把农夫看作草芥。这些武夫，依靠宦官势力，只会作威作福，欺压民众。宦官却依靠武夫的骄横挟制皇帝，再利用皇帝的名义驱使朝官。这难道是先王经文纬武的治国原则吗？刘蕡要求文宗远离宦官，信任朝官，政权交给宰相，兵权交给将帅，这样才能拯救国家，维护皇权。刘蕡还说，要是考虑个人安危，就不说这些话了。为了国家，他是不能不说了。刘蕡对策，大长朝士志气，吐发人所难言之言，考官非常欣赏，但不敢录取。许多人替刘蕡抱不平，反映到宰相裴度那里，裴度为了局势稳定，没有上奏文宗，也保护了刘蕡免遭迫害。刘蕡虽然落第，但他却代表了朝士大夫郁结于心中的怨愤，也是朝官发动对宦官反击的信号。文宗达到了火力侦察的目的。他要依靠朝官来打击宦官，诛灭宦官。这次开举贤良方正科，吹响了文宗反击宦官的号角。

唐纪六十

唐文宗太和三年至七年（829—833年）

【起屠维作噩（己酉，829年），尽昭阳赤奋若（癸丑，833年），凡五年】

【大事提要】

本卷记事起公元829年，讫公元833年，凡五年。当唐文宗太和三年至七年，是唐文宗执政的前期。唐文宗优于穆宗、敬宗两代皇帝，欲有一番作为，要摆脱宦官的控制，又厌恶朝官结朋党。太和三年（829），文宗召浙西观察使李德裕入朝任兵部侍郎，裴度推荐他做宰相。不到二十天，李德裕就被李宗闵、牛僧孺排挤出朝，后任西川节度使，西疆稳固。吐蕃边将降唐，李德裕上安边之策，李宗闵、牛僧孺妒忌李德裕建功，不顾国家利益，败坏其事，迫令李德裕送还吐蕃降人，使数千吐蕃降人遭屠。李宗闵、牛僧孺勾结宦官，文宗恶之。太和六年（832），牛僧孺被罢相，李德裕回朝任兵部尚书，第二年任相。李宗闵被李德裕排挤出朝，李党得势，牛党失势，这是牛李党争的第二回合。太和五年（831），文宗任命宋申锡为相，第一次谋诛宦官，宋申锡办事不密败下阵来。宦官王守澄使人诬告宋申锡谋立皇弟漳王李凑，欲兴大狱，文宗竟信以为真，把宋申锡交给王守澄治罪，朝官力争，宋申锡才免一死。这一冤案表明文宗也是一个昏聩之君，猜忌朝官甚于厌恶宦官，这注定了他办不了大事。文宗又平定沧景节度使李同捷之乱，遇强镇则姑息，容忍何进滔犯上自立为魏博节度，成德王庭凑假意效顺复其官爵，卢龙兵马使杨志诚逐帅得节度，强化了河朔三镇的割据，受到司马光的批评。杜牧上奏《罪言》《原十六卫》《守论》等政论，论藩镇割据，切中时弊。

【原文】

文宗元圣昭献孝皇帝上之下

太和三年（己酉，829 年）

春，正月，亓志绍与成德合兵掠贝州。

义成行营兵三千人先屯齐州，使之禹城，中道溃叛；横海节度使李祐讨诛之。

李听、史唐合兵击亓志绍，破之；志绍将其众五千奔镇州。

李载义奏攻沧州长芦，拔之。

甲辰，昭义奏亓志绍余众万五千人诣本道降，置之洺州。

二月，横海节度使李祐帅诸道行营兵击李同捷，破之，进攻德州。

武宁捉生兵马使石雄，勇敢，爱士卒；王智兴残虐，军中欲逐智兴而立雄，智兴知之，因雄立功，奏请除刺史。丙辰，以雄为壁州刺史。

史宪诚闻沧景将平而惧，其子唐劝之入朝。丙寅，宪诚使唐奉表请入朝，且请以所管听命。

石雄既去武宁，王智兴悉杀军中与雄善者百余人。夏，四月，戊午，智兴奏雄摇动军情，请诛之。上知雄无罪，免死，长流白州。

戊辰，李载义奏攻沧州，破其罗城。李祐拔德州，城中将卒三千余人奔镇州。李同捷与祐书请降，祐并奏其书，谏议大夫柏耆受诏宣慰行营，好张大击势以威制诸将，诸将已恶之矣；及李同捷请降于祐，祐遣大将万洪代守沧州；耆疑同捷之诈，自将数百骑驰入沧州，以事诛洪，取同捷及其家属诣京师。乙亥，至将陵，或言王庭凑欲以奇兵篡同捷，乃斩同捷，传首，沧景悉平。

五月，庚寅，加李载义同平章事。诸道兵攻李同捷，三年，仅能下之，而柏耆径入城，取为己功，诸将疾之，争上表论列。辛卯，贬耆为循州司户。李祐寻薨。

（以上为第一段，写官军平定沧景李同捷之乱。）

壬寅，摄魏博副使史唐奏改名孝章。

【语译】

文宗元圣昭献孝皇帝上之下

唐文宗太和三年（己酉，829 年）

春季，正月，亓志绍与成德镇联合出兵抢掠贝州。

义成行营兵三千人原驻在齐州，命令他们开赴禹城，在途中溃散叛变，横海节度使李祐前去讨伐，并把他们杀了。

李听和史唐合兵进攻亓志绍，打败了他；亓志绍带着他的五千人投奔镇州。

李载义奏报进攻沧州的长芦，把它攻下了。

正月二十三日甲辰，昭义奏亓志绍余众一万五千人到本道投降，把他们安置在洛州。

二月，横海节度使李祐帅各道行营兵进攻李同捷，打败了他，接着进攻德州。

武宁捉生兵马使石雄很勇敢，爱士卒；王智兴残酷暴虐，军中将士想驱逐王智兴而立石雄为帅，王智兴知道此事后，借口说石雄立了战功，奏请任命他为刺史。二月初六日丙辰，任命石雄为壁州刺史。

史宪诚听到沧景镇即将平定而感到恐惧，他的儿子史唐劝他到朝廷中去。二月十六日丙寅，史宪诚差史唐带着奏表请求入朝，并且请求朝廷安置他所管辖的地方。

石雄走了以后，武宁节度使王智兴把军队中和石雄要好的一百多人都杀掉了。夏季，四月初九日戊午，王智兴上奏说石雄动摇军情，请求杀掉石雄。文宗知道石雄没有罪，赦免了他的死罪，将他长久流放到白州。

四月十九日戊辰，李载义上奏说进攻沧州，攻下了外城。李祐攻下了德州，城中将卒三千多人逃向镇州。李同捷写信给李祐表示愿意投降，李祐将他的信一并上奏给文宗。谏议大夫柏耆受命去慰劳行营将士，他喜欢张大声势以威制诸将，诸将已经讨厌这个人了；等到李同捷向李祐请求投降，李祐派大将万洪接替守沧州；柏耆怀疑李同捷是诈降，亲自带领数百名骑兵跑到沧州，借故杀了万洪，把李同捷和他的家属带回京师去。四月二十六日，柏耆行至将陵，听到有人说王庭凑想用奇兵救李同捷，于是把李同捷杀了，将他的头送到京城，沧景一带全部平定了。

五月十二日庚寅，加给李载义同平章事官衔。各道兵进攻李同捷，经过三年，才攻下来。而柏耆径直进入沧州城，取李同捷作为自己的功劳，诸将都憎恨他，争相上奏表论述这件事。五月十三日辛卯，朝廷贬谪柏耆为循州司户参军。李祐不久也死了。

五月二十四日壬寅，代理魏博副使的史唐上奏改名史孝章。

六月，丙辰，诏：“镇州四面行营各归本道休息，但务保境，勿相往来；惟庭凑效顺，为达章表，余皆勿受。”

辛酉，以史宪诚为兼侍中、河中节度使；以李听兼魏博节度使。分相、卫、澶三州，以史孝章为节度使。

初，李枯闻柏耆杀万洪，大惊，疾遂剧。上曰：“祐若死，是耆杀之也！”癸酉，赐耆自尽。

河东节度使李程奏得王庭凑书，请纳景州；又奏亓志绍自缢。

上遣中使赐史宪诚旌节，癸酉，至魏州。时李听自贝州还军馆陶，迁延未进，宪诚竭府库以治行。甲戌，军乱，杀宪诚，奉牙内都知兵马使灵武何进滔知留后。李听进至魏州，进滔拒之，不得入。秋，七月，进滔出兵击李听；听不为备，大败，溃走，昼夜兼行，趋浅口，失亡过半，辎重兵械尽弃之。昭义兵救之，听仅而得免，归于滑台。

河北久用兵，馈运不给，朝廷厌苦之。八月，壬子，以进滔为魏博节度使，复以相、卫、澶三州归之。

沧州承丧乱之余，骸骨蔽地，城空野旷，户口存者什无三四。癸丑，以卫尉卿殷侑为齐、德、沧、景节度使。侑至镇，与士卒同甘苦，招抚百姓，劝之耕桑，流散者稍稍复业。先是，本军三万人皆仰给度支，侑至一年，租税自能赡其半；二年，请悉罢度支给赐；三年之后，户口滋殖，仓廪充盈。

王庭凑因邻道微露请服之意；壬申，赦庭凑及将士，复其官爵。

（以上为第二段，写唐文宗姑息，容忍何进滔犯上自立为魏博节度，王庭凑阳奉阴违效顺，而复其官爵，于是魏博、成德两镇叛臣得以授节。）

征浙西观察使李德裕为兵部侍郎，裴度荐以为相。会吏部侍郎李宗闵有宦官之助，甲戌，以宗闵同平章事。

上性俭素，九月，辛巳，命中尉以下毋得衣纱縠绫罗；听朝之暇，惟以书史自娱，声乐游畋未尝留意。驸马韦处仁尝著夹罗巾，上谓曰：“朕慕卿门地清素，故有选尚。如此巾服，听其他贵戚为之，卿不须尔。”

六月初八日丙辰，诏令说：“镇州四面的行营各自回到本道去休息，但是务必保卫好边境，不要互相往来；只有王庭凑表示归顺的章表，才可以传进，其他都不要接受。”

六月十三日辛酉，任命史宪诚为兼侍中、河中节度使；任命李听兼魏博节度使。分出相、卫、澶三州成立一新道，以史孝章为节度使。

起初，李祐听说柏耆杀了万洪，大惊，病就加重了。文宗说：“李祐要是死了，就是柏耆杀了他！”六月二十五日癸酉，命柏耆自杀。

河东节度使李程奏称收到王庭凑的书信，请求交出景州；又上奏说亓志绍自缢死。

文宗派遣中使赐史宪诚旌节，六月二十五日癸酉，到达魏州。当时李听从贝州还军到馆陶，拖延时间，没有向魏州进发，史宪诚尽府库所有钱财来治办行装。六月二十六日甲戌，军中发生叛乱，杀死了史宪诚，推奉牙内都知兵马使灵武人何进滔知留后。李听前进到魏州，何进滔拒绝他，不能入城。秋季，七月，何进滔出兵攻击李听，李听没有防备，大败，溃散逃走，日夜赶路，奔赴浅口，损失兵员超过一半，辎重兵械等都丢掉了。昭义兵来救援他，李听才免被敌人追上，回到滑台。

河北长期作战，运送的粮饷常常供应不上，朝廷深以为苦。八月初五日壬子，任命何进滔为魏博节度使，又把相、卫、澶三州划归给他。

沧州在丧乱之后，到处都是尸体，城镇乡村都空荡荡的，留存的户口不到十分之三四。八月初六日癸丑，任命卫尉卿殷侑为齐、德、沧、景节度使。殷侑到达镇府以后，和士卒同甘共苦，招抚百姓，督促他们努力农耕和蚕桑，流离在外的人逐渐恢复从事本业。原先，本道军队三万人都要靠度支供给；殷侑到那里一年，租税收入就能够供给一半；两年就完全不要度支供给了；三年以后，户口增加很多，仓库中都装满了粮食和财物。

王庭凑通过邻道转达了一些愿意归服朝廷的意思；八月二十五日壬申，赦免王庭凑和将士的罪过，恢复他们的官爵。

征浙西观察使李德裕为兵部侍郎，裴度推荐任命他为宰相。恰遇吏部侍郎李宗闵有宦官的帮助，八月二十七日甲戌，任命李宗闵为同平章事。

文宗习惯于节俭朴素，九月初四日辛巳，命令中尉以下不得穿用纱縠绫罗做的衣服；听朝以外的闲暇时间里，只以阅读经史书籍来取乐，对于声色游乐打猎等事未曾留意过。驸马韦处仁曾戴着夹罗巾，文宗对他说：“朕羡慕你家门庭清高朴素，所以选择你配尚公主。这样的头巾装扮，让其他贵戚去使用好了，你不要这个

壬辰，以李德裕为义成节度使。李宗闵恶其逼己，故出之。

冬，十月，丙辰，以李听为太子少师。

路隋言于上曰："宰相任重，不宜兼金谷琐碎之务，如杨国忠、元载、皇甫镈皆奸臣，所为不足法也。"上以为然。于是裴度辞度支，上许之。

十一月，甲午，上祀圜丘；赦天下。四方毋得献奇巧之物，其纤丽布帛皆禁之，焚其机杼。

（以上为第三段，写唐文宗昏庸，李德裕入朝为相，不到二十天，又被牛党李宗闵排挤出京。此牛李党争第二回合。）

丙申，西川节度使杜元颖奏南诏入寇。元颖以旧相，文雅自高，不晓军事，专务蓄积，减削士卒衣粮。西南戍边之卒，衣食不足，皆入蛮境钞盗以自给，蛮人反以衣食资之；由是蜀中虚实动静，蛮皆知之。南诏自嵯颠谋大举入寇，边州屡以告，元颖不之信；嵯颠兵至，边城一无备御。蛮以蜀卒为乡导，袭陷巂、戎二州。甲辰，元颖遣兵与战于邛州南，蜀兵大败；蛮遂陷邛州。

武宁节度使王智兴入朝。

诏发东川、兴元、荆南兵以救西川；十二月，丁未朔，又发鄂岳、襄邓、陈许等兵继之。

以王智兴为忠武节度使。

己酉，以东川节度使郭钊为西川节度使，兼权东川节度事。

嵯颠自邛州引兵径抵成都，庚戌，陷其外郭。杜元颖帅众保牙城以拒之，欲遁者数。壬子，贬元颖为邵州刺史。

己未，以右领军大将军董重质为神策、诸道西川行营节度使，又发太原、凤翔兵赴西川。南诏寇东川，入梓州西川。钊兵寡弱不能战，以书责嵯颠。嵯颠复书曰："杜元颖侵扰我，故兴兵报之耳。"与钊修好而退。

样子。”

九月十五日壬辰，任命李德裕为义成节度使。李宗闵忌恨李德裕威胁到自己的职位，所以把他调出朝廷。

冬季，十月初九日丙辰，任命李听为太子少师。

路隋对文宗说：“宰相责任重大，不应当兼任钱谷等琐碎的职务，如杨国忠、元载、皇甫镈都是奸臣，他们所兼任的事不值得去效法。”文宗赞同此话。于是宰相裴度就提出辞去兼任度支的职务，文宗答应了。

十一月十八日甲午，文宗到圜丘参加祭天仪式，大赦天下。命四方不许贡献奇巧的东西，那些纤细华丽的布帛都禁止织造，并把织机烧掉。

十一月二十日丙申，西川节度使杜元颖上奏说南诏侵扰边境。杜元颖自以为过去做过宰相，摆出一副文雅高傲的样子，既不懂军事，只知搜刮积蓄家财，因而把士卒的衣粮都克扣了。西南地区守边的兵卒，衣食不足，都靠到蛮人境内去抢掠来维持生计，蛮人不仅不制止他们，反而用衣食资助他们；因此，蜀中虚实动静等情况，蛮人都了解得很清楚。南诏国君嵯颠多次计谋大举侵扰西川，西川边境的州官屡次报告，杜元颖不相信有这回事；嵯颠的军队到达边城，边城一点防备抵御的设施都没有。蛮人用蜀卒为向导，攻下了巂州和戎州。十一月二十八日甲辰，杜元颖派军队在邛州南与蛮人打了一仗，蜀兵大败；蛮人占领了邛州。

武宁节度使王智兴入朝拜见天子。

下诏征发东川、兴元、荆南三节度使的军队以援救西川；十二月初一日丁未，又征发鄂岳、襄邓、陈许等镇兵继续去援助。

任命王智兴为忠武节度使。

十二月初三日己酉，任命东川节度使郭钊为西川节度使，暂时兼任东川节度使职事。

嵯颠从邛州领兵直接抵达成都，十二月初四日庚戌，攻下了外城。杜元颖带领兵众守卫牙城以抵抗蛮兵，多次想逃走。十二月初六日壬子，贬谪杜元颖为邵州刺史。

十二月十三日己未，任命右领军大将军董重质为神策、诸道、西川行营节度使，又征发太原、凤翔镇兵开赴西川。南诏侵扰东川，进到梓州城西，郭钊的军队人数既少力量又弱，无法迎战，于是写信责备嵯颠。嵯颠回信说：“杜元颖侵扰我，所以才起兵报复他。”与郭钊和谈好就退兵了。

蛮留成都西郭十日，其始慰抚蜀人，市肆安堵；将行，乃大掠子女、百工数万人及珍货而去。蜀人恐惧，往往赴江，流尸塞江而下。嵯颠自为军殿，及大度水，嵯颠谓蜀人曰："此南吾境也，听汝哭别乡国。"众皆恸哭，赴水死者以千计。自是南诏工巧埒于蜀中。

嵯颠遣使上表，称："蛮比修职贡，岂敢犯边，正以杜元颖不恤军士，怨苦元颖，竞为乡导，祈我此行以诛虐帅。诛之不遂，无以慰蜀士之心，愿陛下诛之。"丁卯，再贬元颖循州司马。诏董重质及诸道兵皆引还。郭钊至成都，与南诏立约，不相侵扰。诏遣中使以国信赐嵯颠。

（以上为第四段，写南诏侵扰西川。）

四年（庚戌，830 年）

春，正月，辛巳，武昌节度使牛僧孺入朝。

戊子，立子永为鲁王。

李宗闵引荐牛僧孺；辛卯，以僧孺为兵部尚书、同平章事。于是二人相与排摈李德裕之党，稍稍逐之。

南诏之寇成都也，诏山南西道发兵救之，兴元兵少，节度使李绛募兵千人赴之，未至，蛮退而还。

兴元兵有常额，诏新募兵悉罢之。二月，乙卯，绛悉召新军，谕以诏旨而遣之，仍赐以廪麦，皆怏怏而退。往辞监军，监军杨叔元素恶绛不奉己，以赐物薄激之。众怒。大噪，掠库兵，趋使牙。绛方与僚佐宴，不为备，走登北城。或劝缒而出，绛曰："吾为元帅，岂可逃去！"麾推官赵存约令去。存约曰："存约受明公知，何可苟免！"牙将王景延与贼力战死，绛、存约及观察判官薛齐皆为乱兵所害，贼遂屠绛家。

戊午，叔元奏绛收新军募直以致乱。庚申，以尚书右丞温造为山南西道节度使。是时，三省官上疏共论李绛之冤；谏议大夫孔敏行具呈叔元激怒乱兵，上始悟。

蛮人留在成都西城外十天，开始尚能爱护安抚蜀人，市场上安定平静，将要离开时，就大肆抢掠男女、百工数万人和珍贵财物等，席卷而去。蜀人恐惧，有的投江自杀，漂流的尸体满江都是，顺江而下。嵯颠亲自为军队的后卫，到大度水，嵯颠对俘掠来的蜀人说："这里南边就是我国国境，让你们哭着告别家乡和国家吧。"被掠蜀人都痛哭不止，投水而死的有数千人。从这以后，南诏的能工巧匠和蜀中的差不多了。

嵯颠派使者上奏表，说："我们近年一直进贡修好，哪里敢侵犯边界，只是因为杜元颖不爱惜军士，军士怨恨他，争着当向导，请求我去杀掉暴虐的统帅。没有把杜氏杀掉，不能安慰和满足蜀地军士的心愿，希望陛下杀掉他。"十二月二十一日丁卯，再次贬杜元颖为循州司马。诏令董重质和诸道兵都回本道去。郭钊到成都，与南诏订立和约，不互相侵扰。文宗指示派遣中使把作为两国友好凭证的文书赐给嵯颠。

唐文宗太和四年（庚戌，830 年）

春季，正月初六日辛巳，武昌节度使牛僧孺回到朝廷。

正月十三日戊子，立皇子李永为鲁王。

李宗闵推荐牛僧孺为相；正月十六日辛卯，任命牛僧孺为兵部尚书、同平章事。于是二人联合排斥李德裕的党羽，逐渐把他们赶走。

在南诏侵扰成都的时候，诏令山南西道发兵去救援，兴元镇兵员不多，节度使李绛招募了一千人前往，还未赶到，南诏人已退去，他们就回到兴元。

兴元的驻军有一定的数额，朝廷诏令新招募的兵员撤销了。二月初十日乙卯，李绛把新兵都召集在一起，把朝廷诏旨告诉他们并宣布遣散，仍然赐给他们麦子，他们很不高兴地退了下来。他们到监军那里去辞行，监军杨叔元向来就怀恨李绛不尊重自己，就用上次的东西太少为借口以激怒新兵。新兵被激怒，大声喧闹，抢兵器库的武器，奔向节度使府衙。李绛正在和同僚们宴饮，没有防备，慌忙跑向北边城根。有人劝李绛用绳子吊出城外，李绛说："我是元帅，怎么可以逃走！"挥手叫推官赵存约快离开。赵存约说："存约得到明公的知遇，怎么能苟且求免此祸！"牙将王景延奋力与叛兵作战而死，李绛、赵存约和观察判官薛齐都被乱兵杀害，乱兵还把李绛一家人都杀死了。

二月十三日戊午，杨叔元上奏说是李绛没收了招募新军的费用而引起新兵的叛乱。二月十五日庚申，任命尚书右丞温造为山南西道节度使。当时，三省的官员都上疏共同论说李绛是冤枉的；谏议大夫孔敏行具体呈说杨叔元如何激怒乱兵，文宗才了解这件事。

三月，乙亥朔，以刑部尚书柳公绰为河东节度使。先是，回鹘入贡及互市，所过恐其为变，常严兵迎送防卫之。公绰至镇，回鹘遣梅录李畅以马万匹互市，公绰但遣牙将单骑迎劳于境，至则大辟牙门，受其礼谒。畅感泣，戒其下，在路不敢驰猎，无所侵扰。

陉北沙陀素骁勇，为九姓、六州胡所畏伏。公绰奏以其酋长朱邪执宜为阴山都督、代北行营招抚使，使居云、朔塞下，捍御北边。执宜与诸酋长入谒，公绰与之宴。执宜神彩严整，进退有礼，公绰谓僚佐曰："执宜外严而内宽，言徐而理当，福禄人也。"执宜母妻入见，公绰使夫人与之饮酒，馈遗之。执宜感恩，为之尽力。塞下旧有废府十一，执宜修之，使其部落三千人分守之！自是杂虏不敢犯塞。

温造行至褒城，遇兴元都将卫志忠征蛮归，造密与之谋诛乱者，以其兵八百人为牙队，五百人为前军，入府，分守诸门。己卯，造视事，飨将士于牙门，造曰："吾欲问新军去留之意，宜悉使来前。"既劳问，命坐，行酒。志忠密以牙兵围之，既合，唱"杀！"新军八百余人皆死。杨叔元起，拥造靴求生，造命囚之。其手杀绛者，斩之百段，余皆斩首，投尸汉水，以百首祭李绛，三十首祭死事者，具事以闻。己丑，流杨叔元于康州。

癸卯，加淮南节度使段文昌同平章事、为荆南节度使。

（以上为第五段，写河东节度使柳公绰诚信依礼待胡人，得其效力，山南西道节度使温造巧计诛乱兵。）

奚寇幽州，夏，四月，丁未，卢龙节度使李载义击破之；辛酉，擒其王茹羯以献。

裴度以高年多疾，恳辞机政。六月，丁未，以度为司徒、平章军国重事，俟疾损，三五日一入中书。

上患宦者强盛，宪宗、敬宗弑逆之党犹有在左右者；中尉王守澄尤专横，招权纳贿，上不能制。尝密与翰林学士宋申锡言之，申锡请渐除其偪。上以申锡沈厚忠谨，可倚以事，擢为尚书右丞；七月，癸未，以

三月初一日乙亥，任命刑部尚书柳公绰为河东节度使。从前，回鹘来进贡和互市，他们经过的地方，朝廷都担心回鹘人作乱，常常是警卫森严地迎接和护送以防备他们。柳公绰到镇后，回鹘派了梅录李畅用一万匹马进行互市交易，柳公绰只派遣牙将一人单骑在边境上迎接慰劳，到达时大开牙门，接受他们的谒见。李畅被感动得流下了眼泪，告诫他的部下，不要在路上奔跑射猎，一点也不侵扰百姓。

居住在陉岭以北的沙陀部，向来骁勇善战，为九姓、六州胡所畏服。柳公绰保奏任他们的酋长朱邪执宜为阴山都督、代北行营招抚使，让他驻扎在云、朔地区的关塞之下，以捍御北方边境。朱邪执宜和各酋长来拜见，柳公绰设酒宴接待他们。朱邪执宜神情庄严整肃，举止进退合乎礼仪，柳公绰向僚佐们说："朱邪执宜外表严肃而内心宽和，说话从容而道理得当，是有福禄的人。"朱邪执宜的母亲和妻子进见时，柳公绰让夫人和他们一起饮酒，并且送他们很多礼物。朱邪执宜感激所受到的恩惠，愿意为柳公绰尽力。塞下过去有十一座废弃了的栅寨，朱邪执宜把它们修复了，派他的部落中的三千人分别驻守，从这以后别的部族再也不敢侵犯边寨了。

温造到褒城时，遇到兴元都将卫志忠征讨蛮人回来，温造就和卫志忠秘密商量诛杀叛乱新兵的事，把卫志忠部下八百士兵作为牙门的卫队，五百人为先头部队，进入节度使府，分别守卫各道门。三月初五日己卯，温造正式上任，在牙门设宴招待将士，温造说："我想问一问新军去留的意向，应当把他们都叫到前面来。"慰劳询问之后，叫他们坐下，开始上酒。卫志忠暗地命令牙兵包围他们，包围好了，大声喊"杀！"新军八百多人都被杀死了。杨叔元站起来，抱着温造的脚乞求活命，温造命令把他关押起来。那个亲手杀死李绛的人，被碎尸百段，其余的都被杀头，尸体被抛到汉水中，用一百个人头祭李绛，用三十个人头祭死于乱兵中的人，然后把这件事报告了朝廷。三月十五日己丑，把杨叔元流放到康州。

三月二十九日癸卯，加给淮南节度使段文昌同平章事、荆南节度使。

奚人侵扰幽州，夏季，四月初三丁未，卢龙节度使李载义打败了他；四月十七日辛酉，奚王茹羯被抓获，献给朝廷。

裴度由于年老多病，恳切要求辞去宰相职务。六月初五日丁未，改任裴度为司徒、平章军国重事，等到病情减轻一些的时候，三五天到中书省一次就可以了。

文宗忧虑宦官的强势，弑杀宪宗、敬宗的叛逆党羽还有一些人留在左右；中尉王守澄尤其专横，招揽权势，收受贿赂，文宗也不能控制他。文宗曾把这件事秘密和翰林学士宋申锡讲过，宋申锡请求逐渐除掉他们的权势。文宗认为宋申锡沉静厚

申锡同平章事。

初，裴度征淮西，奏李宗闵为观察判官，由是渐获进用。至是，怨度荐李德裕，因其谢病，九月，壬午，以度兼侍中，充山南东道节度使。

西川节度使郭钊以疾求代，冬，十月，戊申，以义成节度使李德裕为西川节度使。

蜀自南诏入寇，一方残弊，郭钊多病，未暇完补。德裕至镇，作筹边楼，图蜀地形，南入南诏，西达吐蕃。日召老于军旅、习边事者，虽走卒蛮夷无所间，访以山川、城邑、道路险易广狭远近，未逾月，皆若身尝涉历。

上命德裕修塞清溪关以断南诏入寇之路，或无土，则以石垒之。德裕上言："通蛮细路至多，不可塞，惟重兵镇守，可保无虞；但黎、雅以来得万人，成都得二万人，精加训练，则蛮不敢动矣。边兵又不宜多，须力可临制。崔旰之杀郭英乂，张朏之逐张延赏，皆镇兵也。"时北兵皆归本道，惟河中、陈许三千人在成都，有诏来年三月亦归，蜀人恼惧。德裕奏乞郑滑五百人、陈许千人以镇蜀；且言："蜀兵脆弱，新为蛮寇所困，皆破胆，不堪征戍。若北兵尽归，则与杜元颖时无异，蜀不可保。恐议者云蜀经蛮寇以来，已自增兵，向者蛮寇已逼，元颖始募市人为兵，得三千余人，徒有其数，实不可用。郭钊募北兵仅得百余人，臣复召募得二百余人，此外皆元颖旧兵也。恐议者又闻一夫当关之说，以为清溪可塞。臣访之蜀中老将，清溪之旁，大路有三，自余小径无数，皆东蛮临时为之开通，若言要塞，则是欺罔朝廷。要须大度水北更筑一城，迤逦接黎州，以大兵守之方可。况闻南诏以所掠蜀人二千及金帛赂遗吐蕃，若使二虏知蜀虚实，连兵入寇，诚可深忧。其朝臣建言者，盖由祸不在身，望人责一状，留入堂案，他日败事，不可令臣独当国宪。"朝廷皆从其请。德裕乃练士卒，葺堡鄣，积粮储以备边，蜀人粗安。

道，忠恪严谨，可以倚靠他办好事，提升他为尚书右丞；七月十一日癸未，任命宋申锡同平章事。

从前，裴度征讨淮南时，奏用李宗闵担任观察判官，从那时起，李宗闵逐渐得到重用。这时，李宗闵埋怨裴度推荐李德裕为宰相，借着裴度因病辞相位的机会，于九月十一日壬午，让文宗任命裴度兼侍中，充山南东道节度使。

西川节度使郭钊因病请求替代，冬季，十月初七日戊申，任命义成节度使李德裕为西川节度使。

蜀地从南诏侵扰后，整个地方残败衰敝，郭钊经常生病，没有力量把地方治理好。李德裕到该镇上任后，特修建一座筹边楼，把蜀地地形画出来，南边到南诏，西边到吐蕃。经常召集那些在军队中生活较久、熟悉边防事务的人，哪怕是走卒或蛮夷人也不例外，向他们询问山川、城邑、道路艰险平易、宽狭远近等情况，不超过一个月，都好像自己亲身到过那里一样。

文宗命令李德裕堵塞清溪关以切断南诏侵扰的道路，没有泥土的地方，就用石头垒砌起来。李德裕上奏说："通往蛮人的小路很多，那是堵塞不了的，只有派重兵防守，才能保证不出问题，但是从黎州、雅州一带到达成都，需要一万人左右才够用，成都需要两万人防守，加以严格训练，那么蛮人就不敢随意行动了。但是边地兵员又不宜太多，必须有能力驾驭他们。如崔旰杀死郭英乂，张朏驱逐张延赏，都是镇兵太多控制不了的缘故。"当时北方的军队都回到本道去了，只有河中、陈许二道的三千人留在成都，有诏令明年三月也要回去，蜀人感到很害怕。李德裕上奏请求留下郑滑道五百人、陈许道一千人用来镇守蜀地；并且说："蜀兵很脆弱，新近被蛮人打得大败，都被吓破了胆，不能担任征讨戍守的任务。假使北方的军队都走了，那么和杜元颖时一样，蜀地不一定能守得住。恐怕议论的人会说蜀地经过蛮人侵扰以后，已经自己增加了兵员，前时蛮寇已经逼近了，杜元颖才招募市肆中的人去当兵，征集了三千人，空有这个人数，其实不能打仗。郭钊征募当兵的北方人只得到一百多人，臣再次招募也只得到二百多人，除此以外都是杜元颖旧有的士兵。恐怕议论的人又会讲，听说'一夫当关，万夫莫开'的说法，认为清溪关可以堵塞就没事了。臣访问了蜀中的老将，得知清溪关的旁边，大路有三条，小路有无数条，都是东蛮因临时需要开通的，要是说可以堵塞，那就是欺骗朝廷。重要的是必须在大度水以北另外修筑一座城，曲折蜿蜒连接黎州，派重兵驻守才能保安全。况且听说南诏把他们所抢掠的两千名蜀人和金帛等物送给吐蕃，假使这两部夷人知道了蜀地空虚情况，联合来侵扰，实在使人万分担心。那些朝臣提出的建议，大概是祸害不在他们身上，希望他们每人留下一张文状，放在政事堂的档案中，将来事情失败了，不能叫为臣一个人承担法律责任。"朝廷答应了李德裕的一切请求。李德裕于是训练

是岁，勃海宣王仁秀卒，子新德早死，孙彝震立，改元咸阳。
（以上为第六段，写李德裕镇西川，西疆稳固。）

五年（辛亥，831 年）

春，正月，丁巳，赐沧、齐、德节度名义昌军。

庚申，卢龙监军奏李载义与敕使宴于毬场后院，副兵马使杨志诚与其徒呼噪作乱，载义与子正元奔易州；志诚又杀莫州刺史张庆初。上召宰相谋之，牛僧孺曰："范阳自安、史以来，非国所有，刘总暂献其地，朝廷费钱八十万缗而无丝毫所获。今日志诚得之，犹前日载义得之也；因而抚之，使捍北狄，不必计其逆顺。"上从之。载义自易州赴京师，上以载义有平沧景之功，且事朝廷恭顺；二月，壬辰，以载义为太保，同平章事如故。以杨志诚为卢龙留后。

臣光曰：昔者圣人顺天理、察人情，知齐民之莫能相治也，故置师长以正之；知群臣之莫能相使也，故建诸侯以制之；知列国之莫能相服也，故立天子以统之。天子之于万国，能褒善而黜恶，抑强而扶弱，抚服而惩违，禁暴而诛乱，然后发号施令而四海之内莫不率从也。《诗》曰："勉勉我王，纲纪四方。"载义藩屏大臣，有功于国，无罪而志诚逐之，此天子所宜治也。若一无所问，因以其土田爵位授之，则是将帅之废置杀生皆出于士卒之手，天子虽在上，何为哉！国家之有方镇，岂专利其财赋而已乎！如僧孺之言，姑息偷安之术耳，岂宰相佐天子御天下之道哉！

（以上为第七段，写司马光批评唐文宗姑息卢龙副兵马使杨志诚犯上逐帅得留后，只责相而不责君，非中肯之论。）

新罗王彦升卒，子景徽立。

上与宋申锡谋诛宦官，申锡引吏部侍郎王璠为京兆尹，以密旨谕之。璠泄其谋，郑注、王守澄知之，阴为之备。

上弟漳王凑贤，有人望，注令神策都虞候豆卢著诬告申锡谋立漳王。

士卒，修葺城堡亭障，储备粮食，用来防御边患，蜀人大体上得到了安全的保障。

这一年，渤海宣王大仁秀去世，他的儿子大新德早已死了，由孙子大彝震继立，改年号为咸和。

唐文宗太和五年（辛亥，831 年）

春季，正月十八日丁巳，赐名沧、齐、德节度为义昌军。

正月二十一日庚申，卢龙监军奏报说李载义与敕使在毬场后院举行宴会，副兵马使杨志诚和他的党徒大喊大叫发动叛乱，李载义和他的儿子李正元逃去易州；杨志诚又杀了莫州刺史张庆初。文宗召集宰相商量这件事，牛僧孺说："范阳从安史之乱以来，就不是国家直接管辖的了，刘总短时间把这块地方献给国家，朝廷花了八十万串钱后一点收获也没有。今天杨志诚得到了它，如同前日李载义得到一样；顺着事势安抚他，使他去捍御北狄的入寇，不要去计较他对朝廷是逆还是顺。"文宗依从了牛僧孺的话。李载义从易州到京师，文宗看到李载义有平定沧景的功劳，并且事奉朝廷很恭顺，二月二十三日壬辰，任命李载义为太保，同平章事依旧。任命杨志诚为卢龙节度使留后。

臣司马光评论说：从前圣人顺从天理，观察人情，了解到一般群众是不能自己管理好自己的，所以就设置州县官来治理他们；了解到臣子们是不能互相役使的，所以就在他们的上面设置诸侯来驾驭他们；了解到各诸侯国彼此之间是不能臣服的，所以就设立天子来统领他们。天子对于众多的诸侯国来说，如果能够做到褒扬善人而贬黜恶人，抑制强暴而扶助弱小，安抚顺服的人而惩罚违戾的人，禁止暴虐者而诛杀叛乱者，然后发号施令而四海之内就没有不顺从的了。《诗经》中说："勉勉我王，纲纪四方。"李载义是守卫边属的大臣，对国家建立过大功，没有什么过错而被杨志诚驱逐，这件事天子就应当做出公正的处理。假若对这事一点也不过问，反而把那里的土地官爵授给杨志诚，那么就是承认了将帅的废立或生死，都由士卒来决定，上面虽然有天子，有什么作用呢！国家设置方镇，难道只是为了收取财赋就完了吗！像牛僧孺那么说，只是姑息偷安的办法罢了，哪里是宰相辅佐天子治理好天下的正道啊！

新罗王金彦升死，他的儿子金景徽继位。

文宗和宋申锡谋划诛杀一批宦官，宋申锡引荐吏部侍郎王璠为京兆尹，把密旨告诉了他。王璠把这件密谋的事泄露出去，宦官郑注、王守澄知道了，暗地里做了防备。

文宗的弟弟漳王李凑比较贤明，有一定声望，郑注指使神策军都虞候豆卢著诬

戊戌，守澄奏之，上以为信然，甚怒。守澄欲即遣二百骑屠申锡家，飞龙使马存亮固争曰：“如此，则京城自乱矣！宜召他相与议其事。”守澄乃止。

是日，旬休，遣中使悉召宰相至中书东门。中使曰：“所召无宋公名。”申锡知获罪，望延英，以笏扣头而退。宰相至延英，上示以守澄所奏，相顾愕眙。上命守澄捕豆卢著所告十六宅宫市品官晏敬则及申锡亲事王师文等，于禁中鞫之；师文亡命。三月，庚子，申锡罢为右庶子。自宰相大臣无敢显言其冤者，独京兆尹崔琯、大理卿王正雅连上疏请出内狱付外廷核实，由是狱稍缓。正雅，翃之子也。晏敬则等自诬服，称申锡遣王师文达意于王，结异日之知。

狱成，壬寅，上悉召师保以下及台省府寺大臣面询之。午际，左常侍崔玄亮、给事中李固言、谏议大夫王质、补阙卢钧、舒元褒、蒋系、裴休、韦温等复请对于延英，乞以狱事付外覆按。上曰：“吾已与大臣议之矣。”屡遣之出，不退。玄亮叩头流涕曰：“杀一匹夫犹不可不重慎，况宰相乎！”上意稍解，曰：“当更与宰相议之。”乃复召宰相入，牛僧孺曰：“人臣不过宰相，今申锡已为宰相，假使如所谋，复与何求！申锡殆不至此！”郑注恐覆按诈觉，乃劝守澄请止行贬黜。癸卯，贬漳王凑为巢县公，宋申锡为开州司马。存亮即日请致仕。玄亮，磁州人；质，通五世孙；系，乂之子；元褒，江州人也。晏敬则等坐死及流窜者数十百人，申锡竟卒于贬所。

（以上为第八段，写唐文宗欲诛宦官王守澄，宰相宋申锡办事不密，败下阵来。）

夏，四月，己丑，以李载义为山南西道节度使，杨志诚为幽州节度使。

五月，辛丑，上以太庙两室破漏，逾年不葺，罚将作监、度支判官、宗正卿俸；亟命中使帅工徒，辍禁中营缮之材以葺之。左补阙韦温谏，以为：“国家置百官，各有所司，苟为堕旷，宜黜其人，更择能者代之。今旷官者止于罚俸，而忧轸所切即委内臣，是以宗庙为陛下所私而百官皆为虚设也。”上善其言，即追止中使，命有司葺之。

告宋申锡阴谋拥立漳王为皇帝。二月二十九日戊戌，王守澄把这件事报告了文宗，文宗以为是真的，非常愤怒。王守澄想立即派二百名骑兵去把宋申锡一家人杀了，飞龙使马存亮坚决诤谏说：“这样，京城就要大乱！应当召集其他的宰相参加讨论这件事。”王守澄才停止了行动。

当天，是旬休日，于是派中使把宰相都召集到中书省东门。中使说：“所召集的名单中没有宋公。”宋申锡知道自己被当成了替罪羊，望着延英殿，用笏板扣着脑袋就退回去了。宰相们到延英殿，文宗把王守澄的奏折给他们看，他们感到非常惊愕。文宗命令王守澄捉豆卢著所告十六宅宫市品官晏敬则和宋申锡的亲事王师文等人，在宫禁中审问他们，王师文逃走了。三月初二日庚子，宋申锡被免去宰相职务，降为右庶子。宰相以下的大臣没有人敢明白地说宋申锡是受了冤枉，只有京兆尹崔琯、大理卿王正雅接连上疏请求把犯人从内狱交出来，让外廷审核落实，这样一来审讯稍稍放慢了一些。王正雅是王翃的儿子。晏敬则等人自我假认服罪，说宋申锡派王师文向漳王表达心意，交结为以后的知心人。

审讯完毕，三月初四日壬寅，文宗把太师太保以下及台、省、府、寺等的大臣都召集起来，当面询问他们的意见。到中午的时候，左常侍崔玄亮，给事中李固言，谏议大夫王质，补阙卢钧、舒元褒、蒋系、裴休、韦温等又请求在延英殿对话，请求把审讯的结果交给外廷复查。文宗说：“我已经和大臣们讨论过了。”屡次催他们离开，他们不退下去。崔玄亮边叩头边流泪说：“杀一个平民百姓尚且不能不慎重，何况是宰相呢！”于是又把宰相召集起来，牛僧孺说：“人臣的职位最高不超过宰相，现在宋申锡已经是宰相了。假使像他所谋划的那样，还想得到什么呢！宋申锡大概不会干这种事！”郑注担心复查时把欺诈的事抖了出来，于是劝王守澄请求文宗只对宋申锡贬官而已。三月初五日癸卯，贬谪漳王李凑为巢县公，宋申锡为开州司马。马存亮当天就请求退休。崔玄亮是磁州人；王质是王通的第五代孙；蒋系是蒋乂的儿子；舒元褒是江州人。晏敬则等因受到株连被处死及流窜的有几十到上百人，宋申锡最后死在贬地。

夏季，四月二十一日己丑，任命李载义为山南西道节度使，杨志诚为幽州节度使。

五月初四日辛丑，文宗由于太庙两间房子破损漏雨，经过一年都未修补，罚了将作监、度支判官宗正卿的薪俸；急忙命令中使带领工匠等人，拿禁中营造房屋的材料来修补太庙。左补阙韦温当即进谏，认为：“国家设置百官，各有各的任务，假使这些人失职，应当罢免他们，另外选择有才能的人接替。现在荒旷了官职的人只是罚了薪俸，而深切忧虑的事却交给内臣去办，这是把宗庙看成是陛下私有的设置，

丙辰，西川节度使李德裕奏遣使诣南诏索所掠百姓，得四千人而还。

秋，八月，戊寅，以陕虢观察使崔郾为鄂岳观察使。鄂岳地囊山带江，处百越、巴、蜀、荆、汉之会，土多群盗，剽行舟，无老幼必尽杀乃已。郾至，训卒治兵，作蒙冲追讨，岁中，悉诛之。郾在陕，以宽仁为治，或经月不笞一人，及至鄂，严峻刑罚；或问其故，郾曰："陕土瘠民贫，吾抚之不暇，尚恐其惊；鄂地险民杂，夷俗慓狡为奸，非用威刑，不能致治。政贵知变，盖谓此也。"

西川节度使李德裕奏："蜀兵羸疾老弱者，从来终身不简，臣命立五尺五寸之度，简去四千四百余人，复简募少壮者千人以慰其心。所募北兵已得千五百人，与土兵参居，转相训习，日益精练。又，蜀工所作兵器，徒务华饰不堪用；臣今取工于别道以治之，无不坚利。"

九月，吐蕃维州副使悉怛谋请降，尽帅其众奔成都；德裕遣行维州刺史虞藏俭将兵入据其城。庚申，具奏其状，且言："欲遣生羌三千，烧十三桥，捣西戎腹心，可洗久耻，是韦皋没身恨不能致者也！"事下尚书省，集百官议，皆请如德裕策。牛僧孺曰："吐蕃之境，四面各万里，失一维州，未能损其势。比来修好，约罢戍兵，中国御戎，守信为上。彼若来责曰：'何事失信？'养马蔚茹川，上平凉阪，万骑缀回中，怒气直辞，不三日至咸阳桥。此时西南数千里外，得百维州何所用之！徒弃诚信，有害无利。此匹夫所不为，况天子乎！"上以为然，诏德裕以其城归吐蕃，执悉怛谋及所与偕来者悉归之。吐蕃诛之于境上，极其惨酷。德裕由是怨僧孺益深。

冬，十月，戊寅，李德裕奏南诏寇嶲州，陷三县。

（以上为第九段，写董郾善为政，宽严相济，所镇无不安定。牛僧孺沮败李德裕

而百官都当作无用的摆设了。”文宗认为他的话说得好，当即追回中使，命有关部门去把太庙修补好。

五月十九日丙辰，西川节度使李德裕奏报说，派使者到南诏去索取被抢去的百姓，要回来四千人。

秋季，八月十三日戊寅，改任陕虢观察使崔郾为鄂岳观察使。鄂岳地方有山有河，处在百越、巴、蜀、荆、汉交会地带，地方上群起为盗的很多，抢劫来往船只，不论老幼必定将其杀死后才罢手。崔郾到任后，训练士卒，修整武器，建造战船追捕讨伐，一年之中，群盗都被杀掉了。崔郾在陕州任职时，用宽大仁义的办法治理百姓，有时候一两个月连一个人也不鞭打，到鄂州以后，则用刑罚特别严峻。有人问他原因，崔郾说：“陕州地方土地贫瘠，百姓生活困苦，我抚恤他们还来不及，还担心惊吓了他们；鄂州地方土地险要民众混杂，夷人的习性强悍奸猾，如果不用严厉的刑罚，便不能把地方治理好。为政者最重要的是要知道变通，就是讲的这种情况。”

西川节度使李德裕上奏：“蜀兵中老弱病残的，从来也没精简过，臣命令树立一个五尺五寸的标杆，按这标准有四千四百多人落选，又选募了年轻力壮的一千人，以安慰他们的情绪。招募的北方兵已经有一千五百人，他们与当地兵居住在一起，互相训练学习，一天天精壮熟练。另外，蜀地工匠所制作的兵器，只注重外表好看但不切实用；臣现在从其他地方请来工匠制造兵器，件件都坚固锋利。”

九月，吐蕃维州副使悉怛谋请求投降，把部众全部带到成都；李德裕派行维州刺史虞藏俭带兵到那里入城据守。九月二十五日庚申，李德裕把整个情况奏报朝廷，并且说：“打算派生羌三千人，烧十三桥，直捣西戎的中心地带，可以洗雪长久以来的耻辱，这是韦皋终身遗憾没有实现的事情！”朝廷把这件事交给尚书省，召集百官商议，都说请按照李德裕的策谋去办。牛僧孺说：“吐蕃的国境，方圆万里，失去一个维州，不能减弱其势力。近来两国和好，商定撤去守边的军队，中原防御戎族，最好是讲求信任。他要是来责备说：‘为什么不守信用？’然后在蔚茹川养马，登上平凉地方的山坡，千军万马连接地回中道上，怒气冲冲，据直而言，要不了三天，军队就会到达咸阳桥。这个时候西南数千里以外，就是得到一百个维州又有什么用呢！白白丢掉了诚信，有害无利。这是一般人都不做的事，何况是天子呢！”文宗认为牛僧孺的话有道理，诏令李德裕把所占据的城池归还吐蕃，把悉怛谋和他所带来的人都送回去。吐蕃在边境上把送回去的人全部杀死，手段极其残酷。李德裕由于这件事更加怨恨牛僧孺。

冬季，十月十四日戊寅，李德裕奏报南诏侵扰嶲州，攻陷了三个县。

安边之策，致使吐蕃降人遭屠戮。）

六年（壬子，832年）

春，正月，壬子，诏以水旱降系囚。群臣上尊号曰太和文武至德皇帝；右补阙韦温上疏，以为："今水旱为灾，恐非崇饰徽称之时。"上善之，辞不受。

三月，辛丑，以武宁节度使王智兴兼侍中，充忠武节度使；以邠宁节度使李听为武宁节度使。

回鹘昭礼可汗为其下所杀，从子胡特勒立。

李听之前镇武宁也，有苍头为牙将；至是，听先遣亲吏至徐州慰劳将士，苍头不欲听复来，说军士杀其亲吏，脔食之。听惧，以疾固辞。辛酉，以前忠武节度使高瑀为武宁节度使。

夏，五月，甲辰，李德裕奏修邛崃关及移嶲州理台登城。

秋，七月，原王逵薨。

冬，十月，甲子，立鲁王永为太子。初，上以晋王普，敬宗长子，性谨愿，欲以为嗣；会薨，上痛惜之，故久不议建储，至是始行之。

十一月，乙卯，以荆南节度使段文昌为西川节度使。西川监军王践言入知枢密，数为上言："缚送悉怛谋以快虏心，绝后来降者，非计也。"上亦悔之，尤中书侍郎、同平章事牛僧孺失策。附李德裕者因言："僧孺与德裕有隙，害其功。"上益疏之。僧孺内不自安，会上御延英，谓宰相曰："天下何时当太平，卿等亦有意于此乎！"僧孺对曰："太平无象。今四夷不至交侵，百姓不至流散，虽非至理，亦谓小康。陛下若别求太平，非臣等所及。"退，谓同列曰：主上责望如此，吾曹岂得久居此地乎！"因累表请罢。十二月，乙丑，以僧孺同平章事，充淮南节度使。

臣光曰：君明臣忠，上令下从，俊良在位，佞邪黜远，礼修乐举，刑清政平，奸宄消伏，兵革偃戢，诸侯顺附，四夷怀服，家给人足，此太平之象也。于斯之时，阍寺专权，胁君于内，弗能远也；

唐文宗太和六年（壬子，832年）

春季，正月十八日壬子，下诏令因水旱灾的关系减轻囚犯的刑罚。群臣给文宗送上“太和文武至德皇帝”的尊号；右补阙韦温上疏，认为：“现在既有水灾又有旱灾，恐怕不是送上美好名称的时候。”文宗认为对，推辞而不接受。

三月初八日辛丑，任命武宁节度使王智兴兼侍中，充任忠武节度使；改任邠宁节度使李听为武宁节度使。

回鹘昭礼可汗被他的部下所杀，侄子胡特勒继位为可汗。

李听在以前担任武宁节度使时，他的一个苍头作了牙将。到这时候，李听接到任命后，预先派遣亲信官员到徐州去慰劳将士，苍头不愿意李听再来徐州，劝说军士把李听的亲信官杀了，并切成肉酱吃掉。李听知道后很惧怕，借口有病坚决辞职。四月二十八日辛酉，任命前忠武节度使高瑀为武宁节度使。

夏季，五月十二日甲辰，李德裕上奏修邛崃关和迁移巂州治所，从越巂迁到台登城。

秋季，七月，原王李逵去世。

冬季，十月初五日甲子，立鲁王李永为皇太子。原先，文宗认为晋王李普是敬宗的长子，性情谦谨善良，想把他作继承人；结果他死了，文宗非常悲痛和惋惜，所以很久不提设立太子事，到现在才进行这件事。

十一月二十七日乙卯，任命荆南节度使段文昌为西川节度使。西川监军王践言回到朝廷担任枢密使，多次对文宗说：“把悉怛谋捆起来送回吐蕃以取得吐蕃的欢心，使得以后再也没有人来投降了，这不是好计谋。”文宗也感到后悔，责怪中书侍郎、同平章事牛僧孺谋划不当，依附李德裕的人因而说：“牛僧孺和李德裕有矛盾，所以阻碍他建立功业。”文宗由此更加疏远牛僧孺。牛僧孺在内心感到很不自在，遇到文宗到延英殿，对宰相们说：“天下什么时候才会太平，你们对这个问题也留意了吗？”牛僧孺回答说：“太平是没有固定表象的。现在四方夷人不至交替侵扰，百姓没有流离失所的，虽然不是最好的太平时期，也可说是小康局面了。陛下要是另外追求太平，不是臣子们能做到的。”退下以后，对同事们说：“主上提出了这样的要求和希望，我们哪能长久地留在这个职位上呢！”因此多次上表请求辞职。十二月初七日乙丑，命牛僧孺带同平章事官衔，充任淮南节度使。

臣司马光评论说：君主贤明臣下忠心，上司命令下级服从，俊逸善良的任官职，奸佞邪恶的被排斥，礼乐都被重视，政治刑法清平，奸宄的事很少发生，战争也长时间平息，诸侯都归顺朝廷，四夷也臣服中央，人人都得到温

藩镇阻兵，陵慢于外，弗能制也；士卒杀逐主帅，拒命自立，弗能诘也；军旅岁兴，赋敛日急，骨血纵横于原野，杼轴空竭于里闾，而僧孺谓之太平，不亦诬乎！当文宗求治之时，僧孺任居承弼，进而偷安取容以窃位，退则欺君诬世以盗名，罪孰不焉！

（以上为第十段，写牛僧孺遭文宗问责而辞仕，受到司马光的严厉批评，称牛僧孺“偷安取容以窃位，欺君诬世以盗名”，是一罪臣。）

珍王诚薨。

乙亥，昭义节度使刘从谏入朝。

丁未，以前西川节度使李德裕为兵部尚书。

初，李宗闵与德裕有隙，及德裕还自西川，上注意甚厚，朝夕且为相，宗闵百方沮之不能。京兆尹杜悰，宗闵党也，尝诣宗闵，见其有忧色，曰：“得非以大戎乎？”宗闵曰：“然。何以相救？”悰曰：“悰有一策，可平宿憾，恐公不能用。”宗闵曰：“何如？”悰曰：“德裕有文学而不由科第，常用此为慊慊，若使之知举，必喜矣。”宗闵默然有间，曰：“更思其次。”悰曰：“不则用为御史大夫。”宗闵曰：“此则可矣。”悰再三与约，乃诣德裕。德裕迎揖曰：“公何为访此寂寥？”悰曰：“靖安相公令悰达意。”即以大夫之命告之。”德裕惊喜泣下，曰：“此大门官，小子何足以当之！”寄谢重沓。宗闵复与给事中杨虞卿谋之，事遂中止。虞卿，汝士之从弟也。

（以上为第十一段，写牛僧孺被贬出朝，李德裕还朝任兵部尚书。）

七年（癸丑，833年）

春，正月，甲午，加昭义节度使刘从谏同平章事，遣归镇。初，从谏以忠义自任，入朝，欲请他镇；既至，见朝廷事柄不一，又士大夫多请托，心轻朝廷，故归而益骄。

徐州承王智兴之后，士卒骄悖，节度使高瑀不能制，上以为忧。甲寅，以岭南节度使崔珙为武宁节度使，珙至镇，宽猛适宜，徐人安之。珙，琯之弟也。

二月，癸亥，加卢龙节度使、检校工部尚书杨志诚检校吏部尚书。

饱，这就是天下太平的景象。在今天这个时候，宦官专权，在朝廷中胁迫君主，不能疏远他；藩镇拥兵自守，在地方上傲慢无礼，不能控制他，士卒杀戮和驱逐主帅，抗拒朝命自立为帅，不能责问他；年年都有战争，征收赋税日益紧迫，原野中到处是尸骨，平民家里空空如也，这种情况却被牛僧孺称作天下太平，不是太骗人了吗！当文宗皇帝要求治理好国家的时候，牛僧孺处在宰相的职位上，进取时就苟且偷安以求得君主的含容保住官位，退守时就欺骗君主蒙骗世人以盗取名声，罪过是多么大啊！

珍王李诚去世。

十二月十七日乙亥，昭义节度使刘从谏到京师朝见文宗。

丁未（十二月无此日），任命前西川节度使李德裕为兵部尚书。

从前，李宗闵与李德裕之间有隔阂，等到李德裕从西川回到京城，文宗对待他很亲近，即将任他为宰相，李宗闵千方百计也不能阻止。京兆尹杜悰是李宗闵的同党，曾到李宗闵处，看见他有忧愁的面容，说："是不是由于李德裕的关系？"李宗闵说："是。但又有什么办法能阻止他呢？"杜悰说："我有一个办法，可以平息过去的仇怨，只怕你不能采用。"李宗闵说："什么办法？"杜悰说："李德裕文学很好但不是科第出身，常常因为这一点而感到遗憾，要是叫他去主持科举考试，他一定会很高兴。"李宗闵沉默了一会，说："再想其他办法。"杜悰说："不然就让他担任御史大夫。"李宗闵说："这个办法可行。"杜悰与李宗闵反复商量好几次，就到李德裕那里去。李德裕迎接他说："公为什么访问我这闲散之人？"杜悰说："靖安相公李宗闵要我转达他的意思。"把即将任命为御史大夫的事告诉他。李德裕惊喜得流泪，说："这样的大门官，小子哪里担当得起！"一再托他感谢李宗闵。李宗闵又和给事中杨虞卿谋划这件事，后来又不了了之。杨虞卿是杨汝士的堂弟。

唐文宗太和七年（癸丑，833 年）

春季，正月初六日甲午，加给昭义节度使刘从谏同平章事官衔，仍回镇行职。原先，刘从谏自认为对国家是忠义的，到朝廷后，想请求调到其他镇去；到了京城以后，看到朝廷任事和掌权的人很不一致，士大夫又多通过请托求官，内心于是看不起朝廷的作为，所以回镇后就更加骄横。

徐州在王智兴之后，承袭了一套坏作风，士卒骄横悖逆，节度使高瑀制驭不了，文宗对此很担心。正月二十六日甲寅，改任岭南节度使崔珙为武宁节度使。崔珙到镇后，做到宽大与严厉适当的结合，徐州人安定下来了。崔珙是崔琯的弟弟。

二月初五日癸亥，加给卢龙节度使、检校工部尚书杨志诚检校吏部尚书。进奏

进奏官徐迪诣宰相言：“军中不识朝廷之制，唯知尚书改仆射为迁，不知工部改吏部为美，敕使往，恐不得出。”辞气甚慢，宰相不以为意。

丙戌，以兵部尚书李德裕同平章事。德裕入谢，上与之论朋党事，对曰：“方今朝士三分之一为朋党。”时给事中杨虞卿与从兄中书舍人汝士、弟户部郎中汉公、中书舍人张元夫、给事中萧澣等善交结，依附权要，上干执政，下挠有司，为士人求官及科第，无不如志，上闻而恶之，故与德裕言首及之；德裕因得以排其所不悦者。初，左散骑常侍张仲方尝驳李吉甫谥，及德裕为相，仲方称疾不出。三月，壬辰，以仲方为宾客分司。

杨志诚怒不得仆射，留官告使魏宝义并春衣使焦奉鸾、送奚契丹使尹士恭；甲午，遣牙将王文颖来谢恩并让官。丙申，复以告身并批答赐之，文颖不受而去。

和王绮薨。

庚戌，以杨虞卿为常州刺史，张元夫为汝州刺史。他日，上复言及朋党，李宗闵曰：“臣素知之，故虞卿辈臣皆不与美官。”李德裕曰：“给、舍非美官而何！”宗闵失色。丁巳，以萧澣为郑州刺史。

夏，四月，丙戌，册回鹘新可汗为爱登里啰汩没密施合句禄毗伽彰信可汗。

六月，乙巳，以山南西道节度使李载义为河东节度使。先是，回鹘每入贡，所过暴掠，州县不敢诘，但严兵防卫而已。载义至镇，回鹘使者李畅入贡，载义谓之曰：“可汗遣将军入贡以固舅甥之好，非遣将军陵践上国也。将军不戢部曲，使为侵盗；载义亦得杀之，勿谓中国之法可忽也。”于是悉罢防卫兵，但使二卒守其门。畅畏服，不敢犯令。

壬申，以工部尚书郑覃为御史大夫。初，李宗闵恶覃在禁中数言事，奏罢其侍讲。上从容谓宰相曰：“殷侑经术颇似郑覃。”宗闵对曰：“覃、侑经术诚可尚，然论议不足听。”李德裕曰：“覃、侑议论，他人不欲闻，惟陛下欲闻之。”后旬日，宣出，除覃御史大夫。宗闵谓枢密使崔潭峻曰：“事一切宣出，安用中书！”潭峻曰：“八年天子，听其自行事亦可

官徐迪到宰相那里说："军队中的人不懂得朝廷的制度，只知道尚书改为仆射是升官，不知道工部尚书改为吏部尚书是换了美职，敕使到那里去，恐怕会被扣留。"其讲话口气很傲慢，宰相不把这种情况当作一件重要事件看待。

二月二十八日丙戌，任命兵部尚书李德裕同平章事。李德裕到宫中谢恩，文宗和他讨论朋党的事，他回答说："现在朝廷中的士大夫三分之一的人都有朋党关系。"当时给事中杨虞卿与从兄中书舍人杨汝士、弟弟户部郎中杨汉公、中书舍人张元夫、给事中萧澣等亲密地结合在一起，依附有权势的人，对上面干涉宰相，对下面为难有关部司，为士人谋求官职和取得科举登第，没有不达到目的的，文宗听到很厌恶，所以和李德裕谈话时首先就提这个问题；李德裕就借这个机会来排斥他所不喜欢的人。原先，左散骑常侍张仲方曾驳斥过李吉甫的谥号，等到李德裕做了宰相，张仲方说有病不出视事。三月初五日壬辰，改任张仲方为太子宾客分司东都。

杨志诚没有得到仆射官很气愤，把官告使魏宝义和春衣使焦奉鸾，送奚契丹使尹士恭都扣留起来；三月初七日，派遣牙将王文颖到朝廷谢恩并辞所加的官。三月初九日，朝廷又把告身和批示不准辞官的文书赐给他，王文颖没有接受就走了。

和王李绮去世。

三月二十三日庚戌，改任杨虞卿为常州刺史，张元夫为汝州刺史。后来，文宗又讲到朋党的事，李宗闵说："臣向来就了解他们，所以不给杨虞卿等人好官职。"李德裕接着说："给事中、中书舍人不是好官职又是什么呢！"李宗闵听了之后脸上颜色都变了。三月三十日丁巳，改任萧澣为郑州刺史。

夏季，四月二十九日丙戌，册命回鹘新可汗为爱登里啰汩没密施合句禄毗伽彰信可汗。

六月初九日乙巳，任命山南西道节度使李载义为河东节度使。从前，回鹘每次来朝廷进贡，所经过的地方都遭到横暴掳掠，州县地方官不敢过问，只是派重兵防卫罢了。李载义到镇以后，回鹘使者李畅又来进贡，李载义对他说："可汗派将军来进贡是为了巩固舅甥之间的友好关系，不是派将军来欺凌上国的。将军不约束所带的军队，让他们去为非作歹，李载义也能杀掉他们，不要认为中原的法纪是可以忽视的。"于是把防卫的军队都撤了，只要两个守门的士兵留着。李畅既敬畏又叹服，不敢再违犯法令。

六月十六日壬申，任命工部尚书郑覃为御史大夫。先前，李宗闵怨恨郑覃在禁中多次向文宗议论政事，于是奏请罢免了郑覃的侍讲学士官职。文宗从容对宰相们说："殷侑的经术很像郑覃。"李宗闵回答说："郑覃、殷侑的经术虽然值得推崇，然而议论却不值得听取。"李德裕说："郑覃、殷侑的议论，其他的人不想听，只是陛下想听到它。"隔了十来天，文宗的诏命宣布了，任命郑覃为御史大夫。李宗闵向

矣！”宗闵愀然而止。

乙亥，以中书侍郎、同平章事李宗闵同平章事、充山南西道节度使。

秋，七月，壬寅，以右仆射王涯同平章事、兼度支、盐铁转运使。

宣武节度使杨元卿有疾，朝廷议除代，李德裕请徙刘从谏于宣武，因拔出上党，不使与山东连结；上以为未可。癸丑，以左仆射李程为宣武节度使。

（以上为第十二段，写李德裕入相，斥逐牛党，李宗闵被罢相出朝。此牛李党争第三回合。）

上患近世文士不通经术，李德裕请依杨绾议，进士试论议，不试诗赋。德裕又言：“昔玄宗以临淄王定内难，自是疑忌宗室，不令出阁；天下议皆以为幽闭骨肉，亏伤人伦。向使天宝之末、建中之初，宗室散处方州，虽未能安定王室，尚可各全其生；所以悉为安禄山、朱泚所鱼肉者，由聚于一宫故也。陛下诚因册太子，制书听宗室年高属疏者出阁，且除诸州上佐，使携其男女出外婚嫁；此则百年弊法，一旦因陛下去之，海内孰不欣悦！”上曰：“兹事朕久知其不可，方今诸王岂无贤才，无所施耳！”八月，庚寅，册命太子，因下制：诸王自今以次出阁，授紧、望州刺史、上佐；十六宅县主，以时出适；进士停试诗赋。诸王出阁，竟以议所除官不决而罢。

（以上为第十三段，写李德裕建言唐文宗，革除圈禁皇室子孙的制度，未能彻底施行。）

壬寅，加幽州节度使杨志诚检校右仆射；仍别遣使慰谕之。

杜牧愤河朔三镇之桀骜，而朝廷议者专事姑息，乃作书，名曰《罪言》，大略以为：“国家自天宝盗起，河北百余城不得尺寸，人望之若回鹘、吐蕃，无敢窥者。齐、梁、蔡被其风流，因亦为寇。未尝五年间不战，焦焦然七十余年矣。今上策莫如先自治，中策莫如取魏；最下策为浪战，不计地势，不审攻守是也。”

枢密使崔潭峻说："一切政事都由皇上自己决定宣布，还设中书省干什么！"崔潭峻说："皇上做了八年的天子了，让他自己决定一些大事也是可以的！"李宗闵显出忧愁的样子不说话了。

六月十九日乙亥，改中书侍郎、同平章事李宗闵为同平章事，充山南西道节度使。

秋季，七月十七日壬寅，任命右仆射王涯同平章事，兼度支、盐铁转运使。

宣武节度使杨元卿患病，朝廷讨论接替的人，李德裕请求把刘从谏调到宣武去，这样就把上党地区架空了，不使它和山东联结在一起；文宗认为不能那么做。七月二十八日癸丑，任命左仆射李程为宣武节度使。

文宗忧虑近世文士不懂得经术，李德裕请求依照杨绾的建议，进士考试时考论议，不考诗赋。李德裕又说："从前玄宗以临淄王的身份平定内难，从这以后对宗室有所猜疑，不让他们离开朝廷；天下人议论都认为这是幽闭骨肉，损伤人伦关系。要是天宝末年、建中初年宗室分散居住在各个州县，虽然不能保护王室的安定，但还可以各自保全生命；他们都被安禄山、朱泚所屠杀的原因，就是由于聚居在一个地方。陛下如果趁着册立太子的机会，下令听凭宗室中年纪大、籍属疏远的人离开王宫，并且授予州府上等官职，让他们带着子女在外地完婚嫁娶，这等于是把上百年来的不好制度，一下子除去了，海内没有谁会不高兴的！"文宗说："这件事朕很久就知道不能那么办，现在各王室中难道没有贤才，只是没有地方施展发挥而已！"八月初七日，册立太子，因而下诏令：诸王从今以后依次第可以离开京城，并授予紧州、望州刺史或州刺史的高级佐官；十六宅的县主，到年龄可以出嫁；进士考试时停止考诗赋。诸王出阁的事，最终由于不能决定授予的官职而没有实行。

七月十九日壬寅，加给幽州节度使杨志诚检校右仆射的官衔；仍然另外派使者去慰问他。

杜牧愤恨河北三镇的凶暴乖戾，而朝廷议政的大臣只知道姑息宽容，于是写了一篇题为《罪言》的文章，大概内容是说："国家自从天宝末年发生叛乱以来，河北地区一百多个城池都丢掉了，人们把它同回鹘、吐蕃一样看待，没有人敢去收回它们。齐、梁、蔡各地受到他们的影响，因此也反叛朝廷。没有超过五年不打仗的日子，焦急危苦有七十多年了。现在的上策没有比先自治图强更好的了，中策没有比收复魏博更好的了，最下策是轻率地开战，不考虑地理形势，不研究攻守的不同。"

又伤府兵废坏，作《原十六卫》，以为：“国家始踵隋制，开十六卫，自今观之，设官言无谓者，其十六卫乎！本原事迹，其实天下之大命也。贞观中，内以十六卫蓄养武臣，外开折冲、果毅府五百七十四，以储兵伍，有事则戎臣提兵居外，无事则放兵居内。其居内也，富贵恩泽以奉其身；所部之兵散舍诸府。上府不越千二百人，三时耕稼，一时治武，籍藏将府，伍散田亩，力解势破，人人自爱，虽有蚩尤为帅，亦不可使为乱耳。及其居外也，缘部之兵被檄乃来，斧钺在前，爵赏在后，飘暴交捽，岂暇异略！虽有蚩尤为帅，亦无能为叛也。自贞观至于开元百三十年间，戎臣兵伍未始逆篡，此大圣人所以能柄统轻重，制鄣表里，圣算神术也。至于开元末，愚儒奏章曰：‘天下文胜矣，请罢府兵。’武夫奏章曰，‘天下力强矣，请搏四夷。’于是府兵内铲，边兵外作，戎臣兵伍，湍奔矢往，内无一人矣。尾大中干，成燕偏重，而天下掀然，根萌烬然，七圣旰食，求欲除之且不能也。由此观之，戎臣兵伍，岂可一日使出落铃键哉！然为国者不能无兵，居外则叛，居内则篡。使外不叛，内不篡，古今以还，法术最长，其置府立卫乎！近代以来，于其将也，弊复为甚，率皆市儿辈，多赍金玉、负倚幽阴、折券交货所能致也；绝不识父兄礼义之教，复无慷慨之气。百城千里，一朝得之，其强杰愎勃者则挠削法制，不使缚己，斩族忠良，不使违己，力一势便，罔不为寇；其阴泥巧狡者，亦能家算口敛，委于邪倖，由卿市公，去郡得都，四履所治，指为别馆；或一夫不幸而寿，则戛割生人，略匝天下。是以天下兵乱不息，齐人干耗，靡不由是矣。呜呼！文皇帝十六卫之旨，其谁原而复之乎！”

（以上为第十四段，写杜牧论时政，在《罪言》与《原十六卫》两篇政论中讨论藩镇割据之祸形成的原因，一是朝廷姑息，二是府兵制败坏。）

又作《战论》，以为：“河北视天下，犹珠玑也；天下视河北，犹四支也。河北气俗浑厚，果于战耕，加以土息健马，便于驰敌，是以出则胜，处则饶，不窥天下之产，自可封殖；亦犹大农之家，不待珠玑然后

杜牧又叹息府兵制度的被破坏，写了《原十六卫》，认为："国家开始承袭隋朝的制度，设立十六卫，从现在情况看起来，设置的官职无意义的，恐怕就是十六卫了！追本溯源来看，其实是国家最根本的命脉所系。贞观年间，朝廷中用十六卫来蓄养武臣，地方上设立折冲、果毅府五百七十四处用来储备兵员，发生了战事，武臣领兵在外作战，平时就解散军队居住在卫府之内。他们居住在朝廷时，富贵恩泽养着身家，所带领的军队，分散在各折冲府。上府不超过一千二百人，春夏秋三季从事农耕劳动，冬季练习武艺，名册收藏在将府中，队伍散居在田园各处，力量被分散，人人自爱，哪怕是蚩尤来做统帅，也不能使他们起来作乱。等到他们领兵在外时，所统领的士兵是被命令召来的，军纪立在前面，爵赏悬在后面，赏罚交相约束着每个人，哪有空闲时间考虑其他事！哪怕是蚩尤做统帅，也没有能力起来反叛朝廷。从贞观到开元一百三十年之间，从武将到士卒没有发生叛逆篡弑之事，这就是由于制定府兵政策的大圣人能够驾驭国家大小军事权力，制定朝内外事权的安排，运用妙策良谋的缘故。至于开元末年，那些愚昧的儒生在奏章中说：'天下文治很好了，请废除府兵制度。'那些武夫的奏章说：'国家武力很强大了，请对四夷发动进攻。'于是府兵在内部被削弱，边兵在外地作战，武臣和士兵，急忙奔赴，朝内空无一人了。外强中干，导致燕地方势力特别大，而天下发生大变动，各种旧势力都起来了，从那以后七位皇帝宵衣旰食，想把他们平定但是没有能力做到。这样看来，武将士卒哪里能够在一天之中就交出权力接受管束啊！然而统治国家不能没有军队，可是有了军队，在地方上难免不发生叛乱，在朝廷中难免不发生篡弑这样的事。要使军队在外不叛，在内不篡，从古代到今天，最好的办法就是置府立卫了！从近代的情况看，对那些将领来说，弊病又是很多的，他们大多是市井小人，带着许多金银财宝，依靠贿赂宦官得到的官职；这些人决然没有受过父兄关于礼义的教育，又没有慷慨仗义的气魄。一旦得到统辖千里的土地，上百座城池，那些强悍刚愎的人就会不遵守法制，不让法制束缚自己，杀害那些忠良正直的人，不让他们违抗自己，只要有了势力，没有不成为叛乱的人的；那些柔弱奸巧的人，也会对各家各户搜刮钱财，然后买通宦官，由列卿得到三公，由州郡得到都城，把他统治的地方，看作是自己的私人别墅；如果有那么一个人幸而长寿，那么就要残害宰割平民百姓，劫掠整个国家了。所以天下兵乱不能平息，老百姓财力消耗干净，都是由于这个原因。唉！太宗皇帝建立十六卫府的宗旨，谁又懂得它原来的好处而把它恢复呢！"

杜牧又写了《战论》，认为："河北对于全国，犹如珠玑宝玉；全国对于河北，犹如身体四肢。河北地方风俗民情浑朴纯厚，善于耕战，加上出产健马，便于冲锋陷阵，所以打仗就能取胜，居住的地方就很富有，不靠全国其他地方的产物，自己

以为富也。国家无河北，则精甲、锐卒、利刀、良弓、健马无有也，是一支，兵去矣。河东、盟津、滑台、大梁、彭城、东平，尽宿厚兵以塞虏冲，不可他使，是二支，兵去矣。六镇之师，厥数三亿，低首仰给，横拱不为，则沿淮已北，循河之南，东尽海，西叩洛，赤地尽取，才能应费，是三支，财去矣。咸阳西北，戎夷大屯，尽铲吴、越、荆、楚之饶以啖兵戍；是四支，财去矣。天下四支尽解，头腹兀然，其能以是久为安乎！今者诚能治其五败，则一战可定，四支可生。夫天下无事之时，殿寄大臣偷安奉私，战士离落，兵甲钝弊，是不蒐练之过，其败一也。百人荷戈，仰食县官，则挟千夫之名，大将小裨，操其余赢，以虏壮为幸，以师老为娱，是执兵者常少，縻食常多，此不责实料食之过，其败二也。战小胜则张皇其功，奔走献状以邀上赏，或一日再赐，或一月累封，凯还未歌，书品已崇，爵命极矣，田宫广矣，金缯溢矣，子孙官矣，焉肯搜奇出死，勤于我矣！此厚赏之过，其败三也。多丧兵士，颠翻大都，则跳身而来，刺邦而去，回视刀锯，气色甚安，一岁未更，旋已立于坛墀之上矣，此轻罚之过，其败四也。大将兵柄不得专，恩臣、敕使迭来挥之，堂然将陈，殷然将鼓，一则曰必为偃月，一则曰必为鱼丽，三军万夫，环旋翔羊愰骇之间，虏骑乘之，遂取吾之鼓旗，此不专任责成之过，其败五也。今者诚欲调持干戈，洒扫垢汙，而乃踵前非，是不可为也。”

（以上为第十五段，摘要杜牧《战论》，指出朝廷用兵有五弊，以致河朔不守，加之征讨河朔耗费双倍国家的兵源与财富，形成恶性循环而争战无宁日。）

又作《守论》，以为：“今之议者皆曰：夫倔强之徒，吾以良将劲兵为衔策，高位美爵充饱其肠，安而不挠，外而不拘，亦犹豢扰虎狼而不拂其心，则忿气不萌；此大历、贞元所以守邦也，亦何必疾战，焚煎吾民，然后以为快也！愚曰：大历、贞元之间，适以此为祸也。当是之时，有城数十,千百卒夫，则朝廷别待之，贷以法度。于是阔视大言，自树一家，破制削法，角为尊奢，天子养威而不问，有司守恬而不呵。王侯通

就可以聚敛很多财物；就好比一家大农户，没有珠宝也很富有一样。国家没有河北地方，那么就没有精甲、锐卒、利刀、良弓、健马，这是一肢，国家丢失了一半兵力。河东、盟津、滑台、大梁、彭城、东平，都驻扎重兵以防备敌人的进攻，不能派作他用，这是第二肢，国家又丢失了一半兵力。河东等六镇的军队，耗费的资财多达三亿，只是埋着头靠朝廷供给粮饷，他们横肱拱手什么事也不做，那么沿淮河以北，黄河以南，东到海边，西达洛阳，把这一大片土地上的财物拿来，才能应付他们所需的费用，这是第三肢，财物去掉一大批。咸阳以西以北各地，是为防戎夷驻扎了大量军队的地方，尽量搜刮吴、越、荆、楚等地的财富用来供应戍守的军队，是第四肢，又需要用去大批财物。国家的四肢没有了，只留下光秃的头和身子，能长久下去吗！现在假若能够革除五种弊病，那么只需一战就可使国家安定，四肢也可以再次生长。天下太平无事的时候，身负国家重托的守土大臣只知偷安和为个人打算，战士流落离散，兵甲破损，这是不训练检阅的过错，这是第一种弊病。只有一百人当兵持戈，到国家领粮饷，就报一千人的名额，大小将领贪占虚报的粮饷，他们以敌人强壮为好事，以长期在外领兵为快乐，拿武器的人常少，耗费粮饷的恶人常多，这是不核实统计实在当兵人数的过错，这是第二种弊病。打了小胜仗就夸大战功，奔走上报以求得到多的奖赏，有的一天得到两次赏赐，有的一个月得到几次封爵，胜利的凯歌还没有唱，高的官品已到手，封爵很大，田地房屋很宽广，金银绸帛很多，子孙都做官了，这样谁又愿意搜想奇策，出生入死为国家出力呢！这是优厚奖赏的过错，这是第三种弊病。死了很多士兵，把大都城邑丢失了，就逃到京城来，仅贬为州刺史，回头看到刑具，神气很安闲，还不到一年，又站在坛墠被授予大将的职务了，这是处罚太轻的过错，这是第四种弊病。大将的兵权不能全部掌握，恩臣、敕使交相来指挥，将要摆出严整的军阵的时候，将要敲响殷殷的战鼓的时候，一个说一定要摆偃月阵，一个说一定要摆鱼丽阵，三军上万人，在回旋徘徊疑骇的时候，敌人的骑兵乘机杀来，于是我军被打败而失去军旗战鼓，这就是不专任责成的过错，这是第五种弊病。现在要想整顿武装力量，洗雪过去的耻辱，而又照着过去的错误办法去做，是不可能有作为的。”

杜牧又写了《守论》，认为：“现在议政的人都说：对于专横跋扈的人，就用良将劲兵来约束他，用高官厚禄满足他的欲望，让他安逸而不受到阻挠，让他在外地而不受到拘束，就好像驯养虎狼一样而不要使他不顺心，那么他就不会发怒；这就是大历、贞元年间守卫国家的政策，又何必要进行战争，使老百姓受煎熬之苦，然后才觉得快慰呢！臣愚昧地认为：大历、贞元的时候，正是由于采取了这种政策才带来祸乱。在那个时候，只要占有几十座城池，控制成百成千的士卒，朝廷就会特

爵，越录受之；觐聘不来，几杖扶之；逆息虏胤，皇子嫔之；装缘采饰，无不备之。是以地益广，兵益强，僭拟益甚，侈心益昌。于是土田名器，分划殆尽，而贼夫贪心，未及畔岸，遂有淫名越号，或帝或王，盟诅自立，恬淡不畏，走兵四略以饱其志者也。是以赵、魏、燕、齐，卓起大唱；梁、蔡、吴、蜀，蹑而和之，其余混澒轩嚣，欲相效者，往往而是。运遭孝武，宵旰不忘，前英后杰，夕思朝议，故能大者诛锄，小者惠来。不然，周、秦之郊，几为犯猎哉！大抵生人油然多欲，欲而不得则怒，怒则争乱随之，是以教笞于家，刑罚于国，征伐于天下，此所以裁其欲而塞其争也。大历、贞元之间，尽反此道，提区区之有而塞无涯之争，是以首尾指支，几不能相运掉也。今者不知非此，而反用以为经。愚见为盗者非止于河北而已，呜呼！大历、贞元守邦之术，永戒之哉！”

又注《孙子》，为之序，以为：“兵者，刑也；刑者，政事也；为夫子之徒，实仲由、冉有之事也。不知自何代何人分为二道曰文、武，离而俱行，因使缙绅之士不敢言兵，或耻言之；苟有言者，世以为粗暴异人，人不比数。呜呼！亡失根本，斯最为甚！《礼》曰：‘四郊多垒，此卿大夫之辱也。’历观自古，树立其国，灭亡其国，未始不由兵也。主兵者必圣贤、材能、多闻博识之士乃能有功，议于廊庙之上，兵形已成，然后付之于将。汉祖言‘指踪者人也，获兔者犬也’，此其是也。彼为相者曰：‘兵非吾事，吾不当知。’君子曰：‘勿居其位可也！’”

（以上为第十六段，摘要杜牧《守论》与《孙子》注序论，指出朝廷姑息使藩镇坐大成尾大不掉之势，消除之法唯有坚决打击，不知兵者不应为宰相。）

前邠宁行军司马郑注，依倚王守澄，权势熏灼，上深恶之。九月，丙寅，侍御史李款阁内奏弹注：“内通敕使，外连朝士，两地往来，卜射财贿，昼伏夜动，干窃化权，人不敢言，道路以目；请付法司。”旬日之

别对待他，在法度方面就对他很宽容。于是他们就目中无人，狂妄自大，自成为一股势力，破坏国家法制，争着与他人比尊贵和奢侈，天子惧怕有损威严而不去责问，有司为了保守恬淡而不去呵斥。把王侯的爵位任意地赏赐给他们。不到京城来朝见天子，就赐给几杖来安慰他们；本为逆虏者的儿子，却把公主嫁给他们；装饰的华彩，没有比他们更好的了。因此，他们的土地越大，兵力越强，想超越本分和天子相比拟的思想就更发展，奢侈的愿望更大。于是土地和官爵分划完了，而贪心的叛贼并未得到满足，以致就有超越的名号出现，有的称帝，有的称王，通过盟誓宣布自立，心安理得无所畏惧，派兵四处掳掠来满足自己的愿望。这样，赵、魏、燕、齐首先起来倡导，梁、蔡、吴、蜀继而附和，其余混杂在一起想效仿的人，到处都有。国运到了宪宗皇帝，宵衣旰食，不忘治国，前后又出现了一些英雄豪杰，从早到晚商量筹划，所以能够把大的叛逆者平定，小的反叛者自然就来归顺了。不然的话，京城及其附近几乎要成为敌人的打猎场地了！大概一般人都是容易发生欲念的，欲念达不到就发怒，发怒就要发生争斗和战乱，所以在家庭用教导和打板子，在国家就用刑罚，在天下就用征伐的手段，来制裁贪欲，堵塞争斗。大历、贞元年间，完全不用这种办法，拿着一点点朝廷的土地爵命等想去堵塞无边无际的争夺，所以头尾四肢，差一点都不能互相运动了。现在不但不批评这种做法，反而要把它作为经验来推行。我认为这样下去，盗寇作乱就不仅在河北一个地区了。唉！大历、贞元保卫国家的办法，永远作为警戒而不要再用了吧！”

杜牧又注释《孙子》，并为其作序，认为：“甲兵，就是刑罚；刑罚，就是政事；以孔夫子的学生来说，就是仲由、冉有擅长的事。不知从什么时代什么人开始，分为文、武两门，分离而又并行，因而使得一般士大夫不敢议论打仗的事，或者以议兵为羞耻之事，假如有人谈论兵事，时人就认为他是粗暴而不同于平常人，就不把他看成是同一类的人。唉！丢了根本，这就是最厉害的。《礼记》中说：‘四郊如有很多敌人的营垒，这就是卿大夫的耻辱。’观察自古以来，建立一个国家，灭亡一个国家，没有不是靠军队的。负责军事的人一定要聪明贤能、有才干、多闻博识才能取得成功，他们在朝廷中经过讨论，拟订好了军事计划，然后交给将领去执行。汉高祖说：‘指示踪迹的是人，追获兔子的是狗’，就是这个道理。那些做宰相的说：‘打仗不是我的职事，我不应当知道。’依照君子的说法：‘那就不要占着茅坑好了！’”

从前担任过邠宁行军司马的郑注，依靠王守澄，权势显赫，文宗很讨厌他。九月十三日丙寅，侍御史李款在阁内上奏弹劾郑注说：“郑注在宫内串通敕使，在外面勾结朝士，往来于南牙北司之间，获取财物，白天潜伏，夜晚出动，以窃取权势，

间，章数十上。守澄匿注于右军，左军中尉韦元素、枢密使杨承和、王践言皆恶注。左军将李弘楚说元素曰："郑注奸猾无双；卵鷇不除，使成羽翼，必为国患。今因御史所劾匿军中，弘楚请以中尉意，诈为有疾，召使治之，来则中尉延与坐，弘楚侍侧，伺中尉举目，擒出杖杀之。中尉因见上叩头请罪，具言其奸，杨、王必助中尉进言。况中尉有翼戴之功，岂以除奸而获罪乎！"元素以为然，召之。注至，蠖屈鼠伏，佞辞泉涌；元素不觉执手款曲，谛听忘倦。弘楚诇伺再三，元素不顾，以金帛厚遗注遣之。弘楚怒曰："中尉失今日之断，必不免他日之祸矣！"因解军职去；顷之，疽发背卒。王涯为相，注有力焉，且畏王守澄，遂寝李款之奏。守澄言注于上而释之；寻奏为侍御史，充右神策判官，朝野骇叹。

甲寅，以前忠武节度使王智兴为河中节度使。

群臣以上即位八年，未受尊号，冬，十二月，甲午，上尊号曰太和文武仁圣皇帝。会有五坊中使薛季稜自同、华还，言闾阎凋弊。上叹曰："关中小稔，百姓尚尔，况江、淮比年大水，其人如何！吾无术以救之，敢崇虚名乎！"因以通天带赏季稜。群臣凡四上表，竟不受。

庚子，上始得风疾，不能言。于是王守澄荐昭义行军司马郑注善医；上征注至京师，饮其药，颇有验，遂有宠。

（以上为第十七段，写王守澄牢牢控制唐文宗，把同党奸佞小人郑注以治病为由安插在唐文宗身边为耳目。）

人们都不敢说话，在道路上怒目以待，请求将他交付执法部门查办。”十天当中，跟着弹劾的奏章有数十件。王守澄把郑注藏匿在神策军右军中。神策军左军中尉韦元素，枢密使杨承和、王践言都讨厌郑注。左军将军李弘楚劝说韦元素道：“郑注奸猾无比，在他势力还小的时候不除掉他，让他羽翼丰满了，一定会成为国家的祸患。现在他因被御史弹劾躲藏在神策军中，我请求用中尉的名义，假称有病，叫他来医治，来了以后中尉接待他坐下，我在旁边侍候，等到中尉举目示意，即抓住他用棍子打死。中尉随后拜见文宗叩头谢罪，把他的奸诈行为都说出来，王践言、杨承和一定会帮助中尉说话。况且中尉还有拥护皇室的功劳，难道会因为除去奸人而得罪吗？”韦元素觉得对，就召见郑注。郑注来后，卑躬屈膝，谄媚奉承的话不断，韦元素在不知不觉中与郑注执手亲密地攀谈起来，用心听他说话而忘记了疲倦。李弘楚几次窥探情况，韦元素并未看他，送了很多金银绸帛给郑注之后，打发他走了。李弘楚怒气冲冲地说：“中尉今天没有采取果断手段，将来一定要遭到灾祸的！”随即辞去了军职就离开了；不久，由于背上长恶疮而病死。王涯能做宰相，郑注是出了很大力的，王涯惧怕王守澄，就把李款弹劾郑注的奏章压下来了。王守澄在文宗面前为郑注说好话，文宗就赦免了郑注。不久，王守澄又保奏他担任侍御史，充当右神策军判官，朝廷内外都感到惊骇和叹息。

九月初一日甲寅，改任前忠武节度使王智兴为河中节度使。

群臣觉得文宗即位八年了，还未接受尊号。冬季，十二月十二日甲午，敬上尊号称“太和文武仁圣皇帝”。遇上五坊中使薛季稜从同州、华州归来，讲到民间破败凋敝的情况。文宗感叹地说：“关中有小的收成，百姓还那样苦，何况江淮连年大水，那里的百姓将是如何可怜！我没有办法拯救他们，岂敢崇尚虚名！”随即把通天宝带赏赐给薛季稜。群臣共上了四次奏表，文宗最终还是没有接受尊号。

十二月十八日庚子，文宗得了中风病，不能说话。于是王守澄介绍昭义行军司马郑注善医术；文宗把郑注征召到京师，服了他的药，很有效验，郑注于是为文宗所宠信。

【点评】

本卷点评宋申锡冤案、司马光论牛僧孺致仕、杜牧政论三事。

一、宋申锡冤案。大宦官王守澄拥立唐文宗，因护驾之功，被拜为骠骑大将军，并由枢密转为神策军中尉，权势更盛，骄横跋扈，不可一世。朝廷内外对王守澄是重足而立，侧目而视。唐文宗目睹宪宗、敬宗两帝所遭宦官之祸，王守澄都是背后的罪魁祸首。现在王守澄走到了台前，唐文宗感到自身不安全，他想除掉王守澄，太和二年（828），举贤良方正求言，试探朝士态度，得到回应。太和三年（829），浙西观察使李德裕被召入朝，任兵部尚书，裴度推荐李德裕做宰相，不到二十天就被李宗闵排挤出朝，做义成节度使。李宗闵又引牛僧孺为相，二人合力斥逐朝中拥护李德裕的朝官，再迁转李德裕为西川节度使，使他离朝廷更远一些。太和四年（830），裴度也被排挤出朝。牛僧孺、李宗闵这一朋党与宦官合势，唐文宗深感孤立，起用内廷的侍讲学士宋申锡为相，谋诛宦官。宋申锡联络京兆尹王璠，御史中丞宇文鼎，密谋策划。王璠受命捕拿郑注，王璠欲附宦官，反而向王守澄泄密。于是郑注策划先下手为强，由王守澄指使神策军小吏状告宋申锡谋反。罪证是宋申锡与文宗之弟、穆宗第六子漳王李凑友善，而李凑一向名声很好，遭到文宗的猜忌；王守澄借此诬告宋申锡谋反。唐文宗心知肚明这是一桩冤案，他恼恨宋申锡办事不密露了馅，为了向王守澄表白，又为了除掉漳王李凑，竟下令处死宋申锡、李凑，以谋反罪抄斩满门。宰相们缄口无言。只有飞龙使马存亮、京兆尹崔琯、大理卿王正雅、左常侍崔玄亮、给事中李固言、谏议大夫王质，补缺卢钧、舒元褒、蒋系、裴休、韦温等，冒死相争，要求立案由朝官审察。这时宰相牛僧孺也说了一句公道话。牛僧孺说："宰相是人臣的最高官职，宋申锡已做了宰相，他造反还想得到什么呢，宋申锡决不会谋反。"义正理顺，唐文宗没有话可说。郑注害怕追究下去，奸谋败露，就劝王守澄奏请改宋申锡、李凑的死刑为贬逐。宋申锡被贬为开州司马，李凑被贬为巢县公。唐文宗的第一次反宦官行动就这样以失败收场。

俗话说"伴君如伴虎"。宋申锡奉文宗之命谋诛宦官，事情败露，唐文宗为了推卸责任，又因一己猜忌之心，排除臆想的政敌，就要杀害同父之弟，竟以莫须有的罪名，兴大狱，昏庸无能的皇帝，比老虎还要凶恶。马存亮、崔琯、王正雅、崔玄亮、李固言等，也包括牛僧孺，他们良心未泯，冒犯龙颜，不顾自身的安危，制止了一场大冤狱，才使得宋申锡、李凑满门男女老少，合家数百口从刀下脱险。这些人是值得敬仰的英雄，他们的品德和高风亮节与那些落井下石的人，有天壤之别，是应该发扬光大的。

二、司马光论牛僧孺致仕。唐文宗太和元年（827），文宗在延英殿召见大臣，责问何时可致太平。牛僧孺回答："治理达到太平的条件还不成熟，也不是臣等的能

力，现今边境安宁，百姓没有四处漂流，可以算小康。”退朝后，牛僧孺多次请求辞位，唐文宗允准，出牛僧孺为淮南节度使，召西川节度使李德裕入朝为相。其背景是李德裕被牛僧孺、李宗闵排斥出朝，李德裕为义成节度使，再斥逐为西川节度使。李德裕镇西川，打败吐蕃侵扰，西疆稳固。文宗后悔，想召李德裕入朝，故以太平责问牛僧孺。牛僧孺也识时务，回答臣的才能只能治理天下达到小康，没能力达到太平，主动请辞，避免文宗做出罢相的激烈举动，君臣之间相处和谐，牛僧孺进退得当，不应受批评。可是司马光指责牛僧孺上进入相是苟且偷安，窃取官位，辞职是蒙蔽百姓，博取美名，是罪大恶极。司马光如此激烈，是说牛僧孺无能力治国，还自称达“太平”。恰恰是牛僧孺说臣无能力达到太平才提出辞职的，牛僧孺只说他的能力让百姓达到了小康。司马光捏造证据来批评牛僧孺，另有隐情，他把自己卷入的与王安石之间的党争，借牛李党争来指桑骂槐。大概是以牛僧孺比喻王安石无能力治国到太平，却搞改革，最后下台，罪大恶极。如果不是这样，以司马光之才德为何要给受批评的对象捏造证据呢！

三、杜牧政论。杜牧，字牧之，晚唐著名文学家。京兆万年（今陕西西安）人，杜佑之孙。太和进士，授宏文馆校书郎，曾任江西、宣歙观察使、淮南节度使幕府。历任监察御史、湖州刺史，后入朝为司勋员外郎，官终中书舍人。杜牧生活在唐帝国走下坡路的晚唐时期，内忧外患使杜牧忧心如焚。他以济世之才自负，认真研究了“治乱兴亡之迹，财富甲兵之事，地形之险夷远近，古人之长短得失”（《上李中丞书》）。杜牧喜欢论政谈兵，主张削藩御敌，革除弊政，针砭朝廷腐败。《罪言》《原十六卫》《战论》《守论》等，就是杜牧留下的论治乱守战的政论。又注曹操所定《孙子兵法》十三篇，该书序言也是一篇政论。司马光极为重视，摘引入《资治通鉴》。

《罪言》批评朝廷对河北三镇用兵采取了最下策，不研究地形与攻守形势，盲目用兵，给国家和社会带来深重灾难。上策是朝廷革新自强，中策是集中力量攻取河北南部的魏博一镇。从地理上看，魏博镇靠近朝廷，得魏博，外御卢龙、成德两镇，内屏河南诸镇，加强朝廷势力。

《原十六卫》，慨叹府兵制被破坏，代之以招募的雇佣兵而祸害无穷。杜牧认为府兵制，朝廷中央禁军十六卫用来储备武臣，即领兵将领，全国折冲与果毅府五百七十四处，用来储备兵员，有了战事，武臣领兵作战，战争结束，兵员散归卫府。农闲训练，农忙耕作。国家负担轻，指挥灵便。募兵制雇佣兵成为常备兵，国家负担沉重。武臣邀功，轻启边衅，重兵屯于边境，朝内空虚，河北三镇势力庞大，尾大不掉，形成藩镇割据。杜牧认为战乱是府兵制被破坏造成的，要使天下安宁，就应恢复府兵制。

《战论》《守论》批评朝廷丢失河朔三镇，好比一个人丢了四肢。杜牧把兵员和财赋比喻为支撑国家的四肢。丢失河北三镇，不仅河北的兵员、财赋没有了，朝廷动员全国的兵力讨伐，财赋支持，又等于全国的兵员、财赋没有了，如同国家没有了四肢。杜牧批评朝廷姑息养奸，承认藩镇割据的防守政策，又批评盲目用兵有五弊。杜牧认为，朝廷整治官军的五弊，一战便可成功，重整朝纲了。

杜牧在《孙子注》的序言中，明确提出国家要重视武备，不懂军事的人，不能做宰相。

统观杜牧的政论，充满忧国忧民的爱国热情。杜牧对于时弊的批评、政治腐败的看法、用兵方略都切中要害。但是得不到执行。因为杜牧没有揭示根本。最大的祸根是皇帝专制体制，个人意志大于法制。唐代的最大政治积弊是宦官专权，奸邪小人成了皇帝的代言人。宦官掌枢密，掌禁军，监军安插在各个方镇，这一特殊体制造成了宦官专权。宪宗、武宗对宦官稍加抑制，让贤明宰相发挥作用，政治军事均见效果。皇权专制当时除不了，希望寄托在贤明君王上，宦官掌控皇帝废立，就产生不了圣明君主，晚唐皇帝一代不如一代，只是在等待灭亡。我们不能苛求杜牧提出废皇权，但我们今天要体悟杜牧建言为何不能施行的根本原因，专制独裁是万恶之源。此外，任何一种好制度，一旦被废坏，不可能恢复。唐初的府兵制被破坏，并不是如杜牧所说，不懂军事的文官一纸错误的奏言就破坏了府兵制。时过境迁，形势变化，改变原有制度，再走回头路是不可能的。所以杜牧主张恢复府兵制，也只能是一番空言。

唐纪六十一

唐文宗太和八年至开成二年（834—837年）

【起阏逢摄提格（甲寅，834年），尽强圉大荒落（丁巳，837年），凡四年】

【大事提要】

本卷记事起公元834年，讫公元837年，凡四年。当唐文宗太和八年至开成二年。这是唐文宗当政的中期，朝政的昏暗达到新高，宫中宦官主宰，外朝小人当道，郑注、李训两个奸诈小人垄断朝政，清流直臣尽数被驱出朝。宋申锡谋诛宦官失败，宦官王守澄安插郑注、李训两个奸佞监视唐文宗，郑注为医官，李训为文宗讲《易经》。两小人探知文宗欲诛除宦官，二人认为有大利可图，转过身来以诛宦官为己任。文宗猜忌朝官，厌恶朋党，二人投文宗之好，内得皇帝之宠，外得宦官之助，以朋党之名斥逐清正朝官，凡不利于己者，皆以牛李之朋党斥逐。李宗闵、李德裕、路隋三相皆被二人斥逐，又用暗杀手段诛宦官陈弘志、王守澄，二人炙手可热，威震朝廷。重要朝官都是二人的党徒，宰相王涯、贾竦，阿附取容。太和九年（835），李训为相，郑注出任凤翔节度使，欲内外合势尽诛宦官，李训中途制造甘露之变，想独占功劳，并顺带除掉郑注，两小人同床异梦，势分而失败。宦官仇士良大杀朝官，朝廷半空。唐文宗成了宦官俘虏，朝廷大权尽归北司，宰相以下朝官都被宦官仇视。开成元年（836），昭义节度使刘从谏上奏声讨仇士良等罪恶，声言入朝清君侧，宦官才有所收敛，南衙才有了稍许权力。从此，唐文宗被宦官监视，只能借酒浇愁，自谓受制于家奴，比周赧王、汉献帝两个亡国之君还不如，整天郁闷忧愁直到死，再没有什么作为了。

【原文】

文宗元圣昭献孝皇帝中

太和八年（甲寅，834 年）

春，正月，上疾小瘳；丁巳，御太和殿见近臣，然神识耗减，不能复故。

二月，壬午朔，日有食之。

夏，六月，丙戌，莒王纾薨。

上以久旱，诏求致雨之方。司门员外郎李中敏上表，以为："仍岁大旱，非圣德不至，直以宋申锡之冤滥，郑注之奸邪。今致雨之方，莫若斩注而雪申锡。"表留中，中敏谢病归东都。

鄜王经薨。

初，李仲言流象州，遇赦，还东都。会留守李逢吉思复入相，仲言自与郑注善，逢吉使仲言厚赂之。注引仲言见王守澄，守澄荐于上，云仲言善《易》。上召见之。时仲言有母服，难入禁中，乃使衣民服，号王山人。仲言仪状秀伟，倜傥尚气，颇工文辞，有口辩，多权数。上见之，大悦，以为奇士，待遇日隆。

仲言既除服，秋，八月，辛卯，上欲以仲言为谏官，置之翰林。李德裕曰："仲言向所为，计陛下必尽知之，岂宜置之近侍？"上曰："然岂不容其改过？"对曰："臣闻惟颜回能不贰过。彼圣贤之过，但思虑不至，或失中道耳。至于仲言之恶，著于心本，安能悛改邪！"上曰："李逢吉荐之，朕不欲食言。"对曰："逢吉身为宰相，乃荐奸以误国，亦罪人也。"上曰："然则别除一官。"对曰："亦不可。"上顾王涯，涯对曰："可。"德裕挥手止之，上回顾适见，色殊不怿而罢。始，涯闻上欲用仲言，草谏疏极愤激；既而见上意坚，且畏其党盛，遂中变。

寻以仲言为四门助教，给事中郑肃、韩佽封还敕书。德裕将出中书，谓涯曰："且喜给事中封敕！涯即召肃、佽谓曰："李公适留语，令二阁

【语译】

文宗元圣昭献孝皇帝中

唐文宗太和八年（甲寅，834年）

春季，正月，文宗的病稍好一点。正月初五日丁巳，在太和殿接见近臣，神情衰耗很多，没有恢复到以前的样子。

二月初一日壬午，发生日食。

夏季，六月初七日丙戌，莒王李纾去世。

文宗看到长期干旱，下诏征求能够降雨的办法。司门员外郎李中敏上奏表，认为："连年大旱，并不是皇上的德行不好，只是由于宋申锡的冤案太严重，郑注的奸邪太嚣张。现在要使天公下雨，只有杀了郑注给宋申锡昭雪。"奏表被扣留在禁中，李中敏借口有病辞去官职，回到东都去了。

郑王李经去世。

从前，李仲言流放到象州，碰上大赦，回到东都。正好留守东都的李逢吉想再度做宰相，李仲言自我夸耀说和郑注很友好，李逢吉就叫李仲言用重金贿赂郑注。郑注带李仲言去谒见王守澄，王守澄把李仲言推荐给文宗，说李仲言精于《易经》。文宗召见了李仲言。当时李仲言在为母亲服丧，不便到禁中去，于是叫他穿着平民的服装，号称王山人，以便出入。李仲言仪表状貌魁伟秀丽，倜傥不羁充满豪气，颇长于写文章，又有口才，权术谋略也多。文宗见到他，很高兴，认为是难得的奇才，对待他一天比一天优厚。

到了秋天，李仲言服丧期满去掉丧服，八月十三日辛卯，文宗想任命李仲言担任谏官，放在翰林班子中。李德裕说："李仲言过去的所作所为，想必陛下都了解，哪里能够摆在近侍之中？"文宗说："难道不允许他改过自新？"李德裕回答说："臣听说只有颜回能够做到不再犯同样的错误。那些圣贤所犯的过错，只是由于考虑不全面，或者是偶尔有所偏颇而已。至于李仲言的奸恶，是由他的本心产生的，哪里能够改变啊！"文宗说："他是李逢吉推荐的，朕不想食言。"李德裕回答说："李逢吉身为宰相，而推荐奸邪之人来危害国家，他也是罪人。"文宗说："那么另外给他一个官职。"李德裕回答说："也不能那样。"文宗回头看着王涯，王涯回话说："可以。"李德裕挥手示意叫王涯不要说话，被文宗回头看见了，脸色很不好看，结束了谈话。开始时，王涯听说文宗要任用李仲言，就起草上谏的奏疏，非常愤慨；既而看到文宗的意见很坚决，并且畏惧李仲言那派人的势力大，就中途改变了主意。

不久，任命李仲言为四门助教，给事中郑肃、韩佽把敕书封好退回，表示不同意。李德裕将要离开中书省时，对王涯说："给事中把敕书封好退回，太让人高兴

老不用封敕。”二人即行下，明日，以白德裕，德裕惊曰：“德裕不欲封还，当面闻，何必使人传言！且有司封驳，岂复禀宰相意邪！”二人怅恨而去。

（以上为第一段，写唐文宗信用奸佞，宰相王涯见风使舵。）

九月，辛亥，征昭义节度副使郑注至京师。王守澄、李仲言、郑注皆恶李德裕，以山南西道节度使李宗闵与德裕不相悦，引宗闵以敌之。壬戌，诏征宗闵于兴元。

冬，十月，辛巳，幽州军乱，逐节度使杨志诚及监军李怀仵，推兵马使史元忠主留务。

庚寅，以李宗闵为中书侍郎、同平章事。甲午，以中书侍郎、同平章事李德裕同平章事，充山南西道节度使。是日，以李仲言为翰林侍讲学士。给事中高铢、郑肃、韩佽、谏议大夫郭承嘏、中书舍人权璩等争之，不能得。承嘏，晞之孙；璩，德舆之子也。

乙巳，贡院奏进士复试诗赋，从之。

李德裕见上自陈，请留京师。丙午，以德裕为兵部尚书。

杨志诚过太原，李载义自殴击，欲杀之，幕僚谏救得免，杀其妻子及从行将卒；朝廷以载义有功，不问。载义母兄葬幽州，志诚发取其财。载义奏乞取志诚心以祭母，不许。

十一月，成德节度使王庭凑薨，军中奉其子都知兵马使元逵知留后。元逵改父所为，事朝廷礼甚谨。

史元忠献杨志诚所造衮衣及诸僭物。丁卯，流志诚于岭南，道杀之。

李宗闵言李德裕制命已行，不宜自便。乙亥，复以德裕为镇海节度使，不复兼平章事。时德裕、宗闵各有朋党，互相挤援。上患之，每叹曰：“去河北贼易，去朝廷朋党难！”

臣光曰：夫君子小人之不相容，犹冰炭之不可同器而处也。故君子得位则斥小人，小人得势则排君子，此自然之理也。然君子进贤退不肖，其处心也公，其指事也实；小人誉其所好，毁其所恶，其处心也私，其指事也诬。公且实者谓之正直，私且诬者谓之朋党，

了！”王涯随即召集郑肃、韩佽说：“李公刚才留下了话，叫二位阁老不必把敕书封退。”二人当即把敕书发下去了。第二天，告诉了李德裕，李德裕惊愕地说：“德裕如果不想封驳退回，就会当面交代，何必要叫别人转告！并且有关部门的封驳，难道还要遵从宰相的意见吗！”郑、韩二人悔恨遗憾地离开了。

九月初三日辛亥，征召昭义节度副使郑注到京师。王守澄、李仲言、郑注都不喜欢李德裕，由于山南西道节度使李宗闵和李德裕有矛盾，他们就用李宗闵来对付李德裕。九月十四日壬戌，下诏令把兴元的李宗闵征调回朝廷。

冬季，十月初四日辛巳，幽州发生军事叛乱，节度使杨志诚和监军李怀仵被赶走，他们推举兵马使史元忠主持留后事务。

十月十三日庚寅，任命李宗闵为中书侍郎、同平章事。十月十七日甲午，改任中书侍郎、同平章事李德裕同平章事，充山南西道节度使。同一天，任命李仲言为翰林侍讲学士。给事中高铢、郑肃、韩佽，谏议大夫郭承嘏，中书舍人权璩等争谏，认为不行，文宗没有接受他们的意见。郭承嘏是郭晞之孙；权璩是权德舆的儿子。

十月二十八日乙巳，贡院奏请进士恢复考诗赋，文宗同意了。

李德裕见到文宗时自我陈述，请求留在京师。十月二十九日丙午，任命李德裕为兵部尚书。

杨志诚经过太原时，李载义亲手殴打他，并且想把他杀掉，由于幕僚的进谏和援救，杨志诚方免于一死，于是把杨志诚的妻子和随行将卒都杀了；朝廷由于看到李载义过去立有大功，未责问他。此前，李载义母死，葬于幽州，杨志诚发掘其墓以掠取财物。李载义上奏乞求取杨志诚的心脏用来祭祀母亲，文宗不允许。

十一月，成德节度使王庭凑去世，军中奉立他的儿子都知兵马使王元逵为留后。王元逵一改他父亲以前的所作所为，事奉朝廷的礼仪很严谨。

史元忠献上杨志诚所制造的衮衣和其他各种僭越物品。十一月二十一日丁卯，把杨志诚流放岭南，在路上把他杀了。

李宗闵说任命李德裕的命令已经发出了，不应当听凭他自己的意思随意改变。十一月二十九日乙亥，又改任李德裕为镇海节度使，不再兼平章事衔。当时李德裕、李宗闵各有朋党，互相排挤或声援。文宗为此而担忧，常常叹息说：“去掉河北叛贼容易，去掉朝廷朋党艰难！”

臣司马光评论说：君子和小人不能相容，就好比冰块和炭火不能同放在一个容器里。所以君子得到官位时就排斥小人，小人得到权势时就排斥君子，这是自然的道理。然而君子引进贤能的人，贬退不肖的人，他的用心是公正的，他办事也是实事求是的；小人对他喜欢的人就称誉，不喜欢的人就毁谤，他的

在人主所以辨之耳。是以明主在上，度德而叙位，量能而授官；有功者赏，有罪者刑；奸不能惑，佞不能移。夫如是，则朋党何自而生哉！彼昏主则不然。明不能烛，强不能断；邪正并进，毁誉交至；取舍不在于己，威福潜移于人。于是谗慝得志而朋党之议兴矣。

夫木腐而蠹生，醯酸而蜹集，故朝廷有朋党，则人主当自咎而不当以咎群臣也。文宗苟患群臣之朋党，何不察其所毁誉者为实，为诬，所进退者为贤，为不肖，其心为公，为私，其人为君子，为小人！苟实也，贤也，公也，君子也，匪徒用其言，又当进之；诬也，不肖也，私也，小人也，匪徒弃其言，又当刑之。如是，虽驱之使为朋党，孰敢哉！释是不为，乃怨群臣之难治，是犹不种不芸而怨田之芜也。朝中之党且不能去，况河北贼乎！

（以上为第二段，写李宗闵入朝为相，李德裕罢相出朝，此牛李党争第四回合。司马光抨击朋党之起，缘于人君昏庸，忠奸不分。）

丙子，李仲言请改名训。幽州奏莫州军乱，刺史张元汎不知所在。

十二月，己卯，以昭义节度副使郑注为太仆卿。郭承嘏累上疏言其不可，上不听。于是注诈上表固辞，上遣中使再以告身赐之，不受。

癸未，以史元忠为卢龙留后。

初，宋申锡与御史中丞宇文鼎受密诏诛郑注，使京兆尹王璠掩捕之。璠密以堂帖示王守澄，注由是得免，深德璠。璠又与李训善，于是训、注共荐之，自浙西观察使征为尚书左丞。

（以上为第三段，写王璠出卖机密与宦竖相结。）

九年（乙卯，835 年）

春，正月，乙卯，以王元逵为成德节度使。

巢公凑薨，追赠齐王。

用心是自私的，他办事也是奸猾虚浮的。公正而又实在的就叫作正直，自私而又虚伪的就叫作朋党，对于人主来说就是要善于分辨清楚而已。所以处在上位的英明君主：衡量品德而给予爵位，凭着才能而授给官职；有功劳的人给以奖赏，犯罪的人给以刑罚；不为奸猾者所迷惑，不为巧佞者所动摇。如果这样做了，那么朋党从哪里产生啊！那些昏庸的君主就不这样。说到他贤明却什么也看不清楚，说到他坚强却什么也不能判断；坏人和好人一同进用，毁谤的话和称誉的话交相到来；取舍不由自己做主，威福暗地里由他人操纵。于是那些谗佞邪恶之人得志而朋党的争论就兴起来了。

大凡木头腐朽蛀虫就会产生，醋变质了蚊虫就聚集起来。所以朝廷中有朋党，那么君主应当追究自己的责任而不应当归咎于群臣。文宗假若为群臣结成朋党而担忧，何不考察他们所毁誉的人是实在的还是虚伪的，他们所推荐的人士贤能的，还是不肖的，他们的心思是为了国家，还是为了自己，其人是君子，还是小人！假若所据是实，进用者为贤，其心为公，其人为君子，朝廷不但只信他的话，而且还要提拔他；假若所据是虚伪，推荐的是不肖之人，其心为私，其人为小人，不但不用他的主张，还应当治他的罪。这样，就是让他去参加朋党，谁敢啊！抛开这一点不去办，而埋怨群臣们难于治理，就好比不下种除草而埋怨田地荒芜一样。朝廷中的朋党尚且不能清除，何况河北的叛贼啊！

十一月三十日丙子，李仲言请求改名为李训。幽州奏报说莫州发生军事叛乱，刺史张元泛不知跑到什么地方去了。

十二月初三日己卯，任命昭义节度副使郑注为太仆卿。郭承嘏多次上奏疏说这事不应当，文宗不听从。于是郑注假意上奏表坚决辞让，文宗派遣中使再次把告身赐给他，但他仍不接受。

十二月初七日癸未，任命史元忠为卢龙节度使留后。

从前，宋申锡与御史中丞宇文鼎接受文宗的密诏诛杀郑注，使京兆尹王璠去捕捉郑注。王璠秘密地把杀郑注的公文给王守澄看，郑注这才免于一死，深深感激王璠。王璠又和李训友好，于是李训、郑注共同推荐王璠，使他从浙西观察使征为尚书左丞。

唐文宗太和九年（乙卯，835 年）

春季，正月初九日乙卯，任命王元逵为成德节度使。

巢公李凑去世，追赠为齐王。

郑注上言秦地有灾，宜兴役以禳之。辛卯，发左、右神策千百人浚曲江及昆明池。

三月，冀王絿薨。

丙辰，以史元忠为卢龙节度使。

初，李德裕为浙西观察使，漳王傅母杜仲阳坐宋申锡事放归金陵，诏德裕存处之。会德裕已离浙西，牒留后李蟾使如诏旨。至是，左丞王璠、户部侍郎李汉奏德裕厚赂仲阳，阴结漳王，图为不轨。上怒甚，召宰相及璠、汉、郑注等面质之。璠、汉等极口诬之，路隋曰："德裕不至有此。果如所言，臣亦应得罪！"言者稍息。夏，四月，以德裕为宾客分司。

癸巳，以郑注守太仆卿，兼御史大夫，注始受之，仍举仓部员外郎李款自代曰："加臣之罪，虽于理而无辜；在款之诚，乃事君而尽节。"时人皆哂之。

丙申，以门下侍郎、同平章事路隋充镇海节度使，趣之赴镇，不得面辞。坐救李德裕故也。

初，京兆尹河南贾竦，性褊躁轻率，与李德裕有隙，而善于李宗闵、郑注。上巳，赐百官宴于曲江，故事，尹于外门下马，揖御史。竦恃其贵势，乘马直入，殿中侍御史杨俭、苏特与之争，竦骂曰："黄面儿敢尔！"坐罚俸。竦耻之，求出，诏以为浙西观察使；尚未行，戊戌，以竦为中书侍郎、同平章事。

庚子，制以向日上初得疾，王涯呼李德裕奔问起居，德裕竟不至；又在西蜀征逋悬钱三十万缗，百姓愁困；贬德裕袁州长史。

（以上为第四段，写郑注等群小诬陷李德裕，必欲置之死地，赖宰相路隋相救，李德裕得免于祸，再次遭贬。）

初，宋申锡获罪，宦官益横；上外虽包容，内不能堪。李训、郑注既得幸，揣知上意，训因进讲，数以微言动上。上见其才辨，意训可与谋大事；且以训、注皆因王守澄以进，冀宦官不之疑，遂密以诚告之。训、注遂以诛宦官为己任，二人相挟，朝夕计议，所言于上无不从，声势烜赫。注多在禁中，或时休沐，宾客填门，赂遗山积。外人但知训、注倚宦官擅作威福，不知其与上有密谋也。

郑注上奏说秦地有灾难，应当大兴土木来禳除灾难。二月十六日辛卯，调发左、右神策一千五百人疏浚曲江和昆明池。

三月，冀王李絿去世。

三月十一日丙辰，任命史元忠为卢龙节度使。

从前，李德裕为浙西观察使时，漳王的养母杜仲阳因宋申锡事被牵连放回金陵，有诏令叫李德裕安置他。恰好碰上李德裕已经调离浙西，就行文给留后李蟾，叫他按诏令去办。到现在，左丞王璠、户部侍郎李汉上奏说李德裕用钱贿赂杜仲阳，暗地勾结漳王，想干不轨之事。文宗听到之后愤怒极了，随即召集宰相以及王璠、李汉、郑注等当面质问这件事。王璠、李汉等用尽口舌来诬陷李德裕，路隋说："李德裕不会做这种事。如果真像他们所说的那样，臣也应当有罪！"诬陷的言语才稍稍平息。夏季，四月，改任李德裕为太子宾客分司东都。

三月十八日癸巳，任命郑注暂代太仆卿，兼御史大夫，郑注开始接受了，后又推举仓部员外郎李款代任自己的职务，并说："李款原来弹劾我，虽然从法理上说是不能成立的；但他是尽节事君的。"当时的人听了都讥笑郑注奸猾。

三月二十一日丙申，改任门下侍郎、同平章事路隋为同平章事、充镇海节度使，并催促他赴镇上任，不得当面向皇上辞行，这是由于他救李德裕的缘故。

原先，京兆尹河南人贾𫗧，性情急躁而轻率，和李德裕有嫌隙，然而和李宗闵、郑注却很友好。上巳节那天，文宗在曲江池赐宴百官。按照过去的规矩，京兆尹在外门下马，向御史行揖礼。贾𫗧依仗着他尊宠的地位和权势，乘马直接闯进去，殿中侍御史杨俭、苏特和他争论，贾𫗧骂着说："黄面儿胆敢如此！"因此被罚薪俸。贾𫗧为此事受了耻辱，要求调出朝廷，诏令任命他为浙西观察使；还没有赴任，三月二十三日戊戌，改任贾𫗧为中书侍郎、同平章事。

三月二十五日庚子，诏令说由于过去皇上开始得病的时候，王涯叫李德裕去慰问起居，李德裕竟然没有去；又在西蜀曾征收拖欠的税钱三十万缗，百姓因而愁苦困乏；再贬李德裕为袁州长史。

从前，宋申锡获罪，宦官更加骄横；文宗在外表上虽然包容下来，而在内心上却不能忍受。李训、郑注既被信用，揣测到了皇上的意愿，李训借着进讲的机会，多次用暗示性的话来打动文宗。文宗看到李训有才能，认为可以和他谋划大事；并且由于李训、郑注都是王守澄引进的，希望宦官不怀疑他们，于是就秘密地把真正的心思告诉了他们。李训、郑注就以诛杀宦官作为自己的主要职责。两人结合在一起，早晚都在密谋策划，他们向文宗说的话文宗没有不听从的，声威权势很大。郑

上之立也，右领军将军兴宁仇士良有功；王守澄抑之，由是有隙。训、注为上谋，进擢士良以分守澄之权。五月，乙丑，以士良为左神策中尉，守澄不悦。

戊辰，以左丞王璠为户部尚书，判度支。

（以上为第五段，写唐文宗宠信奸佞小人郑注、李训，二度谋诛宦官王守澄。）

京城讹言郑注为上合金丹，须小儿心肝，民间惊惧，上闻而恶之。郑注素恶京兆尹杨虞卿，与李训共构之，云此语出于虞卿家人。上怒，六月，下虞卿御史狱。注求为两省官，中书侍郎、同平章事李宗闵不许，注毁之于上。会宗闵救杨虞卿，上怒，叱出之；壬寅，贬明州刺史。

左神策中尉韦元素、枢密使杨承和、王践言居中用事，与王守澄争权不叶，李训、郑注因之出承和于西川，元素于淮南，践言于河东，皆为监军。

秋，七月，甲辰朔，贬杨虞卿虔州司马。

庚戌，作紫云楼于曲江。

辛亥，以御史大夫李固言为门下侍郎、同平章事。

李训、郑注为上画太平之策，以为当先除宦官，次复河、湟，次清河北，开陈方略，如指诸掌。上以为信然，宠任日隆。

初，李宗闵为吏部侍郎，因驸马都尉沈𬀩结女学士宋若宪、知枢密杨承和得为相。及贬明州，郑注发其事，壬子，再贬处州长史。

著作郎、分司舒元舆与李训善，训用事，召为右司郎中，兼侍御史知杂，鞫杨虞卿狱；癸丑，擢为御史中丞。元舆，元褒之兄也。

贬吏部侍郎李汉为汾州刺史，刑部侍郎萧澣为遂州刺史，皆坐李宗闵之党。

是时李训、郑注连逐三相，威震天下，于是平生丝恩发怨无不报者。

（以上为第六段，写郑注、李训连逐李德裕、路隋、李宗闵三相，威震天下。）

注多数时间都在禁中，有时休假在家，宾客盈门，送来的贿赂财物堆积如山。外面的人只知道李训、郑注倚仗宦官擅自作威作福，而不知道他们与皇上有密谋的事。

文宗的即位，右领军将军兴宁人仇士良立了功；王守澄压制他，因而产生嫌隙。李训、郑注为文宗谋划，用提升仇士良来分出王守澄的一部分权力。五月二十一日乙丑，任命仇士良为左神策军中尉，王守澄很不高兴。

五月二十四日戊辰，任命尚书左丞王播为户部尚书、兼管度支。

京城有谣言说郑注为皇上配制金丹，要用小孩的心肝，民间惊惧不安，文宗听到后很讨厌。郑注向来不喜欢京兆尹杨虞卿，于是和李训共同构陷他，说谣言是从杨虞卿家人中传出来的。文宗听了大怒，六月，把杨虞卿投到御史监狱。郑注想做属于两省的官职，中书侍郎、同平章事李宗闵不答应，郑注就在文宗面前诋毁李宗闵。适逢李宗闵援救杨虞卿，文宗大怒，把他叱逐出去；六月二十八日壬寅，贬杨虞卿为明州刺史。

左神策军中尉韦元素，枢密使杨承和、王践言在禁中掌握大权，与王守澄争夺势力不能协调，李训、郑注因此借这个机会把杨承和调去西川，韦元素派往淮南，王践言调去河东，都是担任监军职务。

秋季，七月初一日甲辰，贬谪杨虞卿为虔州司马。

七月初七日庚戌，在曲江池修建紫云楼。

七月初八日辛亥，任命御史大夫李固言为门下侍郎、同平章事。

李训、郑注为文宗筹划太平谋策，认为应当首先铲除专横的宦官，其次是收复河、湟失地，再次就是扫清河北叛乱势力，陈述的方略，了如指掌。文宗认为是很正确的，对他们一天比一天宠信。

从前，李宗闵任吏部侍郎的时候，凭借驸马都尉沈𫟹交结女学士宋若宪、知枢密杨承和得到了宰相的官职。等到他被贬去明州，郑注揭发了这件事，七月初九日壬子，再贬李宗闵为处州长史。

著作郎、分司舒元舆与李训友好，李训掌权后，召他到京任右司郎中兼侍御史知杂，审理杨虞卿的案子；七月初十日癸丑，升他为御史中丞。舒元舆是舒元褒的哥哥。

贬谪吏部侍郎李汉为汾州刺史，刑部侍郎萧澣为遂州刺史，他们都因为是李宗闵的同党而受到牵连。

当时，李训、郑注接连驱逐三位宰相，威震天下，于是他们对平生的恩怨没有不回报的。

李训奏僧尼猥多，耗蠹公私。丁巳，诏所在试僧尼诵经不中格者，皆勒归俗；禁置寺及私度人。

时人皆言郑注朝夕且为相，侍御史李甘扬言于朝曰："白麻出，我必坏之于庭！"癸亥，贬甘封州司马。然李训亦忌注，不欲使为相，事竟寝。

甲子，以国子博士李训为兵部郎中、知制诰，依前侍讲学士。

贬左金吾大将军沈嶬为邵州刺史。八月，丙子，又贬李宗闵潮州司户。赐宋若宪死。

丁丑，以太仆卿郑注为工部尚书，充翰林侍讲学士。注好服鹿裘，以隐沦自处，上以师友待之。注之初得幸，上尝问翰林学士、户部侍郎李珏曰："卿知有郑注乎？亦尝与之言乎？"对曰："臣岂特知其姓名，兼深知其为人。其人奸邪，陛下宠之，恐无益圣德。臣忝在近密，安敢与此人交通！"戊寅，贬珏江州刺史。再贬沈嶬柳州司户。

丙申，诏以杨承和庇护宋申锡，韦元素、王践言与李宗闵、李德裕中外连结，受其赂遗。承和可驩州安置，元素可象州安置，践言可恩州安置，令所在锢送。杨虞卿、李汉、萧澣为朋党之首，贬虞卿虔州司户，汉汾州司马，澣遂州司马。寻遣使追赐承和、元素、践言死。时崔潭峻已卒，亦剖棺鞭尸。

己亥，以前庐州刺史罗立言为司农少卿。立言赃吏，以赂结郑注而得之。

郑注之入翰林也，中书舍人高元裕草制，言以医药奉君亲，注衔之；奏元裕尝出郊送李宗闵，壬寅，贬元裕阆州刺史。元裕，士廉之六世孙也。

时注与李训所恶朝士，皆指目为二李之党，贬逐无虚日，班列殆空，廷中恟恟，上亦知之。训、注恐为人所摇，九月，癸卯朔，劝上下诏："应与德裕、宗闵亲旧及门生故吏，今日以前贬黜之外，余皆不问。"人情稍安。

（以上为第七段，写郑注、李训两小人得志，大肆排斥异己，凡贬逐朝士，则指目为李德裕、李宗闵之党。）

李训上奏说和尚尼姑太多太杂，耗费了大量公私财物。七月十四日丁巳，诏令各地测试和尚、尼姑诵经，不合格的人，都勒令还俗；又禁止设置新的寺庙和私自剃度平民为和尚。

当时的人都说郑注早晚要当宰相，侍御史李甘在朝堂中扬言说："任命宰相的白麻诏书一出现，我一定要在大庭广众中撕坏它！"七月二十日癸亥，李甘被贬为封州司马。然而李训也猜忌郑注，不想让他当宰相，这件事就被搁置起来了。

七月二十一日甲子，任命国子博士李训为兵部郎中知制诰，仍然担任侍讲学士。

贬左金吾将军沈䜩为邵州刺史。八月初三日丙子，又贬李宗闵为潮州司户。宋若宪被赐死。

八月初四日丁丑，任命太仆卿郑注为工部尚书，充任翰林侍讲学士。郑注喜欢穿鹿皮毛衣，以隐士自居，文宗用对待师友的礼节对待他。郑注刚得到宠幸，文宗曾经问翰林学士、户部侍郎李珏说："卿知道郑注这个人吗？曾经和他谈过话吗？"李珏回答说："臣岂止是知道他的姓名，并且深深了解他的为人。这个人奸巧邪恶，陛下宠信他，恐怕对您的德业没有好处。臣忝列在皇上近侍密迩之中，哪里敢和这种人来往！"初五，李珏被贬为江州刺史。再贬沈䜩为柳州司户。

八月二十三日丙申，诏令因杨承和庇护宋申锡，韦元素、王践言与李宗闵、李德裕中外勾结，收受贿赂，将杨承和安置在驩州，韦元素安置在象州，王践言安置在恩州，命令将他们从现在住地戴上枷锁送往安置的地方。杨虞卿、李汉、萧澣是朋党的头目，贬谪杨虞卿为虔州司户，李汉为汾州司马，萧澣为遂州司马。不久，又派遣使者追赐杨承和、韦元素、王践言自杀。当时崔潭峻已经死了，仍打开棺材鞭尸。

八月二十六日己亥，任命前庐州刺史罗立言为司农寺少卿。罗立言是一个贪官，因为用贿赂交结郑注而得到了这个官。

郑注担任翰林的官职，是中书舍人高元裕起草的任职命令，里面说是靠医药侍奉君亲，郑注因此仇恨高元裕，上奏说：高元裕曾经到郊外送李宗闵。八月二十九日壬寅，高元裕被贬为阆州刺史。高元裕是高士廉的第六代子孙。

当时郑注和李训所不喜欢的朝廷士大夫，都被指责为李德裕、李宗闵的党羽，贬谪放逐一天也没有停止过，朝班序列中的人都快走光了，朝廷中人心惶惶，文宗也知道这一情况。李训和郑注担心别人动摇其地位，九月初一日癸卯，劝说文宗下诏令："凡是李德裕、李宗闵的亲戚旧友和门生故吏，今日以前贬黜的就算了，其余的都不过问了。"这样一来人们的情绪才稍稍安定下来。

盐铁使王涯奏改江淮、岭南茶法，增其税。

庚申，以凤翔节度使李听为忠武节度使，代杜悰。

宪宗之崩也，人皆言宦官陈弘志所为。时弘志为山南东道监军。李训为上谋召之，至青泥驿，癸亥，封杖杀之。

郑注求为凤翔节度使，门下侍郎、同平章事李固言不可。丁卯，以固言为山南西道节度使，注为凤翔节度使。李训虽因注得进，及势位俱盛，心颇忌注。谋欲中外协势以诛宦官，故出注于凤翔。其实俟既诛宦官，并图注也。

注欲取名家才望之士为参佐，请礼部员外郎韦温为副使，温不可。或曰："拒之必为患。"温曰："择祸莫若轻。拒之止于远贬，从之有不测之祸。"卒辞之。

戊辰，以右神策中尉、行右卫上将军、知内侍省事王守澄为左、右神策观军容使，兼十二卫统军。李训、郑注为上谋，以虚名尊守澄，实夺之权也。

己巳，以御史中丞兼刑部侍郎舒元舆为刑部侍郎，兵部郎中知制诰、充翰林侍讲学士李训为礼部侍郎，并同平章事。仍命训三二日一入翰林讲《易》。元舆为中丞，凡训、注所恶者，则为之弹击，由是得为相。又上惩李宗闵、李德裕多朋党，以贾𫗧及元舆皆孤寒新进，故擢为相，庶其无党耳。

训起流人，期年致位宰相，天子倾意任之。训或在中书，或在翰林，天下事皆决于训。王涯辈承顺其风指，惟恐不逮；自中尉、枢密、禁卫诸将，见训皆震慑，迎拜叩首。

壬申，以刑部郎中兼御史知杂李孝本权知御史中丞。孝本，宗室之子，依训、注得进。

李听自恃勋旧，不礼于郑注。注代听镇凤翔，先遣牙将丹骏至军中慰劳，诬奏听在镇贪虐。冬，十月，乙亥，以听为太子太保、分司，复以杜悰为忠武节度使。

郑注每自负经济之略，上问以富人之术，注无以对，乃请榷茶。于是以王涯兼榷茶使，涯知不可而不敢违，人甚苦之。

盐铁使王涯上奏主张改革江淮、岭南茶法，增加茶税。

九月十八日庚申，任命凤翔节度使李听为忠武节度使，以代替杜悰。

宪宗的死，民众都说是宦官陈弘志杀害的。当时陈弘志担任山南东道监军，李训为文宗谋划召他回来，走到青泥驿，九月二十一日癸亥，被密令用刑杖打死了他。

郑注要求担任凤翔节度使，门下侍郎、同平章事李固言不同意。九月二十五日丁卯，改任李固言为山南西道节度使，郑注为凤翔节度使。李训虽然是靠郑注的引荐才得进用的，等到两人的权势和地位都很高以后，李训内心很忌妒郑注。表面上是谋求朝廷内外协力以诛宦官，所以派郑注到凤翔去担任节度使；其实是等到宦官被诛灭以后，也好把郑注一起除掉。

郑注想引用出身名家才学又好的人为助手，就请礼部员外郎韦温为节度副使，韦温不同意。有人对韦温说："拒绝他一定会带来祸患。"韦温回答说："选择轻的灾祸比较好。拒绝他顶多是被贬去边远的地方，服从他就会有预想不到的灾祸。"最后还是辞掉了副使的官职。

九月二十六日戊辰，任命右神策中尉、行右卫上将军、知内侍省事王守澄为左、右神策观军容使，兼十二卫统军。李训、郑注为文宗定计谋，用虚名来表示尊重王守澄，其实是剥夺他的实权。

九月二十七日己巳，任命御史中丞兼刑部侍郎舒元舆为刑部侍郎，兵部郎中知制诰、充翰林侍讲学士李训为礼部侍郎，二人并同平章事。仍然命令李训三两天就去翰林院一次给文宗讲《易》。舒元舆担任御史中丞的时候，凡是李训、郑注所不喜欢的人，就帮助他们弹劾打击，由于这样就做了宰相。另外文宗鉴于李宗闵、李德裕多朋党，认为贾𫗧和舒元舆都是出身贫寒的新中进士，所以提拔他们为宰相，因为他们没有结成朋党。

李训从流放回来以后起家，一年时间就得到宰相的职位，文宗全心全意信任他。李训有时在中书省，有时在翰林院，国家的重大事情都由他最后决定。王涯他们那一班人只是顺承他的意旨办事，还担心做得不好；从中尉、枢密使到禁卫军各将领，看到李训都害怕得不得了，忙着作揖磕头。

九月三十日壬申，任命刑部郎中兼御史知杂李孝本暂时代理知御史中丞。李孝本是宗室的子孙，依靠李训、郑注才得到进用的。

李听自仗是有功的旧臣，对郑注不以礼相待。郑注接替李听为凤翔节度使，预先派遣牙将丹骏到军队中去慰劳将士，诬奏李听在镇贪财暴虐。冬季，十月初三日乙亥，改任李听为太子太保，分司东都，又再命杜悰为忠武节度使。

郑注常常自认为有经世济民的才干，文宗询问他使民众富庶的办法，郑注无话可答，于是就请求增收茶税。随即以王涯兼任榷茶使，王涯知道不能这么办但又不

郑注欲收僧尼之誉，固请罢沙汰，从之。

李训、郑注密言于上，请除王守澄。辛巳，遣中使李好古就第赐酖，杀之，赠扬州大都督。训、注本因守澄进，卒谋而杀之，人皆快守澄之受佞而疾训、注之阴狡，于是元和之逆党略尽矣。

（以上为第八段，写郑注、李训用卑劣手段助唐文宗诛杀元和逆党宦官陈弘志、王守澄及其党羽。）

乙酉，郑注赴镇。

庚子，以东都留守、司徒兼侍中裴度兼中书令，余如故。李训所奖拔，率皆狂险之士，然亦时取天下重望以顺人心，如裴度、令孤楚、郑覃皆累朝耆俊，久为当路所轧，置之散地，训皆引居崇秩。由是士大夫亦有望其真能致太平者，不惟天子惑之也。然识者见其横甚，知将败矣。

十一月，丙午，以大理卿郭行余为邠宁节度使。癸丑，以河东节度使、同平章事李载义兼侍中。丁巳，以户部尚书、判度支王璠为河东节度使。戊午，以京兆尹李石为户部侍郎、判度支；以京兆少尹罗立言权知府事。石，神符之五世孙也。己未，以太府卿韩约为左金吾卫大将军。

始，郑注与李训谋，至镇，选壮士数百，皆持白棓，怀其斧，以为亲兵。是月，戊辰，王守澄葬于浐水，注奏请入护葬事，因以亲兵自随。仍奏令内臣中尉以下尽集浐水送葬，注因阖门，令亲兵斧之，使无遗类。约既定，训与其党谋："如此事成，则注专有其功，不若使行余、璠以赴镇为名，多募壮士为部曲，并用金吾、台府吏卒，先期诛宦者，已而并注去之。"行余、璠、立言、约及中丞李孝本，皆训素所厚也，故列置要地，独与是数人及舒元舆谋之，他人皆莫之知也。

壬戌，上御紫宸殿。百官班定，韩约不报平安，奏称："左金吾听事后石榴夜有甘露，臣递门奏讫。"因蹈舞再拜，宰相亦帅百官称贺。训、元舆劝上亲往观之，以承天贶，上许之。百官退，班于含元殿。日加辰，上乘软舆出紫宸门，升含元殿。先命宰相及两省官诣左仗视之，良久而

敢违抗，百姓都为增加茶税而感到痛苦。

郑注想获得和尚尼姑的称赞，坚决请求停止淘汰和尚尼姑的做法，文宗同意了。

李训、郑注秘密向文宗说，请求除掉王守澄。十月初九日辛巳，派遣中使李好古去王守澄家，赐给他一杯毒酒，把他毒死了。追赠王守澄扬州大都督的官衔。李训、郑注原来都是通过王守澄才得到进用的，最后反而用计谋杀了他，民众都以王守澄引进奸佞之人最终受报应而高兴，但又痛恨李训、郑注的阴险狡猾，至此，元和年间以来的叛逆宦官已所剩无几了。

十月十三日乙酉，郑注赴凤翔上任。

十月二十八日庚子，任命东都留守、司徒兼侍中裴度兼中书令，其余的官职不动。李训所奖励提拔的人，大多是狂妄险恶的士子，然而也不时选取几个在全国名声很大的人以满足人们的心意，例如裴度、令狐楚、郑覃都是几朝的耆老俊彦，长久为当权的宰相所压抑，李训都把他们引荐到很高的官位上。这样，士大夫中间也有希望他真正能使国家达到太平的，不只是天子受到他的迷惑。然而有见识的人看到李训骄横已甚，知道其不久将要败亡。

十一月初五日丙午，任命大理卿郭行余为邠宁节度使。十一月十二日癸丑，任命河东节度使、同平章事李载义兼侍中。十一月十六日丁巳，任命户部侍郎、判度支王璠为河东节度使。十七日戊午，任命京兆尹李石为户部侍郎、判度支；以京兆少尹罗立言暂代府尹之职。李石是李神符的第五代孙。十一月十八日己未，任命太仆卿韩约为左金吾卫大将军。

当初，郑注和李训商量，郑注到凤翔镇后，选择壮士数百人，都拿白木棒，身藏斧子，作为亲兵。在当月二十七日王守澄下葬于浐水的时候，由郑注奏明文宗请求参加护卫丧事，因而带着亲兵一道去。并奏请命令内臣中尉以下的宦官都一起到浐水送葬，届时郑注乘机关上大门，命令亲兵用斧子砍杀宦官，一个也不要放过。约定以后，李训和他的党羽商议："如果这样把事办成功了，那么郑注就会独占头功，不如让郭行余、王璠用赴镇的名义大量招募壮士为部下，加上金吾卫和御史台的官吏士卒，先于预定的日期把宦官杀掉，随后把郑注也一起除掉。"郭行余、王璠、罗立言、韩约和中丞李孝本，都是李训一向所厚待的人，所以把他们安置在重要职位上，只与他们及舒元舆等谋划杀宦官事，其他人都不知道这回事。

十一月二十一日壬戌，文宗到紫宸殿。百官按朝班排定以后，韩约不按平时规矩先报平安，而是上奏说："左金吾政事厅堂后面的石榴树上晚上降有甘露，臣已隔着宫门奏报完毕。"于是，手舞足蹈一再拜贺，宰相也带领百官向文宗道贺。李训、舒元舆劝说文宗亲自去看一看，以表示承受上天的赐予，文宗答应了。百官退

还。训奏：“臣与众人验之，殆非真甘露，未可遽宣布，恐天下称贺。”上曰：“岂有是邪！”顾左、右中尉仇士良、鱼志弘帅诸宦者往视之。宦者既去，训遽召郭行余、王璠曰：“来受敕旨！”璠股栗不敢前，独行余拜殿下。时二人部曲数百，皆执兵立丹凤门外；训已先使人召之，令人受敕。独东兵人，邠宁兵竟不至。

仇士良等至左仗视甘露，韩约变色流汗，士良怪之曰，“将军何为如是？”俄风吹幕起，见执兵者甚众，又闻兵仗声。士良等惊骇走出，门者欲闭之，士良叱之，关不得上。士良等奔诣上告变。训见之，遽呼金吾卫士曰：“来上殿卫乘舆者，人赏钱百缗！”宦者曰：“事急矣，请陛下还宫！”即举软舆，迎上扶升舆，决殿后罘罳，疾趋北出。训攀舆呼曰：“臣奏事未竟，陛下不可入宫！”金吾兵已登殿；罗立言帅京兆逻卒三百余自东来，李孝本帅御史台从人二百余自西来，皆登殿纵击，宦官流血呼冤，死伤者十余人。乘舆迤逦入宣政门，训攀舆呼益急，上叱之，宦者郗志荣奋拳殴其胸，偃于地。乘舆既入，门随阖，宦者皆呼万岁，百官骇愕散出。训知事不济，脱从吏绿衫衣之，走马而出，扬言于道曰：“我何罪而窜谪！”人不之疑。王涯、贾悚、舒元舆还中书，相谓曰：“上且开延英，召吾属议之。”两省官诣宰相请其故，皆曰：“不知何事，诸公各自便！”士良等知上豫其谋，怨愤，出不逊语，上惭惧不复言。

士良等命左、右神策副使刘泰伦、魏仲卿等各帅禁兵五百人，露刃出阁门讨贼。王涯等将会食，吏白：“有兵自内出，逢人辄杀！”涯等狼狈步走，两省及金吾吏卒千余人填门争出；门寻阖，其不得出者六百余人皆死。士良等分兵闭宫门，索诸司，捕贼党。诸司吏卒及民酤贩在中者皆死，死者又千余人，横尸流血，狼藉涂地，诸司印及图籍、帷幕、器皿俱尽。又遣骑各千余出城追亡者，又遣兵大索城中。舒元舆易服单骑出安化门，禁兵追擒之。王涯徒步至永昌里茶肆，禁兵擒入左军。涯

朝，又在含元殿排列恭候。过了一个时辰，文宗坐着软轿从紫宸门出来，登上含元殿。首先命宰相和两省的官员到左仗去看甘露的情况，隔了好一会才回来。李训上奏说："臣和大家检验了，大概不是真正的甘露，不要马上对外宣布，以免天下之人都来道贺。"文宗说："怎么会这样！"回头示意叫左、右中尉仇士良、鱼志弘带领那些宦官前去察看。宦官走了以后，李训立即召唤郭行余和王璠说："快来领受皇上的命令！"王璠两腿发抖不敢向前，只有郭行余拜倒在殿下。当时二人有部下数百人，都拿着武器站立在丹凤门外面，李训已经派人召唤他们，命令进宫来接受皇上的命令。只有河东镇兵进来了，邠宁镇兵竟然没有来。

仇士良等到左仗察看甘露，韩约脸色也变了，还流着汗，仇士良感到奇怪，问他说："将军为什么这个样子？"一会儿幕布被风吹开，看到拿武器的人很多，又听到兵器的碰撞声音。仇士良等惊骇着往外跑，守门的人想关上门，仇士良责骂他们，门闩没有闩上。仇士良等人跑到文宗面前报告事变。李训看到了，急忙呼叫金吾卫士兵说："到殿上来保护皇上的人，每人赏钱一百串！"宦官们说："事势危急了，请陛下回宫去！"随即抬上软轿，迎接文宗坐上轿，把殿后的丝网撕剪开，很快向北跑去。李训攀着软轿大声说："臣奏事还没有完，陛下不能回宫去！"金吾卫的士兵已到了殿上；罗立言带领京兆尹的巡逻士卒三百多人从东边到来，李孝本带领御史台随从人员二百多人从西边到来，都跑到殿上大肆砍杀，宦官身上满是血，大呼冤枉，死伤了十多人。文宗的轿子一路向北进入宣政门，李训攀着轿子叫得更厉害，文宗责骂了他，宦官郗志荣用拳头打击他的胸部，李训仰面倒在地上。文宗进到宫中，大门随即关上了，宦官们都高呼万岁，百官在惊骇中分散出宫。李训知道事变没有成功，脱了随从吏员的绿色衣衫穿上，骑着马跑出来，在路上扬言说："我有什么罪而要被贬谪流放！"没有人怀疑他。王涯、贾𫗧、舒元舆回到中书省，互相说："皇上将要在延英殿开会，召集我们商议这件事。"两省的官员到宰相那里询问是怎么一回事，都说："不知道是什么事，各位各自去行动吧！"仇士良等人知道文宗参与了杀宦官的阴谋，埋怨、愤慨，说出不客气的话，文宗感到既惭愧又恐惧，就不再说话。

仇士良等命令左、右神策副使刘泰伦、魏仲卿等各自带领禁兵五百人，亮出刀锋出阁门讨伐叛贼。王涯等人将要会餐，有吏员报告："有士兵从皇宫内出来，遇到人就杀死！"王涯等人狼狈地徒步向外跑，两省和金吾卫吏卒一千多人堵在宫门外争着外逃；大门不久就被关闭，六百多没有逃出的人，都被杀死。仇士良等分兵关闭宫门，搜索各个司，捕捉贼党。诸司吏卒和平民做买卖的小贩在禁中的都被杀了，死去的又有一千余人，横尸流血，满地都是，各司印章和图书典籍、窗帘帷帐、器具用品等都毁坏殆尽。派遣骑兵一千多人出京城追捕逃跑的人，又派兵在城

时年七十余，被以桎梏，掠治不胜苦，自诬服，称与李训谋行大逆，尊立郑注。王璠归长兴里私第，闭门，以其兵自防。神策将至门，呼曰：“王涯等谋反，欲起尚书为相，鱼护军令致意！”璠喜，出见之。将趋贺再三，璠知见绐，涕泣而行；至左军，见王涯曰：“二十兄自反，胡为见引？”涯曰：“五弟昔为京兆尹，不漏言于王守澄，岂有今日邪！”璠俯首不言。又收罗立言于太平里，及涯等亲属奴婢，皆入两军系之。户部员外郎李元皋，训之再从弟也，训实与之无恩，亦执而杀之。故岭南节度使胡证，家钜富，禁兵利其财，托以搜贾悚入其家，执其子溵，杀之。又入左常侍罗让、詹事浑鐬、翰林学士黎埴等家，掠其赀财，扫地无遗。鐬，瑊之子也。坊市恶少年因之报私仇，杀人，剽掠百货，互相攻劫，尘埃蔽天。

（以上为第九段，写唐文宗谋诛宦官的甘露之变失败，宦官仇士良、鱼弘志大杀朝官，功臣半空。）

癸亥，百官入朝，日出，始开建福门，惟听以从者一人自随，禁兵器刃夹道。至宣政门，尚未开。时无宰相御史知班，百官无复班列。上御紫宸殿，问：“宰相何为不来？”仇士良曰：“王涯等谋反系狱。”因以涯手状呈上，召左仆射令狐楚、右仆射郑覃等升殿示之。上悲愤不自胜，谓楚等曰：“是涯手书乎？”对曰：“是也！”“诚如此，罪不容诛！”因命楚、覃留宿中书，参决机务。使楚草制宣告中外。楚叙王涯、贾悚反事浮泛，仇士良等不悦，由是不得为相。

时坊市剽掠者犹未止，命左、右神策将杨镇、靳遂良等各将五百人分屯通衢，击鼓以警之，斩十余人，然后定。

贾悚变服潜民间经宿，自知无所逃，素服乘驴诣兴安门，自言：“我宰相贾悚也，为奸人所污，可送我诣两军！”门者执送西军。李孝本改衣绿，犹服金带，以帽障面，单骑奔凤翔，至咸阳西，追擒之。

甲子，以右仆射郑覃同平章事。

内大肆搜索。舒元舆换了衣服一个人骑马出安化门，被禁兵追上捉住了。王涯步行到永昌里茶馆中，禁兵抓住他送到左神策军中。王涯当时已经七十多岁了，被戴上刑械，拷打得受不住了，就自诬招供认罪，说是与李训阴谋进行大逆不道的事，尊主郑注为皇帝。王璠回到长兴里私宅，关上门，派手下的士兵自我防卫。神策军的将领来到门口，喊道："王涯等谋反，想起用尚书为宰相，鱼护军让我们来传达他的意思！"王璠听了很高兴，开门出来。将领再三向他表示祝贺，王璠才知道被骗了，流着泪跟随军将走；到神策军营中，看到王涯说："二十兄自己谋反，为什么把我也牵连进去？"王涯说："五弟过去为京兆尹时，不把消息泄露给王守澄，怎么会有今日的遭遇呢！"王璠低着头不说话了。又在太平里收捕了罗立言，和王涯等人的亲属、奴婢，都关押在两军内。户部员外郎李元皋，是李训的远房弟弟，李训实在对他没有什么恩义，也被抓来杀死了。过去担任过岭南节度使的胡证，家里非常富有，禁兵贪图他的家财，借口搜捕贾餗进到他的家里，抓住他的儿子胡溵杀了。又进入左散骑常侍罗让、詹事浑鐬、翰林学士黎埴等人家里，把他们的财物抢掠一空。浑鐬是浑瑊的儿子。街坊市上一些凶恶的少年借着混乱之机报私仇，杀人，抢掠百货，互相攻劫，尘埃蔽天。

十一月二十二日癸亥，百官入宫朝见天子，太阳已经出来了，才打开建福门，只准许带一个随从人员，禁兵亮出刀锋站在道两旁。到宣政门，还未开门。当时没有宰相御史带领朝班，百官也没有按朝班序列行事。文宗坐在紫宸殿上，问："宰相为什么不来？"仇士良说："王涯等人因谋反被关在监狱里。"接着就把王涯亲手写的罪状呈上，召左仆射令狐楚、右仆射郑覃等人上殿展示给文宗看。文宗悲愤得不得了，向令狐楚等人说："是不是王涯亲手写的？"回答说："是的。"文宗又说："果真如此，罪恶大到诛杀也不能抵偿！"因而命令令狐楚和郑覃留在中书省过夜，参加决定国家机要大事。要令狐楚草拟制诏宣告中外。令狐楚叙述王涯、贾餗谋反的事情比较空洞浮泛，仇士良等人不高兴，因此没有让他当宰相。

当时街坊市上抢掠的人还未停止，命令左、右神策将杨镇、靳遂良等各自带领五百人分别屯驻在通衢大道，用击鼓来警告那些坏人，杀了十几个人，然后才安定下来。

贾餗换了衣服暗藏在民间过了一晚，知道没有地方逃，于是穿着素色衣服乘着驴子到兴安门，说："我是宰相贾餗，被奸人所诬害，可把我送到两军中去！"守门的人抓着他送到右神策军那里。李孝本改装穿绿色衣服，还佩戴着金带，用帽子遮着脸，一个人骑着马奔往凤翔，到达咸阳西面，被追赶的人抓住了。

十一月二十三日甲子，任命右仆射郑覃为同平章事。

李训素与终南僧宗密善，往投之。宗密欲剃其发而匿之，其徒不可。训出山，将奔凤翔，为盩厔镇遏使宋楚所擒，械送京师。至昆明池，训恐至军中更受酷辱，谓送者曰："得我则富贵矣！闻禁兵所在搜捕，汝必为所夺，不若取我首送之！"送者从之，斩其首以来。

乙丑，以户部侍郎、判度支李石同平章事，仍判度支。前河东节度使李载义复旧任。

左神策出兵三百人，以李训首引王涯、王璠、罗立言、郭行余，右神策出兵三百人，拥贾餗、舒元舆、李孝本献于庙社，徇于两市。命百官临视，腰斩于独柳之下，枭其首于兴安门外。亲属无问亲疏皆死，孩稚无遗，妻女不死者没为官婢。百姓观者怨王涯榷茶，或诟詈，或投瓦砾击之。

臣光曰：论者皆谓涯、餗有文学名声，初不知训、注之谋，横罹覆族之祸。臣独以为不然。夫颠危不扶，焉用彼相！涯、餗安高位，饱重禄；训、注小人，穷奸究险，力取将相。涯、餗与之比肩，不以为耻；国家危殆，不以为忧。偷合苟容，日复一日，自谓得保身之良策，莫我如也。若使人人如此而无祸，则奸臣孰不愿之哉！一旦祸生不虞，足折刑剭，盖天诛之也，士良安能族之哉！"

（以上为第十段，写宦官仇士良怨愤唐文宗而滥杀宰相王涯、贾餗等朝官，司马光评论认为王涯、贾餗尸位素身，与郑注、李训等奸佞小人为伍，偷合苟容，罪有应得。）

王涯有再从弟沐，家于江南，老且贫。闻涯为相，跨驴诣之，欲求一簿、尉。留长安二岁余，始得一见，涯待之殊落莫。久之，沐因嬖奴以道所欲，涯许以微官，自是旦夕造涯之门以俟命；及涯家被收，沐适在其第，与涯俱腰斩。

舒元舆有族子守谦，愿而敏，元舆爱之，从元舆者十年，一旦忽以非罪怒之，日加谴责，奴婢辈亦薄之。守谦不自安，求归江南，元舆亦不留，守谦悲叹而去。夕，至昭应，闻元舆收族，守谦独免。

李训一向和终南山的和尚宗密要好，就去投奔他。宗密想剃去李训的头发把他藏起来，他的徒弟不答应。李训走出终南山，将投奔凤翔，被盩厔镇遏使宋楚所擒获，戴上刑械送往京师。到达昆明池，李训担心到军中会受到更残酷的凌辱，于是对押送的人说："捉到我的人可得到富贵！听说禁兵到处都在搜捕我，一定会把我从你们手中夺走，不如拿我的头去送给他们！"押送的人听从了，斩了他的头送来京师。

十一月二十四日乙丑，任命户部侍郎、判度支李石同平章事，仍兼判度支。前河东节度使李载义恢复原来的职务。

左神策军出兵三百人，用李训的头为引导，王涯、王璠、罗立言、郭行余等人随后，右神策军出兵三百人，拥着贾餗、舒元舆、李孝本到太庙和太社献礼，又在东西两市上游行，命令百官都到场观看，在独柳树下将他们腰斩，并把头割下来挂在兴安门外。他们的亲属不论亲疏都被杀死，连小孩也不留下，妻女没有被杀的就没收为官府的奴婢。老百姓观看的人怨恨王涯加重茶税，有的咒骂他，有的用瓦片石头投击他。

臣司马光评论说：评论的人都说王涯、贾餗有文学名声，原先不知李训、郑注的阴谋，意外遭受灭族的大祸。臣认为不是这样。国家有颠覆的危险而不知扶持，你这个相又有何用！王涯、贾餗安于高位，领取重禄；李训、郑注这种小人，奸险极了，尽力窃取了将相的职位。王涯、贾餗和他们比肩事主，不认为是羞耻；国家发生了危险，不为之担忧。苟且偷安，过了一天又一天，自认为是保身的好办法，别人比不上我。假若每个人都这样做而不带来灾祸，那么谁不愿意作奸臣呢！一旦发生意料不到的灾祸，鼎足断了，大臣被杀了，这是上天对他的惩罚，仇士良哪里能族灭他呢！

王涯有个远房弟弟王沐，在江南居住，既年老又贫穷。听说王涯当了宰相，骑着驴子到那里去，想得到一个主簿或县尉的小官职。在长安停留了两年多才见到王涯一面，王涯待他非常冷淡。过了很久，王沐通过王涯亲近的家奴把请求告诉了王涯，王涯答应给他一个小官职，从这以后，王沐早晚都到王涯的家里去等候消息；当王涯的家里被查抄时，王沐正好在他家里，和王涯一同被腰斩。

舒元舆有个族人叫舒守谦，谨慎而又聪敏，舒元舆很喜欢他，跟随舒元舆有十年之久。有一天，舒守谦忽然得罪舒元舆，每天都遭到舒元舆的责骂，连奴婢们都看不起他。舒守谦很不自在，要求回到江南去，舒元舆也不挽留，舒守谦带着悲伤感叹的心情离开了舒元舆家。晚上，到达昭应，听说舒元舆被逮捕并族灭，只有舒

是日，以令狐楚为盐铁转运使，左散骑常侍张仲方权知京兆尹。时数日之间，杀生除拜，皆决于两中尉，上不豫知。

初，王守澄恶宦者田全操、刘行深、周元稹、薛士幹、似先义逸、刘英诩等，李训、郑注因之遣分诣盐州、灵武、泾原、夏州、振武、凤翔巡边，命翰林学士顾师邕为诏书赐六道，使杀之。会训败，六道得诏，皆废不行。丙寅，以师邕为矫诏，下御史狱。

先是，郑注将亲兵五百，已发凤翔，至扶风。扶风令韩辽知其谋，不供具，携印及吏卒奔武功。注知训已败，复还凤翔。仇士良等使人赍密敕授凤翔监军张仲清令取注，仲清惶惑，不知所为。押牙李叔和说仲清曰："叔和为公以好召注，屏其从兵，于坐取之，事立定矣！"仲清从之，伏甲以待注。注恃其兵卫，遂诣仲清。叔和稍引其从兵，享之于外，注独与数人入。既啜茶，叔和抽刀斩注，因闭外门，悉诛其亲兵。乃出密敕，宣示将士，遂灭注家，并杀副使钱可复、节度判官卢简能、观察判官萧杰、掌书记卢弘茂等及其枝党，死者千余人。可复，徽之子；简能，纶之子；杰，俛之弟也。朝廷未知注死，丁卯诏削夺注官爵，令邻道按兵观变。以左神策大将军陈君奕为凤翔节度使。戊辰夜，张仲清遣李叔和等以注首入献，枭于兴安门，人情稍安，京师诸军始各还营。

诏将士讨贼有功及婟队者，官爵赐赉各有差。右神策军获韩约于崇义坊，己巳，斩之。仇士良等各进阶迁官有差。自是天下事皆决于北司，宰相行文书而已。宦官气益盛，迫胁天子，下视宰相，陵暴朝士如草芥。每延英议事，士良等动引训、注折宰相。郑覃、李石曰："训、注诚为乱首，但不知训、注始因何人得进？"宦者稍屈，缙绅赖之。

（以上为第十一段，写郑注、李训以谋杀宦官受宠，以被宦官所杀而终，两人共谋大敌而同床异梦，其败也固宜。）

时中书惟有空垣破屋，百物皆阙。江西、湖南献衣粮百二十分，充宰相召募从人。辛未，李石上言："宰相若忠正无邪，神灵所佑，纵遇

守谦免受牵连。

当天，任命令狐楚为盐铁转运使，左散骑长侍张仲方暂时代理京兆尹。在当时那几天时间里，杀人和任命官吏的事，都由神策军两中尉决定，文宗不知道这些事。

原先，王守澄讨厌宦官田全操、刘行深、周元稹、薛士幹、似先义逸、刘英誗等，李训、郑注因而就把他们分派到盐州、灵武、泾原、夏州、振武、凤翔等地去巡视边防，又命令翰林学士顾师邕起草诏书发往六道，要他们杀死派去的宦官。遇上李训起事失败，六道虽得到杀宦官的诏书，都废弃而没有执行。十一月二十五日丙寅，认为顾师邕是伪造诏书，把他关押在御史监狱。

此前，郑注带领亲兵五百人，从凤翔出发，到达扶风。扶风县令韩辽知道郑注的阴谋，不提供给养，郑注带着官印和吏卒奔往武功。郑注得知李训已经失败，又回到凤翔。仇士良等叫人带着密令，交给凤翔监军张仲清，命令他捕捉郑注，张仲清惶恐不安，不知怎么办。押牙李叔和告诉张仲清说：“我为你用好友的名义把郑注请来，把他的随从士兵支使开，在座位上杀了他，大事马上就能办成！”张仲清听从了，埋伏了甲士以等待郑注到来。郑注依靠着他的卫士，就到张仲清那里去。李叔和逐渐把郑注的随从士兵引到外面去喝酒，只有几个人跟随郑注进到里面。在喝茶的时候，李叔和抽刀把郑注杀了，接着把大门关上，把郑注的亲兵都杀了。于是把朝廷的密令拿出来，向将士们宣布，随后把郑注全家都杀了，并杀了副使钱可复、节度判官卢简能、观察判官萧杰、掌书记卢弘茂等郑注的党羽，被杀的有一千多人。钱可复是钱徽的儿子；卢简能是卢纶的儿子；萧杰是萧俛的弟弟。朝廷不知道郑注已经死了，十一月二十六日丁卯，诏令削去郑注的官爵，命令相邻各道按兵不动，等待变化。任命左神策大将军陈君弈为凤翔节度使。十一月二十七日戊辰晚上，张仲清派遣李叔和等把郑注的头献给朝廷，悬挂在兴安门城楼上，这时人情稍安，京师各处的军队各自回营。

下诏对讨贼有功劳和队伍整齐的将士，都按功劳大小赐给官爵和赏赐。右神策军在崇义坊捉到了韩约，十一月二十八日己巳，把他杀了。仇士良等人各都按功劳进品级升官位。从这时起国家大事都由北司决定，宰相只是在文书上签名罢了。宦官权势越来越大，迫胁天子，看不起宰相，对待朝廷士大夫如草芥一般任意欺压和凌辱。每每在延英殿讨论国事，仇士良等人动不动就拿李训、郑注来折辱宰相。郑覃、李石说：“李训、郑注诚然是祸乱的头头，但是不知道李训、郑注开始是由什么人引进的？”宦官稍微被抑制，士大夫才有了依靠。

当时中书省只剩下空墙破屋，什么物品都欠缺。江西、湖南奉献衣粮一百二十份，让宰相招募随从人员。十一月三十日辛未，李石上奏说：“宰相要是忠正而不邪

盗贼，亦不能伤。若内怀奸罔，虽兵卫甚设，鬼得而诛之。臣愿竭赤心以报国，止循故事，以金吾卒导从足矣；其两道所献衣粮，并乞停寝。”从之。

十二月，壬申朔，顾师邕流儋州，至商山，赐死。

榷茶使令狐楚奏罢榷茶，从之。

度支奏籍郑注家赀，得绢百余万匹，他物称是。

庚辰，上问宰相：“坊市安未？”李石对曰：“渐安。然比日寒冽特甚，盖刑杀太过所致。”郑覃曰：“罪人周亲前已皆死，其余殆不足问。”时宦官深怨李训等，凡与之有瓜葛亲，或暂蒙奖引者，诛贬不已，故二相言之。

李训、郑注既诛，召六道巡边使。田全操追忿训、注之谋，在道扬言：“我入城，凡儒服者，无贵贱当尽杀之！”癸未，全操等乘驿疾驱入金光门，京城讹言有寇至，士民惊噪纵横走，尘埃四起。两省诸司官闻之，皆奔散，有不及束带袜而乘马者。

郑覃、李石在中书，顾吏卒稍稍逃去。覃谓石曰：“耳目颇异，宜且出避之！”石曰：宰相位尊望重，人心所属，不可轻也！今事虚实未可知，坚坐镇之，庶几可定。若宰相亦走，则中外乱矣。且果有祸乱，避亦不免！”覃然之。石坐视文案，沛然自若。

敕使相继传呼：“闭皇城诸司门！”左金吾大将军陈君赏帅其众立望仙门下，谓敕使曰：“贼至，闭门未晚，请徐观其变，不宜示弱！”至晡后乃定。是日，坊市恶少年皆衣绯皂，持弓刀北望，见皇城门闭，即欲剽掠，非石与君赏镇之，京城几再乱矣。时两省官应入直者，皆与其家人辞诀。

甲申，敕罢修曲江亭馆。

丁亥，诏：“逆人亲党，自非前已就戮及指名收捕者，余一切不问。诸司官虽为所胁从，涉于诖误，皆赦之。他人无得相告言及相恐愒。见亡匿者，勿复追捕，三日内各听自归本司。”

恶，神灵一定会保护他，即使遇到盗贼，也不能伤害他。倘若内心怀着奸邪欺诈，虽然设置很多兵卫，鬼怪也能够杀死他。臣愿竭尽一颗红心以报效国家，只按过去的惯例，用金吾卫的士卒为引导和随从就足够了；那两道所奉献的衣粮，请求停止送来。”朝廷同意了。

十二月初一日壬申，顾师邕被流放儋州，走到商山，被赐死。

榷茶使令狐楚上奏请求停止征收茶税，文宗答应了。

度支上奏没收郑注家产情况，获得绢一百多万匹，其他财物也大致如此。

十二月初九日庚辰，文宗问宰相：“坊市安定没有？”李石回答说：“逐渐安定下来了。然而近日寒冷得特别厉害，大概是杀人太多所造成的。”郑覃说：“罪人的至亲前时已经都处死了，其余的人恐怕不必过问了。”当时宦官深深地仇恨李训等人，凡是与他们有一点点瓜葛的亲戚，或是暂时得到奖拔的人，不断地被诛杀和贬谪，所以两位宰相提出来应加以制止。

李训、郑注被杀后，就召回六道巡边使。其中的田全操记恨李训、郑注的阴谋，在路上扬言说：“我进入京城后，凡是穿儒生衣服的人，不分贵贱都要把他们杀掉！”十二月十二日癸未，田全操等人乘着驿站供给的车马从金光门飞奔而来，京城有谣言说有强盗进来了，官民惊慌喧闹，纷纷逃走，到处扬起了尘埃。两省各衙门的官员听到这件事，都跑散了，有的人衣带也不束，鞋袜也来不及穿就乘马逃走。

郑覃、李石在中书省，看到官吏和士卒都纷纷逃跑了。郑覃对李石说：“我看情况很不寻常，应当暂且出去躲一躲吧！”李石说：“宰相的地位威望很重要，人心都归向于他，不可轻举妄动！现在事变是真是假还弄不清楚，坚定坐镇在此，或许可以安定下来。倘若宰相也逃走，那么朝廷内外就大乱了。如果真的发生了祸乱，躲也躲不了！”郑覃认为是对的。李石坐着看文件，装作闲暇而又若无其事的样子。

敕使一个接一个传话呼喊：“快关闭皇城各衙门的大门！”左金吾大将军陈君赏带领部下站在望仙门下，向敕使说：“贼寇到了，再关门也不晚，让我们慢慢观察形势的变化，不应当表示软弱！”到傍晚时分才安定下来。这一天，坊市作恶的少年都穿着红黑色的衣服，拿着弓箭和刀枪向北张望，如果看见皇城门关闭了，就想进行抢掠，要不是李石和陈君赏镇定下来，京城几乎要大乱了。当时两省的官员应当去值班的人，走的时候都与家里人辞行诀别，做了再也回不来的思想准备。

十二月十三日甲申，下令停止修建曲江池的亭台馆舍。

十二月十六日丁亥，诏令：“叛逆人的亲属党羽，不是前已被杀和指名收捕的人，其余一切人都不再过问。各衙门官吏被胁迫跟从而犯了错误的，都赦免他们的罪过。不得对他们进行控告和恐吓。现在逃亡的人，不要再追捕他们，在三天之内让他们各自回到本衙门去。”

时禁军暴横，京兆尹张仲方不敢诘，宰相以其不胜任，出为华州刺史，以司农卿薛元赏代之。元赏常诣李石第，闻石方坐听事与一人争辩甚喧，元赏使觇之，云有神策军将诉事。元赏趋入，责石曰："相公辅佐天子，纪纲四海。今近不能制一军将，使无礼如此，何以镇服四夷！"即趋出上马，命左右擒军将，俟于下马桥，元赏至，则已解衣跽之矣。其党诉于仇士良，士良遣宦者召之曰："中尉屈大尹。"元赏曰："属有公事，行当继至。"遂杖杀之。乃白服见士良，士良曰："痴书生何敢杖杀禁军大将！"元赏曰："中尉大臣也，宰相亦大臣也，宰相之人若无礼于中尉，如之何？中尉之人无礼于宰相，庸可恕乎！中尉与国同体，当为国惜法，元赏已囚服而来，惟中尉死生之！"士良知军将已死，无可如何，乃呼酒与元赏欢饮而罢。

初，武元衡之死，诏出内库弓矢、陌刀给金吾仗，使卫从宰相，至建福门而退。至是，悉罢之。

（以上为第十二段，写宰相李石、京兆尹薛元赏以正气裁抑宦官，遏制滥杀，维护了京师秩序。）

开成元年（丙辰，836年）

春，正月，辛丑朔，上御宣政殿，赦天下，改元。仇士良请以神策仗卫殿门，谏议大夫冯定言其不可，乃止。定，宿之弟也。

二月，癸未，上与宰相语，患四方表奏华而不典，李石对曰："古人因事为文，今人以文害事。"

昭义节度使刘从谏上表请王涯等罪名，且言："涯等儒生，荷国荣宠，咸欲保身全族，安肯构逆！训等实欲讨除内臣，两中尉自为救死之谋，遂至相杀；诬以反逆，诚恐非辜。设若宰相实有异图，当委之有司，正其刑典，岂有内臣擅领甲兵，恣行剽劫，延及士庶，横被杀伤！流血千门，僵尸万计，搜罗枝蔓，中外恫疑。臣欲身诣阙庭，面陈臧否，恐并陷孥戮，事亦无成。谨当修饰封疆，训练士卒，内为陛下心腹，外为陛下藩垣。如奸臣难制，誓以死清君侧！"丙申，加从谏检校司徒。

当时禁军暴虐专横，京兆尹张仲方不敢过问，宰相觉得他不称职，调他去担任华州刺史，任命司农卿薛元赏接替张仲方的职务。薛元赏由此到李石家去，听到李石正坐在厅堂上与一个人大声争论，薛元赏叫人察看一下，说是神策军将领诉说事情。薛元赏急忙进去，责备李石说："相公辅佐天子，统领四海。现在连一个军将也不能驾驭，使他这样没有礼貌，又怎么能够去镇服四夷！"随即快步出来骑上马，命令左右随从捉住军将，在下马桥等候，薛元赏到下马桥，军将已被脱了衣跪在那里了。军将的同党报告了仇士良，仇士良派宦官召薛元赏说："中尉有请大尹。"薛元赏回话说："正有公事在身，等一会就去。"于是就把军将打死了。薛元赏穿白色衣服去拜见仇士良，仇士良说："痴书生怎么敢用杖打死禁卫大将！"薛元赏说："中尉是大臣，宰相也是大臣，宰相的手下人倘若对中尉不讲礼节，怎么办？中尉手下人对宰相不讲礼节，难道可以原谅吗！中尉和国家是一体的，应当为国家尊重法制，元赏已经穿了囚服来了，是生是死听候中尉处置！"仇士良知道军将已经死了，没有挽救办法，于是叫人取来酒食和薛元赏欢饮后告别而去。

当初，武元衡被暗杀后，诏令将内库的弓箭和长刀拿给金吾卫使用，以保卫宰相，将宰相送到建福门才退回，到现在，都免除了。

唐文宗开成元年（丙辰，836年）

春季，正月初一日辛丑，文宗登上宣政殿，大赦天下，改年号为开成。仇士良请求用神策兵仗守卫殿门，谏议大夫冯定说不能那样，制止了。冯定是冯宿的弟弟。

二月十三日癸未，文宗和宰相谈话，为四方上奏的章表华而不实而担忧，李石回答说："古人为了记叙事情而写文章，今人为了文章写得好而妨害了叙事的真实性。"

昭义节度使刘从谏上奏表质问王涯等人的罪名，并且说："王涯等是儒生，得到国家的荣誉和信任，都想保全身家性命，怎么肯去谋反！李训等人其实是想讨诛宦官中的两个中尉，自己为了安全而采取的计谋，以致互相残杀；诬告他们谋反，恐怕不是他们的罪过。假设宰相真正有异图，应当交给有关衙门，按法律判刑，哪里有内臣擅自带领军队，随意进行抢劫，连士大夫和百姓等也被连累，意外地被杀死杀伤的！宫门内外到处流血，尸体成千上万，搜捕有牵连的人，使得朝廷内外惊恐不安。臣想亲自到朝廷来，在皇上面前陈述好人和坏人，又担心也遭杀身灭族之祸，而对国家政事也无助益。我会把管辖的地方治理好，把兵卒训练好，对内为陛下心腹之臣，对外为陛下坚守边藩。如有奸臣难以制服，誓死做到清君侧！"二月

天德军奏吐谷浑三千帐诣丰州降。

三月，壬寅。以袁州长史李德裕为滁州刺史。

左仆射令狐楚从容奏“王涯等既伏辜，其家夷灭，遗骸弃捐。请官为收瘗，以顺阳和之气。”上惨然久之，命京兆收葬涯等十一人于城西，各赐一袭。仇士良潜使人发之，弃骨于渭水。

丁未，皇城留守郭皎奏：“诸司仪仗有锋刃者，请皆输军器使，遇立仗别给仪刀！”从之。

刘从谏复遣牙将焦楚长上表让官，称：“臣之所陈，系国大体。可听则涯等宜蒙湔洗，不可听则赏典不宜妄加！安有死冤不申而生者荷禄！”因暴扬仇士良等罪恶。辛酉，上召见楚长，慰谕遣之。时士良等恣横，朝臣日忧破家。及从谏表至，士良等惮之。由是郑覃、李石粗能秉政，天子倚之亦差以自强。

夏，四月，己卯，以潮州司户李宗闵为衡州司马。凡李训指为李德裕、宗闵党者，稍收复之。

淄王协薨。

甲午，以山南西道节度使李固言为门下侍郎、同平章事，以左仆射令狐楚代之。

戊戌，上与宰相从容论诗之工拙，郑覃曰：“诗之工者，无若三百篇，皆国人作之以刺美时政，王者采之以观风俗耳，不闻王者为诗也。后代辞人之诗，华而不实，无补于事。陈后主、隋炀帝皆工于诗，不免亡国，陛下何取焉！”覃笃于经术，上甚重之。

已酉，上御紫宸殿，宰相因奏事拜谢，外间因讹言：“天子欲令宰相掌禁兵，已拜恩矣。”由是中外复有猜阻，人情恂恂，士民不敢解衣寝者数日。乙丑，李石奏请召仇士良等面释其疑。上为召士良等出，上及石等共谕释之，使毋疑惧，然后事解。

（以上为第十三段，写昭义节度使刘从谏上表请王涯罪名，暴扬仇士良的罪行，声言清君侧，宦官气焰稍稍收敛。）

二十六日丙申，加给刘从谏检校司徒官衔。

天德军奏报称吐谷浑三千帐士卒到丰州投降。

三月初三日壬寅，改任袁州长史李德裕为滁州刺史。

左仆射令狐楚从容上奏说：“王涯等人既然伏罪，他的家庭也被消灭了，遗骨被抛弃。请求官府把尸骨收集埋葬，以承顺阳和的时气。”文宗悲伤的神情持续了很久，命令京兆尹在城西收葬王涯等十一人，各赐衣服一套。仇士良暗地叫人把坟墓挖开，把尸骨抛到渭水中。

三月初八日丁未，皇城留守郭皎上奏说：“各衙门仪仗武器中有刀锋的，请送到军器库使那里去，遇上需要用仪仗时另外发给仪刀。”文宗答应了。

刘从谏又派牙将焦楚长送上奏表推辞加给他的官职，表中说：“臣所陈述的是关系到国家的大事。能采纳的话，那么王涯等人就应当得到洗雪罪名，不采纳的话，那么赏赐的恩典不应当随便加给！哪里有死者的冤案没有得到申雪而活着的人却得到增加禄位的事！”随着揭露了仇士良等人的罪恶。三月二十二日辛酉，文宗召见了焦楚长，好言相慰后打发他回去了。当时仇士良等人十分放纵横暴，朝臣每天都担心家破人亡。等到刘从谏的奏表到了以后，仇士良等才有所畏惧。由于这样，郑覃、李石大体能够掌握朝政，天子依靠他们也勉强维持自立。

夏季，四月初十日己卯，改任潮州司户李宗闵为衡州司马。凡是李训指斥为李德裕、李宗闵同党的人，逐渐从贬地回来。

淄王李协去世。

四月二十五日甲午，任命山南西道节度使李固言为门下侍郎、同平章事；以左仆射令狐楚接替李固言为山南西道节度使。

四月二十九日戊戌，文宗和宰相从容讨论诗的好坏，郑覃说：“诗的工巧，没有比《诗经》三百篇更好的了，都是国人写出来用以讽刺或赞美时政的，国君把它收集起来以观察风俗民情，没有听说国君自己也去写诗。后代词人写的诗，华而不实，对国家无所补益。陈后主、隋炀帝都会写诗，不免亡国，陛下又能取法什么呢！”郑覃对经学研究很深，文宗很敬重他。

五月十一日己酉，文宗登临紫宸殿，宰相因奏事完毕拜谢而退，外面借此造谣说：“天子想要宰相掌握禁兵，宰相已拜谢皇上的恩遇了。”因此，朝廷内官与朝官互相猜疑和阻隔，人情惶恐不安，有的官民数天晚上不敢脱衣服睡觉。五月二十七日乙丑，李石上奏请求召集仇士良等人当面解释彼此的疑虑。文宗把仇士良等人召唤出来，文宗和李石等共同解释，使得大家都没有猜疑了，这件事才了结。

闰月，乙酉，以太子太保、分司李听为河中节度使。上尝叹曰：“付之兵不疑，置之散地不怨，惟听为可以然。”

乙未，李固言荐崔球为起居舍人，郑覃再三以为不可，上曰：“公事勿相违！”覃曰：“若宰相尽同，则事必有欺陛下者矣！”

李孝本二女配没右军，上取之入宫。秋，七月，右拾遗魏謩上疏，以为：“陛下不迩声色，屡出宫女以配鳏夫。窃闻数月以来，教坊选试以百数，庄宅收市犹未已；又召李孝本女入宫，不避宗姓，大兴物论，臣窃惜之。昔汉光武一顾列女屏风，宋弘犹正色抗言，光武即撤之。陛下岂可不思宋弘之言，欲居光武之下乎！”上即出孝本女。擢謩为补阙，曰：“朕选市女子，以赐诸王耳。怜孝本女髫龀孤露，故收养宫中。謩于疑似之间皆能尽言，可谓爱我，不忝厥祖矣！”命中书优为制辞以赏之。謩，征之五世孙也。

鄜坊节度使萧洪诈称太后弟，事觉；八月，甲辰，流驩州，于道赐死。赵缜、吕璋等皆流岭南。

初，李训知洪之诈，洪惧，辟训兄仲京置幕府。先是，自神策军出为节度使者，军中皆资其行装，至镇，三倍偿之。有自左军出镇鄜坊未偿而死者，军中征之于洪，洪恃训之势，不与；又征于死者之子，洪教其子遮宰相自言，训判绝之。仇士良由是恨洪。

太后有异母弟在闽中，孱弱不能自达。有闽人萧本从之得其内外族讳，因士良进达于上，且发洪之诈，洪由是得罪。上以本为真太后弟，戊申，擢为右赞善大夫。

九月，丁丑，李石为上言宋申锡忠直，为谗人所诬，窜死遐荒，未蒙昭雪，上俯首久之，既而流涕泫然曰：“兹事朕久知其误，奸人逼我，以社稷大计，兄弟几不能保，况申锡，仅全腰领耳。非独内臣，外廷亦有助之者。皆由朕之不明，向使遇汉昭帝，必无此冤矣！”郑覃、李固言亦共言其冤，上深痛恨，有惭色。庚辰，诏悉复申锡官爵，以其子慎

闰五月十七日乙酉，任命太子太保、分司李听为河中节度使。文宗曾经感叹地说：“交付兵权给他不会被猜疑，放置在闲散的职位上不会埋怨，只有李听可以做到这个样子。”

闰五月二十七日乙未，李固言推荐崔球为起居舍人，郑覃再三反对。文宗说：“公事不要互相违背！”郑覃说：“倘若宰相的意见都一样，那么在职事中一定有欺骗陛下的了！”

李孝本的两个女儿籍没后发配到右神策军，文宗把他们收入宫中。秋季，七月，右拾遗魏謩上疏，认为：“陛下不近声色，多次把宫女放出来配给没有妻子的人，我私下听说近几个月以来，教坊使选取了成百名女子，庄宅使收买的还在进行之中；又把李孝本的女儿召入宫中，同宗同姓也不回避，使得外面议论纷纷，臣私下为此事而叹息。从前汉光武帝只一次回头看画了列女的屏风，宋弘还严肃地进谏，汉光武帝马上撤去了屏风。陛下难道不想想宋弘的话，想做一个比不上汉光武帝的人吗！”文宗随即放出了李孝本的女儿，提拔魏謩为补阙官，并说：“朕选取的女子，只是为了赏赐给各王子而已。由于可怜李孝本的女儿幼小孤单，所以把他们收养在宫中。魏謩在怀疑中能把意见提出来，是对我的爱护，不会愧对他的祖先了！”命令中书省官写制书褒奖魏謩。魏謩是魏徵的第五代孙。

鄜坊节度使萧洪假称是太后的弟弟，骗局被揭露；八月初七日日甲辰，被流放驩州，在路上被赐死。赵缜、吕璋等人都被流放到岭南。

起初，李训知道萧洪的诈骗，萧洪感到恐惧，于是聘请李训的哥哥李仲京为幕府属员。原先，从神策军出去担任节度使的人，军中都资助他办好行李物品，到达方镇以后，用三倍的钱来偿付行装费用。有个从左神策军去鄜坊任节度使的人没有偿还行装费就死去了，军中就向萧洪索取行装钱，萧洪仗着李训的权势，不给钱；神策军又向死者的儿子索取钱款，萧洪教死者的儿子拦着宰相告状，李训判决不必给钱。这样，仇士良恨死了萧洪。

太后有异母弟在闽中，懦弱而无能，没有把自己的情况向朝廷报告。有个闽人叫萧本的，从他那里了解到内外亲族的姓名，通过仇士良报告给文宗，并且揭发了萧洪的欺诈，萧洪就这样犯了罪。文宗认为萧本是太后的真弟弟，八月十一日戊申，提拔他为右赞善大夫。

九月十一日丁丑，李石向文宗讲到宋申锡的忠贞正直，被奸谗人所诬陷，流放并死在边远之地，冤案没有得到昭雪，文宗低头沉默好一会，接着流泪说：“这件事朕很早就知道办错了，奸人逼迫着我，为了社稷大事，我兄弟漳王也差一点得不到保全，何况宋申锡，仅仅保住了不被杀头而已。当时不只是内臣为奸，朝廷中也有人帮助他们干了坏事。这些都怪我不能明察，过去的事要是遇上汉昭帝，一定不会

微为成固尉。

李石用金部员外郎韩益判度支桉，益坐赃三千余缗，系狱；石曰："臣始以益颇晓钱谷，故用之，不知其贪乃如是！"上曰："宰相但知人则用，有过则惩，如此则人易得，卿所用人不掩其恶，可谓至公。从前宰相用人好曲蔽其过，不欲人弹劾，此大病也！"冬，十一月，丁巳，贬益梧州司户。

上自甘露之变，意忽忽不乐，两军毬鞠之会什减六七，虽宴享音伎杂沓盈庭，未尝解颜；闲居或徘徊眺望，或独语叹息。壬午，上于延英谓宰相曰："朕每与卿等论天下事，则不免愁。"对曰："为理者不可以速成。"上曰："朕每读书，耻为凡主。"李石曰："方今内外之臣，其间小人尚多疑阻，愿陛下更以宽御之，彼有公清奉法如刘弘逸、薛季稜者，陛下亦宜褒赏以劝为善。"甲申，上复谓宰相曰："我与卿等论天下事，有势未得行者，退但饮醇酒求醉耳！"对曰："此皆臣等之罪也。"

有司以左藏积弊日久，请行检勘，且言官典罪在赦前者，请宥之，上许之。既而果得缯帛妄称渍污者，敕赦之，给事中狄兼謩封还敕书曰："官典犯赃，理不可赦"上谕之曰："有司请检之初，朕既许之矣。与其失信，宁失罪人。卿能奉职，朕甚嘉之！"

十二月，庚戌，以华州刺史卢钧为岭南节度使。李石言于上曰："卢钧除岭南，朝士皆相贺。以为岭南富饶之地，近岁皆厚赂北司而得之；今北司不挠朝权，陛下亦宜有以褒之。庶几内外奉法，此致理之本也。"上从之。钧至镇，以清惠著名。

己未，淑王纵薨。

（以上为第十四段，写甘露之变后唐文宗纳谏思治，对受制于宦官与奸佞有所醒悟而又无可奈何。）

有这种冤枉发生了！”郑覃、李固言也都说宋申锡冤枉，文宗面有愧色。九月十四日庚辰，下诏完全恢复宋申锡的官爵，任命他的儿子宋慎微为成固县尉。

李石任用金部员外郎韩益管理度支的文案，韩益因贪赃三千多串钱而被关进牢狱，李石说：“臣原先只知韩益通晓钱谷之事，所以任用他，不知道他贪污到这个样子！”文宗说：“宰相只需知人就任用，有过错就惩罚，这样人才就容易得到。你对自己所任用的人不掩盖过错，可以说是很公正的。从前宰相任用人喜欢回护掩盖他的过错，不想让别人弹劾他，这是一个很大的弊病！”冬季，十一月十二日［丁丑］，贬韩益为梧州司户。

文宗从甘露之变以后，心中总是不愉快，两军踢毬的场次也十分减去六七分，虽然宴会音乐伎艺交相充满殿庭，也未能使他高兴；他闲暇时或徘徊眺望，或自言自语唉声叹气。十一月十七日壬午，文宗在延英殿对宰相们说：“朕每次与你们讨论国家大事，总是免不了要忧愁。”宰相回答说：“治理天下是不能急于求成的。”文宗说：“朕每次读书时，都感到做一个平凡的君主是可耻的事。”李石说：“现在朝廷内外的臣子，其中有些小人还有很多猜疑，希望陛下用宽容的态度对待他们。有公正清廉守法如刘弘逸、薛季稜那样的人，陛下也应当表扬奖赏以勉励他们。”十一月十九日甲申，文宗又对宰相们说：“我与你们讨论天下大事，有些在目前形势下不能实行的，退朝后只有用酒消愁而已！”宰相回答说：“这些都是臣子们的罪过。”

有关部门认为左藏库存在的弊病很久了，请求进行检验查勘，并且说管理官员的罪过在大赦以前的，请免了他们的罪，文宗答应了。经清查果然有将好缯帛假说是渍污了而乘机贪污的，敕令赦免他们的罪，给事中狄兼謩把敕书封好退还说：“管理的官员犯贪赃罪，按理是不能赦免的！”文宗对他说：“有关部门请求检查之前，朕已经答应在大赦前的事不治罪。与其失信，宁愿漏网罪人。你能尽忠职守，朕很喜欢你这种行为！”

十二月十五日庚戌，任命华州刺史卢钧为岭南节度使。李石对文宗说：“卢钧被任命为岭南节度使，朝中官员都互相道贺。他们认为岭南是个富饶的地方，近年来都是向北司送大量贿赂才能得到这个肥缺；现在北司不阻挠朝廷行使任人的权力，陛下也应当对他们有所褒奖，以便使朝廷内外的官吏都遵守法纪，这就是治理好国家的根本大事。”文宗依从了。卢钧到任后，由于政绩清廉宽惠而著名。

十二月二十四日己未，溆王李纵去世。

二年（丁巳，837年）

春，二月，己未，上谓宰相：“荐人勿问亲疏。朕闻窦易直为相，未尝用亲故。若亲故果才，避嫌而弃之，是亦不为至公也。”

均王纬薨。

三月，有彗星出于张，长八丈余。壬申，诏撤乐减膳，以一日之膳分充十日。

夏，四月，甲辰，上对中书舍人、翰林学士兼侍书柳公权于便殿，上举衫袖示之曰：“此衣已三浣矣！”众皆美上之俭德；公权独无言，上问其故，对曰：“陛下贵为天子，富有四海，当进贤退不肖，纳谏诤，明赏罚，乃可以致雍熙。服浣濯之衣，乃末节耳。”上曰：“朕知舍人不应复为谏议，以卿有诤臣风采，须屈卿为之。”乙巳，以公权为谏议大夫，余如故。

戊戌，以翰林学士、工部侍郎陈夷行同平章事。

六月，河阳军乱，节度使李泳奔怀州；军士焚府署，杀泳二子，大掠数日方止。泳，长安市人，寓籍禁军，以赂得方镇，所至恃所交结，贪残不法，其下不堪命，故作乱。丁未，贬泳澧州长史。戊申，以左金吾将军李执方为河阳节度使。

秋，七月，癸亥，振武奏党项三百余帐剽掠逃去。

给事中韦温为太子侍读，晨诣东宫，日中乃得见，温谏曰：“太子当鸡鸣而起，问安视膳，不宜专事宴安！”太子不能用其言，温乃辞侍读；辛未，罢守本官。

振武突厥百五十帐叛，剽掠营田；戊寅，节度使刘沔击破之。

八月，庚戌，以昭仪王氏为德妃，昭容杨氏为贤妃。立敬宗之子休复为梁王，执中为襄王，言杨为杞王，成美为陈王。癸丑，立皇子宗俭为蒋王。

河阳军士既逐李泳，日相扇，欲为乱。九月，李执方索得首乱者

唐文宗开成二年（丁巳，837年）

春季，二月二十五日己未，文宗对宰相说：“推荐人不要问亲疏。我听窦易直为宰相时，从未任用过亲戚故旧。要是亲戚故旧果真有才干，为了避免嫌疑而不任用，这也不是很公平的。”

均王李纬去世。

三月，有彗星在张宿旁出现，有八丈多长。三月初九日壬申，下诏令撤去音乐，减少供应的膳食，把一天的膳食分作十天享用。

夏季，四月十一日甲辰，文宗在便殿看到中书舍人、翰林学士兼侍书柳公权，文宗举起衣衫的袖子展示给柳公权看，并说：“这件衣已经洗了三次了。”众人都赞美文宗节俭的美德，只有柳公权没有说话，文宗问他为什么不说话，柳公权回答说：“陛下贵为天子，富有四海，应当选拔贤能的人，斥退不贤能的人，采纳进谏的正确言论，对功过赏罚分明，这样才能把国家治理好。穿洗过的衣服，这是细枝末节的事，不值得称道。”文宗说：“朕知道中书舍人不应当再为谏议大夫，但你有敢于进谏的诤臣风采，必须委屈你去担任。”四月十二日乙巳，任命柳公权为谏议大夫，其余官职不变。

五月初五日戊戌，任命翰林学士、工部侍郎陈夷行同平章事。

六月，河阳军发生叛乱，节度使李泳逃往怀州；军士烧了节度使衙门，杀死李泳的两个儿子，大掠数日才停止。李泳是长安坊市中人，在禁军中登记了名籍，用贿赂得到节度使的职位，走到哪里都是依靠结交朋友、贪污残暴，干些犯法的事，他的部下不能忍受他所干的一切，所以发动叛乱。六月十五日丁未，贬李泳为澧州长史。六月十六日戊申，任命左金吾将军李执方为河阳节度使。

秋季，七月初二日癸亥，振武节度使奏报党项有三百多个军帐大肆进行抢劫之后逃走了。

给事中韦温为太子侍读官，早晨到东宫去，到中午才见到太子，韦温进谏说：“作为太子应当鸡鸣时就起床，去向皇上请安，察看皇上的饮食情况，不应当只从事游宴享乐！”太子不听他的话，韦温就提出辞去侍读的职务；七月初十日辛未，被免去了侍读，只任本官给事中。

振武军所属突厥一百五十个军帐发生叛乱，抢掠营田；七月十七日戊寅，节度使刘沔把他们打败了。

八月十九日庚戌，提升昭仪王氏为德妃，昭容杨氏为贤妃。立敬宗的儿子李休复为梁王，李执中为襄王，李言杨为杞王，李成美为成王。八月二十二日癸丑，立皇子李宗俭为蒋王。

河阳镇军士已经把李泳赶走了，天天暗中鼓动，企图作乱。九月，李执方打听

七十余人，悉斩之，余党分隶外镇，然后定。

冬，十月，国子监《石经》成。

福建奏晋江百姓萧弘称太后族人，诏御史台按之。

戊申，以门下侍郎、同平章事李固言同平章事，充西川节度使。

甲寅，御史台奏萧弘诈妄；诏递归乡里，不之罪，冀得其真。

（以上为第十五段，写唐文宗节俭，河阳军乱，太子李永贪睡不成器，为太子暴毙张本。）

并捕捉到带头谋乱的七十多人，把他们都杀了，其余的党徒分别送到其他的镇安置，然后才安定下来。

冬季，十月，国子监雕刻的《石经》完成。

福建上奏说晋江百姓萧弘自称是萧太后的同族人，下诏要御史台调查清楚。

十月十八日戊申，改任门下侍郎、同平章事李固言同平章事，充西川节度使。

十月二十四日甲寅，御史台上奏说萧弘是假骗的，诏令传送萧弘回乡里去，不办他的罪，希望以后能找到太后的真正亲人。

【点评】

本卷点评牛李党争与甘露之变两件大事。

一、牛李党争。唐中央官僚主要由两种人组成，一是门荫出身，二是进士及第出身。门荫靠祖上的功德，是士族和累世官宦之后。门荫官僚用人主要倾向于没落的门阀士族。进士出身，是科举入仕，多出身庶族。科举同榜进士称同年，进士对主考官称座主，主考官称被录取的进士为门生。同科进士与主考官，以及推荐的公卿，很容易结成亲密关系，互相援引，形成一个小圈子，共同排斥圈外的人，被称为朋党。门荫出身与进士出身两种官员之间明争暗斗，由来已久。宦官专权，宦官代表工商杂类人入仕，奸佞小人依附宦官入仕，挤占朝官的位子，因此在唐代形成了很复杂的朋党斗争与南北司斗争。其中历时最长、斗争最为激烈的就是牛李党争。牛党领袖为牛僧孺、李宗闵，李党领袖为李德裕、郑覃。双方领军人物都历仕宪宗、穆宗、敬宗、文宗、武宗五朝，多次轮番入主相位，牛党得势，排斥李党，李党得势，排斥牛党。

牛党领军牛僧孺，系牛仙客之后，牛仙客出身胥吏，目不知书，玄宗朝贵为宰相，仍受人冷眼，故牛僧孺冒称隋吏部尚书牛弘之后。牛僧孺、李宗闵、杨嗣复三人都是德宗贞元二十一年进士，权德舆的门生，因此三人“情义相得，进退取舍，多与之同”（《旧唐书·杨嗣复传》）。牛党核心人物是李宗闵，牛僧孺居其次，因其最为寒庶，故举为牛党代表。李德裕系赵郡士族之后，祖李栖筠，御史大夫，父李吉甫，元和初宰相。李德裕年轻时，“耻与诸生从乡赋，不喜科试”（《旧唐书》本传），以门荫入仕。

牛李两党的分歧主要表现在两个方面。一是用人。牛党重辞藻文章，主张科举入仕，代表庶族利益。李党主张门荫用公卿子弟，郑覃多次向文宗建议废科举，代表门阀士族利益。在用人上，李党是倒退的。二是对待藩镇，牛党主张姑息，李党主张平叛。武宗朝强力平叛，是李党最得势的时期。

牛李结怨始于唐宪宗元和三年（808），宪宗诏举贤良方正科，牛僧孺、李宗闵同登榜首，两人在对策中讥评时政，宰相李吉甫恨之，泣诉于宪宗说主考不公，李宗闵、牛僧孺遭贬官，被冷落七年之久，直到李吉甫死后才被起用。杨嗣复之父杨於陵，第一主考，由户部侍郎贬为岭南节度。李德裕，李吉甫之子。两党结怨，互斗，直到武宗会昌六年（846）结束，前后四十年，历经了六个回合。穆宗长庆元年，右补阙杨汝士与礼部侍郎钱徽掌贡举，李宗闵之婿苏巢、杨汝士之弟杨殷士被录用，翰林学士李德裕联合元稹、李绅上奏考官受请托，李宗闵、杨汝士、钱徽遭贬逐，这是第一回合。李德裕排斥李宗闵出朝。当时李宗闵任中书舍人。二李结怨。长庆三年（823），李德裕与牛僧孺二人皆有入相之望，穆宗自择牛僧孺为相，李德裕认为是宰相李逢吉援引牛僧孺排斥自己，由是，牛李之怨加深。文宗太和三年（829），李德裕、李宗闵同时入相，李宗闵依附宦官，二十天后就把李德裕排挤出朝。第二年，李宗闵引牛僧孺再入相，共同清洗李党，这是第二回合。文宗太和六年（832），牛僧

孺罢相，李德裕还京任兵部尚书，李宗闵与杨汝士从弟杨虞卿共同阻挡李德裕入相失败，太和七年（833），李德裕入相，李宗闵被罢出朝，这是第三回合。太和八年（834），唐文宗信用郑注，又引李宗闵入相，李德裕被罢出朝，这是第四回合。牛李两党在朝互相排挤，争斗不断升级，唐文宗时时长叹："去河北贼易，去朝廷朋党难。"司马光评论说："朋党之起，缘于君主昏庸，忠奸不分。"有一定道理。唐文宗不分忠奸，用李宗闵朋党斥逐李德裕朋党就是一个错误。李宗闵依附宦官，李德裕与宦官有距离，又有贤才，李党得势对朝廷有利。郑注、李训，这两个凶狡之徒，依附宦官入朝，最后唐文宗重用这两个人，既谋诛宦官，又统统排斥牛李两党，文宗想的是一箭双雕，既杀宦官，又逐朋党，如此昏聩，怎能不偾事。唐文宗把自己玩完，成了宦官的傀儡，抱憾离世。武宗即位，用兵藩镇，起用李德裕为相，李党得势，大力排斥牛党。从会昌元年（841）到会昌四年（844），牛党五位宰相李宗闵、牛僧孺、崔珙、杨嗣复、李珏不断遭贬逐，这是第五回合。会昌六年（846），武宗死，宣宗立，李德裕立即遭贬逐，武宗所逐牛党五相，同日量移，这是第六回合。不久，两党领袖李德裕、牛僧孺、李宗闵均死于贬所。至此，牛李党争结束。前后历四十年。但朝廷的朋党之争并没有结束，而是日益加剧，直至唐亡。

牛李党争，从总体上看，是君子与君子之争，朝士庶族官僚与士族官僚之间争官位，尤其是争宰辅执政大臣之位。李宗闵依附宦官较深，牛党多奸邪之士，而牛僧孺本人还较为清正。李德裕不依附宦官，以才能赢得皇帝信任，但李德裕在文宗朝入相仍得力于枢密杨钦义。李德裕在方镇任上用秉正品德与权谋交好监军，也是他入相的资本。在宦官专权的唐代，任何贤士大夫完全脱离宦官的影响是不可能的。会昌年间，李德裕处理藩镇和边境事件都收到功效，南司威望提高，北司相对退缩。这时，唐朝声威有再展之势，由于武宗在位短暂，再展之势夭折，李德裕以悲剧告终，一贬再贬，死于崖州（今海南三亚市）。

二、甘露之变。所谓甘露之变，是唐文宗第二次谋诛宦官引发的政治事件。文宗所用非人，郑注、李训两个凶狡人谋事，两人同床异梦，以失败告终。

郑注，绛州翼城人，以医术游长安权贵之门。本姓鱼，冒姓郑氏士族，故时人称之为鱼郑，隆贵时，人们目之为"水族"，水为阴，以郑注为阴险人。郑注依附宦官王守澄，谋害宋申锡，挫败唐文宗第一次诛宦官的就是这个郑注。李训，字子垂，初名仲言，陇西成纪（在今甘肃秦安县）士族。肃宗时宰相李揆之族孙，敬宗朝宰相李逢吉之侄。进士及第入仕，阴险善谋，曾因事被流放，回京后通过贿赂郑注投靠王守澄，得以东山再起。郑注精通医术，李训精通《易经》，王守澄将两人荐之于唐文宗，目的是安插两人在文宗身边为自己的耳目。两人都是野心家，认为投靠宦官，不如投靠皇帝。文宗拜郑注为太仆卿，兼御史大夫，时时入宫侍疾。李训被拜为四门助教，迁国子《周易》博士，充翰林侍讲学士。两人倒戈，反被唐文宗任用

来反击宦官。两人为唐文宗策划太平盛世的方略，先除宦官，次复河湟，再次清河北，说得头头是道，唐文宗深信不疑，对两人宠遇日隆。两人先拿牛李的两党人物开刀，既扫清宦官在朝中的势力，又培植自己的朋党。郑注引李宗闵入相逐走李德裕、路隋，随后逐走李宗闵，连逐三相，威震天下。郑、李两人对不合心意的人都指目为牛党李党的人，尽行驱逐，而安插自己的同伙。同时引荐谋诛宦官的舒元舆、郭行余、王璠、罗立言、韩约、贾悚、裴度等人，博取声誉，赢得人心，所以当时“天下之人，有冀训以致太平者”的赞誉。(《旧唐书·李训传》)

接着两人又利用宦官内部争权的矛盾，把反对王守澄的韦元素、杨承和、王践言三人外出到方镇为监军，不久处死。追究宪宗之死，把当年毒杀宪宗的宦官陈弘志处死。再利用仇士良与王守澄争权的矛盾，郑李二人劝文宗升任王守澄为左右神策军观军容使，明升暗降解除王守澄神策军中尉的职务，剥夺了王守澄的军权，而任用仇士良为中尉抗衡王守澄。太和九年（835）十月，免去王守澄观军容使之职，赐死王守澄，秘不发丧。郑注和李训的这一系列行动，表现出十分干练的政治才能，“自中尉、枢密、禁卫诸将都十分敬畏李训”。

郑注、李训谋诛全部宦官。其时李训为相，出郑注任凤翔节度使，原计划内外合谋诛宦官。郑注到凤翔选凤翔兵数百人，作为亲兵，等下葬王守澄时，唐文宗令全部宦官去会葬，郑注纵亲兵全诛宦官。李训靠郑注引荐得势，这时他的野心是要独占大功，诛了宦官，再除郑注。李训不让郑注抢功，他上奏文宗，称左金吾大厅后石榴树上有甘露。十一月二十一日，唐文宗在紫宸殿接见百官，文宗令李训率众官去察看。李训回来说不像是真甘露，文宗故作惊讶，令左右中尉仇士良、鱼弘志率领众官再去察看。仇士良到了左金吾大厅，发现李训事先埋伏的甲士，立即逃回殿上，劫夺唐文宗入宫，派出神策军血洗朝官。宰相贾悚、王涯以及中书、门下两省和各部官吏被杀的有一千多人，朝廷为之一空。李训出逃被捕杀，郑注也在军中被杀。这一场反宦官的宫廷血案，史称“甘露之变”。

唐文宗有灭宦官之志，却无灭宦官的能力。他忠奸不分，是非不明，既恨宦官，又猜忌功臣宿将，放着裴度、李德裕不用，却任用出尔反尔的凶狡人李训、郑注。唐文宗又意气用事，诛杀王守澄以后，如果外出仇士良去做监军，一个一个地诛杀元恶，不宠信宦官，此事也就了结了。文宗要全灭宦官，而宦官掌握军权，监军布满方镇，成了一个体系，代表一种政治势力，看不到宦官与神策的关系，全灭宦官是愚笨的行为。郑注、李训合谋，中途变卦，同床异梦，文宗急于求成，出尔反尔，赞同李训的阴谋，采用冒险行为，也是失败的原因。甘露之变以后，朝廷大权全归北司，唐文宗被宦官看管。文宗临终前，感叹自己受制于家奴，还不如周赧王、汉献帝两个亡国之君，算是他悲苦的自省。

唐纪六十二

唐文宗开成三年至唐武宗会昌二年（838—842年）

【起著雍敦牂（戊午，838年），尽玄黓阉茂（壬戌，842年），凡五年】

【大事提要】

本卷记事起公元838年，讫公元842年，凡五年。当唐文宗开成三年至唐武宗会昌二年。五年间史事，前三年载唐文宗晚年执政，后二年载唐武宗即位初带来政治的新气象。唐文宗在甘露之变以后，受宦官监视，形同于被软禁，但文宗并不甘心做家奴的羔羊，他还想有一番作为，念念不忘诛除宦官，这是文宗强于穆宗、敬宗两代皇帝的地方。故文宗晚年思贤治国，任用李石、薛延赏为相，稳定了局面。此时文宗还能纳谏改过，罢祥瑞，放郭旼二女出宫。但文宗过分切齿朋党，刚愎而愚，往往忠奸不分，是非不明，为惩治朋党站在了奸人一边。宰相不睦，杨嗣复与李珏为一党，他们与宦官勾结，是真朋党，郑覃与陈夷行二人清正廉直，不似杨嗣复阿谀柔顺，结果唐文宗贬抑了郑覃、陈夷行，助长了奸人气焰，最终在宦官的压抑下遗恨辞世。武宗即位，任用李德裕为相，信任专一，颇有成效。武宗能纳谏收回成命。仇士良敌视枢密刘弘逸、薛季稜，进谗言于武宗下令赐死二人，李德裕等宰臣强谏，武宗收回成命，并下诏诛杀大臣应由御史台按问。此时西域黠戛斯兴起，打败回鹘，唐边将欲趁机打击回鹘邀功，唐武宗支持李德裕安抚的主张，分化回鹘，打击乌介可汗，一战成功。武宗倚重外朝，削弱宦官权力，政治出现了新气象。

【原文】

文宗元圣昭献孝皇帝下

开成三年（戊午，838 年）

春，正月，甲子，李石入朝，中涂有盗射之，微伤，左右奔散，石马惊，驰归第。又有盗邀击于坊门，断其马尾，仅而得免。上闻之大惊，命神策六军遣兵防卫，敕中外捕盗甚急，竟无所获。乙丑，百官入朝者九人而已。京城数日方安。

丁卯，追赠故齐王凑为怀懿太子。

戊申，以盐铁转运使、户部尚书杨嗣复，户部侍郎、判户部李珏并同平章事，判、使如故。嗣复，於陵之子也。

中书侍郎、同平章事李石，承甘露之乱，人情危惧，宦官恣横，忘身徇国，故纪纲粗立。仇士良深恶之，潜遣盗杀之，不果。石惧，累表称疾辞位；上深知其故而无如之何。丙子，以石同平章事，充荆南节度使。

陈夷行性介直，恶杨嗣复为人，每议政事，多相诋斥。壬辰，夷行以足疾辞位，不许。

上命起居舍人魏謩献其祖文贞公笏。郑覃曰："在人不在笏。"上曰："亦甘棠之比也。"

杨嗣复欲援进李宗闵，恐为郑覃所沮，乃先令宦官讽上，上临朝，谓宰相曰："宗闵积年在外，宜与一官。"郑覃曰："陛下若怜宗闵之远，止可移近北数百里，不宜再用；用之，臣请先避位。"陈夷行曰："宗闵向以朋党乱政，陛下何爱此纤人！"杨嗣复曰："事贵得中，不可但徇爱憎。"上曰："可与一州。"覃曰："与州太优，止可洪州司马耳。"因与嗣复互相诋讦以为党。上曰："与一州无伤。"覃等退，上谓起居郎周敬复、舍人魏謩曰："宰相喧争如此，可乎？"对曰："诚为不可。然覃等尽忠愤激，不自觉耳。"丁酉，以衡州司马李宗闵为杭州刺史。李固言与杨嗣复、李珏善，故引居大政以排郑覃、陈夷行，每议政之际，是非锋起，上不能决也。

（以上为第一段，写唐文宗思贤治国，却又忠奸不明，是非不辨。）

【语译】

文宗元圣昭献孝皇帝下

唐文宗开成三年（戊午，838年）

春季，正月初五日甲子，李石去上朝，路上有强盗向他射箭，受了点小伤，左右侍从都逃跑了，李石的马受到惊吓，跑回家去。在里坊门口又遇到强盗拦击，把他的马尾巴割断了，李石幸免于一死。文宗听了大为惊骇，命令神策等六军派兵防卫，敕令中外有关部门紧急搜捕强盗，竟然没有抓到一个强盗。正月初六日乙丑，百官进宫上朝的只有九个人而已。京城经过数天才安定下来。

正月初八日丁卯，追赠已故的齐王李凑为怀懿太子。

二月二十日戊申，任命盐铁转运使、户部尚书杨嗣复，户部侍郎、判户部李珏共为同平章事，原职判户部和盐铁使不变。杨嗣复是杨於陵的儿子。

中书侍郎、同平章事李石，在甘露之乱以后，人情危惧、宦官恣横之时，不计较个人安危，一心为国家尽力，所以国纪朝纲才大体建立起来了。仇士良深深痛恨李石，暗地派强盗去刺杀他，没有成功。李石感到惧怕，多次上奏表说身体有病请求辞去职位；唐文宗深知李石辞职的原因，但也没有办法挽留他。正月十七日丙子，改任李石同平章事，实任荆南节度使。

成夷行性情直爽，讨厌杨嗣复的为人，每次讨论国家政事，多半互相争论排斥。二月初四日壬辰，成夷行借口脚有病要求辞去相位，文宗不答应。

文宗命令起居舍人魏謩献出祖先文贞公魏徵用过的笏。郑覃说："值得学习的是那个人而不是他用过的笏。"文宗说："只不过是想如甘棠的故事一样见物思人而已。"

杨嗣复想引进李宗闵，担心郑覃从中阻挠，于是先要宦官向皇上示意，文宗坐朝时，对宰相说："李宗闵在外多年，应当给他一个官职。"郑覃说："陛下倘若怜惜李宗闵流放太远，只可向北方移近数百里，不应当再重用；如果重用他，臣请求先让出位子来。"陈夷行说："李宗闵过去由于结成朋党干扰朝政而被流放，陛下为什么要可怜这种小人！"杨嗣复说："处理事情的可贵之处是要适中，不应当只凭爱憎办事。"文宗说："可给李宗闵一个州刺史。"郑覃说："给州刺史太优待他了，只可给他一个洪州司马。"因而和杨嗣复互相论辩争吵，攻击对方是朋党。文宗说："给李宗闵一个州刺史没有什么害处。"郑覃等走了以后，文宗对起居郎周敬复、舍人魏謩说："宰相这样争论喧闹可以吗？"他们回答说："实在不可以，然而郑覃等人由于尽忠而有所愤激，自己不知不觉就那样了。"二月初九日丁酉，任命衡州司马李宗闵为杭州刺史。李固言和杨嗣复、李珏很友好，所以推举他们为宰相，用以排斥郑覃和

三月，牂柯寇涪州清溪镇，镇兵击却之。

初，太和之末，杜悰为凤翔节度使，有诏沙汰僧尼。时有五色云见于岐山，近法门寺，民间讹言佛骨降祥，以僧尼不安之故。监军欲奏之，悰曰："云物变色，何常之有！佛若果爱僧尼，当见于京师。"未几，获白兔，监军又欲奏之，曰："此西方之瑞也。"悰曰：野兽未驯，且宜畜之。"旬日而毙；监军不悦，以为掩蔽圣德，独画图献之。及郑注代悰镇凤翔，奏紫云见，又献白雉。是岁，八月，有甘露降于紫宸殿前樱桃之上，上亲采而尝之，百官称贺。其十一月，遂有金吾甘露之变。

及悰为工部尚书、判度支，河中奏驺虞见，百官称贺。上谓悰曰："李训、郑注皆因瑞以售其乱，乃知瑞物非国之庆。卿前在凤翔，不奏白兔，真先觉也。"对曰："昔河出图，伏羲以画八卦；洛出书，大禹以叙九畴，皆有益于人，故足尚也。至于禽兽草木之瑞，何时无之！刘聪桀逆，黄龙三见；石季龙暴虐，得苍麟十六、白鹿七，以驾芝盖。以是观之，瑞岂在德！玄宗尝为潞州别驾，及即位，潞州奏十九瑞，玄宗曰：'朕在潞州，惟知勤职业，此等瑞物，皆不知也。'愿陛下专以百姓富安为国庆，自余不足取也。"上善之。他日，谓宰相曰："时和年丰，是为上瑞；嘉禾灵芝，诚何益于事！"宰相因言："《春秋》记灾异以儆人君，而不书祥瑞，用此故也！"

夏，五月，乙亥，诏："诸道有瑞，皆无得以闻，亦勿申牒所司。其腊享太庙及享太清宫，元日受朝奏祥瑞，皆停。"

（以上为第二段，写唐文宗纳谏罢祥瑞。）

初，灵武节度使王晏平自盗赃七千余缗，上以其父智兴有功，免死，长流康州。晏平密请于魏、镇、幽三节度使，使上表雪己。上不得已，六月，壬寅，改永州司户。

陈夷行，每每在讨论国家大政方针的时候，是非之争就非常激烈，文宗往往不能分清是非并加以裁决。

三月，牂柯人侵扰涪州清溪镇，被镇兵打退了。

原先，在太和末年，杜悰为凤翔节度使，有诏令要淘汰一部分和尚尼姑。当时在岐山出现了五色云，那里靠近法门寺，民间传说这是由于和尚尼姑不安宁而导致的佛骨显现祥瑞。监军想向文宗报告，杜悰说："云雾改变颜色，有什么祥瑞可言！佛若是果然爱护和尚尼姑，应当在京师出现征兆。"隔了没多久，捕获了白兔，监军又想报告，并且说："这是西方出现的祥瑞。"杜悰说："野兽还没有驯养好，暂且畜养一些时候。"十天后兔子死了，监军不高兴，认为这是掩蔽了皇上的圣德，单独画成图像献给文宗。等到郑注接替杜悰为凤翔节度使，上奏说他那里出现紫色的云，又献上白色的雉鸡。这一年八月，在紫宸殿前樱桃树上又发现落有甘露，文宗亲自去采来尝了，百官都向他道贺。同年的十一月，就发生了在金吾仗的甘露之变。

等到杜悰担任工部尚书、判度支时，河中道又奏报说有驺虞在当地出现，百官都向皇上道贺。文宗对杜悰说："李训、郑注都是借口祥瑞来制造变乱，这才知道所谓祥瑞的事物不是对国家的吉庆。你以前在凤翔时，不报告发现白兔的事，真是有先见之明。"杜悰回答说："古代黄河出图，伏羲用它画成八卦；洛水出书，大禹用它制定九类大法，都是对人们有好处，所以值得称道。至于讲到禽兽草木的瑞征，什么时候又会没有！刘聪那么凶暴悖逆，黄龙还三次出现；石季龙那么残暴酷虐，还得到十六只苍麟、七只白鹿，用来驾帝王的车子。从这些例子看来，祥瑞哪里能反映出有德之君！玄宗曾为潞州别驾，等到即帝位，潞州奏上十九种瑞应，玄宗说：'朕在潞州，只知道辛勤从事本职之事，此等瑞物，都不知道。'希望陛下专心把百姓的富足安定作为国家富足的象征，其他都是不值得听取的。"文宗很欣赏他的话。有一天，文宗对宰相说："《春秋》中记载灾异之事是为了儆戒人君的，而不记载祥瑞之事，就是这个缘故吧！"

夏季，五月十九日乙亥，诏令说："各道出现瑞征，都不要向朝廷奏闻，也不要向有关衙门报告。有关腊日祭祀太庙和太清宫，元旦在朝会上奏祥瑞事，都停止进行。"

原先，灵武节度使王晏平自盗赃款七千多串，文宗由于考虑到他父亲王智兴建立过功勋，免了王晏平的死罪，长期流放康州。王晏平秘密向魏博、镇州、幽州三节度使请求，要他们向朝廷上奏表为自己昭雪。文宗不得已，于六月十六日壬寅，将他改任为永州司户。

八月，己亥，嘉王运薨。

太子永之母王德妃无宠，为杨贤妃所谮而死。太子颇好游宴，昵近小人，贤妃日夜毁之。九月，壬戌，上开延英，召宰相及两省、御史、郎官，疏太子过恶，议废之，曰："是宜为天子乎？"群臣皆言："太子年少，容有改过。国本至重，岂可轻动！"御史中丞狄兼謩论之尤切，至于涕泣。给事中韦温曰："陛下惟一子，不教，陷之至是，岂独太子之过乎！"癸亥，翰林学士六人、神策六军军使十六人复上表论之，上意稍解。是夕，太子始得归少阳院；如京使王少华等及宦官宫人坐流死者数十人。

义武节度使张璠在镇十五年，为幽、镇所惮；及有疾，请入朝，朝廷未及制置，疾甚，戒其子元益举族归朝，毋得效河北故事。及薨，军中欲立元益，观察留后李士季不可，众杀之，又杀大将十余人。壬申，以易州刺史李仲迁为义武节度使。义武马军都虞候何清朝自拔归朝，癸酉，以为仪州刺史。

朝廷以义昌节度使李彦佐在镇久，甲戌，以德州刺史刘约为节度副使，欲以代之。

开成以来，神策将吏迁官，多不闻奏，直牒中书令覆奏施行，迁改殆无虚日。癸未，始诏神策将吏改官皆先奏闻，状至中书，然后检勘施行。

冬，十月，易定监军奏军中不纳李仲迁，请以张元益为留后。

太子永犹不悛，庚子，暴薨，谥曰庄恪。

乙巳，以左金吾大将军郭旼为邠宁节度使。

宰相议发兵讨易定。上曰："易定地狭人贫，军资半仰度支。急之则靡所不为，缓之则自生变。但仅备四境以俟之。"乃除张元益代州刺史。顷之，军中果有异议，乃上表以不便李仲迁为辞，朝廷为之罢仲迁。十一月，诏俟元益出定州；其义武将士始谋立元益者，皆赦不问。

八月十四日己亥，嘉王李运去世。

太子李永的母亲王德妃失宠，被杨贤妃谮毁而死。太子很喜欢游乐饮宴，和小人很亲近，杨贤妃日夜毁谤他。九月初七日壬戌，文宗在延英殿召开会议，要宰相和两省官员、御史、郎官等，陈述太子的罪行，讨论废掉他，并说："这种人合适为天子吗？"群臣都说："太子年纪还轻，要容许他改过自新。国家的根本非常重要，怎么可以轻易变动！"御史中丞狄兼謩的言论尤其恳切，以至于流下了眼泪。给事中韦温说："陛下只有一个儿子，没有好好对他进行教育，使他变成这个样子，这难道只是太子一人的过错吗！"九月初八日癸亥，翰林学士六人、神策军等六军军使十六人又上表谏阻这件事，文宗要废太子的心意才稍稍缓和了一些。当天晚上，太子才得以回到少阳院；如京使王少华等和宦官、宫人因受牵连而遭流放或处死的有数十人。

义武节度使张璠在该镇任职达十五年之久，是幽、镇二镇所畏惧的人。等到他生了病，请求回到朝廷中去，朝廷尚未安排好他的职务，病势已经很重了，告诫儿子张元益要把全家人都带回朝廷中去，不要学河北诸镇旧例父死子继。张璠死了以后，军队中想拥立张元益，观察留后李士季不同意，众人把他杀了，又杀大将十多人。九月十七日壬申，任命易州刺史李仲迁为义武节度使。义武马军都虞候何清朝独自从军中跑出来回到朝廷，九月十八日癸酉，任命他为仪州刺史。

朝廷觉得义昌节度使李彦佐在镇太久了，九月十九日甲戌，任命德州刺史刘约为节度副使，想让他接替李彦佐。

开成初年以来，神策军将吏提升官职，多半不报告文宗知道，直接申报文牒到中书省上奏备案就执行，升官改职的事大概一天也没有间断过。九月二十八日癸未，才诏令神策军将吏提升官职都要先报告皇上，将他的行状送到中书省，然后经过检查核定才付诸执行。

冬季，十月，易定监军奏报说军队中不接受李仲迁为节度使，请求任命张元益为留后。

太子李永还是不悔改，十月十六日庚子，突然死去，谥号庄恪。

十月二十一日乙巳，任命左金吾大将军郭旼为邠宁节度使。

宰相商议发兵征讨易定叛军之事。文宗说："易定地域狭窄，百姓贫穷，军费大半要靠朝廷度支供给。逼迫急了什么事都做得出来，放松一点他们内部就会发生变化。只要在它的四周严加防范以等待变化就可以了。"于是任命张元益为代州刺史。不久，军队中果然有不同的意见，于是上奏说李仲迁不适宜任此职，朝廷为此免去了李仲迁的节度使。十一月［初八日壬戌］，诏令等待张元益离开定州后，义武军将士中那些谋划拥立张元益的人，都赦免他们的罪而不追查。

以义昌节度使李彦佐为天平节度使，以刘约为义昌节度使。

丁卯，张元益出定州。

（以上为第三段，写唐文宗太子李永游宴不悛而暴薨。义武节度换帅不听朝命。）

庚午，上问翰林学士柳公权以外议，对曰："郭旼除邠宁，外间颇以为疑。"上曰："旼，尚父之侄，太后叔父，在官无过，自金吾作小镇，外间何尤焉？"对曰："非谓旼不应为节度使也。闻陛下近取旼二女入宫，有之乎？"上曰："然，入参太皇太后耳。"公权曰："外间不知，皆云旼纳女后宫，故得方镇。"上俯首良久曰："然则奈何？"对曰，："独有自南内遣归其家，则外议自息矣！"是日，太皇太后遣中使送二女还旼家。

上好诗，尝欲置诗学士；李珏曰："今之诗人浮薄，无益于理。"乃止。

甲戌，以蔡州刺史韩威为义武节度使。

河东节度使、司徒、中书令裴度以疾求归东都，十二月，辛丑，诏度入知政事，遣中使敦谕上道。

郑覃累表辞位，丙午，诏：三五日一入中书。

是岁，吐蕃彝泰赞普卒，弟达磨立。彝泰多病，委政大臣，由是仅能自守，久不为边患。达磨荒淫残虐，国人不附，灾异相继，吐蕃益衰。

（以上为第四段，写唐文宗自省，闻过则改。）

四年（己未，839年）

春，闰正月，己亥，裴度至京师，以疾归第，不能入见。上劳问赐赍，使者旁午。三月，丙戌，薨，谥曰文忠。上怪度无遗表，问其家，得半稿，以储嗣未定为忧，言不及私。度身貌不逾中人，而威望远达四夷，四夷见唐使，辄问度老少用舍；以身系国家轻重如郭子仪者，二十余年。

夏，四月，戊辰，上称判度支杜悰之才，杨嗣复、李珏因请除悰户

改任义昌节度使李彦佐为天平节度使，以刘约为义昌节度使。

十一月十三日丁卯，张元益离开定州。

十一月十六日庚午，文宗询问翰林学士柳公权外面有些什么议论，柳公权回答说："任命郭旼为邠宁节度使，外边的人都感到不理解。"文宗说："郭旼是尚父郭子仪的侄子，郭太后的叔父，任官期间又没有过错，从金吾大将军去任小镇的节度使，外边的人又有什么可指责的呢？"柳公权回答说："不是说郭旼不应当担任节度使。听说陛下最近把郭旼的两个女儿召进皇宫，有这回事吗？"文宗说："是的，进来是为了参拜太皇太后而已。"柳公权说："外边的人不了解，都说郭旼把女儿进献于后宫，所以就得了到方镇的官职。"文宗低着头沉思很久之后说："那该怎么办呢？"柳公权回答说："只有从太后南宫打发她们回家去，那么外边猜疑的议论自然就会平息！"当天，太皇太后派遣中使送二女回到郭旼家里。

文宗喜欢诗，曾经想设置诗学士。李珏说："现在的诗人轻浮浅薄，对于治理好国家没有帮助。"于是作罢。

十一月二十日甲戌，任命蔡州刺史韩威为义武节度使。

河东节度使、司徒、中书令裴度因病要求回东都，十二月十七日辛丑，诏令裴度回朝廷参知政事，并派遣中使敦促他快些启程。

郑覃多次上表辞官位，十二月二十二日丙午，下诏：三五天到中书省去一次就可以了。

这一年，吐蕃彝泰赞普死，他的弟弟达磨继立。彝泰多病，把政事交付给大臣处理，吐蕃仅能自我防守，很久没有侵扰唐朝的边疆。达磨荒淫残虐，国人不归附于他，灾害变异不断，吐蕃更加衰弱了。

唐文宗开成四年（己未，839年）

春季，闰正月十六日己亥，裴度回到京师，由于害病就回到家里，不能上朝拜见皇上。文宗派出的慰劳询问赏赐的使者，在路上往来不断。三月初四日丙戌，裴度去世，谥号文忠。文宗对裴度没有留下遗表感到奇怪，问他的家人，得到写了一半的遗表草稿，里面讲到的是担忧皇上还没有确定继承人，至于个人家庭的事一点也未提及。裴度的身材面貌不过中等人，但是威望却远达四夷，四夷见到了唐使，总要问裴度年纪多大了，受重用没有。如郭子仪一样，他的任用与否关系到国家的安危达二十多年之久。

夏季，四月十七日戊辰，文宗称赞判度支杜悰的才能，杨嗣复、李珏因而请求

部尚书，陈夷行曰：“恩旨当由上出，自古失其国未始不由权在臣下也。”珏曰：“陛下尝语臣云，人主当择宰相，不当疑宰相。”五月，丁亥，上与宰相论政事，陈夷行复言不宜使威福在下，李珏曰：“夷行意疑宰相中有弄陛下威权者耳。臣屡求退，苟得王傅，臣之幸也。”郑覃曰：“陛下开成元年、二年政事殊美，三年、四年渐不如前。”杨嗣复曰：“元年、二年郑覃、夷行用事，三年、四年臣与李珏同之，罪皆在臣！”因叩头曰：“臣不敢更入中书！”遂趋出。上遣使召还，劳之曰：“郑覃失言，卿何遽尔！”覃起谢曰：“臣愚拙，意亦不属嗣复；而遽如是，乃嗣复不容臣耳。”嗣复曰：“覃言政事一年不如一年，非独臣应得罪，亦上累圣德。”退，三上表辞位，上遣中使召出之，癸巳，始入朝。丙申，门下侍郎、同平章事郑覃罢为右仆射，陈夷行罢为吏部侍郎。覃性清俭，夷行亦耿介，故嗣复等深疾之。

上以盐铁推官、检校礼部员外郎姚勖能鞫疑狱，命权知职方员外郎，右丞韦温不听，上奏称：“郎官朝廷清选，不宜以赏能吏。”上乃以勖检校礼部郎中，依前盐铁推官。六月，丁丑，上以其事问宰相杨嗣复，对曰：“温志在澄清流品。若有吏能者皆不得清流，则天下之事孰为陛下理之！恐似衰晋之风。”然上素重温，终不夺其所守。

（以上为第五段，写宰相不睦，唐文宗分不清贤愚，总是倒向奸诈的一方。）

秋，七月，癸未，以张元益为左骁卫将军，以其母侯莫陈氏为赵国太夫人，赐绢二百匹。易定之乱，侯莫陈氏说谕将士，且戒元益以顺朝命，故赏之。

甲辰，以太常卿崔郸同中书门下平章事。郸，郾之弟也。

八月，辛亥，鄜王憬薨。

癸酉，昭义节度使刘从谏上言：“萧本诈称太后弟，上下皆称萧弘是真，以本来自左军，故弘为台司所抑。今弘诣臣，求臣上闻。乞追弘赴阙，与本对推，以正真伪。”诏三司鞫之。

冬，十月，乙卯，上就起居舍人魏謩取记注观之，謩不可，曰：“记

任命杜悰为户部尚书，陈夷行说："恩旨应当由皇上发出，从古以来丢掉国家的人没有不是由于大权落在臣下手中的。"李珏说："陛下曾经对臣说过，人主应当选择宰相，不应当怀疑宰相。"五月初七日丁亥，文宗与宰相讨论政事，陈夷行又说不应当让臣下威福自用，李珏说："陈夷行的意思是怀疑在宰相中有人窃弄陛下的威权。臣多次请求退位，假若得到一个王傅的职位，臣的希望就达到了。"郑覃说："陛下在开成元年、二年时政事办理得很好，到三年、四年时就逐渐不如以前了。"杨嗣复说："元年、二年是郑覃、陈夷行主持政事，三年、四年是臣与李珏共同主持政事了，罪过都在臣的身上！"接着叩头说："臣不敢再到中书省去了！"于是很快退了出去。文宗派人把他叫回来，安慰他说："郑覃讲错了话，你为什么反应这样强烈呢！"郑覃站起来谢罪说："臣愚昧笨拙，刚才的话也不是针对嗣复说的；他反应这么强烈，是他不能容忍下臣了。"杨嗣复说："郑覃说政事一年不如一年，不仅仅臣应得罪，也会连累皇上圣德的。"退朝后，三次上奏表辞官位，文宗派中使召他出来，五月十三日癸巳，才上朝。五月十六日丙申，门下侍郎、同平章事郑覃被降职为右仆射，陈夷行被降职为吏部侍郎。郑覃个性清俭，陈夷行个性耿直，所以杨嗣复等人深深地忌恨他们。

文宗认为盐铁推官、检校礼部员外郎姚勖能把疑难案件审问清楚，任命他暂时为职方员外郎，右丞韦温不听从，上奏说："郎官是朝廷中重要的职位，不应当用它来赏赐给能干的吏员。"文宗于是任命姚勖为检校礼部郎中，盐铁推官一职不变。六月二十七日丁丑，文宗就这件事问宰相杨嗣复，杨嗣复回答说："韦温的意思是要把官员的流品分别得很清楚。要是有能力的官吏都得不到清高的品位，那么国家的政事谁来为陛下办理呢！恐怕会形成像晋朝一样的衰弱风气。"然而文宗向来看重韦温，终究没有推翻他坚持的意见。

秋季，七月初四日癸未，任命张元益为左骁卫将军，以他的母亲侯莫陈氏为赵国太夫人，赏赐绢二百匹。在易定军事叛乱中，侯莫陈氏劝说晓谕将士，并且告诫张元益要顺从朝廷的命令，所以奖赏她。

七月二十五日甲辰，任命太常卿崔郸为同中书门下平章事。崔郸是崔郾的弟弟。

八月初二日辛亥，鄜王李憬去世。

八月二十四日癸酉，昭义节度使刘从谏上奏说："萧本假称是太后的弟弟，上下的人都说萧弘是真的，由于萧本是左神策引入的，所以萧弘被御史台压下去了。现在萧弘跑到臣这里，请求臣奏报皇上。我请求把萧弘追回朝廷，与萧本面对面质询，以分出真假来。"下诏由三司审问这个案子。

冬季，十月初七日乙卯，文宗向起居舍人魏謩索取起居注观看，魏謩不给，并

注兼书善恶，所以儆戒人君。陛下但力为善，不必观史！”上曰：“朕向尝观之。”对曰：“此向日史官之罪也。若陛下自观史，则史官必有所讳避，何以取信于后！”上乃止。

杨妃请立皇弟安王溶为嗣，上谋于宰相，李珏非之。丙寅，立敬宗少子陈王成美为皇太子。

丁卯，上幸会宁殿作乐，有童子缘橦，一夫来往走其下如狂。上怪之，左右曰：“其父也。”上泫然流涕曰：“朕贵为天子，不能全一子！”召教坊刘楚材等四人，宫人张十十等十人责之曰：“构会太子，皆尔曹也，今更立太子，复欲尔邪？”执以付吏，己巳，皆杀之。上因是感伤，旧疾遂增。

十一月，三司按萧本、萧弘皆非真太后弟。本除名，流爱州，弘流儋州。而太后真弟在闽中，终不能自达。

乙亥。上疾少间，坐思政殿，召当直学士周墀，赐之酒，因问曰：“朕可方前代何主？”对曰：“陛下尧、舜之主也。”上曰：“朕岂敢比尧、舜！所以问卿者，何如周赧、汉献耳？”墀惊曰：“彼亡国之主，岂可比圣德！”上曰：“赧、献受制于强诸侯，今朕受制于家奴，以此言之，朕殆不如！”因泣下沾襟，墀伏地流涕，自是不复视朝。

是岁，天下户口四百九十九万六千七百五十二。

回鹘相安允合、特勒柴革谋作乱，彰信可汗杀之。相掘罗勿将兵在外，以马三百赂沙陀朱邪赤心，借其兵共攻可汗。可汗兵败，自杀，国人立㕎驳特勒为可汗。会岁疫，大雪，羊马多死，回鹘遂衰。赤心，执宜之子也。

（以上为第六段，写唐文宗在宦官压抑下带着遗恨辞世。）

五年（庚申，840年）

春，正月，己卯，诏立颍王瀍为皇太弟，应军国事权令句当。且言太子成美年尚冲幼，未渐师资，可复封陈王。时上疾甚，命知枢密刘弘逸、薛季棱引杨嗣复、李珏至禁中，欲奉太子监国。中尉仇士良、鱼弘

说："起居注善事恶事都要记载，是为了儆戒人君的，陛下只要努力做善事，不一定要看史官的记载！"文宗说："朕过去曾经看过。"魏謩回答说："这是过去史官的过错。倘若陛下自己要看史官的记载，那么史官一定会有所避讳，那凭什么让后人相信记载是正确的呢！"文宗就没有要求看了。

杨妃请求立皇弟安王李溶为继承人，文宗和宰相商量，李珏不赞成。十月十八日丙寅，立敬宗少子陈王李成美为皇太子。

十月十九日丁卯，文宗到会宁殿游乐，有一个童子表演爬木杆，有一个男子在下面来回跑动，像发疯一样地保护童子。文宗感到奇怪，左右说："那是童子的父亲。"文宗流着眼泪说："朕贵为天子，竟不能保全自己的太子！"召集教坊刘楚材等四人，宫人张十十等十人，责备他们说："教唆构害太子的，都是你们这些人，现在又立了太子，还想像过去那样做吗？"把他们抓起来交给狱吏，十月二十一日己巳，把他们都杀了。文宗因为这件事很伤感，旧病加剧了。

十一月，三司审查萧本、萧弘都不是太后的真弟弟。萧本被撤销官职，被流放到爱州，萧弘被流放到儋州。然而太后真正的弟弟仍在闽中，终究不能自己来到京城。

十二月二十七日乙亥，文宗的病稍好一点，坐在思政殿，召来值班的学士周墀，赐给酒食，接着问他说："朕可以和前朝的什么君主相比？"周墀回答说："陛下是尧、舜一类的君主。"文宗说："朕怎么敢和尧、舜相比！所以问你的原因，就是说比周赧王和汉献帝怎么样？"周墀吃惊地说："那是亡国的君主，哪里能够拿来和皇上相比！"文宗说："周赧王、汉献帝被强大的诸侯所控制，现在朕被家奴所控制，从这点看起来，朕大概还不如他们！"因而眼泪落个不停，沾满了衣襟，周墀拜伏在地上流泪不止。从这以后文宗不再上朝了。

这一年，全国户口是四百九十九万六千七百五十二户。

回鹘相安允合、特勒柴革谋作乱，彰信可汗把他们杀了。宰相掘罗勿带兵在外地，用三百匹马贿赂沙陀领袖朱邪赤心，借他的军队共同进攻彰信可汗。彰信可汗被打败了，自杀，回鹘人立㕎驭特勒为可汗。遇上这年发生瘟疫，又下大雪，羊和马死去很多，回鹘就衰落了。朱邪赤心是朱邪执宜的儿子。

唐文宗开成五年（庚申，840年）

春季，正月初二日己卯，诏令立颍王李瀍为皇太弟，一切军国大事暂时交给他办理。并且说太子李成美年纪还小，没有受到多少教育，仍封为陈王。当时文宗病危，命令知枢密刘弘逸、薛季稜带领杨嗣复、李珏到禁中，想要他们拥戴扶助太子

志以太子之立，功不在己，乃言太子幼，且有疾，更议所立。李珏曰："太子位已定，岂得中变！"士良、弘志遂矫诏立瀍为太弟。是日，士良、弘志将兵诣十六宅，迎颍王至少阳院，百官谒见于思贤殿。瀍沈毅有断，喜愠不形于色。与安王溶皆素为上所厚，异于诸王。

辛巳，上崩于太和殿。以杨嗣复摄冢宰。

癸未，仇士良说太弟赐杨贤妃、安王溶、陈王成美死。敕大行以十四日殡，成服。谏议大夫裴夷直上言期日太远，不听。时仇士良等追怨文宗，凡乐工及内侍得幸于文宗者，诛贬相继。夷直复上言："陛下自藩维继统，是宜俨然在疚，以哀慕为心，速行丧礼，早议大政，以慰天下。而未及数日，屡诛戮先帝近臣，惊率土之视听，伤先帝之神灵，人情何瞻！国体至重，若使此辈无罪，固不可刑；若其有罪，彼已在天网之内，无所逃伏，旬日之外行之何晚！"不听。

辛卯，文宗始大敛。武宗即位。甲午，追尊上母韦妃为皇太后。

二月，乙卯，赦天下。

丙寅，谥韦太后曰宣懿。

夏，五月，己卯，门下侍郎、同平章事杨嗣复罢为吏部尚书，以刑部尚书崔珙同平章事兼盐铁转运使。

秋，八月，壬戌，葬元圣昭献孝皇帝于章陵，庙号文宗。

（以上为第七段，写宦官仇士良易置皇储，唐文宗崩，武宗立，杀文宗所立皇储及亲近者。）

庚午，门下侍郎、同平章事李珏坐为山陵使龙輴陷，罢为太常卿。贬京兆尹敬昕为郴州司马。

义武军乱，逐节度使陈君赏。君赏募勇士数百人，复入军城，诛乱者。

初，上之立非宰相意，故杨嗣复、李珏相继罢去，召淮南节度使李德裕入朝；九月，甲戌朔，至京师，丁丑，以德裕为门下侍郎、同平章事。

管理国事。中尉仇士良、鱼弘志认为立太子的事，不是自己的功劳，就说太子年纪小，并且有病，商议另外选人。李珏说："太子的地位已定下来了，哪里能中途改变！"仇士良、鱼弘志于是假称是诏命立李瀍为皇太弟。当天，仇士良、鱼弘志带着军队到十六宅，迎接颍王到少阳院，百官在思贤殿拜见他。颍王沉着刚毅而有决断，喜怒不形于色。他与安王李溶向来为文宗所厚待，不同于其他诸王。

正月初四日辛巳，文宗在太和殿去世。任命杨嗣复代行冢宰之职。

正月初六日癸未，仇士良劝说皇太弟处死杨贤妃、安王李溶、陈王李成美。敕令十四日为死去的文宗殡殓，臣属按规定穿上丧服。谏议大夫裴夷直上奏说规定成服的日期太远了未被接受。当时仇士良等人追怨文宗，凡是乐工和内侍得到文宗宠信的人，一个接一个被诛杀或贬谪。裴夷直又上奏说："陛下从藩王继承国家大统之位，应当如在忧病之中一样，表现出哀伤和仰慕的样子，赶快举行丧礼，早日商议大政，用来安慰天下民心。然而不到几天，多次诛杀先帝近侍臣子，使得天下百姓都为之惊恐，对于先帝的神灵也是一种伤害。何以安慰民情民心！国家的体统是最重要的，倘若这些人没有罪过，本不可以刑杀；倘若真是有罪过，他们已经处在国家法网之中，是没有地方可以躲藏的，缓一段时间以后再处置他们也不晚！"皇太弟不听从他的意见。

正月十四日辛卯，文宗才入殓。皇太弟正式即皇帝位，是为武宗。正月十七日甲午，追封尊崇武宗的母亲韦妃为皇太后。

二月初八日乙卯，大赦天下。

二月十九日丙寅，给韦太后的谥号叫宣懿。

夏季，五月初四日己卯，门下侍郎、同平章事杨嗣复降职为吏部尚书，任命刑部尚书崔珙同平章事兼盐铁转运使。

秋季，八月十九日壬戌，将元圣昭献孝皇帝葬于章陵，庙号文宗。

八月二十七日庚午，门下侍郎、同平章事李珏担任山陵使，因装载灵柩的龙輴下陷而坐罪，被降职为太常卿。贬谪京兆尹敬昕为郴州司马。

义武军发生叛乱，把节度使陈君赏赶跑了。陈君赏招募勇士数百人，又回到军城，把叛乱的人杀掉了。

开始时，武宗的继位不是宰相的主意，所以宰相杨嗣复、李珏先后被罢免，召淮南节度使李德裕回到朝廷；九月初一日甲戌，李德裕抵达京师，九月初四日丁丑，任命李德裕为门下侍郎、同平章事。

庚辰，德裕入谢，言于上曰："致理之要，在于辨群臣之邪正。夫邪正二者，势不相容，正人指邪人为邪，邪人亦指正人为邪，人主辨之甚难。臣以为正人如松柏，特立不倚；邪人如藤萝，非附他物不能自起。"故正人一心事君，而邪人竞为朋党。先帝深知朋党之患，然所用卒皆朋党之人，良由执心不定，故奸人得乘间而入也。夫宰相不能人人忠良，或为欺罔；主心始疑，于是旁询小臣以察执政。如德宗末年，所听任者惟裴延龄辈，宰相署敕而已，此致事所以日乱也。陛下诚能慎择贤才以为宰相，有奸罔者立黜去，常令政事皆出中书，推心委任，坚定不移，则天下何忧不理哉！"又曰："先帝于大臣好为形迹，小过皆含容不言，日累月积，以至祸败。兹事大误，愿陛下以为戒！臣等有罪，陛下当面诘之。事苟无实，得以辩明；若其有实，辞理自穷。小过则容其悛改，大罪则加之诛谴，如此，君臣之际无疑间矣。"上嘉纳之。

初，德裕在淮南，敕召监军杨钦义，人皆言必知枢密，德裕待之无加礼，钦义心衔之。一旦，独延钦义，置酒中堂，情礼极厚；陈珍玩数床，罢酒，皆以赠之，钦义大喜过望。行至汴州，敕复还淮南，钦义尽以所饷归之。德裕曰："此何直！"卒以与之。其后钦义竟知枢密；德裕柄用，钦义颇有力焉。

（以上为第八段，写李德裕论奸邪之分及识别之法，以及权谋。）

初，伊吾之西，焉耆之北，有黠戛斯部落，即古之坚昆，唐初结骨也，后更号黠戛斯，乾元中为回鹘所破，自是隔阂不通中国。其君长曰阿热，建牙青山，去回鹘牙，橐驼行四十日。其人悍勇，吐蕃、回鹘常赂遗之，假以官号。回鹘既衰，阿热始自称可汗。回鹘遣相国将兵击之，连兵二十余年，数为黠戛斯所败，詈回鹘曰，"汝运尽矣，我必取汝金帐！"金帐者，回鹘可汗所居帐也。

九月初七日庚辰，李德裕入朝谢恩，对武宗说：“治理好国家的最重要一点，在于能分清楚群臣中的好人和坏人。大凡好人与坏人，事势中是不能互相容纳的，好人指坏人为坏人，坏人也指好人为坏人，人主区分清楚是很难的。臣认为好人像松柏一样，独自挺立而不倚靠他物；坏人像藤萝一样，不依附其他物体就不能自己树立起来。所以好人一心侍奉君主，而坏人争着结成朋党。先帝深知朋党的害处，然而所任用的终归都是朋党奸邪之人，实在是由于在心中没有定见，所以坏人就乘机钻进来了。至于宰相不能说人人都是忠良无瑕的，有的做了欺骗朝廷的事，使君主心中产生怀疑，于是向旁边的小臣打听情况以考察宰相的好坏。例如在德宗末年，皇上所信任的只有裴延龄那样一批人，宰相只有在敕令上署名罢了，这就是政事一天比一天败坏的原因。陛下要是真正能够谨慎地选择贤才以为宰相，奸诈欺罔的人随时加以罢免，经常使政事都经过中书省讨论后发出，推心置腹地信任人，做到坚定不移，那么国家就用不着担心治理不好了！”又说：“先帝对于大臣喜欢照顾他们的面子，有小过错都包涵着而不指出来，日积月累，以致酿成大祸而身败名裂。这种做法是很错误的，希望陛下引以为戒！臣等有罪，陛下应当当面质问他。事情若是不真实，就要分辩清楚；要是真正有那么回事，自然会无辞以对。小的过错就让他悔改，大的罪过就给他以谴责或诛戮，这样，君臣之间就没有猜疑和嫌隙了。”武宗嘉奖并采纳了李德裕的意见。

当初，李德裕在淮南时，有敕命征召监军杨钦义，人们都说一定是让他回朝去任枢密使。李德裕对待他没有什么特别礼遇，于是杨钦义怀恨李德裕。有一天，李德裕单独邀请杨钦义，在中堂摆上酒席，情义和礼节都极深厚而隆重，陈列出来好几盘珍玩，酒宴结束后，全部赠送给了杨钦义，杨钦义大喜过望。走到汴州时，敕命他再回到淮南去，杨钦义把全部礼品都退还给李德裕。李德裕说：“这些东西值几个钱！”没有接受杨钦义的退还。后来杨钦义终究还是当上了枢密使；李德裕掌权和被重用，杨钦义是出了很大力气的。

过去，在伊吾的西边，焉耆的北边，有一个黠戛斯部落，就是古代叫坚昆的地方，唐初叫结骨，后改名叫黠戛斯，乾元年间被回鹘打败，从此以后被隔绝而没有和唐朝来往。他的君长名阿热，在青山地方建立衙门，那个地方距离回鹘的衙门很远，骑骆驼要走四十天才能到。黠戛斯人强悍勇敢，吐蕃、回鹘常常送些礼物给他们，并给他们官号。回鹘衰落以后，阿热开始自称为可汗。回鹘派遣相国带兵攻打他，战争前后打了二十多年，回鹘多次被黠戛斯所打败，黠戛斯诟骂回鹘说：“你们的国运要完蛋了，我们一定要夺取你们的金帐。”金帐，就是指回鹘可汗所居的帐幕。

及掘罗勿杀彰信，立𠫊馺，回鹘别将句录莫贺引黠戛斯十万骑攻回鹘，大破之，杀𠫊馺及掘罗勿，焚其牙帐荡尽，回鹘诸部逃散。其相馺职、特勒庞等十五部西奔葛逻禄，一支奔吐蕃，一支奔安西。可汗兄弟嗢没斯等及其相赤心、仆固、特勒那颉啜各帅其众抵天德塞下，就杂虏贸易谷食，且求内附。冬，十月，丙辰，天德军使温德彝奏："回鹘溃兵侵逼西城，亘六十里，不见其后。边人以回鹘猥至，恐惧不安。"诏振武节度使刘沔屯云迦关以备之。

魏博节度使何进滔薨，军中推其子都知兵马使重顺知留后。

萧太后徙居兴庆宫积庆殿，号积庆太后。

十一月，癸酉朔，上幸云阳校猎。

故事，新天子即位，两省官同署名。上之即位也，谏议大夫裴夷直漏名，由是出为杭州刺史。

开府仪同三司、左卫上将军兼内谒者监仇士良请以开府荫其子为千牛，给事中李中敏判曰："开府阶诚宜荫子，谒者监何由有儿？"士良惭恚。李德裕亦以中敏为杨嗣复之党，恶之，出为婺州刺史。

十二月，庚申，以何重顺知魏博留后事。

立皇子峻为杞王。

（以上为第九段，写北方黠戛斯兴起，回鹘衰败。）

武宗至道昭肃孝皇帝上

会昌元年（辛酉，841年）

春，正月，辛巳，上祀圜丘，赦天下，改元。

刘沔奏回鹘已退，诏沔还镇。

二月，回鹘十三部近牙帐者立乌希特勒为乌介可汗，南保错子山。

三月，甲戌，以御史大夫陈夷行为门下侍郎、同平章事。

初，枢密刘弘逸、薛季稜有宠于文宗，仇士良恶之。上之立，非二人及宰相意，故杨嗣复出为湖南观察使，李珏出为桂管观察使。士良屡谮弘逸等于上，劝上除之，乙未，赐弘逸、季稜死，遣中使就潭、桂州

等到掘罗勿杀彰信可汗，立㕎驭特勒为可汗，回鹘别将句录莫贺带领黠戛斯的十万骑兵进攻回鹘，大破回鹘兵，杀掉㕎驭和掘罗勿，把回鹘的牙门帐幕等都烧光了，回鹘各部四散逃走。它的国相驳职、特勒厖等十五部向西奔往葛逻禄，一支跑向吐蕃，一支跑向安西。可汗的兄弟嗢没斯等和他们的国相赤心、仆固、特勒那颉啜各自带领自己的兵众抵达天德军的关塞下，依靠与杂居在此地的各族部落贸易而生活。并且请求归附唐朝。冬季，十月十四日丙辰，天德军使温德彝上奏：“回鹘溃败下来的士兵侵扰边境，已逼近西受降城，连绵六十里，还看不到尽头。边境百姓由于回鹘的大量到来，恐惧不安。”诏令振武节度使刘沔驻守云迦关以防备回鹘的侵扰。

魏博节度使何进滔去世，军队中推举他的儿子都知兵马使何重顺知留后。

萧太后徙居兴庆宫的积庆殿，号称积庆太后。

十一月初一日癸酉，武宗到云阳去狩猎。

依照旧例，新天子即位，两省官同签名。武宗即位的时候，谏议大夫裴夷直漏了签名，由于这个原因被贬为杭州刺史。

开府仪同三司、左卫上将军兼内谒者监仇士良请求以开府官衔的名义封荫他的儿子为千牛备身，给事中李中敏批语说：“开府的官阶确实应当封荫儿子，但是作为谒者监的宦官哪里会有儿子呢？”仇士良既羞惭又愤恨。李德裕也由于李中敏是杨嗣复的同党，很讨厌他，于是调李中敏出去担任婺州刺史。

十二月十八日庚申，任命何重顺主持魏博留后职事。

立皇子李峻为杞王。

武宗至道昭肃孝皇帝上

唐武宗会昌元年（辛酉，841 年）

春季，正月初九日辛巳，武宗到圜丘举行祭天仪式，大赦天下，改年号为会昌。

刘沔奏报说回鹘已退，诏令他回到驻地。

二月，回鹘靠近牙帐的十三个部落立乌希特勒为乌介可汗，在其南面的错子山设置保卫的力量。

三月初三日甲戌，任命御史大夫陈夷行为门下侍郎、同平章事。

原先，知枢密刘弘逸、薛季稜为文宗所宠信，仇士良很怨恨他们。武宗的继位，不是他们二人和宰相的主意，所以杨嗣复被贬出为湖南观察使，李珏被贬出为桂管观察使。仇士良多次在武宗面前谮害刘弘逸等人，劝说武宗把他们杀掉，三月

诛嗣复及珏。户部尚书杜悰奔马见李德裕曰："天子年少，新即位，兹事不宜手滑！丙申，德裕与崔珙、崔郸、陈夷行三上奏，又邀枢密使至中书，使入奏。以为："德宗疑刘晏动摇东宫而杀之，中外咸以为冤，两河不臣者由兹恐惧，得以为辞；德宗后悔，录其子孙。文宗疑宋申锡交通藩邸，窜谪至死；既而追悔，为之出涕。嗣复、珏等若有罪恶，乞更加重贬；必不可容，亦当先行讯鞫，俟罪状著白，诛之未晚。今不谋于臣等，遽遣使诛之，人情莫不震骇。愿开延英赐对！"至晡时，开延英，召德裕等入。

德裕等泣涕极言："陛下宜重慎此举，毋致后悔！"上曰："朕不悔。"三命之坐，德裕等曰："臣等愿陛下免二人于死，勿使既死而众以为冤。今未奉圣旨，臣等不敢坐。"久之，上乃曰："特为卿等释之。"德裕等跃下阶舞蹈。上召升坐，叹曰："朕嗣位之际，宰相何尝比数！李珏、季稜志在陈王，嗣复、弘逸志在安王。陈王犹是文宗遗意，安王则专附杨妃。嗣复仍与妃书云：'姑何不效则天临朝！'向使安王得志，朕那复有今日？"德裕等曰："兹事暧昧，虚实难知。"上曰："杨妃尝有疾，文宗听其弟玄思入侍月余，以此得通指意。朕细询内人，情状皎然，非虚也。"遂追还二使，更贬嗣复潮州刺史，李珏为昭州刺史，裴夷直为驩州司户。

夏，六月，乙巳，诏："自今臣下论人罪恶，并应请付御史台按问，毋得乞留中，以杜谗邪。"

（以上为第十段，写唐武宗能纳谏更改诏命，下诏诛杀大臣应由御史台按问。）

以魏博留后何重顺为节度使。

上命道士赵归真等于三殿建九天道场，亲授法箓。右拾遗王哲上疏切谏，坐贬河南府士曹。

秋，八月，加仇士良观军容使。

天德军使田牟、监军韦仲平欲击回鹘以求功，奏称："回鹘叛将嗢没

二十四日乙未，处死了刘弘逸、薛季稜，又派遣中使到潭州、桂州去诛杀杨嗣复和李珏。户部尚书杜悰骑马跑去见李德裕说："天子年少，新即位，对于这件事不应当随便处置！"三月二十五日丙申，李德裕和崔珙、崔郸、陈夷行三次上奏本，又邀请枢密使到中书省，要他上奏武宗。奏疏中说："德宗怀疑刘晏要更动太子、把他杀了，朝廷内外都认为是冤枉，两河地区那些不驯服的臣子由于这件事感到恐惧，就用它来作借口对抗中央；德宗后悔，便录用刘晏子孙来作为补偿。文宗怀疑宋申锡和藩王暗地交往，把他流放到外地以至死亡，不久也感到后悔，为这件事的失误而流泪。杨嗣复、李珏等人如有罪恶，请求贬谪；一定不能宽容的话，也应当先进行审问，等到罪状很清楚明白了，再杀也不迟。现在不和臣等商量，匆忙中派人去杀了他们，人们没有不感到震惊恐惧的。希望在延英殿召集臣等商讨此事！"到傍晚时，在延英殿，召李德裕等人去议事。

李德裕等人流着眼泪急切地说："陛下应当特别慎重地对待这件事，不要以后再来后悔！"武宗说："朕不后悔。"三次命令他们坐下，李德裕等说："臣等希望陛下赦免二人的死罪，不要将人处死了以后众人又认为是冤枉的。现在未得到圣旨赦免，臣等不敢坐。"隔了好一会，武宗才说："为了照顾你们的面子，就赦免他们的死罪。"李德裕等人听了以后，非常高兴，跳下台阶手舞足蹈。武宗召唤他们入座，感叹地说："朕刚刚继承帝位的时候，宰相们何尝把我放在眼里！李珏、薛季稜的意愿是要立陈王；杨嗣复、刘弘逸的意愿是要立安王。立陈王还可以说是文宗本来的意愿，立安王就是为了一心阿附杨妃。杨嗣复还在给杨妃的信中说：'您为什么不仿效武则天临朝称制呢！'假若安王的志愿实现，朕哪里还有今天！"李德裕等人说："这件事暧昧不清，是真是假还难以了解。"武宗说："杨妃曾生病，文宗让她的弟弟玄思入宫侍候一个多月，这样杨嗣复和杨妃联系上了。朕详细询问过内侍诸人，情状明明白白，不是虚假的事。"于是把派出的两位中使追回来，改贬杨嗣复为潮州刺史，李珏为昭州刺史，裴夷直为驩州司户。

夏季，六月初六日乙巳，下诏说："从今以后臣下判定人的罪恶，都应当交付御史台审问，不得请求留在禁中，以防止坏人从中作祟。"

任命魏博镇留后何重顺为节度使。

武宗命令道士赵归真等人在三殿进行九天道教的法事，武宗亲自接受法箓。右拾遗王哲上疏恳切谏止，因而被贬为河南府士曹参军。

秋季，八月，加给仇士良观军容使官衔。

天德军使田牟、监军韦仲平想通过攻打回鹘以取得功名，上奏说："回鹘叛将嗢

斯等侵逼塞下，吐谷浑、沙陀、党项皆世与为仇，请自出兵驱逐。”上命朝臣议之，议者皆以为嗢没斯叛可汗而来，不可受，宜如牟等所请，击之便。上以问宰相，李德裕以为：“穷鸟入怀，犹当活之。况回鹘屡建大功，今为邻国所破，部落离散，穷无所归，远依天子，无秋毫犯塞，奈何乘其困而击之！宜遣使者镇抚，运粮食以赐之，此汉宣帝所以服呼韩邪也。”陈夷行曰：“此所谓借寇兵资盗粮也，不如击之。”德裕曰：“彼吐谷浑等各有部落，见利则锐敏争进，不利则鸟惊鱼散，各走巢穴，安肯守死为国家用！今天德城兵才千余，若战不利，城陷必矣。不若以恩义抚而安之，必不为患。纵使侵暴边境，亦须征诸道大兵讨之，岂可独使天德击之乎！”

时诏以鸿胪卿张贾为巡边使，使察回鹘情伪，未还。上问德裕曰：“嗢没斯等请降，可保信乎？”对曰：“朝中之人，臣不敢保，况敢保数千里外戎狄之心乎！然谓之叛将，则恐不可。若可汗在国，嗢没斯等帅众而来，则于体固不可受，今闻其国败乱无主，将相逃散，或奔吐蕃，或奔葛逻禄，惟此一支远依大国。观其表辞，危迫恳切，岂可谓之叛将乎！况嗢没斯等自去年九月至天德，今年二月始立乌介，自无君臣之分。愿且诏河东、振武严兵保境以备之，俟其攻犯城镇，然后以武力驱除。或于吐谷浑等部中少有抄掠，听自仇报，亦未可助以官军。仍诏田牟、仲平毋得邀功生事，常令不失大信，怀柔得宜，彼虽戎狄，必知感恩。”辛酉，诏田牟约勒将士及杂虏，毋得先犯回鹘。九月，戊辰朔，诏河东、振武严兵以备之。牟，布之弟也。

癸巳，卢龙军乱，杀节度使史元忠，推陈行泰主留务。

李德裕请遣使慰抚回鹘，且运粮三万斛以赐之，上以为疑；闰月，己亥，开延英，召宰相议之。陈夷行于候对之所，屡言资盗量不可。德

没斯等人侵扰逼近塞下，吐谷浑、沙陀、党项等族都与他们世代是仇敌，请求让所部出兵赶走回鹘兵。”武宗要朝臣讨论这件事，议论的人都认为嗢没斯背叛可汗到边境来，不可以接受他们，应当如田牟等所请求的那样，击退他们较妥当。武宗就询问宰相的意见，李德裕认为：“困窘的鸟雀撞入怀中，还应当救活它，何况回鹘是屡次为国家立了大功的部族，现在被邻国所打败，部落离散，穷困没有归宿之处，从很远的地方跑来投靠天子，没有一点点侵犯边塞的举动，为什么要乘着他们困窘的时候进攻呢！应当派遣使者守护安抚他们，运粮食给他们，这就是汉宣帝征服匈奴呼韩邪单于的办法。”陈夷行说：“这叫作把武器借给敌寇，把粮食送给强盗，不如进攻他们为好。”李德裕又说：“那吐谷浑等部各有自己的部落，看到有利可图时就会迅速凶猛地进攻，在不利的时候就会如惊鸟一样飞走，如鱼一样游散，各自逃回自己的巢穴，哪里会拼命为国家出力！现在天德城只有一千多名军队，倘若战争失败，城池一定会被攻占了。不如采用恩义的办法去安抚他们，一定不会有祸患。即使他们侵扰抢掠边境，也必须征集各道的大军去讨伐他们，怎么可以单独叫天德军去进攻他们呢！”

当时诏令派鸿胪卿张贾为巡边使，让他去察看回鹘的真实情况，还没有回来。武宗问李德裕道：“嗢没斯等人请求投降，可以保证信守诺言吗？”李德裕回答说：“朝廷中的人，臣都不敢担保，何况对数千里外的戎狄的心思，又怎敢担保呢！然而称嗢没斯为叛将，恐怕不可以。倘若可汗还在国君的位子上，嗢没斯等带领兵众而来，那么对于礼节来说固然不可接受。现在听说回鹘国家败乱，已没有了君主，将和相都各自逃散了，有的投奔吐蕃，有的投奔葛逻禄，只有这一支从很远的地方来依附我们这个大国。看嗢没斯上的奏表中的言辞，是很恳切的，怎么可以称他为叛将呢！况且嗢没斯等人在去年九月就到了天德，今年二月才拥立乌介，他们自然没有君臣的名分。希望暂且诏令河东、振武两镇严密戒备保护边境，等他们来侵犯城镇时，然后用武力把他们驱逐出去。在吐谷浑等部落中稍稍有抢掠行为的，让他自己去互相报复，也不要派官军去帮助某一方。仍诏令田牟、韦仲平不得为获取战功而引起事端，要不丧失国家的信用，安抚得适宜，他们虽是戎狄之人，也一定知道对朝廷感恩戴德的。”八月二十四日辛酉，诏令田牟好好约束将士和其他少数民族，不准首先去侵犯回鹘人。九月初一日戊辰，诏令河东、振武两镇严密戒备回鹘的侵犯。田牟是田布的弟弟。

九月二十六日癸巳，卢龙军队中发生叛乱，节度使史元忠被杀害，军中推举牙将陈行泰主持留后事务。

李德裕请求派遣特使去抚慰回鹘，并且运粮三万斛赐给他们，武宗对这件事还有疑虑；闰九月初三日己亥，在延英殿开会，召集宰相商议这件事。陈夷行在等待

裕曰："今征兵未集，天德孤危。傥不以此粮啖饥虏，且使安静，万一天德陷没，咎将谁归！"夷行至上前，遂不敢言。上乃许以谷二万斛赈之。

（以上为第十一段，写李德裕安抚回鹘。）

以前山南东道节度使、同平章事牛僧孺为太子太少师。先是汉水溢，坏襄州民居。故李德裕以为僧孺罪而废之。卢龙军复乱，杀陈行泰，立牙将张绛。

初，陈行泰逐史元忠，遣监军傔，似军中大将表来求节钺。李德裕曰："河朔事势，臣所熟谙。比来朝廷遣使赐诏常太速，故军情遂固。若置之数月不问，必自生变。今请留监军傔，勿遣使以观之。"既而军中果杀行泰，立张绛，复求节钺，朝廷亦不问。会雄武军使张仲武起兵击绛，且遣军吏吴仲舒奉表诣京师，称绛惨虐，请以本军讨之。

冬，十月，仲舒至京师。诏宰相问状，仲舒言："行泰、绛皆游客，故人心不附。仲武幽州旧将，性忠义，通书，习戎事，人心向之。向者张绛初杀行泰，召仲武，欲以留务让之，牙中一二百人不可；仲武行至昌平，绛复却之。今计仲武才发雄武，军中已逐绛矣。"李德裕问："雄武士卒几何？"对曰："军士八百，外有土团五百人"德裕曰："兵少，何以立功？"对曰："在得人心。苟人心不从，兵三万何益？"德裕又问："万一不克，如何？"对曰："幽州粮食皆在妫州及北边七镇，万一未能入，则据居庸关，绝其粮道，幽州自困矣。"

德裕奏："行泰、绛皆使大将上表，胁朝廷，邀节钺，故不可与。今仲武先自发兵为朝廷讨乱，与之则似有名。"乃以仲武知卢龙留后。仲武寻克幽州。

（以上为第十二段，写李德裕借水灾罢牛僧孺山南东道节度使，夺其兵权。李德裕善处置，讨平卢龙军乱。）

上校猎咸阳。

十一月，李德裕上言："今回鹘破亡，太和公主未知所在。若不遣使

进延英殿的地方，反复说给强盗以粮食不可行。李德裕说：“现在征调的军队尚未到达，天德军孤立在危险之中。倘若不能将这些粮食给饥饿的回鹘人吃，暂时使他们安静下来，万一天德城被攻占，谁来担当这个罪责！”陈夷行到武宗面前，就不敢说话了。武宗于是答应拿出二万斛谷来赈济回鹘。

任命前山南东道节度使、同平章事牛僧孺为太子太师。在这之前，汉水发大水，毁坏了襄州居民的一些房屋，所以李德裕认为是牛僧孺的罪过而将他改任闲散之官。卢龙军又发生变乱，杀了陈行泰，立牙将张绛。

起初，陈行泰杀死史元忠，派遣监军的侍从用军中大将的名义上奏表要求节钺。李德裕说：“河朔地方事势，臣是很了解的。近年朝廷派使者赐诏令常常是太快了，所以军事形势很快就固定下来了。倘若摆在那里几个月不过问，一定会在内部发生变化。现在请把监军的侍从留下，不派遣使者，观察一段时间再说。”接着军队中果然又发生变乱，杀陈行泰，拥立张绛，又向朝廷请求节钺，朝廷也不理会。这时，雄武军使张仲武起兵讨伐张绛，并且派遣军吏吴仲舒到京师向朝廷上奏表，说是张绛很残暴，请求统领军队讨伐张绛。

冬季，十月，吴仲舒到达京师。诏令宰相去问清情况，吴仲舒说：“陈行泰、张绛都是外来户，所以人心不归附他们。张仲武是幽州的老将领，本性忠义，通晓书文，熟习武事，人心都归向于他。前时张绛杀了陈行泰，召唤张仲武，想把留后一职让给张仲武，牙门中有一二百人不同意；张仲武已经到了昌平，张绛又叫他退回去。现在张仲武估计才从雄武军驻地出发，卢龙军中已经把张绛驱逐出去了。”李德裕问：“雄武军有多少兵员？”吴仲舒回答说：“军士八百人，另外有土团五百人。”李德裕又问：“士兵少，怎样去建立功业？”回答说：“在于获得人心。假如人心不归附，哪怕有三万士兵又有什么用！”李德裕又道：“万一不能打败张绛，又怎么办？”吴仲舒回答说：“幽州的粮食都储放在妫州和北边七个镇上，万一不能进入幽州城，就占领居庸关，断绝他的粮道，幽州就没有办法了！”

李德裕上奏说：“陈行泰、张绛都用大将的名义上奏表，胁迫朝廷，强要节钺，所以不能给。现在张仲武先是奏请发兵为朝廷讨伐叛乱者，给他节钺在名义上似乎是说得过去的。”于是就任命张仲武代理卢龙留后。张仲武不久就攻下了幽州。

武宗到咸阳狩猎。

十一月，李德裕上奏说：“现在回鹘破败逃散，太和公主不知流落到了什么地

访问，则戎狄必谓国家降主虏庭，本非爱惜，既负公主，又伤虏情。请遣通事舍人苗缜赍诏诣嗢没斯，令转达公主，兼可卜嗢没斯逆顺之情。”从之。

上颇好田猎及武戏，五坊小儿得出入禁中，赏赐甚厚。尝谒郭太后，从容问为天子之道，太后劝以纳谏。上退，悉取谏疏阅之，多谏游猎。自是上出畋稍稀，五坊无复横赐。

癸亥，以中书侍郎、同平章事崔郸同平章事，充西川节度使。

初，黠戛斯既破回鹘，得太和公主；自谓李陵之后，与唐同姓，遣达干十人奉公主归之于唐。回鹘乌介可汗引兵邀击达干，尽杀之，质公主，南度碛，屯天德军境上。公主遣使上表，言可汗已立，求册命。乌介又使其相颉干伽斯等上表，借振武一城以居公主、可汗。十二月，庚辰，制遣右金吾大将军王会等慰问回鹘，仍赈米二万斛。又赐乌介可汗敕书，谕以“宜帅部众渐复旧疆，漂寓塞垣，殊非良计。”又云：“欲借振武一城，前代未有此比。或欲别迁善地，求大国声援，亦须于漠南驻止。朕当许公主入觐，亲问事宜。傥须应接，必无所吝。”

（以上为第十三段，写李德裕羁縻回鹘。）

二年（壬戌，842年）

春，正月，以张仲武为卢龙节度使。

朝廷以回鹘屯天德、振武北境，以兵部郎中李拭为巡边使，察将帅能否。拭，鄘之子也。

二月，淮南节度使李绅入朝。丁丑，以绅为中书侍郎、同平章事、判度支。

河东节度使苻澈修杷头烽旧戍以备回鹘。李德裕奏请增兵镇守，及修东、中二受降城以壮天德形势，从之。

右散骑常侍柳公权素与李德裕善，崔珙奏为集贤学士、判院事。德裕以恩非己出，因事左迁公权为太子詹事。

回鹘复奏求粮，及寻勘吐谷浑、党项所掠，又借振武城；诏遣内使杨观赐可汗书，谕以城不可借，余当应接处置。

方。要是不派遣使者去访问，那么戎狄之人一定会说国家把公主下嫁到虏庭去，本来就是不爱惜公主，这样既对不起公主，又伤害了外虏的情感。请派遣通事舍人苗缜带着诏书到嗢没斯那里去，叫他转达公主，同时也可测试一下嗢没斯是真归顺还是假归顺。”武宗答应了。

武宗很喜欢狩猎和武戏，五坊小儿因此常来往于禁中，得到很丰厚的赏赐。有一次武宗拜谒郭太后时，从容问及做天子的事，太后劝他要很好的纳谏。武宗回来后，把进谏的奏疏都拿来好好看了一遍，其中多半是谏止游猎之事的。从这以后武宗出去打猎的次数就很少了，五坊小儿也得不到意外的赏赐了。

十一月二十七日癸亥，改任中书侍郎、同平章事崔郸同平章事，充任西川节度使。

原先，黠戛斯既把回鹘打败了，俘虏了太和公主；黠戛斯人自称是汉朝李陵的后代，和唐朝皇帝是同姓，于是派遣达干十人奉送太和公主回唐朝来。回鹘乌介可汗带兵拦路袭击达干，把他们杀了，把公主作为人质，向南渡过碛口，屯驻在天德军边境上。公主派人呈上奏表，说是可汗已经继位，请求册封。乌介又派宰相颉干伽迦等上奏表，要求借振武城来让公主、可汗居住。十二月十四日庚辰，朝廷派右金吾大将军王会等人去慰问回鹘，还赈济他们二万斛米。又赏赐乌介可汗敕书，告谕他：“应当带领他们部下逐渐收复旧有的疆域，漂流寄居在边塞地方，不是好办法。”又说：“想借振武的一座城，前代没有这个先例。或者另外迁到好的地方去，要求大国援助，也必须在漠南找地方才行。朕会允许公主入朝拜见，亲自询问有关诸事。倘若需要迎接等事，一定不会吝惜的。”

唐武宗会昌二年（壬戌，842 年）

春季，正月，任命张仲武为卢龙节度使。

朝廷由于看到回鹘屯驻在天德、振武军的北边境界上，任命兵部郎中李拭为巡边使，去考察将帅的军事才能。李拭是李鄘的儿子。

二月，淮南节度使李绅被调回朝廷。二月十二日丁丑，任命李绅为中书侍郎、同平章事、判度支。

河东节度使苻澈修筑杷头烽旧戍用来防备回鹘侵扰。李德裕奏请增加兵员防守和修固东、中二受降城，用来壮大天德军形势，朝廷同意了。

右散骑常侍柳公权向来和李德裕交好，崔珙推荐柳公权为集贤学士、判院事。李德裕觉得提拔之恩不是出于自己，因而借故把柳公权降职为太子詹事。

回鹘再次上奏乞求粮米，以及追寻吐谷浑、党项所抢走的东西，又要求借振武城；诏令派内侍杨观赐可汗国书，告诉他振武城是不能借的，其余的要求答应安排

三月，李拭巡边还，称振武节度使刘沔有威略，可任大事。时河东节度苻澈疾病，庚申，以沔代之；以金吾上将军李忠顺为振武节度使。遣将作少监苗缜册命乌介可汗，使徐行，驻于河东，俟可汗位定，然后进。既而可汗屡侵扰边境，缜竟不行。

回鹘嗢没斯以赤心桀黠难知，先告田牟云，赤心谋犯塞；乃诱赤心并仆固杀之，那颉啜收赤心之众七千帐东走。河东奏："回鹘兵至横水，杀掠兵民，今退屯释迦泊东。"李德裕上言："释迦泊西距可汗帐三百里，未知此兵为那颉所部；为可汗遣来。宜且指此兵云不受可汗指挥，擅掠边鄙。密诏刘沔、仲武先经略此兵，如可以讨逐，事亦有名。摧此一支，可汗必自知惧。"

夏，四月，庚辰，天德都防御使田牟奏："回鹘侵扰不已，不俟朝旨，已出兵三千拒之。"壬午，李德裕奏："田牟殊不知兵。戎狄长于野战，短于攻城。牟但应坚守以待诸道兵集，今全军出战，万一失利，城中空虚，何以自固！望亟遣中使止之。如已交锋，即诏云、朔、天德以来羌、浑各出兵奋击回鹘，凡所虏获，并令自取。回鹘羁旅二年，粮食乏绝，人心易动。宜诏田牟招诱降者，给粮转至太原，不可留于天德。嗢没斯情伪虽未可知，然要早加官赏。纵使不诚，亦足为反间。且欲奖其忠义，为讨伐之名，令远近诸蕃知但责可汗犯顺，非欲尽灭回鹘。石雄善战无敌，请以为天德都团练副使，佐田牟用兵。"上皆从其言。

初，太和中，河西党项扰边，文宗召石雄于白州，隶振武军为裨将，屡立战功，以王智兴故，未甚进擢。至是，德裕举用之。

甲申，嗢没斯帅其国特勒、宰相等二千二百余人来降。

上信任李德裕，观军容使仇士良恶之。会上将受尊号，御丹凤楼宣赦。或告士良，宰相与度支议草制减禁军衣粮及马刍粟，士良扬言于众曰："如此，至日，军士必于楼前喧哗！"德裕闻之，乙酉，乞开延英自

处理。

三月［十三日戊申］，李拭巡边回来了，称赞说振武节度使刘沔有勇有谋，可以担当大事。当时，河东节度使苻澈病得很厉害，三月二十五日庚申，调刘沔接替苻澈的职务；另外任命金吾上将军李忠顺为振武节度使。派遣将作少监苗缜去册封乌介可汗，但叫他不急于前去，先在河东镇驻下来，等可汗的君位安定了，然后再去。后来可汗多次侵扰边境，苗缜最终没有成行。

回鹘嗢没斯觉得赤心这个人狡猾强悍难以控制，预先告诉田牟说，赤心阴谋侵犯边塞，于是诱杀了赤心和仆固，那颉啜收下赤心的部众七千帐向东边逃去。河东镇上奏说："回鹘兵到达横水，杀掠兵民，现在退后屯驻在释迦泊的东边。"李德裕上奏说："释迦泊西距可汗驻地有三百里路远，不知道这一部分军队是那颉啜所统领的，还是可汗派来的。应当暂时认为这支军队不受可汗指挥，擅自在边界抢掠。秘密诏令刘沔、张仲武先对这一支军队进行处置，假如可以驱逐他们出去，在名义上也说得过去。摧垮这一支军队，可汗一定会感到惧怕的。"

夏季，四月十六日庚辰，天德都防御使田牟上奏说："回鹘不停地侵扰，我没有等待朝廷的旨意，已派出三千军士抗拒回鹘。"四月十八日壬午，李德裕上奏说："田牟太不懂得用兵了！戎狄擅长野战，而攻城是它的短处。田牟只应坚守城池以等待其他各道援军的到来，现在全军出去打仗，万一被打败，城中空虚，拿什么来固守！希望马上派遣中使去阻止田牟那么做。如果已经打起来了，要即刻诏令云州、朔州、天德军等处的族和吐谷浑人出兵奋力进攻回鹘，凡是俘获的东西，都归自己所有。回鹘在外游击两年了，粮食很缺乏，人心容易动摇。应当诏令田牟招诱来投降的人，供给他们粮食，把他们送到太原去，不能够让他们留在天德地方。嗢没斯的投降是真是假虽然还不完全了解，然而要早一点给他们官爵和赏赐。即使他们不是诚心投降，也足以离间回鹘各部之间的关系。并且通过奖赏嗢没斯的忠义，作为日后讨伐的名义，使远近各少数民族了解这样做只是为了谴责可汗不服从朝廷，不是想要把回鹘族全部消灭。石雄善战无敌，请求任命他为天德军都团练副使，协助田牟用兵。"武宗全部采纳了李德裕的意见。

过去，在太和年间，河西党项侵扰边境，文宗从白州把石雄召回来，在振武军中担任裨将之职，多次立有战功，由于王智兴的原因，没有提拔石雄什么官职，到现在，李德裕才推举重用他。

四月二十日甲申，嗢没斯率领他们国家的特勒、宰相等两千二百余人前来投降。

武宗信任李德裕，观军容使仇士良却忌恨李德裕。适逢武宗将要接受尊号，到丹凤楼宣布大赦。有人告诉仇士良说，宰相和度支商量为皇上起草命令，要减少供给禁军的衣粮和马的草料，于是仇士良在人群中扬言说："这么做的话，到那一天，

诉。上怒，遽遣中使宣谕两军："赦书初无此事。且赦书皆出朕意，非由宰相，尔安得此言！"士良乃惶愧称谢。丁亥，群臣上尊号曰仁圣文武至神大孝皇帝；赦天下。

五月，戊申，遣鸿胪卿张贾安抚嗢没斯等，以嗢没斯为左金吾大将军、怀化郡王；其次酋长官赏有差。赐其部众米五千斛，绢三千匹。

那颉啜帅其众自振武、大同，东因室韦、黑沙，南趣雄武军，窥幽州。卢龙节度使张仲武遣其弟仲至将兵三万迎击，大破之，斩首捕虏不可胜计，悉收降其七千帐，分配诸道。那颉啜走，乌介可汗获而杀之。

（以上为第十四段，写唐军破灭回鹘那颉啜部。）

时乌介众虽衰减，尚号十万，驻牙于大同军北闾门山。杨观自回鹘还，可汗表求粮食、牛羊，且请执送嗢没斯等。诏报以"粮食听自以马价于振武籴三千石；牛，稼墙之资，中国禁人屠宰；羊，中国所鲜，出于北边杂虏，国家未尝科调。嗢没斯自本国初破，先投塞下，不随可汗已及二年，虑彼猜嫌，穷迫归命。前可汗正以猜虐无亲，致内离外叛。今可汗失地远客，尤宜深矫前非。若复骨肉相残，则可汗左右信臣谁敢自保！朕务在兼爱，已受其降。于可汗不失恩慈，于朝廷免亏信义，岂不两全事体，深叶良图。"

嗢没斯入朝。六月，甲申，以嗢没斯所部为归义军，以嗢没斯为左金吾大将军，充军使。

门下侍郎、同平章事陈夷行罢为左仆射。秋，七月，以尚书右丞李让夷为中书侍郎、同平章事岚州人田满川据州城作乱，刘沔讨诛之。

嗢没斯请置家太原，与诸弟竭力扞边；诏刘沔存抚其家。

乌介可汗复遣其相上表，借兵助复国，又借天德城，诏不许。

初，可汗往来天德、振武之间，剽掠羌、浑，又屯杷头烽北。朝廷

军士一定会在楼前喧闹！”李德裕听到了，四月二十一日乙酉，请求在延英殿开会自我申诉。武宗大怒，即刻派遣中使告谕两军说：“赦书本来没有这回事。并且赦书的内容都是朕的主意，不是由宰相提出来的，你哪里能够说这种话！”仇士良于是惶恐地向武宗谢罪。四月二十三日丁亥，群臣奉上尊号称仁圣文武至神大孝皇帝，大赦天下。

五月十四日戊申，派遣鸿胪卿张贾去安抚嗢没斯等人，任命嗢没斯为左金吾大将军、怀化郡王；他部下的酋长和官吏等也有不同的赏赐；赏给他部下兵众米五千斛，绢三千匹。

那颉啜带领部下从振武、大同一带出发，向东沿着室韦、黑沙领辖的地区，向南往雄武军管辖的地区进军，窥伺幽州。卢龙节度使张仲武派遣弟弟张仲至带领三万人迎击，大败他们，杀死和俘虏的敌人，数也数不清，将投降的七千帐兵员，都分配到各道去。那颉啜逃跑后，被乌介可汗捉住杀掉了。

当时，乌介可汗统帅的人众虽然减少，仍号称有十万人，牙帐驻扎在大同军北面的闾门山。杨观从回鹘回来，带着可汗的奏表，请求给予粮食、牛羊，并且要求执送嗢没斯等。武宗下诏回答说：“粮食允许他们用自己卖马的钱在振武军地方买三千石；牛是耕田的牲畜，中原是禁止屠杀的；羊在中原畜养不多，为北边杂虏出产的东西，国家没有向他们征调。嗢没斯从他的国家破败开始，最先投奔来塞下，不跟随可汗已有两年，考虑到可汗可能猜忌他，在穷迫之中归服于我。前任可汗正是因为猜忌暴虐而失去亲信，以致内部分崩离析，外部多有背叛。现今可汗丢了地方，远客他乡，尤其应该深刻纠正以前的错误。假若骨肉之间又自相残杀，那么可汗左右亲信的臣子谁又敢相信自己没有危险！朕一心从兼爱出发，已经接受了嗢没斯的归降。这对于可汗来说不会丧失恩慈，对于朝廷来说也不丧失信义，这难道不是两全其美的事，最好的一种前程吗！”

嗢没斯来到朝廷。六月二十一日甲申，把嗢没斯所统率的部队命名为归义军，任命嗢没斯为左金吾大将军，充军使。

门下侍郎、同平章事陈夷行降职为左仆射。秋季，七月，任命尚书右丞李让夷为中书侍郎、同平章事。岚州人田满川占领州城作乱，刘沔讨伐并杀了他。

嗢没斯请求把家安置在太原，和他的弟弟们竭力保卫边境；诏令刘沔安抚他的家庭。

乌介可汗又派遣他的宰相上奏表，请求借兵帮助他恢复国家，又提出借天德城，诏令不同意。

原先，乌介可汗往来于天德、振武之间，抢掠羌族和吐谷浑，又屯驻杷头烽北

屡遣使谕之，使还漠南，可汗不奉诏。李德裕以为：“那颉啜屯于山北，乌介恐其与奚、契丹连谋邀遮，故不敢远离塞下。望敕张仲武谕奚、契丹与回鹘共灭那颉啜，使得北还。”及那颉啜死，可汗犹不去。议者又以为回鹘待马价；诏尽以马价给之，又不去。八月，可汗帅众过杷头烽南，突入大同川，驱掠河东杂虏牛马数万，转斗至云州城门。刺史张献节闭城自守，吐谷浑、党项皆挈家入山避之。庚午，诏发陈、许、徐、汝、襄阳等兵屯太原及振武、天德，俟来春驱逐回鹘。

丁丑，赐嗢没斯与其弟阿历支、习勿啜、乌罗思皆姓李氏，名思忠、思贞、思义、思礼；国相爱邪勿姓爱，名弘顺。仍以弘顺为归义军副使。

上遣回鹘石戒直还其国，赐可汗书，谕以“自彼国为纥吃斯所破，来投边境，抚纳无所不至。今可汗尚此近塞，未仪还蕃，或侵掠云、朔等州，或钞击羌、浑诸部。遥揣深意，似恃姻好之情；每观踪由，实怀驰突之计。中外将相咸请诛剪，朕情深屈己，未忍幸灾。可汗宜速择良图，无贻后悔！”

上又命李德裕代刘沔答回鹘相颉干迦斯书，以为：“回鹘远来依投，当效呼韩邪遣子入侍，身自入朝。及令太和公主入谒太皇太后，求哀乞怜，则我之救恤，无所愧怀。而乃睥睨边城，桀骜自若，邀求过望，如在本蕃，又深入边境，侵暴不已，求援继好，岂宜如是！来书又云胡人易动难安，若令忿怒，不可复制。回鹘为纥吃斯所破，举国将相遗骸弃于草莽，累代可汗坟墓，隔在天涯，回鹘忿怒之心，不施于彼，而蔑弃仁义，逞志中华，天地神祇岂容如此！昔郅支不事大汉，竟自夷灭，往事之戒，得不在怀！”

戊子，李德裕等上言，“若如前诏，河东等三道严兵守备，俟来春驱逐，乘回鹘人困马羸之时，又官军免盛寒之苦，则幽州兵宜令止屯本道以俟诏命。若虑河冰既合，回鹘复有驰突，须早驱逐，则当及天时未寒，决策于数月之间。以河朔兵益河东兵，必令收功于两月之内。今闻外议

面。朝廷多次派遣使者告谕他，叫他回到漠南去，乌介可汗不按照诏令去办。李德裕认为："那颉啜屯驻在山北，乌介担心他与奚和契丹连接在一起拦路遮击，所以不敢离开塞下太远。希望敕令张仲武告谕奚和契丹与回鹘共同消灭那颉啜，使得乌介能回到北边去。"等到那颉啜死了以后，可汗还是不离开塞下。议论的人又以为回鹘是在等待卖马的钱；武宗诏令把买马的钱全部给了他，还是不离开。八月，可汗带领部众越过杷头烽南，突入大同川，驱赶抢掠河东道境内杂虏的牛马数万只，辗转战斗到云州城门。刺史张献节关上城门防守，吐谷浑、党项都带着家小到山里去躲避回鹘。八月初九日庚午，诏命征发陈许、徐州、汝州、襄阳等道兵屯太原及振武、天德军，等到来年春天驱逐回鹘。

八月十六日丁丑，赐嗢没斯和他的弟弟阿历支、习勿啜、乌罗思都姓李氏，名思忠、思贞、思义、思礼。国相爱邪勿姓爱，名叫弘顺。仍然让弘顺担任归义军副使。

武宗打发回鹘石戒直回他本国去，赐可汗诏书，告谕说："自从你的国家被黠戛斯攻破以后，来到我的边境地区，安抚接纳我没有不照办的。现在可汗还驻扎在边塞近处，没有提出回到本土去，有时侵掠云、朔等州，有时抢劫羌、浑诸部。远远地推测你的心意，好像留恋着姻亲友好的情意，但仔细观察你的行动，其实是心怀伺机侵掠的阴谋，朝廷内外的将相都请求进行诛讨翦伐，朕由于顾及感情尽量抑制自己，不忍看到你遭受灾祸。可汗应当赶快做出顺应时势的抉择，不要做出让自己后悔的蠢事！"

武宗又命李德裕代刘沔起草回复回鹘宰相颉干迦斯的信，认为："回鹘从很远来投靠朝廷，应当仿效呼韩邪送儿子到朝廷来，亲自朝见天子。并令太和公主入朝拜见太皇太后，求哀乞怜，那么我们就不会感到救助抚恤不应该了。而你们却窥伺我边城，和过去一样凶暴乖戾，提出一些过分的要求，好像仍在你们的本土一样，又深入我边境地区，侵扰抢掠没有停止的时候，要求援助以维持友好关系，难道应当这么办吗！来信又说胡人容易骚动难于安定下去，假若引起愤怒之后，就不能控制了。回鹘被黠戛斯攻破以后，全国将相的遗骨被抛弃在草野之中，历代可汗的坟墓，相隔在很远的地方，回鹘愤怒的心情，不去向那里发泄，却不重视仁义之道，在我中华大地逞其威风，天地神祇难道会容许这样做吗！从前匈奴郅支单于不侍奉大汉，最终被消灭，往事的鉴戒，怎能不记在心中！"

八月二十七日戊子，李德裕等上奏说："要是按照上次诏令，河东等三道严密派兵防守，等到来年春天再驱逐回鹘，趁他人困马乏的时候，另外官军也可免去寒冻的折磨，那么幽州兵应当命令他们驻屯在本道内以等待诏命。假若考虑到黄河上结了冰，回鹘又会驰骋侵扰，必须及早驱逐的话，就应当趁天气还未冷的时候，在数

纷纭，互有异同，傥不一询群情，终为浮辞所挠。望令公卿集议！”诏从之。时议者多以为宜俟来春。

九月，以刘沔兼招抚回鹘使，如须驱逐，其诸道行营兵权令指挥；以张仲武为东面招抚回鹘使，其当道行营兵及奚、契丹、室韦等并自指挥。以李思忠为河西党项都将回鹘西南面招讨使。皆会军于太原。令沔屯雁门关。

（以上为第十五段，写李德裕运筹帷幄，谋划围歼回鹘乌介可汗。）

初，奚、契丹羁属回鹘，各有监使，岁督其贡赋，且诇唐事。张仲武遣牙将石公绪统二部，尽杀回鹘监使等八百余人。仲武破那颉啜，得室韦酋长妻子。室韦以金帛羊马赎之，仲武不受，曰：“但杀监使则归之！”

癸卯，李德裕等奏：“河东奏事官孙俦适至，云回鹘移营近南四十里。刘沔以为此必契丹不与之同，恐为其掩袭故也。据此事势，正堪驱除。臣等问孙俦，若与幽州合势，追逐回鹘，更须益几兵。俦言不须多益兵，唯大同兵少，得易定千人助之足矣。”上皆从之。诏河东、幽州、振武、天德各出大兵，移营稍前，以迫回鹘。

上闻太子少傅白居易名，欲相之，以问李德裕。德裕素恶居易，乃言居易衰病，不任朝谒。其从父弟左司员外郎敏中，辞学不减居易，且有器识。甲辰，以敏中为翰林学士。

李思忠请与契苾、沙陀、吐谷浑六千骑合势击回鹘。乙巳，以银州刺史何清朝、蔚州刺史契苾通分将河东蕃兵诣振武，受李思忠指挥。通，何力之五世孙。

冬，十月，丁卯，立皇子岘为益王，岐为兖王。

黠戛斯遣将军踏布合祖等至天德军，言：“先遣都吕施合等奉公主归之大唐，至今无声问，不知得达，或为奸人所隔。今出兵求索，上天入地，期于必得。”又言“将徙就合罗川，居回鹘故国，兼已得安西、北庭鞑靼等五部落。”

十一月，辛卯朔，昭义节度使刘从谏上言，请出部兵五千讨回鹘，

天内决定计策。调河朔兵来增强河东兵，争取在两个月之内就见功效。现在听到外边纷纷议论，各有各的说法，倘若不征求一下大家的意见，终究会被那些夸夸之谈破坏大事。希望令公卿大臣集体讨论一番！”诏令依从这么办。当时参加讨论的人多半认为应当到来春为妥。

九月，任命刘沔兼招抚回鹘使，如果需要作战，那么诸道行营的军队暂时由他来指挥。任命张仲武为东面招抚回鹘使，所领本道行营兵和奚、契丹、室韦等并由他指挥。任命李思忠为河西党项都将回鹘西南面招讨使。都在太原会合军事力量。命令刘沔屯驻雁门关。

起初，奚和契丹属于回鹘，各部都有派驻回鹘的监使，每年督促他们交纳贡赋，并且刺探唐朝的情况。张仲武派遣牙将石公绪统领二部，把回鹘派来的监使八百多人都杀光了。张仲武攻破那颉啜的时候，俘获了室韦酋长的妻子。室韦用金帛羊马来赎取，张仲武不接受，说：“只要杀掉回鹘监使就让他回去！”

九月十二日癸卯，李德裕上奏：“河东奏事官孙俦刚刚来到，他说回鹘把军营向南移近了四十里。刘沔认为这必定是契丹不和回鹘同心，回鹘担心被契丹袭击的缘故。根据这种形势，正是驱逐回鹘的好时候。臣等询问孙俦，要是和幽州联合行动，把回鹘赶走，要再增加多少兵力？孙俦说不需要增加多少兵，只是大同兵力少了一点，能得到易定军一千人的帮助就足够了。”武宗都听从了他们的意见。于是诏令河东、幽州、振武、天德各派出大军，把军营向前移动一点，以逼近回鹘。

武宗听到太子少傅白居易的名声，想任命他为宰相，于是征求李德裕的意见。李德裕向来不喜欢白居易，就说白居易衰老多病，连上朝拜谒也无力承受。说他的堂弟左司员外郎白敏中，辞章学问不比白居易差，而且器度识见也很好。九月十三日甲辰，任命白敏中为翰林学士。

李思忠请求和契苾、沙陀、吐谷浑等带领六千骑兵合力进攻回鹘。九月十四日乙巳，命令银州刺史何清朝、蔚州刺史契苾通分别率领河东蕃兵到振武去，接受李思忠的指挥。契苾通是契苾何力的第五代孙。

冬季，十月初七日丁卯，立皇太子李岘为益王，李岐为兖王。

黠戛斯遣将军踏布合祖等至天德军，说：“先前派遣都吕施合等奉送公主回大唐，至今没有一点消息，不知到达了没有，是不是被奸人阻隔了。现在出兵来寻找，即使是上天入地，也希望能找到公主。”又说：“将迁到合罗川来，居住在回鹘原来的国土上。同时已获得安西、北庭鞑靼等五部落。”

十一月初一日辛卯，昭义节度使刘从谏上奏说，请求带领部下五千士卒去讨伐

诏不许。

上遣使赐太和公主冬衣，命李德裕为书赐公主，略曰："先朝割爱降婚，义宁家国，谓回鹘必能御侮，安静塞垣。今回鹘所为，甚不循理，每马首南向，姑得不畏高祖、太宗之威灵！欲侵扰边疆，岂不思太皇太后之慈爱！为其国母，足得指挥；若回鹘不能禀命，则是弃绝姻好，今日已后，不得以姑为词！"

上幸泾阳校猎。乙卯，谏议大夫高少逸、郑朗于阁中谏曰："陛下比来游猎稍频，出城太远，侵星夜归，万机旷废。"上改容谢之。少逸等出，上谓宰相曰："本置谏官使之论事，朕欲时时闻之。"宰相皆贺。己未，以少逸为给事中，郎为左谏议大夫。

刘沔、张仲武固称盛寒未可进兵，请待岁首，李忠顺独请与李思忠俱进。十二月，丙寅，李德裕奏请遣思忠进屯保大栅，从之。

（以上为第十六段，写李德裕受命赐书回鹘太和公主，责以大义。）

丁卯，吐蕃遣其臣论普热来告达磨赞普之丧，命将作少监李璟为吊祭使。

刘沔奏移军云州。

李忠顺奏击回鹘，破之。

丙戌，立皇子峄为德王，嵯为昌王。

初，吐蕃达磨赞普有佞幸之臣，以为相；达磨卒，无子，佞相立其妃瑸氏兄尚延力之子乞离胡为赞普，才三岁，佞相与妃共制国事，吐蕃老臣数十人皆不得预政事。首相结都那见乞离胡不拜，曰："赞普宗族甚多，而立琳氏子，国人谁服其令，鬼神谁飨其祀！国必亡矣；比年灾异之多，乃为此也。老夫无权，不得正其乱以报先赞普之德，有死而已！"拔刀剺面，恸哭而出。佞相杀之，灭其族，国人愤怒。又不遣使诣唐求册立。

洛门川讨击使论恐热，性悍忍，多诈谋，乃属其徒告之曰："贼舍国族立綝氏，专害忠良以胁众臣，且无大唐册命，何名赞普！吾当与汝属举义兵，入诛綝妃及用事者以正国家。天道助顺，功无不成。"遂说三部落，得万骑。是岁，与青海节度使同盟举兵，自称国相。

回鹘，诏令不允许。

武宗派遣使者赐太和公主冬衣，命李德裕起草赐公主的信，大略的内容是："先朝割爱下嫁，是为了国家的安宁，以为回鹘必定能抵御外侮，使边塞得到安宁。现在回鹘的所作所为，很是不讲道理，每次向南侵扰的时候，姑姑能不畏惧高祖、太宗的威灵吗！想侵扰边疆时，难道不想一想太皇太后的慈爱吗！作为回鹘的国母，是应当指挥他们的行动的；倘若回鹘不能听从你的命令，那就是断绝姻亲关系，从今以后，就不得借口姑姑的关系说话了！"

武宗到泾阳狩猎。十一月二十五日乙卯，谏议大夫高少逸、郑朗在阁中进谏说："陛下近来游猎稍微频繁，出城太远了，星夜才回来，政事都荒废了。"武宗脸色惭愧，向他们道谢。高少逸等退出来以后，武宗对宰相说："本来设置谏官，就是要他们议论国事的，朕想经常听到他们的言论。"宰相都向武宗道贺。十一月二十九日己未，任命高少逸为给事中，郑朗为左谏议大夫。

刘沔、张仲武坚持说盛寒不能出兵作战，请求等到年初，只有李忠顺请求和李思忠一同前进。十二月初七日丙寅，李德裕奏请派遣李思忠进驻保大栅，武宗同意了。

十二月初八日丁卯，吐蕃派遣他的大臣论普热来报告达磨赞普的丧事，朝廷命令将作少监李璟为吊祭使。

刘沔奏报说移军于云州。

李忠顺奏报说进攻回鹘，打败了他。

十二月二十七日丙戌，立皇子李峄为德王，李嵯为昌王。

原先，吐蕃达磨赞普有佞幸大臣，被任命为宰相；达磨死后，没有儿子，这位佞幸宰相立达磨妃綝氏的哥哥尚延力的儿子乞离胡为赞普，时年三岁，佞相和达磨妃共同掌管国事，吐蕃国的老臣数十人，都不能参与政事。首相结都那见乞离胡不下拜，说："赞普宗族人员很多，而拥綝氏的儿子为国君，国人哪个愿意服从他的命令！鬼神哪个愿意接受他的祭祀！国家必定会灭亡了；近年以来发生很多灾异，就是这个原因。老夫我没有掌握权力，不能够纠正国家的动乱以报答先赞普的恩德，只有一死罢了！"于是拔出刀来划自己的脸，痛哭着出去了。佞相把他杀了，还把他的家族也灭了，国人很愤怒。又不派遣使者到唐朝来请求册命封立。

洛门川讨击使论恐热性情强悍残忍，脑子里计谋很多，于是召集他的徒属告诉他们说："奸贼抛弃国族而立綝氏为国君，专门残害忠良用来威胁广大的臣子，并且又没有大唐的诏册封命，怎么能称他为赞普呢！我要和你们一道大举义兵，到朝中去杀了綝妃和掌国事的人，以纠正国家的过失。天道是会帮助顺应天理的人的，我

至渭州，遇国相尚思罗屯薄寒山，恐热击之，思罗弃辎重西奔松州。恐热遂屠渭州。思罗发苏毗、吐谷浑、羊同等兵，合八万，保洮水，焚桥拒之。恐热至，隔水语苏毗等曰："贼臣乱国，天遣我来诛之，汝曹奈何助逆！我今已为宰相，国内兵我皆得制之，汝不从，将灭汝部落！"苏毗等疑不战，恐热引骁骑涉水，苏毗等皆降。思罗西走，追获，杀之。恐热尽并其众，合十余万。自渭川至松州，所过残灭，尸相枕藉。

（以上为第十七段，写吐蕃内乱。）

们一定会大功告成的。”于是说服三个部落与他一起行事，并得到一万兵马。这一年，他和青海节度使结成同盟一起发兵，自称国相。

到达渭州，遇上国相尚思罗屯驻在薄寒山，论恐热进攻他，尚思罗抛弃辎重向西逃向松州。论恐热就大量屠杀渭州群众。尚思罗征发苏毗、吐谷浑、羊同等部兵众，共有八万人，在洮水进行防卫，把大桥烧了以抵抗论恐热。论恐热赶到，隔着洮水向苏毗等部的人说：“贼臣在国内作乱，上天派我来诛灭贼臣，你们这些人为什么要帮助叛逆者！我现在已经是宰相了，国内的军队都听从我的指挥，你们不服从的话，我就要消灭你们的部落！”苏毗等部犹豫不战，论恐热带领骁骑渡过洮水，苏毗等部落都投降了。尚思罗向西逃跑，论恐热追击捕获了尚思罗，把他杀了。论恐热把尚思罗的部下都兼并过来，共有十多万人。从渭州到松州，军队所经之处，百姓被残杀，尸体成堆。

【点评】

本卷点评李石辞仕、太子李永之死、仇士良杀二王一妃四宰相、李德裕入相等史事，从细微侧面点评晚唐宦官专皇权的政治特点。

一、李石辞仕。李石，字中玉，陇西人，元和十三年进士及第。甘露之变时，李石任户部侍郎，判度支事。甘露之变，仇士良大杀朝官，朝廷半空。李石与郑覃于危难之际，受命为相收拾乱局。此时仇士良目空一切，连文宗都不放在眼里。每逢君臣在延英殿议事，仇士良趾高气扬地训斥朝官，动辄以李训、郑注事来讥讽宰臣。李石、郑覃毫不示弱，反唇相讥说："李训、郑注确实是乱贼之首，但不知这两个奸人是依靠何人进用的。"仇士良理亏，气焰有所收敛。李训、郑注被诛灭后，六道巡边使奉召回朝，巡边使之一田全操在回京路上扬言，说："我回到京城，把穿儒服的人，无论贵贱，全都杀光。"田全操等入城之日，京城谣传强盗来了，百姓奔跑，中书、门下两省的官员也跑光了。郑覃、李石在中书省办公，部属卫士都跑光了。郑覃招呼李石快躲避。李石说："宰相位尊望重，人心所系，不可轻动。宰相一走，全城可真要大乱了。再说，祸乱真的来了，躲避也没有用。"李石、郑覃端坐办公，十分镇定。宫中传出文宗皇帝敕令，关闭宫门。左金吾大将军陈君赏也沉着地站在皇宫望仙门，对敕使说："强盗来了再关门也不晚，不能示弱。"午后晡时，全城安静下来。当天，城中坊市无赖之徒，手拿武器，只要宫城门关闭就动手抢劫。由于李石、陈君赏的镇定，使京城避免了一场大混乱。李石之勇，胜于两军。

李石在仇士良气焰熏灼时，能做到不同宦官同流合污，面临乱局如磐石坚稳安定民心，稳定了局势，是一位难得的宰相。仇士良对他恨之入骨，派刺客暗杀他，刺客的箭射偏了，刀砍断了马尾，李石侥幸死里逃生。李石被迫辞相，出朝为荆南节度使。李石在京师生命不保的情况下，回避仇士良，是明智之举。这只能说明当时宦官的专横，不能苛责李石胆怯。司马光说：李石"忘身殉国，故纪纲粗立"。王夫之评论说，武宗定祸乱，是李石、郑覃奠定的基础，称赞李石是"静正诚笃之大臣"（《读通鉴论》卷二十八），无疑是中肯的。

二、太子李永之死。唐文宗有两个儿子，太子李永和蒋王李宗俭。李永，王德妃所生，文宗太和四年（830）被立为鲁王，太和六年（832）被立为太子。这时杨贤妃得宠，排斥太子，说太子坏话，文宗一度引见大臣要废太子。大臣固争，保住了太子。没多久，太子突然死了，连文宗也不清楚是怎么回事。时在开成三年（838）。有一天，文宗在会宁殿观看杂技表演，看到一个小演员表演爬木杆，一个男子围着木杆团团转，像发疯一样。文宗感到奇怪，左右的人解释说，木杆下转圈的那个人，是在保护表演的小演员，他是小演员的父亲。文宗大受感动，悲楚地说："朕贵为天子，却不能保护儿子。"文宗把说太子坏话的十几个宫人全召集起来训话

说："你们陷害太子，朕的另一个太子，你们还敢陷害吗！"文宗杀了这些宫人。仇士良仇视文宗，更担心太子即位后算自己的账，必欲置之死地而安心。文宗太子李永之死，一方面是文宗的昏庸糊涂，不能辨是非，一方面是宦官完全掌控了皇权，把暗杀施加到了皇太子头上，皇帝破不了案。由此可见宦官的横行暴虐与唐王朝政治的腐败昏暗。唐文宗晚年能纳谏改过，与杜悰问对罢祥瑞，听柳公权之说让郭旼二女出宫回家。此时文宗思贤治国，后悔没有汉昭帝之明，让宋申锡蒙冤。文宗是一个有进取心的皇帝，可惜觉悟为时太晚，他已经成了家奴宦官的囚犯，被软禁在皇宫动弹不得。太子死后一年多，文宗也郁郁而终。

三、仇士良杀二王一妃四宰相。仇士良，字匡美，循州兴宁（今广东兴宁市）人。永贞元年（805）入宫，历仕顺宗、宪宗、穆宗、敬宗、文宗、武宗六代皇帝，死于会昌三年（843），前后四十年。历官平卢、凤翔监军、内外五坊使、左神策军中尉、左街功德使、右骁卫大将军、骠骑大将军、楚国公、观军容使兼统左右神策军，知内侍省，死赠扬州大都督。仇士良是唐代最凶恶的大宦官，他挟帝杀王废相，恶贯满盈，却得善终。史称仇士良"杀二王一妃四宰相，贪酷二十余年，亦有术自将，恩礼不衰"。

仇士良借甘露之变，肆意杀戮朝官，杀宰相四人：王涯、贾𫗧、舒元舆、李孝本。大臣有罪，一般是皇帝赐死，四宰相并没有参与甘露之变，仇士良却在闹市腰斩他们，悬首兴安门示众，前史所未有。仇士良把唐文宗视为囚虏，出言不逊，文宗被囚于深宫，不得自由。一天深夜，仇士良派小宦官宣召值班的翰林学士崔慎由进宫，逼使崔慎由草诏废掉文宗。崔慎由誓死不从，仇士良不能勉强。仇士良打开后门，带崔慎由进入一座小殿，文宗正坐在里面，惊恐万状。仇士良恶狠狠地数落文宗的"过失"，对文宗说："今天要不是崔学士，你就不能坐在这儿了。"文宗垂着脑袋，不敢说一句话。仇士良送出崔慎由，告诉说："你要泄露出去，小心你全家的性命。"崔慎由回到家，还惊魂不定，立刻把刚才发生的事记录下来，藏于箱底，临终才告诉儿子崔胤。所以崔胤最恨宦官，最后将宦官一网打尽，这是后话。

开成五年（840）正月初二，文宗病重，命枢密使刘弘逸、薛季稜引宰相杨嗣复、李珏至皇宫，商议欲奉太子李成美监国。李成美是敬宗的少子，文宗之侄。文宗太子李永死后，杨贵妃请立文宗之弟安王李溶，宰相李珏反对，才改立陈王李成美。仇士良认为太子之立不是自己的功劳，得知文宗要太子监国，以太子李成美年幼为借口，改封陈王，另立太子。仇士良不听宰相李珏的意见，擅自假传圣旨，立穆宗子颖王李瀍为皇太弟，带领神策军从十六宅迎请李瀍到少阳院与百官见面，监管军国事务。正月四日文宗去世，正月初六仇士良处死杨贤妃、安王李溶、陈王李成美。仇士良还大杀亲近文宗的内侍和供奉文宗的乐工，用以泄愤。仇士良还以枢

密使和宰相反对立武宗为由，劝武宗诛杀。由于李德裕的力谏泣请，宰相杨嗣复、李珏免死，两枢密使刘弘逸、薛季稜仍被处死。

武宗即位，改名李炎。仇士良自以为立武宗有功，还想继续为所欲为。这一次仇士良的算盘打错了。武宗聪明睿智，他想振兴唐室，在位期间注意抑制藩镇、削弱宦官，立即起用西川节度使李德裕入朝为相。仇士良感到恐惧，但他并不死心，想找一个机会给这一对君臣出难题，进行火力侦察。仇士良得知李德裕草诏削减禁军衣粮及马刍粟的事，于是趁武宗在丹凤楼接受尊号的时间，企图煽动禁军闹事，他对禁军说："宰相要削减你们的钱粮，赶快到丹凤楼前向皇上请愿。"李德裕把消息报告给了武宗。武宗立即派中使宣谕神策军："削减钱粮是谣言，不要听信。如果是诏书下达，也是皇上的旨意，与宰相不相干。"禁军知道了真相，安定下来，纷纷散去。仇士良又羞又愧，拜谢而去。这一事件给仇士良敲了警钟，皇帝英明，宰相贤能，不好玩弄。老奸巨猾的仇士良还算识时务，以老病为由致仕，武宗批准。仇士良临别，向送行的宦官传授掌控皇帝的方法，就是引诱皇帝游宴好色，只知玩乐不知读书，不上朝，不见大臣，最后就只能依靠宦官了。

仇士良的一席话道出了历史上宦官专权的秘密。宦官的地位是皇帝家奴，是朝士大夫看不上眼的人。但宦官可以假皇权以肆虐。仇士良贪酷有术。穆宗、敬宗，包括文宗，被仇士良的奉迎游乐击倒，迷了心智，成了昏庸皇帝，宦官就得势了。仇士良假皇权杀二王一妃四宰相，不可一世。武宗正襟危坐，耳聪目明，不听信谗言，皇权不旁落，宦官的家奴本色就露出了。仇士良的沉浮，揭示了宦官制度是封建社会的一个毒瘤，宦官毒瘤依附皇权，是专制制度的产物。专制不除，杀灭了宦官，还会产生新宦官。皇帝开明，宦官制度是良性肿瘤；皇帝昏聩，宦官必然是恶性肿瘤。完全切除恶性肿瘤，这个人的生命就结束。东汉末，袁绍杀灭宦官，东汉亡。唐末，崔胤杀灭宦官，唐亡。

仇士良死后第二年，会昌四年（844），其丑行被一一揭发出来，在他家里找出了数千件兵器和万贯家财。武宗下令削去仇士良官爵，籍没家资。仇士良这个名字被钉在历史的耻辱柱上。

四、李德裕入相。南衙与北司对立，朝官与宦官争斗，两者都是唐政权的基础，不可断然决裂。宰相依附宦官，不得士人心，宰相触犯宦官，势必丢相位。在宦官专权的情况下，入相的人要洁身自好是不可能的。如何与宦官打交道是复杂的政治难题，既有品德的问题，又有策略技术问题。李德裕制约宦官，显示了高超的才能。李德裕任淮南节度使，监军杨钦义奉召还京，风传杨钦义回朝做枢密使，李德裕和平时一样，并不加礼，杨钦义很不满意。等到临行时，李德裕送别，赠送重礼，杨钦义喜出望外。杨钦义回到汴州，得到朝廷新敕令，杨钦义仍返淮南做监军。杨钦

义把重礼退还给李德裕，李德裕不接受。不久，杨钦义果然被任用为枢密使。李德裕不因杨钦义将作枢密使而特意巴结，也不因杨钦义没做枢密使就收回礼物。临行送礼表示同僚的情谊。李德裕表现的坦荡胸怀使杨钦义感动，其实这也是李德裕的一种权术。归根结底，是李德裕的才干与人格魅力使杨钦义心服，不敢用炎凉态度来对待李德裕。李德裕做西川节度使，他的人格魅力也征服了崔潭峻、王践言两位监军，崔与王都能支持李德裕的用兵，并向皇上报告李德裕的忠心正直。李德裕能够入相，杨钦义出了力，但不是李德裕的请托，与依附宦官的朝官有很大的区别。李德裕入相后，敢于上奏武宗请求政事要出于中书，逼使仇士良称病致仕。李德裕也没提出要杀尽宦官，做冒险的事，而是以正义临之，利用形势对与宦官之间的矛盾加以适当的抑制，不激化矛盾，和衷共事，这是高明的办法。范文澜指出："这样对待宦官，在唐后期，应该说是较为适当的态度。"(《中国通史简编》) 当然，李德裕也免不了被政敌以朋党为口实攻击。正如王夫之所说：李德裕"虽欲辞托身宦竖之丑而不可得"了。但"唐自肃宗以来，宦竖之不得专政者，仅见于会昌"，极力称赞李德裕的能力。李德裕为了发挥自己的才能为国尽力，在宦官炙手可热的形势下，搞好与宦官的关系，也就不能免俗了。用王夫之的话说是由于"唐之积弊，已成积重难返之势"(《读通鉴论》卷二十六)。皇帝都要向宦官低头，又怎能苛责李德裕呢！有人说，李德裕为君子而不纯，这话是中肯的。

唐纪六十三

唐武宗会昌三年至四年（843—844年）

【起昭阳大渊献（癸亥，843年），尽阏逢困敦（甲子，844年）七月，凡一年有奇】

【大事提要】

本卷记事起公元843年，讫公元844年七月，凡一年又七个月，当唐武宗会昌三年至会昌四年七月。这一年多的短暂时间，却是晚唐政治振兴最有成绩的一个时期。显著成绩有三个方面。第一，武宗信任李德裕，让其放手作为，于是得以倚重外朝，相对削弱了宦官的权力。会昌三年，武宗不与枢密使商量，直接任命崔铉为宰相，破坏了老规矩。不久又逼令大宦官仇士良致仕，第二年籍没了他的家资。第二，武宗御边，大败回鹘，羁縻黠戛斯，安抚党项，削弱吐蕃，做得有声有色，大展国威。第三，强力裁制藩镇，坚决用兵泽潞，不接受刘稹归降，取得全面胜利，杜绝了内地军镇自立节度的行为。会昌年间的这一短暂振兴，给衰败的唐王朝打了一剂强心针，延续了唐王朝国祚。李德裕富有政治军事才能，他又善于听取有识之士的建言，深得武宗信任，故能取得成功，李德裕用兵泽潞，杜牧上书献平强藩之策，李德裕多用其策。李德裕既不依附宦官，又能与宦官和谐相处，缓和了上层统治集团的斗争，显示了李德裕高超的政治才能。

【原文】

武宗至道昭肃孝皇帝中

会昌三年（癸亥，843年）

春，正月，回鹘乌介可汗帅众侵逼振武，刘沔遣麟州刺史石雄、都知兵马使王逢帅沙陀朱邪赤心三部及契苾、拓跋三千骑袭其牙帐，沔自以大军继之。雄至振武，登城望回鹘之众寡，见毡车数十乘，从者皆衣朱碧，类华人。使谍问之，曰："公主帐也。"雄使谍告之曰："公主至此，家也，当求归路！今将出兵击可汗，请公主潜与侍从相保，驻车勿动！雄乃凿城为十余穴，引兵夜出，直攻可汗牙帐，至其帐下，虏乃觉之。可汗大惊，不知所为，弃辎重走，雄追击之；庚子，大破回鹘于杀胡山，可汗被疮，与数百骑遁去，雄迎太和公主以归。斩首万级，降其部落二万余人。丙午，刘沔捷奏至。

李思忠入朝，自以回鹘降将，惧边将猜忌，乞并弟思贞等及爱弘顺皆归阙庭。

庚戌，以石雄为丰州都防御使。

乌介可汗走保黑车子族，其溃兵多诣幽州降。

二月，庚申朔，日有食之。

诏停归义军，以其士卒分隶诸道为骑兵，优给粮赐。

（以上为第一段，写官军大破回鹘乌介可汗。）

辛未，黠戛斯遣使者注吾合索献名马二；诏太仆卿赵蕃饮劳之。甲戌，上引对，班在勃海使之上。

上欲令赵蕃就黠戛斯求安西、北庭，李德裕等上言："安西去京师七千余里，北庭五千余里，借使得之，当复置都护，以唐兵万人戍之。不知此兵于何处追发，馈运从何道得通，此乃用实费以易虚名，非计也。"上乃止。

中书侍郎、同平章事崔珙罢为右仆射。

黠戛斯求册命，李德裕奏，宜与之结欢，令自将兵求杀使者罪人及讨黑车子。上恐加可汗之名即不修臣礼，踵回鹘故事求岁遗及卖马，犹豫未决。德裕奏："黠戛斯已自称可汗，今欲借其力，恐不可吝此名。回

【语译】

武宗至道昭肃孝皇帝中

唐武宗会昌三年（癸亥，843年）

春季，正月，回鹘乌介可汗带领部众侵犯进逼振武，刘沔派遣麟州刺史石雄、都知兵马使王逢率领沙陀朱邪赤心三部及契苾、拓跋三千骑袭击可汗的牙帐，刘沔自己带领大军紧随其后。石雄到振武后，登上城头望见回鹘的兵众不多，看到数十辆毡车，随从人员都穿着红绿色的服装，类似华人。打发侦查人员去问他们，回答说："是公主的帐幕。"石雄让侦查人员告诉公主说："公主到这里，就到家了，应当寻求回朝的办法！现在将要出兵攻打可汗，请公主暗地与侍从互相保护，驻扎下来，不要乱动！"石雄于是把城墙凿开十多个洞，带领军队在夜里出城，直接进攻可汗的牙帐，直到到达可汗的帐下，才被回鹘人发觉。可汗大惊，不知道怎么办，抛弃辎重物品逃走，石雄乘胜追击他们；正月十一日庚子，在杀胡山大败回鹘部队，可汗被杀伤，与数百骑逃走。石雄迎接太和公主回来了。战斗中斩敌首一万，敌人部落投降的有两万余人。正月十七日，刘沔报捷的奏章送到朝廷。

李思忠入朝的时候，觉得自己既然是回鹘降将，惧怕边将不相信自己，请求自己和弟弟李思贞等及爱弘顺都回到朝廷来，武宗答应了。

正月二十一日庚戌，任命石雄为丰州都防御使。

乌介可汗逃去黑车子族寻求保护，他部下溃散的士兵多到幽州投降。

二月初一日庚申，发生日食。

诏令停止设置归义军，把该军的士卒分别隶属其他各道为骑兵，多赏赐一些粮饷给他们。

二月十二日辛未，黠戛斯派遣使者注吾合索献上名马两匹；诏令太仆卿赵蕃设饮宴慰劳他。二月十五日甲戌，武宗接见他时，把他班列在渤海使者的上首。

武宗想叫赵蕃从黠戛斯索取安西、北庭二地，李德裕等上奏说："安西离京师七千余里远，北庭五千余里，即使得到那两个地方，还要设置都护府，用唐兵一万人戍守这两地，不知道从哪里去征发这些兵，粮饷从什么道路运过去？这实在是耗费钱财换来虚名，不是好计策。"武宗便放弃了这个打算。

中书侍郎、同平章事崔珙降职为右仆射。

黠戛斯请求册命，李德裕上奏说，应当和黠戛斯结交友好，要他自己带兵追究杀使者的罪魁祸首并讨伐黑车子族。武宗担心给黠戛斯可汗的名号以后他就不遵守臣子的礼节，反沿用回鹘的旧规，每年要朝廷的赏赐和卖马给朝廷等，因此犹豫不

鹘有平安、史之功，故岁赐绢二万匹，且与之和市。黠戛斯未尝有功于中国，岂敢遽求赂遗乎！若虑其不臣，当与之约，必如回鹘称臣，乃行册命；又当叙同姓以亲之，使执子孙之礼。”上从之。

庚寅，太和公主至京师，改封安定大长公主；诏宰相帅百官迎谒于章敬寺前。公主诣光顺门，去盛服，脱簪珥，谢回鹘负恩、和蕃无状之罪。上遣中使慰谕，然后入宫。阳安等六七公主不来慰问安定公主，各罚俸物及封绢。

赐魏博节度使何重顺名弘敬。

三月，以太仆卿赵蕃为安抚黠戛斯使。上命李德裕草《赐黠戛斯可汗书》，谕以“贞观二十一年黠戛斯先君身自入朝，授左屯卫将军、坚昆都督，迄于天宝，朝贡不绝。比为回鹘所隔，回鹘凌虐诸蕃，可汗能复仇雪怨，茂功壮节，近古无俦。今回鹘残兵不满千人，散投山谷，可汗既与为怨，须尽歼夷；傥留余烬，必生后患。又闻可汗受氏之源，与我同族，国家承北平太守之后，可汗乃都尉苗裔。以此合族，尊卑可知。今欲册命可汗，特加美号，缘未知可汗之意，且遣谕怀。待赵蕃回日，别命使展礼。”自回鹘至塞上及黠戛斯入贡，每有诏敕，上多命德裕草之。德裕请委翰林学士，上曰：“学士不能尽人意，须卿自为之。”

（以上为第二段，写唐武宗纳李德裕之策，羁縻黠夏斯。）

刘沔奏：“归义军回鹘三千余人及酋长四十三人准诏分隶诸道，皆大呼，连营据滹沱河，不肯从命，已尽诛之。回鹘降幽州者前后三万余人，皆散隶诸道。”

李德裕追论维州悉怛谋事云：“维州据高山绝顶，三面临江，在戎虏平川之冲，是汉地入兵之路；初，河、陇并没，唯此独存。吐蕃潜以妇人嫁此州门者，二十年后，两男长成，窃开垒门，引兵夜入，遂为所陷，号曰无忧城。从此得并力于西边，更无虞于南路。凭陵近甸，旰食累朝。贞元中，韦皋欲经略河、湟，须此城为始。万旅尽锐，急攻数年，虽擒论莽热而还，城坚卒不可克。

决。李德裕奏称:“黠戛斯已经自己号称可汗，现在想借助他的兵力，恐怕不能吝惜给他可汗的名号。回鹘有协助平定安史之乱的功劳，所以每年赏赐绢二万匹，并且与他进行马匹的交易。黠戛斯对中原没有建立过功劳，哪里敢立刻要求赠送财物呢！要是担心他不遵守臣节，应当和他订下誓约，一定要像回鹘一样称臣，才进行册命；还应当讲述同姓关系使他更亲近朝廷，执行同姓子孙一样的礼节。”武宗听从了。

三月初一日庚寅，太和公主到达京师，改封她为安定大长公主，诏命宰相带领百官在章敬寺迎接谒见。公主到光顺门，脱掉盛装，取下簪珥，说是由于回鹘背负国恩、自己和亲没有成功而谢罪。武宗派遣中使慰劳抚谕，然后公主才进宫。阳安等七位公主没有来慰问安定公主，各人都被罚俸和封绢。

赐魏博节度使何重顺名弘敬。

三月，任命太仆卿赵蕃为安抚黠戛斯使。武宗命令李德裕起草《赐黠戛斯可汗书》，谕以:“贞观二十一年，黠戛斯先君亲自入朝，授予他左屯卫将军、坚昆都督的职务，一直到天宝年间，朝贡从不间断。近年来被回鹘所阻隔，回鹘欺压虐待诸蕃，可汗能够复仇雪恨，丰功伟绩近古以来无人可比。现在回鹘残留下来的兵员不到一千人，分散在各山谷之中，可汗既然和他们是仇家，一定要全部消灭他们，倘若留下余孽，必定会产生后患。又听说可汗得到姓氏的根源，和我朝是同一姓族，大唐是北平太守李广的后代，可汗是都尉李陵的子孙，这样合在一个族内，尊卑也就很清楚了。如今准备册命可汗，想特别加上美号，但不了解可汗的心意，因而派人转达朝廷旨意以征求你的意见。等到赵蕃返京，即另派使者宣示册命之礼。”自从回鹘到塞上驻扎和黠戛斯来朝廷进贡，每次要发诏书敕命，武宗都命李德裕起草。李德裕请求交给翰林学士去做，武宗说:“学士起草的文字不能尽如人意，需要请你亲自来办这件事。”

刘沔上奏说:“归义军回鹘三千余人和酋长四十三人按照诏令分配诸道，他们大声呼叫，连接各营据守滹沱河，不肯服从命令，已经把他们都杀了。回鹘前后投降幽州的三万余人，都分散到各道去了。”

李德裕追论维州悉怛谋一事说:“维州城建造在高山绝顶上面，三面临江，对戎虏来说是进入平原大川的要冲之地，对汉人来说是进兵少数民族地区的必经之路，过去，河西、陇右都失陷了以后，只留下这个地方还归朝廷管辖。吐蕃暗地将一妇人嫁给此州守城门的人，过了二十年，她的两个儿子长大了，偷偷打开城垒大门，引导吐蕃兵在夜里进入，城就被攻下了，称无忧城。从这以后，吐蕃就能全力在西边发展，对于南面就不用担心了。这样吐蕃侵扰到了京畿附近，使得几朝都因此不

“臣初到西蜀，外扬国威，中缉边备。其维州熟臣信令，空壁来归，臣始受其降，南蛮震慑，山西八国，皆愿内属。其吐蕃合水、栖鸡等城，既失险阨，自须抽归，可减八处镇兵，坐收千余里旧地。’且维州未降前一年，吐蕃犹围鲁州，岂顾盟约！臣受降之初，指天为誓，面许奏闻，各加酬赏。当时不与臣者，望风疾臣，诏臣执送悉怛谋等令彼自戮，臣宁忍以三百余人命弃信偷安！累表陈论，乞垂矜舍，答诏严切，竟令执还。体备三木，舆于竹畚，及将就路，冤叫呜呜，将吏对臣，无不陨涕。其部送者更为蕃帅讥诮，云既已降彼，何用送来！复以此降人戮于汉境之上，恣行残忍，用固携离；至乃掷其婴孩，承以枪槊。绝忠款之路，快凶虐之情，从古已来，未有此事。虽时更一纪，而运属千年，乞追奖忠魂，各加褒赠！”诏赠悉怛谋右卫将军。

臣光曰：论者多疑维州之取舍，不能决牛、李之是非。臣以为昔荀吴围鼓，鼓人或请以城叛，吴弗许，曰：“或以吾城叛，吾所甚恶也，人以城来，吾独何好焉！吾不可以欲城而迩奸。”使鼓人杀叛者而缮守备。是时唐新与吐蕃修好而纳其维州，以利言之，则维州小而信大；以害言之，则维州缓而关中急。然则为唐计者，宜何先乎？悉怛谋在唐则为向化，在吐蕃不免为叛臣，其受诛也又何矜焉！且德裕所言者利也，僧孺所言者义也，匹夫徇利而忘义犹耻之，况天子乎！譬如邻人有牛，逸而入于家，或劝其兄归之，或劝其弟攘之。劝归者曰：“攘之不义也，且致讼。”劝攘者曰 “彼尝攘吾羊矣，何义之拘！牛大畜也，鬻之可以富家。”以是观之，牛、李之是非，端可见矣。

（以上为第三段，写李德裕为悉怛谋伸冤求取褒赠。司马光用义利观评论引渡悉怛谋事件。）

得安宁。贞元年间，韦皋想把河、湟一带失地收回来，就从攻打此城开始行动。带领上万名精锐部队，紧急攻打数年，虽然捉拿了吐蕃大将论莽热回来，但州城坚固，还是未能攻下。

“臣初到西蜀的时候，对外宣扬国威，对内修缮边防守备。维州守将知道臣讲信用，放弃壁垒前来投降。臣刚刚接受他们投降时，南蛮感到很震惊，山西的八个小国，都愿归朝廷统属。而被吐蕃占领的合水、栖鸡等城，既然失去了险要的屏障，自然要抽调驻军回去，而我方既可减少八处镇兵，又可安然收回千余里旧地。况且维州未降前一年，吐蕃还包围了鲁州，他们哪里顾虑到盟约之事！臣接受维州将领投降的时候，指着天发誓，当面答应报告朝廷，每人都将得到奖赏。当时不和臣站在同一立场的人，看到有关臣的一点名声就嫉恨臣，诏令臣把悉怛谋等人抓起来送回吐蕃，让他们被杀掉，臣怎能忍受置三百多人的性命不顾，抛弃信用，苟且偷安！因而多次上奏表陈述论说，乞求怜悯宽宥，回答的诏命很严厉，终竟还是把他们抓起来送回去了。他们的身体被戴上刑具，用竹筐抬着，将要上路时，呼冤的叫声呜呜不绝，将吏们对着臣，没有一个不落泪的。那些押送的人更被蕃帅讥笑，说是既然投降你们了，就用不着送回来！最后在汉边境上把投降的人杀死了，手段很残忍。用来恐吓对吐蕃怀着二心的部落，甚至有把婴孩抛起，让他落在枪矛上扎死的。断绝了献忠诚的人再来，使凶狠者感到快意。从古以来，没有发生过这种事。虽然时间过了十二年，请求追奖忠魂，对每人都加以褒赠！”诏令追赠悉怛谋为右卫将军。

臣司马光评论说：议论的人多争论维州的取舍问题，不能断定牛僧孺、李德裕谁是谁非。臣以为从前荀吴围攻鼓国时，鼓人中有愿意叛国献城的，荀吴不答应，说：“有人把我们的城池献出，背叛的话，我是憎恨他的，别人把城献出来投降我，我为什么会独独喜欢这样呢！我不可以因为想要得到城池而接近奸人。”让鼓国人杀掉背叛的人而把守备修缮好。那个时候唐朝新近与吐蕃修好而接纳维州投降，从利的方面说，维州利小，守信利大；从害的方面说，维州危害来得慢，关中危急来得快。然而为唐朝的利害打算的话，应当以何者为先呢？悉怛谋对唐朝来说是归向王化，对吐蕃来说就是叛臣，他的被杀又有什么值得怜惜的呢！并且李德裕所讲的是利的问题，牛僧孺所讲的是义的问题，一般民众以只追求财利而忘掉义理为可耻，何况天子呢！譬如邻人有牛，跑到自己家里来了，有人劝他哥哥归还邻人，有人劝他弟弟占为己有。劝归还的人说：“占为己有是不义的，并且会引起争讼。”劝占为己有的人说：“邻人曾经夺取过我家的羊，讲什么义不义的！牛是大牲畜，卖掉它可以增加家中的财富。”这样看起来，牛、李两家的是非，可以看出头绪来了。

夏，四月，辛未，李德裕乞退就闲局，上曰："卿每辞位，使我旬日不得所。今大事皆未就，卿岂得求去！"

初，昭义节度使刘从谏累表言仇士良罪恶，士良亦言从谏窥伺朝廷。及上即位，从谏有马高九尺，献之，上不受。从谏以为士良所为，怒杀其马，由是与朝廷相猜恨。遂招纳亡命，缮完兵械，邻境皆潜为之备。

从谏榷马牧及商旅，岁入钱五万缗，又卖铁、煮盐亦数万缗。大商皆假以牙职，使通好诸道，因为贩易。商人倚从谏势，所至多陵轹将吏，诸道皆恶之。

从谏疾病，谓妻裴氏曰："吾以忠直事朝廷，而朝廷不明我志，诸道皆不我与。我死，他人主此军，则吾家无炊火矣！"乃与幕客张谷、陈扬庭谋效河北诸镇，以弟右骁卫将军从素之子稹为牙内都知兵马使，从子匡周为中军兵马使，孔目官王协为押牙亲事兵马使，以奴李士贵为使宅十将兵马使，刘守义、刘守忠、董可武、崔玄度分将牙兵。谷，郓州人；扬庭，洪州人也。

从谏寻薨，稹秘不发丧。王协为稹谋曰："正当如宝历年样为之，不出百日，旌节自至。但严奉监军，厚遗敕使，四境勿出兵，城中暗为备而已。"使押牙姜崟奏求国医，上遣中使解朝政以医问疾。稹又逼监军崔士康奏称从谏疾病，请命其子稹为留后。上遣供奉官薛士干往谕指云："恐从谏疾未平，宜且就东都疗之；俟稍瘳，别有任使。仍遣稹入朝，必厚加官爵。"

上以泽潞事谋于宰相，宰相多以为："回鹘余烬未灭，边境犹须警备，复讨泽潞，国力不支，请以刘稹权知军事。"谏官及群臣上言者亦然。李德裕独曰："泽潞事体与河朔三镇不同。河朔习乱已久，人心难化，是故累朝以来，置之度外，泽潞近处心腹，一军素称忠义，尝破走朱滔，擒卢从史。顷时多用儒臣为帅，如李抱真成立此军，德宗犹不许承袭，使李缄护丧归东都。敬宗不恤国务，宰相又无远略，刘悟之死，因循以授从谏。从谏跋扈难制，累上表迫胁朝廷，今垂死之际，复以兵权擅付竖子。朝廷若又因而授之，则四方诸镇谁不思效其所为，天子威令不复行矣！"上曰："卿以何术制之？果可克否？"对曰："稹所恃者河朔三镇。

夏季，四月十三日辛未，李德裕请求担任闲散的职务，武宗说：“你每次辞退宰相职位，使我十天都安不下心来。现在国家大事都未办好，你怎么能请求离开！”

原先，昭义节度使刘从谏多次上表讲仇士良的犯罪作恶之事，仇士良也讲刘从谏有窥伺朝廷的野心。等武宗即位，刘从谏把一匹九尺高的马献给武宗，武宗没有接受。刘从谏以为是仇士良从中作梗，就愤怒地把马杀掉，这样一来与朝廷互相猜忌。于是刘从谏开始招收一些亡命之徒，又修缮兵器枪械，邻境暗地里做了防范他的准备。

刘从谏向养马者和商贾收税，每年可收入五万缗，卖铁和盐也可收入数万缗。对于大商人，就给他们牙将的职务，让他们去各道联络感情，贩卖货物。商人们倚仗着刘从谏的权势，所到之处多欺压将吏，诸道都不喜欢这些商人。

刘从谏病重，对妻子裴氏说：“我忠诚正直侍奉朝廷，而朝廷却不了解我的心意，各道都不和我交朋友。我死了以后，由别人来担任节度使，那么我们家将要断香火了！”于是和幕僚门客张谷、陈扬庭谋划，仿效河北诸镇的做法，任命他弟弟右骁卫将军刘从素的儿子刘稹为牙内都知兵马使，侄子刘匡周为中军兵马使，孔目官王协为押牙亲事兵马使，以奴仆李士贵为使宅十将兵马使，刘守义、刘守忠、董可武、崔玄度分别领导牙兵。张谷是郓州人，陈扬庭是洪州人。

刘从谏不久之后去世，刘稹秘不发丧。王协帮助刘稹谋划说：“只要照宝历年间那样去做，不到一百天，任命节度使的旌节就会到来。但是要严谨地对待监军，送给敕使优厚财物，四境不要出兵，城中暗地里做好战斗准备就可以了。”派押牙姜鉴上奏章请求派国医来治病，武宗派遣中使解朝政去医病和探视疾病情况。刘稹又逼迫监军崔士康上奏说是刘从谏的病很重，请求任命他的儿子刘稹为留后。武宗派遣供奉官薛士幹前往宣布谕旨说：“担心刘从谏的疾病没有康复，应当暂去东都治疗；等到病情稍有好转以后，另外安排职务。还是要刘稹到朝廷来，一定给他好的官爵。”

武宗将泽潞镇之事和宰相们一起商量，多数宰相认为：“回鹘的残余势力尚未消灭，边境上需要警戒防备，又去讨伐泽潞，国家力量支持不了，请让刘稹暂时主持军事职务。”谏官和群臣等向朝廷进言的人也这样认为。只有李德裕一个人说：“泽潞事体与河朔三镇情况不同。河朔不听朝廷命令已是长久的习惯了，人心不易改变过来，所以几朝以来，朝廷都置之度外，不做计较。泽潞镇处在心腹地位，这支军队向来是忠于朝廷的，曾经打败了朱滔，擒获了卢从史，近年多任用儒将为统帅，例如李抱真成立了这支军队，德宗尚且不允许他的儿子继承世袭，李抱真死后，叫李缄护丧回到东都洛阳。敬宗不忧虑国家政事，宰相又没有长远打算，刘悟死后，因循旧制把军权交给他儿子刘从谏。刘从谏跋扈专横、难以控制，多次上奏表胁迫

但得镇、魏不与之同，则稹无能为也。若遣重臣往谕王元逵、何弘敬，以河朔自艰难以来，列圣许其传袭，已成故事，与泽潞不同。今朝廷将加兵泽潞，不欲更出禁军至山东。其山东三州隶昭义者，委两镇攻之；兼令遍谕将士，以贼平之日厚加官赏。苟两镇听命，不从旁沮桡官军，则稹必成擒矣！”上喜曰：“吾与德裕同之，保无后悔。”遂决意讨稹，群臣言者不复入矣。

（以上为第四段，写唐武宗采纳李德裕谋略，用兵泽潞，杜绝内地军镇自为节度。）

上命德裕草诏赐成德节度使王元逵、魏博节度使何弘敬，其略曰：“泽潞一镇，与卿事体不同，勿为子孙之谋，欲存辅车之势。但能显立功效，自然福及后昆。”丁丑，上临朝，称其语要切，曰：“当如此直告之是也！”又赐张仲武诏，以“回鹘余烬未灭，塞上多虞，专委卿御侮”。元逵、弘敬得诏，悚息听命。

解朝政至上党，刘稹见朝政曰：“相公危困，不任拜诏。”朝政欲突入，兵马使刘武德、董可武蹑帘而立，朝政恐有他变，遽走出。稹赠赍直数千缗，复遣牙将梁叔文入谢。薛士干入境，俱不问从谏之疾，直为已知其死之意。都押牙郭谊等乃大出军，至龙泉驿迎候敕使，请用河朔事体；又见监军言之，崔士良懦怯，不敢违。于是将吏扶稹出见士众，发丧。士干竟不得入牙门，稹亦不受敕命。谊，兖州人也。解朝政复命，上怒，杖之，配恭陵；囚姜崟、梁叔文。

辛巳，始为从谏辍朝，赠太傅，诏刘稹护丧归东都。又召见刘从素，令以书谕稹，稹不从。丁亥，以忠武节度使王茂元为河阳节度使，邠宁节度使王宰为忠武节度使。茂元，栖曜之子；宰，智兴之子也。

（以上为第五段，写唐武宗严旨责令刘稹入朝。）

黄州刺史杜牧上李德裕书，自言：“尝问淮西将董重质以三州之众四

朝廷，现在快死了，又擅自把兵权交给他的侄子。朝廷要是就此承认他侄子的权位，那么四方各镇谁不想仿效他的做法，天子的权威诏令再不能得到遵行了！”武宗说：“卿用什么办法去制服他？能够成功吗？”李德裕回答说：“刘稹所依靠的是河朔三镇。只要镇州与魏博镇不和他勾结，那么刘稹就无所作为。要是派遣重要大臣去告谕镇州主帅王元逵、魏博主帅何弘敬，说明河朔地方自从国家大难以来，各朝皇帝允许他们传位世袭，已经成为惯例，和泽潞镇情况不同。现在朝廷将要对泽潞用兵，不想再派禁军到山东去。此外，山东属昭义军的三个州，委派你们两镇去攻打他；同时广泛告谕将士，把叛贼讨平之后给以优厚的赏赐和官位的。假若两镇服从朝廷命令，不从旁阻挠朝廷的话，那么刘稹一定会被擒获。”武宗高兴地说：“我和德裕同一条心，保证不会后悔。”于是决心讨伐刘稹，群臣有上言的，武宗也听不进去了。

武宗命令李德裕起草诏书赐给成德节度使王元逵、魏博节度使何弘敬，大意是说：“泽潞这个镇，与你们镇情况不同，不要专为子孙打算，想保存辅车相依的形势。只要能够建立功劳，福泽自然就能传到后代。”四月十九日丁丑，武宗临朝，称赞李德裕所草诏书语意简要恳切，说：“应当这样率直地告谕他们为好！”又赐给张仲武诏书说：“回鹘的残余势力尚未消灭，塞上还有不少需要担忧的事，专门委派你抵御外侮。”王元逵、何弘敬得到诏书后，肃然恐惧，乖乖表示听从朝廷命令。

解朝政到达上党以后，刘稹会见解朝政时说：“相公病危困顿，不能跪拜接诏。”解朝政想冲到府内去，兵马使刘武德、董可武站在门帘旁边，解朝政担心发生事变，急忙跑了出来。刘稹赠给他价值几千缗的告别礼物，又派遣牙将梁叔文去向他道谢。薛士幹进入潞州境内，并不探问刘从谏的病情，直接表示已知道刘从谏死了的意思。都押牙郭谊出动大批军队，到龙泉驿迎接奉敕的使者，请求沿用河朔镇惯例；又会见监军说了这件事，崔士康懦弱怕事，不敢违抗。于是将吏扶拥着刘稹出来接见士众，发布刘从谏死讯。薛士幹连牙门也未能进去，刘稹也不接受敕命。郭谊是兖州人。解朝政回朝复命，武宗大怒。解朝政遭杖刑后，被发配到恭陵去服劳役；同时把姜鉴、梁叔文关押了起来。

四月二十三日辛巳，武宗因为刘从谏的死而停止一次朝会，追赠他太傅官阶，诏令刘稹护丧回到东都洛阳来。又召见刘从素，命令他写信教训刘稹，刘稹不听从刘从素的话。四月二十九日丁亥，任命忠武节度使王茂元为河阳节度使，邠宁节度使王宰为忠武节度使。王茂元是王栖曜的儿子；王宰是王智兴的儿子。

黄州刺史杜牧向李德裕写信，自言道：“曾经询问过淮西大将董重质用三州的兵

岁不破之由，重质以为由朝廷征兵太杂，客军数少，既不能自成一军，事须帖付地主。势羸力弱，心志不一，多致败亡。故初战二年，战则必胜，是多杀客军。及二年已后，客军殚少，止与陈许、河阳全军相搏，纵使唐州兵不能因虚取城，蔡州事力亦不支矣。其时朝廷若使鄂州、寿州、唐州只保境，不用进战，但用陈许、郑滑两道全军，帖以宣、润弩手，令其守隘，即不出一岁，无蔡州矣。今者上党之叛，复与淮西不同。淮西为寇仅五十岁，其人味为寇之腴，见为寇之利，风俗益固，气焰已成，自以为天下之兵莫与我敌，根深源阔，取之固难。夫上党则不然。自安、史南下，不甚附隶；建中之后，每奋忠义；是以鄖公抱真能窘田悦，走朱滔，常以孤穷寒苦之军，横折河朔强梁之众。以此证验，人心忠赤，习尚专一，可以尽见。刘悟卒，从谏求继，与扶同者，只郓州随来中军二千耳。值宝历多故，因以授之。今才二十余岁，风俗未改，故老尚存，虽欲劫之，必不用命。今成德、魏博虽尽节效顺，亦不过围一城，攻一堡，系累稚老而已。若使河阳万人为垒，窒天井之口，高壁深堑，勿与之战。只以忠武、武宁两军，帖以青州五千精甲，宣、润二千弩手，径捣上党，不过数月，必覆其巢穴矣！”时德裕制置泽潞，亦颇采牧言。

（以上为第六段，写杜牧上书李德裕献平定强藩的策略。）

上虽外尊宠仇士良，内实忌恶之。士良颇觉之，遂以老病求散秩。诏以左卫上将军兼内侍监、知省事。

李德裕言于上曰：“议者皆云刘悟有功，稹未可亟诛，宜全恩礼。请下百官议，以尽人情。”上曰：“悟亦何功，当时迫于救死耳，非素心徇国也。藉使有功，父子为将相二十余年，国家报之足矣，稹何得复自立！朕以为凡有功当显赏，有罪亦不可苟免也。”德裕曰：“陛下之言，诚得理国之要。”

五月，李德裕言太子宾客、分司李宗闵与刘从谏交通，不宜寘之东都。戊戌，以宗闵为湖州刺史。

众四年时间还没有攻破蔡州的原因，董重质认为是朝廷征调的军队太杂乱，外地调来军队数量少，既然不能自己组成一支军队，就必须依靠当地军队为主力。势单力薄，心志又不统一，故导致很多伤亡。所以开战头两年，淮西军每次都打胜仗，被杀的多半是客军。两年之后，客军已经很少了，只是和陈许、河阳两支军队战斗，即使唐州兵不能趁空虚而夺取蔡州城，蔡州的军事力量也支持不住了。当时朝廷要是使鄂州、寿州、唐州的军队只保守边境，不用进攻，只用陈许、郑滑两道的全部军队，加上宣、润二州的弓弩手，命令他们守住关隘，不到一年时间，蔡州就保不住了。现在上党叛乱又与淮西不同。淮西作为敌对势力将近五十年之久，那里的将士尝到了叛乱的好处，看到了叛乱所得的利益，叛乱的习惯更加顽固，嚣张的气焰已经形成，自认为天下的军队没有谁能与其匹敌的，要攻下它固然困难。上党的情况就不一样了。自安史叛军南下进攻时，上党就不大依附贼寇；建中年间以来，每每奋发表现出对朝廷的忠义；由是有郧公李抱真使田悦陷于困境，把朱滔打得大败而逃，常用孤寒穷苦的军队，打败河朔强悍的兵众。从这些事例证明，上党的人心是忠诚的，习尚是专一的，大家都看得到。刘悟死后，刘从谏要求继职，真正支持他的人，只有郓州跟随来的中军两千而已。正赶宝历年间国家多事，因而就授予刘从谏旌节。到现在才二十余年，风俗未改变，故老还健在，即使想劫持他们，他们也一定不会服从命令的。现在成德、魏博虽然能守臣节为朝廷效力，也不过围一城，攻一堡，捉拿一些老弱之人而已。假若使河阳出一万人为堡垒，堵住天井关这个隘口，高壁深堑，不与敌人作战，只用忠武、武宁两支军队，加上青州的五千精甲，宣、润的两千弓弩手，直接进攻上党，要不了几个月，就可以攻下他们的巢穴！”当时李德裕主管对泽潞的处置大权，采纳了不少杜牧的主张。

武宗虽然在外表上尊宠仇士良，实际上内心里忌恨厌恶他。仇士良有所觉察，就托辞年老多病请求担任闲散官职。诏令仇士良由左卫上将军兼内侍监，主持内侍省事。

李德裕对武宗说：“议论的人都说刘悟有功，刘稹不应当急忙诛杀，以保全对他家的恩惠。请把这事交百官评议，以满足人们的愿望。”武宗说：“刘悟有什么大功，当时只是迫于挽救自己的性命而已，并不是一向就有报国之心。即使是有功劳，父子为将相二十多年，国家对他们的恩惠也足够了，刘稹又怎么能够自立为节度使！朕认为凡是有功的人应当重赏，有罪的人也不能随便免他的罪。”李德裕说：“陛下的话，实在是治理国家最重要的原则。”

五月，李德裕说太子宾客、分司李宗闵与刘从谏交往密切，不应当安置在东都。五月初十日戊戌，改任李宗闵为湖州刺史。

河阳节度使王茂元以步骑三千守万善；河东节度使刘沔步骑二千守芒车关，步兵一千五百军榆社；成德节度使王元逵以步骑三千守临洺，掠尧山；河中节度使陈夷行以步骑一千守翼城，步兵五百益冀氏。辛丑，制削夺刘从谏及子稹官爵，以元逵为泽潞北面招讨使，何弘敬为南面诏讨使，与夷行、刘沔、茂元合力攻讨。

先是河朔诸镇有自立者，朝廷必先有吊祭使，次册赠使、宣慰使继往商度军情。必不可与节，则别除一官；俟军中不听出，然后始用兵。故常及半岁，军中得缮完为备。至是，宰相亦欲且遣使开谕，上即命下诏讨之。王元逵受诏之日，出师屯赵州。

（以上为第七段，写刘稹不听命入朝，唐武宗即行征讨。）

壬寅，以翰林学士承旨崔铉为中书侍郎、同平章事。铉，元略之子也。上夜召学士韦琮，以铉名授之，令草制，宰相、枢密皆不之知。时枢密使刘行深、杨钦义皆愿悫，不敢预事，老宦者尤之曰："此由刘、杨懦怯，堕败旧风故也。"琮，乾度之子也。

以武宁节度使李彦佐为晋绛行营诸军节度招讨使。

刘沔自代州还太原。

筑望仙观于禁中。

六月，王茂元遣兵马使马继等将步骑二千军于天井关南科斗店，刘稹遣衙内十将薛茂卿将亲军二千拒之。

黠戛斯可汗遣将军温仵合入贡。上赐之书，谕以速平回鹘、黑车子，乃遣使行册命。

癸酉，仇士良以左卫上将军、内侍监致仕。其党送归私第，士良教以固权宠之术曰："天子不可令闲，常宜以奢靡娱其耳目，使日新月盛，无暇更及他事，然后吾辈可以得志。慎勿使之读书，亲近儒生，彼见前代兴亡，心知忧惧，则吾辈疏斥矣。"其党拜谢而去。

丙子，诏王元逵、李彦佐、刘沔、王茂元、何弘敬以七月中旬五道齐进，刘稹求降皆不得受。又诏刘沔自将兵取仰车关路以临贼境。

（以上为第八段，写大宦官仇士良致仕，教唆宦官控制人君之术。朝廷发兵五路征讨泽潞刘稹。）

河阳节度使王茂元调步骑三千人驻守万善；河东节度使刘沔调步骑二千人守芒车关，步兵一千五百人驻扎在榆社县；成德节度使王元逵调步骑三千人驻守临洺县，掠扰尧山；河中节度使陈夷行调步骑一千人驻守翼城，步兵五百人掠扰冀氏地方。五月十三日辛丑，制令削去刘从谏和他儿子刘稹的官爵，任命王元逵为泽潞北面招讨使，何弘敬为南面招讨使，与陈夷行、刘沔、王茂元合作，一起讨伐刘稹。

这之前，河朔诸镇节度使死了，他们的子孙自立，朝廷一定先派去吊祭使，然后又派去册赠使，还有宣慰使再去商量军事形势。已经决定不赐给旌节的，就另外给一个官职，等到军队也不让自立者离开，然后才用兵讨伐。所以往返常常要拖上半年时间，军队已经修缮好防守设备。到刘稹这件事，宰相也想暂时派使者开导告谕他，而武宗却随即下诏令讨伐他。王元逵接到诏令的时候，就带领军队屯驻赵州。

五月十四日壬寅，任命翰林学士承旨崔铉为中书侍郎、同平章事。崔铉是崔元略的儿子。武宗在晚上召见学士韦琮，把崔铉的名字交给他，命令他起草任职诏书，宰相和枢密使都不知道这件事。当时担任枢密使的刘行深、杨钦义都是老实人，不敢预事，老宦者责怪他俩说："这是由于刘行深、杨钦义软弱胆小，败坏了原有的惯例。"韦琮是韦乾度的儿子。

任命武宁节度使李彦佐为晋绛行营诸军节度招讨使。

刘沔从代州回到太原。

在禁中建筑望仙台。

六月，王茂元遣兵马使马继等带领步骑两千人驻扎在天井关南面的科斗店，刘稹派遣衙内将薛茂卿带领亲军两千人抵抗马继的军队。

黠戛斯可汗派遣将军温仵合来朝廷进贡。武宗赐给他书信，告谕他要赶快平定回鹘和黑车子，朝廷派使者正式册命他为可汗。

六月十六日癸酉，仇士良在左卫上将军、内侍监的职位上辞官。他的党徒送他回到私宅去，仇士良教给他们巩固权宠的办法说："对天子来说，不要让他闲着，应当常常用奢华靡丽的事使他高兴，要不断变换不同的花样，使他没有闲暇管理其他的正事，然后我们才能为所欲为。千万不要让天子读书、接近儒生，他要是看到前朝国家兴亡的经验教训，心里知道担忧恐惧，那么我们就会被疏远了。"党徒们拜谢赐教后离开了。

六月十九日丙子，诏令王元逵、李彦佐、刘沔、王茂元、何弘敬在七月中旬分五路齐头并进，不准接受刘稹的投降。又诏令刘沔亲自带兵夺取仰车关这条路以兵临叛贼的边境。

吐蕃鄯州节度使尚婢婢，世为吐蕃相，婢婢好读书，不乐仕进，国人敬之。年四十余，彝泰赞普强起之，使镇鄯州。婢婢宽厚沈勇，有谋略，训练士卒多精勇。

论恐热虽名义兵，实谋篡国，忌婢婢，恐袭其后，欲先灭之。是月，大举兵击婢婢，旌旗杂畜千里不绝。至镇西，大风震电，天火烧杀裨将十余人，杂畜以百数，恐热恶之，盘桓不进。婢婢谓其下曰："恐热之来，视我如蝼蚁，以为不足屠也。今遇天灾，犹豫不进，吾不如迎伏以却之，使其志益骄而不为备，然后可图也。"乃遣使以金帛、牛酒犒师，且致书言："相公举义兵以匡国难，阖境之内，孰不向风！苟遣一介，赐之折简，敢不承命！何必远辱士众，亲临下藩！婢婢资性愚僻，惟嗜读书，先赞普授以藩维，诚为非据，夙夜惭惕，惟求退居。相公若赐以骸骨，听归田里，乃惬平生之素愿也。"恐热得书喜，遍示诸将曰："婢婢惟把书卷，安知用兵！待吾得国，当位以宰相，坐之于家，亦无所用也。"乃复为书，勤厚答之，引兵归。婢婢闻之，抚髀笑曰："我国无主，则归大唐，岂能事此犬鼠乎！"

（以上为第九段，写吐蕃鄯州节度使尚婢婢智拒论恐热。）

秋，七月，以山南东道节度使卢钧为昭义节度招抚使。朝廷以钧在襄阳宽厚有惠政，得众心，故使领昭义以招怀之。

上遣刑部侍郎兼御史中丞李回宣慰河北三镇，令幽州乘秋早平回鹘，镇、魏早平泽潞。回，太祖之八世孙也。

甲辰，李德裕言于上曰："臣见向日河朔用兵，诸道利于出境仰给度支。或阴与贼通，借一县一栅据之，自以为功，坐食转输，延引岁时。今请赐诸军诏指，令王元逵取邢州，何弘敬取洺州，王茂元取泽州，李彦佐、刘沔取潞州，毋得取县。"上从之。

晋绛行营节度使李彦佐自发徐州，行甚缓，又请休兵于绛州，兼请益兵。李德裕言于上曰："彦佐逗遛顾望，殊无讨贼之意，所请皆不可许，宜赐诏切责，令进军翼城。"上从之。德裕因请以天德防御卫使石雄为彦佐之副，俟至军中，令代之。乙巳，以雄为晋绛行营节度副使，仍诏颜

吐蕃鄯州节度使尚婢婢，世代担任吐蕃宰相。尚婢婢喜欢读书，不大乐意做官，国人很敬重他。他年纪四十多岁时，国君彝泰赞普强行把他请出来，要他担任鄯州镇节度使。尚婢婢为人宽厚大度，有谋略，训练的士卒多精悍勇敢。

论恐热虽然在名义上是为复国起兵，实际上是阴谋夺取国君之位。猜忌尚婢婢，担心他从后面进攻自己，想预先把他消灭掉。这个月，论恐热大举出兵进攻尚婢婢，旌旗牲畜等绵延千里之远。到达镇西时，遇上大风雷电，雷电击死裨将十多人，牲畜几百头，论恐热对这起灾祸有所畏惧，于是停留不前。尚婢婢对部下说："论恐热前来进攻，把我们当蝼蚁看待，认为不花大力气就可以把我们消灭掉。现在遇上天灾，犹豫不前，我们不如用谦逊的态度迎接他，以便使他退走，这样他就会更骄傲而不做防备，然后我们就可以谋划消灭他了。"于是派人送金银绸帛和牛酒犒赏论恐热的军队，并且写信说："相公举义兵以拯救国难，整个国境之内，谁不服从你！只要派一个甲士送来一封简短的信，谁敢不接受命令！何必千里迢迢带着士兵，亲自到我这个地方来！我天资很愚钝，只喜欢读书，先赞普授予我守边藩的官职，实在是不恰当，早晚都感到惭愧和不安，只想退下来安居林下。相公要是让我不做官了，回到田野去，那是很合乎我平生的意愿的。"论恐热收到书信以后很高兴，把它给各将领看，并说："婢婢只知道读书，哪里知道用兵打仗的事！等到我夺取了国家之后，应当给他一个宰相的职位，让他坐在家里，也没有什么大用处。"于是复了信，殷勤厚道地答应了尚婢婢，带兵回去了。尚婢婢听说后，拍着大腿笑道："我国没有君主，就应归于大唐，哪里能够侍奉这种犬鼠一类的人呢！"

秋季，七月，改任山南东道节度使卢钧为昭义节度招抚使。朝廷认为卢钧在襄阳任职时宽厚有惠政，能得到民众的拥护，所以派他担任昭义节度使以安抚人心。

武宗派刑部侍郎兼御史大丞李回出使宣慰河北三镇，命令幽州镇乘秋天及早把回鹘平定，镇州镇和魏博镇及早把泽潞平定。李回是太祖李虎的第八代孙。

七月十七日甲辰，李德裕对武宗说："臣见到从前河朔地方打仗，各道最利于以出境后由度支发给粮饷。有的暗地里和叛贼沟通，借一个县或一个栅寨据为己有后，自称建立了功劳，坐享度支运来的军粮，拖延时间。现在请求赐给诸军诏令，命王元逵夺取邢州，何弘敬夺取洺州，王茂元夺取泽州，李彦佐、刘沔夺取潞州，不准夺取县城。"武宗答应了。

晋绛行营节度使李彦佐从徐州出发后，行军很缓慢，又请求在绛州让士兵休息，再请求增加兵员。李德裕对武宗说："李彦佐逗留观望，一点没有去讨伐叛贼的意思，他的请求都不能答应，应当下诏切实责备他，命令他向翼城进军。"武宗同意了。李德裕接着请求让天德防御使石雄为李彦佐的副手，等到石雄到达以后，令他

佐进屯翼城。

刘稹上表自陈：“亡父从谏为李训雪冤，言仇士良罪恶，由此为权幸所疾，谓臣父潜怀异志，臣所以不敢举族归朝。乞陛下稍垂宽察，活臣一方！”何弘敬亦为之奏雪，皆不报。李回至河朔，何弘敬、王元逵、张仲武皆具櫜鞬郊迎，立于道左，不敢令人控马，让制使先行，自兵兴以来，未之有也。回明辩有胆气，三镇无不奉诏。

王元逵奏拔宣务栅，击尧山；刘稹遣兵救尧山，元逵击败之。诏切责李彦佐、刘沔、王茂元，使速进兵逼贼境，且称元逵之功以激厉之。加元逵同平章事。

八月，乙丑，昭义大将李丕来降。议者或谓贼故遣丕降，欲以疑误官军。李德裕言于上曰：“自用兵半年，未有降者，今安问诚之与诈！且须厚赏以劝将来，但不要置之要地耳。”

上从容言：“文宗好听外议，谏官言事多不著名，有如匿名书。”李德裕曰：“臣顷在中书，文宗犹不尔。此乃李训、郑注教文宗以术御下，遂成此风。人主但当推诚任人，有欺罔者，威以明刑，孰敢哉！”上善之。

王元逵前锋入邢州境已逾月，何弘敬犹未出师，元逵屡有密表，称弘敬怀两端。丁卯，李德裕上言：“忠武累战有功，军声颇振。王宰年力方壮，谋略可称。请赐弘敬诏，以‘河阳、河东皆阂山险，未能进军，贼屡出兵焚掠晋、绛。今遣王宰将忠武全军径魏博，直抵磁州，以分贼势。’弘敬必惧，此攻心伐谋之术也。”从之。诏宰悉选步骑精兵自相、魏趣磁州。

甲戌，薛茂卿破科斗寨，擒河阳大将马继等，焚掠小寨一十七，距怀州才十余里。茂卿以无刘稹之命，故不敢入。时议者鼎沸，以为刘悟有功，不可绝其嗣。又，从谏养精兵十万，粮支十年，如何可取！上亦疑之，以问李德裕，对曰：“小小进退，兵家之常。愿陛下勿听外议，则成功必矣！”上乃谓宰相曰：“为我语朝士：有上疏沮议者，我必于贼境上斩之！”议者乃止。

取代李彦佐的职务。七月十八日乙巳，任命石雄为晋绛行营节度副使，仍诏令李彦佐进驻翼城。

刘稹上奏表自我陈述说："伯父从谏为李训昭雪冤案，揭发了仇士良的罪恶，由此被宦官所仇恨，说臣父暗地里对朝廷怀有异心，使得臣不敢带领全家回到朝廷来。乞求陛下了解这一情况，使臣有一条活路！"何弘敬也帮刘稹上奏请求洗雪冤枉，朝廷都置之不理。李回到河朔各地，何弘敬、王元逵、张仲武都准备好车马到郊区迎接，站立在路边，不敢让人控制住李回的车马，以便让制使先行，自从发生安史之乱以来，没有这样恭顺过。李回既有辩才又有胆略，三镇没有不奉行诏旨的。

王元逵奏报说攻下了宣务栅，正进攻尧山；刘稹派兵援救尧山，王元逵打败了他。诏令切责李彦佐、刘沔、王茂元，要他们赶快向贼境进兵，并且称赞王元逵的战功用以激励其他将领。加给王元逵同平章事的官衔。

八月初九日乙丑，昭义军大将李丕前来投降。有人议论说是叛贼故意派李丕来投降，想用这个办法疑惑官军。李德裕对武宗说："自从打仗的半年以来，没有投降的人，现在不用怀疑是忠诚来降还是欺诈！都要以厚重的奖赏以鼓励将来投降的人，只要不把这种人安置在重要的地方就可以了。"

武宗从容地说："文宗喜欢听取朝廷外面的议论，谏官提出意见时多半不署名，如同匿名信一样。"李德裕说："臣从前在中书省任职时，文宗还不是这个样子。这大概是李训、郑注教给文宗用这种办法驾驭臣下，就形成此种风气。作人主的定要推诚用人，有欺诈的，就用刑罚处理他，这样谁敢再欺骗啊！"武宗称赞李德裕说得好。

王元逵的前锋部队进入邢州境内已超过一个月了，何弘敬还没有领兵出发，王元逵多次秘密上奏表，说何弘敬怀有异心，不忠于朝廷。八月十一日丁卯，李德裕上奏说："忠武军多次作战都有功劳，军队的士气很高。王宰正值年轻力壮，谋略也好。请求给何弘敬下诏，说明'河阳、河东和泽潞都有关山阻隔，不便进军，叛贼多次出兵焚烧抢掠晋、绛等地。现在派遣王宰带领整个忠武军部队经过魏博，直抵磁州，用以分散叛贼的力量'。这样一来，何弘敬一定会感到恐惧，这是攻心伐谋的好办法。"武宗依从了。诏令王宰精心挑选步兵和骑兵从相州、魏州开赴磁州。

八月十八日甲戌，薛茂卿攻下科斗寨，抓获河阳军大将马继等人，焚掠小堡寨十七个，到达了离怀州十余里的地方。薛茂卿由于没有刘稹的命令，所以不敢攻入怀州。当时议论的人很多，简直像开了锅一样，都认为刘悟对国家有功，不应断绝了他的后嗣。还说刘从谏训练了十万精兵，储备的粮食可吃十年，怎么能攻下他来！武宗对这事也产生了疑虑，于是就询问李德裕的看法，李德裕回答说："小小的胜败，这是兵家常有的事。希望陛下不要听信外面的议论，那么就一定能够成功！"

何弘敬闻王宰将至，恐忠武兵入魏境，军中有变，苍黄出师。丙子，弘敬奏，已自将全军渡漳水，趣磁州。

（以上为第十段，写官军受挫，李德裕劝唐武宗坚定征讨，又用计迫使魏博节度使何弘敬进兵征讨。）

庚辰，李德裕上言："河阳兵力寡弱，自科斗店之败，贼势愈炽。王茂元复有疾，人情危怯，欲退保怀州。臣窃见元和以来诸贼，常视官军寡弱之处，并力攻之，一军不支，然后更攻他处。今魏博未与贼战，西军阂险不进，故贼得并兵南下。若河阳退缩，不惟亏沮军声，兼恐震惊洛师。望诏王宰更不之磁州，亟以忠武军应援河阳；不惟扞蔽东都，兼可临制魏博。若令全军供饷难给，且令发先锋五千人赴河阳，亦足张声势。"甲申，又奏请敕王宰以全军继进，仍急以器械缯帛助河阳窘乏。上皆从之。

王茂元军万善，刘稹遣牙将张巨、刘公直等会薛茂卿共攻之，期以九月朔围万善。乙酉，公直等潜师先过万善南五里，焚雍店。巨引兵继之，过万善，觇知城中守备单弱，欲专有功，遂攻之。日昃，城且拔，乃使人告公直等。时义成军适至，茂元困急，欲帅众弃城走。都虞候孟章谏曰："贼众自有前部，半在雍店，半在此，乃乱兵耳。今义成军才至，尚未食，闻仆射走，则自溃矣。愿且强留！"茂元乃止。会日暮，公直等不至，巨引兵退，始登山，微雨晦黑，自相惊曰："追兵近矣！"皆走，人马相践，坠崖谷死者甚众。

上以王茂元、王宰两节度使共处河阳非宜，庚寅，李德裕等奏："茂元习吏事而非将才，请以宰为河阳行营攻讨使。茂元病愈，止令镇河阳，病困亦免他虞。"九月，辛卯，以宰兼河阳行营攻讨使。

武宗于是对宰相说："代表我去向朝廷的士大夫们宣布：凡是向朝廷上疏阻挠战事的人，我一定要将他在叛贼边境上斩首！"持异议的人于是闭上了嘴。

何弘敬听说王宰要来了，担心忠武兵到了魏地以后，发生兵变，在匆忙中领兵出发了。八月二十日丙子，何弘敬奏报，他已经亲自率领全军渡过了漳水，直赴磁州。

八月二十四日庚辰，李德裕上奏说："河阳守军的人数太少，力量太弱，自从科斗寨失败以后，叛贼的势力更大了。加上王茂元又有病，人们感到危险、恐惧，想退下来保卫怀州。臣看到元和时期以来的各次反贼，常常是看到官军弱小的地方，就集中兵力进攻，打败了一支官军后，然后再转攻其他地方。现在魏博军还未与叛贼作战，泽潞西面的官军被关山险隘阻隔了，进军困难，所以叛贼能集中兵力向南进攻。假若河阳退缩不前，不仅影响军队士气，同时担心洛阳也会受到惊骇。诏令王宰改变进军路线不往磁州去了，赶快带领全军去支援河阳；不仅可以保卫东都，同时又可控制魏博的动向。若是考虑全军供应粮饷有困难，暂时要他调发先锋五千人奔赴河阳，也足以助长声势。"八月二十八日甲申，又上奏请武宗敕令王宰带领全军继续前进，仍然要赶快将器械丝帛等援助河阳，用以解决他们的窘乏。武宗依从了。

王茂元驻扎在万善，刘稹派遣牙将张巨、刘公直等配合薛茂卿共同进攻他，约定九月初一围攻万善。八月二十九日乙酉，刘公直等暗地带军队先越过万善南五里，烧了雍店。张巨带军队继刘公直之后，绕过万善，侦察后了解城里的守备力量很单薄，想独自抢到攻城的功劳，就向城中发动进攻。到下午太阳偏西时，快要把城攻下来了，才派人告诉刘公直等人。当时义成军刚刚开到，王茂元正处在危急的时候，想带领军队放弃万善城逃走。都虞候孟章拦着马制止说："叛贼的军队有前有后，一半在雍店，一半在这里，只是乱兵而已。现在义成军刚刚到，还没有吃饭，听说仆射你逃走了，那么也将自我溃散了。希望暂且勉为其难地留下来！"王茂元于是没有逃走。到了傍晚，刘公直等没有来，张巨只好带兵退走。开始登山时，下着小雨，天已漆黑，士兵自相惊扰说："追兵到来了！"都纷纷逃跑，人马互相践踏，坠崖跌死的人很多。

武宗觉得王茂元、王宰两个节度使都待在河阳不妥，九月初四日庚寅，李德裕等人上奏说："王茂元熟习文职，却不是将才，请任命王宰为河阳行营攻讨使。王茂元病好以后，只派他镇守河阳，这样就是病没好也没有关系。"九月初五日辛卯，武宗正式任命王宰兼任河阳行营攻讨使。

何弘敬奏拔肥乡、平恩，杀伤甚众。得刘稹榜帖，皆谓官军为贼，云遇之即须痛杀。癸巳，上谓宰相："何弘敬已克两县，可释前疑。既有杀伤，虽欲持两端，不可得已。"乃加弘敬检校左仆射。

丙午，河阳奏王茂元薨。李德裕奏："王宰止可令以忠武节度使将万善营兵，不可使兼领河阳，恐其不爱河阳州县，恣为侵扰。又，河阳节度先领怀州刺史，常以判官摄事，割河南五县租赋隶河阳。不若遂置孟州，其怀州别置刺史。俟昭义平日，仍割泽州隶河阳节度，则太行之险不在昭义，而河阳遂为重镇，东都无复忧矣！"上采其言。戊申，以河南尹敬昕为河阳节度、怀孟观察使，王宰将行营以扞敌，听供馈饷而已。

庚戌，以石雄代李彦佐为晋绛行营节度使，令自冀氏取潞州，仍分兵屯翼城以备侵轶。

是月，吐蕃论恐热屯大夏川，尚婢婢遣其将厖结心及莽罗薛吕将精兵五万击之。至河州南，莽罗薛吕伏兵四万于险阻，厖结心伏万人于柳林中，以千骑登山，飞矢系书骂之。恐热怒，将兵数万追之，厖结心阳败走，时为马乏不进之状。恐热追之益急，不觉行数十里，伏兵发，断其归路，夹击之。会大风飞沙，溪谷皆溢，恐热大败，伏尸五十里，溺死者不可胜数，恐热单骑遁归。

石雄代李彦佐之明日，即引兵逾乌岭，破五寨，杀获千计。时王宰军万善，刘沔军石会，皆顾望未进。上得雄捷书，喜甚。冬，十月，庚申，临朝，谓宰相曰："雄真良将！"李德裕因言："比年前潞州市有男子磬折唱曰：'石雄七千人至矣！'刘从谏以为妖言，斩之。破潞州必雄也。"诏赐雄帛为优赏，雄悉置军门，自依士卒例先取一匹，余悉分将士，故士卒乐为之致死。

（以上为第十一段，写官军王宰，石雄两路取胜。）

初，刘沔破回鹘，得太和公主，张仲武疾之，由是有隙；上使李回至幽州和解之，仲武意终不平。朝廷恐其以私憾败事，辛未，徙沔为义成节度使，以前荆南节度使李石为河东节度使。

何弘敬奏报攻下了肥乡、平恩两县，杀伤了很多敌人。得到刘稹张贴的文告，称官军为贼，说是碰到了就应狠狠地痛杀。九月初七日癸巳，武宗对宰相说："何弘敬已经攻下两座县城，以前的怀疑可以消除了。既然有杀伤，虽想保持两面讨好的观望态度，已经不可能了。"于是加给何弘敬检校左仆射的官衔。

九月二十日丙午，河阳奏报说王茂元去世。李德裕上奏说："王宰只能叫他以忠武节度使的名义统领万善的军队，不能使他兼任河阳节度使，恐怕他不爱护河阳各州县的民众，任意侵扰他们。另外，河阳节度使原先兼领怀州刺史，常常是派判官去处理政事，分割河南五县的租税隶属河阳。这样的话，不如将这五县设置为孟州，怀州也另外再设刺史。等到昭义平定以后，还是分割泽州隶属河阳节度使，那么太行山的关险不在昭义境内，而河阳就成了重要方镇，东都也不必担心有危险了！"武宗采纳这个意见。九月二十二日戊申，任命河南尹敬昕为河阳节度、怀孟观察使，王宰率领行营兵马以打击敌人，敬昕只是负责供给粮饷等事而已。

九月二十四日庚戌，任命石雄替代李彦佐为晋绛行营节度使，命令他从冀氏攻打潞州，但是仍然要分出一支兵力屯驻翼城，用来防备敌人的侵扰。

这个月，吐蕃论恐热屯驻大夏川，尚婢婢派遣大将厖结心和莽罗薛吕带领精兵五万人进攻论恐热。到河州的南面，莽罗薛吕在险要的地方埋伏了四万人马，厖结心在柳林中埋伏了一万兵马，派了一千骑兵登上山顶，用飞箭系着书信辱骂论恐热。论恐热大怒，带领几万人追赶他们，厖结心假装败走，不时装出马疲乏了不能前进的样子。论恐热追赶他们更急切了，不知不觉走了数十里路，埋伏的军队突然跑了出来，切断了论恐热的回营道路，前后夹击。又遇上大风飞沙，河流山谷都塞满了，论恐热被打得大败，死尸横陈五十里路，被淹死的不计其数，论恐热单骑逃回去了。

石雄接替李彦佐为节度使的第二天，就带兵越过乌岭，攻下五个寨子，杀伤和俘虏的敌军有上千人。当时王宰驻扎在万善、刘沔驻扎在石会，都徘徊观望没有进军。武宗收到石雄的报捷书信，非常高兴。冬季，十月初五日庚申，上朝时，武宗对宰相说："石雄真是良将！"李德裕接着说："几年前潞州街市上有一个男子深深弯着腰唱道：'石雄七千人到了！'刘从谏认为是妖言惑众，把他杀了。攻下潞州的人一定是石雄。"诏令赏赐石雄丝帛作为优厚待遇，石雄把丝帛都摆在军门前，自己按照士卒的样子先取一匹，其余的都分配给将士，所以士卒都愿意为石雄出死力打仗。

原先，刘沔打败回鹘时，得到太和公主，张仲武嫉妒他，这样两人之间产生了隔阂。武宗派李回到幽州去调解他们之间的关系，张仲武心中仍然愤愤不平。朝廷担心他们由于私人之间的仇恨而败坏国家大事，十月十六日辛未，调刘沔为义成节度使，以前的荆南节度使李石为河东节度使。

党项寇盐州，以前武宁节度使李彦佐为朔方灵盐节度使。十一月，邠宁奏党项入寇。李德裕奏："党项愈炽，不可不为区处。闻党项分隶诸镇，剽掠于此则亡逃归彼。节度使各利其驼马，不为擒送，以此无由禁戢。臣屡奏不若使一镇统之，陛下以为一镇专领党项权太重。臣今请以皇子兼统诸道，择中朝廉干之臣为之副，居于夏州，理其辞讼，庶为得宜。"乃以兖王岐为灵、夏等六道元帅，兼安抚党项大使，又以御史中丞李回为安抚党项副使，史馆修撰郑亚为元帅判官，令赍诏往安抚党项及六镇百姓。

（以上为第十二段，写李德裕安抚党项。）

安南经略使武浑役将士治城，将士作乱，烧城楼，劫府库。浑奔广州，监军段士则抚安乱众。

忠武军素号精勇，王宰治军严整，昭义人甚惮之。薛茂卿以科斗寨之功，意望超迁。或谓刘稹曰："留后所求者节耳。茂卿太深入，多杀官军，激怒朝廷，此节所以来益迟也。"由是无赏。茂卿愠怼，密与王宰通谋，十二月，丁巳，宰引兵攻天井关，茂卿小战，遽引兵走，宰遂克天井关守之。关东西寨闻茂卿不守，皆退走，宰遂焚大小箕村。茂卿入泽州，密使谍召宰进攻泽州，当为内应；宰疑，不敢进，失期不至，茂卿拊膺顿足而已。稹知之，诱茂卿至潞州，杀之，并其族，以兵马使刘公直代茂卿，安全庆守乌岭，李佐尧守雕黄岭，郭僚守石会，康良佺守武乡。僚，谊之侄也。

戊辰，王宰进攻泽州，与刘公直战，不利，公直乘胜复天井关。甲戌，宰进击公直，大破之。遂围陵川，克之。河东奏克石会关。

（以上为第十三段，写王宰进兵迟缓，错失一举下泽州的良机。）

洺州刺史李恬，石之从兄也。石至太原，刘稹遣军将贾群诣石，以恬书与石云："稹愿举族归命相公，奉从谏丧归葬东都。"石囚群，以其书闻。李德裕上言："今官军四合，捷书日至，贼势穷蹙，故伪输诚款，冀以缓师，稍得自完，复来侵轶。望诏石答恬书云：'前书未敢闻奏。若郎君诚能悔过，举族面缚，待罪境上，则石当亲往受降，护送归阙。若虚为诚款，先求解兵，次望洗雪，则石必不敢以百口保人。'仍望诏诸道，

党项侵扰盐州，任命前武宁节度使李彦佐为朔方灵盐节度使。十一月，邠宁又奏报说党项入境侵扰。李德裕上奏说："党项为害愈来愈烈，不能不处置这件事。听说由于党项是分属各镇管辖，在这里抢掠以后，就逃到那里去。节度使为了得到他们的骆驼和马匹，不把他们捉拿归案，这样一来就约束不了他们。臣多次上奏，不如把他们归一个镇统管起来，陛下认为让一个镇专领党项权位太重。臣现在请求由皇子总统有党项的那几个道，选择朝廷中廉洁能干的大臣为副手，居住在夏州，处理诉讼等事，比较适宜。"于是任命兖王李岐为灵、夏等六道元帅兼安抚党项大使，又调御史中丞李回为安抚党项副使，史馆修撰郑亚为元帅判官，令他们带着诏书前往安抚党项和六镇的百姓。

安南经略使武浑差遣将士修筑城池，将士发动叛乱，焚烧城楼，抢劫府库。武浑逃到广州，监军段士则安抚作乱的士众，使他们安定了下来。

忠武军向来号称精勇，王宰治军严整，昭义人很惧怕他们。薛茂卿由于打科斗寨立了功，希望得到赏赐和提拔。有人对刘稹说："留后所追求的只是旌节而已。薛茂卿太深入到对方阵地了，杀死了很多官兵，因而激怒了朝廷，这就是节度使旌节迟迟没有送来的原因。"由于这样，刘稹就没有奖赏薛茂卿。薛茂卿因此很气愤，就秘密与王宰策划。十二月初三日丁巳，王宰带兵攻打天井关，薛茂卿只略做抵抗，就匆忙带兵跑掉了。王宰就攻下天井关并驻守在那里。关东关西的兵寨听说薛茂卿失守，全都退走，王宰于是把大小箕村都烧了。薛茂卿回到泽州，秘密打发间谍叫王宰进攻泽州，他愿为内应；王宰有怀疑，不敢进攻，过了约定时间还没有进攻，薛茂卿捶胸顿足悲愤不已。刘稹知道这回事，把薛茂卿诱骗到潞州杀了，并杀了他的全家，命兵马使刘公直接替薛茂卿的职务，派安全庆守卫乌岭，李佐尧守卫雕黄岭，郭傛守卫石会，康良佺守卫武乡。郭傛是郭谊的侄子。

十二月十四日戊辰，王宰进攻泽州，与刘公直作战，被打败了，刘公直乘胜收复天井关。十二月二十日甲戌，王宰再次进攻刘公直，把他打得大败而逃，于是包围陵川，攻下了该城。河东镇奏报说攻下了石会关。

洺州刺史李恬是李石的堂兄。李石到太原任节度使，刘稹派军将贾群到李石那里去，将李恬的书信交给李石，并说："我刘稹愿意带领全家向您投降，奉送刘从谏灵柩归葬东都。"李石把贾群囚禁起来，把刘稹的书信报告朝廷。李德裕上奏说："现在官军从四面合围着刘稹，报捷的消息每天不断，叛贼的势力日渐萎缩，所以假装老实想归降，希望延缓官军的进攻，争取时间加强抵抗，待准备好以后，又来侵犯。希望诏令李石回答李恬的书信说：'前次来信未敢向朝廷报告。要是郎君真正能

乘其上下离心，速进兵攻讨，不过旬朔，必内自生变。”上从之。右拾遗崔碣上疏请受其降，上怒，贬碣邓城令。

初，刘沔破回鹘，留兵三千戍横水栅；河东行营都知兵马使王逢奏乞益榆社兵，诏河东以兵二千赴之。时河东无兵，守仓库者及工匠皆出从军，李石召横水戍卒千五百人，使都将杨弁将之诣逢，壬午，戍卒至太原。先是，军士出征，人给绢二匹。刘沔之去，竭府库自随，石初至，军用乏，以己绢益之，人才得一匹。时已岁尽，军士求过正旦而行，监军吕义忠累牒趣之。杨弁因众心之怒，又知城中空虚，遂作乱。

（以上为第十四段，写朝廷不接受刘稹归降。太原府发生河东兵变。）

四年（甲子，844 年）

春，正月，乙酉朔，杨弁帅其众剽剠城市，杀都头梁季叶，李石奔汾州。弁据军府，释贾群之囚，使其侄与之俱诣刘稹，约为兄弟。稹大喜。石会关守将杨珍闻太原乱，复以关降于稹。

戊子，吕义忠遣使言状，朝议喧然。或言两地皆应罢兵，王宰又上言：“游弈将得刘稹表，臣近遣人至泽潞，贼有意归附。若许招纳，乞降诏命！”李德裕上言：“宰擅受稹表，遣人入贼中，曾不闻奏，观宰意似欲擅招抚之功。昔韩信破田荣，李靖擒颉利，皆因其请降，潜兵掩袭。止可令王宰失信，岂得损朝廷威命！建立奇功，实在今日，必不可以太原小扰，失此事机。望即遣供奉官至行营，督其进兵，掩其无备，必须刘稹与诸将皆举族面缚，方可受纳。兼遣供奉官至晋绛行营，密谕石雄以王宰若纳刘稹，则雄无功可纪。雄于垂成之际，须自取奇功，失此便。”又为相府与宰书，言：“昔王承宗虽逆命，犹遣弟承恭奉表诣张相祈哀，又遣其子知感、知信入朝，宪宗犹未之许。今刘稹不诣尚书面缚，又不遣血属祈哀，置章表于衢路之间，游弈将不即毁除，实恐非是。况稹与杨弁通奸，逆状如此，而将帅大臣容受其诈，是私惠归于臣下，不赦在于朝廷，事体之间，交恐不可。自今更有章表，宜即所在焚之。惟

够悔过自新，就全家反捆着双手在边境等待治罪，那么李石当亲自前去接受投降，把你们护送到京城去。要是虚伪地表示投降，先要求不进攻，再希望洗雪罪恶，那么李石一定不敢拿全家百口来为别人作担保。’还希望诏令各参战的节度使，乘刘稹上下离心的时候，赶快进兵讨伐，不过一个月，他们内部一定会发生变乱。”武宗听从了。右拾遗崔碣上奏疏，请求接受刘稹投降，武宗大怒，把崔碣贬为邓城令。

原先，刘沔打败回鹘的时候，留下三千军队戍守横水栅；河东行营都知兵马使王逢上奏请求增加防守榆社的兵员，诏令河东派两千人到榆社去。当时河东镇没有兵员，把守仓库的人和工匠都派去当兵。于是李石抽调横水栅的戍卒一千五百人，使都将杨弁带领助援王逢。十二月二十八日壬午，抽调的戍卒来到太原。按照过去的规定，军士出去作战，每人给绢二匹。刘沔离开太原时，把府库中的财物全部带走了，李石刚上任，军用物资非常困乏，把自己私人的绢帛拿出来，军士们每人才分得一匹。当时已接近年关，军士们要求过了正月初一后出发，监军吕义忠连续下文牒催促他们启程。杨弁利用军士们心中的恼怒，又知道城中兵力空虚，就发动了叛乱。

唐武宗会昌四年（甲子，844 年）

春季，正月初一日乙酉，杨弁带领他的部众抢劫太原，杀死都头梁季叶，李石逃奔汾州，杨弁占据节度使府，把被囚禁的贾群释放了，叫侄儿陪同贾群一起到刘稹那里，和刘稹结为兄弟。刘稹很高兴。石会关守将杨珍听说太原发生叛乱，又献上石会关投降了刘稹。

正月初四日戊子，吕义忠派遣使者向武宗报告情况，朝廷中议论纷纷。有的人说太原、泽潞两地都应当罢兵。王宰又上奏说：“游弈将得到刘稹的文书，臣近日派人到了泽潞镇，叛贼有意愿归附朝廷，要是允许接受，请求下达诏命！”李德裕上奏说：“王宰擅自接受刘稹的文书，又派人到叛贼中去，事先却不曾报告朝廷，观察王宰的用意，大概是想独占招抚叛贼的功劳。从前韩信大破齐王田广，李靖擒获颉利可汗，都是趁他们请降的时候，暗地派大兵乘其不备而取得胜利的。这样做只能使王宰失信于刘稹，怎么能减损朝廷的威严！建立奇功的机遇可能就在今天，一定不要因为太原的小动乱，错过了这个好机会。希望立即派供奉官到王宰行营去，催促王宰进兵，乘刘稹无备突然袭击，必须让刘稹和他的将领们带领全族人一起反绑着手前来投降，方能接受他们。同时派遣供奉官到晋绛行营去，秘密告谕石雄，王宰如果接受刘稹投降，那么石雄就没有功劳可言了。石雄将要立大功的时候，需要自己加倍努力，不要错过这个好机会。”李德裕又用宰相府的名义给王宰写信，说：“从前王承宗虽违抗朝廷诏命，还派遣他的弟弟王承恭奉表到张相那里祈求得到怜

面缚而来，始可容受。”德裕又上言：“太原人心从来忠顺，止是贫虚，赏犒不足。况千五百人何能为事！”必不可姑息宽纵。且用兵未罢，深虑所在动心。顷张延赏为张朏所逐，逃奔汉州，还入成都。望诏李石、义忠还赴太原行营，召旁近之兵讨除乱者。”上皆从之。

是时，李石已至晋州，诏复还太原。辛卯，诏王逢悉留太原兵守榆社，以易定千骑、宣武兖海步兵三千讨杨弁；又诏王元逵以步骑五千自土门入，应接逢军。忻州刺史李丕奏：“杨弁遣人来为游说，臣已斩之，兼断其北出之路，发兵讨之。”

辛丑，上与宰相议太原事，李德裕曰：“今太原兵皆在外，为乱者止千余人，诸州镇必无应者。计不日诛剪，惟应速诏王逢进军，至城下必自有变。”上曰：“仲武见镇、魏讨泽潞有功，必有慕羡之心，使之讨太原何如？”德裕对曰：“镇州趣太原路最便近。仲武去年讨回鹘，与太原争功，恐其不戢士卒，平人受害。”乃止。

上遣中使马元实至太原，晓谕乱兵，且觇其强弱。杨弁与之酣饮三日，且赂之。戊申，元实自太原还，上遣诣宰相议之，元实于众中大言：“相公须早与之节！”李德裕曰：“何故？”元实曰：“自牙门至柳子列十五里曳地光明甲，若之何取之？”德裕曰：“李相正以太原无兵，故发横水兵赴榆社。库中之甲尽在行营，弁何能遽致如此之众乎？”元实曰：“太原人劲悍，皆可为兵，弁召募所致耳。”德裕曰：“召募须有货财，李相止以欠军士绢一匹，无从可得，故致此乱，弁何从得之？”元实辞屈。德裕曰：“从其有十五里光明甲，必须杀此贼！”因奏称：“杨弁微贼，决不可恕。如国力不及，宁舍刘稹。”河东兵戍榆社者闻朝廷令客军取太原，恐妻孥为所屠灭，乃拥监军吕义忠自取太原。壬子，克之，生擒杨

悯，又派他的儿子王知感、王知信到朝廷作为人质。这样宪宗还没有答应不讨伐他。现在刘稹不反绑着手去见尚书，又不派血缘亲属到朝廷祈求怜悯，只把表示愿意归附的文书摆在大路上，游弈没有立即销毁这些东西，实在是错误的。何况杨稹与杨弁互相勾结，这样背逆朝廷，而将相大臣还容忍他这种欺诈，这样是臣下得到施恩惠的好处，而朝廷却蒙受了不赦的不好名声，用事理来衡量，恐怕不应当这么做。从今以后再见到文书的话，就应当立即在当地烧掉。只有面缚前来，才能接受投降。”李德裕又上奏说：“太原的人心从来是忠顺朝廷的，只是因为贫困、空虚、犒赏不够才引起变乱。况且一千五百人，能惹出什么大祸事来！一定不要姑息放纵他们。目前正是用兵打仗的时候，很担心各地人心浮动。不久前张延赏被张朏所驱逐，逃到了汉州，最后还是回到了成都。希望诏令李石、吕义忠还是要回到太原行营去，召集附近的军队讨平作乱的人。”武宗都听从了。

当时，李石已到了晋州，诏令他再回到太原去。正月初七日辛卯，诏令王逢把太原的部队都留下来守卫榆社，由易定调出的一千骑兵和宣武、兖海调出的三千步兵共同讨伐杨弁。又诏令王元逵调步骑五千人从土门关进入河东，声援王逢的军队。忻州刺史李丕上奏说：“杨弁派人来进行游说，臣已把来使杀了，同时切断了杨弁向北方逃窜的通路，已发兵讨伐他。”

正月十七日辛丑，武宗与宰相商议太原叛乱一事，李德裕说：“现在太原的军队都在外地，作乱的只有一千多人，其他的州镇一定不会有响应的人。估计不用很久就可以平定，只需诏令王逢赶快进军，部队抵达潞州城下时，刘稹内部必定会发生变乱。”武宗说：“张仲武看到镇州、魏博讨伐泽潞立了大功，一定十分羡慕，派遣他讨伐太原行不行？”李德裕回答说：“镇州到太原去的路线最近最方便。张仲武去年讨伐回鹘时，与太原争功劳，担心他不严格约束士卒，使太原的平民受到伤害。”于是调遣张仲武的事就放弃了。

武宗派遣中使马元实出使太原去，晓谕乱兵，并且察看乱兵的强弱。杨弁和马元实畅饮了三天酒，并且送了很多财物给他。正月二十四日戊申，马元实从太原回到朝廷，武宗派他到宰相那里商议太原事件，马元实在众人中大声说：“你应当快一点给杨弁送符节去！”李德裕说：“为什么？”马元实说：“从节度使衙门到柳子列这十五里路上，都是穿着光明甲的士兵，有什么办法可以打败他？”李德裕说：“李石宰相正是由于太原无兵，所以抽调横水栅兵往榆社。兵库中的盔甲都在行营中，杨弁有何能耐得到这样多的甲士？”马元实说：“太原人强劲剽悍，人人都能当兵，是杨弁招募得来的吧。”李德裕说：“招募兵员须要有钱财，李石宰相只是因为欠军士一匹绢，没有办法取得，才引发这场乱子，杨弁从什么地方得到这大批财物？”马元实无话可说了。李德裕说：“从他拥有十五里光明甲这一点，也必须杀掉这个叛

弁，尽诛乱卒。

（以上为第十五段，写朝廷平定太原兵变。）

二月，甲寅朔，日有食之。

乙卯，吕义忠奏克太原。丙辰，李德裕言于上曰："王宰久应取泽州，今已迁延两月。盖宰与石雄素不相叶，今得泽州，距上党犹二百里，而石雄所屯距上党才百五十里。宰恐攻泽州缀昭义大军，而雄得乘虚入上党独有其功耳。又宰生子晏实，其父智兴爱而子之，晏实今为磁州刺史，为刘稹所质。宰之顾望不敢进，或为此也。"上命德裕草诏赐宰，督其进兵。且曰："朕顾兹小寇，终不贷刑。亦知晏实是卿爱弟，将申大义，在抑私怀。"

丁巳，以李石为太子少傅、分司，以河中节度使崔元式为河东节度使，石雄为河中节度使。元式，元略之弟也。

己未，石雄拔良马等三寨一堡。

辛酉，太原献杨弁及其党五十四人，皆斩于狗脊岭。

壬申，李德裕言于上曰："事固有激发而成功者：陛下命王宰趣磁州，而何弘敬出师；遣客军讨太原，而戍兵先取杨弁。今王宰久不进军，请徙刘沔镇河阳，仍令以义成精兵二千直抵万善，处宰肘腋之下。若宰识朝廷此意，必不敢淹留。若宰进军，沔以重兵在南，声势亦壮。"上曰："善！"戊寅，以义成节度使刘沔为河阳节度使。

王逢击昭义将康良佺，败之。良佺弃石会关，退屯鼓腰岭。

黠戛斯遣将军谛德伊斯难珠等入贡，言欲徙居回鹘牙帐，请发兵之期，集会之地。上赐诏，谕以"今秋可汗击回鹘、黑车子之时，当令幽州、太原、振武、天德四镇出兵要路，邀其亡逸，便申册命，并依回鹘故事。"

朝廷以回鹘衰微，吐蕃内乱，议复河、湟四镇十八州。乃以给事中

贼！”接着上奏说：“杨弁这个微贱出身的叛贼，决不可宽恕。如果国家军力不够用，宁可暂时放弃征讨刘稹。”河东镇士兵戍守榆社的人听说朝廷命令其他地方镇兵去夺取太原，担心妻室儿女被他们所屠杀，于是拥戴监军吕义忠去夺回太原。正月二十八日壬子，攻下太原，活捉了杨弁，把叛乱的士卒都杀了。

二月初一日甲寅，发生日食。

二月初二日乙卯，吕义忠奏报攻下太原。二月初三日丙辰，李德裕对武宗说：“王宰早就应该攻取泽州，现在已经拖延两个月了。大概是由于王宰与石雄向来关系就不好，现在取得泽州，距离上党还有二百里远，而石雄所驻扎的地方距离上党才一百五十里远。王宰担心攻打泽州时昭义大军被牵制，而石雄却乘潞州兵力空虚攻入上党，独享战功。另外王宰的儿子王晏实，因王智兴喜爱其聪明而把他当儿子看，王晏实现任磁州刺史，被刘稹扣为人质。王宰观望而不敢进军，或许这也是原因之一。”武宗命李德裕起草诏书给王宰，催促他进兵。并且说：“对刘稹这个小贼寇，朕不想宽恕他。也知道王晏实是你的爱子，但应当从伸张国家大义考虑，把个人的私心暂置一边。”

二月初四日丁巳，改任李石为太子少傅、分司东都，以河中节度使崔元式为河东节度使，石雄为河中节度使。崔元式是崔元略的弟弟。

二月初六日己未，石雄攻占良马寨等三个寨子，一个城堡。

二月初八日辛酉，太原献上杨弁和他的同党五十四人，都在东市狗脊岭斩首。

二月十九日壬申，李德裕对武宗说：“有些事情常常是由于某些刺激引发而获得成功的：陛下命令王宰开赴磁州，而逼得何弘敬出兵对敌；当要派遣客军讨伐太原时，而河东戍兵先擒获了杨弁。现在王宰久不进军，请求调刘沔担任河阳节度使，并让他带义成军的精兵两千直接开赴万善，处于王宰的肘腋之下。如果王宰意识到了朝廷这样做的用意，一定不敢再停留不前了。如果王宰进军的话，刘沔有重兵驻扎在南面，声势也更壮大。”武宗说：“很好！”二月二十五日戊寅，正式任命义成军节度使刘沔为河阳节度使。

王逢进攻昭义军将领康良佺，打败了他。康良佺放弃了石会关，退守鼓腰岭。

黠戛斯派遣将军谛德伊斯难珠等向朝廷进贡，说是想迁居到回鹘国可汗的牙帐去，请求约定出兵的日期，会集的地点。武宗赐给黠戛斯诏书，告诉他：“今年秋天可汗进攻回鹘、黑车子的时候，朝廷命令幽州、太原、振武、天德四镇出兵驻守在交通要道上，拦击逃亡的回鹘人，同时按照过去册命回鹘的旧例，正式举行册命可汗的典礼。”

朝廷由于看到回鹘已经衰败了，吐蕃又发生了内乱，于是商议收复河湟地区四

刘濛为巡边使，使之先备器械糗粮及调吐蕃守兵众寡。又令天德、振武、河东训卒砺兵，以俟今秋黠戛斯击回鹘，邀其溃败之众南来者，皆委濛与节度团练使详议以闻。濛，晏之孙也。

以道士赵归真为右街道门教授先生。

吐蕃论恐热之将岌藏丰赞恶恐热残忍，降于尚婢婢。恐热发兵击婢婢于鄯州，婢婢分兵为五道拒之。恐热退保东谷，婢婢为木栅围之，绝其水原。恐热将百余骑突围走保薄寒山，余众皆降于婢婢。

夏，四月，王宰进攻泽州。

（以上为第十六段，写在朝廷敦促下，王宰、石雄两军进逼刘稹。吐蕃论恐热全军败没。）

上好神仙，道士赵归真得幸，谏官屡以为言。丙子，李德裕亦谏曰："归真，敬宗朝罪人，不宜亲近！"上曰："朕宫中无事时与之谈道涤烦耳。至于政事，朕必问卿等与次对官，虽百归真不能惑也。"德裕曰："小人见势利所在，则奔趣之，如夜蛾之投烛。闻旬日以来，归真之门，车马辐凑。愿陛下深戒之！"

戊寅，以左仆射王起同平章事，充山南西道节度使，起以文臣未尝执政，直除使相，前无此比，固辞。上曰："宰相无内外之异，朕有阙失，卿飞表以闻！"

李德裕以州县佐官太冗，奏令吏部郎中柳仲郢裁减。六月，仲郢奏减一千二百一十四员。仲郢，公绰之子也。

宦官有发仇士良宿恶，于其家得兵仗数千。诏削其官爵，籍没家赀。

秋，七月，辛卯，上与李德裕议以王逢将兵屯翼城，上曰："闻逢用法太严，有诸？"对曰："臣亦尝以此诘之，逢言：'前有白刃，法不严，其谁肯进！'"上曰："言亦有理，卿更召而戒之！"德裕因言刘稹不可赦。上曰："固然。"德裕曰："昔李怀光未平，京师蝗旱，米斗千钱，太仓米供天子及六宫无数旬之储。德宗集百官，遣中使马钦绪询之。左散骑常侍李泌取桐叶抟破，以授钦绪献之。德宗召问其故，对曰：'陛下与怀光君臣之分，如此叶不可复合矣！'由是德宗意定。既破怀光，遂用

镇十八州。任命给事中刘濛为巡边使，叫他预先准备器械粮草和侦察吐蕃守兵数量等事。又命令天德、振武、河东等镇训练士卒，磨砺兵器，以等待秋天黠戛斯进攻回鹘时，拦击他们溃败下来向南逃窜的人员。这些事都委派刘濛和节度团练使详细讨论后报告给朝廷。刘濛是刘晏的孙子。

任命道士赵归真为右街道门教授先生。

吐蕃论恐热的将领岌藏丰赞憎恨论恐热残忍，向尚婢婢投降。论恐热发兵进攻在鄯州的尚婢婢。尚婢婢分兵为五路来抵抗论恐热。论恐热退到东谷驻守，尚婢婢用木栅包围了他，切断了水源。论恐热带领一百多名骑兵突围逃走，驻守薄寒山，其余的部众都投降尚婢婢。

夏季，四月，王宰进攻泽州。

武宗喜好神仙方术之事，道士赵归真得到宠信，谏官多次向武宗进言。四月二十三日丙子，李德裕也进谏说："赵归真在敬宗朝是犯了罪的人，不应当亲近他！"武宗说："朕在宫中闲暇的时候，和他谈论道术以消除烦闷而已。至于有关政事，朕必定询问你们这些人和次对官，哪怕是有一百个赵归真，也不能迷惑我。"李德裕说："小人们看到有权有势的地方，就会去投奔它，好像夜晚飞蛾扑火一样。听说这十多天以来，赵归真的家中，车马盈门。希望陛下深深警惕！"

四月二十五日戊寅，任命左仆射王起同平章事，充山南西道节度使，王起认为自己是文职官员未曾担任过宰相，直接被任命为使相，以前也没有这种例子，一再推辞。武宗说："宰相不分内外，朕如果有过失，你迅即上表奏闻！"

李德裕感到州县僚佐官员冗多，奏请令吏部郎中柳仲郢裁减。六月，柳仲郢奏报减去一千二百一十四员。柳仲郢是柳公绰的儿子。

宦官中有人揭发仇士良过去的罪恶，朝廷派人去仇士良家中检查，在他的家里发现兵器数千件。诏令削去他的官爵，没收他的家财。

秋季，七月初十日辛卯，武宗和李德裕商议派王逢领兵屯驻翼城这件事，武宗说："听说王逢执行法令太严厉，有这回事吗？"李德裕回答说："臣也曾把这个问题当面询问过王逢，王逢说：'前面有寒光闪闪的刀刃，法令不严厉，谁愿意向前冲锋！'"武宗说："话说得也有道理，你在召见他时劝诫一下就行了！"李德裕因而讲到刘稹不能赦免的事。武宗说："是这样的。"李德裕说："从前李怀光没有平定的时候，京师又发生蝗灾和旱灾，一斗米涨到一千钱，太仓的米粮连供应天子和六宫几十天的储备都没有。德宗召集百官，派遣中使马钦绪询问他们讨伐李怀光的意见。

为相，独任数年。”上曰：“亦大是奇士！”

上闻扬州倡女善为酒令，敕淮南监军选十七人献之。监军请节度使杜悰同选，且欲更择良家美女，教而献之。悰曰：“监军自受敕，悰不敢预闻！”监军再三请之，不从。监军怒，具表其状，上览表默然。左右请并敕节度使同选，上曰：“敕藩方选倡女入宫，岂圣天子所为！杜悰不徇监军意，得大臣体，真宰相才也。朕甚愧之！”遽敕监军勿复选。甲辰，以悰同平章事，兼度支、盐铁转运使。及悰中谢，上劳之曰：“卿不从监军之言，朕知卿有致君之心。今相卿，如得一魏征矣！”

（以上为第十七段，写唐武宗好神仙，敕淮南监军选美，但能听谏而节制。仇士良被削夺官职，家资被籍没。）

左散骑常侍李泌拿来一片桐叶把它撕破，交给马钦绪叫他献给皇上。德宗不解其意，召李泌来询问个清楚，李泌回答说：‘陛下与李怀光之间的君臣名分，就像这片叶子一样，不能再合拢在一起了！’从此时起，德宗讨伐李怀光的主意才坚定下来。平定李怀光以后，就任命李泌为宰相，让他主持朝政达数年之久。”武宗说：“也真是奇才！”

武宗听说扬州地方的歌舞女擅长酒令，就敕淮南监军挑选十七个人送到宫中来。监军请节度使杜悰一道去选，并且想另外选择良家美女，教会她酒令以后献给武宗。杜悰说：“监军自己接受了这项命令，杜悰不敢参与此事！”监军再三请求他，杜悰坚决不答应。监军大怒，把这件事报告朝廷，武宗看到奏表沉默不说话。左右的人请求武宗敕令节度使也一同参加挑选，武宗说：“敕令藩镇大臣挑选歌舞女入宫，难道是圣明天子应当做的吗！杜悰不照着监军的意见办，符合大臣的身份，真正是具有做宰相的才能。朕非常惭愧！”随即命令监军不要再挑选歌舞女了。七月二十三日甲戌，任命杜悰为同平章事，兼度支、盐铁转运使。到杜悰入朝谢恩的时候，武宗慰劳他说：“你没有听从监军的话，朕知道你有尽忠于君主的心意。现在任命你为宰相，朕犹如得到一个魏徵了！”

【点评】

本卷点评李德裕御边、悉怛谋事件的是非、朝廷用兵泽潞等三件史事。

一、李德裕御边。唐朝后期，国力衰竭，对内用兵藩镇，如果唐与周边民族不睦势将卷入两线作战，唐国力将不堪重负。当时周边民族衰弱，不愿与唐朝作战。李德裕为相，专力平藩镇，主张与周边少数民族结和，严厉制止边将兴事邀功。但是该出手时就出手，对侵犯唐疆的敌人，坚决打击、决不手软。李德裕剿抚并用的策略，收到了功效，边境安宁，为李德裕用兵泽潞奠定了基础。

北方回鹘，被西邻黠戛斯打败，诸部逃散。公元840年，回鹘一部分贵族嗢没斯等部到天德军请求内附。天德军驻节天德城，在中受降城西北三十里，在今内蒙古包头市西黄河北岸。天德军使田牟请求出击。当时武宗初立，李德裕为相，力排众议，坚请武宗约束田牟，不许邀功生事。会昌二年（842），嗢没斯等入朝。回鹘乌介可汗率所部侵扰天德、振武两军边塞。第二年，会昌三年（843），唐军大破乌介可汗，乌介逃走。李德裕约束边将邀功，设计分化敌军，部署既定，对顽敌一战成功。

回鹘西边的黠戛斯，打败回鹘，在会昌三年，送太和公主还唐，求册封。太和公主，系宪宗第十七女，下嫁回鹘崇德可汗。回鹘乱，为黠戛斯所得，遣使将公主送回唐朝示好。黠戛斯要求唐朝册封可汗，武宗初不同意，并想向黠戛斯讨回安西、北庭。李德裕上奏，指出当时唐朝国力，无力戍守安西、北庭两都护府，因求地引来纠纷，不是上策，黠戛斯已经自称可汗，求唐册封是借重唐朝以在西方求得尊贵的身价，不如顺水推舟以册封的名义，要求黠戛斯同回鹘一样，向唐称臣，守子孙之礼，借其力攻击回鹘。武宗采纳了，唐朝得利。太和公主回朝后，武宗改封其为安定大长公主，给予了隆重的礼遇。

击败回鹘乌介可汗，表现了李德裕善于用兵；结和黠戛斯，表现了李德裕精于政治。西北党项寇盐州，李德裕不用兵将安抚。李德裕御边，针对不同情况，采用不同的策略，收到功效，提高了唐朝的威望。

二、悉怛谋事件的是非。悉怛谋是吐蕃镇守维州（今四川理县）的边将。文宗太和五年（831），悉怛谋向西川节度使请降。李德裕上靖边破吐蕃之策，欲乘胜出击吐蕃，受到牛僧孺的排斥。其时牛僧孺为相，不愿李德裕建功，说“两国之间不可失信，不要贪一州之地引发吐蕃大举攻唐”。牛僧孺还夸大吐蕃强大，说吐蕃攻唐，三天时间就达到长安，西川远离长安数千里，救不了驾。唐文宗认为牛僧孺说得对，诏令李德裕不受降，把维州及降人退还吐蕃。吐蕃杀一儆百，把悉怛谋等数百人残杀在边境之上。不受降，可退还土地，决不应送还降人，这也是失信，而且是贱视生命。其后吐蕃分裂内战，失败的一方，也不向唐朝请降，认为唐王朝无信

义，靠不住。再说，吐蕃乘安史之乱，夺取唐朝河西大片土地，吐蕃守信，就应归还唐朝。两国相交，一方不守信，而要求另一方守信，没这道理。牛僧孺的守信之说是片面道理，不能成立。儒家传统的义利之辨，是将两者对立，其实最高境界的利与义，两者是统一的，两国相交，利与义应是双赢互信。司马光用抽象的义利之辨，说牛僧孺讲的是信，李德裕守的是利，信大利小，肯定牛僧孺，否定李德裕，貌似有理，其实不对。牛僧孺和司马光夸大了吐蕃力量，是不实之词，也是以利害立论。由此可见，利与义是不能断然分割的，胡三省对司马光的话，做了点睛的评论。胡三省说："元祐之初，弃米脂等四寨以与西夏，盖当时国论大指如此。"（《资治通鉴》胡注）会昌三年（843），李德裕重提悉怛谋事件，要唐朝廷为之平反，封赠悉怛谋以慰忠魂。武宗追封悉怛谋为右卫将军，为这一事件的是非画上了明确的句号。

三、朝廷用兵泽潞。泽潞是昭义镇的代称。昭义镇共辖五州，泽潞两州为其核心，在今山西境内。泽州治所晋城，在今山西晋城。潞州治所上党，在今山西潞城。另有三州在河北，为邢、洺、磁三州。邢州治所龙冈，在今河北邢台市。洺州治所永年，在今河北邯郸市永年区。磁州治所滏阳，在今河北磁县。节度使驻潞州。昭义节度使刘从谏参与郑注谋诛宦官，郑注失败，刘从谏上书朝廷斥责仇士良。武宗为仇士良所立，于是刘从谏暗中策划割据。会昌三年，刘从谏死，使侄儿刘稹继位，效河北三镇自立留后，请求朝廷授节。李德裕坚决主张用兵，不准许内地节度使世袭。武宗采纳，用兵泽潞。黄州刺史杜牧上书李德裕献平乱之策，吸取以往朝廷用多镇兵力平乱，互相观望，都不用力，官军虽多，心不齐，结果打败仗。用兵泽潞，只需河阳出兵一万为官军堡垒，堵住天井关隘口，坚壁不与贼战，再用忠武、武宁两镇军队，加上青州五千精甲，从宣、润提调两千弓弩手，集中兵力直取上党，要不了几个月就可攻下贼人的巢穴。李德裕采纳了这个意见。成德、魏博、平卢河北三镇，要引援同类，对朝廷阳奉阴违，他们的本心是支持泽潞割据。李德裕用兵泽潞的主力军采用杜牧的策略，主攻方向不用三镇之兵。平卢守境，专力防御北方，成德、魏博两镇，只限于攻取泽潞镇的河北三州，他们即使不用力，也能使泽潞孤立。对于宦官监军，以往每军监使选用精兵为护身的牙兵，比例为十分之一。两军交战，监军使有精兵卫队护身，逼近前线在阵后高处观望，一见不利，就掉头逃跑，自乱阵脚。李德裕与枢密使杨钦义协商，请监军使，第一，不得干预军政，第二，监军的卫队只抽取百分之一的士兵，有功一体受赏。监军使的卫队少了，不敢深入前沿阵地，只在后面，同样得到奖赏，有利无害。官军攻战的主体明确，少了监军使的捣乱，作战效率提高，取得了平叛的成功。会昌四年（844），泽潞诸将杀刘稹请降，朝廷收复了昭义镇。

会昌年间，李德裕为相，御边打败回鹘，平乱收复昭义镇建立了卓越的功勋。朝廷的声望提高，南衙的地位提升，北司退缩，两者相对平衡，延伸至宣宗朝，稳定局面维持了二十余年。李德裕是当之无愧的晚唐中兴名臣。但李德裕有一个最大的弱点，保持朋党积习。会昌二年（842），唐武宗想用白居易为相，白居易妻族杨氏属于李宗闵一党，白居易又与元稹交好，李德裕切齿，以白居易老病为由，引用白居易之弟白敏中为相，排斥白居易。实际上白居易本人并没有卷入朋党之争，他在唐文宗朝时为了避免朋党牵累，主动求做闲散官，无意争权。当时白居易已七十一岁，又中风已病三四年，已无能力做相。武宗欲用白居易做相，只是给予一个荣誉性的虚职，无碍李德裕办事。倒是白敏中是李宗闵之党，宣宗即位，李德裕吃尽了白敏中的苦头。李德裕心胸猛窄，咎由自取。

唐纪六十四

唐武宗会昌四年至唐宣宗大中三年（844—849年）

【起阏逢困敦（甲子，844年）闰月，尽屠维大荒落（己巳，849年），凡五年有奇】

【大事提要】

本卷记事起公元844年闰七月，讫公元849年，凡五年又六个月。当唐武宗会昌四年至唐宣宗大中三年。即本卷又是记载两朝皇帝交替之间的史事。前两年多的时段，是会昌初中兴政治的延续，政治上有两大成就。一是全面彻底地平定了泽潞的割据之乱，二是唐武宗灭佛。唐武宗与李德裕，可称为有唐一代的明君贤相，又鱼水相投，设若假以时日，有唐中兴有望。可惜武宗好神仙，服食金丹，年三十三中毒死亡。李德裕仇视牛党，加之有功骄恣而四面树敌，也断送了前程。会昌之治伴随武宗之死而终结，宣宗即位，立即斥逐李德裕。白敏中是李德裕提拔的宰相，他没有效法西汉曹参的萧规曹随，维护唐室难得一见的大好局面，而是投宣宗之好，对李德裕恩将仇报，一贬再贬置李德裕于死地。会昌之治也被全盘推翻，佞佛之风再炽，世风与政治迅速衰败，从此，唐王朝一蹶不振。

【原文】

武宗至道昭肃孝皇帝下

会昌四年（甲子，844年）

闰月，壬戌，以中书侍郎、同平章事李绅同平章事，充淮南节度使。

李德裕奏："镇州奏事官高迪密陈意见二事：其一，以为'贼中好为偷兵术，潜抽诸处兵聚于一处，官军多就迫逐，以致失利；经一两月，又偷兵诣他处。官军须知此情，自非来攻城栅，慎勿与战。彼淹留不过三日，须散归旧屯，如此数四空归，自然丧气。官军密遣谍者调其抽兵之处，乘虚袭之，无不捷矣。'其二，'镇、魏屯兵虽多，终不能分贼势。何则？下营不离故处，每三两月一深入，烧掠而去。贼但固守城栅，城外百姓，贼亦不惜。宜令进营据其要害，以渐逼之。若止如今日，贼中殊不以为惧。'望诏诸将各使知之！"

刘稹腹心将高文端降，言贼中乏食，令妇人挼穗舂之以给军。德裕访文端破贼之策，文端以为："官军今直攻泽州，恐多杀士卒，城未易得。泽州兵约万五千人，贼常分兵太半，潜伏山谷，伺官军攻城疲弊，则四集救之，官军必失利。今请令陈许军过乾河立寨，自寨城连延筑为夹城，环绕泽州，日遣大军布陈于外以扞救兵。贼见围城将合，必出大战；待其败北，然后乘势可取。"德裕奏请诏示王宰。

文端又言："固镇寨四崖悬绝，势不可攻。然寨中无水，皆饮涧水，在寨东约一里许。宜令王逢进兵逼之，绝其水道，不过三日，贼必弃寨遁去，官军即可追蹑。前十五里至青龙寨，亦四崖悬绝，水在寨外，可以前法取也。其东十五里则沁州城。"德裕奏请诏示王逢。

文端又言："都头王钊将万兵戍洺州，刘稹既族薛茂卿，又诛邢洺救援兵马使谈朝义兄弟三人，钊自是疑惧。稹遣使召之，钊不肯入，士卒皆哗噪，钊必不为稹用。但钊及士卒家属皆在潞州，又士卒恐已降为官

【语译】

武宗至道昭肃孝皇帝下

唐武宗会昌四年（甲子，844 年）

闰七月十一日壬戌，改任中书侍郎、同平章事李绅同平章事，充任淮南节度使。

李德裕上奏说："镇州奏事官高迪秘密陈告两件事：第一件，是认为：'叛贼喜欢采用暗中抽调兵员的办法，常常暗地把各地的兵员抽调到一个地方，这样以多胜少，把官军驱迫离开，以致官军失败；过一两个月，又暗中抽调兵员到另一个地方。官军应该掌握这个情况，如果不是来进攻城栅，就不要轻易与他交战。他们停留不过三天，就必须回到旧的驻地去，如果这样多次空手回去，自然士气就会大大低落下来。官军秘密派遣间谍侦察他抽调兵员的地方以后，乘虚进攻他，没有不打胜仗的。'第二件，'镇、魏两州进驻的兵员虽然多，终究不能分散贼军的力量。是什么原因呢？这是因为官军扎营不能离开原来的老地方，每隔两三个月才深入叛贼境内一次，烧杀抢掠一番就回营了。叛贼只是固守城栅，城外的老百姓，他们也不顾惜。应当命令把军队开到前面，进据叛贼的要害地方，用以逼近叛贼。要是总像现在这个样子，叛贼一点也不感到惧怕。'希望诏令诸将，使他们都了解这些情况！"

刘稹的心腹将领高文端前来投降，讲到叛贼粮食缺乏，叫妇人去搓谷穗，舂去壳，作为军粮。李德裕向高文端询问破贼的办法，高文端认为："官军现在直接进攻泽州，恐怕会死伤很多士兵，城池还不一定攻得下来。泽州地方有兵员一万五千人，叛贼常常分出一大半兵员，暗地埋伏在山谷中，窥伺官军攻城疲敝了，就从四面八方来援救守城之人，这样官军一定要打败仗。现在希望命令陈许军渡过乾河建立营寨，从寨城起环绕泽州，连接筑成夹城，每天派遣大军在外面布下军阵，用来阻挡从山谷而来的叛贼救兵。叛贼看到围城的官军即将合围，一定会出城作战；等到他们被打败时，然后乘胜就可夺取该城了。"李德裕奏请下诏将这个策略告诉王宰。

高文端又说："固镇寨四周是悬崖绝壁，从地形上看是不能进攻的。然而寨中没有水源，军士都要到山涧中取水饮用，山涧在寨子东南约一里远的地方。应当叫王逢进兵逼近山涧，断绝叛贼的水源，不过三天，叛贼一定会弃寨逃跑，官军即可追击他们。向前去十五里路就到青龙寨，也是四面悬崖绝壁，水源也在寨子外面，可以用上面的办法夺取那个寨子。它的东面十五里就是沁州城了。"李德裕上奏请把这个情况下诏告诉王逢。

高文端又说："都头王钊带领一万军队戍守洺州，刘稹既把薛茂卿全家杀掉了，又杀了邢洺救援兵马使谈朝义兄弟三人，王钊从这时起就对刘稹感到疑虑忧惧。刘稹派使者召唤他，王钊不肯去见他，士卒们都喧闹起来，王钊必定不会为刘稹卖力

军所杀，招之必不肯来。惟有谕意于钊，使引兵入潞州取稹，事成之日，许除别道节度使，仍厚有赐与，庶几肯从。”德裕奏请诏何弘敬潜遣人谕以此意。

（以上为第一段，写泽潞叛军战术被官军破解，大将投降，面临灭亡。）

刘稹年少懦弱，押牙王协、宅内兵马使李士贵用事，专聚货财，府库充溢，而将士有功无赏，由是人心离怨。刘从谏妻裴氏，冕之支孙也，忧稹将败，其弟问，典兵在山东，欲召之使掌军政。士贵恐问至夺己权，且泄其奸状，乃曰：“山东之事仰成于五舅，若召之，是无三州也。”乃止。

王协荐王钊为洺州都知兵马使；钊得众心，而多不遵使府约束，同列高元武、安玉言其有贰心。稹召之，钊辞以“到洺州未立少功，实所惭恨，乞留数月，然后诣府。”许之。

王协请税商人，每州遣军将一人主之，名为税商，实籍编户家赀，至于什器无所遗，皆估为绢匹，十分取其二，率高其估。民竭浮财及糗粮输之，不能充，皆汹汹不安。

军将刘溪尤贪残，刘从谏弃不用；溪厚赂王协，协以邢州富商最多，命溪主之。裴问所将兵号“夜飞”，多富商子弟，溪至，悉拘其父兄；军士诉于问，问为之请，溪不许，以不逊语答之。问怒，密与麾下谋杀溪归国，并告刺史崔嘏，嘏从之。丙子，嘏、问闭城，斩城中大将四人，请降于王元逵。时高元武在党山，闻之，亦降。

先是使府赐洺州军士布，人一端，寻有帖以折冬赐。会税商军将至洺州，王钊因人不安，谓军士曰：“留后年少，政非己出。今仓库充实，足支十年，岂可不少散之以慰劳之士！使帖不可用也。”乃擅开仓库，给士卒人绢一匹，谷十二石，士卒大喜。钊遂闭城请降于何弘敬。安玉在磁州，闻二州降，亦降于弘敬。尧山都知兵马使魏元谈等降于王元逵，元逵以其久不下，皆杀之。

作战。但是王钊和士卒们的家属都在潞州，另外士卒们担心投降后被官军杀害，想要招降他们一定难以做到。只有向王钊暗示，叫他带兵入潞州攻打刘稹，事情成功以后，答应任命他为别道节度使，并且还有优厚的赏赐，大概他会答应的。”李德裕奏请下诏给何弘敬，要他暗地派人把这个打算告知王钊。

刘稹年少懦弱，押牙王协、宅内兵马使李士贵当权掌事，专门聚积财货，府库装满了钱财，而将士虽立了功也得不到赏赐，由于这样人心离散，将士抱怨不已。刘从谏的妻子裴氏，是裴冕的旁支孙女，忧虑刘稹将要失败，她的弟弟裴问领兵在山东驻守，就想召弟弟回来执掌军政大权。李士贵担心裴问回来夺了自己的大权，并且暴露自己所做的坏事，于是说：“山东三州的军政大事全靠五舅支撑，要是把他召回来，那么山东三州就守不住了。”这样就作罢了。

王协推荐王钊为洺州都知兵马使；王钊很得军众的欢心，但是多半不遵守节度使府的有关法令，同王钊共事的高元武、安玉说王钊不是一心忠于刘稹。刘稹召他去潞州，王钊借口说：“到洺州来还没建立一点功劳，实在是有愧的很，请求留几个月，然后再到节度使府去。”刘稹答应了。

王协请求向商人征税，每州派一名军将管理这件事，名义上是向商人征税，实际上是登记平民的家产，以至于什物器具都在登记之列，都估价作为绢匹，十分中取其二分，一般估的价值都比原物价值高。平民把浮财和干粮全部拿出来纳税，还不够数，都恐惧不安。

军将刘溪更加贪婪残暴，刘从谏不任用他；刘溪用厚礼贿赂王协，王协认为邢州富商最多，就要刘溪担任邢州征税之事。裴问所带领的士兵号称“夜飞”，多半是富商的子弟，刘溪到来之后，把他们的父兄都抓起来了；军士向裴问诉说，裴问为他们向刘溪请求放人，刘溪不答应，还用不客气的话回答裴问。裴问大怒，秘密与部下谋划杀掉刘溪归附朝廷，并告诉刺史崔嘏，崔嘏也同意这么办。七月二十五日丙子，崔嘏、裴问关闭城门，斩城中大将四人，向王元逵请求投降。当时高元武在党山，听到了这个消息，也投降了。

先前节度使府赐洺州军士每人一端布，不久，有文帖说用这个当作冬季的赏赐。适逢征收商税的军将到洺州，王钊借着人心的动荡时机，对军士们说：“留后年纪轻，政令不是他本人做出的。现在仓库里财物很多，足足可用十年，难道不可以稍稍拿出一些来以慰劳辛苦的将士吗！节度使府发的文帖不能照办。”于是擅自打开仓库，分给士卒每人绢一匹，谷十二石，士卒大喜。王钊于是关闭城门向何弘敬投降。安玉在磁州，听说邢州、洺州都投降了，也向何弘敬投降。尧山都知兵马使魏元谈等投降王元逵，王元逵认为他们久攻不克，把他们都杀掉了。

八月，辛卯，镇、魏奏邢、洺、磁三州降，宰相入贺。李德裕曰："昭义根本尽在山东，三州降，则上党不日有变矣。"上曰："郭谊必枭刘稹以自赎。"德裕曰："诚如圣料。"上曰："于今所宜先处者何事？"德裕请以卢弘止为三州留后，曰："万一镇、魏请占三州，朝廷难于可否。"上从之。诏山南东道兼昭义节度使卢钧乘驿赴镇。

（以上为第二段，写邢洺磁三州降，泽潞丧失东三州屏障，大门洞开。）

潞人闻三州降，大惧。郭谊、王协谋杀刘稹以自赎；稹再从兄中军使匡周兼押牙，谊患之，言于稹曰："十三郎在牙院，诸将皆莫敢言事，恐为十三郎所疑而获罪，以上失山东。今诚得十三郎不入，则诸将始敢尽言，采于众人，必获长策。"稹召匡周谕之，使称疾不入。匡周怒曰："我在院中，故诸将不敢有异图；我出院，家必灭矣！"稹固请之，匡周不得已，弹指而出。

谊令稹所亲董可武说稹曰："山东之叛，事由五舅，城中人人谁敢相保！留后今欲何如？"稹曰："今城中尚有五万人，且当闭门坚守耳。"可武曰："非良策也。留后不若束身归朝，如张元益，不失作刺史。且以郭谊为留后，俟得节之日，徐奉太夫人及室家金帛归之东都，不亦善乎？"稹曰："谊安肯如是？"可武曰："可武已与之重誓，必不负也。"乃引谊入。稹与之密约既定，乃白其母，母曰："归朝诚为往事，但恨已晚。吾有弟不能保，安能保郭谊！汝自图之！"稹乃素服出门，以母命署谊都知兵马使。王协已戒诸将列于外厅，谊拜谢稹已，出见诸将，稹治装内于厅。李士贵闻之，帅后院兵数千攻谊。谊叱之曰："保不自取赏物，乃欲与李士贵同死乎！"军士乃退，共杀士贵。谊易置将吏，部署军士，一夕俱定。

明日，使董可武入谒稹曰："请议公事。"稹曰："何不言之"可武曰："恐惊太夫人。"乃引稹步出牙门，至北宅，置酒作乐。酒酣，乃言："今日之事欲全太尉一家，须留后自图去就，则朝廷必垂矜闵。"稹曰："如

八月十一日辛卯，镇、魏两节度使奏报说邢、洺、磁三州都投降了，宰相入宫向武宗道贺。李德裕说："昭义的基本力量都在太行山以东，邢、洺、磁三州投降了，那么上党要不了多久定会发生变乱。"武宗说："郭谊一定会杀了刘稹来为自己赎罪。"李德裕说："确实会和圣上预料的一样。"武宗说："现在应当首先处理的是什么事呢？"李德裕请求任命卢弘止为三州留后，并说："万一镇、魏二镇请求占有三州，朝廷将处于两难之中。"武宗应允了。诏令山南东道兼昭义节度使卢钧乘驿站车马赴昭义镇上任。

潞州人听到山东三州投降了，大为恐惧。郭谊和王协谋划杀掉刘稹来为自己赎罪；刘稹的堂兄中军使刘匡周兼任押牙，郭谊认为他不好对付，于是对刘稹说："十三郎在牙院，诸将都不敢向你发表意见，担心被十三郎怀疑而获罪，由于这样丢掉了山东三州。现在要是使十三郎不在牙院，那么诸将就会敢于发表意见，一定会得到好的办法。"刘稹召刘匡周告谕他这一意见，要他借口有病不到牙院来。刘匡周大怒说："我在牙院中，所以诸将才不敢有异图，我退出牙院以后，我们刘家一定要被消灭了！"刘稹坚持请他退出，刘匡周不得已，手指捻得作响，愤愤地离开了节度使府。

郭谊叫刘稹的亲信董可武对刘稹说："山东三州的背叛，这事是由五舅引起的，城中每一个人谁敢担保他不是坏人！留后今后打算怎么办？"刘稹说："现在城里还有五万人，暂且只有闭门坚守而已。"董可武说："这不是好办法。留后不如约束自己归附朝廷，如张元益一样，不失去做节度使的机会。暂时让郭谊担任留后，等他得到了节度使旌节以后，再慢慢奉送太夫人和家室及金银财帛回到东都去，不是很好吗？"刘稹说："郭谊怎么会愿意这样做呢？"董可武说："我已经和他郑重立了誓言，他一定不会背负的。"于是把郭谊带了进来。刘稹与郭谊把密约商量确定以后，告诉他母亲，他母亲说："归附朝廷诚然是一件好事，但是遗憾的是已经太晚了。我的弟弟都不能保证他无二心，哪里能够保证郭谊！你自己去想办法吧！"刘稹就穿着素色衣服出去，用母亲的名义任命郭谊为都知兵马使。王协已经告诉诸将排列在外厅，郭谊拜谢刘稹以后，出外会见诸将，刘稹在内厅准备行装。李士贵听到这件事，带领后院的数千士兵进攻郭谊。郭谊斥责他们说："为什么不自己去夺取赏赐的财物，而想和李士贵一同去死吗！"军士于是退走，一起把李士贵杀了。郭谊调换了许多将吏的职位，重新部署了军士，一个晚上就安定了秩序。

第二天，郭谊派董可武入见刘稹时说："请去商量公事。"刘稹说："何不就在这里说？"董可武说："担心惊吓了太夫人。"于是带领刘稹步行出牙门，到达北宅，设置酒宴和音乐。正当痛饮的时候，董可武说："今天要做的事是保全太尉一家，须

所言，稹之心也。”可武遂前执其手，崔玄度自后斩之，因收稹宗族，匡周以下至襁褓中子皆杀之。又杀刘从谏父子所厚善者张谷、陈扬庭、李仲京、郭台、王羽、韩茂章、茂实、王渥、贾庠等凡十二家，并其子侄甥婿无遗。仲京，训之兄；台，行余之子；羽，涯之从孙；茂章、茂实，约之子；渥，璠之子；庠，悚之子也。甘露之乱，仲京等亡归从谏，从谏抚养之。凡军中有小嫌者，谊日有所诛，流血成泥。乃函稹首，遣使奉表及书，降于王宰。首过泽州，刘公直举营恸哭，亦降于宰。

（以上为第三段，写泽潞大将郭谊、王协卖主求荣，杀刘稹投降。）

乙未，宰以状闻。丙申，宰相入贺。李德裕奏：“今不须复置邢、洺、磁留后，但遣卢弘止宣慰三州及成德、魏博两道。”上曰：“郭谊宜如何处之？”德裕曰：“刘稹騃孺子耳，阻兵拒军，皆谊为之谋主；及势孤力屈，又卖稹以求赏。此而不诛，何以惩恶！宜及诸军在境，并谊等诛之！”上曰：“朕意亦以为然。”乃诏石雄将七千人入潞州，以应谣言。杜悰以馈运不给，谓谊等可赦，上熟视不应。德裕曰：“今春泽潞未平，太原复扰，自非圣断坚定，二寇何由可平！外议以为若在先朝，赦之久矣。”上曰：“卿不知文宗心地不与卿合，安能议乎！”罢卢钧山南东道，专为昭义节义使。

戊戌，刘稹传首至京师。诏：“昭义五州给复一年，军行所过州县免今年秋税。昭义自刘从谏以来，横增赋敛，悉从蠲免。所籍土团并纵遣归农。诸道将士有功者，等级加赏。”

郭谊既杀刘稹，日望旌节；既久不闻问，乃曰：“必移他镇。”于是阅鞍马，治行装；及闻石雄将至，惧失色。雄至，谊等参贺毕，敕使张仲清曰：“郭都知告身来日当至；诸高班告身在此，晚牙来受之！”乃以河中兵环毬场，晚牙，谊等至，唱名引入，凡诸将桀黠拒官军者，悉执送京师。加何弘敬同平章事。丁未，诏发刘从谏尸，暴于潞州市三日；石雄取其尸置毬场斩锉之。

要留后自己去找一个安身的地方，那么朝廷一定会怜悯爱惜的。”刘稹说：“像你那么说，是合乎我的心愿的。”董可武就向前握住他的手，崔玄度从后面杀了他，随即收捕刘稹的宗族，从刘匡周以下到尚在襁褓中的幼儿都被杀死。又杀了和刘从谏父子友善的张谷、陈扬庭、李仲京、郭台、王羽、韩茂章、韩茂实、王渥、贾庠等共十二家，以及他们的子侄甥婿等一个也不遗漏。李仲京是李训的哥哥；郭台是郭行余的儿子；王羽是王涯的侄孙；韩茂章、韩茂实是韩约的儿子；王渥是王璠的儿子；贾庠是贾餗的儿子。甘露之变以后，李仲京等人逃到刘从谏那里，刘从谏抚慰收留了他们。凡是军队里稍有嫌疑的人，郭谊每天都要杀掉一些，流血像泥浆一样多。郭谊把刘稹的头装好，派使者拿着奏表和书信，向王宰投降了。刘稹首级经过泽州时，刘公直全军营的人都痛哭，也向王宰投降了。

八月十五日乙未，王宰奏报郭谊投降等事。八月十六日丙申，宰相入朝向武宗祝贺。李德裕上奏说：“现在不需要再设置邢、洺、磁留后官了，只派遣卢弘止宣慰三州和成德、魏博两个道。”武宗说：“郭谊应当如何处置？”李德裕说：“刘稹不过是一个痴小子而已，出兵抗拒朝命，都是郭谊充当主谋；等到刘稹势力孤单的时候，又出卖刘稹以求得到奖赏。对于这种人不杀掉的话，又如何惩戒恶人！应当趁各路军队还在潞州境内，把郭谊等一起杀掉！”武宗说：“朕也认为应该这么办。”于是诏令石雄带领七千人进入潞州，以应合谣传的话。杜悰认为粮饷运输跟不上，说是可以赦免郭谊等人的罪行，武宗只注视着他不作回答。李德裕说：“今年春泽潞尚未平定，太原又发生扰乱，如果不是圣上的决断坚定，两处寇乱怎么能平定呢！外面有议论说，要是发生在先朝，早就赦免他们了。”武宗说：“你不知道文宗的想法和你不一样，哪里能这样议论！”免去卢钧山南东道的职务，专门担任昭义节度使。

八月十八日戊戌，刘稹的首级被运到了京师。武宗下诏：“昭义所辖的五个州免除一年的赋税，军队所经过的州县今年只征收秋税。昭义地方从刘从谏以来额外增加的赋税，一概都免除。所有登记在册的当地团兵全部遣散回乡务农。各道参加讨伐的将士立了功的，按等级给予奖赏。”

郭谊杀了刘稹以后，每天都在盼望任命为节度使的旌节；却好久没有消息，郭谊就说：“一定是要调到其他镇去。”于是检视鞍马，准备行装；等到听说石雄到来，大惊失色。石雄到达，郭谊等参见拜贺完以后，敕使张仲清说：“郭都知的告身改日就会到；各位高班的告身就在这里，晚上牙门集会时来领回去。”于是派河中镇的军队环绕毬场，到傍晚集合时，郭谊等回来，喊着名字把人带进去，凡是桀骜狡黠抗拒官军的将领，都抓起来送去京师。加给何弘敬同平章事的官衔。八月二十七日丁未，下诏发掘出刘从谏的尸体，在潞州市场上摆了三天；石雄把尸体拿来放在毬场

戊申，加李德裕太尉、赵国公，德裕固辞。上曰：“恨无官赏卿耳！卿若不应得，朕至不与卿。”

初，李德裕以“韩全义以来，将帅出征屡败，其弊有三：一者，诏令下军前，日有三四，宰相多不预闻。二者，监军各以意见指挥军事，将帅不得专进退。三者，每军各有宦者为监使，悉选军中骁勇数百为牙队，其在陈战斗者，皆怯弱之士；每战，监使自有信旗，乘高立马，以牙队自卫，视军势小却，辄引旗先走，陈从而溃”。德裕乃与枢密使杨钦义、刘行深议，约敕监军不得预军政，每兵千人听监使取十人自卫，有功随例沾赏。二枢密皆以为然，白上行之。自御回鹘至泽潞罢兵，皆守此制。自非中书进诏意，更无他诏自中出者。号令既简，将帅得以施其谋略，故所向有功。

自用兵以来，河北三镇每遣使者至京师，李德裕常面谕之曰：“河朔兵力虽强，不能自立，须藉朝廷官爵威命以安军情。归语汝使：与其使大将邀宣慰敕使以求官爵，何如自奋忠义，立功立事，结知明主，使恩出朝廷，不亦荣乎！且以耳目所及者言之，李载义在幽州，为国家尽忠平沧景，及为军中所逐，不失作节度使，后镇太原，位至宰相。杨志诚遣大将遮敕使马求官，及为军中所逐，朝廷竟不赦其罪。此二人祸福足以观矣。”德裕复以其言白上，上曰：“要当如此明告之。”由是三镇不敢有异志。

（以上为第四段，写李德裕调度有方，策略得当，军事政治双管齐下，为讨平泽潞立了首功。）

九月，诏以泽州隶河阳节度。

丁巳，卢钧入潞州。钧素宽厚爱人，刘稹未平，钧已领昭义节度，襄州士卒在行营者，与潞人战，常对陈扬钧之美。及赴镇，入天井关，昭义散卒归之者，钧皆厚抚之，人情大洽，昭义遂安。

刘稹将郭谊、王协、刘公直、安全庆、李道德、李佐尧、刘武德、

中剁碎了。

八月二十八日戊申，加封李德裕为太尉、赵国公官爵，李德裕坚决推辞。武宗说："遗憾的是没有官职可以奖赏了！你要是不应该获得，朕决不会给你的。"

原先，李德裕认为："自从德宗时韩全义讨伐吴少诚以来，将帅领兵出征时屡次失败，究其原因，有三个方面的弊病：第一，向军队下发诏令，一天有三四道，宰相多半不参与拟定。第二，监军各人根据自己的意见指挥军事，将帅执掌不了军队进退的权柄。第三，每军都设置由宦官担任的监使，他们在军队中挑选几百名骁勇的军士为牙队，而留在阵地上作战的人，多是胆小懦弱的士兵；每次开战，监使执着信旗，站在高处的马背上，由牙队保卫着自己，看到军队稍有后退，立即就打着信旗先跑了，军阵随之也就溃散了。"李德裕于是和枢密使杨钦义、刘行深商议，约束监军不得干预军事行动，在每一千个士兵中听任监使选取十人为卫士，有功劳时按规定给以奖赏。两位枢密使都认为应该这样办，于是报告武宗后就切实执行。从抵御回鹘开始到泽潞打仗结束，都执行了这个制度。如果不是中书省进呈的有关内容的诏旨，就没有其他诏书从宫中发出。号令简要，将帅就能够施展他们的谋略，所以指向哪里，都能取得成功。

自从用兵作战以来，河北三镇每次派使者到京师来，李德裕常常当面晓谕他们说："河朔地方兵力虽强大，但不能独立自主，必须靠朝廷官爵威仪才能使军情安定。回去告诉你们的节度使：与其派遣大将请求宣慰敕使以求官爵，何不自己用忠义之心，建立功业，为明主所信任，使授官爵的恩惠由朝廷发出，这不是很光荣吗！就从所见所闻的事例来说，李载义任幽州节度使，为国家尽忠平定沧景之乱，等到被军队赶走时，仍旧担任节度使官职，后来镇守太原，官位达到了宰相。杨志诚派遣大将拦着敕使的马求官，等到被军队士兵赶走后，朝廷终究没有赦免他的罪行。从这两个人的祸福情况就足以得到启示了。"李德裕又将这些话向武宗说了，武宗说："应当这样明白地告诉他们。"由于这样，河北三镇就不敢有异志了。

九月，下诏把泽州划归河阳节度使管辖。

九月初七丁巳，卢钧到达潞州。卢钧向来宽厚爱护士众，刘稹还没有平定的时候，卢钧已经兼任昭义节度使。襄州带来的士卒在行营的人，与潞州兵打仗的时候，常常在阵地上宣扬卢钧的美德。等到去昭义镇上任，通过天井关，昭义军流散士卒归附卢钧的，卢钧都用优厚的待遇收留他们，人们的心情都很安定，昭义就安定下来了。

刘稹属下的将领郭谊、王协、刘公直、安全庆、李道德、刘佐尧、刘武德、董

董可武等至京师，皆斩之。

臣光曰：董重质之在淮西，郭谊之在昭义，吴元济、刘稹，如木偶人在伎儿之手耳。彼二人始则劝人为乱，终则卖主规利，其死固有余罪。然宪宗用之于前，武宗诛之于后，臣愚以为皆失之。何则？赏奸，非义也；杀降，非信也。失义与信，何以为国！昔汉光武待王郎、刘盆子止于不死，知其非力竭则不降故也。樊崇、徐宣、王元、牛邯之徒，岂非助乱之人乎？而光武不杀，盖以既受其降，则不可复诛故也。若既赦而复逃亡叛乱，则其死固无辞矣！如谊等，免死流之远方，没齿不还，可矣；杀之，非也！

（以上为第五段，写卖主求荣的泽潞叛将被斩，司马光评论认为朝廷处置失宜，赏奸、杀降丧失信义。）

王羽、贾庠等已为谊所杀，李德裕复下诏称：“逆贼王涯、贾悚等已就昭义诛其子孙”，宣告中外，识者非之。刘从谏妻裴氏亦赐死；又令昭义降将李丕、高文瑞、王钊等疏昭义将士与刘稹同恶者，悉诛之，死者甚众。卢钧疑其枉滥，奏请宽之，不从。

昭义属城有尝无礼于王元逵者，元逵推求得二十余人，斩之；余众惧，复闭城自守。戊辰，李德裕等奏：“寇孽既平，尽为国家城镇，岂可令元逵穷兵攻讨！望遣中使赐城内将士敕，招安之，仍诏元逵引兵归镇，并诏卢钧自遣使安抚。”从之。

乙亥，李德裕等请上尊号，且言：“自古帝王，成大功必告天地；又，宣懿太后祔庙，陛下未尝亲谒。”上瞿然曰：“郊庙之礼，诚宜亟行，至于徽称，非所敢当！”凡五上表，乃许之。

李德裕奏：“据幽州奏事官言：诇知回鹘上下离心，可汗欲之安西，其部落言亲戚皆在唐，不如归唐；又与室韦已相失，计其不日来降，或自相残灭。望遣识事中使赐仲武诏，谕以镇、魏已平昭义，惟回鹘未灭，仲武犹带北面招讨使，宜早思立功。”

李德裕怨太子太傅，东都留守牛僧孺、湖州刺史李宗闵，言于上曰：

可武等被押到京师，都被斩首。

臣司马光评论说：董重质在淮西、郭谊在昭义叛乱的时候，吴元济、刘稹就像演戏人手中的木偶一样。他们两个人开始时劝说主人作乱，最后又出卖主人为自己寻求利益，他们的死固然是死有余辜。然而在宪宗时董重质被重用，在武宗时郭谊却被诛杀，臣的愚见认为这两者都做得不对。为什么呢？奖赏奸人是不义的，杀害降者是不讲信用。把信义都丢掉，怎么能治理好国家！从前汉光武帝对待王郎、刘盆子的投降，只是答应不杀他们，这是由于了解他们不是在势穷力尽的时候是不会投降的缘故。樊崇、徐宣、王元、牛邯那班人，难道不是帮助作乱的人吗？但是汉光武帝没有杀死他们，那是认为既然接受了他们投降，就不应当又杀了他们的缘故。要是已经赦免他们一死之后又逃亡叛乱，那么处死他们就没有话可说了！像郭谊等人，不杀他们而流放到边远的地方去，到老都不许回乡，就可以了；杀掉他们，是不对的！

王羽、贾庠等人已经被郭谊杀了，李德裕又通过武宗下诏说："逆贼王涯、贾餗等人的子孙投靠在昭义的也已被诛杀。"宣告朝廷内外，有见识的人觉得李德裕这样做不对。刘从谏的妻子裴氏也被处死；又叫昭义降将李丕、高文端、王钊等人上疏把昭义将士中和刘稹一起干坏事的人列举出来，都杀掉，死亡的人很多。卢钧怀疑其中有过分或被冤枉的人，上奏请求宽大一些，武宗不同意。

昭义所属城市中曾有对王元逵无礼的，王元逵追查出有二十多人，把他们杀了；其他的人感到恐惧，又关闭城门自我保卫。九月十八日戊辰，李德裕等上奏说："贼寇既然平定了，都是国家的城镇，怎么能让王元逵用兵力去攻讨它！希望派遣中使给城内将士一道敕令，招安他们，诏令王元逵带领军队回到本镇去，同时诏令卢钧派遣使者安抚人心。"武宗答应了。

九月二十五日乙亥，李德裕等请求给武宗上尊号，并且说："从古以来的帝王，有大的功业时一定祭告天地；另外，宣懿太后神主入祖庙祭祀，陛下未曾亲自去拜谒。"武宗惊愕地说："到祖庙去祭祀的典礼，实在应当赶快举行，至于加美称，不是我敢接受的！"共上了五次奏表，才答应接受尊号。

李德裕上奏说："据幽州奏事官说：探听到回鹘上下离心，可汗想往安西跑，他的部落中有人说，亲戚都在唐朝，不如归附唐朝为好；同时他们与室韦不和，预料他们不久就会来投降，或者内部自相残杀以致消灭。希望派遣有见识的中使赐张仲武诏书，告诉他镇州、魏博两节度使已平定了昭义叛乱，现在只有回鹘尚未消灭，仲武还带着北面招讨使的官衔，应当早些谋划建立功业。"

李德裕怨恨太子太傅、东都留守牛僧孺，湖州刺史李宗闵，对武宗说："刘从谏

“刘从谏据上党十年，太和中入朝，僧孺、宗闵执政，不留之，加宰相纵去，以成今日之患，竭天下力乃能取之，皆二人之罪也。”德裕又使人于潞州求僧孺、宗闵与从谏交通书疏，无所得，乃令孔目官郑庆言从谏每得僧孺、宗闵书疏，皆自焚毁。诏追庆下御史台按问，中丞李回、知杂郑亚以为信然。河南少尹吕述与德裕书，言稹破报至，僧孺出声叹恨。德裕奏述书，上大怒，以僧孺为太子少保、分司，宗闵为漳州刺史；戊子，再贬僧孺汀州刺史，宗闵漳州长史。

上幸鄠校猎。

十一月，复贬牛僧孺循州长史，宗闵长流封州。

十二月，以忠武节度使王宰为河东节度使，河中节度使石雄为河阳节度使。

上幸云阳校猎。

（以上为第六段，写李德裕报复旧恨，一贬再贬牛僧孺、李宗闵。此牛李党争第五回合。）

五年（乙丑，845年）

春，正月，己酉朔，群臣上尊号曰仁圣文武章天成功神德明道大孝皇帝，尊号始无“道”字，中旨令加之。庚戌，上谒太庙；辛亥，祀昊天上帝，赦天下。

筑望仙台于南郊。

庚申，义安太后王氏崩。

以秘书监卢弘宣为义武节度使。弘宣性宽厚而难犯，为政简易，其下便之。河北之法，军中偶语者斩，弘宣至，除其法。诏赐粟三十万斛，在飞狐西，计运致之费逾于粟价，弘宣遣吏守之。会春旱，弘宣命军民随意自往取之，粟皆入境，约秋稔偿之。时成德、魏博皆饥，独易定之境无害。

淮南节度使李绅按江都令吴湘盗用程粮钱，强娶所部百姓颜悦女，估其资装为赃，罪当死。湘，武陵之兄子也，李德裕素恶武陵。议者多言其冤，谏官请覆按，诏遣监察御史崔元藻、李稠覆之。还言：“湘盗程

据有上党十年之久，太和年间回到了京城，当时是牛僧孺、李宗闵担任宰相，没有把刘从谏留下来，还加给他宰相官衔，放他回去了，以致造成今天这样的大祸乱，竭尽了国家的力量才取得了胜利，这都是牛、李二人的罪过。”李德裕又派人去潞州搜求牛僧孺、李宗闵和刘从谏交往的书信文稿，没有得到什么，就要孔目官郑庆说，刘从谏每次收到牛僧孺、李宗闵的书信文稿，都自己烧掉了。下诏把郑庆交给御史台审问，御史中丞李回、知杂郑亚认为真有那么回事。河南少尹吕述给李德裕写信，说是刘稹被攻破的消息传来时，牛僧孺发出哀叹的声音。李德裕把吕述的信也奏上武宗，武宗大怒，贬牛僧孺为太子少保、分司东都，李宗闵为漳州刺史；十月［十九日戊子］，再贬牛僧孺为汀州刺史，李宗闵为漳州长史。

武宗到鄠县狩猎。

十一月，又贬牛僧孺为边远地循州长史，流放李宗闵到封州。

十二月，改任忠武节度使王宰为河东节度使，河中节度使石雄为河阳节度使。

武宗到云阳狩猎。

唐武宗会昌五年（乙丑，845 年）

春季，正月初一日己酉，群臣给武宗献上尊号，称仁圣文武章天成功神德明道大孝皇帝，尊号中原来没有“道”字，宫中有旨意加上“道”字。正月初二日庚戌，武宗到太庙拜谒；正月初三日辛亥，祭祀昊天上帝，大赦天下。

在京城南郊修筑望仙台。

正月十二日庚申，义安太后王氏去世。

任命秘书监卢弘宣为义武节度使。卢弘宣性情宽厚，不好冒犯，处理政事简便易行，他的下属感到很方便。河北地区有一条法规，军士中有聚众私语的就要被处死；卢弘宣到那里以后，在他的管辖范围内去掉了这条法规。朝廷诏令赐该道粟三十万斛，但粮食存放在飞狐以西的地方，计算起来运到本镇的费用比粟的价钱还高，卢弘宣就派官吏看守着。遇上这年发生春旱，卢弘宣命令军民随意自己去取用，粟米都运回本道了，规定秋天丰收以后归还官府。当时成德、魏博两镇都闹饥荒，只有易定镇没有受到损害。

淮南节度使李绅查到江都县令吴湘盗窃了专用于官吏出差补助的钱粮，又强迫迎娶他辖区内百姓颜悦的女儿为妻，估价他的资产和衣装是赃物，罪状该是死罪。吴湘是吴武陵哥哥的儿子，李德裕向来就仇恨吴武陵。议论的人多半说吴湘蒙受了

粮钱有实；颜悦本衢州人，尝为青州牙推，妻亦士族，与前狱异。”德裕以为无与夺，二月，贬元藻端州司户，稠汀州司户。不复更推，亦不付法司详断，即如绅奏，处湘死。谏议大夫柳仲郢、敬晦皆上疏争之，不纳。稠，晋江人；晦，昕之弟也。

李德裕以柳仲郢为京兆尹；素与牛僧孺善，谢德裕曰：“不意太尉恩奖及此，仰报厚德，敢不如奇章公门馆！”德裕不以为嫌。

夏，四月，壬寅，以陕虢观察使李拭为册黠戛斯可汗使。

五月，壬戌，葬恭僖皇后于光陵柏城之外。

门下侍郎、同平章事杜悰罢为右仆射，中书侍郎、同平章事崔铉罢为户部尚书。乙丑，以户部侍郎李回为中书侍郎、同平章事，判户部如故。

祠部奏括天下寺四千六百，兰若四万，僧尼二十六万五百。

诏册黠戛斯可汗为宗英雄武诚明可汗。

秋，七月，丙午朔，日有食之。

上恶僧尼耗蠹天下，欲去之，道士赵归真等复劝之；乃先毁山野招提、兰若，敕上都、东都两街各留二寺，每寺留僧三十人；天下节度、观察使治所及同、华、商、汝州各留一寺，分为三等：上等留僧二十人，中等留十人，下等五人。余僧及尼并大秦穆护、祆僧皆勒归俗。寺非应留者，立期令所在毁撤，仍遣御史分道督之。财货田产并没官，寺材以葺公廨驿舍，铜像、钟磬以铸钱。

以山南东道节度使郑肃检校右仆射、同平章事。

诏发昭义骑兵五百、步兵千五百戍振武，节度使卢钧出至裴村饯之；潞卒素骄，惮于远戍，乘醉，回旗入城，闭门大噪，钧奔潞城以避之。监军王惟直自出晓谕，乱兵击之，伤，旬日而卒。李德裕奏：“请诏河东节度使王宰以步骑一千守石会关，三千自仪州路据武安，以断邢、洺之路；又令河阳节度使石雄引兵守泽州，河中节度使韦恭甫发步骑千人戍晋州。如此，贼必无能为。”皆从之。

冤枉，谏官请求复查，朝廷下诏派监察御史崔元藻、李稠二人来复查这个案子。他们回朝说："吴湘盗用程粮钱是实有其事；关于强娶民女，颜悦本来是衢州人，曾担任过青州牙推官职，妻子也出身士族，这些与以前所讲的不同。"李德裕认为他们的复查没判别是非，二月，贬谪崔元藻为端州司户，李稠为汀州司户。对吴湘也不再调查，也不交给有关司法部门重新审理决断，就按照李绅上奏的意见，把吴湘处死。谏议大夫柳仲郢、敬晦都上奏疏抗争这个案子，未被采纳。李稠是晋江人；敬晦是敬昕的弟弟。

李德裕任命柳仲郢为京兆尹；柳仲郢向来和牛僧孺友善，他向李德裕感谢时说："想不到太尉恩奖我到这个样子，为了报答你的大恩大德，怎敢不和在奇章公牛家门馆时一样侍奉你！"李德裕并不嫌忌他说这种话。

夏季，四月二十六日壬寅，任命陕虢观察使李拭为册封黠戛斯可汗使。

五月十六日壬戌，武宗在光陵柏城的外边安葬了唐穆宗恭僖皇后。

门下侍郎、同平章事杜悰被降职为右仆射，中书侍郎、同平章事崔铉被降职为户部尚书。五月十九日乙丑，任命户部侍郎李回为中书侍郎、同平章事，仍兼任户部职务。

祠部奏报说全国总计有寺四千六百个，佛寺四万个，僧尼二十六万零五百人。

诏令册封黠戛斯可汗为宗英雄武诚明可汗。

秋季，七月初一日丙午，发生日食。

武宗憎恨和尚尼姑如蠹虫一样耗费国家财物，想除掉他们，道士赵归真等人又劝说武宗这样做；于是先毁掉山野的招提、兰若一类寺院，至是，敕令上都、东都两街各留两所寺院，每寺留下三十名僧人；全国节度观察使治所以及同、华、商、汝等州各留一所寺院，寺又分三等：上等寺留僧二十人，中等寺留十人，下等寺留五人。其余的和尚和尼姑以及大秦传来祆教的穆护僧众等都勒令还俗。寺庙不应保留的，规定日期限令该地拆毁，还要派遣御史分别到各道去监督执行。财货田户都由官府没收，寺庙建筑材料用来修建公用房舍和驿站房屋，铜像钟磬等用来铸造钱币。

任命山南东道节度使郑肃为检校右仆射、同平章事。

朝廷下诏令征调昭义镇骑兵五百名、步兵一千五百名去戍守振武镇，节度使卢钧出城到裴村去为他们饯行。潞州士卒本来就很娇宠，对到边远地方去戍守感到畏难，乘着酒醉，打着旗子回到城内，关上城门喧闹起来，卢钧跑去潞城县暂时躲避。监军王惟直亲自出面告诫他们，遭到乱兵攻打，负了伤，十天就死了。李德裕上奏说："请诏令河东节度使王宰派步骑一千人守石会关，派三千人从仪州路出发去据守武安县，以截断邢、洺二州到潞州的道路；另外令河阳节度使石雄带兵驻守泽

八月，李德裕等奏："东都九庙神主二十六，今贮于太微宫小屋，请以废寺材复修太庙。"

壬午，诏陈释教之弊，宣告中外。凡天下所毁寺四千六百余区，归俗僧尼二十六万五百人，大秦穆护、祆僧二千余人，毁招提、兰若四万余区。收良田数千万顷，奴婢十五万人。所留僧皆隶主客，不隶祠部。百官奉表称贺。寻又诏东都止留僧二十人，诸道留二十人者减其半，留十人者减三人，留五人者更不留。

五台僧多亡奔幽州。李德裕召进奏官谓曰："汝趣白本使，五台僧为将必不如幽州将，为卒必不如幽州卒，何为虚取容纳之名，染于人口！独不见近日刘从谏招聚无算闲人，竟有何益！"张仲武乃封二刀付居庸关曰："有游僧入境则斩之。"

主客郎中韦博以为事不宜太过，李德裕恶之，出为灵武节度副使。

（以上为第七段，写唐武宗灭佛。）

昭义乱兵奉都将李文矩为帅；文矩不从，乱兵亦不敢害。文矩稍以祸福谕之，乱兵渐听命，乃遣人谢卢钧于潞城。钧还入上党，复遣之戍振武；行一驿，乃潜选兵追之；明日，及于太平驿，尽杀之。具以状闻，且请罢河东、河阳兵在境上者，从之。

九月，诏修东都太庙。

李德裕请置备边库，令户部岁入钱帛十二万缗匹，度支盐铁岁入钱帛十二万缗匹，明年减其三之一，凡诸道所进助军财货皆入焉，以度支郎中判之。

王才人宠冠后庭，上欲立以为后；李德裕以才人寒族，且无子，恐不厌天下之望，乃止。

上饵方士金丹，性加躁急，喜怒不常。冬，十月，上问李德裕以外事，对曰："陛下威断不测，外人颇惊惧。向者星寇逆暴横，固宜以威制之；今天下既平，愿陛下以宽理之，但使得罪者无怨，为善者不惊，则为宽矣。"

州，河中节度使韦恭甫调派步骑一千人戍守晋州。这样一来，叛贼一定不能有什么作为。”武宗都依从了。

八月，李德裕等上奏：“东都九庙二十六尊神主，现在还存放在太微宫的小屋内，请求用废弃寺院的建筑材料重修太庙。”

八月初七日壬午，在诏令中陈述释教的各种弊端，宣告中外。在全国共拆毁寺庙四千六百多处，还俗的僧尼有二十六万零五百人，大秦穆护、祆僧两千多人，毁掉招提、兰若四万多处。国家没收良田数千万顷，奴婢十五万人。凡是允许留下的僧侣都隶属主客郎中管理，不再隶属祠部。百官都上表称贺。不久，又诏令东都只留僧侣二十人，各道原规定留二十人的减少一半，留十人的减少三人，留五人的全部不留了。

五台山的僧侣多数向幽州逃去。李德裕召来幽州进奏官，对他说：“你赶快告诉你们的节度使，五台山和尚当将领一定不如幽州的将领，当兵卒一定比不上幽州的兵卒，为什么要一个收容他们的虚名，让人们作为口实！难道看不见不久前刘从谏招募不少闲杂人员，结果没什么好处！”张仲武于是封装了两把刀交给居庸关的守将说：“如有游僧入境，就杀了他。”

主客郎中韦博认为毁佛的事不宜做得太过分，李德裕讨厌他，贬谪他为灵武节度副使。

昭义军的乱兵推举都将李文矩为统帅；李文矩不答应，乱兵也不敢杀害他。李文矩于是用利害关系教导他们，乱兵慢慢听从命令了，就派人到潞城向卢钧谢罪。卢钧回到上党城，还是派遣那些人到振武去戍边；在他们走了一站路之后，就暗地选派一支军队追赶他们；第二天，在太平驿追上了，把他们全部杀掉。卢钧把详细情况报告朝廷，并且请求撤去在境上的河东、河阳驻军，武宗同意了。

九月，下诏修建东都的太庙。

李德裕请求设置边库，命令户部每年存入钱十二万缗，帛十二万匹，度支和盐铁两处每年存入钱十二万缗，帛十二万匹，第二年减少三分之一，凡是各道所进奉的助军财货都存放进去，划归度支郎中兼管。

王才人在后庭中最得宠幸，武宗想把她立为皇后；李德裕认为王才人出身贫寒人家，又未生儿子，担心不合天下人的希望，于是作罢。

武宗服食了方士的金丹，性情日益暴躁，喜怒无常。冬季，十月，武宗向李德裕询问外间有些什么议论，李德裕回答说：“陛下裁决事务威严果断，高深莫测，外面的人们很是感到惊惧。过去寇盗叛逆之人横暴，固然应当用威力制裁他们；现在国家已经安定了，希望陛下用宽惠的办法来治理，只要使犯罪的人没有怨言，做善

以衡山道士刘玄静为银青光禄大夫、崇玄馆学士，赐号广成先生，为之治崇玄馆，置吏铸印。玄静固辞，乞还山，许之。

李德裕秉政日久，好徇爱憎，人多怨之。自杜悰、崔铉罢相，宦官左右言其太专，上亦不悦。给事中韦弘质上疏，言宰相权重，不应更领三司钱谷。德裕奏称："制置职业，人主之柄。弘质受人教导，所谓贱人图柄臣，非所宜言。"十二月，弘质坐贬官，由是众怒愈甚。

上自秋冬以来，觉有疾，而道士以为换骨。上秘其事，外人但怪上希复游猎，宰相奏事者亦不敢久留。诏罢来年正旦朝会。

吐蕃论恐热复纠合诸部击尚婢婢，婢婢遣庞结藏将兵五千拒之，恐热大败，与数十骑遁去。婢婢传檄河、湟，数恐热残虐之罪曰："汝辈本唐人，吐蕃无主，则相与归唐，毋为恐热所猎如狐兔也！"于是诸部从恐热者稍稍引去。

是岁，天下户四百九十五万五千一百五十一。

朝廷虽为党项置使，党项侵盗不已，攻陷邠、宁、盐州界城堡，屯叱利寨。宰相请遣使宣慰；上决意讨之。

（以上为第八段，写李德裕骄恣树敌，唐武宗求仙服食金丹。）

六年（丙寅，846年）

春，二月，庚辰，以夏州节度使米暨为东北道招讨党项使。

上疾久未平，以为汉火德，改"洛"为"雒"；唐土德，不可以王气胜君名，三月，下诏改名炎。

上自正月乙卯不视朝，宰相请见，不许；中外忧惧。

初，宪宗纳李锜妾郑氏，生光王怡。怡幼时，宫中皆以为不慧，太和以后，益自韬匿，群居游处，未尝发言。文宗幸十六宅宴集，好诱其言以为戏笑，上性豪迈，尤所不礼。及上疾笃，旬日不能言。诸宦官密于禁中定策，辛酉，下诏称："皇子冲幼，须选贤德，光王怡可立为皇太叔，更名忱，应军国政事令权句当。"太叔见百官，哀戚满容；裁决庶

事的人不受惊吓，就是宽惠之政了。”

任命衡山道士刘玄静为银青光禄大夫、崇玄馆学士，赐号称广成先生，并为他修治崇玄馆，设置属吏，铸造印玺。刘玄静坚决辞官，请求回山，武宗答应了。

李德裕掌握政权的时间长了，喜欢凭爱憎办事，有很多人怨恨他。自从杜悰、崔铉被免去宰相以后，在武宗左右的宦官说李德裕太专权了，武宗也厌恶了李德裕。给事中韦弘质上奏疏，说宰相的权力过重，不应该兼管三司的钱谷之事。李德裕上奏称：“制定或设置官职，是皇上的权力。韦弘质是受到他人的教唆和引导这么说的，所谓低贱的人企图损害掌权的大臣以扰乱国家，这不是他应该说的话。”十二月，韦弘质因而被贬官，这样一来，人们更加怨恨李德裕。

武宗从秋冬以来，感觉有病，而道士认为是换骨。武宗把这件事保密，外面的人只是看到武宗很少外出游猎而奇怪，宰相奏事时也不敢停留太久。诏令取消来年正月元旦的朝会。

吐蕃论恐热又纠合诸部进攻尚婢婢，尚婢婢派遣庞结藏带领五千兵抵抗他，论恐热被打得大败，和数十骑逃走了。尚婢婢在河、湟两地发檄文，文中历数论恐热残虐的罪行，并说：“你们这些人本是唐朝人，现在吐蕃没有君主，就应当一起回到唐朝去，不要被论恐热所控制，如狐狸兔子一样！”于是各部落原来跟随论恐热的人渐渐离开了他。

这一年，全国有四百九十五万五千一百五十一户。

朝廷虽然为了招抚党项设置了使节，但是党项还是侵盗不止，攻陷了邠、宁、盐州边界的城堡，驻屯在叱利寨。宰相请求派遣使者宣抚慰问；武宗决定讨伐他们。

唐武宗会昌六年（丙寅，846年）

春季，二月初九日庚辰，任命夏州节度使米暨为东北道招讨党项使。

武宗的病久未平复，以为汉朝是火德，不使水克火，就改“洛阳”为“雒阳”；唐朝是土德，不可让王气胜过君主的名字，三月下诏改名为“炎”。

武宗从正月初三日乙卯就不上朝视事了，宰相请求接见，也不答应。朝廷内外都为之担忧。

过去宪宗将李锜的妾郑氏收入宫中，生下光王李怡。李怡小的时候，宫中的人都认为他不聪慧，从太和年间以后，更加隐晦藏匿，和他人一起居住游玩时，没有讲过什么话。文宗到十六宅去参加宴会时，喜欢逗光王发言取乐，号称光叔。武宗性情豪迈，更是对光王不讲礼节。等到武宗病危时，十天都不能说话了。那些宦官慢慢在禁中定下计谋，正月二十日辛酉，有诏令说：“皇子年幼，须要选择贤德的人

务，咸当于理，人始知有隐德焉。

甲子，上崩。以李德裕摄冢宰。丁卯，宣宗即位。宣宗素恶李德裕之专，即位之日，德裕奉册；既罢，谓左右曰："适近我者非太尉邪？每顾我，使我毛发洒淅。"夏，四月，辛未朔，上始听政。

尊母郑氏为皇太后。

壬申，以门下侍郎、同平章政事李德裕同平章事，充荆南节度使。德裕秉权日久，位重有功，众不谓其遽罢，闻之莫不惊骇。甲戌，贬工部尚书、判盐铁转运使薛元赏为忠州刺史，弟京兆少尹、权知府事元龟为崖州司户，皆德裕之党也。

杖杀道士赵归真等数人，流罗浮山人轩辕集于岭南。五月，乙巳，赦天下。上京两街先听留两寺外，更各增置八寺；僧、尼依前隶功德使，不隶主客，所度僧、尼仍令祠部给牒。

以翰林学士、兵部侍郎白敏中同平章事。

辛酉，立皇子温为郓王，漠为雍王，泾为雅王，滋为夔王，沂为庆王。

六月，礼仪使奏"请复代宗神主于太庙，以敬宗、文宗、武宗同为一代，于庙东增置两室，为九代十一室。"从之。

秋，七月，壬寅，淮南节度使李绅薨。

回鹘乌介可汗之众稍稍降散及冻馁死，所余不及三千人；国相逸隐啜杀乌介于金山，立其弟特勒遏捻为可汗。

八月，壬申，葬至道昭肃孝皇帝于端陵，庙号武宗。

初，武宗疾困，顾王才人曰："我死，汝当如何？"对曰："愿从陛下于九泉！"武宗以巾授之。武宗崩，才人即缢。上闻而矜之，赠贵妃，葬于端陵柏城之内。

以循州司马牛僧孺为衡州长史，封州流人李宗闵为郴州司马，恩州司马崔珙为安州长史，潮州刺史杨嗣复为江州刺史，昭州刺史李珏为郴州刺史，僧孺等五相皆武宗所贬逐，至是，同日北迁。宗闵未离封州而卒。

九月，以荆南节度使李德裕为东都留守，解平章事；以中书侍郎、

为继承者，光王李怡可立为皇太叔，改名李忱，一切国家的军政大事交给他暂时办理。”太叔接见百官时，满脸带着悲戚的样子；处理众多的政务，都合乎事理，人们才知道他过去是把自己的才德隐藏起来了。

正月二十三日甲子，武宗去世。由李德裕担任冢宰。正月二十六日丁卯，宣宗即皇帝位。宣宗向来讨厌李德裕的专权，即位的那天，由李德裕送上册命文书，礼仪完了以后，宣宗对左右的人说：“刚刚在我面前的人不是李太尉吗？他每次看我时，都使我毛发倒竖。”夏季，四月初一日辛未，宣宗开始处理政事。

宣宗尊崇生母郑氏为皇太后。

四月初二日壬申，改任门下侍郎、同平章事李德裕同平章事，充任荆南节度使。李德裕长期掌握政权，地位贵重而有功劳，大家料想不到他会突然被罢去宰相职位，听到这消息的人没有不感到惊异的。四月初四日甲戌，贬谪工部尚书、判盐铁转运使薛元赏为忠州刺史，他的弟弟京兆少尹、权知府事薛元龟为崖州司户，他们都是李德裕的同党。

用杖打死道士赵归真等数人，将罗浮山人轩辕集流放到岭南。五月初五日乙巳，大赦天下。上京两街除以前允许保留的两寺以外，再允许各街增置八寺；僧尼仍旧归功德使管辖，不隶属主客，凡是批准出家的僧尼仍令祠部发给度牒。

任命翰林学士、兵部侍郎白敏中同平章事。

五月二十一日辛酉，立皇子李温为郓王，李渼为雍王，李泾为雅王，李滋为夔王，李沂为庆王。

六月，礼仪使上奏说：“请求在太庙恢复安放代宗神主，由于敬宗、文宗、武宗同为一代，在太庙东边增加两间房屋，成为九代十一室。”宣宗答应了。

秋季，七月初三日壬寅，淮南节度使李绅去世。

回鹘乌介可汗统帅的部队渐渐减少，有的投降了，有的冻饿而死，所剩下来的不到三千人；国相逸隐啜在金山杀了乌介，立他的弟弟特勒遏捻为可汗。

八月初三日壬申，葬至道昭肃孝皇帝于端陵，庙号武宗。

原先，武宗病重时，看着王才人说：“我死了以后，你打算怎么办？”王才人回答说：“愿意跟随陛下到九泉去！”武宗把一条帛巾给了她。武宗死了以后，王才人随即也自缢而死。宣宗听到后很怜悯她，追赠为贵妃，将她葬在端陵柏城的里面。

将循州司马牛僧孺迁为衡州长史，流放到封州的李宗闵改为郴州司马，恩州司马崔珙改为安州长史，潮州刺史杨嗣复改为江州刺史，昭州刺史李珏改为郴州刺史。牛僧孺等五位宰相都是被武宗贬逐的，到这时，同在一天向北迁转。李宗闵还没有离开封州就死了。

九月，改任荆南节度使李德裕为东都留守，免去平章事官衔；任命中书侍郎、

同平章事郑肃同平章事、充荆南节度使。

以兵部侍郎、判度支卢商为中书侍郎、同平章事。商，翰之族孙也。

（以上为第九段，写唐武宗死，宣宗立，李德裕遭贬。李党失势，武宗所逐牛党互相同日量移。牛李党争至此结束，此为第六回合。自宪宗元和三年（808）至此武宗会昌六年（846），两党争斗，凡四十年。）

册黠戛斯可汗使者以国丧未行，或以为僻远小国，不足与之抗衡；回鹘未平，不应遽有建置。诏百官集议，事遂寝。

蛮寇安南，经略使裴元裕帅邻道兵讨之。

以右常侍李景让为浙西观察使。

初，景让母郑氏，性严明，早寡，家贫，居于东都。诸子皆幼，母自教之。宅后古墙因雨隤陷，得钱盈船，奴婢喜，走告母；母往，焚香祝之曰："吾闻无劳而获，身之灾也。天必以先君余庆，矜其贫而赐之，则愿诸孤他日学问有成，乃其志也，此不敢取！"遽命掩而筑之。三子景让、景温、景庄，皆举进士及第。景让官达，发已斑白，小有过，不免捶楚。

景让在浙西，有左都押牙迕景让意，景让杖之而毙。军中愤怒，将为变。母闻之，景让方视事，母出坐听事，立景让于庭而责之曰："天子付汝以方面，国家刑法，岂得以为汝喜怒之资，妄杀无罪之人乎！万一致一方不宁，岂惟上负朝廷，使垂年之母衔羞入地，何以见汝之先人乎！"命左右褫其衣坐之，将挞其背。将佐皆为之请，拜且泣，久乃释之，军中由是遂安。

景庄老于场屋，每被黜，母辄挞景让。然景让终不肯属主司，曰："朝廷取士自有公道，岂敢效人求关节乎！"久之，宰相谓主司曰："李景庄今岁不可不收，可怜彼翁每岁受挞！"由是始及第。

冬，十月，礼院奏禘祭祝文于穆、敬、文、武四室，但称"嗣皇帝臣某昭告"，从之。

同平章事郑肃同平章事，充任荆南节度使。

任命兵部侍郎、判度支卢商为中书侍郎、同平章事。卢商是卢翰的族孙。

册封黠戛斯可汗的使者由于武宗去世的国丧而未动身，有人认为那是偏僻远的小国家，不值得和他平等相待；回鹘尚未平定，不应当马上就对他册封。下诏要百官讨论，这件事就暂时搁置下来了。

蛮人侵扰安南，经略使裴元裕率领邻道兵讨伐他们。

任命右常侍李景让为浙西观察使。

从前，李景让的母亲郑氏，性格严厉精明，很早就守寡，家境清贫，居住在东都。三个儿子年纪都小，由母亲亲自进行教育。住宅后面的古墙因为下雨而倒塌，藏在里面的钱可装满一船，奴婢们很高兴，跑去告诉李景让的母亲。她到发现钱的地方，烧起香祝告说："我听说不劳而获，会为自己带来灾害。上天一定由于先君积下了功德，怜悯他后人的贫穷而赏赐他，那么希望几个孤儿将来学问取得成就，这就是他的志向，这些钱不敢受用！"急忙命令把钱掩盖，在上面筑上墙。她的三个儿子景让、景温、景庄都考上了进士。李景让的官位最高，即使头发已经斑白，哪怕犯了小错误，也免不了母亲的鞭打。

李景让任浙西观察使时，有左都押牙违背了李景让的旨意，李景让用棍杖把他打死了。军队中的将士对此很愤怒，要引起变乱。李景让的母亲听到了这件事，在李景让正在处理政事的时候，亲自坐在厅堂上面，叫李景让站在庭中责备他说："天子把一个地区交给你治理，国家的刑法，难道是供你喜怒的时候随便使用，乱杀无罪的人吗！万一引起一处地方不安宁，不仅对上辜负了朝廷，而且也会使年老的我带着羞惭死去，有什么脸面去见你的祖先啊！"命令左右的人脱去李景让的上衣坐在那里，将要鞭打他的脊背。将佐们都为李景让求情，一面拜一面哭，过了很久，才让李景让离开，由于这样，军队中才安定下来。

李景庄在考场中总是失败，每一次考试失败，母亲就鞭打李景让一回。然而李景让始终不肯去向主考官求情，并且说："朝廷取录进士自有他公正的标准，哪里敢仿效别人用疏通关节来取得呢！"过了很久，宰相对主考官说："今年不能不录取李景庄了，可怜他的哥哥每年都要受到鞭打！"这样一来李景庄就考取了进士。

冬季，十月，礼院上奏称，在禘祭的祝文中，对于穆、敬、文、武四个庙室，只称"嗣皇帝臣某昭告"，宣宗答应了。

甲申，上受三洞法箓于衡山道士刘玄静。

十二月，戊辰朔，日有食之。

（以上为第十段，写李景让母郑氏教子有方，临难不惊。）

宣宗元圣至明成武献文睿智章仁神聪懿道大孝皇帝上

大中元年（丁卯，847 年）

春，正月，甲寅，上祀圜丘，赦天下，改元。

二月，加卢龙节度使张仲武同平章事，赏其破回鹘也。

癸未，上以旱故，减膳彻乐，出宫女，纵鹰隼，止营缮，命中书侍郎、同平章事卢商与御史中丞封敖疏理京城系囚。大理卿马植奏称："卢商等务行宽宥，凡抵极法。一切免死。彼官典犯赃及故杀人，平日大赦所不免，今因疏理而原之，使贪吏无所惩畏，死得衔冤无告，恐非所以消旱灾、致和气也。昔周饥，克殷而年丰；卫旱，讨邢而雨降。是则诛罪戮奸，式合天意，雪冤决滞，乃副圣心也。乞再加裁定。"诏两省五品以上议之。

初，李德裕执政，引白敏中为翰林学士；及武宗崩，德裕失势，敏中乘上下之怒，竭力排之，使其党李咸讼德裕罪，德裕由是自东都留守以太子太保、分司。

左谏议大夫张路等上言："陛下以旱理系囚，虑有冤滞。今所原死罪，无冤可雪，恐凶险侥幸之徒常思水旱为灾，宜如马植所奏。"诏从之，皆论如法。以植为刑部侍郎，充盐铁转运使。

植素以文学政事有名于时，李德裕不之重。及白敏中秉政，凡德裕所薄者，皆不次用之。以卢商为武昌节度使。以刑部尚书、判度支崔元式为门下侍郎，林学士、户部侍郎韦琮为中书侍郎，并同平章事。

闰三月，敕："应会昌五年所废寺，有僧能营葺者，听自居之，有司毋得禁止。"是时君、相务反会昌之政，故僧、尼之弊皆复其旧。

十月十六日甲申，宣宗在衡山道士刘玄静那里接受了三洞法箓。

十二月初一日戊辰，发生日食。

宣宗元圣至明成武献文睿智章仁神聪懿道大孝皇帝上

唐宣宗大中元年（丁卯，847年）

春季，正月十七日甲寅，宣宗举行祭天仪式，大赦天下，改年号为大中。

二月初四日庚午，加给卢龙节度使张仲武同平章事官衔，奖赏他破回鹘的功劳。

二月十七日癸未，由于发生旱灾的缘故，宣宗减省膳食，撤去音乐，放出一部分宫女，释放一些豢养的大小鹰隼，停止修建工程，又命令中书侍郎、同平章事卢商与御史中丞封敖清理整顿京城关押的囚犯。大理卿马植上奏说："卢商等人尽量执行宽大的政策，凡是犯了死罪的，一概都免去死罪。那些监守自盗和故意杀人的犯人，平常大赦时都不能赦免，现在凭着清理刑事案件就原谅他们，这样使得贪赃的官吏也不怕惩罚了，那些被冤枉杀死的人也无处申告，这恐怕不是可以消除旱灾、达到祥和气氛的好办法。古代周朝闹饥荒，攻下殷朝后年成也好了；卫国大旱，讨平邢国后竟下了大雨。这么看来，诛戮了罪徒奸人，是合乎天意的，洗雪冤枉疏通阻滞，是符合圣上的心意了。请求再进行一次审慎的决定。"诏令中书、门下两省五品以上的官员再讨论一下这件事。

当初，李德裕任宰相，推荐白敏中为翰林学士。等到武宗去世，李德裕失去权势，白敏中借着朝廷上下对李德裕的恼怒，竭尽全力排斥打击他，让李德裕的同党李咸揭发李德裕的罪恶，由于这样，李德裕从东都留守降职为太子少保、分司东都。

左谏议大夫张鹭等上奏说："陛下由于旱灾清理关押的囚徒，担心其中有含冤未雪的人。现在所宽恕犯死罪的人，没有什么冤枉需要昭雪，恐怕那些凶险而意外得到好处的人，常常会盼望发生水旱灾害，应该照马植的奏请那样为好。"宣宗下诏依从，都按法律论处了罪犯。任命马植为刑部侍郎，充任盐铁转运使。

马植向来由于文学政事而著名，但是李德裕不重视他，等到白敏中当了宰相，凡是李德裕所不重视的人，都不按常规优先擢用他们。改任卢商为武昌节度使。任命刑部尚书，判度支崔元式为门下侍郎，翰林学士、户部侍郎韦琮为中书侍郎，两人都被授同平章事官衔。

闰三月，宣宗下敕令："凡是会昌五年所废弃的佛寺，有和尚自己能营建修葺的，听任他居住，有关部门不要禁止。"当时宣宗和宰相一心只想到要反对会昌年间所实行的政事，所以僧尼的弊病又都恢复到原来的老样子。

己酉，积庆太后萧氏崩。

五月，幽州节度使张仲武大破诸奚。

吐蕃论恐热乘武宗之丧，诱党项及回鹘余众寇河西，诏河东节度使王宰将代北诸军击之。宰以沙陀朱邪赤心为前锋，自麟州济河，与恐热战于盐州，破走之。

六月，以鸿胪卿李业为册黠戛斯英武诚明可汗使。

上谓白敏中曰："朕昔从宪宗之丧，道遇风雨，百官、六宫四散避去，惟山陵使长而多髯，攀灵驾不去，谁也？"对曰："令狐楚。"上曰："有子乎？"对曰："长子绪今为随州刺史。"上曰："堪为相乎？"对曰："绪少病风痹。次子绹，前湖州刺史，有才器。"上即擢为考功郎中、知制诰。绹入谢，上问以元和故事，绹条对甚悉，上悦，遂有大用之意。

秋，八月，丙申，以门下侍郎、同平章事李回同平章事、充西川节度使。

葬贞献皇后于光陵之侧。

上敦睦兄弟，作雍和殿于十六宅，数临幸，置酒，作乐，击毬尽欢。诸王有疾，常亲至卧内存问，忧形于色。

突厥掠漕米及行商，振武节度使史宪忠击破之。

九月，丁卯，以金吾大将军郑光为平卢节度使。光，润州人，太后之弟也。

乙酉，前永宁尉吴汝纳，讼其弟湘罪不至死，"李绅与李德裕相表里，欺罔武宗，枉杀臣弟，乞召江州司户崔元藻等对辨。"丁亥，敕御史台鞫实以闻。冬，十二月，庚戌，御史台奏，据崔元藻所列吴湘冤状，如吴汝纳之言。戊午，贬太子太保、分司李德裕为潮州司马。

吏部奏，会昌四年所减州县官内复增三百八十三员。

（以上为第十一段，写白敏中为相，恩将仇报，一再贬逐李德裕，尽翻会昌的善政，佞佛之风又炽。）

二年（戊辰，848年）

正月，甲子，群臣上尊号曰圣敬文思和武光孝皇帝，赦天下。

四月十五日己酉，积庆太后萧氏去世。

五月，幽州节度使张仲武大破诸奚。

吐蕃论恐热趁着武宗的去世，招诱党项和回鹘残余的部众侵扰河西地方，朝廷下诏派河东节度使王宰带领代北各部军队进击他们，王宰任命沙陀朱邪赤心为前锋，从麟州渡过黄河，与论恐热在盐州大战，论恐热战败之后逃走了。

六月，任命鸿胪卿李业为册封黠戛斯英武诚明可汗使。

宣宗对白敏中说："朕从前跟随宪宗的送丧行列，路上碰上大风雨，百官和六宫人员都四散躲避去了，只有山陵使高个子多胡子的那个人，攀附着灵驾没有离开，他是谁？"白敏中回答说："令狐楚。"宣宗说："他有儿子吗？"回答说："长子令狐绪，现在是随州刺史。"宣宗说："能任宰相吗？"回答说："令狐绪从小得了风痹病。次子令狐绹，以前任过湖州刺史，有才能和器识。"宣宗随即提拔令狐绹为考功郎中、知制诰。令狐绹入朝向宣宗谢恩，宣宗问他元和年间的旧事，令狐绹一条一条回答得很详细，宣宗很高兴，于是有重用他的意思。

秋季，八月初三日丙申，改任门下侍郎、同平章事李回同平章事，充任西川节度使。

将贞献皇后葬在光陵的旁边。

宣宗对兄弟们很友爱和睦，在十六宅建雍和殿，多次到那里去设宴、奏乐、击毬，极尽欢娱。诸王中谁要是得了病，常常亲自到卧室去慰问，表现出很担忧的样子。

突厥抢掠漕米和行商，振武节度使史宪忠把他们打败了。

九月初五日丁卯，任命金吾大将军郑光为平卢节度使。郑光是润州人，为郑太后的弟弟。

九月二十三日乙酉，前永宁尉吴汝纳，申诉他的弟弟吴湘所犯的不是死罪，"李绅和李德裕内外勾结，欺骗瞒过了武宗，冤枉杀了臣的弟弟，请求召集江州司户崔元藻等人当面辨明其冤"。九月二十五日丁亥，敕令御史台调查清楚报告朝廷。冬季，十二月十九日庚戌，御史台回奏，根据崔元藻所列举的吴湘冤状，同吴汝纳说的是一样的。十二月二十七日戊午，贬谪太子少保、分司李德裕为潮州司马。

吏部奏报，在会昌四年所减州县官的数目内，再增三百八十三员。

唐宣宗大中二年（戊辰，848年）

正月初三日甲子，群臣给宣宗献上尊号称"圣敬文思和武光孝皇帝"，大赦

初，李德裕执政，有荐丁柔立清直可任谏官者，德裕不能用。上即位，柔立为右补阙；德裕贬潮州，柔立上疏讼其冤。丙寅，坐阿附贬南阳尉。

西川节度使李回、桂管观察使郑亚坐前不能直吴湘冤，乙酉，回左迁湖南观察使，亚贬循州刺史，李绅追夺三任告身。中书舍人崔嘏坐草李德裕制不尽言其罪，己丑，贬端州刺史。

回鹘遏捻可汗仰给于奚王石舍朗；及张仲武大破奚众，回鹘无所得食，日益耗散，至是，所存贵人以下不满五百人，依于室韦。使者入贺正，过幽州，张仲武使归取遏捻等；遏捻闻之，夜与妻葛禄、子特勒毒斯等九骑西走，余众追之不及，相与大哭。室韦分回鹘余众为七，七姓共分之；居三日，黠戛斯遣其相阿播帅诸胡兵号七万来取回鹘，大破室韦，悉收回鹘余众归碛北。犹有数帐，潜窜山林，钞盗诸胡；其别部庞勒，先在安西，亦自称可汗，居甘州，总碛西诸诚，种落微弱，时入献见。

二月，庚子，以知制诰令狐绹为翰林学士。上尝以太宗所撰《金镜》授绹，使读之，“至乱未尝不任不肖，至治未尝不任忠贤，”上止之曰：“凡求致太平，当以此言为首。”又书《贞观政要》于屏风，每正色拱手而读之。上欲知百官名数，令狐绹曰：“六品已下，官卑数多，皆吏部注拟；五品以上，则政府制授，各有籍，命曰具员。”上命宰相作《具员御览》五卷，上之，常置于案上。

立皇子泽为濮王。上欲作五王院于大明宫，以处皇子之幼者，召术士柴岳明使相其地。岳明对曰：“臣庶之家，迁徙不常，故有自阳宅入阴宅，阴宅入阳宅。刑克祸福，师有其说，今陛下深拱法宫，万神拥卫，阴阳书本不言帝王家。”上善其言，赐束帛遣之。

夏，五月，己未朔，日有食之。

门下侍郎、同平章事崔元式罢为户部尚书；以兵部侍郎、判度支、

天下。

从前，李德裕任宰相时，有人向他推荐了丁柔立，说其人清廉正直，可以担任谏官，李德裕没有听从推荐人的话。宣宗即位后，丁柔立为右补阙；李德裕被贬去潮州，丁柔立上疏申诉李德裕是被冤屈了。正月初五日丙寅，丁柔立被加上阿附罪贬为南阳县尉。

西川节度使李回、桂管观察使郑亚因为曾不能正直地对待吴湘冤案，正月二十四日乙酉，李回被降职为湖南观察使，郑亚被贬为循州刺史，李绅被追夺二任告身。中书舍人崔嘏因起草关于李德裕的制书时没有完全列举其罪恶，正月二十八日己丑，被贬为端州刺史。

回鹘遏捻可汗依靠奚王石舍朗供给；当张仲武大破奚族部众以后，回鹘没有人供给衣食了，一天天死亡离散，到这时，残留的人从贵人以下还不到五百人，依附于室韦。回鹘使者来朝廷祝贺正旦，经过幽州时，张仲武叫使者回去把遏捻等人抓起来，遏捻听到这个消息，连夜与妻葛禄、子特勒毒斯等九人向西逃走，其余的人没有追上，互相大哭。室韦把回鹘余下的人分为七部分，分别由七姓管辖；停了三天，黠戛斯派遣他的宰相阿播带领诸胡兵号称七万来进攻回鹘，把室韦打得大败，把回鹘余众全部抓来送到碛石以北去了。还有几个帐的回鹘人悄悄逃到山林去了，他们专门抢掠胡人的东西；他们另一部分叫庞勒的，原先住在安西，也自称可汗，迁居甘州，总领碛西各城的回鹘人，但是各部落都很弱小，不时到朝廷来进贡谒见。

二月初十日庚子，任命知制诰令狐绹为翰林学士。宣宗曾把太宗所撰写的《金镜》一书，交给令狐绹，叫他诵读，当读到“至乱未尝不任不肖，至治未尝不任忠贤”一句时，宣宗叫他停住说：“凡是想达到天下太平，应当把这两句话当成重要信条。”又把《贞观政要》抄写在屏风上，每每正色拱手诵读它。宣宗想知道百官的姓名人数，令狐绹说：“六品以下的官职卑小，人数众多，都是由吏部记名任职的；五品以上，是由朝廷任命，各人都有簿籍，称之为具员。”宣宗于是叫宰相作《具员御览》五卷呈交上来，常常摆在书案上。

立皇子李泽为濮王。宣宗想在大明宫内修建五王宅院，用来作为年幼皇子的住处，召风水术士柴岳明来观察选择地址。柴岳明回答说：“平民百姓的家庭，常常迁移不定，所以有从朝南的宅子迁到朝北的宅子，朝北的宅子迁到朝南的宅子的。地支相刑、五行相克因而带来不同的祸福，先师是有这方面的传授的，现在陛下所处的深宫大院，有万神护卫着，在阴阳家的书籍中没有讲到帝王家的祸福的。”宣宗感到柴岳明的话讲得好，赏赐他五匹绸帛打发走了。

夏季，五月初一日己未，又发生了日食。

门下侍郎、同平章事崔元式降职为户部尚书。任命兵部侍郎、判度支、户部周

户部周墀，刑部侍郎、盐铁转运使马植并同平章事。

初，墀为义成节度使，辟韦澳为判官，及为相，谓澳曰："力小任重，何以相助？"澳曰："愿相公无权。"墀愕然，不知所谓。澳曰："官赏刑罚，与天下共其可否，勿以己之爱憎喜怒移之，天下自理，何权之有！"墀深然之。澳，贯之之子也。

己卯，太皇太后郭氏崩于兴庆宫。

六月，礼院检讨官王皞贬句容令。

初，宪宗之崩，上疑郭太后预其谋；又，郑太后本郭太后侍儿，有宿怨，故上即位，待郭太后礼殊薄。郭太后意怏怏，一日，登勤政楼，欲自陨，上闻之，大怒，是夕，崩，外人颇有异论。

上以郑太后故，不欲以郭后祔宪宗，有司请葬景陵外园；皞奏宜合葬景陵，神主配宪宗室，奏入，上大怒。白敏中召皞诘之，皞曰："太皇太后，汾阳王之孙，宪宗在东宫为正妃，逮事顺宗为妇。宪宗厌代之夕，事出暧昧，太皇太后母天下，历五朝，岂得以暧昧之事遽废正嫡之体乎！"敏中怒甚，皞辞气愈厉。诸相会食，周墀立于敏中之门以俟之，敏中使谢曰："方为一书生所苦，公弟先行。"墀入，至敏中厅问其事，见皞争辩方急，墀举手加颡，叹皞孤直。明日，皞坐贬官。

秋，九月，甲子，再贬潮州司马李德裕为崖州司户，湖南观察使李回为贺州刺史。

前凤翔节度使石雄诣政府自陈黑山、乌岭之功，求一镇以终老。执政以雄李德裕所荐，曰："曩日之功，朝廷以蒲、孟、岐三镇酬之，足矣。"除左龙武统军。雄怏怏而薨。

（以上为第十二段，写唐宣宗思治，却又不分是非功过打击前朝功臣。）

十一月，庚午，万寿公主适起居郎郑颢。颢，絪之孙，登进士第，为校书郎、右拾遗内供奉，以文雅著称。公主，上之爱女，故选颢尚之。

墀，刑部侍郎、盐铁转运使马植并同平章事。

原先，周墀为义成节度使，聘请韦澳为判官，等到他担任宰相，对韦澳说："我能力小责任重，你用什么来帮助我？"韦澳回答说："希望相公不要弄权。"周墀听了感到很惊愕，不知道是什么意思。韦澳解释说："奖赏与处罚，与全国民众意见一样该赏就赏，该罚就罚，不要凭着自己的爱憎喜怒而有所改变，天下自然就治好了，何必要玩弄权术呢！"周墀深深感到韦澳的话说得对。韦澳是韦贯之的儿子。

五月二十一日己卯，太皇太后郭氏在兴庆宫去世。

六月，礼院检讨官王皞被贬为句容县令。

原先，宪宗的死，宣宗怀疑郭太后参与了谋划；另外，郑太后本来是郭太后的侍儿，她们之间过去就有怨隙，所以宣宗即位以后，对待郭太后一点礼貌也没有。郭太后怏怏不乐，有一天，登上勤政楼，想跳楼自杀；宣宗听到这个消息，大发脾气，就在当晚，郭太后去世，外面的人对这件事议论纷纷，有人认为郭太后可能不是善终。

宣宗因为郑太后的缘故，不想使郭太后和宪宗合葬在一起，负责丧礼的人请求葬在景陵的外园；王皞上奏说应当合葬在景陵，神主安放在宪宗那间屋子里，奏疏交上以后，宣宗大怒。白敏中召王皞来责问他，王皞说："太皇太后是汾阳王郭子仪的孙女，宪宗在东宫为太子时是正妃，作为媳妇侍奉过顺宗，宪宗去世的那个晚上，到底是如何死的也弄不清楚，太皇太后作为国母，经历了穆宗、敬宗、文宗、武宗和宣宗五朝，怎么能根据不明不白的史事就匆忙废除对待正嫡的礼仪呢！"白敏中听了王皞的话之后，气得不得了，而王皞说话的语气也更加严厉。宰相们将会食，周墀站在白敏中的门口等待他，白敏中叫人辞谢他说："刚才被一个书生气得太厉害，您先走好了。"周墀进去后，到白敏中办公的地方询问是什么事，看见王皞正在急切地争辩着，周墀把手举到额头上表示敬意，深感王皞忠直可钦。第二天，王皞因此被贬官。

秋季，九月初八日甲子，再一次贬谪潮州司马李德裕为崖州司户，湖南观察使李回为贺州刺史。

前凤翔节度使石雄到宰相政事堂亲自陈述进攻刘稹时在黑山、乌岭的战功，要求做个节度使到老送终。宰相们认为石雄是李德裕推荐出来的，对石雄说："过去建立的功劳，朝廷任命你担任了薄、孟、岐三镇的节度使，已足够酬答你了。"于是任命石雄为左龙武统军，从此，石雄愤懑而死。

十一月十四日庚午，万寿公主嫁给起居郎郑颢。郑颢是郑絪的孙子，进士及第，为校书郎、右拾遗内供奉，由于文雅而有名。公主是宣宗的爱女，所以选择了郑颢

有司循旧制请用银装车，上曰："吾欲以俭约化天下，当自亲者始。"令依外命妇以铜装车。诏公主执妇礼，皆如臣庶之法，戒以毋得轻夫族，毋得预时事。又申以手诏曰："苟违吾戒，必有太平、安乐之祸。"颢弟颉，尝得危疾，上遣使视之，还，问"公主何在？"曰："在慈恩寺观戏场。"上怒，叹曰："我怪士大夫家不欲与我家为婚，良有以也！"亟命召公主入宫，立之阶下，不之视。公主惧，涕泣谢罪。上责之曰："岂有小郎病，不往省视，乃观戏乎！"遣归郑氏。由是终上之世，贵戚皆兢兢守礼法，如山东衣冠之族。

壬午，葬懿安皇后于景陵之侧。

以中书侍郎、同平章事韦琮为太子宾客、分司。

十二月，凤翔节度使崔珙奏破吐蕃，克清水。清水先隶秦州，诏以本州未复，权隶凤翔。

上见宪宗朝公卿子孙，多擢用之。刑部员外郎杜胜次对，上问其家世，对曰："臣父黄裳，首请宪宗监国。"即除给事中。翰林学士裴谂，度之子也，上幸翰林，面除承旨。

吐蕃论恐热遣其将莽罗急藏将兵二万略地西鄙，尚婢婢遣其将拓跋怀光击之于南谷，大破之，急藏降。

（以上为第十三段，写唐宣宗严教公主守礼。）

三年（己巳，849 年）

春，正月，上与宰相论元和循吏孰为第一，周墀曰："臣尝守土江西，闻观察使韦丹功德被于八州，没四十年，老稚歌思，如丹尚存。"乙亥，诏史馆修撰杜牧撰《丹遗爱碑》以纪之，仍擢其子河阳观察判官宙为御史。

二月，吐蕃论恐热军于河州，尚婢婢军于河源军。婢婢诸将欲击恐热，婢婢曰："不可。我军骤胜而轻敌，彼穷困而致死，战必不利。"诸将不从。婢婢知其必败，据河桥以待之，诸将果败。婢婢收余众，焚桥，归鄯州。

把公主嫁给他。有关部门按照旧规定请求用银装饰的车辆，宣宗说："我想要使全国的民众都讲求俭约，当然要从我最亲近的人开始做起。"命令同外面有爵命的妇人一样用铜装饰的车子。又诏令公主执行妇人的礼仪时，都要按照一般臣民的法规，告诫她不得轻视丈夫家族中的人，不得干预国家政治大事。又用手诏申戒道："假若你违犯了我的告诫，一定会遭受如太平公主、安乐公主那样的灾祸。"郑颢的弟弟郑颉曾得了重病，宣宗派人去看望他，使者回来后，宣宗问："公主在哪里？"来人回答说："到慈恩寺看戏去了。"宣宗听了大怒，叹息说："我奇怪士大夫为什么不愿与我家结为姻亲，实在是有原因的啊！"急切命令召唤公主到皇宫中来，让她站在台阶下，半天不看她，公主感到害怕了，流着眼泪表示认罪。宣宗责备她说："哪里有小郎病了不去看望，而去看戏的道理呢！"随即派人送公主回郑家。由于这样，在宣宗在世时，贵戚们都能兢兢业业遵守礼法，和山东衣冠士族一个样。

十一月二十六日壬午，将懿安皇后葬在景陵的旁边。

将中书侍郎、同平章事韦琮降职为太子宾客，分司东都。

十二月，凤翔节度使崔珙奏报说打败了吐蕃，收复了清水县。清水县原来属于秦州，诏令说由于秦州还未收复，清水县暂时归凤翔府管辖。

宣宗每每见到宪宗朝公卿的子孙，多半提拔重用他们。刑部员外郎杜胜是次对官，宣宗询问他的家世情况，杜胜回答说："臣父杜黄裳，首先提出请宪宗管理国事。"随即任命他为给事中。翰林学士裴谂是裴度的儿子，宣宗到翰林院去。当面就授予裴谂为翰林学士承旨。

吐蕃论恐热派他的大将莽罗急藏带领两万兵马在西部攻城略地，尚婢婢派他的将领拓跋怀光在南谷地方迎击，把他们打得大败，莽罗急藏投降。

唐宣宗大中三年（己巳，849年）

春季，正月，宣宗和宰相讨论元和年间奉公守法的好官吏中谁是第一，周墀说："臣曾在江西做地方官，听说观察使韦丹在八州都积下了功德，他死后四十年，从大人到小孩都还在思念歌颂他，和他在世时一样。"正月二十日乙亥，诏令史馆修撰杜牧撰写的《丹遗爱碑》用来记录这件事，又提拔他的儿子、河阳观察判官韦宙为御史。

二月，吐蕃论恐热的军队驻扎在河州，尚婢婢的军队驻扎在河源军。尚婢婢手下的将领想进攻论恐热，尚婢婢说："不行。我军因为上次很快打了胜仗而有轻敌的情绪，而对方处于穷困之中一定会拼命抵抗，在这种情况下和他们作战一定不利。"那些将领不听尚婢婢的话。尚婢婢知道诸将一定会打败仗，据守黄河桥旁等待着，

吐蕃秦、原、安乐三州及石门等七关来降；以太仆卿陆耽为宣谕使，诏泾原、灵武、凤翔、邠宁、振武皆出兵应接。

河东节度使王宰入朝，以货结权幸，求以使相领宣武；刑部尚书、同平章事周墀上疏论之，宰遂还镇。驸马都尉韦让求为京兆尹；墀言京兆尹非才望不可为，让议竟寝。墀又谏上开边，由是忤旨。夏；四月，以墀为东川节度使。以御史大夫崔铉为中书侍郎、同平章事，兵部侍郎、判户部魏扶同平章事。

癸巳，卢龙奏节度使张仲武薨，军中立其子节度押牙直方。

翰林学士郑颢言于上曰："周墀以直言入相，亦以直言罢相。"上深感悟，甲午，墀入谢，加检校右仆射。

戊戌，以张直方为卢龙留后。

五月，徐州军乱，逐节度使李廓。廓，程之子也，在镇不治，右补阙郑鲁上言其状，且曰："臣恐新麦未登，徐师必乱；速命良帅，救此一方。"上未之省。徐州果乱，上思鲁言，擢为起居舍人。

以义成节度使卢弘止为武宁节度使。武宁士卒素骄，有银刀都尤甚，屡逐主帅。弘止至镇，都虞候胡庆方复谋作乱，弘止诛之，抚循其余，训以忠义，军府由是获安。

六月，戊甲，以张直方为卢龙节度使。

泾原节度使康季荣取原州及石门、驿藏、木峡、制胜、六盘、石峡六关。秋，七月，丁巳，灵武节度使朱叔明取长乐州。甲子，邠宁节度使张君绪取萧关。甲戌，凤翔节度使李玭取秦州。诏邠宁节度权移军于宁州以应接河西。

八月，乙酉，改长乐州为威州。

河、陇老幼千余人诣阙，己丑，上御延喜门楼见之，欢呼舞跃，解胡服，袭冠带，观者皆呼万岁。诏："募百姓垦辟三州、七关土田，五年不租税；自今京城罪人应配流者皆配十处；四道将吏能于镇戍之地营田

诸将果然被打败。尚婢婢收集败下阵来的士兵，把桥烧了，回到鄯州。

被吐蕃占有的秦、原、安乐三州和石门等七关塞前来投降朝廷；任命太仆卿陆耽为宣谕使，诏令泾原、灵武、凤翔、邠宁、振武各镇都出门接应来投降的人。

河东节度使王宰来到朝廷，用财物交结有权势的宠臣，想得到用宰相官衔担任宣武节度使；刑部尚书、同平章事周墀上疏责备他，王宰于是回河东去了。驸马都尉韦让想得到京兆尹官职；周墀说京兆尹不是有才能和声望的人不能担任，韦让任职的议论就未再提了。周墀又劝止宣宗经略河西，这样就违背了宣宗的旨意。夏季，四月，把周墀降职为东川节度使。另外任命御史大夫崔铉为中书侍郎、同平章事，兵部侍郎、判户部魏扶为同平章事。

四月初九日癸巳，卢龙奏报说节度使张仲武去世，军中拥立他的儿子、节度使押牙张直方主持政事。

翰林学士郑颢对宣宗说："周墀由于敢讲直话被任为宰相，也是因为敢讲直话被罢免了宰相。"宣宗深深感到这件事办得不好，四月九十日甲午，周墀入朝辞谢时，加上检校右仆射官衔。

四月十四日戊戌，任命张直方为卢龙留后。

五月，徐州的军队发生叛乱，赶走了节度使李廓。李廓是李程的儿子，他在镇治理不好军队，右补阙郑鲁曾向宣宗讲过那里的情况，并且说："臣担心新麦还未收获，徐州军队就会发生叛乱；赶快派一个好的统帅去，以挽救那个地方的危局。"宣宗没有理会这件事。后来徐州军队果然叛乱，宣宗想到了郑鲁的话，提拔他为起居舍人。

任命义成节度使卢弘止为武宁节度使。武宁节度使属下的士卒向来骄恣，有号"银刀都"的尤其厉害，多次赶走主帅。卢弘止到镇后，都虞候胡庆方又打算作乱，卢弘止把他杀了，安抚了他的余党，用忠义思想训导他们，这样武宁军府才得到安定。

六月二十六日戊申，任命张直方为卢龙节度使。

泾原节度使康季荣收复原州和石门、驿藏、木峡、制胜、六磐、石峡六关。秋季，七月初六日丁巳，灵武节度使朱叔明收复长乐州。七月十三日甲子，邠宁节度使张君绪收复萧关。七月二十三日甲戌，凤翔节度使李玭收复秦州。诏令邠宁节度使暂时把军队迁移到宁州，用来接应河西的战事。

八月初四日乙酉，改长乐州为威州。

河西、陇右的老幼一千余人到达京城长安，八月初八日己丑，宣宗到延喜门城楼接见他们，他们欢呼跳跃，脱去胡服，穿上有冠带的汉装，围观的群众都高呼万岁。宣宗下诏："招募百姓开垦三州、七关田土，五年不收租税；从现在起京城罪人

者，官给牛及种粮。温池盐利可赡边陲，委度支制置。其三州、七关镇戍之卒，皆倍给衣粮，仍二年一代。道路建置堡栅，有商旅往来贩易及戍卒子弟通传家信，关镇毋得留难。其山南、剑南边境有没蕃州县，亦令量力收复。”

冬，十月，改备边库为延资库。

西川节度使杜悰奏取维州。

闰十一月，丁酉，宰相以克复河、湟请上尊号，上曰：“宪宗常有志复河、湟，以中原方用兵，未遂而崩，今乃克成先志耳。其议加顺、宪二庙尊谥以昭功烈。”

卢龙节度使张直方，暴忍，喜游猎。军中将作乱，直方知之，托言出猎，遂举族逃归京师；军中推牙将周綝为留后。直方至京师，拜金吾大将军。

甲戌，追上顺宗谥曰至德弘道大圣大安孝皇帝，宪宗谥曰昭文章武大圣至神孝皇帝。仍改题神主。

己未，崖州司户李德裕卒。

山南西道节度使郑涯奏取扶州。

（以上为第十四段，写唐室败吐蕃，收复河、湟部分地区。）

应发配流放的都到这十个地方去；泾原等四道中的将吏能在所镇守的地方经营田地开发耕种的，官府供给耕牛和种粮。温池县卖盐的收入可以赡养边区军民，交给度支处理安排这一工作。这三州、七关镇守的士卒，都要加倍发给衣服粮草，仍旧两年换防一次。在交通要道上修建碉堡栅寨，如有商人往来做生意和戍卒子弟传递家信，关镇不要为难他们。在山南、剑南两道边境有被吐蕃占领的州县，也命令他们根据自身兵力情况收复失地。”

冬季，十月，改备边库为延资库。

西川节度使杜悰奏报说收复了维州。

闰十一月十七日丁酉，宰相们由于看到收复了河湟失地，请求给宣宗加上尊号，宣宗说："宪宗常常有志愿收复河湟，当时由于中原地区正在打仗，没有实现愿望就去世了，现在才算完成了先人的遗志而已。你们应当讨论给顺宗、宪宗二人追加谥号用来表示他们建立的功业。”

卢龙节度使张直方，粗暴残忍，喜欢游猎。军队中将要发动叛乱，张直方知道了，借口出去打猎，就带着全家人逃回京城；军队中推举牙将周綝为留后。张直方到达京师后，授予他金吾大将军职务。

十二月二十五日甲戌，追加顺宗谥号为至德弘道大圣大安孝皇帝，宪宗谥号为昭文章武大圣至神孝皇帝。还把神主上的字也改写了。

十二月初十日己未，崖州司户李德裕去世。

山南西道节度使郑涯奏报说收复了扶州。

【点评】

本卷点评司马光论赏奸杀降、武宗灭佛、吴湘冤死案、宣宗即位四事。

一、司马光论赏奸杀降。宪宗朝李愬平淮西，淮西大将董重质受李愬招降，李愬保其不死，宪宗欲杀之，李愬谏止。董重质在李愬帐下效力，后被征入朝，授左神武军将军，兼御史中丞，官终夏绥银宥节度使，司马光认为是赏奸。昭义大将郭谊杀主刘稹投降，被械送京师正法，司马光认为是杀降。赏奸与杀降，均处置失当，司马光给予批评。抽象论事，都是降将，一受赏，一被杀，像是不公。就事论事，要看具体环境。董重质之降，是李愬招降，当时董重质手握重兵，为避免董重质垂死挣扎，增加双方伤亡，李愬谕以大义，董重质单骑请降，是弃暗投明，诚心归降，其后报效朝廷，立功边陲。司马光称为赏奸，完全是错误的定性。郭谊投降，是眼看大势已去，用欺诈手段残杀刘稹全族，请降还要求朝廷授予节镇，实属卖主求荣，李德裕主张正法，没有不妥。郭谊请降，前线主将王宰没有保其不死，只是转奏。朝廷将计就计，诏令王宰带重兵入潞，用计抓捕郭谊，如同郭谊诈杀刘稹一样，以其人之道，还治其人之身。朝廷杀郭谊，采用军事手段，可称为诈计杀贼，不应属于杀降。司马光对“杀降”的定性，也属不当。司马光认为，唐武宗应当效法汉光武帝，对于降人应当宽大，可以不杀，可以充军惩罚，既受其降而又杀之，与对待不降死拼的人就没有区别了。受降的最低限度应是许其不死，这个底线不保，谁还来投降。司马光这种处置降人的意见，还是可取的。

二、武宗灭佛。中国历史上有三次灭佛，灭佛的三个皇帝谥号都带“武”字。北魏太武帝公元446年灭佛，北周武帝公元574年灭佛，唐武宗公元845年灭佛。佛教是人类的一种信仰，自有它存在的社会原因。中国儒学兴盛，抵制了佛教的传播。佛教在中国的传播，除了宗教自有原因外，另有两个因素。其一，帝王信奉，希望他的野心得到佛祖保佑，许愿兴佛。如北周武帝灭佛，杨坚许愿，他日得登大位，再燃香火。杨坚篡位成功，不遗余力兴佛。唐太宗、武则天信佛，是利用佛教为我所用。佛徒称唐太宗为当世活佛。武则天从《大云经》中找到了女人当皇帝的依据，自然兴佛。其二，战乱或苛政时代，劳苦大众为逃避兵役、徭役，罪徒为逃避刑罚，也遁入空门。而佛教的泛滥，国家流失人力、财赋，佛教太盛，势必遭抑制。周武帝灭佛，仅在北朝半壁江山，就毁寺庙四万多所，使三百多万僧尼还俗。武宗灭佛，史称“上恶僧尼耗蠹天下”，其次是道士赵归真进言。道教是本土宗教，宣扬成仙长生。帝王都想长生不死，信奉道教，自宪宗以来，包括武宗，都因服食金丹中毒短命，但长生不死的欲望迷了心智，至死不悟。宗教斗争，此消彼长，灭佛的皇帝，都信奉道教。唐武宗灭佛，留有余地，只是限制，不是全灭。长安、洛阳两京，各留四寺，每寺限僧三十人。地方州级行政区，留一寺，分为三等，上等

留僧二十人，中等十人，下等五人。全国朝廷令行所到的地方，共毁寺庙四千六百余所，还俗僧尼二十六万余人，收良田数千万顷，奴婢十五万人。李德裕尤憎佛教，命令幽州节度使张仲武在居庸关斩杀五台山逃僧，强令僧人还俗。

既然佛教有他自身存在的原因，又有野心家的助推，单靠政治手段是不可能禁佛的。唐武宗灭佛之时，身体已经大坏，其子年幼，武宗之叔光王李怡对皇位虎视眈眈，正在许愿兴佛。武宗灭佛后一年多内死去，光王李怡果然即帝位，改名李忱，是为宣宗。宣宗即位，不久就罢李德裕相位，立即兴佛。寺庙僧尼，又在全国泛滥起来。

三、吴湘冤死案。这是由一桩小小的恩怨而引起的冤死案，牵涉众多人臣倾轧沉浮，由此可见晚唐时朋党斗争的严重程度。武宗会昌五年（845），淮南节度使李绅审理江都县令吴湘贪污补助出差官吏的程粮钱，又强迫娶了自己管辖下的平民颜悦之女为妻，判其死罪。吴湘是澧州人，吴武陵的侄儿。吴武陵与李德裕两人有个人恩怨。吴武陵，进士登第，官至韶州刺史。李德裕为相时，吴武陵因贪污而遭贬官。吴湘兄吴汝纳，也进士及第，受吴武陵拖累长期没有得到升迁。吴湘案发时，吴汝纳任河南府永宁县尉。吴汝纳怀恨李德裕，就投靠李宗闵、杨嗣复朋党，造作谤言，攻击李德裕。牛党攻击李德裕勾结李绅罗织吴湘之罪，是冤案。谏官奏请复查，惊动朝廷。武宗派御史崔元藻、李稠为专使到江都复查吴湘案。二人回朝报告，吴湘贪污属实，强夺民女为妻不实，颜悦衢州人，曾任青州牙官，其妻出身士族。李德裕借口二人只报告案情，没判定罪行，不能辨是非，将二人贬官。吴湘也不交司法部门重新审理，依照李绅的判决，吴湘被处死，吴湘妻儿被遣送回澧州。宣宗即位，李德裕被贬。永宁县尉吴汝纳上奏为其弟吴湘申冤，经过刑部、御史台、大理寺三司会审，崔元藻调查认为贪污属实，吴湘有罪，但罪不至死。崔元藻说实话却受到不公正贬官。制造吴湘冤狱的高官，除李德裕、李绅外，还有西川节度使李回、桂管观察使郑正，以及前淮南节度使等一大批官员。这次三司复审的有三位宰相崔铉、白敏中、令狐绹卷入，他们是牛党的后继人。吴湘冤死案，是典型的朋党之争，暴露了专制社会的司法黑暗，以及人治大于法治的危害。个人私恨私欲膨胀，道德是非全都被冲毁。李德裕与吴武陵有私怨，凭着手中权力，波及其侄儿吴湘，没有道理。李绅因与李德裕同为翰林学士，结为同党就不问是非，轻罪重判，置人于死地。至于三司覆按，惊动皇帝，诏制宣判，是白敏中等人的小题大做，借此置李党于死地。《旧唐书·宣宗本纪》用大篇幅叙述吴湘案及其审判实属罕见。李德裕、李绅皆贤达之士，专制权欲也扭曲了他们的人性。朋党的实质是争权。在权力面前没有道德是非，这是一个生动的案例。

四、宣宗即位。宣宗李忱，宪宗第十三子，原名李怡，封光王，即位后改名李

忱。宣宗即位时已三十七岁，完全在意料之外，但似乎又在意料之中，是冥冥中的必然。宣宗排行十三，前面诸多兄长，按宗法制，怎么也轮不上他。宪宗传位太子穆宗，穆宗传敬宗，此是父子相继。敬宗传文宗，文宗传武宗，此是兄终弟及。从穆宗到武宗，四任皇帝都在穆宗一系。武宗有五子，又有权势宰相李德裕相辅，按常理应由武宗之子来继承。按法理，按形势，李忱都不应做皇帝，结果却是花落李忱之手，实在是偶然又偶然。事后追思，李忱即位又在必然之中，是人谋与形势的必然结合。人谋，是指李忱长期韬晦谋算。李忱做梦都在想当皇帝，能否实现这白日梦，他并没有把握。但李忱抱有一线希望，一种侥幸。他从小装痴装呆，做给皇帝和宦官看。文宗、武宗都看不上他，不以常礼相待，两位皇帝到十六宅与诸王宴集，总是逗李忱说话取乐，戏称他为“光叔”，李忱等待机会，让宦官利用他的痴和对文宗、武宗的不满，破例拥立他做皇帝。形势，是指宦官专权。李忱的成功，正是唐晚时期宦官废立皇帝的产物。《旧唐书·宣宗本纪》载，宣宗十余岁时曾经做梦乘龙上天，他对母后郑氏讲了梦境，母亲告诉他：“这事不能让别人知道，不要再说了。”从此，宣宗几十年韬晦装傻，很不容易，很难得，可以说宣宗创造了历史之最，也表现了他的城府、心计和坚毅。李忱监国之日就表现了他本来就有的才能，办事果决、有主见、有条理，人们这才恍然大悟。

唐纪六十五

唐宣宗大中四年至十三年（850—859年）

【起上章敦牂（庚午，850年），尽屠维单阏（己卯，859年），凡十年】

【大事提要】

本卷记事起公元850年，讫公元859年，凡十年。当唐宣宗大中四年至大中十三年。唐宣宗在位十三年，本卷记事十年，基本上是宣宗一朝的政事。唐宣宗李忱，是唐宪宗的第十三子，按常例他不可能继承帝位。由于李忱是一个有心机的人，从小就装傻，唐文宗、武宗都看不起他，宦官正好利用李忱的痴呆和对文、武二宗的不满，破例立他为帝。唐宣宗即位以后，果断处事，政由己出，宦官和朝官才知道唐宣宗的傻是伪装的。唐宣宗的精明和唐武宗留下的大好局面，使得宣宗一朝保持了十三年的太平，周边也平静。党项归服，吐蕃内战势衰，吐蕃酋长论恐热一支被灭，尚婢婢一支附唐，沙州防御使张义潮乘机收复瓜、伊、西等十一州，率领十一州来归。宣宗本可有一番作为，可惜他刚愎自用，又是一个小心眼的人，为了报复唐文宗、唐武宗，就株连郭太后，说郭太后与宦官合谋害死唐宪宗，以此来表明自己是唐宪宗的合法继承人，而视唐穆宗为逆，穆宗诸子敬、文、武三宗自然也是逆，李德裕为武宗所信任，于是成了逆臣，所以宣宗施政，不问青红皂白，全部推翻会昌之政。李德裕废佛、淘汰冗官，宣宗也要翻过来，大肆兴佛、增置冗官。唐宣宗信任的两个宰相，前期为白敏中，后期为令狐绹，两人只看宣宗脸色办事，令狐绹更是李宗闵的朋党，又依附宦官，由此可想，宣宗一朝的政治是如何败坏的了。宣宗又走唐文宗、武宗的老路，不听劝谏，为求长生食金丹，结果中毒而亡。宦官拥立了唐懿宗，唐政权又回到了宦官手中。

【原文】

宣宗元圣至明成武献文睿智章仁神聪懿道大孝皇帝下

大中四年（庚午，850 年）

春，正月，庚辰朔，赦天下。

二月，以秦州隶凤翔。

夏，四月，庚戌，以中书侍郎、同平章事马植为天平节度使。上之立也，左军中尉马元贽有力焉，由是恩遇冠诸宦者，植与之叙宗姓。上赐元贽宝带，元贽以遗植，植服之以朝，上见而识之，植变色，不敢隐。明日，罢相，收植亲吏董侔，下御史台鞫之，尽得植与元贽交通之状，再贬常州刺史。

六月，戊申，兵部侍郎、同平章事魏扶薨。以户部尚书、判度支崔龟从同平章事。

秋，八月，以白敏中判延资库。

卢龙节度使周綝薨，军中表请以押牙兼马步都知兵马使张允伸为留后，九月，丁酉，从之。

党项为边患，发诸道兵讨之，连年无功，戍馈不已；右补阙孔温裕上疏切谏，上怒，贬柳州司马。温裕，戣之兄子也。

吐蕃论恐热遣僧莽罗蔺真将兵于鸡项关南造桥，以击尚婢婢，军于白土岭。婢婢遣其将尚铎罗榻藏将兵据临蕃军以拒之，不利，复遣磨离罴子、烛卢巩力将兵据氂牛峡以拒之。巩力请“按兵拒险，勿与战，以奇兵绝其粮道，使进不得战，退不得还，不过旬月，其众必溃。”罴子不从。巩力曰：“吾宁为不用之人，不为败军之将。”称疾，归鄯州。罴子逆战，败死。婢婢粮乏，留拓跋怀光守鄯州，帅部落三千余人就水草于甘州西。恐热闻婢婢弃鄯州，自将轻骑五千追之，至瓜州，闻怀光守鄯州，遂大掠河西鄯、廓等八州，杀其丁壮，劓刖其羸老及妇人，以槊贯婴儿为戏，焚其室庐，五千里间，赤地殆尽。

冬，十月，辛未，以翰林学士承旨、兵部侍郎令狐绹同平章事。

【语译】

宣宗元圣至明成武献文睿智章仁神聪懿道大孝皇帝下

唐宣宗大中四年（庚午，850 年）

春季，正月初一日庚辰，大赦天下。

二月，将秦州划归凤翔领辖。

夏季，四月初二日庚戌，将中书侍郎、同平章事马植降为天平节度使。宣宗的即位，左神策军中尉马元贽是出了大力的，于是，宣宗对他的宠信优待为宦官中最高。马植便和马元贽攀宗族关系，宣宗赏赐马元贽一条宝带，马元贽把它转送给马植，马植系着上朝，宣宗看到后认出这是他送给马元贽的东西，马植吓得脸色都变了，不敢隐瞒其事。第二天，马植被罢相，马植的亲信官吏董侔被收捕，交给御史台审问，得到了马植与马元贽来往交结的全部情状，再一次贬谪马植为常州刺史。

六月初二日戊申，兵部侍郎、同平章事魏扶去世。任命户部侍郎、判度支崔龟从同平章事。

秋季，八月，任命白敏中判延资库。

卢龙节度使周綝去世，军中上表请求任命押牙兼马步都知兵马使张允伸为留后，九月二十三日丁酉，答应了军中的请求。

党项在边地为患，征发各道兵马征讨，连年都无功效，戍卒馈饷不停地运送；右补阙孔温裕上疏恳切谏止，宣宗大怒，贬他为柳州司马。孔温裕是孔戣哥哥的儿子。

吐蕃论恐热派遣僧人莽罗蔺真带领军队在鸡项关南造桥，用来攻击驻守在白土岭的尚婢婢的军队。尚婢婢派遣他的将领尚铎罗榻藏领兵据守临蕃军以抵御论恐热的进攻，战事失利，尚婢婢又派磨离罴子、烛卢巩力领兵据守氂牛峡来抵抗敌人。烛卢巩力请求："将军队据守在险要处，不和敌人作战，用奇兵断绝敌人的粮道，使他们既不能进攻也不能后退，不出一个月，他们的军队必定会溃败。"磨离罴子不听从烛卢巩力的主张。烛卢巩力说："我宁愿做不被任用的人，也不愿做打败仗的将领。"就借口有病，回到鄯州。磨离罴子迎战，失败而死。尚婢婢由于缺乏粮食，留下拓拔怀光守鄯州，自己带领部落三千余人到甘州以西有水草的地方驻扎。论恐热听说尚婢婢放弃了鄯州，亲自带领轻骑五千追赶他，到达瓜州，听到拓拔怀光仍据守鄯州，于是就大肆抢掠河西鄯、廓等八州，把壮年男子杀死，把衰弱的老人和妇女割去鼻子，砍掉双脚，以用枪刺穿婴儿为戏乐，把百姓房屋烧掉，方圆五千里，都变成一无所有的空旷荒凉之地。

冬季，十月二十七日辛未，任命翰林学士承旨、兵部侍郎令狐绹为同平章事。

十一月，壬寅，以翰林学士刘瑑为京西招讨党项行营宣慰使。

以卢龙留后张允伸为节度使。

十二月，以凤翔节度使李业、河东节度使李拭并兼招讨党项使。

吏部侍郎孔温业白执政求外官，白敏中谓同列曰："我辈须自点检，孔吏部不肯居朝廷矣。"温业，戣之弟子也。

（以上为第一段，写党项犯边，吐蕃论恐热残虐鄯州。）

五年（辛未，851 年）

春，正月，壬戌，天德军奏摄沙州刺史张义潮遣使来降。义潮，沙州人也，时吐蕃大乱，义潮阴结豪杰，谋自拔归唐。一旦，帅众被甲噪于州门，唐人皆应之，吐蕃守将惊走，义潮遂摄州事，奉表来降。以义潮为沙州防御使。

以兵部侍郎裴休为盐铁转运使。休，肃之子也。自太和以来，岁运江、淮米不过四十万斛，吏卒侵盗、沈没，舟达渭仓者什不三四，大堕刘晏之法，休穷究其弊，立漕法十条，岁运米至渭仓者百二十万斛。

上颇知党项之反由边帅利其羊马，数欺夺之，或妄诛杀，党项不胜愤怨，故反，乃以右谏议大夫李福为夏绥节度使。自是继选儒臣以代边帅之贪暴者，行日复面加戒励，党项由是遂安。福，石之弟也。

上以南山、平夏党项久未平，颇厌用兵。崔铉建议，宜遣大臣镇抚。三月，以白敏中为司空、同平章事，充招讨党项行营都统、制置等使，南北两路供军使兼邠宁节度使。敏中请用裴度故事，择廷臣为将佐，许之。夏，四月，以左谏议大夫孙景商为左庶子，充邠宁行军司马；知制诰蒋伸为右庶子，充节度副使。伸，系之弟也。

初，上令白敏中为万寿公主选佳婿，敏中荐郑颢；时颢已婚卢氏，行至郑州，堂帖追还，颢甚衔之，由是数毁敏中于上。敏中将赴镇，言于上曰："郑颢不乐尚主，怨臣入骨髓。臣在政府，无如臣何；今臣出外，颢必中伤，臣死无日矣！"上曰："朕知之久矣，卿何言之晚邪！"命左右于禁中取小柽函以授敏中曰："此皆郑郎谮卿之书也。朕若信之，岂任卿以至今日！"敏中归，置柽函于佛前，焚香事之。

十一月二十八日壬寅，任命翰林学士刘瑑为京西招讨党项行营宣慰使。

任命卢龙留后张允伸为节度使。

十二月，任命凤翔节度使李业、河东节度使李拭并兼招讨党项使。

吏部侍郎孔温业向宰相提出要求到外地去任职，白敏中对他的同事说："我们这些人要自我检点一些，孔吏部不肯在朝廷任职了。"孔温业是孔戣弟弟的儿子。

唐宣宗大中五年（辛未，851 年）

春季，正月十九日壬戌，天德军奏报说代理沙州刺史张义潮派遣使者前来投降。张义潮是沙州人，当时吐蕃大乱，张义潮暗地里交结豪杰，打算摆脱吐蕃统治归附唐朝。一天早晨，率领兵众穿上盔甲在州府门前喧闹，唐人都响应他的号召，吐蕃守将受惊逃跑了，张义潮就代理了州刺史的职事，奉送奏表前来投降。随即任命张义潮为沙州防御使。

任命兵部侍郎裴休为盐铁转运使。裴休是裴肃的儿子。从太和年间以来，每年运输江淮的大米不过四十万斛，由于吏卒偷盗、河中沉没等原因，粮船抵达渭仓的十分之中不过三四分而已，严重破坏了刘晏设立的漕运制度。裴休详尽考察了其中的弊病，制定漕运法规十条，每年运送到渭仓的米达到一百二十万斛。

宣宗很清楚党项的反叛是由于边帅想得到他们的羊和马，多次欺压抢夺他们的羊马，有时随意诛杀他们，党项非常愤怒，就起来造反。于是朝廷任命右谏议大夫李福为夏绥节度使。从这以后继续选派儒臣以取代边帅中贪暴的人，出发的时候，又当面加以劝诫鼓励，党项在这种安排下才安定下来了。李福是李石的弟弟。

宣宗由于南山、平夏党项长期未被平定，很不愿再打仗了。崔铉提出建议说，应当派遣大臣前去镇守和安抚。三月，任命白敏中为司空、同平章事，充任招讨党项行营都统、制置等使，南北两路供军使兼邠宁节度使。白敏中请求沿用裴度的旧例，选择朝臣为将佐，宣宗答应了。夏季，四月，任命左谏议大夫孙景商为左庶子，充任邠宁行军司马；知制诰蒋伸为右庶子，充任节度副使。蒋伸是蒋系的弟弟。

以前，宣宗叫白敏中为万寿公主选择好夫婿，白敏中推荐郑颢；当时郑颢已与卢氏订了婚，走到郑州，被政事堂的帖子追回，由此郑颢非常怨恨白敏中，多次在宣宗面前诋毁白敏中。白敏中将要去邠宁镇上任，对宣宗说："郑颢不乐意娶公主为妻，怨恨臣达到刻骨的地步。臣在任宰相时，郑颢不能对我怎么样；现在臣出任外职，郑颢必定会中伤我，臣的死期不会很久了！"宣宗说："朕早知道这件事，你为什么这么晚才说出来呢！"随即叫左右在禁中拿来小红柳木盒子交给白敏中说："这里面都是郑颢诋毁你的书信。朕若是相信这些话，哪里会信任你到今天！"白敏中

敏中军于宁州，壬子，定远城使史元破党项九千余帐于三交谷，敏中奏党项平。辛未，诏："平夏党项，已就安帖。南山党项，闻出山者迫于饥寒，犹行钞掠，平夏不容，穷无所归；宜委李福存谕，于银、夏境内授以闲田。如能革心向化，则抚如赤子。从前为恶，一切不问，或有抑屈，听于本镇投牒自诉。若再犯疆埸，或复入山林，不受教令，则诛讨无赦。将吏有功者甄奖，死伤者优恤，灵、夏、邠、鄜四道百姓，给复三年，邻道量免租税。向由边将贪鄙，致其怨叛，自今当更择廉良抚之。若复致侵叛，当先罪边将，后讨寇虏。"

吐蕃论恐热残虐，所部多叛；拓跋怀光使人说诱之，其众或散居部落，或降于怀光。恐热势孤，乃扬言于众曰："吾今入朝于唐，借兵五十万来诛不服者，然后以渭州为国城，请唐册我为赞普，谁敢不从！"五月，恐热入朝，上遣左丞李景让就礼宾院问所欲。恐热气色骄倨，语言荒诞，求为河渭节度使；上不许，召对三殿，如常日胡客，劳赐遣还。恐热怏怏而去，复归落门川，聚其旧众，欲为边患。会久雨，乏食，众稍散，才有三百余人，奔于廓州。

六月，立皇子润为鄂王。

（以上为第二段，写沙州刺史张义潮归唐，唐宣宗外放宰相白敏中镇抚党项，吐蕃论恐热势衰。）

进士孙樵上言："百姓男耕女织，不自温饱，而群僧安坐华屋，美衣精馔，率以十户不能养一僧。武宗愤其然，发十七万僧，是天下一百七十万户始得苏息也。陛下即位以来，修复废寺，天下斧斤之声至今不绝，度僧几复其旧矣。陛下纵不能如武宗除积弊，奈何兴之于已废乎！日者陛下欲修国东门，谏官上言，遽为罢役。今所复之寺，岂若东门之急乎？所役之功，岂若东门之劳乎？愿早降明诏，僧未复者勿复，寺未修者勿修，庶几百姓犹得以息肩也。"秋，七月，中书门下奏："陛下崇奉释氏，群下莫不奔走，恐财力有所不逮，因之生事扰人，望委所在

回到家里，把红柳盒子放在佛像前，焚香祀奉它。

白敏中驻扎在宁州，四月初十日壬子，定远城使史元在三交谷大破党项九千余帐，白敏中上奏说党项已被平定。四月二十九日辛未，诏令说："平夏党项已经安定服帖。听说南山党项从山中出来的人因为饥寒所迫还在进行抢掠，平夏不容留他们，穷困无所归宿，应当委派李福前去存问告谕，在银州、夏州境内把闲置的田土分给他们。如果他们能够重新做人，归向朝廷，那么就应如对待赤子一样安抚他们，从前所做的坏事，一概不予追究，或者有什么冤屈的事，让他们在本镇投牒自我申诉。假若再侵犯边界，或者再进入山林，不接受朝廷的教令，那么就会受到诛讨而不能赦罪。将吏建立了功劳的分别大小授奖，死伤的人优加抚恤，灵、夏、邠、鄜四道的百姓，给予免除三年赋税的优待，相邻的各道酌量免除租税。过去由于边将贪财行暴，使得党项怨恨而至叛乱，从今以后应当更择廉洁忠良的人去抚循他们。要是再发生侵扰叛乱之事，应当首先给边将治罪，然后才去讨伐寇虏。"

吐蕃论恐热为人残暴凶虐，部下多数背叛而离开他；拓拔怀光使人劝说引诱他们，那些部众有的散归部落，有的投降了拓拔怀光。论恐热势力孤弱，于是在众人中扬言说："我现在到唐朝去朝贡，借兵五十万来诛讨不服从我的人，然后把渭州作为国家的都城，请求唐朝册封我为赞普，谁敢不服从我！"五月，论恐热到了京城，宣宗派遣左丞李景让到礼宾院询问他有什么要求。论恐热表现出骄傲自大的样子，谈话也很荒唐，要求担任河渭节度使；宣宗不答应，在三殿召见了他，如平常接见胡客一样，慰劳赏赐以后让他回去。论恐热很不高兴地离开了长安，又回到了落门川，聚集旧时的部众，想在边境叛乱，碰上连日下雨，缺乏粮食，部众逐渐散去，只留下了三百余人，逃奔去了廓州。

六月，立皇子李润为鄂王。

进士孙樵上奏说："百姓男耕女织，还不能得到温饱，而成群的僧侣却安坐在华丽的屋子里，穿着好看的衣服，吃着精美的食品，大抵用十户人家的税收还不足供养一个僧人。武宗愤恨这种情形，命令十七万僧侣蓄发为民，这样就使得全国一百七十万户平民得以休养生息。陛下即位以来，下令修复废寺，全国斧砍锯伐的声音至今不绝于耳，领到度牒的僧侣差不多和从前一样多了。陛下既然不能如武宗一样清除积弊，为什么还要把已经废弃的东西兴盛起来呢！不久前陛下想整修国都的东门，有谏官上奏劝止，随即就停止工役。现在所要修复的寺庙，难道比修整东门更紧急吗？所花费的工役，难道会比东门更少吗？希望陛下早些颁下诏令，僧侣

长吏量加撙节。所度僧亦委选择有行业者，若容凶粗之人，则更非敬道也。乡村佛舍，请罢兵日修。”从之。

八月，白敏中奏南山党项亦请降。时用兵岁久，国用颇乏，诏并赦南山党项，使之安业。

冬，十月，乙卯，中书门下奏：“今边事已息，而州府诸寺尚未毕功，望且令成之。其大县远于州府者，听置一寺，其乡村毋得更置佛舍。”从之。

戊辰，以户部侍郎魏謩同平章事，仍判户部。时上春秋已高，未立太子，群臣莫敢言。謩入谢，因言：“今海内无事，惟未建储副，使正人辅导，臣窃以为忧。”且泣。时人重之。

蓬、果群盗依阻鸡山，寇掠三川；以果州刺史王贽弘充三川行营都知兵马使以讨之。

制以党项既平，罢白敏中都统，但以司空、平章事充邠宁节度使。

张义潮发兵略定其旁瓜、伊、西、甘、肃、兰、鄯、河、岷、廓十州，遣其兄义泽奉十一州图籍入见，于是河、湟之地尽入于唐。十一月，置归义军于沙州，以义潮为节度使、十一州观察使；又以义潮判官曹义金为归义军长史。

以中书侍郎、同平章事崔龟从同平章事，充宣武节度使。

右羽林统军张直方坐出猎累日不还宿卫，贬左骁卫将军。

（以上为第三段，写唐宣宗佞佛，僧尼泛滥。张义潮略定河西湟水十一州之地归唐为节度使。）

六年（壬申，852年）

春，二月，王贽弘讨鸡山贼，平之。

是时，山南西道节度使封敖奏巴南妖贼言辞悖慢，上怒甚。崔铉曰：“此皆陛下赤子，迫于饥寒，盗弄陛下兵于溪谷间，不足辱大军，但遣一使者可平矣。”乃遣京兆少尹刘潼诣果州招谕之。潼上言请不发兵攻讨，

没有恢复的不再恢复，寺庙未修建的不再修建，以使百姓得到一个喘息的机会。”秋季，七月，中书门下上奏说：“陛下崇奉释氏，群臣下民没有不为了这件事而奔走效力的，只是恐怕财力应付不了，因而另外去困扰民众，希望交代各个地方的长官酌量加以节省。凡是允许给度牒的僧侣也由地方官选择有德行和有专业修养的人，要是让凶暴粗鲁的人去为僧，那就有违敬奉佛道之旨意了。乡村中的佛舍，请求等到停止用兵以后再去修缮。”宣宗答应了。

八月，白敏中上奏说南山党项也请求投降。当时长期用兵，国家财政很困难，下诏赦免南山党项，使他们安居本业。

冬季，十月十七日乙卯，中书门下上奏说：“现在边疆战事已经平息，而各州府的寺庙还未全部修好，希望下令完成这一工作。那些大县离州府很远的，听任他们设置一处寺庙，那些乡村就不准再建佛舍了。”宣宗同意了。

十月三十日戊辰，任命户部侍郎魏謩为同平章事，仍判户部。当时宣宗年岁已经很大，还未立太子，群臣都不敢提出这件事。魏謩进宫谢恩，因而向宣宗说：“现在国家安定，只是没有确立太子，使正直的大臣加以辅导，臣私下感到很忧虑。”并且流下了泪。当时人们十分推重魏謩的这一举动。

蓬州和果州的群盗依靠着鸡山的险阻，在三川等地抢掠；于是任命果州刺史王贽弘担任三川行营都知兵马使以讨伐他们。

宣宗在制书中认为党项既已平定，于是罢免了白敏中都统的官衔，只以司空、平章事充任邠宁节度使。

张义潮发兵攻取平定了周边的瓜、伊、西、甘、肃、兰、鄯、河、岷、廓十州，派遣他的哥哥张义泽带着十一州地图册籍入朝拜见天子，于是河湟一带地方全部回到唐朝的管辖之下。十一月，在沙州设置归义军，任命张义潮为节度使、十一州观察使；又任命张义潮的判官曹义金为归义军长史。

改任中书侍郎、同平章事崔龟从同平章事，充任宣武节度使。

右羽林统军张直方由于出外打猎多日没有回来宿卫，被贬为左骁卫将军。

唐宣宗大中六年（壬申，852年）

春季，二月，王贽弘讨伐鸡山反叛者，将其平定。

当时，山南西道节度使封敖上奏说巴南妖贼出言不逊，宣宗看了非常恼怒。崔铉说：“这些人都是陛下的子民，为饥寒所迫，在溪谷间把玩从官府偷盗来的武器，没有必要派大军去征讨，只要派遣一名使者就可以平息叛乱。”于是派遣京兆少尹刘

且曰："今以日月之明烛愚迷之众，使之稽颡归命，其势甚易。所虑者，武臣耻不战之功，议者责欲速之效耳。"潼至山中，盗弯弓待之，潼屏左右直前曰："我面受诏赦汝罪，使汝复为平人。闻汝木弓射二百步，今我去汝十步，汝真欲反者，可射我！"贼皆投弓列拜。请降。潼归馆，而王贽弘与中使似先义逸引兵已至山下，竟击灭之。

三月，敕先赐右卫大将军郑光户县及云阳庄并免税役。中书门下奏，以为："税役之法，天下皆同。陛下屡发德音，欲使中外画一，今独免郑光，似稍乖前意。事虽至细，系体则多。"敕曰："朕以郑光元舅之尊贵，欲优异令免征税，初不细思。况亲戚之间，人所难议，卿等苟非爱我，岂进嘉言！庶事能尽如斯，天下何忧不理！有始有卒，当共守之。并依所奏。"

夏，四月，甲辰，以邠宁节度使白敏中为西川节度使。

湖南奏，团练副使冯少端讨衡州贼帅邓裴，平之。

党项复扰边，上欲择可为邠宁帅者而难其人，从容与翰林学士、中书舍人须昌毕諴边事，諴援古据今，具陈方略。上悦曰："吾方择帅，不意颇、牧近在禁廷。卿其为朕行乎！"諴欣然奉命。上欲重其资履，六月壬申，先以諴为刑部侍郎，癸酉，乃除邠宁节度使。

雍王渼薨，追谥靖怀太子。

河东节度使李业纵吏民侵掠杂虏，又妄杀降者，由是北边扰动。闰月，庚子，以太子少师卢钧为河东节度使。业内有所恃，人莫敢言，魏謩独请贬黜；上不许，但徙义成节度使。

卢钧奏度支郎中韦宙为副使。宙遍诣塞下，悉召酋长，谕以祸福，禁唐民毋得入虏境侵掠，犯者必死，杂虏由是遂安。

掌书记李璋杖一牙职，明日，牙将百余人诉于钧，钧杖其为首者，

潼到果州去招抚晓谕他们。刘潼上奏说请不要发兵攻讨，并且说："现在用如同日月一样的光明去照耀愚昧迷蒙的群众，使他们叩头归附朝廷，从形势方面看是很容易做到的。值得忧虑的是，武臣以不打仗而获得功劳为耻，议论的人却要求很快取得胜利。"刘潼到山中，盗贼张着弓搭上箭等待他，刘潼推开左右的随从，径直上前说："我当面接受皇上的诏令赦免你们的罪，使你们又成为一般平民。听说你们的木弓可射二百步远，现在我离你们只有十步，你们真正想造反的话，就射我吧！"叛贼都丢下弓箭群列而拜，请求投降。刘潼回到客馆，而王贽弘与中使似先义逸带领军队已经到了山下，最后还是攻击消灭了投降的人。

三月，敕命先赐给右卫大将军郑光鄠县与云阳两处庄园并免除税役。中书门下上奏，认为："纳税服役的规定，全国都是一样执行的。陛下屡次发表讲话，想使朝廷内外统一法令，现在只单独免除郑光的税役，似乎和以前说的话稍有违背。这件事情虽然很小，涉及的体制则是多方面的。"宣宗敕令说："朕认为郑光是尊贵的元舅，想优待他免去征税，原先没有仔细考虑这个问题。况且他是朕的亲戚，人们不敢随便议论，你等要不是爱护我，哪里会向我说这样的好话！不论大小事如能都像这样，国家就不必担心治理不好！有始有终，大家都照这样办吧。都依照你们所奏的执行。"

夏季，四月初八日甲辰，改任邠宁节度使白敏中为西川节度使。

湖南上奏说，团练副使冯少端讨伐衡州贼帅邓裴，平定了他。

党项再次侵扰边境，宣宗想选择能够担任邠宁镇统帅的人，但未找到合适的人选，在一次平静地与翰林学士、中书舍人须昌人毕諴讨论边事时，毕諴援引古事，根据今情，具体陈述计策谋略。宣宗高兴地说："我正在挑选将帅，想不到廉颇、李牧就在宫禁之中。你就替朕前去任职吧！"毕諴愉快地接受了诏命。宣宗想抬高他的资格和履历，六月初七日壬申，先任命毕諴为刑部侍郎，六月初八日癸酉，就任命他为邠宁节度使。

雍王李渼去世，追谥他为靖怀太子。

河东节度使李业放纵吏民侵害抢掠杂虏，又随意杀死投降的人，由于这样，北部边疆又扰乱起来。闰七月初六日庚子，任命太子少师卢钧为河东节度使。李业由于在朝廷内有靠山，人们不敢说他的不好，只有魏謩请求贬黜他；宣宗不答应，只是将李业迁为义成节度使。

卢钧上奏要度支郎中韦宙为副使。韦宙走遍了塞下各个地方，把杂虏酋长都召集起来，告诉他们如何做是祸，如何做是福，禁止唐朝的平民到杂虏住地进行抢掠，违犯的人要处以死刑。这样杂虏就安定下来了。

掌书记李璋杖责牙门中一个官员，第二天，牙将一百多人向卢钧告状，卢钧用

谪戍外镇，余皆罚之，曰："边镇百余人，无故横诉，不可不抑。"璋，绛之子也。

八月，甲子，以礼部尚书裴休同平章事。

獠寇昌、资二州。

冬，十月，邠宁节度使毕诚奏招谕党项皆降。

骁卫将军张直方坐以小过屡杀奴婢，贬恩州司户。

十一月，立宪宗子惴为棣王。

十二月，中书门下奏："度僧不精，则戒法堕坏；造寺无节，则损费过多。请自今诸州准元敕许置寺外，有胜地灵迹许修复，繁会之县许置一院。严禁私度僧、尼；若官度僧、尼有阙，则择人补之，仍申祠部给牒。其欲远游寻师者，须有本州公验。"从之。

（以上为第四段，写边将王赞弘杀良冒功，邠宁节度使毕諴抚定党项，河东节度使卢钧用纪律抑制骄兵悍将。）

七年（癸酉，853 年）

春，正月，戊申，上祀圜丘，赦天下。

夏，四月，丙寅，敕："自今法司处罪，用常行杖。杖脊一，折法杖十；杖臀一，折笞五。使吏用法有常准。"

冬，十二月，左补阙赵璘请罢来年元会，止御宣政。上以问宰相，对曰："元会大礼，不可罢。况天下无事。"上曰："近华州奏有贼光火劫下邽，关中少雪，皆朕之忧，何谓无事！虽宣政亦不可御也！"

上事郑太后甚谨，不居别宫，朝夕奉养。舅郑光历平卢、河中节度使，上与之论为政，光应对鄙浅，上不悦，留为右羽林统军，使奉朝请。太后数言其贫，上辄厚赐金帛，终不复任以民官。

度支奏："自河、湟平，每岁天下所纳钱九百二十五万余缗，内五百五十万余缗租税，八十二万余缗榷酤，二百七十八万余缗盐利。"

（以上为第五段，写河湟入唐，赋税稍增。）

杖责了领头的人，把他贬谪到外镇去守边，其余的人也都受到惩罚，卢钧说："边镇一百多人，无缘无故地恣意进行诉讼，不能不抑制一下。"李璋是李绛的儿子。

八月初一日甲子，任命礼部尚书裴休为同平章事。

獠人侵扰昌、资二州地方。

冬季，十月，邠宁节度使毕诚上奏说，招谕党项都降顺了。

骁卫将军张直方多次由于小的过错杀害奴婢，贬谪他为恩州司户。

十一月，立宪宗的儿子李惴为棣王。

十二月，中书门下上奏说："如果剃度的僧侣未经精选，那么戒法就要遭到破坏；修造寺庙没有节制，那么耗费的财物必然过多。请求从今日起各州除按照原来的敕命允许设置的寺庙以外，有名胜地方和出现过灵迹的地方准许修复，繁华都会的县准许设置一处寺院。严格禁止私人剃度僧、尼；要是官府剃度僧、尼尚有缺额，即选择合适的人补充，仍然要申报到祠部发给度牒，那些想要远游寻找师傅的和尚，必须持有本州发给的证明文件。"宣宗答应了。

唐宣宗大中七年（癸酉，853 年）

春季，正月十七日戊申，宣宗到圜丘举行祭天仪式，大赦天下。

夏季，四月初六日丙寅，敕令："从现在起执法机关处罚罪人，用通常的杖刑，杖打脊背一下，折合常行杖臀十下；杖打臀部一下，折合用鞭子打五下。使官吏行使法制有一定的标准。"

冬季，十二月，左补阙赵璘请求停止举行来年的元旦朝会，只在宣政殿会见大臣。宣宗就这件事向宰相征求意见，他们回答说："元旦的朝会是国家的重大礼仪，不能停止。何况在天下太平的今天。"宣宗说："近来华州上奏说有盗贼明火执仗抢劫下邽县，关中又很少下雪，这都是我所担忧的，怎么能说无事！就是宣政殿也不能去了。"

宣宗侍奉郑太后很恭谨，不让她住在其他宫殿，以便早晚都可以奉养。舅父郑光历任平卢、河中节度使。郑光入朝，宣宗和他谈论政事，郑光回答问题时识见鄙陋浅薄，宣宗很不高兴，于是把他留下来出任右羽林统军，使他为奉朝请。郑太后多次说郑光贫穷，宣宗即赏赐他很多金帛，始终不让他担任治民的官职。

度支上奏说："从河湟平定后，每年全国上交的钱为九百二十五万余缗，其中五百五十多万缗是租税收入，八十二万多缗是酒税，二百七十八万多缗是盐税。"

八年（甲戌，854年）

春，正月，丙戌朔，日有食之。罢元会。

上自即位以来，治弑宪宗之党，宦官、外戚乃至东宫官属，诛窜甚众。虑人情不安，丙申，诏："长庆之初，乱臣贼子，顷搜擿余党，流窜已尽，其余族从疏远者，一切不问。"

二月，中书门下奏，拾遗、补阙缺员，请更增补。上曰："谏官要在举职，不必人多，如张道符、牛丛、赵璘辈数人，使朕日闻所不闻足矣。"丛，僧孺之子也。

久之，丛自司勋员外郎出为睦州刺史，入谢，上赐之紫。丛既谢，前言曰："臣所服绯，刺史所借也。"上遽白："且赐绯。"上重惜服章，有司常具绯、紫衣数袭从行，以备赏赐，或半岁不用其一，故当时以绯、紫为荣。上重翰林学士，至于迁官，必校岁月，以为不可以官爵私近臣也。

秋，九月，丙戌，以右散骑常侍高少逸为陕虢观察使。有敕使过硖石，怒饼黑，鞭驿吏见血；少逸封其饼以进。敕使还，上责之曰："深山中如此食岂易得！"谪配恭陵。

立皇子洽为怀王，汭为昭王，汶为康王。

上猎于苑北，遇樵夫，问其县，曰："泾阳人也。""令为谁？"曰："李行言。""为政何如？"曰："性执。有强盗数人，军家索之，竟不与，尽杀之。"上归，帖其名于寝殿之柱。冬，十月，行言除海州刺史，入谢，上赐之金紫。问曰："卿知所以衣紫乎？"对曰："不知。"上命取殿柱之帖示之。

上以甘露之变，惟李训、郑注当死，自余王涯、贾悚等无罪，诏皆雪其冤。

上召翰林学士韦澳，托以论诗，屏左右与之语曰："近日外间谓内侍权势何如？"对曰："陛下威断，非前朝之比。"上闭目摇首曰："全未，全未！尚畏之在。卿谓策将安出？"对曰："若与外廷议之，恐有太和之变，不若就其中择有才识者与之谋。"上曰："此乃末策。自衣黄、衣绿至衣绯，皆感恩，才衣紫则相与为一矣！"上又尝与令狐绹谋尽诛宦官，

唐宣宗大中八年（甲戌，854年）

春季，正月初一日丙戌，发生日食。停止举行元旦的朝会。

宣宗自从即位以来，处治谋杀宪宗的党徒，包括宦官、外戚以及东宫官属，诛杀和流放的人很多。考虑到怕引起人心浮动，正月十一日丙申，下诏说："长庆初年的乱臣贼子，近来搜捕收录余党，流放发配已完，其余涉及同族亲近疏远的人，一概不再追究。"

二月，中书门下上奏，拾遗、补阙官员又有缺额，请求再增补一些。宣宗说："谏官重要的是尽忠职守，不一定要人员多，例如张道符、牛丛、赵璘等人，使朕每天能听到一些从别处听不到的话也就足够了。"牛丛是牛僧孺的儿子。

过了一段时间，牛丛从司勋员外郎调去担任睦州刺史，入朝谢恩时，宣宗赏赐给他一件紫衣。牛丛谢恩毕，上前对宣宗说："臣所穿的绯衣，还是在任刺史时借用的。"宣宗马上说："暂且赐你绯衣。"宣宗十分珍惜象征品级的服饰，有关部门常常准备绯衣和紫衣数件跟随在宣宗身边，用来供给宣宗赏赐时所需，有时半年也用不上一件，所以当时把得到绯衣和紫衣看作是很光荣的事。宣宗看重翰林学士，至于升迁官职，一定要计算任官的岁月，认为不应该把官爵私自给予亲近的臣子。

秋季，九月初四日丙戌，宣宗任命左散骑常侍高少逸为陕虢观察使。有敕使经过硖石县，因驿站供给的饼子黑了一点而大发脾气，把驿站吏役鞭打得流血；高少逸把黑饼子封装好进奏给宣宗。敕使回到朝廷，宣宗责备他说："深山之中像这样的食物难道容易得到！"随后把他贬谪去恭陵服劳役。

立皇子李洽为怀王，李汭为昭王，李汶为康王。

宣宗到苑北去狩猎，碰上一位樵夫，询问是哪县人，樵夫回答说："泾阳县人。"又问他："县令是谁？"回答说："李行言。"又问他："政事办理得怎么样？"回答说："性情固执。有强盗数人，北司诸军来索要，李行言终究不给，把几个强盗都杀了。"宣宗回朝，把李行言的名字贴在寝殿的柱子上。冬季，十月，李行言被任命为海州刺史，入朝向宣宗谢恩，宣宗赏赐他金鱼袋和紫衣。宣宗问他："你知道你为什么能穿紫衣吗？"回答说："不知道。"宣宗叫人取下寝殿柱子上的名帖给他看。

宣宗认为甘露之变，只有李训、郑注应当被定死罪，其余王涯、贾𫗧等人无罪，下诏洗雪他们所遭受的冤枉。

宣宗召见翰林学士韦澳，托辞品论诗章，叫左右侍从退下后对韦澳说："近来外面对内侍的掌权情况有什么看法？"韦澳回答说："陛下行使权力决定大事，不是前朝可比的。"宣宗闭着眼睛连连摇头说："完全不是那么回事，完全不是那么回事！朕还畏惧着他们呢。你说说看有什么好计策？"韦澳回答说："要是和外廷的大臣商议这件事，担心又发生如太和年间的变乱，不如就在宦官中选择有才识的人和他们

绹恐滥及无辜，密奏曰："但有罪勿舍，有阙勿补，自然渐耗，至于尽矣。"宦者窃见其奏，由是益与朝士相恶，南北司如水火矣。

（以上为第六段，写唐宣宗穷治弑宪宗之党，平反甘露之变的蒙冤者，意在谋诛宦官。）

九年（乙亥，855年）

春，正月，甲申，成德军奏节度使王元逵薨，军中立其子节度副使绍鼎，癸卯，以绍鼎为成德留后。

二月，以醴泉令李君奭为怀州刺史。初，上校猎渭上，有父老以十数，聚于佛祠，上问之，对曰："醴泉百姓也。县令李君奭有异政，考满当罢，诣府乞留，故此祈佛，冀谐所愿耳。"及怀州刺史阙，上手笔除君奭，宰相莫之测。君奭入谢，上以此奖厉，众始知之。

三月，诏邠宁节度使毕諴还邠州。先是，以河、湟初附，党项未平，移邠宁军于宁州，至是，南山、平夏皆安，威、盐、武三州军食足，故令还理所。

夏，闰四月，诏以"州县差役不均，自今每县据人贫富及役轻重作差科簿，送刺史检署讫，锁于令厅，每有役事委令，据簿定差。"

五月，丙寅，以王绍鼎为成德节度使。

上聪察强记，宫中厮役给洒扫者，皆能识其姓名，才性所任，呼召使令，无差误者。天下奏狱吏卒姓名，一览皆记之。度支奏渍污帛，误书渍为清，枢密承旨孙隐中谓上不之见，辄足成之。及中书覆入，上怒，推按擅改章奏者罚谪之。

上密令翰林学士韦澳纂次诸州境土风物及诸利害为一书，自写而上之，虽子弟不知也，号曰《处分语》。他日，邓州刺史薛弘宗入谢，出，谓澳曰："上处分本州事惊人。"澳询之，皆《处分语》中事也。澳在翰林，上或遣中使宣旨草诏；事有不可者，澳辄曰："兹事须降御札，方敢施行。"淹留至旦，上疏论之；上多从之。

谋划。”宣宗说：“这是下策，朕已经试过了，从穿黄衣、绿衣到穿绯衣的，都感激朝廷的恩义，只要穿上紫衣就结成一团成为独立的力量了！”宣宗又曾经与令狐绹谋划诛杀全部宦官，令狐绹担心范围太大了会使无罪的人也遭殃，秘密上奏说：“只要他们犯了罪不放过，宦官官职有缺额不补充，宦官自然而然逐渐减少，以达到消灭。”宦官暗地里看到令狐绹的奏章，由此更加与朝廷士大夫为仇，南衙北司水火不容。

唐宣宗大中九年（乙亥，855年）

春季，正月初四日甲申，成德军上奏说节度使王元逵去世，军队中拥立他的儿子节度副使王绍鼎，正月二十三日癸卯，任命王绍鼎为成德军留后。

二月，任命醴泉县县令李君奭为怀州刺史。前些时候，宣宗在渭水旁狩猎，遇到有数十位老年人在佛祠前聚集，宣宗问他们情况，回答说：“我们都是醴泉县的老百姓。县令李君奭有优异的政绩，考课满期后就要离开，到京兆府请求留下他，所以在这里祈求菩萨保佑，希望能实现我们的愿望。”等到怀州刺史缺人，宣宗手诏任命李君奭，宰相也猜不出是什么缘故。李君奭入朝谢恩，宣宗把父老说的话告诉他，大家才知道是这么一回事。

三月，诏令邠宁节度使毕諴迁回邠州。原先，由于河湟地区刚刚收复，党项尚未完全平定，所以把邠宁军的驻地迁到了宁州，到现在，南山和平夏党项都平定了，威州、盐州和武州驻军粮食充足，所以叫他回到原来的治所去。

夏季，闰四月，诏令认为：“州县差役不均，从现在起每县根据人的贫富情况和服役多少制成差科簿，送到州刺史那里审核签字以后，锁在县令的大厅内，凡是遇到需要征役时下达的差役令根据差科簿轮差。”

五月十九日丙寅，任命王绍鼎为成德节度使。

宣宗明察秋毫，记忆力很强，宫中洒水扫地的服役人等，都能记得他们的姓名，这些人的才能和能担任的工作，每次叫他们干什么事，没有派错了人的。全国奏报狱吏小卒的姓名，只要看一次就能记下来。度支奏说渍水污坏绸帛，误把“渍”字写成“清”字，枢密承旨孙隐中以为宣宗没有看出来，随即把缺笔添上了。等到奏章经过中书省回到宫中，宣宗看了改添处大怒，追究擅自涂改奏章的人并加以处罚。

宣宗秘密命令翰林学士韦澳编写各州境内的土地和风俗名物以及各种利害关系等为一本书，韦澳亲自写成后送了上去，哪怕是他的子弟也不让知道，名叫《处分语》。有一天，邓州刺史薛弘宗入朝谢恩，退出后，对韦澳说：“皇上了解本州的情况以及处置安排使人吃惊。”韦澳询问他说了一些什么，方才知道都是《处分语》中所说的事。韦澳任翰林学士时，宣宗有时派遣中使叫他草拟诏书；如果有些事不应

秋，七月，浙东军乱，逐观察使李讷。讷，逊之弟子也，性卞急，遇将士不以礼，故乱作。

淮南饥，民多流亡，节度使杜悰荒于游宴，政事不治。上闻之，甲午，以门下侍郎、同平章事崔铉同平章事，充淮南节度使；丁酉，以悰为太子太傅、分司。

九月，乙亥，贬李讷为朗州刺史，监军王宗景杖四十，配恭陵。仍诏"自今戎臣失律，并坐监军。"以礼部侍郎沈询为浙东观察使。询，传师之子也。

冬，十一月，以吏部侍郎柳仲郢为兵部侍郎，充盐铁转运使。有间阎医工刘集因缘交通禁中，上敕盐铁补场官。仲郢上言："医工术精，宜补医官；若委务铜盐，何以课其殿最！且场官贱品，非特敕所宜亲，臣未敢奉诏。"上遽批："刘集宜赐绢百匹，遣之。"他日，见仲郢，劳之曰："卿论刘集事甚佳。"

上尝苦不能食，召医工梁新诊脉，治之数日，良已。新因自陈求官，上不许，但敕盐铁使月给钱三千缗而已。

右威卫大将军康季荣前为泾原节度使，擅用官钱二百万缗，事觉，季荣请以家财偿之。上以季荣有开河、湟功，许之。给事中封还敕书，谏官亦上言，十二月，庚辰，贬季荣夔州长史。

江西观察使郑祗德以其子颢尚主通显，固求散地，甲午，以祗德为宾客、分司。

（以上为第七段，写唐宣宗强记，识人过目不忘，时时留心访求贤才，破格录用。）

十年（丙子，856年）

春，正月，丁巳，以御史大夫郑朗为工部尚书、同平章事。

上命裴休极言时事，休请早建太子，上曰："若建太子，则朕遂为闲人。"休不敢复言。二月，丙戌，休以疾辞位，不许。

办的，韦澳就会说："这件事须要皇上亲自写下字据，才敢施行。"拖延到第二天早上，就上疏评论那件事，宣宗多半依从韦澳的意见。

秋季，七月，浙东发生军队叛乱，赶走了观察使李讷。李讷是李逊弟弟的儿子，性情急躁，对将士们不以礼相待，所以就发生了叛乱。

淮南地方发生饥荒，民众逃亡的人很多，节度使杜悰一心只用在游宴上面，没有把政事办理好。宣宗听到了这回事，八月十八日甲午，任命门下侍郎、同平章事崔铉同平章事，充任淮南节度使；八月二十一日丁酉，改任杜悰为太子太傅、分司东都。

九月二十九日乙亥，贬李讷为朗州刺史，监军王宗景被杖打四十，发配到恭陵服役。还下诏说："从现在起，武臣犯了罪，连同监军也要受处罚。"任命礼部侍郎沈询为浙东观察使。沈询是沈传师的儿子。

冬季，十一月，任命吏部侍郎柳仲郢为兵部侍郎，充任盐铁转运使。有一个民间医生刘集通过各种关系和禁中有来往，宣宗敕令盐铁转运使补他一个场官。柳仲郢上奏说："医生的技术如果高明，就应当补为医官；要是给他一个铜场盐场的小官，怎么来考核他的政绩好坏呢！况且场官品级低贱，不是特别敕命所应当涉及的，臣不敢奉诏办理此事。"宣宗见奏随即批示："刘集应当赏赐他绢一百匹，打发他走。"有一天，宣宗看到柳仲郢，奖励他说："卿论议刘集一事十分得当。"

宣宗曾经苦于不能进食，召来医工梁新诊脉，治疗了几天，病就痊愈了。梁新因而自己陈诉要求做官，宣宗不答应，只命令盐铁转运使每月给他三十串钱罢了。

右威卫大将军康季荣从前担任过泾原节度使，擅自动用官钱二百万缗，事件被发觉，康季荣请求用家财偿还挪用的官钱。宣宗认为康季荣有收复河、湟地区的功劳便答应了。给事中把敕书退回，表示不同意，谏官也上奏说不能那么办，十二月初五日庚辰，贬康季荣为夔州长史。

江西观察使郑祗德由于他的儿子郑颢娶了公主而通达贵显，坚持请求担任闲散官职，十二月十九日，改任郑祗德为太子宾客，分司东都。

唐宣宗大中十年（丙子，856年）

春季，正月十三日丁巳，任命御史大夫郑朗为工部尚书、同平章事。

宣宗命裴休大胆对时事提意见，裴休请求早些确立太子，宣宗说："假若立了太子，那么朕不就成了闲人。"裴休听了以后，不敢再说话了。二月十三日丙戌，裴休托言有病，要求辞去宰相职位，宣宗不答应。

三月，辛亥，诏以：“回鹘有功于国，世为婚姻，称臣奉贡，北边无警。会昌中虏廷丧乱，可汗奔亡，属奸臣当轴，遽加殄灭。近有降者云，已庞历今为可汗，尚寓安西，俟其归复牙帐，当加册命。”

上以京兆久不理，夏，五月，丁卯，以翰林学士、工部侍郎韦澳为京兆尹。澳为人公直，既视事，豪贵敛手。郑光庄吏恣横，积年租税不入，澳执而械之。上于延英问澳，澳具奏其状，上曰：“卿何以处之？”澳曰：“欲置于法。”上曰：“郑光甚爱之，何如？”对曰：“陛下自内庭用臣为京兆，欲以清畿甸之积弊；若郑光庄吏积年为蠹，得宽重辟，是陛下之法独行于贫户，臣未敢奉诏。”上曰：“诚如此。但郑光殢我不置；卿与痛杖，贷其死，可乎？”对曰：“臣不敢不奉诏，愿听臣且系之，俟征足乃释之。”上曰：“灼然可。朕为郑光故挠卿法，殊以为愧。”澳归府，即杖之；督租数百斛足，乃以吏归光。

（以上为第八段，写京兆尹韦澳严厉执法，敢惩治皇亲国舅郑光的庄吏。）

六月，戊寅，以中书侍郎、同平章事裴休同平章事，充宣武节度使。

司农卿韦厪欲求夏州节度使，有术士知之。诣厪门曰：“吾善醮星辰，求官无不如意。”厪信之，夜，设醮具于庭。术士曰：“请公自书官阶一通。”既得之，仰天大呼曰：“韦厪有异志，令我祭天。”厪举家拜泣曰：“愿山人赐百口之命！”家之货财珍玩尽与之。逻者怪术士服鲜衣，执以为盗；术士急，乃曰：“韦厪令我祭天，我欲告之，彼以家财求我耳。”事上闻。秋，九月，上召厪面诘之，具知其冤，谓宰相曰：“韦厪城南甲族，为奸人所诬，勿使狱吏辱之。”立以术士付京兆，杖死，贬厪永州司马。

户部侍郎、判户部、驸马都尉郑颢营求作相甚切。其父祗德与书曰：“闻汝已判户部，是吾必死之年；又闻欲求宰相，是吾必死之白也！”颢惧，累表辞剧务。冬，十月，乙酉，以颢为秘书监。

三月初八日辛亥，下诏说：“回鹘为国家立过功劳，世世代代与我国有婚姻关系，他们称臣进贡，北边保持安定。会昌年间，虏廷发生变乱，可汗也逃奔在外，那时是奸臣掌握大权，因此急忙去消灭他们。近来有投降的人说，现在是已庞历为可汗，还居住在安西，等他回到牙帐以后，应当给他加以册封。”

宣宗看到京兆地区很久以来都未治理好，夏季，五月二十五日丁卯，任命翰林学士、工部侍郎韦澳为京兆尹。韦澳为人公正耿直，上任以后豪门贵戚暂时有所收敛。郑光庄园的官吏放纵横暴是民间的祸患，多年来都不向官府交纳租税，韦澳把他抓起来戴上刑具。宣宗在延英殿问韦澳，韦澳把具体情况向宣宗做了汇报，宣宗说：“你打算如何处置他？”韦澳回答说：“按照法律惩办他。”宣宗说：“郑光很受朕宠信，怎么办？”韦澳回答说：“陛下从内庭把臣调去担任京兆尹，想这样清除京城长期解决不了的弊端；假若郑光的庄吏多年为害，仍能够宽容他的大罪，这就是说陛下定的法律只是对待贫户的，臣不敢奉行诏令。”宣宗说：“事情的确是这样。但是郑光纠缠我不罢休；你痛打他一顿，免他一死，可以吗？”韦澳回答说：“臣不敢不奉诏令，希望陛下让臣暂时关押庄吏，等到征收满租税然后释放他。”宣宗说：“显然，这样可行。朕为了郑光的关系阻扰了你执行法禁，很是感到惭愧。”韦澳回到府衙，随即把庄吏痛打了一顿；督促收缴租税数百斛足数后，才把庄吏交给了郑光。

六月初七日戊寅，调中书侍郎、同平章事裴休为同平章事，充任宣武节度使。

司农卿韦廑想担任夏州节度使，有一个术士知道了这一情况，到韦廑家里说：“我善于祭祀星辰，乞求官位没有不如愿以偿的。”韦廑相信了他的话，晚上，在院子里设置了祭祀用品。术士说：“请你亲写官阶一纸。”术士得到以后，向着天大声呼叫说：“韦廑有反叛朝廷的意图，要我祭天。”韦廑全家人既拜且哭说：“希望山人不要断送我们百口之家的性命，家中的财物珍宝都送给你。”巡逻的人对术士穿着鲜丽的衣服觉得奇怪，以为是盗贼，就把他抓起来了；术士在情急之中，于是说：“韦廑叫我祭天，我想向官府报告，他们用家财来恳求我不说出去。”这件事朝廷知道了。秋季，九月，宣宗召韦廑当面诘问他，具体地了解到韦廑是冤枉的，于是宣宗对宰相说：“韦廑是城南的大族，被奸邪之人所诬害，不要让狱吏凌辱他。”立即把术士交给京兆府，用杖刑处死，把韦廑贬为永州司马。

户部侍郎、判户部、驸马都尉郑颢谋求担任宰相很殷切。他的父亲郑祗德知道这一情况后，给他写信说：“听说你已经兼任了户部长官，这是我必定要死的年岁；又听说你想求任宰相，这是我必定要死的日子了！”郑颢感到忧惧，多次上奏表要求辞去事务繁重的户部侍郎的官职。冬季，十月十五日乙酉，任命郑颢为秘书监。

上遣使诣安西镇抚回鹘，使者至灵武，会回鹘可汗遣使入贡，十一月，辛亥，册拜为嗢禄登里罗汨没密施合俱录毗伽怀建可汗，以卫尉少卿王端章充使。

吏部尚书李景让上言："穆宗乃陛下兄，敬宗、文宗、武宗乃兄之子，陛下拜兄尚可，拜侄可乎！是使陛下不得亲事七庙也，宜迁四主出太庙，还代宗以下入庙。"诏百官议其事，不决而止。时人以是薄景让。

敕"于灵感、会善二寺置戒坛，僧、尼应填阙者委长老僧选择，给公凭，赴两坛受戒，两京各选大德十人主其事。有不堪者罢之，堪者给牒，遣归本州。不见戒坛公牒，毋得私容。仍先选旧僧、尼，旧僧、尼无堪者，乃选外人"。

壬辰，以户部侍郎、判户部崔慎由为工部尚书、同平章事。上每命相，左右无知者。前此一日，令枢密宣旨于学士院，以兵部侍郎、判度支萧邺同平章事。枢密使王归长、马公儒覆奏："邺所判度支应罢否？"上以为归长等佑之，即手书慎由名及新命付学士院，仍云"落判户部事"。邺，明之八世孙也。

内园使李敬寔遇郑朗不避马，朗奏之，上责敬寔，对曰："供奉官例不避。"上曰："汝衔敕命，横绝可也；岂得私出而不避宰相乎！"命剥色，配南牙。

（以上为第九段，写唐宣宗明察，惩治奸巧术士，用人由己，抑制宦官。）

十一年（丁丑，857年）

春，正月，丙午，以御史中丞兼尚书右丞夏侯孜为户部侍郎、判户部事。先是，判户部有缺，京兆尹韦澳奏事，上欲以澳补之。辞曰："臣比年心力衰耗，难以处繁剧，屡就陛下乞小镇，圣恩未许。"上不悦。及归，其甥柳玭尤之，澳曰："主上不与宰辅佥议，私欲用我，人必谓我以他岐得之，何以自明！且尔知时事浸不佳乎？由吾曹贪名位所致耳。"丙辰，以澳为河阳节度使。玭，仲郢之子也。

宣宗派遣使者到安西去安抚回鹘，使者抵达灵武时，见到回鹘可汗入贡的使者，十一月十二日辛亥，册封回鹘首领为嗢禄登里罗汩没密施合俱录毗伽怀建可汗，任命卫尉少卿王端章担任册封使者。

吏部尚书李景让上奏说："穆宗是陛下的哥哥，敬宗、文宗、武宗是陛下哥哥的儿子，陛下拜谒哥哥还可以，拜谒侄子可以吗！这样一来，使得陛下不能亲自侍奉七庙，所以应当把穆宗、敬宗、文宗、武宗四人的神主迁出太庙，迎还代宗以下各帝神主入庙。"诏令百官讨论这件事，但最终还是没有做出什么决定。当时的人由于这件事都看不起李景让的为人。

敕命："在灵感和会善二寺设置戒坛，僧尼中应当填补缺额的，委托长老僧进行选择，发给公凭，到两坛去接受法戒，两京各选大德十人主持这件事。有不宜做僧尼的人就免去，能胜任的人发给度牒，打发回本州去。没有戒坛公牒的僧尼，不得私自收容。仍旧优先选择旧的僧尼，旧僧尼没有胜任的人时，就从其他的人中选取。"

十二月二十三日壬辰，任命户部侍郎、判户部崔慎由为工部尚书、同平章事。宣宗每次任命宰相，左右的人都不知道。在前一天，命令枢密使在学士院宣布旨意，任命兵部侍郎、判度支萧邺为同平章事。枢密使王归长、马公儒回奏说："萧邺所任判度支一职是罢免，还是保留？"宣宗以为王归长等人庇护萧邺，随即亲自写上崔慎由的名字和新的任命诏书交给学士院，还说"罢去判户部职事"。萧邺是梁朝萧渊明的第八代子孙。

内园使李敬寔在路上碰到郑朗没有回避，郑朗上奏了这件事，宣宗责备李敬寔，李敬寔回答说："供奉官照例是不须回避的。"宣宗说："你如果是带着敕命在身，横穿过道路是可以的；怎么能在私自外出时不回避宰相呢！"命令撤销他的本职工作，发配到南牙供役使。

唐宣宗大中十一年（丁丑，857年）

春季，正月初七日丙午，任命御史中丞兼尚书右丞夏侯孜为户部侍郎、判户部事。原来，判户部缺员，京兆尹韦澳向宣宗奏事，宣宗想让韦澳补任此职。韦澳托辞说："臣近年来心力衰退耗减，难以担当繁杂艰巨的职务，多次向陛下请求担任一个小镇的官职，圣恩没有允许。"宣宗听了不高兴。等到回家后，韦澳的外甥柳玭又批评他不该辞官，韦澳说："皇上不和宰相们共同商议，想私自任用我，人们一定会说我是走不正当的门路取得此官的，那事怎么说得明白！况且你知道现时政事渐渐不好了吗，这是由于我们这些人贪图名位所造成的啊。"正月十七日丙辰，调韦澳为河阳节度使。柳玭是柳仲郢的儿子。

上欲幸华清宫，谏官论之甚切，上为之止。上乐闻规谏，凡谏官论事、门下封驳，苟合于理，多屈意从之；得大臣章疏，必焚香盥手而读之。

二月，辛巳，以门下侍郎、同平章事魏謩同平章事，充西川节度使。謩为相，议事于上前，他相或委曲规讽，謩独正言无所避，上每叹曰："謩绰有祖风，我心重之。"然竟以刚直为令狐绹所忌而出之。

岭南溪洞蛮屡为侵盗。夏，四月，壬申，以右千牛大将军宋涯为安南、邕管宣慰使。五月，乙巳，以涯为安南经略使。容州军乱，逐经略使王球。六月，癸巳，以涯为容管经略使。

甲午，立皇子灌为卫王，滩为广王。

秋，七月，庚子，以兵部侍郎、判度支萧邺同平章事，仍判度支。

教坊祝汉贞，滑稽敏给，上或指物使之口占，摹咏有如宿构，由是宠冠诸优。一日，在上前抵掌诙谐，颇及外事，上正色谓曰："我畜养尔曹，正供戏笑耳，岂得辄预朝政邪！"自是疏之。会其子坐赃，杖死，流汉贞于天德军。

乐工罗程，善琵琶，自武宗朝已得幸；上素晓音律，尤有宠。程恃恩暴横，以睚眦杀人，系京兆狱。诸乐工欲为之请，因上幸后苑奏乐，乃设虚坐，置琵琶，而罗拜于庭，且泣。上问其故，对曰："罗程负陛下，万死，然臣等惜其天下绝艺，不复得奉宴游矣！"上曰："汝曹所惜者罗程艺，朕所惜者高祖、太宗法。"竟杖杀之。

（以上为第十段，写韦澳不接受隆恩升官，唐宣宗不狎昵群小。）

八月，成德节度使王绍鼎薨。绍鼎沈湎无度，好登楼弹射人以为乐，众欲逐之；会病薨，军中立其弟节度副使绍懿。戊寅，以绍懿为成德留后。

九月，辛酉，以太子太师卢钧同平章事，充山南西道节度使。

冬，十月，己巳，以秦成防御使李承勋为泾原节度使。承勋，光弼之孙也。先是，吐蕃酋长尚延心以河、渭二州部落来降，拜武卫将军，承勋利其羊马之富，诱之入凤林关，居秦州之西。承勋与诸将谋执延心，

宣宗想去华清宫，谏官固执地劝阻，宣宗为此取消了游幸华清宫。宣宗乐于听到规劝进谏的话，凡是谏官论事、门下封驳，只要是合乎道理，多数能委屈地依从；收到大臣的章表奏疏，一定要焚香洗手后再好好阅读。

二月十三日辛巳，改任门下侍郎、同平章事魏謩同平章事，充任西川节度使。魏謩担任宰相时，在宣宗面前议论政事，其他的宰相有时委婉地规劝讽谏，只有魏謩直爽地进言无所回避，宣宗每每感叹地说："魏謩隐约有他高祖魏徵的风范，我在内心很敬重他。"然而魏謩终究由于刚直被令狐绹所猜忌而出任外职。

岭南溪洞地方的蛮人多次侵扰叛乱。夏季，四月初五日壬申，任命右千牛大将军宋涯为安南、邕管宣慰使。五月初九日乙巳，改任宋涯为安南经略使。容州发生军事叛乱，把经略使王球赶走了。六月二十七日日癸巳，任命宋涯为容管经略使。

六月二十八日甲午，立皇子李灌为卫王，李澭为广王。

秋季，七月初五日庚子，任命兵部侍郎、判度支萧邺同平章事，仍判度支。

教坊中的祝汉贞，滑稽敏捷，宣宗有时指着某件物体叫他随口赞说一番，他摹拟颂咏好像早已写成了文章一样，由于这样，他在优人中很受宠信。有一天，祝汉贞在宣宗面前拍着手说笑话，内容涉及很多外面的政事，宣宗严肃地对他说："我供养着你们这些人，只是让你们提供戏笑而已，哪里能够随便干预朝廷政事呢！"从此就疏远了祝汉贞。正巧他的儿子因贪赃犯法，就用杖刑处死，祝汉贞也被流放到天德军。

乐工罗程善于弹琵琶，在武宗时候就已经得到宠信；宣宗一向通晓音律，尤其宠信罗程。罗程仗着宣宗的恩宠而强暴蛮横，由于个人恩怨而杀人，被关在京兆府的大牢里。那些乐工们想为他向宣宗请求免罪，借着宣宗到后苑听演奏音乐的机会，于是设一个无人坐的位子，放上琵琶，在庭院中围着跪拜，还抽泣着。宣宗问他们为什么要这么做，他们回答说："罗程辜负了陛下的恩情，罪该万死，然而臣等可惜他有天下奇绝的技艺，不能再在宴游中贡献技艺了！"宣宗说："你们所爱惜的是罗程的技艺，朕所爱惜的是高祖、太宗制定的国法。"最后还是把罗程用杖刑处死了。

八月，成德节度使王绍鼎去世。王绍鼎沉湎在酒色里没有节制，喜欢在楼上用弹子射击人取乐，众人想赶走他，适逢他病死了，军队就拥立他的弟弟节度副使王绍懿。八月十四日戊寅，任命王绍懿为成德军留后。

九月二十七日辛酉，任命太子太师卢钧同平章事，充任山南西道节度使。

冬季，十月初五日己巳，任命秦成防御使李承勋为泾原节度使。李承勋是李光弼之孙。在这之前，吐蕃酋长尚延心带着河、渭二州所属的部落前来投降，朝廷授拜尚延心为武卫将军；李承勋贪图尚延心有很多羊马，就引诱他进入凤林关，居住

诬云谋叛，尽掠其财，徙其众于荒远。延心知之，因承勋军宴，坐中谓承勋曰："河、渭二州，土旷人稀，因以饥疫。唐人多内徙三川，吐蕃皆远遁于叠宕之西，二千里间，寂无人烟。延心欲入见天子，请尽帅部众分徙内地，为唐百姓，使西边永无扬尘之警，其功亦不愧于张义潮矣。"承勋欲自有其功，犹豫未许，延心复曰："延心既入朝，部落内徙，但惜秦州无所复恃耳。"承勋与诸将相顾默然。明日，诸将言于承勋曰："明公首开营田，置使府，拥万兵，仰给度支，将士无战守之劳，有耕市之利。若从延心之谋，则西陲无事，朝廷必罢使府，省戍兵，还以秦州隶凤翔，吾属无所复望矣。"承勋以为然，即奏延心为河、渭都游弈使，使统其众居之。

中书侍郎、同平章事郑朗以疾辞位；壬申，以朗为太子太师。

上晚节颇好神仙，遣中使迎道士轩辕集于罗浮山。

王端章册立回鹘可汗，道为黑车子所塞，不至而还。辛卯，贬端章贺州司马。

十一月，壬寅，以成德军留后王绍懿为节度使。

十二月，萧邺罢判度支。

（以上为第十一段，写吐蕃首长尚延心归顺唐朝，智计挫败贪残边将。）

十二年（戊寅，858年）

春，正月，以康王傅、分司王式为安南都护、经略使。式有才略，至交趾，树芀木为栅，可支数十年。深堑其外，泄城中水，堑外植竹，寇不能冒。选教士卒甚锐。顷之，南蛮大至，去交趾半日程；式意思安闲，遣译谕之，中其要害，蛮一夕引去，遣人谢曰："我自执叛獠耳，非为寇也。"安南都校罗行恭，久专府政，麾下精兵二千，都护中军才羸兵数百；式至，杖其背，黜于边徼。

初，户部侍郎、判度支刘瑑为翰林学士，上器重之。时为河东节度

在秦州的西面。李承勋和诸将策划把尚延心抓起来，诬告他阴谋反叛，侵吞他的全部财产，把他的部众迁到荒凉边远的地方去。尚延心知道了这个阴谋，在李承勋举行军宴的时候，就在坐席上向李承勋说："河、渭二州，地广人稀，又发生饥荒和瘟疫。唐朝的汉人多半向内迁到三川地方去了，吐蕃人都逃向很远的叠、宕二州西边了，两千里长的一段地域，荒凉而无人居住。延心想入朝拜见天子，请求带领全部人马迁到内地去，做唐朝的臣民，使西边永久不再发生战争，这种功劳和张义潮比起来也不会感到惭愧的。"李承勋想自己获得这一份功劳，在犹豫中没有答应尚延心的要求，尚延心又说："延心既然投归朝廷，部落又迁去内地，只可惜秦州再没有什么可依靠的了。"李承勋和其他的将领互相对视，一时无话可说。第二天，诸将对李承勋说："明公首先从事营田，设置防御使府衙，领有万名军众，粮饷有度支供给，将士没有打仗的劳苦，而有耕田互市的财利。假若依照尚延心的计划办，那么西部边疆就没有战争了，朝廷一定会撤销防御使府衙，减省戍守的士兵，还会将秦州划归凤翔管辖，我们这些人就再没有什么希望了。"李承勋认为他们说得对，随即申奏推举尚延心为河、渭都游弈使，让他带领他的部众居住在河、渭地区。

中书侍郎、同平章事郑朗因病辞相位；十月初八日壬申，任命郑朗为太子少师。

宣宗晚年很是喜欢神仙之术，派遣中使去罗浮山奉迎道士轩辕集。

王端章前去册封回鹘可汗，道路被黑车子阻塞了，没有到达回鹘驻地就返回来了。十月二十七日辛卯，贬谪王端章为贺州司马。

十一月初八日壬寅，任命成德军留后王绍懿为节度使。

十二月，罢免了萧邺判度支的官职。

唐宣宗大中十二年（戊寅，858 年）

春季，正月，任命康王傅、分司王式为安南都户、经略使。王式很有才干和谋略，到达交趾后，用芳木修建栅栏，可以维持数十年不坏。把城外堑壕挖深，以便城内的水流宣泄方便，堑壕外面栽种刺竹，寇盗不能冲犯。选取训练的士卒都是很精锐的。没有多久，南蛮大批队伍到来，屯扎锦田步，离交趾只有半天路程了；王式表现出很安闲的样子，派遣翻译人员晓谕蛮人，说到了蛮人的要害处，蛮人在一个晚上就全部退走了，并派人辞谢说："我们来是为了抓反叛的獠人，不是进行侵扰的。"安南都校罗行恭，长久把持都户府的大权，部下有精兵两千人，都户府中军只有数百名老弱兵员；王式上任后，用杖刑处罚了罗行恭，并把他贬黜到边境地区去服役。

从前，户部侍郎、判度支刘瑑为翰林学士，宣宗很器重他。他任河东节度使时，

使，手诏征入朝，瑑奏发河东，外人始知之。戊午，以瑑同平章事。瑑，仁轨之五世孙也四。

瑑与崔慎由议政于上前，慎由曰："惟当甄别品流，上酬万一。"瑑曰："昔王夷甫祖尚浮华，妄分流品，致中原丘墟。今盛明之朝，当循名责实，使百官各称其职；而遽以品流为先，臣未知致理之日！"慎由无以对。

轩辕集至长安，上召入禁中，问曰："长生可学乎？"对曰："王者屏欲而崇德，则自然受大遐福，何处更求长生！"留数月，坚求还山。乃遣之。

二月，甲子朔，罢公卿朝拜光陵及忌日行香，悉移宫人于诸陵。

戊辰，以中书侍郎、同平章事崔慎由为东川节度使。

上欲御楼肆赦，令狐绹曰："御楼所费甚广，事须有名；且赦不可数。"上不悦，曰："遣朕于何得名！"慎由曰："陛下未建储宫，四海属望。若举此礼，虽郊祀亦可，况于御楼！"时上饵方士药，已觉躁渴，而外人未知，疑忌方深，闻之，俯首不复言。旬日，慎由罢相。

勃海王彝震卒。癸未，立其弟虔晃为勃海王。

夏，四月，以右街使、驸马都尉刘异为邠宁节度使。异尚安平公主，上妹也。

庚子，岭南都将王令寰作乱，囚节度使杨发。发，苏州人也。

戊申，以兵部侍郎、盐铁转运使夏侯孜同平章事。

五月，丙寅，工部尚书同平章事刘瑑薨。瑑病笃，犹手疏论事，上甚惜之。

以右金吾大将军李燧为岭南节度使，已命中使赐之节，给事中萧倣封还制书；上方奏乐，不暇别召中使，使优人追之，节及燧门而返。倣，俶之从父弟也。辛巳，以泾原节度使李承勋为岭南节度使，发邻道兵讨乱者，平之。

是日，湖南军乱，都将石载顺等逐观察使韩悰，杀都押牙王桂直。

宣宗下手令征他入朝，刘瑑上奏说已从河东出发了，外人才知道调任他的事。正月二十五日戊午，任命刘瑑为同平章事。刘瑑是刘仁轨的第五代孙。

刘瑑和崔慎由一同在宣宗面前讨论政事，崔慎由说：“只有用心审定官员的品级和任职，才能报答一点点朝廷的大恩。”刘瑑说：“从前晋代的王夷甫崇尚浮华，妄自划分流品，使得中原战乱不止，社会经济遭到严重破坏。现在是圣明的朝代，应当循名责实，使百官个个都称职；而急忙以区别品流为首要任务，臣不晓得哪一天才能把国家的政事办好！”崔慎由无话可说。

轩辕集来到长安，宣宗把他召入禁中，问他道：“长生不死能学到吗？”他回答说：“做帝王的人屏除嗜欲，崇尚德行，那么自然会得到上天赐给的长久福运，还要追求什么长生不死！”停留数月，坚决要求回罗浮山去，于是打发他走了。

二月初一日甲子，停止公卿大臣朝拜光陵以及忌辰的时候向穆宗上香，把光陵的宫人全部调到其他陵园。

二月初五日戊辰，调任中书侍郎、同平章事崔慎由为东川节度使。

宣宗打算登上城楼宣布大赦，令狐绹上奏说：“登楼举行大赦仪式要花费很多的钱，这件事还要师出有名；况且大赦是不能多次进行的。”宣宗不高兴地说：“告诉我，用什么名义为好？”崔慎由说：“陛下还没有立太子，四海之内的人都在盼望着。要是举行立太子的礼仪，哪怕是祭天都可以，何况是登城楼宣布大赦！”当时宣宗服食了方士进献的丹药，已经感到心燥口渴，而旁人不知道他正在疑忌的时候，听到崔慎由的话，宣宗低下头不再说话了。过了大约十天，崔慎由就被罢免了宰相的职位。

渤海王彝震去世。二月二十日癸未，立他的弟弟虔晃为渤海王。

夏季，四月，任命右街使、驸马都尉刘异为邠宁节度使。刘异娶了安平公主，安平公主是宣宗的妹妹。

四月初九日庚子，岭南都将王令寰作乱，囚禁了节度使杨发。杨发是苏州人。

四月十七日戊申，任命兵部侍郎、盐铁转运使夏侯孜同平章事。

五月初六日丙寅，工部尚书、同平章事刘瑑去世。刘瑑在病危时，还在写奏疏议论国事，宣宗非常痛惜他的去世。

任命右金吾大将军李燧为岭南节度使，已经命令中使赐给他符节，给事中萧倣把任命制书退回给宣宗，表示不同意；宣宗当时正在奏乐，没有空闲召唤中使，于是就派了一名乐工去追回所赐之符节，符节快送到李燧的家门口时被追回来了。萧倣是萧俛的堂兄弟。五月二十一日辛巳，任命泾原节度使李承勋为岭南节度使，征发相邻各道的军队讨伐作乱的人，把叛乱平定了。

在同一天，湖南也发生军事叛乱，都将石载顺等人赶走了观察使韩悰，杀死了

悰待将士不以礼，故及于难。

六月，丙申，江西军乱，都将毛鹤逐观察使郑宪。

初，安南都护李涿为政贪暴，强市蛮中马牛，一头止与盐一斗；又杀蛮酋杜存诚。群蛮怨怒，导南诏侵盗边境。

峰州有林西原，旧有防冬兵六千，其旁七绾洞蛮，其酋长曰李由独，常助中国戍守，输租赋。知峰州者言于涿，请罢戍兵，专委由独防遏。于是由独势孤，不能自立，南诏拓东节度使以书诱之，以甥妻其子，补拓东押牙，由独遂帅其众臣于南诏。自是安南始有蛮患；是月，蛮寇安南。

秋，七月，丙寅，宣州都将康全泰作乱，逐观察使郑薰；薰奔扬州。

丁卯，右补阙内供奉张潜上疏，以为："藩府代移之际，皆奏仓库蓄积之数，以羡余多为课绩，朝廷亦因而甄奖。窃惟藩府财赋，所出有常，苟非赋敛过差，及停废将士，减削衣粮，则羡余何从而致！比来南方诸镇数有不宁，皆此故也。一朝有变，所蓄之财悉遭剽掠；又发兵致讨，费用百倍，然则朝廷竟有何利！乞自今藩府长吏，不增赋敛，不减粮赐，独节游宴，省浮费，能致羡余者，然后赏之。"上嘉纳之。

容管奏都虞候来正谋叛，经略使宋涯捕斩之。

初，忠武军精兵皆以黄冒首，号黄头军。李承勋以百人定岭南，宋涯使麾下效其服装，亦定容州。

安南有恶民，屡为乱，闻之，惊曰："黄头军渡海求袭我矣！"相与夜围交趾城，鼓噪："愿送都护北归，我须此城御黄头军。"王式方食，或劝出避之。式曰："吾足一动，则城溃矣。"徐食毕，擐甲，率左右登城，建大将旗，坐而责之，乱者反走。明日，悉捕诛之。有杜守澄者，自齐、梁以来拥众据溪洞，不可制。式离间其亲党，守澄走死。安南饥乱相继，六年无上供，军中无犒赏，式始修贡赋，飨将士。占城、真腊皆复通使。

（以上为第十二段，写王式抚定安南。罗浮山道士轩辕集谏宣宗求长生。）

都押牙王桂直。韩悰不按礼节对待将士，所以遭受了灾难。

六月初六日丙申，江西发生军事叛乱，都将毛鹤赶走了观察使郑宪。

原先，安南都户李涿任职时贪鄙粗暴，强迫购买蛮人的牛马，一头牲畜只给一斗盐的价钱；又诛杀蛮人酋长杜存诚。群蛮既怨恨、又愤怒，于是引导南诏人侵扰边境。

峰州的林西原，原来驻有防冬兵六千人，在它旁边的七绾洞蛮人，酋长名李由独，经常帮助唐王朝戍守，并交纳租税。峰州地方官对李涿说，不要派戍兵到林西原去了，把防守任务全部交给李由独负责就可以了。这样一来，李由独的力量陷于孤单，不能自立，南诏拓东节度使就写信诱惑李由独，要把自己的外甥女嫁给李由独的儿子，并让他任拓东押牙官，李由独就带领他的部众归顺南诏。从这以后蛮人就开始侵扰安南；当月，蛮人侵扰安南。

秋季，七月初七日丙寅，宣州都将康全泰作乱，赶走观察使郑薰；郑薰逃亡扬州。

七月初八日丁卯，右补阙内供奉张潜上疏，认为："藩镇使府在替代移交的时候，都报告仓库储蓄了多少财物，把盈余的财物作为考课的成绩，朝廷也凭着这点分别给予奖赏，我私下想，藩镇所征收的财赋，支出是有常数的，假若不是赋税收取过多，以及减少了将士的员额，或是克扣了将士的衣粮，那么盈余的部分又从何处得来呢！近来南方各镇多次发生叛乱，都是由这个原因引起的。一旦发生变乱，储蓄的财物都遭到抢劫；又发兵去征讨，费用超过盈余的上百倍，然而朝廷又得到什么好处呢！请求从今天起，藩府的长官不增加赋税，不减少士兵衣粮，只减少游宴，节省浮华开支，能够有所盈余的人，然后才给以奖赏。"宣宗嘉奖他，并且采纳了他的意见。

容管奏报说都虞候来正阴谋叛乱，经略使宋涯把他收捕斩首。

原先，忠武军的精锐部队都用黄色头巾，号称黄头军。李承勋用一百名黄头军平定了岭南叛乱，宋涯叫他的部下也效仿黄头军的服装，平定了容州叛乱。

安南地方有刁民，多次兴风作乱，听说容州有黄头军，大惊说："黄头军要渡过海峡来袭击我们了！"他们互相聚集，在夜里包围了交趾城，鼓噪着说："愿意护送都户回北方去，我们需要这座城池抵抗黄头军。"王式正在吃饭，有人劝王式出走躲避一下。王式说："只要我的脚一动，那么本城就要溃散了。"王式不慌不忙吃完饭，穿上铠甲，带领左右随从登城楼，把大将旗竖立起来，坐着责备叛乱的人，叛乱的人都转身逃走了。第二天，把叛乱的人都抓来杀了。有个叫杜守澄的人，继承着从齐、梁以来的传统，率领一部分群众占据溪洞，无法制服他们。王式用离间的办法使他的亲族党羽脱离他，杜守澄只得逃走，最终死在外地。安南地方饥荒和战乱连

淮南节度使崔铉奏已出兵讨宣州贼；八月，甲午，以铉兼宣歙观察使。己亥，以宋州刺史温璋为宣州团练使。璋，造之子也。

河南、北、淮南大水，徐、泗水深五丈，漂没数万家。

冬，十月，建州刺史于延陵入辞，上曰：“建州去京师几何？”对曰：“八千里。”上曰：“卿到彼为政善恶，朕皆知之，勿谓其远！此阶前则万里也，卿知之乎？”延陵悸慑失绪，上抚而遣之。到官，竟以不职贬复州司马。

令狐绹拟李远杭州刺史，上曰：“吾闻远诗云：‘长日惟消一局棋’，安能理人！”绹曰：“诗人托此为高兴耳，未必实然。”上曰：“且令往试观之。”上诏刺史毋得外徙，必令至京师，面察其能否，然后除之。令狐绹尝徙其故人为邻州刺史，便道之官。上见其谢上表，以问绹，对曰：“以其道近，省送迎耳。”上曰：“朕以刺史多非其人，为百姓害，故欲一一见之，访问其所施设，知其优劣以行黜陟。而诏命既行，直废格不用，宰相可畏有权！”时方寒，绹汗透重裘。

上临朝，接对群臣如宾客，虽左右近习，未尝见其有惰容。每宰相奏事，旁无一人立者，威严不可仰视。奏事毕，忽怡然曰：“可以闲语矣！”因问闾阎细事，或谈宫中游宴，无所不至。一刻许，复整容曰：“卿辈善为之，朕常恐卿辈负朕，后日不复得相见。”乃起入宫。令狐绹谓人曰：“吾十年秉政，最承恩遇；然每延英奏事，未尝不汗沾衣也！”

初，山南东道节度使徐商，以封疆险阔，素多盗贼，选精兵数百人别置营训练，号捕盗将。及湖南逐帅，诏商讨之。商遣捕盗将二百人讨

接不断，六年没有向朝廷交租赋，军队中也没有钱发犒赏，王式上任后才又向朝廷交贡赋，犒赏将士。占城和真腊又都恢复了使者的往来。

淮南节度使崔铉上奏说已经出兵讨伐宣州的叛贼；八月初六日甲午，任命崔铉兼宣歙观察使。八月十一日己亥，任命宋州刺史温璋为宣州团练使。温璋是温造的儿子。

黄河南北和淮南均发生大水灾，徐州和泗州地区水深五丈，淹没了数万家民户。

冬季，十月，新任建州刺史于延陵入宫辞谢宣宗，宣宗说："建州离京师有多远？"于延陵回答说："八千里。"宣宗说："你到那里去以后政事的好坏，朕都会知道，不要以为隔得远我就不了解！哪怕隔万里之远也像这阶前一样，你知道吗？"于延陵惊吓得乱了方寸，宣宗安抚他一番之后，打发他上任去了。于延陵到任之后，最终以不称职被贬为复州司马。

令狐绹打算任用李远为杭州刺史，宣宗说："我听说李远有诗句云'长日惟消一局棋'，这样的人怎么能治理老百姓！"令狐绹说："诗人借托这种意境以表示情感而已，实际生活并不是那个样子。"宣宗说："暂且派他去试试看。"

宣宗有诏令说任命刺史不能从外地直接上任，一定要到京师来，当面考察他是否能干，然后才决定是不是任命他。令狐绹曾经调他的老熟人为邻近州的刺史，未到京师就上任去了。宣宗看到了他向朝廷谢恩的奏表，因而询问令狐绹，令狐绹回答说："因为他离上任的地方很近，直接去了，省略了欢送迎接的仪式。"宣宗说："我感到任命的刺史多半都不称职，给老百姓带来灾难，所以想一一接见他们，询问他们到任后有什么打算，了解他们的好坏以决定是升迁还是降职。诏命已经颁布了，你竟然废弃而不执行，宰相的权力真是大得可怕！"当时正值寒冷，令狐绹吓得大汗湿透几层衣服。

宣宗上朝时，接待群臣好像对待宾客一样，哪怕是左右亲近的人，不曾看到过他有倦怠的面色。每当宰相奏事时，旁边一个站着的人也没有，那种威严的神态使人不敢抬头观看。奏事完了以后，宣宗会一下子和颜悦色地说："现在可以说说闲话了！"接着询问民间琐细事情，或者是谈宫廷中游宴的事，什么事情都可以说。大约过了一刻钟，又用严肃的面容说："你们这些人好好地去任职，朕常常担心你们辜负我，使以后我们不能再见面。"于是起身回宫。令狐绹对别人说："我担任宰相十年了，得到了皇上最大的恩典；然而每次到延英殿奏事，没有一次不是惊恐得汗流浃背的！"

原先，山南东道节度使徐商，由于管辖的地方险要而辽阔，向来多有盗贼出没，于是他挑选精兵数百人，另外安排为一个军营进行训练，号称捕盗将。等到湖南发

平之。

崔铉奏克宣州，斩康全泰及其党四百余人。

上以光禄卿韦宙父丹有惠政于江西，以宙为江西观察使，发邻道兵以讨毛鹤。

崔铉以宣州已平，辞宣歙观察使。十一月，戊寅，以温璋为宣歙观察使。

兵部侍郎、判户部蒋伸从容言于上曰："近日官颇易得，人思徼幸。"上惊曰："如此，则乱矣！"对曰："乱则未乱；但徼幸者多，乱亦非难。"上称叹再三。伸起，上三留之，曰："异日不复得独对卿矣。"伸不谕。十二月，甲寅，以伸同平章事。

韦宙奏克洪州，斩毛鹤及其党五百余人。宙过襄州，徐商遣都将韩季友帅捕盗将从行。宙至江州，季友请夜帅其众自陆道间行，比明，至洪州，州人不知，即日讨平之。宙奏留捕盗将二百人于江西，以季友为都虞候。

（以上为第十三段，写唐宣宗威严风采，宰臣敬畏。唐境不宁，此起彼伏叛乱不断。）

十三年（己卯，859年）

春，正月，戊午朔，赦天下。

三月，割河东云、蔚、朔三州隶大同军。

夏，四月，辛卯，以校书郎于琮为左拾遗内供奉。初，上欲以琮尚永福公主，既而中寝，宰相请其故，上曰："朕近与此女子会食，对朕辄折匕箸。性情如是，岂可为士大夫妻！"乃更命琮尚广德公主。二公主皆上女。琮，敖之子也。

武宁节度使康季荣不恤士卒，士卒噪而逐之。上以左金吾大将军田牟尝镇徐州，有能名，复以为武宁节度使，一方遂安。贬季荣于岭南。

六月，癸巳，封宪宗子惕为彭王。

初，上长子郓王温，无宠，居十六宅，余子皆居禁中。夔王滋，第

生叛军赶走观察使的事情后，诏令徐商去讨伐叛军。徐商派遣捕盗将二百人前去镇压，很快就把叛乱镇压了。

崔铉奏报说攻下了宣州，把康全泰和他的党羽四百多人全部杀掉了。

宣宗由于光禄卿韦宙的父亲韦丹在江西任职时有惠政，于是任命韦宙为江西观察使，征调邻道兵以讨伐毛鹤。

崔铉由于宣州已经平定，辞去兼任的宣歙观察使官职。十一月二十一日戊寅，任命温璋为宣歙观察使。

兵部侍郎、判户部蒋伸从容地对宣宗说："近来官职很容易获得，人们都想侥幸得到官位。"宣宗惊讶地说："这样一来，就要引起动乱了！"蒋伸回答说："动乱还没有发生，但是想侥幸获得官位的人多了，动乱也就不难发生了。"宣宗再三对蒋伸的话称赞感叹。蒋伸三次起身告退，宣宗三次留住他，并说："他日不能再单独和你谈话了。"蒋伸当时不懂宣宗说这句话的意思。十二月二十七日甲寅，任命蒋伸为同平章事。

韦宙奏报说攻克了洪州，把毛鹤和他的同党五百多人都杀了。韦宙上任时经过襄州，徐商派都将韩季友率领捕盗将跟随他一道去。韦宙到达江州时，韩季友请求在夜里带领他的队伍从陆路暗地前往，等到第二天早上，到达洪州，洪州人还未发觉，当天就把叛乱平定了。韦宙奏请在江西留下捕盗将二百人，任用韩季友为都虞候。

唐宣宗大中十三年（己卯，859 年）

春季，正月初一日戊午，大赦天下。

三月，将河东镇所属的云、蔚、朔三州划出来，隶属于大同军管辖。

夏季，四月初五日辛卯，任命校书郎于琮为左拾遗内供奉。原来，宣宗想让于琮娶永福公主为妻，不久放弃了这个想法，宰相询问宣宗为什么这样，宣宗说："朕近日和她一同进餐，在我眼前动不动就把汤匙筷子等扔掉。性情这样粗暴，哪里能够做士大夫的妻子呢！"于是改叫于琮娶广德公主。二位公主都是宣宗的女儿。于琮是于敖的儿子。

武宁节度使康季荣不体恤士卒，士卒鼓噪着把他赶走了。宣宗知道左金吾大将军田牟曾经担任过徐州节度使，表现很出色，所以再任命他为武宁节度使，那一带地方就安定下来了。贬谪康季荣到岭南地方。

六月初九日癸巳，封宪宗的儿子李惕为彭王。

起初，宣宗的长子郓王李温，不被宠爱，居住在十六宅，其他的儿子都居住在

三子也，上爱之，欲以为嗣，为其非次，故久不建东宫。

上饵医官李玄伯、道士虞紫芝、山人王乐药，疽发于背。八月，疽甚，宰相及朝士皆不得见。上密以夔王属枢密使王归长、马公儒、宣徽南院使王居方，使立之。三人及右军中尉王茂玄，皆上平日所厚也。独左军中尉王宗实素不同心，三人相与谋，出宗实为淮南监军；宗实已受敕于宣化门外，将自银台门出，左军副使亓元实谓宗实曰："圣人不豫逾月，中尉止隔门起居；今日除改，未可辨也。何不见圣人而出？"宗实感寤，复入，诸门已踵故事增人守捉矣。亓元实翼导宗实直至寝殿，上已崩，东首环泣矣。宗实叱归长等，责以矫诏；皆捧足乞命。乃遣宣徽北院使齐元简迎郓王。壬辰，下诏立郓王为皇太子，权句当军国政事，仍更名漼。收归长、公儒、居方，皆杀之。癸巳，宣遗制，以令狐绹摄冢宰。

宣宗性明察沈断，用法无私，从谏如流，重惜官赏，恭谨节俭，惠爱民物，故大中之政，讫于唐亡，人思咏之，谓之小太宗。

丙申，懿宗即位。癸卯，尊皇太后为太皇太后。以王宗实为骠骑上将军。李玄伯、虞紫芝、王乐皆伏诛。

（以上为第十四段，写唐宣宗驾崩，左军中尉王宗实拥立唐懿宗即位。）

九月，追尊上母晁昭容为元昭皇太后。

加魏博节度使何弘敬兼中书令，幽州节度使张允伸同平章事。

冬，十月，辛卯，赦天下。

十一月，戊午，以门下侍郎、同平章事萧邺同平章事，充荆南节度使。

十二月，甲申，以翰林学士承旨、兵部侍郎杜审权同平章事。审权，元颖之弟子也。

浙东贼帅裘甫攻陷象山，官军屡败，明州城门昼闭，进逼剡县，有众百人，浙东骚动。观察使郑祗德遣讨击副使刘勃、副将范居植将兵三百，合台州军共讨之。

皇宫中。夔王李滋，是宣宗的第三个儿子，宣宗很喜爱他，想把他立为太子，但是按照立太子的次序轮不上他，所以宣宗就长久没有确立太子。

宣宗吃了医官李玄伯、道士虞紫芝、山人王乐的药，背上长了一个毒疮。八月，毒疮恶化了，宰相和朝官都不能见到宣宗。宣宗秘密把夔王托付给枢密使王归长、马公儒，宣徽南院使王居方，要他们立他为太子。王归长等三人和右军中尉王茂玄都是宣宗平日所信任的人。只有左军中尉王宗实向来不是一条心，王归长等三人互相谋划，把王宗实调出去做淮南监军。王宗实已经在宣化门外接到了赦命，将要从银台门离开，左军副使亓元实对王宗实说："皇上病了一个多月了，中尉只是隔着门询问起居情况；今天的改授官职，还分不清是谁的主意，为何不看过皇上以后再离开。"王宗实得到提醒后发觉是有问题，再想入宫，各处的宫门已经按照过去的旧例增派人守卫了。亓元实保护引导王宗实径直进入宣宗的寝殿，宣宗已经去世，宫人们都在抽泣了。王宗实斥责王归长等人，说他们用的是假诏命；王归长等人都抱着王宗实的脚乞求活命。王宗实于是派遣宣徽北院使齐元简去迎接郓王。八月初九日壬辰，下诏立郓王为皇太子，暂时掌管军国大事，并改名漼。收捕王归长、马公儒、王居方，把他们都杀了。初十日癸巳，宣布遗制，任命令狐绹摄冢宰。

宣宗为人，聪明细致，沉毅果断，用法无私，从谏如流，爱惜官赏，恭谨节俭，惠爱民物，所以大中年间的政绩，一直到唐朝灭亡为止，人们一直怀念它，称赞它，称宣宗是小太宗。

八月十七日丙申，懿宗即皇帝位。八月二十日癸卯，尊皇太后为太皇太后。任命王宗实为骠骑大将军。李玄伯、虞紫芝、王乐都被处死。

九月，追尊宣宗的生母晁昭容为元昭皇太后。

加给魏博节度使何弘敬兼中书令，幽州节度使张允伸同平章事官衔。

冬季，十月初九日辛卯，大赦天下。

十一月初七日戊午，调门下侍郎、同平章事萧邺同平章事，充任荆南节度使。

十二月初三日甲申，任命翰林学士承旨、兵部侍郎杜审权同平章事。杜审权是杜元颖弟弟的儿子。

浙东地方盗贼首领裘甫攻下了象山县，官军多次被裘甫打得大败，明州城的城门白天都不敢打开，裘甫军逼近了剡县，有部队百人，浙东地区都为之不安。观察使郑祗德派遣讨击副使刘勍、副将范居植带领三百名兵卒，联合台州军共同讨伐裘甫军。

司空、门下侍郎、同平章事令狐绹执政岁久，忌胜己者，中外侧目，其子滈颇招权受贿。宣宗既崩，言事者竞攻其短，丁酉，以绹同平章事，充河中节度使。以前荆南节度使、同平章事白敏中守司徒、兼门下侍郎、同平章事。

初，韦皋在西川，开青溪道以通群蛮，使由蜀入贡。又选群蛮子弟聚之成都，教以书数，欲以慰悦羁縻之，业成则去，复以他子弟继之。如是五十年，群蛮子弟学于成都者殆以千数，军府颇厌于禀给。又，蛮使入贡，利于赐与，所从傔人浸多，杜悰为西川节度使，奏请节减其数，诏从之。南诏丰祐怒，其贺冬使者留表付嶲州而还。又索习学子弟，移牒不逊，自是入贡不时，颇扰边境。

会宣宗崩，遣中使告哀，时南诏丰祐适卒，子酋龙立，怒曰："我国亦有丧，朝廷不吊祭。又诏书乃赐故王。"遂置使者于外馆，礼遇甚薄。使者还，具以状闻。上以酋龙不遣使来告丧，又名近玄宗讳，遂不行册礼。酋龙乃自称皇帝，国号大礼，改元建极，遣兵陷播州。

（以上为第十五段，写浙东裘甫叛乱，南诏交恶唐室。）

司空、门下侍郎、同平章事令狐绹担任宰相的时间很长，对于比自己强的人非常忌妒，朝廷内外的人都对他很不满意，他的儿子令狐滈很是招揽权力，接受贿赂。宣宗死了以后，朝廷谏官争着上书揭发令狐绹的过错，十二月十六日丁酉，任命令狐绹同平章事，充任河中节度使。任命前荆南节度使、同平章事白敏中守司徒兼门下侍郎、同平章事。

从前，韦皋在西川任职时，开辟清溪道作为蛮人通往内地的交通要道，好使他们通过蜀地向朝廷进贡。又挑选蛮人子弟到成都来，教他们读书识字，想用这种办法取得他们的欢心而约束他们，学好了之后就让他们回去，又让其他人的子弟继续来学习。这样做了五十年，蛮人子弟在成都学习过的大概有数千人，西川军府对供给学生费用很是厌烦。另外，蛮人向朝廷进贡时，贪图得到赏赐，他们带领的侍从人员逐渐增加，杜悰担任西川节度使时，上奏请求减少蛮人的随从人员数，诏令依从了。南诏王丰祐大怒，他派出的贺冬使者把贺表在中途交给嶲州府就回去了。又索取在成都学习的子弟，送来的文牒中，言辞非常不谦逊，从这以后进贡也不按规定时间了，时有时无，还时常侵扰边境。

正值宣宗去世，派遣中使去告哀，南诏丰祐也刚刚死去，他的儿子酋龙继位，大怒说："我国也有丧事，朝廷为什么不派使者吊祭？另外，诏书还是赐给前王的。"于是将告哀使者安置在外馆，礼仪待遇非常轻薄。使者回到朝廷后，将具体情况报告了懿宗。懿宗认为酋龙既不派使者来告丧，另外所用名字又和玄宗的名字音近而犯讳，于是就不进行册封新王的礼仪。酋龙就自称皇帝，国号大礼，改年号为建极，派兵攻下播州。

【点评】

本卷点评张义潮归唐、唐宣宗大中之治、唐宣宗明察识奸。

一、张义潮归唐。唐安史之乱，河湟万里山河一夜之间沦陷于吐蕃。唐武宗时，吐蕃发生内乱，急剧衰落。宣宗大中二年（848），沙州人张义潮乘机率汉民逐走吐蕃守将，夺取沙州。第二年，吐蕃所据秦、原、安乐三州七关守将降唐。三州七关千余人到京师阙下朝见唐宣宗，欢声雷动。士民当场脱去吐蕃胡服，换上唐朝衣冠，在场民众感动得高呼万岁。大中五年（851），张义潮收复河西伊、西、瓜、沙、肃、甘、河、兰、廓、鄯、岷十一州，并献图于唐。至此河湟沦陷于吐蕃近一世纪后重回唐朝。吐蕃内乱的时势造就了英雄张义潮，他当初如割地自保，称王河西，唐王朝无可奈何。但他却在藩镇割据称雄、唐王朝焦头烂额之际，毅然归唐，并成为唐西疆屏障。人民文学出版社 1984 年出版的《敦煌变文集》，其中《张义潮变文》记载，唐大中十一、十二年，张义潮率众打败吐谷浑和回鹘，使唐西北沿边地区免遭侵扰。乱世见真情，唐宣宗封张义潮为归义军节度使，用“归义”二字表彰他的爱国精神。

二、唐宣宗大中之治。唐宣宗李忱是一个精明强干的人，几十年的韬晦忍辱，使他冷眼旁观了许多弊端。宣宗也极为憎恶宦官，他借追究宪宗之死和平反甘露之变被滥杀的大臣，杀了一批宦官。内园使李敬寔途遇宰相郑朗不下马，郑朗上奏，宣宗斥责李敬寔，李敬寔回答说：“依惯例。”宣宗说：“你受皇帝之命办公事可以不下马，办私事怎么可以不下马！”言外之意，办公事代表皇帝之命，办私事只是一个奴才，怎么胆敢轻视朝官。宣宗命令李敬寔脱去官服，发配到南衙做杂役。宣宗与宰相令狐绹谋诛全部宦官，令狐绹不敢承揽这个差事，以甘露之变为警戒，密奏宣宗，认为可以自然淘汰宦官，方法是有罪不赦，老死不补，让宦官一天天减少，自然耗尽。这个密奏被宦官看见，煽起了宦官敌视南衙的情绪，南衙北司的斗争又激烈起来。

三、唐宣宗明察识奸。司农卿韦厪遭无良方术士勒索诬陷，犯祭天灭族之罪，宣宗识破，杖杀方术士，避免了一桩血案冤狱。宣宗时时留心访求贤才，破格提拔。宣宗外出打猎，接近百姓，了解民情，得知泾阳县令李行言、醴泉县令李君奭深得老百姓拥戴，宣宗提拔李行言为海州刺史、李君奭为怀州刺史。宣宗严格执法。宣宗之舅郑光的庄吏仗势横恣，多年不交租税，京兆尹韦澳将其抓捕归案，宣宗亲自出面说情，韦澳说：“交足租税才放人。”宣宗说：“朕扰乱执法，很惭愧。”韦澳回府，痛打了国舅郑光的庄吏一顿，庄吏交足了欠租以后，才被放走。泾原节度使康季荣挪用官钱两百万缗，已调入京任右威卫大将军，事情败露，康季荣请求用家财来偿还赎罪。宣宗认为康季荣有开河湟之功，允许了，谏官上奏诤谏，康季荣被贬

为夔州长史。宣宗不以私情滥赏官职。太医梁新曾治好了宣宗的病，要求封官，宣宗不答应，给了三千缗赏钱。宣宗一朝，没有兴大狱，政治保持平稳，河湟归唐，岭南乱平，保持了十余年的太平。《旧唐书·宣宗本纪》史臣评论说宣宗“器识深远，久历艰难，备知人间疾苦”。称赞宣宗临驭“一之日权豪敛迹，二之日奸臣畏法，三之日阉寺詟气。由是刑政不滥，贤能效用，百揆四岳，穆若清风，十余年间，颂声载路”。史臣的评论，未免过誉。但宣宗毕竟延续了会昌时期的新气象，维护了唐朝十余年的和平，是值得称道的。

宣宗的缺失，也是沾染了朋党积习。他怀恨文宗、武宗，也为了表明自己是唐宪宗的直接继承人，诬陷唐穆宗母子与宦官同谋害死唐宪宗，则穆宗为逆，诸子敬宗、文宗、武宗自然为逆，那么李德裕就是逆臣，于是大反会昌之政，即使善政，也要推倒。武宗废佛，宣宗兴佛；武宗裁汰州县冗官一千多员，宣宗增设冗官。加之，宣宗所任宰相，前期白敏中、后期令狐绹，均是李宗闵朋党，才能平庸，只对宣宗唯命是从，没有什么建树，唐政治腐败的大环境没有多大的改变，即藩镇割据、宦官专权、朋党交争，依然没有改变。大中之治，不过是唐亡之前的回光返照而已。

唐纪六十六

唐懿宗咸通元年至八年（860—867年）

【起上章执徐（庚辰，860年），尽强圉大渊献（丁亥，867年），凡八年】

【大事提要】

本卷记事起公元860年，讫公元867年，凡八年。当唐懿宗咸通元年至咸通八年。懿宗在位十四年，本卷载懿宗前期八年政事。懿宗李漼为宣宗长子，无才无德，没有被宣宗立为太子，是靠宦官拥立为皇帝的。因此懿宗即位，宦官备受宠信，多次临幸诸寺，滥赏无节制。在宦官的导使下，懿宗怠于政事，游宴无度，滥赐乐工为高官。懿宗又笃信佛法，全国兴佛泛滥，僧尼剧增。懿宗还在宫中设讲坛，亲自手录梵夹，唱经开讲。此时唐朝政治已经大坏，宦官与朝官的矛盾急剧上升，宦官欲借拥立懿宗之功，大开杀戒，以朝官不拥立懿宗为由，诛杀宰臣。由于杜悰以利害开导枢密宦官，才避免了一场血腥屠杀。上层统治阶级矛盾尖锐，下层社会各种矛盾更加激化，唐代社会处在大震荡的前夜。浙东裘甫起义就是大震荡的信号。朝廷任用智勇皆备的王式镇压了裘甫起义，唐王朝暂时苟安。边患又起，安南叛乱，南诏乘机入侵。由于宦官当政，所用军镇将领无御敌之才，加之宦官监军掣肘，泱泱大唐竟屡遭败绩，西州、岭南受祸十余年。

【原文】

懿宗昭圣恭惠孝皇帝上

咸通元年（庚辰，860 年）

春，正月，乙卯，浙东军与裘甫战于桐柏观前，范居植死，刘勍仅以身免。乙丑，甫帅其徒千余人陷剡县，开府库，募壮士，众至数千人。越州大恐。

时二浙久安，人不习战，甲兵朽钝，见卒不满三百；郑祗德更募新卒以益之，军吏受赂，率皆得孱弱者。祗德遣子将沈君纵、副将张公署、望海镇将李珪将新卒五百击裘甫。二月，辛卯，与甫战于剡西，贼设伏于三溪之南，而陈于三溪之北，壅溪上流，使可涉。既战，阳败走，官军追之，半涉，决壅，水大至，官军大败，三将皆死，官军几尽。

于是山海诸盗及他道无赖亡命之徒，四面云集，众至三万，分为三十二队。其小帅有谋略者推刘暀，勇力推刘庆、刘从简。群盗皆遥通书币，求属麾下。甫自称天下都知兵马使，改元曰罗平，铸印曰天平。大聚资粮，购良工，治器械，声震中原。

丙申，葬圣武献文孝皇帝于贞陵，庙号宣宗。

丙午，白敏中入朝，坠陛，伤腰，肩舆以归。

郑祗德累表告急，且求救于邻道；浙西遣牙将凌茂贞将四百人、宣歙遣牙将白琮将三百人赴之。祗德始令屯郭门及东小江，寻复召还府中以自卫。祗德馈之，比度支常馈多十三倍，而宣、润将士犹以为不足。宣、润将士请土军为导，以与贼战；诸将或称病，或阳坠马，其肯行者必先邀职级，竟不果遣。贼游骑至平水东小江，城中士民储舟裹粮，夜坐待旦，各谋逃溃。

朝廷知祗德懦怯，议选武将代之。夏侯孜曰："浙东山海幽阻，可以计取，难以力攻。西班中无可语者。前安南都护王式，虽儒家子，在安

【语译】

懿宗昭圣恭惠孝皇帝上

唐懿宗咸通元年（庚辰，860 年）

春季，正月初四日乙卯，浙东军和裘甫军在桐柏观前大战，范居植阵亡，刘勍只身逃了出来。正月十四日乙丑，裘甫带领部下千余人攻下剡县，打开府库，招募壮士参军，部众有数千人。越州听到这个消息，大为恐慌。

当时浙东浙西久未发生战事，军人都不演习战斗，盔甲腐朽，兵器不锋利，现有兵卒不到三百人；郑祗德再招募新兵来补充，军官受到贿赂，招来的大都是些孱弱不顶用的人。郑祗德派他的儿子带领沈君纵、副将张公署、望海镇将李珪统领新招募的五百名士卒去攻打裘甫。二月初十日辛卯，与裘甫在剡县以西会战，裘甫在三溪的南面设下埋伏，而在三溪的北面排列军阵，并把三溪上游堵塞住，使得下游可以步行渡过。战斗开始以后，裘甫假装败走，官军追赶他们，在溪中走了一半，裘甫扒开了上游堵塞的堤坝，大水猛冲下来，官军大败，沈君纵等三将都战死，官军几乎被全部消灭。

这样一来，山海之间各处的盗寇以及其他地方的亡命之徒，从四面八方云集到此，军众达到三万人，分为三十二队。在他们的小帅中有谋略的是刘暀，有勇力的是刘庆、刘从简。外地的群盗都从遥远的地方送来书信和礼物，要求裘甫收纳他们为部属。裘甫自称天下都知兵马使，改年号为罗平，铸的印称天平。大量囤聚钱物和粮草，请来能工巧匠，制造武器兵械，声威震动了全国。

二月十五日丙申，将圣武献文孝皇帝葬在贞陵，庙号宣宗。

二月二十五日丙午，白敏中前去上朝，在台阶上跌倒了，伤了腰，被人用肩舆抬了送回家。

郑祗德接连上表告急，并且向毗邻各道求救；浙西道派遣牙将凌茂贞带领四百人，宣歙道派遣牙将白琮带领三百人，前往越州。郑祗德开始时叫他们驻扎在城郭门和东小江，不久又召回到府衙中用来保卫自己。郑祗德发给他们馈饷，比度支按常规所发的馈饷多十三倍，然而宣润二道的将士还认为太少。宣、润二道将士请当地土军为向导，以便和叛贼作战；那些将领有的说有病，有的假装从马上掉下来负了伤，那些愿意领头的人又一定预先要求提升军职和勋级，结果一个人也派不出来。叛贼的游骑到了平水镇东的小江，城里的士民准备了船和粮食，在夜里坐着等待天亮，打算各自逃生。

朝廷知道郑祗德懦弱胆小，讨论挑选武将去代替他。夏侯孜说："浙东地方有山海之险，只可以用计谋取胜，用强力是难以达到目的的。在朝廷武官中还没有适当

南威服华夷，名闻远近，可任也。”诸相皆以为然。遂以式为观察使，征祇德为宾客。

三月，辛亥朔，式入对，上问以讨贼方略。对曰：“但得兵，贼必可破。”有宦官侍侧，曰：“发兵，所费甚大。”式曰：“臣为国家惜费则不然。兵多贼速破，其费省矣。若兵少不能胜贼，延引岁月，贼势益张，则江、淮群盗将蜂起应之。国家用度尽仰江、淮，若阻绝不通，则上自九庙，下及十军，皆无以供给，其费岂可胜计哉！”上顾宦官曰：“当与之兵。”乃诏发忠武、义成、淮南等诸道兵授之。裘甫分兵掠衢、婺州。婺州押牙房郅、散将楼曾、衢州十将方景深将兵拒险，贼不得入。又分兵掠明州，明州之民相与谋曰：“贼若入城，妻子皆为菹醢，况货财，能保之乎！”乃自相帅出财募勇士，治器械，树栅，浚沟，断桥，为固守之备。贼又遣兵掠台州，破唐兴。己巳，甫自将万余人掠上虞，焚之。癸酉，入余姚，杀丞、尉；东破慈溪，入奉化，抵宁海，杀其令而据之；分兵围象山。所过俘其少壮，余老弱者蹂践杀之。

及王式除书下，浙东人心稍安。裘甫方与其徒饮酒，闻之不乐。刘暀叹曰：“有如此之众而策画未定，良可惜也！今朝廷遣王中丞将兵来，闻其人智勇无敌，不四十日必至。兵马使宜急引兵取越州，凭城郭，据府库，遣兵五千守西陵，循浙江筑垒以拒之，大集舟舰。得间，则长驱进取浙西，过大江，掠扬州货财以自实，还，修石头城而守之，宣歙、江西必有响应者。遣刘从简以万人循海而南，袭取福建。如此，则国家贡赋之地尽入于我矣；但恐子孙不能守耳，终吾身保无忧也。”甫曰：“醉矣，明日议之！”暀以甫不用其言，怒，阳醉而出。有进士王辂在贼中，贼客之。辂说甫曰：“如刘副使之谋，乃孙权所为也。彼乘天下大乱，故能据有江东；今中国无事，此功未易成也。不如拥众据险自守，陆耕海渔，急则逃入海岛，此万全策也。”甫畏式，犹豫未决。

（以上为第一段，写宰相夏侯孜荐王式讨裘甫。）

人选可用。从前担任安南都护的王式，虽然出身儒家，在安南时威信却很高，华人夷人都信服他，为远近所闻名，可以胜任郑祗德的职务。”其他宰相也是这样认为的。于是就任命王式为浙东观察使，征调郑祗德为太子宾客。

三月初一日辛亥，王式入朝接受询问，懿宗询问他讨贼的办法。王式回答说："只要有兵，叛贼一定会被平定。"在懿宗旁边侍奉的宦官说："调发军队，要花费很多钱财。"王式说："臣为国家爱惜费用却不是这么想的。军队多，能很快平定叛贼，所需费用是很节省的。假若军队少不能打败叛贼，时间拖延越长，叛贼的势力一天天扩大，那么江淮一带的群盗将会蜂起响应他们。国家的用度全靠江淮，要是江淮地方阻隔不通了，那么上从九庙，下至十军，都没有财物供给了，损失的财物难道可以计算得了吗！"懿宗回头对宦官说："应当调派军队给王式。"于是下诏调发忠武、义成、淮南等各道兵交给王式指挥。裘甫分兵进掠衢州和婺州。婺州押牙房郅、散将楼曾、衢州十将方景深带领军队凭险据守，叛贼攻不进去。又分兵进掠明州，明州的民众互相谋划说："叛贼要是进了城，妻室儿女都要被剁成肉酱，何况财产货物，能保得住吗！"于是共同拿出钱来招募勇士，修治器械，树立栅栏，疏浚城沟，切断桥梁，做了一系列防守的准备工作。叛贼又派兵攻掠台州，攻下了唐兴县。三月十九日己巳，裘甫亲自带领一万多人进掠上虞县，把它烧掉了。三月二十三日癸酉，攻入余姚，杀了县丞和县尉；再向东攻下慈溪县，进入奉化县，抵达宁海县，杀了县令而占据其城；又分兵包围象山县。所经过的地方，俘虏那些年轻力壮的人，老弱的人都被蹂践杀死。

等到任命王式为浙东观察使的诏书颁发后，民众的情绪才稍稍安定下来。当时裘甫正在和他的部下饮酒，听到这个消息后很不高兴。刘暀叹息着说："有这样多的部众而策划尚未定下来，真是可惜！现在朝廷派遣王式带兵前来，听说这个人智勇双全，很难对付，不出四十天一定会赶到。兵马使应当赶快带领军队攻取越州，凭借城郭，据有府库，派五千兵去防守西陵渡，沿浙江修筑堡垒来抗拒官兵，并征集大批船舰。乘有利时机，长驱直入攻取浙西，渡过长江，掠取扬州的货物来充实自己，然后回军，修筑石头城据守，这样宣歙和江西一带，一定会有响应我们的人。派遣刘从简带领一万军队沿海向南发展，攻占福建。这样一来，国家贡赋的地方都被我们据有了；只用担心子孙能不能保住它，我们自己则终身都不用忧虑了。"裘甫说："喝醉了，明天再讨论罢！"刘暀看到裘甫不听从他的建议，大怒，假装酒醉就退出来了。有位叫王辂的进士在叛贼中，叛贼用客礼对待他。王辂对裘甫说："像刘副使的那种谋划，就是三国时孙权所做的事。孙权乘天下大乱，所以能据有江东，现在中原安定，照孙权那样的做法不易成功。不如拥众据险自守，陆上种田，海上打渔，危急时就逃入海岛，这才是万全之策。"裘甫畏惧王式，犹豫不决。

夏，四月，式行至柿口，义成军不整，式欲斩其将，久乃释之，自是军所过若无人。至西陵，裘甫遣使请降，式曰："是必无降心，直欲窥吾所为，且欲使吾骄怠耳。"乃谓使者曰："甫面缚以来，当免而死。"

乙未，式入越州，既交政，为郑祇德置酒，曰："式主军政，不可以饮，监军但与众宾尽醉。"迨夜，继以烛，曰："式在此，贼安能妨人乐饮！"丙申，饯祇德于远郊，复乐饮而归。于是始修军令，告馈饷不足者息矣，称疾卧家者起矣，先求迁职者默矣。

贼别帅洪师简、许会能帅所部降，式曰："汝降是也，当立效以自异。"使帅其徒为前锋，与贼战有功，乃奏以官。

先是，贼谍入越州，军吏匿而饮食之。文武将吏往往潜与贼通，求城破之日免死及全妻子；或诈引贼将来降，实窥虚实；城中密谋屏语，贼皆知之。式阴察知，悉捕索，斩之，刑将吏尤横猾者，严门禁，无验者不得出入，警夜周密，贼始不知我所为矣。

式命诸县开仓廪以赈贫乏，或曰："贼未灭，军食方急，不可散也。"式曰："非汝所知。"

官军少骑卒，式曰："吐蕃、回鹘比配江、淮者，其人习险阻，便鞍马，可用也。"举籍府中，得骁健者百余人。虏久羁旅，所部遇之无状，困馁甚；式既犒饮，又赒其父母妻子，皆泣拜欢呼，愿效死，悉以为骑卒，使骑将石宗本将之。凡在管内者，皆视此籍之，又奏得龙陂监马二百匹，于是骑兵足矣。

或请为烽燧以诇贼远近众寡，式笑而不应；选懦卒，使乘健马，少与之兵，以为候骑，众怪之，不敢问。

（以上为第二段，写王式至浙东，用智计讨贼，开仓振贫，不置烽燧，用懦卒乘健马为候骑。）

夏季，四月，王式行军到柿口，看到义成军纪律不好，王式就想斩了军中的将领，过了很久又释放了他，从这之后，军队经过的地方好像没有人经过一样。到达西陵时，裘甫派人向王式请求投降，王式说：“这一定不是真心请降，只是想试探一下我军的底牌，并且使我由此而骄傲懈怠而已。”于是对使者说：“裘甫绑着手来投降我，就可以免他一死。”

四月十五日乙未，王式进入越州，政事交接完毕后，为郑祗德设置酒宴，说：“我王式主持军政大事，不可以饮酒，监军只管与众位宾客尽情畅饮。”到夜晚，又点上蜡烛，并说：“有王式在这里，叛贼哪里能够妨碍大家欢乐饮酒！”四月十六日丙申，在远郊为郑祗德饯行，又欢乐地饮宴后才回来。于是开始制定军令，报告说馈饷不足的人没有了，称病的人起来了，先前请求调职的人也不说话了。

叛贼别部的统帅洪师简、许会能带领部队来投降，王式说：“你们投降是对的，应当立功以表示与他人不同。”派他们带领部下为前锋，和叛贼作战有功劳，于是上奏给他们授官职。

先前，叛贼的间谍进入越州，军官们把间谍隐藏起来，并供给他们饮食。文武官吏中往往有人暗地和叛贼交往，想求得在城池被攻下后自己和家人得到保全；有人假装引贼将来投降，实际上是他们想暗中观察城中的虚实；城里的秘密谋划和避开众人的谈话，叛贼都能知道。王式暗地察觉了这个情况，把有关的人都捕捉起来杀掉；把将吏中特别横暴狡猾的人处以重刑；加强门禁，无证件的人不能随便出入，对夜间防卫特别周密，这样一来，叛贼就完全不了解官军的行动情况了。

王式命令各县打开仓库赈济贫困百姓，有人提意见说：“叛贼还未平定，正急需军粮，不能散发粮食。”王式说：“其中原因不是你们所能了解的。”

官军缺少骑兵，王式说：“吐蕃人和回鹘人近来分发到江淮地方的，他们习惯于攀登险阻，善于骑马作战，可以重用他们。”把军府中的名册拿来清查，得到骁健的人一百多名。吐蕃、回鹘人被长久地留在这边，所在的部队对他们又很不友善，贫困饥饿到了极点；王式既赏赐了他们饮食，又周济了他们的父母妻子，他们都流着泪拜谢并欢呼，愿意拼命为官军效劳，王式把他们全部编为骑兵，使骑将石宗本率领他们。凡是在管辖内各地的吐蕃人、回鹘人，都照越州这样办。另外，又奏请得到龙陂监马二百匹，这样一来，骑兵就不缺了。

有人请求设置烽火台以察知叛贼的远近和人数多少，王式只是笑而不答。他挑选懦弱的士卒，让他们骑着健壮的马匹，又少给他们锐利的兵器，让他们担任侦察骑兵；众人感到奇怪，但又不敢询问。

于是阅诸营见卒及土团子弟，得四千人，使导军分路讨贼；府下无守兵，更籍土团千人以补之。乃命宣歙将白琮、浙西将凌茂贞帅本军，北来将韩宗政等帅土团，合千人，石宗本帅骑兵为前锋，自上虞趋奉化，解象山之围，号东路军。又以义成将白宗建、忠武将游君楚、淮南将万璘帅本军与台州唐兴军合，号南路军。令之曰："毋争险易，毋焚庐舍，毋杀平民以增首级！平民胁从者，募降之。得贼金帛，官无所问。俘获者，皆越人也，释之。"

癸卯，南路军拔贼沃州寨，甲辰，拔新昌寨，破贼将毛应天，进拔唐兴。

白敏中三表辞位，上不许。右补阙王谱上疏，以为："陛下致理之初，乃宰相尽心之日，不可暂阙。敏中自正月卧疾，今四月矣，陛下虽与他相坐语，未尝三刻，天下之事，陛下尝暇与之讲论乎！愿听敏中罢去，延访硕德，以资聪明。"己酉，贬谱为阳翟令。谱，珪之六世孙也。五月，庚戌朔，给事中郑公舆封还贬谱敕书。上令宰相议之，宰相以为谱侵敏中，竟贬之。

辛亥，浙东东路军破贼将孙马骑于宁海。戊午，南路军大破贼将刘晊、毛应天于唐兴南谷，斩应天。

先是，王式以兵少，奏更发忠武、义成军及请昭义军，诏从之。三道兵至越州，式命忠武将张茵将三百人屯唐兴，断贼南出之道；义成将高罗锐将三百人，益以台州土军，径趋宁海，攻贼巢穴；昭义将跌跌戣将四百人，益东路军，断贼入明州之道。庚申，南路军大破贼于海游镇，贼入甬溪洞。戊辰，官军屯于洞口，贼出洞战，又破之。己巳，高罗锐袭贼别帅刘平天寨，破之。自是诸军与贼十九战，贼连败。刘晊谓裘甫曰："向从吾谋入越州，宁有此困邪！"王辂等进士数人在贼中，皆衣绿，晊悉斩之，曰："乱我谋者，此青虫也！"

高罗锐克宁海，收其逃散之民，得七千余人。王式曰："贼窘且饥，必逃入海，入海则岁月间未可擒也。"命罗锐军海口以拒之。又命望海镇将云思益、浙西将王克容将水军巡海澨。思益等遇贼将刘简于宁海东，

于是检阅各营现有的士卒及地方乡丁，得到四千人，使他们为各军的先导，分路讨贼；府衙中不留守兵，改由新登记的乡丁一千人补充为守卫的队伍。于是命令宣歙将白琮、浙西将凌茂贞带领本军，北来将韩宗政等人带领乡丁，总共一千人，石宗本带领骑兵为前锋，从上虞奔赴奉化，以解象山之围，号称东路军。又命令义成将白宗建、忠武将游君楚、淮南将万璘带领本军和台州唐兴军汇合，号称南路军。命令他们说："不要争夺艰险或是平易的任务，不要焚烧房屋，不要屠杀平民以增加报功首级！平民被迫从贼的，劝募他们来降。缴获叛贼的金钱绸帛，官府不过问。俘获的如果是越州人，立即释放他们。"

四月二十三日癸卯，南路军攻下沃州寨，四月二十四日甲辰，攻下新昌寨，打败贼将毛应天，进抵唐兴县城。

白敏中三次上奏表辞宰相职位，懿宗不答应。右补阙王谱上奏疏，认为："陛下开始治理国家的时候，正需要宰相尽心尽力辅佐，是不能暂缺的。白敏中从正月起就卧病在床，到现在已经有四个月了，陛下虽然和他坐着谈话，也未曾超过三刻钟，天下国家的大事，陛下曾在闲暇中和他讨论过吗！希望让白敏中辞去宰相，寻访才德好的人，来辅佐陛下治理好国家。"四月二十九日己酉，贬谪王谱为阳翟县令。王谱是王珪的第六代孙。五月初一日庚戌，给事中郑公舆把贬谪王谱的敕书退还，表示不同意。懿宗叫宰相讨论这件事，宰相们认为王谱的话冒犯了白敏中，结果还是贬谪了王谱。

五月初二日辛亥，浙东东路军在宁海大败贼将孙马骑。五月初九日戊午，南路军在唐兴南谷大败贼将刘晊、毛应天，杀了毛应天。

先前，王式认为兵太少，奏请再调发忠武军、义成军和诏义军，懿宗答应了。三道的军队到越州后，王式命令忠武军将领张茵带领三百人驻扎在唐兴，截断叛贼向南出走的道路；义成军将领高罗锐带领三百人，加上台州的土军，径直往宁海，进攻叛贼的根据地；昭义军将领跌跌戣带领四百人增援东路军，截断叛贼往明州的道路。五月十一日庚申，南路军在海游镇大败叛贼，叛贼退入甬溪洞。五月十九日戊辰，官军驻扎在洞口，叛贼出洞作战，又被官军打败。五月二十日己巳，高罗锐偷袭叛贼别部头领刘平天的营寨，打败了刘平天。从这以后，各路军与叛贼打了十九仗，叛贼每战皆败。刘晊对裘甫说："从前要是听从我的计谋先攻下越州，哪里会有今天这样的困境！"王辂等几个进士在叛贼中，都穿着绿衣，刘晊把他们都杀了，说："扰乱我们计谋的，就是这些青虫！"

高罗锐攻下宁海，收集逃散的民众，得到七千多人。王式说："叛贼既困窘，又饥饿，一定会向海中逃去，到了海中就不是几个月或一年可以擒获的。"命令高罗锐驻扎在海口防止他们入海。又命令望海镇将云思益、浙西将领王克容带领水军巡逻

贼不虞水军遽至，皆弃船走山谷，得其船十七，尽焚之。式曰："贼无所逃矣，惟黄罕岭可入剡，恨无兵以守之。虽然，亦成擒矣！"裘甫既失宁海，乃帅其徒屯南陈馆下，众尚万余人。辛未，东路军破贼将孙马骑于上畻村，贼将王皋惧，请降。

壬申，右拾遗内供奉薛调上言，以为："兵兴以来，赋敛无度，所在群盗，半是逃户，固须翦灭，亦可闵伤。望敕州县税外毋得科率，仍敕长吏严加纠察。"从之。

袁王绅薨。

戊寅，浙东东路军大破裘甫于南陈馆，斩首数千级，贼委弃缯帛盈路，以缓追者。跌跌戣令士卒："敢顾者斩！"毋敢犯者。贼果自黄罕岭遁去，六月，甲申，复入剡。诸军失甫，不知所在，义成将张茵在唐兴获俘，将苦之，俘曰："贼入剡矣。苟舍我，我请为军导。"从之。茵后甫一日至剡，壁其东南。府中闻甫入剡，复大恐，王式曰："贼来就擒耳！"命趋东、南两路军会于剡，辛卯，围之。贼城守甚坚，攻之，不能拔；诸将议绝溪水以渴之，贼知之，乃出战。三日，凡八十三战，贼虽败，官军亦疲。贼请降，诸将出白式，式曰："贼欲少休耳，益谨备之，功垂成矣。"贼果复出，又三战。庚子夜，裘甫、刘晊、刘庆从百余人出降，遥与诸将语，离城数十步，官军疾趋，断其后，遂擒之。壬寅，甫等至越州，式腰斩晊、庆等二十余人，械甫送京师。

剡城犹未下，诸将已擒甫，不复设备。刘从简帅壮士五百突围走；诸将追至大兰山，从简据险自守。秋，七月，丁巳，诸将共攻克之。台州刺史李师望募贼相捕斩之以自赎，所降数百人，得从简首，献之。

诸将还越，式大置酒。诸将乃请曰："某等生长军中，久更行陈，今年得从公破贼，然私有所不谕者，敢问：公之始至，军食方急，而遽散

沿海一带地方。云思益等人在宁海东碰到贼将刘从简，叛贼没有预料到水军突然到来，都丢掉船只奔向山谷之中，获得十七条船，把它们都烧了。王式说："叛贼没有地方可逃了，只有经过黄罕岭可以进入到剡县，遗憾的是没有兵去驻守那个地方。虽然这样，叛贼也是要被擒获的！"裘甫已经丢了宁海，于是带领他的部下屯驻南陈馆下，部众还有一万多人。五月二十二日辛未，东路军在上𨙸村大败贼将孙马骑，贼将王皋害怕了，请求投降。

五月二十三日壬申，右拾遗内供奉薛调上奏，以为："从发兵讨贼以来，征收赋税没有限度，各地的群盗，半数是逃税的农户，固然必须讨平他们，但是他们也值得同情。希望敕令州县，赋税以外不得再有课征，再敕令地方长官严格纠察。"朝廷同意了。

袁王李绅去世。

五月二十九日戊寅，浙东东路军在南陈馆打败裘甫，斩首数千级，叛贼丢弃的绸帛满地都是，想借这种办法使追兵走得慢一些。跌跌戣对士卒命令道："谁敢去拿就杀谁！"没有一个人敢违犯命令。叛贼果然从黄罕岭逃走了。六月初五日甲申，又进入剡县。各部队中不见裘甫，不知他到哪里去了。义成军将领张茵在唐兴抓了俘虏，将要惩治他们，俘虏中有人说："叛贼到剡县去了。假若放了我，我愿意做军中的向导。"张茵答应了。张茵比裘甫晚一天到达剡县，在城东南方驻扎下来。使府中人听说裘甫到达剡县，又极大地恐慌起来，王式说："叛贼是来送死的！"下命令催促东、南两路大军会合于剡县，六月十二日辛卯，包围剡县。叛贼坚守着城池，虽然进攻，却不能攻下来；将领们建议截断溪水使城中断水，叛贼知道了这一情况，于是出城和官军作战。在三天中，打了八十三仗，叛贼虽然被打败了，官兵也被弄得很疲劳。叛贼请求投降，将领们报告王式，王式说："叛贼想稍稍休息一下而已，应当更加谨慎地防备他们，大功即将告成了。"叛贼果然出来了，又打了三仗。六月二十一日庚子晚上，裘甫、刘晊、刘庆带着一百多人出城投降，远远地和将领们讲话，离开城门数十步远，官军很快地跑过去，切断他们的后退之路，将他们擒获了。六月二十三日壬寅，裘甫等人被押送到越州，王式腰斩了刘晊、刘庆等二十多人，把裘甫戴上刑械送往京师。

剡城还没有攻下，诸将已抓住了裘甫，就放松了对剡城的防备。刘从简带领五百名壮士从城中突围逃跑；诸将追到大兰山，刘从简占据险要地方守卫。秋季，七月初九日丁巳，将领们共同攻下了大兰山。台州刺史李师望号召叛贼相互捕杀来立功赎罪，使数百人投降官兵，杀了刘从简，将首级献给了官府。

各军将领回到越州，王式大摆酒宴庆贺。将领们于是向王式请教说："我们这些人生长在军队中，多次参加战斗，今年跟随王公打败叛贼，然而私下还有一些不明

以赈贫乏，何也？”式曰：“此易知耳。贼聚谷以诱饥人，吾给之食，则彼不为盗矣。且诸县无守兵，贼至，则仓谷适足资之耳。”又问：“不置烽燧，何也？”式曰：“烽燧所以趣救兵也，兵尽行，城中无兵以继之，徒惊士民，使自溃乱耳。”又问：“使懦卒为候骑而少给兵，何也？”式曰：“彼勇卒操利兵，遇敌且不量力而斗；斗死，则贼至不知矣。”皆曰：“非所及也！”

封宪宗子忻为信王。

八月，裘甫至京师，斩于东市。加王式检校右散骑常侍，诸将官赏各有差。先是，上每以越盗为忧，夏侯孜曰：“王式才有余，不日告捷矣。”孜与式书曰：“公专以执裘甫为事，军须细大，此期悉力。”故式所奏求无不从，由是能成其功。

卫王灌薨。

九月，白敏中五上表辞位；辛亥，以敏中为司徒、中书令。

右拾遗句容刘邺上言：“李德裕父子为相，有声迹功效，窜逐以来，血属将尽，生涯已空，宜赐哀闵，赠以一官。”冬，十月，丁亥，敕复李德裕太子少保、卫国公，赠左仆射。

己亥，以门下侍郎、同平章事夏侯孜同平章事，充西川节度使。以户部尚书、判度支毕諴为礼部尚书、同平章事。

安南都护李鄠复取播州。

十一月，丁丑，上祀圜丘；赦，改元。

十二月，戊申，安南土蛮引南诏兵合三万余人乘虚攻交趾，陷之。都护李鄠与监军奔武州。

（以上为第三段，写王式平定浙东裘甫之乱。）

二年（辛巳，861 年）

春，正月，诏发邕管及邻道兵救安南，击南蛮。

二月，以中书令白敏中兼中书令，充凤翔节度使；以左仆射、判度支杜悰兼门下侍郎同平章事。

了的事，请问：王公刚来的时候，军队正急需粮食，你却将粮食散发用来赈济穷人，这是为什么？”王式说：“这件事容易说清楚。叛贼囤积粮食用来引诱饥饿的民众，我给他们粮食，那么他们就不会加入盗贼一伙了。况且各县没有守兵，叛贼到来，那么仓库中的粮食正好资助了叛贼。”他们又问：“不设置烽火台，又是为什么呢？”王式说：“烽火台是为了催促救兵而设置的，现在军队全部走了，城里已经没有兵可以继续调发了，有了烽火台，只是惊扰士民，使自己溃乱而已。”他们又问：“叫懦弱的士卒担任巡逻的骑兵，又不发给足够的兵器，这又是为什么呢？”王式说：“那些勇敢的士卒拿着锋利的兵器，遇到敌人将会不顾敌我力量而进行战斗，战死了，那么叛贼到来也就不知道了。”众将都说：“你的智谋不是我们所赶得上的啊！”

封宪宗的儿子李怬为信王。

八月，裘甫被押到京城，在东市被斩首。加给王式检校右散骑常侍官衔，各位将领也按功劳大小给予奖赏。先前，懿宗每每为越州的盗贼担忧，夏侯孜说：“王式的才能讨平叛贼还有多的，不要多久就会有捷报来了。”夏侯孜又给王式写信说：“你一心一意以抓到裘甫为主要任务，有关军需供应等大小之事，我们一定尽力办到，不要你操心。”所以王式的请求没有不照办的，这样才能取得成功。

卫王李灌去世。

九月，白敏中五次上奏表辞宰相职位；初四日辛亥，改任白敏中为司徒、中书令。

右拾遗句容人刘邺上奏说：“李德裕父子任宰相时，有声名和功劳，李德裕被流放以来，血亲家属将死完，生活也无法维持，应当怜悯他，赠给他一个官职。”冬季，十月十一日丁亥，敕命恢复李德裕太子少保、卫国公官爵，赠他左仆射官职。

十月二十三日己亥，调门下侍郎、同平章事夏侯孜同平章事，充任西川节度使。任命户部尚书、判度支毕諴为礼部尚书、同平章事。

安南都护李鄠又收复了播州。

十一月初二日丁丑，懿宗举行祭祀圜丘大典；同时发布大赦，改年号为咸通。

十二月初三日戊申，安南土蛮引来南诏兵共三万多人乘虚攻打交趾，把它攻下了。都护李鄠和监军奔向武州。

唐懿宗咸通二年（辛巳，861年）

春季，正月，下诏调发邕管和邻道军队救援安南，进击南蛮。

二月，任命中书令白敏中兼中书令，充凤翔节度使；任命左仆射、判度支杜悰兼门下侍郎、同平章事。

一日，两枢密使诣中书，宣徽使杨公庆继至，独揖悰受宣，三相起，避之西轩。公庆出斜封文书以授悰，发之，乃宣宗大渐时请郓王监国奏也。且曰："当时宰相无名者，当以反法处之。"悰反复读良久，曰："圣主登极，万方欣戴。今日此文书，非臣下所宜窥。"复封以授公庆，曰："主上欲罪宰相，当于延英面示圣旨，明行诛谴。"公庆去，悰复与两枢密坐，谓曰："内外之臣，事犹一体，宰相、枢密共参国政。今主上新践阼，未熟万机，资内外裨补，固当以仁爱为先，刑杀为后，岂得遽赞成杀宰相事！若主上习以性成，则中尉、枢密权重禁闱，岂得不自忧乎！悰受恩六朝，所望致君尧、舜，不欲朝廷以爱憎行法。"两枢密相顾默然，徐曰："当具以公言白至尊，非公重德，无人及此。"惭悚而退。三相复来见悰，微请宣意，悰无言。三相惶怖，乞存家族，悰曰："勿为他虑。"既而寂然，无复宣命。及延英开，上色甚悦。

是时士大夫深疾宦官，事有小相涉，则众共弃之。建州进士叶京尝预宣武军宴，识监军之面。既而及第，在长安与同年出游，遇之于涂，马上相揖。因之谤议喧然，遂沈废终身。其不相悦如此。

（以上为第四段，写杜悰以大义责枢密宦官，避免了宰相冤死之祸。）

福王绾薨。

夏，六月，癸丑，以盐州防御使王宽为安南经略使。时李鄠自武州收集土军，攻群蛮，复取安南；朝廷责其失守，贬儋州司户。鄠初至安南，杀蛮酋杜守澄，其宗党遂诱道群蛮陷交趾。朝廷以杜氏强盛，务在姑息，冀收其力用，乃赠守澄父存诚金吾将军，再举鄠杀守澄之罪，长流崖州。

秋，七月，南诏攻邕州，陷之。先是，广、桂、容三道共发兵三千人戍邕州，三年一代。经略使段文楚请以三道衣粮自募土军以代之，朝廷许之，所募才得五百许人。文楚入为金吾将军，经略使李蒙利其阙额衣粮以自入，悉罢遣三道戍卒，止以所募兵守左、右江，比旧什减七八，

有一天，两位枢密使到中书省，宣徽使杨公庆接着又到来，只向杜悰拜揖并叫他听受宣命，其他三相站了起来，到西轩去回避。杨公庆拿出斜封文书交给杜悰，打开一看，才知道是宣宗病危时宦官请求郓王掌管国事的奏章。并且说："当时宰相没有在上面签名的，当用反叛罪名处罚他。"杜悰反复看了很久，说："圣主登上皇位，万方都欣喜拥戴。现在这份文书，不是臣子们应当看的。"又封好交给杨公庆，并且说："主上想将宰相治罪，应当在延英殿当面颁布圣旨，公开进行诛谴。"杨公庆走了以后，杜悰又和两位枢密使坐谈，对他们说："朝廷内外的大臣，在为国事效劳方面是一致的，宰相、枢密使共同参与国家大政。现在主上新即帝位，对万机之事还不熟悉，借助内外臣僚的辅佐，本当以仁爱为首要任务，刑杀是次要的事，怎能一下子就赞成杀戮宰相之事！倘若主上养成了随意杀大臣的习惯，那么中尉、枢密使在禁闱中是权柄最大的人，岂能不担心自己的处境呢！杜悰我受恩遇已有六朝了，所希望的是使君主如同尧、舜一样贤明，不愿看到朝廷凭爱憎滥用刑法。"两位枢密使互相看了一眼没有说话，然后慢慢地说："一定详细地把你的话报告给皇帝，不是你的大德，没有人会想到这些情况。"他们惭愧畏惧地回去了。三位宰相再来会见杜悰，委婉地请求告诉懿宗的旨意，杜悰没有说话。三位宰相感到惶恐惊惧，乞求保存家族，杜悰说："不要有其他的忧虑。"说完就不作声了，再没有其他宣布。等到开延英殿接见大臣时，懿宗显得很高兴。

当时，士大夫深深地憎恨宦官，事情只要与宦官小有牵连，就被众人所唾弃。建州进士叶京曾参加宣武军的宴会，认识了监军。后来他进士及第，在长安和同年外出游玩时，在路上碰见曾任监军的宦官，在马上相互拱手行礼。由于这件事使得大家对他纷纷批评指责，于是叶京一辈子也抬不起头来。那种不相容已到这种地步。

福王李绾去世。

夏季，六月初十日癸丑，任命盐州防御使王宽为安南经略使。当时李鄠从武州召集土军，进攻群蛮，又收复了安南；朝廷责备他有失守土地之责，将他贬为儋州司户参军。李鄠初到安南时，杀了南蛮酋长杜守澄，杜氏的宗党就引导群蛮攻陷交趾。朝廷觉得杜氏强盛，于是尽量姑息他们，希望他们能为朝廷所用，于是赠杜守澄的父亲杜存诚为金吾将军，再次弹劾李鄠杀杜守澄的罪过，将李鄠长期流放去崖州。

秋季，七月，南蛮进攻邕州，攻陷了它。先前，广州、桂州、容州三道共同调派三千军队戍守邕州，三年一轮换。经略使段文楚请求用三道戍兵的衣粮，自己在当地招募土军来代替戍卒，朝廷答应了，经过招募只得到五百人左右。段文楚回到朝廷担任金吾将军后，接任的经略使李蒙贪图那些缺额衣粮以为己有，把三道的戍

故蛮人乘虚入寇。时蒙已卒，经略使李弘源至镇才十日，无兵以御之，城陷，弘源与监军脱身奔峦州，二十余日，蛮去，乃还。弘源坐贬建州司户。文楚时为殿中监，复以为邕管经略使，至镇，城邑居人什不存一。文楚，秀实之孙也。

杜悰上言："南诏向化七十年，蜀中寝兵无事，群蛮率服。今西川兵食单寡，未可轻与之绝，且应遣使吊祭，晓谕清平官等以新王名犯庙讳，故未行册命，待其更名谢恩，然后遣使册命，庶全大体。"上从之。命左司郎中孟穆为吊祭使；未发，会南诏寇嶲州，攻邛崃关，穆遂不行。

冬，十月，以御史大夫郑涯为山南东道节度使；十一月，加同平章事。

（以上为第五段，写安南叛乱，南诏兴兵攻唐。）

三年（壬午，862年）

春，正月，庚寅朔，群臣上尊号曰睿文明圣孝德皇帝，赦天下。

以中书侍郎、同平章事蒋伸同平章事，充河中节度使。

二月，棣王惴薨。

南诏复寇安南，经略使王宽数来告急，朝廷以前湖南观察使蔡袭代之，仍发许、滑、徐、汴、荆、襄、潭、鄂等道兵各三万人，授袭以御之。兵势既盛，蛮遂引去。邕管经略使段文楚坐变更旧制，左迁威卫将军、分司。

左庶子蔡京，性贪虐多诈，时相以为有吏才，奏遣制置岭南事。三月，京还，奏事称旨，复以京权知太仆卿，充荆襄以南宣慰安抚使。

夏，四月，己亥朔，敕于两街四寺各置戒坛，度人三七日。上奉佛太过，怠于政事，尝于咸泰殿筑坛为内寺尼受戒，两街僧、尼皆入预；又于禁中设讲席，自唱经，手录梵夹；又数幸诸寺，施与无度。吏部侍郎萧倣上疏，以为："玄祖之道，慈俭为先，素王之风，仁义为首，垂范百代，必不可加。佛者，弃位出家，割爱中之至难，取灭后之殊胜，非帝王所宜慕也。愿陛下时开延英，接对四辅，力求人瘼，虔奉宗祧；思

卒都打发走了，只将所招募的士兵驻守左江、右江，比原有的兵卒减少了十分之七八，所以蛮人乘虚前来进攻。当时李蒙已经死了，接任的经略使李弘源到镇才十天，没有士兵抵御蛮人，邕州被攻陷了，李弘源和监军逃脱出来奔向峦州，经过二十多天，蛮人退走了，李弘源才回到州城。李弘源因此被贬谪为建州司户。段文楚当时担任殿中监，便被任命为邕管经略使。段文楚到达邕州镇，看到城邑居民保存的不到十分之一。段文楚是段秀实的孙子。

杜悰上奏说："南诏归向朝廷已经有七十年了，蜀中地区没有战争，群蛮都相率归服。现在西川兵食都不充足，不能轻易和他们断绝关系，并且应当派遣使者前去吊祭，告诉清平官等：由于新王名字犯了皇上的庙讳，所以没有进行册命，等到新王改了名字谢恩的时候，再派使者来举行册命，这样来保全彼此间的体统。"懿宗接受了杜悰的意见。任命左司郎中孟穆为吊祭使；还未出发，适逢南诏侵扰巂州，进攻邛崃关，孟穆于是没有启程。

冬季，十月，任命御史大夫郑涯为山南东道节度使；十一月，加同平章事。

唐懿宗咸通三年（壬午，862年）

春季，正月初一日庚寅，群臣给懿宗上尊号称睿文明圣孝德皇帝，大赦天下。

任命中书侍郎、同平章事蒋伸为同平章事，充任河中节度使。

二月，棣王李惴去世。

南诏又来侵扰安南，经略使王宽多次上表告急，朝廷任命前湖南观察使蔡袭代替他，又调发许、滑、徐、汴、荆、襄、潭、鄂等八道的军队共三万人，任命蔡袭统兵抵御南诏。蔡袭既拥有强大的兵力，蛮人就自动退走了。邕管经略使段文楚被加上变更旧制的罪名，降职为威卫将军，分司东都。

左庶子蔡京，性情贪婪暴虐，狡诈多端，当时的宰相认为他有办事之才，上奏派遣他担任制置使去岭南处理边境的军政大事。三月，蔡京回朝，报告处理政事情况切合朝廷旨意，又被任命暂时兼任太仆卿，充任荆襄以南宣慰安抚使。

夏季，四月初一日己亥，敕命在东西两街的四处寺院各设戒坛，在二十一天内可以剃度。懿宗信奉佛教有些过分，对政事反而荒怠了，曾经在咸泰殿修建坛场为内寺尼受戒，两街的和尚、尼姑都入宫参与戒典；又在宫禁内设置讲席，懿宗亲自诵唱经文，亲手抄录梵文经典；又多次到各个寺庙去，布施没有节制。吏部侍郎萧倣上奏疏，认为："玄祖老子的道经，以慈悲俭约为首要内容，素王孔子的教导，以仁义为头等重要内容，是千秋万代的榜样，一定不能再增加其他东西。信佛的人，

缪赏与滥刑，其殃必至，知胜残而去杀，得福甚多。罢去讲筵，躬勤政事。”上虽嘉奖，竟不能从。

（以上为第六段，写宰相误荐奸人蔡京为荆襄以南安抚使，贻害无穷。唐懿宗佞佛。）

岭南旧分五管，广、桂、邕、容、安南，皆隶岭南节度使，蔡京奏请分岭南为两道节度，从之。五月，敕以广州为东道，邕州为西道，又割桂管龚、象二州，容管藤、岩二州隶邕管。寻以岭南节度使韦宙为东道节度使，以蔡京为西道节度使。

蔡袭将诸道兵在安南，蔡京忌之，恐其立功，奏称：“南蛮远遁，边徼无虞，武夫邀功，妄占戍兵，虚费馈运。盖以荒陬路远，难于覆验，故得肆其奸诈。请罢戍兵，各还本道。”朝廷从之。袭累奏群蛮伺隙日久，不可无备，乞留戍兵五千人，不听。袭以蛮寇必至，交趾兵食皆阙，谋力两穷，作十必死状申中书；时相信京之言，终不之省。

秋，七月，徐州军乱，逐节度使温璋。

初，王智兴既得徐州，募勇悍之士二千人，号银刀、雕旗、门枪、挟马等七军，常以三百余人自卫，露刃坐于两庑夹幕之下，每月一更。其后节度使多儒臣，其兵浸骄，小不如意，一夫大呼，其众皆和之，节度使辄自后门逃去。前节度使田牟至与之杂坐饮酒，把臂拊背，或为之执板唱歌；犒赐之费，日以万计，风雨寒暑，复加劳来，犹时喧哗，邀求不已。牟薨，璋代之，骄兵素闻璋性严，惮之。璋开怀慰抚，而骄兵终怀猜忌，赐酒食皆不历口，一旦，竟聚噪而逐之。朝廷知璋无辜，乙亥，以璋为邠宁节度使，以浙东观察使王式为武宁节度使。

以前西川节度使、同平章事夏侯孜为左仆射、同平章事。

忠武、义成两军从王式讨裘甫者犹在浙东，诏式帅以赴徐州，骄兵闻之，甚惧。八月，式至大彭馆，始出迎谒。式视事三日，飨两镇将士，

丢掉名位、抛弃家庭，割断人情爱欲中最难舍弃的亲情和富贵，选取死灭以后说是可以得到被尊奉的胜境，这不是帝王应慕的东西。希望陛下时常在延英殿召见大臣，和辅佐之人讨论政事，尽力了解民众疾苦，虔诚地奉祀祖宗。要认识到错误的奖赏和乱用刑罚，一定会带来灾祸；应了解教化残暴之人向善和善于导民而不用刑杀，这样得到的福祉会更多。取消讲经的设置，亲自勤劳地处理政事。”懿宗虽然嘉奖萧倣的言论，结果还是没有照办。

岭南地区过去分为五管，即广州、桂州、邕州、容州和安南，都隶属于岭南节度使，蔡京奏请分岭南为两道节度，朝廷答应了。五月，敕命以广州为东道，邕州为西道，又分割桂管的龚、象二州，容管的藤、岩二州隶属于邕管。不久，任命岭南节度使韦宙为东道节度使，蔡京为西道节度使。

蔡袭统领各道的军队在安南，蔡京很嫉妒他，怕他因功立业，于是上奏说：“南蛮跑到很远的地方去了，边境地区不用担心了，武将想求得功劳，妄自扩充戍守的军队，白白耗费国家粮饷。大概是认为荒凉边远的地方，很难进行核对审查，所以能够放心大胆地搞欺诈勾当。请求朝廷撤销戍兵，让他们各自回到本道去。”朝廷采纳了蔡京的意见。蔡袭多次上奏说，群蛮窥伺等待机会已经很久了，不能没有防备，乞求留下五千名戍兵，朝廷不答应。蔡袭认为蛮人一定会来侵扰，交趾的军队、粮食都缺乏，谋略和实力都已穷尽，于是写了一份十种必死的申诉状文，呈报中书省；当时的宰相信蔡京的话，最终对蔡袭的状文不予理睬。

秋季，七月，徐州军中发生叛乱，驱逐了节度使温璋。

原先，王智兴担任徐州节度使，招募了勇敢强悍的士卒两千人，号为银刀、雕旗、门枪、挟马等七军，经常用三百多人自卫，让他们坐在两边走廊夹幕之下，露出刀锋，每月换一次班。在他以后担任节度使的多是儒学之士，那些士兵渐渐骄傲起来，只要稍不知意，有一个人带头号召，其余的士众就附和他，节度使随即从后门逃走了。温璋的前任节度使田牟以至和士兵们杂坐在一起饮酒，拉着手臂，拍着背肩，有时还为他们执板唱歌；犒赏的经费，一天要花上万钱，刮风下雨或寒冷暑热，还要另外加上慰劳的东西，即使如此，士兵们还不时进行喧闹，要求没有止境。田牟死后，温璋敞开胸怀慰抚他们，而骄兵始终对他有所猜疑，赏赐的酒食都不进口，一天，竟然聚众喧噪把温璋赶走了。朝廷知道温璋没有过错，七月初八日乙亥，任命温璋为邠宁节度使，调浙东观察使王式为武宁节度使。

任命前西川节度使、同平章事夏侯孜为左仆射、同平章事。

忠武、义成两军跟从王式讨伐裘甫的部队还在浙东，诏令王式带领他们赶往徐州，反叛的骄兵听到这一消息，很恐惧。八月，王式到达徐州城外的大彭馆，骄兵

遣还镇，擐甲执兵，命围骄兵，尽杀之，银刀都将邵泽等数千人皆死。甲子，敕以徐州先隶淄青道，李洧自归，始置徐海使额。及张建封以威名宠任，特帖濠、泗二州。当时本以控扼淄青、光蔡。自寇孽消弭，而武宁一道职为乱阶。今改为徐州团练使，隶兖海节度；复以濠州归淮南道，更于宿州置宿泗都团练观察使；留将士三千人守徐州，余皆分隶兖、宿。且以王式为武宁节度使，兼徐、泗、濠、宿制置使。委式与监军杨玄质分配将士赴诸道讫，然后将忠武、义成两道兵至汴滑，各遣归本道，身诣京师。其银刀等军逃匿将士，听一月内自首，一切勿问。

（以上为第七段，写王式镇压徐州乱兵。）

岭南西道节度使蔡京为政苛惨，设炮烙之刑，阖境怨之，遂为邕州军士所逐，奔藤州，诈为敕书及攻讨使印，募乡丁及旁侧土军以攻邕州。众既乌合，动辄溃败，往依桂州，桂州人怨其分裂，不纳。京无所自容，敕贬崖州司户，不肯之官；还，至零陵，敕赐自尽。以桂管观察使郑愚为岭南西道节度使。

冬，十月，丙申朔，立皇子佾为魏王，侹为凉王，佶为蜀王。

十一月，立顺宗子缉为蕲王，宪宗子愤为荣王。

南诏帅群蛮五万寇安南，都护蔡袭告急，敕发荆南、湖南两道兵二千，桂管义征子弟三千，诣邕州受郑愚节度。

岭南东道节度使韦宙奏："蛮寇必向邕州，若不先保护，遽欲远征，恐蛮于后乘虚扼绝饷道。"乃敕蔡袭屯海门，郑愚分兵备御。十二月，袭又求益兵，敕山南东道发弩手千人赴之。时南诏已围交趾，袭婴城固守，救兵不得至。

翼王绰薨。

是岁，嗢末始入贡。嗢末者，吐蕃之奴号也。吐蕃每发兵，其富室多以奴从，往往一家至十数人，由是吐蕃之众多。及论恐热作乱，奴多无主，遂相纠合为部落，散在甘、肃、瓜、沙、河、渭、岷、廓、叠、宕之间，吐蕃微弱者反依附之。

（以上为第八段，写岭南变乱，南诏乘机入寇。）

才出城迎接拜见。王式接任后的第三天，为两镇将士设宴，打发他们回本镇去，随即穿上铠甲，拿着武器，命令他们包围骄兵，把骄兵全部杀了，银刀都将邵泽等数千人都被杀死。八月二十八日甲子，敕命认为徐州原先隶属淄青道，李洧自动归附朝廷后，才设置徐州观察使这个职位。待到张建封由于威名被宠信重用，又将濠、泗两州划归徐州。当时这样做的本意是想依靠徐州来控制淄青、光蔡两道。自从两道的寇孽消除以后，徐州武宁军就成了祸乱的主要根源。现在改为徐州团练使，隶属于兖海节度使管辖；又将濠州归还淮南道，再在宿州设置宿泗都团练观察使；留下将士三千人守徐州，其余的人都分别归属兖海和宿泗二道。暂时仍命王式为武宁节度使，兼徐、泗、濠、宿州制置使。委派王式与监军杨玄质分遣将士回到各道，事毕后带领忠武、义成两道士兵到汴州和滑州，把他们打发回本道，然后亲自到京师来。银刀等军逃走躲藏起来的将士，让他们在一个月内向官府自首，一律不再追究。

岭南西道节度使蔡京为政苛刻残酷，设置炮烙的刑罚，整个管辖境内都怨恨他，于是被邕州军士赶走，逃奔藤州。蔡京又假造敕书和攻讨使印章，招募乡丁和旁近土军用来进攻邕州。他带领的是乌合之众，所以刚一作战就遭溃败，前往依靠桂州，桂州人怨恨蔡京割裂了桂州的辖境，不接纳他。蔡京没有地方可以安身，敕命贬谪他为崖州司户参军，他不肯赴任；北归，到达零陵，敕命他自杀。任命桂管观察使郑愚为岭南西道节度使。

冬季，十月初一日丙申，立皇子李佾为魏王，李侹为凉王，李佶为蜀王。

十一月，立顺宗儿子李缉为蕲王，宪宗儿子李愦为荣王。

南诏率领群蛮五万侵扰安南，都护蔡袭向朝廷告急，懿宗敕命调发荆南和湖南两道的军队两千人，桂管的义征子弟三千人，到邕州接受郑愚指挥。

岭南东道节度使韦宙上奏说："蛮人一定会进攻邕州，要是不预先进行保护，马上就想远征，恐怕蛮人随后乘虚断绝粮道。"于是朝廷敕命蔡袭退驻海门，郑愚分兵进行防御。十二月，蔡袭又请求增加援兵，敕命山南东道发派弓弩手一千人去救援。当时南诏已经包围了交趾城，蔡袭据城固守，救兵无法到达城里。

翼王李绰去世。

这一年，嗢末开始向朝廷进贡。嗢末是吐蕃中奴仆的名号。吐蕃每次发兵时，那些有钱人家多带着奴仆跟从，往往一家多达十多人，这样一来吐蕃军队人数就增多了。到论恐热作乱时，多数奴仆没有了主人，于是奴仆们就结合起来成为部落，散居在甘、肃、瓜、沙、河、渭、岷、廓、叠、宕等州之间，一些微弱的吐蕃奴隶主反而依附于他们。

四年（癸未，863年）

春，正月，庚午，上祀圜丘，赦天下。

是日，南诏陷交趾，蔡袭左右皆尽，徒步力战，身集十矢，欲趣监军船，船已离岸，遂溺海死，幕僚樊绰携其印浮渡江。荆南、江西、鄂岳、襄州将士四百余人，走至城东水际，荆南虞候元惟德等谓众曰："吾辈无船，入水则死，不若还向城与蛮斗，人以一身易二蛮，亦为有利。"遂还向城，入东罗门；蛮不为备，惟德等纵兵杀蛮二千余人，逮夜，蛮将杨思缙始自子城出救之，惟德等皆死。南诏两陷交趾，所杀虏且十五万人。留兵二万，使思缙据交趾城，溪洞夷獠无远近皆降之。诏诸道兵赴安南者悉召还，分保岭南西道。

上游宴无节，左拾遗刘蜕上疏曰："今西凉筑城，应接未决于与夺；南蛮侵轶，干戈悉在于道涂。旬月以来，不为无事。陛下不形忧闵以示远近，则何以责其死力！望节娱游，以待远人乂安，未晚。"弗听。

二月，甲午朔，上历拜十六陵。

置天雄军于秦州，以成、河、渭三州隶焉；以前左金吾将军王晏实为天雄观察使。

三月，归义节度使张义潮奏自将蕃、汉兵七千克复凉州。

南蛮寇左、右江，浸逼邕州。郑愚惧，自言儒臣无将略，请任武臣。朝廷召义武节度使康承训诣阙，欲使之代愚，仍诏选军校数人、士卒数百人自随。

中书侍郎、同平章事毕諴以同列多徇私不法，称疾辞位；夏，四月，罢为兵部尚书。

庚戌，群盗入徐州，杀官吏；刺史曹庆讨平之。

康承训至京师，以为岭南西道节度使，发荆、襄、洪、鄂四道兵万人与之俱。

五月，戊辰，以翰林学士承旨、兵部侍郎杨收同平章事。收，发之弟也。与左军中尉杨玄价叙同宗相结，故得为相。

乙亥，废容管，隶岭南西道，复以龚、象二州隶桂管。

唐懿宗咸通四年（癸未，863年）

春季，正月初七日庚午，懿宗到圜丘祭天，大赦天下。

正月初七这一天，南诏攻下了交趾，蔡袭左右随从都战死了，他自己仍奋力作战，身上被射中十箭，想赶上监军的船，但是船已离开了海岸，于是溺死在海里；幕僚樊绰带着他的大印浮海渡江而归。荆南、江西、鄂岳、襄州四道将士四百余人，走到城东水边，荆南道虞候元惟德等对众人说："我们没有船，入水就要被淹死，不如回头到城下和蛮人战斗，每人用一条命换蛮人两条命，也是划得来的。"于是回头向城下跑，攻入东罗门；蛮人没有防备，元惟德等领兵杀死蛮兵两千余人，到夜晚，蛮将杨思缙才从子城出来救援蛮兵，元惟德等人都战死了。南诏两次攻下交趾，杀伤和俘虏将近十五万人，留下两万兵，命杨思缙守着交趾城，溪洞夷獠不论远近都投降了他。朝廷诏命各道兵赴安南的都召回来，分别保卫岭南东西两道。

懿宗游宴没有节制，左拾遗刘蜕上疏说："现在在西凉筑城的事，应接与否还没有决定下来；南蛮的侵扰进攻，所在各地的战争正在进行中。近月以来，不是没有发生大事。陛下不表现出忧虑的态度给远近看，那么用什么理由去责备将士们不拼命战斗！希望陛下对娱乐游玩节制一点，等到远方安定了，再游乐也不晚。"懿宗听不进去。

二月初一日甲午，懿宗一一拜谒了十六座祖陵。

在秦州设置天雄军，将成、河、渭三州隶属于它；任命前左金吾将军王晏实为天雄军观察使。

三月，归义节度使张义潮上奏说，他亲自带蕃、汉兵七千人收复了凉州。

南蛮侵扰左江、右江，渐渐逼近了邕州。郑愚害怕了，称自己是文臣，没有作战的本领，请求朝廷派武臣来接替自己。朝廷召义武节度使康承训到京师，想让他接替郑愚，还诏令他在镇选军校数人、士卒数百人跟随自己。

中书侍郎、同平章事毕诚看到同时在位的人多半只顾私利不守法度，说是有病要求辞去宰相职位；夏季，四月，被降职为兵部尚书。

三月十七日庚戌，群盗进入徐州，杀官吏；刺史曹庆平定了他们。

康承训到京师，任命他为岭南西道节度使，调发荆南、襄州、洪州、鄂岳四道兵共一万人和他一同前往。

五月初六日戊辰，懿宗任命翰林学士承旨、兵部侍郎杨收为同平章事。杨收是杨发的弟弟。杨收和左军中尉杨玄价因同宗关系相交结，所以得到宰相职位。

五月十三日乙亥，撤销容管，将其隶属岭南西道，又将龚、象二州仍划归桂管领辖。

戊子，以门下侍郎、同平章事杜审权同平章事，充镇海节度使。

六月，废安南都护府，置行交州于海门镇；以右监门将军宋戎为行交州刺史，以康承训兼领安南及诸军行营。

闰月，以门下侍郎同平章事杜悰同平章事，充凤翔节度使；以兵部侍郎、判度支河南曹确同平章事。

（以上为第九段，写官军在岭南失利，朝廷重新调整岭南行政建制。唐懿宗游宴无节。）

秋，七月，辛卯朔，日有食之。

复置安南都护府于行交州，以宋戎为经略使，发山东兵万人镇之。时诸道兵援安南者屯聚岭南，江西、湖南馈运者皆溯湘江入溹渠、漓水，劳费艰涩，诸军乏食。润州人陈磻石上言，请造千斛大舟，自福建运米泛海，不一月至广州，从之，军食以足。然有司以和雇为名，夺商人舟，委其货于岸侧，舟入海或遇风涛没溺，有司囚系纲吏、舟人，使偿其米，人颇苦之。

八月，岭南东道节度使韦宙奏，蛮必向邕州，请分兵屯容、藤州。

夔王滋薨。

敕以阁门使吴德应等为馆驿使。台谏上言：故事，御史巡驿，不应忽以内人代之。上谕以敕命已行，不可复改。左拾遗刘蜕上言："昔楚子县陈，得申叔一言而复封之；太宗发卒修乾元殿，闻张玄素谏，即日罢之。自古明君所尚者，从谏如流，岂有已行而不改！且敕自陛下出之，自陛下改之，何为不可！"弗听。

黠戛斯遣其臣合伊难支表求经籍及每年遣使走马请历，又欲讨回鹘，使安西以来悉归唐，不许。

冬，十月，甲戌，以长安尉、集贤校理令狐滈为左拾遗。乙亥，左拾遗刘蜕上言："滈专家无子弟之法，布衣行公相之权。"起居郎张云言："滈父绹用李涿为安南，致南蛮至今为梗，由滈纳贿，陷父于恶。"十一

五月二十六日戊子，改门下侍郎、同平章事杜审权为同平章事，充任镇海节度使。

六月，撤销安南都护府，在海门镇设置行交州；任命右监门将军宋戎为行交州刺史，由康承训兼领安南及诸军行营。

闰六月，改门下侍郎、同平章事杜悰为同平章事，充任凤翔节度使；任命兵部侍郎、判度支河南人曹确为同平章事。

秋季，七月初一日辛卯，发生日食。

朝廷重新在交州设置安南都护府，任命宋戎为经略使，调发山东各地兵一万人镇守。当时各道兵入援安南的人屯聚在岭南地区，江西、湖南运送粮饷的人沿着湘江逆流而上到达灵渠，再入漓水，既辛劳，又艰险，各路军队还得不到充分的粮食供应。润州人陈磻石上奏说，请制造可装载一千石粮的大船，从福建经海路运米，不要一个月就可抵达广州，朝廷照办了，军队的粮食需求得到满足。然而有关人员以雇用民船的名义，夺取商人的船只，将他们的货物抛弃在岸边，运粮船进入海中有时碰到风浪沉没，有关官吏就把押运人和船夫囚禁起来，要他们赔偿损失，人们对运粮差事感到十分痛苦。

八月，岭南东道节度使韦宙上奏说，蛮人一定会进攻邕州，请求分兵屯驻容州和藤州。

夔王李滋去世。

懿宗敕命阁门使吴德应等为馆驿使。台谏官上奏说，根据过去的惯例，是由御史担任巡驿使，不应当忽然由宦官代替这个职务。懿宗告谕说敕命已经发布，不能再改变了。左拾遗刘蜕上奏说："从前楚庄王将陈国据为县，得到申叔的劝谏后恢复了陈国；太宗调发士兵修乾元殿，听到张玄素的谏止之言后，当天就停止了修建工程。从古代以来，英明的君主所尊尚的是接受好的意见，就像流水一样顺畅，哪里有已经执行了而不改变的！况且敕令是陛下发出的，由陛下改变它，有什么不可以！"懿宗不接受。

黠戛斯派遣他的使臣合伊难支上表，求经籍和每年遣使者乘快马取赏赐的年历，又想讨伐回鹘，使安西以东的地方都归唐朝领有，朝廷没有答应。

冬季，十月十五日甲戌，任命长安尉、集贤校理令狐滈为左拾遗。十六日乙亥，左拾遗刘蜕上奏说："令狐滈主持家事对子弟没有法度，布衣小吏竟然行使公相的大权。"起居郎张云上奏说："令狐滈的父亲令狐绹重用李涿为安南都护，以致南蛮到

月，丁酉，云复上言："滈，父绹执政之时，人号'白衣宰相'。"滈亦上表引避，乃改詹事府司直。

辛巳，废宿泗观察使，复以徐州为观察府，以濠、泗隶焉。

十二月，南诏寇西川。

昭义节度使沈询奴归秦，与询侍婢通，询欲杀之，未果；乙酉，归秦结牙将作乱，攻府第，杀询。

（以上为第十段，写唐懿宗宠信宦官。令狐绹受讥弹。）

五年（甲申，864 年）

春，正月，以京兆尹李蠙为昭义节度使，取归秦肝以祭沈询。

淮南节度使令狐绹为其子滈讼冤。贬张云兴元少尹，刘蜕华阴令，敕曰："虽嘉蹇谔之忠，难逃疏易之责。"

丙午，西川奏，南诏寇巂州，刺史喻士珍破之，获千余人。诏发右神策兵五千及诸道兵戍之。忠武大将颜庆复请筑新安、遏戎二城，从之。

以容管经略使张茵兼句当交州事；益海门镇兵满二万五千人，令茵进取安南。

二月，己巳，以刑部尚书、盐铁转运使李福同平章事、充西川节度使。

甲申，前西川节度使萧邺左迁山南西道观察使。

三月，丁酉，彗星出于娄，长三尺。己亥，司天监奏："按《星经》，是名含誉，瑞星也。"上大喜。"请宣示中外，编诸史策。"从之。

康承训至邕州，蛮寇益炽，诏发许、滑、青、汴、兖、郓、宣、润八道兵以授之。承训不设斥候；南诏帅群蛮近六万寇邕州，将入境，承训乃遣六道兵凡万人拒之，以獠为导，绐之。敌至，不设备，五道兵八千人皆没，惟天平军后一日至，得免。承训闻之，惶怖不知所为。节度副使李行素帅众治壕栅，甫毕，蛮军已使围。留四日，治攻具，将就，诸将请夜分道斫蛮营，承训不许；有天平小校再三力争，乃许之。小校将勇士三百，夜，缒而出，散烧蛮营，斩首五百余级。蛮大惊，间一日，解围去。承训乃遣诸军数千追之，所杀虏不满三百级，皆溪獠协从者。

今天仍然是个祸患，这是由于令狐滈收受了贿赂，使他父亲蒙受坏名声。”十一月初八日丁酉，张云又上奏说：“令狐滈的父亲令狐绹任宰相时，人们称他是‘白衣宰相’。”令狐滈也上奏表要求退避，于是改任令狐滈为太子詹事府司直。

辛巳，撤销宿泗观察使，又恢复徐州为观察府，把濠州和泗州划归徐州管辖。

十二月，南诏侵扰西川地方。

昭义节度使沈询的家奴归秦和沈询的侍婢通奸，沈询想杀掉他，还未杀成；十二月二十七日乙酉，归秦勾结牙将作乱，进攻节度使府，杀死了沈询。

唐懿宗咸通五年（甲申，864年）

春季，正月，任命京兆尹李蠙为昭义节度使，取出归秦的心肝用来祭祀沈询。

淮南节度使令狐绹替他的儿子令狐滈申诉冤情。于是贬谪张云为兴元府少尹，刘蜕为华阴县令，敕命中说：“虽然敢于进谏的正直忠贞值得称赞，但是轻率指斥人的责任也是应当承担的。”

正月十九日丙午，西川节度使上奏说，南诏侵扰巂州，刺史喻士珍把入侵者打败了，俘获一千多人。诏令调发右神策军五千和各道兵防守巂州。忠武军大将颜庆复请求修筑新安、遏戎两座城堡，朝廷同意了。

任命容管经略使张茵兼管交州的政事；增加海门镇的驻防军队达到二万五千人，命令张茵攻取安南。

二月十二日己巳，任命刑部尚书、盐铁转运使李福同平章事，充西川节度使。

二月二十七日甲申，前西川节度使萧邺降调山南西道观察使。

三月十一日丁酉，彗星在娄宿旁出现，长三尺。三月十三日己亥，司天监上奏说：“根据《星经》上说的，这星名叫含誉，是祥瑞星象。”懿宗听了很高兴。司天监并请：“请宣示中外，编写到史书上去。”懿宗答应了。

康承训到邕州，蛮人的侵扰更加频繁，朝廷下诏调发许、滑、青、汴、兖、郓、宣、润八道的军队交给他指挥。康承训不派侦察兵去了解敌情；南诏带领群蛮近六万人侵犯邕州，将要进入州境，康承训派六道兵共一万人抗击蛮人，用獠人为向导，被其所骗。敌人到了，仍不设置防御工事，以致五道兵八千人都被消灭，只有天平军因晚一天到达，才幸免于难。康承训听到这一消息，惊慌恐惧得毫无办法，手足无措。节度副使李行素带领众人修治城壕和栅栏，刚完工，蛮军就包围了州城。停留四天，准备攻城器具，将要完成，守城各将领请求在晚上分头袭击蛮营，康承训不同意；有一名天平小校再三力争，方才答应了。那小校带领勇士三百名，到晚

承训腾奏告捷，云大破蛮贼，中外皆贺。

夏，四月，以兵部侍郎、判户部萧寘同平章事。寘，复之孙也。

加康承训检校右仆射，赏破蛮之功也。自余奏功受赏者，皆承训子弟亲昵；烧营将校不迁一级，由是军中怨怒，声流道路。

五月，敕："徐州土风雄劲，甲士精强，比因罢节，颇多逃匿，宜令徐泗团练使选募军士三千人赴邕州防戍，待岭外事宁，即与代归。"

秋，七月，西川奏两林鬼主邀南诏蛮，败之，杀获甚众；保塞城使杜守连不从南诏，帅众诣黎州降。

岭南东道节度使韦宙具知康承训所为，以书白宰相；承训亦自疑惧，累表辞疾，乃以承训为右武卫大将军，分司，以容管经略使张茵为岭南西道节度使，复以容管四州别为经略使。

时南诏知邕州空竭，不复入寇，茵久之不敢进军取安南；夏侯孜荐骁卫将军高骈代之，乃以骈为安南都护、本管经略招讨使，茵所将兵悉以授之。骈，崇文之孙也，世在禁军。骈颇读书，好谈今古，两军宦官多誉之，累迁右神策都虞候；党项叛，将禁兵万人戍长武，屡有功，迁秦州防御使，复有功，故委以安南。

冬，十一月，以门下侍郎、同平章事夏侯孜同平章事，充河东节度使。

壬寅，以翰林学士承旨、兵部侍郎路岩同平章事；时年三十六。

（以上为第十一段，写康承训御南诏，谎报军情，朝廷庆功。）

六年（乙酉，865年）

春，正月，丁巳，始以懿安皇后配飨宪宗室。时王皞复为礼院检讨官，更申前议，朝廷竟从之。

诸道进私白者，闽中为多，故宦官多闽人。福建观察使杜宣猷每寒食遣吏分祭其先垅，宦官德之，庚申，以宣猷为宣歙观察使，时人谓之

上从城上缒吊而出，分散烧蛮人营帐，杀了五百多名蛮人。蛮人大惊，隔了一天，撤围而去。康承训于是派遣各路军队数千人追蛮兵，他们杀伤和俘虏的不到三百人，都是被胁迫跟从的那些溪洞獠人。康承训迅速上奏报告胜利消息，说是大破蛮兵，朝廷内外官员都向朝廷祝贺。

夏季，四月，任兵部侍郎、判户部萧寘为同平章事。萧寘是萧复的孙子。

加给康承训检校右仆射官衔，用以奖赏他打败蛮人的功劳。其余在奏文中报了功而受到奖赏的人，都是康承训的子弟或亲近他的人；烧蛮营的将校进一级官品也未升迁，因此军队中的士众都既怨又怒，到处在传播这种不满情绪。

五月，敕命说："徐州地方民习雄劲、甲士精强，近来因为撤销了节度使，很多士兵逃亡躲藏起来了，应当令徐泗团练使挑选招募军士三千人到邕州去担任防守任务，等到岭南地方战事平息之后，即取代他们回来。"

秋季，七月，西川节度使上奏说，两林部落的大鬼主邀截南诏，打败了他，杀戮和俘获了很多人；保塞城使杜守连不服从南诏指使，带领徒众到黎州投降官军。

岭南东道节度使韦宙详细了解康承训的所作所为，写信告诉了宰相；康承训也自我疑虑和恐惧，于是多次上表借口有病请求辞职，朝廷就改任康承训为右武卫大将军，分司东都，任命容管经略使张茵为岭南西道节度使，又把容管四个州另设经略使。

当时南诏知道邕州地方已经贫穷空乏，就不再去侵扰，张茵很久也不敢指挥军队去夺取安南；夏侯孜荐举骁卫将军高骈取代张茵，于是任命高骈为安南都护、本管经略招讨使，张茵所带领的军队全部交给高骈。高骈是高崇文的孙子，世代在禁军中服役。高骈很喜欢读书，喜好谈古论今，左右神策军的宦官多半赞赏他，累迁右神策军都虞候；党项叛乱时，高骈带领禁军一万人守长武，屡次立功，升迁为秦州防御使，又立了功劳，被委任为安南都护。

冬季，十一月，任命门下侍郎、同平章事夏侯孜同平章事，充任河东节度使。

十一月十九日壬寅，任命翰林学士承旨、兵部侍郎路岩同平章事；当时他只有三十六岁。

唐懿宗咸通六年（乙酉，865年）

春季，正月丁巳，才将懿安皇后配置在宪宗的庙室。当时王皞又当了礼院检讨官，再次提出从前的建议，即将懿安皇后配飨宪宗，朝廷最终还是同意了王皞的意见。

各道进献被阉割的男童中，福建地方最多，所以宦官多为福建人。福建观察使杜宣猷在每年寒食节派官吏分头祭祀宦官祖先的坟墓，宦官很感激他，二月初九日

“敕使墓户”。

三月，中书侍郎、同平章事萧寘薨。

夏，四月，以前东川节度使高璩为兵部侍郎、同平章事。璩，元裕之子也。

杨收建议，以“蛮寇积年未平，两河兵戍岭南冒瘴雾物故者什六七，请于江西积粟，募强弩三万人，以应接岭南，道近便，仍建节以重其权”。从之。五月，辛丑，置镇南军于洪州。

嶲州刺史喻士珍贪狯，掠两林蛮以易金；南诏复寇嶲州，两林蛮开门纳之，南诏尽杀戍卒，士珍降之。

壬寅，以桂管观察使严谍为镇南节度使。谍，震之从孙也。

六月，高璩薨。

以御史大夫徐商为兵部侍郎、同平章事。

秋，七月，立皇子侃为郢王，俨为普王。

高骈治兵于海门，未进；监军李维周恶骈，欲去之，屡趣骈使进军。骈以五千人先济，约维周发兵应援；骈既行，维周拥余众，不发一卒以继之。九月，骈至南定，峰州蛮众近五万，方获田，骈掩击，大破之，收其所获以食军。

冬，十二月，壬子，太皇太后郑氏崩。

（以上为第十二段，写岭南战事，朝廷所用非人，宦官监军制肘，官军无功。）

七年（丙戌，866年）

春，二月，归义节度使张义潮奏北庭回鹘固俊克西州、北庭、轮台、清镇等城。

论恐热寓居廓州，纠合旁侧诸部，欲为边患，皆不从；所向尽为仇敌，无所容。仇人以告拓跋怀光于鄯州，怀光引兵击破之。

三月，戊寅，以河东节度使刘潼为西川节度使。初，南诏围嶲州，东蛮浪稽部竭力助之，遂屠其城，卑笼部怨南诏杀其父兄，导忠武戍兵袭浪稽，灭之。南诏由是怨唐。

南诏遣清平官董成等诣成都，节度使李福盛仪卫以见之。故事，南诏使见节度使，拜伏于庭，成等曰：“骠信已应天顺人，我见节度使当抗

庚申，调杜宣猷为宣歙观察使，当时称他为“敕使墓户”。

三月，中书侍郎、同平章事萧寘去世。

夏季，四月，任命前东川节度使高璩为兵部侍郎、同平章事。高璩是高元裕的儿子。

杨收建议，认为：“蛮人多年未平定，两河兵戍守岭南遭受瘴气，十人中就有六七人死亡，请求在江西囤积粮食，招募弓弩手三万人，以支援岭南，道路既近又方便，还可设置节度使以加重江西的权力。”朝廷同意了。五月二十一日辛丑，决定在洪州设置镇南军。

巂州刺史喻士珍贪婪狡诈，抢掠两林部落的蛮人来换取金钱；南诏再次侵扰巂州，两林蛮人打开城门迎纳，南诏兵把戍卒都杀死了，喻士珍投降了南诏。

五月二十二日壬寅，任命桂管观察使严譔为镇南节度使。严譔是严震的侄孙。

六月，高璩去世。

任命御史大夫徐商为兵部侍郎、同平章事。

秋季，七月，册立皇子李侃为郢王，李俨为普王。

高骈在海门镇训练军队，没有进攻安南；监军李维周不喜欢高骈，想把他赶走，多次催促高骈向安南府进军。高骈带领五千人先渡江，约定李维周随后发兵接应支援；高骈出发以后，李维周拥有其余部众，连一个士兵也没派出去支援高骈。九月，高骈到达南定县，看到峰州蛮人将近五万人，正在收割庄稼，高骈乘他们无防备进行袭击，大败蛮人，夺取了他们的粮食以供军用。

冬季，十二月初五日壬子，太皇太后郑氏去世。

唐懿宗咸通七年（丙戌，866 年）

春季，二月，归义节度使张义潮上奏说，北庭回鹘固俊攻下西州、北庭、轮台、清镇等城。

论恐热寄居在廓州，企图纠合旁边各个部落，危害边地，其他各部落都不听从他；他所联络的各部如仇敌一样对待他，使他无处容身。论恐热的仇人把这种情况告诉了鄯州的拓拔怀光，怀光带领军队打败了论恐热。

三月初二日戊寅，任命河东节度使刘潼为西川节度使。原先，南诏围巂州，东蛮浪稽部竭力帮助刘潼，于是巂州城被攻下并遭到大屠杀，卑笼部怨恨南诏杀了他们的父兄，就引导忠武军的戍兵袭击浪稽部，族灭了他们。这样一来，南诏因此仇恨唐朝。

南诏派遣清平官董成等人到成都，节度使李福设盛大的仪卫接见他。按照旧例，南诏的使者拜见节度使，要在中庭行拜伏礼，董成等人说：“我们的国君已应天顺人

礼。”传言往返，自旦至日中不决；将士皆愤怒，福乃命捽而殴之，因械系于狱。刘潼至镇，释之，奏遣还国。诏召成等至京师，见于别殿，厚赐，劳而遣之。

成德节度使王绍懿，在镇十年，为政宽简，军民便之。疾病，召兄绍鼎之子都知兵马使景崇而告之曰："吾兄以汝之幼，以军政授我。汝今长矣，我复以军政归汝。努力为之，上忠朝廷，下和邻藩，勿坠吾兄之业，汝之功也。"言竟而薨。

闰月，吐蕃寇邠宁，节度使薛弘宗拒却之。

夏，四月，贬前西川节度使李福为蕲王傅。

五月，葬孝明皇后于景陵之侧，主祔别庙。

六月，魏博节度使何弘敬薨，军中立其子左司马全皞为留后。

以王景崇为成德留后。

南诏酋龙遣善阐节度使杨缉助安南节度使段酋迁守交趾，以范昵些为安南都统，赵诺眉为扶邪都统。监陈敕使韦仲宰将七千人至峰州，高骈得以益其军，进击南诏，屡破之。捷奏至海门，李维周皆匿之，数月无声问。上怪之，以问维周，维周奏骈驻军峰州，玩寇不进。上怒，以右武卫将军王晏权代骈镇安南，召骈诣阙，欲重贬之。晏权，智兴之从子也。是月，骈大破南诏蛮于交趾，杀获甚众，遂围交趾城。

（以上为第十三段，写岭南监军李维周瞒上欺下，几败大事。）

秋，七月，以何全皞为魏博留后。

冬，十月，甲申，以门下侍郎、同平章事杨收为宣歙观察使。收性侈靡，门吏僮奴多倚为奸利。杨玄价兄弟受方镇之赂，屡有请托，收不能尽从；玄价怒，以为叛己，故出之。

拓跋怀光以五百骑入廓州，生擒论恐热，先刖其足，数而斩之，传首京师。其部众东奔秦州，尚延心邀击，破之，悉奏迁于岭南。吐蕃自是衰绝，乞离胡君臣不知所终。

高骈围交趾十余日，蛮困蹙甚，城且下，会得王晏权牒，已与李维

登位了，我见节度使应当用平等的礼仪。”彼此来回传话，从早上到中午还确定不下来；将士们感到很愤怒，李福于是命令把董成等人抓起来打了一顿，随后戴上刑具关进监狱。刘潼到达西川后，释放了他们，上奏打发他们回国。朝廷诏令召董成等人到京师，在别殿接见了他们，又厚赏了财物，慰劳之后遣送他们回国。

成德节度使王绍懿，在镇任职十年，主持政事宽大简约，军民都感到很便利。他病危的时候，召见哥哥王绍鼎的儿子都知兵马使王景崇说：“我兄长由于看到你年纪小，把军政大权交给了我。你现在长大了，我再将军政大权归还给你。好好地干吧，对上要忠于朝廷，对下要与邻藩和睦，不要丢掉我哥哥的大业，这就是你的功劳。”说完后就去世了。

闰三月，吐蕃侵扰邠宁地区，节度使薛弘宗把他们打退了。

夏季，四月初七日辛巳，贬谪前西川节度使李福为蕲王傅。

五月，将孝明皇后葬在景陵的旁边，神主安置在另外的庙堂中。

六月，魏博节度使何弘敬去世，军中拥立他的儿子左司马何全皞为留后。

任命王景崇为成德留后。

南诏酋龙派遣善阐府节度使杨缉思帮助安南节度使段酋迁据守交趾，任命范昵些为安南都统，赵诺眉为扶邪都统。监阵敕使韦仲宰带领七千人到峰州，使高骈的军队得到增援，于是进攻南诏，多次打败南诏军。报捷的奏表送到海门，李维周把奏报都压下来不转呈朝廷，朝廷几个月都未得到战事消息。懿宗感到很奇怪，就询问李维周，李维周上奏说高骈的军队驻扎在峰州，轻慢敌人而不进军。懿宗大怒，任命右武卫将军王晏权代替高骈镇守安南，召高骈到京城去，打算重重贬谪他。王晏权是王智兴的侄子。这个月，高骈在交趾大败南诏兵，杀戮、俘获了很多人，于是包围了交趾城。

秋季，七月，任命何全皞为魏博镇留后。

冬季，十月十三日甲申，改任门下侍郎、同平章事杨收为宣歙观察使。杨收喜好奢侈，门下的属吏和奴仆多仗着他的势力贪财做坏事。宦官杨玄价兄弟接受方镇的贿赂，屡次请托杨收办事，杨收无法一一办到；杨玄价大怒，认为杨收背叛了自己，就把他调出了朝廷。

拓拔怀光派五百名骑兵攻入廓州，活捉了论恐热，先斩断他的脚，历数其罪后将他杀了，把首级传送到京师。论恐热的部众向东奔赴秦州，尚延心拦击，把他们打败了，报告朝廷后把这些部众全部迁移到岭南地区。吐蕃从这之后衰败灭绝，乞离胡君臣也不知道下落。

高骈包围了交趾十多天，蛮人困蹙到了极点，眼看城池就要攻下了，收到王晏

周将大军发海门，骈即以军事授韦仲宰，与麾下百余人北归。先是，仲宰遣小使王惠赞，骈遣小校曾衮入告交趾之捷，至海中，望见旌旗东来，问游船，云新经略使与监军也。二人谋曰："维周必夺表留我。"乃匿于岛间，维周过，即驰诣京师。上得奏，大喜，即加骈检校工部尚书，复镇安南。骈至海门而还。

王晏权暗懦，动禀李维周之命，维周凶贪，诸将不为之用，遂解重围，蛮遁去者太半。骈至，复督励将士攻城，遂克之，杀段酋迁及土蛮为南诏乡导者朱道古，斩首三万余级，南诏遁去。骈又破土蛮附南诏者二洞，诛其酋长，土蛮帅众归附者万七千人。

十一月，壬子，赦天下。诏安南、邕州、西川诸军各保疆域，勿复进攻南诏；委刘潼晓谕，如能更修旧好，一切不问。

置静海军于安南，以高骈为节度使。自李涿侵扰安南，为安南患殆将十年，至是始平。骈筑安南城，周三千步，造屋四十余万间。

十二月，黠戛斯遣将军乙支连几入贡，奏遣鞍马迎册立使及请亥年历日。

以成德留后王景崇为节度使。

上好音乐宴游，殿前供奉乐工常近五百人，每月宴设不减十余，水陆皆备，听乐观优，不知厌倦，赐与动及千缗。曲江、昆明、灞浐、南宫、北苑、昭应、咸阳，所欲游幸即行，不待供置，有司常具音乐、饮食、幄帟，诸王立马以备陪从。每行幸，内外诸司扈从者十余万人，所费不可胜纪。

（以上为第十四段，写高骈败南诏，安南十年之患得以平定。）

八年（丁亥，867年）

春，正月，以魏博留后何全皞为节度使。

二月，归义节度使张义潮入朝，以为右神武统军，命其族子淮深守归义。

自安南至邕、广，海路多潜石覆舟，静海节度使高骈募工凿之，漕运无滞。

权的文牒，说是已与李维周带领大军从海门启程了，高骈随即把军中之事交给韦仲宰，自己和部下百余人向北回朝。在此之前，韦仲宰派小使王惠赞，高骈派小校曾衮到朝廷去报告交趾的胜利消息，到海上，看见竖有旌旗的大船从东边开来，询问游船上的人，说是新任经略使和监军的船。二人商量着说："李维周一定会夺取报捷表并扣留我们。"于是在海岛中隐藏起来，等李维周过去了，随即飞快赶往京师。懿宗得到报捷奏表，很高兴，当即加给高骈检校工部尚书的官衔，仍然让他镇守安南。高骈走到海门又回转到交趾。

王晏权昏庸懦弱，什么事都要禀告李维周然后执行；而李维周为人凶暴贪鄙，诸将都不愿为他出力，于是解除了对交趾的重重包围，蛮人逃走了一大半。高骈到了以后，又督促勉励将士攻城，把交趾攻下了，杀段酋迁以及为南诏当向导的土蛮朱道古，杀了蛮人三万多人，南诏军逃走了。高骈攻下土蛮依附南诏的两洞，把酋长杀了，土蛮率领部众归附的有一万七千人。

十一月十一日壬子，大赦天下。朝廷诏令安南、邕州、西川各部军队各保疆域，不要再进攻南诏；委派刘潼告谕南诏，假如能够再修旧好，一切就不再追究。

在安南设置静海军，任命高骈为节度使。自从李涿侵扰群蛮以来，造成安南的祸患大概达十年之久，到现在才平定。高骈随后修筑了安南城，周围长三千步，建造房屋四十多万间。

十二月，黠戛斯派遣将军乙支连几向朝廷进贡，奏称派遣马匹迎接册立使和请颁亥年的日历。

任命成德镇留后王景崇为节度使。

懿宗爱好音乐宴游，殿前供奉的乐工常常接近五百人，每个月在宫设置酒宴不少于十次，山珍海味都要准备，听音乐，看演戏，不晓得厌倦，赏赐动辄达到一千缗。曲江池、昆明池、灞浐、南宫、北苑、昭应的华清宫、咸阳的望贤楼，要是想去游玩，随即启行，不等到准备和设置完成，有关官吏要经常准备好音乐、饮食、帷帐，诸王站在马旁随时准备陪同。每次到一个地方去，内外各有关部门跟从的有十多万人，所花费的钱财无法计算清楚。

唐懿宗咸通八年（丁亥，867 年）

春季，正月，任命魏博留后何全皞为节度使。

二月，归义节度使张义潮来到朝廷，任命他为右神武统军，命令他的族子张淮深据守归义军。

从安南到邕州、广州等地，海路中多暗礁撞翻船只，静海节度使高骈招募工匠凿去暗礁，运粮的海船才畅通无阻。

西川近边六姓蛮，常持两端，无寇则称效顺，有寇必为前锋；卑笼部独尽心于唐，与群蛮为雠，朝廷赐姓李，除为刺史。节度使刘潼遣将将兵助之，讨六姓蛮，焚其部落，斩首五千余级。

乐工李可及善为新声，三月，上以可及为左威卫将军，曹确谏曰：“太宗定文武官六百余员，谓房玄龄曰：‘朕以待天下贤士，工商杂流，不可处也。’大和中，文宗欲以乐工尉迟璋为王府率，拾遗窦洵直谏，即改光州长史。乞以两朝故事，别除可及官。”不从。

夏，四月，上不豫，群臣希进见。

五月，丙辰，疏理天下系囚，非巨蠹不可赦者，皆递降一等。

秋，七月，壬寅，蕲王缉薨。

怀州民诉旱，刺史刘仁规揭榜禁之，民怒，相与作乱，逐仁规，仁规逃匿村舍。民入州宅，掠其家赀，登楼击鼓，久之乃定。

甲子，以兵部侍郎、充诸道盐铁转运等使、驸马都尉于琮同平章事。

宣歙观察使杨收过华岳庙，施衣物，使巫祈祷；县令诬以为收罪。右拾遗韦保衡复言，收前为相，除严谟江西节度使，受钱百万，又置造船务，人讼其侵隐。八月，庚寅，贬收端州司马。

九月，上疾瘳。

冬，十二月，信王憓薨。

加岭南东道节度使韦宙同平章事。

（以上为第十五段，写唐懿宗荒淫，滥授乐工高官。）

西川边境地区的六姓蛮人，常常抱着两种态度，没有边寇的时候就效顺朝廷，有边寇进犯时就为他们打先锋；只有卑笼部对朝廷尽心竭力归顺，因此他和群蛮成为仇敌，朝廷赐给他的部落李姓，任命他们的首领为刺史。西川节度使刘潼派遣将领带兵帮助他们讨伐六姓蛮，焚烧了六姓蛮的部落，杀了五千多人。

乐工李可及善于创制新的歌曲，三月，懿宗任命李可及为左威卫将军，曹确上谏说："太宗制定文武官六百多个员额，对房玄龄说：'朕等待把这些官位给予天下的贤士，工商杂流之人，不应给他们这些职位。'大和年间，文宗想让乐工尉迟璋为王府率，拾遗窦洵正直进谏，随即改为光州长史。请求按照两朝的旧例，另外任命李可及的官职。"懿宗不答应。

夏季，四月，懿宗生了病，群臣难得见到他。

五月十八日丙辰，清理全国被关押的囚徒，不是犯了大罪不能赦免的人，都依次减轻一级刑罚。

秋季，七月初五日壬寅，蕲王李缉去世。

怀州民众申诉遭了旱灾，刺史刘仁规贴出布告禁止民众申诉。民众被激怒了，发起变乱，赶走了刘仁规，刘仁规逃到乡村中躲藏起来。民众冲进州刺史的府宅，把刘仁规的家财抢走，又登上鼓楼击鼓，闹了很久才平定下来。

七月二十七日甲子，任命兵部侍郎、充诸道盐铁转运等使、驸马都尉于琮同平章事。

宣歙观察使杨收经过华岳庙时，布施衣物，让巫祝进行祈祷仪式；华阴县令诬陷说这是杨收的罪过。右拾遗韦保衡又上奏说，杨收在任宰相时，任命严谍为江西节度使，得到贿赂的钱一百万，在设置造船事务中，又有人揭发他侵占隐瞒了钱财。八月二十四日庚寅，贬谪杨收为端州司马。

九月，懿宗的病痊愈了。

冬季，十二月，信王李憓去世。

加给岭南东道节度使韦宙同平章事官衔。

【点评】

本卷点评裘甫起义、王式用兵、杜悰不奉诏枉诛宰相三事。

一、裘甫起义。政治昏暗、赋税繁苛、战乱不断，造成百姓处于水深火热之中，这些就是促成唐末农民大起义的社会条件。唐宣宗大中十三年（859），浙东裘甫起义，虽规模不大、时间短，但它吹响农民大起义的号角，虽然失败了，意义却十分重大。唐王朝的总崩溃就是从这一年开始。

唐朝自甘露事变之后，“天下事皆决于北司”。宦官掌控权柄，皇帝终日游宴，不理朝政。唐懿宗更是一个以佞佛而出名的皇帝，他为了迎佛骨，下令“广造浮图、宝帐、香车、幡花、幢盖以迎之，皆饰以金玉、锦绣、珠翠。自京城至寺三百里间，道路车马，昼夜不绝”。唐末官僚贪污，土地高度集中，据《三水小牍》记载，河南许州长葛县令严郜，罢官之后，在当地兼并“良田万顷”，大置庄园。小小县令如此，可见官吏贪赃之一斑。两税法实行不久，由于钱重物轻，老百姓的负担加重一倍。藩镇割据，朝廷用兵，苛税繁重，两税之外，有盐、酒、茶、漆、竹、木、金、银、蔬菜、水果、木炭、食粮、布绢、牲畜等，几乎无物不税。唐政府还以“和籴”“和市”的名目，用低于市价的价格强买百姓的食粮和布绢、炭等物，有时就是公然抢掠，白居易写的《卖炭翁》一诗生动地反映了宫市宦官贱价强买物品的情形。地方官僚、地主、豪绅凭借权势，还把他们应交的赋税摊派到农民头上，有的十分田地，才税二三，有的豪富“全免科差”。唐文宗太和二年（828），贤良方正刘蕡在科举对策中就指出说：黎民百姓“处处流散，饥者不得食，寒者不得衣”，“官乱人贫，盗贼并起，土崩之势，忧在旦夕”。懿宗时，翰林学士刘允章在《直谏书》中更具体指陈时弊，说当时国有九破，民有八苦。九破是：终年聚兵、蛮夷炽兴、权豪奢僭、大将不朝、广造佛寺、贿赂公行、长吏残暴、赋役不等、食粮人多而赋税人少。八苦是：官吏苛刻、私债征夺、赋税繁多、所由乞敛、替逃人科差、冤屈不得申理、冻无衣无食、病不得医死不得葬。国有九破，说明统治秩序无法维持；民有八苦，说明黎民无法生存，爆发农民大起义的条件成熟了，王仙芝、黄巢应运而生。

安史之乱，破坏了黄河流域的经济；藩镇割据，朝廷在北方广大地区无法征收赋税，江淮地区成了唐王朝的生命线，民众不堪重负，加之这一地区军事薄弱，所以农民起义首先在浙东爆发。裘甫起义时，不过一百多人，第二年即咸通元年（860），有众一千多人，起义军攻破剡县，浙东道以及其他道的饥民，纷纷来归附，众骤增至三万人，还有不少小股起义的民帅来联络，请求作部属。起义军推裘甫为天下都知兵马使，刘暀为副使，自建年号为罗平，铸印曰天平，表示建立公平社会。裘甫分兵攻越、衢、婺、明、台等州，夺得许多县城，多次打败浙东的官军。起义军没有乘胜扩大战果，裘甫不听副使刘暀建议，没夺取越州为根据地，分兵北上渡

江攻扬州、取石头城，扰乱唐王朝的生命线，而是固守攻下的几个县城，等待官军来攻。这一消极战法，使裘甫起义只经历八个月就失败了。

二、王式用兵。王式文吏而善用兵，是一位足智多谋的不可多得的儒将。裘甫起义，浙东观察使郑祗德无能，官军接连败北，不断上奏朝廷告急。宰相夏侯孜推荐王式为浙东观察使，王式带兵入浙平叛。王式冷静地估计形势，认为官军取胜，必须要集中优势兵力，后勤要有保障。王式对懿宗说："军队多，能很快平定叛乱，所需费用才节省。如果军队少，拖的时间长，不仅花钱多，还会带来很大风险。万一官军失败，叛军控制了江淮，国家就危险了。"懿宗和宰相们都赞同。朝廷抽调出忠武、义成、淮南等各道官军交给王式统领。夏侯孜向王式担保充足供应。王式信心百倍地率众出征。

王式领兵进入攻战区域，严明纪律，秋毫不犯，肃清间谍，开仓赈济贫民。王式部将说："现在军粮很紧张，不能散发粮食。"王式说："你们不懂。"王式很重视当地的民团，称之为土团。王式把所有的精兵都集中起来参战，只用民团驻守县城。不设置烽火，让胆小的人骑着马充当侦探，不给他们配备齐全武器。众人十分不解。裘甫有骑兵。王式招募当地的吐蕃和回鹘人组成骑兵。一切准备停当，王式分路向起义军发起进攻。起义军前后十九战均遭失败，最后收缩剡县死守。三天之中，双方战斗八十三次，城中妇女也都起来参战，用瓦片石块打击官军。起义军尽管作战英勇，终因寡不敌众而遭失败。王式严令诸将，不准杀俘，不准屠杀平民，不以缴获敌人战利品报功，如果不去追击敌人而去抢夺敌人丢弃的物资，不但无功，还要杀头。裘甫在一次战斗中失利，就丢弃军资诱使王式的军队去争抢，自己好逃窜，结果没有达到目的。

诸将在庆功会上向王式请教打胜仗的原因。将领们说："我们打过多年的仗，这次追随王公，私下不明白王公许多布置，刚来时，军粮严重紧缺，王公却开仓赈济穷人，出战不置烽火台，用胆小鬼侦察敌情，最后却打了胜仗，我们真是搞不懂。"王式说："这道理很简单。贼人多是因为穷没饭吃。官军粮食紧张，军力也不够，守城的部队很弱小，要是守不住，贼人占领了县城，开仓赈贫，这样一来，反叛的人就更多。官军开仓赈贫，就得了人心。设置烽火台，是为了催促救兵。如今守城兵少，没救兵可调，燃烽火，不但无益，反而惊扰士民。用胆小的人乘着快马侦察，他们发现敌人就会逃跑，不会误了情报。"诸将佩服地说："你的智谋，我们赶不上。"

王式是晚唐不可多得的优秀将领。从官方立场看，王式镇压裘甫起义是讨伐叛贼。用兵用将，要的是优秀人才。咸通三年（862），王式为徐州节度使，残酷地镇压银刀兵的叛乱，尽诛乱兵两千多人，尽管血腥，却表现出了一个优秀军人的刚毅。此后，再没有见王式建功。两唐书本传只有一句交代。《旧唐书》本传载："徐方平

定，天子嘉之。后果历方任，卒。”《新唐书》说：“终左金吾大将军。”其后王仙芝、黄巢之起，为何不见王式身影，是懿宗刻忌功臣，还是朋党排斥，史籍缺载，不可妄测。国家用人之际，良将不能建功，是政治极端腐败的必然。王式未尽其才，使人叹惋！

三、杜悰不奉诏枉诛宰相。杜悰，字永裕，德宗朝宰相杜佑次子。杜悰以门荫入仕，任太子司议郎，尚宪宗岐阳公主，加银青光禄大夫、殿中监、驸马都尉。历仕宪、穆、敬、文、武、宣六代皇帝，官至宰相。唐宣宗长子郓王李温，无宠，居十六宅。第三子夔王李滋，宣宗爱之，居大明宫内院，欲立此为嗣，因非嫡子，所以不立太子。宣宗临终，遗诏枢密使王归长、马公儒立夔王李滋。左军中尉王宗实发动宫廷政变，拥立郓王李温为帝，是为懿宗，改名李漼，杀两枢密及夔王李滋。当时南北司矛盾很深，水火不容。北司宦官想借皇帝废立事件诛杀宰相。咸通二年（861）二月某一天，宫中两枢密与宣徽使杨公庆突然造访中书省，要宰相杜悰单独接诏，内容是懿宗责令杜悰上奏，因其他宰相大臣没有联名立懿宗为帝，以反叛罪论处，如果罪名成立，其他三相将遭到灭族。其他三相为毕諴、杜审权、蒋伸。懿宗之立，本来就是宦官一手操纵，宰相并未预事，如何署名。这是一桩政治大冤案。杜悰机智应对。首先他义正辞严抗旨，封还懿宗手诏，让杨公庆退回懿宗，按制度，皇帝要在延英殿召见大臣讨论，明正典刑。杨公庆走后，杜悰耐心地做两枢密的工作，如果引导皇帝随便开杀戒，今日诛宰相，明日就可能诛枢密。两枢密醒悟，回宫禀报懿宗，懿宗很高兴。皇帝也不愿意轻开杀戒，懿宗是受制于宦官的。两唐书杜悰本传都记载杜悰为人厚道，但无多大能力，不进贤才，没干什么大事。但从不奉诏枉诛宰相一事来看，杜悰是一个很有原则性，也很有智慧的贤人，他冒着杀头风险，几句话化解了一场政治大屠杀，可以说是有勇有谋。他之所以没做出多少大事，因是处在危乱之世，明哲保身也是大雅风范。孔子就说过：“邦有道，危言危行；邦无道，危行言逊。”（《论语·宪问》）《诗·大雅·烝民》曰：“既明且哲，以保其身。”杜悰的行为举止，是符合这些标准的。

·文白对照本·

资治通鉴

（全十八册）

第十六册

卷第二百五十一至卷第二百六十六（唐纪六十七至后梁纪一）

（宋）司马光　编著

张大可　语译

商务印书馆
创于1897 The Commercial Press

第十六册目录

卷第二百五十一　唐纪六十七
唐懿宗咸通九年至十年（868—869 年）…… 9249

卷第二百五十二　唐纪六十八
唐懿宗咸通十一年至唐僖宗乾符三年（870—876 年）…… 9287

卷第二百五十三　唐纪六十九
唐僖宗乾符四年至广明元年（877—880 年）…… 9327

卷第二百五十四　唐纪七十
唐僖宗广明元年至中和二年（880—882 年）…… 9365

卷第二百五十五　唐纪七十一
唐僖宗中和二年至四年（882—884 年）…… 9403

卷第二百五十六　唐纪七十二
唐僖宗中和四年至光启三年（884—887 年）…… 9441

卷第二百五十七　唐纪七十三
唐僖宗光启三年至文德元年（887—888 年）…… 9481

卷第二百五十八　唐纪七十四
唐昭宗龙纪元年至大顺二年（889—891 年）…… 9521

卷第二百五十九　唐纪七十五
唐昭宗景福元年至乾宁元年（892—894 年）…… 9559

卷第二百六十　唐纪七十六
唐昭宗乾宁二年至三年（895—896年）…… 9601

卷第二百六十一　唐纪七十七
唐昭宗乾宁四年至光化二年（897—899年）…… 9643

卷第二百六十二　唐纪七十八
唐昭宗光化三年至天复元年（900—901年）…… 9679

卷第二百六十三　唐纪七十九
唐昭宗天复二年至三年（902—903年）…… 9717

卷第二百六十四　唐纪八十
唐昭宗天复三年至天祐元年（903—904年）…… 9755

卷第二百六十五　唐纪八十一
唐昭宗天祐元年至唐昭宣帝天祐三年（904—906年）…… 9785

卷第二百六十六　后梁纪一
后梁太祖开平元年至二年（907—908年）…… 9821

唐纪六十七

唐懿宗咸通九年至十年（868—869年）

【起著雍困敦（戊子，868年），尽屠维赤奋若（己丑，869年），凡二年】

【大事提要】

本卷记事起公元868年，讫公元869年，凡二年，当唐懿宗咸通九年、十年。这两年最大的政治事件是徐州骄兵作乱，祸害淮河两岸，唐王朝遭受沉重打击。起因是徐州兵戍守桂州，朝廷失信更代，戍兵擅自北还。戍兵推举庞勋为帅，庞勋至徐州倡乱，徐州守军囚主帅，迎庞勋，贼势大盛。庞勋求节钺，朝廷不许，发兵征讨，由于诸镇兵作战不力，贼势猖狂。辛谠助杜慆守泗州，成为东南屏障，并成为牵制叛军的重要力量。经过一年多的征战，官军讨平了庞勋之乱，而唐王朝力量受损，更加虚弱。庞勋之乱为王仙芝、黄巢大起义准备了成熟的条件。中原战乱，南诏进一步祸乱西南疆。在内忧外患之际，唐懿宗依然荒淫游宴，实在是一个无可救药的误国昏君。

【原文】

懿宗昭圣恭惠孝皇帝中

咸通九年（戊子，868 年）

夏，六月，凤翔少尹李师望上言："嶲州控扼南诏，为其要冲，成都道远，难以节制，请建定边军，屯重兵于嶲州，以邛州为理所。"朝廷以为信然，以师望为嶲州刺史，充定边军节度，眉、蜀、邛、雅、嘉、黎等州观察，统押诸蛮并统领诸道行营、制置等使。师望利于专制方面，故建此策；其实邛距成都才百六十里，嶲距邛千里，其欺罔如此。

初，南诏陷安南，敕徐泗募兵二千赴援，分八百人别戍桂州，初约三年一代。徐泗观察使崔彦曾，慎由之从子也，性严刻；朝廷以徐兵骄，命镇之。都押牙尹戡、教练使杜璋、兵马使徐行俭用事，军中怨之。戍桂州者已六年，屡求代还，戡言于彦曾，以军帑空虚，发兵所费颇多，请更留戍卒一年，彦曾从之。戍卒闻之，怒。

都虞候许佶、军校赵可立、姚周、张行实皆故徐州群盗，州县不能讨，招出之，补牙职。会桂管观察使李丛移湖南，新使未至，秋，七月，佶等作乱，杀都将王仲甫，推粮料判官庞勋为主，劫库兵北还，所过剽掠，州县莫能御。朝廷闻之，八月，遣高品张敬思赦其罪，部送归徐州，戍卒乃止剽掠。

以前静海节度使高骈为右金吾大将军。骈请以从孙浔代镇交趾，从之。

九月，戊戌，以山南东道节度使卢耽为西川节度使；以有定边军之故，不领统押诸蛮安抚等使。

庞勋等至湖南，监军以计诱之，使悉输其甲兵。山南东道节度使崔铉严兵守要害，徐卒不敢入境，泛舟沿江东下。许佶等相与谋曰："吾辈罪大于银刀，朝廷所以赦之者，虑缘道攻劫，或溃散为患耳，若至徐州，必菹醢矣！"乃各以私财造甲兵旗帜。过浙西，入淮南，淮南节度使令狐绹遣使慰劳，给刍米。

【语译】

懿宗昭圣恭惠孝皇帝中

唐懿宗咸通九年（戊子，868 年）

夏季，六月，凤翔府少尹李师望上奏说："巂州控制南诏，是南诏进入内地必经之地，成都距离边地遥远，难得随时管束处置，请求设置定边军，在巂州驻扎重兵，把邛州作为定边军的治所。"朝廷认为说得有道理，于是任命李师望为巂州刺史，充任定边军节度使，兼眉、蜀、邛、雅、嘉、黎等州观察使，统押诸蛮并统领诸道行营、制置等使。李师望贪图掌握一个地区的专制大权，所以提出这样一个建议；其实邛州距离成都才一百六十里路，而巂州距离邛州却有千里之遥，他就是这样欺骗朝廷的。

原先，南诏攻下安南的时候，敕命徐泗招募两千名士兵前去支援，从中分出八百人另外戍守桂州，开始时约定三年轮换一次。徐泗观察使崔彦曾是崔慎由的侄子，个性严厉苛刻；朝廷觉得徐州的士兵很骄横，所以任命崔彦曾来统领他们。都押牙尹戡、教练使杜璋、兵马使徐行俭在府掌权管事，军队中的将士都怨恨他们。戍守桂州的士兵已经戍守有六年了，多次请求替换回来，尹戡对崔彦曾说，由于军府仓库中没有储备钱财，调发兵员去替代要花费很多财物，请求让他们再留下来多戍守一年，崔彦曾接受了尹戡的意见。桂州戍守的士卒听到这个消息，非常愤怒。

都虞候许佶，军校赵可立、姚周、张行实都是原来徐州地方盗贼，州县官不能剿灭，就招募他们出来，给他们一个牙将的官职，让他们到外地去戍守。刚好碰上桂管观察使李丛调往湖南，新任的观察使还未到任，秋季，七月，许佶等人发动叛乱，把都将王仲甫杀掉，推举粮料判官庞勋为首领，抢夺了武器库中兵器，往北回老家，在所经之地抢劫财物，州县阻止不了他们的行动。朝廷听到这一消息，八月，派遣高品宦官张敬思去赦免他们的罪过，全部送回徐州，戍卒才停止了抢劫行为。

任命前静海节度使高骈为右金吾大将军。高骈请求任命他的侄孙高浔接替他镇守交趾，朝廷答应了。

九月初八日戊戌，任命山南东道节度使卢耽为西川节度使；由于有了定边军的关系，西川节度使就不再兼领统押诸蛮安抚等使的职务了。

庞勋等到了湖南，监军用计诱骗他们，迫使他们把盔甲兵器都上交了。山南东道节度使崔铉派军队驻守在要害地方，徐州戍卒不敢进入山南东道辖境，乘船沿长江东下。许佶等人共同谋划说："我们的罪责比银刀军大，朝廷赦免我们罪责的原因，只担心我们沿路抢劫，或是溃散以后成为祸患而已，到徐州后，一定会被剁成肉酱的！"于是各人把私钱拿出来，购置武器和旗帜。经过浙西道，进入淮南道，

都押牙李湘言于绚曰："徐卒擅归，势必为乱，虽无敕令诛讨，藩镇大臣当临事制宜。高邮岸峡而水深狭，请将奇兵伏于其侧，焚荻舟以塞其前，以劲兵蹙其后，可尽擒也。不然，纵之使得渡淮，至徐州，与怨愤之众合，为患必大。"绚素懦怯，且以无敕书，乃曰："彼在淮南不为暴，听其自过，余非吾事也。"

（以上为第一段，写徐州兵戍守桂州，朝廷失信更代，戍兵擅自北还，推粮料判官庞勋为主，庞勋遂煽动戍兵叛乱。）

勋招集银刀等都窜匿及诸亡命匿于舟中，众至千人。丁巳，至泗州。刺史杜慆飨之于毬场，优人致辞；徐卒以为玩己，擒优人，欲斩之，坐者惊散。慆素为之备，徐卒不敢为乱而止。慆，悰之弟也。

先是，朝廷屡敕崔彦曾慰抚戍卒擅归者，勿使忧疑。彦曾遣使以敕意谕之，道路相望。勋亦申状相继，辞礼甚恭。戊午，行及徐城，勋与许佶等乃言于众曰："吾辈擅归，思见妻子耳。今闻已有密敕下本军，至则支分灭族矣！丈夫与其自投网罗，为天下笑，曷若相与勠力同心，赴蹈汤火，岂徒脱祸，兼富贵可求！况城中将士皆吾辈父兄子弟，吾辈一唱于外，彼必响应于内矣。然后遵王侍中故事，五十万赏钱，可翘足待也！"众皆呼跃称善。将士赵武等十二人独忧惧，欲逃去，悉斩之，遣使致其首于彦曾，且为申状，称："勋等远戍六年，实怀乡里；而武等因众心不安，辄萌奸计。将士诚知诖误，敢避诛夷！今既蒙恩全宥，辄共诛首恶以补愆尤。"冬，十月，甲子，使者至彭城，彦曾执而讯之，具得其情，乃囚之。丁卯，勋复于递中申状，称："将士自负罪戾，各怀忧疑，今已及苻离，尚未释甲。盖以军将尹戡、杜璋、徐行俭等狡诈多疑，必生衅隙，乞且停此三人职任，以安众心，仍乞戍还将士别置二营，共为一将。"

（以上为第二段，写庞勋诡诈，设计偷袭徐州。）

淮南节度使令狐绹慰劳他们，并送给他们牛羊肉和米粮。

都押牙李湘对令狐绹说："徐州戍守桂州士卒擅自回来，势必会发展成叛乱；虽然朝廷没敕命诛讨他们，但作为藩镇大臣遇事应当随机而变，因时制宜。高邮河岸险峻而水深地狭，请让我带领一支奇兵在其侧埋伏，焚烧装满苇草的船用来堵塞前进的道路，再派劲兵在后面追杀，这样就能全部捉住他们。不然的话，放走他们使他们渡过淮河，到徐州和怨愤的群众结合起来，造成的祸患一定是很大的。"令狐绹一向懦弱胆小，又认为没有朝廷的敕命，于是说："他们在淮南地方没有做坏事，让他们经过就是了，其他问题不是我应当考虑的。"

庞勋召集银刀军等逃窜在外的人和那些亡命之徒在船中藏匿起来，部众达到一千。九月二十七日丁巳，到达泗州。刺史杜慆在毬场设宴欢迎他们，演戏的头人发表讲话；徐州戍卒以为是在玩弄自己，把演讲的人抓了起来，想杀掉他，在座的人惊慌地离开了。杜慆早就有了防备，徐州戍卒不敢作乱就走了。杜慆是杜悰的弟弟。

原先，朝廷多次敕令崔彦曾要对擅自回来的兵卒进行慰抚，不要使他们担忧和疑虑。崔彦曾派遣使者把朝廷的敕意告诉他们，使者在路上一批接一批，络绎不绝。庞勋也不断地写申诉状，言辞十分恭谨。九月二十八日戊午，到达徐城县，庞勋与许佶等人对群众说："我们擅自回来，只是想会见妻室儿女而已。现在听说已有秘密的敕令下达徐州军，只要我们到达就会被一家一家处死！大丈夫与其自投罗网，被天下人耻笑，何不同心协力，赴汤蹈火大干一场，不仅能够摆脱灾祸，还可以求得富贵！况且城中将士都是我们的父兄子弟，我们在城外一号召，他们一定会在城内响应。然后遵照王智兴过去的旧例，五十万赏钱，就能马上得到了！"兵众都欢呼跳跃着说好。将士赵武等十二人独独感到忧愁害怕，想逃走，庞勋把他们全部杀了，派遣使者把这些人的头颅送给崔彦曾，并且写一申诉状，说："庞勋等在远地戍守了六年，的确很想念家乡；而赵武等人凭借着兵众不安的心情，就产生了干坏事的阴谋。将士们实在是知道犯了错误，怎敢逃避严刑重罚！现在既然承蒙皇恩全部宽大免罪，即共同杀了带头干坏事的人以补救过去的罪过。"冬季，十月初四日甲子，庞勋的使者到彭城，崔彦曾把使者抓起来进行审讯，把情况都了解清楚了，就把使者囚禁起来。十月初七日丁卯，庞勋又在申诉状中说："将士们各自承担着罪责，心里都感到忧愁和疑虑，现在将要到达苻离县了，还不敢脱下甲胄。这是由于军将尹戡、杜璋、徐行俭等人狡诈多疑，一定会发生隔阂和矛盾，请求暂时把这三人调离现职，以便使众人安下心来，还请求为戍守回来的将士另外设置一军营，派一位将领去领导他们。"

时戍卒拒彭城止四驿，阖城恟惧。彦曾召诸将谋之，皆泣曰：“比以银刀凶悍，使一军皆蒙恶名，歼夷流窜，不无枉滥。今冤痛之声未已，而桂州戍卒复尔猖狂，若纵使入城，必为逆乱，如此，则阖境涂地矣！不若乘其远来疲弊，发兵击之，我逸彼劳，往无不捷。”彦曾犹豫未决。团练判官温廷皓复言于彦曾曰：“安危之兆，已在目前，得失之机，决于今日。今击之有三难，而舍之有五害：诏释其罪而擅诛之，一难也。帅其父兄，讨其子弟，二难也。枝党钩连，刑戮必多，三难也。然当道戍卒擅归，不诛则诸道戍边者皆效之，无以制御，一害也。将者一军之首，而辄敢害之，则凡为将者何以号令士卒！二害也。所过剽掠，自为甲兵，招纳亡命，此而不讨，何以惩恶！三害也。军中将士，皆其亲属，银刀余党，潜匿山泽，一旦内外俱发，何以支梧！四害也。逼胁军府，诛所忌三将，又欲自为一营，从之则银刀之患复起，违之则托此为作乱之端，五害也。惟明公去其三难，绝其五害，早定大计，以副众望。”

时城中有兵四千三百，彦曾乃命都虞候元密等将兵三千人讨勋，数勋之罪以令士众，且曰：“非惟涂炭平人，实亦污染将士。傥国家发兵诛讨，则玉石俱焚矣！”又曰：“凡彼亲属，无用忧疑，罪止一身，必无连坐。”仍命宿州出兵苻离，泗州出兵于虹以邀之，且奏其状。彦曾戒元密无伤敕使。

戊辰，元密发彭城，军容甚盛。诸将至任山北数里，顿兵不进，共思所以夺敕使之计，欲俟贼入馆，乃纵兵击之，遣人变服负薪以诇贼。日暮，贼至任山，馆中空无人，又无供给，疑之，见负薪者，执而榜之，果得其情。乃为偶人列于山下而潜遁。比夜，官军始觉之，恐贼潜伏山谷及间道来袭，复引兵退宿于城南，明旦，乃进追之。

（以上为第三段，写徐州官军出兵讨贼。）

当时戍卒离彭城只有一百二十里路了，全城人都感到很害怕。崔彦曾召集诸将商量对策，大家都流着泪说："近来由于银刀军的凶恶强悍，使全军都蒙受了坏名声，有的被杀，有的被流放，不能说没有被冤枉和被牵连人的。现在呼叫冤痛的声音还没有停止，而桂州戍卒又如此猖狂，假如让他们进到城里来，一定会发生叛乱，这样一来，那么全城的老百姓都要肝脑涂地了！不如乘他们远来疲敝，出兵攻打他们，在我逸彼劳的情况下，没有不打胜仗的。"崔彦曾听了大家的意见之后，还在犹豫不决之中。团练判官温廷皓又对崔彦曾说："安危已经摆在眼前，是得是失，就看现在如何决定了。如今进攻他们有三方面的困难，而放过他们有五大危害：朝廷有诏令赦免他们的罪行而我们又擅自诛杀他们，是第一个困难。率领他们的父兄去讨伐他们的子弟，是第二个困难。党羽之间互相牵连，要惩办杀戮的人一定很多，是第三个困难。然而本道的戍卒擅自回来而不惩罚，那么其他道戍守边地的士卒都仿效他们，就没有办法控制，这是第一个危害。将领是一军的首长而敢于随便杀害他，那么那些担任将领的人怎样去指挥他们的士卒呢！这是第二个危害。他们经过的地方都被抢劫，自己置办武器盔甲，招收亡命之徒为伍，像这种情况还不征讨，怎么去惩戒恶人！这是第三个危害。我们军队中的将士，都是他们的亲属，银刀军的余党，潜藏在山泽之中，一旦内外一齐起事，怎么应付得了！这是第四个危害。逼迫军府诛杀他们忌恨的三名将领，又想自己单独建立军营，听从他们的要求就同银刀军的祸患一样又兴起来了，不听从他们的意见就会以此为借口挑起祸乱，这是第五个危害。希望明公克服三方面的困难，去掉五个危害，早些决定大计，以满足大家的期望。"

当时彭城城中有兵员四千三百人，崔彦曾于是命都虞候元密等带领三千人去讨伐庞勋，历数庞勋的罪行用来激励士众，并且说："不仅使平民受到涂炭之苦，其实也使将士受到牵连的危害。倘若国家调发大军诛讨，那么就要玉石俱焚了！"又说："凡是戍卒的家属，不要担忧害怕，犯罪的只限于本人，一定不会牵连其他人。"仍然命令宿州从苻离出兵，泗州从虹县出兵，邀击庞勋的部队，并且将情况报告朝廷。崔彦曾告诫元密不要使敕使张敬思受到伤害。

十月初八日戊辰，元密带领大军从彭城出发，军队阵容很强大。诸将到达任山以北不远的地方，停止了进军，共同商量用什么办法去夺取敕使的问题，想等到叛贼进入驿馆后，就派兵攻打他们，并派人穿着便服担着柴禾去侦察贼情。傍晚时，叛贼到任山，驿馆中一个人也没有，又没有供应食物，他们产生了怀疑，看到一个担着柴禾的人，于是把他抓起来进行拷问，果然得到了官兵的情况。叛贼就制作一些假人执着旗帜排列在山下，而自己却暗地跑掉了。等到夜晚，官军才发觉叛贼不见了，但又担心他们潜伏在山谷中和从小路上来偷袭，只好退回城南暂宿，第二天

时贼已至苻离，宿州戍卒五百人出战于濉水上，望风奔溃，贼遂抵宿州。时宿州阙刺史，观察副使焦璐摄州事，城中无复余兵，庚午，贼攻陷之，璐走免。贼悉聚城中货财，令百姓来取之，一日之中，四远云集，然后选募为兵，有不愿者立斩之，自旦至暮，得数千人。于是勒兵乘城，庞勋自称兵马留后。

再宿，官军始至，贼守备已严，不可复攻。先是，焦璐闻苻离败，决汴水以断北路，贼至，水尚浅可涉，比官军至，已深矣。壬申，元密引兵渡水，将围城，会大风，贼以火箭射城外茅屋，延及官军营，士卒进则冒矢石，退则限水火，贼急击之，死者近三百人。元密等以为贼必固守，但为攻取之计。

贼夜使妇人持更，掠城中大船三百艘，备载资粮，顺流而下，欲入江湖为盗；以千缣赠张敬思，遣骑送至汴之东境，纵使西归。

明旦，官军知贼已去，狼狈追之，士卒皆未食，比追及，已饥乏。贼舣舟堤下而陈于堤外，伏千人于舟中，官军将至，陈者皆走入陂中。密以为畏己，纵兵追之，贼自舟中出，夹攻之，自午及申，官军大败。密引兵走，陷于荷涫，贼追及之，密等诸将及监陈敕使皆死，士卒死者殆千人，其余皆降于贼，无一人还徐者。贼问降卒以彭城人情计谋，知其无备，始有攻彭城之志。

乙亥，庞勋引兵北渡濉水，逾山趣彭城。其夕，崔彦曾始知元密败，移牒邻道求救；明日，塞门，选城中丁壮为守备，内外震恐，无复固志。或劝彦曾奔兖州，彦曾怒曰：“吾为元帅，城陷而死，职也！”立斩言者。

丁丑，贼至城下，众六七千人，鼓噪动地，民居在城外者，贼皆慰抚，无所侵扰，由是人争归之，不移时，克罗城。彦曾退保子城，民助

早上，才去追赶庞勋的部队。

当时叛贼已经到了苻离县，宿州戍卒五百人在濉水上和庞勋部队作战，听到风声就溃散了，叛贼于是抵达宿州城。当时宿州刺史还未到任，由观察副使焦璐代理州中政事，城中已经没有军队了，十月初十日庚午，叛贼攻下了宿州城，焦璐逃走了，免于一死。叛贼把城中的财物宝货都集中起来，叫老百姓来领取，在一天之内，四处的人云集于此，然后挑选一些人编入军队，有不愿意的当即杀掉，从早到晚，征集了数千人。于是带领军队登城进行防守，庞勋自称兵马留后。

住了两晚，官军才赶到，叛贼守备已经很严整巩固了，不可能攻下来。在这之前，焦璐听说在苻离打了败仗，就把汴水堤挖开用来切断由北边进入宿州的道路，叛贼到达时，水还不深可以从水中走过，不久官军抵达，水已经深到不能走过了。十月十二日壬申，元密带领军队渡过深水区，将要围城，碰上刮大风，叛贼用火箭射向城外茅草屋，大火烧到官军营，士卒向前攻城就要遭到矢石的射击，向后退又被水火所限制，叛贼乘势急攻，官军有将近三百人被杀死。元密等人以为叛贼必定会固守此城，只考虑如何攻取城池的办法。

叛贼晚上叫妇人在城里打更巡逻，抢夺城里三百艘大船，装载着资财粮食，顺汴水而下，想到江湖中去当强盗；又拿出一千匹绸缎送给张敬思，派骑兵送他到汴州的东边地界，放他西回长安。

第二天早上，官军知道叛贼已经离开，才狼狈地去追击他们，士卒们饭也没吃，等到追上了，已经是又饥饿，又疲乏。叛贼把船停靠在堤下，并在堤外摆好了阵式，在船中埋伏了上千人，官军快要到达时，军阵中的人都走入堤坡中。元密以为是叛贼惧怕自己，便让官兵去追击他们，叛贼从船中跑出来，和岸上的叛贼夹攻官兵，从午时战斗到申时，官军大败。元密带领官兵逃走，困陷在荷涫地方，被叛贼追上了，元密等将领和监阵敕使都战死了，士卒被杀的大约有一千人，其余的人都投降了叛贼，没有一个人回到徐州去。叛贼询问降卒有关彭城的人情和设防情况，得知那里毫无防守准备，才有了进攻彭城的打算。

十月十五日乙亥，庞勋带领叛贼向北渡过濉水，翻山赶往彭城。当天晚上，崔彦曾才知道元密已经惨败，于是向邻道发文求救；第二天，崔彦曾关上城门，挑选城中壮丁担任守城者，这时内外的人们都感到震惊和恐惧，已经没有固守的打算了。有人劝崔彦曾逃奔到兖州去，崔彦曾大怒说：“我担任一军元帅，城被攻下而战死，是我的职责！”马上把进言的人杀了。

十月十七日丁丑，叛贼到达城下，兵众有六七千人，鼓噪起来震得地面发抖，在城外居住的民众，叛贼对他们都进行抚慰，一点也不侵扰他们，这样一来，民众

贼攻之，推草车塞门而焚之，城陷。贼囚彦曾于大彭馆，执尹戡、杜璋、徐行俭，刳而锉之，尽灭其族。勋坐听事，盛陈兵卫，文武将吏伏谒，莫敢仰视。即日，城中愿附从者万余人。

戊寅，勋召温庭皓，使草表求节钺，庭皓曰："此事甚大，非顷刻可成，请还家徐草之。"勋许之。明旦，勋使趣之，庭皓来见勋曰："昨日所以不即拒者，欲一见妻子耳。今已与妻子别，谨来就死。"勋熟视，笑曰："书生敢尔，不畏死邪！庞勋能取徐州，何患无人草表！"遂释之。

（以上为第四段，写叛军庞勋攻占徐州。）

有周重者，每以才略自负，勋迎为上客，重为勋草表，称："臣之一军，乃汉室兴王之地。顷因节度使刻削军府，刑赏失中，遂致迫逐。陛下夺其节制，翦灭一军，或死或流，冤横无数。今闻本道复欲诛夷，将士不胜痛愤，推臣权兵马留后，弹压十万之师，抚有四州之地。臣闻见利乘时，帝王之资也。臣见利不失，遇时不疑；伏乞圣慈，复赐旌节。不然，挥戈曳戟，诣阙非迟！"庚辰，遣押牙张琯奉表诣京师。

勋以许佶为都虞候，赵可立为都游弈使，党与各补牙职，分将诸军。又遣旧将刘行及将千五百人屯濠州，李圆将二千人屯泗州，梁丕将千人屯宿州，自余要害县镇，悉缮完戍守。徐人谓旌节之至不过旬月，愿效力献策者远近辐凑，乃至光、蔡、淮、浙、兖、郓、沂、密群盗，皆倍道归之，阗溢郛郭，旬日间，米斗直钱二百。勋诈为崔彦曾请翦灭徐州表，其略曰："一军暴卒，尽可翦除；五县愚民，各宜配隶。"又作诏书，依其所请，传布境内。徐人信之，皆归怨朝廷，曰："微桂州将士回戈，吾徒悉为鱼肉矣！"

刘行及引兵至涡口，道路附从者增倍，濠州兵才数百，刺史卢望回

争相归附他们，不到一个时辰，就攻克了外城。崔彦曾退保内城，民众帮助叛贼攻城，推着装满茅草的车子堵塞城门后再点火焚烧，内城被攻下来了。叛贼把崔彦曾囚禁在大彭馆，抓到了尹戡、杜璋和徐行俭，剖开了肚子后剁成几块，把他们家族的人都杀掉了。庞勋坐在厅堂上，两旁有很多卫兵排列着，文武将吏伏地拜见，都不敢抬头看他。就在当天，城中愿意归附他的有一万多人。

十月十八日戊寅，庞勋召来温廷皓，叫他草拟奏表向朝廷要求担任节度使，温廷皓说："这是一件大事，不是一下子可以写成的，请求让我回家慢慢起草。"庞勋答应了。第二天早晨，庞勋派人去催促他快写，温廷皓前来谒见庞勋说："昨天没有当即拒绝草拟奏表的原因，只是想和妻子见最后一面而已。现在已经与妻子诀别了，特地来让你处死。"庞勋注视了他一会，笑着说："书生竟敢这么做，不怕死吗！我庞勋能拿下徐州，还怕没有人草拟奏表！"就释放了温廷皓。

有个叫周重的人，常常认为自己很有才略，庞勋把他作为上宾接来，周重为庞勋草拟奏表，说："臣的这支军队，是处在汉朝兴起为王的地方。近来因节度使在军府大肆剥削，刑赏不公平，因此被将士驱逐。陛下因此夺去节度使的设置，要把这一支军队完全消灭，有的人被处死，有的人被流放，遭冤枉横祸的人数也数不清。现在听说又要诛杀本军，将士们感到非常痛愤，因此推举臣暂时担任兵马留后，统领十万大军，据有四州之地。臣听说能看到利益就要抓住时机，是做帝王的根本。臣看到有利可图就不错过，碰上时机就毫不犹疑；希望圣上再赐给徐州节度使旌节，不然的话，臣率领的大军，不久就会抵达京师了！"十月二十日庚辰，派遣押牙张琯送奏表到京师去。

庞勋任命许佶为都虞候，赵可立为都游奕使，其余党徒个个都补了牙门中的各种官职，分别去率领各支军队。又派遣旧将刘行及带领一千五百人屯驻在濠州，李圆带领二千人屯驻泗州，梁丕带领一千人屯驻宿州，其余要害的县镇，都修缮了工事，派兵戍守。徐州人以为任命节度使的诏令不要一个月就会到来，愿意为庞勋效力献策的人，无论远近纷纷从四面八方到来，以致光、蔡、淮、浙、兖、郓、沂、密等州的群盗，都加倍地赶路来归附庞勋，外城都住满了人，十来天中，一斗米涨到了二百钱。庞勋制作一份崔彦曾请求翦灭徐州的假奏表，内容大略说："全军的暴卒都应当杀掉；徐州所属五个县的老百姓都应当发配充军。"又伪造诏书，说是答应了崔彦曾的请求，并将假诏书在徐州境内流传。徐州人相信了这些话，都对朝廷十分怨恨，并且说："要是没有桂州将士返回来，我们这些人都会同鱼肉一样任人宰割了！"

刘行及带领军队到涡口，沿途前来投奔部队的人成倍地增加，濠州守兵才几百

素不设备，不知所为，乃开门具牛酒迎之。行及入城，囚望回，自行刺史事。泗州刺史杜慆闻勋作乱，完守备以待之，且求救于江、淮。李圆遣精卒百人先入泗州，封府库，慆遣人迎劳，诱之入城，悉诛之。明日，圆至，即引兵围城，城上矢石雨下，贼死者数百，乃敛兵屯城西。勋以泗州当江、淮之冲，益发兵助圆攻之，众至万余，终不能克。

初，朝廷闻庞勋自任山还趣宿州，遣高品康道伟赍敕书抚慰之。十一月，道伟至彭城。勋出郊迎，自任山至子城三十里，大陈甲兵，号令金鼓响震山谷，城中丁壮，悉驱使乘城。宴道伟于毬场，使人诈为群盗降者数千人，诸寨告捷者数十辈；复作求节钺表，附道伟以闻。

（以上为第五段，写庞勋一面四出略地，一面要挟朝廷求节钺。）

初，辛云京之孙谠，寓居广陵，喜任侠，年五十不仕；与杜慆有旧，闻庞勋作乱，诣泗州，劝慆挈家避之，慆曰："安平享其禄位，危难弃其城池，吾不为也！且人各有家，谁不爱之？我独求生，何以安众！誓与将士共死此城耳！"谠曰："公能如是，仆与公同死！"乃还广陵，与其家诀，壬辰，复如泗州。时民避乱，扶老携幼，塞途而来，见谠，皆止之曰："人皆南走，子独北行，取死何为！"谠不应。至泗州，贼已至城下，谠急棹小舟得入，慆即署团练判官。城中危惧，都押牙李雅有勇略，为慆设守备，帅众鼓噪，四出击贼，贼退屯徐城，众心稍安。

庞勋募人为兵，人利于剽掠，争赴之，至父遣其子，妻勉其夫，皆断锄首而锐之，执以应募。

邻道闻勋据徐州，各遣兵据要害，而官军尚少，贼众日滋，官军数不利。贼遂破鱼台近十县。宋州东有磨山，民逃匿其上，勋遣其将张玄稔围之。会旱，山泉竭，数万口皆渴死。

人，刺史卢望回向来就不设防备之事，面对刘行及的大军，不知道怎么办为好。于是大开城门具备牛酒来迎接大军。刘行及进城后，把卢望回囚禁起来，自己行使州刺史的职务。泗州刺史杜慆听到庞勋作乱的消息后，立即完缮守城设备以等待敌人的进攻，并且向江南、淮南等请求救兵。叛将李圆派精卒百人先进入泗州，查封府库，杜慆派人去迎接慰劳，引诱他们入城后，把他们全部杀掉。第二天，李圆到达，随即带兵包围州城，城上的箭和石头像下雨一样落下，叛贼被打死几百人，于是收兵屯驻在城西。庞勋认为泗州是进入江淮的要冲之地，就增加援兵帮助李圆攻城，军队达到一万多人，但最终还是没有攻下来。

原先，朝廷听说庞勋从任山退回宿州，就派遣高品康道伟带着敕书去安抚庞勋。十一月，康道伟到达彭城。庞勋亲自到城郊迎接，从任山到子城的三十里长的路上，大批全副武装的士兵列队，发号施令的金鼓之声把山谷也震动了，城中的壮丁全部赶到城头上去守城。庞勋在毬场设宴欢迎康道伟，使人诈称是群盗前来投降的有数千人，假称是各寨报告胜利消息的有数十批人；又写了求节钺的奏章，交给康道伟带给懿宗。

起初，辛云京的孙子辛谠，寄居在广陵县，喜欢干些侠义之事，已经五十岁了还未做官；他与杜慆是旧友，听说庞勋作乱，跑到泗州去，劝说杜慆带领家属早些躲开，杜慆说：“安定平静的时候享受国家的禄位，到了危险艰难的时候又抛弃国家的城池，我不干那种事！并且各人都有各人的家，哪个又不爱自己的家？我独自一人去寻求生路，怎么来安抚群众！我决心和将士们共同死守这座城池而已！”辛谠说：“您能这样干，我愿和您共同尽死力！”于是他回到广陵，和家人诀别，十一月初三日壬辰，又去泗州。当时民众为躲避战乱，扶老携幼，堵塞了道路，南下不止，看见辛谠，都劝阻他说：“别人都向南逃跑，你却向北去，为什么要去送死！”辛谠不作声。到泗州，叛贼已经到达城下，辛谠急忙划着一只小船才得以进城，杜慆随即任命辛谠为团练判官。城中的人都感到危险而害怕，都押牙李雅有勇有谋，为杜慆安排防守事宜，带领兵众鼓噪，四出击贼，叛贼退到徐城驻扎，众人情绪才稍稍安定下来。

庞勋招募民众来当兵，民众看到当兵后进行抢掠有利可图，争相应募，以致有父亲打发儿子、妻子劝勉丈夫，都把锄头折断而将头部磨锐利，当作武器，争相应募。

相邻的各道听说庞勋占据了徐州，各自派遣军队据守要害地方，然而官军人数不多，叛贼的军队一天天壮大，官军多次被打败。叛贼于是攻下鱼台附近的十座县城。宋州东边有座磨山，民众逃去藏匿在山上，庞勋派将领张玄稔包围那座山，遇

或说勋曰："留后止欲求节钺，当恭顺尽礼以事天子，外戢士卒，内抚百姓，庶几可得。"勋虽不能用，然国忌犹行香，飨士卒必先西向拜谢。癸卯，勋闻敕使入境，以为必赐旌节，众皆贺。明日，敕使至，但责崔彦曾及监军张道谨，贬其官。勋大失望，遂囚敕使，不听归。

诏以右金吾大将军康承训为义成节度使、徐州行营都招讨使，神武大将军王晏权为徐州北面行营招讨使，羽林将军戴可师为徐州南面行营招讨使，大发诸道兵以隶三帅。承训奏乞沙陀三部落使朱邪赤心及吐谷浑、达靼、契苾酋长各帅其众以自随；诏许之。

（以上为第六段，写辛谠助杜慆守泗州。朝廷大发兵三路讨贼。）

庞勋以李圆攻泗州久不克，遣其将吴迥代之。丙午，复进攻泗州，昼夜不息。时敕使郭厚本将淮南兵千五百人救泗州，至洪泽，畏贼强，不敢进。辛谠请往求救，杜慆许之。丁未夜，乘小舟潜渡淮，至洪泽，说厚本，厚本不听，比明，复还。己酉，贼攻城益急，欲焚水门，城中几不能御；谠请复往求救。

慆曰："前往徒还，今往何益？"谠曰："此行得兵则生返，不得则死之。"慆与之泣别。谠复乘小舟负户突围出，见厚本，为陈利害。厚本将从之，淮南都将袁公弁曰："贼势如此，自保恐不足，何暇救人！"谠拔剑瞋目谓公弁曰："贼百道攻城，陷在朝夕；公受诏救援而逗留不进，岂惟上负国恩！若泗州不守，则淮南遂为寇场，公讵能独存邪！我当杀公而后止耳！"起，欲击之，厚本起，抱止之，公弁仅免。谠乃回望泗州，恸哭终日，士卒皆为之流涕。厚本乃许分五百人与之，仍问将士，将士皆愿行。谠举身叩头以谢将士，遂帅之抵淮南岸，望贼方攻城，有军吏言曰："贼势已似入城，还去则便。"谠逐之，揽得其髻，举剑击之，士卒共救之，曰："千五百人判官，不可杀也。"谠曰："临陈妄言惑众，必不可舍！"众请不能得，乃共夺之。谠素多力，众不能夺。谠曰："将士但登舟，我则舍此人。"众竞登舟，乃舍之。士卒有回顾者，则斫之。驱至淮北，勒兵击贼。慆于城上布兵与之相应，贼遂败走，鼓噪逐之，至晡而还。

上天旱，山泉枯竭，数万人都干渴而死。

有人劝庞勋说："留后只想取得节度使官职，就应当恭顺尽礼来侍奉天子，对外约束士卒，对内安抚百姓，这样大概就可以得到官职。"庞勋虽然未听从那人的话，但是逢国忌日还是去寺观设斋焚香，宴飨士卒时一定先向西边朝廷所在的方向进行拜谢。十一月十四日癸卯，庞勋听说朝廷敕使来到徐州地界，以为一定是赐给他旌节的使者，众人都向他贺喜。第二天，敕使到了，只是责备崔彦曾和监军张道谨，贬谪他们的官职。庞勋大失所望，于是把敕使囚禁起来，不让他回京师去。

朝廷下诏任命右金吾大将军康承训为义成节度使、徐州行营都招讨使，神武大将军王晏权为徐州北面行营招讨使，羽林将军戴可师为徐州南面行营招讨使，大规模调遣各道的军队以归三帅指挥。康承训奏请沙陀三部落使朱邪赤心和吐谷浑、鞑靼、契苾酋长各自带领他们的部众跟随自己作战；诏令同意照办。

庞勋看到李圆攻打泗州很久了还未攻下来，就派遣将领吴迥取代他。十一月十七日丙午，再次进攻泗州，日夜不停地攻打。当时敕使郭厚本带领淮南兵一千五百人救援泗州，到达洪泽镇后，畏惧贼军势力强大，不敢前进。辛谠请求前去求救，杜慆答应了。十一月十八日丁未晚上，辛谠乘小船暗地里渡过淮河，到达洪泽镇，劝说郭厚本，郭厚本不听从，到天亮时，辛谠又回到泗州。十一月二十日己酉，叛贼攻打州城更加紧急了，想烧掉水门，城中几乎不能抵挡了；辛谠请求再去求救。

杜慆说："前次去白跑了一趟，现在再去又有什么用？"辛谠说："这次去请得救兵就活着回来，得不到救兵就死在那里。"杜慆和他流着泪告别。辛谠再乘小船背着门扇突围出来，见到郭厚本，陈述利害关系。郭厚本将要听从辛谠的请求，淮南都将袁公弁说："叛贼势力这样大，自保还担心力量不够，哪里有能力援助别人！"辛谠拔剑怒目对袁公弁说："叛贼用多种办法攻打州城，早晚就将攻下了；您受诏命救援而停留在这里不前进，何止是对上背负了国恩！假若泗州失陷，那么淮南地区就成了敌人活动的场所，你难道还能单独存在！我要杀掉你然后去死！"于是站起来，想击杀袁公弁，郭厚本随即站起来，抱住了辛谠，袁公弁才得以脱离危险。辛谠于是回头望着泗州，整天痛哭不已，士卒们都被他这种行为感动得流出了眼泪。郭厚本于是答应分出五百人给辛谠，又征求将士们的意见，将士都愿意去支援。辛谠将身体伏地叩头感谢将士们的好心，就带领他们抵达淮河南岸，望见叛贼正在攻城，有个军官说："叛贼的势力好像已经进城了，我们还是退回去为好。"辛谠追上他，抓住他的头发，举剑砍他，士卒们一起上来救他，说："他是一千五百人的判官，不

庞勋遣其将刘佶将精兵数千助吴迥攻泗州，刘行及自濠州遣其将王弘立引兵会之。戊午，镇海节度使杜审权遣都头翟行约将四千人救泗州，己未，行约引兵至泗州，贼逆击于淮南，围之，城中兵少，不能救，行约及士卒尽死。先是，令狐绹遣李湘将兵数千救泗州，与郭厚本、袁公弁合兵屯都梁城，与泗州隔淮相望。贼既破翟行约，乘胜围之。十二月，甲子，李湘等引兵出战，大败，贼遂陷都梁城，执湘及郭厚本送徐州；据淮口，漕驿路绝。

康承训军于新兴，贼将姚周屯柳子，出兵拒之。时诸道兵集者才万人，承训以众寡不敌，退屯宋州。庞勋以为官军不足畏，乃分遣其将丁从实等各将数千人南寇舒、庐，北侵沂、海，破沭阳、下蔡、乌江、巢县，攻陷滁州，杀刺史高锡望。又寇和州，刺史崔雍遣人以牛酒犒之，引贼登楼共饮，命军士皆释甲，指所爱二人为子弟，乞全之，其余惟贼所处。贼遂大掠城中，杀士卒八百余人。

泗州援兵既绝，粮且尽，人食薄粥。闰月，己亥，辛谠言于杜慆，请出求救于淮、浙，夜，帅敢死士十人，执长柯斧，乘小舟，潜往斫贼水寨而出。明旦，贼乃觉之，以五舟遮其前，以五千人夹岸追之。贼舟重行迟，谠舟轻行疾，力斗三十余里，乃得免。癸卯，至扬州，见令狐绹；甲辰，至润州，见杜审权。时泗州久无声问，或传已陷，谠既至，审权乃遣押牙赵翼将甲士二千人，与淮南共输米五千斛、盐五百斛以救泗州。

（以上为第七段，写杜慆坚守泗州，成为东南屏障。）

戴可师将兵三万渡淮，转战而前，贼尽弃淮南之守。可师欲先夺淮

能杀掉他。”辛谠说：“在军阵前乱说话扰乱军心，一定不能放过他！”众人的请求得不到应允，就一起来抢人。辛谠一向力气很大，众人不能把军官抢回去。辛谠说：“将士们只要上船，我就放了这个人。”众将士争着上船，辛谠就把那军官放了。士卒们有回头看的人，辛谠就用剑砍他们。辛谠率士卒赶到淮河北岸，立即向叛贼发起攻击。杜慆在城上安排兵力和辛谠相接应，叛贼被打败逃去，鸣鼓呼噪追赶他们，直到傍晚才回城。

庞勋派大将刘佶带领精兵数千人协助吴迥攻打泗州，刘行及从濠州派遣他的将领王弘立带兵与之会合。十一月二十九日戊午，镇海节度使杜审权派遣都头翟行约带领四千人救援泗州，十一月三十日己未，翟行约带兵来到泗州，叛贼在淮河南岸迎击，并包围了翟行约，泗州城里面兵力少，不能出来救援，翟行约和士卒都被杀死。在此之前，令狐绹派遣李湘带领数千军队到泗州，和郭厚本、袁公弁合兵屯扎都梁城，和泗州隔着淮河彼此可见。叛贼在消灭了翟行约以后，乘着胜利的声势，包围了李湘等人的军队。十二月初五日甲子，李湘等人带军队出来应战，被打得大败，叛贼于是攻下了都梁城，抓了李湘和郭厚本，送到徐州；叛贼占领了淮口，朝廷的漕运驿路被断绝了。

康承训的军队驻扎在新兴镇，叛将姚周屯驻在柳子镇，出兵抗拒康承训。当时各道兵集结的才万人，康承训感到寡不敌众，于是退到宋州屯驻。庞勋认为官军不足畏惧，于是分别派遣他的将领丁从实等人各带领数千人向南侵扰舒州、庐州，向北侵扰沂州、海州，攻破了沭阳、下蔡、乌江、巢县等地，又攻下了滁州，杀死了刺史高锡望。又攻打和州，刺史崔雍派人用牛酒犒赏他们，并带领叛贼上楼共同饮酒，命令军士都脱下盔甲，指出他所喜爱的两个人说是自己的子弟，乞求保全他们的性命，其余的人听由叛贼处置。叛贼于是在城里大肆抢掠，杀死士卒八百余人。

泗州已经断绝了援兵，粮食又快吃完了，每人只能用稀粥来充饥。闰十二月初十日己亥，辛谠告诉杜慆，请求出城到淮南、浙西等地求救兵，当夜，带领敢死队士兵十个人，拿着长柄斧头坐着小船，暗地里斫开叛贼的水寨冲了出来。第二天早晨，被叛贼发觉，他们派五只船挡在前面，又派五千人夹着河岸追赶而来。叛贼的船大走得慢，辛谠的船小走得快，奋力搏斗三十多里路，才逃脱叛贼的追赶。闰十二月十四日癸卯，到扬州，谒见令狐绹；闰十二月十五日甲辰，到润州，谒见杜审权。当时泗州很久没有消息了，有传闻说州城已经陷落，辛谠既然到来，杜审权就派押牙赵翼带领甲士二千人，和淮南道一起共运送大米五千斛、盐五百斛以救援泗州。

戴可师领兵三万渡过淮河，在战斗中前进，叛贼全部放弃了据守的淮南各地。

口，后救泗州，壬申，围都梁城，城中贼少，拜于城上曰："方与都头议出降。"可师为之退五里。贼夜遁，明旦，惟空城。可师恃胜不设备，是日大雾，贼将王弘立引兵数万疾径奄至，纵击官军，官军不及成列，遂大败，将士触兵及溺淮死，得免者才数百人，亡器械、资粮、车马以万计，贼传可师及监军、将校首于彭城。

庞勋自谓无敌于天下，作露布，散示诸寨及乡村，于是淮南士民震恐，往往避地江左。令狐绹畏其侵轶，遣使诣勋说谕，许为奏请节钺，勋乃息兵俟命。由是淮南稍得收散卒，修守备。

时汴路既绝，江、淮往来皆出寿州，贼既破戴可师，乘胜围寿州，掠诸道贡献及商人货，其路复绝。勋益自骄，日事游宴，周重谏曰："自古骄满奢逸，得而复失，成而复败，多矣，况未得未成而为之者乎！"

诸道兵大集于宋州，徐州始惧，应募者益少，而诸寨求益兵者相继。勋乃使其党散入乡村，驱人为兵。又见兵已及数万人，资粮匮竭，乃敛富室及商旅财，什取其七八，坐匿财夷宗者数百家。又与勋同举兵于桂州者尤骄暴，夺人资财，掠人妇女，勋不能制，由是境内之民皆厌苦之，不聊生矣！

王晏权兵数退衄，朝廷命泰宁节度使曹翔代晏权为徐州北面招讨使。前天雄节度使何全皞遣其将薛尤将兵万三千人讨庞勋，翔军于滕、沛，尤军于丰、萧。

是岁，江、淮旱，蝗。

（以上为第八段，写官兵戴可师渡淮，兵败都梁城。）

十年（己丑，869年）

春，正月，康承训将诸道军七万余人屯柳子之西，自新兴至鹿塘三十里，壁垒相属。徐兵分戍四境，城中不及数千人，庞勋始惧。民多穴地匿其中，勋遣人搜掘为兵，日不过得三二十人。

戴可师想先夺取淮口，然后去救援泗州。十二月十三日壬申，围都梁城；城里叛贼守兵不多，在城上拜揖说："正在和都头商量出城投降的事情。"戴可师听了后，于是向后退了五里路等待受降。叛贼在夜里全部逃跑了，第二天早晨，只剩下一座空城。戴可师仗着打了胜仗，不设置警戒，当天是大雾天，濠州贼将王弘立带领数万人马迅即从小路赶来，猛烈进攻官军，官军来不及列成阵式，于是大败，将士或被杀或在淮河中淹死，幸免于死的才数百人，丢失器械、资粮、车马成千上万，叛贼将戴可师和监军、将校的头颅送到彭城。

庞勋自认天下无敌，就发布告示，散发到各山寨和乡村，于是淮南地方的士绅和平民都感到震惊和恐惧，纷纷到江南去躲避。令狐绹畏惧他侵扰，派遣使者到庞勋那里去劝说告谕，答应为他上奏请求发给节度使节钺，庞勋于是按兵不动，等待诏命。这样一来，淮南地方能够稍稍收集散卒，修治守备。

当时往汴州的道路既然被切断，江淮往来都从寿州出发，叛贼打败戴可师以后，乘胜包围了寿州，抢掠各道给朝廷贡献的财物和商人的货物，通往北方的道路又断绝了。庞勋更加骄傲自满，每天只知道从事游宴，周重进谏说："自古以来，由于骄傲自满奢侈逸乐，使得到的权力又丢失，成功的事业又失败，这样的例子是很多的，何况未得到成功就骄满奢逸啊！"

各道军队在宋州大量集中，徐州方面开始感到畏惧，响应招募的人越来越少，而要求增加兵员的兵寨一个接一个。庞勋于是将他的党徒分散到乡村中去，驱赶人们出来当兵。又看到士兵已经达到数万人，物资和粮食供应一天天匮乏，就向有钱人家和商人征收财物，十成提取七八成，因为隐匿财产被杀的宗族就有数百家。另外，和庞勋在桂州同时举兵的人尤其骄傲粗暴，他们夺人的财产，抢掠妇女，庞勋无法制止，这样一来，庞勋统治境内的民众都感到很痛苦，生活没有依靠！

王晏权带领的军队多次退败，朝廷于是命令泰宁节度使曹翔接替王晏权为徐州北面招讨使。前任天雄节度使何全皞派他的将领薛尤带领一万三千兵马讨伐庞勋，曹翔驻扎在滕县和沛县，薛尤驻扎在丰县和萧县。

这一年，江淮一带发生旱灾和蝗灾。

唐懿宗咸通十年（乙丑，869年）

春季，正月，康承训率领各道调来的军队共七万多人驻扎在柳子镇西边，从新兴镇到鹿塘的三十里路上，军营连接不断。徐州所领的军队分别戍守四周边境，在城里驻扎的不到数千人，庞勋开始感到有些害怕了。民众中很多人挖地洞藏在里面，庞勋派人把他们搜掘出来充当兵员，每天不过得到二三十人而已。

勋将孟敬文守丰县，狡悍而兵多，谋贰于勋，自为符谶。勋闻之，会魏博攻丰，勋遣腹心将将三千助敬文守丰。敬文与之约共击魏博军，且誉其勇，使为前锋。新军既与魏博战，敬文引兵退走，新军尽没。勋乃遣使绐之曰："王弘立已克淮南，留后欲自往镇之，悉召诸将，欲选一人可守徐州者。"敬文喜，即驰诣彭城。未至城数里，勋伏兵擒之，辛酉，杀之。

丁卯，同昌公主适右拾遗韦保衡，以保衡为起居郎、驸马都尉。公主，郭淑妃之女，上特爱之，倾宫中珍玩以为资送，赐第于广化里，窗户皆饰以杂宝，井栏、药臼、槽匮亦以金银为之，编金缕以为箕筐，赐钱五百万缗，他物称是。

徐贼寇海州。时诸道兵戍海州者已数千人，断贼所过桥柱而弗殊，仍伏兵要害以待之。贼过，桥崩，苍黄散乱，伏兵发，尽殪之。其攻寿州者复为南道军所破，斩获数千人。

辛谠以浙西之军至楚州，敕使张存诚以舟助之。徐贼水陆布兵，锁断淮流，浙西军惮其强，不敢进，谠曰："我请为前锋，胜则继之，败则汝走。"犹不可。谠乃募选军中敢死士数十人，牒补职名，先以米舟三艘、盐舟一艘乘风逆流直进，贼夹攻之，矢著舟板如急雨，及锁，谠帅众死战，斧断其锁，乃得过。城上人喧呼动地，杜慆及将佐皆泣迎之。乙酉，城上望见舟师张帆自东来，识其旗浙西军也；去城十余里，贼列火船拒之，帆止不进。慆令谠帅死士出迎之，乘战舰冲贼陈而过，见张存诚帅米舟九艘，曰："将士在道前却，存诚屡欲自杀，仅得至此，今又不进。"谠扬言："贼不多，甚易与耳。"帅众扬旗鼓噪而前，贼见其势猛锐，避之，遂得入城。

二月，端州司马杨收长流驩州，寻赐死，其僚属党友坐长流岭表者

庞勋的属将孟敬文驻守在丰县，为人狡猾强悍，拥兵最多，阴谋背叛庞勋，自己制作符谶等事以惑众。庞勋听到这个消息后，当魏博镇的军队攻打丰县时，庞勋就派遣心腹将领三千名士兵去帮助孟敬文防守丰县；孟敬文和庞勋派去的将领约定共同进击魏博军，并且称赞他们作战勇敢，叫他们担任前锋部队。当这支部队和魏博军开战后，孟敬文却带着自己的军队退走了，这样使得这支军队全军覆没。庞勋知道后，派遣使者骗孟敬文说："王弘立已经攻下了淮南镇，留后想亲自去那里镇守；现在把各处将领都召集起来，想从中挑选一个可以担任驻守徐州的人。"孟敬文听了这件事很高兴，随即奔往彭城。走到离城还有数里路的地方，被庞勋埋伏在那里的军队捉住了，正月初三日辛酉，庞勋把孟敬文杀掉了。

正月初九日丁卯，同昌公主嫁给右拾遗韦保衡，任命韦保衡为起居郎、驸马都尉。公主是郭淑妃的女儿，懿宗特别宠爱她，把皇宫中的珍宝古玩都拿来送给她做嫁妆，在广化里赏赐她一座住宅，窗户都装饰着各种宝石，井栏、药臼、槽匮也是用金银制作的，连箕筐也是用金丝制作的，还赐给她钱五百万缗，其他的财物和这些东西一样多。

徐州叛贼侵扰海州。当时各道兵戍守海州的已有数千人，他们将叛贼必须经过的桥梁柱锯到快要断的地方，又在要害地方埋伏军队以等待叛贼的到来。叛贼经过桥上时，桥垮塌了，在匆忙混乱中，伏兵突然出现，把叛贼都歼灭了。叛贼进攻寿州时，又为南边各道兵所打败，被杀死和俘虏的共有数千人。

辛谠领着浙西道的军队到达楚州，敕使张存诚用船协助他。徐州叛贼在水上和陆地上都安排了兵力，又用锁链把淮水拦断了，浙西军队畏惧叛贼强大，不敢前进。辛谠说："我请求担任先锋，如果战胜了你们就接着上来，失败了你们就退走。"即使这样士兵仍然不肯前进。辛谠于是募选军中敢死士兵数十人，用文牒载上他们应补的官职，先用三艘装米的船、一艘装盐的船，乘风向上水径直开去，叛贼在两岸夹攻，箭头如急雨一样射在船板上，到达设置锁链的地方，辛谠带领兵众拼死战斗，用斧头砍断锁链，于是通过封锁线。泗州城上的人喧嚷欢呼声震动了大地，杜慆和将佐们都流着泪迎接他们。正月二十七日乙酉，城上的人看到船队扬帆从东边开来，认识船上的旗号是浙西军；离城还有十多里路，叛贼排列火船阻止船队，张帆的船停止了前进。杜慆命令辛谠带领敢死之士出城去迎接他们，辛谠等乘着战舰冲过叛贼的兵阵，见到了张存诚率领的九艘装米的船，张存诚说："将士们在路上前进时要后退，存诚多次想自杀，才赶到了这里，现在又不愿前进了。"辛谠扬言说："叛贼不多，很容易对付他们。"于是率领大家扬旗击鼓地向前冲去，叛贼看到他们来势凶猛锐利，就避开了，这样他们就进入了泗州城。

二月，端州司马杨收被长期流放驩州，不久赐他自杀，他的同僚和属吏党友等

十余人。

初，尚书右丞裴坦子娶收女，资送甚盛，器用饰以犀玉。坦见之，怒曰："破我家矣！"立命坏之。已而收竟以贿败。

康承训使朱邪赤心将沙陀三千骑为前锋，陷陈却敌，十镇之兵伏其骁勇。承训尝引麾下千人渡涣水，贼伏兵围之，赤心帅五百骑奋楇冲围，拔出承训，贼势披靡，因合击，败之。承训数与贼战，贼军屡败。

王弘立自矜淮口之捷，请独将所部三万人破承训，庞勋许之。己亥，弘立引兵渡濉水，夜，袭鹿塘寨，黎明，围之。弘立与诸将临望，自谓功在漏刻。沙陀左右突围，出入如飞，贼纷扰移避，沙陀纵骑蹂之，寨中诸军争出奋击，贼大败。官军蹙之于濉水，溺死者不可胜纪，自鹿塘至襄城，伏尸五十里，斩首二万余级。弘立单骑走免。所驱掠平民皆散走山谷，不复还营，委弃资粮、器械山积。时有敕，诸军破贼，得农民，皆释之，自是贼每与官军遇，其驱掠之民先自溃。庞勋、许佶以弘立骄惰致败，欲斩之，周重为之说勋曰："弘立再胜未赏，一败而诛之，弃功录过，为敌报仇，诸将咸惧矣；不若赦之，责其后效。"勋乃释之。弘立收散卒才数百人，请取泗州以补过，勋益其兵而遣之。

（以上为第九段，写辛谠引浙西兵求援泗州，贼将王弘立亦引兵增泗州之敌。）

三月，辛未，以起居郎韦保衡为左谏议大夫，充翰林学士。

徙郢王侃为威王。

康承训既破王弘立，进逼柳子，与姚周一月之间数十战。丁亥，周引兵渡水，官军急击之，周退走，官军逐之，遂围柳子。会大风，四面纵火，贼弃寨走，沙陀以精骑邀之，屠杀殆尽，自柳子至芳城，死者相枕，斩其将刘丰。周将麾下数十人奔宿州，宿州守将梁丕素与之有隙，开城听入，执而斩之。

因牵连被长期流放岭南的有十多人。

原先，尚书右丞裴坦的儿子娶杨收女儿为妻，陪嫁的资财很丰盛，用品器物都装饰着犀牛角和玉石；裴坦看到后，愤怒地说："这是让我家破人亡啊！"立刻命令毁掉那些东西。不久之后，杨收终于由于收受贿赂而破败。

康承训使朱邪赤心带领沙陀三千骑兵为前锋，冲锋陷阵，打退敌人，十镇的将士都佩服他们的勇敢善战。康承训曾经带领部下的一千人渡过涣水，被叛贼埋伏的军队包围了，朱邪赤心带领五百名骑兵奋勇用粗杖横扫敌人突围，救出了康承训，叛贼势力溃散，因而合兵围击，把他们打败了。康承训多次和叛贼作战，叛贼多次被打败。

叛将王弘立由于在淮口打了胜仗，非常骄傲自满，又请求单独带领他的部队三万人去破康承训，庞勋答应了。二月十一日己亥，王弘立带兵渡过濉水，当夜，袭击鹿塘寨，黎明时，包围了鹿塘寨。王弘立和其他将领们去察看情况，认为在很短时间内就可以建立大功。沙陀兵从左右两方面突围，出入如飞，叛贼纷乱地避开沙陀兵，沙陀于是放纵骑兵践踏叛贼，兵寨中的军队也争相奋勇出击，叛贼大败。官军把叛贼逼到了濉水边上，溺死的叛贼不计其数，从鹿塘到襄城寨，五十里长的路上都躺着叛贼的尸体，杀了两万多人。王弘立单骑逃出来了，被叛贼驱赶的平民都逃散在山谷中，不再回到军营去，他们丢掉的钱粮、器械堆积如山。当时朝廷有命令，诸军破贼时，俘虏了农民都一律释放，从这以后，叛贼每次和官军相遇时，他们抢掠来的平民预先就溃散了。庞勋和许佶认为王弘立由于骄傲怠惰而打了败仗，想杀了他，周重为王弘立对庞勋说："王弘立两次打胜仗没有奖赏他，打了一次败仗就诛杀他，抛开功劳不管只记录过错，等于是为敌人报了仇，其他将领都要为此而感到不满和恐惧了；不如赦免他的罪，督责他以后立功。"庞勋于是释放了王弘立。王弘立收集散卒才数百人，请求夺取泗州来补偿过失，庞勋分给他一部分军队后派他去打泗州。

三月十三日辛未，任命起居郎韦保衡为左谏议大夫，充任翰林学士。

迁郢王李侃为威王。

康承训打败王弘立之后，进军逼近柳子镇，在一个月的时间中和姚周交战数十次。三月二十九日丁亥，姚周带领军队渡过涣水，官军急忙迎击他们，姚周退去，官军追赶他们，就乘势包围了柳子镇。碰上刮大风，官军四面纵火。叛贼放弃寨子逃跑了，沙陀军用精锐的骑兵拦击他们，差不多将叛贼屠杀光了，从柳子镇到芳城，死尸一个挨一个，又杀了敌将刘丰。姚周带领部下数十人逃往宿州，宿州守将梁丕一向和姚周有矛盾，就打开城门让姚周进去，随即把他抓起来杀了。

庞勋闻之大惧，与许佶议自将出战。周重泣言于勋曰：“柳子地要兵精，姚周勇敢有谋，今一旦覆没，危如累卵，不若遂建大号，悉兵四出，决力死战。”又劝杀崔彦曾以绝人望。术士曹君长亦言：“徐州山川不容两帅，今观察使尚在，故留后未兴。”贼党皆以为然。夏，四月，壬辰，勋杀彦曾及监军张道谨、宣慰使仇大夫，僚佐焦璐、温庭皓，并其亲属、宾客、仆妾皆死；断淮南监军郭厚本、都押衙李湘手足，以示康承训军。勋乃集众扬言曰：“勋始望国恩，庶全臣节；今日之事，前志已乖。自此，勋与诸君真反者也，当扫境内之兵，戮力同心，转败为功耳。”众皆称善。于是命城中男子悉集毬场，仍分遣诸将比屋大索，敢匿一男子者族其家。选丁壮，得三万人，更造旗帜，给以精兵。许佶等共推勋为天册将军、大会明王。勋辞王爵。

先是，辛谠复自泗州引骁勇四百人迎粮于扬、润，贼夹岸攻之，转战百里，乃得出。至广陵，止于公馆，不敢归家，舟载盐米二万石，钱万三千缗，乙未，还至斗山。贼将王弘芝帅众万余，拒之于盱眙，密布战舰百五十艘以塞淮流，又纵火船逆之。谠命以长叉托过，自卯战及未，众寡不敌，官军不利。贼缚木于战舰，旁出四五尺为战棚，谠命勇士乘小舟入其下，矢刃所不能及，以枪揭火牛焚之，战舰既然，贼皆溃走，官军乃得过入城。

庞勋以父举直为大司马，与许佶等留守徐州。或曰：“将军方耀兵威，不可以父子之亲，失上下之节。”乃令举直趋拜于庭，勋据桉而受之。时魏博屡围丰县，庞勋欲先击之，丙申，引兵发徐州。

戊戌，以前淮南节度使、同平章事令狐绹为太保、分司。

庞勋夜至丰县，潜入城，魏博军皆不之知。魏博分为五寨，其近城者屯数千人，勋纵兵围之，诸寨救之，勋伏兵要路，杀官军二千人，余皆返走。贼攻寨不克，至夜，解围去。官军畏其众，且闻勋自来，诸寨皆宵溃。曹翔方围滕县，闻魏博败，引兵退保兖州。贼悉毁其城栅，运其资粮，传檄徐州，盛自夸大，谓官军为国贼云。

庞勋听说柳子镇失陷，大为恐惧，于是和许佶商议自己带兵去打仗。周重流着泪对庞勋说：“柳子镇地方险要，士兵精锐，姚周勇敢而有计谋，现在一旦被消灭，我们整个形势危急万分，不如在此时建立国家名号，把军队都调出去作战，尽力拼斗一番。”又劝庞勋杀掉崔彦曾以断绝人们对朝廷的企望。术士曹君长也说：“徐州地方不能容许同时存在两个元帅，现在观察使崔彦曾尚活着，所以留后你没有兴旺起来。”贼党都认为是这样的。夏季，四月初五日壬辰，庞勋杀了崔彦曾和监军张道谨、宣慰使仇大夫，僚佐焦璐、温庭皓，并他们的亲属、宾客、仆妾；把淮南监军郭厚本和都押衙李湘的手脚砍断，用来向康承训军示众。庞勋于是召集众人扬言说：“我庞勋开始希望国家赐给恩典，以保全臣子的忠节；现在的局势与以前的志愿是违背的。从现在起，我庞勋和大家是真正的造反者了，将要带领境内的全部人马，同心协力，扭转败局以建立大功。”众人都说好。于是命令城中的男子全部集中在毬场，又分头派遣将领一家一家去搜索，有敢于藏匿一个男子的将他全家杀死。挑选精壮，得到三万人，用精良的武器装备起来，又制造旗帜。许佶等共同推举庞勋为天册将军、大会明王。庞勋辞去王爵。

先前，辛谠从泗州带领骁勇的士兵四百人到扬州、润州去迎运粮食，叛贼夹岸攻击他们，转战百里，方才逃脱敌人的追击。到达广陵后，住在公家客馆中，不敢回家去。用船装载盐和米共二万石，钱一万三千缗，四月初八日乙未，回到斗山。贼将王弘立带领一万多军队，在盱眙县阻击，密布战舰一百五十艘用来堵住淮河的航道，又用火船来迎面烧官船。辛谠命令用长叉托过敌船，从卯时战斗到未时，由于寡不敌众，官军未能得胜。叛贼在战舰上捆上木条，从两旁伸出四五尺远作为战棚，辛谠叫勇士乘着小船进到战棚的下面，箭矢和刀刃够不到他们，然后用枪举着火把烧敌人的船，战舰被烧着以后，敌人都溃败逃跑了，官军才得以通过，进入泗州城。

庞勋任命他的父亲庞举直为大司马，和许佶等人留守徐州。有人对庞勋说：“将军正在显示兵力，不应当因为父子的亲属关系，而丢掉上下级之间礼节。”于是命令庞举直在门庭前向庞勋拜谢，庞勋靠几案接受了庞举直的拜见。当时魏博镇的军队多次围攻丰县，庞勋想先进击他，四月初九日丙申，带兵从徐州出发了。

四月十一日戊戌，任命前淮南节度使、同平章事令狐绹为太保、分司东都。

庞勋在夜晚到达丰县，暗地进入城内，魏博军一点也没有觉察到。魏博军分为五个寨子屯驻，近城的一个寨子屯驻数千人，庞勋派军队包围了它，其他寨子来救援，庞勋在要道上埋伏了军队，杀死官兵两千人，其余的官兵都退走了。叛贼没有攻下寨子，到晚上，解除了包围离开了。官军畏惧叛贼众多，又听说庞勋亲自带兵到了这里，各兵寨都在晚上溃退了。曹翔正包围着滕县，听说魏博军打了败仗，于

（以上为第十段，写贼首庞勋杀俘，自立为天册将军示与唐决裂，亲自领兵出战，做困兽犹斗。）

马举将精兵三万救泗州，乙巳，分军三道渡淮，至中流，大噪，声闻数里。贼大惊，不测众寡，敛兵屯城西寨。举就围之，纵火焚栅，贼众大败，斩首数千级。王弘立死，吴迥退保徐城，泗州之围始解。泗州被围凡七月，守城者不得寐，面目皆生疮。

庞勋留丰县数日，欲引兵西击康承训，或曰：“天时向暑，蚕麦方急，不若且休兵聚食，然后图之。”或曰：“将军出师数日，摧七万之众，西军震恐，乘此声势，彼破走必矣，时不可失。”庞举直以书劝勋乘胜进军，勋意遂决。丁未，发丰县，庚戌，至萧，约襄城、留武、小睢诸寨兵合五六万人，以二十九日迟明攻柳子。淮南败卒在贼中者，逃诣康承训，告以其期，承训得先为之备，秣马整众，设伏以待之。丙辰，襄城等兵先至柳子，遇伏，败走。庞勋既自失期，遽引兵自三十里外赴之，比至，诸寨已败，勋所将皆市井白徒，睹官军势盛，皆不战而溃。承训命诸将急追之，以骑兵邀其前，步卒蹙其后，贼狼狈不知所之，自相蹈藉，僵尸数十里，死者数万人。勋解甲服布襦而遁，收散卒，才及三千人，归彭城，使其将张实分诸寨兵屯第城驿。

（以上为第十一段，写官军解围泗州，大败庞勋。）

勋初起，下邳土豪郑镒聚众三千，自备资粮器械以应之，勋以为将，谓之义军。五月，沂州遣军围下邳，勋命镒救之，镒帅所部来降。

六月，陕民作乱，逐观察使崔荛。荛以器韵自矜，不亲政事，民诉旱，荛指庭树曰：“此尚有叶，何旱之有！”杖之。民怒，故逐之。荛逃于民舍，渴求饮，民以溺饮之。坐贬昭州司马。

以中书侍郎、同平章事徐商同平章事，充荆南节度使。癸卯，以翰林学士承旨、户部侍郎刘瞻同平章事。瞻，桂州人也。

是带领军队退回兖州以自保。叛贼把城栅都毁掉了，运走了官军丢下的钱粮，把胜利消息报告了徐州，自己大大夸耀了一番，把官军称为国贼。

马举带领三万精兵救援泗州，四月十八日乙巳，把军队分成三路渡淮河，到中流时，大声喧闹，声音在数里外都能听到。叛贼听了大惊，不知道来了多少官军，收拢散兵屯驻在城西的寨子中。马举将他们包围起来，放火焚烧寨栅，贼众大败，被杀的有数千人。王弘立战死，吴迥退到徐城以自保，泗州长期被围困，到现在才解除。泗州被围困了七个月，守城的人不能够睡觉，脸上都长了毒疮。

庞勋在丰县住了数天后，想带领军队向西攻打康承训，有人进言说："天气渐渐暑热，养蚕收麦正紧急，不如暂且休兵囤聚粮食，然后再商量行动。"又有人对他说："将军带兵出来只有几天，就打垮了七万敌军，西边康承训的军队都感到震恐，乘着这种声势，他们被打败是一定的了，机不可失。"庞举直又写信劝庞勋乘胜进军，庞勋就决心进攻康承训。四月二十日丁未，从丰县出发，四月二十三日庚戌，到达萧县，约定要襄城、留武、小睢各寨兵共五六万人，在二十九日黎明时进攻柳子镇。在叛贼中的淮南败卒，逃到康承训那里，报告了庞勋进攻的日期，康承训于是预先做好了防御准备，喂饱了马，整肃了军队，设下埋伏以等庞勋来进攻。四月二十九日丙辰，襄城等寨的兵先到了柳子镇，碰上伏兵，失败后逃跑了。庞勋自己未按时赶到，便匆忙带兵从三十里外急行军赶来，刚刚到达，各寨的军队已被打败。庞勋所带领的军队都是市井中没有受过军事训练的平民，看到官军势力强盛，还没有作战就都溃败了。康承训命令诸将赶紧追击，用骑兵拦在敌人前面，用步兵在后面追逼，叛贼在狼狈之中不知往哪里跑，部队之间互相践踏，死尸僵伏在数十里长的路上，死去的有数万人。庞勋脱去铠甲，穿着短布衣逃走了，收集散卒，才有三千人，回到彭城，派将领张实从各寨分出一部分军队来屯驻在第城驿。

庞勋开始在下邳起兵时，有土豪郑镒纠集了三千人，自己备齐了钱粮、器械来响应他，庞勋任他为将军，称他的部队为义军。五月，沂州派遣军队包围下邳，庞勋命令郑镒去救援，郑镒带领部众向官军投降。

六月，陕民作乱，逐观察使崔荛。崔荛自认为有器度和风韵而骄矜，不亲自去过问政事，民众诉说遭旱灾，崔荛指着庭前的大树说："这棵树上还长着叶子，有什么旱情呢！"下令用棍杖驱散民众，民众被激怒，把他赶走了。崔荛逃到一个平民家里，口渴了要水喝，那平民拿来尿给他喝。后来他被贬谪为昭州司马。

任命中书侍郎、同平章事徐商为同平章事，充任荆南节度使。六月十七日癸卯，任命翰林学士承旨、户部侍郎刘瞻同平章事。刘瞻是桂州人。

马举自泗州引兵攻濠州，拔招义、钟离、定远。刘行及设寨于城外以拒守，举先遣轻骑挑战，贼见其众少，争出寨西击之，举引大军数万自他道击其东南，遂焚其寨。贼入固守，举堑其三面而围之，北面临淮，贼犹得与徐州通。庞勋遣吴迥助行及守濠州，屯兵北津以相应，举遣别将渡淮击之，斩获数千，平其寨。

曹翔之退屯兖州也，留沧州卒四千人戍鲁桥，卒擅还，翔曰："以庞勋作乱，故讨之。今沧卒不从约束，是自乱也！"勒兵迎之，围于兖州城外，择违命者二千人，悉诛之。朝廷闻魏博军败，以将军宋威为徐州西北面招讨使，将兵三万屯于丰、萧之间，翔复引兵会之。

秋，七月，康承训克临涣，杀获万人，遂拔襄城、留武、小睢等寨。曹翔拔滕县，进击丰、沛。贼诸寨戍兵多相帅逃匿，保据山林，贼抄掠者过之，辄为所杀，而五八村尤甚。有陈全裕者为之帅，凡叛勋者皆归之，众至数千人，战守之具皆备，环地数千里，贼莫敢近。康承训遣人招之，遂举众来降，贼党益离。蕲县土豪李衮杀贼守将，举城降于承训。沛县守将李直诣彭城计事，裨将朱玫举城降于曹翔。直自彭城还，玫逆击，走之，翔发兵戍沛。玫，邠州人也。勋遣其将孙章、许佶各将数千人攻陈全裕、朱玫，皆不克而还。康承训乘胜长驱，拔第城，进抵宿州之西，筑城而守之。庞勋忧懑不知所为，但祷神饭僧而已。

初，庞勋怒梁丕专杀姚周，黜之，使徐州旧将张玄稔代之治州事，以其党张儒、张实等将城中兵数万拒官军。儒等列寨数重于城外，环水自固；康承训围之。张实夜遣人潜出，以书白勋曰："今国兵尽在城下，西方必虚，将军宜引兵出其不意，掠宋、亳之郊，彼必解围而西，将军设伏要害，迎击其前，实等出城中兵蹙其后，破之必矣！"时曹翔使朱玫击丰，破之，乘胜攻徐城、下邳，皆拔之，斩获万计。勋方忧惧欲走，得实书，即从其策，使庞举直、许佶守徐州，引兵而西。

马举从泗州带领军队进攻濠州，先攻下了招义、钟离、定远三县。刘行及在城外设置兵寨用来防守，马举先派轻骑挑战，叛贼见他的军队人少，争着出寨在西边攻击官军，马举带领大军数万人从另外一条路攻击叛贼的东南边，于是把兵寨烧掉了。叛贼入城固守，马举在城的三面挖壕沟包围它，北面就是淮河，叛贼还能和徐州取得联系。庞勋派遣吴迥帮助刘行及守濠州，驻兵在淮河北岸的渡口接应刘行及，马举派遣别将渡过淮河进击吴迥，斩首和俘虏了数千人，把吴迥的兵寨扫平了。

曹翔退守兖州的时候，留下沧州卒四千人戍守鲁桥镇，戍卒擅自退回去了，曹翔说："由于庞勋作乱，所以去讨伐他。现在沧州卒不服从命令，这是也发生乱子了！"于是带兵迎接，把他们包围在兖州城外，挑出违抗命令的两千人，全部杀了。朝廷听说魏博军被打败，于是任命将军宋威为徐州西北面招讨使，带领三万兵马驻扎在丰县和萧县之间，曹翔又带领军队和他们会合。

秋季，七月，康承训攻下临涣，杀死和俘虏一万敌人，于是夺取了襄城、留武、小睢等兵寨。曹翔攻下了滕县，接着向丰县和沛县一带进攻。叛贼中的各个寨子的戍兵多互相勾结逃跑，在山林中盘踞自保，叛贼抢掠的人经过那里，每每被他们杀掉，在五八村尤其厉害。有个叫陈全裕的人是他们的头领，凡是反叛庞勋的人都归附与他，部众达到数千人之多，作战的用具都准备充分了，在他周围数十里地的范围内，叛贼不敢接近。康承训派人去招抚陈全裕，于是陈全裕带着全部兵众来投降，叛贼的党羽更加分崩离析。蕲县土豪李衮杀死叛贼的守将，全城投降了康承训。沛县守将李直到彭城商量大事，裨将朱玫带领士众向曹翔投降。李直从彭城回来，朱玫迎头攻击，把李直赶走了，曹翔就调军队戍守沛县。朱玫是邠州人。庞勋派遣他的将领孙章、许佶各自带领数千人进攻陈全裕和朱玫，都没有取得胜利就退回去了。康承训乘胜长驱而入，攻下了第城驿，进到宿州的西面，筑城据守起来。庞勋忧愁烦闷不知如何是好，只知道祈祷神灵布施僧侣而已。

原先，庞勋对于梁丕擅自杀害姚周非常生气，就将梁丕州将的职务罢免了，叫徐州旧将张玄稔接替梁丕管理州事，又任命同党张儒、张实等带领城中数万军队抵抗官军。张儒等人在城外设置多重兵寨，四周环绕水流用以巩固防卫；康承训包围了他们。张实派人在夜里跑出去，用书信告诉庞勋："现在朝廷的军队都集中在宿州城下，徐州西面必然空虚，将军应当带领军队，出其不意攻掠宋州和亳州的城郊，他们为了救宋州、亳州，必定会放弃包围宿州而引兵西去，将军在要害地方设下埋伏，在他的前面迎击，张实等带领城里的军队在后面追击他们，就一定可以打败他们！"当时曹翔派朱玫进攻丰县，攻下了，于是乘胜进攻徐城、下邳，都攻下了，杀死和俘虏的叛贼上万人。庞勋正在忧惧之中，打算逃跑，收到张实的信，就听从他的计策，叫庞举直和许佶守徐州，自己带军队向西面进发。

八月，壬子，康承训焚外寨，张儒等入保罗城，官军攻之，死者数千人，不能克，承训患之，遣辩士于城下招谕之。张玄稔尝戍边有功，虽胁从于贼，心尝忧愤，时将所部兵守子城，夜，召所亲数十人谋归国，因稍令布谕，协同者众，乃遣腹心张皋夜出，以状白承训，约期杀贼将，举城降，至日，请立青旌为应，使众心无疑。承训大喜，从之。九月，丁巳，张儒等饮酒于柳溪亭，玄稔使部将董厚等勒兵于亭西，玄稔先跃马而前，大呼曰："庞勋已枭首于仆射寨中，此辈何得尚存！"士卒竞进，遂斩张儒等数十人。城中大扰，玄稔谕以归国之计，及暮而定。戊午，开门出降。玄稔见承训，肉袒膝行，涕泣谢罪。承训慰劳，即宣敕，拜御史中丞，赐遗甚厚。

（以上为第十二段，写官军节节胜利，合围叛贼庞勋。贼将张玄稔请降，叛贼分崩离析。）

玄稔复进言："今举城归国，四远未知，请诈为城陷，引众趋苻离及徐州，贼党不疑，可尽擒也！"承训许之。宿州旧兵三万，承训益以数百骑，皆赏劳而遣之。玄稔复入城，暮发平安火如常日。己未向晨，玄稔积薪数千束，纵火焚之，如城陷军溃之状，直趋苻离，苻离纳之，既入，斩其守将，号令城中，皆听命，收其兵，复得万人，北趋徐州。庞举直、许佶闻之，婴城拒守。

辛酉，玄稔至彭城，引兵围之，按兵未攻，先谕城上人曰："朝廷唯诛逆党，不伤良人，汝曹奈何为贼城守？若尚狐疑，须臾之间，同为鱼肉矣！"于是守城者稍稍弃甲投兵而下。崔彦曾故吏路审中开门纳官军，庞举直、许佶帅其党保子城，日昃，贼党自北门出，玄稔遣兵追之，斩举直、佶首，余党多赴水死，悉捕戍桂州者亲族，斩之，死者数千人，徐州遂平。

庞勋将兵二万自石山西出，所过焚掠无遗。庚申，承训始知，引兵骑八万西击之，使朱邪赤心将数千骑为前锋。勋袭宋州，陷其南城，刺史郑处冲守其北城，贼知有备，舍去，渡汴，南掠亳州，沙陀追及之。

八月二十七日壬子，康承训焚烧外寨，张儒等人就进城防守外城，官军发动进攻，死了几千人，还是攻不下来，康承训感到很为难，就派遣能言善辩的人在城下招降叛贼。张玄稔曾经戍守边疆建立功劳，虽然被胁迫和叛贼站在一起，心里常常感到忧愁不乐，当时他带领的部队据守内城，在夜里，他召集平时的亲信数十人商量回到官军中，叫他们暗地告诉其他人，愿意跟他一同行动的人很多，于是派遣他的心腹张皋夜里出城，把情况告诉康承训，约定日期杀掉贼将，全城投降，到时候请求树立青色大旗以为接应，使贼众心里不存疑虑。康承训大喜，接受了这个安排。九月初三日丁巳，张儒等人在柳溪亭饮酒，张玄稔使部将董厚等带军队守在亭子两边，张玄稔跃马上前大声呼唤说："庞勋已经在康仆射兵寨被杀了，这班人哪能保留下来！"士卒争着上前，杀了张儒等数十人。城中一时大乱，张玄稔告诉大家回到朝廷的打算，到傍晚就安定下来了。九月初四日戊午，开城门出来投降。张玄稔拜见康承训，袒露着上身屈膝而行，流着泪请罪。康承训慰劳了他，随即宣布朝廷的敕命，拜张玄稔为御史中丞，并赏赐了很多财物。

张玄稔又对康承训说："现在宿州全城回到朝廷了，四境远一些的地方还不知道，请让我假装是州城被攻下了，带领部队逃往苻离和徐州，贼党不怀疑我们，可以全部擒获他们！"康承训同意了他的这个计谋。宿州原有三万名军士，康承训又增加数百名骑兵，都是先进行了奖赏慰劳后再派遣他们。张玄稔又进到城中，傍晚燃烧平安火和平时一样。九月初五日己未那天早晨，张玄稔把堆积的数千捆薪柴放火烧起来，好像州城被攻下军队已溃败的样子，自己径直奔往苻离，苻离守军接纳了他，入城以后，他把守将杀了，在城中发布号令，士兵都听从他的命令，收集城里的军队，又得到一万人，向北赶往徐州。庞举直、许佶听说张玄稔打来了，就据城进行防守。

九月初七日辛酉，张玄稔到达彭城，带兵包围了它，按兵不动，先告谕城上的人说："朝廷只诛杀叛逆的党徒，不会伤害良民百姓，你们为什么要为贼来守城？倘若还犹疑不定，一会儿之后，就要和叛贼一道如同鱼肉一样被宰割了！"于是守城的士兵陆续有人脱去甲胄，放下兵器投降了。崔彦曾时的旧官吏路审中打开城门接纳官兵，庞举直、许佶带领他们的党徒保守内城，太阳偏西时，叛贼从北门出来，张玄稔派兵追赶他们，杀了庞举直和许佶，其余的叛贼多半投水而死，把戍守桂州士卒的亲族全部抓起来杀掉，死去的有数千人之多，徐州就这样平定了。

庞勋带领两万兵马从石山向西边进发，所经之地焚烧抢掠殆尽。到九月初六日庚申，康承训才知道庞勋的动向，于是带领步兵和骑兵共八万人向西追击庞勋，派朱邪赤心带领数千骑兵为前锋部队。庞勋袭击宋州，攻下了南城，刺史郑处冲据守

勋引兵循涣水而东，将归彭城，为沙陀所逼，不暇饮食，至蕲，将济水，李衮发桥，勒兵拒之。贼惶惑不知所之，至县西，官军大集，纵击，杀贼近万人，余皆溺死，降者才及千人，勋亦死而人莫之识，数日，乃获其尸。贼宿迁等诸寨皆杀其守将而降。宋威亦取萧县，吴迥独守濠州不下。

冬，十月，以张玄稔为右骁卫大将军、御史大夫。

马举攻濠州，自夏及冬不克，城中粮尽，杀人而食之，官军深堑重围以守之。辛丑夜，吴迥突围走，举勒兵追之，杀获殆尽，迥死于招义。

以康承训为河东节度使、同平章事，以杜慆为义成节度使。上嘉朱邪赤心之功，置大同军于云州，以赤心为节度使，召见，留为左金吾上将军，赐姓名李国昌，赏赉甚厚，以辛谠为亳州刺史。谠在泗州，犯围出迎兵粮，往返凡十二，及除亳州，上表言："臣之功，非杜慆不能成也！"赐和州刺史崔雍自尽，家属流康州，兄弟五人皆远贬。

（以上为第十三段，写官军讨灭庞勋之乱，朝廷重赏有功将士。）

上荒宴，不亲庶政，委任路岩；岩奢靡，颇通赂遗，左右用事。至德令陈蟠叟因上书召对，言："请破边咸一家，可赡军二年。"上问："咸为谁？"对曰："路岩亲吏。"上怒，流蟠叟于爱州，自是无敢言者。

初，南诏遣使者杨酋庆来谢释董成之囚，定边节度使李师望欲激怒南诏以求功，遂杀酋庆。西川大将恨师望分裂巡属，阴遣人致意南诏，使入寇。师望贪残，聚私货以百万计，戍卒怨怒，欲生食之，师望以计免。朝廷征还，以太府少卿窦滂代之，滂贪残又甚于师望，故蛮寇未至，而定边固已困矣。

是月，南诏骠信酋龙倾国入寇，引数万众击董春乌部，破之。十一月，蛮进寇嶲州，定边都头安再荣守清溪关，蛮攻之，再荣退屯大渡河北，与之隔水相射九日八夜。蛮密分军开道，逾雪坡，奄至沐源川，滂遣兖海将黄卓帅五百人拒之，举军覆没。十二月，丁酉，蛮衣兖海之衣，

于北城，叛贼知道对方有了防备，放弃了攻打，渡过汴水，向南进袭亳州，沙陀兵追上了他们。庞勋带领部队沿着涣水向东走，向彭城方向进发，被沙陀兵逼迫着，连吃饭也来不及，到达蕲县，想渡过涣水，李衮毁坏了桥梁，带兵防守着。叛贼在惶惧困惑之中不知道向哪里走为好，到蕲县西边，官军的大部队追上了，大肆进攻，杀死叛贼近万人，其余的都被淹死了，投降的才千余人，庞勋也战死了，但没有人认识他，隔了好几天才找到他的尸体。叛贼据守的宿迁等兵寨都杀死守将后向官军投降。宋威也攻下了萧县，只有吴迥独自据守着濠州未被攻下。

冬季，十月，任命张玄稔为右骁卫大将军、御史大夫。

马举进攻濠州，从夏天一直到冬天也未攻下来，城里粮食吃完了，就杀人来当粮食，官军深挖壕沟用几重军队围困着。十月十七日辛丑夜里，吴迥冲出重围逃走，马举带军队追赶他，杀死和俘虏了绝大部分叛贼，吴迥在招义死去。

朝廷任命康承训为河东节度使、同平章事，任命杜慆为义成节度使。懿宗嘉奖了朱邪赤心的功劳，在云州设置大同军，任命朱邪赤心为节度使，在召见他时，留为左金吾上将军，赐姓名为李国昌，赏赐很优厚。任命辛谠为亳州刺史。辛谠在泗州时，冲出包围迎接援兵和粮食，往返共有十二次，等到任命为亳州刺史时，上表向朝廷说：“臣子的功劳，没有杜慆是不能取得的！”和州刺史崔雍被赐自杀，家属被流放到康州，兄弟都被贬谪去边远地方。

懿宗沉溺于游宴，不亲自处理政事，一切委托路岩去办；路岩奢华侈靡，大肆接受贿赂，让左右把持政事。至德县令陈蟠叟因为给懿宗上书，被召见回话说：“请没收边咸一家的财产，就可以供给两年的军事开支。”懿宗问他：“边咸是什么人？”陈蟠叟回答说：“是路岩的亲信。”懿宗听了大怒，把陈蟠叟流放到爱州，从此以后，大家都不敢说话了。

原先，南诏派遣使者杨酋庆来答谢释放被囚禁的董成，定边节度使李师望想激怒南诏，然后建立功业，于是把杨酋庆杀掉了。西川大将怨恨李师望分裂西川属地，暗地派人告诉南诏，叫他前来侵扰。李师望是一个贪婪残暴的人，聚敛私财数百万，戍卒们既怨恨，又愤怒，想要活生生地把他吃掉，李师望用计谋避免了戍卒的惩治。朝廷把他征调回去，任命太府少卿窦滂代替他的职务。窦滂的贪婪残暴比李师望更厉害，所以蛮寇未到前，定边这个地方就已经很不稳定了。

当月，南诏骠信酋龙带领全国所有兵马前来侵扰，先引数万人进击董舂乌部，把他打败了。十一月，蛮军进入巂州，定边军都头安再荣据守清溪关，蛮人进攻他，安再容退屯大渡河北岸，和蛮军隔着河互相射击，相持了九天八夜。蛮人秘密地分出一部分军队伐木开路，通过雪坡，大部队赶到了沐源川，窦滂派滚海军的将领黄

诈为败卒，至江岸呼船，已济，众乃觉之，遂陷犍为，纵兵焚掠陵、荣二州之境。后数日，蛮军大集于陵云寺，与嘉州对岸，刺史杨忞与定边监军张允琼勒兵拒之。蛮潜遣奇兵自东津济，夹击官军，杀忠武都将颜庆师，余众皆溃，忞、允琼脱身走。壬子，陷嘉州。庆师，庆复之弟也。

窦滂自将兵拒蛮于大渡河，骠信诈遣清平官数人诣滂结和，滂与语未毕，蛮乘船筏争渡，忠武、徐宿两军结陈抗之。滂惧，自经于帐中。徐州将苗全绪解之，曰："都统何至于是！"全绪与安再荣及忠武将勒兵出战，滂遂单骑宵遁。三将谋曰："今众寡不敌，明旦复战，吾属尽矣；不若乘夜攻之，使之惊乱，然后解去。"于是夜入蛮军。弓弩乱发，蛮大惊，三将乃全军引去。蛮进陷黎、雅，民窜匿山谷，败军所在焚掠。滂奔导江。邛州军资储偫皆散于乱兵之手，蛮至，城已空，通行无碍矣。

诏左神武将军颜庆复将兵赴援。

（以上为第十四段，写唐懿宗荒宴无节，南诏为祸西疆。）

卓带领五百人去抵抗，结果全军覆没。十二月十四日丁酉，蛮军穿着滚海军士兵的衣服，假称是败卒，到江边叫渡船，已经渡江后，官兵才发觉。于是蛮人攻下了犍为县，让他们的军队烧抢陵州和荣州的一些地方。几天后，蛮军在凌云寺大量汇集，和嘉州只隔着一条江，嘉州刺史杨忞和定边监军张允琼带兵抵抗蛮人的进攻。蛮人暗地派出一支奇兵从东边渡口过河，两面夹攻官军，杀死忠武军都将颜庆师，其余的兵众都溃败了，只有杨忞和张允琼脱身逃走。十二月二十九日壬子，蛮军攻下嘉州。颜庆师是颜庆复的弟弟。

窦滂亲自带兵在大渡河抵抗蛮军，骠信假称派清平官数人到窦滂这里来谈判媾和事，窦滂和来人话还未讲完，蛮军已经乘着船和木筏争相渡河，忠武军和徐宿军的将士共同摆出阵式抵抗蛮兵。窦滂很恐惧，在帐中准备上吊自杀，徐州将苗全绪解下窦滂，说："都统为什么要这么做呢！"苗全绪和安再荣及忠武军将领率军出战，窦滂于是单独骑着马在夜晚逃走了。苗全绪等三位将领商量说："现在敌众我寡难以抵挡，明天再作战，我们都要被消灭；不如乘夜进攻蛮人，使他们惊慌忙乱，然后我们趁机撤退。"于是在夜里攻入蛮人军中，弓弩乱发，蛮军大惊，三位将领趁机带领全军撤退。蛮军攻下了黎州和雅州，百姓都逃窜藏匿在山谷之中，败军所到之处都被焚烧和抢掠。窦滂奔往导江县。邛州的军资储备都在乱兵的手中耗散了，蛮人到达后，城中已经空无兵马，可以通行无阻了。

朝廷诏令左神武将军颜庆复带领军队前去援助。

【点评】

本卷点评庞勋叛乱，辛谠、杜慆忠义，肉食之官令狐绹等三事。

一、庞勋叛乱。本卷主要史事是记载庞勋叛乱以及被剿灭的过程，这是腐朽的政府与野心家之间的互相残杀，无辜戍兵与饥民被利用，惨遭涂炭，其情可悯。庞勋发动的是一场叛乱，不是农民起义。许多历史学者称庞勋领导了徐泗农民起义，是一个错误的定性，应予纠正。

庞勋叛乱由兵变引起。咸通四年（863），南诏攻下安南，朝廷抽调两千徐州兵去支援，分八百人别戍桂林，约定三年轮换。到了咸通九年（868），徐州兵已戍守六年，戍兵多次提出代换，但徐州观察使崔彦曾为了节省军费，不顾戍兵要求，提出再戍守一年，也不做劝谕工作和发放奖赏。戍兵愤怒，都虞候许佶，军校赵可立、姚周、张行实等，原本是盗匪出身，趁机煽动戍兵叛乱，杀戍将王仲甫，推举粮料判官庞勋为首领，抢了武库中的兵器，北还徐州，一路烧杀抢劫，地方州县无力阻止。

兵变发生在七月。八月朝廷派出高品级的宦官张敬思带着唐懿宗赦令向戍兵宣布，护送戍兵回徐州。沿途由政府接待，同时敕令徐泗观察使崔彦曾做好迎接工作，不许追究戍兵擅自回归的罪过。朝廷失信，但已做出了纠正，叛乱本可和平解决。可惜朝廷没有派出强有力的朝官去做戍兵的劝谕工作，也没派新的将领去统率，于是庞勋一路煽动戍兵反叛，又假传情报说朝廷有密令，只等戍兵回徐州后全部杀戮。戍兵群情激动，过淮西，入淮南，招纳亡命，到达泗州时已有千人。庞勋到达宿州，正式反叛，自称兵马留后。先前逃避朝廷镇压而亡命山泽的徐州银刀兵纷纷加入叛乱队伍。庞勋攻破徐州，招募兵员，那些饥民“父遣其子，妻勉其夫”，争相加入。很快叛军达到二十多万人，攻下淮南、淮北多座城镇，切断了江淮通往长安的漕运线，朝廷震动。

庞勋攻破徐州，并没有杀害观察使崔彦曾，也没有杀监军张道谨。庞勋将他们扣为人质，与朝廷讨价还价求节钺，朝廷不允。朝廷征讨大军四面云集，淮南节度使令狐绹答应为庞勋求节钺，庞勋理应请罪改过，或许可得。庞勋不自量力，反而要挟朝廷，说什么“臣立于汉王朝兴起之地，统领十万大军，据有四州之地，圣上若不赐给徐州节度旌节，臣率领的大军，要不了多久就要抵达京师”，一派野心家的语言，并没有一丝解救苍生之情。庞勋已临近败亡，垂死挣扎之际才杀了崔彦曾、监军张道谨等人，集众誓师，其父庞兴直任叛军大司马，晋见庞勋竟然快步走，跪拜于庭，充分暴露出庞勋梦想做皇帝的心理，哪有一点农民起义领袖的气概。因而众叛亲离，叛军将领郑镒、张玄稔投降官军，庞勋在宿县南全军覆没，被官军俘获杀死。一场惊天动地的反叛被讨平。

二、辛谠、杜慆忠义。辛谠，故太原尹辛云京之孙，学《诗》《书》，能击剑，文武双全。曾仕大同防御使李峰幕僚，因事罢职，寓居扬州，目睹政治黑暗，年已五十，不再追求仕进，但仍然心系国事，寻找机会报效国家。泗州刺史杜慆，杜佑之子，杜悰之弟。杜佑、杜悰父子皆位至三公，入朝为相。庞勋叛乱，杜慆时为泗州刺史。泗州，治所临淮，在今江苏盱眙县，是徐州东南淮水南岸的市镇，是东南财赋运往京师运输线上的一个枢纽，影响着军事、政治、经济，是极为重大的地理要冲。杜慆及时做好迎击叛寇的准备，合门百余口留在泗州与城共存亡，坚定地鼓舞士气。辛谠闻之，特地从扬州赶来，进入围城帮助杜慆守城。逃避战乱的人纷纷向东跑，唯独辛谠向西走进入危城。杜慆以寡击众，死守泗州，辛谠多次突围请救兵，筹粮饷，抵挡叛贼重兵攻城达十个月之久，有力地支援了官军困围徐州之乱，更重要的是阻敌于泗州，成为江淮大地东南的屏障。辛谠、杜慆两位忠义之士，在平乱之战中应列首功。他们在国难当头表现出的忠勇与爱国情怀，永垂不朽。

三、肉食之官令狐绹。令狐绹，字子直，令狐楚之子。父子两代官至宰相。令狐绹在文宗朝辅政十年，大中十三年（859）罢相，又历官河中尹、河中晋绛节度使、汴州刺史、宣武军节度使，咸通三年转淮南节度使。庞勋叛军过境，都押衙李湘主张设伏截击。令狐绹说:“彼在淮南不为累，听其自过，余非吾事也。”令狐绹认为只要把祸水引向邻郡就没事了。他说“余非吾事”，作为国家重臣，国家之事，就是自己的事，怎么能说与自己无关呢！庞勋反叛后，令狐绹受命为徐州南面招讨使，身兼讨贼重任，泗州告急，李湘带兵救援，令狐绹又受庞勋蒙骗，庞勋声称降朝，令狐绹替庞勋上奏请赐节钺，通告李湘不要进军，不准攻贼，不救泗州，等在淮口受降，结果使李湘放松戒备，遭到叛军偷袭，全军覆没。庞勋俘虏了数千官军，蒸而食之，李湘被切断手脚，向攻战的官军示众。令狐绹丧师被罢官，徐州乱平，令狐绹又被起用，历官凤翔尹、凤翔陇节度使，封赵国公，食邑三千户。令狐绹败军误国，纵贼为祸，应当正法。因为他是大官，又依附宦官，依然飞黄腾达。正如春秋时曹刿所说，肉食者鄙。晚唐政治，肉食者当道于朝，宦官掌控皇帝于内，唐朝除了灭亡，无路可走。

唐纪六十八

唐懿宗咸通十一年至唐僖宗乾符三年（870—876年）

【起上章摄提格（庚寅，870年），尽柔兆涒滩（丙申，876年），凡七年】

【大事提要】

本卷记事公元870年，讫公元876年，凡七年。当唐懿宗咸通十一年至唐僖宗乾符三年。七年史事唐懿宗、僖宗两代皇帝各三年半。懿宗卒于咸通十四年七月，僖宗继立，到第二年，即懿宗咸通十五年十一月才改元乾符。懿宗晚年游宴、佞佛、滥赏，依然故我，毫无节制。咸通十一年，懿宗长女同昌公主薨，懿宗痛惜不已，厚葬公主，极度挥霍。其时，宰臣互相倾轧，节镇不听朝命，晚唐政治已败坏到极点。南诏寇西川，一度逼近成都。懿宗死，僖宗立，翰林学士卢携上奏，借新君之立，极言民众生活困苦，希望僖宗改善政治。僖宗年少登基，虚岁十三，在宦官的操纵下，只知逸乐，不知治国。悍将高骈入西川，朝廷倚重高骈抗御南诏，高骈却排斥异己，滥杀保卫成都、击退南诏的功臣、西川突将数千人，制造了骇人的冤狱，国家纲纪遭破坏。黎民百姓忍无可忍，王仙芝、黄巢领导的农民大起义，在僖宗初即位的乾符元年（874）、二年（875）终于爆发了。

【原文】

懿宗昭圣恭惠孝皇帝下

咸通十一年（庚寅，870 年）

春，正月，甲寅朔，群臣上尊号曰睿文英武明德至仁大圣广孝皇帝，赦天下。

西川之民闻蛮寇将至，争走入成都。时成都但有子城，亦无壕，人所占地各不过一席许，雨则戴箕盎以自庇；又乏水，取摩诃池泥汁，澄而饮之。

将士不习武备，节度使卢耽召彭州刺史吴行鲁使摄参谋，与前泸州刺史杨庆复共修守备，选将校，分职事，立战棚，具炮檑，造器备，严警逻。先是，西川将士多虚职名，亦无禀给。至是，揭榜募骁勇之士，补以实职，厚给粮赐，应募者云集。庆复乃谕之曰："汝曹皆军中子弟，年少材勇，平居无由自进，今蛮寇凭陵，乃汝曹取富贵之秋也，可不勉乎！"皆欢呼踊跃。于是列兵械于庭，使之各试所能，两两角胜，察其勇怯而进退之，得选兵三千人，号曰"突将"。行鲁，彭州人也。

戊午，蛮至眉州，耽遣同节度副使王偃等赍书见其用事之臣杜元忠，与之约和。蛮报曰："我辈行止，只系雅怀。"

路岩、韦保衡上言："康承训讨庞勋时，逗桡不进，又不能尽其余党，又贪虏获，不时上功。"辛酉，贬蜀王傅、分司；寻再贬恩州司马。

南诏进军新津，定边之北境也。卢耽遣同节度副使谭奉祀致信杜元忠，问其所以来之意；蛮留之不还。耽遣使告急于朝，且请遣使与和，以纾一时之患。朝廷命知四方馆事、太仆卿支详为宣谕通和使。蛮以耽待之恭，亦为之盘桓，而成都守备由是粗完。

（以上为第一段，写南诏侵犯西川，直逼成都。）

甲子，蛮长驱而北，陷双流。庚午，耽遣节度副使柳槃往见之，杜元忠授槃书一通，曰："此通和之后，骠信与军府相见之仪也。"其仪以王

【语译】

懿宗昭圣恭惠孝皇帝下

唐懿宗咸通十一年（庚寅，870 年）

春季，正月初一日甲寅，群臣奉上尊号称睿文英武明德至仁大圣广孝皇帝，大赦天下。

西川地方的民众听说蛮寇就要到来，争相逃往成都。当时成都只有内城，也没有护城河，每人所占据的地方不过一张席子那么大，下雨时就戴箕盘或大盎遮雨；又缺乏用水，就提取摩诃池的泥汁，澄清后当作饮用水。

将士们不熟悉打仗的事，节度使卢耽召来彭州刺史吴行鲁暂时担任参谋的职务，和前任泸州刺史杨庆复共同修治防守设备，选择将校，分配各人担任的职责事务，准备作战设施、炮石和檑木，制造器用等物，严密警戒巡逻之事。原先，西川将士多数有名无实，也不发粮饷供应。到这时，贴出榜文招募骁勇之人当兵，给他们补上实际职务，发给优厚粮饷和赏赐，应募的人从四面八方纷纷到来。杨庆复教谕他们说："你们都是军队将士的子弟，年少有才，又勇敢，平时没有机会求得进取，现在蛮寇前来侵扰，正是你们取得富贵的时候，能不努力去干吗！"大家都欢呼雀跃，显得十分高兴。于是在庭前摆列着武器兵械，叫他们各人把自己技艺显示出来，又两人一组进行角斗，决出胜负，从中察看他们的勇怯情况，然后决定取舍，最后选出了三千名士兵，号称"突将"。吴行鲁是彭州人。

正月初五日戊午，蛮兵到达眉州，卢耽派遣同节度副使王偃等人带着书信去谒见蛮人掌权的大臣杜元忠，和他议和。蛮人回答说："我们的行动，一定会使你们满意。"

路岩、韦保衡上奏说："康承训在讨伐庞勋的时候，逗留拖延不及时进军，又没有做到把庞勋的余党消灭光，又贪图抓获俘虏，不断上报请功。"正月初八日辛酉，贬谪他为蜀王傅，分司东都；不久，再次贬他为恩州司马。

南诏进军到达新津，这里是定边军的北部境界。卢耽派遣同节度副使谭奉祀送信给杜元忠，询问他们带领大军前来的用意；蛮人把谭奉祀扣押起来不让他回去。卢耽派遣使者向朝廷告急，并且请求派遣使者与南诏议和，以便缓和一下当前的祸患。朝廷任命知四方馆事、太仆卿支详为宣谕通和使。蛮人看到卢耽对待他们很恭谨，也就放慢了对成都的进攻，这样成都的防守准备就大致完成了。

正月十一日甲子，蛮兵长驱直入向北进发，攻下了双流县。正月十七日庚午，卢耽派遣节度副使柳槃前往谒见蛮人，杜元忠交给柳槃一卷书，并说："这是在议和

者自处，语极骄慢。又遣人负彩幕至城南，云欲张陈蜀王厅以居骠信。

癸酉，废定边军，复以七州归西川。

是日，蛮军抵成都城下。前一日，卢耽遣先锋游弈使王昼至汉州诇援军，且趣之。时兴元六千人、凤翔四千人已至汉州，会窦滂以忠武、义成、徐宿四千人自导江奔汉州，就援军以自存。丁丑，王昼以兴元、资、简兵三千余人军于毗桥，遇蛮前锋，与战不利，退保汉州。时成都日望援军之至，而窦滂自以失地，欲西川相继陷没以分其责，每援军自北至，辄说之曰："蛮众多于官军数十倍，官军远来疲弊，未易遽前。"诸将信之，皆狐疑不进。成都十将李自孝阴与蛮通，欲焚城东仓为内应，城中执而杀之。后数日，蛮果攻城，久之，城中无应而止。

二月，癸未朔，蛮合梯冲四面攻成都，城上以钩缳挽之使近，投火沃油焚之，攻者皆死。卢耽以杨庆复、摄左都押牙李骧各帅突将出战，杀伤蛮二千余人，会暮，焚其攻具三千余物而还。蜀人素怯，其突将新为庆复所奖拔，且利于厚赏，勇气自倍，其不得出者，皆愤郁求奋。后数日，贼取民篱，重沓湿而屈之，以为蓬，置人其下，举以抵城而劚之，矢石不能入，火不能然，庆复熔铁汁以灌之，攻者又死。

乙酉，支详遣使与蛮约和。丁亥，蛮敛兵请和。戊子，遣使迎支详。时颜庆复以援军将至，详谓蛮使曰："受诏诣定边约和，今云南乃围成都，则与向日诏旨异矣。且朝廷所以和者，冀其不犯成都也。今矢石昼夜相交，何谓和乎！"蛮见和使不至，庚寅，复进攻城。辛卯，城中出兵击之，乃退。

初，韦皋招南诏以破吐蕃，既而蛮诉以无甲弩，皋使匠教之，数岁，蛮中甲弩皆精利。又，东蛮苴那时、勿邓、梦冲三部助皋破吐蕃有功，其后边吏遇之无状，东蛮怨唐深，自附于南诏，每从南诏入寇，为之尽力，得唐人，皆虐杀之。

成功之后，骠信与军府相见时的礼仪规定。”在该仪制中，骠信是以一个国王的身份自居的，言辞极其傲慢。又派人背着五彩的帷幕到达成都南面，说是要陈列在蜀王府的厅堂中，以便让骠信居住。

正月二十日癸酉，撤销定边军，将这七州归西川节度使管辖。

这一天，蛮军抵达成都城下。在这之前一天，卢耽派遣先锋游弈使王昼到汉州去探问援军的情况，并且催促他们快些前来。当时兴元府的六千人、凤翔府的四千人已经到达汉州，遇上窦滂也带领忠武、义成、徐宿的四千人从导江投奔汉州，依靠援军以保存自己。正月二十四日丁丑，王昼带领兴元和资州、简州的三千多人的军队驻扎在毗桥，碰上蛮军的前锋部队，打了一仗，失败了，于是他们退回汉州自保。当时成都每天都在盼望援军的到来，而窦滂由于自己丢失了土地，希望西川接着也失陷以减轻自己的罪责，每当援军从北方到来时，就向他们说：“蛮人的军队比官军要多数十倍，官军从远方赶来已经很疲劳了，不宜匆忙前进。”那些将领相信了他的话，都徘徊不进。成都十将李自孝暗地和蛮人勾结，打算火烧城东仓库作为内应，城里人把他抓起来杀掉了。隔了几天，蛮兵果然攻城，攻打了很久，看到城中没有人响应就停止了攻城。

二月初一日癸未，蛮军配备了云梯、冲车从四面攻打成都城，城上的官军用钩子绳套把敌人云梯、冲车拉近城墙，抛下火炬浇上油烧掉它，攻城的人也都被杀死。卢耽派杨庆复、摄左都押牙李骧各自带领突将出城作战，杀伤蛮兵两千多人，到傍晚时，又烧掉了蛮兵的攻城器具三千多件，回到城内。蜀人一向怯懦，这支突将新近受到杨庆复奖励提拔，又贪图厚赏，所以勇气百倍，不能出去作战的，都愤愤不平要求出战。隔了几天，蛮贼夺取民众的篱笆，重叠起来浸湿再让它弯曲，用作篷子，使人躲在下面，举起来抵达城下后掘城，箭矢和石头都打不进去，用火也烧不起来，杨庆复用熔化的铁汁来灌它，攻城的人又被烧死。

二月初三日乙酉，支详派使者与蛮人讲和。二月初五日丁亥，蛮人守兵请求和谈。二月初六日戊子，蛮人派使者迎接支详。当时颜庆复带领的援军即将到来，支详对蛮人使者说：“我受朝廷诏令到定边军谈判议和的事，现在云南的南诏军队包围了成都，那么和过去的诏令旨意完全不同了。况且朝廷答应议和的原因，是希望你们不进犯成都。现在弓矢炮石日夜相交锋，怎么能说是讲和！”蛮人看到议和的使者未来，二月初八日庚寅又攻城。二月初九辛卯，城中派兵出来反击，蛮人才退去。

从前，韦皋招来南诏人用他们打败吐蕃，接着南诏蛮人诉苦说缺乏甲胄和弓弩，韦皋叫工匠教会他们制作，几年以后，蛮人的甲胄弓弩都精良坚利。另外，东蛮苴那时、勿邓、梦冲三部帮助韦皋打败吐蕃有功劳，以后边境地方官对待他们很不友善，东蛮因此深深地怨恨唐人，自动去依附南诏，每次跟从南诏前来侵扰，尽力为

朝廷贬窦滂为康州司户，以颜庆复为东川节度使，凡援蜀诸军，皆受庆复节制。癸巳，庆复至新都，蛮分兵往拒之。甲午，与庆复遇，庆复大破蛮军，杀二千余人，蜀民数千人争操芟刀、白棓以助官军，呼声震野。乙未，蛮步骑数万复至，会右武卫上将军宋威以忠武二千人至，即与诸军会战，蛮军大败，死者五千余人，退保星宿山。威进军沱江驿，距成都三十里。蛮遣其臣杨定保诣支详请和，详曰："宜先解围退军。"定保还，蛮围城如故。城中不知援军之至，但见其数来请和，知援军必胜矣。戊戌，蛮复请和，使者十返，城中亦依违答之。蛮以援军在近，攻城尤急，骠信以下亲立矢石之间。庚子，官军至城下与蛮战，夺其升迁桥，是夕，蛮自烧攻具遁去，比明，官军乃觉之。

初，朝廷使颜庆复救成都，命宋威屯绵、汉为后继。威乘胜先至城下，破蛮军功居多，庆复疾之。威饭士欲追蛮军，城中战士亦欲与北军合势俱进，庆复牒威，夺其军，勒归汉州。蛮至双流，阻新穿水，造桥未成，狼狈失度。三日，桥成，乃得过，断桥而去，甲兵服物遗弃于路，蜀人甚恨之。黎州刺史严师本收散卒数千保邛州，蛮围之，二日，不克，亦舍去。

颜庆复始教蜀人筑壅门城，穿堑引水满之，植鹿角，分营铺，蛮知有备，自是不复犯成都矣。

先是，西川牙将有职无官，及拒却南诏，四人以功授监察御史，堂帖，人输堂例钱三百缗，贫者苦之。

（以上为第二段，写官军击退南诏。）

三月，左仆射、同平章事曹确同平章事，充镇海节度使。

夏，四月，丙午，以翰林学士承旨、兵部侍郎韦保衡同平章事。

徐贼余党犹相聚闾里为群盗，散居兖、郓、青、齐之间，诏徐州观察使夏侯瞳招谕之。

五月，丁丑，以邛州刺史吴行鲁为西川留后。

他们作战，对于抓获的俘虏，都暴虐地将他们杀害。

朝廷贬窦滂为康州司户，任命颜庆复为东川节度使，所有援蜀的军队，都归颜庆复调度指挥。二月十一日癸巳，颜庆复到达新都，蛮人分兵前去抵抗。二月十二日甲午，和颜庆复的军队碰上了，颜庆复大败蛮军，杀死两千余人。蜀地的民众数千人争相拿着镰刀、棒棍来帮助官军，呼号声震动了原野。二月十三日乙未，蛮人调集步骑数万人又赶来了，遇上右武卫上将军宋威带着忠武军两千人到达，随即和各路军一同与蛮人作战，蛮军大败，死了五千多人，于是退保星宿山。宋威的军队进驻沱江驿，离成都只有三十里路了。蛮人派他们的臣子杨定保到支详那里请求议和，支详说："应当先解围退军。"杨定保回去后，蛮军依然包围着成都城。城里面不知道援军到来了，只看到蛮人多次来请求议和，猜知援军一定是打了胜仗。二月十六日戊戌，蛮人又来请和，使者往返十次，城里面只好模棱两可地回答他。蛮人看到官军援军到了附近，更急切地发动攻城，骠信以下的将吏亲自到战场上督战。二月十八日庚子，官军到城下和蛮兵作战，夺回被蛮兵占领的升迁桥，当天晚上，蛮军自己烧掉攻城器具逃走了，等到天亮时，官军才发现。

当初，朝廷使颜庆复救援成都，命令宋威作为后续部队屯驻绵州、汉州等地。宋威乘胜先期到达成都城下，打败蛮军的功劳大一些，颜庆复于是嫉妒他。宋威叫将士吃饭，想乘胜追击蛮军，城里的战士也想和北军联合俱进，颜庆复下文牒给宋威，把他的军队夺过来，勒令他返回汉州。蛮军到双流时，为新穿水所阻隔，桥还未造成，狼狈不堪，过了三天，桥修好了，才得通过，然后又把桥破坏才离开。铠甲兵器衣服等物都抛弃在路上，蜀地人非常痛恨他们。黎州刺史严师本收集流散兵卒数千人保护邛州，蛮军包围了它，过了两天，没有攻下州城，也就放弃该城离开了。

颜庆复开始教蜀人修筑壅门城，开沟引水灌满池中，树立鹿角，分设营房和瞭望室，蛮人知道成都有了防守设备，从这以后不再进攻成都了。

原先，西川牙将只有职务没有官品，等到把南诏打退以后，有四人由于立了功被授给监察御史官职，照堂帖规定，得官的人每人要交堂例钱三百缗，贫穷的人以此为苦。

三月，任命左仆射、同平章事曹确为同平章事，充任镇海节度使。

夏季，四月二十四日丙午，任命翰林学士承旨、兵部侍郎韦保衡为同平章事。

徐州叛贼的余众还聚集在民众中间为盗贼，分散在兖、郓、青、齐各州之间，朝廷诏令徐州观察使夏侯瞳告谕招抚他们改邪归正。

五月二十六日丁丑，任命邛州刺史吴行鲁为西川留后。

光州民逐刺史李弱翁，弱翁奔新息。左补阙杨堪等上言："刺史不道，百姓负冤，当诉于朝廷，置诸典刑，岂得群党相聚，擅自斥逐，乱上下之分！此风殆不可长，宜加严诛以惩来者。"

上令百官议处置徐州之宜。六月，丙午，太子少傅李胶等状，以为："徐州虽屡构祸乱，未必比屋顽凶，盖由统御失人，是致奸回乘衅。今使名虽降，兵额尚存，以为支郡则粮饷不给，分隶别藩则人心未服；或旧恶相济，更成披猖。惟泗州向因攻守，结衅已深，宜有更张，庶为两便。"诏从之，徐州依旧为观察使，统徐、濠、宿三州，泗州为团练使，割隶淮南。

加幽州节度使张允伸兼侍中。

（以上为第三段，写西川遭南诏侵扰，徐州历庞勋之乱，朝廷调整人事与行政建制，以为善后。）

秋，八月，乙未，同昌公主薨。上痛悼不已，杀翰林医官韩宗劭等二十余人，悉收捕其亲族三百余人系京兆狱。中书侍郎、同平章事刘瞻召谏官使言之，谏官莫敢言者，乃自上言，以为："修短之期，人之定分。昨公主有疾，深轸圣慈。宗劭等诊疗之时，惟求疾愈，备施方术，非不尽心，而祸福难移，竟成差跌，原其情状，亦可哀矜。而械系老幼三百余人，物议沸腾，道路嗟叹。奈何以达理知命之君，涉肆暴不明之谤！盖由安不虑危，忿不思难之故也。伏愿少回圣虑，宽释系者。"上览疏，不悦。瞻又与京兆尹温璋力谏于上前，上大怒，叱出之。

魏博节度使何全皞年少，骄暴好杀，又减将士衣粮。将士作乱，全皞单骑走，追杀之，推大将韩君雄为留后。成德节度使王景崇为之请旌节；九月，庚戌，以君雄为魏博留后。

丙辰，以刘瞻同平章事，充荆南节度使，贬温璋振州司马。璋叹曰：

光州民众赶走了刺史李弱翁，李弱翁逃奔新息县。左补阙杨堪等人上奏说："刺史残暴无道，老百姓遭受了冤枉，应当向朝廷上诉，按照刑法来处置他，怎么能让百姓聚党结群，擅自赶走上司，扰乱了上下级之间的名分！这种风气恐怕是不应助长的，应当严厉给以诛伐，作为对后人的一种警诫。"

懿宗叫百官讨论最妥当的徐州善后办法。六月二十五日丙午，太子少傅李胶等人进呈奏状，认为："徐州地方虽然多次发生祸乱，未必家家都是顽恶凶险的人，大概是由于没有好的长官，才使奸邪者乘机起事。现在它的职名虽然降低了，统帅的兵员还是一样多，把它作为支郡，那么粮饷的供给就会缺乏，如果分属其他藩镇，那么人们在思想上又不会帖服；设或使原来的坏人互相结合，就会更加猖狂不可收拾。只有泗州因为前些时长时间处在敌我攻守之中，结下了深重的仇隙，应当改变隶属关系，使两方面都满意。"懿宗下诏接受李胶等人的意见，徐州依旧设置观察使，统辖徐、濠、宿三个州，泗州只设团练使，划归淮南道管辖。

加给幽州节度使张允伸兼任侍中的官衔。

秋季，八月十五日乙未，同昌公主去世。懿宗痛惜哀悼不已，杀了翰林医官韩宗劭等二十多人，又将他们的亲族三百多人全部抓起来，囚禁在京兆府的监狱中。中书侍郎、同平章事刘瞻召集谏官，叫他们向皇上进谏，谏官中没有一个人敢说话，于是刘瞻就亲自向懿宗进谏，认为："寿命的长短，每人都有一定期限。日前公主得了病，为圣慈深深怀念着。韩宗劭等人在治疗的时候，只希望把病治好，用尽了各种药方，并不是没有尽心竭力，而是灾祸难以避免，终竟导致了治疗的失败。察看他们的情状，也是让人怜悯的。然而用刑具囚禁了老幼三百余人，社会上议论纷纷，行人都为之叹息。为什么让一个达理知命的君主，却受到粗暴和不明事理这样的诽谤！大概是由于在安定中没有考虑到还存在危险，在愤怒中没有想到以后的艰难的缘故吧。希望稍稍转变圣上的设想，对被囚系的给予宽容。"懿宗看了刘瞻的奏疏以后，很不高兴。同时刘瞻又和京兆尹温璋在懿宗面前极力进谏，懿宗大怒，把他们斥责出皇宫。

魏博节度使何全皞年少，骄傲横暴，又好杀人，又克扣将士衣粮。将士因而作乱，何全皞单独骑马逃跑，被将士追上杀死，将士推举大将韩君雄为留后。成德节度使王景崇替韩君雄向朝廷请求正式任命的旌节；九月初一日庚戌，朝廷任命韩君雄为魏博留后。

九月初七日丙辰，调任刘瞻为同平章事，充荆南节度使，贬温璋为振州司马。

“生不逢时，死何足惜！”是夕，仰药卒。敕曰：“苟无蠹害，何至于斯！恶实贯盈，死有余责。宜令三日内且于城外权瘗，俟经恩宥，方许归葬，使中外快心，奸邪知惧。”己巳，贬右谏议大夫高湘、比部郎中知制诰杨知至、礼部郎中魏筜等于岭南，皆坐与刘瞻亲善，为韦保衡所逐也。知至，汝士之子；筜，扶之子也。保衡又与路岩共奏刘瞻，云与医官通谋，误投毒药；丙子，贬瞻康州刺史。翰林学士承旨郑畋草瞻罢相制辞曰：“安数亩之居，仍非己有；却四方之赂，惟畏人知。”岩谓畋曰：“侍郎乃表荐刘相也！”坐贬梧州刺史。御史中丞孙瑝坐为瞻所引用，亦贬汀州刺史。路岩素与刘瞻论议多不叶，瞻既贬康州，岩犹不快，阅《十道图》，以驩州去长安万里，再贬驩州司户。

冬，十月，癸卯，以西川留后吴行鲁为节度使。

十一月，辛亥，以兵部尚书、盐铁转运使王铎为礼部尚书、同平章事。铎，起之兄子也。

丁卯，复以徐州为感化军节度。

十二月，加成德节度使王景崇同平章事。以左金吾上将军李国昌为振武节度使。

（以上为第四段，写唐懿宗凭好恶用刑，宰臣进谏遭排斥，节镇不断发生兵变，政治腐败到极点。）

十二年（辛卯，871年）

春，正月，辛酉，葬文懿公主。韦氏之人争取庭祭之灰，汰其金银。凡服玩，每物皆百二十舆，以锦绣、珠玉为仪卫、明器，辉焕三十余里；赐酒百斛，饼餤四十橐驼，以饲体夫。上与郭淑妃思公主不已，乐工李可及作《叹百年曲》，其声凄惋，舞者数百人，发内库杂宝为其首饰，以绝八百匹为地衣，舞罢，珠玑覆地。

以魏博留后韩君雄为节度使。

门下侍郎、同平章事路岩与韦保衡素相表里，势倾天下。既而争权，浸有隙，保衡遂短岩于上。夏，四月，癸卯，以岩同平章事，充西川节度使。岩出城，路人以瓦砾掷之。权京兆尹薛能，岩所擢也，岩谓能曰：

温璋叹息着说："生不逢时，生命不值得珍惜！"当晚，服毒自杀了。九月十一日庚申，敕命说："假如自己没有做坏事，为什么要去死呢！实在是恶贯满盈，死有余辜。应当在三天内暂时掩埋在城外，等到施恩宽宥后，才允许送回乡安葬，使中外之人高兴，奸邪之人知道畏惧。"九月二十日己巳，贬谪右谏议大夫高湘、比部郎中知制诰杨知至、礼部侍郎魏筜等到岭南，都是因为他们和刘瞻亲善的关系，被韦保衡所赶走的。杨知至是杨汝士的儿子；魏筜是魏扶的儿子。韦保衡又和路岩共同弹奏刘瞻，说他与医官串通谋划，误投毒药；九月二十七日丙子，贬刘瞻为康州刺史。翰林学士承旨郑畋起草罢免刘瞻宰相的制辞中说："安心住在数亩大的宅院中，但不是自己的财产；拒收四方送来的贿赂，只是怕别人得知。"路岩对郑畋说："侍郎这是表扬推荐刘相吧！"因此郑畋被贬为梧州刺史。御史中丞孙瑝由于是刘瞻荐引任用的，也被贬为汀州刺史。路岩向来和刘瞻讨论政事观点不同，刘瞻已经被贬去康州，路岩还不满意，阅看《十道图》时，看到驩州距离长安有一万余里远，就再次贬刘瞻为驩州司户。

冬季，十月二十五日癸卯，任命西川留后吴行鲁为节度使。

十一月初三日辛亥，任命兵部尚书、盐铁转运使王铎为礼部尚书、同平章事。王铎是王起哥哥的儿子。

十九日丁卯，又将徐州置为感化军节度。

十二月，加给成德节度使王景崇同平章事官衔。任命左金吾上将军李国昌为振武节度使。

唐懿宗咸通十二年（辛卯，871年）

春季，正月十四日辛酉，将文懿公主下葬。韦家的人争着收取在庭祭时烧祭物的灰烬，从中淘取金银。所有服饰珍玩，每一件物品都有一百二十车，用锦绣、珠玉装饰的仪卫队和陪葬器物，在长达三十多里的路上闪着光；赏赐给役夫的有酒一百斛，饼品四十驼。懿宗和郭淑妃非常思念公主，乐工李可及作《叹百年曲》，声调凄凉哀婉，有数百人配舞，从内库取出各种宝物作为他们的首饰，又用粗绸子八百匹为地毯，舞蹈停下时，地上洒满了一层珍珠。

任命魏博留后韩君雄为节度使。

门下侍郎、同平章事路岩和韦保衡向来在内外互相勾结，权势超过其他任何人。不久之后彼此争夺权力，渐渐地两人在争夺之间产生了仇隙，韦保衡于是在懿宗面前揭路岩的短。夏季，四月二十七日癸卯，调任路岩带同平章事衔，充西川节度使。

“临行，烦以瓦砾相饯！”能徐举笏对曰：“向来宰相出，府司无例发人防卫。”岩甚惭。能，汾州人也。

五月，上幸安国寺，赐僧重谦、僧澈沉檀讲座二，各高二丈。设万人斋。

秋，七月，以兵部尚书卢耽同平章事，充山南东道节度使。

冬，十月，以兵部侍郎、盐铁转运使刘邺为礼部尚书、同平章事。

（以上为第五段，写唐懿宗厚葬同昌公主，恣意挥霍。同恶相济的宰臣互相倾轧。）

十三年（壬辰，872年）

春，正月，幽州节度使张允伸得风疾，请委军政就医，许之，以其子简会知留后。疾甚，遣使上表纳旌节，丙申，薨。允伸镇幽州二十三年，勤俭恭谨，边鄙无警，上下安之。

二月，丁巳，以兵部侍郎、同平章事于琮为山南东道节度使，以刑部侍郎、判户部奉天赵隐为户部侍郎、同平章事。

平州刺史张公素，素有威望，为幽人所服。张允伸薨，公素帅州兵来奔丧。张简会惧，三月，奔京师，以为诸卫将军。

夏，四月，立皇子保为吉王，杰为寿王，倚为睦王。

以张公素为卢龙留后。

五月，国子司业韦殷裕诣阁门告郭淑妃弟内作坊使敬述阴事。上大怒，杖杀殷裕，籍没其家。乙亥，阁门使田献铦夺紫，改桥陵使，以其受殷裕状故也。殷裕妻父太府少卿崔元应、妻从兄中书舍人崔沆、季父君卿皆贬岭南官；给事中杜裔休坐与殷裕善，亦贬端州司户。沆，铉之子也。裔休，悰之子也。

丙子，贬山南东道节度使于琮为普王傅、分司，韦保衡谮之也。辛巳，贬尚书左丞李当、吏部侍郎王沨、左散骑常侍李都、翰林学士承旨兵部侍郎张裼、前中书舍人封彦卿、左谏议大夫杨塾，癸未，贬工部尚书严祁、给事中李贶、给事中张铎、左金吾大将军李敬仲、起居舍人萧

路岩出城时，路上的行人用瓦片石子向他投掷。权任京兆尹的薛能，本是路岩提拔上来的，路岩对薛能说："我临走的时候，担心会有人用瓦片石子送行！"薛能慢慢举起笏回答说："宰相出外，京兆府有关部门向来没有派人防卫的先例。"路岩听了之后，自觉惭愧。薛能是汾州人。

五月，懿宗到安国寺，赏赐给僧人重谦和僧澈两个用沉香檀木做的讲座，各高二丈。又设下供万人的斋饭。

秋季，七月，任命兵部尚书卢耽为同平章事，充任山南东道节度使。

冬季，十月，任命兵部侍郎、盐铁转运使刘邺为礼部尚书、同平章事。

唐懿宗咸通十三年（壬辰，872年）

春季，正月，幽州节度使张允伸得了风病，请求把军政大权暂时交出来治病；朝廷同意了，任命张允伸的儿子张简会主持留后职务。等到病已严重时，就派遣使者上表交纳节度使旌节。正月二十五日丙申，张允伸去世。张允伸镇守幽州二十三年之久，为人勤俭恭谨，边境很安定，军民上下相安无事。

二月十七日丁巳，调任兵部侍郎、同平章事于琮为山南东道节度使，任命刑部侍郎、判户部、奉天人赵隐为户部侍郎、同平章事。

平州刺史张公素，向来享有威望，为幽州人所信服。张允伸去世后，张公素带领本州的兵马前来吊丧。张简会见后很恐惧，三月，张简会跑到京师，朝廷任命他为诸卫将军。

夏季，四月，册立皇子李保为吉王，李杰为寿王，李倚为睦王。

任命张公素为卢龙留后。

五月，国子司业韦殷裕到阁门投状控告郭淑妃的弟弟内作坊使郭敬述阴秘的事情；懿宗知道后大怒，用刑杖打死了韦殷裕，还把他的家产也没收了。五月初六日乙亥，阁门使田献铦被夺去紫服，改任桥陵使，这是由于他接收韦殷裕状纸的缘故。韦殷裕的岳父太仆少卿崔元应、妻从兄中书舍人崔沆、叔父韦君卿都被贬到岭南地方去任小官；给事中杜裔休因与韦殷裕友善，也被贬为端州司户。崔沆是崔铉的儿子。杜裔休是杜悰的儿子。

五月初七日丙子，贬谪山南东道节度使于琮为普王傅、分司东都，这是因为韦保衡从中进谗言所致。五月十二日辛巳，贬尚书左丞李当、吏部侍郎王沨、左散骑常侍李都、翰林学士承旨兵部侍郎张裼、前中书舍人封彦卿、左谏议大夫杨塾。五月十四日癸未，贬工部尚书严祁、给事中李贶、给事中张铎、左金吾大将军李敬仲，

遘、李渎、郑彦特、李藻，皆处之湖、岭之南，坐与琮厚善故也。贶，汉之子；遘，寘之子也。甲申，贬前平卢节度使于琄为凉王府长史、分司，前湖南观察使于瓌为袁州刺史。瓌、琄，皆琮之兄也。寻再贬琮韶州刺史。

琮妻广德公主，上之妹也，与琮偕之韶州，行则肩舆门相对，坐则执琮之带，琮由是获全。时诸公主多骄纵，惟广德动遵法度，事于氏宗亲尊卑无不如礼，内外称之。

六月，以卢龙留后张公素为节度使。

韦保衡欲以其党裴条为郎官，惮左丞李璋方严，恐其不放上，先遣人达意。璋曰："朝廷迁除，不应见问。"秋，七月，乙未，以璋为宣歙观察使。

八月，归义节度使张义潮薨，沙州长史曹义金代领军府，制以义金为归义节度使。是后中原多故，朝命不及，回鹘陷甘州，自余诸州隶归义者多为羌、胡所据。

冬，十二月，追上宣宗谥曰元圣至明成武献文睿智章仁神聪懿道大孝皇帝。

振武节度使李国昌，恃功恣横，专杀长吏。朝廷不能平，徙国昌为大同军防御使，国昌称疾不赴。

（以上为第六段，写唐懿宗护短，宰相韦保衡专权，朝廷黜陟不公，地方藩镇横恣，不听朝命。）

十四年（癸巳，873 年）

春，三月，癸巳，上遣敕使诣法门寺迎佛骨，群臣谏者甚众，至有言宪宗迎佛骨寻晏驾者。上曰："朕生得见之，死亦无恨！"广造浮图、宝帐、香轝、幡花、幢盖以迎之，皆饰以金玉、锦绣、珠翠。自京城至寺三百里间，道路车马，昼夜不绝。夏，四月，壬寅，佛骨至京师，导以禁军兵仗，公私音乐，沸天烛地，绵亘数十里；仪卫之盛，过于郊祀，元和之时不及远矣。富室夹道为彩楼及无遮会，竞为侈靡。上御安福门，降楼膜拜，流涕沾臆，赐僧及京城耆老尝见元和事者金帛。迎佛骨入禁中，三日，出置安国崇化寺。宰相已下竞施金帛，不可胜纪。因下德音，降中外系囚。

（以上为第七段，写唐懿宗佞佛，极度铺张，近乎痴迷。）

起居舍人萧遘、李渎、郑彦特、李藻，把他们都安置在湖南和岭南的南边，因为他和于琮友善的缘故。李贶是李汉的儿子；萧遘是萧寘的儿子。五月十五日甲申，贬前平路节度使于瑁为凉王府长史，分司东都，前湖南观察使于瓌为袁州刺史。于瑁和于瓌都是于琮的哥哥。不久再次贬于琮为韶州刺史。

于琮的妻子广德公主，是懿宗的妹妹，和于琮一道去韶州，上路时就让肩舆的门互相对望着，坐下来时公主就执着于琮的衣带，由于这样，于琮的性命算是保住了。当时的公主们多半都很骄横放纵，只有广德公主的行为奉法守度，侍奉于家的亲属，不论尊卑大小，都按规定的礼节进行，因而得到朝廷内外的称赞。

六月，任命卢龙留后张公素为节度使。

韦保衡想让同党裴条担任郎官，畏惧正直严肃的尚书左丞李璋，担心李璋不让通过，于是先派人把意见告诉李璋，李璋说："朝廷选拔人才，不应当被外人探问。"秋季，七月二十七日乙未，调李璋为宣歙观察使。

八月，归义节度使张义潮去世，沙州长史曹义金代领军府的职务，于是朝廷任命曹义金为归义节度使。从这以后中原内地接连发生变故，朝廷的命令已达不到边远地区，回鹘攻占了甘州，其他各州隶属归义军的多半被羌、胡等部族所据有。

冬季，十二月，追上宣宗的谥号称元圣至明成武献文睿智章仁神聪懿道大孝皇帝。

振武节度使李国昌，自恃有功，恣横不法，擅自杀害长吏。朝廷不能置之不问，于是调李国昌为大同军防御使，李国昌借口有病不去上任。

唐懿宗咸通十四年（癸巳，873 年）

春季，三月二十九日癸巳，懿宗派敕使到法门寺迎接佛骨，群臣中有不少人谏止劝阻，甚至有的人说宪宗迎佛骨后不久就死去的话。懿宗说："朕在有生之年能看到它，死了也不会感到遗憾。"大造佛塔、宝帐、香车、幡花、幢盖用来迎佛骨，都用金玉、锦绣、珠翠装饰起来。从京城到法门寺的三百里长的路上，往来车马，日夜不断。夏季，四月初八日壬寅，佛骨到京师，用禁军兵仗、公私乐队为先导，乐声震天，烛光照地，绵延数十里路；仪仗护卫的盛况，比祭天的仪式还隆重，元和年间的情况是远远比不上的了。有钱的人家在道路两边搭盖彩楼并举办无遮会，互相比赛谁家最奢华。懿宗到安福门，下楼向佛牙行礼，激动得眼泪都流到胸前了，赏赐金帛给僧众和京城中那些曾看见过元和年间迎佛骨的老人。把佛骨迎接到宫禁之中，过了三天，送出安置在安国崇化寺。宰相以下的百官争着施舍金帛，数目无

五月，丁亥，以西川节度使路岩兼中书令。

南诏寇西川，又寇黔南，黔中经略使秦匡谋兵不少敌，弃城奔荆南；荆南节度使杜悰囚而奏之。六月，乙未，敕斩匡谋，籍没其家赀，亲族应缘坐者，令有司搜捕以闻。匡谋，凤翔人也。

以中书侍郎、同平章事王铎同平章事，充宣武节度使。时韦保衡挟恩弄权，以刘瞻、于琮先在相位，不礼于己，谮而逐之。王铎，保衡及第时主文也，萧遘，同年进士也，二人素薄保衡之为人，保衡皆摈斥之。

秋，七月，戊寅，上疾大渐，左军中尉刘行深、右军中尉韩文约立少子普王俨。庚辰，制："立俨为皇太子，权句当军国政事。"辛巳，上崩于咸宁殿。遗诏以韦保衡摄冢宰。僖宗即位。八月，丁未，追尊母王贵妃为皇太后，刘行深、韩文约皆封国公。

关东、河南大水。

九月，有司上先太后谥曰惠安。

司徒、门下侍郎、同平章事韦保衡，怨家告其阴事，贬保衡贺州刺史。

乐工李可及流岭南。可及有宠于懿宗，尝为子娶妇，懿宗赐之酒二银壶，启之无酒而中实。右军中尉西门季玄屡以为言，懿宗不听。可及尝大受赐物，载以官车，季玄谓曰："汝他日破家，此物复应以官车载还，非为受赐，徒烦牛足耳！"及流岭南，籍没其家，果如季玄言。

以西川节度使路岩兼侍中，加成德节度使王景崇中书令，魏博节度使韩君雄、卢龙节度使张公素、天平节度使高骈并同平章事。君雄仍赐名允中。

冬，十月，乙未，以左仆射萧倣为门下侍郎、同平章事。

韦保衡再贬崖州澄迈令，寻赐自尽。又贬其弟翰林学士、兵部侍郎保乂为宾州司户，所亲翰林学士、户部侍郎刘承雍为涪州司马。承雍，禹锡之子也。

法统计。接着懿宗颁下德音，减轻中外囚徒的刑罚。

五月二十四日丁亥，任命西川节度使路岩兼中书令。

南诏侵扰西川，又进犯黔南，黔中经略使秦匡谋由于军队少抵挡不了敌人，弃城逃往荆南；荆南节度使杜悰把秦匡谋囚禁起来并报告朝廷。六月初二日乙未，懿宗敕命杀掉秦匡谋，没收他的家产，亲族应牵涉定罪的，命令有关衙门捕捉起来并报告朝廷。秦匡谋是凤翔人。

调中书侍郎、同平章事王铎为同平章事，充任宣武节度使。当时韦保衡借着懿宗的恩宠任意行使权力，由于刘瞻、于琮先在相位，对自己有不礼貌的地方，就暗中进谗言把他们赶出了朝廷。王铎是韦保衡考进士时的主考官，萧遘是和韦保衡同年的进士，这两个人向来看不起韦保衡的为人，韦保衡就把他们两人都排斥掉了。

秋季，七月十六日戊寅，懿宗病危，左军中尉刘行深、右军中尉韩文约共同拥立懿宗少子普王李俨。七月十八日庚辰，制命说："立李俨为皇太子，暂时处理军国政事。"七月十九日辛巳，懿宗在咸宁殿去世。遗诏要韦保衡担任冢宰。僖宗即皇帝位。八月十五日丁未，追尊僖宗的生母王贵妃为皇太后，刘行深、韩文约都被封为国公。

关东、河南地方发生大水。

九月，有司奉上先太后的谥号称惠安。

司徒、门下侍郎、同平章事韦保衡的仇家，告发他做了许多见不得人的坏事，于是将他贬为贺州刺史。

乐工李可及被流放到岭南。懿宗很宠信李可及，李可及为儿子娶妇，懿宗赏赐他两银壶酒，揭开壶盖看里面没有酒而是银子。右军中尉西门季玄屡次劝懿宗不要宠信李可及，懿宗不听。李可及有次曾大受赐物，用官车装载出去，西门季玄对李可及说："你有一天家庭破败，这些东西又当用官车运回来，你不是在接受赏赐，只是白白地使牛多跑路而已！"等到李可及流放岭南时，家产被没收，果然像西门季玄说的一样。

任命西川节度使路岩兼任侍中，加给成德节度使王景崇中书令，魏博节度使韩君雄、卢龙节度使张公素、天平节度使高骈为同平章事的官衔。韩君雄仍赐名韩允中。

冬季，十月初四日乙未，任命左仆射萧倣为门下侍郎、同平章事。

韦保衡再次被贬为崖州澄迈县令，不久，又赐他自杀。又贬谪他的弟弟翰林学士、兵部侍郎韦保乂为宾州司户，他所亲近的翰林学士、户部侍郎刘承雍为涪州司马。刘承雍是刘禹锡的儿子。

癸卯，赦天下。

西川节度使路岩，喜声色游宴，委军府政事于亲吏边咸、郭筹，皆先行后申，上下畏之。尝大阅，二人议事，默书纸相示而焚之，军中以为有异图，惊惧不安。朝廷闻之，十一月，戊辰，徙岩荆南节度使。咸、筹潜知其故，遂亡命。

以右仆射萧邺同平章事，充河东节度使。

十二月，己亥，诏送佛骨还法门寺。

再贬路岩为新州刺史。

（以上为第八段，写唐懿宗崩，宦官拥立僖宗，年少即位，斥逐韦保衡等权奸。）

僖宗惠圣恭定孝皇帝上之上

乾符元年（甲午，874年）

春，正月，丁亥，翰林学士卢携上言，以为："陛下初临大宝，宜深念黎元。国家之有百姓，如草木之有根柢，若秋冬培溉，则春夏滋荣。臣窃见关东去年旱灾，自虢至海，麦才半收，秋稼几无，冬菜至少，贫者硙蓬实为面，蓄槐叶为齑；或更衰羸，亦难收拾。常年不稔，则散之邻境；今所在皆饥，无所依投，坐守乡闾，待尽沟壑。其蠲免余税，实无可征；而州县以有上供及三司钱，督趣甚急，动加捶挞，虽撤屋伐木，雇妻鬻子，止可供所由酒食之费，未得至于府库也。或租税之外，更有他徭；朝廷傥不抚存，百姓实无生计。乞敕州县，应所欠残税，并一切停征，以俟蚕麦；仍发所在义仓，亟加赈给。至深春之后，有菜叶木牙，继以桑椹，渐有可食；在今数月之间，尤为窘急，行之不可稽缓。"敕从其言，而有司竟不能行，徒为空文而已。

（以上为第九段，写卢携上奏，极言当时民众生活之惨状。）

路岩行至江陵，敕削官爵，长流儋州。岩美姿仪，囚于江陵狱再宿，须发皆白。寻赐自尽，籍没其家。岩之为相也，密奏："三品以上赐死，皆令使者剔取结喉三寸以进，验其必死。"至是，自罹其祸，所死之处乃

十月十二日癸卯，大赦天下。

西川节度使路岩，喜欢声色游宴，把军府中的政事交给亲信府吏边咸和郭筹去办理，他们都是先斩后奏，上下的人都很惧怕这两个人。曾经有一次举行大的军事检阅，二人在商量政事，默默地交换写了字的纸条，看完后随即烧了，军队中认为他俩可能有什么不可告人的阴谋，都惊惧不安。朝廷知道了这件事，十一月初七日戊辰，调路岩为荆南节度使。边咸和郭筹暗中知道路岩调职的原因，就逃走了。

任命右仆射萧邺为同平章事，充任河东节度使。

十二月初八日己亥，诏令把佛骨送回法门寺。

再次贬路岩为新州刺史。

僖宗惠圣恭定孝皇帝上之上

唐僖宗乾符元年（甲午，874 年）

春季，正月二十七日丁亥，翰林学士卢携呈上奏表，认为："陛下刚刚登上帝位，应当深切关心黎民百姓。国家有老百姓，就像草木有根柢一样，只要秋冬加以培土灌溉，那么春夏就会茂盛繁荣。臣看到关东地区去年遭受旱灾，从虢州一直到海边，麦子才收获五成，秋天的庄稼几乎全部旱死，冬天的瓜菜也很少，贫穷的人把蓬蒿的种子舂碎来当面粉，把槐树叶子收集起来碾碎当粮食；有些衰老羸弱的人，连采集这些东西也很困难。平常年份没有收成，就到邻近地方去谋生；现在到处都在闹饥荒，没有地方再投靠了，只好坐守在乡间，等死于沟壑。那些蠲免的税收，其实是没有可以征收的东西；然而州县由于要上供和交三司的税钱，督促催迫非常紧急，动不动就用鞭子抽打，即使拆房屋、砍树木，卖妻鬻子，筹得的一点钱也只能应付税吏的酒饭费用，不能使国家的仓库里增加收入。有时在租税之外，还有其他徭役；朝廷倘若不爱惜，百姓实在是一点生路也没有。希望敕令各州县，所有拖欠的残税，一切停止征收，等到蚕麦收成以后再说；还应打开各地的义仓，立即加以赈济。等到深春以后，有了菜叶木芽，接着又有了桑葚，逐渐有了可吃的东西；只有在现在这几个月时间，尤其困窘急迫，采取的措施不能停留缓慢。"朝廷敕令照卢携的意见去办，但是有关部门并没有照着执行，敕令白白地成了一纸空文罢了。

路岩走到江陵，敕命削去官爵，长期流放儋州。路岩的仪表姿态很美，囚禁在江陵监狱有两个晚上，胡须头发全部变白了。不久，赐他自杀，没收全部家产。在路岩任宰相的时候，曾秘密上奏说："三品以上的官员赐死，都要派使者剥取犯人三

杨收赐死之榻也。边咸、郭筹捕得，皆伏诛。

初，岩佐崔铉于淮南，为支使，铉知其必贵，曰："路十终须作彼一官。"既而入为监察御史，不出长安城，十年至宰相。其自监察入翰林也，铉犹在淮南，闻之，曰："路十今已入翰林，如何得老！"皆如铉言。

以太子少傅于琮同平章事，充山南东道节度使。

二月，甲午，葬昭圣恭惠孝皇帝于简陵，庙号懿宗。

以中书侍郎、同平章事赵隐同平章事，充镇海节度使；以华州刺史裴坦为中书侍郎、同平章事。

以虢州刺史刘瞻为刑部尚书。瞻之贬也，人无贤愚，莫不痛惜。及其还也，长安两市人率钱雇百戏迎之。瞻闻之，改期，由他道而入。

夏，五月，乙未，裴坦薨。以刘瞻为中书侍郎、同平章事。

初，瞻南迁，刘邺附于韦、路，共短之。及瞻还为相，邺内惧。秋，八月，丁巳朔，邺延瞻，置酒于盐铁院，瞻归而遇疾，辛未，薨。时人皆以为邺鸩之也。

以兵部侍郎、判度支崔彦昭为中书侍郎、同平章事。彦昭，群之从子也。兵部侍郎王凝，正雅之从孙也，其母，彦昭之从母。凝、彦昭同举进士，凝先及第，尝衩衣见彦昭，且戏之曰："君不若举明经。"彦昭怒，遂为深仇。及彦昭为相，其母谓侍婢曰："为我多作袜履，王侍郎母子必将窜逐，吾当与妹偕行。"彦昭拜且泣，谢曰："必不敢。"凝由是获免。

（以上为第十段，写奸相路岩害人害己得恶报，正人刘瞻遭小人暗算，王凝侥幸免遭报复。由此可见当时官场险恶。）

冬，十月，以门下侍郎、同平章事刘邺同平章事，充淮南节度使。以吏部侍郎郑畋为兵部侍郎，翰林学士承旨、户部侍郎卢携守本官，并同平章事。

十一月，庚寅，日南至，群臣上尊号曰圣神聪睿仁哲孝皇帝，改元。

寸长的喉管进呈朝廷，检验该人是不是死了。”到这个时候，自己也要遭受割取喉管的灾祸，他所死的地方和杨收被赐死的是在同一张床。边咸和郭筹被捕以后，都被诛杀。

原先，路岩在淮南辅佐崔铉，任支使的职务，崔铉知道路岩将来一定会富贵，说：“路十这个人将来一定会当宰相的。”后来路岩到朝廷去任监察御史，没有离开长安城，十年升到宰相职位。当路岩从监察御史升任翰林学士时，崔铉仍在淮南节度使任上，听到路岩升了翰林学士，就说：“路十现在已经担任翰林学士了，如何能够活到老啊！”结果和崔铉说的一样，路岩没有好下场。

调太子少傅于琮同平章事，充任山南东道节度使。

二月初五日甲午，将昭圣恭惠孝皇帝葬于简陵，庙号懿宗。

调任中书侍郎、同平章事赵隐为同平章事，充镇海节度使；任命华州刺史裴坦为中书侍郎、同平章事。

任命虢州刺史刘瞻为刑部尚书。刘瞻被贬官的时候，不论贤者还是不肖者，没有不痛惜的。等到他又要回到朝廷时，长安东西两市人民出钱请来戏曲人员演出节目来欢迎他。刘瞻听到这个消息后，就改变回京城日期，从另外一条路进入长安。

夏季，五月初八日乙未，裴坦去世。任命刘瞻为中书侍郎、同平章事。

原先，刘瞻被贬去南方，刘邺依附着韦保衡和路岩，共同说刘瞻的坏话。等到刘瞻又回京任宰相，刘邺的内心感到恐惧。秋季，八月初一日丁巳，刘邺宴请刘瞻，在盐铁转运使大院设酒宴招待，刘瞻回去后就得了病，八月十五日辛未，去世。当时人们都认为刘瞻是被刘邺下了毒而死的。

任命兵部侍郎、判度支崔彦昭为中书侍郎、同平章事。崔彦昭是崔群的侄子。兵部侍郎王凝是王正雅的侄孙，王凝的母亲是崔彦昭的姨母。王凝和崔彦昭同时考进士，王凝先考取了，曾经穿着便衣去会见崔彦昭，并且开玩笑似的对他说：“君不如去考明经科。”崔彦昭听了大怒，从此结怨很深。等到崔彦昭做了宰相，崔彦昭的母亲对侍婢们说：“帮我多做一些袜子和鞋子，王侍郎母子一定会被流放，我应当和妹妹一同去。”崔彦昭听了他母亲的话后，一面下拜一面哭泣，谢着说：“一定不会报复王凝。”王凝由此才免遭打击。

冬季，十月，调门下侍郎、同平章事刘邺为同平章事，充任淮南节度使。任命吏部侍郎郑畋为兵部侍郎，翰林学士承旨、户部侍郎卢携仍任同平章事。

十一月初五日庚寅，冬至，群臣给僖宗加尊号称圣神聪睿仁哲孝皇帝，改年号

魏博节度使韩允中薨，军中立其子节度副使简为留后。

南诏寇西川，作浮梁，济大渡河。防河都知兵马使、黎州刺史黄景复俟其半济，击之，蛮败走，断其浮梁。蛮以中军多张旗帜当其前，而分兵潜出上、下流各二十里，夜，作浮梁，诘朝，俱济，袭破诸城栅，夹攻景复。力战三日，景复阳败走，蛮尽锐追之，景复设三伏以待之，蛮过三分之二，乃发伏击之，蛮兵大败，杀二千余人，追至大渡河南而还，复修完城栅而守之。蛮归，至之罗谷，遇国中发兵继至，新旧相合，钲鼓声闻数十里。复寇大渡河，与唐夹水而军，诈云求和，又自上下流潜济，与景复战连日。西川援军不至，而蛮众日益，景复不能支，军遂溃。

十二月，党项、回鹘寇天德军。

感化军奏群盗寇掠，州县不能禁；敕兖、郓等道出兵讨之。

南诏乘胜陷黎州，入邛崃关，攻雅州。大渡河溃兵奔入邛州，成都惊扰，民争入城，或北奔他州，城中大为守备，而堑垒比向时严固。骠信使其坦绰遗节度使牛丛书云："非敢为寇也，欲入见天子，面诉数十年为谗人离间冤抑之事。倘蒙圣恩矜恤，当还与尚书永敦邻好。今假道贵府，欲借蜀王厅留止数日，即东上。"丛素懦怯，欲许之，杨庆复以为不可；斩其使者，留二人，授以书，遣还，书辞极数其罪，詈辱之，蛮兵及新津而还。丛恐蛮至，豫焚城外，民居荡尽，蜀人尤之。诏发河东、山南西道、东川兵援之，仍命天平节度使高骈诣西川制置蛮事。

以韩简为魏博留后。

商州刺史王枢以军州空窘，减折籴钱，民相帅以白梃殴之，又殴杀官吏二人。朝廷更除刺史李诰到官，收捕民李叔汶等三十余人，斩之。

为乾符。

魏博节度使韩允中去世，军中拥立他的儿子节度副使韩简为留后。

南诏侵扰西川，建造浮桥，打算渡过大渡河。防河都知兵马使、黎州刺史黄景复等蛮军渡了一半人马时，就进攻他们，蛮军失败逃跑，把他们架设的浮桥也破坏掉。蛮人又在中军中打出很多旗帜走在前面，而暗地分调军队从上游和下游各相距二十里的地方，在夜里建造浮桥，到清早时，都渡过了大渡河，偷袭攻下了各个护城寨，夹攻黄景复。拼力战斗了三天，黄景复假装失败而逃，蛮兵把他们的精锐部队都调去追赶黄景复，黄景复设下三处埋伏的军队等待着蛮军，等到蛮军过了三分之二，就命伏兵起来进攻蛮军，蛮军大败，杀了蛮军两千余人，追到大渡河南边才返回，又将城下寨栅修好据守着。蛮军回去时，在之罗谷碰上国内派来的援兵，新旧两支军队汇合在一起，钲鼓的声音数十里外都能听到。蛮人又来进攻大渡河，和唐朝的军队隔着大渡河驻扎着，假称向官军求和，又从上下游暗中渡河，与黄景复战斗了好几天。西川节度使的援军迟迟不到来，而蛮军却不断增加，黄景复支持不下去，最终被打败了。

十二月，党项和回鹘侵扰天德军。

感化军奏报说群盗侵扰抢掠，州县制止不了；朝廷敕命兖州和郓州等道派军队讨伐他们。

南诏蛮军乘胜攻下了黎州，进入邛崃关，进攻雅州。大渡河溃败下来的官兵逃到了邛州，成都得知这个情况后，惊扰不安，民众争相进城，有的向北逃到其他州去了。城中大大加强了防守设备，堑壕兵垒比前时严密巩固多了。骠信派遣他的坦绰给西川节度使牛丛写信说：“并不是我们敢于作乱，而是想到朝廷去谒见天子，当面诉说数十年来被进谗的人离间而受冤屈之事。倘若得到皇上圣恩矜恤免罪，在回来的时候当与尚书结成永远友好的邻邦。现在要从贵府借一条路通过，还想借蜀王府的厅堂住上几天，然后就东上长安。”牛丛为人向来懦弱胆小，想答应蛮人的要求，杨庆复认为不能答应；于是把他们的使者杀了，只留下两个人，交给他们一封信，打发回去，信中尽量诉说蛮人的罪恶，并辱骂了他们一顿，这样，蛮兵到达新津以后就退回去了。牛丛担心蛮军到来，就预先把城外的民房烧了，民众的房子没有了，蜀人认为是牛丛的罪过。朝廷下诏调发河东、山南西道、东川的军队去支援西川，还任命天平节度使高骈到西川去处置与蛮人的事宜。

任命韩简为魏博留后。

商州刺史王枢由于看到军州府库空乏而无积存，于是减少以税物折钱的比例，使民众输米粟量增加，民众承受不了，便相互集结起来用白木棒殴打王枢，又打死官吏二人。朝廷改任李诰为商州刺史，逮捕了李叔汶等三十余人，把他们都杀了。

初，回鹘屡求册命，诏遣册立使郗宗莒诣其国。会回鹘为吐谷浑、嗢末所破，逃遁不知所之，诏宗莒以玉册、国信授灵盐节度使唐弘夫掌之，还京师。

上年少，政在臣下，南牙、北司互相矛盾。自懿宗以来，奢侈日甚，用兵不息，赋敛愈急。关东连年水旱，州县不以实闻，上下相蒙，百姓流殍，无所控诉，相聚为盗，所在蜂起。州县兵少，加以承平日久，人不习战，每与盗遇，官军多败。是岁，濮州人王仙芝始聚众数千，起于长垣。

（以上为第十一段，写南诏再度侵扰西川。朝廷内外不协，南司北衙，势同水火。）

二年（乙未，875年）

春，正月，丙戌，以高骈为西川节度使。

辛巳，上祀圜丘，赦天下。

高骈至剑州，先遣使走马开成都门。或曰："蛮寇逼近成都，相公尚远，万一豨突，奈何？"骈曰："吾在交趾破蛮二十万众，蛮闻我来，逃窜不暇，何敢辄犯成都！今春气向暖，数十万人蕴积城中，生死共处，污秽郁蒸，将成疠疫，不可缓也！"使者至成都，开城纵民出，各复常业，乘城者皆下城解甲，民大悦。蛮方攻雅州，闻之，遣使请和，引兵去。骈又奏："南蛮小丑，易以枝梧。今西川新旧兵已多，所发长武、鄜坊、河东兵，徒有劳费，并乞勒还。"敕止河东兵而已。

上之为普王也，小马坊使田令孜有宠，及即位，使知枢密，遂擢为中尉。上时年十四，专事游戏，政事一委令孜，呼为"阿父"。令孜颇读书，多巧数，招权纳贿，除官及赐绯紫皆不关白于上。每见，常自备果食两盘，与上相对饮啖，从容良久而退。上与内园小儿狎昵，赏赐乐工、伎儿，所费动以万计，府藏空竭。令孜说上籍两市商旅宝货悉输内库，有陈诉者，付京兆杖杀之。宰相以下，钳口莫敢言。

高骈至成都，明日，发步骑五千追南诏，至大渡河，杀获甚众，擒

原先，回鹘多次请求册命，于是诏令派册立使郗宗莒到回鹘去。恰好遇上回鹘被吐谷浑、嗢末打败，逃跑以后不知道到哪里去了，于是诏令郗宗莒把玉册、国信交给灵盐节度使唐弘夫保存，自己返回京师。

僖宗年纪轻，政权掌握在臣下手中，南衙和北司之间矛盾很大。自从僖宗即位以来，奢侈浪费一天比一天厉害，又连年打仗，征收赋税非常紧急。关东地区连年发生水灾或旱灾，州县又不如实报告朝廷灾情，上下互相蒙混，老百姓到处漂流以致饿死，无处诉苦，相聚在一起反叛官府，盗贼在各地纷纷出现。州县兵力不足，加上长期的社会稳定，人们都不熟悉战斗，每次和盗贼遭遇，官军多半都被打败。这一年，濮州人王仙芝开始纠集数千人，在长垣县造反。

唐僖宗乾符二年（乙未，875 年）

春季，正月初二日丙戌，任命高骈为西川节度使。

正月初七日辛巳，僖宗在圜丘祭祀天，大赦天下。

高骈到剑州后，先派使者骑马去成都命令打开成都各城门。有人进言说："蛮寇逼近成都，相公离成都还很远，万一敌人冲了过来攻城，那将如何办理？"高骈回答说："我在交趾打败了二十万蛮军，蛮人听说我来了，逃跑还来不及，哪里敢随便进犯成都！现在春天来了气候转暖，数十万人聚集在城里面，生人和死者处在一起，污秽的环境笼罩着大家，疫疾将要流行，不能不采取拯救措施了！"使者到了成都，打开城门让老百姓自由出入，各人恢复自己的职业，在城上驻守的人，都下城来脱去铠甲，民众很高兴。蛮军正在进攻雅州，听到成都的消息，派使者来请求讲和，并把军队带走了。高骈又上奏说："南蛮小丑，容易对付。现在西川新旧兵已经很多了，朝廷调发的长武、鄜坊、河东三镇的军队，只会增加辛劳和费用，请求命令他们回本地去。"敕命只停止调发河东镇的军队。

僖宗为普王时，小马坊使田令孜受到宠信，等到登上皇位，任命他为枢密使，又提升他为神策军中尉。僖宗当时十四岁，只知道一味游戏取乐，把政事全部交给田令孜处理，并称他为"阿父"。田令孜读了不少书，多计巧和谋略，招揽权势，收受贿赂，任用官吏和赐官封爵都不向僖宗打招呼就直接办了。每次晋见僖宗，常常自己准备果食两盘，和僖宗相对食用，从容相处很久以后才退出来。僖宗和内园小儿很亲近，赏赐给乐工、伎儿的钱，经常数以万计，府库中的钱财都被用空了。田令孜给僖宗出主意，没收长安东西两市商家的宝物财货，全部送交内库，如有陈诉的人，就交给京兆府用刑杖打杀；从宰相以下的百官，都闭嘴不敢说话。

高骈到成都，第二天就调派步兵和骑兵共五千人追赶南诏兵，到大渡河，杀死

其酋长数十人，至成都，斩之。修复邛崃关、大渡河诸城栅，又筑城于戎州马湖镇，号平夷军，又筑城于沐源川，皆蛮入蜀之要路也，各置兵数千戍之。自是蛮不复入寇。骈召黄景复，责以大渡河失守，腰斩之。骈又奏请自将本管及天平、昭义、义成等军共六万人击南诏，诏不许。

先是，南诏督爽屡牒中书，辞语怨望，中书不答。卢携奏称："如此，则蛮益骄，谓唐无以答，宜数其十代受恩以责之。然自中书发牒，则嫌于体敌，请赐高骈及岭南西道节度使辛谠诏，使录诏白，牒与之。"从之。

（以上为第十二段，写高骈入西川，震慑南诏。宦官田令孜得势，专擅朝政。）

三月，以魏博留后韩简为节度使。

去岁，感化军发兵诣灵武防秋，会南诏寇西川，敕往救援。蛮退，遣还；至凤翔，不肯诣灵武，欲擅归徐州。内养王裕本、都将刘逢搜擒唱帅者胡雄等八人，斩之，众然后定。

初，南诏围成都，杨庆复以右职优给募突将以御之，成都由是获全。及高骈至，悉令纳牒。又托以蜀中屡遭蛮寇，人未复业，停其禀给，突将皆忿怨。骈好妖术，每发兵追蛮，皆夜张旗立队，对将士焚纸画人马，散小豆，曰："蜀兵懦怯，今遣玄女神兵前行。"军中壮士皆耻之。又索阖境官有出于胥吏者，皆停之。令民间皆用足陌钱，陌不足者皆执之，劾以行赂，取与皆死。刑罚严酷，由是蜀人皆不悦。

夏，四月，突将作乱，大噪突入府廷。骈走匿于厕间，突将索之，不获。天平都将张杰帅所部数百人被甲入府击突将，突将撤牙前仪注兵仗，无者奋梃挥拳，乘怒气力斗，天平军不能敌，走归营。突将追之，营门闭，不得入。监军使人招谕，许以复职名禀给，久之，乃肯还营。天平军复开门出，为追逐之势，至城北，时方修毬场，役者数百人，天平军悉取其首，还，诣府，云"已诛乱者"。骈出见之，厚以金帛赏之。明日，榜谢突将，悉还其职名、衣粮。自是日令诸道将士从己来者更直

和俘虏了很多敌人，抓到他们的酋长数十人，押到成都，都斩首。在修复邛崃关和大渡河各城栅之后，又在戎州马湖镇修筑城池，称为平夷军，又在沐源川筑城，这些地方都是蛮人进入蜀地的重要通道，各处派兵数千人据守。从这以后，蛮人不再进犯了。高骈召来黄景复，责备他没有守住大渡河，把他腰斩了。高骈又奏请由他带领本部人马和天平、昭义、义成等军共六万人进攻南诏，朝廷下诏不许进军。

先前，南诏的督爽官多次送文牒给中书省，言语中多怨恨的话，中书省没有做出回应。卢携上奏说："像这样下去，那些蛮人会更加骄傲，以为我唐朝不敢回话，应当历数他们十代受到唐朝的恩遇来责备他们今天的背叛。然而如果由中书省发去文牒，那么对于朝廷与南诏的地位很不相称，有成为对等关系的嫌疑，请求赐高骈和岭南西道节度使辛谠诏书，让他们抄下诏文，然后用文牒的形式送给南诏。"僖宗答应了。

三月，任命魏博留后韩简为节度使。

去年，感化军调军队到灵武去参加防秋，恰遇南诏侵扰西川，于是朝廷命令他们前去救援。还未到达成都，蛮兵退走了，就调遣他们回戍地；到达凤翔时，他们不肯到灵武去，想擅自回到徐州，内养王裕本和都将刘逢搜捕擒获首先带头的胡雄等八人，把他们杀了，兵众才安定下来。

当初，南诏包围成都，杨庆复用高官厚禄招募突将来防守，这样成都才得以保全。等高骈来了以后，让突将把任职的文牒都上交。又借口蜀地多次被蛮人侵扰，人们未恢复生产，把发给突将的衣粮也停止了，突将们都很愤恨。高骈爱好妖术，每次调派军队去追击蛮军，都要在夜里树立旗帜，排列军队，对着将士们焚烧纸画的人马抛撒小豆，并说："蜀兵懦弱胆小，现在派玄女神兵在前面开路。"军中的壮士都感到这是一种耻辱。又检查全境内的官员，如发现有人是小吏出身的，都不让他们再任职。又命令民间都用足陌钱，凡是使用铜钱陌数不足的人都抓起来，以贿赂罪加罪他们，使用的双方都处以死刑。执行刑罚很严酷，这样一来，蜀人都不喜欢高骈这个人。

夏季，四月，突将作乱，大声呼喊冲入节度使府。高骈逃到厕所里躲起来，突将到处搜索他，没有找到。天平军都将张杰带领他的部下数百人穿上铠甲到府中攻击突将，突将就夺取牙门前的仪仗作为武器进行战斗，没有武器的人就用木棒、拳头迎击，乘着愤怒的情绪尽力拼搏，天平军打不过他们，逃回营去了。突将追赶他们，营门关上了，不能进去。监军派人招抚告谕他们，答应恢复他们的职位和粮饷，相持了很久，才肯回营。天平军又开门出来，做出追赶突将的样子。到城北，当时正在修建毬场，有数百人在劳动，天平军把他们全部杀掉，回到军府说："已把作乱

府中，严兵自卫。

加成德节度使王景崇兼侍中。

浙西狼山镇遏使王郢等六十九人有战功，节度使赵隐赏以职名而不给衣粮，郢等论诉不获，遂劫库兵作乱，行收党众近万人，攻陷苏、常，乘舟往来，泛江入海，转掠二浙，南及福建，大为人患。

五月，以太傅、分司令狐绹同平章事，充凤翔节度使。

司空、同平章事萧倣薨。

六月，以御史大夫李蔚为中书侍郎、同平章事。

辛未，高骈阴籍突将之名，使人夜掩捕之，围其家，挑墙坏户而入，老幼孕病，悉驱去杀之，婴儿或扑于阶，或击于柱，流血成渠，号哭震天，死者数千人，夜，以车载尸投之于江。有一妇人，临刑，戟手大骂曰："高骈！汝无故夺有功将士职名、衣粮，激成众怒；幸而得免，不省己自咎，乃更以诈杀无辜近万人，天地鬼神，岂容汝如此！我必诉汝于上帝，使汝他日举家屠灭如我今日，冤抑污辱如我今日，惊忧惴恐如我今日！"言毕，拜天，怫然就戮。久之，突将有自戍役归者，骈复欲尽族之，有元从亲吏王殷谏曰："相公奉道，宜好生恶杀，此属在外，初不同谋，若复诛之，则自危者多矣！"骈乃止。

（以上为第十三段，写高骈滥杀有功突将，国家纲纪荡然无存。）

王仙芝及其党尚君长攻陷濮州、曹州，众至数万；天平节度使薛崇出兵击之，为仙芝所败。

冤句人黄巢亦聚众数千人应仙芝。巢少与仙芝皆以贩私盐为事，巢善骑射，喜任侠，粗涉书传，屡举进士不第，遂为盗，与仙芝攻剽州县，横行山东，民之困于重敛者争归之，数月之间，众至数万。

卢龙节度使张公素，性暴戾，不为军士所附。大将李茂勋，本回鹘阿布思之族，回鹘败，降于张仲武；仲武使戍边，屡有功，赐姓名。纳

的人都杀了。”高骈出来接见他们，奖赏了很多金帛给他们。第二天，贴出文告向突将道歉，全部归还他们的职名和衣粮。从这以后，高骈从各道将士中选择同自己一道来成都的人，轮流到军府中值班，采取了严密的自卫措施。

加给成德节度使王景崇兼侍中的官衔。

浙西狼山镇谒使王郢等六十九人有战功，节度使赵隐只赏给他们职名而不发给相应的衣粮，王郢等人经过论争和申诉还得不到解决，于是抢了国家兵器库里的武器发动暴乱，在战斗行进中招纳入伙的人近一万之众，攻下了苏州和常州，他们乘船往来，从江上到海上，辗转抢掠两浙地方，南边达到了福建，大为民患。

五月，任命太傅、分司令狐绹为同平章事，充任凤翔节度使。

司空、同平章事萧倣去世。

六月，任命御史大夫李蔚为中书侍郎、同平章事。

六月二十日辛未，高骈暗地调查登记突将的姓名，派人在夜里去捕捉他们，先包围他们的家，然后越墙破门而入，不论男女老幼、孕妇病人，全部杀死，婴儿有的被扑杀在石阶上，有的被撞死在柱子下，血流成渠，号哭之声震动天地，共杀了数千人，在夜晚用车子装着尸体抛到江里去。有一个妇人，在被处死时，举手大骂说：“高骈！你无故剥夺有功将士的职名和衣粮，激起大家的愤怒；你侥幸免于一死，不去反省自己的过错，反而用欺诈的手段，杀死无辜的将士和家属近一万人，天地鬼神，难道会容许你这样干吗！我一定要在佛祖面前控诉你，使你将来如同我现在一样全家被杀，如同我现在一样遭受冤屈和污辱，如同我现在一样惊恐忧惧！”说完话后，向天跪拜，愤怒地接受刑戮。过了一些时候，有突将从外地戍守回成都来，高骈又想把他们全家都杀掉，有一个长期跟随高骈的亲信官吏王殷劝谏说：“相公信奉道术，应当爱好生灵，少开杀戒，这些突将在外地，原先就没有参加作乱阴谋，倘若又把他们杀掉，那么感到自危的人就会很多了！”高骈听后，就没有再去诛杀突将。

王仙芝和他的同党尚君长攻下了濮州和曹州，军众达到数万人；天平节度使薛崇出兵进攻他们，被王仙芝打败了。

冤句人黄巢也聚众数千人响应王仙芝。黄巢少年时和王仙芝都是以贩卖私盐为职业，黄巢善于骑马射箭，喜欢做侠义之事，粗略地读了一些诗书，多次投考进士没有被录取，所以就做了强盗，和王仙芝攻打抢掠州县，横行于山东一带，被繁重的赋税压得喘不过气来的百姓争相归附他们，在几个月之内，叛众达到数万人。

卢龙节度使张公素，性情暴戾，军士都不喜欢他。大将李茂勋，本来是回鹘阿布思部人，回鹘被打败时，向张仲武投降；张仲武派他去戍边，多次立功，赐姓名

降军使陈贡言者，幽之宿将，为军士所信服，茂勋潜杀贡言，声云贡言，举兵向蓟，公素出战而败，奔京师。茂勋入城，众乃知非贡言也，不得已，推而立之，朝廷因以为留后。

秋，七月，蝗自东而西，蔽日，所过赤地。京兆尹杨知至奏“蝗入京畿，不食稼，皆抱荆棘而死。”宰相皆贺。

八月，李茂勋为卢龙节度使。

九月，右补阙董禹谏上游畋、乘驴击毬；上赐金帛以褒之。邠宁节度使李侃奏为假父华清宫使道雅求赠官，禹上疏论之，语颇侵宦官。枢密使杨复恭等列诉于上，冬，十月，禹坐贬郴州司马。复恭，钦义之养孙也。

昭义军乱，大将刘广逐节度使高湜，自为留后。以左金吾大将军曹翔为昭义节度使。

回鹘还至罗川，十一月，遣使者同罗榆禄入贡；赐拯接绢万匹。

群盗侵淫，剽掠十余州，至于淮南，多者千余人，少者数百人；诏淮南、忠武、宣武、义成、天平五军节度使、监军亟加讨捕及招怀。十二月，王仙芝寇沂州，平卢节度使宋威表请以步骑五千别为一使，兼帅本道兵所在讨贼。仍以威为诸道行营招讨草贼使，仍给禁兵三千、甲骑五百。因诏河南方镇所遣讨贼都头并取威处分。

（以上为第十四段，写王仙芝、黄巢起义。）

三年（丙申，876年）

春，正月，天平军奏遣将士张晏等救沂州，还，至义桥，闻北境复有盗起，留使扞御；晏等不从，喧噪趣郓州。都将张思泰、李承祐走马出城，裂袖与盟，以俸钱备酒肴慰谕，然后定。诏本军宣慰，一切无得穷诘。

敕福建、江西、湖南诸道观察、刺史，皆训练士卒；又令天下乡村各置弓刀鼓板以备群盗。

赐兖海节度号泰宁军。

三月，卢龙节度使李茂勋请以其子幽州左司马可举知留后，自求致

叫李茂勋。纳降军使陈贡言是幽州地方的老将，得到军士们的信任，李茂勋暗地杀了陈贡言，又用陈贡言的名义，带军队向蓟州出发；张公素出兵应战被打败，跑去京师。李茂勋进城后，军士们才知道他不是陈贡言，不得已只好推举他为首领，朝廷就任命李茂勋为卢龙留后。

秋季，七月，蝗虫从东方向西飞行，遮天蔽日，所过之处一片精光。京兆尹杨知至上奏说："蝗虫进入京畿地区，不吃庄稼，都抱着荆棘死去。"宰相们都向僖宗道贺。

八月，任命李茂勋为卢龙节度使。

九月，右补阙董禹劝谏僖宗游玩打猎、乘驴击毬；僖宗赏赐金帛来表扬他。邠宁节度使李侃上奏为他的义父华清宫使道雅求赠官，董禹上疏弹劾他，在言词上涉及对宦官的指斥。枢密使杨复恭等人向僖宗控诉董禹，冬季，十月，董禹因此被贬为郴州司马。杨复恭是宦官杨钦义的养孙。

昭义军中发生叛乱，大将刘广赶走了节度使高湜，自称为留后。朝廷任命左金吾大将军曹翔为昭义节度使。

回鹘回到罗川县，十一月，派使者同罗榆禄向朝廷进贡；朝廷赏赐他拯接绢一万匹。

群盗发展壮大，抢掠十多个州，到达了淮南地方，多的一伙有一千多人，少的数百人；诏令淮南、忠武、宣武、义成、天平五军节度使和监军极力加以讨伐收捕和招安。十二月，王仙芝侵犯沂州，平卢节度使宋威上表奏请带领步骑五千人以另外一个使节称号讨贼，同时带领本道兵在各处讨伐盗贼。朝廷于是任命宋威为诸道行营招讨草贼使，还拨给他禁兵三千名、甲骑五百名。接着诏令河南地区方镇所派出的讨贼都头都要接受宋威的领导和指挥。

唐僖宗乾符三年（丙申，876 年）

春季，正月，天平军奏报派遣将士张晏等人去援救沂州，回来时走到义桥，又听说北边盗贼再次发生，要留下他们去抵御；张晏等不愿意，喧闹着往郓州去。都将张思泰、李承祐骑马跑出城去，撕下衣袖和张晏等立下盟约，用自己的俸钱准备酒食慰劳他们，这样才使他们安定下来。朝廷诏令天平军好好告谕安慰他们，不要追究他们的过错。

［二月，］敕命福建、江西、湖南各道观察使、刺史，都要训练士卒；又命令天下所有乡村都要设置弓箭、刀枪、鼓板等用来防备群盗。

赐兖海节度名为泰宁军。

三月，卢龙节度使李茂勋请求任命他的儿子幽州左司马李可举为留后，自己退

仕。诏茂勋以左仆射致仕，以可举为卢龙留后。

门下侍郎、同平章事崔彦昭罢为太子太傅；以左仆射王铎兼门下侍郎、同平章事。

南诏遣使者诣高骈求和而盗边不息，骈斩其使者。蛮之陷交趾也，虏安南经略判官杜骧妻李瑶。瑶，宗室之疏属也。蛮遣瑶还，递木夹以遗骈，称“督爽牒西川节度使”，辞极骄慢。骈送瑶京师。甲辰，复牒南诏，数其负累圣恩德、暴犯边境、残贼欺诈之罪，安南、大渡覆败之状，折辱之。

（以上为第十五段，写南诏与唐相互敌对冷战。）

原州刺史史怀操贪暴；夏，四月，军乱，逐之。

赐宣武、感化节度、泗州防御使密诏，选精兵数百人于巡内游弈，防卫纲船，五日一具上供钱米平安状闻奏。

五月，昭王汭薨。

以卢龙留后李可举为节度使。

六月，抚王纮薨。

雄州地震裂，水涌，坏州城及公私庐舍俱尽。

秋，七月，以前岩州刺史高杰为左骁卫将军，充沿海水军都知兵马使，以讨王郢。

鄂王润薨。

加魏博节度使韩简同平章事。

宋威击王仙芝于沂州城下，大破之，仙芝亡去。威奏仙芝已死，纵遣诸道兵，身还青州；百官皆入贺。居三日，州县奏仙芝尚在，攻剽如故。时兵始休，诏复发之，士皆忿怨思乱。八月，仙芝陷阳翟、郏城，诏忠武节度使崔安潜发兵击之。安潜，慎由之弟也。又昭义节度使曹翔将步骑五千及义成兵卫东都宫，以左散骑常侍曾元裕为招讨副使，守东都，又诏山南东道节度使李福选步骑二千守汝、邓要路。仙芝进逼汝州，诏邠宁节度使李侃、凤翔节度使令狐绹选步兵一千、骑兵五百守陕州、潼关。

加成德节度使王景崇兼中书令。

九月，乙亥朔，日有食之。

休。朝廷下诏李茂勋由左仆射的官位退休，任命李可举为卢龙留后。

门下侍郎、同平章事崔彦昭被降职为太子太傅；任命左仆射王铎兼门下侍郎、同平章事。

南诏一方面派遣使者到高骈那里求和，一方面又不停地侵扰边界，高骈将使者杀了。蛮兵攻下交趾的时候，曾俘虏了安南经略判官杜骧的妻子李瑶。李瑶是唐宗室的远族。蛮人派人把李瑶送回来，同时递上用木夹夹着的文牒给高骈，上面写着“督爽牒西川节度使”字样，言词很是傲慢。高骈将李瑶送回京师。三月二十六日甲辰，又送文牒去南诏，列举他们背负朝廷恩德、暴虐地侵犯边境、残害欺诈等罪行，在安南、大渡河覆灭惨败的行状，以羞辱他们。

原州刺史史怀操贪婪暴虐；夏季，四月，军队发生叛乱，把他赶走了。

给宣武、感化两节度使和泗州防御使发下密诏，要他们选精兵数百人在所管辖的范围内巡行游弈，保卫运输钱粮的船队，五天就要向朝廷详细报告一次关于上供钱米的运送情况。

五月，昭王李汭去世。

任命卢龙留后李可举为节度使。

六月，抚王李纮去世。

雄州发生地震、地裂、水涌，州城和公私房屋全部被毁坏。

秋季，七月，任命前岩州刺史高杰为左骁卫将军，充任沿海水军都知兵马使，以便讨伐王郢。

鄂王李润去世。

加给魏博节度使韩简为同平章事官衔。

宋威在沂州城下进攻王仙芝，把他打得大败，王仙芝逃走了。宋威上奏说王仙芝已经战死，于是把各道援兵都打发走了，自己也回到了青州；百官都入朝向僖宗道贺。只过了三天，州县又奏报说王仙芝还活着，攻掠抢劫和过去一样。当时军队刚休息，朝廷又下诏要调发他们，士卒都愤怒而想发动叛乱。八月，王仙芝攻下阳翟和郏城，朝廷诏令忠武节度使崔安潜调军队进攻王仙芝。崔安潜是崔慎由的弟弟。又命昭义节度使曹翔带领步骑五千人和义成军一道保卫东都官，任命左散骑常侍曾元裕为招讨副使，守卫东都，又诏令山南东道节度使李福选步骑两千人守卫汝州和邓州两个交通要道。王仙芝的军队逼近汝州，诏令邠宁节度使李侃、凤翔节度使令狐绹选步兵一千人，骑兵五百人防守陕州和潼关。

加给成德节度使王景崇兼中书令官衔。

九月初一日乙亥，发生日食。

丙子，王仙芝陷汝州，执刺史王镣。镣，铎之从父兄弟也。东都大震，士民挈家逃出城。乙酉，敕赦王仙芝、尚君长罪，除官，以招谕之。仙芝陷阳武，攻郑州，昭义监军判官雷殷符屯中牟，击仙芝，破走之。冬，十月，仙芝南攻唐、邓。

（以上为第十六段，写地方官吏贪暴，激起兵变，王仙芝战败随即势力更盛。）

西川节度使高骈筑成都罗城，使僧景仙规度，周二十五里，悉召县令庀徒赋役，吏受百钱以上皆死。蜀土疏恶，以甓甃之，环城十里内取土，皆划丘垤平之，无得为坎埳以害耕种。役者不过十日而代，众乐其均，不费扑挞而功办。自八月癸丑筑之，至十一月戊子毕功。

役之始作也，骈恐南诏扬声入寇，虽不敢决来，役者必惊扰，乃奏遣景仙托游行入南诏，说谕骠信使归附中国，仍许妻以公主，因与议二国礼仪，久之不决。骈又声言欲巡边，朝夕通烽火，至大渡河，而实不行，蛮中惴恐。由是讫于城成，边候无风尘之警。先是，西川将吏入南诏，骠信皆坐受其拜，骈以其俗尚浮屠，故遣景仙往，骠信果帅其大臣迎拜，信用其言。

（以上为第十七段，写高骈施巧计加固成都城防。）

王仙芝攻郢、复二州，陷之。

王郢因温州刺史鲁寔请降，寔屡为之论奏，敕郢诣阙。郢拥兵迁延，半年不至，固求望海镇使；朝廷不许，以郢为右率府率，仍令左神策军补以重职，其先所掠之财，并令给与。

十二月，王仙芝攻申、光、庐、寿、舒、通等州。淮南节度使刘邺奏求益兵，敕感化节度使薛能选精兵数千助之。

郑畋以言计不行，称疾逊位，不许；乃上言："自沂州奏捷之后，仙芝愈肆猖狂，屠陷五六州，疮痍数千里。宋威衰老多病，自妄奏以来，诸道尤所不服，今淹留亳州，殊无进讨之意。曾元裕拥兵蕲、黄，专欲望风退缩。若使贼陷扬州，则江南亦非国有。崔安潜威望过人，张自勉骁雄良将，宫苑使李瑑，西平王晟之孙，严而有勇。请以安潜为行营都

九月初二日丙子，王仙芝攻下汝州，捉了刺史王镣。王镣是王铎的叔伯兄弟。东都大为震恐，士民带着家小纷纷逃出城去。十一日乙酉，朝廷敕令赦免王仙芝、尚君长的罪过，并授予官职，用这种待遇招抚他们。王仙芝在攻下阳武县后，又进攻郑州，昭义监军判官雷殷符屯驻在中牟县，进攻王仙芝，把他打败了。冬季，十月，王仙芝南下进攻唐州和邓州。

西川节度使高骈修筑成都外城，叫僧人景仙进行规划，周围长二十五里，并把成都府所属各县全都召集起来，命令他们准备工匠并分配任务，在征集民工时有接受了一百钱以上的官吏都要被处以死刑。蜀地土质疏恶，就先用砖砌筑，在围绕城区十里以内取土，都是把土丘削平，不准挖成土坑而妨碍耕种。服役的人干十天就轮换，民众都为分派赋役平均而高兴，不用鞭打他们就能把事情办好。从八月初九癸丑开工，到十一月十五日戊子就完成了。

在开始筑城的时候，高骈担心南诏扬言前来侵犯，虽然不敢说他们一定会来，但是服役的民工必定会受到惊扰，于是他就报告朝廷建议派景仙借口出游进入南诏，劝说骠信要他归附中原，还答应把公主嫁给他为妻，接着就商议两国间的礼仪，很久决定不下来。高骈又扬言说要巡视边地，早晚用烽火沟通信息，一直到大渡河，其实他并未出发，而使得蛮人惴恐不安。这样到外城修好为止，边境上的守候部队没有发出战争的警报。以前，西川将吏去南诏，骠信都是坐着接受朝拜，高骈认为他们习俗既然是信奉佛教，所以就派僧人景仙前去，骠信果然带领他的大臣们迎拜景仙，并且相信景仙说的话。

王仙芝进攻郢州和复州，二州均被攻下。

王郢通过温州刺史鲁寔请求投降，鲁寔多次为王郢上奏论说，朝廷敕令王郢到京师去。王郢拥兵拖延半年之久还没有走，坚持要求担任望海镇使；朝廷不答应，任命他为右率府率，还要左神策军补他一个重要职位，他先前所抢掠的财物，也一并给予他。

十二月，王仙芝进攻申、光、庐、寿、舒、蕲等州。淮南节度使刘邺上奏请求增加援兵，朝廷敕令感化节度使薛能选精兵数千人援助淮南。

郑畋由于自己说的话没有人听，借口有病要辞去相位，僖宗不答应；于是上奏说："自从沂州报告打了胜仗以后，王仙芝更加猖狂，攻下了五六个州，数千里的地方遭到破坏。宋威这个人衰老多病，自从虚妄地奏报军情以后，各道的兵马都更加不听从他的指挥，现在停留在亳州，一点征讨盗贼的打算也没有。曾元裕拥兵驻扎在蕲州和黄州，一心观望形势退缩不前。倘若叛贼攻下了扬州，那么整个江南地区

统，璩为招讨使代威，自勉为副使代元裕。”上颇采其言。

青、沧军士戍安南，还，至桂州，逐观察使李瓒。瓒，宗闵之子也。以右谏议大夫张禹谟为桂州观察使。

桂管监军李维周骄横，瓒曲奉之，浸不能制。桂管有兵八百人，防御使才得百人，余皆属监军；又预于逐帅之谋，强取两使印，擅补知州官，夺昭州送使钱。诏禹谟并按之。禹谟，徹之子也。

招讨副使、都监杨复光奏尚君长弟让据查牙山，官军退保邓州。复光，玄价之养子也。

王仙芝攻蕲州。蕲州刺史裴偓，王铎知举时所擢进士也。王镣在贼中，为仙芝以书说偓。偓与仙芝约，敛兵不战，许为之奏官；镣亦说仙芝许以如约。偓乃开城延仙芝及黄巢辈三十余人入城，置酒，大陈货贿以赠之，表陈其状。诸宰相多言：“先帝不赦庞勋，期年卒诛之。今仙芝小贼，非庞勋之比，赦罪除官，益长奸宄。”王铎固请，许之，乃以仙芝为左神策军押牙兼监察御史，遣中使以告身即蕲州授之。

仙芝得之甚喜，镣、偓皆贺。未退，黄巢以官不及己，大怒曰：“始者共立大誓，横行天下，今独取官赴左军，使此五千余众安所归乎！”因殴仙芝，伤其首，其众喧噪不已。仙芝畏众怒，遂不受命，大掠蕲州，城中之人，半驱半杀，焚其庐舍。偓奔鄂州，敕使奔襄州，镣为贼所拘。贼乃分其军三千余人从仙芝及尚君长，二千余人从巢，各分道而去。

（以上为第十八段，写朝廷招抚王仙芝失败，赔了夫人又折兵。）

国家就管不了了。崔安潜威望超过他人，张自勉是一名骁勇的良将，宫苑使李琢是西平王李晟之孙，既威严又勇敢。请求任命崔安潜为行营都统，李琢为招讨使取代宋威，张自勉为副使取代曾元裕。”僖宗采纳了郑畋的意见。

戍守安南的青州和沧州的军士在返回时，到桂州赶走了桂州观察使李瓒。李瓒是李宗闵的儿子。朝廷任命右谏议大夫张禹谟为桂州观察使。

桂管监军李维周骄傲横暴，李瓒曲意奉承他，逐渐失去控制。桂管有军队八百人，防御使只掌握一百人，其余的人都归监军掌握；李维周又参与了赶走观察使的谋划，强力夺取了观察使和防御使的印信，并擅自增补知州官，夺取昭州送交给观察使的税钱。诏令张禹谟一并审理李维周的案件。张禹谟是张徹的儿子。

招讨副使、都监杨复光奏报说尚君长的弟弟尚让据守在查牙山，官军退保邓州。杨复光是杨玄价的养子。

王仙芝进攻蕲州。蕲州刺史裴偓是王铎主持考试时录取的进士。王镣在叛贼里面，帮助王仙芝写信向裴偓游说。于是裴偓和王仙芝商定，收兵停战，裴偓答应为王仙芝奏请官职；王镣也劝说王仙芝答应裴偓的条件。裴偓于是打开城门邀请王仙芝和黄巢等三十余人进城，设置酒宴，大陈财货赠送他们，还上表陈述王仙芝等接受安抚的情形。宰相中多数都说：“先帝不赦免庞勋，一年后终于平定了他。现在的王仙芝只是一个小小的盗贼，是不能和庞勋相比的，赦了他的罪，还任命他做官，只会助长坏人的气焰。”由于王铎坚决请求，僖宗同意了，于是任命王仙芝为左神策押牙兼监察御史，并派中使把告身送到蕲州授给王仙芝。

王仙芝得到任官的告身后很高兴，王镣和裴偓都向他道贺。还没有退出城，黄巢看到自己没有得到官职，大怒说：“开始起事的时候共同立下誓言，横行天下，现在你独自得到官职去左神策军上任，丢下这五千多士众到何处去呢！”接着就殴打王仙芝，把他的头打伤了，他的部下也喧闹不已。王仙芝惧怕众人的怒火，就没有接受朝廷的任命，在蕲州大肆进行抢掠，城里面的人，一半被赶走，一半被屠杀，房屋被焚烧。裴偓逃往鄂州，敕使跑往襄州，王镣被叛贼拘留下来。叛贼将他们的军队三千多人分给王仙芝和尚君长，两千多人分给黄巢，各自分道离开蕲州。

【点评】

唐懿宗、僖宗交替之际，正是黄巢大起义的前夜。此时唐王朝君不君，臣不臣，朋党交争，丧失人性，政治腐败到极点，人民生活在水深火热之中。本卷点评几件细事，以见当时人心世态之一斑。

一、文人相轻。唐代科举有进士与明经两个途径。考进士用诗赋、对策，重文采，每年一科只取二三十人。明经考经学，明经进士每年每科一百人，容易考取。在仕途上进士与明经待遇不同，入翰林做学士，入阁为相，多取进士出身。王凝和崔彦昭两人是姨表兄弟。两人母亲郑氏，崔彦昭之母为姐，王凝之母是妹。王凝年十五就明经及第，再登进士甲科，崔彦昭进士落第。王凝给崔彦昭开了一个玩笑说："你去考明经吧。"崔彦昭大怒。崔彦昭比王凝升迁快，懿宗晚年，两人同任兵部侍郎。僖宗即位，乾符元年（874）。崔彦昭升任宰相。崔彦昭的母亲立即对侍婢们说："赶快给我多做一些鞋袜，王侍郎的母子即将有难，要流配外地，我要去陪伴妹妹。"崔彦昭明白母亲话中所指，哭着下跪对母亲发誓，"决不报复王凝"。由于崔彦昭母亲的智慧和亲情，才化解了崔彦昭与王凝两人的矛盾，王凝这才免遭报复打击。当时朋党结派，文人相轻发展到深仇大恨。有许多人没有王凝那样幸运，不知哪一天，天外横祸就要飞来，自己还不知道是怎么一回事。

二、官场险恶。王铎、刘瞻、于悰、路岩、韦保衡五人，在懿宗朝后期同朝为相。路岩、韦保衡两人品格低下，韦保衡更次。懿宗却最宠这两人。两人狼狈为奸，权倾天下，把王铎、刘瞻、于悰都排斥出朝。王铎是韦保衡进士及第的主考官，起居舍人萧遘是韦保衡的同年，亦在韦保衡的排斥之列。萧遘才能优异，为韦保衡所忌。萧遘又与于悰交好。一大批朝官，凡与于悰交好者都被贬官。有尚书左丞李当、吏部侍郎王沨、左散骑常侍李都、兵部侍郎张裼、前中书舍人封彦卿、左谏议大夫杨塾同日遭贬。又贬工部尚书严祁、给事中李贶、张铎、左金吾大将军李敬仲、起居舍人李渎、郑彦特、李藻等。后路岩与韦保衡两人交恶，韦保衡打小报告给懿宗，路岩被贬出京。路岩名声太臭，出京之日，长安市人围观，向他投掷瓦片。京兆尹薛能是路岩提拔的人，路岩提出要薛能保护他，薛能翻脸不认人，说："宰相出京，京兆府没有派人保护的先例。"刘瞻被排斥出京，刘邺说了坏话。韦保衡倒台，刘瞻回京，刘邺内心不安，请刘瞻做客，在酒中暗中放毒，刘瞻后来就死了。路岩、韦保衡多行不义，犯了众怒，失势后连续遭贬逐，最后被赐死。路岩任宰相时曾密奏，说："三品以上官赐死，要使者割取三寸长的喉管进呈朝廷，用以验证该人确实已死。"路岩被贬儋州，走到江陵被囚禁在狱中，有诏赐死。这时路岩自己也要被割取三寸喉管，而且所死的狱室，恰是当年路岩害死杨收的地方，路岩也死在杨收死的那一张床上，得了现世报。

唐朝后期的朋党斗争，彼此寻找借口，互相排斥，崩溃是不可避免的了。

三、无行朝官的拍马术。僖宗乾符二年（875），秋七月，蝗虫由东向西铺天盖地飞来，蝗虫所过之地，寸草不留，禾稼吃光，一片赤地。京兆尹杨知至上奏朝廷说："蝗虫侵入京郊，不吃禾稼，成群的闯向荆棘而死。"宰相百官都向僖宗庆贺。胡三省评论说："杨国忠上奏连日大雨不伤害禾稼，韩晃上奏连日大雨没损害盐场。现今杨知至上奏蝗虫不吃禾稼自抱荆棘而死。唐室的朝官欺骗皇上的积习由来已久。"如此这般疯狂地拍马术，已丧失了人性。秦朝赵高指鹿为马，朝官在高压下说谎，还有几分人性，晚唐君臣自欺说谎，丧尽人性。唐之朝官，还不如秦末之朝官。"指鹿为马"与"蝗不食禾"都是亡国之音。没有了真假是非，国不亡何待！

四、无德武人便是屠夫。懿宗咸通十一年（870），南诏侵犯西川，成都兵力不足，杨庆复出赏金招募勇敢之士三千人，号为"突将"，即冲锋陷阵之将。杨庆复依靠这支主力军打退了南诏，立下赫赫战功，保卫了成都。"突将"经过战争洗礼后被正式编入了官军。僖宗乾符二年（875），南诏再次大举入侵西川，朝廷调天平节度使高骈为西川节度使进驻成都。高骈曾在安南打败南诏，朝廷很是依赖他，高骈也自以为能，骄横不可一世。南诏退兵以后，高骈裁减突将，引起突将不满。四月，部分突将要驱逐高骈，监军出面平息骚乱。高骈表面答应不裁减突将，却暗中布置军力，屠杀突将。过了两个月，在六月二十日辛未那一天夜里，高骈采取行动，不但包围突击将军营，而且包围突将的家属，军士越墙破门而入，不分男女老幼、孕妇病人，全部抓去杀死，连婴儿也不能幸免，有的被扑杀在石阶上，有的被摔死在柱子下，血流成河，号哭之声震天动地，一共杀了数千人。有一个妇女愤怒地大骂高骈不得好死。作为一镇节度使的高骈，完全是一个屠夫。朝廷后来任命高骈为扬州大都督府长史、淮南节度使，与黄巢作战，高骈却欲行割据，失去朝廷信任，为其部将所杀，遭灭族。

五、卢携上奏称百姓深陷涂炭。卢携，字子升，范阳人。大中九年进士及第，授集贤校理。咸通中为右拾遗、殿中侍御史，历官长安县令、郑州刺史、谏议大夫，乾符初任翰林学士，拜中书舍人。乾符四年入相。卢携内倚宦官田令孜，外结高骈为援，掌控朝政，随心所欲，是一个权奸。黄巢入长安，卢携罢相，当夜服毒自杀。即使是这样一个权奸，他目睹当时战乱中黎民深重灾难，为了维护唐皇室的统治，也上书言事。乾符元年正月，卢携上奏僖宗，深以国事为忧。卢携上奏说："陛下刚登上帝位，要关心百姓。去年关东地区大旱，秋天庄稼没有收成。贫穷的人把蓬蒿的种子舂碎当面粉，把槐树叶子采来当粮食。现在到处都在闹饥荒，讨饭都没地方，饥民只好坐守在乡间，等死在沟壑。可是州县官府要上供和交三司的税钱，他们就用鞭子去抽打饥民，拆房砍树，逼交税钱。租税之外，还有徭役。朝廷不爱惜百姓，

百姓一点谋生的办法也没有。希望皇上敕令各州县立即停收拖欠的残税，还要打开各地的义仓赈济饥民。”朝廷虽然发下照办的敕令，但是各部门并不执行，赈济成了一纸空文。朝命失去了权威，统治不能照旧进行下去，人民没法生活，大起义的条件完全成熟。卢携上奏的当年，即公元 874 年，淮州人王仙芝在长垣起义。次年，即公元 875 年，冤句人黄巢也聚众起义，响应王仙芝。黄巢攻击唐州县，数月间众至数万。唐末黄巢大起义，就这样爆发了。

资治通鉴（文白对照本） 卷第二百五十三

唐纪六十九

唐僖宗乾符四年至广明元年（877—880年）

【起强圉作噩（丁酉，877年），尽上章困敦（庚子，880年）十月，凡三年有奇】

【大事提要】

本卷记事起公元877年，讫公元880年十月，凡三年又十个月。当唐僖宗乾符四年至广明元年十月。这一时期最重大的事件是朝廷围剿王仙芝、黄巢农民军，王仙芝和黄巢在大江南北、东南浙闽乃至岭南，流动作战。公元878年，王仙芝犯江陵，先胜后败，官军追剿，在今湖北黄梅县大破王仙芝军，杀了王仙芝。第二年，公元878年，黄巢退出唐朝重兵设防的河南，转战东南，打击唐朝财赋所出的生命线。黄巢率领农民军走遍长江、闽江、珠江，在大范围内流动作战。公元880年，黄巢从广州北上，又回到河南，众数十万，唐军望风溃逃。在黄巢纵横江南之时，北方沙陀人李国昌、李克用父子又反于代地，打击唐王朝，使唐王朝雪上加霜。唐王朝已处在风雨飘摇之中，而唐僖宗仍游宴无度，好走马击毬，甚至以击毬胜负选节度，任用大将如同儿戏。宦官田令孜专权，宰臣不以国事民生为忧。唐室危如累卵。

【原文】

僖宗惠圣恭定孝皇帝上之下

乾符四年（丁酉，877年）

春，正月，王郢诱鲁寔入舟中，执之，将士从寔者皆奔溃。朝廷闻之，以右龙武大将军宋皓为江南诸道招讨使，先征诸道兵外，更发忠武、宣武、感化三道、宣、泗二州兵，新旧合万五千余人，并受皓节度。二月，郢攻陷望海镇，掠明州，又攻台州，陷之，刺史王葆退守唐兴。诏二浙、福建各出舟师以讨之。

王仙芝陷鄂州。

黄巢陷郓州，杀节度使薛崇。

南诏酋龙嗣立以来，为边患殆二十年，中国为之虚耗，而其国中亦疲弊。酋龙卒，谥曰景庄皇帝；子法立，改元贞明承智大同，国号鹤拓，亦号大封人。

法好畋猎酣饮，委国事于大臣。闰月，岭南西道节度使辛谠奏南诏遣陁西段瑳宝等来请和，且言“诸道兵戍邕州岁久，馈饷之费，疲弊中国，请许其和，使羸瘵息肩”。诏许之。谠遣大将杜弘等赍书币，送瑳宝还南诏，但留荆南、宣歙数军戍邕州，自余诸道兵什减其七。

王郢横行浙西，镇海节度使裴璩严兵设备，不与之战，密招其党朱实降之，散其徒六七千人，输器械二十余万，舟航、粟帛称是。敕以实为金吾将军。于是郢党离散。郢收余众，东至明州，甬桥镇遏使刘巨容以筒箭射杀之，余党皆平。璩，谞之从曾孙也。

（以上为第一段，写官军剿灭叛贼王郢。）

三月，黄巢陷沂州。

夏，四月，壬申朔，日有食之。

贼帅柳彦璋剽掠江西。

陕州军乱，逐观察使崔碣；贬碣怀州司马。

黄巢与尚让合兵保查牙山。

五月，甲子，以给事中杨损为陕虢观察使。损至官，诛首乱者。损，嗣复之子也。

【语译】

僖宗惠圣恭定孝皇帝上之下

唐僖宗乾符四年（丁酉，877年）

春季，正月，王郢将鲁寔引诱到船上后，就把他抓了起来，跟随鲁寔的将士都逃散了。朝廷听到这个消息后，任命右龙武大将军宋皓为江南诸道招讨使，除征发各道兵以外，再调发忠武、宣武、感化三道和宣、泗两州的军队，新旧共一万五千多人，都交给宋皓统一指挥。二月，王郢攻下望海镇，抢掠明州，又攻陷台州，台州刺史王葆退到唐兴县据守。朝廷诏令两浙和福建各调派舟师进讨王郢。

王仙芝攻下鄂州。

黄巢攻下郓州，杀死了节度使薛崇。

南诏自酋龙继位以来，在边疆为祸害将近二十年，国家为了抵御南诏耗费了大量的钱财，而南诏国内也因此疲敝不堪。酋龙死后，谥号称景庄皇帝；他的儿子法继立，改年号为贞明承智大同，国号鹤拓，也称大封人。

南诏王法喜欢打猎饮酒，把国事交给大臣去办。闰二月，岭南西道节度使辛谠奏报说南诏派陀西段瑳宝等人来请和，并且说："各道调来戍守邕州的军队时间太长了，需要大量的粮饷，弄得国家很疲敝，请求答应和他们媾和，以使贫穷病弱的民众得到喘息之机。"朝廷下诏答应了。辛谠派遣大将杜弘等人带着书信和礼物，送段瑳宝回南诏，只留下荆南和宣歙几支军队戍守邕州，其余各道派来的军队十成中减了七成。

王郢横行于浙西地区，镇海节度使裴璩严兵防守，不和他交战，秘密招降他的同党朱实，拆散了他的徒众六七千人，交来器械二十多万件，舟船、粮食、绸帛等同样很多。朝廷敕令任命朱实为金吾将军，这样王郢的党羽就逐渐离散了。王郢收集余下的一部分人，向东到了明州，甬桥镇谒使刘巨容用筒箭把王郢射死了，其余的同党被全部平定。裴璩是裴谞的侄曾孙。

三月，黄巢攻下沂州。

夏季，四月初一日壬申，发生日食。

贼帅柳彦璋劫掠江西地区。

陕州军队发生叛乱，把观察使崔碣赶走了；朝廷贬崔碣为怀州司马。

黄巢和尚让合兵守卫查牙山。

五月二十四日甲子，任命给事中杨损为陕虢观察使。杨损上任以后，诛杀发动叛乱的首恶者。杨损是杨嗣复的儿子。

初，桂管观察使李瓒失政，支使薛坚石屡规正之，瓒不能从。及瓒被逐，坚石摄留务，移牒邻道，禁遏乱兵，一方以安。诏擢坚石为国子博士。

六月，柳彦璋袭陷江州，执刺史陶祥，使祥上表，彦璋亦自附降状。敕以彦璋为右监门将军，令散众赴京师；以左武卫将军刘秉仁为江州刺史。彦璋不从，以战舰百余固湓江为水寨，剽掠如故。

忠武都将李可封戍边还，至邠州，迫胁主帅，索旧欠粮盐，留止四日，阖境震惊。秋，七月，还至许州，节度使崔安潜悉按诛之。

庚申，王仙芝、黄巢攻宋州，三道兵与战，不利，贼遂围宋威于宋州。甲寅，左威卫上将军张自勉将忠武兵七千救宋州，杀贼二千余人，贼解围遁去。

王铎、卢携欲使张自勉以所将兵受宋威节度，郑畋以为威与自勉已有疑忿，若在麾下，必为所杀，不肯署奏。八月，辛未，铎、携诉于上，求罢免；庚辰，畋请归浐川养疾，上皆不许。

王仙芝陷安州。

盐州军乱，逐刺史王承颜，诏高品牛从珪往慰谕之；贬承颜象州司户。承颜及崔碣素有政声，以严肃为骄卒所逐，朝廷与贪暴致乱者同贬，时人惜之。从珪自盐州还，军中请以大将王宗诚为刺史。诏宗诚诣阙，将士皆释罪，仍加优给。

乙卯，王仙芝陷随州，执刺史崔休徵。山南东道节度使李福遣其子将兵救随州，战死。福奏求援兵，遣左武卫大将军李昌言将凤翔五百骑赴之，仙芝遂转掠复、郢。忠武大将张贯等四千人与宣武兵援襄州，自申、蔡间道逃归；诏忠武节度使崔安潜、宣武节度使穆仁裕遣人约还。

冬，十月，邠宁节度使李侃奏遣兵讨王宗诚，斩之，余党悉平。

郑畋与王铎、卢携争论用兵于上前，畋不胜，退，复上奏，以为：

原先，桂管观察使李瓒不治理政事，支使薛坚石多次规劝纠正李瓒，李瓒不能听从。等到李瓒被赶走，薛坚石代理留下来的职务，送文牒到相邻各道，要他们制止乱兵横行，使桂州一带平安无事。朝廷诏令提拔薛坚石为国子博士。

六月，柳彦璋攻下了江州，把刺史陶祥抓起来，叫陶祥向朝廷上奏，柳彦璋把自己投降的状文附在后面。敕命柳彦璋为右监门将军，命令他解散部众后到京师去；任命左武卫将军刘秉仁为江州刺史。柳彦璋不服从朝廷命令，将战舰一百多艘固守在湓江为水寨，仍旧进行劫掠。

忠武都将李可封戍边回来，到邠州时，逼迫邠州主帅，索取旧日拖欠的粮盐，留下来闹了四天，全境震动。秋季，七月，他们回到许州，节度使崔安潜经过审问后将他们全部杀掉。

七月二十一日庚申，王仙芝、黄巢进攻宋州，平卢、宣武、忠武三道的军队和他们作战，没有取胜，叛贼便把宋威包围在宋州城。七月十五日甲寅，左威卫上将军张自勉带领忠武道的军队七千人救援宋州，杀死贼军两千余人，叛贼撤除包围逃走了。

王铎和卢携想使张自勉把他所带领的军队归宋威指挥，郑畋认为宋威和张自勉之间已经有了猜疑，若是把张自勉分在宋威手下，一定会被宋威杀掉，因此不肯在奏疏上签名。八月初三日辛未，王铎和卢携在僖宗面前申诉，要求免官；八月十二日庚辰，郑畋请求让他回泸川去养病，僖宗都没有答应。

王仙芝攻下了安州。

盐州军队中发生叛乱，把刺史王承颜赶走了，朝廷诏令高品牛从珪前去安抚告谕他们；贬王承颜为象州司户。王承颜和崔碣向来政绩很好，由于办事严格被骄横的士卒赶走，朝廷把他们同那些因为贪暴而引起叛乱的人同样贬谪，当时的人都同情他们而感到可惜。牛从珪从盐州回来时，军队中请求由大将王宗诚为刺史。朝廷诏令王宗诚入朝到京师，赦免将士的罪过，还给他们优裕的赏赐。

九月十七日乙卯，王仙芝攻下随州，把刺史崔休徵抓起来了。山南东道节度使李福派他的儿子带兵去救援随州，在战斗中阵亡。李福上奏求援兵，朝廷派左武卫大将军李昌言带领凤翔的五百名骑兵前往支援，王仙芝就转攻复州和郢州地区。忠武军的大将张贯等四千人和宣武镇的军队同去支援襄州，他们从申州和蔡州的小路上逃回本州去；朝廷诏令忠武节度使崔安潜和宣武节度使穆仁裕派人去约束将士，仍旧去救援襄州。

冬季，十月，邠宁节度使李侃上奏说已派兵去讨伐王宗诚，把他杀了，其余党徒都被平定。

郑畋和王铎、卢携在僖宗面前争论用兵的计划，郑畋没有争赢，退了出来，不

“自王仙芝俶扰，崔安潜首请会兵讨之，继发士卒，罄竭资粮，贼往来千里，涂炭诸州，独不敢犯其境。又以本道兵授张自勉，解宋州围，使江、淮漕运流通，不输寇手。今蒙尽以自勉所将七千兵令张贯将之，隶宋威。自勉独归许州，威复奏加诬毁。因功受辱，臣窃痛之。安潜出师，前后克捷非一，一旦强兵尽付他人，良将空还，若勍敌忽至，何以枝梧！臣请以忠武四千人授威，余三千人使自勉将之，守卫其境，既不侵宋威之功，又免使安潜愧耻。”时卢携不以为然，上不能决。畋复上言：“宋威欺罔朝廷，败衄狼藉。又闻王仙芝七状请降，威不为闻奏。朝野切齿，以为宜正军法。迹状如此，不应复典兵权，愿与内大臣参酌，早行罢黜。”不从。

河中军乱，逐节度使刘侔，纵兵焚掠。以京兆尹窦璟为河中宣慰制置使。

黄巢寇掠蕲、黄，曾元裕击破之，斩首四千级。巢遁去。

十一月，己酉，以窦璟为河中节度使。

招讨副使、都监杨复光遣人说谕王仙芝，仙芝遣尚君长等请降于复光，宋威遣兵于道中劫取君长等。十二月，威奏与君长等战于颍州西南，生擒以献；复光奏君长等实降，非威所擒。诏侍御史归仁绍等鞫之，竟不能明；斩君长等于狗脊岭。

黄巢陷匡城，遂陷濮州。诏颍州刺史张自勉将诸道兵击之。

江州刺史刘秉仁乘驿之官，单舟入柳彦璋水寨，贼出不意，即迎拜，秉仁斩彦璋，散其众。

王仙芝寇荆南。节度使杨知温，知至之兄也，以文学进，不知兵，或告贼至，知温以为妄，不设备。时汉水浅狭，贼自贾堑渡。

（以上为第二段，写宰相不和，唐僖宗无识断，诏令是非颠倒，功臣受屈，奸人得势，贼乱难平，兵变不断。）

久又上奏，认为:“自从王仙芝倡乱开始，崔安潜最先提出派军队共同讨伐叛乱者，接着调发士卒，尽量拿出钱粮来支持；贼军往来上千里路，使不少州县遭到破坏，唯独不敢进犯崔安潜所统辖的忠武军境内。崔安潜又把本道兵交张自勉带领，解救了宋州的围困，使得江、淮之间的漕运得以畅通，不致落入敌人手中。现在蒙恩要将张自勉带领的七千名将士全部交给张贯带领，隶属于宋威。张自勉一个人回到许州去，宋威又上奏加以诬陷和诋毁。因为立了功反而受侮辱，臣私下为这件事感到很痛心。崔安潜出兵作战以来，前后打了不少胜仗，一旦把精锐部队都交给了别人，良将空手回来，倘若强敌突然到来，又用什么去抵御敌人！臣请求只将忠武军中的四千人分给宋威，其余三千人仍由张自勉带领，守卫他所统辖的州境，这样既不侵占宋威的功劳，又避免了使崔安潜感到耻辱。”当时卢携不赞成这样办，僖宗也决定不下来。郑畋又上奏说:“宋威欺骗了朝廷，败军之将的名声远扬。又听说王仙芝七次写降表请求投诚，宋威不为王仙芝上奏，朝野之人都痛恨宋威，认为应当用军法处置他。宋威这个样子的行为表现，不应该再让他掌握兵权。希望和内大臣参议商酌，尽早把他罢官。”僖宗不答应。

河中镇军队发生叛乱，把节度使刘侔赶走了，放纵士卒去焚烧抢掠。朝廷任命京兆尹窦璟为河中宣慰制置使。

黄巢侵扰蕲州和黄州，被曾元裕打败了，被斩杀四千人。黄巢率军退走。

十一月十二日己酉，任命窦璟为河中节度使。

招讨副使、都监杨复光派人游说王仙芝，王仙芝派尚君长等向杨复光请降，宋威派军队在路上拦劫了尚君长等人。十二月，宋威上奏说和尚君长等在颍州西南作战，活捉了尚君长等人献给朝廷，杨复光上奏说尚君长等人其实是投降，不是宋威擒获的。诏令侍御史归仁绍等人审问这件事，结果还是未弄明白；于是把尚君长等人在狗脊岭斩首示众。

黄巢攻下匡城县，接着攻下了濮州。朝廷诏令颍州刺史张自勉带领各道人马进击黄巢。

江州刺史刘秉仁乘驿站车船去上任，单独乘船进入柳彦璋的水寨，叛贼没有预料到他突然到来，即时迎拜，刘秉仁杀了柳彦璋，解散了他的部众。

王仙芝进犯荆南。节度使杨知温是杨知至的哥哥，由于文学优异被提拔，不知用兵打仗之事，有人告诉他叛贼将要打来，杨知温以为是瞎说的，不做防御的准备。当时汉水水浅河狭，叛贼从贾堑渡过了汉水。

五年（戊戌，878 年）

春，正月，丁酉朔，大雪，知温方受贺，贼已至城下，遂陷罗城。将佐共治子城而守之，及暮，知温犹不出。将佐请知温出抚士卒，知温纱帽皂裘而行，将佐请知温擐甲以备流矢。知温见士卒拒战，犹赋诗示幕僚，遣使告急于山南东道节度使李福，福悉其众自将救之。时有沙陀五百在襄阳，福与之俱，至荆门，遇贼，沙陀纵骑奋击，破之。仙芝闻之，焚掠江陵而去。江陵城下旧三十万户，至是死者什三四。

壬寅，招讨副使曾元裕大破王仙芝于申州东，所杀万人，招降散遣者亦万人。敕以宋威久病，罢招讨使，还青州；以曾元裕为招讨使，颍州刺史张自勉为副使。

庚戌，以西川节度使高骈为荆南节度使兼盐铁转运使。

振武节度使李国昌之子克用为沙陀副兵马使，戍蔚州。时河南盗贼蜂起，云州沙陀兵马使李尽忠与牙将康君立、薛志勤、程怀信、李存璋等谋曰："今天下大乱，朝廷号令不复行于四方，此乃英雄立功名富贵之秋也。吾属虽各拥兵众，然李振武功大官高，名闻天下，其子勇冠诸军，若辅以举事，代北不足平也。"众以为然。君立，兴唐人；存璋，云州人；志勤，奉诚人也。

会大同防御使段文楚兼水陆发运使，代北荐饥，漕运不继，文楚颇减军士衣米；又用法稍峻，军士怨怒。尽忠遣君立潜诣蔚州说克用起兵，除文楚而代之。克用曰："吾父在振武，俟我禀之。"君立曰："今机事已泄，缓则生变，何暇千里禀命乎！"于是尽忠夜帅牙兵攻牙城，执文楚及判官柳汉璋系狱，自知军州事，遣召克用。克用帅其众趣云州，行收兵，二月，庚午，至城下，众且万人，屯于斗鸡台下。壬申，尽忠遣使送符印，请克用为防御留后。癸酉，尽忠械文楚等五人送斗鸡台下，克用令军士剐而食之，以骑践其骸。甲戌，克用入府舍视事。令将士表求敕命，朝廷不许。

唐僖宗乾符五年（戊戌，878年）

春季，正月初一日丁酉，大雪，杨知温正在接受僚属的拜贺，叛贼已到达城下，攻下了外城。将佐们共同修治内城据守着，到傍晚时，杨知温还没有出来巡视。将佐请求杨知温出来安抚士卒，杨知温戴着乌纱帽，穿着黑皮袍来了，将佐请他穿上铠甲，以防备流矢。杨知温看到戍卒们抗击敌人，还吟诗给幕僚们欣赏，同时派使者向山南东道节度使李福告急，李福亲自带着他的全部人马前来救援。当时有沙陀兵五百人在襄阳，李福和他们一道去荆南，到荆门时，碰上了贼军，沙陀骑兵勇猛进击，把贼军打败了。王仙芝听到被打败的消息后，在江陵城外焚烧抢掠一番之后就离开了。江陵城下原来有三十万户人家，在这次战争中被杀的十成中有三四成。

正月初六日壬寅，招讨副使曾元裕在申州东大败王仙芝军，杀死了一万人，招降遣散的也有一万人。朝廷敕命说，由于宋威长久患病，免去了他的招讨使职务，让他回青州去；任命曾元裕为招讨使，颍州刺史张自勉为副招讨使。

正月十四日庚戌，调西川节度使高骈为荆南节度使兼盐铁转运使。

振武节度使李国昌的儿子李克用为沙陀副兵马使，戍守蔚州。当时在黄河以南各个地方，盗贼纷纷出现，云州沙陀兵马使李尽忠和牙将康君立、薛志勤、程怀信、李存璋等人谋划说："现今天下大乱，朝廷号令已不能达到四境各个地方，这就是英雄们建功立业得富贵的大好时机。我们虽各自拥兵众，而振武节度使李国昌功劳大，官位高，天下知名，他儿子的勇敢在各军中名列前茅，假如辅助他们起来独立，代北地方就很容易平定下来。"众人都认为是这样。康君立是蔚州兴唐县人；李存璋是云州人；薛志勤是奉诚都督府人。

适逢大同防御使段文楚兼水陆发运使，代北地方连年饥荒，漕运一时供应不上，段文楚就减少了一些应发给军士的衣服和粮食；另外执行法令又非常严峻，军士对他既怨恨又恼怒。李尽忠派康君立暗地到蔚州劝说李克用起兵，除掉段文楚并取代他的职务。李克用说："我父亲在振武，等我禀告他一声。"康君立说："现在机密之事已泄露出来了，迟迟不动手就会发生变故，哪里有时间向千里之外的父亲请示呢！"于是李尽忠就在夜晚带领牙兵进攻云州防御使府的牙城，把段文楚和判官柳汉璋抓起来关进监狱，自己主持大同军云州的政事，派人叫李克用来云州。李克用带领他的军队赶往云州，一路上又发展部队，二月初四日庚午，到达云州城下，军队将近一万人，屯驻在斗鸡台下。二月初六日壬申，李尽忠派使者将符节印信送给李克用，请他担任大同防御使留后。二月初七癸酉，李尽忠将段文楚等五人戴上刑械送到斗鸡台下，李克用命令军士剐了他们的肉吃掉，让骑兵践踏他们的尸骨。二月初八日甲戌，李克用进入州刺史处理政事。叫骑士向朝廷上奏表请求任职的敕命，朝廷没有答应。

李国昌上言：“乞朝廷速除大同防御使；若克用违命，臣请帅本道兵讨之，终不爱一子以负国家。”朝廷方欲使国昌谕克用，会得其奏，乃以司农卿支详为大同军宣慰使，诏国昌语克用，令迎候如常仪，除克用官，必令称惬。又以太仆卿卢简方为大同防御使。

贬杨知温为郴州司马。

曾元裕奏大破王仙芝于黄梅，杀五万余人，追斩仙芝，传首，余党散去。

（以上为第三段，写贼寇祸乱江陵。官军调整部署，破斩王仙芝。）

黄巢方攻亳州未下，尚让帅仙芝余众归之，推巢为主，号冲天大将军，改元王霸，署官属。巢袭陷沂州、濮州。既而屡为官军所败，乃遗天平节度使张杨书，请奏之。诏以巢为右卫将军，令就郓州解甲，巢竟不至。

加山南东道节度使李福同平章事，赏救荆南之功也。

三月，群盗陷朗州、岳州。曾元裕屯荆、襄，黄巢自滑州略宋、汴，乃以副使张自勉充东南面行营招讨使。黄巢攻卫南，遂攻叶、阳翟。诏发河阳兵千人赴东都，与宣武、昭义兵二千人共卫宫阙；以左神武大将军刘景仁充东都应援防遏使，并将三镇兵，仍听于东都募兵二千人。景仁，昌之孙也。又诏曾元裕将兵径还东都，发义成兵三千守轘辕、伊阙、河阴、武牢。

王仙芝余党王重隐陷洪州，江西观察使高湘奔湖口。贼转掠湖南，别将曹师雄掠宣、润。诏曾元裕、杨复光引兵救宣、润。

湖南军乱，都将高杰逐观察使崔瑾。瑾，郾之子也。

黄巢引兵渡江，攻陷虔、吉、饶、信等州。

（以上为第四段，写黄巢为起义军首领，在河南流窜作战。）

朝廷以李克用据云中，夏，四月，以前大同军防御使卢简方为振武节度使，以振武节度使李国昌为大同节度使，以为克用必无以拒也。

诏以东都军储不足，贷商旅富人钱谷以供数月之费，仍赐空名殿中侍御史告身五通，监察御史告身十通，有能出家财助国稍多者赐之。时

李国昌上奏说：“请求朝廷赶快任命大同防御使；要是李克用不服从命令，臣请求带领本道兵去讨伐他，我最终不会为了爱护一个儿子而背负国家的。”朝廷正准备让李国昌转告李克用，恰好收到他的奏文，就任命司农卿支详为大同军宣慰使，诏令把李国昌的话告诉李克用，让他用常规礼仪迎接宣慰使，并保证任命李克用的官职会让他满意。又任命太仆卿卢简方为大同防御使。

贬杨知温为郴州司马。

曾元裕奏报说在黄梅县大破王仙芝，杀了五万多人，追斩了王仙芝，传首于京师，余党逃散而去。

黄巢正在进攻亳州，尚未攻下来，尚让带领王仙芝的余众归附于他，推举黄巢为首领，号冲天大将军，黄巢改年号为王霸，任命官属。黄巢攻下了沂州和濮州。在这以后，黄巢多次被官军打败，于是就给天平节度使张裼一封信，请他转奏朝廷，表示愿意投降。朝廷诏令任命黄巢为右卫将军，命令他就在郓州解散军队，去朝廷任职，黄巢终究没有去。

加给山南东道节度使李福同平章事官衔，以奖赏他救援荆南的功劳。

三月，群盗攻下朗州和岳州。招讨使曾元裕屯驻在荆州和襄州一带，黄巢从滑州侵扰宋州和汴州一带，朝廷于是任命招讨副使张自勉为东南面行营招讨使。黄巢进攻卫南县，接着转攻叶县和阳翟县。诏令调发河阳镇军队一千人去东都，和宣武、昭义的军队两千人共同保卫东都的宫殿楼阙；又任命左神武大将军刘景仁为东都应援防遏使，并指挥三镇的援军，还让他在东都招募两千人的兵员。刘景仁是刘昌的孙子。又诏令曾元裕带领部队直接回东都，调义成军三千人分别驻守轘辕、伊阙、河阴、虎牢四个关隘要地。

王仙芝的余党王重隐攻下洪州，江西观察使高湘跑往湖口镇。叛贼转掠湖南，别将曹师雄攻打宣州和润州地区。朝廷诏令曾元裕和杨复光救援宣州和润州。

湖南的官军中发生叛乱，都将高杰把观察使崔瑾赶走了。崔瑾是崔郾的儿子。

黄巢带领部队渡过长江，攻下虔、吉、饶、信等四州。

朝廷看到李克用据有云中，夏季，四月，任命前大同军防御使卢简方为振武节度使，任命振武节度使李国昌为大同节度使，认为这样做李克用一定没有理由拒绝。

朝廷诏令说，由于东都军队所需的储备不够用，向商人和富有之家借贷钱谷以供数月的消费，又准备空白殿中侍御史任命书五份，监察御史任命书十份，以便赏

连岁旱、蝗，寇盗充斥，耕桑半废，租赋不足，内藏虚竭，无所佽助。兵部侍郎、判度支杨严三表自陈才短，不能济办，辞极哀切，诏不许。

曹师雄寇湖州，镇海节度使裴璩遣兵击破之。王重隐死，其将徐唐莒据洪州。

饶州将彭幼璋合义营兵克复饶州。

南诏遣其酋望赵宗政来请和亲，无表，但令督爽牒中书，请为弟而不称臣。诏百僚议之，礼部侍郎崔澹等以为："南诏骄僭无礼，高骈不识大体，反因一僧呫嗫卑辞诱致其使，若从其请，恐垂笑后代。"高骈闻之，上表与澹争辩，诏谕解之。澹，玙之子也。

五月，丙申朔，郑畋、卢携议蛮事，携欲与之和亲，畋固争以为不可。携怒，拂衣起，袂罥砚堕地，破之。上闻之，曰："大臣相诟，何以仪刑四海！"丁酉，畋、携皆罢为太子宾客、分司。以翰林学士承旨、户部侍郎豆卢瑑为兵部侍郎，吏部侍郎崔沆为户部侍郎，并同平章事。

时宰相有好施者，常使人以布囊贮钱自随，行施丐者，每出，褴褛盈路。有朝士以书规之曰："今百姓疲弊，寇盗充斥，相公宜举贤任能，纪纲庶务，捐不急之费，杜私谒之门，使万物各得其所，则家给人足，自无贫者，何必如此行小惠乎！"宰相大怒。

邕州大将杜弘送段瑳宝至南诏，逾年而还。甲辰，辛谠复遣摄巡官贾宏、大将左瑜、曹朗使于南诏。

（以上为第五段，写朝廷羁縻南诏。宰臣好施舍，务虚誉，不以国事民生为忧。）

李国昌欲父子并据两镇，得大同制书，毁之，杀监军，不受代，与李克用合兵陷遮虏军，进击宁武及岢岚军。卢简方赴振武，至岚州而薨。

丁巳，河东节度使窦瀚发民堑晋阳。己未，以都押牙康传圭为代州刺史，又发土团千人赴代州。土团至城北，娖队不发，求优赏。时府库空竭，瀚遣马步都虞候邓虔往慰谕之，土团剐虔，床舁其尸入府。瀚与

给那些能拿出较多家财帮助国家的人。当时连年发生旱灾和蝗灾，地方上寇盗很多，从事农耕和桑蚕的人减少了一半，租赋收不上来，国家仓库里空虚了，没有财物可供开支。兵部侍郎、判度支杨严三次上奏表自我陈述才力不够，不能保证国家的财政开支，请求解除他的判度支职务，言辞非常恳切，诏令不允许。

曹师雄侵扰湖州，镇海节度使裴璩派军队打败了他。王重隐去世，他的将领徐唐莒据守洪州。

饶州将领彭幼璋联合义营兵收复了饶州。

南诏派遣酋望赵宗政向唐朝请求和亲，没有奏表，只是叫督爽向中书省写了文牒，自请为弟弟而不称臣下。诏令百官们商议这件事，礼部侍郎崔澹等人认为："南诏骄傲越上而无礼貌，高骈又不识大体，反而由一个和尚通过卑躬屈膝说好话使南诏派来使者，要是答应了他们的请求，担心给后代留下笑柄。"高骈听到了这种议论，上奏表和崔澹争辩，僖宗下诏令告谕调解了他们的争论。崔澹是崔玙的儿子。

五月初一日丙申，郑畋和卢携讨论关于南诏的问题，卢携主张答应和亲，郑畋坚决认为不能那么办。卢携大怒，拂衣站起身来，衣袖把砚台挂到地上打破了。僖宗听说了这件事，说："大臣彼此之间互相诟骂，怎么能作为全国的榜样！"五月初二日丁酉，把郑畋和卢携都降职为太子宾客、分司东都。任命翰林学士承旨、户部侍郎豆卢瑑为兵部侍郎，吏部侍郎崔沆为户部侍郎，二人同时都担任同平章事。

当时宰相中有喜欢施舍的人，常常叫人用布袋子装些钱跟随自己，施舍给乞丐们，每次外出，穿着破衣服的乞丐挤满了道路。有朝士写信规劝他们说："现在老百姓很贫穷，强盗很多，相公们应当推举贤能之人出来做官，把国家各项工作抓起来，减少不急需的费用，堵塞徇私舞弊的门路，使各种事务处置恰当，各得其所，那么人人有饭吃，就没有贫穷之人了，又何必这样施舍一点小恩小惠呢！"宰相们听了很不高兴。

邕州大将杜弘送段瑳宝到南诏后，过了一年才回来。五月初九日甲辰，辛谠又派摄巡官贾宏，大将左瑜、曹朗出使到南诏去。

李国昌想父子同时据有两个方镇，受到委任为大同节度使的诏书后，把它撕毁了，又把监军杀死，不接受替代，和李克用合兵攻下遮虏军，再进攻宁武军和岢岚军。卢简方在往振武军途中，到岚州时去世。

五月二十二日丁巳，河东节度使窦澣调发民夫挖掘晋阳城护城河。五月二十四日己未，任命都押牙康传圭为代州刺史，又调发土团一千人去代州防卫。土团到达晋阳城北时，整顿好队伍，却不行进，要求给予优厚的赏赐。当时府库空竭，窦澣

监军自出慰谕，人给钱三百，布一端，众乃定。押牙田公锷给乱军钱布，众遂劫之以为都将，赴代州，澣借商人钱五万缗以助军。朝廷以澣为不才，六月，以前昭义节度使曹翔为河东节度使。

王仙芝余党剽掠浙西，朝廷以荆南节度使高骈先在天平有威名，仙芝党多郓人，乃徙骈为镇海节度使。

沙陀焚唐林、崞县，入忻州境。

秋，七月，曹翔至晋阳；己亥，捕土团杀邓虔者十三人，杀之。义武兵至晋阳，不解甲，讙噪求优赏，翔斩其十将一人，乃定。发义成、忠武、昭义、河阳兵会于晋阳，以御沙陀。八月，戊寅，曹翔引兵救忻州。沙陀攻岢岚军，陷其罗城。败官军于洪谷，晋阳闭门城守。

黄巢寇宣州，宣歙观察使王凝拒之，败于南陵。巢攻宣州不克，乃引兵攻浙东，开山路七百里，攻剽福建诸州。

九月，平卢军奏节度使宋威薨。

辛丑，以诸道行营招讨使曾元裕领平卢节度使。

壬寅，曹翔暴薨。丙午，昭义兵大掠晋阳，坊市民自共击之，杀千余人，乃溃。

中书侍郎、同平章事李蔚罢为东都留守。以吏部尚书郑从谠为中书侍郎、同平章事。从谠，余庆之孙也。

以户部尚书、判户部事李都同平章事兼河中节度使。

冬，十月，诏昭义节度使李钧、幽州节度使李可举与吐谷浑酋长赫连铎、白义诚、沙陀酋长安庆、萨葛酋长米海万，合兵讨李国昌父子于蔚州。十一月，岢岚军翻城应沙陀。丁未，以河东宣慰使崔季康为河东节度、代北行营招讨使。沙陀攻石州，庚戌，崔季康救之。

十二月，甲戌，黄巢陷福州，观察使韦岫弃城走。

南诏使者赵宗政还其国。中书不答督爽牒，但作西川节度使崔安潜书意，使安潜答之。

崔季康及昭义节度使李钧与李克用战于洪谷，两镇兵败，钧战死。昭义兵还至代州，士卒剽掠，代州民杀之殆尽，余众自鸦鸣谷走归上党。

派遣马步都虞候邓虔前去安慰晓谕他们，土团把邓虔凌迟处死了，并用床抬着邓虔的尸体进入节度使府。窦瀚和监军亲自出来安慰晓谕，每人发三百文钱，一端布，土团部众才安定下来。押牙田公锷经手给乱军发钱和布，兵众就劫持他为都将，开赴代州。窦瀚向商人借了五万串钱用来作为军费开支。朝廷认为窦瀚没有才干，六月，任命前昭义节度使曹翔为河东节度使。

王仙芝余党在浙西一带侵扰，朝廷认为荆南节度使高骈原先在天平军任职时有威名，而王仙芝的党羽多半是郓州地方人，于是就调高骈为镇海节度使。

沙陀军焚烧了唐林和崞县，进入忻州境内。

秋季，七月，曹翔到达晋阳；七月初五日己亥，把土团中杀邓虔的十三人抓起来杀掉了。义武军的士兵到达晋阳后，不脱下铠甲，喧闹着要求优厚的赏赐，曹翔杀了一名十将，才使军队安定下来。朝廷调发义成、忠武、昭义、河阳各镇的军队都来到晋阳，以便抵御沙陀兵。八月十五日戊寅，曹翔带领军队去援救忻州。沙陀进攻岢岚军，攻下了外城，在洪谷打败了官军，晋阳因此关闭城门进行防守。

黄巢侵扰宣州，宣歙观察使王凝进行抵抗，在南陵打败了黄巢。黄巢没有攻下宣州，就带领部队向浙东进攻，开辟山路七百里，攻掠福建各州地方。

九月，平卢军奏报说节度使宋威去世。

九月初九日辛丑，任命诸道行营招讨使曾元裕兼任平卢节度使。

九月初十日壬寅，曹翔突然去世。十四日丙午，昭义兵大掠晋阳，街坊市民自动组织起来攻击他们，杀死一千多人，乱兵溃散而去。

中书侍郎、同平章事李蔚被降职为东都留守。任命吏部尚书郑从谠为中书侍郎、同平章事。郑从谠是郑余庆的孙子。

任命户部尚书、判户部事李都为同平章事兼河中节度使。

冬季，十月，诏令昭义节度使李钧、幽州节度使李可举和吐谷浑酋长赫连铎、白义诚，沙陀酋长安庆，萨葛酋长米海万，合兵于蔚州讨伐李国昌父子。十一月初三日甲午，岢岚军翻出城接应沙陀军。十一月十六日丁未，任命河东宣慰使崔季康为河东节度使、代北行营诏讨使。沙陀军进攻石州，十一月十九日庚戌，崔季康派兵前去救援。

十二月十三日甲戌，黄巢攻下福州，观察使韦岫丢下州城逃走了。

南诏使者赵宗政回南诏了。中书省没有给督爽回文牒，只是令西川节度使崔安潜用写信的方式，回文南诏。

崔季康和昭义节度使李钧与李克用在洪谷展开大战，河东、昭义两镇兵被打败，李钧阵亡。昭义兵回到代州，士卒们进行抢掠，代州民众把他们绝大部分都杀掉了，残余士兵从鸦鸣谷跑回上党。

王郢之乱，临安人董昌以土团讨贼有功，补石镜镇将。是岁，曹师雄寇二浙，杭州募诸县乡兵各千人以讨之，昌与钱塘刘孟安、阮结、富阳闻人宇、盐官徐及、新城杜稜、余杭凌文举、临平曹信各为之都将，号杭州八都，昌为之长。其后宇卒，钱塘人成及代之。临安人钱镠以骁勇事昌，以功为石镜都知兵马使。

（以上为第六段，写贼乱未平，沙陀部李克昌、李克用父子又反于代北。）

六年（己亥，879年）

春，正月，魏王佾薨。

镇海节度使高骈遣其将张璘、梁缵分道击黄巢，屡破之，降其将秦彦、毕师铎、李罕之、许勍等数十人，巢遂趣广南。彦，徐州人；师铎，冤句人；罕之，项城人也。

贾宏等未至南诏，相继卒于道中，从者死亦太半。时辛谠已病风痹，召摄巡官徐云虔，执其手曰："谠已奏朝廷发使入南诏，而使者相继物故，奈何？吾子既仕则思徇国，能为此行乎？谠恨风痹不能拜耳。"因呜咽流涕。云虔曰："士为知己死！明公见辟，恨无以报德，敢不承命！"谠喜，厚具资装而遣之。

二月，丙寅，云虔至善阐城，骠信见大使抗礼，受副使已下拜。己巳，骠信使慈双羽、杨宗就馆谓云虔曰："贵府牒欲使骠信称臣，奉表贡方物；骠信已遣人自西川入唐，与唐约为兄弟，不则舅甥。夫兄弟舅甥，书币而已，何表贡之有？"云虔曰："骠信既欲为弟、为甥，骠信景庄之子，景庄岂无兄弟，于骠信为诸父，骠信为君，则诸父皆称臣，况弟与甥乎！且骠信之先，由大唐之命，得合六诏为一，恩德深厚，中间小忿，罪在边鄙。今骠信欲修旧好，岂可违祖宗之故事乎！顺祖考，孝也；事大国，义也；息战争，仁也；审名分，礼也。四者，皆令德也，可不勉乎！"骠信待云虔甚厚，云虔留善阐十七日而还。骠信以木夹二授云虔，其一上中书门下，其一牒岭南西道，然犹未肯奉表称贡。

（以上为第七段，写南诏拒绝称臣纳贡。）

在王郢叛乱的时候，临安人董昌领导土团讨贼立了功，补授董昌为石镜镇的镇将。这一年，曹师雄侵扰两浙，杭州招募各县乡兵各一千人来讨伐他，董昌和钱塘人刘孟安、阮结，富阳人闻人宇，盐官人徐及，新城人杜稜，余杭人凌文举，临平人曹信等担任各部乡兵的都将，号称杭州八都，董昌为八都的首领。不久以后，闻人宇死了，由钱塘人成及接替他。临安人钱镠由于骁勇成为董昌部下，因为立了功升任为石镜都知兵马使。

唐僖宗乾符六年（己亥，879 年）

春季，正月，魏王李佾去世。

镇海节度使高骈派遣他的属将张璘和梁缵分路进攻黄巢，多次打败了黄巢，并接受了黄巢部下的将领秦彦、毕师铎、李罕之、许勍等数十人的投降，黄巢跑到广南。秦彦是徐州人；毕师铎是冤句人；李罕之是项城人。

贾宏等人还未到达南诏，相继在路上死去，跟随的人也多半死了。当时辛谠已经得了风痹病，召来摄巡官徐云虔，拉着他的手说："我辛谠已经上奏朝廷派遣使者去南诏，然而使者在路上接连死去，怎么办呢？先生既然做了官，那么就要想到为国出力，能不能担任出使南诏的任务？我辛谠只恨得了风痹病不能向你下拜了。"接着低声哭泣而流涕。徐云虔说："士为知己死！我既得到明公的重用，常常感到惭愧，不知如何报答你的恩德，一定接受你的托付！"辛谠很高兴，备了丰厚的钱物和行装打发他启程了。

二月初六日丙寅，徐云虔到达南诏的善阐城，骠信接见使者时采用平等的礼仪，并接受副使以下的人行拜见礼。二月初九日己巳，骠信使慈双羽、杨宗到客馆对徐云虔说："贵府牒文中的意思是想使骠信称臣下，送上奏表并进贡地方特产；骠信已派人从西川去唐朝，与唐朝商定为兄弟关系，不然就称舅甥关系。兄弟或舅甥关系，来往中只要有书信、礼物就可以了，为什么还要奏表贡物呢？"徐云虔回答说："骠信既然想为弟或为甥，骠信是景庄帝的儿子，景庄帝难道没有兄弟吗，他们对于骠信来说，就是伯父或叔父，骠信做了国君，那么伯父或叔父都要称臣，何况是弟弟或外甥呢！况且骠信的祖先，由大唐进行册命，使六诏统一为一个国家，恩德是很深厚的，中间发生过小的纠纷，只是由于边界地区的官吏有过错。现在骠信想恢复旧日的友好关系，怎么可以违犯祖宗的旧例不称臣呢！顺应祖考的旧规是孝的表现，侍奉大国是义的行为，息止战争是有仁爱之心，审定名分是讲究礼节。这四个方面的表现都是美德，能不努力去做吗！"骠信接待徐云虔很优厚，徐云虔在善阐停留了十七天就回国了。骠信交给徐云虔两个装文件的木夹，其中一个是给朝廷中书门下省的，一个是给岭南西道的；然而还是没有答应奉表称臣纳贡。

辛未，河东军至静乐，士卒作乱，杀孔目官石裕等。壬申，崔季康逃归晋阳。甲戌，都头张锴、郭昢帅行营兵攻东阳门，入府，杀季康。辛巳，以陕虢观察使高浔为昭义节度使，以邠宁节度使李侃为河东节度使。

三月，天平军节度使张裼薨，牙将崔君裕自知州事，淄州刺史曹全晸讨诛之。

夏，四月，庚申朔，日有食之。

西川节度使崔安潜到官不诘盗，蜀人怪之。安潜曰："盗非所由通容则不能为。今穷核则应坐者众，搜捕则徒为烦扰。"甲子，出库钱千五百缗，分置三市，置榜其上曰："有能告捕一盗，赏钱五百缗。盗不能独为，必有侣，侣者告捕，释其罪，赏同平人。"未几，有捕盗而至者，盗不服，曰："汝与我同为盗十七年，赃皆平分，汝安能捕我！我与汝同死耳。"安潜曰："汝既知吾有榜，何不捕彼以来！则彼应死，汝受赏矣。汝既为所先，死复何辞！"立命给捕者钱，使盗视之，然后剐盗于市，并灭其家。于是诸盗与其侣互相疑，无地容足，夜不及旦，散逃出境，境内遂无一人之盗。

安潜以蜀兵怯弱，奏遣大将赍牒诣陈、许募壮士，与蜀人相杂，训练用之，得三千人，分为三军，亦戴黄帽，号黄头军。又奏乞洪州弩手，教蜀人用弩走丸而射之，选得千人，号神机弩营。蜀兵由是浸强。

（以上为第八段，写西川节度使崔安潜智计除盗，强化蜀兵。）

凉王侹薨。

上以群盗为忧，王铎曰："臣为宰相之长，在朝不足分陛下之忧，请自督诸将讨之。"乃以铎守司徒兼侍中，充荆南节度使、南面行营招讨都统。

五月，辛卯，敕赐河东军士银。牙将贺公雅所部士卒作乱，焚掠三城，执孔目官王敬送马步司。节度使李侃与监军自出慰谕，为之斩敬于牙门，乃定。

泰宁节度使李系，晟之曾孙也，有口才而实无勇略，王铎以其家世良将，奏为行营副都统兼湖南观察使，使将精兵五万并土团屯潭州，以

二月十一日辛未，河东军到静乐，士卒们发动叛乱，杀死孔目官石裕等人。二月十二日壬申，崔季康逃回晋阳。二月十四日甲戌，都头张锴、郭昢带领行营兵进攻晋阳东阳门，进入节度使府，杀了崔季康。二月二十一日辛巳，朝廷任命陕虢观察使高浔为昭义节度使，任命邠宁节度使李侃为河东节度使。

三月，天平军节度使张裼去世，牙将崔君裕自己主持州中政事，淄州刺史曹全晸讨伐并杀了崔君裕。

夏季，四月初一日庚申，发生日食。

西川节度使崔安潜上任后没有查究盗贼，蜀人感到很奇怪。崔安潜说："强盗如果没有地方官吏包容就不能有所作为。现在如果严格查究，那么被牵连的人就会很多，进行搜捕的话，就要烦扰地方。"四月初五日甲子，从官库取出一千五百串钱，分别摆在三个市场上，在上面挂出告示，说："有能够告捕一名强盗的，赏钱五百串。强盗不能一个人干，一定有同伙，同伙的人检举揭发，免掉他本人的罪，赏钱同平常人一样。"没有多久，有捕盗的人来了，被捕的强盗不服气，说："你和我一同做强盗有十七年之久，抢到的赃物都是平均分给，你怎么能捉我！我和你都应该处死。"崔安潜说："你既然知道我贴出了告示，为什么不把他捕捉送来！如果那样，他应当被处死，你就要得到赏钱了。你既然被他先走了一步，要被处死还有什么可说的！"立即命令给捕盗的人赏钱，使强盗看着，然后把强盗在市场凌迟处死，并且把他的全家人都杀掉了。于是那些强盗和同伙们互相猜疑，没有地方可以立足了，等不到天亮，就分散逃出本地，自此境内一个强盗也没有了。

崔安潜觉得蜀兵胆小软弱，奏报朝廷后派大将带着文牒到陈州、许州一带招募壮士，然后和蜀人混杂在一起，经过训练后调用，共有三千人，分为三个军营，也和忠武军一样带黄帽，号黄头军。又奏请洪州的弓弩手，教蜀人用弩箭射移动靶子，选出了一千人，号称神机弩营。经过这样训练安排，蜀兵逐渐强大起来。

凉王李侹去世。

僖宗疑虑着群盗的事，王铎上奏说："臣为宰相的首脑，在朝廷不能够分担陛下的忧虑，请求亲自去督导诸将讨伐群盗。"于是任命王铎守司徒兼侍中，充任荆南节度使、南面行营招讨都统。

五月初二日辛卯，敕令赏赐河东军士银两。牙将贺公雅的部下士卒发动叛乱，焚烧抢掠晋阳三城，把孔目官王敬抓起来送到马步司。节度使李侃和监军亲自出来慰问告谕，又应他们的要求在牙门前把王敬杀了，才使乱兵们安定下来。

泰宁军节度使李系，是李晟的曾孙，口才很好实际上却没有什么谋略，王铎认为他家世代都是良将，上奏推举他担任行营副都统兼湖南观察使，要他带领精兵

塞岭北之路，拒黄巢。

河东都虞候每夜密捕贺公雅部卒，族灭之。丁巳，余党近百人称“报冤将”，大掠三城，焚马步都虞候张锴、府城都虞候郭昢家。节度使李侃下令，以军府不安，曲顺军情，收锴、昢，斩于牙门，并逐其家。以贺公雅为马步都虞候。锴、昢临刑，泣言于众曰：“所杀皆捕盗司密申，今日冤死，独无烈士相救乎！”于是军士复大噪，篡取锴、昢归都虞候司。寻下令，复其旧职，并召还其家；收捕盗司元义宗等三十余家，诛灭之。己未，以马步都教练使朱玫等为三城斩斫使，将兵分捕报冤将，悉斩之，军城始定。

黄巢与浙东观察使崔璆、岭南东道节度使李迢书，求天平节度使，二人为之奏闻；朝廷不许。巢复上表求广州节度使，上命大臣议之。左仆射于琮以为：“广州市舶宝货所聚，岂可令贼得之！”亦不许，乃议别除官。六月，宰相请除巢府率，从之。

河东节度使李侃以军府数有乱，称疾，请寻医。敕以代州刺史康传圭为河东行军司马，征侃诣京师。秋，八月，甲子，侃发晋阳。寻以东都留守李蔚同平章事，充河东节度使。

（以上为第九段，写河东节度使李侃无威略，多次发生兵变。）

镇海节度使高骈奏：“请以权舒州刺史郎幼复充留后，守浙西，遣都知兵马使张璘将兵五千于郴州守险，兵马留后王重任将兵八千于循、潮二州邀遮，臣将万人自大庾岭趣广州击黄巢。巢闻臣往，必当遁逃，乞敕王铎以所部兵三万于梧、桂、昭、永四州守险。”诏不许。

九月，黄巢得率府率告身，大怒，诟执政，急攻广州，即日陷之，执节度使李迢，转掠岭南州县。巢使迢草表述其所怀，迢曰：“予代受国恩，亲戚满朝，腕可断，表不可草。”巢杀之。

冬，十月，以镇海节度使高骈为淮南节度使，充盐铁转运使，以泾原节度使周宝为镇海节度使，以山南东道行军司马刘巨容为节度使。宝，平州人也。

五万人和土团驻扎在潭州，用以堵塞岭北的通道，抵御黄巢北犯。

河东都虞候每夜秘密捕捉贺公雅的部卒，将他们全家杀掉，五月二十八日丁巳，余党近百人号称报冤将，大肆在晋阳三城中劫掠，放火烧了马步都虞候张锴和府城都虞候郭昢的家。节度使李侃下令说，由于军府不安，需要委曲顺从军情，于是收捕张锴和郭昢，在牙门前处斩，并把他们的家属流放到外地去，任命贺公雅为马步都虞候。张锴、郭昢在临刑时哭泣着对大家说："我们所杀戮的人都是根据捕盗司的秘密命令干的，现在被冤屈而死，难道就没有正直勇敢的人相救吗！"于是军士们又大闹起来，抢出张锴和郭昢回到都虞候司。不久，李侃又下令，恢复张锴和郭昢原来的官职，并把他们的家属又召回来；随即把捕盗司元义宗等三十多家的人都抓起来，把他们全部杀掉。五月三十日己未，任命马步都教练使朱玫等为三城斩斫使，带领士兵分头捕捉报冤将，把他们全部杀了，军城才安定下来。

黄巢写信给浙东观察使崔璆和岭南东道节度使李迢，要求担任天平节度使，二人为黄巢奏报了朝廷；朝廷不答应。黄巢又上奏表要求担任广州节度使，僖宗命令大臣讨论这件事。左仆射于琮认为："广州是海外商船来往、财宝聚积之地，怎么能让叛贼得到它！"也没有答应，于是讨论另外给黄巢一个官职。六月，宰相请求任命黄巢为率府率，僖宗答应了。

河东节度使李侃由于军府多次发生叛乱，借口有病，请求让他去就医。朝廷敕命用代州刺史康传圭为河东行军司马，征调李侃回到京师去。秋季，八月初七日甲子，李侃从晋阳启程。不久，任命东都留守李蔚为同平章事，充任河东节度使。

镇海节度使高骈上奏说："请求任命暂任的舒州刺史郎幼复担任镇海留后，据守浙西，派遣都知兵马使张璘带领五千军队在郴州守卫险要地方，兵马使留后王重任带领八千军队在循州和潮州一带邀击遮拦敌人，臣自己带领一万军队从大庾岭赶往广州进击黄巢。黄巢听说臣前去攻打他，一定会逃跑，请求朝廷命令王铎从他的部队中调三万人去梧州、桂州、昭州和永州据守险要关隘。"僖宗不答应。

九月，黄巢收到朝廷任命他为率府率的凭证，大怒，辱骂宰相，猛攻广州，当天就攻下了，抓住了节度使李迢，转而劫掠岭南各州县。黄巢叫李迢草拟奏表表述他的抱负，李迢说："我家族世世代代受到国家的恩惠，亲戚中很多人都在朝廷任职，哪怕砍断我的手腕，奏表也是不能写的。"黄巢就把他杀了。

冬季，十月，任命镇海节度使高骈为淮南节度使，并充任盐铁转运使，调泾原节度使周宝为镇海节度使，提升山南东道行军司马刘巨容为节度使。周宝是平州人。

黄巢在岭南，士卒罹瘴疫死者什三四，其徒劝之北还以图大事，巢从之。自桂州编大筏数十，乘暴水，沿湘江而下，历衡、永州，癸未，抵潭州城下。李系婴城不敢出战，巢急攻，一日，陷之，系奔朗州。巢尽杀戍兵，流尸蔽江而下。尚让乘胜进逼江陵，众号五十万。时诸道兵未集，江陵兵不满万人，王铎留其将刘汉宏守江陵，自帅众趣襄阳，云欲会刘巨容之师。铎既去，汉宏大掠江陵，焚荡殆尽，士民逃窜山谷，会大雪，僵尸满野。后旬余，贼乃至，汉宏，兖州人也，帅其众北归为群盗。

闰月，丁亥朔，河东节度使李蔚有疾，以供军副使李邵权观察留后，监军李奉皋权兵马留后。己丑，蔚薨。都虞候张锴、郭昢署状绌邵，以少尹丁球知观察留后。

十一月，戊午，以定州已来制置使万年王处存为义武节度使，河东行军司马、雁门关已来制置使康传圭为河东节度使。

黄巢北趣襄阳，刘巨容与江西招讨使淄州刺史曹全晸合兵屯荆门以拒之。贼至，巨容伏兵林中，全晸以轻骑逆战，阳不胜而走，贼追之，伏发，大破贼众，乘胜逐北，比至江陵，俘斩其什七八。巢与尚让收余众渡江东走。或劝巨容穷追，贼可尽也。巨容曰："国家喜负人，有急则抚存将士，不爱官赏，事宁则弃之，或更得罪；不若留贼以为富贵之资。"众乃止。全晸渡江追贼，会朝廷以泰宁都将段彦谟代为招讨使，全晸亦止，由是贼势复振，攻鄂州，陷其外郭，转掠饶、信、池、宣、歙、杭十五州，众至二十万。

康传圭自代州赴晋阳，庚辰，至乌城驿；张锴、郭昢出迎，乱刀斫杀之，至府，又族其家。

十二月，以王铎为太子宾客、分司。

初，兵部尚书卢携尝荐高骈可为都统，至是，骈将张璘等屡破黄巢，乃复以携为门下侍郎、平章事，凡关东节度使，王铎、郑畋所除者，多易置之。

是岁，桂阳贼陈彦谦陷郴州，杀刺史董岳。

黄巢在岭南，士卒中得瘴疫病死的十人中就有三四人，他的手下人劝他回到北方去以便建立大的功业，黄巢采纳了他们的意见。他们在桂州编扎大木排数十个，乘着涨大水，沿湘江而下，经过永州和衡州地区，十月二十七日癸未，抵达潭州城下。湖南观察使李系环城据守着不敢出战，黄巢紧急进攻，经过一天，就攻下了潭州，李系逃奔朗州。黄巢把守城的士卒都杀了，向下游漂流的尸体满江都是。尚让乘胜进逼江陵，号称有五十万人马。当时各道援军尚未赶来，江陵驻扎的军队还不到一万人，王铎留下他的部将刘汉宏守江陵，自己带领一部分军队跑去襄阳，说是想和刘巨容会师。王铎离开了以后，刘汉宏在江陵大肆抢掠，把房屋都焚烧光了，士民逃窜到山谷中避祸。适逢下大雪，冻死的尸体漫山遍野。隔了十多天，叛贼才到达。刘汉宏是兖州人，他带领部下回到北方做了强盗。

闰十月初一日丁亥，河东节度使李蔚得了病，任命供军副使李邵暂为观察留后，监军李奉皋暂为兵马留后。闰十月初三日己丑，李蔚去世。都虞候张锴和郭昢联名上奏状要求罢免李邵，任命少尹丁球知观察留后。

十一月初三日戊午，任命定州已来制置使万年人王处存为义武节度使，河东行军司马、雁门关已来制置使康传圭为河东节度使。

黄巢的部队向北面的襄阳进发，刘巨容和江西招讨使、淄州刺史曹全晸的军队汇合驻扎在荆门抵御黄巢。叛贼到达时，刘巨容在丛林中设下埋伏，曹全晸派轻骑迎战，假装被打败逃走，叛贼追赶他们，伏兵突然出现，大破贼众，乘胜追赶他们，等到江陵时，俘虏和歼灭了黄巢部队的十分之七八。黄巢和尚让收集余众渡过长江，向东而去。有人劝刘巨容尽力追赶黄巢，说这样可以把叛贼全部消灭。刘巨容说："国家喜欢做对不起别人的事，有了紧急情况就对将士安抚存问，不吝惜官爵和赏赐，事情安定以后就抛弃了他们，有的还被治罪；不如让叛贼留下来作为我们取得富贵的一种凭借。"众人就停止了追赶贼军。曹全晸渡江追击叛贼，遇上朝廷任命泰宁都将段彦谟接替他为招讨使，曹全晸也停止了追击黄巢。这样一来，叛贼的势力又振兴起来，进攻鄂州，攻下了外城，随后转掠饶、信、池、宣、歙、杭等十五州，军队发展到了二十万人。

康传圭从代州赶往晋阳，十一月二十五日庚辰，到达乌城驿；张锴和郭昢前去迎接，被乱刀砍死，康传圭到军府后，又把他们全家杀了。

十二月，调王铎为太子宾客，分司东都。

原先，兵部尚书卢携曾推荐高骈，说他可担任都统之职，到这时，高骈手下的将领张璘等人多次打败黄巢，于是又任命卢携为门下侍郎、平章事，关东各地的节度使，凡是王铎、郑畋所任命的，多半都换了另外的人担任。

这一年，桂阳叛贼陈彦谦攻下郴州，把刺史董岳杀掉了。

（以上为第十段，写黄巢下广州，北上中原，一路势如破竹。官军大胜于江陵，纵寇东走，留贼以为自存之资。）

广明元年（庚子，880 年）

春，正月，乙卯朔，改元。

沙陀入雁门关，寇忻、代。二月，庚戌，沙陀二万余人逼晋阳，辛亥，陷太谷。遣汝州防御使博昌诸葛爽帅东都防御兵救河东。

河东节度使康传圭，专事威刑，多复仇怨，强取富人财。遣前遮虏军使苏弘轸击沙陀于太谷，至秦城，遇沙陀，战不利而还，传圭怒，斩弘轸。时沙陀已还代北，传圭遣都教练使张彦球将兵三千追之。壬戌，至百井，军变，还趣晋阳。传圭闭城拒之，乱兵自西明门入，杀传圭；监军周从寓自出慰谕，乃定，以彦球为府城都虞候。朝廷闻之，遣使宣慰曰："所杀节度使，事出一时，各宜自安，勿复忧惧。"

左拾遗侯昌业以盗贼满关东，而上不亲政事，专务游戏，赏赐无度，田令孜专权无上，天文变异，社稷将危，上疏极谏。上大怒，召昌业至内侍省，赐死。

上好骑射、剑槊、法算，至于音律、蒱博，无不精妙；好蹴鞠、斗鸡，与诸王赌鹅，鹅一头至五十缗。尤善击毬，尝谓优人石野猪曰："朕若应击毬进士举，须为状元。"对曰："若遇尧、舜作礼部侍郎，恐陛下不免驳放。"上笑而已。

度支以用度不足，奏借富户及胡商货财；敕借其半。盐铁转运使高骈上言："天下盗贼蜂起，皆出于饥寒，独富户、胡商未耳。"乃止。

高骈奏改扬子院为发运使。

（以上为第十一段，写沙陀扰边、节镇兵变、关东流寇猖獗，唐僖宗仍游宴无度，杀戮谏官，田令孜专权，唐王室已在风雨飘摇中。）

三月，庚午，以左金吾大将军陈敬瑄为西川节度使。敬瑄，许州人，

唐僖宗广明元年（庚子，880年）

春季，正月初一日乙卯，改年号为广明。

沙陀军队进入雁门关，侵扰忻、代二州。二月二十六日庚戌，沙陀兵两万余人逼近晋阳，二月二十七日辛亥，攻占太谷县。朝廷派遣汝州防御使博昌人诸葛爽带领东都防御兵救援河东镇。

河东节度使康传圭，只晓得使用严刑峻法，复仇报怨，用强暴手段夺取富人的财物。康传圭派遣遮虏军使苏弘轸去进攻太谷的沙陀军队，到秦城时，遇上了沙陀兵，被打败后退回来，康传圭大怒，把苏弘轸杀了。当时沙陀兵已经退回到代北，康传圭派遣都教练使张彦球带领三千人马去追击他们。三月初九日壬戌，到百井，军队中发生变乱，转回晋阳。康传圭关闭城门抵御乱兵，乱兵从西明门攻入城，杀死了康传圭；监军周从寓亲自出来慰问晓谕他们，才安定下来，任命张彦球为府城都虞候。朝廷听到这个消息后，派遣使者宣慰说："杀节度使一事出于一时的激愤，各人应当安定下来，不要再忧愁恐惧了。"

左拾遗侯昌业看到盗贼遍布关东各地，而僖宗又不亲自处理政事，只知道一味游玩，赏赐没有限制，田令孜专权而不把僖宗放在眼里，天象也发生异常的现象，国家处在危险之中，于是上疏直言进谏。僖宗看了奏疏大怒，把侯昌业召到内侍省，将他处死。

僖宗喜欢骑马射箭，玩剑弄槊，算数计度，至于音律和博戏，没有不精通到极点的；又爱好击毬、斗鸡，与诸王赌鹅，鹅一头达到五十缗钱。尤其精于打马毬，他曾经对优人石野猪说："我要是参加打马毬进士的考试，一定是状元。"石野猪回答说："要是遇上尧舜担任礼部侍郎，恐怕陛下难免要被放黜。"僖宗听了之后一笑了之。

度支由于用度不足，上奏要求借富户和胡商的货财；敕命向他们借一半。盐铁转运使高骈上奏说："天下盗贼纷纷发生，都是由于饥寒的缘故，只有富户和胡商没有因饥寒而动乱。"于是停止向他们借钱。

高骈上奏改杨子院为发运使。

三月十七日庚午，任命左金吾大将军陈敬瑄为西川节度使。陈敬瑄是许州人，

田令孜之兄也。

初，崔安潜镇许昌，令孜为敬瑄求兵马使，安潜不许。敬瑄因令孜得隶左神策军，数岁，累迁至大将军。令孜见关东群盗日炽，阴为幸蜀之计，奏以敬瑄及其腹心左神策大将军杨师立、牛勖、罗元杲镇三川，上令四人击毬赌三川，敬瑄得第一筹，即以为西川节度使，代安潜。

辛未，以门下侍郎、同平章事郑从谠同平章事，充河东节度使。康传圭既死，河东兵益骄，故以宰相镇之，使自择参佐。从谠奏以长安令王调为节度副使，前兵部员外郎、史馆修撰刘崇龟为节度判官，前司勋员外郎、史馆修撰赵崇为观察判官，前进士刘崇鲁为推官。时人谓之小朝廷，言名士之多也。崇龟、崇鲁，政会之七世孙也。时承晋阳新乱之后，日有杀掠，从谠貌温而气劲，多谋而善断，将士欲为恶者，从谠辄先觉，诛之，奸轨惕息。为善者抚待无疑，如张彦球有方略，百井之变，非其本心，独推首乱者杀之，召彦球慰谕，悉以兵柄委之，军中由是遂安。彦球为从谠尽死力，卒获其用。

（以上为第十二段，写权奸专政，唐僖宗以击毬胜负选节度，如同儿戏。）

淮南节度使高骈遣其将张璘等击黄巢屡捷，卢携奏以骈为诸道行营都统。骈乃传檄征天下兵，且广召募，得土客之兵共七万，威望大振，朝廷深倚之。

安南军乱，节度使曾衮出城避之，诸道兵戍邕管者往往自归。

夏，四月，丁酉，以太仆卿李琢为蔚、朔等州招讨都统、行营节度使。琢，听之子也。

张璘渡江击贼帅王重霸，降之；屡破黄巢军，巢退保饶州，别将常宏以其众数万降。璘攻饶州，克之，巢走。时江、淮诸军屡奏破贼，率皆不实，宰相已下表贺，朝廷差以自安。

以李琢为蔚朔节度使，仍充都统。

以杨师立为东川节度使，牛勖为山南西道节度使。

以诸葛爽为北面行营副招讨。

初，刘巨容既还襄阳，荆南监军杨复光以忠武都将宋浩权知府事，

为田令孜的哥哥。

原先，崔安潜镇守许昌，田令孜为陈敬瑄请求担任兵马使，崔安潜不答应。陈敬瑄通过田令孜得到左神策军的职务，经过数年，累迁到大将军。田令孜看到关东群盗一天比一天多起来，暗地里打算将来到蜀地避乱，上奏请求任命陈敬瑄和他的心腹左神策大将军杨师立、牛勖、罗元杲镇守三川，僖宗命令四人通过打马毬比赛以得三川的职位，陈敬瑄得到第一场胜利，就任命他为西川节度使，以取代崔安潜。

三月十八日辛未，调门下侍郎、同平章事郑从谠为同平章事，充任河东节度使。康传圭死了以后，河东兵更加骄横，所以派宰相去镇守那个地方，让他自己选择属官。郑从谠奏请任命长安令王调为节度副使，前兵部员外郎、史馆修撰刘崇龟为节度判官，前司勋员外郎、史馆修撰赵崇为观察判官，前进士刘崇鲁为推官。当时人称这套班子为小朝廷，是说其中名士很多。刘崇龟和刘崇鲁，都是刘政会的第七代孙。当时是在晋阳新乱之后，每天都有杀掠，郑从谠表面待人温和而个性却很强劲，为人多谋而善断，将士中想做坏事的人，郑从谠每每能在事先发觉，把他们杀掉，这样坏人都感到震惊恐惧。郑从谠对于善良的人安抚接待，从不猜疑，他知道张彦球有谋略，百井的兵变不是张彦球本来的意愿，于是只查出首先倡乱的人并处以死刑，召张彦球来对他进行安慰和晓谕，又把兵权都交给了他，由于这样，军队中就安定了。张彦球为郑从谠尽死力效劳，最终发挥了很大的作用。

淮南节度使高骈派遣他的将领张璘等进攻黄巢，多次打胜仗，卢携上奏任命高骈为诸道行营兵马都统。高骈于是传檄征集天下兵马，又广为招募兵员，获得土兵和客兵共七万人，威望大大提高，朝廷深深地倚靠他。

安南军队中发生叛乱，节度使曾衮出城躲避，各道派去戍守邕管地方的军队往往自动回本道去了。

夏季，四月十四日丁酉，任命太仆卿李琢为蔚、朔等州招讨都统、行营节度使。李琢是李听的儿子。

张璘渡过长江进攻贼帅王重霸，迫使他投降。由于黄巢的军队屡次被打败，黄巢退到饶州以自保，别将常宏带领部下数万人向官军投降。张璘进攻饶州，攻下来了，黄巢逃走。当时江、淮各路军队屡次奏报说打败了贼军，大多不是事实，宰相以下的官员上奏表道贺，朝廷稍觉安稳一些。

任命李琢为蔚朔节度使，仍然担任都统职务。

任命杨师立为东川节度使，牛勖为山南西道节度使。

任命诸葛爽为北面行营副招讨。

原先，刘巨容回襄阳去了，荆南监军杨复光派忠武军都将宋浩暂时主持节度使

泰宁都将段彦謩以兵守其城。诏以浩为荆南安抚使，彦謩耻居其下。浩禁军士翦伐街中槐柳，彦謩部卒犯令，浩杖其背，彦謩怒，挟刃驰入，并其二子杀之。复光奏浩残酷，为众所诛；诏以彦謩为朗州刺史，以工部侍郎郑绍业为荆南节度使。

五月，丁巳，以汝州防御使诸葛爽为振武节度使。

刘汉宏之党浸盛，侵掠宋、兖；甲子，征东方诸道兵讨之。

黄巢屯信州，遇疾疫，卒徒多死。张璘急击之，巢以金啖璘，且致书请降于高骈，求保奏；骈欲诱致之，许为之求节钺。时昭义、感化、义武等军皆至淮南，骈恐分其功，乃奏贼不日当平，不烦诸道兵，请悉遣归。朝廷许之。贼诇知诸道兵已北渡淮，乃告绝于骈，且请战。骈怒，令璘击之，兵败，璘死，巢势复振。

（以上为第十三段，写高骈贪功纵贼，贻害无穷。）

乙亥，以枢密使西门思恭为凤翔监军。丙子，以宣徽使李顺融为枢密使。皆降白麻，于閤门出案，与将相同。

西川节度使陈敬瑄素微贱，报至蜀，蜀人皆惊，莫知为谁。有青城妖人乘其声势，帅其党诈称陈仆射，马步使瞿大夫觉其妄，执之，沃以狗血，即引服，悉诛之。六月，庚寅，敬瑄至成都。

黄巢别将陷睦州、婺州。

卢携病风不能行，谒告，己亥，始入对，敕勿拜，遣二黄门掖之。携内挟田令孜，外倚高骈，上宠遇甚厚，由是专制朝政，高下在心。既病，精神不完，事之可否决于亲吏杨温、李修，货赂公行。豆卢瑑无他材，专附会携。崔沆时有启陈，常为所沮。

庚子，李琢奏沙陀二千来降。琢时将兵万人屯代州，与卢龙节度使李可举、吐谷浑都督赫连铎共讨沙陀。李克用遣大将高文集守朔州，自

府的政事，泰宁军都将段彦謩派兵守护江陵城；朝廷诏令宋浩为荆南安抚使，段彦謩以位在宋浩之下为耻。宋浩禁止军士砍伐街道中的槐树和柳树，段彦謩的部卒犯了禁令，宋浩用刑杖击他的背，段彦謩大怒，带着刀子跑到宋浩家，把宋浩及其两个儿子都杀了。杨复光上奏说宋浩残忍，被兵众诛杀；诏令任命段彦謩为朗州刺史，任命工部侍郎郑绍业为荆南节度使。

五月初四日丁巳，任命汝州防御使诸葛爽为振武节度使。

刘汉宏的党徒逐渐强盛，侵扰宋州和兖州；五月十一日甲子，征调东方各道的军队去讨伐刘汉宏。

黄巢屯驻信州，遇上了传染病，士卒中死了不少人。张璘加紧进攻他，黄巢用金钱收买张璘，并且写信请求向高骈投降，并要求高骈转奏朝廷保举他；高骈想用引诱的办法抓住黄巢，答应为他请求节度使官职。当时昭义、感化、义武等军都到了淮南，高骈担心他们分享了他的功劳，于是上奏说叛贼不多久就要被扫平，不需烦扰各道的军队，请求全部遣调回本道。朝廷答应了。叛贼探听到各道的军队已经北去并渡过淮河，就和高骈断绝关系，并且向他挑战。高骈大怒，命令张璘进击黄巢，官军被打败，张璘战死，黄巢的势力又振兴起来了。

五月二十二日乙亥，任命枢密使西门思恭为凤翔镇监军。五月二十三日丙子，任命宣徽使李顺融为枢密使。都是用白麻纸书写诏命，由阁门发出，和任命将相时的规格一样。

西川节度使陈敬瑄出身微贱，当任职公报传到蜀地时，蜀人都感到吃惊，不知道陈敬瑄是一个什么样的人。有一个青城县妖人利用陈敬瑄的声势，带领他的党徒假称是陈仆射，住在客馆中，叫巡虞候取白马来，神情很紧急，马步使瞿大夫察觉他们是假装的，就把他们抓了起来，用狗血淋他们的头，这些人承认了罪过，随即杀了他们。六月初八日庚寅，陈敬瑄到达成都。

黄巢的将领攻下睦州和婺州。

卢携因为得了风痛病不能行走，请假在家养病，六月十七日己亥，才入朝见僖宗，敕令不要下拜，派了两个黄门官扶着他。卢携在朝廷内仗着田令孜的势力，在朝廷外倚靠高骈的军队，僖宗对他给以优厚的待遇，这样一来他专掌朝廷大权，随心所欲地行使权力。卢携得了病以后，精神不好，政事完全由他的亲信杨温和李修做最后裁决，使得行贿赂的事公开进行。豆卢瑑没有其他才干，只会附会卢携。崔沆不时有所陈奏，常常被豆卢瑑从中阻隔破坏。

六月十八日庚子，李琢上奏说沙陀有两千人前来投降。李琢当时带领军队一万人驻扎在代州，与卢龙节度使李可举、吐谷浑都督赫连铎共同讨伐沙陀。李克用派

将其众拒可举于雄武军。铎遣人说文集归国，文集执克用将傅文达，与沙陀酋长李友金、萨葛都督米海万、安庆都督史敬存皆降于琢，开门迎官军。友金，克用之族父也。

庚戌，黄巢攻宣州，陷之。

刘汉宏南掠申、光。

赵宗政之还南诏也，西川节度使崔安潜表以崔澹之说为是，且曰："南诏小蛮，本云南一郡之地；今遣使与和，彼谓中国为怯，复求尚主，何以拒之！"上命宰相议之。卢携、豆卢琢上言："大中之末，府库充实。自咸通以来，蛮两陷安南、邕管，一入黔中，四犯西川，征兵运粮，天下疲弊，逾十五年，租赋太半不入京师，三使、内库由兹空竭，战士死于瘴疠，百姓困为盗贼，致中原榛杞，皆蛮故也。前岁冬，蛮不为寇，由赵宗政未归。去岁冬，蛮不为寇，由徐云虔复命，蛮尚有觊望。今安南子城为叛卒所据，节度使攻之未下，自余戍卒，多已自归，邕管客军，又减其半。冬期且至，傥蛮寇侵轶，何以枝梧！不若且遣使臣报复，纵未得其称臣奉贡，且不使之怀怨益深，坚决犯边，则可矣。"乃作诏赐陈敬瑄，许其和亲，不称臣，令敬瑄录诏白，并移书与之，仍增赐金帛。以嗣曹王龟年为宗正少卿充使，以徐云虔为副使，别遣内使，共赍诣南诏。

（以上为第十四段，写官军打败李克用父子，代北暂安。唐与南诏以平等礼构和。）

秋，七月，黄巢自采石渡江，围天长、六合，兵势甚盛。淮南将毕师铎言于高骈曰："朝廷倚公为安危，今贼数十万众乘胜长驱，若涉无人之境，不据险要之地以击之，使逾长淮，不可复制，必为中原大患。"骈以诸道兵已散，张璘复死，自度力不能制，畏怯不敢出兵，但命诸将严备，自保而已，且上表告急，称："贼六十余万屯天长，去臣城无五十里。"先是，卢携谓"骈有文武长才，若悉委以兵柄，黄巢不足平。"朝野虽有谓骈不足恃者，然犹庶几望之。及骈表至，上下失望，人情大骇。诏书责骈散遣诸道兵，致贼乘无备渡江。骈上表言："臣奏闻遣归，亦非自专。今臣竭力保卫一方，必能济办；但恐贼迤逦过淮，宜急敕东道将

遣大将高文集据守朔州，亲自带领部下在雄武军抵御李可举。赫连铎派人去劝说高文集回到唐朝来，高文集于是把李克用的将领傅文达抓起来，和沙陀酋长李友金、萨葛都督米海万、安庆都督史敬存一起向李琢投降，打开城门迎接官军。李友金是李克用的族父。

六月二十八日庚戌，黄巢进攻宣州，把它攻下来了。

刘汉宏向南攻掠申州和光州。

赵宗政回南诏以后，西川节度使崔安潜上表认为崔澹的主张是正确的，并且说："南诏小蛮，本来只处在云南一个郡的地方；现在派使者去与他议和，他们会以为中原很软弱，如果接下来又要求娶公主，我们怎么拒绝他呢！"僖宗命令宰相们讨论这个问题。卢携和豆卢瑑上奏说："大中末年，府库很充实。从咸通年间以来，蛮人两次攻下安南和邕管，一次侵入黔中，四次进犯西川，国家征兵运粮，使得全国人民很疲敝，在十五年多的时间里，国家的租赋大半不能送到京师去，掌管财赋的三使和内库因而空虚枯竭，战士们在西南地区患瘴疠之病而死去，老百姓因贫困而成为盗贼，广大的中原地区榛杞丛生，一片荒凉，这都是和蛮人作战带来的恶果。前年冬天，蛮人没有侵扰边地，是由于赵宗政尚未回去。去年冬天，蛮人没有侵扰边地，是由于徐云虔回来复命，蛮人还抱有一线希望。现在安南的内城被叛卒所据有，节度使虽然进攻也尚未攻下，其余的戍卒，多半都自动回本道去了，邕管的客军，又减少了一半。冬天即将到来，倘若蛮人发动进攻，怎样来抵御他们呢！在这种情况下，不如暂且派遣使臣去答复，即使未能使他称臣奉贡，也不致使他怀怨更深而坚决犯边，这样也就可以了。"于是拟出诏书给陈敬瑄，答应南诏的和亲要求，可以不称臣，叫陈敬瑄把诏书抄出来，连同书信送给南诏，还增加赏赐他们的金帛。并任命嗣曹王李龟年为宗正少卿担任使者，命徐云虔为副使，另外还派遣了内使，共同带着书信财物去南诏。

秋季，七月，黄巢从采石戍渡过长江，包围了天长和六合两县，兵势甚为强盛，淮南将毕师铎对高骈说："朝廷倚靠你来决定国家的安危，现在叛贼的数十万军队乘胜长驱直入，毫无阻拦，如果不据守在险要的地方来打击他们，让他们渡过了长江和淮河，就无法控制他们了，一定会成为中原地区极大祸患。"高骈看到各道的军队都回去了，张璘又已战死，考虑到自己没有力量制止黄巢的发展，畏缩着不敢出兵作战，只是命令手下的将领严加防备，自我保存力量罢了，并且上奏表向朝廷告急，说："贼军六十多万屯驻天长县，离臣所在的城不到五十里。"原先，卢携称："高骈有文武大才，要是把兵权都交给他，黄巢是很容易平定的。"朝廷内外虽然有人认为高骈是不值得依靠的，然而还是希望他有所作为。等到高骈的奏表送到朝廷，上上

士善为御备。”遂称风痹，不复出战。

诏河南诸道发兵屯溵水，泰宁节度使齐克让屯汝州，以备黄巢。

辛酉，以淄州刺史曹全晸为天平节度使、兼东面副都统。

刘汉宏请降；戊辰，以为宿州刺史。

李克用自雄武军引兵还击高文集于朔州，李可举遣行军司马韩玄绍邀之于药儿岭，大破之，杀七千余人，李尽忠、程怀信皆死；又败之于雄武军之境，杀万人。李琢、赫连铎进攻蔚州，李国昌战败，部众皆溃，独与克用及宗族北入达靼。诏以铎为云州刺史、大同军防御使，吐谷浑白义成为蔚州刺史，萨葛米海万为朔州刺史，加李可举兼侍中。

达靼本靺羯之别部也，居于阴山。后数月，赫连铎阴赂达靼，使取李国昌父子，李克用知之，时与其豪帅游猎，置马鞭、木叶或悬针，射之无不中，豪帅心服。又置酒与饮，酒酣，克用言曰：“吾得罪天子，愿效忠而不得。今闻黄巢北来，必为中原患，一旦天子若赦吾罪，得与公辈南向共立大功，不亦快乎！人生几何，谁能老死沙碛邪！”达靼知无留意，乃止。

八月，甲午，以前西川节度使崔安潜为太子宾客、分司。

九月，东都奏：“汝州所募军李光庭等五百人自代州还，过东都，烧安喜门，焚掠市肆，由长夏门去。”

黄巢众号十五万，曹全晸以其众六千与之战，颇有杀获，以众寡不敌，退屯泗上，以俟诸军至，并力击之；而高骈竟不之救，贼遂击全晸，破之。

徐州遣兵三千赴溵水，过许昌。徐卒素名凶悖，节度使薛能，自谓前镇彭城，有恩信于徐人，馆之毬场。及暮，徐卒大噪，能登子城楼问之，对以供备疏阙，慰劳久之，方定；许人大惧。时忠武亦遣大将周岌诣溵水，行未远，闻之，夜，引兵还，比明，入城，袭击徐卒，尽杀之；且怨能之厚徐卒也，遂逐之。能将奔襄阳，乱兵追杀之，并其家。岌自

下下的人，大失所望，人们大受惊骇。诏书责备高骈遣散各道的军队，致使叛贼乘官方无防备而渡过长江。高骈上奏表说："臣奏闻朝廷以后才遣归各道的军队，又不是我擅自这样做的。现在臣尽力保卫一个地区，一定能办得到；只是担心叛贼辗转渡过淮河，应当赶紧命令关东各道将士妥善地进行防御。"此后高骈说得了风痹病，不再出兵作战。

朝廷诏令河南各道发兵屯驻溵水，泰宁节度使齐克让屯驻汝州，用以防御黄巢。

七月初九日辛酉，任命淄州刺史曹全晸为天平节度使兼东面副都统。

刘汉宏请求投降；七月十六日戊辰，任命他为宿州刺史。

李克用从雄武军带军队回来在朔州进击高文集，李可举派遣行军司马韩玄绍在药儿岭拦击他，打败李克用，杀死七千余人，李尽忠、程怀信都战死；又在雄武军境内打败李克用，杀死一万人。李琢和赫连铎进攻蔚州，李国昌被打败，部众都溃散了，他和李克用以及宗族向北进入鞑靼境内。朝廷下诏任命赫连铎为云州刺史、大同军防御使，吐谷浑白义成为蔚州刺史，萨葛米海万为朔州刺史，加给李可举兼侍中的官衔。

鞑靼本来是靺鞨的别部，居住在阴山一带。隔了几个月，赫连铎暗地贿赂鞑靼，叫他们捉拿李国昌父子，李克用知道了这件事，当时他和鞑靼部的豪帅游猎，放置马鞭、木叶或者悬针作射靶，没有不射中的，豪帅很佩服他。又设置酒宴和豪帅对饮，饮到半醉时，李克用说："我得罪了天子，愿为国家效忠也不可能了。现在听说黄巢向北打来，一定会给中原地区带来祸患，有一天天子要是赦免了我的罪过，能够和你们一道到南方去共立大功，不是很快意的事吗！人生在世有多少时间，哪个愿意在砂碛这地方过一辈子啊！"鞑靼了解到李国昌父子不会长期留在那里，就没有捕杀他们。

八月十三日甲午，调任前西川节度使崔安潜为太子宾客，分司东都。

九月，东都奏称："汝州所招募的军队李光庭等五百人从代州回来，经过东都，焚烧了洛阳安喜门，烧抢店铺，然后由长夏门离去了。"

黄巢的军队号称十五万人，曹全晸指挥部下六千人和黄巢作战，取得了不少战绩，由于寡不敌众，撤退后屯驻在泗州，以等待其他各支援军的到来，以便合力进攻黄巢；但是高骈竟然不去救援他，贼军继续攻击曹全晸，把他打败了。

徐州派遣军队三千人到溵水去，经过许昌。徐州的士卒向来以凶狠出名，许州节度使薛能，自己认为从前镇守过彭城，对于徐州人有恩信，将徐州士卒安置在毬场。到傍晚时，徐州士卒大声喧闹，薛能登上子城楼询问发生了什么事，回答说是供应太差了，薛能慰劳了很久，才安定下来；许州人看到这种情况非常害怕。当时忠武军也派遣了大将周岌到溵水去设防，离开许州不远，听到徐卒闹事的消息，当

称留后。汝、郑把截制置使齐克让恐为岌所袭，引兵还兖州，诸道屯溵水者皆散。黄巢遂悉众渡淮，所过不虏掠，惟取丁壮以益兵。

先是征振武节度使吴师泰为左金吾大将军，以诸葛爽代之。师泰见朝廷多故，使军民上表留己。冬，十月，复以师泰为振武节度使，以爽为夏绥节度使。

黄巢陷申州，遂入颍、宋、徐、兖之境，所至吏民逃溃。

群盗陷澧州，杀刺史李询、判官皇甫镇。镇举进士二十三上，不中第，询辟之。贼至，城陷，镇走，问人曰："使君免乎？"曰："贼执之矣。"镇曰："吾受知若此，去将何之！"遂还诣贼，竟与同死。

（以上为第十五段，写黄巢渡长江，过淮河，纵横河南。）

夜带军队回来，黎明时分进入城中，袭击徐卒，把他们都杀掉了；并且埋怨薛能对待徐卒的优厚待遇，就把薛能赶走了。薛能将要跑到襄阳去，乱兵追上去把薛能杀了，连家属也不放过。周岌自称忠武军留后。汝、郑把截制置使齐克让担心被周岌所袭击，带领军队回到兖州去了，于是各道驻防溵水的军队都散走了。黄巢于是命令全部人马都渡过淮河，所经过地方不掳掠，只选取壮年男子来扩充军队。

先前，征调振武节度使吴师泰为左金吾大将军，由诸葛爽接替他为振武节度使。吴师泰看到朝廷变故太多，指使军民上奏表挽留自己。冬季，十月，朝廷又任命吴师泰为振武节度使，另以诸葛爽为夏绥节度使。

黄巢攻下申州，于是进入颍、宋、徐、兖各州的境内，所到之处，官吏士民都逃散了。

群盗攻下澧州，杀死刺史李询和判官皇甫镇。皇甫镇到礼部考进士二十三次之多，还是没有考取，李询聘请他为判官。叛贼攻下澧州，皇甫镇逃时，询问别人说：“刺史逃走了吗？”别人告诉他道：“被叛贼捉住了。”皇甫镇说：“我受到刺史的知遇之恩，离开他又到什么地方去呢！”于是回转来到叛贼那里，最终与李询一同被叛贼杀死。

【点评】

本卷点评王仙芝之死、黄巢流动作战、刘巨容纵寇以为资、僖宗游宴等四事。

一、王仙芝之死。王仙芝是唐末大起义的发难者。僖宗乾符元年（874）底，王仙芝在长垣（今河南长垣东北）起义，有众数千。王仙芝自称天补平均大将军兼海内诸豪都统，传檄诸道，指陈吏贪赋重，赏罚不平，切中当时弊病，各地民众纷纷响应。第二年，即公元875年六月，王仙芝与其党尚君长攻破濮、曹二州，又打败天平节度使薛崇。这时冤句人黄巢起义响应，声势大振。当时淮南、忠武、宣武、义成、天平五镇民众同时起义，攻击州县，拖住各镇的官军。乾符三年（876），唐朝廷下令天下乡村各备弓刀器械，组织地方土团配合官军围剿叛贼。官军诸道行营招讨草贼使宋威在沂州打败王仙芝，起义军转入河南，攻破汝州，东都大震。随后南下攻唐州、邓州，关东各州县守城自保，起义军各个击破，攻下郢州、复州，又攻申、光、卢、寿、舒等州，淮南告急。

起义军形势高涨，朝廷害怕失去扬州，贡赋断绝，惶恐失措之时，蕲州刺史裴偓开门请王仙芝、黄巢进城，游说王仙芝归唐，裴偓向朝廷上奏请求官位。朝廷派中使授给王仙芝左神策军押牙监察御史，黄巢不从，责骂王仙芝，王仙芝不敢接受官职，但两人关系破裂，起义军分为两部，王仙芝、黄巢各率领一部，分头转战。

乾符四年（877），王仙芝攻破鄂州，又破安州、随州。王仙芝虽然取得胜利，但已无斗志，七次向官军提出投降，招讨使宋威都不向朝廷转奏。宋威看不起王仙芝，决心打败王仙芝立功。招讨副使宦官杨复光暗中联络王仙芝，王仙芝派尚君长直接向朝廷投降。宋威派兵截击俘获尚君长，虚报战胜擒获贼首。王仙芝请降，遭到了官军的愚弄。起义军分裂，势力削弱，王仙芝向官军摇尾，士气低落。朝廷将尚君长正法。乾符五年（878），官军在申州大破王仙芝，追击到黄梅斩杀了王仙芝。一个起义军首领，变节利用起义军的鲜血来染红一顶官帽，结果可耻地失败了。王仙芝轰轰烈烈闹了五年，给了唐政权以沉重的打击，却又因为他自己的背叛行为，葬送了这一支起义军，大大削弱了对唐朝的义军力量，使起义转入低潮。

二、黄巢流动作战。黄巢和王仙芝都是贩私盐出身。盐铁专卖，是封建专制政权的一大经济支柱。盐是生活必需品，盐利是朝廷的重要收入。唐玄宗时，盐价每斗十钱，唐肃宗时加到一百钱，涨了十倍。唐德宗时涨到每斗三百七十钱。盐税从每岁四十万缗开始，到唐代宗时已增到每岁达六百万缗，占朝廷赋税之半，宫廷费用、军队粮饷、百官俸禄都靠盐税支撑。在重利之下，贩私盐行为猖獗。从唐德宗时起，课以重罚，朝廷派大批官吏查禁私盐，凡卖私盐一石以上，处以死刑；一斗以上，处以杖刑；卖盐一升，也要处罚。于是，贩私盐的人结伙成群与官府斗争，必须有计谋和勇力，长期的斗争，产生了领袖。王仙芝和黄巢都是私盐犯，在与官

府斗争中积累了经验，尤其是黄巢，善骑射，喜任侠，有勇有谋，是一位杰出的首领。黄巢能文能武。他涉猎经传，却屡次进士不第，于是聚众响应王仙芝。私盐贩与起义群众相结合，成了一支有组织的队伍，因此官军屡讨不胜。

唐中期以后，府兵制破坏，雇佣兵成为唐政权的支柱。各地的雇佣兵分为三种情况。河北、河南军事重镇是骄兵悍将，特别是节度使的亲兵卫队，更是一群亡命之徒，往往一个人倡乱，群起附和。各节度时常发生的兵变，就是由这群骄兵悍将发起的。骄兵悍将纪律差，但战斗力强。庞勋的骨干就是这样一群武装。再一类是弱兵，军事上次要的镇，如淮南各道，有兵有将，战斗力不强，但听从朝廷指挥。第三类是虚兵，军事上不重要的地方，兵不足额，少训练，根本没有战斗力，江南东道、西道各镇就多虚兵，尤以江南东道为最。例如浙江东道设都团练观察使，治越州，辖有越、台、明等八州，各州兵都不满三百。黄巢针对这种情况，他出击避实就虚，采取大范围流动作战与官军周旋，力量壮大向中原进攻，作战不利向江淮以南转移，不守城池，流动就食。历代农民起义，总是以流动形式蓄聚力量，被称为流寇。但是黄巢流动作战，在中国农民战争史上空前绝后。他从山东转战河南，王仙芝战死，起义军转入低潮。黄巢渡过长江，转战江南东西两道，纵横今江浙闽地区，然后进入岭南，下广州，待力量壮大，北上中原，再入河南，最后破两京，在长安建立政权。黄巢流动作战，在大半个中国横冲直撞，行程数万里，创造了农民起义运动战的奇迹。

三、刘巨容纵寇以为资。刘巨容，徐州人，行伍出身为州大将。庞勋叛乱，刘巨容逃出投归官军，授埇桥镇遏使，以讨浙西王郢功，徙楚州团练使。黄巢乱江淮，朝廷任命刘巨容为襄州行军司马，不久升任山南东道节度使。乾符元年（879），黄巢由广州北上，刘巨容阻击黄巢于荆门关，大破黄巢，起义军几乎全军覆没。刘巨容生俘起义军将领十三人，黄巢乘船顺江东走，诸将乘胜追击，要擒斩黄巢。刘巨容制止追击，对诸将说："朝廷经常忘恩负义，有事时就加官厚赏，国家无事就忘了功臣，不如留下黄巢，作为发财的资本。"诸将认为说得对，放跑了黄巢。王夫之认为，武人骄悍而愚笨，不懂得国家没有了，个人身家性命也保不住，痛斥刘巨容的行为是奸巧人的借口，懿宗、僖宗虽然无道，但也没有滥杀功臣，而刘巨容负国，将遭天诛地灭。后来黄巢入长安，僖宗逃奔四川，刘巨容兵败入蜀，被田令孜所杀。王夫之所云，刘巨容将遭"天宪"即指此。（《读通鉴论》卷二十七）

四、僖宗游宴。僖宗李儇，唐懿宗第五子。李儇，原名李俨，被封普王，即位后改名李儇。李儇即位时只有十二岁，还是一个嬉游无节制的少年，在宦官引导下，整天地纵乐游宴击毬，不知治国为何物。朝政被宦官左军中尉刘行深、右军中尉韩文约，随后是田令孜掌控，小人当道，是非颠倒。当时中外大臣，只有宰相郑畋一

人忧心国事，与王铎、卢携两相政见不合，常常在僖宗面前激烈争论。招讨使宋威无能，征讨失败，被黄巢围困于宋州，忠武大将张自勉率领忠武兵救援，解了宋州之围，宋威反而嫉妒，要兼统张自勉的忠武兵。王铎、卢携支持宋威，郑畋坚决反对，如果让张自勉隶属宋威，功臣将要受害。僖宗不辨是非，支持王铎、卢携，站在了奸佞一边。王铎、卢携、宋威等，均依附宦官，常常颠倒是非，使英雄夺气。刘巨容纵寇以为资，不无原因。僖宗爱好骑射，舞枪弄棒、算术、音律，样样精通，尤长于击毬，常与诸王斗鸡斗鹅，整天嬉游无度，就是不关心国事。僖宗对身边的人说："国家开展击毬考试，朕一定是状元。"身边的人开玩笑回答说："要是尧舜在世当主考，陛下一定要落榜。"僖宗听了，哈哈大笑。

由于僖宗只是一个爱玩耍的顽童，被宦官看中，懿宗病危，宦官杀了太子及年长的诸王，立了僖宗。自幼与僖宗"同卧起"的宦官田令孜，青云直上，僖宗呼之为"父"，把"政事一委之"，田令孜为中尉，掌控了朝政。田令孜，蜀郡人，本姓陈，字仲则，随义父改为田姓入宫为宦官。田令孜替其兄陈敬瑄谋求西川节度使职位，怂恿僖宗击毬定胜负。左神策大将杨师立、牛勖、罗元杲三人都是田令孜的心腹，由他们三人与陈敬瑄四人一起击毬，三人故意输给了陈敬瑄，就这样陈敬瑄得了西川节度使职位。田令孜已经在安排逃蜀计划，唐朝处于风雨飘摇之中。

唐纪七十

唐僖宗广明元年至中和二年（880—882 年）

【起上章困敦（庚子，880 年）十一月，尽玄黓摄提格（壬寅，882 年）四月，凡一年有奇】

【大事提要】

本卷记事起公元 880 年十一月，讫公元 882 年四月，凡一年又六月。当唐僖宗广明元年十一月至中和二年四月。此时期，黄巢高奏凯歌，破东都，入长安，称帝建国号大齐，农民起义军势力达于巅峰。宦官田令孜劫持僖宗效唐玄宗入蜀。西川节度使陈瑄为田令孜死党。故田令孜入蜀，作威作福，祸害西川，陈敬瑄为虎作伥，驱良为盗。流亡的唐皇室，走到哪里，把腐败带到哪里。凤翔节度使郑畋，阻击黄巢，传檄诸镇兵联手讨贼，诸镇响应，一度攻入长安。但官军纪律败坏，入京师大肆抢劫，黄巢乘机杀回马枪，再入长安。黄巢初入长安纪律严明，受到京师民众欢迎。黄巢大杀百官，灭唐宗室，煽起了部属流寇习气，失去了民心。黄巢再入长安，于是大杀士民，注定了他的失败。唐朝气数将尽，黄巢又非真龙天子，各地拥有强兵的藩镇，野心日炽，军阀割据称雄的局面正在到来。

【原文】

僖宗惠圣恭定孝皇帝中之上

广明元年（庚子，880 年）

十一月，河中都虞候王重荣作乱，剽掠坊市俱空。

宿州刺史刘汉宏怨朝廷赏薄，甲寅，以汉宏为浙东观察使。

诏河东节度使郑从谠以本道兵授诸葛爽及代州刺史朱玫，使南讨黄巢。乙卯，以代北都统李琢为河阳节度使。

初，黄巢将渡淮，豆卢瑑请以天平节钺授巢，俟其到镇讨之。卢携曰："盗贼无厌，虽与之节，不能止其剽掠，不若急发诸道兵扼泗州，汴州节度使为都统，贼既前不能入关，必还掠淮、浙，偷生海渚耳！"从之。既而淮北相继告急，携称疾不出，京师大恐。庚申，东都奏黄巢入汝州境。

辛酉，以王重荣权知河中留后，以河中节度使同平章事李都为太子少傅。

汝郑把截制置都指挥使齐克让奏黄巢自称天补大将军，转牒诸军云："各宜守垒，勿犯吾锋！吾将入东都，即至京邑，自欲问罪，无预众人。"上召宰相议之。豆卢瑑、崔沆请发关内诸镇及两神策军守潼关。壬戌，日南至，上开延英，对宰相泣下。观军容使田令孜奏："请选左右神策军弓弩手守潼关，臣自为都指挥制置把截使。"上曰："侍卫将士，不习征战，恐未足用。"令孜曰："昔安禄山构逆，玄宗幸蜀以避之。"崔沆曰："禄山众才五万，比之黄巢，不足言矣。"豆卢瑑曰："哥舒翰以十五万众不能守潼关，今黄巢众六十万，而潼关又无哥舒之兵。若令孜为社稷计，三川帅臣皆令孜腹心，比于玄宗则有备矣。"上不怿，谓令孜曰："卿且为朕发兵守潼关。"是日，上幸左神策军，亲阅将士。令孜荐左军马军将军张承范、右军步军将军王师会、左军兵马使赵珂。上召见三人，以承范为兵马先锋使兼把截潼关制置使，师会为制置关塞粮料使，珂为句当寨栅使，令孜为左右神策军内外八镇及诸道兵马都指挥制置招讨等使，飞龙使杨复恭为副使。

（以上为第一段，写黄巢进逼东都，田令孜动议僖宗效唐玄宗入蜀，注定了两京不守。）

【语译】

僖宗惠圣恭定孝皇帝中之上

唐僖宗广明元年（庚子，880年）

十一月，河中都虞候王重荣作乱，把坊市都抢掠光了。

宿州刺史刘汉宏埋怨朝廷赏赐太微薄，十一月初四日甲寅，任命刘汉宏为浙东观察使。

朝廷诏令河东节度使郑从谠把本道的军队交给诸葛爽和代州刺史朱玫，让他们带领军队向南去讨伐黄巢。十一月初五日乙卯，任命代北都统李琢为河阳节度使。

原先，黄巢将要渡过淮河，豆卢瑑请求把天平节度使的节钺授给黄巢，等到黄巢上任以后再讨伐他。卢携说："盗贼的贪心是不会满足的，即使给他官职，也不能制止他们抢掠，不如赶紧调发各道的军队扼守泗州，任命汴州节度使为都统，贼军既然不能前进入关，一定会回师剽掠淮南、两浙等地，聊以在沿海一带偷生而已！"僖宗听从了卢携的意见。接着淮北各地相继告急，卢携借口有病不再出面，京师大为恐惧。十一月初十日庚申，东都奏报说黄巢已经进入汝州境内。

十一月十一日辛酉，任命王重荣暂时担任河中留后，调河中节度使、同平章事李都为太子少傅。

汝郑把截制置都指挥使齐克让奏报：黄巢自称天补大将军，转发文牒给各路军队说："各部应当守卫自己的营垒，不得进犯我部的军队，我部将要进入东都，随即到京城去，向朝廷问罪，与你们大家无关。"僖宗召集宰相商量对策。豆卢瑑、崔沆请求调派关内各镇和左右神策军防守潼关。十一月十二日壬戌，冬至，僖宗在延英殿召开会议，对着宰相们流下了眼泪。观军容使田令孜上奏说："请选左右神策军弓弩手守卫潼关，臣亲自担任都指挥制置把截使。"僖宗说："长期担任侍卫的将士，不熟悉征讨打仗之事，恐怕承担不了这个重任。"田令孜说："从前安禄山反叛时，玄宗到蜀地去躲避战乱。"崔沆说："安禄山的军队才五万人，与黄巢是不能相提并论的。"豆卢瑑说："哥舒翰带领十五万人马还没有守住潼关，现在黄巢有六十万人马，而潼关又没有哥舒翰那样的军队。要是田令孜为国家着想，三川地方的帅臣都是田令孜的心腹之人，和玄宗那时相比，到蜀地去就更有准备了。"僖宗听了很不高兴，对田令孜说："你且为我调军队守卫潼关。"当天，僖宗到左神策军去，亲自检阅将士。田令孜向僖宗推荐左军骑兵将军张承范、右军步兵将军王师会、左军兵马使赵珂。僖宗召见了这三个人，任命张承范为兵马先锋使兼把截潼关制置使，王师会为制置关塞粮料使，赵珂为句当寨栅使，田令孜为左右神策军内外八镇和诸道兵马都指挥制置招讨等使，飞龙使杨复恭为副使。

癸亥，齐克让奏："黄巢已入东都境，臣收军退保潼关，于关外置寨。将士屡经战斗，久乏资储，州县残破，人烟殆绝，东西南北不见王人，冻馁交逼，兵械刓弊，各思乡闾，恐一旦溃去，乞早遣资粮及援军。"上命选两神策弩手得二千八百人，令张承范等将以赴之。

丁卯，黄巢陷东都，留守刘允章率百官迎谒；巢入城，劳问而已，闾里晏然。允章，迺之曾孙也。田令孜奏募坊市人数千以补两军。

辛未，陕州奏东都已陷。壬申，以田令孜为汝、洛、晋、绛、同、华都统，将左、右军东讨。是日，贼陷虢州。

以神策将罗元杲为河阳节度使。

以周岌为忠武节度使。初，薛能遣牙将上蔡秦宗权调发至蔡州，闻许州乱，托云赴难，选募蔡兵，遂逐刺史，据其城。及周岌为节度使，即以宗权为蔡州刺史。

乙亥，张承范等将神策弩手发京师。神策军士皆长安富家子，赂宦官窜名军籍，厚得禀赐，但华衣怒马，凭势使气，未尝更战陈；闻当出征，父子聚泣，多以金帛雇病坊贫人代行，往往不能操兵。是日，上御章信门楼临遣之。承范进言："闻黄巢拥数十万之众，鼓行而西，齐克让以饥卒万人依托关外，复遣臣以二千余人屯于关上，又未闻为馈饷之计，以此拒贼，臣窃寒心。愿陛下趣诸道精兵早为继援。"上曰："卿辈第行，兵寻至矣！"丁丑，承范等至华州。会刺史裴虔余徙宣歙观察使，军民皆逃入华山，城中索然，州库唯尘埃鼠迹，赖仓中犹有米千余斛，军士裹三日粮而行。

十二月，庚辰朔，承范等至潼关，搜菁中，得村民百许，使运石汲水，为守御之备。与齐克让军皆绝粮，士卒莫有斗志。是日，黄巢前锋军抵关下，白旗满野，不见其际，克让与战，贼小却，俄而巢至，举军大呼，声振河、华。克让力战，自午至酉始解，士卒饥甚，遂喧噪，烧营而溃，克让走入关。关左有谷，平日禁人往来，以榷征税，谓之"禁

十一月十三日癸亥，齐克让上奏说："黄巢已经进入东都境内，臣收军退保潼关，在关外安营扎寨。将士经过多次战斗，早就没有什么储备的资粮了，州县残破，地方上人烟都快要断绝，向东西南北环视，看不见官府的吏员，士兵们又冻又饿，兵器破败，士兵都想念着家乡，非常担心他们一时溃败离散，请求及早送资粮和派援军来。"僖宗命令选取两神策军的弓弩手，得到二千八百人，由张承范带领前去支援。

十一月十七日丁卯，黄巢攻下东都，留守刘允章带领百官迎接晋谒；黄巢进城，只是劳问一下就完了，闾里非常安定。刘允章是刘迺的曾孙。田令孜奏闻后招募了坊市中数千人用来补充左、右神策军。

十一月二十一日辛未，陕州奏报说东都已被黄巢攻下。十一月二十二日壬申，任命田令孜为汝、洛、晋、绛、同、华六州都统，带领左、右神策军向东去讨伐黄巢。当天，贼军攻下了虢州。

任命神策军将军罗元杲为河阳节度使。

任命周岌为忠武节度使。以前，薛能派遣牙将上蔡人秦宗权到蔡州去调派军队，秦宗权听说许州发生动乱，借口要去拯救灾难，在蔡州招募军队，把刺史赶走了，占据了蔡州城。等到周岌当了节度使，就任命秦宗权为蔡州刺史。

十一月二十五日乙亥，张承范等带领神策军弓弩手从京师出发。神策军士卒都是长安城中富人家的子弟，是通过贿赂宦官才得以列名军籍的，从而得到优厚的饷给和赏赐，他们只知道穿着华丽的军装，骑着怒奔的大马，凭借权势任意横行，从未经历过作战之事；听到说要出去打仗，父子们聚集在一起痛哭，多用金帛雇请病坊中的穷人代替他们去当兵，那些人往往连兵器都不知如何用。当天，僖宗到章信门城楼给他们送行。张承范向僖宗进言说："听说黄巢拥有数十万人马，鼓噪向西而来，齐克让带着一万名饥饿的士卒驻扎在关外，又派臣带领两千余人屯驻在关上，没有听说如何安排供应粮饷，就这样抵御贼军，臣私下感到很寒心。希望陛下催促各道精兵早些来支援我们。"僖宗说："你们只管前去，援军不久就会到达！"十一月二十七日丁丑，张承范等到达华州。适遇刺史裴虔余迁为宣歙观察使，军民都逃到华山中去了，城中空荡荡的，州中库房只有灰尘和鼠迹，幸好粮仓中还有米一千余斛，军士可以带着三天的粮食向潼关前进。

十二月初一日庚辰，张承范等到达潼关，在草丛中搜集到村民一百人左右，叫他们搬运石头储存用水，为守御关塞做准备。张承范和齐克让的军队都断了粮，士卒没有斗志。当天，黄巢的前锋部队抵达关下，白色的旗帜布满原野，看不到边际，齐克让和他们接战，叛贼稍稍退后了一点，不久黄巢带领的大军到了，全军大声欢呼，声音震动了黄河和华山。齐克让拼力战斗，从午时战斗到酉时才离开战场，士

坑”。贼至仓猝，官军忘守之，溃兵自谷而入，谷中灌木寿藤茂密如织，一夕践为坦途。承范尽散其辎囊以给士卒，遣使上表告急，称：“臣离京六日，甲卒未增一人，馈饷未闻影响。到关之日，巨寇已来，以二千余人拒六十万众，外军饥溃，蹋开禁阬。臣之失守，鼎镬甘心；朝廷谋臣，愧颜何寄！或闻陛下已议西巡，苟銮舆一动，则上下土崩。臣敢以犹生之躯奋冒死之语，愿与近密及宰臣熟议，急征兵以救关防，则高祖、太宗之业庶几犹可扶持，使黄巢继安禄山之亡，微臣胜哥舒翰之死！”

辛巳，贼急攻潼关，承范悉力拒之，自寅及申，关上矢尽，投石以击之。关外有天堑，贼驱民千余人入其中，掘土填之，须臾，即平，引兵而度。夜，纵火焚关楼俱尽。承范分兵八百人，使王师会守禁阬，比至，贼已入矣。壬午旦，贼夹攻潼关，关上兵皆溃，师会自杀，承范变服帅余众脱走。至野狐泉，遇奉天援兵二千继至，承范曰：“汝来晚矣！”博野、凤翔军还至渭桥，见所募新军衣裘温鲜，怒曰：“此辈何功而然，我曹反冻馁！”遂掠之，更为贼乡导，以趣长安。

贼之攻潼关也，朝廷以前京兆尹萧廪为东道转运粮料使；廪称疾，请休官，贬贺州司户。

黄巢入华州，留其将乔钤守之。河中留后王重荣请降于贼。癸未，制以巢为天平节度使。

甲申，以翰林学士承旨、尚书左丞王徽为户部侍郎，翰林学士、户部侍郎裴澈为工部侍郎，并同平章事。以卢携为太子宾客、分司。田令孜闻黄巢已入关，恐天子责己，乃归罪于携而贬之，荐徽、澈为相。是夕，携饮药死。澈，休之从子也。

百官退朝，闻乱兵入城，布路窜匿。令孜帅神策兵五百奉帝自金光门出，惟福、穆、泽、寿四王及妃嫔数人从行，百官皆莫知之。上奔驰昼夜不息，从官多不能及。车驾既去，军士及坊市民竞入府库盗金帛。

卒们饿坏了，于是就喧闹起来，烧掉营房后溃散了，齐克让逃走入关。关的左边有一条山谷，平日禁止人们从谷中通过，以便征收关税，这条谷被称为“禁阬”。贼军突然到来，官军无法防守，溃散的官兵从谷中进入，谷中的灌木藤萝本来茂密如织物一样，经过一个夜晚就被践踏成平坦的道路了。张承范把辎重和私财全部分给了士卒，并派遣使者上表告急，说：“臣离开京师已有六天，甲卒没有增加一个人，馈饷连影子也未看到。到达潼关时，巨寇已经到达关下，用两千余人抵御六十万人，关外的官军由于饥饿而溃散，踏开了禁阬。臣的失守，受鼎镬的酷刑也心甘情愿；只是朝廷的谋臣，把羞愧的颜面又向何处放！有人说陛下已经在议论向西迁移，假若皇上的銮舆一动，那么朝廷上下就会土崩瓦解。臣以暂且活着的身躯奋勇冒死说几句话，希望陛下和亲近的侍臣及宰相仔细商议，决不能轻举妄动，赶紧征调军队以援救关防，那么高祖、太宗的基业或许还能够维持下来，使黄巢继安禄山之后灭亡，小臣也胜过哥舒翰的失败而死！”

十二月初二日辛巳，贼军急攻潼关，张承范尽力抵御，从凌晨一直战斗到下午，关上的箭射完了，就用石头来投击敌人。关外有一条天然壕沟，叛贼将一千多名百姓赶到那里，掘土填沟，不大一会，就把沟填平了，带军队渡过壕沟。到夜晚，叛贼放火烧城楼，关楼被全部烧坏。张承范分出八百名士兵，叫王师会带领去防守禁阬，等到他们赶到时，贼军已经进入禁阬了。十二月初三日壬午早晨，贼军夹攻潼关，关上的官兵都溃败了，王师会自杀，张承范换上便服带领残余士兵逃走了。到野狐泉，碰上奉天援兵两千人到来，张承范说：“你们来得太晚了！”博野、凤翔军回转来到渭桥时，看到所招募的新军衣裘既保暖又鲜艳，愤怒地说：“这些人有什么功劳而享受如此待遇，我们反而挨饿受冻！”于是就进行抢掠，进而为贼军做向导，前往长安城。

贼军攻潼关的时候，朝廷任命前京兆尹萧廪为东道转运粮料使；萧廪借口有病，请求辞去官职，因而被贬为贺州司户。

黄巢进入华州，留下将领乔钤据守。河中留后王重荣请求向叛贼投降。十二月初四日癸未，朝廷任命黄巢为天平节度使。

十二月初五日甲申，任命翰林学士承旨、尚书左丞王徽为户部侍郎，翰林学士、户部侍郎裴澈为工部侍郎，二人都为同平章事。贬卢携为太子宾客，分司东都。田令孜听说黄巢已经进入关中，担心天子责备自己，于是把罪责都推到卢携身上而贬了他的官职，又荐举王徽、裴澈为宰相。当晚，卢携服毒自杀。裴澈是裴休的侄子。

百官退朝时，听说乱兵已入城，于是分道逃窜躲藏起来。田令孜带领神策军的五百名士兵簇拥着僖宗从金光门逃出，只有福、穆、泽、寿四王和妃嫔数人跟随而行，百官们都不知道这回事。僖宗日夜奔逃都未停息，许多跟随的官员都赶不上。

（以上为第二段，写黄巢陷东都，破潼关，唐僖宗与宦官仓皇出逃，百官皆莫知之。）

晡时，黄巢前锋将柴存入长安，金吾大将军张直方帅文武数十人迎巢于霸上。巢乘金装肩舆，其徒皆被发，约以红缯，衣锦绣，执兵以从，甲骑如流，辎重塞涂，千里络绎不绝。民夹道聚观，尚让历喻之曰：“黄王起兵，本为百姓，非如李氏不爱汝曹，汝曹但安居无恐。”巢馆于田令孜第，其徒为盗久，不胜富，见贫者，往往施与之。居数日，各出大掠，焚市肆，杀人满街，巢不能禁；尤憎官吏，得者皆杀之。

上趣骆谷，凤翔节度使郑畋谒上于道次，请车驾留凤翔。上曰：“朕不欲密迩巨寇，且幸兴元，征兵以图收复。卿东扞贼锋，西抚诸蕃，纠合邻道，勉建大勋。”畋曰：“道路梗涩，奏报难通，请得便宜从事。”许之。戊子，上至壻水，诏牛勖、杨师立、陈敬瑄，谕以京城不守，且幸兴元，若贼势犹盛，将幸成都，宜豫为备拟。

庚寅，黄巢杀唐宗室在长安者无遗类。辛卯，巢始入宫。壬辰，巢即皇帝位于含元殿，画皂缯为衮衣，击战鼓数百以代金石之乐。登丹凤楼，下赦书；国号大齐，改元金统。谓广明之号，去唐下体而著黄家日月，以为己符瑞。唐官三品以上悉停任，四品以下位如故。以妻曹氏为皇后。以尚让为太尉兼中书令，赵璋兼侍中，崔璆、杨希古并同平章事，孟楷、盖洪为左右仆射、知左右军事，费传古为枢密使。以太常博士皮日休为翰林学士。璆，邠之子也，时罢浙东观察使，在长安，巢得而相之。

诸葛爽以代北行营兵屯栎阳，黄巢将砀山朱温屯东渭桥，巢使温诱说之，爽遂降于巢。温少孤贫，与兄昱、存随母王氏依萧县刘崇家，崇数笞辱之，崇母独怜之，戒家人曰：“朱三非常人也，汝曹善遇之。”巢以诸葛爽为河阳节度使，爽赴镇，罗元杲发兵拒之，士卒皆弃甲迎爽，元杲逃奔行在。

当僖宗离开京城后，军士和街坊民众争着到府库中去偷盗金银绸缎等物。

下午，黄巢的前锋将领柴存进入长安，金吾大将军张直方带领文武百官数十人到灞桥迎接黄巢。黄巢乘坐着金装肩舆，他的随从人员都披着长头发，并用红绸子捆扎着，穿着锦绣衣服，拿着武器跟随，甲士和骑兵如流水一般涌入长安，辎重车辆堵塞了道路，人马在千里长的路上连接不断。民众夹道聚观，尚让在他经过的地方告诉老百姓说："黄王起兵，本为百姓，不像李氏那样不爱护你们，大家好好安居，不用惧怕。"黄巢住在田令孜的府宅中，他的徒属为盗时间长，很是富有，看到贫穷的人，往往施舍钱物；居住了数天以后，又各自出去抢掠，烧坊市店铺，在街上杀了很多人，黄巢也禁止不了；尤其憎恨官吏，只要抓到了都杀死。

僖宗赶往骆谷途中，凤翔节度使郑畋在旅途中拜见了僖宗，请求僖宗留在凤翔。僖宗说："朕不想住在离巨寇很近的地方，暂时到兴元去，征调各道人马以图收复京师。你东边要抵御叛贼的兵锋，西边要安抚各少数民族，希望联合邻近各道，努力建立大功业。"郑畋说："道路不通畅，奏报不易达到，请求让我能够乘便见机行事。"僖宗答应了。十二月初九日戊子，僖宗到达壻水镇，下诏告诉牛勖、杨师立和陈敬瑄，通告京城失守，皇上暂时先到兴元，倘若叛贼势力还强大的话，将去成都，你们要预先安排一下。

十二月十一日庚寅，黄巢屠杀留在长安的唐宗室，一个也不留。十二月十二日辛卯，黄巢进入皇宫。十二月十三日壬辰，黄巢在含元殿登上皇帝的宝座，穿上临时画着卷龙的龙袍，击战鼓数百通以代替金石乐器。登上丹凤门城楼，颁下敕书；国号大齐，改年号为金统。说唐的广明年号，是去掉"唐"字的下半部分，然后加上黄家日月，认为这是对自己有利的好兆头。唐朝的官吏三品以上的全部停止任职，四品以下的仍旧担任原来的职位。封妻子曹氏为皇后。任命尚让为太尉兼中书令，赵璋兼侍中，崔璆、杨希古并同平章事，孟楷、盖洪为左右仆射、知左右军事，费传古为枢密使。任命太常博士皮日休为翰林学士。崔璆是崔邠的儿子，当时被罢免了浙东观察使，留在长安，所以黄巢任命他为宰相。

诸葛爽带领代北行营的军队屯驻在栎阳，黄巢手下的将领砀山人朱温屯驻在东渭桥，黄巢叫朱温去劝说诸葛爽归顺，诸葛爽于是投降了黄巢。朱温年少时父亲去世了，家境贫穷，和哥哥朱昱、朱存跟随母亲王氏依靠萧县刘崇家生活，刘崇多次鞭打羞辱朱温，只有刘崇的母亲怜惜朱温，并告诫家人说："朱三不是一般的人，你们要好好对待他。"黄巢任命诸葛爽为河阳节度使，诸葛爽去上任，原任节度使罗元杲派军队抗拒他，士卒们都抛掉甲胄迎接诸葛爽，于是罗元杲逃往僖宗的驻地。

郑畋还凤翔，召将佐议拒贼，皆曰："贼势方炽，宜且从容以俟兵集，乃图收复。"畋曰："诸君劝畋臣贼乎！"因闷绝仆地，甃伤其面，自午至明旦，尚未能言。会巢使者以赦书至，监军袁敬柔与将佐序立宣示，代畋草表署名以谢巢。监军与巢使者宴，乐奏，将佐以下皆哭，使者怪之，幕客孙储曰："以相公风痹不能来，故悲耳。"民间闻者无不泣。畋闻之曰："吾固知人心尚未厌唐，贼授首无日矣！"乃刺指血为表，遣所亲间道诣行在，召将佐谕以逆顺，皆听命，复刺血与盟，然后完城堑，缮器械，训士卒，密约邻道合兵讨贼，邻道皆许诺发兵，会于凤翔。时禁兵分镇关中尚数万，闻天子幸蜀，无所归，畋使人招之，皆往从畋，畋分财以结其心，军势大振。

丁酉，车驾至兴元，诏诸道各出全军收复京师。

己亥，黄巢下令，百官诣赵璋第投名衔者，复其官。豆卢瑑、崔沆及左仆射于琮、右仆射刘邺、太子少师裴谂、御史中丞赵濛、刑部侍郎李溥、京兆尹李汤扈从不及，匿民间，巢搜获，皆杀之。广德公主曰："我唐室之女，誓与于仆射俱死！"执贼刃不置，贼并杀之。发卢携尸，戮之于市。将作监郑綦、库部郎中郑系义不臣贼，举家自杀。左金吾大将军张直方虽臣于巢，多纳亡命，匿公卿于复壁，巢杀之。

初，枢密使杨复恭荐处士河间张濬，拜太常博士，迁度支员外郎。黄巢逼潼关，浚避乱商山。上幸兴元，道中无供顿，汉阴令李康以骡负糗粮数百驮献之，从行军士始得食。上问康："卿为县令，何能如是？"对曰："臣不及此，乃张濬员外教臣。"上召濬诣行在，拜兵部郎中。

义武节度使王处存闻长安失守，号哭累日，不俟诏命，举军入援，遣二千人间道诣兴元卫车驾。

黄巢遣使调发河中，前后数百人，吏民不胜其苦。王重荣谓众曰："始吾屈节以纾军府之患，今调财不已，又将征兵，吾亡无日矣！不如发兵拒之。"众皆以为然，乃悉驱巢使者杀之。巢遣其将朱温自同州，弟黄

郑畋回到凤翔，召集将佐商量抵御叛贼之事，将佐们都说："叛贼的势力正强大，应当从容等待各方军队聚集后，再图谋收复京师之事。"郑畋说："你们劝我向叛贼称臣吗！"接着昏倒在地，脸上也被地砖碰伤了，从午间到第二天早晨，还不能说话。适遇黄巢的使者带着敕书到来，监军袁敬柔和将佐们依次站立接受敕令，并代表郑畋写奏表签名以答谢黄巢。监军和黄巢的使者一起宴饮，奏起了音乐，将佐以下的官吏都悲伤哭泣。使者感到奇怪，幕客孙储说："由于相公得了中风病不能前来与宴，所以感到悲伤而已。"民间听到这事没有不流泪的。郑畋听到这个消息后说："我本来就知道人心尚未厌弃唐朝，叛贼不用很久就会被消灭了！"于是刺手指的血写成奏表，派遣亲信从小路送到僖宗那里，又召集将佐晓谕他们应当忠于朝廷，将佐都听从郑畋的命令，郑畋又刺血和他们立下盟誓，然后把城墙和护城河修好，将兵器军械修缮好，对士卒进行训练，暗地邀约邻道合兵讨贼，邻道都答应发兵，在凤翔会合。当时分镇关中的禁卫兵还有数万人，听说天子到蜀地去了，不知道依靠谁，郑畋派人招呼他们，他们都到郑畋这边来了，郑畋分一部财物给他们，用以团结他们，军队的势力大大振兴起来。

十二月十八日丁酉，僖宗到达兴元，下诏各道要出动全军去收复京师。

十二月二十日己亥，黄巢下令，百官到赵璋的住宅来交名帖的，就恢复他们的官职。豆卢瑑、崔沆和左仆射于琮、右仆射刘邺、太子少师裴谂、御史中丞赵濛、刑部侍郎李溥、京兆尹李汤没有赶上跟随僖宗逃走，躲在民间，被黄巢搜了出来，全部杀死。广德公主说："我是唐朝皇室之女，发誓要和于仆射一道死！"拿着叛贼的刀不放下，叛贼把她也杀了。又把卢携的尸体挖出来，在闹市上进行示众。将作监郑綦和库部郎中郑系守义不作叛贼的臣子，全家都自杀了。左金吾大将军张直方虽然向黄巢称臣，但是接纳了很多逃亡的士大夫，又把公卿们藏在夹壁中，黄巢发现后，把张直方杀了。

原先，枢密使杨复恭推荐处士河间张濬，授予其太常博士官，后升为度支员外郎。黄巢逼近潼关时，张濬跑到商山避乱去了。僖宗到兴元去时，路上没有食品供应和住处，汉阴县令李康用骡子运了数百驮食品献给僖宗，跟随僖宗的军士才得到饭食。僖宗问李康："你担任县令，怎么会这样做？"李康回答说："臣想不到这一点，是张濬员外郎教臣这样做的。"僖宗召张濬回住地，授给他兵部郎中官职。

义武节度使王处存听说长安失守，大哭了好几天，不等到朝廷的诏命，派出全军前去援救，又派两千人从小路到兴元去保卫僖宗。

黄巢派遣使者到河中镇调运财物，前后去了数百人，吏民受不了这种征调之苦。王重荣对众人说："开始时我不计名节是为缓解军府的灾患，现在征调财物没完没了，又要征兵，我不用多久就会被消灭了！不如派军队抗拒他们。"众人都认为应当

鄜自华州，合兵击河中，重荣与战，大破之，获粮仗四十余船，遣使与王处存结盟，引兵营于渭北。

陈敬瑄闻车驾出幸，遣步骑三千奉迎，表请幸成都。时从兵浸多，兴元储偫不丰，田令孜亦劝上；上从之。

（以上为第三段，写黄巢破长安，称帝建国号大齐，大杀百官和唐宗室。唐僖宗蒙尘至兴元。）

中和元年（辛丑，881 年）

春，正月，车驾发兴元。加牛勖同平章事。陈敬瑄以扈从之人骄纵难制，有内园小儿先至成都，游于行宫，笑曰："人言西川是蛮，今日观之，亦不恶！"敬瑄执而杖杀之，由是众皆肃然。敬瑄迎谒于鹿头关。辛未，上至绵州，东川节度使杨师立谒见。壬申，以兵部侍郎、判度支萧遘同平章事。

郑畋约前朔方节度使唐弘夫、泾原节度使程宗楚同讨黄巢。巢遣其将王晖赍诏召畋，畋斩之，遣其子凝绩诣行在，凝绩追及上于汉州。

丁丑，车驾至成都，馆于府舍。

上遣使趣高骈讨黄巢，道路相望，骈终不出兵。上至蜀，犹冀骈立功，诏骈巡内刺史及诸将有功者，自监察至常侍，听以墨敕除讫奏闻。

裴澈自贼中奔诣行在。时百官未集，乏人草制，右拾遗乐朋龟谒田令孜而拜之，由是擢为翰林学士。张濬先亦拜令孜。令孜尝召宰相及朝贵饮酒，濬耻于众中拜令孜，乃先谒令孜谢酒。及宾客毕集，令孜言曰："令孜与张郎中清浊异流，尝蒙中外，既虑玷辱，何惮改更，今日于隐处谢酒则又不可。"濬惭惧无所容。

二月，乙卯朔，以太子少师王铎守司徒兼门下侍郎、同平章事。

丙申，加郑畋同平章事。

加淮南节度使高骈东面都统，加河东节度使郑从谠兼侍中，依前行营招讨使。代北监军陈景思帅沙陀酋长李友金及萨葛、安庆、吐谷浑诸部入援京师。至绛州，将济河，绛州刺史瞿稹，亦沙陀也，谓景思曰：

这样，于是把黄巢派去的使者全部杀掉了。黄巢派遣将领朱温从同州，他的弟弟黄邺从华州，合兵进攻河中镇，王重荣和他们展开战斗，大败了黄巢的队伍，缴获粮食兵仗四十多船，派遣使者和王处存结成同盟，带领军队在渭北安营扎寨。

陈敬瑄听说僖宗出逃在外，就派步兵和骑兵三千人前去迎接，上奏表希望僖宗到成都去。当时随从的军队渐渐多了，兴元地方储备的物资不甚丰富，田令孜也劝僖宗去成都；僖宗听从了。

唐僖宗中和元年（辛丑，881年）

春季，正月，僖宗从兴元出发前往成都。加给牛勖同平章事官衔。陈敬瑄感到跟随僖宗的侍从人员很骄横难以控制，有内园小儿先来到成都，在行宫中游玩，笑着说："人们说西川是蛮人居住的地方，现在看起来，也不太坏！"陈敬瑄把小儿抓起来用刑杖打死，这样一来随从的人都不敢胡闹了。陈敬瑄在鹿头关迎接僖宗。正月二十二日辛未，僖宗到达绵州，东川节度使杨师立拜见了僖宗。正月二十三日壬申，任命工部侍郎、判度支萧遘为同平章事。

郑畋邀约前朔方节度使田弘夫、泾原节度使程宗楚同讨黄巢。黄巢派遣将领王晖带着诏书去召抚郑畋，郑畋把王晖杀了，并派儿子郑凝绩到僖宗那里去，郑凝绩在汉州追上了僖宗。

正月二十八日丁丑，僖宗抵达成都，住在西川节度使府。

僖宗派遣中使催促高骈讨伐黄巢，去了一批又一批，络绎不绝，高骈始终不出兵。僖宗到西川以后，还希望高骈立功，诏令高骈在他管辖范围内的刺史和各将领有建立了功劳的人，从监察到常侍官，听任他用墨敕任命后奏闻朝廷就可以了。

裴澈从贼军中逃往僖宗住地。当时百官还没有集中，缺乏起草诏书的人，右拾遗乐朋龟谒见田令孜并下拜，于是被提升为翰林学士。张濬原先也拜见过田令孜。田令孜曾经召集宰相和朝贵饮酒，张濬觉得在众人中向田令孜下拜是一种耻辱，于是预先就拜谒田令孜谢酒。等到宾客都到齐了，田令孜开言道："我田令孜和张郎中清浊不同流品，曾经承蒙不弃与我建立了交情，既然担心受到玷辱，怕什么呢，改了就是，今天在隐蔽的地方敬酒，那样做要不得。"张濬羞惭恐惧到无地自容。

二月初一日乙卯，任命太子少师王铎守司徒兼门下侍郎、同平章事。

二月十八日丙申，加给郑畋为同平章事官衔。

加授淮南节度使高骈为东面都统，加授河东节度使郑从谠兼侍中，仍任行营招讨使。代北监军陈景思率领沙陀酋长李友金和萨葛、安庆、吐谷浑各部去支援京师。到绛州将要渡河，绛州刺史翟稹也是沙陀人，对陈景思说："叛贼势力正强大，不能

“贼势方盛，未可轻进，不若且还代北募兵。”遂与景思俱还雁门。

以枢密使杨复光为京西南面行营都监。

黄巢以朱温为东南面行营都虞候，将兵攻邓州；三月，辛亥，陷之，执刺史赵戒，因戍邓州以扼荆、襄。

壬子，加陈敬瑄同平章事。甲寅，敬瑄奏遣左黄头军使李铤将兵击黄巢。

辛酉，以郑畋为京城四面诸军行营都统。赐畋诏：“凡蕃、汉将士赴难有功者，并听以墨敕除官。”畋奏以泾原节度使程宗楚为副都统，前朔方节度使唐弘夫为行军司马。黄巢遣其将尚让、王播帅众五万寇凤翔，畋使弘夫伏兵要害，自以兵数千，多张旗帜，疏陈于高冈。贼以畋书生，轻之，鼓行而前，无复行伍，伏发，贼大败于龙尾陂，斩首二万余级，伏尸数十里。

有书尚书省门为诗以嘲贼者，尚让怒，应在省官及门卒，悉抉目倒悬之；大索城中能为诗者，尽杀之，识字者给贱役，凡杀三千余人。

瞿稹、李友金至代州，募兵逾旬，得三万人，皆北方杂胡，屯于崞西，犷悍暴横，稹与友金不能制。友金乃说陈景思曰：“今虽有众数万，苟无威信之将以统之，终无成功。吾兄司徒父子，勇略过人，为众所服；骠骑诚奏天子赦其罪，召以为帅，则代北之人一麾响应，狂贼不足平也！”景思以为然，遣使诣行在言之，诏如所请。友金以五百骑赍诏诣达靼迎之，李克用帅达靼诸部万人赴之。

群臣追从车驾者稍集成都，南北司朝者近二百人，诸道及四夷贡献不绝，蜀中府库充实，与京师无异，赏赐不乏，士卒欣悦。

黄巢得王徽，逼以官，徽阳喑，不从；月余，逃奔河中，遣人间道奉绢表诣行在。诏以徽为兵部尚书。

前夏绥节度使诸葛爽复自河阳奉表自归，即以为河阳节度使。

宥州刺史拓跋思恭，本党项羌也，纠合夷、夏兵会鄜延节度使李孝昌于鄜州，同盟讨贼。

轻率前去，不如暂时回到代北招募兵员为好。”于是就和陈景思一同回到雁门。

任命枢密使杨复光为京西南面行营都监。

黄巢任命朱温为东南面行营都虞候，带兵攻邓州；三月初三日辛亥，攻下了邓州，活捉了刺史赵戎，于是驻守在邓州，用来扼住荆州和襄州。

三月初四日壬子，加授陈敬瑄为同平章事。三月初六日甲寅，陈敬瑄奏请委派左黄头军使李铤带兵攻击黄巢。

三月十三日辛酉，任命郑畋为京城四面诸军行营都统。赐郑畋的诏书中说：“凡是藩、汉将士赴难有功的人，都让你用墨敕任命他们官职。”郑畋奏明任命泾原节度使程宗楚为副都统，前朔方节度使田弘夫为行军司马。黄巢派遣将领尚让、王播带领五万军队进攻凤翔，郑畋派田弘夫带兵埋伏在要害地方，自己则带领数千军队，张挂着很多旗帜，稀疏地在山冈上摆下阵势。叛贼认为郑畋是书生，很轻视他，击鼓向前推进，也不注意行军的行阵队伍，伏兵突然冲出，在龙尾陂把贼军打得大败，杀死了两万多人，在数十里长路上都躺着贼军的尸体。

有人在尚书省的门上写诗来嘲讽叛贼，尚让发现了大为愤怒，把在尚书省的官吏和守门的兵卒，都挖掉眼珠倒挂着；大肆搜索城中能写诗的人，把他们都杀了，强迫认识字的人去服贱役，共杀了三千多人。

瞿稹和李友金到了代州，募兵进行了十多天，得到三万人，都是北方的杂胡，屯驻崞县西边，所招募的士兵剽悍横暴，瞿稹和李友金都不能驾驭他们。李友金于是对陈景思说：“现在虽然拥有数万军队，假如没有有威信的将领来统领他们，最终还是不能取得成功。我的族兄李国昌司徒父子，智勇和谋略超过常人，为士众所信服；骠骑将军要是能够奏明天子，赦免他们的罪过，召他们回来担任统帅，那么代北地方的群众都会响应他的号召，狂贼是不难平定的！”陈景思认为对，于是派使者到僖宗驻地去说明这件事，僖宗答应陈景思等人的请求。李友金带领五百名骑兵和僖宗诏书到鞑靼部去迎接李氏父子，李克用率领鞑靼各部一万人前来应诏。

群臣追随僖宗的人逐渐集中到成都，南衙北司在朝的接近二百人，各道和四夷进贡的连续不断，蜀中府库也很充实，和京师没有不同，赏赐也不缺乏，士卒们都很高兴。

黄巢找到了王徽，逼迫他出来做官，王徽假装得了喑哑病，不听从；过了一个多月，逃奔到河中镇，派人从小路送去绢表给僖宗。僖宗下诏任命王徽为兵部尚书。

前夏绥节度使诸葛爽又从河阳送上奏表称要回到朝廷来，随即任命他为河阳节度使。

宥州刺史拓拔思恭，本来是党项羌族中的一支，纠合夷、夏兵和鄜延节度使李孝昌在鄜州汇合，共同盟誓讨伐黄巢。

奉天镇使齐克俭遣使诣郑畋求自效。甲子，畋传檄天下藩镇，合兵讨贼。时天子在蜀，诏令不通，天下谓朝廷不能复振，及得畋檄，争发兵应之。贼惧，不敢复窥京西。

（以上为第四段，写凤翔节度使郑畋阻击黄巢，传檄诸镇，合兵讨贼，防止了崩溃局势。）

夏，四月，戊寅朔，加王铎兼侍中。

以拓跋思恭权知夏绥节度使。

黄巢以其将王玫为邠宁节度使，邠州通塞镇将朱玫起兵诛之，让别将李重古为节度使，自将兵讨巢。

是时，唐弘夫屯渭北，王重荣屯沙苑，王处存屯渭桥，拓跋思恭屯武功，郑畋屯盩厔。弘夫乘龙尾之捷，进薄长安。

壬午，黄巢帅众东走，程宗楚先自延秋门入，弘夫继至，处存帅锐卒五千夜入城。坊市民喜，争欢呼出迎官军，或以瓦砾击贼，或拾箭以供官军。宗楚等恐诸将分其功，不报凤翔、鄜夏，军士释兵入第舍，掠金帛、妓妾。处存令军士系白𦈡为号，坊市少年或窃其号以掠人。贼露宿霸上，诇知官军不整，且诸军不相继，引兵还袭之，自诸门分入，大战长安中，宗楚、弘夫死，军士重负不能走，是以甚败，死者什八九。处存收余众还营。

丁亥，巢复入长安，怒民之助官军，纵兵屠杀，流血成川，谓之洗城。于是诸军皆退，贼势愈炽。

贼所署同州刺史王溥、华州刺史乔谦、商州刺史宋岩闻巢弃长安，皆率众奔邓州，朱温斩溥、谦，释岩，使还商州。

庚寅，拓跋思恭、李孝昌与贼战于土桥，不利。

诏以河中留后王重荣为节度使。

（以上为第五段，写官军克长安，军纪败坏而败。黄巢再入长安，大杀士民。）

贼众上黄巢尊号曰承天应运启圣睿文宣武皇帝。

有双雉集广陵府舍，占者以为野鸟来集，城邑将空之兆。高骈恶之，乃移檄四方，云将入讨黄巢，悉发巡内兵八万，舟二千艘，旌旗甲兵甚

奉天镇使齐克俭派遣使者到郑畋那里要求为国家效力。三月十六日甲子，郑畋向全国各藩镇送去檄文，要求联合起来讨伐黄巢。当时天子逃去蜀地，诏令也达不到各地，全国各地以为朝廷再也振兴不起来了，等到收到郑畋的檄文后，争相发兵响应他的号召。叛贼感到恐惧了，不敢再向京城西边进攻了。

夏季，四月初一日戊寅，加授王铎兼任侍中。

任命拓拔思恭暂时代理夏绥节度使。

黄巢任命将领王玫为邠宁节度使，邠州通塞镇将朱玫发兵杀了王玫，让别将李重古为邠宁节度使，自己带领军队去讨伐黄巢。

当时，田弘夫屯驻在渭北，王重荣屯驻在沙苑，王处存屯驻在渭桥，拓拔思恭屯驻在武功，郑畋屯驻在周厔。田弘夫乘着龙尾陂的胜利气势，前进逼近长安。

四月初五日壬午，黄巢带领军队向东而去，程宗楚先从延秋门进入长安，田弘夫接着也到来了，王处存带领锐卒五千人也在夜里进入长安城。街坊中的市民很高兴，争相欢呼着出来迎接官军，有的人用瓦片砖头打击叛贼，有的人捡箭叫官军使用。程宗楚等担心其他将领分去了他们入城的功劳，就没有把入城的事报告凤翔和鄜夏镇，军士们放下了武器，到有钱人的家里，抢夺金帛和妓妾。王处存命令军士系上白头巾为标志，街坊中的少年有的人也利用这种标志去从事抢劫。叛军露宿在霸上，探知官军纪律很坏，并且各路军也未继续开来，就带领军队回头偷袭官军，他们分头从各门进入，在长安城中大战，程宗楚和田弘夫都战死了，官军士兵背着抢来的东西不能奔跑，因而被打得大败，十分之八九都被杀死。王处存收集残部回到军营。

四月初十日丁亥，黄巢又回到长安，对民众帮助官军大为愤怒，放纵士兵去屠杀民众，血流成河，称之为洗城。于是各路官军都退后了，贼军势力更加强大。

叛贼所任命的同州刺史王溥、华州刺史乔谦和商州刺史宋岩听说黄巢放弃了长安，都带领部众奔向邓州，朱温杀了王溥和乔谦，释放了宋岩，叫他回商州去。

四月十三日庚寅，拓拔思恭、李孝昌与贼军在王城大战，不利而退。

朝廷下诏任命河中留后王重荣为节度使。

贼众给黄巢上尊号称“承天应运启圣睿文宣武皇帝”。

有一对雉鸡飞到广陵府的房子上停在那里，占卜的人认为野鸟飞到这里来，是预示城邑将要变成空地的不祥之兆。高骈讨厌这件事，于是发檄文到各地，说是将

盛。五月，乙未，出屯东塘。诸将数请行期，骈托风涛为阻，或云时日不利，竟不发。

李克用牒河东，称奉诏将兵五万讨黄巢，令具顿递，郑从谠闭城以备之。克用屯于汾东，从谠犒劳，给其资粮，累日不发。克用自至城下大呼，求与从谠相见，从谠登城谢之。癸亥，复求发军赏给，从谠以钱千缗、米千斛遗之。甲子，克用纵沙陀剽掠居民，城中大骇。从谠求救于振武节度使契苾璋，璋引突厥、吐谷浑救之，破沙陀两寨，克用追战至晋阳城南，璋引兵入城，沙陀掠阳曲、榆次而归。

黄巢之克长安也，忠武节度使周岌降之。岌尝夜宴，急召监军杨复光，左右曰："周公臣贼，将不利于内侍，不可往。"复光曰："事已如此，义不图全。"即诣之。酒酣，岌言及本朝，复光泣下，良久，曰："丈夫所感者恩义耳！公自匹夫为公侯，奈何舍十八叶天子而臣贼乎！"岌亦流涕曰："吾不能独拒贼，故貌奉而心图之。今日召公，正为此耳。"因沥酒为盟。是夕，复光遣其养子守亮杀贼使者于驿。

时秦宗权据蔡州，不从岌命，复光将忠武兵三千诣蔡州，说宗权同举兵讨巢。宗权遣其将王淑将兵三千从复光击邓州，逗留不进，复光斩之，并其军，分忠武八千人为八都，遣牙将鹿晏弘、晋晖、王建、韩建、张造、李师泰、庞从等八人将之。王建，舞阳人；韩建，长社人；晏弘、晖、造、师泰，皆许州人也。复光帅八都与朱温战，败之，遂克邓州，逐北至蓝桥而还。

昭义节度使高浔会王重荣攻华州，克之。

六月，戊戌，以郑畋为司空兼门下侍郎、同平章事，都统如故。

李克用遇大雨，引兵北还，陷忻、代二州，因留居代州。郑从谠遣教练使论安等军百井以备之。

邠宁节度副使朱玫屯兴平，黄巢将王播围兴平，玫退屯奉天及龙尾陂。

西川黄头军使李铤将万人，巩咸将五千人屯兴平，为二寨，与黄巢

要去讨伐黄巢，将管辖之内的八万军队全部调来，有船两千艘，旌旗武器等非常之多。五月十二日乙未，屯驻在东塘。将领们多次问高骈什么时候出发，高骈借口有风浪险阻，或者说时日不利，终究没有出发。

李克用送文牒到河东镇，说是奉诏命带领五万军队去讨伐黄巢，叫河东节度使为他们沿途准备吃住等事，郑从谠关闭了城门防备他们作乱。李克用在汾水东岸驻扎下来，郑从谠犒劳了他们，供给了钱物粮食等，但他们驻了几天也不开走。李克用亲自到城下大声呼唤，要求会见郑从谠，郑从谠在城头上回答了他的问话。五月十六日癸亥，李克用又要求发给军队赏赐，郑从谠给了他们一千缗钱，一千斛米。五月十七日甲子，李克用放纵沙陀兵抢劫居民，城中居民大为惊骇。郑从谠向振武节度使契苾璋求救，契苾璋带领突厥、吐谷浑部前来营救，攻下沙陀兵的两个营寨，李克用追击到晋阳城南面，契苾璋带军队进入城内，沙陀兵抢掠了阳曲和榆次两县之后才回去。

当黄巢攻下长安的时候，忠武节度使周岌投降了黄巢。周岌曾经举行夜宴，急切召唤监军杨复光，杨复光的左右说："周岌是叛贼的臣子，会给你带来危险，不能去赴宴。"杨复光说："事情已经这样了，为了国家我已顾不了那些了。"随即去赴会。饮酒到半醉，周岌讲到本朝的事。杨复光流着泪，停了很大一会，说："大丈夫所要感激的只是恩义而已！公从匹夫到位列公侯，为什么要抛开唐朝十八代天子而去做叛贼的臣子呢！"周岌也流着眼泪说："我不能单独抵抗贼军，所以表面上侍奉贼军，内心中却在图谋打败他们。今天召唤你来，正是为了商量这件事。"于是滴酒结下盟约。当天晚上，杨复光派遣养子杨守亮在馆驿中杀了叛贼派来的使者。

当时秦宗权据守蔡州，不服从周岌的命令，杨复光带领忠武军的三千人到蔡州，劝说秦宗权共同发兵讨伐黄巢。秦宗权派将领王淑带领三千军队跟随杨复光进攻邓州，王淑逗留不进，杨复光杀了王淑，收编了他的部队，分忠武军的八千人为八都，派牙将鹿宴弘、晋晖、王建、韩建、张造、李师泰、庞从等八人率领他们。王建是舞阳人，韩建是长社人，鹿宴弘、晋晖、张造、李师泰都是许州人。杨复光带领八都军队和朱温作战，打败了朱温，攻下了邓州，追击败军到蓝桥才转回来。

昭义节度使高浔联合王重荣进攻华州，攻了下来。

六月二十二日戊戌，任命郑畋为司空兼门下侍郎、同平章事，仍担任都统。

李克用遇上大雨，六月二十三日己亥，带领军队北去，困在忻、代二州地方，因而就在代州留下来了。郑从谠派遣教练使论安等驻扎在百井用以防备李克用。

邠宁节度副使朱玫驻扎在兴平，黄巢手下的将领王播包围了兴平，朱玫退到奉天县和龙尾陂驻扎。

西川黄头军使李铤带领一万士兵，巩咸带领五千士兵屯驻兴平，建立了两个营

战，屡捷；陈敬瑄遣神机营使高仁厚将二千人益之。

秋，七月，丁巳，改元，赦天下。

庚申，以翰林学士承旨、兵部侍郎韦昭度同平章事。

论安自百井擅还，郑从谠不解靴衫斩之，灭其族。更遣都头温汉臣将兵屯百井。契苾璋引兵还振武。

（以上为第六段，写讨贼藩镇，强力者野心勃发，高骈据扬州按兵不出，图谋割据；沙陀李克用奉诏勤王，趁火打劫，抢掠太原近郊而退还。）

初，车驾至成都，蜀军赏钱人三缗。田令孜为行在都指挥处置使，每四方贡金帛，辄颁赐从驾诸军无虚日，不复及蜀军，蜀军颇有怨言。丙寅，令孜宴土客都头，以金杯行酒，因赐之，诸都头皆拜而受。西川黄头军使郭琪独不受，起言曰："诸将月受俸料，丰赡有余，常思难报，岂敢无厌！顾蜀军与诸军同宿卫，而赏赉悬殊，颇有觖望，恐万一致变。愿军容减诸将之赐以均蜀军，使土客如一，则上下幸甚！"令孜默然有间，曰："汝尝有何功？"对曰："琪生长山东，征戍边鄙，尝与党项十七战，契丹十余战，金创满身；又尝征吐谷浑，伤胁肠出，线缝复战。"令孜乃自酌酒于别樽以赐琪。琪知其毒，不得已，再拜饮之；归，杀一婢，吮其血以解毒，吐黑汁数升，遂帅所部作乱。丁卯，焚掠坊市。令孜奉天子保东城，闭门登楼，命诸军击之。琪引兵还营，陈敬瑄命都押牙安金山将兵攻之，琪夜突围出，奔广都，从兵皆溃，独厅吏一人从，息于江岸。琪谓厅吏曰："陈公知吾无罪，然军府惊扰，不可以莫之安也。汝事吾能始终，今有以报汝。汝赍吾印剑诣陈公曰：'郭琪走渡江，我以剑击之，坠水，尸随湍流下矣，得其印剑以献。'陈公必据汝所言，榜悬印剑于市以安众。汝当获厚赏，吾家亦保无恙。吾自此适广陵，归高公，后数日，汝可密以语吾家也。"遂解印剑授之而逸。厅吏以献敬瑄，果免琪家。

寨，与黄巢的军队作战，打了多次胜仗；陈敬瑄派遣神机营使高仁厚带领两千人去增援他们。

秋季，七月十一日丁巳，改年号为中和，大赦天下。

七月十四日庚申，任命翰林学士承旨、兵部侍郎韦昭度为同平章事。

论安从百井擅自回来，郑从谠连靴子和外衣也来不及脱去，就把论安杀了，并且族灭他全家。另外派都头温汉臣带兵屯驻百井。契苾璋带军队回振武去了。

当初，僖宗到成都时，赏赐给蜀军每人三缗钱。田令孜担任行在都指挥处置使，每次四方贡献来的金帛，随即颁赐从驾的各路军队，没有间断的时候，没有再给蜀军一点，蜀军对此很有怨恨。七月二十日丙寅，田令孜宴请土军和客军的都头，用金杯盛酒，饮后就把杯子赏赐给众人，都头们都拜谢后接受了。只有西川黄头军使郭琪不接受，站起来说："将领们每月都要俸禄和料钱，给养家口还有多余，常常想到难以报答恩惠，怎么敢再不满足！看到蜀军和其他军队共同担任保卫天子的任务，而赏赐却相差很大，所以蜀军很有些埋怨情绪，我担心万一发生变乱。希望观军容使减少一些对诸将的赏赐，用这些财物分赐给蜀军，使土军和客军得到的赏赐一个样子，那么上上下下的人都会感到非常高兴！"田令孜沉默了好一会，说："你曾经有过什么功劳？"郭琪回答说："郭琪生长在山东，到边疆地区来征战戍守，曾经和党项打过十七次仗，和契丹打过十多次仗，满身都是箭伤和刀枪的疤痕；又曾经征讨吐谷浑，胁部负伤肠子都流了出来，用线缝合伤口后又去作战。"田令孜于是亲自用另外一个酒杯斟满酒赏赐郭琪。郭琪知道是毒酒，不得已，拜了两拜后把毒酒喝下去了；回到家，杀一女婢，吸吮她的血用来解毒，吐出黑汁数升，于是带领部下作乱。七月二十一日丁卯，焚烧抢劫街坊市场。田令孜护着天子保卫东城，闭了城门登上城楼，命令各路军进攻郭琪。郭琪带领军队回到营房，陈敬瑄命令都押牙安金山带军队去进攻郭琪，郭琪在夜里突围逃走，奔向广都，跟随的士兵都溃散了，只有厅吏一个人跟着他在江边休息。郭琪对厅吏说："陈公知道我没有犯罪，然而军府受到惊扰，不可能不使它安定下来。你侍奉我能够有始有终，现在我有办法报答你。你带着我的印信和宝剑到陈公那里说：'郭琪逃跑渡江时，我用剑击杀了他，尸体落入水中，随急流漂走了；获得他的印信和宝剑献给你！'陈公一定会根据你说的话，在坊市贴出告示、悬挂出印剑以安定军士们的情绪。你必当得到优厚的赏赐，我家里也能保证不遭灾祸。从此我就往广陵去，投靠高骈，过几天以后，你可以秘密地告诉我家里人知道。"于是就把印信和宝剑解下来交给厅吏，然后逃走了。厅吏

上日夕专与宦者同处，议天下事，待外臣殊疏薄。庚午，左拾遗孟昭图上疏，以为："治安之代，遐迩犹应同心；多难之时，中外尤当一体。去冬车驾西幸，不告南司，遂使宰相、仆射以下悉为贼所屠，独北司平善。况今朝臣至者，皆冒死崎岖，远奉君亲，所宜自兹同休等戚。伏见前夕黄头军作乱，陛下独与令孜、敬瑄及诸内臣闭城登楼，并不召王铎已下及收朝臣入城；翌日，又不对宰相，又不宣慰朝臣。臣备位谏官，至今未知圣躬安否，况疏冗乎！傥群臣不顾君上，罪固当诛；若陛下不恤群臣，于义安在！夫天下者，高祖、太宗之天下，非北司之天下；天子者，四海九州之天子，非北司之天子。北司未必尽可信，南司未必尽无用。岂天子与宰相了无关涉，朝臣皆若路人！如此，恐收复之期，尚劳圣虑，尸禄之士，得以宴安。臣躬被宠荣，职在裨益，虽遂事不谏，而来者可追。"疏入，令孜屏不奏。辛未，矫诏贬昭图嘉州司户，遣人沉于蟇颐津，闻者气塞而莫敢言。

（以上为第七段，写宦官田令孜祸害西川。）

鄜延节度使李孝昌、权夏州节度使拓跋思恭屯东渭桥，黄巢遣朱温拒之。

以义武节度使王处存为东南面行营招讨使，以邠宁节度副使朱玫为节度使。

八月，己丑夜，星交流如织，或大如杯碗，至丁酉乃止。

武宁节度使支详遣牙将时溥、陈璠将兵五千入关讨黄巢，二人皆详所奖拔也。溥至东都，矫称详命，召师还与璠合兵，屠河阴，掠郑州而东。及彭城，详迎劳，犒赏甚厚。溥遣所亲说详曰："众心见迫，请公解印以相授。"详不能制，出居大彭馆，溥自知留务。璠谓溥曰："支仆射有惠于徐人，不杀，必成后悔。"溥不许，送详归朝。璠伏甲于七里亭，并其家属杀之。诏以溥为武宁留后。溥表璠为宿州刺史，璠到官贪虐，溥以都将张友代还，杀之。

把印剑献给了陈敬瑄，果然免除了郭琪家里人的罪责。

僖宗一天到晚专和宦官在一起商讨国家大事，对待外廷诸臣很疏远淡薄。七月二十四日庚午，左拾遗孟昭图呈上奏疏认为："在太平年代，远近还应当同心协力；多灾多难的时期，朝廷内外尤其应当团结一致。去年冬天皇上到西蜀来，没有告诉南司，于是使得宰相、仆射以下的百官全部都被叛贼屠杀了，只有北司官员平安无事。何况现在朝臣到这里来的，都是冒着生命的危险，经过崎岖道路的辛苦，从很远的地方来侍奉君亲，更应当从此以后同休戚共患难。看到前晚黄头军作乱，陛下只和田令孜、陈敬瑄以及那些内侍诸臣闭城登上城楼，并不招呼王铎以下及其他朝臣入城；第二天，又未召集宰相进行奏对，又不宣谕抚慰朝臣。臣担任谏官的职务，至今也不了解圣上是否安泰，何况那些疏远冗散的官吏呢！倘若群臣不顾及君上，他的罪过是应当被杀的；要是陛下不爱护群臣，从道义上来说讲得通吗！至于现在的天下，是高祖、太宗的天下，不是北司的天下；天子，是四海九州的天子，不是北司的天子。北司未必尽可信，南司未必尽无用。难道天子和宰相毫无关系，朝臣都和路人一样陌生！如果这样下去，臣担心收复京师，还要陛下操劳很长时间，那些尸位素餐之人，可以长享安乐之福。臣受到陛下的宠信被任为谏臣，职责就是要对朝廷有所帮助，虽然过去了的事已无可挽回了，但对于未来的事还是可以借鉴的。"奏疏送上去以后，田令孜把它放在一边，不交给僖宗看。七月二十五日辛未，田令孜假传诏令贬孟昭图为嘉州司户，田令孜又派人在蟇颐津将孟昭图沉入江中，闻知此事的朝臣皆敢怒不敢言。

鄜延节度使李孝昌、暂任夏州节度使拓拔思恭驻扎在东渭桥，黄巢派朱温抵御他们。

任命义武节度使王处存为东南面行营招讨使，升邠宁节度副使朱玫为节度使。

八月十三日己丑夜晚，群星交流如织，有的大如杯子和碗，到八月二十一日丁酉才停止。

武宁节度使支详派遣牙将时溥、陈璠带领军队五千人到关中去讨伐黄巢，他们二人都是支详提拔起来的。时溥到东都，假称支详的命令，带军队转回去并与陈璠合并在一起，在河阴县大肆杀掠，又抢劫了郑州后向东而去。到达彭城时，支详迎接慰劳他们，给了他们优厚的赏赐。时溥派遣亲信对支详说："迫于众人的心意，请您把大印还是解下来交给时溥。"支详不能制止时溥的强横，退到大彭馆住下，时溥自己担任留后。陈璠对时溥说："支仆射对徐州有恩惠，不杀掉他，你一定会后悔的。"时溥不答应，就送支详回到朝廷中去。陈璠在七里亭设下埋伏，将支详和他的

杨复光奏升蔡州为奉国军，以秦宗权为防御使。寿州屠者王绪与妹夫刘行全聚众五百，盗据本州，月余，复陷光州，自称将军，有众万余人。秦宗权表为光州刺史。固始县佐王潮及弟审邽、审知皆以材气知名，绪以潮为军正，使典资粮，阅士卒，信用之。

高浔与黄巢将李详战于石桥，浔败，奔河中，详乘胜复取华州。巢以详为华州刺史。

以权知夏绥节度使拓跋思恭为节度使。

宗正少卿嗣曹王龟年自南诏还，骠信上表款附，请悉遵诏旨。

李孝昌、拓跋思恭与尚让、朱温战于东渭桥，不利，引去。

初，高骈与镇海节度使周宝俱出神策军，骈以兄事宝。及骈先贵有功，浸轻之；既而封壤相邻，数争细故，遂有隙。骈檄宝入援京师，宝治舟师以俟之，怪其久不行，访诸幕客，或曰："高公幸朝廷多故，有并吞江东之志，声云入援，其实未必非图我也！宜为备。"宝未之信，使人觇骈，殊无北上意。会骈使人约宝面会瓜洲议军事，宝遂以言者为然，辞疾不往，且谓使者曰："吾非李康，高公复欲作家门功勋以欺朝廷邪！"骈怒，复遣使责宝，"何敢轻侮大臣？"宝诟之曰："彼此夹江为节度使，汝为大臣，我岂坊门卒邪！"由是遂为深仇。

骈留东塘百余日，诏屡趣之，骈上表，托以宝及浙东观察使刘汉宏将为后患。辛亥，复罢兵还府，其实无赴难心，但欲禳雉集之异耳。

高骈召石镜镇将董昌至广陵，欲与之俱击黄巢。昌将钱镠说昌曰："观高公无讨贼心，不若以扞御乡里为辞而去之。"昌从之，骈听昌还。会杭州刺史路审中将之官，行至嘉兴，昌自石镜引兵入杭州，审中惧而还。昌自称杭州都押牙、知州事，遣将吏请于周宝。宝不能制，表为杭州刺史。

家属一起杀掉了。朝廷诏令时溥为武宁留后。时溥奏请任命陈璠为宿州刺史，陈璠上任后贪赃暴虐，时溥派都将张友去把陈璠换回来，并把陈璠杀了。

杨复光奏请升蔡州为奉国军，任命秦宗权为防御使。寿州屠夫王绪和妹夫刘行全聚集了五百人占领本州，一个多月后，又攻下光州，自称将军，拥有徒众一万多人。秦宗权上表推举王绪为光州刺史。固始县佐王潮和他的弟弟王审邽、王审知都以才气而闻名，王绪任用王潮为军正，叫王潮主管钱粮、巡视士卒，非常信任王潮。

高浔和黄巢的将领李详在石桥大战，高浔被打败，跑去河中，李详乘胜再夺取了华州。黄巢任命李详为华州刺史。

朝廷任命暂时代理夏绥节度使的拓拔思恭为节度使。

宗正少卿嗣曹王李龟年从南诏回来，骠信奉上奏表归附朝廷，请求一切都按诏旨遵行。

九月，李孝昌、拓拔思恭和尚让、朱温在东渭桥大战，官军不利，退走。

起初，高骈和镇海节度使周宝都是从神策军调出来的，高骈把周宝当作兄长侍奉。等到高骈由于有功而先于周宝升任高官，逐渐看不起周宝；以后两人所管辖的地区相邻近，多次为一些小事争吵，于是彼此就产生了矛盾。高骈发檄文给周宝叫他发兵去援救京师，周宝准备了船只和军队等待出发，对高骈久不出发感到奇怪，于是向幕客探求原因，有人说："高公希望朝廷多发生一些变故，让他好吞并江东一带地方，声称说要去援救京师，其实未必不是阴谋兼并我们浙西地区！应当要防备他。"周宝开始还不相信，派人察看高骈的情况，看到高骈一点北上入援的意思都没有。这时高骈又派人约周宝在瓜洲会面，商量军事问题，周宝才觉得幕客说的话是对的，借口有病不能去瓜洲，并且对使者说："我不是李康那样的人，高公还想在家门口建立功业来欺骗朝廷吗！"高骈大怒，又派遣使者去责备周宝："你怎么敢轻视侮辱大臣！"周宝诟骂高骈说："我们彼此隔着长江都担任节度使，你是大臣，难道我就是坊市的看门小卒吗！"这样一来，两人就结下了深仇。

高骈留在东塘一百多天，朝廷多次下诏催促他出兵，高骈上奏表，借口有周宝和浙东观察使刘汉宏将为后患。九月初六日辛亥，又收兵回到扬州军府，其实高骈并没有奔赴国难的打算，只是想祈祷消除雉鸡飞集府舍的灾异而已。

高骈召石镜镇将董昌到广陵，说是想和董昌一起去进攻黄巢。董昌的将领钱镠对董昌说："看高公没有讨贼的心意，不如用捍卫乡里为托辞而离开他。"董昌依从了钱镠的意见，高骈就让董昌回到石镜镇。适逢杭州刺史路审中将要去杭州上任，走到嘉兴时，董昌从石镜带兵进入杭州，路审中感到恐惧就退回去了。董昌自称杭州都押牙，主持州中政事，派遣将吏向周宝请示。周宝不能控制董昌，就上表推荐他为杭州刺史。

临海贼杜雄陷台州。

辛酉，立皇子震为建王。

昭义十将成麟杀高浔，引兵还据潞州；天井关戍将孟方立起兵攻麟，杀之。方立，洺州人也。

忠武监军杨复光屯武功。

永嘉贼朱褒陷温州。

凤翔行军司马李昌言将本军屯兴平。时凤翔仓库虚竭，犒赏稍薄，粮馈不继，昌言知府中兵少，因激怒其众，冬，十月，引军还袭府城。郑畋登城与士卒言，其众皆下马罗拜曰："相公诚无负我曹。"畋曰："行军苟能戢兵爱人，为国灭贼，亦可以顺守矣。"乃以留务委之。即日西赴行在。

天平节度使、南面招讨使曹全晸与贼战死，军中立其兄子存实为留后。

十一月，乙巳，孟楷、朱温袭鄜、夏二军于富平，二军败，奔归本道。

郑畋至凤州，累表辞位；诏以畋为太子少傅、分司。以李昌言为凤翔节度行营招讨使。

以门下侍郎、同平章事裴澈为鄂岳观察使。

加镇海节度使周宝同平章事。

遂昌贼卢约陷处州。

十二月，江西将闵勖戍湖南，还，过潭州，逐观察使李裕，自为留后。

以感化留后时溥为节度使。

赐夏州号定难军。

初，高骈镇荆南，补武陵蛮雷满为牙将，领蛮军，从骈至淮南，逃归，聚众千人，袭朗州，杀刺史崔翥，诏以满为朗州留后。岁中，率三四引兵寇荆南，入其郛，焚掠而去，大为荆人之患。

陬溪人周岳尝与满猎，争肉而斗，欲杀满，不果。闻满据朗州，亦聚众袭衡州，逐刺史徐颢，诏以岳为衡州刺史。石门蛮向瓌亦集夷獠数千攻陷澧州，杀刺史吕自牧，自称刺史。

临海贼杜雄攻下了台州。

九月十六日辛酉，册立皇子李震为建王。

昭义镇的十将成麟杀高浔，带兵回去据有潞州；天井关戍将孟方立起兵攻打成麟，把成麟杀了。孟方立是洺州人。

忠武军监军杨复光屯驻武功。

永嘉叛贼朱褒攻下温州。

凤翔行军司马李昌言带领本军屯驻在兴平县。当时凤翔府仓库空虚，犒赏减少了一些，粮馈也供应不上，李昌言知道节度使府兵员很少，因而故意激怒部下将士，冬季，十月，带军队回头偷袭凤翔府城。郑畋登城和士卒说话，李昌言的士众都下马围着向郑畋下拜说："相公实在是没有做对不起我们的事。"郑畋说："行军司马假若真正能够带好军队，爱护人民，为国灭贼，也是可以担任节度使的。"于是把留后的职务交给李昌言。当天就往西赶去成都。

天平节度使、南面招讨使曹全晸在和叛贼战斗中阵亡，军中立他哥哥的儿子曹存实为留后。

十一月初一日乙巳，孟楷、朱温在富平袭击鄜、夏二军，二军被打败，各自奔回鄜州和夏州本道。

郑畋到凤州，连续上表要求辞去职位；朝廷诏命他为太子少傅，分司东都。任命李昌言为凤翔节度行营招讨使。

调任门下侍郎、同平章事裴澈为鄂岳观察使。

加授镇海节度使周宝为同平章事。

遂昌县叛贼卢约攻下处州。

十二月，江西将领闵勖戍守湖南，在回本道经过潭州时，将湖南观察使李裕赶走了，自己担任留后。

任命感化军留后时溥为节度使。

赐夏州称为定难军。

起初，高骈镇守荆南时，补授武陵蛮雷满为牙将，带领蛮军，跟随高骈来到淮南道，雷满逃了回去，聚集了兵众一千人，袭击朗州，杀掉了刺史崔翥，朝廷诏令雷满为朗州留后。在一年中，雷满大约总有三四次带兵侵扰荆南，并进入荆南外城，焚烧抢掠后才离开，成为荆州地区很大的祸患。

陬溪人周岳曾经和雷满一起打猎，因争肉而发生角斗，周岳想杀雷满未成功。听说雷满据有朗州，周岳也聚集士众袭击衡州，赶走了刺史徐颢，朝廷诏令周岳为衡州刺史。石门洞蛮向瓌也聚集夷獠数千人攻下澧州，杀死了刺史吕自牧，自称刺史。

王铎以高骈为诸道都统无心讨贼，自以身为首相，发愤请行，恳款流涕，至于再三，上许之。

（以上为第八段，写官军诸镇讨贼，不尽心国是，却是野心日增，养成骄兵悍将，祸国殃民。）

二年（壬寅，882 年）

春，正月，辛亥，以王铎兼中书令，充诸道行营都都统，权知义成节度使，俟罢兵复还政府。高骈但领盐铁转运使，罢其都统及诸使。听王铎自辟将佐，以太子少师崔安潜为副都统。辛未，以周岌、王重荣为都都统左右司马，诸葛爽及宣武节度使康实为左右先锋使，时溥为催遣纲运租赋防遏使。以右神策观军容使西门思恭为诸道行营都都监。又以王处存、李孝昌、拓跋思恭为京城东北西面都统，以杨复光为南面行营都监使。又以中书舍人郑昌图为义成节度行军司马，给事中郑畯为判官，直弘文馆王抟为推官，司勋员外郎裴贽为掌书记。昌图，从谠之从祖兄弟；畯，畋之弟；抟，玙之曾孙；贽，坦之子也。又以陕虢观察使王重盈为东面都供军使。重盈，重荣之兄也。

黄巢以朱温为同州刺史，令温自取之。二月，同州刺史米诚奔河中，温遂据之。

己卯，以太子少傅、分司郑畋为司空兼门下侍郎、同平章事，召诣行在，军务一以咨之。以王铎判户部事。

朱温寇河中，王重荣击败之。

以李昌言为京城西面都统，朱玫为河南都统。

泾原节度使胡公素薨，军中请命于都统王铎，承制以大将张钧为留后。

李克用寇蔚州，三月，振武节度使契苾璋奏与天德、大同共讨克用。诏郑从谠与相知应接。

陈敬瑄多遣人历县镇诇事，谓之寻事人，所至多所求取。有二人过资阳镇，独无所求。镇将谢弘让邀之，不至。自疑有罪，夜，亡入群盗中。明旦，二人去，弘让实无罪也。捕盗使杨迁诱弘让出首而执以送使，云讨击擒获，以求功。敬瑄不之问，杖弘让脊二十，钉于西城二七日，煎油泼之，又以胶麻掣其疮，备极惨酷，见者冤之。又有邛州牙官阡能，因公事违期，避杖，亡命为盗，杨迁复诱之。能方出首，闻弘让之冤，大骂杨迁，发愤为盗，驱掠良民，不从者举家杀之，逾月，众至万

王铎看到高骈为诸道都统无心讨贼，自己觉得身为首相，发愤请求亲自前去讨贼，诚恳真切地流下了眼泪，再三提出要求，僖宗答应了。

唐僖宗中和二年（壬寅，882 年）

春季，正月初八日辛亥，任命王铎兼中书令，充任诸道行营都都统，暂时代理义成节度使，等罢兵以后再回来任宰相。高骈只兼领盐铁转运使，被免去都统和其他诸使职务。听任王铎自己聘请将佐人员，任命太子少师崔安潜为副都统。正月二十八日辛未，任命周岌和王重荣为都都统左右司马，诸葛爽和宣武节度使康实为左右先锋使，时溥为催遣纲运租赋防遏使。任命右神策观军容使西门思恭为诸道行营都都监。又任命王处存、李孝昌、拓拔思恭为京城东北西面都统，任命杨复光为南面行营都监使。又任命中书舍人郑昌图为义成节度行军司马，给事中郑畯为判官，直弘文馆王抟为推官，司勋员外郎裴贽为掌书记。郑昌图是郑从谠的从祖兄弟，郑畯是郑畋的弟弟，王抟是王玙的曾孙，裴贽是裴坦的儿子。又任命陕虢观察使王重盈为东面都供军使。王重盈是王重荣的弟弟。

黄巢任命朱温为同州刺史，叫朱温自己去夺取那个地方。二月，同州刺史米诚逃奔河中，朱温占领同州。

二月初六日己卯，任命太子少傅、分司郑畋为司空兼门下侍郎、同平章事，召他到僖宗行宫去，关于军事方面的事都要征询他的意见。任命王铎判户部事。

朱温侵扰河中府，王重荣把他打败了。

任命李昌言为京城西面都统，朱玫为河南都统。

泾原节度使胡公素去世，军中向都统王铎请示，秉承上命任命大将张钧为留后。

李克用侵扰蔚州，三月，振武节度使契苾璋奏请与天德、大同共同讨伐李克用。朝廷诏令郑从谠和他们联络接应。

陈敬瑄派遣不少人到各县、镇去探听阴事，称这些人为“寻事人”，他们所到各地，多半要索取财物。有二人经过资阳镇，独独没有索要东西。镇将谢弘让邀请他们，也不来；镇将自疑恐有得罪，晚上，逃到群盗中去了。第二天早晨，二人走了，谢弘让实际上没有什么罪。捕盗使杨迁诱骗谢弘让出来自首时，把谢弘让抓起来送交节度使府，说是在征讨中捉到的，想通过这件事立功。陈敬瑄不审问清楚，就用刑杖打了谢弘让二十下，钉在西城十四天，用烧热的油浇泼他，又用胶麻抽扯他的疮口，刑法极其残酷，看到的人都认为谢弘让是冤枉受刑。又有邛州牙官阡能，因

人，立部伍，署职级，横行邛、雅二州间，攻陷城邑，所过涂地。先是，蜀中少盗贼，自是纷纷竞起，州县不能制。敬瑄遣牙将杨行迁将三千人，胡洪略、莫匡时各将二千人以讨之。

（以上为第九段，写西川节度使陈敬瑄驱良为盗。）

以右神策将军齐克俭为左右神策内外八镇兼博野、奉天节度使。

赐鄜坊军号保大。

夏，四月，甲午，加陈敬瑄兼侍中。

赫连铎、李可举与李克用战，不利。

初，高骈好神仙，有方士吕用之坐妖党亡命归骈，骈厚待之，补以军职。用之，鄱阳茶商之子也，久客广陵，熟其人情，炉鼎之暇，颇言公私利病，故骈愈奇之，稍加信任。骈旧将梁缵、陈珙、冯绶、董瑾、俞公楚、姚归礼素为骈所厚，用之欲专权，浸以计去之，骈遂夺缵兵，族珙家，绶、瑾、公楚、归礼咸见疏。

用之又引其党张守一、诸葛殷共蛊惑骈。守一本沧、景村民，以术干骈，无所遇，穷困甚，用之谓曰："但与吾同心，勿忧不富贵。"遂荐于骈，骈宠待埒于用之。殷始自鄱阳来，用之先言于骈曰："玉皇以公职事繁重，辍左右尊神一人佐公为理，公善遇之；欲其久留，亦可縻以人间重职。"明日，殷谒见，诡辩风生，骈以为神，补盐铁剧职。骈严洁，甥侄辈未尝得接坐。殷病风疽，搔扪不替手，脓血满爪，骈独与之同席促膝，传杯器而食。左右以为言，骈曰："神仙以此试人耳！"骈有畜犬，闻其腥秽，多来近之。骈怪之，殷笑曰："殷尝于玉皇前见之，别来数百年，犹相识。"骈与郑畋有隙，用之谓骈曰："宰相有遣剑客来刺公者，今夕至矣！"骈大惧，问计安出。用之曰："张先生尝学斯术，可以御之。"骈请于守一，守一许诺。乃使骈衣妇人之服，潜于他室，而守一代居骈寝榻中，夜掷铜器于阶，令铿然有声，又密以囊盛彘血，洒于庭宇，如格斗之状。及旦，笑谓骈曰："几落奴手！"骈泣谢曰："先生于骈，乃更生之惠也！"厚酬以金宝。有萧胜者，赂用之，求盐城监，骈有难色，

为办公事超过了预定日期，为了躲避杖刑，逃亡做了强盗，杨迁又去诱骗他。阡能正要出来自首，听到了谢弘让被冤枉的事，大骂杨迁，发愤去当强盗，驱赶掠取良民，不服从的人就把他全家都杀掉，经过一个多月，贼众发展到一万人，于是建立军事组织，设置各级官吏，横行于邛、雅二州之间，攻下了一些城镇和乡邑，他们经过的地方，常常血流成河。原先，蜀中盗贼很少，从这以后竞相为盗，州县无力制止。陈敬瑄派遣牙将杨行迁带领三千人，胡洪略、莫匡时各带领两千人前去讨伐他们。

任命右神策将军齐克俭为左右神策、内外八镇兼博野、奉天节度使。

赐鄜坊军号称保大军。

夏季，四月二十二日甲午，加授陈敬瑄兼侍中官衔。

赫连铎、李可举与李克用作战，被李克用打败。

原先，高骈爱好神仙之术，有方士吕用之因为妖党事的牵连，逃到高骈这里，高骈用优厚的礼遇接待了他，又补授给吕用之军队官职。吕用之原是鄱阳茶商家的儿子，长久客居在广陵，熟悉广陵地方的人情世故，在炼丹制药的暇隙中，谈了不少关于官场和私家的利弊得失，所以高骈感到他是一个奇才，逐渐信任他。高骈的旧将梁缵、陈珙、冯绶、董瑾、俞公楚、姚归礼向来得到高骈的厚待，吕用之想专权，逐渐用计谋把他们搞掉，高骈夺了梁缵的兵权，族灭了陈珙一家人，冯绶、董瑾、俞公楚和姚归礼都被高骈疏远了。

吕用之又引荐同党张守一和诸葛殷共同迷惑高骈。张守一本来是沧州和景州之间的一个普通村民，曾用方术向高骈求进取，没有被接待，穷困到了极点，吕用之对张守一说："只要与我同心，不要担心不会富贵。"于是向高骈推荐张守一，高骈宠爱张守一如同对待吕用之一样。诸葛殷开始从鄱阳县来的时候，吕用之预先对高骈说："玉皇大帝觉得你的职务太繁重了，派左右尊神一人前来辅助你办理政事，你要好好地对待他；如果想要他长久留下来的话，也可以用一个人间的重要职务来系住他。"第二天，诸葛殷进见高骈，诡辩快捷，谈笑风生，高骈把他当神仙看待，补授他为盐铁方面的重要官职。高骈特别爱清洁，外甥侄儿等人没有一个人和他同席坐过。诸葛殷得风疽病，抓抠不停手，手指沾满了脓血，高骈独独和他在一张席子上靠近坐着，互相传递着杯盘进行饮宴。左右侍从向高骈报告这个情况，高骈说："这是神仙用这种样子来考验我们罢了！"高骈养了一条狗，闻到诸葛殷身上的腥臭常常来接近诸葛殷。高骈见了感到奇怪，诸葛殷笑着说："我曾经在玉皇大帝座前见过这只狗，分别以来已经有数百年了，还互相认识。"高骈和郑畋有仇隙，吕用之对高骈说："有人派遣剑客来刺杀你，今夜就要到！"高骈大为恐惧，问吕用之怎

用之曰："用之非为胜也，近得上仙书云，有官剑在盐城井中，须一灵官往取之。以胜上仙左右之人，欲使取剑耳。"骈乃许之。胜至监数月，函一铜匕首以献，用之见，稽首曰："此北帝所佩，得之，则百里之内五兵不能犯。"骈乃饰以珠玉，常置坐隅。用之自谓磻溪真君，谓守一乃赤松子，殷乃葛将军，胜乃秦穆公之婿也。

用之又刻青石为奇字云："玉皇授白云先生高骈。"密令左右置道院香案。骈得之，惊喜。用之曰："玉皇以公焚修功著，将补真官，计鸾鹤不日当降此际，用之等谪限亦满，必得陪幢节，同归上清耳！"是后，骈于道院庭中刻木鹤，时著羽服跨之，日夕斋醮，炼金烧丹，费以巨万计。

用之微时，依止江阳后土庙，举动祈祷。及得志，白骈崇大其庙，极江南工材之选，每军旅大事，以少牢祷之。用之又言神仙好楼居，说骈作迎仙楼，费十五万缗，又作延和阁，高八丈。

用之每对骈呵叱风雨，仰揖空际，云有神仙过云表。骈辄随而拜之。然常厚赂骈左右，使伺骈动静，共为欺罔，骈不之寤。左右小有异议者，辄为用之陷死不旋踵，但潜抚膺鸣指，口不敢言。骈倚用之如左右手，公私大小之事皆决于用之，退贤进不肖，淫刑滥赏，骈之政事于是大坏矣！

用之知上下怨愤，恐有窃发，请置巡察使，骈即以用之领之，募险狯者百余人，纵横闾巷间，谓之"察子"，民间呵妻詈子，靡不知之。用之欲夺人货财，掠人妇女，辄诬以叛逆，搒掠取服，杀其人而取之，所破灭者数百家，道路以目，将吏士民虽家居，皆重足屏气。

么办，吕用之说："张先生曾经学过这种本领，可以抵御刺客。"高骈就去请张守一，张守一答应了。于是叫高骈穿上妇人的衣服，在另外一间房子中躲起来，而张守一替换他居住在高骈的床榻中，夜里把铜器抛掷在台阶上，使它发出铿铿的声音，又暗地里用袋子盛着猪血，洒在门庭屋宇中间，做出好像进行过格斗的样子。第二天早晨，笑着对高骈说："差一点败在奴才手里！"高骈流着泪感谢说："先生对于我来说，真是再生的大恩人了！"用金银财宝重重地酬谢张守一。有个叫萧胜的人，贿赂吕用之，请求担任盐城监，高骈表示出为难的样子，吕用之说："我吕用之不是为了萧胜说话，近来得上仙的书信说，有一柄宝剑在盐城井中，需要一位灵官去取出来。由于萧胜是上仙左右的人，想叫他去取剑。"高骈于是答应了萧胜的要求。萧胜到盐城监几个月以后，用盒子装着一把铜匕首献给高骈，吕用之看到了，磕着头说："这是北帝所佩带的剑，得到了它，那么在一百里以内五种兵器都不能侵犯你。"高骈于是用珠玉来装饰它，常常摆在座位旁边。吕用之自称为磻溪真君，称张守一为赤松子，诸葛殷为葛将军，萧胜是秦穆公的女婿。

吕用之又在青石上刻着奇难字说："玉皇授白云先生高骈。"秘密叫左右的人把它放在道院香案前。高骈得到这块刻字石碑，又惊又喜。吕用之说："玉皇大帝认为你焚香修炼功绩显著，将要补授真正的仙官，预计鸾鹤不久就会下降到这里来。我吕用之等人下谪的期限也快到了，一定能够陪同你的仪仗队，一同回到上清仙境去！"从这以后，高骈在道院庭中刻木为鹤，有时穿着羽毛装饰的衣服骑坐在木鹤上，早晚都进行斋戒醮拜，烧炼金丹，花费的钱财不知多少万。

吕用之在微贱的时候，依靠借住在江阳县的后土庙，一举一动先要进行祈祷。等到得志以后，告诉高骈把这个庙扩建，把江南最好的工匠和最好的材料用来修庙，每逢军队有什么大事，就用羊来祭祀它，吕用之又对高骈说神仙喜欢居住在楼上，劝高骈建造迎仙楼，花费了十五万缗钱，又建造延和阁，高八丈。

吕用之常常在高骈面前呼风唤雨，抬头向空中作揖，说是有神仙在云中经过。高骈随即跟着揖拜天空。吕用之常常用很多钱买通高骈左右的人，叫他们伺察高骈的动静，共同进行欺诈活动，高骈一点也未发觉。左右稍有一点不同的意见，随即就会被吕用之陷害而死，其他的人只能暗地捶胸弹指以表示不满，不敢说出来，高骈依靠吕用之如左右手一样，公私大小事情都用吕用之裁决，屏退贤能的人，提升不肖之徒，过分使用刑罚，随意奖赏，高骈掌管的政务从此极大地败坏了！

吕用之知道上上下下的人都怨恨他，担心有人暗中揭发他的罪行，于是请求设置巡察使，高骈即派吕用之担任这项职务，招募了一百多个阴险狡狯的人，在闾巷之间来往巡探，称他们为"察子"，民间呵妻骂子的小事，没有一件不知道。吕用之想夺取别人的货财，抢掠妇女，就诬陷他们犯了叛逆罪，严刑拷打到他们屈服，然

用之又欲以兵威胁制诸将，请选募诸军骁勇之士二万人，号左、右莫邪都。骈即以张守一及用之为左、右莫邪军使，署置将吏如帅府，器械精利，衣装华洁，每出入，导从近千人。

用之侍妾百余人，自奉奢靡，用度不足，辄留三司纲输其家。

用之犹虑人泄其奸谋，乃言于骈曰：“神仙不难致，但恨学者不能绝俗累，故不肯降临耳！”骈乃悉去宾客，谢绝人事，宾客、将吏皆不得见；有不得已见之者，皆先令沐浴斋袚，然后见，拜起才毕，已复引出。由是用之得专行威福，无所忌惮，境内不复知有骈矣。

王铎将两川、兴元之军屯灵感寺，泾原屯京西，易定、河中屯渭北，邠宁、凤翔屯兴平，保大、定难屯渭桥，忠武屯武功，官军四集。黄巢势已蹙，号令所行不出同、华。民避乱皆入深山筑栅自保，农事俱废，长安城中斗米直三十缗。贼卖人于官军以为粮，官军或执山寨之民鬻之，人直数百缗，以肥瘠论价。

（以上为第十段，写高骈好神仙，受奸邪巫师控制。）

后杀死当事人而夺取所要的东西，被吕用之破灭的人家有数百家之多，道路上行人相见只是用眼睛示意，不敢说话，将吏士民虽待在家里，都是并足站立不敢移动，连大气也不敢出。

吕用之又想用兵力来胁制诸将，请求在各处军队中挑选招募骁勇的士兵两万人，名为左、右莫邪都。高骈就派张守一和吕用之为左、右莫邪军使，设置任命的将吏和节度使府一样，他们配备的武器军械精良锋利，衣服装备华丽整洁，每次出入时，前呼后拥的人接近一千名。

吕用之的侍从姬妾有一百多人，生活奢侈华靡，用费不够时，即扣留三司运往京师的钱物并送到自己家里。

吕用之还忧虑别人泄露他的奸谋，于是对高骈说:“要神仙到来并不难，只是使人感到遗憾的是学神仙的人不能断绝世俗的拖累，所以神仙不肯降临！”于是高骈就叫姬妾全部离开，谢绝人事，宾客和将吏都不接见；在不得已要接见的时候，都叫他们先洗澡更衣斋戒除去秽恶，然后才接见，拜揖刚完，便被送出。因此吕用之得以专作威福，肆无忌惮，辖境之内不再知道有高骈的存在。

王铎带两川和兴元的军队屯驻在灵感寺，泾原军屯驻在京西，易定军和河中军屯驻在渭北，邠宁军和凤翔军屯驻在兴平，保大军和定难军屯驻在渭桥，忠武军屯驻在武功，官军从四面八方集中京畿。黄巢的势力已大大缩小，号令所达到的地方，不出同州和华州。民众为了躲避兵乱都逃入深山，筑起栅寨自卫，农事都完全丢开了，在长安城中一斗米价值要三十缗钱。叛贼向官军买人口当作粮食，官军中有的人抓来山寨中的老百姓卖给他们，一个人价值数百缗钱，根据各人的肥瘦决定价格。

【点评】

本卷点评僖宗入蜀前后的政治事件，着重讨论三题：黄巢入长安、郑畋阻击黄巢、田令孜为害西川。

一、黄巢入长安。僖宗广明元年（880）十二月，黄巢入长安。十二月五日，田令孜率神策军五百拥僖宗奔成都，军士抢劫府库。同日，黄巢先锋将柴存入长安，唐金吾大将军张直方率文武数十人迎黄巢于霸上。黄巢乘金装肩舆入城，长安居民夹道聚观。尚让告谕市民说："黄王起兵，本为百姓，不像李氏不爱百姓，众百姓安居不要害怕。"黄巢军士，看见贫苦市民，往往施舍，而抓到当官的，捉一个杀一个，捉两个杀一双。皇帝李氏子孙，留在长安的全部被杀。十二月十三日，黄巢称帝，国号大齐，改元金统，以妻曹氏为皇后。以尚让、赵璋、崔璆、杨希古为宰相，孟楷、盖洪为左右军中尉，朱温、张言、李逵等为诸卫大将军、四面游弋使，皮日休为翰林学士，王播为京兆尹。唐朝官吏四品以上停职，四品以下留任。这是起义军发展最盛的时期。

二、郑畋阻击黄巢。唐僖宗西逃入蜀，敕令凤翔节度使郑畋阻击黄巢，可便宜从事。凤翔监军袁敬柔接受黄巢的招降，设宴款待黄巢的使者，凤翔的将官都悲伤哭泣。郑畋当时得了中风病，没有参加宴会。郑畋听到将佐哭泣的消息，感慨地说："人心尚未厌弃唐朝，贼人要不了多久就会被消灭。"于是刺破手指写血表上奏朝廷，召集将佐晓谕忠义，又刺血立誓，激励将士，然后修守备、训士卒，军势大振。朝廷任用郑畋为京城四面诸军行营都统，授予郑畋用墨敕任用将官的特殊职权。驻守关中各地的神策军都接受郑畋的指挥。黄巢派尚让、王播领兵五万来攻凤翔，尚让认为郑畋是书生不懂军事，骄傲轻敌，被郑畋打得大败。郑畋阻止了黄巢向西发展，并传檄诸道，各镇响应，合兵围困长安。黄巢流动作战，有效打击唐官兵，但没有建立根据地，一味流寇作战，犯了致命错误。正如王夫之所说："黄巢之易使坐毙也，非禄山、朱泚之比也。"安禄山根植于幽燕，收地两千余里，有后勤补给。朱泚为逆，有朱滔在卢龙为外援，李纳、王武俊与之为唇齿，尚且相继败亡。而黄巢攻陷广州随后丢弃，践踏湖、湘随后丢弃，渡江淮随后丢弃，甚至攻破东都也不留兵防守，数十万大军全部进入长安，实际上全部钻入了唐官军的口袋。郑畋据盩厔、泾原镇兵据渭北，河中镇兵据沙苑，易定镇兵据渭桥，鄜延、中武二镇兵据武功，邠宁镇兵据兴平。黄巢称帝后，很快腐化，醉生梦死，几十万起义士兵本是朴素的农民，为了推翻腐败的唐朝，他们义无反顾地追随黄巢，希望摆脱苦难，结果被黄巢带入了不是饿死、就是战死的绝境。黄巢没有长远眼光，没有治国方略，不能吸收人才，只是报仇血战，滥杀唐官，成了一个强盗，也只是一个草头王。因此黄巢入长安是他事业的顶点，也是他失败的起点。郑畋阻击黄巢取得成功，就是这一胜

败的转折点。

三、田令孜为害西川。黄巢入长安，田令孜挟帝西逃西川，效唐玄宗入蜀。僖宗怕田令孜在路途中把自己甩掉，沿路给他加官晋爵，先封他为十军十二卫观军容制置左右神策护驾使，又封他为左金吾卫上将军，兼判四卫事，爵晋国公。田令孜权力越来越大，僖宗在蜀不得召见宰相，不能与群臣相谋，群臣求见不许，一切听令田令孜。僖宗在蜀如同囚徒，心情十分郁闷，于是田令孜导引僖宗日夜吃酒行乐，嫔妃围绕，万岁之声不绝于耳，同时谎报军情，安慰僖宗。

田令孜歧视蜀军，赏赐不均，激起了“黄头军”兵变。“黄头军”原是成都为“防蛮”招募的一支军队，因戴黄帽而称黄头军。田令孜犒赏从驾诸军无虚日，尽赐田宅，而不及黄头军，黄头军怨声四起。田令孜又宴请诸将，用黄金杯行酒，喝完即赏赐。黄头军将领郭琪不肯饮酒，起身说：“希望军容使一碗水端平，也给蜀军一些赏赐。”田令孜听了很不高兴说：“你有什么功劳吗？”郭琪回答说：“战党项，逼契丹，数十战，这就是我郭琪的功劳。”田令孜冷笑着说：“知道了。”然后密令以鸩毒注酒中，端杯庆贺郭琪。郭琪明知有毒，勉强饮毕，驰马回营，杀一奴婢，喝了她的鲜血，方得解毒不死。于是郭琪发动兵变，徙营房，四处抢掠，成都大乱。田令孜急忙挟僖宗躲到东城自守。陈敬瑄打败了黄头军，成都才平静下来。左拾遗孟昭图激于义愤，上奏弹劾田令孜，说：“且天下者，高祖、太宗之天下，非北司之天下；陛下固九州天子，非北司天子，北司岂悉忠于南司？如是，君臣何以同安危？”疏入，田令孜扣下不上奏，还假传诏令贬孟昭图为嘉州司户参军。孟昭图赴任，田令孜派人在半道把孟昭图投入水中活活淹死。田令孜兄，西川节度使陈敬瑄仗势横行，逼迫蜀中良民纷纷为盗。京师的腐败积习，伴随流亡朝廷带到了蜀地，宦官专权的政治，也被田令孜带进了西川流亡的小朝廷中来。

唐纪七十一

唐僖宗中和二年至四年（882—884年）

【起玄黓摄提格（壬寅，882年）五月，尽阏逢执徐（甲辰，884年）五月，凡二年有奇】

【大事提要】

本卷记事起公元882年五月，讫公元884年五月，载述史事凡二年又一个月。当唐僖宗中和二年五月至中和四年五月。此时期，唐王朝进剿黄巢。西川、淮南、岭南、河北是天子鞭长莫及的地区，藩镇互相攻伐，大大小小的军阀林立，一片混战。环黄巢所据关中节镇，依然奉唐朝僖宗号令，勤王之师四集，沙陀李克用为诸军之冠，是讨灭黄巢的主力军。当李克用进军关中，黄巢部众已有离异之心。黄巢部将，独当一面的同州防御使朱温降唐，赐名全忠，授宣义节度使，此为黄巢衰败的标志。僖宗不明，重用降将，为后梁代唐张本。李克用光复长安，黄巢东窜，围困陈州近一年。又是李克用进讨，解陈州之围，再败黄巢于汴州，黄巢全军覆没，逃窜兖州。朱全忠忌功，欲暗杀李克用，未果，从此朱李交恶。宦官田令孜挟持僖宗幸蜀之功，得宠专权，外结四川陈敬瑄，唐皇室旧祸未已，新祸又兴，国无宁日矣。

【原文】

僖宗惠圣恭定孝皇帝中之下

中和二年（壬寅，882 年）

五月，以湖南观察使闵勖权充镇南节度使。勖屡求于湖南建节，朝廷恐诸道观察使效之，不许。先是，王仙芝寇掠江西，高安人锺传聚蛮獠，依山为堡，众至万人。仙芝陷抚州而不能守，传入据之，诏即以为刺史。至是，又逐江西观察使高茂卿，据洪州。朝廷以勖本江西牙将，故复置镇南军，使勖领之。若传不受代，令勖因而讨之。勖知朝廷意欲斗两盗使相毙，辞不行。

加淮南节度使高骈兼侍中，罢其盐铁转运使，骈既失兵柄，又解利权，攘袂大诟，遣其幕僚顾云草表自诉，言辞不逊，其略曰："是陛下不用微臣，固非微臣有负陛下。"又曰："奸臣未悟，陛下犹迷，不思宗庙之焚烧，不痛园陵之开毁。"又曰："王铎偾军之将，崔安潜在蜀贪黩，岂二儒士能戢强兵！"又曰："今之所用，上至帅臣，下及裨将，以臣所料，悉可坐擒。"又曰："无使百代有抱恨之臣，千古留刮席之耻。臣但恐寇生东土，刘氏复兴，即轵道之灾，岂独往日！"又曰："今贤才在野，憸人满朝，致陛下为亡国之君，此子等计将安出！"上命郑畋草诏切责之，其略曰："绾利则牢盆在手，主兵则都统当权，直至京北、京西神策诸镇，悉在指挥之下，可知董制之权，而又贵作司徒，荣为太尉。以为不用，如何为用乎？"又曰："朕缘久付卿兵柄，不能翦荡元凶，自天长漏网过淮，不出一兵袭逐，奄残京国，首尾三年。广陵之师，未离封部，忠臣积望，勇士兴讥，所以擢用元臣，诛夷巨寇。"又曰："从来倚仗之意，一旦控告无门，凝睇东南，惟增凄恻！"又曰："谢玄破苻坚于淝水，裴度平元济于淮西，未必儒臣不如武将。"又曰："宗庙焚烧，园陵开毁，龟玉毁椟，谁之过欤！"又曰："'奸臣未悟'之言，何人肯认！'陛下犹迷'之语，朕不敢当！"又曰："卿尚不能缚黄巢于天长，安能坐擒诸将！"又曰："卿云刘氏复兴，不知谁为魁首？比朕于刘玄、子婴，何太诬罔！"又曰："况天步未倾，皇纲尚整，三灵不昧，百度俱存，君臣之礼仪，上下之名分，所宜遵守，未可堕陵。朕虽冲人，安得轻侮！"骈臣节既亏，自是贡赋遂绝。

（以上为第一段，写闵勖、高骈跋扈不臣。）

【语译】

僖宗惠圣恭定孝皇帝中之下

唐僖宗中和二年（壬寅，882年）

五月，任命湖南观察使闵勖暂时代理镇南节度使。闵勖多次要求在湖南建立军镇的旌节，朝廷担心各道观察使都仿效他，没有允许。先前，王仙芝抢掠江西，高安人锺传聚集蛮人、獠人，依傍山势构筑城堡，部众有上万人。王仙芝攻陷了抚州而不能守住，钟传占领了这个地方。唐僖宗下诏书任命钟传为刺史。这时，钟传又逐走了江西观察使高茂卿，进驻洪州。朝廷由于闵勖本来是江西的牙将，因此又设置镇南军，任命他管辖。假如钟传不愿接受管理，就下令闵勖讨伐钟传。闵勖知道朝廷的用意是使他们互相残杀，所以推辞不愿前往。

加封淮南节度使高骈兼任侍中，免掉他盐铁转运使的官职。高骈已经失去了兵权，又被解除了经济大权，卷起袖子，破口大骂。高骈让幕僚顾云起草表文为自己申诉，措辞傲慢，大意说："这是陛下您不用我这个小臣，并不是我辜负您。"又说："奸佞的臣子没有醒悟，您仍处在迷糊之中，不想想先祖的宗庙被焚烧，不痛心先王的坟墓被挖掘。"又说："王铎是败军将领，崔安潜在蜀地贪污腐败，这样的两个儒生怎么能平息强大的叛军呢？"又说："今天您所用的人，上至将帅，下到副将，依臣看来，都可以很容易地捉住他们。"又说："不要使百代留有抱恨终生的臣子，千古留下像淮阳王刘玄俯首爬席的笑柄。我只担心寇盗在东方横行，刘邦这样的人又要出现，那么像秦王子婴在轵道投降的灾变，哪里只发生在过去呢？"又说："现在贤明的人才闲居在荒野，奸佞的小人充斥着朝廷，致使您成为亡国之君，他们这些人又能有什么主意呢！"唐僖宗下令郑畋起草诏书切实地责备高骈，大意说："谈到统管利益，你掌握着制盐大权；说到执掌军队，你身居着都统要职。一直到京北、京西神策军各镇，都在你的指挥之下，这就可以知道你已是大权在握了。而且你又担任显贵的司徒，荣耀的太尉，如果这样还认为是不重用，那么如何才算是重用呢？"又说："我交给你军事大权已经很久了，你并不能消灭敌人的首领。先前黄巢在天长镇漏网渡过淮水，你不派一兵一卒去追击，致使国都被攻破，前后长达三年。你在广陵的军队没有离开过所封的疆界半步，忠心的臣子满腹怨望，英勇的士兵讥笑讽刺，所以我要提拔选用元老重臣，来消灭强大的敌人。"又说："我向来依赖仰仗你，一旦没有地方可以诉说，凝望着战乱的东南方，只有增加无限的凄楚悲痛罢了。"又说："东晋谢玄在淝水之战中大破前秦苻坚，宪宗时裴度在淮西平定了吴元济，这些都可以看出儒臣未必就不如武将。"又说："先祖的宗庙被焚烧，先王的坟墓被挖掘，龟甲、宝玉装在木匣中被毁坏，这是谁的过错呢？"又说："'奸臣

以天平留后曹存实为节度使。

黄巢攻兴平，兴平诸军退屯奉天。

加河阳节度使诸葛爽同平章事。

六月，以泾原留后张钧为节度使。

荆南节度使段彦谟与监军朱敬玫相恶，敬玫别选壮士三千人，号忠勇军，自将之。彦谟谋杀敬玫。己亥，敬玫先帅众攻彦谟，杀之，以少尹李燧为留后。

蜀人罗浑擎、句胡僧、罗夫子各聚众数千人以应阡能，杨行迁等与之战，数不利，求益兵。府中兵尽，陈敬瑄悉搜仓库门庭之卒以给之。是月，大战于乾溪，官军大败。行迁等恐无功获罪，多执村民为俘送府，日数十百人；敬瑄不问，悉斩之。其中亦有老弱及妇女，观者或问之，皆曰："我方治田绩麻，官军忽入村，系虏以来，竟不知何罪！"

秋，七月，己巳，以锺传为江西观察使，从高骈之请也。传既去抚州，南城人危全讽复据之，又遣其弟仔倡据信州。

尚让攻宜君寨，会大雪盈尺，贼冻死者什二三。

蜀人韩求聚众数千人应阡能。

镇海节度使周宝奏高骈承制以贼帅孙端为宣歙观察使。诏宝与宣歙观察使裴虔余发兵拒之。

南诏上书请早降公主，诏报以方议礼仪。

还没有醒悟’这句话，什么人肯承认呢？‘皇上仍处在迷糊之中’这个说法，朕是不敢担当的。”又说：“你尚且不能在天长镇擒住黄巢，又如何能轻易地抓获各位将领呢？”又说：“你说刘邦这样的人又要出现，不知道谁是罪魁祸首呢？把朕比作淮阳王刘玄、秦王子婴，这不是太诬蔑欺人了吗？”又说：“何况国运还没有倾塌，国家的大纲还很完整，日、月、星三灵还未昏暗，各种规章制度都还存在，君臣之间的礼节、上下之间的名分，都应该遵守，不可以毁坏僭越。朕虽然年纪幼小，怎么可以轻易侮辱呢！”高骈已经亏损了做臣子的节操，自此以后纳贡和上交赋税就都断绝了。

任命天平留后曹存实为节度使。

黄巢进攻兴平，在兴平的各路军队退回屯驻奉天。

加官河阳节度使诸葛爽为同平章事。

六月，任命泾原留后张钧为节度使。

荆南节度使段彦谟和监军朱敬玫互相憎恨，朱敬玫另外选了壮士三千人，号称忠勇军，亲自率领他们。段彦谟谋划杀死朱敬玫。六月二十八日己亥，朱敬玫抢先带领部众攻打段彦谟，杀死了他，让少尹李燧任留后。

蜀人罗浑擎、句胡僧、罗夫子各自聚集部众数千人来响应阡能，杨行迁等人与他们作战，多次都占不到便宜，要求增派士兵。官府中的士兵都用尽了，陈敬瑄就调集看管仓库门庭的士兵来支援杨行迁。这一月，在乾溪与叛贼进行了大战，官军大败。杨行迁等人害怕因没有功劳而获罪，就抓了许多村中的老百姓作为俘虏送至官府，每天有数十至一百人；陈敬瑄不问青红皂白，把他们统统都杀了。其中也有年纪大的以及老弱妇女，旁观者有的问他们情况，都回答说：“我们正在耕田、绩麻，官军忽然进入村中，把我们捆绑俘虏了，送到这里来，我们完全不知道是犯了什么罪！”

秋季，七月二十九日己巳，任命锺传为江西观察使，这是依照高骈的请求而任命的。钟传离开抚州以后，南城人危全讽便又占据了这个地方，并且派遣他的弟弟危仔倡占领了信州。

尚让攻打宜君寨，正巧遇上大雪天，雪下了一尺多厚，士兵冻死的占十分之二三。

蜀人韩求聚集部众数千人以响应叛贼阡能。

镇海节度使周宝上书唐僖宗，说高骈打着秉承皇上旨意旗号任用贼帅孙端为宣歙观察使。唐僖宗下令周宝与宣歙观察使裴虔馀发兵抗御孙端。

南诏国呈上国书请求唐僖宗早日下嫁公主，唐僖宗回报说正在商议有关的礼节

以保大留后东方逵为节度使，充京城东面行营招讨使。

闰月，加魏博节度使韩简兼侍中。

八月，以兵部侍郎、判度支郑绍业同平章事、兼荆南节度使。

浙东观察使刘汉宏遣弟汉宥及马步都虞候辛约将兵二万营于西陵，谋兼并浙西，杭州刺史董昌遣都知兵马使钱镠拒之。壬子，镠乘雾夜济江，袭其营，大破之，所杀殆尽，汉宥、辛约皆走。

魏博节度使韩简亦有兼并之志，自将兵三万攻河阳，败诸葛爽于修武；爽弃城走，简留兵戍之，因掠邢、洺而还。

李国昌自达靼帅其族迁于代州。

（以上为第二段，写黄巢祸乱关中，全国各地大小军阀林立，互相攻战，不听朝命。）

黄巢所署同州防御使朱温屡请益兵以扞河中，知右军事孟楷抑之，不报。温见巢兵势日蹙，知其将亡，亲将胡真、谢瞳劝温归国。九月，丙戌，温杀其监军严实，举州降王重荣。温以舅事重荣，王铎承制以温为同华节度使，使瞳奉表诣行在。瞳，福州人也。

李详以重荣待温厚，亦欲归之，为监军所告。黄巢杀之，以其弟思邺为华州刺史。

桂邕州军乱，逐节度使张从训，以前容管经略使崔焯为岭南西道节度使。

平卢大将王敬武逐节度使安师儒，自为留后。

初，朝廷以庞勋降将汤群为岚州刺史，群潜通沙陀。朝廷疑之，徙群怀州刺史，郑从谠遣使赍告身授之。冬，十月，庚子朔，群杀使者，据城叛，附于沙陀。壬寅，从谠遣马步都虞候张彦球将兵讨之。

贼帅韩秀昇、屈行从起兵，断峡江路。癸丑，陈敬瑄遣押牙庄梦蝶将二千人讨之，又遣押牙胡弘略将千人继之。

韩简复引兵击郓州，节度使曹存实逆战，败死。天平都将下邑朱瑄收余众，婴城拒守，简攻之不下。诏以瑄权知天平留后。

仪式。

任命保大留后东方逵为节度使，充当京城东面行营招讨使。

闰七月，加官魏博节度使韩简兼任侍中。

八月，任命兵部侍郎、判度支郑绍业同平章事，兼任荆南节度使。

浙东观察使刘汉宏派遣他的弟弟刘汉宥以及马步都虞候辛约率领士兵二万人在西陵扎营，谋划兼并浙西。杭州刺史董昌派遣都知兵马使钱镠率兵抵挡他们。八月十三日壬子，钱镠乘着夜里大雾渡江，偷袭浙东兵军营，大破浙东兵，浙东兵几乎全部被杀尽。刘汉宥和辛约都逃走了。

魏博节度使韩简也有兼并的意图，亲自率领士兵三万人进攻河阳，在修武打败了诸葛爽；诸葛爽弃城逃走。韩简留下士兵防守，沿途抢掠邢州、洺州后才回去。

李国昌率领他的部族从鞑靼迁移至代州。

黄巢任命的同州防御使朱温屡次请求增派士兵以保卫河中，掌理右军事的孟楷压下不报。朱温看到黄巢的兵力一天不如一天，知道他将要灭亡了，他的亲信将领胡真、谢瞳劝他归顺唐朝。九月十七日丙戌，朱温杀了监军严实，以同州全城投降唐将王重荣。朱温侍奉王重荣就像侍奉舅舅一样。王铎以皇上名义任朱温为同华节度使，派遣谢瞳送上表文到唐僖宗行在所。谢瞳是福州人。

李详因为王重荣待朱温很好，也想归顺王重荣，被监军告发。黄巢杀了李详，任命他的弟弟黄思邺为华州刺史。

桂邕的军队发生叛乱，驱逐节度使张从训，任命前容管经略使崔焯为岭南西道节度使。

平卢军大将王敬武赶走节度使安师儒，自己担任留后。

当初，朝廷任命庞勋的降将汤群为岚州刺史，汤群暗中勾结沙陀。朝廷怀疑汤群，调任汤群为怀州刺史，郑从谠派遣使者带着委任状去交授汤群。冬季，十月初一日庚子，汤群杀掉使者，占据岚州叛变，投靠沙陀。十月初三日壬寅，郑从谠派遣马步都虞候张彦球率领军队去讨伐汤群。

贼军首领韩秀昇、屈行从起兵截断峡江路。十月十四日癸丑，陈敬瑄派遣押牙庄梦蝶率领两千人去讨伐叛贼，又派遣押牙胡弘略率领一千人前往接应。

韩简再次率领军队攻击郓州，节度使曹存实抵抗，战败身死。天平军都将下邑人朱瑄收聚剩下的将士，据城固守，韩简没能攻下。唐僖宗下诏书任命朱瑄临时代理天平军留后。

以朱温为右金吾大将军、河中行营招讨副使，赐名全忠。

李克用虽累表请降，而据忻、代州，数侵掠并、汾，争楼烦监。义武节度使王处存与克用世为婚姻，诏处存谕克用："若诚心款附，宜且归朔州俟朝命；若暴横如故，当与河东、大同军共讨之。"

以平卢大将王敬武为留后。时诸道兵皆会关中讨黄巢，独平卢不至，王铎遣都统判官、谏议大夫张濬往说之。敬武已受黄巢官爵，不出迎，濬见敬武，责之曰："公为天子藩臣，侮慢诏使；不能事上，何以使下！"敬武愕然，谢之。既宣诏，将士皆不应，濬徐谕之曰："人生当先晓逆顺，次知利害。黄巢，前日贩盐虏耳，公等舍累叶天子而臣之，果何利哉！今天下勤王之师皆集京畿，而淄青独不至；一旦贼平，天子返正，公等何面目见天下之人乎！不亟往分功名、取富贵，后悔无及矣！"将士皆改容引咎，顾谓敬武曰："谏议之言是也。"敬武即发兵从濬而西。

刘汉宏又遣登高镇将王镇将兵七万屯西陵，钱镠复济江袭击，大破之，斩获万计，得汉宏补诸将官伪敕二百余通。镇奔诸暨。

黄巢兵势尚强，王重荣患之，谓行营都监杨复光曰："臣贼则负国，讨贼则力不足，奈何？"复光曰："雁门李仆射，骁勇，有强兵，其家尊与吾先人尝共事相善，彼亦有徇国之志；所以不至者，以与河东结隙耳。诚以朝旨谕郑公而召之，必来，来则贼不足平矣！"东面宣慰使王徽亦以为然。时王铎在河中，乃以墨敕召李克用，谕郑从谠。十一月，克用将沙陀万七千自岚、石路趣河中，不敢入太原境，独与数百骑过晋阳城下与从谠别，从谠以名马、器币赠之。

李详旧卒共逐黄思邺，推华阴镇使王遇为主，以华州降于王重荣，王铎承制以遇为刺史。

（以上为第三段，写唐朝勤王之师会集关中，黄巢部众已有异心，朱温降唐，赐

任命朱温为右金吾大将军、河中行营招讨副使，赐名叫全忠。

李克用虽然多次上表请求投降，然而却占据着忻州、代州，屡次侵入掠夺并州、汾州，争夺楼烦监。义武节度使王处存和李克用世代有婚姻关系，唐僖宗下诏命王处存告知李克用："假如诚心诚意归附唐朝，应该回到朔州去等待朝廷的命令；如果还是强暴横行像过去一样，朝廷将要派河东、大同的军队一起进行讨伐。"

任命平卢军大将王敬武为留后。这时各道的军队都会集关中讨伐黄巢，独有平卢的军队没有到，王铎派遣都统判官、谏议大夫张濬前往说服王敬武。王敬武已接受了黄巢封的官爵，不出来迎接。张濬见到王敬武，责备他说："你身为皇上属下的大臣，却轻视怠慢皇上派来传达诏令的使者；你不能侍奉上级，如何能使唤下属？"王敬武愣住了，表示谢罪。张濬宣读了诏命后，将士们都没有反应，张濬从容不迫地劝告大家说："一个人活着应该首先知道什么是逆，什么是顺，其次要知道什么是利，什么是害。黄巢以前只是一个卖盐的小贩罢了，你们舍弃了皇上而去臣服于他，结果能有什么利益呢？现在天下保卫皇上的军队都在京城附近集合，只有淄州、青州的军队不去勤王。一旦平定了叛贼，皇上回到国都，你们这些人还有什么脸面去见天下的百姓呢？不赶紧去分取一些功名，得到一些富贵，后悔就来不及了！"将士们听了都改变了态度，承认错误，看着王敬武说："张濬说的话是对的啊！"王敬武立即调发军队跟随张濬向西进发。

刘汉宏又派遣登高镇守将王镇率领士兵七万人进驻西陵。钱镠再次渡江袭击，大破王镇的军队，斩首、俘获的人数以万计，缴获刘汉宏任命各将官的敕令二百多件。王镇逃奔至诸暨。

黄巢的兵力仍很强盛，王重荣非常担心这件事，他对行营都监杨复光说："如果向贼寇称臣，就有负于国家；如果讨伐贼寇，力量又不够，该怎么办呢？"杨复光回答说："雁门李克用勇猛善战，有强大的军队，他的父亲与我的先祖曾经共过事，相处得很好，李克用也有为国家尽力的志向；这一次他之所以没有来讨伐黄巢，是因为和郑从谠在河东结下仇隙的缘故。假如能用朝廷圣旨告知郑从谠去召李克用来，李克用一定会来的。只要李克用来了，讨平贼寇就不成问题了。"东面宣慰使王徽也认为有道理。这时王铎正在河中，于是用墨笔书写诏令召李克用来，并把这事告知郑从谠。十一月，李克用率领沙陀士兵一万七千人从岚州、石州赶往河中，不敢进入太原境内，独自与几百名骑兵经过晋阳城下和郑从谠辞别。郑从谠把名贵的马匹、器物、钱币赠送给李克用。

李详原先的部属共同驱逐黄思邺，推举华阴镇使王遇为主帅，以华州城向王重荣投降，王铎以皇帝名义任命王遇为刺史。

名全忠，为后梁代唐张本。）

阡能党愈炽，侵淫入蜀州境。陈敬瑄以杨行迁等久无功，以押牙高仁厚为都招讨指挥使，将兵五百人往代之。未发前一日，有鬻面者，自旦至午，出入营中数四，逻者疑之，执而讯之，果阡能之谍也。仁厚命释缚，温言问之，对曰："某村民，阡能囚其父母妻子于狱，云：'汝诇事归，得实则免汝家；不然，尽死。'某非愿尔也。"仁厚曰："诚知汝如是，我何忍杀汝！今纵汝归，救汝父母妻子，但语阡能云：'高尚书来日发，所将止五百人，无多兵也。'然我活汝一家，汝当为我潜语寨中人云：'仆射愍汝曹皆良人，为贼所制，情非得已。尚书欲拯救湔洗汝曹，尚书来，汝曹各投兵迎降，尚书当使人书汝背为"归顺"字，遣汝复旧业。所欲诛者，阡能、罗浑擎、句胡僧、罗夫子、韩求五人耳，必不使横及百姓也。'"谍曰："此皆百姓心上事，尚书尽知而赦之，其谁不舞跃听命！一口传百,百传千，川腾海沸，不可遏也。比尚书之至，百姓必尽奔赴如婴儿之见慈母，阡能孤居，立成擒矣！"

明日，仁厚引兵发，至双流，把截使白文现出迎；仁厚周视堑栅，怒曰："阡能役夫，其众皆耕民耳，竭一府之兵，岁余不能擒，今观堑栅重复牢密如此，宜其可以安眠饱食，养寇邀功也！"命引出斩之；监军力救，久之，乃得免。命悉平堑栅，才留五百兵守之，余兵悉以自随，又召诸寨兵，相继皆集。

阡能闻仁厚将至，遣罗浑擎立五寨于双流之西，伏兵千人于野桥箐以邀官军。仁厚诇知，引兵围之，下令勿杀，遣人释戎服入贼中告谕，如昨日所以语谍者。贼大喜，呼噪，争弃甲投兵请降，拜如摧山。仁厚悉抚谕，书其背，使归语寨中未降者，寨中余众争出降。浑擎狼狈逾寨走，其众执以诣仁厚，仁厚曰："此愚夫，不足与语。"械以送府。悉命焚五寨及其甲兵，惟留旗帜，所降凡四千人。

阡能的部众越来越多，逐渐侵入、蔓延到蜀州境内。陈敬瑄因杨行迁等人很久没有战功，改派押牙高仁厚担任都招讨指挥使，率领士兵五百人前去替代他。出发的前一天，有一个卖面的人，从早上到中午，在军营中进出三四次。巡逻的人怀疑他，把他抓住进行讯问，果然是阡能派来的间谍。高仁厚下令解开捆绑他的绳子，温和地询问他，那间谍回答说：“我是村中的老百姓，阡能把我的父母妻子囚禁在监狱中，说：‘你去刺探情况回来，得到实情就释放你的全家；不然的话，将你全家都杀死。’我不是愿意这样做的。”高仁厚说：“既然知道你是这样，我怎么忍心杀你呢！今天放你回去，解救你的父母妻子，只要告诉阡能说：‘高仁厚明天出发，所率领的士兵只有五百人，没有更多的人了。’但我既救活你一家人，你应当替我暗中告诉寨子里的人，说：‘陈敬瑄怜悯你们都是善良的老百姓，因为被阡能所控制，不得已才如此。高仁厚想要洗刷你们的过失挽救你们，他来这里，你们要放下兵器投降，高仁厚将派人在你们的背上书写“归顺”两字，送你们回去做原来的事情。他要杀的，只有阡能、罗浑擎、句胡僧、罗夫子、韩求五个人，一定不会牵连老百姓。’”间谍说：“这都是老百姓心里想的事，您全都知道了而且赦免大家，还有谁不欢欣鼓舞听从您的命令啊！一人传百，百人传千，就像河流奔腾、海水滚沸一样，不可阻止的。等您到达时，老百姓必定全部奔跑过来，好像婴儿见到慈母一般，阡能孤立独处，马上就会被活捉。”

第二天，高仁厚带领士兵出发了，到达双流，把截使白文现出迎；高仁厚察看堑栅等防御工事，大怒道：“阡能这个人，他的部众都是种地的老百姓，你用尽一府的士兵，一年多还不能抓住阡能。今天看到这些防御工事，重重叠叠，牢固细密成这个样子，怪不得你可以吃饱饭安安稳稳地睡觉，养着敌人来求得功劳了！”下令把白文现推出去斩首；监军竭力相救很久，方得到赦免。高仁厚命令填平沟堑，毁去木栅，只留下五百个士兵防守，其余的士兵都随身带领，又召集各寨的士兵，让他们陆续集合到这里来。

阡能听说高仁厚即将来到，派遣罗浑擎在双流的西边建了五个寨子，又在野桥箐埋伏一千名士兵用来拦击官军。高仁厚侦察知道了，带领士兵包围了他们，下令不要杀人，派遣士兵脱下军衣进营中告诉他们，如同昨天告诉间谍的话那样。阡能的部众大为高兴，欢呼鼓噪，争着抛弃战甲，扔掉兵器，要求投降，下地跪拜，其声势好像山崩一样。高仁厚全部安抚告谕他们，在他们的背上写上“归顺”两字，让他们回去告诉寨子里还没有投降的人，寨子里余下的人都争着出来投降。罗浑擎狼狈不堪地翻过寨子逃走，他的部下把他抓住送到高仁厚那里，高仁厚说：“罗浑擎

明旦，仁厚谓降者曰："始欲即遣汝归，而前途诸寨百姓未知吾心，或有忧疑，藉汝曹为我前行，过穿口、新津寨下，示以背字告谕之，比至延贡，可归矣。"乃取浑擎旗倒系之，每五十人为队，扬旗疾呼曰："罗浑擎已生擒，送使府，大军行至。汝曹居寨中者，速如我出降，立得为良人，无事矣！"至穿口，句胡僧置十一寨，寨中人争出降，胡僧大惊，拔剑遏之，众投瓦石击之，共擒以献仁厚，其众五千余人皆降。

又明旦，焚寨，使降者执旗先驱，一如双流。至新津，韩求置十三寨皆迎降。求自投深堑，其众钩出之，已死，斩首以献。将士欲焚寨，仁厚止之曰："降人犹未食。"使先运出资粮，然后焚之。新降者竞炊爨，与先降来告者共食之，语笑歌吹，终夜不绝。

明日，仁厚纵双流、穿口降者先归，使新津降者执旗先驱，且曰："入邛州境，亦可散归矣。"罗夫子置九寨于延贡，其众前夕望新津火光，已不眠矣。及新津人至，罗夫子脱身弃寨奔阡能，其众皆降。

明日，罗夫子至阡能寨，与之谋悉众决战；计未定，日向暮，延贡降者至，阡能、罗夫子走马巡寨，欲出兵，众皆不应。仁厚引兵连夜逼之，明旦，诸寨知大军已近，呼噪争出，执阡能，阡能窘急赴井，为众所擒，不死。又执罗夫子，罗夫子自刭。众挈罗夫子首，缚阡能，驱之前迎官军，见仁厚，拥马首大呼泣拜曰："百姓负冤日久，无所控诉。自谍者还，百姓引领，度顷刻如期年。今遇尚书，如出九泉睹白日，已死而复生矣。"欢呼不可止。贼寨在他所者，分遣诸将往降之。仁厚出军凡六日，五贼皆平。每下县镇，辄补镇遏使，使安集户口。

于是陈敬瑄枭韩求、罗夫子首于市，钉阡能、罗浑擎于城西，七日而剐之。阡能孔目官张荣，本安仁进士，屡举不中第，归于阡能，为之

是一个愚蠢的人，不值得和他说话。”把他捆绑起来送至官府。又下令把五个寨子和所有的战甲、兵器都烧掉，只留下旗帜。投降的总共有四千人。

第二天早上，高仁厚对投降的人说：“我本来准备马上遣送你们回去，然而前面各个寨子的老百姓还不知道我的心意，有的人还有忧虑怀疑，所以想借你们为我引导开路，经过穿口、新津寨时，就给他们看背上的字样说明情况，等到了延贡，你们就可以回家了。”于是取下罗浑擎的旗帜倒挂着，每五十人编为一队，挥动旗帜大声呼叫：“罗浑擎已被活捉，送到官府去了，大军就要到来。你们住在寨子里的，快快出来投降，像我们这样，马上可以成为良民，不会处罚你们的。”到了穿口，句胡僧设置的十一个寨子里的人争着出来投降；句胡僧大惊，拔出剑想来阻止，大家丢瓦块、石头攻击句胡僧，把他捉住献给了高仁厚，句胡僧的部下五千多人都投降了。

第三天早上，高仁厚下令把寨子都烧了，派遣投降的人拿着旗帜在前面引导开路，像从双流出发那样。到了新津，韩求设置的十三个寨子都出来投降。韩求跳到深沟中自杀，他的部众把韩求钩出来，他已经死了，便斩下他的头献上。将士们想要烧掉寨子，高仁厚阻止说：“投降的人还没有吃饭。”派人先运出资财粮食，然后烧掉寨子。新投降的人争着烧火做饭，与先投降来传告的人一起吃饭，笑语欢歌一个晚上都没有停止。

第四天，高仁厚让双流、穿口投降的人先回家，派遣新津投降的人拿着旗帜在前面引导开路，并且说：“进入邛州地界，你们就可以解散回家了。”罗夫子在延贡设置了九个寨子，他的部下前一天夜里望见新津的火光，已经睡不着觉了。等到新津投降的人来到，罗夫子抛弃寨子逃到阡能那里，他的部下都投降了。

第五天，罗夫子到阡能的寨子里，与阡能谋划尽全力与官军决一死战；计谋还没有议定，太阳已经西下，延贡投降的人到了。阡能、罗夫子骑马巡视寨子，想要出兵，部下都不响应。高仁厚率兵连夜进逼，第六天早上，各个寨子知道官军已经逼近，呼喊着出来投降，捉拿阡能。阡能走投无路，想投井自杀，被部众擒获，没有死成。又捉拿罗夫子，罗夫子拔剑自刎。大家拿了罗夫子的头，捆绑了阡能，押着阡能迎接官军，见到高仁厚，抱住马头大声呼喊哭泣，跪拜说：“老百姓含冤已经很久了，没有地方可以控告诉说。自从那个间谍回来告诉我们您的话以后，我们都伸长颈子盼望您的到来，度日如年。今天见到您，就好像从九泉下出来重见青天白日一样，死而复生了。”欢呼喧哗无法制止。在其他地方的寨子，高仁厚分别派遣各将领前往招降他们。高仁厚出兵前后共六天，把五个贼寇都讨平了。每攻下一个县镇，都补上镇遏使，派他们安抚聚集老百姓。

于是陈敬瑄在市中将韩求、罗夫子枭首示众，把阡能、罗浑擎钉在城西，七天后再将他们凌迟处死。阡能的孔目官张荣，本来是安仁地方的士子，多次应举都没

谋主，为草书檄，阡能败，以诗启求哀于仁厚，仁厚送府，钉于马市，自余不戮一人。

十二月，以仁厚为眉州防御使。

陈敬瑄榜邛州，凡阡能等亲党皆不问。未几，邛州刺史申捕获阡能叔父行全家三十五人系狱，请准法。敬瑄以问孔目官唐溪，对曰："公已有榜，令勿问，而刺史复捕之，此必有故。今若杀之，岂惟使明公失大信，窃恐阡能之党纷纷复起矣！"敬瑄从之，遣押牙牛晕往，集众于州门，破械而释之，因询其所以然，果行全有良田，刺史欲买之，不与，故恨之。敬瑄召刺史，将按其罪，刺史以忧死。他日，行全闻其家由溪以免，密饷溪蚀箔金百两。溪怒曰："此乃太师仁明，何预吾事，汝乃怀祸相饷乎！"还其金，斥逐使去。

（以上为第四段，写高仁厚用只诛首恶的安抚政策攻心，六日平定了蜀中之乱。）

河东节度使郑从谠奏克岚州，执汤群，斩之。

以忻、代等州留后李克用为雁门节度使。

初，朝廷以郑绍业为荆南节度使，时段彦谟方据荆南，绍业惮之，逾半岁，乃至镇。上幸蜀，召绍业还，以彦谟为节度使。彦谟为朱敬玫所杀，复以绍业为节度使。绍业畏敬玫，逗留不进，军中久无帅；至是，敬玫署押牙陈儒知府事。儒，江陵人也。

加奉天节度使齐克俭、河中节度使王重荣并同平章事。

李克用将兵四万至河中，遣从父弟克脩先将兵五百济河尝贼。初，克用弟克让为南山寺僧所杀，其仆浑进通归于黄巢。自高浔之败，诸军皆畏贼，莫敢进。乃克用军至，贼惮之，曰："鸦军至矣，当避其锋。"克用军皆衣黑，故谓之鸦军。巢乃捕南山寺僧十余人，遣使赍诏书及重赂，因浑进通诣克用以求和。克用杀僧，哭克让，受其赂以分诸将，焚其诏书，归其使者，引兵自夏阳渡河，军于同州。

孟方立既杀成麟，引兵归邢州，潞人请监军吴全勖知留后。是岁，王铎墨制以方立知邢州事，方立不受，囚全勖；与铎书，愿得儒臣镇潞

有及第，投靠阡能，为阡能出谋划策，替他起草檄文，阡能失败后，张荣写信作诗哀求高仁厚，高仁厚将他送至官府，钉在马市上示众，此外，不再杀任何一人。

十二月，任命高仁厚为眉州防御使。

陈敬瑄在邛州贴出布告，说凡是阡能等人的亲戚、党羽都不再追究。不久，邛州刺史报告捕获了阡能的叔父行全一家三十五人关在监狱中，请求依照连坐法处死。陈敬瑄为这件事询问孔目官唐溪，唐溪回答说："您已经贴出了布告，下令不再追究，然而刺史又缉捕他们，这里一定有缘故。今天如果杀掉他们，难道仅仅是只使明公您失去信用吗，我担心阡能的余党都要纷纷起来作乱了！"陈敬瑄听从了唐溪的意见，派押牙牛晕前往，在州门聚集众人，当众打开刑具，释放了行全一家人，顺便询问他们是什么原因造成这样。原来行全家有良田，刺史想要买下，行全不同意，所以刺史怀恨在心。陈敬瑄召来刺史，将要查核他的罪行，刺史因此忧愁而死。后来，行全听说他们全家是由于唐溪才免除罪过的，就偷偷地送给唐溪蚀箔金一百两。唐溪发怒说："这是太师陈敬瑄仁爱神明，与我有什么关系。你送东西给我，是心怀祸端吗？"就把金子还给他，训斥、逐走了送金子的人。

河东节度使郑从谠上奏称攻克了岚州，抓住了汤群，把他杀了。

任命忻州、代州的留后李克用为雁门节度使。

起初，朝廷任命郑绍业为荆南节度使，这时段彦谟正占据着荆南，郑绍业害怕段彦谟，过了半年，才到镇上任。唐僖宗驾临蜀地，召回郑绍业，任命段彦谟为节度使。段彦谟被朱敬玫杀后，再派郑绍业任节度使。郑绍业畏惧朱敬玫，逗留不敢前进，军中很久没有主帅。到这时，朱敬玫委派押牙陈儒主持官府中的事情。陈儒是江陵人。

加官奉天节度使齐克俭、河中节度使王重荣为同平章事。

李克用率领士兵四万人到河中，派遣堂弟李克脩先带士兵五百人渡河试探进攻贼寇。起初，李克用的弟弟李克让被南山的寺僧杀害，李克让的仆人浑进通投奔黄巢。自从高浔战败以后，各路军队都畏惧贼寇，不敢前进。等到李克用的军队来了，贼寇害怕他，说："乌鸦军到了，应该躲避他的锋芒。"李克用的军队都穿黑衣服，所以称为乌鸦军。黄巢于是捕捉了十多个南山寺僧，派遣使者带着诏书和贵重的财物，利用浑进通的关系到李克用那里求和。李克用杀掉僧人，哀哭弟弟李克让，接受他的财物分给各位将领，烧掉黄巢的诏书，送还他的使者，带领军队从夏阳渡过黄河，驻扎在同州。

孟方立杀了成麟以后，率领军队回到邢州，潞州人请求监军吴全勖担任留后职务。这一年，王铎用墨笔书写唐僖宗的命令，派孟方立管理邢州的事务。孟方立不

州，铎以郑昌图知昭义军事。既而朝廷以右仆射、租庸使王徽同平章事，充昭义节度使，徽以车驾播迁，中原方扰，方立专据山东邢、洺、磁三州，度朝廷力不能制，辞不行，请且委昌图。诏以徽为大明宫留守、京畿安抚制置修奉园陵使。昌图至潞州，不三月而去，方立遂迁昭义军于邢州，自称留后，表其将李殷锐为潞州刺史。

和州刺史秦彦使其子将兵数千袭宣州，逐观察使窦潏而代之。

（以上为第五段，写李克用勤王，进军攻黄巢。孟方立不遵朝命，自为昭义节度使。）

三年（癸卯，883年）

春，正月，李克用将李存贞败黄揆于沙苑。己巳，克用进屯沙苑。揆，巢之弟也。王铎承制以克用为东北面行营都统，以杨复光为东面都统监军使，陈景思为北面都统监军使。

乙亥，制以中书令、充诸道行营都统王铎为义成节度使，令赴镇。田令孜欲归重北司，称铎讨黄巢久无功，卒用杨复光策，召沙陀而破之，故罢铎兵柄以悦复光；又以副都统崔安潜为东都留守，以都都监西门思恭为右神策中尉，充诸道租庸兼催促诸道进军等使。令孜自以建议幸蜀、收传国宝、列圣真容、散家财犒军为己功，令宰相藩镇共请加赏，上以令孜为十军兼十二卫观军容使。

成德节度使常山忠穆王王景崇薨，军中立其子节度副使镕知留后事，时镕生十年矣。

以天平留后朱瑄为节度使。

二月，壬子，李克用进军乾阬，与河中、易定、忠武军合。尚让等将十五万众屯于梁田陂，明日，大战，自午至晡，贼众大败，俘斩数万，伏尸三十里。巢将王璠、黄揆袭华州，据之，王遇亡去。

初，光州刺史李罕之为秦宗权所攻，弃州奔项城，帅余众归诸葛爽，爽以为怀州刺史。韩简攻郓州，半年，不能下；爽复袭取河阳，朱瑄请和，简乃舍之，引兵击河阳。爽遣罕之逆战于武陟，魏军大败而还。大将澶州刺史乐行达先归，据魏州，军中共立行达为留后，简为部下所杀。

愿接受，囚禁了吴全勖；写信给王铎，希望任用儒臣来镇守潞州，王铎派遣郑昌图管理昭义军的事务。后来朝廷任命右仆射、租庸使王徽为同平章事，充当昭义节度使。王徽认为唐僖宗流亡迁移，中原大地正在动荡不安，孟方立占据了潞州东边的邢、洺、磁三个州，考虑到朝廷没有力量能够制住他，因而推辞而不肯前往，请求还是委派郑昌图。唐僖宗下诏任命王徽为大明宫留守、京畿安抚制置修奉园陵使。郑昌图到达潞州，不到三个月就离开了。孟方立于是把昭义军迁移到邢州，自称为留后，上表要求派他的部将李殷锐担任潞州刺史。

和州刺史秦彦派遣他的儿子率领士兵几千人去袭击宣州，赶走了观察使窦潏，取代了他的职位。

唐僖宗中和三年（癸卯，883 年）

春季，正月，李克用的部将李存贞在沙苑打败了黄揆。正月初二日己巳，李克用进兵驻扎在沙苑。黄揆是黄巢的弟弟。王铎以唐僖宗的命令任命李克用为东北面行营都统，任命杨复光为东面都统监军使，陈景思为北面都统监军使。

正月初八日乙亥，唐僖宗任命中书令、充当诸道行营都统的王铎为义成节度使，下令要王铎赶赴镇所。田令孜想要抬高北司地位，称说王铎讨伐黄巢很久没有立功，最终采用杨复光的计策，召来沙陀军队才攻破黄巢，所以罢免王铎的兵权来取悦杨复光；又任命副都统崔安潜为东都留守，任命都监西门思恭为右神策中尉，充当诸道租庸兼催促诸道进军等使。田令孜自以为建议唐僖宗去蜀地、收聚传国宝物和列代圣贤图像、散发家财来犒劳军队是他的功劳，要求宰相和藩镇共同请求唐僖宗赏赐他。唐僖宗任命田令孜担任十军兼十二卫的观军容使。

成德节度使常山忠穆王王景崇去世，军中拥立王景崇的儿子节度副使王镕来掌管留后的职务，这时王镕才十岁。

任命天平留后朱瑄为节度使。

二月十五日壬子，李克用进军乾阬，与河中、易定、忠武军的部队会合。尚让等人率领十五万众驻扎在梁田陂。第二天，大战，从中午一直到黄昏，贼兵大败，被俘虏斩杀的有几万人，尸体绵延了三十里长。黄巢部将王璠、黄揆袭击华州，并占领了华州，王遇逃走了。

起初，光州刺史李罕之受到秦宗权的攻击，放弃光州逃奔到项城，率领余下的部众投靠诸葛爽，诸葛爽任命李罕之为怀州刺史。韩简攻打郓州，打了半年，还不能攻下；诸葛爽又袭击并攻取了河阳。朱瑄请求讲和，韩简于是放弃攻打郓州，带领军队进击河阳。诸葛爽派遣李罕之在武陟迎战，韩简的军队大败退了回去。大将

己未，以行达为魏博留后。

甲子，李克用进围华州，黄思邺、黄揆婴城固守。克用分骑屯渭北。

以王镕为成德留后。

以郑绍业为太子宾客、分司，以陈儒为荆南留后。

峡路招讨指挥使庄梦蝶为韩秀昇、屈行从所败，退保忠州，应援使胡弘略战亦不利。江、淮贡赋皆为贼所阻，百官无俸。云安、淯井路不通，民间乏盐。陈敬瑄奏以眉州防御使高仁厚为西川行军司马，将三千兵讨之。

加凤翔节度使李昌言同平章事。

黄巢兵数败，食复尽，阴为遁计，发兵三万扼蓝田道，三月，壬申，遣尚让将兵救华州。李克用、王重荣引兵逆战于零口，破之。克用进军渭桥，骑军在渭北，克用每夜令其将薛志勤、康君立潜入长安，燔积聚，斩虏而还，贼中大惊。

（以上为第六段，写李克用节节胜利，兵围黄巢于长安。）

以淮南押牙合肥杨行愍为庐州刺史。行愍本庐州牙将，勇敢，屡有战功，都将忌之，白刺史郎幼复遣使出戍于外。行愍过辞，都将以甘言悦之，问其所须，行愍曰："正须汝头耳！"遂起斩之，并将诸营，自称八营都知兵马使。幼复不能制，荐于高骈，请以自代。骈以行愍为淮南押牙，知庐州事，朝廷因而命之。行愍闻州人王勖贤，召，欲用之，固辞。问其子弟，曰："子潜，好学慎密，可任以事；弟子稔，有气节，可为将。"行愍召潜置门下，以稔及定远人季章为骑将。

初，吕用之因左骁雄军使俞公楚得见高骈。用之横甚，或以咎公楚，公楚数戒用之少自敛，毋相累；用之衔之。右骁雄军使姚归礼，气直敢言，尤疾用之所为，时面数其罪，常欲手刃之。癸未夜，用之与其党会倡家，归礼潜遣人爇其室，杀貌类者数人，用之易服得免。明旦，穷治其事，获纵火者，皆骁雄之卒。用之于是日夜谮二将于骈。未几，骈使二将将骁雄卒三千袭贼于慎县，用之密以语杨行愍云："公楚、归礼欲袭

澶州刺史乐行达先回，占据了魏州，军中共同推举乐行达担任留后的职务，韩简被他的部下杀死。二月二十二日己未，任命乐行达为魏博留后。

二月二十七日甲子，李克用进兵包围华州，黄思邺、黄揆据城固守。李克用分出骑兵驻扎在渭北。

任命王镕为成德留后。

任命郑绍业为太子宾客、分司，任命陈儒为荆南留后。

峡路招讨指挥使庄梦蝶被韩秀昇、屈行从打败以后，退兵守卫忠州，应援使胡弘略作战也不利。江、淮的贡品和赋税都被贼寇阻拦，百官得不到俸禄。云安、涫井的道路不通，民间没有盐供应。陈敬瑄上奏请派眉州防御使高仁厚担任西川行军司马，率领三千名士兵去讨伐贼寇。

加官凤翔节度使李昌言为同平章事。

黄巢的军队多次战败，粮食也快完了，暗中做逃跑的打算，派士兵三万人把守蓝田道。三月初六日壬申，派遣尚让率领军队去救援华州。李克用、王重荣带领士兵在零口迎战，大破尚让的军队。李克用进军渭桥，骑兵在渭北，李克用每天晚上命令他的部将薛志勤、康君立偷偷进入长安，烧毁城中积聚的财物，斩获贼人后才返回，贼寇大惊。

任命淮南押牙合肥人杨行愍为庐州刺史。杨行愍本来是庐州的牙将，很勇敢，有多次战功。都将妒忌他，告诉刺史郎幼复派杨行愍出外去戍守。杨行愍到都将处辞行，都将用甜言蜜语来取悦他，问他需要什么，杨行愍说："我要你的人头！"于是起身杀了都将，统一率领各营的军队，自称为八营都知兵马使。郎幼复不能管束杨行愍，把他推荐给高骈，请求用杨行愍来代替自己的官职。高骈用杨行愍作淮南的押牙，管理庐州的事务，朝廷于是正式任命了杨行愍。杨行愍听说州人王勖很贤能，于是把王勖召来，想要重用他，王勖一再推辞。问王勖子弟中有没有可用的人，王勖回答说："我的儿子王潜爱好学习，做事谨慎仔细，可以委任他职务；我的侄儿王稔，有气节，可以担任将领。"杨行愍把王潜召来安置在门下，任命王稔和定远人季章为骑将。

起初，吕用之由于左骁雄军使俞公楚的推荐才得以见到高骈。吕用之蛮横无理，有人因此怪罪俞公楚。俞公楚多次劝告吕用之要稍为收敛一些，不要拖累自己；吕用之因此怀恨俞公楚。右骁雄军使姚归礼，脾气豪爽，敢于直言，特别痛恨吕用之的所作所为，常常当面列举吕用之的罪过，多次想要亲手杀死他。三月十七日癸未的晚上，吕用之和他的一伙人在娼妓家聚会，姚归礼暗中派人烧了娼妓家的房子，杀了相貌和吕用之相似的几个人，吕用之换了衣服逃走才免于一死。第二天早上，

庐州。”行愍发兵掩之，二将不为备，举军尽殪，以二将谋乱告骈，骈不知用之谋，厚赏行愍。

（以上为第七段，写李克用兵围黄巢于长安，杨行密兴起于淮南。）

己丑，以河中行营招讨副使朱全忠为宣武节度使，俟克复长安，令赴镇。

癸巳，李克用等拔华州，黄揆弃城走。

刘汉宏分兵屯黄岭、岩下、贞女三镇，钱镠将八都兵自富春击之，破黄岭，擒岩下镇将史弁、贞女镇将杨元宗。汉宏以精兵屯诸暨，镠又击破之，汉宏走。

庄梦蝶与韩秀昇、屈行从战，又败。其败兵纷纭还走，所在慰谕，不可遏；遇高仁厚于路，叱之，即止；仁厚斩都虞候一人，更令修娖部伍。乃召耆老，询以山川蹊径及贼寨所据，喜曰：“贼精兵尽在舟中，使老弱守寨，资粮皆在寨中，此所谓重战轻防，其败必矣！”乃扬兵江上，为欲涉之状。贼昼夜御备，遣兵挑战，仁厚不与交兵，潜发勇士千人执兵负藁，夜，由间道攻其寨，且焚之。贼望见，分兵往救之，不及，资粮荡尽，众心已摇。仁厚复募善游者凿其舟，相继皆沉，贼往来惶惑，不能相救，仁厚遣兵于要路邀击，且招之，贼众皆降。秀昇、行从见众溃，挥剑乱斫，欲止之，众愈怒，共执二人诣仁厚，仁厚诘之曰：“何故反？”秀昇曰：“自大中皇帝晏驾，天下无复公道，纽解纲绝。今日反者，岂惟秀昇！成是败非，机上之肉，惟所烹醢耳！”仁厚愀然，命善食而械之。夏，四月，庚子，献于行在，斩之。

李克用与忠武将庞从、河中将白志迁等引兵先进，与黄巢军战于渭南，一日三战，皆捷。义成、义武等诸军继之，贼众大奔。甲辰，克用

吕用之全力追查这件事，抓住了放火的人，都是骁雄军的士兵。吕用之于是一天到晚向高骈诬陷中伤俞公楚、姚归礼两人。不久，高骈派俞公楚、姚归礼两人率领骁雄军的士兵三千人到慎县去袭击贼寇，吕用之秘密告诉杨行愍说："俞公楚、姚归礼想要偷袭庐州。"杨行愍派兵包围偷袭，俞公楚、姚归礼两人没有预防，全军都被杀死了。吕用之对高骈谎称俞公楚、姚归礼两人阴谋作乱，高骈不知这是吕用之的计谋，还用丰厚的礼品赏赐杨行愍。

三月二十三日己丑，任命河中行营招讨副使朱全忠为宣武节度使，命令他在收复长安以后，赶赴镇守。

三月二十七日癸巳，李克用等人攻下了华州，黄揆弃城而逃。

刘汉宏分派士兵驻扎在黄岭、岩下、贞女三镇。钱镠率领八都军队从富春渡江去攻击刘汉宏，攻破了黄岭，捉住了岩下镇的守将史弁、贞女镇的守将杨元宗。刘汉宏派遣精兵驻扎在诸暨，钱镠又击破了诸暨的军队，刘汉宏逃走了。

庄梦蝶和韩秀昇、屈行从作战，又失败。庄梦蝶的败兵纷纷往回逃跑，庄梦蝶一路上安慰开导大家，但无法遏止；在路上遇到高仁厚，高仁厚呵斥，士兵这才停止逃跑。高仁厚杀了一个都虞候，下令整顿队伍。高仁厚请来当地的老人，向他们询问这里的山川道路和贼寇的据点，被询问的老人们高兴地说："贼寇的精兵全部在船中，只派遣一些老弱的士兵来守寨子，所有的资财、粮食都在寨子里，这就是所谓的重视作战轻视防守，贼寇的失败是注定了！"高仁厚于是就在江上张扬兵力，摆出想要渡江的样子。贼寇白天黑夜防御准备，还派出士兵前来挑战。高仁厚不与他们交锋，暗中调发一千名勇敢的士兵拿着兵器背着柴草，在夜里走小路去进攻贼寇的寨子，并且用火烧了它。贼寇远远望见，分兵前去救援，已经来不及了，资财、粮食全部被烧光，贼众丧失了斗志。高仁厚又招募善于游水的人去凿穿贼寇的船只，使这些船只相继沉没。贼寇慌乱地跑来跑去，不能互相援救。高仁厚派遣士兵在要道上进行拦击，并且招降他们，贼众全都投降。韩秀昇、屈行从看到部下溃乱，便挥剑乱砍，想要阻止他们，大家更加愤怒，一起抓住他们两人去见高仁厚。高仁厚责问韩秀昇、屈行从，说："你们为什么要造反呢？"韩秀昇说："自从宣宗皇帝死后，天下不再有公理了，国家法令松弛、纲纪断绝。今天造反的人，哪里只是我韩秀昇一个呢？成功了就是对的，失败了就是错的。我如今已是桌子上的肉，要烹要剁随你们便了。"高仁厚听了，心情很沉重，下令好好供给他酒食，加上刑具关押起来。夏季，四月初四日庚子，押送韩秀昇到唐僖宗的行在，在那里斩杀了韩秀昇。

李克用和忠武军的将领庞从、河中的将领白志迁等人带领军队率先进攻，与黄巢的军队在渭南交战，一天打了三仗，都获胜了。义成、义武等各路军队继续进攻，

等自光泰门入京师，黄巢力战不胜，焚宫室遁去。贼死及降者甚众，官军暴掠，无异于贼，长安室屋及民所存无几。巢自蓝田入商山，多遗珍宝于路，官军争取之，不急追，贼遂逸去。

杨复光遣使告捷，百官入贺。诏留忠武等军二万人，委大明宫留守王徽及京畿制置使田从异部分，守卫长安。五月，加朱玫、李克用、东方逵同平章事。升陕州为节度，以王重盈为节度使。又建延州为保塞军，以保大行军司马延州刺史李孝恭为节度使。克用时年二十八，于诸将最少，而破黄巢，复长安，功第一，兵势最强，诸将皆畏之。克用一目微眇，时人谓之“独眼龙”。

诏以崔璆家贵身显，为黄巢相首尾三载，不逃不隐，于所在斩之。

黄巢使其骁将孟楷将万人为前锋，击蔡州，节度使秦宗权逆战而败。贼进攻其城，宗权遂称臣于巢，与之连兵。

初，巢在长安，陈州刺史宛丘赵犨谓将佐曰：“巢不死长安，必东走，陈其冲也。且巢素与忠武为仇，不可不为之备。”乃完城堑，缮甲兵，积刍粟；六十里之内，民有资粮者，悉徙之入城；多募勇士，使其弟昶翊、子麓林分将之。孟楷既下蔡州，移兵击陈，军于项城；犨先示之弱，伺其无备，袭击之，杀获殆尽，生擒楷，斩之。巢闻楷死，惊恐，悉众屯溵水。六月，与秦宗权合兵围陈州，掘堑五重，百道攻之。

陈人大恐，犨谕之曰：“忠武素著义勇，陈州号为劲兵，况吾家久食陈禄，誓与此州存亡。男子当求生于死中，且徇国而死，不愈于臣贼而生乎！有异议者斩！”数引锐兵开门出击贼，破之。巢益怒，营于州北，立宫室百司，为持久之计。时民间无积聚，贼掠人为粮，生投于碓硙，并骨食之，号给粮之处曰“舂磨寨”。纵兵四掠，自河南许、汝、唐、邓、孟、郑、汴、曹、濮、徐、兖等数十州，咸被其毒。

（以上为第八段，写李克用复长安，黄巢东窜，为祸河南数十州，重兵围陈州。）

贼寇被打败，奔走逃亡。四月初八日甲辰，李克用等从光泰门进入京师，黄巢力战不能取胜，烧毁宫室逃跑了。贼寇战死的、投降的很多。官军大肆掠夺，与贼寇没有什么两样，长安的宫室、房屋和老百姓所剩无几。黄巢从蓝田逃入商山，在道路上丢下许多珍珠宝物，官军争着去捡财物，没有紧急追赶贼寇，黄巢等才得以逃走。

杨复光派遣使者向唐僖宗报告打胜仗的消息，百官都入朝贺喜。唐僖宗下诏留下忠武等军队二万人，委派大明宫留守王徽和京畿制置使田从异部署安排，以守卫长安。五月，加官朱玫、李克用、东方逵为同平章事。把陕州升格为节度，任命王重盈为节度使。又在延州建立保塞军，任命保大行军司马延州刺史李孝恭为节度使。李克用当时只有二十八岁，在各个将领中年龄最小，而击破黄巢，收复长安，功劳列为第一，他的兵力也最强，各个将领都畏惧他。李克用有一只眼睛稍微小一些，当时人称他为“独眼龙”。

唐僖宗下诏说，崔璆出身富贵，位居显要，当黄巢的宰相前后有三年之久，既不逃走，又不躲藏起来，于是就在当地把崔璆斩了。

黄巢派遣他的勇将孟楷率领一万人做前锋，去攻打蔡州。节度使秦宗权迎战，被打败。孟楷进攻蔡州城，秦宗权于是向黄巢称臣，与黄巢联兵成一体。

起初，黄巢还在长安时，陈州刺史宛丘人赵犨就对部下将领说：“黄巢如果不死在长安，一定会向东逃走，陈州便首当其冲。而且黄巢一向与忠武军为敌，不可不及早做准备。”于是把城墙、沟堑修筑完备，修缮补充盔甲、兵器，囤积粮草；把六十里以内有财物、粮食的老百姓，全部迁入城中；招募了很多勇敢的士兵，派遣他的弟弟赵昶珝、儿子赵麓林分别率领。孟楷攻下蔡州后，带领军队来攻打陈州，驻扎在项城；赵犨先表现出很衰弱的样子，等侦察到敌军没有防备后，便去偷袭他们，差不多把他们全部都斩杀、俘获了，孟楷也被活捉杀掉。黄巢听到孟楷已死，非常惊慌害怕，下令部众都驻扎在溵水。六月，黄巢与秦宗权合兵围攻陈州，挖了五重的沟堑，兵分百路来攻打。

陈州百姓大为恐慌，赵犨告诉大家说：“忠武军一向以义勇著称，陈州的军队又有劲兵的称号，何况我家吃陈州的俸禄很久了，我发誓与陈州共存亡。男子汉应当在死中求生，况且为国家而牺牲自己的性命，不是比投降贼寇忍辱偷生更好吗？有不同意见的人斩首勿论！”赵犨多次带领精锐的部队打开城门出来攻击，大破贼兵。黄巢更加愤怒，在陈州的北边扎营，建立宫室设置百官，做持久的打算。当时老百姓没有存粮，贼寇就抢人做粮食，把活人扔到碓磨中去粉碎，连骨头一起吃，把供给这样“粮食”的地方叫作“舂磨寨”。还放纵军队四处去掠夺，从河南府起，许、汝、唐、邓、孟、郑、汴、曹、濮、徐、兖等几十个州，都遭受他们的荼毒。

初，上蔡人刘谦为岭南小校，节度使韦宙奇其器，以兄女妻之。谦击群盗，屡有功，辛丑，以谦为封州刺史。

加东川节度使杨师立同平章事。

宣武节度使朱全忠帅所部数百人赴镇，秋，七月，丁卯，至汴州。时汴、宋荐饥，公私穷竭，内则骄军难制，外为大敌所攻，无日不战，众心危惧，而全忠勇气益振。诏以黄巢未平，加全忠东北面都招讨使。

南诏遣布燮杨奇肱来迎公主。诏陈敬瑄与书，辞以“銮舆巡幸，仪物未备，俟还京邑，然后出降。”奇肱不从，直前至成都。

李克用自长安引兵还雁门，寻有诏，以克用为河东节度使，召郑从谠诣行在。克用乃自东道过榆次，诣雁门省其父。克用寻榜河东，安慰军民曰：“勿为旧念，各安家业。”

左骁卫上将军杨复光卒于河中。复光慷慨，喜忠义，善抚士卒，军中恸哭累日，八都将鹿晏弘等各以其众散去。田令孜素畏忌之，闻其卒，甚喜，因摈斥其兄枢密使复恭为飞龙使。令孜专权，人莫与之抗，惟复恭数与之争得失，故令孜恶之，复恭因称疾归蓝田。

以成德留后王镕、魏博留后乐行达、天平留后朱瑄为本道节度使。

司徒、门下侍郎、同平章事郑畋，虽当播越，犹谨法度。田令孜为判官吴圆求郎官，畋不许；陈敬瑄欲立于宰相之上，畋以故事，使相品秩虽高，皆居真相之下，固争之。二人乃令凤翔节度使李昌言上言：“军情猜忌，不可令畋扈从过此。”畋亦累表辞位，乃罢为太子太保，又以其子兵部侍郎凝绩为彭州刺史，使之就养。以兵部尚书判度支裴澈为中书侍郎、同平章事。

八月，甲辰，李克用至晋阳，诏以前振武节度使李国昌为代北节度使，镇代州。

升湖南为钦化军，以观察使闵勖为节度使。

起初，上蔡人刘谦做岭南小校，节度使韦宙赏识他的才能，把侄女嫁给刘谦。刘谦多次破贼立功。六月初七日辛丑，朝廷任命刘谦为封州刺史。

加官东川节度使杨师立为同平章事。

宣武节度使朱全忠率领他的部属几百人赶去上任。秋季，七月初三日丁卯，到达汴州。当时汴、宋等州连年饥荒，官府、民间的财力都已穷尽，内部骄纵的军队难以控制，外面受到强敌的攻击，没有一天不打仗，大家都感到危险恐惧，而朱全忠的勇气却更加振奋。唐僖宗下诏称由于黄巢还没有平定，加封朱全忠担任东北面都诏讨使。

南诏派最高行政官杨奇肱来迎娶公主。诏命陈敬瑄写信给杨斤肱，推辞说："目前唐僖宗正在外地巡幸，仪礼、财物都未完备，等回到京城以后，再下嫁公主吧！"杨奇肱不肯听从，一直往前到达成都。

李克用从长安带兵回到雁门，不久就收到诏命，任命李克用为河东节度使，召郑从谠回朝。李克用于是从东面经过榆次，到雁门去看望他的父亲。李克用不久在河东贴出布告，安定、慰问河东的军民说："不要再想过去与我交战的事情了，各人安心过日子，操持旧业吧。"

左骁卫上将军杨复光病死在河中。杨复光为人慷慨，喜欢交结忠义的人，善于安抚士兵，军队中为杨复光的死大哭了好几天，八都将鹿晏弘等各自带领自己的部下离去。田令孜一向畏忌杨复光，听说杨复光死了，很高兴，便乘机排斥杨复光的哥哥枢密使杨复恭为飞龙使。田令孜专擅朝廷大权，大家都不能与他抗衡，独有杨复恭多次和田令孜争论得失，所以田令孜憎恨他。杨复恭推说身体不好，辞官回到蓝田。

任命成德留后王镕、魏博留后乐行达、天平留后朱瑄担任他们本道的节度使。

司徒、门下侍郎、同平章事郑畋，虽然遇到国家动乱，唐僖宗流亡在外，仍然严守国家的法令制度。田令孜想给判官吴圆求得郎中的官职，郑畋不同意；陈敬瑄想让自己位列宰相之前，郑畋按朝中原有的规矩，使相的官位品秩虽然很高，但都处在真相的下面，就一再争辩。田令孜和陈敬瑄于是要凤翔节度使李昌言向唐僖宗报告："军中将士猜疑妒忌，不能让郑畋追随唐僖宗的车驾经过这里。"郑畋也多次上表要求辞职，于是唐僖宗免掉郑畋的相位，任命他为太子太保，又任命他的儿子兵部侍郎郑凝绩为彭州刺史，使他能就近奉养。任命兵部尚书判度支裴澈为中书侍郎、同平章事。

八月十一日甲辰，李克用到晋阳。唐僖宗下诏任命前振武节度使李国昌为代北节度使，镇守代州。

升格湖南节度为钦化军，任命观察使闵勖为节度使。

九月，加陈敬瑄兼中书令，进爵颍川郡王。

感化节度使时溥营于溵水，加溥东面兵马都统。

以荆南留后陈儒为节度使。

昭义节度使孟方立，以潞州地险人劲，屡篡主帅，欲渐弱之，乃迁治所于邢州，大将家及富室皆徙山东，潞人不悦。监军祁审诲因人心不安，使武乡镇使安居受潜以蜡丸乞师于李克用，请复军府于潞州。冬，十月，克用遣其将贺公雅等赴之，为方立所败；又遣李克脩击之。辛亥，取潞州，杀其刺史李殷锐。是后克用每岁出兵争山东，三州之人半为俘馘，野无稼穑矣。

以宗女为安化长公主，妻南诏。

刘汉宏将十余万众出西陵，将击董昌。戊午，钱镠济江迎战，大破之，汉宏易服持鲙刀而遁。己未，汉宏收余众四万又战，镠又破之，斩其弟汉容及将辛约。

十一月，甲子朔，秦宗权围许州。

忠武大将鹿晏弘帅所部自河中南掠襄、邓、金、洋，所过屠灭，声云西赴行在。十二月，至兴元，逐节度使牛勖，勖奔龙州西山。晏弘据兴元，自称留后。

武宁节度使时溥因食中毒，疑判官李凝古而杀之。凝古父损，为右散骑常侍，在成都，溥奏凝古与父同谋。田令孜受溥赂，令御史台鞫之。侍御史王华为损论冤，令孜矫诏移损下神策狱，华拒而不遣。萧遘奏："李凝古行毒，事出暧昧，已为溥所杀，父损相别数年，声问不通，安得诬以同谋！溥恃功乱法，陵蔑朝廷，欲杀天子侍臣。若徇其欲，行及臣辈，朝廷何以自立！"由是损得免死，归田里。时令孜专权，群臣莫敢迕视，惟遘屡与争辩，朝廷倚之。

升浙东为义胜军，以刘汉宏为节度使。

赵犨遣人间道求救于邻道，于是周岌、时溥、朱全忠皆引兵救之。全忠与黄巢之党战于鹿邑，败之，斩首二千余级，遂引兵入亳州而据之。

（以上为第九段，写唐僖宗调整部署，以宣武节度使朱全忠为东北面都招讨使围

九月，加官陈敬瑄兼中书令，升爵为颍川郡王。

感化节度使时溥在溵水扎营，加官时溥任东面兵马都统。

任命荆南留后陈儒为节度使。

昭义节度使孟方立由于潞州地势险要，民风强悍，多次篡夺主帅权力，想要逐渐削弱他们的力量，于是把治所迁到邢州，把大族及富豪都迁至山东，潞州的人很不高兴。监军祁审诲因为人心不安，派遣武乡镇使安居受暗中用蜡丸封好书信向李克用求救，请在潞州恢复军府。冬季，十月，李克用派遣他的部将贺公雅等人前往，被孟方立打败了；又派遣李克脩去攻打，十月十八日辛亥，占领了潞州，杀了潞州刺史李殷锐。这以后李克用每年出兵去争夺山东，山东邢、洺、磁三州的人有一半被杀被俘，原野上再没有庄稼了。

册封宗室女为安化长公主，嫁到南诏。

刘汉宏率领十多万人从西陵出发，将去攻打董昌。十月二十五日戊午，钱镠渡江迎战，大破刘汉宏的军队，刘汉宏打扮成厨师逃脱。十月二十六日己未，刘汉宏收集余下的部众四万人，再次作战，钱镠又打败了他，杀了他的弟弟刘汉容和部将辛约。

十一月初一日甲子，秦宗权包围了许州。

忠武军大将鹿晏弘率领他的部队从河中向南掠夺襄、邓、金、洋等州，所过之处都斩尽杀绝，扬言说要西去唐僖宗那儿。十二月，到达兴元，赶走节度使牛勖，牛勖逃往龙州的西山。鹿晏弘占领了兴元，自称为留后。

感化节度使时溥由于食物中毒，怀疑判官李凝古下毒而把他杀了。李凝古的父亲李损任右散骑常侍，在成都。时溥上奏唐僖宗说李凝古与李损同谋下毒。田令孜收了时溥的贿赂，命令御史台审讯这件事。侍御史王华替李损叫冤，田令孜伪造诏书要将李损移至神策狱审理，王华拒绝接受命令而不遣送。萧遘上奏唐僖宗说：“李凝古下毒这件事，并不是很明白。现在李凝古已经被时溥杀死，他的父亲李损与他分开已有了几年，彼此没有音讯往来，怎么能诬称他们父子同谋呢！当时溥自恃有功，扰乱法纪，欺侮蔑视朝廷，想要杀害侍奉皇帝的大臣。假如依从他的欲望，将来加害到臣子们身上，朝廷何以能够自立呢！”因为这样，李损才得以免于一死，回到了乡里。当时田令孜专权，大臣们没有一个胆敢违背他的，只有萧遘多次与他争辩，朝廷完全依靠萧遘了。

升格浙东节度为义胜军，任命刘汉宏为节度使。

赵犨派人走小路向邻近地区求救，于是周岌、时溥、朱全忠都带领军队来救援赵犨。朱全忠和黄巢的部众在鹿邑作战，打败了他们，杀了两千多人，于是就带领军队进入亳州，占据了这个地方。

剿黄巢余寇，李国昌、李克用父子因功皆为节度使。宦官田令孜专权。）

四年（甲辰，884 年）

春，正月，以鹿晏弘为兴元留后。

赐魏博节度使乐行达名彦祯。

东川节度使杨师立以陈敬瑄兄弟权宠之盛，心不能平。敬瑄之遣高仁厚讨韩秀昇也，语之曰："成功而还，当奏天子，以东川相赏。"师立闻之，怒曰："彼此列藩，而遽以我疆土许人，是无天地也！"田令孜恐其为乱，因其不发兵防遏，征师立为右仆射。

黄巢兵尚强，周岌、时溥、朱全忠不能支，共求救于河东节度使李克用。二月，克用将蕃、汉兵五万出天井关；河阳节度使诸葛爽辞以河桥不完，屯兵万善以拒之。克用乃还兵，自陕、河中渡河而东。

杨师立得诏书，怒，不受代，杀官告使及监军使，举兵，以讨陈敬瑄为名，大将有谏者辄杀之，进屯涪城，遣其将郝蠲袭绵州，不克。丙午，以陈敬瑄为西川、东川、山南西道都指挥、招讨、安抚、处置等使。三月，甲子，杨师立移檄行在百官及诸道将吏士庶，数陈敬瑄十罪，自言集本道将士、八州坛丁共十五万人，长驱问罪。诏削师立官爵，以眉州防御使高仁厚为东川留后，将兵五千讨之，以西川押牙杨茂言为行军副使。

朱全忠击黄巢瓦子寨，拔之。巢将陕人李唐宾、楚丘王虔裕降于全忠。

婺州人王镇执刺史黄碣，降于钱镠。刘汉宏遣其将娄赉杀镇而代之，浦阳镇将蒋瓌召镠兵共攻婺州，擒赉而还。碣，闽人也。

高骈从子左骁卫大将军澞，疏吕用之罪状二十余幅，密以呈骈，且泣曰："用之内则假神仙之说，蛊惑尊听；外则盗节制之权，残贼百姓；将佐惧死，莫之敢言。岁月浸深，羽翼将成，苟不除之，恐高氏奕代勋庸，一朝扫地矣！"因呜咽不自胜。骈曰："汝醉邪！"命扶出。明日，以澞状示用之，用之曰："四十郎尝以空乏见告，未获遵命，故有此憾。"因出澞手书数幅呈之。骈甚惭，遂禁澞出入；后月余，以澞知舒州事。

唐僖宗中和四年（甲辰，884年）

春季，正月，任命鹿晏弘为兴元留后。

赐魏博节度使乐行达名字叫彦祯。

东川节度使杨师立由于陈敬瑄兄弟权力太大，受到唐僖宗宠爱太多，心里愤愤不平。陈敬瑄派遣高仁厚去讨伐韩秀昇，对高仁厚说："你讨伐成功回来，我一定上奏唐僖宗，用东川来奖赏你。"杨师立听到这件事，大怒道："大家都是藩镇，竟然把我的封疆送给别人，真是无法无天啊！"田令孜担心杨师立作乱，因此就以他没有出兵去防阻贼寇为由，征召杨师立担任右仆射。

黄巢的兵力还很强，周岌、时溥、朱全忠不能支持，共同向河东节度使李克用求援。二月，李克用率领番兵、汉兵五万从天井关出发；河阳节度使诸葛爽以河阳桥还没有修好为由，把军队驻扎在万善来拒绝李克用。李克用只能调回士兵，从陕州、河中渡过黄河东进。

杨师立收到诏书，大怒，不愿接受职务的更换，杀了传送诏书的使者和监军使，以讨伐陈敬瑄为名，发动军队，大将中有劝谏的便杀掉他，进兵驻扎到涪城，派遣他的将领郝蠲去偷袭绵州，没有攻下来。二月十五日丙午，唐僖宗任命陈敬瑄为西川、东川、山南西道都指挥、招讨、安抚、处置等使。三月初三日甲子，杨师立送檄文给跟从唐僖宗的百官以及各道的将领、官吏、士人、庶民，历数陈敬瑄十大罪状，自称聚集本道的将领、士兵以及八州的民兵共十五万人，将长驱直入讨伐陈敬瑄的罪过。唐僖宗下诏削去杨师立的官爵，任命眉州防御使高仁厚为东川留后，率领士兵五千人去讨伐杨师立，派西川押牙杨茂言担任行军副使。

朱全忠攻打黄巢的瓦子寨，占领了它。黄巢部将陕人李唐宾、楚丘人王虔裕向朱全忠投降。

婺州人王镇捉了刺史黄碣投降钱镠。刘汉宏派遣他的部将娄赉杀掉王镇，并取代了他的职位。浦阳镇守将蒋瓌请来钱镠的军队一起攻打婺州，生擒了娄赉回去。黄碣是闽人。

高骈侄子左骁卫大将军高澞列举吕用之的罪状，写了二十多张纸，秘密呈报给高骈，并且哭泣说："吕用之在府内假托神仙的胡说，来迷惑您的判断；在府外窃取指挥管辖的权力，来残害百姓；将领、臣子们怕死，没有人敢说话。时间一天天过去，他的羽翼即将长成，假如不除掉他，恐怕高家累世的功勋，有朝一日便要毁掉了。"高澞哀伤悲泣，不能言语。高骈说："你醉了吧！"下令派人扶高澞出去。第二天，高骈拿出高澞的状纸给吕用之看，吕用之说："高澞曾告诉我他贫穷困乏，我

群盗陈儒攻舒州，濆求救于庐州。杨行愍力不能救，谋于其将李神福，神福请不用寸刃而逐之。乃多赍旗帜，间道入舒州，顷之，引舒州兵建庐州旗帜而出，指画地形，若布大陈状；贼惧，宵遁。神福，洺州人也。

久之，群盗吴迥、李本复攻舒州，濆不能守，弃城走，骈使人就杀之。杨行愍遣其将合肥陶雅、清流张训等将兵击吴迥、李本，擒斩之，以雅摄舒州刺史。秦宗权遣其弟将兵寇庐州，据舒城，杨行愍遣其将合肥田頵击走之。

（以上为第十段，写西川杨师立与陈敬瑄相攻，高骈被吕用之蛊惑，是非不辨。）

前杭州刺史路审中客居黄州，闻鄂州刺史崔绍卒，募兵三千人入据之。武昌牙将杜洪亦逐岳州刺史而代之。

黄巢围陈州几三百日，赵犨兄弟与之大小数百战，虽兵食将尽，而众心益固。李克用会许、汴、徐、兖之军于陈州，时尚让屯太康，夏，四月，癸巳，诸军进拔太康。黄思邺屯西华，诸军复攻之，思邺走。黄巢闻之惧，退军故阳里，陈州围始解。

朱全忠闻黄巢将至，引军还大梁。五月，癸亥，大雨，平地三尺，黄巢营为水所漂，且闻李克用将至，遂引兵东北趣汴州，屠尉氏。尚让以骁骑五千进逼大梁，至于繁台。宣武将丰人朱珍、南华庞师古击却之。全忠复告急于李克用，丙寅，克用与忠武都监使田从异发许州，戊辰，追及黄巢于中牟北王满渡，乘其半济，奋击，大破之，杀万余人，贼遂溃。尚让帅其众降时溥，别将临晋李谠、曲周霍存、甄城葛从周、冤句张归霸及弟归厚帅其众降朱全忠。巢逾汴而北，己巳，克用追击之于封丘，又破之。庚午夜，复大雨，贼惊惧东走，克用追之，过胙城、匡城。巢收余众近千人，东奔兖州。辛未，克用追至冤句，骑能属者才数百人，昼夜行二百余里，人马疲乏，粮尽，乃还汴州，欲裹粮复追之，获巢幼子及乘舆器服符印，得所掠男女万人，悉纵遣之。

没有如他所愿地帮助他，所以才有这样的憾事。”说完就拿出高澞写的几张书信交给高骈看。高骈感到很惭愧，于是就禁止高澞出入府中；一个多月后，派高澞去管理舒州的事务。

盗贼陈儒攻打舒州，高澞向庐州求救。杨行愍力量不足不能去救援，与他的部将李神福商量，李神福认为不用动武就能把群盗驱逐出去。于是李神福就带了很多旗帜，从小路进入舒州，不多久，带领舒州的士兵撑着庐州的旗帜出来，指点规划地形，好像在布置大阵一般；群盗很害怕，夜里就逃走了。李神福是洺州人。

过了很久，盗贼吴迥、李本等又攻打舒州，高澞守不住，弃城逃走，高骈派人杀了高澞。杨行愍派遣他的部将合肥人陶雅、清流人张训等率领士兵去攻击吴迥、李本，把他们抓住并杀了，任命陶雅代理舒州刺史。秦宗权派遣他的弟弟率领士兵进犯庐州，占据了舒城。杨行愍派遣他的部将合肥人田頵攻击秦宗权的弟弟，把他赶跑了。

前任杭州刺史路审中客居在黄州，听说鄂州刺史崔绍死了，招募士兵三千人占领了鄂州。武昌牙将杜洪也逐走了岳州的刺史，取代了他的职位。

黄巢包围陈州将近三百天了，赵犨兄弟与黄巢打了大大小小几百仗，虽然军队的粮食已经快吃完，但士气却更加稳固。李克用在陈州会合了许州、汴州、徐州、兖州的军队，这时尚让驻扎在太康。夏季，四月初三日癸巳，各路军队进兵攻取了太康。黄思邺驻扎在西华，各路军队又向他进攻，黄思邺逃走了。黄巢听到这个消息，很害怕，退军到故阳里，陈州的包围这才解除。

朱全忠听说黄巢即将到来，带领军队回到大梁。五月初三日癸亥，下了一场大雨，平地积水有三尺高，黄巢的军营被洪水冲垮了，又听说李克用就要来临，就带领军队从东北方奔向汴州，洗劫屠杀了尉氏的人民。尚让率五千名精锐的骑兵进逼大梁，到了繁台。宣武军的将领丰人朱珍、南华人庞师古把尚让击退了。朱全忠又向李克用告急。五月初六日丙寅，李克用与忠武都监使田从异从许州发兵。五月初八日戊辰，在中牟北边王满渡追上了黄巢，乘他们渡河到一半时，奋勇攻击，大破黄巢的军队，杀敌一万多人，贼寇于是溃散了。尚让率领他的部众投降了时溥，别将临晋人李谠、曲周人霍存、甄城人葛从周、冤句人张归霸和他的堂弟张归厚率领他们的部众投降了朱全忠。黄巢越过了汴州向北走。五月初九日己巳，李克用在封丘追击黄巢，又打败了他。五月初十日庚午的晚上，又下了大雨，贼寇惊慌恐惧向东逃走，李克用追赶他们，经过胙城、匡城。黄巢收集残余的部众将近一千人，向东奔赴兖州。五月十一日辛未，李克用追到冤句，骑兵中能跟上的才几百人，一天一夜走二百多里路，士兵、马匹都很疲乏，粮食也吃完了，于是回到汴州，准备装好粮食再追赶黄巢，俘获了黄巢的小儿子以及乘坐的车子、器用服饰、符信印玺等，

癸酉，高仁厚屯德阳，杨师立遣其将郑君雄、张士安据鹿头关以拒之。

（以上为第十一段，写李克用进兵河南，大举剿灭黄巢余众。李克用解陈州之围，又败黄巢于汴，黄巢全军覆没，逃窜兖州。）

甲戌，李克用至汴州，营于城外；朱全忠固请入城，馆于上源驿。全忠就置酒，声乐、馔具皆精丰，礼貌甚恭。克用乘酒使气，语颇侵之，全忠不平。薄暮，罢酒，从者皆沾醉，宣武将杨彦洪密与全忠谋，连车树栅以塞衢路，发兵围驿而攻之，呼声动地。克用醉，不之闻，亲兵薛志勤、史敬思等十余人格斗，侍者郭景铢灭烛，扶克用匿床下，以水沃其面，徐告以难，克用始张目援弓而起。志勤射汴人，死者数十。须臾，烟火四合，会大雨震电，天地晦冥，志勤扶克用帅左右数人逾垣突围，乘电光而行，汴人扼桥，力战得度，史敬思为后拒，战死。克用登尉氏门，缒城得出，监军陈景思等三百余人，皆为汴人所杀。杨彦洪谓全忠曰："胡人急则乘马，见乘马则射之。"是夕，彦洪乘马适在全忠前，全忠射之，殪。

克用妻刘氏，多智略，左右先脱归者以汴人为变告，刘氏神色不动，立斩之，阴召大将约束，谋保军以还。比明，克用至，欲勒兵攻全忠，刘氏曰："公比为国讨贼，救东诸侯之急，今汴人不道，乃谋害公，自当诉之朝廷。若擅举兵相攻，则天下孰能辨其曲直！且彼得以有辞矣。"克用从之，引兵去，但移书责全忠。全忠复书曰："前夕之变，仆不之知，朝廷自遣使者与杨彦洪为谋，彦洪既伏其辜，惟公谅察。"

克用养子嗣源，年十七，从克用自上源出，矢石之间，独无所伤。嗣源本胡人，名邈佶烈，无姓。克用择军中骁勇者，多养为子，名回鹘张政之子曰存信，振武孙重进曰存进，许州王贤曰存贤，安敬思曰存孝，皆冒姓李氏。

还获得被黄巢掠走的男女共一万人，把他们全部遣散回原籍去。

五月十三日癸酉，高仁厚驻扎在德阳，杨师立派遣他的部将郑君雄、张士安占据鹿头关来抵抗高仁厚。

五月十四日甲戌，李克用到了汴州，在城外扎营；朱全忠一再邀请李克用入城，住在上源驿。朱全忠设置酒席，准备的音乐、馔食、器具都非常精美丰盛，礼节也很周到。李克用乘着喝酒气势很盛，讲的话有一些冒犯了朱全忠，朱全忠心中愤愤不平。到了黄昏，酒席结束，跟李克用来的人都喝得大醉。宣武军的将领杨彦洪秘密与朱全忠商量，用连接的车辆和树立的木栅来堵塞道路，发动军队围攻上源驿，呼喊声震天动地。李克用喝得烂醉，没有听到声音；他的亲兵薛志勤、史敬思等十多人奋力搏斗。侍从官郭景熄灭了蜡烛，扶着李克用躲到床下，用冷水浇他的脸，慢慢地将危难告诉他，李克用这才张开眼睛拿起弓箭一跃而起。薛志勤用弓箭射杀汴人，死的有几十个。不一会儿，四面烟火大起，逐渐燃烧过来，遇上天下大雨，雷电交加，天昏地暗，薛志勤扶着李克用率领左右部属几个人，翻墙突围，趁着雷电的闪光奔走，汴人守住桥梁，他们经过奋力作战方得以通过。史敬思在后面抵抗，奋勇战死。李克用登上尉氏城门，用绳索系在身上吊下去才逃脱，监军陈景思等三百多人，都被汴人杀死了。杨彦洪告诉朱全忠说："胡人在危急时一定骑马逃走，看见骑马的人就用箭射杀好了。"这一夜，杨彦洪骑着马正好在朱全忠的前面，朱全忠用箭射他，杨彦洪倒地而死。

李克用的妻子刘氏，聪明有谋略。李克用左右亲信先逃回来的报告汴人围杀李克用的消息，刘氏不动声色，立刻把他们斩了，暗中召集大将商议，谋划保护军队退却。天快亮时，李克用回到军营，想带兵去攻打朱全忠，刘氏说："您近来为国家征讨贼寇，救援东方各个将领的危急，现在汴州朱全忠无理，想要谋害您，您应当向朝廷申诉才对。假如擅自发动军队互相攻打，那么天下怎么能分清这事的是非曲直呢！而且朱全忠也有话可说了。"李克用听从她的话，带领军队离去，只写了一封信去责备朱全忠。朱全忠回答说："前天夜里的兵变，我完全不知道，是朝廷派遣使者和杨彦洪谋划要杀害你。杨彦洪已经死了，罪有应得，希望你能体察原谅。"

李克用的养子李嗣源，十七岁，跟随李克用从上源驿逃出，一路上穿过箭林石雨，独独没有受伤。李嗣源本来是胡人，名字叫邈佶烈，没有姓。李克用往往挑选出军队中骁勇善战的壮士，收养为义子，给回鹘人张政的小孩取名叫存信，给振武军的孙重进取名叫存进，给许州人王贤取名叫存贤，给安敬思取名叫存孝，都假冒姓李氏。

丙子，克用至许州故寨，求粮于周岌，岌辞以粮乏，乃自陕济河还晋阳。

（以上为第十二段，写朱全忠与李克用交恶。）

郑君雄、张士安坚壁不出，高仁厚曰：“攻之则彼利我伤，围之则彼困我逸。”遂列十二寨围之。丁丑，夜二鼓，君雄等出劲兵掩击城北副使寨，杨茂言不能御，帅众弃寨走，其旁数寨见副使走，亦走。东川人并兵南攻中军，仁厚闻之，大开寨门，设炬火照之，自帅士卒为两翼伏道左右。贼至，见门开，不敢入，还去，仁厚发伏击之，东川兵大奔，追至城下，蹙之壕中，斩获甚众而还。

仁厚念诸弃寨走者，明旦所当诛杀甚多，乃密召孔目官张韶，谕之曰：“尔速遣步探子将数十人分道追走者，自以尔意谕之曰：‘仆射幸不出寨，皆不知，汝曹速归，来旦牙参，勿忧也。’”韶素名长者，众信之，至四鼓，皆还寨，惟杨茂言走至张把，乃追及之。仁厚闻诸寨漏鼓如故，喜曰：“悉归矣！”诘旦，诸将牙集，以为仁厚诚不知也。坐良久，仁厚谓茂言曰：“昨夜闻副使身先士卒，走至张把，有诸？”对曰：“昨夜闻贼攻中军，左右言仆射已去，遂策马参随，既而审其虚，复还寨中。”仁厚曰：“仁厚与副使俱受命天子，将兵讨贼，若仁厚先走，副使当叱下马，行军法，代总军事，然后奏闻。今副使既先走，又为期罔，理当何如？”茂言拱手曰：“当死。”仁厚曰：“然！”命左右扶下，斩之，诸将股栗。仁厚乃召昨夜所俘虏数十人，释缚纵归。君雄等闻之惧，曰：“彼军法严整如是，自今兵不可复出矣！”

庚辰，时溥遣其将李师悦将兵万人追黄巢。

癸未，高仁厚陈于鹿头关城下，郑君雄等悉众出战。仁厚设伏于陈后，阳败走，君雄等追之，伏发，君雄等大败。是夕，遁归梓州。陈敬瑄发兵三千以益仁厚军，进围梓州。

（以为第十三段，写高仁厚进讨杨师立，节节取胜。）

五月十六日丙子，李克用到许州以前的寨子，向周岌求取粮食，周岌以粮食缺乏来推辞，李克用于是从陕州渡过黄河回到晋阳。

郑君雄、张士安坚守壁垒拒不出战，高仁厚说："如果进攻他们，那么对他们有利对我们有害；如果包围他们，那么他们会困乏窘迫，我们能以逸待劳。"于是布置了十二个寨子来包围他们。五月十七日丁丑，晚上二更时，郑君雄等发动精锐的军队袭击城北副使的寨子，杨茂言不能守住，率领部众抛弃寨子逃走。他旁边几个寨子的将士看到副使逃走，也跟着逃跑了。东川人合并军力向南攻击主帅所在的中军。高仁厚听说这事，大开寨门，点亮火把照着，亲自率士兵分成左右两翼埋伏在道路两旁。贼寇到达，看到寨门都打开了，不敢进去，退还。高仁厚发动埋伏的士兵两面夹击他们，东川兵崩溃逃亡。高仁厚的伏兵一直追至城下，迫使他们躲进沟堑中，斩杀俘获的东川兵很多，大获全胜而回。

高仁厚想到那些抛弃寨子逃跑的士兵，明天应该杀头的很多，因此秘密召见孔目官张韶，告诉他说："你赶快派遣步探子带领几十人分别去追回那些逃走的士兵，以你的意思告诉他们说：'幸好高仁厚没有离开寨子，不知道发生的事。你们赶快回寨子，明天早上到军营中去参见他，不用担忧的。'"张韶一向有忠厚长者的名声，大家都相信他，到了四更时，都回到了寨子里；只有杨茂言跑到张把才追上他。高仁厚听到各寨子里打更击鼓和平常一样，高兴地说："都回来了。"第二天早上，各将领到军营中会集，以为高仁厚真不知道这件事。坐了很久，高仁厚对杨茂言说："昨天夜里听说你身先士卒，跑到了张把，有没有这回事？"杨茂言回答说："昨夜听到贼寇进攻我们的中军，左右的人都说主帅您已经离去，我于是骑马追随您，后来明白这是假的，又回到寨子里。"高仁厚说："我和你都接受了唐僖宗的命令，率领军队讨伐贼寇。假如我高仁厚先逃走，你应当呵斥我下马，就地执行军法，代我总领军中事务，然后再上奏皇上。如今你抢先逃走，又说谎话进行欺骗蒙蔽，按理应该怎么办？"杨茂言拱手作揖说："应当处死。"高仁厚说："是该如此！"命令左右的人把杨茂言扶下去，斩首正法，各将领都吓得双腿发抖。高仁厚于是叫来昨夜俘虏的几十个人，解开绳索放他们回去。郑君雄等人听到这件事感到害怕，说："他们军队的法令严明到这样，从今以后不可再出兵了。"

五月二十日庚辰，时溥派遣他的部将李师悦率领士兵一万人去追击黄巢。

五月二十三日癸未，高仁厚在鹿头关城下布置军阵，郑君雄等人出动全部军队作战。高仁厚在阵后设下埋伏，假装败走。郑君雄等人追赶他们，中了埋伏，大败；当晚逃回梓州。陈敬瑄加派三千名士兵给高仁厚，用来进兵围攻梓州。

【点评】

本卷点评李克用收复长安、朱温降唐交恶李克用两件史事，为后梁、后唐的兴起与更替张本。

一、李克用收复长安。李克用先人为西突厥人，以朱邪为姓，后世自号为沙陀，本居于北庭金满州，安史之乱北庭没入吐蕃。李克用祖父朱邪执宜在唐德宗时，因不堪忍受吐蕃人的奴役，东走附唐，居盐州，部族隶属河西节度使范希朝。范希朝徙镇太原，朱邪执宜随从，居于定襄神武川，部众万骑，骁勇善战，号“沙陀军”。朱邪执宜死后，其子朱邪赤心领其众。唐懿宗咸通十年（869），朱邪赤心奉命讨徐州庞勋之乱，立功拜单于大都护、振武军节度使，并赐皇室之姓，更名李国昌。李国昌，即李克用之父，已跻身于唐方面重镇大将。

李克用，勇武绝伦，能仰射双凫，其一目眇，军中戏称为“李鸦儿”，贵盛后称“独眼龙”。唐懿宗忧虑李国昌父子盛强，在咸通十三年（872）诏命李国昌移镇为大同军防御使，李国昌拒命反于代北，兵败逃入鞑靼。黄巢入京师，唐僖宗下诏书从鞑靼召回李克用父子讨黄巢。僖宗中和元年（881）十一月，李克用率领步骑一万七千人进军长安。僖宗中和二年（882）正月，李克用出河中，行军至乾阬，黄巢震惊，说：“李鸦儿军来也。”其时唐官军四集，宰相王铎任诸道行营都统，率十四镇勤王之兵包围长安。沙陀军勇猛善战，为讨逆官军的灵魂与核心。二月，李克用败黄巢将黄邺于石隄谷，三月又败赵璋、尚让于良田陂，横尸三十里。李克用乘胜追击，与诸镇兵又大败黄巢于滑桥。黄巢军败，收缩入长安。李克用紧追，尾随黄巢军，从光泰门攻入长安，为诸军之冠。沙陀军神勇，如同一把尖刀直插敌军心脏，攻入望春宫昇阳殿。黄巢败逃，长安为唐官军收复。论功，李克用第一。唐僖宗拜李克用检校司空、同中书门下平章事，实职为河东节度使，李国昌也授任为雁门以北行营节度使。十月，李国昌卒，整个沙陀部众为李克用统领。

李克用收复长安，威震全国，唐末一颗政治新星由此冉冉升起。黄巢退出长安，经蓝田、商山攻入河南，下蔡州，围陈州，黄巢大将孟楷战殁。黄巢愤怒，誓死破陈州。从公元882年五月围城直到第二年三月仍未攻下。又是李克用率领五万沙陀军南下解围，黄巢才退走，陈州生灵免遭涂炭。黄巢在半渡黄河时遭遇沙陀军，全军溃散，黄巢副帅尚让投降官军。黄巢突出重围，李克用追击，一日一夜驰击二百里，直到黄巢出生地冤句，没有追上才停止。黄巢只剩一千多人的残部逃入山东，第二年死于泰山狼虎谷。黄巢之乱彻底平息，李克用建立了盖世之功。

但是李克用平灭了黄巢，并没有带来唐朝的中兴，规模更大的军阀混战方兴未艾。李克用在回师途中，路过汴州，遭到朱全忠的暗算，朱李交恶，成为唐末更大军阀混战的导火索。李克用也从一个平乱英雄，转变成一个攻城略地的大军阀。

二、朱温降唐交恶李克用。朱温，即后梁的建立者，弑帝篡唐的朱全忠，又名朱晃。朱全忠，宋州砀山午沟里人，排行第三，又称朱三。长兄朱全昱忠厚老诚，二兄朱存孔武有力，朱三尤为勇猛且凶悍。兄弟三人，家贫无业，替人做苦力。唐僖宗乾符四年（877），朱三兄弟三人投入黄巢军中，黄巢攻岭南，朱存战死。朱三作战勇猛，数年间积功为黄巢大将。黄巢入长安，朱三为黄巢东南面行营先锋使，坐镇同州为同州防御使。同州是黄巢东面的门户，地位极其重要。

朱温反复无常，生性狡诈，在争战中渐生野心，他观察时局，等待机会。官军四集围攻黄巢于长安，朱温杀了黄巢监军严实，投降河中王重荣，被唐官军都统王铎任命为左金吾大将军、河南行营招讨副使，唐僖宗赐名为全忠，从此朱温称名朱全忠。

唐僖宗中和三年（883）三月，僖宗任命朱全忠为汴州刺史、宣武军节度使，朱全忠成为大镇将领。唐僖宗重用朱全忠，初始目的是想利用朱全忠征讨黄巢。其时黄巢余部尚强，围攻陈州。朱全忠作为一个降将，根底不固，僖宗重用朱全忠以分唐将诸节镇的威权。最终还是李克用打败了黄巢。李克用追击黄巢到冤句，回师路过汴州，朱全忠忌功，想暗杀李克用。朱全忠假意盛情邀请李克用进城相叙。朱全忠灌醉李克用，在夜间偷袭李克用所住的上源驿站。李克用与几位亲将翻墙逃脱，九死一生回到军中。李克用欲整军攻打汴州，其妻刘氏有勇有谋，劝李克用回河东，上诉朝廷。唐僖宗昏庸，不问是非，一味和稀泥，目的是两存之使朱李相斗，朝廷坐收渔人之利。其结果是朱李敌对，蔡州秦宗权乘隙兴起，继黄巢而称帝，更大的祸乱在全国形成。

唐纪七十二

唐僖宗中和四年至光启三年（884—887 年）

【起阏逢执徐（甲辰，884 年）六月，尽强圉协洽（丁未，887 年）三月，凡二年有奇】

【大事提要】

本卷记事起公元 884 年六月，讫公元 887 年三月，记事凡两年又九个月。当唐僖宗中和四年六月至光启三年三月。此时期全国军阀大混战，唐王朝中央完全失控。围剿黄巢，藩镇形式上听命于朝廷。此时黄巢已灭，藩镇失去一个共同的敌人，唐僖宗受制于宦官田令孜，权威扫地，各地大小军阀肆行无忌。光启元年三月十二日僖宗还京，光启二年正月八日僖宗被田令孜挟持第二次蒙尘，出逃兴元。僖宗还京不到十个月，京师长安再遭兵灾，化为灰烬。先是田令孜挟持僖宗以令藩镇，外结凤翔节度使李昌符、邠宁节度使朱玫对抗河中节度使王重荣。田令孜夺取王重荣所专盐利，更易节度使，挑起河北诸镇战端。王重荣抗命，朱玫、李昌符奉诏征讨。李克用援救王重荣，进兵长安，朱玫、李昌符也反戈，一致上奏诛杀田令孜。于是田令孜挟僖宗出逃，李克用还师，朱玫控制京师，拥立襄王李煴另立朝廷，称帝号。河南蔡州节度使秦宗权收合黄巢余部，反叛朝廷，也称帝号。一时间三个皇帝鼎立，全国一片混乱。

【原文】

僖宗惠圣恭定孝皇帝下之上

中和四年（甲辰，884 年）

六月，壬辰，东川留后高仁厚奏郑君雄斩杨师立出降。仁厚围梓州久不下，乃为书射城中，道其将士曰："仁厚不忍城中玉石俱焚，为诸君缓师十日，使诸君自成其功。若十日不送师立首，当分见兵为五番，番分昼夜以攻之，于此甚逸，于彼必困矣。五日不下，四面俱进，克之必矣。诸君图之！"数日，君雄大呼于众曰："天子所诛者元恶耳，他人无预也。"众呼万岁，大噪，突入府中，师立自杀，君雄挈其首出降。仁厚献其首及妻子于行在，陈敬瑄钉其子于城北，敬瑄三子出观之，钉者呼曰："兹事行及汝曹，汝曹于后努力领取！"三子走马而返。以高仁厚为东川节度使。

甲辰，武宁将李师悦与尚让追黄巢至瑕丘，败之。巢众殆尽，走至狼虎谷。丙午，巢甥林言斩巢兄弟妻子首，将诣时溥，遇沙陀博野军，夺之，并斩言首以献于溥。

蔡州节度使秦宗权纵兵四出，侵噬邻道；天平节度使朱瑄，有众三万，从父弟瑾，勇冠军中。宣武节度使朱全忠为宗权所攻，势甚窘，求救于瑄，瑄遣瑾将兵救之，败宗权于合乡。全忠德之，与瑄约为兄弟。

秋，七月，壬午，时溥遣使献黄巢及家人首并姬妾，上御大玄楼受之。宣问姬妾："汝曹皆勋贵子女，世受国恩，何为从贼？"其居首者对曰："狂贼凶逆，国家以百万之众，失守宗祧，播迁巴、蜀，今陛下以不能拒贼责一女子，置公卿将帅于何地乎！"上不复问，皆戮之于市。人争与之酒，其余皆悲怖昏醉，居首者独不饮不泣，至于就刑，神色肃然。

朱全忠击秦宗权，败宗权于溵水。

【语译】

僖宗惠圣恭定孝皇帝下之上

唐僖宗中和四年（甲辰，884年）

六月初三日壬辰，东川留后高仁厚奏报郑君雄已经杀掉杨师立出城投降。高仁厚围攻梓州很久没有攻下，于是写信射入城中，告诉城中的将领、士兵说："我高仁厚不忍心城中的好人和坏人一同被杀掉，因此为了你们暂时推迟十天攻打，让你们自己来建立这个功劳。如果十天之内不把杨师立的人头送出来，我就要把军队分为五批，白天黑夜地来攻打你们，这对于我们是很安逸的，对于你们必定困乏不堪。假如五天还攻不下来，就四面围攻，这样就一定可以攻下了。你们好好考虑考虑吧！"过了几天，郑君雄大声对部下说："唐僖宗所要诛杀的只是元凶首恶，与其他人没有什么关系。"大家高呼万岁，大声喧哗，冲进官府中，杨师立自杀，郑君雄提着他的头开城门投降。高仁厚到唐僖宗那儿献上杨师立的首级以及他的妻妾子女。陈敬瑄把杨师立的儿子钉在城北，陈敬瑄的三个儿子出去观看，被钉的杨师立儿子喊着说："这事早晚会轮到你们身上的，你们以后要努力来领取啊！"陈敬瑄的三个儿子骑着马回去了。唐僖宗任命高仁厚为东川节度使。

六月十五日甲辰，武宁军的将领李师悦与尚让一起追击黄巢到了瑕丘，打败了他。黄巢的部众几乎被消灭完了，逃到狼虎谷。六月十七日丙午，黄巢的外甥林言斩下黄巢及其兄弟妻子的头，要拿去进献给时溥；路上遇到沙陀的博野军，夺走了这些首级，并且斩下林言的头一起献给时溥。

蔡州节度使秦宗权纵容军队四处掠夺，侵占吞取邻近各道地方。天平节度使朱瑄，有部众三万人，朱瑄的堂弟朱瑾，勇猛为军中之冠。宣武节度使朱全忠遭到秦宗权的进攻，情势非常危急，向朱瑄求援。朱瑄派遣朱瑾率领军队前去救援朱全忠，在合乡打败了秦宗权。朱全忠感谢朱瑄的恩德，和朱瑄结拜为兄弟。

秋季，七月二十四日壬午，时溥派遣使者献上黄巢和他家人的首级以及姬妾，唐僖宗亲临大玄楼接受。唐僖宗问黄巢的姬妾说："你们都是有功勋、显贵人家的子女，世世代代受到国家的恩惠，为什么要跟从贼寇呢？"站在最前面的一个回答说："猖狂的贼寇凶残乱逆，国家用一百万军队来抵御，仍然守不住宗庙，被迫迁移流落到巴蜀一带。现在陛下用不能抗拒贼寇来责备一个弱女子，那么把国家的公卿将帅放在什么地位呢！"唐僖宗便不再问她们，在市场里把她们都杀了。人们争着拿酒给她们喝，其他的人都悲伤害怕昏昏欲醉，只有站在最前面的那个既不喝酒，也不哭泣，一直到行刑时，神色依然肃穆镇定。

朱全忠进攻秦宗权，在溵水把秦宗权打败了。

（以上为第一段，写高仁厚歼灭杨师立为东川节度使。黄巢败歿。兵败降于黄巢的蔡州节度使秦宗权继起为祸。）

李克用至晋阳，大治甲兵，遣榆次镇将雁门李承嗣奉表诣行在，自陈“有破黄巢大功，为朱全忠所图，仅能自免，将佐已下从行者三百余人，并牌印皆没不返。全忠仍榜东都、陕、孟，云臣已死，行营兵溃，令所在邀遮屠翦，勿令漏失，将士皆号泣冤诉，请复仇雠。臣以朝廷至公，当俟诏命，拊循抑止，复归本道。乞遣使按问，发兵诛讨，臣遣弟克勤将万骑在河中俟命。”时朝廷以大寇初平，方务姑息，得克用表，大恐，但遣中使赐优诏和解之。克用前后凡八表，称：“全忠妒功疾能，阴狡祸贼，异日必为国患。惟乞下诏削其官爵，臣自帅本道兵讨之，不用度支粮饷。”上累遣杨复恭等谕指，称：“吾深知卿冤，方事之殷，姑存大体。”克用终郁郁不平。时藩镇相攻者，朝廷不复为之辩曲直，由是互相吞噬，惟力是视，皆无所禀畏矣！

八月，李克用奏请割麟州隶河东，又请以弟克脩为昭义节度使，皆许之。由是昭义分为二镇。进克用爵陇西郡王。克用奏罢云蔚防御使，依旧隶河东，从之。

九月，己未，加朱全忠同平章事。

以右仆射、大明宫留守王徽知京兆尹事。上以长安宫室焚毁，故久留蜀未归。徽招抚流散，户口稍归，复缮治宫室，百司粗有绪。冬，十月，关东藩镇表请车驾还京师。

朱全忠之降也，义成节度使王铎为都统，承制除官。全忠初镇大梁，事铎礼甚恭，铎依以为援。而全忠兵浸强，益骄倨，铎知不足恃，表请还朝，徙铎为义昌节度使。

（以上为第二段，写朱全忠与李克用各拥兵自重，势力日炽。）

李克用到了晋阳，大力修整盔甲、兵器，派遣榆次的镇将雁门人李承嗣献表章到唐僖宗那儿，陈述说："臣有击破黄巢的大功，但遭到朱全忠的暗算，仅仅免于一死，自将佐以下随行的三百多人以及他们的职官牌印都丢掉了，没有能够回来。朱全忠在东都、陕、孟等地贴出告示，说臣已经死了，军队也已经溃败，下令他所统辖的地方拦截打击臣的部众，屠杀斩首，一个也不要遗漏。臣的将士们都悲痛号泣，哭诉冤屈，要求报仇雪恨。臣认为朝廷最公正，应该等待陛下的诏命，安抚劝导大家，止息他们的怨怒，使他们回到原来的地方。臣请求派遣使者来考查询问，发兵去讨伐朱全忠。臣派遣臣的弟弟李克勤率领一万名骑兵在河中等候命令。"当时朝廷认为黄巢刚刚平定，正想对各方采取宽容的政策，看到了李克用献上的表章，担心又起动乱，只好派遣亲信宦官带着诏书，好言安抚李克用，从中进行调解。李克用前后总共八次上奏表章，说道："朱全忠妒忌有功又有才能的人，是个阴险狡猾、祸国殃民的贼寇，以后一定会成为国家的祸害。臣乞求皇上下诏削除朱全忠的官爵，臣自己率领本道的军队去讨伐他，不用国家供给粮食、开支薪饷。"唐僖宗多次派遣杨复恭等晓谕旨意，说道："朕深知卿的冤屈，但现在正是多事季节，姑且维持国家大局。"李克用始终郁郁不平。当时藩镇之间互相攻击的，朝廷不再为他们辨明是非曲直了。由此这些藩镇互相侵占吞并，只看力量的大小，都不禀告朝廷，也无所顾忌了。

八月，李克用上奏请求把本属振武节度的麟州划归河东节度，又请求任命他的弟弟李克脩为昭义节度使，朝廷都同意了。由此昭义分成了两个镇。朝廷又进封李克用为陇西郡王。李克用上奏罢免云蔚防御使，仍旧隶属河东，朝廷也听从了他的意见。

九月初二日己未，加封朱全忠为同平章事。

任命右仆射、大明宫留守王徽掌管京兆尹的事务。唐僖宗因为长安的宫殿、房屋被烧毁，所以长久滞留在蜀地没有回来。王徽招集安抚流亡散失的人，各家各户才稍微返回，又整修治理宫殿、房屋，百官、机构略微有了头绪。冬季，十月，关东地区藩镇上表请求唐僖宗回到京城。

朱全忠投降唐朝时，义成节度使王铎任都统，以唐僖宗的名义授予朱全忠官职。朱全忠当初镇守大梁，侍奉王铎很恭敬，王铎也依靠朱全忠作为帮手。随着朱全忠兵力越来越强，他也更加骄横傲慢，王铎知道朱全忠不能依靠了，上表请求回到朝廷。朝廷改任王铎为义昌节度使。

鹿晏弘之去河中，王建、韩建、张造、晋晖、李师泰各帅其众与之俱，及据兴元，以建等为巡内刺史，不遣之官。晏弘猜忌，众心不附，王建、韩建素相亲善，晏弘尤忌之，数引入卧内，待之加厚，二建相谓曰："仆射甘言厚意，疑我也，祸将至矣！"田令孜密遣人以厚利诱之，十一月，二建与张造、晋晖、李师泰帅众数千逃奔行在，令孜皆养为假子，赐与巨万，拜诸卫将军，使各将其众，号随驾五都。又遣禁兵讨晏弘，晏弘弃兴元走。

初，宦者曹知悫，本华原富家子，有胆略。黄巢陷长安，知悫归乡里，集壮士，据嵯峨山南，为堡自固，巢党不敢近。知悫数遣壮士变衣服语言，效巢党，夜入长安攻贼营，贼惊以为鬼神；又疑其下有叛者，由是心不自安。朝廷闻而嘉之，就除内常侍，赐金紫。知悫闻车驾将还，谓人曰："吾施小术，使诸军得成大功，从驾群臣但平步往来，俟至大散关，当阅其可归者纳之。"行在闻之，恐其为变。田令孜尤恶之，密以敕旨谕邠宁节度使王行瑜，使诛之，行瑜潜师自嵯峨山北乘高攻之，知悫不为备，举营尽殪。令孜益骄横，禁制天子，不得有所主断。上患其专，时语左右而流涕。

鹿晏弘引兵东出襄州，秦宗权遣其将秦诰、赵德諲将兵会之，共攻襄州，陷之。山南东道节度使刘巨容奔成都。德諲，蔡州人也。晏弘引兵转掠襄、邓、均、房、庐、寿，复还许州。忠武节度使周岌闻其至，弃镇走，晏弘遂据许州，自称留后，朝廷不能讨，因以为忠武节度使。

十二月，己丑，陈敬瑄表辞三川都指挥、招讨、制置、安抚等使，从之。

初，黄巢转掠福建，建州人陈岩聚众数千保乡里，号九龙军，福建观察使郑镒奏为团练副使。泉州刺史、左厢都虞候李连有罪，亡入溪洞，岩击败之。镒畏岩之逼，表岩自代，壬寅，以岩为福建观察使。岩为治有威惠，闽人安之。

鹿晏弘到河中去时，王建、韩建、张造、晋晖、李师泰各率领自己的部众与鹿晏弘一同前往；等到占领兴元以后，鹿晏弘只任命王建等人做巡行视察的巡内刺史，没有给他们任命正式的官位。鹿晏弘为人多猜疑好妒忌，大家不依附他。王建、韩建一向很亲善要好，鹿晏弘特别妒忌两人，多次请两人到卧室中，招待二人，对他们格外优厚。王建、韩建互相商量说："鹿晏弘给我们说好听的，优待我们，是在怀疑我们啊！灾祸快要来到了。"田令孜秘密派人用丰厚的财物去引诱王建等人。十一月，王建、韩建与张造、晋晖、李师泰率领部众数千人逃奔到唐僖宗那儿，田令孜都收养他们做义子，赏赐给他们无数银钱，任命他们为诸卫将军，各率领原有的部众，号称"随驾五都"。又派遣禁兵去讨伐鹿晏弘，鹿晏弘丢下兴元逃走了。

起初，宦官曹知悫，本来是华原地方的富家子弟，有胆量，善谋略。黄巢攻陷长安，曹知悫回到乡里，聚集壮士，占据嵯峨山的南面，建立碉堡保卫自己，黄巢的部众不敢靠近。曹知悫多次派遣壮士换了衣服改变口音，仿效黄巢的部众，夜里潜入长安城去攻击贼寇的营帐，贼寇大惊，以为是鬼神；又怀疑自己的部下有叛变的，因此心中惶惶不安。朝廷知道后嘉勉了曹知悫，授给他内常侍的官，赐给他金紫服装。曹知悫听说唐僖宗将要回到长安，对人说："我施展了一点技艺，使得各路军队能够完成大功劳收复京城，那些陪同唐僖宗的臣子只是在那边来回踱步，没有起一点作用；等到了大散关，应该看一看哪个可以回来才让他进关。"朝廷听到了，担心他发动叛变；田令孜尤其憎恨他，秘密用唐僖宗的圣旨告诉邠宁节度使王行瑜，命令王行瑜杀死曹知悫。王行瑜暗中调动军队从嵯峨山的北面利用地势高的有利条件去袭击曹知悫。曹知悫没有防备，全营都被杀死了。田令孜从此更加骄横不法，干涉唐僖宗的言行，唐僖宗不能有所主张决断。唐僖宗忧虑田令孜的专权，常常告诉身边的人，有时甚至伤心落泪。

鹿晏弘带领军队向东边的襄州进发，秦宗权派遣他的部将秦诰、赵德諲率领军队与他会合，共同去攻打襄州，占领了它。山南东道节度使刘巨容逃奔到成都。赵德諲是蔡州人。鹿晏弘带领军队在襄、邓、均、房、庐、寿等州辗转掠夺，然后又回到许州。忠武节度使周岌听说鹿晏弘来了，丢下镇所逃走。鹿晏弘就占据了许州，自称为留后。朝廷没有能力征讨鹿晏弘，于是任命他为忠武节度使。

十二月初三日己丑，陈敬瑄上表辞去三川都指挥、招讨、制置、安抚等使，唐僖宗同意了。

起初，黄巢转往福建掠夺时，建州人陈岩聚集民众几千人来保卫乡里，号称"九龙军"。福建观察使郑镒奏请唐僖宗任命陈岩为团练副使。泉州刺史、左厢都虞候李连有罪，逃亡到溪谷洞穴中，陈岩打败了李连。郑镒畏惧陈岩的威势，上表请求让陈岩来代替自己的职位。十二月十六日壬寅，任命陈岩为福建观察使。陈岩治

义昌节度使兼中书令王铎，厚于奉养，过魏州，侍妾成列，服御鲜华，如承平之态。魏博节度使乐彦祯之子从训，伏卒数百于漳南高鸡泊，围而杀之，及宾僚从者三百余人皆死，掠其资装侍妾而还。彦祯奏云为盗所杀，朝廷不能诘。

赐邠宁军号曰“静难”。

是岁，余杭镇使陈晟逐睦州刺史柳超，颍州都知兵马使汝阴王敬荛逐其刺史，各领州事，朝廷因命为刺史。

均州贼帅孙喜聚众数千人，谋攻州城，刺史吕烨不知所为。都将武当冯行袭伏兵江南，自乘小舟迎喜，谓曰：“州人得良牧，无不归心，然公所从之卒太多，州人惧于剽掠，尚以为疑。不若置军江北，独与腹心轻骑俱进，行袭请为前道，告谕州人，无不服者矣。”喜以为然，从之。既渡江，军吏迎谒，伏兵发，行袭手击喜，斩之，从喜者皆死，江北军望之俱溃。山南东道节度使上其功，诏以行袭为均州刺史。州西有长山，当襄、邓入蜀之道，群盗据之，抄掠贡赋，行袭讨诛之，蜀道以通。

凤翔节度使李昌言病，表弟昌符知留后。昌言薨，制以昌符为凤翔节度使。

时黄巢虽平，秦宗权复炽，命将出兵，寇掠邻道，陈彦侵淮南，秦贤侵江南，秦诰陷襄、唐、邓，孙儒陷东都、孟、陕、虢，张晊陷汝、郑，卢瑭攻汴、宋，所至屠翦焚荡，殆无孑遗。其残暴又甚于巢，军行未始转粮，车载盐尸以从。北至卫、滑，西及关辅，东尽青、齐，南出江、淮，州镇存者仅保一城，极目千里，无复烟火。上将还长安，畏宗权为患。

（以上为第三段，写僖宗受制于田令孜，心不能平。各地军阀混战，朝廷失控。鹿弘宴据许州，依附秦宗权，秦宗权势力日涨。）

光启元年（乙巳，885年）

春，正月，戊午，下诏招抚之。

理事务有威严施恩惠，福建人得到了安宁。

义昌节度使兼中书令王铎，生活上很奢侈，经过魏州时，侍妾排列成行，她们的服饰器用非常鲜艳华美，像天下太平时一般。魏博节度使乐彦祯的儿子乐从训，在漳南高鸡泊埋伏了几百士兵，包围了他们并杀了王铎，王铎的宾客僚属等随从三百多人也都死了，又掠夺了王铎的财物和侍妾才返回。乐彦祯上奏说王铎是为强盗所杀，朝廷也无法追究。

赐邠宁军号称“静难”。

这一年，余杭镇使陈晟逐走睦州刺史柳超，颍州都知兵马使汝阴人王敬荛逐走颍州刺史，两人各治理州中的事务，朝廷因此分别任命他们为刺史。

均州贼寇的首领孙喜聚集部众几千人，谋划进攻州城，刺史吕烨不知道怎么办才好。都将武当人冯行袭在汉江南面埋伏了军队，自己搭乘小船去迎接孙喜，对他说：“州里的百姓盼望好的州官，没有不诚心拥护的，但是您随从的士兵太多，大家害怕被抢劫掠夺，还在犹豫怀疑。不如您把军队安置在汉江以北，独自和心腹部属轻装前进，请让我在前面为您引导，告诉均州里的人，没有不归顺服从的。”孙喜认为冯行袭说得对，同意了。渡过了汉江以后，军吏们正上前迎接拜见，埋伏的军队突然发动攻击，冯行袭亲手袭击孙喜，把他斩了，跟随孙喜的人都被杀死，江北的军队望见这一情况都溃散逃亡了。山南东道节度使上奏冯行袭的功劳，唐僖宗下令任命冯行袭为均州刺史。均州的西部有座长山，正好是襄州、邓州进入蜀地的交通要道，众盗贼占据了这个地方，搜查抢夺各方送来的贡物、税收，冯行袭带兵去讨伐诛杀盗贼，前往蜀地的道路得以畅通。

凤翔节度使李昌言病重，他的堂弟李昌符担任留后的职务。李昌言死了，唐僖宗任命李昌符为凤翔节度使。

当时黄巢虽然已经平定了，但秦宗权的势力又强盛起来。秦宗权命令部将出兵，劫夺掠取邻近的各道，陈彦侵入淮南，秦贤侵入江南，秦诰攻陷襄、唐、邓等州，孙儒攻陷东都、孟、陕、虢等地，张晊攻破汝、郑，卢瑭攻打汴、宋，军队所到的地方，屠杀、斩首、焚烧、扫荡，几乎没有留下一个活人。他们的残暴远远超过了黄巢。军队出发，没有转运粮食，就用车子载着用盐腌的尸体跟在后面。北面到卫、滑，西面至关中、三辅，东面达青、齐，南面直抵江、淮，以上范围内州镇得以保全下来的只有一个城，放眼千里，再没有一户人家了。唐僖宗即将回到长安，害怕秦宗权作乱。

唐僖宗光启元年（乙巳，885年）

春季，正月初二日戊午，唐僖宗下诏招抚秦宗权。

己卯，车驾发成都，陈敬瑄送至汉州而还。

荆南监军朱敬玫所募忠勇军暴横，陈儒患之。郑绍业之镇荆南也，遣大将申屠琮将兵五千击黄巢于长安，军还，儒告琮，使除之。忠勇将程君从闻之，帅其众奔朗州，琮追击之，杀百余人，自是琮复专军政。

雷满屡攻掠荆南，儒重赂以却之。淮南将张瓌、韩师德叛高骈，据复、岳二州，自称刺史，儒请瓌摄行军司马，师德摄节度副使，将兵击雷满。师德引兵上峡大掠，归于岳州；瓌还兵逐儒而代之。儒将奔行在，瓌劫还，囚之。瓌，渭州人，性贪暴，荆南旧将夷灭殆尽。

先是，朱敬玫屡杀大将及富商以致富，朝廷遣中使杨玄晦代之。敬玫留居荆南，尝曝衣，瓌见而欲之，遣卒夜攻之，杀敬玫，尽取其财。瓌恶牙将郭禹慓悍，欲杀之，禹结党千人亡去，庚申，袭归州，据之，自称刺史。禹，青州人成汭也，因杀人亡命，更其姓名。

南康贼帅卢光稠陷虔州，自称刺史，以其里人谭全播为谋主。

秦宗权责租赋于光州刺史王绪，绪不能给，宗权怒，发兵击之。绪惧，悉举光、寿兵五千人，驱吏民渡江，以刘行全为前锋，转掠江、洪、虔州，是月，陷汀、漳二州，然皆不能守也。

秦宗权寇颍、亳，朱全忠败之于焦夷。

二月，丙申，车驾至凤翔。三月，丁卯，至京师。荆棘满城，狐兔纵横，上凄然不乐。己巳，赦天下，改元。时朝廷号令所行，惟河西、山南、剑南、岭南数十州而已。

秦宗权称帝，置百官。诏以武宁节度使时溥为蔡州四面行营兵马都统以讨之。

（以上为第四段，写荆南监朱敬玫贪财丧身。唐僖宗由蜀还京，秦宗权称帝于蔡州。）

卢龙节度使李可举、成德节度使王镕恶李克用之强，而义武节度使

正月二十三日己卯，唐僖宗从成都出发，陈敬瑄送到汉州才返回。

荆南监军朱敬玫所招募的忠勇军凶狠蛮横，陈儒对他们很忧虑。郑绍业镇守荆南时，派遣大将申屠琮率领军队五千人到长安去攻打黄巢。军队返回后，陈儒告诉申屠琮，要他除掉忠勇军。忠勇军的将领程君从听到这一情况，率领他的部众逃奔到朗州。申屠琮追击他们，杀死一百多人。从此以后申屠琮又独断军政了。

雷满多次攻打掠夺荆南，陈儒用厚重的贿赂使雷满退兵。淮南的将领张瓌、韩师德背叛高骈，占据了复、岳两州，自称为刺史。陈儒请张瓌代理行军司马，韩师德代理节度副使，率领军队进攻雷满。韩师德带领军队登上巫峡大肆掠夺后，回到岳州。张瓌回来赶走陈儒取代了他的职位。陈儒要跑到唐僖宗那儿，被张瓌抓住囚禁起来。张瓌是渭州人，本性贪婪凶暴，荆南原有的将领几乎都被他杀尽了。

起先，朱敬玫多次杀害大将和富商，使自己富了起来，朝廷派遣中使杨玄晦来取代他的职位。朱敬玫留居在荆南，有一次晒衣服，被张瓌看到了。张瓌想占为己有，派遣士兵在晚上攻打朱敬玫，杀了他，抢走了朱敬玫的所有财物。张瓌憎恨牙将郭禹敏捷勇猛，想要杀死郭禹，郭禹纠集同党千人逃走了。正月初四日庚申，郭禹袭击归州，占领了它，自称为刺史。郭禹，就是青州人成汭，因为杀人逃亡，才改了姓名。

南康地方贼寇的首领卢光稠攻陷虔州，自称为刺史，任用同乡谭全播为自己出主意、定计划。

秦宗权向光州刺史王绪要求供给租赋，王绪无法供给；秦宗权大怒，发动军队去攻打他。王绪害怕了，出动光、寿两州士兵五千人，驱赶官吏和老百姓渡江，派刘行全为前锋，先后掠夺了江州、洪州和虔州，这个月，又攻陷了汀、漳两州，但是都不能守住这些地方。

秦宗权掠夺颍、亳两州，朱全忠在焦夷把秦宗权打败了。

二月初十日丙申，唐僖宗到达凤翔。三月十二日丁卯，回到京城。京城长满了荆棘，狐狸野兔到处乱跑，唐僖宗看到这般情景，心中感到十分凄惨，闷闷不乐。三月十四日己巳，大赦天下，改年号为光启。这时朝廷号令能够推行的，只有河西、山南、剑南、岭南这些地区的几十个州了。

秦宗权自称为帝，设置百官。唐僖宗下诏任命武宁节度使时溥为蔡州四面行营兵马都统去讨伐秦宗权。

卢龙节度使李可举、成德节度使王镕不满李克用的强盛，而义武节度使王处存

王处存与克用亲善，为侄邺娶克用女。又，河北诸镇，惟义武尚属朝廷，可举等恐其窥伺山东，终为己患，乃相与谋曰："易、定，燕、赵之余也。"约共灭处存而分其地，又说云中节度使赫连铎使攻克用之背。可举遣其将李全忠将兵六万攻易州，镕遣将将兵攻无极。处存告急于克用，克用遣其将康君立等将兵救之。

闰月，秦宗权遣其弟宗言寇荆南。

初，田令孜在蜀募新军五十四都，每都千人，分隶两神策，为十军以统之，又南牙、北司官共万余员，是时藩镇各专租税，河南北、江、淮无复上供，三司转运无调发之所，度支惟收京畿、同、华、凤翔等数州租税，不能赡，赏赉不时，士卒有怨言。令孜患之，不知所出。先是，安邑、解县两池盐皆隶盐铁，置官榷之。中和以来，河中节度使王重荣专之，岁献三千车以供国用，令孜奏复如旧制隶盐铁。夏，四月，令孜自兼两池榷盐使，收其利以赡军。重荣上章论诉不已，遣中使往谕之，重荣不可。时令孜多遣亲信觇藩镇，有不附己者，辄图之。令孜养子匡祐使河中，重荣待之甚厚，而匡祐傲甚，举军皆愤怒。重荣乃数令孜罪恶，责其无礼，监军为讲解，仅得脱去。匡祐归，以告令孜，劝图之。五月，令孜徙重荣为泰宁节度使，以泰宁节度使齐克让为义武节度使，以义武节度使王处存为河中节度使，仍诏李克用以河东兵援处存赴镇。

卢龙兵攻易州，裨将刘仁恭穴地入城，遂克之。仁恭，深州人也。李克用自将救无极，败成德兵。成德兵退保新城，克用复进击，大破之，拔新城，成德兵走，追至九门，斩首万余级。卢龙兵既得易州，骄怠，王处存夜遣卒三千蒙羊皮造城下，卢龙兵以为羊也，争出掠之，处存奋击，大破之，复取易州，李全忠走。

加陕虢节度使王重盈同平章事。

李全忠既丧师，恐获罪，收余众还袭幽州。六月，李可举窘急，举族登楼自焚死，全忠自为留后。

与李克用亲近要好，替自己的侄子王郜求娶李克用的女儿为妻。另外，河北的各镇，只有义武还属朝廷管辖，李可举等害怕王处存暗中伺机侵占恒山以东地区，最终成为自己的祸患，于是相互谋划说："易州、定州，本来就是燕国、赵国所留下来的地方。"约好共同灭掉王处存并瓜分他的土地；又游说云中节度使赫连铎攻打李克用的后方。李可举派遣他的部将李全忠率领军队六万人进攻易州。王镕派遣部将率领军队攻打无极。王处存向李克用告急，李克用派遣部将康君立等人率领军队前往救援。

闰三月，秦宗权派遣他的弟弟秦宗言去掠夺荆南。

起初，田令孜在蜀地招募新军五十四都，每都一千人，分别隶属于左、右两神策军，组成十个军来统领他们；又有南牙、北司的官员共一万多人。这时藩镇都各自垄断了所在地的租税，河南、河北、江、淮等地都不再向朝廷上缴租税，判户部、判度支、盐铁使三司没有转运调度的来源，度支只能收京畿、同、华、凤翔等几个州的租税，不够花费，也不能按时给予赏赐，士兵们常常有怨言。田令孜非常忧虑，不知道如何来解决这一问题。以前，安邑、解县两个地方的池盐都属盐铁使管理，设置官吏专门经营；中和元年以来，河中节度使王重荣独占其利，每年只献上三千车盐来供应国家的需要。田令孜上奏请求唐僖宗恢复旧有的制度让池盐隶属盐铁使。夏季，四月，田令孜亲自兼任两池榷盐使，收取盐利来供给军中的需求。王重荣多次上章奏诉讼这件事，唐僖宗派遣中使前往劝谕他，王重荣仍然不愿意。当时田令孜派遣了许多亲信去窥视各个藩镇，如有不依附自己的，就常常谋算他们。田令孜的养子匡祐出使河中，王重荣待他非常优厚，然而匡祐傲慢得太过分了，全军将士都愤怒不已。王重荣于是逐条诉说田令孜的罪恶，责备他放肆无礼。监军为匡祐说情，他才能脱身离去。匡祐回去以后，将这件事告诉田令孜，劝田令孜谋算王重荣。五月，田令孜调离王重荣任泰宁节度使，任命泰宁节度使齐克让为义武节度使，任命义武节度使王处存为河中节度使，又诏令李克用出动河东的军队援助王处存前往镇守。

卢龙的军队攻打易州，副将刘仁恭挖通隧道进入城中，攻下了易州。刘仁恭是深州人。李克用亲自率领军队去救援无极，打败了成德的军队。成德的军队退保新城，李克用再次进兵攻击，大败他们，攻下新城，成德的军队逃走了。李克用追到九门，斩首一万多人。卢龙的军队攻下了易州，骄傲麻痹了。王处存夜里派遣士兵三千人蒙上羊皮来到城下，卢龙的军队以为是羊群，争着出来抢夺。王处存奋力攻击，大破卢龙的军队，夺回易州，李全忠逃走了。

加官陕虢节度使王重盈为同平章事。

李全忠丧失军队以后，担心获罪，收聚余下的部众回去袭击幽州。六月，李可举被攻得窘迫危急，带领全家和亲族登楼自焚而死。李全忠自称为留后。

东都留守李罕之与秦宗权将孙儒相拒数月；罕之兵少食尽，弃城，西保渑池，宗权陷东都。

秋，七月，以李全忠为卢龙留后。

（以上为第五段，写田令孜专盐利，更易节度使，挑起河北诸镇战乱。）

乙巳，右补阙常濬上疏，以为："陛下姑息藩镇太甚，是非功过，骈首并足，致天下纷纷若此，犹未之寤，岂可不念骆谷之艰危，复怀西顾之计乎！宜稍振典刑以威四方。"田令孜之党言于上曰："此疏传于藩镇，岂不致其猜忿！"庚戌，贬濬万州司户，寻赐死。

沧州军乱，逐节度使杨全玫，立牙将卢彦威为留后，全玫奔幽州。以保銮都将曹诚为义昌节度使，以彦威为德州刺史。

孙儒据东都月余，烧宫室、官寺、民居，大掠席卷而去，城中寂无鸡犬。李罕之复引其众入东都，筑垒于市西而居之。

王重荣自以有复京城功，为田令孜所摈，不肯之兖州，累表论令孜离间君臣，数令孜十罪，令孜结邠宁节度使朱玫、凤翔节度使李昌符以抗之。王处存亦上言："幽、镇兵新退，臣未敢离易、定。且王重荣无罪，有大功于国，不宜轻有改易。"诏趣其上道，八月，处存引军至晋州，刺史冀君武闭城不内而还。

洺州刺史马爽，与昭义行军司马奚忠信不叶，起兵屯邢州南，胁孟方立请诛忠信。既而众溃，爽奔魏州，忠信使人赂乐彦祯而杀之。

秦宗权攻邻道二十余州，陷之。唯陈州距蔡百余里，兵力甚弱，刺史赵犨日与宗权战，宗权不能屈。诏以犨为蔡州节度使。犨德朱全忠之援，与全忠结婚，凡全忠所调发，无不立至。

（以上为第六段，写田令孜挟僖宗以令藩镇，王重荣抗命。秦宗权为祸淮西，贼势日横。）

王绪至漳州，以道险粮少，令军中"无得以老弱自随，犯者斩！"唯王潮兄弟扶其母董氏崎岖从军，绪召潮等责之曰："军皆有法，未有无

东都留守李罕之与秦宗权的部将孙儒对抗了好几个月；李罕之士兵少，粮食也完了，便抛弃东都，西行守卫渑池。秦宗权攻下了东都洛阳。

秋季，七月，任命李全忠为卢龙留后。

七月二十三日乙巳，右补阙常濬向唐僖宗上疏，认为："皇上无原则地宽容藩镇太过分了，是非功过不分清楚，齐头不足不分高低，以致天下混乱到了这个地步仍没有觉悟。难道不可以想一想几年前在骆谷处境的艰难危险，又怀着向西仓皇逃奔的主意吗？应该稍稍整理一下纲纪刑法来建立朝廷的威望啊！"田令孜的党羽对唐僖宗说："这个奏章传到藩镇的耳朵里，岂不要招致他们猜忌愤怒！"七月二十八日庚戌，贬常濬为万州司户，不久，又赐他自杀。

沧州发生兵变，逐走节度使杨全玫，拥立牙将卢彦威担任留后，杨全玫出奔到幽州。任命保銮都将曹诚为义昌节度使，卢彦威为德州刺史。

孙儒占据了东都洛阳一个多月，焚烧宫室、官府、寺庙和民居，大肆掠夺洗劫一空后才离开，城中寂静无声，连鸡犬声也听不到了。李罕之又带领他的部众进入洛阳，在市的西边筑起了壁垒碉堡住了下来。

王重荣自以为有恢复京城的功劳，反被田令孜排斥，于是不肯到兖州去赴任，多次上表申论田令孜离间君臣的事实，列举田令孜的十大罪状。田令孜联合邠宁节度使朱玫、凤翔节度使李昌符与王重荣相对抗。王处存也向唐僖宗报告："幽、镇两州的军队刚刚退走，我不敢离开易州、定州。况且王重荣没有罪过，对国家有大的功劳，不应该轻易地变换他的官职。"唐僖宗下诏命令王重荣及早出发上路，八月，王处存带领军队到了晋州，刺史冀君武关闭城门不让他进入，只得退回。

洺州刺史马爽与昭义行军司马奚忠信不和，发动军队驻扎在邢州的南边，威逼孟方立诛杀奚忠信。后来马爽的部众溃散逃跑，马爽逃奔魏州。奚忠信派人贿赂乐彦祯杀了马爽。

秦宗权攻打邻道的二十多个州，都攻下来了；只有陈州距蔡州仅一百多里未被攻下，兵力也很弱，刺史赵犨每天与秦宗权交战，秦宗权竟不能使他屈服。唐僖宗下诏任命赵犨为蔡州节度使。赵犨感激朱全忠的支援，和朱全忠结为姻亲，凡是朱全忠所征调的，没有不立即送到的。

王绪到了漳州，由于道路险阻粮食短缺，命令军中"不要让年纪大、身体弱的人跟随，如有违反立即斩首！"只有王潮兄弟搀扶他们的母亲董氏在崎岖不平的道

法之军。汝违吾令而不诛，是无法也。”三子曰：“人皆有母，未有无母之人，将军奈何使人弃其母！”绪怒，命斩其母。三子曰：“潮等事母如事将军，既杀其母，安用其子！请先母死。”将士皆为之请，乃舍之。

有望气者谓绪曰：“军中有王者气。”于是绪见将卒有勇略逾己及气质魁岸者皆杀之。刘行全亦死，众皆自危，曰：“行全亲也，且军锋之冠，犹不免，况吾属乎！”行至南安，王潮说其前锋将曰：“吾属违坟墓，捐妻子，羁旅外乡为群盗，岂所欲哉！乃为绪所迫胁故也。今绪猜刻不仁，妄杀无辜，军中孑孑者受诛且尽，子须眉若神，骑射绝伦，又为前锋，吾窃为子危之！”前锋将执潮手泣，问计安出。潮为之谋，伏壮士数十人于篁竹中，伺绪至，挺剑大呼跃出，就马上擒之，反缚以徇，军中皆呼万岁。潮推前锋将为主，前锋将曰：“吾属今日不为鱼肉，皆王君力也。天以王君为主，谁敢先之！”相推让数四，卒奉潮为将军。绪叹曰：“此子在吾网中不能杀，岂非天哉！”

潮引兵将还光州，约其属，所过秋毫无犯。行及沙县，泉州人张延鲁等以刺史廖彦若贪暴，帅耆老奉牛酒遮道，请潮留为州将，潮乃引兵围泉州。

（以上为第七段，写王潮据泉州，为建立闽政权张本。）

九月，戊申，以陈敬瑄为三川及峡内诸州都指挥、制置等使。

蔡军围荆南，马步使赵匡谋奉前节度使陈儒以出，留后张瓌觉之，杀匡及儒。

冬，十月，癸丑，秦宗权败朱全忠于八角。

王重荣求救于李克用，克用方怨朝廷不罪朱全忠，选兵市马，聚结诸胡，议攻汴州，报曰：“待吾先灭全忠，还扫鼠辈如秋叶耳！”重荣曰：“待公自关东还，吾为虏矣。不若先除君侧之恶，退擒全忠易矣。”时朱玫、李昌符亦阴附朱全忠，克用乃上言：“玫、昌符与全忠相表里，欲共

路上一起随军行走。王绪叫来王潮兄弟责备说："军有军法，没有无法纪的军队。你们违反了我的命令，如果不诛杀你们，那军队就没有法纪了。"王潮三兄弟说："每个人都有母亲，没有无母亲的人；将军为什么要使人抛弃自己的母亲呢！"王绪大怒，下令斩杀他们的母亲。三兄弟说："我们侍奉母亲如同侍奉将军一样，既然要杀我们的母亲，何必还用我们呢！请让我们先母亲而死。"将士们都为王潮兄弟求情，这才赦免了他们。

有一个能占卜吉凶的人告诉王绪说："军队里有王者之气。"于是王绪看到部将士卒有勇敢、谋略胜过自己的以及气质特别、身体魁梧的，就把他们杀掉。刘行全也被杀死了。军队里人人自危，说："刘行全是王绪的妹夫，而且是全军中最威猛的，仍免不了一死，何况我们这些人啊！"到了南安，王潮对前锋将领说："我们这些人离开了先祖的坟墓，抛弃了妻子儿女，奔波在外乡做盗贼，这哪里是我们所想要的呢！这是被王绪所逼迫威胁而造成的啊！现在王绪猜忌苛刻，不讲仁义，乱杀无辜的人，军队中杰出的人几乎都被王绪杀完了。您的须眉容貌像神仙一样，骑术射箭超过大家，又担任前锋要职，我实在为您感到危急啊！"前锋将领握住王潮的手，哭着问该怎么办才好。王潮遂替他谋划，在竹林中埋伏几十个壮士，等王绪到了，拔剑大叫跳出来，就在马上捉住王绪，把他反绑巡行军中，军中都高呼万岁。王潮推举前锋将领为主帅，前锋将领说："我们今天不会成为被人宰割的鱼肉，都是您王潮的力量。上天要您王潮做主帅，谁还敢抢先呢！"互相推让了多次，最终拥戴王潮为将军。王绪叹息说："王潮这个人在我的网中，我没能早杀掉他，这岂不是天意吗！"

王潮带领军队将要回光州去，约束他的部属，所过之处一丝一毫不能侵犯。行军到沙县，泉州人张延鲁等人由于刺史廖彦若贪婪残暴，率领有声望的老年人献上牛肉酒食，拦住了他们的去路，请求王潮留下来担任泉州的将领，王潮于是带领军队包围了泉州。

九月二十七日戊申，任命陈敬瑄为三川及峡内诸州都指挥、制置等使。

蔡州秦宗权派遣秦宗言的军队包围荆南，马步使赵匡谋划拥戴前节度使陈儒复出，留后张瓌察觉此事，杀了赵匡和陈儒。

冬季，十月初二日癸丑，秦宗权在八角镇打败了朱全忠。

王重荣向李克用求救。李克用正在埋怨朝廷不治朱全忠的罪，因此选兵买马，聚结众多胡人，商量攻打汴州，回报王重荣说："等我先消灭了朱全忠，回来再扫除这些鼠辈，好像秋风扫落叶一样容易。"王重荣说："等您从关东回来，我已成为俘虏了。不如先除掉唐僖宗身边的恶人，再回兵擒拿朱全忠就容易多了。"当时朱玫、

灭臣，臣不得不自救，已集蕃、汉兵十五万，决以来年济河，自渭北讨二镇，不近京城，保无惊扰。既诛二镇，乃旋师灭全忠以雪仇耻。”上遣使者谕释，寇盖相望。

朱玫欲朝廷讨克用，数遣人潜入京城，烧积聚，或刺杀近侍，声云克用所为，于是京师震恐，日有讹言。令孜遣玫、昌符将本军及神策鄜、延、灵、夏等军各三万人屯沙苑，以讨王重荣，重荣发兵拒之，告急于李克用，克用引兵赴之。十一月，重荣遣兵攻同州，刺史郭璋出战，败死。重荣与玫等相守月余，克用兵至，与重荣俱壁沙苑，表请诛令孜及玫、昌符。诏和解之，克用不听。十二月，癸酉，合战，玫、昌符大败，各走还本镇，溃军所过焚掠。克用进逼京城，乙亥夜，令孜奉天子自开远门出幸凤翔。

初，黄巢焚长安宫室而去，诸道兵入城纵掠，焚府寺民居什六七，王徽累年补葺，仅完一二，至是复为乱兵焚掠，无孑遗矣。

是岁，赐河中军号护国。

（以上为第八段，写李克用进兵长安以图田令孜，唐僖宗再度蒙尘，京师化为灰烬。）

二年（丙午，886年）

春，正月，镇海牙将张郁作乱，攻陷常州。

李克用还军河中，与王重荣同表请大驾还宫，因罪状田令孜，请诛之。上复以飞龙使杨复恭为枢密使。

戊子，令孜请上幸兴元，上不从。是夜，令孜引兵入宫，劫上幸宝鸡，黄门卫士从者才数百人，宰相朝臣皆不知。翰林学士承旨杜让能宿直禁中，闻之，步追乘舆，出城十余里，得人所遗马，无羁勒，解带系颈而乘之，独追及上于宝鸡。明日，乃有太子少保孔纬等数人继至。让能，审权之子，纬，戣之孙也。宗正奉太庙神主至鄠，遇盗，皆失之。朝士追乘舆者至盩厔，为乱兵所掠，衣装殆尽。

李昌符也暗中依附朱全忠，李克用于是向唐僖宗上言说：“朱玫、李昌符和朱全忠相互勾结，互为表里，想要共同消灭臣。臣不得不自救，已经聚集番兵、汉兵十五万，决定明年渡过黄河，从渭北讨伐他们两镇。臣不靠近京城，保证不使您受惊担忧。平定两镇以后，再回师消灭朱全忠以报仇雪耻。”唐僖宗派遣使者进行劝解，前后络绎不绝。

朱玫想让朝廷讨伐李克用，多次派人暗中潜入京城，烧毁库藏财物，或者刺杀唐僖宗身旁的侍者，扬言说是李克用所做的，于是京城震惊恐慌，每天都有谣言。田令孜派遣朱玫、李昌符率领本军和神策鄜、延、灵、夏等军各三万人，驻扎在沙苑，以讨伐王重荣。王重荣发兵抵挡，并向李克用告急，李克用带领军队前往救援。十一月，王重荣调遣军队攻打同州，刺史郭璋出来迎战，战败被杀。王重荣和朱玫等相持了一个多月，李克用的军队到达，与王重荣都在沙苑筑起了壁垒驻扎下来，上表请杀田令孜以及朱玫、李昌符。唐僖宗下诏要他们和解，李克用不听。十二月二十三日癸酉，两军会战，朱玫、李昌符大败，各自逃回原来的镇所。败军经过处，焚烧掠夺，无所不为。李克用进逼京城。十二月二十五日乙亥夜里，田令孜侍奉唐僖宗从京城西边的开远门逃出去，跑到了凤翔。

当初，黄巢离开长安时，焚烧了长安城的宫室，各道的军队进城后，又纵兵掠抢，烧毁了官府、寺庙、民居的十分之六七；王徽多年来修缮整理，仅仅完成十分之一二；到这时又被乱兵焚烧掠夺，没有一点遗留了。

这一年，赐河中军号称“护国”。

唐僖宗光启二年（丙午，886年）

春季，正月，镇海牙将张郁发动叛乱，攻下了常州。

李克用率领军队回到河中，与王重荣一起上表请唐僖宗回宫，并列举田令孜的罪状，请求将他处死。唐僖宗再次任命飞龙使杨复恭为枢密使。

正月初八日戊子，田令孜请唐僖宗到兴元去，唐僖宗并不愿意。这天夜里，田令孜带领军队进入行宫，劫持唐僖宗到宝鸡去，宦官和侍卫跟从的只有几百人，宰相、大臣都不知道。翰林学士承旨杜让能当晚侍奉唐僖宗在行宫中值宿，听到了这件事，跑步去追赶唐僖宗的车舆，出城十多里路，恰巧碰到一匹别人抛弃的马，没有缰绳勒住马头，只好解下衣带系在马的脖子上，骑马独自追上了唐僖宗。第二天，才有太子少保孔纬等几个人陆续赶到。杜让能是杜审权的儿子，孔纬是孔戣的孙子。宗正官供奉帝王祖庙的牌位到鄠县，途中遇到了盗贼，牌位都丢失了。追赶唐僖宗

庚寅，上以孔纬为御史大夫，使还召百官，上留宝鸡以待之。

时田令孜弄权，再致播迁，天下共忿疾之。朱玫、李昌符亦耻为之用，且惮李克用、王重荣之强，更与之合。

萧遘因邠宁奏事判官李松年至凤翔，遣召朱玫亟迎车驾，癸巳，玫引步骑五千至凤翔。孔纬诣宰相，欲宣诏召之，萧遘、裴澈以令孜在上侧，不欲往，辞疾不见。纬令台吏趣百官诣行在，皆辞以无袍笏，纬召三院御史，泣谓："布衣亲旧有急，犹当赴之。岂有天子蒙尘，为人臣子，累召而不往者！"御史请办装数日而行，纬拂衣起曰："吾妻病垂死且不顾，诸君善自为谋，请从此辞！"乃诣李昌符，请骑卫送至行在，昌符义之，赠装钱，遣骑送之。

邠宁、凤翔兵追逼乘舆，败神策指挥使杨晟于潘氏，钲鼓之声闻于行宫。田令孜奉上发宝鸡，留禁兵守石鼻为后拒。置感义军于兴、凤二州，以杨晟为节度使，守散关。时军民杂糅，锋镝纵横，以神策军使王建、晋晖为清道斩斫使，建以长剑五百前驱奋击，乘舆乃得前。上以传国宝授建负之以从，登大散岭。李昌符焚阁道丈余，将摧折，王建扶掖上自烟焰中跃过。夜，宿板下，上枕建膝而寝，既觉，始进食，解御袍赐建曰："以其有泪痕故也。"车驾才入散关，朱玫已围宝鸡。石鼻军溃，玫长驱攻散关，不克。嗣襄王煴，肃宗之玄孙也，有疾，从上不及，留遵涂驿，为玫所得，与俱还凤翔。

庚戌，李克用还太原。

二月，王重荣、朱玫、李昌符复上表请诛田令孜。

以前东都留守郑从谠为守太傅兼侍中。

朱玫、李昌符使山南西道节度使石君涉栅绝险要，烧邮驿，上由他道以进。山谷崎岖，邠军迫其后，危殆者数四，仅得达山南。三月，壬

车舆的朝官到了盩厔，衣服、行装都被乱兵抢掠一空。

正月初十日庚寅，唐僖宗任命孔纬为御史大夫，命令他回去召来朝中百官，唐僖宗留在宝鸡等待他们。

当时田令孜凭借职位滥用权力，以致唐僖宗流离迁徙，天下人人都痛恨他。朱玫、李昌符也因被他利用感到耻辱，并且害怕李克用、王重荣的强盛，遂改变态度与李克用、王重荣合作。

萧遘因为邠宁奏事判官李松年到了凤翔，于是派遣李松年宣召朱玫赶快去迎接唐僖宗。正月十三日癸巳，朱玫带领骑兵五千人到了凤翔。孔纬到宰相跟前想用诏书宣召宰相到行在所。萧遘、裴澈因为田令孜在唐僖宗的身边，不愿去，就声称有病推脱。孔纬命令御史台的官吏催促百官去宝鸡唐僖宗那里，百官都推辞说没有官袍和朝笏不肯前往。孔纬又召见三院御史，哭着说："老百姓的亲戚、故旧有急难的，尚且应当赶去帮助他们。难道皇帝出奔在外，蒙受风尘，做臣子的人，多次召唤也不前去吗！"御史们请求给几天时间准备一下行装再出发。孔纬甩动衣袖，愤怒地站起来说："我的妻子病得快要死了也顾不上，你们既如此为自己打算，我就告辞啦！"于是去见李昌符，请李昌符派遣骑兵护卫自己到唐僖宗那里。李昌符为孔纬的行为所感动，送给行装和钱财，派遣骑兵送他去。

邠宁、凤翔的军队追赶逼近唐僖宗的行宫，在潘氏堡打败了神策指挥使杨晟，激战的鼓声传到了唐僖宗的行宫。田令孜侍奉唐僖宗从宝鸡出逃，留下禁兵驻守石鼻，在后抵拒。安置感义军在兴、凤两州，任命杨晟为节度使，驻守散关。当时军队、老百姓混杂在一起，刀尖箭镞处处可见，僖宗命神策军使王建、晋晖担任清道斩斫使。王建率领五百个手持长剑的战士在前奋勇开路，唐僖宗的座车才得以前进。唐僖宗把传国宝玺交给王建让他背着跟随，登上了大散岭。李昌符烧毁栈道一丈多，栈道快要折断，王建扶着唐僖宗从烟火中跳过。晚上，就住在临时搭成的板屋里，唐僖宗以王建的膝盖当枕头睡觉，醒了以后才吃点食物。唐僖宗解下了自己的袍子赐给王建说："因为这件衣服上有你流下的眼泪，所以赏赐给你！"唐僖宗才进入散关，朱玫已经包围了宝鸡。石鼻的军队溃败了，朱玫长驱直入攻打散关，但没有打下来。嗣襄王李煴，是唐肃宗的玄孙，身体有病，跟不上唐僖宗，留在遵涂驿，被朱玫抓获，李煴与朱玫一起回到凤翔。

正月三十日庚戌，李克用回到太原。

二月，王重荣、朱玫、李昌符再次上表请求诛杀田令孜。

任命前东都留守郑从谠暂时代理太傅职位并兼任侍中。

朱玫、李昌符派遣山南西道节度使石君涉建造木栅断绝险要的道路，烧毁运送邮件的驿站，唐僖宗只能改从其他道路前进。山路崎岖不平，朱玫的军队在后面紧

午，石君涉弃镇逃归朱玫。

癸未，凤翔百官萧遘等罪状田令孜及其党韦昭度，请诛之。初，昭度因供奉僧澈结宦官，得为相。澈师知玄鄙澈所为，昭度每与同列诣知玄，皆拜之，知玄揖使诣澈啜茶。

山南西道监军冯翊严遵美迎上于西县，丙申，车驾至兴元。

（以上为第九段，写田令孜劫持唐僖宗幸兴元。）

戊戌，以御史大夫孔纬、翰林学士承旨兵部尚书杜让能并为兵部侍郎、同平章事。

保銮都将李鋋等败邠军于凤州。

诏加王重荣应接粮料使，调本道谷十五万斛以济国用。重荣表称令孜未诛，不奉诏。

以尚书左丞卢渥为户部尚书，充山南西道留后。以严遵美为内枢密使，遣王建帅部兵戍三泉，晋晖及神策军使张造帅四都兵屯黑水，修栈道以通往来。以建遥领壁州刺史。将帅遥领州镇自此始。

陈敬瑄疑东川节度使高仁厚，欲去之。遂州刺史郑君立起兵攻陷汉州，进向成都。敬瑄遣其将李顺之逆战，君立败死。敬瑄又发维、茂羌军击仁厚，杀之。

朱玫以田令孜在天子左右，终不可去，言于萧遘曰："主上播迁六年，中原将士冒矢石，百姓供馈饷，战死饿死，什减七八，仅得复京城。天下方喜车驾还宫，主上更以勤王之功为敕使之荣，委以大权，使堕纲纪，骚扰藩镇，召乱生祸。玫昨奉尊命来迎大驾，不蒙信察，反类胁君。吾辈报国之心极矣，战贼之力殚矣，安能垂头弭耳，受制于阉寺之手哉！李氏孙尚多，相公盍改图以利社稷乎？"遘曰："主上践阼十余年，无大过恶。正以令孜专权肘腋，致坐不安席，上每言之，流涕不已。近日上初无行意，令孜陈兵帐前，迫胁以行，不容俟旦。罪皆在令孜，人谁不知！足下尽心王室，正有引兵还镇，拜表迎銮。废立重事，伊、霍所难，遘不敢闻命！"玫出，宣言曰："我立李氏一王，敢异议者斩！"

紧追赶，危急紧迫的险情多次发生，经过了无数波折，唐僖宗的车驾才到达山南。三月初三日壬午，石君涉丢弃了镇守的地方逃归到朱玫那里。

三月初四日癸未，留在凤翔的百官萧遘等人谴责田令孜及其党羽韦昭度的罪状，奏请杀掉他们。当初，韦昭度因为与唐僖宗身边供奉僧澈的关系结交了宦官，最后当上宰相。僧澈的老师知玄鄙视僧澈的所作所为，韦昭度每次和僧澈到知玄那里去拜见他，知玄都不愿接待，便让他们到僧澈那里去喝茶。

山南西道监军冯翊人严遵美在西县迎接唐僖宗。三月十七日丙申，唐僖宗到达兴元。

三月十九日戊戌，任命御史大夫孔纬，翰林学士承旨、兵部尚书杜让能一起担任兵部侍郎、同平章事。

保銮都将李鋋等人在凤州打败朱玫的军队。

诏命加封王重荣为应接粮料使，命令他调集本道的粮谷十五万斛以接济国家的需用。王重荣上表说田令孜还没有斩除，他不接受这个诏命。

任命尚书左丞卢渥为户部尚书，充当山南西道留后。任命严遵美为内枢密使，派遣王建领兵守卫三泉。晋晖和神策军使张造率领四都的军队驻扎在黑水，修理栈道使道路畅通无阻。任命王建遥领壁州刺史。将帅对州镇仅挂职名不亲往任职从这时开始。

陈敬瑄怀疑东川节度使高仁厚，想要除掉他。遂州刺史郑君雄发动军队攻下了汉州，向成都进发。陈敬瑄派遣他的部将李顺之迎战，郑君立战败被杀。陈敬瑄又发动维、茂的羌族军队攻打高仁厚，把高仁厚杀了。

朱玫因田令孜在唐僖宗的身边，始终无法把他除去，对萧遘说："皇上在外流离迁徙已经六年了。中原将士们冒着弓箭石块的危险去打仗，老百姓们供应军粮，战死饿死的人，十去七八，才得以恢复了京城。天下官民都在高兴皇上回到了宫中，皇上却把这勤王的功劳算在宦官田令孜等人的身上，给他们以荣耀，把治理国家的大权委托给他们，使得纲纪被败坏，藩镇骚扰，招来了变乱，产生了灾祸。我目前奉您的命令去迎接皇上，没有受到大家的信任和理解，反而像在威胁君主。我等报效国家的心意已经到了极点，跟贼寇作战的力量也已经用尽了，怎么能俯首帖耳，任凭那些宦官摆布制裁呢！李氏的皇子皇孙还很多，您为什么不改变一下以有利于国家呢？"萧遘回答说："皇上即位已有十多年，没有大的过错。正是由于田令孜在皇上身边专权，致使皇上坐立不安，睡不好觉，皇上每谈到这件事，眼泪都流个不停。近几天皇上本不想走，田令孜在他的住处布满了军队，胁迫他马上走，连等到天亮都不行。所有的罪过都在田令孜的身上，大家有谁不知道呢？你对皇室尽心尽

夏，四月，壬子，玫逼凤翔百官奉襄王煴权监军国事，承制封拜指挥，仍遣大臣入蜀迎驾，盟百官于石鼻驿。玫使萧遘为册文，遘辞以文思荒落，乃使兵部侍郎判户部郑昌图为之。乙卯，煴受册，玫自兼左、右神策十军使，帅百官奉煴还京师。以郑昌图同平章事、判度支、盐铁、户部，各置副使，三司之事一以委焉。河中百官崔安潜等上襄王笺，贺受册。

田令孜自知不为天下所容，乃荐枢密使杨复恭为左神策中尉、观军容使，自除西川监军使，往依陈敬瑄。复恭斥令孜之党，出王建为利州刺史，晋晖为集州刺史，张造为万州刺史，李师泰为忠州刺史。

五月，朱玫以中书侍郎、同平章事萧遘为太子太保，自加侍中、诸道盐铁、转运等使；加裴澈判度支，郑昌图判户部；以淮南节度使高骈兼中书令，充江淮盐铁、转运等使、诸道行营兵马都统；淮南右都押牙、和州刺史吕用之为岭南东道节度使。大行封拜以悦藩镇。遣吏部侍郎夏侯潭宣谕河北，户部侍郎杨陟宣谕江、淮，诸藩镇受其命者什六七，高骈仍奉笺劝进。

（以上为第十段，写朱玫擅立襄王李煴监国，对抗唐僖宗，高骈上书襄王李煴劝进。）

吕用之建牙开幕，一与骈同，凡骈之腹心及将校能任事者，皆逼以从己，诸所施为，不复咨禀。骈颇疑之，阴欲夺其权，而根蒂已固，无如之何。用之知之，甚惧，访于其党前度支巡官郑杞、前知庐州事董瑾，杞曰：“此固为晚矣。”用之问策安出，杞曰：“曹孟德有言：‘宁我负人，无人负我。’”明日，与瑾共为书一缄授用之，其语秘，人莫有知者。

萧遘称疾归永乐。

初，凤翔节度使李昌符与朱玫同谋立襄王，既而玫自为宰相专权，昌符怒，不受其官，更通表兴元。诏加昌符检校司徒。

力，正应当带领军队回到镇守的地方，恭敬地上表来迎接皇上。废立君主的大事，伊尹、霍光也感到很难，我萧遘不能听从你的命令。”朱玫出去后，宣布说：“我拥立李氏的一个子孙为王，敢不同意的立即斩首！”

夏季，四月初三日壬子，朱玫逼迫在凤翔的百官尊奉襄王李煴暂时监理军国大事，禀承君命封爵拜官指挥群臣，还派遣大臣到蜀地去迎接皇帝，在石鼻驿和百官盟誓。朱玫要萧遘撰写册封李煴的文告，萧遘推辞说他的文思已经荒废衰退了，于是由兵部侍郎判户部郑昌图来撰写。四月初六日乙卯，李煴接受了册封的符命，朱玫自己兼任左、右神策十军使，率领百官奉李煴回京师；任命郑昌图为同平章事，判度支、盐铁、户部事，分别设置副使，御史大夫、中书、门下三司的事务全部委任郑昌图总揽。在河中的百官崔守潜等人向襄王李煴奉上表笺，恭贺他接受册封。

田令孜自己知道不会被天下的人所宽容，于是推荐枢密使杨复恭担任左神策中尉、观军容使，自己担任西川监军使，前往依附陈敬瑄。杨复恭排斥田令孜的同党，调出王建为利州刺史，晋晖为集州刺史，张造为万州刺史，李师泰为忠州刺史。

五月，朱玫任命中书侍郎、同平章事萧遘为太子太保，加封自己为侍中，诸道盐铁、转运等使；加官裴澈为判度支，郑昌图为判户部；任命淮南节度使高骈兼任中书令，代理江、淮盐铁、转运等使以及各道的行营兵马都统；任命淮南右都押牙、和州刺史吕用之为岭南东道节度使。朱玫用封官拜爵的办法来取悦各地的藩镇，派遣吏部侍郎夏侯潭宣示告谕河北地区，户部侍郎杨陟宣示告谕江、淮地区。各地藩镇接受襄王命令的有十分之六七，高骈于是奉上表笺奏劝襄王李煴即位为皇帝。

吕用之建立衙门设幕府，完全和高骈相同，凡是高骈的心腹及各将校中能担任事务的，都逼使他们听从自己的指挥，所作所为已不再咨询和禀告高骈了。高骈很怀疑吕用之，想暗中夺回他的权力，但是吕用之已经根深蒂固，高骈拿他没办法。吕用之知道了高骈对他的怀疑，非常害怕，询问他的同党前度支巡官郑杞、前主管庐州事宜的董瑾，郑杞说：“高骈现在才怀疑你，已经晚了。”吕用之问该怎么办，郑杞说：“曹操有这样一句话：‘宁可我辜负天下人，也不许天下人辜负我。’”第二天，与董瑾共同写了一封信给吕用之，信中的话很机密，没有人知道它的内容。

萧遘称说有病回到了永乐县。

起初，凤翔节度使李昌符和朱玫共同谋划拥立襄王，襄王被拥立后，朱玫自己担任宰相，在朝廷专权。李昌符大怒，不肯接受朱玫加封的官职，而上表到兴元给唐僖宗。唐僖宗下令加封李昌符为检校司徒。

朱玫遣其将王行瑜将邠宁、河西兵五万追乘舆，感义节度使杨晟战数却，弃散关走，行瑜进屯凤州。

是时，诸道贡赋多之长安，不之兴元，从官卫士皆乏食，上涕泣，不知为计。杜让能言于上曰："杨复光与王重荣同破黄巢，复京城，相亲善，复恭其兄也。若遣重臣往谕以大义，且致复恭之意，宜有回虑归国之理。"上从之，遣右谏议大夫刘崇望使于河中，赍诏谕重荣，重荣即听命，遣使表献绢十万匹，且请讨朱玫以自赎。

戊戌，襄王煴遣使至晋阳赐李克用诏，言："上至半涂，六军变扰，苍黄晏驾，吾为藩镇所推，今已受册。"朱玫亦与克用书，克用闻其谋皆出于玫，大怒。大将盖寓说克用曰："銮舆播迁，天下皆归咎于我，今不诛玫，黜李煴，无以自湔洗。"克用从之，燔诏书，囚使者，移檄邻道，称："玫敢欺藩方，明言晏驾。当道已发蕃、汉三万兵进讨凶逆，当共立大功。"寓，蔚州人也。

秦贤寇宋汴，朱全忠败之于尉氏南。癸巳，遣都将郭言将步骑三万击蔡州。

六月，以扈跸都将杨守亮为金商节度、京畿制置使，将兵二万出金州，与王重荣、李克用共讨朱玫。守亮本姓訾，名亮，曹州人，与弟信皆为杨复光假子，更名守亮、守信。

李克用遣使奉表称："方发兵济河，除逆党，迎车驾，愿诏诸道与臣协力。"先是，山南之人皆言克用与朱玫合，人情恟惧，表至，上出示从官，并谕山南诸镇，由是帖然。然克用表犹以朱全忠为言，上使杨复恭以书谕之云："俟三辅事宁，别有进止。"

衡州刺史周岳发兵攻潭州，钦化节度使闵勖招淮西将黄皓入城共守，皓遂杀勖。岳攻拔州城，擒皓，杀之。

镇海节度使周宝遣牙将丁从实袭常州，逐张郁。郁奔海陵，依镇遏使南昌高霸。霸，高骈将也，镇海陵，有民五万户，兵三万人。

秋，七月，秦宗权陷许州，杀节度使鹿晏弘。

朱玫派遣他的部将王行瑜率领邠宁、河西的军队五万人去追击唐僖宗，感义节度使杨晟多次战败而退却，放弃散关逃走，王行瑜进兵驻扎到凤州。

这时候，各道上贡的赋税等多半送到长安给襄王，不送到兴元给唐僖宗。跟随唐僖宗到兴元的官吏、卫士都挨饿，唐僖宗悲伤流泪，不知道该怎么办。杜让能对唐僖宗说："杨复光和王重荣共同击破黄巢，收复京城，两人关系很好；杨复恭是杨复光的哥哥。如果派遣重要的大臣前往，向他们申明大义，并且传达杨复恭的心意，他们会回心转意归顺国家的。"唐僖宗听从他的意见，派遣右谏议大夫刘崇望出使河中，带着诏书告谕王重荣。王重荣立即听从命令，派遣使者上表并献上绢十万匹，并且请求讨伐朱玫来赎自己的罪过。

五月二十日戊戌，襄王李煴派遣使者到晋阳赐给李克用诏书，说："唐僖宗行至半路，六军突然发动骚乱，唐僖宗受惊而死。我被藩镇们拥戴推举，现在已经接受册封。"朱玫也给李克用写信。李克用听到这些计谋都出自朱玫，大怒。大将盖寓对李克用说："皇上流离迁徙，天下都把这个过错加在我们身上，今天不攻杀朱玫，废黜李煴，我们无法洗清这个过错。"李克用听从他的建议，烧掉李煴送来的诏书，囚禁了使者，移送檄文给邻近各道，说："朱玫胆敢欺骗各方藩镇，宣称皇上已经死了。我这里已发动蕃、汉军队三万人进兵讨伐凶恶的逆贼朱玫，大家应当共同来建立这个大功。"盖寓是蔚州人。

秦贤掠夺宋州、汴州，朱全忠在尉氏的南边把秦贤打败了。五月十五日癸巳，派遣都将郭言率领步兵、骑兵三万人去攻打蔡州。

六月，任命扈跸都将杨守亮为金商节度、京畿制置使，率领军队两万人从金州出发，与王重荣、李克用共同讨伐朱玫。杨守亮本来叫訾亮，是曹州人，和弟弟訾信都做了杨复光的义子，改名叫守亮、守信。

李克用派遣使者上表说："臣正发动军队渡过黄河去讨伐叛逆的贼党，迎接皇上，希望皇上能下诏书命令各道和臣同心协力为国效劳。"起先，山南的人都传说李克用和朱玫合作，人心恐惧不安。表文送到以后，唐僖宗拿出来给随从的官吏看，并且告谕山南的各镇，于是人心安定下来。然而李克用上的表仍然针对朱全忠，唐僖宗让杨复恭用书信告诉他说："等到京兆、冯翊、扶风这三辅的事情安宁下来以后，另有安排和处置。"

衡州刺史周岳发动军队攻打潭州，钦化节度使闵勖招来淮西将领黄皓进入城中共同防守，黄皓杀了闵勖。周岳攻下了潭州，捉住黄皓，杀了他。

镇海节度使周宝派遣牙将丁从实攻打常州，赶走了张郁。张郁跑到海陵，去依靠镇遏使南昌人高霸。高霸是高骈的部将，镇守海陵，有百姓五万户，军队三万人。

秋季，七月，秦宗权攻下了许州，杀了节度使鹿晏弘。

王行瑜进攻兴州，感义节度使杨晟弃镇走，据文州，诏保銮都将李铤、扈跸都将李茂贞、陈佩屯大唐峰以拒之。茂贞，博野人，本姓宋，名文通，以功赐姓名。

更命钦化军曰武安，以衡州刺史周岳为节度使。

八月，卢龙节度使李全忠薨，以其子匡威为留后。

王潮拔泉州，杀廖彦若。潮闻福建观察陈岩威名，不敢犯福州境，遣使降之，岩表潮为泉州刺史。潮沉勇有智略，既得泉州，招怀离散，均赋缮兵，吏民悦服。幽王绪于别馆，绪惭，自杀。

九月，朱玫将张行实攻大唐峰，李铤等击却之。金吾将军满存与邠军战，破之，复取兴州，进守万仞寨。

李克脩攻孟方立，甲午，擒其将吕臻于焦冈，拔故镇、武安、临洺、邯郸、沙河，以大将安金俊为邢州刺史。

长安百官太子太师裴璩等劝进于襄王煴。冬，十月，煴即皇帝位，改元建贞，遥尊上为太上元皇圣帝。

（以上为第十一段，写李克用大军征讨朱玫，朱玫倒行逆施，拥立襄王李煴称帝。）

董昌谓钱镠曰："汝能取越州，吾以杭州授汝。"镠曰："然，不取终为后患。"遂将兵自诸暨趋平水，凿山开道五百里，出曹娥埭，浙东将鲍君福帅众降之。镠与浙东军战，屡破之，进屯丰山。

感化牙将张雄、冯弘铎得罪于节度使时溥，聚众三百，走渡江，袭苏州，据之。雄自称刺史，稍聚兵至五万，战舰千余，自号天成军。

河阳节度使诸葛爽薨，大将刘经、张全义立爽子仲方为留后。全义，临濮人也。

李克脩攻邢州，不克而还。

十一月，丙戌，钱镠克越州，刘汉宏奔台州。

义成节度使安师儒委政于两厢都虞候夏侯晏、杜标，二人骄恣，军中忿之。小校张骁潜出，聚众二千攻州城，师儒斩晏、标首谕之，军中稍息。天平节度使朱瑄谋取滑州，遣濮州刺史朱裕将兵诱张骁，杀之。朱全忠先遣其将朱珍、李唐宾袭滑州，入境，遇大雪，珍等一夕驰至壁

王行瑜进攻兴州，感义节度使杨晟抛弃镇所逃走，占据文州。唐僖宗下诏命令保銮都将李鋋，扈跸都将李茂贞、陈佩屯驻在大唐峰来抵拒王行瑜。李茂贞是博野人，本来姓宋，名叫文通，因为有功劳所以赐给他现在这个姓名。

朝廷更改钦化军名为武安军，任命衡州刺史周岳为节度使。

八月，卢龙节度使李全忠去世，任命李全忠的儿子李匡威为留后。

王潮攻下泉州，杀了廖彦若。王潮听说福建观察陈岩有威名，不敢侵犯福州的边境，派遣使者向陈岩投降。陈岩上表推举王潮担任泉州刺史。王潮沉着勇敢，聪明有谋略，取得泉州以后，召集关怀离散的百姓，平均赋税，治理兵器，官吏人民都心悦诚服。王潮将王绪囚禁起来，王绪感到惭愧，就自杀了。

九月，朱玫的部将张行实攻打大唐峰，李鋋等人击退了李行实。金吾将军满存与朱玫的邠宁军作战，打败了邠守军，又攻下兴州，进兵驻守万仞寨。

李克脩攻打孟方立，九月十八日甲午，在焦冈活捉了孟方立的部将吕臻，攻下故镇、武安、临洺、邯郸、沙河等地。派遣大将安金俊担任邢州刺史。

在长安的百官及太子太师裴璩等劝襄王李熅进位为皇帝。冬季，十月，李熅即位做皇帝，改年号为建贞，遥尊唐僖宗为太上元皇圣帝。

董昌对钱镠说："你如果能攻下越州，我就把杭州授给你。"钱镠回答说："好，不攻下来终究要为后患。"于是率领军队从诸暨赶往平水，开凿五百里长的山路，经由曹娥埭攻打。浙东将领鲍君福率领部众向钱镠投降。钱镠和浙东的军队作战，多次打败浙东军，进兵屯驻丰山。

感化军的牙将张雄、冯弘铎得罪了节度使时溥，聚集部众三百人，渡过长江，偷袭苏州，占据了它。张雄自称为刺史，部众逐渐聚集到五万人，战舰有一千多艘，自称天成军。

河阳节度使诸葛爽去世，大将刘经、张全义立诸葛爽的儿子诸葛仲方担任留后。张全义是临濮人。

李克脩攻打邢州，没有打下来，只好退了回去。

十一月十一日丙戌，钱镠攻下越州，刘汉宏逃到台州。

义成节度使安师儒把处理事务的大权委托给两厢都虞候夏侯晏、杜标，这两个人骄傲放肆，军营里的士兵都愤恨他们。小校张骁偷偷溜出去，聚集了二千人攻打滑州城。安师儒斩了夏侯晏、杜标两人的头来劝导他们，军队才逐渐平息下来。天平节度使朱瑄谋划攻打滑州，派遣濮州刺史朱裕率领军队，用计诱杀了张骁。朱全

下，百梯并升，遂克之，虏师儒以归。全忠以牙将江陵胡真知义成留后。

田令孜至成都请寻医，许之。

十二月，戊寅，诸军拔凤州，以满存为凤州防御使。

杨复恭传檄关中，称“得朱玫首者，以静难节度使赏之。”王行瑜战数败，恐获罪于玫，与其下谋曰：“今无功，归亦死，曷若与汝曹斩玫首，迎大驾，取邠宁节钺乎？”众从之。甲寅，行瑜自凤州擅引兵归京师，玫方视事，闻之，怒，召行瑜，责之曰：“汝擅归，欲反邪？”行瑜曰：“吾不反，欲诛反者朱玫耳！”遂擒斩之，并杀其党数百人。诸军大乱，焚掠京城，士民无衣冻死者蔽地。裴澈、郑昌图帅百官二百余人奉襄王奔河中，王重荣诈为迎奉，执煴，杀之，囚澈，昌图，百官死者殆半。

台州刺史杜雄诱刘汉宏，执送董昌，斩之。昌徙镇越州，自称知浙东军府事，以钱镠知杭州事。

王重荣函襄王煴首至行在，刑部请御兴元城南楼献馘，百官毕贺。太常博士殷盈孙议，以为：“煴为贼臣所逼，正以不能死节为罪耳。礼，公族罪在大辟，君为之素服不举。今煴已就诛，宜废为庶人，令所在葬其首。其献馘称贺之礼，请俟朱玫首至而行之。”从之。盈孙，侑之孙也。

（以上为第十二段，写董昌据越州，钱镠知杭州，为建立吴越张本。朱玫为部将所杀，襄王李煴走河中为王重荣所杀。）

河阳大将刘经，畏李罕之难制，自引兵镇洛阳，袭罕之于渑池，为罕之所败。经弃洛阳走，罕之追杀殆尽。罕之军于巩，将渡河，经遣张全义将兵拒之。时诸葛仲方幼弱，政在刘经，诸将多不附，全义遂与罕之合兵攻河阳，为经所败，罕之、全义走保怀州。

初，忠武决胜指挥使孙儒与龙骧指挥使朗山刘建锋戍蔡州，拒黄巢，扶沟马殷隶军中，以材勇闻。及秦宗权叛，儒等皆属焉。宗权遣儒攻陷郑州，刺史李璠奔大梁。儒进陷河阳，留后诸葛仲方奔大梁。儒自称节

忠先派遣部将朱珍、李唐宾袭击滑州，入境后，遇到了大雪，朱珍等人一夜就奔驰到壁垒下，用成百架梯子一同爬上城墙，把滑州攻下来了，俘虏了安师儒回军。朱全忠任命牙将江陵人胡真担任义成留后。

田令孜要求到成都去医病，朝廷予以准许。

十二月，各路军队攻下了凤州，任命满存为凤州防御使。

杨复恭传送檄文到关中，说："谁能取得朱玫的首级，就赏给他静难节度使的官职。"王行瑜作战多次失败，深恐被朱玫治罪，与部下商量说："现在作战没有功绩，回去也是死路一条，不如和你们一起去斩下朱玫的首级，迎接皇上回来，获取邠宁节度使的爵位怎么样？"部下同意他的意见。十二月初十日甲寅，王行瑜从凤州擅自带领军队回到京城，朱玫正在处理事务，听说他回来了，大怒，叫来王行瑜，责备他说："你擅自回来，想要造反吗？"王行瑜回答说："我不造反，只想杀造反的人朱玫罢了！"于是捉住朱玫把他斩了，并且杀掉他的同党几百人。各路军队大乱，焚烧掠夺京城，老百姓因没有衣服穿被冻死的遍地都是。裴澈、郑昌图率领官吏二百多人侍奉襄王李煴跑到河中，王重荣假装迎接他们，抓住了李煴，把他杀了，囚禁了裴澈、郑昌图，众官吏被处死的大约有一半。

台州刺史杜雄引诱刘汉宏，把他捉住送到董昌那里，将他处斩。董昌将镇所迁到越州，自称为主持浙东军府事宜，派钱镠去掌管杭州的事务。

王重荣用匣子装了襄王李煴的首级送到唐僖宗那里，刑部请唐僖宗亲临兴元城的南楼举行接受进献左耳的典礼，百官都前往祝贺。太常博士殷盈孙认为："李煴是被贼臣朱玫所逼迫登上皇位的，应该说他的罪过只是不能以死殉节。根据《周礼》的制度，公族的人犯了死罪，国君要为他穿上丧服，不奏乐。现在李煴已经伏诛，应当废为平民，命令所在地埋葬他的首级。至于举行进献左耳的典礼，请等到朱玫的首级送来以后再举行。"唐僖宗听从他的意见。殷盈孙是殷侑的孙子。

河阳的大将刘经，畏惧李罕之难以控制，亲自带领军队镇守洛阳，在渑池袭击李罕之，被李罕之打败。刘经放弃洛阳逃走，李罕之追杀刘经的军队，几乎都杀光了。李罕之把军队驻扎在巩县，准备渡河，刘经派遣张全义率领军队抵挡他。当时诸葛仲方年小力弱，政权控制在刘经的手里，各将领大多不依附他。张全义于是和李罕之联合起来攻打河阳，被刘经打败，李罕之、张全义逃到怀州去防守。

原先，忠武决胜指挥使孙儒和龙骧指挥使朗山人刘建锋共同戍守蔡州，抵挡黄巢。扶沟人马殷隶属军营中，因才能勇敢出名。到秦宗权叛变，孙儒等人都归属了秦宗权。秦宗权派遣孙儒攻下了郑州，刺史李璠逃到大梁。孙儒进兵攻下河阳，留

度使，张全义据怀州，李罕之据泽州以拒之。

初，长安人张佶为宣州幕僚，恶观察使秦彦之为人，弃官去；过蔡州，宗权留以为行军司马。佶谓刘建锋曰："秦公刚鸷而猜忌，亡无日矣，吾属何以自免！"建锋方自危，遂与佶善。

寿州刺史张翱遣其将魏虔将万人寇庐州，庐州刺史杨行愍遣其将田頵、李神福、张训拒之，败虔于褚城。滁州刺史许勍袭舒州，刺史陶雅奔庐州。高骈命行愍更名行密。

是岁，天平牙将朱瑾逐泰宁节度使齐克让，自称留后。瑾将袭兖州，求婚于克让，乃自郓盛饰车服，私藏兵甲以赴之。亲迎之夕，甲士窃发，逐克让而代之。朝廷因以瑾为泰宁节度使。

安陆贼帅周通攻鄂州，路审中亡去。岳州刺史杜洪乘虚入鄂，自称武昌留后，朝廷因以授之。湘阴贼帅邓进思复乘虚陷岳州。

秦宗言围荆南二年，张瓌婴城自守，城中米斗直钱四十缗，食甲鼓皆尽，击门扉以警夜，死者相枕。宗言竟不能克而去。

（以上为第十三段，写黄河南北、荆南、淮南、闽浙等地的军阀混战。）

三年（丁未，887年）

春，正月，以邠州都将王行瑜为静难军节度使，扈跸都头李茂贞领武定节度使，扈跸都头杨守宗为金商节度使，右卫大将军顾彦朗为东川节度使，金商节度使杨守亮为山南西道节度使。彦朗，丰县人也。

辛巳，以董昌为浙东观察使，钱镠为杭州刺史。

秦宗权自以兵力十倍于朱全忠，而数为所败，耻之，欲悉力以攻汴州。全忠患兵少，二月，以诸军都指挥使朱珍为淄州刺史，募兵于东道，期以初夏而还。

戊辰，削夺三川都监田令孜官爵，长流端州。然令孜依陈敬瑄，竟不行。

代北节度使李国昌薨。

三月，癸未，诏伪宰相萧遘、郑昌图、裴澈，于所在集众斩之，皆死于岐山。时朝士受煴官者甚众，法司皆处以极法；杜让能力争之，免者什七八。

后诸葛仲方也逃到大梁。孙儒自称为节度使。张全义占据了怀州，李罕之占据了泽州，两人共同抗拒孙儒。

起初，长安人张佶在宣州官府中任幕僚，憎恨观察使秦彦的为人，抛弃官职离开了；经过蔡州，秦宗权留下张佶担任行军司马。张佶对刘建锋说："秦宗权刚强凶猛，又猜疑忌妒，离灭亡没有几天了，我们如何才能免于一死呢？"刘建锋正感到自己危险，于是就和张佶亲近起来。

寿州刺史张翱派遣部将魏虔率领一万人去劫掠庐州，庐州刺史杨行愍派部将田頵、李神福、张训去抵挡，在褚城打败了魏虔。滁州刺史许勍袭击舒州，刺史陶雅逃奔到庐州。高骈叫杨行愍改名为行密。

这一年，天平牙将朱瑾逐走泰宁节度使齐克让，自称为留后。朱瑾准备袭击兖州，向齐克让求婚，又把车子、服装修饰一新从郓州出发，暗中却隐藏着兵器、盔甲。迎亲的晚上，穿戴盔甲的士兵突然发起袭击，逐走了齐克让，朱瑾便取代了齐克让的职务。朝廷因此任命朱瑾为泰宁节度使。

安陆贼帅周通攻打鄂州，路审中逃离。岳州刺史杜洪乘虚进入鄂州，自称为武昌留后，朝廷于是正式任命杜洪担任武昌留后。湘阴贼帅邓进思又乘虚攻下了岳州。

秦宗言包围荆南两年，张瓌绕着城亲自率兵坚守，城中米价涨到一斗要四十缗，连盔甲、战鼓上的皮都被吃完了，夜里击打门板来戒备，死的人满地都是，一个枕着一个。秦宗言最后还是未能攻克荆南城而离去。

唐僖宗光启三年（丁未，887年）

春季，正月，任命邠州都将王行瑜为静难军节度使，扈跸都头李茂贞兼任武定节度使，扈跸都头杨守宗为金商节度使，右卫大将军顾彦朗为东川节度使，金商节度使杨守亮改任山南西道节度使。顾彦朗是丰县人。

正月初七日辛巳，任命董昌为浙东观察使，钱镠为杭州刺史。

秦宗权自己认为兵力强过朱全忠十倍，然而多次被朱全忠打败，感到耻辱，想要用尽全力来攻打汴州。朱全忠担心自己士兵少，二月，派诸军都指挥使朱珍担任淄州刺史，到东道去招募士兵，约定在初夏时回来。

二月二十四日戊辰，削除三川都监田令孜的官爵，将他永远流放到端州去。然而田令孜依仗陈敬瑄的力量，竟然抗拒朝命不去端州。

代北节度使李国昌去世。

三月初九日癸未，唐僖宗下诏命令将李煴的宰相萧遘、郑昌图、裴澈在他们所在的地方集合民众斩首示众，他们都死在岐山县。当时朝廷中士人受李煴所封官职的很多，刑部准备把他们都处以死刑；杜让能竭力争辩，免死的人大约有十之七八。

壬辰，车驾至凤翔，节度使李昌符恐车驾还京虽不治前过，恩赏必疏，乃以宫室未完，固请驻跸府舍，从之。

太傅兼侍中郑从谠罢为太子太保。

镇海节度使周宝募亲军千人，号后楼兵，禀给倍于镇海军；镇海军皆怨，而后楼兵浸骄不可制。宝溺于声色，不亲政事，筑罗城二十余里，建东第，人苦其役。宝与僚属宴后楼，有言镇海军怨望者，宝曰："乱则杀之！"度支催勘使薛朗以其言告所善镇海军将刘浩，戒之使戢士卒，浩曰："惟反可以免死耳！"是夕，宝醉，方寝，浩帅其党作乱，攻府舍而焚之。宝惊起，徒跣叩芙蓉门呼后楼兵，后楼兵亦反矣。宝帅家人步走出青阳门，遂奔常州，依刺史丁从实。浩杀诸僚佐，癸巳，迎薛朗入府，推为留后。宝先兼租庸副使，城中货财山积，是日，尽于乱兵之手。

高骈闻宝败，列牙受贺，遣使馈以齑粉。宝怒，掷之地曰："汝有吕用之在，他日未可知也！"扬州连岁饥，城中馁死者日数千人，坊市为之寥落，灾异数见，骈悉以为周宝当之。

山南西道节度使杨守亮忌利州刺史王建骁勇，屡召之；建惧，不往。前龙州司仓周庠说建曰："唐祚将终，藩镇互相吞噬，皆无雄才远略，不能戡济多难。公勇而有谋，得士卒心，立大功者非公而谁！然葭萌四战之地，难以久安。阆州地僻人富，杨茂实，陈、田之腹心，不修职贡，若表其罪，兴兵讨之，可不战而擒也。"建从之，召募溪洞酋豪，有众八千，沿嘉陵江而下，袭阆州，逐其刺史杨茂实而据之，自称防御使，招纳亡命，军势益盛，守亮不能制。

部将张虔裕说建曰："公乘天子微弱，专据方州，若唐室复兴，公无种矣。宜遣使奉表天子，杖大义以行师，蔑不济矣。"部将綦毋谏复说建养士爱民以观天下之变。建从之。庠、虔裕、谏，皆许州人也。

初，建与东川节度使顾彦朗俱在神策军，同讨贼。建既据阆州，彦

三月十八日壬辰，唐僖宗到了凤翔，节度使李昌符担心唐僖宗回到京城以后虽然不惩办他以前的罪过，但恩惠赏赐一定很少，于是就以宫室还没有修建完整为理由，坚决要求唐僖宗暂时留驻在府舍，唐僖宗同意了他的要求。

太傅兼侍中郑从谠被免职，改任郑从谠为太子太保。

镇海节度使周宝招募亲近的卫兵一千人，号称“后楼兵”，供给的粮饷比镇海军增加一倍；镇海军的将士全都怨恨不平，后楼兵却越来越骄横，以至于不能驾驭约束。周宝沉溺于声乐女色，不亲自管理政事，修筑罗城长二十多里，兴建王侯的府第，老百姓深受劳役的痛苦。周宝和他的幕僚在后楼欢宴，有人说出镇海军的怨恨，周宝说：“作乱的就把他们杀掉！”度支催勘使薛朗把周宝的话告诉了他的好友镇海军将领刘浩，劝告他要安抚止息士兵的怨恨，刘浩说：“只有造反才能免于一死！”当晚，周宝喝得大醉，正要睡觉，刘浩率领他的同伙作乱，攻打官府房舍，放火把它烧了。周宝从睡梦中惊醒，急忙跳下床，赤脚奔到芙蓉门去呼叫后楼兵，后楼兵也造反了。周宝率领家人跑出青阳门，逃往常州，投靠刺史丁从实。刘浩杀了周宝的那些幕僚，三月十九日癸巳，迎接薛朗进入官府，推举他担任留后。周宝原先兼任租庸副使，城中的钱财货物堆积得像山一样高，这一天，被乱兵抢得一干二净。

高骈听说周宝失败了，列队庆贺，并派遣使者赠送细粉给周宝，挖苦他像碎屑一样。周宝大怒，把细粉扔在地上说：“你身边有吕用之在，以后日子如何还不得而知呢！”扬州连年饥荒，城中每天有几千人饿死，街道集市因此冷落萧条了，灾异多次出现，高骈都认为这些灾异是应验周宝的失败。

山南西道节度使杨守亮妒忌利州刺史王建勇猛矫健，多次征召王建；王建害怕，不敢前往。前龙州司仓周庠对王建说：“唐朝国运快要完了，藩镇之间互相攻打吞并，但都没有雄才大略，不能克服平息这么多的灾难。您勇敢又有谋略，深得士兵们的拥护，能建立大功的人除了您还能有谁呢！但是利州是个容易四面受敌的地方，难以维持长久的安定。阆州地方偏僻，人民富有，刺史杨茂实是陈敬瑄、田令孜的心腹，他不尽职责进贡物品，假如上表说明杨茂实的罪状，发动军队去讨伐他，可以不战而把他抓住。”王建听从周庠的意见，召集溪洞中的部落酋长，有部众八千人，顺着嘉陵江西下，去袭击阆州，赶走了刺史杨茂实，占据了这个地方，自称为防御使，招集接纳那些亡命之徒，军势更加强盛，杨守亮不能控制王建。

部将张虔裕对王建说：“您乘皇上微弱时，占据了州郡，独揽大权；假如唐王朝复兴了，您就要断绝子孙啦！应该派遣使者上表章禀告皇上，仗义行师，这样就没有什么不利了！”部将綦毋谏又对王建说要招揽贤人，爱护百姓，静观天下的变化。王建听从了他们的意见。周庠、张虔裕、綦毋谏都是许州人。

起初，王建和东川节度使顾彦朗都在神策军中，共同讨伐贼寇。王建占据了阆

朗畏其侵暴，数遣使问遗，馈以军食，建由是不犯东川。

初，周宝闻淮南六合镇遏使徐约兵精，诱之使击苏州。

（以上为第十四段，写唐僖宗下诏流放田令孜，诛杀李煴所署伪朝百官。王建据阆州，为前蜀建立张本。）

州，顾彦朗害怕他侵犯暴虐东川，多次派遣使者问候和赠送礼物，又供给他军粮。王建于是就没有进犯东川。

当初，周宝听说淮南六合镇遏使徐约的军队很精良，便诱使徐约出兵去攻打苏州。

【点评】

本卷点评黄巢授首、田令孜横恣、唐僖宗再度蒙尘三件史事。

一、黄巢授首。黄巢入长安，“甲骑如流，辎重塞途，千里络绎不绝”，军威雄壮。黄巢在长安建立大齐政权，势力达于极盛。可惜黄巢一向流动作战，多年来攻城略地，旋得旋失，千里转移，一忽儿河南，一忽儿江南，甚至远窜岭南，奔袭三千里入长安，流寇成性，忽视根据地建设，也就疏于行政管理和治国之术。黄巢入长安，在军事和政治两个方面犯了大错。军事上没有抓住战机，阻止僖宗入蜀，所以全国藩镇仍奉唐正朔，不听黄巢号令，黄巢很快陷入四面楚歌中。唐官军四集，诸镇合围长安，黄巢陷入了灭顶之灾。政治上，黄巢只对唐四品以下降官留任，三品以上全部停职，对不主动效命大齐的唐官杀无赦。这样不利于分化瓦解唐朝高层官僚，新政权得不到人气，政治基础不牢固，想要长久生存是不可能的。此外，黄巢建都长安不合时宜，关中狭窄，物产不足以承载大国首都，自西汉文景之后，京都长安就依赖中原漕运供给。唐都长安，后期要靠江淮物产支撑。黄巢在孤悬的长安建都，其实是坐以待毙。唐僖宗中和四年（884）六月，黄巢被唐官军追杀于泰山狼虎谷，唐末大起义失败了。

黄巢虽死，但唐王朝也因遭受十年农民大起义的沉重打击而分崩离析。起义军从数千人发展到六十万人，南征北伐，横扫大半个中国，唐朝上百个州县城邑被攻没，不少官吏被惩处，地方豪强、门阀士族更遭到沉重打击。宋人王明清在《挥麈前录》卷二中说：“唐朝崔、卢、李、郑及城南韦、杜二家，蝉联珪组，世为显著，至本朝绝无闻人。”这说的是关中士族集团遭到灭顶之灾的情况。全国各地，凡农民军所到之处，豪绅、士族无不遭到打击。所以五代以后“取士不问家世，婚姻不问阀阅”。也就是说，在农民起义军的打击下，唐末残存的士族终于被摧灭，成为历史的陈迹。豪强地主大量被歼灭，土地高度集中得到缓解。这些为五代和北宋的社会经济发展创造了有利条件，这就是黄巢起义的价值。

二、田令孜横恣。田令孜，四川人，本姓陈，字仲则，唐懿宗咸通年间随义父入内侍省为宦官，在内仆局的下属任马坊使。田令孜“颇知书，有谋略”。唐僖宗即位，破格提升田令孜为神策军中尉，执掌了禁军大权，成为权倾朝野的显赫人物。

唐僖宗李儇，又名李俨。僖宗是唐懿宗的第五子，受封为普王时就特别宠爱田令孜，同床卧起。僖宗昏庸，喜欢声色犬马，斗鸡打毬，田令孜导引固宠。田令孜的胞弟陈敬瑄用赌毬的方式赢毬当上了西川节度使。僖宗即位，一群蝗虫由东向西飞过天空，沿路吃光树叶、庄稼，最后落在长安城郊为灾，田令孜谎报说：“蝗虫不吃庄稼，并且抱着荆棘自杀了。”于是田令孜率文武百官向新皇帝祝贺，说蝗虫自杀是祥瑞，兆示新皇帝登基，五谷丰收。田令孜还卖官鬻爵，“除拜不待旨，假赐绯紫

不以闻”，掠夺财货，残害平民，弄得朝廷百度崩弛，内外垢秽，终于爆发黄巢大起义，长安不守，奔逃西川。僖宗入蜀，一路上给田令孜加官晋爵，先封为十军十二观军容制置左右神策护驾使，又加封为左金吾卫上将军，兼判禁军军事，封晋国公。僖宗在四川，不得召宰相，不能谋群臣，如同一个囚徒。田令孜进奉声色，使宦官日夜与僖宗吃酒行乐，高呼万岁，僖宗在荒淫之中苟延岁月。僖宗还朝，田令孜反以匡佐之功受赏，威权震天下。田令孜擅权，唐僖宗成为傀儡，丧失了重整山河中兴唐朝的机会。田令孜外结邠宁、凤翔两镇节度使与河中王重荣争盐利，引发战争，拉开了唐末军阀大混战的序幕，罪大恶极。田令孜兵败，胁迫唐僖宗再度蒙尘，出逃山南。朝官、藩镇交相弹劾田令孜。此时僖宗病危，群臣瞩目寿王李晔，李晔是僖宗之弟，与田令孜有隙。田令孜内外交困，主动辞去官职，自请到剑南监军，连夜出逃西川去依附西川节度使陈敬瑄。数年后，田令孜与陈敬瑄都死于田令孜义子王建之手，结束了罪恶的一生。

三、唐僖宗再度蒙尘。唐僖宗李儇是一个纨绔子弟，专事游戏，十二岁被宦官拥立为皇帝，就是因为其好掌控。僖宗也一头栽到宦官的怀抱，呼田令孜为阿父，在田令孜的教唆下肆意耗费财物，还到市场上去夺取商人的宝货。僖宗朝，宦官气焰达于鼎盛，南北司矛盾也更加激化，统治阶层的腐败日盛一日，终于爆发了黄巢农民大起义，以至于长安不守。广明元年（880），僖宗在田令孜的护卫下第一次蒙尘出逃，第二年入蜀到成都。僖宗出逃，没有通知南司，许多朝官因而丧生于黄巢之祸，只有北司宦官独得安全。僖宗入蜀后，更加依赖宦官，在田令孜掌控下花天酒地，很少与朝官见面。谏官孟昭图进谏，被田令孜贬出成都，又在路上被溺杀。宦官拥有绝对权威，南北司更加水火不容。

黄巢败没，唐僖宗回到长安，大权旁落田令孜之手，僖宗没有权威来重整山河，当时全国军阀林立，更大的藩镇割据方兴未艾。安史之乱以后，河北陷于藩镇割据，黄河之南的中原，大江南北广大地区都在唐朝之手。这些地区藩镇兵力薄弱，尤其是江南地区更是兵备空虚，所以黄巢起义，如入无人之境。黄巢纵横南北，官兵镇压，在全国各地产生了许多新军阀，各地州县、藩镇在镇压起义军过程中纷纷拥兵割据。黄巢未灭，各地军阀有一个共同的打击目标，表面上维护唐朝的号令。黄巢死后，没有了共同的打击目标，各自拥兵自重，更大规模的军阀割据混战就差一根导火索来点燃了。南北司各自借重割据者来互相排斥，割据者也利用南北司的互斗来取得合法地位和扩大自己的势力。当时宣武镇朱全忠和河东镇李克用是最强大的两个割据者，朱李交恶与南北司冲突相结合，很快在全国形成了军阀大混战。公元884年以后，唐朝已名存实亡，政令不出关中，全国疆域化为割据者的战场。

公元885年，田令孜外结邠宁节度使朱玫、凤翔节度使李昌符对抗河中节度使

王重荣，要从王重荣手中收回安邑、解县池盐，引发战争，成为全国大混战的导火索。李克用气愤朝廷偏袒朱全忠，助王重荣攻击名义上的朝廷军。朱玫、李昌符战败，李克用进逼京师，田令孜胁迫唐僖宗第二次蒙尘，公元886年，僖宗一行逃往山南。朱玫、李昌符见田令孜败逃，改附李克用。这一回，大部分朝官憎恨田令孜，没有前往山南，这为朱玫、李昌符另立朝廷打下基础。李克用念念不忘攻击朱全忠，无意卷入与朱玫、李昌符的冲突，率兵返回太原。朱玫、李昌符与留京朝官拥立襄王李煴为皇帝，蔡州秦宗权趁机称帝。一时间，三个皇帝鼎立，唐末军阀大混战由此展开。

由上所述，唐僖宗的再度蒙尘，不仅丧失了唐王室中兴的机会，而且带来了两个严重后果，一是拉开唐末军阀大混战的序幕，二是将南北司的冲突激化成你死我活的争斗。两者矛盾交织，南司宰相崔胤外结朱全忠尽诛宦官，唐王室随着宦官这一肿瘤的割除，也寿终正寝。唐朝的灭亡重演了东汉覆亡的历史。黄巾大起义被镇压，并没有带来汉朝的复兴，而是全国军阀大混战，当祸国乱政的宦官被斩尽杀绝之时，也是旧王朝覆灭之日。无他，皇帝与宦官太近故也。唐僖宗就是李氏王朝的汉灵帝。

唐纪七十三

唐僖宗光启三年至文德元年（887—888 年）

【起强圉协洽（丁未，887 年）四月，尽著雍涒滩（戊申，888 年），凡一年有奇】

【大事提要】

本卷记事起公元 887 年四月，讫于公元 888 年，所载史事凡一年又九个月。当僖宗光启三年七月至文德元年。此时期，唐僖宗返京驾崩，其弟唐昭宗李晔即位，欲有一番作为。全国军阀混战，主战场仍在河南，其次为淮南、西川、河阳。河南中原争战，朱全忠围困秦宗权于蔡州，又败兖、郓节镇朱瑄、朱瑾。河北魏博镇内讧，众推罗弘信为留后，罗氏诛杀前任乐彦祯、乐从训父子，结好朱全忠。河南尹张全义逐走河阳节度使李罕之，李罕之投附李克用，张全义引朱全忠为援，引发朱李大战，李克用兵败。至此，朱全忠势盛，称雄河南河北，无人可敌。淮南战场，先是内讧，高骈部将毕师铎发动兵变诛吕用之，攻破广陵。吕用之出逃，以高骈名义招庐州刺史杨行密救广陵，毕师铎引援秦彦，秦彦兵败杀高骈，杨行密入据广陵。秦宗权又遣将孙儒来争广陵，杨行密败走。昭宗任命朱全忠为淮南节度使平乱，徐州时溥遮道，朱全忠军不得南下，奏请朝廷以杨行密为淮南留后。西川王建请命朝廷，得为永平军节度使，充行营诸军都指挥使，名正言顺讨伐陈敬瑄，军势日盛。

【原文】

僖宗惠圣恭定孝皇帝下之下

光启三年（丁未，887年）

夏，四月，甲辰朔，约逐苏州刺史张雄，帅其众逃入海。

高骈闻秦宗权将寇淮南，遣左厢都知兵马使毕师铎将百骑屯高邮。

时吕用之用事，宿将多为所诛，师铎自以黄巢降将，常自危。师铎有美妾，用之欲见之，师铎不许。用之因师铎出，窃往见之，师铎惭怒，出其妾，由是有隙。

师铎将如高邮，用之待之加厚，师铎益疑惧，谓祸在旦夕。师铎子娶高邮镇遏使张神剑女，师铎密与之谋，神剑以为无是事。神剑名雄，人以其善用剑，故谓之"神剑"。时府中籍籍，亦以为师铎且受诛，其母使人语之曰："设有是事，汝自努力前去，勿以老母、弱子为累！"师铎疑未决。

会骈子四十三郎者素恶用之，欲使师铎帅外镇将吏疏用之罪恶，闻于其父，密使人绐之曰："用之比来频启令公，欲因此相图，已有委曲在张尚书所，宜备之！"师铎问神剑曰："昨夜使司有文书，翁胡不言？"神剑不寤，曰："无之。"师铎不自安，归营，谋于腹心，皆劝师铎起兵诛用之，师铎曰："用之数年以来，人怨鬼怒，安知天不假手于我诛之邪！淮宁军使郑汉章，我乡人，昔归顺时副将也，素切齿于用之，闻吾谋，必喜。"乃夜与百骑潜诣汉章，汉章大喜，悉发镇兵及驱居民合千余人从师铎至高邮。师铎诘张神剑以所得委曲，神剑惊曰："无有。"师铎声色浸厉，神剑奋曰："公何见事之暗！用之奸恶，天地所不容。况近者重赂权贵得岭南节度，复不行，或云谋窃据此土，使其得志，吾辈岂能握刀头事此妖物邪！要剐此数贼以谢淮海，何必多言！"汉章喜，遂命取酒，割臂血沥酒，共饮之。乙巳，众推师铎为行营使，为文告天地，移书淮南境内，言诛用之及张守一、诸葛殷之意。以汉章为行营副使，神剑为都指挥使。

（以上为第一段，写高骈部将毕师铎密谋发动兵变诛讨吕用之。）

【语译】

僖宗惠圣恭定孝皇帝下之下

唐僖宗光启三年（丁未，887 年）

夏季，四月初一日甲辰，徐约逐走苏州刺史张雄，张雄率领他的部下逃往海上。

高骈听说秦宗权即将侵犯淮南，派遣左厢都知兵马使毕师铎率领一百名骑兵驻扎高邮。

当时吕用之专权处理政事，军队中有丰富经验的老将多数被他杀了，毕师铎因为自己是从黄巢那里投降过来的将领，常常感到危险。毕师铎有一个美丽的小妾，吕用之想要看看她，毕师铎不允许。吕用之就趁毕师铎外出时，偷偷地前去看她。毕师铎羞愧大怒，逐出他的爱妾。于是两人之间有了隔阂。

毕师铎将到高邮去，吕用之待他更加亲善，这使得毕师铎越来越疑惧，认为灾祸马上就要来临了。毕师铎的儿子娶了高邮镇遏使张神剑的女儿，毕师铎秘密与张神剑商量，张神剑认为没有这样的事。张神剑名叫雄，大家因为他擅长用剑，所以都叫他“神剑”。这时州府中也众说纷纭，认为毕师铎将要被诛杀。毕师铎的母亲派人告诉毕师铎说：“假如有这样的事，你自己努力去做，不要因为有老母、弱子而受到拖累啊！”毕师铎仍然犹豫不决。

正巧高骈的儿子四十三郎一向憎恨吕用之，想让毕师铎率领外边的镇将、官吏疏奏吕用之的罪恶，让他的父亲知道，就秘密派人欺骗毕师铎说：“吕用之近来多次报告高骈，想以此来算计你，已经有机密文书在张神剑那里，你应该防备啊！”毕师铎问张神剑说：“昨天夜里淮南节度使司有机密文书来，我与你是亲家，你为什么不说？”张神剑不明白，说：“没有这回事。”毕师铎自己不能安下心来，便回到军营中，和心腹商量，他们都劝毕师铎起兵诛杀吕用之，毕师铎说：“吕用之这几年来，大家都怨恨他，连神鬼也发怒了，怎么知道上天不会借用我的手去杀掉他呢！淮宁军使郑汉章，是我的同乡，过去归顺时是一名副将，向来痛恨吕用之，听到我的计划，一定非常高兴。”于是在夜里和一百名骑兵暗中到郑汉章那儿，郑汉章大为高兴，发动全部镇兵以及驱使居民总共一千多人跟随毕师铎到高邮去。毕师铎质问张神剑得到的机密文书事，张神剑大惊说：“没有这份机密文书。”毕师铎声音越来越大，脸色越来越严厉，张神剑激昂地说：“您看事情怎么这样不清楚！吕用之奸邪罪恶，为天地所不容。何况最近他又用重金贿赂当朝权贵得到岭南节度之职，但又不前去上任，有人说吕用之阴谋窃据这块土地。如果让他的心愿得以实现，我们这些人怎么能握着刀柄去侍奉他这个奸逆呢！一定要活剐这几个贼寇来答谢淮海的人民，不必再多说了。”郑汉章大喜，于是命令拿酒来，割破手臂，让血滴在酒中，共

神剑以师铎成败未可知，请以所部留高邮，曰：“一则为公声援，二则供给粮饷”。师铎不悦，汉章曰：“张尚书谋亦善，苟终始同心，事捷之日，子女玉帛相与共之，今日岂可复相违！”师铎乃许之。戊申，师铎、汉章发高邮。

庚戌，诇骑以白高骈，吕用之匿之。

朱珍至淄青旬日，应募者万余人，又袭青州，获马千匹。辛亥，还，至大梁，朱全忠喜曰：“吾事济矣！”

时蔡人方寇汴州，其将张晊屯北郊，秦贤屯板桥，各有众数万，列三十六寨，连延二十余里。全忠谓诸将曰：“彼蓄锐休兵，方来击我，未知朱珍之至，谓吾兵少，畏怯自守而已，宜出其不意，先击之。”乃自引兵攻秦贤寨，士卒踊跃争先。贤不为备，连拔四寨，斩万余级，蔡人大惊，以为神。

全忠又使牙将新野郭言募兵于河阳、陕、虢，得万余人而还。

毕师铎兵奄至广陵城下，城中惊扰。壬子，吕用之引麾下劲兵，诱以重赏，出城力战。师铎兵少却，用之始得断桥塞门争守备。是日，骈登延和阁，闻喧噪声，左右以师铎之变告。骈惊，急召用之诘之，用之徐对曰：“师铎之众思归，为门卫所遏，适已随宜区处，计寻退散。傥或不已，正烦玄女一力士耳，愿令公勿忧！”骈曰：“近者觉君之妄多矣，君善为之，勿使吾为周侍中！”言毕，惨沮久之，用之惭懅而退。

师铎退屯山光寺，以广陵城坚兵多，甚有悔色。癸丑，遣其属孙约

喝这血酒结盟。四月初二日乙巳，大家推举毕师铎担任节度使，撰写文告祭祀天地，在淮南境内发布檄书，宣布要诛杀吕用之以及张守一、诸葛殷。任命郑汉章为行营副使，张神剑为都指挥使。

张神剑因为毕师铎的成功或者失败还难以预料，所以请求自己带领的部队留在高邮，说："一来为您做声援，二来供给你们粮食和军需品。"毕师铎很不高兴，郑汉章说："张神剑的计划也很好，假如我们始终同心协力，事情成功那一天，俘获的男女、玉帛等财物大家一起享用，今天怎么可以再互相有意见呢！"毕师铎这才同意张神剑的要求。四月初五日戊申，毕师铎、郑汉章从高邮出发。

四月初七日庚戌，侦察骑兵探知这事，报告高骈，吕用之隐瞒了这个消息。

朱珍到达淄青十余天，前来应征招募的有一万多人，他又袭击青州，得到了马一千匹。四月初八日辛亥，动身返回，到了大梁，朱全忠高兴地说："我的事情成功啦！"

当时蔡州军队正在侵犯汴州，秦宗权的部将张晊屯驻在汴州北郊，秦贤屯驻在板桥，各有部众几万人，排列成三十六寨，有二十多里路长。朱全忠对各将领说："他们养精蓄锐，先让士兵休息，再来攻打我们。但他们不知道朱珍招募士兵已经回来，还以为我们的兵少，害怕胆怯，只求防守而已。我们应该出其不意，先去攻击他们。"于是亲自带领军队去攻打秦贤的守寨，士兵们奋勇前进，争先恐后。秦贤没有准备，被连续攻下了四个守寨，被杀掉一万多人。蔡州军队大为吃惊，还以为是神兵下凡呢。

朱全忠又派遣牙将新野人郭言到河阳、陕、虢等地去招募士兵，招募了一万多人才回来。

毕师铎的军队很快就到了广陵城下，城里震动混乱。四月初九日壬子，吕用之带领部下精兵，以丰厚的赏赐诱惑他们，让他们出城去奋力作战。毕师铎的军队稍微后退了一点，吕用之才能拆断壕堑上的桥，堵住城门，加强防守。这一天，高骈登上延和阁，听到喧扰鼓噪的声音，左右的人把毕师铎叛变的消息报告给他。高骈大吃一惊，急忙叫来吕用之询问情况，吕用之才慢慢回答说："毕师铎的军队想要回来，被看门的卫兵阻止了。刚才我已根据情况做了安排，估计不用多久他们就会退散离去的。假如还不停止的话，只有请九天玄女手下的一位大力士来平定他们了，请您不必担心。"高骈说："最近我感到你虚妄不实的地方太多了，你要好好地做啊，不要使我像周宝那样败亡。"说完，神情久久地凄惨沮丧，吕用之感到惭愧、惶恐，退了出去。

毕师铎退兵驻扎在广陵城北山光寺，由于广陵城里精兵多，怕攻不下来，有些

与其子诣宣州，乞师于观察使秦彦，且许以克城之日迎彦为帅。会师铎馆客毕慕颜自城中逃出，言："众心离散，用之忧窘，若坚守之，不日当溃。"师铎乃悦。

是日未明，骈召用之，问以事本末，用之始以实对，骈曰："吾不欲复出兵相攻，君可选一温信大将，以我手札谕之，若其未从，当别处分。"用之退，念诸将皆仇敌，必不利于己，甲寅，遣所部讨击副使许戡，赍骈委曲，及用之誓状并酒肴出劳师铎，师铎始亦望骈旧将劳问，得以具陈用之奸恶，披泄积愤，见戡至，大骂曰："梁缵、韩问何在，乃使此秽物来！"戡未及发言，已牵出斩之。乙卯，师铎射书入城，用之不发，即焚之。

丁巳，用之以甲士百人入见骈于延和阁下，骈大惊，匿于寝室，久而后出，曰："节度使所居，无故以兵入，欲反邪！"命左右驱出。用之大惧，出子城南门，举策指之曰："吾不可复入此！"自是高、吕始判矣。

是夜，骈召其从子前左金吾卫将军杰密议军事。戊午，署杰都牢城使，泣而勉之，以亲信五百人给之。

用之命诸将大索城中丁壮，无问朝士、书生，悉以白刃驱缚登城，令分立城上，自旦至暮，不得休息。又恐其与外寇通，数易其地，家人饷之，莫知所在。由是城中人亦恨师铎入城之晚也。

骈遣大将石锷以师铎幼子及其母书并骈委曲至扬子谕师铎，师铎遽遣其子还，曰："令公但斩吕、张以示师铎，师铎不敢负恩，愿以妻子为质。"骈恐用之屠其家，收师铎母妻子置使院。

辛酉，秦彦遣其将秦稠将兵三千至扬子助师铎。壬戌，宣州军攻南门，不克；癸亥，又攻罗城东南隅，城几陷者数四。甲子，罗城西南隅守者焚战格以应师铎，师铎毁其城以内其众。用之帅其众千人力战于三桥北，师铎垂败，会高杰以牢城兵自子城出，欲擒用之以授师铎，用之

后悔。四月初十日癸丑，派遣他的部下孙约和他的儿子到宣州去，向观察使秦彦请求出兵支援，并且许诺秦彦等广陵城攻下来时迎接他去做统帅。这时，遇上毕师铎的门客毕慕颜从城中逃出来，说："城里人心已经离散，吕用之忧愁窘困，假如坚持等下去，不用几天城里就溃散了。"毕师铎这才高兴起来。

这一天，天还未亮，高骈叫来吕用之，问他事情的始末，吕用之这时才如实回答。高骈说："我不想再出兵互相攻打了，你可以挑选一位温和诚实的大将，拿着我亲手写的信去告知毕师铎，如果他不听从，再另作处理。"吕用之退出去后，想到各将领与自己的过节，他们去一定不利于自己，四月十一日甲寅，派遣部属讨击副使许戡，带着高骈的手书以及吕用之的誓状和酒肉等出城去慰劳毕师铎。毕师铎开始时也希望高骈派出旧将来慰劳问候，能够全部说出吕用之的奸恶，披露宣泄一下心中压抑已久的愤恨，看到来的人是许戡，大骂道："梁缵、韩问他们在什么地方？竟然派遣这个可恶的人来！"许戡还没来得及开口说话，就被拉出去杀了。四月十二日乙卯，毕师铎把一封书信射进城，吕用之没有打开，就把它烧了。

四月十四日丁巳，吕用之派遣全副武装的士兵一百人到延和阁去见高骈，高骈大为吃惊，藏在寝室里，很久以后才出来，说："节度使居住的地方，无缘无故派兵闯入，你们想造反吗？"命令左右的人把他们赶出去。吕用之害怕了，从内城南门逃出，举着马鞭子指着城说："我不再进入这个地方了。"从此以后，高骈、吕用之才分离开来。

这一天夜里，高骈叫来他的侄子前左金吾卫将军高杰秘密商量军事。四月十五日戊午，安排高杰代理都牢城使，哭着勉励他，给他亲信五百人。

吕用之命令各个将领大举搜索城中壮年的男子，不论是朝中的文官，或者是普通的书生，都用锋利的刀子逼迫并捆绑他们登上城墙，命令他们分批站立在城墙上防守，从早晨到晚上，不能休息；又害怕他们和城外的军队暗中往来，多次变更他们防守的地方，家里人送食物给他们，都不知道他们在哪里。于是，城里的人也恨不得毕师铎早些攻进城中。

高骈派遣大将石锷护送毕师铎的小儿子和他母亲的书信以及高骈的亲笔信到扬子县交给毕师铎。毕师铎很快就送还他的儿子，说："只要您杀掉吕用之、张守一给我看，我绝不敢辜负您的恩惠。我愿意用我的妻室子女做人质。"高骈担心吕用之屠杀毕师铎的一家，收下毕师铎的母亲、妻子，让她们住在使院里加以保护。

四月十八日辛酉，秦彦派遣他的部将秦稠带领军队三千人到扬子县援助毕师铎。四月十九日壬戌，秦稠的军队攻打南门，没有攻下来。四月二十日癸亥，又攻打罗城东南角，有好几次几乎就要把城攻下来了。四月二十一日甲子，罗城西南角防守的人烧了防御工事来响应毕师铎，毕师铎毁掉城墙，收纳那些人。吕用之率领他的

乃开参佐门北走。骈召梁缵以昭义军百余人保子城。

乙丑，师铎纵兵大掠。骈不得已。命彻备，与师铎相见于延和阁下，交拜如宾主之仪，署师铎节度副使、行军司马，仍承制加左仆射，郑汉章等各迁官有差。

左莫邪都虞候申及，本徐州健将，入见骈，说之曰："师铎逆党不多，请令公及此选元从三十人，夜自教场门出，比师铎觉之，追不及矣。然后发诸镇兵，还取府城，此转祸为福也。若一二日事定，浸恐艰难，及亦不得在左右矣。"言之，且泣，骈犹豫不听。及恐语泄，遂窜匿。会张雄至东塘，及往归之。

丙寅，师铎果分兵守诸门，搜捕用之亲党，悉诛之。师铎入居使院，秦稠以宣军千人分守使宅及诸仓库。丁卯，骈牒请解所任，以师铎兼判府事。

（以上为第二段，写毕师铎兵破广陵，吕用之出逃，亲党伏诛。）

师铎遣孙约至宣城，趣秦彦过江。或说师铎曰："仆射向者举兵，盖以用之辈奸邪暴横，高令公坐自聋瞽，不通区理，故顺众心为一方去害。今用之既败，军府廓然，仆射宜复奉高公而佐之，但总其兵权以号令，谁敢不服！用之乃淮南一叛将耳，移书所在，立可枭擒。如此，外有推奉之名，内得兼并之实，虽朝廷闻之，亦无亏臣节。使高公聪明，必知内愧；如其不悛，乃机上肉耳，奈何以此功业付之他人，岂惟受制于人，终恐自相鱼肉！前日秦稠先守仓库，其相疑已可见。且秦司空为节度使，庐州、寿州其肯为之下乎！仆见战攻之端未有穷已，岂惟淮南之人肝脑涂地，窃恐仆射功名成败未可知也！不若及今亟止秦司空勿使过江，彼若粗识安危，必不敢轻进。就使他日责我以负约，犹不失为高氏忠臣也。"师铎大以为不然，明日，以告郑汉章，汉章曰："此智士也！"散求之，其人畏祸，竟不复出。

部众一千人还在三桥北边作战，毕师铎快要抵挡不住了，正好高杰带领牢城兵从内城杀出，想要捉住吕用之去交给毕师铎。吕用之就打开参佐门向北逃走。高骈让梁缵率领昭义军一百多人保护内城。

四月二十二日乙丑，毕师铎放纵军队大肆掠夺。高骈不得已，下令撤除防备，和毕师铎在延和阁下以宾主的对等礼节见面。高骈安排毕师铎担任节度副使、行军司马，并且按制度加封为左仆射；郑汉章等人也都提升了不同的官职。

左莫邪都虞候申及，原来是徐州骁勇的将领，他去看高骈，对他说道："毕师铎的党徒还不多，请您趁这个时候选择早就跟随您的亲信三十人，夜里从校场门出去，等到毕师铎发觉，要追也来不及了。然后您发动各镇的军队，再回来攻取府城，这是转祸为福的办法啊！您一两天内要把事情定下来，拖延的话恐怕就很难了，我申及也不能在您的左右侍奉您了。"说完掉下泪来，高骈心中犹豫，没有听他的意见。申及恐怕讲的话泄漏出去，于是就逃走躲藏起来，正遇到张雄到了扬州的东塘，申及便前往投靠张雄。

四月二十三日丙寅，毕师铎果然分派士兵防守各道城门，搜捕到吕用之的亲信党羽，把他们都杀了。毕师铎进入使院居住，秦稠的宣州军一千人分别守住官吏住宅以及各个仓库。四月二十四日丁卯，高骈送上公文请求解除所担任的职务，派毕师铎兼管府中的事务。

毕师铎派遣孙约到宣城，催促秦彦赶快渡过长江。有人对毕师铎说："您前些时发动军队造反，是因为吕用之这些人奸邪残暴，高骈高高在上，听不到看不见，不能区分是非进行处理，所以顺着大家的心意为地方除害。现在吕用之已经失败了，军府中也都肃清了，您应当仍旧侍奉、辅佐高骈，只要您总领兵权来发号施令，有谁敢不服从呢！吕用之只是淮南的一个叛将，只要送封信到他所在的地方，马上可以把他抓住斩首。这样，您外有推崇、侍奉长官的美名，内有兼并军队的实利，即使朝廷知道，也不算亏损做臣子的节操。假使高骈聪明的话，一定会内心感到羞愧，如果他依然不改，只是桌上一块可以任意宰割的肉罢了，为什么要把这一功业送给他人呢！如果这样，不只会受别人的牵制、管束，恐怕最终还要自相残杀。前天秦稠派兵先守住仓库，对您的怀疑已经可以看出来了。况且如果秦彦当了节度使，庐州的杨行密、寿州的张翱能屈居在秦彦的下位吗！我认为互相攻战的事端没完没了，哪里仅仅是淮南的民众遭受屠戮的灾难呢，恐怕您的功名成败也无法预知啊！不如现在就赶快阻止秦彦，不要让他渡过长江，秦彦假如能够揣度安全和危险之所在，一定不敢轻易前进。即使以后他责备您违反协定，您仍然不失为高骈的忠臣啊！"毕师铎很不以为然，第二天，将这事告诉郑汉章。郑汉章说："这是一个有智谋的人

戊辰，骈迁家出居南第，师铎以甲士百人为卫，其实囚之也。是日，宣军以所求未获，焚进奉两楼数十间，宝货悉为煨烬。己巳，师铎于府厅视事，凡官吏非有兵权者皆如故，复迁骈于东第。自城陷，诸军大掠不已，至是，师铎始以先锋使唐宏为静街使，禁止之。

骈先为盐铁使，积年不贡奉，货财在扬州者，填委如山。骈作郊天、御楼六军立仗仪服，及大殿元会、内署行幸供张器用，皆刻镂金玉、蟠龙蹙凤数十万事，悉为乱兵所掠，归于闾阎，张陈寝处其中。

庚午，获诸葛殷，杖杀之，弃尸道旁，怨家抉其目，断其舌，众以瓦石投之，须臾成冢。吕用之之败也，其党郑杞首归师铎，师铎署杞知海陵监事。杞至海陵，阴记高霸得失，闻于师铎。霸获其书，杖杞背，断手足，刳目截舌，然后斩之。

蔡将卢瑭屯于万胜，夹汴水而军，以绝汴州运路，朱全忠乘雾袭之，掩杀殆尽。于是蔡兵皆徙就张晊，屯于赤冈。全忠复就击之，杀二万余人。蔡人大惧，或军中自相惊，全忠乃还大梁，养兵休士。

辛未，高骈密以金遗守者，毕师铎闻之，壬午，复迎骈入道院，收高氏子弟甥侄十余人同幽之。

（以上为第三段，写毕师铎引秦彦为援，幽囚高骈。高骈所聚财货宝物，悉为乱兵所掠。）

前苏州刺史张雄帅其众自海溯江，屯于东塘，遣其将赵晖入据上元。

毕师铎之攻广陵也，吕用之诈为高骈牒，署庐州刺史杨行密行军司马，追兵入援。庐江人袁袭说行密曰：“高公昏惑，用之奸邪，师铎悖逆，凶德参会，而求兵于我，此天以淮南授明公也，趣赴之。”行密乃悉发庐州兵，复借兵于和州刺史孙端，合数千人赴之，五月，至天长。郑汉章

啊！”派人到四处去寻找他，这个人害怕灾祸，竟然不再出来了。

四月二十五日戊辰，高骈把家搬到南边的府第，毕师铎派遣全副武装的士兵一百人护送，实际上是在囚禁他。这一天，秦稠的宣州军因为要求没有达到，便放火烧了进奉院两座楼的几十间房屋，珍宝、货物都被烧光了。四月二十六日己巳，毕师铎在府厅处理事务，凡是官吏没有兵权的都担任原先的职位，又把高骈迁往东边的府第。自从广陵城被攻陷以后，各路军队大肆掠夺，没有止境，到这时，毕师铎才任命先锋使唐宏担任静街使，来禁止军队的抢掠。

高骈原先担任盐铁使时，多年都不向朝廷进贡财物，所以在扬州的钱粮货物，堆积得像山一样。高骈作郊天祭祀大典和皇帝登楼宣布大赦时六军所用的仪仗服装，以及大殿中元旦的盛会、内府官署中供皇帝到来使用的器物，都镶嵌上金银、珠玉，雕刻盘旋的龙、收翼的凤，总共有几十万件，全部被乱兵抢掠一空，散入平民百姓家中，陈设在寝室里面。

四月二十七日庚午，抓住了诸葛殷，用木棍打死了他，将他的尸体丢在路旁，诸葛殷的仇家挖出他的眼睛，割断他的舌头，众人用瓦砾、石块砸他，不一会石块就堆积得像坟墓一般。吕用之失败时，他的同党郑杞首先投降毕师铎，毕师铎安排郑杞管理海陵这个地方卖盐的事。郑杞到了海陵，暗中记下镇遏使高霸的缺点过失，报告给毕师铎。高霸拿到了郑杞的这份记录，用木棍打郑杞的背部，砍断他的双手双脚，挖下他的眼睛，割下他的舌头，然后把他杀死。

蔡州的将领卢瑭屯兵在万胜镇，沿着汴水两岸驻军，用以切断通往汴州的交通。朱全忠乘着浓雾去袭击卢瑭，把他的士兵几乎都杀光了。于是蔡州的士兵都投奔张晊，驻扎在汴州北的赤冈。朱全忠又追击他们，杀了二万多人。蔡州的人非常恐惧，有时军队中也会互相惊扰。朱全忠这才回到大梁，让士兵休整。

四月二十八日辛未，高骈秘密地赠送金子给看守他的人。毕师铎听说了这件事，四月二十九日壬午，又把高骈迎到道院中居住，将高骈的子弟甥侄十多人一起囚禁起来。

前任苏州刺史张雄率领他的部众从海上沿着长江往上走，驻扎在东塘，派遣他的部将赵晖进入并占据了上元县。

毕师铎进攻广陵时，吕用之伪造高骈的公文，使庐州刺史杨行密担任行军司马，带领军队前来援助。庐江人袁袭对杨行密说：“高骈昏乱迷惑，吕用之奸诈邪恶，毕师铎叛逆犯上，三个凶恶的人聚到了一起。他们向我们求援，这是上天要把淮南这个地方授给您啊！您赶快前去吧！”杨行密于是发动庐州所有的军队，又向和州刺

之从师铎也，留其妻守淮口，用之帅众攻之，旬日不克，汉章引兵救之。用之闻行密至天长，引兵归之。

丙子，朱全忠出击张晊，大破之。秦宗权闻之，自郑州引精兵会之。

张神剑求货于毕师铎，师铎报以俟秦司空之命，神剑怒，亦以其众归杨行密；及海陵镇遏使高霸、曲溪人刘金、盱眙人贾令威悉以其众属焉。行密众至万七千人，张神剑运高邮粮以给之。

朱全忠求救于兖、郓，朱瑄、朱瑾皆引兵赴之，义成军亦至。辛巳，全忠以四镇兵攻秦宗权于边孝村，大破之，斩首二万余级。宗权宵遁，全忠追之，至阳武桥而还。全忠深德朱瑄，兄事之。蔡人之守东都、河阳、许、汝、怀、郑、陕、虢者，闻宗权败，皆弃去。宗权发郑州，孙儒发河阳，皆屠灭其人，焚其庐舍而去，宗权之势自是稍衰。朝廷以扈驾都头杨守宗知许州事，朱全忠以其将孙从益知郑州事。

钱镠遣东安都将杜稜、浙江都将阮结、静江都将成及将兵讨薛朗。

甲午，秦彦将宣歙兵三万余人，乘竹筏沿江而下，赵晖邀击于上元，杀溺殆半。丙申，彦入广陵，自称权知淮南节度使，仍以毕师铎为行军司马，补池州刺史赵锽为宣歙观察使。戊戌，杨行密帅诸军抵广陵城下，为八寨以守之，秦彦闭城自守。

（以上为第四段，写秦彦入据广陵，高骈部属庐州刺史杨行密借高骈宣召之命起兵来争夺广陵。两军交战，杨行密初战取胜，秦彦困守广陵。）

六月，戊申，天威都头杨守立与凤翔节度使李昌符争道，麾下相殴，帝命中使谕之，不止。是夕，宿卫皆严兵为备。己酉，昌符拥兵烧行宫，庚戌，复攻大安门。守立与昌符战于通衢，昌符兵败，帅麾下走保陇州。杜让能闻难，挺身步入侍；韦昭度质其家于军中，誓诛反贼，故军士力战而胜之。守立，复恭之假子也。壬子，以扈驾都将、武定节度使李茂贞为陇州招讨使，以讨昌符。

史孙端借调士兵，合计有几千人一同出发，五月，到了天长镇。郑汉章跟随毕师铎出征时，留下他的妻子守淮口。吕用之率领部众攻打淮口，打了十多天仍打不下来，郑汉章带领军队前来救援。吕用之听到杨行密到了天长镇，就带领军队回去了。

五月初三日丙子，朱全忠出兵攻打张晊，大破他的军队。秦宗权听到这个消息，从郑州率领精锐的军队前来和张晊会合。

张神剑向毕师铎索要财物，毕师铎回答说要等待秦彦的命令。张神剑大怒，便率领他的部下投奔杨行密。另外海陵镇遏使高霸、曲溪人刘金、盱眙人贾令威全都率领他们的部众归属杨行密。杨行密的队伍增加到一万七千人，张神剑运送高邮的粮食来供给杨行密。

朱全忠向兖州、郓州请求救援，朱瑄、朱瑾率领军队前往援助，义成军也到了。五月初八日辛巳，朱全忠用四镇的军队在边孝村攻打秦宗权，大破秦宗权的部众，斩首两万多人。秦宗权在夜里逃走了，朱全忠追击秦宗权，直追到阳武桥才回来。朱全忠非常感谢朱瑄的救援，像对待自己哥哥一般对待他。蔡州军队防守东都、河阳、许、汝、怀、郑、陕、虢等地的，听到秦宗权已经失败，都放弃守地逃走了。秦宗权从郑州出逃和孙儒从河阳出逃时，都把那地方的人屠杀了、房屋烧毁了才离开，秦宗权的势力从此一点点地衰弱了。朝廷任命扈驾都头杨守宗来掌管许州的事务，朱全忠派他的部将孙从益掌管郑州的事务。

钱镠派遣东安都将杜稜、浙江都将阮结、静江都将成及率领军队去讨伐薛朗。

五月二十一日甲午，秦彦率领宣歙的军队三万多人，乘着竹筏沿江顺流而下，赵晖在上元县拦击他们，杀死、淹死的士兵几乎有一半。五月二十三日丙申，秦彦进入广陵，自称暂时代理淮南节度使，仍以毕师铎任行军司马，补派池州刺史赵锽为宣歙观察使。五月二十五日戊戌，杨行密率领各路军队到达广陵城下，建造了八个营寨守住广陵周围的通道，秦彦紧闭了城门来防御杨行密的军队。

六月初六日戊申，神策军的天威都头杨守立和凤翔节度使李昌符争抢道路，部下互相殴打，唐僖宗派遣中使劝谕他们停止争斗，但没有止住。这天晚上，值夜的卫兵严阵以待，防备不测。六月初七日己酉，李昌符带领士兵烧毁了行宫。六月初八日庚戌，又攻打大安门。杨守立与李昌符在大路上作战，李昌符战败，率领部众往陇州去防守。杜让能听说这场灾难，勇敢地跑进宫去服侍唐僖宗。韦昭度将他的家属扣押在军队中，发誓要诛杀造反的贼兵，所以军中士兵奋力作战战胜了叛兵。杨守立是杨复恭的义子。六月初十日壬子，任命扈驾都将、武定节度使李茂贞为陇州招讨使，去讨伐李昌符。

甲寅，河中牙将常行儒杀节度使王重荣。重荣用法严，末年尤甚，行儒尝被罚，耻之，遂作乱。夜，攻府舍，重荣逃于别墅；明旦，行儒得而杀之。制以陕虢节度使王重盈为护国节度使，又以重盈子珙权知陕虢留后。重盈至河中，执行儒，杀之。

戊午，秦彦遣毕师铎、秦稠将兵八千出城，西击杨行密，稠败死，士卒死者什七八。城中乏食，樵采路绝，宣州军始食人。

壬戌，亳州将谢殷逐其刺史宋衮。

孙儒既去河阳，李罕之召张全义于泽州，与之收合余众。罕之据河阳，全义据东都，共求援于河东。李克用以其将安金俊为泽州刺史，将骑助之，表罕之为河阳节度使，全义为河南尹。

初，东都经黄巢之乱，遗民聚为三城以相保，继以秦宗权、孙儒残暴，仅存坏垣而已。全义初至，白骨蔽地，荆棘弥望，居民不满百户，全义麾下才百余人，相与保中州城，四野俱无耕者。全义乃于麾下选十八人材器可任者，人给一旗一榜，谓之屯将，使诣十八县故墟落中，植旗张榜，招怀流散，劝之树艺。惟杀人者死，余但笞杖而已，无严刑，无租税，民归之者如市。又选壮者教之战陈，以御寇盗。数年之后，都城坊曲，渐复旧制，诸县户口，率皆归复，桑麻蔚然，野无旷土。其胜兵者，大县至七千人，小县不减二千人，乃奏置令佐以治之。全义明察，人不能欺，而为政宽简。出，见田畴美者，辄下马，与僚佐共观之，召田主，劳以酒食；有蚕麦善收者，或亲至其家，悉呼出老幼，赐以茶彩衣物。民间言："张公不喜声伎，见之未尝笑；独见佳麦良茧则笑耳。"有田荒秽者，则集众杖之；或诉以乏人牛，乃召其邻里责之曰："彼诚乏人牛，何不助之！"众皆谢，乃释之。由是邻里有无相助，故比户皆有蓄积，凶年不饥，遂成富庶焉。

（以上为第五段，写唐僖宗返京途中的兵变，河中、河南的变局，王重荣为其部属所杀，张全义入据东都。张全义招聚流亡，劝之农桑，数年后东都恢复为富庶之乡。）

六月十二日甲寅，河中牙将常行儒杀了节度使王重荣。王重荣用法很严，到后期更加厉害。常行儒曾经被处罚过，感到羞耻，于是就作乱。晚上，攻打官府房屋，王重荣逃往别墅。第二天早晨，常行儒抓到王重荣把他杀了。唐僖宗下令派陕虢节度使王重盈担任护国节度使，又派王重盈的儿子王珙暂时代理陕虢留后。王重盈到了河中，抓住了常行儒，把他杀了。

六月十六日戊午，秦彦派遣毕师铎、秦稠率领军队八千人出城，向西攻打杨行密，秦稠战败被杀，士兵死的占十分之七八。城里没有东西吃，砍柴取火的路被断绝了，宣州的军队开始吃起人来。

六月二十日壬戌，亳州的将领谢殷赶走了刺史宋衮。

孙儒已经离开了河阳，李罕之召唤张全义到泽州来，与他一起收聚余下的部众。李罕之占据了河阳，张全义占据了东都，共同向河东请求支援。李克用派遣他的部将安金俊担任泽州刺史，率领骑兵来帮助他们；并上表请求任命李罕之为河阳节度使，张全义为河南尹。

当初，东都洛阳经过黄巢作乱后，遗留下来的百姓聚集在三个城里互相保护，后来又经过秦宗权、孙儒的残暴烧杀，只剩下了毁坏的城墙。张全义初到时，只看见白骨遍地，到处都是荆棘，居住的人不满一百户。张全义的部下仅一百多人，与他们一同保护中州城。四面的旷野里没有耕种的人。张全义于是在部下中选出十八个有才能、器度可以担当重任的，每人给一面旗帜、一张榜示，称之为屯将，使他们到河南十八县过去的村落中，竖起旗帜，张贴榜示，召集、关心那些流徙、散失的百姓，劝告并勉励他们种植庄稼。除了将杀人者处死以外，其余的只用竹板、荆条拷打一下而已，没有严酷的刑罚，没有繁重的租税，来归顺的百姓像上市场一样踊跃。又选出身强力壮的人，教他们作战的技巧，布阵的方法，用来防御寇盗的入侵。几年以后，都城中的行政商业区、娱乐的场所，都逐渐恢复到原来的规模，各县的户口，也大致恢复到过去的水平，所种的桑麻长得很茂盛，田野里没有空闲不耕种的土地。那些可以服兵役的人，大县多到七千人，小县也不少于二千人，于是上奏请求设置县令、佐吏来治理这些地方。张全义明察善断，没有人能欺骗他，而他处理政事务求宽大简便。出巡时，看到田里农作物长得好的，常常下马，和幕僚、佐吏一起观赏，叫来田地的主人，用酒食慰劳他们；养蚕种麦有好收成的，有时亲自到他们家里，叫出全家老幼，赏赐他们茶叶、丝绸、衣服及日用物品。民间都传说：“张全义不喜欢声乐女妓，看到那些从来不笑；只有看到好的麦子、蚕茧才笑啊！”有让田地荒芜的人，张全义聚集民众用木板打他；有人告诉张全义说这人田地荒芜是因为缺乏人力和耕牛，张全义便召集这人的邻里们来，责备邻里说：“这人真的是缺乏人力和耕牛吗？你们为什么不去帮助他呢？”大家都认错道歉，这才原

杜稜等败薛朗将李君晧于阳羡。

秋，七月，癸未，淮南将吴苗帅其徒八千人逾城降杨行密。

八月，壬寅朔，李茂贞奏陇州刺史薛知筹以城降，斩李昌符，灭其族。

朱全忠引兵过亳州，遣其将霍存袭谢殷，斩之。

丙子，以李茂贞同平章事、充凤翔节度使。

以韦昭度守太保、兼侍中。

朱全忠欲兼兖、郓，而以朱瑄兄弟有功于己，攻之无名，乃诬瑄招诱宣武军士，移书诮让。瑄复书不逊，全忠遣其将朱珍、葛从周袭曹州，壬子，拔之，杀刺史丘弘礼。又攻濮州，与兖、郓兵战于刘桥，杀数万人，朱瑄、朱瑾仅以身免。全忠与兖、郓始有隙。

秦彦以张雄兵强，冀得其用，以仆射告身授雄，以尚书告身三通授裨将冯弘铎等。广陵人竞以珠玉金缯诣雄军贸食，通犀带一，得米五升，锦衾一，得糠五升。雄军既富，不复肯战，未几，复助杨行密。

丁卯，彦悉出城中兵万二千人，遣毕师铎、郑汉章将之，陈于城西，延袤数里，军势甚盛。行密安卧帐中，曰："贼近告我。"牙将李宗礼曰："众寡不敌，宜坚壁自守，徐图还师。"李涛怒曰："吾以顺讨逆，何论众寡，大军至此，去将安归！涛愿将所部为前锋，保为公破之！"涛，赵州人也。行密乃积金帛䵂米于一寨，使羸弱守之，多伏精兵于其旁，自将千余人冲其陈。兵始交，行密阳不胜而走，广陵兵追之，入空寨，争取金帛䵂米，伏兵四起，广陵众乱，行密纵兵击之，俘斩殆尽，积尸十里，沟渎皆满，师铎、汉章单骑仅免。自是秦彦不复言出师矣。

谅了他们。打这以后邻里间互相帮助，互通有无，家家户户都有积蓄，大灾之年也不会有饥饿的情形出现，这里就成了富庶的地方了。

杜稜等人在阳羡打败了薛朗的部将李君暀。

秋季，七月十二日癸未，淮南将领吴苗率领他的部众八千人翻越城墙向杨行密投降。

八月初一日壬寅，李茂贞奏报陇州刺史薛知筹献城投降，杀了李昌符，灭了他的家族。

朱全忠带领军队经过亳州，派遣他的部将霍存袭击谢殷，把谢殷杀了。

八月初五日丙子，任命李茂贞为同平章事，充任凤翔节度使。

任命韦昭度掌理太保，兼任侍中。

朱全忠想要兼并兖州、郓州，但是因为朱瑄兄弟对自己有功，攻打他们没有理由，于是诬陷朱瑄，说他招揽引诱宣武的军士，写信去责备他。朱瑄回信很不客气，朱全忠就派遣他的部将朱珍、葛从周袭击曹州。八月十一日壬子，攻下了曹州，杀了刺史丘弘礼。又攻打濮州，在刘桥和兖州、郓州的军队大战一场，杀了好几万人，朱瑄、朱瑾仅自己逃跑了。这一仗后，朱全忠和兖州的朱瑄、郓州的朱瑾开始结下了怨仇。

秦彦因为张雄的兵力强盛，希望张雄能为自己所用，因此拿仆射的委任状授给张雄，拿尚书的委任状三件授给副将冯弘铎等人。广陵人争着用金银珠宝丝绸等物到张雄的军队里交换粮食，一根通天犀带只能换米五升，一床丝绸被子只能换糠五升。张雄的军队已经很富有了，就不愿再打仗了，不多久，又去帮助杨行密。

八月二十六日丁卯，秦彦出动城中全部士兵一万二千人，派遣毕师铎、郑汉章率领他们，在广陵城西列阵，有几里路长，军势很盛。杨行密安然睡在军营中，说："敌寇靠近了再来告诉我。"牙将李宗礼说："敌众我寡，我们应该紧闭城垒好好防守，慢慢再想办法退军。"李涛发怒说："我们奉命讨伐逆贼，为什么要谈论人多人少呢，大军已经到了这里，还能退到什么地方去？我李涛愿意率领自己的部队担任前锋，保证为您打败他们。"李涛是赵州人。杨行密于是把金银、布帛、粮食都储放在一个寨中，派遣老弱病残来防守，在旁边埋伏了很多精锐的士兵，自己率领一千多人去冲击毕师铎、郑汉章的军阵。两军才交战，杨行密诈败而逃走，广陵军队追赶他们，到了空寨中，争着去抢夺金银、布帛、粮食，埋伏的士兵从四面八方杀来，广陵军队大乱，杨行密发动军队攻击他们，几乎把他们俘虏、斩杀殆尽，堆积的尸体有十里路长，沟渎都被填满了。毕师铎、郑汉章独自逃走，免于一死。从此以后，秦彦再也不说要出兵了。

九月，以户部侍郎、判度支张濬为兵部侍郎、同平章事。

高骈在道院，秦彦供给甚薄，左右无食，至然木像、煮革带食之，有相啖者。彦与毕师铎出师屡败，疑骈为厌胜，外围益急，恐骈党有为内应者。有妖尼王奉仙言于彦曰："扬州分野极灾，必有一大人死，自此喜矣。"甲戌，命其将刘匡时杀骈，并其子弟甥侄无少长皆死，同坎瘗之。乙亥，杨行密闻之，帅士卒缟素向城大哭三日。

（以上为第六段，写朱全忠欲并兖、郓，与朱瑄、朱瑾交恶。秦彦出战杨行密，兵败而怒，诛杀高骈一门。）

朱珍攻濮州，朱瑄遣弟罕将步骑万人救之；辛卯，朱全忠逆击罕于范，擒斩之。

冬，十月，秦彦遣郑汉章将步骑五千出击张神剑、高霸寨，破之，神剑奔高邮，霸奔海陵。

丁未，朱珍拔濮州，刺史朱裕奔郓；珍进兵攻郓。瑄使裕诈遗珍书，约为内应，珍夜引兵赴之，瑄开门纳汴军，闭而杀之，死者数千人，汴军乃退。瑄乘胜复取曹州，以其属郭词为刺史。

甲寅，立皇子陞为益王。

杜稜等拔常州，丁从实奔海陵。钱镠奉周宝归杭州，属櫜鞬，具部将礼，郊迎之。

杨行密围广陵且半年，秦彦、毕师铎大小数十战，多不利。城中无食，米斗直钱五十缗，草根木实皆尽，以堇泥为饼食之，饿死者太半。宣军掠人诣肆卖之，驱缚屠割如羊豕，讫无一声，积骸流血，满于坊市。彦、师铎无如之何，嚬蹙而已。外围益急，彦、师铎忧懑，殆无生意，相对抱膝，终日悄然。行密亦以城久不下，欲引还。己巳夜，大风雨，吕用之部将张审威帅麾下士三百，晨，伏于西壕，俟守者易代，潜登城，启关纳其众，守者皆不斗而溃。先是，彦、师铎信重尼奉仙，虽战陈日时，赏罚轻重，皆取决焉。至是复咨于奉仙曰："何以取济？"奉仙曰："走为上策！"乃自开化门出奔东塘。行密帅诸军合万五千人入城，以梁缵不尽节于高氏，为秦、毕用，斩于戟门之外；韩问闻之，赴井死。以高骈从孙愈摄副使，使改殡骈及其族。城中遗民才数百家，饥羸非复人状，行密辇西寨米以赈之。行密自称淮南留后。

（以上为第七段，写秦彦败走，杨行密入据广陵。）

九月，任命户部侍郎、判度支张濬为兵部侍郎、同平章事。

高骈住在道院中，秦彦供给高骈的食品很少，左右的人都没有东西吃，以至于烧木像、煮皮带来吃，更有吃人的。秦彦和毕师铎出兵多次失败，怀疑高骈使用了巫术，外面围攻更加危急，又担心高骈一伙有做内应的人。有一个妖尼叫王奉仙，告诉秦彦说："扬州这个地方根据天象有大的灾害发生，一定要有一位地位高的人死了，这个地方才会平安无事。"九月初四日甲戌，秦彦命令他的部将刘匡时杀掉高骈，连高骈的子弟甥侄不论年龄大小，也都统统杀死，同埋在一个坑中。九月初五日乙亥，杨行密听到这个消息，率领士兵穿着白色丧服面向广陵城大哭了三天。

朱珍攻打濮州，朱瑄派遣他的弟弟朱罕率领步兵、骑兵一万人前去援救。九月二十一日辛卯，朱全忠在濮州东的范县拦击朱罕的部队，抓住并杀了朱罕。

冬季，十月，秦彦派遣郑汉章率领步兵、骑兵五千人去攻打张神剑、高霸的寨子，攻破了他们。张神剑逃往高邮，高霸逃往海陵。

十月初七日丁未，朱珍攻下了濮州，刺史朱裕逃往郓州；朱珍又进兵攻打郓州。朱瑄要朱裕写一封信送给朱珍，欺骗他说约好作为内应。朱珍于晚上带领军队前往，朱瑄打开城门让朱珍的军队进入，然后再关闭城门杀了他们，死的有几千人，汴州的军队于是退了回去。朱瑄乘胜又攻下曹州，派他的部下郭词担任刺史。

十月十四日甲寅，立皇子李陞为益王。

杜稜等人攻下了常州，丁从实逃往海陵。钱镠侍奉周宝回到杭州，穿着盛有弓箭袋的衣服，以部将对上司的礼节，到郊外来迎接周宝。

杨行密围攻广陵城已经将近半年，秦彦、毕师铎打了大大小小几十仗，多数都战败了。城里没有粮食，米每一斗值五十缗钱，连草根、树皮都被吃光了，就用黏土做成饼子来吃，饿死的有一大半。宣州的士兵抢人到市场里去卖，驱赶、捆绑、屠杀他们就好像羊、猪一样，始终没有说一句话；堆积的尸骸、流出的血，布满了市场。秦彦、毕师铎也没有什么办法，只能皱眉蹙额而已。外面围攻更加紧急，秦彦、毕师铎愁苦烦闷，几乎没有一点生气，抱膝相对而坐，一天到晚忧心忡忡。杨行密也因为广陵城这么久还没有攻下，想要带领军队回去。十月二十九日己巳夜里，刮起了大风，下起了大雨，吕用之的部将张审威率领部下士兵三百人，凌晨埋伏在西边的壕堑中，等到守城的人换班时，偷偷地登上城墙，打开城门让部队进去。守城的人没有抵抗就溃散逃跑了。起初，秦彦、毕师铎相信和重用妖尼王奉仙，即使是打仗时间、赏罚轻重等事情，都听从她的意见。到这时又询问王奉仙说："怎么样才能度过这个危难？"王奉仙说："走是最好的办法。"于是从开化门出去逃往东塘。杨行密率领各路军队总共一万五千人进入城中，因梁缵不能向高骈尽臣节，反为秦

秦宗权遣其弟宗衡将兵万人渡淮，与杨行密争扬州，以孙儒为副，张佶、刘建锋、马殷及宗权族弟彦晖皆从。十一月，辛未，抵广陵城西，据行密故寨，行密辎重之未入城者，为蔡人所得。秦彦、毕师铎至东塘，张雄不纳，将渡江趣宣州宗衡召之，乃引兵还，与宗衡合。

未几，宗权召宗衡还蔡，拒朱全忠。孙儒知宗权势不能久，称疾不行。宗衡屡促之，儒怒，甲戌，与宗衡饮酒，坐中手刃之，传首于全忠。宗衡将安仁义降于行密。仁义，本沙陀将也，行密悉以骑兵委之，列于田頵之上。儒分兵掠邻州，未几，众至数万，以城下乏食，与彦、师铎袭高邮。

初，宣武都指挥使朱珍与排陈斩斫使李唐宾，勇略、功名略相当，全忠每战，使二人偕，往无不捷，然二人素不相下。珍使人迎其妻于大梁，不白全忠，全忠怒，追还其妻，杀守门者，使亲吏蒋玄晖召珍，以唐宾代总其众。馆驿巡官冯翊敬翔谏曰："朱珍未易轻取，恐其猜惧生变。"全忠悔，使人追止之。珍果自疑，丙子夜，珍置酒召诸将。唐宾疑其有异图，斩关奔大梁，珍亦弃军单骑继至。全忠两惜其才，皆不罪，遣还濮州，因引兵归。

全忠多权数，将佐莫测其所为，惟敬翔能逆知之，往往助其所不及，全忠大悦，自恨得翔晚，凡军机、民政悉以咨之。

辛巳，高邮镇遏使张神剑帅麾下二百人逃归扬州；丙戌，孙儒屠高邮。戊子，高邮残兵七百人溃围而至，杨行密虑其为变，分隶诸将，一夕尽坑之，明日，杀神剑于其第。

彦、毕师铎效力，就在戟门之外把他斩了。韩问听到这个消息，跳到井里自杀而死。派高骈的从孙高愈代理副使的职务，要他重新改葬高骈及其族人。城中剩下的居民只有几百家，饥饿瘦弱得不成人样，杨行密用车子搬运军粮来赈济他们。杨行密自称为淮南留后。

秦宗权派遣他的弟弟秦宗衡率领士兵一万人渡过淮水，与杨行密争夺扬州，以孙儒为副将，张佶、刘建锋、马殷以及秦宗权的堂弟秦彦晖也一起去。十一月初二日辛未，到达广陵城的西边，占据了杨行密以前攻城时建立的寨子，杨行密军中的器械、物品没有运进城去的，被秦宗衡的军队夺得了。秦彦、毕师铎到了东塘，张雄不肯接纳他们。他们准备渡江到宣州去，秦宗衡召唤他们，于是，他们就带领军队回来，与秦宗衡会合。

不多久，秦宗权召秦宗衡回蔡州，去抵抗朱全忠。孙儒知道秦宗权的势力不会太长久了，便推说有病不去。秦宗衡多次催促他，孙儒很生气，十一月初五日甲戌这一天，和秦宗衡喝酒，在酒席上亲手杀了秦宗衡，把他的首级送到朱全忠那里。秦宗衡的部将安仁义向杨行密投降。安仁义，本来是沙陀的将领。杨行密把所有的骑兵都交给他带领，地位在田頵之上。孙儒分派士兵去抢掠邻近的几个州，没有多久，部队增加到几万人。由于城下缺乏食物，便和秦彦、毕师铎去袭击高邮。

当初，宣武都指挥使朱珍和排阵斩斫使李唐宾勇敢、谋略、功劳、名誉大致不相上下，朱全忠每次作战，和他们二人一同前往，没有打不赢的，可是他们两个人谁也不服谁。朱珍派人到大梁去迎接他的妻子，没有报告朱全忠，朱全忠生气了，派兵去追还他的妻子，杀了守门的人，使亲近的小吏蒋玄晖去召回朱珍，让李唐宾代理朱珍总领朱珍的部队。馆驿巡官冯翊人敬翔劝谏说："朱珍是不能轻易取代的，恐怕他因猜疑畏惧而发生变故。"朱全忠很后悔，派人赶紧追上去阻止。朱珍果然起了疑心，十一月初七日丙子晚上，朱珍摆设酒席招待各个将领。李唐宾怀疑他有另外的意图，斩断城门的铁闩，跑到大梁去，朱珍也抛弃了军队独自骑马跟到大梁来。朱全忠爱惜他们的才能，都没有处罚他们，送他们回濮州，然后带领军队回去了。

朱全忠有应变的机智，部将、佐吏们不能猜出朱全忠的所作所为，只有敬翔能够预先知道他的想法，常常帮助朱全忠补足没有想周到的地方，朱全忠非常高兴，为这么晚认识敬翔而感到遗憾，凡是军事机密、民政大事都询问敬翔的意见。

十一月十二日辛巳，高邮镇遏使张神剑率领部下二百人逃回扬州。十一月十七日丙戌，孙儒屠高邮城。十一月十九日戊子，高邮残存的士兵七百人溃散突围回来，杨行密恐怕他们要变乱，将他们分别归属在各个将领部下，在一个晚上把他们全活埋了。第二天，在张神剑的府第中把张神剑杀了。

杨行密恐孙儒乘胜取海陵，壬寅，命镇遏使高霸帅其兵民悉归府城，曰：“有违命者，族之。”于是数万户弃资产、焚庐舍、挈老幼迁于广陵。戊戌，霸与弟晤、部将余绕山、前常州刺史丁从实至广陵，行密出郭迎之，与霸、晤约为兄弟，置其将卒于法云寺。

己亥，秦宗权陷郑州。

朝廷以淮南久乱，闰月，以朱全忠兼淮南节度使、东南面招讨使。

（以上为第八段，写秦宗权遣将与杨行密争扬州，朝廷任命朱全忠兼淮南节度使东面招讨使平淮南之乱。）

陈敬瑄恶顾彦朗与王建相亲，恐其合兵图己，谋于田令孜，令孜曰：“建，吾子也，不为杨兴元所容，故作贼耳。今折简召之，可致麾下。”乃遣使以书召之，建大喜，诣梓州见彦朗曰：“十军阿父见召，当往省之。因见陈太师，求一大州，若得之，私愿足矣！”乃留其家于梓州，帅麾下精兵二千，与从子宗锪、假子宗瑶、宗弼、宗侃、宗弁俱西。宗瑶，燕人姜郅；宗弼，许人魏弘夫；宗侃，许人田师侃；宗弁，鹿弁也。

建至鹿头关，西川参谋李乂谓敬瑄曰：“王建，虎也，奈何延之入室？彼安肯为公下乎！”敬瑄悔，亟遣人止之，且增修守备。建怒，破关而进，败汉州刺史张顼于绵竹，遂拔汉州，进军学射山，又败西川将句惟立于蚕此，又拔德阳。敬瑄遣使让之，对曰：“十军阿父召我来，及门而拒之，重为顾公所疑，进退无归矣。”田令孜登楼慰谕之，建与诸将于清远桥上髡发罗拜，曰：“今既无归，且辞阿父作贼矣！”顾彦朗以其弟彦晖为汉州刺史，发兵助建，急攻成都，三日不克而退，还屯汉州。

敬瑄告难于朝，诏遣中使和解之；又令李茂贞以书谕之，皆不从。

（以上为第九段，写西川王建发兵取成都，连战皆捷，陈敬瑄告难于朝。）

杨行密欲遣高霸屯天长以拒孙儒，袁袭曰：“霸，高氏旧将，常挟两端，我胜则来，不胜则叛。今处之天长，是自绝其归路也，不如杀之。”己酉，行密伏甲执霸及丁从实、余绕山，皆杀之。又遣千骑掩杀其党于

杨行密担心孙儒乘胜攻取海陵，命令镇遏使高霸率领他的士兵、百姓都回到扬州府城，说："有违反命令的，就杀了他全族。"于是几万户人家抛弃资产、焚烧房屋、扶老携幼地迁入广陵城。十一月二十九日戊戌，高霸与他的弟弟高晤、部将余绕山、前常州刺史丁从实到了广陵，杨行密到城外去迎接他们，和高霸、高晤结拜为兄弟，将他们的部将、士兵安置在法云寺。

十一月三十日己亥，秦宗权攻陷郑州。

朝廷由于淮南长期战乱，闰十一月，任命朱全忠兼任淮南节度使、东南面招讨使。

陈敬瑄讨厌顾彦朗和王建两人亲近，担心他们联合起来图谋自己，就和田令孜商量。田令孜说："王建是我的养子，因为不被杨守亮所容纳，才做了贼寇。现在我写封信召唤他来，就可以罗致到你部下。"于是派遣使者用书信召唤王建，王建大喜，到梓州去见顾彦朗说："我的养父叫我去，我应当前去探望他。顺便进见陈敬瑄，想要求得一个大州，假如能够得到，我的愿望就满足了！"于是留下他的家属在梓州，率领部下精兵两千人，和侄子王宗鍨，养子王宗瑶、王宗弼、王宗侃、王宗弁一同西去。王琮瑶，就是燕人姜郅；王宗弼，是许人魏弘夫；王宗侃，是许人田师侃；王宗弁，就是鹿弁。

王建到了鹿头关。西川参谋李乂对陈敬瑄说："王建是一头老虎，为什么要请他来呢？他怎么肯做您的下属啊！"陈敬瑄后悔了，赶紧派人去阻止王建，并且增修防御工事。王建大怒，攻破鹿头关率军前进，在绵竹打败了汉州刺史张顼，于是又继续攻下汉州，进兵学射山；又在蚕此镇打败了西川将领句惟立，再攻下了德阳。陈敬瑄派遣使者去责备他，王建回答说："我的养父叫我来，到了这儿反而拒绝我，又加上被顾彦朗怀疑，真是进退两难没有出路了。"田令孜登上城楼安慰谕示他，王建和各将领在清远桥上，剪去头发，罗列参拜说："现在既然没有了投靠的地方，只得告别您去做贼寇了！"顾彦朗派遣他的弟弟顾彦晖担任汉州刺史，发动军队去帮助王建，急速攻打成都，三天还没有攻下来，就退兵回去，驻扎在汉州。

陈敬瑄向朝廷告急，唐僖宗下诏派遣中使对他们进行调解；又下令李茂贞用书信教谕他们，都没有听从。

杨行密想派遣高霸驻扎在天长以便抵拒孙儒。袁袭说："高霸是高骈的旧部将，常常脚踏两只船，我们胜了就来投奔我们，不胜他就叛变。现在把他安置在天长这个地方，就断了他的后路，不如把他杀了。"闰十一月初十日己酉，杨行密埋伏全副

法云寺，死者数千人。是日，大雪，寺外数坊地皆赤。高晤出走，明日，获而杀之。

吕用之之在天长也，给杨行密曰："用之有银五万铤，埋于所居，克城之日，愿备麾上一醉之资。"庚戌，行密阅士卒，顾用之曰："仆射许此曹银，何食言邪！"因牵下械系，命田頵鞫之，云："与郑杞、董瑾谋因中元夜，邀高骈至其弟建黄箓斋，乘其入静，缢杀之，声言上升。因令莫邪都帅诸军推用之为节度使。"是日，腰斩用之，怨家刳割立尽，并诛其族党。军士发其中堂，得桐人，书骈姓名于胸，桎梏而钉之。

袁袭言于行密曰："广陵饥弊已甚，蔡贼复来，民必重困，不如避之。"甲寅，行密遣和州将延陵宗以其众二千人归和州，乙卯，又命指挥使蔡俦将兵千人，辎重数千两，归于庐州。

赵晖据上元，会周宝败，浙西溃卒多归之，众至数万。晖遂自骄大，治南朝台城而居之，服用奢僭。张雄在东塘，晖不与通问；雄溯江而上，晖以兵塞其中流。雄怒，戊午，攻上元，拔之。晖奔当涂，未至，为其下所杀。余众降，雄悉坑之。

朱全忠遣内客将张廷范致朝命于杨行密，以行密为淮南节度副使，又以宣武行军司马李璠为淮南留后，遣牙将郭言将兵千人送之。

感化节度使时溥自以于全忠为先进，官为都统，顾不得领淮南，而全忠得之，意甚恨望。全忠以书假道于溥，溥不许。璠至泗州，溥以兵袭之，郭言力战得免而还，徐、汴始构怨。

十二月，癸巳，秦宗权所署山南东道留后赵德諲陷荆南，杀节度使张瓌，留其将王建肇守城而去，遗民才数百家。

饶州刺史陈儒陷衢州。

武装的士兵捉住了高霸和丁从实、余绕山，把他们都杀了。又派遣一千名骑兵到法云寺去袭击杀害他们的同伙，死的有几千人。这一天，下了大雪，法云寺外几个街市地面都被染红了。高晔逃走了，第二天，把高晔抓住并杀了他。

吕用之在天长时，欺骗杨行密说："我有银子五万锭，埋在居住的地方，把城攻下来的时候，我愿意把它作为慰劳您部下的资财。"闰十一月十一日庚戌，杨行密检阅士兵，回头看吕用之说："你许诺给我部下银子，怎么又食言了呢！"因此将他拿下系上刑具，命令田頵审问他，田頵报告说："吕用之和郑杞、董瑾谋划利用七月十五日中元节的晚上，邀请高骈到他的府第去举行黄箓大斋，乘着他入静时，用绳子勒死他，对外则声称高骈已经升天成为神仙了。接下来命令莫邪都率领各路军队推举吕用之为节度使。"这一天，把吕用之腰斩了，他的仇家挖他的躯体，割他的皮肉，一会儿就分割尽了，并且诛杀了吕用之的家族、同党。士兵们掘开吕用之厅堂的正中，得到一个桐木雕刻的人，在它的胸部写上高骈的姓名，手脚加上刑具，还在它身上钉了钉子。

袁袭告诉杨行密说："广陵城饥饿的情况已经到了极点，孙儒的蔡州军如果再次入侵，老百姓一定会更加穷困，不如暂时躲开他。"闰十一月十五日甲寅，杨行密派遣和州的将领延陵宗率领他的部下两千人回和州。闰十一月十六日乙卯，又命令指挥使蔡俦率领士兵一千人，装运军械、粮食的车子几千辆，回到庐州去。

赵晖占据了上元县，正遇周宝战败，浙西溃散的士卒多来归附他，部众扩大到几万人。赵晖于是骄傲自大起来，整修南朝时建造后被毁坏的台城来居住，衣服、器用奢侈、华丽，大大超越了礼制规定的标准。张雄在东塘，赵晖不和他互通问候；张雄沿江逆流而上，赵晖派兵在中流堵塞他们。张雄生气了，闰十一月十九日戊午，攻打上元县，把它攻下来了。赵晖逃往当涂，在途中被部下杀死。余下的部众投降张雄，张雄把降人全部活埋了。

朱全忠派遣亲近的客将张廷范送朝廷的命令给杨行密，任命杨行密为淮南节度副使，又任宣武行军司马李璠为淮南留后，派遣牙将郭言率领士兵一千人护送李璠。

感化节度使时溥自认为比朱全忠资格老，官为都统，但反而不能统领淮南这一地方，而朱全忠却得到了，心中既责怪又抱怨。朱全忠写信向时溥借道，时溥不允许。李璠到了泗州，时溥派兵去袭击李璠，郭言奋力作战，才得以逃脱回去。徐州的时溥、汴州的朱全忠从这时起结下了怨仇。

十二月二十五日癸巳，秦宗权所任命的山南东道留后赵德諲攻陷了荆南，杀了节度使张瓌，留下自己的部将王建肇守城才回去。这时，遗留下来的老百姓只有几百家。

饶州刺史陈儒攻陷了衢州。

上蔡贼帅冯敬章陷蕲州。

乙未，周宝卒于杭州。

钱镠以杜稜为常州制置使。命阮结等进攻润州，丙申，克之，刘浩走，擒薛朗以归。

（以上为第十段，写杨行密诛杀吕用之。感化军节度使时溥不服朱全忠得淮南节度使之职，徐汴始交恶。）

文德元年（戊申，888年）

春，正月，甲寅，孙儒杀秦彦、毕师铎、郑汉章。彦等之归宗衡也，其众犹二千余人，其后稍稍为儒所夺，裨将唐宏知其必及祸，恐并死，乃诬告彦等潜召汴军。儒杀彦等，以宏为马军使。

张守一与吕用之同归杨行密，复为诸将合仙丹，又欲干军府之政，行密怒而杀之。

蔡将石璠将万余人寇陈、亳，朱全忠遣朱珍、葛从周将数千骑击擒之。癸亥，以全忠为蔡州四面行营都统，代时溥，诸镇兵皆受全忠节度。

张廷范至广陵，杨行密厚礼之，及闻李璠来为留后，怒，有不受之色。廷范密使人白全忠，宜自以大军赴镇，全忠从之。至宋州，廷范自广陵逃来，曰："行密未可图也。"甲子，李璠至，言徐军遮道，全忠乃止。

丙寅，钱镠斩薛朗，剖其心以祭周宝，以阮结为润州制置使。

二月，朱全忠奏以杨行密为淮南留后。

乙亥，上不豫；壬午，发凤翔，己丑，至长安。庚寅，赦天下，改元。以韦昭度兼中书令。

（以上为第十一段，写徐州时溥遮道，朱全忠不得入广陵，奏请杨行密为留后。僖宗还京师。）

魏博节度使乐彦祯，骄泰不法，发六州民筑罗城，方八十里，人苦其役。其子从训，尤凶险，既杀王铎，魏人皆恶之。从训聚亡命五百余人为亲兵，谓之子将，牙兵疑之，籍籍不安。从训惧，易服逃出，止于

上蔡贼寇的首领冯敬章攻陷了蕲州。

十二月二十七日乙未，周宝病死于杭州。

钱镠委派杜稜担任常州制置使。命令阮结等人进攻润州。十二月二十八日丙申，攻下了润州；刘浩逃走了，活捉了薛朗返回。

唐僖宗文德元年（戊申，888 年）

春季，正月十六日甲寅，孙儒杀死秦彦、毕师铎、郑汉章。秦彦等人投奔秦宗衡时，他们的部众仍有两千多人，后来逐渐被孙儒夺过去了。秦彦的裨将唐宏知道秦彦等人一定会灾祸临头，害怕受到牵连而死，于是诬告秦彦等暗中招引汴州朱全忠的军队。孙儒杀死秦彦等人，派唐宏担任马军使。

张守一和吕用之一同归附杨行密，又给各将领调制仙丹，另外又想干预军中的事务，杨行密生了气就把张守一杀了。

蔡州的将领石璠率领一万多人去掠夺陈州、亳州，朱全忠派遣朱珍、葛从周率领几千名骑兵去攻打石璠并活捉了他。正月二十五日癸亥，任命朱全忠为蔡州四面行营都统，代替时溥，各镇军队都受朱全忠的指派调度。

张廷范到了广陵，杨行密用优厚的礼节招待他；等听到李璠要来这里担任留后职务的消息后，生气了，有不接受的神色。张廷范秘密派人报告朱全忠，应该亲自率领大军前来镇守，朱全忠听从了他的意见，到了宋州，张廷范从广陵逃出来，说："现在还不是图谋杨行密的时候。"正月二十六日甲子，李璠也到了，说时溥的徐州军阻拦道路，朱全忠这才停止前往。

正月二十八日丙寅，钱镠杀了薛朗，挖出他的心来祭奠周宝，派阮结担任润州制置使。

二月，朱全忠上奏派杨行密担任淮南留后。

二月初七日乙亥，唐僖宗身体不适；二月十四日壬午，唐僖宗从凤翔出发，二月二十一日己丑，到达长安。二月二十二日庚寅，大赦天下，改年号为文德。任命韦昭度兼任中书令。

魏博节度使乐彦祯，放纵无忌，不守法度，发动魏、博、贝、相、澶、卫六州的百姓去修筑魏州的罗城，方圆有八十里地，大家深感劳役的繁重。他的儿子乐从训，更加凶狠阴险，在漳南高鸡泊杀了王铎，魏州的百姓都憎恨他。乐从训聚集亡

近县，彦祯因以为相州刺史。从训遣人至魏运甲兵、金帛，交错于路，牙兵益疑。彦祯惧，请避位，居龙兴寺为僧，众推都将赵文玠知留后事。

从训引兵三万至城下，文玠不出战，众复杀之，推牙将贵乡罗弘信知留后事。先是，人有言“见白须翁，言弘信当为地主”者，文玠既死，众群聚呼曰：“谁欲为节度使者？”弘信出应曰：“白须翁已命我矣。”众环视曰：“可也。”遂立之。弘信引兵出，与从训战，败之。从训收余众保内黄，魏人围之。

先是，朱全忠将讨蔡州，遣押牙雷邺以银万两请籴于魏，牙兵既逐彦祯，杀邺于馆。从训既败，乃求救于全忠。

初，河阳节度使李罕之与张全义刻臂为盟，相得欢甚。罕之勇而无谋，性复贪暴，意轻全义，闻其勤俭力穑，笑曰：“此田舍一夫耳！”全义闻之，不以为忤。罕之屡求谷帛，全义皆与之。而罕之征求无厌，河南不能给，小不如所欲，辄械河南主吏至河阳杖之，河南将佐皆愤怒。全义曰：“李太尉所求，奈何不与！”竭力奉之，状若畏之者，罕之益骄。罕之所部不耕稼，专以剽掠为资，啖人为粮，至是悉其众攻绛州，绛州刺史王友遇降之，进攻晋州，护国节度使王重盈密结全义以图之。全义潜发屯兵，夜，乘虚袭河阳，黎明，入三城，罕之逾垣步走，全义悉俘其家，遂兼领河阳节度使。罕之奔泽州，求救于李克用。

（以上为第十二段，写魏博镇内讧，众推罗弘信为留后。河南尹张全义败李罕之，兼领河阳节度使。）

三月，戊戌朔，日有食之，既。

己亥，上疾复作，壬寅，大渐。皇弟吉王保，长而贤，群臣属望。十军观军容使杨复恭请立其弟寿王杰。是日，下诏，立杰为皇太弟，监军国事。右军中尉刘季述遣兵迎杰于六王宅，入居少阳院，宰相以下就见之。癸卯，上崩于灵符殿。遗制，太弟杰更名敏，以韦昭度摄冢宰。

命之徒五百多人做亲兵，称为子将，众牙兵怀疑这事，骚动不安。乐从训害怕了，换了衣服逃到附近的县里。乐彦祯因而任命他担任相州刺史。乐从训派人到魏州搬运铠甲、兵器、金银、布帛，车辆在道路上来来往往，牙兵们更加怀疑。乐彦祯也害怕了，请求辞去职位，住在龙兴寺里当了和尚，大家推举都将赵文玣掌管留后的职务。

乐从训带领军队三万人攻到魏州城下，赵文玣不出来作战，大家杀掉他，推举牙将贵乡人罗弘信掌管留后的职务。起先，有人说："看到一个白胡须的老翁，说罗弘信应当做本地的长官。"赵文玣死后，大家聚集在一起呼喊着："谁想做节度使？"罗弘信出来回答说："白胡须的老翁已经命令我做了。"大家围着看他说："可以。"于是拥立罗弘信为魏博节度使。罗弘信率领军队出去与乐从训作战，打败了他。乐从训收聚余下的部队守住内黄县，罗弘信的军队把他包围了起来。

起先，朱全忠将要讨伐蔡州，派遣押牙雷邺用一万两银子到魏州去买米；牙兵们逐走了乐彦祯，在接待宾客的房舍里把雷邺杀了。乐从训战败后，就向朱全忠求救。

当初，河阳节度使李罕之和河南尹张全义割臂结盟，关系很好。李罕之很勇敢，但没有谋略，性格又贪婪、残暴，轻视张全义，听说他勤劳、节俭，致力于耕种，便嘲笑他说："这个人只是田里的一个农夫而已！"张全义听到了，毫不介意。李罕之多次要求粮食、布帛，张全义都给了他。但李罕之索求不止，河南这个地方不能供给，稍微不能如他所愿，就常常把河南地方的主管抓起来加上刑具送到河阳责打。河南的将士、佐吏都愤怒难忍。张全义说："李罕之所要求的，为什么不给他呢！"尽力侍奉李罕之，好像很害怕他的样子，李罕之愈加骄傲起来。李罕之的军队不种田，专门以抢劫、掠夺获取资本，以人肉为粮食。这时他发动所有的部众攻打绛州，绛州刺史王友遇向他投降；又攻打晋州，护国节度使王重盈秘密联合张全义来谋算他。张全义暗中发动民兵，晚上，乘着李罕之后方空虚袭击河阳，天亮后，攻进河阳的南城、北城、中潬城，李罕之跳过城墙徒步逃走，张全义把他的全家都俘虏了，于是兼代河阳节度使的官职。李罕之逃往泽州，向李克用求救。

三月初一日戊戌，发生日全食。

三月初二日己亥，唐僖宗的病又发作了；三月初五日壬寅，僖宗的病越来越严重。唐僖宗的弟弟吉王李保，年长而且贤明能干，群臣都对他抱有希望。十军观军容使杨复恭请求立另一个弟弟寿王李杰。这一天，下达诏命，立李杰为皇太弟，监领军国大事。右军中尉刘季述派遣士兵到六王宅去迎接李杰，住进少阳院。宰相以下的官吏都到少阳院去拜见李杰。三月初六日癸卯，唐僖宗在灵符殿去世。遗留君

昭宗即位，体貌明粹，有英气，喜文学，以僖宗威令不振，朝廷日卑，有恢复前烈之志，尊礼大臣，梦想贤豪，践阼之始，中外忻忻焉。

朱全忠裹粮于宋州，将攻秦宗权。会乐从训来告急，乃移军屯滑州，遣都押牙李唐宾等将步骑三万攻蔡州，遣都指挥使朱珍等分兵救乐从训。自白马济河，下黎阳、临河、李固三镇，进至内黄，败魏军万余人，获其将周儒等十人。

李克用以其将康君立为南面招讨使，督李存孝、薛阿檀、史俨、安金俊、安休休五将、骑七千，助李罕之攻河阳。张全义婴城自守，城中食尽，求救于朱全忠，以妻子为质。

王建攻彭州，陈敬瑄救之，乃去。建大掠西川，十二州皆被其患。

夏，四月，庚午，追尊上母王氏曰恭宪皇后。

壬午，孙儒袭扬州，克之，杨行密出走，儒自称淮南节度使。行密将奔海陵，袁袭劝归庐州，再为进取之计，从之。

朱全忠遣其将丁会、葛从周、牛存节将兵数万救河阳。李存孝令李罕之以步兵攻城，自帅骑兵逆战于温，河东军败，安休休惧罪，奔蔡州。汴人分兵欲断太行路，康君立等惧，引兵还。全忠表丁会为河阳留后，复以张全义为河南尹。会，寿春人；存节，博昌人也。全义德全忠出己，由是尽心附之，全忠每出战，全义主给其粮仗无乏。

李罕之为泽州刺史，领河阳节度使。罕之留其子颀事克用，身还泽州，专以寇钞为事，自怀、孟、晋、绛数百里间，州无刺史，县无令长，田无麦禾，邑无烟火者，殆将十年。河中、绛州之间有摩云山，绝高，民保聚其上，寇盗莫能近，罕之攻拔之，时人谓之"李摩云"。

乐从训移军洹水，罗弘信遣其将程公信击从训，斩之，与父彦祯皆枭首军门。癸巳，遣使以厚币犒全忠军，请修好，全忠乃召军还。诏以罗弘信权知魏博留后。

命，皇太弟李杰改名李敏，任命韦昭度代理宰相的职位。

唐昭宗李敏即位，聪慧而美好，有威武的气概，喜欢文学。由于唐僖宗军政、刑法的命令不能推行，朝廷的威望一天比一天下降，唐昭宗有恢复先帝功业的志向，尊敬礼遇大臣，想得到贤士豪杰。初即帝位之时，朝廷上上下下的人都非常高兴。

朱全忠在宋州集中携带的粮食，准备攻打秦宗权；正遇上乐从训来求救，于是调动军队驻扎到滑州，派遣都押牙李唐宾等人率领步卒、骑兵三万人去攻打蔡州，派遣都指挥使朱珍等人分兵去救援乐从训。从白马渡河，攻下黎阳、临河、李固三个镇，进兵到内黄，打败了魏州罗弘信的军队一万多人，俘获了他的将领周儒等十人。

李克用派遣他的部将康君立担任南面招讨使，率领李存孝、薛阿檀、史俨、安金俊、安休休等五个将领以及骑兵七千人，帮助李罕之攻打河阳。张全义据城防守，城里的粮食都吃光了，向朱全忠请求救援，用自己的妻儿作为人质。

王建攻打彭州，陈敬瑄去救援它，王建才离去。王建大肆掠夺西川这一地区，益、彭、蜀、汉、嘉、眉、邛、简、资、雅、黎、茂等十二个州都遭受他的祸害。

夏季，四月初三日庚午，追尊唐昭宗的母亲王氏为恭宪皇后。

四月十五日壬午，孙儒袭击扬州，攻下了它；杨行密出走，孙儒自称为淮南节度使。杨行密想逃往海陵，袁袭劝他回到庐州去，再做进兵的打算，杨行密听从了袁袭的意见。

朱全忠派遣他的部将丁会、葛从周、牛存节率领军队几万人前往河阳救援。李存孝下令李罕之用步兵去攻城，自己率领骑兵在温县迎战。河东的军队战败了，安休休害怕被治罪，逃奔蔡州。朱全忠把汴州军队分出一部分去拦断通往太行的道路，康君立等人惧怕没有退路，率领军队回去了。朱全忠上表推举丁会担任河阳留后，又派张全义担任河南尹。丁会是寿春人，牛存节是博昌人。张全义感动朱全忠救援自己，因此尽心尽力归附他。朱全忠每次出去打仗，张全义主动供给他粮食、器具等物，从不缺少。

李罕之担任泽州刺史，同时兼领河阳节度使。李罕之留下他的儿子李颀事奉李克用，自己回到泽州，专门从事抢劫掠夺。怀州、孟州、晋州、绛州之间几百里地，州里没有刺史，县里没有县官，田里没有禾麦，城邑没有人烟的情况，几乎有十年了。河中、绛州之间有座摩云山，很高，老百姓聚居在上面，相互保护着，贼寇强盗不能接近，李罕之把它攻下来了，当时人们把他叫作“李摩云”。

乐从训把军队迁徙到洹水驻扎，罗弘信派部将程公信攻打乐从训，把乐从训杀了，与他父亲乐彦祯的首级一起悬挂在军门上。四月二十六日癸巳，罗弘信派遣使者带着很多钱币去犒劳朱全忠的军队，要求重新建立友好关系，朱全忠于是下令军

（以上为第十三段，写僖宗崩，昭宗即位。淮南孙儒败杨行密入据广陵，自称淮南节度使。魏博罗弘信杀前任乐彦祯、乐从训父子，与朱全忠交好。李罕之引李克用为援，张全义归附朱全忠。）

归州刺史郭禹击荆南，逐王建肇，建肇奔黔州。诏以禹为荆南留后。荆南兵荒之余，止有一十七家，禹励精为治，抚集凋残，通商务农，晚年殆及万户。时藩镇各务兵力相残，莫以养民为事，独华州刺史韩建招抚流散，劝课农桑，数年之间，民富军赡。时人谓之北韩南郭。

秦宗权别将常厚据夔州，禹与其将汝阳许存攻夺之。久之，朝廷以禹为荆南节度使，建肇为武泰节度使。禹奏复姓名为成汭。

加李克用兼侍中。

五月，己亥，加朱全忠兼侍中。

赵德諲既失荆南，且度秦宗权必败，壬寅，举山南东道来降，且自托于朱全忠。全忠表请以德諲自副，制以山南东道为忠义军，以德諲为节度使，充蔡州四面行营副都统。

朱全忠既得洛、孟，无西顾之忧，乃大发兵击秦宗权，大破宗权于蔡州之南，克北关门。宗权屯守中州，全忠分诸将为二十八寨以环之。

加凤翔节度使李茂贞检校侍中。

陈敬瑄方与王建相攻，贡赋中绝。建以成都尚强，退无所掠，欲罢兵，周庠、綦毋谏以为不可，庠曰："邛州城堑完固，食支数年，可据之以为根本。"建曰："吾在军中久，观用兵者不倚天子之重，则众心易离。不若疏敬瑄之罪，表请朝廷，命大臣为帅而佐之，则功庶可成。"乃使庠草表，请讨敬瑄以赎罪，因求邛州。顾彦朗亦表请赦建罪，移敬瑄他镇以靖两川。

初，黄巢之乱，上为寿王，从僖宗幸蜀。时事出仓猝，诸王多徒行至山谷中，寿王疲乏，不能前，卧磻石上。田令孜自后至，趣之行，王

队回去。唐昭宗下诏任命罗弘信暂时代理魏博留后的职位。

归州刺史郭禹攻打荆南，赶走了王建肇，王建肇逃奔黔州。唐昭宗下诏任命郭禹为荆南留后。荆南在兵荒马乱之后，只剩下了十七户人家。郭禹发奋图强，努力治理，安抚招集残剩的人民，经营商业，发展农业，后来几乎有上万户的人家了。当时各个藩镇都发动军队打仗，互相残杀，没有人重视让百姓休养生息这件大事，只有华州刺史韩建招集安抚流徙散失的老百姓，劝勉奖励大家种田植桑，几年之间，百姓富有，军队给养充足。当时的人称他们为“北韩南郭”。

秦宗权的别将常厚占据了夔州，郭禹和他的部将汝阳人许存攻打并夺取了它。后来，朝廷任命郭禹为荆南节度使，王建肇为武泰节度使。郭禹上奏要求恢复原来的姓名成汭。

加封李克用兼任侍中。

五月初三日己亥，加封朱全忠兼任侍中。

赵德諲已经失掉了荆南，又考虑到秦宗权一定要失败的，五月初六日壬寅，带领山南东道的军队来投降，自己依附于朱全忠。朱全忠上表请派赵德諲担任自己的副职，唐昭宗下令以山南东道为忠义军，任命赵德諲为节度使，充当蔡州四面行营副都统。

朱全忠得到了洛州、孟州，就不用顾虑西面了，于是大举进攻秦宗权，在蔡州的南面把秦宗权打得大败，攻下了北关门。秦宗权屯兵防守蔡州的中城，朱全忠把各路将领分为二十八个寨子来包围秦宗权。

加封凤翔节度使李茂贞担任检校侍中。

陈敬瑄正和王建互相攻打，对朝廷交纳的贡品、赋税中断了。王建由于成都还很强盛，后退又没有地方可以抢掠，想要收兵。周庠、綦毋上谏认为不可以，周庠说：“邛州的城墙沟堑完整坚固，食物能够支持好几年，可以占据这个地方作为根本。”王建说：“我在军队中已经很久了，看到带领军队的人如果不倚仗皇帝的威望，那么部众就很容易离心；不如上疏陈述陈敬瑄的罪过，上表请求朝廷派大臣做将帅，我们可以辅佐他，那么就有成功的希望了。”于是派周庠起草表文，请求讨伐陈敬瑄来赎自己的罪过，并趁机要求给予自己邛州这个地方。顾彦朗也上表请求赦免王建的罪，把陈敬瑄迁徙到别的镇所去，来安定东、西两川。

起初，黄巢作乱的时候，唐昭宗还是寿王，随从唐僖宗逃到蜀地。当时事情非常仓促突然，各个王侯大多在山路上步行。寿王疲劳困乏，不能再向前走了，躺在

曰："足痛，幸军容给一马。"令孜曰："此深山，安得马！"以鞭抶王使前，王顾而不言，心衔之。及即位，遣人监西川军，令孜不奉诏。上方愤藩镇跋扈，欲以威制之。会得彦朗、建表，以令孜所恃者敬瑄耳，六月，以韦昭度兼中书令，充西川节度使，兼两川招抚制置等使，征敬瑄为龙武统军。

王建军新都，时绵竹土豪何义阳、安仁费师懃等所在拥兵自保，众或万人，少者千人。建遣王宗瑶说之，皆帅众附于建，给其资粮，建军复振。

置佑国军于河南府，以张全义为节度使。

秋，七月，李罕之引河东兵寇河阳，丁会击却之。

升凤州为节度府，割兴、利州隶之，以凤州防御使满存为节度使、同平章事。

以权知魏博留后罗弘信为节度使。

八月，戊辰，朱全忠拔蔡州南城。

（以上为第十四段，写成汭据荆南，朱全忠围困秦宗权于蔡州，王建请朝命征讨陈敬瑄，军势雄张。）

杨行密畏孙儒之逼，欲轻兵袭洪州，袁袭曰："锺传定江西已久，兵强食足，未易图也。赵锽新得宣州，怙乱残暴，众心不附。公宜卑辞厚币，说和州孙端、上元张雄使自采石济江侵其境，彼必来逆战，公自铜官济江会之，破锽必矣。"行密从之，使蔡俦守庐州，帅诸将济自糁潭。

孙端、张雄为赵锽所败，锽将苏塘、漆朗将兵二万屯曷山。袁袭曰："公引兵争趋曷山，坚壁自守，彼求战不得，谓我畏怯，因其怠，可破也。"行密从之。塘等大败，遂围宣州。锽兄乾之自池州帅众救宣州，行密使其将陶雅击乾之于九华，破之。乾之奔江西，以雅为池州制置使。

九月，朱全忠以馈运不继，且秦宗权残破不足忧，引兵还。丙申，遣朱珍将兵五千送楚州刺史刘瓒之官。

一块大石头上。田令孜从后面赶来，催促他快走。寿王说：“我的脚很疼，希望你能给我一匹马。”田令孜说：“这里是深山，哪里能得到马！”于是用鞭抽打寿王，赶他向前走，寿王回头看着田令孜没有说话，心中怀恨他。等到当了皇帝，昭宗派人监领西川军，田令孜不服从命令。唐昭宗正愤恨各地藩镇骄横跋扈，想要用威势来制服他们。恰好得到顾彦朗、王建上的表章，认为田令孜所倚仗的只有陈敬瑄而已。六月，任命韦昭度兼中书令，代理西川节度使，又兼两川招抚制置等使，征调陈敬瑄担任禁军的龙武统军。

王建驻扎在新都，当时绵竹的土豪何义阳、安仁的费师懃等人，都在当地拥有军队来保卫自己，部众多的有一万人，少的也有一千人。王建派遣王宗瑶说服他们，他们都率领部众来归附王建，供给他财物粮食，王建的军队又壮大起来了。

在河南府设置佑国军，任命张全义为节度使。

秋季，七月，李罕之带领河东的士兵侵犯河阳，丁会把李罕之击退了。

升凤州为节度府，划分兴州、利州隶属凤州，任命凤州防御使满存为节度使、同平章事。

任命暂时代理魏博留后职位的罗弘信为节度使。

八月初三日戊辰，朱全忠攻下蔡州的南城。

杨行密害怕孙儒的逼迫，想轻装突袭洪州。袁袭说：“锺传平定江西已经很久了，兵力很强，粮食充足，不容易图谋他。赵锽刚刚得到宣州，趁乱世残暴欺压百姓，大家都不依附他。您最好用谦虚的言辞、丰厚的财物钱币去游说和州的孙端、上元的张雄，使他们从采石渡过长江去侵犯赵锽的边境，赵锽必定会来迎战。您再从铜官渡过长江与他们会合，这样一定可以攻破赵锽。”杨行密听从了袁袭的意见，派遣蔡俦守卫庐州，自己率领众将从糁潭渡过长江。

孙端、张雄被赵锽打败，赵锽的部将苏塘、漆朗率领军队二万人防守在曷山。袁袭说：“您带领士兵快速赶到曷山，加固壁垒，搞好防守。对方将会再三求战，您都不要应战，对方就会认为我们是胆怯害怕了。乘着他们懈怠时，就可以攻破他们。”杨行密又听从了他的意见。结果苏塘等人大败，于是包围了宣州。赵锽的哥哥赵乾之从池州率领部队来救援宣州，杨行密派遣部将陶雅在九华山攻打赵乾之，打败了他。赵乾之逃奔到江西去。杨行密便派陶雅担任池州制置使。

九月，朱全忠因为来不及调运粮食，而且秦宗权兵力已经残破，不值得忧虑，就带领军队回去了。九月初二日丙申，派遣朱珍率领军队五千人护送楚州刺史刘瓒

钱镠遣其从弟銶将兵攻徐约于苏州。

冬，十月，徐兵邀朱珍、刘瓒不听前，珍等击之，取沛、滕二县，斩获万计。

孟方立遣其将奚忠信将兵三万袭辽州，李克脩邀击，大破之，擒忠信送晋阳。

辛卯，葬惠圣恭定孝皇帝于靖陵，庙号僖宗。

陈敬瑄、田令孜闻韦昭度将至，治兵完城以拒之。

十一月，时溥自将步骑七万屯吴康镇，朱珍与战，大破之。朱全忠又遣别将攻宿州，刺史张友降之。

丙申，秦宗权别将攻陷许州，执忠武留后王蕴，复取许州。

十二月，蔡将申丛执宗权，折其足而囚之，降于全忠，全忠表丛为蔡州留后。

初，感义节度使杨晟既失兴、凤，走据文、龙、成、茂四州。王建攻西川，田令孜以晟己之故将，假威戎军节度使，使守彭州。王建攻彭州，陈敬瑄眉州刺史山行章将兵五万壁新繁以救之。

丁亥，以韦昭度为行营招讨使，山南西道节度使杨守亮副之，东川节度使顾彦朗为行军司马；割邛、蜀、黎、雅置永平军，以王建为节度使，治邛州，充行营诸军都指挥使。

戊子，削陈敬瑄官爵。

山南西道节度使杨守亮陷夔州。

（以上为第十五段，写杨行密失广陵，兵围宣州。秦宗权败殁。王建讨陈敬瑄，得朝命为永平军节度使，充行营诸军都指挥使。）

前往任所。

钱镠派遣他的堂弟钱銶率领军队到苏州去攻打徐约。

冬季，十月，时溥的徐州兵阻拦朱珍、刘瓒前进。朱珍等攻击他们，占领了沛、滕两个县，斩杀、俘虏的人数以万计。

孟方立派遣他的部将奚忠信率领军队三万人袭击辽州。李克脩拦路迎击，大破奚忠信的军队，活捉了奚忠信送往晋阳。

十月二十七日辛卯，在靖陵埋葬了惠圣恭定孝皇帝，庙号僖宗。

陈敬瑄、田令孜听说韦昭度将要到来，便修理兵器装备，筑好城墙抵拒韦昭度。

十一月，时溥亲自率领步兵、骑兵七万人驻扎在吴康镇。朱珍与时溥作战，大破时溥的军队。朱全忠又派遣别将攻打宿州，刺史张友投降了。

十一月初三日丙申，秦宗权的别将攻陷许州，抓住了忠武留后王蕴，又占领了许州。

十二月，蔡州的将领申丛抓住秦宗权，折断他的脚把他囚禁起来，向朱全忠投降。朱全忠上表请求派申丛担任蔡州留后。

起初，感义节度使杨晟失去兴州、凤州以后，就去占据了文、龙、成、茂四个州。王建攻打西川，田令孜由于杨晟是自己过去的部将，派他代理威戎军节度使，使他守卫彭州。王建又攻打彭州，陈敬瑄部下眉州刺史山行章率领五万人在新繁筑起壁垒来救援杨晟。

十二月二十四日丁亥，任命韦昭度为行营招讨使，山南西道节度使杨守亮做他的副使，东川节度使顾彦朗担任行军司马；划分邛、蜀、黎、雅四个州设置永平军，任命王建为节度使，治所在邛州，代理行营诸军都指挥使。

十二月二十五日戊子，削除陈敬瑄的官爵。

山南西道节度使杨守亮攻陷了夔州。

【点评】

本卷点评杨行密兴起淮南、张全义复兴东都、秦宗权为祸中原三件史事。

一、杨行密兴起淮南。杨行密，字化源，庐州合肥人，高大有力，能举重一百斤，与乡人田頵、陶雅、刘威等交好。杨行密年二十投身黄巢起义，在作战中被庐州刺史郑棨俘获，郑棨异其状貌，令其充当州兵，逐渐提升为庐州牙将。公元883年，杨行密杀都将，统领诸营，庐州刺史被迫让位，朝廷任命杨行密为庐州刺史，隶属淮南节度使高骈。杨行密部属刘威、陶雅、田頵、徐温等三十六人，号三十六“英雄”，这些人是杨行密的心腹骨干。公元887年，淮南节度使高骈被部将毕师铎围攻，宣歙观察使秦彦率师三万助毕师铎攻入扬州。秦彦自称淮南节度使，以毕师铎为行军司马。杨行密奉高骈之命救援，围攻扬州半年，秦彦、毕师铎在围城中乏粮，以人为食。扬州地处水陆交通要冲，人物殷阜，半年间，居民几乎被秦彦兵吃完。杨行密破城，只剩下几百户居民，全都是饿殍，一个个瘦弱不像人形，富饶的扬州成了一片废墟。秦彦不甘失败，引蔡州秦宗权救援。秦宗权遣其弟秦宗衡率领孙儒、刘建锋、马殷等来争扬州，蔡州兵十倍于杨行密。杨行密弃城回江南庐州。数年争战，孙儒败亡，杨行密重新占领扬州，朝廷任命杨行密为淮南节度使。杨行密招抚流亡，减轻租赋徭役，以茶盐与邻道通商以足军用。数年以后，民力恢复，淮南成为东南大镇。北起海州，南至虔州，东起常州，西至沔口（今湖北武汉），皆为淮南所有。朱全忠三次进攻，三次失败。杨行密建立吴国，后为南唐，历经五代，阻挡了北方政权统一南方。后梁、后唐两代统治者十分凶残。杨行密兴起，隔离南北，为江南人民生活的稳定与发展提供了良好的环境，在当时有着积极和进步的意义。杨行密割据淮南，在唐末群雄中最为开明，是一个比较得民心的地方政权。

二、张全义复兴东都。张全义，字国维，濮州临濮人。年少时以农家子服县役，数为县令困辱，愤而投身黄巢起义军中。黄巢入长安，任命张全义为吏部尚书、水运使。黄巢败没，张全义投奔河阳节度使诸葛爽，诸葛爽死后，事其子诸葛仲方。秦宗权遣将孙儒逐走诸葛仲方，张全义与李罕之分别据守河阳、洛阳，依附于朱全忠。李罕之据河阳，张全义据洛阳。洛阳为唐东都，多次兵灾之后成为一片废墟，户数不足一百。张全义据守以后披荆斩棘，招募流民，劝课耕织，亲自载以酒食在农忙时深入田间慰问。在洛阳筑南北二城以护民人。数年以后，人物完盛，洛阳恢复了生气，流民得到了安置。朱全忠劫迁唐昭宗到东都，缮理宫阙、府库，靠的是张全义之力。

张全义原名张言，唐昭宗赐名张全义。入后梁，官拜河南尹，累迁至中书令，兼领忠武、陕虢、郑滑、河阳节度使，判六军诸卫事，天下兵马副元帅，封魏王。入后唐，庄宗加拜张全义右师尚书令，改封齐王。

在唐末割据者中，多数是秦彦、孙儒那样的吃人野兽，也有张全义这样恤民的军阀。张全义历后梁、后唐两朝得以善终，良有以也。

三、秦宗权为祸中原。秦宗权，乱国贼子，许州人，为郡牙将。僖宗广明元年（880），黄巢渡淮北上，秦宗权抗击有功，得授蔡州节度使。中和三年（883），黄巢退出长安东走，秦宗权迎战不利，投降黄巢。黄巢覆灭，秦宗权转强。李克用与朱全忠交恶，朝廷田令孜专权与河中王重荣交恶，官军无力征讨蔡州，秦宗权趁机遣将四出攻掠，扩张地盘，部属秦彦、秦贤、秦浩、孙儒、张晊、卢塘等皆虎狼之徒，以杀人为乐事。秦彦攻淮南，秦贤攻江南，秦浩攻襄阳，孙儒攻洛阳，张晊攻汝、郑，卢塘攻汴州。各路共攻陷二十余州，只有赵犨兄弟所守徐州，朱全忠所守汴州未下，城门之外为贼疆场，乡村邑落被破坏无遗。贼众所到之处，残杀人物，焚烧都邑村落，西至关内，东到青徐，南至江淮，北到卫滑，中原大地，鱼烂鸟散，人烟断绝，荆榛蔽野。秦彦、孙儒最为野蛮，行军不带粮食，以人为食，军士盐尸而从。秦彦、孙儒入扬州，公然贩卖人肉，全城士民几乎被杀光。秦宗权还狂妄地称帝于蔡州。在唐末军阀割据中，秦宗权最为刻毒，他为祸中原，残害百姓，纯粹是一个魔王。两唐书将秦宗权入逆臣传，与安禄山、史思明、朱泚等人并列。在诸逆臣中，秦宗权最为凶顽。公元888年，秦宗权被其爱将申丛捕获，被打断双脚，囚送京师，与其妻俱斩于独柳之下。临刑前，秦宗权对监斩官京兆尹孙揆说："尚书明鉴，秦宗权难道是一个造反的人吗？只是表达忠心的方式不妥罢了。"可以说是无耻之尤，引得围观的人哈哈大笑。

唐纪七十四

唐昭宗龙纪元年至大顺二年（889—891年）

【起屠维作噩（己酉，889年），尽重光大渊献（辛亥，891年），凡三年】

【大事提要】

本卷记事起公元889年，讫公元891年，记载史事凡三年。当唐昭宗龙纪元年至大顺二年。昭宗体貌明粹，有英气，感慨僖宗威令不振，朝廷日卑，发愿重整雄风，恢复先代圣主的业绩。他利用军阀混战，以朝命任命韦昭度征讨西川陈敬瑄，纳宰相张濬之谋，以朱全忠及河北三镇为主力讨伐李克用。此时朝廷既无郭子仪、李晟、李愬之英才用兵，又无李泌、陆贽之贤杰为之谋，韦昭度庸懦，张濬轻佻，结果韦昭度见逐于王建，张濬全军败没。昭宗城府深，巧借杨复恭义子李顺节以逐走杨复恭，继杀李顺节，朝纲仍然不振。宦官积恶已非一日，藩镇跋扈祸行全国，正气不伸，邪曲枉炽，一唐昭宗无如之何，盖大厦将倾，非独木能支也。此时期，军阀混战的主战场一是江南，二是西川。江南争战主要是据扬州的孙儒与杨行密争雄。杨行密得杭州钱镠之助，孙儒则有徐州时溥之援，各自无后顾之忧，故拼全力以战。孙儒凶残，常胜而不得人心，最后烧积聚，扫境渡江，孤注一掷，以图侥幸，取死之道。西川王建得势破成都，是此时期最大的赢家。中原争战，朱全忠与李克用互有胜败。

【原文】

昭宗圣穆景文孝皇帝上之上

龙纪元年（己酉，889 年）

春，正月，癸巳朔，赦天下，改元。

以翰林学士承旨、兵部侍郎刘崇望同平章事。

汴将庞师古拔宿迁，军于吕梁。时溥逆战，大败，还保彭城。

壬子，蔡将郭璠杀申丛，送秦宗权于汴，告朱全忠云："丛谋复立宗权"。全忠以璠为淮西留后。

戊申，王建大破山行章于新繁，杀获近万人，行章仅以身免。杨晟惧，徙屯三交，行章屯濛阳，与建相持。

二月，朱全忠送秦宗权至京师，斩于独柳。京兆尹孙揆监刑，宗权于槛车中引首谓揆曰："尚书察宗权岂反者邪？但输忠不效耳。"观者皆笑。揆，逖之族孙也。

三月，加朱全忠兼中书令，进爵东平郡王。全忠既克蔡州，军势益盛。

加奉国节度使赵德諲中书令，加蔡州节度使赵犨同平章事，充忠武节度使，以陈州为理所。会犨有疾，悉以军府事授其弟昶，表乞骸骨，诏以昶代为忠武节度使。未几，犨薨。

丙申，钱銶拔苏州，徐约亡入海而死。钱镠以海昌都将沈粲权知苏州。

夏，四月，赐陕虢军号保义。

五月，甲辰，润州制置使阮结卒，钱镠以静江都将成及代之。

李克用大发兵，遣李罕之、李存孝攻孟方立，六月，拔磁、洺二州。方立遣大将马溉、袁奉韬将兵数万拒之，战于琉璃陂，方立兵大败，二将皆为所擒，克用乘胜进攻邢州。方立性猜忌，诸将多怨，至是皆不为方立用，方立惭惧，饮药死。弟摄洺州刺史迁，素得士心，众奉之为留后，求援于朱全忠。全忠假道于魏博，罗弘信不许；全忠乃遣大将王虔裕将精甲数百，间道入邢州共守。

（以上为第一段，写朱全忠并灭秦宗权，军力大盛，与李克用再次交战。）

【语译】

昭宗圣穆景文孝皇帝上之上

唐昭宗龙纪元年（己酉，889年）

春季，正月初一日癸巳，大赦天下，改年号为龙纪。

任命翰林学士承旨、兵部侍郎刘崇望为同平章事。

汴州的将领庞师古攻下了宿迁，把军队驻扎在吕梁。时溥前来迎战，大败，军队退回彭城防守。

正月二十日壬子，蔡州的将领郭璠杀死申丛，把秦宗权送往汴州。郭璠告诉朱全忠说："申丛谋划再拥立秦宗权。"朱全忠派郭璠担任淮西留后。

正月二十八日戊申，王建在新繁大败山行章，斩杀、俘获将近一万人，山行章仅能免于一死。杨晟害怕了，把军队迁徙驻扎到三交，山行章驻扎在濛阳，与王建对峙。

二月，朱全忠把秦宗权送到京师，在独柳将他斩了。京兆尹孙揆监斩，秦宗权在槛车中抬头对孙揆说："您看我秦宗权哪里是造反的人呢？只是对国家尽忠没有效果而已。"旁观的人都笑了。孙揆是孙逖的族孙。

三月，加封朱全忠兼任中书令，晋爵为东平郡王，朱全忠攻下蔡州以后，军队势力更加强大了。

加封忠义节度使赵德諲为中书令，加封蔡州节度使赵犨为同平章事，代理忠武节度使，以陈州作为治所。正遇上赵犨有病，把军府中的所有事务都交给他的弟弟赵昶去做，自己上表要求辞职。唐昭宗下令赵昶代理忠武节度使。不多久，赵犨就去世了。

三月初五日丙申，钱铢攻下了苏州，徐约逃亡到海上后死了。钱镠派海昌都将沈粲暂时管理苏州的事务。

夏季，四月，赐给陕虢军号叫保义。

五月十三日甲辰，润州制置使阮结去世，钱镠派静江都将成及来代替阮结。

李克用大举发动军队，派遣李罕之、李存孝攻打孟方立。六月，攻下了磁州、洺州。孟方立派遣大将马溉、袁奉韬率领士兵几万人来抵挡他们，在琉璃陂打了一仗。孟方立的军队大败，马溉、袁奉韬都被俘虏了，李克用乘胜进攻邢州。孟方立本性好猜忌，各个将领都怨恨他，到这时候都不替孟方立出力了，孟方立又惭愧又恐惧，服药自杀了。他的弟弟代理洺州刺史孟迁，一向深得士兵拥护，大家推举孟迁担任留后，向朱全忠求援。朱全忠向魏博节度使罗弘信借路，罗弘信不允许；朱全忠于是派遣大将王虔裕率领精兵几百人，从小路进入邢州去共同防守。

杨行密围宣州，城中食尽，人相啖，指挥使周进思据城逐赵锽，锽将奔广陵，田頵追擒之。未几，城中执进思以降。行密入宣州，诸将争取金帛，徐温独据米囷，为粥以食饿者。温，朐山人也。锽将宿松周本，勇冠军中，行密获而释之，以为裨将。锽既败，左右皆散，惟李德诚从锽不去，行密以宗女妻之。德诚，西华人也。行密表言于朝，诏以行密为宣歙观察使。

朱全忠与赵锽有旧，遣使求之。行密谋于袁袭，袭曰："不若斩首以遗之。"行密从之。未几，袭卒，行密哭之曰："天不欲成吾大功邪？何为折吾股肱也！吾好宽而袭每劝我以杀，此其所以不寿与！"

孙儒遣兵攻庐州，蔡俦以州降之。

朱珍拔萧县，据之，与时溥相拒，朱全忠欲自往临之。珍命诸军皆葺马厩，李唐宾部将严郊独惰慢，军吏责之。

唐宾怒，见珍诉之。珍亦怒，以唐宾为无礼，拔剑斩之，遣骑白全忠，云唐宾谋叛。淮南左司马敬翔，恐全忠乘怒，仓猝处置违宜，故留使者，逮夜，然后从容白之，全忠果大惊。翔因为画策，诈收唐宾妻子系狱，遣骑往慰抚，全忠从之，军中始安。秋，七月，全忠如萧县，未至，珍出迎，命武士执之，责以专杀而诛之。诸将霍存等数十人叩头为之请，全忠怒，以床掷之，乃退。丁未，至萧县，以庞师古代珍为都指挥使。八月，丙子，全忠进攻时溥壁，会大雨，引兵还。

（以上为第二段，写杨行密得宣州，丢了庐州。朱全忠亲赴前线督阵讨时溥，会大雨而退兵。）

冬，十月，平卢节度使王敬武薨。子师范，年十六，军中推为留后，棣州刺史张蟾不从。诏以太子少师崔安潜兼侍中，充平卢节度使。蟾迎安潜至州，与之共讨师范。

以给事中杜孺休为苏州刺史。钱镠不悦，以知州事沈粲为制置指挥使。

杨行密遣马步都虞候田頵等攻常州。

十一月，上改名晔。

上将祀圜丘。故事，中尉、枢密皆褛衫侍从。僖宗之世，已具襕笏，

杨行密围攻宣州，城里的食物都吃光了，相互残杀，吃人肉充饥。指挥使周进思占据了宣州城赶走赵锽。赵锽将要逃往广陵，田頵追上他，把他抓住了。不久，城里的人捉住周进思向杨行密投降。杨行密进入宣州，各位将领争着去夺取金银布帛，只有徐温占据了米仓，煮粥给饥饿的人吃。徐温是朐山人。赵锽的部将宿松人周本，在军中最为勇敢，杨行密俘虏周本后又把他放了，用他做副将。赵锽失败后，左右的人都散了，只有李德诚跟着赵锽不离开，杨行密把同宗的女儿嫁给了李德诚。李德诚是西华人。杨行密上表向朝廷报告，唐昭宗下诏任命杨行密为宣歙观察使。

朱全忠与赵锽有旧交，派遣使者向杨行密索取赵锽。杨行密找袁袭商量，袁袭说："不如斩了赵锽的首级送给朱全忠。"杨行密听从了袁袭的意见。不多久，袁袭死了，杨行密哭着说："这是上天不想让我成大功业啊，为什么要折损我的心腹助手呢！我喜欢宽厚而袁袭每每劝我杀人，这大概是袁袭不能长寿的原因吧！"

孙儒派遣军队去攻打庐州，蔡俦率领州人向孙儒投降。

朱珍攻下萧县，占据了这个地方，与时溥对抗，朱全忠准备亲自去那里督战。朱珍下令各路军队都要整修马厩，李唐宾的部将严郊却懒惰怠慢，军吏责备他。

李唐宾生气了，向朱珍申诉。朱珍也生了气，认为李唐宾无礼，拔出佩剑把李唐宾杀了，派遣使者骑马去向朱全忠报告，说李唐宾阴谋叛变。淮南左司马敬翔害怕朱全忠正在气头上，匆忙处理这个问题会不合适，所以留下使者，到了晚上，才心平气和地向朱全忠报告这件事，朱全忠果然大吃一惊。敬翔就替他出谋划策，诈称抓住了李唐宾的妻子并关在监狱中，派遣骑兵前往朱珍那儿慰问安抚。朱全忠听从了敬翔的计策，军队安定了下来。秋季，七月，朱全忠到萧县去，还未到达，朱珍出来迎接，朱全忠下令武士把朱珍抓起来，责备他擅自杀害将领，将朱珍处死了。各路将领霍存等几十个人叩头求情，朱全忠大怒，扔出坐床砸他们，他们才退回去。七月十七日丁未，朱全忠到了萧县，任命庞师古代朱珍为都指挥使。八月十七日丙子，朱全忠进攻时溥的营垒，正遇上大雨，朱全忠带领军队退回去了。

冬季，十月，平卢节度使王敬武去世。他的儿子王师范才十六岁，军中推举王师范做平卢留后。棣州刺史张蟾不服从他。唐昭宗下令任命太子少师崔安潜兼任侍中，代理平卢节度使。张蟾迎接崔安潜到棣州，与他一起讨伐王师范。

任命给事中杜孺休为苏州刺史。钱镠不高兴，派知州事沈粲担任制置指挥使。

杨行密派遣马步都虞候田頵等人去攻打常州。

十一月，唐昭宗改名为李晔。

唐昭宗将在圜丘举行祭天大典。按照以前惯例，护军中尉、枢密使都要穿前襟、

至是，又令有司制法服，孔纬及谏官、礼官皆以为不可，上出手札谕之曰："卿等所论至当。事有从权，勿以小瑕遂妨大礼。"于是宦官始服剑佩侍祠。己酉，祀圜丘，赦天下。

上在藩邸，素疾宦官，及即位，杨复恭恃援立功，所为多不法，上意不平。政事多谋于宰相，孔纬、张濬劝上举大中故事抑宦者权。复恭常乘肩舆至太极殿。他日，上与宰相言及四方反者，孔纬曰："陛下左右有将反者，况四方乎！"上矍然问之，纬指复恭曰："复恭陛下家奴，乃肩舆造前殿，多养壮士为假子，使典禁兵，或为方镇，非反而何！"复恭曰："子壮士，欲以收士心，卫国家，岂反邪！"上曰："卿欲卫国家，何不使姓李而姓杨乎？"复恭无以对。

复恭假子天威军使杨守立，本姓胡，名弘立，勇冠六军，人皆畏之。上欲讨复恭，恐守立作乱，谓复恭："朕欲得卿胡子在左右。"复恭见守立于上，上赐姓名李顺节，使掌六军管钥，不期年，擢至天武都头，领镇海节度使，俄加同平章事。及谢日，台吏申请班见百僚，孔纬判不集。顺节至中书，色不悦。他日，语微及之，纬曰："宰相师长百僚，故有班见。相公职为都头，而于政事堂班见百僚，于意安乎？"顺节不敢复言。

朱全忠求领盐铁，孔纬独执以为不可，谓进奏吏曰："朱公须此职，非兴兵不可！"全忠乃止。

田頵攻常州，为地道入城，中宵，旌旗甲兵出于制置使杜稜之寝室，遂虏之，以兵三万戍常州。

朱全忠遣庞师古将兵自颍上趋淮南，击孙儒。

十二月，甲子，王建败山行章及西川骑将宋行能于广都，行能奔还成都，行章退守眉州。壬申，行章请降于建。

戊寅，孙儒自广陵引兵渡江，壬午，逐田頵，取常州，以刘建锋守之。儒还广陵，建锋又逐成及，取润州。

后襟分开的衣服随从服侍；唐僖宗的时候，这些人已经穿上了上下衣相连的衣服并且手执朝笏；到这时，又下令有关官吏衙门制造礼法规定的法服。孔纬和谏官、礼官们都认为不可以，唐昭宗亲手写信告诉他们说：“你们所讨论的都很正确。但是事情要衡量大小轻重，不要因为小的瑕疵妨害了大的礼节。”于是宦官开始穿上佩剑的冕服随侍祠堂。十一月二十一日己酉，在圜丘举行了祭天大典，大赦天下。

唐昭宗在寿王府的时候，一向痛恨宦官。等到即位以后，杨复恭倚仗拥立之功，所作所为多不合法，唐昭宗心中很不满意；政治大事常和宰相商量。孔纬、张濬举出唐宣宗时所发生的事情劝谏唐昭宗抑制宦官权力。杨复恭经常坐着轿子到太极殿来。有一天，唐昭宗和宰相讲到四处造反的人，孔纬说：“在您的左右就有将要造反的人，何况是四面八方呢！”唐昭宗很惊讶地问他，孔纬指着杨复恭说：“杨复恭是您的家奴，却坐着轿子到前殿来，又养了很多壮士做义子，使他们统率禁兵，或者掌管方镇，这不是造反是什么呢！”杨复恭说：“以壮士做义子，是想要收拢士兵的心，保卫国家，哪里是造反呢！”唐昭宗说：“你想保卫国家，为什么不让他们姓李而要他们姓杨呢？”杨复恭无话可答。

杨复恭的义子天威军使杨守立，本来姓胡，名叫弘立，以勇敢果断在六军之中闻名，大家都害怕他。唐昭宗想要讨伐杨复恭，担心杨守立作乱，对杨复恭说：“我想要你的义子杨守立跟随我左右。”杨复恭向唐昭宗引见杨守立，唐昭宗赐给他新的姓名李顺节，委派他掌管六军营门的钥匙，不到一年，升为天武都头，兼领镇海节度使，不久又加封同平章事。等到谢恩的那一天，台省的官吏申请按班次和百官相见，孔纬批驳不用会集百官。李顺节官至同中书门下平章事，脸色很不高兴。有一天，说话中稍微提到了这事，孔纬说：“宰相为百官的师长，所以能按班次和百官相见。你的职位只是都头，而在政事堂中按班次和百官相见，你认为合适，能够心安吗？”李顺节不敢再讲这件事了。

朱全忠要求兼领盐铁专卖的职务，唯独孔纬坚持认为不可以，对进奏唐昭宗的官吏说：“朱全忠想要这一个职务，非起兵作乱不可！”朱全忠这才停止要求。

田颙攻打常州，挖通地道进入城中。半夜里，旌旗、全副武装的士兵出现在制置使杜稜的卧室中，将杜稜俘虏了，派三万名士兵驻守常州。

朱全忠派遣庞师古率领军队从颍上赶往淮南，去攻打孙儒。

十二月初七日甲子，王建在广都打败了山行章和西川骑将宋行能；宋行能逃回成都，山行章退守眉州。十二月十五日壬申，山行章向王建请求投降。

十二月二十一日戊寅，孙儒从广陵带领军队渡过长江。十二月二十五日壬午，逐走田颙，攻下了常州，派刘建锋防守。孙儒回到广陵，刘建锋又赶走了成及，攻取了润州。

前山南东道节度使刘巨容之在襄阳也，有申屠生教之烧药为黄金。田令孜之弟过襄阳，巨容出金示之。及寓居成都，令孜求其方，不与，恨之，是岁，令孜杀巨容，灭其族。

（以上为第三段，写宦官杨复恭专横，唐昭宗阴欲除之。朱全忠求领盐铁，昭宗不允。）

大顺元年（庚戌，890 年）

春，正月，戊子朔，群臣上尊号曰圣文睿德光武弘孝皇帝；改元。

李克用急攻邢州，孟迁食竭力尽，执王虔裕及汴兵以降。克用以安金俊为邢洺团练使。

壬寅，王建攻邛州，陈敬瑄遣其大将彭城杨儒将兵三千助刺史毛湘守之，湘出战，屡败。杨儒登城，见建兵盛，叹曰："唐祚尽矣，王公治众，严而不残，殆可以庇民乎！"遂帅所部出降。建养以为子，更其姓名曰王宗儒。乙巳，建留永平节度判官张琳为邛南招安使，引兵还成都。琳，许州人也。

陈敬瑄分兵布寨于犀浦、郫、导江等县，发城中民户一丁，昼则穿重壕，采竹木，运砖石，夜则登城，击柝巡警，无休息。

韦昭度营于唐桥，王建营于东闾门外，建事昭度甚谨。

辛亥，简州将杜有迁执刺史员虔嵩降于建，建以有迁知州事。

汴将庞师古等众号十万，渡淮，声言救杨行密，攻下天长，壬子，下高邮。

二月，己未，资州将侯元绰执刺史杨戡降于王建，建以元绰知州事。

乙丑，加朱全忠守中书令。

庞师古引兵深入淮南，己巳，与孙儒战于陵亭，师古兵败而还。

杨行密遣其将马敬言将兵五千，乘虚袭据润州。李友将兵二万屯青城，将攻常州。安仁义、刘威、田颙败刘建锋于武进，敬言、仁义、威屯润州。友，合肥人；威，慎县人也。

前山南东道节度使刘巨容在襄阳的时候，有一个叫申屠生的人教他烧药炼黄金的方法。田令孜的弟弟经过襄阳时，刘巨容曾拿出黄金给他看。等到刘巨容住到成都，田令孜向他索求烧药炼黄金的方法，刘巨容不给他，田令孜怀恨在心。这一年，田令孜杀掉刘巨容，灭了他的全族。

唐昭宗大顺元年（庚戌，890 年）

春季，正月初一日戊子，群臣为唐昭宗上尊号为圣文睿德光武弘孝皇帝，改年号为大顺。

李克用急迫地猛攻邢州，孟迁粮食吃完了，力量也用尽了，抓了王虔裕和汴州的士兵向李克用投降。李克用任命安金俊为邢洺团练使。

正月十五日壬寅，王建攻打邛州，陈敬瑄派遣他的大将彭城人杨儒率领士兵三千人帮助刺史毛湘守城。毛湘出战，出战一次败一次。杨儒登上城墙，看到王建的军队气势很盛，感叹地说："看来大唐的国运已经尽了，王建治理军队，严格而不残暴，大概可以庇护百姓吧！"于是率领自己的部下出城投降。王建收养他做义子，将他的姓名改为王宗儒。正月十八日乙巳，王建留下永平节度判官张琳为邛南招安使，自己带领士兵回到成都。张琳是许州人。

陈敬瑄派兵到犀浦、郫、导江等县分别安营设寨，布置守寨，发动城中的百姓，每户出一个壮丁，白天去挖一重又一重的壕沟，砍伐竹子、木头，搬运砖块、石头，夜晚就登上城墙，敲打木梆巡逻，没有休息的时候。

韦昭度在唐桥扎营，王建在东阊门外扎营，事奉韦昭度也很恭敬小心。

正月二十四日辛亥，简州的将领杜有迁抓了刺史员虔嵩投降王建，王建任命杜有迁掌管州里的事务。

汴州的将领庞师古等人率领部众，号称十万人，渡过淮水，扬言说要去救杨行密，攻下了天长镇。正月二十五日壬子，又攻下了高邮。

二月初三日己未，资州的将领侯元绰抓了刺史杨戡投降王建，王建任命侯元绰掌管州里的事务。

二月初九日乙丑，加封朱全忠代理中书令。

庞师古带领军队深入淮南，二月十三日己巳，在陵亭和孙儒作战。庞师古的军队战败了，只得退回去。

杨行密派遣他的部将马敬言带领士兵五千人，乘虚偷袭并占据了润州。李友带领士兵两万人驻扎在青城，将要攻打常州。安仁义、刘威、田頵在武进打败了刘建峰。马敬言、安仁义、刘威驻扎在润州。李友是合肥人，刘威是慎县人。

李克用将兵攻云州防御使赫连铎，克其东城。铎求救于卢龙节度使李匡威，匡威将兵三万赴之。丙子，邢洺团练使安金俊中流矢死，河东万胜军使申信叛降于铎。会幽州军至，克用引还。

时溥求救于河东，李克用遣其将石君和将五百骑赴之。

李克用巡潞州，以供具不厚，怒昭义节度使李克脩，诟而笞之。克脩惭愤成疾，三月，薨。克用表其弟决胜军使克恭为昭义留后。

赐宣歙军号宁国，以杨行密为节度使。

夏，四月，宿州将张筠逐刺史张绍光，附于时溥，朱全忠帅诸军讨之。溥出兵掠砀山，全忠遣牙内都指挥使朱友裕击之，杀三千余人，擒石君和。友裕，全忠之子也。

乙丑，陈敬瑄遣蜀州刺史任从海将兵二万救邛州，战败，欲以蜀州降王建。敬瑄杀之，以徐公鉥代为蜀州刺史。丙寅，嘉州刺史朱实举州降于建。丙子，僰道土豪文武坚执戎州刺史谢承恩降于建。

（以上为第四段，写王建兵围成都。朱全忠遣将深入淮南为孙儒所败。杨行密乘机兵取润州。朱杨联手夹击时溥，时溥北引李克用反夹击朱全忠。）

赫连铎、李匡威表请讨李克用。朱全忠亦上言："克用终为国患，今因其败，臣请帅汴、滑、孟三军，与河北三镇共除之。乞朝廷命大臣为统帅。"

初，张濬因杨复恭以进，复恭中废，更附田令孜而薄复恭。及复恭再用事，深恨之。上知濬与复恭有隙，特亲倚之；濬亦以功名为己任，每自比谢安、裴度。克用之讨黄巢屯河中也，濬为都统判官。克用薄其为人，闻其作相，私谓诏使曰："张公好虚谈而无实用，倾覆之士也。主上采其名而用之，他日交乱天下，必是人也。"濬闻而衔之。

上从容与濬论古今治乱，濬曰："陛下英睿如此，而中外制于强臣，此臣日夜所痛心疾首也。"上问以当今所急，对曰："莫若强兵以服天下。"上于是广募兵于京师，至十万人。

李克用率领军队去攻打云州防御使赫连铎，攻下了云州的东城。赫连铎向卢龙节度使李匡威请求救援，李匡威带领军队三万人前往云州。二月二十日丙子，邢洺团练使安金俊被流矢射死，河东万胜军使申信叛变投降赫连铎。正好幽州的军队也到达了，李克用只得率领军队回去。

时溥向河东李克用求救，李克用派遣他的部将石君和率领五百名骑兵赶往救援。

李克用巡视潞州，由于供奉的酒食不丰富，迁怒于昭义节度使李克脩，责骂以后又用鞭子抽打他。李克脩羞愧怨恨成疾，三月，便病死了。李克用向唐昭宗上表，任命他的弟弟决胜军使李克恭为昭义留后。

赐宣歙军号叫宁国，任命杨行密为节度使。

夏季，四月，宿州将领张筠逐走刺史张绍光，归附时溥。朱全忠率领各路军队讨伐张筠。时溥出动军队去掠夺砀山，朱全忠派遣牙内都指挥使朱友裕攻打时溥，杀死三千多人，抓住了石君和。朱友裕是朱全忠的儿子。

四月初十日乙丑，陈敬瑄派遣蜀州刺史任从海率领军队两万人去救援邛州。结果任从海战败，便想要以蜀州来投降王建，被陈敬瑄杀了。陈敬瑄派徐公鉥代理蜀州刺史。四月十一日丙寅，嘉州刺史朱实以全州向王建投降。四月二十一日丙子，僰道的土豪文武坚捉住戎州刺史谢承恩，向王建投降。

赫连铎、李匡威上表请求讨伐李克用，朱全忠也上表说："李克用终究要成为国家的祸患，现在乘着他失败的时候，请让臣率领汴、滑、孟三镇的军队和河北卢龙的李匡威、成德的王镕、魏博的罗弘信联合起来除掉他。请朝廷派臣做统帅吧！"

起初，张濬依靠着杨复恭才得以进身为朝廷所用，杨复恭中途被废黜，张濬便去依附田令孜而轻视杨复恭。等到杨复恭再次被朝廷重用时，便深深痛恨张濬。唐昭宗知道张濬和杨复恭有矛盾，就特别亲近、倚重张濬，张濬也以取得功劳名誉作为自己的责任，经常把自己比作东晋的谢安、本朝的裴度。李克用过去讨伐黄巢驻扎在河中时，张濬任都统判官。李克用轻视他的为人，现在听说张濬做了宰相，私下对传达诏书的使者说："张濬喜欢空谈而没有实际的作为，是使国家灭亡的人啊！唐昭宗中信他的虚名而重用他，将来扰乱天下的，一定是张濬这个人。"张濬听到这话十分怨恨李克用。

唐昭宗从容地和张濬讨论古今治乱的事情，张濬说："皇上这样英明聪慧，有所作为，可是在内受到宦官、在外受到藩镇的牵制，这正是做臣子的日夜痛心疾首的事啊！"唐昭宗问张濬当前最紧急的事情，张濬回答说："没有比用强大的军队来使天下人服从更重要的了。"唐昭宗于是广招士兵，集中到京师里来，多达十万人。

及全忠等请讨克用，上命三省、御史台四品以上议之，以为不可者什六七，杜让能、刘崇望亦以为不可。濬欲倚外势以挤杨复恭，乃曰："先帝再幸山南，沙陀所为也。臣常虑其与河朔相表里，致朝廷不能制。今两河藩镇共请讨之，此千载一时。但乞陛下付臣兵柄，旬月可平。失今不取，后悔无及。"孔纬曰："濬言是也。"复恭曰："先朝播迁，虽藩镇跋扈，亦由居中之臣措置未得其宜。今宗庙甫安，不宜更造兵端。"上曰："克用有兴复大功，今乘其危而攻之，天下其谓我何？"纬曰："陛下所言，一时之体也；张濬所言，万世之利也。昨计用兵、馈运、犒赏之费，一二年间未至匮乏，在陛下断志行之耳。"上以二相言叶，僶俛从之，曰："兹事今付卿二人，无贻朕羞！"

五月，诏削夺克用官爵、属籍，以濬为河东行营都招讨制置宣慰使，京兆尹孙揆副之，以镇国节度使韩建为都虞候兼供军粮料使，以朱全忠为南面招讨使，李匡威为北面招讨使，赫连铎副之。

濬奏给事中牛徽为行营判官，徽曰："国家以丧乱之余，欲为英武之举，横挑强寇，离诸侯心，吾见其颠沛也！"遂以衰疾固辞。徽，僧孺之孙也。

（以上为第五段，写唐昭宗讲武于京师，误用虚谈士张濬为相，轻起战端，兴兵讨李克用。）

李克恭骄恣不晓军事，潞人素乐李克脩之简俭，且死非其罪，潞人怜之，由是将士离心。初，潞人叛孟氏，牙将安居受等召河东兵以取潞州，及孟迁以邢、洺、磁州归李克用，克用宠任之，以迁为军城都虞候，群从皆补右职，居受等咸怨且惧。

昭义有精兵，号"后院将"。克用既得三州，将图河朔，令李克恭选后院将尤骁勇者五百人送晋阳，潞人惜之。克恭遣牙将李元审及小校冯霸部送晋阳，至铜鞮，霸招其众以叛，循山而南，至于沁水，众已三千

等到朱全忠等人请求讨伐李克用时，唐昭宗命令尚书、门下、中书三省及御史台的四品以上的官员商议这件事，认为不可以的占十分之六七，杜让能、刘崇望也认为不可以。张濬想要依靠朝廷外面的势力来排挤杨复恭，于是说："光启二年，先帝再次被迫迁到山南，是沙陀人逼迫造成的。臣常常顾虑他们和河朔地区的各个藩镇内外互相依靠，使得朝廷不能控制他们。现在河南的朱全忠、河北的李匡威共同要求讨伐李克用，这是千载难逢的好机会。只要求陛下给臣带兵的权力，十天个把月就可以把他们讨平。失去了现在这个机会不去讨伐他们，后悔就来不及了。"孔纬说："张濬的话有道理。"杨复恭说："先帝奔走流离，虽然说是因为藩镇专横暴戾，也是由于朝中的大臣措施不恰当的缘故。现在皇室刚刚安定下来，不应该再起战祸啊！"唐昭宗说："李克用有兴复国家的大功，破黄巢，收复京城，现在乘着他有危难的时候攻打他，天下的人会怎样来说朕呢？"孔纬说："陛下所说的是一时的规矩；张濬所说的是万世的利益啊！昨天臣等计算过派出士兵、运送粮食、犒劳赏赐等费用，一两年之内还不至于缺乏，只在陛下您决心去做罢了。"唐昭宗由于张濬、孔纬两位宰相所说的相符合，勉强听从了他们意见，说："这件事今天就交给你们两人去办了，不要使我留下耻辱啊！"

五月，唐昭宗下诏削除李克用的官职、爵位，把他从皇族名册中清除出去，任命张濬为河东行营都招讨制置宣慰使，京兆尹孙揆担任他的副使，任命镇国节度使韩建为都虞候兼供军粮料使，任命朱全忠为南面招讨使，李匡威为北面招讨使，赫连铎为副使。

张濬上奏请求给事中牛徽担任行营判官。牛徽说："国家在丧乱之后，想要做出英勇威武的举动，无缘无故地去激怒强大的敌寇，使诸侯们离心，我就要看到国家动荡变乱，人民流离失所了！"于是用身体衰老多病的理由推辞了。牛徽是牛僧孺的孙子。

李克恭骄傲放纵，又不熟悉军事。潞州的人一向喜欢李克脩的简省俭约，而且李克脩的死亡并非是由于他有罪，潞州的人怜悯李克脩，因而将士们有了叛离的心意。起初，潞州的人背叛孟方立，牙将安居受等人招来河东的军队攻取潞州；等到孟迁以邢、洺、磁三州投靠李克用后，李克用宠爱、信任孟迁，任用孟迁为军城都虞候，孟迁的部下都担任了重要的职位。安居受等人既很怨恨，又感到害怕。

昭义有精锐的军队，号称"后院将"。李克用取得了邢、洺、磁三州后，将要谋取河朔地区，命令李克恭从"后院将"中挑选特别勇敢强悍的士兵五百人送到晋阳，潞州的人深感惋惜。李克恭派遣牙将李元审和小校冯霸的部众护送他们到晋阳

人。李元审击之，为霸所伤，归于潞。庚子，克恭就元审所馆视之，安居受帅其党作乱，攻而焚之，克恭、元审皆死。众推居受为留后，附于朱全忠。居受使召冯霸，不至。居受惧，出走，为野人所杀。霸引兵入潞，自为留后。

时朝廷方讨克用，闻克恭死，朝臣皆贺。全忠遣河阳留后朱崇节将兵入潞州，权知留后。克用遣康君立、李存孝将兵围之。

壬子，张濬帅诸军五十二都及邠、宁、鄜、夏杂虏合五万人发京师，上御安喜楼饯之。濬屏左右言于上曰："俟臣先除外忧，然后为陛下除内患。"杨复恭窃听，闻之。两军中尉饯濬于长乐坂，复恭属濬酒，濬辞以醉，复恭戏之曰："相公杖钺专征，作态邪？"濬曰："俟平贼还，方见作态耳！"复恭益忌之。

癸丑，削夺李罕之官爵；六月，以孙揆为昭义节度使，充招讨副使。

丁巳，茂州刺史李继昌帅众救成都，己未，王建击斩之。辛酉，资简都制置应援使谢从本杀雅州刺史张承简，举城降建。

孙儒求好于朱全忠，全忠表为淮南节度使。未几，全忠杀其使者，遂复为仇敌。

光启末，德州刺史卢彦威逐义昌节度使杨全玫，自称留后，求旌节，朝廷未许。至是，王镕、罗弘信因张濬用兵，为之请，乃以彦威为义昌节度使。

张濬会宣武、镇国、静难、凤翔、保大、定难诸军于晋州。

（以上为第六段，写张濬领兵五万出讨李克用，大会诸镇之兵于晋州。）

更命义成军曰宣义。辛未，以朱全忠为宣武、宣义节度使。全忠以方有事徐、杨，征兵遣戍，殊为辽阔，乃辞宣义，请以胡真为节度使，从之，然兵赋出入，皆制于全忠，一如巡属。及胡真入为统军，竟以全忠为两镇节度使，罢淮南不领焉。

去，到了铜鞮县，冯霸发动他们叛变，沿着山往南走，到了沁水县，部众已有三千人。李元审去攻打他们，被冯霸打伤，逃回潞州。五月十五日庚子，李克恭到李元审住的地方去看望他，安居受率领他的部下作乱，攻打他们并把房子烧毁了，李克恭、李元审都死了。大家推举安居受担任留后，依附于朱全忠。安居受派人去召唤冯霸，冯霸不来。安居受害怕了，逃出去，被田野的农夫杀死。冯霸带领军队进入潞州，自己担任留后。

这时朝廷正要讨伐李克用，听到李克恭死了，朝廷中的臣子都向唐昭宗祝贺。朱全忠派遣河阳留后朱崇节带领军队进入潞州，暂时代理留后。李克用派遣康君立、李存孝率领军队去包围潞州城。

五月二十七日壬子，张濬率领各路军队五十二都和邠、宁、鄜、夏等地俘虏的士兵合计五万人从京师出发，唐昭宗亲自到安喜楼为他饯行。张濬屏除左右的人对唐昭宗说："等我先除去外部的忧患，然后再替您清除内部的祸害。"杨复恭偷听到了这些话。两军的护军中尉在长乐坂为张濬饯行，杨复恭劝张濬喝酒，张濬推辞说醉了，杨复恭嘲弄他说："你秉承斧钺要去指挥作战了，现在是故作姿态吗！"张濬回答说："等到讨平贼寇回来以后，再让你看看什么是故作姿态！"杨复恭听了更加嫉恨他。

五月二十八日癸丑，免除了李罕之的官职、爵位。六月，任命孙揆为昭义节度使，代理招讨副使。

六月初三日丁巳，茂州刺史李继昌率领军队去援救成都。六月初五日己未，王建攻打并杀了李继昌。六月初七日辛酉，资州、简州都制置应援使谢从本杀了雅州刺史张承简，以州城投降王建。

孙儒向朱全忠要求和好相处，朱全忠上表朝廷任命孙儒为淮南节度使。不久，朱全忠杀了孙儒的使者，双方又成为仇敌了。

光启初年，德州刺史卢彦威赶走义昌节度使杨全玫，自称为留后，要求朝廷授给他节度使的仪仗，朝廷没有同意。这时候，王镕、罗弘信因为张濬已经出兵，便替卢彦威请求，于是朝廷任命卢彦威为义昌节度使。

张濬在晋州会合宣武、镇国、静难、凤翔、保大、定难等各路军队。

改义成军为宣义军。六月十七日辛未，任命朱全忠为宣武、宣义节度使。朱全忠因为徐州、扬州正有战事，征募士兵前往镇守，地方实在太辽阔了，于是辞掉宣义节度使，请求任命胡真为节度使，朝廷同意了朱全忠的要求；但是宣义地方的兵役、赋税等的进出，都受到朱全忠的控制，就好像他巡视的属地一样。等到胡真进

秋，七月，官军至阴地关，朱全忠遣骁将葛从周将千骑潜自壶关夜抵潞州，犯围入城。又遣别将李谠、李重胤、邓季筠将兵攻李罕之于泽州，又遣张全义、朱友裕军于泽州之北，为从周应援。季筠，下邑人也。全忠奏：臣已遣兵守潞州，请孙揆赴镇。张濬亦恐昭义遂为汴人所据，分兵三千，使揆将之趣潞州。

八月，乙丑，揆发晋州，李存孝闻之，以三百骑伏于长子西谷中。揆建牙杖节，褒衣大盖，拥众而行。存孝突出，擒揆及赐旌节中使韩归范、牙兵五百余人，追击余众于刁黄岭，尽杀之。存孝械揆及归范，紖以素练，徇于潞州城下曰："朝廷以孙尚书为潞帅，命韩天使赐旌节，葛仆射可速归大梁，令尚书视事。"遂紖以献于克用。克用囚之，既而使人诱之，欲以为河东副使，揆曰："吾天子大臣，兵败而死，分也，岂能伏事镇使邪！"克用怒，命以锯锯之，锯不能入。揆骂曰："死狗奴！锯人当用板夹，汝岂知邪！"乃以板夹之，至死，骂不绝声。

（以上为第七段，写昭义节度使孙揆兵败就义而死。）

丙寅，孙儒攻润州。

苏州刺史杜孺休到官，钱镠密使沈粲害之。会杨行密将李友拔苏州，粲归杭州。镠欲归罪于粲而杀之，粲奔孙儒。

王建退屯汉州。

陈敬瑄括富民财以供军，置征督院，逼以桎梏棰楚，使各自占，凡有财者如匿赃、虚占，急征，咸不聊生。

李罕之告急于李克用，克用遣李存孝将五千骑救之。

九月，壬寅，朱全忠军于河阳。汴军之初围泽州也，呼李罕之曰：

入朝廷做了统军，终究还是委任朱全忠任宣武、宣义两镇节度使，免除了朱全忠兼管淮南军的事务。

秋季，七月，官军到了阴地关，朱全忠派遣勇猛矫健的将领葛从周率领一千名骑兵暗中从壶关出发，夜晚到了潞州，冲破包围进入了潞州。再派遣别将李谠、李重胤、邓季筠率领军队到泽州去攻打李罕之，又派遣张全义、朱友裕在泽州的北面驻扎军队，作为葛从周的呼应和支援。邓季筠是下邑人。朱全忠向唐昭宗上奏说，已派遣军队驻守潞州，请孙揆赶赴潞州镇守。张濬也担心昭义军被朱全忠的汴军占据，分派三千名士兵，由孙揆率领赶往潞州。

八月十二日乙丑，孙揆从晋州出发，李存孝听到这个消息，派三百名骑兵埋伏在长子县西边的山谷中。孙揆立起牙旗，拿着唐昭宗赏赐的节仗，穿着衣襟宽大的衣服，坐在有高大伞盖的车上，部众们簇拥着他前进。李存孝突然杀出，活捉了孙揆和赏赐旌节的中使韩归范，以及牙兵五百多人，在刁黄岭追击余下的部众，把他们都杀死了。李存孝给孙揆和韩归范加上刑具，用白色的熟绢捆绑起来，在潞州城下示从，说："朝廷派孙揆担任潞州的节度使，命令韩归范赏赐旌节，葛从周可以赶快回大梁去，让孙揆来管理政事。"于是捆了他们两人献给李克用。李克用把他们囚禁起来，不久又派人去引诱孙揆，想让他担任河东副使。孙揆说："我是皇上委派的大臣，因为兵败而死是我的本分，怎么能服从侍候你这个反臣呢！"李克用大怒，下令用锯子锯孙揆的身体，但锯不进去。孙揆骂道："你这个该死的狗奴！锯人应该先用木板把人夹住，你哪里知道呢！"于是就用木板把孙揆夹起来锯，一直到死，孙揆骂声都没有断过。

八月十三日丙寅，孙儒攻打润州。

苏州刺史杜孺休到苏州任职，钱镠秘密地派沈粲去杀了杜孺休。正逢上杨行密的部将李友攻下了苏州，沈粲回到杭州；钱镠想把杀害杜孺休的罪过归于沈粲而杀他，沈粲逃奔到孙儒那里去。

王建退兵驻扎到汉州。

陈敬瑄搜刮富裕人家财物以供给军队使用，设置了征督院，用脚镣手铐、木棍荆杖等刑具来逼迫富人，命令他们说出自己的财物；凡是有财物的人如果隐藏不报，或者本来没有财物而强占别人东西据为己有，都紧急征用，老百姓都无法生存下来了。

李罕之向李克用报告情况危急，李克用派遣李存孝率领五千名骑兵去救援李罕之。

九月十九日壬寅，朱全忠在河阳驻扎军队。朱全忠的汴军开始包围泽州的时候，

“相公每恃河东，轻绝当道；今张相公围太原，葛仆射入潞府，旬月之间，沙陀无穴自藏，相公何路求生邪！”及李存孝至，选精骑五百，绕汴寨呼曰：“我，沙陀之求穴者也，欲得尔肉以饱士卒，可令肥者出斗！”汴将邓季筠，亦骁将也，引兵出战，存孝生擒之。是夕，李谠、李重胤收众遁去，存孝、罕之随而击之，至马牢山，大破之，斩获万计，追至怀州而还。存孝复引兵攻潞州，葛从周、朱崇节弃潞州而归。戊申，全忠庭责诸将桡败之罪，斩李谠、李重胤而还。

李克用以康君立为昭义留后，李存孝为汾州刺史。存孝自谓擒孙揆功大，当镇昭义，而君立得之，愤恚不食者数日，纵意刑杀，始有叛克用之志。

李匡威攻蔚州，虏其刺史邢善益，赫连铎引吐蕃、黠戛斯众数万攻遮虏军，杀其军使刘胡子。克用遣其将李存信击之，不胜，更命李嗣源为存信之副，遂破之。克用以大军继其后，匡威、铎皆败走，获匡威之子武州刺史仁宗及铎之婿，俘斩万计。

李嗣源性谨重廉俭，诸将相会，各自诧勇略，嗣源独默然，徐曰：“诸君喜以口击贼，嗣源但以手击贼耳。”众惭而止。

（以上为第八段，写李克用遣将救泽州、潞州，大败汴军。）

杨行密以其将张行周为常州制置使。闰月，孙儒遣刘建锋攻拔常州，杀行周，遂围苏州。

邛州刺史毛湘，本田令孜亲吏，王建攻之急，食尽，救兵不至。壬戌，湘谓都知兵马使任可知曰：“吾不忍负田军容，吏民何罪！尔可持吾头归王建。”乃沐浴以俟刃。可知斩湘及二子降于建，士民皆泣。甲戌，建持永平旌节入邛州，以节度判官张琳知留后。缮完城隍，抚安夷獠，经营蜀、雅。冬，十月，癸未朔，建引兵还成都，蜀州将李行周逐徐公钅求，举城降建。

乙酉，朱全忠自河阳如滑州视事，遣使者请粮马及假道于魏以伐河

向李罕之呼喊说："你每每依靠河东李克用，轻易断绝和我们汴军的关系。现在张濬已包围了太原，葛从周攻入潞州府，十天个把月，李克用的沙陀军就没有藏身之地，你有什么路可以求生呢！"等到李存孝到了，挑选精壮的骑兵五百人，环绕汴军的寨子叫喊说："我们是沙陀军，正寻找藏身的人，想要得到你们的肉来喂饱士兵们；下令肥胖的人出来打吧！"汴州的将领邓季筠，也是很勇猛的，带领士兵出来作战，李存孝把他活捉了。这一个晚上，李谠、李重胤收聚部众逃走了。李存孝、李罕之随后追击，追到马牢山，大破他们的军队，斩首、俘获的人数以万计，一直追到怀州才返回。李存孝又带领军队攻打潞州，葛从周、朱崇节放弃潞州跑回去了。九月二十五日戊申，朱全忠在大庭广众下责备各个将领战败的罪过，杀了李谠、李重胤后才令军队回去。

李克用任命康君立担任昭义留后，李存孝担任汾州刺史。李存孝自以为活捉孙揆功劳大，应当镇守昭义，但是这职务却让康君立得到了，气得好几天没有吃饭，任意用刑杀害无辜的人，开始有背叛李克用的意向了。

李匡威攻打蔚州，俘虏了蔚州刺史邢善益，赫连铎率领吐蕃、黠戛斯的部众几万人攻打遮虏军，杀掉了遮虏军军使刘胡子。李克用派遣他的部将李存信去攻打赫连铎，没有取胜；又下令李嗣源担任李存信的副手，于是把赫连铎攻破了。李克用随后率领大部队继续攻打，李匡威、赫连铎都战败逃走了，俘获了李匡威的儿子武州刺史李仁宗和赫连铎的女婿，俘虏、斩首的人数以万计。

李嗣源为人谨慎自重，清廉节俭，各将领聚会的时候，都夸耀自己勇敢有谋略，只有李嗣源默不作声，慢慢地说道："你们都喜欢用嘴巴来攻击贼寇，我李嗣源只是用手来打击贼寇罢了。"大家听了都感到惭愧，不再自吹自擂了。

杨行密派他的部将张行周担任常州制置使。闰九月，孙儒派遣刘建锋攻下常州，杀掉张行周，进兵包围苏州。

邛州刺史毛湘，本来是田令孜亲近的官吏。王建攻打毛湘攻得很急，粮食已经吃完了，救兵也没有到来。闰九月初九日壬戌，毛湘对都知兵马使任可知说："我不忍心辜负田令孜，官吏、人民有什么罪过呢！你可以拿着我的头颅去投奔王建。"于是洗干净身躯等待死亡。任可知杀死毛湘以及他的两个儿子投降王建，士民们都悲痛得掉下了眼泪。闰九月二十一日甲戌，王建拿着永平军的仪仗进入邛州，任命节度判官张琳代理留后的职位。王建修缮邛州的城池，招抚安定夷、獠等部族，整治营建蜀州、雅州。冬季，十月初一日癸未，王建带领军队回到成都，蜀州的将领李行周赶走了徐公鉥，以城投降王建。

十月初三日乙酉，朱全忠从河阳到滑州去治理事务。派遣使者到魏州去请求支

东，罗弘信不许，又请于镇，镇人亦不许，全忠乃自黎阳济河击魏。

加邠宁节度使王行瑜侍中，佑国节度使张全义同平章事。

官军出阴地关，游兵至于汾州。李克用遣薛志勤、李承嗣将骑三千营于洪洞，李存孝将兵五千营于赵城。镇国节度使韩建以壮士三百夜袭存孝营，存孝知之，设伏以待之。建兵不利，静难、凤翔之兵不战而走。河东兵乘胜逐北，抵晋州西门，张濬出战，又败，官军死者近三千人。静难、凤翔、保大、定难之军先渡河西归，濬独有禁军及宣武军合万人，与韩建闭城拒守，自是不敢复出。存孝引兵攻绛州，十一月，刺史张行恭弃城走。存孝进攻晋州，三日，与其众谋曰："张濬宰相，俘之无益，天子禁兵，不宜加害。"乃退五十里而军。濬、建自含口遁去。存孝取晋、绛二州，大掠慈、隰之境。

先是，克用遣韩归范归朝，附表讼冤，言："臣父子三代，受恩四朝，破庞勋，翦黄巢，黜襄王，存易定，致陛下今日冠通天之冠，佩白玉之玺，未必非臣之力也！若以攻云州为臣罪，则拓跋思恭之取鄜延，朱全忠之侵徐、郓，何独不讨？赏彼诛此，臣岂无辞！且朝廷当阽危之时，则誉臣为韩、彭、伊、吕；及既安之后，则骂臣为戎、羯、胡、夷。今天下握兵立功之人，独不惧陛下他日之骂乎！况臣果有大罪，六师征之，自有典刑，何必幸臣之弱而后取之邪！今张濬既出师，则固难束手，已集蕃、汉兵五十万，欲直抵蒲、潼，与濬格斗。若其不胜，甘从削夺。不然，方且轻骑叩阍，顿首丹陛，诉奸回于陛下之扆坐，纳制敕于先帝之庙庭，然后自拘司败，恭俟铁质。"表至，濬已败，朝廷震恐。濬与韩建逾王屋至河阳，撤民屋为筏以济河，师徒失亡殆尽。

是役也，朝廷倚朱全忠及河朔三镇。及濬至晋州，全忠方连兵徐、郓，虽遣将攻泽州而身不至。行营乃求兵粮于镇、魏，镇、魏倚河东为扞蔽，皆不出兵，惟华、邠、凤翔、鄜、夏之兵会之。兵未交而孙揆被擒，幽、云俱败，杨复恭复从中沮之，故濬军望风自溃。

援粮食、马匹以及借路通行以便攻打河东，罗弘信不允许；又向镇州请求，镇州人也不同意。朱全忠于是从黎阳渡河去攻打魏州。

加封邠宁节度使王行瑜任侍中，佑国节度使张全义任同平章事。

官军从阴地关出发，一路行走到了汾州。李克用派遣薛志勤、李承嗣率领骑兵三千人在洪洞县驻扎，李存孝率领士兵五千人在赵城驻扎。镇国节度使韩建派壮士三百人夜间去偷袭李存孝的营寨，李存孝知道了，设下埋伏等待韩建。韩建的士兵初战不利，静难、凤翔的军队没有打仗就退走了。河东的军队往北乘胜追击，一直到晋州的西门。张濬出城作战，又失败了，官军死的有将近三千人。静难、凤翔、保大、定难的军队先渡河向西退去，张濬只有宫中的禁军和宣武的军队一共一万人，与韩建关闭城门坚守，从此不敢再出来。李存孝带领士兵攻打绛州，十一月，绛州刺史张行恭放弃守城逃走了。李存孝进攻晋州，打了三天，和他的部下商量说："张濬是宰相，捉住他没什么益处；皇帝的禁军，不适宜加害他们。"于是后退五十里驻扎，张濬、韩建从含口逃出去。李存孝攻取了晋、绛两个州，大肆掠夺了慈州和隰州。

先前，李克用遣送韩归范回朝廷时，附上表章申诉冤屈，说道："臣父子三代，受到武宗、宣宗、懿宗、僖宗四朝的恩惠，攻破庞勋，翦除黄巢，黜退襄王李煴，保存了易州、定州，使得陛下今天能戴上通天冠，佩戴白玉玺，这未必不是臣的力量啊！如果因为攻打云州治我罪的话，那么拓跋思恭攻取鄜州、延州，朱全忠侵入徐州、郓州，为什么就不讨伐呢？奖赏他们而惩罚臣，臣怎么能没有话说呢！况且朝廷在危难的时候，称赞臣是韩信、彭越、伊尹、吕尚；等到安定以后，就骂臣是戎、羯、胡、夷。如今，天下掌握兵权建立功勋的人，难道不恐惧陛下以后骂他们吗！何况如果臣真有大罪的话，可以派六军来讨伐臣，自有常规的刑法处理臣，何必乘着臣现在衰弱的时候来攻取呢！现在既然张濬已经出兵，臣便很难束手就擒。臣已经聚集蕃人、汉人的士兵五十万，想要直接抵达蒲、潼等地，和张濬较量。如果臣不能取胜，甘愿被您革去官爵。不然的话，臣要率领轻捷的骑兵去敲打陛下的宫门，到宫殿前的台阶上向陛下叩头，在陛下屏风南面的座位前申诉遭奸佞小人的冤屈，在先帝的庙堂里交还君命敕令，然后再到司寇官那里去，恭敬地等待陛下的处罚。"表章送到的时候，张濬已经被打败了，朝廷震动恐慌。张濬与韩建越过王屋山到了河阳，拆除老百姓的房子做成木筏来渡河，全军散失、死亡殆尽。

这一次战役，朝廷依赖朱全忠以及河朔三镇。等到张濬到了晋州，朱全忠方联合徐、郓二州的军队，虽然派遣将领去攻打泽州，但自己并没有亲身去。出征的官军向镇州、魏州请求兵粮的支援，而镇州、魏州靠着河东做他们的防御屏障，也都不派出军队。只有华州、邠州，凤翔、鄜州、夏州的军队与张濬会合。军队还没有

十二月，孙儒拔苏州，杀李友。安仁义等闻之，焚润州庐舍，夜遁。儒使沈粲守苏州，又遣其将归传道守润州。

辛丑，汴将丁会、葛从周击魏，渡河，取黎阳、临河，庞师古、霍存下淇门、卫县，朱全忠自以大军继之。

是岁，置昇州于上元县，以张雄为刺史。

（以上为第九段，写讨晋官军大败而归。）

二年（辛亥，891 年）

春，正月，罗弘信军于内黄。丙辰，朱全忠击之，五战皆捷，至永定桥，斩首万余级。弘信惧，遣使厚币请和。全忠命止焚掠，归其俘，还军河上。魏博自是服于汴。

庚申，制以太保、门下侍郎、同平章事孔纬为荆南节度使，中书侍郎、同平章事张濬为鄂岳观察使。以翰林学士承旨、兵部侍郎崔昭纬同平章事，御史中丞徐彦若为户部侍郎、同平章事。昭纬，慎由从子；彦若，商之子也。

杨复恭使人劫孔纬于长乐坡，斩其旌节，资装俱尽，纬仅能自免。李克用复遣使上表曰："张濬以陛下万代之业，邀自己一时之功，知臣与朱温深仇，私相连结。臣今身无官爵，名是罪人，不敢归陛下藩方，且欲于河中寄寓，进退行止，伏俟指麾。"诏再贬孔纬均州刺史，张濬连州刺史。赐克用诏，悉复其官爵，使归晋阳。

（以上为第十段，写唐昭宗贬逐孔纬、张濬，悉复李克用官爵。）

孙儒尽举淮、蔡之兵济江，癸酉，自润州转战而南，田頵、安仁义屡败退，杨行密城戍皆望风奔溃。儒将李从立奄至宣州东溪，行密守备尚未固，众心危惧，夜，使其将合肥台濛将五百人屯溪西，濛使士卒传呼，往返数四，从立以为大众继至，遽引去。儒前军至溧水，行密使都指挥使李神福拒之。神福阳退以示怯，儒军不设备，神福夜帅精兵袭之，俘斩千人。

交战，孙揆就被俘虏了，幽州的李匡威、云州的赫连铎也都失败了，杨复恭又从中阻挠这件事，所以张濬的军队很快就溃散了。

十二月，孙儒攻下苏州、杀了李友。安仁义等人听到这个消息，烧毁了润州的房屋，在夜里逃走了。孙儒派沈粲守苏州，又派遣他的部将归传道坚守润州。

十二月二十日辛丑，汴州的将领丁会、葛从周攻打魏州，渡过黄河，攻下了黎阳、临河。庞师古、霍存攻下了淇门、卫县。朱全忠亲自带领大军紧跟在他们后面。

这一年，在上元县设置了昇州，任命张雄为刺史。

唐昭宗大顺二年（辛亥，891 年）

春季，正月，罗弘信在内黄驻扎军队。正月初五日丙辰，朱全忠攻击罗弘信，打了五次仗，都获得了胜利，一直攻到永定桥，被斩首的有一万多人。罗弘信害怕，派遣使者带着很多钱财请求修好。朱全忠命令停止焚烧掠夺，归还罗弘信的俘虏，退兵回到河上。魏博这个地方从此以后完全服从朱全忠了。

正月初九日庚申，唐昭宗下令将太保、门下侍郎、同平章事孔纬贬为荆南节度使，中书侍郎、同平章事张濬贬为鄂岳观察使。任命翰林学士承旨、兵部侍郎崔昭纬为同平章事，御史中丞徐彦若为户部侍郎、同平章事。崔昭纬是崔慎由的侄子，徐彦若是徐商的儿子。

杨复恭派人在长乐坡劫持孔纬，斩断他的旌节，抢光了他的财物、行装，孔纬仅能免于一死。李克用又派遣使者上表说："张濬拿皇帝万世的基业，来谋取自己一时的功名，他知道臣与朱温有深仇大恨，暗中和朱温联合起来。臣现在身无官职爵位，又有罪人的名声，不敢回到陛下的藩属州镇去，只想在河中寄住，臣的一切行动，等着陛下的指挥调遣。"唐昭宗下诏再次贬谪孔纬为均州刺史，张濬为连州刺史。赐给李克用诏书，完全恢复李克用的官职爵位，诏命李克用回到晋阳。

孙儒带领淮州、蔡州的军队渡江，正月二十二日癸酉，从润州连续作战一直往南，田頵、安仁义多次战败后退，杨行密占领的都邑守卫都望风溃逃。孙儒的部将李从立快速推进到宣州的东溪，杨行密的守卫工作还没有做好，军中人心惶惶，感到害怕。夜里，杨行密派遣部将合肥人台濛率领五百名士兵驻扎在东溪的西边。台濛使士兵们来回传叫呼喊，往返多次。李从立以为大部队紧跟着来到，于是急速地带兵离开了。孙儒的前军到达溧水，杨行密派遣都指挥使李神福来抵抗。李神福表面上假装退兵，显出畏惧害怕的样子，孙儒的军队没有防备，李神福夜里率领精锐的士兵去偷袭，俘虏、斩首有一千人。

二月，加李克用守中书令，复李罕之官爵，再贬张濬绣州司户。

韦昭度将诸道兵十余万讨陈敬瑄，三年不能克，馈运不继，朝议欲息兵。三月，乙亥，制复敬瑄官爵，令顾彦朗、王建各帅众归镇。

王师范遣都指挥使卢弘击棣州刺史张蟾，弘引兵还攻师范，师范使人以重赂迎之，曰："师范童呆，不堪重任，愿得避位，使保首领，公之仁也。"弘以师范年少，信之，不设备。师范密谓小校安丘刘鄩曰："汝能杀弘，吾以汝为大将。"弘入城，师范伏甲而享之，鄩杀弘于座及其党数人。师范慰谕士卒，厚赏重誓，自将以攻棣州，执张蟾，斩之。崔安潜逃归京师。师范以鄩为马步副都指挥使。诏以师范为平卢节度使。

师范和谨好学，每本县令到官，师范辄备仪卫往谒之，令不敢当，师范命客将挟持，令坐于听事，自称"百姓王师范"，拜之于庭。僚佐或谏，师范曰："吾敬桑梓，所以教子孙不忘本也！"

张濬至蓝田，逃奔华州依韩建，与孔纬密求救于朱全忠。全忠上表为纬、濬讼冤，朝廷不得已，并听自便。纬至商州而还，亦寓居华州。

邢洺节度使安知建潜通朱全忠，李克用表以李存孝代之。知建惧，奔青州，朝廷以知建为神武统军。知建帅麾下三千人将诣京师，过郓州，朱瑄与克用方睦，伏兵河上，斩之，传首晋阳。

夏，四月，有彗星见于三台，东行入太微，长十丈余。

甲申，赦天下。

（以上为第十一段，写孙儒恃强。大发兵渡江与杨行密争江南。王师范年少智擒叛变的卢弘，领平卢节度使。）

成都城中乏食，弃儿满路。民有潜入行营贩米入城者，逻者得之，

二月，加封李克用为守中书令，恢复李罕之的官职爵位；再次贬谪张濬为绣州司户。

韦昭度率领各道的军队十多万人去讨伐陈敬瑄，打了三年还没有打下来，军粮的供应跟不上，朝廷中议论要停止战事。三月二十五日乙亥，唐昭宗下令恢复陈敬瑄的官职爵位，命令顾彦朗、王建率领部众回到各自的镇所去。

王师范派遣都指挥使卢弘去攻打棣州刺史张蟾，卢弘却带领士兵回过头来攻打王师范。王师范派人拿了很多钱财去迎接卢弘，说："我王师范年幼无知，不能担当这朝廷的重任，希望能够退位，保全我的脑袋，这是您仁爱的表现啊！"卢弘因王师范年纪小，相信了他，没有防备。王师范秘密对小校安丘人刘郛说："你如果能杀掉卢弘，我任命你为大将。"卢弘进入城中，王师范设宴招待他，暗中埋伏了武装的士兵，刘郛在宴席座上杀了卢弘和他的几个党徒。王师范安慰告谕士兵们，重重奖赏了有功的人员，并进行了宣誓，亲自率领士兵攻打棣州，活捉张蟾并把他杀了；崔安潜逃回京师。王师范派刘郛任马步副都指挥使。唐昭宗下诏任命王师范为平卢节度使。

王师范性情温和，做事谨慎，而且非常好学，每当本县的县令到任，王师范常常准备仪仗和侍卫去拜见；县令不敢承受这样的礼仪，王师范命令负责礼宾的人挟持县令，让他坐在正厅上视事，自称为"百姓王师范"，在厅上叩拜县令。有的僚属佐吏劝王师范不必这样，王师范说："我敬重县令是不忘故乡，是要教育子孙不忘本啊！"

张濬到了蓝田，便逃奔到华州去投靠韩建，和孔纬秘密地向朱全忠求救。朱全忠上表给唐昭宗替孔纬、张濬申诉冤屈，朝廷不得已，只得任凭他们行动了。孔纬到了商州就返回，也客居在华州。

邢洺节度使安知建暗中和朱全忠相往来，李克用上表请求以李存孝代替安知建的职位。安知建感到恐惧，逃奔青州，朝廷任命安知建为神武统军。安知建率领部下三千人将到京师去，经过郓州时，朱瑄和李克用感情正好，埋伏士兵在黄河的岸上，把安知建杀了，并将他的首级送到晋阳李克用那里。

夏季，四月，有彗星出现在三台的位置，向东移动，进入太微星座，长有十丈多。

四月初五日甲申，大赦天下。

成都城里缺乏食物，被抛弃的小孩满路都是。有老百姓暗中潜入围城的军营贩

以白韦昭度，昭度曰："满城饥甚，忍不救之！"释勿问。亦有白陈敬瑄者，敬瑄曰："吾恨无术以救饿者，彼能如是，勿禁也！"由是贩者浸多，然所致不过斗升，截筒，径寸半，深五分，量米而鬻之，每筒百余钱，饿殍狼藉。军民强弱相陵，将吏斩之不能禁。乃更为酷法，或断腰，或斜劈，死者相继而为者不止，人耳目既熟，不以为惧。吏民日窘，多谋出降，敬瑄悉捕其族党杀之，惨毒备至。内外都指挥使、眉州刺史成都徐耕，性仁恕，所全活数千人。田令孜曰："公掌生杀而不刑一人，有异志邪？"耕惧，夜，取俘囚戮于市。

王建见罢兵制书，曰："大功垂成，奈何弃之！"谋于周庠，庠劝建请韦公还朝，独攻成都，克而有之。建表请："陈敬瑄、田令孜罪不可赦，愿毕命以图成功。"昭度无如之何，由是未能东还。建说昭度曰："今关东藩镇迭相吞噬，此腹心之疾也，相公宜早归庙堂，与天子谋之。敬瑄，疥癣耳，当以日月制之，责建，可办也！"昭度犹豫未决。庚子，建阴令东川将唐友通等擒昭度亲吏骆保于行府门，脔食之，云其盗军粮。昭度大惧，遽称疾，以印节授建，牒建知三使留后兼行营招讨使，即日东还。建送至新都，跪觞马前，泣拜而别。昭度甫出剑门，即以兵守之，不复内东军。昭度至京师，除东都留守。

建急攻成都，环城烽堑亘五十里。有狗屠王鷁，请诈得罪亡入城说之，使上下离心，建遣之。鷁人见陈敬瑄、田令孜，则言"建兵疲食尽，将遁矣"，出则鬻茶于市，阴为吏民称建英武，兵势强盛。由是敬瑄等懈于守备，而众心危惧。建又遣其将京兆郑渥诈降以觇之，敬瑄以为将，使乘城，既而复以诈得归。建由是悉知城中虚实，以渥为亲从都指挥使，更姓名曰王宗渥。

米，被巡逻的士兵抓到了，向韦昭度报告，韦昭度说：“全城的人饥饿得这么厉害，能忍心不救他们吗！”便放了他不再追问。也有去报告陈敬瑄的，陈敬瑄说：“只恨我没有办法来救济饥饿的人，他们能这样做，不要禁止。”因此贩卖粮食的人越来越多，但是所得到的也不过是一升半斗。他们截断竹筒，直径有一寸半，深有五分，用这个量米来卖，每一筒米价一百多钱。饿死的尸体到处都有，乱堆乱放。军队和百姓强的欺凌弱的，将领、官吏斩杀他们也无法禁止。于是订立了一套更加残酷的刑法，或者从腰部把人砍断，或者把人斜劈成两半。被处死的人前后相继不绝，然而犯法的人仍然止不住。大家听多了看多了习惯了这个，就不再对它害怕了。官吏和百姓一天比一天困迫，很多人谋划出去投降。陈敬瑄把他们的宗族、同党全部抓来一起杀掉，残酷狠毒到了极点。内外都指挥使、眉州刺史成都人徐耕，本性仁慈，受到他保护、救活的有几千人。田令孜说：“你掌握着生杀大权却不处罚一个人，是不是有什么其他的意图呢？”徐耕害怕了，夜里，提取俘获的囚犯在市场上杀了。

王建看到休战的诏令，说：“大功就要成了，为什么要放弃呢！”和周庠商量谋划。周庠劝王建请韦昭度回到朝中，自己单独攻打成都，把它攻下来并占领它。王建上表要求：“陈敬瑄、田令孜的罪过不可以赦免，臣希望拼命来取得成功。”韦昭度不能奈何他，因此，也不能东返京师。王建游说韦昭度说：“现在关东地区的藩镇互相攻击吞并，这是我们的心腹大病啊！您应该早些回到朝廷里，与唐昭宗商量谋划。陈敬瑄就像疥疮一样，用不了多少日子就可以制服，交给我王建，可以办成啦！”韦昭度犹豫未能决定。四月二十一日庚子，王建暗中命令东川将领唐友通等人在韦昭度的行辕门口把韦昭度的亲信骆保捉住，切成肉块吃了，说他盗取军中的粮食。韦昭度大感恐惧，马上推说有病，把印章、旌节授予王建，上公文派王建掌管节度使、招抚使、制置使等三使的留后职务，兼任行营招讨使，自己即日东回。王建送韦昭度到新都，在马前跪下向韦昭度敬酒，落泪跪拜后才分别。韦昭度一离开剑门县，王建就马上派士兵防守，不再让东川的军队进入。韦昭度回到京师，被任命为东都留守。

王建紧急攻打成都，绕城设置烽火与壕沟延续了五十里长。有一个以杀狗为生叫王鷂的人，请求假装获罪逃亡进入城中去游说，使他们上下离心，王建派他去了。王鷂入城后去见陈敬瑄、田令孜，对他们说：“王建的士兵疲乏，粮食也吃完了，就要逃走啦！”又出来到市场里去卖茶，暗中对官吏、百姓们称述王建英勇威武，兵力强盛。因此陈敬瑄等人松懈防守的准备，而百姓则心生恐惧，感到危险。王建又派遣他的部将京兆人郑渥假装投降以便探察城中的情势。陈敬瑄派郑渥担任将领，让郑渥登上城墙参加防御，不久郑渥又采用欺诈的方法跑回来了。王建因此探明了城中的虚虚实实，任命郑渥担任亲从都指挥使，并改姓名叫王宗渥。

以武安节度使周岳为岭南西道节度使。

（以上为第十二段，写唐昭宗赦陈敬瑄之罪，王建抗命，计夺韦昭度印节，仍以朝命攻围成都。）

李克用大举击赫连铎，败其兵于河上，进围云州。

杨行密遣其将刘威、朱延寿将兵三万击孙儒于黄池，威等大败。延寿，舒城人也。孙儒军于黄池，五月，大水，诸营皆没，乃还扬州，使其将康晊据和州，安景思据滁州。

丙午，立皇子祐为德王。

杨行密遣其将李神福攻和、滁，康晊降，安景思走。

秋，七月，李克用急攻云州，赫连铎食尽，奔吐谷浑部，既而归于幽州。克用表大将石善友为大同防御使。

朱全忠遣使与杨行密约共攻孙儒。儒恃其兵强，欲先灭行密，后敌全忠，移牒藩镇，数行密、全忠之罪，且曰："俟平宣、汴，当引兵入朝，除君侧之恶。"于是悉焚扬州庐舍，尽驱丁壮及妇女渡江，杀老弱以充食。行密将张训、李德诚潜入扬州，灭余火，得谷数十万斛以赈饥民。泗州刺史张谏贷数万斛以给军，训以行密之命馈之，谏由是德行密。

邢洺节度使李存孝劝李克用攻镇州，克用从之。八月，克用南巡泽潞，遂涉怀孟之境。

朱全忠遣其将丁会攻宿州，克其外城。

乙未，孙儒自苏州出屯广德，杨行密引兵拒之。儒围其寨，行密将上蔡李简帅百余人力战，破寨，拔行密出之。

（以上为第十三段，写李克用大破赫连铎，孙儒烧积聚，扫境南渡与杨行密决战，孤注一掷以图侥幸。）

王建攻陈敬瑄益急，敬瑄出战辄败，巡内州县率为建所取。威戎节度使杨晟时馈之食，建以兵据新都，彭州道绝。敬瑄出，慰勉士卒，皆不应。

辛丑，田令孜登城谓建曰："老夫向于公甚厚，何见困如是？"建曰："父子之恩岂敢忘！但朝廷命建讨不受代者，不得不然。傥太师改图，建复何求！"是夕，令孜自携西川印节诣建营授之，将士皆呼万岁。建泣

任命武安节度使周岳为岭南西道节度使。

李克用大举进攻赫连铎，在北河上打败了赫连铎的军队，进兵包围云州。

杨行密派部将刘威、朱延寿率领士兵三万人到黄池镇去攻打孙儒，刘威等人大败。朱延寿是舒城人。孙儒在黄池镇驻扎军队，五月，发生了大水灾，各个军营都淹没了，于是回到扬州，派他的部将康暀占据和州，安景思占据滁州。

六月二十八日丙午，立皇子李祐为德王。

杨行密派遣他的部将李神福攻打和州、滁州，康暀投降，安景思逃走了。

秋季，七月，李克用加紧攻打云州，赫连铎的粮食吃完了，逃奔吐谷浑部去，不久又回到幽州。李克用上表派大将石善友担任大同防御使。

朱全忠派遣使者和杨行密相约共同攻打孙儒。孙儒依仗自己的兵力强盛，想要先消灭杨行密，然后再抵挡朱全忠。他送牒文给各个藩镇，列举杨行密、朱全忠的罪过，并且说："等到平定宣州、汴州以后，自当带领军队进入朝廷，清除唐昭宗身边的坏人。"于是把扬州的房屋全部烧毁了，驱赶所有的壮年男子和妇女渡过长江，杀掉老弱用来作食物。杨行密的部将张训、李德诚暗中潜入扬州，扑灭余下的火苗，获得粮食几十万斛来赈济饥饿的百姓。泗州刺史张谏要求借几万斛粮食供给军队，张训用杨行密的命令把粮食赠送给他，张谏因此非常感激杨行密的恩德。

邢洺节度使李存孝劝李克用攻打镇州，李克用听从了李存孝的意见。八月，李克用向南巡视泽州、潞州，于是到了怀州、孟州的境内。

朱全忠派遣他的部将丁会攻打宿州，攻克了它的外城。

八月十八日乙未，孙儒从苏州出发，屯驻在广德，杨行密带领军队去抵抗孙儒。孙儒包围了杨行密的寨子，杨行密的部将上蔡人李简率领一百多人奋力作战，冲破寨子，把杨行密从包围中救出来。

王建攻打陈敬瑄更加急迫了，陈敬瑄出来应战总是失败，他管辖内的州县大多被王建攻下占领了。威戎节度使杨晟常常给陈敬瑄提供食物，王建出兵占据了新都，通往彭州的道路便断绝了。陈敬瑄出来慰问、勉励士兵，士兵都不响应。

八月二十四日辛丑，田令孜登上城楼对王建说："我以前对你很好，现在你为什么如此围困我呢？"王建回答说："义父对我的恩惠我怎么敢忘记啊！只是朝廷命令我讨伐不接受职务调动的人，我才不得不这样做。如果陈敬瑄能改变意图，我王建

谢，请复为父子如初。

先是，建常诱其将士曰：“成都城中繁盛如花锦，一朝得之，金帛子女恣汝曹所取，节度使与汝曹迭日为之耳！”壬寅，敬瑄开门迎建。建署其将张勍为马步斩斫使，使先入城。乃谓将士曰：“吾与汝曹三年百战，今始得城，汝曹不忧不富贵，慎勿焚掠坊市。吾已委张勍护之矣，彼幸执而白我，我犹得赦之；若先斩而后白，吾亦不能救也！”既而士卒有犯令者，勍执百余人，皆捶其胸而杀之，积尸于市，众莫敢犯。故时人谓勍为“张打胸”。

癸卯，建入城，自称西川留后。小校韩武数于使厅上马，牙司止之，武怒曰：“司徒许我迭日为节度使，上马何为！”建密遣人刺杀之。

初，陈敬瑄之拒朝命也，田令孜欲盗其军政，谓敬瑄曰：“三兄尊重，军务烦劳，不若尽以相付，日具记事咨呈，兄但高居自逸而已。”敬瑄素无智能，忻然许之。自是军事皆不由己，以至于亡。建表敬瑄子陶为雅州刺史，使随陶之官，明年，罢归，寓居新津，以一县租赋赡之。

癸丑，建分遣士卒就食诸州，更文武坚姓名曰王宗阮，谢从本曰王宗本。陈敬瑄将佐有器干者，建皆礼而用之。

（以上为第十四段，写王建三年征战成都据有西川。）

六军十二卫观军容使、左神策军中尉杨复恭总宿卫兵，专制朝政，诸假子皆为节度使、刺史，又养宦官子六百人，皆为监军。假子龙剑节度使守贞、武定节度使守忠不输贡赋，上表讪薄朝廷。

上舅王瓌求节度使，上访于复恭，复恭以为不可，瓌怒，诟之。瓌出入禁中，颇用事，复恭恶之，奏以为黔南节度使，至吉柏津，令山南西道节度使杨守亮覆诸江中，宗族宾客皆死，以舟败闻。上知复恭所为，

还有什么要求呢？”这一晚，田令孜亲自携带西川节度使的印章和旌节到王建的军营中授给王建，将领、士兵们都高呼万岁。王建万分感谢，掉下了眼泪，请求恢复义父子的关系如同当初那样。

先前，王建常常引诱他的将领、士兵们说：“成都城里繁荣兴盛，一旦得到了它，金银、布帛、美女等随你们的心意去拿，节度使的职位我与你们轮流做啦！”八月二十五日壬寅，陈敬瑄打开城门迎接王建。王建命令他的部将张勍担任马步斩斫使，派他先进入城中。于是告诉将领、士兵们说：“我和你们在三年中经历了上百场战斗，今天才得到这一座城市，你们不用担心不会富贵，但小心不要焚烧掠夺街坊市区，我已委派张勍去保护它了。他如果抓到了你们来告诉我，我还能赦免你们；如果他先斩首然后才向我报告，我也不能救你们啦！”不久后士兵有违反命令的，张勍抓了一百多人，都捶打他们的胸脯，把他们杀了，尸体堆积在市场里，部众们没有人再敢违反命令了。因此时人称呼张勍为“张打胸”。

八月二十六日癸卯，王建进入城中，自称为西川留后。小校韩武多次在节度使的厅堂前上马，牙司阻止他，韩武发怒说：“王建允许我轮流做节度使，在厅堂前上马有什么大不了呢！”王建秘密派人把韩武刺杀了。

当初，陈敬瑄抗拒朝廷的命令，田令孜想要盗取他的军政大权，对陈敬瑄说：“您是尊贵的人，军队中的事务既繁重又辛苦，不如全部托付给我，我每天详细记载事情来请示您，您只要高高在上，坐享安逸悠闲就可以了。”陈敬瑄向来没有智慧、才能，很高兴地允许了。从此以后军队中的事务都不能按照自己的意思去做，一直到灭亡。王建上表请求派遣陈敬瑄的儿子陈陶担任雅州刺史，使陈敬瑄跟随陈陶到雅州去。第二年，陈敬瑄罢官回家，客居在新津，王建用一县的租金、赋税来供养他。

九月初六日癸丑，王建分别派遣士兵到各州，就地筹粮养活，改文武坚的姓名为王宗阮，改谢从本的姓名为王宗本。陈敬瑄的部将佐吏有器识、才干的，王建都以礼相待重用他们。

六军十二卫观军容使、左神策军中尉杨复恭总领宿卫的军队，在朝廷中独揽大权。他的各个义子都担任节度使、刺史，又养了宦官义子六百人，都做了监军。义子龙剑节度使杨守贞、武定节度使杨守忠不再向朝廷输送贡品、赋税，还上表诽谤鄙薄朝廷。

唐昭宗的舅舅王瓌要求担任节度使，唐昭宗问杨复恭，杨复恭认为不可以，王瓌大怒，骂了杨复恭。王瓌在宫廷中进进出出，很有点权力，杨复恭非常憎恨他，奏请唐昭宗任命王瓌为黔南节度使，王瓌赴任到达吉柏津这个地方时，杨复恭命令

深恨之。

李顺节既宠贵，与复恭争权，尽以复恭阴事告上，上乃出复恭为凤翔监军。复恭愠怼，不肯行，称疾，求致仕。九月，乙卯，以复恭为上将军致仕，赐以几杖。使者致诏命还，复恭潜遣腹心张绾刺杀之。

加护国节度使王重盈兼中书令。

东川节度使顾彦朗薨，军中推其弟彦晖知留后。

冬，十月，壬午，宿州刺史张筠降于丁会。

癸未，以永平节度使王建为西川节度使；甲申，废永平军。建既得西川，留心政事，容纳直言，好施乐士，用人各尽其才，谦恭俭素。然多忌好杀，诸将有功名者，多因事诛之。

杨复恭居第近玉山营，假子守信为玉山军使，数往省之。或告复恭与守信谋反，乙酉，上御安喜楼，陈兵自卫，命天威都将李顺节、神策军使李守节将兵攻其第。张绾帅家众拒战，守信引兵助之，顺节等不能克。丙戌，禁兵守含光门，俟其开，欲出掠两市，遇刘崇望，立马谕之曰："天子亲在街东督战，汝曹皆宿卫之士，当于楼前杀贼立功，勿贪小利，自取恶名！"众皆曰："诺。"遂从崇望而东。守信之众望见兵来，遂溃走。守信与复恭挈其族自通化门出，趣兴元，永安都头权安追之，擒张绾，斩之。复恭至兴元，杨守亮、杨守忠、杨守贞及绵州刺史杨守厚同举兵拒朝廷，以讨李顺节为名。守厚，亦复恭假子也。

（以上为第十五段，写唐昭宗借杨复恭义子李顺节之力逐走杨复恭。）

李克用攻王镕，大破镇兵于龙尾冈，斩获万计，遂拔临城，攻元氏、柏乡，李匡威引幽州兵救之。克用大掠而还，军于邢州。

十一月，曹州都将郭铢杀刺史郭词，降于朱全忠。

泰宁节度使朱瑾将万余人攻单州。

乙丑，时溥将刘知俊帅众二千降于朱全忠。知俊，沛人，徐之骁将

山南西道节度使杨守亮在江中弄翻了王瓌的座船，王瓌的宗族、宾客都死了，然后向唐昭宗报告说是船坏了。唐昭宗知道这是杨复恭干的，因此深深地憎恨他。

李顺节尊宠显贵后，和杨复恭争夺权力，把杨复恭的秘密事情全部向唐昭宗报告，唐昭宗于是黜退杨复恭，任命杨复恭为凤翔的监军。杨复恭怨恨，不肯前往，推说有病，要求辞职。九月初八日乙卯，唐昭宗用上将军的职位使杨复恭退休归隐，赐给他几杖以表示对他的尊重。使者送去唐昭宗的诏命后返回，杨复恭暗中派他的心腹张绾把使者刺杀了。

加封护国节度使王重盈兼任中书令。

东川节度使顾彦朗去世，军中推举他的弟弟顾彦晖担任留后的职位。

冬季，十月初五日壬午，宿州刺史张筠向丁会投降。

十月初六日癸未，任命永平节度使王建为西川节度使。十月初七日甲申，废除永平军。王建得到了西川，关心政事，容忍采纳大家的直言批评，喜好施舍，乐于接纳贤士，用人能让大家发挥自己的才干，谦虚恭敬，节俭朴素；但是多猜忌，好杀人，各将领有功劳名誉的，大多被他找借口杀了。

杨复恭居住的地方靠近玉山营，他的义子杨守信担任玉山军使，多次前去看望杨复恭，有人向唐昭宗报告说杨复恭与杨守信阴谋造反。十月初八日乙酉，唐昭宗亲临安喜楼，安排士兵自卫，命令天威都将李顺节、神策军使李守节率领士兵去攻打杨复恭的住宅。张绾率领杨复恭家里的人进行抵抗，杨守信带领士兵去帮助杨复恭，李顺节等人攻打不下来。十月初九日丙戌，禁兵守卫含光门，等到宫门开后，想要出去掠夺市街，遇到刘崇望。刘崇望停住马告诉禁军们说："皇上亲自在街的东边督促作战，你们都是宿卫的士兵，应该在楼前击杀寇贼，建立功名，不要贪图小利，自坏名声啊！"大家都说："是。"于是跟随刘崇望往东。杨守信的士兵远远望见军队冲杀过来，都溃散逃跑了。杨守信和杨复恭携带族人从通化门逃出，跑向兴元府。永安都头权安追赶他们，捉到张绾，把他斩了。杨复恭到兴元以后，杨守亮、杨守忠、杨守贞以及绵州刺史杨守厚以讨伐李顺节的名义，一起带兵抗拒朝廷。杨守厚也是杨复恭的义子。

李克用攻打王镕，在龙尾冈大破镇州军队，斩杀俘获的数以万计，于是攻下了临城，又进兵攻打元氏、柏乡。李匡威带领幽州的士兵来救援王镕。李克用大肆掠夺了一番才返回，把军队驻扎在邢州。

十一月，曹州都将郭铢杀了刺史郭词，向朱全忠投降。

泰宁节度使朱瑾率领一万多人去攻打单州。

十一月十九日乙丑，时溥的部将刘知俊率领部众二千人向朱全忠投降。刘知俊

也，溥军自是不振。全忠以知俊为左右开道指挥使。

辛未，寿州将刘弘鄂恶孙儒残暴，举州降朱全忠。

十二月，乙酉，汴将丁会、张归霸与朱瑾战于金乡，大破之，杀获殆尽，瑾单骑走免。

天威都将李顺节恃恩骄横，出入常以兵自随。两军中尉刘景宣、西门君遂恶之，白上，恐其作乱。戊子，二人以诏召顺节，顺节入至银台门，二人邀顺节于仗舍坐语，供奉官似先知自后斩其首，从者大噪而出。于是天威、捧日、登封三都大掠永宁坊，至暮乃定。百官表贺。

孙儒焚掠苏、常，引兵逼宣州，钱镠复遣兵据苏州。儒屡破杨行密之兵，旌旗辎重亘百余里。行密求救于钱镠，镠以兵食助之。

以顾彦晖为东川节度使，遣中使宋道弼赐旌节。杨守亮使杨守厚囚道弼，夺旌节，发兵攻梓州。癸卯，彦晖求救于王建；甲辰，建遣其将华洪、李简、王宗侃、王宗弼救东川。建密谓诸将曰："尔等破贼，彦晖必犒师，汝曹于行营报宴，因而执之，无烦再举。"宗侃破守厚七砦，守厚走归绵州。彦晖具犒礼，诸将报宴，宗弼以建谋告之，彦晖乃以疾辞。

初，李茂贞养子继臻据金州，均州刺史冯行袭攻下之，诏以行袭为昭信防御使，治金州。杨守亮欲自金、商袭京师，行袭逆击，大破之。

是岁，赐泾原军号曰彰义，增领渭、武二州。

福建观察使陈岩疾病，遣使以书召泉州刺史王潮，欲授以军政，未至而岩卒。岩妻弟都将范晖讽将士推己为留后。

（以上为第十六段，写河北、徐淮、江南及陇蜀各地军阀混战。）

是沛县人，徐州的勇将。时溥的军队从此以后一蹶不振了。朱全忠任命刘知俊为左右开道指挥使。

十一月二十五日辛未，寿州将领刘弘鄂憎恨孙儒的残忍强暴，以寿州投降朱全忠。

十二月初九日乙酉，汴州的将领丁会、张归霸与朱瑾在金乡作战，大破朱瑾的军队，杀死、俘获的很多，朱瑾的军队几乎都完了，只有朱瑾一人骑马逃走，才免于一死。

天威都将李顺节依仗着唐昭宗的恩宠骄纵蛮横，进出时常常随身带着士兵。两军中尉刘景宣、西门君遂憎恨他，向唐昭宗报告，担心李顺节会作乱。十二月十二日戊子，他们两人拿着诏书叫李顺节来，李顺节进入到银台门，两人邀请李顺节在仪仗所在的房里坐下聊天，供奉官似先知从后面斩下他的首级，随从们大声呼喊着跑出去了。于是天威、捧日、登封三都的士兵大肆掠夺永宁坊，到了晚上才停止。百官们都上表庆贺。

孙儒焚烧掠夺苏州、常州，带领军队逼近宣州，钱镠再次派遣士兵占据苏州。孙儒多次打败杨行密的军队，旌旗、器械、物资连绵不断，延续了一百多里路。杨行密向钱镠请求救援，钱镠派遣士兵并运送食物去帮助他。

任命顾彦晖为东川节度使，派遣中使宋道弼赐给他旌节。杨守亮使杨守厚囚禁宋道弼，夺走旌节，发动士兵去攻打梓州。十二月二十七日癸卯，顾彦晖向王建求救。十二月二十八日甲辰，王建派遣他的部将华洪、李简、王宗侃、王宗弼去援救东川。王建暗中对各个将领说："你们打败了贼寇后，顾彦晖一定会犒劳你们的军队，你们就在行营中举行的庆功宴会上，顺便把他抓起来，就不用再一次发动军队去进攻他了。"王宗侃攻破了杨守厚的七个寨子，杨守厚逃回绵州。顾彦晖准备了犒劳的礼物，各个将领也设宴答谢。王宗弼把王建的阴谋告诉了顾彦晖，顾彦晖于是推托有病没有出席。

起初，李茂贞的养子李继臻占据了金州，均州刺史冯行袭把它攻下来了，唐昭宗下诏任命冯行袭为昭信防御使，治理金州。杨守亮想要从金州、商州去偷袭京城，冯行袭迎击杨守亮，大破他的军队。

这一年，赐泾原军号叫彰义，增加统领渭、武两个州。

福建观察使陈岩病得很重，派遣使者拿书信去叫泉州刺史王潮来，想要把军政大权授给他。王潮还没有到达，陈岩就去世了。陈岩的妻弟都将范晖暗示将领、士兵们推举自己担任留后。

【点评】

本卷点评张濬出讨李克用、孙揆忠义、唐昭宗逐走杨复恭、王建取西川四件史事。

一、张濬出讨李克用。唐昭宗痛恨藩镇割据和宦官擅权，志欲革除唐朝政治上的这两大积弊，只可惜志大才疏，既无匡复之才，又无任贤之识，一时兴起，感情用事，加速了唐朝的灭亡。

张濬，字禹川，河间人，颇涉猎文史，爱吹牛，自视甚高，行为轻浮，为乡里士友所不齿。张濬隐于金凤山，学鬼谷子之术，想用游说来取卿相。僖宗乾符年间因枢密使杨复恭推荐得为太常博士，转度支员外郎。杨复恭失宠，张濬转投田令孜。田令孜失势，杨复恭复出，深恨张濬反复无常，两人有隙。于是，唐昭宗特别亲爱张濬，用以为相，抵制杨复恭。先前李克用讨黄巢，屯兵河中，宰相王铎兼行营都统，奏请张濬为都统判官。李克用见之，鄙薄张濬的为人。张濬自比谢安、裴度，以廓清天下为己任。李克用私下对诏使说："张濬虚谈之士，主上用以为相，往后引发祸乱，危害国家的人，一定是这位张公。"张濬听到后，衔恨不已。朱李交恶，昭宗不问是非和稀泥，张濬更毁短李克用，煽动昭宗征讨。张濬外连宣武朱全忠、幽州李匡威、云州赫连铎同时上奏请讨李克用。昭宗下诏廷议，四品以上朝官与议，十之六七认为不可，十之三四认为可。张濬耸动昭宗，以出讨立功来抑制杨复恭，认为这次出师一箭双雕，既削藩镇，又除宦官。昭宗误信邪说，于是下诏兴师，削夺李克用一切官爵。昭宗大顺元年（890）五月，张濬帅诸军五十二都及西北诸州所征发的杂虏军队五万人，再会合宣武、镇国、静难、凤翔、保大、定难诸镇官军于晋州。张濬不武，各镇所集乌合之众，人数虽众，非沙陀军之敌，又师出无名，官军一触即溃，张濬大败而归。这次出师，唐昭宗乘黄巢覆灭、秦宗权授首的时机，一声号令，能集聚诸镇之兵，表明朝廷已有一定权威，这是中兴的凭借。随着张濬出师的败北，唐王室威信扫地，唐昭宗非中兴之主，不过是一个轻狂急躁、无所作为的庸君。此次官军败北，轻启战端，拉开了唐末军阀大混战的序幕。唐王室中兴无望，它的覆灭，只是等待时日了。

二、孙揆忠义。孙揆，字圣圭，博州武水人。进士及第，历任户部巡官、中书舍人、刑部侍郎、京兆尹。昭宗讨李克用，以孙揆为兵马招讨副使，授昭义军节度使，以本道兵出战。李克用伏兵在半道击败孙揆，生俘孙揆。李克用以礼待孙揆，劝其为河东所用，孙揆大骂不止。李克用大怒，命人锯解分尸，行刑人手颤抖锯齿不前。孙揆大骂说："死狗奴，锯人要用木板夹，蠢东西连这都不知。"行刑人夹上木板，锯解了孙揆，而孙揆至死骂声不绝。

三、唐昭宗逐走杨复恭。杨复恭，字子恪，本姓林，因被枢密使宦官杨玄翼收

为义子，改姓杨。杨玄翼之弟杨玄价收养一乔姓义子取名杨复光。所以杨复恭是杨复光的义兄，兄弟二人都是唐末大宦官，号杨门二兄弟。

懿宗咸通十年（869），杨玄翼死，杨复恭接任父职，与大宦官田令孜同为枢密使。唐僖宗即位，爆发黄巢大起义，两人在镇压黄巢起义的方针上发生分歧，田令孜主张武力镇压，杨复恭主张招降。僖宗倒向田令孜，杨复恭被排挤，家居蓝田等待时局变化。僖宗第二次蒙尘，朝野一片反对田令孜之声，杨复恭东山再起，田令孜逃往西川。

杨复恭取代田令孜为神策军中尉，兼六军、十二卫观军容使，封魏国公，赐号“忠贞启圣定国功臣”，掌控了朝廷军政大权，“内外经略，皆出于复恭”。

唐昭宗即位，杨复恭以拥戴之功加开府、金吾上将军，专典禁军。杨复恭视新皇帝为玩偶，肆无忌惮扩张个人权力。他到处收养地方悍将为义子，布散各州郡任职，号“外宅朗君”，分掌地方军政。杨复恭又收养宦官六百多人为义子，监军诸道，天下威权，尽归杨门。宫中遍布耳目，昭宗举动皆知。国舅王瓌求授节度使之职，杨复恭遣人杀之于半道。宰相孔纬指责杨复恭目无皇上，杨复恭雇凶刺杀孔纬，孔纬机警，幸免于难。

张濬出师征讨李克用，也是朝官借用藩镇矛盾，欲依朱全忠兵力斥逐杨复恭。官军败北，也是朝官对宦官争斗的又一次失败。唐昭宗改变策略，离间杨复恭与义子的感情，用高官厚禄收买了勇冠三军的杨守立，赐姓李，改名顺节。杨守立本名胡弘立，杨复恭收为义子，官至天威军使。昭宗向杨复恭指名要杨守立入宫警卫，掌宫禁六军，异常宠信他。这一回杨复恭失算，他很高兴地把义子杨守立安插在昭宗身边，没想到杨守立更名为李顺节之后，果真顺守节义，助昭宗驱走了杨复恭。不过唐昭宗只是利用杨守立，并非真心宠信他。驱走杨复恭之后，唐昭宗又杀了李顺节。君臣之间，尔虞我诈，不成体统，时势使然。君臣之间诚信的底线被践踏，唐王朝的气数也就完了。

四、王建取西川。王建，字光图，许州舞阳人，状貌伟岸，少时无赖，目不识丁，以屠牛、盗驴、贩私盐为业，被乡人称为“贼八王”。王建后从军为忠武军卒，稍迁队将。黄巢入长安，忠武军将鹿晏弘率兵八千从杨复光征战，杨复光分忠武兵为八都，每都千人，王建与鹿晏弘等八人为都将。黄巢败走长安，鹿晏弘也拥众东归，王建等五都西奔入蜀，僖宗得之大喜，号“随驾五都”，以属十军观容使田令孜，田令孜把王建等收为养子。

昭宗文德元年（888），以宰相韦昭度为西川节度使，分邛、蜀、黎、雅为永平军，拜王建为节度使。陈敬瑄抗拒朝命，不接受韦昭度入蜀，昭宗即命韦昭度率将王建等征讨陈敬瑄。韦昭度庸懦无能，争战三年未能取胜。唐昭宗鉴于用兵河北之

败，赦免李克用，恢复一切官爵，于是一同赦免陈敬瑄之罪，诏韦昭度罢兵。王建不从，计夺韦昭度印节，自认招讨，仍以朝命征讨陈敬瑄，急攻成都。田令孜登城呼王建叙父子之旧，王建以朝命讨不受代为辞，田令孜无可奈何劝陈敬瑄交出节度使牌印授王建。王建入成都领西川节度使，迁陈敬瑄于雅州，复以田令孜为西川监军。随后，王建杀陈敬瑄，并杀田令孜。

王建因时顺势割据西川，得益于昭宗讨蜀，是最大的赢家。

唐纪七十五

唐昭宗景福元年至乾宁元年（892—894 年）

【起玄黓困敦（壬子，892 年），尽阏逢摄提格（甲寅，894 年），凡三年】

【大事提要】

本卷记事起公元 892 年，讫公元 894 年，载述史事凡三年。当唐昭宗景福元年至乾宁元年。此三年间各地军阀混战改变了格局，初步形成地区间的大军阀。雄踞中原的朱全忠，灭掉了徐州的时溥，转而用兵郓、兖，多次战败朱瑄、朱瑾，瑄、瑾孤立无助，指日可灭。朱全忠成为全国第一军阀，占有广阔的中原，四围诸镇皆非敌手。李克用稳固占有太原、河东，用兵河北诸镇，北破幽州，是仅次于朱全忠的第二大军阀。河北诸镇依违于朱全忠与李克用之间，只求自保。王建已全踞西川，诛杀了陈敬瑄、田令孜。杨行密经过数年争战，复据扬州，淮南为其所有。钱镠据杭州，王潮据福州，地位不可动摇。由于朱全忠与李克用，争逐河北，无暇西顾，唐王室名义上保有共主地位。唐昭宗不识英才，不顾大局，歇后郑五为宰相，贻笑天下，又不听杜让能之谏，轻启战端，讨伐凤翔节度使李茂贞，结果兵败，加速了李茂贞坐大，又兼山南西道节度使，杜让能蒙晁错之冤而死。李茂贞凌蔑昭宗，唐王朝进一步衰弱。

【原文】

昭宗圣穆景文孝皇帝上之中

景福元年（壬子，892年）

春，正月，丙寅，赦天下，改元。

凤翔李茂贞、静难王行瑜、镇国韩建、同州王行约、秦州李茂庄五节度使上言：杨守亮容匿叛臣杨复恭，请出军讨之，乞加茂贞山南西道招讨使。朝议以茂贞得山南，不可复制，下诏和解之，皆不听。

王镕、李匡威合兵十余万攻尧山，李克用遣其将李嗣勋击之，大破幽、镇兵，斩获三万。

杨行密谓诸将曰："孙儒之众十倍于我，吾战数不利，欲退保铜官，何如？"刘威、李神福曰："儒扫地远来，利在速战。宜屯据险要，坚壁清野以老其师，时出轻骑抄其馈饷，夺其俘掠。彼前不得战，退无资粮，可坐擒也！"戴友规曰："儒与我相持数年，胜负略相当。今悉众致死于我，我若望风弃城，正堕其计。淮南士民从公渡江及自儒军来降者甚众，公宜遣将先护送归淮南，使复生业；儒军闻淮南安堵，皆有思归之心，人心既摇，安得不败！"行密悦，从之。友规，庐州人也。

（以上为第一段，写李茂贞等五节度使联兵讨杨复恭。孙儒与杨行密大战于江南，杨行密坚壁不出以老其师。）

威戎节度使杨晟与杨守亮等约攻王建，二月丁丑，晟出兵掠新繁、汉州之境，使其将吕荛将兵二千会杨守厚攻梓州。建遣行营都指挥使李简击荛，斩之。

戊寅，朱全忠出兵击朱瑄，遣其子友裕将兵前行，军于斗门。

李茂贞、王行瑜擅举兵击兴元。茂贞表求招讨使不已，遗杜让能、西门君遂书，陵蔑朝廷。上意不能容，御延英，召宰相、谏官议之。时宦官有阴与二镇相表里者，宰相相顾不敢言，上不悦。给事中牛徽曰："先朝多难，茂贞诚有翼卫之功。诸杨阻兵，亟出攻讨，其志亦在疾恶，

【语译】

昭宗圣穆景文孝皇帝上之中

唐昭宗景福元年（壬子，892年）

春季，正月二十一日丙寅，大赦天下，改年号为景福。

凤翔军李茂贞、静难军王行瑜、镇国军韩建、同州的王行约、秦州的李茂庄等五位节度使向唐昭宗报告说：杨守亮收容、隐藏反叛的臣子杨复恭，请出兵去讨伐他，要求加封李茂贞为山南西道招讨使。朝廷商议认为李茂贞如果得到山南西道招讨史的官职，就不可能再制驭李茂贞了。唐昭宗下诏调停这件事，李茂贞他们都不听。

王镕和李匡威合兵十几万人攻打尧山。李克用派遣他的部将李嗣勋还击他们，大败幽、镇两州的军队，斩杀、擒获三万人。

杨行密对各将领说："孙儒的军队比我们多十倍，我们和他作战，已多次失利。想要退兵防守铜官，怎么样？"刘威、李神福说："孙儒出动全部军队及物资从远处赶来，速战速决才对他有利。我们应该驻扎和占据险要的地方，坚壁清野，使他的军队不断疲困衰弱；又不时出动轻便的骑兵去抄掠他们运送的粮饷，夺取他们抢夺来的物资。这样使他们前进无法作战，后退又没有物资、粮饷，我们可以很容易地擒服他们！"戴友规说："孙儒和我们争夺已有好几年了，双方胜负大致相当。现在他用全部力量来和我们决一死战，我们如果不抵抗放弃守城，正好中了他的计谋。淮南的士兵们跟随您渡江和从孙儒军队中前来投降的人很多，你应该派遣将领护送他们回淮南去，使他们恢复生产；孙儒的军队听说淮南的人民都安居乐业了，便会有想返回故乡的心愿，这样他们的人心动摇，哪里会不失败呢！"杨行密很高兴，听从了他们的意见。戴友规是庐州人。

威戎节度使杨晟和杨守亮等人约好共同攻打王建。二月初二日丁丑，杨晟出兵掠夺新繁、汉州等地方，派遣他的部将吕荛率领士兵两千人会合杨守厚攻打梓州。王建派遣行营都指挥使李简攻打吕荛，把他斩了。

二月初三日戊寅，朱全忠出兵攻打朱瑄，派遣他的儿子朱友裕率领士兵先行，驻军在斗门城。

李茂贞和王行瑜擅自带兵去攻打兴元。李茂贞多次上表要求做山南西道招讨使，写信给杜让能和西门君遂，信中蔑视朝廷。唐昭宗不能容忍，亲临延英殿，召集宰相、谏官进行商议。当时，宦官中有暗中和这两个藩镇互相勾结的，宰相们互相看着都不敢说话，唐昭宗很不高兴。给事中牛徽说："先朝多灾多难，李茂贞实在有辅

但不当不俟诏命耳。比闻兵过山南，杀伤至多。陛下傥不以招讨使授之，使用国法约束，则山南之民尽矣！”上曰：“此言是也。”乃以茂贞为山南西道招讨使。

甲申，朱全忠至卫南，朱瑄将步骑万人袭斗门，朱友裕弃营走，瑄据其营。全忠不知，乙酉，引兵趣斗门，至者皆为郓人所杀。全忠退军瓠河，丁亥，瑄击全忠，大破之，全忠走。张归厚于后力战，全忠仅免，副使李璠等皆死。

朱全忠奏贬河阳节度使赵克裕，以佑国节度使张全义兼河阳节度使。

孙儒围宣州。初，刘建锋为孙儒守常州，将兵从儒击杨行密，甘露镇使陈可言帅部兵千人据常州。行密将张训引兵奄至城下，可言仓猝出迎，训手刃杀之，遂取常州。行密别将又取润州。

朱全忠连年攻时溥，徐、泗、濠三州民不得耕获，兖、郓、河东兵救之，皆无功，复值水灾，人死者什六七。溥困甚，请和于全忠，全忠曰：“必移镇乃可。”溥许之。全忠乃奏请移溥他镇，仍命大臣镇徐州。诏以门下侍郎、同平章事刘崇望同平章事，充感化节度使，以溥为太子太师。溥恐全忠诈而杀之，据城不奉诏，崇望及华阴而还。

（以上为第二段，写朱全忠连年进攻时溥，时溥势衰成困兽。）

忠义节度使赵德諲薨，子匡凝代之。

范晖骄侈失众心，王潮以从弟彦复为都统，弟审知为都监，将兵攻福州。民自请输米饷军，平湖洞及滨海蛮夷皆以兵船助之。

辛丑，王建遣族子嘉州刺史宗裕、雅州刺史王宗侃、威信都指挥使华洪、茂州刺史王宗瑶将兵五万攻彭州，杨晟逆战而败，宗裕等围之。杨守亮遣其将符昭救之，径趋成都，营三学山。建亟召华洪还。洪疾驱而至，后军尚未集，以数百人夜去昭营数里，多击更鼓。昭以为蜀军大至，引兵宵遁。

佐、保卫的功劳；几位姓杨的将领，仗着自己有实力，不服从朝廷，李茂贞紧急出兵去讨伐，他的心意也是在痛恨那些反叛的恶贼，只是不应该没有等待诏命罢了。最近听说军队经过山南，杀伤了很多人。陛下倘若不任命李茂贞为招讨使，用国家的法律来约束他，那么山南的人民都要被杀绝了。”唐昭宗说：“这话是对的。”于是任命李茂贞为山南西道招讨使。

二月初九日甲申，朱全忠到达卫州的南面，朱瑄率领步兵、骑兵一万人偷袭斗门城，朱友裕放弃军营逃走了，朱瑄占据了他的营寨。朱全忠不知道斗门城已被朱瑄夺取，二月初十日乙酉，带兵去斗门城，到的士兵都被朱瑄的郓州兵杀死了。朱全忠只得退军到瓠河镇。二月十二日丁亥，朱瑄攻打朱全忠，朱全忠大败逃走。张归厚在后面竭力作战，朱全忠才免于一死，副使李璠等人都战死了。

朱全忠上奏贬谪河阳节度使赵克裕。委派佑国节度使张全义兼任河阳节度使。

孙儒围攻宣州。当初，刘建锋为孙儒防守常州，后来率领士兵跟随孙儒攻打杨行密，甘露镇使陈可言便带领部下一千人占据了常州。杨行密的部将张训率领军队很快到达常州城下，陈可言匆忙出来迎战，张训亲手杀了陈可言，于是攻下常州，杨行密的别将又攻取了润州。

朱全忠连年攻打时溥，徐、泗、濠三州的人不能耕种收获，兖州、郓州、河东的军队来救援时溥，都没有成功，又遇到水灾，百姓死亡的有十分之六七。时溥更加窘迫艰难，请求与朱全忠和好相处，朱全忠说：“你一定要迁移镇守的地方才可以。”时溥同意了。朱全忠于是奏请将时溥调往别的地方，命令别的大臣来镇守徐州。唐昭宗下诏任命门下侍郎、同平章事刘崇望为同平章事，充任感化节度使，任命时溥为太子太师。时溥担心朱全忠欺骗他，将他杀害，占据守城不接受诏命，刘崇望到了华阴又返回了。

忠义节度使赵德諲去世，他的儿子赵匡凝代任他的职位。

范晖骄奢失去部众的拥护，王潮派他的堂弟王彦复担任都统，弟弟王审知担任都监，率领军队攻打福州。老百姓自动运来粮食供应军队，平湖洞和滨海地区的蛮夷也都用兵船来支援他们。

二月二十六日辛丑，王建派遣族子嘉州刺史王宗裕、雅州刺史王宗侃、威信都指挥使华洪、茂州刺史王宗瑶率领军队五万人去攻打彭州，杨晟迎战失败，王宗裕等人包围了杨晟。杨守亮派遣他的部将符昭去救援杨晟，直接赶赴成都，在三学山扎营。王建马上叫华洪返回。华洪火速赶到，后面的军队还没集结，便派几百人夜里到距离符昭营地几里处，打击更鼓。符昭以为蜀地大军来到了，当晚就带领士兵逃走。

三月，以户部尚书郑延昌为中书侍郎、同平章事。延昌，从说之从兄弟也。

左神策勇胜三都都指挥使杨子实、子迁、子钊，皆守亮之假子也，自渠州引兵救杨晟，知守亮必败，壬子，帅其众二万降于王建。

李克用、王处存合兵攻王镕，癸丑，拔天长镇。戊午，镕与战于新市，大破之，杀获三万余人。辛酉，克用退屯栾城。诏和解河东及镇、定、幽四镇。

杨晟遣杨守贞、杨守忠、杨守厚书，使攻东川以解彭州之围，守贞等从之。神策督将窦行实戍梓州，守厚密诱之为内应，守厚至涪城，行实事泄，顾彦晖斩之。守厚遁去。守贞、守忠军至，无所归，盘桓绵、剑间，王建遣其将吉谏袭守厚，破之。癸亥，西川将李简邀击守忠于钟阳，斩获三千余人。夏，四月，简又破守厚于铜锌，斩获三千余人，降万五千人。守忠、守厚皆走。

乙酉，置武胜军于杭州，以钱镠为防御使。

（以上为第三段，写福州、西川、河北的混战。）

天威军使贾德晟，以李顺节之死，颇怨愤，西门君遂恶之，奏而杀之。德晟麾下千余骑奔凤翔，李茂贞由是益强。

李匡威出兵侵云、代，壬寅，李克用始引兵还。

时溥遣兵南侵，至楚州，杨行密将张训、李德诚败之于寿河，遂取楚州，执其刺史刘瓒。

加邠宁节度使王行瑜兼中书令。

杨行密屡败孙儒兵，破其广德营，张训屯安吉，断其粮道。儒食尽，士卒大疫，遣其将刘建锋、马殷分兵掠诸县。六月，行密闻儒疾疟，戊寅，纵兵击之。会大雨、晦冥，儒军大败，安仁义破儒五十余寨，田頵擒儒于陈，斩之，传首京师，儒众多降于行密。刘建锋、马殷收余众七千，南走洪州，推建锋为帅，殷为先锋指挥使，张佶为谋主，比至江

三月，任命户部尚书郑延昌为中书侍郎、同平章事。郑延昌是郑从谠的堂兄弟。

左神策勇胜三都都指挥使杨子实、杨子迁、杨子钊，都是杨守亮的义子。他们从渠州带兵去救援杨晟，知道杨守亮必定要失败，三月初八日壬子，率领他们的部众两万人向王建投降。

李克用和王处存联合起来攻打王镕，三月初九日癸丑，攻下了天长镇。三月十四日戊午，王镕在新市与他们作战，打败了他们，斩杀和俘虏三万多人。三月十七日辛酉，李克用退兵驻扎在栾城。唐昭宗下诏命令和平解决河东及镇、定、幽四镇的纠纷。

杨晟写信给杨守贞、杨守忠和杨守厚，要他们攻打东川来解除彭州被包围的困境，杨守贞等听从了他的意见。神策督将窦行实戍守梓州，杨守厚秘密引诱窦行实，让他作为内应；杨守厚到了涪城，窦行实做内应的事泄漏出来了，顾彦晖斩了窦行实。杨守厚只好逃走了。杨守贞、杨守忠的军队到达以后，没有停宿的地方，在绵州、剑州之间徘徊逗留，王建派遣他的部将吉谏去袭击杨守厚，攻破了他的阵势。三月十九日癸亥，西川将领李简在钟阳城迎击杨守忠，杀死和俘虏三千多人。夏季，四月，李简又在铜锋打败了杨守厚的军队，杀死和俘虏三千多人，投降的有一万五千人。杨守忠、杨守厚都逃走了。

四月十二日乙酉，在杭州设置了武胜军，任命钱镠为防御使。

天威军使贾德晟，因为李顺节的死，心中怨恨愤怒，西门君遂憎恨他，上奏唐昭宗杀了贾德晟。贾德晟的部下一千多名骑兵逃到了凤翔，李茂贞的势力更加强大了。

李匡威出兵侵犯云州、代州。四月二十九日壬寅，李克用才带领军队从镇州回军晋阳。

时溥派遣军队向南侵扰，到达楚州。杨行密的部将张训、李德诚在寿河打败了时溥，乘胜攻取了楚州，抓住了刺史刘瓒。

加封邠宁节度使王行瑜兼任中书令。

杨行密多次打败孙儒的军队，攻破他在广德的军营，张训驻扎在安吉，截断了给孙儒供给粮饷的道路。孙儒的粮食吃完了，士兵们染上了瘟疫，孙儒派遣他的部将刘建锋、马殷把军队分作几路到各县去抢掠。六月，杨行密听说孙儒患了疟疾，六月初六日戊寅，出动军队去攻打他。正好遇到倾盆大雨，天昏地暗，孙儒的军队大败，安仁义攻破了孙儒五十多个寨子，田頵在军阵中活捉了孙儒，把他杀了，将

西，众十余万。

丁酉，杨行密帅众归扬州；秋，七月，丙辰，至广陵，表田頵守宣州，安仁义守润州。

先是，扬州富庶甲天下，时人称扬一、益二，及经秦、毕、孙、杨兵火之余，江、淮之间，东西千里扫地尽矣。

（以上为第四段，写杨行密灭孙儒，复据扬州。）

王建围彭州，久不下，民皆窜匿山谷；诸寨日出俘掠，谓之“淘虏”，都将先择其善者，余则士卒分之，以是为常。

有军士王先成者，新津人，本书生也，世乱，为兵，度诸将惟北寨王宗侃最贤，乃往说之曰：“彭州本西川之巡属也，陈、田召杨晟，割四州以授之，伪署观察使，与之共拒朝命。今陈、田已平而晟犹据之，州民皆知西川乃其大府而司徒乃其主也，故大军始至，民不入城而入山谷避之，以俟招安。今军至累月，未闻招安之命，军士复从而掠之，与盗贼无异，夺其赀财，驱其畜产，分其老弱妇女以为奴婢，使父子兄弟流离愁怨。其在山中者暴露于暑雨，残伤于蛇虎，孤危饥渴，无所归诉。彼始以杨晟非其主而不从，今司徒不加存恤，彼更思杨氏矣。”宗侃恻然，不觉屡移其床前问之，先成曰：“又有甚于是者：今诸寨每旦出六七百人，入山淘虏，薄暮乃返，曾无守备之意。赖城中无人耳，万一有智者为之画策，使乘虚奔突，先伏精兵千人于门内，登城望淘虏者稍远，出弓弩手、炮手各百人，攻寨之一面，随以役卒五百，负薪土填壕为道，然后出精兵奋击，且焚其寨；又于三面城下各出耀兵，诸寨咸自备御，无暇相救，城中得以益兵继出，如此，能无败乎！”宗侃矍然曰：“此诚有之，将若之何？”

首级传送到京师，孙儒的部众大多数都投降了杨行密。刘建锋、马殷收集剩余的部下七千人，向南逃到洪州，大家推举刘建锋为统帅，马殷为先锋指挥使，张佶为主谋人，等队伍到了江西，部众已有十余万人了。

六月二十五日丁酉，杨行密率领部众回到扬州；秋季，七月十四日丙辰，到了广陵，上表请求派田頵守卫宣州，安仁义守卫润州。

原先，扬州这个地方富庶居天下第一，当时人称扬州为第一，益州为第二。经过秦彦、毕师铎、孙儒、杨行密等人连年的战争，长江、淮河之间，东西千里，一片败落的景象。

王建包围彭州，很久还没有攻克，老百姓都逃窜、躲藏在山谷中；各个寨子每天出去掳掠百姓，掠夺财物，称作“淘虏”，军中将领先挑取那些好的，剩下的就分给士兵们，把这样做看得很平常。

有一个军士叫王先成，是新津人，本来是个读书人，因为天下大乱，就去当兵。王先成忖度王建手下各个将领，只有北寨的王宗侃最为贤明，就前往王宗侃处游说，对王宗侃讲道：“彭州本来是西川的属地，陈敬瑄、田令孜唤来杨晟，分割出文、龙、成、茂四个州授予他，伪造命令叫杨晟担任观察使，和他联合起来共同抗拒朝廷的命令。如今陈敬瑄、田令孜已经平定，但是杨晟仍然占据着这个地方。州民都知道西川是他们的节度使府，而王建是他们的主管，所以大军刚刚到达的时候，老百姓不入城却到山谷中躲避，以等待政府的招抚。现在大军到这里已经几个月了，百姓没有听到招集安抚的命令，军士们又跟着来掠夺他们，与强盗没有什么两样，抢劫他们的钱财，驱赶他们的牲畜，分取老弱妇女做奴婢，使父子兄弟流离失所，家家户户愁苦哀怨；那些住在山谷中的老百姓，露宿在暑天的暴雨中，不时受到蛇虎的伤害，孤苦危险，又饿又渴，没有地方可以诉说。他们开始因为杨晟不是他们的主管而不听从他的命令，如今王建不加以慰问、救济，他们就更加思念杨晟了。”王宗侃感到很凄惨，不知不觉多次移动座位，到王先成面前问话。王先成说：“还有比这个更加糟糕的：现在各个寨子每天早上出动六七百人到山谷中去搜掠百姓，一直到黄昏时才回来，没有防守准备的意图。这是靠着城中没有能人罢了，万一有个有智谋的人替城中人出谋划策，使他们乘虚袭击，事先埋伏精兵一千人在门内，登上城楼看搜掠百姓的人跑远了，就出动弓箭手、炮手各一百人，攻打营寨的一面，接着再派五百名役卒，背着柴草、土块填平壕沟做成道路，然后出动精兵奋力攻击，焚烧寨子；又在另外三面城下派出耀武扬威的军队，各寨都各自准备防御敌人，没有空暇救援别处，城中不能不断增加士兵进行补充。这样，能不打败仗吗！”王宗侃很惊恐地问：“如果真的出现这样的情况，该怎么办呢？”

先成请条列为状以白王建，宗侃即命先成草之，大指言：“今所白之事，须四面通共，宗侃所司止于北面，或所白可从，乞以牙举施行。”事凡七条：“其一，乞招安山中百姓。其二，乞禁诸寨军士及子弟无得一人辄出淘虏，仍表诸寨之旁七里内听樵牧，敢越表者斩。其三，乞置招安寨，中容数千人，以处所招百姓，宗侃请选所部将校谨干者为招安将，使将三十人昼夜执兵巡卫。其四，招安之事须委一人总领，今榜帖既下，诸寨必各遣军士入山招安，百姓见之无不惊疑，如鼠见狸，谁肯来者！欲招之必有其术，愿降帖付宗侃专掌其事。其五，乞严勒四寨指挥使，悉索前日所虏彭州男女老幼集于营场，有父子、兄弟、夫妇自相认者即使相从，牒具人数，部送招安寨，有敢私匿一人者斩；仍乞勒府中诸营，亦令严索，有自军前先寄归者，量给资粮，悉部送归招安寨。其六，乞置九陇行县于招安寨中，以前南郑令王丕摄县令，设置曹局，抚安百姓，择其子弟之壮者，给帖使自入山招其亲戚，彼知司徒严禁侵掠，前日为军士所虏者，皆获安堵，必欢呼踊跃，相帅下山，如子归母，不日尽出。其七，彭州土地宜麻，百姓未入山时多沤藏者，宜令县令晓谕，各归田里，出所沤麻鬻之，以为资粮，必渐复业。”建得之大喜，即行之，悉如所申。

明日，榜帖至，威令赫然，无敢犯者。三日，山中民竞出，赴招安寨如归市，寨不能容，斥而广之。浸有市井，又出麻鬻之。民见村落无抄暴之患，稍稍辞县令，复故业。月余，招安寨皆空。

（以上为第五段，写蜀军士王先成献策七条以取彭州，招抚百姓，王建采纳，月余立见成效。）

己巳，李茂贞克凤州，感义节度使满存奔兴元。茂贞又取兴、洋二州，皆表其子弟镇之。

八月，以杨行密为淮南节度使、同平章事，以田頵知宣州留后，安

王先成请求逐条列举写成疏状向王建报告，王宗侃立即命令王先成写成草稿，大意是说："今天所报告的事情，必须宗裕、宗侃、华洪、宗瑶四面共同联合起来，王宗侃管辖的只有北面，如果报告的事情可以依从，那么请求用节度使的名义来推举施行。"疏状中总共写了七件事："第一件，请召集安抚在山里的老百姓。第二件，请禁止各个寨子里的士兵和子弟，不能有一个人任意出去淘虏，在各个寨子旁七里的地方做上标志，在标志内可以任意砍柴、放牧，有敢越过标志的人斩首。第三件，请设置招集安抚百姓的寨子，寨子可容纳几千人以安置招回来的百姓，请王宗侃选择部下将领中谨慎、干练的人担任招安将，命令他们率领三十人日夜拿着兵器巡逻保卫。第四件，招集安抚百姓的事情必须委托一个人总管。如今榜帖既然已经颁下，各个寨子都派遣士兵到山中去招抚，老百姓看到了没有不吃惊怀疑的，好像老鼠看到猫一样，有谁肯来呢！想要招抚他们一定要有恰当办法，希望发下榜帖交给王宗侃专门管理这件事。第五件，请严格命令四面寨子的指挥使，把前些日子俘虏来的彭州男女老幼，全部集合在军营的场子里，如有父子、兄弟、夫妇相认的，让他们团聚在一起。牒文中写清人数，都送到招安寨，有敢私下藏匿一人的就把他斩首。再请求命令成都府中的各个营寨，也要他们严格搜索，如果有先前从军中送回去的百姓，酌量给他们资财、粮食，全部都送回招安寨。第六件，请在招安寨中设置九陇行县，任命前任南郑县令王丕代理县令的职务，县内设置曹局，用来安抚老百姓，选择他们子弟中健壮的人，给他们文告让他们到山中去招集自己的亲戚。他们知道了王建严格禁止侵扰掠夺，前些日子被士兵俘去的人，都得到了很好的安置，一定会欢呼跳跃，纷纷走下山，好像孩子回到母亲怀抱一般，不用几天就全部都出来了。第七件，彭州的土地适合种麻，老百姓还没有入山时，有很多沤过的麻藏起来了。应该让县令告诉大家，都回到田里去，把埋藏的沤麻卖掉，用这个收入作为资本，购置粮食，这样一定能够恢复原来的产业。"王建得到疏状后非常高兴，立即下令实行，全部如同王先成所申述的那样。

第二天，告示送到了各个军营，很有威严，没有人敢触犯。过了三天，山里的老百姓都出来了，赶往招安寨好像到市场上去一样，招安寨容纳不下，就拆了再扩建大的；慢慢有了做买卖的地方，老百姓把麻拿出来卖掉。大家看到村落中已没有受侵扰掠夺的危害，陆续告别县令，回到村落中去重操旧业。一个多月的时间，招安寨全部空了。

七月二十七日己巳，李茂贞攻克了凤州，感义节度使满存逃奔到兴元。李茂贞又攻取了兴、洋两个州，都上表推荐他的子弟来镇守。

八月，任命杨行密为淮南节度使、同平章事，派田頵担任宣州留后的职务，安

仁义为润州刺史。

孙儒降兵多蔡人，行密选其尤勇健者五千人，厚其禀赐，以皂衣蒙甲，号“黑云都”，每战，使之先登陷阵，四邻畏之。

行密以用度不足，欲以茶盐易民布帛，掌书记舒城高勖曰：“兵火之余，十室九空，又渔利以困之，将复离叛。不若悉我所有易邻道所无，足以给军，选贤守令劝课农桑，数年之间，仓库自实。”行密从之。田頵闻之曰：“贤者之言，其利远哉！”行密驰射武伎，皆非所长，而宽简有智略，善抚御将士，与同甘苦，推心待物，无所猜忌。尝早出，从者断马鞦，取其金，行密知而不问，他日，复早出如故，人服其度量。

淮南被兵六年，士民转徙几尽。行密初至，赐与将吏，帛不过数尺，钱不过数百。而能以勤俭足用，非公宴，未尝举乐。招抚流散，轻徭薄敛，未及数年，公私富庶，几复承平之旧。

（以上为第六段，写杨行密保境安民，轻徭薄赋，数年间扬州生息几复承平之旧。）

李克用北巡至天宁军，闻李匡威、赫连铎将兵八万寇云州，遣其将李君庆发兵于晋阳。克用潜入新城，伏兵于神堆，擒吐谷浑逻骑三百，匡威等大惊。丙申，君庆以大军至，克用迁入云州。丁酉，出击匡威等，大破之。己亥，匡威等烧营而遁；追至天成军，斩获不可胜计。

辛丑，李茂贞攻拔兴元，杨复恭、杨守亮、杨守信、杨守贞、杨守忠、满存奔阆州。茂贞表其子继密权知兴元府事。

九月，加荆南节度使成汭同平章事。

时溥迫监军奏称将士留己，冬，十月，复以溥为侍中、感化节度。朱全忠奏请追溥新命；诏谕解之。

仁义担任润州刺史。

从孙儒那边投降来的士兵很多是蔡州人，杨行密挑选其中特别勇敢健壮的五千人，给他们丰厚的给养和赏赐，穿着黑衣，披着铠甲，号称“黑云都”，每当作战，派他们首先冲锋陷阵，周围的军队都很惧怕他们。

杨行密由于军中费用缺乏，想用茶叶和食盐来换取老百姓的布帛，掌书记舒城人高勖说：“战争刚刚过去，十户人家有九户是空的，又要侵犯他们的利益使他们困苦，老百姓将会再次叛离我们。不如拿出我们的所有的东西去和缺少这类东西的邻近各道进行贸易，这样就足以供应军队的需要；再挑选贤明能干的太守、县令提倡和勉励老百姓耕作纺织，几年时间，仓库自然就会充实起来。”杨行密听从了高勖的意见。田頵听到这件事后说：“这是贤人的话，利益实在深远啊！”杨行密对于骑马射箭这些技艺，都没有什么特长，但是他宽厚、俭朴，又有智慧、谋略，善于安抚驾驭将士们，和他们同甘共苦，待人接物能推心置腹，没有任何猜疑妒忌。杨行密一次早晨外出，跟随的人剪断了马后部的革带，拿走了上面装饰的黄金，杨行密知道了也不去追问，后来，仍和以前一样在早晨外出，大家都佩服他的度量。

淮南从毕师铎造成动乱起，遭受战争灾难已有六年，士民转移迁徙，几乎走光了。杨行密刚到这里时，赏赐给将领官吏的东西，布帛不过几尺，银钱不过几百，然而他能够靠着勤奋节俭来满足军队的需用，不是公家的宴会，从来不奏乐。杨行密招抚流散的百姓，轻徭薄赋，没有几年的工夫，官府和百姓都富有起来，几乎恢复到太平盛世时的状况。

李克用向北巡视到了天安军，听说李匡威、赫连铎率领军队八万人侵犯云州，便派遣他的部将李君庆从晋阳带兵出发。李克用暗中进入新城，在神堆埋伏士兵，捉住了吐谷浑的巡逻骑兵三百人；李匡威等大为震惊。八月二十五日丙申，李君庆率领大军赶到，李克用迁入云州。八月二十六日丁酉，李克用出兵攻击李匡威等，大破他们的军队。八月二十八日己亥，李匡威等焚烧军营逃走了，李克用的军队一直追到蔚州东北的天成军，斩杀、俘虏的人无法计算。

八月三十日辛丑，李茂贞攻下了兴元，杨复恭、杨守亮、杨守信、杨守贞、杨守忠、满存逃往阆州。李茂贞上表请求朝廷任命他的儿子李继密暂时主持兴元府的事务。

九月，加封荆南节度使成汭为同平章事。

时溥逼迫监军上奏朝廷说将士们挽留他，不应召到京师任太子太师。冬季，十月，又任命时溥担任侍中、感化节度使。朱全忠上奏请求朝廷追回对时溥新的任命；唐昭宗发布诏令规劝朱全忠和时溥和解。

初，邢、洺、磁州留后李存孝，与李存信俱为李克用假子，不相睦。存信有宠于克用，存孝在邢州，欲立大功以胜之，乃建议取镇冀，存信从中沮之，不时听许。及王镕围尧山，存孝救之，不克。克用以存信为蕃、汉马步都指挥使，与存孝共击之，二人互相猜忌，逗留不进，克用更遣李嗣勋等击破之。存信还，谮存孝无心击贼，疑与之有私约。存孝闻之，自以有功于克用，而信任顾不及存信，愤怨，且惧及祸，乃潜结王镕及朱全忠，上表以三州自归于朝廷，乞赐旌节及会诸道兵讨李克用；诏以存孝为邢、洺、磁节度使，不许会兵。

（以上为第七段，写李存孝愤怨李克用赏罚不公，以邢、洺、磁三州归顺朝廷。）

十一月，时溥濠州刺史张璲、泗州刺史张谏以州附于朱全忠。

乙未，朱全忠遣其子友裕将兵十万攻濮州，拔之，执其刺史邵伦，遂令友裕移兵击时溥。

孙儒将王坛陷婺州，刺史蒋瓌奔越州。

庐州刺史蔡俦发杨行密祖父墓，与舒州刺史倪章连兵，遣使送印于朱全忠以求救。全忠恶其反覆，纳其印，不救，且牒报行密，行密谢之。行密遣行营都指挥使李神福将兵讨俦。

《宣明历》浸差，太子少詹事边冈造新历成，十二月，上之。命曰《景福崇玄历》。

壬午，王建遣其将华洪击杨守亮于阆州，破之。建遣节度押牙延陵郑顼使于朱全忠，全忠问剑阁，顼极言其险。全忠不信，顼曰："苟不以闻，恐误公军机。"全忠大笑。

是岁，明州刺史锺文季卒，其将黄晟自称刺史。

（以上为第八段，写朱全忠声威远播。）

二年（癸丑，893 年）

春，正月，时溥遣兵攻宿州，刺史郭言战死。

东川留后顾彦晖既与王建有隙，李茂贞欲抚之使从己，奏请更赐彦晖节；诏以彦晖为东川节度使。茂贞又奏遣知兴元府事李继密救梓州，

当初，邢、洺、磁三州的留后李存孝与李存信都是李克用的义子，但是他们不和睦。李存信受到李克用的宠信，李存孝在邢州，想要建立大功来超过李存信，于是建议攻取镇、冀两州；李存信从中阻止，李克用听从了李存信的意见。等到王镕攻尧山，李存孝去救援，未能获胜。李克用任命李存信为蕃汉马步都指挥使，与李存孝一同去攻打王镕，两个人互相猜忌，军队逗留观望不前。李克用另外派了李嗣勋等去攻打，才把王镕打败了。李存信回来，诬陷李存孝根本不想攻打贼寇，怀疑他和贼寇暗中有盟约。李存孝听到这事，自认为对李克用有功劳，但是李克用对他的信任反不及李存信，心中十分愤恨，又怕大祸临头，于是暗中联络王镕和朱全忠，上表把邢、洺、磁三州归顺朝廷，请求赐给他节度使的仪仗并会合各道的军队去讨伐李克用。唐昭宗下诏任命李存孝为邢、洺、磁三州节度使，但不同意会合各道军队讨伐李克用。

十一月，时溥手下的濠州刺史张璲、泗州刺史张谏献出这两个州，归附朱全忠。

十二月二十五日乙未，朱全忠派遣他的儿子朱友裕带领军队十万人攻打濮州，把它攻下来，抓住了刺史邵伦，于是命令朱友裕调动军队去攻打时溥。

孙儒的部将王坛攻下了婺州，刺史蒋瓌逃奔越州。

庐州刺史蔡俦挖开杨行密祖父的坟墓，和舒州刺史倪章联合军队，派遣使者送上印信向朱全忠求救。朱全忠憎恶蔡俦反复无常，收下他送来的印信，不派兵去救援，并且给杨行密通报消息。杨行密对朱全忠表示感谢，派遣行营都指挥使李神福率领军队去讨伐蔡俦。

唐穆宗时实行的《宣明历》逐渐出现误差，太子少詹事边冈完成新的历法，十二月，献给唐昭宗。唐昭宗把新历法命名为《景福崇玄历》。

十二月十二日壬午，王建派遣他的部将华洪在阆州攻打杨守亮，将其打败。王建派遣节度押牙延陵人郑顼出使到朱全忠那里。朱全忠询问剑阁的情况，郑顼极力陈说它的险要。朱全忠不相信，郑顼说："假如您不相信我的话，恐怕要耽误您的军机大事。"朱全忠听了哈哈大笑。

这一年，明州刺史锺文季去世，他的部将黄晟自称为明州刺史。

唐昭宗景福二年（癸丑，893 年）

春季，正月，时溥派遣军队攻打宿州，宿州刺史郭言战死。

东川留后顾彦晖和王建有矛盾以后，李茂贞想安抚顾彦晖，使顾彦晖听从自己，于是上奏唐昭宗请求赐给顾彦晖节度使仪仗；唐昭宗下诏任命顾彦晖为东川节度使。

未几，建遣兵败东川、凤翔之兵于利州。彦晖求和，请与茂贞绝；乃许之。

凤翔节度使李茂贞自请镇兴元，诏以茂贞为山南西道兼武定节度使，以中书侍郎、同平章事徐彦若同平章事，充凤翔节度使，又割果、阆二州隶武定军。茂贞欲兼得凤翔，不奉诏。

二月，甲戌，加西川节度使王建同平章事。

李克用引兵围邢州，王镕遣牙将王藏海致书解之。克用怒，斩藏海，进兵击镕，败镇兵于平山。辛巳，攻天长镇，旬日不下。镕出兵三万救之，克用逆战于叱日岭下，大破之，斩首万余级，余众溃去。河东军无食，脯其尸而啖之。

时溥求救于朱瑾，朱全忠遣其将霍存将骑兵三千军曹州以备之。瑾将兵二万救徐州，存引兵赴之，与朱友裕合击徐、兖兵于石佛山下，大破之，瑾遁归兖州。辛卯，徐兵复出，存战死。

李克用进下井陉，李存孝将兵救王镕，遂入镇州，与镕计事。镕又乞师于朱全忠，全忠方与时溥相攻，不能救，但遗克用书，言“邺下有十万精兵，抑而未进”。克用复书：“傥实屯军邺下，颙望降临；必欲真决雌雄，愿角逐于常山之尾。”甲午，李匡威引兵救镕，败河东兵于元氏，克用引还邢州。镕犒匡威于藁城，辇金帛二十万以酬之。

（以上为第九段，写李茂贞跋扈，李克用与王镕战，兵败元氏。）

朱友裕围彭城，时溥数出兵，友裕闭壁不战。朱瑾宵遁，友裕不追，都虞候朱友恭以书谮友裕于全忠，全忠怒，驿书下都指挥使庞师古，使代之将，且按其事。书误达于友裕，友裕大惧，以二千骑逃入山中，潜诣砀山，匿于伯父全昱之所。全忠夫人张氏闻之，使友裕单骑诣汴州见全忠，泣涕拜伏于庭，全忠命左右捽抑，将斩之，夫人趋就抱之，泣曰：“汝舍兵众，束身归罪，无异志明矣。”全忠悟而舍之，使权知许州。友恭，寿春人李彦威也，幼为全忠家僮，全忠养以为子。张夫人，砀山人，多智略，全忠敬惮之，虽军府事，时与之谋议。或将兵出，中涂，夫人

李茂贞又奏请派遣掌管兴元府事务的李继密救援梓州。不久，王建派遣军队在利州打败了东川、凤翔的军队。顾彦晖向王建求和，表示与李茂贞断绝关系；王建同意了。

凤翔节度使李茂贞自己要求镇守兴元府，唐昭宗下令任命李茂贞为山南西道兼武定节度使，任命中书侍郎、同平章事徐彦若为同平章事，充当凤翔节度使，又下令分出果州、阆州隶属于武定军。李茂贞想要同时得到凤翔这个地方，不接受唐昭宗的诏令。

二月初五日甲戌，加封西川节度使王建为同平章事。

李克用带领军队围攻邢州，王镕派遣牙将王藏海送信给李克用进行劝解。李克用大怒，斩杀王藏海，派军队攻打王镕，在平山县打败了镇州的军队。二月十二日辛巳，李克用攻打天长镇，十来天还没有攻下来。王镕派出三万名士兵前往救援，李克用在叱日岭下迎战，大败王镕的军队，斩首一万多人，其余士兵溃散逃走了。李克用的河东军没有食物，把被杀士兵的尸体晒成肉干来吃。

时溥向朱瑾求救，朱全忠派遣他的部将霍存率领骑兵三千驻扎在曹州以防备朱瑾的进攻。朱瑾率领军队两万人去救援徐州，霍存带领骑兵赶去，和朱友裕会合在石佛山下一起攻打徐州、兖州的军队，把他们打得大败，朱瑾逃回兖州。二月二十二日辛卯，徐州的军队再次出击，霍存战败身死。

李克用进兵攻下井陉，李存孝率领军队去救援王镕，于是进入镇州，和王镕商量大事。王镕又请求朱全忠派出军队救援，朱全忠正在和时溥打仗，不能派兵去救援他，但写了一封信给李克用说："我在邺下有十万精兵，由于我的制止，他们才没有出动。"李克用回信说："如果你在邺下真的驻扎有强兵，我恭候大军的降临；假如一定要分出胜负，请在常山脚下决一死战。"二月二十五日甲午，李匡威带领军队救援王镕，在元氏打败了李克用的河东军队，李克用率领军队回到邢州。王镕在藁城犒劳李匡威，用车子装了金银布帛二十万来酬谢他。

朱友裕包围彭城，时溥多次出兵，朱友裕关闭营门不出战；朱瑾在夜里逃走了，朱友裕也不追赶。都虞候朱友恭写信给朱全忠诬陷朱友裕，朱全忠大怒，通过驿站传信给都指挥使庞师古，命令他代替朱友裕统率军队，并且审查朱友裕的事情。这封信误送到了朱友裕的手中，朱友裕非常害怕，带领二十名骑兵逃入山中，又偷偷到了砀山，躲在伯父朱全昱那里。朱全忠的夫人张氏听说这件事，让朱友裕独自一人骑马到汴州来见朱全忠，朱友裕在厅堂上痛哭流涕下跪求饶。朱全忠下令左右揪住他的头发，按住他的脖子，要把他斩了。张夫人快步跑过去抱住朱友裕，哭着说："你离开了手下的军队，一个人回来认罪，没有其他的图谋已经很明显了。"朱全忠

以为不可，遣一介召之，全忠立为之返。

庞师古攻佛山寨，拔之。自是徐兵不敢出。

李匡威之救王镕也，将发幽州，家人会别，弟匡筹之妻美，匡威醉而淫之。二月，匡威自镇州还，至博野，匡筹据军府自称留后，以符追行营兵。匡威众溃归，但与亲近留深州，进退无所之，遣判官李抱真入奏，请归京师。京师屡更大乱，闻匡威来，坊市大恐，曰："金头王来图社稷。"士民或窜匿山谷。王镕德其以己故致失地，迎归镇州，为筑第，父事之。

（以上为第十段，写朱全忠张夫人之智略，李匡威淫乱失节镇。）

以渝州刺史柳玭为泸州刺史。柳氏自公绰以来，世以孝悌礼法为士大夫所宗。玭为御史大夫，上欲以为相，宦官恶之，故久谪于外。玭尝戒其子弟曰："凡门地高，可畏不可恃也。立身行己，一事有失，则得罪重于他人，死无以见先人于地下，此其所以可畏也。门高则骄心易生，族盛则为人所嫉。懿行实才，人未之信，小有玼颣，众皆指之，此其所以不可恃也。故膏粱子弟，学宜加勤，行宜加励，仅得比他人耳！"

王建屡请杀陈敬瑄、田令孜，朝廷不许。夏，四月，乙亥，建使人告敬瑄谋作乱，杀之新津。又告令孜通凤翔书，下狱死。建使节度判官冯涓草表奏之曰："开匣出虎，孔宣父不责他人；当路斩蛇，孙叔敖盖非利己。专杀不行于阃外，先机恐失于彀中。"涓，宿之孙也。

汴军攻徐州，累月不克。通事官张涛以书白朱全忠云："进军时日非良，故无功。"全忠以为然。敬翔曰："今攻城累月，所费甚多，徐人已

醒悟了，免除了对朱友裕的处罚，让朱友裕暂时代理许州的职务。朱友恭本是寿春人李彦威，幼年时是朱全忠的家僮，朱全忠收养他为义子。张夫人是砀山人，足智有谋，朱全忠既敬重她又惧怕她，即使是军府中的要事，也常常和她谋划商量；有时带领军队出征，到了半路，张夫人认为不可取，派一个人把他叫回来，朱全忠立刻就返回了。

庞师古攻打石佛山的营寨，把它攻下来了。从此以后，时溥的徐州军队不敢再出来打仗。

李匡威救援王镕时，临出发前，家人为他送行。李匡威的弟弟李匡筹的妻子很美，李匡威喝醉酒后奸淫了她。二月，李匡威从镇州回来，到达博野，李匡筹占据了军府，自称留后，用节度使的符节追回行营的军队。李匡威的部众溃散了，他只能和一些亲近的人留在深州，进退无据，派遣判官李抱真向朝廷上奏，请求回到京城。京城多次遭受大的战乱，听说李匡威要来，街里的人非常恐慌，说："金头王李匡威要来图谋大唐皇位了。"士人百姓有的逃到山谷里躲藏起来。王镕因为李匡威是为了救援自己而失去了幽州，很感谢他，把李匡威迎到了镇州，为他建造府第，像对待自己父亲一样侍奉他。

以渝州刺史柳玭为泸州刺史。柳氏从柳公绰以来，世代都因孝顺父母、尊敬兄长、重礼守法而为士大夫们所尊崇。柳玭担任御史大夫，唐昭宗想任命他为宰相，宦官们不喜欢他，所以被长期贬谪在外。柳玭曾经告诫他家中的子弟说："凡是门第高贵，是可怕而不是可恃的事。门第高贵的人，为人处事一定要注意，假如有一件事稍有差错，招来的罪过就会比别人严重得多，死了以后也没有脸去和地下的祖先相见，这就是所以令人忧虑的原因。门第高贵就容易产生骄傲的心理，家族兴盛就会被人嫉妒；他们美好的品行，出众的才学，别人不一定会信服，而稍微有一些美中不足，大家都会去指责他，这就是门第不可依恃的原因。因此富贵人家的子弟，学习应该更加勤奋，行为应该更加勤勉，这样也仅仅只能和一般人相比罢了！"

王建多次请求杀掉陈敬瑄、田令孜，朝廷不允许。夏季，四月初七日乙亥，王建派人告发陈敬瑄谋反作乱，在新津把他杀了。又告发田令孜与凤翔节度使暗中书信来往，把田令孜关进监狱，田令孜也死了。王建让节度判官冯涓起草表文上奏唐昭宗说："打开木笼放出猛虎，孔子不责备别人；在路上杀死两头蛇，孙叔敖不是为了自己。统兵在外的将领如果不能行使专杀的权力，那么得到的机会就要在奸臣的圈套中丧失。"冯涓是冯宿的孙子。

汴州的军队攻打徐州，几个月还没有打下来。通事官张涛写信给朱全忠说："进军的时间不好，所以没有功效。"朱全忠认为他说得对。敬翔说："现在我们攻打徐

困，旦夕且下，使将士闻此言，则懈于攻取矣。”全忠乃焚其书。癸未，全忠自将如徐州；戊子，庞师古拔彭城，时溥举族登燕子楼自焚死。己丑，全忠入彭城，以宋州刺史张廷范知感化留后，奏乞朝廷除文臣为节度使。

李匡威在镇州，为王镕完城堑，缮甲兵，视之如子。匡威以镕年少，且乐真定土风，潜谋夺之。李抱真自京师还，为之画策，阴以恩施悦其将士。王氏在镇久，镇人爱之，不徇匡威。匡威忌日，镕就第吊之，匡威素服衷甲，伏兵劫之，镕趋抱匡威曰：“镕为晋人所困，几亡矣，赖公以有今日。公欲得四州，此固镕之愿也，不若与公共归府，以位让公，则将士莫之拒矣。”匡威以为然，与镕骈马，陈兵入府。会大风雷雨，屋瓦皆震。匡威入东偏门，镇之亲军闭之，有屠者墨君和自缺垣跃出，拳殴匡威甲士，挟镕于马上，负之登屋。镇人既得镕，攻匡威，杀之，并其族党。镕时年十七，体疏瘦，为君和所挟，颈痛头偏者累日。李匡筹奏镕杀其兄，请举兵复冤，诏不许。

幽州将刘仁恭将兵戍蔚州，过期未代，士卒思归。会李匡筹立，戍卒奉仁恭为帅，还攻幽州，至居庸关，为府兵所败。仁恭奔河东，李克用厚待之。

（以上为第十一段，写王建诛杀陈敬瑄、田令孜，朱全忠灭时溥，李匡威丧生于镇州。）

李神福围庐州。甲午，杨行密自将诣庐州，田頵自宣州引兵会之。初，蔡人张颢以骁勇事秦宗权，后从孙儒，儒败，归行密，行密厚待之，使将兵戍庐州。蔡俦叛，颢更为之用。及围急，颢逾城来降，行密以隶银枪都使袁稹。稹以颢反覆，白行密，请杀之，行密恐稹不能容，置之亲军。稹，陈州人也。

州已经好几个月了，耗费人力财力很多，徐州的士兵已经很困乏，不久就可以把徐州攻下来。假如让将士们听到了张涛的话，那么进攻的劲头就会松懈的。”朱全忠于是烧掉了张涛的信。四月十五日癸未，朱全忠亲自率领军队到达徐州。四月二十日戊子，庞师古攻下了彭城，时溥全族的人登上燕子楼自焚而死。四月二十一日己丑，朱全忠进入彭城，派宋州刺史张廷范担任感化留后的职务，上奏朝廷请求任命文官来做节度使。

李匡威在镇州，为王镕治理城郭沟堑，修好盔甲兵器，训练士卒军队，把王镕看作自己的儿子一样。李匡威因为王镕年纪小，又喜欢镇州这个地方的水土风俗，暗中阴谋夺取镇州。李抱真从京城回来，替李匡威出谋划策，私下给王镕的将士各种好处来笼络、取悦他们。王镕一家在镇州已有很长时间，镇州人拥护爱戴他，却不服从李匡威。李匡威父母的忌日，王镕到他住处去吊唁，李匡威外套白色丧服，里面穿着盔甲，埋伏好士兵把王镕劫持了，王镕赶忙上前去抱住李匡威说：“我被李克用围困，几乎要灭亡了，靠着您的救援才有今天。您想得到镇、冀、深、赵四个州，这本来是我的愿望。不如和您一起回到府中，把节度使的职位让给您，那么军中的将士们就没有人会反抗您了。”李匡威认为很有道理，与王镕并排骑着马，排好军队进入府中。这时刮起大风，雷雨交加，屋顶上的瓦片都震动了。李匡威进入东偏门后，镇州王镕的亲兵立即把东偏门关上了，有个屠夫叫墨君和从城墙的缺口里跳出来，用拳头殴打李匡威卫兵，从马背上把王镕夹住，背起他登上了屋顶。镇州的士兵既然夺回了王镕，便攻打李匡威，把他杀了，李匡威的族人和同党也被一起杀死。王镕当时只有十七岁，身体瘦弱，被墨君和夹着走，脖子疼痛、头歪了好几天。李匡筹上奏朝廷称王镕杀了他的哥哥李匡威，要求发动军队去报仇，唐昭宗下诏不允许他这样做。

幽州将领刘仁恭带领军队守卫蔚州，过了期限仍没有人来替换，军队中的士兵都想回家。正遇到李匡筹自称为留后，守卫蔚州的士兵尊奉刘仁恭为统帅，回来攻打幽州，到了居庸关，被李匡筹的军队打败。刘仁恭逃奔河东，李克用以优厚的待遇接待他。

李神福围攻庐州。四月二十六日甲午，杨行密亲自率领军队到了庐州，田頵从宣州带领军队来和他会合。起初，蔡州人张颢以骁勇闻名，先事奉秦宗权，后来跟随孙儒，孙儒失败后，投靠杨行密，杨行密待他很优厚，派他率领军队守卫庐州。蔡俦叛变后，张颢又为蔡俦所用。当庐州被包围很危急时，张颢越过城墙来投降杨行密，杨行密把他派到银枪都使袁稹手下。袁稹因为张颢反复无常，向杨行密报告，

王彦复、王审知攻福州，久不下。范晖求救于威胜节度使董昌，昌与陈岩婚姻，发温、台、婺州兵五千救之。彦复、审知以城坚，援兵且至，士卒死伤多，白王潮，欲罢兵更图后举，潮不许。请潮自临行营，潮报曰："兵尽添兵，将尽添将，兵将俱尽，吾当自来。"彦复、审知惧，亲犯矢石急攻之。五月，城中食尽，晖知不能守，夜，以印授监军，弃城走，援兵亦还。庚子，彦复等入城。辛丑，晖亡抵沿海都，为将士所杀。潮入福州，自称留后，素服葬陈岩，以女妻其子延晦，厚抚其家。汀、建二州降，岭海间群盗二十余辈皆降溃。

闰月，以武胜防御使钱镠为苏杭观察使。又以扈跸都头曹诚为黔中节度使，耀德都头李铤为镇海军节度使，宣威都头孙惟晟为荆南节度使，六月，以捧日都头陈珮为岭南东道节度使，并同平章事。时李茂贞跋扈，上以武臣难制，欲用诸王代之，故诚等四人皆加恩，解兵柄，令赴镇。

李匡筹出兵攻王镕之乐寿、武强，以报杀匡威之耻。

秋，七月，王镕遣兵救邢州，李克用败之于平山，壬申，进击镇州。镕惧。请以兵粮二十万助攻邢州，克用许之。克用治兵于栾城，合镕兵三万进屯任县，李存信屯琉璃陂。

丁亥，杨行密克庐州，斩蔡俦。左右请发俦父母冢，行密曰："俦以此得罪，吾何为效之！"

加天雄节度使李茂庄同平章事。

钱镠发民夫二十万及十三都军士筑杭州罗城，周七十里。

昇州刺史张雄卒，冯弘铎代之为刺史。

（以上为第十二段，写王潮据福州，钱镠筑城杭州。）

李茂贞恃功骄横，上表及遗杜让能书，辞语不逊。上怒，欲讨之。茂贞又上表，略曰："陛下贵为万乘，不能庇元舅之一身；尊极九州，不能戮复恭之一竖。"又曰："今朝廷但观强弱，不计是非。"又曰："约衰残而行法，随盛壮以加恩；体物锱铢，看人衡纩。"又曰："军情易变，戎马

请求杀死张颢。杨行密担心袁稹不能容纳张颢，把张颢安置在亲军。袁稹是陈州人。

王彦复、王审知攻打福州，很久没有攻下。范晖向威胜节度使董昌请求救援，董昌和陈岩是姻亲，派遣温州、台州、婺州军队五千人去救援范晖。王彦复、王审知因为福州城池坚固，救援的军队马上就要来到，士兵死伤的很多，向王潮报告，想停止进攻，以后再做打算，王潮不同意。他们又请王潮亲自前来军营，王潮回答说："士兵完了增加士兵，将领完了加派将领，士兵和将领都没有了，我就自己来。"王彦复、王审知害怕，亲自冒着弓箭、石头猛烈攻城。五月，城里食物吃完了，范晖知道守不住，夜里，把官印交给监军，离开福州逃跑了，前来救援的军队也回去了。五月初二日庚子，王彦复等进入福州城。五月初三日辛丑，范晖逃跑到沿海的地方，被军中将士杀死。王潮进入福州城，自称为留后，穿着丧服安葬了陈岩，把自己的女儿嫁给陈岩的儿子陈延晦，用丰厚的财物安抚他的家属。汀州、建州也向王潮投降，岭南到沿海边的二十多伙盗贼或投降或溃散。

闰五月，任命武胜防御使钱镠为苏杭观察使。又任命扈跸都头曹诚为黔中节度使，耀德都头李铤为镇海军节度使，宣威都头孙惟晟为荆南节度使，六月，任命捧日都头陈珮为岭南东道节度使，全都加官兼同平章事。当时李茂贞骄横跋扈，唐昭宗认为武将难以控制，想要用各王来代替他们，所以曹诚等四人都受恩加封晋爵，解除他们的兵权，命令他们前往镇所。

李匡筹出动军队攻打王镕的乐寿、武强两个县，以报王镕杀死李匡威的耻辱。

秋季，七月，王镕派遣军队去救援邢州，在平山被李克用打败了。七月初六日壬申，李克用进兵攻打镇州。王镕很害怕，请求拿出军粮二十万来帮助李克用攻打邢州，李克用同意了他的请求。李克用在栾城训练军队，会合王镕的军队一共三万人进驻任县，李存信的军队在琉璃陂驻扎。

七月二十一日丁亥，杨行密攻下了庐州，斩了蔡俦。左右的人请求挖掘蔡俦父母的坟墓，杨行密说："蔡俦因为挖掘了我的祖坟而获罪，我为什么要效法他呢？"

加封天雄节度使李茂庄为同平章事。

钱镠征调民夫二十万人以及十三都的军士修造杭州的外围城，四周有七十里长。

昇州刺史张雄去世，冯弘铎替代他担任刺史。

李茂贞依仗着有功劳骄傲蛮横，向唐昭宗上表及给杜让能写信，词语很不恭顺。唐昭宗十分愤怒，想要讨伐他。李茂贞又一次上表，大略是说："陛下您贵为万乘之主，却不能庇护皇舅王瓌一个人的性命；陛下您尊为九州之长，却不能斩杀杨复恭这个家伙。"又说："现在朝廷只看各节度使是强是弱，而不计较事情的是非曲直。"

难羁，唯虑甸服生灵，因兹受祸，未审乘舆播越，自此何之！”上益怒，决讨茂贞，命杜让能专掌其事，让能谏曰：“陛下初临大宝，国步未夷，茂贞近在国门，臣愚以为未宜与之构怨，万一不克，悔之无及。”上曰：“王室日卑，号令不出国门，此乃志士愤痛之秋。药弗瞑眩，厥疾弗瘳。朕不能甘心为孱懦之主，愔愔度日，坐视陵夷。卿但为朕调兵食，朕自委诸王用兵，成败不以责卿！”让能曰：“陛下必欲行之，则中外大臣共宜协力以成圣志，不当独以任臣。”上曰：“卿位居元辅，与朕同休戚，无宜避事！”让能泣曰：“臣岂敢避事！况陛下所欲行者，宪宗之志也；顾时有所未可，势有所不能耳。但恐他日臣徒受晁错之诛，不能弭七国之祸也。敢不奉诏，以死继之！”上乃命让能留中书，计画调度，月余不归。崔昭纬阴结邠、岐，为之耳目，让能朝发一言，二镇夕必知之。李茂贞使其党纠合市人数百千人，拥观军容使西门君遂马诉曰：“岐帅无罪，不宜致讨，使百姓涂炭。”君遂曰：“此宰相事，非吾所及。”市人又邀崔昭纬、郑延昌肩舆诉之，二相曰：“兹事主上专委杜太尉，吾曹不预知。”市人因乱投瓦石，二相下舆走匿民家，仅自免，丧堂印及朝服。上命捕其唱帅者诛之，用兵之意益坚。京师民或亡匿山谷，严刑所不能禁。八月，以嗣覃王嗣周为京西招讨使，神策大将军李鐬副之。

丙辰，杨行密遣田頵将宣州兵二万攻歙州。歙州刺史裴枢城守，久不下。时诸将为刺史者多贪暴，独池州团练使陶雅宽厚得民，歙人曰：“得陶雅为刺史，请听命。”行密即以雅为歙州刺史，歙人纳之。雅尽礼见枢，送之还朝。枢，遵庆之曾孙也。

朱全忠命庞师古移兵攻兖州，与朱瑾战，屡破之。

又说："对势力弱的，朝廷加以约束，施以刑法，一旦他们势力强盛，就对他们施加恩赏；处理事情斤斤计较，对人的安排权衡利害，没一件事能自主。"又说："军中形势变化很大，战争的胜负很难控制，我只是担心京城和附近一带的老百姓，会因此而遭受灾祸，不知道皇上流离迁徙，今后还要到哪里去？"唐昭宗更加愤怒，决心讨伐李茂贞，命令杜让能专门负责这件事。杜让能劝唐昭宗说："陛下初即帝位，国家还不安定，李茂贞离京城长安很近，臣认为不应该和他结下怨仇，如果万一不能战胜他，后悔也就来不及了。"唐昭宗说："如今皇室的地位越来越低下，朝廷的命令在都城以外不能推行，这是有志之士痛心疾首、悲愤难平的时候啊！吃药不到头昏眼花的程度，病就不会痊愈的。朕不能心甘情愿地做一个软弱无能的国君，默默地过日子，坐在那里看着别人来欺侮。卿只管给朕调集军粮，朕自己委派各王来统率军队，不管成功还是失败，都不会责怪追究你的！"杜让能说："陛下一定要兴兵讨伐，那么应该让朝廷内外全体大臣同心协力来完成陛下的心愿，不应当把这一重任只交给臣一个人。"唐昭宗说："卿位居宰相，要和朕同甘共苦，不应该躲避这件事！"杜让能哭着说："臣怎么敢躲避这件事呢！况且陛下所要做的这件事，是当年宪宗和皇帝的心愿；只是时机还不成熟，形势还不允许罢了。只恐怕以后臣会像汉景帝时的晁错一样遭受杀身大祸，还不能平息吴、楚七国叛乱的灾难。臣怎么敢不奉行诏令，以死来报国呢！"唐昭宗于是命令杜让能留在中书省，设计谋划，征调军队，一个多月没能回家。崔昭纬暗中勾结邠州、岐州，做他们的耳目，杜让能早上说的话，邠州、岐州晚上就一定会知道。李茂贞指使他的党羽纠集市民成百上千，拦住观军容使西门君遂的马诉说："李茂贞没有罪过，不应当对他进行讨伐，使老百姓遭受战争的灾难。"西门君遂说："这是宰相的事，不是我能够做到的。"市民又拦住崔昭纬、郑延昌乘坐的轿子诉说，两位宰相说："这件事唐昭宗专门委任杜让能办理，我们事先都不知道。"市民于是乱扔砖瓦石块，两位宰相只能下了轿子到老百姓家里躲藏起来，人没有受到伤害，但官印和朝服都丢失了。唐昭宗下令逮捕发起这次闹事的人，把他们杀了，出兵讨伐的意愿更加坚决。京城里的老百姓有的逃到山谷中躲藏起来，即使动用严酷的刑罚也不能禁止。八月，任命继位的覃王李嗣周为京西招讨使，神策大将军李𫓩担任李嗣周的副使。

八月二十一日丙辰，杨行密派遣田頵率领宣州的军队两万人攻打歙州。歙州刺史裴枢据城固守，很久也没有攻下来。当时各将领当刺史的大多贪婪强暴，只有池州团练使陶雅待人宽厚，深得民心。歙州人说："如果让陶雅来当歙州刺史，我们就听从您的命令。"杨行密立即任命陶雅为歙州刺史，歙州人就接纳了他。陶雅用完备的礼节去看望裴枢，送他回到朝廷里去。裴枢是裴遵庆的曾孙。

朱全忠命令庞师古调动军队去攻打兖州，与朱瑾作战，多次打败了朱瑾。

九月，丁卯，以钱镠为镇海节度使。

李存孝夜犯李存信营，虏奉诚军使孙考老。李克用自引兵攻邢州，掘堑筑垒环之。存孝时出兵突击，堑垒不能成。河东牙将袁奉韬密使人谓存孝曰：“大王惟俟堑成即归晋阳，尚书所惮者独大王耳，诸将非尚书敌也。大王若归，咫尺之堑，安能沮尚书之锋锐邪！”存孝以为然，按兵不出。旬日，堑垒成，飞走不能越，存孝由是遂穷。汴将邓季筠从克用攻邢州，轻骑逃归。朱全忠大喜，使将亲军。

乙亥，覃王嗣周帅禁军三万送凤翔节度使徐彦若赴镇，军于兴平。李茂贞、王行瑜合兵近六万，军于盩厔以拒之。禁军皆新募市井少年，茂贞、行瑜所将皆边兵百战之余，壬午，茂贞等进逼兴平，禁军皆望风逃溃，茂贞等乘胜进攻三桥，京城大震，士民奔散，市人复守阙请诛首议用兵者。崔昭纬心害太尉、门下侍郎、同平章事杜让能，密遗茂贞书曰：“用兵非主上意，皆出于杜太尉耳。”甲申，茂贞陈于临皋驿，表让能罪，请诛之。让能言于上曰：“臣固先言之矣，请以臣为解。”上涕下不自禁，曰：“与卿诀矣！”是日，贬让能梧州刺史，制辞略曰：“弃卿士之臧谋，构藩垣之深衅，咨询之际，证执弥坚。”又流观军容使西门君遂于儋州，内枢密使李周潼于崖州，段诩于驩州。乙酉，上御安福门，斩君遂、周潼、诩，再贬让能雷州司户。遣使谓茂贞曰：“惑朕举兵者，三人也，非让能之罪。”以内侍骆全瓘、刘景宣为左右军中尉。

（以上为第十三段，写唐昭宗不听杜让能之谏，讨伐李茂贞，兵败再损君威，唐室益衰。）

壬辰，以东都留守韦昭度为司徒、门下侍郎、同平章事，御史中丞崔胤为户部侍郎、同平章事。胤，慎由之子也，外宽弘而内巧险，与崔昭纬深相结，故得为相。季父安潜谓所亲曰：“吾父兄刻苦以立门户，终为缁郎所坏！”缁郎，胤小字也。

李茂贞勒兵不解，请诛杜让能然后还镇，崔昭纬复从而挤之。冬，十月，赐让能及其弟户部侍郎弘徽自尽。复下诏布告中外，称：“让能举

九月初二日丁卯，任命钱镠为镇海节度使。

李存孝在夜里侵犯李存信的军营，俘虏了奉诚军使孙考老。李克用亲自率领军队去攻打邢州，绕着邢州城挖了壕沟、筑了营垒。李存孝不断派出军队进行袭击，壕沟营垒不能完成。河东牙将袁奉韬秘密派人对李存孝说：“李克用只等到壕沟挖成就要回晋阳，你所惧怕的只是李克用而已，其他各个将领都不是你的对手。李克用假如回到晋阳，几尺宽的壕沟，怎么能阻挡你锐利的锋芒呢！”李存孝觉得很对，就止住军队不再出去袭击。过了十多天，壕沟营垒修造完毕，不论是飞还是走都不能越过，李存孝因此被围困住了。汴州的将领邓季筠跟着李克用攻打邢州，邓季筠骑着马轻装逃回汴州。朱全忠见了邓季筠很高兴，命令他统率亲军。

九月初十日乙亥，覃王李嗣周率领禁军三万人护送凤翔节度使徐彦若前往镇所，在兴平驻扎。李茂贞、王行瑜联军将近六万人，驻扎在盩厔进行抗击。朝廷禁军都是刚从街市上招募而来的年轻人，李茂贞、王行瑜所带领都是身经百战的边防士兵。九月十七日壬午，李茂贞等进军逼近兴平，禁军都望风逃散了，李茂贞等乘胜进攻三桥，京城大为震动，士民四处奔走，街市百姓又守在皇宫门前请求诛杀首先提议出兵征讨的人。崔昭纬存心要陷害太尉、门下侍郎、同平章事杜让能，暗中送信给李茂贞说：“这次出兵征讨不是唐昭宗的意图，都是杜让能的主意。”九月十九日甲申，李茂贞在临皋驿摆好阵势，上表述说杜让能的罪过，请求诛杀他。杜让能对唐昭宗说：“臣本来早就说过了，现在请让臣承担罪责来解除战事吧。”唐昭宗流泪不止，对杜让能说：“和你诀别了！”这一天，就把杜让能贬为梧州刺史，唐昭宗的诏书大略是说：“因没有听取卿士们很好的意见，与藩镇结下了很深的矛盾，最后商议之时，这样的看法越来越牢固。”又流放观军容使西门君遂到儋州，内枢密使李周潼到崖州，段诩到驩州。九月二十日乙酉，唐昭宗亲临安福门，将西门君遂、李周潼、段诩斩首，把杜让能进一步贬为雷州司户。唐昭宗派遣使者对李茂贞说：“鼓动朕出兵的，是西门君遂、李周潼、段诩这三个人，不是杜让能的罪过。”任命宦官骆全瓘、刘景宣为左、右军中尉。

九月二十七日壬辰，任命东都留守韦昭度为司徒、门下侍郎、同平章事，御史中丞崔胤为户部侍郎、同平章事。崔胤是崔慎由的儿子，他外表上看起来宽宏大量，实际上内心却奸诈阴险，和崔昭纬互相勾结，关系很深，所以能够做宰相。他的叔父崔安潜对亲近的人说：“我的父亲、哥哥辛勤劳苦为崔家创立基业，最终要败在缁郎的手中！”缁郎是崔胤的小名。

李茂贞率领军队仍不解除对京城的威胁，表示只有朝廷杀掉杜让能后才回军凤翔，崔昭纬又在唐昭宗面前施加压力排挤杜让能。冬季，十月，唐昭宗命令杜让能

枉错直，爱憎系于一时；鬻狱卖官，聚敛逾于巨万。”自是朝廷动息皆禀于邠、岐，南、北司往往依附二镇以邀恩泽。有崔鋋、王超者，为二镇判官，凡天子有所可否，其不逞者，辄诉于鋋、超，二人则教茂贞、行瑜上章论之，朝廷少有依违，其辞语已不逊。

制复以茂贞为凤翔节度使兼山南西道节度使、守中书令，于是茂贞尽有凤翔、兴元、洋、陇秦等十五州之地。以徐彦若为御史大夫。

戊戌，以泉州刺史王潮为福建观察使。

舒州刺史倪章弃城走，杨行密以李神福为舒州刺史。

邠宁节度使、守侍中兼中书令王行瑜求为尚书令。韦昭度密奏：“太宗以尚书令执政，遂登大位，自是不以授人臣。惟郭子仪以大功拜尚书令，终身避让。行瑜安可轻议！”十一月，以行瑜为太师，赐号尚父，仍赐铁券。

十二月，朱全忠请徙盐铁于汴州以便供军。崔昭纬以为全忠新破徐、郓，兵力倍增，若更判盐铁，不可复制，乃赐诏开谕之。

汴将葛从周攻齐州刺史朱威，朱瑄、朱瑾引兵救之。

初，武安节度使周岳杀闵勖，据潭州，邵州刺史邓处讷闻而哭之，诸将入吊，处讷曰：“吾与公等咸受仆射大恩，今周岳无状杀之，吾欲与公等竭一州之力，为仆射报仇，可乎？”皆曰：“善！”于是训卒厉兵，八年，乃结朗州刺史雷满共攻潭州，克之，斩岳，自称留后。

（以上为第十四段，写杜让能蒙晁错之冤而死，李茂贞得势，身兼凤翔、山南西道两节度使，奸险小人崔胤拜相。）

乾宁元年（甲寅，894年）

春，正月，乙丑朔，赦天下，改元。

李茂贞入朝，大陈兵自卫，数日归镇。

以李匡筹为卢龙节度使。

二月，朱全忠自将击朱瑄，军于鱼山。瑄与朱瑾合兵攻之，兖、郓

和他的弟弟户部侍郎杜弘徽自杀。又下达诏令向内外宣告，说："杜让能举用违法的人而不用正直的人，对人的喜好和憎恶都凭一时决定，没有原则；他还收受贿赂，乱断官司，卖官卖爵，搜刮的钱财数不胜数。"从此以后，朝廷的一举一动都要向邠州、岐州报告，朝廷百官与宫内宦官也往往依附李茂贞、王行瑜以获得恩赏提拔。有崔鋋、王超这两个人，是邠州、岐州的判官，凡是唐昭宗所批示的意见，只要有人对此不满意，他们就去告诉崔鋋、王超，这两个人就唆使李茂贞、王行瑜送上表章进行论辩，朝廷稍微有些不同意，他们的言辞就不客气了。

唐昭宗又下制书重新任命李茂贞为凤翔节度使兼山南西道节度使，代理中书令，于是李茂贞占有了凤翔、兴元、洋州、陇州、秦州等十五州的全部地方。朝廷任命徐彦若为御史大夫。

十月初四日戊戌，任命泉州刺史王潮为福建观察使。

舒州刺史倪章弃城逃跑，杨行密任命李神福为舒州刺史。

邠宁节度使、代理侍中兼中书令王行瑜要求担任尚书令。韦昭度秘密上奏说："唐太宗任尚书令的官职执掌政务，由此登上帝位，从此以后不再将这个官职授给大臣。只有郭子仪由于有大功授给他尚书令，但他终身推辞谦让。王行瑜怎么可以轻易要求这个官职呢！"十一月，任命王行瑜为太师，赐给尚父名号，仍依旧例颁赐免罪的铁券。

十二月，朱全忠请求把盐铁转运使的官署迁到汴州去，以便于供给军队的需要。崔昭纬认为朱全忠刚刚打败了徐州、郓州的军队，兵力大大加强，如果再让他掌管盐铁，就不能够再控制、约束他了，于是赐给朱全忠诏书来劝导他。

汴州的将领葛从周攻打齐州刺史朱威，朱瑄、朱瑾带领军队救援朱威。

当初，武安节度使周岳杀死闵勖，占据了潭州。邵州刺史邓处讷听到这个消息后悲伤痛哭，各将领都去吊唁，邓处讷对他们说："我和你们都受到了闵勖的大恩，现在周岳无故杀死了他，我想和你们一起竭尽邵州的全部军力，替闵勖报仇，可以吗？"大家都回答说："好！"于是训练士卒，整修装备，过了八年，联合朗州刺史雷满共同攻打潭州，攻克潭州城后，斩杀了周岳，邓处讷自称为留后。

唐昭宗乾宁元年（甲寅，894年）

春季，正月初一日乙丑，大赦天下，改年号为乾宁。

李茂贞来京城朝见，安排大量军队保卫自己，几天后返回镇所。

任命李匡筹为卢龙节度使。

二月，朱全忠亲自率领军队攻打朱瑄，在鱼山驻扎。朱瑄与朱瑾联合进攻朱全

兵大败，死者万余人。

以右散骑常侍郑綮为礼部侍郎、同平章事。綮好诙谐，多为歇后诗，讥嘲时事。上以为有所蕴，手注班簿，命以为相，闻者大惊。堂吏往告之，綮笑曰："诸君大误，使天下更无人，未至郑綮！"吏曰："特出圣意。"綮曰："果如是，奈人笑何！"既而贺客至，綮搔首言曰："歇后郑五作宰相，时事可知矣！"累让不获，乃视事。

以邵州刺史邓处讷为武安节度使。

彰义节度使张钧薨，表其兄鐇为留后。

三月，黄州刺史吴讨举州降杨行密。

邢州城中食尽，甲申，李存孝登城谓李克用曰："儿蒙王恩得富贵，苟非困于谗慝，安肯舍父子而从仇雠乎！愿一见王，死不恨！"克用使刘夫人视之。夫人引存孝出见克用，存孝泥首谢罪曰："儿粗立微劳，存信逼儿，失图至此！"克用叱之曰："汝遗朱全忠、王镕书，毁我万端，亦存信教汝乎！"囚之，归于晋阳，车裂于牙门。存孝骁勇，克用军中皆莫及。常将骑兵为先锋，所向无敌，身被重铠，腰弓髀槊，独舞铁楇陷陈，万人辟易。每以二马自随，马稍乏，就陈中易之，出入如飞。克用惜其才，意临刑诸将必为之请，因而释之。既而诸将疾其能，竟无一人言者。既死，克用为之不视事者旬日，私恨诸将，而于李存信竟无所谴。又有薛阿檀者，其勇与存孝相侔，诸将疾之，常不得志，密与存孝通，存孝诛，恐事泄，遂自杀。自是克用兵势浸弱，而朱全忠独盛矣。克用表马师素为邢洺节度使。

（以上为第十五段，写歇后郑五拜相。李克用诛李存孝，自毁长城。）

朱全忠遣军将张从晦慰抚寿州。从晦陵侮刺史江彦温而与诸将夜饮，彦温疑其谋己，明日，尽杀在席诸将，以书谢全忠而自杀。军中推其子从项知军州事，全忠为之腰斩从晦。

忠，结果朱瑄的郓州军和朱瑾的兖州军大败，死的有一万多人。

任命右散骑常侍郑綮为礼部侍郎、同平章事。郑綮喜好诙谐，说话风趣，常写一些歇后诗讽刺时事。唐昭宗认为郑綮内藏才干，亲手把郑綮的姓名添加在朝官名录中，唐昭宗任命郑綮为宰相，听到的人大为吃惊。朝廷官吏前去告诉郑綮这一任命，郑綮笑着说："你们各位错了，即使天下都没有人了，也轮不到我郑綮做宰相啊！"官吏们说："这是出自唐昭宗的旨意。"郑綮说："果然如此，让别人怎么笑话我啊！"不多久，祝贺的客人来了，郑綮用手抓着头说："我歇后郑五当了宰相，国家大事怎么样，可想而知了！"郑綮一再推辞，唐昭宗不允许，只能去上任。

任命邵州刺史邓处讷为武安节度使。

彰义节度使张钧去世，上表请求任命他的哥哥张鐇担任留后的职务。

三月，黄州刺史吴讨献出州城向杨行密投降。

邢州城里食物吃完了，三月二十一日甲申，李存孝登上城楼对李克用说："儿蒙受父王的大恩才得到富贵，假如不是受到奸邪小人的迷惑，怎么能舍弃父子之情而去跟随您的仇敌呢！但愿能再见您父王一面，那么我死也没有什么遗憾啦！"李克用派刘夫人去看望他。刘夫人带着李存孝出来拜见李克用，李存孝跪下磕头向李克用谢罪说："儿稍微立了一点功劳，李存信就逼迫我，使我落到了这个地步！"李克用大声斥责他说："你给朱全忠、王镕写信，毁谤我有各种罪过，这也是李存信教你这样做的吗？"李克用把李存孝囚禁起来，送回晋阳，在牙门前将李存孝车裂处死。李存孝勇猛强悍，李克用手下的将领没有人比得上他；他常常率领骑兵担任先锋，所向披靡，没有敌手，李存孝身上穿着厚重的铠甲，腰间挂着弓箭，腿旁别着长矛，独自挥舞着铁鞭子冲锋陷阵，所到的地方万人莫敌，都吓退了。李存孝每次都带着两匹马跟随作战，骑着的马疲乏了，就在阵地上换骑另一匹马，进出就像飞一样。李克用爱惜李存孝的才干，心想临刑前各位将领一定会出来替李存孝求情，他就可以释放李存孝。不料各位将领嫉妒李存孝的能力，竟然没有一个人出来说话。李存孝被车裂处死后，李克用悲伤得有十多天不办理政事，私下里怨恨各位将领，但对李存信竟然没有半句谴责的话。又有一个叫薛阿檀的将领，他的勇敢和李存孝相当，也因为各位将领都嫉妒他，常感不得志，暗中与李存孝交往。李存孝被杀后，他担心事情败露，就自杀了。从此以后，李克用军队的实力逐渐衰弱下去，只有朱全忠最为强盛。李克用上表请求任命马师素担任邢洺节度使。

朱全忠派遣军中将领张从晦去慰问安抚寿州。张从晦欺负侮辱寿州刺史江彦温，而在夜里和各位将领饮酒作乐。江彦温怀疑张从晦要图谋自己，第二天，把和张从晦一起饮酒作乐的各位将领都杀了，写信向朱全忠谢罪，自己也自杀身死。军中将

五月，加镇海节度使钱镠同平章事。

刘建锋、马殷引兵至醴陵，邓处讷遣邵州指挥使蒋勋、邓继崇将步骑三千守龙回关。殷先至关下，遣使诣勋，勋等以牛酒犒师。殷使说勋曰："刘骧智勇兼人，术家言当兴翼、轸间。今将十万众，精锐无敌，而君以乡兵数千拒之，难矣。不如先下之，取富贵，还乡里，不亦善乎！"勋等然之，谓众曰："东军许吾属还。"士卒皆欢呼，弃旗帜铠仗遁去。建锋令前锋衣其甲，张其旗，趋潭州。潭人以为邵州兵还，不为备。建锋径入府，处讷方宴，擒斩之。戊辰，建锋入潭州，自称留后。

王建攻彭州，城中人相食，彭州内外都指挥使赵章出降。王先成请筑龙尾道，属于女墙。丙子，西川兵登城，杨晟犹帅众力战，刀子都虞候王茂权斩之。获彭州马步使安师建，建欲使为将，师建泣谢曰："师建誓与杨司徒同生死，不忍复戴日月，惟速死为惠。"再三谕之，不从，乃杀之，礼葬而祭之。更赵章姓名曰王宗勉，王茂权名曰宗训，又更王钊名曰宗谨，李绾姓名曰王宗绾。

辛卯，中书侍郎、同平章事郑延昌罢为右仆射。

朱瑄、朱瑾求救于河东，李克用遣骑将安福顺及弟福庆、福迁督精骑五百假道于魏，渡河应之。

武昌节度使杜洪攻黄州，杨行密遣行营都指挥使朱延寿等救之。

六月，甲午，以宋州刺史张廷范为武宁节度使，从朱全忠之请也。

（以上为第十六段，写刘建封破潭州，王建下彭州。）

蕲州刺史冯敬章邀击淮南军，朱延寿攻蕲州，不克。

戊午，以翰林学士承旨、礼部尚书李谿同平章事；方宣制，水部郎中知制诰刘崇鲁出班掠麻恸哭。上召崇鲁，问其故，对言："谿奸邪，依附杨复恭、西门君遂，得在翰林，无相业，恐危社稷。"谿竟罢为太子少

士推举江彦温的儿子江从顼来主持军队和寿州的事务。朱全忠为这件事把张从晦也腰斩处死。

五月，加封镇海节度使钱镠为同平章事。

刘建锋、马殷带领军队到醴陵，邓处讷派遣邵州指挥使蒋勋、邓继崇率领步兵、骑兵三千人守卫龙回关。马殷先到龙回关下，派遣使者去见蒋勋，蒋勋等拿出牛肉好酒来犒劳马殷的军队。马殷的使者对蒋勋说："刘骧将军智勇过人，卜卦算命的人说他将来会在荆州、长沙这一带兴起。现在刘龙骧率领十万军队，装备精良，士兵勇敢，所向无敌；而你只有几千名乡兵来抵抗他，这实在是太难太难了。你不如先从龙回关撤退，以求取富贵荣华，回到故乡，这不是很好吗！"蒋勋等认为很有道理，对部下说："从东边来的刘建锋和马殷的军队允许我们回故乡去。"士兵们都欢呼雀跃，丢下了旗帜、铠甲和仪仗逃走了。刘建锋命令先头部队穿上蒋勋士兵丢下的铠甲，打着他们的旗帜，赶往潭州。潭州的人以为是守邵州的军队回来了，没有什么防备。刘建锋的军队直冲入府，邓处讷正在宴请宾客，刘建锋把他抓住斩杀。五月初七日戊辰，刘建锋进入潭州，自称为留后。

王建攻打彭州，城里的人没有了粮食，只能吃人充饥，彭州内外都指挥使赵章出城投降。王先成要求修建一条龙尾道，连接到城上的短墙，以作攻城用。五月十五日丙子，王建的西川军登上彭州城，杨晟仍率领众将士奋战，刀子都虞候王茂权杀了杨晟。彭州马步使安师建被抓获，王建想要任命他做手下将领，安师建哭着辞谢说："我安师建发誓与杨晟同生共死，现在杨晟死了，我不忍心再活下去，只求快把我杀死，这就是对我的恩惠了。"王建再三劝说，安师建还是不肯依从，王建只好将安师建杀死，按礼节埋葬并祭奠他。王建更改赵章的姓名为王宗勉，更改王茂权的名字为宗训，又更改王钊的名字为宗谨，更改李绾的姓名为王宗绾。

五月三十日辛卯，中书侍郎、同平章事郑延昌被免去宰相职位，贬为右仆射。

朱瑄、朱瑾向李克用求救，李克用派遣骑兵将领安福顺和他的弟弟安福庆、安福迁率领精锐的骑兵五百人借道魏州，渡过黄河前去救援。

武昌节度使杜洪攻打黄州，杨行密派遣行营都指挥使朱延寿等前往救援。

六月初三日甲午，朝廷任命宋州刺史张廷范为武宁节度使，这是依从朱全忠的请求而任命的。

蕲州刺史冯敬章拦击朱延寿的淮南军队，朱延寿攻打蕲州，没有攻下来。

六月二十七日戊午，任命翰林学士承旨、礼部尚书李谿为同平章事；正在宣读这一命令的时候，水部郎中知制诰刘崇鲁从大臣队中奔出夺过诏书大声痛哭。唐昭宗召见刘崇鲁，问他是什么原因。刘崇鲁回答说："李谿是一个奸邪小人，依附杨复

傅。谿，鄘之孙也。上师谿为文，崔昭纬恐谿为相，分己权，故使崇鲁沮之。谿十表自讼，丑诋“崇鲁父符受赃枉法，事觉自杀；弟崇望与杨复恭深交，崇鲁庭拜田令孜，为朱玫作劝进表，乃云臣交结内臣，何异抱赃唱贼！且故事，缌巾幓带，不入禁庭。臣果不才，崇鲁自应上章论列，岂于正殿恸哭！为国不祥，无人臣礼，乞正其罪”。诏停崇鲁见任。谿犹上表不已，乞行诛窜，表数千言。诟詈无所不至。

李克用大破吐谷浑，杀赫连铎，擒白义诚。

秋，七月，李茂贞遣兵攻阆州，拔之，杨复恭、杨守亮、杨守信帅其族党犯围走。

礼部侍郎、同平章事郑綮自以不合众望，累表避位，诏以太子少保致仕。以御史大夫徐彦若为中书侍郎兼吏部尚书、同平章事。

绵州刺史杨守厚卒，其将常再荣举城降王建。

杨复恭、守亮、守信将自商山奔河东，至乾元，遇华州兵，获之。八月，韩建献于阙下，斩于独柳。李茂贞献复恭遗守亮书，诉致仕之由云：“承天门乃隋家旧业，大侄但积粟训兵，勿贡献。吾于荆榛中立寿王，才得尊位，废定策国老，有如此负心门生天子！”

（以上为第十七段，写唐王室朝纲不振，臣属朝堂攻讦，全无体统。杨复恭伏诛。）

昭义节度使康君立诣晋阳谒李克用。己未，克用会诸将饮博，酒酣，克用语及李存孝，流涕不已。君立素与李存信善，一言忤旨，克用拔剑斫之，囚于马步司。九月，庚申朔，出之，君立已死。克用表云州刺史薛志诚为昭义留后。

冬，十月，封皇子祤为棣王，禊为虔王，禋为沂王，祎为遂王。

刘仁恭数因盖寓献策于李克用，愿得兵万人取幽州。克用方攻邢州，分兵数千，欲纳仁恭于幽州，不克。李匡筹益骄，数侵河东之境。克用

恭、西门君遂，所以才能在翰林院里任职，根本没有做宰相的才干，臣担心他会危害大唐的天下。”李谿因此被贬为太子少傅。李谿是李鄘的孙子。唐昭宗向李谿学习写文章，崔昭纬担心李谿当了宰相会分去自己的权力，所以指使刘崇鲁出来阻止。李谿十次上表进行申述，表内诋毁刘崇鲁说：“刘崇鲁的父亲刘符贪赃枉法，事情被发觉后自杀了。他的弟弟刘崇望与杨复恭交情很深，刘崇鲁在庭中拜见田令孜，为朱玫起草篡夺帝位的表文，反过来却说是我结交这些宦官，这与怀抱赃物却口喊捉贼有什么两样呢！况且按照朝廷惯例，戴着粗绸巾系着浅色衣带的人不能进入宫中殿堂。臣如果真的没有才干，刘崇鲁自然应该呈上表章来论述，怎么能在宫中的正殿上大声痛哭呢！这对国家来讲实在是不吉利的，他丧失了做臣子的礼节，请求治他的罪。”唐昭宗下诏命令停止刘崇鲁的官职。李谿依然上表不止，请求将刘崇鲁诛杀或者流放，表文长达几千字，侮辱谩骂无所不至。

李克用大破吐谷浑，杀了赫连铎，活捉了白义诚。

秋季，七月，李茂贞派遣军队进攻阆州，把阆州攻下来了，杨复恭、杨守亮、杨守信率领他们的家族、同党突围逃走。

礼部侍郎、同平章事郑綮认为自己不能受到同僚的信赖，多次上表请求退位，唐昭宗同意他退位，授予太子少保官衔；任命御史大夫徐彦若为中书侍郎兼吏部尚书、同平章事。

绵州刺史杨守厚去世，他的部将常再荣献出绵州城向王建投降。

杨复恭、杨守亮、杨守信从商山逃奔河东，到了乾元县时，遇到华州军队，被他们抓获。八月，韩建把杨复恭父子三人献给朝廷，朝廷在独柳杀了他们。李茂贞献上杨复恭写给杨守亮的信，信上说了他辞官退位的原因：“唐朝的江山本来是隋朝的旧基业，侄儿你只管储存粮食训练军队，不要向朝廷进贡。我当初在荆棘榛丛的艰难环境中拥立寿王，这才使他得到了皇位，没想到他即位后却废掉了我这个制定国家大策的功臣元老，世上竟有这样忘恩负义的门生天子！”

昭义节度使康君立到晋阳去拜见李克用。八月三十日己未，李克用聚集各位将领饮酒下棋，喝到畅快时，李克用谈到李存孝，不由得痛哭流涕不止。康君立向来和李存信关系很好，一言不慎触犯了李克用，李克用拔出剑来就向他砍去，将康君立囚禁在马步司的监狱中。九月初一日庚申，把康君立放出来时，他已经死了。李克用上表朝廷请求任命云州刺史薛志诚担任昭义留后的职务。

冬季，十月，封皇子李祤为棣王，李禊为虔王，李禋为沂王，李祎为遂王。

刘仁恭多次通过盖寓向李克用献计献策，希望能带一万名士兵去夺取幽州。李克用正在攻打邢州，分给他士兵几千人，想要使刘仁恭攻入幽州，但没有成功。幽

怒，十一月，大举兵攻匡筹，拔武州，进围新州。

以泾原留后张鐇为彰义节度使。

朱全忠遣使至泗州，陵慢刺史张涑，涑举州降杨行密。行密遣押牙唐令回持茶万余斤如汴宋贸易，全忠执令回，尽取其茶。扬、汴始有隙。

十二月，李匡筹遣大将将步骑数万救新州，李克用选精兵逆战于段庄，大破之，斩首万余级，生擒将校三百人，以练纤之，徇于城下。是夕，新州降。辛亥，进攻妫州。壬子，匡筹复发兵出居庸关，克用使精骑当其前以疲之，遣步将李存审自他道出其背夹击之，幽州兵大败，杀获万计。甲寅，李匡筹挈其族奔沧州，义昌节度使卢彦威利其辎重、妓妾，遣兵攻之于景城，杀之，尽俘其众。存审本姓符，宛丘人，克用养以为子。丙辰，克用进军幽州，其大将请降。匡筹素暗懦，初据军府，兄匡威闻之，谓诸将曰："兄失弟得，不出吾家，亦复何恨！但惜匡筹才短，不能保守，得及二年，幸矣。"

加匡国节度使王行约检校侍中。

吴讨畏杜洪之逼，纳印请代于杨行密，行密以先锋指挥使瞿章权知黄州。

是岁，黄连洞蛮二万围汀州，福建观察使王潮遣其将李承勋将万人击之。蛮解去，承勋追击之，至浆水口，破之。闽地略定。潮遣僚佐巡州县，劝农桑，定租税，交好邻道，保境息民，闽人安之。

封州刺史刘谦卒，子隐居丧于贺江，土民百余人谋乱，隐一夕尽诛之。岭南节度使刘崇龟召补右都押牙兼贺水镇使，未几，表为封州刺史。

义胜节度使董昌苛虐，于常赋之外，加敛数倍，以充贡献及中外馈遗，每旬发一纲，金万两，银五千铤，越绫万五千匹，他物称是，用卒

州的李匡筹更加骄傲起来，多次侵犯河东的地界。李克用大怒，十一月，大规模出动军队去攻打李匡筹，攻下了武州，又进军包围新州。

任命泾原留后张鐇为彰义节度使。

朱全忠派遣使者到泗州，使者侮辱轻视泗州刺史张谏，张谏献出泗州城向杨行密投降。杨行密派遣押牙唐令回带着茶叶一万多斤到汴州、宋州去做买卖，朱全忠抓住了唐令回，把茶叶全部抢走。扬州的杨行密和汴州的朱全忠之间开始有了怨仇。

十二月，李匡筹派遣大将率领步兵、骑兵几万人去救援新州，李克用挑选精壮的士兵在段庄迎战，大破李匡筹的军队，斩杀一万多人，活捉将校三百人，李克用把他们用绳子捆绑住，在新州城下示众。当夜，新州的军队投降了。十二月二十三日辛亥，李克用进攻妫州。十二月二十四日壬子，李匡筹又派遣军队出居庸关，李克用出动精锐的骑兵阻挡他的先头部队，使他的士兵疲乏，又派遣步将李存审从另外的道路绕到背后夹击李匡筹。李匡筹的幽州军队大败，被杀被抓获的人数以万计。十二月二十六日甲寅，李匡筹带着他的家族逃奔沧州，义昌节度使卢彦威看中了他的行李包裹、军用物资以及歌妓美妾，派出军队在景城攻击李匡筹，把他杀死了，并俘获了他的所有人马。李存审本来姓符，是宛丘人，李克用将他收养为义子。十二月二十八日丙辰，李克用进军幽州，幽州的大将请求投降。李匡筹向来昏庸软弱，他刚占据军府时，他的哥哥李匡威听到了，就对各位将领说："我做哥哥失去的，被弟弟得到了，仍然没有出我们李家的门，我又有什么可怨恨的呢！只是可惜李匡筹缺乏才干，没有能力保住这个地方，能够占据两年时间，已经是很幸运的了。"

加官匡国节度使王行约为检校侍中。

黄州刺史吴讨害怕杜洪的逼迫，交出官印请求杨行密派人来代替自己，杨行密任命先锋指挥使瞿章暂时代理黄州刺史的职务。

这一年，黄连洞的两万蛮人包围了汀州，福建观察使王潮派遣他手下的将领李承勋率领一万士兵去攻打他们，蛮人解除围攻离开，李承勋追击他们，到浆水口，打败了蛮人。福建一带大致安定了。王潮派遣下属官吏巡视各个州县，勉励百姓耕种纺织，确定租税数额，和邻近的各道保持友好关系，保护境内使大家休养生息，福建百姓都感到很安宁。

封州刺史刘谦去世，他的儿子刘隐住在贺江守丧，当地土著居民一百多人阴谋作乱，刘隐一个晚上把他们全杀了。岭南节度使刘崇龟征召刘隐补授右都押牙兼贺水镇使；不久，又上表请求朝廷任命刘隐担任封州刺史。

义胜节度使董昌推行政令苛刻暴虐，在正常的赋税之外，又增加了好几倍，拿来向朝廷进贡和内外馈送，每十天就向京城发送一大批贡品，有黄金一万两、白银

五百人，或遇雨雪风水违程，则皆死。贡奉为天下最，由是朝廷以为忠，宠命相继，官至司徒、同平章事，爵陇西郡王。

昌建生祠于越州，制度悉如禹庙，命民间祷赛者，无得之禹庙，皆之生祠。昌求为越王，朝廷未之许，昌不悦曰："朝廷欲负我矣，我累年贡献无算而惜越王邪！"有谄之者曰："王为越王，曷若为越帝。"于是民间讹言时世将变，竞相帅填门喧噪，请昌为帝。昌大喜，遣人谢之曰："天时未至，时至我自为之。"其僚佐吴瑶、都虞候李畅之等皆劝成之，吏民献谣谶符瑞者不可胜纪，其始赏之以钱数百缗，既而献者日多，稍减至五百、三百而已。昌曰："谶云'兔子上金床'，此谓我也，我生太岁在卯，明年复在卯，二月卯日卯时，吾称帝之秋也。"

（以上为第十八段，写幽州李匡筹覆灭。）

五千铤、浙江的绸绢一万五千匹，其他物品也大致相当，派遣士兵五百人运送，有时遇到暴雨大雪或者台风洪水耽误了行程，这些士兵都要被处死。董昌向朝廷进贡的物品在当时是天下第一，因此朝廷认为董昌忠于国家，赏赐他的诏命一个接一个，官职升到司徒、同平章事，获得陇西郡王的王位。

董昌在越州为自己修造了一座祠堂，它的规模体制完全和越州的大禹庙一样，董昌命令民间求神祈福的老百姓，不能到大禹庙去，都要到他的祠堂。董昌要求做越王，朝廷没有准许，他不高兴地说："朝廷想要辜负我，我多年来向朝廷进贡的物品不计其数，而朝廷却舍不得给我一个越王的爵位！"有谄媚奉承的人对董昌说："大王与其做越王，何不称越帝呢！"于是民间谣传世道要变了，大家争先恐后挤在董昌的节度使府门喧哗叫闹，请求董昌称皇帝。董昌非常高兴，派人出去答谢说："时机还没有到来，时机到了我自然会称帝的。"他的下属官吏吴瑶、都虞候李畅之等人都劝董昌即皇帝位，于是官吏百姓献上歌谣、谶语以及吉祥的征兆，简直无法计算，开始时赏赐给他们几百缗钱，后来进献的人越来越多，赏赐的钱渐渐减少到五百、三百文。董昌说："有谶语讲'兔子上金床'，这就是指的我。我出生时是卯年，属兔，明年刚好又是卯年。明年二月的卯日卯时，就是我即位称帝的时候了。"

【点评】

本卷点评李匡威丧身镇州、杜让能蒙晁错之冤、王先成建策王建取彭州、王潮入据福州四件史事。

一、李匡威丧身镇州。李匡威，范阳人，其父李全忠事李可举为牙将。李可举为卢龙节度使，镇幽州。李可举死，众推李全忠为留后。僖宗光启元年（885），朝廷授李全忠为节度使，没多久李全忠死了，李匡威继任为卢龙节度使，有称雄天下之意，于是助云州赫连铎攻太原，与李克用为敌。镇州节度使王镕年少，十余岁继父为节镇。李克用攻王镕，王镕求救于李匡威。李匡威亲自领兵救王镕，临行，置酒大会，李匡威之弟兵马留后李匡筹之妻张氏容貌绝美，李匡威逼淫之而后行。李匡筹大怒，于是据城自为留后，上奏朝廷，昭宗即授李匡筹检校太保、卢龙节度使。李匡威失节镇，部属散去无所归，王镕感念李匡威救援自己，迎请李匡威馆于镇州，以父事之。李匡威心怀不测，阴谋图镇州。李匡威父亲忌日，王镕来慰问，李匡威绑架王镕，要挟让出镇州。王镕十分镇定，反诓李匡威入牙城议事。李匡威轻视王镕，认为王镕年少无所作为，遂与王镕入牙城，王镕暗示，镇州将救走王镕，击杀李匡威。

起初，李匡威被李匡筹逐出幽州，李匡威叹息说：“哥哥丢了节镇，弟弟占有，还是一家。可惜匡筹无才守不住。”李匡威死后不久，李克用就攻克了幽州，完全应验了李匡威的判断。李匡威有知人之明，却无自知之明，一世豪杰，为弟所逐，丧身镇州，死于少年王镕之手，可为贪淫贪利者戒。俗话说“一叶障目，不见泰山”。李匡威的一双慧眼，为其人心不足所障，死于非命，既可恨，亦可悲。

二、杜让能蒙晁错之冤。西汉景帝时御史大夫晁错建削藩之策，激起吴楚七国反叛，以“诛晁错，清君侧”为名，景帝冤杀晁错，吴楚并不罢兵。唐昭宗欲行唐宪宗之志，不顾时移势转，唐皇室衰弱的现实，贸然兴兵，张濬征讨李克用，朝廷威权大损，已失之于前，今又因李茂贞上奏语言狂悖，再次兴兵，宰相杜让能谏其不可，昭宗不听。杜让能说：“陛下必欲兴兵，当与中外大臣共议，团结一心，不当以臣独任。”唐昭宗说：“卿位居宰辅，应当与朕休戚与共，不要推辞。”杜让能说：“不是臣贪生怕死，只因不合时宜，只怕臣蒙受晁错之冤，无济于事。臣只能奉诏，以死报陛下了。”事后，杜让能不幸而言中，昭宗讨伐李茂贞，输光了老本，冤杀了杜让能，自己也深陷贼臣之手。唐昭宗无识无才，既害人又害己，着实可悯。但唐昭宗不甘屈辱，奋曹髦之志，精神可嘉。

三、王先成建策王建取彭州。四川王建攻围彭州，久久不能下。彭州乡野土民藏匿山林。王建攻城的各营军士每天出动士兵进山掳掠，称为“淘虏”。淘虏所得，都将挑选自肥，其余分给士兵，老弱妇女沦为奴婢。彭州之民，不闻招安，只见抢

掠，更加坚定意志，抗击王建军队。王建军中有一个军士叫王先成，新津人，原本是书生，世乱从军。他观察王建诸将，只有王宗侃不鼓励淘虏，在诸将中最贤。王先成于是献策王宗侃转呈王建，称招安七条。其一，发布招安令；其二，严禁各营士兵淘虏，违令者斩；其三，设置招安寨，专人管理，收容接受招安的民众；其四，报告王建由王宗侃专职总领招安事宜；其五，严令各营退出目前淘虏所得财物，所掠民众集于广场，使父子、兄弟、夫妇相认，各归其家，统统收容于招安寨听后安置，敢隐匿一人者斩；其六，选取地方土著的官吏和被俘虏释放的壮士，带着公文入山招安，宣传政策；其七，彭州土著士民，各归田里治理生业。王建得策大喜，立即施行。第二天就张榜申令，没有一个人敢犯禁令。三天后，藏匿山中之民悉数出山，一个月之后，招安寨空无一人，悉数归农，彭州不战而下。孔子有言，一言以丧邦，一言以安邦。王先成建言，助王建称霸西川，可谓一言以兴邦。王建得策采纳，也是乱世中的一个贤明之主，他之所以能定霸西川，是因为他存有一分救民之心，这是秦宗权、孙儒等人无法比拟的。

四、王潮入据福州。王潮，光州固始人，其弟王审知，字信通，家世为农，潮为县吏。唐末，黄巢大起义，寿州人王绪也拉起了队伍。王绪攻陷固始，召置王潮兄弟为军校。王绪受招安为光州刺史。公元 885 年，王绪被秦宗权攻击，率众南逃，入江西，转福建，沿路抢掠，裹胁游民，聚众数万。王绪性多猜疑，军中贤能者遭荼毒，部属人人自危。王潮因众怒囚禁王绪，自领其众为军主。王潮整肃军队，纪律严明，受到泉州民众的欢迎。泉州刺史贪暴，公元 886 年王潮取而代之，福建观察使陈岩正式授命王潮为泉州刺史。公元 891 年陈岩死，都将范晖自为留后。范晖不得人心，王潮使其弟王审知攻福州，经过三年征战攻下了福州。唐昭宗随后任命王潮为福建观察使，境内占山为王的二十多支盗贼被王潮悉数征服。王氏兄弟占有福建全境。公元 897 年王潮死，王审知接任，保境安民，劝课农桑，一方社会平安。公元 907 年，朱全忠代唐建立梁朝，封王审知为闽王。

资治通鉴（文白对照本） 卷第二百六十

唐纪七十六

唐昭宗乾宁二年至三年（895—896年）

【起旃蒙单阏（乙卯，895年），尽柔兆执徐（丙辰，896年），凡二年】

【大事提要】

本卷记事起公元895年，讫公元896年，载述史事凡两年。当唐昭宗乾宁二年至乾宁三年。此时期全国割据军阀角力争胜，远交近攻，异常激烈。北方李克用与朱全忠势不两立，为主要战场。河北幽州刘仁恭助李克用，魏州罗弘信助朱全忠。南方淮南杨行密与苏杭钱镠争雄。钱镠北连朱全忠夹击杨行密，杨行密南连越州董昌夹击钱镠。董昌因称帝而速亡，助钱镠坐大与淮南争衡。马殷不意得长沙。关陇三镇，邠宁王行瑜、凤翔李茂贞、华州韩建连兵犯阙，欲废唐昭宗，昭宗出京入南山以避其锋，李克用发兵勤王，三帅各还本镇。李克用灭了王行瑜，驻兵渭桥，迎昭宗车驾还京师。李克用欲进兵西讨李茂贞，昭宗误听贵近之言，并存李克用与李茂贞以平衡势力，朝廷在夹缝中求生存。昭宗诏令李克用与李茂贞和解，李克用罢兵，断言李茂贞即将卷土重来。不久，李茂贞果然以昭宗令诸王典兵为名，再次兴兵犯阙，昭宗被迫出幸华州，唐皇室直接为藩镇所掌控，究其实，已亡矣。

【原文】

昭宗圣穆景文孝皇帝上之下

乾宁二年（乙卯，895 年）

春，正月，辛酉，幽州军民数万以麾盖歌鼓迎李克用入府舍。克用命李存审、刘仁恭将兵略定巡属。

癸未，朱全忠遣其将朱友恭围兖州，朱瑄自郓以兵粮救之，友恭设伏，败之于高梧，尽夺其饷，擒河东将安福顺、安福庆。

己巳，以给事中陆希声为户部侍郎、同平章事。希声，元方五世孙也。

壬申，护国节度使王重盈薨，军中请以重荣子行军司马珂知留后事。珂，重盈兄重简之子也，重荣养以为子。

杨行密表朱全忠罪恶，请会易定、兖、郓、河东兵讨之。

董昌将称帝，集将佐议之。节度副使黄碣曰："今唐室虽微，天人未厌。齐桓、晋文皆翼戴周室以成霸业。大王兴于畎亩，受朝廷厚恩，位至将相，富贵极矣，奈何一旦忽为族灭之计乎！碣宁死为忠臣，不生为叛逆！"昌怒，以为惑众，斩之，投其首于厕中，骂之曰："奴贼负我！好圣明时三公不能待，而先求死也！"并杀其家八十口，同坎瘗之。又问会稽令吴镣，对曰："大王不为真诸侯以传子孙，乃欲假天子以取灭亡邪！"昌亦族诛之。又谓山阴令张逊曰："汝有能政，吾深知之，俟吾为帝，命汝知御史台。"逊曰："大王起石镜镇，建节浙东，荣贵近二十年，何苦效李锜、刘阚之所为乎！浙东僻处海隅，巡属虽有六州，大王若称帝，彼必不从，徒守空城，为天下笑耳！"昌又杀之，谓人曰："无此三人者，则人莫我违矣！"

【语译】

昭宗圣穆景文孝皇帝上之下

唐昭宗乾宁二年（乙卯，895年）

春季，正月初三日辛酉，幽州几万军民竖起旗帜，敲锣打鼓、欢歌笑语地迎接李克用进入官署。李克用命令李存审、刘仁恭率领军队安定所属的各个州县。

正月初五日癸未，朱全忠派遣他的部将朱友恭围攻兖州。朱瑄从郓州带着兵器、粮食去救援朱瑾。朱友恭设下埋伏，在高梧打败了朱瑄的援军，把他携带的兵器、粮食全部夺走，还活捉了河东的将领安福顺、安福庆。

正月十一日己巳，任命给事中陆希声为户部侍郎、同平章事。陆希声是陆元方的第五代孙子。

正月十四日壬申，护国节度使王重盈去世。军中将士请求朝廷任命王重荣的儿子行军司马王珂主持留后的事务。王珂是王重盈哥哥王重简的儿子，王重荣收养他做义子。

杨行密上表列举朱全忠的罪恶，请求会合易州、定州、兖州，郓州、河东的军队一同讨伐他。

董昌将要称帝，召集手下将领、僚佐进行商议。节度副使黄碣说："现在大唐皇室虽然衰败，但是上天和百姓还没有厌弃它。春秋时的齐桓公、晋文公都是靠着辅助拥戴周天子才成就了称霸一方的大业。大王您受封陇西郡王，是从田间乡里逐渐兴起来的，受到了朝廷优厚的恩惠，官位到了节度使和宰相，荣华富贵已达到极点，为什么突然要做出这种毁灭全族的计划呢？我黄碣宁愿去死也要做大唐的忠臣，不愿为了活命而成为背叛国家的叛徒。"董昌大怒，认为黄碣是在蛊惑、扰乱人心，立即将黄碣斩首，并把他的头颅扔到茅厕，痛骂说："你这个奴才贼子辜负了我！好端端的圣明时代的三公高位不坐，却要先找死！"董昌杀了黄碣全家八十个人，把他们埋葬在同一个墓穴里。董昌又问会稽令吴镣，吴镣回答说："大王您不做真正的诸侯来传给子孙后代，却要做假皇帝来自取灭亡吗？"董昌也把吴镣的全族都杀掉了。董昌又对山阴令张逊说："你有很好的政绩，我清楚地知道，等我做了皇帝，任命你主管御史台的事务。"张逊说："大王您从石镜镇兴起，在浙东建立节度使的功业，享受荣华富贵将近二十年了，何苦效法李锜、刘闢那样背叛朝廷，最后遭受杀身之祸呢！浙东地方偏僻，处在海边，管辖范围虽然有台、明、温、处、婺、衢六个州，但您如果称帝的话，他们一定不会听从。您只能守着越州这一座空城，遭受天下人耻笑罢了！"董昌又将张逊杀掉，对大家说："没有这三个人，就不会有人再违背我了！"

二月，辛卯，昌被衮冕登子城门楼，即皇帝位。悉陈瑞物于庭以示众。先是，咸通末，吴、越间讹言山中有大鸟，四目三足，声云“罗平天册”，见者有殃，民间多画像以祀之，及昌僭号，曰：“此吾鹭鸶也。”乃自称大越罗平国，改元顺天，署城楼曰天册之楼，令群下谓己曰“圣人”。以前杭州刺史李邈、前婺州刺史蒋瓌、两浙盐铁副使杜郢、前屯田郎中李瑜为相。又以吴瑶等皆为翰林学士、李畅之等皆为大将军。

昌移书钱镠，告以权即罗平国位，以镠为两浙都指挥使。镠遗昌书曰：“与其闭门作天子，与九族、百姓俱陷涂炭，岂若开门作节度使，终身富贵邪！及今悛悔，尚可及也！”昌不听，镠乃将兵三万诣越州城下，至迎恩门见昌，再拜言曰：“大王位兼将相，奈何舍安就危！镠将兵此来，以俟大王改过耳。纵大王不自惜，乡里士民何罪，随大王族灭乎！”昌惧，致犒军钱二百万，执首谋者吴瑶及巫觋数人送于镠，且请待罪天子。镠引兵还，以状闻。

（以上为第一段，写董昌称帝丑剧。）

王重盈之子保义节度使珙、晋州刺史瑶举兵击王珂，表言珂非王氏子。与朱全忠书，言“珂本吾家苍头，不应为嗣”。珂上表自陈，且求援于李克用。上遣中使谕解之。

上重李谿文学，乙未，复以谿为户部侍郎、同平章事。

朱全忠军于单父，为朱友恭声援。

李克用表刘仁恭为卢龙留后，留兵戍之。壬子，还晋阳。

妫州人高思继兄弟，有武干，为燕人所服，克用皆以为都将，分掌幽州兵。部下士卒，皆山北之豪也，仁恭惮之。久之，河东兵戍幽州者暴横，思继兄弟以法裁之，所诛杀甚多。克用怒，以让仁恭，仁恭诉称高氏兄弟所为，克用俱杀之。仁恭欲收燕人心，复引其诸子置帐下，厚抚之。

二月初三日辛卯，董昌穿着皇帝的服装登上越州内城，即位称帝。董昌把进献的吉祥物品全部陈列在庭院中让大家来观看。以前，在唐懿宗咸通末年，吴、越之间流传谣言，说山中有一只大鸟，四只眼睛三条腿，叫喊“罗平天册”，看到这只大鸟的人就会有灾祸，于是老百姓都画像祭祀它。等到董昌背叛朝廷自称皇帝，他就说：“这鸟就是我的凤凰。”于是自称为大越罗平国，改年号为顺天，给城楼题字为天册之楼，命令部下称自己为“圣人”。董昌任命前杭州刺史李邈、前婺州刺史蒋瓌、两浙盐铁副使杜郢、前屯田郎中李瑜为宰相。又任命吴瑶等人为翰林学士，李畅之等人为大将军。

董昌写信给钱镠，告诉钱镠，自己已经暂且即位做罗平国的皇帝，任命钱镠为两浙都指挥使。钱镠写信给董昌说：“您与其关起门来偷偷摸摸称皇帝，使得家族和老百姓一同遭受灾祸，怎么比得上打开大门堂堂正正做节度使，终身享受富贵啊！到如今后悔改过，还来得及！”董昌不听，钱镠于是率领军队三万人赴越州城下，到了越州城西门迎恩门与董昌见面，再次劝告董昌说：“您位居节度使和宰相，为什么要舍弃安宁而选取危险呢！我钱镠率领军队到这里来，就是等着您改过。即使您不顾惜自己的名誉和地位，但是乡里的士人和百姓有什么罪过，要随着您一起遭受灭族的灾祸！”董昌害怕了，送上二百万钱犒劳钱镠军队，抓住首先为他谋划称帝的吴瑶以及几个男女巫师送交钱镠，并且向唐昭宗请罪等待处治。钱镠带领军队返回，把这件事报告朝廷。

王重盈的儿子保义节度使王珙、绛州刺史王瑶发动军队攻打王珂，向朝廷上表说王珂并不是王家的儿子。又给朱全忠送去书信，说：“王珂本来是我家的奴仆，不应该做继承人。”王珂则向朝廷上表陈述说明，并且向李克用求援。唐昭宗派遣宦官传谕，让王珙、王瑶与王珂和解。

唐昭宗很器重李谿的文才学识，二月初七日乙未，又任命李谿为户部侍郎、同平章事。

朱全忠在单父县驻扎军队，声援正在围攻兖州的朱友恭。

李克用上奏请朝廷任命刘仁恭为卢龙留后，留下军队驻守幽州；二月二十四日壬子，李克用返回晋阳。

妫州人高思继兄弟，有武艺才干，为燕地的人所佩服，李克用任命他们为都将，分别掌管幽州的军队。他们部下的士兵，都是幽州山北的豪杰，刘仁恭畏惧他们。后来，戍守幽州的河东士兵残暴横蛮，高思继兄弟用军法来制裁这些人，处罚杀死很多人。李克用很生气，以此责备刘仁恭，刘仁恭告诉李克用说这是高思继兄弟干的，李克用就把他们都杀了。刘仁恭想收买燕地百姓的心，就把高氏的几个儿子安

崔昭纬与李茂贞、王行瑜深相结，得天子过失，朝廷机事，悉以告之。邠宁节度副使崔铤，昭纬之族也，李谿再入相，昭纬使铤告行瑜曰："向者尚书令之命已行矣，而韦昭度沮之，今又引李谿为同列，相与荧惑圣听，恐复有杜太尉之事。"行瑜乃与茂贞表称谿奸邪，昭度无相业，宜罢居散秩。上报曰："军旅之事，朕则与藩镇图之；至于命相，当出朕怀。"行瑜等论列不已，三月，谿复罢为太子少师。

王珙、王瑶请朝廷命河中帅，诏以中书侍郎、同平章事崔胤同平章事，充护国节度使；以户部侍郎、判户部王抟为中书侍郎、同平章事。

（以上为第二段，写王重盈诸子内讧，李克用诛杀高思继兄弟。崔昭纬外结藩镇以固其位，并排挤韦昭度。）

王珂，李克用之婿也。克用表重荣有功于国，请赐其子珂节钺。王珙厚结王行瑜、李茂贞、韩建三帅，更上表称珂非王氏子，请以珂为陕州、珙为河中。上谕以先已允克用之奏，不许。

加王镕兼侍中。

杨行密浮淮至泗州，防御使台濛盛饰供帐，行密不悦。既行，濛于卧内得补绽衣，驰使归之。行密笑曰："吾少贫贱，不敢忘本。"濛甚惭。

行密攻濠州，拔之，执刺史张璲。

行密军士掠得徐州人李氏之子，生八年矣。行密养以为子，行密长子渥憎之，行密谓其将徐温曰："此儿质状性识，颇异于人，吾度渥必不能容，今赐汝为子。"温名之曰知诰。知诰事温，勤孝过于诸子。尝得罪于温，温笞而逐之；及归，知诰迎拜于门。温问："何故犹在此？"知诰泣对曰："人子舍父母将何之！父怒而归母，人情之常也。"温以是益爱之，使掌家事，家人无违言。及长，喜书善射，识度英伟。行密常谓温曰："知诰俊杰，诸将子皆不及也。"

置在自己的身边，很好地安抚他们。

崔昭纬和李茂贞、王行瑜结交很深，把自己知道的唐昭宗的过失、朝廷的机密大事，都告诉李茂贞和王行瑜。邠宁节度副使崔鋋，是崔昭纬同族人。李谿再次做宰相后，崔昭纬派崔鋋告诉王行瑜说："以前唐昭宗任命你担任尚书令的诏命已经颁发了，然而却被韦昭度从中阻拦。如今他又引进李谿同为宰相，相互勾结迷惑唐昭宗的听闻，我担心又要有杜让能那样的事发生了。"王行瑜于是和李茂贞共同上表称说李谿奸诈邪恶，韦昭度没有做宰相的才干，应该罢他们的官，让他们处在闲散的职位上。唐昭宗回答他们说："军队征战的事情，朕和藩镇们共同商议；至于任命宰相，应该出自朕的心意。"王行瑜等还论争不休。三月，李谿又被罢免相位，改任太子少师。

王珙、王瑶请求朝廷任命河中的统帅，唐昭宗下诏任命中书侍郎、同平章事崔胤为同平章事，充当护国节度使；任命户部侍郎、判户部王抟为中书侍郎、同平章事。

王珂是李克用的女婿。李克用上表说王重荣有功于国家，请求赐给他的儿子王珂节度使仪仗。王珙用丰厚的礼物去结交王行瑜、李茂贞、韩建三位节度使，一再上表称说王珂不是王家的儿子，请求任命王珂为陕州刺史，王珙为河中节度使。唐昭宗传谕说已经先同意了李克用的奏请，便不再答应他们的要求。

加官王镕兼任侍中。

杨行密渡过淮河到达泗州，防御使台濛大肆装饰营帐来接待他，杨行密很不高兴。杨行密离开泗州后，台濛在杨行密住过的卧室里发现一件补过的衣服，赶紧派人把那件衣服送还杨行密。杨行密笑着说："我小时候家中贫穷，出身低微，不敢忘记过去。"台濛听后感到很惭愧。

杨行密攻打濠州，把它攻下来了，活捉了刺史张璲。

杨行密的军中士兵抢掠到一个徐州李姓人家的小孩，已经八岁了。杨行密收养他为义子，杨行密的长子杨渥憎厌他。杨行密对他的部将徐温说："这个小孩的资质、状貌、性情、见识和别人不一样，我料想杨渥一定容纳不下他，现在赏赐给你，做你的养子。"徐温给他起名叫知诰。徐知诰事奉徐温，勤劳和孝顺胜过徐温其他几个孩子。有一次徐知诰得罪了徐温，徐温用鞭子打他，并将他逐出家门；等到徐温回来时，徐知诰在门口跪拜迎接。徐温问他："你为什么还在这里？"徐知诰流着眼泪回答说："做儿子的离开了父母将到哪里去啊！父亲生气了，就到母亲那里，这是人的常情。"徐温因此更加疼爱徐知诰，派徐知诰管理家中的事务，家中的人没有

丁亥，行密围寿州。

上以郊畿多盗，至有逾垣入宫或侵犯陵寝者，欲令宗室诸王将兵巡警，又欲使之四方抚慰藩镇。南北司用事之臣恐其不利于己，交章论谏。上不得已，夏，四月，下诏悉罢之。

朝廷以董昌有贡输之勤，今日所为，类得心疾，诏释其罪，纵归田里。

户部侍郎、同平章事陆希声罢为太子少师。

杨行密围寿州，不克，将还；庚寅，其将朱延寿请试往更攻，一鼓拔之，执刺史江从勖。行密以延寿权知寿州团练使。

未几，汴兵数万攻寿州，州中兵少，吏民恟惧。延寿制，军中每旗二十五骑。命黑云队长李厚将十旗击汴兵，不胜。延寿将斩之，厚称众寡不敌，愿益兵更往，不胜则死。都押牙汝阳柴再用亦为之请，乃益以五旗。厚殊死战，再用助之，延寿悉众乘之，汴兵败走。厚，蔡州人也。

行密又遣兵袭涟水，拔之。

钱镠表董昌僭逆，不可赦，请以本道兵讨之。

太傅、门下侍郎、同平章事韦昭度以太保致仕。

戊戌，以刘建锋为武安节度使。建锋以马殷为内外马步军都指挥使。

杨行密遣使诣钱镠，言董昌已改过，宜释之，亦遣诣昌，使趣朝贡。

河东遣其将史俨、李承嗣以万骑驰入于郓，朱友恭退归于汴。

五月，诏削董昌官爵，委钱镠讨之。

（以上为第三段，写杨行密攻拔濠州、寿州以张其势。钱镠讨董昌。）

初，王行瑜求尚书令不获，由是怨朝廷。畿内有八镇兵，隶左右军。

不听他话的。等到徐知诰长大了，喜欢读书，擅长射箭，他的见识、器度很是不凡。杨行密常常对徐温说："徐知诰是个杰出人才，各位将领的儿子都比不上他。"

三月三十日丁亥，杨行密围攻寿州。

唐昭宗因为长安的郊野有很多强盗，有的甚至越过宫墙进入宫中或者侵犯皇家陵墓、宗庙，想命令宗室各王带领军队巡逻警戒，又想派他们到各地去安抚慰问藩镇。朝中大臣和宦官中掌权的人担心这样对自己不利，不断进呈奏章进行劝阻。唐昭宗不得已，于夏季四月，下诏全部停止。

朝廷因为董昌过去勤于进贡钱财、输送货物的功劳，这次他称帝背叛朝廷，好像是得了疯病，唐昭宗下诏赦免董昌的罪过，放他回到故里。

户部侍郎、同平章事陆希声被罢免相位，改任太子少师。

杨行密围攻寿州，没有打下来，准备退兵回去。四月初三日庚寅，他的部将朱延寿请求再攻打一次试试，一鼓作气把寿州打下来了，活捉了刺史江从勖。杨行密任命朱延寿暂时代理寿州团练使。

不多久，朱全忠的汴州军队几万人攻打寿州，州里兵力不足，官吏和老百姓都惶恐不安。朱延寿规定，军队每一面旗帜下有二十五名骑兵。他下令黑云队长李厚率领十旗的骑兵去袭击汴州军队，没有取胜。朱延寿将要斩杀李厚，李厚说因为敌众我寡才抵抗不住，希望能再增加士兵出战，如果不能胜利甘愿一死。都押牙汝阳人柴再用也替李厚求情。于是朱延寿给他增加五旗的骑兵。李厚拼死作战，柴再用也帮助他，朱延寿率领全部人马一起攻击，汴州军队战败退走了。李厚是蔡州人。

杨行密又派遣军队袭击涟水县，把它攻下来了。

钱镠上表说董昌自行称帝有叛逆大罪，不可以赦免，请求率领本道的军队去讨伐董昌。

太傅、门下侍郎、同平章事韦昭度以太保的官衔罢相退休。

四月十一日戊戌，任命刘建锋为武安节度使。刘建锋任命马殷为内外马步军都指挥使。

杨行密派遣使者到钱镠那里，说董昌已经认罪改过了，应该赦免他；又派遣使者到董昌那里，要他赶快向朝廷进贡财物。

河东节度使李克用派遣他的部将史俨、李承嗣率领一万名骑兵飞驰进入郓州救援，朱友恭退兵返回汴州。

五月，唐昭宗下诏削除董昌的官职爵位，委派钱镠去讨伐他。

起初，王行瑜要求担任尚书令的官职，没有得到唐昭宗允许，因此怨恨朝廷。

郃阳镇近华州，韩建求之；良原镇近邠州，王行瑜求之。宦官曰：“此天子禁军，何可得也！”王珂、王珙争河中，行瑜、建及李茂贞皆为珙请，不能得，耻之。珙使人语三帅曰：“珂不受代而与河东婚姻，必为诸公不利，请讨之。”行瑜使其弟匡国节度使行约攻河中，珂求救于李克用。行瑜乃与茂贞、建各将精兵数千入朝。甲子，至京师，坊市民皆窜匿。上御安福门以待之，三帅盛陈甲兵，拜伏舞蹈于门下。上临轩，亲诘之曰：“卿等不奏请俟报，辄称兵入京城，其志欲何为乎？若不能事朕，今日请避贤路！”行瑜、茂贞流汗不能言，独韩建粗述入朝之由。上与三帅宴，三帅奏称：“南、北司互有朋党，堕紊朝政。韦昭度讨西川失策，李谿作相，不合众心，请诛之。”上未之许。是日，行瑜等杀昭度、谿于都亭驿，又杀枢密使康尚弼及宦官数人。又言：“王珂、王珙嫡庶不分，请除王珙河中，徙王行约于陕，王珂于同州。”上皆许之。始，三帅谋废上，立吉王保。至是，闻李克用已起兵于河东，行瑜、茂贞各留兵二千人宿卫京师，与建皆辞还镇。贬户部尚书杨堪为雅州刺史。堪，虞卿之子，昭度之舅也。

初，崔胤除河中节度使，河东进奏官薛志勤扬言曰：“崔公虽重德，以之代王珂，不若光德刘公于我公厚也。”光德刘公者，太常卿刘崇望也。及三帅入朝，闻志勤之言，贬崇望昭州司马。李克用闻三镇兵犯阙，即日遣使十三辈发北部兵，期以来月渡河入关。

六月，庚寅，以钱镠为浙东招讨使，镠复发兵击董昌。

辛卯，以前均州刺史孔纬、绣州司户张濬并为太子宾客。壬辰，以纬为吏部尚书，复其阶爵；癸巳，拜司空，兼门下侍郎、同平章事。以张濬为兵部尚书、诸道租庸使。时纬居华州，濬居长水，上以崔昭纬等外交藩镇，朋党相倾，思得骨鲠之士，故骤用纬、濬。纬以有疾，扶舆至京师，见上，涕泣固辞，上不许。

京城长安管辖区有八镇军队，隶属左、右神策军。郃阳镇靠近华州，韩建请求兼管这个地方；良原镇在邠州附近，王行瑜也想要得到它。宦官们说：“这都是皇帝禁军驻扎的地方，怎么能让他们得到呢！”王珂、王珙争夺河中，王行瑜、韩建以及李茂贞都替王珙请求，结果王珙没有得到，他们感到很耻辱。王珙派人告诉他们三位统帅说：“王珂不接受我的替代而做了河东李克用的女婿，这一定对你们不利，请发兵讨伐王珂。”王行瑜派他的弟弟匡国节度使王行约攻打河中，王珂向李克用求救，王行瑜于是和李茂贞、韩建各率领精兵几千人开赴朝廷。五月初八日甲子，到达京城长安，长安街坊的居民都逃跑躲藏起来了。唐昭宗来到安福门等待他们。三位统帅排开全副武装的士兵，在安福门下手舞足蹈地行跪拜礼。唐昭宗走到门楼前，亲自责问他们说：“你们不上表奏请并等待朝廷回答，就带领军队进入京城，你们的意图到底是什么？假如不能侍奉我，今天就请你们离开将位置让给贤明的人！”王行瑜、李茂贞汗流浃背，讲不出一句话，只有韩建大略说了一下进入朝廷的理由。唐昭宗宴请三位统帅，他们三人上奏说：“朝中大臣和宫内宦官互相勾结，结成朋党，败坏、扰乱朝廷大政。韦昭度讨伐西川决策失误，李谿担任宰相不合大家的心意，请杀掉他们。”唐昭宗没有答应。这一天，王行瑜等人在朱雀门外都亭驿把韦昭度、李谿杀了，又杀死枢密使康尚弼和几个宦官。他们又说：“王珂、王珙的任用不分嫡庶和尊卑，请任命王珙为河中节度使，把王行约调到陕州，王珂调到同州。”唐昭宗都允许了。开始，三位统帅阴谋废掉唐昭宗，拥立吉王李保为帝；到这时候，听说李克用已经从河东起兵，王行瑜、李茂贞各留下两千名士兵守卫京城，与韩建一同辞别唐昭宗返回镇所。唐昭宗下令把户部尚书杨堪贬为雅州刺史。杨堪是杨虞卿的儿子，韦昭度的舅舅。

当初，崔胤任职河中节度使，河东进奏官薛志勤扬言说：“崔胤虽然注重德行，但用他来替代王珂，不如长安城里光德坊的刘公对我主人李克用好。”光德坊的刘公，就是太常卿刘崇望。等到王行瑜等三位统帅进入朝廷，听说了薛志勤的话，就把刘崇望贬为昭州司马。李克用得知王行瑜等三镇军队侵犯京城，当天就派遣使者十三批去征发北边蕃族部落军队，约他们在下个月渡过黄河进入关中。

六月初四日庚寅，任命钱镠为浙东招讨使；钱镠再次发动军队攻打董昌。

六月初五日辛卯，任命前均州刺史孔纬、绣州司户张濬同为太子宾客。六月初六日壬辰，任命孔纬为吏部尚书，恢复他的官阶、爵位；六月初七日癸巳，又任命孔纬为司空，兼门下侍郎、同平章事。任命张濬为兵部尚书、诸道租庸使。当时孔纬住在华州，张濬住在长水，唐昭宗因为崔昭纬等人在外结交藩镇，形成朋党，互相倾轧，所以想起用刚直的人，因此突然任命孔纬、张濬。孔纬因为有病，乘车来到京城，见到唐昭宗，流着眼泪坚决推辞官职，唐昭宗不准许。

李克用大举蕃、汉兵南下，上表称王行瑜、李茂贞、韩建称兵犯阙，贼害大臣，请讨之，又移檄三镇，行瑜等大惧。克用军至绛州，刺史王瑶闭城拒之，克用进攻，旬日，拔之，斩瑶于军门，杀城中违拒者千余人。秋，七月，丙辰朔，克用至河中，王珂迎谒于路。

匡国节度使王行约败于朝邑，戊午，行约弃同州走，己未，至京师。行约弟行实时为左军指挥使，帅众与行约大掠西市。行实奏称同华已没，沙陀将至，请车驾幸邠州。庚申，枢密使骆全瓘奏请车驾幸凤翔。上曰："朕得克用表，尚驻军河中。就使沙陀至此，朕自有以枝梧，卿等但各抚本军，勿令摇动。"

右军指挥使李继鹏，茂贞假子也，本姓名阎珪，与骆全瓘谋劫上幸凤翔。中尉刘景宣与王行实知之，欲劫上幸邠州。孔纬面折景宣，以为不可轻离宫阙。向晚，继鹏连奏请车驾出幸，于是王行约引左军攻右军，鼓噪震地。上闻乱，登承天楼，欲谕止之，捧日都头李筠将本军，于楼前侍卫。李继鹏以凤翔兵攻筠，矢拂御衣，著于楼桷，左右扶上下楼；继鹏复纵火焚宫门，烟炎蔽天。时有盐州六都兵屯京师，素为两军所惮，上急召令入卫。既至，两军退走，各归邠州及凤翔。城中大乱，互相剽掠，上与诸王及亲近幸李筠营，护跸都头李居实帅众继至。

或传王行瑜、李茂贞欲自来迎车驾，上惧为所迫，辛酉，以筠、居实两都兵自卫，出启夏门，趣南山，宿莎城镇。士民追从车驾者数十万人，比至谷口，暍死者三之一，夜，复为盗所掠，哭声震山谷。时百官多扈从不及，户部尚书、判度支及盐铁转运使薛王知柔独先至，上命权知中书事及置顿使。

（以上为第四段，写凤翔李茂贞、邠宁王行瑜，华州韩建三镇连兵犯阙，唐昭宗蒙尘南山。）

壬戌，李克用入同州。崔昭纬、徐彦若、王抟至莎城。甲子，上徙

李克用率领蕃汉军队大举南下，向唐昭宗上表声称王行瑜、李茂贞、韩建派兵进攻京城，残杀朝中大臣，请求讨伐他们，又送去檄文给王行瑜、李茂贞、韩建三人，王行瑜等非常恐惧。李克用的军队到达绛州，绛州刺史王瑶关闭城门进行抵抗。李克用发动进攻，用了十天时间，把它打下来了，在军营门前杀了王瑶，并杀死城里抵抗的一千多人。秋季，七月初一日丙辰，李克用到了河中，王珂亲自到路上去迎接拜见他。

匡国节度使王行约在朝邑被打败了。七月初三日戊午，王行约放弃同州逃走；七月初四日己未，到了京城长安。王行约的弟弟王行实当时担任左军指挥使，他率领部下和王行约一起在长安西市大肆掠夺。王行实上奏说同州、华州已经陷落，李克用的沙陀军队就要到来，请唐昭宗到邠州去。七月初五日庚申，枢密使骆全瓘上奏请唐昭宗到凤翔。唐昭宗说："我收到了李克用的表章，他还驻军在河中。即使他的沙陀军队到了这里，我自有办法对付，你们只要各自安抚好手下的军队，不要使他们骚动不安。"

右军指挥使李继鹏，是李茂贞的义子，本来的姓名叫阎珪，与骆全瓘阴谋劫持唐昭宗到凤翔去。中尉刘景宣和王行实知道了，则想劫持唐昭宗到邠州，孔纬当面斥责刘景宣，认为唐昭宗不可以轻易地离开长安宫殿。傍晚时，李继鹏接连上奏请唐昭宗外出，于是王行约带领左军攻打李继鹏的右军，击鼓声、喊叫声震动了天地。唐昭宗听到发生变乱，登上承天楼，想下令制止他们。捧日都头李筠率领自己的军队，在承天楼前护卫唐昭宗。李继鹏指挥凤翔的军队攻打李筠，流箭擦过唐昭宗的衣服，落在承天楼的椽子上，身边侍卫的人搀扶着唐昭宗下楼。李继鹏又放火焚烧宫门，浓烟遮住了天空。当时有盐州六都军队驻扎在京城，左、右两军都很惧怕他们，唐昭宗急忙下令要他们进入宫内侍卫。他们到了以后，左、右两军都退走了，各自回到邠州和凤翔。长安城里大乱，互相抢劫掠夺，唐昭宗与各王以及亲近人员到李筠的军营躲避，护跸都头李居实率领部下紧接着也到达了。

有人传说王行瑜、李茂贞要亲自来迎接唐昭宗，唐昭宗害怕被他们逼迫。七月初六日辛酉，命令李筠、李居实的两都军队进行护卫，出了长安城南的启夏门到南山去，在莎城镇过夜。跟从唐昭宗的士民有几十万人，等到达南山的谷口，中暑而死的人有三分之一；夜里，又被强盗掠夺抢劫，哭声、喊叫声震动山谷。当时朝廷百官大多数来不及跟从唐昭宗，只有户部尚书、判度支及盐铁转运使薛王李知柔首先赶到，唐昭宗命令他暂时掌管中书省的事务和担任置顿使。

七月初七日壬戌，李克用进入同州。崔昭纬、徐彦若、王抟到了莎城。七月初

幸石门镇，命薛王知柔与知枢密院刘光裕还京城，制置守卫宫禁。丙寅，李克用遣节度判官王瓌奉表问起居。丁卯，上遣内侍郗廷昱，赍诏诣李克用军，令与王珂各发万骑同赴新平。又诏彰义节度使张鐇以泾原兵控扼凤翔。

李克用遣兵攻华州，韩建登城呼曰："仆于李公未尝失礼，何为见攻？"克用使谓之曰："公为人臣，逼逐天子，公为有礼，孰为无礼者乎！"会郗廷昱至，言李茂贞将兵三万至盩厔，王行瑜将兵至兴平，皆欲迎车驾，克用乃释华州之围，移兵营渭桥。

以薛王知柔为清海节度使、同平章事，仍权知京兆尹、判度支，充盐铁转运使，俟反正日赴镇。

上在南山旬余，士民从车驾避乱者日相惊曰："邠、岐兵至矣！"上遣延王戒丕诣河中，趣李克用令进兵。壬午，克用发河中。上遣供奉官张承业诣克用军。承业，同州人，屡奉使于克用，因留监其军。己丑，克用进军渭桥，遣其将李存贞为前锋；辛卯，拔永寿，又遣史俨将三千骑诣石门侍卫。癸巳，遣李存信、李存审会保大节度使李思孝攻王行瑜梨园寨，擒其将王令陶等，献于行在。思孝本姓拓跋，思恭之弟也。李茂贞惧，斩李继鹏，传首行在，上表请罪，且遣使求和于克用。上复遣延王戒丕、丹王允谕克用，令且赦茂贞，并力讨行瑜，俟其殄平，当更与卿议之。且命二王拜克用为兄。

以前河中节度使崔胤为中书侍郎、同平章事。

戊戌，削夺王行瑜官爵。癸卯，以李克用为邠宁四面行营都招讨使，保大节度使李思孝为北面招讨使，定难节度使李思谏为东面招讨使，彰义节度使张鐇为西面招讨使。克用遣其子存勖诣行在，年十一，上奇其状貌，抚之曰："儿方为国之栋梁，他日宜尽忠于吾家。"克用表请上还京，上许之。令克用遣骑三千驻三桥为备御。辛亥，车驾还京师。

九日甲子，唐昭宗迁移到石门镇，命令薛王李知柔和知枢密院刘光裕返回京城，设置军队来守卫皇宫。七月十一日丙寅，李克用派遣节度判官王瓌奉上表文问候唐昭宗的生活起居情况。七月十二日丁卯，唐昭宗派遣内侍郗廷昱带着诏书前往李克用的军营，命令他和王珂各出动一万骑兵一起赶往新平讨伐王行瑜。唐昭宗又下令彰义节度使张鐇带领泾原的军队控制凤翔的李茂贞。

李克用派遣军队攻打华州。韩建登上城楼呼喊着说："我对您从没有失礼，为什么要攻打我呢？"李克用派人对他说："你是唐朝的臣子，却逼迫驱逐皇上，你这样称为有礼，那么天下还有谁可以叫无礼呢？"正好郗廷昱来到，说李茂贞率领三万军队抵达盩厔，王行瑜率领军队抵达兴平，都想要迎接唐昭宗去他们那儿。李克用于是解除对华州的围攻，把军队转移到渭桥安营扎寨。

任命薛王李知柔为清海节度使、同平章事，仍然代理京兆尹、判度支、充任盐铁转运使，等到平定动乱后再前往镇所。

唐昭宗在南山十多天，跟从唐昭宗到这里避乱的士民们每天都惊慌失措地互相传说："邠州、岐州的军队到来了！"唐昭宗派遣延王李戒丕到河中去，催促李克用赶快进兵。七月二十七日壬午，李克用的军队从河中出发。唐昭宗派遣供奉官张承业前往李克用的军营。张承业是同州人，多次奉唐昭宗的诏令出使李克用处，因此留在李克用的军中做监军。八月初五日己丑，李克用进军渭桥，派遣他的部将李存贞为前锋。八月初七日辛卯，攻下永寿县，又派遣史俨率领三千骑兵前往石门护卫唐昭宗。八月初九日癸巳，派遣李存信、李存审会同保大节度使李思孝进攻王行瑜的梨园寨，捉住了王行瑜的部将王令陶等，把他们押送到唐昭宗那里。李思孝本来姓拓跋，是拓跋思恭的弟弟。李茂贞害怕了，斩杀李继鹏，把他的头颅送到唐昭宗那里，呈上表章请求治他的罪；并且派遣使者向李克用求和。唐昭宗再次派遣延王李戒丕、丹王李允传谕李克用，命令他暂时赦免李茂贞，同心协力去讨伐王行瑜，等到消灭了王行瑜，朝廷再和他们商量如何处理李茂贞。唐昭宗还命令延王李戒丕、丹王李允拜李克用为兄长。

任命前河中节度使崔胤为中书侍郎、同平章事。

八月十四日戊戌，朝廷下令革除王行瑜的官职和爵位。八月十九日癸卯，任命李克用为邠宁四面行营都招讨使，保大节度使李思孝为北面招讨使，定难节度使李思谏为东面招讨使，彰义节度使张鐇为四面招讨使。李克用派遣他的儿子李存勖到唐昭宗那里，李存勖当时才十一岁，唐昭宗对他的形状面貌惊奇不已，抚摸着他说："你是国家的栋梁之材，将来应该为我大唐李家尽忠啊！"李克用上表请唐昭宗回到京城长安，唐昭宗同意了，命令李克用派遣骑兵三千人驻扎在三桥做防御准备工作。八月二十七日辛亥，唐昭宗回到了京城长安。

壬子，司空兼门下侍郎、同平章事崔昭纬罢为右仆射。

以护国留后王珂、卢龙留后刘仁恭各为本镇节度使。

时宫室焚毁，未暇完葺，上寓居尚书省，百官往往无袍笏仆马。

（以上为第五段，写李克用大举发兵勤王，迎昭宗还京。）

以李克用为行营都统。

九月，癸亥，司空兼门下侍郎、同平章事孔纬薨。

辛未，朱全忠自将击朱瑄，战于梁山，瑄败走还郓。

李克用急攻梨园，王行瑜求救于李茂贞，茂贞遣兵万人屯龙泉镇，自将兵三万屯咸阳之旁。克用请诏茂贞归镇，仍削夺其官爵，欲分兵讨之。上以茂贞自诛继鹏，前已赦宥，不可复削夺诛讨，但诏归镇，仍令克用与之和解。以昭义节度使李罕之检校侍中，充邠宁四面行营副都统。史俨败邠宁兵于云阳，擒云阳镇使王令诲等，献之。

王建遣简州刺史王宗瑶等将兵赴难。甲戌，军于绵州。

董昌求救于杨行密，行密遣泗州防御使台濛攻苏州以救之，且表昌引咎，愿修职贡，请复官爵。又遗钱镠书，称："昌狂疾自立，已畏兵谏，执送同恶，不当复伐之。"

冬，十月，丙戌，河东将李存贞败邠宁军于梨园北，杀千余人。自是梨园闭壁不敢出。

贬右仆射崔昭纬为梧州司马。

魏国夫人陈氏，才色冠后宫。戊子，上以赐李克用。

克用令李罕之、李存信等急攻梨园，城中食尽，弃城走。罕之等邀击之，所杀万余人，克梨园等三寨，获王行瑜子知进及大将李元福等。克用进屯梨园。庚寅，王行约、王行实烧宁州遁去。克用奏请以匡国节度使苏文建为静难节度使，趣令赴镇，且理宁州，招抚降人。

八月二十八日壬子，司空兼门下侍郎、同平章事崔昭纬被罢相位，改任右仆射。

任命护国留后王珂、卢龙留后刘仁恭分别担任本镇的节度使。

当时宫殿已被焚烧破坏，还没有来得及修建清理，唐昭宗暂时住进尚书省，朝廷百官往往没有长袍、朝笏、仆人、马匹。

任命李克用为行营都统。

九月初十日癸亥，司空兼门下侍郎、同平章事孔纬去世。

九月十八日辛未，朱全忠亲自率领军队攻打朱瑄，在梁山进行交锋，朱瑄战败逃回郓州。

李克用率领军队猛攻梨园，王行瑜向李茂贞求救。李茂贞派遣军队一万人驻扎在龙泉镇，自己率领军队三万人在咸阳附近驻扎。李克用请求朝廷下诏命令李茂贞返回凤翔镇所，仍然削除他的官职、爵位，想分兵去讨伐他。唐昭宗认为李茂贞自己杀了李继鹏，前些时候已经赦免了他，不可以再削除他的官职、爵位去讨伐他，只是下令李茂贞回到自己的凤翔镇所，仍然命令李克用与李茂贞和解。又任命昭义节度使李罕之为检校侍中，充任邠宁四面行营副都统。史俨在云阳打败了王行瑜的邠宁军队，抓住了云阳镇使王令诲等人，献给朝廷。

王建派遣简州刺史王宗瑶等人率领军队前往朝廷解救危难。九月二十一日甲戌，在绵州驻扎。

董昌向杨行密求救，杨行密派遣泗州防御使台濛攻打苏州来救援他，并且向朝廷上表说，董昌已经悔过自新，愿意尽到职责，献上贡品，请恢复董昌的官职、爵位。杨行密又写信给钱镠说："董昌发了疯病自立为帝，你率领军队去劝阻时他已经害怕了，他又抓了鼓动他称帝的人送到你那里，不应该再去讨伐他了。"

冬季，十月初三日丙戌，河东的将领李存贞在梨园的北面打败了王行瑜的邠宁军队，斩杀一千多人，从此梨园军营关闭起来，不敢出战了。

朝廷贬谪右仆射崔昭纬为梧州司马。

魏国夫人陈氏，她的才能姿色在后宫称为第一。十月初五日戊子，唐昭宗把她赐给李克用。

李克用命令李罕之、李存信等加紧攻打梨园。城里粮食已经完了，王行瑜的军队弃城逃走。李罕之等拦住攻击他们，杀了一万多人，攻下了梨园等三个寨子，抓获了王行瑜的儿子王知进以及大将李元福等人。李克用进军在梨园驻扎。十月初七日庚寅，王行约、王行实放火烧了宁州然后逃跑。李克用上奏朝廷请求任命匡国节度使苏文建为静难节度使，催促他赶赴镇所，暂时先到宁州管事，着手招集安抚前来投降的人。

上迁居大内。

朱全忠遣都将葛从周击兖州，自以大军继之。癸卯，围兖州。

杨行密遣宁国节度使田頵、润州团练使安仁义攻杭州镇戍以救董昌，昌使湖州将徐淑会淮南将魏约共围嘉兴。钱镠遣武勇都指挥使顾全武救嘉兴，破乌墩、光福二寨。淮南将柯厚破苏州水栅。全武，余姚人也。

义武节度使王处存薨，军中推其子节度副使郜为留后。

以京兆尹武邑孙偓为兵部侍郎、同平章事。

王行瑜以精甲五千守龙泉寨，李克用攻之。李茂贞以兵五千救之，营于镇西。李罕之击凤翔兵，走之，十一月，丁巳，拔龙泉寨。行瑜走入邠州，遣使请降于李克用。

齐州刺史朱琼举州降于朱全忠。琼，瑾之从父兄也。

衢州刺史陈儒卒，弟岌代之。

李克用引兵逼邠州，王行瑜登城，号哭谓克用曰："行瑜无罪，迫胁乘舆，皆李茂贞及李继鹏所为，请移兵问凤翔，行瑜愿束身归朝。"克用曰："王尚父何恭之甚！仆受诏讨三贼臣，公预其一，束身归朝，非仆所得专也。"丁卯，行瑜挈族弃城走。克用入邠州，封府库，抚居人，命指挥使高爽权巡抚军城，奏趣苏文建赴镇。行瑜走至庆州境，部下斩行瑜，传首。

（以上为第六段，写李克用破灭邠宁，王行瑜授首。杨行密助董昌攻钱镠。）

朱瑄遣其将贺瓌、柳存及河东将薛怀宝将兵万余人袭曹州，以解兖州之围。瓌，濮阳人也。丁卯，全忠自中都引兵夜追之，比明，至钜野南，及之，屠杀殆尽，生擒瓌、存、怀宝，俘士卒三千余人。是日晡后，大风沙尘晦冥，全忠曰："此杀人未足耳！"下令所得之俘尽杀之。庚午，缚瓌等循于兖州城下，谓朱瑾曰："卿兄已败，何不早降！"

丁丑，雅州刺史王宗侃攻拔利州，执刺史李继颙，斩之。

唐昭宗迁回皇宫居住。

朱全忠派遣都将葛从周攻打兖州，自己率领大军在后面跟随。十月二十日癸卯，包围了兖州。

杨行密派遣宁国节度使田頵、润州团练使安仁义攻打在杭州驻守的钱镠军队以救援董昌。董昌使湖州将领徐淑会合淮南将领魏约共同包围嘉兴。钱镠派遣武勇都指挥使顾全武去救援嘉兴，攻破了乌墩、光福两个寨子。淮南将领柯厚攻破苏州的水上栅栏。顾全武是余姚人。

义武节度使王处存去世，军中将士推举王处存的儿子节度副使王郜担任留后的职位。

任命京兆尹武邑人孙偓为兵部侍郎、同平章事。

王行瑜派遣精壮士兵五千人守卫龙泉寨，李克用带领军队攻打它。李茂贞派遣五千名士兵去救援王行瑜，在龙泉镇的西面扎下营寨。李罕之攻打李茂贞的凤翔军队，凤翔军队逃走了。十一月初五日丁巳，李克用攻下了龙泉寨。王行瑜逃入邠州，派遣使者向李克用请求投降。

齐州刺史朱琼献出齐州向朱全忠投降。朱琼是朱瑾的堂兄。

衢州刺史陈儒去世，他的弟弟陈岌代理他的职位。

李克用率领军队进逼邠州，王行瑜登上城楼，大声痛哭对李克用说："我王行瑜没有罪过，逼迫威胁皇上都是李茂贞和李继鹏做的，请您带兵到凤翔去讨伐李茂贞，我王行瑜愿意将自己捆绑起来回归朝廷。"李克用说："你王行瑜身为'尚父'为什么这样谦恭呢！我接受皇上诏令讨伐三个贼臣，你是其中的一个，你想将自己捆绑起来回到朝廷，这不是我可擅自做主的。"十一月十五日丁卯，王行瑜带着家族弃城逃跑了。李克用进入邠州，封闭了官府各个库房，安抚了城里百姓，命令指挥使高爽暂时代理巡抚军城事务，上奏催促苏文建赶快前来邠州。王行瑜逃到庆州地界，被部下杀死，王行瑜的头颅被送到朝廷。

朱瑄派遣他的部将贺瓌、柳存以及河东将领薛怀宝率领军队一万多人袭击曹州，以图解除对兖州的包围。贺瓌是濮阳人。十一月十五日丁卯，朱全忠从中都县带领士兵在夜间追赶他们，天亮时，到了钜野县的南郊，赶上了他们，把军队几乎屠杀光了，活捉了贺瓌、柳存、薛怀宝，俘虏士兵三千多人。这一天黄昏以后，刮起了大风，沙尘弥漫，天昏地暗，朱全忠说："这是杀人还不够造成的！"于是下令把抓获的俘虏全部杀掉。十一月十八日庚午，捆绑贺瓌等人在兖州城下示众，对朱瑾说："你的哥哥已经战败了，你为什么还不早些投降。"

十一月二十五日丁丑，雅州刺史王宗侃攻下了利州，捉住刺史李继颙，把他

朱瑾伪遣使请降于朱全忠，全忠自就延寿门下与瑾语。瑾曰："欲送符印，愿使兄琼来领之。"

辛巳，全忠使琼往，瑾立马桥上，述骁果董怀进于桥下，琼至，怀进突出，擒之以入，须臾，掷首城外。全忠乃引兵还，以琼弟玭为齐州防御使，杀柳存、怀宝。闻贺瓌名，释而用之。

李克用旋军渭北。

加静难节度使苏文建同平章事。

蒋勋求为邵州刺史，刘建锋不许，勋乃与邓继崇起兵，连飞山、梅山蛮寇湘潭，据邵州，使其将申德昌屯定胜镇，以扼潭人。

十二月，甲申，阆州防御使李继雍、蓬州刺史费存、渠州刺史陈璠各帅所部兵奔王建。

乙酉，李克用军于云阳。

王建奏："东川节度使顾彦晖不发兵赴难，而掠夺辎重，遣泸州刺史马敬儒断峡路，请兴兵讨之。"戊子，华洪大破东川兵于楸林，俘斩数万，拔楸林寨。

乙未，进李克用爵晋王，加李罕之兼侍中，以河东大将盖寓领容管观察使；自余克用将佐、子孙并进官爵。克用性严急，左右小有过辄死，无敢违忤，惟盖寓敏慧。能揣其意，婉辞裨益，无不从者。克用或以非罪怒将吏，寓必阳助之怒，克用常释之；有所谏诤，必征近事为喻。由是克用爱信之，境内无不依附，权与克用侔。朝廷及邻道遣使至河东，其赏赐赂遗，先入克用，次及寓家。朱全忠数遣人间之，及扬言云盖寓已代克用，而克用待之益厚。

丙申，王建攻东川，别将王宗弼为东川兵所擒，顾彦晖畜以为子。戊戌，通州刺史李彦昭将所部兵二千降于建。

（以上为第七段，写李克用因勤王之功晋爵晋王。西川王建假勤王之名进兵东

杀了。

朱瑾派遣使者假装向朱全忠请求投降，朱全忠亲自到兖州城的延寿门下与朱瑾说话。朱瑾说："我想要交出符节和官印，希望让我的堂兄朱琼前来领取。"

十一月二十九日辛巳，朱全忠派朱琼前往接收。朱瑾骑马站立在兖州城的桥上，吩咐骁勇果敢的董怀进埋伏在桥下，朱琼到了桥上，董怀进突然从桥下奔出，抓住朱琼带入城中。不一会儿，把朱琼的头颅扔出城外。朱全忠于是带领军队返回汴州，任命朱琼的弟弟朱玭为齐州防御使，杀了柳存、薛怀宝；因听说贺瓌的名声，释放并留用了他。

李克用从邠宁回到渭水北边驻扎。

加官静难节度使苏文建为同平章事。

蒋勋要求担任邵州刺史，刘建锋不准许。蒋勋于是和邓继崇发动军队，联合飞山、梅山的蛮人侵犯骚扰湘潭，占据了邵州，还派遣他的部将申德昌驻扎在定胜镇，以扼制潭州的军队。

十二月初二日甲申，阆州防御使李继雍、蓬州刺史费存、渠州刺史陈璠各自率领他们的军队投奔王建。

十二月初三日乙酉，李克用的军队在云阳驻扎。

王建上奏朝廷说："东川节度使顾彦晖不出动军队为朝廷解难，反而掠夺我的军用物资，还派遣泸州刺史马敬儒切断峡路，请出兵讨伐顾彦晖。"十二月初六日戊子，王建的部将华洪在楸林大败顾彦晖的东川军队，俘虏斩杀几万人，攻克了楸林寨。

十二月十三日乙未，朝廷进封李克用为晋王，加官李罕之兼任侍中，任命河东大将盖寓兼任容管观察使；其余李克用的部将、佐吏及其儿子、孙子都进封官职爵位。李克用个性严厉急躁，身边的人稍有过失就被他处死，没有人敢违抗他；只有盖寓灵敏聪慧，能够揣测出他的心意，用委婉的词语来劝说，李克用没有不听从的。李克用有时错怪责罚手下将吏，盖寓必定会表面上使他火上加油，结果李克用常常消除了怒气放过他们；盖寓有所劝谏，一定举出近期发生的事情来做比喻；因此李克用喜爱他、信任他，所辖境内的将领官吏也都依附他，权力几乎和李克用相等了。朝廷和邻近各道派遣使者来到河东，他们赏赐赠送的钱财货物，先送到李克用家里，其次就送到盖寓的家里。朱全忠多次派遣人来挑拨离间李克用和盖寓的关系，甚至扬言说盖寓已取代了李克用，然而李克用对待盖寓却更加友好。

十二月十四日丙申，王建攻打东川军队，他手下将领王宗弼被东川的士兵抓获了，顾彦晖把王宗弼收养为义子。十二月十六日戊戌，通州刺史李彦昭率领部下军队两千人投降王建。

川，朱全忠借机大力攻讨郓、兖朱瑄与朱勤。）

李克用遣掌书记李袭吉入谢恩，密言于上曰：“比年以来，关辅不宁，乘此胜势，遂取凤翔，一劳永逸，时不可失。臣屯军渭北，专俟进止。”上谋于贵近，或曰：“茂贞复灭，则沙陀大盛，朝廷危矣！”上乃赐克用诏，褒其忠款，而言：“不臣之状，行瑜为甚。自朕出幸以来，茂贞、韩建自知其罪，不忘国恩，职贡相继，且当休兵息民。”克用奉诏而止。既而私于诏使曰：“观朝廷之意，似疑克用有异心也。然不去茂贞，关中无安宁之日。”又诏免克用入朝，将佐或言：“今密迩阙庭，岂可不入见天子！”克用犹豫未决，盖寓言于克用曰：“向者王行瑜辈纵兵狂悖，致銮舆播越，百姓奔散。今天子还未安席，人心尚危，大王若引兵渡渭，窃恐复惊骇都邑。人臣尽忠，在于勤王，不在入觐，愿熟图之！”克用笑曰：“盖寓尚不欲吾入朝，况天下之人乎！”乃表称：“臣总帅大军，不敢径入朝觐，且惧部落士卒侵扰渭北居人。”辛亥，引兵东归。表至京师，上下始安。诏赐河东士卒钱三十万缗。克用既去，李茂贞骄横如故，河西州县多为茂贞所据，以其将胡敬璋为河西节度使。

朱全忠之去兖州也，留葛从周将兵守之，朱瑾闭城不复出。从周将还，乃扬言：“天平、河东救兵至，引兵西北邀之。”夜半，潜归故寨。瑾以从周精兵悉出，果出兵攻寨。从周突出奋击，杀千余人，擒其都将孙汉筠而还。

加镇海节度使钱镠兼侍中。

彰义节度使张鐇薨，以其子琏权知留后。

朱瑄、朱瑾屡为朱全忠所攻，民失耕稼，财力俱弊。告急于河东，李克用遣大将史俨、李承嗣将数千骑假道于魏以救之。

李克用派遣掌书记李袭吉到朝廷谢恩，秘密地对唐昭宗说：“近些年来，关辅地区不安宁，乘着现在战胜的大好形势，去攻取凤翔，可以一劳永逸，这个时机不能丢失了。臣的军队驻扎在渭水北边，专门等待陛下的命令以便行动。”唐昭宗与朝廷中显贵以及近臣商量，有人说：“李茂贞假如被消灭，那么李克用的沙陀军队必然大大兴盛起来，这样朝廷就危险了！”唐昭宗于是颁赐诏书给李克用，褒奖他对朝廷的忠贞不二，说：“背叛朝廷不像个臣子，王行瑜最突出。自从我这次离开京城出逃以来，李茂贞、韩建都知道了自己的罪过，他们没有忘记朝廷的恩惠，进贡的物品一批接着一批。而且也应该让军队休息，让百姓安宁了。”李克用接到诏令以后就停止了行动。不久他私下对朝廷传达诏令的使臣说：“我看朝廷的意思，好像怀疑我有别的用意。然而不除掉李茂贞，关中就没有安宁的日子。”唐昭宗又下诏令免除李克用入朝拜见。李克用的佐吏中有人说：“现在我们已经靠近朝廷，怎么能不进京城去拜见皇上呢！”李克用犹豫不决，盖寓对李克用说：“以前王行瑜他们放纵士兵背叛朝廷，使得皇上流离迁徙，百姓奔散逃亡，如今皇上还不能够安下心来，人心还惶恐不安。大王如果带兵渡过渭水，我担心京城会再次惊恐、害怕。做臣子的对朝廷尽忠，在于为皇室赴难解危，而不在于入朝拜见皇上，愿您仔细考虑！”李克用笑着说：“盖寓尚且不要我进入朝中，更何况是天下的人呢！”于是向朝廷上表说道：“臣统率着大军，不敢随意进入朝廷拜见陛下，并且担心部下士兵会侵犯骚扰渭水北边的老百姓。”十二月二十九日辛亥，李克用率领军队东返晋阳。他的表章送到京城，君臣百姓上上下下才安定下来。唐昭宗下诏赏赐河东军队钱三十万缗。李克用离开后，李茂贞骄纵蛮横仍像过去一样，河西一带的州县大多被李茂贞占领了，李茂贞任命部将胡敬璋为河西节度使。

朱全忠离开兖州时，留下将领葛从周带着军队继续守卫兖州，朱瑾紧闭城门不出来交战。葛从周想要返回，四处宣扬说：“天平、河东救援的军队快要到了，我带领军队往西北方向去拦击他们。”到了半夜，暗中带领军队又回到原来的营寨。朱瑾以为葛从周的精兵都走了，果然派出军队攻打寨子。葛从周率领军队突然杀出奋勇攻击，杀死一千多人，捉住了朱瑾的都将孙汉筠然后返回。

加官镇海节度使钱镠兼任侍中。

彰义节度使张鐇去世，任命他的儿子张琏暂时代理留后的职位。

朱瑄、朱瑾多次遭受朱全忠的袭击，老百姓无法耕种庄稼，感到军中钱财人力都不足。他们向河东李克用告急，李克用派遣大将史俨、李承嗣率领几千名骑兵借路经过魏州去救援他们。

安州防御使家晟与朱全忠亲吏蒋玄晖有隙，恐及祸，与指挥使刘士政、兵马监押陈可璠将兵三千袭桂州，杀经略使周元静而代之。晟醉侮可璠，可璠手刃之，推士政知军府事，可璠自为副使。诏即以士政为经略使。玄晖，吴人也。

（以上为第八段，写唐昭宗听信贵近之言，赦李茂贞之罪，诏李克用罢兵东归，痛失割除肘腋之患。）

三年（丙辰，896年）

春，正月，西川将王宗夔攻拔龙州，杀刺史田昉。

丁巳，刘建锋遣都指挥使马殷将兵讨蒋勋，攻定胜寨，破之。

辛未，安仁义以舟师至湖州，欲渡江应董昌，钱镠遣武勇都指挥使顾全武、都知兵马使许再思守西陵，仁义不能渡。昌遣其将汤臼守石城，袁邠守余姚。

闰月，克用遣蕃、汉都指挥使李存信将万骑假道于魏以救兖、郓，军于莘县。朱全忠使人谓罗弘信曰："克用志吞河朔，师还之日，贵道可忧。"存信戢众不严，侵暴魏人，弘信怒，发兵三万夜袭之。存信军溃，退保洺州，丧士卒什二三，委弃资粮兵械万数；史俨、李承嗣之军隔绝不得还。弘信自是与河东绝，专志于汴。全忠方图兖、郓，畏弘信议其后，弘信每有赠遗，全忠必对使者北向拜授之，曰："六兄于予，倍年以长，固非诸邻之比。"弘信信之，全忠以是得专意东方。

丁亥，果州刺史张雄降于王建。

二月，戊辰，顾全武、许再思败汤臼于石城。上用杨行密之请，赦董昌，复其官爵。钱镠不从。

以通王滋判侍卫诸将事。

朱全忠荐兵部尚书张濬，上欲复相之。李克用表请发兵击全忠，且言："濬朝为相，臣则夕至阙庭！"京师震惧，上下诏和解之。

三月，以天雄留后李继徽为节度使。

安州防御使家晟和朱全忠亲近的官吏蒋玄晖有怨仇，担心会有灾祸，就与指挥使刘士政、兵马监押陈可璠带领军队三千人袭击桂州，杀死经略使周元静并取代他的职位。家晟喝醉酒侮辱陈可璠，陈可璠亲手杀了家晟，推举刘士政掌管军府中的事务，陈可璠自己担任副使。朝廷就下诏任命刘士政为经略使。蒋玄晖是吴人。

唐昭宗乾宁三年（丙辰，896 年）

春季，正月，西川将领王宗夔攻下了龙州，杀死龙州刺史田昉。

正月初五日丁巳，刘建锋派遣都指挥使马殷率领军队讨伐蒋勋，攻打定胜寨，把它攻下来了。

正月十九日辛未，安仁义率领军队乘船到达湖州，想要渡江去接应董昌。钱镠派遣武勇都指挥使顾全武、都知兵马使许再思守卫西陵，安仁义没有办法渡江。董昌派遣他的将领汤臼守卫石城山，袁邠守卫余姚。

闰正月，李克用派遣蕃、汉都指挥使李存信率领一万骑兵借路经过魏州前去救援兖州、郓州，在莘县驻扎。朱全忠派人对罗弘信说："李克用立志要吞并河朔地区，军队返回的时候，你那里令人担忧啊！"李存信管束士兵不严格，他的部下侵扰残害魏州百姓。罗弘信发怒了，调动军队三万人在夜里袭击李存信。李存信的军队战败溃逃，只能退守洺州，损失的士兵有十分之二三，丢弃的资财、粮食、兵器成千上万；史俨、李承嗣的军队被隔断了不能返回。罗弘信从此以后和河东的李克用断绝了关系，专心依附汴州的朱全忠。朱全忠正在图谋攻打兖州、郓州，担心罗弘信暗算他的后方，罗弘信每次向他赠送礼物，朱全忠必定对着罗弘信的使者面向北方行敬礼接受礼物，说："罗兄对我来说，年龄比我大，是长辈，本来就不是其他邻近各道所能比的。"罗弘信相信了他的话，朱全忠因此能够一心一意地攻打东边的兖州、郓州。

闰正月初五日丁亥，果州刺史周雄向王建投降。

二月十七日戊辰，顾全武、许再思在石城山打败了汤臼。唐昭宗同意杨行密的请求，赦免董昌，恢复他的官职、爵位。钱镠不听从唐昭宗的决定。

任命通王李滋兼管侍卫各将领的事务。

朱全忠推荐兵部尚书张濬，唐昭宗想要重新任命张濬为宰相。李克用上表请求发动军队攻打朱全忠，并且说："张濬如果早晨做了宰相，我傍晚就赶到宫廷来！"京城震动恐惧，唐昭宗颁下诏书劝他们和解。

三月，任命天雄留后李继徽为节度使。

（以上为第九段，写李克用发兵救郓、兖，魏博罗弘信助朱全忠，截击晋师。唐昭宗遣使和解朱、李二人。）

保大节度使李思孝表请致仕，荐弟思敬自代，诏以思孝为太师，致仕，思敬为保大留后。

朱全忠遣庞师古将兵伐郓州，败郓兵于马颊，遂抵其城下。

己酉，顾全武等攻余姚，明州刺史黄晟遣兵助之。董昌遣其将徐章救余姚，全武击擒之。

夏，四月，辛酉，河涨，将毁滑州城，朱全忠命决为二河，夹滑城而东，为害滋甚。

李克用击罗弘信，攻洹水，杀魏兵万余人，进攻魏州。

武安节度使刘建锋既得志，嗜酒，不亲政事。长直兵陈赡妻美，建锋私之，赡袖铁挝击杀建锋；诸将杀赡，迎行军司马张佶为留后。佶将入府，马忽踶啮，伤左髀。时马殷攻邵州未下，佶谢诸将曰："马公勇而有谋，宽厚乐善，吾所不及，真乃主也。"乃以牒召之。殷犹豫未行，听直军将姚彦章说殷曰："公与刘龙骧、张司马，一体之人也，今龙骧遇祸，司马伤髀，天命人望，舍公尚谁属哉！"殷乃使亲从都副指挥使李琼留攻邵州，径诣长沙。

淮南兵与镇海兵战于皇天荡，镇海兵不利，杨行密遂围苏州。

钱镠、锺传、杜洪畏杨行密之强，皆求援于朱全忠；全忠遣许州刺史朱友恭将兵万人渡淮，听以便宜从事。

董昌使人觇钱镠兵，有言其强盛者辄怒，斩之；言兵疲食尽，则赏之。戊寅，袁邠以余姚降于镠；顾全武、许再思进兵至越州城下。五月，昌出战而败，婴城自守，全武等围之。昌始惧，去帝号，复称节度使。

马殷至长沙，张佶肩舆入府，坐受殷拜谒，已，乃命殷升听事，以留后让之，即趋下，帅将吏拜贺，复为行军司马，代殷将兵攻邵州。

保大节度使李思孝向朝廷上表要求辞官退隐，推荐他的弟弟李思敬来代替自己。唐昭宗下诏让李思孝以太师的官衔退隐，任命李思敬为保大留后。

朱全忠派遣庞师古率领军队攻打郓州，在马颊打败了郓州的军队，于是到达郓州城下。

三月二十八日己酉，顾全武等攻打余姚，明州刺史黄晟派遣军队去帮助他们。董昌派遣他的部将徐章救援余姚，顾全武攻击并活捉了徐章。

夏季，四月初十日辛酉，黄河涨水，将要淹毁滑州城。朱全忠下令开通水道使黄河水分成两股，夹着滑州城向东流去，这样造成的灾祸更加严重。

李克用攻打罗弘信，猛攻洹水，杀死魏州士兵一万多人，接着又进军攻打魏州。

武安节度使刘建锋已经占据长沙遂了心愿，终日嗜好喝酒，不再亲自料理政事。长期值日的卫兵陈赡的妻子相貌很漂亮，刘建锋和她私通，陈赡知道后在袖子里藏了铁鞭把刘建锋打死了；各将领又杀了陈赡，迎接行军司马张佶担任留后。张佶进入节度使府时，他骑的马忽然踢他、咬他，伤了他的左大腿。当时马殷率领军队攻打邵州没有攻下，张佶向各将领辞谢说："马殷勇敢而且有谋略，待人宽厚，乐善好施，我比不上马殷，他才是真正的主帅。"于是用牒文请马殷回长沙。马殷犹豫不决没有动身，听直军将姚彦章对他说："您与刘建锋、张佶是一样的人，现在刘建锋遇祸死去，张佶伤了大腿，这是上天的安排，大家的期望，除了您以外还能有谁呢！"马殷于是派遣亲近的侍从都副指挥使李琼留下来继续攻打邵州，自己直接回长沙。

杨行密的淮南军与钱镠的镇海军在皇天荡展开激战，结果镇海军失利，杨行密于是进军围困苏州。

钱镠、锺传、杜洪畏惧杨行密的强盛，都向朱全忠请求救援。朱全忠派遣许州刺史朱友恭率领军队一万人渡过淮水，让朱友恭根据具体情况直接处理军务。

董昌派人侦察钱镠军队的情况，有说钱镠军队强大的，董昌就大怒，将他杀死；而说钱镠军队疲惫不堪、粮食已经吃完的，董昌就奖赏他。四月二十七日戊寅，袁邠献出余姚向钱镠投降。顾全武、许再思率领军队前进，到达越州城下。五月，董昌出战失败，收缩环城固守，顾全武等包围了他。董昌这时候才害怕了，去掉帝号，恢复称节度使。

马殷到了长沙，张佶坐着轿子进入节度使府，坐在那里接受马殷的拜见；完毕后，要马殷升堂治理政事，把留后的职位让给他，自己当即下来，率领部将、官吏祝贺马殷担任留后。张佶重新担任行军司马，代替马殷率领军队去攻打邵州。

癸未，苏州常熟镇使陆郢以州城应杨行密，虏刺史成及。行密阅及家所蓄，惟图书、药物，贤之，归，署行军司马。及拜且泣曰："及百口在钱公所，失苏州不能死，敢求富贵！愿以一身易百口之死！"引佩刀欲自刺。行密遽执其手，止之，馆于府舍。其室中亦有兵仗，行密每单衣诣之，与之共饮膳，无所疑。

钱镠闻苏州陷，急召顾全武，使趋西陵备行密，全武曰："越州贼之根本，奈何垂克弃之！请先取越州，后复苏州。"镠从之。

淮南将朱延寿奄至蕲州，围其城。大将贾公铎方猎，不得还，伏兵林中，命勇士二人衣羊皮夜入延寿所掠羊群，潜入城，约夜半开门举火为应，复衣皮反命。公铎如期引兵至城南，门中火举，力战，突围而入。延寿惊曰："吾常恐其溃围而出，反溃围而入，如此，城安可猝拔！"乃白行密，求军中与公铎有旧者持誓书金帛往说之，许以婚。寿州团练副使柴再用请行，临城与语，为陈利害。数日，公铎及刺史冯敬章请降。以敬章为左都押牙，公铎为右监门卫将军。延寿进拔光州，杀刺史刘存。

（以上为第十段，写马殷坐收渔人之利得潭州。钱镠围困董昌于越州，杨行密救董昌攻拔苏州。淮南将反击朱全忠助钱镠下蕲州、光州。）

丙戌，上遣中使诣梓州和解两川，王建虽奉诏还成都，然犹连兵未解。

崔昭纬复求救于朱全忠。戊子，遣中使赐昭纬死，行至荆南，追及，斩之，中外咸以为快。

荆南节度使成汭与其将许存溯江略地，尽取滨江州县。武泰节度使王建肇弃黔州，收余众保丰都。存又引兵西取渝、涪二州，汭以其将赵武为黔中留后，存为万州刺史。

汭知存不得志，使人诇之，曰："存不治州事，日出蹴鞠。"汭曰："存将逃走，先匀足力也。"遣兵袭之，存弃城走；其众稍稍归之，屯于茅坝。赵武数攻丰都，王建肇不能守，与存皆降于王建。建忌存勇略，

五月初三日癸未，苏州常熟镇使陆郢献出州城响应杨行密，俘获了刺史成及。杨行密查看成及家里收藏的东西，只有图书、药物，认为成及很有德行，把他放回去，任命他为行军司马。成及拜谢杨行密并且流着泪说："我成及全家一百口在钱镠那里，我丢失了苏州不能以身殉职，怎么敢再求得富贵呢！愿用我一个人的生命来换取全家一百口的生命！"拿起佩刀就要自杀。杨行密急忙抓住成及的手，阻止他，让他住在节度使的府舍中。这个屋子里也有兵器，杨行密常常穿着单衣到他那里，与他一起喝酒吃饭，没有一点儿怀疑。

钱镠听说苏州失陷，急忙召来顾全武，派他到西陵去防备杨行密。顾全武说："越州是董昌这伙贼寇的大本营，为什么马上就要把它攻下来了反而要放弃它呢？请求先攻取越州，然后再收复苏州。"钱镠听从了顾全武的意见。

淮南将领朱延寿突然到了蕲州，包围了蕲州城。蕲州大将贾公铎正在郊外打猎，不能返回，把军队埋伏在树林中，命令两名勇士身上披着羊皮在夜里混入朱延寿所掠夺的羊群中，偷偷进入城内，约好半夜打开城门举起火把互相呼应。他们又披着羊皮回来复命。贾公铎按照约定时间于半夜带兵到了城南，城中火把高高举起，贾公铎奋力作战，突破包围进入城内。朱延寿吃惊地说："我常常担心他们会突破包围冲出来，他们却反而冲破包围进去了，像这样，蕲州城怎么能够马上攻下来呢！"朱延寿于是向杨行密报告，请求派军队中与贾公铎有旧交情的人手里拿着盟誓书信和金银布帛前去说服贾公铎，并且许诺和他结成姻亲。寿州团练副使柴再用请求前往，在城下与贾公铎说话，讲清楚利弊得失。几天以后，贾公铎和刺史冯敬章请求投降。杨行密任冯敬章为左都押牙，贾公铎为右监门卫将军。朱延寿进军攻下了光州，杀死光州刺史刘存。

五月初六日丙戌，唐昭宗派遣宦官到梓州去劝说东川节度使顾彦晖、西川节度使王建和解。王建虽然奉诏令回到成都，但是仍然布置军队，局势没有真正得到缓和。

崔昭纬再次向朱全忠请求救援。五月初八日戊子，朝廷派遣宦官赐崔昭纬自杀，走到荆南，追上了崔昭纬，把他杀死。朝廷内外都感到大快人心。

荆南节度使成汭和他的部将许存沿着长江逆流而上去侵占土地，把沿岸的州县都夺取了。武泰节度使王建肇放弃黔州，收集剩余的部众守卫丰都县。许存又带领军队向西攻取渝、涪两个州，成汭任命他的部将赵武为黔中留后，许存为万州刺史。

成汭知道许存不得志，派人去刺探许存的动静，回来的人说："许存不治理州中的事务，每天出去踢毬。"成汭说："许存将要逃走，所以先锻炼脚力。"便派遣军队去袭击许存，许存放弃万州逃走；许存的部众渐渐地投归成汭，驻扎在茅坝。赵武

欲杀之，掌书记高烛曰："公方总揽英雄以图霸业，彼穷来归我，奈何杀之！"建使戍蜀州，阴使知蜀州王宗绾察之。宗绾密言存忠勇谦谨，有良将才，建乃舍之，更其姓名曰王宗播，而宗绾竟不使宗播知其免己也。宗播元从孔目官柳修业，每劝宗播慎静以免祸。其后宗播为建将，遇强敌诸将所惮者，以身先之，及有功，辄称病，不自伐，由是得以功名终。

甲午，夜，顾全武急攻越州，乙未旦，克其外郭，董昌犹据牙城拒之。戊戌，镠遣昌故将骆团绐昌云："奉诏，令大王致仁归临安。"昌乃送牌印，出居清道坊。乙亥，全武遣武勇都监使吴璋以舟载昌如杭州，至小江南，斩之，并其家三百余人，宰相李邈、蒋瓌以下百余人。昌在围城中，贪吝日甚，口率民间钱帛，减战士粮。及城破，库有杂货五百间，仓有粮三百万斛。钱镠传昌首于京师，散金帛以赏将士，开仓以振贫乏。

李克用攻魏博，侵掠遍六州。朱全忠召葛从周于郓州，使将兵营洹水以救魏博，留庞师古攻郓州。六月，克用引兵击从周，汴人多凿坎于陈前，战方酣，克用之子铁林指挥使落落马遇坎而蹶，汴人生擒之。克用自往救之，马亦蹶，几为汴人所获，克用顾射汴将一人，毙之，乃得免。克用请修好以赎落落，全忠不许，以与罗弘信，使杀之。克用引军还。

葛从周自洹水引兵济河，屯于杨刘，复击郓，及兖、郓、河东之兵战于故乐亭，破之。兖、郓属城皆为汴人所据，屡求救于李克用，克用发兵赴之，为罗弘信所拒，不得前，兖、郓由是不振。

（以上为第十一段，写荆南节度使成汭得江滨之地而失勇将，钱镠得志破灭董昌。李克用救郓、兖受阻于魏博，为汴兵所败。）

初，李克用屯渭北，李茂贞、韩建惮之，事朝廷礼甚恭。克用去，

多次攻打丰都，王建肇守不住，与许存一同向王建投降。王建忌惮许存有勇有谋，想杀掉许存，掌书记高烛说："您正在招揽英雄豪杰以谋求称霸的事业，许存处境困难来投靠我们，为什么要杀掉他呢！"王建派许存去守卫蜀州，暗中让管理蜀州事务的王宗绾观察他。王宗绾秘密向王建报告说许存忠诚勇敢，办事谨慎，有良将的才干，王建这才放弃了先前的成见，把许存的姓名改为王宗播，然而王宗绾却不让王宗播知道是自己说了好话才使他免除灾祸的。原先就跟从王宗播的孔目官柳修业常常劝告王宗播要谨慎镇静以免除灾祸。这以后，王宗播做王建的部将，遇到强大的敌人，其他将领畏惧时，他总是奋勇向前，身先士卒；等到有了功劳，就经常称有病，不宣扬夸大自己，所以王宗播能够终身保全功名富贵。

五月十四日甲午夜晚，顾全武猛攻越州。五月十五日乙未早晨，攻下它的外城，董昌仍然占据内城进行抵抗。五月十八日戊戌，钱镠派遣董昌原先的部将骆团欺骗董昌说："接到朝廷的诏令，命令您辞官退隐到临安去。"董昌于是送上牌印，迁出内城住到清道坊。五月十九日己亥，顾全武派遣武勇都监使吴璋用船把董昌送往杭州，到了小江南面，就把董昌杀了，同时杀了他的家族三百多人，宰相李邈、蒋瓌以下官员一百多人。董昌被围困在越州城中时，贪婪吝啬一天比一天厉害，按照人口数目来计算征收老百姓的钱帛，减少士兵的粮食。等到越州被攻下后，府中储存金银财物的库房达到五百间，粮仓内有粮食三百万斛。钱镠把董昌的头颅送到京城长安，散发金银布帛以奖赏将领士兵，打开粮仓来救济贫困的老百姓。

李克用进攻魏博节度使罗弘信，侵扰掠夺遍及魏、博、贝、卫、澶、相六个州。朱全忠从郓州召回葛从周，命令他带领军队在洹水扎营以救援魏博，留下庞师古继续攻打郓州。六月，李克用率领军队攻击葛从周，汴州军队在军阵前挖了很多沟坎，双方交战正激烈时，李克用的儿子铁林指挥使李落落的战马被沟坎绊倒了，汴州军队活捉了李落落。李克用亲自前往救援，他的战马也被绊倒，差一点被汴州军队擒获。李克用回身射中一个汴州将领，把他射死了，才免于被俘。李克用请求与朱全忠和好以赎回儿子李落落，朱全忠不允许，把李落落交给了罗弘信，让罗弘信杀了李落落。李克用率领军队返回晋阳。

葛从周从洹水带领军队渡过黄河，在杨刘镇驻扎，又去攻打郓州，与兖州、郓州、河东的军队在故乐亭交战，打败了他们。兖州、郓州属下的城镇都被汴州军队占据。兖州的朱瑾、郓州的朱瑄多次向李克用请求救援，李克用派军队前往，被罗弘信阻挡，不能向前。兖州、郓州从此以后一蹶不振了。

起初，李克用驻扎在渭水以北，李茂贞、韩建惧怕李克用，侍奉朝廷的礼节非

二镇贡献渐疏，表章骄慢。上自石门还，于神策两军之外，更置安圣、捧宸、保宁、宣化等军，选补数万人，使诸王将之。嗣延王戒丕、嗣覃王嗣周又自募麾下数千人。茂贞以为欲讨己，语多怨望，嫌隙日构。茂贞亦勒兵扬言欲诣阙讼冤，京师士民争亡匿山谷。上命通王滋及嗣周、戒丕分将诸军以卫近畿，戒丕屯三桥。茂贞遂表言："延王无故称兵讨臣，臣今勒兵入朝请罪。"上遽遣使告急于河东。丙寅，茂贞引兵逼京畿，覃王与战于娄馆，官军败绩。

秋，七月，茂贞进逼京师。延王戒丕曰："今关中藩镇无可依者，不若自鄜州济河，幸太原，臣请先往告之。"辛卯，诏幸鄜州。壬辰，上出至渭北。韩建遣其子从允奉表请幸华州，上不许。以建为京畿都指挥、安抚制置及开通四面道路、催促诸道纲运等使。而建奉表相继，上及从官亦惮远去，癸巳，至富平，遣宣徽使元公讯召建，面议去留。甲午，建诣富平见上，顿首涕泣言："方今藩臣跋扈者，非止茂贞。陛下若去宗庙园陵，远巡边鄙，臣恐车驾济河，无复还期。今华州兵力虽微，控带关辅，亦足自固。臣积聚训厉，十五年矣，西距长安不远，愿陛下临之，以图兴复。"上乃从之。乙未，宿下邽；丙申，至华州，以府署为行宫。建视事于龙兴寺。茂贞遂入长安，自中和以来所葺宫室、市肆，燔烧俱尽。

乙巳，以中书侍郎、同平章事崔胤同平章事，充武安节度使。上以胤崔昭纬之党也，故出之。

丙午，以翰林学士承旨、尚书左丞陆扆为户部侍郎、同平章事。扆，陕人也。

水部郎中何迎表荐国子《毛诗》博士襄阳朱朴，才如谢安，道士许岩士亦荐朴有经济才。上连日召对，朴有口辩，上悦之，曰："朕虽非太宗，得卿如魏徵矣！"赐以金帛，并赐何迎。

常恭敬。李克用离开以后，李茂贞、韩建向朝廷献上的贡品越来越少了，给唐昭宗的表章也态度傲慢。唐昭宗从石门返回京城长安后，在左、右神策军以外，又设置了安圣、捧宸、保宁、宣化等军队，挑选增补了几万人，派各王来统率他们。继任的延王李戒丕和覃王李嗣周又各自招募部下几千人。李茂贞认为朝廷扩军是想讨伐他，话语中有很多抱怨，和朝廷的裂痕一天天加深。李茂贞也整编军队并且扬言说要到朝廷去诉讼冤屈。京城里的士民争先恐后地逃亡，隐匿到山谷里去。唐昭宗下令通王李滋和李嗣周、李戒丕分别率领各路军队来保卫京城一带，李戒丕驻扎在三桥。李茂贞于是上表说："延王李戒丕无缘无故地发动军队来讨伐我，臣现在只有带领军队到朝廷来请罪了。"唐昭宗立即派遣使者向河东节度使李克用告急。六月十七日丙寅，李茂贞带领军队逼近京城一带，覃王李嗣周在娄馆迎战，被李茂贞打败了。

秋季，七月，李茂贞进军逼近京城长安。延王李戒丕说："现在关中地区的藩镇没有一个可依靠的，不如从鄜州渡过黄河，到太原去，臣请求先去太原告诉李克用。"七月十二日辛卯，唐昭宗下诏出巡鄜州。七月十三日壬辰，唐昭宗离开长安到了渭水之北。韩建派遣儿子韩从允手捧表章请唐昭宗到华州去，唐昭宗不允许。任命韩建为京畿都指挥、安抚制置及开通四面道路、催促诸道纲运使等职。然而韩建接二连三地送上要唐昭宗到华州的表章。唐昭宗以及随从的官员也不愿走得太远。七月十四日癸巳，到了富平，派遣宣徽使元公讯去会见韩建，和韩建当面商量去太原还是到华州。七月十五日甲午，韩建到达富平谒见唐昭宗，韩建下跪磕头哭着说："现在藩镇骄横跋扈的，不只是李茂贞一个人。陛下如果离开了先主的宗庙、园陵，到边远的地方去巡视，臣担心陛下渡过黄河以后，再也没有回来的时候了。如今华州的兵力虽然微弱，但是控制了关中三辅一带，也可以求得稳固。臣在这里积聚物资、训练军队已经有十五年了，华州距离西边的京城长安也不远，希望陛下能驾临华州，来图谋振兴光复的大事。"唐昭宗于是听从了韩建的意见。七月十六日乙未，唐昭宗在下邽县住宿。七月十七日丙申，到达华州，把韩建的节度使府作为行宫；韩建在龙兴寺处理政务。李茂贞于是进入长安。自从僖宗中和年间以来所修建的宫殿、市场、商店等全被李茂贞放火烧光了。

七月二十六日乙巳，任命中书侍郎、同平章事崔胤为同平章事，充任武安节度使。唐昭宗因为崔胤是崔昭纬的同党，所以把他调出朝廷。

七月二十七日丙午，任命翰林学士承旨、尚书左丞陆扆为户部侍郎、同平章事。陆扆是陕州人。

水部郎中何迎向朝廷上表推荐国子监"毛诗"博士襄阳人朱朴，说他的才能可以和东晋大臣谢安相比；道士许岩士也推荐朱朴，说他有经邦济世的才干。唐昭宗一连几天召见朱朴进行答对，朱朴有口才，善辩论，唐昭宗很赏识他，说："朕虽然

以徐彦若为大明宫留守，兼京畿安抚制置等使。

杨行密表请上迁都江淮，王建请上幸成都。

宰相畏韩建，不敢专决政事。八月，丙辰，诏建关议朝政，建上表固辞，乃止。

韩建移檄诸道，令共输资粮诣行在。李克用闻之，叹曰："去岁从余言，岂有今日之患！"又曰："韩建天下痴物，为贼臣弱帝室，是不为李茂贞所擒，则为朱全忠所虏耳！"因奏将与邻道发兵入援。

加钱镠兼中书令。

癸丑，以王建为凤翔西面行营招讨使。

甲寅，以门下侍郎、同平章事王抟同平章事，充威胜节度使。

（以上为第十二段，写唐昭宗使诸王典兵遭李茂贞之忌，再次称兵犯阙，昭宗出逃华州。）

上愤天下之乱，思得奇杰之士不次用之。国子博士朱朴自言："得为宰相，月余可致太平。"上以为然。乙丑，以朴为左谏议大夫、同平章事。朴为人庸鄙迂僻，无他长。制出，中外大惊。

丙寅，加韩建兼中书令。

九月，庚辰，升福建为威武军，以观察使王潮为节度使。

以湖南留后马殷判湖南军府事。殷以高郁为谋主，郁，扬州人也。殷畏杨行密、成汭之强，议以金帛结之，高郁曰："成汭不足畏也。行密公之雠，虽以万金赂之，安肯为吾援乎！不若上奉天子，下奉士民，训卒厉兵，以修霸业，则谁与为敌矣。"殷从之。

崔胤出镇湖南，韩建之志也。胤密求援于朱全忠，且教之营东都宫阙，表迎车驾。全忠与河南尹张全义表请上迁都洛阳，全忠仍请以兵二万迎车驾，且言崔胤忠臣，不宜出外。韩建惧，复奏召胤为相，遣使谕全忠以且宜安静，全忠乃止。乙未，复以胤为中书侍郎、同平章事。以翰林学士承旨、兵部侍郎崔远同平章事。远，珙弟玙之孙也。

比不上太宗皇帝，但得到你就好像得到魏徵一样呀！”赏赐给朱朴金银布帛，并且也赏赐了何迎。

任命徐彦若为大明宫留守，兼任京畿安抚制置等使。

杨行密上表请求唐昭宗迁都到江淮，王建则请唐昭宗到成都去。

宰相惧怕韩建，不敢擅自决断政事。八月初八日丙辰，唐昭宗下诏命令韩建来商量朝廷政事；韩建上表坚决推辞，这才停止要他入朝的事。

韩建向各道发出檄文，命令他们输送物资粮食到唐昭宗这儿来。李克用听到了，感慨地说：“去年唐昭宗如果听从了臣的话，怎么会有今天这样的灾祸啊！”又说：“韩建是天下最愚笨的人，替乱臣贼子削弱大唐帝室，韩建不被李茂贞捉去的话，就一定会被朱全忠俘虏！”李克用便上奏说将和邻近各道发兵前来救援。

加封钱镠兼任中书令。

八月初五日癸丑，任命王建为凤翔西面行营招讨使。

八月初六日甲寅，任命门下侍郎、同平章事王抟为同平章事，充任威胜节度使。

唐昭宗愤慨天下战乱不断，不能安定，想得到杰出的人才破格任用。国子博士朱朴自己说：“臣如果能做宰相的话，只要一个多月就可以使天下太平。”唐昭宗相信了他的话。八月十七日乙丑，任命朱朴为左谏议大夫、同平章事。朱朴为人平庸、鄙陋、迂腐、冷僻，没有其他的长处。唐昭宗的诏令颁布以后，朝廷内外都大吃一惊。

八月十八日丙寅，加官韩建兼任中书令。

九月初二日庚辰，朝廷提升福建观察使司为威武军，任命观察使王潮为节度使。

任命湖南留后马殷兼管湖南军府的事务。马殷任用高郁为自己的谋士。高郁是扬州人。马殷畏惧杨行密、成汭的强大，商议用金银布帛来结交他们，高郁说：“成汭没有什么可怕的。杨行密是您的仇敌，即使送给他一万两黄金，他也不肯来援助我们的啊！不如对上尊奉唐昭宗，对下安抚士民，训练军队，整修兵器，以谋求霸业，这样谁还能和我们为敌呢！”马殷听从了高郁的意见。

崔胤被调出京城去镇守湖南，是韩建的意图。崔胤暗中向朱全忠请求援助，并且要他整修东都洛阳的宫殿，向朝廷上表迎接唐昭宗到洛阳去。朱全忠和河南尹张全义上表请唐昭宗迁都洛阳，朱全忠仍然要求派出两万名士兵去迎接唐昭宗，并且说崔胤是忠臣，不应该把他调往外地任职。韩建害怕了，又上奏请再任崔胤为宰相，派遣使者告诉朱全忠应该暂时先求得安定，朱全忠这才停止了行动。九月十七日乙

丁酉，贬中书侍郎、同平章事陆扆为硖州刺史团。崔胤恨扆代己，诬扆，云党于李茂贞而贬之。

己亥，以朱朴兼判户部，凡军旅财赋之事，上一以委之。以孙偓为凤翔四面行营都统，又以前定难节度使李思谏为静难节度使，兼副都统。

以保大留后李思敬为节度使。

河东将李存信攻临清，败汴将葛从周于宗城北，乘胜至魏州北门。

冬，十月，壬子，加孙偓行营节度、招讨、处置等使。丁巳，以韩建权知京兆尹，兼把截使。戊午，李茂贞上表请罪，愿得自新，仍献助修宫室钱；韩建复佐佑之，竟不出师。

（以上为第十三段，写唐昭宗受制于藩镇，诏命朝令夕改，一个崔胤小人的去留都做不了主。）

钱镠令两浙吏民上表，请以镠兼领浙东。朝廷不得已，复以王抟为吏部尚书、同平章事，以镠为镇海、威胜两军节度使。丙子，更名威胜曰镇东军。

李克用自将攻魏州，败魏兵于白龙潭，追至观音门。朱全忠复遣葛从周救之，屯于洹水，全忠以大军继之，克用乃还。

加河中节度使王珂同平章事。

十一月，朱全忠还大梁，复遣葛从周东会庞师古，攻郓州。

湖州刺史李师悦求旌节，诏置忠国军于湖州，以师悦为节度使。赐告身旌节者未入境，戊子，师悦卒。杨行密表师悦子前绵州刺史彦徽知州事。

淮南将安仁义攻婺州。

十二月，东川兵焚掠汉、眉、资、简之境。

清海节度使薛王知柔行至湖南，广州牙将卢琚、谭弘玘据境拒之，使弘玘守端州。弘玘结封州刺史刘隐，许妻以女。隐伪许之，托言亲迎，

未，仍然任命崔胤为中书侍郎、同平章事。任命翰林学士承旨、兵部侍郎崔远为同平章事。崔远是崔珙弟弟崔玙的孙子。

九月十九日丁酉，朝廷将中书侍郎、同平章事陆扆贬为硖州刺史。崔胤怨恨陆扆取代了自己的职位，诬陷陆扆，说他是李茂贞的同党，所以朝廷将他贬职。

九月二十一日己亥，任命朱朴兼管户部，凡是军队财政赋税的事情，唐昭宗全部交给他掌管。任命孙偓为凤翔四面行营都统，又任命以前的定难节度使李思谏为静难节度使，兼任凤翔四面行营副都统。

任命保大留后李思敬为节度使。

河东将领李存信攻打临清，在宗城北边打败汴州将领葛从周，乘胜进军到达魏州的北门。

冬季，十月初五日壬子，朝廷加官孙偓为行营节度、招讨、处置等使。十月初十日丁巳，任命韩建暂时代理京兆尹，兼任把截使。十月十一日戊午，李茂贞向朝廷上表请罪，愿意改过自新，献上帮助修理宫殿的钱财；韩建又替李茂贞说好话求情，朝廷竟然不再出动军队去讨伐李茂贞。

钱镠命令两浙的官吏百姓向朝廷上表，请求朝廷让钱镠兼管浙东。朝廷没有办法，又派王抟任吏部尚书、同平章事，任命钱镠为镇海、威胜两军节度使。十月二十九日丙子，朝廷把威胜军改名为镇东军。

李克用亲自率领军队攻打魏州，在白龙潭打败了魏州的士兵，一直追到魏州外城的观音门。朱全忠又派遣葛从周救援魏州，驻扎在洹水，他自己带领大队人马也相继赶去，李克用于是返回晋阳。

加官河中节度使王珂为同平章事。

十一月，朱全忠回到大梁，又派遣葛从周到东方去和庞师古会合，一起攻打郓州。

湖州刺史李师悦向朝廷要求节度使的仪仗，唐昭宗下诏在湖州设置忠国军，任命李师悦为节度使。十一月十二日戊子，朝廷派出授给他官职的凭证和仪仗的使者还没有到湖州境内，李师悦就去世了。杨行密向朝廷上表请求任命李师悦的儿子前绵州刺史李彦徽掌管州中的事务。

淮南将领安仁义攻打婺州。

十二月，东川军队在西川节度使王建管辖的汉、眉、资、简四州境内焚烧掠夺。

清海节度使薛王李知柔前往镇所到了湖南，广州牙将卢琚、谭弘玘守住地盘不让李知柔入境，由谭弘玘防守端州。谭弘玘交结封州刺史刘隐，许诺把自己的女儿

伏甲舟中，夜入端州，斩弘玘，遂袭广州，斩琚。具军容迎知柔入视事。知柔表隐为行军司马。

（以上为第十四段，写钱镠领镇海、威胜两军节度使，与杨行密分庭抗礼于东南。汴晋两军大战于魏州。薛王李知柔静难广州。）

嫁给刘隐为妻。刘隐假装同意这门亲事，以迎妻为借口，在船上埋伏全副武装的士兵，夜晚进入端州，斩杀了谭弘玘；于是袭击广州，又斩杀了卢琚。刘隐用军队的礼仪迎接李知柔进入广州主持节度使事务。李知柔向朝廷上表章任命刘隐为行军司马。

【点评】

本卷点评董昌称帝，朱、李争河北两件史事。

一、董昌称帝。董昌称帝是一场闹剧。董昌，杭州临安人。起初入籍地方军户，以行伍积功为石镜镇镇将。僖宗光启三年（887），董昌官至义胜军节度使，贡输朝廷赋税，额外加二倍，克期送达，因此之故，累迁至检校太尉、同中书门下平章事，爵陇西郡王。董昌对郡王爵位大为不满，他要自称为越王，有人戏之曰："与其称越王，何不称越帝。"董昌兴奋至极，于是有投其所好者，献祥瑞者有之，进民谣者有之，劝进请愿者有之，董昌飘飘然，五花八门的哄闹嚣嚣一片。节度副使黄碣、会稽令吴镣、山阴令张逊，三人劝谏，董昌将其满门抄斩，残暴至极。董昌沾沾自喜地对人说："我杀了这三个人，再没有人敢违背我的意志了。"公元895年，董昌违众称越帝，给了钱镠一个攻城略地的好机会。钱镠以诛逆为名，进兵越州，董昌众叛亲离，去了帝号，钱镠仍不退兵，抓住时机，一举攻下越州。董昌被诛，钱镠据有浙江全境，董昌称帝，成就了钱镠的事业。董昌兵不满万，割据弹丸之地，一个十足的跳梁小丑，但这也标志着唐王朝气数已尽，割据称雄的地方势力，一个个都是野心家。五代十国的纷争局面，从董昌称帝的这一滑稽闹剧中似乎已露端倪。

二、朱、李争河北。朱全忠与李克用是唐末北方两个最大的军阀，至昭宗即位之时，朱全忠在河南，四围已无敌手，李克用雄踞太原、河东，居高临下，也只有朱全忠能与之相抗。唐皇室在关中，虽衰弱仍拥有天下共主之号，周边诸镇虽有觊觎之心而无有操控之力。李克用、朱全忠、唐皇室，三者在地理上鼎足而居。朱、李交恶，朝廷不辨是非，诏命和解，希望朱、李共存，以平衡力量。张濬连引朱全忠进讨李克用，打破平衡，实乃自取灭亡之道。张濬，祸国之臣也。是役也，朱温最为主动而窃喜之。张濬胜，李克用败亡，是朝廷替朱全忠灭一巨敌，为其篡唐野心驱除也。张濬败，李克用胜，则李克用背负抗拒王师之恶名，亦为朱全忠野心之实现驱除也，而朱全忠则收维护唐皇室之美名以欺天下。至于官军，无论胜与败，都是加力推堕唐皇室于深渊，而于朱全忠，无论胜与败，皆获大利，形势使然。

朱、李争雄，决胜于河北，亦形势使然。王夫之曰："河北归汴，则扼晋之吭；河北归晋，则压汴之脊"。（《读通鉴论》卷二十七）假若朱全忠空其巢穴入长安，李克用渡河袭汴，则朱氏坐毙。若李克用入长安，朱全忠率领洛阳、淮西、山南之众以扣关，河北诸镇之兵捣太原，则李克用立亡。河北不安定，朱李后院不稳，故两人都不敢入关中，或入而不敢久留，长时间用全力争河北，原因在此。刘仁恭、王镕、罗弘信、李罕之、朱瑄、朱瑾，横亘在朱李之间，他们的消长，决定朱李的兴亡。朱全忠必欲吃掉昔日盟友朱瑄、朱瑾，为的是安定后方。刘仁恭、李罕之背叛李克用，使朱全忠在河北的争夺中占了上风。但李克用未灭，朱全忠仍不敢西进，

他处心积虑要唐王室迁都洛阳，便于就近篡逆。朱李争河北，没有了期，那么唐皇室东迁之时，即为灭亡之日。这一形势的发展，导致李茂贞、韩建凌轹唐皇室，起了推波助澜的作用。

唐纪七十七

唐昭宗乾宁四年至光化二年（897—899 年）

【起强圉大荒落（丁巳，897 年），尽屠维协洽（己未，899 年），凡三年】

【大事提要】

本卷记事起公元 897 年，讫公元 899 年，载述史事凡三年。当唐昭宗乾宁四年至光化二年。此时期，唐王室为李茂贞、韩建所掌控，昭宗被困华州达两年之久。韩建跋扈不臣，逼迫唐昭宗解除诸王领兵，又遣散殿后四军，而后大杀诸王。此三年间，全国混战，李克用与朱全忠争夺的河北仍是主战场。魏博依附朱全忠，幽州刘仁恭、潞州李罕之反叛李克用，一时间朱全忠势力大增，在争夺邢、洺、磁三州的战斗中，李克用为汴军所败。随后刘仁恭与朱全忠交恶，李克用摆脱了困境。西川王建并东川，威服南诏，为唐末西部最大军阀。马殷据湖南。朱全忠助钱镠夺回苏州，而在大举进攻淮南之时汴军全军覆没，杨行密站稳淮南，于是与钱镠和解换俘。王审知继王潮领节镇。东南杨行密、钱镠、王审知已形成不可动摇的鼎立之势。朱全忠灭郓、兖的朱瑄、朱瑾，全据中原，又在河北与李克用争逐中占了上风，天下无敌手。韩建、李茂贞唯恐朱全忠夺走唐昭宗，于是转而与李克用联手对抗朱氏，唐昭宗才得以返回京都苟延残喘。

【原文】

昭宗圣穆景文孝皇帝中之上

乾宁四年（丁巳，897年）

春，正月，甲申，韩建奏："防城将张行思等告睦、济、韶、通、彭、韩、仪、陈八王谋杀臣，劫车驾幸河中。"建恶诸王典兵，故使行思等告之。上大惊，召建谕之，建称疾不入。令诸王诣建自陈，建表称："诸王忽诣臣理所，不测事端。臣详酌事体，不应与诸王相见。"又称："诸王当自避嫌疑，不可轻为举措。陛下若以友爱含容，请依旧制，令归十六宅，妙选师傅，教以诗书，不令典兵预政。"且曰："乞散彼乌合之兵，用光麟趾之化。"建虑上不从，引麾下精兵围行宫，表疏连上。上不得已，是夕，诏诸王所领军士并纵归田里，诸王勒归十六宅，其甲兵并委韩建收掌。建又奏："陛下选贤任能，足清祸乱，何必别置殿后四军！显有厚薄之恩，乖无偏无党之道。且所聚皆坊市无赖奸猾之徒，平居犹思祸变，临难必不为用，而使之张弓挟刃，密迩皇舆，臣窃寒心，乞皆罢。"诏亦从之。于是殿后四军二万余人悉散，天子之亲军尽矣。捧日都头李筠，石门扈从功第一，建复奏斩于大云桥。建又奏："玄宗之末，永王璘暂出江南，遽谋不轨。代宗时吐蕃入寇，光启中朱玫乱常，皆援立宗支以系人望。今诸王衔命四方者，乞皆召还。"又奏："诸方士出入禁庭，眩惑圣听，宜皆禁止，无得入宫。"诏悉从之。建既幽诸王于别第，知上意不悦，乃奏请立德王为太子，欲以解之。丁亥，诏立德王祐为皇太子，仍更名裕。

庞师古、葛从周并兵攻郓州，朱瑄兵少食尽，不复出战，但引水为

【语译】

昭宗圣穆景文孝皇帝中之上

唐昭宗乾宁四年（丁巳，897 年）

春季，正月初八日甲申，韩建向朝廷上奏说："华州防城将张行思等控告睦、济、韶、通、彭、韩、仪、陈八王计谋杀害臣，要劫持车驾到河中去。"韩建憎恨诸王掌管军队，所以指使张行思等控告他们。唐昭宗大为吃惊，召见韩建说明情况；韩建推说有病不来。唐昭宗又下令诸王到韩建那里自己陈说，韩建上表说："诸王忽然到臣办事的地方来，臣猜测不出会发生什么事。臣仔细斟酌了这件事情，不应该和各王见面。"又说："诸王应该自己避开嫌疑，不可以轻举妄动。陛下如果因为兄弟手足之情想要宽容他们，那么请按照过去的制度，命令他们回到十六宅，精心挑选师傅，教他们诗书，不要让他们掌管军队干预朝政。"并且说："请求解散诸王手下没有组织纪律的士兵，用来光大《诗·周南·麟之趾》所称述的教化。"韩建担心唐昭宗不听从他的意见，带领手下精壮的士兵包围了唐昭宗的行营，表章奏疏不断地送上。唐昭宗没有办法，这天晚上，下诏命令各王所率领的军队士兵全部解散，放他们回田野乡里去，勒令各王回到十六宅，他们的盔甲、兵器一起交给韩建掌管。韩建又上奏说："陛下挑选贤良任用能人，足可以清除祸乱，何必还要另外安置殿后的安圣、捧宸、保宁、宣化四军呢！很明显皇恩有厚薄的区分，背离了没有偏向、没有私党的原则。况且这四支亲军所聚集的都是街市中无所事事、奸邪狡猾的无赖小人，在太平盛世时还想着作乱惹祸，当朝廷面临灾难时一定不会为您效力。而现在却让这些人张开弓箭、拿着刀剑，紧跟在陛下的身边，臣实在为陛下感到担心、害怕，请把他们全部解散。"唐昭宗颁下诏书，也听从了韩建的意见。于是殿后的安圣、捧宸、保宁、宣化四军二万多人都被解散，唐昭宗的亲军全部没有了。捧日都头李筠，当初在石门镇跟从保卫唐昭宗，功劳数第一，韩建又上奏朝廷在大云桥把李筠杀了。接着韩建再上奏说："玄宗末年，永王李璘暂时调出京城到江南任职，马上就图谋不轨；代宗时吐蕃入侵，拥立广武王李承宏；光启年间，朱玫作乱，在凤翔拥立襄王李煴。他们都是靠着拥立皇上的宗亲和支属来笼络民心。现在各王是奉陛下命令到四处去的，请求把他们都召回来。"还上奏说："那些鼓吹仙术的方士出入宫廷，迷惑陛下的听闻，应该禁止他们进入皇宫。"唐昭宗下诏全部听从韩建的奏请。韩建知道把各王幽禁在他们的府第后，唐昭宗心里不高兴，于是上奏唐昭宗请立德王为太子，想用这来缓解唐昭宗的不快。正月十一日丁亥，唐昭宗下诏立德王李祐为皇太子，并改名为裕。

庞师古、葛从周合并军队攻打郓州，朱瑄士兵很少，粮食也吃完了，不再出城

深壕以自固。辛卯，师古等营于水西南，命为浮梁。癸巳，潜决濠水。丙申，浮梁成，师古夜以中军先济。瑄闻之，弃城奔中都，葛从周逐之，野人执瑄及妻子以献。

己亥，罢孙偓凤翔四面行营节度等使，以副都统李思谏为宁塞节度使。

钱镠使行军司马杜稜救婺州。安仁义移兵攻睦州，不克而还。

朱全忠入郓州，以庞师古为天平留后。

朱瑾留大将康怀贞守兖州，与河东将史俨、李承嗣掠徐州之境以给军食。全忠闻之，遣葛从周将兵袭兖州。怀贞闻郓州已失守，汴兵奄至，遂降。二月，戊申，从周入兖州，获瑾妻子。朱瑾还，无所归，帅其众趋沂州，刺史尹处宾不纳，走保海州，为汴兵所逼，与史俨、李承嗣拥州民渡淮，奔杨行密。行密逆之于高邮，表瑾领武宁节度使。

全忠纳瑾之妻，引兵还，张夫人逆于封丘，全忠以得瑾妻告之。夫人请见之，瑾妻拜，夫人答拜，且泣曰：“兖、郓与司空同姓，约为兄弟，以小故恨望，起兵相攻，使吾姒辱于此。他日汴州失守，吾亦如吾姒之今日乎！”全忠乃送瑾妻于佛寺为尼，斩朱瑄于汴桥。于是郓、齐、曹、棣、兖、沂、密、徐、宿、陈、许、郑、滑、濮皆入于全忠。惟王师范保淄青一道，亦服于全忠。李存信在魏州，闻兖、郓皆陷，引兵还。

淮南旧善水战，不知骑射，及得河东、兖、郓兵，军声大振。史俨、李承嗣皆河东骁将，李克用深惜之，遣使间道诣杨行密请之。行密许之，亦遣使诣克用修好。

（以上为第一段，写韩建解除唐宗室诸王所领之兵。朱全忠灭朱瑄、朱瑾，兼有天平、泰宁、感化、宣义、宣武诸镇全部领属之地，独霸中原。）

戊午，王建遣邛州刺史华洪、彭州刺史王宗祐将兵五万攻东川，以

应战，只是引水灌满深深的壕沟进行固守。正月十五日辛卯，庞师古等在水流的西南方扎营，命令士兵建造浮桥。正月十七日癸巳，暗中挖开壕沟放水。正月二十日丙申，浮桥造成，庞师古在夜晚派遣中军首先渡过壕沟。朱瑄听到后，放弃郓州逃奔到中都县去，葛从周追赶朱瑄，田野里的农夫抓住了朱瑄和他的妻儿献给葛从周。

正月二十三日己亥，罢免了孙偓凤翔四面行营节度等使的官职，任命副都统李思谏为宁塞节度使。

钱镠派遣行军司马杜稜救援婺州。安仁义调动军队去攻打睦州，结果没有攻下便回来了。

朱全忠进入郓州，任命庞师古为天平留后。

朱瑾留下大将康怀贞守卫兖州，自己和河东将领史俨、李承嗣到徐州境内抢掠粮食以供给军队的需要。朱全忠听说这一消息，派遣葛从周率领军队袭击兖州。康怀贞得知郓州已经失守，汴州军队又突然来到，就投降了。二月初三日戊申，葛从周进入兖州，捉住了朱瑾的妻儿。朱瑾回到兖州，没有去处，只得带领他的部下前往沂州。沂州刺史尹处宾不肯接纳，朱瑾又奔赴海州防守；后来被汴州军队逼迫，与史俨、李承嗣率领海州百姓渡过淮水，投奔杨行密。杨行密在高邮迎接他们，上表请求朝廷让朱瑾遥领武宁节度使。

朱全忠收纳了朱瑾的妻子，带领军队返回汴州，朱全忠的妻子张夫人在封丘县迎接，朱全忠把收纳朱瑾妻子的事告诉张夫人。张夫人请求会见朱瑾妻子，朱瑾妻子行拜见礼，张夫人也还了礼，并且哭着说："兖州的朱瑾、郓州的朱瑄和司空朱全忠是同姓，相互结为兄弟，由于细小的事而产生怨恨，带领军队互相攻打，使得嫂子受到这样的侮辱。将来有一天汴州失守了，我也要像嫂子您今天这样啊！"朱全忠于是把朱瑾妻子送到佛寺去做尼姑，在汴桥杀了朱瑄。这样，天平军管辖的郓、齐、曹、棣四州，泰宁军管辖的兖、沂、密三州，感化军管辖的徐、宿二州，忠武军管辖的陈、许二州，宣义军管辖的郑、滑、濮三州，全部落入朱全忠的手中。只有王师范保全淄青一个道，也服从了朱全忠。李存信在魏州，听说兖州、郓州都被朱全忠攻占，便带领军队返回晋阳。

淮南军队以往擅长水战，不熟悉骑马射箭，等到杨行密得到了河东、兖州、郓州的士兵，军队声势大大振作起来。史俨、李承嗣都是河东节度使李克用手下骁勇的将领，李克用对他们去投奔杨行密感到很惋惜，派遣使者从小路到杨行密那里请求放回他们。杨行密同意了，也派遣使者前往李克用处建立友好关系。

二月十三日戊午，王建派遣邛州刺史华洪、彭州刺史王宗祐率领军队五万人攻

戎州刺史王宗谨为凤翔西面行营先锋使，败凤翔将李继徽等于玄武。继徽本姓杨，名崇本，茂贞之假子也。

己未，赦天下。

上飨行庙。

庚申，王建以决云都知兵马使王宗侃为应援开峡都指挥使，将兵八千趋渝州；决胜都知兵马使王宗阮为开江防送进奉使，将兵七千趋泸州。辛未，宗侃取渝州，降刺史牟崇厚。癸酉，宗阮拔泸州，斩刺史马敬儒，峡路始通。

凤翔将李继昭救梓州，留偏将守剑门，西川将王宗播击擒之。

乙亥，门下侍郎、同平章事孙偓罢守本官，中书侍郎、同平章事朱朴罢为秘书监。朴既秉政，所言皆不效，外议沸腾。太子詹事马道殷以天文，将作监许岩士以医得幸于上，韩建诬二人以罪而杀之，且言偓、朴与二人交通，故罢相。

诏以杨行密为江南诸道行营都统，以讨武昌节度使杜洪。

张佶克邵州，擒蒋勋。

三月，丙子，朱全忠表曹州刺史葛从周为泰宁留后，朱友裕为天平留后，庞师古为武宁留后。

保义节度使王珙攻护国节度使王珂，珂求援于李克用，珙求援于朱全忠。宣武将张存敬、杨师厚败河中兵于猗氏南；河东将李嗣昭败陕兵于猗氏，又败之于张店，遂解河中之围。师厚，斤沟人；嗣昭，克用弟克柔之假子也。

更名感义军曰昭武，治利州，以前静难节度使苏文建为节度使。

夏，四月，以同州防御使李继瑭为匡国节度使。继瑭，茂贞之养子也。

以右谏议大夫李洵为两川宣谕使，和解王建及顾彦晖。

辛亥，钱镠遣顾全武等将兵三千自海道救嘉兴，己未，至城下，击淮南兵，大破之。

杜洪为杨行密所攻，求救于朱全忠，全忠遣其将聂金掠泗州，朱友恭攻黄州。行密遣右黑云都指挥使马珣等救黄州。黄州刺史瞿章闻友恭

打东川，任命戎州刺史王宗谨为凤翔西面行营先锋使，在玄武县打败了凤翔节度使李茂贞的部将李继徽等。李继徽本来姓杨，名字叫崇本，是李茂贞的养子。

二月十四日己未，大赦天下。

唐昭宗到行庙祭献。

二月十五日庚申，王建任命决云都知兵马使王宗侃为应援开峡都指挥使，率领军队八千人奔赴渝州；任命决胜都知兵马使王宗阮为开江防送进奉使，率领军队七千人奔赴泸州。二月二十六日辛未，王宗侃攻下渝州，渝州刺史牟崇厚投降。二月二十八日癸酉，王宗阮攻下泸州，斩杀泸州刺史马敬儒。峡路开始打通了。

凤翔将领李继昭救援梓州，留下偏将防守剑门，西川将领王宗播打败李继昭并活捉了他。

二月三十日乙亥，门下侍郎、同平章事孙偓被免去职务，只保留本来的官位；中书侍郎、同平章事朱朴被免去职务，贬为秘书监。朱朴担任宰相掌理朝政后，说过的话都没有收效，朝外议论纷纷。太子詹事马道殷由于通晓天文，将作监许岩士由于医术精妙受到唐昭宗宠爱，韩建诬陷他们两人有罪而把他们杀了，并且说孙偓、朱朴与他们两人互相勾结，所以孙偓、朱朴被罢免了宰相的官职。

唐昭宗下诏任命杨行密为江南诸道行营都统，以讨伐武昌节度使杜洪。

张佶攻下了邵州，活捉邵州刺史蒋勋。

三月初一日丙子，朱全忠向朝廷上表，请求任命曹州刺史葛从周为泰宁留后，朱友裕为天平留后，庞师古为武宁留后。

保义节度使王珙攻打护国节度使王珂，王珂向李克用求救，王珙则向朱全忠求救。宣武将领张存敬、杨师厚在猗氏县的南边打败了河中的军队；河东将领李嗣昭则在猗氏县打败了陕州的军队，又在张店再次打败他们，于是解除了对河中的围困。杨师厚是斤沟人，李嗣昭是李克用弟弟李克柔的养子。

朝廷更名感义军为昭武军，治所设在利州，任命前静难节度使苏文建为昭武节度使。

夏季，四月，任命同州防御使李继瑭为匡国节度使。李继瑭是李茂贞的养子。

任命右谏议大夫李洵为两川宣谕使，前往劝说西川节度使王建与东川节度使顾彦晖和解。

四月初六日辛亥，钱镠派遣顾全武等率领军队三千人从海路去救援嘉兴。四月十四日己未，到了嘉兴城下，攻击淮南军队，把淮南军队打得大败。

杜洪受到杨行密的攻击，向朱全忠求救，朱全忠派遣他的部将聂金掳掠泗州，朱友恭攻打黄州。杨行密派遣右黑云都指挥使马珣等救援黄州。黄州刺史瞿章听说

至，弃城，拥众南保武昌寨。

癸亥，两浙将顾全武等破淮南十八营，虏淮南将士魏约等三千人。淮南将田頵屯驿亭埭，两浙兵乘胜逐之。甲戌，頵自湖州奔还，两浙兵追败之，頵众死者千余人。

韩建恶刑部尚书张祎等数人，皆诬奏，贬之。

五月，加奉国节度使崔洪同平章事。

辛巳，朱友恭为浮梁于樊港，进攻武昌寨，壬午，拔之，执瞿章，遂取黄州。马珣等皆败走。

丙戌，王建以节度副使张琳守成都，自将兵五万攻东川。更华洪姓名曰王宗涤。

六月，己酉，钱镠如越州，受镇东节钺。

李茂贞表："王建攻东川，连兵累岁，不听诏命。"甲寅，贬建南州刺史。乙卯，以茂贞为西川节度使。以覃王嗣周为凤翔节度使。

癸亥，王建克梓州南寨，执其将李继宁。丙寅，宣谕使李洵至梓州，己巳，见建于张杷砦，建指执旗者曰："战士之情，不可夺也。"

覃王赴镇，李茂贞不受代，围覃王于奉天。

置宁远军于容州，以李克用大将盖寓领节度使。

秋，七月，加荆南节度使成汭兼侍中。

韩建移书李茂贞，茂贞解奉天之围，覃王归华州。

以天雄节度使李继徽为静难节度使。

庚戌，钱镠还杭州，遣顾全武取苏州；乙未，拔松江；戊戌，拔无锡；辛丑，拔常熟、华亭。

（以上为第二段，写东川与西川地区，东南杨行密与钱镠地区，两大地区激战。韩建掌控下的昭宗诏命，不行于诸镇。）

初，李克用取幽州，表刘仁恭为节度使，留戍兵及腹心将十人典其机要，租赋供军之外，悉输晋阳。及上幸华州，克用征兵于仁恭，又遣成德节度使王镕、义武节度使王郜书，欲与之共定关中，奉天子还长安。仁恭辞以契丹人寇，须兵扞御，请俟虏退，然后承命。克用屡趣之，使

朱友恭到了，就放弃黄州城，带领部下往南守卫武昌寨。

四月十八日癸亥，两浙将领顾全武等攻破淮南军队十八个营寨，俘虏淮南将领魏约及士兵等三千人。淮南将领田頵驻扎在驿亭埭，两浙军队乘胜驱逐田頵。四月二十九日甲戌，田頵从湖州逃回，两浙军队追击再次打败了田頵，田頵部下死亡一千多人。

韩建憎恨刑部尚书张祎等人，上奏诬陷他们。张祎等人被朝廷贬职。

五月，加官奉国节度使崔洪为同平章事。

五月初七日辛巳，朱友恭在樊港建造浮桥，攻打武昌寨。五月初八日壬午，把它攻下来了，活捉瞿章，于是占领了黄州。马珣等人战败逃走。

五月十二日丙戌，王建下令节度副使张琳留守成都，亲自率领军队五万人攻打东川。王建把华洪的姓名改为王宗涤。

六月初五日己酉，钱镠到了越州，接受镇东节度使的仪仗。

李茂贞向朝廷上表说："王建攻打东川，战争有好几年了，从不听从朝廷的诏令。"六月初十日甲寅，把王建贬为南州刺史。六月十一日乙卯，任命李茂贞为西川节度使。任命覃王李嗣周为凤翔节度使。

六月十九日癸亥，王建攻下了梓州的南寨，捉住南寨将领李继宁。六月二十二日丙寅，宣谕使李洵到达梓州。六月二十五日己巳，李洵在张杷砦会见王建，王建指着手拿战旗的人说："攻打东川是军中士兵的意愿，不能强迫他们改变。"

覃王李嗣周赴凤翔上任，李茂贞不接受李嗣周来取代自己的职务，在奉天把李嗣周包围起来。

朝廷在容州设置宁远军，任命李克用手下大将盖寓兼任宁远节度使。

秋季，七月，加官荆南节度使成汭兼任侍中。

韩建写信给李茂贞。李茂贞解除了对奉天的围困，覃王李嗣周回到华州。

任命天雄节度使李继徽为静难节度使。

六月初六日庚戌，钱镠从越州回到杭州，派遣顾全武攻打苏州。六月二十二日乙未，攻下松江。六月二十五日戊戌，攻下无锡。六月二十八日辛丑，又占领常熟、华亭。

当初，李克用攻取幽州，向朝廷上表请求任命刘仁恭为节度使，留下防守的军队和心腹将领十人掌管机要事务；幽州的租税贡赋除了供给军队的需要外，都要运送到晋阳。等到唐昭宗到了华州，李克用向刘仁恭征调军队，又写信给成德节度使王镕、义武节度使王郜，想和他们联合起来共同平定关中地区的叛乱，侍奉唐昭宗

者相继，数月，兵不出。克用移书责之，仁恭抵书于地，慢骂，囚其使者，欲杀河东戍将，戍将遁逃获免。克用大怒，八月，自将击仁恭。

上欲幸奉天亲讨李茂贞，令宰相议之。宰相切谏，乃止。

延王戒丕还自晋阳，韩建奏：“自陛下即位以来，与近辅交恶，皆因诸王典兵，凶徒乐祸，致銮舆不安。比者臣奏罢兵权，实虑不测之变。今闻延王、覃王尚苞阴计，愿陛下圣断不疑，制于未乱，则社稷之福。”上曰：“何至于是！”数日不报。建乃与知枢密刘季述矫制发兵围十六宅，诸王被发，或缘垣，或升屋，呼曰：“宅家救儿！”建拥通、沂、睦、济、韶、彭、韩、陈、覃、延、丹十一王至石隄谷，尽杀之，以谋反闻。

贬礼部尚书孙偓为南州司马。秘书监朱朴先贬夔州司马，再贬郴州司户。朴之为相，何迎骤迁至右谏议大夫，至是亦贬湖州司马。

（以上为第三段，写韩建诛杀诸王，逼迫昭宗贬逐大臣。李克用下勤王之令，幽州刘仁恭拒不从命，李克用往讨。）

钟传欲讨吉州刺史襄阳周琲，琲帅其众奔广陵。

王建与顾彦晖五十余战，九月，癸酉朔，围梓州。蜀州刺史周德权言于建曰：“公与彦晖争东川三年，士卒疲于矢石，百姓困于输挽。东川群盗多据州县，彦晖懦而无谋，欲为偷安之计，皆啖以厚利，恃其救援，故坚守不下。今若遣人谕贼帅以祸福，来者赏之以官，不服者威之以兵，则彼之所恃，反为我用矣。”建从之，彦晖势益孤。德权，许州人也。

丁丑，李克用至安塞军，辛巳，攻之。幽州将单可及引骑兵至，克用方饮酒，前锋白：“贼至矣！”克用醉，曰：“仁恭何在？”对曰：“但见可及辈。”克用瞋目曰：“可及辈何足为敌！”亟命击之。是日大雾，不辨

返回京城长安。刘仁恭推辞说契丹前来抢劫，需要军队防守，请等契丹退走以后，再接受命令。李克用多次催促，使者不断地派出，几个月过去了，刘仁恭的军队仍然没有出发。李克用写信去责备他，刘仁恭把信丢在地上，大肆谩骂，把使者囚禁起来，还想杀害留在幽州守卫的河东将领，这些河东将领逃走，才免于一死。李克用大怒，八月，亲自率领军队去攻打刘仁恭。

唐昭宗想到奉天去亲自讨伐李茂贞，命令宰相商量这件事。宰相极力劝谏，唐昭宗才打消了这个念头。

延王李戒丕从晋阳回到华州，韩建上奏说："自从陛下即位以来，和京城附近的藩镇关系恶化，都是由于皇室各王掌管军队，一些凶恶的匪徒兴灾惹祸，造成陛下不能安稳。近来臣上奏请求罢免诸王的兵权，实在是忧虑会发生难以防备的变乱。如今听说延王李戒丕、覃王李嗣周正在策划阴谋，愿陛下圣明果断，在变乱还没有发生前就抑止它，这是国家的福气了。"唐昭宗说："哪里会这样啊！"好几天没有回答韩建。韩建于是和知枢密刘季述假借朝廷的命令发动军队包围了诸王所住的十六宅。诸王披头散发，有的爬上墙头，有的登到屋顶，高声呼叫道："皇上快来救我！"韩建把通、沂、睦、济、韶、彭、韩、陈、覃、延、丹等十一个王抓到华州西边的石堤谷，全部斩杀，以他们造反为名向唐昭宗报告。

朝廷贬谪礼部尚书孙偓为南州司马。秘书监朱朴先被贬谪为夔州司马，再次被贬谪为郴州司户。朱朴任宰相时，何迎一下子升官到右谏议大夫，这时候也被贬谪为湖州司马。

锺传想要讨伐吉州刺史襄阳人周琲，周琲率领他的部下逃奔广陵。

王建和顾彦晖打了五十多次仗，九月初一日癸酉，王建围攻梓州。蜀州刺史周德权对王建说："您和顾彦晖争夺东川已经三年，士兵们对打仗已感到疲乏，老百姓对运送军事物资也感到劳倦。东川的盗贼大多占据着州县，顾彦晖懦弱无能，又没有计谋，只想做苟且偷安的打算，对这些盗贼都用丰厚的利益来引诱，倚仗盗贼的救援，所以能够坚持守住而我们攻不下来。如今假如派遣人去向盗贼的头目说明祸福利害，前来投靠的赏给他官职，不肯服从的就派出军队威逼，这样顾彦晖所依仗的力量，反而被我们利用了。"王建听从了周德权的意见，顾彦晖的势力就更加孤立无援。周德权是许州人。

九月初五日丁丑，李克用率领军队到达安塞军。九月初九日辛巳，发动进攻。幽州将领单可及带领骑兵赶到，李克用正在喝酒，前锋将士报告说："幽州的贼寇来了！"李克用喝得酩酊大醉，说："刘仁恭在什么地方？"回答说："只看到单可及那

人物，幽州将杨师侃伏兵于木瓜涧，河东兵大败，失亡太半。会大风雨震电，幽州兵解去。克用醒而后知败，责大将李存信等曰："吾以醉废事，汝曹何不力争！"

湖州刺史李彦徽欲以州附于杨行密，其众不从。彦徽奔广陵，都指挥使沈攸以州归钱镠。

以彰义节度使张琏为凤翔西北行营招讨使，以讨李茂贞。

复以王建为西川节度使、同平章事。加义武节度使王部同平章事。削夺新西川节度使李茂贞官爵，复姓名宋文通。

朱全忠既得兖、郓，甲兵益盛，乃大举击杨行密，遣庞师古以徐、宿、宋、滑之兵七万壁清口，将趋扬州，葛从周以兖、郓、曹、濮之兵壁安丰，将趋寿州，全忠自将屯宿州，淮南震恐。

匡国节度使李继瑭闻朝廷讨李茂贞而惧，韩建复从而摇之，继瑭奔凤翔。冬，十月，以建为镇国、匡国两军节度使。

壬子，知遂州侯绍帅众二万，乙卯，知合州王仁威帅众千人，戊午，凤翔李继溥以援兵二千，皆降于王建。建攻梓州益急。庚申，顾彦晖聚其宗族及假子共饮，遣王宗弼自归于建。酒酣，命其假子瑶杀己及同饮者，然后自杀。建入梓州，城中兵尚七万人，建命王宗绾分兵徇昌、普等州，以王宗涤为东川留后。

刘仁恭奏称："李克用无故称兵见讨，本道大破其党于木瓜涧，请自为统帅以讨克用。"诏不许。又遗朱全忠书。全忠奏加仁恭同平章事，朝廷从之。仁恭又遣使谢克用，陈去就不自安之意。克用复书略曰："今公仗钺控兵，理民立法，擢士则欲其报德，选将则望彼酬恩，己尚不然，人何足信！仆料猜防出于骨肉，嫌忌生于屏帷，持干将而不敢授人，捧盟盘而何词著誓！"

（以上为第四段，写王建并东川。李克用兵败幽州。朱全忠扬声大举攻淮南。）

些人。”李克用瞪大眼睛说：“单可及那些人哪里是我的对手呢！”立即下令攻击他们。这一天大雾弥漫，人和物都看不清楚，幽州将领杨师侃埋伏军队在木瓜涧，河东军队在作战中大败，散失、死亡的有一大半。正巧遇上狂风暴雨雷电交加，幽州军队解除包围离去。李克用酒醒了以后才知道自己的军队吃了败仗，责备大将李存信等人说：“我因为喝醉了酒耽误了大事，你们为什么不竭力争辩，提醒我呢！”

湖州刺史李彦徽想要献出湖州投靠杨行密，他的部下不服从。李彦徽逃奔广陵，都指挥使沈攸献出湖州归附钱镠。

任命彰义节度使张琏为凤翔西北行营招讨使，以讨伐李茂贞。

重新任命王建为西川节度使、同平章事。加封义武节度使王部为同平章事。削除罢免新任西川节度使李茂贞的官职爵位，恢复李茂贞原来的姓名宋文通。

朱全忠取得兖州、郓州后，军队的力量更加强盛，于是大举进攻杨行密，派遣庞师古率领徐州、宿州、宋州、滑州的军队七万人在清口设置壁垒，准备进攻扬州；葛从周率领兖州、郓州、曹州、濮州的军队在安丰县设置壁垒，准备进攻寿州，朱全忠亲自率领军队屯驻在宿州。淮南军民知道后，非常震惊恐惧。

匡国节度使李继瑭听说朝廷要讨伐李茂贞，非常害怕，韩建又从旁游说动摇他。李继瑭逃奔到凤翔去。冬季，十月，任命韩建为镇国、匡国两军节度使。

十月初十日壬子，主管遂州事务的侯绍率领部下两万人，十月十三日乙卯，主管合州事务的王仁威率领部下一千人，十月十六日戊午，凤翔将领李继溥带领救援东川的军队二千人，都向王建投降。王建进攻梓州越来越急迫。十月十八日庚申，顾彦晖聚集他的宗族和养子们一起喝酒，把以前擒获的西川将领王宗弼放回王建那里；喝酒喝到酣畅时，顾彦晖命令他的义子顾瑶杀死自己以及一起喝酒的人，然后再自杀。王建于是进入梓州，城中的军队还有七万人，王建命令王宗绾分兵前往昌州、普州等地巡视，降服这些地方，任命王宗涤为东川留后。

刘仁恭上奏说：“李克用无缘无故率领军队来讨伐臣，臣已在木瓜涧打败了他的军队，请让臣自己担任统帅去讨伐李克用。”唐昭宗下诏不允许。刘仁恭又写信给朱全忠。朱全忠向朝廷上奏请求加官刘仁恭为同平章事，朝廷答应了。刘仁恭又派遣使者去向李克用道歉，说明自己离开李克用后不能心安的意思。李克用回信大略是说：“如今你依仗朝廷赐给的节钺掌握军队，治理百姓，制定法规，提拔人才想要他们报答你的恩德，选用将领希望他们酬谢你的恩惠；但是你自己尚且做不到，对别人又怎么能够相信呢！我料定你会对自己的骨肉兄弟猜忌防范，会对同一营帐中的文武官员疑心妒忌，手里拿着干将宝剑而不敢授给别人，那么捧着装有盟誓的盘子又有什么话可以用来发誓呢！”

甲子，立皇子秘为景王，祚为辉王，祺为祁王。

加彰义节度使张琏同平章事。

杨行密与朱瑾将兵三万拒汴军于楚州，别将张训自涟水引兵会之，行密以为前锋。庞师古营于清口，或曰："营地污下，不可久处。"不听。师古恃众轻敌，居常弈棋，朱瑾壅淮上流，欲灌之，或以告师古，师古以为惑众，斩之。十一月，癸酉，瑾与淮南将侯瓒，将五千骑潜渡淮，用汴人旗帜，自北来趣其中军，张训逾栅而入。士卒苍黄拒战，淮水大至，汴军骇乱。行密引大军济淮，与瑾等夹攻之，汴军大败，斩师古及将士首万余级，余众皆溃。葛从周营于寿州西北，寿州团练使朱延寿击破之，退屯濠州，闻师古败，奔还。行密、瑾、延寿乘胜追之，及于淠水。从周半济，淮南兵击之，杀溺殆尽，从周走免。遏后都指挥使牛存节弃马步斗，诸军稍得济淮，凡四日不食，会大雪，汴卒缘道冻馁死，还者不满千人。全忠闻败，亦奔还。行密遗全忠书曰："庞师古、葛从周，非敌也，公宜自来淮上决战。"

行密大会诸将，谓行军副使李承嗣曰："始吾欲先趣寿州，副使云不如先向清口，师古败，从周自走，今果如所料。"赏之钱万缗，表承嗣领镇海节度使。行密待承嗣及史俨甚厚，第舍、姬妾，咸选其尤者赐之，故二人为行密尽力，屡立功，竟卒于淮南。行密由是遂保据江、淮之间，全忠不能与之争。

戊寅，立淑妃何氏为皇后。后，东川人，生德王、辉王。

威武节度使王潮弟审知，为观察副使，有过，潮犹加捶挞，审知无怨色。潮寝疾，舍其子延兴、延虹、延丰、延休，命审知知军府事。十二月，丁未，潮薨。审知以让其兄泉州刺史审邽，审邽以审知有功，辞不受。审知自称福建留后，表于朝廷。

壬戌，王建自梓州还；戊辰，至成都。

十月二十二日甲子，立皇子李秘为景王，李祚为辉王，李祺为祁王。

加官彰义节度使张琏为同平章事。

杨行密和朱瑾率领军队三万人在楚州抵抗朱全忠的汴州军队，手下将领张训从涟水带领军队来和他们会合，杨行密任命张训为前锋。庞师古在清口驻扎军队，有人说："这个营寨地势低陷，不能长久停留。"庞师古不听。庞师古倚仗人多轻视对手，在住处常常下棋作乐。朱瑾堵塞淮水的上游，想用淮水灌淹庞师古的营地。有人告诉庞师古，庞师古认为他造谣惑众，把他斩杀了。十一月初二日癸酉，朱瑾与淮南将领侯瓒率领五千名骑兵暗中渡过淮水，打着汴州军队的旗帜，从北面直接奔赴庞师古的中军，张训越过栅栏冲进营帐。庞师古的士兵匆忙进行抵抗，淮水冲破堤防灌淹过来，汴州军队惊慌失措阵脚大乱。杨行密带领军队渡过淮水，与朱瑾等人两面夹攻庞师古。汴州军队大败，庞师古以及将领、士兵一万多人被杨行密的军队斩杀，其余的人马都溃散逃跑了。葛从周在寿州西北扎营，寿州团练使朱延寿打败了他的军队，葛从周后退驻扎到濠州，听说庞师古战败了，便逃了回去。杨行密、朱瑾、朱延寿乘胜追击葛从周，一直追到淠水。葛从周的军队渡河刚渡过了一半，淮南军队就攻打他们，有的被杀，有的溺死，军队几乎覆没，葛从周逃走才免于一死。遏后都指挥使牛存节下马步行战斗，各路军队方得以渡过淮水。汴州军队一连四天没有吃饭，又遇到天下大雪，冻死饿死的布满道路，回来的还不到一千人，朱全忠听说打了败仗，也逃回去了。杨行密写信给朱全忠说："庞师古、葛从周都不是我的对手，你应该亲自到淮上来和我决一死战。"

杨行密和各位将领集会庆贺，他对行军副使李承嗣说："开始我想先赶往寿州，你说不如先去清口，庞师古失败后，葛从周自然就逃走了，今天果然像你预料的那样。"赏给他钱一万缗，向朝廷上表请求任命李承嗣兼任镇海节度使。杨行密对待李承嗣和史俨很优厚，房屋府第，爱姬美妾，都挑选最好的赏赐给他们，所以他们两人对杨行密也尽心尽力，多次建立战功，最后死在淮南。杨行密因此能够保住据有长江、淮水之间的地盘，朱全忠不能够再与他争夺。

十一月初七日戊寅，唐昭宗立淑妃何氏为皇后。何皇后是东川人，生有德王李裕和辉王李祚。

威武节度使王潮的弟弟王审知，任观察副使，犯了过错，王潮对他鞭打加以惩处，王审知一点也不怨恨。王潮卧病在床，不用他的儿子王延兴、王延虹、王延丰、王延休，命令王审知掌管节度使事务。十二月初六日丁未，王潮去世，王审知把职位让给他的哥哥泉州刺史王审邽。王审邽认为王审知有功劳，坚决推辞不接受这个职位。王审知自称为福建留后，上表报告朝廷。

十二月二十一日壬戌，王建从梓州返回；十二月二十七日戊辰，到达成都。

是岁，南诏骠信舜化有上皇帝书函及督爽牒中书木夹，年号中兴。朝廷欲以诏书报之。王建上言："南诏小夷，不足辱诏书。臣在西南，彼必不敢犯塞。"从之。

黎、雅间有浅蛮曰刘王、郝王、杨王，各有部落，西川岁赐缯帛三千匹，使觇南诏，亦受南诏赂诇成都虚实。每节度使到官，三王帅酋长诣府，节度使自谓威德所致，表于朝廷。而三王阴与大将相表里，节度使或失大将心，则教诸蛮纷扰。先是节度使多文臣，不欲生事，故大将常藉此以邀姑息，而南诏亦凭之屡为边患。及王建镇西川，绝其旧赐，斩都押牙山行章以惩之。邛崃之南，不置鄣候，不戍一卒，蛮亦不敢侵盗。其后遣王宗播击南诏，三王漏泄军事，召而斩之。

右拾遗张道古上疏，称："国家有五危、二乱。昔汉文帝即位未几，明习国家事。今陛下登极已十年，而曾不知为君驭臣之道。太宗内安中原，外开四夷，海表之国，莫不入臣。今先朝封域日蹙几尽。臣虽微贱，窃伤陛下朝廷社稷始为奸臣所弄，终为贼臣所有也！"上怒，贬道古施州司户。仍下诏罪状道古，宣示谏官。道古，青州人也。

（以上为第五段，写朱全忠大战杨行密，全军覆没，从此不敢南向争锋。王审知继位福州节镇，王建威服南诏。）

光化元年（戊午，898年）

春，正月，两浙、江西、武昌、淄青各遣使诣阙，请以朱全忠为都统，讨杨行密，诏不许。

加平卢节度使王师范同平章事。

以兵部尚书刘崇望同平章事，充东川节度使；以昭信防御使冯行袭为昭信节度使。

上下诏罪己息兵，复李茂贞姓名官爵，应诸道讨凤翔兵皆罢之。

壬辰，河中节度使王珂亲迎于晋阳，李克用遣其将李嗣昭守河中。

这一年，南诏的国王舜化有上奏给唐朝皇帝的书函以及督爽官送给中书省用木板夹着的牒文，上面写的年号是中兴。朝廷想要用诏书来回复他们。王建上奏说："南诏不过是小小的蛮夷而已，用不着赐给他们诏书。臣镇守在西南，南诏国王一定不敢来侵犯边塞。"朝廷听从了王建的意见。

在黎州、雅州之间的大山深谷中居住的都是蛮人，与唐朝比较接近的有刘王、郝王、杨王三个王，他们都有自己的部落。西川节度使每年送给他们丝绸布帛三千匹，让他们监视南诏的活动，他们也接受南诏的贿赂来刺探成都的虚实。每次节度使到任，这三个王就率领酋长们到节度使府中来，节度使自认为这是朝廷的威德所造成的，就上表向朝廷报告。然而这三个王暗中却和节度使手下的大将互相勾结，节度使如果失去大将的拥护，那么大将就让各部蛮人扰乱生事。开始朝廷派往西川的节度使大多是文臣，不想惹事，所以这些大将常常凭借这个来获取利益，而南诏也利用这个多次在边地作乱造成危害。等到王建担任西川节度使，断绝了以往对刘王、郝王、杨王这三个王的赏赐，斩杀与这三个王串通一气的都押牙山行章来进行惩戒。邛崃关以南的地方，不再设置要塞和派遣侦察敌情的人，也不驻扎一兵一卒，蛮人也不敢入侵抢掠了。后来王建派遣王宗播攻打南诏，这三个王泄漏了军事秘密，王建就把他们召来杀了。

右拾遗张道古上疏说："现在国家有五个危难，两个祸乱。过去汉文帝即位不久，就已经明白熟悉了国家的事务。如今陛下您登临帝位已有十年，然而仍不知晓国君驾驭臣下的方法。太宗皇帝对内安定中原，对外开拓四方蕃夷的疆土，天下的国家，没有不到朝廷里来称臣归附的。今天先代留下来的疆土，一天比一天缩小，几乎要丢完了。我虽然轻微卑贱，私下里却为皇上、朝廷、国家感到担忧。开始时受到奸臣的玩弄，到最后就要被乱臣贼子篡夺了！"唐昭宗大怒，把张道古贬为施州司户。又下诏历数张道古的罪状，向谏官们宣示。张道古是青州人。

唐昭宗光化元年（戊午，898 年）

春季，正月，两浙的钱镠、江西的锺传、武昌的杜洪、淄青的王师范分别派遣使者到朝廷里来，请求任命朱全忠为都统，去讨伐杨行密；唐昭宗下诏不同意。

加官平卢节度使王师范为同平章事。

任命兵部尚书刘崇望为同平章事，充当东川节度使；任命昭信防御使冯行袭为昭信节度使。

唐昭宗颁下诏书检讨自己的过失，下令各藩镇停止战争，恢复李茂贞的姓名、官职、爵位，凡是各道响应朝廷讨伐凤翔李茂贞的军队全部撤回。

正月二十二日壬辰，河中节度使王珂到晋阳亲自迎娶李克用的女儿，李克用派

李茂贞、韩建皆致书于李克用，言大驾出幸累年，乞修和好，同奖王室，兼乞丁匠助修宫室。克用许之。

初，王建攻东川，顾彦晖求救于李茂贞，茂贞命将出兵救之，不暇东逼乘舆，诈称改过，与韩建共翼戴天子。及闻朱全忠营洛阳宫，累表迎车驾，茂贞、韩建惧，请修复宫阙，奉上归长安。诏以韩建为修宫阙使。诸道皆助钱及工材，建使都将蔡敬思督其役。既成，二月，建自往视之。

钱镠请徙镇海军于杭州，从之。

复以李茂贞为凤翔节度使。

三月，己丑，以王审知充威武留后。

朱全忠遣副使万年韦震入奏事，求兼镇天平，朝廷未之许，震力争之。朝廷不得已，以全忠为宣武、宣义、天平三镇节度使。全忠以震为天平留后，以前台州刺史李振为天平节度副使。振，抱真之曾孙也。

（以上为第六段，写朱全忠势大，李茂贞、韩建恐失昭宗，转而尊奉朝廷，李克用联合对抗朱氏。）

淮南将周本救苏州，两浙将顾全武击破之。淮南将秦裴以兵三千人拔昆山而戍之。

以潭州刺史、判湖南军府事马殷知武安留后。时湖南管内七州，贼帅杨师远据衡州，唐世旻据永州，蔡结据道州，陈彦谦据郴州，鲁景仁据连州，殷所得惟潭、邵而已。

义昌节度使卢彦威，性残虐，又不礼于邻道。与卢龙节度使刘仁恭争盐利，仁恭遣其子守文将兵袭沧州，彦威弃城，挈家奔魏州，罗弘信不纳，乃奔汴州。仁恭遂取沧、景、德三州，以守文为义昌留后。仁恭兵势益盛，自谓得天助，有并吞河朔之志，为守文请旌节，朝廷未许。会中使至范阳，仁恭语之曰：“旌节吾自有之，但欲得长安本色耳，何为累章见拒！为吾言之！”其悖慢如此。

遣他的部将李嗣昭前往守卫河中。

李茂贞、韩建都送书信给李克用，说唐昭宗离开京城长安外出巡行已经好几年了，请求和睦相处不再对抗，共同辅助唐皇室，同时请李克用派出民工匠役帮助修筑宫室。李克用同意了他们的请求。

起初，王建攻打东川，顾彦晖向李茂贞求救，李茂贞命令部将率领军队前往救援，没有空闲向东逼迫唐昭宗，因此伪称已改过自新，与韩建一起辅助拥戴唐昭宗。听到朱全忠在洛阳营建宫室，多次上表朝廷要迎接唐昭宗去洛阳，李茂贞、韩建很恐慌，请求立即修复京城长安的宫殿，侍奉唐昭宗返回长安。唐昭宗下诏任命韩建为修宫阙使。各道都援助银钱及工匠物资；韩建派遣都将蔡敬思监督修复宫殿的事务。修复完善后，二月，韩建亲自前往长安察看。

钱镠请求把镇海军从润州迁往杭州，朝廷答应了他的要求。

恢复李茂贞担任凤翔节度使的职务。

三月二十日己丑，任命王审知充当威武留后。

朱全忠派遣副使万年县人韦震到朝廷奏事，请求兼任天平节度使，朝廷没有同意。韦震竭力争取，朝廷迫不得已，任命朱全忠为宣武、宣义、天平三镇节度使。朱全忠委任韦震为天平留后，委任前台州刺史李振为天平节度副使。李振是李抱真的曾孙。

淮南将领周本救援苏州，两浙将领顾全武打败了周本。淮南将领秦裴带领三千士兵攻下了昆山并驻扎下来。

任命潭州刺史、判湖南军府事马殷主持武安留后的事务。当时湖南管辖的范围有七个州，贼寇头目杨师远占据衡州，唐世旻占据永州，蔡结占据道州，陈彦谦占据郴州，鲁景仁占据连州，马殷所掌握的只是潭州、邵州这两个州而已。

义昌节度使卢彦威，性情残忍暴虐，对邻近各道又不以礼相待。卢龙节度使刘仁恭争夺盐利，刘仁恭派遣他的儿子刘守文率领军队袭击沧州。卢彦威放弃沧州城，带领全家投奔魏州的罗弘信；罗弘信不接纳，于是他又投奔汴州的朱全忠。刘仁恭便夺取了沧、景、德三个州，委任刘守文为义昌留后。刘仁恭的兵力越来越强盛，自以为得到了上天的保佑、帮助，就有了并吞河朔地区的心愿，他向朝廷为儿子刘守文请求节度使的仪仗，朝廷没有同意。正遇上唐昭宗派出的使者到了范阳，刘仁恭对他说："节度使的仪仗我自己就有，只是想得到朝廷在京城长安颁赐的真品罢了，为什么我多次上表朝廷请求却被拒绝呢？替我向朝廷去说一说！"刘仁恭狂妄傲慢到了这样的地步。

朱全忠与刘仁恭修好，会魏博兵击李克用。夏，四月，丁未，全忠至钜鹿城下，败河东兵万余人，逐北至青山口。

以护国节度使王珂兼侍中。

丁卯，朱全忠遣葛从周分兵攻洺州，戊辰，拔之，斩刺史邢善益。

五月，己巳朔，赦天下。

葛从周攻邢州，刺史马师素弃城走。辛未，磁州刺史袁奉滔自刭。全忠以从周为昭义留后，守邢、洺、磁三州而还。

以武定节度使李继密为山南西道节度使。

朝廷闻王建已用王宗涤为东川留后，乃召刘崇望还，为兵部尚书，仍以宗涤为留后。

湖南将姚彦章言于马殷，请取衡、永、道、连、郴五州，仍荐李琼为将。殷以琼及秦彦晖为岭北七州游弈使，张图英、李唐副之，将兵攻衡州，斩杨师远，引兵趣永州，围之月余，唐世旻走死。殷以李唐为永州刺史。

六月，以濠州刺史赵翊为忠武节度使。翊，犨之弟也。

秋，七月，加武贞节度使雷满同平章事，加镇南节度使锺传兼侍中。

忠义节度使赵匡凝闻朱全忠有清口之败，阴附于杨行密。全忠遣宿州刺史尉氏氏叔琮将兵伐之，丙申，拔唐州，擒随州刺史赵匡璘，败襄州兵于邓城。

八月，庚戌，改华州为兴德府。

戊午，汴将康怀贞袭邓州，克之，擒刺史国湘。赵匡凝惧，遣使请服于朱全忠，全忠许之。

己未，车驾发华州；壬戌，至长安；甲子，赦天下，改元。

上欲藩镇相与辑睦，以太子宾客张有孚为河东、汴州宣慰使，赐李克用、朱全忠诏，又令宰相与之书，使之和解。克用欲奉诏，而耻于先自屈，乃致书王镕，使通于全忠，全忠不从。

九月，乙亥，加韩建守太傅、兴德尹；加王镕兼中书令，罗弘信守侍中。

朱全忠和刘仁恭友好亲善，正逢魏博军队去攻打李克用。夏季，四月初八日丁未，朱全忠到达钜鹿城下，打败河东李克用的军队一万多人，追赶李克用的败军一直到青山口。

任命护国节度使王珂兼任侍中。

四月二十八日丁卯，朱全忠派遣葛从周分兵攻打洺州。四月二十九日戊辰，攻下了洺州，斩杀刺史邢善益。

五月初一日己巳，大赦天下。

葛从周攻打邢州，刺史马师素放弃邢州城逃走。五月初三日辛未，磁州刺史袁奉滔自杀。朱全忠委任葛从周为昭义留后，守卫邢州、洺州、磁州这三个州，自己返回汴州。

任命武定节度使李继密为山南西道节度使。

朝廷听说王建已委任王宗涤为东川留后，于是召回刘崇望，任命刘崇望为兵部尚书，仍以王宗涤为东川留后。

湖南将领姚彦章向马殷进言，请他攻打衡、永、道、连、郴五个州，仍然推荐李琼为统军将领。马殷委任李琼和秦彦晖为岭北七州游弈使，张图英、李唐为副使，率领军队攻打衡州，斩杀杨师远，又带领军队奔赴永州，包围了永州一个多月，唐世旻逃跑后死去了。马殷委任李唐为永州刺史。

六月，任命濠州刺史赵珝为忠武节度使。赵珝是赵犨的弟弟。

秋季，七月，加官武贞节度使雷满为同平章事，加官镇南节度使锺传兼任侍中。

忠义节度使赵匡凝听说朱全忠的军队去年在清口打了败仗，便暗中归附杨行密。朱全忠派遣宿州刺史尉氏人氏叔琮率领军队去讨伐他。七月二十八日丙申，氏叔琮攻下了唐州，擒获随州刺史赵匡璘，在邓城打败了襄州的军队。

八月十三日庚戌，朝廷把华州改名为兴德府。

八月二十一日戊午，汴州将领康怀贞袭击邓州，把它攻下来了，擒获邓州刺史国湘。赵匡凝很害怕，派遣使者去汴州请求臣服于朱全忠，朱全忠同意了。

八月二十二日己未，唐昭宗从华州出发；八月二十五日壬戌，回到长安；八月二十七日甲子，大赦天下，改年号为光化。

唐昭宗想要各藩镇之间和睦相处，任命太子宾客张有孚为河东、汴州宣慰使，向李克用、朱全忠颁赐诏书，又命令宰相写信给他们，要他们和解。李克用想要接受诏书与朱全忠和解，但是又耻于由自己先提出，于是写信给王镕，让他先和朱全忠进行沟通。朱全忠不听从诏令。

九月初八日乙亥，加官韩建暂时代理太傅、兴德府尹，加官王镕兼任中书令，罗弘信暂时代理侍中。

己丑，东川留后王宗涤言于王建，以东川封疆五千里，文移往还，动逾数月，请分遂、合、泸、渝、昌五州别为一镇，建表言之。

（以上为第七段，写昭宗还京，遣使和解诸镇。马殷拓展势力达于岭北。刘仁恭侮辱漫骂朝廷。）

顾全武攻苏州，城中及援兵食皆尽，甲申，淮南所署苏州刺史台濛弃城走，援兵亦遁。全武克苏州，追败周本等于望亭。独秦裴守昆山不下，全武帅万余人攻之。裴屡出战，使病者被甲执矛，壮者彀弓弩，全武每为之却。全武檄裴令降。全武尝为僧，裴封函纳款，全武喜，召诸将发函，乃佛经一卷，全武大惭，曰："裴不忧死，何暇戏予！"益兵攻城，引水灌之，城坏，食尽，裴乃降。钱镠设千人馔以待之，及出，羸兵不满百人。镠怒曰："单弱如此，何敢久为旅拒！"对曰："裴义不负杨公，今力屈而降耳，非心降也。"镠善其言。顾全武亦劝镠宥之，镠从之。时人称全武长者。

魏博节度使罗弘信薨，军中推其子节度副使绍威知留后。

汴将朱友恭将兵还自江、淮，过安州，或告刺史武瑜潜与淮南通，谋取汴军，冬，十月，己亥，友恭攻而杀之。

李克用遣其将李嗣昭、周德威将步骑二万出青山，将复山东三州。壬寅，进攻邢州，葛从周出战，大破之。嗣昭等引兵退入青山，从周追之，将扼其归路。步兵自溃，嗣昭不能制。会横冲都将李嗣源以所部兵至，谓嗣昭曰："吾辈亦去，则势不可支矣，我试为公击之。"嗣昭曰："善！我请从公后。"嗣源乃解鞍厉镞，乘高布陈，左右指画，邢人莫之测。嗣源直前奋击，嗣昭继之，从周乃退。德威，马邑人也。

癸卯，以威武留后王审知为节度使。

九月二十二日己丑，东川留后王宗涤对王建说："东川受封的疆域有五千里，公文来回传送，每次都要超过几个月，请求分出遂、合、泸、渝、昌五个州另外设置一个镇。"王建上表向唐昭宗报告这件事。

顾全武攻打苏州，苏州城里军队以及前来救援军队的粮食都吃完了。九月十七日甲申，淮南杨行密所任命的苏州刺史台濛放弃守城逃跑，救援军队也逃走了。顾全武攻下了苏州，又追击周本，在望亭打败了他。只有秦裴守住昆山没有被攻下，顾全武率领一万多人去进攻他们。秦裴多次出战，让病弱的士兵穿上铠甲拿着长矛，强壮的士兵张开弓弩，顾全武的军队常常因此而退却。顾全武送檄文给秦裴要他投降。顾全武曾经出家当过和尚，秦裴密封好信函表示要向他投降，顾全武大喜，召集各位将领打开信函，里面却是一卷佛经。顾全武很羞恼，说："秦裴不担忧死亡，还有空闲来戏弄我！"增派军队进攻昆山城，并引河水灌城，城墙塌了，粮食完了，秦裴这才投降。钱镠准备了供一千人吃的食物来等待他们。等到秦裴出城投降的时候，城中剩下的瘦弱的士兵总共不满一百人。钱镠气愤地说："你的军队衰弱到如此地步，为什么还敢长久地抵抗？"秦裴回答说："我秦裴出于义气不幸负杨行密，现在因为力量用尽了，才向你们投降的，并不是从内心里要投降你们。"钱镠很赞赏秦裴说的话，顾全武也劝钱镠宽恕秦裴，钱镠听从了顾全武的意见。当时人们都称赞顾全武是个有德行的人。

魏博节度使罗弘信去世，军中将士推举他的儿子节度副使罗绍威担任留后。

汴州将领朱友恭率领军队从江淮一带返回，经过安州，有人告发安州刺史武瑜暗中和淮南杨行密相互勾结，阴谋攻击汴州军队。冬季，十月初三日己亥，朱友恭率领军队攻打安州，把武瑜杀了。

李克用派遣他的部将李嗣昭、周德威率领步兵骑兵二万人从青山出发，准备收复山东的邢、洺、磁三个州。十月初六日壬寅，进攻邢州。葛从周出城应战，把他们打得大败。李嗣昭等带领军队退入青山，葛从周追击他们，想要截断他们回去的道路。这时，步兵已经不战自溃了，李嗣昭正控制不住，遇上横冲都将李嗣源带领他的部下来到这里，对李嗣昭说："如果我们也退走的话，那么势必支持不住了，我试着为你去攻打葛从周的军队。"李嗣昭说："好！我请求跟在你的后面。"李嗣源于是解下马鞍，磨砺箭头，登上高处去布置战阵，左右前后指指画画，邢州军队猜测不出这样做的意图。李嗣源率领军队向前奋勇攻击，李嗣昭紧跟在后冲杀，葛从周的军队于是向后撤退。周德威是马邑人。

十月初七日癸卯，任命威武留后王审知为节度使。

以罗绍威知魏博留后。

丁巳，以东川留后王宗涤为节度使。

加佑国节度使张全义兼侍中。

王珙引汴兵寇河中，王珂告急于李克用；克用遣李嗣昭救之，败汴兵于胡壁，汴人走。

前常州刺史王柷，性刚介，有时望，诏征之，时人以为且入相。过陕，王珙延奉甚至，请叙子侄之礼拜之，柷固辞不受。珙怒，使送者杀之，并其家人悉投诸河，掠其资装，以覆舟闻。朝廷不敢诘。

闰月，钱镠以其将曹圭为苏州制置使，遣王球攻婺州。

十一月，甲寅，立皇子祯为雅王，祥为琼王。

以魏博留后罗绍威为节度使。

衢州刺史陈岌请降于杨行密，钱镠使顾全武讨之。

朱全忠以奉国节度使崔洪与杨行密交通，遣其将张存敬攻之；洪惧，请以弟都指挥使贤为质，且言："将士顽悍，不受节制，请遣二千人诣麾下从征伐。"全忠许之，召存敬还。存敬，曹州人也。

（以上为第八段，写李克用与朱全忠均全力争河北，大战役不断。钱镠从杨行密手中夺回了苏州。）

十二月，昭义节度使薛志勤薨。

李克用之平王行瑜也，李罕之求邠宁于克用。克用曰："行瑜恃功邀君，故吾与公讨而诛之。昨破贼之日，吾首奏趣苏文建赴镇。今才达天听，遽复二三，朝野之论，必喧然谓吾辈复如行瑜所为也。吾与公情如同体，固无所爱，俟还镇，当更为公论功赏耳。"罕之不悦而退，私于盖寓曰："罕之自河阳失守，依托大庇，岁月已深。比来衰老，倦于军旅，若蒙吾王与太傅哀愍，赐一小镇，使数年之间休兵养疾，然后归老闾阎，幸矣。"寓为之言，克用不应。每藩镇缺，议不及罕之，罕之甚郁郁。寓恐其有他志，亟为之言，克用曰："吾于罕之岂爱一镇，但罕之，鹰也，饥则为用，饱则背飞！"

任命罗绍威为魏博留后。

十月二十一日丁巳，任命东川留后王宗涤为节度使。

加官佑国节度使张全义兼任侍中。

王珙带领汴州军队侵犯河中。王珂向李克用报告情况危急。李克用派遣李嗣昭去救援王珂，在胡壁镇打败了汴州军队，汴州军队逃跑了。

前任常州刺史王柷，性格刚直耿介，很有威望。唐昭宗下诏书征召王柷，当时人都认为他要做宰相了。经过陕州时，王珙侍奉招待王柷很周到，请求用子侄的礼节来拜见他，王柷坚决推辞不肯接受。王珙发怒了，指使送行的人将王柷杀害，连同他的家人全部投进黄河，把他的资财行装全部夺走，然后向朝廷报告说王柷因为船翻了而死亡。朝廷不敢追查这件事。

闰十月，钱镠任命他的部将曹圭为苏州制置使，派遣王球攻打婺州。

十一月十九日甲寅，立皇子李祯为雅王，李祥为琼王。

任命魏博留后罗绍威为节度使。

衢州刺史陈岌向杨行密请求投降，钱镠派遣顾全武去讨伐陈岌。

朱全忠因为奉国节度使崔洪和杨行密互相勾结，派遣他的部将张存敬去攻打崔洪。崔洪害怕了，请求让他的弟弟都指挥使崔贤作为人质，并且说："我手下的将领士兵顽固凶狠，不接受我的调派制约，请允许派遣两千人到您的手下随从征伐。"朱全忠答应了，召还张存敬。张存敬是曹州人。

十二月，昭义节度使薛志勤去世。

李克用平定王行瑜时，李罕之向李克用谋求邠宁节度使的官职。李克用说："王行瑜依仗自己有功劳胁迫唐昭宗，所以我和你共同讨伐并将他杀死。昨天打败王行瑜，我首先上奏催促苏文建赶赴邠宁就职。现在这一奏疏刚刚送到唐昭宗那里，马上又要改变，朝廷内外的舆论，一定会喧哗吵闹，说我们所作所为和王行瑜一个样子。我和你情同兄弟，所以没有给你什么特别的恩惠，等到返回镇所，我再给你论功行赏好了。"李罕之不高兴地退了下去，私下和盖寓说："我自从河阳失守以后，依靠大王的庇护，已经有很多年月了。近来我越来越衰老，对出征作战已感到厌倦，假如得到大王李克用和您的怜悯，赐给我一个小镇，让我能在几年之中停止出征作战，一心治疗疾病，然后再返回乡里养老，那就是我的幸运了。"盖寓为李罕之说情，李克用不答应。每当藩镇官出现空缺，商量人选时总不提到李罕之，李罕之心里感到忧伤沉闷。盖寓担心李罕之会产生异心，多次为他说话，李克用说："我对于李罕之，怎么在乎一个小镇呢！只是李罕之这个人，像鹰一样，饥饿的时候能为你

及志勤薨，旬日无帅，罕之擅引泽州兵夜入潞州，据之，以状白克用，曰：“薛铁山死，州民无主，虑不逞者为变，故罕之专命镇抚，取王裁旨。”克用怒，遣人让之。罕之遂遣其子请降于朱全忠，执河东将马溉等及沁州刺史傅瑶送汴州。克用遣李嗣昭将兵讨之，嗣昭先取泽州，收罕之家属送晋阳。

杨行密遣成及归两浙以易魏约等，钱镠许之。

韶州刺史曾衮举兵攻广州，州将王瓌帅战舰应之；清海行军司马刘隐一战破之。韶州将刘潼复据浈、浛，隐讨斩之。

（以上为第九段，写李罕之叛离李克用。杨行密与钱镠和解换俘。）

二年（己未，899 年）

春，正月，丁未，中书侍郎兼吏部尚书崔胤罢守本官；以兵部尚书陆扆同平章事。

朱全忠表李罕之为昭义节度使，又表权知河阳留后丁会、武宁留后王敬荛、彰义留后张珂并为节度使。

杨行密与朱瑾将兵数万攻徐州，军于吕梁，朱全忠遣骑将张归厚救之。

刘仁恭发幽、沧等十二州兵十万，欲兼河朔。攻贝州，拔之，城中万余户，尽屠之，投尸清水。由是诸城各坚守不下。仁恭进攻魏州，营于城北，魏博节度使罗绍威求救于朱全忠。

朱全忠遣崔贤还蔡州，发其兵二千诣大梁。二月，蔡将崔景思等杀贤，劫崔洪，悉驱兵民渡淮奔杨行密。兵民稍稍遁归，至广陵者不满二千人。全忠命许州刺史朱友裕守蔡州。

朱全忠自将救徐州，杨行密闻之，引兵去。汴人追及之于下邳，杀千余人。全忠行至辉州，闻淮南兵已退，乃还。

三月，朱全忠遣其将李思安、张存敬将兵救魏博，屯于内黄；癸卯，

效劳，吃饱了以后就背离你飞走了。”

等到薛志勤去世，潞州这个地方十多天没有主帅，李罕之擅自带领泽州军队在夜里进入潞州，占据了潞州城，然后送上状文报告李克用说：“薛志勤死了，潞州老百姓没有主帅，我担忧别有用心的人发动变乱，所以就擅自进入潞州镇守安抚，现在请大王裁定。”李克用大怒，派人前去责备他。李罕之于是就派遣他的儿子李颢去朱全忠那里请求投降，捉住河东将领马溉等以及沁州刺史傅瑶送往汴州。李克用派遣李嗣昭率领军队讨伐李罕之。李嗣昭先攻下了泽州，俘获李罕之的家属把他们送到晋阳。

杨行密送回以前擒获的两浙将领成及等，以换回被两浙军队俘获的淮南将领魏约等，钱镠同意了。

韶州刺史曾衮发动军队攻打广州，广州将领王瓌率领战舰接应他们。清海行军司马刘隐一交战就打败了曾衮的军队。韶州将领刘潼重新占据了浈阳、浛洭这两个县，刘隐又去讨伐刘潼，把他斩杀。

唐昭宗光化二年（己未，899 年）

春季，正月十三日丁未，中书侍郎兼吏部尚书崔胤被免除官职，保留官衔；任命兵部尚书陆扆为同平章事。

朱全忠上表请求朝廷任命李罕之为昭义节度使，又上表请求朝廷将暂时代理河阳留后的丁会、武宁留后王敬尧、彰义留后张珂都任命为节度使。

杨行密和朱瑾率领军队几万人攻打徐州，驻扎在吕梁。朱全忠派遣骑兵将领张归厚救援徐州。

刘仁恭发动幽、沧、涿、瀛、莫、平、营、蓟、妫、檀、景、德十二个州的军队十万人，想要兼并河朔地区；先去攻打贝州，把它攻下来了，城里一万多户居民都被屠杀，将尸体扔进清河水中。因此各城都顽强固守坚决不投降，刘仁恭攻不下来了。刘仁恭攻打魏州，在城北面安营扎寨；魏博节度使罗绍威向朱全忠请求救援。

朱全忠把崔洪的弟弟崔贤送回蔡州，征发蔡州军队两千人到大梁。二月，蔡州将领崔景思等人杀死崔贤，劫持崔洪，驱赶蔡州的全部士兵和百姓渡过淮水投奔杨行密。士兵和百姓渐渐地都逃回了蔡州，到广陵的士兵和百姓不满两千人。朱全忠命令许州刺史朱友裕守卫蔡州。

朱全忠亲自率领军队去救援徐州，杨行密听到这个消息，带领军队离开了。汴州军队在下邳县追上了淮南兵，杀死一千多人。朱全忠到辉州时，得知淮南军队已经退走，于是返回汴州。

三月，朱全忠派遣他的部将李思安、张存敬率领军队去救援魏博，在内黄县驻

全忠以中军军于滑州。刘仁恭谓其子守文曰："汝勇十倍于思安，当先虏鼠辈，后擒绍威耳！"乃遣守文及其妹婿单可及将精兵五万击思安于内黄。丁未，思安使其将袁象先伏兵于清水之右，思安逆战于繁阳，阳不胜而却；守文逐之，及内黄之北，思安勒兵还战，伏兵发，夹击之。幽州兵大败，斩可及，杀获三万人，守文仅以身免。可及，幽州骁将，号"单无敌"，燕军失之丧气。思安，陈留人也。

时葛从周自邢州将精骑八百已入魏州。戊申，仁恭攻上水关、馆陶门，从周与宣义牙将贺德伦出战，顾门者曰："前有大敌，不可返顾。"命阖其扉。从周等殊死战，仁恭复大败，擒其将薛突厥、王郐郎。明日，汴、魏乘胜合兵击仁恭，破其八寨，仁恭父子烧营而遁。汴、魏之人长驱追之，至临清，拥其众入永济渠，杀溺不可胜纪。镇人亦出兵邀击于东境，自魏至沧五百里间，僵尸相枕。仁恭自是不振，而全忠益横矣。德伦，河西胡人也。

（以上为第十段，写幽州刘仁恭扫境南下侵魏博，朱全忠遣将救援，连败刘仁恭、刘守光父子，幽州之众全军覆没，至是，刘仁恭一蹶不振。）

刘仁恭之攻魏州也，罗绍威遣使修好于河东，且求救。壬午，李克用遣李嗣昭将兵救之。会仁恭已为汴兵所败，绍威复与河东绝，嗣昭引还。

葛从周乘破幽州之势，自土门攻河东，拔承天军；别将氏叔琮自马岭入，拔辽州乐平，进军榆次。李克用遣内牙军副周德威击之。

叔琮有骁将陈章，号"陈夜叉"，为前锋，请于叔琮曰："河东所恃者周杨五，请擒之，求一州为赏。"克用闻之，以戒德威，德威曰："彼大言耳。"战于洞涡，德威微服往挑战，谓其属曰："汝见陈夜叉即走。"章果逐之，德威奋铁村击之坠马，生擒以献。因击叔琮，大破之，斩首三千级。叔琮弃营走，德威追之，出石会关，又斩千余级。从周亦引还。

扎。三月初十日癸卯，朱全忠又将中军驻扎在滑州。刘仁恭对他的儿子刘守文说：“你的勇敢胜过李思安十倍，应当首先俘虏这无能的鼠辈，然后再活捉罗绍威！”于是派遣刘守文和他的妹夫单可及率领精兵五万人到内黄去攻打李思安。三月十四日丁未，李思安派遣他的部将袁象先在清河水的右侧埋伏士兵，他自己在繁阳迎战，假装打不赢而后退；刘守文追赶单可及，到了内黄的北边，李思安率领军队回头攻打，埋伏的士兵也发起进攻，两面夹击刘守文。幽州军队打了大败仗，单可及被杀，被斩杀俘获的将士有三万人，刘守文只身逃走，仅仅免于一死。单可及是幽州勇猛矫健的将领，号称“单无敌”，刘仁恭的军队失去了他，士气大大低落。李思安是陈留人。

这时，葛从周从邢州率领精锐的骑兵八百人已进入魏州。三月十五日戊申，刘仁恭攻打上水关、馆陶门，葛从周和宣义牙将贺德伦出魏州城迎敌，回头对看守城门的士兵说：“前面有强大的敌人，不能让出城作战的将士有回城的打算。”命令关闭城门。葛从周等拼死作战，刘仁恭的军队又一次被打败，活捉了刘仁恭的部将薛突厥、王郐郎。第二天，汴州、魏州的军队乘着胜势联合起来追击刘仁恭，攻破他八个营寨，刘仁恭父子烧毁营寨逃跑了。汴州、魏州的军队长驱直入，到了临清，把刘仁恭的军队逼到永济渠里，被斩杀和溺死的人无法计算。镇州的王镕也派出军队在东边的深州、冀州、赵州一带拦击刘仁恭，从魏州到沧州五百里的范围内，死尸纵横重叠。刘仁恭从此以后一蹶不振，而朱全忠却更加骄傲蛮横了。贺德伦是河西的胡人。

刘仁恭攻打魏州时，罗绍威派遣使者到河东去和李克用重新建立友好关系，并且请求李克用派出军队救援。李克用派遣李嗣昭率领军队去救援罗绍威。但这时刘仁恭已被汴州军队打败，罗绍威又和河东李克用断绝友好关系，李嗣昭带领军队返回。

葛从周乘着打败幽州刘仁恭的余威，从土门进攻河东，攻下了承天军；另一将领氏叔琮从马岭攻入，也打下了辽州乐平县，进军到榆次县驻扎。李克用派遣内牙军副周德威去迎击他们。

氏叔琮手下有一员勇将叫陈章，外号“陈夜叉”，是军中前锋。他向氏叔琮请求说：“河东军队所依仗的是周德威，请让我去捉拿他，希望给我一个州作为奖赏。”李克用听说后，告诫周德威不要大意。周德威说：“陈章不过是说说大话罢了。”两军在洞涡交战，周德威穿着便服前往挑战，对他部下将领说：“你们看到陈夜叉就走开。”陈章果然追赶周德威，周德威用铁制的马鞭子奋力猛击陈章，陈章掉下马来，被周德威活捉献给李克用。周德威又乘势攻打氏叔琮，大破他的军队，斩杀三千人。

丁巳，朱全忠遣河阳节度使丁会攻泽州，下之。

婺州刺史王坛为两浙所围，求救于宣歙观察使田頵，夏，四月，頵遣行营都指挥使康儒等救之。

五月，甲午，置武信军于遂州，以遂、合等五州隶之。

李克用遣蕃、汉马步都指挥使李君庆将兵攻李罕之，己亥，围潞州。朱全忠出屯河阳，辛丑，遣其将张存敬救之，壬寅，又遣丁会将兵继之，大破河东兵，君庆解围去。克用诛君庆及其裨将伊审、李弘袭；以李嗣昭为蕃、汉马步都指挥使，代之攻潞州。

庚戌，康儒等败两浙兵于龙丘，擒其将王球，遂取婺州。

六月，乙丑，李罕之疾亟。丁卯，全忠表罕之为河阳节度使，以丁会为昭义节度使。未几，又以其将张归霸守邢州，遣葛从周代会守潞州。

以西川大将王宗佶为武信节度使。宗佶，本姓甘，洪州人也。

丁丑，李罕之薨于怀州。

（以上为第十一段，写河北诸镇依附朱全忠、李克用之间，叛离无常，引发朱李大战，互有胜败。）

保义节度使王珙，性猜忍，虽妻子亲近，常不自保。至是军乱，为麾下所杀，推都将李璠为留后。

秋，七月，朱全忠海州戍将陈汉宾请降于杨行密。淮海游弈使张训以汉宾心未可知，与涟水防遏使庐江王绾将兵二千直趣海州，遂据其城。

加荆南节度使成汭兼中书令。

马殷遣其将李唐攻道州，蔡结聚群蛮，伏兵于隘以击之，大破唐兵。唐曰："蛮所恃者山林耳，若战平地，安能败我！"乃命因风燔林，火烛天地，群蛮惊遁，遂拔道州，擒结，斩之。

朱全忠召葛从周于潞州，使贺德伦守之。八月，丙寅，李嗣昭引兵

氏叔琮放弃营寨逃跑，周德威追赶不舍，出了石会关，又斩杀一千多人。葛从周也带领军队撤了回去。

三月二十四日丁巳，朱全忠派遣河阳节度使丁会攻打泽州，把它攻下来了。

婺州刺史王坛被两浙军队围困，向宣歙观察使田頵请求救援。夏季，四月，田頵派遣行营都指挥使康儒等去救援王坛。

五月初二日甲午，在遂州设置了武信军，划出遂、合等五个州隶属其下。

李克用派遣蕃汉马步都指挥使李君庆率领军队攻打李罕之。五月初七日己亥，包围了潞州。朱全忠出动军队驻扎在河阳；五月初九日辛丑，朱全忠派遣他的部将张存敬去救援李罕之；五月初十日壬寅，又派丁会率领军队前往增援；把河东军队打得大败。李君庆解除对潞州的包围离去。李克用诛杀李君庆及他的副将伊审、李弘袞；任命李嗣昭为蕃、汉马步都指挥使，代替李君庆去攻打潞州。

五月十八日庚戌，康儒等在龙丘县打败两浙钱镠的军队，擒获两浙将领王球，于是攻占了婺州。

六月初三日乙丑，李罕之病重。六月初五日丁卯，朱全忠向朝廷上表请求任命李罕之为河阳节度使，丁会为昭义节度使；不多久，又派遣他的部将张归霸守卫邢州，派遣葛从周代替丁会守卫潞州。

任命西川大将王宗佶为武信节度使。王宗佶，本姓甘，是洪州人。

六月十五日丁丑，李罕之在怀州去世。

保义节度使王珙，生性猜忌残忍，即使是对妻子、儿子和亲近的人，也常常不放心，唯恐生命不保。这时，军中发生变乱，王珙被部下杀死，大家都推举都将李璠担任留后的职务。

秋季，七月，朱全忠派往海州戍守的将领陈汉宾向杨行密请求投降。杨行密部下淮海游弈使张训认为陈汉宾的真正意图不得而知，与涟水防遏使庐江人王绾率领军队两千人直接奔赴海州，于是占据了海州城。

加官荆南节度使成汭兼任中书令。

马殷派遣他的部将李唐去攻打道州。蔡结聚集众多蛮人，在险要地带埋伏军队来对抗，把李唐的军队打败了。李唐说："蛮人所倚仗的只是山林而已，假如在平地上交战，怎么能够打败我呢？"于是下命令借助风势放火焚烧山林，天地间一片火海，蛮人都惊慌失措地逃跑了，因此攻下了道州，活捉了蔡结，把他斩杀。

朱全忠从潞州召回葛从周，派遣贺德伦去守卫潞州。八月初五日丙寅，李嗣昭

至潞州城下，分兵攻泽州。己巳，汴将刘玘弃泽州走，河东兵进拔天井关，以李孝璋为泽州刺史。贺德伦闭城不出，李嗣昭日以铁骑环其城，捕刍牧者，附城三十里禾黍皆刈之。乙酉，德伦等弃城宵遁，趣壶关，河东将李存审伏兵邀击之，杀获甚众。葛从周以援兵至，闻德伦等已败，乃还。

九月，癸卯，以凤翔节度使李茂贞为凤翔、彰义节度使。

李克用表汾州刺史孟迁为昭义留后。

淄青节度使王师范以沂、密内叛，乞师于杨行密。冬，十月，行密遣海州刺史台濛、副使王绾将兵助之，拔密州，归于师范；将攻沂州，先使觇之，曰："城中皆偃旗息鼓。"绾曰："此必有备，而救兵近，不可击也。"诸将曰："密已下矣，沂何能为！"绾不能止，乃伏兵林中以待之。诸将攻沂州不克，救兵至，引退。州兵乘之，绾发伏击败之。

十一月，陕州都将朱简杀李璠，自称留后，附朱全忠，仍请更名友谦，预于子侄。

加忠义节度使赵匡凝兼中书令。

马殷遣其将李琼攻郴州，执陈彦谦，斩之；进攻连州，鲁景仁自杀，湖南皆平。

十二月，加魏博节度使罗绍威同平章事。

（以上为第十二段，写马殷全据湖南，杨行密救援王师范。晋军呼应在泽潞攻击汴军，获得胜利。）

带领军队到达潞州城下，又分兵去攻打泽州。八月初八日己巳，汴州将领刘玘放弃泽州逃跑，河东军队进兵攻下天井关，委任李孝璋为泽州刺史。贺德伦紧闭潞州城门不出战，李嗣昭每天派出骑兵环绕潞州城巡行，捕捉割草放牧的人，把潞州城附近三十里的稻谷和黍子都割光了。八月二十四日乙酉，贺德伦等放弃潞州城，在夜里逃走，直奔壶关县。河东将领李存审埋伏军队迎击他们，被杀死、俘获的很多。葛从周带领救援的军队到来，听说贺德伦等已经战败，就回去了。

九月十二日癸卯，任命凤翔节度使李茂贞为凤翔、彰义节度使。

李克用向朝廷上表请求任命汾州刺史孟迁为昭义留后。

淄青节度使王师范因为沂州、密州发生内乱，向杨行密请求派军队救援。冬季，十月，杨行密派遣海州刺史台濛、副使王绾带领军队前去救援，攻下了密州，把它交还王师范；将要攻打沂州，先派人前去侦察，回来报告说："城里偃旗息鼓，没有动静。"王绾说："他们一定是已经有了准备，而且救援的军队又离得很近，不能前去攻打。"各位将领说："密州已经攻下来了，沂州还能怎么样呢？"王绾阻止不了手下将领，于是在树林中埋伏军队等待他们。各位将领去攻打沂州没有打下来，援军也赶到了，只得带领士兵后退；沂州的军队乘机追击，王绾发动埋伏在树林中的军队打败了他们。

十一月，陕州都将朱简杀死李璠，自称为留后，依附朱全忠，仍然要求更改名字叫友谦，列入朱全忠的子侄行列。

加官忠义节度使赵匡凝兼任中书令。

马殷派遣他的部将李琼攻打郴州，活捉了陈彦谦，把他斩杀；又进军攻打连州，鲁景仁自杀。湖南各州全部被平定了。

十二月，加官魏博节度使罗绍威为同平章事。

【点评】

本卷点评唐昭宗出幸华州、朱全忠兵败淮南、杨行密与钱镠和解换俘三件史事。

一、昭宗出幸华州。唐昭宗乾宁三年（896）六月，昭宗增置禁军，选补数万人，使诸王率领，李茂贞认为是昭宗想要讨伐他，再次引军犯阙。七月，昭宗出奔渭北，遣使告太原，初欲北巡。华州镇国军节度使韩建近水楼台，遣其子韩从允奉表请昭宗幸华州。七月十五日，昭宗在富平召见韩建，面议去留。韩建顿首涕泣，恭敬有加，声称车驾渡河远去，恐无归期，华州教练士兵，磨砺兵器，积聚十有五年，离长安不远，愿昭宗临幸华州，再图复兴。其时杨行密表请昭宗迁都江淮，王建请昭宗幸蜀。昭宗及百官随从都不想远走，见韩建如此谦恭，于是车驾幸华州。昭宗到华州后，韩建显露狰狞，乾宁四年正月，引兵围行宫，胁迫昭宗下诏，解除诸王领兵，诸王回归十六宅，诸王所领禁军及殿后四军尽行解散，纵归田里。八月，韩建诬诸王谋反，杀尽十一王。昭宗讲武，本来想用以自卫，结果既陷子弟于死地，又使自己更招藩臣之忌，宗子尽而身随以弑，国随已亡，真是可悲。

昭宗志欲兴唐，然志大才疏，非中兴之主，他的所有举措，看似正义，其实乖张，不合时宜。昭宗即位之时，天下虽然割裂，黄巢被灭，天下延颈而望治，尚有可为。山南、剑南、河西、岭南，人犹知有天子，如桀骜之董昌，仍按时贡奉，企求天子之号。如果此时昭宗择诸王之贤者分领节镇，收士民，练甲兵，以屏藩皇室，京师平衡南司与北司，遣使和解藩镇之间的争斗，天子垂拱以稳定为大局，选贤才以牧民，中兴之业未必不可为。昭宗急躁使性，听张濬之邪说，轻启干戈讨沙陀，一败而损威矣；继而不听杜让能之诤言，再次兴兵讨李茂贞，再败而威权扫地以尽，身陷孤城之中，而后讲武，使诸王典军，招藩镇之疑，无异于玩火自焚。韩建、李茂贞，酣睡于天子卧榻之侧，岂容天子自强。昭宗虑不及此，举措乖张，加速了唐朝的灭亡。

二、朱全忠兵败淮南。朱全忠与李克用长年争夺河北。李克用南联杨行密夹攻朱全忠，杨行密要立足淮南，亦不能容忍北边有强邻，北联李克用是必然之势。钱镠据苏浙，杨行密是最大的竞争对手，朱钱联合夹击杨行密也是必然之势。杨行密要站稳脚跟，实现割据淮南，北抗朱全忠，南击钱镠，都要立于不败之地。杨行密面对南北两个敌手，北强南弱，所以杨行密的对敌方针是南守北争。所谓南守，即对钱镠的斗争以进为守，和解、和睦为首位，争城争地伺机而行。所谓北争，即对朱全忠的斗争以守为进，争城争地寸土不让，乃至于主动向北进攻。一是救援朱瑄、朱瑾、王师范，二是配合太原李克用进兵河北，遥为之声援。公元903年，杨行密派遣大将王茂章救援王师范，大败汴军，杀了朱全忠之子朱友宁。朱全忠南犯，杨

行密坚决抗击。公元 895 年、897 年、903 年朱全忠三次进攻淮南，三次败北。公元 897 年，朱全忠发兵，分两路进攻淮南。大将庞师古率七万大军突进至清口，葛从周率主力突进至寿州西北为庞师古后继。杨行密集中兵力打击庞师古，又引淮水为助，大破庞师古军，汴军七万之众被水淹没，全军溃散，被杀溺殆尽，生还者不满一千人，庞师古丧身。葛从周闻风丧胆，不战而退，朱全忠也闻讯逃走。此役，淮南大胜，朱全忠大败，从此汴军不再大举南犯。杨行密由此站稳淮南，成为保卫江南的一道长城，使江南士民在中原五代的乱世中得以休养生息，具有重大的历史意义。

杨行密大胜朱全忠是以弱抗强，以少胜众。杨行密与朱瑾率领淮南三万余人，加上别将张训所领涟水之众，合计四万多人，数量只及庞师古七万大军之半。杨行密取胜原因有三。其一，杨行密所领淮南，北起海州，南至虔州，东起常州，西至沔口，淮水南部、长江东部诸州均为淮南所有，是一个大镇。杨行密轻徭薄赋，抚爱士众，在当时众多军阀中是一个比较得民心的首领。所以淮南之众，是万众一心，为保卫乡土而战，作战英勇，这是取胜的第一个原因。其二，杨行密取得对孙儒的胜利，士气正盛。孙儒所领蔡州兵凶悍好战，多经战阵，是一支精兵。杨行密从中挑选了五千人组建了一支突击队，号称“黑云都”，善于攻坚。此外，朱瑾失败，带来了他的精锐卫队。李克用所遣悍将李承嗣、史俨、史建章，带来一支沙陀精锐骑兵。从此，杨行密步骑配合作战，江南无敌手。李承嗣长期与汴军作战，知彼知己，清口之战的方略就出自李承嗣。兵精，策略周详，是杨行密取胜的第二个原因。其三，杨行密采用水攻，又由朱瑾与淮南将侯瓒率领五千淮南兵化装为汴兵，直插敌人心脏。巧用计谋，这是取胜的第三个原因。反观汴兵，将骄卒惰，主将不知彼不知己，还滥杀情报兵，不打败仗才是怪事。杨行密遗书朱全忠说：“庞师古、葛从周，不是我的对手，朱公不服，那就亲自来淮南决一胜负。”

三、杨行密与钱镠和解换俘。钱镠，字具美，杭州临安人，不喜事生业，以贩盐为盗治生。公元 875 年，浙西狼山守将王郢叛乱，攻掠浙东、浙西诸州，临安人董昌募土团抵抗王郢，钱镠从军为董昌土团偏将。公元 881 年，镇海节度使周宝任董昌为杭州刺史，董昌任钱镠为都指挥使。公元 887 年，唐僖宗任董昌为浙东观察使，钱镠为杭州刺史。公元 893 年，钱镠升任为镇海节度使，驻杭州，有兵十三都，成为浙西强镇。公元 895 年，董昌在越州称帝，钱镠得到机会攻杀董昌，全据浙江，但他地小兵弱，北联朱全忠以求生存。公元 907 年，朱全忠代唐后封钱镠为吴越王。

钱镠为董昌一手培植，最后抓住时机一举灭董昌，也是一个雄略人物。杨行密面对强大的朱全忠，也无力吞掉钱镠，更何况钱镠也曾帮助自己击败孙儒。于是杨

行密对钱镠采取睦邻政策，使吴越并存。公元 896 年，杨行密俘获钱镠将成及；公元 897 年，钱镠俘获了淮南将魏约。公元 898 年，杨行密主动放回成及，用成及交换魏约，示好钱镠。其后淮南将田颓攻钱镠，杨行密制止，甚至逼反了田颓也在所不辞。人贵自知，在事业成功或顺境之时，善于自处，保持清醒，才是一个智勇双全的人。杨行密争天下的大局观和气量胜人一筹，说明他就是这样一个智勇双全的人。

唐纪七十八

唐昭宗光化三年至天复元年（900—901 年）

【起上章涒滩（庚申，900 年），尽重光作噩（辛酉，901 年），凡二年】

【大事提要】

本卷记事起公元 900 年，讫公元 901 年，载述史事凡二年。当唐昭宗光化三年至天复元年。两年间京师再发政治地震，唐昭宗先是被宦官废为太上皇，复辟后又被宦官劫持至凤翔，皇帝成为权臣、诸侯手中的玩物，纲纪荡然矣。祸皆起于崔胤尽诛宦官，神策军中尉、宦官刘季述发动宫廷政变废唐昭宗为太上皇，立太子即皇帝位。崔胤策动左神策军指挥使发动反政变诛杀刘季述，昭宗复辟，崔胤大权独揽。昭宗用枢密使宦官韩全诲掌控禁军以分崔胤之权，崔胤留凤翔兵两千以抗宦官。此时朱全忠兵服河北诸镇，身兼宣武、宣平、天平、护国四镇节度使，自谓天下无敌。韩全诲外结李茂贞自保，崔胤所留凤翔兵反为韩全诲所用。朱全忠与李茂贞都想挟天子以令诸侯，朝中南司崔胤、北衙韩全诲分别为其朝中代言人，水火不容。昭宗既无识人之智，又无乾纲独断之才，优柔寡断，不讷宰相韩偓之正言，苟且度日，等到朱全忠发兵向西，韩全诲劫持昭宗幸凤翔，回天无术矣。朱全忠入长安，劫持百官送华州。两个诸侯，一个劫天子，一个劫百官，朝廷分裂不全，标志唐王朝实际已亡，禅代之举，只待一个仪式罢了。

【原文】

昭宗圣穆景文孝皇帝中之中

光化三年（庚申，900 年）

春，正月，宣州将康儒攻睦州，钱镠使其从弟銶拒之。

二月，庚申，以西川节度使王建兼中书令。

壬申，加威武节度使王审知同平章事。

壬午，以吏部尚书崔胤同平章事，充清海节度使。

李克用大发军民治晋阳城堑，押牙刘延业谏曰："大王声振华、夷，宜扬兵以严四境，不宜近治城堑，损威望而启寇心。"克用谢之，赏以金帛。

夏，四月，加定难军节度使李承庆同平章事。

朱全忠遣葛从周帅兖、郓、滑、魏四镇兵十万击刘仁恭，五月，庚寅，拔德州，斩刺史傅公和；己亥，围刘守文于沧州。仁恭复遣使卑辞厚礼求援于河东，李克用遣周德威将五千骑出黄泽，攻邢、洺以救之。

邕州军乱，逐节度使李鐬。鐬借兵邻道讨平之。

六月，癸亥，加东川节度使王宗涤同平章事。

司空、门下侍郎、同平章事王抟，明达有度量，时称良相。上素疾宦官枢密使宋道弼、景务脩专横，崔胤日与上谋去宦官，宦官知之。由是南、北司益相憎嫉，各结藩镇为援以相倾夺。抟恐其致乱，从容言于上曰："人君当务明大体，无所偏私。宦官擅权之弊，谁不知之！顾其势未可猝除，宜俟多难渐平，以道消息。愿陛下言勿轻泄以速奸变。"胤闻之，谮抟于上曰："王抟奸邪，已为道弼辈外应。"上疑之。及胤罢相，意抟排己，愈恨之。及出镇广州，遗朱全忠书，具道抟语，令全忠表论之。全忠上言："胤不可离辅弼之地，抟与敕使相表里，同危社稷。"表连上不已。上虽察其情，迫于全忠，不得已，胤至湖南复召还。丁卯，以胤为司空、门下侍郎、同平章事，抟罢为工部侍郎。以道弼监荆南军，务脩监青州军。戊辰，贬抟溪州刺史；己巳，又贬崖州司户，道弼长流驩州，务脩长流爱州。是日，皆赐自尽。抟死于蓝田驿，道弼、务脩死于霸桥驿。于是胤专制朝政，势震中外，宦官皆侧目，不胜其愤。

（以上为第一段，写崔胤外结朱全忠专朝政，排抑异己之大臣，昭宗既无识人之

【语译】

昭宗圣穆景文孝皇帝中之中

唐昭宗光化三年（庚申，900年）

春季，正月，宣州将领康儒攻打睦州；钱镠派遣他的堂弟钱銶去抵抗康儒。

二月初二日庚申，任命西川节度使王建兼任中书令。

二月十四日壬申，加官威武节度使王审知为同平章事。

二月二十四日壬午，任命吏部尚书崔胤为同平章事，充当清海节度使。

李克用大举征发军中士兵和老百姓修建晋阳城的城墙壕沟，押牙刘延业劝谏说："大王的威望震动华夏和四夷，应该宣扬军事力量、严守四方边境，不应该修建眼前的城墙壕沟，既损害自己的威望，又开启敌人的侵犯之心。"李克用向刘延业表示感谢，赏赐给他金银绢帛。

夏季，四月，加官定难军节度使李承庆为同平章事。

朱全忠派遣葛从周率领兖州、郓州、滑州、魏州四镇的军队十万人去攻打刘仁恭。五月初四日庚寅，打下了德州，斩杀刺史傅公和；五月十三日己亥，在沧州包围了刘守文。刘仁恭派遣使者用卑下的言辞和丰厚的礼物到河东李克用处去请求救援，李克用派周德威率领骑兵五千人从黄泽关出发，攻打邢州、洺州来救援刘仁恭。

邕州的军队发生叛乱，赶走了节度使李鐬；李鐬向邻道借兵平定了叛乱。

六月初七日癸亥，加官东川节度使王宗涤为同平章事。

司空、门下侍郎、同平章事王抟，通达事理，宽宏大量，当时称为良相。唐昭宗一向痛恨宦官枢密使宋道弼、景务脩专横跋扈。崔胤每天和唐昭宗商量要除去宦官，宦官也知道了他们的计划。因此南司三省所属各官员和北司宦官更加相互憎恨、妒忌，各自勾结藩镇作为援助，用来相互倾轧排挤，争权夺利。王抟担心这样会招致变乱，从容不迫地向唐昭宗进言说："君王办事应该认清大局，不能有私心，偏袒一方。宦官专权的弊病，谁不知道呢！但是他们的势力不能够马上消除干净，应当等待灾乱渐渐平定，才能逐步消除。希望陛下说话不要轻易泄漏，以加速奸人的变乱。"崔胤听到这话，就向唐昭宗进谗言诬陷王抟，说："王抟奸诈邪恶，已成为宋道弼这些人的外应。"唐昭宗怀疑这话是否真实。崔胤被罢免了宰相的职位后，猜想是王抟在排斥自己，更加痛恨王抟。到崔胤奉命离开京城去广州赴任，他就送信给朱全忠，详细告诉了王抟所说的话，要朱全忠向唐昭宗上表章来辩论是非，朱全忠就向唐昭宗上表说："崔胤不可以离开宰相这个职位。王抟和宦官互相勾结，内外呼应，一起危害国家。"表章接连送上，没有停止。唐昭宗虽然察觉其中实情，但迫于朱全忠的势力，无可奈何，只好把到了湖南的崔胤再召回京城长安。六月十一日丁

智，又无刚毅独断之才，日益沦落为权臣掌上傀儡。）

刘仁恭将幽州兵五万救沧州，营于乾宁军。葛从周留张存敬、氏叔琮守沧州寨，自将精兵逆战于老鸦堤，大破仁恭，斩首三万级，仁恭走保瓦桥。秋，七月，李克用复遣都指挥使李嗣昭将兵五万攻邢、洺以救仁恭，败汴军于内丘。王镕遣使和解幽、汴，会久雨，朱全忠召从周还。

庚戌，以昭义留后孟迁为节度使。

甲寅，以西川节度使王建兼东川、信武军两道都指挥制置等使。

八月，李嗣昭又败汴军于沙门河，进攻洺州。乙丑，朱全忠引兵救之，未至，嗣昭拔洺州，擒刺史朱绍宗。全忠命葛从周将兵击嗣昭。

宣州将康儒食尽，自清溪遁归。

九月，葛从周自邺县渡漳水，营于黄龙镇；朱全忠自将中军三万涉洺水置营。李嗣昭弃城走，从周设伏于青山口，邀击，大破之。

崔胤以太保、门下侍郎、同平章事徐彦若位在己上，恶之，彦若亦自求引去。时藩镇皆为强臣所据，惟嗣薛王知柔在广州，乃求代之。乙巳，以彦若同平章事，充清海节度使。

初，荆南节度成汭以澧、郎本其巡属，为雷满所据，屡求割隶荆南，朝廷不许，汭颇怨望。及彦若过荆南，汭置酒，从容以为言。彦若曰："令公位尊方面，自比桓、文，雷满小盗不能取，乃怨朝廷乎！"汭甚惭。

丙午，中书侍郎兼吏部尚书、同平章事崔远罢守本官，以刑部尚书

卯，唐昭宗任命崔胤为司空、门下侍郎、同平章事，王抟被罢免相位，改任工部侍郎，又命宋道弼担任荆南监军，景务脩担任青州监军。六月十二日戊辰，又贬王抟为溪州刺史。六月十三日己巳，再贬王抟为崖州司户；宋道弼被远远流放到驩州，景务脩被远远流放到爱州，这一天，都被赐令自杀。王抟死在蓝田驿，宋道弼、景务脩死在霸桥驿。于是崔胤操纵控制了朝廷大权，势力威震朝野，宦官们都怒目而视，对崔胤非常愤恨。

刘仁恭率领幽州军队五万人去救援沧州，在乾宁军驻扎。葛从周留下张存敬、氏叔琮守卫沧州营寨，自己率领精兵在老鸦堤迎战刘仁恭，大败刘仁恭的军队，杀死三万人，刘仁恭逃走退守瓦桥。秋季，七月，李克用又派遣都指挥使李嗣昭率领军队五万人攻打邢州、洺州来救援刘仁恭，在内丘打败了汴州军队。王镕派遣使者在幽州刘仁恭、汴州朱全忠中间进行调解，正遇上长期下雨不停，朱全忠召回了葛从周。

七月二十五日庚戌，任命昭义留后孟迁为节度使。

七月二十九日甲寅，任命西川节度使王建兼任东川、武信军两道都指挥制置等使。

八月，李嗣昭又在沙门河打败了汴州军队，进兵攻打洺州。八月初十日乙丑，朱全忠率领军队救援洺州，还没有到达，李嗣昭已经攻下洺州，活捉刺史朱绍宗。朱全忠命令葛从周率领军队去攻打李嗣昭。

宣州将领康儒由于军队粮食已经吃完，只好从清溪逃回宣州。

九月，葛从周从邺县渡过漳水，在黄龙镇驻扎军队。朱全忠亲自率领中军三万人渡过洺水安营扎寨。李嗣昭放弃洺州城逃走，葛从周在青山口设下埋伏，进行拦击，大败李嗣昭的军队。

崔胤因为太保、门下侍郎、同平章事徐彦若的职位在自己的上面，所以憎恨他。徐彦若也自己要求引退去职。当时藩镇都被实力强大的臣子占据了，只有嗣薛王李知柔在广州任节度使，因而徐彦若要求让自己去替代李知柔。九月二十日乙巳，任命徐彦若为同平章事，充当清海节度使。

起初，荆南节度使成汭由于澧州、朗州本来是他的属地，被雷满占领，多次要求把它们划出来隶属荆南，朝廷没有同意，成汭心里很怨恨。等到徐彦若路过荆南，成汭设置酒宴招待，渐渐说起这件事。徐彦若说：“您是一方长官，地位高贵，自认为可以比作齐桓公、晋文公，连雷满这样一个小小的强盗都攻不下来，还怨恨朝廷什么呢？”成汭听了很惭愧。

九月二十一日丙午，中书侍郎兼吏部尚书、同平章事崔远被罢免官职，保留官

裴贽为中书侍郎、同平章事。贽，坦之弟子也。

升桂管为静江军，以经略使刘士政为节度使。

朱全忠以王镕与李克用交通，移兵伐之，下临城，逾滹沱，攻镇州南门，焚其关城。全忠自至元氏，镕惧，遣判官周式诣全忠请和。全忠盛怒，谓式曰："仆屡以书谕王公，竟不之听！今兵已至此，期于无舍！"式曰："镇州密迩太原，困于侵暴，四邻各自保，莫相救恤，王公与之连和，乃为百姓故也。今明公果能为人除害，则天下谁不听命，岂惟镇州！明公为唐桓、文，当崇礼义以成霸业。若但穷威武，则镇州虽小，城坚食足，明公虽有十万之众，未易攻也！况王氏秉旄五代，时推忠孝，人欲为之死，庸可冀乎！"全忠笑揽式袂，延之帐中，曰："与公戏耳！"乃遣客将开封刘捍入见镕，镕以其子节度副使昭祚及大将子弟为质，以文缯二十万犒军。全忠引还，以女妻昭祚。

（以上为第二段，写崔胤排斥右相徐彦若。朱全忠兵服成德节度使王镕。）

成德判官张泽言于王镕曰："河东，勍敌也，今虽有朱氏之援，譬如火发于家，安能俟远水乎！彼幽、沧、易定，犹附河东，不若说朱公乘胜兼服之。使河北诸镇合而为一，则可以制河东矣。"镕复遣周式往说全忠。全忠喜，遣张存敬会魏博兵击刘仁恭。甲寅，拔瀛州；冬，十月，丙辰，拔景州，执刺史刘仁霸；辛酉，拔莫州。

静江节度使刘士政闻马殷悉平岭北，大惧，遣副使陈可璠屯全义岭以备之。殷遣使修好于士政，可璠拒之。殷遣其将秦彦晖、李琼等将兵七千击士政。湖南军至全义，士政又遣指挥使王建武屯秦城。可璠掠县民耕牛以犒军，县民怨之，请为湖南向导，曰："此西南有小径，距秦城才五十里，仅通单骑。"彦晖遣李琼将骑六十、步兵三百袭秦城，中宵，逾垣而入，擒王建武，比明，复还，絣之以练，造可璠壁下示之，可璠犹未之信，斩其首，投壁中，桂人震恐。琼因勒兵击之，擒可璠，降其将士二千，皆杀之。引兵趣桂州，自秦城以南二十余壁皆望风奔溃，遂

位，任命刑部尚书裴贽为中书侍郎、同平章事。裴贽是裴坦之弟弟的儿子。

朝廷升级桂管经略使为静江军，任命经略使刘士政为节度使。

朱全忠因为王镕和李克用相互勾结，就调动军队去讨伐王镕，攻下临城县，渡过滹沱河，又攻打镇州南门，焚烧它的关城。朱全忠亲自到了元氏县，王镕害怕了，派遣判官周式到朱全忠营中请求和好相处。朱全忠非常生气，对周式说："我多次写信告诉王镕，他竟然不听我的劝告！现在我的军队已经到达这里，不要再希望能够宽恕他！"周式说："镇州紧靠着太原，受到被侵犯糟蹋的困扰，四方的邻镇各求自我保全，不能互相救援体恤。王镕和李克用和好往来，是为了让老百姓免受战祸。如今您果真能够为大家除去祸害，那么天下有哪一个人不听从您的命令呢？岂止是一个镇州啊！您是唐朝的齐桓公、晋文公，应当崇尚礼义来完成称霸天下的大业；假如只是炫耀武力到处征讨，那么镇州虽然不大，但城墙坚固，食物充足，您即使拥有十万人的军队，也是不容易攻下镇州的啊！况且王氏已经五代在这里执掌兵权，时人推崇他们忠孝齐全，大家都想为他们而去死，难道可以图谋攻下镇州吗！"朱全忠笑着揽住周式的衣袖，请他进入营帐中，说："我是和你在开玩笑哩！"于是派遣客将开封人刘捍进入镇州城见王镕，王镕用他的儿子节度副使王昭祚以及大将子弟作为人质，拿出有花纹的纺织品二十万匹犒劳朱全忠的军队。朱全忠带领军队返回，并把女儿嫁给王昭祚为妻。

成德判官张泽对王镕说："河东李克用是个强有力的对手。现在虽然有了朱全忠的援助，但譬如家里发生了火灾，怎么能够等待远方的水呢！那幽州的刘仁恭，沧州的刘守文，易州、定州的王部，他们仍依附着李克用，不如劝说朱全忠趁着胜势，去降服他们，使得河北各镇合而为一，这样就可以对抗河东李克用了。"王镕又派遣周式前去说服朱全忠，朱全忠大为高兴，就派张存敬会合魏博的军队去攻打刘仁恭。九月二十九日甲寅，攻克了瀛州。冬季，十月初二日丙辰，夺取了景州，活捉刺史刘仁霸。十月初七日辛酉，又打下了莫州。

静江节度使刘士政听说马殷把岭北全部平定了，非常恐惧，派遣副使陈可璠在全义岭屯兵，以防备马殷的侵犯。马殷派使者和刘士政改善关系，陈可璠拒绝了；马殷就派遣他的部将秦彦晖、李琼等率领军队七千人去攻打刘士政。马殷的湖南军队到了全义县，刘士政又派遣指挥使王建武在秦城驻扎。陈可璠掠夺县民的耕牛犒劳军中将士，大家怨恨他，要求做湖南军队的向导，说："这里西南方有一条小路，相距秦城只有五十里，路径狭窄仅仅能单骑通过。"秦彦晖派遣李琼率领骑兵六十人、步兵三百人袭击秦城，半夜里翻越城墙而入，活捉了王建武，等到天亮时，又回来了，用布带把王建武捆住，送到陈可璠的营垒下给他看，陈可璠还不相信，就

围桂州。数日，士政出降，桂、宜、岩、柳、象五州皆降于湖南。马殷以李琼为桂州刺史，未几，表为静江节度使。

张存敬攻刘仁恭，下二十城，将自瓦桥趣幽州，道泞不能进，乃引兵西攻易定。辛巳，拔祁州，杀刺史杨约。

癸未，以保义留后朱友谦为节度使。

张存敬攻定州，义武节度使王郜遣后院都知兵马使王处直将兵数万拒之。处直请依城为栅，俟其师老而击之。孔目官梁汶曰："昔幽、镇后三十万攻我，于时我军不满五千，一战败之。今存敬兵不过三万，我军十倍于昔，奈何示怯，欲依城自固乎！"郜乃遣处直逆战于沙河，易定兵大败，死者过半，余众拥处直奔还。甲申，王郜弃城奔晋阳，军中推处直为留后。存敬进围定州，丙申，朱全忠至城下，处直登城呼曰："本道事朝廷甚忠，于公未尝相犯，何为见攻？"全忠曰："何故附河东？"对曰："吾兄与晋王同时立勋，封疆密迩，且婚姻也，修好往来，乃常理耳，请从此改图。"全忠许之。乃归罪于梁汶而族之，以谢全忠，以缯帛十万犒师。全忠乃还，仍为处直表求节钺。处直，处存之母弟也。

刘仁恭遣其子守光将兵救定州，军于易水之上，全忠遣张存敬袭之，杀六万余人。由是河北诸镇皆服于全忠。

先是王郜告急于河东，李克用遣李嗣昭将步骑三万下太行，攻怀州，拔之，进攻河阳。河阳留后侯言不意其至，狼狈失据，嗣昭坏其羊马城。会佑国军将阎宝引兵救之，力战于壕外，河东兵乃退。宝，郓州人也。

（以上为第三段，写马殷扩地取桂州。朱全忠连战大破刘仁恭，河北诸镇皆服。）

初，崔胤与帝密谋尽诛宦官，及宋道弼、景务脩死，宦官益惧。上

斩下王建武的头，扔进营垒中，桂州军队惊慌恐惧。李琼趁机率领军队发动攻击，擒获陈可璠，他的部将、士兵两千人投降，把他们都杀死了。李琼率领军队又奔赴桂州，秦城以南的二十多个营垒全都望风逃散，于是包围了桂州；几天后，刘士政出城投降，桂州、宣州、岩州、柳州、象州这五个州都归附了湖南的马殷。马殷委任李琼为桂州刺史；不多久，又上表请朝廷任命他为静江节度使。

张存敬攻打刘仁恭，攻下了二十座城，将要从瓦桥赶赴幽州，因道路泥泞无法前进，于是率领军队向西攻打易州、定州；十月二十七日辛巳，攻下了祁州，杀死刺史杨约。

十月二十九日癸未，任命保义留后朱友谦为节度使。

张存敬攻打定州，义武节度使王郜派遣后院都知兵马使王处直率领军队几万人进行抵抗。王处直请求绕城修建木栅栏，等到张存敬的军队疲乏懈怠，再发动攻击。孔目官梁汶说："过去幽州、镇州军队三十万人来攻打我们，当时我们的人马不到五千,一战便打败了他们。如今张存敬的军队不过三万人，我们的人马是当时的十倍，为什么要表示怯懦，想依仗这个城来固守呢！"王郜于是派遣王处直在沙河迎战，结果被打得大败，死的人超过了半数，余下的士兵簇拥着王处直逃回定州。十月三十日甲申，王郜放弃了定州逃奔晋阳，军中将士推举王处直担任留后。张存敬进军包围定州，朱全忠也到了城下。王处直登上城楼呼喊说："我们事奉朝廷很忠诚，对您也没有冒犯，为什么要攻打我们？"朱全忠说："你们为什么要依附河东李克用？"王处直回答说："我的哥哥王处存和晋王李克用一起讨平黄巢立有功劳，受封的地盘互相靠近，并且是儿女亲家，友好相处，来往不断，这是人之常情。请从今以后改变这种关系。"朱全忠同意与王处直和好。王处直把罪责归于梁汶并杀了他的全族，用来告谢朱全忠，还拿出绢帛十万匹来犒劳朱全忠的军队。朱全忠于是率领军队返回，仍然上表朝廷，替王处直要求节度使的旌节和斧钺。王处直是王处存的同母弟弟。

刘仁恭派遣他的儿子刘守光率领军队救援定州，在易水之上驻扎；朱全忠派遣张存敬进行袭击，杀死六万多人。从此以后，河北各镇全部服从了朱全忠。

在这以前王郜向河东李克用告急。李克用派遣李嗣昭率领步兵、骑兵三万人直下太行，进攻怀州，把它打下来了，又接着进攻河阳。河阳留后侯言没有料到河东军队会突然到达，十分狼狈，进退失据。李嗣昭攻破了河阳城外的羊马城。正遇上佑国军将领阎宝率领军队前来救援，在壕沟外奋力作战，河东军队才退了回去。阎宝是郓州人。

当初，崔胤和唐昭宗秘密谋划把全部宦官杀死，等到宋道弼、景务脩死后，宦

自华州还，忽忽不乐，多纵酒，喜怒不常，左右尤自危。于是左军中尉刘季述、右军中尉王仲先、枢密使王彦范、薛齐偓等阴相与谋曰："主上轻佻多变诈，难奉事，专听任南司，吾辈终罹其祸。不若奉太子立之，尊主上为太上皇，引岐、华兵为援，控制诸藩，谁能害我哉！"

十一月，上猎苑中，因置酒，夜，醉归，手杀黄门、侍女数人。明旦，日加辰巳，宫门不开。季述诣中书白崔胤曰："宫中必有变，我内臣也，得以便宜从事，请人视之。"乃帅禁兵千人破门而入，访问，具得其状。出，谓胤曰："主上所为如是，岂可理天下！废昏立明，自古有之，为社稷大计，非不顺也。"胤畏死，不敢违。庚寅，季述召百官，陈兵殿庭，作胤等连名状，请太子监国，以示之，使署名，胤及百官不得已皆署之。上在乞巧楼，季述、仲先伏甲士千人于门外，与宣武进奏官程岩等十余人入请对。季述、仲先甫登殿，将士大呼，突入宣化门，至思政殿前，逢宫人，辄杀之。上见兵入，惊堕床下，起，将走，季述、仲先掖之令坐。宫人走白皇后，后趋至，拜请曰："军容勿惊宅家，有事取军容商量。"季述等乃出百官状白上，曰："陛下厌倦大宝，中外群情，愿太子监国，请陛下保颐东宫。"上曰："昨与卿曹乐饮，不觉太过，何至于是！"对曰："此非臣等所为，皆南司众情，不可遏也。愿陛下且之东宫，待事小定，复迎归大内耳。"后曰："宅家趣依军容语！"即取传国宝以授季述，宦官扶上与后同辇，嫔御侍从者才十余人，适少阳院。季述以银楇画地数上曰："某时某事，汝不从我言，其罪一也。"如此数十不止。乃手锁其门，熔铁锢之，遣左军副使李师虔将兵围之，上动静辄白季述，穴墙以通饮食。凡兵器针刀皆不得入，上求钱帛俱不得，求纸笔亦不与。时大寒，嫔御公主无衣衾，号哭闻于外。季述等矫诏令太子监国，迎太子入宫。辛卯，矫诏令太子嗣位，更名缜。以上为太上皇，皇后为太上皇后。甲午，太子即皇帝位，更名少阳院曰问安宫。

官们更加恐惧。唐昭宗从华州回到京城长安，一直愁眉不展，闷闷不乐，常常纵情喝酒，喜怒无常，左右的人尤其感到危险、害怕。于是左军中尉刘季述，右军中尉王仲先，枢密使王彦范、薛齐偓等人暗中商量说："唐昭宗轻浮、浅薄、多诈、善变，很难事奉；专门听任宰相衙门办理政事，我们这些人最终要遭到灾祸。不如奉立太子为皇帝，尊称主上为太上皇，招引岐州李茂贞、华州韩建的军队作为援助，控制各个藩镇，这样还有谁能加害我们呢！"

十一月，唐昭宗到禁苑中去打猎，因此设置了酒席，到了晚上，喝醉酒回到宫里，亲手杀死好几个宦官、侍女。第二天早晨，时间已是辰时、巳时，宫门仍然没有打开。刘季述到中书省告诉崔胤说："宫里一定有了变乱，我是内臣，可以根据情况进行处理，请让我进宫去看看发生了什么事情。"于是率领禁兵一千人破门而入，经过查访询问，知道了详细的情况。出来后，对崔胤说："皇上喝醉了酒杀人，像这样怎么可以治理天下呢！废黜昏君，拥立明主，自古以来都是这样做的，这是为了国家的大业，并不是不忠诚啊！"崔胤怕死，不敢违背刘季述。十一月初六日庚寅，刘季述召集百官到来，在宫殿中布置了军队，写了由崔胤等共同署名要求太子监国的联名状，出示给大家看，让大家签名；崔胤和百官不得已都签了名。唐昭宗在思政殿旁的乞巧楼，刘季述、王仲先在宣化门外埋伏全副武装的士兵一千人，和宣武进奏官程岩等十多个人进入宫殿请唐昭宗对话。刘季述、王仲先刚登殿，将士们大声呼喊，突然冲入宣化门，到了思政殿前，遇到宫中侍女，把他们都杀死了。唐昭宗见士兵闯入，惊慌得掉到了床下，爬起来将要逃走，刘季述、王仲先架着他让他坐好。宫女跑去报告皇后，皇后马上赶到，对刘季述等人拜请说："军容使不要惊吓了皇上，有事听取你们意见和你们商量就是了。"刘季述等于是拿出百官签名的联名状报告唐昭宗，说："陛下您厌倦了当皇上，朝廷内外都希望太子来监国，请您住到东宫去颐养天年。"唐昭宗说："昨天和各卿玩乐饮酒，不知不觉喝得太多了，怎么会到这个地步呢！"刘季述等回答说："这联名状不是我们所写，都是三省所属百官的意见，不能阻止他们。希望陛下暂且到东宫去，等事情稍稍安定一些，再迎接您回到正宫中来。"皇后说："皇上您赶快听从军容使的话吧！"昭宗马上拿出传国宝玺交给刘季述，宦官扶着唐昭宗和皇后同乘一部车，跟随的嫔御侍从才十多个人，到少阳院去。刘季述用银制的马鞭在地上指画，责备唐昭宗说："某一天某一件事，你不听从我的话，这是一条罪。"这样一直数了十次仍然没有停止。于是刘季述亲手锁上少阳院的大门，用熔化的铁水把锁封死，派遣左军副使李师虔率领军队包围了少阳院，唐昭宗一有动静就向刘季述报告。在墙上凿一个洞，把饭菜从洞里递进去。凡是兵器针刀都不许送入，唐昭宗想要银钱布帛全拿不到，想要纸张笔墨也不给。当时天气非常寒冷，嫔御公主没有衣被，号哭的声音传到院外来。刘季述等假传唐

季述加百官爵秩，与将士皆受优赏，欲以求媚于众。杀睦王倚，凡宫人、左右、方士、僧、道为上所宠信者，皆榜杀之。每夜杀人，昼以十车载尸出，一车或止一两尸，欲以立威。将杀司天监胡秀林，秀林曰："军容幽囚君父，更欲多杀无辜乎！"季述惮其言正而止。季述欲杀崔胤，而惮朱全忠，但解其度支盐铁转运使而已。

（以上为第四段，写宦官刘季述发动宫廷政变废昭宗为太上皇，奉太子即位。）

左仆射致仕张濬在长水，见张全义于洛阳，劝之匡复；又与诸藩镇书劝之。

进士无棣李愚客华州，上韩建书，略曰："仆每读书，见父子君臣之际，有伤教害义者，恨不得肆之市朝。明公居近关重镇，君父幽辱月余，坐视凶逆而忘勤王之举，仆所未谕也。仆窃计中朝辅弼，虽有志而无权；外镇诸侯，虽有权而无志。惟明公忠义，社稷是依。往年车辂播迁，号泣奉迎，累岁供馈，再复庙朝，义感人心，至今歌咏。此时事势，尤异前日；明公地处要冲，位兼将相。自宫闱变故，已涉旬时，若不号令率先以图反正，迟疑未决，一朝山东侯伯唱义连衡，鼓行而西，明公求欲自安，其可得乎！此必然之势也。不如驰檄四方，谕以逆顺，军声一振，则元凶破胆，旬浃之间，二竖之首传于天下，计无便于此者。"建虽不能用，厚待之。愚坚辞而去。

朱全忠在定州行营，闻乱，丁未，南还，十二月，戊辰，至大梁。季述遣养子希度诣全忠，许以唐社稷输之；又遣供奉官李奉本以太上皇诰示全忠。全忠犹豫未决，会僚佐议之，或曰："朝廷大事，非藩镇所宜预知。"天平节度副使李振独曰："王室有难，此霸者之资也。今公为唐桓、文，安危所属。季述一宦竖耳，乃敢囚废天子，公不能讨，何以复

昭宗的诏书，命令太子监国，迎接太子进宫。十一月初七日辛卯，又假传唐昭宗的诏书，命令太子继承皇位，改名李缜。以唐昭宗为太上皇，皇后为太上皇后。十一月初十日甲午，太子即位为皇帝，把少阳院改名为问安宫。

刘季述加封百官爵位和品秩，所有参与此事的将领、士兵都受到优厚的赏赐，想要用这来讨众人的欢心。杀了睦王李倚；凡是受到唐昭宗宠信的宫人、左右的侍从、方士、僧人、道士，都用木棍打死。每夜杀了人，白天就用十辆车子把尸体装出来，一辆车子上有时只有一两具尸体，想要用这来树立威势。刘季述将要杀司天监胡秀林，胡秀林说："你们拘禁了皇上，还想要多杀无辜的人吗！"刘季述忌惮他的话刚正不阿而停止了杀人。刘季述想杀死崔胤，因为畏惧朱全忠，只是解除了崔胤度支盐铁转运使的职位而已。

左仆射张濬辞官后住在长水县，到洛阳去拜见张全义，劝他匡正恢复唐昭宗的君位；又给各藩镇写信进行劝说。

进士无棣人李愚客居在华州，给韩建上书，大略说："我每次读书，看到父子、君臣中有伤教化、害礼义的人，恨不得把他杀了并陈尸在市场、朝廷里。您居守的华州是靠近潼关的重镇，皇上被拘禁受辱已有一个多月，您坐看着凶恶的叛逆胡作非为而忘掉出兵救援皇室的大事，我实在是不能理解啊！我私下考虑朝中的辅弼之臣，虽然有志恢复皇上的君位但没有兵权；各地的藩镇诸侯，虽然有兵权但没有这个志向。只有您忠贞仁义，国家要依靠您了。以前皇上被迫离京流离失所，您痛哭流涕迎接皇上来到华州，供给衣服饮食好多年，后来重新恢复宗庙、朝廷，您的大义感动人心，到今天人们仍在歌颂这件事。现在的形势和以前不同了，您处在重镇要冲，位兼节度使、宰相。自宫中发生变故以来，已经过了十天，如果您不发号施令率领部众首先谋划让皇上复位，仍然犹疑不决，一旦山东地区的藩镇诸侯倡义联合起来，发动军队西进，您想要平安无事，怎么能够呢？这是必然的形势啊！不如赶快传檄四方，使他们知道叛逆忠顺的道理，这样军队声威一振作，那么元凶首恶就会吓破了胆，十天左右，刘季述、王仲先两个叛贼的脑袋将传递于天下，没有比这更有利的策略了。"韩建虽然不能采纳李愚的计策，仍很优待他。李愚坚决推辞离开了。

朱全忠在定州巡视军营，听到京城长安发生变乱，十一月二十三日丁未，南下返回；十二月十四日戊辰，到了大梁。刘季述派遣养子刘希度到朱全忠这儿来，许愿把大唐江山交给他；又派遣供奉官李奉本拿着太上皇的诰文给朱全忠看。朱全忠犹豫不决，聚集幕僚、佐吏商量这件事。有人说："朝廷里的大事，不是藩镇所应该干预、知悉的。"独有天平节度副使李振说："皇室有灾难，这是成就霸业的资本。

令诸侯！且幼主位定，则天下之权尽归宦官矣，是以太阿之柄授人也。”全忠大悟，即囚希度、奉本，遣振如京师诇事。既还，又遣亲吏蒋玄晖如京师，与崔胤谋之，又召程岩赴大梁。

清海节度使薛王知柔薨。

是岁，加杨行密兼侍中。

睦州刺史陈晟卒，弟询自称刺史。

太子即位累旬，藩镇笺表多不至。王仲先性苛察，素知左、右军多积弊，及为中尉，钩校军中钱谷，得隐没为奸者，痛捶之，急征所负，将士颇不安。有盐州雄毅军使孙德昭为左神策指挥使，自刘季述废立，常愤惋不平。崔胤闻之，遣判官石戬与之游。德昭每酒酣必泣，戬知其诚，乃密以胤意说之曰：“自上皇幽闭，中外大臣至于行间士卒，孰不切齿！今反者独季述、仲先耳，公诚能诛此二人，迎上皇复位，则富贵穷一时，忠义流千古；苟狐疑不决，则功落他人之手矣！”德昭谢曰：“德昭小校，国家大事，安敢专之！苟相公有命，不敢爱死。”戬以白胤。胤割衣带，手书以授之。德昭复结右军清远都将董彦弼、周承诲，谋以除夜伏兵安福门外以俟之。

（以上为第五段，写崔胤策动左神策军指挥使孙德昭发动政变，拥立昭宗复辟。朱全忠磨刀霍霍，借复辟之名觊觎长安。）

天复元年（辛酉，901 年）

春，正月，乙酉朔，王仲先入朝，至安福门，孙德昭擒斩之，驰诣少阳院，叩门呼曰：“逆贼已诛，请陛下出劳将士。”何后不信，曰：“果尔，以其首来！”德昭献其首，上乃与后毁扉而出。崔胤迎上御长乐门楼，帅百官称贺。周承诲擒刘季述、王彦范继至，方诘责，已为乱梃所毙。薛齐偓赴井死，出而斩之。灭四人之族，并诛其党二十余人。宦官奉太子匿于左军，献传国宝。上曰：“裕幼弱，为凶竖所立，非其罪也。”命还东宫，黜为德王，复名裕。丙戌，以孙德昭同平章事，充静海节度使，赐姓名李继昭。

如今您是唐代的齐桓公、晋文公，国家安危和您有密切联系。刘季述只是一个宦官罢了，竟敢囚禁废黜皇上，您不去讨伐他，怎么能再来号令诸侯？况且幼主君位确定后，国家大权将全部落入宦官手中，这是把太阿宝剑的权柄交给他们啊！”朱全忠醒悟过来，立即囚禁了刘希度、李奉本，派遣李振到京城长安去探听情况。李振回来后，又派遣亲近的官吏蒋玄晖再到京城，和崔胤密谋策划；又召请宣武进奏官程岩赶赴大梁。

清海节度使薛王李知柔去世。

这年，加官杨行密兼任侍中。

睦州刺史陈晟去世，他的弟弟陈询自称为刺史。

太子即位已有几十天了，藩镇应该报送的笺表等公文大多没有送到。王仲先性情苛刻仔细，一向知道左、右军中积累下来的弊病很多，在担任中尉官职以后，就审核军中的钱财、谷物，查到隐藏、贪污犯罪的人，重重地加以鞭打，紧急追收他们欠下的财物；将领士兵们深感不安。有一位盐州雄毅军使孙德昭，担任左神策指挥使，自从刘季述废黜唐昭宗立太子为帝后，经常愤恨不平。崔胤听说了，派遣判官石戬和孙德昭交往。孙德昭每次饮酒到痛快时必定要感伤哭泣，石戬知道他忠诚，于是秘密把崔胤的意见告诉他说：“自从皇上被囚禁以来，从内外大臣一直到军队士兵，谁不咬牙切齿呢！如今造反的只有刘季述、王仲先两个人罢了，您如果能杀死他们两人，迎接唐昭宗复位，那么富贵就可以极尽一时，忠义就可以流传千古；如果犹豫不决，那么功劳就要落到别人手中了。”孙德昭感谢说：“我孙德昭只是一个小军官，国家大事，怎么敢擅自做主呢！假如崔相公有命令，我万死不辞。”石戬把这情况告诉崔胤，崔胤割下衣带，亲笔写下命令交给孙德昭。孙德昭又结交右军清远都将董彦弼、周承诲，计划在除夕夜里把军队埋伏在安福门外以等待机会起事。

唐昭宗天复元年（辛酉，901年）

春季，正月初二日乙酉，王仲先入宫朝见，到了安福门，孙德昭把王仲先捉住杀死，马上快马奔向少阳院，敲门高喊说：“逆贼王仲先已被杀死，请陛下出来慰劳将士们。”何皇后不相信，说：“如果真是如此，把王仲先的首级拿来！”孙德昭献上王仲先的首级，唐昭宗与皇后才毁坏门扇出来。崔胤迎接唐昭宗到长乐门楼，率领百官前来祝贺。接着刘季述、王彦范也被周承诲捉来，刚要责问他们的谋逆行为，他们已经被乱棍打死了。薛齐偓跳井自杀，捞出来斩了首级。下令诛灭刘季述、王仲先、王彦范、薛齐偓四个人的全族，并且杀了他们的党羽二十多人。宦官侍奉太子藏在左军之中，献出传国宝玺。唐昭宗说：“李裕年幼懦弱，被凶恶的叛逆立为皇帝，不是他的罪过。”下令他回到东宫去，贬黜为德王，恢复原名李裕。正月初三日

丁亥，崔胤进位司徒，胤固辞。上宠待胤益厚。

己丑，朱全忠闻刘季述等诛，折程岩足，械送京师，并刘希度、李奉本等皆斩于都市，由是益重李振。

庚寅，以周承诲为岭南西道节度使，赐姓名李继诲，董彦弼为宁远节度，赐姓李，并同平章事；与李继昭俱留宿卫，十日乃出还家，赏赐倾府库，时人谓之“三使相。”

癸巳，进朱全忠爵东平王。

丙午，敕：“近年宰臣延英奏事，枢密使侍侧，争论纷然；既出，又称上旨未允，复有改易，桡权乱政。自今并依大中旧制，俟宰臣奏事毕，方得升殿承受公事。”赐两军副使李师度、徐彦孙自尽，皆刘季述之党也。

凤翔、彰义节度使李茂贞来朝；加茂贞守尚书令，兼侍中，进爵岐王。

刘季述、王仲先既死，崔胤、陆扆上言：“祸乱之兴，皆由中官典兵。乞令胤主左军，扆主右军，则诸侯不敢侵陵，王室尊矣。”上犹豫两日未决。李茂贞闻之，怒曰：“崔胤夺军权未得，已欲翦灭诸侯！”上召李继昭、李继诲、李彦弼谋之，皆曰：“臣等累世在军中，未闻书生为军主，若属南司，必多所变更，不若归之北司为便。”上乃谓胤、扆曰：“将士意不欲属文臣，卿曹勿坚求。”于是以枢密使韩全诲、凤翔监军使张彦弘为左、右中尉。全诲，亦前凤翔监军也。又征前枢密使致仕严遵美为两军中尉、观军容处置使。遵美曰：“一军犹不可为，况两军乎！”固辞不起。以袁易简、周敬容为枢密使。

李茂贞辞还镇。崔胤以宦官典兵，终为肘腋之患，欲以外兵制之，讽茂贞留兵三千于京师，充宿卫，以茂贞假子继筠将之。左谏议大夫万年韩偓以为不可，胤曰：“兵自不肯去，非留之也。”偓曰：“始者何为召之邪？”胤无以应。偓曰：“留此兵则家国两危，不留则家国两安。”胤不从。

（以上为第六段，写唐昭宗复辟，刘季述伏诛，崔胤权势达于顶峰。胤欲掌控神策军未果，讽李茂贞留兵宿卫京师，蹈东汉何进覆败之辙，胤罪不容诛。）

丙戌，任命孙德昭为同平章事，充当静海节度使，赐姓名叫李继昭。

正月初三日丁亥，朝廷进位崔胤为司徒，崔胤坚决推辞；唐昭宗对他更宠信了。

正月初五日己丑，朱全忠听说刘季述等人已经被杀，便折断程岩的双脚，戴上刑具解送到京城长安，和刘希度、李奉本一起在市集处死，朱全忠从此更加看重李振。

正月初六日庚寅，任命周承诲为岭南西道节度使，赐姓名叫李继诲，又任命董彦弼为宁远节度使，也赐姓李，并为同平章事，周、董二人和李继昭都留在宫中守卫，十天才出宫回家一次。尽国库所有赏赐给他们，当时人叫他们为“三使相”。

正月初九日癸巳，晋爵朱全忠为东平王。

正月二十二日丙午，唐昭宗颁布敕令，说：“近年来宰相在延英殿奏事，枢密使在旁侍立，争论纷纷；等到奏事完毕出来，又说皇上的旨意还未允当，再进行更改变动，扰乱朝廷大政。从今以后依照唐宣宗大中年间的旧制，等宰相奏事完毕，枢密使方能够进殿接受公事。”朝廷赐令左、右两军副使李师度、徐彦孙自尽，因为他们都是刘季述的同党。

凤翔、彰义节度使李茂贞前来朝见唐昭宗；加官李茂贞守尚书令，兼侍中，并进爵为岐王。

刘季述、王仲先已死，崔胤、陆扆向唐昭宗进言说：“灾祸变乱的产生，都是由于宦官掌握了军队。请求唐昭宗下令让崔胤掌管左军，陆扆掌管右军，这样藩镇诸侯就不敢侵犯欺负，王室就会受到尊崇了。”唐昭宗犹豫了两天还没有决定。李茂贞听到了，发怒说：“崔胤还没有夺得军权，就想要消灭藩镇诸侯啦！”唐昭宗召集李继昭、李继诲、李彦弼商量，他们都说：“我们好几代都在军中任职，没有听说过书生可以担任军队主帅的；如果把军队隶属于政府衙门，一定会有很多改变，不如把它归于内侍省宦官掌管方便。”唐昭宗于是对崔胤、陆扆说：“将士们不愿意隶属于文臣，你们不要再坚决要求了。”于是任命枢密使韩全诲、凤翔监军使张彦弘为左、右两军的中尉。韩全诲以前也是凤翔监军。又征调辞官归隐的前枢密使严遵美为两军中尉、观军容处置使。严遵美说：“一军尚且不能掌管，更何况是两军呢！”坚决推辞不出任。朝廷任命袁易简、周敬容为枢密使。

李茂贞离开京城返回镇所。崔胤认为宦官掌握军队，终究是心腹祸患，想用藩镇的军队来牵制他们，劝说李茂贞留下三千士兵在京城，充当皇宫的守卫，由李茂贞的养子李继筠来率领。左谏议大夫万年人韩偓认为这样做不行，崔胤说：“是士兵们自己不肯回去，不是我想留下他们。”韩偓说：“开始时为什么要召请他们前来京城呢？”崔胤无法回答。韩偓说：“留下这些士兵，家庭和国家都有危险，不留下这些士兵，家庭和国家都平安无事。”崔胤还是不听从。

朱全忠既服河北，欲先取河中以制河东，己亥，召诸将谓曰：“王珂驽材，恃太原自骄汰。吾今断长蛇之腰，诸君为我以一绳缚之！”庚子，遣张存敬将兵三万自汜水渡河出含山路以袭之，全忠以中军继其后。戊申，存敬至绛州。晋、绛不意其至，皆无守备，庚戌，绛州刺史陶建钊降之；壬子，晋州刺史张汉瑜降之。全忠遣其将侯言守晋州，何絪守绛州，屯兵二万以扼河东援兵之路。朝廷恐全忠西入关，急赐诏和解之；全忠不从。

珂遣间使告急于李克用，道路相继，克用以汴兵先据晋、绛，兵不得进。珂妻遗李克用书曰：“儿旦暮为俘虏，大人何忍不救！”克用报曰：“今贼兵塞晋、绛，众寡不敌，进则与汝两亡，不若与王郎举族归朝。”珂又遗李茂贞书，言：“天子新返正，诏藩镇无得相攻，同奖王室。今朱公不顾诏命，首兴兵相加，其心可见。河中若亡，则同华、邠、岐俱不自保。天子神器拱手授人，其势必然矣。公宜亟帅关中诸镇兵，固守潼关，赴救河中。仆自知不武，愿于公西偏授一小镇，此地请公有之。关中安危，国祚修短，系公此举，愿审思之！”茂贞素无远图，不报。

二月，甲寅朔，河东将李嗣昭攻泽州，拔之。

乙卯，张存敬引兵发晋州，己未，至河中，遂围之。王珂势穷，将奔京师，而人心离贰，会浮梁坏，流澌塞河，舟行甚难，珂挈其族数百欲夜登舟，亲谕守城者，皆不应。牙将刘训曰：“今人情扰扰，若夜出涉河，必争舟纷乱，一夫作难，事不可知。不若且送款存敬，徐图向背。”珂从之。壬戌，珂植白幡于城隅，遣使以牌印请降于存敬。存敬请开城，珂曰：“吾于朱公有家世事分，请公退舍，俟朱公至，吾自以城授之。”存敬从之，且使走白全忠。

乙丑，全忠至洛阳，闻之喜，驰往赴之。戊辰，至虞乡，先哭于重

朱全忠已经降服河北，想要先攻取河中来牵制河东。正月十五日己亥，召集各位将领说："王珂是个庸才，倚仗着太原李克用是他的岳父，骄横奢侈。我今天要攻取河中，斩断长蛇的腰部，各位替我用一根绳子来捆绑它！"正月十六日庚子，派遣张存敬率领军队三万人从汜水渡过黄河，由含山路出发去袭击河中，朱全忠自己率领中军紧跟在后面。正月二十四日戊申，张存敬到了绛州。晋州、绛州没有料到张存敬的军队会突然到来，都没有防守戒备。正月二十六日庚戌，绛州刺史陶建钊投降。正月二十八日壬子，晋州刺史张汉瑜也投降了。朱全忠派遣他的部将侯言守卫晋州，何絪守卫绛州，驻扎军队二万人用来扼制河东李克用增援军队的通行道路。朝廷害怕朱全忠率领军队向西攻入潼关，急忙颁赐诏书要他们和解。朱全忠不听。

王珂派遣使者秘密地到李克用那里报告情况危急，一批又一批使者在路上连接不断。李克用由于朱全忠的汴州军队已经先占据了晋州、绛州，援兵不能通过，无法前进。王珂的妻子李氏送信给李克用说："女儿早晚就要成为汴州军队的俘虏了，父亲怎么忍心不来救我呢！"李克用回信说："现在贼兵已经堵塞晋州、绛州，我的军队寡不敌众，如果前进就要与你一同灭亡，不如你和王珂带领全族回归朝廷。"王珂又写信给李茂贞说："皇上刚刚恢复君位，下诏命令藩镇之间不要互相攻伐，共同来辅助王室。如今朱全忠不顾皇上的命令，首先发动军队攻打我，他的心思是可以想到的了。假如河中灭亡，那么同州、华州、邠州、岐州都不能自我保全。大唐的政权拱手交给朱全忠，看来是一定的了。您应当赶快统率关中各个藩镇的军队，坚决守卫潼关，并前来救援河中。我自己知道不勇猛，情愿在您的西边管辖一个小镇，这个地方就归您所有。关中的安危，国运的长短，都靠您这一举动了，希望您仔细地想一想啊！"李茂贞一向没有远大的计划、打算，所以没有回答王珂。

二月初一日甲寅，河东将领李嗣昭攻打泽州，把它攻下来了。

二月初二日乙卯，张存敬率领军队从晋州出发。二月初六日己未，到达河中，把它包围了。王珂处境危急，将要逃奔京城长安，但是人心离散，正巧浮桥坏了，流冰堵塞了黄河河道，行船非常困难，王珂带了他的家族几百人想在夜里上船渡河逃走，亲自告诉守卫城门的将士，都没有反应。牙将刘训对王珂说："如今人心惶惶，骚动不安，假若夜里出城渡河，一定争着上船，出现混乱，一旦有人发难作乱的话，事情就难以预料了。不如暂时向张存敬表示归服的诚意，慢慢再来考虑是投降还是反抗。"王珂听从了刘训的意见。二月初九日壬戌，王珂在城角竖起白旗，派使者拿着令牌印信向张存敬请求投降。张存敬要求王珂打开城门，王珂说："我和朱全忠两家有亲谊情分，请您暂时退一下，等到朱全忠来了，我亲自把这座城交给他。"张存敬同意了，并且派出使者前去禀告朱全忠。

二月十二日乙丑，朱全忠到了洛阳，听说王珂请求投降非常高兴，快速赶往河

荣之墓，尽哀，河中人皆悦。珂欲面缚牵羊出迎，全忠遽使止之曰："太师舅之恩何可忘！若郎君如此，使仆异日何以见舅于九泉！"乃以常礼出迎，握手歔欷，联辔入城。全忠表张存敬为护国军留后，王珂举族迁于大梁，其后全忠遣珂入朝，遣人杀之于华州。全忠闻张夫人疾亟，遽自河中东归。

李克用遣使以重币请修好于全忠。全忠虽遣使报，而忿其书辞蹇傲，决欲攻之。

（以上为第七段，写朱全忠收降王珂，得河中。）

以翰林学士、户部侍郎王溥为中书侍郎、同平章事。以吏部侍郎裴枢为户部侍郎、同平章事。溥，正雅之从孙也，常在崔胤幕府，故胤引之。

赠谥故睦王倚曰恭哀太子。

加幽州节度使刘仁恭、魏博节度使罗绍威并兼侍中。

三月，癸未朔，朱全忠至大梁。癸卯，遣氏叔琮等将兵五万攻李克用，入自太行，魏博都将张文恭入自磁州新口，葛从周以兖、郓兵会成德兵入自土门，洺州刺史张归厚入自马岭，义武节度使王处直入自飞狐，权知晋州侯言以慈、隰、晋、绛兵入自阴地。叔琮入天井关，进军昂车。辛亥，沁州刺史蔡训以城降。河东都将盖璋诣侯言降，即令权知沁州。壬子，叔琮拔泽州，李存璋弃城走。叔琮进攻潞州，昭义节度使孟迁降之。河东屯将李审建、王周将步军一万、骑二千诣叔琮降；叔琮进趣晋阳。夏，四月，乙卯，叔琮出石会关，营于洞涡驿。张归厚引兵至辽州，丁巳，辽州刺史张鄂降。别将白奉国会成德兵自井陉入，己未，拔承天军，与叔琮烽火相应。

甲戌，上谒太庙。丁丑，赦天下，改元。雪王涯等十七家。

初，杨复恭为中尉，借度支卖曲一年之利以赡两军，自是不复肯归。至是，崔胤草赦，欲抑宦官，听酤者自造曲，但月输榷酤钱；两军先所造曲，趣令减价卖之，过七月无得复卖。

中。二月十五日戊辰，到达虞乡县，先到王珂父亲王重荣的墓前哭祭，表达了悲伤的心情；河中的将士百姓都很欢喜。王珂想要捆绑双手牵羊出城迎接，朱全忠急忙派人阻止他，说：“太师舅父王重荣的恩怎么能够忘记呢？假如你要这样做，我以后如何在九泉之下见舅父啊！”于是王珂用一般的礼节出城迎接朱全忠，两人握手感叹不已，然后并排骑着马一起进入城中。朱全忠上表朝廷请求任命张存敬为护国军留后，把王珂全族人迁往大梁。后来朱全忠派遣王珂进京入朝，又派人在华州把王珂杀死。朱全忠听到妻子张夫人病得很重，急忙从河中赶回汴州。

李克用派遣使者带着厚礼到朱全忠那里请求重新和好。朱全忠虽然派出使者前去答复，但是对李克用书信词语傲慢感到愤恨，决定发动军队去攻打李克用。

任命翰林学士、户部侍郎王溥为中书侍郎、同平章事。任命吏部侍郎裴枢为户部侍郎、同平章事。王溥是王正雅的从孙，经常出入崔胤的幕府，所以崔胤推荐他。

追赠被刘季述等杀害的睦王李倚谥号为恭哀太子。

加官幽州节度使刘仁恭、魏博节度使罗绍威兼任侍中。

三月初一日癸未，朱全忠到了大梁。三月二十一日癸卯，派遣氏叔琮等人率领军队五万人攻打李克用，从太行山进军；魏博都将张文恭从磁州的新口进军；葛从周率领兖州、郓州军队会同成德的军队从土门进军；洺州刺史张归厚从马岭进军；义武节度使王处直从飞狐进军；暂时代理晋州刺史的侯言率领慈州、隰州、晋州、绛州的军队从阴地关进军。氏叔琮进入天井关，又向泽州的昂车关进军。三月二十九日辛亥，沁州刺史蔡诃献城投降。河东都将盖玮到侯言那里投降，侯言命令他暂时代理沁州刺史的职务。三月三十日壬子，氏叔琮攻下泽州，刺史李存璋放弃守城逃走。氏叔琮又进攻潞州，昭义节度使孟迁向他投降。河东驻军将领李审建、王周率领步兵一万人、骑兵一千人到氏叔琮那里投降；氏叔琮率军直奔晋阳。夏季，四月初三日乙卯，氏叔琮出石会关，到洞涡驿驻扎。张归厚带领军队到达辽州。四月初五日丁巳，辽州刺史张鄂投降。别将白奉国会同成德的军队从井陉进入，四月初七日己未，攻下承天军，与氏叔琮军队烽火互相呼应。

四月二十二日甲戌，唐昭宗到太庙拜谒。四月二十五日丁丑，大赦天下，改年号为天复。为文宗时被杀的王涯等十七家平反昭雪。

当初，杨复恭担任中尉，借用度支使专卖酒曲一年所得的利润来供养左、右两军的需求，以后就不肯把这权利归还了。到这时候，崔胤起草敕文，想要压制宦官，就听任卖酒的人自己制造酒曲，只要每月交纳酒税金就行了。左、右两军先前所控

东川节度使王宗涤以疾求代，王建表马步使王宗裕为留后。

氏叔琮等引兵抵晋阳城下，数挑战，城中大恐。李克用登城备御，不遑饮食。时大雨积旬，城多颓坏，随加完补。河东将李嗣昭、李嗣源凿暗门，夜出攻汴垒，屡有杀获。李存进败汴军于洞涡。时汴军既众，刍粮不给，久雨，士卒疟利，全忠乃召兵还。五月，叔琮等自石会关归，诸道军亦退。河东将周德威、李嗣昭以精骑五千蹑之，杀获甚众。先是，汾州刺史李瑭举州附于汴军，克用遣其将李存审攻之，三日而拔，执瑭，斩之。氏叔琮过上党，孟迁挈族随之南徙。朱全忠遣丁会代守潞州。

朱全忠奏乞除河中节度使，而讽吏民请己为帅。癸卯，以全忠为宣武、宣义、天平、护国四镇节度使。

（以上为第八段，写朱全忠进兵太原，大败李克用，遇雨退军。朱全忠兼领宣武、宣平、天平、护国四镇节度使。）

己酉，加镇海、镇东节度使钱镠守侍中。

崔胤之罢两军卖曲也，并近镇亦禁之。李茂贞惜其利，表乞入朝论奏，韩全诲请许之。茂贞至京师，全诲深与相结。崔胤始惧，阴厚朱全忠益甚，与茂贞为仇敌矣。

以佑国节度使张全义兼中书令。

六月，癸亥，朱全忠如河中。

上之返正也，中书舍人令狐涣、给事中韩偓皆预其谋，故擢为翰林学士，数召对，访以机密。涣，绹之子也。时上悉以军国事委崔胤，每奏事，上与之从容，或至然烛。宦官畏之侧目，皆咨胤而后行。胤志欲尽除之，韩偓屡谏曰："事禁太甚。此辈亦不可全无，恐其党迫切，更生他变。"胤不从。丁卯，上独召偓，问曰："敕使中为恶者如林，何以处之？"对曰："东内之变，敕使谁非同恶！处之当在正旦，今已失其时矣。"上曰："当是时，卿何不为崔胤言之？"对曰："臣见陛下诏书云：'自刘季述等四家之外，其余一无所问。'夫人主所重，莫大于信，既下

制的酒曲，都催促他们减价出售，过了七月，就不能再卖了。

东川节度使王宗涤因为患病要求派人代替他，王建上表请求任命马步使王宗裕为东川留后。

氏叔琮等人率领军队到达晋阳城下，多次进行挑战，城里军民十分恐慌。李克用登上城楼布置守卫，连吃饭、喝水都顾不上。当时大雨下了十多天，城墙有许多地方坍塌毁坏了，李克用下令随时加以修补完备。河东将领李嗣昭、李嗣源凿通了暗门，在夜里出来攻打汴州军队的营寨，每次都有杀伤俘获。李存进在洞涡驿打败了汴州军队。这时汴州军队攻打晋阳的人马众多，但粮草供应跟不上，又长时间下雨，士兵患疟疾拉痢疾，朱全忠于是召回军队。五月，氏叔琮等从石会关返回，其他各道军队也相继退走。河东将领周德威、李嗣昭率领精锐骑兵五千人跟踪追击，斩杀俘虏的很多。起先，汾州刺史李瑭献上汾州，归附朱全忠的汴州军队。此时，李克用派遣他的部将李存审去攻打他，三天就攻下了汾州，捉住了李瑭，把他杀了。氏叔琮经过上党，孟迁带领全族跟随他到南方去。朱全忠派遣丁会代守潞州。

朱全忠向朝廷上奏请任命河中节度使，而暗中示意官吏、百姓请自己担任河中主帅。五月二十二日癸卯，任命朱全忠为宣武、宣义、天平、护国四镇节度使。

五月二十八日己酉，加封镇海、镇东节度使钱镠代理侍中的官职。

崔胤停止左、右两军专卖酒曲，连同附近各藩镇专卖酒曲的权利也一起禁止了。李茂贞舍不得放弃这个专利，上表要求到朝廷论理，韩全诲请求唐昭宗答应他的要求。李茂贞到了京城长安，韩全诲与他来往密切。崔胤这才害怕起来，暗中进一步联络朱全忠，与李茂贞成为仇敌。

任命佑国节度使张全义兼任中书令。

六月十三日癸亥，朱全忠前往河中。

唐昭宗恢复君位，中书舍人令狐涣、给事中韩偓都参与了谋划，因此被提升为翰林学士，多次被召进宫中，询问国家机密大事。令狐涣，是唐宣宗时宰相令狐绹的儿子。当时，唐昭宗把军国事务全部委托给崔胤去办理，每次奏陈事情，唐昭宗和他从容商量，有时谈到天黑点起蜡烛。宦官们害怕、畏惧，不敢正眼看崔胤，有事先要问过他以后再去实行。崔胤立志要除掉全部宦官，韩偓多次规劝崔胤，说："事情禁绝得太过分了。这一些人也不能完全没有，恐怕他们的同党因为逼迫太急，再生出其他变乱来。"崔胤不听。六月十七日丁卯，唐昭宗单独召见韩偓，问道："宦官里面做坏事的很多，怎么样来处置他们呢？"韩偓回答说："东宫发生变乱，

此诏，则守之宜坚；若复戮一人，则人人惧死矣。然后来所去者已为不少，此其所以恟恟不安也。陛下不若择其尤无良者数人，明示其罪，置之于法，然后抚谕其余曰：‘吾恐尔曹谓吾心有所贮，自今可无疑矣。’乃择其忠厚者使为之长。其徒有善则奖之，有罪则惩之，咸自安矣。今此曹在公私者以万数，岂可尽诛邪！夫帝王之道，当以重厚镇之，公正御之，至于琐细机巧，此机生则彼机应矣，终不能成大功，所谓理丝而棼之者也。况今朝廷之权，散在四方；苟能先收此权，则事无不可为者矣。”上深以为然，曰：“此事终以属卿。”

李克用遣其将李嗣昭、周德威将兵出阴地关，攻隰州，刺史唐礼降之；进攻慈州，刺史张瓌降之。

闰月，以河阳节度使丁会为昭义节度使，孟迁为河阳节度使，从朱全忠之请也。

道士杜从法以妖妄诱昌、普、合三州民作乱，王建遣行营兵马使王宗黯将兵三万会东川、武信兵讨之。宗黯，即吉谏也。

崔胤请上尽诛宦官，但以宫人掌内诸司事。宦官属耳，颇闻之，韩全诲等涕泣求哀于上，上乃令胤，“有事封疏以闻，勿口奏”。宦官求美女知书者数人，内之宫中，阴令诇察其事，尽得胤密谋，上不之觉也。全诲等大惧，每宴聚，流涕相诀别，日夜谋所以去胤之术。胤时领三司使，全诲等教禁军对上喧噪，诉胤减损冬衣，上不得已，解胤盐铁使。

时朱全忠、李茂贞各有挟天子令诸侯之意，全忠欲上幸东都，茂贞欲上幸凤翔。胤知谋泄，事急，遗朱全忠书，称被密诏，令全忠以兵迎车驾，且言：“昨者返正，皆令公良图，而凤翔先入朝抄取其功。今不速来，必成罪人，岂惟功为他人所有，且见征讨矣！”全忠得书，秋，七月，甲寅，遽归大梁发兵。

这些宦官哪一个不是一同为恶的呢！处置他们应当在正月诛杀刘季述等人时，现在已经失去时机了。”唐昭宗说：“当时，你为什么不向崔胤说这件事呢？”韩偓回答道：“我看到皇上的诏书说：‘除了刘季述等四家以外，其余一个也不问罪。’对皇上来说，最重要的莫大于信誉，既然已经颁下了这样的诏书，就应该坚决去遵守它；假如再多杀一个人，那么人人都害怕死了。可是后来被杀的人已经不少了，这就是他们所以恐惧不安的原因。皇上您不如选择他们中间作恶多端、特别坏的几个人，明白地宣布他们的罪状，依法惩治他们，然后再安抚晓谕其余的人说：‘我担心你们说我怀恨在心，从今以后没有疑虑了。’于是选择他们忠厚老实的人担任长官，其他人表现好的就奖励，有罪过的就惩罚，这样都可以安定无事了。现在在官府和私家的宦官有几万人，怎么能够全部杀死他们呢！行帝王之道，应该是用优厚待遇安定他们、公正态度驾驭他们。至于那些琐碎细小的权术，此生彼应，终究不能成就大的功业，这就像所谓想理丝结果越理越乱一样。况且现在朝廷的权力分散在四方，如果能先把这些权力收回来，那么事情就没有不可以办的了。”唐昭宗认为他的话讲得很对，说：“这件事终究要托付给你。”

李克用派遣他的部将李嗣昭、周德威率领军队从阴地关出发，攻打隰州，刺史唐礼投降；又进攻慈州，刺史张瓌也投降了。

闰六月，任命河阳节度使丁会为昭义节度使，孟迁为河阳节度使，这是根据朱全忠的请求而任命的。

道士杜从法用妖法妄言诱使昌州、普州、合州的百姓作乱。王建派遣行营兵马使王宗黯率领军队三万人会合东川、武信的军队前去讨伐他们。王宗黯就是王吉谏。

崔胤请唐昭宗把宦官全部杀死，只用宫人掌管宫内各司的事情。宦官听到了一些风声，韩全诲等人哭泣着哀求唐昭宗，唐昭宗于是命令崔胤说：“有事情要写成奏疏密封后送上来，不要再口头报告了。”宦官寻访识字的美女数人送进宫中，叫她们暗中侦察这件事，全部掌握了崔胤的秘密计划，唐昭宗一点也没有察觉到。韩全诲等人知道计划后非常恐惧，每次宴饮聚会，都流着眼泪互相诀别，日夜谋划能除去崔胤的办法。崔胤当时是统领户部、度支、盐铁三司使，韩全诲等人教唆禁军向唐昭宗喧哗叫嚷，控诉崔胤少给了他们冬天的衣服，唐昭宗不得已，解除崔胤盐铁使的职务。

这时朱全忠、李茂贞都有挟天子以令诸侯的意图，朱全忠想要唐昭宗到东都洛阳去，李茂贞想要唐昭宗到凤翔去。崔胤知道谋杀宦官的计划已经泄漏，事情很急迫，就写信给朱全忠，假称受有秘密的诏命，要朱全忠派遣军队来迎接唐昭宗，并且说：“前些时皇上能恢复君位，都是您的良策，可是凤翔李茂贞却抢先一步入朝来夺取功劳。如今您不尽快赶来，必定会成为罪人，岂止是功劳被别人占去，而且还

西川龙台镇使王宗侃等讨杜从法，平之。

八月，甲申，上问韩偓曰："闻陆扆不乐吾返正，正旦易服，乘小马出启夏门，有诸？"对曰："返正之谋，独臣与崔胤辈数人知之，扆不知也。一旦忽闻宫中有变，人情能不惊骇！易服逃避，何妨有之！陛下责其为宰相无死难之志则可也，至于不乐返正，恐出谗人之口，愿陛下察之！"上乃止。

（以上为第九段，写崔胤力主尽诛宦官，韩偓主张惩其首恶，唐昭宗依违其间，取祸之道。）

韩全诲等惧诛，谋以兵制上，乃与李继昭、李继诲、李彦弼、李继筠深相结，继昭独不肯从。他日，上问韩偓："外间何所闻？"对曰："惟闻敕使忧惧，与功臣及继筠交结，将致不安，亦未知其果然不耳。"上曰："是不虚矣。比日继诲、彦弼辈语渐倔强，令人难耐。令狐涣欲令朕召崔胤及全诲等于内殿，置酒和解之，何如？"对曰："如此则彼凶悖益甚。"上曰："为之奈何？"对曰："独有显罪数人，速加窜逐，余者许其自新，庶几可息。若一无所问，彼必知陛下心有所贮，益不自安，事终未了耳。"上曰："善！"既而宦官自恃党援已成，稍不遵敕旨。上或出之使监军，或黜守诸陵，皆不行，上无如之何。

或告杨行密云，钱镠为盗所杀。行密遣步军都指挥使李神福等将兵取杭州，两浙将顾全武等列八寨以拒之。

九月，癸丑，上急召韩偓，谓曰："闻全忠欲来除君侧之恶，大是尽忠，然须令与茂贞共其功。若两帅交争，则事危矣。卿为我语崔胤，速飞书两镇，使相与合谋，则善矣。"壬戌，上又谓偓曰："继诲、彦弼辈骄横益甚，累日前与继筠同入，辄于殿东令小儿歌以侑酒，令人惊骇。"对曰："臣必知其然，兹事失之于初。当正旦立功之时，但应以官爵、田宅、金帛酬之，不应听其出入禁中。此辈素无知识，数求入对，或僭易荐人，稍有不从，则生怨望；况惟知嗜利，为敕使以厚利雇之，令其如引耳。崔胤本留卫兵，欲以制敕使也，今敕使、卫兵相与为一，将若之何！汴

要被攻击讨伐了！”朱全忠收到崔胤的书信，秋季，七月初五日甲寅，急忙回大梁去发动军队。

西川龙台镇使王宗侃等去讨伐杜从法，把他平定了。

八月初五日甲申，唐昭宗问韩偓道：“听说陆扆不乐意我恢复君位，在元旦那一天换了衣服，骑着小马出了启夏门，有这件事吗？”韩偓回答说：“陛下恢复君位的谋划，只有我和崔胤等几个人知道，陆扆不知道这件事。突然间听说宫中有变乱，按照常情怎么会不惊慌害怕呢！换了衣服逃避，又有何妨呢！陛下责备他身为宰相没有以死赴难的志向是可以的，至于说他不乐意陛下恢复君位，恐怕是出于谗佞小人之口，希望陛下明察这件事！”唐昭宗于是停止了追查。

韩全诲等人害怕被杀，密谋用武力来胁迫唐昭宗，于是和李继昭、李继诲、李彦弼、李继筠等互相勾结，只有李继昭不肯依从。有一天，唐昭宗问韩偓：“你在外边听到了什么？”韩偓回答说：“只听说宦官们忧愁害怕，和功臣李继昭、李继诲、李彦弼以及李继筠勾结，将要导致不安定，也不知道这是不是真的。”唐昭宗说：“这事不会是假的。近日李继诲、李彦弼这些人说话逐渐强硬，令人难以忍受。令狐涣想要我把崔胤及韩全诲等人召到内殿来，设置酒席使他们和解，怎么样？”韩偓回答说：“这样的话，他们就会更加凶恶狂悖了。”唐昭宗说：“那该怎么办呢？”韩偓说：“只有公开惩罚几个人，迅速将他们放逐出去，其他的人允许他们改过自新，这样差不多就可以平息了。如果一个也不问罪，他们必定知道您怀恨在心，更加不会自己安下心来，事情终究不能了结。”唐昭宗说：“好！”不久，宦官们倚仗党援已经结成，渐渐不遵诏令，唐昭宗把他们有的派出去作监军，有的贬斥去守陵寝，但他们都不去，唐昭宗也没有办法。

有人告诉杨行密说，钱镠被盗贼杀死了。杨行密派遣步军都指挥使李神福等率领军队去攻打杭州。两浙将领顾全武等布置了八个营寨进行抵抗。

九月初五日癸丑，唐昭宗紧急召见韩偓，对他说：“听说朱全忠想要到京城长安来清除我身旁的恶人，确实是尽忠心，然而必须叫他和李茂贞共同建立这个功劳；如果他们两帅互相争斗，那么事情就危险了。你替我告诉崔胤，要他火速写信给朱全忠和李茂贞，使他们能合作谋划，那就好了。”九月十四日壬戌，唐昭宗又对韩偓说：“李继诲、李彦弼等人骄傲专横愈来愈厉害，几天前与李继筠一同到内宫来，就在宫殿的东边叫宫中杂役唱歌劝酒，使人震惊害怕。”韩偓回答说：“臣知道他们一定会这样做的。这件事错在当初，元旦时，陛下您恢复君位，他们立功的时候，只应该用官职爵位、田地住宅、金银布帛来酬劳他们，不应该听任他们出入宫中。这

兵若来，必与岐兵斗于阙下，臣窃寒心。”上但愀然忧沮而已。

冬，十月，戊戌，朱全忠大举兵发大梁。

李神福与顾全武相拒久之，神福获杭俘，使出入卧内。神福谓诸将曰：“杭兵尚强，我师且当夜还。”杭俘走告全武，神福命勿追，暮遣羸兵先行，神福为殿，使行营都尉吕师造伏兵青山下。全武素轻神福，出兵追之，神福、师造夹击，大破之，斩首五千级，生擒全武。钱镠闻之，惊泣曰：“丧我良将！”神福进攻临安，两浙将秦昶帅众三千降之。

韩全诲闻朱全忠将至，丁酉，令李继筠、李彦弼等勒兵劫上，请幸凤翔，宫禁诸门皆增兵防守，人及文书出入搜阅甚严。上遣人密赐崔胤御札，言皆凄怆，末云：“我为宗社大计，势须西行，卿等但东行也。惆怅，惆怅！”

戊戌，上遣赵国夫人出语韩偓：“朝来彦弼辈无礼极甚，欲召卿对，其势未可。”且言：“上与皇后但涕泣相向。”自是，学士不复得对矣。

癸卯，韩全诲等令上入阁召百官，追寝正月丙午敕书，悉如咸通以来近例。是日，开延英，全诲等即侍侧，同议政事。

丁未，神策都指挥使李继筠遣部兵掠内库宝货、帷帐、法物，韩全诲遣人密送诸王、宫人先之凤翔。

戊申，朱全忠至河中，表请车驾幸东都，京城大骇，士民亡窜山谷。是日，百官皆不入朝，阙前寂无人。

十一月，己酉朔，李继筠等勒兵阙下，禁人出入，诸军大掠。士民衣纸及布襦者，满街极目。韩建以幕僚司马邺知匡国留后。朱全忠引四镇兵七万趣同州，邺迎降。

些人向来没有知识，多次要求入朝奏对，有时甚至僭越身份改变荐举的人选，稍微不按照他们的意思去做，就产生怨恨；况且只知道贪财，被宦官们用厚利雇用收买，使得他们成为今天这个样子。崔胤原来留下卫兵，是要用来牵制宦官的，现在宦官和卫兵相互勾结起来，那该怎么办呢！汴州军队如果来到京城长安，一定会和岐州军队在宫前争斗，臣私下里深深感到失望痛心。”唐昭宗只能忧愁沮丧、闷闷不乐而已。

冬季，十月二十日戊戌，朱全忠率领大军从大梁出发，前往京城长安。

李神福和顾全武两军相持很久，李神福抓获了杭州军队俘虏，让他出入卧室。李神福对部下将领说：“杭州军队还很强大，我们的军队在今天夜里退回去。”那个被抓的杭州军队俘虏逃回去向顾全武报告，李神福下令不要追赶潜逃的俘虏。傍晚派遣老弱士兵先撤走，李神福自己殿后，命令行营都尉吕师造在青山镇埋伏军队。顾全武向来轻视李神福，率领部下追赶。李神福、吕师造两面夹击，大败顾全武的军队，斩杀五千人，活捉顾全武。钱镠听到这个消息，大吃一惊，流着泪说：“丧失了我的一个良将！”李神福进攻临安，两浙将领秦昶率领部众三千人向李神福投降。

韩全诲听说朱全忠将要到达，十月十九日丁酉，命令李继筠、李彦弼等率领军队劫持唐昭宗，要唐昭宗到凤翔去。皇宫各门都增派军队防守，人和文书进出搜查得非常严格。唐昭宗派人秘密地给崔胤送去亲笔书信，讲的话都很凄凉，末了说：“我为了宗庙、社稷的大计，照这个形势必须西去凤翔，你们只管向东走好了。真是令人惆怅！真是令人惆怅！”

十月二十日戊戌，唐昭宗派赵国夫人出宫告诉韩偓：“早晨以来李彦弼这些人无礼到了极点。皇上本想要召你入宫答对，但形势不许可了。”并且说：“皇上与皇后只是相对哭泣。”从此，翰林学士不能再进宫答对了。

十月二十五日癸卯，韩全诲等命令唐昭宗入阁召见百官，废除正月二十二日丙午颁布的宰相奏事枢密使不准在旁侍立的敕书，完全恢复唐懿宗咸通以来的惯例。这一天，在延英殿召开会议，韩全诲等就在旁侍立，共同商议国家大事。

十月二十九日丁未，神策都指挥使李继筠派遣部下士兵抢掠宫内库房中的珍宝财物、帷帐、车驾礼器等。韩全诲派人秘密把各王以及宫人先送往凤翔。

十月三十日戊申，朱全忠到了河中，上奏表章请求唐昭宗到东都洛阳去。京城长安大为恐惧，士民们都逃亡到山谷中去了。这一天，文武百官都没有入朝去见唐昭宗，宫殿前冷清得一个人也没有。

十一月初一日己酉，李继筠等率领士兵到宫门下，禁止人出入，各路军队大肆抢掠。士民穿着纸和短布衣的，满街都是。韩建任命他的幕僚司马邺主持匡国留后的事务。朱全忠带领宣武、宣义、天平、护国四镇的军队七万人直奔同州，司马邺

韩全诲等以李继昭不与之同，遏绝不令见上。时崔胤居第在开化坊，继昭帅所部六十余人及关东诸道兵在京师者共守卫之，百官及士民避乱者，皆往依之。庚戌，上遣供奉官张绍孙召百官，崔胤等皆表辞不至。

壬子，韩全诲等陈兵殿前，言于上曰："全忠以大兵逼京师，欲劫天子幸洛阳，求传禅。臣等请奉陛下幸凤翔，收兵拒之。"上不许，杖剑登乞巧楼。全诲等逼上下楼，上行才及寿春殿，李彦弼已于御院纵火。是日冬至，上独坐思政殿，翘一足，一足蹋阑干，庭无群臣，旁无侍者。顷之，不得已，与皇后、妃嫔、诸王百余人皆上马，恸哭声不绝，出门，回顾禁中，火已赫然。是夕，宿鄠县。

朱全忠遣司马邺入华州，谓韩建曰："公不早知过自归，又烦此军少留城下矣。"是日，全忠自故市引兵南渡渭，韩建遣节度副使李巨川请降，献银三万两助军，全忠乃西南趣赤水。

癸丑，李茂贞迎车驾于田家硙，上下马慰接之。甲寅，车驾至盩厔，乙卯，留一日。

（以上为第十段，写朱全忠与李茂贞争天子以令诸侯，朱全忠发兵西指，韩全诲与岐兵劫持昭宗西幸凤翔，宫城再度被付之一炬。）

朱全忠至零口西，闻车驾西幸，与僚佐议，复引兵还赤水。左仆射致仕张濬说全忠曰："韩建，茂贞之党，不先取之，必为后患。"全忠闻建有表劝天子幸凤翔，乃引兵逼其城。建单骑迎谒，全忠责之，对曰："建目不知书，凡表章书檄，皆李巨川所为。"全忠以巨川常为建画策，斩之军门。谓建曰："公许人，可即往衣锦。"丁巳，以建为忠武节度使，理陈州，以兵援送之。以前商州刺史李存权知华州，徙忠武节度使赵珝为匡国节度使。车驾之在华州也，商贾辐凑，韩建重征之，二年，得钱九百万缗。至是，全忠尽取之。

是时京师无天子，行在无宰相，崔胤使太子太师卢渥等二百余人列

向朱全忠投降。

韩全诲等因李继昭不与他们共同行事，就阻止李继昭，不让他见唐昭宗。当时崔胤的府第在长安东街的开化坊，李继昭率领部下六千多人以及关东各道在京城的士兵共同守卫这个地方；文武百官和士民为躲避祸乱都前去依附他。十一月初二日庚戌，唐昭宗派遣供奉官张绍孙召集百官，崔胤等都上表推辞不到。

十一月初四日壬子，韩全诲等在宫殿前布置军队，对唐昭宗说："朱全忠率领大军进逼京城长安，想要劫持皇上到洛阳去，要求把帝位禅让给他；臣等请求侍奉陛下到凤翔，调集军队来抵抗朱全忠。"唐昭宗不同意，拿着剑登上乞巧楼。韩全诲等逼迫唐昭宗下楼，唐昭宗才走到寿春殿，李彦弼已经在宫内放起了火。这一天是冬至，唐昭宗独自坐在思政殿，翘着一只脚，另一只脚踏在栏杆上，殿内没有文武官员，旁边也没有服侍的人。过了一会儿，不得已，昭宗与皇后、妃嫔、诸王一共一百多人都上了马，痛哭之声不绝，出了宫门，回过头来看看宫殿，大火已在熊熊燃烧。这一天晚上，唐昭宗住在鄠县。

朱全忠派遣司马邺进入华州，对韩建说："你不能早一点知道自己的过错前来归顺，又要烦劳我这支军队稍稍停留在华州城下了。"这一天，朱全忠从故市率领军队向南渡过渭水，韩建派遣节度副使李巨川请求投降，献上银子三万两资助军队。朱全忠于是率领军队向西南奔赴赤水。

十一月初五日癸丑，李茂贞在田家硙迎接唐昭宗，唐昭宗亲自下马表示慰问。十一月初六日甲寅，唐昭宗到了盩厔县；十一月初七日乙卯，停留一天。

朱全忠到零口镇西边，听说唐昭宗已经离开长安西行，和部下商量，又率领军队回到赤水。辞官归隐的原左仆射张濬对朱全忠说："韩建是李茂贞的同党，不先攻取韩建，将来一定会成为后患。"朱全忠听说韩建曾经上表章劝唐昭宗到凤翔去，于是率领军队进逼华州。韩建单骑来迎接谒见，朱全忠责备他，韩建回答说："我韩建不认得字，所有表章书信檄文，都是李巨川所写的。"朱全忠因为李巨川经常为韩建出谋划策，在军门把李巨川斩杀。朱全忠对韩建说："你是许州人，现在就可以衣锦还乡了。"十一月初九日丁巳，让韩建担任忠武节度使，处理陈州的事，派兵护送韩建赴任。派前商州刺史李存权掌管华州的事务，调忠武节度使赵珝担任匡国节度使。唐昭宗在华州的时候，四方的商人都聚集到这里，韩建征收很重的赋税，两年时间得钱九百万缗。到这时，朱全忠全部收为己有。

当时京城长安没有皇帝，唐昭宗所在的地方没有宰相，崔胤让太子太师卢渥等

状请朱全忠西迎车驾，又使王溥至赤水见全忠计事。全忠复书曰：“进则惧胁君之谤，退则怀负国之惭，然不敢不勉。”戊午，全忠发赤水。

辛酉，以兵部侍郎卢光启权句当中书事。车驾留岐山三日，壬戌，至凤翔。

朱全忠至长安，宰相帅百官班迎于长乐坡。明日行，复班辞于临皋驿。全忠赏李继昭之功，初令权知匡国留后，复留为两街制置使，赐与甚厚。继昭尽献其兵八千人。

全忠使判官李择、裴铸入奏事，称：“奉密诏及得崔胤书，令臣将兵入朝。”韩全诲等矫诏答以：“朕避灾至此，非宦官所劫，密诏皆崔胤诈为之，卿宜敛兵归保土宇。”茂贞遣其将符道昭屯武功以拒全忠，癸亥，全忠将康怀贞击破之。

丁卯，以卢光启为右谏议大夫，参知机务。

戊辰，朱全忠至凤翔，军于城东。李茂贞登城谓曰：“天子避灾，非臣下无礼。谗人误公至此。”全忠报曰：“韩全诲劫迁天子，今来问罪，迎扈还宫。岐王苟不预谋，何烦陈谕！”上屡诏全忠还镇，全忠乃拜表奉辞。辛未，移兵北趣邠州。

甲戌，制：守司空兼门下侍郎、同平章事崔胤责授工部尚书，户部侍郎、同平章事裴枢罢守本官。

乙亥，朱全忠攻邠州。丁丑，静难节度使李继徽请降，复姓名杨崇本。全忠质其妻于河中，令崇本仍镇邠州。

全忠之西入关也，韩全诲、李茂贞以诏命征兵河东，茂贞仍以书求援于李克用。克用遣李嗣昭将五千骑自沁州趣晋州，与汴兵战于平阳北，破之。

乙亥，全忠发邠州，戊寅，次三原。十二月，癸未，崔胤至三原见全忠，趣之迎驾。己丑，全忠遣朱友宁攻盩厔，不下。戊戌，全忠自往督战，盩厔降，屠之。全忠令崔胤帅百官及京城居民悉迁于华州。

两百多人把名字写在状文上，请求朱全忠西去迎接唐昭宗，又派王溥到赤水去见朱全忠，商量迎接唐昭宗事宜。朱全忠回信说：“前进怕有胁迫皇上的毁谤，后退又怀着辜负国家恩德的惭愧心情；但是，我不敢不努力去做。”十一月初十日戊午，朱全忠率领军队从赤水出发。

十一月十三日辛酉，以兵部侍郎卢光启暂时主管中书省的事务。唐昭宗在岐山停留三天，十一月十四日壬戌，到达凤翔。

朱全忠到了长安，宰相带领文武百官列队在长乐坡迎接他；第二天朱全忠西去，又列队在临泉驿送行。朱全忠奖赏李继昭保卫崔胤和文武百官的功劳，起初让他暂时代理匡国留后的职务，后来又留下他担任两街制置使，赏赐给他很多财物。李继昭献出他的全部部众士兵八千人。

朱全忠派遣判官李择、裴铸到凤翔向唐昭宗奏事，说：“奉到秘密诏令和接得崔胤书信，命令臣带领军队前来朝见。”韩全诲等假传唐昭宗诏令回答说：“朕躲避灾难来到这里，不是被宦官劫持，秘密诏令都是崔胤假造的。卿应该收兵回去保卫属地领土。”李茂贞派遣他的部将符道昭驻扎在武功县，来抵抗朱全忠。十一月十五日癸亥，朱全忠的部将康怀贞打败了符道昭的军队。

十一月十九日丁卯，任命卢光启为右谏议大夫，参与掌管机要事务。

十一月二十日戊辰，朱全忠到达凤翔，把军队驻扎在城东。李茂贞登上城楼对城外的朱全忠说：“天子躲避灾难来到这里，不是臣下无礼劫持，是说坏话的人挑拨，才误导您到了此地。”朱全忠回答说：“韩全诲劫持迁徙天子，臣今天来问罪，迎接护送天子回到京城长安宫中。您如果没有参与谋划，何须陈说表白！”唐昭宗多次下诏命令朱全忠回到镇所，朱全忠于是上表告辞。十一月二十三日辛未，朱全忠率领军队转移，向北奔赴邠州。

十一月二十六日甲戌，颁布制书：守司空兼门下侍郎、同平章事崔胤受责改任工部尚书，户部侍郎、同平章事裴枢免去职务，保留原任官衔。

十一月二十七日乙亥，朱全忠攻打邠州。十一月二十九日丁丑，静难节度使李继徽请求投降，恢复原来的姓名杨崇本。朱全忠把杨崇本的妻子作为人质迁往河中，命令他仍然镇守邠州。

朱全忠西入潼关时，韩全诲、李茂贞用唐昭宗的诏命向河东李克用征调军队，李茂贞并写信给李克用请求救援。李克用派遣李嗣昭率领骑兵五千从沁州出发直奔晋州，在平阳的北边和汴州军队交战，打败了汴州军队。

十一月二十七日乙亥，朱全忠从邠州出发；十一月三十日戊寅，驻扎在三原。十二月初五日癸未，崔胤到三原会见朱全忠，催促朱全忠去迎接唐昭宗。十二月十一日己丑，朱全忠派遣朱友宁攻打盩厔县，没有攻下来。十二月二十日戊戌，朱

诏以裴贽充大明宫留守。

清海节度使徐彦若薨，遗表荐行军司马刘隐权留后。

（以上为第十一段，写朱全忠入长安，劫持百官，迁置华州。复进兵围凤翔。）

李神福知钱镠定不死，而临安城坚，久攻不拔，欲归，恐为镠所邀，乃遣人守卫镠祖考丘垄，禁樵采，又使顾全武通家信。镠遣使谢之。神福于要路多张旗帜为虚寨，镠以为淮南兵大至，遂请和。神福受其犒赂而还。

朱全忠之入关也，戎昭节度使冯行袭遣副使鲁崇矩听命于全忠。韩全诲遣中使二十余人分道征江、淮兵屯金州，以胁全忠，行袭尽杀中使，收其诏敕送全忠。又遣使征兵于王建，朱全忠亦遣使乞师于建。建外修好于全忠，罪状李茂贞，而阴劝茂贞坚守，许之救援；以武信节度使王宗佶、前东川节度使王宗涤等为扈驾指挥使，将兵五万，声言迎车驾，其实袭茂贞山南诸州。

江西节度使锺传将兵围抚州刺史危全讽，天火烧其城，士民喧惊。诸将请急攻之，传曰："乘人之危，非仁也。"乃祝曰："全讽之罪，无为害民。"火寻止。全讽闻之，谢罪听命，以女妻传子匡时。

传少时尝猎，醉遇虎，与斗，虎搏其肩，而传亦持虎腰不置，旁人共杀虎，乃得免。既贵，悔之，常戒诸子曰："士处世贵智谋，勿效吾暴虎也。"

武贞节度使雷满薨，子彦威自称留后。

（以上为第十二段，写西川王建大兴兵声言迎车驾以助李茂贞，实际袭夺李茂贞山南诸州。）

全忠亲自前往督战，盩厔军队投降，被全部屠杀。朱全忠命令崔胤带领文武百官以及京城长安居民全部迁住华州。

唐昭宗下诏任命裴贽充当大明宫留守。

清海节度使徐彦若去世，遗下表文推举行军司马刘隐代理留后的职位。

李神福知道钱镠肯定没有死，而临安的城池非常坚固，久攻不克，想要返回，但担心被钱镠拦击，于是派人去守卫钱镠祖先的坟墓，禁止在它周围砍伐柴草，又让顾全武写信回家；钱镠派遣使者向李神福表示感谢。李神福在主要道路上悬挂了许多旗帜，假装作为营寨。钱镠以为淮南的大军到了，就请求和好相处。李神福接受了钱镠犒赏赠送的财物后返回。

朱全忠进入潼关时，戎昭节度使冯行袭派遣副使鲁崇矩听从朱全忠的命令。韩全诲派出宦官二十多人分路向江淮地区征调军队去驻扎金州，以便威胁朱全忠。冯行袭把这些宦官都杀了，收缴他们携带的诏令敕书送给朱全忠。韩全诲又派出使者向王建征调军队，朱全忠也派出使者向王建要求军队支援。王建表面上与朱全忠亲善友好，斥责李茂贞的罪行，而暗中劝说李茂贞要坚持固守，答应派遣军队救援。王建任命武信节度使王宗佶、前东川节度使王宗涤等为扈驾指挥使，率领军队五万人，声言前去迎接唐昭宗，实际上是去偷袭李茂贞的山南各州。

江西节度使钟传率领军队围困抚州刺史危全讽。天火烧了抚州城，士民们喧哗惊恐。各将领请求急速攻城，钟传说："乘人之危，不是仁义的做法。"于是祈祷说："这是危全讽的罪过，不要加害于百姓。"火不久就熄灭了。危全讽听说了这件事，向钟传谢罪，听从他的指挥，把女儿嫁给钟传的儿子钟匡时为妻。

钟传年轻时曾经打猎，有一次醉后遇见老虎，和它搏斗，老虎抓住了他的肩膀，钟传也抱住老虎的腰不放，旁边的人共同杀死了老虎，钟传才幸免于难。钟传显贵以后，对这件事很悔恨，常常告诫各个儿子说："士人处世贵在运用智慧谋略，不要效法我空手与老虎搏斗。"

武贞节度使雷满去世，他的儿子雷彦威自称为留后。

【点评】

本卷点评马殷扩地取桂州、刘季述废唐昭宗、崔胤留岐兵宿卫三件史事。

一、马殷扩地取桂州。马殷，字霸图，许州鄢陵人。原蔡州秦宗权部属，隶孙儒为裨将。孙儒与杨行密争淮南兵败，马殷与刘建锋率残兵七千人逃往洪州，在江西聚众数万，攻入湖南，取长沙。唐僖宗任刘建锋为湖南节度使，马殷为马步军都指挥使。公元896年，军士杀刘建锋，众推马殷为节度使。马殷争战，数年间全据湖南。至公元900年，马殷攻取桂管五州。马殷的强敌是东边的淮南杨行密。杨行密西进，为马殷所阻，马殷为了自存，对朱全忠十分恭顺，借朱氏之力遏制淮南。公元907年，朱全忠代唐，封马殷为楚王。当年马殷击败淮南军，夺得岳州。公元908年，马殷出兵岭南，打败岭南割据者刘隐，兼并了岭南六个州。马殷闭境自保，带给了湖南、岭南士民安定，这是马殷在唐末乱世中对历史的贡献。

二、刘季述废唐昭宗。刘季述，原本是宫中低级宦官，积资累迁做到枢密使。宰相崔胤与昭宗谋，欲杀尽宦官，外结朱全忠为援。宦官则外结李茂贞以自保。光化三年（900）六月，崔胤奏请昭宗流放宦官左右中尉景务脩、宋道弼，并赐死于道。刘季述、王仲先继任左右中尉，十分怀恨崔胤，伺机反扑。

其时，唐昭宗从华州还京师，惊悸未定，整日闷闷不乐，性情乖张，醉酒杀人。刘季述、王仲先借机以皇后令幽囚唐昭宗于少阳院，废为太上皇，奉太子即位，大肆杀戮唐昭宗平时亲近的人。刘季述通款于朱全忠，告以将弑帝，奉献唐社稷，而实欲借朱全忠之手杀尽百官，挟天子以令诸侯。崔胤致信朱全忠举兵入朝尽杀宦官。朱全忠狐疑，首鼠两端，把崔胤的信转给刘季述，火上浇油，激化京师内斗局面。崔胤巧辩，称朱全忠所转之信乃奸人所为，刘季述吃不准朱全忠心意，反与崔胤和解。崔胤则把和解之事告知朱全忠，用以表示忠心。朱全忠羞恼自己为刘季述所卖，转身与崔胤谋诛刘季述。天平节度副使李振建言朱全忠诛宦官以建桓文之功，坚定了朱全忠的立场，于是朱全忠派李振到京师与崔胤合谋复辟昭宗，诛杀刘季述。适逢都将孙德昭、董从实因盗没官钱受责于王仲先，为崔胤所利用。孙德昭又引别将周承诲相助。三人在崔胤策划下，于十二月晦除夕之夜发动兵变，诛杀了刘季述、王仲先等一干宦官，并夷三族，昭宗复辟。昭宗论功行赏，孙德昭、董从实、周承诲三人赐姓李。孙德昭更名李继昭，任命为检校太保，静海军节度使。董从实更名为李彦弼，任命为检校司徒，容管节度使，两人并同中书门下平章事。周承诲更名为李继诲，亦任命为检校司徒，邕管节度使。三人同加"扶倾济难忠烈功臣"，图形凌烟阁，号称"三使相"，荣耀无比。崔胤建大功，专国政。昭宗经过这一番废立的折腾，威权扫地。

三、崔胤留岐兵宿卫。昭宗复辟后，崔胤上奏说："祸难的兴起，根源就是宦官

掌握了军权，请把禁军交给宰相典领。”昭宗厌恶崔胤外结朱全忠，认为军权还是交给家奴掌管放心，于是以枢密使韩全诲、凤翔监军使张彦弘为左、右中尉。韩全诲亦前任凤翔监军，任中尉后与李茂贞亲善。

崔胤未能掌控禁军，心有不甘，又害怕宦官掌控军权继续危害朝廷，就想借藩镇之兵来平衡宦官权力，暗示李茂贞留兵三千在京师，由李茂贞的儿子李继筠统领宿卫宫禁。左谏议大夫韩偓认为这样做十分危险。韩偓说：“京师驻留藩镇之兵，家国两危，不留家国两安。”崔胤不听，重蹈东汉何进召董卓之兵入京危害家国的覆辙。崔胤才德两失，非靖难之臣，只顾眼前，毫无远识，不听忠言，一意孤行，貌似忠臣，委实一个祸国之臣。

资治通鉴（文白对照本） 卷第二百六十三

唐纪七十九

唐昭宗天复二年至三年（902—903 年）

【起玄黓阉茂（壬戌，902 年），尽昭阳大渊献（癸亥，903 年）正月，凡一年有奇】

【大事提要】

本卷记事起公元 902 年，讫公元 903 年正月。载述史事凡一年又一个月。当唐朝昭宗天复二年至天复三年正月。此一年大事为汴、岐两镇争夺天子控制权，以及唐皇室宦官被全歼始末。先是汴晋两军晋阳大战，李克用丧师夺气。朱全忠势盛，欲西劫天子，唐昭宗晋爵杨行密为吴王，钱镠为越王，诏诸道讨逆朱全忠。岐王李茂贞与吴王杨行密夹击朱全忠不胜，王师范举义旗失败，困守孤城于凤翔的李茂贞请降朱全忠，诛杀了韩全诲等七十二个宦官，朱全忠解围，昭宗还京师，崔胤大诛宦官，诏诸镇尽杀监军。司马光论宦官祸国之因。东南藩镇，杨行密助钱镠摆脱困境，乘势扩张，兵进鄂岳。

【原文】

昭宗圣穆景文孝皇帝中之下

天复二年（壬戌，902 年）

春，正月，癸丑，朱全忠复屯三原，又移军武功。河东将李嗣昭、周德威攻慈、隰，以分全忠兵势。

丁卯，以给事中韦贻范为工部侍郎、同平章事。

丙子，以给事中严龟充岐、汴和协使，赐朱全忠姓李，与李茂贞为兄弟。全忠不从。

时茂贞不出战。全忠闻有河东兵，二月戊寅朔，还军河中。

李嗣昭等攻慈、隰，下之，进逼晋、绛。己丑，全忠遣兄子友宁将兵会晋州刺史氏叔琮击之。李嗣昭袭取绛州，汴将康怀英复取之。嗣昭等屯蒲县。乙未，汴军十万营于蒲南，叔琮夜帅众断其归路，而攻其垒，破之，杀获万余人。己亥，全忠自河中赴之，乙巳，至晋州。

盗发简陵。

西川兵至利州，昭武节度使李继忠弃镇奔凤翔。王建以剑州刺史王宗伟为利州制置使。

三月，庚戌，上与李茂贞及宰相、学士、中尉、枢密宴，酒酣，茂贞及韩全诲亡去。上问韦贻范："朕何以巡幸至此？"对曰："臣在外不知。"固问，不对。上曰："卿何得于朕前妄语云不知？"又曰："卿既以非道取宰相，当于公事如法；若有不可，必准故事。"怒目视之，微言曰："此贼兼须杖之二十。"顾谓韩偓曰："此辈亦称宰相！"贻范屡以大杯献上，上不即持，贻范举杯直及上颐。

戊午，氏叔琮、朱友宁进攻李嗣昭、周德威营。时汴军横陈十里，而河东军不过数万，深入敌境，众心恟惧。德威出战而败，密令嗣昭以后军前去，德威寻引骑兵亦退。叔琮、友宁长驱乘之，河东军惊溃，擒克用子廷鸾，兵仗辎重委弃略尽。朱全忠令叔琮、友宁乘胜遂攻河东。

【语译】

昭宗圣穆景文孝皇帝中之下

唐昭宗天复二年（壬戌，902 年）

春季，正月初六日癸丑，朱全忠率领军队再次驻扎在三原，后又驻扎到武功县。河东将领李嗣昭、周德威攻打慈州、隰州，借以分散朱全忠的兵势。

正月二十日丁卯，任命给事中韦贻范为工部侍郎、同平章事。

正月二十九日丙子，任命给事中严龟充当岐、汴和协使；赐朱全忠姓李，与李茂贞结为兄弟。朱全忠没有听从。

当时李茂贞不出城迎战。朱全忠听说有河东军队侵犯，二月初一日戊寅率领军队返回河中。

李嗣昭等人攻打慈州、隰州，把它攻下来了，进军逼近晋州、绛州。二月十二日己丑，朱全忠派遣他哥哥的儿子朱友宁率领军队会合晋州刺史氏叔琮攻击河东军队。李嗣昭偷袭攻占了绛州，汴州将领康怀英又夺回了它。李嗣昭等驻扎在蒲县。二月十八日乙未，汴州军队十万人在蒲南扎营，氏叔琮在夜晚率领军队切断河东军队的归路，并进攻他们的营寨，大败河东军队，杀死、俘获一万多人。二月二十二日己亥，朱全忠从河中赶来，二月二十八日乙巳，到达晋州。

盗贼掘开唐懿宗的简陵。

西川军队到了利州，昭武节度使李继忠放弃守城逃奔凤翔；王建任命剑州刺史王宗伟为利州制置使。

三月初四日庚戌，唐昭宗和李茂贞以及宰相、学士、中尉、枢密宴饮，酒喝得正高兴时，李茂贞和韩全诲离开了。唐昭宗问韦贻范："朕为什么到这个地方来？"韦贻范回答说："臣在外边不知道。"一再追问，韦贻范不做回答。唐昭宗说："卿怎么能够在朕的面前乱说不知道呢？"又说："卿既然通过正当途径取得宰相职位，就应当按照国家大法来办理公事，如果有不对的地方，一定遵照旧例来处理。"唐昭宗怒目看着韦贻范，小声说："这贼子还得拷打二十大板。"回头对韩偓说："这样的人也称得上宰相！"韦贻范多次拿大杯子劝唐昭宗喝酒，唐昭宗没有立即接酒杯，韦贻范就把酒杯直送到唐昭宗的嘴边。

三月十二日戊午，氏叔琮、朱友宁进攻李嗣昭、周德威的营寨。当时汴州军队排阵有十里长，而河东军队不过几万人，深入敌人境内，士兵心中恐惧。周德威出战失败，秘密命令李嗣昭率领后军先离开，周德威自己随即率领骑兵也撤退了。氏叔琮、朱友宁率领军队长驱直入，河东军队惊慌、溃散，活捉了李克用的儿子李廷鸾，河东军队的兵器粮草等物几乎全部丢光了。朱全忠命令氏叔琮、朱友宁乘胜进

李克用闻嗣昭等败，遣李存信以亲兵逆之，至清源，遇汴军，存信走还晋阳，汴军取慈、隰、汾三州。辛酉，汴军围晋阳，营于晋祠，攻其西门。周德威、李嗣昭收余众依西山得还。城中兵未集，叔琮攻城甚急，每行围，褒衣博带，以示闲暇。

克用昼夜乘城，不得寝食。召诸将议保云州，李嗣昭、李嗣源、周德威曰：“儿辈在此，必能固守。王勿为此谋，动摇人心！”李存信曰：“关东、河北皆受制于朱温，我兵寡地蹙，守此孤城，彼筑垒穿堑环之，以积久制我，我飞走无路，坐待困毙耳。今事势已急，不若且入北虏，徐图进取。”嗣昭力争之，克用不能决。刘夫人言于克用曰：“存信，北川牧羊儿耳，安知远虑！王常笑王行瑜轻去其城，死于人手，今日反效之邪！且王昔居达靼，几不自免，赖朝廷多事，乃得复归。今一足出城，则祸变不测，塞外可得至邪！”克用乃止。居数日，溃兵复集，军府浸安。克用弟克宁为忻州刺史，闻汴寇至，中途复还晋阳，曰：“此城吾死所也，去将何之！”众心乃定。

壬戌，朱全忠还河中，遣朱友宁将兵西击李茂贞，军于兴平、武功之间。李嗣昭、李嗣源数将敢死士夜入氏叔琮营，斩首捕虏，汴军惊扰，备御不暇。会大疫，丁卯，叔琮引兵还。嗣昭与周德威将兵追之，及石会关，叔琮留数马及旌旗于高冈之巅。嗣昭等以为有伏兵，乃引去，复取慈、隰、汾三州。自是克用不敢与全忠争者累年。

（以上为第一段，写李克用援救李茂贞，招致汴兵大举进攻，晋兵巢穴晋阳差点不保。会疾疫大起，汴兵退走。）

克用以使引咨幕府曰：“不贮军食，何以聚众？不置兵甲，何以克敌？不修城池，何以扞御？利害之间，请垂议度！”掌书记李袭吉献议，略曰：“国富不在仓储，兵强不由众寡，人归有德，神固害盈。聚敛宁有盗臣，苛政有如猛虎，所以鹿台将散，周武以兴；齐库既焚，晏婴入贺。”又曰：“伏以变法不若养人，改作何如旧贯！韩建蓄财无数，首事朱温；王珂变法如麻，一朝降贼；中山城非不峻，蔡上兵非不多；前事

攻河东。

李克用听说李嗣昭等战败，派遣李存信带领亲兵前去迎战，到清源县时，遇到了汴州军队，李存信逃回晋阳；汴州军队攻取了慈、隰、汾三州。三月十五日辛酉，汴州军队包围晋阳，在晋祠扎营，攻打晋阳的西门。周德威、李嗣昭收集余下的部众，沿着西山返回晋阳。晋阳城中的军队还没有集合好，氏叔琮攻城非常急促，每次巡视围城军队的时候，总是穿着宽松的衣服，系着大的带子，表示非常悠闲。

李克用白天黑夜登上城楼，没有时间睡觉吃饭。李克用召集各位将领商议退保云州。李嗣昭、李嗣源、周德威说："我们在这里，一定能够守得住。大王不要有退保云州的打算，以免动摇人心！"李存信说："关东、河北地区都受到朱温控制。我们兵力缺少，地方狭小，防守这一座孤城。敌人环城修造营垒、挖掘壕沟，长期围困来制服我们。我们上天无路，入地无门，只有坐着等死。现在情势已经非常危急，不如暂且进入北方少数部族中，慢慢再想办法进取。"李嗣昭极力争辩，李克用不能最后决定。刘夫人对李克用说："李存信只是北川牧羊人的小孩罢了，哪里知道长远地打算啊！大王您常常讥笑王行瑜轻率地弃城逃走，死在别人手中，今天反而要效法他吗！况且大王从前住在鞑靼，几乎不能免于灾难，靠着朝廷多事，才能够再回来，如今只要一离开守城，就会有无法预测的灾祸发生，哪里能够到达塞外呢！"李克用这才打消了退保云州的念头。过了几天，逃散的士兵又集合起来，军府才渐渐安定下来。李克用的弟弟李克宁担任忻州刺史，听说汴州军队到了，中途又回到晋阳，说："这城是我战死的地方，离开它将到哪里去呢！"大家心里都安定了。

三月十六日壬戌，朱全忠回到河中，派遣朱友宁率领军队向西去攻打李茂贞，驻扎在兴平、武功之间。李嗣昭、李嗣源多次率领敢死队在夜里进入氏叔琮的营寨，杀死士兵，捕获俘虏，汴州军队惊慌混乱，防备守卫应接不暇，又遇上瘟疫流行，三月二十一日丁卯，氏叔琮率领军队退走了。李嗣昭与周德威率领军队追赶汴军，追击到石会关，氏叔琮留下几匹马以及旌旗在高坡顶上。李嗣昭等以为有埋伏的军队，于是带兵返回，又攻下了慈、隰、汾三州。从此以后，李克用好几年不敢与朱全忠相争。

李克用以节度使文书向幕府咨询，说："不贮备军粮，用什么来聚集部众？不购置兵器，用什么来战胜敌人？不修筑城池，用什么防御抵抗？在利益和危害之间，请你们商量谋划！"掌书记李袭吉发表意见，大略是说："国家富裕不在于仓库里储备的物资，军队强大不在于人数的多少；老百姓都归附有德行的君主，鬼神总是要降灾给骄傲自满的人；与其有聚敛搜括民财的臣子，不如有盗窃国家钱财的官吏；苛政同吃人的猛虎一样厉害。所以散发了鹿台的钱财，周武王兴盛起来了；齐国的

甚明，可以为戒。且霸国无贫主，强将无弱兵。伏愿大王崇德爱人，去奢省役，设险固境，训兵务农。定乱者选武臣，制理者选文吏，钱谷有句，刑法有律。诛赏由我，则下无威福之弊；近密多正，则人无谮谤之忧。顺天时而绝欺诬，敬鬼神而禁淫祀，则不求富而国富，不求安而自安。外破元凶，内康疲俗，名高五霸，道冠八元。至于率闾阎，定间架，增曲蘖，检田畴，开国建邦，恐未为切。”

克用亲军皆沙陀杂虏，喜侵暴良民，河东甚苦之。其子存勖以为言，克用曰："此辈从吾攻战数十年，比者帑藏空虚，诸军卖马以自给；今四方诸侯皆重赏以募士，我若急之，则彼皆散去矣，吾安与同保此乎！俟天下稍平，当更清治之耳。"存勖幼警敏，有勇略，克用为朱全忠所困，封疆日蹙，忧形于色。存勖进言曰："物不极则不返，恶不极则不亡。朱氏恃其诈力，穷凶极暴，吞灭四邻，人怨神怒。今又攻逼乘舆，窥觎神器，此其极也，殆将毙矣！吾家世袭忠贞，势穷力屈，无所愧心。大人当遵养时晦以待其衰，奈何轻为沮丧，使群下失望乎！"克用悦，即命酒奏乐而罢。

刘夫人无子，克用宠姬曹氏生存勖，刘夫人待曹氏加厚。克用以是益贤之，诸姬有子，辄命夫人母之，夫人教养，悉如所生。

（以上为第二段，写李克用征询僚属强国之术。夫人刘氏及其子存勖意气洋洋，激励李克用奋发图强。）

上以金吾将军李俨为江、淮宣谕使，书御札赐杨行密，拜行密东面行营都统、中书令、吴王，以讨朱全忠。以朱瑾为平卢节度使，冯弘铎为武宁节度使，朱延寿为奉国节度使。加武安节度使马殷同平章事。淮

仓库被火焚毁，晏婴入朝表示庆贺。”又说：“我以为更改法制不如教养百姓，推行新制怎么比得上遵循旧法呢！韩建在华州积蓄钱财无数，到头来全部归了朱温；王珂更改法制像麻一样多，一下子就投降了敌人；中山城并不是不高峻，但王郜不能守住它，蔡上军队并不是不多，但秦宗权最终失败。这些事情原因非常明显，可以作为警戒。况且称霸诸侯的国家没有贫穷的君主，强悍将领的手下没有懦弱的士兵。我希望大王崇尚德政，爱护百姓，去掉奢侈，减省赋役，设防险要，固守边境，训练军队，勤务农事。平定动乱要选用武臣，治理政事则选用文官。钱谷进出有账簿登记，判刑执法有律令依据。诛杀奖赏大权由自己掌握，下边就没有作威作福的弊端。身边亲近的人大多品行端正，大家就不会有被诬陷诽谤的担忧。顺应天时而杜绝欺骗诬罔，敬奉鬼神而禁止淫滥的祭祀，那么不求富裕国家自然富裕起来，不求安定国家也自然安定了。对外可以打败元凶朱温，对内可以振兴颓废习俗，名声高过春秋五霸，道德冠于上古八元。至于计算百姓的赋税、制定房屋的规模、增加酒曲的专利，检查田亩的收入，这些对于开拓国土，建立家邦，恐怕还不算迫切。”

李克用的亲军都是沙陀部族的胡人，喜好侵犯暴虐百姓，河东百姓深受其苦。李克用的儿子李存勖把情况报告后，李克用说：“这些人跟随我打仗几十年了，近来库房的财物不足，各路军队靠出卖马匹来维持供给；如今四方藩镇都用重赏来招募士兵，我如果逼急他们，那么他们都要散去了，我怎么和他们一起来保卫这个基业啊！等到天下稍为安定后，再来清理管制他们好了。”李存勖小时候机警聪敏，很勇敢，有谋略。李克用被朱全忠围困，疆界一天天缩小，忧虑始终露在脸上。李存勖进言说：“事物不到极点就不会走向反面，恶人不到极点也不会走向死亡。朱全忠倚仗他的奸诈和力量，穷凶极恶，并吞消灭四邻的藩镇，弄得百姓怨恨，天神愤怒。如今又攻击逼迫皇上，窥伺帝位，这是他走到了极点，将要灭亡了！我家世世代代忠贞，今天虽然形势危急，力量也不及他，但可以问心无愧。父王应该从容静观，等待朱全忠衰弱下去，怎么能够轻易地沮丧灰心，使大家失望呢！”李克用很高兴，立即命令摆设酒席演奏音乐，然后才休息。

刘夫人没有小孩。李克用的宠姬曹氏生了李存勖，刘夫人待曹氏更加好了。李克用因此越发敬重刘夫人，各姬妾有了孩子，就要刘夫人做他们的母亲。刘夫人教养这些孩子，都像自己亲生的孩子一样。

唐昭宗任命左金吾将军李俨为江淮宣谕使，亲笔写信赐给杨行密，授予杨行密东面行营都统、中书令、吴王的官爵，以讨伐朱全忠。任命朱瑾为平卢节度使，冯弘铎为武宁节度使，朱延寿为奉国节度使。加官武安节度使马殷为同平章事。淮南、

南、宣歙、湖南等道立功将士，听用都统牒承制迁补，然后表闻。俨，张濬之子也，赐姓李。

夏，四月，丁酉，崔胤自华州诣河中，泣诉于朱全忠，恐李茂贞劫天子幸蜀，宜以时迎奉，势不可缓。全忠与之宴，胤亲执板，为全忠歌以侑酒。

辛丑，回鹘遣使入贡，请发兵赴难；上命翰林学士承旨韩偓答书许之。乙巳，偓上言："戎狄兽心，不可倚信。彼见国家人物华靡，而城邑荒残，甲兵凋敝，必有轻中国之心，启其贪婪。且自会昌以来，回鹘为中国所破，恐其乘危复怨。所赐可汗书，宜谕以小小寇窃，不须赴难，虚愧其意，实沮其谋。"从之。

兵部侍郎参知机务卢光启罢为太子太保。

杨行密遣顾全武归杭州以易秦裴，钱镠大喜，遣裴还。

汴将康怀贞击凤翔将李继昭于莫谷，大破之。继昭，蔡州人也，本姓符，名道昭。

五月，庚戌，温州刺史朱褒卒，兄敖自称刺史。

凤翔人闻朱全忠且来，皆惧；癸丑，城外居民皆迁入城。己未，全忠将精兵五万发河中，至东渭横桥，遇霖雨，留旬日。

庚午，工部侍郎、平章事韦贻范遭母丧，宦官荐翰林学士姚洎为相。洎谋于韩偓，偓曰："若图永久之利，则莫若未就为善；傥出上意，固无不可。且汴军旦夕合围，孤城难保，家族在东，可不虑乎！"洎乃移疾，上亦自不许。

镇海、镇东节度使彭城王钱镠进爵越王。

六月，丙子，以中书舍人苏检为工部侍郎、同平章事。时韦贻范在草土，荐检及姚洎于李茂贞。上既不用洎，茂贞及宦官恐上自用人，协力荐检，遂用之。

丁丑，朱全忠军于虢县。

武宁节度使冯弘铎介居宣、扬之间，常不自安。然自恃楼船之强，不事两道。宁国节度使田頵欲图之，募弘铎工人造战舰，工人曰："冯公

宣歙、湖南等道立功的将士，听任杨行密用行营都统牒文，按照制度来迁升递补，然后再上表向唐昭宗报告。李俨是张濬的儿子，唐昭宗赐他姓李。

夏季，四月二十一日丁酉，崔胤从华州来河中，流着眼泪向朱全忠诉说，担心李茂贞劫持唐昭宗到蜀地去，应该及时迎接唐昭宗东归，形势不允许再延缓了。朱全忠与崔胤宴饮，崔胤亲自拿着拍板，为朱全忠唱歌劝酒。

四月二十五日辛丑，回鹘派遣使者前来进贡物品，请求派出军队救援国难。唐昭宗命令翰林学士承旨韩偓回信同意他们的请求。四月二十九日乙巳，韩偓进言说："回鹘这些戎狄是野兽的心肠，不可以依靠信赖。他们看到我们国家百姓生活富庶，财物众多，但是城邑荒废残颓，武器破旧士兵疲乏，一定有轻视中原的心理，开启他们贪婪的念头。并且从唐武宗会昌年间以来，回鹘被中原打败，恐怕他们乘着我们危难报复怨仇。赐给他们可汗的书信应当告诉他们，小小的寇贼，不需要他们前来救援；表面上感谢他们的好意，实际上是阻止他们的阴谋。"唐昭宗听从了韩偓的意见。

兵部侍郎、参与掌管机要事务的卢光启被罢免为太子太保。

杨行密遣送顾全武回杭州，以便换回秦裴。钱镠非常高兴，遣送秦裴返回扬州。

汴州将领康怀贞在莫谷攻打凤翔将领李继昭，把他打得大败。李继昭是蔡州人，本来姓符，名字叫道昭。

五月初五日庚戌，温州刺史朱褒去世，他的哥哥朱敖自称为刺史。

凤翔人听说朱全忠就要来攻打，都很害怕。五月初八日癸丑，城外的居民都迁入城中。五月十四日己未，朱全忠率领精兵五万人从河中出发，到了东渭横桥，遇到连日阴雨，停留了十天。

五月二十五日庚午，工部侍郎、同平章事韦贻范的母亲去世，宦官推荐翰林学士姚洎担任宰相。姚洎和韩偓商量，韩偓说："如果你考虑长久的利益，那么不如推辞不当宰相为好；假如这是出于皇上的意思，那么没有什么不可以的。况且汴州军队早晚就要包围过来，凤翔这座孤城很难守住。你的家族在东边，怎么可以不考虑呢！"姚洎于是上表推说自己有病，唐昭宗也没有同意他当宰相。

镇海、镇东节度使彭城王钱镠晋封为越王。

六月初二日丙子，任命中书舍人苏检为工部侍郎、同平章事。当时韦贻范在家守丧，向李茂贞推荐苏检和姚洎。唐昭宗既然不用姚洎，李茂贞和宦官们担心唐昭宗自己用人，协力推荐苏检，于是用了他。

六月初三日丁丑，朱全忠在虢县驻军。

武宁节度使冯弘铎处在宣州的田頵和扬州的杨行密之间，常常感到自己不安全；但是仗着自己有强大的战船，不侍奉宣州、扬州两道。宁国节度使田頵想要图谋他，

远求坚木，故其船堪久用，今此无之。”颙曰：“第为之，吾止须一用耳。”弘铎将冯晖、颜建说弘铎先击颙，弘铎从之，帅众南上，声言攻洪州，实袭宣州也。杨行密使人止之，不从。辛巳，颙帅舟师逆击于葛山，大破之。

甲申，李茂贞大出兵，自将之，与朱全忠战于虢县之北，大败而还，死者万余人。丙戌，全忠遣其将孔勍出散关攻凤州，拔之。丁亥，全忠进军凤翔城下。全忠朝服向城而泣，曰：“臣但欲迎车驾还宫耳，不与岐王角胜也。”遂为五寨环之。

（以上为第三段，写朱全忠再次大发兵围攻凤翔与李茂贞争天子。唐昭宗册封杨行密为吴王，钱镠为越王，诏诸道讨逆朱全忠。）

冯弘铎收余众沿江将入海，杨行密恐其为后患，遣使犒军，且说之曰：“公徒从犹盛，胡为自弃沧海之外！吾府虽小，足以容公之众，使将吏各得其所，如何？”弘铎左右皆恸哭听命。弘铎至东塘，行密自乘轻舟迎之，从者十余人，常服，不持兵，升弘铎舟，慰谕之，举军感悦。署弘铎淮南节度副使，馆给甚厚。

初，弘铎遣牙将丹徒尚公迺诣行密求润州，行密不许。公迺大言曰：“公不见听，但恐不敌楼船耳。”至是，行密谓公迺曰：“颇记求润州时否？”公迺谢曰：“将吏各为其主，但恨无成耳。”行密笑曰：“尔事杨叟如事冯公，无忧矣！”

行密以李神福为昇州刺史。

杨行密发兵讨朱全忠，以副使李承嗣权知淮南军府事。军吏欲以巨舰运粮，都知兵马使徐温曰：“运路久不行，葭苇堙塞，请用小艇，庶几易通。”军至宿州，会久雨，重载不能进，士有饥色，而小艇先至，行密由是奇温，始与议军事。行密攻宿州，不克，竟以粮运不继引还。

秋，七月，孔勍取成、陇二州，士卒无斗者。至秦州，州入城守，

招募冯弘铎的工人建造战舰。工人说："冯弘铎在远处找来坚硬的木材，所以他的战船能够长久地使用，现在这里没有这种木材。"田頵说："你们只管去建造好了，我只要用一次就行了。"冯弘铎的部将冯晖、颜建劝说冯弘铎先攻打田頵，冯弘铎听从了他们的意见，率领军队南进，扬言攻打洪州，实际上是袭击宣州。杨行密派人去阻止冯弘铎的行动，冯弘铎不听。六月初七日辛巳，田頵率领水军在曷山迎击冯弘铎，把冯弘铎打得大败。

六月初十日甲申，李茂贞出动军队，由自己亲自率领，与朱全忠的军队在虢县北边进行激战，被打得大败而回，死了一万多人。六月十二日丙戌，朱全忠派遣他的部将孔勍从散关出发攻打凤州，把凤州攻下来了。六月十三日丁亥，朱全忠进军驻扎在凤翔城下。朱全忠穿着朝服面向着凤翔城哭泣，说："臣只是想迎接皇上车驾返回宫中，不是和岐王李茂贞来争斗输赢的。"于是环绕着凤翔城建立了五个营寨。

冯弘铎收集余下的部众沿着长江顺流而下，准备入海。杨行密担心冯弘铎将来成为祸害，派使者去犒劳他的军队，并且告诉他说："你的部下仍然很强盛，为什么要把自己弃置于海外呢！我的地方虽然很小，但容纳你的部众是足够的了。让将士官吏们都得到合适的安排，怎么样！"冯弘铎左右的将士官吏全都大声痛哭，听从命令。冯弘铎到了东塘，杨行密亲自乘着轻快的小船来迎接他，跟随的只有十多个人，穿着便服，没有带兵器，登上冯弘铎的船，安慰晓谕大家，全军都非常感激、喜悦。杨行密委任冯弘铎为淮南节度副使，供给他的食宿条件都很优厚。

当初，冯弘铎派遣牙将丹徒人尚公迺到杨行密那里要求把润州归属自己管辖，杨行密不同意。尚公迺大声嚷道："你如不肯听从，只怕抵挡不住我们大船的攻击。"到这时，杨行密对尚公迺说："还记得当初要求润州所说的话吗？"尚公迺谢罪说："将士官吏各为其主，只恨没有成功罢了。"杨行密笑着说："你侍奉我杨行密如能同事奉冯弘铎一样，就没有什么可忧虑的了！"

杨行密任命李神福为昇州刺史。

杨行密发动军队去讨伐朱全忠，派副使李承嗣暂时代理淮南节度使府中的事务。军中的官吏想要用大船运送粮食，都知兵马使徐温说："水路已经很久没通行了。芦苇堵塞了航道，请用小艇运送，也许比较容易通行。"军队到达宿州，正遇上下雨不停，装载很多物资的大船不能前进，士兵们没有足够的粮食吃，然而小艇先到了。杨行密因此认为徐温才能出众，开始和他商量军中大事。杨行密攻打宿州，没有攻下，因为粮食运送跟不上而退兵回扬州。

秋季，七月，孔勍攻下了成、陇两州，士兵没有经过战斗就占领了。到了秦州，

乃自故关归。

韦贻范之为相也，多受人赂，许以官，既而以母丧罢去，日为债家所噪。亲吏刘延美，所负尤多，故汲汲于起复，日遣人诣两中尉、枢密及李茂贞求之。甲戌，命韩偓草贻范起复制，偓曰："吾腕可断，此制不可草！"即上疏论贻范遭忧未数月，遽令起复，实骇物听，伤国体。学士院二中使怒曰："学士勿以死为戏！"偓以疏授之，解衣而寝。二使不得已奏之。上即命罢草，仍赐敕褒赏之。八月，乙亥朔，班定，无白麻可宣，宦官喧言韩侍郎不肯草麻，闻者大骇。茂贞入见上曰："陛下命相而学士不肯草麻，与反何异！"上曰："卿辈存贻范，朕不之违；学士不草麻，朕亦不之违。况彼所陈，事理明白，若之何不从！"茂贞不悦而出，至中书，见苏检曰："奸邪朋党，宛然如旧。"扼腕者久之。贻范犹经营不已，茂贞语人曰："我实不知书生礼数，为贻范所误，会当于邠州安置。"贻范乃止。

（以上为第四段，写杨行密大家气度与御人之术，冯弘铎归服。韦贻范无耻求官；韩偓鲠正，不屈于宦官与镇帅。）

保大节度使李茂勋将兵屯三原，救李茂贞。朱全忠遣其将康怀贞、孔勍击之，茂勋遁去。茂勋，茂贞之从弟也。

初，孙儒死，其士卒多奔浙西，钱镠爱其骁悍，以为中军，号武勇都。行军司马杜稜谏曰："狼子野心，他日必为深患，请以土人代之。"不从。

镠如衣锦军，命武勇右都指挥使徐绾帅众治沟洫，镇海节度副使成及闻士卒怨言，白镠请罢役，不从。丙戌，镠临飨诸将，绾谋杀镠于座，不果，称疾先出。镠怪之，丁亥，命绾将所部兵先还杭州。及外城，纵兵焚掠。武勇左都指挥使许再思以迎候兵与之合，进逼牙城。镠子传瑛与三城都指挥使马绰等闭门拒之，牙将潘长击绾，绾退屯龙兴寺。镠还，及龙泉，闻变，疾驱至城北，使成及建镠旗鼓与绾战，镠微服乘小舟夜抵牙城东北隅，逾城而入。直更卒凭鼓而寐，镠亲斩之，城中始知镠至。武安都指挥使杜建徽自新城入援，徐绾聚木将焚北门，建徽悉焚之。建徽，稜之子也。湖州刺史高彦闻难，遣其子渭将兵入援，至灵隐山，绾

秦州人据城防守，于是从故关返回。

韦贻范当宰相时，经常接受别人的贿赂，许愿人家担任官职；后来因为母亲去世免官居丧，每天被讨债的人喧哗打扰。韦贻范的亲吏刘延美，积欠人家的更多，所以对韦贻范重新恢复官职极为迫切，每天派人去两中尉、枢密以及李茂贞那儿要求。唐昭宗命令韩偓起草恢复韦贻范官职的诏书，韩偓说："可以斩断臣的手腕，但这个诏书不能起草！"随即上疏辩论说，韦贻范遭受母亲丧事还没有几个月，急忙让他复官，实在是骇人听闻，有损国家的体制。派去监视学士院的两个宦官发怒说："韩学士不要拿死来开玩笑！"韩偓把疏奏交给他们，脱去衣服睡觉了。这两个宦官不得已把疏奏进呈唐昭宗。唐昭宗立即命令停止草拟诏书，并赐敕令褒扬奖赏韩偓。八月初一日乙亥，百官已按次排好班等候上朝，但没有诏书可以宣布。宦官们喧嚷说是韩侍郎不肯起草诏书，听到的人大吃一惊。李茂贞进宫见唐昭宗说："陛下任命宰相而学士不肯起草诏书，这与谋反有什么不同！"唐昭宗说："你们这些人推荐韦贻范，我没有违背你们的意见；韩学士不起草诏书，朕也不违背他。何况他所陈述的事情，道理明白，为什么不依从呢！"李茂贞听了很不高兴，从宫中出去了，到了中书省，看到苏检说："奸恶邪佞的小人结成朋党，和过去一样！"情绪激动，愤愤不平了很长时间。韦贻范仍然到处钻营谋求复官，李茂贞对人说："我实在不知道书生们的礼节，被韦贻范所误，应当在邠州安置他。"韦贻范这才停止了活动。刘延美跳井自杀了。

保大节度使李茂勋率领军队驻扎在三原，救援李茂贞；朱全忠派遣他的部将康怀贞、孔勍去攻打李茂勋，李茂勋逃走了。李茂勋是李茂贞的堂弟。

当初，孙儒死的时候，他的士兵大多跑到浙西，钱镠喜欢他们骁勇强悍，编为中军，号称武勇都。行军司马杜稜向钱镠劝谏说："这些人狼子野心，将来必定成为大患，请用本地人代替他们。"钱镠不听。

钱镠到衣锦军，命令武勇右都指挥使徐绾率领部下治理沟渠，镇海节度副使成及听到士兵们的怨言，报告钱镠，请求停止劳役，钱镠没有听从成及的意见。八月十三日丙戌，钱镠亲自宴请各位将领，徐绾阴谋在宴席上杀死钱镠，没有成功，推说有病先出去了。钱镠感到奇怪，八月十四日丁亥，命令徐绾率领他的部下先回杭州。到达杭州外城，徐绾放纵士兵焚烧抢掠。武勇左都指挥使许再思带领迎候的军队与徐绾的部下会合，进逼节度使所居的牙城。钱镠的儿子钱传瑛和三城都指挥使马绰等关闭城门进行抵抗，牙将潘长袭击徐绾，徐绾后退驻扎在龙兴寺。钱镠回杭州，到达龙泉，听说变乱，急忙奔赴杭州城北，派成及竖起钱镠的旗帜，打着钱镠的鼓与徐绾交战，而自己穿了便服乘坐小船，在夜里到牙城的东北角，翻过城墙进

伏兵击杀之。

初，镠筑杭州罗城，谓僚佐曰：“十步一楼，可以为固矣。”掌书记馀杭罗隐曰：“楼不若内向。”至是人以隐言为验。

（以上为第五段，写钱镠不纳忠言，招降纳叛突发兵变，患生肘腋，受困杭州。）

庚戌，李茂贞出兵夜袭奉天，虏汴将倪章、邵棠以归。乙未，茂贞大出兵，与朱全忠战，不胜；暮归，汴兵追之，几入西门。

己亥，再起复前户部侍郎、同平章事韦贻范，使姚洎草制。贻范不让，即表谢，明日，视事。

西川兵请假道于兴元，山南西道节度使李继密遣兵戍三泉以拒之。辛丑，西川前锋将王宗播攻之，不克，退保山寨。亲吏柳修业谓宗播曰：“公举族归人，不为之死战，何以自保？”宗播令其众曰：“吾与汝曹决战，取功名；不尔，死于此！”遂破金牛、黑水、西县、褒城四寨。军校秦承厚攻西县，矢贯左目，达于右目，镞不出。王建自舐其创，脓溃镞出。王宗播攻马盘寨，继密战败，奔还汉中。西川军乘胜至城下，王宗涤帅众先登，遂克之，继密请降，迁于成都；得兵三万，骑五千，宗涤入屯汉中。王建曰：“继密残贼三辅，以其降，不忍杀。”复其姓名曰王万弘，不时召见。诸将陵易之，万弘终日纵酒，俳优辈亦加戏诮；万弘不胜忧愤，醉投池水而卒。

诏以王宗涤为山南西道节度使。宗涤有勇略，得众心，王建忌之。建作府门，绘以朱丹，蜀人谓之“画红楼”，建以宗涤姓名应之，王宗佶等疾其功，复构以飞语，建召宗涤至成都，诘责之，宗涤曰：“三蜀略平，大王听谗，杀功臣可矣。”建命亲随马军都指挥使唐道袭夜饮之酒，缢杀之，成都为之罢市，连营涕泣，如丧亲戚。建以指挥使王宗贺权兴元留后。道袭，阆州人也，始以舞童事建，后浸预谋画。

（以上为第六段，写西川王建掠地山南，忌杀功臣。）

入城内。打更的士兵靠着鼓在睡觉，钱镠亲手杀了他，城中的人才知道钱镠到了。武安都指挥使杜建徽从新城前来救援，徐绾聚集木柴将要焚烧北门，杜建徽把这些木柴全部烧掉了。杜建徽是杜稜的儿子。湖州刺史高彦听说钱镠遇到灾难，派遣他的儿子高渭率领军队前来救援，到了灵隐山，徐绾埋伏的军队把高渭击杀了。

当初，钱镠修筑护卫杭州的罗城，对部下说："十步就有一个可以瞭望的城楼，称得上是坚固的了。"掌书记馀杭人罗隐说："罗城的城楼不如向内修筑。"到了这时候，人们都认为罗隐的话应验了。

李茂贞出动军队于夜晚袭击奉天，俘虏了汴州将领倪章、邵棠后返回。八月二十二日乙未，李茂贞派遣大批军队，与朱全忠交战，没有取胜；傍晚回来，汴州军队追击，几乎攻入凤翔城的西门。

八月二十六日己亥，朝廷再次起用前户部侍郎、同平章事韦贻范，命令姚洎起草诏书。韦贻范也不谦让，立即上表谢恩，第二天，就到职处理事务。

西川军队请求借路过兴元勤王，山南西道节度使李继密派遣士兵戍守三泉县进行防御，八月二十八日辛丑，西川前锋将领王宗播攻打三泉县，没有攻下，退兵守卫山上的营寨。亲吏柳修业对王宗播说："您全族都归附了王建，不替他拼死作战，如何保全自己呢？"王宗播命令他的部众说："我和你们一起奋力作战，来取得功名；不成功，就死在这里！"于是攻下了金牛、黑水、西县、褒城四个寨子。军校秦承厚攻打西县时，箭穿过左眼，直到右眼，箭头留在里边拿不出来。王建亲自用舌头去舔他的伤口，脓血流出来后箭头也出来了。王宗播攻打马盘寨，李继密战败，逃回汉中。西川军队乘胜攻到汉中城下，王宗涤率领部下首先登上城楼，于是攻克了汉中。李继密请求投降，迁往成都。西川得到士兵三万人，骑兵五千人。王宗涤进入汉中城内驻扎。王建说："李继密过去跟随李茂贞残害京畿三辅地区，因为他投降了，不忍心杀他。"恢复他的姓名叫王万弘，随时召见他。西川各将领都欺侮、轻视他，王万弘终日饮酒，连唱歌、演戏的人也嘲笑、戏弄他。王万弘非常忧愁烦闷，醉后跳到水池中淹死了。

唐昭宗下诏任命王宗涤为山南西道节度使。王宗涤很勇敢、有谋略，深得部众的拥护，王建妒忌他。王建建造节度使大门，用朱红色绘画，蜀人把他叫作"画红楼"，王建认为"画红"和王宗涤原来的姓名华洪相应；王宗佶等人也妒忌王宗涤的功劳，又制造流言诽谤他。王建召王宗涤到成都，责问他。王宗涤说："三蜀已经大致平定了，大王听信谗言，可以杀功臣了。"王建命令亲随马军都指挥使唐道袭夜里给王宗涤喝酒，用绳子把他勒死。成都市民为这事进行罢市，全军士兵为王宗涤伤心流泪，像死了亲戚一样。王建任命指挥使王宗贺暂时代理兴元留后的职位。唐道

九月，乙巳，朱全忠以久雨，士卒病，召诸将议引兵归河中。亲从指挥使高季昌、左开道指挥使刘知俊曰：“天下英雄，窥此举一岁矣；今茂贞已困，奈何舍之去！”全忠患李茂贞坚壁不出，季昌请以谲计诱致之。募有能入城为谍者，骑士马景请行，曰：“此行必死，愿大王录其妻子。”全忠恻然止之，景不可。时全忠遣朱友伦发兵于大梁，明日将至，当出兵迓之。景请因此时给骏马杂众骑而出，全忠从之，命诸军皆秣马饱士。丁未旦，偃旗帜潜伏，营中寂如无人。景与众骑皆出，忽跃马西去，诈为逃亡，入城告茂贞曰：“全忠举军遁矣，独留伤病者近万人守营，今夕亦去矣，请速击之！”于是茂贞开门，悉众攻全忠营。全忠鼓于中军，百营俱出，纵兵击之，又遣数百骑据其城门，凤翔军进退失据，自蹈藉，杀伤殆尽。茂贞自是丧气，始议与全忠连和，奉车驾还京，不复以诏书勒全忠还镇矣。全忠表季昌为宋州团练使。季昌，硖石人，本朱友恭之仆夫也。

戊申，武定节度使李思敬以洋州降王建。

辛亥，李茂贞尽出骑兵于邻州就刍粮。壬子，朱全忠穿蚰蜒壕围凤翔，设犬铺、铃架以绝内外。

癸亥，以茂贞为凤翔、静难、武定、昭武四镇节度使。

（以上为第七段，朱全忠用诈计大破李茂贞于凤翔。）

或劝钱镠渡江东保越州，以避徐、许之难。杜建徽按剑叱之曰：“事或不济，同死于此，岂可复东渡乎！”

镠恐徐绾等居越州，遣大将顾全武将兵戍之。全武曰：“越州不足往，不若之广陵。”镠曰：“何故？”对曰：“闻绾等谋召田頵，田頵至，淮南助之，不可敌也。”建徽曰：“孙儒之难，王尝有德于杨公，今往告之，宜有以相报。”镠命全武告急于杨行密，全武曰：“徒往无益，请得五子为

袭是阆州人，开始以舞童的身份侍奉王建，后来逐渐参与了军事谋划。

九月初二日乙巳，朱全忠因为长时间下雨，士兵们多病，召集各将领商量带领军队返回河中。亲从指挥使高季昌、左开道指挥使刘知俊说："天下的英雄，看着我们讨伐李茂贞快一年了；如今李茂贞已经困迫，为什么要放弃这里回去呢！"朱全忠担心李茂贞坚守不出战，高季昌建议用计策引诱骗他出来。于是招募能够进入城中做间谍的人，骑士马景请求前往，说："这次前去一定会死，希望大王能收养抚恤我的妻子儿女。"朱全忠感到悲伤，便阻止他，马景坚决要去。当时朱全忠派遣朱友伦从大梁调发军队，第二天将要到达，应当出兵迎接他们。马景请求就在这个时候给他骏马混在众骑兵中出去，朱全忠依从了他的要求，命令各路军队都让马匹、将士吃饱喝好。九月初四日丁未早晨，把旗帜都放倒，士兵们埋伏起来，军营中寂静得像没有人一样。马景和众骑兵一起出营，突然跃马向西，假装逃跑，进入凤阳城报告李茂贞说："朱全忠全军都逃走了，只留下受伤、患病的士兵将近一万人守卫营寨，今天晚上也要走了，请赶快攻打他们！"于是李茂贞打开城门，出动全部人马去攻打朱全忠的营寨。朱全忠在军中击鼓，所有的军营都出动，发动士兵攻击李茂贞的军队，又派遣几百名骑兵去占据凤翔城门，凤翔军队进退不得，自相践踏，被杀的被杀，受伤的受伤，几乎覆没。李茂贞从此意气沮丧，开始商量和朱全忠讲和，送唐昭宗返回京城长安，不再用诏书勒令朱全忠回镇了。朱全忠上表奏请任命高季昌为宋州团练使。高季昌是硖石人，本来是朱友恭的仆人。

九月初五日戊申，武定节度使李思敬献出洋州城投降王建。

九月初八日辛亥，李茂贞派出全部骑兵到相邻的各州去寻求粮食和草料。九月初九日壬子，朱全忠挖掘像蚰蜒行地形状的壕沟来包围凤翔，设置由狗守护的犬铺和挂着铃铛的铃架，使城内和城外隔绝。

九月二十日癸亥，任命李茂贞为凤翔、静难、武定、昭武四镇的节度使。

有人劝说钱镠渡过钱塘江东去守卫越州，用来避开徐绾、许再思叛乱的威胁。杜建徽手握宝剑大声怒斥那人说："事情如果不能成功，就一同死在这里，怎么能够再渡江到东方去呢！"

钱镠担心徐绾等占据越州，派遣大将顾全武率领军队去那儿守卫。顾全武说："越州不值得前往，不如到广陵去。"钱镠问道："这是什么缘故？"顾全武回答说："听说徐绾等密谋召唤田頵，田頵一到，淮南军队再来帮助他，就不好对付了。"杜建徽说："孙儒发难的时候，大王对杨行密有恩德，现在前去告诉他，他应该有所回

质。”镠命其子传璙为全武仆，与偕之广陵，且求婚于行密。过润州，团练使安仁义爱传璙清丽，将以十仆易之，全武夜半赂阍者逃去。

绾等果召田頵，頵引兵赴之，先遣亲吏何饶谓镠曰：“请大王东如越州，空府廨以相待，无为杀士卒！”镠报曰：“军中叛乱，何方无之！公为节帅，乃助贼为逆。战则亟战，又何大言！”頵筑垒绝往来之道，镠患之，募能夺其地者赏以州。衢州制置使陈璋将卒三百出城奋击，遂夺其地，镠即以为衢州刺史。

（以上为第八段，写杭州叛兵引田頵为援，钱镠求救于杨行密。）

顾全武至广陵，说杨行密曰：“使田頵得志，必为王患。王召頵还，钱王请以子传璙为质，且求婚。”行密许之，以女妻传璙。

冬，十月，李俨至扬州，杨行密始建制敕院，每有封拜，辄以告俨，于紫极宫玄宗像前陈制书，再拜然后下。

王建攻拔兴州，以军使王宗浩为兴州刺史。

戊寅夜，李茂贞假子彦询帅三团步兵奔于汴军。己卯，李彦韬继之。

庚辰，朱全忠遣幕僚司马邺奉表入城；甲申，又遣使献熊白；自是献食物、缯帛相继。上皆先以示李茂贞，使启视之，茂贞亦不敢启。丙戌，复遣使请与茂贞议连和，民出城樵采者皆不抄掠。丁亥，全忠表请修宫阙及迎车驾。己丑，遣国子司业薛昌祚、内使王延缋赍诏赐全忠。

癸巳，茂贞复出兵击汴军城西寨，败还。全忠以绛袍衣降者，使招呼城中人，凤翔军夜缒去，及因樵采去不返者甚众。是后茂贞或遣兵出击汴军，多不为用，散还。茂贞疑上与全忠有密约，壬寅，更于御院北垣外增兵防卫。

十一月，癸卯朔，保大节度使李茂勋帅其众万余人救凤翔，屯于城北阪上，与城中举烽相应。

报。”钱镠命令顾全武去向杨行密报告情况危急，顾全武说：“空手去没有用，请以大王的儿子作为人质。”钱镠让他的儿子钱传璙装扮成顾全武的仆人，和他一起到广陵去，并且向杨行密的女儿求婚。经过润州时，团练使安仁义喜爱钱传璙清秀漂亮，打算用十个仆人来和他交换。顾全武在半夜里贿赂看门人逃走了。

徐绾等果然召请田頵，田頵率领军队前往，先派遣亲近的官吏何饶对钱镠说：“请大王到东边的越州去，空出节度使府官署来等待我们，不要因为这个使得士兵们被杀死！”钱镠回答说：“军中发生叛乱，哪里没有这种事呢！你身为节度使，却帮助贼寇叛乱。要作战就赶快来，又何必说这个大话！”田頵修筑壁垒断绝往来的道路，钱镠很忧虑，招募能够夺取田頵所筑壁垒的人，答应赏给他一个州。衢州制置史陈璋率领士兵三百人出城奋力攻击，于是夺取了田頵修筑的壁垒，钱镠立即任命陈璋为衢州刺史。

顾全武到达广陵，告诉杨行密说：“假如让田頵得志，一定会成为大王的祸患。大王召田頵回来，钱王请把他的儿子钱传璙作为人质，并且向您的女儿求婚。”杨行密答应了他的要求，把女儿嫁给钱传璙为妻。

冬季，十月，李俨到了扬州。杨行密开始建立制敕院，每次有封赏授官，就告诉李俨，在紫极宫玄宗皇帝像前陈列制书，再行拜礼，然后才退下。

王建攻下了兴州，任命军使王宗浩为兴州刺史。

十月初六日戊寅晚上，李茂贞的义子李彦询率领三团步兵投奔汴州军队。十月初七日己卯，李彦韬紧跟着也投奔了。

十月初八日庚辰，朱全忠派遣幕僚司马邺捧表进入凤翔城。十月十二日甲申，又派遣使者献上熊脂。从这以后，进献食物、丝帛等连续不断。唐昭宗都先给李茂贞，让他打开看，李茂贞也不敢打开。十月十四日丙戌，朱全忠又派遣使者要求与李茂贞商量讲和，老百姓出城砍柴采薪的都不检查没收。十月十五日丁亥，朱全忠上表请求修理宫殿和迎接唐昭宗回京。十月十七日己丑，唐昭宗派国子司业薛昌祚、内使王延绩携带诏书赐给朱全忠。

十月二十一日癸巳，李茂贞又派出军队攻击凤翔城西的汴州军队营寨，结果战败退回。朱全忠给投降的人穿大红色的长袍，让他们招呼城中的人，凤翔士兵在夜里用绳子系住坠下城逃走和借着出城砍柴不归的很多。这以后李茂贞有时派军队出城攻击汴州军队，大多不执行他的命令，反而逃散回城。李茂贞怀疑唐昭宗与朱全忠之间有密约。十月三十日壬寅，又在唐昭宗住处的北边墙外，增派军队防守保卫。

十一月初一日癸卯，保大节度使李茂勋率领他的部众一万多人救援凤翔，在城北山坡上驻扎，点燃烽火和城中互相呼应。

甲辰，上使赵国夫人诇学士院二使皆不在，亟召韩偓、姚洎，窃见之于土门外，执手相泣。洎请上速还，恐为他人所见，上遽去。

朱全忠遣其将孔勍、李晖将兵乘虚袭鄜、坊。壬子，拔坊州。甲寅，大雪，汴军冒之夕进，五鼓，抵鄜州城下。鄜人不为备，汴军入城，城中兵尚八千人，格斗至午，鄜人始败，擒留守李继璙。勍抚存李茂勋及将士之家，按堵无扰，命李晖权知军府事。茂勋闻之，引兵遁去。

汴军每夜鸣鼓角，城中地如动。攻城者诟城上人云"劫天子贼"，乘城者诟城下人云"夺天子贼"。是冬，大雪，城中食尽，冻馁死者不可胜计；或卧未死已为人所剮。市中卖人肉，斤直钱百，犬肉直五百。茂贞储偫亦竭，以犬彘供御膳。上鬻御衣及小皇子衣于市以充用，削渍松柹以饲御马。

丙子，户部侍郎、同平章事韦贻范薨。

癸亥，朱全忠遣人薙城外草以困城中。甲子，李茂贞增兵守宫门，诸宦者自度不免，互相尤怨。

苏检数为韩偓经营入相，言于茂贞及中尉、枢密，且遣亲吏告偓，偓怒曰："公与韦公自贬所召归，旬月致位宰相，讫不能有所为，今朝夕不济，乃欲以此相污邪！"

田頵急攻杭州，仍具舟将自西陵渡江；钱镠遣其将盛造、朱郁拒破之。

十二月，李茂勋遣使请降于朱全忠，更名周彝。于是茂贞山南州镇皆入王建，关中州镇皆入全忠，坐守孤城。乃密谋诛宦官以自赎，遗全忠书曰："祸乱之兴，皆由全诲；仆迎驾至此，以备他盗。公既志匡社稷，请公迎扈还宫，仆以弊甲调兵，从公陈力。"全忠复书曰："仆举兵至此，正以乘舆播迁；公能协力，固所愿也。"

（以上为第九段，写李茂贞山南之地为王建所夺，关中之地为朱全忠所有，困守凤翔孤城，众叛亲离，粮尽食人，议与朱全忠和解。）

十一月初二日甲辰，唐昭宗派赵国夫人探明学士院中两位中使都不在，急召韩偓、姚洎来，在土门外暗中相见，拉着手感伤流泪。姚洎请唐昭宗赶快回去，担心被别人看见，唐昭宗马上离开了。

朱全忠派遣他的部将孔勍、李晖率领军队乘虚袭击鄜州、坊州。十一月初十日壬子，攻下坊州。十一月十二日甲寅，下大雪，汴州军队在夜间冒雪行进，五更时，到达鄜州城下，鄜州人没有防备，汴州军队进入城中，城里士兵还有八千人，战斗到中午，鄜州人才被打败，擒获留后李继璙。孔勍安抚慰问李茂勋和将士的家属，使他们安居，不受到骚扰，命令李晖暂时代理军府中的事务。李茂勋听到这消息，带领军队逃走。

汴州军队每天晚上击鼓鸣号，城里好像在地震一样。攻城的人骂城上防守的人是"劫天子贼"，城上防守的人骂攻城的人是"夺天子贼"。这年冬天，下大雪，城里食物吃完了，冻死、饿死的人不计其数；有的躺下还没有死就已经被人割肉剔骨。市场中出卖人肉，每斤价值一百钱，狗肉每斤价值五百钱。李茂贞储备的食物也吃完了，拿狗肉、猪肉供给唐昭宗食用。唐昭宗在市场上卖掉自己和小皇子的衣服以供需要，削松木片浸水来喂御马。

[十一月十四日丙辰]，户部侍郎、同平章事韦贻范去世。

十一月二十一日癸亥，朱全忠派人割除城外的草以困城中。十一月二十二日甲子，李茂贞增派士兵守卫行宫的大门，各宦官估计自己不能免除灾难，互相指责埋怨。

苏检多次替韩偓谋划担任宰相，对李茂贞及中尉、枢密讲这件事，并且派遣亲近的官吏去告诉韩偓。韩偓发怒说："你与韦贻范从被贬的地方召回来后，一个月就当了宰相，直到今天没有什么作为。现在的形势已是朝不保夕，还想拿这个宰相来玷污我吗！"

田頵急攻杭州，准备舟船将要从西陵渡过钱塘江。钱镠派遣他的部将盛造、朱郁抵抗并打败了田頵。

十二月，李茂勋派遣使者向朱全忠请求投降，改名李周彝。于是李茂贞管辖的山南州镇都落到王建手中，关中州镇都落到朱全忠手中，他只空守凤翔孤城。李茂贞秘密谋划杀死宦官来赎罪，写信给朱全忠说："祸乱的发生，都是韩全诲引起的。我迎接唐昭宗到这里，是为了防备其他的盗贼。您既然有志匡复国家，请您迎接护送唐昭宗回到长安宫中，我带领破损的盔甲和残存的士兵，跟着您尽自己的力量。"朱全忠回信说："我带领军队到这里，正是因为唐昭宗流离失所。您能够和我同心协力，本来是我的愿望。"

杨行密使人召田頵曰："不还，吾且使人代镇宣州。"庚辰，頵将还，征犒军钱二十万缗于钱镠，且求镠子为质，将妻以女。镠谓诸子："孰能为田氏婿者？"莫对。镠欲遣幼子传球，传球不可。镠怒，将杀之。次子传瓘请行，吴夫人泣曰："奈何置儿虎口！"传瓘曰："纾国家之难，安敢爱身！"再拜而出，镠泣送之。传瓘从数人缒北门而下。頵与徐绾、许再思同归宣州。镠夺传球内牙兵印。

越州客军指挥使张洪以徐绾之党自疑，帅步兵三百奔衢州，刺史陈璋纳之。温州将丁章逐刺史朱敖，敖奔福州。章据温州，田頵遣使招之，道出衢州，陈璋听其往还，钱镠由是恨璋。

丁酉，上召李茂贞、苏检、李继诲、李彦弼、李继岌、李继远、李继忠食，议与朱全忠和，上曰："十六宅诸王以下，冻馁死者日有数人。在内诸王及公主、妃嫔，一日食粥，一日食汤饼，今亦竭矣。卿等意如何？"皆不对。上曰："速当和解耳！"

凤翔兵十余人遮韩全诲于左银台门，喧骂曰："阖境涂炭，阖城馁死，正为军容辈数人耳！"全诲叩头诉于茂贞，茂贞曰："卒辈何知！"命酌酒两杯，对饮而罢。又诉于上，上亦谕解之。李继昭谓全诲曰："昔杨军容破杨守亮一族，今军容亦破继昭一族邪！"慢骂之，遂出降于全忠，复姓符，名道昭。

是岁，虔州刺史卢光稠攻岭南，陷韶州，使其子延昌守之，进围潮州。清海刘隐发兵击走之，乘胜进攻韶州。隐弟陟以为延昌有虔州之援，未可遽取，隐不从，遂围韶州。会江涨，馈运不继，光稠自虔州引兵救之。其将谭全播伏精兵万人于山谷，以羸弱挑战，大破隐于城南，隐奔还。全播悉以功让诸将，光稠益贤之。

岳州刺史邓进思卒，弟进忠自称刺史。

（以上为第十段，写钱镠得杨行密之助，与田頵和解，转危为安。唐昭宗敦促李茂贞与朱全忠和解，韩全诲末日来临。）

杨行密派人召回田頵，说："你不回来，我就另外派人代理镇守宣州。"十二月初八日庚辰，田頵将要返回，向钱镠索取犒劳军队的钱二十万缗，并且要求钱镠的儿子作为人质，把自己的女儿嫁给他。钱镠对各个儿子说："谁肯作田頵的女婿？"没有人答应。钱镠想派遣他的小儿子钱传球，钱传球不愿意。钱镠发怒，要杀掉他。次子钱传瓘请求前往，吴夫人哭着说："为什么要把儿子送入虎口呢！"钱传瓘说："解除国家的危难，哪里敢爱惜自己啊！"再拜以后就出去了，钱镠哭着送他。钱传瓘随从几个人从城北门系着绳子坠下城。田頵与徐绾、许再思一起回宣州。钱镠收回钱传球掌管的内牙兵印。

越州客军指挥使张洪因是徐绾的同党而感到不安，率领步兵三百人逃奔衢州，衢州刺史陈璋接纳了他。温州将领丁章赶走了刺史朱敖，朱敖逃奔福州。丁章占据了温州，田頵派遣使者去拉拢丁章，取道衢州，陈璋听任他们来往。钱镠因此怨恨陈璋。

十二月二十五日丁酉，唐昭宗召集李茂贞、苏检、李继诲、李彦弼、李继岌、李继远、李继忠到行宫一起进食，商量与朱全忠和解。唐昭宗说："从十六宅各王以下，每天冻死饿死的有好几个人。在宫内的各王以及公主、妃嫔，一天吃粥，一天吃汤饼，现在也吃完了。你们的意思怎么样呢？"大家都没有回答。唐昭宗说："应当赶快和解罢了！"

凤翔士兵十多人在左银台门拦住韩全诲，大声喧哗责骂说："全境生灵涂炭，全城都要饿死，都是因为你们军容使几个人！"韩全诲向李茂贞叩头诉说这件事，李茂贞说："士兵们知道什么！"命令侍者倒了两杯酒，与韩全诲对着喝完就作罢了。韩全诲又向唐昭宗诉说，唐昭宗也进行劝解。李继昭对韩全诲说："从前杨复恭毁掉杨守亮一族，如今你韩全诲也要毁掉我李继昭一族吗！"恣意谩骂，随后就出城去投降朱全忠，恢复原姓符，名字叫道昭。

这一年，虔州刺史卢光稠攻打岭南，占领了韶州，派他的儿子卢延昌守卫，进兵包围潮州。清海留后刘隐发动军队打跑了卢光稠，乘胜进攻韶州。刘隐的弟弟刘陟认为卢延昌有虔州军队的援助，不能匆忙攻取；刘隐不听他的话，于是包围了韶州。正遇到江水上涨，粮草运送跟不上，卢光稠从虔州带领军队前来救援韶州。他的部将谭全播埋伏精锐军队一万人在山谷中，用瘦弱的士兵进行挑战，在韶州城南大败刘隐的军队，刘隐逃回去了。谭全播把全部功劳让给各位将领，卢光稠更加器重谭全播。

岳州刺史邓进思去世，他的弟弟邓进忠自称为岳州刺史。

三年（癸亥，903年）

春，正月，甲辰，遣殿中侍御史崔构、供奉官郭遵诲诣朱全忠营；丙午，李茂贞亦遣牙将郭启期往议和解。

平卢节度使王师范，颇好学，以忠义自许，为治有声迹。朱全忠围凤翔，韩全诲以诏书征藩镇兵入援乘舆，师范见之，泣下沾襟，曰："吾属为帝室藩屏，岂得坐视天子困辱如此，各拥强兵，但自卫乎！"会张濬自长水亦遗之书，劝举义兵。师范曰："张公言正会吾意，夫复何疑！虽力不足，当死生以之。"

时关东兵多从全忠在凤翔，师范分遣诸将诈为贡献及商贩，包束兵仗，载以小车，入汴、徐、兖、郓、齐、沂、河南、孟、滑、河中、陕、虢、华等州，期以同日俱发，讨全忠。适诸州者多事泄被擒，独行军司马刘鄩取兖州。时泰宁节度使葛从周悉将其兵屯邢州，鄩先遣人为贩油者入城，诇其虚实及兵所从入。丙午，鄩将精兵五百夜自水窦入，比明，军城悉定，市人皆不知。鄩据府舍，拜从周母，每旦省谒；待其妻子，甚有恩礼；子弟职掌、供亿如故。

是日，青州牙将张居厚帅壮士二百将小车至华州东城，知州事娄敬思疑其有异，剖视之。其徒大呼，杀敬思，攻西城。崔胤在华州，帅众拒之，不克，走至商州，追获之。

全忠留节度判官裴迪守大梁，师范遣走卒赍书至大梁，迪问以东方事，走卒色动。迪察其有变，屏人问之，走卒具以实告。迪不暇白全忠，亟请马步都指挥使朱友宁将兵万余人东巡兖、郓。友宁召葛从周于邢州，共攻师范。全忠闻变，亦分兵先归，使友宁并将之。

（以上为第十一段，写朱全忠后方空虚，平卢节度使王师范起兵勤王，分遣诸将偷袭各州，事皆不谐。）

戊申，李茂贞独见上，中尉韩全诲、张彦弘、枢密使袁易简、周敬容皆不得对。茂贞请诛全诲等，与朱全忠和解，奉车驾还京。上喜，即遣内养帅凤翔卒四十人收全诲等，斩之。以御食使第五可范为左军中尉，宣徽南院使仇承坦为右军中尉，王知古为上院枢密使，杨虔朗为下院枢

唐昭宗天复三年（癸亥，903 年）

春季，正月初二日甲辰，朝廷派遣殿中侍御史崔构、供奉官郭遵诲前往朱全忠的军营。正月初四日丙午，李茂贞也派遣牙将郭启期前往商量和解的事情。

平卢节度使王师范，很喜爱学习，以忠义自勉，治理政事既有声誉又有实迹。朱全忠包围了凤翔，韩全诲发布唐昭宗的诏书征召各藩镇军队前来凤翔救援。王师范看见诏书，泪水沾湿了衣襟，说："我们身为皇室的屏障，怎么能对唐昭宗如此困窘耻辱的处境坐视不管？各自拥有强大的军队，就只为保护自己吗！"正遇上张濬从长水写信给他，劝他为伸张正义发动军队。王师范说："张濬的话正合我的心意，还有什么可以犹豫的呢！即使力量不足，也应当把生死置之度外而去做。"

当时关东的军队大多跟随朱全忠在凤翔，王师范分别派遣各将领伪装成进献物品的使者和商贩，把兵器包裹起来，用小车装载，进入汴、徐、兖、郓、齐、沂、河南、孟、滑、河中、陕、虢、华等州，约定在同一天一起发动，讨伐朱全忠。前往各州的人大多数因事情泄漏被捉住，只有行军司马刘鄩得以到达兖州。当时泰宁节度使葛从周率领他的军队全部驻扎在邢州，刘鄩先派人伪装成卖油的混进城中，侦察到城内的虚实以及军队进城的地点。正月初四日丙午，刘鄩率领精兵五百人在夜晚从水洞进入城中，到天亮时，兖州城全部平定，市民都不知道发生了变故。刘鄩占据了葛从周的府署房舍，拜见葛从周的母亲，每天早晨前去探望，对待葛从周的妻子，也很礼貌；对待葛从周的子弟掌理的职务和供应的物资也和原来完全一样。

这一天，青州牙将张居厚率领壮士二百人推着小车到了华州的东城。掌管华州事务的娄敬思怀疑他们有些异常，把小车打开查看。这些壮士大声呼叫，杀了娄敬思，攻打西城。崔胤当时在华州，率领众人进行抵抗，张居厚没有攻下西城，逃到商州，被追上抓住了。

朱全忠留下节度判官裴迪守卫大梁，王师范派遣差役送信到大梁。裴迪问他东方的情形，差役脸色变了。裴迪察觉到事情有变化，让左右的人退下再追问，差役把实情全部讲出。裴迪来不及报告朱全忠，紧急请马步都指挥使朱友宁率领军队一万多人到东方去巡视兖州、郓州。朱友宁召回在邢州驻扎的葛从周，共同攻打王师范。朱全忠听到事变的消息，也分派一部分军队先返回，让朱友宁一起统率他们。

正月初六日戊申，李茂贞单独进见唐昭宗，中尉韩全诲、张彦弘，枢密使袁易简、周敬容等都不能到唐昭宗面前答对。李茂贞请求诛杀韩全诲等人，与朱全忠和解，护送唐昭宗回长安。唐昭宗听后很高兴，立即派遣宦官率领凤翔的士兵四十人收押韩全诲等人，把他们斩杀。任命御食使第五可范为左军中尉，宣徽南院使仇承

密使。是夕，又斩李继筠、李继诲、李彦弼及内诸司使韦处廷等十六人。己酉，遣韩偓及赵国夫人诣全忠营；又遣使囊全诲等二十余人首以示全忠，曰："向来胁留车驾，惧罪离间，不欲协和，皆此曹也。今朕与茂贞决意诛之，卿可晓谕诸军以豁众愤。"辛亥，全忠遣观察判官李振奉表入谢。

全诲等已诛，而全忠围犹未解。茂贞疑崔胤教全忠欲必取凤翔，白上急召胤，令帅百官赴行在。凡四降诏，三赐朱书御札，言甚切至，悉复故官爵，胤竟称疾不至。茂贞惧，自致书于胤，辞甚卑逊。全忠亦以书召胤，且戏之曰："吾未识天子，须公来辨其是非。"胤始来。

甲寅，凤翔始启城门。丙辰，全忠巡诸寨，至城北，有凤翔兵自北山下，全忠疑其逼己，遣兵击之，擒其将李继钦。上遣赵国夫人、冯翊夫人诣全忠营诘其故，全忠遣亲吏蒋玄晖奉表入奏。

李茂贞请以其子侃尚平原公主，又欲以苏检女为景王秘妃以自固。平原公主，何后之女也，后意难之，上曰："且令我得出，何忧尔女！"后乃从之。壬戌，平原公主嫁宋侃，纳景王妃苏氏。

时凤翔所诛宦官已七十二人，朱全忠又密令京兆搜捕致仕不从行者，诛九十人。

甲子，车驾出凤翔，幸全忠营。全忠素服待罪。命客省使宣旨释罪，去三仗，止报平安，以公服入谢。全忠见上，顿首流涕，上命韩偓扶起之。上亦泣，曰："宗庙社稷，赖卿再安；朕与宗族，赖卿再生。"亲解玉带以赐之。少休，即行。全忠单骑前导十余里，上辞之；全忠乃令朱友伦将兵扈从，自留部分后队，焚撤诸寨。友伦，存之子也。

是夕，车驾宿岐山。丁卯，至兴平，崔胤始帅百官迎谒，复以胤为司空、门下侍郎、同平章事，领三司如故。己巳，入长安。

坦为右军中尉，王知古为上院枢密使，杨虔朗为下院枢密使。这一天晚上，又斩杀李继筠、李继诲、李彦弼以及皇宫内诸司使韦处廷等十六人。正月初七日己酉，派遣韩偓及赵国夫人到朱全忠的军营；另外又派遣使者用口袋装了韩全诲等二十多人的首级送给朱全忠看，说："以前胁迫扣留皇上，害怕罪责离间君臣，不愿亲睦和解的，都是这些人。今天我和李茂贞决心把他们杀死，你可以明白告诉各路军队，以消除大家的愤怒。"正月初九日辛亥，朱全忠派遣观察判官李振拿着表文进宫向唐昭宗致谢。

韩全诲等人已经被杀，然而朱全忠的包围还没有解除。李茂贞怀疑崔胤教唆朱全忠一定要攻取凤翔，于是禀告唐昭宗紧急召唤崔胤，命令他率领百官从华州奔赴凤翔。前后四次下诏令，三次赐给朱书御札，言语非常恳切周到，全部恢复他以前的官职、爵位，崔胤竟然推说有病不来。李茂贞感到害怕，也亲自给崔胤写信，措辞很谦恭卑下。朱全忠也写信叫崔胤来，并且开玩笑说："我不认识皇上，必须您来辨别是真的还是假的。"崔胤这才前来凤翔。

正月十二日甲寅，凤翔才打开城门。正月十四日丙辰，朱全忠巡视各个营寨，到城北，有凤翔军队从北山上下来，朱全忠怀疑他们要逼近自己，派兵进攻他们，擒获他们的将领李继钦。唐昭宗派遣赵国夫人、冯翊夫人到朱全忠的军营查问是什么原因，朱全忠派遣亲吏蒋玄晖拿着表文进宫上奏唐昭宗。

李茂贞请求让他的儿子李侃娶平原公主为妻，又想把苏检的女儿嫁给景王李秘为妃，借以巩固自己的地位。平原公主是何后的女儿，何后感到很为难。唐昭宗说："只要能使我们平安离开这里，何必担忧你的女儿！"何后这才同意了。正月二十日壬戌，平原公主嫁给了宋侃为妻；景王李秘娶苏氏为妃。

当时在凤翔被杀掉的宦官已有七十二人，朱全忠又秘密令人在京兆地区搜捕辞官家居、没有随从唐昭宗到凤翔的宦官，杀了九十个人。

正月二十二日甲子，唐昭宗离开凤翔，到朱全忠的军营。朱全忠穿上素色衣服，等待处罚。唐昭宗命令客省使宣布圣旨，免除朱全忠的罪过，去掉亲、勋、翊三卫立仗，只留下左、右金吾将军一人报平安，让朱全忠穿公服入内致谢。朱全忠见到唐昭宗，叩头流泪；唐昭宗命令韩偓把他扶起来。唐昭宗也流着泪说："宗庙和国家，靠着卿才能再次安定，朕和宗族，也倚赖你才能再次逢生。"亲自解下玉带赐给朱全忠。稍为休息了一下，就动身离开。朱全忠独自骑着马在前面引导了十多里路，唐昭宗向他告辞。朱全忠于是命令朱友伦率领军队护送唐昭宗，自己留下一部分后面的队伍，焚烧撤除各个营寨。朱友伦是朱全忠二哥朱存的儿子。

当天晚上，唐昭宗住宿在岐山。正月二十五日丁卯，唐昭宗到达兴平，崔胤才率领百官迎接谒见。唐昭宗再次任命崔胤为司空、门下侍郎、同平章事，照旧管领

庚午，全忠、崔胤同对。胤奏："国初承平之时，宦官不典兵预政。天宝以来，宦官浸盛。贞元之末，分羽林卫为左、右神策军以便卫从，始令宦官主之，以二千人为定制。自是参掌机密，夺百司权，上下弥缝，共为不法，大则构扇藩镇，倾危国家；小则卖官鬻狱，蠹害朝政。王室衰乱，职此之由，不翦其根，祸终不已。请悉罢诸司使，其事务尽归之省寺，诸道监军俱召还阙下。"上从之。是日，全忠以兵驱宦官第五可范等数百人于内侍省，尽杀之，冤号之声，彻于内外。其出使外方者，诏所在收捕诛之，止留黄衣幼弱者三十人以备洒扫。又诏成德节度使王镕选进五十人充敕使，取其土风深厚，人性谨朴也。上愍可范等或无罪，为文祭之。自是宣传诏命，皆令宫人出入；其两军内外八镇兵悉属六军，以崔胤兼判六军十二卫事。

（以上为第十二段，写朱全忠劫得唐昭宗返长安，韩全诲等大小宦官全被诛杀。）

臣光曰：宦官用权，为国家患，其来久矣。盖以出入宫禁，人主自幼及长，与之亲狎，非如三公六卿，进见有时，可严惮也。其间复有性识儇利，语言辩给，伺候颜色，承迎志趣，受命则无违忤之患，使令则有称惬之效。自非上智之主，烛知物情，虑患深远，侍奉之外，不任以事，则近者日亲，远者日疏，甘言卑辞之请有时而从，浸润肤受之诉有时而听。于是黜陟刑赏之政，潜移于近习而不自知，如饮醇酒，嗜其味而忘其醉也。黜陟刑赏之柄移而国家不危乱者，未之有也。

东汉之衰，宦官最名骄横，然皆假人主之权，依凭城社，以浊乱天下，未有能劫胁天子如制婴儿，废置在手，东西出其意，使天

户部、度支、盐铁三司的事务。正月二十七日己巳，唐昭宗进入长安。

正月二十八日庚午，朱全忠、崔胤一同进宫奏对。崔胤上奏说："建国初年天下太平的时候，宦官不掌管军队和干预朝政。自从玄宗天宝以后，宦官越来越强盛了。唐德宗贞元末年，分羽林卫为左、右神策军以便随从护卫，开始命令宦官主管这些事，以两千人作为定制。从此，宦官参与掌管机密事务，夺取了政府各司的权力，上下相互弥补结合，一起去做不法勾当。从大的说，联结煽动藩镇作乱，倾覆危害国家；从小的说，用官爵和诉说案件做交易，败坏朝廷的政治。王室衰弱混乱，正是由于这个原因，不铲除它的根源，灾祸终究是不会停止的。请全部罢免宦官的各司使，他们的事务都归还政府来管理，派往各道的监军也全部召回到朝廷里来。"唐昭宗依从了崔胤的建议。这一天，朱全忠用军队把宦官第五可范等几百人驱赶到内侍省，把他们全部杀死，喊冤哀号的声音，响彻了宫廷内外。那些出使到外地去的宦官，下诏命令就在当地把他们收捕处死，只留下品秩卑微、年幼体弱的宦官三十人来供洒扫之用。又命令成德节度使王镕挑选五十个人进宫充当敕使，因为那个地方风俗淳厚，人性谨慎朴质。唐昭宗怜悯第五可范等人有的没有罪过，写文章来祭奠他们。从此以后，宣读传达诏命，都是由宫人出入办理；左、右神策两军所统辖的内外八镇军队，也都归属左右龙武、羽林、神策等六军，任命崔胤兼领六军十二卫的事务。

臣司马光评论说：宦官掌权，成为国家的祸患，它的由来已经很久了。大致说来，因为宦官经常出入宫廷，皇帝从小到大和宦官亲近熟悉，不像三公六卿那样，进入宫廷见面有一定的时间，有敬畏恐惧的感觉。宦官中间有性情乖巧、动作灵便的，有言语雄辩、谈吐敏锐的，有善于察言观色、迎合君主的志向兴趣的，接受命令就没有违背抵触的担心，使唤差遣就有称心满意的结果。如果不是圣明杰出的君主，能洞察知晓事物的情理，考虑祸患的深远，除了服侍奉养之外，不再委任宦官掌管各项事务，那么这些在内宫的宦官因为近在君主身旁而一天天地亲密，在外朝的大臣因为不经常和君主见面而一天天地疏远。宦官甘美的言辞、卑恭的请求，君主有时就会依允，像水一样浸润肌肤的诉说，君主有时就会听从。于是黜退、升迁、刑罚、奖赏的国家政令，不知不觉转移到亲近的宦官手中而君主却不能自知，好像饮了陈年的美酒，喜欢它的味道而忘掉了它会使人醉倒一样。这样，黜退、升迁、刑罚、奖赏等大权旁落而国家不会危险祸乱的，从未有过。

东汉的衰亡，宦官最为骄纵蛮横，然而宦官都是借助君主的权力，好像城狐社鼠倚势为奸，来扰乱天下，还没有像唐朝这样能够劫持、胁迫君主如同控

子畏之若乘虎狼而挟蛇虺如唐世者也。所以然者非他，汉不握兵，唐握兵故也。

太宗鉴前世之弊，深抑宦官无得过四品，明皇始隳旧章，是崇是长，晚节令高力士省决章奏，乃至进退将相，时与之议，自太子王公皆畏事之，宦官自此炽矣。及中原板荡，肃宗收兵灵武，李辅国以东宫旧隶参豫军谋，宠过而骄，不能复制，遂至爱子慈父皆不能庇，以忧悸终。代宗践阼，仍遵覆辙，程元振、鱼朝恩相继用事，窃弄刑赏，壅蔽聪明，视天子如委裘，陵宰相如奴虏。是以来瑱入朝，遇谗赐死；吐蕃深侵郊甸，匿不以闻，致狼狈幸陕；李光弼危疑愤郁，以陨其生；郭子仪摈废家居，不保丘垄；仆固怀恩冤抑无诉，遂弃勋庸，更为叛乱。德宗初立，颇振纲纪，宦官稍绌。而返自兴元，猜忌诸将，以李晟、浑瑊为不可信，悉夺其兵，而以窦文场、霍仙鸣为中尉，使典宿卫，自是太阿之柄，落其掌握矣。宪宗末年，吐突承璀欲废嫡立庶，以成陈洪志之变。宝历狎昵群小，刘克明与苏佐明为逆，其后绛王及文、武、宣、懿、僖、昭六帝，皆为宦官所立，势益骄横。王守澄、仇士良、田令孜、杨复恭、刘季述、韩全诲为之魁杰，至自称“定策国老”，目天子为门生，根深蒂固，疾成膏肓，不可救药矣！文宗深愤其然，志欲除之，以宋申锡之贤，犹不能有所为，反受其殃，况李训、郑注反覆小人，欲以一朝谲诈之谋，翦累世胶固之党，遂至涉血禁途，积尸省户，公卿大臣，连颈就诛，阖门屠灭，天子阳喑纵酒，饮泣吞气，自比赧、献，不亦悲乎！以宣宗之严毅明察，犹闭目摇首，自谓畏之。况懿、僖之骄侈，苟声色毬猎足充其欲，则政事一以付之，呼之以父，固无怪矣。贼污宫阙，两幸梁、益，皆令孜所为也。昭宗不胜其耻，力欲清涤，而所任不得其人，所行不由其道。始则张濬覆军于平阳，增李克用跋扈之势；复恭亡命于山南，启宋文通不臣之心；终则兵交阙庭，矢及御衣，漂泊莎城，流寓华阴，幽辱东内，劫迁岐阳。崔昌遐无如之何，更召朱全忠以讨之。连兵围城，再罹寒暑，御膳不足于糗糒，王侯毙踣于饥寒，然后全诲就诛，乘舆东出，翦灭其党，靡有孑遗，而唐之庙社因以丘墟矣！然则宦官之祸，始于明皇，盛于肃、代，成于德宗，极于昭宗。《易》曰：“履霜坚冰至。”为国家者，防微杜渐，可不慎其始哉！此其为患，章章尤著者也。自馀

制婴儿，操纵废弃、拥立的权力，往东往西全凭自己的心意，使君主惧怕他们就像骑着虎狼，挟着毒蛇一般。之所以会成为这样，没有别的原因，是东汉的宦官不掌握兵权，唐朝的宦官掌握兵权的缘故。

唐太宗鉴于前代的弊端，对宦官严加抑制，使宦官的官阶不能超过四品。唐玄宗开始毁坏旧有的章程，尊崇宦官，重用宦官，晚年让高力士审阅批复章奏，甚至任用罢免将军、宰相这样的大事，唐玄宗也常常和高力士商量，所以太子以下所有的王公都畏惧地侍奉他，宦官的势力从此兴盛起来了。到了中原动荡不安，唐肃宗在灵武即位，集中军队，李辅国以东宫太子旧属的身份参与军事谋划，由于皇帝对他宠爱过度，使他骄横放纵，不能再加以控制，竟使皇帝连爱子和慈父都庇护不了，在忧虑害怕中去世。唐代宗登上帝位，仍然按照他父亲的路子走，程元振、鱼朝恩先后当政，掌握刑罚、赏赐的大权，一手遮天，堵塞蒙蔽皇帝的耳目，看待皇帝如同丢弃的裘衣，欺凌宰相好像对待奴仆俘虏一般。所以来瑱效忠入朝为相，遭到程元振的谗言毁谤，竟然被处死；吐蕃入侵深入到京城附近，宦官竟隐匿军情不报，使得皇帝狼狈逃往陕州；李光弼一代名将，遭到怀疑妒忌，心中烦闷怨恨，以至于病死；功高位重的郭子仪，被排斥罢官，闲居在家，还保不住祖先的坟墓；仆固怀恩含冤受抑，没有地方申诉，于是抛弃了功勋，叛变作乱。唐德宗刚即位的时候，大力整顿朝纲法纪，宦官的势力稍稍被削弱。但从兴元年间返京后，猜疑、妒忌各将领，认为李晟、浑瑊都不可相信，削夺了他们的全部兵权，而任命窦文场、霍仙鸣为中尉，让他们掌管宫廷的值宿警卫，从此以后，宫中的兵权落在宦官手中了。唐宪宗末年，吐突承璀想要废掉皇帝嫡子遂王李恒，拥立庶子澧王李恽，终于酿成陈洪志的变乱。唐敬宗宝历年间过分亲近宦官，刘克明和苏佐明叛变为逆，这以后绛王李悟以及文宗、武宗、宣宗、懿宗、僖宗、昭宗六个皇帝，都是宦官拥立的，宦官更加骄横霸道。王守澄、仇士良、田令孜、杨复恭、刘季述、韩全诲是宦官中的首领，以至于自称为“定策国老”，把皇帝看成门生，这种情况已是根深蒂固，病入膏肓，不可救药了！唐文宗深深愤恨宦官这个样子，立志要除掉他们，但像宋申锡那样贤德的人，尚且不能有所作为，反而遭到祸殃；更何况李训、郑注这些反复无常的小人，想要用一个早晨的阴谋诡计，来剪除积累数代如胶似漆凝聚坚固的朋党，最终导致鲜血流满宫廷道路，尸体堆积在台省的门前，公卿大臣接连被杀，满门被灭，皇帝装聋作哑，饮酒不止，泪流满面，不敢出声，把自己比作周赧王、汉献帝，不是很可悲吗！以唐宣宗的严厉果断、明察秋毫，尚且闭目摇头，自称畏惧他们，何况唐懿宗、唐僖宗那样骄奢淫逸，只要有歌舞美女、蹋毬打猎来满足自己的欲望，而把一

伤贤害能，召乱致祸，卖官鬻狱，沮败师徒，蠹害烝民，不可遍举。

夫寺人之官，自三王之世，具载于《诗》《礼》，所以谨闺闼之禁，通内外之言，安可无也。如巷伯之疾恶，寺人披之事君，郑众之辞赏，吕强之直谏，曹日昇之救患，马存亮之弭乱，杨复光之讨贼，严遵美之避权，张承业之竭忠，其中岂无贤才乎！顾人主不当与之谋议政事，进退士大夫，使有威福足以动人耳。果或有罪，小则刑之，大则诛之，无所宽赦。如此，虽使之专横，孰敢焉！岂可不察臧否，不择是非，欲草薙而禽弥之，能无乱乎！是以袁绍行之于前而董卓弱汉，崔昌遐袭之于后而朱氏篡唐，虽快一时之忿而国随以亡。是犹恶衣之垢而焚之，患木之蠹而伐之，其为害岂不益多哉！孔子曰："人而不仁，疾之已甚，乱也。"斯之谓矣！

（以上为第十三段，写司马光论唐代宦官之祸。）

王师范遣使以起兵告李克用，克用贻书褒赞之。河东监军张承业亦劝克用发兵救凤翔，克用攻晋州，闻车驾东归，乃罢。

切政事都交给宦官，称他们为父亲，这本来就没有什么可以感到奇怪的了。贼寇玷污宫殿，唐僖宗两次逃奔梁州、益州，都是田令孜所造成的。唐昭宗不能忍受这样的耻辱，想要竭力清洗宦官，但是任用的人不恰当，所作所为适得其反。开始时是张濬在平阳全军覆没，增长了李克用嚣张跋扈的气势；杨复恭逃亡到山南，又开启了宋文通不守臣节的心思；最后则在皇宫里激烈交战，箭头射中皇帝的衣服，唐昭宗到莎城流亡漂泊，在华阴寄居暂住，又被幽禁在东宫受辱，被劫持胁迫到岐阳。崔胤没有办法，再召朱全忠发兵讨伐。朱全忠率领军队包围岐阳城，皇帝再度遭受寒暑之苦，连干粮也不能正常供给，王侯在饥寒交迫中饿死冻僵，然后韩全诲才被杀死，皇帝才能东回长安，剪除消灭韩全诲的同党，没有一个遗漏的，但是唐朝的宗庙社稷因此也就成了坟墓废墟！这样看来，唐朝宦官的祸乱，开始于唐玄宗，兴盛于唐肃宗、唐代宗，大成于唐德宗，到唐昭宗时达到了极点。《易经》说："踩到了霜上，就知道严寒冰冻将要到来。"治理国家的人，应该防微杜渐，怎么可以不小心对待宦官的起始呢！以上这些是宦官所造成的灾祸中特别昭著的事例。其余像伤害贤能、招致祸乱、出卖官职、收贿减刑、败坏军队、毒害百姓等事情很多很多，不能把它们一件件都列举出来。

说到宦官的官职，开始于夏禹、商汤、周文王三王的时代，在《诗经》、《礼记》中有具体的记载。这是为了谨慎遵守宫廷里的规矩，沟通宫廷内外的意见，怎么可以没有呢？比如周幽王时《巷伯》痛恨谗言邪恶，晋献公时寺人披忠诚侍奉君主，汉和帝时郑众推辞赏赐，汉灵帝时吕强直言谏劝，其他又如曹日昇解救患难，马存亮消除祸乱，杨复光讨伐贼寇，严遵美辞让权位，张承业竭尽忠心，他们中间难道没有贤能人才吗？只是国君不应当与他们谋划商量国家政事和提拔贬黜官吏，使得他们能够作威作福，足以主宰别人的命运罢了。如果宦官有人犯罪，小则处以刑罚，大则杀死他，不予宽恕赦免。这样，即使让宦官专横跋扈，又有谁敢呢？怎么可以不明察好坏，不辨别是非，想要像割草、杀禽兽那样除尽杀绝，能够不造成祸乱吗？因此，前有袁绍实行屠杀导致董卓削弱汉室，后有崔胤承袭袁绍的办法而造成朱全忠篡夺皇位，虽然痛快地发泄一时的愤恨，但唐朝紧跟着就灭亡了。这好比是厌恶衣服上的污垢就烧掉衣服，忧虑树木里的蛀虫就砍伐树木，这造成的危害不是更多了吗！孔子说："人如果不仁爱，痛恨过分，就会发生祸乱。"说的就是这个意思啊！

王师范派遣使者把发动军队讨伐朱全忠的事告诉李克用，李克用送去书信赞扬他。河东监军张承业也劝说李克用发动军队去救援凤翔。李克用攻打晋州，听说唐

杨行密承制加朱瑾东面诸道行营副都统、同平章事，以昇州刺史李神福为淮南行军司马、鄂岳行营招讨使，舒州团练使刘存副之，将兵击杜洪。洪将骆殷戍永兴，弃城走，县民方诏据城降。神福曰："永兴大县，馈运所仰，已得鄂之半矣！"

（以上为第十四段，写李克用势弱，救援王师范不力。杨行密扩张势力，进兵鄂岳。）

昭宗已经东回京城长安，就停止了进攻。

杨行密以唐昭宗名义加官朱瑾为东面诸道行营副都统、同平章事，任命昇州刺史李神福为淮南行军司马、鄂岳行营招讨使，任命舒州团练使刘存担任他的副手，率领军队去攻打杜洪。杜洪的部将骆殷守卫永兴，弃城逃走了。县民方诏占据永兴城投降。李神福说："永兴是一个大县，是输送军用物资和粮食的依靠，得到永兴等于已经得到鄂州的一半了。"

【点评】

本卷点评汴岐两镇争天子、李克用兵败晋阳、王师范讨逆、司马光论宦官之祸四件史事。

一、汴岐两镇争天子。公元901年，朱全忠并河中，势力大盛，进兵五万围晋阳，李克用请和。朱全忠表请昭宗幸东都，发出了劫夺天子的信号，京都大骇，士民逃窜山谷。十一月，韩全诲与留京岐兵逼迫昭宗、皇后、嫔妃、诸王一百余人奔凤翔，崔胤搬起石头砸了自己的脚。朱全忠率众取华州，入关中，劫夺了百官。朝廷分裂，汴岐两镇争天子，朱李交兵关中整一年，西川王建乘势夺取李茂贞山南。在朱全忠与王建夹攻下，李茂贞迅速瓦解，困守凤翔孤城，眼见大势已去，诛杀了韩全诲向朱全忠请降。公元903年正月，朱全忠拥帝还长安，杀宦官第五可范等数百人，只留幼弱者三十人以备洒扫。昭宗诏令诸镇尽诛监军。朱全忠扮演了东汉末董卓入京诛宦官的角色，崔胤则扮演了何进与袁绍的双重角色，一是效何进招朱全忠入京，二是效袁绍力主杀尽宦官。崔胤虽如愿以偿，但不久自己也人头落地，唐王室也归于灭亡。

当时，唐王朝三大矛盾交织。其一，是藩镇与中央政权的矛盾；其二，是宦官与朝官的矛盾，南北司水火不容；其三，朝官之间的朋党之争，小人充斥朝廷。藩镇割据是当时最大的祸患。唐朝自安史之乱以后，藩镇坐大，黄巢乱起，推动藩镇布列全国，唐皇室令不行于诸镇，京都成了一座困守的孤城。河北山东，列镇相望，战争最烈。唐昭宗时，藩镇气焰尤为嚣张。凤翔李茂贞、汴州朱全忠、太原李克用、邠州王行瑜、华州韩建、镇州王镕、幽州李匡威、同州王行约，个个有野心，无不虎视关中。当崔胤与韩全诲交恶之时，朱全忠据有郓、青、曹、棣、兖、沂、徐、宿、陈、许、郑、汴、滑、濮十四州，李茂贞占有山南、梁、洋、凤、岐、陇、泾、原等州，身兼凤翔和山南两道节度使，李克用被削弱，李茂贞与朱全忠成为最大的两个强镇。宦官韩全诲与李茂贞相结，崔胤与朱全忠交通，形成两大集团的斗争，把三大矛盾纠结在一起。等到李茂贞势蹙，朱全忠挟制天子，宦官尽数被诛，崔胤等百官亦被诛戮，唐王室积聚的三大矛盾冰消雪解，唐王朝也就灭亡了。

二、李克用兵败晋阳。李克用雄踞太原、河东，原本强于朱全忠。当秦宗权攻击朱全忠之时，李克用请命天子，失去夹击朱全忠的战机。公元895年，邠、岐、华三镇联兵犯阙，李克用得到昭宗授命为邠宁四面行营都招讨使，进兵关中，王行瑜授首，李茂贞势衰，李克用没有乘胜进击，丧失了挟天子以令诸侯的大好时机。李克用回师太原，从此走了下坡路。公元896年，李克用救援兖、郓朱瑾、朱瑄被魏博镇罗弘信拦击败还，魏博也就此归附于朱全忠。此后朱李争河北，连年大战，成德、义武两镇又倒向朱全忠。朱全忠得势，于公元901年进兵河中，再逼河东，

李克用城守晋阳，朱全忠围攻，李克用不敌求和。朱全忠放胆入关中，李茂贞求援于太原，以诏命征兵李克用，李克用发兵相救，与汴兵战于平阳北。朱全忠回师大举围攻晋阳，李克用连连败北，晋阳几乎不保。朱全忠退兵，李克用气馁，此后数年不敢与朱全忠交兵。所幸李克用夫人刘氏有智慧谋略，嗣子李存勖英姿勃发，夫人与虎子激励李克用奋发图强，才又振作起来。

李克用势衰有三大原因。其一，军无谋主，少了灵魂。其二，李克用缺失驭人之术，赏罚不公，杀大将李存孝，误用刘仁恭，鹰养李罕之，都是失招，削弱了自身力量。其三，李克用所领亲兵，遗留沙陀游牧习气，掠夺成性，没有纲纪。李存勖曾劝李克用整顿纪律，李克用说："这些部属跟随我征战几十年，我没有恩惠施及，若再用纪律约束，他们都跑散了，我拿什么来守河东。"由此可见，李克用本无帝王之志，仍是一个劫夺者，他之不敌朱全忠也就在情理之中。李克用值得欣慰的是其子李存勖青出于蓝而胜于蓝，最终实现了李克用的临终遗嘱，灭了朱梁。李克用地下有知，亦可瞑目了。

三、王师范讨逆。王师范，青州人，平卢节度使王敬武之子，十分好学，以忠义自许。年十六父死，自称留后。朱全忠围凤翔，唐昭宗诏诸镇赴难，王师范得到消息哭着说："吾为国守藩，皇上遭危难，不去扶持，行吗？"于是与杨行密联盟，高举义旗讨逆。王师范趁朱全忠后方空虚，大胆地派出诸将，化装成商人，车载兵仗包装成商品。刘鄩袭兖州，王师范入河南，徐，沂、郓等十余州同日并发，虽然只有刘鄩在兖州得手，其余各州的偷袭都没有成功，但王师范的讨逆行动，可圈可点，忠义精神难能可贵。王师范与入援的淮南大将王茂章并肩作战，杀了朱全忠派来讨伐的大将朱友宁。朱友宁是朱全忠的养子，骁勇善战。最后，朱全忠亲率大军臣服了王师范，等到篡唐之后再追究朱友宁之死，族灭了王师范一门两百余人。无论少长，全部坑杀。

朱全忠灭唐，没有赴难殉国的人，王师范讨逆，以其行动实践了他的诺言："即使力量不足，唯有以死报国。"王师范讨逆时，尚不足二十岁，年少死国，忠义奋发，悲壮成仁，令人叹惋。

四、司马光论宦官之祸。唐末宦官之祸是东汉宦官之祸的一次重演，简直就是克隆一样，宦官被杀尽，国随以亡。这只是一个现象，不能作为历史的结论。司马光引孔子的话说："人而不仁，疾之已甚，乱也。"（《论语·泰伯》）似乎在说，因为要杀尽宦官，激起宦官的强烈反抗，导致了国家的灭亡；反过来说，不杀尽宦官，只诛首恶，国家就不亡了吗？司马光的这个逻辑是不能成立的。司马光认为，只要人主不要宦官参政，一发现过恶就加以惩治，宦官就不敢为非了。事实上这只是一种理想，一个集权纵欲的帝王，是永远做不到的。正如司马光所说，宦官出入宫禁，

人主自幼及长与之亲狎，使唤起来没有违忤之患，办起事来极尽人主之意，近者亲，远者疏，人情之常。所以宦官时有卑辞之情，浸润肤受之诉，人主无不从，日渐成习，大权旁落。免除宦官之祸，只正人君之品行，靠其自律，根本办不到。废集权，禁绝宦官，这是司马光的时代办不到的。所以司马光总结的宦官之祸，罗列的经验教训，只能是纸上空谈，实际是做不到的。因为个人集权的制度不除，相伴的宦官制度不除，宦官之祸就必然要重演。万恶之源的个人集权不除，历史就没有教训的功能。即使没有宦官，个人集权的恶源还在，集权者的秘书、司机、保健医生都可以成为变种的宦官。历代宦官之祸的一再重演，其实就是个人集权者大权旁落的形式之一而已。

司马光指出，宦官中亦有善者，但这无补于大局。因为宦官制度，其实就是中国封建集权制度的肿瘤，它始终伴随着封建王朝的兴衰更替而周期性地为祸社会，流毒全国，给当时的政治带来危害，给当时的人民带来灾难。诚然，宦官中也不乏个别有识之士和杰出人物。在秦国发展史上有推荐商鞅变法的景监；西汉有大音乐家李延年；东汉有经学家郑众、改进造纸术的蔡伦、支持清流派朝官与十常侍做斗争的吕强；五代时后唐宦官张承业是一个辅弼贤臣；北宋宦官多有功于边陲，张崇贵、王中正、李宪都建功于西北，还有水利专家程昉；至于明代航海家郑和，七次下西洋的壮举，更是青史垂名，光照千古。宦官不是一个阶级，它只是皇帝的家奴，宦官本身有压迫者和被压迫者。专权乱政的宦官只是宦官中的上层。下层宦官更遭受多重压迫。所以在清代竟发生了宦官参加天理教，有刘得财、杨进忠、王福禄、刘金等人起义反抗朝廷。入宫为宦官的人，情况也极为复杂。不少人怀有野心，自阉入宫，此类宦官既有野心，亦善权术，大多擅权乱政。更多的人是家贫为阉寺，或犯罪被阉发落为宦官，如专秦政的赵高就是一个罪犯。在乱世，战俘年轻秀俊者有许多被处置为宦官。所以被迫为宦官的人，其遭遇本是可怜可悯。不过就总体而论，百分之七八十乃至更多的宦官，都是自幼被阉。他们作为刑余之人，身心遭受了严重的摧残。阉寺处在深宫之中，目睹皇上和嫔妃花天酒地的豪奢生活和不可一世的权势，日久天长，怎不染上权力之欲。皇室的奢侈，使宦竖们不知稼穑之艰难，他们哪能体恤人民疾苦。阉宦不知书，如明代大宦官魏忠贤就目不识丁。在这种氛围之下的宦官，一旦擅权，十之八九皆为祸患。所以，个别宦官的贤明，不能改变整体宦官的卑污。宦官的身份是奴才，他们掌权本来不合法，而是假借皇帝之权以肆虐，如同狗仗人势。大多宦官奴性十足，是十足的狗奴才。尽管宦官多数遭遇可悯，但他们奴才之本性，也由其遭遇和地位所铸成，无法为他们唱赞歌。祸国之宦官，即使遭遇集体屠杀，命运可悲，但也是咎由自取，罪有应得。

唐纪八十

唐昭宗天复三年至天祐元年（903—904 年）

【起昭阳大渊献（癸亥，903 年）二月，尽阏逢困敦（甲子，904 年）闰月，凡一年有奇】

【大事提要】

本卷记事起公元 903 年二月，讫公元 904 年闰四月，载述史事凡一年又四个月。当唐昭宗天复三年二月至天祐元年闰四月，此时期最重大的事件是朱全忠东败王师范，西服李茂贞，完全掌控了唐王室。山东王师范奉诏讨朱全忠，杨行密遣将王茂章助王师范。二王联兵大败汴兵，杀大将朱友宁。朱全忠返回洛阳率二十万大军征讨，大破王师范，王师范请降，并以其弟为质。至此，江淮之北，黄河之南，西起关陇，东至大海，广阔中原尽为朱氏所有，太原李克用势衰，天下无人与朱全忠争锋。朱全忠谓天下已定，撕下面具，密表唐昭宗，以离间君臣为名杀崔胤，随后又以李茂贞进逼为辞迫使昭宗迁都洛阳。昭宗左右亲随全遭诛戮，宿卫兵及侍奉之人皆朱全忠心腹，昭宗成为一囚龙。西川王建奉诏勤王，借机兼并荆南。杨行密平定田颓叛乱，固有淮南，与北方李克用遥应，是牵制朱全忠的两支力量。

【原文】

昭宗圣穆景文孝皇帝下之上

天复三年（癸亥，903 年）

二月，壬申朔，诏："比在凤翔府所除官，一切停。"时宦官尽死，惟河东监军张承业、幽州监军张居翰、清海监军程匡柔、西川监军鱼全禋及致仕严遵美，为李克用、刘仁恭、杨行密、王建所匿得全，斩他囚以应诏。

甲戌，门下侍郎、同平章事陆扆责授沂王傅、分司。车驾还京师，赐诸道诏书，独凤翔无之。扆曰："茂贞罪虽大，然朝廷未与之绝；今独无诏书，示人不广。"崔胤怒，奏贬之。宫人宋柔等十一人皆韩全诲所献，及僧、道士与宦官亲厚者二十余人，并送京兆杖杀。

上谓韩偓曰："崔胤虽尽忠，然比卿颇用机数。"对曰："凡为天下者，万国皆属之耳目，安可以机数欺之！莫若推诚直致，虽日计之不足，而岁计之有余也。"

丙子，工部侍郎、同平章事苏检，吏部侍郎卢光启，并赐自尽。丁丑，以中书侍郎、同平章事王溥为太子宾客、分司，皆崔胤所恶也。

戊寅，赐朱全忠号回天再造竭忠守正功臣，赐其僚佐敬翔等号"迎銮协赞功臣"，诸将朱友宁等号"迎銮果毅功臣"，都头以下号"四镇静难功臣"。

上议褒崇全忠，欲以皇子为诸道兵马元帅，以全忠副之。崔胤请以辉王祚为之，上曰："濮王长。"胤承全忠密旨，利祚冲幼，固请之，己卯，以祚为诸道兵马元帅。庚辰，加全忠守太尉，充副元帅，进爵梁王。以胤为司徒兼侍中。

胤恃全忠之势，专权自恣，天子动静皆禀之。朝臣从上幸凤翔者，凡贬逐三十余人。刑赏系其爱憎，中外畏之，重足一迹。

（以上为第一段，写朱全忠进爵梁王。崔胤仗朱全忠之势，专权自恣，韩偓等重臣遭贬逐。）

【语译】

昭宗圣穆景文孝皇帝下之上

唐昭宗天复三年（癸亥，903年）

二月初一日壬申，唐昭宗颁布诏令："近来在凤翔府所任命的官员，全部免除职务。"当时宦官都被杀死，只有河东监军张承业、幽州监军张居翰、清海监军程匡柔、西川监军鱼全禋以及辞官家居的严遵美，因为被李克用、刘仁恭、杨行密、王建藏匿起来，才得以保全性命，李克用等杀了其他的囚犯来应付诏令。

二月初三日甲戌，门下侍郎、同平章事陆扆受责降为沂王李禋的辅相、分司。唐昭宗回到京城长安，赐给各道诏书，唯独凤翔李茂贞没有。陆扆说："李茂贞的罪过虽然很大，但朝廷还没有和他决绝。如今只有他没有诏书，这让人看来是朝廷的度量不大。"崔胤发怒了，上奏唐昭宗将陆扆贬斥。宫人宋柔等十一个人都是由韩全诲进献入宫的，还有僧人、道士和宦官关系密切的二十多人，一起送交京兆尹用木杖打死。

唐昭宗对韩偓说："崔胤虽然尽忠，但是和你相比，多有心机权术。"韩偓回答说："凡是治理天下的人，万国都密切注意，眼看耳听，怎么可以用心机权术来欺骗他们呢！不如推心置腹以诚相待，这样虽然按日计算会感到不足，但按年来计算就有剩余了。"

二月初五日丙子，工部侍郎、同平章事苏检，吏部侍郎卢光启，一起被赐令自杀；二月初六日丁丑，中书侍郎、同平章事王溥被降为太子宾客、分司。这些人都是崔胤所憎恨的。

二月初七日戊寅，唐昭宗赐朱全忠号称"回天再造竭忠守正功臣"，赐他的幕僚佐吏敬翔等人号称"迎銮协赞功臣"，将领朱友宁等人号称"迎銮果毅功臣"，都头以下号称"四镇静难功臣"。

唐昭宗商议褒奖尊崇朱全忠，想要任命皇子担任诸道兵马元帅，让朱全忠做副元帅。崔胤请求让辉王李祚担任诸道兵马元帅，唐昭宗说："濮王李裕年长。"崔胤秉承朱全忠秘密的旨意，认为李祚年纪小对自己有利，坚持请求让李祚为元帅。二月初八日己卯，任命李祚为诸道兵马元帅。二月初九日庚辰，加封朱全忠摄理太尉，充任诸道兵马副元帅，进爵位为梁王。任命崔胤为司徒兼侍中。

崔胤依仗朱全忠的权势，独揽朝政，为所欲为，唐昭宗的一言一行都要向他禀报。朝廷大臣跟随唐昭宗去凤翔的，被贬职和放逐到外地的有三十多人。刑罚、赏赐完全取决于崔胤的喜好与憎恶，朝廷内外的官吏都惧怕他，怕到并脚站立不敢迈步的程度。

以敬翔守太府卿，朱友宁领宁远节度使。全忠表符道昭同平章事，充天雄节度使，遣兵援送之秦州，不得至而还。

初，翰林学士承旨韩偓之登进士第也，御史大夫赵崇知贡举。上返自凤翔，欲用偓为相，偓荐崇及兵部侍郎王赞自代。上欲从之，崔胤恶其分己权，使朱全忠入争之。全忠见上曰："赵崇轻薄之魁，王赞无才用，韩偓何得妄荐为相！"上见全忠怒甚，不得已，癸未，贬偓濮州司马。上密与偓泣别，偓曰："是人非复前来之比，臣得远贬及死乃幸耳，不忍见篡弑之辱！"

己丑，上令朱全忠与李茂贞书，取平原公主。茂贞不敢违，遽归之。

壬辰，以朱友裕为镇国节度使。

乙未，全忠奏留步骑万人于故两军，以朱友伦为左军宿卫都指挥使；又以汴将张廷范为宫苑使，王殷为皇城使，蒋玄晖充街使。于是全忠之党布列遍于禁卫及京辅。

戊戌，全忠辞归镇，留宴寿春殿，又饯之于延喜楼。上临轩泣别，令于楼前上马。上又赐全忠诗，全忠亦和进；又进《杨柳枝辞》五首。百官班辞于长乐驿。崔胤独送至霸桥，自置饯席，夜二鼓，胤始还入城，上复召对，问以全忠安否，置酒奏乐，至四鼓乃罢。

以清海节度使裴枢为门下侍郎、同平章事。

李克用使者还晋阳，言崔胤之横，克用曰："胤为人臣，外倚贼势，内胁其君，既执朝政，又握兵权。权重则怨多，势侔则衅生，破家亡国，在眼中矣！"

朱全忠将行，奏："克用于臣，本无大嫌，乞厚加宠泽，遣大臣抚慰，俾知臣意。"进奏吏以白克用，克用笑曰："贼欲有事淄青，畏吾掎其后耳！"

三月，戊午，朱全忠至大梁。王师范弟师鲁围齐州，朱友宁引兵击走之。师范遣兵益刘鄩军，友宁击取之。由是兖州援绝，葛从周引兵围

任命敬翔摄理太府卿，朱友宁兼任宁远节度使。朱全忠上表奏请以符道昭为同平章事，充任天雄节度使，派遣军队护送他去秦州上任，因岐州军队阻塞道路没能到达而返回。

当初，翰林学士承旨韩偓进士及第时，御史大夫赵崇担任主考官。唐昭宗从凤翔返回长安，想任用韩偓为宰相，韩偓推荐赵崇和兵部侍郎王赞来代替自己。唐昭宗想听从韩偓的意见，崔胤怀恨赵崇等分散自己的权力，就要朱全忠入宫争辩这件事。朱全忠进见唐昭宗说："赵崇是轻薄之徒中的魁首，王赞没有可用的才干，韩偓怎么能随便推荐他们担任宰相呢！"唐昭宗看到朱全忠很愤怒，不得已，于二月十二日癸未把韩偓贬为濮州司马。唐昭宗秘密地和韩偓挥泪告别，韩偓说："朱全忠这个人已经不能再和从前相比了。臣能够被贬得远远地老死在外地也算是幸运的了，不忍心看见篡位弑君的耻辱！"

二月十八日己丑，唐昭宗命令朱全忠给李茂贞去信，要李茂贞把平原公主送回来；李茂贞不敢违抗，急忙将平原公主送回。

二月二十一日壬辰，任命朱友裕为镇国节度使。

二月二十四日乙未，朱全忠上奏留下步兵、骑兵一万人驻在原来神策左、右两军的营署，派朱友伦担任左军宿卫都指挥使；又派汴州将领张廷范担任宫苑使，王殷担任皇城使，蒋玄晖充当左右两街使。于是朱全忠的党徒遍布宫廷禁卫和整个京辅地区。

二月二十七日戊戌，朱全忠向唐昭宗告辞，返回大梁，唐昭宗在寿春殿设宴招待他，又到延喜楼为他饯行。唐昭宗在楼前轩廊和朱全忠挥泪告别，让他在楼前上马。唐昭宗又赐诗给朱全忠，朱全忠也和诗献给唐昭宗；另外又献上了《杨柳枝辞》五首。文武百官在长乐驿按班次列队送别。崔胤独自送到霸桥，自己设置饯行的酒席，到了深夜二更，崔胤才返回城中。唐昭宗又召见崔胤询问朱全忠是否平安，并设酒宴，演奏音乐，一直到四更时才结束。

任命清海节度使裴枢为门下侍郎、同平章事，这是朱全忠举荐的。

李克用的使者返回晋阳，讲述崔胤专横霸道的情景。李克用说："崔胤身为臣子，在外依赖贼寇的势力，对内胁迫自己的君主；既掌管朝政，又把握军权。权力越大结怨就越多，势力和君主相当就要生出事端。国亡家破，就在眼前了！"

朱全忠将要动身时，上奏说："李克用和我本来没有大的仇怨，恳求唐昭宗对李克用厚加恩宠，派遣大臣去安抚慰问，使他知道我的心意。"河东进奏吏把这事报告李克用，李克用笑着说："这贼寇想要进攻淄青，怕我在后面牵制他罢了！"

三月十七日戊午，朱全忠回到大梁。王师范的弟弟王师鲁围攻齐州，朱友宁率领军队把王师鲁打跑了。王师范派遣军队增援刘鄩，朱友宁打败了这些援兵。因

之。友宁进攻青州，戊辰，全忠引四镇及魏博兵十万继之。

（以上为第二段，写崔胤排斥韩偓。朱全忠返回大梁兵伐王师范。）

淮南将李神福围鄂州，望城中积荻，谓监军尹建峰曰："今夕为公焚之。"建峰未之信。时杜洪求救于朱全忠，神福遣部将秦皋乘轻舟至滠口，举火炬于树杪，洪以为救兵至，果焚荻以应之。

夏，四月，己卯，以朱全忠判元帅府事。

知温州事丁章为木工李彦所杀，其将张惠据温州。

王师范求救于淮南，乙未，杨行密遣其将王茂章以步骑七千救之，又遣别将将兵数万攻宿州。全忠遣其将康怀英救宿州，淮南兵遁去。

杨行密遣使诣马殷，言朱全忠跋扈，请殷绝之，约为兄弟。湖南大将许德勋曰："全忠虽无道，然挟天子以令诸侯，明公素奉王室，不可轻绝也。"殷从之。

杜洪求救于朱全忠，全忠遣其将韩勍将万人屯滠口，遣使语荆南节度使成汭、武安节度使马殷、武贞节度使雷彦威，令出兵救洪。汭畏全忠之强，且欲浸江、淮之地以自广，发舟师十万，沿江东下。汭作巨舰，三年而成，制度如府署，谓之"和舟载"，其余谓之"齐山""截海""劈浪"之类甚众。掌书记李珽谏曰："今每舰载甲士千人，稻米倍之，缓急不可动也。吴兵剽轻，难与角逐，武陵、长沙，皆吾雠也，岂得不为反顾之虑乎！不若遣骁将屯巴陵，大军与之对岸，坚壁勿战，不过一月，吴兵食尽自遁，鄂围解矣。"汭不听。珽，憕之五世孙也。

王建出兵攻秦、陇，乘李茂贞之弱也，遣判官韦庄入贡，亦修好于朱全忠。全忠遣押牙王殷报聘，建与之宴。殷言："蜀甲兵诚多，但乏马耳。"建作色曰："当道江山险阻，骑兵无所施。然马亦不乏，押牙少留，当共阅之。"乃集诸州马，大阅于星宿山，官马八千，私马四千，部队甚整。殷叹服。建本骑将，故得蜀之后，于文、黎、维、茂州市胡马，十年之间，遂及兹数。

此兖州的援助断绝了，葛从周带领军队包围了兖州。朱友宁进兵攻打青州；三月二十七日戊辰，朱全忠统率四镇及魏博的军队十万人继续开往青州。

淮南将领李神福围攻鄂州，望见城中堆积着很多荻草，对监军尹建峰说："今天晚上为您把这些荻草烧了。"尹建峰不相信。当时，杜洪向朱全忠求救，李神福派遣部将秦皋乘坐轻快的小船到滠口，在树梢高举起火炬。杜洪以为救兵到了，果然焚烧荻草来呼应他们。

夏季，四月初九日己卯，任命朱全忠主持元帅府的事务。

主持温州事务的丁章被木工李彦杀死，他的部将张惠占据了温州。

王师范向淮南杨行密求救。四月二十五日乙未，杨行密派遣部将王茂章率领步兵、骑兵七千人去救援王师范，又派遣其他将领率领军队几万人去攻打宿州。朱全忠派遣部将康怀英救援宿州，淮南军队逃走了。

杨行密派遣使者去见马殷，说朱全忠骄横跋扈，请马殷和朱全忠绝交，约定两人结成兄弟。湖南大将许德勋说："朱全忠虽然无道，但是他挟持唐昭宗以命令诸侯，明公一向尊奉王室，不可轻易和朱全忠绝交。"马殷听从了许德勋的意见。

杜洪向朱全忠请求救援，朱全忠派遣他的部将韩勍率领一万人屯驻在滠口，派遣使者前去告诉荆南节度使成汭、武安节度使马殷、武贞节度使雷彦威，命令他们出动军队救援杜洪。成汭畏惧朱全忠的强大，并且想要侵占江、淮的土地来扩充自己的地盘，发动水军十万人，沿着长江东下。成汭建造巨大的战舰，花了三年时间才完工，这些战舰的规模样式就好像陆上府第官署一般，称为"和州载"，其余称为"齐山"、"截海"、"劈浪"之类的，数量很多。掌书记李珽劝谏说："现在每艘战舰载士兵一千人，稻米又多一倍，遇到紧急情况战舰不能移动。杨行密的军队剽悍轻捷，很难和他们争胜。武陵雷彦威、长沙马殷都是我们的仇敌，怎么能不考虑后顾之忧呢！不如派遣骁勇的将领屯驻巴陵，大军和他们隔岸相对，我们坚守营垒不要出战，不过一个月的时间，杨行密的军队粮食吃完就会自己退走，鄂州的包围自然也就解除了。"成汭不听，李珽是李憕的第五代孙子。

王建这时乘着李茂贞势力削弱的时机，出兵攻打秦州、陇州。王建派遣判官韦庄到长安进贡财物，也向朱全忠谋求和好相处。朱全忠派遣押牙王殷到成都酬答，王建设宴招待。王殷说："蜀地的士兵确实很多，只是缺少马匹而已。"王建变了脸色说："蜀地道路险恶，山河阻隔，骑兵没有办法施展本领，然而马匹并不缺乏。你稍留一些日子，我当和你共同来检阅他们。"于是聚集各州的马匹，在星宿山进行大规模检阅，计有官马八千匹，私马四千匹，部队非常整齐。王殷赞叹佩服。王建本来是骑将，因此得到蜀地以后，在文州、黎州、维州、茂州购买胡地出产的马匹，

五月，丁未，李克用云州都将王敬晖杀刺史刘再立，叛降刘仁恭。克用遣李嗣昭、李存审将兵讨之。仁恭遣将以兵五万救敬晖，嗣昭退保乐安，敬晖举众弃城而去。先是，振武将契苾让逐戍将石善友，据城叛，嗣昭等进攻之，让自燔死。复取振武城，杀吐谷浑叛者二千余人。克用怒嗣昭、存审失王敬晖，皆杖之，削其官。

成汭行未至鄂州，马殷遣大将许德勋将舟师万余人，雷彦威遣其将欧阳思将舟师三千余人会于荆江口，乘虚袭江陵，庚戌，陷之，尽掠其人及货财而去。将士亡其家，皆无斗志。

李神福闻其将至，自乘轻舟前觇之，谓诸将曰："彼战舰虽多而不相属，易制也，当急击之！"壬子，神福遣其将秦裴、杨戎将众数千逆击汭于君山，大破之，因风纵火，焚其舰，士卒皆溃，汭赴水死，获其战舰二百艘。韩勍闻之，亦引兵去。

许德勋还过岳州，刺史邓进忠开门具牛酒犒军，德勋谕以祸福，进忠遂举族迁于长沙。马殷以德勋为岳州刺史，以进忠为衡州刺史。

（以上为第三段，写朱全忠判元帅府事，天下兵权尽归朱全忠。荆南节度使成汭为湖南马殷所并。）

雷彦威狡狯残忍，有父风，常泛舟焚掠邻境，荆、鄂之间，殆至无人。

李茂贞畏朱全忠，自以官为尚书令，在全忠上，累表乞解去。诏复以茂贞为中书令。

崔胤奏："左右龙武、羽林、神策等军名存实亡，侍卫单寡，请每军募步兵四将，每将二百五十人，骑兵一将百人，合六千六百人，选其壮健者，分番侍卫。"从之。令六军诸卫副使、京兆尹郑元规立格召募于市。

朱全忠表颍州刺史朱友恭为武宁节度使。

朱友宁攻博昌，月余不拔。朱全忠怒，遣客将刘捍往督之。捍至，友宁驱民丁十余万，负木石，牵牛驴，诣城南筑土山，既成，并人畜木石排而筑之，冤号声闻数十里。俄而城陷，尽屠之。抵青州城下，遣别

十年时间，就达到了这个数目。

五月初七日丁未，李克用部下云州都将王敬晖杀死刺史刘再立，叛变投降刘仁恭。李克用派遣李嗣昭、李存审率领军队去讨伐他。刘仁恭派遣将领率领五万士兵去救援王敬晖。李嗣昭退兵守卫乐安，王敬晖率领部众抛弃守城逃走了。起先，振武将领契苾让赶走驻防的将领石善友，占据守城叛变。李嗣昭等率领军队攻打，契苾让自焚而死。李嗣昭等率领军队攻打振武城，杀死叛乱的吐谷浑人两千多名。李克用恼怒李嗣昭、李存审没能擒获王敬晖，就用木棍笞打他们，并削去他们的官职。

成汭率领军队还没有到达鄂州，马殷派遣大将许德勋率领水军一万多人，雷彦威派遣部将欧阳思率领水军三千多人在荆江口会合，乘着成汭后方空虚袭击江陵。五月初十日庚戌，他们攻下了江陵，把江陵的百姓和财物全部掠夺一空而离去。成汭的将士家破人亡，财产丢尽，都没有了斗志。

李神福听说成汭率领水军将要到达，亲自乘坐小船前去察看，对各将领说："他们的战舰虽然很多，但相互之间没有连接，很容易制服，应当迅速攻击他们！"五月十二日壬子，李神福派遣部将秦裴、杨戎率领几千士兵在洞庭湖君山迎击成汭，大破他的水军，乘着风势放火焚烧成汭的战舰，士兵都溃散逃跑，成汭投水自杀了，李神福缴获成汭的战舰两百艘。韩勍听到这个消息，也带领士兵退走了。

许德勋返回途中经过岳州，刺史邓进忠打开城门准备牛酒慰劳军队，许德勋对他讲明利害祸福，邓进忠于是带领全族人口迁往长沙。马殷任命许德勋为岳州刺史，邓进忠为衡州刺史。

雷彦威狡猾残忍，有他父亲雷满的遗风，常常乘船去焚烧掠夺四邻的地界。所以荆州、鄂州之间，几乎到了没有人烟的地步。

李茂贞畏惧朱全忠，认为自己担任的尚书令官职在朱全忠之上，所以多次向唐昭宗上表，要求解除尚书令的职务。唐昭宗于是下诏任命李茂贞为中书令。

崔胤上奏说："左右龙武、羽林、神策等军，名存实亡，护卫力量孤单薄弱；请求每军招募步兵四将，每将二百五十人，骑兵一将一百人，六军总共六千六百人，挑选其中健壮的人，分批轮流侍奉护卫。"唐昭宗同意了崔胤的意见。下令六军诸卫副使、京兆尹郑元规订立标准在街市进行招募。

朱全忠上表奏请任命颍州刺史朱友恭为武宁节度使。

朱友宁进攻博昌，攻了一个多月还没有攻下来。朱全忠大怒，派遣客将刘捍前往督战。刘捍到后，朱友宁驱赶壮丁十多万人，背着木头石块，牵着牛和驴子，到博昌城南修筑土山，完成后，把壮丁、牲畜、木头、石块排列在一起填土捶实，喊

将攻登、莱。

淮南将王茂章会王师范弟莱州刺史师诲攻密州，拔之，斩其刺史刘康乂，以淮海都游弈使张训为刺史。

六月，乙亥，汴兵拔登州。师范帅登、莱兵拒朱友宁于石楼，为两栅。丙子，夜，友宁击登州栅，栅中告急，师范趣茂章出战，茂章按兵不动。友宁破登州栅，进攻莱州栅。比明，茂章度其兵力已疲，乃与师范合兵出战，大破之。友宁旁自峻阜驰骑赴敌，马仆，青州将张土枭斩之，传首淮南。两镇兵逐北至米河，俘斩万计，魏博之兵殆尽。

（以上为第四段，写王师范与淮南将王茂章合兵大破汴兵，朱全忠将朱友宁战死。）

全忠闻友宁死，自将兵二十万昼夜兼行赴之，秋，七月，壬子，至临朐，命诸将攻青州。王师范出战，汴兵大破之。王茂章闭垒示怯，伺汴兵稍懈，毁栅而出，驱驰疾战，战酣退坐，召诸将饮酒，已而复战。全忠登高望见之，问降者，知为茂章，叹曰："使吾得此人为将，天下不足平也！"至晡，汴兵乃退。茂章度众寡不敌，是夕，引军还。全忠遣曹州刺史杨师厚追之，及于辅唐。茂章命先锋指挥使李虔裕将五百骑为殿，虔裕殊死战，师厚擒而杀之。师厚，颍州人也。

张训闻茂章去，谓诸将曰："汴人将至，何以御之？"诸将请焚城大掠而归。训曰："不可。"封府库，植旗帜于城上，遣羸弱居前，自以精兵殿其后而去。全忠遣左踏白指挥使王檀攻密州，既至，望旗帜，数日乃敢入城。见府库城邑皆完，遂不复追。训全军而还。全忠以檀为密州刺史。

（以上为第五段，写朱全忠率二十万大军破王师范军，淮南兵遁走。）

丁卯，以山南西道留后王宗贺为节度使。

睦州刺史陈询叛钱镠，举兵攻兰溪，镠遣指挥使方永珍击之。武安都指挥使杜建徽与询连姻，镠疑之，建徽不言。会询亲吏来奔，得建徽与询书，皆劝戒之辞，镠乃悦。建徽从兄建思谮建徽私蓄兵仗，谋作乱。

冤号叫的声音在几十里外都听得到。不久攻陷了博昌城，将城中的百姓全部杀死。又进兵攻下临淄，抵达青州城下，派遣别将攻打登州、莱州。

淮南将领王茂章会合王师范的弟弟莱州刺史王师诲攻打密州，把它攻下来了，斩杀刺史刘康乂，任命淮海都游弈使张训为刺史。

六月初六日乙亥，汴州军队攻下登州。王师范率领登州、莱州军队在石楼抵抗朱友宁，筑了两道栅栏。六月初七日丙子夜晚，朱友宁攻打登州城外的栅栏，栅栏中情况危急，王师范催促王茂章出战，王茂章按兵不动。朱友宁攻破登州栅栏，进攻莱州栅栏。天快亮时，王茂章估计朱友宁军队已经疲乏，才与王师范合兵出战，把朱友宁的军队打得大败。朱友宁从旁边高峻的土山上骑马奔驰杀敌，马突然跌倒，青州将领张土把朱友宁斩杀，将首级送到淮南。王师范、王茂章的军队向北追击朱友宁的军队一直到米河，被俘虏斩首的数以万计，魏博军队几乎覆没。

朱全忠听说朱友宁死了，亲自率领军队二十万人日夜兼程赶往救援。秋季，七月十四日壬子，到达临朐，命令众将攻打青州。王师范率领军队应战，被汴州军队打得大败。王茂章紧闭城垒不出战，以表示怯懦害怕，而侦察到汴州军队稍微松懈时，就率领军队毁坏栅栏冲出去袭击，打到兴头上又退回来坐下，召集各将领饮酒，不久又冲出去奋战。朱全忠登上高处观战，看到这个情形，就问投降的人，知道敌方将领是王茂章，感叹地说："假如我能得到这个人做将领，那天下就不值得再劳我去平定了！"黄昏时，汴州军队退了回去。王茂章估计敌众我寡，不能取胜，这个晚上，就带领军队返回淮南。朱全忠派遣曹州刺史杨师厚追击他们，在辅唐追到了。王茂章命令先锋指挥使李虔裕率领五百名骑兵殿后，李虔裕拼死作战，杨师厚抓住李虔裕并把他杀了。杨师厚是颍州人。

张训听说王茂章已经离去，对各将领说："汴州军队即将到来，用什么来防御呢？"各将领请求焚烧全城，大大地掠夺一番再回淮南。张训说："不可以。"于是封闭府库，在城上树起旗帜，让老弱士兵先走，自己率领精兵殿后离去。朱全忠派遣左踏白指挥使王檀攻打密州，军队到达后，看见城上旗帜，因怀疑有伏兵，几天后才敢入城。王檀见府库、城邑全都完好无损，就不再追赶了。张训全军返回淮南。朱全忠任命王檀为密州刺史。

七月二十九日丁卯，任命山南西道留后王宗贺为节度使。

睦州刺史陈询背叛钱镠，率领军队攻打兰溪，钱镠派遣指挥使方永珍前去攻击陈询。武安都指挥使杜建徽与陈询是姻亲，钱镠怀疑杜建徽，杜建徽也不辩解。恰巧陈询的亲信属吏前来投奔钱镠，得到杜建徽写给陈询的书信，都是劝谏告诫的话，

镠使人索之，建徽方食，使者直入卧内，建徽不顾，镠以是益亲重之。

八月，戊辰朔，朱全忠留齐州刺史杨师厚攻青州，身归大梁。

庚辰，加西川节度使西平王王建守司徒，进爵蜀王。

前渝州刺史王宗本。言于王建，请出兵取荆南。建从之，以宗本为开道都指挥使，将兵下峡。

初，宁国节度使田頵破冯弘铎，诣广陵谢杨行密，因求池、歙为巡属，行密不许。行密左右下及狱吏，皆求赂于頵，頵怒曰："吏知吾将下狱邪！"及还，指广陵南门曰："吾不可复入此矣！"頵兵强财富，好攻取，行密既定淮南，欲保境息民，每抑止之，頵不从。及解释钱镠，頵尤恨之，阴有叛志。李神福言于行密曰："頵必反，宜早图之。"行密曰："頵有大功，反状未露，今杀之，诸将人人自危矣！"頵有良将曰康儒，与頵谋议多不合，行密知之，擢儒为庐州刺史。頵以儒为贰于己，族之。儒曰："吾死，田公亡无日矣！"頵遂与润州团练使安仁义同举兵，仁义悉焚东塘战舰。

頵遣二使诈为商人，诣寿州约奉国节度使朱延寿，行密将尚公迺遇之，曰："非商人也。"杀一人，得其书，以告行密。行密召李神福于鄂州，神福恐杜洪邀之，宣言奉命攻荆南，勒兵具舟楫；及暮，遂沿江东下，始告将士以讨田頵。

己丑，安仁义袭常州，常州刺史李遇逆战，极口骂仁义，仁义曰："彼敢辱我，必有备。"及引去。壬辰，行密以王茂章为润州行营招讨使，击仁义，不克，使徐温将兵会之。温易其衣服旗帜，皆如茂章兵，仁义不知益兵，复出战，温奋击，破之。

行密夫人，朱延寿之姊也。行密狎侮延寿，延寿怨怒，阴与田頵通谋。頵遣前进士杜荀鹤至寿州，与延寿相结；又遣至大梁告朱全忠，全忠大喜，遣兵屯宿州以应之。荀鹤，池州人也。

钱镠这才高兴了。杜建徽堂兄杜建思诬陷杜建徽私自贮藏兵器，阴谋作乱。钱镠派人前去搜索，杜建徽正在吃饭，使者直接进入他的卧室内，杜建徽连看都不看他一眼，钱镠因此更加亲近重用杜建徽。

八月初一日戊辰，朱全忠留下齐州刺史杨师厚攻打青州，自己返回大梁。

八月十三日庚辰，加官西川节度使、西平王王建摄理司徒，晋爵为蜀王。

前渝州刺史王宗本向王建进言，请出动士兵去攻取荆南。王建听从了他的意见，任命王宗本为开道都指挥使，率领军队下三峡。

当初，宁国节度使田頵打败冯弘铎，亲自到广陵向杨行密表示感谢，并要求把池州、歙州划给自己作为巡视的属地，杨行密没有允许。杨行密左右的人一直到狱吏，都向田頵索要财物，田頵发怒说：“难道你们这些狱吏知道我将被关进监狱吗！”等到回去时，指着广陵城的南门说：“我不能再进入此城了！”田頵兵力强盛，财物充足，喜好攻打掠取。杨行密平定淮南以后，想要保境安民，因此每每压抑阻止田頵，田頵不听。等到杨行密和钱镠化解怨仇亲善友好，田頵就更加痛恨杨行密，暗中已有叛变的志向。李神福对杨行密说：“田頵一定会谋反，应当早一点图谋对策。”杨行密说：“田頵有大的功劳，他谋反的形迹还没有显露出来，现在杀他，各将领都要人人自危了！”田頵有一个良将叫康儒，与田頵商量事情意见大多不合，杨行密知道这情况后，提升康儒为庐州刺史。田頵认为康儒对自己有二心，就杀掉他的全族。康儒说：“我死了，你田頵灭亡的日子也就没有几天了！”田頵于是和润州团练使安仁义一同起兵，安仁义把杨行密在扬州东塘的战舰全部焚烧了。

田頵派遣两名使者假扮作商人，到寿州去约请奉国节度使朱延寿。杨行密的部将尚公乃遇到了田頵的两名使者，说：“你们不是商人。”杀死其中一人，搜得书信，把这情况向杨行密报告。杨行密从鄂州召回李神福，李神福担心杜洪进行拦击，扬言奉命攻打荆南，部署士兵准备舟船；到黄昏时，就顺着江水东下，这才告诉将士们是去讨伐田頵。

八月二十二日己丑，安仁义袭击常州，常州刺史李遇迎战，破口痛骂安仁义。安仁义说：“李遇敢辱骂我，一定是有了防备。”于是就带领军队回去了。八月二十五日壬辰，杨行密任命王茂章为润州行营招讨使，去攻打安仁义，没有打下来，又派徐温率领军队与王茂章会合。徐温改换军队的衣服旗帜，看上去像王茂章的部众。安仁义不知道对方增加了军队，再次出战。徐温奋力攻击，把安仁义打败了。

杨行密的夫人是朱延寿的姐姐。杨行密玩弄侮辱朱延寿，朱延寿怨恨愤怒，暗中和田頵交结谋反。田頵派遣前进士杜荀鹤到寿州去，与朱延寿互相勾结；又派遣杜荀鹤到大梁去告诉朱全忠。朱全忠大喜，派遣军队屯驻在宿州以接应他们。杜荀鹤是池州人。

杨师厚屯临朐，声言将之密州，留辎重于临朐。九月癸卯，王师范出兵攻临朐，师厚伏兵奋击，大破之，杀万余人，获师范弟师克。明日，莱州兵五千救青州，师厚邀击之，杀获殆尽，遂徙寨抵其城下。

朱延寿谋颇泄，杨行密诈为目疾，对延寿使者多错乱所见，或触柱仆地。谓夫人曰："吾不幸失明，诸子皆幼，军府事当悉以授三舅。"夫人屡以书报延寿。行密又自遣召之，阴令徐温为之备。延寿至广陵，行密迎及寝门，执而杀之。部兵惊扰，徐温谕之，皆听命，遂斩延寿兄弟，黜朱夫人。

初，延寿赴召，其妻王氏谓曰："君此行吉凶未可知，愿日发一使以安我。"一日，使不至，王氏曰："事可知矣！"部分僮仆，授兵阖门，捕骑至，乃集家人，聚宝货，发百燎焚府舍，曰："妾誓不以皎然之躯为仇人所辱。"赴火而死。

延寿用法严，好以寡击众，尝遣二百人与汴兵战，有一人应留者，请行，延寿以违命，立斩之。

（以上为第六段，写田頵反叛杨行密，朱延寿与之通谋被诛。王建进爵蜀王。）

田頵袭昇州，得李神福妻子，善遇之。神福自鄂州东下，頵遣使谓之曰："公见机，与公分地而王，不然，妻子无遗！"神福曰："吾以卒伍事吴王，今为上将，义不以妻子易其志。頵有老母，不顾而反，三纲且不知，乌足与言乎！"斩使者而进，士卒皆感励。頵遣其将王坛、汪建将水军逆战。丁未，神福至吉阳矶，与坛、建遇，坛、建执其子承鼎示之，神福命左右射之。神福谓诸将曰："彼众我寡，当以奇取胜。"及暮，合战，神福佯败，引舟溯流而上，坛、建追之，神福复还，顺流击之。坛、建楼船大列火炬，神福令军中曰："望火炬辄击之。"坛、建军皆灭火，旗帜交杂，神福因风纵火，焚其舰，坛、建大败，士卒焚溺死者甚众。戊申，又战于皖口，坛、建仅以身免。获徐绾，行密以槛车载之，遗钱镠，镠剖其心以祭高渭。

杨师厚在临朐屯兵，扬言将到密州去，把财物器械等留在临朐。九月初六日癸卯，王师范出动军队攻打临朐。杨师厚埋伏士兵奋力攻击，把王师范打得大败，杀死一万多人，俘获王师范的弟弟王师克。第二天，莱州军队五千人救援青州，杨师厚进行拦击，把他们几乎全部斩杀擒获，于是将营寨迁移到青州城下。

朱延寿与田頵通谋逐渐被泄露出来，杨行密知道后假装患了眼病，对朱延寿的使者讲话时常常认错东西，有时还撞到柱子上跌倒。杨行密对夫人朱氏说："我的眼睛不幸失明，孩子们年纪都还小，军府中的事务应当全部交给三舅朱延寿管理。"朱氏多次写信告诉朱延寿。杨行密又亲自派遣使者召唤朱延寿到广陵来，暗中命令徐温做好防备工作。朱延寿到了广陵，杨行密迎到寝室门口，把朱延寿抓起来杀了。他手下的士兵慌乱，徐温晓谕他们，士兵都听从了命令。于是斩杀朱延寿的兄弟，废黜了夫人朱氏。

起初，朱延寿应召前往广陵时，他的妻子王氏对他说："您这次到广陵，吉凶难以预知，希望每天派一个使者来给我报平安！"有一天，使者没有到来，王氏说："情况明白了！"于是安排家僮仆役，发给他们兵器，关闭了大门。当逮捕他们的骑兵一到，她就召集家人，聚拢珍宝财物，点燃上百支火炬焚烧府舍，说："我发誓不把自己洁白无瑕的身体让仇人侮辱。"说完跳到火里自杀了。

朱延寿执法严厉，喜欢以少击多，曾经派遣二百人与汴州军队作战，有一个人应该留下来，却请求前去杀敌，朱延寿认为他违抗命令，立即将他斩首。

田頵袭击昇州，俘获李神福的妻儿，对待她们很好。李神福从鄂州东下，田頵派人对他说："明公如能见机行事，我与明公分地称王；不然的话，明公的妻儿不能活命！"李神福说："我从士兵开始跟随吴王杨行密，今天当了上将，从道义上说不能因为妻儿改变自己的志向。你田頵有老母亲，毫不顾念而反叛，连君为臣纲、父为子纲、夫为妻纲的大道理尚且不知道，哪里值得再和你说呢！"杀了田頵的使者率领军队前进，士兵都被感动激励。田頵派遣他的部将王坛、汪建率领水军迎战。九月初十日丁未，李神福到了吉阳矶，与王坛、汪建相遇。王坛、汪建绑缚了李神福的儿子李承鼎给李神福看，李神福命令左右的人向他们放箭射击。李神福对各将领说："敌人众多，我军人少，应该出奇兵来取得胜利。"到了傍晚，两军会合激战，李神福假装战败，带领战船逆流向上游逃走。王坛、汪建追赶，李神福又调转船头返回，顺流而下进行攻击。王坛、汪建的楼船排列着火炬，李神福命令军中士兵说："看到火炬就攻击他们。"王坛、汪建的军队都熄灭了火炬，旗帜交错杂乱，李神福顺着风势放火，焚烧他们的战船，王坛、汪建大败，士兵烧死淹死的很多。九月

頵闻坛、建败，自将水军逆战。神福曰：“贼弃城而来，此天亡也！”临江坚壁不战，遣使告行密，请发步兵断其归路。行密遣涟水制置使台濛将兵应之。王茂章攻润州，久未下，行密命茂章引兵会濛击頵。

辛亥，汴将刘重霸拔棣州，执刺史邵播，杀之。

甲寅，朱全忠如洛阳，遇疾，复还大梁。

戊午，王师范遣副使李嗣业及弟师悦请降于杨师厚，曰：“师范非敢背德，韩全诲、李茂贞以朱书御札使之举兵，师范不敢违。”仍请以其弟师鲁为质。时朱全忠闻李茂贞、杨崇本将起兵逼京畿，恐其复劫天子西去，欲迎车驾都洛阳，乃受师范降，选诸将使守登、莱、淄、棣等州，即以师范权淄青留后。师范仍言先遣行军司马刘鄩将兵五千据兖州，非其自专，愿释其罪，亦遣使语鄩。

田頵闻台濛将至，自将步骑逆战，留其将郭行悰以精兵二万及王坛、汪建水军屯芜湖，以拒李神福。觇者言：“濛营寨偏小，才容二千人。”頵易之，不召外兵。濛入頵境，番陈而进，军中笑其怯，濛曰：“頵宿将多谋，不可不备。”冬，十月，戊辰，与頵遇于广德，濛先以杨行密书遍赐頵将，皆下马拜受。濛因其挫伏，纵兵击之，頵兵遂败。又战于黄池，兵交，濛伪走，頵追之，遇伏，大败，奔还宣州城守，濛引兵围之。頵亟召芜湖兵还，不得入。郭行悰、王坛、汪建及当涂、广德诸戍皆帅其众降。行密以台濛已破田頵，命王茂章复引兵攻润州。

（以上为第七段，写田頵连战皆败，王师范兵败降朱全忠，并以其弟为质。）

初，夔州刺史侯矩从成汭救鄂州，汭死，矩奔还。会王宗本兵至，甲戌矩以州降之，宗本遂定夔、忠、万、施四州。王建复以矩为夔州刺史，更其姓名曰王宗矩。宗矩，易州人也。蜀之议者，以瞿唐蜀之险要，

十一日戊申，又在皖口交战，王坛、汪建仅仅能免于一死。李神福擒获徐绾，杨行密用槛车押着徐绾，把他送到钱镠那里。钱镠挖出徐绾的心，用来祭奠高渭。

田頵听说王坛、汪建战败，亲自率领水军迎战。李神福说："贼寇抛弃守城前来，这是上天要灭亡他啊！"李神福临江坚守壁垒不出来应战，派遣使者报告杨行密，请求发动步兵断绝田頵的归路。杨行密派遣涟水制置使台濛率领军队接应李神福。王茂章攻打润州，很久没有攻下，杨行密又命令王茂章带领军队会合台濛一同攻击田頵。

九月十四日辛亥，汴州将领刘重霸攻下棣州，捉住刺史邵播，将他杀死。

九月十七日甲寅，朱全忠到洛阳去，患了病，又回到大梁。

九月二十一日戊午，王师范派遣副使李嗣业及弟弟王师悦向杨师厚请求投降，说："我不是胆敢违背恩德，而是因为韩全诲、李茂贞用皇上朱笔写的书信命令我起兵，我不敢违令。"仍然请求让他的弟弟王师鲁作为人质。这时朱全忠听说李茂贞、杨崇本将要起兵进逼京畿地区，担心他们再次劫持唐昭宗西去凤翔，想要迎接唐昭宗建都洛阳，于是接受了王师范的投降，挑选各将领守卫登、莱、淄、棣等州，并且立即派王师范暂时代理淄青留后的职位。王师范说明先前派遣行军司马刘鄩率领军队五千人占据兖州，并非他的擅自行动，希望朱全忠能宽免刘鄩的罪过；另外也派使者去告诉刘鄩。

田頵听说台濛即将到达，亲自率领步兵、骑兵迎战，留下他的部将郭行悰率领精兵二万人以及王坛、汪建的水军屯驻在芜湖，用来抵抗李神福。侦察敌情的人报告说："台濛的营寨狭小，只能容纳二千人。"田頵轻视台濛，不召集外地的军队来助战。台濛进入田頵的地界，把军队分成几部，轮流列阵前进。军中有人笑他怯懦，台濛说："田頵是久经战阵的老将，多智谋，不能不防备他。"冬季，十月初二日戊辰，台濛与田頵在广德相遇。台濛先把杨行密的书信遍赐田頵的各个将领，这些将领都下马叩拜接受了。台濛乘着田頵的将士士气受到挫折，发兵攻击，田頵的军队于是战败了。双方又在黄池作战，军队一交战，台濛就假装逃走。田頵率领军队追击，遇到埋伏，被打得大败，逃回宣州闭城防守。台濛率领士兵包围宣州，田頵紧急召回在芜湖屯驻的军队，但不能入城。郭行悰、王坛、汪建以及当涂、广德各地戍守的将领都率众投降。杨行密因为台濛已经打败田頵，命令王茂章仍旧带领军队去攻打润州。

当初，夔州刺史侯矩跟随成汭救援鄂州，成汭兵败自杀后，侯矩逃回夔州。正遇上王宗本率领军队到来，十月初八日甲戌，侯矩献出夔州投降，王宗本于是平定了夔、忠、万、施四个州。王建仍旧任命侯矩为夔州刺史，把他的姓名改为王宗矩。

乃弃归、峡，屯军夔州。

建以宗本为武泰留后。武泰军旧治黔州，宗本以其地多瘴疠，请徙治涪州，建许之。

葛从周急攻兖州，刘鄩使从周母乘板舆登城，谓从周曰："刘将军事我不异于汝，新妇辈皆安居，人各为其主，汝可察之。"从周歔欷而退，攻城为之缓。鄩悉简妇人及民之老疾不足当敌者出之，独与少壮者同辛苦，分衣食，坚守以扞敌；号令整肃，兵不为暴，民皆安堵。久之，外援既绝，节度副使王彦温逾城出降，城上卒多从之，不可遏。鄩遣人从容语彦温曰："军士非素遣者，勿多与之俱。"又遣人徇于城上曰："军士非素遣从副使而敢擅往者，族之！"士卒皆惶惑不敢出。敌人果疑彦温，斩之城下，由是众心益固。及王师范力屈，从周以祸福谕之，鄩曰："受王公命守此城，一旦见王公失势，不俟其命而降，非所以事上也。"及师范使者至，丁丑，始出降。

从周为具赍装，送鄩诣大梁。鄩曰："降将未受梁王宽释之命，安敢乘马衣裘乎！"乃素服乘驴至大梁。全忠赐之冠带，辞；请囚服入见，不许。全忠慰劳，饮之酒，辞以量小。全忠曰："取兖州，量何大邪！"以为元从都押牙。是时四镇将吏皆功臣、旧人，鄩一旦以降将居其上，诸将具军礼拜于廷，鄩坐受自如，全忠益奇之。未几，表为保大留后。

（以上为第八段，写刘鄩智计胆略超群，使朱全忠折服，虽身为囚虏被拔擢为保大留后。）

葛从周久病，全忠以康怀英为泰宁节度使代之。

宿卫都指挥使朱友伦与客击毬于左军，坠马而卒。全忠悲怒，疑崔胤故为之，凡与同戏者十余人尽杀之，遣其兄子友谅代典宿卫。

山南东道节度使赵匡凝遣兵袭荆南，朗人弃城走，匡凝表其弟匡明为荆南留后。时天子微弱，诸道贡赋多不上供，惟匡明兄弟委输不绝。

王宗矩是易州人。蜀地有人议论，认为瞿塘峡是蜀地险峻的要冲，于是放弃归、峡两州，把军队驻扎在夔州。

王建任命王宗本为武泰留后。武泰军旧的治所在黔州，王宗本因为当地潮湿多瘴气瘟疫，请求将治所迁往涪州，王建同意了他的要求。

葛从周急速攻打兖州，刘鄩让葛从周的母亲坐着由人抬着的板车登上城楼，对葛从周说："刘将军侍奉我和你没有什么不同，你的妻子也过着安逸的生活，各人都为自己的主子效力，你要好好明白这个道理。"葛从周叹着气退了回去，攻城因此缓和了下来。刘鄩挑选妇人及年老有病不能抵抗敌人的百姓，让他们全都出去，只与年轻力壮的人同甘共苦，分享衣服食物，坚守城池来抵抗敌人。他的号令整齐严肃，士兵不做残暴的事，百姓都能安居乐业。过了一段时间，外面的援助断绝了，节度副使王彦温翻越城墙出去投降，城上的士兵很多跟着他去了，不能制止。刘鄩派人从容平和地告诉王彦温说："士兵不是一向跟随你的，不要多带出去。"又派人在城上巡行宣示，说："士兵不是一向跟随节度副使而胆敢擅自前往的，把他的全族杀死！"士兵都惶惑恐惧，不敢出城。敌人果然怀疑王彦温，在城下把他斩杀了，因此士兵防守的心思更加坚定了。等到王师范兵力越来越衰弱，葛从周用祸福得失来晓谕他，刘鄩说："我接受王师范的命令守卫兖州城，一旦看到王师范失去权势，不等待他的命令就投降，这不是侍奉尊长的态度。"到王师范的使者来了，十月十一日丁丑，才出城投降。

葛从周为刘鄩准备行装，送他前往大梁。刘鄩说："降将没有得到梁王朱全忠宽宥释放的命令，怎么敢骑着马，穿着裘衣呢！"于是穿着素色的衣服，骑着驴到大梁。朱全忠赏赐给他衣冠腰带，刘鄩推辞了，请求穿着囚服进见，朱全忠不允许。朱全忠慰劳刘鄩，让他喝酒，刘鄩以酒量小来推辞。朱全忠说："你攻取兖州，量多大啊！"任命他为元从都押牙。这时四镇的将领、官吏都是功臣和旧交，刘鄩一下子以降将的身份位居他们之上，各将领在廷中行军礼拜见他，刘鄩坐着接受拜见，神态如常，朱全忠更加惊异他的才能出众，不多久，就上表奏请任命刘鄩为保大留后。

葛从周长久患病，朱全忠任命康怀英为泰宁节度使来代替葛从周。

宿卫都指挥使朱友伦与客人在左军玩击毬游戏，掉下马来摔死。朱全忠悲痛愤怒，怀疑是崔胤故意做的，凡是和朱友伦一同游戏的十多个人都被杀死。朱全忠派遣自己哥哥的儿子朱友谅代管皇宫中的值宿警卫。

山南东道节度使赵匡凝派遣军队袭击荆南，雷彦威的朗州军队弃城逃走，赵匡凝上表请求任命他的弟弟赵匡明为荆南留后。当时唐昭宗势微力弱，各道的贡品赋

杨行密求兵于钱镠，镠遣方永珍屯润州，从弟镒屯宣州，又遣指挥使杨习攻睦州。

凤翔、邠州屡出兵近京畿，朱全忠疑其复有劫迁之谋，十一月，发骑兵屯河中。

十二月，乙亥，田頵帅死士数百出战，台濛阳退以示弱。頵兵逾濛而斗，濛急击之。頵不胜，还走城，桥陷坠马，斩之。其众犹战，以頵首示之，乃溃，濛遂克宣州。

初，行密与頵同闾里，少相善，约为兄弟，及頵首至广陵，行密视之泣下。赦其母殷氏，行密与诸子皆以子孙礼事之。

行密以李神福为宁国节度使，神福以杜洪未平，固让不拜。宣州长史合肥骆知祥善治金谷，观察牙推沈文昌为文精敏，尝为頵草檄骂行密，行密以知祥为淮南支计官，文昌为节度牙推。文昌，湖州人也。

初，頵每战不胜，辄欲杀钱传瓘，其母及宣州都虞候郭师从常保护之。师从，合肥人，頵之妇弟也。頵败，传瓘归杭州，钱镠以师从为镇东都虞候。

（以上为第九段，写山南东道节度使赵匡凝袭取荆南，表其弟赵匡明为荆南留后。田頵败殁。）

辛巳，以礼部尚书独孤损为兵部侍郎、同平章事。损，及之从曾孙也。中书侍郎兼户部尚书、同平章事裴贽罢为左仆射。

左仆射致仕张濬居长水，王师范之举兵，濬豫其谋。朱全忠将谋篡夺，恐濬扇动藩镇，讽张全义使图之。丙申，全义遣牙将杨麟将兵诈为劫盗，围其墅而杀之。永宁县吏叶彦素为濬所厚，知麟将至，密告濬子格曰："相公祸不可免，郎君宜自为谋。"濬谓格曰："汝留则俱死，去则遗种。"格哭拜而去，叶彦帅义士三十人送之渡汉而还，格遂自荆南入蜀。

卢龙节度使刘仁恭习知契丹情伪，常选将练兵，乘秋深入，逾摘星

税大多不向朝廷上供，只有赵匡明兄弟派人运送贡赋到京城长安，从来没有间断过。

杨行密向钱镠请求派出军队支援，钱镠派遣方永珍驻扎润州，堂弟钱镒驻扎宣州；又派遣指挥使杨习攻打睦州。

凤翔的李茂贞、邠州的李继徽多次出兵逼近京畿地区，朱全忠怀疑他们又有劫持唐昭宗西去凤翔的阴谋。十一月，出动骑兵驻扎到河中。

十二月初九日乙亥，田頵率领敢死队几百人出战，台濛假装败退表示兵力微弱。田頵的军队越过壕沟战斗，台濛急速进行反击。田頵不能取胜，往回向守城跑去，桥梁陷落，田頵掉下马来，被斩首。田頵的部众仍在战斗，直到看见台濛拿出了田頵的首级，才溃散逃亡，台濛于是攻下了宣州。

当初，杨行密和田頵同乡里，从小就很要好，两人结为兄弟。等到田頵的首级送到广陵，杨行密看了不禁感伤落泪。杨行密赦免了田頵的母亲殷氏，并和自己的孩子以儿孙的礼节来侍奉她。

杨行密任命李神福为宁国节度使，李神福因为杜洪还没有平定，坚决推辞不肯接受。宣州长史合肥人骆知祥善于管理钱财粮食，观察牙推沈文昌写文章精妙敏捷，曾经替田頵起草檄文骂杨行密。杨行密任命骆知祥为淮南支计官，沈文昌为节度牙推。沈文昌是湖州人。

起初，田頵每次作战都不能取胜，就想杀掉钱传瓘，田頵的母亲和宣州都虞候郭师从经常保护钱传瓘。郭师从是合肥人，田頵的妻弟。田頵败亡后，钱传瓘回到杭州，钱镠任命郭师从为镇东都虞候。

十二月十五日辛巳，任命礼部尚书独孤损为兵部侍郎、同平章事。独孤损是独孤及的从曾孙。中书侍郎兼户部尚书、同平章事裴枢被罢职，降为左仆射。

以左仆射辞官归隐的张濬住在长水县，王师范发动军队攻打朱全忠时，张濬参与了谋划。朱全忠将要阴谋篡夺帝位，担心张濬煽动藩镇反对，就示意张全义设法除掉他。十二月三十日丙申，张全义派遣牙将杨麟率领军队伪装成抢劫的强盗，包围张濬的住宅把张濬杀了。永宁县吏叶彦向来受到张濬的厚待，知道杨麟就要来到，秘密告诉张濬的儿子张格说："张相公的灾祸是没有办法避免的，你应当自己谋求生路。"张濬对张格说："你留在这里就要一起死，你逃走就能为我家留下子孙。"张格哭着拜辞而去。叶彦率领义士三十人护送他渡过汉水才返回。张格于是从荆南进入蜀地。

卢龙节度使刘仁恭熟悉契丹的情况，常常挑选将领训练士兵，乘着秋季越过摘

岭击之，契丹畏之。每霜降，仁恭辄遣人焚塞下野草，契丹马多饥死，常以良马赂仁恭买牧地。契丹王阿保机遣其妻兄阿钵将万骑寇渝关，仁恭遣其子守光戍平州，守光伪与之和，设幄犒飨于城外，酒酣，伏兵执之以入，虏众大哭。契丹以重赂请于仁恭，然后归之。

初，崔胤假朱全忠兵力以诛宦官，全忠既破李茂贞，并吞关中，威震天下，遂有篡夺之志。胤惧，与全忠外虽亲厚，私心渐异，乃谓全忠曰："长安密迩茂贞，不可不为守御之备。六军十二卫，但有空名，请召募以实之，使公无西顾之忧。"全忠知其意，曲从之，阴使麾下壮士应募以察其变。胤不之知，与郑元规等缮治兵仗，日夜不息。及朱友伦死，全忠益疑胤，且欲迁天子都洛，恐胤立异。

（以上为第十段，写张濬、崔胤心系唐王室，朱全忠诛杀张濬，猜疑崔胤。）

天祐元年（甲子，904 年）

春，正月，全忠密表司徒兼侍中、判六军十二卫事、充盐铁转运使、判度支崔胤专权乱国，离间君臣，并其党刑部尚书兼京兆尹六军诸卫副使郑元规、威远军使陈班等，皆请诛之。乙巳，诏责授胤太子少傅、分司，贬元规循州司户，班溱州司户。丙午，下诏罪状胤等；以裴枢判左三军事、充盐铁转运使，独孤损判右三军事、兼判度支；胤所募兵并纵遣之。以兵部尚书崔远为中书侍郎，翰林学士、左拾遗柳璨为右谏议大夫，并同平章事。璨，公绰之从孙也。戊申，朱全忠密令宿卫都指挥使朱友谅以兵围崔胤第，杀胤及郑元规、陈班并胤所亲厚者数人。

初，上在华州，朱全忠屡表请上迁都洛阳，上虽不许，全忠常令东都留守佑国军节度使张全义缮修宫室。

全忠之克邠州也，质静难军节度使杨崇本妻子于河中。崇本妻美，全忠私焉，既而归之。崇本怒，使谓李茂贞曰："唐室将灭，父何忍坐视之乎！"遂相与连兵侵逼京畿，复姓名为李继徽。

己酉，全忠引兵屯河中。丁巳，上御延喜楼，朱全忠遣牙将寇彦卿

星岭深入契丹地界去攻击他们，契丹十分惧怕刘仁恭。每次下霜时，刘仁恭就派人焚烧边塞的野草，契丹的马匹大多数饿死了，经常用好马贿赂刘仁恭来买牧地。契丹王耶律阿保机派遣他的妻兄述律阿钵率领一万名骑兵侵犯渝关，刘仁恭派遣他的儿子刘守光守卫平州。刘守光假装与述律阿钵和好，在城外设置帐篷犒劳招待他，酒喝到畅快时，埋伏的士兵把述律阿钵抓进城里。契丹部众大声痛哭，契丹王耶律阿保机用贵重的财物来贿赂，向刘仁恭求情，刘仁恭这才把述律阿钵放了回去。

当初，崔胤借助朱全忠的兵力来诛杀宦官。朱全忠打败了李茂贞后，并吞了关中，声威震天下，于是有了篡夺帝位的志向。崔胤害怕了，与朱全忠表面上仍然亲近和好，内心里渐渐背离，于是对朱全忠说："长安城太靠近李茂贞了，不能不做防守的准备。宫廷中的六军十二卫，只有空名，请招募士兵来充实它，使您没有西顾的忧虑。"朱全忠知道崔胤的意图，表面上顺从崔胤，暗地里让属下壮士去应募，打入内部来观察崔胤的变化。崔胤没有察觉，与郑元规等人修缮整治兵器，日夜赶工不休息。等到朱友伦摔死，朱全忠更加怀疑崔胤，并且想把唐昭宗迁徙到洛阳建都，担心崔胤有不同的看法而阻止这件事。

唐昭宗天祐元年（甲子，904 年）

春季，正月，朱全忠秘密向唐昭宗上表说，司徒兼侍中、判六军十二卫事、充盐铁转运使、判度支崔胤专擅大权，扰乱国家，离间君臣，连同他的党羽刑部尚书兼京兆尹、六军诸卫副使郑元规，威远军使陈班等人，请将他们全部杀掉。正月初九日乙巳，唐昭宗颁布诏令责罚崔胤改任太子少傅、分司，贬郑元规为循州司户、陈班为溱州司户。正月初十日丙午，又下诏令公布崔胤等人的罪状；任命裴枢判左三军事、充盐铁转运使，独孤损判右三军事、兼判度支。崔胤招募来的士兵全部让他们回去。任命兵部尚书崔远为中书侍郎，翰林学士、左拾遗柳璨为右谏义大夫，都为同平章事。柳璨是柳公绰的从孙。正月十二日戊申，朱全忠秘密命令宿卫都指挥使朱友谅率领军队包围了崔胤的住宅，杀死崔胤及郑元规、陈班和崔胤的亲信好几个人。

当初，唐昭宗在华州时，朱全忠多次上表请唐昭宗迁都洛阳，唐昭宗没有同意，朱全忠却经常命令东都留守佑国军节度使张全义缮修宫室。

朱全忠攻克邠州的时候，把静难军节度使杨崇本的妻子作为人质留在河中。杨崇本的妻子很漂亮，朱全忠和她通奸，后来又把她还给杨崇本。杨崇本大怒，派遣使者对李茂贞说："唐皇室将要灭亡了，您怎么忍心坐视不管呢！"于是和李茂贞联合出兵侵逼京畿地区，又恢复姓名为李继徽。

正月十三日己酉，朱全忠率领军队驻扎河中。正月二十一日丁巳，唐昭宗亲临

奉表，称邠、岐兵逼畿甸，请上迁都洛阳。及下楼，裴枢已得全忠移书，促百官东行。戊午，驱徙士民，号哭满路，骂曰："贼臣崔胤召朱温来倾覆社稷，使我曹流离至此！"老幼襁属，月余不绝。

壬戌，车驾发长安，全忠以其将张廷范为御营使，毁长安宫室百司及民间庐舍，取其材，浮渭沿河而下，长安自此遂丘墟矣。

（以上为第十一段，写朱全忠密表崔胤专权乱国，离间君臣，请并其党皆诛之。崔胤死，朱全忠又以李茂贞进逼京师为名，迫使昭宗迁都洛阳，毁长安宫室及百官府衙、民舍，长安成废墟。）

全忠发河南、北诸镇丁匠数万，令张全义治东都宫室，江、浙、湖、岭诸镇附全忠者，皆输货财以助之。

甲子，车驾至华州，民夹道呼万岁，上泣谓曰："勿呼万岁，朕不复为汝主矣！"馆于兴德宫，谓侍臣曰："鄙语云：'纥干山头冻杀雀，何不飞去生处乐。'朕今漂泊，不知竟落何所！"因泣下沾襟，左右莫能仰视。

二月，乙亥，车驾至陕，以东都宫室未成，驻留于陕。

丙子，全忠自河中来朝，上延全忠入寝室见何后，后泣曰："自今大家夫妇委身全忠矣！"

甲申，立皇子祯为端王，祈为丰王，福为和王，禧为登王，祐为嘉王。

上遣间使以御札告难于王建，建以邛州刺史王宗祐为北路行营指挥使，将兵会凤翔兵迎车驾，至兴平，遇汴兵，不得进而还。建始自用墨制除官，云"俟车驾还长安表闻"。

三月，丁未，以朱全忠兼判左、右神策及六军诸卫事。癸丑，全忠置酒私第，邀上临幸。乙卯，全忠辞上，先赴洛阳督修宫室。上与之宴群臣，既罢，上独留全忠及忠武节度使韩建饮，皇后出，自捧玉卮以饮全忠，晋国夫人可证附上耳语。建蹑全忠足，全忠以为图己，不饮，阳醉而出。全忠奏以长安为佑国军，以韩建为佑国节度使，以郑州刺史刘

延禧楼，朱全忠派遣牙将寇彦卿捧着奏表，陈说邠州李继徽、岐州李茂贞的军队已经逼近京城地区，请求唐昭宗迁都洛阳。等到唐昭宗下楼，裴枢已经得到朱全忠的书信，催促文武百官东去洛阳。正月二十二日戊午，被驱赶迁徙上路的士民们，哭叫着布满了道路，大骂道："贼臣崔胤叫朱温来倾覆我们的国家，使得我们颠沛流离到这种地步！"老百姓扶老携幼，前后相继，一个多月还没有走完。

正月二十六日壬戌，唐昭宗从长安出发，朱全忠任命他的部将张廷范为御营使，毁坏长安的宫室、百官和民间的房舍，取出木材，抛入渭水中，顺着黄河漂浮东下。长安从此成为一片废墟。

朱全忠征发河南、河北各镇的壮丁、工匠几万人，命令张全义整修营建东都的宫室。江、浙、湖、岭依附朱全忠的各镇，都运送钱物到洛阳来帮助修建。

正月二十八日甲子，唐昭宗到达华州，老百姓夹道欢呼万岁，唐昭宗哭着对他们说："不要欢呼万岁了，朕不再是你们的君主啦！"唐昭宗住在兴德宫，对侍臣说："俗语道：'纥干山头将要冻死的雀儿，为什么不飞到能够活的地方去快乐。'朕今天漂泊流离，不知道究竟要到什么地方！"说着眼泪哭湿了衣襟，左右的人不能抬头仰视他。

二月初十日乙亥，唐昭宗到达陕州，由于东都洛阳的宫室还没有建成，就在陕州暂时停留。

二月十一日丙子，朱全忠从河中来朝见唐昭宗，唐昭宗邀请朱全忠到寝室见何皇后，何皇后哭着说："从今以后我们夫妇都托付给你了！"

二月十九日甲申，立皇子李祯为端王，李祈为丰王，李福为和王，李禧为登王，李祐为嘉王。

唐昭宗秘密派遣使者拿着亲笔书信向王建告知急难。王建任命邛州刺史王宗祐为北路行营指挥使，率领军队会同凤翔李茂贞的部众去迎接唐昭宗，到了兴平，遇到朱全忠的汴州军队，不能前进就退回去了。王建开始用墨笔手令任命官员，并且说道："等皇上回到长安再上表报告。"

三月十二日丁未，任命朱全忠兼管左右神策及六军诸卫的事务。三月十八日癸丑，朱全忠在私人府第设置酒席，邀请唐昭宗赴宴。三月二十日乙卯，朱全忠辞别唐昭宗，先去洛阳监督修建宫室。唐昭宗和他一起宴请群臣。宴会散后，唐昭宗单独留下朱全忠和忠武节度使韩建继续饮酒，何皇后出来，亲自捧着玉杯给朱全忠敬酒，晋国夫人可证在唐昭宗的耳边轻轻地讲话。韩建踩朱全忠的脚示意，朱全忠以

知俊为匡国节度使。

丁巳，上复遣间使以绢诏告急于王建、杨行密、李克用等，令纠帅藩镇以图匡复，曰："朕至洛阳，则为所幽闭，诏敕皆出其手，朕意不复得通矣！"

（以上为第十二段，写洛阳宫未成，唐昭宗暂驻跸于陕，手诏四方诸镇勤王。）

杨行密遣钱传璙及其妇并顾全武归钱塘。

以淮南行军司马李神福为鄂岳招讨使，复将兵击杜洪。朱全忠遣使诣行密，请舍鄂岳，复修旧好。行密报曰："俟天子还长安，然后罢兵修好。"

夏，四月，辛巳，朱全忠奏洛阳宫室已成，请车驾早发，表章相继。上屡遣宫人谕以皇后新产，未任进路，请俟十月东行。全忠疑上徘徊俟变，怒甚，谓牙将寇彦卿曰："汝速至陕，即日促官家发来！"闰月，丁酉，车驾发陕；壬寅，全忠逆于新安。上之在陕也，司天监奏："星气有变，期在今秋，不利东行。"故上欲以十月幸洛。至是，全忠令医官许昭远告医官使阎祐之、司天监王墀、内都知韦周、晋国夫人可证等谋害元帅，悉收杀之。

癸卯，上憩于谷水。自崔胤之死，六军散亡俱尽，所余击毬供奉、内园小儿共二百余人，从上而东。全忠犹忌之，为设食于幄，尽缢杀之。豫选二百余人大小相类者，衣其衣服，代之侍卫。上初不觉，累日乃寤。自是上之左右职掌使令皆全忠之人矣。

甲辰，车驾发谷水，入宫，御正殿，受朝贺。乙巳，御光政门，赦天下，改元。更命陕州曰兴唐府。诏讨李茂贞、杨崇本。

戊申，敕内诸司惟留宣徽等九使外，余皆停废，仍不以内夫人充使。以蒋玄晖为宣徽南院使兼枢密使，王殷为宣徽北院使兼皇城使，张廷范为金吾将军、充街使，以韦震为河南尹兼六军诸卫副使，又征武宁留后朱友恭为左龙武统军，保大节度使氏叔琮为右龙武统军，典宿卫，皆全

为他们在图谋自己，便不喝酒，假装喝醉出去了。朱全忠奏请将长安改为佑国军，任命韩建为佑国节度使，郑州刺史刘知俊为匡国节度使。

三月二十二日丁巳，唐昭宗又秘密派遣使者用绢写的诏令向王建、杨行密、李克用等告急，命令他们集合率领各藩镇来图谋匡复国家，诏令说："朕到了洛阳，就会被朱全忠幽禁起来，诏令敕书都出自朱全忠的手中，朕的意愿再也不能传达了！"

杨行密遣送钱传璙和他的妻子以及顾全武返回钱塘。

杨行密任命淮南行军司马李神福为鄂岳诏讨使，再次率领军队攻打杜洪。朱全忠派遣使者去见杨行密，请他不要派兵去攻打鄂岳，恢复旧日的友好关系。杨行密回报说："等唐昭宗返回长安，然后停止征战，重修旧好。"

夏季，四月十六日辛巳，朱全忠上奏称洛阳的宫室已经建成，请唐昭宗早日出发去洛阳，表文、章奏接连不断。唐昭宗多次派遣宫人告诉朱全忠说，皇后刚生了婴儿，不能上路，请等到十月份再东去洛阳。朱全忠怀疑唐昭宗故意徘徊不前是为了等待事变，大怒，对牙将寇彦卿说："你赶快到陕州，当天就催促皇上出发前来。"闰四月初三日丁酉，唐昭宗从陕州出发。闰四月初八日壬寅，朱全忠在新安县迎接唐昭宗。唐昭宗在陕州时，司天监上奏说："星气有变化，时间在今年秋天，向东走不吉利。"所以唐昭宗想要在十月份才去洛阳。这时，朱全忠命令医官许昭远告发医官使阎祐之、司天监王墀、内都知韦周、晋国夫人可证等谋害元帅朱全忠，把他们全部收捕杀死。

闰四月初九日癸卯，唐昭宗在谷水旁休息。自从崔胤被杀以后，六军全都溃散逃亡了，余下来侍奉打毬的和内园供差遣的小儿总共只有两百多人，跟随唐昭宗一起东去洛阳。朱全忠仍然嫉恨他们，在帐幕中用饮食招待他们，把他们都用绳子勒死了。朱全忠预先挑选了两百多个大小和他们相似的人，穿上他们的衣服，代替他们侍从护卫唐昭宗。唐昭宗开始没有察觉，过了几天才明白过来。从此唐昭宗左右掌理事务、供给驱使的都是朱全忠的人了。

闰四月初十日甲辰，唐昭宗从谷水出发，进入皇宫，亲临正殿，接受文武百官朝贺。闰四月十一日乙巳，到光政门宣布大赦天下，改年号为天祐。把陕州改称为兴唐府。颁布诏令讨伐李茂贞、杨崇本。

闰四月十四日戊申，敕令宫内各司除了留下宣徽两院等九使外，其余都停止废弃；仍然不让内夫人领管各司。任命蒋玄晖为宣徽南院使兼枢密使，王殷为宣徽北院使兼皇城使，张廷范为金吾将军、充街使；又任命韦震为河南尹兼六军诸卫副使，征召武宁留后朱友恭为左龙武统军，保大节度使氏叔琮为右龙武统军，主管宫中值

忠之腹心也。

癸丑，以张全义为天平节度使。

乙卯，以全忠为护国、宣武、宣义、忠武四镇节度使。

镇海、镇东节度使越王钱镠求封吴越王，朝廷不许。朱全忠为之言于执政，乃更封吴王。

更命魏博曰天雄军。癸亥，进天雄节度使长沙郡王罗绍威爵邺王。

（以上为第十三段，写唐昭宗入洛阳，大赦，改元天祐。左右亲近遭屠戮，宿卫侍奉之人皆朱全忠心腹。）

宿警卫。这些人都是朱全忠的心腹。

闰四月十九日癸丑，任命张全义为天平节度使。

闰四月二十一日乙卯，任命朱全忠为护国、宣武、宣义、忠武四镇节度使。

镇海、镇东节度使越王钱镠请求封为吴越王，朝廷不允许。朱全忠在主管官员面前为钱镠说情，于是改封钱镠为吴王。

朝廷把魏博改名为天雄军。闰四月二十九日癸亥，晋封天雄节度使长沙郡王罗绍威为邺王。

【点评】

本卷点评朱全忠迁昭宗于洛阳，崔胤、张濬之死两件史事。

一、朱全忠迁昭宗于洛阳。迁昭宗于东都洛阳，直接掌控唐王室，便于就近禅代，这是朱全忠的政治构想，他分为三个步骤完成。第一步，借崔胤之手排除异己，贬逐韩偓等唐室忠臣。天复三年（903）正月，李茂贞屈服，朱全忠拥帝唐昭宗还长安。朱全忠与崔胤杀灭宦官，帝室的一个基础完全毁除。朱全忠留兵万人守卫宫阙，留昭宗暂居长安，崔胤专擅朝政，大权独揽，崔胤排除异己，韩偓等忠臣被贬逐，唐昭宗真成了一个孤家寡人。崔胤自鸣得意，其实在为朱全忠做驱除。第二步，朱全忠臣服山东王师范，彻底解除后顾之忧，同时加冕头上光环，捞取政治资本。天复三年二月，昭宗给朱全忠加号为“回天再造竭忠守正功臣”，以辉王李祚为诸道兵马元帅，朱全忠为副元帅，加爵梁王。四月，以朱全忠判元帅府事，天下兵权尽归朱全忠。七月，朱全忠以诸道兵马副元帅之尊，大发兵征讨王师范，九月王师范请降，杨行密收缩回淮南。自此，中原再没有人敢与朱全忠抗衡。朱全忠的声威远在诸镇之上，可以放手来逼宫了。第三步，朱全忠杀崔胤，逼昭宗迁都洛阳。天复四年（904）正月，朱全忠密表崔胤专权乱国，离间君臣，请并其党皆诛之。朱全忠同时密令朱友谅杀崔胤。接着朱全忠称朱茂贞逼京畿，逼迫昭宗迁往洛阳。长安宫阙被付之一炬。昭宗在途中密诏告急于王建、杨行密、李克用等勤王，诸镇鞭长莫及。闰四月，昭宗到达东都，大赦，改元天祐。昭宗的贴身侍从，甚至击毬侍奉、内园小儿二百余人，全被朱全忠杀害，更换成新人。昭宗举目无故人。

二、崔胤、张濬之死。崔胤、张濬两个祸国之臣，志大才疏，主观上想振兴唐王室，客观上酿成祸国之事，两人并非国贼，而是反对朱全忠篡逆，崔胤外结朱全忠，两人互相利用，彼此心里都十分明白。朱全忠把崔胤尽诛宦官的信转送韩全诲，欲假韩全诲之手杀崔胤。韩全诲首鼠两端，表示亲善朱全忠，骨子里是李茂贞同党，朱全忠最后选择了崔胤来诛除宦官，扫除唐王室的一个根基。宦官已被清除，留崔胤无益有祸，崔胤的大限也就到了。崔胤以应对李茂贞为名，扩充禁卫六军以自保，朱全忠选出汴兵以应募，崔胤全然不知。朱全忠兵围凤翔，此时闲居长水的张濬致书诸镇讨逆，王师范起兵，张濬预其谋。朱全忠逼迁昭宗于洛阳，阴谋篡夺，忧虑张濬煽动诸镇，密令张全义杀之。张全义派牙将杨麟装扮为盗匪劫杀张濬。张濬令其子张格逃逸留种，自己承受灾难降临。崔胤、张濬，晚节死于国难，亦可谓义士。

朱全忠不仅是一个枭雄，在政治上的权谋诈术也冠绝一时，崔胤、张濬都不是他的对手。

唐纪八十一

唐昭宗天祐元年至唐昭宣帝天祐三年（904—906年）

【起阏逢困敦（甲子，904年），五月，尽柔兆摄提格（丙寅，906年），凡二年有奇】

【大事提要】

本卷记事起公元904年五月，讫公元906年，凡二年又八个月。当唐昭宗天祐元年五月至唐昭宣帝天祐三年。此时期朱全忠加紧逼宫，为禅代称帝扫清道路。朱全忠的清道工作，在政治上也分了三个步骤。第一步，弑昭宗，立幼帝，以便掌控。天祐元年八月，朱全忠弑昭帝，立辉王李祚为帝，李祚改名李柷，年十三，是为哀帝。此举也是篡唐的预演，禅代前的火力侦察。第二步，大杀朝士。第三步，加官兵马元帅，这本是由皇太子储君担当的官职，朱全忠任此职，比封王、加九锡的禅代程序更为直接。名义上拥唐的诸镇，李茂贞与王建结亲，联合杨崇本、李克用、刘仁恭、杨行密、赵匡凝以兴唐为辞，共讨朱全忠，因各镇力弱，又无统属，讨逆行动雷声大，雨点小，没有形成对朱全忠的军事征讨，朱全忠反而主动出击，攻没山南东道，扩张了势力。淮南杨行密病殁，其子杨渥继位，部属叛乱，自顾不暇。太原李克用自保。朱全忠篡唐条件完全成熟。

【原文】

昭宗圣穆景文孝皇帝下之下

天祐元年（甲子，904 年）

五月，丙寅，加河阳节度使张汉瑜同平章事。

帝宴朱全忠及百官于崇勋殿，既罢，复召全忠宴于内殿，全忠疑，不入。帝曰："全忠不欲来，可令敬翔来。"全忠擿翔使去，曰："翔亦醉矣。"辛未，全忠东还；乙亥，至大梁。

忠义节度使赵匡凝遣水军上峡攻王建夔州，知渝州王宗阮等击败之。万州刺史张武作铁絙绝江中流，立栅于两端，谓之"锁峡"。

六月，李茂贞、王建、李继徽传檄合兵以讨朱全忠。全忠以镇国节度使朱友裕为行营都统，将步骑击之；命保大节度使刘鄩弃鄜州，引兵屯同州。癸丑，全忠引兵自大梁西讨茂贞等。秋，七月，甲子，过东都入见；壬申，至河中。

西川诸将劝王建乘李茂贞之衰，攻取凤翔。建以问节度判官冯涓，涓曰："兵者凶器，残民耗财，不可穷也。今梁、晋虎争，势不两立，若并而为一，举兵向蜀，虽诸葛亮复生，不能敌矣。凤翔，蜀之藩蔽，不若与之和亲，结为婚姻，无事则务农训兵，保固疆埸，有事则觇其机事，观衅而动，可以万全。"建曰："善！茂贞虽庸才，然有强悍之名，远近畏之，与全忠力争则不足，自守则有余，使为吾藩蔽，所利多矣。"乃与茂贞修好。丙子，茂贞遣判官赵锽如西川，为其侄天雄节度使继勋求婚；建以女妻之。茂贞数求货及甲兵于建，建皆与之。

王建赋敛重，人莫敢言。冯涓因建生日献颂，先美功德，后言生民之苦。建愧谢曰："如君忠谏，功业何忧！"赐之金帛。自是赋敛稍损。

初，朱全忠自凤翔迎车驾还，见德王裕眉目疏秀，且年齿已壮，恶

【语译】

昭宗圣穆景文孝皇帝下之下

唐昭宗天祐元年（甲子，904年）

五月初二日丙寅，加官河阳节度使张汉瑜为同平章事。

唐昭宗在崇政殿宴请朱全忠和文武百官，宴席散后，又召朱全忠到内殿宴饮。朱全忠起了疑心，不肯进去。唐昭宗说："朱全忠不想来，可以叫敬翔来。"朱全忠指使敬翔离去，说："敬翔也喝醉了。"五月初七日辛未，朱全忠回东方去。五月十一日乙亥，到了大梁。

忠义节度使赵匡凝派遣水军逆流而上到三峡，去攻打王建所辖的夔州。主管渝州事务的王宗阮等打败了赵匡凝的水军。万州刺史张武造了粗大的铁索拦断长江水流中央的航道，在两端设立栅栏，称为"锁峡"。

六月，李茂贞、王建、李继徽传布檄文联合军队前来讨伐朱全忠。朱全忠任命镇国节度使朱友裕为行营都统，率领步兵、骑兵几万人攻打他们。命令保大节度使刘鄩放弃鄜州，率领军队到同州驻扎。六月二十日癸丑，朱全忠率领大军从大梁出发，向西讨伐李茂贞等人。秋季，七月初二日甲子，路过东都洛阳，入城朝见唐昭宗。七月初十日壬申，到了河中。

西川各将领劝说王建乘着李茂贞衰弱的机会，去攻占凤翔。王建以这个问题询问节度判官冯涓，冯涓说："军队是凶恶的器具，残害百姓，耗费钱财，不可穷兵黩武。现在梁王朱全忠、晋王李克用两虎相争，势不两立，如果他们联合起来，组成一支军队攻打蜀地，即使诸葛亮再生，也无法抵挡了。凤翔这个地方，是蜀地的屏障，不如和李茂贞和睦亲善，结为婚姻亲家。无事时就致力农业生产，训练军队，保卫、巩固边界，有事时就察看时机，对方有了隙缝再行动，这样可以万无一失。"王建说："好！李茂贞虽然是一个庸才，但他有强悍的名声，远近的人都怕他，与朱全忠争胜虽然力量不足，但保卫自己则绰绰有余，使他成为我的屏障，利益是很多的。"于是和李茂贞建立亲善友好关系。七月十四日丙子，李茂贞派遣判官赵锽前往西川，为他的侄儿天雄节度使李继勋求婚；王建把女儿嫁给李继勋为妻。李茂贞多次向王建索求财物和兵器盔甲，王建都给了他。

王建征收的赋税很重，没有人敢说话。冯涓借王建生日的机会进献颂词，先赞美他的功德，然后再说老百姓的困苦。王建既惭愧又感激，致谢说："能像你这样忠言直谏，何愁不能成就功业呢！"赏赐给冯涓金银绢帛。从此以后，赋税的征收就稍微减轻了一些。

当初，朱全忠从凤翔迎接唐昭宗返回京城长安，见德王李裕眉清目秀，并且已

之，私谓崔胤曰："德王尝奸帝位，岂可复留！公何不言之！"胤言于帝。帝问全忠，全忠曰："陛下父子之间，臣安敢窃议，此崔胤卖臣耳。"帝自离长安，日忧不测，与皇后终日沉饮，或相对涕泣。全忠使枢密使蒋玄晖伺察帝，动静皆知之。帝从容谓玄晖曰："德王朕之爱子，全忠何故坚欲杀之？"因泣下，啮中指血流。玄晖具以语全忠，全忠愈不自安。

时李茂贞、杨崇本、李克用、刘仁恭、王建、杨行密、赵匡凝移檄往来，皆以兴复为辞。全忠方引兵西讨，以帝有英气，恐变生于中，欲立幼君，易谋禅代。乃遣判官李振至洛阳，与玄晖及左龙武统军朱友恭、右龙武统军氏叔琮等图之。

八月，壬寅，帝在椒殿，玄晖选龙武牙官史太等百人夜叩宫门，言军前有急奏，欲面见帝。夫人裴贞一开门见兵，曰："急奏何以兵为？"史太杀之。玄晖问："至尊安在？"昭仪李渐荣临轩呼曰："宁杀我曹，勿伤大家！"帝方醉，遽起，单衣绕柱走，史太追而弑之。渐荣以身蔽帝，太亦杀之。又欲杀何后，后求哀于玄晖，乃释之。

癸卯，蒋玄晖矫诏称李渐荣、裴贞一弑逆，宜立辉王祚为皇太子，更名柷，监军国事。又矫皇后令，太子于柩前即位。宫中恐惧，不敢出声哭。丙午，昭宣帝即位，时年十三。

（以上为第一段，写李茂贞与王建结亲，联合杨崇本、李克用、刘仁恭、杨行密、赵匡凝以兴复为辞，共讨朱全忠。朱全忠西征，恐东都生变，弑昭宗，立辉王李祚为皇太子，改名柷，年十三，是为哀帝。）

李克用复以张承业为监军。

淮南将李神福攻鄂州未下，会疾病，还广陵，杨行密以舒州团练使泌阳刘存代为招讨使，神福寻卒。宣州观察使台濛卒，杨行密以其子牙内诸军使渥为宣州观察使，右牙都指挥使徐温谓渥曰："王寝疾而嫡嗣出藩，此必奸臣之谋。他日相召，非温使者及王令书，慎无亟来！"渥泣谢而行。

经成年，很憎恶他，私下对崔胤说：“德王曾经为刘季述所立，窃居帝位，怎么能够再留下他呢！您为什么不和皇上去说啊！”崔胤把朱全忠的话向唐昭宗说了。唐昭宗问朱全忠，朱全忠回答说：“皇上父子之间的事情，臣怎么敢私下来议论！这是崔胤在出卖我。”唐昭宗自从离开长安以后，每日都担心发生意外，和皇后整天沉湎在酒中，有时相对哭泣。朱全忠派枢密使蒋玄晖侦察唐昭宗的言行，一举一动都知道。唐昭宗从容不迫地对蒋玄晖说：“德王是朕的爱子，朱全忠为什么一定要杀死他？”说着流下了眼泪，咬破中指流血不止。蒋玄晖把这一切全部报告朱全忠，朱全忠更加感到不安。

当时李茂贞、杨崇本、李克用、刘仁恭、王建、杨行密、赵匡凝往来檄文，都谈论到要兴复皇室。朱全忠正率领军队西讨岐州、邠州，因为唐昭宗有英武之气，担心宫中产生变乱，想要另立幼主，这样才便于将来图谋禅让取代。于是朱全忠派遣判官李振到洛阳，与蒋玄晖以及左龙武统军朱友恭、右龙武统军氏叔琮等人谋划这件事。

八月十一日壬寅，唐昭宗在何皇后殿，蒋玄晖挑选龙武牙官史太等一百人在夜里去敲打宫门，说前线有紧急军事奏报，想当面见唐昭宗。夫人裴贞一打开宫门看见士兵，说：“有紧急军事奏报为什么要带士兵？”史太把她杀了。蒋玄晖问：“皇上在哪里？”昭仪李渐荣走近窗口大声叫道：“宁可杀了我们，不要伤害皇上！”唐昭宗正喝醉了，急忙起身，穿着单衣绕柱逃跑，史太追上把他杀了。李渐荣用身子遮住唐昭宗，史太也把她杀了。史太又要杀何皇后，何皇后向蒋玄晖苦苦哀求，这才放了她。

八月十二日癸卯，蒋玄晖假造诏书，称李渐荣、裴贞一谋杀唐昭宗，应该立辉王李祚为皇太子，把李祚改名李柷，代理军事政事。又假造皇后的命令，叫皇太子在灵柩前即位为皇帝。宫中惊恐害怕，大家不敢哭出声来。八月十五日丙午，唐昭宣帝即皇帝位，这时年龄只有十三岁。

李克用再次派张承业担任监军。

淮南将领李神福攻打鄂州，没有打下来，就生了病，返回广陵。杨行密另派舒州团练使泌阳人刘存代他为招讨使；李神福不久就去世了。宣州观察使台濛也去世了，杨行密派自己的儿子牙内诸军使杨渥为宣州观察使。右牙都指挥使徐温对杨渥说：“吴王卧病在床，您是他的嫡子，却被派到外地镇守，这一定是奸臣的阴谋。以后召您回来，不是我派遣的使者以及吴王的令书，您要特别小心，不要立即就来！”

九月，己巳，尊皇后为皇太后。

朱全忠引兵北屯永寿，南至骆谷，凤翔、邠宁兵竟不出。辛未，东还。

冬，十月，辛卯朔，日有食之。

朱全忠闻朱友恭等弑昭宗，阳惊，号哭自投于地，曰："奴辈负我，令我受恶名于万代！"癸巳，至东都，伏梓宫恸哭流涕，又见帝自陈非己志，请讨贼。先是，护驾军士有掠米于市者，甲午，全忠奏朱友恭、氏叔琮不戢士卒，侵扰市肆，友恭贬崖州司户，复姓名李彦威，叔琮贬白州司户，寻皆赐自尽。彦威临刑大呼曰："卖我以塞天下之谤，如鬼神何！行事如此，望有后乎！"

丙申，天平节度使张全义来朝。丁酉，复以全忠为宣武、护国、宣义、天平节度使；以全义为河南尹兼忠武节度使、判六军诸卫事。乙巳，全忠辞赴镇，庚戌，至大梁。

镇国节度使朱友裕薨于梨园。

光州叛杨行密，降朱全忠，行密遣兵围之，与鄂州皆告急于全忠。十一月，戊辰，全忠自将兵五万自颍州济淮，军于霍丘，分兵救鄂州。淮南兵释光州之围还广陵，按兵不出战，全忠分命诸将大掠淮南以困之。

钱镠潜遣衢州罗城使叶让杀刺史陈璋，事泄。十二月，璋斩让而叛，降于杨行密。

初，马殷弟賨，性沉勇，事孙儒，为百胜指挥使。儒死，事杨行密，屡有功，迁黑云指挥使。行密尝从容问其兄弟，乃知为殷之弟，大惊曰："吾常怪汝器度瑰伟，果非常人。当遣汝归。"賨泣辞曰："賨淮西残兵，大王不杀而宠任之。湖南地近，尝得兄声问，賨事大王久，不愿归也。"行密固遣之。是岁，賨归长沙，行密亲饯之郊。

賨至长沙，殷表賨为节度副使。他日，殷议入贡天子，賨曰："杨王地广兵强，与吾邻接，不若与之结好，大可以为缓急之援，小可通商旅

杨渥哭着道谢后去上任了。

九月初八日己巳，唐昭宣帝尊何皇后为皇太后。

朱全忠率领军队北边驻扎在永寿县，南边到了骆谷。凤翔、邠宁的军队竟然都不出来迎战。九月初十日辛未，朱全忠率领军队回东方。

冬季，十月初一日辛卯，发生日食。

朱全忠听到朱友恭等人杀死了唐昭宗，假装震惊万分，号啕痛哭，扑倒在地上，说："这些奴才们违背了我，使我千秋万代要蒙受恶名了！"十月初三日癸巳，到达东都洛阳，伏在唐昭宗的灵柩上痛哭流涕，又晋见唐昭宣帝，陈说杀死唐昭宗不是自己的心意，请求讨伐叛贼。先前，护卫皇帝的士兵有人在市场上抢米。十月初四日甲午，朱全忠上奏朱友恭、氏叔琮不能约束士兵，侵犯扰乱了市场，朱友恭被贬为崖州司户，恢复原来的姓名叫李彦威，氏叔琮被贬为白州司户；不久都赐令自尽。李彦威临死时大声喊道："出卖我来堵塞天下人的指责，对鬼神怎么交代！做事情像这样，还指望有后代吗！"

十月初六日丙申，天平节度使张全义来朝见唐昭宣帝。十月初七日丁酉，又任命朱全忠为宣武、护国、宣义、天平节度使；任命张全义为河南尹兼忠武节度使、判六军诸卫事。十月十五日乙巳，朱全忠辞别唐昭宣帝返回镇所，十月二十日庚戌，到了大梁。

镇国节度使朱友裕在梨园行营去世。

光州守将背叛杨行密，向朱全忠投降。杨行密派遣军队包围光州，光州与鄂州都向朱全忠报告危急。十一月初八日戊辰，朱全忠亲自率领军队五万人从颍州渡过淮河，在霍邱县驻扎，分派士兵去救援鄂州。淮南军队解除了对光州的包围返回广陵，按兵不动，不出来应战。朱全忠分别命令各将领大肆掠夺淮南以使它穷困。

钱镠暗中派遣衢州罗城使叶让去刺杀刺史陈璋，事情泄露了。十二月，陈璋斩杀叶让叛变，向杨行密投降。

当初，马殷的弟弟马賨，生性沉着勇敢，侍奉孙儒，担任百胜指挥使；孙儒死后，侍奉杨行密，多次立有战功，升为黑云指挥使。杨行密曾经顺便问到他的兄弟，这才知道他是马殷的弟弟，大为惊讶，说："我常常对你器度奇伟感到吃惊。你果然不是平常的人，应当送你回去。"马賨哭着推辞说："我只是淮西残留的士兵罢了，大王没有杀我反而宠爱任用我。湖南离这儿不远，曾得到哥哥的音信。我事奉大王很久了，不愿意回去。"杨行密坚决让他回去。这一年，马賨返回长沙，杨行密亲自到郊外为他饯行。

马賨到了长沙，马殷上表请任命他为节度副使。有一天，马殷商量向唐昭宣帝进贡的事，马賨说："杨行密地广兵强，与我们边界相连，不如和他建立友好关系，

之利。”殷作色曰：“杨王不事天子，一旦朝廷致讨，罪将及吾。汝置此论，勿为吾祸！”

初，清海节度使徐彦若遗表荐副使刘隐权留后，朝廷以兵部尚书崔远为清海节度使。远至江陵，闻岭南多盗，且畏隐不受代，不敢前，朝廷召远还。隐遣使以重赂结朱全忠，乃奏以隐为清海节度使。

（以上为第二段，写朱全忠得知昭宗被弑，佯惊，痛哭，还东都杀朱友谅、氏叔琮塞责以欺天下。）

昭宣光烈孝皇帝

天祐二年（乙丑，905 年）

春，正月，朱全忠遣诸将进兵逼寿州。

润州团练使安仁义勇决得士心，故淮南将王茂章攻之，逾年不克。杨行密使谓之曰：“汝之功吾不忘也，能束身自归，当以汝为行军副使，但不掌兵耳。”仁义不从。茂章为地道入城，遂克之。仁义举族登楼，众不敢逼。先是攻城诸将见仁义辄骂之，惟李德诚不然，至是仁义召德诚登楼，谓曰：“汝有礼，吾今以为汝功。”且以爱妾赠之。德诚掖之而下，并其子斩于广陵市。

两浙兵围陈询于睦州，杨行密遣西南招讨使陶雅将兵救之。军中夜惊，士卒多逾垒亡去，左右及裨将韩球奔告之，雅安卧不应，须臾自定，亡者皆还。钱镠遣其从弟镒及指挥使顾全武、王球御之，为雅所败，虏镒及球以归。

庚午，朱全忠命李振知青州事，代王师范。

全忠围寿州，州人闭壁不出。全忠乃自霍丘引归，二月辛卯，至大梁。

李振至青州，王师范举族西迁，至濮阳，素服乘驴而进。至大梁，全忠客之。表李振为青州留后。

戊戌，以安南节度使、同平章事朱全昱为太师，致仕。全昱，全忠之兄也，戆朴无能，先领安南，全忠自请罢之。

从大的方面说可以作为紧急时的援助，从小的方面说也有通商的利益。”马殷变了脸色，说：“杨行密不能侍奉唐昭宣帝，一旦朝廷发兵讨伐他，罪过将会连累到我们。你赶快放弃这种主张，不要给我招来灾祸！”

当初，清海节度使徐彦若临终上表推举副使刘隐暂时代理清海留后的职位。朝廷任命兵部尚书崔远为清海节度使。崔远到了江陵，听说岭南盗贼很多，又担心刘隐不接受替代，不敢继续前去。朝廷召崔远返回京城长安。刘隐派遣使者用贵重的财物去巴结朱全忠，朱全忠于是上奏请求任命刘隐为清海节度使。

昭宣光烈孝皇帝

唐昭宣帝天祐二年（乙丑，905年）

春季，正月，朱全忠派遣各将领率领军队进逼寿州。

润州团练使安仁义勇敢果断，深得士兵的拥护，所以淮南将领王茂章攻打润州，过了一年还打不下来。杨行密派遣使者对安仁义说：“你的功劳我不会忘记。只要你能约束自身，前来归顺，我定当让你担任行军副使，只是不掌握兵权罢了。”安仁义没有听从。王茂章挖地道进入城中，这才攻下了润州。安仁义带领全族人上楼，大家都不敢逼近。开始时攻城各将领看到安仁义就骂他，独有李德诚不这样做。到这时候，安仁义叫李德诚登上楼来，对他说：“你有礼貌，我今天把这个功劳给你。”并且将自己的爱妾赠送给他。于是把弓箭扔在地上，李德诚扶着安仁义下楼，连同他的儿子一起在广陵街市斩首。

两浙军队在睦州包围了陈询，杨行密派遣西南招讨使陶雅率领军队去救援。军营中夜里受惊吓，士兵大多越过营垒逃亡了。左右及裨将韩球跑来报告陶雅，陶雅安安稳稳地睡着不理会。不一会儿，营中自行安定下来，逃亡的士兵都回来了。钱镠派遣他的堂弟钱镒以及指挥使顾全武、王球进行抵御，被陶雅打败，陶雅俘虏了钱镒和王球返回广陵。

正月十一日庚午，朱全忠任命李振主持青州的事务，代替王师范。

朱全忠包围寿州，寿州人关闭营垒，不出来作战。朱全忠于是带领士兵从霍邱回去。二月初二日辛卯，到了大梁。

李振到达青州。王师范带领全族人西迁，到濮阳后，换上素服坐着驴子前去请罪。到了大梁，朱全忠以对待客人的礼节对待他。朱全忠上表请求任命李振为青州留后。

二月初九日戊戌，朝廷任命安南节度使、同平章事朱全昱为太师，退职家居。朱全昱是朱全忠的哥哥，憨厚朴实，没有才能，原先兼管安南，朱全忠自己请求将

是日社，全忠使蒋玄晖邀昭宗诸子德王裕、棣王栩、虔王禊、沂王禋、遂王祎、景王秘、祁王琪、雅王禛、琼王祥，置酒九曲池，酒酣，悉缢杀之，投尸池中。

朱全忠遣其将曹延祚将兵与杜洪共守鄂州，庚子，淮南将刘存攻拔之，执洪、延祚及汴兵千余人送广陵，悉诛之。行密以存为鄂岳观察使。

己酉，葬圣穆景文孝皇帝于和陵，庙号昭宗。

三月，庚午，以王师范为河阳节度使。

戊寅，以门下侍郎、同平章事独孤损同平章事，充静海节度使；以礼部侍郎河间张文蔚同平章事。甲申，以门下侍郎、同平章事裴枢为左仆射，崔远为右仆射，并罢政事。

（以上为第三段，写杨行密攻拔润州，杀叛将润州团练使安仁义，又攻拔鄂州杀武昌节度使杜洪。朱全忠杀德王裕等昭宗九子。）

初，柳璨及第，不四年为宰相，性倾巧轻佻。时天子左右皆朱全忠腹心，璨曲意事之。同列裴枢、崔远、独孤损皆朝廷宿望，意轻之，璨以为憾。和王傅张廷范，本优人，有宠于全忠，奏以为太常卿。枢曰："廷范勋臣，幸有方镇，何藉乐卿！恐非元帅之旨。"持之不下。全忠闻之，谓宾佐曰："吾常以裴十四器识真纯，不入浮薄之党，观此议论，本态露矣。"璨因此并远、损谮于全忠，故三人皆罢。

以吏部侍郎杨涉同平章事。涉，收之孙也。为人和厚恭谨，闻当为相，与家人相泣，谓其子凝式曰："此吾家之不幸也，必为汝累。"

加清海节度使刘隐同平章事。

壬辰，河东都押牙盖寓卒，遗书劝李克用省营缮，薄赋敛，求贤俊。

夏，四月，庚子，有彗星出西北。

淮南将陶雅会衢、睦兵攻婺州，钱镠使其弟镖将兵救之。

朱全昱免职。

这一天是社日，朱全忠派遣蒋玄晖邀请唐昭宗的儿子德王李裕、棣王李祤、虔王李禊、沂王李禋、遂王李祎、景王李秘、祁王李祺、雅王李禛、琼王李祥，在九曲池设置酒宴，酒喝得正畅快时，把他们全部用绳子勒死，将尸体扔入九曲池中。

朱全忠派遣他的将领曹延祚率领军队与杜洪共同守卫鄂州。二月十一日庚子，淮南将领刘存攻下了鄂州，捉住杜洪、曹延祚以及汴州士兵一千多人送往广陵，把他们全部杀死。杨行密任命刘存为鄂岳观察使。

二月二十日己酉，把圣穆景文孝皇帝葬在和陵，庙号叫昭宗。

三月十一日庚午，任命王师范为河阳节度使。

三月十九日戊寅，任命门下侍郎、同平章事独孤损为同平章事，充任静海节度使；任命礼部侍郎、河间人张文蔚为同平章事。三月二十五日甲申，任命门下侍郎、同平章事裴枢为左仆射，崔远为右仆射，都不再参与政事。

起初，柳璨考中进士，不到四年就当了宰相。柳璨本性奸诈灵巧，举止轻浮。当时唐昭宗左右都是朱全忠的心腹，柳璨想尽办法去迎合他们。与柳璨同时位列宰相的裴枢、崔远、独孤损都是朝廷中德高望重的人，心中看不起柳璨，柳璨因此怨恨他们。和王李福的师傅张廷范原来是一个戏子，朱全忠宠爱信任张廷范，柳璨就上奏请求任命张廷范为太常卿。裴枢说："张廷范是有功劳的大臣，有方镇可以安置他，为什么要他担任掌管礼乐的太常卿呢！这恐怕不是朱元帅的意思。"意见相持不下。朱全忠听到这些话，对宾客僚佐们说："我常常认为裴枢的器量见识真诚纯朴，非同一般，不会合于轻薄浮躁之流。现在看裴枢这个议论，本来的面目显露出现了。"柳璨因此在朱全忠面前诬陷裴枢和崔远、独孤损，所以这三人都被免除了宰相的职务。

任命吏部侍郎杨涉为同平章事。杨涉是杨收的孙子，为人平和宽厚，谦恭谨慎，听到要他担任宰相，杨涉和家人相对哭泣，告诉他的儿子杨凝式说："这是我家的不幸，一定会连累到你的。"

加官清海节度使刘隐为同平章事。

四月初四日壬辰，河东都押牙盖寓去世，留下书信劝李克用要减少营建费用，减轻百姓赋税，广泛征求贤良人才。

夏季，四月十二日庚子，有彗星出现在西北方。

淮南将领陶雅会合衢州、睦州的军队攻打婺州，钱镠派遣他的弟弟钱镖率领军

五月，礼院奏，皇帝登位应祀南郊；敕用十月甲午行之。

乙丑，彗星长竟天。

柳璨恃朱全忠之势，恣为威福。会有星变，占者曰："君臣俱灾，宜诛杀以应之。"璨因疏其素所不快者于全忠曰："此曹皆聚徒横议，怨望腹非，宜以之塞灾异。"李振亦言于朱全忠曰："朝廷所以不理，良由衣冠浮薄之徒紊乱纲纪；且王欲图大事，此曹皆朝廷之难制者也，不若尽去之。"全忠以为然。癸酉，贬独孤损为棣州刺史，裴枢为登州刺史，崔远为莱州刺史。乙亥，贬吏部尚书陆扆为濮州司户，工部尚书王溥为淄州司户。庚辰，贬太子太保致仕赵崇为曹州司户，兵部侍郎王赞为潍州司户。自馀或门胄高华，或科第自进，居三省台阁，以名检自处，声迹稍著者，皆指为浮薄，贬逐无虚日，缙绅为之一空。辛巳，再贬裴枢为泷州司户，独孤损为琼州司户，崔远为白州司户。

甲申，忠义节度使赵匡凝遣使修好于王建。

六月，戊子朔，敕裴枢、独孤损、崔远、陆扆、王溥、赵崇、王赞等并所在赐自尽。

时全忠聚枢等及朝士贬官者三十余人于白马驿，一夕尽杀之，投尸于河。初，李振屡举进士，竟不中第，故深疾搢绅之士，言于全忠曰："此辈常自谓清流，宜投之黄河，使为浊流！"全忠笑而从之。

振每自汴至洛，朝廷必有窜逐者，时人谓之鸱枭。见朝士皆颐指气使，旁若无人。

全忠尝与僚佐及游客坐于大柳之下，全忠独言曰："此柳宜为车毂。"众莫应。有游客数人起应曰："宜为车毂。"全忠勃然厉声曰："书生辈好顺口玩人，皆此类也！车毂须用夹榆，柳木岂可为之！"顾左右曰："尚何待！"左右数十人，捽言"宜为车毂"者悉扑杀之。

己丑，司空致仕裴贽贬青州司户，寻赐死。

柳璨馀怒所注，犹不啻十数，张文蔚力解之，乃止。

队去救援婺州。

五月，礼院上奏，唐昭宣帝即位应该在南郊进行祭祀。敕令在十月初九日甲午这一天举行祭祀典礼。

五月初七日乙丑，彗星的长度横贯整个天空。

柳璨依仗朱全忠的势力，肆意作威作福。正遇上彗星出现，占卜的人说："君臣都有灾祸，应该用诛杀来应和天意。"柳璨借此向朱全忠上书列举他平日感到不满意的人，说："这些人都聚集徒众横加议论，怨恨不满，口是心非，应该治他们罪来堵住灾异。"李振也对朱全忠说："朝廷之所以不能治理好，都是因为官吏中轻浮浅薄的人扰乱了国家法纪的缘故。况且大王想要图谋大事，这些人都是朝廷中难以制服的，不如将他们全部除掉。"朱全忠认为很对。五月十五日癸酉，贬独孤损为棣州刺史，裴枢为登州刺史，崔远为莱州刺史。五月十七日乙亥，贬吏部尚书陆扆为濮州司户，工部尚书王溥为淄州司户。五月二十二日庚辰，贬太子太保辞官归隐的赵崇为曹州司户，兵部侍郎王赞为潍州司户。其余有的门第高贵，有的科举及第，在三省台阁任职、以名节自居、声望政迹稍为显著的，都被指责为轻浮浅薄，没有一天无贬官驱逐的，朝中官员被贬逐一空。五月二十三日辛巳，再贬裴枢为泷州司户，独孤损为琼州司户，崔远为白州司户。

五月二十六日甲申，忠义节度使赵匡凝派遣使者和王建建立友好关系。

六月初一日戊子，敕令赐裴枢、独孤损、崔远、陆扆、王溥、赵崇、王赞等人在当地自杀。

当时朱全忠在白马驿聚集裴枢等被贬斥的朝中官员三十多人，一个晚上把他们全部杀死，将尸体扔入黄河。起初，李振多次参加进士考试，最后还是没有考上，所以很嫉妒痛恨科举出身的高级官吏。他对朱全忠说："这些人常常自以为是德行高洁的清流，应该把他们扔入黄河，使他们成为浊流！"朱全忠笑着采纳了李振的建议。

李振每次从汴州到洛阳，朝廷中必定会有被放逐贬谪的官员，当时人称他为鸱枭。看见朝廷中的官员，他总是颐指气使，旁若无人，傲慢到了极点。

朱全忠曾经和幕僚佐吏以及游客坐在大柳树下面，朱全忠自言自语说："这棵柳树适合做车毂。"大家都没有答话。有几个游客起来附和说："是适合做车毂。"朱全忠勃然大怒，厉声斥责说："书生们喜欢顺着别人说话来玩弄人，就像这些人一样！车毂必须用榆木制作，柳木怎么能够制作呢！"回头看着左右的人说："还等什么！"左右几十个人，揪住那几个说"适合做车毂"的游客，全部打死。

六月初二日己丑，以司空辞官家居的裴贽被贬为青州司户，不久被赐死。

柳璨余怒不息，他所注视的人，还不止几十个，张文蔚竭力劝阻，才停止继续

时士大夫避乱，多不入朝，壬辰，敕所在州县督遣，无得稽留。前司勋员外郎李延古，德裕之孙也，去官居平泉庄，诏下未至，责授卫尉寺主簿。

秋，七月，癸亥，太子宾客致仕柳逊贬曹州司马。

（以上为第四段，写柳璨倾巧轻佻，以浮华之名谮害朝士，贬逐公卿，朱全忠一夕杀朝士三十余人，朝廷为之一空。）

庚午夜，天雄牙将李公佺与牙军谋乱，罗绍威觉之。公佺焚府舍，剽掠，奔沧州。

八月，王建遣前山南西道节度使王宗贺等将兵击昭信节度使冯行袭于金州。

朱全忠以赵匡凝东与杨行密交通，西与王建结婚，乙未，遣武宁节度使杨师厚将兵击之；己亥，全忠以大军继之。

处州刺史卢约使其弟佶攻陷温州，张惠奔福州。

钱镠遣方永珍救婺州。

初，礼部员外郎知制诰司空图弃官居虞乡王官谷，昭宗屡征之，不起。柳璨以诏书征之，图惧，诣洛阳入见，阳为衰野，坠笏失仪。璨乃复下诏，略曰："既养高以傲代，类移山以钓名。"又曰："匪夷匪惠，难居公正之朝，可放还山。"图，临淮人也。

杨师厚攻下唐、邓、复、郢、随、均、房七州，朱全忠军于汉北。九月，辛酉，命师厚作浮梁于阴谷口，癸亥，引兵渡汉。甲子，赵匡凝将兵二万陈于汉滨，师厚与战，大破之，遂傅其城下。是夕，匡凝焚府城，帅其族及麾下士沿汉奔广陵。乙丑，师厚入襄阳；丙寅，全忠继至。

匡凝至广陵，杨行密戏之曰："君在镇，岁以金帛输全忠，今败，乃归我乎？"匡凝曰："诸侯事天子，岁输贡赋乃其职也，岂输贼乎！今日归公，正以不从贼故耳。"行密厚遇之。

迫害。

当时士大夫为躲避祸乱，大多不到朝廷里来。六月初五日壬辰，敕令各州县督促遣送他们，不得停留不进。前司勋员外郎李延古，是李德裕的孙子，辞去官职住在河南府的平泉庄，诏令下达后没有到京城洛阳来。六月二十一日戊申，责罚李延古担任卫尉寺主簿。

秋季，七月初六日癸亥，以太子宾客辞官家居的柳逊被贬为曹州司马。

七月十三日庚午晚上，天雄牙将李公佺和牙军谋划作乱，罗绍威发觉了他们的行动，李公佺焚烧官府房舍，抢劫掠夺了一番，逃奔去沧州。

八月，王建派遣前山南西道节度使王宗贺等率领军队到金州去攻打昭信节度使冯行袭。

朱全忠因为赵匡凝东边和杨行密交往，西边与王建结成婚姻亲家，八月初九日乙未，派遣武宁节度使杨师厚率领军队去攻打他。八月十三日己亥，朱全忠带领大军前往接应。

处州刺史卢约派遣他的弟弟卢佶攻下温州，张惠逃奔福州。

钱镠派遣方永珍去救援婺州。

当初，礼部员外郎知制诰司空图抛弃官职居住在虞乡县王官谷，唐昭宗多次征召他，他都不出来做官。柳璨用诏书征召他，司空图害怕了，到洛阳入朝进见，假装衰老而又粗野，连朝笏也拿不住，掉在地上，丧失了仪态。柳璨于是又颁下诏书，大略是说："既是自命清高，傲视世人，又好比夸口移山，沽名钓誉。"又说："既不是伯夷，又不是柳下惠，很难处身在公平正直的朝廷里，可以放他回到山里去。"司空图是临淮人。

杨师厚攻下唐、邓、复、郢、随、均、房七个州，朱全忠军队驻扎在汉江北岸。九月初五日辛酉，朱全忠命令杨师厚在阴谷口建造浮桥。九月初七日癸亥，率领军队渡过汉江。九月初八日甲子，赵匡凝率领军队两万人在汉江边上列阵，杨师厚与他作战，把他打得大败，于是逼近襄阳城下。这一天晚上，赵匡凝焚烧了襄阳城，率领他的族人和部下将士沿着汉江逃奔广陵。九月初九日乙丑，杨师厚进入襄阳城。九月初十日丙寅，朱全忠跟着也到了。

赵匡凝到达广陵，杨行密跟他开玩笑说："您在藩镇时，每年把金银布帛进献给朱全忠，今天战败了，才来依附我吗？"赵匡凝说："诸侯事奉天子，每年输送贡品、交纳赋税是应尽的职分，这哪里是给贼寇朱全忠！今天前来依附您，正是因为

（以上为第五段，写朱全忠兼并山东东道，节度使赵匡凝奔淮南。）

丙寅，封皇弟禔为颍王，祐为蔡王。

丁卯，荆南节度使赵匡明帅众二万，弃城奔成都。戊辰，朱全忠以杨师厚为山南东道留后，引兵击江陵；至乐乡，荆南牙将王建武遣使迎降。全忠以都将贺瓌为荆南留后。全忠寻表师厚为山南东道节度使。

王宗贺等攻冯行袭，所向皆捷。丙子，行袭弃金州，奔均州，其将全师朗以城降。王建更师朗姓名曰王宗朗，补金州观察使，割渠、巴、开三州以隶之。

乙酉，诏更用十一月癸酉亲郊。

淮南将陶雅、陈璋拔婺州，执刺史沈夏以归。杨行密以雅为江南都招讨使，歙、婺、衢、睦观察使；以璋为衢、婺副招讨使。璋攻暨阳，两浙将方习败之。习进攻婺州。

濠州团练使刘金卒，杨行密以金子仁规知濠州。

杨行密长子宣州观察使渥，素无令誉，军府轻之。行密寝疾，命节度判官周隐召渥。隐性憃直，对曰："宣州司徒轻易信谗，喜击毬饮酒，非保家之主，余子皆幼，未能驾驭诸将。庐州刺史刘威，从王起细微，必不负王，不若使之权领军府，俟诸子长以授之。"行密不应。左右牙指挥使徐温、张颢言于行密曰："王平生出万死，冒矢石，为子孙立基业，安可使他人有之！"行密曰："吾死瞑目矣。"隐，舒州人也。

他日，将佐问疾，行密目留幕僚严可求，众出，可求曰："王若不讳，如军府何？"行密曰："吾命周隐召渥，今忍死待之。"可求与徐温诣隐，隐未出见，牒犹在案上，可求即与温取牒，遣使者如宣州召之。可求，同州人也。行密以润州团练使王茂章为宣州观察使。

（以上为第六段，写杨行密病重，遗意部属立其长子杨渥为淮南节度使继任人。）

冬，十月，丙戌朔，以朱全忠为诸道兵马元帅，别开幕府。

是日，全忠部署将士，将归大梁，忽变计，欲乘胜击淮南。敬翔谏

不顺从贼寇的缘故。”杨行密用丰厚的礼遇接待他。

九月初十日丙寅，册封皇弟李禔为颍王，李祐为蔡王。

九月十一日丁卯，荆南节度使赵匡明率领军队两万人，抛弃守城逃往成都。九月十二日戊辰，朱全忠任命杨师厚为山南东道留后，率领军队攻打江陵。到乐乡时，荆南牙将王建武派遣使者去迎接杨师厚，向他投降。朱全忠任命都将贺瓌为荆南留后。朱全忠不久又上表奏请任命杨师厚为山南东道节度使。

王宗贺等进攻冯行袭，每一仗都打胜了。九月二十日丙子，冯行袭放弃金州，逃奔均州，他的部将全师朗献城投降。王建把全师朗的姓名改为王宗朗，补为金州观察使，分割出渠、巴、开三州归王宗朗管辖。

九月二十九日乙酉，唐昭宣帝颁下诏令，宣布改在十一月十九日癸酉，亲自举行郊祀的典礼。

淮南将领陶雅、陈璋攻下婺州，俘获刺史沈夏返回。杨行密任命陶雅为江南都招讨使，歙、婺、衢、睦观察使；任命陈璋为衢、婺副招讨使。陈璋攻打暨阳，两浙将领方习打败了陈璋，方习进兵攻打婺州。

濠州团练使刘金去世，杨行密任命刘金的儿子刘仁规主持濠州事务。

杨行密的长子宣州观察使杨渥，一向没有好名声，节度使府中的人都轻视他。杨行密卧病在床，命令节度判官周隐召回杨渥。周隐为人朴直、愚昧，回答说：“宣州司徒杨渥轻易听信谗言，喜好击毬饮酒，不是保全家业的人主，其余的孩子年纪都小，不能控制驾驭各将领。庐州刺史刘威，从低贱时起就跟随您，一定不会辜负您。不如让他暂时代理节度使府事务，等到几个孩子长大以后再把军权交给他们。”杨行密不回答。左右牙指挥使徐温、张颢对杨行密说：“大王您一生出生入死，冒着矢石的危险，为子孙后代建立基业，怎么能够让别人去占有它呢！”杨行密说：“我死也放心了。”周隐是舒州人。

有一天，将领佐吏来探问病情，杨行密用眼睛示意幕僚严可求留下来。大家出去以后，严可求说：“大王如有不测，节度使府的事务将怎么处理呢？”杨行密说：“我已经命令周隐去召回杨渥，如今苦撑着等待他来。”严可求和徐温到周隐那儿，周隐没有出来见面，召回杨渥的牒文仍放在桌子上。严可求立即和徐温拿了牒文，派遣使者到宣州去召回杨渥。严可求是同州人。杨行密任命润州团练使王茂章为宣州观察使。

冬季，十月初一日丙戌朔，任命朱全忠为诸道兵马元帅，单独开设元帅府。

这一天，朱全忠部署安排将士，将要返回大梁，忽然改变计划，想要乘胜攻打

曰："今出师未逾月，平两大镇，辟地数千里，远近闻之，莫不震慑。此威望可惜，不若且归息兵，俟衅而动。"不听。

改昭信军为戎昭军。

辛卯，朱全忠发襄州；壬辰，至枣阳，遇大雨。自申州抵光州，道险狭途潦，人马疲乏，士卒尚未冬服，多逃亡。全忠使人谓光州刺史柴再用曰："下，我以汝为蔡州刺史；不下，且屠城！"再用严设守备，戎服登城，见全忠，拜伏甚恭，曰："光州城小兵弱，不足以辱王之威怒。王苟先下寿州，敢不从命。"全忠留其城东旬日而去。

起居郎苏楷，礼部尚书循之子也，素无才行，乾宁中登进士第，昭宗覆试黜之，仍永不听入科场。甲午，楷帅同列上言："谥号美恶，臣子不得而私。先帝谥号多溢美，乞更详议。"事下太常，丁酉，张廷范奏改谥恭灵壮愍孝皇帝，庙号襄宗，诏从之。

杨渥至广陵。辛丑，杨行密承制以渥为淮南留后。

戊申，朱全忠发光州，迷失道百余里，又遇雨，比及寿州，寿人坚壁清野以待之。全忠欲围之，无林木可为栅，乃退屯正阳。

癸丑，更名成德军曰武顺。

（以上为第七段，写朱全忠为诸道兵马元帅，别开幕府。改昭信军为戎昭军，成德军为武顺军。）

十一月，丙辰，朱全忠渡淮而北，柴再用抄其后军，斩首三千级，获辎重万计。全忠悔之，躁忿尤甚。丁卯，至大梁。

先是，全忠急于传禅，密使蒋玄晖等谋之。玄晖与柳璨等议：以魏、晋以来皆先封大国，加九锡、殊礼，然后受禅，当次第行之。乃先除全忠诸道元帅，以示有渐，仍以刑部尚书裴迪为送官告使，全忠大怒。宣徽副使王殷、赵殷衡疾玄晖权宠，欲得其处，因谮之于全忠曰："玄晖、璨等欲延唐祚，故逗遛其事以须变。"玄晖闻之惧，自至寿春，具言其

淮南。敬翔劝谏说:“现在出兵还不到一个月，就平定了襄阳、荆州两大藩镇，开辟疆域几千里。远近的人听到了，没有不震惊畏惧的。这个威望值得珍惜，不如暂时回去停止战争，等待机会然后再发动攻击。”朱全忠不听。

朝廷更名昭信军为戎昭军，仍然分割出均州隶属于它。

十月初六日辛卯，朱全忠从襄州出发。十月初七日壬辰，到达枣阳，遇到大雨。从申州到光州的道路险阻狭窄，到处都是积水，人马疲乏，士兵还没有穿上冬衣，许多人逃跑了。朱全忠派人对光州刺史柴再用说:“你投降，我任命你为蔡州刺史;不投降，将要屠杀全城人!”柴再用严加防守，做好准备工作，全副武装登上城楼，看见朱全忠，拜伏行礼，非常恭敬，说:“光州城很小，兵力也很弱，不值得惹大王发威动怒。大王您如果先攻下寿州城，我怎么敢不听从您的命令呢!”朱全忠在光州城东停留了十天后走了。

起居郎苏楷是礼部尚书苏循的儿子。苏楷向来就没有才能、品行，乾宁年间考中进士，唐昭宗在武德殿复试后将他废黜，并且永远不准他再入科场考试。十月初九日甲午，苏楷率领同僚向唐昭宣帝上奏说:“谥号的好坏，臣子不能够私下干预。先帝的谥号有太多的溢美之词，请求再详细商议。”这件事交到太常去办理。十月十二日丁酉，张廷范上奏更改唐昭宗的谥号为恭灵庄愍孝皇帝，庙号为襄宗，唐昭宣帝下诏依从张廷范的意见。

杨渥到达广陵。十月十六日辛丑，杨行密借皇帝名义任命杨渥为淮南留后。

十月二十三日戊申，朱全忠从光州出发，迷失道路多走了一百多里，又遇到下雨，等到抵达寿州，寿州军民已经坚壁清野来等待他。朱全忠想要包围寿州，但没有树木可以用来修建栅栏，于是只得退兵驻扎在正阳镇。

十月二十八日癸丑，朝廷把成德军改名为武顺军。

十一月初二日丙辰，朱全忠渡过淮河往北去，柴再用包抄袭击他的后军，杀了三千人，获得器械粮草数以万计。朱全忠后悔不听敬翔的话，更加暴躁愤怒。十一月十三日丁卯，回到大梁。

在这以前，朱全忠急于要通过禅让称帝，秘密让蒋玄晖等人谋划这件事。蒋玄晖与柳璨等商议:由于魏、晋以来，都是先封大国，加赐九锡给予特殊的礼遇，然后再接受禅让，应当按这个程序进行。因此先授任朱全忠为诸道元帅，以表示循序渐进，并且派刑部尚书裴迪为送官告使。朱全忠勃然大怒。宣徽副使王殷、赵殷衡嫉妒蒋玄晖专擅大权、深得宠信，想要得到他的位置，因此向朱全忠诬陷蒋玄晖说:

状。全忠曰：“汝曹巧述闲事以沮我，借使我不受九锡，岂不能作天子邪！”玄晖曰：“唐祚已尽，天命归王，愚智皆知之。玄晖与柳璨等非敢有背德，但以今兹晋、燕、岐、蜀皆吾勍敌，王遽受禅，彼心未服，不可不曲尽义理，然后取之，欲为王创万代之业耳。”全忠叱之曰：“奴果反矣！”玄晖惶遽辞归，与璨议行九锡。时天子将郊祀，百官既习仪，裴迪自大梁还，言全忠怒曰：“柳璨、蒋玄晖等欲延唐祚，乃郊天也。”璨等惧，庚午，敕改用来年正月上辛。殷衡本姓孔名循，为全忠家乳母养子，故冒姓赵，后渐贵，复其姓名。

壬申，赵匡明至成都，王建以客礼遇之。

昭宗之丧，朝廷遣告哀使司马卿宣谕王建，至是始入蜀境。西川掌书记韦庄为建谋，使武定节度使王宗绾谕卿曰：“蜀之将士，世受唐恩，去岁闻乘舆东迁，凡上二十表，皆不报。寻有亡卒自汴来，闻先帝已罹朱全忠弑逆。蜀之将士方日夕枕戈，思为先帝报仇。不知今兹使来以何事宣谕？舍人宜自图进退。”卿乃还。

庚辰，吴武忠王杨行密薨。将佐共请宣谕使李俨承制授杨渥淮南节度使、东南诸道行营都统，兼侍中、弘农郡王。

柳璨、蒋玄晖等议加朱全忠九锡，朝士多窃怀愤邑，礼部尚书苏循独扬言曰：“梁王功业显大，历数有归，朝廷速宜揖让。”朝士无敢违者。辛巳，以全忠为相国，总百揆。以宣武、宣义、天平、护国、天雄、武顺、佑国、河阳、义武、昭义、保义、戎昭、武定、泰宁、平卢、忠武、匡国、镇国、武宁、忠义、荆南等二十一道为魏国，进封魏王，仍加九锡。全忠怒其稽缓，让不受。十二月，戊子，命枢密使蒋玄晖赍手诏诣全忠谕指。癸巳，玄晖自大梁还，言全忠怒不解。甲午，柳璨奏称：“人望归梁王，陛下释重负，今其时也。”即日遣璨诣大梁达传禅之意，全忠拒之。

（以上为第八段，写杨行密辞世，长子杨渥继为淮南节度使。朱全忠急于受禅，

“蒋玄晖、柳璨等想要延续唐代的皇位，所以拖延禅让这件事以等待事变的发生。”蒋玄晖听说后很害怕，亲自到寿春，对朱全忠做详细解释。朱全忠说：“你们巧言叙述一些不相干的事情来阻止我，如果我不受九锡之礼，难道就不能做天子了吗？”蒋玄晖说：“唐朝的气数已经完了，天命托付到大王身上，无论愚蠢的人还是聪明的人都深信不疑了。我和柳璨等人不敢违背大王的恩德，只是因为如今晋地的李克用、燕地的刘仁恭、岐地的李茂贞、蜀地的王建都是我们的劲敌，大王您马上接受帝位，他们的心里不服；不能不设法慢慢地讲明道理，然后再取代帝位，这是为了大王您创立万世的基业。”朱全忠责骂他说：“你这个奴才果然要造反了！”蒋玄晖惶恐不安，立即告辞回洛阳，与柳璨商议行九锡之礼。这时唐昭宣帝将举行郊祀大典，文武百官已经在学习礼仪，裴迪从大梁回到洛阳，讲了朱全忠发怒时说的话：“柳璨、蒋玄晖等人想要延续唐代的皇位，所以才要让唐昭宣帝举行郊祀祭天的典礼。”柳璨等非常害怕。十一月十六日庚午，敕令改在明年正月上旬的辛日再举行郊祀祭天。赵殷衡本来姓孔名循，是朱全忠奶妈的养子，所以冒充姓赵，后来逐渐显贵了，才恢复原来的姓名。

十一月十八日壬申，赵匡明到达成都，王建用客礼来接待他。

唐昭宗发丧，朝廷派遣告哀使司马卿前往成都宣谕王建，到这时候才进入蜀地的境内。西川掌书记韦庄替王建谋划，派武定节度使王宗绾告诉司马卿说：“蜀地的将士，世世代代受唐王室的恩惠，去年听说皇帝东迁洛阳，前后上了二十个表文，都没有回应。不久有逃亡的士兵从汴州前来，听说昭宗皇帝已经被朱全忠谋害了。蜀地将士正在日夜枕戈以待，想为先帝报仇雪恨。不知道如今使者到我们这儿来，想要宣告什么事情？您应该自己考虑是退还是进。”司马卿于是回洛阳去了。

十一月二十六日庚辰，吴武忠王杨行密去世。淮南将领佐吏共同请宣谕使李俨借皇帝名义君命任命杨渥为淮南节度使、东南诸道行营都统，兼侍中、弘农郡王。

柳璨、蒋玄晖等商议加朱全忠九锡之礼，朝中官吏大多心怀怨怒，愤愤不平，只有礼部尚书苏循扬言说：“梁王朱全忠功业显赫伟大，天命所归，朝廷应该迅速把帝位让给他。”朝中官吏没有人敢违抗。十一月二十七日辛巳，任命朱全忠为相国，总揽一切政事。以宣武、宣义、天平、护国、天雄、武顺、佑国、河阳、义武、昭义、保义、戎昭、武定、泰宁、平卢、忠武、匡国、镇国、武宁、忠义、荆南等二十一道为魏国，进封朱全忠为魏王，并加九锡之礼。朱全忠怨恨他们拖延迟缓，推辞不肯接受。十二月初四日戊子，命令枢密使蒋玄晖捧着唐昭宣帝亲笔诏书到朱全忠处宣旨。十二月初九日癸巳，蒋玄晖从大梁返回洛阳，说朱全忠的怒气还没有消除。十二月初十日甲午，柳璨上奏说：“大家的希望都归向梁王朱全忠，陛下应该放弃这沉重的负担，现在正是时候。”当天就派遣柳璨到大梁去传达唐昭宣帝禅让帝

柳璨、蒋玄晖等人为之策划，认为应依魏晋以来故事，先封大国，加九锡，殊礼，次第行之，然后受禅。）

初，璨陷害朝士过多，全忠亦恶之。璨与蒋玄晖、张廷范朝夕宴聚，深相结，为全忠谋禅代事。何太后泣遣宫人阿虔、阿秋达意玄晖，语以他日传禅之后，求子母生全。王殷、赵殷衡谮玄晖，云："与柳璨、张廷范于积善堂夜宴，对太后焚香为誓，期兴复唐祚。"全忠信之，乙未，收玄晖及丰德库使应顼、御厨使朱建武系河南狱；以王殷权知枢密，赵殷衡权判宣徽院事。全忠三表辞魏王、九锡之命。丁酉，诏许之，更以为天下兵马元帅，然全忠已修大梁府舍为宫阙矣。是日，斩蒋玄晖，杖杀应顼、朱建武。庚子，省枢密使及宣徽南院使，独置宣徽使一员，以王殷为之，赵殷衡为副使。辛丑，敕罢宫人宣传诏命及参随视朝。追削蒋玄晖为凶逆百姓，令河南揭尸于都门外，聚众焚之。

玄晖既死，王殷、赵殷衡又诬玄晖私侍何太后，令阿秋、阿虔通导往来。己酉，全忠密令殷、殷衡害太后于积善宫，敕追废太后为庶人，阿秋、阿虔皆于殿前扑杀。庚戌，以皇太后丧，废朝三日。

辛亥，敕以宫禁内乱，罢来年正月上辛谒郊庙礼。

癸丑，守司空兼门下侍郎、同平章事柳璨贬登州刺史，太常卿张廷范贬莱州司户。甲寅，斩璨于上东门外，车裂廷范于都市。璨临刑呼曰："负国贼柳璨，死其宜矣！"

西川将王宗朗不能守金州，焚其城邑，奔成都。戎昭节度使冯行袭复取金州，奏请"金州荒残，乞徙理均州"，从之。更以行袭领武安军。

陈询不能守睦州，奔于广陵，淮南招讨使陶雅入据其城。

杨渥之去宣州也，欲取其幄幕及亲兵以行，观察使王茂章不与，渥怒。既袭位，遣马步都指挥使李简等将兵袭之。

湖南兵寇淮南，淮南牙内指挥使杨彪击却之。

位的意思，朱全忠拒绝接受。

当初，柳璨陷害朝中官吏太多了，朱全忠也憎恨他。柳璨与蒋玄晖、张廷范日夜宴饮聚会，深相勾结，替朱全忠谋划禅让帝位的事。何太后哭着派遣宫人阿虔、阿秋向蒋玄晖转达意愿，告诉他来日禅让帝位以后，保全她母子性命。王殷、赵殷衡诬陷蒋玄晖说："蒋玄晖和柳璨、张廷范在积善宫夜宴，对着何太后焚香发誓，约定兴复唐王朝的帝位。"朱全忠相信了他们的话。十二月十一日乙未，朱全忠把蒋玄晖以及丰德库使应顼、御厨使朱建武等收押在河南府的监狱里；任命王殷暂时主持枢密的事务，赵殷衡暂时代理宣徽院的职务。朱全忠三次上表辞让进封魏王并加九锡的诏命。十二月十三日丁酉，唐昭宣帝颁下诏书同意朱全忠的辞让，再任命他担任天下兵马元帅，然而朱全忠已经改建大梁的府舍为宫殿了。这一天，斩杀蒋玄晖，用木杖打死应顼、朱建武。十二月十六日庚子，取消枢密使和宣徽南院使，只设置宣徽使一名，任命王殷担任，赵殷衡担任副使。十二月十七日辛丑，敕令停止宫人宣布传达诏命以及参与朝会。追削蒋玄晖的官职，看成是凶恶叛逆的百姓，命令河南府把他的尸体放到都门外，聚集百姓当众焚烧。

蒋玄晖死后，王殷、赵殷衡又诬陷蒋玄晖私下服侍何太后，让宫人阿秋、阿虔联络沟通。十二月二十五日己酉，朱全忠秘密命令王殷、赵殷衡在积善宫害死何太后，敕令追废何太后为平民，阿秋、阿虔都在殿前用大竹板打死。十二月二十六日庚戌，因为皇太后的丧事，停止上朝三天。

十二月二十七日辛亥，唐昭宣帝颁布敕令，因为宫廷内乱，停止来年正月上旬辛日举行祭祀天地和祖宗的典礼。

十二月二十九日癸丑，守司空兼门下侍郎、同平章事柳璨被贬为登州刺史，太常卿张廷范被贬为莱州司户。十二月三十日甲寅，在洛阳上东门外斩杀柳璨，在京城闹市车裂张廷范。柳璨临刑时大声喊叫说："负国贼子柳璨，死得应该啊。"

西川将领王宗朗不能守住金州，就焚烧城邑，逃奔成都。戎昭节度使冯行袭又占领了金州，上奏称说："金州荒凉破败，乞求迁徙治所到均州。"朝廷同意了他。改任冯行袭统领武安军。

陈询守不住睦州，逃奔到广陵，淮南招讨使陶雅占据了睦州。

杨渥离开宣州时，想要带着他的帐幕和亲兵随行，观察使王茂章不同意，杨渥很愤怒。等到继承他父亲杨行密的职位后，派遣马步都指挥使李简等率领军队去袭击王茂章。

湖南军队侵犯淮南，淮南牙内指挥使杨彪把他们击退了。

（以上为第九段，写朱全忠改修大梁府舍为宫阙，三表辞封魏王、加九锡之命，怒其迟缓，改为天下兵马元帅，诛杀柳璨等人，又弑何太后。）

三年（丙寅，906 年）

春，正月，壬戌，灵武节度使韩逊奏吐蕃七千余骑营于宗高谷，将击嗢末及取凉州。

李简兵奄至宣州，王茂章度不能守，帅众奔两浙。亲兵上蔡刁彦能辞以母老，不从行，登城谕众曰：“王府命我招谕汝曹，大兵行至矣。”众由是定。陶雅畏茂章断其归路，引兵还歙州，钱镠复取睦州。镠以茂章为镇东节度副使，更名景仁。

乙丑，加静海节度使曲承裕同平章事。

初，田承嗣镇魏博，选募六州骁勇之士五千人为牙军，厚其给赐以自卫，为腹心。自是父子相继，亲党胶固，岁久益骄横，小不如意，辄族旧帅而易之，自史宪诚以来皆立于其手。天雄节度使罗绍威心恶之，力不能制。朱全忠之围凤翔也，绍威遣军将杨利言密以情告全忠，欲借其兵以诛之。全忠以事方急，未暇如其请，阴许之。及李公佺作乱，绍威益惧，复遣牙将臧延范趣全忠。全忠乃发河南诸镇兵十万，遣其将李思安将之，会魏、镇兵屯深州乐城，声言击沧州，讨其纳李公佺也。会全忠女适绍威子廷规者卒，全忠遣客将马嗣勋实甲兵于橐中，选长直兵千人为担夫，帅之入魏，诈云会葬。全忠自以大军继其后，云赴行营，牙军皆不之疑。庚午，绍威潜遣人入库断弓弦、甲襻，是夕，绍威帅其奴客数百，与嗣勋合击牙军，牙军欲战而弓甲皆不可用，遂阖营殪之，凡八千家，婴孺无遗。诘旦，全忠引兵入城。

辛未，以权知宁远留后庞巨昭、岭南西道留后叶广略并为节度使。

庚辰，钱镠如睦州。

西川将王宗阮攻归州，获其将韩从实。

唐昭宣帝天祐三年（丙寅，906年）

春季，正月初八日壬戌，灵武节度使韩逊上奏说吐蕃七千多名骑兵在宗高谷扎营，将要攻打嗢末以及攻取凉州。

李简的军队突然到达宣州，王茂章估计守不住，就率领部下投奔两浙钱镠。他的亲兵上蔡人刁彦能以母亲年老为借口，没有和王茂章一起走。刁彦能登上城楼告诉士兵说："淮南军府命令我招集晓谕你们，大军就要到来了。"士兵因此安定下来。陶雅担心王茂章切断他的归路，率领军队返回歙州，钱镠又夺取了睦州。钱镠任命王茂章为镇东节度副使，把他的名字改为王景仁。

正月十一日乙丑，加官静海节度使曲承裕为同平章事。

当初，田承嗣镇守魏博，挑选、招募六州骁勇善战的士兵五千人为牙军，给他们的给养赏赐非常丰厚，借此来保卫自己，做自己的心腹亲信。从此以后牙军父子继承相传，亲戚朋党如胶似漆般坚固，时间久了更加骄横，稍微不顺他们的心意，就消灭旧的主帅更换新的，从唐穆宗长庆年间史宪诚以来，主帅都立于他们之手。天雄节度使罗绍威心里憎恨他们，但是因为力量小不能制服他们。朱全忠包围凤翔时，罗绍威派遣军将杨利言秘密地把情况告诉朱全忠，想要借用他的军队来消灭牙军。朱全忠由于当时军情紧急，没有空闲时间调出军队来帮助罗绍威，但暗中答应了他。等到李公佺作乱，罗绍威更加害怕，再派遣牙将臧延范催促朱全忠。朱全忠于是发动河南各镇军队十万人，派遣他的部将李思安率领，会合魏博、镇冀的军队驻扎在深州乐寿县，声称要去攻打沧州，讨伐刘守文接纳天雄叛将李公佺的罪过。又正遇上朱全忠嫁给罗绍威儿子罗廷规的女儿去世，朱全忠派遣客将马嗣勋在袋子里装满兵器铠甲，挑选长期警卫的士兵一千人装扮成挑夫，率领他们进入魏博，假装说是前来会葬。朱全忠自己率领大军跟在他们的后面，说是到行营去。魏博的牙军都没有怀疑他们。正月十六日庚午，罗绍威秘密派人进入武器库把弓弦和铠甲系带弄断。当天晚上，罗绍威率领他的家奴宾客几百人，和马嗣勋一起攻击牙军。牙军想要应战，但弓箭铠甲都不能用了，于是全营牙军都被杀死，一共有八千家，连婴儿小孩也没有留下一个。第二天早晨，朱全忠率领军队进入城中。

正月十七日辛未，任命暂时代理宁远留后的庞巨昭和岭南西道留后叶广略同为节度使。

正月二十六日庚辰，钱镠前往睦州。

西川将领王宗阮攻打归州，俘获归州将领韩从实。

陈璋闻陶雅归歙，自婺州退保衢州。两浙将方永珍等取婺州，进攻衢州。

杨渥遣先锋指挥使陈知新攻湖南。三月，乙丑，知新拔岳州，逐刺史许德勋，渥以知新为岳州刺史。

戊寅，以朱全忠为盐铁、度支、户部三司都制置使。三司之名始于此。全忠辞不受。

夏，四月，癸未朔，日有食之。

（以上为第十段，写天雄节度使罗绍威引汴兵诛灭魏博累世牙兵八千家，婴孺无遗。以朱全忠为盐铁、度支、户部三司使，三司之名始于此。）

罗绍威既诛牙军，魏之诸军皆惧，绍威虽数抚谕之，而猜怨益甚。朱全忠营于魏州城东数旬，将北巡行营，会天雄牙将史仁遇作乱，聚众数万据高唐，自称留后，天雄巡内诸县多应之。全忠移军入城，遣使召行营兵还攻高唐，至历亭，魏兵在行营者作乱，与仁遇相应。元帅府左司马李周彝、右司马苻道昭击之，所杀殆半，进攻高唐，克之，城中兵民无少长皆死。擒史仁遇，锯杀之。

先是，仁遇求救于河东及沧州，李克用遣其将李嗣昭将三千骑攻邢州以救之。时邢州兵才二百，团练使牛存节守之，嗣昭攻七日不克。全忠遣右长直都将张筠将数千骑助存节守城，筠伏兵于马岭，击嗣昭，败之，嗣昭遁去。

义昌节度使刘守文遣兵万人攻贝州，又攻冀州，拔蓨县，进攻阜城。时镇州大将王钊攻魏州叛将李重霸于宗城。全忠遣归救冀州，沧州兵去。丙午，重霸弃城走，汴将胡规追斩之。

镇南节度使锺传以养子延规为江州刺史。传薨，军中立其子匡时为留后。延规恨不得立，遣使降淮南。

五月，丁巳，朱全忠如洺州，遂巡北边，视戎备，还，入于魏。

丙子，废戎昭军，并均、房隶忠义军；以武定节度使冯行袭为匡国节度使。

陈璋听说陶雅返回歙州，也从婺州撤退守卫衢州。两浙将领方永珍等攻下了婺州，进兵围攻衢州。

杨渥派遣先锋指挥使陈知新攻打湖南。三月十二日乙丑，陈知新攻下岳州，逐走刺史许德勋，杨渥任命陈知新为岳州刺史。

三月二十五日戊寅，朝廷任命朱全忠为盐铁、度支、户部三司都制置使。三司的名称就从这时开始。朱全忠推辞不接受。

夏季，四月初一日癸未，发生日食。

罗绍威消灭了牙军以后，魏博各军都很恐惧，罗绍威虽然多次安抚晓谕他们，但是他们猜忌怨恨更加厉害了。朱全忠在魏州城东扎营几十天，将要北上巡视行营，遇到天雄牙将史仁遇发动叛乱，聚集部众几万人占据了高唐县，自称为天雄留后，天雄镇所巡视管辖的各县大多数响应他。朱全忠调动军队进入魏州城，派遣使者召唤行营的军队回来攻打高唐县，到了历亭县，魏州的士兵在行营里作乱，与史仁遇相呼应。元帅府左司马李周彝、右司马苻道昭攻打作乱的士兵，被杀死的几乎有一半，又进攻高唐县，把它攻下来了，城中的士兵、百姓不论长幼都被杀掉。活捉了史仁遇，用锯子把他锯死了。

先前，史仁遇向河东李克用和沧州刘守文请求救援，李克用派遣他的部将李嗣昭率领三千名骑兵攻打邢州来救援史仁遇。当时邢州的士兵只有两百人，团练使牛存节守卫邢州，李嗣昭攻打了七天也没有打下来。朱全忠派遣右长直都将张筠率领几千名骑兵帮助牛存节守卫邢州，张筠在马岭埋伏军队，攻击李嗣昭，把他打败了，李嗣昭逃跑离去。

义昌节度使刘守文派遣军队一万人攻打贝州，又攻打冀州，攻下了蓨县，又进攻阜城。当时镇州大将王钊在宗城攻打魏州叛将李重霸。朱全忠派王钊回去救援冀州，沧州刘守文的军队离去了。四月二十四日丙午，李重霸抛弃守城逃走，汴州将领胡规追击，把李重霸杀了。

镇南节度使锺传任命养子钟延规为江州刺史。锺传去世，军中拥立他的儿子锺匡时为留后。钟延规怨恨不立自己为留后，派遣使者向淮南杨渥投降。

五月初五日丁巳，朱全忠前往洺州，巡视北边地区，察看军事防备，然后返回，进入魏州。

五月二十四日丙子，废除戎昭军，连同均州、房州划属忠义军；任命武定节度使冯行袭为匡国节度使。

杨渥以昇州刺史秦裴为西南行营都招讨使，将兵击锺匡时于江西。

六月，甲申，复以忠义军为山南东道。

朱全忠以长安邻于邠、岐，数有战争，奏徙佑国节度使韩建于淄青，以淄青节度使长社王重师为佑国节度使。

秋，七月，朱全忠克相州。时魏之乱兵散据贝、博、澶、相、卫州，全忠分命诸将攻讨，至是悉平之，引兵南还。

全忠留魏半岁，罗绍威供亿，所杀牛羊豕近七十万，资粮称是，所赂遗又近百万，比去，蓄积为之一空。绍威虽去其逼，而魏兵自是衰弱。绍威悔之，谓人曰："合六州四十三县铁，不能为此错也！"

壬申，全忠至大梁。

（以上为第十一段，写魏州诸军愤怨罗绍威诛牙军，纷起作乱，朱全忠发兵往讨，军旅供应，耗尽魏州积蓄，罗绍威深悔之。）

秦裴至洪州，军于蓼洲。诸将请阻水立寨，裴不从，锺匡时果遣其将刘楚据之。诸将以咎裴，裴曰："匡时骁将独楚一人耳，若帅众守城，不可猝拔，吾故以要害诱致之耳。"未几，裴破寨，执楚，遂围洪州，饶州刺史唐宝请降。

八月，乙酉，李茂贞遣其子侃为质于西川，王建以侃知彭州。

朱全忠以幽、沧相首尾为魏患，欲先取沧州，甲辰，引兵发大梁。

两浙兵围衢州，衢州刺史陈璋告急于淮南，杨渥遣左厢马步都虞候周本将兵迎璋。本至衢州，浙人解围，陈于城下，璋帅众归于本，两浙兵取衢州。吕师造曰："浙人近我而不动，轻我也，请击之！"本曰："吾受命迎陈使君，今至矣，何为复战！彼必有以待我也。"遂引兵还。本为之殿，浙人蹑之，本中道设伏，大破之。

九月，辛亥朔，朱全忠自白马渡河，丁卯，至沧州，军于长芦，沧人不出。罗绍威馈运，自魏至长芦五百里，不绝于路；又建元帅府舍于魏，所过驿亭供酒馔、幄幕、什器，上下数十万人，无一不备。

杨渥任命昇州刺史秦裴为西南行营都招讨使，率领军队前往江西攻打锺匡时。

六月初二日甲申，又恢复忠义军为山南东道。

朱全忠由于长安和邠州、岐州相邻，多次发生战争，上奏将佑国节度使韩建迁往淄青，任命淄青节度使长社人王师重为佑国节度使。

秋季，七月，朱全忠攻下相州。当时魏博的乱兵分别占据了贝、博、澶、相、卫五个州以及魏博的各县邑，朱全忠派遣各将领攻击讨伐，到这时全部平定了，于是率领军队南还。

朱全忠留在魏州半年，罗绍威根据需要供给，所杀的牛、羊、猪近七十万钱，物资粮食和这个相当，用来贿赂赠送的财货又近百万钱。到朱全忠离开时，积蓄贮藏全花完了。罗绍威虽然除掉了威胁自己的牙军，然而魏博军队从此衰弱了。罗绍威很后悔这件事，对人说："聚集六州四十三个县的铁，也铸不成这样的大错啊！"

七月二十一日壬申，朱全忠到达大梁。

秦裴到了洪州，在蓼洲驻扎。各将领请求依着江水建立营寨，秦裴不听；锺匡时果然派遣他的部将刘楚占据了这个地方。各将领抱怨秦裴，秦裴说："锺匡时的勇将只有刘楚一个人罢了，如果他率领部众守城，是不能立刻攻下来的，我因此故意让出要害的地方引诱他出来。"不久，秦裴攻破营寨，俘获刘楚，于是包围了洪州，饶州刺史唐宝请求投降。

八月初四日乙酉，李茂贞派遣他的儿子李侃到西川做人质，王建派李侃主持彭州的事务。

朱全忠由于幽州的刘仁恭、沧州的刘守文父子互相支援，成为魏州的威胁，想要先攻取沧州。八月二十三日甲辰，率领军队从大梁出发。

两浙军队包围衢州，衢州刺史陈璋向淮南报告危急，杨渥派遣左厢马步都虞候周本率领军队迎接陈璋。周本到达衢州，浙人就解除了包围，在城下布设战阵，陈璋率领部众投归周本，两浙军队占领衢州。吕师造说："浙人离我们很近却不发动攻击，是轻视我们，请攻打他们！"周本说："我奉命来迎接陈璋，今天他也到了，为什么还要再打仗呢！他们一定有所准备，来等待我们攻打。"于是率领军队返回。周本走在最后，浙人在后边跟踪，周本中途设下埋伏，把两浙军队打得大败。

九月初一日辛亥，朱全忠从白马渡过黄河。九月十七日丁卯，到达沧州，在长芦县驻扎军队，沧州军队不出来应战。罗绍威运送粮食，从魏州到长芦县五百里路，前后连续不断；又在魏州建造元帅府舍，经过的驿站、凉亭，供给酒食、帐幕、各种器具，从上到下几十万人，没有一样不准备周全。

秦裴拔洪州，虏锺匡时等五千人以归。杨渥自兼镇南节度使，以裴为洪州制置使。

静难节度使杨崇本以凤翔、保塞、彰义、保义之兵攻夏州，匡国节度使刘知俊邀击坊州之兵，斩首三千余级，擒坊州刺史刘彦晖。

（以上为第十二段，写淮南军攻下洪州，杨渥自兼镇南节度使。）

刘仁恭救沧州，战屡败。乃下令境内："男子十五以上，七十以下，悉自备兵粮诣行营，军发之后，有一人在闾里，刑无赦！"或谏曰："今老弱悉行，妇人不能转饷，此令必行，滥刑者众矣。"乃命胜执兵者尽行，文其面曰："定霸都"，士人则文其腕或臂曰"一心事主"，于是境内士民，稚孺之外无不文者。得兵十万，军于瓦桥。

时汴军筑垒围沧州，鸟鼠不能通。仁恭畏其强，不敢战。城中食尽，丸土而食，或互相掠啖。朱全忠使人说刘守文曰："援兵势不相及，何不早降！"守文登城应之曰："仆于幽州，父子也。梁王方以大义服天下，若子叛父而来，将安用之！"全忠愧其辞直，为之缓攻。

冬，十月，丙戌，王建始立行台于蜀，建东向舞蹈，号恸，称："自大驾东迁，制命不通，请权立行台，用李晟、郑畋故事，承制封拜。"仍以榜帖告谕所部藩镇州县。

刘仁恭求救于河东，前后百余辈；李克用恨仁恭返覆，竟未之许，其子存勖谏曰："今天下之势，归朱温者什七八，虽强大如魏博、镇、定莫不附之。自河以北，能为温患者独我与幽、沧耳，今幽、沧为温所困，我不与之并力拒之，非我之利也。夫为天下者不顾小怨，且彼尝困我而我救其急，以德怀之，乃一举而名实附也。此乃吾复振之时，不可失也。"克用以为然，与将佐谋召幽州兵与攻潞州，曰："于彼可以解围，于我可以拓境。"乃许仁恭和，召其兵。仁恭遣都指挥使李溥将兵三万诣晋阳，克用遣其将周德威、李嗣昭将兵与之共攻潞州。

（以上为第十三段，写朱全忠大举围攻沧州，刘仁恭求救于李克用，李克用攻潞州以牵制朱全忠。）

秦裴攻下洪州，俘获锺匡时等五千人返回。杨渥自己兼任镇南节度使，任命秦裴为洪州制置使。

静难节度使杨崇本率领凤翔、保塞、彰义、保义四镇的军队攻打夏州，匡国节度使刘知俊拦击坊州的军队，斩首三千多级，擒获坊州刺史刘彦晖。

刘仁恭去救援沧州，屡战屡败。于是对境内百姓下达命令说："男子十五岁以上，七十岁以下，全部自己准备兵器、粮食到行营里来。军队出发以后，如果有一个人还在乡里，立刻用刑，绝不宽赦！"有人劝谏说："如今老弱全部出发，妇女不能转运粮饷。这命令如果一定执行的话，被滥杀的人太多了。"刘仁恭这才下令可以拿起兵器的人全部出发，在他们脸上刺"定霸都"三个字，读书人就在他的手腕或胳膊上刺"一心事主"四个字，于是境内的士人百姓，除了小孩婴儿之外，没有不刺字的。刘仁恭总共招集士兵十万人，在瓦桥驻扎。

这时汴州军队修建营垒包围沧州，连飞鸟、老鼠都不能通过。刘仁恭惧怕他们强盛，不敢出战。城中粮食吃完了，就把泥土搓成丸子吞食，有的互相掠夺来吃。朱全忠派人对刘守文说："援兵看情形是不能赶来了，为什么不早一些投降！"刘守文登上城楼回答朱全忠说："我和幽州的刘仁恭是父子关系。梁王您正在用大义征服天下，假如儿子背叛父亲前来，将如何用他呢？"朱全忠因为刘守文言辞坦直而感到惭愧，所以延缓了攻击。

冬季，十月初六日丙戌，王建开始在蜀地设立行台。王建面向东方舞拜，放声大哭，说道："自从昭宗皇帝东迁洛阳以后，君主的制命就不能通行了。臣请求暂时设立行台，用李晟、郑畋的旧时成例，秉承制命封官拜爵。"于是用榜帖文书告诉所属的藩镇州县。

刘仁恭向河东李克用请求救援，前后派出使者一百多批。李克用痛恨刘仁恭反复无常，始终没有同意。他的儿子李存勖劝谏说："如今天下的形势，归降朱温的已经占了十分之七八，即使像魏博、镇州、定州那样强大的藩镇，也没有不依附他的。自黄河以北，能成为朱温忧虑的，只有我们和幽州、沧州了。现在幽州、沧州被朱温围困，我们不与他们同心协力来抗拒朱温，不符合我们的利益。谋取天下的人不应该只顾及小的怨仇，况且他们曾经困迫我们，而我们却解救他们的危急，用恩德安抚他们，这样做一下子就可以把名声和实利都得到了。这是我们复兴振作的大好时机，千万不要失去它。"李克用觉得很对，就和部将、佐吏商议召请幽州军队一同攻打潞州，说："对于他们来说，可以解除包围，对于我们来说，可以开拓疆土。"于是答应和刘仁恭和好，召请他的军队。刘仁恭派遣都指挥使李溥率领军队三万人前来晋阳，李克用派遣他的部将周德威、李嗣昭率领军队与李溥一同攻打潞州。

夏州告急于朱全忠，戊戌，全忠遣刘知俊及其将康怀英救之。杨崇本将六镇之兵五万，军于美原。知俊等击之，崇本大败，归于邠州。

武贞节度使雷彦威屡寇荆南，留后贺瓌闭城自守。朱全忠以为怯，以颍州防御使高季昌代之，又遣驾前指挥使倪可福将兵五千戍荆南以备吴、蜀。朗兵引去。

十一月，刘知俊、康怀贞乘胜攻鄜、延等五州，下之。加知俊同平章事，以怀贞为保义节度使。西军自是不振。

湖州刺史高彦卒，子澧代之。

十二月，乙酉，钱镠表荐行军司马王景仁，诏以景仁领宁国节度使。

朱全忠分步骑数万，遣行军司马李周彝将之，自河阳救潞州。

闰月，乙丑，废镇国军兴德府复为华州，隶匡国节度，割金、商州隶佑国军。

初，昭宗凶讣至潞州，昭义节度使丁会帅将士缟素流涕久之。及李嗣昭攻潞州，会举军降于河东。李克用以嗣昭为昭义留后。会见克用，泣曰："会非力不能守也。梁王陵虐唐室，会虽受其举拔之恩，诚不忍其所为，故来归命耳。"克用厚待之，位于诸将之上。

己巳，朱全忠命诸军治攻具，将攻沧州。壬申，闻潞州不守，甲戌，引兵还。

先是，调河南北刍粮，水陆输军前，诸营山积，全忠将还，悉命焚之，烟炎数里，在舟中者凿而沉之。刘守文使遗全忠书曰："王以百姓之故，赦仆之罪，解围而去，王之惠也。城中数万口，不食数月矣，与其焚之为烟，沉之为泥，愿乞其余以救之。"全忠为之留数囷以遗之，沧人赖以济。

河东兵进攻泽州，不克而退。

吉州刺史彭玗遣使请降于湖南。玗本赤石洞蛮酋，锺传用为吉州刺史。

（以上为第十四段，写李克用攻拔潞州，朱全忠解沧州之围而去。）

夏州向朱全忠告急。十月十八日戊戌，朱全忠派遣刘知俊和他的部将康怀贞前往救援。杨崇本率领六镇的军队五万人，在美原县驻扎。刘知俊等发动攻击，杨崇本被打得大败，返回邠州。

武贞节度使雷彦恭多次侵犯荆南，荆南留后贺瓌关闭城门进行防守。朱全忠认为贺瓌胆怯，任命颍州防御使高季昌代替贺瓌的职位，又派遣驾前指挥使倪可福率领军队五千人戍守荆南来防备吴杨渥、蜀王建的侵犯。雷彦恭的朗州军队退了回去。

十一月，刘知俊、康怀贞乘胜攻打鄜、延等五个州，把它们攻下来了。加官刘知俊为同平章事，任命康怀贞为保义节度使。邠州、岐州的军队从此一蹶不振。

湖州刺史高彦去世，他的儿子高澧接替高彦的职位。

十二月初七日乙酉，钱镠上表推荐行军司马王景仁；唐昭宣帝下诏任命王景仁兼领宁国节度使。

朱全忠分派步兵、骑兵几万人，派遣行军司马李周彝率领他们，从河阳出发去救援潞州。

闰十二月十七日乙丑，废除镇国军兴德府，恢复为华州，隶属匡国节度，又割出金州、商州隶属佑国军。

当初，唐昭宗被杀的噩耗传到潞州，昭义节度使丁会率领将士们穿上丧服痛哭流涕了很久。等到李嗣昭攻打潞州，丁会全军向河东李克用投降。李克用任命李嗣昭为昭义留后。丁会拜见李克用，哭着说："我丁会不是没有力量守卫潞州。梁王朱全忠欺凌虐待唐王室，我虽然受到他推荐提拔的恩惠，实在不能容忍他的所作所为，所以才来归附您，听从您的命令。"李克用对待丁会非常优厚，地位在各将领之上。

闰十二月二十一日己巳，朱全忠命令各军队修整作战的器具，将要攻打沧州。闰十二月二十四日壬申，听说潞州失守。闰十二月二十六日甲戌，率领军队返回。

在这以前，朱全忠征调河南、河北的粮草，通过水路、陆路运往军中，各营的粮草堆积如山。朱全忠返回前，命令把这些粮草全部烧掉，浓烟、火焰蔓延了几里路，粮草装在船上，就把船凿通沉入水中。刘守文派人给朱全忠送信说："您为了百姓的缘故，赦免我的罪过，解除包围而离开，这是您的恩惠。沧州城里有几万人，已经几个月没粮食吃了，与其把粮食烧掉成为烟灰，沉入水中成为泥土，希望求得剩余的粮草来解救百姓。"朱全忠留下几个仓库的粮食送给他，沧州百姓靠着这个得到接济。

河东军队进攻泽州，打不下来就撤退了。

吉州刺史彭玕派遣使者向湖南马殷请求投降。彭玕本来是赤石洞蛮人的首领，锺传任命彭玕为吉州刺史。

【点评】

本卷点评朱全忠弑帝，柳璨、蒋玄晖之死，罗绍威诛杀牙兵三件史事。

一、朱全忠弑帝。天祐元年（904），朱全忠逼昭宗迁洛阳，昭宗诏令诸镇勤王。当时李茂贞、杨崇本、李克用、刘仁恭、王建、杨行密、赵匡凝移檄往来，皆以兴复为辞。八月，朱全忠西讨李茂贞，忧虑昭宗在洛阳生变，于是派判官李振到洛阳，密令枢密使蒋玄晖与左龙武统军朱友恭、右龙武统军氏叔琮弑杀昭宗，立幼君，以便禅代。八月十一日壬寅，蒋玄晖等选龙武牙官史太等一百余人夜叩宫门弑杀昭宗，以及夫人裴贞一、昭仪李渐荣。是日，昭宗诸子德王以下九王遇难，皆为蒋玄晖杀于席内，投尸九曲池。八月十二日，蒋玄晖矫皇太后令嫁祸李渐荣、裴贞一弑帝，宣立昭宗第九子辉王李祚为太子。李祚当年十三岁，八月十五日丙午在昭宗灵柩前即位，是为哀帝。

朱全忠闻昭宗已被弑，故作惊诧，号哭于地。十月三日癸巳，朱全忠回到洛阳，在昭宗灵柩前拜伏恸哭，又到哀帝面前表白自己不知情，发誓惩治奸贼。十月四日，朱全忠奏称朱友恭、氏叔琮管束士卒不严，侵扰市场，贬朱友恭为崖州司户，复称原名李彦威，贬氏叔琮为白州司户，随后又赐二人自尽。李彦威临刑高声叫骂说："朱全忠出卖我李彦威来推托弑帝的罪责，堵塞天下民众的嘴，可是骗不了鬼神，姓朱的做事太恶毒，一定会断子绝孙。"十月十五日，朱全忠回到大梁。

自古以来，弑帝篡国的野心家，不知天下有羞耻二字，个个心肠如蛇蝎，但像朱全忠这样卸磨杀驴的还是不多见。朱全忠狠毒而下作，难怪李彦威要骂他断子绝孙了。不过李彦威之死，也不令人同情。

二、柳璨、蒋玄晖之死。柳璨，字炤之，唐忠臣柳公绰的族孙。柳璨年少好学，家境贫寒少孤，苦读成才，知名当世，任史馆直学士。昭宗好文，柳璨被人推荐，得到昭宗宠爱，拔擢为翰林学士。崔胤死后，昭宗一手提拔柳璨为谏议大夫同中书门下平章事，柳璨从一个布衣升为宰相，前后四年，一路直升，为近世少有。柳璨受昭宗恩宠，不知图报，反而投靠朱全忠，与蒋玄晖、张廷范沆瀣一气，柳璨不遗余力策划篡夺事宜。天祐元年五月七日乙丑，天空出现彗星，占星者说："彗星现，君臣有灾，要用诛杀来消灾。"柳璨借机进言朱全忠大杀朝士。六月一日戊子，朱全忠一夜诛杀朝士大夫三十余人于白马驿，投尸黄河，使为浊流。蒋玄晖是朱全忠的心腹，昭宗东迁洛阳，朱全忠安置蒋玄晖为枢密使，监控昭宗及宫中动静。张廷范，以优人为朱全忠所爱，昭宗东迁时为御营使，跃级升职，旬月之间进位金吾卫将军、河南尹。柳璨为相，秉承朱全忠旨意，奏用张廷范为太常卿，掌礼仪。于是柳璨、蒋玄晖、张廷范三人共议朱全忠受禅篡唐事宜，成为三人策划班子。柳璨等建议朱全忠为相国，总百揆，先封魏王大国，以宣武等二十一道为魏邑，加九锡殊礼。朱

全忠认为受禅迟缓，一怒之下，诛杀三人。柳璨临刑大呼曰："负国贼柳璨，早就该死了。"柳璨等人所为，恰如《庄子·列御寇》所讲寓言，宋人曹商使秦，得到从车一百辆的赏赐。庄子说："秦王有病，请医生治疗，吸吮脓疮的医生，赏车一辆，吸吮肛门上痔疮的医生，赏车五辆。所治愈下，得车愈多。"柳璨等人，有奶便是娘，奴性十足，吸吮痔疮之徒，死得一点也不冤。柳璨自骂为"负国贼"，还算他有自知之明。

三、罗绍威诛杀牙兵。魏博镇自田承嗣以来，牙兵皆选用魏博所属魏州、博州、贝州、卫州、澶州、相州六州的壮士组成，世代相继，赏赐优厚，任节帅的心腹。这种家族亲兵，父子相继，亲党胶固，日渐骄惰，小不如意，就杀旧帅，立新帅，自史宪诚以来，魏博节帅都是牙兵所立。罗绍威十分厌恶牙兵的骄纵。他向朱全忠借兵十万，用阴谋手段诛杀牙兵八千多家，婴孺无遗。牙兵骄纵，应当整顿，但罪不至死。即使犯死罪，不是反叛大逆，也应只罪其身，婴孺无遗，实在过分。罗绍威此举，灭绝人性，激起六州士卒相继反叛，朱全忠拥兵十万，坐镇平叛，长达半年，罗绍威供给，杀牛羊猪近七十万头，资给相当，赠送的财物又是一百万。朱全忠退军之时，魏博镇的库藏积蓄，消耗一空。尤其是魏博镇六州士卒，被杀一空，魏博镇从此衰落，罗绍威只能依附朱全忠，仰人鼻息。罗绍威后悔不迭，朱全忠大获其利。

后梁纪一

后梁太祖开平元年至二年（907—908 年）

【起强圉单阏（丁卯，907 年），尽著雍执徐（戊辰，908 年）七月，凡一年有奇】

【大事提要】

本卷记事起公元 907 年，讫公元 908 年七月，载述史事凡一年又七个月，当后梁太祖开平元年至二年七月，此时期，一年有余，中原易代，朱全忠受禅篡唐，建立后梁。朱全忠改名朱晃，史称后梁太祖。四方军阀，太原晋王李克用、淮南弘农王杨渥、凤翔岐王李茂贞仍奉唐年号“天祐”，蜀王王建称“天复”。随后四镇各发生重大事变。晋王李克用辞世，嗣子李存勖继位，发生李克宁未遂政变。淮南兵变，张颢杀杨渥，徐温奉杨隆演为弘农王。蜀王王建称帝，诛跋扈大臣太师王宗佶，自固根本。李茂贞地狭兵弱，自顾不暇。其余诸镇皆臣服于后梁。后梁太祖初即位，理应有一番新气象。但后梁开国伊始即无善政可陈。后梁太祖弑唐哀帝，灭王师范一门二百余口，皆非帝王气度。后梁太祖的文治武功皆不足道，由于可与后梁抗衡的强镇恰又多事，晋、吴两镇内讧削弱了抗衡后梁的力量，于是一个德薄奸险的朱晃得以篡国成功。晋王李存勖亲自率兵救潞州，大破梁兵，崭露头角，后梁太祖的潜在敌手正升起，后梁太祖失落长叹曰：“克用为不亡矣。”

【原文】

太祖神武元圣孝皇帝上

开平元年（丁卯，907 年）

春，正月，辛巳，梁王休兵于贝州。

淮南节度使兼侍中、东面诸道行营都统弘农郡王杨渥既得江西，骄侈益甚，谓节度判官周隐曰："君卖人国家，何面复相见！"遂杀之。由是将佐皆不自安。

黑云都指挥使吕师周与副指挥使綦章将兵屯上高。师周与湖南战，屡有功，渥忌之。师周惧，谋于綦章曰："马公宽厚，吾欲逃死焉，可乎？"章曰："兹事君自图之，吾舌可断，不敢泄！"师周遂奔湖南，章纵其孥使逸去。师周，扬州人也。

渥居丧，昼夜酣饮作乐，然十围之烛以击毬，一烛费钱数万。或单骑出游，从者奔走道路，不知所之。左、右牙指挥使张颢、徐温泣谏，渥怒曰："汝谓我不才，何不杀我自为之！"二人惧。渥选壮士，号"东院马军"，广署亲信为将吏，所署者恃势骄横，陵蔑勋旧。颢、温潜谋作乱。渥父行密之世，有亲军数千营于牙城之内，渥迁出于外，以其地为射场，颢、温由是无所惮。

渥之镇宣州也，命指挥使朱思勍、范思从、陈璠将亲兵三千，及嗣位，召归广陵。颢、温使三将从秦裴击江西，因戍洪州，诬以谋叛，命别将陈祐往诛之。祐间道兼行，六日至洪州，微服怀短兵径入秦裴帐中，裴大惊，祐告之故，乃召思勍等饮酒，祐数思勍等罪，执而斩之。渥闻三将死，益忌颢、温，欲诛之。丙戌，渥晨视事，颢、温帅牙兵二百，露刃直入庭中，渥曰："尔果欲杀我邪？"对曰："非敢然也，欲诛王左右乱政者耳！"因数渥亲信十余人之罪，曳下，以铁挝击杀之。谓之"兵谏"。诸将不与之同者，颢、温稍以法诛之，于是军政悉归二人，渥不能制。

（以上为第一段，写杨渥既得江西，骄侈益甚，牙将张颢、徐温杀杨渥亲信十余人，称为"兵谏"，于是军政全归于二人，杨渥不能制。）

【语译】

太祖神武元圣孝皇帝上

后梁太祖开平元年（丁卯，907 年）

春季，正月初四日辛巳，梁王朱全忠率领军队在贝州进行休整。

淮南节度使兼侍中、东面诸道行营都统弘农郡王杨渥取得江西以后，更加骄横奢侈，对节度判官周隐说："你出卖别人的国家，还有什么脸和我再相见！"于是把周隐杀了。因此部下将领、佐吏都人人自危，恐惧不安。

黑云都指挥使吕师周和副指挥使綦章率领军队驻扎在上高镇。吕师周与湖南马殷作战，多次立功，杨渥嫉恨他。吕师周很害怕，和綦章商量说："马殷为人宽厚，我想逃命去归附他，可以吗？"綦章说："这件事您自己做决定，我的舌头可以断掉，决不会泄露给别人知道的！"吕师周于是投奔湖南马殷，綦章放了吕师周的妻子儿女让他们一齐逃走。吕师周是扬州人。

杨渥在服父丧期间，白天黑夜饮酒作乐，点燃十围粗的蜡烛照明，以便击毬，一支蜡烛要花费几万钱。有时单独骑马出去游玩，随从侍卫在路上四处寻找，不知道他到哪里去了。左、右牙指挥使张颢、徐温哭着劝谏，杨渥发怒说："你们认为我没有才能，为什么不杀死我，自己当节度使！"张颢、徐温两人听了很害怕。杨渥挑选壮士号称"东院马军"，大量安排亲信担任将领、官吏。被安排的这些人仗着杨渥的势力骄傲专横，欺凌蔑视功臣旧友。张颢、徐温密谋叛乱。杨渥父亲杨行密在世时，有亲军几千人驻扎在节度使居住的牙城之内，杨渥把他们迁往城外，用腾出的空地作为骑射的场地。张颢、徐温于是没有顾忌了。

杨渥镇守宣州时，命令指挥使朱思勍、范思从、陈璠率领亲兵三千人。等到继位以后，把他们召回广陵。张颢、徐温让他们三人跟随秦裴去攻打江西，当时戍守在洪州。张、徐二人诬陷他们阴谋叛变，命令别将陈祐前去诛杀他们。陈祐从小路快速前进，六天就到达洪州，穿着平民衣服拿着短兵器直接进入秦裴营帐中，秦裴大吃一惊。陈祐告诉秦裴前来的任务，于是把朱思勍等三人召来饮酒。陈祐数说他们的罪行，逮捕后处斩了。杨渥听说他的三员心腹将领被杀，更加嫉恨张颢、徐温，想要除掉他们。正月初九日丙戌，杨渥早晨处理政事，张颢、徐温率领牙兵二百人，刀剑都出了鞘，直接进入内庭之中。杨渥说："你们果然想要杀我吗？"张颢、徐温回答说："不敢这样做，只是想杀死您左右那些扰乱政事的人而已！"于是述说杨渥亲信十多人的罪行，把他们全部拖下去，用铁鞭打死，称这件事是"兵谏"。各将领中不和二人合作的，张颢、徐温逐渐设法将他们一一杀死，于是军政大权全部都归二人掌握，杨渥不能控制。

初，梁王以河北诸镇皆服，惟幽、沧未下，故大举伐之，欲以坚诸镇之心。既而潞州内叛，王烧营而还，威望大沮。恐中外因此离心，欲速受禅以镇之。丁亥，王入馆于魏，有疾，卧府中。罗绍威恐王袭之，入见王曰："今四方称兵为王患者，皆以翼戴唐室为名，王不如早灭唐以绝人望。"王虽不许而心德之，乃亟归。壬寅，至大梁。

甲辰，唐昭宣帝遣御史大夫薛贻矩至大梁劳王，贻矩请以臣礼见，王揖之升阶，贻矩曰："殿下功德在人，三灵改卜，皇帝方行舜、禹之事，臣安敢违！"乃北面拜舞于庭。王侧身避之。贻矩还，言于帝曰："元帅有受禅之意矣！"帝乃下诏，以二月禅位于梁。又遣宰相以书谕王，王辞。

河东兵犹屯长子，欲窥泽州。王命保平节度使康怀贞悉发京兆、同华之兵屯晋州以备之。

二月，唐大臣共奏请昭宣帝逊位。壬子，诏宰相帅百官诣元帅府劝进，王遣使却之。于是朝臣、藩镇乃至湖南、岭南上笺劝进者相继。

（以上为第二段，写唐哀帝下诏在二月禅位于梁，朱全忠表辞。哀帝再下诏宰相率百官到元帅府劝进，于是朝臣、藩镇等劝进者相继。）

三月，癸未，王以亳州刺史李思安为北路行军都统，将兵击幽州。

庚寅，唐昭宣帝诏薛贻矩再诣大梁谕禅位之意，又诏礼部尚书苏循赍百官笺诣大梁。

镇海、镇东节度使吴王钱镠遣其子传璙、传瓘讨卢佶于温州。

甲辰，唐昭宣帝降御札禅位于梁。以摄中书令张文蔚为册礼使，礼部尚书苏循副之；摄侍中杨涉为押传国宝使，翰林学士张策副之；御史大夫薛贻矩为押金宝使，尚书左丞赵光逢副之；帅百官备法驾诣大梁。

杨涉子直史馆凝式言于涉曰："大人为唐宰相，而国家至此，不可谓

起初，梁王朱全忠因河北各藩镇全部归服，只有幽州刘仁恭、沧州刘守文没有攻下来，所以大举讨伐他们，想要以此来坚定各藩镇归服之心。后来潞州丁会背叛他，向李克用投降，朱全忠烧毁营寨返回，威望受到很大的损害。朱全忠担心内外因此离心离德，想要赶快接受唐昭宣帝禅让来震慑他们。正月初十日丁亥，朱全忠进驻魏州，患病，在魏博节度使府中休息。罗绍威害怕朱全忠在魏州袭击自己，进见朱全忠说："现在四方发兵成为大王祸患的人，都以拥戴唐皇室为名义。大王不如及早把唐朝灭了，让他们断了这个心。"朱全忠虽然没有同意，但心里却很感激他，于是急忙回去了。正月二十五日壬寅，到达大梁。

正月二十七日甲辰，唐昭宣帝派遣御史大夫薛贻矩到大梁慰问朱全忠。薛贻矩请求用臣子的礼节来进见，朱全忠拱手揖让，请他上台阶。薛贻矩说："殿下的功业德行都在人们心里，天、地、人三灵都已归属于您。皇上正要像舜、禹一样行禅让之事，臣怎么敢违抗呢？"于是面朝北在庭中行朝拜皇帝之礼。朱全忠侧身避开。薛贻矩回到洛阳，对唐昭宣帝说："朱全忠已经有接受禅让帝位的意思了！"唐昭宣帝于是颁下诏书，在二月把帝位禅让给梁王朱全忠。又派遣宰相拿着书信告诉朱全忠；朱全忠推辞不受。

河东军队仍然驻扎在长子县，想要进犯泽州。朱全忠命令保平节度使康怀贞征发全部京兆、同州、华州的军队驻扎在晋州来防御守卫。

二月，唐朝大臣共同上奏请求唐昭宣帝退位。二月初五日壬子，诏令宰相率领文武百官前往元帅府劝朱全忠即帝位。朱全忠派遣使者到洛阳推辞不受。于是朝中大臣、各地藩镇乃至湖南、岭南都上表劝朱全忠即帝位的连续不断。

三月初六日癸未，朱全忠任命亳州刺史李思安为北路行军都统，率领军队攻打幽州。

三月十三日庚寅，唐昭宣帝下诏命令薛贻矩再次前往大梁向朱全忠告知禅让帝位的意愿，又下诏命令礼部尚书苏循携带文武百官劝朱全忠即帝位的奏笺到大梁去。

镇海、镇东节度使吴王钱镠派遣他的儿子钱传璙、钱传瓘率领军队到温州去讨伐卢佶。

三月二十七日甲辰，唐昭宣帝颁下手令禅让帝位给梁王朱全忠。任命代理中书令张文蔚为册礼使，礼部尚书苏循为副使；任命代理侍中杨涉为押传国宝使，翰林学士张策为副使；任命御史大夫薛贻矩为押金宝使，尚书左丞赵光逢为副使；率领文武百官准备皇帝的车驾前往大梁。

杨涉的儿子、直史馆杨凝式对杨涉说："大人身为唐朝的宰相，国家到了这个地

之无过。况手持天子玺绶与人，虽保富贵，奈千载何！盍辞之！”涉大骇曰：“汝灭吾族！”神色为之不宁者数日。

策，敦煌人。光逢，隐之子也。

（以上为第三段，写朱全忠逼使唐哀帝降御札禅位于梁，百官备法驾诣大梁。）

卢龙节度使刘仁恭，骄侈贪暴，常虑幽州城不固，筑馆于大安山，曰：“此山四面悬绝，可以少制众。”其栋宇壮丽，拟于帝者。选美女实其中。与方士炼丹药，求不死。悉敛境内钱，瘗于山巅；令民间用堇泥为钱。又禁江南茶商无得入境，自采山中草木为茶，鬻之。

仁恭有爱妾罗氏，其子守光通焉。仁恭杖守光而斥之，不以为子数。李思安引兵入其境，所过焚荡无余。夏，四月，己酉，直抵幽州城下。仁恭犹在大安山，城中无备，几至不守。守光自外引兵入，登城拒守；又出兵与思安战，思安败退。守光遂自称节度使，令部将李小喜、元行钦将兵攻大安山。仁恭遣兵拒战，为小喜所败。虏仁恭以归，囚于别室。仁恭将佐及左右，凡守光素所恶者皆杀之。

银胡䩮都指挥使王思同帅部兵三千，山后八军巡检使李承约帅部兵二千奔河东；守光弟守奇奔契丹，未几，亦奔河东。河东节度使晋王克用以承约为匡霸指挥使，思同为飞腾指挥使。思同母，仁恭之女也。

（以上为第四段，写刘守光囚禁其文刘仁恭，自为卢龙节度使。）

梁王始御金祥殿，受百官称臣，下书称教令，自称曰寡人。辛亥，令诸笺、表、簿、籍皆去唐年号，但称月、日。丙辰，张文蔚等至大梁。

卢佶闻钱传璙等将至，将水军拒之于青澳。钱传瓘曰：“佶之精兵尽在于此，不可与战。”乃自安固舍舟，间道袭温州。戊午，温州溃，擒佶斩之。吴王镠以都监使吴璋为温州制置使，命传璙等移兵讨卢约于处州。

壬戌，梁王更名晃。王兄全昱闻王将即帝位，谓王曰：“朱三，尔可作天子乎！”

步，不能说没有过错。何况亲手拿着皇上的玉玺丝带送给别人，虽然保住了荣华富贵，但千载以后人们会怎么说？何不辞掉这个差使呢！”杨涉听了大吃一惊，说：“你要灭掉我全族啊！”接连好几天都神色不安。

张策是敦煌人。赵光逢是赵隐的儿子。

卢龙节度使刘仁恭骄傲奢侈，贪婪凶暴，常常担心幽州城不够坚固，在大安山上修筑馆舍，说：“这座山四面都是悬崖绝壁，防守可以少制众。”馆舍宏伟壮丽，几乎可以和皇帝的宫殿相比。挑选美女住在里面，和方士一起炼丹药，以求长生不死。把四境之内的钱全部搜括来，埋在山顶上；命令老百姓用黏土做钱使用。又禁止江南茶商入境买卖，自采山中草木制茶，卖给百姓。

刘仁恭有爱妾罗氏，刘仁恭的儿子刘守光和罗氏通奸。刘仁恭用大竹板拷打刘守光并把他赶走，不再承认他这个儿子。李思安率领军队攻入幽州境内，经过的地方烧杀焚掠一空。夏季，四月初三日己酉，李思安一直打到幽州城下。刘仁恭仍在大安山，幽州城中没有防备，几乎守不住。刘守光从外面带领军队进入，登上幽州城抵御防守，又派出军队和李思安作战，李思安被打败退走。刘守光于是自称为节度使，命令部将李小喜、元行钦率领军队攻打大安山。刘仁恭派遣军队抵抗，被李小喜打败。李小喜俘虏了刘仁恭返回幽州，把刘仁恭囚禁在别室中。刘仁恭的将领佐吏以及左右亲信，凡是刘守光厌恶的全部被杀死。

银胡騄都指挥使王思同率领部下三千人，山后八军巡检使李承约率领部下二千人，投奔河东李克用。刘守光的弟弟刘守奇投奔契丹，不久，也投奔李克用。河东节度使晋王李克用任命李承约为匡霸指挥使，王思同为飞腾指挥使。王思同的母亲是刘仁恭的女儿。

梁王朱全忠首次登上金祥殿，接受文武百官称臣朝拜，所颁下的文书称为教令，自称寡人。四月初五日辛亥，命令各种笺、表、簿、籍都去掉唐朝年号，只称月、日。四月初十日丙辰，张文蔚等人到达大梁。

卢佶听说钱传瑛等率领的军队将要到达，带领水军在青澳抵抗。钱传瓘说：“卢佶的精锐部队都在这里了，不能与他交战。”于是从安固弃舟登岸，走小路袭击温州。四月十二日戊午，温州军队逃散，擒获卢佶，把他斩了。吴王钱镠任命都监使吴璋为温州制置使，命令钱传瑛等率领军队去处州讨伐卢约。

四月十六日壬戌，梁王朱全忠改名为晃。朱全忠的哥哥朱全昱听说朱全忠将要即皇帝位，对他说：“朱三，你能当皇帝吗！”

甲子，张文蔚、杨涉乘辂自上源驿从册宝，诸司各备仪卫卤簿前导，百官从其后，至金祥殿前陈之。王被衮冕，即皇帝位。张文蔚、苏循奉册升殿进读，杨涉、张策、薛贻矩、赵光逢以次奉宝升殿，读已，降，帅百官舞蹈称贺。帝遂与文蔚等宴于玄德殿。帝举酒曰："朕辅政未久，此皆诸公推戴之力。"文蔚等惭惧，俯伏不能对，独苏循、薛贻矩及刑部尚书张祎，盛称帝功德宜应天顺人。

帝复与宗戚饮博于宫中，酒酣，朱全昱忽以投琼击盆中迸散，睨帝曰："朱三，汝本砀山一民也，从黄巢为盗，天子用汝为四镇节度使，富贵极矣，奈何一旦灭唐家三百年社稷，自称帝王！行当族灭，奚以博为！"帝不怿而罢。

乙丑，命有司告天地、宗庙、社稷。丁卯，遣使宣谕州、镇。戊辰，大赦，改元，国号大梁。奉唐昭宣帝为济阴王，皆如前代故事，唐中外旧臣官爵并如故。以汴州为开封府，命曰东都；以故东都为西都；废故西京，以京兆府为大安府，置佑国军于大安府。更名魏博曰天雄军。迁济阴王于曹州，栫之以棘，使甲士守之。

（以上为第五段，写梁王朱全忠受禅篡唐，国号大梁，改名晃，史称后梁太祖。奉唐哀帝为济阴王，将其幽囚于曹州。）

辛未，以武安节度使马殷为楚王。

以宣武掌书记、太府卿敬翔知崇政院事，以备顾问，参谋议，于禁中承上旨，宣于宰相而行之。宰相非进对时有所奏请及已受旨应复请者，皆具记事因崇政院以闻，得旨则复宣于宰相。翔为人沉深，有智略，在幕府三十余年，军谋、民政，帝一以委之。翔尽心勤劳，昼夜不寐，自言惟马上乃得休息。帝性暴戾难近，人莫能测，惟翔能识其意趣。或有所不可，翔未尝显言，但微示持疑，帝意已悟，多为之改易。禅代之际，翔谋居多。

追尊皇高祖考、妣以来皆为帝、后；皇考诚为烈祖文穆皇帝，妣王氏为文惠皇后。

四月十八日甲子，张文蔚、杨涉从上源驿乘坐辂车带着禅位册书和传国玉玺等物，各司都准备仪仗、卫士等在前面开道，文武百官随从在后，到金祥殿前排列成队。朱全忠身穿皇帝的礼服，头戴皇冠，即皇帝位。张文蔚、苏循捧着禅位册书登殿，宣读册文，杨涉、张策、薛贻矩、赵光逢按照次序捧着传国玉玺和皇后太子的金印登殿。册文读完了，一起下殿，率领文武百官跪拜祝贺。后梁太祖于是在玄德殿宴请张文蔚等人。后梁太祖举起酒杯说："朕辅佐朝廷大政不久，这都靠了你们大家推举拥戴的力量。"张文蔚等惭愧恐惧，俯伏在地不能回答，只有苏循、薛贻矩及刑部尚书张祎盛赞皇帝功德宏大，理应顺从天命人心即皇帝位。

后梁太祖又和同宗亲戚在宫中饮酒博戏。酒喝得正畅快时，朱全昱忽然拿起骰子扔向盆中，骰子四处乱滚，他斜眼瞪着后梁太祖说："朱三，你本来是砀山一个老百姓，跟随黄巢做强盗，唐朝皇帝任用你为四镇节度使，荣华富贵到了极点，为什么一下子就把唐朝三百年江山毁灭了，自己称为帝王！你这样做全族都要被诛灭，还玩什么博戏呢！"后梁太祖不高兴，就散了酒宴。

四月十九日乙丑，命令有关部门祭告天地、宗庙、社稷。四月二十一日丁卯，派遣使者向各州、各藩镇宣布禅位称帝。四月二十二日戊辰，大赦天下，改年号为开平，国号大梁；尊奉唐昭宣帝为济阴王，都按照前代的成例。唐朝里里外外的旧臣，官职爵位都和过去一样。以汴州为开封府，命名为东都；以原来的东都洛阳为西都；废除原来的西京长安，以京兆府为大安府，在大安府设置佑国军。改魏博名为天雄军。把济阴王李柷迁往曹州，用荆棘把他住的地方围起来，派遣全副武装的士兵守卫。

四月二十五日辛未，册封武安节度使马殷为楚王。

任命宣武掌书记、太府卿敬翔主管崇政院的事务，做后梁太祖的顾问参谋，商量谋划大事，在宫中接受后梁太祖的旨意，传达给宰相执行。宰相在非进宫奏对时的紧急奏请以及已经接受旨意需要再请示的，都详细记载，通过崇政院向后梁太祖奏报，得到后梁太祖旨意后，再传达给宰相。敬翔为人深沉有智谋，在朱全忠幕府二十多年，军事谋划、民政事务，朱全忠一切都委托他办理。敬翔尽心尽力，白天黑夜几乎不睡觉，自己说只有骑在马上才能稍微休息一会儿。后梁太祖性情残暴乖戾，难以接近，大家猜测不到他的意图，只有敬翔能够知道他的心意旨趣。有时有不能办的事情，敬翔并不明显说出，只是略微表示有一些疑问；后梁太祖就已经理解，大多予以改变。后梁太祖接受唐昭宣帝禅位之际，敬翔替他出主意最多。

追尊皇高祖父、高祖母以后各代祖先都为皇帝、皇后；皇上父亲朱诚为烈祖文穆皇帝，母王氏为文惠皇后。

初，帝为四镇节度使，凡仓库之籍，置建昌院以领之。至是，以养子宣武节度副使友文为开封尹、判院事，掌凡国之金谷。友文本康氏子也。

乙亥，下制削夺李克用官爵。是时惟河东、凤翔、淮南称“天祐”，西川称“天复”年号，余皆禀梁正朔，称臣奉贡。

蜀王与弘农王移檄诸道，云欲与岐王、晋王会兵兴复唐室，卒无应者。蜀王乃谋称帝，下教谕统内吏民，又遗晋王书云：“请各帝一方，俟朱温既平，乃访唐宗室立之，退归藩服。”晋王复书不许，曰：“誓于此生靡敢失节。”

唐末之诛宦官也，诏书至河东，晋王匿监军张承业于斛律寺，斩罪人以应诏。至是，复以为监军，待之加厚，承业亦为之竭力。

岐王治军甚宽，待士卒简易。有告部将符昭反者，岐王直诣其家，悉去左右，熟寝经宿而还，由是众心悦服，然御军无纪律。及闻唐亡，以兵羸地蹙，不敢称帝，但开岐王府，置百官，名其所居为宫殿，妻称皇后，将吏上书称笺表，鞭、扇、号令多拟帝者。

镇海节度判官罗隐说吴王镠举兵讨梁，曰：“纵无成功，犹可退保杭、越，自为东帝，奈何交臂事贼，为终古之羞乎！”镠始以隐为不遇于唐，必有怨心，及闻其言，虽不能用，心甚义之。

五月，丁丑朔，以御史大夫薛贻矩为中书侍郎、同平章事。

加武顺节度使赵王王镕守太师，天雄节度使邺王罗绍威守太傅，义武节度使王处直兼侍中。

（以上为第六段，写蜀王王建亦谋称帝，年号“天复”。河东李克用、凤翔李茂贞、淮南杨渥仍称“天祐”年号，示尊奉唐室。其余诸镇皆称臣于梁。梁封武安节度使马殷为楚王。）

契丹遣其臣袍笏梅老来通好，帝遣太府少卿高颀报之。

起初，朱全忠担任四镇节度使的时候，仓库里的所有簿籍账目，设置建昌院来管理；到这时候，皇上任命自己的养子宣武节度副使朱友文为开封尹，兼管建昌院的事务，掌理全国的钱财粮食。朱友文本来是康氏的儿子。

四月二十九日乙亥，颁下制书削夺李克用的官职爵位。当时只有河东、凤翔、淮南三镇用唐昭宣帝“天祐”年号，西川用唐昭宗“天复”年号；其余各藩镇都采用后梁年号，向后梁称臣入贡。

蜀王王建和弘农王杨渥移送檄文告知天下，说要和岐王李茂贞、晋王李克用共同出兵兴复唐朝，但终究没有人响应。蜀王王建于是谋划称帝，颁下文书告诉统治区内的官吏百姓；又写信对晋王李克用说：“请各称帝一方，等到平定了朱温，再寻访唐朝宗室立为皇帝，我们仍退到藩镇的地位。”晋王李克用回信表示不同意，说：“我发誓这一生不丧失做臣子的节操。”

唐末诛杀宦官时，诏书到了河东，晋王李克用把监军张承业藏到斛律寺，斩杀罪犯来应付皇帝的命令。到这时候，又任命张承业为监军，对待他更加优厚，张承业也为李克用尽力办事。

岐王李茂贞治理军队很宽大，对待士兵也平和坦诚。有人告诉他部将符昭要造反，岐王李茂贞就直接到符昭家里，让左右的人全部离开，自己在符昭家里熟睡一夜才回去，由此部众都心悦诚服；但他指挥军队却没有纪律。等到听说唐朝灭亡，由于士兵衰弱地盘狭小，不敢自称皇帝，只是扩建岐王府，设置文武百官，把居住的地方称为宫殿，妻子称为皇后，将领官吏上书称为笺表，鸣鞭、持扇、号令等多数按照皇帝的规格。

镇海节度判官罗隐劝告吴王钱镠出动军队讨伐后梁，说：“即使不能成功，还是可以退保杭州、越州，自己在东边称帝；为什么要拱手侍奉贼寇，成为永远的耻辱呢！”钱镠开始以为罗隐在唐朝没有得到重用，心中一定有怨恨，等到听了罗隐的话，虽然没有采纳，心里还是很称赞他。

五月初一日丁丑，任命御史大夫薛贻矩为中书侍郎、同平章事。

加封武顺节度使赵王王镕守太师，天雄节度使邺王罗绍威守太傅，义武节度使王处直兼任侍中。

契丹派遣使臣梅老穿朝服执笏到后梁互通友好，后梁太祖派遣太府少卿高颀到契丹回访。

初，契丹有八部，部各有大人，相与约，推一人为王，建旗鼓以号令诸部，每三年则以次相代。咸通末，有习尔者为王，土宇始大。其后钦德为王，乘中原多故，时入盗边。及阿保机为王，尤雄勇，五姓奚及七姓室韦、达靼咸役属之。阿保机姓邪律氏，恃其强，不肯受代。久之，阿保机击黄头室韦还，七部劫之于境上，求如约。阿保机不得已，传旗鼓，且曰："我为王九年，得汉人多，请帅种落居古汉城，与汉人守之，别自为一部。"七部许之。汉城，故后魏滑盐县也。地宜五谷，有盐池之利。其后阿保机稍以兵击灭七部，复并为一国。又北侵室韦、女真，西取突厥故地，击奚，灭之，复立奚王而使契丹监其兵。东北诸夷皆畏服之。

是岁，阿保机帅众三十万寇云州，晋王与之连和，面会东城，约为兄弟，延之帐中，纵酒，握手尽欢，约以今冬共击梁。或劝晋王："因其来，可擒也。"王曰："雠敌未灭而失信夷狄，自亡之道也。"阿保机留旬日乃去，晋王赠以金缯数万。阿保机留马三千匹，杂畜万计以酬之。阿保机归而背盟，更附于梁，晋王由是恨之。

己卯，以河南尹兼河阳节度使张全义为魏王，镇海、镇东节度使吴王钱镠为吴越王，加清海节度使刘隐、威武节度王审知兼侍中，仍以隐为大彭王。

癸未，以权知荆南留后高季昌为节度使。荆南旧统八州，乾符以来，寇乱相继，诸州皆为邻道所据，独余江陵。季昌到官，城邑残毁，户口凋耗。季昌安集流散，民皆复业。

（以上为第七段，写契丹主耶律阿保机率30万众侵云州，李克用与之和，约共击后梁，阿保机归而背盟，派使者通好于后梁。后梁太祖封张全义为魏王，钱镠为吴越王，刘隐为大彭王。）

乙酉，立兄全昱为广王，子友文为博王，友珪为郢王，友璋为福王，友贞为均王，友雍为贺王，友徽为建王。

辛卯，以东都旧第为建昌宫，改判建昌院事为建昌宫使。

起初，契丹有八个部，每个部都有大人，共同商定，推举一人为王，建置旗鼓用来号令各部，每三年一任，依次轮流担任。唐懿宗咸通末年，有个叫习尔的为王，疆土开始扩大。这以后钦德为王，乘着中原地区战乱不断，经常入侵在边境一带掠夺抢劫。到阿保机为王时，他尤其威武勇猛，五姓奚和七姓室韦、鞑靼都归附于他。阿保机姓耶律氏，倚仗着自己强大，三年任满后不肯接受替代。过了很久，阿保机攻打黄头室韦回来，其他七部的人在边境劫持他，要求他遵守三年一任换王的约定。阿保机没有办法，把旗鼓等交了出来，并且说："我当王已经九年，得到汉人很多，请率领同种部落住到古汉城去，与汉人共同守护，另外自立一部。"其他七部答应了阿保机的要求。汉城就是北魏时期的滑盐县。那里土地适合种植五谷，又有盐池可以煮盐获利。这以后阿保机逐渐发动军队灭掉了其他七部，把契丹合并成为一个国家。阿保机又向北侵犯室韦、女真，向西攻取突厥旧地，攻打奚部落，把他们灭亡了，后来再选立奚王而让契丹监督他们的军队，东北各部族都害怕并臣服于阿保机。

这一年，阿保机率领部众三十万人入侵云州，晋王李克用与他联合讲和，在云州的东城会面，互相约为兄弟。李克用把阿保机请入营帐中，纵情饮酒，握手尽欢，约定在这一年冬天共同出兵进攻后梁。有人劝晋王李克用说："乘着阿保机前来的机会，可以把他捉住。"李克用说："仇敌朱全忠还没有消灭，而对阿保机他们失信，是自取灭亡的道路啊！"阿保机留了十天才离开云州，晋王李克用送给他金银绸缎有好几万。阿保机也留下三千匹马和几万头其他牲畜来作为答礼。阿保机回去以后就背叛了盟约，又归附了后梁，晋王李克用因此非常怨恨他。

五月初三日己卯，进封河南尹兼河阳节度使张全义为魏王；进封镇海、镇东节度使吴王钱镠为吴越王；加授清海节度使刘隐、威武节度使王审知兼任侍中，仍封刘隐为大彭王。

五月初七日癸未，任命暂时代理荆南留后的高季昌为荆南节度使。荆南过去辖有荆、归、硖、夔、忠、万、澧、朗八个州，唐僖宗乾符年间以来，外寇内乱接连发生，各州都被邻近各道并吞占据，只剩下江陵。高季昌到任时，城邑都残破毁坏，人口也大量减少。高季昌安抚流散的百姓，大家才安居下来，恢复了旧有的生业。

五月初九日乙酉，后梁太祖封他的哥哥朱全昱为广王，儿子朱友文为博王，朱友珪为郢王，朱友璋为福王，朱友贞为均王，朱友雍为贺王，朱友徽为建王。

五月十五日辛卯，把东都的旧居改称为建昌宫，原来的主管官吏判建昌院事改称为建昌宫使。

壬辰，命保平节度使康怀贞将兵八万会魏博兵攻潞州。

甲午，诏废枢密院，其职事皆入于崇政院，以知院事敬翔为院使。

礼部尚书苏循及其子起居郎楷自谓有功于梁，当不次擢用，循朝夕望为相。帝薄其为人，敬翔及殿中监李振亦鄙之，翔言于帝曰："苏循，唐之鸱枭，卖国求利，不可以立于惟新之朝。"戊戌，诏循及刑部尚书张祎等十五人并勒致仕，楷斥归田里。循父子乃之河中依朱友谦。

卢约以处州降吴越。

弘农王以鄂岳观察使刘存为西南面都招讨使，岳州刺史陈知新为岳州团练使，庐州观察使刘威为应援使，别将许玄应为监军，将水军三万以击楚。楚王马殷甚惧，静江军使杨定真贺曰："我军胜矣！"殷问其故，定真曰："夫战惧则胜，骄则败。今淮南兵直趋吾城，是骄而轻敌也；而王有惧色，吾是以知其必胜也。"

殷命在城都指挥使秦彦晖将水军三万浮江而下，水军副指挥使黄璠帅战舰三百屯浏阳口。六月，存等遇大雨，引兵还至越堤北，彦晖追之。存数战不利，乃遗殷书诈降。彦晖使谓殷曰："此必诈也，勿受！"存与彦晖夹水而陈，存遥呼曰："杀降不祥，公独不为子孙计耶！"彦晖曰："贼入吾境而不击，奚顾子孙！"鼓噪而进。存等走，黄璠自浏阳绝江，与彦晖合击，大破之，执存及知新，裨将死者百余人，士卒死者以万数，获战舰八百艘。威以余众遁归，彦晖遂拔岳州。殷释存、知新之缚，慰谕之。二人皆骂曰："丈夫以死报主，肯事贼乎！"遂斩之。许玄应，弘农王之腹心也，常预政事，张颢、徐温因其败，收斩之。

楚王殷遣兵会吉州刺史彭玕攻洪州，不克。

（以上为第八段，写楚王马殷大败犯境的淮南兵。）

康怀贞至潞州，晋昭义节度使李嗣昭、副使李嗣弼闭城拒守。怀贞

五月十六日壬辰，命令保平节度使康怀贞率领军队八万人会合魏博镇的军队去攻打潞州。

五月十八日甲午，下诏废除枢密院，其职掌事务全部归入崇政院，任命原知院事敬翔为院使。

礼部尚书苏循和他的儿子起居郎苏楷自认为对后梁建立有功劳，应当受到越级提升；苏循日夜盼望着当宰相。后梁太祖看不起他的为人，敬翔和殿中监李振也瞧不起他。敬翔对后梁太祖说："苏循是残害唐朝的鸱枭之徒，出卖国家，谋求私利，不可以让这样的人立足于新朝。"五月二十二日戊戌，后梁太祖下诏书命令苏循和刑部尚书张祎等十五人一起立即退职，苏楷驱逐回乡。苏循父子于是到河中去依附朱友谦。

卢约献出处州投降吴越王钱镠。

弘农王杨渥任命鄂岳观察使刘存为西南面都招讨使，岳州刺史陈知新为岳州团练使，庐州观察使刘威为应援使，别将许玄应为监军，率领水军三万人攻打楚王马殷。楚王马殷很害怕，静江军使杨定真祝贺说："我们军队就要胜利了！"马殷问这是什么缘故，杨定真说："双方作战，能知道害怕而尽力对待的一定能胜利，骄傲轻敌的就会失败。现在淮南军队直接奔赴我们城下，是骄傲轻敌的表现；而您有害怕的神色，我因此知道我们一定能打胜仗。"

马殷命令在城都指挥使秦彦晖率领水军三万人顺着长江而下，水军副指挥使黄璠率领战舰三百艘驻扎在浏阳口。六月，刘存等遇到大雨，带兵回到越堤北面，秦彦晖追击他们。刘存打了几仗都失败了，于是写了一封信给马殷假装投降。秦彦晖派人对马殷说："这一定是诈降，不要接受！"刘存与秦彦晖夹水列阵，刘存在水那边远远呼叫说："杀降不祥，明公难道不为子孙考虑吗！"秦彦晖说："如果贼寇侵入了我境而不还击，还说什么顾及子孙？"擂鼓呐喊着前进。刘存等败走，黄璠从浏阳带兵渡过长江，与秦彦晖合力攻击，把淮南军队打得大败，捉住了刘存和陈知新，杀死裨将一百多人士兵好几万人，缴获战舰八百艘。刘威带着剩下的部众逃了回去，秦彦晖于是攻下了岳州。马殷解开捆绑刘存、陈知新两人的绳索，想劝他们投降。两人破口大骂说："大丈夫以死报答主人，怎么能投降事奉贼寇！"于是把两人斩首。许玄应是弘农王杨渥的心腹，经常参与政事，张颢、徐温因为许玄应战败，把他收捕后杀了。

楚王马殷派遣军队会合吉州刺史彭玕攻打洪州，没有打下来。

康怀贞到达潞州，晋昭义节度使李嗣昭、副使李嗣弼紧闭城门进行抵抗。康怀

昼夜攻之，半月不克，乃筑垒穿蚰蜒堑而守之，内外断绝。晋王以蕃、汉都指挥使周德威为行营都指挥使，帅马军都指挥使李嗣本、马步都虞候李存璋、先锋指挥使史建瑭、铁林都指挥使安元信、横冲指挥使李嗣源、骑将安金全救潞州。嗣弼，克修之子；嗣本，本姓张；建瑭，敬思之子；金全，代北人也。

晋兵攻泽州，帝遣左神勇军使范居实将兵救之。

甲寅，以平卢节度使韩建守司徒、同平章事。

武贞节度使雷彦恭会楚兵攻江陵，荆南节度使高季昌引兵屯公安，绝其粮道。彦恭败，楚兵亦走。

刘守光既囚其父，自称卢龙留后，遣使请命，秋，七月，甲午，以守光为卢龙节度使、同平章事。

静海节度使曲裕卒，丙申，以其子权知留后颢为节度使。

雷彦恭攻岳州，不克。

丙午，赐河南尹张全义名宗奭。

辛亥，以吴越王镠兼淮南节度使，楚王殷兼武昌节度使，各充本道招讨制置使。

晋周德威壁于高河，康怀贞遣亲骑都头秦武将兵击之，武败。

丁巳，帝以亳州刺史李思安代怀贞为潞州行营都统，黜怀贞为行营都虞候。思安将河北兵西上，至潞州城下，更筑重城，内以防奔突，外以拒援兵，谓之夹寨。调山东民馈军粮，德威日以轻骑抄之，思安乃自东南山口筑甬道，属于夹寨。德威与诸将互往攻之，排墙填堑，一昼夜间数十发，梁兵疲于奔命。夹寨中出刍牧者，德威辄抄之，于是梁兵闭壁不出。

（以上为第九段，写潞州城下梁晋大交兵。后梁太祖加封吴越王钱镠兼淮南节度使，楚王马殷兼武昌节度使，各充本道招讨制置使，夹击淮南。）

九月，雷彦恭攻涔阳、公安，高季昌击败之。彦恭贪残类其父，专以焚掠为事，荆、湖间常被其患，又附于淮南。丙申，诏削彦恭官爵，命季昌与楚王殷讨之。

贞白天黑夜攻打，半个月也没有打下来，于是筑起堡垒，挖了如同蚰蜒行地形状的壕沟，准备长期围城，潞州城和外面隔绝了。晋王李克用任命蕃汉都指挥使周德威为行营都指挥使，率领马军都指挥使李嗣本、马步都虞候李存璋、先锋指挥使史建瑭、铁林都指挥使安元信、横冲指挥使李嗣源、骑将安金全救援潞州。李嗣弼是李克用弟弟李克修的儿子。李嗣本，本姓张；史建瑭是史敬思的儿子；安金全是代北人。

晋王李克用的军队攻打泽州，后梁太祖派遣左神勇军使范居实率领军队前往救援。

六月初九日甲寅，任命平卢节度使韩建为守司徒、同平章事。

武贞节度使雷彦恭会合楚军进攻江陵，荆南节度使高季昌率领军队驻扎公安，断绝他们的运粮通道。雷彦恭被打败，楚军也撤回去了。

刘守光囚禁他的父亲刘仁恭后，自称卢龙留后，派遣使者到后梁请求任命。秋季，七月十九日甲午，后梁太祖任命刘守光为卢龙节度使、同平章事。

静海节度使曲裕去世，七月二十一日丙申，任命他的儿子暂时代理留后的曲颢为静海节度使。

雷彦恭攻打岳州，没打下来。

八月初一日丙午，后梁太祖赐河南尹张全义名字叫宗奭。

八月初六日辛亥，任命吴越王钱镠兼淮南节度使，楚王马殷兼武昌节度使，各担任本道的招讨制置使。

晋周德威在高河扎营，康怀贞派遣亲骑都头秦武率领军队去攻打他，秦武吃了败仗。

八月十二日丁巳，后梁太祖任命亳州刺史李思安代替康怀贞为潞州行营都统，贬黜康怀贞为行营都虞候。李思安率领河北军队西上，到了潞州城下，又修筑两重城墙，内为防止城里军队突围出去，外为防止援兵进入，这种城墙称为夹寨。李思安调发山东百姓运送军粮，周德威天天派轻骑兵拦击他们，李思安于是从东南山口修筑甬道，与夹寨连接。周德威又和各将领轮流出击，推倒城墙，填平壕沟，一昼夜之间出发几十次，后梁军队防不胜防，疲于奔命。夹寨中有出来割草放牧的，周德威就袭击他们，于是后梁军队紧闭营垒不敢出来。

九月，雷彦恭攻打涔阳、公安，高季昌打败了他。雷彦恭贪婪残暴像他父亲雷满一样，专门以焚烧抢掠为业，荆湖之间常常受到他的祸害；他又依附于淮南的弘农王杨渥。九月二十二日丙申，后梁太祖下诏削除雷彦恭的官职爵位，命令高季昌

蜀王会将佐议称帝，皆曰：“大王虽忠于唐，唐已亡矣，此所谓‘天与不取’者也！”冯涓独献议请以蜀王称制，曰：“朝兴则未爽称臣，贼在则不同为恶。”王不从，涓杜门不出。王用安抚副使、掌书记韦庄之谋，帅吏民哭三日。己亥，即皇帝位，国号大蜀。辛丑，以前东川节度使兼侍中王宗佶为中书令，韦庄为左散骑常侍、判中书门下事，阆州防御使唐道袭为内枢密使。庄，见素之孙也。

蜀主虽目不知书，好与书生谈论，粗晓其理。是时唐衣冠之族多避乱在蜀，蜀主礼而用之，使修举故事，故其典章文物有唐之遗风。

蜀主长子校书郎宗仁幼以疾废，立其次子秘书少监宗懿为遂王。

冬，十月，高季昌遣其将倪可福会楚将秦彦晖攻朗州，雷彦恭遣使乞降于淮南，且告急。弘农王遣将泠业将水军屯平江，李饶将步骑屯浏阳以救之，楚王殷遣岳州刺史许德勋将兵拒之。泠业进屯朗口，德勋使善游者五十人，以木枝叶覆其首，持长刀浮江而下，夜犯其营，且举火，业军中惊扰。德勋以大军进击，大破之，追至鹿角镇，擒业。又破浏阳寨，擒李饶；掠上高、唐年而归。斩业、饶于长沙市。

十一月，甲申，夹马指挥使尹皓攻晋江猪岭寨，拔之。

义昌节度使刘守文闻其弟守光幽其父，集将吏大哭曰：“不意吾家生此枭獍！吾生不如死，誓与诸君讨之！”乃发兵击守光，互有胜负。

天雄节度使邺王绍威谓其下曰：“守光以窘急归国，守文孤立无援，沧州可不战服也。”乃遗守文书，谕以祸福。守文亦恐梁乘虚袭其后，戊子，遣使请降，以子延祐为质。帝拊手曰：“绍威折简，胜十万兵！”加守文中书令，抚纳之。

初，帝在藩镇，用法严，将校有战没者，所部兵悉斩之，谓之跋队

会合楚王马殷讨伐他。

蜀王王建召集将领佐吏商议称帝之事，大家都说："大王您虽然忠于唐皇室，但是唐朝已经灭亡了，这就是所说的'上天要赐给你，你不能不接受'这样的情况了！"唯独冯涓建议王建以蜀王的名义行使皇帝的职务，说："这样，唐朝复兴则没有违背做臣子的礼节，贼寇存在也没有和他们一起叛逆作恶。"王建没有听从，冯涓于是闭门不出。王建采用安抚副使、掌书记韦庄的计谋，率领官吏、百姓大哭三天，九月二十五日己亥，即皇帝位，国号大蜀。九月二十七日辛丑，任命前东川节度使兼侍中王宗佶为中书令，韦庄为左散骑常侍、判中书门下事，阆州防御使唐道袭为内枢密使。韦庄是唐玄宗天宝末年宰相韦见素的孙子。

前蜀主王建虽然不识字，但喜欢和读书人谈论，粗略知道书中的道理。当时唐朝的官宦世族大多到蜀地来躲避战乱，王建对他们以礼相待，并重用他们，使他们研究讨论唐朝的典章制度，所以前蜀的法令和其他制度有唐朝的遗风。

前蜀主王建的长子、校书郎王宗仁小时候因病致残成了残疾人，就立他的次子、秘书少监王宗懿为遂王。

冬季，十月，高季昌派遣他的部将倪可福会同楚将秦彦晖攻打朗州。雷彦恭派遣使者到淮南向弘农王杨渥乞求投降，并且报告情况危急。弘农王杨渥派遣部将泠业率领水军驻扎平江，李饶率领步兵、骑兵驻扎浏阳，用来救援雷彦恭。楚王马殷派遣岳州刺史许德勋率领军队进行抵抗。泠业进军驻扎朗口，许德勋派五十个善于游泳的人，用木枝、树叶遮盖头部，拿着长刀在长江中顺流而下，夜里袭击泠业的军营，并且放火，泠业军中大乱，惊慌失措。许德勋率领大军进攻，把泠业打得大败，一直追到鹿角镇，活捉泠业；又攻破了浏阳寨，擒获李饶；在上高、唐年抢掠了一番后才返回。在长沙的街市上斩杀了泠业、李饶两人。

十一月十一日甲申，后梁夹马指挥使尹皓攻打晋王李克用的江猪岭寨，攻下了这个寨子。

义昌节度刘守文听说他的弟弟刘守光囚禁了他们的父亲刘仁恭，集合将吏大哭说："想不到我家竟生了这样不孝的禽兽！我生还不如死，发誓与你们一起讨伐刘守光！"于是发动军队去攻打刘守光，双方互有胜负。

天雄节度使邺王罗绍威对他的部下说："刘守光因为窘困危急，所以投降我们梁朝，刘守文孤立无援，他的沧州可以不战就降服了。"于是写信给刘守文，对他讲清祸福。刘守文也担心后梁乘虚袭击他的后方，十一月十五日戊子，派遣使者向后梁请求投降，以独生子刘延祐作为人质。后梁太祖高兴地拍着手说："罗绍威一封书信，胜过十万军队！"加授刘守文为中书令，并且抚慰他，接受他的归顺。

起初，后梁太祖在藩镇时，执法严厉，将校有战死的，他的部下士兵全部斩首，

斩，士卒失主将者，多亡逸不敢归。帝乃命凡军士皆文其面以记军号。军士或思乡里逃去，关津辄执之送所属，无不死者，其乡里亦不敢容。由是亡者皆聚山泽为盗，大为州县之患。壬寅，诏赦其罪，自今虽文面亦听还乡里。盗减什七八。

淮南右都押牙米志诚等将兵渡淮袭颍州，克其外郭。刺史张实据子城拒守。

晋王命李存璋攻晋州，以分上党兵势。十二月，壬戌，诏河中、陕州发兵救之。

甲子，诏发步骑五千救颍州，米志诚等引去。

丁卯，晋兵寇洺州。

淮南兵攻信州，刺史危仔倡求救于吴越。

（以上为第十段，写王建称帝于蜀，楚王马殷再败淮南兵。沧州刘守文降梁。梁太祖诏令赦免逃兵罪。）

二年（戊辰，908年）

春，正月，癸酉朔，蜀主登兴义楼。有僧抉一目以献，蜀主命饭僧万人以报之。翰林学士张格曰："小人无故自残，赦其罪已幸矣，不宜复崇奖以败风俗。"蜀主乃止。

丁丑，蜀以韦庄为门下侍郎、同平章事。

辛巳，蜀主祀南郊。壬午，大赦，改元武成。

晋王疽发于首，病笃。周德威等退屯乱柳。晋王命其弟内外蕃汉都知兵马使振武节度使克宁、监军张承业、大将李存璋、吴珙、掌书记卢质立其子晋州刺史存勖为嗣，曰："此子志气远大，必能成吾事，尔曹善教导之！"辛卯，晋王谓存勖曰："嗣昭厄于重围，吾不及见矣。俟葬毕，汝与德威辈速竭力救之！"又谓克宁等曰："以亚子累汝！"亚子，存勖小名也。言终而卒。克宁纲纪军府，中外无敢喧哗。

克宁久总兵柄，有次立之势，时上党围未解，军中以存勖年少，多

称为“跋队斩”。士兵失去了主将，大多逃跑不敢回来。后梁太祖于是命令所有的士兵都要在面部刺上部队的番号。有的士兵思念家乡逃跑，关卡渡口常常把他们捉住送回原先部队，没有不被处死的，他们的家乡也不敢收容。因此逃跑的人都聚集到山林川泽之中去做强盗，成为州县的大害。十一月二十九日壬寅，后梁太祖下诏令赦免他们的罪过，从此以后即使脸上刺了字的也准许他们返回家乡。盗贼减少了十分之七八。

淮南右都押牙米志诚等率领军队渡过淮河袭击颍州，攻克了颍州外城。颍州刺史张实死守内城进行抵抗。

晋王李克用命令李存璋攻打晋州，来分散后梁攻打上党的兵力。十二月十九日壬戌，后梁太祖下诏命令河中、陕州发兵救援晋州。

十二月二十一日甲子，后梁太祖下诏派遣步兵、骑兵五千人救援颍州，米志诚等退走了。

十二月二十四日丁卯，晋王李克用的军队侵犯洺州。

淮南军攻打信州，信州刺史危仔昌向吴越王钱镠请求救援。

后梁太祖开平二年（戊辰，908 年）

春季，正月初一日癸酉，前蜀主王建登上兴义楼。有个僧人挖出自己一只眼睛献给王建，王建命令招待一万个僧人吃饭来作为回报。翰林学士张格说：“僧人无缘无故地自己残害身体，赦免他的罪过已经是幸运的，不应该再推崇奖赏他而败坏了风气。”王建这才作罢。

正月初五日丁丑，前蜀主王建任命韦庄为门下侍郎、同平章事。

正月初九日辛巳，前蜀主王建到南郊祭天。正月初十日壬午，下令大赦，改年号为武成。

晋王李克用头上长了毒疮，病情严重。周德威等退到乱柳驻扎。晋王李克用命令他的弟弟内外蕃汉都知兵马使、振武节度使李克宁，监军张承业，大将李存璋、吴珙，掌书记卢质等人拥立他的儿子晋州刺史李存勖为嗣王，说：“这个儿子志向远大，一定能完成我的事业，你们要好好教导他！”正月十九日辛卯，晋王对李存勖说：“李嗣昭被梁兵围困在潞州，我来不及和他相见了。等办完我的丧事，你和周德威等人赶快尽力去救援他！”又对李克宁等说：“把亚子托付给你们照管了！”亚子是李存勖的小名。李克用说完话就去世了。李克宁治理军府，内外没有人敢喧哗。

李克宁长久以来掌握军权，有兄死弟立之势。当时上党围困还没有解除，军队

窃议者，人情恟恟。存勖惧，以位让克宁。克宁曰："汝冢嗣也，且有先王之命，谁敢违之！"将吏欲谒见存勖，存勖方哀哭未出。张承业入谓存勖曰："大孝在不坠基业，多哭何为！"因扶存勖出，袭位为河东节度使、晋王。李克宁首帅诸将拜贺，王悉以军府事委之。

以李存璋为河东军城使、马步都虞候。先王之时，多宠借胡人及军士，侵扰市肆，存璋既领职，执其尤暴横者戮之，旬月间城中肃然。

吴越王镠遣兵攻淮南甘露镇，以救信州。

蜀中书令王宗佶，于诸假子为最长，且恃其功，专权骄恣。唐道袭已屡枢密使，宗佶犹以名呼之；道袭心衔之而事之逾谨。宗佶多树党友，蜀主亦恶之。二月，甲辰，以宗佶为太师，罢政事。

蜀以户部侍郎张格为中书侍郎、同平章事。格为相，多迎合主意，有胜己者，必以计排去之。

（以上为第十一段，写蜀主以韦庄为门下侍郎、同平章事，祀南郊，改元武成。河东节度使李克用死，其子李存勖继立。）

初，晋王克用多养军中壮士为子，宠遇如真子。及晋王存勖立，诸假子皆年长握兵，心怏怏不伏，或托疾不出，或见新王不拜。李克宁权位既重，人情多向之。假子李存颢阴说克宁曰："兄终弟及，自古有之。以叔拜侄，于理安乎！天与不取，后悔无及！"克宁曰："吾家世以慈孝闻天下，先王之业苟有所归，吾复何求！汝勿妄言，我且斩汝！"克宁妻孟氏，素刚悍，诸假子各遣其妻入说孟氏，孟氏以为然，且虑语泄及祸，数以迫克宁。克宁性怯，朝夕惑于众言，心不能无动；又与张承业、李存璋相失，数诮让之；又因事擅杀都虞候李存质；又求领大同节度使，以蔚、朔、应州为巡属。晋王皆听之。

李存颢等为克宁谋，因晋王过其第，杀承业、存璋，奉克宁为节度使，举河东九州附于梁，执晋王及太夫人曹氏送大梁。太原人史敬镕，

中认为李存勖年纪小，私下都在议论，人心浮动不定。李存勖害怕，要把王位让给李克宁。李克宁说："你是嗣子，又有先王临终的遗命，谁敢违抗！"将领、官吏们想要谒见李存勖，李存勖正在悲伤哭泣，没有出来。张承业进去对李存勖说："最大的孝顺是能够继承父亲的事业不让它失去，多哭又有什么用呢！"于是就扶着李存勖出来，继位为河东节度使、晋王。李克宁首先率领各将领拜贺，晋王李存勖把军府事务全部托付李克宁掌管。

晋王李存勖任命李存璋为河东军城使、马步都虞候。先王李克用时，大多宠信胡人和军士，这些人侵犯骚扰市集店铺。李存璋任职以后，抓了其中最残暴蛮横的杀头治罪，一个月的时间城里就安定了，没人再敢闹事。

吴越王钱镠派遣军队进攻淮南甘露镇，以救援信州的危仔昌。

前蜀中书令王宗佶，在前蜀主王建的养子中年纪最大，并且倚仗着有功劳，独揽大权，骄奢放纵。唐道袭已经担任枢密使，王宗佶仍然叫他名字。唐道袭心里对王宗佶非常怨恨，但表面上侍奉他却更加恭敬。王宗佶广结党羽，前蜀主王建也憎恶他。二月初三日甲辰，任命王宗佶为太师，但停止他参与国家的政事。

前蜀任命户部侍郎张格为中书侍郎、同平章事。张格当宰相，多迎合前蜀主王建的意思；看到朝廷中有能力超过自己的人，一定千方百计地把他排挤走。

起初，晋王李克用收养了很多军中的壮士为养子，宠信待遇和亲生儿子一样。等到晋王李存勖继位，各养子年纪都比他大并且握有兵权，都心里闷闷不乐不服气，有的托病不出来，有的见到新王也不参拜。李克宁位高权重，人心多归向他。养子李存颢暗中劝李克宁说："哥哥死了弟弟继位，自古以来就有这样的。以叔叔的身份去叩拜侄子，道理上说得通吗！上天要给你，你不去取得，后悔也就来不及了！"李克宁说："我家世世代代以父慈子孝闻名天下，先王的基业如果有人继承，我还求什么呢！你不要再胡言乱语了，不然我就要杀了你！"李克宁的妻子孟氏，一向刚强凶悍，各养子分别派遣自己的妻子去劝说孟氏，孟氏认为有道理，并且担心这些话泄露出去会带来灾祸，多次逼迫李克宁采取行动。李克宁生性怯弱，从早到晚被这些人的话蛊惑，不能不动心；又和张承业、李存璋不和，多次责备他们；又因故擅自杀了都虞候李存质；又要求兼任大同节度使，以蔚州、朔州、应州为属地。晋王李存勖都听从了他。

李存颢等为李克宁谋划，准备趁晋王李存勖到他家探望时，杀死张承业、李存璋，拥立李克宁为河东节度使，率河东所属九个州归顺后梁，抓住晋王李存勖和太

少事晋王克用，居帐下，见亲信，克宁欲知府中阴事，召敬镕，密以谋告之。敬镕阳许之，入告太夫人，太夫人大骇，召张承业，指晋王谓之曰：“先王把此儿臂授公等，如闻外间谋欲负之，但置吾母子有地，勿送大梁，自他不以累公。”承业惶恐曰：“老奴以死奉先王之命，此何言也！”晋王以克宁之谋告，且曰：“至亲不可自相鱼肉，吾苟避位，则乱不作矣。”承业曰：“克宁欲投大王母子于虎口，不除之岂有全理！”乃召李存璋、吴珙及假子李存敬、长直军使朱守殷，使阴为之备。壬戌，置酒会诸将于府舍，伏甲执克宁、存颢于座。晋王流涕数之曰：“儿向以军府让叔父，叔父不取。今事已定，奈何复为此谋，忍以吾母子遗仇雠乎！”克宁曰：“此皆谗人交构，夫复何言！”是日，杀克宁及存颢。

癸亥，鸩杀济阴王于曹州，追谥曰唐哀皇帝。

甲子，蜀兵入归州。执刺史张瑭。

辛未，以韩建为侍中，兼建昌宫使。

李思安等攻潞州，久不下，士卒疲弊，多逃亡。晋兵犹屯余吾寨，帝疑晋王克用诈死，欲召兵还，恐晋人蹑之，乃议自至泽州应接归师，且召匡国节度使刘知俊将兵趣泽州。三月，壬申朔，帝发大梁。丁丑，次泽州。辛巳，刘知俊至。壬午，以知俊为潞州行营招讨使。

（以上为第十二段，写李克用弟李克宁谋作乱，被杀，梁太祖鸩杀济阴王李柷于曹州，谥为哀帝。）

癸巳，门下侍郎、同平章事张文蔚卒。

帝以李思安久无功，亡将校四十余人，士卒以万计，更闭壁自守，遣使召诣行在。甲午，削思安官爵，勒归本贯充役；斩监押杨敏贞。

晋李嗣昭固守逾年，城中资用将竭，嗣昭登城宴诸将作乐。流矢中嗣昭足，嗣昭密拔之，座中皆不觉。帝数遣使赐嗣昭诏，谕降之，嗣昭焚诏书，斩使者。

夫人曹氏送往大梁。太原人史敬镕，年轻时侍奉晋王李克用，在李克用的帐下听差，受到信任。李克宁想要知道王府中的秘密事情，召见史敬镕，秘密地把计划告诉了他。史敬镕表面上答应了李克宁，入府报告太夫人曹氏。太夫人大惊，召见张承业，指着晋王李存勖对他说："先王抓着这个孩子的手把他托付给你们，如果听到外面有人谋划想要背叛他，只求有个地方安置我母子两人，不要把我们送往大梁，其他不敢劳累您。"张承业惶恐地说："老奴以死来遵奉先王的遗命，这是什么话！"晋王李存勖把李克宁的阴谋告诉他，并且说："至亲不可以自相残杀，我如果让位，祸乱就不会发生了。"张承业说："李克宁想要把大王母子投入虎口，这种人不除去，难道还有道理吗！"于是召见李存璋、吴珙以及养子李存敬、长直军使朱守殷，让他们暗中部署准备。二月二十一日壬戌，在王府设置酒宴招待各将领，埋伏的全副武装的士兵在座位上把李克宁、李存颢逮捕。晋王李存勖流着泪数说他们的罪状："我以前把节度使让给叔父，叔父不接受。现在事情已经定下来了，为什么又有这样的阴谋，忍心要把我们母子两人送给仇敌呢？"李克宁说："这些都是说坏话的奸邪小人挑拨离间造成的，我还有什么话好说呢？"当天，杀了李克宁和李存颢。

二月二十二日癸亥，后梁太祖在曹州用毒酒害死了济阴王李柷，追谥他为唐哀皇帝。

二月二十三日甲子，前蜀军队进入归州，活捉了归州刺史张瑭。

二月三十日辛未，后梁太祖任命韩建为侍中，兼建昌宫使。

李思安等攻打潞州，很久也没有攻下来，士兵疲惫困乏，多数都逃亡了。晋兵仍驻扎在余吾寨。后梁太祖怀疑晋王李克用是假死，想要召回军队，又担心晋兵尾随追击；于是商议亲自到泽州接应退回的军队，并且下令匡国节度使刘知俊率领军队迅速赶往泽州。三月初一日壬申，后梁太祖从大梁出发。三月初六日丁丑，到达泽州驻扎。三月初十日辛巳，刘知俊的军队也到了。三月十一日壬午，后梁太祖任命刘知俊为潞州行营招讨使。

三月二十二日癸巳，门下侍郎、同平章事张文蔚去世。

后梁太祖因为李思安攻打潞州时间很长没有立功，还损失了四十多名将校，士兵以万来计算，又关闭营垒只守不攻，于是派遣使者召李思安到泽州行营。三月二十三日甲午，革除李思安官职爵位，命令他返回原籍应差充役；杀了监押杨敏贞。

晋李嗣昭在潞州坚守了一年多，城里物资用品快完了，李嗣昭登上城楼宴请各将领取乐。有流矢射中了他的脚，李嗣昭偷偷地把它拔掉，座中的人都没有发觉。后梁太祖多次派遣使者赐给他诏书，劝他投降后梁。李嗣昭把诏书烧了，把使者也杀了。

帝留泽州旬余，欲召上党兵还，遣使就与诸将议之。诸将以为李克用死，余吾兵且退，上党孤城无援，请更留旬月以俟之。帝从之，命增运刍粮以馈其军。刘知俊将精兵万余人击晋军，斩获甚众，表请自留攻上党，车驾宜还京师。帝以关中空虚，虑岐人侵同华，命知俊休兵长子旬日，退屯晋州，俟五月归镇。

蜀太师王宗佶既罢相，怨望，阴畜养死士，谋作乱。上表以为："臣官预大臣，亲则长子，国家之事，休戚是同。今储贰未定，必生厉阶。陛下若以宗懿才堪继承，宜早行册礼，以臣为元帅，兼总六军；傥以时方艰难，宗懿冲幼，臣安敢持谦不当重事！陛下既正位南面，军旅之事宜委之臣下。臣请开元帅府，铸六军印，征戍征发，臣悉专行。太子视膳于晨昏，微臣握兵于环卫，万世基业，惟陛下裁之。"蜀主怒，隐忍未发，以问唐道袭，对曰："宗佶威望，内外慑服，足以统御诸将。"蜀主益疑之。己亥，宗佶入见，辞色悖慢，蜀主谕之，宗佶不退，蜀主不堪其忿，命卫士扑杀之。贬其党御史中丞郑骞为维州司户，卫尉少卿李钢为汶川尉，皆赐死于路。

（以上为第十三段，写蜀主王建斩杀桀骜不驯的太师王宗佶。）

初，晋王克用卒，周德威握重兵在外，国人皆疑之。晋王存勖召德威使引兵还。夏，四月，辛丑朔，德威至晋阳，留兵城外，独徒步而入，伏先王柩，哭极哀；退，谒嗣王，礼甚恭。众心由是释然。

癸卯，门下侍郎、同平章事杨涉罢为右仆射；以吏部侍郎于兢为中书侍郎，翰林学士承旨张策为刑部侍郎，并同平章事。兢，琮之兄子也。

夹寨奏余吾晋兵已引去，帝以援兵不能复来，潞州必可取，丙午，自泽州南还，壬子，至大梁。梁兵在夹寨者亦不复设备。晋王与诸将谋曰："上党，河东之藩蔽，无上党，是无河东也。且朱温所惮者独先王耳，闻吾新立，以为童子未闲军旅，必有骄怠之心。若简精兵倍道趣之，出其不意，破之必矣。取威定霸，在此一举，不可失也！"张承业亦劝之

后梁太祖在泽州停留了十多天，想要召回上党的军队，派遣使者前去和各将领商量。各将领认为李克用已经死了，余吾寨的晋兵将要撤退，上党是一座孤城没有援兵，请求再留一个月来等待机会。后梁太祖听从了大家的意见，命令增运粮草来支援军队。刘知俊率领精兵一万多人攻击晋军，斩杀俘获的很多，上表请求自己留下攻打上党，请后梁太祖返回京师大梁。后梁太祖因为关中空虚，担心岐州李茂贞侵犯同州、华州，命令刘知俊让军队在长子县休息十天，然后撤退到晋州驻扎，等到五月再返回藩镇。

前蜀太师王宗佶被罢免宰相职务后，心中怨恨，暗中养了一批敢死之士，阴谋作乱。他向前蜀主王建上表认为："臣官列大臣，论骨肉之亲又是陛下的长子，国家的事情，和臣休戚相关。如今太子还没有确定，一定会发生祸乱。陛下如果认为王宗懿的才干能够继承皇位，应该早日举行册封大礼，任用臣为元帅，并且统领全国的军队；倘若认为时势还动荡不安，王宗懿又年幼不能任事，臣怎么敢保持谦逊不去承担重任呢！陛下已经南面称帝，军队事务应该委托臣来掌管。臣请求设置元帅府，铸造指挥全国军队的印信，征战守边，征发徭役，都由臣独自施行。太子在宫中早晚服侍您的饮食，臣掌握军权在四周保卫，这是万世的基业，请陛下考虑决定。"蜀主王建大怒，暗中忍耐没有发作，拿这件事问唐道袭。唐道袭回答说："王宗佶有威望，朝廷内外都畏惧顺从，有足够能力统御各将领。"蜀主王建更加怀疑王宗佶。三月二十八日己亥，王宗佶入宫朝见，对蜀主态度很傲慢；蜀主向他指出，王宗佶不退让。蜀主不能按捺自己的怒气，命令卫士把王宗佶打死。又把他的党羽御史中丞郑骞贬为维州司户，卫尉少卿李钢贬为汶川尉，都在路上把他们赐死。

当初，晋王李克用去世，周德威掌握重兵在外面，国中人都怀疑周德威。晋王李存勖下令召周德威率领军队返回晋阳。夏季，四月初一日辛丑，周德威到达晋阳，他把军队留在城外，独自步行入城，伏在先王李克用的灵柩上哭得很悲伤；退出后，拜见嗣位的晋王李存勖，礼节非常恭敬。大家心里的疑虑于是消释了。

四月初三日癸卯，后梁门下侍郎、同平章事杨涉被免职降为右仆射；任命吏部侍郎于兢为中书侍郎，翰林学士承旨张策为刑部侍郎，都为同平章事。于兢是于琮哥哥的儿子。

在潞州夹寨的后梁将领上奏说余吾寨的晋兵已经退走，后梁太祖认为晋军援兵不能再来，潞州一定可以攻克。四月初六日丙午，从泽州南下返回。四月十二日壬子，到达大梁。后梁留在夹寨的军队也不再设防。晋王李存勖与各将领商议说："上党是河东的屏障，没有上党，也就没有河东。况且朱温惧怕的只是先王，听说我新登王位，以为小孩子不熟悉带兵打仗，一定有骄傲懈怠的心理。如果挑选精锐部队

行。乃遣承业及判官王缄乞师于凤翔，又遣使赂契丹王阿保机求骑兵。岐王衰老，兵弱财竭，竟不能应。晋王大阅士卒，以前昭义节度使丁会为都招讨使。甲子，帅周德威等发晋阳。

淮南遣兵寇石首，襄州兵败之于瀺港。又遣其将李厚将水军万五千趣荆南，高季昌逆战，败之于马头。

己巳，晋王军于黄碾，距上党四十五里。五月，辛未朔，晋王伏兵三垂冈下，诘旦大雾，进兵直抵夹寨。梁军无斥候，不意晋兵之至，将士尚未起，军中惊忧。晋王命周德威、李嗣源分兵为二道，德威攻西北隅，嗣源攻东北隅，填堑烧寨，鼓噪而入。梁兵大溃，南走，招讨使符道昭马倒，为晋人所杀；失亡将校士卒以万计，委弃资粮、器械山积。

周德威等至城下，呼李嗣昭曰："先王已薨，今王自来，破贼夹寨。贼已去矣，可开门！"嗣昭不信，曰："此必为贼所得，使来诳我耳。"欲射之。左右止之，嗣昭曰："王果来，可见乎？"王自往呼之。嗣昭见王白服，大恸几绝，城中皆哭，遂开门。初，德威与嗣昭有隙，晋王克用临终谓晋王存勖曰："进通忠孝，吾爱之深。今不出重围，岂德威不忘旧怨邪！汝为吾以此意谕之。若潞围不解，吾死不瞑目。"进通，嗣昭小名也。晋王存勖以告德威，德威感泣，由是战夹寨甚力，既与嗣昭相见，遂欢好如初。

康怀贞以百余骑自天井关遁归。帝闻夹寨不守，大惊，既而叹曰："生子当如李亚子，克用为不亡矣！至如吾儿，豚犬耳！"诏所在安集散兵。

周德威、李存璋乘胜进趣泽州，刺史王班素失人心，众不为用。龙虎统军牛存节自西都将兵应接夹寨溃兵，至天井关，谓其众曰："泽州要害地，不可失也；虽无诏旨，当救之。"众皆不欲，曰："晋人胜气方锐，且众寡不敌。"存节曰："见危不救，非义也；畏敌强而避之，非勇也。"遂举策引众而前。至泽州，城中人已纵火喧噪，欲应晋王，班闭牙城自守，存节至，乃定。晋兵寻至，缘城穿地道攻之，存节昼夜拒战，凡旬

急速前去进攻，出其不意，必定可以打败他们。取得威势确定霸业，在此一举了，这个机会不能失去啊！”张承业也劝他亲自出征。于是派遣张承业和判官王缄到凤翔请求李茂贞出兵援助，又派遣使者贿赂契丹王阿保机请求借给骑兵。岐王李茂贞已经衰老，军队衰弱，财力困难，最终未能相助。晋王李存勖大规模检阅军队，任命前昭义节度使丁会为都招讨使。四月二十四日甲子，率领周德威等从晋阳出发。

淮南弘农王杨渥派遣军队侵犯石首，襄州军队在浥港把他们打败了。淮南又派遣将领李厚率领水军一万五千人奔赴荆南，高季昌迎战，在马头把李厚也打败了。

四月二十九日己巳，晋王李存勖率领军队驻扎在黄碾，距离上党有四十五里。五月初一日辛未，晋王埋伏军队在三垂冈下，第二天早上起了大雾，进兵直达夹寨。梁军没有派出侦察人员，料想不到晋兵会到来，将士们都还未起床，军营中惊慌骚动。晋王命令周德威、李嗣源分兵两路，周德威攻西北角，李嗣源攻东北角，晋兵填起壕沟，放火烧寨，擂鼓呐喊长驱直入。梁军大败，向南逃走。招讨使符道昭的坐骑跌倒，被晋兵杀死；逃失死亡的将士有几万人；丢弃的物资、粮草、器械堆积如山。

周德威等到了潞州城下，呼唤李嗣昭说：“先王已经去世，继位的晋王亲自前来，攻破了敌人的夹寨。敌人已经逃走了，可以打开城门！”李嗣昭不相信，说：“这一定是被敌人俘虏了，派来欺骗我。”想要用箭射周德威，左右的人连忙劝止。李嗣昭说：“继位的晋王如果真的来了，可以见见吗？”晋王李存勖亲自到城下呼唤李嗣昭。李嗣昭见晋王穿着白色丧服，放声大哭悲痛欲绝，城中的晋兵也都哭了，于是打开了城门。起初，周德威和李嗣昭有仇怨，晋王李克用临死时对李存勖说：“李进通生性忠孝，我很喜欢他。现在他被困在重围中，难道是周德威忘不了旧日的仇怨而不肯尽力救援他吗？你替我把这个意思告诉他。如果潞州不能解围，我死也不能瞑目。”进通是李嗣昭的小名。晋王李存勖把这话告诉了周德威，周德威感激哭泣，于是攻打夹寨特别尽力；在与李嗣昭相见后，两人重新和好像最初一样。

康怀贞率领骑兵一百多人从天井关逃回大梁。后梁太祖听说夹寨失守，大吃一惊，过了一会儿长叹说：“生儿子要生像李亚子一样的，李克用等于不死了！至于我的儿子，就像猪狗一般没有用！”下诏命令各地安抚召集逃散的士兵。

周德威、李存璋乘胜进逼泽州，泽州刺史王班一向失去民心，老百姓都不肯为他效力。龙虎统军牛存节从西都率领军队来接应夹寨败退下来的士兵，到了天井关，对他的部下说：“泽州是要害之地，不能失陷；即使没有皇上的诏旨，也应当救援它。”部下都不愿意，说：“晋兵正在乘胜追击，士气旺盛，况且我们和他们众寡悬殊，难以对抗。”牛存节说：“见到危难不救，是不义；害怕敌人强大而躲避，是不勇。”于是就挥起马鞭带领大家向前。到达泽州，城里的人已经放火，并且喧哗骚

有三日。刘知俊自晋州引兵救之，德威焚攻具，退保高平。

晋王归晋阳，休兵行赏，以周德威为振武节度使、同平章事。命州县举贤才，黜贪残，宽租赋，抚孤穷，伸冤滥，禁奸盗，境内大治。以河东地狭兵少，乃训练士卒，令骑兵不见敌无得乘马；部分已定，无得相逾越，及留绝以避险；分道并进，期会无得差晷刻。犯者必斩。故能兼山东，取河南，由士卒精整故也。

初，晋王克用平王行瑜，唐昭宗许其承制封拜。时方镇多行墨制，王耻与之同，每除吏必表闻。至是，晋王存勖始承制除吏。

晋王德张承业，以兄事之，每至其第，升堂拜母，赐遗甚厚。

潞州围守历年，士民冻馁死者太半，市里萧条。李嗣昭劝课农桑，宽租缓刑。数年之间，军城完复。

（以上为第十四段，写晋王李存勖解潞州之围，大破梁军。而后休兵行赏，励精图治，王业兴隆。）

静江节度使、同平章事李琼卒，楚王殷以其弟永州刺史存知桂州事。

壬申，更以许州忠武军为匡国军，同州匡国军为忠武军，陕州保义军为镇国军。

乙亥，楚兵寇鄂州，淮南所署知州秦裴击破之。

淮南左牙指挥使张颢、右牙指挥使徐温专制军政，弘农威王心不能平，欲去之而未能。二人不自安，共谋弑王，分其地以臣于梁。戊寅，颢遣其党纪祥等弑王于寝室，诈云暴薨。

己卯，颢集将吏于府庭，夹道及庭中堂上各列白刃，令诸将悉去卫从然后入。颢厉声问曰："嗣王已薨，军府谁当主之？"三问，莫应，颢气色益怒。幕僚严可求前密启曰："军府至大，四境多虞，非公主之不可。

动，想要响应晋王，王班关闭牙城坚守，牛存节到了以后，才安定下来。晋兵随即到达，沿着城墙挖掘地道攻城，牛存节日夜抵抗作战，一共三天。刘知俊从晋州带领军队前来救援，周德威烧毁攻城器具，撤退守卫高平县。

晋王李存勖回到晋阳，休整军队，论功行赏，任命周德威为振武节度使、同平章事。下令各州县推荐有才德的人，罢黜贪婪残暴的官吏，减轻百姓的田租赋税，抚恤慰问孤苦穷困的人，为受冤枉委屈的人申冤雪耻，严禁作奸和盗窃，所统治的区域内人民安居乐业。又因为河东地狭兵少，于是严格训练士兵，命令骑兵如果没有见到敌人不能骑马；各军队部署已定，应各守本职，不能互相超越和交换，不能停留不前躲避危险；分路前进，约定会合的时间不能相差片刻。如有违反，一定斩首不赦免。所以晋王能够兼并山东，攻取河南，这是由于士兵精锐严整的缘故。

起初，晋王李克用平定了王行瑜，唐昭宗准许李克用承用制书任命官职、拜授爵位。当时各藩镇多用墨制自行任命官吏，李克用耻于和他们相同，每次任命官吏都要上表奏报皇帝。到这时候，晋王李存勖才开始用制书自己任命官吏。

晋王李存勖感激张承业的恩德，把他当作兄长来侍奉，每次到张承业的家中，一定要进入内堂拜见张承业的母亲，赐给他的物品非常丰厚。

潞州被围困超过了一年，老百姓因冻饿死了一大半，街市萧条冷落。李嗣昭鼓励督促老百姓耕地纺织，减轻赋税，放宽刑罚，几年之中，潞州完全恢复了原来的繁荣。

静江节度使、同平章事李琼去世，楚王马殷任命李琼的弟弟永州刺史李存主管桂州事务。

五月初二日壬申，梁朝把许州忠武军改称为匡国军，同州匡国军改称为忠武军，陕州保义军改称为镇国军。

五月初五日乙亥，楚王马殷的军队侵犯鄂州，淮南弘农王杨渥任命的知州秦裴把他们击败。

淮南左牙指挥使张颢、右牙指挥使徐温把持军政大权，弘农威王杨渥心中不平，想要除掉他们两人，但一直没有机会。张颢、徐温自感不安，共同谋划杀死杨渥，瓜分他的国土来向后梁投降称臣。五月初八日戊寅，张颢派遣他的党羽纪祥等人在寝室里把杨渥杀死，对外欺骗说杨渥得了暴病突然去世。

五月初九日己卯，张颢在节度使府庭院召集各将领、官吏，夹道、庭院和大堂上都排满了刀斧手，命令各将领把随从的侍卫留在外面然后才能进入。张颢大声喝问说："嗣王已经去世，节度使府应当由谁来主持？"问了三次，无人答应，张颢

然今日则恐太速。”颢曰：“何谓速也？”可求曰：“刘威、陶雅、李遇、李简皆先王之等夷，公今自立，此曹肯为公下乎？不若立幼主辅之，诸将孰敢不从！”颢默然久之。可求因屏左右，急书一纸置袖中，麾同列诣使宅贺，众莫测其所为。既至，可求跪读之，乃太夫人史氏教也。大要言：“先王创业艰难，嗣王不幸早世，隆演次当立，诸将宜无负杨氏，善开导之。”辞旨明切。颢气色皆沮，以其义正，不敢夺，遂奉威王弟隆演称淮南留后、东面诸道行营都统。既罢，副都统朱瑾诣可求所居，曰：“瑾年十六七即横戈跃马，冲犯大敌，未尝畏慑，今日对颢，不觉流汗，公面折之如无人。乃知瑾匹夫之勇，不及公远矣。”因以兄事之。

颢以徐温为浙西观察使，镇润州。严可求说温曰：“公舍牙兵而出外藩，颢必以弑君之罪归公。”温惊曰：“然则奈何？”可求曰：“颢刚愎而暗于事，公能见听，请为公图之。”时副使李承嗣参预军府之政，可求又说承嗣曰：“颢凶威如此，今出徐于外，意不徒然，恐亦非公之利。”承嗣深然之。可求往见颢曰：“公出徐公于外，人皆言公欲夺其兵权而杀之，多言亦可畏也。”颢曰：“右牙欲之，非吾意也。业已行矣，奈何？”可求曰：“止之易耳。”明日，可求邀颢及承嗣俱诣温，可求瞋目责温曰：“古人不忘一饭之恩，况公杨氏宿将！今幼嗣初立，多事之时，乃求自安于外，可乎？”温谢曰：“苟诸公见容，温何敢自专！”由是不行。颢知可求阴附温，夜，遣盗刺之。可求知不免，请为书辞府主。盗执刀临之，可求操笔无惧色。盗能辨字，见其辞旨忠壮，曰：“公长者，吾不忍杀。”掠其财以复命，曰：“捕之不获。”颢怒曰：“吾欲得可求首，何用财为！”

温与可求谋诛颢，可求曰：“非锺泰章不可。”泰章者，合肥人，时为左监门卫将军。温使亲将翟虔告之。泰章闻之喜，密结壮士三十人，

更加生气。幕僚严可求向前小声地开导他说："节度使府这样大，四方边境多作乱，非要明公您来主持不可。但是要在今天做决定恐怕太急了。"张颢说："为什么太急了？"严可求说："刘威、陶雅、李遇、李简都是和先王同等地位的人，您今天如果自立为王，这些人能做您的下属吗？不如先立幼主辅佐他，各将领谁敢不听从！"张颢沉默了很久。严可求于是屏退左右的人，很快写了一张纸放在袖子里，指挥大家前往节度使住宅去祝贺，大家都猜不出他要做什么。到了节度使住宅，严可求跪在地上宣读这张纸，原来是杨渥母亲太夫人史氏的教谕。大意是说："先王杨行密创业艰难，嗣王杨渥不幸早早去世，杨隆演依次序应当继位。各将领不要辜负杨氏，要好好地开导教诲他。"文辞意思明白恳切。张颢的气色很沮丧，因为教谕说的合乎道理，张颢无法强取，于是尊奉弘农威王杨渥的弟弟杨隆演为淮南留后、东面诸道行营都统。事情完了以后，副都统朱瑾前往严可求的住所，对他说："我十六七岁就横戈跃马，冲犯强大的敌人，从来没有害怕过；今天面对张颢，不觉流汗。而您当面指责张颢像没有人一样；这才知道我只是匹夫之勇，比您差得太远了。"从此就用兄长的礼节来侍奉严可求。

张颢派徐温为浙西观察使，镇守润州。严可求对徐温说："您放弃统率牙兵而到外面去镇守，张颢一定会把杀死君王的罪名加在您身上。"徐温大惊，说："既然是这样，我该怎么办呢？"严可求说："张颢刚愎自用而又不明白事理。您如能听我的话，我愿意为您谋划。"当时副使李承嗣也参与节度使府的军政事务，严可求又对李承嗣说："张颢凶狠威风到这个地步，现在把徐温派到外面去镇守，恐怕张颢的意图还不只是这样，对您也会不利。"李承嗣认为说得很有道理。严可求又去见张颢说："您把徐温派到外面去镇守，大家都说您想要夺取徐温的兵权并把他杀死，这样说多了也是很可怕的。"张颢说："徐温自己想出去，不是我的意思。事情已经这样了，怎么办呢？"严可求说："要阻止他很容易的。"第二天，严可求邀请张颢和李承嗣一起去看望徐温，严可求瞪着眼睛责问徐温说："古人不忘记一顿饭的恩德，况且您是杨氏的老将领了！现在幼主刚刚继位，正是多事的时候，却想到外面去自求安宁，能这样吗？"徐温谢罪说："如果你们能宽容我，我怎么敢擅自做主！"因此徐温没有去润州。张颢知道严可求暗地里依附徐温，夜里派遣刺客前去刺杀严可求。严可求知道逃不掉，请刺客允许他写一封信和嗣王杨隆演诀别。刺客拿刀对着他，严可求挥笔疾书一点也没有惧色。刺客能识字，看到他写的文辞忠诚壮烈，说："您是年高有德行的人，我不忍心杀你。"于是抢走他的财物回去复命，说："到处都搜遍了，没有找到严可求。"张颢大怒说："我要的是严可求的脑袋，要这些财物干什么！"

徐温和严可求商量要杀死张颢，严可求说："要办这件事非锺泰章不可。"锺泰章是合肥人，当时担任左监门卫将军。徐温派遣心腹部将彭城人翟虔去告诉锺泰章。

夜，刺血相饮为誓。丁亥旦，直入斩颢于牙堂，并其亲近。温始暴颢弑君之罪，轘纪祥等于市。诣西宫白太夫人。太夫人恐惧，大泣曰："吾儿冲幼，祸难如此，愿保百口归庐州，公之惠也！"温曰："张颢弑逆，不可不诛，夫人宜自安！"初，温与颢谋弑威王，温曰："参用左、右牙兵，心必不一，不若独用吾兵。"颢不可，温曰："然则独用公兵。"颢从之。至是，穷治逆党，皆左牙兵也，由是人以温为实不知谋也。隆演以温为左、右牙都指挥使，军府事咸取决焉。以严可求为扬州司马。

温性沈毅，自奉简俭，虽不知书，使人读狱讼之辞而决之，皆中情理。先是，张颢用事，刑罚酷滥，纵亲兵剽夺市里。温谓严可求曰："大事已定，吾与公辈当力行善政，使人解衣而寝耳。"乃立法度，禁强暴，举大纲，军民安之。温以军旅委严可求，以财赋委支计官骆知祥，皆称其职，淮南谓之"严、骆"。

己丑，契丹王阿保机遣使随高颀入贡，且求册命。帝复遣司农卿浑特赐以手诏，约共灭沙陀，乃行封册。

（以上为第十五段，写淮南兵变，牙将张颢杀杨渥，徐温奉其弟杨隆演为弘农王。）

壬辰，夹寨诸将诣阙待罪，皆赦之。帝赏牛存节全泽州之功，以为六军马步都指挥使。

雷彦恭引沅江环朗州以自守，秦彦晖顿兵月余不战，彦恭守备稍懈。彦晖使裨将曹德昌帅壮士夜入自水窦，内外举火相应，城中惊乱，彦晖鼓噪坏门而入，彦恭轻舟奔广陵。彦晖虏其弟彦雄，送于大梁。淮南以彦恭为节度副使。先是，澧州刺史向瓌与彦恭相表里，至是亦降于楚，楚始得澧、朗二州。

蜀主遣将将兵会岐兵五万攻雍州，晋张承业亦将兵应之。六月，壬寅，以刘知俊为西路行营都招讨使以拒之。

锺泰章听后很高兴，秘密结交壮士三十人，夜里刺血互饮立下盟誓。五月十七日丁亥早晨，直接进入牙堂斩杀了张颢和他的亲信。徐温于是公布了张颢杀死弘农威王杨渥的罪行，并在街市上把纪祥等人车裂处死。徐温前往西宫禀告太夫人史氏。太夫人听了心中害怕，大哭着说："我的儿子年纪幼小，现在遭到这样的灾难，希望保全我家一百口人的性命回到庐州去，就是你给我们的恩惠了！"徐温说："张颢叛逆杀主，不能不杀死他。夫人您尽管放心！"起初，徐温与张颢商量杀死弘农威王杨渥，徐温说："如果参用左、右牙兵，恐怕不会同心；不如单独用我手下的士兵。"张颢不同意，徐温说："那么就单独用您手下的士兵。"张颢答应了。到这时候，彻底惩治叛逆党徒，都是张颢的左牙兵，因此人们都认为徐温确实不知道张颢的密谋。杨隆演任命徐温为左、右牙都指挥使，军府中的大小事务都由他决定。任命严可求为扬州司马。

徐温性格沉稳坚毅，生活简朴，虽然不识字，但是叫人读诉讼文书而做出判决，都合情合理。起初，张颢专权的时候，刑罚严酷泛滥，放纵亲信士兵掠夺街市乡里。徐温对严可求说："大事已定了，我与您应该努力实行善政，使得老百姓晚上都能脱掉衣服安心睡觉。"于是制定法律，禁止强暴，提出治理大纲，军心、民心都安定了下来。徐温把军队事务委托给严可求，把财政赋税事务委托给支计官骆知祥，都很称职，淮南人把他们并称为"严骆"。

五月十九日己丑，契丹王阿保机派遣使臣随后梁使者高颀到京城进献物品，并且请求册封为王。后梁太祖又派遣司农卿浑特到契丹，赐给契丹王阿保机亲笔诏书，约定共同消灭沙陀李存勖，再册封他为王。

五月二十二日壬辰，从潞州夹寨逃出的各将领到皇宫外请罪，后梁太祖全部赦免了他们。后梁太祖赏赐牛存节保全泽州的功劳，任命他为六军马步都指挥使。

雷彦恭引沅江水环绕朗州来加强守卫，秦彦晖驻扎军队一个多月不发动进攻，雷彦恭守卫戒备逐渐松懈。秦彦晖派副将曹德昌率领壮士晚上从水洞里潜入城内，内外点火相应，朗州城中大乱，秦彦晖擂鼓呐喊毁坏城门进入城中。雷彦恭乘坐轻快的小船逃奔广陵。秦彦晖俘虏了雷彦恭的弟弟雷彦雄，送到大梁。淮南杨隆演任命雷彦恭为节度副使。先前，澧州刺史向瓌与雷彦恭互相依靠呼应，到这时也投降了楚王。楚王于是得到了澧、朗两个州。

前蜀主王建派遣将领率领军队会合岐王李茂贞的军队五万人攻打雍州，晋监军张承业也率军响应他们。六月初三日壬寅，梁朝任命刘知俊为西路行营都招讨使进行抵抗。

金吾上将军王师范家于洛阳，朱友宁之妻泣诉于帝曰：“陛下化家为国，宗族皆蒙荣宠。妾夫独不幸，因王师范叛逆，死于战场。今仇雠犹在，妾诚痛之！”帝曰：“朕几忘此贼！”己酉，遣使就洛阳族之。使者先凿坑于第侧，乃宣敕告之。师范盛陈宴具，与宗族列坐，谓使者曰：“死者人所不免，况有罪乎！予不欲使积尸长幼无序。”酒既行，命自幼及长，引于坑中戮之，死者凡二百人。

丙辰，刘知俊及佑国节度使王重师大破岐兵于幕谷，晋、蜀兵皆引归。

蜀立遂王宗懿为太子。

帝欲自将击潞州。丁卯，诏会诸道兵。

湖南判官高郁请听民自采茶卖于北客，收其征以赡军，楚王殷从之。秋，七月，殷奏于汴、荆、襄、唐、郢、复州置回图务，运茶于河南、北，卖之以易缯纩、战马而归，仍岁贡茶二十五万斤，诏许之。湖南由是富赡。

壬申，淮南将吏请于李俨，承制授杨隆演淮南节度使、东面诸道行营都统、同平章事、弘农王。

锺泰章赏薄，泰章未尝自言。后逾年，因醉与诸将争言而及之。或告徐温，以泰章怨望，请诛之，温曰：“是吾过也。”擢为滁州刺史。

（以上为第十六段，写梁太祖与契丹约共灭沙陀。楚王马殷攻取澧、朗两州。蜀主王建会同凤翔节度使李茂贞，并结晋王李存勖合兵攻梁雍州，军败。梁太祖灭王师范一门二百余人。）

金吾上将军王师范家在洛阳。朱友宁的妻子在后梁太祖面前哭诉说："陛下您化家为国，宗族的人都蒙荣耀恩宠。唯有我的丈夫遭难，因为王师范的叛逆，死在战场上。如今仇人还在，我实在痛心！"后梁太祖说："朕几乎忘了这个逆贼！"六月初十日己酉，派遣使者到洛阳把王师范的全族处死。使者先在王师范的住宅旁挖了坑，这才向王师范宣读后梁太祖的诏书。王师范大摆酒席，和宗族的人依次入座，对使者说："死是每个人都不能免除的，何况还有罪呢！我不想让尸体胡乱堆积，长幼没有次序。"于是开始喝酒，命令宗族的人从幼到长，依序被带到坑中去杀头。总共死了二百人。

六月十七日丙辰，刘知俊和佑国节度使王重师在幕谷大败岐王李茂贞的军队，晋、前蜀的军队都退回去了。

前蜀主王建立遂王王宗懿为太子。

后梁太祖想要亲自率领军队去攻打潞州。六月二十八日丁卯，下诏令集合各道的军队。

湖南判官高郁建议允许百姓自己采茶卖给北方的客商，征收他们的赋税来供给军队，楚王马殷同意了。秋季，七月，马殷奏请在汴州、荆州、襄州、唐州、郢州、复州设置叫作"回图务"的贸易场所，运茶到黄河南北，卖茶换回丝棉织品和战马，仍然每年向朝廷进贡茶叶二十五万斤。后梁太祖下诏书应允了他。湖南从此富足起来。

七月初三日壬申，淮南的将领、官吏向江淮宣谕使李俨请求，承用制书任命杨隆演为淮南节度使、东面诸道行营都统、同平章事、弘农王。

锺泰章杀死张颢得到赏赐很少，锺泰章自己也没有说。过了一年多，因为喝醉酒和各将领争论，谈到了这件事。有人报告徐温，认为锺泰章怨恨长官，应该杀头治罪。徐温说："这是我的过错。"于是提拔锺泰章为滁州刺史。

【点评】

本卷点评朱全忠篡唐、李存勖嗣位晋王、王建称帝三件史事。

一、朱全忠篡唐。朱全忠，原名朱温，排行第三，宋州砀山县午沟里人。父亲朱诚，是乡间私塾教师，有三子，长子朱全昱，次子朱存，三子朱温。朱温凶悍狡诈，参加黄巢起义，官至同州防御使，为黄巢看守东大门。公元882年，朱温看到黄巢形势不利，向河中节度使王重荣投降，说母亲姓王，认王重荣为母舅，唐僖宗任命朱温为同华节度使，赐名朱全忠。公元883年，唐朝任命朱全忠为汴州刺史，宣武军节度使，并加任命东北面都招讨使，堵塞黄巢向东的退路。朱全忠被黄巢打败，向李克用求救。公元884年，李克用到河南打败黄巢，还军路过汴州，朱全忠请李克用入城相会，企图谋杀李克用未遂，朱、李从此交恶。由此可见朱全忠的凶狡。

朱全忠经过二十年的经营，据有广大中原地区，环四周诸镇，李克用、李茂贞、杨行密均不能与之争，篡唐条件成熟，迁昭宗于洛阳，随后弑帝立幼，大杀朝士，唐皇室朝臣为之一空。唐哀帝天祐四年四月十六日壬戌，朱全忠改名朱晃，四月十八日甲子黄袍加身，在汴京金祥殿即皇帝位，史称后梁太祖。四月二十二日戊辰，大赦，改元，国号大梁。废唐哀帝为济阳王。朱晃长兄朱全昱在家宴上斥责朱晃说："朱三，你原本是砀山的一个平民，跟随黄巢为盗，唐朝天子任用你为四镇节度使，富贵已极，为什么你还要夺取人家三百年的天下，恩将仇报，自称皇帝，你的行为，该当灭族。"朱全昱不失忠厚平民本色，他的斥责，代表了平民百姓对后梁太祖朱温的评价。

二、李存勖嗣位晋王。李存勖，李克用嗣子，少小聪明过人，及长，善骑射，胆壮骁勇，年十一，从李克用讨王行瑜，昭宗见之称奇，赐以翡翠盘。李存勖习《春秋》，明大义，是其所长，但沉迷于歌舞俳优之戏，是其所短。

天祐五年（908）正月，李克用卒，李存勖即王位于太原，时年二十四岁。李存勖以王位让其叔父李克宁，李克宁不许，随后听信夫人及诸将之言，谋作乱，夺王位，以晋依附后梁。在这千钧一发之际，李存勖在监军张承业的辅佐下，果断出击，诛李克宁，稳定了众心。接着，李存勖整顿纲纪，诛杀悍卒扰民罪大者，全军肃静。此时，汴晋两军争潞州，攻战一年，汴军仍未攻下潞州。后梁太祖趁着晋丧主少，亲率大军来取潞州，志在必得。李存勖与诸将谋议说："潞州上党是河东的屏障，不可丢失。朱温听说我新立，不熟悉军旅，一定认为这是夺取上党的好时机。我将带领精兵，倍道兼行，出其不意入援上党，一定能打败汴军。取威定霸，在此一举。"四月二十日甲子，晋王李存勖亲率周德威等大将从晋阳出发，直趋上党，大败汴军。后梁太祖闻讯大惊，长叹说："生子当如李亚子，李克用没有死。说起我的

儿子，只是一群猪狗罢了。”后梁太祖身经百战，他最害怕的人是李克用，他认为李克用之死，是后梁朝灭后晋的好时机，他做梦也没想到李存勖年少英勇，如此有大局观，如此善抓时机，竟然抢在自己前面到达潞州，一战使后梁太祖丧胆。取威定霸，一战成功，少年晋王李存勖达到了他的目的。

三、王建称帝。王建目不知书，以行伍拼杀一生，居然打斗出了一片天下。唐昭宗大顺二年（891），王建割据西川，后来兼并了东川和汉中等地，共有四十六州，四境有重山之险，蜀地称天府之国，中原多事，西川可立国。古有巴国、蜀国，东汉末有蜀汉。公元907年，朱晃篡唐称帝于中原，王建随后也称帝于西川，国号蜀，史称前蜀，建都于成都。唐玄宗、唐僖宗先后蒙尘入蜀，许多名人朝士大夫相随入蜀，尤其唐末中原大乱，许多名家世族避乱蜀中。韦庄、张格、毛文锡等一百多中原士人受到王建优待。史称王建喜欢与文士交游，前蜀“典章文物有唐之遗风”。王建称帝，多次改元，加尊号，宠信宦官，喜听祥瑞之言，这些都是“唐之遗风”，其实是正在被扫荡的腐朽文化。王建好女色，多内宠，疏于理政，又教子无方，前有太师王宗佶强求大司马之事，后有皇太子元膺擅杀太子少保唐道袭的事发生。唐道袭原本是一个舞僮，见幸于王建，嬖臣小人，王建用为枢密使，又为太子少保，王宗佶和王元膺正眼瞧不起唐道袭，哪能相容。王建杀王宗佶和王元膺，丧其两子，仍未得教训。晚年，军政大权交给宦官唐文扆，公元918年王建死，养子王宗弼杀唐文扆。少子王宗衍嗣位，比其父更加荒淫，国政完全交给宋光嗣、宋光葆、景润澄等一群宦官，自己整日与狎客韩昭等游宴赋诗，前蜀政治由此可知。公元925年，后唐庄宗李存勖派兵灭了前蜀。王建所立之蜀国，前后只存在了三十五年。

·文白对照本·

资治通鉴

（全十八册）

第十七册

卷第二百六十七至卷第二百八十一（后梁纪二至后晋纪二）

（宋）司马光　编著
张大可　语译

商务印书馆
创于1897 The Commercial Press

第十七册目录

卷第二百六十七　后梁纪二
后梁太祖开平二年至乾化元年（908—911 年）…… 9861

卷第二百六十八　后梁纪三
后梁太祖乾化元年至后梁均王乾化三年（911—913 年）…… 9903

卷第二百六十九　后梁纪四
后梁均王乾化三年至贞明三年（913—917 年）…… 9945

卷第二百七十　后梁纪五
后梁均王贞明三年至五年（917—919 年）…… 9987

卷第二百七十一　后梁纪六
后梁均王贞明五年至龙德二年（919—922 年）…… 10029

卷第二百七十二　后唐纪一
后唐庄宗同光元年（923 年）…… 10065

卷第二百七十三　后唐纪二
后唐庄宗同光二年至三年（924—925 年）…… 10105

卷第二百七十四　后唐纪三
后唐庄宗同光三年至后唐明宗天成元年（925—926 年）…… 10145

卷第二百七十五　后唐纪四
后唐明宗天成元年至二年（926—927 年）…… 10185

卷第二百七十六　后唐纪五
后唐明宗天成二年至四年（927—929 年）………………………… 10221

卷第二百七十七　后唐纪六
后唐明宗长兴元年至三年（930—932 年）………………………… 10257

卷第二百七十八　后唐纪七
后唐明宗长兴三年至后唐潞王清泰元年（932—934 年）…… 10301

卷第二百七十九　后唐纪八
后唐潞王清泰元年至二年（934—935 年）………………………… 10333

卷第二百八十　后晋纪一
后晋高祖天福元年（936 年）………………………………………… 10377

卷第二百八十一　后晋纪二
后晋高祖天福二年至三年（937—938 年）………………………… 10413

后梁纪二

后梁太祖开平二年至乾化元年（908—911 年）

【起著雍执徐（戊辰，908 年）八月，尽重光协洽（辛未，911 年）二月，凡二年有奇】

【大事提要】

本卷记事起公元 908 年八月，讫公元 911 年二月，载述史事凡二年又七个月。当后梁太祖开平二年八月至乾化元年二月。此时期后梁太祖朱晃已步入他的晚年，猜忌心日增，先是枉杀佑国节度使王师重，逼反忠武节度使刘知俊以同州叛附岐王李茂贞，北联晋王共讨梁。继之尽诛赵王深州戍兵，逼反王镕与梁绝，依附晋王李存勖，导致梁晋双方在赵州大战，晋王大胜梁军，乘胜逐北攻取河北梁属州县。燕王刘守光声言南下讨梁，要当盟主，晋王退兵，决心先北后南，铲除刘守光再专意南下讨梁，舒缓了后梁受攻的压力。这一时期，地区混战，刘守光破沧州，一统卢龙旧境，势力增强。吴王将周本大败危全讽于洪州，江西地尽归杨隆演所有。钱镠破湖州，叛将高澧奔吴。钱镠筑捍海石塘，拓广杭州城，从此钱塘富甲东南。楚王马殷势力达于岭表，唐宁远节度使庞巨昭、高州防御使刘昌鲁臣附楚王。后梁颁行《梁律令格式》。

【原文】

太祖神武元圣孝皇帝中

开平二年（戊辰，908 年）

八月，吴越王镠遣宁国节度使王景仁奉表诣大梁，陈取淮南之策。景仁即茂章也，避梁讳改焉。

淮南遣步军都指挥使周本、南面统军使吕师造击吴越，九月，围苏州。吴越将张仁保攻常州之东洲，拔之。淮南兵死者万余人。淮南以池州团练使陈璋为水陆行营都招讨使，帅柴再用等诸将救东洲，大破仁保于鱼荡，复取东洲。柴再用方战舟坏，长矟浮之，仅而得济。家人为之饭僧千人，再用悉取其食以犒部兵，曰："士卒济我，僧何力焉！"

丙子，蜀立皇后周氏。后，许州人也。

晋周德威、李嗣昭将兵三万出阴地关，攻晋州，刺史徐怀玉拒守，帝自将救之，丁丑，发大梁，乙酉，至陕州。戊子，岐王所署延州节度使胡敬璋寇上平关，刘知俊击破之。周德威等闻帝将至，乙未，退保隰州。

荆南节度使高季昌遣兵屯汉口，绝楚朝贡之路。楚王殷遣其将许德勋将水军击之，至沙头，季昌惧而请和。殷又遣步军都指挥使吕师周将兵击岭南，与清海节度使刘隐十余战，取昭、贺、梧、蒙、龚、富六州。殷土宇既广，乃养士息民，湖南遂安。

冬，十月，蜀主立后宫张氏为贵妃，徐氏为贤妃，其妹为德妃。张氏，郪人，宗懿之母也。二徐，耕之女也。

华原贼帅温韬聚众嵯峨山，暴掠雍州诸县，唐帝诸陵发之殆遍。

庚戌，蜀主讲武于星宿山，步骑三十万。

丁巳，帝还大梁。

辛酉，以刘稳为清海、静海节度使，以膳部郎中赵光裔、右补阙李殷衡充官告使，隐皆留之。光裔，光逢之弟；殷衡，德裕之孙也。

【语译】

太祖神武元圣孝皇帝中

后梁太祖开平二年（戊辰，908年）

八月，吴越王钱镠派遣宁国节度使王景仁带着奏表前往大梁，向后梁太祖陈述攻取淮南的策略。王景仁就是王茂章，因为避后梁太祖曾祖父朱茂琳讳而改名的。

淮南派遣步军都指挥使周本、南面统军使吕师造进攻吴越。九月，包围了苏州。吴越将领张仁保攻打常州的东洲镇，把它打下来了，淮南士兵死的有一万多。淮南任命池州团练使陈璋为水陆行营都招讨使，率领柴再用等各将领救援东洲镇，在鱼荡把张仁保打得大败，又夺回了东洲镇。柴再用正在打仗，船坏了，他靠着长矛浮托，才没有淹死，到了岸上。家人因此要为柴再用招待一千个僧人吃饭，柴再用把食物全部拿来犒劳士兵，说："是士兵救我上岸的，僧人出了什么力呢？"

九月初八日丙子，前蜀主册立皇后周氏。周皇后是许州人。

晋周德威、李嗣昭率领军队三万人从阴地关出发，攻打晋州。晋州刺史徐怀玉防御抵抗，后梁太祖亲自前往救援。九月初九日丁丑，从大梁出发。九月十七日乙酉，到达陕州。九月二十日戊子，岐王李茂贞所任命的延州节度使胡敬璋侵犯上平关，刘知俊把他打败了。周德威等听说后梁太祖要到来，九月二十七日乙未，撤退到隰州防守。

荆南节度使高季昌派遣军队在汉口驻扎，断绝了楚到后梁进贡的道路。楚王马殷派遣他的部将许德勋率领水军前去攻打，到了沙头，高季昌害怕了，请求讲和。马殷又派遣步军都指挥使吕师周率领军队攻打岭南，与清海节度使刘隐打了十多个仗，攻下了昭、贺、梧、蒙、龚、富等六个州。马殷的疆域越来越大，于是就让士兵和百姓休养生息，湖南这个地方安居乐业了。

冬季，十月，前蜀主王建册立后宫张氏为贵妃，徐氏为贤妃，徐氏的妹妹为德妃。张氏是郪人，太子王宗懿的母亲。两位徐妃是徐耕的女儿。

华原地方的盗贼首领温韬聚集部众在嵯峨山，侵犯掠夺雍州的各县，唐朝皇帝的陵墓几乎都被他挖遍了。

十月十二日庚戌，前蜀主王建在星宿山演习军队，参加的步兵、骑兵共有三十万人。

十月十九日丁巳，后梁太祖回到大梁。

十月二十三日辛酉，后梁任命刘隐为清海、静海节度使，派膳部郎中赵光裔、右补阙李殷衡充任官告使，刘隐把他们都留下了。赵光裔是赵光逢的弟弟，李殷衡是李德裕的孙子。

依政进士梁震，唐末登第，至是归蜀。过江陵，高季昌爱其才识，留之，欲奏为判官。震耻之，欲去，恐及祸，乃曰："震素不慕荣宦，明公不以震为愚，必欲使之参谋议，但以白衣侍樽俎可也，何必在幕府！"季昌许之。震终身止称前进士，不受高氏辟署。季昌甚重之，以为谋主，呼曰先辈。

帝从吴越王镠之请，以亳州团练使寇彦卿为东南面行营都指挥使，击淮南。十一月，彦卿帅众二千袭霍丘，为土豪朱景所败；又攻卢、寿二州，皆不胜。淮南遣滁州刺史史俨拒之，彦卿引归。

定难节度使李思谏卒。甲戌，其子彝昌自为留后。

刘守文举沧德兵攻幽州，刘守光求救于晋，晋王遣兵五千助之。丁亥，守文兵至卢台军，为守光所败；又战玉田，亦败。守文乃还。

癸巳，中书侍郎、同平章事张策以刑部尚书致仕，以左仆射杨涉同平章事。

保塞节度使胡敬璋卒，静难节度使李继徽以其将刘万子代镇延州。

是岁，弘农王遣军将万全感赍书间道诣晋及岐，告以嗣位。

帝将迁都洛阳。

（以上为第一段，写淮南王与吴越王交战，晋王与后梁交战，互有胜败。楚王马殷北败高季昌，南败刘隐，湖南遂安。梁震为荆南谋主，不受高氏辟署，终身止称前进士。）

三年（己巳，909 年）

春，正月，己巳，迁太庙神主于洛阳。甲戌，帝发大梁。壬申，以博王友文为东都留守。己卯，帝至洛阳；庚寅，飨太庙；辛巳，祀圜丘，大赦。

丙申，以用度稍充，初给百官全俸。

二月，丁酉朔，日有食之。

保塞节度使刘万子暴虐，失众心，且谋贰于梁，李继徽使延州牙将

邛州依政县的进士梁震在唐朝末年考中，到这时候要回到蜀地去，路过江陵，高季昌欣赏梁震的才能识见，把他留下来，想要奏请后梁太祖任命他为判官。梁震耻于在他手下当官，想要离开，又担心遭到祸害，于是说："我向来不羡慕做官，您如果不认为我愚昧无知，一定要让我参与谋划计议，只要让我以平民的身份在您身边侍奉办事就可以了，何必一定要在幕府任职呢！"高季昌答应了梁震。梁震终身只自称为前进士，不接受高季昌所委派的官职。高季昌很看重他，用他作谋主，称他为先辈。

后梁太祖依从吴越王钱镠的请求，任命亳州团练使寇彦卿为东南面行营都指挥使，进攻淮南。十一月，寇彦卿率领军队二千人袭击霍丘，被霍丘地方豪强朱景打败。又攻打庐州、寿州，都没有取胜。淮南派遣滁州刺史史俨进行抵抗，寇彦卿率领军队退回。

定难节度使李思谏去世。十一月初六日甲戌，他的儿子李彝昌自立为留后。

刘守文发动沧州、德州的军队进攻幽州，刘守光向晋王李存勖求救，晋王派遣士兵五千人援助刘守光。十一月十九日丁亥，刘守文的军队到了卢台军，被刘守光打败。又攻打玉田县，也失败了。刘守文这才退回。

十一月二十五日癸巳，中书侍郎、同平章事张策以刑部尚书的官职退休回家；任命左仆射杨涉为同平章事。

保塞节度使胡敬璋去世，静难节度使李继徽委任他的部将刘万子代为镇守延州。

这一年，弘农王杨隆演派遣军将万全感带着书信从小路前往晋阳和岐州，把自己嗣位的事告诉晋王李存勖和岐王李茂贞。

后梁太祖准备迁都洛阳。

后梁太祖开平三年（己巳，909年）

春季，正月初二日己巳，后梁太祖把太庙的祖宗牌位迁到洛阳。正月初五日壬申，任命博王朱友文为东都留守。正月初七日甲戌，后梁太祖从大梁出发。正月十二日己卯，后梁太祖到达洛阳。正月十四日辛巳，在圜丘祭祀上天，大赦天下。正月二十三日庚寅，祭祀太庙。

正月二十九日丙申，后梁由于费用开支渐渐宽裕，开始给文武百官发放全俸。

二月初一日丁酉，发生日食。

保塞节度使刘万子凶狠残暴，失去人心，并且图谋投降后梁，李继徽派遣延州

李延实图之。延实因万子葬胡敬璋，攻而杀之，遂据延州。马军都指挥使河西高万兴与其弟万金闻变，以其众数千人诣刘知俊降。岐王置翟州于鄜城，其守将亦降。

三月，甲戌，帝发洛阳。以山南东道节度使杨师厚兼潞州四面行营招讨使。

庚辰，帝至河中，发步骑会高万兴兵取丹、延。

丙戌，以朔方节度使兼中书令韩逊为颍川王。逊本灵州牙校，唐末据本镇，朝廷因而授以节钺。

辛卯，丹州刺史崔公实请降。

徐温以金陵形胜，战舰所聚，乃自以淮南行军副使领昇州刺史，留广陵，以其假子元从指挥使知诰为昇州防遏兼楼船副使，往治之。

夏，四月，丙申朔，刘知俊移军攻延州，李延实婴城自守；知俊遣白水镇使刘儒分兵围坊州。

庚子，以王审知为闽王，刘隐为南平王。

刘知俊克延州，李延实降。

（以上为第二段，写后梁太祖迁都洛阳，以博王朱友文为东都留守。后梁始给百官全俸。加封威武节度使王审知为闽王，清海、镇海节度使刘隐为南平王。）

淮南兵围苏州，推洞屋攻城，吴越将临海孙琰置轮于竿首，垂絙投锥以揭之，攻者尽露，炮至则张网以拒之，淮南人不能克。吴越王镠遣牙内指挥使钱镖、行军副使杜建徽等将兵救之。

苏州有水通城中，淮南张网缀铃悬水中，鱼鳖过皆知之。吴越游弈都虞候司马福欲潜行入城，故以竿触网，敌闻铃声举网，福因得过，凡居水中三日，乃得入城。由是城中号令与援兵相应，敌以为神。

吴越王镠尝游府园，见园卒陆仁章树艺有智而志之，及苏州被围，使仁章通信入城，果得报而返。镠以诸孙畜之，累迁两府军粮都监使，卒获其用。仁章，睦州人也。

牙将李延实设法除掉他。李延实乘刘万子埋葬胡敬璋的机会，发动攻击把刘万子杀了，于是占据了延州。马军都指挥使河西人高万兴和他的弟弟高万金听说变乱，率领他们的部众几千人到刘知俊的军营投降梁朝。岐王李茂贞在鄜城设置翟州，守城的将领也投降了梁朝。

三月初九日甲戌，后梁太祖从洛阳出发。任命山南东道节度使杨师厚兼潞州四面行营招讨使。

三月十五日庚辰，后梁太祖到河中，征调步兵、骑兵会同高万兴的军队攻取丹州、延州。

三月二十一日丙戌，封朔方节度使兼中书令韩逊为颍川王。韩逊本来是灵州牙校，唐朝末年占据灵州，朝廷因此授给他符节斧钺。

三月二十六日辛卯，丹州刺史崔公实请求投降。

徐温因为金陵地势优越，又是战舰聚集之地，于是自任淮南行军副使兼领昇州刺史，留驻广陵，任命自己的养子元从指挥使徐知诰为昇州防遏兼楼船副使，前去治理昇州。

夏季，四月初一日丙申，刘知俊调遣军队进攻延州，李延实绕城进行防守；刘知俊派白水镇使刘儒分兵包围坊州。

四月初五日庚子，后梁太祖封王审知为闽王，刘隐为南平王。

刘知俊攻下延州，李延实投降。

淮南军队包围苏州，推着洞屋攻城。吴越将领临海人孙琰在竹竿头上放置滑轮，垂下粗绳绑上利锥把洞屋上蒙盖的牛皮掀开，使攻城的淮南军队完全暴露；炮石打来就张网拦阻，淮南军队未能攻下苏州。吴越王钱镠派遣牙内指挥使钱镖、行军副使杜建徽等率领军队救援苏州。

苏州城外有水道通到城里，淮南军队张网挂铃悬在水中，鱼鳖通过都能知道。吴越游弈都虞候司马福想要潜水进入城里，故意用竹竿去触网子。淮南军队听到铃响举起网子，司马福因此得以通过。一共在水中藏了三天，才进入城里。从此城里的号令和救援的军队相呼应，淮南军队以为有神灵在帮助他们。

吴越王钱镠曾经到府园游玩，看到园丁陆仁章种植花草树木很有本领，就记在心里。到苏州被围困，派陆仁章到城里去通消息，果然成功地得到答复回来了，钱镠把陆仁章当作孙子辈看待，一直升到镇海、镇东两府军粮都监使，终于有了用处。陆仁章是睦州人。

辛亥，吴越兵内外合击淮南兵，大破之，擒其将何朗等三十余人，夺战舰二百艘。周本夜遁，又追败之于皇天荡。锺泰章将精兵两百为殿，多树旗帜于菰蒋中，追兵不敢进而还。

岐王所署保大节度使李彦博、坊州刺史李彦昱皆弃城奔凤翔，鄜州都将严弘倚举城降。己未，以高万兴为保塞节度使，以绛州刺史牛存节为保大节度使。

淮南初置选举，以骆知祥掌之。

五月，丁卯，帝命刘知俊乘胜取邠州。知俊难之，辞以阙食，乃召还。

佑国节度使王重师镇长安数年，帝在河中，怒其贡奉不时。己巳，召重师入朝，以左龙虎统军刘捍为佑国留后。

癸酉，帝发河中；己卯，至洛阳。

刘捍至长安，王重师不为礼，捍谮之于帝，云重师潜与邠、岐通。甲申，贬重师溪州刺史，寻赐自尽，夷其族。

刘守文频年攻刘守光不克，乃大发兵，以重赂招契丹、吐谷浑之众，合四万屯蓟州。守光逆战于鸡苏，为守文所败。守文单马立于陈前，泣谓其众曰："勿杀吾弟。"守光将元行钦识之，直前擒之，沧德兵皆溃。守光囚之别室，栫以藜棘，乘胜进攻沧州。沧州节度判官吕兖、孙鹤推守文子延祚为帅，乘城拒守。兖，安次人也。

（以上为第三段，写吴越军在苏州大败淮南军。）

忠武节度使兼侍中刘知俊，功名浸盛，以帝猜忍日甚，内不自安；及王重师诛，知俊益惧。帝将伐河东，急征知俊入朝，欲以为河东西面行营都统；且以知俊有丹、延之功，厚赐之。知俊弟右保胜指挥使知浣从帝在洛阳，密使人语知俊云："入必死。"又白帝，请帅弟侄往迎知俊，帝许之。六月，乙未朔，知俊奏"为军民所留"，遂以同州附于岐。执监军及将佐之不从者，皆械送于岐。遣兵袭华州，逐刺史蔡敬思。以兵守潼关。潜遣人以重利啖长安诸将，执刘捍，送于岐，杀之。知俊遣使请兵于岐，亦遣使请晋人出兵攻晋、绛，遗晋王书曰："不过旬日，可取两京，复唐社稷。"

四月十六日辛亥，吴越军队里应外合攻打淮南军队，把他们打得大败，擒获淮南将领何朗等三十多人，夺取战舰二百艘。周本乘着黑夜逃走后，吴越军队追到皇天荡又把周本打败了。淮南将领锺泰章率领精兵两百人走在队伍的最后，在水边菰草中竖起很多旗帜，吴越军队恐怕有埋伏不敢追赶而返回。

岐王李茂贞任命的保大节度使李彦博、坊州刺史李彦昱都抛弃了守城逃回凤翔，鄜州都将严弘倚献出守城投降梁朝。四月二十四日己未，后梁太祖任命高万兴为保塞节度使，任命绛州刺史牛存节为保大节度使。

淮南开始建立选拔官吏的制度，任命骆知祥掌管此事。

五月初三日丁卯，后梁太祖命令刘知俊乘胜攻取邠州。刘知俊认为很难成功，以缺乏军粮为借口推辞，于是后梁太祖将他召回。

佑国节度使王重师镇守长安多年，后梁太祖在河中，对他不按时进贡感到恼怒。五月初五日己巳，下诏要王重师回到朝廷，任命左龙虎统军刘捍为佑国留后。

五月初九日癸酉，后梁太祖从河中出发。五月十五日己卯，到达洛阳。

刘捍到了长安，王重师不以礼相待。刘捍在后梁太祖面前进谗言，说王重师暗中和邠州、岐州互相往来。五月二十日甲申，贬王重师为溪州刺史，不久赐令王重师自尽，诛杀他的全族。

刘守文连年进攻刘守光，未能攻下，于是发动大批军队，并且用重赂招请契丹、吐谷浑的军队，合计四万人驻扎在蓟州。刘守光在鸡苏迎战，被刘守文打败。刘守文单人匹马立在阵前，哭着对他的部下说："不要杀死我的弟弟。"刘守光的部将元行钦认识刘守文，冲上前去把他捉住，刘守文的沧德军队全部溃散了。刘守光把刘守文囚禁在别室，用一丛丛的荆棘把屋子堵塞，乘胜进攻沧州。沧州节度判官吕兖、孙鹤推举刘守文的儿子刘延祚为统帅，登城防御抵抗。吕兖是安次人。

忠武节度使兼侍中刘知俊，功绩名声越来越大，由于后梁太祖对他一天比一天猜疑，内心感到很不安。等到王重师被杀，刘知俊更加恐惧。后梁太祖将要攻打河东，紧急征召刘知俊到朝廷来，想任命他为河东西面行营都统，并且因为刘知俊有攻取丹州、延州的功劳，要重赏他。刘知俊的弟弟右保胜指挥使刘知浣跟随后梁太祖在洛阳，秘密派人告诉刘知俊说："到朝廷来一定死。"又禀告后梁太祖，请求率领弟侄前去迎接刘知俊，后梁太祖同意了。六月初一日乙未，刘知俊上奏说："被军队、百姓所挽留不能到朝廷来。"于是率领同州军队、百姓归附岐王李茂贞，拘捕监军以及不听从命令的将领、佐吏，把他们戴上刑具押送凤翔。刘知俊派兵袭击华州，驱逐刺史蔡敬思，再派军队守卫潼关。又暗中派人用重利引诱在长安的各将领，捉住刘捍，把他送到凤翔杀了。刘知俊派遣使者向岐王李茂贞请求增援部队，又派遣

丁未，朔方节度使韩逊奏克盐州，斩岐所署刺史李继直。

帝遣近臣谕刘知俊曰：“朕待卿甚厚，何忽相负？”对曰：“臣不背德，但畏族灭如王重师耳。”帝复使谓之曰：“刘捍言重师阴结邠、岐，朕今悔之无及，捍死不足塞责。”知俊不报。庚戌，诏削知俊官爵，以山南东道节度使杨师厚为西路行营招讨使，帅侍卫马步军都指挥使刘鄩等讨之。

辛亥，帝发洛阳。

刘鄩至潼关东，获刘知俊伏路兵蔺如海等三十人，释之使为前导。刘知浣迷失道，盘桓数日，乃至关下，关吏纳之。如海等继至，关吏不知其已被擒，亦纳之。鄩兵乘门开直进，遂克潼关，追及知浣，擒之。癸丑，帝至陕。

丹州马军都头王行思等作乱，刺史宋知诲逃归。

帝遣刘知俊侄嗣业持诏诣同州招谕知俊，知俊欲轻骑诣行在谢罪，弟知偃止之。杨师厚等至华州，知俊将聂赏开门降。知俊闻潼关不守，官军继至，苍黄失图，乙卯，举族奔岐。杨师厚至长安，岐兵已据城，师厚以奇兵并南山急趋，自西门入。遂克之。庚申，以刘鄩权佑国留后。岐王厚礼刘知俊，以为中书令。地狭，无藩镇处之，但厚给俸禄而已。

刘守光遣使上表告捷，且言“俟沧德事毕，为陛下扫平并寇。”亦致书晋王，云欲与之同破伪梁。

（以上为第四段，写后梁忠武节度使刘知俊因后梁太祖猜忌日甚，遂以同州附于岐王李茂贞。）

抚州刺史危全讽自称镇南节度使，帅抚、信、袁、吉之兵号十万攻洪州。淮南守兵才千人，将吏皆惧，节度使刘威密遣使告急于广陵，日召僚佐宴饮。全讽闻之，屯象牙潭，不敢进，请兵于楚。楚王殷遣指挥

使者前往晋阳请求晋王李存勖出兵攻打晋州、绛州。刘知俊写给晋王的信中说："要不了十天，就可以攻取两京，恢复唐朝社稷。"

六月十三日丁未，朔方节度使韩逊奏报攻克盐州，斩杀岐王李茂贞任命的盐州刺史李继直。

后梁太祖派遣亲近官员告谕刘知俊说："朕对你一向很好，为什么忽然要背叛？"刘知俊回答说："臣不会忘恩背德，只是害怕像王重师那样被灭族。"后梁太祖又派遣使者对刘知俊说："刘捍造谣说王重师暗中勾结邠州、岐州，朕一直到现在也很后悔。刘捍死了不足以偿还他的罪责。"刘知俊没有答复。六月十六日庚戌，后梁太祖下诏革除刘知俊的官职爵位，任命山南东道节度使杨师厚为西路行营招讨使，率领侍卫马步军都指挥使刘鄩等去讨伐刘知俊。

六月十七日辛亥，后梁太祖从洛阳出发。

刘鄩到了潼关东边，俘获刘知俊埋伏在路上侦察敌人的士兵蔺如海等三十人，把他们放了让他们在前面当向导。刘知浣迷了路，走了好几天才到潼关下，关内的军吏把他们放进关去。蔺如海等人也到了，关内的军吏不知道他们已被刘鄩俘虏了，也放他们进关。刘鄩的军队乘着开门一直往前冲，于是攻下了潼关，又追上刘知浣，把他活捉了。六月十九日癸丑，后梁太祖到达陕州。

丹州马军都头王行思等发动叛乱，丹州刺史宋知诲逃回。

后梁太祖派遣刘知俊的侄子刘嗣业拿着诏书前往同州招抚刘知俊；刘知俊想要轻骑前往后梁太祖的住地请罪，刘知俊的弟弟刘知偃阻止了他。杨师厚等到了华州，刘知俊的部将聂赏开城门投降。刘知俊听说潼关失守，梁军马上就要到了，慌慌张张失去了主意，六月二十一日乙卯夜里，带领全族投奔岐州。杨师厚到长安时，岐王李茂贞的军队已占据了长安城，杨师厚出其不意沿着南山快速前进，从西门入长安城，于是攻占了长安。六月二十六日庚申，后梁太祖任命刘鄩代理佑国留后的职务。岐王李茂贞厚待刘知俊，任命他为中书令。由于岐州地域狭窄，没有藩镇可以安置刘知俊，只是给他很优厚的俸禄罢了。

刘守光派遣使者向后梁太祖上表报告大捷，并且说："等到沧州、德州的事情完了，为陛下扫平并州的贼寇。"刘守光同时又送信给晋王李存勖，说想要和他共同消灭篡唐的后梁。

抚州刺史危全讽自称为镇南节度使，率领抚、信、袁、吉四州的军队号称十万人攻打洪州。洪州的淮南军队只有一千人，将吏们都非常害怕，节度使刘威秘密派遣使者到广陵告急求援，自己每天召集部下将吏若无其事地饮酒作乐。危全讽听说

使苑玫会袁州刺史彭彦章围高安以助全讽。玫，蔡州人；彦章，玕之兄子也。

徐温问将于严可求，可求荐周本。乃以本为西南面行营招讨应援使，将兵七千救高安。本以前攻苏州无功，称疾不出，可求即其卧内强起之。本曰："苏州之役，敌不能胜我，但主将权轻耳。今必见用，愿毋置副贰乃可。"可求许之。本曰："楚人为全讽声援耳，非欲取高安也。吾败全讽，援兵必还。"乃疾趣象牙潭。过洪州，刘威欲犒军，本不肯留，或曰："全讽兵强，君宜观形势然后进。"本曰："贼众十倍于我，我军闻之必惧，不若乘其锐而用之。"

秋，七月，甲子，以刘守光为燕王。

梁兵克丹州，擒王行思。

商州刺史李稠驱士民西走，将吏追斩之，推都押牙李玫主州事。

庚午，改佑国军曰永平。

河东兵寇晋州。抄掠至尧祠而去。

癸酉，帝发陕州；乙亥，至洛阳，寝疾。

初，帝召山南东道节度使杨师厚，欲使督诸将攻潞州，以前兖海留后王班为留后，镇襄州。师厚屡为班言牙兵王求等凶悍，宜备之，班自恃左右有壮士，不以为意，每众辱之。戊寅，谪求戍西境，是夕，作乱，杀班，推都指挥使雍丘刘玘为留后。玘伪从之，明日，与指挥使王延顺逃诣帝所。乱兵奉平淮指挥使李洪为留后，附于蜀。未几，房州刺史杨虔亦叛附于蜀。

危全讽在象牙潭，营栅临溪，亘数十里。庚辰，周本隔溪布阵，先使羸兵尝敌；全讽兵涉溪追之，本乘其半济，纵兵击之。全讽兵大溃，自相蹂藉，溺水死者甚众，本分兵断其归路，擒全讽及将士五千人。乘胜克袁州，执刺史彭彦章，进攻吉州。歙州刺史陶雅使其子敬昭及都指挥使徐章将兵袭饶、信，信州刺史危仔倡请降，饶州刺史唐宝弃城走。行营都指挥使米志诚、都尉吕师造等败苑玫于上高。吉州刺史彭玕帅众

这情况，驻扎在象牙潭，不敢前进，向楚王请求增援。楚王马殷派遣指挥使苑玫会同袁州刺史彭彦章包围高安来援助危全讽。苑玫是蔡州人；彭彦章是彭玕哥哥的儿子。

徐温向严可求询问将领人选，严可求推荐周本。徐温于是任命周本为西南面行营招讨应援使，率领军队七千人救援高安。周本以前攻打苏州没有立功，就推说有病不愿出征，严可求到周本的卧室逼他起来。周本说："苏州这场战役，本来敌人是不能胜我们的，只是我这个主将权力太轻了。今天一定要用我，希望不要设置副职才可以。"严可求答应了周本的要求。周本说："楚兵只是为危全讽声援罢了，不是想要夺取高安。我打败危全讽，援兵一定会撤回的。"于是急速奔赴象牙潭。经过洪州时，刘威想要犒劳军队，周本不肯停留，有人说："危全讽的军队很强大，您应当观察形势后再进攻。"周本说："敌人军队比我们多十倍，我军听说这情况后一定很害怕，不如乘大家士气旺盛时使用他们。"

秋季，七月初一日甲子，后梁太祖封刘守光为燕王。

梁军攻克丹州，活捉了王行思。

商州刺史李稠驱赶士民向西逃跑，商州的将领、佐吏追上李稠，把他杀了，推举都押牙李玫主持商州的事务。

七月初七日庚午，把佑国军改称为永平。

河东军队侵犯晋州，抢劫掠夺一直到尧祠才退回去。

七月初十日癸酉，后梁太祖从陕州出发。七月十二日乙亥，到达洛阳，病得很重。

当初，后梁太祖召来山南东道节度使杨师厚，想要杨师厚督率各将领攻打潞州，委任前兖海留后王班为山南东道留后，镇守襄州。杨师厚多次对王班讲牙兵王求等人凶猛强悍，应当防备他们。王班自恃左右有壮士保护，并不在意，而且常常当众侮辱他们。七月十五日戊寅，把王求贬谪到西部边境戍守。这一天晚上，王求等人作乱，杀了王班，推举都指挥使雍丘人刘玘为留后。刘玘假装答应他们，第二天，与指挥使王延顺逃到后梁太祖那里。作乱的部队奉平淮指挥使李洪为留后，归附蜀主王建。不久，房州刺史杨虔也叛变投降前蜀。

危全讽在象牙潭，靠着溪边营建栅栏，连绵几十里。七月十七日庚辰，周本隔着溪水列阵，先派老弱的士兵挑战来试探。危全讽的军队渡溪水追击，周本乘他们渡到一半时，发动军队猛攻。危全讽的军队大败，自相践踏，溺水死的人很多。周本又分出一部分军队切断他们的归路，活捉危全讽和将领及士兵五千人。周本率领军队乘胜攻克袁州，擒获袁州刺史彭彦章，又进攻吉州。歙州刺史陶雅派遣他的儿子陶敬昭以及都指挥使徐章率领军队袭击饶州、信州，信州刺史危仔倡请求投降，

数千人奔楚，楚王殷表玕为郴州刺史，为子希范娶其女。淮南以左先锋指挥使张景思知信州，遣行营都虞候骨言将兵五千送之。危仔倡闻兵至，奔吴越，吴越王镠以仔倡为淮南节度副使，更其姓曰元氏。危全讽至广陵，弘农王以其尝有德于武忠王，释之，资给甚厚。八月，虔州刺史卢光稠以州附于淮南。于是江西之地尽入于杨氏。光稠亦遣使附于梁。

（以上为第五段，写刘守光骑墙于梁晋之间，接受梁封燕王。淮南兼并江西。）

甲寅，上疾小瘳，始复视朝。

以镇国节度使康怀贞为西路行营副招讨使。

蜀主命太子宗懿判六军，开永和府，妙选朝士为僚属。

辛酉，均州刺史张敬方奏克房州。

岐王欲遣刘知俊将兵攻灵、夏，且约晋王使攻晋、绛。晋王引兵南下，先遣周德威等将兵出阴地关攻晋州，刺史边继威悉力固守。晋兵穿地道，陷城二十余步，城中血战拒之，一夕城复成。诏杨师厚将兵救晋州，周德威以骑扼蒙坑之险，师厚击破之，进抵晋州，晋兵解围遁去。

李洪寇荆南，高季昌遣其将倪可福击败之。诏马步都指挥使陈晖将兵会荆南兵讨洪。

蜀主以御史中丞王锴为中书侍郎、同平章事。

陈晖军至襄州，李洪逆战，大败，王求死。九月，丁酉，拔其城，斩叛兵千人，执李洪、杨虔等送洛阳，斩之。

丁未，以保义节度使王檀为潞州东面行营招讨使。

刘守光奏遣其子中军兵马使继威安抚沧州吏民。戊申，以继威为义昌留后。

辛亥，侍中韩建罢守太保，左仆射、同平章事杨涉罢守本官。以太常卿赵光逢为中书侍郎，翰林奉旨工部侍郎杜晓为户部侍郎，并同平章事。晓，让能之子也。

淮南遣使者张知远修好于福建。知远倨慢，闽王审知斩之，表上其书，始与淮南绝。审知性俭约，常蹑麻屦，府舍卑陋，未尝营葺。宽刑

饶州刺史唐宝弃城逃走。行营都指挥使米志诚、都尉吕师造等在上高打败苑玫。吉州刺史彭玕率领部众几千人逃奔到楚，楚王马殷上表后梁太祖任命彭玕为郴州刺史，为自己的儿子马希范娶彭玕的女儿为妻。淮南任命左先锋指挥使张景思掌管信州的事务，派遣行营都虞候骨言率领军队五千人送张景思赴任。危仔倡听说淮南军队到了，急忙逃奔吴越。吴越王钱镠任命危仔倡为淮南节度副使，把他的姓改为元氏。危全讽被押到广陵，弘农王杨隆演因为危全讽过去曾经帮助过先王杨行密，于是释放了危全讽，还给了他丰厚的财物。八月，虔州刺史卢光稠献出虔州归附淮南。于是江西之地全部落入淮南杨氏手中。卢光稠也派遣使者到后梁归附称臣。

八月二十一日甲寅，后梁太祖的病逐渐好转，开始恢复上朝听政。

后梁任命镇国节度使康怀贞为西路行营副招讨使。

前蜀主王建命太子王宗懿兼领六军，设置永和府，精心选择朝廷官吏做他的属僚。

八月二十八日辛酉，均州刺史张敬方上奏报告攻克了房州。

岐王李茂贞想要派遣刘知俊率领军队攻打灵州、夏州，并且约请晋王李存勖攻打晋州、绛州。晋王李存勖率领军队南下，先派遣周德威等率领军队出阴地关攻打晋州，晋州刺史边继威全力防守。晋兵挖穿地道，城墙塌陷二十多步，城中军队浴血奋战进行抵抗，一个晚上又把城墙修好了。后梁太祖下诏命令杨师厚率领军队救援晋州，周德威派骑兵守住蒙坑这个险要的地方，杨师厚把周德威打败了，进军抵达晋州，晋兵解除对晋州的包围逃走了。

李洪侵犯荆南，高季昌派遣他的将领倪可福把李洪打败。后梁太祖下诏命令马步都指挥使陈晖率领士兵会同荆南军队讨伐李洪。

蜀主王建任命御史中丞王锴为中书侍郎、同平章事。

陈晖军队到达襄州，李洪迎战，被打得大败，王求战死。九月初五日丁酉，陈晖攻占了襄州，斩杀叛变的士兵一千人，擒获李洪、杨虔等送到洛阳，把他们斩首。

九月十五日丁未，梁朝任命保义节度使王檀为潞州东面行营招讨使。

刘守光上奏后梁太祖派遣他的儿子中军兵马使刘继威安抚沧州的官吏、百姓。九月十六日戊申，任命刘继威为义昌留后。

九月十九日辛亥，侍中韩建被罢免宰相职务，署守太保；左仆射、同平章事杨涉被罢免宰相职务，守任本官。任命太常卿赵光逢为中书侍郎，翰林奉旨工部侍郎杜晓为户部侍郎，都为同平章事。杜晓是杜让能的儿子。

淮南杨隆演派遣使者张知远到福建和闽王王审知建立友好关系。张知远骄横傲慢，闽王王审知把他杀了，并把淮南的书信呈送给后梁太祖，开始和淮南断绝关系。

薄赋，公私富实，境内以安。岁自海道登、莱入贡，没溺者什四五。

冬，十月，甲子，蜀司天监胡秀林献《永昌历》，行之。

湖州刺史高澧性凶忍，尝召州吏议曰：“吾欲尽杀百姓，可乎？”吏曰：“如此，租赋何从出？当择可杀者杀之耳。”时澧纠民为兵，有言其咨怨者，澧悉集民兵于开元寺，绐云犒享，入则杀之，死者逾半，在外者觉之，纵火作乱。澧闭城大索，凡杀三千人。吴越王镠欲诛之，戊辰，澧以州叛附于淮南，举兵焚义和临平镇，镠命指挥使钱镖讨之。

（以上为第六段，写蜀主王建颁行《永昌历》。闽王王审知绝淮南由海路入贡后梁。吴越王湖州刺史高澧叛附淮南。）

十一月，甲午，帝告谢于圜丘。戊戌，大赦。

邺王罗绍威得风痹病，上表称：“魏故大镇，多外兵，愿得有功重臣镇之，臣乞骸骨归第。”帝闻之，抚案动容。己亥，以其子周翰为天雄节度副使，知府事。谓使者曰：“亟归语而主：为我强饭！如有不可讳，当世世贵尔子孙以相报也。今使周翰领军府，尚冀尔复愈耳。”

岐王欲取灵州以处刘知俊，且以为牧马之地，使知俊自将兵攻之。朔方节度使韩逊告急，诏镇国节度使康怀贞、感化节度使寇彦卿将兵攻邠宁以救之。怀贞等所向皆捷，克宁、衍二州，拔庆州南城，刺史李彦广出降。游兵侵掠至泾州之境，刘知俊闻之，十二月，己丑，解灵州围，引兵还。帝急召怀贞等还，遣兵迎援于三原青谷。怀贞等还，至三水，知俊遣兵据险邀之，左龙骧军使寿张王彦章力战，怀贞等乃得过。怀贞与裨将李德遇、许从实、王审权分道而行，皆与援兵不相值，至升平，刘知俊伏兵山口，怀贞大败，仅以身免，德遇等军皆没。岐王以知俊为彰义节度使，镇泾州。

王彦章骁勇绝伦，每战用二铁枪，皆重百斤，一置鞍中，一在手，

王审知生性俭朴，常常穿着麻制的鞋，官府房屋低矮狭小，也不下令修建，刑罚宽松，赋税也很轻，公家私人都富裕充实，境内因此很安定。每年由海路经过登州、莱州向后梁太祖进贡，因为海上风浪很大，有十分之四五的船只都沉没了。

冬季，十月初二日甲子，前蜀司天监胡秀林呈献《永昌历》，前蜀主王建下令颁行全国。

湖州刺史高澧性情凶狠残忍，曾经召集州吏商议说："我想要把百姓全部杀死，可以吗？"州吏说："这样做，田租赋税从哪里出？只应当选择可以杀的人杀死罢了。"当时高澧纠集百姓当兵，有人说这些人叹息抱怨，高澧就把他们全部集中到开元寺，欺骗说是犒劳款待；实际上一进去就被杀掉。死的人已超过了一半，在寺外的人发觉了，便放火作乱。高澧下令关闭城门大肆搜索，总共杀了三千人。吴越王钱镠想要杀死高澧。十月初六日戊辰，高澧叛变，献出湖州归附淮南杨隆演，又派兵放火焚烧义和县的临平镇。钱镠命令指挥使钱镖去讨伐高澧。

十一月初二日甲午，后梁太祖到南郊圜丘祭天告谢天帝。十一月初六日戊戌，大赦天下。

邺王罗绍威得了风痹病，上表奏称："魏州原来是大镇，多外来的军队，希望能派有功劳的重臣来镇守，臣乞求辞官回家。"后梁太祖听了这些话，抚着桌子大受感动。十一月初七日己亥，任命罗绍威的儿子罗周翰为天雄节度副使，主持节度使府事务。对罗绍威的使者说："赶快回去告诉你的主子；为朕多吃些饭，好好保重身体！如果万一有不测，朕一定世世代代重用罗氏子孙作为报答。现在先让罗周翰掌管节度使府，还希望你罗绍威恢复健康啊。"

岐王李茂贞想要攻取灵州来安置刘知俊，并且把灵州作为放牧马匹的地方，让刘知俊亲自率领军队去攻打灵州。朔方节度使韩逊派遣使者向后梁太祖告急。后梁太祖颁下诏令让镇国节度使康怀贞、感化节度使寇彦卿率领军队攻打邠宁来救援灵州。康怀贞等接连打胜仗，攻克了宁州、衍州，夺取了庆州南城，庆州刺史李彦广出城投降。梁朝的游兵侵犯骚扰到泾州的边境，刘知俊听说这情况，十二月二十八日己丑，解除对灵州的包围，率领军队回去了。后梁太祖急召康怀贞等回去，派遣军队在三原县的青谷接应援助他们。康怀贞等回师，到达三水县。刘知俊派遣军队占据险要地方进行拦击，左龙骧军使寿张人王彦章奋勇作战，康怀贞等才能通过。康怀贞与副将李德遇、许从实、王审权分道前进，都没有和接应援助的军队相遇。到了升平县，刘知俊在山口埋伏军队，康怀贞大败，只有自己逃了回去，李德遇等军队全部覆灭。岐王李茂贞任命刘知俊为彰义节度使，镇守泾州。

王彦章骁勇无比，每次打仗都用两杆铁枪，各重一百斤，一杆挂在马鞍上，一

所向无前，时人谓之王铁枪。

蜀蜀州刺史王宗弁称疾，罢归成都，杜门不出。蜀主疑其矜功怨望，加检校太保，固辞不受，谓人曰："廉者足而不忧，贪者忧而不足。吾小人，致位至此足矣，岂可求进不已乎！"蜀主嘉其志而许之，赐与有加。

刘守光围沧州久不下，执刘守文至城下示之，犹固守。城中食尽，民食堇泥，军士食人，驴马相啖鬃尾。吕兖选男女羸弱者，饲以曲面而烹之，以给军食，谓之宰杀务。

（以上为第七段，写岐王李茂贞派刘知俊攻灵州，大破救援之梁军，岐王以刘知俊为彰义节度使镇泾州。）

四年（庚午，910年）

春，正月，乙未，刘延祚力尽出降。时刘继威尚幼，守光使大将张万进、周知裕辅之镇沧州，以延祚及其将佐归幽州。族吕兖而释孙鹤。

兖子琦，年十五，门下客赵玉绐监刑者曰："此吾弟也，勿妄杀。"监刑者信之，遂挈以逃。琦足痛不能行，玉负之，变姓名，乞食于路，仅而得免。琦感家门殄灭，力学自立，晋王闻其名，授代州判官。

辛丑，以卢光稠为镇南留后。

刘守光为其父仁恭请致仕，丙午，以仁恭为太师，致仕。守光寻使人潜杀其兄守文，归罪于杀者而诛之。

二月，万全感自岐归广陵，岐王承制加弘农王兼中书令，嗣吴王，于是吴王赦其境内。

高澧求救于吴，吴常州刺史李简等将兵应之，湖州将盛师友、沈行思闭城不内，澧帅麾下五千人奔吴。三月癸巳，吴越王镠巡湖州，以钱镖为刺史。

（以上为第八段，写卢龙节度使刘守光逼父刘仁恭致仕，又杀其兄刘守文。岐王李茂贞承制加弘农王杨隆演嗣吴王，于是吴王大赦境内。吴越将钱镖破湖州，高澧奔吴。）

杆拿在手里，所到之处，无人能挡，当时人称他为“王铁枪”。

前蜀的蜀州刺史王宗弁声称有病，自己辞官回到成都，闭门不出。前蜀主王建怀疑王宗弁居功自傲，心怀不满，加封他为检校太保。王宗弁坚决推辞不接受，对人说：“廉洁的人很知足所以没有忧愁，贪婪的人天天忧愁而不知道满足。我是个小人物，官位到此也就满足了，怎么能要求提升没有止境呢！”前蜀主王建赞许王宗弁的志向并答应了他，给了他很多赏赐。

刘守光包围沧州久攻不下，把刘守文押解到城下给城里的人看，守兵还是坚守不肯投降。城里的食物吃完了，老百姓只好吃黏土，士兵吃人，驴马互相吃鬃毛、尾巴。吕兖挑选瘦弱的男人、女人，给他们吃酒曲麦粉，然后把他们杀了煮熟，供给士兵食用，把这叫作“宰杀务”。

后梁太祖开平四年（庚午，910年）

春季，正月初四日乙未，刘延祚无力再防守，出城投降。当时刘继威年龄还小，刘守光派大将张万进、周知裕辅佐他镇守沧州，把刘延祚和他的部将、佐吏带回幽州；杀了吕兖的全族；释放孙鹤。

吕兖的儿子吕琦，年十五岁，门下客赵玉欺骗监督行刑的人说：“这是我的弟弟，不要乱杀。”监督行刑的人相信了他的话，于是赵玉带着吕琦逃走。吕琦脚痛不能行走，赵玉背着他，改名换姓，在路上讨饭充饥，终于逃过了大难。吕琦感慨家族灭绝，努力学习自立。晋王李存勖得知吕琦的名字，任命吕琦为代州判官。

正月初十日辛丑，后梁任命卢光稠为镇南留后。

刘守光替他的父亲刘仁恭请求退休。正月十五日丙午，后梁太祖下令刘仁恭以太师的官衔退休。刘守光不久派人暗杀他的哥哥刘守文，然后把罪名归于受他指挥去暗杀的人，并把他处死。

二月，万全感从岐州回到广陵。岐王李茂贞承用制书加封弘农王杨隆演兼中书令，嗣位为吴王。于是吴王杨隆演在淮南境内实行大赦。

高澧向吴王求救，吴常州刺史李简等率领军队前去接应。湖州将领盛师友、沈行思关闭城门不肯接纳援军，高澧率领部下五千人投奔吴王。三月初三日癸巳，吴越王钱镠巡视湖州，任命钱镖为湖州刺史。

蜀太子宗懿骄暴，好陵暴旧臣。内枢密使唐道袭，蜀主之嬖臣也，太子屡谑之于朝，由是有隙，互相诉于蜀主。蜀主恐其交恶，以道袭为山南西道节度使、同平章事。道袭荐宣徽北院使郑顼为内枢密使，顼受命之日，即欲按道袭昆弟盗用内库金帛。道袭惧，奏顼褊急，不可大任，丙午，出顼为果州刺史，以宣徽南院使潘炕为内枢密使。

夏州都指挥使高宗益作乱，杀节度使李彝昌。将吏共诛宗益，推彝昌族父蕃汉都指挥使李仁福为帅，癸丑，仁福以闻。夏，四月，甲子，以仁福为定难节度使。

丁卯，宋州节度使衡王友谅献瑞麦，一茎三穗，帝曰："丰年为上瑞。今宋州大水，安用此为！"诏除本县令名，遣使诘责友谅，以兖海留后惠王友能代为宋州留后。友谅、友能，皆全昱子也。

帝以晋州刺史下邑华温琪拒晋兵有功，欲赏之，会护国节度使冀王友谦上言晋、绛边河东，乞别建节镇，壬申，以晋、绛、沁三州为定昌军，以温琪为节度使。

左金吾大将军寇彦卿入朝，至天津桥，有民不避道，投诸栏外而死。彦卿自首于帝。帝以彦卿才干有功，久在左右，命以私财遗死者家以赎罪。御史司宪崔沂劾奏"彦卿杀人阙下，请论如法。"帝命彦卿分析。彦卿对："令从者举置栏外，不意误死。"帝欲以过失论，沂奏："在法，以势力使令为首，下手为从，不得归罪从者。不斗而故殴伤人，加伤罪一等，不得为过失。"辛巳，责授彦卿游击将军、左卫中郎将。彦卿扬言："有得崔沂首者，赏钱万缗。"沂以白帝，帝使人谓彦卿："崔沂有毫发伤，我当族汝！"时功臣骄横，由是稍肃。沂，沆之弟也。

（以上为第九段，写蜀王太子王宗懿骄暴。夏州发生兵变，李仁福任定难节度使。后梁御史司宪崔沂依法制横暴功臣，正气稍伸。）

五月，吴徐温母周氏卒，将吏致祭，为偶人，高数尺，衣以罗锦，温曰："此皆出民力，奈何施于此而焚之，宜解以衣贫者。"未几，起复为内外马步军都军使，领润州观察使。

前蜀太子王宗懿骄傲横暴，喜好凌辱欺侮旧臣。内枢密使唐道袭，是前蜀主王建的宠臣，太子王宗懿多次在朝廷上戏谑他，因此两人有了裂痕，互相向前蜀主告状。前蜀主害怕他们彼此憎恨仇视，任命唐道袭为山南西道节度使、同平章事。唐道袭推荐宣徽北院使郑顼为内枢密使。郑顼接受任命那天，就要调查唐道袭兄弟盗用内库金银绢帛的事。唐道袭害怕了，上奏说郑顼气量狭隘，性情急躁，不能担当大任。三月十六日丙午，调郑顼出任果州刺史，任命宣徽南院使潘炕为内枢密使。

夏州都指挥使高宗益发动叛乱，杀死节度使李彝昌。将吏们共同诛杀高宗益，推举李彝昌族父蕃汉都指挥使李仁福为统帅。三月二十三日癸丑，李仁福向后梁太祖上表报告。夏季，四月初五日甲子，后梁太祖任命李仁福为定难节度使。

四月初八日丁卯，宋州节度使衡王朱友谅进献瑞麦，一根麦茎上长了三个穗。后梁太祖说："如果是丰年，这是最祥瑞的吉兆。现在宋州发大水，进献这个有什么用！"下诏免去这个县的县令官职，派遣使者去责问查究朱友谅，任命兖海留后惠王朱友能代理宋州留后。朱友谅、朱友能，都是后梁太祖哥哥广王朱全昱的儿子。

后梁太祖因为晋州刺史下邑人华温琪抵抗晋王李存勖的军队有功，想要奖赏他。刚好护国节度使冀王朱友谦上奏说晋州、绛州与河东接界，请求另外建立节镇。四月十三日壬申，后梁太祖下令以晋、绛、沁三个州为定昌军，任命华温琪为定昌节度使。

左金吾大将军寇彦卿进京朝见，到了天津桥，有个老百姓没有躲避让路，被他扔到桥栏外摔死了。寇彦卿向后梁太祖报告了这件事。后梁太祖因为寇彦卿很有才干，立过功劳，长期以来一直跟随左右，命令寇彦卿用自己的钱财送给死者家属来赎罪。御史司宪崔沂上奏弹劾："寇彦卿在皇宫前杀人，请求依照法律来定罪。"后梁太祖命寇彦卿自己答辩。寇彦卿回答说："我让随从把他举起放到桥的栏杆外面，没料到误伤死去。"后梁太祖想按照过失定罪，崔沂上奏说："按照法律，依仗权势下命令的人是首犯，服从命令具体办事的人是从犯，不能把罪责都归到从犯的身上。不是因为互相争斗而故意殴伤别人，应该加伤罪一等，不能作为过失看待。"四月二十二日辛巳，后梁太祖下令寇彦卿因罪改任游击将军、左卫中郎将。寇彦卿扬言说："有得崔沂首级的人，赏钱一万缗。"崔沂把寇彦卿的话报告后梁太祖，后梁太祖派人对寇彦卿说："崔沂如果有一毫一发的伤害，朕就杀灭你的全族！"当时功臣骄傲专横，从此稍微收敛了一些。崔沂是崔沆的弟弟。

五月，吴徐温的母亲周氏去世，将领官吏前去吊祭，做了一个木偶人，高好几尺，替它穿上罗锦做的衣服。徐温说："这些都出于老百姓的劳动，怎么能拿来在这里烧掉，应当取下来给贫苦的人穿。"不久，徐温又被起用为内外马步军都军使，兼

岐王屡求货于蜀，蜀主皆与之。又求巴、剑二州，蜀主曰："吾奉茂贞，勤亦至矣。若与之地，是弃民也，宁多与之货。"乃复以丝、茶、布、帛七万遗之。

己亥，以刘继威为义昌节度使。

癸丑，天雄节度使兼中书令邺贞壮王罗绍威卒。诏以其子周翰为天雄留后。

匡国节度使长乐忠敬王冯行袭疾笃，表请代者。许州牙兵二千，皆秦宗权余党，帝深以为忧。六月，庚戌，命崇政院直学士李珽驰往视行袭病，曰："善谕朕意，勿使乱我近镇。"珽至许州。谓将吏曰："天子握百万兵，去此数舍。冯公忠纯，勿使上有所疑。汝曹赤心奉国，何忧不富贵！"由是众莫敢异议。

行袭欲使人代受诏，珽曰："东首加朝服，礼也。"乃即卧内宣诏，谓行袭曰："公善自辅养，勿视事，此子孙之福也。"行袭泣谢，遂解两使印授珽，使代掌军府。帝闻之曰："予固知珽能办事，冯族亦不亡矣。"庚辰，行袭卒。甲申，以李珽权知匡国留后，悉以行袭兵分隶诸校，冒冯姓者皆还宗。

楚王殷求为天策上将，诏加天策上将军。殷始开天策府，以弟賨为左相，存为右相。殷遣将侵荆南，军于油口。高季昌击破之，斩首五千级，逐北至白田而还。

（以上为第十段，写天雄节度使罗绍威卒，诏以子代，嘉其忠直，匡国节度使冯行袭病笃，诏以大臣更代，控制跋扈之镇自为留后。）

吴水军指挥使敖骈围吉州刺史彭玕弟瑊于赤石，楚兵救瑊，虏骈以归。

秋，七月，戊子朔，蜀门下侍郎兼吏部尚书、同平章事韦庄卒。

吴越王镠表"宦者周延诰等二十五人，唐末避祸至此，非刘、韩之党，乞原之。"上曰："此属吾知其无罪，但今革弊之初，不欲置之禁掖，可且留于彼，谕以此意。"

任润州观察使。

岐王李茂贞多次向前蜀索求财物，前蜀主王建都给了他。李茂贞又索求巴、剑两个州，王建说：“我侍奉李茂贞，可说是仁至义尽了；如果给他土地，就是抛弃老百姓，宁可多给他财物。”于是又送给李茂贞丝、茶、布、帛共七万。

五月十一日己亥，任命刘继威为义昌节度使。

五月二十五日癸丑，天雄节度使兼中书令邺贞庄王罗绍威去世。后梁太祖下诏任命罗绍威的儿子罗周翰为天雄留后。

匡国节度使、长乐忠敬王冯行袭病得很重，上表请求任命代替自己的人。许州牙兵二千人，都是秦宗权的余党，后梁太祖深为忧虑。六月，命令崇政院直学士李珽赶往许州去探视冯行袭的病情，说：“好好地传达朕的旨意，不要乱了朕的邻近藩镇。”李珽到达许州，对将领官吏们说：“后梁太祖手里掌管着一百万军队，离这里并不远。冯行袭对朝廷一向忠诚，不要使后梁太祖有所怀疑。你们赤胆忠心报效国家，何愁没有荣华富贵！”因此大家不敢提出不同意见。

冯行袭想派人代替自己接受诏书，李珽说：“你只要头朝着东方穿上朝服，就可算是接受诏书的礼仪了。”于是就在冯行袭的卧室里宣读诏书，对冯行袭说：“你好好地保养身体，不要再处理公务，这是你子孙的福气。”冯行袭哭着谢恩，于是解下节度使、观察使的大印交给李珽，让他代管军府事务。后梁太祖听到这情况，说：“我本来就知道李珽能办事，冯行袭一族不会灭亡了。”六月二十二日庚辰，冯行袭去世。六月二十六日甲申，任命李珽暂时代理匡国留后，把冯行袭的军队分别归属其他部队，冒冯姓的养子全部返归原来各家。

楚王马殷请求担任天策上将，后梁太祖下诏加封他为天策上将军。马殷开始设置天策府，任命他的弟弟马賨为左相，马存为右相。马殷又派遣将领率领军队侵犯荆南，驻扎在油口。高季昌把他们打败了，斩首五千级，乘胜追击到白田才返回。

吴水军指挥使敖骈在赤石洞包围了吉州刺史彭玕的弟弟彭瑊，楚军前往救援，俘虏了敖骈就回去了。

秋季，七月初一日戊子，前蜀门下侍郎兼吏部尚书、同平章事韦庄去世。

吴越王钱镠上表说：“宦官周延诰等二十五人，唐末避祸到这里，他们不是刘季述、韩全诲的党羽，请求赦免他们。”后梁太祖说：“这些宦官朕知道他们没有什么罪过，但现在革除宦官专权的弊端刚刚才开始，不想把他们安置在宫中，可暂且让他们留在那里，把朕这个意思告诉他们。”

岐王与邠、泾二帅各遣使告晋，请合兵攻定难节度使李仁福。晋王遣振武节度使周德威将兵会之，合五万众围夏州，仁福婴城拒守。

八月，以刘守光兼义昌节度使。

镇、定自帝践祚以来虽不输常赋，而贡献甚勤。会赵王镕母何氏卒，庚申，遣使吊之，且授起复官。时邻道吊客皆在馆，使者见晋使，归，言于帝曰："镕潜与晋通，镇、定势强，恐终难制。"帝深然之。

壬戌，李仁福来告急。甲子，以河南尹兼中书令张全义为西京留守。帝恐晋兵袭西京，以宣化留后李思安为东北面行营都指挥使，将兵万人屯河阳。丙寅，帝发洛阳；己巳，至陕。辛未，以镇国节度使杨师厚为西路行营招讨使，会感化节度使康怀贞将兵三万屯三原。帝忧晋兵出泽州逼怀州，既而闻其在绥、银碛中，曰："无足虑也。"甲申，遣夹马指挥使李遇、刘绾自鄜、延趋银、夏，邀其归路。

吴越王镠筑捍海石塘，广杭州城，大修台馆。由是钱唐富庶盛于东南。

九月，己丑，上发陕；甲午，至洛阳，疾复作。

李遇等至夏州，岐、晋兵皆解去。

（以上为第十一段，写岐晋两王与邠泾二帅联兵五万攻梁夏州，不胜退兵。吴越王钱镠筑捍海石塘，拓广杭州城，从此钱塘富庶甲于东南。）

冬，十月，遣镇国节度使杨师厚、相州刺史李思安将兵屯泽州以图上党。

吴越王镠之巡湖州也，留沈行思为巡检使，与盛师友俱归。行思谓同列陈瓌曰："王若以师友为刺史，何以处我？"时瓌已得镠密旨遣行思诣府，乃绐之曰："何不自诣王所论之！"行思从之。既至数日，瓌送其家亦至，行思恨瓌卖己。镠自衣锦军归，将吏迎谒，行思取锻槌击瓌，杀之，因诣镠，与师友论功，夺左右槊，欲刺师友，众执之。镠斩行思，

岐王李茂贞与邠州李继徽、泾州刘知俊两帅各派遣使者通告晋王李存勖，请求合兵攻打定难节度使李仁福。李存勖派遣振武节度使周德威率领军队和他们会合，一共五万人包围夏州，李仁福绕着全城进行防守。

八月，任命刘守光兼任义昌节度使。

镇州、定州自后梁太祖即位以来，虽然没有定期输送赋税，但进献物品很殷勤。适逢赵王王镕的母亲何氏去世，八月初三日庚申，后梁太祖派遣使者前去吊唁，并且在王镕守丧期间仍恢复他的原来官职。当时邻近各道吊唁的使者都住在馆舍，后梁太祖派去的使者看见李存勖的使者也在，回到洛阳后，对后梁太祖说："王镕暗中和李存勖往来，镇州、定州势力强大，恐怕终究难以控制。"后梁太祖认为他说得很对。

八月初五日壬戌，李仁福前来告急。八月初七日甲子，任命河南尹兼中书令张宗奭为西京留守。后梁太祖担心李存勖的军队袭击西京洛阳，任命宣化留后李思安为东北面行营都指挥使，率领军队一万人驻扎在河阳。八月初九日丙寅，后梁太祖从洛阳出发。八月十二日己巳，到达陕州。八月十四日辛未，任命镇国节度使杨师厚为西路行营招讨使，会同感化节度使康怀贞率领军队三万人驻扎在三原。后梁太祖担心李存勖的军队出泽州进逼怀州，后来听说晋军在绥州、银州的沙漠里，说："不用忧虑了。"八月二十七日甲申，派遣夹马指挥使李遇、刘绾从鄜州、延州直奔银州、夏州，截断晋军的归路。

吴越王钱镠修筑防止海潮的石塘，扩大杭州城，大规模修建楼台馆舍。从此钱塘在东南一带最为富庶。

九月初三日己丑，后梁太祖从陕州出发。九月初八日甲午，回到洛阳，病又发作。

李遇等到了夏州，岐王李茂贞、晋王李存勖的军队都解围撤走了。

冬季，十月，后梁派遣镇国节度使杨师厚、相州刺史李思安率领军队驻扎泽州，准备进攻上党。

吴越王钱镠巡视湖州时，留下沈行思担任巡检使，与盛师友一起回杭州。沈行思对他的同僚陈瓌说："吴越王如果任命盛师友为刺史，怎么来安置我？"当时陈瓌已经得到吴越王钱镠派遣沈行思到镇海军府去的密旨，但却欺骗沈行思说："为什么不自己到吴越王那里去说明！"沈行思听从了陈瓌的话。到达军府后几天，陈瓌把沈行思的家人也送到了，沈行思怨恨陈瓌出卖了自己。钱镠从家乡衣锦军回来，将

以师友为婺州刺史。

十一月，己丑，以宁国节度使、同平章事王景仁充北面行营都指挥招讨使，潞州副招讨使韩勍副之，以李思安为先锋将，趣上党。寻遣景仁等屯魏州，杨师厚还陕。

蜀主更太子宗懿名曰元坦。庚戌，立假子宗裕为通王，宗范为夔王，宗锣为昌王，宗寿为嘉王，宗翰为集王；立其子宗仁为普王，宗辂为雅王，宗纪为褒王，宗智为荣王，宗泽为兴王，宗鼎为彭王，宗杰为信王，宗衍为郑王。

初，唐末宦官典兵者多养军中壮士为子以自强，由是诸将亦效之。而蜀主尤多，惟宗懿等九人及宗特、宗平真其子；宗裕、宗锣、宗寿皆其族人；宗翰姓孟，蜀主之姊子；宗范姓张，其母周氏为蜀主妾；自余假子百二十人皆功臣，虽冒姓连名而不禁婚姻。

上疾小愈，辛亥，校猎于伊、洛之间。

上疑赵王镕贰于晋，且欲因邺王绍威卒除移镇、定。会燕王守光发兵屯涞水，欲侵定州，上遣供奉官杜廷隐、丁延徽监魏博兵三千分屯深、冀，声言恐燕兵南寇，助赵守御；又云分兵就食。赵将石公立戍深州，白赵王镕，请拒之。镕遽命开门，移公立于外以避之。公立出门指城而泣曰："朱氏灭唐社稷，三尺童子知其为人。而我王犹恃姻好，以长者期之，此所谓开门揖盗者也。惜乎，此城之人今为虏矣！"

梁人有亡奔真定，以其谋告镕者，镕大惧，又不敢先自绝，但遣使诣洛阳，诉称"燕兵已还，与定州讲和如故，深、冀民见魏博兵入，奔走惊骇，乞召兵还。"上遣使诣真定慰谕之。未几，廷隐等闭门尽杀赵戍兵，乘城拒守。镕始命石公立攻之，不克，乃遣使求援于燕、晋。

领官吏前去迎接谒见，沈行思取出锻锤朝陈瓌打去，把陈瓌打死了；又跑到钱镠面前，和盛师友争论功劳大小，夺下了左右侍从手中的长矛，想要刺杀盛师友，大家把沈行思抓住了。钱镠杀了沈行思，任命盛师友为婺州刺史。

十一月初三日己丑，后梁太祖任命宁国节度使、同平章事王景仁为北面行营都指挥招讨使，潞州副招讨使韩勍为副使，又任命李思安为先锋将，奔赴上党。不久又派遣王景仁等驻扎魏州，杨师厚回到陕州。

前蜀主王建把太子王宗懿的名字改为王元坦。十一月二十四日庚戌，立养子王宗裕为通王，王宗范为夔王，王宗锣为昌王，王宗寿为嘉王，王宗翰为集王；立自己的儿子王宗仁为普王，王宗辂为雅王，王宗纪为褒王，王宗智为荣王，王宗泽为兴王，王宗鼎为彭王，王宗杰为信王，王宗衍为郑王。

起初，唐朝末年掌管军权的宦官大多收养军中的壮士做儿子来加强自己的力量，后来军队中各将领也仿效他们。其中前蜀主王建的养子尤其多，只有王宗懿等九人以及王宗特、王宗平是他的亲生儿子；王宗裕、王宗锣、王宗寿都是他的族人；王宗翰姓孟，是王建姐姐的儿子，王宗范姓张，他的母亲周氏是王建的妾；其余养子一百二十人都是功臣，虽然冒称王姓并且兄弟连名，但不禁止互相通婚。

后梁太祖的病稍微好了一些。十一月二十五日辛亥，到伊水、洛水之间设围打猎。

后梁太祖怀疑赵王王镕私通李存勖，并且想乘着邺王罗绍威去世的机会调动镇、定两处节度使。刚好燕王刘守光发动军队驻扎涞水，想要侵犯定州。后梁太祖派遣供奉官杜廷隐、丁延徽监督魏博军队三千人分别驻扎深州、冀州，声称担心燕王军队南犯，帮助赵王防守；又说把军队分到粮食多的地方就地取得给养。赵王的将领石公立守卫深州，向赵王王镕报告，请求拒绝他们驻扎。王镕立即下令打开城门，把石公立调到城外不与梁朝军队见面，石公立出了深州城门，指着深州城流眼泪说："姓朱的把唐朝的社稷灭了，连三尺高的孩子都知道他的为人。但是我们赵王仗恃着和他联姻通好，善心期望他成为长者，这就是所说的开门揖盗。可惜啊，这城里的人现在成为俘虏了！"

后梁有人逃亡投奔真定，把后梁太祖想要调动镇、定两处节度使的谋划告诉王镕。王镕非常恐惧，又不敢由自己先断绝和梁朝的关系；只是派遣使者到洛阳，向后梁太祖诉说："燕王刘守光的军队已经撤走，我和定州王处直讲和像从前一样。深州、冀州的老百姓看到魏博军队进城，惊慌得四处奔跑，乞求后梁太祖把魏博军队召回去。"后梁太祖派遣使者到真定慰劳宣谕王镕。不久，杜廷隐等关闭城门把戍守的赵兵全部杀死，登上城楼进行防守。王镕这才命令石公立攻打，没有打下来。于是派遣使者向燕王刘守光、晋王李存勖请求救援。

镕使者至晋阳，义武节度使王处直使者亦至，欲共推晋王为盟主，合兵攻梁。晋王会将佐谋之，皆曰："镕久臣朱温，岁输重赂，结以婚姻，其交深矣。此必诈也，宜徐观之。"王曰："彼亦择利害而为之耳。王氏在唐世犹或臣或叛，况肯终为朱氏之臣乎？彼朱温之女何如寿安公主！今救死不赡，何顾婚姻！我若疑而不救，正堕朱氏计中。宜趣发兵赴之，晋、赵叶力，破梁必矣。"乃发兵，遣周德威将之，出井陉，屯赵州。

镕使者至幽州，燕王守光方猎，幕僚孙鹤驰诣野谓守光曰："赵人来乞师，此天欲成王之功业也。"守光曰："何故？"对曰："比常患其与朱温胶固。温之志非尽吞河朔不已，今彼自为雠敌，王若与之并力破梁，则镇、定皆敛衽而朝燕矣。王不出师，但恐晋人先我矣。"守光曰："王镕数负约，今使之与梁自相弊，吾可以坐承其利，又何救焉！"自是镇、定复称唐天祐年号，复以武顺为成德军。

（以上为第十二段，写蜀主王建收功臣壮士一百二十人为养子以自强。梁太祖朱晃疑心而杀深州赵王戍兵，逼反赵王王镕与晋连合。）

司天言："来月太阴亏，不利宿兵于外。"上召王景仁等还洛阳。十二月，己未，上闻赵与晋合，晋兵已屯赵州，乃命王景仁等将兵击之。庚申，景仁等自河阳渡河，会罗周翰兵，合四万，军于邢、洺。

虔州刺史卢光稠疾病，欲以位授谭全播，全播不受。光稠卒，其子韶州刺史延昌来奔丧，全播立而事之。吴遣使拜延昌虔州刺史，延昌受之，亦因楚王殷密通表于梁，曰："我受淮南官，以缓其谋耳，必为朝廷经略江西。"丙寅，以延昌为镇南留后。延昌表其将廖爽为韶州刺史，爽，赣人也。吴淮南节度判官严可求请置制置使于新淦县，遣兵戍之，以图虔州。每更代，辄潜益其兵，虔人不之觉也。

庚午，蜀主以御史中丞周庠、户部侍郎判度支庾传素并为中书侍郎、

王镕的使者到了晋阳，义武节度使王处直的使者也到了，想共同推举晋王李存勖为盟主，联合起来攻打后梁。晋王召集将领佐吏商量，都说："王镕长期向朱温称臣，每年都进贡大批财物，还结为儿女姻亲，他们的交情太深了；这一定是欺骗手段，应该慢慢地察看他们的动静。"李存勖说："王镕也是衡量利害关系后才这样做的。王氏在唐朝时有时候归顺，有时候叛变，怎么肯始终做朱氏的臣子呢？他朱温的女儿怎么比得上寿安公主！现在救死都来不及，哪里还顾得上婚姻关系！我假如怀疑王镕而不去救援，那就正好中了朱温的诡计。应该急速派兵前往，晋、赵同心协力，打败梁军是肯定的了。"于是发动军队，派遣周德威率领，从井陉出发，驻扎在赵州。

王镕的使者到了幽州，燕王刘守光正在野外打猎，幕僚孙鹤驰往野外对刘守光说："赵王派人前来请求援兵，这是上天想要成全大王的功业了。"刘守光说："这是什么缘故？"孙鹤回答说："近来常常担心王镕与朱温关系牢固。朱温的志向不吞并完河朔这个地方是不会罢休的。现在他们自己成为仇敌，大王假如和王镕并力打败梁朝军队，那么镇州、定州都要整一整衣袖恭恭敬敬地朝见您了。如果大王不出兵，只怕晋王抢在我们前面先发兵了。"刘守光说："王镕多次背弃盟约，现在让他与梁自己相斗两败俱伤，我可以坐收其利，救他干什么！"赵王的使者在路上络绎不绝，刘守光最终没有发兵救援。从此以后，镇州、定州又恢复使用唐朝天祐的年号，再把武顺军改为成德军，不避后梁的庙讳。

后梁主管观察天象的官员说："下个月月亮亏缺，不利于在外面驻扎军队。"后梁太祖召王景仁等返回洛阳，十二月初三日己未，后梁太祖听说赵王王镕和晋王李存勖联合，晋兵已经驻扎在赵州，于是命令王景仁等率领军队前去攻打。十二月初四日庚申，王景仁等从河阳渡过黄河，会合罗周翰的军队共四万人，驻扎在邢州、洺州。

虔州刺史卢光稠病重，想把职位授给谭全播，谭全播不肯接受。卢光稠去世，他的儿子韶州刺史卢延昌到虔州奔丧，谭全播立他为刺史并事奉他。吴王杨隆演派遣使者任命卢延昌为虔州刺史，卢延昌接受了，又通过楚王马殷秘密向梁朝上表，说："我接受淮南的官职，是想缓和他们图谋我的野心，今后一定为朝廷治理江西。"十二月初十日丙寅，后梁太祖任命卢延昌为镇南留后。卢延昌上表奏请任命他的部将廖爽为韶州刺史。廖爽是赣州人。吴淮南节度使判官严可求请求在新淦县设立制置使，派遣军队戍守，以便谋取虔州。每次军队轮换交替，常常暗中增加新淦县的军队，虔州的人一点也没有发觉。

十二月十四日庚午，前蜀主王建任命御史中丞周庠、户部侍郎判度支庾传素同

同平章事。

太常卿李燕等刊定《梁律令格式》，癸酉，行之。

丁丑，王景仁等进军柏乡。

辛巳，蜀大赦，改明年元曰永平。

赵王镕复告急于晋，晋王以蕃汉副总管李存审守晋阳，自将兵自赞皇东下，王处直遣将将兵以从。辛巳，晋王至赵州，与周德威合，获梁刍荛者二百人，问之曰："初发洛阳，梁主有何号令？"对曰："梁主戒上将云：'镇州反复，终为子孙之患。今悉以精兵付汝，镇州虽以铁为城，必为我取之。'"晋王命送于赵。

壬午，晋王进军，距柏乡三十里，遣周德威等以胡骑迫梁营挑战，梁兵不出。癸未，复进，距柏乡五里，营于野河之北，又遣胡骑迫梁营驰射，且诟之。梁将韩勍等将步骑三万，分三道追之，铠胄皆被缯绮，镂金银，光彩炫耀，晋人望之夺气。周德威谓李存璋曰："梁人志不在战，徒欲曜兵耳。不挫其锐，则吾军不振。"乃徇于军曰："彼皆汴州天武军，屠酤佣贩之徒耳，衣铠虽鲜，十不能当汝一。擒获一夫，足以自富，此乃奇货，不可失也。"德威自引千余精骑击其两端，左右驰突，出入数四，俘获百余人，且战且却，距野河而止，梁兵亦退。

德威言于晋王曰："贼势甚盛，宜按兵以待其衰。"王曰："吾孤军远来，救人之急，三镇乌合，利于速战，公乃欲按兵持重，何也？"德威曰："镇、定之兵，长于守城，短于野战。且吾所恃者骑兵，利于平原广野，可以驰突。今压贼垒门，骑无所展其足。且众寡不敌，使彼知吾虚实，则事危矣。"王不悦，退卧帐中，诸将莫敢言。德威往见张承业曰："大王骤胜而轻敌，不量力而务速战。今去贼咫尺，所限者一水耳，彼若造桥以薄我，我众立尽矣。不若退军高邑，诱贼离营，彼出则归，彼归则出，别以轻骑掠其馈饷，不过逾月，破之必矣。"承业入，褰帐抚王曰："此岂王安寝时耶！周德威老将知兵，其言不可忽也。"王蹶然兴曰："予方思之。"时梁兵闭垒不出，有降者，诘之，曰："景仁方多造浮桥。"

为中书侍郎、同平章事。

太常卿李燕等人刊定《梁律令格式》。十二月十七日癸酉，颁布全国施行。

十二月二十一日丁丑，王景仁等进军柏乡。

十二月二十五日辛巳，前蜀实行大赦，改明年年号为永平。

赵王王镕再次向晋王李存勖告急。晋王李存勖命令蕃汉副总管李存审守卫晋阳，亲自率领军队从赞皇县向东进发，王处直派遣部将率领军队五千人跟从。十二月二十五日辛巳，李存勖到达赵州，和周德威的军队会合，俘获割草打柴的梁军士兵二百人，问他们说："你们刚从洛阳出发时，梁主有什么号令？"被俘获的梁军士兵回答说："皇上告诫大将：'镇州王镕反复无常，终究要成为子孙的祸患。如今把全部精锐部队交给你，镇州城即使是用铁铸的，也一定要为我夺取它。'"李存勖命令把这些俘虏送到赵王王镕那里去。

十二月二十六日壬午，晋王李存勖下令军队前进，距离柏乡三十里路，派遣周德威等率领胡人骑兵逼近梁军军营挑战，梁军不出来应战。十二月二十七日癸未，又向前推进，距离柏乡只有五里路了，在野河的北面扎营，又派遣胡人骑兵逼近梁军军营纵马射箭骚扰，并且辱骂他们。梁军将领韩勍等率领步兵、骑兵三万人，分三路追击挑战晋兵。梁军的铠甲头盔都披着华丽的丝绸，雕刻着金银，光彩耀目；晋兵望见，未交战就丧失了士气。周德威对李存璋说："梁军看起来不是真想作战，只是在炫耀他们的兵力罢了。不挫伤他们的锐气，我军就不能振作起来。"于是在军中宣布说："梁军都是汴州的天武军，是些屠夫、酒徒、佣工、商贩而已，衣服铠甲虽然鲜艳夺目，十个人也不能抵挡你们一个人。擒获他们一个人，足以使自己发财了，这是奇货，不可以失去机会啊！"周德威亲自率领精锐骑兵一千多人攻击梁军的两头，左冲右突，进进出出多次，俘获一百多人，且战且退，一直到野河方停止；梁军也退回去了。

周德威对晋王李存勖说："敌人的声势很盛，应当按兵不动来等待他们士气衰退。"晋王李存勖说："我们是孤军远道而来，解救别人的危急；镇州、定州和河东三镇军队合而为一，是临时的组合，利于速战速决。你现在却要按兵不动持重求稳，这是什么道理？"周德威说："镇州、定州的军队，善于据城防守，而不擅长在郊野作战。而我们所依仗的是骑兵，在平原旷野里打仗最为有利，可以纵马奔驰，左冲右突。现在逼近敌人的营垒寨门，战马不能伸展它的四足；况且敌我之间的兵力相差太悬殊，假如让敌人知道了我军的虚实，那么事情就危险了。"晋王很不高兴，退入帐中卧床休息，各将领没有人敢再说什么。周德威前去见张承业，说："大王突然打了个大胜仗就轻敌了，不仔细衡量敌我双方的力量而想速战速决。现在我们离敌人只有咫尺之远，中间所隔的只是一条野河罢了。他们假如造桥过河攻打我们，我

王谓德威曰："果如公言。"是日，拔营，退保高邑。

辰州蛮酋宋邺，溆州蛮酋潘金盛，恃其所居深险，数扰楚边。至是，邺寇湘乡，金盛寇武冈。楚王殷遣昭州刺史吕师周将衡山兵五千讨之。

宁远节度使庞巨昭、高州防御使刘昌鲁，皆唐官也。黄巢之寇岭南也，巨昭为容管观察使，昌鲁为高州刺史，帅群蛮据险以拒之，巢众不敢入境。唐嘉其功，置宁远军于容州，以巨昭为节度使，以昌鲁为高州防御使。及刘隐据岭南，二州不从，隐遣弟岩攻高州，昌鲁大破之，又攻容州，亦不克。昌鲁自度终非隐敌，是岁，致书请自归于楚，楚王殷大喜，遣横州刺史姚彦章将兵迎之。彦章至容州，裨将莫彦昭说巨昭曰："湖南兵远来疲乏，宜撤储偫，弃城，潜于山谷以待之。彼必入城，我以全军掩之，彼外无继援，可擒也。"巨昭曰："马氏方兴，今虽胜之，后将何如！不若具牛酒迎之。"彦昭不从，巨昭杀之，举州迎降。彦章进至高州，以兵援送巨昭；昌鲁之族及士卒千余人归长沙。楚王殷以彦章知容州事，以昌鲁为永顺节度副使。昌鲁，郴人也。

（以上为第十三段，写梁晋两军相持于赵州。后梁颁行《梁律令格式》。唐宁远节度使庞巨昭，高州防御使刘昌鲁附于楚王马殷。）

乾化元年（辛未，911年）

春，正月，丙戌朔，日有食之。

柏乡比不储刍，梁兵刈刍自给，晋人日以游军抄之，梁兵不出。周德威使胡骑环营驰射而诟之，梁兵疑有伏，愈不敢出，锉屋茅坐席以饲马，马多死。丁亥，周德威与别将史建瑭、李嗣源将精骑三千压梁垒门而诟之，王景仁、韩勍怒，悉众而出。德威等转战至高邑南。李存璋以步兵陈于野河之上，梁军横亘数里，竞前夺桥，镇、定步兵御之，势不能支。晋王谓匡卫都指挥使李建及曰："贼过桥则不可复制矣。"建及选

们部众就会被消灭。不如退兵到高邑县，引诱敌人离开营寨，他们出战我们就退回去，他们回营我们就出战；另外派轻骑兵去截取他们的粮饷，不过一个多月，就一定可以打败敌人了。”张承业进去，揭起帐子拍着晋王李存勖说：“现在哪里是大王安稳睡觉的时候啊！周德威是老将军，通晓军事，他说的话不能忽视啊！”李存勖突然站起来说：“我正在考虑这件事。”当时梁军关闭营垒不出战，有来投降的，便询问他们，回答说：“王景仁正赶着在造许多浮桥。”李存勖对周德威说：“果然像你说的那样。”这一天，晋军立即撤除营寨，退到高邑县守卫。

辰州蛮的首领宋邺、溆州蛮的首领潘金盛，倚仗他们所居住的地方在深山险要之处，多次侵扰楚的边境。到这时候，宋邺侵犯湘乡县，潘金盛掠夺武冈县。楚王马殷派遣昭州刺史吕师周率领衡山的军队五千人去讨伐他们。

宁远节度使庞巨昭、高州防御使刘昌鲁，都是唐朝官员。黄巢侵犯岭南时，庞巨昭正担任容管观察使，刘昌鲁则是高州刺史，率领各蛮族占据险要的地方进行抵抗，黄巢的军队不敢进入他们防守的区域。唐朝嘉奖他们的功劳，在容州设置宁远军，任命庞巨昭为节度使，又任命刘昌鲁为高州防御使。到刘隐占据岭南，这两个州不肯服从他。刘隐派遣他的弟弟刘岩攻打高州，被刘昌鲁打得大败；又攻打容州，也没有打下来。刘昌鲁自己估计终究不是刘隐的敌手，这一年，写信给楚王马殷请求归附。楚王马殷大喜，派遣横州刺史姚彦章率领军队去迎接他。姚彦章到了容州，庞巨昭的副将莫彦昭劝庞巨昭说：“湖南的军队远道赶来疲劳困乏，我们最好撤走储备的物资，放弃容州城，隐藏在山谷里等待他们。他们一定要进入容州城，我们再用全军袭击他们，趁他们外面没有援军，就可以擒获了。”庞巨昭说：“马殷正在兴起，现在就算打败了马殷，以后将怎么办！不如准备牛酒饭食迎接他们。”莫彦昭不肯听从，庞巨昭把莫彦昭杀了，率领容州军民向姚彦章投降。姚彦章率领军队到达高州，派军队护送庞巨昭、刘昌鲁的族人及士兵一千多人回长沙。楚王马殷任命姚彦章掌管容州的事务，任命刘昌鲁为永顺节度副使。刘昌鲁是邺人。

后梁太祖乾化元年（辛未，911年）

春季，正月初一日丙戌，发生日食。

柏乡近来没有贮存喂马的草料，梁军只能割草供应自己的马匹。晋军每天用游击部队攻击他们，梁军不敢出营寨。周德威派遣胡人骑兵环绕后梁军营奔驰射箭并且辱骂他们，梁军疑心有埋伏，更加不敢出来，只好割屋上的茅草和坐的席垫来喂马，马匹多有饿死的。正月初二日丁亥，周德威和别将史建瑭、李嗣源率领精锐骑兵三千人到梁军的军营门口叫骂，王景仁、韩勍大怒，率领全体部众出战。周德威等转战到高邑南边。李存璋率领步兵在野河岸边列阵，梁军绵延几里长，争着向前

卒二百，援枪大噪，力战却之。建及，许州人，姓王，李罕之之假子也。晋王登高丘以望曰：“梁兵争进而嚣，我兵整而静，我必胜。”战自巳至午，胜负未决。晋王谓周德威曰：“两军已合，势不可离，我之兴亡，在此一举。我为公先登，公可继之。”德威叩马而谏曰：“观梁兵之势，可以劳逸制之，未易以力胜也。彼去营三十余里，虽挟糗粮，亦不暇食，日昳之后，饥渴内迫，矢刃外交，士卒劳倦，必有退志。当是时，我以精骑乘之，必大捷。于今未可也。”王乃止。

时魏、滑之兵陈于东，宋、汴之兵陈于西。至晡，梁军未食，士无斗志，景仁等引兵稍却，周德威疾呼曰：“梁兵走矣！”晋兵大噪争进，魏、滑兵先退，李嗣源帅众噪于西陈之前曰：“东陈已走，尔何久留！”梁兵互相惊怖，遂大溃。李存璋引步兵乘之，呼曰：“梁人亦吾人也，父兄子弟饷军者勿杀。”于是战士悉解甲投兵而弃之，嚣声动天地。赵人以深、冀之憾，不顾剽掠，但奋白刃追之，梁之龙骧、神捷精兵殆尽，自野河至柏乡，僵尸蔽地。王景仁、韩勍、李思安以数十骑走。晋兵夜至柏乡，梁兵已去，弃粮食、资财、器械不可胜计。凡斩首二万级。李嗣源等追奔至邢州，河朔大震。保义节度使王檀严备，然后开城纳败卒，给以资粮，散遣归本道。晋王收兵屯赵州。

杜廷隐等闻梁兵败，弃深、冀而去，悉驱二州丁壮为奴婢，老弱者坑之，城中存者坏垣而已。

癸巳，复以杨师厚为北面都招讨使，将兵屯河阳，收集散兵，旬余，得万人。己亥，晋王遣周德威、史建瑭将三千骑趣澶、魏，张承业、李存璋以步兵攻邢州，自以大军继之，移檄河北州县，谕以利害。帝遣别将徐仁溥将兵千人，自西山夜入邢州，助王檀城守。己酉，罢王景仁招讨使，落平章事。

抢夺桥梁，镇州、定州的步兵抵御他们，眼看抵挡不住了。晋王李存勖对匡卫都指挥使李建及说："贼人过了桥就不能再遏制他们了。"李建及挑选士兵二百人，手执长枪大声叫喊着冲上去，奋力作战把梁军打退。李建及是许州人，本姓王，是李罕之的养子。晋王登上小土山观察两军作战情形后说："梁军争先恐后、吵吵嚷嚷；我军整齐有序、严肃安静，我军一定能获胜。"战斗从上午巳时一直打到午未时，还没有分出胜负。晋王对周德威说："双方军队已经战在一起，很难再分开了。我们的兴亡，就在此一举。我替你打前锋，你可以随后跟上。"周德威抓住晋王的马缰劝告说："我看梁军的形势，可以以逸待劳去制服他们；不能拼死力去战胜他们。他们离开营垒三十多里，即使随身带着干粮，也没有空闲时间吃。日落以后，一方面饥渴交迫，一方面要抵挡兵刃箭矢，士兵劳累疲倦，一定会有退兵的打算。到那个时候，我们用精锐骑兵追击他们，必定大获全胜。现在不可以攻击。"晋王于是停止向前冲锋。

当时魏州、滑州的梁军在东边列阵，宋州、汴州的梁军在西边列阵。到太阳下山时，梁军没有吃东西，士兵没有斗志，王景仁等带领士兵逐渐退却。周德威大声喊叫说："梁军逃跑了！"晋军鼓噪着争先恐后地前进。魏州、滑州军队先撤退，李嗣源率领部众在西边阵前高喊道："东边的军队都战败退走了，你们为什么还要久留！"梁军惊慌恐怖，整个部队都溃散了。李存璋率领步兵乘胜追击，呼喊说："梁人也是我们的人，父兄子弟运送军粮的不杀。"于是梁军士兵都脱下铠甲，扔掉兵器，吵闹声惊天动地。赵人因为深州、冀州两城的守军被梁军所杀而怀恨在心，顾不上掠夺财物，只是挥舞利刃追杀梁军士兵。后梁的龙骧、神捷两军精锐几乎全部被歼灭了，从野河至柏乡，尸体遍地。王景仁、韩勍、李思安只带着几十名骑兵逃走。晋军夜里到达柏乡，梁军已经逃跑，抛弃的粮食、资财、器械数也数不清，总共斩杀梁军两万个首级。李嗣源等一直追赶到邢州，河朔一带大为震动。保义节度使王檀严密戒备，然后打开城门接纳败退下来的梁军士兵，给他们路费粮食，分别遣送返回原来的驻地。晋王李存勖收兵驻扎在赵州。

杜廷隐等听说梁军吃了败仗，就抛下深州、冀州两城，撤退回去。走时，把所有的丁壮一起带走，作为奴仆，把老弱没有用的，全部活埋了。城里只剩下断墙残壁而已。

正月初八日癸巳，后梁太祖再任命杨师厚为北面都招讨使，率领军队驻扎河阳，收集失散的士兵，十多天，收得一万人。正月十四日己亥，晋王李存勖派遣周德威、史建瑭率领骑兵三千人进攻澶州、魏州，张承业、李存璋率领步兵攻打邢州，并亲自统率大军在后面跟随，分别移送讨伐的檄文给河北各州县，向他们说明利害关系。后梁太祖派遣别将徐仁溥率领军队一千人，从西山在夜里进入邢州城，帮助王檀守

（以上为第十四段，写晋军在柏乡大破梁军，斩杀二万人，梁军弃粮食、资财、器械，不可胜计。）

蜀主之女普慈公主嫁岐王从子秦州节度使继崇，公主遣宦者宋光嗣以绢书遗蜀主，言继崇骄矜嗜酒，求归成都，蜀主召公主归宁。辛亥，公主至成都，蜀主留之，以宋光嗣为阁门南院使。岐王怒，始与蜀绝。光嗣，福州人也。

吕师周攀藤缘崖入飞山洞袭潘金盛，擒送武冈，斩之。

二月，己未，晋王至魏州，攻之，不克。上以罗周翰年少，且忌其旧将佐，庚申，以户部尚书李振为天雄节度副使，命杜廷隐将兵千人卫之，自杨刘济河，间道夜入魏州，助周翰城守。癸亥，晋王观河于黎阳，梁兵万余将渡河，闻晋王至，皆弃舟而去。

帝召蔡州刺史张慎思至洛阳，久未除代。蔡州右厢指挥使刘行琮作乱，纵兵焚掠，将奔淮南。顺化指挥使王存俨诛行琮，抚遏其众，自领州事，以众情驰奏。时东京留守博王友文不先请，遽发兵讨之，兵至鄢陵，帝曰："存俨方惧，若临之以兵，则飞去矣。"驰使召还。甲子，授存俨权知蔡州事。

乙丑，周德威自临清攻贝州，拔夏津、高唐；攻博州，拔东武、朝城。攻澶州，刺史张可臻弃城走，帝斩之。德威进攻黎阳，拔临河、淇门；逼卫州，掠新乡、共城。庚午，帝亲帅军屯白司马阪以备之。

卢龙、义昌节度使兼中书令燕王守光既克沧州，自谓得天助。淫虐滋甚。每刑人，必置诸铁笼，以火逼之，又为铁刷刷人面。闻梁兵败于柏乡，使人谓赵王镕及王处直曰："闻二镇与晋王破梁兵，举军南下，仆亦有精骑三万，欲自将之为诸公启行。然四镇连兵，必有盟主，仆若至彼，何以处之？"镕患之，遣使告于晋王，晋王笑曰："赵人告急，守光不能出一卒以救之。及吾成功，乃复欲以兵威离间二镇，愚莫甚焉！"

卫。正月二十四日己酉，罢免王景仁招讨使的职务，原来的平章事职位也一起削除了。

前蜀主王建的女儿普慈公主嫁给了岐王李茂贞的侄子秦州节度使李继崇。普慈公主派遣宦官宋光嗣带着写在白绢上的书信送给王建，说李继崇骄傲自大，又喜欢饮酒，要求返回成都。前蜀主王建于是召普慈公主回成都。正月二十六日辛亥，普慈公主到达成都，王建让她留下居住，任命宋光嗣为阁门南院使。岐王李茂贞知道后大怒，开始与前蜀断绝交往。宋光嗣是福州人。

吕师周带领军队攀缘藤条沿着山崖进入飞山洞袭击潘金盛，把潘金盛擒获押送到武冈斩首。

二月初四日己未，晋王李存勖到达魏州，开始攻城，没有攻下。后梁太祖认为天雄留后罗周翰年纪轻，并且对他父亲罗绍威留下的将领佐吏也不信任，二月初五日庚申，任命户部尚书李振为天雄节度副使，命令杜廷隐率领士兵一千人保卫他，从杨刘镇渡过黄河，走小路在夜晚进入魏州，帮助罗周翰防守。二月初八日癸亥，晋王李存勖到黎阳观看黄河。梁军一万多人将要渡过黄河，听说晋王到来，都抛下船只逃走了。

后梁太祖把蔡州刺史张慎思召到洛阳，过了很久也没有派人接替张慎思的职位。蔡州右厢指挥使刘行琮发动叛乱，放纵士兵烧杀抢掠，将要投奔淮南。顺化指挥使王存俨杀死刘行琮，安抚制止他的部众，自己主管蔡州的事务，并且以受众人拥护为由向朝廷奏报。当时东京留守博王朱友文没有向后梁太祖请示，立刻就发兵讨伐王存俨，军队到了鄢陵。后梁太祖说：“王存俨心里正害怕，假如用军队去攻打他，就要背叛而去了。”派遣使者飞驰前去召回朱友文。二月初九日甲子，任命王存俨暂时主持蔡州的事务。

二月初十日乙丑，周德威从临清攻打贝州，攻下了夏津、高唐；又攻打博州，攻下了东武、朝城；又攻打澶州，澶州刺史张可臻弃城逃跑，后梁太祖把张可臻杀了。周德威进攻黎阳，攻下了临河、淇门；进逼卫州，抢掠新乡、共城。二月十五日庚午，后梁太祖亲自率领军队驻扎在洛阳城北的白司马阪来防备晋军的进攻。

卢龙、义昌节度使兼中书令燕王刘守光攻下沧州以后，自认为得到上天的帮助，荒淫暴虐更加厉害。每次对人行刑，总要把人关在铁笼子里，然后用火来烤；又做铁刷子刷人的脸。刘守光听说梁军在柏乡被打败，派人前去对赵王王镕和王处直说：“我听说你们两镇和晋王联合打败了梁军，正准备率领军队南下追击，我也有精锐骑兵三万人，想亲自率领他们替你们各位打先锋。但是四镇的军队联合，一定要有盟主，我如果前来参加，你们怎么对待我呢？”赵王王镕很担忧，派遣使者向晋王

诸将曰："云、代与燕接境，彼若扰我城戍，动摇人情，吾千里出征，缓急难应，此亦腹心之患也。不若先取守光，然后可以专意南讨。"王曰："善！"会杨师厚自磁、相引兵救邢、魏，壬申，晋解围去。师厚追之，逾漳水而还，邢州围亦解。师厚留屯魏州。

赵王镕自来谒晋王于赵州，大犒将士，自是遣其养子德明将三十七都常从晋王征讨。德明本姓张，名文礼，燕人也。

壬午，晋王发赵州，归晋阳，留周德威等将三千人戍赵州。

（以上为第十五段，写蜀主召回普慈公主，岐王怒，始与蜀绝。燕王刘守光扬言领兵南下讨梁，欲为盟主。晋王退兵，决意先除刘守光，然后专意南讨。）

李存勖报告。晋王笑着说：“赵人告急求援时，刘守光不出一兵一卒前去救援；现在我们打胜了，却又想要用军队的力量来威胁离间我们之间的关系，真是愚蠢到极点了！”各将领说：“云州、代州与燕相邻接，他们如果侵扰我们的边境，就会动摇人心。我们千里出征，缓急之间很难应付，这也是心腹之患。不如先去攻打刘守光。然后可以专心一意地南下讨伐了。”晋王说：“好！”恰好杨师厚从磁州、相州率领军队前来救援邢州、魏州。二月十七日壬申，晋军解除包围离去。杨师厚进行追击，越过漳水才返回，邢州的包围也解除了。杨师厚留在魏州驻扎。

赵王王镕亲自到赵州进见晋王李存勖，大大地犒赏了将士们。从此以后，就派遣他的养子王德明率领三十七都的军队时时跟随晋王李存勖出征讨伐。王德明本来姓张，名叫文礼，是燕人。

二月二十七日壬午，晋王李存勖从赵州出发，返回晋阳，留下周德威等率领军队三千人守卫赵州。

【点评】

本卷点评梁震不受高氏辟署、南平王刘隐、后梁太祖猜疑逼反刘知俊、刘守光囚父杀兄四件史事。

一、梁震不受高氏辟署。梁震，唐末进士，邛州依政县人。依政县在今四川邛崃市东南。后梁开平二年（908）十月，梁震不仕后梁而归前蜀，路过江陵，荆南节度使高季昌雅爱梁震才识，强留之以为判官。高季昌，陕州硖石人。入后唐，避唐隐帝李国昌讳改名季兴。硖石，在今河南孟县西。高季昌少从朱全忠征伐，官至毅勇军指挥使。天复二年（902），朱全忠攻凤翔，李茂贞坚壁不出，高季昌献计诱岐兵出战而败，朱全忠奇之。及至篡唐，后梁逐走荆南节度使赵匡凝，朱全忠委高季昌为荆南节度使。梁震鄙薄高季昌事奉朱梁，耻为其官。如果强行拒绝，又恐遭毒手，梁震于是对高季昌说："我梁震一向淡泊名利，不愿做官，如果明公认为我还有可取之处，我愿意以一个平民身份在明公身边传递杯盘，何必一定要在幕府任职呢！"梁震效法唐德宗朝李泌，以布衣为帝王宾客，合则留，不合则去。个人没有名利，不遭受猜疑，既安全又自尊。梁震在高氏幕府始终称前进士，不接受高氏的辟署，受到高季昌的礼敬。高季昌在荆南，保境安民，使一个处四战之地而残破的荆南日渐富庶起来，梁震也尽心辅佐。后梁亡，后唐庄宗入洛，高季昌要入朝京师，梁震认为不可，劝其不行。高季昌没有听从，差点被后唐庄宗幽囚。郭崇韬劝谏后唐庄宗要示信于天下，要优礼高季昌以讽劝后来者。后唐庄宗这才放归高季昌还镇，随即后悔，想劫杀之于半道。高季昌回到荆南，心有余悸地向梁震致谢。梁震的劝阻，使高季昌提高了警惕，行动迅疾才没有被暗害。高季昌朝见后唐庄宗，目睹后唐庄宗的为人，自矜功伐，荒于游畋，不会有大作为，荆南的前途没有危险了。

梁震处于乱世，既坚持了原则，不仕伪朝，不做梁臣，只称前进士，依旧为大唐之臣，又有灵活性，以宾友为高氏谋主而尽职守以酬知己，明哲保身，可以说是一个智士。

二、南平王刘隐。刘隐，祖父上蔡人，后徙闽中，因经商而居广州。隐父刘谦为广州牙将，有三子，长子刘隐，次子刘台、三子刘岩。刘谦官至封州刺史，谦死，刘隐继其位。唐昭宗乾宁三年，任命薛王李知柔为岭南东道节度使，行至湖南，广州牙将抗拒朝命，阻止李知柔入境。刘隐以封州之众杀叛将，迎李知柔入广州，李知柔任刘隐为行军司马。其后徐彦若代李知柔为岭南东道节度使，公元905年徐彦若死，众推刘隐为节度使。公元907年，朱温代唐，刘隐奉后梁年号，后梁太祖封刘隐为大彭郡王，兼静海军节度使，安南都护。刘隐父子兴起于封州，能审时度势，建功于岭南。刘隐重视人才，中原士人避难岭南者，或唐名臣谪死南方而子孙在岭南者，或任官岭南因中原纷乱而不得还者，皆受到刘隐礼遇。刘隐保境岭南，不参

加扩张的战争，维持一方安静，是南汉的奠基人。后梁乾化元年（911），刘隐死，弟刘岩继位，改名龑。后梁末帝贞明三年（917），刘龑称帝，岭南成为一割据小国。

三、后梁太祖猜疑逼反刘知俊。刘知俊，字希贤，徐州沛县人。姿貌雄杰，倜傥有大志，起初为徐州留后时溥列校，亦因以勇略为时溥所忌。唐昭宗大顺二年（891），刘知俊率所部二千人投附朱全忠，勇冠诸将，朱全忠用为左开道指挥使，故时人称他“刘开道”。刘知俊从朱全忠征讨秦忠权、时溥，多立战功，天复元年（901）因功授同州节度使，朱全忠倚为干城腹心。唐哀帝天祐三年（906），刘知俊以五千之众，大破岐兵六万于美原，进克鄜、延等五州，加官检校太傅、平章事。入后梁，开平二年（908）六月，刘知俊大破岐兵于幕谷，李茂贞仅以身免。开平三年（909）六月，刘知俊加官检校太尉，兼侍中，封大彭郡王。

刘知俊功高震主，威望日隆，引起后梁太祖的猜忌。恰好佑国军节度使王重师亦因猜忌无罪被诛，刘知俊心不自安，于是以同州叛附李茂贞。李茂贞厚给刘知俊俸禄，加官检校太尉、兼中书令。不久，刘知俊率师救灵武，打败梁兵，李茂贞署为泾州节度使。李茂贞左右谗毁刘知俊，刘知俊被猜疑，被解除兵权。后蜀岐大交兵，刘知俊奔蜀，王建最初待之甚厚，署刘知俊为武信军节度使。王建厚待刘知俊，貌恭而心忌，曾经对近侍说：“我王建日渐衰老，五年后没人能驾驭刘知俊，要趁早安排他的去处。”前蜀天汉元年（917）冬十二月，王建捕斩刘知俊于成都府的炭市中。可怜一世雄杰以悲剧终。

刘知俊雄略善战，未尽其才。前后历仕时溥、朱全忠、李茂贞、王建四主，均遭猜疑，当时世风过于恶劣，贤才遭忌是一个普遍现象。贤俊自保，一有机会就逐杀主人，自为主帅。于是跋扈与猜疑形成恶性循环，像刘知俊这样有大才之人无立身之地，发人深思。

四、刘守光囚父杀兄。刘守光，刘仁恭次子，兄刘守文。刘仁恭，深州人，其父刘晟客居范阳为李可举巡属镇将。李可举死，众推牙将李全忠为范阳留后，唐僖宗光启元年（885），李全忠进为节度使，未几卒，其子李匡威代为留后，进为节度使。刘仁恭为李匡威蔚州镇将，逾期未代，刘仁恭借士卒怨怒，反叛李匡威，拥众攻幽州，为李匡威之弟李匡筹所败，逃奔晋阳，投靠李克用。李克用优礼待之，任为寿阳镇将。李克用灭李匡筹，取幽州，留刘仁恭为守将。唐昭宗乾宁二年（895），李克用表奏朝廷以刘仁恭为检校司空、卢龙节度使。第二年，李克用攻魏州，征兵幽州，刘仁恭托词不往。公元897年，李克用救朱瑄、朱瑾，再次征兵幽州，刘仁恭不应，使客数十往，刘仁恭执其以叛。李克用往讨，大败而归，刘仁恭献馘于朱全忠，朱全忠表刘仁恭同中书门下平章事。

刘仁恭战胜李克用，兵马日益强盛。唐昭宗兴化元年（898），刘仁恭使其长子

刘守文逐走沧州节度使卢彦威，刘守文自为沧州节度使，拥有沧、景、德三州之地。幽沧合计步骑十万，号三十万，南徇魏镇，屠贝州，清水为之不流。

刘仁恭性凶残，反复无常，为李匡威将，反叛李匡威，为李克用将，反叛李克用。有其父必有其子。刘仁恭次子刘守光比其父更加无行无耻，烝嬖父妾，事觉而恼羞成怒，以兵攻劫其父，囚于别室，杀左右婢媵，自称卢龙节度使。刘守文致讨，刘守光战场落马，刘守文恐乱兵伤其弟，立马往救，反被刘守光擒获。刘守文攻守光，一是救其父，二是教训守光，未想灭其弟。结果是对敌人的仁慈，就是对自己的凶残。刘守光逼父致仕，用暗杀手段灭其兄刘守文。刘守光之凶暴，禽兽不如，其子刘继威凶虐类其父。刘守光兼并沧景之地，令刘继威主留务，刘继威淫乱于僚属张万进之家，被张万进所杀，刘守光得了现世报。刘守光并未从子死事件中吸取教训，刘守光继续为恶，晋人虎视其旁，刘守光的现世报将及其身。晋王李存勖为报不共戴天之父仇，虐杀刘守光及其父刘仁恭，为凶狡人最后的下场画上句号。

后梁纪三

后梁太祖乾化元年至后梁均王乾化三年（911—913 年）

【起重光协洽（辛未，911 年）三月，尽昭阳作噩（癸酉，913 年）十一月，凡二年又九个月】

【大事提要】

本卷记事起公元 911 年三月，讫公元 913 年十一月，载述史事凡两年又九个月。当后梁太祖乾化元年三月至后梁均王乾化三年十一月。此时期后梁急剧衰落。后梁太祖朱晃晚年暴戾荒淫，声威下跌，人心崩离。朱晃两次北讨，梁军败北，朱晃愧恨交加，疾病沉重。义子朱友珪惧怕朱晃传位朱友文而弑父自立。护国军节度使朱友谦不服朱友珪而反，附晋求救，呼晋王李存勖为舅舅。后梁均王朱友贞联合禁军杀友珪，在大梁即位，是为末帝，大权旁落武臣杨师厚之手。后梁一年之间，两次宫廷政变，父子相杀，兄弟自残，君臣不肃，已非晋王敌手。晋王李存勖趁机灭了刘守光，势力大振，已有问鼎中原之志。蜀岐大交兵，岐王李茂贞落败，残存力量已不堪一击。南方割据格局态势，淮南杨氏、杭州钱氏、福州王氏、潭州马氏，无大变故。荆南高季昌兴起，后梁加爵为渤海王。

【原文】

太祖神武元圣孝皇帝下

乾化元年（辛未，911年）

三月，乙酉朔，以天雄留后罗周翰为节度使。

清海、静海节度使兼中书令南平襄王刘隐病亟，表其弟节度副使岩权知留后；丁亥卒。岩袭位。

岐王聚兵临蜀东鄙，蜀主谓群臣曰："自茂贞为朱温所困，吾常振其乏绝，今乃负恩为寇，谁为吾击之？"兼中书令王宗侃请行。蜀主以宗侃为北路行营都统。司天少监赵温珪谏曰："茂贞未犯边，诸将贪功深入，粮道阻远，恐非国家之利。"蜀主不听，以兼侍中王宗祐、太子少师王宗贺、山南节度使唐道袭为三招讨使，左金吾大将军王宗绍为宗祐之副，帅步骑十二万伐岐。壬辰，宗侃等发成都，旌旗数百里。

岐王募华原贼帅温韬以为假子，以华原为耀州，美原为鼎州。置义胜军，以韬为节度使，使帅邠、岐兵寇长安。诏感化节度使康怀贞、忠武节度使牛存节以同华、河中兵讨之。己酉，怀贞等奏击韬于车度，走之。

夏，四月，乙卯朔，岐兵寇蜀兴元，唐道袭击却之。

上以久疾，五月，甲申朔，大赦。

甲辰，以清海留后刘岩为节度使。岩多延中国士人置于幕府，出为刺史，刺史无武人。

蜀主如利州，命太子监国。六月，癸丑朔，至利州。

（以上为第一段，写静海节度使南平王刘隐死，弟刘岩袭位。五月，后梁改元乾化。蜀岐大交兵。蜀主亲临利州督战。）

燕王守光尝衣赭袍，顾谓将吏曰："今天下大乱，英雄角逐，吾兵强地险，亦欲自帝，何如？"孙鹤曰："今内难新平，公私困竭，太原窥吾西，契丹伺吾北，遽谋自帝，未见其可。大王但养士爱民，训兵积谷，德政既修，四方自服矣。"守光不悦。

【语译】

太祖神武元圣孝皇帝下

后梁太祖乾化元年（辛未，911 年）

三月初一日乙酉，任命天雄留后罗周翰为节度使。

清海、静海节度使兼中书令南平襄王刘隐病重，上表奏请让他的弟弟节度副使刘岩暂时代理留后的职务。三月初三日丁亥，刘隐去世，刘岩继位。

岐王李茂贞聚集军队临近前蜀东部边界。前蜀主王建对群臣说："自从李茂贞被朱温侵犯以来，我常常接济他的困乏；如今他忘恩负义反而来攻打我，你们谁替我去击败他？"兼中书令王宗侃请求出征。前蜀主王建任命王宗侃为北路行营都统。司天少监赵温珪劝谏说："李茂贞现在还没有侵犯我们边界，各将领贪图立功想要率领军队深入，运粮道路险阻遥远，恐怕不是国家的利益所在。"王建不听，任命兼侍中王宗祐、太子少师王宗贺、山南节度使唐道袭为三路兵马的招讨使，左金吾大将军王宗绍为王宗祐的副手，率领步兵、骑兵十二万人讨伐岐王李茂贞。三月初八日壬辰，王宗侃等从成都出发，旌旗招展前后有几百里长。

岐王李茂贞招募华原的强盗头子温韬作为养子，在华原设置耀州，美原设置鼎州。又设立义胜军，任命温韬为节度使，派他率领邠州、岐州的军队进攻长安。后梁太祖下诏命令感化节度使康怀贞、忠武节度使牛存节率领同州、华州、河中的军队前去讨伐。三月二十五日己酉，康怀贞等奏报在同州车度这个地方攻打温韬，把他打跑了。

夏季，四月初一日乙卯，岐王李茂贞的军队侵犯前蜀兴元。唐道袭把他们击退了。

后梁太祖因为长期患病不能康复，五月初一日甲申，大赦天下，改元乾化。

五月二十一日甲辰，任命清海留后刘岩为节度使。刘岩多方延请中原地区的读书人安置在自己的幕府里，也有派出去担任刺史的，所以岭南的刺史中没有武人。

前蜀主王建前往利州，命令太子监国。六月初一日癸丑，王建到达利州。

燕王刘守光曾经穿着唐朝皇帝所穿的赭红色袍子看着将吏们说："现在天下大乱，四方英雄争霸，我兵马强壮，所占的地势又险要，我也想自己称帝。你们看怎么样？"孙鹤说："现在内部危难刚刚平定，公家私人财力物力都很困乏，太原的晋王李存勖窥伺我们的西部，契丹王阿保机窥伺我们的北部，匆匆忙忙谋划自己称帝，

又使人讽镇、定，求尊己为尚父，赵王镕以告晋王。晋王怒，欲伐之，诸将皆曰："是为恶极矣，行当族灭，不若阳为推尊以稔之。"乃与镕及义武王处直、昭义李嗣昭、振武周德威、天德宋瑶六节度使共奉册推守光为尚书令、尚父。

守光不寤，以为六镇实畏己，益骄，乃具表其状曰："晋王等推臣，臣荷陛下厚恩，未之敢受。窃思其宜，不若陛下授臣河北都统，则并、镇不足平矣。"上亦知其狂愚，乃以守光为河北道采访使，遣阁门使王瞳、受旨史彦群册命之。

守光命僚属草尚父、采访使受册仪。乙卯，僚属取唐册太尉仪献之，守光视之，问何得无郊天、改元之事，对曰："尚父虽贵，人臣也，安有郊天、改元者乎？"守光怒，投之于地，曰："我地方二千里，带甲三十万，直作河北天子，谁能禁我！尚父何足为哉！"命趣具即帝位之仪，械系瞳、彦群及诸道使者于狱，既而皆释之。

帝命杨师厚将兵三万屯邢州。

蜀诸将击岐兵，屡破之。秋，七月，蜀主西还，留御营使昌王宗铞屯利州。

（以上为第二段，写燕王刘守光狂愚欲称帝，晋王、赵王及义武王处直等六节度使尊奉刘守光为尚父以骄其志，后梁太祖加刘守光为河北道采访使。）

辛丑，帝避暑于张宗奭第，乱其妇女殆遍。宗奭子继祚不胜愤耻，欲弑之。宗奭止之曰："吾家顷在河阳，为李罕之所围，啖木屑以度朝夕，赖其救我，得有今日，此恩不可忘也。"乃止。甲辰，还宫。

赵王镕以杨师厚在邢州，甚惧，会晋王于承天军。晋王谓镕父友也，事之甚恭。镕以梁寇为忧，晋王曰："朱温之恶极矣，天将诛之，虽有师厚辈不能救也。脱有侵轶，仆自帅众当之，叔父勿以为忧。"镕捧卮

我看不到它可行的地方。大王只要好好休养爱护士民，训练军队贮备粮食，修行德政，四方自然就归服了。”刘守光听了很不高兴。

刘守光又派人去暗示镇州王镕、定州王处直，要求他们尊奉自己为尚父，赵王王镕把这件事告诉晋王李存勖。晋王大怒，准备讨伐刘守光，各将领都说：“这个人作恶到极点了，很快就会诛灭全族，不如假装推尊他为尚父来加重他的恶行。”于是和赵王王镕、义武节度使王处直、昭义节度使李嗣昭、振武节度使周德威、天德节度使宋瑶六个节度使共同奉上册文推尊刘守光为尚书令、尚父。

刘守光还不醒悟，以为六镇节度使确实畏惧自己，更加骄横，于是向后梁太祖上表报告说：“晋王李存勖等推尊我，我蒙受陛下的深恩，没有敢接受。我私下考虑合适的办法，不如陛下任命我为河北都统，那么并州、镇州都不值得平定了。”后梁太祖也知道刘守光狂妄愚昧，于是任命刘守光为河北道采访使，派遣阁门使王瞳、受旨史彦群前去颁赐册命。

刘守光命令属官草拟接受册封尚父、采访使的礼仪。六月初三日乙卯，属官取唐朝册封太尉的礼仪进献，刘守光看了以后，问为什么没有南郊祀天、改变年号这些礼仪。属官回答说：“尚父的地位虽然尊贵，还是臣子，怎么能南郊祀天、改变年号呢？”刘守光发怒了，把册子扔在地上，说：“我控制的地方有两千里，全副武装的士兵有三十万，就算做河北的天子，有谁能禁止我！尚父有什么值得做的！”命令赶快准备即皇帝位的礼仪，把王瞳、史彦群和各道来的使者用刑具拘禁，关入监狱中，不久又把他们都释放了。

后梁太祖命令杨师厚率领军队三万人驻扎在邢州。

前蜀各将领攻击岐王李茂贞的军队，多次打败李茂贞。秋季，七月，前蜀主王建西还成都，留下御营使昌王王宗铩在利州驻扎。

七月二十日辛丑，后梁太祖到张宗奭的住宅里避暑，把张家的妇女几乎都奸淫了。张宗奭的儿子张继祚不能忍受这个耻辱，愤怒得想要杀死后梁太祖。张宗奭阻止他说：“我家过去在河阳时，被李罕之包围，靠吃木屑勉强度日，依赖他救援我，才能有今天，这个恩情不可以忘记。”张继祚方才作罢。七月二十三日甲辰，后梁太祖回宫。

赵王王镕因为杨师厚在邢州，很害怕，就到承天军去会见晋王李存勖。晋王认为王镕是父亲李克用的朋友，侍奉他很恭敬。王镕为后梁的侵犯忧虑，晋王说：“朱温的罪恶到了极点，上天马上就要诛灭他了，即使有杨师厚等人也不能救他。假使

为寿，谓晋王为四十六舅。镕幼子昭诲从行，晋王断衿为盟，许妻以女。由是晋、赵之交遂固。

八月，庚申，蜀主至成都。

燕王守光将称帝，将佐多窃议以为不可，守光乃置斧质于庭曰："敢谏者斩！"孙鹤曰："沧州之破，鹤分当死，蒙王生全，以至今日，今日敢爱死而忘恩乎！窃以为今日之帝未可也。"守光怒，伏诸质上，令军士剐而啖之。鹤呼曰："不出百日，大兵当至！"守光命以土窒其口，寸斩之。

甲子，守光即皇帝位，国号大燕，改元应天。以梁使王曈为左相，卢龙判官齐涉为右相，史彦群为御史大夫。受册之日，契丹陷平州，燕人惊扰。

（以上为第三段，写刘守光称帝，国号大燕，改元应天。）

岐王使刘知俊、李继崇将兵击蜀，乙亥，王宗侃、王宗贺、唐道袭、王宗绍与之战于青泥岭，蜀兵大败，马步使王宗浩奔兴州，溺死于江，道袭奔兴元。先是，步军都指挥使王宗绾城西县，号安远军，宗侃、宗贺等收散兵走保之，知俊、继崇追围之。众议欲弃兴元，道袭曰："无兴元则无安远，利州遂为敌境矣。吾必以死守之。"蜀主以昌王宗锬为应援招讨使，定戎团练使王宗播为四招讨马步都指挥使，将兵救安远军，壁于廉、让之间，与唐道袭合击岐兵，大破之于明珠曲。明日又战于臯口，斩其成州刺史李彦琛。

九月，帝疾稍愈，闻晋、赵谋入寇，自将拒之。戊戌，以张宗奭为西都留守。庚子，帝发洛阳。甲辰，至卫州，方食，军前奏晋军已出井陉。帝遽命辇北趣邢洺，昼夜倍道兼行。丙午，至相州，闻晋兵不出，乃止。相州刺史李思安不意帝猝至，落然无具，坐削官爵。

湖州刺史钱镖酗酒杀人，恐吴越王镠罪之，冬，十月，辛亥朔，杀都监潘长、推官锺安德，奔于吴。

晋王闻燕主守光称帝，大笑曰："俟彼卜年，吾当问其鼎矣。"张承业

他来侵犯，我亲自率领军队抵挡他，叔父不要因为这事担心。”王镕捧起酒杯向晋王敬酒，祝他长寿，称他为四十六舅。王镕幼子王昭诲随行在侧，晋王撕断衣襟结盟，答应把女儿嫁给王昭诲。从此晋、赵的交情更加巩固了。

八月初九日庚申，前蜀主王建回到成都。

燕王刘守光将要自称皇帝，将领佐吏大多私下议论认为不可。刘守光于是在大厅里放置斧头和砧板，说：“有敢劝谏的斩首！”孙鹤说：“沧州被攻破的时候，我就应该死了，蒙大王保全性命，一直到今天，岂敢贪生怕死而忘掉恩情！我认为今天称帝是不可以的。”刘守光大怒，把孙鹤按在砧板上，命令军士割下他的肉来吃掉。孙鹤大声呼喊说：“用不了一百天，大军就要到来了！”刘守光命令军士用土塞住他的嘴，将他一寸寸地剁掉。

八月十三日甲子，刘守光即皇帝位，国号大燕，改年号为应天。任命后梁使者王瞳为左相，卢龙判官齐涉为右相，史彦群为御史大夫。受册命的这一天，契丹攻陷了平州，燕国人都惊慌骚动。

岐王李茂贞派刘知俊、李继崇率领军队攻打前蜀。八月二十四日乙亥，王宗侃、王宗贺、唐道袭、王宗绍在青泥岭与他们交战，蜀军大败，马步使王宗浩逃奔兴州，淹死在嘉陵江中，唐道袭逃奔兴元。在这以前，步军都指挥使王宗绾在西县筑城驻防，号称安远军。王宗侃、王宗贺等收集逃散的士兵奔赴西县防守，刘知俊、李继崇追击包围了他们。将领们商量想要放弃兴元，唐道袭说：“没有兴元就没有安远，利州就成为敌人的地方了。我们一定要拼死来守卫它。”蜀主王建任命昌王王宗铸为应援招讨使，定戎团练使王宗播为四招讨马步都指挥使，率领军队救援安远军，在廉水、让水之间筑壁扎营，与唐道袭合力攻打岐王李茂贞的军队，在明珠曲把他们打败了。第二天又在凫口交战，斩杀李茂贞手下的成州刺史李彦琛。

九月，后梁太祖的病稍微好一些，听说晋、赵图谋进犯，亲自统率军队迎战。九月十八日戊戌，任命张宗奭为西都留守。九月二十日庚子，后梁太祖从洛阳出发。九月二十四日甲辰，到达卫州，正在吃饭，先头部队报告说晋军已出井陉关。后梁太祖马上命令乘坐辇车向北奔赴邢、洺，日夜加倍赶路。九月二十六日丙午，到达相州，听说晋军没有出来，这才停止前进。相州刺史李思安没有料到后梁太祖突然到来，慌慌忙忙，一切没有准备，因此被削夺官职爵位。

湖州刺史钱镖喝醉了酒杀人，害怕吴越王钱镠治他的罪。冬季，十月初一日辛亥，杀死都监潘长、推官锺安德，投奔吴王杨隆演。

晋王李存勖听说燕王刘守光自称皇帝，大笑着说：“等他卜算在位年数时，我应

请遣使致贺以骄之，晋王遣太原少尹李承勋往。承勋至幽州，用邻藩通使之礼。燕之典客者曰："吾王帝矣，公当称臣庭见。"承勋曰："吾受命于唐朝为太原少尹，燕王自可臣其境内，岂可臣他国之使乎！"守光怒，囚之数日，出而问之曰："臣我乎？"承勋曰："燕王能臣我王，则我请为臣；不然，有死而已！"守光竟不能屈。

蜀主如利州，命太子监国。决云军虞候王琮败岐兵，执其将李彦太，俘斩三千五百级。乙卯，捉生将彭君集破岐二寨，俘斩三千级。王宗侃遣裨将林思谔自中巴间行至泥溪，见蜀主告急，蜀主命开道都指挥使王宗弼将兵救安远，及刘知俊战于斜谷，破之。

甲寅夜，帝发相州，乙卯，至洹水。是夜，边吏言晋、赵兵南下，帝即时进军，丙辰，至魏县。或告云："沙陀至矣！"士卒恟惧，多逃亡，严刑不能禁。既而复告云无寇，上下始定。戊午，贝州奏晋兵寇东武，寻引去。帝以夹寨、柏乡屡失利，故力疾北巡，思一雪其耻，意郁郁，多躁忿，功臣宿将往往以小过被诛，众心益惧。既而晋、赵兵竟不出。十一月，壬午，帝南还。

（以上为第四段，写岐兵击蜀，大破蜀兵于青泥岭。后梁太祖举兵北巡至相州，晋兵不出还至洛阳。）

燕主守光集将吏谋攻易定，幽州参军景城冯道以为未可。守光怒，系狱，或救之，得免。道亡奔晋，张承业荐于晋王，以为掌书记。丁亥，王处直告难于晋。

怀州刺史开封段明远妹为美人。戊子，帝至获嘉，明远馈献丰备，帝悦。

庚寅，保塞节度使高万兴奏遣都指挥使高万金将兵攻盐州，刺史高行存降。

壬辰，帝至洛阳，疾复作。

蜀王宗弼败岐兵于金牛，拔十六寨，俘斩六千余级，擒其将郭存等。丙申，王宗钐、王宗播败岐兵于黄牛川，擒其将苏厚等。丁酉，蜀主自

该灭掉他取而代之了。”张承业请求晋王派遣使者表示祝贺，使刘守光更加骄横，晋王派遣太原少尹李承勋前往。李承勋到达幽州，用相邻藩国交往通使的礼仪。燕国的礼宾人员说：“我大王已经即位称帝了，你应该用臣子的礼节在朝廷上觐见。”李承勋说：“我受唐朝的册命担任太原少尹，燕王自可统属他自己境内的百姓，怎么可以统属其他国家的使者呢！”刘守光大怒，就把李承勋关起来，几天后才放出，问他说：“向我称臣吗？”李承勋说：“燕王如果能让我晋王称臣，那么我请求称臣；不然，只有一死而已！”刘守光最终也不能使李承勋屈服。

蜀主王建前往利州，命令太子监国。决云军虞候王琮打败了岐王李茂贞的军队，捉住他的将领李彦太，俘获斩杀岐兵三千五百人。十月初五日乙卯，捉生将彭君集攻破了岐军的两个营寨，俘获斩杀岐兵三千人。王宗侃派遣副将林思谔从中巴穿小路到达泥溪，晋见王建报告紧急军情。王建命令开道都指挥使王宗弼率领军队救援安远，与刘知俊在斜谷交战，把刘知俊打败了。

十月初四日甲寅夜里，后梁太祖从相州出发。十月初五日乙卯，到达洹水镇。这天晚上，边境上的官吏报告晋王李存勖、赵王王镕的军队南下，后梁太祖立即下令进军。十月初六日丙辰，到达魏县。有人报告说：“沙陀军队到了！”士兵们都惊慌恐惧，很多人逃跑了，下令严刑惩罚也不能禁止。不久又报告说没有敌人，上上下下这才安定下来。十月二十日戊午，贝州奏报晋军侵犯东武，后又撤离。后梁太祖因潞州夹寨、柏乡多次失利，所以撑着病体巡视北部边界，想要洗刷以前战败的耻辱，心情忧郁烦闷，常常急躁发怒，功臣宿将往往因为小的过失而被斩杀，大家心里更加畏惧。不久发现晋军、赵军并未出来。十一月初二日壬午，后梁太祖南下返回。

燕主刘守光召集将领官吏商量攻打易州、定州，幽州参军景城人冯道认为不可行。刘守光大怒，把冯道关进监狱中，有人求情营救，才免治他的罪。冯道逃奔到晋，张承业向晋王李存勖推荐他，任命为掌书记。十一月初七日丁亥，王处直向晋王告急求救。

怀州刺史开封人段明远的妹妹是宫中的美人。十一月初八日戊子，后梁太祖到达获嘉，段明远进献的物品丰富完备，后梁太祖非常高兴。

十一月初十日庚寅，保塞节度使高万兴上奏说派遣都指挥使高万金率领军队攻打盐州，盐州刺史高行存投降。

十一月十二日壬辰，后梁太祖回到洛阳，病又发作了。

前蜀将领王宗弼在金牛打败了岐王李茂贞的军队，攻下了十六座营寨，俘获斩杀六千多人，生擒他们的将领郭存等。十一月十六日丙申，王宗铎、王宗播在黄牛

利州如兴元。援军既集，安远军望其旗，王宗侃等鼓噪而出，与援军夹攻岐兵，大破之，拔二十一寨，斩其将李廷志等。己亥，岐兵解围遁去。唐道袭先伏兵于斜谷邀击，又破之。庚子，蜀主西还。

岐王左右石简颙谗刘知俊于岐王，王夺其兵。李继崇言于王曰："知俊壮士，穷来归我，不宜以谗废之。"王为之诛简颙以安之。继崇召知俊举族居于秦州。

戊申，燕主守光将兵二万寇易定，攻容城。王处直告急于晋。

十二月，乙卯，以朗州留后马賨为永顺节度使、同平章事。

镇南留后卢延昌游猎无度，百胜军指挥使黎球杀之，自立；将杀谭全播，全播称疾请老，乃免。丙辰，以球为虔州防御使。未几，球卒，牙将李彦图代知州事，全播愈称疾笃。刘岩闻全播病，发兵攻韶州，破之，刺史廖爽奔楚，楚王殷表为永州刺史。

丁巳，蜀主至成都。

戊午，以静海留后曲美为节度使。

癸亥，以静江行军司马姚彦章为宁远节度副使，权知容州，从楚王殷之请也。刘岩遣兵攻容州，殷遣都指挥使许德勋以桂州兵救之。彦章不能守，乃迁容州士民及其府藏奔长沙，岩遂取容管及高州。

甲子，晋王遣蕃汉马步总管周德威将兵三万攻燕，以救易定。

是岁，蜀主以内枢密使潘炕为武泰节度使，炕从弟宣徽南院使峭为内枢密使。

（以上为第五段，写蜀兵大破岐兵，岐王先后损四将，三十余寨退军。燕王刘守光南犯易定，晋王发兵三万攻燕以救易定。）

二年（壬申，912年）

春，正月，德威东出飞狐，与赵王将王德明、义武将程岩会于易水。丙戌，三镇兵进攻燕祁沟关，下之；戊子，围涿州。刺史刘知温城守，

川又打败了岐军，生擒他们的将领苏厚等。十一月十七日丁酉，前蜀主王建从利州前往兴元。救援的军队已经集结，安远军看见了援军的旗帜，王宗侃等人喧哗叫喊着往外冲，与援军夹攻岐军，把岐军打得大败，攻克了二十一个营寨，斩杀岐军将领李廷志等。十一月十九日己亥，岐军解除对安远军的包围逃走。唐道袭预先在斜谷埋伏军队进行拦击，又打败了他们。十一月二十日庚子，王建向西返回成都。

岐王李茂贞的部下石简颙向李茂贞说刘知俊的坏话，李茂贞削夺了刘知俊的兵权。李继崇对李茂贞说："刘知俊是一位壮士，遇到困难来投靠我们，不应该因为谗言毁谤就废弃他不用。"李茂贞为此杀了石简颙来安抚刘知俊。李继崇召请刘知俊率领他的全族迁居到自己的驻地秦州。

十一月二十八日戊申，燕主刘守光率领军队二万人侵犯易州、定州，攻打容城。王处直向晋王告急求救。

十二月初五日乙卯，后梁任命朗州留后马賨为永顺节度使、同平章事。

镇南留后卢延昌游乐打猎没有节制，百胜军指挥使黎球把他杀了，自立为留后。黎球将要杀谭全播，谭全播称说有病请求告老，方免去杀身之祸。十二月初六日丙辰，任命黎球为虔州防御使。不久，黎球去世，牙将李彦图代理主持虔州事务，谭全播更声称病得很严重。刘岩听说谭全播病重，发动军队攻打韶州，把韶州打下来了。韶州刺史廖爽投奔楚王，楚王马殷上表后梁太祖任命廖爽为永州刺史。

十二月初七日丁巳，前蜀主王建回到成都。

十二月初八日戊午，后梁任命静海留后曲美为静海节度使。

十二月十三日癸亥，后梁任命静江行军司马姚彦章为宁远节度副使，暂时主持容州事务，这是依从楚王马殷的请求而任命的。刘岩派遣军队攻打容州，马殷派遣都指挥使许德勋率领桂州军队前去救援。姚彦章守不住容州，迁移容州士民和府库中的财物投奔长沙，刘岩于是取得了容管和高州。

十二月十四日甲子，晋王李存勖派遣蕃汉马步总管周德威率领军队三万人攻打燕国，以此来救援易州、定州。

这一年，前蜀主王建任命内枢密使潘炕为武泰节度使，潘炕的堂弟宣徽南院使潘峭为内枢密使。

后梁太祖乾化二年（壬申，912年）

春季，正月，周德威率领军队自代州东出飞狐县，与赵王王镕的部将王德明、义武节度使王处直的部将程岩在易水会合。正月初七日丙戌，三镇军队进攻燕国的

刘守奇之客刘去非大呼于城下，谓知温曰："河东小刘郎来为父讨贼，何豫汝事而坚守邪？"守奇免胄劳之，知温拜于城上，遂降。周德威疾守奇之功，谮诸晋王，王召之，守奇恐获罪，与去非及进士赵凤来奔，上以守奇为博州刺史。去非、凤，皆幽州人也。先是，燕主守光籍境内丁壮，悉文面为兵，虽士人不免，凤诈为僧奔晋，守奇客之。

丁酉，德威至幽州城下，守光来求救。二月，帝疾小愈，议自将击镇、定以救之。

帝闻岐、蜀相攻，辛酉，遣光禄卿卢玭等使于蜀，遗蜀主书，呼之为兄。

甲子，帝发洛阳。从官以帝诛戮无常，多惮行，帝闻之，益怒。是日，至白马顿，赐从官食，多未至，遣骑趣之于路。左散骑常侍孙骘、右谏议大人张衍、兵部郎中张儁最后至，帝命扑杀之。衍，宗奭之侄也。

丙寅，帝至武陟。段明远供馈有加于前。丁卯，至获嘉，帝追思李思安去岁供馈有阙，贬柳州司户，告辞称明远之能曰："观明远之忠勤如此，见思安之悖慢何如！"寻长流思安于崖州，赐死。明远后更名凝。

乙亥，帝至魏州，命都招讨使宣义节度使杨师厚，副使前河阳节度使李周彝围枣强，招讨应接使平卢节度使贺德伦，副使天平留后袁象先围蓨县。德伦，河西胡人；象先，下邑人也。

戊寅，帝至贝州。

辰州蛮酋宋邺、昌师益皆帅众降于楚，楚王殷以邺为辰州刺史，师益为溆州刺史。

（以上为第六段，写晋赵联兵攻燕，后梁太祖朱晃亲自帅众往救。）

帝昼夜兼行，三月，辛巳，至下博南，登观津冢。赵将符习引数百骑巡逻，不知是帝，遽前逼之。或告曰："晋兵大至矣！"帝弃行幄，亟引兵趣枣强，与杨师厚军合。习，赵州人也。

祁沟关，把它攻下来了。正月初九日戊子，包围了涿州。涿州刺史刘知温据城防守，刘守奇的门客刘去非在城下大声呼喊，对刘知温说："河东的刘守奇现在回来为他的父亲讨伐贼人，和你有什么关系，你为什么要替贼人坚守它呢？"刘守奇脱下甲胄慰劳他，刘知温在城上叩拜，于是投降了。周德威妒忌刘守奇的功劳，在晋王李存勖面前诬陷毁谤刘守奇。晋王召见刘守奇。刘守奇担心获罪，与刘去非及进士赵凤投奔梁朝。后梁太祖任命刘守奇为博州刺史。刘去非、赵凤都是幽州人。起先，燕主刘守光登记境内的成年男子，全部在他们脸上刺字编入军队，即使是读书人也不能免除。赵凤假装是僧人逃奔晋地，刘守奇收下赵凤为门客。

正月十八日丁酉，周德威率领军队到达幽州城下，刘守光派人来请求救援。二月，后梁太祖的病稍有起色，商议要亲自出征攻打镇州、定州来救援刘守光。

后梁太祖听说岐王李茂贞、前蜀主王建互相攻打，二月十二日辛酉，派遣光禄卿卢玭等出使前蜀，给前蜀主王建书信，称他为兄。

二月十五日甲子，后梁太祖从洛阳出发。随从的官员因为后梁太祖随意杀戮，大多害怕跟着去，后梁太祖听到这件事，更加愤怒。这一天，到达白马顿，赏赐随从的官员吃饭，大多没有到，派遣骑兵在路上催促。左散骑常侍孙骘、右谏议大夫张衍、兵部郎中张儁最后到达，后梁太祖命令把他们杀死。张衍是张宗奭的侄子。

二月十七日丙寅，后梁太祖到达武陟。段明远供应进献的物品比以前更加丰盛。二月十八日丁卯，到达获嘉，后梁太祖追想李思安去年供应进献的物品短缺，把他贬为柳州司户，诏书中称赞段明远的能力说："看到段明远如此忠诚勤勉，更可以想见李思安是何等狂悖怠慢了！"不久又把李思安流放到崖州，赐他自尽。段明远后来改名段凝。

二月二十六日乙亥，后梁太祖到达魏州，命令都招讨使、宣义节度使杨师厚，副使、前河阳节度使李周彝包围枣强；招讨应接使、平卢节度使贺德伦，副使、天平留后袁象先包围蓨县。贺德伦是河西胡人；袁象先是下邑人。

二月二十九日戊寅，后梁太祖到达贝州。

辰州蛮首领宋邺、昌师益率领部众投降楚王马殷。楚王马殷任命宋邺为辰州刺史，昌师益为溆州刺史。

后梁太祖日夜赶路，三月初二日辛巳，到达下博县南面，登上观津冢。赵王王镕的部将符习带领几百名骑兵巡逻到这里，不知道是后梁太祖，立即逼近到前面。有人报告说："晋军大队人马到了！"后梁太祖抛弃行军时使用的帐篷，赶快率领军队奔赴枣强，与杨师厚的军队会合。符习是赵州人。

枣强城小而坚，赵人聚精兵数千人守之，师厚急攻之，数日不下，城坏复修，死伤者以万数。城中矢石将竭，谋出降，有一卒奋曰：“贼自柏乡丧败已来，视我镇人裂眦，今往归之，如自投虎狼之口耳。困穷如此，何用身为！我请独往试之。”夜，缒城出，诣梁军诈降，李周彝召问城中之备，对曰：“非半月未易下也。”因请曰：“某既归命，愿得一剑，效死先登，取守城将首。”周彝不许，使荷担从军。卒得间举担击周彝首，踣地，左右救至，得免。帝闻之，愈怒，命师厚昼夜急攻，丙戌，拔之，无问老幼皆杀之，流血盈城。

初，帝引兵渡河，声言五十万。晋忻州刺史李存审屯赵州，患兵少，裨将赵行实请入土门避之，存审不可。及贺德伦攻蓨县，存审谓史建瑭、李嗣肱曰：“吾王方有事幽蓟，无兵此来，南方之事委吾辈数人。今蓨县方急，吾辈安得坐而视之！使贼得蓨县，必西侵深、冀，患益深矣。当与公等以奇计破之。”存审乃引兵扼下博桥，使建瑭、嗣肱分道擒生。建瑭分其麾下为五队，队各百人，一之衡水，一之南宫，一之信都，一之阜城，自将一队深入，与嗣肱遇梁军之樵刍者皆执之，获数百人。明日会于下博桥，皆杀之，留数人断臂纵去，曰：“为我语朱公：晋王大军至矣！”时蓨县未下，帝引杨师厚兵五万，就贺德伦共攻之。丁亥，始至县西，未及置营，建瑭、嗣肱各将三百骑，效梁军旗帜服色，与樵刍者杂行，日且暮，至德伦营门。杀门者，纵火大噪，弓矢乱发，左右驰突，既暝，各斩馘执俘而去。营中大扰，不知所为。断臂者复来日：“晋军大至矣！”帝大骇，烧营夜遁，迷失道，委曲行百五十里，戊子旦乃至冀州。蓨之耕者皆荷锄奋梃逐之，委弃军资器械不可胜计，既而复遣骑觇之，曰：“晋军实未来，此乃史先锋游骑耳。”帝不胜惭愤，由是病增剧，不能乘肩舆。留贝州旬余，诸军始集。

（以上为第七段，写后梁太祖朱晃连战损兵，惶惧退军至冀州，疾甚。）

枣强城虽小，但很坚固，赵人聚集了几千名精锐的士兵防守。杨师厚猛攻了几天没有攻下来，城墙打坏了立刻被修好，攻城的梁朝军队死伤的以万计。城里防守的箭矢石块快要用完，商量出城投降。有一个士兵奋力高呼说："贼人自从柏乡失败以来，见到我们镇州人恨得眼眶都要裂开出血。现在去投降他们，如同自己投入虎狼口中一样。局势艰难窘迫到了这个地步，我还爱惜生命做什么！我请求独自前去试试。"夜里，用绳索缒出城外，到梁军营中假装投降。李周彝召唤他来询问城中守备情况，他回答说："没有半个月的时间是不容易攻下的。"于是建议说："我既然已经来归顺你们了。希望能得到一把宝剑，拼死去抢先登城，取下守城将领的首级。"李周彝没有答应他，派他挑着担子随从军队。这个士兵得到机会举起扁担猛击李周彝的脑袋，李周彝跌倒在地，左右的人前来营救，才没有被击死。后梁太祖听说这件事，更加愤怒，命令杨师厚日夜加紧攻城。三月初七日丙戌，把城攻下来了，把城中人不分老幼，全部杀死，鲜血流满全城。

起初，后梁太祖率领军队渡过黄河，声称有五十万人。晋忻州刺史李存审驻扎在赵州，担心守军人数少；副将赵行实请求退入土门躲避梁朝军队的攻击，李存审不同意。等到贺德伦攻打蓨县，李存审对史建瑭、李嗣肱说："我王正在幽州、蓟州有事，分不出军队到这里来，南方的战事委托给我们这几个人。如今蓨县正告急，我们怎么能坐视不救！假如贼兵夺得蓨县，一定会继续西进侵犯深州、冀州，灾祸更加严重了。应当和你们用奇计去打败他们。"李存审于是率领军队扼守下博桥，派史建瑭、李嗣肱分路去捉拿梁军俘虏。史建瑭把自己的部下分为五队，每队各一百人，一队派往衡水，一队派往南宫，一队派往信都，一队派往阜城，自己亲自带领一队深入敌境，与李嗣肱遇到出来砍柴割草的梁军士兵，全部抓了起来，俘获了几百人。第二天会合于下博桥，把他们都杀死，只留下几个人砍断手臂后放他们走，说："回去替我告诉姓朱的，晋王的大军到了！"当时蓨县还没有被攻下，后梁太祖率领杨师厚的军队五万人，会同贺德伦一起攻城。三月初八日丁亥，刚到蓨县的西边，还没有来得及安营，史建瑭、李嗣肱各率领骑兵三百人，冒用梁军的旗帜服色，和砍柴割草的梁军士兵混杂行走。太阳快要落山时，到达贺德伦的营门，杀死守门人，到处放火起哄，弓箭乱射，左冲右突。天黑以后，斩下敌人首级割去左耳带着俘虏离去了。梁军营中大乱，不知道发生了什么事。被晋军砍断手臂的梁军士兵又回来报告："晋军大队人马到了！"后梁太祖大惊，烧毁营垒连夜逃跑，又迷失了道路，弯弯曲曲行走了一百五十里，三月初九日戊子天亮才回到冀州。蓨县的百姓都拿着锄头举着棍棒追击梁军，梁军抛弃的军用物资器械多得数不清。不久后梁太祖又派出骑兵侦察晋军的动静，回来报告说："晋军大队人马并没有来，这只是先锋指挥使史建瑭派出的流动骑兵罢了。"后梁太祖听了心中既羞愧又愤恨，从此病情加

义昌节度使刘继威年少，淫虐类其父，淫于都指挥使张万进家，万进怒，杀之。诘旦，召大将周知裕，告其故。万进自称留后，以知裕为左都押牙。庚子，遣使奉表请降，亦遣使降于晋。晋王命周德威安抚之。知裕心不自安，遂来奔，帝为之置归化军，以知裕为指挥使，凡军士自河朔来者皆隶之。辛丑，以万进为义昌留后。甲辰，改义昌为顺化军，以万进为节度使。

乙巳，帝发贝州；丁未，至魏州。

戊申，周德威遣裨将李存晖等攻瓦桥关，其将吏及莫州刺史李严皆降。严，幽州人也，涉猎书传，晋王使傅其子继岌，严固辞。晋王怒，将斩之，教练使孟知祥徒跣入谏曰："强敌未灭，大王岂宜以一怒戮向义之士乎！"乃免之。知祥，迁之弟子，李克让之婿也。

吴镇南节度使刘威，歙州观察使陶雅，宣州观察使李遇，常州刺史李简，皆武忠王旧将，有大功，以徐温自牙将秉政，内不能平。李遇尤甚，常言："徐温何人，吾未尝识面，一旦乃当国邪！"

馆驿使徐玠使于吴越，道过宣州，温使蚧说遇人见新王，遇初许之，玠曰："公不尔，人谓公反。"遇怒曰："君言遇反，杀侍中者非反邪！"侍中，谓威王也。温怒，以淮南节度副使王檀为宣州制置使，数遇不入朝之罪，遣都指挥使柴再用帅昇、润、池、歙兵纳檀于宣州，昇州副使徐知诰为之副。遇不受代，再用攻宣州，逾月不克。

夏，四月，癸丑，以楚王殷为武安、武昌、静江、宁远节度使，洪、鄂四面行营都统。

乙卯，博王友文来朝，请帝还东都。丁巳，发魏州；己未，至黎阳，以疾淹留；乙丑，至滑州。

维州羌胡董琢反，蜀主遣保銮军使赵绰讨平之。

重，连轿子都不能坐。后梁太祖在贝州留住十多天，各路军队才聚集。

义昌节度使刘继威年纪轻，却像他父亲刘守光一样荒淫暴虐。他在都指挥使张万进家淫乱，张万进大怒，把刘继威杀了。第二天早上，张万进召请大将周知裕，告诉他杀死刘继威的缘故。张万进自称为义昌留后，任命周知裕为左都押牙。三月二十一日庚子，张万进派遣使者上表向后梁太祖请求投降，也派遣使者向晋王李存勖投降。晋王命令周德威安抚他。周知裕心里感到不安，请求担任景州刺史，于是就投奔梁朝。后梁太祖为他设置了归化军，任命周知裕为指挥使，凡是从河朔来归顺的军士都隶属于他。三月二十二日辛丑，任命张万进为义昌留后。三月二十五日甲辰，改义昌为顺化军，任命张万进为节度使。

三月二十六日乙巳，后梁太祖从贝州出发。三月二十八日丁未，到达魏州。

三月二十九日戊申，周德威派遣副将李存晖等进攻瓦桥关，关内的将领官吏以及莫州刺史李严都投降了。李严是幽州人，广泛阅读过各种书籍。晋王李存勖让他教授自己的儿子李继岌，李严坚决推辞。晋王发怒了，要杀死李严。教练使孟知祥赤着脚跑到王府劝谏说："强敌还没有消灭，大王怎么能因一时愤怒而杀了来归顺的义士呢！"于是晋王赦免了李严。孟知祥是孟迁弟弟的儿子，李克用弟弟李克让的女婿。

吴镇南节度使刘威，歙州观察使陶雅，宣州观察使李遇，常州刺史李简，都是武忠王杨行密的旧将，立有大功，因为徐温是由牙将升官直至主持国政的，心中都愤愤不平；李遇尤其生气，常常说："徐温是什么人，我还认不得；一朝得意，竟然主持国政了！"

馆驿使徐玠出使吴越，路过宣州，徐温让徐玠劝李遇到广陵朝见新王杨隆演，李遇开始答应了。徐玠说："您不这样做，别人会说您谋反的。"李遇发怒说："您说我李遇谋反，难道杀死侍中的人不是谋反吗！"侍中指的是威王杨渥。徐温也生气了，任命淮南节度副使王檀为宣州制置使，数说李遇不到朝廷来的罪状，派遣都指挥使柴再用率领昇州、润州、池州、歙州的军队护送王檀到宣州上任，昇州副使徐知诰担任王檀的副手。李遇不肯接受替代。柴再用攻打宣州，一个月也没有打下来。

夏季，四月初五日癸丑，后梁太祖任命楚王马殷为武安、武昌、静江、宁远节度使，洪、鄂四面行营都统。

四月初七日乙卯，博王朱友文到魏州行宫朝见后梁太祖，请后梁太祖回东都。四月初九日丁巳，后梁太祖从魏州出发。四月十一日己未，到达黎阳，因为生病停留了几天。四月十七日乙丑，到达滑州。

维州羌胡董琢反叛，前蜀主王建派遣保銮军使赵绰前往讨伐，把他平定了。

己巳，帝至大梁。

帝闻岭南与楚相攻，甲戌，以右散骑常侍韦戬等为潭、广和叶使，往解之。

戊寅，帝发大梁。

周德威白晋王，以兵少不足攻城，晋王遣李存审将吐谷浑、契苾骑兵会之。李嗣源攻瀛州，刺史赵敬降。

五月，甲申，帝至洛阳，疾甚。

司空、门下侍郎、同平章事薛贻矩卒。

燕主守光遣其将单廷珪将精兵万人出战，与周德威遇于龙头冈。廷珪曰："今日必擒周杨五以献。"杨五者，德威小名也。既战，见德威于陈，援枪单骑逐之，枪及德威背，德威侧身避之，奋楇反击廷珪坠马，生擒，置于军门。燕兵退走，德威引骑乘之，燕兵大败，斩首三千级。廷珪，燕骁将也，燕人失之，夺气。

（以上为第八段，写昌义军将张万进杀刘守光子节度使刘继威，自为留后，梁改昌义军为顺化军，以张万进为节度使。周德威大破燕军，生擒其骁将单廷珪，燕人夺气。）

己丑，蜀大赦。

李遇少子为淮南牙将，遇最爱之，徐温执之，至宣州城下示之，其子啼号求生，遇由是不忍战。温使典客何荛入城，以吴王命说之曰："公本志果反，请斩荛以徇；不然，随荛纳款。"遇乃开门请降，温使柴再用斩之，夷其族。于是诸将始畏温，莫敢违其命。

徐知诰以功迁昇州刺史。知诰事温甚谨，安于劳辱，或通夕不解带，温以是特爱之，每谓诸子曰："汝辈事我能如知诰乎？"时诸州长吏多武夫，专以军旅为务，不恤民事；知诰在昇州，独选用廉吏，修明政教，招延四方士大夫，倾家赀无所爱。洪州进士宋齐丘，好纵横之术，谒知诰，知诰奇之，辟为推官，与判官王令谋、参军王翃专主谋议，以牙吏马仁裕、周宗、曹悰为腹心。仁裕，彭城人；宗，涟水人也。

闰月，壬戌，帝疾增甚，谓近臣曰："我经营天下三十年，不意太原余孽更昌炽如此！吾观其志不小，天复夺我年，我死，诸儿非彼敌也，

四月二十一日己巳，后梁太祖到达大梁。

后梁太祖听说岭南刘岩和马殷互相攻伐，四月二十六日甲戌，派右散骑常侍韦戬等为潭、广和叶使，前往调解。

四月三十日戊寅，后梁太祖从大梁出发。

周德威向晋王李存勖报告说兵力太少不足以攻打幽州城，晋王派遣李存审率领吐谷浑、契苾的骑兵前去会合。李嗣源攻打瀛州，刺史赵敬投降。

五月初六日甲申，后梁太祖回到洛阳，病情更加严重了。

司空、门下侍郎、同平章事薛贻矩去世。

燕主刘守光派遣他的部将单廷珪率领精兵一万人出战，在龙头冈与周德威相遇。单廷珪说："今天一定要活捉周杨五回去献捷。"杨五是周德威的小名。双方交战后，单廷珪看到周德威在阵中，拿着枪骑着马就追了过来，枪尖刺向周德威的背部；周德威侧着身子避开了，奋力挥动马鞭把单廷珪打下马来，活捉了单廷珪，放置在军营门前。燕军向后退走，周德威率领骑兵追击，燕军大败，被斩杀的有三千人。单廷珪是燕国勇将，燕军失去他以后，士气大受影响。

五月十一日己丑，前蜀实行大赦。

李遇的小儿子担任淮南的牙将，李遇最喜欢他，徐温把他抓住，押到宣州城下给李遇看；李遇的小儿子大声痛哭求父亲救他，李遇因此不忍心再战。徐温派典客何荛进入宣州城内，用吴王杨隆演的命令劝告他，说："您如果本意就是要造反，请杀了我向大家宣布；如果不是这样，请跟随我出城向朝廷表明忠心。"李遇于是打开城门请求投降。徐温命令柴再用把李遇斩首，灭了他的全族。于是各将领开始畏惧徐温，没有人敢于违抗徐温的命令。

徐知诰因为有功劳升任昇州刺史。徐知诰侍奉徐温很恭谨，任劳任怨，有时整夜都不解衣休息，徐温因此特别喜爱他，经常对儿子们说："你们侍奉我能像徐知诰那样吗？"当时各州长官大多是武夫，只以征战为职责，不体恤老百姓的疾苦。徐知诰在昇州，独独注意选用廉能的官吏，修明政治教化，招请四方贤士大夫，用尽所有家财也毫不吝惜。洪州进士宋齐丘，喜好纵横家计谋游说之术，来拜谒徐知诰，徐知诰认为他是个奇才，任用为推官，和判官王令谋、参军王翃专门替他出主意，以牙吏马仁裕、周宗、曹悰为左右心腹。马仁裕是彭城人；周宗是涟水人。

闰五月十五日壬戌，后梁太祖的病情更加严重了，对亲信大臣们说："我经营天下已有三十年，想不到太原李克用的余孽竟如此强大！我看李存勖的志向不小，上

吾无葬地矣！”因哽咽，绝而复苏。

高季昌潜有据荆南之志，乃奏筑江陵外郭，增广之。

丙寅，蜀门下侍郎、同平章事王锴罢为兵部尚书。

帝长子郴王友裕早卒。次假子博王友文，帝特爱之，常留守东都，兼建昌宫使。次郢王友珪，其母亳州营倡也，为左右控鹤都指挥使。次均王友贞，为东都马步都指挥使。

初，元贞张皇后严整多智，帝敬惮之。后殂，帝纵意声色，诸子虽在外，常征其妇入侍，帝往往乱之。友文妇王氏色美，帝尤宠之，虽未以友文为太子，帝意常属之。友珪心不平。友珪尝有过，帝挞之，友珪益不自安。帝疾甚，命王氏召友文于东都，欲与之诀，且付以后事。友珪妇张氏亦朝夕侍帝侧，知之，密告友珪曰：“大家以传国宝付王氏怀往东都，吾属死无日矣。”夫妇相泣。左右或说之曰：“事急计生，何不改图，时不可失！”

六月，丁丑朔，帝命敬翔出友珪为莱州刺史，即令之官。已宣旨，未行敕。时左迁者多追赐死，友珪益恐。

戊寅，友珪易服微行入左龙虎军，见统军韩勍，以情告之。勍亦见功臣宿将多以小过被诛。惧不自保，遂相与合谋。勍以牙兵五百人从友珪杂控鹤士入，伏于禁中，中夜斩关入，至寝殿，侍疾者皆散走。帝惊起，问：“反者为谁？”友珪曰：“非他人也。”帝曰：“我固疑此贼，恨不早杀之。汝悖逆如此，天地岂容汝乎！”友珪曰：“老贼万段！”友珪仆夫冯廷谔刺帝腹，刃出于背。友珪自以败毡裹之，瘗于寝殿，秘不发丧。遣供奉官丁昭溥驰诣东都，命均王友贞杀友文。

己卯，矫诏称：“博王友文谋逆，遣兵突入殿中，赖郢王友珪忠孝，

天又不给我长寿，我死后，我的儿子们不是他的对手，我没有葬身之地！”于是哽咽失声，一度昏死过去后才苏醒过来。

高季昌暗中有占据荆南的志向，于是上奏说要修筑江陵的外城，并扩大城的范围。

闰五月十九日丙寅，前蜀门下侍郎、同平章事王锴被免去原职，降为兵部尚书。

后梁太祖的长子郴王朱友裕早死，其次是养子博王朱友文，后梁太祖特别宠爱他，常命他留守东都大梁，兼任建昌宫使。其次是郢王朱友珪，他的母亲是亳州的营妓，担任左右控鹤都指挥使，不受到宠爱。其次是均王朱友贞，担任东都马步都指挥使。

起初，元贞张皇后严肃端正，聪明多智，后梁太祖又敬重她又害怕她。张皇后去世以后，后梁太祖就纵情歌舞女色；他的儿子们就是在外地，也常常征召他们的妻子入宫侍奉，后梁太祖往往和她们淫乱。朱友文的妻子王氏容貌美丽，后梁太祖尤其宠爱她；虽然没有立朱友文为太子，心里却特别中意他。朱友珪心中愤愤不平。朱友珪曾经有过失，后梁太祖用鞭子打了他，朱友珪更加感到不安。后梁太祖的病越来越严重，命令王氏把在东都大梁的朱友文召回来，想要和他诀别，并且托付后事。朱友珪的妻子张氏也日夜侍奉在后梁太祖身边，知道了这件事，秘密地告诉朱友珪说：“皇上已经把传国宝玺交给王氏带往东都大梁了，我们马上就要死了。”夫妻两人对着流泪。左右有人劝告他们说：“事情急迫办法就有了，为什么不另外做打算呢，机不可失啊！”

六月初一日丁丑，后梁太祖命敬翔将朱友珪调出京城到莱州当刺史，立即让他赴任。已经宣布这个任命了，但还没有颁发敕书。当时贬官的大多随后就赐死，朱友珪更加恐惧。

六月初二日戊寅，朱友珪改换服装偷偷进入左龙虎军，会见统军韩勍，把情况告诉他。韩勍也看到功臣旧将们往往因为小的过失而被后梁太祖杀死，害怕不能保全自己，于是和朱友珪共同谋划。韩勍命牙兵五百人跟随朱友珪混杂在侍卫亲军控鹤军的士兵中进入皇宫，埋伏在宫内，等到半夜，砍断门闩入内，到达后梁太祖的寝殿，侍候的人都逃散了。后梁太祖惊起，问：“谋反的是谁？”朱友珪说：“不是别人，是我。”后梁太祖说：“我原来就怀疑你这个贼子，只恨没有早把你杀死。你如此叛逆，天地怎么能容得下你！”朱友珪说：“老贼你该碎尸万段！”朱友珪的仆人冯廷谔刺后梁太祖的腹部，刀尖从背上穿出。朱友珪自己拿了条破毯子把后梁太祖尸体包裹起来，埋在寝殿里，对外秘不发丧。又派遣供奉官丁昭溥驰往东都大梁，命令均王朱友贞杀死朱友文。

六月初三日己卯，朱友珪假传诏书宣称：“博王朱友文阴谋叛逆，派遣军队冲入

将兵诛之，保全朕躬。然疾因震惊，弥致危殆，宜令友珪权主军国之务。”韩勍为友珪谋，多出府库金帛赐诸军及百官以取悦。

辛巳，丁昭溥还，闻友文已死，乃发丧，宣遗制，友珪即皇帝位。

时朝廷新有内难，中外人情恟恟，许州军士更相告变，匡国节度使韩建皆不之省，亦不为备。丙申，马步都指挥使张厚作乱，杀建，友珪不敢诘，甲辰，以厚为陈州刺史。

秋，七月，丁未，大赦。

（以上为第九段，写梁太祖次子郢王朱友珪弑父自立，又矫诏杀博王朱友文。）

天雄节度使罗周翰幼弱，军府事皆决于牙内都指挥使潘晏。北面都招讨使、宣义节度使杨师厚军于魏州，久欲图之，惮太祖威严，不敢发。至是，师厚馆于铜台驿，潘晏入谒，执而杀之，引兵入牙城，据位视事。壬子，制以师厚为天雄节度使，徙周翰为宣义节度使。

以侍卫诸军使韩勍领匡国节度使。

甲寅，加吴越王镠尚父。

甲子，以均王友贞为开封尹、东都留守。

蜀太子元坦更名元膺。

丙寅，废建昌宫使，以河南尹张宗奭为国计使，凡天下金谷旧隶建昌宫者悉主之。

八月，龙骧军三千人戍怀州者，溃乱东走，所过剽掠。戊子，遣东京马步军都指挥使霍彦威、左耀武指挥使杜晏球讨之，庚寅，击破乱军。执其都将刘重遇于鄢陵，甲午，斩之。

郢王友珪既篡立，诸宿将多愤怒，虽曲加恩礼，终不悦。告哀使至河中，护国节度使冀王朱友谦泣曰：“先帝数十年开创基业，前日变起宫掖，声闻甚恶，吾备位藩镇，心窃耻之。”友珪加友谦侍中、中书令，以诏书自辨，且征之。友谦谓使者曰：“所立者为谁？先帝晏驾不以理，吾且至洛阳问罪，何以征为！”戊戌，以侍卫诸军使韩勍为西面行营招讨使，督诸军讨之。友谦以河中附于晋以求救，九月，丁未，以感化节度使康怀贞为河中都招讨使，更以韩勍副之。

殿中，朕依赖郢王朱友珪忠孝，率领军队把朱友文杀了，保全了朕的性命。然而朕的病因为受到惊吓，更加严重了，应该让朱友珪代替朕暂时主持军国大事。”韩勍替朱友珪出主意，大量取出府库里的金帛赐给各路军队和文武百官以收买人心。

六月初五日辛巳，丁昭溥从东都大梁返回，朱友珪听说朱友文已死，这才发丧，宣布先帝的遗诏，即位称帝。

当时朝廷因新近发生变乱，内外都人心惶惶。许州军士轮番报告朝廷发生变乱，匡国节度使韩建都不去了解，也不防备。六月二十日丙申，马步都指挥使张厚作乱，杀死韩建，朱友珪不敢追查。六月二十八日甲辰，任命张厚为陈州刺史。

秋季，七月初二日丁未，大赦天下。

天雄节度使罗周翰年幼懦弱，军府事务都由牙内都指挥使潘晏决定。北面都招讨使、宣义节度使杨师厚在魏州驻扎，很久以来就想谋取天雄，只是害怕后梁太祖的威严，不敢动手。到这时，杨师厚在铜雀驿暂住，潘晏进见，杨师厚把他抓起来杀了，带领军队进入牙城，占据天雄节度使的职位主持事务。七月初七日壬子，下制书任命杨师厚为天雄节度使，调任罗周翰为宣义节度使。

任命侍卫诸军使韩勍兼领匡国节度使。

七月初九日甲寅，加封吴越王钱镠为尚父。

七月十九日甲子，任命均王朱友贞为开封尹、东都留守。

前蜀太子王元坦改名元膺。

七月二十一日丙寅，废除建昌宫使，任命河南尹张宗奭为国计使，凡是天下金银钱谷过去隶属于建昌宫的都由张宗奭掌管。

八月，驻扎在怀州的龙骧军三千人，溃散后向东流窜，抢劫掠夺所经过的地方。八月十三日戊子，派遣东京马步军都指挥使霍彦威、左耀武指挥使杜晏球讨伐他们。八月十五日庚寅，霍彦威等打败了乱军，在鄢陵活捉了他们的都将刘重遇。八月十九日甲午，把刘重遇斩首。

郢王朱友珪篡位当了皇帝后，各旧将大多愤恨不平；虽然朱友珪极力给他们增加恩赏礼遇，他们心中仍然不高兴。告哀使到了河中，护国节度使、冀王朱友谦哭着说：“先帝经过几十年时间才开创了这个基业，前些日子宫中发生变乱，外面传说很不好听，我位居藩镇，内心感到耻辱。”朱友珪加封朱友谦为侍中、中书令，用诏书替自己辩解，并且召他到京城去。朱友谦对使者说：“继位的人是谁？先帝去世很多事情不合常理，我正想到洛阳去问他的罪，要他征召干什么！”八月二十三日戊戌，朱友珪任命侍卫诸军使韩勍为西面行营招讨使，率领督促各路军队去讨伐朱友

友珪以兵部尚书知崇政院事敬翔，太祖腹心，恐其不利于己，欲解其内职，恐失人望，庚午，以翔为中书侍郎、同平章事，壬申，以户部尚书李振充崇政院使。翔多称疾不预事。

康怀贞等与忠武节度使牛存节合兵五万屯河中城西，攻之甚急。晋王遣其将李存审、李嗣肱、李嗣恩将兵救之，败梁兵于胡壁。嗣恩，本骆氏子也。

吴武忠王之疾病也，周隐请召刘威，威由是为帅府所忌。或谮之于徐温，温将讨之。威幕客黄讷说威曰："公受谤虽深，反本无状，若轻舟入觐，则嫌疑皆亡矣。"威从之。陶雅闻李遇败，亦惧，与威偕诣广陵，温待之甚恭，如事武忠王之礼，优加官爵，雅等悦服，由是人皆重温。讷，苏州人也。温与威、雅帅将吏请于李俨，承制加嗣吴王隆演太师、吴王，以温领镇海节度使、同平章事，淮南行军司马如故，温遣威、雅还镇。

（以上为第十段，写后梁冀王朱友谦附晋。淮南与楚、荆南相攻。）

辛巳，蜀改剑南东川曰武德军。

朱友谦复告急于晋，冬，十月，晋王自将自泽潞而西，遇康怀贞于解县，大破之，斩首千级，追至白径岭而还。梁兵解围，退保陕州。友谦身自至猗氏谢晋王，从者数十人，撤武备，诣晋王帐，拜之为舅。晋王夜置酒张乐，友谦大醉。晋王留宿帐中，友谦安寝，鼾息自如。明旦复置酒而罢。

杨师厚既得魏博之众，又兼都招讨使，宿卫劲兵多在麾下，诸镇兵皆得调发，威势甚重，心轻郢王友珪，遇事往往专行不顾。友珪患之，发诏召之，云"有北边军机，欲与卿面议。"师厚将行，其腹心皆谏曰："往必不测。"师厚曰："吾知其为人，虽往，如我何！"乃帅精兵万余人，渡河趣洛阳，友珪大惧。丁亥，至都门，留兵于外，与十余人入见，友珪喜，甘言逊词以悦之，赐与巨万。癸巳，遣还。

谦。朱友谦以河中归附于晋为条件请求晋王李存勖救援。九月初三日丁未，朱友珪任命感化节度使康怀贞为河中都招讨使，改命韩勍为他的副手。

朱友珪因兵部尚书、知崇政院事敬翔是太祖的心腹，担心敬翔对自己不利，想要解除他知崇政院事的职务，但又怕因此失去人心。九月二十六日庚午，任命敬翔为中书侍郎、同平章事。九月二十八日壬申，任命户部尚书李振充任崇政院使。敬翔于是常常声称有病不再参与政事。

康怀贞等与忠武节度使牛存节合兵五万人驻扎在河中城西，猛烈攻打河中。晋王李存勖派遣他的部将李存审、李嗣肱、李嗣恩率领军队前往救援朱友谦，在胡壁镇打败了梁朝军队。李嗣恩原本是吐谷浑部骆氏的儿子。

吴武忠王杨行密病重的时候，周隐请求召回刘威，刘威因此受到广陵帅府里人的嫉恨。有人在徐温面前诬陷刘威，徐温将要讨伐他。刘威的幕客黄讷劝告刘威说："您受到诽谤虽然很厉害，但没有什么具体的谋反事实，如果您乘坐轻便小船到广陵去觐见，那么嫌疑自然就会消除了。"刘威听从了他的话。陶雅听说李遇败亡，也很惧怕，与刘威一起前往广陵。徐温待他们很恭敬，礼节如同侍奉武忠王杨行密一样，并且优厚地赏赐他们官职爵位；陶雅等心悦诚服，因此大家都推崇徐温。黄讷是苏州人。徐温与刘威、陶雅率领将领官吏向李俨请求，请他承用制书加封吴王继承人杨隆演为太师、吴王，任命徐温为镇海节度使、同平章事，淮南行军司马的职务如旧。徐温派遣刘威、陶雅各回本镇守卫。

十月初七日辛巳，前蜀把剑南、东川改称为武德军。

朱友谦再次向晋王李存勖告急。冬季，十月，晋王亲自率领军队从泽潞向西进发，在解县遇到了康怀贞的军队，把康怀贞打得大败，斩杀一千人，一直追到白径岭才返回。梁军解除了对河中的包围，撤退回陕州。朱友谦亲自到猗氏县去感谢晋王李存勖，跟随的只有几十个人，除去武装，到晋王的营帐，拜晋王为舅舅。晋王在晚上设置酒宴演奏音乐招待朱友谦，朱友谦喝得大醉。晋王留他睡在自己的营帐中，朱友谦睡得很安稳，鼾声平常自如。第二天早晨晋王又摆酒招待才尽兴而散。

杨师厚得到魏博的军队后，又兼任都招讨使，宫中警卫的精壮士兵大多在他的手下，各镇的军队也能够调发，威势显赫，心中轻视郢王朱友珪，遇到事情往往独断专行不顾及后果。朱友珪很担心杨师厚，颁发诏书召唤他进京，说："有关于北边的重要军事机密，想要和卿当面商量。"杨师厚正准备出发，他的心腹都劝谏说："去了恐怕会遭到不测。"杨师厚说："我知道朱友珪的为人，即使去了，他能拿我怎么办！"于是率领精锐部队一万人，渡过黄河直奔洛阳，朱友珪大为恐惧。十月十三日丁亥，杨师厚率领军队到达洛阳外城的都门，把部队留在城外，只带着十

十一月，赵将王德明将兵三万掠武城，至于临清，攻宗城，下之。癸丑，杨师厚伏兵唐店，邀击，大破之，斩首五千余级。

甲寅，葬神武元圣孝皇帝于宣陵，庙号太祖。

吴淮南节度副使陈璋等将水军袭楚岳州。执刺史苑玫。楚王殷遣水军都指挥使杨定真救岳州。璋等进攻荆南，高季昌遣其将倪可福拒之。吴恐楚人救荆南，遣抚州刺史刘信帅江、抚、袁、吉、信五州兵屯吉州，为璋声援。

十二月，戊寅，蜀行营都指挥使王宗汾攻岐文州，拔之，守将李继夔走。

是岁，隰州都将刘训杀刺史，以州降晋，晋王以为瀛州刺史。训，永和人也。

虔州防御使李彦图卒，州人奉谭全播知州事，遣使内附，诏以全播为百胜防御使、虔韶二州节度开通使。

高季昌出兵，声言助梁伐晋，进攻襄州，山南东道节度使孔勍击败之。自是朝贡路绝。勍，兖州人也。

（以上为第十一段，晋王李存勖亲自率军救朱友谦，大破梁军，友谦拜晋王为舅。隰州附于晋。虔州将士奉谭全播知州事。）

均王上上

乾化三年（癸酉，913年）

春，正月，丁巳，晋周德威拔燕顺州。

癸亥，郢王友珪朝享太庙。甲子，祀圜丘，大赦，改元凤历。

吴陈璋攻荆南，不克而还，荆南兵与楚兵会于江口以邀之。璋知之，舟二百艘骈为一列，夜过，二镇兵遽出追之，不能及。

晋周德威拔燕安远军，蓟州将成行言等降于晋。

二月，壬午，蜀大赦。

郢王友珪既得志，遽为荒淫，内外愤怒，友珪虽啖以金缯，终莫之

多个人入城进见。朱友珪很高兴，用甜言蜜语讨好杨师厚，赏赐的财物上万。十月十九日癸巳，送他返回。

十一月，赵将王德明率领军队三万人抢掠武城县，一直到了临清县，攻打宗城县，把它攻下来了。十一月初九日癸丑，杨师厚在唐店埋伏军队，进行拦击，把赵军打得大败，斩杀五千多人。

十一月初十日甲寅，后梁安葬神武元圣孝皇帝于宣陵，庙号太祖。

吴淮南节度副使陈璋等率领水军袭击楚的岳州，捉住了岳州刺史苑玫。楚王马殷派遣水军都指挥使杨定真救援岳州。陈璋等进攻荆南，高季昌派遣他的部将倪可福进行抵抗。吴国担心楚人救援荆南，又派遣抚州刺史刘信率领江、抚、袁、吉、信五个州的军队驻扎在吉州，作为陈璋的声援。

十二月初五日戊寅，前蜀的行营都指挥使王宗汾攻打岐王李茂贞的文州，把它打下来了，文州守将李继夔逃走。

这一年，隰州都将刘训杀死刺史，献出隰州投降晋王李存勖。晋王任命刘训为瀛州刺史。刘训是永和人。

虔州防御使李彦图去世，州里的人推举谭全播主持州中事务，派遣使者到后梁请求归附。朱友珪下诏任命谭全播为百胜防御使、虔韶二州节度开通使。

高季昌出兵，声称要帮助后梁讨伐晋王李存勖，于是进攻襄州，山南东道节度使孔勍把高季昌打败了。从此高季昌到后梁进贡的道路被切断。孔勍是兖州人。

均王上上

后梁均王乾化三年（癸酉，913 年）

春季，正月十四日丁巳，晋周德威攻下了燕国的顺州。

正月二十日癸亥，郢王朱友珪祭祀太庙。正月二十一日甲子，在圜丘祭天，实行大赦，改年号为凤历。

吴国的陈璋攻打荆南，没有打下就撤退回去。荆南的军队和楚王马殷的军队在荆江口会合准备拦击。陈璋了解这情况，把二百艘船并列连在一起，夜间过江。荆南、楚二镇的军队立即出来追赶他们，但是没有追上。

晋周德威攻下了燕国的安远军。蓟州将领成行言等向晋王李存勖投降。

二月初九日壬午，前蜀实行大赦。

郢王朱友珪得志以后，马上变得荒淫无道，朝廷内外一片愤怒。朱友珪虽然用

附。驸马都尉赵岩，犨之子，太祖之婿也，左龙虎统军、侍卫亲军都指挥使袁象先，太祖之甥也。岩奉使至大梁，均王友贞密与之谋诛友珪，岩曰："此事成败，在招讨杨令公耳。得其一言谕禁军，吾事立办。"均王乃遣腹心马慎交之魏州说杨师厚曰："郢王篡弑，人望属在大梁，公若因而成之，此不世之功也。"且许事成之日赐犒军钱五十万缗。师厚与将佐谋之，曰："方郢王弑逆，吾不能即讨；今君臣之分已定，无故改图，可乎？"或曰："郢王亲弑君父，贼也；均王举兵复雠，义也。奉义讨贼，何君臣之有！"彼若一朝破贼，公将何以自处乎？"师厚曰："吾几误计。"乃遣其将王舜贤至洛阳，阴与袁象先谋，遣招讨马步都虞候谯人朱汉宾将兵屯滑州为外应。赵岩归洛阳，亦与象先密定计。

友珪治龙骧军溃乱者，搜捕其党，获者族之，经年不已。时龙骧军有戍大梁者，友珪征之，均王因使人激怒其众曰："天子以怀州屯兵叛，追汝辈欲尽坑之。"其众皆惧，莫知所为。丙戌，均王奏龙骧军疑惧，未肯前发。戊子，龙骧将校见均王，泣请可生之路，王曰："先帝与汝辈三十余年征战，经营王业。今先帝尚为人所弑，汝辈安所逃死乎！"因出太祖画像示之而泣曰："汝能自趣洛阳雪雠耻，则转祸为福矣。"众皆踊跃呼万岁，请兵仗，王给之。

庚寅旦，袁象先等帅禁兵数千人突入宫中。友珪闻变，与妻张氏及冯廷谔趋北垣楼下，将逾城，自度不免，令廷谔先杀妻，后杀己，廷谔亦自刭。诸军十余万大掠都市，百司逃散，中书侍郎、同平章事杜晓、侍讲学士李珽皆为乱兵所杀，门下侍郎、同平章事于兢、宣政使李振被伤。至晡乃定。

象先、岩赍传国宝诣大梁迎均王，王曰："大梁国家创业之地，何必洛阳！"乃即帝位于大梁，复称乾化三年，追废友珪为庶人，复博王友文官爵。

金银丝帛引诱拉拢，大家始终没有诚心拥护他。驸马都尉赵岩是赵犨的儿子，后梁太祖朱温的女婿；左龙虎统军、侍卫亲军都指挥使袁象先是后梁太祖朱温的外甥。赵岩奉命出使到大梁，均王朱友贞秘密地与他商量谋划诛杀朱友珪。赵岩说："这件事的成败，操在都招讨使杨师厚的手中。只要他一句话鼓动禁军，我们的事马上就可以成功。"均王朱友贞于是派遣心腹马慎交到魏州去劝导杨师厚，说："郢王朱友珪杀父篡位，天下人都希望归属大梁的均王朱友贞。您如果因势助成这件事情，这是非凡的功劳啊！"并且答应事情成功之日赏赐给他犒劳军队的钱五十万缗。杨师厚与将领佐吏商量这件事，说："当郢王杀父篡位时，我没有立即去讨伐他，如今君臣的名分都已经定了，无缘无故地再改变主意，这样好吗？"有人说："郢王亲自杀死君王父亲，这是贼人；均王发兵复仇，这是义士。尊奉正义、归从义士去讨伐贼人，还计较什么君臣的名分呢！他们如果一旦打败贼人，您将怎样安顿自己呢？"杨师厚说："我差一点失误了。"于是派遣他的部将王舜贤前往洛阳，暗中和袁象先商量；派遣招讨马步都虞候谯人朱汉宾率领军队驻扎在滑州作为外应。赵岩回到洛阳，也和袁象先秘密制定计策。

朱友珪惩治龙骧军中溃散作乱的人，搜捕他们的余党，抓获的灭族，过了年仍不停止。当时龙骧军有戍守大梁的，朱友珪召他们回洛阳，均王朱友贞于是派人去激怒他们说："天子因为驻扎在怀州的龙骧军的反叛，准备追拿你们全部坑杀。"龙骧军的士兵都很害怕，不知道应该怎么办。二月十三日丙戌，均王上奏说大梁的龙骧军士兵都怀疑恐惧，不肯出发前往洛阳。二月十五日戊子，龙骧军的将领们进见均王，哭着请求指示他们一条生路。均王说："先帝和你们南征北战三十多年，才经营了这一份帝王事业。如今先帝尚且被人杀死，你们怎么能够逃脱死亡呢！"于是拿出后梁太祖朱温的画像给他们看，并且流着泪说："你们能够到洛阳去为先帝报仇雪耻，就可以转祸为福了。"大家都跳跃欢呼万岁，请求发给兵器，均王就供应了他们武器。

二月十七日庚寅早上，袁象先率领禁兵几千人冲入宫中。朱友珪听说有变乱，和妻子张氏及冯廷谔跑到北垣墙楼下，准备翻城墙出去。朱友珪估计自己终究不能免于一死，于是命令冯廷谔先把妻子张氏杀死，再杀死他，冯廷谔也自杀了。各路军队十多万人在街市上大肆掠夺，百官都逃散，中书侍郎、同平章事杜晓，侍讲学士李珽都被乱兵杀死，门下侍郎、同平章事于兢，宣政使李振也被打伤。一直到太阳落山才安定下来。

袁象先和赵岩带着传国宝玺到大梁去迎接均王朱友贞，均王说："大梁是国家创立基业的地方，何必要到洛阳去呢！"于是在大梁即皇帝位，仍把年号称为乾化三年，追废朱友珪为平民，恢复博王朱友文的官职爵位。

丙申，晋李存晖攻燕檀州，刺史陈确以城降。

蜀唐道袭自兴元罢归，复为枢密使。太子元膺廷疏道袭过恶，以为不应复典机要，蜀主不悦。庚子，以道袭为太子太保。

三月，甲辰朔，晋周德威拔燕卢台军。

丁未，帝更名锽；久之，又名瑱。

庚戌，加杨师厚兼中书令，赐爵邺王，赐诏不名，事无巨细必咨而后行。

帝遣使招抚朱友谦，友谦复称藩，奉梁年号。

丙辰，立皇弟友敬为康王。

乙丑，晋将刘光濬克古北口，燕居庸关使胡令圭等奔晋。

（以上为第十二段，写后梁均王朱友贞灭朱友珪，即帝位于大梁，改名锽，后又改名瑱，是为梁末帝。）

戊辰，以保义留后戴思远为节度使，镇邢州。

燕主守光命大将元行钦将骑七千，牧马于山北，募山北兵以应契丹；又以骑将高行珪为武州刺史，以为外援。晋李嗣源分兵徇山后八军，皆下之。晋王以其弟存矩为新州刺史总之。以燕纳降军使卢文进为裨将。李嗣源进攻武州，高行珪以城降。元行钦闻之，引兵攻行珪，行珪使其弟行周质于晋军以求救，李嗣源引兵救之，行钦解围去。嗣源与行周追至广边军，凡八战，行钦力屈而降。嗣源爱其骁勇，养以为子。嗣源进攻儒州，拔之，以行跬为代州刺史。行周留事嗣源，常与嗣源假子从珂分将牙兵以从。从珂母魏氏，镇州人，先适王氏，生从珂，嗣源从晋王克用战河北，得魏氏，以为妾，故从珂为嗣源子，及长，以勇健知名，嗣源爱之。

吴行营招讨使李涛帅众二万出千秋岭，攻吴越衣锦军。吴越王镠以其子湖州刺史传瓘为北面应援都指挥使以救之，睦州刺史传璙为招讨收复都指挥使，将水军攻吴东洲以分其兵势。

夏，四月，癸未，以袁象先领镇南节度使、同平章事。

晋周德威进军逼幽州南门，壬辰，燕主守光遣使致书于德威以请和，

二月二十三日丙申，晋将李存晖攻打燕国的檀州。檀州刺史陈确献城投降。

前蜀唐道袭从兴元罢免回到成都，又担任枢密使的职务。太子王元膺在朝廷述说唐道袭的过失罪恶，认为不应当让他再掌管国家的机密要事，前蜀主王建很不高兴。二月二十七日庚子，任命唐道袭为太子太保。

三月初一日甲辰，晋周德威攻下了燕国的卢台军。

三月初四日丁未，后梁末帝朱友贞改名为锽；过了很久，又改名为瑱。

三月初七日庚戌，加封杨师厚兼任中书令，赐爵邺王；下诏书给杨师厚时不直呼他的名字以表示尊重；无论大小事情一定要先征求他的意见然后才施行。

后梁末帝朱友贞派遣使者招抚朱友谦。朱友谦仍旧称为藩镇，并奉行梁朝的年号。

三月十三日丙辰，立皇弟朱友敬为康王。

三月二十二日乙丑，晋王李存勖的将领刘光濬攻克了古北口。燕国居庸关使胡令圭等人投奔晋王。

三月二十五日戊辰，任命保义留后戴思远为节度使，镇守邢州。

燕主刘守光命令大将元行钦率领骑兵七千人，在山北牧马，招募山北的士兵来接应契丹的援军；又任命骑兵将领高行珪为武州刺史，作为外援。晋将李嗣源分出一部分军队攻打山后的八军，全部攻下来了。晋王李存勖任命他的弟弟李存矩为新州刺史来总管山后的八军，委任燕纳降军使卢文进为副将。李嗣源进攻武州，高行珪献出武州城投降。元行钦听到高行珪投降，率领军队攻打高行珪。高行珪派他的弟弟高行周到晋军营中作人质，请求晋军救援。李嗣源率领军队救援高行珪，元行钦解除包围离开了。李嗣源和高行周追赶到广边军，一共打了八仗，元行钦无力再战，只好投降。李嗣源喜爱元行钦勇猛善战，收他为养子。李嗣源攻打儒州，把它打下来了，任命高行珪为代州刺史。高行周留下侍奉李嗣源，常常和李嗣源的养子李从珂分别率领牙兵随从出征。李从珂的母亲魏氏是镇州人，先嫁给王氏，生下从珂。李嗣源跟随晋王李克用在河北作战，得到魏氏，收为妾，所以李从珂成为李嗣源的儿子，长大了以后，以勇敢健壮善于作战而出名，李嗣源很喜爱他。

吴国行营招讨使李涛率领军队二万人出千秋岭，攻打吴越的衣锦军。吴越王钱镠任命他的儿子湖州刺史钱传瓘为北面应援都指挥使前往救援，睦州刺史钱传璙为招讨收复都指挥使，率领水军攻打吴国的东洲来分散吴军的兵力。

夏季，四月十一日癸未，任命袁象先兼领镇南节度使、同平章事。

晋将周德威率领军队进逼幽州南门。四月二十日壬辰，燕主刘守光派遣使者送

语甚卑而哀。德威曰："大燕皇帝尚未郊天，何雌伏如是邪！予受命讨有罪者，结盟继好，非所闻也。"不答书。守光惧，复遣人祈哀，德威乃以闻于晋王。

千秋岭道险狭，钱传瓘使人伐木以断吴军之后而击之，吴军大败，虏李涛及士卒三千余人以归。

己亥，晋刘光濬拔燕平州，执刺史张在吉。五月，光濬攻营州，刺史杨靖降。

乙巳，蜀主以兵部尚书王锴为中书侍郎、同平章事。

杨师厚与刘守奇将汴、滑、徐、兖、魏、博、邢、洺之兵十万大掠赵境，师厚自柏乡入攻土门，趣赵州，守奇自贝州入趣冀州，所过焚掠。庚戌，师厚至镇州，营于南门外，燔其关城。壬子，师厚自九门退军下博，守奇引兵与师厚会攻下博，拔之。晋将李存审、史建瑭戍赵州，兵少，赵王告急于周德威。德威遣骑将李绍衡会赵将王德明同拒梁军。师厚、守奇自弓高渡御河而东，逼沧州，张万进惧，请迁于河南。师厚表徙万进镇青州，以守奇为顺化节度使。

吴遣宣州副指挥使花虔将兵会广德镇遏使涡信屯广德，将复寇衣锦军。吴越钱传瓘就攻之。

六月，壬申朔，晋王遣张承业诣幽州，与周德威议军事。

丙子，蜀主以道士杜光庭为金紫光禄大夫、左谏议大夫，封蔡国公，进号广成先生。光庭博学善属文，蜀主重之，颇与议政事。

吴越钱传瓘拔广德，虏花虔、涡信以归。

戊子，以张万进为平卢节度使。

辛卯，燕主守光遣使诣张承业，请以城降，承业以其无信，不许。

（以上为第十三段，写吴越军大败淮南军于千秋岭。燕王刘守光力屈，请降于晋，不许。）

蜀太子元膺，豭喙龅齿，目视不正，而警敏知书，善骑射，性狷急猜忍。蜀主命杜光庭选纯静有德者使侍东宫，光庭荐儒者许寂、徐简夫，太子未尝与之交言，日与乐工群小嬉戏无度，僚属莫敢谏。

信给周德威请求讲和，言辞卑下悲哀。周德威说：“大燕皇帝还没有来得及到南郊祭天，怎么像这样低三下四呢！我奉命来讨伐有罪的人，至于结盟修好，我没有听说过。”没有回信。刘守光畏惧，又派人前来苦苦哀求，周德威这才把这件事向晋王李存勖报告。

千秋岭道路险峻狭窄，钱传瓘派人砍伐树木切断吴军的后路，然后发动攻击。吴军大败，钱传瓘俘虏了李涛和士兵三千多人返回。

四月二十七日己亥，晋将刘光濬攻下了燕国的平州，捉住平州刺史张在吉。五月，刘光濬攻打营州，营州刺史杨靖投降。

五月初四日乙巳，前蜀主王建任命兵部尚书王锴为中书侍郎、同平章事。

杨师厚与刘守奇率领汴州、滑州、徐州、兖州、魏州、博州、邢州、洺州的军队总共十万人大肆掠夺赵地。杨师厚从柏乡进入攻土门，进逼赵州，刘守奇从贝州进逼冀州，所经过的地方都焚烧抢掠。五月初九日庚戌，杨师厚到达镇州，在南门外扎营，焚烧城外街道和居民区。五月十一日壬子，杨师厚从九门撤退到下博，刘守奇带领军队与杨师厚会合进攻下博，把它攻下来了。晋将李存审、史建瑭戍守在赵州，军队很少，赵王王镕于是向周德威告急。周德威派遣骑兵将领李绍衡会合赵王部将王德明一起抵御梁朝军队。杨师厚、刘守奇从弓高渡过御河向东进发，逼近沧州，张万进害怕了，请求迁往河南。杨师厚上表请求调张万进镇守青州，任命刘守奇为顺化节度使。

吴国派遣宣州副指挥使花虔率领军队会合广德镇遏使涡信驻防广德，准备再次进攻衣锦军。吴越钱传瓘知道了先向他们发动攻击。

六月初一日壬申，晋王李存勖派遣张承业前往幽州，与周德威商议军事。

六月初五日丙子，前蜀主王建任命道士杜光庭为金紫光禄大夫、左谏议大夫，封蔡国公，进号广成先生。杜光庭博学多闻，又善于写文章，王建很器重他，常常和他商议政事。

吴越钱传瓘攻下了广德，俘虏了花虔、涡信返回。

六月十七日戊子，梁朝任命张万进为平卢节度使。

六月二十日辛卯，燕主刘守光派遣使者到张承业那里，请求开城投降。张承业认为刘守光没有信用，不答应。

前蜀太子王元膺，生了一张公猪嘴，牙齿外露，眼睛斜视，但是却机警敏捷，通晓诗书，擅长于骑马射箭，性情急躁，多疑而且狠毒。前蜀主王建命令杜光庭选择性情平和、品德高尚的人去侍奉太子。杜光庭推荐了儒生许寂、徐简夫，但太子

秋，七月，蜀主将以七夕出游。丙午，太子召诸王大臣宴饮，集王宗翰、内枢密使潘峭、翰林学士承旨高阳毛文锡不至，太子怒曰：“集王不来，必峭与文锡离间也。”大昌军使徐瑶、常谦，素为太子所亲信，酒行，屡目少保唐道袭，道袭惧而起。丁未旦，太子入白蜀主曰：“潘峭、毛文锡离间兄弟。”蜀主怒，命贬逐峭、文锡，以前武泰节度使兼侍中潘炕为内枢密使。

太子出，道袭入，蜀主以其事告之，道袭曰：“太子谋作乱，欲召诸将、诸王，以兵锢之，然后举事耳。”蜀主疑焉，遂不出。道袭请召屯营兵入宿卫，许之。内外戒严。

太子初不为备，闻道袭召兵，乃以天武甲士自卫，捕潘峭、毛文锡至，棰之几死，囚诸东宫；又捕成都尹潘峤，囚诸得贤门。戊申，徐瑶、常谦与怀胜军使严璘等各帅所部兵奉太子攻道袭。至清风楼，道袭引屯营兵出拒战，道袭中流矢，逐至城西，斩之。杀屯营兵甚众，中外惊扰。

潘炕言于蜀主曰：“太子与唐道袭争权耳，无他志也。陛下宜面谕大臣以安社稷。”蜀主乃召兼中书令王宗侃、王宗贺、前利州团练使王宗鲁，使发兵讨为乱者徐瑶、常谦等。宗侃等陈于西毬场门，兼侍中王宗黯自大安门梯城而入，与瑶、谦战于会同殿前，杀数十人。瑶死，谦与太子奔龙跃池，匿于舰中。己酉，太子出就舟人丐食，舟人以告蜀主，亟遣集王宗翰往慰抚之。比至，太子已为卫士所杀。蜀主疑宗翰杀之，大恸不已。左右恐事变，会张格呈慰谕军民榜，读至“不行斧钺之诛，将误社稷之计”，蜀主收涕曰：“朕何敢以私害公！”于是下诏废太子元膺为庶人。宗翰奏诛手刃太子者，元膺左右坐诛死者数十人，贬窜者甚众。

庚戌，赠唐道袭太师，谥忠壮，复以潘峭为枢密使。

（以上为第十四段，写蜀太子王元膺日与群小嬉戏无度，与大臣唐道袭交恶，两人相攻，俱亡。）

从未与他们交谈过，成天与乐工下人玩耍，没有节制，属官没有人敢劝谏。

秋季，七月，前蜀主王建准备在七夕出去游玩。七月初六日丙午，太子召集各王和大臣宴饮，集王王宗翰、内枢密使潘峭、翰林学士承旨高阳人毛文锡没有到，太子大怒，说："集王王宗翰不来，一定是潘峭和毛文锡在中间挑拨离间。"大昌军使徐瑶、常谦，一向被太子亲近信任，饮酒的时候，多次盯着少保唐道袭，唐道袭心里害怕赶快起身告退。七月初七日丁未早上，太子入宫禀报前蜀主王建说："潘峭、毛文锡挑拨离间我们兄弟。"王建大怒，命令将潘峭、毛文锡贬官放逐出去，任命前武泰节度使兼侍中潘炕为内枢密使。

太子王元膺出宫后，唐道袭入宫进见，前蜀主王建把这件事告诉他。唐道袭说："太子阴谋作乱，想要召集各将领和各王，派兵把他们都监禁起来，然后发动叛乱。"王建听了心中疑惧，七夕就不出游了。唐道袭请求召集屯营兵进入皇宫守卫，王建答应了。皇宫内外戒备得十分森严。

太子王元膺起初没有什么防备，听说唐道袭召集军队，于是用天甲武士进行自卫，把潘峭、毛文锡抓来，打得他们快要死了，囚禁在东宫内；又逮捕成都尹潘峤，囚禁在得贤门。七月初八日戊申，徐瑶、常谦和怀胜军使严璘等各率领所属部队随从太子攻打唐道袭。到了清风楼，唐道袭率领屯营兵出来迎战。唐道袭被乱箭射中，太子等一直追到城西，把唐道袭斩杀，并且杀死了很多屯营兵。朝廷内外都惊慌骚乱。

潘炕向王建进言说："太子是为了和唐道袭争权而已，没有其他的心思。陛下应该当面晓谕文武大臣以安定社稷。"王建于是召兼中书令王宗侃、王宗贺，前利州团练使王宗鲁，命他们发兵讨伐叛乱的徐瑶、常谦等人。王宗侃等在西毬场门列阵。兼侍中王宗黯从大安门搭梯翻过城墙进入宫中，与徐瑶、常谦在会同殿前进行战斗，杀死几十人，其余的人都溃散了。徐瑶战死，常谦和太子逃往龙跃池，藏身在船中。七月初九日己酉早晨，太子从船中出来向船夫乞讨食物，船夫把这事报告王建。王建急忙派遣集王王宗翰前往慰问安抚，到了那里，太子已经被身边的卫士杀死。王建怀疑是王宗翰杀了太子，痛哭不止。左右的将吏担心发生事变，刚好张格把拟好的慰问安抚军民的告示献上来，读到"不对叛逆作乱的人实行诛杀，就要贻误国家的大事"这一句时，蜀主王建擦干眼泪说："朕怎么能因私情危害国家公事！"于是颁下诏书把太子王元膺废为庶人。王宗翰上奏请求把杀死太子的人斩首，王元膺左右侍从因这事被杀的有几十人，被降职流放的人更多。

七月初十日庚戌，前蜀主王建追赠唐道袭太师，谥号忠壮；重新任命潘峭为枢密使。

甲子，晋五院军使拔莫州，擒燕将毕元福。八月，乙亥，李信拔瀛州。

赐高季昌爵勃海王。

晋王与赵王镕会于天长。

楚宁远节度使姚彦章将水军侵吴鄂州，吴以池州团练使吕师造为水陆行营应援使，未至，楚兵引去。

九月，甲辰，以御史大夫姚洎为中书侍郎、同平章事。

燕主守光引兵夜出，复取顺州。

吴越王镠遣其子传瓘、传璙及大同节度使传瑛攻吴常州，营于潘葑。徐温曰："浙人轻而怯。"帅诸将倍道赴之。至无锡，黑云都将陈祐言于温曰："彼谓吾远来罢倦，未能决战，请以所部乘其无备击之。"乃自他道出敌后，温以大军当其前，夹攻之，吴越大败，斩获甚众。

高季昌造战舰五百艘，治城堑，缮器械，为攻守之具，招聚亡命，交通吴、蜀，朝廷浸不能制。

（以上为第十五段，写梁封荆南节度使高季昌为勃海王。高季昌招聚亡命，交通吴蜀，梁不能制。吴人在常州大败来犯的吴越兵。）

冬，十月，己巳朔，燕主守光帅众五千夜出，将入檀州；庚午，周德威自涿州引兵邀击，大破之。守光以百余骑逃归幽州，其将卒降者相继。

蜀潘炕屡请立太子，蜀主以雅王宗辂类己，信王宗杰才敏，欲择一人立之。郑王宗衍最幼，其母徐贤妃有宠，欲立其子，使飞龙使唐文扆讽张格上表请立宗衍。格夜以表示功臣王宗侃等，诈云受密旨，众皆署名。蜀主令相者视诸子，亦希旨言郑王相最贵。蜀主以为众人实欲立宗衍，不得已许之，曰："宗衍幼懦，能堪其任乎？"甲午，立宗衍为太子。受册毕，潘炕以朝廷无事，称疾请老，蜀主不许；涕泣固请，乃许之。国有大疑，常遣使就第问之。

七月二十四日甲子，晋五院军使李信攻下了莫州，擒获燕国将领毕元福。八月初六日乙亥，李信又攻下了瀛州。

后梁赐高季昌爵为勃海王。

晋王李存勖和赵王王镕在天长镇会面。

楚宁远节度使姚彦章率领水军进攻吴国的鄂州。吴国任命池州团练使吕师造为水陆行营应援使，还没有到达，楚军就撤回去了。

九月初五日甲辰，后梁任命御史大夫姚洎为中书侍郎、同平章事。

燕主刘守光率领军队在夜晚出击，又夺回了顺州。

吴越王钱镠派遣他的儿子钱传瓘、钱传璙及大同节度使钱传瑛攻打吴国常州，在潘葑扎营。徐温说："浙人轻浮而且怯懦。"率领各将领日夜赶路前去迎战。到了无锡，黑云都将陈祐对徐温说："他们以为我们远路赶来一定疲惫不堪，不能马上决战。请允许我带领我的部下乘他们没有戒备攻击他们。"于是从别条道路绕到敌人后面，徐温率领大军正面进逼，前后夹攻。吴越军队大败，被杀死、俘获的吴越士兵很多。

高季昌制造战舰五百艘，修筑城墙沟堑，整治铠甲器械，作为进攻和守卫的工具，召集逃亡在外的人，和吴国、前蜀互相往来。梁朝渐渐不能控制高季昌了。

冬季，十月初一日己巳，燕主刘守光率领部下五千人在夜里出发，将要进入檀州。十月初二日庚午，周德威从涿州率领军队拦击，把他打得大败。刘守光带领一百多名骑兵逃回幽州，他的将领、士兵都相继向晋军投降。

前蜀潘炕多次请求蜀主王建选立太子。王建认为雅王王宗辂像自己，信王王宗杰才思敏捷，想要在两人中挑选一人立为太子。郑王王宗衍年龄最小，他的母亲徐贤妃受到王建宠爱，想立自己的儿子，派飞龙使唐文扆暗示张格向王建上表奏请册立王宗衍。张格在夜里把写好的表章给功臣王宗侃等人看，欺骗他们说是接受了王建的密旨要他这样做，王宗侃等人都在表上署了名。王建让相面的人看各个儿子的面貌，相面的人也迎合说郑王王宗衍的相貌最尊贵。王建以为大家确实想要立王宗衍为太子，不得已答应了大家，说："王宗衍年幼懦弱，能够胜任他的职务吗？"十月二十六日甲午，立王宗衍为太子。受册完毕，潘炕认为朝廷已没有什么重要大事要他效力了，声称自己有病，请求告老辞官，王建不答应；潘炕流着眼泪坚决请求，王建才答应他。国家有了大的疑难事情，王建常常派遣使者到潘炕家里去征询他的意见。

岭南节度使刘岩求婚于楚，楚王许以女妻之。

卢龙巡属皆入于晋，燕主守光独守幽州城，求援于契丹。契丹以其无信，竟不救。守光屡请降于晋，晋人疑其诈，终不许。至是，守光登城谓周德威曰："俟晋王至，吾则开门泥首听命。"德威使白晋王。十一月，甲辰，晋王以监军张承业权知军府事，自诣幽州，辛酉，单骑抵城下，谓守光曰："朱温篡逆，余本与公合河朔五镇之兵兴复唐祚。公谋之不臧，乃效彼狂僭。镇、定二帅皆俯首事公，而公曾不之恤，是以有今日之役。丈夫成败须决所向，公将何如？"守光曰："今日俎上肉耳，惟王所裁。"王悯之，与折弓矢为誓，曰："但出相见，保无他也。"守光辞以他日。

先是，守光爱将李小喜多赞成守光之恶，言听计从，权倾境内。至是，守光将出降，小喜止之。是夕，小喜逾城诣晋军，且言城中力竭。壬戌，晋王督诸军四面攻城，克之，擒刘仁恭及其妻妾，守光帅妻子亡去。癸亥，晋王入幽州。

以宁国节度使王景仁为淮南西北行营招讨应接使，将兵万余侵庐、寿。

（以上为第十六段，写晋王李存勖克幽州，擒刘仁恭，刘守光逃亡，燕亡。）

岭南节度使刘岩向楚王马殷求婚，楚王马殷答应把女儿嫁给刘岩。

卢龙所管辖的地方全部被晋王李存勖占有，燕主刘守光独自据守幽州城，向契丹请求救援。契丹认为刘守光没有信用，最终没有前来救援。刘守光多次向晋军请求投降，晋人怀疑他有诈，始终不接受他投降。到这时候，刘守光登上城楼对周德威说："等晋王到了，我就打开城门俯首听命。"周德威派遣使者禀报晋王李存勖。十一月初六日甲辰，晋王任命监军张承业暂时代理主持军府事务，自己亲往幽州。十一月二十三日辛酉，晋王单骑到达幽州城下，对刘守光说："朱温叛变篡唐，我本来要和你会合潞、镇、定、幽、沧五镇的军队共同复兴唐朝，可是你图谋不轨，竟然效法朱温狂妄僭越。镇州王镕、定州王处直二帅都很恭敬地侍奉你，而你从来也不体恤他们，所以才有了今天这一场战斗。男子汉无论成功还是失败，必须决定去向，你现在打算怎么办？"刘守光说："今天我已经是砧板上的肉了，全看大王您的决定。"晋王怜悯刘守光，就和刘守光折断弓箭起誓，说："只要你出城相见，我就保证你平安无事。"刘守光推辞说改日再谈。

起先，刘守光的爱将李小喜大多赞成附和刘守光所干的坏事，刘守光对李小喜言听计从，李小喜的权势在燕国超过其他一切人。到这时候，刘守光准备出城投降，李小喜阻止了刘守光。当晚，李小喜翻越城墙到晋军营中投降，并且说幽州城内力量已经用尽了。十一月二十四日壬戌，晋王李存勖统率各路军队从四面同时攻城，攻下了幽州城，活捉了刘仁恭和他的妻妾，刘守光带着妻子儿女逃跑了。十一月二十五日癸亥，晋王进入幽州城。

后梁任命宁国节度使王景仁为淮南西北行营招讨应接使，率领军队一万多人攻打庐州、寿州。

【点评】

本卷点评蜀岐大交兵、李遇救子遭灭全族、后梁太祖为子所弑三件史事。

一、蜀岐大交兵。前蜀主王建，岐王李茂贞，陇蜀地望相接，势不两立。李茂贞据陇挡住了王建的出路。李茂贞成为王建的首要之敌。李茂贞只守陇地，唐王室在关中，地处边陲，狭小人寡，死路一条。李茂贞自雄，兼吞巴蜀，是首选的攻击目标。蜀岐交兵，形势必然。当朱全忠围攻凤翔之时，王建乘机夺取李茂贞山南之地。当昭宗东迁，朱全忠篡唐之志明朗，一是列镇受唐昭宗诏令勤王，二是列镇要自保，适应形势，蜀岐为唇齿之邦，不宜自相攻伐。李茂贞释嫌与王建交好，结为婚姻，一致共讨朱全忠。李茂贞在前沿，王建为之后援，供给岐兵衣粮器械。不久，朱全忠篡唐，忙于内务，随即受到晋王李存勖进攻，后梁减轻了西向的压力，蜀岐“蜜月”结束，双方爆发了更大的争斗，蜀岐大交兵。李茂贞向王建索取山南之地，无异于虎口夺食，甚至是与虎谋皮，这是最不理智的妄动。李茂贞兴兵强夺，王建亲率大军与之争。岐军弱小，本来就不是蜀军对手，先胜而后大败，被迫和解，李茂贞势力进一步衰落。

二、李遇救子遭灭族。李遇，淮南宣州观察使，杨行密旧将，位在牙将徐温之上。杨行密旧将镇南使刘威，歙州观察使陶雅，常州刺史李简，位亦在徐温之上。杨行密死，徐温秉政，历杨渥、杨隆演，贵重日隆，甚至操废立大权，四人心内不平，李遇尤甚，散布言论说：“徐温是什么人，我们这些旧人连徐温的面都没有见过，他凭什么主持政务。”徐温派馆驿使徐玠出使吴越，路过宣州，劝李遇入淮南面见新主杨隆演。李遇已经答应了，徐玠多说了一句：“公不入见新主，落下话柄，说你造反。”李遇大怒说：“你凭什么说我李遇造反，杀侍中的人反而不是造反的人！”侍中，指杨渥，杀侍中的人指徐温。李遇直斥徐温是造反者。徐温大怒，委派淮南节度副使王檀为宣州制置使，宣布李遇不入见新主之罪，令柴再用率升、调、池、歙诸州之兵送王檀到宣州赴任，李遇反叛，起兵相拒。柴再用围攻宣州一月有余，没能取胜。李遇的小儿子为淮南牙将，李遇最疼爱。徐温执送李遇少子到宣州城下啼号求生，李遇为了救子，不战而降，徐温族灭李遇一门。

李遇才薄，不服徐温当政，取死之道。既然反叛，宜举义旗声讨徐温弑主之罪，传檄诸州共同清君之侧，或有侥幸，即使败亡，也留得英名。争天下者不顾家，岂能以不战而能救子者乎？三尺童子皆知，李遇不知，可见其无能为也。李遇救子出降，父子俱死。李遇不出降，子死父存，激励全军一战，不失为大丈夫。李遇使性大言，轻率反叛，临事而惧，是一个无智无勇的小丑，祸害全家，虽死不足悲也！

三、后梁太祖为子所弑。后梁太祖朱晃，晚年猜忌，多杀功臣，又纵情声色，诸子在外，令儿媳入侍，乱伦纵淫。后梁太祖长子朱友裕早卒，次子博王朱友文为

义子，后梁太祖绝爱之，于是属意立朱友文为太子。郢王朱友珪亦后梁太祖义子，年次朱友文。朱友珪任控鹤都指挥使，侍奉在后梁太祖左右。乾化二年（912）六月，后梁太祖病重，召博王朱友文欲托以后事，郢王朱友珪妇侍侧，知其事以告朱友珪说："大家把传国玺交给王氏怀揣着到东都，我们不知哪一天就要死了。"夫妻相向哭泣。朱友珪身边的人说："事情紧急，赶快拿定主意找出路，机不可失。"一句话点醒朱友珪，他赶紧去联络那些被后梁太祖诛杀的功臣子弟，又召来亲信左龙虎军统军韩勍，告以实情，趁朱友文还在东都，立即发动政变。韩勍率领五百牙兵，在朱友珪及其亲兵控鹤士的带领下埋伏在宫中。到了夜半，伏兵齐出，杀死守门卫士，朱友珪带头冲入后梁太祖寝殿，守候的人全都逃走。后梁太祖惊惧起身，问："是谁造反？"朱友珪应声回答说："不是别人，是我朱友珪。"后梁太祖说："我本来就怀疑你，只恨早没有杀你，你犯上作乱，天地不容。"朱友珪反唇相讥说："天地不容的是老贼，应该碎尸万段。"随着朱友珪的骂声，朱友珪仆人冯廷谔狠狠一刀刺入后梁太祖腹部，刀尖穿透到背部。朱友珪用破毡包裹后梁太祖，就地掩埋在寝殿内，秘不发丧。朱友珪矫诏杀了朱友文，这才发丧，宣布遗诏，朱友珪继承帝位。

朱友珪用残忍的手段弑父弑君，非法夺取帝位，毫不珍惜，即位伊始不为一善政，效其父荒淫好杀，内外愤怒，不久就被均王朱友贞诛杀。

后梁太祖病重之时，曾对左右亲近说："我经营天下三十多年，想不到太原贼势更加猖獗，我看李存勖小儿志向不小，老天又要夺我的命，我死，儿子们没有一个是李存勖的对手，我死无葬身之地啊！"后梁太祖万万没有想到，死无葬身之地，却遭的是儿子的毒手。

后梁纪四

后梁均王乾化三年至贞明三年（913—917年）

【起昭阳作噩（癸酉，913年）十二月，尽强圉赤奋若（丁丑，917年）六月，凡三年有奇】

【大事提要】

本卷记事起于公元913年十二月，讫于公元917年六月，凡三年又七个月。当后梁末帝乾化三年十二月至末帝贞明三年六月。后梁势衰，南与吴交战不胜，岭南刘岩绝贡，宫廷未遂政变削弱梁室统治力量。晋王李存勖破幽州，杀燕主刘守光父子，势力大增，全力攻梁。恰在此时，后梁末帝趁天雄节度使杨师厚之死欲削弱魏博大镇，一分为二，魏博反叛投晋，晋王亲临魏州受降与后梁名将刘鄩对峙。当时，势均力敌。后梁末帝听小人蛊惑，遥控前线军事，多次督促刘鄩出战。刘鄩坚守以疲晋师的策略遭受干扰，在不利的形势下屡战屡败，刘鄩一败于偷袭晋阳，再败于莘县，三败于魏州城下，全军覆没，后梁河北之地尽失，国势动摇。前蜀主王建趁晋梁交兵，大举进攻岐王，岐国土地大部丧失。王建又大败高季昌及南诏军，前蜀势力达于鼎盛。南方吴越与闽通婚交好。北方契丹兴起，助梁攻晋，兵围幽州。吴国徐知诰无意得镇润州，为南唐建立张本。

【原文】

均王上

乾化三年（癸酉，913 年）

十二月，吴镇海节度使徐温、平卢节度使朱瑾帅诸将拒之，遇于赵步。吴征兵未集，温以四千余人与景仁战，不胜而却。景仁引兵乘之，将及于隘，吴吏士皆失色，左骁卫大将军宛丘陈绍援枪大呼曰："诱敌太深，可以进矣。"跃马还斗，众随之，梁兵乃退。温拊其背曰："非子之智勇，吾几困矣。"赐之金帛，绍悉以分麾下。吴兵既集，复战于霍丘，梁兵大败，王景仁以数骑殿，吴人不敢逼。梁之渡淮而南也，表其可涉之津，霍丘守将朱景浮表于木，徙置深渊。及梁兵败还，望表而涉，溺死者太半，吴人聚梁尸为京观于霍丘。

庚午，晋王以周德威为卢龙节度使，兼侍中，以李嗣本为振武节度使。

燕王守光将奔沧州就刘守奇，涉寒，足肿，且迷失道，至燕乐之境，昼匿坑谷，数日不食，令妻祝氏乞食于田父张师造家。师造怪妇人异状，诘知守光处，并其三子擒之。癸酉，晋王方宴，将吏擒守光适至，王语之曰："主人何避客之深邪！"并仁恭置之馆舍，以器服膳饮赐之。王命掌书记王缄草露布，缄不知故事，书之于布，遣人曳之。

晋王欲自云、代归，赵王镕及王处直请由中山、真定趣井陉，王从之。庚辰，晋王发幽州，刘仁恭父子皆荷校于露布之下。守光父母唾其面而骂之曰："逆贼，破我家至此！"守光俯首而已。甲申，至定州，舍于关城。丙戌，晋王与王处直谒北岳庙。是日，至行唐，赵王镕迎谒于路。

（以上为第一段，写淮南吴国大败梁兵，晋王李存勖破幽州，俘获燕主刘守光及其父而归。）

【语译】

均王上

后梁均王乾化三年（癸酉，913 年）

十二月，吴国镇海节度使徐温、平卢节度使朱瑾率领将领们迎战王景仁，两军在赵步遭遇。吴国征召的军队还没会合，徐温率领四千人和王景仁作战，结果没能取胜，就往后撤退。王景仁率兵从后追击，快追到隘口时，吴国的官兵们吓得脸都变了色，这时左骁卫大将军宛人陈绍挺着枪大叫说："我们已经把敌人引诱得很深入了，可以反击了。"说完，跃马冲了回去，大家也都跟着他往回冲，梁军于是往后退去。事后，徐温拍着陈绍的背说："要不是你有勇有谋，我们差点被困住了。"于是赐给他很多金帛财物，陈绍把这些赏赐品全部拿出来分给部下。吴军集结完毕之后，又和王景仁部在霍丘展开大战，梁军大败，王景仁率领数骑殿后，吴军不敢逼近追击。梁军渡过淮河南下的时候，曾在可以涉水而过的津口处做有标记，吴国霍丘守将朱景把这些标记浮置在木头上，然后再把这些木头移到深水处。到了梁军败退回来的时候，他们看到标记，就对着标记涉水，结果淹死了一大半，吴国人把梁军的尸体聚拢在一起封土，在霍丘筑成京观。

十二月初三日庚午，晋王任命周德威为卢龙节度使，兼侍中，另外任命李嗣本为振武节度使。

燕主刘守光准备逃奔到沧州去投靠刘守奇，因涉水遇寒，脚都冻肿了，又迷了路，到了燕乐县境内，白天藏匿在土坑或山谷中，几天没吃饭，便叫他的妻子祝氏到一个名叫张师造的农夫家去讨饭。张师造怀疑这个来讨饭的妇女不是普通人，追问之下，知道了刘守光藏身的地方，于是就把他连同三个儿子一并活捉。十二月初六日癸酉，晋王正在大宴宾客，这时将吏们把刘守光押到，晋王对刘守光说："主人为回避客人怎么藏得这样远呀！"把他和刘仁恭一起安置在馆舍里，并赐给他们饮食、衣服、器物。晋王命令掌书记王缄草拟告捷露布，王缄不知露布的掌故，竟然把它写在布上，然后再让人拉着。

晋王准备从云州、代州回晋阳去，赵王王镕和王处直都请求从中山、真定等地前往井陉，晋王答应了。十二月十三日庚辰，晋王一行从幽州出发，刘仁恭父子都戴着刑具站在露布之下。刘守光父母把口水吐到刘守光脸上并骂他说："逆贼，你把我家害到这种地步！"刘守光只是低着头，不敢吭声。十二月十七日甲申，到达定州，住在城中。十二月十九日丙戌，晋王和王处直一起去拜谒北岳庙；当天，到达行唐县，赵王王镕在路上迎接。

四年（甲戌，914 年）

春，正月，戊戌朔，赵王镕诣晋王行帐上寿置酒。镕愿识刘太师面，晋王命吏脱仁恭及守光械，引就席同宴，镕答其拜，又以衣服鞍马酒馔赠之。己亥，晋王与镕畋于行唐之西，镕送境上而别。

丙子，蜀主命太子判六军，开崇勋府，置僚属，后更谓之天策府。

壬子，晋王以练纤刘仁恭父子，凯歌入于晋阳，丙辰，献于太庙，自临斩刘守光。守光呼曰："守光死不恨，然教守光不降者，李小喜也。"王召小喜证之，小喜瞋目叱守光曰："汝内乱禽兽行，亦我教邪！"王怒其无礼，先斩之。守光曰："守光善骑射，王欲成霸业，何不留之使自效！"其二妻李氏、祝氏让之曰："皇帝，事已如此，生亦何益！"即伸颈就戮。守光至死号泣哀祈不已。王命节度副使卢汝弼等械仁恭至代州，刺其心血以祭先王墓，然后斩之。

或说赵王镕曰："大王所称尚书令，乃梁官也，大王既与梁为仇，不当称其官。且自太宗践阼已来，无敢当其名者。今晋王为盟主，勋高位卑，不若以尚书令让之。"镕曰"善！"乃与王处直各遣使推晋王为尚书令，晋王三让，然后受之，始开府置行台如太宗故事。

高季昌以蜀夔、万、忠、涪四州旧隶荆南，兴兵取之，先以水军攻夔州。时镇江节度使兼侍中嘉王宗寿镇忠州，夔州刺史王成先请甲，宗寿但以白布袍给之。成先帅之逆战，季昌纵火船焚蜀浮桥，招讨副使张武举铁𬙊拒之，船不得进。会风反，荆南兵焚溺死者甚众。季昌乘战舰，蒙以牛革，飞石中之，折其尾，季昌易小舟而遁。荆南兵大败，俘斩五千级。成先密遣人奏宗寿不给甲之状，宗寿获之，召成先，斩之。

（以上为第二段，写晋王斩杀刘仁恭父子，高季昌兵败于蜀。）

后梁均王乾化四年（甲戌，914 年）

春季，正月初一日戊戌，赵王王镕到晋王的营帐中摆设酒宴，敬酒祝寿。王镕表示想见识一下刘仁恭太师，晋王于是令人卸掉刘仁恭和刘守光的刑具，把他们带到席上一起饮宴；王镕不仅对他们的回拜答礼，又赠送给他们衣服鞍马酒食等东西。正月初二日己亥，晋王和王镕在行唐县西边打猎，王镕把晋王一直送到边境上才告辞回去。

［正月初九日丙午］，前蜀主命令太子掌领六军，开设崇勋府，并且设置属官，后来又改称天策府。

正月十五日壬子，晋王用链索绑着刘仁恭父子，一路奏着凯歌回到晋阳城，正月十九日丙辰，到太庙祭祖告捷，并亲自监斩刘守光。刘守光大叫说："我死了没有什么遗憾的，但是叫我不要投降的，是李小喜。"晋王于是把李小喜叫来当面对质，李小喜怒目叱喝刘守光说："你像禽兽一样胡作非为，难道也都是我教你的吗！"晋王见他对旧主这般无礼，非常生气，就把他先斩杀了。刘守光说："我擅长骑马射箭，大王要想成就霸业，何不留我一条性命，让我为你效劳呢？"他的两个妻子李氏和祝氏责备他说："皇上，事情已经到了这般地步，活着又有什么用！"说完，就伸长了脖子就刑。而刘守光却一直到死都在不停地哭喊哀求。晋王命令节度副使卢汝弼等人押解刘仁恭到代州，先刺取他的心血祭奠在先王墓前，然后又把他斩杀了。

有人向赵王王镕建议说："大王的官爵是尚书令，这其实是梁朝的官名，大王既然已经和梁朝成为仇敌了，就不应该再用它的官名。况且自唐朝太宗登基以来，一直没人敢再用这个官名。现在晋王是盟主，功勋很高而职位却很低，不如把尚书令让给他。"王镕说："很好！"于是就和王处直分头派遣使者公推晋王为尚书令，晋王再三推辞，最后还是接受了，于是开始建府设署，按照唐太宗的旧例设立行台。

高季昌认为蜀国的夔州、万州、忠州、涪州这四个州从前是荆南的辖地，于是发动军队想要攻取这四个地方，他首先率领水军进攻夔州。当时蜀国的镇江节度使兼侍中嘉王王宗寿镇守在忠州，夔州刺史王成先向他请求调拨些盔甲，王宗寿却只给了王成先一些白布袍。王成先率领军队迎战，高季昌放火船顺风过来，想烧毁蜀军的浮桥，蜀招讨副使张武用大铁索在长江峡中一拦，火船都过不去了。不久碰上风向倒转，荆南的水军被火烧死的和掉到江里淹死的非常多。高季昌乘一艘蒙着牛皮以作保护的战舰，一块飞来的石块把船尾打坏，高季昌只好换上另一条小船逃走。荆南的军队吃了一个大败仗，被俘虏和被斩杀的达五千人。事后，王成先秘密地派人向蜀主劾奏王宗寿不肯调拨盔甲这件事，派出的人被王宗寿抓获，王宗寿于是就把王成先叫来斩杀了。

帝以岐人数为寇，二月，徙感化节度使康怀英为永平节度使，镇长安。怀英即怀贞也，避帝名改焉。

夏，四月，丙子，蜀主徙镇江军治夔州。

丁丑，司空兼门下侍郎、同平章事于兢坐挟私迁补军校，罢为工部侍郎。再贬莱州司马。

吴袁州刺史刘崇景叛，附于楚。崇景，威之子也。楚将许贞将万人援之，吴都指挥使柴再用、米志诚帅诸将讨之。

楚岳州刺史许德勋将水军巡边，夜分，南风暴起，都指挥使王环乘风趣黄州，以绳梯登城，径趣州署，执吴刺史马邺，大掠而还。德勋曰："鄂州将邀我，宜备之。"环曰："我军入黄州，鄂人不知，奄过其城，彼自救不暇，安敢邀我！"乃展旗鸣鼓而行，鄂人不敢逼。

五月，朔方节度使兼中书令颍川王韩逊卒，军中推其子洙为留后。癸丑，诏以洙为节度使。

吴柴再用等与刘崇景、许贞战于万胜冈，大破之，崇景、贞弃袁州遁去。

（以上为第三段，写梁将康怀英守长安，楚将王环顺风掠吴黄州，吴将柴再用平定袁州之乱。）

晋王既克幽州，乃谋入寇。秋，七月，会赵王镕及周德威于赵州，南寇邢州，李嗣昭引昭义兵会之。杨师厚引兵救邢州，军于漳水之东。晋军至张公桥，裨将曹进金来奔。晋军退，诸镇兵皆引归。八月，晋王还晋阳。

蜀武泰节度使王宗训镇黔州，贪暴不法，擅还成都。庚辰，见蜀主，多所邀求，言辞狂悖。蜀主怒，命卫士殴杀之。戊子，以内枢密使潘峭为武泰节度使、同平章事，翰林学士承旨毛文锡为礼部尚书，判枢密院。

峡上有堰，或劝蜀主乘夏秋江涨，决之以灌江陵，毛文锡谏曰："高季昌不服，其民何罪！陛下方以德怀天下，忍以邻国之民为鱼鳖食乎！"蜀主乃止。

后梁末帝因为岐军老是入侵，于是就在二月把感化节度使康怀英调任为永平节度使，镇守长安。康怀英就是康怀贞，是避后梁末帝的名讳而更改的。

夏季，四月初十日丙子，蜀主把镇江军的治所迁移到夔州。

四月十一日丁丑，司空兼门下侍郎、同平章事于兢因为升迁将校时有私心而被治罪，被免去原职降为工部侍郎，又被贬为莱州司马。

吴国袁州刺史刘崇景反叛，归降楚国。刘崇景是刘威的儿子。楚国将领许贞率领一万名军队去接应他，吴国的都指挥使柴再用和米志诚则率领将领们前往讨伐刘崇景。

楚国岳州刺史许德勋率领水军巡防边境，到了夜半时分，忽然刮起了一阵强烈的南风，都指挥使王环于是乘着风势一直进逼到吴国的黄州，利用绳梯登上城墙，直取州署，活捉了吴国刺史马邺，并且大肆掠夺了一番才撤退。许德勋说："鄂州的敌军会拦击我们的，最好注意防备一下。"王环说："我们的军队攻入黄州，鄂州的人没能得到消息，现在忽然间从他们的城外经过，他们恐怕自救都来不及，哪里还敢拦击我们！"于是就张旗击鼓，浩浩荡荡地经过鄂州城，城里的人竟然没敢进逼。

五月，朔方节度使兼中书令颍川王韩逊去世，军中的将领们公推他的儿子韩洙为留后。五月十七日癸丑，后梁末帝下诏任命韩洙为节度使。

吴国的柴再用等人同刘崇景、许贞在万胜冈大战，把他们打得大败，刘崇景和许贞放弃袁州逃走。

晋王攻克幽州之后，便计划入侵后梁。秋季，七月，和赵王王镕及周德威在赵州会师，南侵邢州，李嗣昭也率领昭义军前来会合。杨师厚率兵来解救邢州，屯驻在漳水东边。晋军到达张公桥，副将曹进金前来投顺后梁。晋军于是就撤退了，各路兵马也相继回到自己的驻地去了。八月，晋王回到晋阳。

前蜀武泰节度使王宗训镇守黔州，一向贪婪残暴，不守国法；又擅离职守，回到成都，八月十六日庚辰，晋见前蜀主王建，对提出多项要求，言谈之间态度又很狂妄无礼。王建大怒，立刻命令左右卫士把他当场打死。八月二十四日戊子，另行任命内枢密使潘峭为武泰节度使、同平章事，又任命翰林学士承旨毛文锡为礼部尚书，并兼管枢密院的事务。

三峡上有堤堰，有人向前蜀主建议应乘夏秋之际江水上涨的时候，决堤淹灌江陵，毛文锡进谏说："高季昌虽然不肯归服，但是他的老百姓又有什么罪过呢？陛下正要以德来怀柔天下，怎么能忍心让邻国的老百姓成为鱼鳖的食物？"王建听从，

帝以福王友璋为武宁节度使。前节度使王殷，友珪所置也，惧，不受代，叛附于吴。九月，命淮南西北面招讨应接使牛存节及开封尹刘鄩将兵讨之。冬，十月，存节等军于宿州。吴平卢节度使朱瑾等将兵救徐州，存节等逆击，破之，吴兵引归。

十一月，乙巳，南诏寇黎州，蜀主以夔王宗范、兼中书令宗播、嘉王宗寿为三招讨以击之。丙辰，败之于潘仓嶂，斩其酋长赵嵯政等。壬戌，又败之于山口城。十二月，乙亥，破其武侯岭十三寨。辛巳，又败之于大渡河，俘斩数万级，蛮争走渡水，桥绝，溺死者数万人。宗范等将作浮梁济大渡河攻之，蜀主召之令还。

癸未，蜀兴州刺史兼北路制置指挥使王宗铎攻岐阶州及固镇，破细砂等十一寨，斩首四千级。甲申，指挥使王宗俨破岐长城关等四寨，斩首二千级。

岐静难节度使李继徽，为其子彦鲁所毒而死，彦鲁自为留后。

（以上为第四段，写梁与吴，蜀与岐交兵。蜀主王建大败南诏军。）

贞明元年（乙亥，915 年）

春，正月，己亥，蜀主御得贤门受蛮俘，大赦。初，黎、雅蛮酋刘昌嗣、郝玄鉴、杨师泰，虽内属于唐，受爵赏，号猢金堡三王，而潜通南诏，为之诇导。镇蜀者多文臣，虽知其情，不敢诘。至是，蜀主数以漏泄军谋，斩于成都市，毁猢金堡。自是南诏不复犯边。

二月，牛存节等拔彭城，王殷举族自焚。

三月，丁卯，以右仆射兼门下侍郎、同平章事赵光逢为太子太保，致仕。

天雄节度使兼中书令邺王杨师厚卒。师厚晚年矜功恃众，擅割财赋，选军中骁勇，置银枪效节都数千人，给赐优厚，欲以复故时牙兵之盛。帝虽外加尊礼，内实忌之，及卒，私于宫中受贺。租庸使赵岩、判官邵赞言于帝曰："魏博为唐腹心之蠹，二百余年不能除去者，以其地广兵强

只好作罢。

后梁均王任命福王朱友璋为武宁节度使。前任节度使王殷，是朱友珪任命的，心里感到害怕，不肯交接，于是反叛投靠了吴国；九月，后梁末帝命令淮南西北面招讨应接使牛存节和开封府尹刘鄩率兵前往讨伐。冬季，十月，牛存节等把军队屯驻在宿州。吴国平卢节度使朱瑾等率兵援救徐州，牛存节等迎战，打败了朱瑾，吴军只好撤退回去了。

十一月十三日乙巳，南诏入侵黎州，前蜀主王建任命夔王王宗范、兼中书令王宗播、嘉王王宗寿三人为三路招讨使前去迎击。十一月二十四日丙辰，在潘仓嶂把南诏军打败，并斩杀了南诏军的酋长赵嵯政等人；十一月三十日壬戌，又在山口城再次打败了南诏军；十二月十三日乙亥，攻破了武侯岭的十三个营寨；十二月十九日辛巳，又在大渡河打败南诏军，俘虏和斩杀了南诏军数万人，蛮人们都争先恐后地渡河，河上的桥断了，掉在河里淹死的也有好几万人。王宗范等人准备搭浮桥渡过大渡河继续追击，王建下令让他们班师回去。

十二月二十一日癸未，前蜀兴州刺史兼北路制置指挥使王宗铎进攻岐国的阶州和固镇，攻破了细砂等十一座营寨，斩首四千级。十二月二十二日甲申，指挥使王宗俨攻破岐国长城关等四座营寨，斩首二千级。

岐国静难节度使李继徽被他的儿子李彦鲁毒死，李彦鲁自立为留后。

后梁均王贞明元年（乙亥，915 年）

春季，正月初八日己亥，前蜀主登上得贤门举行接受献俘的仪式，下令大赦境内。起先，黎、雅两州蛮酋刘昌嗣、郝玄鉴、杨师泰等人，虽然臣服于唐朝，并且接受爵位赏赐，号称䌷金堡三王，但却私下里勾结南诏，替他们刺探军情；过去镇守蜀地的多是文臣，虽然知道这一情况，也没人敢责问他们。到这时，前蜀主将他们以泄漏军情治罪，在成都街市上斩首，并毁掉䌷金堡。从此以后，南诏再也不敢来侵犯边境了。

二月，牛存节等攻下了彭城，王殷全族放火自焚。

三月初七日丁卯，任命右仆射兼门下侍郎、同平章事赵光逢为太子太保，并且准许他告老还乡。

天雄节度使兼中书令邺王杨师厚去世。杨师厚晚年倚仗着功劳和部众多，擅自搜刮钱财和赋税，并且挑选军中骁勇的壮士，设置了银枪效节都几千人，并给以优厚的待遇和赏赐，想要恢复过去牙兵的盛况。后梁末帝虽然表面上对他很尊敬礼遇，内心却很疑忌他，到了杨师厚一去世，后梁末帝就私下在宫中接受近臣的恭贺。租

之故也。罗绍威、杨师厚据之，朝廷皆不能制。陛下不乘此时为之计，所谓‘弹疽不严，必将复聚’，安知来者不为师厚乎！宜分六州为两镇以弱其权。”帝以为然，以平卢节度使贺德伦为天雄节度使。置昭德军于相州，割澶、卫二州隶焉，以宣徽使张筠为昭德节度使，仍分魏州将士府库之半于相州。筠，海州人也。二人既赴镇，朝廷恐魏人不服，遣开封尹刘鄩将兵六万自白马济河，以讨镇、定为名，实张形势以胁之。

魏兵皆父子相承数百年，族姻磐结，不愿分徙。德伦屡趣之，应行者皆嗟怨，连营聚哭。己丑，刘鄩屯南乐，先遣澶州刺史王彦章将龙骧五百骑入魏州，屯金波亭。魏兵相与谋曰：“朝廷忌吾军府强盛，欲设策使之残破耳。吾六州历代藩镇，兵未尝远出河门，一旦骨肉流离，生不如死。”是夕，军乱，纵火大掠，围金波亭，王彦章斩关而走。诘旦，乱兵入牙城，杀贺德伦之亲兵五百人，劫德伦置楼上。有效节军校张彦者，自帅其党，拔白刃，止剽掠。

夏，四月，帝遣供奉官扈异抚谕魏军，许张彦以刺史。彦请复相、澶、卫三州如旧制。异还，言张彦易与，但遣刘鄩加兵，立当传首。帝由是不许，但以优诏答之。使者再返，彦裂诏书抵于地，戟手南向诟朝廷。谓德伦曰：“天子愚暗，听人穿鼻。今我兵甲虽强，苟无外援，不能独立，宜投款于晋。”遂逼德伦以书求援于晋。

李继徽假子保衡杀李彦鲁，自称静难留后，举邠、宁二州来附。诏以保衡为感化节度使，以河阳留后霍彦威为静难节度使。

吴徐温以其子牙内都指挥使知训为淮南行军副使、内外马步诸军副使。

庸使赵岩、判官邵赞向后梁末帝建议说:“魏博这个地方之所以成为唐朝的心腹大患，两百多年都没办法除去，正是因为它地盘广大、兵强马壮的缘故。罗绍威、杨师厚先后盘踞这个地方，朝廷都没有办法控制他们。陛下如果不趁这个时候有个好的打算，那就正如俗语所说的‘弹疽不严，必将复聚’了，谁能知道后继者不会当第二个杨师厚呢？最好把魏博六州分为两个镇，以便削弱它的实力。”后梁末帝觉得有道理，于是任命平卢节度使贺德伦为天雄节度使；在相州设置昭德军，把澶、卫二州隶属于昭德军，以宣徽使张筠为昭德节度使，并把魏州将士人马和府库财富的一半给相州。张筠是海州人。两人上任以后，朝廷担心魏州的人不服气，于是派开封尹刘鄩率领六万名士兵从白马津渡过黄河，虽然名义上是要讨伐镇州、定州，实际是对魏州人摆出威胁镇压的架势。

魏博军队都是父子相承有几百年了，相互之间的宗族、姻亲关系盘根错节，大家都不愿意分离迁徙。贺德伦屡次催促他们，被安排要迁出的人都在怨叹，军营里到处都有人们聚在一块儿大哭。三月二十九日己丑，刘鄩率兵进驻南乐，并在此前派遣了澶州刺史王彦章率领龙骧骑兵五百人进入魏州，屯驻在金波亭。魏州的军人们相互商量说:“朝廷忌恨我们军府力量强盛，所以变着法子想使我们残破。我们这六个州历代都是藩镇，军队从来也没有远出到河门以外的地方，现在却要骨肉离散，真是生不如死。”当晚，军中开始骚乱，乱兵到处放火抢劫，并包围金波亭，王彦章杀出重围逃跑了。第二天一大早，乱兵攻进牙城，杀了贺德伦的亲兵五百人，劫持了贺德伦并把他安置在城楼上。有个名叫张彦的效节军校，率领他的部属，拔出白刃，制止乱兵们继续掠夺。

夏季，四月，后梁末帝派遣供奉官扈异去安抚魏州的军队，并答应要任命张彦为刺史。张彦请求把相、澶、卫三州恢复如过去一样归天雄军管辖的建制。扈异回朝后，向后梁末帝报告说张彦这个人容易对付，只要让刘鄩再多加派些兵力，立刻就可以把张彦斩首传送到京师来。后梁末帝听信了这些话，因此也就没有任命张彦为刺史，只是颁发了一道充满褒扬之意的诏书给他。朝廷的使者再次回到魏州，张彦把诏书撕裂了丢在地上，用手指着南方大肆辱骂朝廷，并且对贺德伦说:“天子愚昧，让人牵着鼻子走。现在我们的兵力虽然强大，如果没有外援，恐怕还是不能独立支撑，我看最好还是向晋国投诚归顺吧。”于是逼迫贺德伦写信向晋国求援。

李继徽的养子李保衡杀死了李彦鲁，自称为静难留后，率领邠、宁两州来归附梁朝。后梁末帝下诏任命李保衡为感化节度使，同时任命河阳留后霍彦威为静难节度使。

吴国徐温任命他的儿子牙内都指挥使徐知训为淮南行军副使、内外马步诸军副使。

晋王得贺德伦书，命马步副总管李存审自赵州进据临清。五月，存审至临清，刘鄩屯洹水。贺德伦复遣使告急于晋，晋王引大军自黄泽岭东下，与存审会于临清，犹疑魏人之诈，按兵不进。德伦遣判官司空颋犒军。密言于晋王曰："除乱当除根。"因言张彦凶狡之状，劝晋王先除之，则无虞矣。王默然。颋，贝州人也。

晋王进屯永济，张彦选银枪效节五百人，皆执兵自卫，诣永济谒见，王登驿楼语之曰："汝陵胁主帅，残虐百姓，数日中迎马诉冤者百余辈。我今举兵而来，以安百姓，非贪人土地。汝虽有功于我，不得不诛以谢魏人。"遂斩彦及其党七人，余众股栗。王召谕之曰："罪止八人，余无所问。自今当竭力为吾爪牙。"众皆拜伏，呼万岁。明日，王缓带轻裘而进，令张彦之卒擐甲执兵，翼马而从，仍以为帐前银枪都。众心由是大服。

刘鄩闻晋军至，选兵万余人，自洹水趣魏县。晋王留李存审屯临清，遣史建瑭屯魏县以拒之，王自引亲军至魏县，与鄩夹河为营。

帝闻魏博叛，大悔惧，遣天平节度使牛存节将兵屯杨刘，为鄩声援。会存节病卒，以匡国节度使王檀代之。

岐王遣彰义节度使刘知俊围邠州，霍彦威固守拒之。

（以上为第五段，写梁魏博叛附晋，晋王提兵亲赴魏州与梁将刘鄩对峙。）

六月，庚寅朔，贺德伦帅将吏请晋王入府城慰劳。既入，德伦上印节，请王兼领天雄军，王固辞，曰："比闻汴寇侵逼贵道，故亲董师徒，远来相救；又闻城中新罹涂炭，故暂入存抚。明公不垂鉴信，乃以印节见推，诚非素怀。"德伦再拜曰："今寇敌密迩，军城新有大变，人心未安，德伦心腹纪纲为张彦所杀殆尽，形孤势弱，安能统众！一旦生事，恐负大恩。"王乃受之。德伦帅将吏拜贺，王承制以德伦为大同节度使，遣之官。德伦至晋阳，张承业留之。

晋王收到贺德伦的信后，命令马步副总管李存审从赵州进兵占据临清。五月，李存审到达临清，刘鄩则屯驻在洹水。贺德伦又派遣使者向晋国告急，晋王于是率领大军从黄泽岭往东而下，和李存审在临清会师，但是还有点怀疑魏州人是不是在使诈，于是就按兵不动。贺德伦派遣判官司空颋前去犒劳晋军，偷偷地向晋王表示："除乱应当从根本上消除。"接着就报告了张彦凶狠残暴的情状，劝晋王只要先把他除掉，就没有什么可担心的事了。晋王听了之后没有明确表态。司空颋是贝州人。

晋王进驻到永济，张彦挑选了银枪效节五百人，都拿着兵器自卫，到永济请求晋见，晋王登上驿楼，对他说："你欺凌、胁逼主帅，又残害、虐待老百姓，几天来到我马前来诉冤的已有一百多人了。我这次率兵而来，是为了安定老百姓的，并不是贪取土地。你虽然对我来说是有功劳的，但我也不得不杀你好向魏州的人有个交代。"于是就下令斩杀张彦和他的死党七人，其余的人都吓得两腿发抖。晋王把他们召集到一起对他们说："有罪的只有这八个人，其余的人概不追究。从今天起你们应该竭力为我效劳。"众人都拜伏在地上，高呼万岁。第二天。晋王穿着宽松轻便的服装继续往前进军，命令张彦的部属们穿着甲胄，拿着兵器，在坐骑两旁随行保护，并且仍然重用他们为帐前银枪都。众人由此对晋王大为佩服。

刘鄩听说晋军到了，于是就挑选了一万多名精锐，从洹水赶赴魏县；晋王留李存审屯守临清，派遣史建瑭屯驻魏县以抵御刘鄩，而自己则率领亲军到达魏县，和刘鄩隔着漳河相对扎营。

后梁末帝听说魏博叛变了，大为后悔，又十分恐惧，于是派遣天平节度使牛存节率兵屯驻杨刘，算是为刘鄩声援。恰遇牛存节生病去世，于是另外任命匡国节度使王檀代替他。

岐王派遣彰义节度使刘知俊围攻邠州，霍彦威坚守城池抵御他。

六月初一日庚寅，贺德伦率领文官武将们请晋王进入府城慰劳军队。进入府城后，贺德伦奉上府印旌节，请求晋王兼领天雄军，晋王坚决推辞，他说："最近我听说汴梁的贼人侵逼你们，所以亲自率领属下们，远道赶来救援；后来又听说城中百姓新近遭到敌兵的祸害，所以入城来慰抚他们。您不能体察诚心和信任，竟然要把府印和旌节让给我，这实在不是我的本意啊！"贺德伦再拜请求说："现在敌寇已迫在眼前了，军城中最近又发生过大的变乱，人心还不安定，德伦的心腹下属又都被张彦杀光了，我现在的处境非常孤单，力量微弱，怎么能够统率部众呢？一旦要发生变故，恐怕就要辜负您的大恩大德了。"晋王只好接受了。贺德伦率领一班文臣武将向晋王恭贺，晋王则以唐朝天子的名义，任命贺德伦为大同节度使，并让他马上

时银枪效节都在魏城犹骄横，晋王下令："自今有朋党流言及暴掠百姓者，杀无赦！"以沁州刺史李存进为天雄都巡按使。有讹言摇众及强取人一钱已上者，存进皆枭首磔尸于市。旬日，城中肃然，无敢喧哗者。存进本姓孙，名重进，振武人也。

晋王多出征讨，天雄军府事皆委判官司空颋决之。颋恃才挟势，睚眦必报，纳贿骄侈。颋有从子在河南，颋密使人召之，都虞候张裕执其使者以白王，王责颋曰："自吾得魏博，庶事悉以委公，公何得见欺如是！独不可先相示邪！"揖令归第，是日，族诛于军门，以判官王正言代之。正言，郓州人也。

魏州孔目吏孔谦，勤敏多计数，善治簿书，晋王以为支度务使。谦能曲事权要，由是宠任弥固。魏州新乱之后，府库空竭，民间疲弊，而聚三镇之兵，战于河上，殆将十年，供亿军须，未尝有阙，谦之力也。然急征重敛，使六州愁苦，归怨于王，亦其所为也。

张彦之以魏博归晋也，贝州刺史张源德不从，北结沧德，南连刘鄩以拒晋，数断镇、定粮道。或说晋王："请先发兵万人取源德，然后东兼沧景，则海隅之地皆为我有。"晋王曰："不然。贝州城坚兵多，未易猝攻。德州隶于沧州而无备，若得而戍之，则沧、贝不得往来，二垒既孤，然后可取。"乃遣骑兵五百，昼夜兼行，袭德州。刺史不意晋兵至，逾城走，遂克之，以辽州守捉将马通为刺史。

秋，七月，晋人夜袭澶州，陷之。刺史王彦章在刘鄩营，晋人获其妻子，待之甚厚；遣间使诱彦章，彦章斩其使，晋人尽灭其家。晋王以魏州将李岩为澶州刺史。

晋王劳军于魏县，因帅百余骑循河而上，觇刘鄩营。会天阴晦，鄩伏兵五千于河曲丛林间，鼓噪而出，围王数重。王跃马大呼，帅骑驰突，

去就任。贺德伦到了晋阳，被张承业留住了。

当时银枪效节都在魏州城还十分骄横，晋王于是就下令："从今以后有敢结党、造谣或者抢劫老百姓的，杀无赦！"为此任命了沁州刺史李存进为天雄都巡按使。凡是有散播流言动摇人心者，或者强行索取人钱一文以上者，李存进把他们都抓来在街市上斩首分尸示众。十来天中，城中便恢复了秩序，没有人再敢喧哗起哄了。李存进本姓孙，名叫重进，振武人。

晋王经常外出征讨，天雄军府的大小事务都委托给判官司空颋去决定。司空颋仗着有才气又有权势，于是对任何小仇怨都实行报复，又收受贿赂，极端骄横奢侈。他有个侄子在黄河以南的梁朝境内，便秘密地派人把他召来，都虞候张裕抓到了他的使者，并报告了晋王，晋王责备司空颋说："自从我得到魏博以来，大小事务都委托给你，你怎么还这样欺骗我呢？为什么不事先和我说一声呢？"于是作揖，命令司空颋回到府第，当天，就下令把司空颋全族的人都抓到军门前斩首，另外任命判官王正言代替他的职务。王正言是郓州人。

魏州孔目吏孔谦，勤劳敏捷，长于计算，特别擅长管理账目和文书，晋王任命他为支度务使。孔谦能巴结权贵，并因此得到进一步的宠信。魏州在不久前的变乱之后，府库空虚，百姓也疲惫不堪，但是，会集三镇的兵马，在黄河一带作战，将近有十年之久，军需粮饷的供应，不曾有过短缺，这些都是孔谦的功劳。然而横征暴敛，使得六州的老百姓穷愁困苦，怨恨晋王，这些也是孔谦所造成的。

张彦以魏博镇归附晋国的时候，贝州刺史张源德不肯服从，他北面结交沧、德，南边联合刘鄩，共同抵抗晋军，并且几次切断镇州、定州之间的粮道。有人向晋王建议说："请先派一万多军队攻取张源德，然后再往东兼并沧、景，那么一直到海边一带的土地都将归我们所有了。"晋王说："这可不见得。贝州城池坚固，守军又多，仓促之间不容易攻下来。德州隶属于沧州，平时又没有什么戒备，如果能拿下来并派军队驻守的话，那么沧州、贝州之间就不能互通消息了，两个城如果被孤立，那么就很容易把它们攻下了。"于是派遣五百名骑兵，日夜兼程，袭击德州。德州刺史没想到晋兵一下子就到了，翻墙逃走，于是晋军就攻下了德州，并且任命辽州守捉将马通为刺史。

秋季，七月，晋王军队利用夜晚偷袭澶州，把它攻下了。刺史王彦章当时在刘鄩的军营中，晋军抓到了他的妻子儿女，对待他们很优厚，并且派遣秘密使者前去诱降王彦章，王彦章把晋王的使者杀了，晋王于是也把王彦章的全家大小都杀了。晋王任命魏州的部将李岩为澶州刺史。

晋王到魏县劳军，于是就率领百余名骑兵沿着漳河往上游去侦察刘鄩的阵地。碰上那天天气阴沉昏暗，刘鄩在河道转弯处的丛林里埋伏了五千名士兵，鼓噪而出，

所向披靡。裨将夏鲁奇等操短兵力战，自午至申乃得出，亡其七骑，鲁奇手杀百余人，伤夷遍体，会李存审救兵至，乃得免。王顾谓从骑曰："几为虏嗤。"皆曰："适足使敌人见大王之英武耳。"鲁奇，青州人也，王以是益爱之，赐姓名曰李绍奇。

（以上为第六段，写晋王李存勖兼领天雄节度使，智取德州、澶州。）

刘鄩以晋兵尽在魏州，晋阳必虚，欲以奇计袭取之，乃潜引兵自黄泽西去。晋人怪鄩军数日不出，寂无声迹，遣骑觇之，城中无烟火，但时见旗帜循堞往来，晋王曰："吾闻刘鄩用兵，一步百计，此必诈也。"更使觇之，乃缚刍为人，执旗乘驴在城上耳。得城中老弱者诘之，云军去已二日矣。晋王曰："刘鄩长于袭人，短于决战，计彼行才及山下。"亟发骑兵追之。会阴雨积旬，黄泽道险，堇泥深尺余，士卒援藤葛而进，皆腹疾足肿，死者什二三。晋将李嗣恩倍道先入晋阳，城中知之，勒兵为备。鄩至乐平，糗粮且尽，又闻晋有备，追兵在后，众惧，将溃，鄩谕之曰："今去家千里，深入敌境，腹背有兵，山谷高深，如坠井中，去将何之？惟力战庶几可免，不则以死报君亲耳。"众泣而止。周德威闻鄩西上，自幽州引千骑救晋阳，至土门，鄩已整众下山，自邢州陈宋口逾漳水而东，屯于宗城。鄩军往还，马死殆半。

时晋军乏食，鄩知临清有蓄积，欲据之以绝晋粮道，德威急追鄩，再宿，至南宫，遣骑擒其斥候者数十人，断腕而纵之，使言曰："周侍中已据临清矣！"鄩军大骇。诘朝，德威略鄩营而过，入临清，鄩引军趋贝州。时晋王出师屯博州，刘鄩军堂邑，周德威攻之，不克。翌日，鄩军于莘县，晋军踵之，鄩治莘城，堑而守之，自莘及河筑甬道以通馈饷；晋王营于莘西三十里，烟火相望，一日数战。

把晋王团团围住。晋王于是纵马大叫，率领骑兵们冲刺突围，所到之处梁军被打得落花流水。副将夏鲁奇等人手拿短刀奋战，从午时一直战到申时才冲出重围，共损失了七名骑兵，夏鲁奇亲手杀死了一百多名敌人，但是自己全身也伤痕累累，刚好李存审率领救兵赶到，最后才得以脱身。晋王回头对随从们说："差一点给贼人们笑话。"左右都说："这样也正好使敌人见识一下大王的英勇。"夏鲁奇是青州人，晋王从此以后更加喜爱他，赐他姓名为李绍奇。

刘鄩认为晋军都在魏州，晋阳一定空虚，于是想用奇计来攻取它，就偷偷地率军从黄泽西进。晋军正在奇怪刘鄩的军队几天都没出战，营中又静悄悄的，便派出骑兵前去窥探，只见城中没有烟火，但城上却不时地出现旗帜来回走动，晋王说："我听说刘鄩用兵，走一步路都会想出一百种计谋，这里面一定有什么名堂。"又派人前去侦察，这次算是看清楚了，原来是绑了草人让它拿着旗帜，坐在驴子上在城上来回走动。又抓到城中的老弱，追问之下，说是刘鄩的军队离开此地已有两天了。晋王说："刘鄩带兵擅长偷袭，不擅长对面决战，算算他的行程最多也才走到山下。"随即派出骑兵追赶。碰上十几天都是阴雨连绵，黄泽一带的道路又很险要，泥泞有一尺多深，士兵们只能抓着藤葛艰难行进，这样一来不是肚子痛，就是脚被雨水泡得肿了起来，死的人有十分之二三。晋军将领李嗣恩兼程赶路先期到达晋阳，于是晋阳城内也知道了这一情况，布置军队防守。刘鄩到达乐平，部队的粮草快要用光了；又听说晋军已经有了防备，后面又有追兵，大家都害怕起来，整个部队几乎就要溃散了，刘鄩训勉他们说："现在离家千里，深入到敌人后方来了，前后都有敌军夹击，山高谷深，就像掉在井里面一样，我们又能往哪里逃呢？现在只有努力奋战，或许还有一线希望，不然的话只有用战死来报答皇上和亲人们了。"大家听了都激动得掉下眼泪，这才停止骚动。周德威听说刘鄩率军西进，便从幽州率领千余名骑兵前往晋阳救援，到达土门时，刘鄩已经整顿部队撤退下山，从邢州陈宋口渡过漳河东进，屯住在宗城。这一来一往，刘鄩军队的马匹死了将近一半。

当时晋军缺乏粮食，刘鄩知道临清有囤积，就想占据该地以断绝晋军的粮道。周德威火速追赶刘鄩，两天之后就赶到了南宫，派出骑兵把刘鄩的侦察部队抓了数十个人去，砍断了他们的手腕再放回，让他们带话回去对刘鄩说："周侍中已经占领临清了！"刘鄩军队大为震惊。第二天清晨，周德威的军队从刘鄩的营边掠过，抢先进入临清，刘鄩只好率领部队前往贝州。当时晋王出兵屯驻在博州，刘鄩则扎营在堂邑，周德威攻击他，没能攻下。第二天，刘鄩的军队在莘县扎营，晋军随后就追了上来，刘鄩于是整治莘县城防，挖了很多战壕以供守备，又从莘县一直到黄河边修筑了一条甬道以运输粮饷；晋王的大营驻扎在莘县西边三十里的地方，两军相

晋王爱元行钦骁健，从代州刺史李嗣源求之，嗣源不得已献之，以为散员都部署，赐姓名曰李绍荣。绍荣尝力战深入，剑中其面，未解，高行周救之得免。王复欲求行周，重于发言，密使人以官禄啖之，行周辞曰："代州养壮士，亦为大王耳，行周事代州，亦犹事大王也。代州脱行周兄弟于死，行周不忍负之。"乃止。

绛州刺史尹皓攻晋之隰州，八月，又攻慈州，皆不克。王檀与昭义留后贺瓌攻澶州，拔之，执李岩，送东都。帝以杨师厚故将杨延直为澶州刺史，使将兵万人助刘鄩，且招诱魏人。

晋王遣李存审将兵五千击贝州。张源德有卒三千，每夕分出剽掠，州民苦之，请堑其城以安耕耘。存审乃发八县丁夫堑而围之。

刘鄩在莘久，馈运不给，晋人数抵其寨下挑战，鄩不出。晋人乃攻绝其甬道，以千余斧斩寨木，梁人惊扰而出，因俘获而还。

（以上为第七段，写梁名将刘鄩偷袭晋阳兵败，退守莘县与晋王对峙。）

帝以诏书让鄩老师费粮，失亡多，不速战，鄩奏："臣比欲以奇兵捣其腹心，还取镇、定，期以旬时再清河朔。无何天未厌乱，淫雨积旬，粮竭士病。又欲据临清断其馈饷，而周杨五奄至，驰突如神。臣今退保莘县，享士训兵以俟进取。观其兵数甚多，便习骑射，诚为勍敌，未易轻也。苟有隙可乘，臣岂敢偷安养寇！"帝复问鄩决胜之策，鄩曰："臣今无策，惟愿人给十斛粮，贼可破矣。"帝怒，责鄩曰："将军蓄米，欲破贼邪，欲疗饥邪？"乃遣中使往督战。

鄩集诸将问曰："主上深居禁中，不知军旅，徒与少年新进辈谋之。

近到可以互相看见对方的烟火，一天之中双方交战好几次。

晋王欣赏元行钦骁勇善战，于是就向代州刺史李嗣源要求把他调来，李嗣源虽然舍不得但也只好把他奉献给晋王，晋王任命元行钦为散员都部署，并且赐名为李绍荣。李绍荣曾经深入敌境奋战，被剑砍中了脸部，不能脱身，靠高行周的解救才保住性命。晋王想再向李嗣源要高行周，又不好意思开口，于是就私下里派人以高官厚禄引诱高行周，高行周推辞说："代州蓄养壮士，也算是为了要效忠大王，高行周侍奉代州，也就等于侍奉大王了。代州曾经救我们兄弟免于一死，我实在不忍心辜负他。"晋王只好作罢。

绛州刺史尹皓进攻晋国隰州，八月，又进攻慈州，都没能够攻下。王檀和昭义留后贺瓌进攻澶州，攻下了澶州，活捉了李岩，解送到东都。后梁末帝任命杨师厚的旧将杨延直为澶州刺史，让杨延直率领一万名士兵前去帮助刘鄩，并且招降魏州人。

晋王派遣李存审率领五千名士兵进攻贝州。张德源在贝州有三千名士兵，每晚都分头出来抢劫，贝州的老百姓都苦不堪言，于是请求挖壕沟把州城和外界隔绝起来，以便能够安心地从事生产。李存审于是发动贝州所属八个县的老百姓挖沟筑壕，把贝州城团团围了起来。

刘鄩驻扎在莘县已经很久了，粮饷时常接济不上，晋军多次逼近到营寨前面来挑战，刘鄩都坚守寨中不肯出来。晋军于是攻击并截断梁军运粮通道，又用千余把斧子砍斫梁军营寨的木栏，梁军受惊骚动，有的冲出寨门，被晋军俘获而回。

后梁末帝下诏书责备刘鄩使军队长期在外疲于征战，耗费粮饷，损失很多，却又不肯和敌人速战速决，刘鄩上奏说："臣本来想用奇兵直捣敌人的腹心，然后回头再攻取镇州、定州，预计用十天左右的时间来扫清河朔地区。怎奈天不遂人愿，接连下了十来天大雨，我军粮食缺乏，士卒也疲惫不堪。后来又打算占据临清以切断敌人的粮饷供应，却被周杨五迅速赶上了，他的军队快得有如神助一般。臣现在撤退回来坚守莘县，让战士们休整一下，同时训练一下士兵，也是为了等待时机再打击敌人。臣观察到敌军人数众多，都擅长骑马射箭，实在是一支劲敌，不能随便地小瞧了他们。假如有隙可乘的话，臣又怎么敢苟且偷安而让敌人逍遥自在呢？"后梁末帝又问他有什么取胜的计谋没有，刘鄩回奏说："臣现在还没什么计谋，只希望能给每个士兵拨发十斛粮饷，那么敌人是一定能够打败的。"后梁末帝一听大怒，责问刘鄩说："将军这样积攒大米，是为了破敌呢，还是为了救饥呢？"于是就派遣中使前往督战。

刘鄩召集将领，询问他们说："主上深居宫禁之中，不了解军旅中的实际情况，

夫兵在临机制变，不可预度。今敌尚强，与战必不利，奈何？”诸将皆曰：“胜负当一决，旷日何待！”鄩默然，不悦，退，谓所亲曰：“主暗臣谀，将骄卒惰，吾未知死所矣！”他日，复集诸将于军门，人置河水一器于前，令饮之，众莫之测。鄩谕之曰：“一器犹难，滔滔之河，可胜尽乎？”众失色。

后数日，鄩将万余人薄镇、定营，镇、定人惊扰。晋李存审以骑兵二千横击之，李建及以银枪千人助之，鄩大败，奔还。晋人逐之，及寨下，俘斩千计。

刘岩逆妇于楚，楚王殷遣永顺节度使存送之。

（以上为第八段，写梁将刘鄩与晋军决战，再次败北。）

乙未，蜀主以兼中书令王宗绾为北路行营都制置使，兼中书令王宗播为招讨使，攻秦州；兼中书令王宗瑶为东北面招讨使，同平章事王宗翰为副使，攻凤州。

庚戌，吴以镇海节度使徐温为管内水陆马步诸军都指挥使、两浙都招讨使、守侍中、齐国公，镇润州，以昇、润、常、宣、歙、池六州为巡属，军国庶务参决如故。留徐知训居广陵秉政。

初，帝为均王，娶河阳节度使张归霸女为妃，即位，欲立为后。后以帝未南郊，固辞。九月，壬午，妃疾甚，册为德妃，是夕，卒。

康王友敬，目重瞳子，自谓当为天子，遂谋作乱。冬，十月，辛亥夜，德妃将出葬，友敬使腹心数人匿于寝殿。帝觉之，跣足逾垣而出，召宿卫兵索殿中，得而手刃之。壬子，捕友敬，诛之。

帝由是疏忌宗室，专任赵岩及德妃兄弟汉鼎、汉杰、从兄弟汉伦、汉融，咸居近职，参预谋议，每出兵必使之监护。岩等依势弄权，卖官鬻狱，离间旧将相，敬翔、李振虽为执政，所言多不用。振每称疾不预事，以避赵、张之族，政事日紊，以至于亡。

只是和几个年轻新进之辈商议。打仗这件事关键在于随机应变，不可能事先把一切都预料得好好的。现在敌人的势力还很强盛，与他们交战对我们肯定不利，这事该怎么办呢？”将领们都说：“不管胜负都应当进行一次决战，老是这样拖下去还要拖到什么时候呢？”刘鄩默不作声，心里很不愉快，回来后对自己的亲信们说：“主上愚暗，臣下们又阿谀逢迎，将领们狂妄气盛，而士卒又怠惰偷安，这样下去我们要死无葬身之地了！”又一天，刘鄩又把将领们召集到军营门前，在每个人的面前摆上一容器河水，让大家喝下去，大家都猜不到这是怎么一回事。刘鄩这才告诉他们说：“一容器的水都不容易喝下去，更何况滔滔的河水，又怎么能够喝完呢？”众人一听，都大惊失色。

几天后，刘鄩率领万余名军队逼近镇州、定州的营寨，引起了镇州、定州军民的一阵惊扰骚动。晋国的李存审率领两千名骑兵拦截梁军，李建及又率领一千名银枪效节军前来助战，刘鄩的军队被打得大败，赶紧撤退回来。晋国的军队乘胜追击，一直追到梁军的营寨下，又俘虏和斩杀了数以千计的梁军。

刘岩到楚国去迎娶新娘，楚王马殷派遣永顺节度使马存护送刘岩回去。

八月初七日乙未，前蜀主王建任命兼中书令王宗绾为北路行营都制置使，兼中书令王宗播为招讨使，进攻秦州；兼中书令王宗瑶为东北面招讨使，同平章事王宗翰为副使，进攻凤州。

八月二十二日庚戌，吴国任命镇海节度使徐温为管内水陆马步诸军都指挥使、两浙都招讨使、守侍中、齐国公，镇守润州，管辖昇、润、常、宣、歙、池六个州，并且仍旧参预军国大事的决策；而把徐知训留在广陵主持国政。

当初，后梁末帝当均王的时候，娶了河阳节度使张归霸的女儿为王妃，到了登基时，想要立她为皇后，张妃认为后梁末帝还没有正式去南郊祭天，就坚决推辞。九月二十四日壬午，张妃病得很厉害，后梁末帝册封她为德妃，当晚，她就去世了。

康王朱友敬，眼睛里面有两个瞳孔，自认为应该当皇帝，于是就阴谋作乱。冬季，十月二十四日辛亥夜里，德妃将要出殡，朱友敬派了几个心腹躲在后梁末帝的寝宫内，后梁末帝发觉了，立刻光着脚翻墙逃了出去，召唤禁卫军搜索寝宫，抓到刺客后亲手把他们一一杀死。十月二十五日壬子，逮捕朱友敬，并且把他杀了。

后梁末帝从此以后开始疏远宗室，只信任赵岩和德妃的兄弟张汉鼎、张汉杰，堂兄弟张汉伦、张汉融等人，这些人都官居要职，并参与军国大事的谋划，一旦有军队出征，也一定指派他们监军。赵岩等人依仗得势，就玩法弄权，公开卖官，因讼得贿，又在旧日的大臣之间挑拨是非，敬翔和李振虽然名义上是执政大臣，但所

（以上为第九段，写后梁政局不稳，宫廷发生未遂政变。）

刘鄩遣卒诈降于晋，谋赂膳夫以毒晋王，事泄，晋王杀之，并其党五人。

十一月，己未夜，蜀宫火。自得成都以来，宝货贮于百尺楼，悉为煨烬。诸军都指挥使兼中书令宗侃等帅卫兵欲入救火，蜀主闭门不内。庚申旦，火犹未熄，蜀主出义兴门见群臣，命有司聚太庙神主，分巡都城，言讫，复入宫闭门。将相皆献帷幕饮食。

壬戌，蜀大赦。

乙丑，改元。

己巳，蜀王宗翰引兵出青泥岭，克固镇，与秦州将郭守谦战于泥阳川。蜀兵败，退保鹿台山。辛未，王宗绾等败秦州兵于金沙谷，擒其将李彦巢等，乘胜趣秦州。兴州刺史王宗铎克阶州，降其刺史李彦安。甲戌，王宗绾克成州，擒其刺史李彦德。蜀军至上染坊，秦州节度使李继崇遣其子彦秀奉牌印迎降。宗绛入秦州，表排陈使王宗俦为留后。刘知俊攻霍彦威于邠州，半岁不克，闻秦州降蜀，知俊妻子皆迁成都。知俊解围还凤翔，终惧及祸，夜帅亲兵七十人，斩关而出，庚辰，奔于蜀军。王宗绾自河池、两当进兵，会王宗瑶攻凤州，癸未，克之。

岐义胜节度使、同平章事李彦韬知岐王衰弱，十二月，举耀、鼎二州来降。彦韬即温韬也。乙未，诏改耀州为崇州，鼎州为裕州，义胜军为静胜军，复彦韬姓温氏，名昭图，官任如故。

丁未，蜀大赦，改明年元曰通正。置武兴军于凤州，割文、兴二州隶之，以前利州团练使王宗鲁为节度使。

是岁，清海、建武节度使兼中书令刘岩，以吴越王镠为国王而己独为南平王，表求封南越王及加都统，帝不许。岩谓僚属曰：“今中国纷纷，孰为天子！安能梯航万里，远事伪庭乎！”自是贡使遂绝。

建议的事情大多不被采用。李振时常推说有病，不参与国事，为的是避开赵、张两家的势力，从此后梁的国政一天乱似一天，一直乱到它灭亡为止。

刘鄩派遣士兵假装投降晋国，阴谋收买厨师毒杀晋王。这件事后来败露了，晋王把厨师和同党五个人全杀了。

十一月初三日己未夜晚，前蜀宫中发生火灾。前蜀自从占领成都以来，所有的宝物都藏在百尺楼里，这回全被大火烧为灰烬。诸军都指挥使兼中书令王宗侃等人率领卫兵们想入宫救火，前蜀主却关闭宫门不放他们进去。十一月初四日庚申早晨，大火还没有熄灭，前蜀主从义兴门出来和群臣见面，又命令主管官员把太庙的神主收拢到一块儿，并分头到都城里各处去巡查以加强警卫，说完，又进宫把门关上。大臣们没有别的事情可做，大家都纷纷献上帷幕、饮食等物品。

十一月初六日壬戌，前蜀大赦境内。

十一月初九日乙丑，后梁改年号为贞明。

十一月十三日己巳，前蜀王宗翰率兵出青泥岭，攻克了固镇，和秦州将领郭守谦大战于泥阳川；蜀军大败，退守到鹿台山。十一月十五日辛未，王宗绾等人在金沙谷击败了秦州的军队，活捉了他们的将领李彦巢等人，随即乘胜进击秦州。兴州刺史王宗铎攻下了阶州，刺史李彦安投降。十一月十八日甲戌，王宗绾攻下了成州，活捉了刺史李彦德。蜀军挺进到上染坊，秦州节度使李继崇派他的儿子李彦秀捧着牌印出来投降。王宗绾进入秦州，上表启奏蜀主任命排阵使王宗俦为留后。刘知俊进攻邠州的霍彦威，半年没攻下来，这时听说秦州投降了蜀国，自己的妻子儿子都被迁往成都；刘知俊于是解除了对邠州的包围回到凤翔，想来想去，最后还是害怕会被治罪，于是连夜率领七十名亲兵，闯出关门逃走，十一月二十四日庚辰，投奔到蜀军那边去了。王宗绾率军从河池、两当同时进军，和王宗瑶会师后一同进攻凤州，十一月二十七日癸未，攻下了凤州。

岐国义胜节度使、同平章事李彦韬知道岐王的势力已经衰弱了，十二月，就率领耀州、鼎州两地来投降后梁。李彦韬就是温韬。十二月初九日乙未，后梁末帝下诏改称耀州为崇州，鼎州为裕州，义胜军为静胜军，并且让李彦韬恢复温姓，改名叫昭图，所任的官职照旧。

十二月二十一日丁未，前蜀大赦境内；改明年的年号为通正。又在凤州设置了武兴军，划出了文、兴两州归它管辖，任命前利州团练使王宗鲁为节度使。

这一年，清海、建武节度使兼中书令刘岩，认为吴越王钱镠已被封为国王，而唯独自己还是郡王一级的南平王，于是就上表请求封他为南越王并加都统的称号，后梁末帝不答应。刘岩对他的属僚们说："目前中原战事纷纷，哪一个人能算是真正

（以上为第十段，写蜀国宫中大火。蜀兵两路攻岐，岐王李茂贞势衰。刘岩绝梁不入贡。）

二年（丙子，916年）

春，正月，宣武节度使、守中书令、广德靖王全昱卒。

帝闻前河南府参军李愚学行，召为左拾遗，充崇政院直学士。衡王友谅贵重，李振等见，皆拜之，愚独长揖，帝闻而让之，曰："衡王于朕，兄也，朕犹拜之，卿长揖，可乎？"对曰："陛下以家人礼见衡王，拜之宜也。振等陛下家臣。臣于王无素，不敢妄有所屈。"久之，竟以抗直罢为邓州观察判官。

蜀主以李继崇为武泰节度使、兼中书令、陇西王。

二月，辛丑夜，吴宿卫将马谦、李球劫吴王登楼，发库兵讨徐知训。知训将出走，严可求曰："军城有变，公先弃众自去，众将何依！"知训乃止。众犹疑惧，可求阖户而寝，鼾息闻于外，府中稍安。壬寅，谦等陈于天兴门外，诸道副都统朱瑾自润州至，视之，曰："不足畏也。"返顾外众，举手大呼，乱兵皆溃，擒谦、球，斩之。

帝屡趣刘鄩战，鄩闭壁不出。晋王乃留副总管李存审守营，自劳军于贝州，声言归晋阳。鄩闻之，奏请袭魏州，帝报曰："今扫境内以属将军，社稷存亡，系兹一举，将军勉之！"鄩令澶州刺史杨延直引兵万人会于魏州，延直夜半至城南，城中选壮士五百潜出击之，延直不为备，溃乱而走。诘旦，鄩自莘县悉众至城东，与延直余众合，李存审引营中兵踵其后，李嗣源以城中兵出战，晋王亦自贝州至，与嗣源当其前。鄩见之，惊曰："晋王邪！"引兵稍却，晋王蹑之，至故元城西，与李存审遇。晋王为方陈于西北，存审为方陈于东南，鄩为圆陈于其中间，四面受敌，合战良久，梁兵大败，鄩引数十骑突围走。梁步卒凡七万，晋兵环而击之，败卒登木，木为之折，追至河上，杀溺殆尽。鄩收散卒自黎阳渡河，保滑州。

的天子呢？我们又何必跋山涉水不远万里地去侍奉伪朝廷呢？”从此就不再和梁朝通使入贡了。

后梁均王贞明二年（丙子，916年）

春季，正月，宣武节度使、守中书令、广德靖王朱全昱去世。

后梁末帝听说前河南府参军李愚的学问人品都很好，就征召他为左拾遗，并充任崇政院直学士。衡王朱友谅地位极其尊贵，李振等大臣见到他，都行跪拜之礼，唯有李愚见到他只是拱手作揖而已，后梁末帝听说了这一情况之后就责备他说：“衡王是朕的兄长，朕都向他行拜见礼，而你只是拱手作揖，合适吗？”李愚回答说：“陛下用家里的人相见之礼接见衡王，拜他是应当的。李振等人也是陛下的家臣，而臣过去和衡王又没有什么来往，所以不能随便地表示过分的谦卑。”过了一段时间，李愚终因性情耿直不讨欢心被贬为邓州观察判官。

前蜀主任命李继崇为武泰节度使、兼中书令、陇西王。

二月十六日辛丑，晚上，吴国宿卫将马谦、李球劫持吴王登上城楼，调拨武库中的武器要讨伐徐知训；徐知训知道消息后准备逃走，严可求对他说：“军城发生叛乱，你带头抛弃大家自己先逃走，我们还能依靠谁来领导呢？”徐知训这才放弃逃跑的念头。大家都还在疑虑害怕，只有严可求关起门来睡大觉，打鼾的声音在门外都能听得见，大家看到他这样，府中才稍微安定了下来。二月十七日壬寅，马谦等人在天兴门外摆开了阵势，这时诸道副都统朱瑾从润州赶回，看了一下阵势，说：“没有什么好害怕的。”回过头对着城外的士兵们，抬起手大声高呼，叛军们立刻就溃散了，于是活捉了马谦、李球两人，并将两人斩首。

后梁末帝多次催促刘鄩出战，刘鄩却坚守壁垒，不肯出战。晋王于是留下副总管李存审守卫大营，自己到贝州去劳军，并且声称要回晋阳去了。刘鄩听到这一消息，就向后梁末帝上奏请求进攻魏州，后梁末帝回复他说：“现在把国内的一切人力物力都调归将军指挥了，国家的存亡，在此一举了，将军你要好自为之啊！”刘鄩命令澶州刺史杨延直率领一万名军队到魏州会合，杨延直半夜赶到了魏州城南，城里却挑选了五百名壮士悄悄地出城攻杀梁军，杨延直事前没做防备，结果整个军队被击溃了，只好往后面逃去。第二天清晨，刘鄩从莘县倾巢出动，到达魏州城东，和杨延直的残余部队会合，李存审从营中率兵跟在他的后面，李嗣源率领城中的军队出击，晋王也从贝州赶回来，和李嗣源从正面攻击。刘鄩一看，大吃一惊说：“这是晋王啊！”就率军往后撤退，晋王跟在后面穷追不舍，一直到了故元城的西边，又和李存审的军队遭遇。晋王在西北面布下方阵，李存审在东南面布下方阵，刘鄩在二者之间布下圆阵，四面都受敌；双方混战了很长时间，梁军终于大败，刘鄩率

匡国节度使王檀密疏请发关西兵袭晋阳，帝从之，发河中、陕、同、华诸镇兵合三万，出阴地关，奄至晋阳城下，昼夜急攻。城中无备，发诸司丁匠及驱市人乘城拒守，城几陷者数四，张承业大惧。代北故将安金全退居太原，往见承业曰："晋阳根本之地，若失之，则大事去矣。仆虽老病，忧兼家国，请以库甲见授，为公击之。"承业即与之。金全帅其子弟及退将之家得数百人，夜出北门，击梁兵于羊马城内。梁兵大惊，引却。昭义节度使李嗣昭闻晋阳有寇，遣牙将石君立将五百骑救之。君立朝发上党，夕至晋阳。梁兵扼汾河桥，君立击破之，径至城下大呼曰："昭义侍中大军至矣。"遂入城。夜，与安金全等分出诸门击梁兵，梁兵死伤什二三。诘朝，王檀引兵大掠而还。晋王性矜伐，以策非己出，故金全等赏皆不行。

梁兵之在晋阳城下也，大同节度使贺德伦部兵多逃入梁军，张承业恐其为变，收德伦，斩之。

帝闻刘鄩败，又闻王檀无功，叹曰："吾事去矣！"

（以上为第十一段，写梁将刘鄩兵败魏州，全军覆没。）

三月，乙卯朔，晋王攻卫州，壬戌，刺史米昭降之。又攻惠州，刺史靳绍走，擒斩之，复以惠州为磁州。晋王还魏州。

上屡召刘鄩不至，己巳，即以鄩为宣义节度使，使将兵屯黎阳。

夏，四月，晋人拔洺州，以魏州都巡检使袁建丰为洺州刺史。

刘鄩既败，河南大恐，鄩复不应召，由是将卒皆摇心。帝遣捉生都指挥使李霸帅所部千人戍杨刘，癸卯，出宋门，其夕，复自水门入，大噪，纵火剽掠，攻建国门，帝登楼拒战。龙骧四军都指挥使杜晏球以五百骑屯毬场，贼以油沃幕，长木揭之，欲焚楼，势甚危。晏球于门隙窥之，见贼无甲胄，乃出骑击之，决力死战，俄而贼溃走。帝见骑兵击

领数十名亲兵突围逃走。梁军的步兵大约有七万人，被晋军团团围住四面攻击，败兵们争先恐后地往树上爬，树都被压断了，一路追杀到了黄河边，梁军几乎全被杀死和淹死了。刘鄩收容失散的残兵从黎阳渡过黄河，退守滑州。

匡国节度使王檀秘密地上了一个奏折，请求调发关西地区的军队袭击晋阳，后梁末帝允许了，于是就征调河中、陕、同华各镇的军队合计有三万人，经过阴地关，迅速地到达晋阳城下，并且日夜不停地猛烈攻城；晋阳城中没有防备，只好临时征调各衙门中的差役、工匠，并且驱赶城里的百姓登城应战，有好几次城池要被攻陷，张承业感到非常害怕。代北的旧将安金全住在太原，这时赶到晋阳见张承业说："晋阳是国家的根本之地，如果失守的话，那么大势就去了。老奴虽然年老多病，但是也经常忧国忧家，请你把武库的盔甲兵器拨交给我，我愿意替您去击退梁兵。"张承业当即就给了他。安金全率领他的子弟和原先将领们的子弟家丁共有几百人，乘着夜色从北门出击，进攻羊马城的梁军；梁军大吃一惊，只好后撤。昭义节度使李嗣昭听说晋阳有敌寇入侵，就派牙将石君立率领五百名骑兵前去救援；石君立早晨从上党出发，晚上就到了晋阳。梁兵扼守在汾河桥，石君立把他们击溃了，一直冲到城下，大声喊道："昭义侍中的大军来了。"于是就进入城中。晚上，石君立和安金全等人分别从各城门出击梁军，梁军死伤了十分之二三。第二天一早，王檀率兵在各地大肆抢劫一番后就撤退了。晋王生性自负其才能，因为晋阳解围的计策不是他自己谋划的，所以对于安金全等人都没有行赏。

梁军兵临晋阳城下的时候，大同节度使贺德伦部的士兵很多都逃回到梁军那里去了，张承业担心会生变故，就逮捕了贺德伦，并把贺德伦杀了。

后梁末帝听说刘鄩吃了败仗，又听说王檀无功而回，叹气说："我的大势去了！"

三月初一日乙卯，晋王进攻卫州，初八日壬戌，刺史米昭投降。接着晋王又进攻惠州，刺史靳绍逃走，被活捉后斩首，又把惠州改称为磁州。晋王返回魏州。

后梁末帝屡次召刘鄩入朝不到，三月十五日己巳，就任命刘鄩为宣义节度使，让他率兵屯驻在黎阳。

夏季，四月，晋军攻下洺州，任命魏州都巡检使袁建丰为洺州刺史。

刘鄩战败以后，黄河以南地区大为恐慌，刘鄩仍然不遵照后梁末帝的召唤入朝，因此将士们都人心动摇。后梁末帝派遣捉生都指挥使李霸所属的一千名军队前去戍守杨刘，四月十九日癸卯，他们从宋门出发，当晚，又从水门回到都城，乘机起哄，大肆放火抢劫，并进攻皇宫的建国门，后梁末帝亲自登上城楼应战。龙骧四军都指挥使杜晏球率领五百名骑兵驻守在毬场，乱兵们把油浇在幕布上，再用长竿挑着，

贼，呼曰：“非吾龙骧之士乎，谁为乱首？”晏球曰：“乱者惟李霸一都，余军不动。陛下但帅控鹤守宫城，迟明，臣必破之。”既而晏球讨乱者，阖营皆族之，以功除单州刺史。

五月，吴越王镠遣浙西安抚判官皮光业自建、汀、虔、郴、潭、岳、荆南道入贡。光业，日休之子也。

六月，晋人攻邢州，保义节度使阎宝拒守。帝遣捉生都指挥使张温将兵五百救之，温以其众降晋。

秋，七月，甲寅朔，晋王至魏州。

上嘉吴越王镠贡献之勤，壬戌，加镠诸道兵马元帅。朝议多言镠之入贡，利于市易，不宜过以名器假之。翰林学士窦梦徵执麻以泣，坐贬蓬莱尉。梦徵，棣州人也。

甲子，吴润州牙将周郊作乱，入府，杀大将秦师权等，大将陈祐等讨斩之。

八月，丁酉，以太子少保致仕赵光逢为司空兼门下侍郎、同平章事。

丙午，蜀主以王宗绾为东北面都招讨，集王宗翰、嘉王宗寿为第一、第二招讨，将兵十万出凤州；以王宗播为西北面都招讨，武信军节度使刘知俊、天雄节度使王宗俦、匡国军使唐文裔为第一、第二、第三招讨，将兵十二万出秦州，以伐岐。

晋王自将攻邢州，昭德节度使张筠弃相州走，晋人复以相州隶天雄军，以李嗣源为刺史。晋王遣人告阎宝以相州已拔，又遣张温帅援兵至城下谕之，宝举城降。晋王以宝为东南面招讨使，领天平节度使、同平章事；以李存审为安国节度使，镇邢州。

契丹王阿保机帅诸部兵三十万，号百万，自麟、胜攻晋蔚州，陷之，虏振武节度使李嗣本。遣使以木书求货于大同防御使李存璋，存璋斩其使。契丹进攻云州，存璋悉力拒之。

九月，晋王还晋阳。王性仁孝，故虽经营河北，而数还晋阳省曹夫

准备要放火烧楼，情况十分危急；杜晏球从门缝里往外偷看，看见乱兵们都没有穿戴盔甲，于是就率领骑兵出击，奋力死战，不大一会儿乱兵就溃败逃走了。后梁末帝看见骑兵在追杀乱兵，大声喊叫说：“那不是我龙骧军的战士吗？带头作乱的人是谁？”杜晏球回答说：“作乱的只有李霸那一部，其余的都没有动，陛下只管率领控鹤军士们守住宫城，等到天亮，臣一定能打败乱兵。”接着杜晏球就讨伐乱军，把乱军全营的人都灭族治罪，因为这次功劳，杜晏球被任命为单州刺史。

五月，吴越王钱镠派遣浙抚判官皮光业从建州、汀州、虔州、郴州、潭州、岳州、荆南这一条路线前来入贡。皮光业是皮日休的儿子。

六月，晋军进攻邢州，保义节度使阎宝坚守防御；后梁末帝派遣捉生都指挥使张温率领五百名军士前往救援，张温却率领他的部众投降了晋国。

秋季，七月初一日甲寅，晋王到达魏州。

后梁末帝褒奖吴越王钱镠能殷勤入贡，七月初九日壬戌，加任钱镠为诸道兵马元帅。朝臣们的议论多认为钱镠的入贡，只是因为顺道来做生意有利可图，不应该过分地给他名器爵位；翰林学士窦梦徵甚至拿着麻布丧服前来泣谏，因此被贬为蓬莱县尉。窦梦徵是棣州人。

七月十一日甲子，吴国润州牙将周郊发动叛乱，攻进州府中，杀死了大将秦师权等人，大将陈祐等人平定了叛乱，并把周郊斩首。

八月十五日丁酉，后梁末帝任命以太子少保退休的赵光逢为司空兼门下侍郎、同平章事。

八月二十四日丙午，前蜀主任命王宗绾为东北面都招讨，集王王宗翰、嘉王王宗寿分别为第一、第二招讨，率领十万名士兵从凤州出发；任命王宗播为西北面都招讨，武信军节度使刘知俊、天雄节度使王宗俦、匡国军使唐文裔分别为第一、第二、第三招讨，率领十二万士兵从秦州出发，前去讨伐岐国。

晋王亲自率军进攻邢州，昭德节度使张筠放弃相州逃走；晋国又把相州重新划归天雄军府，任命李嗣源为刺史。晋王派人告诉邢州的阎宝说相州已经被晋军攻下了，又派遣降将张温率领原来的援军到城下告诉他自己已投降晋国了，阎宝于是只好开城投降；晋王任命阎宝为东南面招讨使，遥领天平节度使、同平章事；任命李存审为安国节度使，镇守邢州。

契丹王阿保机率领各部落的军队三十万人，号称一百万，从麟州、胜州进攻晋国的蔚州，攻陷了北地，俘虏振武节度使李嗣本。派遣使者拿着木板文书到大同防御使李存璋处要求财货，李存璋斩杀了来使；于是契丹对云州发动了进攻，李存璋竭力防守。

九月，晋王回到晋阳。晋王天性仁孝，所以虽然经营河北，但仍然多次回到晋

人，岁再三焉。

晋人以兵逼沧州，顺化节度使戴思远弃城奔东都，沧州将毛璋据城降晋，晋王命李嗣源将兵镇抚之，嗣源遣璋诣晋阳。晋王徙李存审为横海节度使，镇沧州，以嗣源为安国节度使。嗣源以安重诲为中门使，委以心腹，重诲亦为嗣源尽力。重诲，应州胡人也。

晋王自将兵救云州。行至代州，契丹闻之，引去，王亦还。以李存璋为大同节度使。

晋人围贝州逾年，张源德闻河北诸州皆为晋有，欲降。谋于其众，众以穷而后降，恐不免死，不从。共杀源德，婴城固守。城中食尽，啖人为粮，乃谓晋将曰："出降惧死，请擐甲执兵而降，事定而释之。"晋将许之，其众三千出降，既释甲，围而杀之，尽殪。晋王以毛璋为贝州刺史。于是河北皆入于晋，惟黎阳为梁守。

晋王如魏州。

吴光州将王言杀刺史载肇，吴王遣楚州团练使李厚讨之。庐州观察使张崇不俟命，引兵趣光州，言弃城走。以李厚权知光州。崇，慎县人也。

（以上为第十二段，写晋王尽有后梁河北之地，北退契丹。）

庚申，蜀新宫成，在旧宫之北。

天平节度使兼中书令琅邪忠毅王王檀，多募群盗，置帐下为亲兵，己卯，盗乘檀无备，突入府杀檀。节度副使裴彦帅府兵讨诛之，军府由是获安。

冬，十月，甲申，蜀王宗绾等出大散关，大破岐兵，俘斩万计，遂取宝鸡。己丑，王宗播等出故关，至陇州。丙寅，保胜节度使兼侍中李继岌畏岐王猜忌，帅其众二万，弃陇州奔于蜀军。蜀兵进攻陇州，以继岌为西北面行营第四招讨。刘知俊会王宗绾等围凤翔，岐兵不出。会大雪，蜀主召军还。复李继岌姓名曰桑弘志。弘志，黎阳人也。

丁酉，以礼部侍郎郑珏为中书侍郎、同平章事。珏，綮之侄孙也。

阳探望生母曹夫人，每年总要探望好几次。

晋军进逼沧州，顺化节度使戴思远放弃城池逃往东都；沧州的部将毛璋占据城池投降了晋国，晋王任命李嗣源率兵前去镇守沧州安抚降卒，李嗣源派遣毛璋到晋阳去。晋王把李存审迁任为横海节度使，镇守沧州，而任命李嗣源为安国节度使。李嗣源任命安重诲为中门使，把他当作心腹，安重诲也为李嗣源尽心尽力。安重诲是应州胡人。

晋王亲自率兵救援云州。军队行进到代州的时候，契丹人听说了，就率军撤走，晋王也随即回师。任命李存璋为大同节度使。

晋军围困贝州已经有一年多，张源德听说河北各州都已被晋国占据，就打算投降，便和部属们商议，大家认为走投无路了再投降，恐怕免不了一死，都不赞成，随后大家共同杀死张源德，继续坚守城池。城中的粮食吃光了，只好吃人肉充饥，最后他们只得对晋军将领说："我们想出城投降但又怕被杀死，请让我们穿着盔甲拿着武器出来投降，事情平定了之后再解除武装。"晋军将领答应了他们的要求，城内的梁军有三千人都出来投降，等他们解除了武装之后，晋军把他们围起来进行屠杀，一个不留地全部杀光。晋王任命毛璋为贝州刺史。到这时，黄河以北都归入晋国版图，只有黎阳一处还在梁军手中。

晋王回到魏州。

吴国光州将领王言杀了刺史载肇，吴王派楚州团练使李厚前往讨伐。庐州观察使张崇不等吴王下命令，自己就率兵进攻光州，王言丢下城池逃走。吴王任命李厚临时代理光州的事务。张崇是慎县人。

九月初八日庚申，前蜀新皇宫落成，位置在旧皇宫的北面。

天平节度使兼中书令琅邪忠毅王王檀，招募了很多强盗，安置在自己的帐下当作亲兵。九月二十七日己卯，这些强盗乘着王檀没有防备，冲进军府杀死了王檀。节度副使裴彦率领府兵讨伐诛杀了这群强盗，军府从此才安定下来。

冬季，十月初二日甲申，蜀国王宗绾等人出大散关，大破岐军，俘获和斩杀了数以万计的敌兵，随即攻取了宝鸡。十月初七日己丑，王宗播等人出故关，到达陇州。保胜节度使兼侍中李继岌害怕岐王对他猜忌，率领部属二万人，放弃陇州投奔了蜀军。蜀军进攻陇州，任命李继岌为西北面行营第四招讨。刘知俊会合王宗绾等人围攻凤翔，岐军坚持不出战。碰上天下起了大雪，蜀主就把军队召回去了。蜀主恢复了李继岌原来的姓名桑弘志。桑弘志是黎阳人。

十月十五日丁酉，后梁末帝任命礼部侍郎郑珏为中书侍郎、同平章事。郑珏是

己亥，蜀大赦。

晋王遣使如吴，会兵以击梁。十一月，吴以行军副使徐知训为淮北行营都招讨使，及朱瑾等将兵趣宋、亳与晋相应。既渡淮，移檄州县，进围颍州。

十二月，戊申，蜀大赦，改明年元曰天汉，国号大汉。

楚王殷闻晋王平河北，遣使通好，晋王亦遣使报之。

是岁，庆州叛附于岐，岐将李继陟据之。诏以左龙虎统军贺瓌为西面行营马步都指挥使，将兵讨之，破岐兵，下宁、衍二州。

河东监军张承业既贵用事，其侄瓘等五人自同州往依之，晋王以承业故，皆擢用之。承业治家甚严，有侄为盗，杀贩牛者，承业立斩之，王亟使救之，已不及。王以瓘为麟州刺史，承业谓瓘曰："汝本车度一民，与刘开道为贼，惯为不法，今若不悛，死无日矣！"由此瓘所至不敢贪暴。

吴越牙内先锋都指挥使钱传珦逆妇于闽，自是闽与吴越通好。

闽铸铅钱，与铜钱并行。

初，燕人苦刘守光残虐，军士多归于契丹，及守光被围于幽州，其北边士民多为契丹所掠，契丹日益强大。契丹王阿保机自称皇帝，国人谓之天皇王，以妻述律氏为皇后，置百官。至是，改元神册。

（以上为第十三段，写蜀主王建趁晋梁大战，侵夺岐国大部分土地。河东监军张承业严于治家。吴越与闽通婚交好。）

述律后勇决多权变，阿保机行兵御众，述律后常预其谋。阿保机尝度碛击党项，留述律后守其帐，黄头、臭泊二室韦乘虚合兵掠之。述律后知之，勒兵以待其至，奋击，大破之，由是名震诸夷。述律后有母有姑，皆踞榻受其拜，曰："吾惟拜天，不拜人也。"晋王方经营河北，欲结契丹为援，常以叔父事阿保机，以叔母事述律后。

郑綮的侄孙。

十月十七日己亥，前蜀大赦境内。

晋王派遣使者到吴国去，希望和吴军联合攻打后梁。十一月，吴国任命行军副使徐知训为淮北行营都招讨使，和朱瑾等人率兵进攻宋州、亳州，以与晋军相呼应。吴军渡过淮河以后，便移送讨伐檄文到各个州县，并围攻颍州。

十二月二十七日戊申，蜀国大赦境内，并改明年的年号为天汉，国号为大汉。

楚王马殷听说晋王平定了黄河以北地区，就派遣使者前来表示友好，晋王也派遣使者回报楚王。

这一年，庆州背叛后梁投靠了岐国，岐国将领李继陟就占据了该地。后梁末帝下诏任命左龙虎统军贺瓌为西面行营马步都指挥使，率兵前去讨伐，击败了岐国的军队，攻下了宁、衍两州。

河东监军张承业在晋国获得了尊贵的地位并且掌了权，他的侄子张瓘等五人从同州前去投靠他，晋王因为张承业的缘故，也都提拔重用了他们。张承业治理家人十分严厉，有个侄子当强盗，杀了贩牛的人，张承业知道后当即将他斩首，晋王急忙派人去说情，已经来不及了。晋王任命张瓘为麟州刺史，张承业对张瓘说："你原来不过是车度地方的一个小民百姓，和刘开道一块儿当过强盗，总是干些不法的勾当；现在如果你还不痛改前非的话，死期就不远了。"从此以后张瓘在所到之处再也不敢贪婪残暴了。

吴越的牙内先锋都指挥使钱传珦娶了闽国的女子，从此闽国和吴越非常友好。

闽国铸造铅钱，和铜钱同时使用。

起初，燕国人苦于刘守光的残暴，很多军士都逃奔契丹；到了刘守光被晋军围困在幽州的时候，燕国北面国境的军民又多被契丹所劫掠；契丹的势力日益强大起来。契丹王阿保机开始自称皇帝，阿保机的国人尊称他为天皇王，阿保机册封他的妻子述律氏为皇后，并且设置了百官；到这时候，改年号为神册。

述律皇后勇敢果断，善于随机应变，阿保机行军打仗统御部众，述律皇后经常帮着出谋划策。阿保机曾经横越沙漠去攻打党项，把述律皇后留下来守卫后方，这时黄头、臭泊两个室韦部落乘着契丹后方空虚联合起来入侵。述律皇后事先得知了消息，就布置了人马等待他们的到来，交战之后奋勇杀敌，把来犯之敌打得大败。经过这次战斗，她的声名威震各个夷人部落。述律皇后有母亲也有婆婆，她们都一概坐在榻上接受述律皇后的跪拜，并且说："我只拜天，不拜人。"晋王当时正在经营河北，想结交契丹作为后援，所以时常以叔父的礼节侍奉阿保机，以叔母的礼节

刘守光末年衰困，遣参军韩延徽求援于契丹，契丹主怒其不拜，使牧马于野。延徽，幽州人，有智略，颇知属文。述律后言于契丹主曰："延徽能守节不屈，此今之贤者，奈何辱以牧圉！宜礼而用之。"契丹主召延徽与语，悦之，遂以为谋主，举动访焉。延徽始教契丹建牙开府，筑城郭，立市里，以处汉人，使各有配偶，垦艺荒田。由是汉人各安生业，逃亡者益少。契丹威服诸国，延徽有助焉。

顷之，延徽逃奔晋阳。晋王欲置之幕府，掌书记王缄疾之。延徽不自安，求东归省母，过真定，止于乡人王德明家，德明问所之，延徽曰："今河北皆为晋有，当复诣契丹耳。"德明曰："叛而复往，得无取死乎！"延徽曰："彼自吾来，如丧手目；今往诣之，彼手目复完，安肯害我！"既省母，遂复入契丹。契丹主闻其至，大喜，如自天而下，拊其背曰："向者何往？"延徽曰："思母，欲告归，恐不听，故私归耳。"契丹主待之益厚。及称帝，以延徽为相，累迁至中书令。

晋王遣使至契丹，延徽寓书于晋王，叙所以北去之意，且曰："非不恋英主，非不思故乡，所以不留，正惧王缄之谗耳。"因以老母为托，且曰："延徽在此，契丹必不南牧。"故终同光之世，契丹不深入为寇，延徽之力也。

（以上为第十四段，写契丹兴起，汉人韩延徽为相，加速契丹人的文明进程。）

三年（丁丑，917年）

春，正月，诏宣武节度使袁象先救颍州，既至，吴军引还。

二月，甲申，晋王攻黎阳，刘鄩拒之，数日，不克而去。

晋王之弟威塞军防御使存矩在新州，骄惰不治，侍婢预政。晋王使募山北部落骁勇者及刘守光亡卒以益南讨之军，又率其民出马，民或鬻十牛易一战马，期会迫促，边人嗟怨。存矩得五百骑，自部送之，以寿

侍奉述律皇后。

刘守光晚年势力衰败，就派遣参军韩延徽到契丹去求援，契丹主对韩延徽不肯下拜非常恼怒，于是就罚他到郊野去牧马。韩延徽是幽州人，有智慧谋略，又擅长写文章。述律皇后对契丹主建议说："韩延徽能够守节而不屈服，这正是当今的贤者，为什么要让他牧马来侮辱他呢？应该礼遇重用他。"于是契丹主把韩延徽叫来谈话，非常欣赏他，把他当作智囊，一举一动都要征求他的意见。韩延徽开始教契丹建立幕府，设置僚属，建筑城郭，建立城市里巷，用来安置汉人，让他们都有配偶，开垦种植荒地。从此以后，汉人都能够安居乐业，逃亡的人更加少了。契丹的国力能够威慑各国，其中韩延徽出了不少力。

不久，韩延徽逃到晋阳。晋王想把他安排在幕府，掌书记王缄妒忌他，韩延徽觉得很不安，就求东行去看望母亲，途中经过真定，投宿在同乡王德明的家中，王德明问他今后到哪里去，韩延徽说："现在黄河以北地区都归晋国所有，我看我只能再回到契丹去。"王德明说："你背叛了他们，现在又要回去，这不是自己找死吗？"韩延徽说："他们自从我走了以后，就像失去了手和眼一样；现在我再回去，他们的手和眼就又完整了，怎么肯杀害我呢？"看望了母亲之后，韩延徽返回契丹。契丹主听说他的到来，十分欢喜，就像他是自天而降，拍着他的背说："前一阵子你到哪里去了？"韩延徽回答说："思念老母，想要告假回去，又怕大王不允许，所以我就私自回去了。"从此，契丹主待他更好了。到了契丹主称皇帝的时候，就任命韩延徽为宰相，后来一直提拔到中书令。

晋王派遣使者到契丹，韩延徽就托他们带信给晋王，解释了自己当初之所以北去契丹的原因，并且说："不是我不留恋英明的主公，也不是我不想念故乡，之所以不愿留在那里，正是害怕王缄的谗言。"同时又把老母亲拜托给晋王照顾，信中又说道："有我韩延徽在这里，契丹一定不会南下侵边。"所以一直到晋王称帝的整个同光年间，契丹都没有深入国境侵扰，这主要是韩延徽出了力。

后梁均王贞明三年（丁丑，917年）

春季，正月，后梁末帝下诏命令宣武节度使袁象先救援颍州，到达颍州之后，吴国的军队就自动撤退了。

二月初五日甲申，晋王进攻黎阳，刘鄩率兵抵抗，双方交战了好几天，没有攻下来，晋军只好撤走了。

晋王的弟弟威塞军防御使李存矩驻守在新州，骄横怠惰，不理政事，却让手下的侍从奴婢们干预政事。晋王命令他招募燕山北面部落中勇敢善战的人以及刘守光的逃兵，用来扩充南讨的军队；李存矩又强迫百姓出马，百姓中有的人卖十头牛才

州刺史卢文进为裨将。行者皆惮远役，存矩复不存恤。甲午，至祁沟关，小校宫彦璋与士卒谋曰："闻晋王与梁人确斗，骑兵死伤不少。吾侪捐父母妻子，为人客战，千里送死，而使长复不矜恤，奈何？"众曰："杀使长，拥卢将军还新州，据城自守，其如我何！"因执兵大噪，趣传舍。诘朝，存矩寝未起，就杀之。文进不能制，抚膺哭其尸曰："奴辈既害郎君，使我何面复见晋王！"因为众所拥，还新州，守将杨全章拒之。又攻武州，雁门以北都知防御兵马使李嗣肱击败之。周德威亦遣兵追讨，文进帅其众奔契丹。晋王闻存矩不道以致乱，杀侍婢及幕僚数人。

初，幽州北七百里有渝关，下有渝水通海。自关东北循海有道，道狭处才数尺，旁皆乱山，高峻不可越。北至进牛口，旧置八防御军，募土兵守之，田租皆供军食，不入于蓟，幽州岁致缯纩以供战士衣。每岁早获，清野坚壁以待契丹，契丹至，辄闭壁不战，俟其去，选骁勇据隘邀之，契丹常失利走。土兵皆自为田园，力战有功则赐勋加赏，由是契丹不敢轻入寇。及周德威为卢龙节度使，恃勇不修边备，遂失渝关之险，契丹每刍牧于营、平之间。德威又忌幽州旧将有名者，往往杀之。

（以上为第十五段，写晋将李存矩守新州，不恤士卒，激起兵变；周德威守幽州，疏于守备，又猜疑杀贤，丢失渝关，契丹主乘势南侵。）

吴王遣使遗契丹主以猛火油，曰："攻城，以此油然火焚楼橹，敌以水沃之，火愈炽。"契丹主大喜，即选骑三万欲攻幽州，述律后哂之曰："岂有试油而攻一国乎！"因指帐前树谓契丹主曰："此树无皮，可以生乎？"契丹主曰："不可。"述律后曰："幽州城亦犹是矣。吾但以三千骑伏其旁，掠其四野，使城中无食，不过数年，城自困矣，何必如此躁动轻举！万一不胜，为中国笑，吾部落亦解体矣。"契丹主乃止。

能换得一匹战马，加上期限非常紧迫，边境的老百姓都怨声载道。李存矩征得五百匹战马，就亲自押送，并且任命寿州刺史卢文进为他的副将，一道前往。前去送马的人都害怕这趟长途差役，而李存矩对他们又不加体恤。二月十五日甲午，到达祁沟关，小校宫彦璋和士兵们商量说："听说晋王正和梁国人在旗鼓相当地苦战，骑兵又死伤不少。我们撇下父母妻子儿女，替别人在异乡作战，这真是千里来送死，而使长又不体恤我们，我们该怎么办呢？"大家都说："把使长杀掉，保护着卢将军回新州，占据城池防守，看他们能把我们怎么样？"于是拿起武器，大声疾呼，直奔驿站的房舍而去，第二天一大早，李存矩睡觉还没有起床，就被杀了。卢文进控制不住这种局面，只好捶胸抚着李存矩的尸首大哭说："奴才们害死了郎君，叫我还有什么脸面再去见晋王啊！"接着卢文进被大家簇拥着回到新州，新州守将杨全章不让这股晋军进城，于是这股晋军就转而攻打武州，结果被雁门以北都知防御兵马使李嗣肱打败。周德威派遣军队追击讨伐这股晋军，卢文进只好率领众人投奔契丹去了。晋王得知是因为李存矩暴虐无道才引起了乱子，于是就下令杀了李存矩的侍从奴婢以及幕僚数人。

当初，在幽州北面七百里的地方有一个渝关，关下有一条渝水通往大海。从渝关的东北方向沿着海有一条路，路的狭窄处只有几尺宽，两旁都是乱石山，山势高峻不可攀越。从这里往北一直到进牛口，过去曾设置有八防御军，招募当地士兵把守，这里的田租都供给军用，不需送缴到蓟州，幽州每年往这里运送布匹和棉絮以供士兵们衣用之需。当地每年都提前收割，坚壁清野后等待契丹来犯，契丹军一到，他们就紧闭壁垒不出战，等到契丹军离开的时候，他们就挑选一些勇敢善战的士兵占据隘口拦击他们，契丹军常常一无所获而败逃。这些当地士兵都自己耕种田园，勇敢作战立了功的，会得到加倍封赏，因此契丹人不敢轻易来犯。到了周德威任卢龙节度使的时候，他依仗着自己勇敢而不注意加强边防建设，结果终于丧失了渝关这个天险，契丹人也时常来营州、平州一带割草放牧。周德威还妒忌幽州旧将领中有名望的人，往往找借口把他们杀掉。

吴王派使者送给契丹主猛火油，说："攻城的时候，用这种油点燃烧城楼，敌人用水来浇它，火会烧得更旺。"契丹主听了之后特别高兴，当即就挑选了三万名骑兵准备进攻幽州，述律皇后讥笑他说："哪里有为试验油的效果而去攻打一个国家的道理呢？"于是就指着军帐前的树对契丹主问道："这棵树没有了树皮，它还能生长吗？"契丹主回答说："不能。"述律皇后接着说："幽州城也和这棵树的情况一样。我们只要用三千名骑兵埋伏在幽州城的旁边，抢掠它的四周郊野，使城里没有粮食吃，不用几年，幽州城自然就会处于困境，何必要像你这样轻举妄动呢？万一要是

三月，卢文进引契丹兵急攻新州，刺史安金全不能守，弃城走。文进以其部将刘殷为刺史，使守之。晋王使周德威合河东、镇、定之兵攻之，旬日不克。契丹主帅众三十万救之，德威众寡不敌，大为契丹所败，奔归。

楚王殷遣其弟存攻吴上高，俘获而还。

契丹乘胜进围幽州，声言有众百万，毡车毳幕弥漫山泽。卢文进教之攻城，为地道，昼夜四面俱进，城中穴地然膏以邀之。又为土山以临城，城中熔铜以洒之，日杀千计，而攻之不止。周德威遣间使诣晋王告急，王方与梁相持河上，欲分兵则兵少，欲勿救恐失之，谋于诸将，独李嗣源、李存审、阎宝劝王救之。王喜曰："昔太宗得一李靖犹擒颉利，今吾有猛将三人，复何忧哉！"存审、宝以为虏无辎重，势不能久，俟其野无所掠，食尽自还，然后踵而击之。李嗣源曰："周德威社稷之臣，今幽州朝夕不保，恐变生于中，何暇待虏之衰！臣请身为前锋以赴之。"王曰："公言是也。"即日，命治兵。夏，四月，晋王命嗣源将兵先进，军于涞水，阎宝以镇、定之兵继之。

（以上为第十六段，写吴王北连契丹，加之卢文进勾引，契丹主发兵三十万南犯幽州。）

吴昇州刺史徐知诰治城市府舍甚盛。五月，徐温行部至昇州，爱其繁富。润州司马陈彦谦劝温徙镇海军治所于昇州，温从之，徙知诰为润州团练使。知诰求宣州，温不许，知诰不乐。宋齐丘密言于知诰曰："三郎骄纵，败在朝夕。润州去广陵隔一水耳，此天授也。"知诰悦，即之官。三郎，谓温长子知训也。温以陈彦谦为镇海节度判官。温但举大纲，细务悉委彦谦，江、淮称治。彦谦，常州人也。

高季昌与孔勍修好，复通贡献。

（以上为第十七段，写徐知诰无意得镇润州，为南唐建立张本。）

打不胜，只能给中原增添笑料，我们的部落也就要解体了。”契丹主于是停止了对幽州的进攻。

三月，卢文进带领契丹军队猛攻新州，新州刺史安金全无法防守，只好弃城逃跑。卢文进任命他的部将刘殷为新州刺史，让他坚守新州。晋王命令周德威会合河东、镇州、定州的军队向新州发起进攻，十几天时间都没能攻下。契丹主又率领三十万大军前来救援新州，周德威寡不敌众，被契丹打得大败，逃了回去。

楚王马殷派遣他的弟弟马存进攻吴国上高，俘获了很多人口财物而回。

契丹乘胜进军包围了幽州，扬言有百万大军，挂着毡毯的大车和毡帐漫山遍野。卢文进教他们攻城池的方法，挖地道，日夜不停地从四面一起掘进，城里则挖地穴点燃膏油来阻截他们；城外的人又在城边堆起土山以居高临城，城里的人则用熔化的铜汁投洒敌人，这样每天杀死有上千个敌人，但城外的人仍然攻城不止。周德威派出秘密使者到晋王那里告急，这时晋王正和梁军在黄河流域相持不下，想分兵去救援又怕这里的兵力太少了不行，不去救援又担心会失去幽州，只好和诸位将领们商量，只有李嗣源、李存审、阎宝劝晋王派兵前去救援。晋王高兴地说：“从前唐太宗得到一个李靖还能活捉颉利，现在我有三位猛将，还有什么好担心的呢！”李存审、阎宝认为敌人没有带足够的粮草补给，他们的进攻势头不可能坚持很久，等到野外再也没有什么可供他们掠夺的时候，粮食吃完了就会自己撤回去，那个时候我们就可以紧跟其后攻击敌人。李嗣源说：“周德威是国家重臣，现在幽州城朝不保夕，恐怕城中要发生变故，哪里还能等到敌人衰弱呢？臣请求担任前锋立刻赶赴幽州。”晋王说：“你说得很对。”当天就让李嗣源调兵遣将。夏季，四月，晋王命令李嗣源率领部队先行出发，驻扎在涞水。阎宝则率领镇州、定州的部队随后赶去。

吴国昇州刺史徐知诰把州城街市府署和房屋都建造得非常壮观。五月，徐温巡视到达昇州，喜欢上了这里的繁华和富裕。润州司马陈彦谦劝说徐温把镇海军的治所迁到昇州，徐温听从了他的意见，就把徐知诰调任为润州团练使。徐知诰请求调到宣州去任职，徐温不答应，徐知诰心里很不高兴。宋齐丘私下里对徐知诰说：“三郎骄傲放纵，早晚是要败亡的。润州距广陵仅一水之隔，这真是天赐良机啊！”徐知诰听了这话很高兴，马上就去上任了。三郎，指的是徐温的长子徐知训。徐温任命陈彦谦为镇海节度判官。徐温只抓大事情，具体事务全部委托给陈彦谦去办理，从此江淮地区被治理得井井有条。陈彦谦是常州人。

高季昌和孔勍重新和好，又恢复了过去的进奉。

【点评】

本卷点评刘仁恭父子之死、梁将刘鄩不敌晋王李存勖、毛文锡明大义、蜀主王建丧胆四件史事。

一、刘仁恭父子之死。刘仁恭初事幽州节镇李可举为军校，勇猛善战，性奸巧机智，处世八面玲珑，成为李可举及其子李匡威爱将。刘仁恭及其次子刘守光均是凶狡人，父子两人都野心勃勃，贪恋权势到极点，为了达到目的，不只是不择手段，而且背离做人原则。刘仁恭恩将仇报，先是背叛李匡威，投靠李克用谋得了幽州镇，既而背叛李克用，助梁为虐。刘守光生性之凶残胜过乃父，真可谓有过之而无不及。刘守光囚父杀兄，狂妄称帝，残忍好杀，众叛亲离，他的灭亡是注定的。父子两人显赫时乖张暴戾，不可一世，当刘守光用铁刷刷人之脸、寸斩孙鹤之时，是何等的残暴，当其成为阶下囚时，摇尾乞怜，又是何等的不知羞耻，正如柏杨所说："无耻的程度，即令在人渣中，也属下品。"（柏杨《现代语文版资治通鉴》点评语）在中国大混乱，尤其是大黑暗时代，刘仁恭父子一类的人渣总是大批出笼，黑白颠倒，阴阳错位，给社会带来无穷灾难。天道好还，刘守光父子这对人渣的结局也至为悲惨，从幽州解押到晋阳，千里示众，最终处以极刑。刘仁恭父子之死，大快人心，他们被永远地钉在历史的耻辱柱上，为忘恩负义者戒。

二、梁将刘鄩不敌晋王李存勖。刘鄩是一位天才将领，其智慧勇略，在梁军中无人可比，也是后梁的一根顶梁柱。晋王李存勖，英勇果敢，天下无敌。后梁魏博镇反叛投晋，晋王李存勖亲临魏州受降与刘鄩对阵，当时形势，势均力敌，双方胜败，各百分之五十。刘鄩坚守以疲晋师的策略使梁军占了上风。可惜后梁末帝听信小人蛊惑，遥控前线军事，屡屡强令刘鄩出城，刘鄩无奈地选择冒险战术，于是接连败北，一败于偷袭晋阳，再败于莘县，三败于魏州城下，全军覆没，后梁河北之地尽失，国势急剧衰落。刘鄩之败，非败于战，而是败于后梁的腐朽政治。

三、毛文锡明大义。荆南高季昌认为夔、万、忠、涪四州之地，原来隶属荆南，兴兵伐蜀，欲用武力夺取。荆南本非前蜀之敌，损兵折将，大败而回，高季昌乘小舟逃走，差点成了俘虏。当时前蜀四面受敌，北面遭受岐王李茂贞的压力，南面与南诏大战，也无力灭荆南。于是有人建言，趁夏秋江水上涨，决峡江水坝，引江水灌江陵城。前蜀翰林学士承旨毛文锡劝谏说："荆南高季昌一个人不归附皇上，他所属人民有什么罪过，皇上正用仁德来号召天下，怎么忍心让邻国的百姓成为鱼鳖呢！"蜀主王建听取了毛文锡的谏言，没有水灌江陵城。毛文锡不仅明大义，而且善谏，以仁德来劝谏王建，化解了一场大战。

四、蜀主王建丧胆。梁贞明元年十一月三日，前蜀宫中发生火灾，蜀宫中的百尺楼化为灰烬。蜀主王建贪财货，把聚敛来的珍宝都收藏在百尺楼，一场大火化为

乌有。禁军指挥使兼中书令王宗侃率领警卫宫门的卫兵入宫救火，王建不允许，紧闭宫门，让百尺楼的大火自生自灭，烧了整整一夜，到第二天早上，大火还没有完全熄灭。蜀主王建在义兴门召见群臣，命令主管部门收拢太庙的神主，分派使者巡察都城各处，加强戒备，如临大敌。王建害怕入宫救火的禁军乘机作乱，胆寒心惊。第二天，采取戒严措施后仍禁闭宫门。出身行伍的王建，一旦走到权力顶峰，也就脱离了军民大众，没有一个可以让他信赖的人，真正成了孤家寡人。

后梁纪五

后梁均王贞明三年至五年（917—919年）

【起强圉赤奋若（丁丑，917年）七月，尽屠维单阏（己卯，919年）九月，凡二年有奇】

【大事提要】

本卷记事起于公元917年七月，讫于公元919年九月，凡两年又三个月。当后梁末帝贞明三年七月至五年九月。此时期晋梁双方进行大规模主力决战，势均力敌，晋军南渡黄河及于梁郊而还。晋王李存勖失误于轻躁冒进，死拼硬打，梁兵人众，双方打消耗，晋军丧失了优势，还折了一个大将周德威。但后梁末帝昏庸无能，忠奸不分，大将内讧，自毁长城，总是在优势中打败仗。契丹南下攻晋幽州，长达半年，后梁未能乘势收复河北，反而让晋王从容北退契丹，南进渡河。晋王受挫北还，后梁只是获得了苟延残喘，后梁之灭亡，不可避免。前蜀国主王建猜疑杀功臣，晚年嬖于群小，大臣争权，太子王衍荒淫，继位后，大权旁落，前蜀急剧衰落。南方吴国与吴越大战，先败后胜，徐温得胜退兵，吴国和吴越两国和好，江南黎民此后数十年免于兵祸。

【原文】

均王中

贞明三年（丁丑，917 年）

秋，七月，庚戌，蜀主以桑弘志为西北面第一招讨，王宗宏为东北面第二招讨。己未，以兼中书令王宗侃为东北面都招讨，武信节度使刘知俊为西北面都招讨。

晋王以李嗣源、阎宝兵少，未足以敌契丹，辛未，更命李存审将兵益之。

蜀飞龙使唐文扆居中用事，张格附之，与司徒、判枢密院事毛文锡争权。文锡将以女适左仆射兼中书侍郎、同平章事庾传素之子，会亲族于枢密院用乐，不先表闻，蜀主闻乐声，怪之，文扆从而谮之。八月，庚寅，贬文锡茂州司马，其子司封员外郎询流维州，籍没其家；贬文锡弟翰林学士文晏为荣经尉。传素罢为工部尚书，以翰林学士承旨庾凝绩权判内枢密院事。凝绩，传素之再从弟也。

清海、建武节度使刘岩即皇帝位于番禺，国号大越，大赦，改元乾亨。以梁使赵光裔为兵部尚书，节度副使杨洞潜为兵部侍郎，节度判官李殷衡为礼部侍郎，并同平章事。建三庙，追尊祖安仁曰太祖文皇帝，父谦曰代祖圣武皇帝，兄隐曰烈宗襄皇帝，以广州为兴王府。

（以上为第一段，写蜀大臣争权，刘岩建立南汉国。）

契丹围幽州且二百日，城中危困。李嗣源、阎宝、李存审步骑七万会于易州，存审曰："虏众吾寡，虏多骑，吾多步，若平原相遇，虏以万骑蹂吾陈，吾无遗类矣。"嗣源曰："虏无辎重，吾行必载粮食自随，若平原相遇，虏抄吾粮，吾不战自溃矣。不若自山中潜行趣幽州，与城中合势，若中道遇虏，则据险拒之。"甲午，自易州北行，庚子，逾大房岭，循涧而东。嗣源与养子从珂将三千骑为前锋，距幽州六十里，与契丹遇，契丹惊却，晋兵翼而随之。契丹行山上，晋兵行涧下，每至谷口，契丹辄邀之，嗣源父子力战，乃得进。至山口，契丹以万余骑遮其前，将士失色。嗣源以百余骑先进，免胄扬鞭，胡语谓契丹曰："汝无故犯我疆埸，晋王命我将百万众直抵西楼，灭汝种族！"因跃马奋楇，三入其陈，斩契丹酋长一人。后军齐进，契丹兵却，晋兵始得出。李存审命步兵伐木

【语译】

均王中

后梁均王贞明三年（丁丑，917年）

秋季，七月初三日庚戌，前蜀主任命桑弘志为西北面第一招讨，王宗宏为东北面第二招讨。七月十二日己未，任命兼中书令王宗侃为东北面都招讨，武信节度使刘知俊为西北面都招讨。

晋王认为李嗣源、阎宝的兵力太少，不足以与契丹抗衡，于是就在七月二十四日辛未，加派李存审率兵前去增援。

前蜀飞龙使唐文扆在宫廷中得势掌权，张格依附他，与司徒、判枢密院事毛文锡争夺权力。毛文锡准备把女儿嫁给左仆射兼中书侍郎、同平章事庾传素的儿子，于是把亲戚族人们聚集在枢密院演奏音乐，没有事先奏明前蜀主，前蜀主听到了音乐声，感到很奇怪，唐文扆乘机说毛文锡的坏话。八月十三日庚寅，下诏贬毛文锡为茂州司马，把他的儿子司封员外郎毛询流放到维州，并且没收了他的全部家产；贬毛文锡的弟弟翰林学士毛文晏为荣经县尉。把庾传素降为工部尚书，让翰林学士承旨庾凝绩暂时代理枢密院事务。庾凝绩是庾传素的堂弟。

清海、建武节度使刘岩在番禺称帝，国号为大越，大赦境内，并且改年号为乾亨。任命后梁使者赵光裔为兵部尚书，节度副使杨洞潜为兵部侍郎，节度判官李殷衡为礼部侍郎，三人都为同平章事。并修建了三座祖庙，追尊祖父刘安仁为太祖文皇帝，父亲李谦为代祖圣武皇帝，哥哥刘隐为烈宗襄皇帝。改广州为兴王府。

契丹军围攻幽州城将近有二百天了，城里非常危急。李嗣源、阎宝、李存审率领步兵骑兵七万人在易州会师，李存审说："敌众我寡，敌人的骑兵多，我们的步兵多，如果在平原地带和他们相遇，敌人用一万名骑兵践踏我们阵地，那我们就一个也别想活了。"李嗣源说："敌人没有多少军需，而我们行军必须拉着粮食随军，如果在平原地带和他们相遇，敌人一定会抢我们的粮食，我军就不战自溃了。不如从山中秘密地前进赶赴幽州，与城里的军队里应外合，如果半路上碰到敌人，我们就占据险要的地势抵御他们。"八月十七日甲午，三人率兵从易州向北出发，八月二十三日庚子，翻越大房岭，沿着山涧向东行进。李嗣源和他的养子李从珂率领三千名骑兵为前锋部队，在离幽州地还有六十里远的地方，和契丹军队遭遇了，契丹军队因为感到意外而向后退去，晋军在其侧面尾随其后。契丹军在山上行进，晋军则在山涧下行进，每到一处谷口，契丹军都要拦击一下晋军，李嗣源父子奋力拼

为鹿角，人持一枝，止则成寨。契丹骑环寨而过，寨中发万弩射之，流矢蔽日，契丹人马死伤塞路。将至幽州，契丹列陈待之。存审命步兵陈于其后，戒勿动，先令羸兵曳柴然草而进，烟尘蔽天，契丹莫测其多少。因鼓噪合战，存审乃趣后陈起乘之，契丹大败，席卷其众自北山去，委弃车帐铠仗羊马满野，晋兵追之，俘斩万计。辛丑，嗣源等入幽州，周德威见之，握手流涕。

契丹以卢文进为幽州留后，其后又以为卢龙节度使，文进常居平州，帅奚骑岁入北边，杀掠吏民。晋人自瓦桥运粮输蓟城，虽以兵援之，不免抄掠。契丹每入寇，则文进帅汉卒为向导，卢龙巡属诸州为之残弊。

（以上为第二段，写晋将李嗣源破契丹，解幽州之围。）

刘鄩自滑州入朝，朝议以河朔失守责之，九月，落鄩平章事，左迁亳州团练使。

冬，十月，己亥，加吴越王镠天下兵马元帅。

晋王还晋阳。王连岁出征，凡军府政事一委监军使张承业，承业劝课农桑，畜积金谷，收市兵马，征租行法不宽贵戚，由是军城肃清，馈饷不乏。王或时须钱蒱博及给赐伶人，而承业靳之，钱不可得。王乃置酒钱库，令其子继岌为承业舞，承业以宝带及币马赠之。王指钱积呼继岌小名谓承业曰：“和哥乏钱，七哥宜以钱一积与之，带马未为厚也。”承业曰：“郎君缠头皆出承业俸禄，此钱，大王所以养战士也，承业不敢以公物为私礼。”王不悦，凭酒以语侵之，承业怒曰：“仆老敕使耳！非为子孙计，惜此库钱，所以佐王成霸业也，不然，王自取用之，何问仆为？不过财尽民散，一无所成耳。”王怒，顾李绍荣索剑，承业起，挽王衣泣

杀，才能够继续行进。到达山口时，契丹军用一万名骑兵挡住去路，晋军将士吓得脸都变了色；李嗣源率领一百多名骑兵作前锋，他脱去头盔，舞着马鞭，用契丹语对契丹人说："你们无缘无故地侵犯我们的疆土，晋王命令我率兵百万直捣你们的老巢西楼，灭绝你们的种族。"随即跃马挥动着木树，多次冲进敌人军阵，斩杀契丹酋长一人。后面的军队跟着向前推进，契丹军向后退去，晋军才得以走出山口。李存审命令步兵砍伐树木，做成鹿角，每人拿着一枝，部队停下来时鹿角就可用来围成一个营寨。契丹骑兵从营寨外面经过，寨中的晋军万箭齐发，飞出的箭镞遮天蔽日，契丹军死伤的人马把路都堵塞了。快要到达幽州城时，契丹军已摆好阵势等待他们的到来。李存审命令步兵在后面摆好阵势，告诫他们不要轻举妄动，先让一些老弱士兵拖着树枝和燃烧的枯草在前面走，一时烟尘遮天滚滚而来，契丹军搞不清晋军到底来了多少人马；于是两军呐喊着混战成一团，这时李存审才督促后面的步兵冲向前去加入拼杀，结果契丹军被打得大败，收拾了残余人马从北山逃走，丢弃的战车、帐篷、铠甲、仪仗、羊、马等漫山遍野，晋军从后面乘胜追击，俘虏和斩杀了数以万计的契丹兵。八月二十四日辛丑，李嗣源等人进入幽州城，周德威看到他们，握着他们的手激动得流出了眼泪。

契丹任命卢文进为幽州留后，后来又改任他为卢龙节度使，卢文进经常居住在平州，每年他都要率领奚族骑兵进入晋国北部边境，杀害官吏抢夺当地的百姓。晋国人从瓦桥运送粮食到蓟城，虽然有军队护送，但仍然免不了要被卢文进抢劫。每当契丹人入侵时，卢文进就率领汉人士兵给他们当向导，卢龙所属各州因此都残破不堪。

刘鄩从滑州回到京城，朝廷公议要追究他失守河朔的责任，九月，解除刘鄩的平章事，贬为亳州团练使。

冬季，十月二十三日己亥，后梁末帝加封吴越王钱镠为天下兵马元帅。

晋王回到晋阳。晋王连年出征在外，把军府中的事务一概委托给监军使张承业办理，张承业积极鼓励农桑生产，储备钱粮，招兵买马，他征收租税，执行法令，就是对皇亲国戚也不例外，因此军城内外秩序井然，军队粮饷从不缺乏。晋王有时需要钱去赌博或者赏赐给伶人，张承业都舍不得，因此晋王也拿不到钱。于是晋王就在钱库里摆起了酒筵，让他的儿子李继岌给张承业跳舞，张承业赠送给他镶有珠宝的带子和一匹马作为答谢。晋王指着钱库里的钱堆喊着李继岌的小名对张承业说："和哥缺钱，七哥应该给他一堆钱，宝带和马匹可不算厚礼啊！"张承业回答说："给公子的礼物都是从我的俸禄中支出的，这些钱，都是大王用来抚养战士们用的，张承业不敢拿公家的财物作为私人的送礼。"晋王听了这话不高兴，就借着几分酒意

曰："仆受先王顾托之命，誓为国家诛汴贼，若以惜库物死于王手，仆下见先王无愧矣。今日就王请死！"阎宝从旁解承业手令退，承业奋拳殴宝踣地，骂曰："阎宝，朱温之党，受晋大恩，曾不尽忠为报，顾欲以谄媚自容邪！"曹太夫人闻之，遽令召王，王惶恐叩头，谢承业曰："吾以酒失忤七哥，必且得罪于太夫人，七哥为吾痛饮以分其过。"王连饮四卮，承业竟不肯饮。王入宫，太夫人使人谢承业曰："小儿忤特进，适已笞之矣。"明日，太夫人与王俱至承业第谢之。未几，承制授承业开府仪同三司、左卫上将军、燕国公。承业固辞不受，但称唐官以至终身。

掌书记卢质，嗜酒轻傲，尝呼王诸弟为豚犬，王衔之。承业恐其及祸，乘间言曰："卢质数无礼，请为大王杀之。"王曰："吾方招纳贤才以就功业，七哥何言之过也？"承业起立贺曰："王能如此，何忧不得天下！"质由是获免。

晋王元妃卫国韩夫人，次燕国伊夫人，次魏国刘夫人。刘夫人最有宠，其父成安人，以医卜为业。夫人幼时，晋将袁建丰掠得之，入于王宫，性狡悍淫妒，从王在魏，父闻其贵，诣魏宫上谒，王召袁建丰示之。建丰曰："始得夫人时，有黄须丈人护之，此是也。"王以语夫人，夫人方与诸夫人争宠，以门地相高，耻其家寒微，大怒曰："妾去乡时略可记忆，妾父不幸死乱兵，妾守尸哭之而去，今何物田舍翁敢至此！"命笞刘叟于宫门。

（以上为第三段，写张承业尽心于国事，为晋之萧何。晋王李存勖宠信狡悍淫妇刘夫人，为不保英雄晚节张本。）

越主岩遣客省使刘瑭使于吴，告即位，且劝吴王称帝。

出言挖苦张承业，张承业生气地说道：“我只不过是个老差官罢了！并不是为了自己的儿孙作打算，珍惜这些库钱也是为了要帮助大王成就霸业，要不然的话，大王你自己拿去用好了，还来问我干什么？大不了钱财用完了，百姓散伙了，一事无成而已。”晋王听后十分恼怒，回过头来向李绍荣要剑，张承业站了起来，拉着晋王的衣服流着泪说：“我受了先王的临终嘱托，发誓要为国家诛灭汴梁贼子，如果因为吝惜国库中的钱物而死在大王手下，我在九泉之下见到先王心里也无愧。今日就请大王处死好了！”阎宝在一旁掰开张承业的手叫他退下去，张承业挥起拳头把阎宝打倒在地，大骂他说：“阎宝，你这个朱温的同党，受了我们晋国的大恩大德，还没有尽忠报国，反而想用谄媚来求安身吗？”曹太夫人听到了这件事，急忙找人来召晋王过去，晋王一听慌了神，赶忙叩头向张承业赔罪说：“我因为多喝了点酒冒犯了七哥，这事一定要被太夫人怪罪，现在请七哥为了我痛饮几杯也好替我分担点罪过。”说完，晋王一连喝了四杯，张承业到底连一杯也没有喝。晋王入宫后，曹太夫人派人来向张承业道歉说：“小儿冒犯了特进，刚才我已经打了他一顿。”第二天，曹太夫人又和晋王一道来张承业府上赔罪。不久，晋王又代行唐朝天子的旨意授予张承业开府仪同三司、左卫上将军、燕国公。张承业一再推辞不接受，终其一生都自称是唐朝的官吏。

掌书记卢质，嗜好喝酒，举止轻佻傲慢，曾经称呼晋王的弟弟们为猪狗，晋王怀恨在心；张承业害怕他招惹祸害，便找机会对晋王说：“卢质这个人多次对大王无礼，请让我为大王把他杀了吧。”晋王说：“我正在招纳天下的贤才来帮助我成就大业，七哥为什么说这种过头话？”张承业立刻站起来向晋王祝贺说：“大王能够如此，还怕得不到天下吗？”卢质因此得以免祸。

晋王的元妃是卫国的韩夫人，其次是燕国伊夫人，又其次是魏国的刘夫人。刘夫人最受晋王宠爱，她的父亲是成安人，以行医占卜为业。刘夫人小时候，被晋国将领袁建丰抢了回来，把她送进了王宫，刘夫人生性狡诈强悍、放荡、好妒忌人，这时跟随晋王在魏州。她的父亲听说她已经显贵了，就到魏宫来求见，晋王把袁建丰召来辨认。袁建丰说：“当初得到刘夫人的时候，是有一个黄胡子老汉保护着她，就是这个人。”晋王把这些话告诉了刘夫人，刘夫人当时正与其他几位夫人争宠，互相比门第的高低，对自己寒微的出身感到耻辱，于是她非常生气地说：“我离开家乡时的情景还大概能够记得，我的父亲不幸死于乱兵，我曾守着他的尸体大哭一番后才离开那里，今天这个乡巴佬是个什么东西，竟敢来这里胡言乱语！”于是下令把刘老汉在宫门口鞭打了一顿。

大越国主刘岩派遣客省使刘瑭出使吴国，告诉吴王他已经即位，并且劝吴王也

闰月，戊申，蜀主以判内枢密院庾凝绩为吏部尚书、内枢密使。

十一月，丙子朔，日南至，蜀主祀圜丘。

晋王闻河冰合，曰："用兵数岁，限一水不得渡，今冰自合，天赞我也。"亟如魏州。

蜀主以刘知俊为都招讨使，诸将皆旧功臣，多不用其命，且疾之，故无成功。唐文扆数毁之，蜀主亦忌其才，尝谓所亲曰："吾老矣，知俊非尔辈所能驭也。"十二月，辛亥，收知俊，称其谋叛，斩于炭市。

癸丑，蜀大赦，改明年元曰光天。

壬戌，以张宗奭为天下兵马副元帅。

帝论平庆州功，丁卯，以左龙虎统军贺瓌为宣义节度使、同平章事，寻以为北面行营招讨使。

戊辰，晋王畋于朝城。是日，大寒，晋王视河冰已坚，引步骑稍渡。梁甲士三千戍杨刘城，缘河数十里，列栅相望，晋王急攻，皆陷之。进攻杨刘城，使步兵斩其鹿角，负葭苇塞堑，四面进攻，即日拔之，获其守将安彦之。

先是，租庸使、户部尚书赵岩言于帝曰："陛下践阼以来，尚未南郊，议者以为无异藩侯，为四方所轻。请幸西都行郊礼，遂谒宣陵。"敬翔谏曰："自刘鄩失利以来，公私困竭，人心惴恐。今展礼圜丘，必行赏赉，是慕虚名而受实弊也。且勍敌近在河上，乘舆岂宜轻动！俟北方既平，报本未晚。"帝不听。己巳，如洛阳，阅车服，饰宫阙。郊祀有日，闻杨刘失守，道路讹言晋军已至大梁，扼汜水矣，从官皆忧其家，相顾涕泣。帝惶骇失图，遂罢郊祀，奔归大梁。

甲戌，以河南尹张宗奭为西都留守。

是岁，闽王审知为其子牙内都指挥使延钧娶越主岩之女。

（以上为第四段，写蜀主王建猜疑杀功臣，梁末帝在大敌当前祀南郊，昏庸

称帝。

闰十月初二日戊申，前蜀主任命判内枢密院庾凝绩为吏部尚书、内枢密使。

十一月初一日丙子，冬至，前蜀主在圜丘祭天。

晋王听说黄河河面上已经全部结满了冰，说道："打仗好多年了，就是因为一水之隔不能渡河作战，现在河面上自然结冰，这是上天在帮助我们。"于是他立刻赶往魏州。

前蜀主任命刘知俊为都招讨使，所统帅的将领都是过去的有功之臣，很多人都不听从他的指挥，而且还妒忌他，所以他没建立什么战功。唐文扆经常诋毁他；蜀主也妒忌他的才能，曾经对身边的亲信说："我老了，刘知俊不是你们这些人所能驾驭得了的。"十二月初六日辛亥，逮捕了刘知俊，说他要阴谋叛乱，把他在炭市上斩首。

十二月初八日癸丑，前蜀大赦境内，把明年的年号改为光天。

十二月十七日壬戌，后梁末帝任命张宗奭为天下兵马副元帅。

后梁末帝论平定庆州的战功，十二月二十二日丁卯，任命左龙虎统军贺瓌为宣义节度使、同平章事，不久又任命他为北面行营招讨使。

十二月二十三日戊辰，晋王在朝城打猎。这一天，天气特别寒冷，晋王看到黄河上的冰已经冻得很结实了，就率领步兵骑兵试探渡河。后梁有甲士三千人驻扎在杨刘城，沿着河数十里都筑有一连串的栅栏，晋王发起猛烈的攻击，把栅栏全部攻了下来。接着进攻杨刘城，先命令步兵砍除梁军营寨外的鹿角，然后背着芦苇去填塞壕沟，从四面发起进攻，当天就攻下了杨刘城，俘虏了城中守将安彦之。

在这以前，租庸使、户部尚书赵岩向后梁末帝启奏说："陛下即位以来，还没有去南郊祭天，谈起这件事人们都认为这样就和地方诸侯没有什么区别了，会被天下各国所轻视。恳请陛下临幸西都举行郊祀礼，顺便也可以拜谒一下宣陵。"敬翔却劝谏说："自从刘鄩作战失利以来，不论是朝廷还是老百姓都非常穷困，人心惶惶；现在圜丘举行大礼，势必要大行赏赐，这样做实际上是贪慕虚名而活受罪。况且强敌就近在黄河边上，皇上的大驾哪能轻易出动！等到北方的形势平定之后，再去郊祀也不算晚。"后梁末帝不听他的劝谏。十二月二十四日己巳，后梁末帝到了洛阳，视察了车驾礼服，修饰了宫殿。离郊祀的日子没有几天了，突然听说杨刘城失守，路人谣传晋军已经到了大梁，并且扼住汜水了，随行的官员们都在担忧自己的家人，大家相对垂泪；后梁末帝惶恐之中没了主意，只好停止郊祀，赶快逃回大梁。

十二月二十九日甲戌，后梁末帝任命河南尹张宗奭为西都留守。

这一年，闽王王审知给儿子牙内都指挥使王延钧娶了越主刘岩的女儿。

之至。）

四年（戊寅，918 年）

春，正月，乙亥朔，蜀大赦，复国号曰蜀。

帝至大梁。晋兵侵掠至郓、濮而还。敬翔上疏曰：“国家连年丧师，疆土日蹙。陛下居深宫之中，所与计事者皆左右近习，岂能量敌国之胜负乎！先帝之时，奄有河北，亲御豪杰之将，犹不得志。今敌至郓州，陛下不能留意。臣闻李亚子继位以来，于今十年，攻城野战，无不亲当矢石，近者攻杨刘，身负束薪为士卒先，一鼓拔之。陛下儒雅守文，晏安自若，使贺瓌辈敌之，而望攘逐寇仇，非臣所知也。陛下宜询访黎老，别求异策。不然，忧未艾也。臣虽驽怯，受国重恩，陛下必若乏才，乞于边垂自效。”疏奏，赵、张之徒言翔怨望，帝遂不用。

吴以右都押牙王祺为虔州行营都指挥使，将洪、抚、袁、吉之兵击谭全播。严可求以厚利募赣石水工，故吴兵奄至虔州城下，虔人始知之。

蜀太子衍好酒色，乐游戏。蜀主尝自夹城过，闻太子与诸王斗鸡击毬喧呼之声，叹曰：“吾百战以立基业，此辈其能守之乎！”由是恶张格，而徐贤妃为之内主，竟不能去也。信王宗杰有才略，屡陈时政，蜀主贤之，有废立意。二月，癸亥，宗杰暴卒，蜀主深疑之。

河阳节度使、北面行营排陈使谢彦章将兵数万攻杨刘城。

甲子，晋王自魏州轻骑诣河上。彦章筑垒自固，决河水，弥浸数里，以限晋兵，晋兵不得进。彦章，许州人也。安彦之散卒多聚于兖、郓山谷为群盗，以观二国成败，晋王招募之，多降于晋。

己亥，蜀主以东面招讨使王宗侃为东、西两路诸军都统。

三月，吴越王镠初立元帅府，置官属。

后梁均王贞明四年（戊寅，918年）

春季，正月初一日乙亥，前蜀大赦境内，恢复国号为蜀。

后梁末帝回到大梁。晋军一直深入境内抢劫了郓州、濮州以后才撤回去。敬翔向后梁末帝上了个奏章说："国家连年战争失利，疆土日益缩小。陛下深居宫中，和您一起商量大事的都是左右亲信，这样怎么能估量到敌我的胜负呢？先帝在世的时候，拥有黄河以北的全部疆土，又亲自统帅着豪杰猛将，尽管这样还不能处处顺利如意。现在敌人已经到了郓州，陛下好像还不太在意。我听说李存勖继承王位以来，到现在已经有十年时间了，不论攻城还是野战，他都是亲自冲锋陷阵，就拿最近进攻杨刘城来说，他亲自背着成捆的柴草冲在士卒的前面，所以一鼓作气地攻下了杨刘城。陛下却儒雅斯文，一副不慌不忙的样子，只派贺瓌等人去抵抗敌人，指望他们驱逐敌寇，我真不知道他们能做些什么。陛下最好去咨询一下老臣们，另外寻找一个别的御敌之策；要不然的话，边患恐怕是难以平息的。我虽然愚笨怯弱，但也受过国家的厚恩，陛下如果实在缺少人才的话，我请求让我到边疆去为国效力。"奏章呈上去了以后，赵岩、张汉鼎之流说敬翔是在借机发泄不满，因此后梁末帝没有采纳他的意见。

吴国任命右都押牙王祺为虔州行营都指挥使，让他率领洪州、抚州、袁州、吉州的军队去攻打谭全播。严可求用厚利招募熟悉水道的赣石水工，所以直到吴军全部兵临虔州城下时，虔州人才发觉。

前蜀太子王衍嗜酒好色，喜欢游戏。有一次前蜀主从夹城路过，听到墙内太子和诸王斗鸡击毬的喧闹之声，叹了口气说："我身经百战才创立这份基业，这些人能守得住吗？"从此以后厌恶当初主张拥立王衍的张格，但内宫有徐贤妃为他做主，所以也没有办法把他赶走。信王王宗杰有才干有谋略，经常上表陈述对时政的看法，前蜀主很器重他，因此产生了废王衍改立王宗杰的想法；二月二十日癸亥，王宗杰突然病死，前蜀主对他的死感到很可疑。

后梁河阳节度使、北面行营排阵使谢彦章率领数万名军队进攻杨刘城。

二月二十一日甲子，晋王率轻骑从魏州赶到黄河边；谢彦章修筑起营垒以作防守，并且决开了黄河堤防，河水淹没了方圆好几里，用来阻挡晋军，晋军无法前进。谢彦章是许州人。安彦之被打败以后，他的散兵游勇大多聚集在兖州、郓州一带当强盗，坐观梁晋两国的胜负，晋王派人去招募他们，其中有不少人就归顺了晋国。

二月己亥日，前蜀主任命东面招讨使王宗侃为东、西两路诸军都统。

三月，吴越王钱镠开始设立元帅府，并设置属僚。

夏，四月，癸卯朔，蜀主立子宗平为忠王，宗特为资王。

岐王复遣使求好于蜀。

己酉，以吏部侍郎萧顷为中书侍郎、同平章事。

保大节度使高万金卒。癸亥，以忠义节度使高万兴兼保大节度使，并镇鄜、延。

司空兼门下侍郎、同平章事赵光逢告老，己巳，以司徒致仕。

（以上为第五段，写后梁末帝拒谏，临事偏听小人之言。蜀太子王衍沉湎酒色。）

蜀主自永平末得疾，昏瞀，至是增剧。以北面行营招讨使兼中书令王宗弼沉静有谋，五月，召还，以为马步都指挥使。乙亥，召大臣入寝殿，告之曰："太子仁弱，朕不能违诸公之请，逾次而立之。若其不堪大业，可置诸别宫，幸勿杀之。但王氏子弟，诸公择而辅之。徐妃兄弟，止可优其禄位，慎勿使之掌兵预政，以全其宗族。"

内飞龙使唐文扆久典禁兵，参预机密，欲去诸大臣，遣人守宫门。王宗弼等三十余人日至朝堂，不得入见，文扆屡以蜀主之命慰抚之，伺蜀主殂，即作难。遣其党内皇城使潘在迎侦察外事，在迎以其谋告宗弼等。宗弼等排闼入，言文扆之罪，以天册府掌书记崔延昌权判六军事，召太子入侍疾。丙子，贬唐文扆为眉州刺史。翰林学士承旨王保晦坐附会文扆，削官爵，流泸州。在迎，炕之子也。

丙申，蜀主诏中外财赋、中书除授、诸司刑狱案牍专委庾凝绩，都城及行营军旅之事委宣徽南院使宋光嗣。

丁酉，削唐文扆官爵，流雅州。辛丑，以宋光嗣为内枢密使，与兼中书令王宗弼、宗瑶、宗绾、宗夔并受遗诏辅政。初，蜀主虽因唐制置枢密使，专用士人，及唐文扆得罪，蜀主以诸将多许州故人，恐其不为幼主用，故以光嗣代之。自是宦者始用事。

六月，壬寅，蜀主殂。癸卯，太子即皇帝位。尊徐贤妃为太后，徐

夏季，四月初一日癸卯，前蜀主册立他的儿子王宗平为忠王，王宗特为资王。

岐王又派遣使者到前蜀请求和好。

四月初七日己酉，后梁末帝任命吏部侍郎萧顷为中书侍郎、同平章事。

后梁保大节度使高万金去世。四月二十一日癸亥，任命忠义节度使高万兴兼任保大节度使，同时镇守鄜州和延州。

后梁司空兼门下侍郎、同平章事赵光逢要告老还乡，四月二十七日己巳，同意他以司徒的官位退休。

前蜀主自永平末年得病以来，神志有些昏乱，此时发展更加厉害了；因为北面行营招讨使兼中书令王宗弼沉着冷静有谋略，五月，就把他召回成都，任他为马步都指挥使。五月初三日乙亥，蜀主召大臣们到他的寝殿，告诉他们说："太子生性仁慈懦弱没有什么能耐，朕当年无法拒绝各位的请求，超越了长幼的次序而立了他；如果他今后不堪继承大业的话，你们可以把他安置到别宫去，但是希望别杀了他。只要是王氏子弟，诸位可以从中选择一人辅佐他掌政。徐妃的兄弟们，将来只能给他们优厚的俸禄和爵位，千万不能让他们执掌军队或参与政事，这样才能保全他们宗族。"

内飞龙使唐文扆长期以来一直掌管禁卫军，并且参与国家机密大事，他打算除掉诸位大臣，于是就派人把守住宫门；王宗弼等三十多人每天都到朝堂，但就是不能进去看望前蜀主，唐文扆每次都以前蜀主的命令安抚他们，企图等蜀主一死，他就发难。于是派遣他的同党内皇城使潘在迎侦察宫外的动静，潘在迎把他的阴谋报告了王宗弼等人；王宗弼等人于是夺门而入，向前蜀主述说了唐文扆的罪状，前蜀主让天册府掌书记崔延昌暂管六军事，并且召太子入宫服侍。五月初四日丙子，把唐文扆贬为眉州刺史。翰林学士承旨王保晦因为依附唐文扆，也被削去官爵，流放泸州。潘在迎是潘炕的儿子。

五月二十四日丙申，前蜀主下诏，把朝廷内外的财赋、中枢人事的任免、各官署的案件公文全部委托给庾凝绩办理，把都城的安全管理和行营军旅等事务委托给宣徽南院使宋光嗣负责。

五月二十五日丁酉，削去唐文扆的官爵，流放到雅州。五月二十九日辛丑，任命宋光嗣为内枢密使，并和兼中书令王宗弼、王宗瑶、王宗绾、王宗夔四人一同受遗诏辅政。当初，前蜀主虽然依照唐代的官制设置了枢密使，但是却专门任用文人，到了唐文扆犯了罪以后，前蜀主认为将领中很多都是家乡许州的故人，怕他们将来不听从幼主的使唤，所以任用宦官宋光嗣取代文人做枢密使。从此宦官开始掌权。

六月初一日壬寅，前蜀主王建去世。六月初二日癸卯，太子王衍即皇帝位。尊

淑妃为太妃。以宋光嗣判六军诸卫事。

乙卯，杀唐文扆、王保晦。命西面招讨副使王全昱杀天雄节度使唐文裔于秦州，免左保胜军使领右街使唐道崇官。

吴内外马步都军使、昌化节度使、同平章事徐知训，骄倨淫暴。威武节度使、知抚州李德诚有家妓数十，知训求之，德诚遣使谢曰："家之所有皆长年，或有子，不足以侍贵人，当更为公求少而美者。"知训怒，谓使者曰："会当杀德诚，并其妻取之！"

（以上为第六段，写蜀国发生不流血宫廷政变，太子王衍即位。）

知训狎侮吴王，无复君臣之礼。尝与王为优，自为参军，使王为苍鹘，总角弊衣执帽以从。又尝泛舟浊河，王先起，知训以弹弹之。又尝赏花于禅智寺，知训使酒悖慢，王惧而泣，四座股栗。左右扶王登舟，知训乘轻舟逐之，不及，以铁挝杀王亲吏。将佐无敢言者，父温皆不之知。

知训及弟知询皆不礼于徐知诰，独季弟知谏以兄礼事之。知训尝召兄弟饮，知诰不至，知训怒曰："乞子不欲酒，欲剑乎！"又尝与知诰饮，伏甲欲杀之，知谏蹑知诰足，知诰阳起如厕，遁去，知训以剑授左右刁彦能使追杀之。彦能驰骑及于中途，举剑示知诰而还，以不及告。

平卢节度使、同平章事、诸道副都统朱瑾遣家妓通候问于知训，知训强欲私之，瑾已不平。知训恶瑾位加己上，置静淮军于泗州，出瑾为静淮节度使，瑾益恨之，然外事知训愈谨。瑾有所爱马，冬贮于幄，夏贮于帱。宠妓有绝色。知训过别瑾，瑾置酒，自捧觞，出宠妓使歌，以所爱马为寿，知训大喜。瑾因延之中堂，伏壮士于户内，出妻陶氏拜之，知训答拜，瑾以笏自后击之踣地，呼壮士出斩之。瑾先系二悍马于庑下，将图知训，密令人解纵之，马相蹄啮，声甚厉，以是外人莫之闻。瑾提知训首出，知训从者数百人皆散走。瑾驰入府，以首示吴王曰："仆已为大王除害。"王惧，以衣障面，走入内，曰："舅自为之，我不敢知！"瑾曰："婢子不足与成大事！"以知训首击柱，挺剑将出，子城使翟虔等已

奉徐贤妃为皇太后，徐淑妃为皇太妃。任命宋光嗣兼管六军诸卫的事务。

六月十四日乙卯，杀唐文扆、王保晦。又命令西面招讨副使王全昱在秦州杀了天雄节度使唐文裔，免去左保胜军使领右街使唐道崇的官职。

吴国内外马步都军使、昌化节度使、同平章事徐知训，倨傲荒淫而又残暴。威武节度使、知抚州李德诚家中有家伎几十人，徐知训向他要，李德诚派人前去道歉说："我家的家伎年纪都大了，有的又有了孩子，实在不够格来侍奉贵人，我再另外为您挑选一些年轻美貌的。"徐知训对此十分生气，便对来使说："等到我杀了李德诚的时候，我要连他的老婆一起要过来。"

徐知训对吴王戏弄侮辱，根本就不顾君臣之礼。曾经和吴王一起演戏，他自己扮演主角参军，却让吴王当个丑角苍鹘，把头发扎成两个角，穿着破旧的衣服、拿着帽子跟在他的后边。又曾经在浊河划船游玩，吴王先上了岸，徐知训就用弹弓打他。又有一次在禅智寺赏花，徐知训借酒装疯，态度粗暴，吴王被他吓得哭了起来，在座的其他人也都吓得两腿发抖；吴王左右侍从赶忙扶着吴王登船先回去，徐知训就乘着一只轻便的船在后面追赶，没追上，就用铁器打死吴王身边的亲信。文臣武将们没有人敢谈论这些事情，徐知训的父亲徐温对此一点都不知道。

徐知训和他的弟弟徐知询都对徐知诰毫不礼貌，唯独三弟徐知谏对待徐知诰像亲兄长一样尊敬。徐知训曾经召集兄弟们在一起喝酒，徐知诰没有到，徐知训大发脾气说："这个叫花子不想喝酒，难道想吃我的剑吗！"后来有一次徐知训和徐知诰在一起喝酒，他埋伏了甲士，想乘机杀死徐知诰，徐知谏暗地里踩徐知诰的脚以示意，徐知诰于是假装起身上厕所，逃了出去，徐知训把剑交给他的亲信刁彦能让他追上去把徐知诰杀掉；刁彦能骑马在半路上追到了徐知诰，只是举起剑来让徐知诰看了看就回去了，回来后报告徐知训说是没有追上。

平卢节度使、同平章事、诸道副都统朱瑾派家里的家伎到徐知训处表示问候，徐知训想要强行霸占她，朱瑾对这件事已经很不高兴了。徐知训对朱瑾的地位比自己高感到很不舒服，于是就在泗州设立了静淮军，派朱瑾出任静淮节度使，朱瑾因此更加仇恨徐知训，但是在外表上他对徐知训却显得更加恭敬了。朱瑾有一匹非常喜爱的马，冬天把它圈在篷帐里，夏天就把它养在纱帐中；又有个宠伎长得非常漂亮。徐知训到朱瑾家中来向他道别，朱瑾摆下了酒宴，亲自举杯向徐知训敬酒，让那位漂亮的宠伎出来唱歌助兴，又把自己所喜爱的马送给徐知训作为祝寿礼，徐知训大为高兴。朱瑾随后延请徐知训到中堂，在门后埋伏下了壮士，让他的妻子陶氏出来拜见客人，徐知训回拜，就在这时，朱瑾用笏板从后面把徐知训打倒在地，又喊出壮士冲上前来砍下了他的头。朱瑾事先在廊下拴了两匹生性暴躁的马，在准备

阖府门勒兵讨之，乃自后逾城，坠而折足，顾追者曰：“吾为万人除害，以一身任患。”遂自刭。

徐知诰在润州闻难，用宋齐丘策，即日引兵济江。瑾已死，因抚定军府。时徐温诸子皆弱，温乃以知诰代知训执吴政，沈朱瑾尸于雷塘而灭其族。

瑾之杀知训也，泰宁节度使米志诚从十余骑问瑾所向，闻其已死，乃归；宣谕使李俨贫而困，寓居海陵。温疑其与瑾通谋，皆杀之。严可求恐志诚不受命，诈称袁州大破楚兵，将吏皆入贺，伏壮士于戟门，擒志诚，斩之，并其诸子。

（以上为第七段，写吴国发生政变，徐知诰执吴政。）

壬戌，晋王自魏州劳军于杨刘，自泛舟测河水，其深没枪。王谓诸将曰：“梁军非有战意，但欲阻水以老我师，当涉水攻之。”甲子，王引亲军先涉，诸军随之，褰甲横枪，结陈而进。是日水落，深才及膝。匡国节度使、北面行营排陈使谢彦章帅众临岸拒之，晋兵不得进，乃稍引却，梁兵从之。及中流，鼓噪复进，彦章不能支，稍退登岸，晋兵因而乘之，梁兵大败，死伤不可胜纪，河水为之赤，彦章仅以身免。是日，晋人遂陷滨河四寨。

蜀唐文扆既死，太傅、门下侍郎、同平章事张格内不自安，或劝格称疾俟命，礼部尚书杨玢自恐失势，谓格曰：“公有援立大功，不足忧也。”庚午，贬格为茂州刺史，玢为荣经尉；吏部侍郎许寂、户部侍郎潘

干掉徐知训的时候，偷偷地让家人把马解开，两匹暴躁的马互相踢咬着，声音很大，所以外面的人一直没有听见里面的动静。当朱瑾提着徐知训的脑袋走出门外时，徐知训的随从数百人都吓得四处逃散。朱瑾骑着马直奔吴王府，把徐知训的头拿出来对吴王说："我已经为大王除掉了祸害。"吴王感到害怕，拉起衣服遮着脸不敢看，一边往里屋走一边说："舅舅，你自己看着办吧，我不想知道这件事！"朱瑾看到这情景，大骂说："这奴才真是不足以和他共成大事！"说完就把徐知训的脑袋向柱子上掼去，就在他要拔出剑来走出吴王府的时候，子城使翟虔等人已经把王府大门关上，正调集军队要讨伐他，朱瑾只好从后面翻越城墙，结果跳下去时把脚骨摔断，跑不动了，他回过头对追赶的人说："我替万人除害，却由我一个人担当灾祸。"说完就刎颈自杀了。

徐知诰在润州听到变乱，就采用了宋齐丘的计策，当天率兵渡过长江。当时朱瑾已死，于是只好前去安抚军府内外。这时徐温的几个儿子都还没有什么能耐，徐温只好让徐知诰代替徐知训执掌吴国的大政，把朱瑾的尸体沉到了雷塘里，并且诛灭了他的家族。

朱瑾杀徐知训的时候，泰宁节度使米志诚带着十来名骑兵打听朱瑾的去向，听说他已经死了，才返了回去；宣谕使李俨当时非常贫困，居住在海陵；徐温怀疑他们与朱瑾同谋，所以把他们都杀掉。严可求担心米志诚不肯接受命令前来，就谎称袁州兵把楚军打得大败，各地的将吏们都入宫祝贺，同时在戟门内埋伏了壮士，结果活捉了米志诚，把他杀了，同时被杀的还有米志诚的几个儿子。

六月二十一日壬戌，晋王从魏州去杨刘慰劳军队，他亲自划船到黄河中测量水的深浅，当时河水的深度仅能淹没一支枪。晋王对诸位将领们说："梁军无意作战，只是想凭借黄河拖垮我们，应该涉水过河去进攻他们。"六月二十三日甲子，晋王率领亲信部队带头过河，其他部队都紧跟其后，大家都提起甲衣，横着枪，组成军阵向前推进。这一天河水又落了许多，水深刚到膝盖。匡国节度使、北面行营排阵使谢彦章率领士卒在河对岸抵御晋军，使得晋军不能继续前进，只得稍稍向后退却，梁军就下河追击。到了河中心的时候，晋军突然击鼓呐喊回头反击，谢彦章顶不住，只好撤退上岸；晋军乘势进攻，梁军被打得大败，死伤的士卒不可胜数，黄河的水都被血染红了，谢彦章本人算逃了一条命。这一天，晋军接连攻下了靠近黄河边的四个梁军营寨。

前蜀唐文扆死了以后，太傅、门下侍郎、同平章事张格心里感到不安，有人劝张格不如声称有病待在家里等候发落，礼部尚书杨玢害怕自己因此失去势力，便对张格说："您有拥立皇上的大功劳，不必担忧。"六月二十九日庚午，蜀主把张格贬

峤皆坐格党贬官。格寻再贬维州司户，庾凝绩奏徙格于合水镇，令茂州刺史顾承郾伺格阴事。王宗侃妻以格同姓，欲全之，谓承郾母曰："戒汝子，勿为人报仇，他日将归罪于汝。"承郾从之。凝绩怒，因公事抵承郾罪。

秋，七月，壬申朔，蜀主以兼中书令王宗弼为钜鹿王，宗瑶为临淄王，宗绾为临洮王，宗播为临颍王，宗裔、宗夔及兼侍中宗黯皆为琅邪郡王。甲戌，以王宗侃为乐安王。丙子，以兵部尚书庾传素为太子少保兼中书侍郎、同平章事。蜀主不亲政事，内外迁除皆出于王宗弼。宗弼纳贿多私，上下咨怨。宋光嗣通敏善希合，蜀主宠任之，蜀由是遂衰。

（以上为第八段，写晋军渡过黄河。蜀主王衍垂拱，大权旁落王宗弼之手，上下咨怨，蜀由是衰落。）

吴徐温入朝于广陵，疑诸将皆预朱瑾之谋，欲大行诛戮。徐知诰、严可求具陈徐知训过恶，所以致祸之由，温怒稍解，乃命网瑾骨于雷塘而葬之，责知训将佐不能匡救，皆抵罪。独刁彦能屡有谏书，温赏之。戊戌，以知诰为淮南节度行军副使、内外马步都军副使、通判府事，兼江州团练使。以徐知谏权润州团练事。温还镇金陵，总吴朝大纲，自余庶政，皆决于知诰。

知诰悉反知训所为，事吴王尽恭，接士大夫以谦，御众以宽，约身以俭。以吴王之命，悉蠲天祐十三年以前逋税，余俟丰年乃输之。求贤才，纳规谏，降奸猾，杜请托。于是士民翕然归心，虽宿将悍夫无不悦服。先是，吴有丁口钱，又计亩输钱，钱重物轻，民甚苦之。齐丘说知诰，以为"钱非耕桑所得，今使民输钱，是教民弃本逐末也。请蠲丁口钱，自余税悉输谷帛，䌷绢匹直千钱者当税三千。"或曰："如此，县官岁失钱亿万计。"齐丘曰："安有民富而国家贫者邪！"知诰从之。由是江、淮间旷土尽辟，桑柘满野，国以富强。

为茂州刺史，杨玢贬为荣经县尉；吏部侍郎许寂、户部侍郎潘峤都因为是张格的同党也被贬官。张格不久又被贬为维州司户，庾凝绩奏请把张格迁移到合水镇，并且命令茂州刺史顾承郾负责侦察张格的隐私。王宗侃的妻子因为和张格是同姓，就想保全张格，她对顾承郾的母亲说："提醒你的儿子，别替别人报仇，有朝一日别人会归罪于你。"顾承郾听从了她的话，庾凝绩知道后十分生气，另外借着公事失职的名义治了他的罪。

秋季，七月初一日壬申，前蜀主册封兼中书令王宗弼为巨鹿王，王宗瑶为临淄王，王宗绾为临洮王，王宗播为临颍王，王宗裔、王宗夔及兼侍中王宗黯都为琅邪郡王。七月初三日甲戌，册封王宗侃为乐安王。七月初五日丙子，任命兵部尚书庾传素为太子少保兼中书侍郎、同平章事。蜀主不亲自处理政事，朝廷内外官员的人事任免都由王宗弼决定。王宗弼营私舞弊，上上下下都有怨气。宋光嗣为人机灵而且又善于迎合主上的心意，因而前蜀主十分宠爱信任他，前蜀的国势从此就逐渐衰弱了。

吴国的徐温从昇州到广陵入朝，他怀疑诸位将领们都参与了朱瑾的谋划，准备大开杀戒。徐知诰、严可求两人全面地向他报告了徐知训的过错、罪恶以及导致被杀的原因，这样徐温的怒气才稍微缓解了一些，于是让人用渔网把朱瑾的尸骨从雷塘里打捞出来另行安葬，并且追究徐知训左右的将领和幕僚没能竭力辅佐的过失，把他们都治了罪；唯独刁彦能过去经常上书劝谏徐知训，徐温特别奖赏了他。七月二十七日戊戌，任命徐知诰为淮南节度行军副使、内外马步都军副使、通判府事，兼任江州团练使。又任命徐知谏暂时代理润州团练事务。徐温仍然回到金陵镇守，总掌吴国的大政，其他的具体事务，全部都由徐知诰去决定。

徐知诰的所作所为和徐知训完全不同，侍奉吴王非常恭敬，对待士大夫们十分谦和，统御部下特别宽容，自己的生活也很俭朴。他以吴王的名义下令，全部免除百姓在天祐十三年以前所拖欠的租税，在此年以后所欠的租税等到年景丰收时再交纳。他访求贤才，接受建议，铲除奸猾，杜绝请托。从此以后百姓们都一致归心于他，就连那些功臣老将和强悍的武夫们也无不心悦诚服。在此以前，吴国有一种按人口征收的丁口钱，田赋也是按照耕种田地的多少交钱，这样钱就贵了，货物反而轻贱，老百姓都觉得是个沉重负担。宋齐丘劝说徐知诰，他认为："钱并不是耕田种桑能直接收获得到的，现在让老百姓交纳现钱，这是迫使他们去舍本逐末。希望能免除丁口钱；其余的租税全部用谷物布帛等实物交纳，绸绢每匹值一千钱的可以抵交税金三千钱。"有人反对说："这样的话，朝廷每年要损失数以万计的钱。"宋齐丘说："哪有百姓富足了而国家还贫穷的道理呢？"徐知诰采纳了他的建议。从此以

知诰欲进用齐丘而徐温恶之，以为殿直、军判官。知诰每夜引齐丘于水亭屏语，常至夜分，或居高堂，悉去屏障，独置大炉，相向坐，不言，以铁箸画灰为字，随以匙灭去之，故其所谋，人莫得而知也。

虔州险固，吴军攻之，久不下，军中大疫，王祺病，吴以镇南节度使刘信为虔州行营招讨使，未几，祺卒。谭全播求救于吴越、闽、楚。吴越王镠以统军使传球为西南面行营应援使，将兵二万攻信州；楚将张可求将万人屯古亭，闽兵屯雩都以救之。信州兵才数百，逆战，不利，吴越兵围其城。刺史周本，启关张虚幕于门内，召僚佐登城楼作乐宴饮，飞矢雨集，安坐不动。吴越疑有伏兵，中夜，解围去。吴以前舒州刺史陈璋为东南面应援招讨使，将兵侵苏、湖，钱传球自信州南屯汀州。晋王遣间使持帛书会兵于吴，吴人辞以虔州之难。

（以上为第九段，写徐知诰执吴政，一反徐知训之所为以结人心。）

晋王谋大举入寇，周德威将幽州步骑三万，李存审将沧景步骑万人，李嗣源将邢洺步骑万人，王处直遣将将易定步骑万人，及麟、胜、云、蔚、新、武等州诸部落奚、契丹、室韦、吐谷浑，皆以兵会之。八月，并河东、魏博之兵，大阅于魏州。

蜀诸王皆领军使，彭王宗鼎谓其昆弟曰："亲王典兵，祸乱之本。今主少臣强，才间将兴，缮甲训士，非吾辈所宜为也。"因固辞军使，蜀主许之，但营书舍、植松竹自娱而已。

泰宁节度使张万进，轻险好乱。时嬖幸用事，多求赂于万进，万进闻晋兵将出，己酉，遣使附于晋，且求援。以亳州团练使刘鄩为兖州安抚制置使，将兵讨之。

甲子，蜀顺德皇后殂。

后，江淮之间的空旷土地都得到了开垦，漫山遍野都种上了桑柘树，国家因此也富强了起来。

徐知诰想提拔重用宋齐丘，但是徐温却很厌恶他，于是只好任命他为殿直、军判官。徐知诰每天晚上都把宋齐丘领到水亭中屏退左右密谈，常常谈到半夜，有时候在殿堂上，把堂中的殿障全部撤去，只摆上一个大火炉，两人对面而坐，谁都不说话，用拨火用的铁筷子在灰烬上写字，随即又用灰铲把字抹掉，所以他俩谋划的事情，外人无法得知。

虔州城险要而又坚固，吴军围攻了很久没能攻下，这时军中瘟疫流行，王祺也病倒了，吴国只好任命镇南节度使刘信为虔州行营招讨使，没过多久，王祺就去世了。谭全播向吴越、闽、楚三国求救。吴越王钱镠任命统军使钱传球为西南面行营应援使，率领二万名士兵进攻吴国的信州；楚国将领张可求率领一万名士兵驻扎在古亭，闽国的军队则驻扎在雩都准备救援谭全播。吴国信州的守军只有几百人，出来迎战吴越军，不利；吴越军于是包围了信州城。信州刺史周本，打开城门，在城门里面又支起了空帐篷，然后召集幕僚将佐们登上城楼饮酒奏乐，城外射来的飞箭像雨点一样密集，周本他们仍然安坐不动；吴越军怀疑他们另有埋伏，到了半夜，便解除了包围撤了回去。吴国任命前舒州刺史陈璋为东南面应援招讨使，让他率兵深入吴越境内的苏州、湖州，钱传球从信州南下驻扎在汀州。晋王派遣密使带着帛书到吴国请求会师攻梁，吴国以虔州有战事而推辞。

晋王准备大举入侵后梁，周德威率领幽州的军队三万人，李存审率领沧州、景州的军队一万人，李嗣源率领邢州、洺州的军队一万人，王处直派遣部将率领易州、定州的军队一万人，以及麟、胜、云、蔚、新、武等州的奚、契丹、室韦、吐谷浑各部族，把兵会合起来。八月，连同河东、魏博的军队，在魏州举行了盛大的检阅。

前蜀的亲王们都担任统军的军使，彭王王宗鼎对自己的兄弟们说："亲王执掌军队，是引起祸乱的根源。现在主上年少而群臣的权力又很大，挑拨离间的事情会很多，修缮武器训练士兵，也不是我们这些人所适宜做的。"于是他向前蜀主坚决地请求辞去军使的职务，前蜀主答应了他的请求，于是他就一心一意营建自己的书房，种植些松竹来自寻其乐。

梁泰宁节度使张万进，轻佻奸诈喜欢作乱。当时朝廷正是小人专权，很多人都向张万进索求贿赂，张万进听说晋国快要出兵前来，八月初九日己酉，他就派出使者前去表示归降晋国，并请求他们救援。后梁末帝任命亳州团练使刘鄩为兖州安抚制置使，率兵前往讨伐张万进。

八月二十四日甲子，前蜀顺德皇后去世。

乙丑，蜀主以内给事王廷绍、欧阳晃、李周辂、朱光葆、宋承蕴、田鲁俦等为将军及军使，皆干预政事，骄纵贪暴，大为蜀患，周庠切谏，不听。晃患所居之隘，夜，因风纵火，焚西邻军营数百间，明旦，召匠广其居。蜀主亦不之问。光葆，光嗣之从弟也。

晋王自魏州如杨刘，引兵略郓、濮而还，循河而上，军于麻家渡。贺瓌、谢彦章将梁兵屯濮州北行台村，相持不战。

晋王好自引轻骑迫敌营挑战，危窘者数四，赖李绍荣力战翼卫之，得免。赵王镕及王处直皆遣使致书曰："元元之命系于王，本朝中兴系于王，奈何自轻如此！"王笑谓使者曰："定天下者，非百战何由得之！安可深居帷房以自肥乎！"

一旦，王将出营，都营使李存审扣马泣谏曰："大王当为天下自重。彼先登陷陈，将士之职也，存审辈宜为之，非大王之事也。"王为之揽辔而还。他日，伺存审不在，策马急出，顾谓左右曰："老子妨人戏！"王以数百骑抵梁营，谢彦章伏精甲五千于隄下。王引十余骑度隄，伏兵发，围王数十重，王力战于中，后骑继至者攻之于外，仅得出。会李存审救至，梁兵乃退，王始以存审之言为忠。

（以上为第十段，写晋王李存勖轻躁逞强，冒冲敌阵，几乎丧身。）

吴刘信遣其将张宣等夜将兵三千袭楚将张可求于古亭，破之。又遣梁诠等击吴越及闽兵，二国闻楚兵败，俱引归。

梅山蛮寇邵州，楚将樊须击走之。

九月，壬午，蜀内枢密使宋光嗣以判六军让兼中书令王宗弼，蜀主许之。

吴刘信昼夜急攻虔州，斩首数千级，不能克。使人说谭全播，取质纳赂而还。徐温大怒，杖信使者。信子英彦典亲兵，温授英彦兵三千，

八月二十五日乙丑，前蜀主任命内给事王廷绍、欧阳晃、李周辂、朱光葆、宋承蕴、田鲁俦等为将军及军使，让他们都参与国家政事，这些人既骄横放纵又贪婪残暴，成了前蜀的大祸害，周庠多次向前蜀主痛切地劝谏，前蜀主不听。欧阳晃嫌自己的住所不够宽广，在一天夜间，他借风纵火，把宅第西边的军营也烧掉了几百间，第二天一早，他就招来工匠扩建房子；前蜀主对这件事不闻不问。朱光葆是朱光嗣的堂弟。

晋王从魏州到了杨刘，率兵抢掠了郓州、濮州之后又回到驻地，接着又沿着黄河向上游进军，驻扎在麻家渡。贺瓌、谢彦章率领梁朝的军队驻扎在濮州北面的行台村，与晋军相持而不主动出战。

晋王喜欢亲自率领轻装骑兵到敌营跟前去挑战，有好几次都陷入险境，多亏有李绍荣在身边拼命死战保护他，才得以脱身。赵王王镕和王处直都不约而同地派来使者送信劝告他说："百姓的前途命运维系在大王身上，我们唐朝的中兴也维系在大王身上，大王怎能这样不看重自身的安全呢？"晋王笑着对来使说："平定天下，不身经百战哪能办得到呢？怎么可以深居帷房中把自己养得白白胖胖的呢？"

一天清晨，晋王正准备出营挑战，都营使李存审拉住他的马头哭着劝谏说："大王应当为天下的百姓而自己保重。那些攻城略地冲锋陷阵的事，是将士们的职责，是我李存审这类人所应该做的，而不是大王应该做的。"晋王被他说了一顿，只好拉着马缰绳掉头回来。又一天，晋王乘李存审不在，骑上马急忙跑出营外，并回过头对他的左右亲兵们说："那老家伙就会妨碍别人出去耍耍！"晋王率领数百名骑兵直奔梁军营寨，谢彦章在河堤下埋伏了五千名精兵；晋王率领十余名骑兵正要过河堤，梁军的伏兵冲了上来，把晋王一行里里外外地包围了几十重，晋王在重围中拼力死战，后来跟上来的骑兵在包围圈外拼杀，这样晋王才冲出包围。这时李存审率领的救兵也赶到了，梁兵只好撤了回去，晋王到这时才认识到李存审原先讲的那一番话完全出自一片忠心。

吴国刘信派遣他的部将张宣等人在夜间率领三千名士兵偷袭在古亭的楚国将领张可求，取得了胜利；刘信又派遣梁诠等人率兵进攻吴越和闽国的军队，两国听说楚国的军队已被打败，都把军队撤了回去。

梅山蛮人入侵邵州，楚国将领樊须率兵把他们击退了。

九月十二日壬午，蜀国内枢密使宋光嗣把兼管六军的职务让给兼中书令王宗弼，蜀主同意了。

吴国刘信日夜不停地猛攻虔州城，虽然斩首数千级，但还是没能攻下；于是派人前去向谭全播游说，让他送来人质交出财物后就撤军了。徐温知道了以后大发雷

曰："汝父居上游之地，将十倍之众，不能下一城，是反也！汝可以此兵往，与父同反！"又使昇州牙内指挥使朱景瑜与之俱，曰："全播守卒皆农夫，饥窘逾年，妻子在外，重围既解，相贺而去，闻大兵再往，必皆逃遁，全播所守者空城耳，往必克之。"

冬，十一月，壬申，蜀葬神武圣文孝德明惠皇帝于永陵，庙号高祖。

越主岩祀南郊，大赦，改国号曰汉。

刘信闻徐温之言，大惧，引兵还击虔州。先锋始至，虔兵皆溃，谭全播奔雩都，追执之。吴以全播为右威卫将军，领百胜节度使。

先是，吴越王镠常自虔州入贡，至是道绝，始自海道出登、莱，抵大梁。

初，吴徐温自以权重而位卑，说吴王曰："今大王与诸将皆为节度使，虽有都统之名，不足相临制，请建吴国，称帝而治。"王不许。

严可求屡劝温以次子知询代徐知诰知吴政，知诰与骆知祥谋，出可求为楚州刺史。可求既受命，至金陵，见温，说之曰："吾奉唐正朔，常以兴复为辞。今朱、李方争，朱氏日衰，李氏日炽。一旦李氏有天下，吾能北面为之臣乎？不若先建吴国以系民望。"温大悦，复留可求参总庶政，使草具礼仪。知诰知可求不可去，乃以女妻其子续。

（以上为第十一段，写吴兵攻破虔州。徐知浩结好严求可。）

晋王欲趣大梁，而梁军扼其前，坚壁不战百余日。十二月，庚子朔，晋王进兵，距梁军十里而舍。

霆，把刘信的使者狠狠地揍了一顿。刘信的儿子刘英彦当时正统领亲兵，徐温派给他三千名士兵，对他说："你的父亲处在上游的地方，又率领着十倍于敌人的兵力，居然攻不下虔州这座城池，这是存心要造反！你可以率领这些人马前去，也和你父亲一起造反吧！"又派遣昇州牙内指挥使朱景瑜和他一同前往，对他们说："谭全播守城的士兵都是农夫，被围得饥寒交迫已有一年多时间了，妻子儿女又都在城外，现在重重包围已经解除，他们一定相互庆贺然后离城回家，如果听到大军又杀了回去，肯定会四散逃命，那样谭全播所守卫的只是一座空城，你们再去的话一定能够攻下来。"

冬季，十一月初三日壬申，前蜀把神武圣文孝德明惠皇帝王建安葬在永陵，庙号为高祖。

越主刘岩在南郊祭祀，大赦境内，把国号改为汉。

刘信听到了徐温所说的话以后，十分害怕，赶忙率兵回头攻打虔州。先头部队刚刚到达，虔州的守兵便溃逃了，谭全播逃到雩都，也被吴国的追兵活捉了。吴国任命谭全播为右威卫将军，领百胜节度使。

在此以前，吴越王钱镠经常是从虔州到后梁入贡，现在这条路断绝了，只好从海路在登州或莱州上岸，到达大梁。

起初，吴国徐温认为自己权力虽大，但是地位却很低，他就劝吴王说："现在大王和各位将领们都是节度使，虽然大王在节度使之上还有都统的名义，但总的说来还是不足以辖制他们；希望大王建立吴国，即位称帝，也好便于治理。"吴王没有答应。

严可求多次劝说徐温，让他任用次子徐知询以取代徐知诰来管理吴国的大政，徐知诰和骆知祥经过一番谋划，决定把严可求派出去担任楚州刺史。严可求接受了命令，到达金陵，晋见徐温，对徐温游说："我们尊奉唐朝的正朔，常常以兴复唐室为号召。现在朱、李两家正争斗得不可开交，看情势，朱氏一天天衰落下去，李氏一天天兴旺起来。有朝一日李氏取得了天下，我们能甘心向他北面称臣吗？不如抢先一步建立吴国以便维系民心。"徐温听了这一番话非常高兴，又把严可求留了下来让他参与负责国家政务，并且让他草拟建立国家时所需的各项礼仪。通过这件事，徐知诰深深认识到不可能把严可求排挤出去，于是就把自己的女儿嫁给了严可求的儿子严续。

晋王想要进攻大梁，但是梁军却阻挡在他的前面，坚守壁垒不肯出战，已经有一百多天了。十二月初一日庚子，晋王率兵推进，在距离梁军营寨只有十里的地方扎了营。

初，北面行营招讨使贺瓌善将步兵，排陈使谢彦章善将骑兵，瓌恶其与己齐名。一日，瓌与彦章治兵于野，瓌指一高地曰："此可以立栅。"至是，晋军适置栅于其上，瓌疑彦章与晋通谋。瓌屡欲战，谓彦章曰："主上悉以国兵授吾二人，社稷是赖。今强寇压吾门，而逗遛不战，可乎？"彦章曰："强寇凭陵，利在速战。今深沟高垒，据其津要，彼安敢深入！若轻与之战，万一蹉跌，则大事去矣。"瓌益疑之，密谮之于帝，与行营马步都虞候曹州刺史朱珪谋，因享士，伏甲，杀彦章及濮州刺史孟审澄、别将侯温裕，以谋叛闻。审澄、温裕，亦骑将之良者也。丁未，以朱珪为匡国留后，癸丑，又以为平卢节度使兼行营马步副指挥使以赏之。

晋王闻彦章死，喜曰："彼将帅自相鱼肉，亡无日矣。贺瓌残虐，失士卒心，我若引兵直指其国都，彼安得坚壁不动！幸而一与之战，蔑不胜矣。"王欲自将万骑直趣大梁，周德威曰："梁人虽屠上将，其军尚全，轻行徼利，未见其福。"不从。戊午，下令军中老弱悉归魏州，起师趋汴。庚申，毁营而进，众号十万。

（以上为第十二段，写梁将贺瓌不识大体，不懂战略，擅杀大将，自毁长城，招致速败。）

辛酉，蜀改明年元曰乾德。

贺瓌闻晋王已西，亦弃营而踵之。晋王发魏博白丁三万从军，以供营栅之役，所至，营栅立成。壬戌，至胡柳陂。

癸亥旦，候者言梁兵自后至矣。周德威曰："贼倍道而来，未有所舍，我营栅已固，守备有余，既深入敌境，动须万全，不可轻发。此去大梁至近，梁兵各念其家，内怀愤激，不以方略制之，恐难得志。王宜按兵勿战，德威请以骑兵扰之，使彼不得休息，至暮营垒未立，樵爨未具，乘其疲乏，可一举灭也。"王曰："前在河上恨不见贼，今贼至不击，尚复何待，公何怯也！"顾李存审曰："敕辎重先发，吾为尔殿后，破贼而

当初，北面行营招讨使贺瓌擅长指挥步兵，排陈使谢彦章擅长指挥骑兵，但是贺瓌对谢彦章与自己齐名一直耿耿于怀。一天，贺瓌和谢彦章在野外一起练兵，贺瓌指着一块高地说："这个地方可以设立一个栅寨。"后来晋军恰好就在这块高地上建了一处栅寨，于是贺瓌就怀疑谢彦章私下跟晋军通谋。贺瓌几次都想率兵出战，对谢彦章说："皇上把国家的全部军队都交给了我们两人，可以说国家的命运都依靠我们了。现在强大的敌人已经欺负到我们家门口，而我们却拖延着不肯出战，这怎么可以呢？"谢彦章回答说："强敌入侵，速战速决最有利于他们，现在我们深沟高垒，占据着战略要地，敌人岂敢再深入一步？如果我们轻率地和他们交战，万一有个什么闪失，那么大势就全完了。"贺瓌听了这话对他更起了疑心，于是就偷偷地在后梁末帝那里毁谤谢彦章，并和行营马步都虞候曹州刺史朱珪进行谋划，趁着犒劳士兵的时机，埋伏下了甲士，杀了谢彦章和濮州刺史孟审澄、别将侯温裕，对外界说是这些人企图阴谋叛乱。孟审澄、侯温裕，也都是骑兵将领中的佼佼者。十二月初八日丁未，后梁末帝任命朱珪为匡国留后，十二月十四日癸丑，又任命他为平卢节度使兼行营马步副指挥使，作为对他的奖赏。

晋王听说谢彦章被杀死了，高兴地说："他们的将领自相残杀，要不了多久就会灭亡。贺瓌凶残暴虐，已经失去了士卒的心，我们如果率兵直捣他的国都，他们怎么能坚守壁垒不出来呢？如果能有幸和他们决一死战，可以保证战无不胜。"晋王准备亲自率领一万名骑兵直捣大梁，周德威劝他说："梁人虽然杀了他们的大将，但是军队还是完好无缺的，如果我们轻率行动想占便宜，未必能有好处。"晋王没有听从他的意见。十二月十九日戊午，下令让军中的老弱将士全部回魏州去，发兵直奔汴梁。十二月二十一日庚申，把军营全部毁掉，率兵进军，号称有十万大军。

十二月二十二日辛酉，前蜀把明年的年号改为乾德。

贺瓌听说晋王已经率军西行了，马上也放弃营寨紧跟其后追了上去。晋王征调了魏博三万名平民随军，让他们为军队修筑营垒栅寨，所以晋军所到之处，营垒栅寨马上就修了起来。十二月二十三日壬戌，晋军到达胡柳陂。

十二月二十四日癸亥清晨，探子报告说梁军从后面追上来了。周德威说："敌人兼程赶来，还没有安身的地方，而我们的营栅已经很牢固了，用来守备是没有什么问题的，但是，我们是深入敌境，一举一动都要考虑得十分周全，不能轻举妄动。这里离大梁很近，梁军的士兵都很思念他们的家人，心情是激动而又愤慨的，如果不用个很好的方法来对付他们，恐怕很难如愿以偿。大王最好按兵不动，让我周德威率领骑兵先去骚扰他们一下，使他们不能休息，一直拖到黄昏营垒建立不起来，

去！”即以亲军先出。德威不得已，引幽州兵从之，谓其子曰：“吾无死所矣。”

贺瓌结陈而至，横亘数十里。王帅银枪都陷其陈，冲荡击斩，往返十余里。行营左厢马军都指挥使、郑州防御使王彦章军先败，西走趣濮阳。晋辎重在陈西，望见梁旗帜，惊溃，入幽州陈，幽州兵亦扰乱，自相蹈藉，周德威不能制，父子皆战死。魏博节度副使王缄与辎重俱行，亦死。

晋兵无复部伍。梁兵四集，势甚盛。晋王据高丘收散兵，至日中，军复振。陂中有土山，贺瓌引兵据之。晋王谓将士曰：“今日得此山者胜，吾与汝曹夺之。”即引骑兵先登，李从珂与银枪大将李建及以步卒继之，梁兵纷纷而下，遂夺其山。

日向晡，贺瓌陈于山西，晋兵望之有惧色。诸将以为诸军未尽集，不若敛兵还营，诘朝复战。天平节度使、东南面招讨使阎宝曰：“王彦章骑兵已入濮阳，山下惟步卒，向晚皆有归志，我乘高趣下击之，破之必矣。今王深入敌境，偏师不利，若复引退，必为所乘。诸军未集者闻梁再克，必不战自溃。凡决胜料敌，惟观情势，情势已得，断在不疑。王之成败，在此一战。若不决力取胜，纵收余众北归，河朔非王有也。”昭义节度使李嗣昭曰：“贼无营垒，日晚思归，但以精骑扰之，使不得夕食，俟其引退，追击可破也。我若敛兵还营，彼归整众复来，胜负未可知也。”李建及擐甲横槊而进曰：“贼大将已遁，王之骑军一无所失，今击此疲乏之众，如拉朽耳。王但登山，观臣为王破贼。”王愕然曰：“非公等言，吾几误计。”嗣昭、建及以骑兵大呼陷陈，诸军继之，梁兵大败。元城令吴琼，贵乡令胡装，各帅白丁万人，于山下曳柴扬尘，鼓噪以助其势。梁兵自相腾藉，弃甲山积，死亡者几三万人。装，证之曾孙也。是日，两军所丧士卒各三之二，皆不能振。

柴火锅灶也没准备齐全，那时再乘他们疲乏不堪，可以一举把他们消灭。”晋王说：“前一阵子在黄河边上只可惜没能和贼军正面交手，现在贼军来了又不打，还等待什么呢？您也太胆小了吧！”晋王回过头来对李存审说：“下令让运粮草的车子先出发，我替你们殿后，打败贼军后我就赶上来！”说完，就率领亲兵冲出营寨。周德威没有办法，只好率领幽州的军队随后跟了上去，边走边对儿子说：“我今天不知道会死在什么地方。”

贺瓌率领梁军排着战阵赶到，连绵有几十里路长。晋王率领银枪都冲入战阵，左右冲杀，来来回回地跑了有十多里路程。梁军的行营左厢马军都指挥使、郑州防御使王彦章的骑兵先被击溃，向西逃往濮阳。晋军运粮草的车队在阵地的西面，他们远远地看见梁军的旗帜向这边奔来，吓得四处逃散，散兵又冲进幽州军队的阵营中，幽州军队也被搅得乱作一团，自相践踏；周德威控制不了这种混乱局面，父子二人都在混乱中战死。魏博节度副使王缄和运粮草的车队一起走，结果也死于乱军之中。

晋军已经乱得没有队形了。这时梁军又从四面八方围抄了过来，攻势很猛。晋王占据一个高丘收罗散兵，到了中午的时候，晋军才又重新振作起来。坡中有一座土山，贺瓌率兵占领了它。晋王对他的将士们说：“今天能得到这座山的人就能取得胜利，我和各位把它夺下来。”说完，就率兵先攻了上去，李从珂和银枪大将李建及率领步兵紧跟其后，梁军纷纷退却，于是晋军夺取了这座山。

黄昏时刻，贺瓌的军队在土山西面摆好了阵势，晋兵远远看去心里都有点儿害怕。晋军很多将领们都认为，各路大军还没有完全集结，不如先收兵回营去，明天一早再继续战斗。天平节度使、东南面招讨使阎宝说：“王彦章的骑兵已经逃到濮阳，山下的梁军只有步兵了，天快黑了都想收兵回去，我们如果居高临下冲下去，肯定能把他们打败。如今大王已经深入敌境，侧翼部队又已经失利了，如果再率军撤退，一定会被敌人乘机攻击。我们的那些还没有集结好的军队一听说梁军又打了胜仗，一定会不战自溃。凡是在决战的时候判断敌情，只能认真观察敌我双方的总的情况，如果总的情况搞清楚了，决断时就要毫不犹豫。大王的成功与失败，就在这一战了；如果不奋力死战夺取胜利的话，就算是收拾残兵北返，恐怕河朔一带也就不归大王所有了。”昭义节度使李嗣昭说：“梁贼还没有修好营垒，天一黑都想收兵回去，我们只要用精锐的骑兵去骚扰他们，使他们吃不上晚饭，等他们撤退的时候，我们就在后面追击，这样就可以打败他们。我们如果收兵回营，他们就会回去调整好军队杀向我们，到那时谁胜谁负就很难说了。”李建及穿着盔甲横握长矛一边向前走一边说：“梁贼的大将已经逃了，而大王的骑兵则毫无损失，现在去攻打这些疲乏不堪的敌军步兵，简直像摧枯拉朽那样容易。大王只管待在山上，看臣为大王

晋王还营，闻周德威父子死，哭之恸，曰："丧吾良将，是吾罪也。"以其子幽州中军兵马使光辅为岚州刺史。

李嗣源与李从珂相失，见晋军桡败，不知王所之，或曰："王以北渡河矣。"嗣源遂乘冰北渡，将之相州。是日，从珂从王夺山，晚战皆有功。甲子，晋王进攻濮阳，拔之。李嗣源知晋军之捷，复来见王于濮阳，王不悦，曰："公以吾为死邪？渡河安之？"嗣源顿首谢罪。王以从珂有功，但赐大钟酒以罚之。自是待嗣源稍薄。

初，契丹主之弟撒剌阿拨号北大王，谋作乱于其国。事觉，契丹主数之曰："汝与吾如手足，而汝兴此心，我若杀汝，则与汝何异！"乃囚之期年而释之。撒剌阿拨帅其众奔晋，晋王厚遇之，养为假子，任为刺史。胡柳之战，以其妻子来奔。

晋军至德胜渡，王彦章败卒有走至大梁者，曰："晋人战胜，将至矣。"顷之，晋兵有先至大梁问次舍者，京城大恐。帝驱市人登城，又欲奔洛阳，遇夜而止。败卒至者不满千人，伤夷逃散，各归乡里，月余仅能成军。

（以上为第十三段，写晋梁两军大战，晋王李存勖侥幸取胜，丧失大将周德威。）

五年（己卯，919年）

春，正月，辛巳，蜀主祀南郊，大赦。

晋李存审于德胜南北筑两城而守之。晋王以存审代周德威为内外蕃汉马步总管。晋王还魏州，遣李嗣昭权知幽州军府事。

破贼。”晋王恍然大悟说：“不是诸位提醒我，我差点判断失误。”李嗣昭、李建及率领骑兵呐喊着冲向山下的梁军阵地，其他部队也紧跟其后冲了上去，梁军大败。元城县令吴琼、贵乡县令胡装，各率一万名平民，在山下拉着树枝扬起漫天尘土，大声喊叫着为晋军助威。梁军士兵自相践踏，丢弃的盔甲堆得像小山一样高，死亡士卒将近有三万人。胡装是胡证的曾孙。这一天，两军都损失三分之二的士卒，一时都难以恢复元气。

晋王回到宫营，听说周德威父子二人都战死了，哭得非常悲恸，说：“折损了我的一员好将领，这都是我的罪过。”于是任命周德威的另一个儿子幽州中军兵马使周光辅为岚州刺史。

李嗣源和李从珂失散了，李嗣源看见晋军被打败，也不知道晋王到哪里去了，有人告诉他：“大王已经北上渡过黄河了。”于是李嗣源也乘着河面结冰渡河北上，准备前往相州。这一天，李从珂跟随晋王攻夺土山，在攻取土山和傍晚的战斗中都立有战功。十二月二十五日甲子，晋王进攻濮阳，攻了下来，李嗣源听说晋军打了胜仗，又到濮阳来见晋王，晋王很不高兴，说道：“您以为我死了吗？过了黄河准备去哪里？”李嗣源赶忙叩头请罪。晋王看在他的儿子李从珂有功的份上，只有赐给他一大杯酒喝以示惩罚；但是从此以后晋王对待李嗣源也逐渐冷淡了。

起初，契丹主的弟弟撒剌阿拨号称北大王，在他们国内阴谋作乱。事情败露之后，契丹主责备他说：“我和你是手足之亲，而你竟然起了这种念头，我如果杀了你，那又和你有什么差别？”于是把撒剌阿拨囚禁了一年之后又释放了。后来撒剌阿拨率领他的部众投奔了晋国，晋王对他很优厚，把他收为养子，任命他为刺史；在这次胡柳战役的时候，他又带领妻子儿女前来投奔后梁。

晋军到了德胜渡，王彦章部队的败兵有逃到大梁的，他们说：“晋国的人打胜了，不久就要赶到这里。”不一会儿，晋军失散的士兵也有冒冒失失闯到大梁打听住处的，在整个京城引起了一阵大恐慌，后梁末帝立刻驱赶京城的人登城防守，同时又想逃到洛阳去，只是因为天黑了下来才只好作罢。梁军被击溃的士兵回来的不到一千人，作战中受伤的士兵都逃回了他们的家乡，过了一个多月时间才勉勉强强再凑集一支军队。

后梁均王贞明五年（己卯，919年）

春季，正月十二日辛巳，蜀主到城南郊外祭祀上天，大赦境内。

晋国李存审在德胜渡的黄河南北两岸都修筑了城池用作防守。晋王任命李存审代替周德威为内外蕃汉马步总管。晋王回到魏州，派遣李嗣昭暂时主持幽州军府的事务。

汉主岩立越国夫人马氏为皇后，殷之女也。

三月，丙戌，蜀北路行营都招讨、武德节度使王宗播等自散关击岐，渡渭水，破岐将孟铁山。会大雨而还，分兵戍兴元、凤州及威武城。戊子，天雄节度使、同平章事王宗昱攻陇州，不克。

蜀主奢纵无度，日与太后、太妃游宴于贵臣之家，及游近郡名山，饮酒赋诗，所费不可胜纪。仗内教坊使严旭强取士民女子内宫中，或得厚赂而免之，以是累迁至蓬州刺史。太后、太妃各出教令卖刺史、令、录等官，每一官阙，数人争纳赂，赂多者得之。

晋王自领卢龙节度使，以中门使李绍宏提举军府事，代李嗣昭。绍宏，宦者也，本姓马，晋王赐姓名，使与知岚州事孟知祥俱为中门使。知祥又荐教练使雁门郭崇韬能治剧，王以为中门副使。崇韬倜傥有智略，临事敢决，王宠待日隆。先是，中门使吴珪、张虔厚相继获罪，及绍宏出幽州，知祥惧祸，称疾辞位，王乃以知祥为河东马步都虞候，自是崇韬专典机密。

诏吴越王镠大举讨淮南。镠以节度副大使传瓘为诸军都指挥使，帅战舰五百艘，自东洲击吴。吴遣舒州刺史彭彦章及裨将陈汾拒之。

吴徐温帅将吏藩镇请吴王称帝，吴王不许。夏，四月，戊戌朔，即吴国王位。大赦，改元武义。建宗庙社稷，置百官，宫殿文物皆用天子礼。以金继土，腊用丑。改谥武忠王曰孝武王，庙号太祖，威王曰景王，尊母为太妃。以徐温为大丞相、都督中外诸军事、诸道都统、镇海宁国节度使，守太尉兼中书令、东海郡王。以徐知诰为左仆射、参政事兼知内外诸军事，仍领江州团练使，以扬府左司马王令谋为内枢密使，营田副使严可求为门下侍郎，盐铁判官骆知祥为中书侍郎，前中书舍人卢择为吏部尚书兼太常卿，掌书记殷文圭为翰林学士，馆驿巡官游恭为知制诰，前驾部员外郎杨迢为给事中。择，醴泉人；迢，敬之之孙也。

钱传瓘与彭彦章遇。传瓘命每船皆载灰、豆及沙，乙巳，战于狼山江。吴船乘风而进，传瓘引舟避之，既过，自后随之。吴回船与战，传

南汉主刘岩册立越国夫人马氏为皇后，马氏是楚王马殷的女儿。

三月十八日丙戌，前蜀北路行营都招讨、武德节度使王宗播等从散关进攻岐国，他们渡过渭水，打败了岐国将领孟铁山；后来赶上连日下大雨才把部队撤回来，分兵驻守兴元、凤州和威武城三地。三月二十日戊子，天雄节度使、同平章事王宗昱进攻陇州，没有攻下来。

前蜀主奢侈放纵毫无节制，每天和太后、太妃一起在显贵的大臣家里游玩饮宴，又到附近的名山去游览，饮酒作诗，所耗费的财物简直无法计算。仗内教坊使严旭强行夺取平民百姓家的女子送入宫中，如果有人送上厚礼就能幸免，因此他的官一直升到蓬州刺史。太后、太妃分别下令公开出卖刺史、县令、录事参军等官职，所以每当有一个官位出现空缺，总有好多人抢着送礼去争取，自然是送礼多的人能得到官职。

晋王自己兼领卢龙节度使，任命中门使李绍宏掌管军府的事务，以代替李嗣昭。李绍宏是宦官，本来姓马，晋王赐给了他现在的姓名，让他和主持岚州事务的孟知祥一同担任中门使；孟知祥又推荐教练使雁门人郭崇韬，说他善于处理繁杂的事务，晋王任命郭崇韬为中门副使。郭崇韬风流倜傥，又有才智谋略，判断事情非常果断，晋王日渐宠信他。在此以前，中门使吴珪、张虔厚两人都先后因不能得晋王欢心而被治罪，现在李绍宏出任幽州，孟知祥害怕引起祸端，就推说生病请求辞职，晋王于是改派孟知祥任河东马步都虞候，从此以后，郭崇韬就一个人独掌国家机密大事。

后梁末帝下诏，命令吴越王钱镠大举讨伐淮南。钱镠任命节度副大使钱传瓘为诸军都指挥使，率领五百艘战船，从东洲出发攻打吴国。吴国派遣舒州刺史彭彦章和副将陈汾抵御吴越军队。

吴国徐温率领将帅官吏和各路藩镇请求吴王称帝，吴王不答应。夏季，四月初一日戊戌，吴王登吴国王位。大赦境内，改年号为武义；修建了宗庙和社稷坛，设置百官，宫中的一切礼乐典章都用天子的礼制。以金德继承唐代的土德，腊月祭祀祖先和百神用太牢祭礼。改谥武忠王杨行密为孝武王，庙号为太祖，改谥威王杨渥为景王，尊奉母亲为太妃；任命徐温为大丞相、都督中外诸军事、诸道都统、镇海与宁国节度使，仍担任太尉兼中书令、东海郡王。任命徐知诰为左仆射、参政事兼知内外诸军事，仍旧领管江州团练使。任命扬府左司马王令谋为内枢密使，营田副使严可求为门下侍郎，盐铁判官骆知祥为中书侍郎，前中书舍人卢择为吏部尚书兼太常卿，掌书记殷文珪为翰林学士，馆驿巡官游恭为知制诰，前驾部员外郎杨迢为给事中。卢择是醴泉人。杨迢是杨敬之的孙子。

钱传瓘和彭彦章两军遭遇。钱传瓘命令每只船上都要装载灰土、豆子和沙子。四月初八日乙巳，两军大战于狼山附近的江面上。吴军船队乘风前进，钱传瓘率领

瓘使顺风扬灰，吴人不能开目。及船舷相接，传瓘使散沙于己船而散豆于吴船，豆为战血所渍，吴人践之皆僵仆。传瓘因纵火焚吴船，吴兵大败。彦章战甚力，兵尽，继之以木，身被数十创，陈汾按兵不救，彦章知不免，遂自杀。传瓘俘吴裨将七十人，斩首千余级。吴人诛汾，丛没家赀，以其半赐彦章家，廪其妻子终身。

（以上为第十四段，写蜀国主淫政荒，吴杨隆演即王位。吴越王钱镠伐吴，大败吴师。）

贺瓌攻德胜南城，百道俱进，以竹笮联艨艟十余艘，蒙以牛革，设睥睨、战格如城状，横于河流，以断晋之救兵，使不得渡。晋王自引兵驰往救之，陈于北岸，不能进。遣善游者马破龙入南城，见守将氏延赏，延赏言矢石将尽，陷在顷刻。晋王积金帛于军门，募能破艨艟者，众莫知为计，亲将李建及曰："贺瓌悉众而来，冀此一举。若我军不渡，则彼为得计。今日之事，建及请以死决之。"乃选效节敢死士得三百人，被铠操斧，帅之乘舟而进。将至艨艟，流矢雨集，建及使操斧者入艨艟间，斧其竹笮，又以木罂载薪，沃油然火，于上流纵之，随以巨舰实甲士，鼓噪攻之。艨艟既断，随流而下，梁兵焚溺者殆半，晋兵乃得渡。瓌解围走，晋兵逐之，至濮州而还。瓌退屯行台村。

蜀主命天策府诸将无得擅离屯戍。五月，丁卯朔，左散旗军使王承谔、承勋、承会违命，蜀主皆原之。自是禁令不行。

楚人攻荆南，高季昌求救于吴，吴命镇南节度使刘信等帅洪、吉、抚、信步兵自浏阳趣潭州，武昌节度使李简等帅水军攻复州。信等至潭州东境，楚兵释荆南引归。简等入复州，执其知州鲍唐。

船只躲避开吴船，等到吴军船队过去之后，他又从吴船后面跟了上去。吴军船队掉转头来和他们交战，钱传瓘下令士卒们顺风扬灰，弄得吴军士卒睁不开眼睛；等到两军的船舷靠在一起的时候，钱传瓘又让士卒们在自己的船上撒上沙子，而向吴军的甲板上撒豆子，豆子上沾满了战斗中流的血，吴军士卒踩上这些豆子都摔得四脚朝天。钱传瓘于是放火焚烧吴国船队，结果吴军大败。彭彦章拼杀十分用力，武器用坏后又抓起木头继续抵抗，身上有数十处受伤，陈汾按兵不动，不前来救援；彭彦章知道免不了一死，于是自杀了。钱传瓘共计俘虏了吴军副将七十人，斩杀了一千多人，焚毁敌战船四百艘。吴国人后来诛杀了陈汾，没收了他的全部家产，将其中的一半赐给了彭彦章的家属，并给彭彦章的妻子儿女以终身抚恤。

贺瓌进攻德胜南城，分兵多路一起推进，用竹索把十多艘战船连接在一起，蒙上生牛皮，并且像城墙一样在上面设置了防御敌军进攻的短墙和木栅栏，把它们横在黄河上，用以阻断晋军救兵，使他们无法渡过黄河。晋王亲自率兵前来救援，列阵于黄河北岸，但无法前进；于是派遣善于游泳的马破龙泅过河去到南城，见守将氏延赏，氏延赏对他说这里的弓箭和石块马上就要用完了，城池不用多久就要陷落。晋王在军营门前堆了大批金银布帛，悬赏招募能够击破梁军战船的人；大家都不知道该怎么办才好，这时晋王的亲军将领李建及说："贺瓌率领他的全部人马而来，就是希望能打胜这一仗；如果我们的大军不渡过黄河，那么他们就要得逞。今天的事态，我李建及请求和他们拼死决个胜负。"说完，他就从晋王亲军效节都中挑选了敢死的士卒共三百人，都披上铠甲，拿着斧子，由李建及带领乘着小船向江中进发。快接近梁军战船的时候，迎面的流矢像雨点一样射向他们，李建及让拿斧子的士兵冲上战船，砍断连接战船的竹索，又用木罂装上柴草，浇上油点燃，从上游顺流下来，随后又用大战船载满士卒，大声呐喊着向梁军战船进攻。梁军连接战船的竹索被砍以后，战船顺着河水往下漂，士卒被烧死的和淹死的将近有一半，这时晋军才渡过了黄河。贺瓌突围逃跑，晋军在后面追击，一直追到濮州才收兵。贺瓌撤退驻守在行台村。

前蜀主命令天策府的各位将领们不得擅自离开驻防之地。五月初一日丁卯，左散旗军使王承谔、王承勋、王承会违犯命令，前蜀主都原谅了他们。从此以后前蜀主所颁布的禁令就行不通了。

楚军向荆南发起进攻，高季昌向吴国请求救援，吴国命令镇南节度使刘信等率领洪州、吉州、抚州、信州的步兵从浏阳进逼潭州，命令武昌节度使李简等率领水军进攻复州。刘信等大军到达潭州的东部边境，楚军就停止对荆南的进攻而撤退回去。李简等攻入复州，活捉了知州鲍唐。

六月，吴人败吴越兵于沙山。

秋，七月，吴越王镠遣钱传瓘将兵三万攻吴常州，徐温帅诸将拒之，右雄武统军陈璋以水军下海门出其后。壬申，战于无锡。会温病热，不能治军，吴越攻中军，飞矢雨集，镇海节度判官陈彦谦迁中军旗鼓于左，取貌类温者，擐甲胄，号令军事，温得少息。俄顷，疾稍间，出拒之。时久旱草枯，吴人乘风纵火，吴越兵乱，遂大败，杀其将何逢、吴建，斩首万级。传瓘遁去，追至山南，复败之。陈璋败吴越于香弯。

温募生获叛将陈绍者赏钱百万，指挥使崔彦章获之。绍勇而多谋，温复使之典兵。

初，衣锦之役，吴马军指挥曹筠叛奔吴越，徐温赦其妻子，厚遇之，遣间使告之曰："使汝不得志而去，吾之过也，汝无以妻子为念。"及是役，筠复奔吴。温自数昔日不用筠言者三，而不问筠去来之罪，归其田宅，复其军职。筠内愧而卒。

知诰请帅步卒二千，易吴越旗帜铠仗，蹑败卒而东，袭取苏州。温曰："尔策固善；然吾且求息兵，未暇如汝言也。"诸将皆以为："吴越所恃者舟楫，今大旱，水道涸，此天亡之时也，宜尽步骑之势，一举灭之。"温叹曰："天下离乱久矣，民困已甚，钱公亦未易可轻。若连兵不解，方为诸君之忧。今战胜以惧之，戢兵以怀之，使两地之民各安其业，君臣高枕，岂不乐哉！多杀何为？"遂引还。

吴越王镠见何逢马，悲不自胜，故将士心附之。宠姬郑氏父犯法当死，左右为之请，镠曰："岂可以一妇人乱我法。"出其女而斩之。镠自少在军中，夜未尝寐，倦极则就圆木小枕，或枕大铃，寐熟辄欹而寤，名曰"警枕"。置粉盘于卧内，有所记则书盘中，比老不倦。或寝方酣，外有白事者，令侍女振纸即寤。时弹铜丸于楼墙之外，以警直更者。尝微行，夜叩北城门，吏不肯启关，曰："虽大王来亦不可启。"乃自他门入。

六月，吴军在沙山打败吴越军。

秋季，七月，吴越王钱镠派遣钱传瓘率领三万名士兵进攻吴国常州，徐温率领各军将领进行抵御，右雄武统军陈璋率领水军从海门入海绕到了敌人后方。七月初七日壬申，两军在无锡交战。不巧这时徐温生病，不能指挥军队，吴越军就专门进攻徐温所在的中军，流矢像雨点一样密集，镇海节度判官陈彦谦于是把中军的旗鼓转移到了左军，又找了一个长相酷似徐温的人，穿上铠甲，在那里发号施令，这样徐温才稍微能够休息一下；很快，徐温的病好了一点，又出来指挥作战。当时长期干旱，草木枯萎，吴军就借着风势放起火来，吴越军队乱作一团，结果被打得大败。吴军杀死了吴越军将领何逢、吴建，斩杀吴越士兵一万名。钱传瓘逃走，吴军一直追击到山南，又把他打败了。陈璋在香弯也打败了吴越军队。

徐温招募能够活捉叛将陈绍的人，赏钱是一百万，结果指挥使崔彦章抓获了陈绍。陈绍这个人作战勇敢又有谋略，徐温又让他统领军队。

当初，在衣锦战役中，吴国的马军指挥曹筠叛变投奔吴越，徐温赦免了他的妻子儿女，反而对待他们很好，并且派去密使告诉曹筠说："让你不称心如意而离开吴国，这都是我的过错，你不必为妻子儿女操心。"在这次战役中，曹筠又回到了吴军。徐温再三地责备自己过去没有采纳曹筠建议的过错，却绝口不提及曹筠叛逃的罪过，并归还了他的田地房宅，恢复了他的军职。曹筠惭愧而死。

徐知诰请求率领两千名步兵，换上吴越军的旗帜、铠甲和仪仗，跟在吴越的败兵后面向东进发，偷袭苏州。徐温说："你的计策是很好的；但是我现在只想休兵，没有时间照你说的去做。"将领们都认为："吴越军队所依靠的主要是舟船，现在气候大旱，河道都干涸了，这是老天要灭亡他们的时候，我们应该发挥步兵和骑兵的优势，一举消灭他们。"徐温感叹地说："天下战乱已经很长时间了，老百姓够贫困的了，而且钱公也是不能轻易小看的；如果战争再延续不停的话，才正是各位所应担忧的事。现在我们打胜了让他们害怕，我们又停止继续进攻来怀柔他们，使两国的老百姓都能够安居乐业，君臣们都高枕无忧，难道不是好事吗？打仗多杀人又为的是什么？"于是就率军回去了。

吴越王钱镠看到何逢的战马回来了，万分悲伤，所以将士们都衷心拥戴他。他的宠姬郑氏的父亲违犯了法律应当处死，左右大臣们都替他求情，钱镠说："怎么能因为一个妇人就乱了我的国法！"于是把郑氏逐出宫去，然后把她的父亲处斩了。钱镠从小就在军旅中生活，夜里从未上床睡过觉，实在困极了就靠在一个用圆木做的小枕头上，或者枕在一个大铃上休息，睡熟后小木枕或大铃一斜他就会醒过来，他把这种枕头叫作"警枕"。又在卧房内放置了一个粉盘，有什么事情要记下来的话

明日，召北门吏，厚赐之。

丙戌，吴王立其弟濛为庐江郡公，溥为丹阳郡公，浔为新安郡公，澈为鄱阳郡公，子继明为庐陵郡公。

（以上为第十五段，写吴徐温大败吴越王钱镠，得胜退兵，和合两国。）

晋王归晋阳，以巡官冯道为掌书记。中门使郭崇韬以诸将陪食者众，请省其数。王怒曰："孤为效死者设食，亦不得专，可令军中别择河北帅，孤自归太原！"即召冯道令草词以示众。道执笔逡巡不为，曰："大王方平河南，定天下，崇韬所请未至大过，大王不从可矣，何必以此惊动远近，使敌国闻之，谓大王君臣不和，非所以隆威望也。"会崇韬入谢，王乃止。

初，唐灭高丽，天祐初，高丽石窟寺眇僧躬乂，聚众据开州称王，号大封国，至是，遣佐良尉金立奇入贡于吴。

八月，乙未朔，宣义节度使贺瓌卒。以开封尹王瓒为北面行营招讨使。瓒将兵五万，自黎阳渡河掩击澶、魏，至顿丘，遇晋兵而旋。瓒为治严，令行禁止，据晋人上游十八里杨村，夹河筑垒，运洛阳竹木造浮桥，自滑州馈运相继。晋蕃汉马步副总管、振武节度使李存进亦造浮梁于德胜，或曰："浮梁须竹笮、铁牛、石囷，我皆无之，何以能成！"存进不听，以苇笮维巨舰，系于土山巨木，逾月而成，人服其智。

吴徐温遣使以吴王书归无锡之俘于吴越，吴越王镠亦遣使请和于吴。自是吴国休兵息民，三十余州民乐业者二十余年。吴王及徐温屡遗吴越王镠书，劝镠自王其国，镠不从。

就写在盘子里，一直到老都是这样孜孜不倦。有时候睡得正熟，外面有人来报告事情，侍女抖动一下纸张就能醒过来。有时他把铜丸弹射到楼墙外面去，以提醒打更的人提高警觉。有一次他微服出行，半夜里回来要敲开北城门，守门的官吏不肯开门，说："就是大王来了也不能开。"于是他只好从另一个城门进城。第二天，他把北城门的官吏召来，给了其很丰厚的赏赐。

七月二十一日丙戌，吴王封他的弟弟杨濛为庐江郡公，杨溥为丹阳郡公，杨浔为新安郡公，杨澈为鄱阳郡公，儿子杨继明为庐陵郡公。

晋王回到晋阳，任命巡官冯道为掌书记。中门使郭崇韬认为陪晋王吃饭的人太多了，请求减少一些人数。晋王听了生气地说："我为打仗不怕死的将领们准备一点饭菜，难道也做不了主吗？那干脆让军中另外推选一个河北的主帅吧，我自己回太原去好了！"说完就把冯道召来让他草拟告示通知大家。冯道拿着笔迟疑徘徊，一直没有写，说："大王正要平定河南，安定天下，郭崇韬所请求的也不算是大的过错；大王不听他的也就算了，何必拿这件小事去惊动远近的部属呢？如果让敌国知道了，就会说大王君臣不和，这恐怕不是扩大威望的做法。"正巧这时郭崇韬又进来赔罪，晋王只好作罢。

当初，唐朝灭了高丽，天祐初年，高丽石窟寺的独眼和尚躬义聚集了一批部众占据开州在那里自称为王，国号大封，到了这个时候，就派佐良尉金立奇来向吴国入贡。

八月初一日乙未，宣义节度使贺瓌去世。任命开封尹王瓒为北面行营招讨使。王瓒率领了五万名军队，从黎阳渡过黄河准备奇袭澶州、魏州，在攻打顿丘时，发现晋军有了准备才把军队撤了回来。王瓒治军非常严格，令行禁止，占据了晋军德胜城上游十八里处的杨村，在黄河的两岸修筑了营垒，从洛阳运来竹子、木材搭造浮桥，从滑州接连不断地运来粮饷。晋国蕃汉马步副总管、振武节度使李存进也要在德胜渡建造浮桥，有人劝他说："建浮桥需要竹笮、铁牛和石囷，而这些东西我们都没有，怎么能建成浮桥！"李存进不听这些人的话，他用芦苇做成的绳索拴住大战船，另一头则固定在土山的大树上，一个多月时间浮桥就修成了，大家都很佩服他的聪明。

吴国徐温派遣使者带着吴王的信把无锡战役中的俘虏送到吴越去，吴越王钱镠也派遣使者来吴国请求和好。从此以后，吴国罢兵，老百姓也得以休养生息，三十多个州的老百姓得以安居乐业长达二十多年。吴王和徐温多次写信给吴越王钱镠，

九月，丙寅，诏削刘岩官爵，命吴越王镠讨之。镠虽受命，竟不行。

吴庐江公濛有材气，常叹曰："我国家而为他人所有，可乎！"徐温闻而恶之。

（以上为第十六段，写梁晋双方大战后各自休整。吴与吴越两国和好。）

劝钱镠在吴越称王；钱镠没有听从他们的意见。

九月初二日丙寅，后梁末帝下诏书削去刘岩的官爵，并且命令吴越王钱镠去讨伐他。钱镠虽然表面上接受了这项命令，但是实际上并没有采取什么行动。

吴国的庐江郡公杨濛很有才气，他常常感叹地说："我们的国和家竟被外姓人所把持，这怎么可以呢？"徐温知道这话后，就对杨濛怀恨在心。

【点评】

本卷点评两件史事：晋将李嗣源大破契丹军；吴国与吴越大战，徐温得胜退兵。

一、李嗣源大破契丹军。后梁末帝贞明三年（917），契丹南侵，助后梁攻打晋王，围困幽州半年有余。晋王李存勖派李存审、李嗣源、阎宝率步骑七万往救。主将为李存审，李嗣源为先锋。晋军骑兵少步兵多，而契丹军十余万皆为骑兵。两军若在旷野相遇，步兵不敌骑兵，晋军必败无疑。晋军于是从山路秘密靠近幽州。贞明三年八月十七日，晋军从易州出发，沿着山路向幽州推进。经过七天的急行军，到八月二十三日，在离幽州还有六十里的地方与契丹军相遇。晋军的出其不意，使契丹军惊恐后退。契丹军派一万骑兵拦截晋军。李嗣源率领三千骑兵与契丹骑兵在山口对峙。契丹军挡住了晋军的出路，由于敌众我寡，被堵在山口的晋军被吓得面无人色。在这危急关头，李嗣源挺身而出，组织了一百多名敢死骑兵，亲自率领他们冲击契丹军。两强相遇勇者胜。李嗣源脱掉头盔，表达出决一死战的气势，用契丹语斥责契丹军说："你们无故侵犯我们疆土，我奉晋王命令，率领百万大军，要灭掉你们。"说话间，李嗣源挥动木檛，冲入契丹军中，斩杀酋长一名。晋军乘势冲击，杀退堵截山口的契丹骑兵，冲出山口。七万晋军乘胜追击，与幽州守军里应外合，大败契丹军。由于李嗣源冲击山口之战的胜利，大长晋军士气，灭了契丹军的威风，奠定了大胜的基础。所以这次战斗史称李嗣源破契丹于幽州。《孙子兵法》说多算胜少算。李存审的前后谋划也是取胜的重要因素。

二、吴国与吴越大战，徐温得胜退兵。后梁末帝贞明五年（919）四月至七月，割据淮南的吴国与割据钱塘、吴中的吴越展开大战。先是吴越军大胜，随后吴军占据上风。七月，吴军统帅徐温在常州大破吴越军，三万吴越军全军覆没。徐温养子徐知诰请求率领两千步兵，化装成吴越军，奔袭苏州，意欲一举灭掉吴越。徐温没有准许，因为当时正值天旱，饥民遍地，如果战事延长，势必令百姓遭殃。徐温以此为由，下令退军，是十分英明的战略决策。当时吴越王钱镠是创业之主，英勇善战，割据一方已经二十余年，未可轻易破灭。徐温见好就收，得胜退军，占了道义制高点，赢得民心，为其养子徐知诰日后夺取吴国政权，建立南唐打下了基础。所以徐温是一时人杰。

后梁纪六

后梁均王贞明五年至龙德二年（919—922年）

【起屠维单阏（己卯，919年）十月，尽玄默敦牂（壬午，922年），凡三年有奇】

【大事提要】

本卷记事起公元919年十月，讫公元922年，凡三年又三个月。当后梁末帝贞明五年十月至龙德二年。此三年间，主要战争仍是晋梁双方夹河大战，势均力敌。后梁末帝甘听群小之言，处事不当逼反冀王朱友谦，失河中之地，国势日衰。河北成德镇将杀赵王镕，投附后梁，后梁末帝坐视不救，丧失了收复河北诸镇的一次大好时机。契丹南下，为晋王所败，晋王乘势破镇州，打破均势，晋王取得了对后梁的压倒优势，谋称帝，张承业因谏不听，张承业忧郁而死。南方吴、闽、南汉、吴越诸国保境安民。吴国徐温忠于旧主，奉杨溥即吴王位，祀南郊。前蜀主王衍轻启边衅伐岐，骄奢淫逸，荒于政务，民心尽失。

【原文】

均王下

贞明五年（己卯，919 年）

冬，十月，出濛为楚州团练使。

晋王如魏州，发徒数万，广德胜北城，日与梁人争，大小百余战，互有胜负。左射军使石敬瑭与梁人战于河壖，梁人击敬瑭，断其马甲，横冲兵马使刘知远以所乘马授之，自乘断甲者徐行为殿。梁人疑有伏，不敢追，俱得免，敬瑭以是亲爱之。敬瑭、知远，其先皆沙陀人。敬瑭，李嗣源之婿也。

刘鄩围张万进于兖州经年，城中危窘，晋王方与梁人战河上，力不能救。万进遣亲将刘处让乞师于晋，晋王未之许，处让于军门截耳曰："苟不得请，生不如死！"晋王义之，将为出兵，会鄩已屠兖州，族万进，乃止。以处让为行台左骁卫将军。处让，沧州人也。

十一月，吴武宁节度使张崇寇安州。

丁丑，以刘鄩为泰宁节度使、同平章事。

辛卯，王瓒引兵至戚城，与李嗣源战，不利。

梁筑垒贮粮于潘张，距杨村五十里。十二月，晋王自将骑兵自河南岸西上，邀其饷者，俘获而还。梁人伏兵于要路，晋兵大败。晋王以数骑走，梁数百骑围之，李绍荣识其旗，单骑奋击救之，仅免。戊戌，晋王复与王瓒战于河南，瓒先胜，获晋将石君立等。既而大败，乘小舟渡河，走保北城，失亡万计。帝闻石君立勇，欲将之，系于狱而厚饷之，使人诱之。君立曰："我晋之败将，而为用于梁，虽竭诚效死，谁则信之！人各有君，何忍反为仇雠用哉！"帝犹惜之，尽杀所获晋将，独置君立。晋王乘胜遂拔濮阳。帝召王瓒还，以天平节度使戴思远代为北面招讨使，屯河上以拒晋人。

【语译】

均王下

后梁均王贞明五年（己卯，919年）

冬季，十月，吴国派杨濛出任楚州团练使。

晋王到魏州，征调了几万名民工，扩建德胜北城，每天都和梁军进行争夺战，大大小小打了一百多仗，双方各有胜负。左射军使石敬瑭和梁军在黄河边大战，梁军攻击石敬瑭，砍断了他的战马的披甲，横冲兵马使刘知远把自己所骑的战马让给了石敬瑭，而自己却换上了那匹断了甲的马慢慢地走在队伍的最后面掩护撤退；梁军怀疑前面有埋伏，没敢追得太紧，于是两人都幸免于难，石敬瑭从此以后就非常喜爱刘知远了。石敬瑭、刘知远，他们的祖先都是沙陀人。石敬瑭是李嗣源的女婿。

刘鄩围攻兖州的张万进已经有一年多时间了，城里面的情况非常危急，晋王这时正和梁军在黄河一线作战，没有力量前来救援。张万进派遣他的亲信将领刘处让来向晋王请求援兵，晋王没有答应，刘处让在军营门口割下自己的耳朵，说："如果请不到救兵，活着还不如死了的好！"晋王被他的义气所感动，答应准备出兵救援，这时得知刘鄩已经对兖州屠城，并且杀了张万进全家，才停止出兵。晋王任命刘处让为行台左骁卫将军。刘处让是沧州人。

十一月，吴国武宁节度使张崇入侵安州。

十一月十三日丁丑，后梁末帝任命刘鄩为泰宁节度使、同平章事。

十一月二十七日辛卯，王瓒率兵到达戚城，与李嗣源交战，没有取得胜利。

梁军在潘张修筑营垒，储备粮食，这里距离杨村有五十里路。十二月，晋王亲自率领骑兵从黄河南岸向西行进，拦截梁军的粮饷，缴获了粮饷就要回去；梁军在他们回去的要道上设下了埋伏，结果晋军被打得大败。晋王带领几名骑兵想逃走，却被梁军的几百名骑兵团团包围，李绍荣认出晋王的旗帜，就单枪匹马冲入重围前往救驾，晋王这才勉强脱身。十二月初五日戊戌，晋王又和王瓒在黄河南岸交战，开始是王瓒取胜，俘虏了晋军将领石君立等人，不久王瓒又被打得大败，只得乘小船渡过黄河，逃到杨村北城坚守，这次战役梁军损失的兵马数以万计。后梁末帝听说石君立作战非常勇敢，就想让他做梁军的将领，于是把他关在监狱里，给予他优厚的待遇，并派人劝说他归顺。石君立说："我是晋国的败军之将，如果被梁人任用，就算是尽忠报效，又有谁能相信我呢？每个人都有自己的君主，我怎能容忍被仇敌所利用呢！"后梁末帝还是很爱惜他，把所俘虏的晋军将领全都杀了，唯独留下了石君立。晋王乘胜进军，一举攻下了濮阳。后梁末帝把王瓒召了回来，任命天平节度使戴思远代替他担任北面招讨使，驻扎在黄河边以抵御晋军。

己酉，蜀雄武节度使兼中书令王宗朗有罪，削夺官爵，复其姓名曰全师朗，命武定节度使兼中书令桑弘志讨之。

吴禁民私畜兵器，盗贼益繁。御史台主簿京兆卢枢上言："今四方分争，宜教民战。且善人畏法禁而奸民弄干戈，是欲偃武而反招盗也。宜团结民兵，使之习战，自卫乡里。"从之。

（以上为第一段，写梁晋两军夹黄河两岸拉锯大战，互有胜败。）

六年（庚辰，920年）

春，正月，戊辰，蜀桑弘志克金州，执全师朗，献于成都，蜀主释之。

吴张崇攻安州，不克而还。

崇在庐州，贪暴不法。庐江民讼县令受赇，徐知诰遣侍御史知杂事杨廷式往按之，欲以威崇，廷式曰："杂端推事，其体至重，职业不可不行。"知诰曰："何如？"廷式曰："械系张崇，使吏如昇州，簿责都统。"知诰曰："所按者县令耳，何至于是！"廷式曰："县令微官，张崇使之取民财转献都统耳，岂可舍大而诘小乎？"知诰谢之曰："固知小事不足相烦。"以是益重之。廷式，泉州人也。

晋王自得魏州，以李建及为魏博内外牙都将，将银枪效节都。建及为人忠壮，所得赏赐，悉分士卒，与同甘苦，故能得其死力，所向立功，同列疾之。宦者韦令图监建及军，谮于晋王曰："建及以私财骤施，此其志不小，不可使将牙兵。"王疑之。建及知之，行之自若。三月，王罢建及军职，以为代州刺史。

汉杨洞潜请立学校，开贡举，设铨选，汉主岩从之。

夏，四月，乙亥，以尚书左丞李琪为中书侍郎、同平章事。琪，珽之弟也，性疏俊，挟赵岩、张汉杰之势，颇通贿赂。萧顷与琪同为相，顷谨密而阴伺琪短。久之，有以摄官求仕者，琪辄改摄为守，顷奏之。

十二月十六日己酉，前蜀雄武节度使兼中书令王宗朗犯了罪，前蜀主解除了他的官职和爵位，恢复了他原来的姓名叫全师朗，并且命令武定节度使兼中书令桑弘志率兵前去讨伐他。

吴国禁止民间私藏兵器，但是盗贼却越来越多。御史台主簿京兆人卢枢上奏说："现在天下纷争，应该教老百姓熟悉战争。况且善良的人害怕触犯法律，而奸诈之徒却照样可以舞刀弄枪，这是想停止争斗却反而招致盗贼横行。应该团结民间的兵力，让他们熟悉战争，各自保卫自己的家乡。"吴王采纳了他的建议。

后梁均王贞明六年（庚辰，920年）

春季，正月初五日戊辰，前蜀的桑弘志攻克了金州，活捉了全师朗，送到成都，前蜀主把他释放了。

吴国的张崇进攻安州，没攻下就率兵撤了回去。

张崇在庐州任职期间，贪婪残暴，不守法纪。庐江县的老百姓上诉控告县令有收受贿赂的行为，徐知诰派遣侍御史知杂事杨廷式前往查处，准备借此吓唬一下张崇。杨廷式说："杂端出面查处案件，身份是很贵重的了，职权和责任不能不认真履行。"徐知诰问道："你要怎么办才好？"杨廷式说："把张崇戴上刑具关押起来，派官员到昇州去，也好责问一下都统。"徐知诰说："所查处的只不过是一个小小的县令罢了。何必要这样兴师动众呢？"杨廷式说："县令虽然是个微不足道的小官，但张崇却让他榨取民财转献给都统，怎么可以不管大官而去专门追究小吏呢？"徐知诰抱歉地说："本来我就知道小事情是不会麻烦你的。"通过这件事，徐知诰就更加器重杨廷式了。杨廷式是泉州人。

晋王自从取得魏州以后，就任命李建及为内外牙都将，统率近卫军银枪效节都。李建及为人忠诚豪壮，从来都是把自己得到的赏赐，全部分给部下士卒，和他们同甘共苦，所以能得到他们的拼死效力，每次出战都能立功，但是也遭到了同僚们的妒忌。宦者韦令图任李建及部的监军，他在晋王面前谗毁李建及说："李建及把个人的财物拼命地施舍给部下，这个人的野心不小，不能让他统领近卫军了。"从此晋王对李建及产生了怀疑；李建及知道这事情后，一举一动仍然像没事的一样。三月，晋王免去了李建及的军职，任命他为代州刺史。

南汉杨洞潜奏请建立学校，开科取士，设立铨叙选拔制度；南汉主刘岩听从了他的建议。

夏季，四月，乙亥日，后梁末帝任命尚书左丞李琪为中书侍郎、同平章事。李琪是李珽的弟弟，性情放达随意，依仗着赵岩、张汉杰的势力，收了不少贿赂。萧顷和李琪同时担任宰相，萧顷处事谨慎细心，却暗地里在捕捉李琪的短处。过了很

帝大怒，欲流琪远方，赵、张左右之，止罢为太子少保。

河中节度使冀王友谦以兵袭取同州，逐忠武节度使程全晖，全晖奔大梁。友谦以其子令德为忠武留后，表求节钺，帝怒，不许。既而惧友谦怨望，己酉，以友谦兼忠武节度使。制下，友谦已求节钺于晋王，晋王以墨制除令德忠武节度使。

（以上为第二段，写晋王听宦者之言而猜疑忠臣，梁末帝纲纪不整。）

吴宣王重厚恭恪，徐温父子专政，王未尝有不平之意形于言色，温以是安之。及建国称制，尤非所乐，多沉饮鲜食，遂成寝疾。

五月，温自金陵入朝，议当为嗣者。或希温意言曰："蜀先主谓武侯：'嗣子不才，君宜自取。'"温正色曰："吾果有意取之，当在诛张颢之初，岂至今日邪！使杨氏无男，有女亦当立之。敢妄言者斩！"乃以王命迎丹杨公溥监国，徙溥兄濛为舒州团练使。

己丑，宣王殂。六月，戊申，溥即吴王位。尊母王氏曰太妃。

丁巳，蜀以司徒兼门下侍郎、同平章事周庠同平章事，充永平节度使。

帝以泰宁节度使刘鄩为河东道招讨使，帅感化节度使尹皓、静胜节度使温昭图、庄宅使段凝攻同州。

闰月，庚申朔，蜀主作高祖原庙于万里桥，帅后妃、百官用亵味作鼓吹祭之。华阳尉张士乔上疏谏，以为非礼，蜀主怒，欲诛之，太后以为不可，乃削官流黎州，士乔感愤，赴水死。

刘鄩等围同州，朱友谦求救于晋。秋，七月，晋王遣李存审、李嗣昭、李建及、慈州刺史李存质将兵救之。

乙卯，蜀主下诏北巡，以礼部尚书兼成都尹长安韩昭为文思殿大学士，位在翰林承旨上。昭无文学，以便佞得幸，出入宫禁，就蜀主乞通、

长一段时间，有个担任代理官职的人请求正式派任，李琪收了贿赂之后马上就把代理改为正式派任，萧顷把这件事上奏给了后梁末帝。后梁末帝非常生气，准备把李琪流放到远方去，赵岩、张汉杰在旁边帮助说情，最后才未流放，降为太子少保。

河中节度使冀王朱友谦率兵偷袭夺取了同州，赶走了忠武节度使程全晖，程全晖只得逃到大梁。朱友谦让他的儿子朱令德担任忠武节度留后，并上表请求后梁末帝赐给他符节和斧钺，后梁末帝十分恼怒，没有答应他的要求。后来又害怕朱友谦心怀不满，四月十七日己酉，任命朱友谦兼任忠武节度使。就在后梁末帝任命诏书颁布下来的时候，朱友谦已经另外向晋王请求符节和斧钺了，于是晋王直接发出手令任命朱令德为忠武节度使。

吴宣王为人厚道谦恭，徐温父子把持朝政，吴宣王从来没有把心中不满的意思表现在言行举止上，徐温因此也就对他很放心。到了建国称帝以后，吴宣王的心里就更加郁郁不乐，经常沉湎于饮酒，很少吃饭，终于卧病在床了。

五月，徐温从金陵入京朝见，参预商议谁可以为嗣君。有人迎合徐温的心思说："蜀先主刘备曾对诸葛武侯说：'嗣子如果不成器的话，先生可以自代王位。'"徐温严肃地说："我如果真有心想取代王位的话，早在诛杀张颢的时候就应该这样干了，哪还要等到今天！假如杨氏没有儿子，就是有女儿也应该拥立她即位。今后再有敢胡言乱语的，一定处斩！"于是根据吴宣王的命令迎接丹阳公杨溥入京监国，与此同时，把杨溥的哥哥杨濛调到舒州任团练使。

五月二十八日乙丑，吴宣王去世。六月十八日戊申，杨溥登基为吴王，尊奉他的母亲王氏为太妃。

六月二十七日丁巳，前蜀主任命司徒兼门下侍郎、同平章事周庠参议国事，并且让他担任永平节度使。

后梁末帝任命泰宁节度使刘鄩为河东道招讨使，率领感化节度使尹皓、静胜节度使温昭图、庄宅使段凝一起攻打同州。

闰六月初一日庚申，前蜀主在万里桥修建了高祖原庙，率领后妃、百官用平日在宫廷中食用的家常美味并演奏鼓乐来祭祀高祖。华阳县尉张士乔上书劝谏，认为这样做不合乎礼仪，前蜀主听后很生气，要杀他，太后认为不能杀，于是就把他削去官职，流放到黎州，张士乔很感慨激愤，就投水自杀了。

刘鄩等包围了同州，朱友谦向晋国请求救援。秋季，七月，晋王派遣李存审、李建及、慈州刺史李存质率兵前去救援。

闰六月二十六日乙卯，前蜀主颁布诏书要亲自北征，任命礼部尚书兼成都尹长安人韩昭为文思殿大学士，地位在翰林承旨之上。韩昭不学无术，只是因为善于阿

渠、巴、集数州刺史卖之以营居第，蜀主许之。识者知蜀之将亡。

八月，戊辰，蜀主发成都，被金甲，冠珠帽，执弓矢而行，旌旗兵甲，亘百余里。雒令段融上言：“不宜远离都邑，当委大臣征讨。”不从。九月，次安远城。

（以上为第三段，写吴国徐温忠于旧主，立杨溥即吴王位。蜀主王衍亲任小人，荒于政务。）

李存审等至河中，即日济河。梁人素轻河中兵，每战必穷追不置。存审选精甲二百，杂河中兵，直压刘鄩垒，鄩出千骑逐之，知晋人已至，大惊，自是不敢轻出。晋人军于朝邑。

河中事梁久，将士皆持两端。诸军大集，刍粟踊贵，友谦诸子说友谦且归款于梁，以退其师，友谦曰：“昔晋王亲赴吾急，秉烛夜战。今方与梁相拒，又命将星行，分我资粮，岂可负邪！”

晋人分兵攻华州，坏其外城。李存审等按兵累旬，乃进逼刘鄩营，鄩等悉众出战，大败，收余众退保罗文寨。又旬余，存审谓李嗣昭曰：“兽穷则搏，不如开其走路，然后击之。”乃遣人牧马于沙苑。鄩等宵遁，追击至渭水，又破之，杀获甚众。存审等移檄告谕关右，引兵略地至下邽，谒唐帝陵，哭之而还。

河中兵进攻崇州，静胜节度使温昭图甚惧。帝使供奉官窦维说之曰：“公所有者华原、美原两县耳，虽名节度使，实一镇将，比之雄藩，岂可同日语也，公有意欲之乎？”昭图曰：“然。”维曰：“当为公图之。”即教昭图表求移镇，帝以汝州防御使华温琪权知静胜留后。

（以上为第四段，写冀王朱友谦叛梁附晋，梁国势益衰。）

冬，十月，辛酉，蜀主如武定军，数日，复还安远。

十一月，戊子朔，蜀主以兼侍中王宗俦为山南节度使、西北面都招

谀逢迎而博得前蜀主的宠信，能随时出入宫禁，他向前蜀主乞求拿通州、渠州、巴州、集州的刺史官职来卖钱，用来修建自己的住宅，前蜀主答应了他的要求。有识之士都意识到前蜀快要灭亡了。

八月初十日戊辰，前蜀主从成都出发，只见他身披金甲，头戴珠帽，手拿弓箭而行，随从的旌旗人马，连绵有一百多里长。雒县县令段融上奏说："大王不适宜远离京城，应当委派大臣前去征讨。"前蜀主没听他的。九月，军队驻扎在安远城。

李存审等人到达河中，当天就渡过黄河。梁军一向轻视河中的军队，每次交战都要穷追不舍。这次李存审挑选了二百名精兵，混杂在河中军的士兵中，直逼刘鄩的营垒，刘鄩出动一千名骑兵出营追击；交战中发现晋军已经来到，大吃一惊，从此再也不敢轻易出动了。晋军驻扎在朝邑。

河中归顺后梁的时间已经很长，所以将士们都脚踏两只船。现在各路兵马都云集在这里，以致粮草价格飞涨，朱友谦的几个儿子劝说朱友谦暂时向后梁归顺，以此来让梁军撤退，朱友谦说："从前和康怀贞作战时，晋王亲自率兵来解救我们的危难，挑灯夜战。现在我们正和梁军相持，晋王又命令将帅们披星戴月赶来救援，并且还用他们的物资粮食援助我们，我们怎么能够对不起他们呢？"

晋军分兵攻打华州，毁掉了华州的外城。李存审等人按兵不动有几十天以后，才出兵进逼刘鄩的营垒，刘鄩等人率领全部人马迎战，结果被打得大败，只好收拾剩余部队退守罗文寨。又过十来天，李存审对李嗣昭说："野兽被逼急了是会拼死搏斗的，不如放开一条路让他们逃走，然后再从后面追击他们。"于是派出人到沙苑去放马。刘鄩等乘着夜色逃走，晋军一直追击到渭水，又把梁军打败了，斩杀和俘虏了很多人。李存审等移送檄文通告关右，并且率领军队攻占了很多地方，一直到下邽，拜谒了唐朝皇帝的陵墓，在陵前哭祭了一番之后才率军回去。

河中的军队向崇州发起进攻，静胜节度使温昭图十分害怕。后梁末帝派供奉官窦维向他游说说："您所管辖的只不过是华原、美原两个县而已，虽然您名义上是节度使，其实只是一名镇将，比起别的大藩镇，哪能同日而语呢，您是否有意换个大藩镇？"温昭图说："那当然。"窦维说："我来为您想个办法。"随即就让温昭图上书请求换个地方镇守，后梁末帝于是任命汝州防御使华温琪暂时代理静胜节度留后。

冬季，十月初三日辛酉，蜀主到达武定军，几天后，又回到安远城。

十一月初一日戊子，蜀主任命兼侍中王宗俦为山南节度使、西北面都招讨、行

讨、行营安抚使，天雄节度使、同平章事王宗昱、永宁军使王宗晏、左神勇军使王宗信为三招讨以副之，将兵伐岐。出故关，壁于咸宜，入良原。丁酉，王宗俦攻陇州，岐王自将万五千人屯汧阳。癸卯，蜀将陈彦威出散关，败岐兵于箭筈岭，蜀兵食尽，引还。宗昱屯秦州，宗俦屯上邽，宗晏、宗信屯威武城。

庚戌，蜀主发安远城，十二月，庚申，至利州，阆州团练使林思谔来朝，请幸所治，从之。癸亥，泛江而下，龙舟画舸，辉映江渚，州县供办，民始愁怨。壬申，至阆州，州民何康女色美，将嫁，蜀主取之，赐其夫家帛百匹，夫一恸而卒。癸未，至梓州。

（以上为第五段，写蜀主王衍轻启边衅伐岐，又骄奢淫逸，军民怨愤。）

赵王镕自恃累世镇成德，得赵人心，生长富贵，雍容自逸，治府第园沼，极一时之盛，多事嬉游，不亲政事，事皆仰成于僚佐，深居府第，权移左右，行军司马李蔼、宦者李弘规用事于中外，宦者石希蒙尤以谄谀得幸。

初，刘仁恭使牙将张文礼从其子守文镇沧州，守文诣幽州省其父，文礼于后据城作乱，沧人讨之，奔镇州。文礼好夸诞，自言知兵，赵王镕奇之，养以为子，更名德明，悉以军事委之。德明将行营兵从晋王，镕欲寄以腹心，使都指挥使符习代还，以为防城使。

镕晚年好事佛及求仙，专讲佛经，受符箓，广斋醮，合炼仙丹。盛饰馆宇于西山，每往游之。登山临水，数月方归，将佐士卒陪从者常不下万人，往来供顿，军民皆苦之。是月，自西山还，宿鹘营庄，石希蒙劝王复之他所。李弘规言于王曰："晋王夹河血战，栉风沐雨，亲冒矢石，而王专以供军之资奉不急之费。且时方艰难，人心难测，王久虚府第，远出游从，万一有奸人为变，闭关相距，将若之何？"王将归，希蒙密言于王曰："弘规妄生猜间，出不逊语以劫胁王，专欲夸大于外，长威福耳。"王遂留，信宿无归志。弘规乃教内牙都将苏汉衡帅亲军，擐甲

营安抚使，任命天雄节度使、同平章事王宗昱，永宁军使王宗晏，左神勇军使王宗信为三位招讨以辅佐王宗俦，率兵讨伐岐国，他们出故关，在咸宜修筑壁垒，之后又进入良原县。十一月初十日丁酉，王宗俦进攻陇州，岐王亲自率领一万五千人驻扎在汧阳。十一月十六日癸卯，蜀军将领陈彦威从散关出兵，在箭筈岭打败了岐军，因为蜀军的粮食吃完了，只好把军队撤了回去。王宗昱驻扎在泰州，王宗俦驻扎在上邽，王宗晏和王宗信驻扎在威武城。

十一月二十三日庚戌，前蜀主从安远城出发；十二月初三日庚申，到达利州，阆州团练使林思谔前来朝见，请求前蜀主巡幸阆州，前蜀主答应了他的请求。十二月初六日癸亥，乘船顺嘉陵江而下，龙舟彩船金碧辉煌，映照得江的两岸非常壮观，所经州县操办供给劳民伤财，老百姓开始愁苦抱怨起来。十二月十五日壬申，蜀主一行到达阆州，州民何康的女儿长得非常漂亮，马上就要出嫁了，前蜀主就把她强夺了过来，然后赏赐给他的未婚夫家一百匹丝帛，那个未婚夫不久在极其悲愤中死了。十二月二十六日癸未，前蜀主到达梓州。

赵王王镕依仗着世代都镇守成德，深得赵地的人心，生长在富贵的环境中，仪态从容温雅，悠然自得。他所修建的府第园池，在当时是第一流的。他经常游玩，不问政事，一切政事都依靠幕僚助手们去处理，深居在自己的府第中，把大权都交给身边的大臣们，行军司马李蔼、宦官李弘规掌管王府内外的事务，而宦官石希蒙则完全是因为拍马奉承得到赵王的宠爱。

起初，刘仁恭派遣部将张文礼随他的儿子刘守文去镇守沧州，刘守文到幽州去看望父亲时，张文礼随后就占据了沧州城发动叛乱，沧州的人讨伐他，于是他就逃到了镇州。张文礼喜欢吹牛说大话，宣称自己通晓军事，赵王王镕很看重他，就把他收为养子，改名字叫王德明，把全部的军事都委托给他。王德明率领行营的军队跟随晋王南征，王镕想把他当作心腹之人，于是就派都指挥使符习前去把王德明替代回来，回来后被任命为防城使。

王镕晚年喜欢拜佛求仙，专门请人讲习佛经，学习道家的符箓，广设斋坛向神佛祈祷，修炼仙丹，在西山把馆宇装饰得非常华丽，经常去那里游玩。他一出去游山玩水，往往几个月才回来，随行陪从的将士常常不少于一万人，来来往往供应挥霍耗资巨大，军民们都深受其苦。这个月，王镕从西山回来，住宿在鹘营庄，石希蒙劝说赵王再到别的地方去玩；李弘规对赵王说："晋王正在黄河两岸和梁军血战，栉风沐雨，迎着箭石身先士卒，而大王您却把供应军需的物资挪用于不急的花费上面。况且眼下正处在艰难困苦时期，人心难测，大王又是长期在外不归府第，远出游玩，万一有奸人乘机叛乱，封锁城门和我们对抗，那么该怎么办呢？"赵王听了

拔刃，诣帐前白王曰："士卒暴露已久，愿从王归！"弘规因进言曰："石希蒙劝王游从不已，且闻欲阴谋弑逆，请诛之以谢众。"王不听，牙兵遂大噪，斩希蒙首，诉于前。王怒且惧，亟归府。是夕，遣其长子副大使昭祚与王德明将兵围弘规及李蔼之第，族诛之，连坐者数十家。又杀苏汉衡，收其党与，穷治反状，亲军大恐。

（以上为第六段，写成德赵王镕骄奢纵欲，亲佞滥杀。）

吴金陵城成，陈彦谦上费用册籍，徐温曰："吾既任公，不复会计。"悉焚之。

初，闽王审知承制加其从子泉州刺史延彬领平卢节度使。延彬治泉州十七年，吏民安之。会得白鹿及紫芝，僧浩源以为王者之符，延彬由是骄纵，密遣使浮海入贡，求为泉州节度使。事觉，审知诛浩源及其党，黜延彬归私第。

汉主岩遣使通好于蜀。

吴越王镠遣使为其子传琇求婚于楚，楚王殷许之。

（以上为第七段，写南方吴、闽、南汉、吴越诸国事务。）

龙德元年（辛巳，921 年）

春，正月，甲午，蜀主还成都。

初，蜀主之为太子，高祖为聘兵部尚书高知言女为妃，无宠，及韦妃入宫，尤见疏薄，至是遣还家，知言惊仆，不食而卒。韦妃者，徐耕之孙也，有殊色，蜀主适徐氏，见而悦之，太后因纳于后宫，蜀主不欲聚于母族，托云韦昭度之孙。初为婕妤，累加元妃。

蜀主常列锦步障，击毬其中，往往远适而外人不知。爇诸香，昼夜

这番话后正准备回去，石希蒙却偷偷地对赵王说："李弘规凭空猜疑，挑拨离间，口出不逊之言来胁迫大王，一心只想夸大其词在外面造声势，借以增加自己的威望。"赵王于是又留了下来，接连住了几天都没有回去的意思。李弘规于是让内牙都将苏汉衡率领亲兵，穿着盔甲拔出兵刃，到军帐前对赵王说："士卒们离家在外风吹日晒已经很久了，都想跟大王一起回去！"李弘规随即走上前来对赵王建议说："石希蒙劝大王没完没了地出游，而且还听说他准备谋害大王，我们请求把他杀了以平民愤。"赵王不听他的建议，于是亲兵们就大声喧闹起来，并杀了石希蒙，砍下他的头在赵王面前控诉。赵王心里又是生气又是害怕，急忙赶回府第。当天晚上，赵王就派他的长子副大使王昭祚和王德明率兵包围了李弘规和李蔼的住宅，把他们的全家统统杀了，遭受株连的有十几家之多。又杀了苏汉衡，逮捕了他的同党，追究他们反叛的实情，赵王的亲兵们都感到十分恐惧。

吴国的金陵城竣工，陈彦谦把修城开支账册送给徐温审查，徐温说："我既然委托阁下操办，不再需要审核开支。"于是就把账册全部烧了。

当初，闽王王审知假借后梁末帝的意旨让他的侄子泉州刺史王延彬兼领平卢节度使。王延彬治理泉州十七年，官民都能安居乐业。刚好在这个时候，王延彬得到了白鹿和紫芝两件祥瑞物品，和尚浩源认为这是王延彬要做闽王的征兆，王延彬从此就骄傲放纵起来，竟然秘密地派遣使者从海路到后梁入贡，请求封他为泉州节度使。事情败露以后，王审知诛杀了浩源及其同党，罢免了王延彬的官爵，打发他回了家。

南汉主刘岩派遣使者到前蜀去互通友好。

吴越王钱镠派遣使者到楚国去为他的儿子钱传琇求婚，楚王马殷答应了他的请求。

后梁均王龙德元年（辛巳，921年）

春季，正月初七日甲午，前蜀主回到成都。

起初，前蜀主王衍还是太子的时候，高祖王建为他聘娶了兵部尚书高知言的女儿为太子妃，太子妃不讨太子喜欢，后来韦妃入宫了，太子对高氏就更加疏远了，这时把她送回娘家，高知言惊吓得瘫倒在地，不吃不喝，不久就死了。韦妃是徐耕的孙女，长得特别漂亮，有一次前蜀主到徐家去，见到了她就非常喜欢，太后于是就把她接到后宫，前蜀主不想娶母亲家族的人为妻，就假称她是唐代名臣韦昭度的孙女。开始任她为宫中女官婕妤，后来逐渐升为元妃。

前蜀主经常用锦缎挂起长长的屏障，在里面打毬，往往前蜀主已经离开到别的

不绝。久而厌之，更爇皂荚以乱其气。结缯为山，及宫殿楼观于其上，或为风雨所败，则更以新者易之。或乐饮缯山，涉旬不下。山前穿渠通禁中，或乘船夜归，令宫女秉蜡炬千余居前船，却立照之，水面如昼。或酣饮禁中，鼓吹沸腾，以至达旦。以是为常。

甲辰，徙静胜节度使温昭图为匡国节度使，镇许昌。昭图素事赵岩，故得名藩。

蜀主、吴主屡以书劝晋王称帝，晋王以书示僚佐曰："昔王太师亦尝遗先王书，劝以唐室已亡，宜自帝一方。先王语余云：'昔天子幸石门，吾发兵诛贼臣，当是之时，威振天下，吾若挟天子据关中，自作九锡禅文，谁能禁我！顾吾家世忠孝，立功帝室，誓死不为耳。汝他日当务以复唐社稷为心，慎勿效此曹所为！'言犹在耳，此议非所敢闻也。"因泣。

（以上为第八段，写蜀主荒淫不成体统。）

既而将佐及藩镇劝进不已，乃令有司市玉造法物。黄巢之破长安也，魏州僧传真之师得传国宝，藏之四十年，至是，传真以为常玉，将鬻之，或识之，曰："传国宝也。"传真乃诣行台献之，将佐皆奉觞称贺。

张承业在晋阳闻之，诣魏州谏曰："吾王世世忠于唐室，救其患难，所以老奴三十余年为王捃拾财赋，召补兵马，誓灭逆贼，复本朝宗社耳。今河北甫定，朱氏尚存，而王遽即大位，殊非从来征伐之意，天下其谁不解体乎！王何不先灭朱氏，复列圣之深雠，然后求唐后而立之，南取吴，西取蜀，汛扫宇内，合为一家，当是之时，虽使高祖、太宗复生，谁敢居王上者？让之愈久则得之愈坚矣。老奴之志无他，但以受先王大恩，欲为王立万年之基耳。"王曰："此非余所愿，奈群下意何。"承业知不可止，恸哭曰："诸侯血战，本为唐家，今王自取之，误老奴矣！"即归晋王邑，成疾，不复起。

（以上为第九段，写晋王李存勖谋称帝。）

地方去了，而屏障外边的人还不知道。又喜欢日夜不停地燃烧各种香料，时间久了以后连自己也厌烦了，于是就改用燃烧皂荚来冲淡原有的香气。他还用缯帛结成山形，在这座缯山上又结出宫殿楼阁等形状，缯帛如果被风吹雨打损坏了，就用新的换上。有时在缯山上饮酒作乐，一住十来天都不想下来。在缯山的前面又挖了一条水渠直通宫中，有时晚上乘船回宫中，命令宫女们手拿着千余支大蜡烛在前面一艘船上，面朝后面站着照路，水面上被照得和白天一样明亮。有时在宫中畅饮，鼓乐喧闹，通宵达旦。这些事情都习以为常。

正月十七日甲辰，后梁末帝调任静胜节度使温昭图为匡国节度使，镇守许昌。温昭图一向侍奉巴结赵岩，所以能得到匡国这个名藩。

前蜀主、吴主多次写信来劝晋王称帝，晋王把来信拿给僚属们看，并说："从前王太师也曾经给先王写过信，劝先王说唐室已经灭亡了，应该占据一方即位称帝。先王对我说：'过去天子临幸石门，我出兵讨伐乱臣贼子，在那个时候，声威振天下，我如果挟持天子占据关中，自己起草赐封九锡和禅让的诏书，又有哪个人能阻止得了我？只是考虑到我们家世世代代忠孝，常为朝廷立功，所以誓死也不愿干这种篡逆的事情。你以后一定要把努力恢复唐朝社稷放在心上，千万不能仿效这帮人的做法！'先王的话还在耳边回响，这类建议不是我敢听到的。"说着说着，就流出了眼泪。

不久，将领幕僚和各路藩镇又不停地劝晋王称帝，于是他就下令主管部门购买玉石制作传国之宝。黄巢当年攻破长安的时候，魏州和尚传真的师傅获得了一块传国之宝，收藏了四十年，到现在，传真把它当成一块普通的玉石，准备卖掉，有人认出这块宝玉来，就对他说："这是传国之宝啊！"于是传真就到行台把传国之宝献给了晋王，将领幕僚们都举杯向晋王祝贺。

张承业在晋阳听到了这件事，赶到魏州劝谏晋王说："大王世世代代效忠于唐朝王室，拯救朝廷危难，所以老奴我三十多年来为大王收集财赋，招兵买马，为的是誓死消灭叛逆的贼子，恢复唐朝的宗庙社稷。现在河北才刚刚平定，朱氏逆贼还存在，而大王却要马上即位称帝，这绝不是我们一向出兵征讨逆贼的本意，这样一做天下的人心怎么能不涣散呢？大王何不先消灭朱氏，报了各位圣王的深仇大恨，然后再访求唐宗室的后裔拥立为帝，向南攻取吴国，向西攻取蜀国，扫清海内，统一九州，到那个时候，就是高祖、太宗起死回生，又有谁的地位敢在大王之上呢？谦让的时间越久，那么将来所得到的也就越牢固。老奴我没有别的意思，只是因为我曾经受过先王的大恩大德，想为大王建立万年不朽的基业而已。"晋王回答说："这样做本来也不是我想干的，但是群臣们的意愿我也不好拒绝啊！"张承业知道

二月，吴改元顺义。

赵王既杀李弘规、李蔼，委政于其子昭祚。昭祚性骄愎，既得大权，向时附弘规者皆族之。弘规部兵五百人欲逃，聚泣偶语，未知所之。会诸军有给赐，赵王忿亲军之杀石希蒙，独不时与，众益惧。王德明素蓄异志，因其惧而激之曰："王命我尽坑尔曹。吾念尔曹无罪并命，欲从王命则不忍，不然又获罪于王，奈何？"众皆感泣。

是夕，亲军有宿于潭城西门者，相与饮酒而谋之。酒酣，其中骁健者曰："吾曹识王太保意，今夕富贵决矣！"即逾城入。赵王方焚香受箓，二人断其首而出，因焚府第。军校张友顺帅众诣德明第，请为留后，德明复姓名曰张文礼，尽灭王氏之族，独置昭祚之妻普宁公主以自托于梁。

三月，吴人归吴越王镠从弟龙武统军镒于钱唐，镠亦归吴将李涛于广陵。徐温以涛为右雄武统军，镠以镒为镇海节度副使。

张文礼遣使告乱于晋王，且奉笺劝进，因求节钺。晋王方置酒作乐，闻之，投杯悲泣，欲讨之。僚佐以为文礼罪诚大，然吾方与梁争，不可更立敌于肘腋，宜且从其请以安之。王不得已，夏，四月，遣节度判官卢质承制授文礼成德留后。

陈州刺史惠王友能反，举兵趣大梁，诏陕州留后霍彦威、宣义节度使王彦章、控鹤指挥使张汉杰将兵讨之，友能至陈留，兵败，走还陈州，诸军围之。

五月，丙戌朔，改元。

初，刘鄩与朱友谦为婚。鄩之受诏讨友谦也，至陕州，先遣使移书，

说服不了晋王，痛哭着说："诸侯们浴血奋战，本来都是为了恢复唐朝天下，现在倒好，大王自己就攫取了帝位，简直是耽误了老奴我啊！"随即动身回到晋阳，一病不起。

二月，吴国改年号为顺义。

赵王王镕杀了李弘规、李蔼之后，把大权都交给了他的儿子王昭祚。王昭祚生性骄横刚愎，大权在握之后，把以往依附过李弘规的人都全家斩杀。原李弘规部属有五百人打算逃走，他们聚在一起边哭边小声私语着，不知道该逃到哪里才好。刚好这时各部队都得到了赏赐，赵王对自己的亲信部队杀了石希蒙这件事还是很生气，偏偏没有同时给他们赏赐，大家更加感到恐惧了。王德明一贯怀有谋叛之心，他乘着大家感到恐惧之机就用话刺激他们说："大王命令我把你们这些人活埋。我觉得你们没有罪却要全被坑杀，想服从大王的命令却又不忍心杀害你们，不杀你们我又得罪了大王，真不知道该怎么办才好？"大家都被他的话感动得流下了眼泪。

这天晚上，亲兵中有人住在潭城的西门，他们在一起喝酒并谋划着杀死赵王的事。酒喝到畅快的时候，当中有个骁勇壮健的人说："我们都明白王太保的意思，将来的富贵就决定在今天晚上了！"说完他们就翻过城墙进到城内。这时的赵王正在府内烧香接受符箓，两个人进去砍下了他的脑袋后退了出来，接着放火烧了王府。军校张友顺率领大家来到王德明的住宅，请求他担任节度留后，王德明恢复了他过去的姓名叫张文礼，把王氏家族全部斩尽杀绝，唯独只放过王昭祚的妻子普宁公主，为的是和梁朝保持良好的关系。

三月，吴国把吴越王钱镠的堂弟龙武统军钱镒送回钱唐，钱镒也把吴国将领李涛送回广陵。徐温任命李涛为右雄武统军，钱镠任命钱镒为镇海节度副使。

张文礼派遣使者向晋王报告发生变乱的情况，同时奉表劝晋王即位称帝，并且请求晋王授予他符节和斧钺。晋王当时正在摆下筵席饮酒作乐，一听到这消息，扔掉酒杯悲痛得哭了起来，准备去讨伐张文礼。左右僚臣们都认为张文礼确实罪大恶极，然而晋国正和梁朝相对抗，不能再在自己的后方树敌，应该暂时答应他的要求，好安抚他。晋王不得已，夏季，四月，派遣节度判官卢质假称唐朝天子的旨意任命张文礼为成德节度留后。

陈州刺史惠王朱友能反叛，率军直逼大梁，后梁末帝下诏书命令陕州留后霍彦威、宣义节度使王彦章、控鹤指挥使张汉杰率军前往讨伐。朱友能进军到陈留之后，被打败，于是又逃回陈州，各路讨伐大军随即包围了陈州。

五月初一日丙戌，后梁末帝改年号为龙德。

当初，刘鄩与朱友谦有姻亲关系。后来刘鄩奉诏讨伐朱友谦的时候，部队到达

谕以祸福。待之月余，友谦不从，然后进兵。尹皓、段凝素忌鄩，因谮之于帝曰："鄩逗遛养寇，俾俟援兵。"帝信之。鄩既败归，以疾请解兵柄，诏听于西都就医，密令留守张宗奭鸩之，丁亥，卒。

六月，乙卯朔，日有食之。

秋，七月，惠王友能降。庚子，诏赦其死，降封房陵侯。

晋王既许藩镇之请，求唐旧臣，欲以备百官。朱友谦遣前礼部尚书苏循诣行台，循至魏州，入牙城，望府廨即拜，谓之拜殿。见王呼万岁舞蹈，泣而称臣。翌日，又献大笔三十枚，谓之"画日笔"。王大喜，即命循以本官为河东节度副使，张承业深恶之。

张文礼虽受晋命，内不自安，复遣间使因卢文进求援于契丹，又遣间使来告曰："王氏为乱兵所屠，公主无恙。今臣已北召契丹，乞朝廷发精甲万人相助，自德、棣渡河，则晋人遁逃不暇矣。"帝疑未决。敬翔曰："陛下不乘此衅以复河北，则晋人不可复破矣。宜徇其请，不可失也。"赵、张辈皆曰："今强寇近在河上，尽吾兵力以拒之，犹惧不支，何暇分万人以救张文礼乎！且文礼坐持两端，欲以自固，于我何利焉！"帝乃止。

（以上为第十段，写张文礼杀赵王镕，叛晋附梁，梁末帝不趁机取河北，又忌杀良将刘鄩，再次自毁长城，梁之亡不可救药。）

晋人屡于塞上及河津获文礼蜡丸绢书，晋王皆遣使归之，文礼惭惧。文礼忌赵故将，多所诛灭。符习将赵兵万人从晋王在德胜，文礼请召归，以他将代之，且以习子蒙为都督府参军。遣人赍钱帛劳行营将士以悦之。习见晋王，泣涕请留，晋王曰："吾与赵王同盟讨贼，义犹骨肉，不意一旦祸生肘腋，吾诚痛之。汝苟不忘旧君，能为之复雠乎？吾以兵粮助汝。"习与部将三十余人举身投地恸哭曰："故使授习等剑，使之攘除寇敌。自闻变故以来，冤愤无诉，欲引剑自刭，顾无益于死者。今大王念

陕州，刘鄩先派遣使者带信给朱友谦，向他讲明利害关系；等待了一个多月，朱友谦最终没有听从他的劝告，刘鄩只好率兵进攻。随军的尹皓、段凝一向忌恨刘鄩，于是乘机向后梁末帝毁谤他说：“刘鄩逗留不进是给乱臣以喘息之机，使他们有时间等待援兵的到来。”后梁末帝听信了他们的话。刘鄩被打败回到大梁以后，自己以有病为理由请求解除兵权，后梁末帝下诏书准许他到西都洛阳医治，暗地里却又下令西都留守张宗奭把他毒死，五月初二日丁亥，刘鄩去世。

六月初一日乙卯，发生日食。

秋季，七月，惠王朱友能投降；七月十七日庚子，后梁末帝下诏免去他的死罪，降为房陵侯。

晋王答应了藩镇要他即位称帝的请求之后，就开始访求唐朝的旧臣，以便将来充任朝廷的百官。朱友谦派遣前礼部尚书苏循到晋王的行台，苏循到了魏州，一进入牙城，看到行台官府就弯腰拜了起来，说这是拜殿。看到晋王就口呼万岁手舞足蹈，激动得边流泪边自称臣民。第二天，苏循又献给晋王三十管大笔，叫作“画日笔”。晋王大为高兴，当即命苏循恢复礼部尚书原职并兼河东节度副使，河东监军张承业对苏循非常厌恶。

张文礼虽然接受了晋王的任命，但是内心还是感到不安，于是又派遣秘密使者通过卢文进的关系向契丹请求援助；同时也派遣秘密使者来告诉梁朝说：“王氏是被乱兵杀死的，但普宁公主安然无恙。现在臣下我已经向北面招请了契丹人，在此也恳请朝廷再调发一万名精锐部队相助，从德州、棣州一线渡过黄河，那么晋军要逃都来不及了。”后梁末帝犹豫不决。敬翔说：“陛下如果不趁这个机会收复黄河以北地区的话，那么再无机会打败晋人了。最好暂时答应他的要求，机不可失啊！”赵岩、张汉杰等人却都说：“现强寇离我们很近，就在黄河边上，用我们的全部兵力来抵抗他们，还怕支持不下来，哪里还有闲工夫分出一万人马去救张文礼呢？况且张文礼脚踏两只船，想要借此稳固自己的势力，对于我们又有什么好处呢？”后梁末帝对这件事只好作罢。

晋王的人多次在北方边塞和黄河渡口处截获张文礼勾结契丹和后梁的用蜡丸密封、白绢所写的书信，晋王都派使者把这些东西给张文礼送了回来，张文礼感到既惭愧又害怕。张文礼嫉恨赵王原来的将领们，大部分人都被他诛杀了。符习率领一万名赵国士兵正跟随晋王驻扎在德胜城，张文礼请求晋王把他召回去，另派一名将领来代替他，并且任命符习的儿子符蒙为都督府参军，还派人带着钱财布帛到行营来慰劳将士，以博得他们的欢心。符习求见晋王，哭着请求晋王把他留下，晋王对他说：“我和赵王曾经订立同盟要共同讨伐逆贼，我们的情义像骨肉手足一般，万

故使辅佐之勤，许之复冤，习等不敢烦霸府之兵，愿以所部径前搏取凶竖，以报王氏累世之恩，死不恨矣！”

八月，庚申，晋王以习为成德留后，又命天平节度使阎宝、相州刺史史建瑭将兵助之，自邢洺而北。文礼先病腹疽，甲子，晋兵拔赵州，刺史王铤降，晋王复以为刺史，文礼闻之，惊惧而卒。其子处瑾秘不发丧，与其党韩正时谋悉力拒晋。九月，晋兵渡滹沱，围镇州，决漕渠以灌之，获其深州刺史张友顺。壬辰，史建瑭中流矢卒。

晋王欲自分兵攻镇州，北面招讨使戴思远闻之，谋悉杨村之众袭德胜北城，晋王得梁降者，知之。冬，十月己未，晋王命李嗣源伏兵于戚城，李存审屯德胜，先以骑兵诱之，伪示羸怯。梁兵竞进，晋王严中军以待之。梁兵至，晋王以铁骑三千奋击，梁兵大败，思远走趣杨村，士卒为晋兵所杀伤及自相蹈藉、坠河陷冰，失亡二万余人。晋王以李嗣源为蕃汉内外马步副总管、同平章事。

初，义武节度使兼中书令王处直未有子，妖人李应之得小儿刘云郎于陉邑，以遗处直曰：“是儿有贵相。”使养为子，名之曰都。及壮，便佞多诈，处直爱之，置新军，使典之。处直有孽子郁，无宠，奔晋，晋王克用以女妻之，累迁至新州团练使。余子皆幼，处直以都为节度副大使，欲以为嗣。

及晋王存勖讨张文礼，处直以平日镇、定相为唇齿，恐镇亡而定孤，固谏，以为方御梁寇，宜且赦文礼。晋王答以文礼弑君，义不可赦；又潜引梁兵，恐于易定亦不利。处直患之，以新州地邻契丹，乃潜遣人语郁，使赂契丹，召令犯塞，务以解镇州之围，其将佐多谏，不听。郁素

没想到一下子在身边出现了祸端，我心里感到十分哀痛。你如果不忘旧君的话，能够替他报仇吗？我可以在兵马粮饷上帮你一把。”符习和部将三十多人一起跪在晋王面前悲恸万分地哭着说道：“故使赵王授给我符习等人宝剑，为的是让我们消灭敌寇。自从听到发生变故以来，我一腔的冤屈和仇恨无处诉说，本想举剑自刎，又想到这样做对死去的人并没有什么好处。现在大王还记得故使以前的辅佐之功，答应为他报仇，符习等人不敢劳烦尊府的兵马，只希望率领我们的部属前去捉拿凶手，以报答王氏历代对我们的大恩大德，就是死了也没有什么遗憾了。”

八月初七日庚申，晋王任命符习为成德节度留后，又命令天平节度使阎宝、相州刺史史建瑭率军帮助他，自邢州、洺州向北进发。在此之前张文礼肚子上就长了个毒疮；八月十一日甲子，晋军攻克赵州，赵州刺史王鋋投降，晋王仍让他担任刺史，张文礼听到这些消息后，又惊又怕，就死了。他的儿子张处瑾秘不发丧，而与他的死党韩正时谋划如何全力抵抗晋军。九月，晋军渡过滹沱河，包围了镇州，并挖开漕渠用水灌城，又俘虏了深州刺史张友顺。九月初十日壬辰，史建瑭被流矢射中而身亡。

晋王想分出一部分兵力自己率领前去攻打镇州，梁朝北面招讨使戴思远知道消息后，就谋划出动杨村的全部兵力袭取德胜北城，晋王从梁军来投降的士兵口中知道了这件事。冬季，十月初七日己未，晋王命令李嗣源率兵埋伏在戚城，李存审率兵驻扎在德胜城，先派出骑兵去引诱梁军，假装着弱小和害怕。梁军见状都争先恐后地往前冲，晋王率领着主力部队严阵以待；等到梁军冲到面前以后，晋王出动三千名铁骑奋力砍杀，结果梁军被打得大败，戴思远逃往杨村，梁军士兵被晋军所杀伤的以及自相践踏的、掉进河里陷入冰中伤亡的，共计损失了两万多人。晋王任命李嗣源为蕃汉内外马步副总管、同平章事。

起初，义武节度使兼中书令王处直没有儿子，妖人李应之在陉邑得到一个名叫刘云郎的男孩，就把他送给了王处直，说：“这个孩子有贵人之相。”让他收养为义子，起了个名字叫王都。王都长大以后，善于拍马溜须，又很奸诈，很得王处直的欢心，专门设置了一支新军，让他来统领。王处直还有一个庶出的儿子叫王郁，没有得到王处直的宠爱，就投奔了晋国，晋王李克用把女儿嫁给了他，一直把他提拔到新州团练使。王处直的其他儿子都还很小；王处直就任命王都为节度副大使，准备把他当作自己的继承人。

等到晋王李存勖讨伐张文礼，王处直认为平时镇州、定州唇齿相依，害怕镇州被灭之后定州的势力孤单，因此他坚决地劝阻晋王，认为眼下正和梁军相对抗，应该暂时赦免张文礼。晋王回答他说，张文礼有弑君之罪，毫无赦免的理由；王处直又想暗中勾引梁军，但又怕对易州、定州不利。王处直一直对这件事感到费心思，

疾都冒继其宗，乃邀处直求为嗣，处直许之。

军府之人皆不欲召契丹，都亦虑郁夺其处，乃阴与书吏和昭训谋劫处直。会处直与张文礼使者宴于城东，暮归，都以新军数百伏于府第，大噪劫之，曰："将士不欲以城召契丹，请令公归西第。"乃并其妻妾幽之西第，尽杀处直子孙在中山及将佐之为处直腹心者。都自为留后，具以状白晋王。晋王因以都代处直。

（以上为第十一段，写晋王兵伐张文礼，义武节度使王处直招引契丹以援张文礼，为部属所废。）

吴徐温劝吴王祀南郊，或曰："礼乐未备。且唐祀南郊，其费巨万，今未能办也。"温曰："安有王者而不事天乎！吾闻事天贵诚，多费何为！唐每郊祀，启南门，灌其枢用脂百斛。此乃季世奢泰之弊，又安足法乎！"甲子，吴王祀南郊，配以太祖。乙丑，大赦。加徐知诰同平章事，领江州观察使。寻以江州为奉化军，以知诰领节度使。

徐温闻寿州团练使崔太初苛察失民心，欲征之，徐知诰曰："寿州边隅大镇，征之恐为变，不若使之入朝，因留之。"温怒曰："一崔太初不能制，如他人何！"征为右雄武大将军。

十一月，晋王使李存审、李嗣源守德胜，自将兵攻镇州。张处瑾遣其弟处琪、幕僚齐俭谢罪请服，晋王不许，尽锐攻之，旬日不克。处瑾使韩正时将千骑突围出，趣定州，欲求救于王处直，晋兵追至行唐，斩之。

契丹主既许卢文进出兵，王郁又说之曰："镇州美女如云，金帛如山，天皇王速往，则皆已物也，不然，为晋王所有矣。"契丹主以为然，悉发所有之众而南。述律后谏曰："吾有西楼羊马之富，其乐不可胜穷也，何必劳师远出以乘危徼利乎？吾闻晋王用兵，天下莫敌，脱有危败，悔之何及！"契丹主不听。十二月，辛未，攻幽州，李绍宏婴城自守。契丹长驱而南，围涿州，旬日拔之，擒刺史李嗣弼，进攻定州。王都告急于

考虑到新州和契丹相邻，于是就秘密地派人去告诉王郁，让他去贿赂契丹，叫契丹人入侵晋国边境，想以此来解救镇州之围；王处直的部将很多人都劝说他不能这么做，王处直就是不听。王郁一直嫉恨王都冒充继承了他的本宗，于是乘机要挟王处直要把他立为继承人，王处直答应了他的要求。

军府的人们都不愿招引契丹人，王都也担心王郁会夺去他的地位，于是就与书吏和昭训密谋劫持王处直。碰巧有一天王处直和张文礼的来使在城东饮宴，傍晚回来的时候，王都把他所统领的几百名新军士兵埋伏在王处直的住所，这时大声叫嚷着冲出来劫持了王处直，并对他说："将士们都不愿意以城招引契丹人，请令公暂时住到西院。"于是把王处直和他的妻妾们一并幽禁在西院，并把王处直在中山的子孙以及心腹部将全部杀了。王都自称为节度留后，并把这些详细情况全部报告了晋王；晋王于是就任命王都代替王处直的原有职位。

吴国徐温劝说吴王到南郊去祭天，有人却说："现在礼乐制度还没有完备；况且过去唐朝在南郊祭祀的时候，耗资巨大，我们现在没有能力做到这一点。"徐温说："哪有王者不祭祀上天的道理？我听说祭祀上天贵在心诚，耗费这么多又有什么用呢？唐朝每次南郊祭天，在打开南门时，都要用一百斛油脂灌在门枢里。这都是末世过于奢侈骄泰的流弊，又哪里值得取法呢？"十月十二日甲子，吴王在京城南郊祭祀上天，并以太祖配享。十月十三日乙丑，大赦境内；加封徐知诰为同平章事，兼领江州观察使；不久又把江州改为奉化军，任命徐知诰兼领节度使。

徐温得知寿州团练使崔太初因过于苛刻细察失去了民心，想要征调他，徐知诰说："寿州是边境重镇，征调他恐怕会引起变故，不如让他入京朝见，就势把他留下来。"徐温十分生气地说："一个崔太初都没办法节制，又能拿其他人怎么办？"最后征调崔太初为右雄武大将军。

十一月，晋王让李存审、李嗣源镇守德胜城，他亲自率军去攻打镇州。张处瑾派他的弟弟张处琪、幕僚齐俭向晋王认罪并请求归降，晋王不答应，出动全部精锐继续攻打镇州，结果却十来天也没有攻下来。张处瑾派韩正时率领一千名骑兵冲出重围，直奔定州，打算向王处直请求援救，结果被晋兵一直追到行唐，把他斩杀了。

契丹主阿保机已经答应了卢文进要出兵南下之后，王郁又向他游说说："镇州的美女如云，金银布帛堆积如山，天皇王如果赶紧前去，那么所有这些就都将是你的东西了，如果去得晚了的话，这些可都是晋王的了。"契丹主觉得这话说得有道理，于是就征调了全部人马准备南下。述律后劝他说："我们拥有西楼盛产羊马的富饶，这里也算是其乐无穷了，何必要劳师远征去乘人之危占取便宜呢？我听说过晋王用兵，天下无敌手，我们万一有什么危险和失败，那就后悔也来不及了！"契丹主没

晋，晋王自镇州将亲军五千救之，遣神武都指挥使王思同将兵戍狼山之南以拒之。

高季昌遣都指挥使倪可福以卒万人修江陵外郭，季昌行视，责功程之慢，杖之。季昌女为可福子知进妇，季昌谓其女曰："归语汝舅：吾欲威众办事耳。"以白金数百两遗之。

是岁，汉以尚书左丞倪曙同平章事。

辰、溆蛮侵楚，楚宁远节度副使姚彦章讨平之。

（以上为第十二段，写吴祀南郊，契丹南侵河北。）

二年（壬午，922 年）

春，正月，壬午朔，王都省王处直于西第，处直奋拳殴其胸，曰："逆贼，我何负于汝？"既无兵刃，将噬其鼻，都掣袂获免。未几，处直忧愤而卒。

甲午，晋王至新城南，候骑白契丹前锋宿新乐，涉沙河而南。将士皆失色，士卒有亡去者，主将斩之不能止。诸将皆曰，"虏倾国而来，吾众寡不敌；又闻梁寇内侵，宜且还师魏州以救根本，或请释镇州之围，西入井陉避之。"晋王犹豫未决。郭崇韬曰："契丹为王郁所诱，本利货财而来，非能救镇州之急难也。王新破梁兵，威振夷、夏，契丹闻王至，心沮气索，苟挫其前锋，遁走必矣。"李嗣昭自潞州至，亦曰："今强敌在前，吾有进无退，不可轻动以摇人心。"晋王曰："帝王之兴，自有天命，契丹其如我何！吾以数万之众平定山东，今遇此小虏而避之，何面目以临四海！"乃自帅铁骑五千先进。至新城北，半出桑林，契丹万余骑见之，惊走。晋王分军为二逐之，行数十里，获契丹主之子。时沙河桥狭冰薄，契丹陷溺死者甚众。是夕，晋王宿新乐。契丹主车帐在定州城下，败兵至，契丹举众退保望都。

有听从她的劝告。十二月二十日辛未，契丹军进攻幽州，晋将李绍宏据城防守。契丹军又长驱南下，围攻涿州，十来天后攻了下来，活捉了刺史李嗣弼，接着又进攻定州。王都向晋王告急，晋王从镇州率领五千名亲军前往救援，并派遣神武都指挥使王思同率军戍守在狼山南坡以抵御契丹军。

高季昌派遣都指挥使倪可福率领一万名士卒修筑江陵的外城，高季昌巡视工地时，责备工程进度太慢，就打了他一顿棍子。高季昌的女儿是倪可福儿子倪知进的妻子，高季昌对自己的女儿说："回去告诉你公公：我只是想树立威严，叫众人都认真办事而已。"并且给了数百两银子让她带回去。

这一天，南汉任命尚书左丞倪曙为同平章事。

辰州、溆州的蛮人入侵楚国，楚国宁远节度副使姚彦章率军讨伐把他们平定了。

后梁均王龙德二年（壬午，922年）

春季，正月初一日壬午，王都到西院去看望王处直，王处直挥起拳头就朝王都的胸部打去，并愤怒地说："逆贼！我有什么对不起你！"王处直手中没有兵器，就用嘴去咬王都的鼻子，王都急忙扯起袖子挡住才得以幸免。没过多久，王处直就忧愤而死。

正月十三日甲午，晋王到达新城之南，出去侦察的骑兵回来说契丹军的先头部队驻扎在新乐，准备渡过沙河向南进发；将士们听到这一消息都很害怕，士兵中出现了临阵逃脱的现象，主将把逃兵杀了一些，但仍然不能阻止。将领们都说："敌人出动全部兵力前来进犯，我们恐怕寡不敌众；听说梁军也入侵了，我们最好把军队调回魏州以解决最根本的问题，或者就撤掉对镇州的包围，率军向西进入井陉来回避一下。"晋王听了犹豫不决。中门使郭崇韬说："契丹人是被王都所诱使，本来是为了抢夺财物而来的，并不是真能解救镇州的危难，大王最近击败梁军，威震夷夏各国，契丹人一听说大王来了，一定是心惊肉跳的，如果能挫败他们的先头部队，那么他们一定就会逃回去了。"这时李嗣昭从潞州赶来，也说："现在大敌当前，我们只能有进无退，不能轻举妄动而动摇人心。"晋王说："自古帝王的兴起，都自有天命，契丹人能把我怎么样？我用数万之兵就能平定山东，现在遇到这样一群小小毛贼就要回避他，将来还有什么脸面去威临四海？"于是亲自率领五千名精锐铁骑带头进发。到了新城的北面，一半军队刚走出桑林，契丹军一万多名骑兵看到了他们，都吓得逃走了。晋王于是兵分两路追击他们，追了几十里，活捉了契丹主的儿子。当时沙河上桥很狭窄，冰又很薄，契丹人马掉在河里淹死了很多。当天晚上，晋王率军在新乐宿营。契丹主住宿的车帐原来是安扎在定州城下，一看到败兵都纷

晋王至定州，王都迎谒于马前，请以爱女妻王子继岌。

戊戌，晋王引兵趣望都，契丹逆战，晋王以亲军千骑先进，遇奚酋秃馁五千骑，为其所围。晋王力战，出入数四，自午至申不解。李嗣昭闻之，引三百骑横击之，虏退，王乃得出。因纵兵奋击，契丹大败，逐北至易州。会大雪弥旬，平地数尺，契丹人马无食，死者相属于道。契丹主举手指天，谓卢文进曰："天未令我至此。"乃北归。晋王引兵蹑之，随其行止，见其野宿之所，布藁于地，回环方正，皆如编翦，虽去，无一枝乱者，叹曰："虏用法严乃能如是，中国所不及也。"晋王至幽州，使二百骑蹑契丹之后，曰："虏出境即还。"骑恃勇追击之，悉为所擒，惟两骑自他道走免。

契丹主责王郁，絷之以归，自是不听其谋。

晋代州刺史李嗣肱将兵定妫、儒、武等州，授山北都团练使。

晋王之北攻镇州也，李存审谓李嗣源曰："梁人闻我在南兵少，不攻德胜，必袭魏州。吾二人聚于此何为？不若分军备之。"遂分军屯澶州。戴思远果悉杨村之众趣魏州，嗣源引兵先之，军于狄公祠下，遣人告魏州，使为之备。思远至魏店，嗣源遣其将石万全将骑兵挑战。思远知有备，乃西渡洹水，拔成安，大掠而还。又将兵五万攻德胜北城，重堑复垒，断其出入，昼夜急攻之，李存审悉力拒守。晋王闻德胜势危，二月，自幽州赴之，五日至魏州。思远闻之，烧营遁还杨村。

（以上为第十三段，写晋王大破契丹于镇州，梁兵乘虚袭魏州败还。）

纷退了回去，契丹军就全部撤退到望都据守。

晋王到达定州，王都到马前来迎接，在府上大宴宾客，并请求把自己的爱女嫁给晋王的儿子李继岌。

正月十七日戊戌，晋王率兵直逼望都，契丹军迎战，晋王率领一千名亲军骑兵冲在前面，正好碰上奚族酋长秃馁带领的五千名骑兵，被他们所包围。晋王奋力冲杀，出入敌阵好几次，从午时一直打到申时都没有杀出包围。李嗣昭得悉这一情况后，赶忙带领三百骑兵从侧翼攻击敌军，秃馁的骑兵终于退了下去，晋王才得以冲出重围。接着晋军发动全面进攻，奋力拼杀，契丹军被打得大败，一直被晋军向北追赶到易州。碰上连续不断十几天大雪，平地的积雪有几尺深，契丹军的人马得不到粮草，一路上饿死了很多人。契丹主举起手指着天，对卢文进说："老天不让我到这里来。"于是就往北撤了回去。晋王率兵紧跟其后，契丹人行军晋军也行军，契丹人宿营晋军也宿营，晋王看到契丹人野营的地方，在地上铺上农作物的秸秆，摆设得方方正正，都像编起来经过剪过的一样，人虽然离开这里，地上铺的草却没有一丝杂乱，看到这情景晋王感叹地说："契丹人执法严格，所以才能这样，这是中原地区的军队所赶不上的。"晋王率军到了幽州之后，派出二百名骑兵尾随在契丹军的后面，并对他们说："敌人出了边境以后你们就可以回来了。"这些骑兵仗着血气之勇，边打边追，结果全部被契丹军所俘虏，其中只有两个骑兵从别的路上逃跑才没有被抓着。

契丹主怪罪王郁，把他绑起来带了回去，从此以后再也不听他的主意了。

晋国代州刺史李嗣肱率兵平定了妫州、儒州、武州等地，晋王让他担任山北都团练使。

晋王率兵北上攻打镇州的时候，李存审对李嗣源说："梁军一旦得知我们在南方的兵力减少，如果不攻打德胜，就一定会偷袭魏州。我们两人都集中在这里干什么？不如把军队分开来防备梁军的进攻。"于是就分出一部分军队驻扎澶州。戴思远果然出动杨村的全部梁军直奔魏州，李嗣源率兵赶在了梁军的前面，驻扎在狄公祠下，又派人向魏州告警，让他们有所防备。戴思远率军到达魏店，李嗣源派部将石万全率领骑兵前去挑战。戴思远知道晋军有了防备，于是就率军往西渡过洹水，攻下了成安县，大肆抢劫一番之后就撤了回去。后来戴思远又率领五万名士兵进攻德胜北城，在城外挖了一条条壕修筑了一层层墙垒，切断了城内外的出入之路，昼夜不停地发动猛攻，李存审则是全力坚守。晋王得知德胜的形势非常危急，二月，从幽州率兵赶了回去，五天时间就到了魏州。戴思远听说晋王率军快要到来，就烧掉了军营逃回杨村。

蜀主好为微行，酒肆、倡家靡所不到。恶人识之，乃下令士民皆著大裁帽。

晋天平节度使兼侍中阎宝筑垒以围镇州，决滹沱水环之。内外断绝，城中食尽，丙午，遣五百余人出求食。宝纵其出，欲伏兵取之。其人遂攻长围，宝轻之，不为备，俄数千人继至。诸军未集，镇人遂坏长围而出，纵火攻宝营，宝不能拒，退保赵州。镇人悉毁晋之营垒，取其刍粟，数日不尽。晋王闻之，以昭义节度使兼中书令李嗣昭为北面招讨使，以代宝。

夏，四月，蜀军使王承纲女将嫁，蜀主取之入宫。承纲请之，蜀主怒，流于茂州。女闻父得罪，自杀。

甲戌，张处瑾遣兵千人迎粮于九门，李嗣昭设伏于故营，邀击之，杀获殆尽，余五人匿墙墟间，嗣昭环马而射之，镇兵发矢中其脑，嗣昭箙中矢尽，拔矢于脑以射之，一发而殪。会日暮，还营，创流血不止，是夕卒。晋王闻之，不御酒肉者累日。嗣昭遗命：悉以泽、潞兵授判官任圜，使督诸军攻镇州。号令如一，镇人不知嗣昭之死。圜，三原人也。

晋王以天雄马步都指挥使、振武节度使李存进为北面招讨使。命嗣昭诸子护丧归葬晋阳，其子继能不受命，帅父牙兵数千，自行营拥丧归潞州。晋王遣母弟存渥驰骑追谕之，兄弟俱忿，欲杀存渥，存渥逃归。嗣昭七子：继俦、继韬、继达、继忠、继能、继袭、继远。继俦为泽州刺史，当袭爵，素懦弱。继韬凶狡，囚继俦于别室，诈令士卒劫己为留后，继韬阳让，以事白晋王。晋王以用兵方殷，不得已，改昭义军曰安义，以继韬为留后。

前蜀主喜欢微服出行，酒肆、妓女家无处不到；又怕别人认出他来，于是就下令让士民们外出时都戴上大帽子。

晋国天平节度使兼侍中阎宝修筑墙垒，把镇州包围了起来，又引滹沱河水环绕在城的四周。城内与城外的联系断绝，城中的粮食也吃光了，丙午日，城中派了五百多人到城外去寻找食物。阎宝故意让他们出来，准备用伏兵活捉他们；但是这些人出来后就开始进攻围城的营垒，阎宝很轻视他们，并没有加以防备，不大一会儿城中又有数千人相继涌了过来。这时阎宝的人马还没有集结起来，镇州的人群于是毁坏了围城的营垒冲了出来，放火攻击阎宝的军营，阎宝抵挡不住了，只好退守赵州。镇州人把晋军修筑的营垒全部毁掉，并且接收了晋军所留下的粮草，搬运了好几天都没有搬完。晋王知道了这件事以后，就任命昭义节度使兼中书令李嗣昭为北面招讨使，代替阎宝。

夏季，四月，前蜀军使王承纲的女儿正要出嫁，前蜀主却把她抢到宫里。王承纲委婉地向前蜀主要人，前蜀主大为恼怒，于是把他流放到茂州。王承纲的女儿听说父亲被治罪，就自杀了。

四月二十四日甲戌，张处瑾派遣一千多名士兵到九门迎接所缴获的晋军粮草，李嗣昭在阎宝的旧营中设下了埋伏，截击运粮的士兵，差不多把梁军全都杀死或俘获，剩下五个人躲藏在城墙的废墟中，李嗣昭盘桓着战马用箭射他们，镇州的士兵一箭射过来，正巧射中李嗣昭的脑袋，这时候李嗣昭箭袋子里的箭用完了，于是就从头部拔出那根箭来射了回去，一箭就把对方射死了。这时天色已晚，李嗣昭回到了军营里，被射伤的地方流血不止，当天晚上他就去世了。晋王得知这一消息，接连好几天都不吃肉。李嗣昭留下遗嘱说：把泽州、潞州的兵权全部交给判官任圜，让他统领各路兵马继续攻打镇州。任圜的指挥和以前完全一样，因此镇州人不知道李嗣昭已经死去。任圜是三原人。

晋王任命天雄马步都指挥使、振武节度使李存进为北面招讨使。又下令让李嗣昭的儿子们护送李嗣昭的灵柩回晋阳安葬；李嗣昭的儿子李继能不接受命令，而是率领着父亲的几千名牙兵，从行营保护着灵柩要回潞州。晋王派遣他的同母弟弟李存渥赶快骑马追上去劝说他们，李继能的兄弟们都感到很气愤，想杀了李存渥，李存渥得知后急忙逃了回去。李嗣昭共有七个儿子：李继俦、李继韬、李继达、李继忠、李继能、李继袭、李继远。李继俦任泽州刺史，应当继承父亲爵位，但他的个性却一向很懦弱。李继韬则凶狠狡猾，他把李继俦囚禁在另外一个房间里，然后假装让士卒们劫持自己请为留后，李继韬表面上谦让一番，并把这件事情报告了晋王。晋王考虑到当时正是用兵的时候，在不得已的情况下，只好把昭义军改称为安义军，任命李继韬为节度留后。

阎宝惭愤，疽发于背，甲戌卒。

汉主岩用术者言，游梅口镇避灾。其地近闽之西鄙，闽将王延美将兵袭之，未至数十里，侦者告之，岩遁逃仅免。

五月，乙酉，晋李存进至镇州，营于东垣渡，夹滹沱水为垒。

晋卫州刺史李存儒，本姓杨，名婆兒，以俳优得幸于晋王。颇有膂力，晋王赐姓名，以为刺史。专事掊敛，防城卒皆征月课纵归。八月，庄宅使段凝与步军都指挥使张朗引兵夜渡河袭之，诘旦登城，执存儒，遂克卫州。戴思远又与凝攻陷淇门、共城、新乡，于是澶州之西，相州之南，皆为梁有。晋人失军储三之一，梁军复振。帝以张朗为卫州刺史。朗，徐州人也。

（以上为第十四段，写晋兵攻镇州，折李嗣昭、阎宝两将，梁兵克卫州，军势复振。）

九月，戊寅朔，张处瑾使其弟处球乘李存进无备，将兵七千人奄至东垣渡。时晋之骑兵亦向镇州城，两不相遇。镇兵及存进营门，存进狼狈引十余人斗于桥上，镇兵退，晋骑兵断其后，夹击之，镇兵殆尽，存进亦战没。晋王以蕃汉马步总管李存审为北面招讨使。

镇州食竭力尽，处瑾遣使诣行台请降，未报，存审兵至城下。丙午夜，城中将李再丰为内应，密投缒以纳晋兵，比明毕登，执处瑾兄弟家人及其党高濛、李翥、齐俭送行台，赵人皆请而食之，磔张文礼尸于市。赵王故侍者得赵王遗骸于灰烬中，晋王命祭而葬之。以赵将符习为成德节度使，乌震为赵州刺史，赵仁贞为深州刺史，李再丰为冀州刺史。震，信都人也。

符习不敢当成德，辞曰：“故使无后而未葬，习当斩衰以葬之，俟礼毕听命。”既葬，即诣行台。赵人请晋王兼领成德节度使，从之。晋王割相、卫二州置义宁军，以习为节度使。习辞曰：“魏博霸府，不可分也，

阎宝战败后被免职，觉得又是惭愧又是气愤，背上又长了个毒疮，于四月二十四日甲戌去世。

南汉主刘岩听信方术之士的话，到梅口镇去巡游以躲避灾祸。这个地方接近闽国的西部边境，闽国的将领王延美率领军队要袭击他，军队还在几十里外的时候，侦察人赶回来向汉主报告，刘岩赶紧逃跑，这才得以脱身。

五月初六日乙酉，晋国李存进到达镇州，在东垣渡扎营，并在滹沱河两岸修筑营垒。

晋国卫州刺史李存儒，本来姓杨，名叫婆兒，因为会演戏而得晋王的宠爱。他的力气很大，晋王赐给他姓名，让他担任刺史；他专门搜刮民财，守城的士兵只要交月课钱，他都放他们回家。八月，梁朝的庄宅使段凝和步兵都指挥使张朗率兵乘着黑夜渡过黄河偷袭他，天亮的时候攻进城中，活捉了李存儒，攻下了卫州。戴思远又和段凝一道攻下了淇门、共城、新乡，于是澶州以西、相州以南的地区，又都归梁朝所有了；为此，晋军失去了三分之一的军用储备，梁军的声势又重新振作起来。后梁末帝任命张朗为卫州刺史。张朗是徐州人。

九月初一日戊寅，张处瑾派他的弟弟张处球乘李存进没有准备之机，率领七千名士兵迅速扑向东垣渡。当时晋军的骑兵也正在向镇州城进发，双方的人马在路上都没有碰面。镇州的士兵攻到了李存进的营门口，李存进仓促地率领着十几个人在桥上抵抗，镇州军队渐渐后退，这时晋军的骑兵也杀回来切断了他们的退路，前后夹攻，镇州士兵几乎被消灭光了，李存进也战死在乱兵之中。晋王任命蕃汉马步总管李存审为北面招讨使。

镇州城里粮食吃光了，再也没有力气抵抗了，张处瑾派遣使者到行台向晋王请求投降，还没有得到回音，这时李存审的军队已经兵临镇州城下。九月二十九日丙午夜间，镇州城内的将领李再丰当内应，秘密地放下绳索让晋军攀上城墙，到天亮的时候，晋军已经全部登上了城，于是活捉了张处瑾的兄弟和家人，以及他们的党羽高濛、李翥、齐俭等人，押送到行台，赵国的人们都强烈要求杀了吃他们的肉，又把张文礼的尸体在街市上车裂示众。赵王从前的侍者在灰烬中找到了赵王的遗骸，晋王命令祭祀赵王然后好好安葬。晋王任命赵国的将领符习为成德节度使，乌震为赵州刺史，赵仁贞为深州刺史，李再丰为冀州刺史。乌震是信都人。

符习不敢接受成德节度使的任命，辞让说："故使没有留下后代，并且还没有得到安葬，我符习应当服斩衰重服来安葬他，等到丧礼办完以后我再听候大王的差遣。"把赵王安葬了以后，他马上就到了行台。赵国的人都请求晋王兼领成德节度

愿得河南一镇，习自取之。”乃以为天平节度使、东南面招讨使。加李存审兼侍中。

十一月，戊寅，晋特进、河东监军使张承业卒，曹太夫人诣其第，为之行服，如子侄之礼。晋王闻其丧，不食者累日。命河东留守判官何瓒代知河东军府事。

十二月，晋王以魏博观察判官晋阳张宪兼镇冀观察判官，权镇州军府事。

魏州税多逋负，晋王以让司录济阴赵季良，季良曰：“殿下何时当平河南？”王怒曰：“汝职在督税，职之不修，何敢预我军事！”季良对曰：“殿下方谋攻取而不爱百姓，一旦百姓离心，恐河北亦非殿下之有，况河南乎！”王悦，谢之。自是重之，每预谋议。

是岁，契丹改元天赞。

大封王躬乂，性残忍，海军统帅王建杀之，自立，复称高丽王，以开州为东京，平壤为西京。建俭约宽厚，国人安之。

（以上为第十五段，写晋兵克镇州。）

使，晋王答应了这一请求。晋王又割出相州、卫州两地设置了义宁军，任命符习为节度使。符习又辞让说：“魏博是大王的霸府，不可以分割，我只希望能封我黄河以南的一个镇，我符习自己去攻占。”于是晋王就任命符习为天平节度使、东南面招讨使。另外加封李存审兼侍中。

十一月初二日戊寅，晋国特进、河东监军使张承业去世，曹太夫人亲自到他的宅第去志哀，为他戴孝，像自己的子侄辈去世一样服丧礼。晋王得悉张承业的死讯，一连数日都吃不下饭。晋王命令河东留守判官何瓒代理河东军府的事务。

十二月，晋王任命魏博观察判官晋阳人张宪兼任镇州、冀州观察判官，并且暂时代理镇州军府的事务。

魏州的赋税拖欠得很多，晋王就这件事责备司录济阴人赵季良，赵季良说：“殿下什么时候能平定黄河以南？”晋王十分生气地说：“你的职责就是督促税收，自己的本职都没干好，怎么敢过问我军事方面的事情！”赵季良回答说：“殿下正在计划要平定天下，却不爱惜自己的百姓，一旦百姓对你离心离德，恐怕连黄河以北也不属于殿下所有了，更何况黄河以南呢！”晋王听了这话非常高兴，向他表示了歉意。从此以后非常器重他，每次筹划大事都要听取他的意见。

这一年，契丹改年号为天赞。

大封王躬乂，性情残忍，海军统帅王建把他杀了，自己继位，恢复旧称高丽王，并以开州为东京，以平壤为西京。王建生活节俭，待人宽厚，国内百姓十分安定。

【点评】

本卷点评杨廷式办案、后梁将刘鄩之死、后唐创业功臣张承业三件史事。

一、杨廷式办案。吴国张崇驻节庐州，贪暴不法。庐江民众控告县令贪赃。吴执政派侍御史知杂事杨廷式去核查办案，指令杨廷式惩治县令震慑张崇。杨廷式提出，他去办案，一定追查到底，纠出张崇，把他逮捕，押上囚车，送给都统处置。都统即徐知诰之父徐温，徐知诰说："我只是要求你惩办县令，何必牵扯这么多人呢！"杨廷式说："小小县令，哪敢明目张胆地敲剥百姓，是张崇指使县令搜刮民财转而献给都统，怎么可以不打老虎而拍苍蝇呢！"徐知诰赶紧向杨廷式致歉，说："这样的小事哪能劳动你的大驾呢！"杨廷式敢摸老虎屁股，是一个明大义有大勇的好法官，还赢得了知音的赏识是幸运的。但在专制政体下，人情大于法制，在盘根错节的复杂关系中，执政者即使想要认真办事，也十分困难。后台强大，若大于执政者，案情就无法追究，也就不了了之。杨廷式办案，发人深思。

二、后梁将刘鄩之死。刘鄩善用兵，多智略，十步九计，名重当时。晋王李存勖亲自统军与后梁争河北，刘鄩统率后梁军主力，是捍卫后梁的一座长城。由于功高震主，刘鄩遭忌疑，后梁末帝每每遥控掣肘，使刘鄩不能随心施展规划的方略，是以久无建树。一向持重的刘鄩，欲建奇功，孤军奔袭晋阳，碰巧天公不作美，连日阴雨，阻滞行军，晋王派骑兵回救晋阳，先期刘鄩到达。刘鄩回军遭晋军围追阻截，大败而归。后梁军由是丧胆，连战不胜。刘鄩智竭计穷，称疾辞职，请解兵权以自保。后梁末帝准其辞，命刘鄩到西京洛阳就医，而西京留守张宗奭早已领受密旨，用毒酒等待刘鄩的到来。一代名将就这样以悲剧结局。可惜，刘鄩善军谋，不善保身，在军阀混战的纷乱之世，请解兵权以自保，无异于自杀。后梁末帝自毁长城，不久覆国败家，亦以悲剧终。

三、后唐创业功臣张承业。张承业，字继元，本姓康。同州（今陕西大荔县）人。张承业为唐末内常侍张泰养子，故改姓张。张承业为河东节度使沙陀人李克用监军，张李二人交谊深厚。当崔胤、朱全忠大杀宦官，李克用抗诏保护张承业。朱全忠篡唐，李克用承用唐年号，公开恢复张承业为河东监军，张承业于是竭诚效忠李克用及其子后唐庄宗李存勖，为后唐创业功臣。

晋王李克用死前，托孤李存勖与张承业等大臣。李克用幼弟李克宁总摄军政大权，最初尊奉李存勖嗣位晋王，但他禁不住左右亲信搬弄是非，欲取晋王而代之，李存勖依靠张承业的支持与谋议，平息了内乱，诛杀了李克宁，稳固了政局，李存勖感恩承业，"兄事之"。张承业劝李存勖奉唐年号与后梁争河北，晋王之师堂堂正正，在政治上占了主动。后梁开平四年（910），晋梁柏乡之战，这是一场双方的主力决战，李存勖逞强好胜，要与优势的梁军硬拼，周德威等宿将之言，一概不听。

在这危急关头，张承业夜闯军帐，陈说利害，李存勖当夜转移部队，柏乡之战大胜，奠定了夺取河北的基础。灭刘守光，张承业参与谋议，多有贡献，李存勖夺取魏博之后，与后梁夹河攻战，“太原军国政事，一委承业”，张承业是后唐庄宗的萧何。薛居正《旧五代史·张承业传》，以及司马光《资治通鉴》都给张承业以肯定的评价，称其为阉寺中忠义之士。李存勖称帝，张承业劝阻，自称“臣唐家一老奴”，未免迂腐。唐代宦官作恶多端，张承业只不过是在时局变迁之中获得的新生。后梁末帝龙德二年（922）十一月二日戊寅，张承业卒，晋王母曹太夫人诣其第，为之行服，执子侄之礼。晋王亦为之不食者数日。

后唐纪一

后唐庄宗同光元年（923 年）

【昭阳协洽（癸未，923 年），一年】

【大事提要】

本卷记公元 923 年一年史事。当后唐庄宗同光元年。此年，局势发生重大变化，后唐取代后梁。晋王与后梁末帝大战数年，互有胜败，总形势仍势均力敌。后梁末帝昏庸，听信赵岩、张汉杰兄弟等群小，用唐王室弊政宦官监军，掣肘良将用兵，是以梁兵常败，晋兵常胜。晋王刚愎自用，多有失计，前有张文礼之变，后有李继韬之叛，延迟了灭梁的时间。公元 923 年二月，晋王即帝位于魏州，国号大唐，史称后唐，是为庄宗。李嗣源奇计下郓州，后梁危急，后梁将王彦章亦出奇兵大败晋兵，围杨刘，形势逆转。在这生死存亡之秋，后梁末帝听信群小，临阵换将，罢王彦章而任用庸才段凝为主帅，继而王彦章败没，形势急转，后唐庄宗奋勇进军大梁，后梁末帝未见后唐兵而自杀，后梁亡。庄宗入后梁，迁都洛阳，后梁全境归服，楚王马殷、荆南高季昌稽首。庄宗即位伊始，嬖幸伶官，宠爱刘夫人，游猎无度，敛财拒谏，已出现败亡之兆，吴、荆南离心。前蜀主荒淫，闻后梁亡，祈福求神保佑，不思进取，亡无日矣。

【原文】

庄宗光圣神闵孝皇帝上

同光元年（癸未，923年）

春，二月，晋王下教置百官，于四镇判官中选前朝士族，欲以为相。河东节度判官卢质为之首，质固辞，请以义武节度判官豆卢革、河东观察判官卢程为之。王即召革、程拜行台左、右丞相，以质为礼部尚书。

梁主遣兵部侍郎崔协等册命吴越王镠为吴越国王。丁卯，镠始建国，仪卫名称多如天子之制，谓所居曰宫殿，府署曰朝廷，教令下统内曰制敕，将吏皆称臣，惟不改元，表疏称吴越国而不言军。以清海节度使兼侍中传瓘为镇海、镇东留后，总军府事。置百官，有丞相、侍郎、郎中、员外郎、客省等使。

李继韬虽受晋王命为安义留后，终不自安，幕僚魏琢、牙将申蒙复从而间之曰："晋朝无人，终为梁所并耳。"会晋王置百官，三月，召监军张居翰、节度判官任圜赴魏州，琢、蒙复说继韬曰："王急召二人，情可知矣。"继韬弟继远亦劝继韬自托于梁。继韬乃使继远诣大梁，请以泽潞为梁臣。梁主大喜，更命安义军曰匡义，以继韬为节度使、同平章事。继韬以二子为质。

安义旧将裴约戍泽州，泣谕其众曰："余事故使逾二纪，见其分财享士，志灭仇雠。不幸捐馆，柩犹未葬，而郎君遽背君亲，吾宁死不能从也！"遂据州自守。梁主以其骁将董璋为泽州刺史，将兵攻之。

继韬散财募士，尧山人郭威往应募。威使气杀人，系狱，继韬惜其才勇而逸之。

契丹寇幽州，晋王问帅于郭崇韬，崇韬荐横海节度使李存审。时存审卧病，己卯，徙存审为卢龙节度使，舆疾赴镇。以蕃汉马步副总管李嗣源领横海节度使。

晋王筑坛于魏州牙城之南，夏，四月，己巳，升坛，祭告上帝，遂即皇帝位，国号大唐，大赦，改元。尊母晋国太夫人曹氏为皇太后，嫡母秦国夫人刘氏为皇太妃。以豆卢革为门下侍郎，卢程为中书侍郎，并

【语译】

庄宗光圣神闵孝皇帝上

后唐庄宗同光元年（癸未，923 年）

春季，二月，晋王下令设置百官，并且在四镇的判官中挑选前朝的士族，准备任命他们为丞相。河东节度判官卢质名列前茅，但是他却坚决辞让，请求让义武节度判官豆卢革、河东观察判官卢程来充任；晋王于是就征召豆卢革和卢程二人，拜他们为行台左、右丞相，任命卢质为礼部尚书。

后梁末帝派兵部侍郎崔协等人去册封吴越王钱镠为吴越国王。二月二十二日丁卯，钱镠开始建国，仪仗和侍卫的名称大多比照天子的制度，称他所住的地方叫宫殿，府署叫朝廷，给所辖地区内下的命令叫制敕，将吏们对他都自称臣下，只是不更改年号而已，向梁朝上表疏时只自称吴越国而不称镇海、镇东军。任命清海节度使兼侍中钱传瓘为镇海、镇东留后，总管军府的事务。设置了百官，有丞相、侍郎、郎中、员外郎、客省使等职位。

李继韬虽然接受了晋王的任命为安义留后，可是内心一直觉得不踏实，他的幕僚魏琢、牙将申蒙又从中挑拨说："晋国没有什么人才，迟早会被梁国吞并的。"这时晋王正在筹置百官，三月，征召监军张居翰、节度判官任圜赶赴魏州，魏琢、申蒙又向李继韬游说，说："晋王急忙征召这两个人，其实情可想而知了。"李继韬的弟弟李继远也劝李继韬要依附梁朝，李继韬于是便派李继远出使前往大梁，请求以泽州、潞州向梁朝归附称臣。梁主大为高兴，下令把安义军改名为匡义军，任命李继韬为匡义节度使、同平章事。李继韬把他的两个儿子送到梁朝作人质。

安义军的旧将领裴约戍守在泽州，哭着告诉他的部下说："我侍奉故使二十四年，看到他把财物分给士卒共享，并立志要消灭仇敌。不幸的是他去世了，现在灵柩还没有安葬，而他的儿子却背叛了国家和亲人，我宁死也不能从命！"于是就占据州城坚守。梁主任命骁勇部将董璋为泽州刺史，率兵攻打裴约。

李继韬散财物招募士卒，尧山人郭威前往应募。郭威因意气用事而杀了人，被逮捕下狱，李继韬爱惜他的才干和勇气，就把他放了。

契丹侵犯幽州，晋王向郭崇韬征询主帅人选，郭崇韬推荐了横海节度使李存审。当时李存审正生病卧床，三月初五日己卯，晋王下令改任李存审为卢龙节度使，用车子拉着他带病上任。又任命蕃汉马步副总管李嗣源兼领横海节度使。

晋王在魏州牙城的南面修筑了祭坛，夏季，四月二十五日己巳，晋王登上祭坛，祭告天帝，于是就登上了皇帝宝座，国号为大唐，大赦天下，改年号为同光。尊奉生母晋国太夫人曹氏为皇太后，嫡母秦国夫人刘氏为皇太妃。任命豆卢革为门下侍

同平章事；郭崇韬、张居翰为枢密使，卢质、冯道为翰林学士，张宪为工部侍郎、租庸使，又以义武掌书记李德休为御史中丞。德休，绛之孙也。

诏卢程诣晋阳册太后、太妃。初，太妃无子，性贤，不妒忌。太后为武皇侍姬，太妃常劝武皇善待之，太后亦自谦退，由是相得甚欢。及受册，太妃诣太后宫贺，有喜色，太后忸怩不自安。太妃曰："愿吾儿享国久长，吾辈获没于地，园陵有主，余何足言！"因相向歔欷。

豆卢革、卢程皆轻浅无他能，上以其衣冠之绪，霸府元僚，故用之。

（以上为第一段，写晋王即皇帝位于魏，是为庄宗。国号大唐，史称后唐。后梁末帝册封钱镠为吴越国王。）

初，李绍宏为中门使，郭崇韬副之。至是，自幽州召还，崇韬恶其旧人位在己上，乃荐张居翰为枢密使，以绍宏为宣徽使，绍宏由是恨之。居翰和谨畏事，军国机政皆崇韬掌之。支度务使孔谦自谓才能勤效，应为租庸使。众议以谦人微地寒，不当遽总重任，故崇韬荐张宪，以谦副之，谦亦不悦。

以魏州为兴唐府，建东京；又于太原府建西京，又以镇州为真定府，建北都。以魏博节度判官王正言为礼部尚书，行兴唐尹；太原马步都虞候孟知祥为太原尹，充西京副留守；潞州观察判官任圜为工部尚书，兼真定尹，充北京副留守；皇子继岌为北都留守、兴圣宫使，判六军诸卫事。时唐国所有凡十三节度、五十州。

闰月，追尊皇曾祖执宜曰懿祖昭烈皇帝，祖国昌曰献祖文皇帝，考晋王曰太祖武皇帝。立宗庙于晋阳，以高祖、太宗、懿宗、昭宗洎懿祖以下为七室。

甲午，契丹寇幽州，至易定而还。

时契丹屡入寇，钞掠馈运，幽州食不支半年，卫州为梁所取，潞州内叛，人情岌岌，以为梁未可取，帝患之。会郓州将卢顺密来奔。先是，梁天平节度使戴思远屯杨村，留顺密与巡检使刘遂严、都指挥使燕颙守郓州。顺密言于帝曰："郓州守兵不满千人，遂严、颙皆失众心，可袭取

郎，卢程为中书侍郎，两人都为同平章事；郭崇韬、张居翰被任命为枢密使，卢质、冯道被任命为翰林学士，张宪被任命为工部侍郎、租庸使，又任命义武节度掌书记李德林为御史中丞。李德林是李绛的孙子。

下诏命令卢程到晋阳册封太后、太妃。当初，太妃没有儿子，性情贤惠，不妒忌别人；太后原来是武皇李克用的侍姬，太妃常常劝说武皇要很好地对待太后，太后自己也很谦虚退让，因此两人相处得很欢洽。到了受命册封时，太妃到太后的宫里致贺，脸上显得很高兴，太后反而有些不太好意思，心里有些不安。太妃说："但愿我们的儿子能够长久做皇帝，我们将来死了埋在地下，墓园还能够有人照顾，其他的还有什么好说的！"于是两人面对面地哭泣了一场。

豆卢革、卢程都是轻佻浅薄的无能之辈，后唐庄宗看在他们是衣冠大族的后代，又是霸府老幕僚的分上，所以才重用了他们。

当初，李绍宏担任中门使、郭崇韬担任中门副使。到这时候，李绍宏从幽州被征召回朝，郭崇韬嫉恨原来的老同事地位又在他之上，于是就推荐张居翰担任枢密使，任命李绍宏为宣徽使，李绍宏从此对郭崇韬怀恨在心。张居翰生性和气谨慎，怕惹事，军国的机密政事都由郭崇韬掌握。支度务使孔谦自认为才能出众，而且勤敏效力，应当被任命为租庸使；可是大家都认为孔谦地位低微，出身贫寒，不适宜一下子就身居重要的职位，所以郭崇韬就推荐张宪担任租庸使，而任命孔谦为副使，孔谦心里也很不愉快。

后唐把魏州改为兴唐府，建为东京；又把太原府建为西京，同时把镇州改为真定府，建为北都。任命魏博节度判官王正言为礼部尚书，兼任兴唐尹；任命太原马步都虞候孟知祥为太原尹，兼任西京副留守；任命潞州观察判官任圜为工部尚书，兼任真定尹，同时担任北都副留守；任命皇子李继岌为北都留守、兴圣宫使，兼管六军诸卫的事务。这时后唐所拥有的地区共有十三个节度镇、五十个州。

闰四月，后唐庄宗追尊曾祖父李执宜为懿祖昭烈皇帝，祖父李国昌为献祖文皇帝，父亲晋王为太祖武皇帝。在晋阳建立宗庙，从先朝高祖、太宗、懿宗、昭宗至本朝懿祖以下三代，共立了七个庙堂。

闰四月二十日甲午，契丹入侵幽州，攻到易定之后又退了回去。

当时契丹人经常入侵，抢掠运输的粮饷，幽州的存粮不够半年之用了，南边的卫州又被梁军攻下，潞州又反叛，一时人心惶惶不安，都认为梁朝算是攻不下来了，后唐庄宗对此很担忧。这时刚好后梁的郓州将领卢顺密来归顺。在此之前，后梁天平节度使戴思远驻扎杨村，留下卢顺密和巡检使刘遂严、都指挥使燕颙驻守郓州。

也。”郭崇韬等皆以为“悬军远袭，万一不利，虚弃数千人，顺密不可从。”帝密召李嗣源于帐中谋之曰：“梁人志在吞泽潞，不备东方，若得东平，则溃其心腹。东平果可取乎？”嗣源自胡柳有渡河之惭，常欲立奇功以补过，对曰：“今用兵岁久，生民疲弊，苟非出奇取胜，大功何由可成！臣愿独当此役，必有以报。”帝悦。壬寅，遣嗣源将所部精兵五千自德胜趣郓州。比及杨刘，日已暮，阴雨道黑，将士皆不欲进，高行周曰：“此天赞我也，彼必无备。”夜，渡河至城下，郓人不知，李从珂先登，杀守卒，启关纳外兵，进攻牙城，城中大扰。癸卯旦，嗣源兵尽入，遂拔牙城，刘遂严、燕颙奔大梁。嗣源禁焚掠，抚吏民，执知州事节度副使崔笃、判官赵凤送兴唐。帝大喜曰：“总管真奇才，吾事集矣。即以嗣源为天平节度使。

（以上为第二段，写晋将李嗣源奇计下郓州。）

梁主闻郓州失守，大惧，斩刘遂严、燕颙于市，罢戴思远招讨使，降授宣化留后。遣使诘让北面诸将段凝、王彦章等，趣令进战。敬翔知梁室已危，以绳内靴中，入见梁主曰：“先帝取天下，不以臣为不肖，所谋无不用。今敌势益强，而陛下弃忽臣言，臣身无用，不如死。”引绳将自经。梁主止之，问所欲言，翔曰：“事急矣，非用王彦章为大将，不可救也。”梁主从之，以彦章代思远为北面招讨使，仍以段凝为副。

帝闻之，自将亲军屯澶州，命蕃汉马步都虞候朱守殷守德胜，戒之曰：“王铁枪勇决，乘愤激之气，必来唐突，宜谨备之！”守殷，王幼时所役苍头也。

又遣使遗吴王书，告以已克郓州，请同举兵击梁。五月，使者至吴，徐温欲持两端，将舟师循海而北，助其胜者。严可求曰：“若梁人邀我登

卢顺密对后唐庄宗说："驻守郓州的士兵不足一千人，刘遂严、燕颙都丧失了民心，可以用偷袭的方法把它攻取下来。"郭崇韬等都认为："孤军远袭，万一作战失利，会白白地损失几千人，卢顺密的建议听不得。"后唐庄宗私下里把李嗣源召到他的帷帐中谋划说："梁人的目的是要吞并泽州、潞州，不会注意防备东边，如果能够取得东平，就是击溃了他的腹心之地。你看东平有可能攻下吗？"李嗣源自从在胡柳战役中因为渡河北撤而一直感到很惭愧，时常想建立奇功以弥补以往的过错，于是他回答说："现在我们用兵已经多年了，老百姓都疲惫不堪，如果不出奇制胜的话，怎么能够成就大业！臣愿意独立担当这次任务，我保证会对陛下有个交代。"后唐庄宗听了很高兴。闰四月二十八日壬寅，派遣李嗣源率领他的所属部队五千名精锐士卒从德胜城直奔郓州。到达杨刘的时候，天色已晚，阴雨绵绵，道路漆黑，将士们都不想再继续前进了，高行周说："这是上天助我啊，敌人一定没有防备。"当天夜里，部队渡过黄河兵临郓州城下，城里的人却还不知道，李从珂率先登上城墙，杀死守城门的士卒，打开城门让外面的人马进来，进攻牙城，这时城中大乱。闰四月二十九日癸卯清晨，李嗣源的人马全部开进城内，随即攻下了牙城，刘遂严、燕颙逃奔回大梁。李嗣源严禁士卒在城里放火抢劫，安抚当地的官吏百姓，活捉了知州事、节度副使崔筜和判官赵凤，派人送往兴唐府。后唐庄宗十分高兴地说："总管真是个奇才，我的大事这下子没有问题了。"当即任命李嗣源为天平节度使。

后梁末帝悉郓州失守，大为恐惧，下令把刘遂严、燕颙绑到街市上斩首，罢免了戴思远的北面招讨使的官职，降为宣化留后，又派遣使者责备北面招讨的各位将领段凝、王彦章等，催促他们赶快出战。敬翔知道朱梁皇室已经很危险了，于是把绳子装在鞭子里，入宫晋见后梁末帝说："先帝夺取天下的时候，不认为臣没有才能，臣所提的建议没有不被采纳的。现在敌人的势力更加强大，而陛下却不听取、不重视臣的建议，臣活着已经没有什么用了，不如死了罢。"说着拿出绳子就要自杀。后梁末帝赶紧劝阻了他，问他究竟想说什么，敬翔说道："现在的形势已经很紧急了，如果不起用王彦章为大将的话，事情就不可救药了。"后梁末帝听从了他的这个建议，于是任命王彦章代替戴思远担任北面招讨使，仍旧让段凝担任副招讨使。

后唐庄宗听到这一消息后，亲自率领亲军驻守在澶州，命令蕃汉马步都虞候朱守殷防守德胜城，并告诫他说："这位王铁枪勇敢果决，他们乘着士卒愤怒激动的气势，一定会来攻击你，你还是应该谨慎小心地防守！"朱守殷是后唐庄宗小时候使唤的奴才。

后唐庄宗又派遣使者给吴王送去书信，告诉吴王郓州已经被攻下，请他共同出兵攻打梁朝。五月，使者到了吴国，徐温想脚踏两只船，要率领水师沿着海岸北上，

陆为援，何以拒之？”温乃止。

梁主召问王彦章以破敌之期，彦章对曰：“三日。”左右皆失笑。彦章出，两日，驰至滑州。辛酉，置酒大会，阴遣人具舟于杨村。夜，命甲士六百，皆持巨斧，载冶者，具鞴炭，乘流而下。会饮尚未散，彦章阳起更衣，引精兵数千循河南岸趋德胜。天微雨，朱守殷不为备，舟中兵举锁烧断之，因以巨斧斩浮桥，而彦章引兵急击南城。浮桥断，南城遂破，时受命适三日矣。守殷以小舟载甲士济河救之，不及。彦章进攻潘张、麻家口、景店诸寨，皆拔之，声势大振。

帝遣宦者焦彦宾急趣杨刘，与镇使李周固守，命守殷弃德胜北城，撤屋为筏，载兵械浮河东下，助杨刘守备，徙其刍粮薪炭于澶州，所耗失殆半。王彦章亦撤南城屋材浮河而下，各行一岸，每遇湾曲，辄于中流交斗，飞矢雨集，或全舟覆没，一日百战，互有胜负。比及杨刘，殆亡士卒之半。己巳，王彦章、段凝以十万之众攻杨刘，百道俱进，昼夜不息，连巨舰九艘，横亘河津以绝援兵。城垂陷者数四，赖李周悉力拒之，与士卒同甘苦，彦章不能克，退屯城南，为连营以守之。

（以上为第三段，写梁将王彦章大败晋兵于德胜，兵围杨刘。）

杨刘告急于帝，请日行百里以赴之。帝引兵救之，曰：“李周在内，何忧！”日行六十里，不废畋猎，六月，乙亥，至杨刘。梁兵堑垒重复，严不可入，帝患之，问计于郭崇韬，对曰：“今彦章据守津要，意谓可以坐取东平。苟大军不南，则东平不守矣。臣请筑垒于博州东岸以固河津，既得以应接东平，又可以分贼兵势。但虑彦章诇知，径来薄我，城不能就。愿陛下募敢死之士，日令挑战以缀之，苟彦章旬日不东，则城成矣。”时李嗣源守郓州，河北声问不通，人心渐离，不保朝夕。会梁右先锋指挥使康延孝密请降于嗣源，延孝者，太原胡人，有罪，亡奔梁，时

看哪边打胜了就帮助哪边。严可求说：“如果梁军请求我们登陆去援助他们，我们要用什么理由拒绝他们呢？”于是徐温只好作罢。

后梁末帝召见王彦章问他多长时间可以击败敌人，王彦章回答说：“三天。”左右大臣们听了都哑然失笑。王彦章率兵出发，用了两天时间，就赶到了滑州。五月十八日辛酉，王彦章举行了一次大规模的酒宴，私下里派人在杨村准备好船只；当天夜里，命令六百名甲士，都拿着大斧，船上载运了一些铁匠，准备了鼓风用的皮囊和火炭，顺流而下。这时宴会还没有结束，王彦章借口出去换衣服，实际上却率领几千名精锐士卒沿着黄河南岸直奔德胜城。这时天下着小雨，朱守殷没有一点防备，船上王彦章的士卒把连接浮桥的锁用火烧断，接着又用大斧砍断浮桥，而王彦章则率领人马猛攻德胜南城。这时浮桥被砍断了，德胜南城也随即被攻了下来，共斩杀唐军数千人，这时距王彦章接受命令刚好三天。其间朱守殷曾用小船载着甲士渡过黄河来援救南城，但已经来不及了。王彦章又向位于黄河南岸的潘张、麻家口、景店等唐军营寨发起进攻，都攻了下来，一时声威大震。

后唐庄宗派遣宦官焦彦宾火速赶往杨刘，与杨刘镇使李周一道在那里固守，命令朱守殷放弃德胜北城，把房屋拆掉做成木筏，载上士兵和武器从上游顺河东下，以加强杨刘的守备力量，又把德胜北城的粮草柴火都转移到澶州，这样一来路途中损失了将近一半。王彦章也把德胜南城的房屋木料拆下做成木筏沿河东下。王彦章和朱守殷两军各靠一边行船，每遇上黄河的弯曲之处，就要在中流交战一番，射出的箭矢像雨一样密集，有时候全船覆没，一日交战百余次，双方互有胜负。到达杨刘时，差不多都损失了将近一半的士卒。五月二十六日己巳，王彦章、段凝率领十万大军进攻杨刘，多路并进，昼夜不停，又连接九艘大船，横拦在黄河的渡口上用来阻断唐军的援兵。杨刘城好几次都差一点被攻陷，多亏李周全力抵御，和士卒同甘共苦，最后王彦章还是没能攻下，只好率兵退到城南驻扎，建造相连的营寨坚守。

杨刘方面向后唐庄宗告急，请求军队以日行百里的速度前去救援；后唐庄宗率兵前往救援，并且说：“有李周在那里防守，有什么可担心的！”于是每天只行军六十里，并且一路上还经常打猎，六月初二日乙亥，援军到达了杨刘。梁军修筑了好几重堑壕营垒，布防得很严密，根本就攻不进去，后唐庄宗感到很棘手，便问郭崇韬有什么好计策，郭崇韬回答说：“现在王彦章据守着重要渡口，他认为这样就可以毫不费力地攻下东平；如果我们的大军不向南开进的话，那么东平确实就难守了。臣请求在博州东岸修筑营垒以巩固河上的渡口，这样既可以接应东平，又可以分散敌人的兵力。只是担心王彦章侦探到这一消息，直接逼近我们，那么城就建立不起

隶段凝麾下。嗣源遣押牙临漳范延光送延孝蜡书诣帝，延光因言于帝曰："杨刘控扼已固，梁人必不能取，请筑垒马家口以通郓州之路。"帝从之，遣崇韬将万人夜发，倍道趣博州，至马家口渡河，筑城昼夜不息。帝在杨刘，与梁人昼夜苦战。崇韬筑新城凡六日，王彦章闻之，将兵数万人驰至，戊子，急攻新城，连巨舰十余艘于中流以绝援路。时板筑仅毕，城犹卑下，沙土疏恶，未有楼橹及守备。崇韬慰劳士卒，以身先之，四面拒战，遣间使告急于帝。帝自杨刘引大军救之，陈于新城西岸，城中望之增气，大呼叱梁军，梁人断绁敛舰。帝舣舟将渡，彦章解围，退保邹家口。郓州奏报始通。

李嗣源密表请正朱守殷覆军之罪，帝不从。

秋，七月，丁未，帝引兵循河而南，彦章等弃邹家口，复趋杨刘。甲寅，游弈将李绍兴败梁游兵于清丘驿南。段凝以为唐兵已自上流渡，惊骇失色，面数彦章，尤其深入。

乙卯，蜀侍中魏王宗侃卒。

戊午，帝遣骑将李绍荣直抵梁营，擒其斥候，梁人益恐，又以火筏焚其连舰。王彦章等闻帝引兵已至邹家口，己未，解杨刘围，走保杨村。唐兵追击之，复屯德胜。梁兵前后急攻诸城，士卒遭矢石、溺水、暍死者且万人，委弃资粮、铠仗、锅幕，动以千计。杨刘比至围解，城中无食已三日矣。

王彦章疾赵、张乱政，及为招讨使，谓所亲曰："待我成功还，当尽诛奸臣以谢天下！"赵、张闻之，私相谓曰："我辈宁死于沙陀，不可为

来了。希望陛下招募敢死的士卒，让他们每天都向梁军挑战以牵制敌人，如果王彦章能有十天时间不向东开进，那么城就可以建起来了。”当时李嗣源正坚守郓州，与黄河以北一点消息也不通，渐渐地人心涣散了，眼看早晚就要保不住了。这时刚好梁军右先锋指挥使康延孝秘密地请求向李嗣源投降，康延孝是太原地区的胡人，曾经因为犯了罪，就逃亡投奔了后梁，当时属于段凝的部下。李嗣源派押牙临漳人范延光把康延孝请求投降的蜡书送到后唐庄宗那里，范延光于是向后唐庄宗报告说：“杨刘的防备已经很稳固了，梁军一定攻不下来，请求在马家口修建营垒以打通通往郓州的道路。”后唐庄宗听从了他的建议，派郭崇韬率领一万人连夜出发，兼程赶往博州，从马家口渡过黄河，在那里日夜不停地筑城。这边后唐庄宗在杨刘与梁军日夜不停地苦战。郭崇韬建造新城才六天时间，王彦章便得到了消息，立即率领数万大军赶往那里，六月十五日戊子，猛攻新城，并且把十余艘大型战船连起来横在黄河中流，用以断绝郭崇韬的援军。当时城墙才刚刚修好，高度还不够，土石还很疏松，还没有供瞭望和守备的其他设施；郭崇韬慰劳士卒们，并且亲自带头，四面防御，同时也派出密使向后唐庄宗告急。后唐庄宗从杨刘亲率大军赶来救援，在新城的西岸布阵，城里的人远远望见援兵来到顿时士气大振，大声斥骂梁军，梁军只好砍断河中连接战船的绳索，把战船收拢一起；后唐庄宗的船停在岸边准备渡河，王彦章于是撤除了对新城的包围，退到邹家口防守。郓州向朝廷奏报的道路从此打通了。

李嗣源秘密上表，请求查办朱守殷战败的罪责；后唐庄宗没有接受。

秋季，七月初五日丁未，后唐庄宗率领军队沿着黄河向南挺进，王彦章等放弃邹家口，又奔赴杨刘。七月十二日甲寅，游弈将李绍兴在清丘驿的南面击败了梁军的流动部队。段凝以为唐军已经从上游渡过了黄河，大惊失色，当面就责备王彦章，埋怨他不该深入郓州之境。

七月十三日乙卯，前蜀侍中魏王王宗侃去世。

七月十六日戊午，后唐庄宗派遣骑将李绍荣径直攻到梁军营寨前，活捉了梁军的哨兵，这样一来梁军更加惊恐，唐军又用点着火的木筏顺流而下，焚烧了梁军连在一起的战船。王彦章听说后唐庄宗已经率兵到达邹家口，七月十七日己未，就解除了对杨刘的包围，逃到杨村去防守；唐军从后追击，又重新收复了德胜城。梁军士兵前后猛攻各城，遭到箭石击伤、河水淹溺、中暑而死的将近一万人，丢弃的物资粮食、铠甲仪仗、军锅幕帐等，常常数以千计。到杨刘解围的时候，城中断粮已有三天时间了。

王彦章憎恨赵岩、张汉杰扰乱国政，他当招讨使以后，对自己的亲信说：“等我得胜回来的时候，一定要把奸臣全部杀光，以此来告谢天下人！”赵岩、张汉杰听

彦章所杀。”相与协力倾之。段凝素疾彦章之能而谄附赵、张，在军中与彦章动相违戾，百方沮桡之，惟恐其有功，潜伺彦章过失以闻于梁主。每捷奏至，赵、张悉归功于凝，由是彦章功竟无成。及归杨村，梁主信谗，犹恐彦章旦夕成功难制，征还大梁，使将兵会董璋攻泽州。

（以上为第四段，写梁末帝任将不专，王彦章既受制于内，又不协于外，不能号令全军，功败垂成，被解军权。）

甲子，帝至杨刘劳李周曰：“微卿善守，吾事败矣。”

中书侍郎、同平章事卢程以私事干兴唐府，府吏不能应，鞭吏背。光禄卿兼兴唐少尹任团，圜之弟，帝之从姊婿也，诣程诉之。程骂曰：“公何等虫豸，欲倚妇力邪！”团诉于帝。帝怒曰：“朕误相此痴物，乃敢辱吾九卿！”欲赐自尽。卢质力救之，乃贬右庶子。

裴约遣间使告急于帝，帝曰：“吾兄不幸生此枭獍，裴约独能知逆顺。”顾谓北京内牙马步军都指挥使李绍斌曰：“泽州弹丸之地，朕无所用，卿为我取裴约以来。”八月，壬申，绍斌将甲士五千救之，未至，城已陷，约死，帝深惜之。

甲戌，帝自杨刘还兴唐。

梁主命于滑州决河，东注曹、濮及郓以限唐兵。

初，梁主遣段凝监大军于河上，敬翔、李振屡请罢之，梁主曰：“凝未有过。”振曰：“俟其有过，则社稷危矣。”至是，凝厚赂赵、张求为招讨使，翔、振力争以为不可。赵、张主之，竟代王彦章为北面招讨使，于是宿将愤怒，士卒亦不服。天下兵马副元帅张宗奭言于梁主曰：“臣为副元帅，虽衰朽，犹足为陛下扞御北方。段凝晚进，功名未能服人，众议讻讻，恐贻国家深忧。”敬翔曰：“将帅系国安危，今国势已尔，陛下岂可尚不留意邪！”梁主皆不听。

到些话之后，就私下里商量说：“我们宁可死在沙陀人手里，也不能让王彦章来杀我们。”于是两人同心协力要搞掉王彦章。段凝平时就妒忌王彦章的才能而献媚附和赵岩、张汉杰，在军中动辄就和王彦章作对，千方百计地损伤他的声誉，唯恐他建立战功，经常暗地里侦伺王彦章的过失报告后梁末帝。每次军中的捷报送到大梁的时候，赵岩、张汉杰都把全部功劳归于段凝，因此王彦章竟然连一点功劳都没有。到后来兵退杨村的时候，梁主听信谗言，同时又担心王彦章一旦大功告成又难以控制，于是就征召他回大梁，让他率兵会合董璋进攻泽州。

七月二十二日甲子，后唐庄宗到达杨刘慰劳李周说：“要不是你善于防守，我的事业就完了。”

中书侍郎、同平章事卢程拿私人的事情请托于兴唐府，兴唐府的官吏们无法满足他的要求，他就用鞭子抽打府吏们的背；光禄卿兼兴唐府少尹任团，是任圜的弟弟，也是后唐庄宗堂姐的夫婿，到卢程那去论理。卢程骂他说：“你是个什么东西，想用老婆的力量来压我不成！”任团只好跑去向后唐庄宗报告。后唐庄宗听后非常生气地说：“朕错任了这个蠢物为丞相，他竟敢侮辱我的九卿！”准备让卢程自杀；多亏卢质全力解救，才将卢程贬为右庶子。

裴约派来密使向后唐庄宗告急，后唐庄宗说：“我哥哥不幸生下这个忘恩负义的畜生，只有裴约还能知道是非忠奸。”回头对北京内牙马步军都指挥使李绍斌说：“泽州是个弹丸之地，朕要它也没有什么用处，你去替我把裴约迎回来。”八月初一日壬申，李绍斌率领五千名精锐士卒前去援救，结果还没到泽州，泽州城已被梁军攻陷，裴约也战死了，后唐庄宗得悉这一消息后深觉惋惜。

八月初三日甲戌，后唐庄宗从杨刘返回兴唐府。

后梁末帝命令在滑州决开黄河河堤，把河水向东引注到曹州、濮州和郓州一带，用来阻止唐军的进攻。

当初，后梁末帝曾派遣段凝到黄河一线监督大军作战，敬翔、李振多次向后梁末帝请求罢免他，后梁末帝说：“段凝又没有什么过错。”李振说：“等到他有过错时，国家就危险了。”这时，段凝用厚礼贿赂赵岩、张汉杰二人请求出任招讨使，敬翔、李振据理力争，认为不能让他担任；最后由于赵岩、张汉杰的一手包办，段凝终于代替王彦章担任了北面招讨使，于是军中的老将们都愤恨不平，士卒们也不服气。天下兵马副元帅张宗奭对后梁末帝说：“臣身为天下兵马副元帅，虽然已经老朽了，但自信还能替陛下抵御北方的敌人。段凝是个晚辈，他的功名不足服众人，现在大家对他的任职议论纷纷，这样下去恐怕会给国家带来不小的后患。”敬翔说：“军队将帅的任命关系到国家的安危，现在国家的局势已经很危急了，陛下怎么可以还不

戊子，凝将全军五万营于王村，自高陵津济河，剽掠澶州诸县，至于顿丘。

梁主命王彦章将保銮骑士及他兵合万人，屯兖、郓之境，谋复郓州，以张汉杰监其军。

庚寅，帝引兵屯朝城。

戊戌，康延孝帅百余骑来奔，帝解所御锦袍玉带赐之，以为南面招讨都指挥使，领博州刺史。帝屏人问延孝以梁事，对曰："梁朝地不为狭，兵不为少，然迹其行事，终必败亡。何则？主既暗懦，赵、张兄弟擅权，内结宫掖，外纳货赂，官之高下唯视赂之多少，不择才德，不校勋劳。段凝智勇俱无，一旦居王彦章、霍彦威之右，自将兵以来，专率敛行伍以奉权贵。每出一军，不能专任将帅，常以近臣监之，进止可否动为所制。近又闻欲数道出兵，令董璋引陕、虢、泽、潞之兵自石会关趣太原，霍彦威以汝、洛之兵自相、卫、邢、洺寇镇定，王彦章、张汉杰以禁军攻郓州，段凝、杜晏球以大军当陛下，决以十月大举。臣窃观梁兵聚则不少，分则不多。愿陛下养勇蓄力以待其分兵，帅精骑五千自郓州直抵大梁，擒其伪主，旬月之间，天下定矣。"帝大悦。

（以上为第五段，写梁末帝临阵换将，任用平庸贪婪的段凝为主帅，大势去矣。）

蜀主以文思殿大学士韩昭、内皇城使潘在迎、武勇军使顾在珣为狎客，陪侍游宴，与宫女杂坐，或为艳歌相唱和，或谈嘲谑浪，鄙俚亵慢，无所不至，蜀主乐之。在珣，彦朗之子也。

时枢密使宋光嗣等专断国事，恣为威虐，务徇蜀主之欲以盗其权。宰相王锴、庾传素等各保宠禄，无敢规正。潘在迎每劝蜀主诛谏者，无使谤国。嘉州司马刘赞献陈后主三阁图，并作歌以讽；贤良方正蒲禹卿对策语极切直。蜀主虽不罪，亦不能用也。

留意将帅的人选呢？”后梁末帝对这些建议都不予理会。

八月十七日戊子，段凝率领全军五万人马在王村扎营，又从高陵津渡过黄河，在澶州下属各县大肆抢掠，一直行进到顿丘。

后梁末帝任命王彦章率领保銮骑士和其他部队共计有一万人，驻扎在兖州、郓州境内，准备收复郓州，并派张汉杰任他的监军。

八月十九日庚寅，后唐庄宗率兵驻扎在朝城。

八月二十七日戊戌，康延孝率领一百多名骑兵前来投奔，后唐庄宗解下自己身上穿的锦袍、玉带赐给了他，任命他为南面招讨都指挥使，兼领博州刺史。后唐庄宗屏退周围的人，单独向康延孝询问后梁的情况，康延孝回答说：“梁朝地盘不算小，兵力也不少；但是考察一下他们过去的所作所为，不难看出他们最终是一定要灭亡的。为什么这么说呢？不仅梁主本人昏庸懦弱，赵岩、张汉杰兄弟又专权跋扈，对内勾结后宫近侍，对外广收贿赂，任官职位的高低只看贿赂送多少而定，根本不看人的才能和品行，也不考虑过去功勋劳绩。段凝智慧和勇气一样都没有，居然忽然间提升到王彦章、霍彦威之上，自从他率兵以来，一心肆意搜刮士卒用以巴结朝中权贵。梁主每次派军出战，都不肯把军权全部交给将帅，往往派亲信大臣去监军，这样一来，军队任命行动都受监军的钳制。近来又听说梁主准备多路出击，命令董璋率领陕州、虢州、泽州、潞州的军队从石会关直驱太原，霍彦威率领汝州、洛州的军队从相州、卫州、邢州、洺州一线进犯镇州、定州，王彦章、张汉杰率领禁军进攻郓州，段凝、杜晏球率领大军抵挡陛下，决定在十月大举进攻。臣认为梁兵集中在一起确实不少，但是一分散开来就不多了。希望陛下养精蓄锐等待他们分兵，然后率领五千名精锐骑兵从郓州直捣大梁，活捉伪梁主，不出十天到一个月，天下就可以平定了。”后唐庄宗听后十分高兴。

前蜀主把文思殿大学士韩昭、内皇城使潘在迎、武勇军使顾在珣当作狎戏之客，让他们陪伴自己吃喝玩乐，他们常和宫女杂坐在一起，有时作一些艳歌相唱和，有时高谈阔论，戏谑放荡，轻慢粗俗，无所不为，而蜀主却很高兴。顾在珣是顾彦朗的儿子。

当时枢密使宋光嗣等把持国家政事，肆无忌惮地作威作福，一味地迎合蜀主的欲望以窃取国君的权力。宰相王锴、庾传素等人只知保全自己的地位和俸禄，不敢对蜀主进行规劝和谏议。潘在迎常常劝蜀主诛杀那些进谏的人，以免他们诽谤国家。嘉州司马刘赞献上陈后主三阁图，并作歌讽劝蜀主；贤良方正蒲禹卿在呈奏的对策中所说的话也极为切要直爽；前蜀主虽然没有怪罪他们，但是也没有采纳他们的意见。

九月，庚戌，蜀主以重阳宴近臣于宣华苑，酒酣，嘉王宗寿乘间极言社稷将危，流涕不已。韩昭、潘在迎曰：“嘉王好酒悲。”因谐笑而罢。

（以上为第六段，写蜀主王衍游宴无度，不听忠言。）

帝在朝城，梁段凝进至临河之南，澶西、相南，日有寇掠。自德胜失利以来，丧刍粮数百万，租庸副使孔谦暴敛以供军，民多流亡，租税益少，仓廪之积不支半岁。泽、潞未下。卢文进、王郁引契丹屡过瀛、涿之南，传闻俟草枯冰合，深入为寇，又闻梁人欲大举数道入寇，帝深以为忧，召诸将会议。宣徽使李绍宏等皆以为郓州城门之外皆为寇境，孤远难守，有之不如无之，请以易卫州及黎阳于梁，与之约和，以河为境，休兵息民，俟财力稍集，更图后举。帝不悦，曰：“如此吾无葬地矣。”乃罢诸将，独召郭崇韬问之。对曰：“陛下不栉沐，不解甲，十五余年，其志欲以雪家国之雠耻也。今已正尊号，河北士庶日望升平，始得郓州尺寸之地，不能守而弃之，安能尽有中原乎！臣恐将士解体，将来食尽众散，虽画河为境，谁为陛下守之！臣尝细询康延孝以河南之事，度己料彼，日夜思之，成败之机决在今岁。梁今悉以精兵授段凝，据我南鄙，又决河自固，谓我猝不能渡，恃此不复为备。使王彦章侵逼郓州，其意冀有奸人动摇，变生于内耳。段凝本非将材，不能临机决策，无足可畏。降者皆言大梁无兵，陛下若留兵守魏，固保杨刘，自以精兵与郓州合势，长驱入汴，彼城中既空虚，必望风自溃。苟伪主授首，则诸将自降矣。不然，今秋谷不登，军粮将尽，若非陛下决志，大功何由可成！谚曰：‘当道筑室，三年不成。’帝王应运，必有天命，在陛下勿疑耳。”帝曰：“此正合朕志。丈夫得则为王，失则为虏，吾行决矣！”司天奏：“今岁天道不利，深入必无功。”帝不听。

九月初九日庚戌，前蜀主因为当天是重阳节，就在宣华苑宴请亲近的大臣，酒正喝得高兴的时候，嘉王王宗寿乘机极力陈说国家就要危亡了，说着不停地痛哭流涕。韩昭、潘在迎说道："嘉王喜欢喝了酒后哭哭啼啼。"于是众人都一笑了之。

后唐庄宗驻扎在朝城，后梁段凝率兵进军到临河县以南，澶州以西、相州以南地区，天天都有敌人骚扰。唐自从德胜城失利以来，损失粮草数百万，租庸副使孔谦通过横征暴敛来供应军需，很多老百姓都四处逃亡，这样一来租税的收入就更少了，仓库里的积蓄支持不到半年了。泽州、潞州还没有攻下来。卢文进、王郁率领契丹兵多次侵入瀛州、涿州以南，传言说等到秋冬草木凋枯河上结冰时，再深入后唐境内攻击。又听说梁军准备分兵数路大举入侵。后唐庄宗为此十分担忧，于是召集诸位将领一起商议对策。宣徽使李绍宏等人都认为郓州城门之外都是敌人境地，形势孤立，路途遥远，难以坚守，有它不如没它，建议用它与后梁交换卫州和黎阳，和他们订约讲和，以黄河为界，停止战争，让老百姓休养生息，等到以后财力稍有积蓄时，再作进一步的打算。后唐庄宗听了很不高兴，说："这样一来，我就死无葬身之地了。"于是让诸位将领都退了下去，单独召见郭崇韬来征询意见。郭崇韬说："陛下不梳洗，不解甲，已经有十五年之多了，您的志向是要雪洗国仇家恨。现在已经名正言顺地继立尊位，黄河以北的军民天天都在盼望天下能够太平，现在刚刚才取得郓州这么一块小地方，就不能坚守而要放弃它，将来又怎么能够拥有整个中原呢！臣担心将士们灰心丧气军队解体，将来粮食吃完了大家也要散伙了，虽然能够划河为界，又有谁替陛下防守呢！臣曾经详细询问过康延孝黄河以南的情况，并且权衡着双方形势，日夜都在思考这个问题，认为成败的关键一定就在今年。梁朝现在把全部精锐部队都交给了段凝，占据着我国南部边地，又决开黄河河堤用来防备，认为我们短时间内不可能渡过黄河，他们依仗这个有利条件便不再设防。梁主派王彦章率兵逼近郓州，他们目的是希望有奸人作乱，让城内发生叛乱。段凝本来也就不是大将的材料，不能临阵应变，这个人不值得担心。投降过来的人都说大梁没有什么兵力，陛下如果留一部分兵力守住魏州，并且固守杨刘，另外亲自率领精锐部队与郓州的兵力会合，长驱直入，直取汴梁，他们的城里本来就很空虚，一定会望风而逃。如果伪主投降或被杀，那么他们的各路将领自然就会投降了。如果不这样做的话，今年秋季谷物收成不好，军粮也快要用完了，如果陛下不下定决心，大功如何能够告成？俗谚说：'当道筑室，三年不成。'帝王奉天承运，都是天意安排，关键是陛下不能再迟疑了。"后唐庄宗说："你说的这些正合朕的想法。大丈夫成则为王，败则为寇，我已经决定行动！"这时司天监的官员上奏说："今年的天道不吉利，深入敌境一定不会成功。"后唐庄宗没有听信这些。

王彦章引兵逾汶水，将攻郓州，李嗣源遣李从珂将骑兵逆战，败其前锋于递坊镇，获将士三百人，斩首二百级，彦章退保中都。戊辰，捷奏至朝城，帝大喜，谓郭崇韬曰："郓州告捷，足壮吾气。己巳，命将士悉遣其家属归兴唐。

冬，十月，辛未朔，日有食之。

帝遣魏国夫人刘氏、皇子继岌归兴唐，与之诀曰："事之成败，在此一决。若其不济，当聚吾家于魏宫而焚之！"仍命豆卢革、李绍宏、张宪、王正言同守东京。

（以上为第七段，写梁将王彦章兵败郓州，唐庄宗进兵大梁。）

壬申，帝以大军自杨刘济河，癸酉，至郓州，中夜，进军逾汶，以李嗣源为前锋，甲戌旦，遇梁兵，一战败之，追至中都，围其城。城无守备，少顷，梁兵溃围出，追击，破之。王彦章以数十骑走，龙武大将军李绍奇单骑追之，识其声，曰："王铁枪也！"拔稍刺之，彦章重伤，马踬，遂擒之，并擒都监张汉杰、曹州刺史李知节、裨将赵廷隐、刘嗣彬等二百余人，斩首数千级。廷隐，开封人；嗣彬，知俊之族子也。

彦章尝谓人曰："李亚子斗鸡小儿，何足畏！"至是，帝谓彦章曰："尔常谓我小儿，今日服未？"又问："尔名善将，何不守兖州？中都无壁垒，何以自固？"彦章对曰："天命已去，无足言者。"帝惜彦章之材，欲用之，赐药傅其创，屡遣人诱谕之。彦章曰："余本匹夫，蒙梁恩，位至上将，与皇帝交战十五年。今兵败力穷，死自其分，纵皇帝怜而生我，我何面目见天下之人乎！岂有朝为梁将，暮为唐臣！此我所不为也。"帝复遣李嗣源自往谕之，彦章卧谓嗣源曰："汝非邈佶烈乎？"彦章素轻嗣源，故以小名呼之。于是诸将称贺，帝举酒属嗣源曰："今日之功，公与崇韬之力也。向从绍宏辈语，大事去矣。"

帝又谓诸将曰："向所患惟王彦章，今已就擒，是天意灭梁也。段凝犹在河上，进退之计，宜何向而可？"诸将以为："传者虽云大梁无备，

王彦章率军渡过汶水，准备进攻郓州，李嗣源派李从珂率领骑兵部队前去迎战，在递坊镇打败了梁军前锋部队，俘虏了三百名将士，斩杀了二百人，王彦章退守中都。九月二十七日戊辰，捷报上奏到朝城，后唐庄宗大为高兴，对郭崇韬说："郓州首战告捷，足以增强我们的士气。"九月二十八日己巳，命令将士们全部把家属送回兴唐府。

冬季，十月初一日辛未，发生日食。

后唐庄宗送魏国夫人刘氏、皇子李继岌回兴唐府，和他们诀别说："事情成败，就在此一举；如果不能成功的话，就把我们全家聚集在魏宫举火自焚！"依然任命豆卢革、李绍宏、张宪、王正言一道防守东京。

十月初二日壬申，后唐庄宗率领大军从杨刘渡过黄河，十月初三日癸酉，到达郓州，半夜时候，又率军渡过汶水，任命李嗣源为前锋，十月初四日甲戌清晨，与梁军遭遇，一战就打败了对方，直追到中都，并包围了中都城。城中没有守备，不一会儿，梁军冲出包围，唐军紧跟其后追击，把梁军打得大败。王彦章率领几十名随从骑兵逃走，龙武大将军李绍奇单枪匹马在后追击，他听出王彦章的声音，说："原来是王铁枪！"于是拔出长矟向前刺去，王彦章受了重伤，马也被绊倒了，于是被活捉，同时被活捉的还有梁军都监张汉杰、曹州刺史李知节和裨将赵廷隐、刘嗣彬等二百余人，斩杀了好几千人。赵廷隐是开封人；刘嗣彬是刘知俊的族子。

王彦章曾经对人说过："李亚子不过是个斗鸡小儿，有什么值得害怕的！"到这时候，后唐庄宗问他说："你常说我是小儿，今天服气不服气？"又问他："你号称是一名善战的将领，为什么不坚守兖州？中都城没有壁垒城墙，你怎么能够守得住呢？"王彦章回答说："天命已去，没有什么好说的了。"后唐庄宗很珍惜王彦章的才干，想起用他，赐药让他治疗创伤，并且多次派人去劝诱他。王彦章说："我本来是一个平民，承蒙梁朝的恩泽，被提升为上将，和你们皇帝交战了十五年；现在兵败被俘，死是当然的事，即使皇帝怜悯我让我活着，我又哪有脸面去见天下的人呢？哪里有早晨还是梁朝将领，到晚上就是唐朝臣子的道理！这样的事我是不干的。"后唐庄宗又派李嗣源亲自去说服他，王彦章躺着问李嗣源道："你不是邈佶烈吗？"王彦章一向瞧不起李嗣源，所以叫他的小名。这时，各位将领都向后唐庄宗祝贺这次胜利，后唐庄宗举着酒杯对李嗣源说："今日的成功，都是你和郭崇韬的功劳。过去如果我听从了李绍宏等人的话，就耽误了我的大事了。"

后唐庄宗又对各位将领说："以往我所担心的只有王彦章，现在他已被活捉，这是天意要灭掉梁朝。段凝目前还在黄河边上，下一步我们大军的行动，应该进军什

未知虚实。今东方诸镇兵皆在段凝麾下，所余空城耳，以陛下天威临之，无不下者。若先广地，东傅于海，然后观衅而动，可以万全。”康延孝固请亟取大梁。李嗣源曰：“兵贵神速。今彦章就擒，段凝必未之知，就使有人走告，疑信之间尚须三日。设若知吾所向，即发救兵，直路则阻决河，须自白马南渡，数万之众，舟楫亦难猝办。此去大梁至近，前无山险，方陈横行，昼夜兼程，信宿可至。段凝未离河上，友贞已为吾擒矣。延孝之言是也，请陛下以大军徐进，臣愿以千骑前驱。”帝从之。令下，诸军皆踊跃愿行。

是夕，嗣源帅前军倍道趣大梁。乙亥，帝发中都，舁王彦章自随，遣中使问彦章曰：“吾此行克乎？”对曰：“段凝有精兵六万，虽主将非材，亦未肯遽尔倒戈，殆难克也。”帝知其终不为用，遂斩之。

丁丑，至曹州，梁守将降。

（以上为第八段，写唐庄宗诛王彦章，兵破曹州。）

王彦章败卒有先至大梁，告梁主以“彦章就擒，唐军长驱且至”者，梁主聚族哭曰：“运祚尽矣！”召群臣问策，皆莫能对。梁主谓敬翔曰：“朕居常忽卿所言，以至于此。今事急矣，卿勿以为怼。将若之何？”翔泣曰：“臣受先帝厚恩，殆将三纪，名为宰相，其实朱氏老奴，事陛下如郎君。臣前后献言，莫匪尽忠。陛下初用段凝，臣极言不可，小人朋比，致有今日。今唐兵且至，段凝限于水北，不能赴救。臣欲请陛下出避狄，陛下必不听从；请陛下出奇合战，陛下必不果决。虽使良、平更生，谁能为陛下计者？臣愿先赐死，不忍见宗庙之亡也。”因与梁主相向恸哭。

梁主遣张汉伦驰骑追段凝军。汉伦至滑州，坠马伤足，复限水不

么地方比较好呢？”各位将领都认为：“传言虽然都说大梁没有什么守备，但不知道是真是假。现在梁朝在东方的各镇人马都被集中在段凝的手下，所剩下的都是些空城罢了，用陛下的天威去攻打这些城池，没有攻不下的。如果能先扩大我们的领土，往东一直到达海边，然后伺机而动，这样就是万全之策了。”康延孝则坚决请求急速进攻大梁。李嗣源说：“兵贵神速。现在王彦章被活捉，段凝一定还没有得到消息，即使有人逃去向他报告，他是怀疑是相信也需要三天时间。假使他知道了我军的动向，即刻派出救兵，要走直路就会被他们自己所决开的黄河所阻挡，定要从白马渡过黄河的南岸，几万人马，渡河的船只恐怕一下子也难以准备齐全。而我们这里距大梁最近，前面又没有山川险要，排着方阵也能横行无阻，如果昼夜兼程，二三天就能到达。段凝还没有离开黄河边，朱友贞就会被我们活捉了。康延孝所讲的是对的，请陛下率领大军稳步推进，臣愿率领一千名骑兵打前锋。”后唐庄宗听从了他的建议。出师的命令下达后，各路军队都十分踊跃，希望跟着打前锋。

当天晚上，李嗣源率领前锋部队兼程直奔大梁。十月初五日乙亥，后唐庄宗从中都出发，让人抬着王彦章随行，又派中使问王彦章说：“我此行能够攻下大梁吗？”王彦章回答说：“段凝拥有六万精兵，虽然主将没有什么才能，但不会马上投降，恐怕也难以攻下大梁。”后唐庄宗知道他最终也不会为自己所用，于是就下令把他斩了。

十月初七日丁丑，唐军到达曹州，梁军守将投降了。

王彦章部队的败兵有先逃回大梁的，有人告诉后梁末帝说“王彦章已被活捉，唐军长驱直入，马上就要到来”，后梁末帝聚集族人边哭边说：“国家的世运完了！”于是召集群臣向他们询问对策，结果大家都没有什么办法。后梁末帝对敬翔说：“朕平时忽视你的建议，才会有今天。现在事情已经很急迫了，你不要再怨恨过去。该怎么办呢？”敬翔流着泪说：“臣蒙受先帝的厚恩，差不多有三十多年了，名义上是国家的宰相，其实是朱家的老奴，侍奉陛下就像家奴侍奉少主人一般。臣以往所提的种种建议，无一不是忠心耿耿。陛下当初起用段凝时，臣曾极力反对认为不适宜，朝中小人朋比为奸，以致造成今天这种局面。现在唐兵马上就要攻到，段凝的大军又被阻隔在黄河以北，无法赶来救援。臣想建议陛下暂时出行避一下敌军势头，陛下一定不肯；建议陛下出奇兵和敌军决一死战时，陛下一定不会果断决定；这样即使让汉代的张良、陈平重返人世，也难以为陛下想出好办法来了！臣请求陛下赐我先死，我不忍心亲眼看到宗庙的毁灭。”说罢，和后梁末帝君臣相对痛哭了一场。

后梁末帝派张汉伦快马赶往段凝的军队，张汉伦到了滑州时，从马上掉下来摔

能进。

时城中尚有控鹤军数千，朱珪请帅之出战，梁主不从，命开封尹王瓒驱市人乘城为备。

初，梁陕州节度使邵王友诲，全昱之子也，性颖悟，人心多向之。或言其诱致禁军欲为乱，梁主召还，与其兄友谅、友能并幽于别第。及唐师将至，梁主疑诸兄弟乘危谋乱，并皇弟贺王友雍、建王友徽尽杀之。

梁主登建国楼，面择亲信厚赐之，使衣野服，赍蜡诏，促段凝军，既辞，皆亡匿。或请幸洛阳，收集诸军以拒唐，唐虽得都城，势不能久留。或请幸段凝军，控鹤都指挥使皇甫麟曰："凝本非将才，官由幸进，今危窘之际，望其临机制胜，转败为功，难矣。且凝闻彦章败，其胆已破，安知能终为陛下尽节乎？"赵岩曰："事势如此，一下此楼，谁心可保！"梁主乃止。复召宰相谋之，郑珏请自怀传国宝诈降以纾国难，梁主曰："今日固不敢爱宝，但如卿此策，竟可了否？"珏俯首久之，曰："但恐未了。"左右皆缩颈而笑。梁主日夜涕泣，不知所为。置传国宝于卧内，忽失之，已为左右窃之迎唐军矣。

戊寅，或告唐军已过曹州，尘埃涨天，赵岩谓从者曰："吾待温许州厚，必不负我。"遂奔许州。

梁主谓皇甫麟曰："李氏吾世雠，理难降首，不可俟彼刀锯。吾不能自裁，卿可断吾首。"麟泣曰："臣为陛下挥剑死唐军则可矣，不敢奉此诏。"梁主曰："卿欲卖我邪？"麟欲自刭，梁主持之曰："与卿俱死。"麟遂弑梁主，因自杀。梁主为人温恭约，无荒淫之失，但宠信赵、张，使擅威福，疏弃敬、李旧臣，不用其言，以至于亡。

（以上为第九段，写梁末帝闻王彦章兵败，见大势已去，自杀，国亡。）

己卯旦，李嗣源军至大梁，攻封丘门，王瓒开门出降，嗣源入城，

伤了腿，又被河水所阻隔，无法再向前进。

当时大梁城中还有几千名控鹤军，朱珪请求率领这些军队出去迎战；后梁末帝没答应，而是命令开封尹王瓒驱赶市民登城守备。

当初，后梁陕州节度使邵王朱友诲，是朱全昱的儿子，生性聪明，人心多归向他。有人向后梁末帝报告说他和禁军相勾结，想要乘机作乱，后梁末帝于是就把他召回大梁，把他和他的哥哥朱友谅、朱友能一道幽禁在别第。到了唐军快要到来的时候，后梁末帝怀疑这些兄弟们会乘机作乱，于是把他们和皇弟贺王朱友雍、建王朱友徽全部杀掉了。

后梁末帝登上建国楼，当面挑选亲信并给他们以丰厚的赏赐，让他们穿上百姓的衣服，带上用蜡封着的诏书，去催促段凝的军队回兵救援，可是这些求救的人一离开京城，就都各自逃命去了。有人建议后梁末帝到洛阳去，再召集各路人马抵御唐军，唐军即使占领了都城，但形势也不容许他们在此久留。还有人建议后梁末帝到段凝的军中去，控鹤都指挥使皇甫麟说："段凝本来就不是个将才，他的官位是因为得到陛下的宠幸才升任的，现在形势危急窘迫的时候，指望他能临机应变，转败为胜，恐怕很难。况且段凝一得悉王彦章已被击败，他的胆子早已吓破了，谁能知道他是否会在最后关头为陛下尽忠尽节呢？"赵岩说："形势发展到这个地步，一下此楼，谁的心都难保证。"后梁末帝只好作罢。又召唤宰相来商议，郑珏建议由他带着传国宝向唐军诈降，以此来缓解国难，后梁末帝说："现在我当然不会再舍不得这宝物了，但照你这个方法，真的能够解决问题吗？"郑珏低着头沉吟了很久，只好说道："恐怕不能。"周围的大臣们听了，都缩着脖子偷笑。后梁末帝一天到晚哭哭啼啼，不知怎么办才好；把传国宝放在卧房内，不久就不见了，原来是被身边的近臣偷去迎接唐军去了。

十月初八日戊寅，有人报告说唐军已经过了曹州，声势浩大，尘埃满天，赵岩对侍从们说："我过去对温许州不薄，料他不至于对不起我。"于是就投奔许州去了。

后梁末帝对皇甫麟说："李氏是我们朱家的世仇，我绝对没有向他们投降的道理，不能等着让他们来杀我。我又没勇气自杀，你可以把我的头砍下来。"皇甫麟哭着说："臣替陛下挥剑砍杀唐军，这个还能做到，要杀陛下，臣不敢奉命。"后梁末帝说："你难道想出卖我吗？"皇甫麟正要拔剑自刎，后梁末帝拉住他说："朕和你一块儿死。"于是皇甫麟就杀了后梁末帝，然后自杀。后梁末帝为人温和恭敬而简朴，没有荒淫方面的过失；只是宠幸赵岩、张汉杰之流，默许他们作威作福，疏远了敬翔、李振等一班旧大臣，不听他们的建议，所以最终导致灭亡。

十月初九日己卯早晨，李嗣源的大军到了大梁，攻打封丘门，王瓒打开城门出

抚安军民。是日，帝入自梁门，百官迎谒于马首，拜伏请罪，帝慰劳之，使各复其位。李嗣源迎贺，帝喜不自胜，手引嗣源衣，以头触之曰：“吾有天下，卿父子之功也，天下与尔共之。”帝命访求梁主，顷之，或以其首献。

李振谓敬翔曰：“有诏洗涤吾辈，相与朝新君乎？”翔曰：“吾二人为梁宰相，君昏不能谏，国亡不能救，新君若问，将何辞以对？”是夕未曙，或报翔曰：“崇政李太保已入朝矣。”翔叹曰：“李振谬为丈夫！朱氏与新君世为仇雠，今国亡君死，纵新君不诛，何面目入建国门乎！”乃缢而死。

庚辰，梁百官复待罪于朝堂，帝宣敕赦之。

赵岩至许州，温昭图迎谒归第，斩首来献，尽没岩所赍之货。昭图复名韬。

辛巳，诏王瓒收朱友贞尸，殡于佛寺，漆其首，函之，藏于太社。

段凝自滑州济河入援，以诸军排陈使杜晏球为前锋。至封丘，遇李从珂，晏球先降。壬午，凝将其众五万至封丘，亦解甲请降。凝帅诸大将先诣阙待罪，帝劳赐之，慰谕士卒，使各复其所。凝出入公卿间，扬扬自得无愧色，梁之旧臣见者皆欲龁其面，抉其心。

丙戌，诏贬梁中书侍郎同平章事郑珏为莱州司户，萧顷为登州司户，翰林学士刘岳为均州司马，任赞为房州司马，姚颉为复州司马，封翘为唐州司马，李怿为怀州司马，窦梦徵为沂州司马，崇政学士刘光素为密州司户，陆崇为安州司户，御史中丞王权为随州司户：以其世受唐恩而仕梁贵显故也。岳，崇龟之从子；颉，万年人；翘，敖之孙；怿，京兆人；权，龟之孙也。

段凝、杜晏球上言：“伪梁要人赵岩、赵鹄、张希逸、张汉伦、张汉杰、张汉融、朱珪等，窃弄威福，残蠹群生，不可不诛。”诏：“敬翔、李振首佐朱温，共倾唐祚；契丹撒剌阿拨叛兄弃母，负恩背国，宜与岩等

来投降，李嗣源进入城内，安抚城内军民。当天，后唐庄宗从梁门进入城内，梁朝的文武百官都到马前迎接，并跪在地上请罪，后唐庄宗慰劳了他们，让他们都回到各自的岗位去。李嗣源出来迎驾并向后唐庄宗恭贺，后唐庄宗高兴得有点按捺不住了，用手拉着李嗣源的衣服，用头碰了一下说："我能拥有天下，是你们父子二人的功劳，我要和你们共享天下。"后唐庄宗下令访求后梁末帝的下落，不一会儿，就有人拿着梁主的头前来献上。

李振对敬翔说："如果皇上下诏免除我们的过失，我们要不要一起去朝见新的国君？"敬翔说："我们二人都是梁朝的宰相，国君昏庸不能进行谏诤，国家灭亡了又无力挽救，新国君如果拿这事问我们，我们将怎样回答好呢？"这夜天没亮，就有人来告诉敬翔说："崇政使李太保已经入宫朝见去了。"敬翔叹息说："李振枉为大丈夫！朱氏和新国君世代为仇敌，现在我们国家亡了，国君死了，就算新的国君不诛杀我们，我们又有什么面目再进建国门呢？"于是就上吊自杀了。

十月初十日庚辰，后梁的文武百官又到朝堂上请罪，后唐庄宗下令宣布赦免他们。

赵岩到了许州，温昭图迎接他回府第后，就砍下他的头向后唐庄宗呈献，并把赵岩所携带的财物全部吞没了。温昭图又恢复原来的名字叫温韬。

十月十一日辛巳，后唐庄宗下诏命令王瓒为朱友贞收尸，停放在佛寺里，把他的脑袋涂上漆，用盒子装起来，藏在太社中。

段凝从滑州渡过黄河赶来救援，命令诸军排阵使杜晏球为前锋；部队到了封丘，和李从珂部相遭遇，杜晏球率先投降了唐军。十月十二日壬午，段凝率领他的五万大军到了封丘，也解除武装要求归降。段凝带领着将领们先到后唐庄宗的宫殿外请罪，后唐庄宗慰劳并赏赐了他们，并安抚晓谕士卒，让他们都各自回到自己的住处去。段凝出入于后唐公卿之间，洋洋得意，没有一点羞愧的意思，后梁旧臣们看到这一情景，都恨不得咬他的脸，挖他的心。

十月十六日丙戌，后唐庄宗下诏贬梁中书侍郎同平章事郑珏为莱州司户，萧顷为登州司户，翰林学士刘岳为均州司马，任赞为房州司马，姚顗为复州司马，封翘为唐州司马，李怿为怀州司马，窦梦徵为沂州司马，崇政学士刘光素为密州司户，陆崇为安州司户，御史中丞王权为随州司户；贬他们是因为这些人世世代代蒙受过唐朝的恩泽，但是却又在后梁担任大官显官的缘故。刘岳是刘崇龟的侄儿；姚顗是万年人；封翘是封敖的孙子；李怿是京兆人；王权是王龟的孙子。

段凝、杜晏球上书说："伪梁的重要人物赵岩、赵鹄、张希逸、张汉伦、张汉杰、张汉融、朱珪等人，窃取权力，作威作福，残害百姓，不可不杀。"后唐庄宗下诏说："敬翔、李振带头辅佐朱温，共同颠覆唐朝社稷；契丹人撒剌阿拨背叛兄长抛

并族诛于市。自余文武将吏一切不问。”又诏追废朱温、朱友贞为庶人，毁其宗庙神主。

帝之与梁战于河上也，梁拱宸左厢都指挥使陆思铎善射，常于笴上自镂姓名，射帝，中马鞍，帝拔箭藏之。至是，思铎从众俱降，帝出箭示之，思铎伏地待罪，帝慰而释之，寻授龙武右厢都指挥使。

以豆卢革尚在魏，命枢密使郭崇韬权行中书事。

（以上为第十段，写后唐庄宗入大梁诛梁奸佞，梁将相降后唐。）

梁诸藩镇稍稍入朝，或上表待罪，帝皆慰释之。宋州节度使袁象先首来入朝，陕州留后霍彦威次之。象先辇珍货数十万，遍赂刘夫人及权贵、伶官、宦者，旬日，中外争誉之，恩宠隆异。己丑，诏伪庭节度、观察、防御、团练使、刺史及诸将校，并不议改更，将校官吏先奔伪庭者一切不问。

庚寅，豆卢革至自魏。甲午，加崇韬守侍中，领成德节度使。崇韬权兼内外，谋猷规益，竭忠无隐，颇亦荐引人物，豆卢革受成而已，无所裁正。

丙申，赐滑州留后段凝姓名曰李绍钦，耀州刺史杜晏球曰李绍虔。

乙酉，梁西都留守河南尹张宗奭来朝，复名全义，献币马千计。帝命皇子继岌、皇弟存纪等兄事之。帝欲发梁太祖墓，斲棺焚其尸，全义上言：“朱温虽国之深雠，然其人已死，刑无可加，屠灭其家，足以为报，乞免焚斲以存圣恩。”帝从之，但铲其阙室，削封树而已。

戊戌，加天平节度使李嗣源兼中书令。以北京留守继岌为东京留守、同平章事。

帝遣使宣谕谕诸道，梁所除节度使五十余人皆上表入贡。

弃母亲，辜负了国家的大恩，应该和赵岩等人一道在街市上诛灭全族；其余的文武将吏一概不予追究。”又下诏追废朱温、朱友贞为平民，毁掉他们的宗庙神主。

后唐庄宗当初和梁军在黄河边作战时，梁军的拱宸左厢都指挥使陆思铎擅长射箭，常常在箭杆上刻上自己的姓名，他射后唐庄宗时，射中了后唐庄宗的马鞍，后唐庄宗把箭拔下收藏了起来。现在，陆思铎随着大家一起投降，后唐庄宗把当初的箭拿给他看，陆思铎跪在地上请罪，后唐庄宗安慰一番并且赦免他，不久又任命他为龙武右厢都指挥使。

因为豆卢革还在魏州，后唐庄宗就任命枢密使郭崇韬暂时代理中书事务。

后梁各个藩镇都陆续入京朝见，有的上表请罪，后唐庄宗都抚慰并且赦免了他们。宋州节度使袁象先是第一个入京朝见的，陕州留后霍彦威稍晚一点。袁象先用车拉着数十万珍宝财货，在京城中广泛贿赂刘夫人和一些权贵，以及伶官、宦官等，十来天时间，宫廷内外的人都争相说他的好话，他也因此得到后唐庄宗的特别恩宠。十月十九日己丑，后唐庄宗下诏表示，伪朝的节度使、观察使、防御使、团练使、刺史以及各位将校官员，一律不更换，以往投奔到伪梁的将校、官吏们一律不予追究。

十月二十日庚寅，豆卢革从魏州来到大梁。十月二十四日甲午，加封郭崇韬守侍中，兼领成德节度使。郭崇韬的权力兼掌朝廷内外大小事务，他对后唐庄宗出谋划策，规劝过失，都能竭尽忠心，毫无保留，也很能向后唐庄宗推荐一些人才，而豆卢革只是坐享成功而已，实际上并没有什么作为。

十月二十六日丙申，后唐庄宗赐滑州留后段凝姓名叫李绍钦，赐耀州刺史杜晏球姓名叫李绍虔。

十月二十七日丁酉，后梁西都留守河南尹张宗奭到大梁来朝见，恢复了从前的姓名叫张全义，向后唐庄宗呈献的财物马匹数以千计；后唐庄宗命令皇子李继岌、皇弟李存纪等人把他当作兄长来对待。后唐庄宗本来打算掘开后梁太祖朱温的坟墓，劈开他的棺材，焚烧他的尸体，张全义上书说：“朱温虽然是国家的深仇大敌，但他已经死了，无法再给他加什么刑罚了，诛灭了他的全家，已经足以报仇了，臣请求不要劈棺焚尸，以体现陛下的圣恩。”后唐庄宗听从了他的建议，只是铲除了朱温墓的阙室，砍掉了坟上的树而已。

十月二十八日戊戌，加封天平节度使李嗣源兼中书令；任命北京留守李继岌为东京留守、同平章事。

后唐庄宗派遣宣谕使去宣慰晓谕各地藩镇，以往后梁任命的五十多名节度使都

楚王殷遣其子牙内马步都指挥使希范入见，纳洪、鄂行营都统印，上本道将吏籍。

荆南节度使高季昌闻帝灭梁，避唐庙讳，更名季兴，欲自入朝，梁震曰：“唐有吞天下之志，严兵守险，犹恐不自保，况数千里入朝乎？且公朱氏旧将，安知彼不以仇敌相遇乎！”季兴不从。

（以上为第十一段，写梁全境降唐，楚王马殷、荆南节度使高季兴归服。）

帝遣使以灭梁告吴、蜀，二国皆惧。徐温尤严可求曰：“公前沮吾计，今将奈何？”可求笑曰：“闻唐主始得中原，志气骄满，御下无法，不出数年，将有内变，吾卑辞厚礼，保境安民以待之耳。”唐使称诏，吴人不受。帝易其书，用敌国之礼，曰“大唐皇帝致书于吴国主”，吴人复书称“大吴国主上大唐皇帝”，辞礼如笺表。

吴人有告寿州团练使锺泰章侵市官马者，徐知诰以吴王之命，遣滁州刺史王稔巡霍丘，因代为寿州团练使，以泰章为饶州刺史。徐温召至金陵，使陈彦谦诘之者三，皆不对。或问泰章：“何以不自辨？”泰章曰：“吾在扬州，十万军中号称壮士，寿州去淮数里，步骑不下五千，苟有他志，岂王稔单骑能代之乎！我义不负国，虽黜为县令亦行，况刺史乎！何为自辨以彰朝廷之失！”徐知诰欲以法绳诸将，请收泰章治罪。徐温曰：“吾非泰章，已死于张颢之手，今日富贵，安可负之？”命知诰为子景通娶其女以解之。

彗星见舆鬼，长丈余，蜀司天监言国有大灾。蜀主诏于玉局化设道场，右补阙张云上疏，以为：“百姓怨气上彻于天，故彗星见。此乃亡国之征，非祈禳可弭。”蜀主怒，流云黎州，卒于道。

郭崇韬上言：“河南节度使、刺史上表者但称姓名，未除新官，恐负忧疑。”十一月，始降制以新官命之。

向后唐庄宗上表进贡。

楚王马殷派他的儿子牙内马步都指挥使马希范入京朝见，呈交洪州、鄂州行营都统印符，并且献上本道将领官吏的名籍册。

荆南节度使高季昌听说后唐庄宗灭了后梁，为避唐庙讳，就改名叫高季兴，准备亲自到大梁来朝贡，梁震说："唐有吞并天下的野心，我们若整饬军队、据险防守，还恐怕没有办法保全自己，何况跋涉数千里去入朝呢？而且你是朱氏的旧将，怎么知道他们不会把你当作仇敌来对待呢？"高季兴没有听从他的劝告。

后唐庄宗派遣使者把灭了后梁的消息告诉吴、前蜀两国，两国都感到害怕。徐温埋怨严可求说："你以往阻止我的计策，现在该怎么办？"严可求笑着回答说："听说唐主刚刚取得中原地区，趾高气扬，骄傲自满，统御部下也没有什么原则法度，我看不出数年，他们内部一定会发生变乱，我们暂且用卑下的言辞，厚重的礼物敷衍他，守卫好我们国土，使百姓得到安定，以此来等待他们发生变化。"唐使带来的文书称为诏书，吴国人不肯接受，后唐庄宗换了份文书，用对等国家礼仪，称"大唐皇帝致书于吴国主"，吴国人回书称"大吴国主上大唐皇帝"，文辞和礼仪都比照上给皇帝的笺表。

吴国有人控告寿州团练使锺泰章侵占盗卖公家马匹，徐知诰用吴王的命令，派遣滁州刺史王稔去巡察霍丘，于是就代替锺泰章担任了寿州团练使，而任命锺泰章为饶州刺史。徐温把锺泰章召回到金陵，让陈彦谦再三地责问他，锺泰章都不作回答。有人问锺泰章说："为什么不为自己表白一下？"锺泰章说："我在扬州时，在十万大军中号称壮士；寿州离淮水只有几里远，我所掌握的步兵骑兵不下五千人，如果我有别的想法的话，难道王稔能靠他的单枪匹马代替了我？我决不能对不起国家，即使被贬为县令我也愿意上任，何况还是个刺史呢？为什么要自我表白来张扬朝廷的过失呢？"徐知诰正要用法令来整肃将领们，就请求逮捕锺泰章予以治罪。徐温说："我如果不是锺泰章的话，早就死在张颢的手里了，现在富贵了，怎么能够对不起他呢？"于是命令徐知诰为他的儿子徐景通娶了锺泰章的女儿，以此来消解两人之间的猜忌。

彗星出现在舆鬼五星范围内，有一丈多长，前蜀司天监报告说国家将会有大灾。前蜀主下诏让在玉局化这个地方设置道场，右补阙张云上疏，认为："这是百姓怨气上达于天，所以才会出现彗星，这是国家灭亡的征兆，并不是作法祈福就能消除。"前蜀主听后大怒，把张云流放到黎州，张云后来死在半路上。

郭崇韬上书说："河南的节度使、刺史上表的时候都只自称姓名，如果不任命新官，恐怕他们免不了心中会有担心和猜疑。"十一月，开始颁布诏令，任命这些人为

滑州留后李绍钦因伶人景进纳货于宫掖，除泰宁节度使。

（以上为第十二段，写吴国亢礼后唐，蜀主惶恐祈禳，求神灵佑国。）

帝幼善音律，故伶人多有宠，常侍左右。帝或时自傅粉墨，与优人共戏于庭，以悦刘夫人，优名谓之“李天下”。尝因为优，自呼曰“李天下，李天下”，优人敬新磨遽前批其颊。帝失色，群优亦骇愕，新磨徐曰：“理天下者只有一人，尚谁呼邪？”帝悦，厚赐之。帝尝畋于中牟，践民稼，中牟令当马前谏曰：“陛下为民父母，奈何毁其所食，使转死沟壑乎！”帝怒，叱去，将杀之。敬新磨追擒至马前，责之曰：“汝为县令，独不知吾天子好猎邪？奈何纵民耕种，以妨吾天子之驰骋乎？汝罪当死！”因请行刑，帝笑而释之。

诸伶出入宫掖，侮弄缙绅，群臣愤嫉，莫敢出气，亦反有相附托以希恩泽者，四方藩镇争以货赂结之。其尤蠹政害人者，景进为之首。进好采闾阎鄙细事闻于上，上亦欲知外间事，遂委进以耳目。进每奏事，常屏左右问之，由是进得施其谗慝，干预政事。自将相大臣皆惮之，孔岩常以兄事之。

壬寅，岐王遣使致书，贺帝灭梁，以季父自居，辞礼甚倨。

癸卯，河中节度使朱友谦入朝，帝与之宴，宠锡无算。

张全义请帝迁都洛阳，从之。

乙巳，赐朱友谦姓名曰李继麟，命继岌兄事之。

以康延孝为郑州防御使，赐姓名曰李绍琛。

废北都，复为成德军。

赐宣武节度使袁象先姓名曰李绍安。

匡国节度使温韬入朝，赐姓名曰李绍冲。绍冲多赍金帛赂刘夫人及

新官。

滑州留后李绍钦通过伶人景进向皇帝后宫行贿，结果被任命为泰宁节度使。

后唐庄宗从小就喜欢音律，所以伶人们倍受宠爱，常常随侍在左右；后唐庄宗有时候自己也涂脂抹粉，和优伶们一起在宫内嬉戏，以此来讨刘夫人高兴，艺名叫作“李天下”。有一次扮演优人，他自己喊自己“李天下，李天下”，有一名叫敬新磨的伶人突然走上前打了他一个耳光。后唐庄宗变了脸色。众伶人也都吓得发呆，敬新磨却慢慢地说：“治理天下的只能有一人，你还喊谁呢？”后唐庄宗听了很高兴，并重重地赏赐了他。后唐庄宗有一次在中牟打猎，践踏了百姓的庄稼，中牟县令挡在马前进谏说：“陛下是百姓的父母，为什么要毁掉他们的粮食，让他们流离失散而死于沟壑之中呢？”后唐庄宗大怒，厉声把他斥退下去，准备要杀他。敬新磨追上去把他捉回到马前，责备他说：“你是县令，难道不知道我们天子喜欢打猎吗？为什么放纵百姓四处耕种，而妨碍我们天子驰骋打猎呢？你罪当处死。”随即请求皇帝马上把他杀掉，后唐庄宗笑了笑就把那个县令给释放了。

优伶们时常出入宫禁，侮辱捉弄士大夫，大臣们都非常愤慨，但是又没人敢吭声；反而也有人依附巴结他们，希望能因此得到皇帝恩宠，各地的藩镇则争相以财货贿赂结交他们。优伶中最为败坏朝政、残害忠良的，要数景进。景进喜欢收集一些民间琐细小事向后唐庄宗报告，后唐庄宗也很想知道些外面的事情，于是就把景进当作自己的耳目。景进每次向后唐庄宗报告事情，后唐庄宗都屏退左右近臣再问他，因此景进得以施展其谗毁奸诈的伎俩，干预国家的政事。从将相大臣以下的官员没有不怕他的，孔谦常把他当作兄长来对待。

十一月初二日壬寅，岐王李茂贞派遣使者送信来，祝贺后唐庄宗灭了后梁，但岐王在信中以叔父自居，措辞和礼仪都很傲慢。

十一月初三日癸卯，河中节度使朱友谦入朝拜见，后唐庄宗设宴款待了他，非常宠信他，赏赐给他不计其数的东西。

张全义请后唐庄宗迁都洛阳；后唐庄宗听从了他的意见。

十一月初五日乙巳，赐给朱友谦姓名叫李继麟，让皇子李继岌把他当作兄长来对待。

任命康延孝为郑州防御使，赐给他姓名叫李绍琛。

废除北都，恢复原名成德军。

赐给宣武节度使袁象先姓名叫李绍安。

匡国节度使温韬入京朝见，后唐庄宗赐给他姓名叫李绍冲。李绍冲带了很多金

权贵伶宦，旬日，复遣还镇。郭崇韬曰：“国家为唐雪耻，温韬发唐山陵殆遍，其罪与朱温相埒耳，何得复居方镇，天下义士其谓我何！”上曰：“入汴之初，已赦其罪。”竟遣之。

戊申，中书奏以：“国用未充，请量留三省、寺、监官，余并停，俟见任者满二十五月，以次代之。其西班上将军以下，令枢密院准此。”从之。人颇咨怨。

（以上为第十三段，写后唐庄宗灭梁伊始，嬖伶官，宠刘夫人，后梁降官善阿谀者贵幸，天下失望。）

初，梁均王将祀南郊于洛阳，闻杨刘陷而止，其仪物具在。张全义请上亟幸洛阳，谒庙毕即祀南郊。从之。

丙辰，复以梁东京开封府为宣武军汴州。梁以宋州为宣武军，诏更名归德军。

诏文武官先诣洛阳。

议者以郭崇韬勋臣为宰相，不能知朝廷典故，当用前朝名家以佐之。或荐礼部尚书薛廷珪，太子少保李琪，尝为太祖册礼使，皆耆宿有文，宜为相。崇韬奏廷珪浮华无相业，琪倾险无士风；尚书左丞赵光胤廉洁方正，自梁未亡，北人皆称其有宰相器。豆卢革荐礼部侍郎韦说谙练朝章。丁巳，以光胤为中书侍郎，与说并同平章事。光胤，光逢之弟；说，岫之子；廷珪，逢之子也。光胤性轻率，喜自矜；说谨重守常而已。

赵光逢自梁朝罢相，杜门不交宾客，光胤时往见之，语及政事；他日，光逢署其户曰：“请不言中书事。”

租庸副使孔谦畏张宪公正，欲专使务，言于郭崇韬曰：“东京重地，须大臣镇之，非张公不可。”崇韬即奏以宪为东京副留守，知留守事。戊午，以豆卢革判租庸，兼诸道盐铁转运使。谦弥失望。

银布帛贿赂刘夫人以及权贵、伶人、宦官们，十来天以后，后唐庄宗就派他返回驻守镇所。郭崇韬说：“国家为唐朝洗雪耻辱，温韬当初把唐朝天子的陵墓几乎都挖遍了，他的罪过和朱温相等，怎么能再让他镇守藩镇呢？这样天下的义士们会怎样看待我们？”后唐庄宗说：“当初我们进入汴梁的时候，就已经赦免了他的罪行了。”最终还是派遣他回驻地去了。

十一月初八日戊申，中书上奏认为：“国家的财用还不充裕，请求酌量保留三省、寺、监官等官员，其余机构一律撤销，等到现在的官员任满二十五个月之后，再依次替补；西班武官从上将军以下的，也请命令枢密院按照这个方法办理。”后唐庄宗同意了这个意见。这样一来大家都怨声载道。

当初，后梁末帝朱友贞准备到洛阳南郊去祭天，听说杨刘失陷之后只好作罢，但原先准备的仪仗器物都还在。张全义敦请后唐庄宗赶快临幸洛阳，拜谒过唐朝的太庙后就到南郊祭天；后唐庄宗答应了。

十一月十六日丙辰，把后梁东京开封府又重新改为宣武汴州。后梁把宋州改为宣武军，后唐庄宗下诏改名为归德军。

后唐庄宗下诏命令文武官员们先到洛阳。

有人议论说，郭崇韬因为是功臣而拜为宰相，但他不了解朝廷的典章制度，应当选用一个前朝的名家来协助他。有人推荐礼部尚书薛廷珪、太子少保李琪，这两个人曾经是册封太祖时的册礼使，都德高望重，又有文采，应该担任宰相。郭崇韬向后唐庄宗启奏说薛廷珪为人华而不实，没有做宰相的本事，而李琪为人则偏颇险恶，没有士君子的风度；反而是尚书左丞赵光胤为人廉洁正直，在后梁还没灭亡的时候，北方人都说他有做宰相的才略。豆卢革则推荐礼部侍郎韦说，说他熟悉朝廷的典章制度。十一月十七日丁巳，后唐庄宗任命赵光胤为中书侍郎，与韦说同为同平章事。赵光胤是赵光逢的弟弟；韦说是韦岫的儿子；薛廷珪是薛逢的儿子。赵光胤性格轻率，喜欢自吹自擂；韦说则是谨慎稳重，只会循规蹈矩。

赵光逢自从在后梁被罢除宰相以后，便闭门不和外界宾客交往，赵光胤时常去看望他，谈话中不免涉及政事；有一天，赵光逢在自己的门上写上：“请不要谈论中书省的事。”

租庸副使孔谦很畏惧张宪的为人公正，他想一个人专管租庸使的事务，于是就对郭崇韬说：“东京是个重要地方，需要一位大臣去镇守，这个人还是非张公不可。”郭崇韬当即就奏请后唐庄宗帝任命张宪为东京副留守，主管留守的事务。十一月十八日戊午，后唐庄宗任命豆卢革兼任租庸使，同时还兼任诸道盐铁转运使。孔谦

己未，加张全义守尚书令，高季兴守中书令。时季兴入朝，上待之甚厚，从容问曰：“朕欲用兵于吴、蜀，二国何先？”季兴以蜀道险难取，乃对曰：“吴地薄民贫，克之无益，不如先伐蜀。蜀土富饶，又主荒民怨，伐之必克。克蜀之后，顺流而下，取吴如反掌耳。”上曰：“善！”

辛酉，复以永平军大安府为西京京兆府。

甲子，帝发大梁；十二月，庚午，至洛阳。

吴越王镠以行军司马杜建徽为左丞相。

壬申，诏以汴州宫苑为行宫。

以耀州为顺义军，延州为彰武军，邓州为威胜军，晋州为建雄军，安州为安远军。自余藩镇，皆复唐旧名。

（以上为第十四段，写唐庄宗迁都洛阳。）

庚辰，御史台奏：“朱温篡逆，删改本朝《律令格式》，悉收旧本焚之，今台司及刑部、大理寺所用皆伪廷之法。闻定州敕库独有本朝《律令格式》具在，乞下本道录进。”从之。

李继韬闻上灭梁，忧惧，不知所为，欲北走契丹，会有诏征诣阙。继韬将行，其弟继远曰：“兄以反为名，何地自容！往与不往等耳，不若深沟高垒，坐食积粟，犹可延岁月。入朝，立死矣。”或谓继韬曰：“先令公有大功于国，主上于公，季父也，往必无虞。”继韬母杨氏，善蓄财，家赀百万，乃与杨氏偕行，赍银四十万两，他货称是，大布赂遗。伶人宦官争为之言曰：“继韬初无邪谋，为奸人所惑耳。嗣昭亲贤，不可无后。”杨氏复入宫见帝，泣请其死，以其先人为言；又求哀于刘夫人，刘夫人亦为之言。及继韬入见待罪，上释之，留月余，屡从游畋，宠待如故。皇弟义成节度使、同平章事存渥深诋诃之，继韬心不自安，复赂左右求还镇，上不许。继韬潜遣人遗继远书，教军士纵火，冀天子复遣己抚安之，事泄，辛巳，贬登州长史，寻斩于天津桥南，并其二子。遣使斩李继远于上党，以李继达充军城巡检。

大失所望。

十一月十九日己未，加封张全义为代理尚书令，高季兴为代理中书令。当时高季兴已经来入朝，后唐庄宗待他很好，一次不经意地问他说：“朕想要对吴、蜀两国发动进攻，这两个国家先打哪个呢？”高季兴心里认为前蜀道路险阻，比较难以攻取，而嘴上却回答说：“吴国土地瘠薄，百姓贫穷，夺取它没有什么好处，不如先攻打蜀国。蜀国土地富饶，再加上蜀主荒淫，百姓们都怨恨他，攻打他一定会取得胜利。攻下蜀国之后，再顺流东下，攻取吴国就易如反掌了。”后唐庄宗说：“很好！”

十一月二十一日辛酉，又把后梁的永平军大安府改为西京京兆府。

十一月二十四日甲子，后唐庄宗从大梁出发；十二月初一日庚午，到达洛阳。

吴越王钱镠任命行军司马杜建辉为左丞相。

十二月初三日壬申，后唐庄宗下诏把汴州的宫苑作为行宫。

后唐庄宗下诏把耀州改为顺义军，延州改为彰武军，邓州改为威胜军，晋州改为建雄军，安州改为安远军；其余的藩镇，都恢复了唐朝时的旧名称。

十二月十一日庚辰，御史台上奏说：“朱温篡位谋逆，删改了本朝的《律令格式》，并且把本朝的旧本全部收缴焚烧了，现在台司以及刑部、大理寺所使用的都是伪朝的法律条文。听说只有定州的敕库里还藏有本朝的《律令格式》，请求下令让该道抄录进呈。”后唐庄宗批准了。

李继韬听说后唐庄宗灭了后梁，又担忧又害怕，不知怎么办才好，准备逃到北边契丹人那里去，正在这时后唐庄宗下诏征召他到京城去；李继韬准备启程进京，他的弟弟李继远对他说：“哥哥已经有了反叛的名声了，哪里又能容得下你！去与不去还不是一个样，不如挖沟修垒，坐吃存粮，还可以拖延一段时间；一旦入朝，马上就会被杀死。”有人却劝李继韬说：“你的父亲曾经为国家立有大功，皇上与你又是叔父之亲，你去朝廷一定不会出什么事。”李继韬的母亲杨氏，很会积攒钱财，家产有百万之多，于是李继韬就和他的母亲一同前往，携带了四十万两银子，其他的财物也差不多有些价值，到了京城就广泛地行贿、馈赠。于是伶人宦官们都争相替他说好话，说：“李继韬本来并没有什么邪恶的阴谋，只是被奸人所迷惑。李嗣昭是至亲，又很贤能，不能没有后嗣。”杨氏又亲自入宫朝见后唐庄宗，哭着请求赦免李继韬的死罪，又抬出死去的先人出来说情；又另外向刘夫人哀求，使得刘夫人也帮着她说好话。等到李继韬入宫当面请罪时，后唐庄宗赦免了他，留他在宫中住了一个多月，多次随从出游打猎，后唐庄宗还是像过去一样宠信他。皇弟义成节度使、同平章事李存渥痛斥李继韬，李继韬心里觉得不安，于是他又贿赂后唐庄宗的左右

召权知军州事李继俦诣阙，继俦据有继韬之室，料简妓妾，搜校货财，不时即路。继达怒曰："吾家兄弟父子同时诛死者四人，大兄曾无骨肉之情，贪淫如此。吾诚羞之，无面视人，生不如死！"甲申，继达衰服，帅麾下百骑坐戟门呼曰："谁与吾反者？"因攻牙宅，斩继俦。节度副使李继珂闻乱，募市人，得千余，攻子城。继达知事不济，开东门，归私第，尽杀其妻子，将奔契丹，出城数里，从骑皆散，乃自刭。

（以上为第十五段，写李继韬兄弟六人，次策被诛灭。）

甲申，吴王复遣司农卿洛阳卢蘋来奉使，严可求豫料帝所问，教蘋应对，既至，皆如可求所料。蘋还，言唐主荒于游畋，啬财拒谏，内外皆怨。

高季兴在洛阳，帝左右伶官求货无厌，季兴忿之。帝欲留季兴，郭崇韬谏曰："陛下新得天下，诸侯不过遣子弟将佐入贡，惟高季兴身自入朝，当褒赏以劝来者。乃羁留不遣，弃信亏义，沮四海之心，非计也。"乃遣之。季兴倍道而去，至许州，谓左右曰："此行有二失：来朝一失，纵我去一失。"过襄州，节度使孔勍留宴，中夜，斩关而去。丁酉，至江陵，握梁震手曰："不用君言，几不免虎口。"又谓将佐曰："新朝百战方得河南，乃对功臣举手云，'吾于十指上得天下，'矜伐如此，则他人皆无功矣，其谁不解体！又荒于禽色，何能久长！吾无忧矣。"乃缮城积粟，招纳梁旧兵，为战守之备。

（以上为第十六段，写唐庄宗沉湎游猎，敛财拒谏，吴、荆南离心，无忧唐矣。）

近臣，请求让他回原来的藩镇去，后唐庄宗没有答应。李继韬便私下里派人给李继远送信，叫他安排士卒在军中放火作乱，希望天子能再派自己前去安抚士卒，结果事情败露，十二月十二日辛巳，被贬为登州长史，不久又被斩杀于天津桥南，同时被杀的还有他两个儿子。后唐庄宗又派使者去上党斩杀了李继远，任命李继达担任军城巡检。

后唐庄宗征召权知军州事李继俦到朝廷来，当时李继俦霸占了李继韬的家室，正在挑选安排家伎姬妾，搜刮整理金钱财物，没有立即起程。李继达非常愤怒地说："我们家兄弟父子同时被斩杀了四个人，大哥不念一点骨肉之情，竟然如此贪婪荒淫；我真是觉得可耻，无脸见人，活着还不如死了的好！"十二月十五日甲申，李继达穿着丧服，率领他的部下一百名骑兵坐在李继俦家的戟门前大声叫着："有谁愿意和我一起造反？"接着就攻打李继俦的住宅，杀了李继俦。节度副使李继珂听到发生了叛乱，就招募了一千多名市民，向内城发起进攻。李继达知道大势已去，就打开东门，回到家中，把自己的妻子儿子全部杀掉，准备投奔契丹，出城走了数里路之后，随从的骑兵们都各自逃命去了，李继达只好自刎而死。

十二月十五日甲申，吴王又派遣司农卿洛阳人卢苹出使唐，严可求预料到了后唐庄宗要问卢苹哪些事，便教卢苹到时该怎样回答。卢苹到了后唐以后，一切都和严可求预料的一样。卢苹回国后，报告说唐主沉溺于出游打猎，又吝啬钱财，拒绝劝谏，朝廷内外大家都有怨言。

高季兴在洛阳期间，后唐庄宗身边的伶人宦官们一再地向他索要财物，搞得高季兴非常恼火。后唐庄宗想把高季兴留下来，郭崇韬劝谏说："陛下新近才得到天下，各地诸侯们都不过是派遣弟子或将领幕僚前来朝贡，只有高季兴亲自前来，应当对他大加褒奖，以鼓励那些后来的人；如果把他扣留下来不让他回去，这样就会背信弃义，让天下的人都很失望，恐怕不是个办法。"于是只好差遣高季兴回去。高季兴日夜兼程往回赶路，到了许州以后，他对左右随从们说："此行有两个失误：来京朝见是一个失误，他放我回去又是一个失误。"路过襄州时，节度使孔勍把高季兴一行挽留下来宴请了一番，半夜时分，高季兴一行斩关开门不辞而别。十二月二十八日丁酉，到了江陵，高季兴握着梁震的手说："没听你的话，险些葬身虎口。"高季兴又对将领幕僚们说："新朝经过百战才取得黄河以南地区，但是皇帝却举起手来对功臣们说'我靠十个指头得到天下'，如此矜夸自己的本事，那么别人都毫无功劳了，这样一来谁不离心离德？而且他又沉溺于打猎和女色，这样下去怎么能够长久统治天下呢？我没有什么好担忧的了。"高季兴于是修缮城池，积蓄粮食，招纳过去后梁的士卒，为战争做好准备。

【点评】

本卷点评晋王置相、后梁之灭、后梁忠臣王彦章、高季兴入朝四件史事。

一、晋王置相。公元923年春二月，晋王李存勖在魏州颁下命令，设置百官，在河东、魏博、易定、镇冀四镇判官中选出二人为相，义武（即易定）节度判官豆卢革、河东观察判官卢程两人被选，晋王任命他们为行台左、右丞相。一切就绪，晋王于四月二十五日己巳即帝位于魏州，国号大唐，史称后唐。节度判官有两职，一是掌钱粮兵马事务的武职判官，一是掌表奏书檄的文职判官。晋王置相，豆卢两人应是文职判官，不过是方镇属下的刀笔吏，于诸将中没有威望。李存勖只知崇尚武力，不重文治，置相只是作一个摆设，军国大事不与之谋议，其相之轻也如鸿毛。王夫之曰："天下可无相也，则亦可无君也。相轻于鸿毛，则君不能重于泰山也。"（《读通鉴论》卷二十八）其言极是。汉高祖打天下，倚重萧何，使其坐镇后方，足食足兵，及至论功，汉高祖以萧何功第一，诸将不服，汉高祖以人功狗功之说叱斥诸将，诸将不得不服。豆卢革、卢程只是一方镇幕僚，诸将视之如鸿毛，是以天子孤立无辅，唐祚之不久，于此可见端倪。

二、后梁之亡。公元923年十月八日戊寅，大梁城破，后梁末帝朱友贞与陪侍大臣控鹤都指挥使皇甫麟俱死于殿，后梁亡。唐天祐三年（906）朱温篡唐，传三代，至是而亡，享祚十七年。后梁末帝不昏不暴，是一个仁弱的中庸之主，若得贤良辅佐，可以守天下，可以治天下。朱友贞是在后梁政治腐败内讧中侥幸上台的，忌疑心太重，不信用旧臣，亲近谗佞小人，赵岩、张汉杰等人用事，邪枉炽结，贿赂公行，朝纲败坏，后梁政治急剧恶化，上下离心，土崩瓦解而不可救药。段凝非大将才，且怀二心，因贿赂赵、张奸邪，后梁末帝信之不疑，违众用为大将，刘鄩遭诛杀，王彦章被贬为偏将，自毁长城，于是国事不可收拾。晋王李存勖英勇善战，决策正确，后梁末帝非其敌手，但总体力量对比，后梁在中原，地广人众，优势在后梁。即便是李存勖长驱入汴，犯孤军深入之忌，后梁虽然后防空虚，君臣合力对付一支孤军仍然有所可为。敬翔建言，出走避敌，或出奇决战，也是死中求活的一条路，后梁末帝均不听从，只是哭天叫地，坐以待毙，徒唤奈何，如此不亡，天理难容。史称后梁末帝"为人温恭俭约，无荒淫之失；但宠信赵、张，使擅威福，疏弃敬、李旧臣，不用其言，以至于亡"。此言梁之亡，不是晋王李存勖灭梁，而是后梁末帝自己灭亡了自己，此论极为中肯。观五代之嬗递，非只梁朝自亡，后唐、后晋、后汉皆是自取灭亡，具有共同性。自唐末以来，群雄割据，军阀混战，有力者称雄，君臣之义、父子之亲，全都淡薄。以诈力得为君，则不信于臣，平庸之主，无识人的慧眼，忠奸不辨，于是小人进，贤人隐，一代又一代，形成恶性循环，没有一个君主有治国的远图，骤兴骤亡，也就是必然的了。

三、后梁忠臣王彦章。王彦章，字贤明，一作子明，郓州寿张县人。年少从军，隶后梁太祖朱温帐下为军校，惯使一柄铁枪冲锋陷阵，所向披靡，人称王铁枪。王彦章积功任澶州刺史。后梁开平五年三月，王彦章奉命率精骑屯邺城，晋人乘虚攻陷澶州，掳掠了王彦章一家，晋王迁其家于晋阳，遣使诱降王彦章，王彦章斩其使以绝晋人之望，晋王诛灭王彦章全家。龙德三年，后梁灭亡前夕，梁相敬翔泣谏后梁末帝起用王彦章为大将，代戴思远为北面招讨使，授命之日，戎装前行，与晋王大战杨刘，凡百余战，昼夜不息，晋王亲临前线，方解危困。后梁末帝信人不专，竟听赵岩、张汉杰群小之言，以庸将段凝代王彦章为招讨使。王彦章被罢兵权无怨言。晋王过回突入郓州偷袭大梁，后梁末帝不得已再用王彦章率偏师应敌，复又以张汉杰为监军。王彦章寡不敌众，兵败被擒，晋王惜其才，以百计诱降，王彦章誓死不从，为晋人所杀，死年六十一岁。王彦章五月代戴思远为大将，七月被解兵权，十月梁亡。后梁末帝面临亡国，还疑忌功臣，自毁长城，梁之亡不足惜，而王铁枪尽忠死国，深为可惜。后晋卖国儿皇帝石敬瑭，嘉叹王彦章之忠诚，诏赠太师，寻访子孙录用。

四、高季兴入朝。高季兴，字贻孙，陕州硖石人。本名季昌，入唐避庄宗庙讳李国昌而改名季兴。高季兴随后梁太祖朱温征战，擢为荆南兵马留后，后梁末帝封为渤海王。高季兴割据荆南，地狭民寡，依附于吴蜀之间，梁不能制。后唐庄宗灭梁后，高季兴入朝，幕僚梁震阻其行，高季兴不听。庄宗左右劝庄宗留季兴于洛阳，加兼中书令。枢密使郭崇韬方用事，劝庄宗以信义收天下，放季兴归藩，季兴得间，日夜兼程返荆南，谓左右曰："此行有二失，来朝一失，纵我去一失。"后唐庄宗宣言于众曰："吾于十指上得天下。"此为骄矜妄语，功劳都是自己的，部属诸将还有什么功劳呢。后唐庄宗的一句失言，高季兴已洞察出后唐庄宗气量褊狭，加之荒于声色，推度后唐不得久长。高季兴不再忧唐室，藐视庄宗之为人，加紧了割据步伐。高季兴与后唐庄宗各有一失，庄宗之失放虎归山，季兴之失冒入虎穴。而高季兴最终脱出虎口，探得虚实，是赢家，后唐庄宗却是输家。

后唐纪二

后唐庄宗同光二年至三年（924—925 年）

【起阏逢涒滩（甲申，924 年），尽旃蒙作噩（乙酉，925 年）十月，凡一年有奇】

【大事提要】

本卷记事起于公元 924 年，讫于公元 925 年十月，凡一年又十个月。当后唐庄宗同光二年至同光三年十月。后唐庄宗为开国英主，同时又是亡国昏君，双重人格备于一身，可谓经典。大唐之亡，宦官乱政是一重要原因。后唐庄宗初建国，不仅宠信伶官滥封高官，而且宠信宦官，宫中宦官超员至万人，各藩镇重置监军，唐亡之弊政一一恢复。后唐庄宗幸魏州，竟然毁弃即位祭坛改为临时毬场，背本忘天。后唐庄宗行猎，践踏民田禾稼。后唐庄宗大建宫室选美，又拜妖僧祈雨，无人君庄严之度。后唐庄宗听信伶官、宦官谗言，借故笞杀耿直大臣河南令。后唐庄宗嫡母太妃、生母太后相继亡故，哀丧尽孝，为人子称善，而为人君则荒怠政事，于社稷为不忠。后唐庄宗骄淫败政，遭偏远南汉之主蔑视，认为中原之唐主不足畏。前蜀国主王衍荒淫败政比于后唐庄宗又过之，乃至任用宦官为节镇，淫乱臣属妻女，毫无羞耻。后唐庄宗遣使蜀中探虚实，前蜀主昧于两国和好而裁撤防守。后唐大军伐前蜀，王衍竟逆行游幸。唐军势如破竹，前蜀主兼程西逃。

【原文】

庄宗光圣神闵孝皇帝中

同光二年（甲申，924 年）

春，正月，甲辰，幽州奏契丹入寇，至瓦桥。以天平军节度使李嗣源为北面行营都招讨使，陕州留后霍彦威副之，宣徽使李绍宏为监军，将兵救幽州。

孔谦复言于郭崇韬曰："首座相公万机事繁，居第且远，租庸簿书多留滞，宜更图之。"豆卢革尝以手书假省库钱数十万，谦以手书示崇韬，崇韬微以讽革。革惧，奏请崇韬专判租庸，崇韬固辞。上曰："然则谁可者？"崇韬曰："孔谦虽久典金谷，若遽委大任，恐不叶物望，请复用张宪。"帝即命召之。谦弥失望。

岐王闻帝入洛，内不自安，遣其子行军司马彰义节度使兼侍中继曮入贡，始上表称臣。帝以其前朝耆旧，与太祖比肩，特加优礼，每赐诏但称岐王而不名。庚戌，加继曮中书令，遣还。

敕："内官不应居外，应前朝内官及诸道监军并私家先所畜者，不以贵贱，并遣诣阙。"时在上左右者已五百人，至是殆及千人，皆给赡优厚，委之事任，以为腹心。内诸司使，自天祐以来以士人代之，至是复用宦者，浸干政事。既而复置诸道监军，节度使出征或留阙下，军府之政皆监军决之，陵忽主帅，怙势争权，由是藩镇皆愤怒。

（以上为第一段，写唐庄宗信用宦官，对各藩镇重置监军，导致唐朝灭亡的弊政一一恢复。）

契丹出塞。召李嗣源旋师，命泰宁节度使李绍钦、泽州刺史董璋戍瓦桥。

李继曮见唐甲兵之盛，归，语岐王，岐王益惧，癸丑，表请正藩臣之礼，优诏不许。

孔谦恶张宪之来，言于豆卢革曰："钱谷细事，一健吏可办耳。魏都

【语译】

庄宗光圣神闵孝皇帝中

后唐庄宗同光二年（甲申，924 年）

春季，正月初五日甲辰，幽州上奏称契丹入侵，到了瓦桥。庄宗任命天平军节度使李嗣源担任北面行营都招讨使，陕州留后霍彦威作他的副帅，宣徽使李绍宏为监军，率领大军前往救援幽州。

孔谦又对郭崇韬说："首座相公豆卢革日理万机，事务繁杂，住的地方离这儿又远，租庸的簿册积压很多，最好是另外想个办法解决。"豆卢革曾经写过借条向省库借钱数十万，现在孔谦把这个借条拿给郭崇韬看，郭崇韬有一回就把这事向豆卢革暗示了一下。豆卢革心里觉得很惧怕，于是就上书后唐庄宗请求让郭崇韬一个人代理租庸的事务，郭崇韬坚决推辞。后唐庄宗问道："那么谁可以担任这个职务呢？"郭崇韬回答说："孔谦虽然多年来都在掌管金钱粮谷，但是如果仓促间就委他以大任的话，恐怕难孚众望，还是再任用张宪比较好。"后唐庄宗当即下令征召张宪来。孔谦更加失望。

岐王李茂贞听说后唐庄宗已经迁都洛阳，内心感到不安起来，派他的儿子行军司马彰义节度使兼侍中李继曮入京朝贡，这时才开始上表称臣。后唐庄宗念他是前朝的老臣，又和太祖是同辈人，所以对他特别加以礼遇，每次下诏书时都只称岐王而不直呼他的名字。正月十一日庚戌，加封李继曮为中书令，并差遣他回国。

后唐庄宗下敕令："宦官不应在外面居住，凡是前朝宦官以及各道监军和私家所蓄养的人，不论贵贱，都一律遣送回京城。"当时在后唐庄宗身边的宦官已经有五百人，到这时几乎多达一千人，后唐庄宗赐给他们优厚的俸禄，并且委以重任，把他们当作心腹。宫内各司使的职务，从前朝天祐年间以来都由一般士人担任，现在又恢复使用宦官，宦官又逐渐干预起政事来。接着又重新设置各道监军，节度使出去打仗或者留在京城时，军府的政事都由监军决断，这些宦官欺凌主帅，又仗势争权，因此各藩镇对他们都很愤怒。

契丹人退出塞外。后唐庄宗征召李嗣源班师回朝，而命令泰宁节度使李绍钦、泽州刺史董璋戍守在瓦桥关。

李继曮亲眼看到后唐军队非常强大，回去之后就把这一情况告诉了岐王，岐王听后更加感到害怕，正月十四日癸丑，上表请求行使藩臣的礼节；后唐庄宗下了褒扬的诏书，但没答应他的请求。

孔谦对张宪的再次到来很是不满，就对豆卢革说："金钱粮谷这种小事，一个精

根本之地，顾不重乎！兴唐尹王正言操守有余，智力不足，必不得已，使之居朝廷，众人辅之，犹愈于专委方面也。”革为之言于崇韬，崇韬乃奏留张宪于东京。甲寅，以正言为租庸使。正言昏懦，谦利其易制故也。

李存审奏契丹去，复得新州。

戊午，敕盐铁、度支、户部三司并隶租庸使。

上遣皇弟存渥、皇子继岌迎太后、太妃于晋阳，太妃曰：“陵庙在此，若相与俱行，岁时何人奉祀！”遂留不来。太后至，庚申，上出迎于河阳；辛酉，从太后入洛阳。

二月，己巳朔，上祀南郊，大赦。孔谦欲聚敛以求媚，凡赦文所蠲者，谦复征之。自是每有诏令，人皆不信，百姓愁怨。

郭崇韬初至汴、洛，颇受藩镇馈遗，所亲或谏之，崇韬曰：“吾位兼将相，禄赐巨万，岂藉外财！但以伪梁之季，贿赂成风，今河南藩镇，皆梁之旧臣，主上之仇雠也，若拒，其意能无惧乎！吾特为国家藏之私室耳。”及将祀南郊，崇韬首献劳军钱十万缗。先是，宦官劝帝分天下财赋为内外府，州县上供者入外府，充经费；方镇贡献者入内府，充宴游及给赐左右。于是外府常虚竭无余而内府山积。及有司办郊祀，乏劳军钱，崇韬言于上曰：“臣已倾家所有以助大礼，愿陛下亦出内府之财以助有司。”上默然久之，曰：“吾晋阳自有储积，可令租庸辇取以相助。”于是取李继韬私第金帛数十万以益之，军士皆不满望，始怨恨，有离心矣。

河中节度使李继麟请榷安邑、解县盐，每季输省课。己卯，以继麟充制置两池榷盐使。

辛巳，进岐王爵为秦王，仍不名、不拜。

郭崇韬知李绍宏怏怏，乃置内句使，掌句三司财赋，以绍宏为之，

干的官吏就能办理了。魏都却是国家根本之地，难道不更重要吗？兴唐府尹王正言品行有余，才能不足，如果万不得已，可以让王正言身居朝廷，大家可一起帮助他，还是比委任他独担一面更合适。”豆卢革就替孔谦把这个意思告诉郭崇韬，郭崇韬于是就奏请后唐庄宗把张宪留在东京。正月十五日甲寅，任命王正言为租庸使。王正言糊涂懦弱，孔谦是贪图他好控制，所以才提名让他出任租庸使的。

李存审上奏说契丹人已经退去，又重新得到新州。

正月十九日戊午，后唐庄宗下令让盐铁、度支、户部三司都隶属于租庸使。

后唐庄宗派遣皇弟李存渥、皇子李继岌到晋阳迎接太后、太妃，太妃说：“祖宗的陵墓、宗庙都在这里，如果我们都走了，每年祭祀的时候谁来奉祀祖宗呢？”于是她就留在晋阳不来了。太后到洛阳，正月二十一日庚申，后唐庄宗亲自出城到河阳迎接，正月二十二日辛酉，随从太后一起进入洛阳城。

二月初一日己巳，后唐庄宗到南郊祭天，大赦天下。孔谦想多聚财物以博取宠信，因此凡是大赦诏书所免除的租税，孔谦也仍然照征不误，从此皇帝每次诏书颁发，人们都不大相信，百姓们都愁苦怨恨。

郭崇韬刚到汴梁、洛阳的时候，接受很多藩镇给他的馈赠，他的亲信中有人规劝他，郭崇韬说：“我的职位兼领将相，俸禄和赏赐有巨万之多，难道还需要依靠这些外财吗？只是因为伪朝的末世，贿赂成风，现在黄河以南各藩镇，都是过去梁朝旧臣，皇上的仇敌，如果拒绝他们的馈赠，他们的心里能不害怕吗？我只是替国家把这些钱财暂时藏在家里罢了。”到了后唐庄宗将要到南郊祭天的时候，郭崇韬带头捐献了十万缗劳军钱。在此之前，宦官们劝皇帝把天下的财富分为内外二府，把州县所上缴的归入外府，充当国家的经费，把各个方镇所贡献的归入内府，供皇上宴会、游猎和赏赐左右近臣之用。这样，就出现外府时常空虚无节余而内府的钱财却堆积如山的局面。等到有关部门筹办郊祀事宜时，却缺乏劳军钱，郭崇韬对后唐庄宗说：“臣已经把这所有的家产都拿出来资助郊祀大礼了，希望陛下也能拿出内府的钱财来帮助有司。”后唐庄宗沉默了好大一会儿，最后才说：“我在晋阳自有积蓄，可以让租庸使用车运来资助有司。”于是从李继韬家中取了数十万金银布帛来帮助有司。尽管如此，军队士卒们仍感到没有满足自己的愿望，开始怨恨起来，并萌生了叛离念头。

河中节度使李继麟奏请抽安邑和解县盐池的税，分季每三个月征缴一次送到省上。二月十一日己卯，任命李继麟充任制置两池榷盐使。

二月十三日辛巳，进封岐王李茂贞的爵位为秦王，依旧允许他上表不称名、朝见不下拜。

郭崇韬知道李绍宏心里不愉快，于是设置了内句使，掌管考核三司的财富，让

冀弭其意，而绍宏终不悦，徒使州县增移报之烦。

崇韬位兼将相，复领节旄，以天下为己任，权侔人主，旦夕车马填门。性刚急，遇事辄发，嬖幸侥求，多所摧抑，宦官疾之，朝夕短之于上，崇韬扼腕，欲制之不能。豆卢革、韦说尝问之曰："汾阳王本太原人徙华阴，公世家雁门，岂其枝派邪？"崇韬因曰："遭乱，亡失谱谍，尝闻先人言，上距汾阳四世耳。"革曰："然则固从祖也。"崇韬由是以膏粱自处，多甄别流品，引拔浮华，鄙弃勋旧。有求官者，崇韬曰："深知公功能，然门地寒素，不敢相用，恐为名流所嗤。"由是嬖幸疾之于内，勋旧怨之于外。崇韬屡请以枢密使让李绍宏，上不许；又请分枢密院事归内诸司以轻其权，而宦官谤之不已。崇韬郁郁不得志，与所亲谋赴本镇以避之，其人曰："不可。蛟龙失水，蝼蚁足以制之。"

（以上为第二段，写郭崇韬位兼将相，权势炙手可热，成众矢之的。）

先是，上欲以刘夫人为皇后，而有正妃韩夫人在，太后素恶刘夫人，崇韬亦屡谏，上以是不果。于是所亲说崇韬曰："公若请立刘夫人为皇后，上必喜。内有皇后之助，则伶宦辈不能为患矣。"崇韬从之，与宰相帅百官共奏刘夫人宜正位中宫。癸未，立魏国夫人刘氏为皇后。皇后生于寒微，既贵，专务蓄财，其在魏州，薪苏果茹皆贩鬻之。及为后，四方贡献皆分为二，一上天子，一上中宫。以是宝货山积，惟用写佛经，施尼师而已。

是时皇太后诰，皇后教，与制敕交行于藩镇，奉之如一。

诏蔡州刺史朱勍浚索水，通漕运。

三月，己亥朔，蜀主宴近臣于怡神亭，酒酣，君臣及宫人皆脱冠露髻，喧哗自恣。知制诰京兆李龟祯谏曰："君臣沈湎，不忧国政，臣恐启

李绍宏担任这个职务，是希望以此来消除他的不快，但是李绍宏终究还是不高兴，这样一来只是增加了州县移报手续的麻烦。

郭崇韬的职位兼令将相，又掌握着使臣所持的旌节，他以天下为己任，权力几乎和人主相等，每天早晚门前的车马都满满的。但是他生性刚烈急躁，遇事爱发脾气，皇帝的宠臣们求他办事，大多都遭到严厉拒绝，于是宦官们都憎恨他，一天到晚都在后唐庄宗面前说他的坏话；郭崇韬非常恼怒，可又拿他们没有办法。豆卢革、韦说有一次问郭崇韬说："汾阳王郭子仪本来是太原人，后来才迁居到华阴的，您世代居住在雁门，是否就是郭子仪的支脉呢？"郭崇韬顺着话头说："因为遭到变乱，家里的族谱已经丢失，不过曾经听先人们讲过，我上距汾阳王只有四世。"豆卢革说："如此说来，汾阳王肯定是您的从祖了。"郭崇韬从此以后就以贵族后裔自居，喜欢评判别人的流品，大量提拔了一些华而不实的人，而鄙视和疏远有功劳的旧臣。有人向郭崇韬求官职，他却说："我很了解你的才华，但是你出身寒门，我不敢启用你，怕被名流们耻笑。"从此，宫内有皇帝宠臣们中伤他，外头有功勋旧臣们怨恨他。郭崇韬多次请求把枢密使一职让给李绍宏，后唐庄宗都不容许；他又请求把枢密院的事务分出一部分归宫内各司管辖，好减轻自己的一些权力，但是宦官们并没有因此停止对他的中伤。郭崇韬感到愁闷不得志，便同他的亲信们商量准备去本镇回避一下，其中有个人劝他说："千万使不得。蛟龙如果离了水，地上的小蚂蚁都能制服它。"

在此之前，后唐庄宗想把刘夫人立为皇后，但是因为有正妃韩夫人在，太后又一向很讨厌刘夫人，郭崇韬也多次劝谏阻止，因此一直没有结果。这时郭崇韬的亲信劝他说："您如果请求册立刘夫人为皇后，皇上一定很高兴。这样，宫内皇后帮助您，那么伶人宦官们就不能把您怎么样了。"郭崇韬听从了这个建议，就和宰相一道率领百官向后唐庄宗启奏，请求册立刘夫人为中宫皇后。二月十五日癸未，后唐庄宗正式册立魏国夫人刘氏为皇后。刘皇后出身贫寒，显贵之后，一心只在蓄积钱财，在魏州的时候，连那些柴草水果蔬菜都要进行贩卖。等到立为皇后之后，四方呈献来的贡品都要分为两份，一份呈送给天子，一份呈送给中宫。因此中宫里的宝货堆积如山，刘皇后也只是用来抄写佛经、施舍尼师而已。

当时皇太后的诰命、皇后的敕令，和皇帝的制敕一样并行于藩镇之间，大家都同样遵照执行。

后唐庄宗下诏命令蔡州刺史朱勍疏浚索水，好开通漕运。

三月初一日己亥，前蜀主在怡神亭宴请近臣，喝得酒酣耳热时，君臣和宫女们都脱帽露出发髻，喧哗吵闹，无所顾忌。知制诰京兆人李龟祯进谏说："君主大臣沉

北敌之谋。”不听。

乙巳，镇州言契丹将犯塞，诏横海节度使李绍斌、北京左厢马军指挥使李从珂帅骑兵分道备之；天平节度使李嗣源屯邢州。绍斌本姓赵，名行实，幽州人也。

丙午，加高季兴兼尚书令，进封南平王。

李存审自以身为诸将之首，不得预克汴之功，感愤，疾益甚，屡表求入觐，郭崇韬抑而不许。存审疾亟，表乞生睹龙颜，乃许之。初，帝尝与右武卫上将军李存贤手搏，存贤不尽其技，帝曰："汝能胜我，当授藩镇。"存贤乃奉诏，仅仆帝而止。及许存审入觐，帝以存贤为卢龙行军司马，旬日除节度使，曰："手搏之约，吾不食言矣。"

庚戌，幽州奏契丹寇新城。

勋臣畏伶官之谗，皆不自安。蕃汉内外马步副总管李嗣源求解兵柄，帝不许。

自唐末丧乱，搢绅之家或以告赤鬻于族姻，遂乱昭穆，至有舅、叔拜甥、侄者，选人伪滥者众。郭崇韬欲革其弊，请令铨司精加考核。时南郊行事官千二百人，注官者才数十人，涂毁告身者十之九。选人或号哭道路，或馁死逆旅。

（以上为第三段，写郭崇韬求自保，率百官上奏唐庄宗立刘夫人为皇后，勋臣宿将皆畏伶官之谗，心不自安。）

唐室诸陵先为温韬所发，庚申，以工部郎中李途为长安按视诸陵使。

皇子继岌代张全义判六军诸卫事。

夏，四月，己巳朔，群臣上尊号曰昭文睿武至德光孝皇帝。

帝遣客省使李严使于蜀，严盛称帝威德，有混一天下之志。且言朱氏篡窃，诸侯曾无勤王之举。王宗俦以其语侵蜀，请斩之，蜀主不从。宣徽北院使宋光葆上言："晋王有凭陵我国家之志，宜选将练兵，屯戍边鄙，积糗粮，治战舰以待之。"蜀主乃以光葆为梓州观察使，充武德节度留后。

湎于酒，不恤劳国事，臣担心会诱导北方的敌人算计我们。”前蜀主不听规劝。

三月初七日乙巳，镇州报告说契丹人将要侵犯边塞，后唐庄宗下诏命令横海节度使李绍斌、北京左厢马军指挥使李从珂率领骑兵分道前往边境防备；又命令天平节度使李嗣源驻守在邢州。李绍斌本姓赵，名行实，是幽州人。

三月初八日丙午，加任高季兴兼尚书令，并且进封为南平王。

李存审自以为自己身为诸将之首，却没能够参与攻克汴梁建立功劳，心中感到懊恨不已，这样一来病情加重，他多次上表请求入京朝见皇帝，都被郭崇韬压了下来没有获得允许。后来李存审的病情进一步加重，又上表乞求能活着的时候见到皇帝一面，这样才被允许。当初，后唐庄宗曾经与右武卫上将军李存贤角力，李存贤没有把本事全使出来，后唐庄宗说：“你如能胜我，我就让你当藩镇节度使。”李存贤于是奉命，但仅把后唐庄宗击得跌倒在地就住了手。等到允许李存审入京朝见时，后唐庄宗任命李存贤担任卢龙行军司马，十来天之后又任命他为节度使，后唐庄宗还说：“上回角力之约，我不能说话不算数。”

三月十二日庚戌，幽州上奏说契丹人侵犯新城。

功勋大臣们都害怕伶人宦官的进谗诽谤，心里感到不安。蕃汉内外马步副总管李嗣源请求解除兵权；后唐庄宗没有答应。

自从唐朝末年衰乱以来，士大夫之家有人把任官的敕令卖给族人或姻亲，于是乱了礼教，甚至舅舅和叔叔要拜外甥和侄儿的，候选的官吏假冒顶替的很多。郭崇韬想革除这一弊端，请求后唐庄宗下令吏部严加考核。当时参加南郊祭天的执事官吏一千二百人，其中经过注籍考选的只有数十人，而涂改委任官职文凭的人占十分之九。候选、候补官职的人有的在道路上哭天喊地，有的甚至饿死在旅店里。

唐朝皇室的很多陵墓早先都被温韬挖掘过，三月二十二日庚申，任命工部郎中李途为长安按视诸陵使。

皇子李继岌代替张全义兼管六军诸卫事务。

夏季，四月初一日己巳，群臣给后唐庄宗上尊号叫昭文睿武至德光孝皇帝。

后唐庄宗派遣客省使李严出使前蜀，李严在前蜀极力称赞后唐庄宗的威德，并说后唐庄宗有统一天下的志向。同时埋怨朱氏篡位窃国的时候，其他的诸侯都没有一点勤王的举动。王宗俦认为他的话明明是在侵侮蜀国，请求把他斩首，前蜀主没有答应。宣徽北院使宋光葆对前蜀主说：“晋王有攻打我们国家的意向，我们应该选任将领，训练士卒，加强边境守备，积蓄粮谷，整修战舰以防他们来犯。”前蜀主于是任命宋光葆为梓州观察使，并且兼任武德节度留后。

乙亥，加楚王殷兼尚书令。

庚辰，赐前保义留后霍彦威姓名李绍真。

秦忠敬王李茂贞卒，遗奏以其子继曮权知凤翔军府事。

初，安义牙将杨立有宠于李继韬，继韬诛，常邑邑思乱。会发安义兵三千戍涿州，立谓其众曰："前此潞兵未尝戍边，今朝廷驱我辈投之绝塞，盖不欲置之潞州耳。与其暴骨沙场，不若据城自守，事成富贵，不成为群盗耳。"因聚噪攻子城东门，焚掠市肆。节度副使李继珂、监军张弘祚弃城走，立自称留后，遣将士表求旌节。诏以天平节度使李嗣源为招讨使，武宁节度使李绍荣为部署，帐前都指挥使张廷蕴为马步都指挥使以讨之。

（以上为第四段，写唐庄宗遣使蜀国侦察虚实，安义军牙将杨立逐帅自称留后，庄宗发兵征讨。）

孔谦贷民钱，使以贱估偿丝，屡檄州县督之。翰林学士承旨、权知汴州卢质上言："梁赵岩为租庸使，举贷诛敛，结怨于人。陛下革故鼎新，为人除害，而有司未改其所为，是赵岩复生也。今春霜害稼，茧丝甚薄，但输正税，犹惧流移，况益以称贷，人何以堪！臣惟事天子，不事租庸，敕旨未颁，省牒频下，愿早降明命！"帝不报。

汉主引兵侵闽，屯于汀、漳境上。闽人击之，汉主败走。

初，胡柳之役，伶人周匝为梁所得，帝每思之。入汴之日，匝谒见于马前，帝甚喜。匝涕泣言曰："臣之所以得生全者，皆梁教坊使陈俊、内园栽接使储德源之力也，愿就陛下乞二州以报之。"帝许之。郭崇韬谏曰："陛下所与共取天下者，皆英豪忠勇之士。今大功始就，封赏未及一人，而先以伶人为刺史，恐失天下心。"以是不行。逾年，伶人屡以为言，帝谓崇韬曰："吾已许周匝矣，使吾惭见此三人。公言虽正，当为我屈意行之。"五月，壬寅，以俊为景州刺史，德源为宪州刺史。时亲军有从帝百战未得刺史者，莫不愤叹。

（以上为第五段，写孔谦百计搜刮民财，后唐庄宗滥封伶人高官。）

四月初七日乙亥，加封楚王马殷兼任尚书令。

四月十二日庚辰，赐给原保义留后霍彦威姓名叫李绍真。

秦忠敬王李茂贞去世，在他遗留下的上奏文书中希望让他的儿子李继曮代理凤翔军府的事务。

当初，安义军牙将杨立深得李继韬宠信，李继韬被诛杀之后，杨立常常闷闷不乐，想要作乱。正巧这时朝廷征调三千安义兵前往涿州戍守，杨立就对他的部众们说："在此之前我们潞州兵从来就没有戍守过边境，现在朝廷把我们驱赶到很远的边塞去，就是不想让我们待在潞州了。我们与其暴尸在沙场，不如占据城池自立，如果事情成功了，大家都能安享富贵，如果不成功，我们都去当强盗好了。"随即聚众鼓噪，进攻子城的东门，并且在街市上烧杀抢劫；节度副使李继珂、监军张宏祚弃城而逃，杨立于是自称为留后，派遣将士向后唐庄宗上表请求旌节、印信。后唐庄宗下诏任命天平节度使李嗣源为招讨使，武宁节度使李绍荣为部署，帐前都指挥使张廷蕴为马步都指挥使，率兵前去讨伐杨立。

孔谦把钱借贷给百姓，然后让百姓用低价的丝来偿还贷款，而且多次下发檄文各州县督促实行这种方法。翰林学士承旨、代理汴州事务的卢质向后唐庄宗上奏说："梁朝的赵岩过去任租庸使的时候，利用借贷搜刮百姓财物，使百姓怨声不断。陛下破旧立新，为民除害，但是有关部门却没有把过去的做法改过来，简直就是赵岩又复活了一样。今年春季霜寒危害作物，茧丝的收成很差，只缴纳原有的赋税，都怕老百姓要流离失所了，更何况还是加重高利贷的负担呢，百姓们怎么忍受得了？臣只侍奉天子，不侍奉租庸使，现在皇上敕旨还没颁下，租庸使的公文却一直在催促，希望皇上能够早作明睿的裁示！"后唐庄宗没有答复他。

南汉国主率兵入侵闽国，军队屯扎在闽国汀州、漳州的边境上；闽人予以反击，南汉国主战败逃走。

当初，在胡柳战役中，伶人周匝被梁军俘获，后唐庄宗经常思念他；在唐军进入汴梁的那一天，周匝赶到后唐庄宗的马前来拜见，后唐庄宗很高兴。周匝哭着向后唐庄宗说："臣之所以能够保全性命，完全是靠梁朝教坊使陈俊、内园栽接使储德源的帮助，希望能向陛下乞求两个州封赏他们，以报答他俩的恩情。"后唐庄宗答应了他。郭崇韬进谏说："和陛下一起攻取天下的，都是英豪忠勇之士。现在大功刚刚告成，还没有开始封赏任何一个人，却先要任命伶人担任刺史，这样恐怕会失去天下的人心。"因此这件事就没有结果了。一年之后，这个伶人又多次提起这件事，后唐庄宗只好对郭崇韬说："我已经答应过周匝了，这样一来我感到不好意思见到这三个人。你所说的都很正确，但就算为我通融一下，把这件事给办了吧。"五月初五日

乙巳，右谏议大夫薛昭文上疏，以为：“诸道僭窃者尚多，征伐之谋，未可遽息。又，士卒久从征伐，赏给未丰，贫乏者多，宜以四方贡献及南郊羡余，更加颁赉。又，河南诸军皆梁之精锐，恐僭窃之国潜以厚利诱之，宜加收抚。又，户口流亡者，宜宽徭薄赋以安集之。又，土木不急之役，宜加裁省。又请择隙地牧马，勿使践京畿民田。”皆不从。

戊申，蜀主遣李严还。初，帝因严入蜀，令以马市宫中珍玩，而蜀法禁锦绮珍奇不得入中国，其粗恶者乃听入中国，谓之“入草物”。严还，以闻，帝怒曰：“王衍宁免为入草之人乎！”严因言于帝曰：“衍童呆荒纵，不亲政务，斥远故老，昵比小人。其用事之臣王宗弼、宋光嗣等，谄谀专恣，黩货无厌，贤愚易位，刑赏紊乱，君臣上下专以奢淫相尚。以臣观之，大兵一临，瓦解土崩，可翘足而待也。”帝深以为然。

（以上为第六段，写后唐庄宗不恤士民，蜀主王衍刑赏紊乱，君臣奢靡。）

帝以潞州叛故，庚戌，诏天下州镇无得修城浚隍，悉毁防城之具。

壬子，新宣武节度使兼中书令、蕃汉马步总管李存审卒于幽州。存审出于寒微，常戒诸子曰：“尔父少提一剑去乡里，四十年间，位极将相，其间出万死获一生者非一，破骨出镞者凡百余。”因授以所出镞，命藏之，曰：“尔曹生于膏粱，当知尔父起家如此也。”

幽州言契丹将入寇，甲寅，以横海节度使李绍斌充东北面行营招讨使，将大军渡河而北。契丹屯幽州东南城门之外，虏骑充斥，馈运多为所掠。

壬戌，以李继曮为凤翔节度使。

壬寅，任命陈俊为景州刺史，储德源为宪州刺史。当时亲军中有跟随后唐庄宗身经百战而没有封得刺史的人，看到这一情况，无不愤慨叹息。

五月初八日乙巳，右谏议大夫薛昭向后唐庄宗上疏，认为："诸道藩镇中僭窃名号的还很多，征讨的计划，短时间内不可停止。此外，士卒们长期随从征战，没能得到丰富赏赐，很多人还很贫穷，应该把四方的贡献和南郊祭祀的剩余物品，再颁赏一些给他们。再者，黄河以南的各路军队都是从前梁朝的精锐，恐怕那些僭窃名号的各国会偷偷地用厚利引诱他们，应该对他们加以安抚。还有，举家流亡失散在外的，应该宽省徭役、减少赋税，以此来安抚他们，把他们聚集回来。再者，对那些不是急需的工程建设，应当加以裁减。最后，请求选择一些无用的空地去放马，不要让马践踏京畿地区的民田。"后唐庄宗对他的建议一律不予采纳。

五月十一日戊申，蜀主让李严回国。当初，后唐庄宗派李严去蜀国，让他用马匹去交换蜀国的宫中珍宝和玩赏之物，但是蜀国的法令禁止让上好的丝织品和珍贵的稀罕之物流入到中原地区去，只有那些粗劣低级的产品才可以随便流入中原，被称为"入草物"。李严回国后，把这一情况报告了朝廷，后唐庄宗非常生气地说："王衍难道不是入草之人吗？"李严接着向皇帝报告说："王衍像孩童一样天真愚顽，荒淫放纵，不理政事，排斥故旧，亲近小人。那些掌权的大臣如王宗弼、宋光嗣等人，只知道一味地讨好主上，对于财货又贪得无厌，朝廷上贤愚颠倒，刑赏混乱，君臣上下只知道以骄奢淫侈来相互攀比。依臣看来，只要大军一到，他们就会土崩瓦解，这是不要多久时间就可以看到的情景。"后唐庄宗认为他的话很有道理。

后唐庄宗因为潞州反叛的缘故，五月十三日庚戌，下诏命令全国各州镇不准再修筑城墙、挖浚城沟，并且毁掉所有城防器具。

五月十五日壬子，新任的宣武节度使兼中书令、蕃汉马步总管李存审在幽州去世。李存审出身贫寒，他经常告诫他的儿子们说："你们的父亲小时候手提一把剑离开家乡，四十年来，地位一直升到将相了，这期间出生入死也不止一次了，从骨头中挖出箭头也有一百多次了。"说着，把这些挖出的箭头郑重地交给了他们，让他们收藏好，并说："你们都是生活在富裕的环境里，应当知道你们的父亲当年就是这样起家的。"

幽州报告说契丹人将要入侵，五月十七日甲寅，任命横海节度使李绍斌出任东北面行营招讨使，率领大军渡过黄河向北进发。契丹军队屯扎在幽州东南城门之外，到处都是敌人的骑兵，唐军所运的粮草很多都被他们抢劫而去。

五月二十五日壬戌，任命李继曮为凤翔节度使。

乙丑，以权知归义留后曹义金为节度使。时瓜、沙与吐蕃杂居，义金遣使间道入贡，故命之。

李嗣源大军前锋至潞州，日已暝，泊军方定，张廷蕴帅麾下壮士百余辈逾堑坎城而上，守者不能御，即斩关延诸军入。比明，嗣源及李绍荣至，城已下矣，嗣源等不悦。丙寅，嗣源奏潞州平。六月，丙子，磔杨立及其党于镇国桥。潞州城池高深，帝命夷之。

丙戌，以武宁节度使李绍荣为归德节度使、同平章事，留宿卫，宠遇甚厚。帝或时与太后、皇后同至其家。帝有幸姬，色美，尝生子矣，刘后妒之。会绍荣丧妻，一日，侍禁中，帝问绍荣："汝复娶乎？为汝求婚。"后因指幸姬曰："大家怜绍荣，何不以此赐之？"帝难言不可，微许之。后趣绍荣拜谢，比起，顾幸姬，已肩舆出宫矣。帝为之托疾不食者累日。

壬辰，以天平节度使李嗣源为宣武节度使，代李存审为蕃汉内外马步总管。

（以上为第七段，写后唐庄宗平定潞州之叛。）

秋，七月，壬寅，蜀以礼部尚书许寂为中书侍郎、同平章事。

孔谦复短王正言于郭崇韬，又厚赂伶官，求租庸使，终不获，意怏怏。癸卯，表求解职，帝怒，以为避事，将置于法，景进救之，得免。

梁所决河连年为曹、濮患，甲辰，命右监门上将军娄继英督汴、滑兵塞之。未几，复坏。

庚申，置威塞军于新州。

契丹恃其强盛，遣使就帝求幽州以处卢文进。时东北诸夷皆役属契丹，惟勃海未服。契丹主谋入寇，恐勃海掎其后，乃先举兵击勃海之辽东，遣其将秃馁及卢文进据营、平等州以扰燕地。

五月二十八日乙丑，任命代理归义留后的曹义金为归义节度使。当时瓜州、沙州的人和吐蕃人杂居在一起，曹义金派遣使者绕道入贡，所以后唐庄宗特意任命他为节度使。

李嗣源大军的前锋到达潞州时，天色已晚；军队刚刚安顿下来，张廷蕴就率领部下百余名壮士越过壕沟，登上城墙，守城士兵抵挡不住，张廷蕴他们就攻占城门把军队放了进来。到了天亮的时候，李嗣源和李绍荣率领大军到达，这时潞州城已经攻了下来，李嗣源等人心里很不高兴。五月二十九日丙寅，李嗣源上奏后唐庄宗说潞州已经平定。六月初九日丙子，在镇国桥杀死了杨立及其同党。潞州城的城墙高、壕沟深，后唐庄宗下令把它填平。

六月十九日丙戌，任命武宁节度使李绍荣为归德节度使、同平章事，把他留在宫中担任警卫，后唐庄宗非常喜欢他。后唐庄宗有时甚至和太后、皇后一起到他家中串门。后唐庄宗有个宠幸的姬妾，长得很漂亮，曾经生过一位皇子，刘皇后很嫉妒她。这时李绍荣的妻子刚好去世。一天，李绍荣在宫中侍奉皇帝，后唐庄宗问他："你还要再娶妻子吗？我可以为你求婚。"刘皇后随即用手指着那位宠姬说："皇上可怜李绍荣，何不把她赐给他呢？"后唐庄宗不便说不好，就含含糊糊地答应。刘皇后催促李绍荣赶忙向后唐庄宗拜谢，等到他拜完起身，回头再看那位宠姬，已经被轿子抬出宫去了。后唐庄宗为了这件事假称生病，好几天都吃不下饭。

六月二十五日壬辰，任命天平节度使李嗣源为宣武节度使，并接替李存审担任蕃汉内外马步总管。

秋季，七月初五日壬寅，前蜀任命礼部尚书许寂为中书侍郎、同平章事。

孔谦又向郭崇韬说王正言的坏话，同时用丰厚的礼物贿赂那些伶人宦官，想求得租庸使一职，但是最终还是没有得到，心里便闷闷不乐，七月初六日癸卯，他向后唐庄宗上表请求解除自己的职务；后唐庄宗很生气，认为他是在逃避事务，准备把他绳之以法，多赖景进的求情解救，才使得他得以幸免。

当初梁朝所决开的黄河连年成为曹州、濮州的大患，七月初七日甲辰，后唐庄宗命令右监门上将军娄继英监督汴州、滑州的军队把决口堵起来。没过多久，堵起的决口又被冲坏了。

七月二十三日庚申，在新州设置威塞军。

契丹依仗着自己兵势强盛，派遣使者来向后唐庄宗要求用幽州安置卢文进。当时东北地区各夷族都已经归属契丹，只有勃海国还没有臣服；契丹国主准备入侵中原，又担心勃海国袭击他的后方，于是就先发兵攻打勃海国的辽东地区，并且派遣

八月，戊辰，蜀主以右定远军使王宗锷为招讨马步使，帅二十一军屯洋州。乙亥，以长直马军使林思锷为昭武节度使，戍利州以备唐。

租庸使王正言病风，恍惚不能治事，景进屡以为言。癸酉，以副使、卫尉卿孔谦为租庸使，右威卫大将军孔循为副使。循即赵殷衡也，梁亡，复其姓名。谦自是得行其志，重敛急征以充帝欲，民不聊生。癸未，赐谦号丰财赡国功臣。

（以上为第八段，写后唐庄宗任用孔谦为租庸使，大肆搜刮民财，民怨沸腾，孔谦竟然得封为丰财赡国功臣。）

帝复遣使者李彦稠入蜀，九月，己亥，至成都。

癸卯，帝猎于近郊。时帝屡出游猎，从骑伤民禾稼，洛阳令何泽伏于丛薄，俟帝至，遮马谏曰："陛下赋敛既急，今稼穑将成，复蹂践之，使吏何以为理？民何以为生！臣愿先赐死。"帝慰而遣之。泽，广州人也。

契丹攻勃海，无功而还。

蜀前山南节度使兼中书令王宗俦以蜀主失德，与王宗弼谋废立，宗弼犹豫未决。庚戌，宗俦忧愤而卒。宗弼谓枢密使宋光嗣、景润澄等曰："宗俦教我杀尔曹，今日无患矣。"光嗣辈俯伏泣谢。宗弼子承班闻之，谓人曰："吾家难乎免矣。"

乙卯，蜀主以前镇江军节度使张武为峡路应援招讨使。

丁巳，幽州言契丹入寇。

冬，十月，辛未，天平节度使李存霸、平卢节度使符习言："属州多称直奉租庸使帖指挥公事，使司殊不知，有紊规程。"租庸使奏，近例皆直下。敕："朝廷故事，制敕不下支郡，牧守不专奏陈。今两道所奏，乃本朝旧规。租庸所陈，是伪廷近事。自今支郡自非进奉，皆须本道腾奏，租庸征催亦须牒观察使。"虽有此敕，竟不行。

（以上为第九段，写后唐庄宗行猎，践踏民禾稼，租庸使征税公文越级直下州县。）

他的将领秃馁和卢文进占据营州、平州等地，以侵扰后唐的燕地。

八月初二日戊辰，前蜀主任命右定远军使王宗锷为招讨马步使，率领二十一军驻扎在洋州；八月初九日乙亥，任命长直马军使林思锷为昭武节度使，戍守在利州，以防备唐军入侵。

租庸使王正言得了中风，精神恍惚，无法处理公务，景进多次向后唐庄宗反映这一情况。八月初七日癸酉，后唐庄宗任命租庸副使、卫尉卿孔谦为租庸使，右威卫大将军孔循为租庸副使。孔循就是赵殷衡，后梁灭亡后才恢复了过去的姓名。孔谦到这时才得以为所欲为，为了满足后唐庄宗的欲望，他横征暴敛，搞得民不聊生。八月十七日癸未，后唐庄宗赐给孔谦一个封号叫丰财赡国功臣。

后唐庄宗又派遣使者李彦稠去前蜀，九月初三日己亥，李彦稠到达成都。

九月初七日癸卯，后唐庄宗在京城近郊打猎。当时后唐庄宗经常出外游玩打猎，随从的骑兵们践踏了百姓的庄稼，洛阳县令何泽趴在草木丛生的地方等待后唐庄宗的到来，后唐庄宗来到后，他拦住马进谏说："陛下征收赋税一向很急迫，现在庄稼快要长成了，又要践踏它，这让我们小吏们怎么征收呢，百姓怎么活命呢？臣希望皇上先赐我一死。"后唐庄宗慰勉他一番就让他回去了。何泽是广州人。

契丹人攻打勃海国，无功而回。

前蜀前山南节度使兼中书令王宗俦认为前蜀主已经丧失了为君的品德，就找王宗弼商量把前蜀主废掉，王宗弼还在犹豫不定。九月十四日庚戌，王宗俦忧愤而死。王宗弼便对枢密使宋光嗣、景润澄等人说："王宗俦曾叫我把你们杀掉，现在往后不用担心了。"宋光嗣等人跪在地上流着泪向他表示感谢。王宗弼的儿子王承班知道这件事后，对人说："我们家难免要有一场灾难了。"

九月十九日乙卯，前蜀主任命前镇江军节度使张武为峡路应援招讨使。

九月二十一日丁巳，幽州报告说契丹入侵。

冬季，十月初六日辛未，天平节度使李存霸、平卢节度使符习上奏说："所属州县多声称，他们直接按照租庸使所下公文处理公务，而节度使的有关部门却根本都不知道这一情况，这样一来把规程都搞乱了。"租庸使上奏说，近年来的惯例，租庸使的公文都是直接下发到州县的。后唐庄宗裁断说："朝廷的惯例，中央的公文不直接下发到州县，州县的官吏也不能直接上奏。现在天平、平卢两道所讲的事情，是本朝过去的规定；而租庸使所陈述的，是伪梁近来的做法。从今往后，各支郡不得自行上奏，一律都要经过本道转呈，租庸使催办征收赋税也要书写牒文通报观察使。"虽然下达了这道命令，实际并没有执行。

易、定言契丹入寇。

蜀宣徽北院使王承休请择诸军骁勇者万二千人，置驾下左、右龙武步骑四十军，兵械给赐皆优异于他军，以承休为龙武军马步都指挥使，以裨将安重霸副之，旧将无不愤耻。重霸，云州人，以狡佞賄赂事承休，故承休悦之。

吴越王镠复修本朝职贡，壬午，帝因梁官爵而命之。镠厚贡献，并赂权要，求金印、玉册、赐诏不名、称国王。有司言："故事惟天子用玉册，王公皆用竹册。又，非四夷无封国王者。"帝皆曲从镠意。

吴王如白沙观楼船，更命白沙曰迎銮镇。徐温自金陵来朝。先是，温以亲吏翟虔为阁门、宫城、武备等使，使察王起居，虔防制王甚急。至是，王对温名雨为水，温请其故。王曰："翟虔父名，吾讳之熟矣。"因谓温曰："公之忠诚，我所知也，然翟虔无礼，宫中及宗室所须多不获。"温顿首谢罪，请斩之，王曰："斩则太过，远徙可也。"乃徙抚州。

十一月，蜀主遣其翰林学士欧阳彬来聘。彬，衡山人也。又遣李彦稠东还。

癸卯，帝帅亲军猎于伊阙，命从官拜梁太祖墓。涉历山险，连日不止，或夜合围。士卒坠崖谷死及折伤者甚众。丙午，还宫。

蜀以唐修好，罢威武城戍，召关宏业等二十四军还成都。戊申，又罢武定、武兴招讨刘潜等三十七军。

丁巳，赐护国节度使李继麟铁券，以其子令德、令锡皆为节度使，诸子胜衣者即拜官，宠冠列藩。

庚申，蔚州言契丹入寇。

辛酉，蜀主罢天雄军招讨，命王承骞等二十九军还成都。

易、定二州报告说契丹入侵。

前蜀宣徽北院使王承休请求从各部队中挑选一万二千名骁勇善战的士卒，成立由蜀主直接管辖的左、右龙威步骑四十军，装备和供给都要远远优于其他部队，于是蜀主任命王承休为龙武军马步都指挥使，任命副将安重霸为副使，旧将们对此无不感到愤怒耻辱。安重霸是云州人，他用狡诈、奉承、贿赂的手段巴结王承休，所以王承休很喜欢他。

吴越王钱镠又开始向后唐进贡物品，十月十七日壬午，后唐庄宗按照原来后梁给他的官爵又重新任命了他。钱镠的贡礼很丰富，又贿赂朝中的权要人物，请求后唐庄宗发给他金印、玉册，颁赐诏书时不直呼其名，可以称国王等。有关部门启奏说："按惯例只有天子能用玉册，王公们都用竹册；此外，是四方的夷族，也没有被封为国王的。"结果后唐庄宗特别通融，都满足了钱镠的愿望。

吴王到白沙去观看楼船，下令把白沙改名叫迎銮镇。徐温从金陵前来朝见吴王。在此之前，徐温让他的亲信官吏翟虔担任阁门、宫城、武备等使，让他监视吴王的举动，翟虔对吴王的防范十分严格。到这时，吴王对徐温说"雨"字时都要改说"水"字，徐温请吴王解释一下这是什么缘故。吴王说："雨是翟虔父亲的名字，我避讳这个字已经成习惯了。"接着又对徐温说："您对我的忠诚，是很了解的，但是翟虔他却十分无礼，宫中和宗室所需要的东西很多都办不到。"徐温听后赶忙磕头请罪，并请求把翟虔斩了，吴王说："杀他太过分了，把他流放到很远的地方就可以了。"于是就把翟虔流放到抚州。

十一月，前蜀主派遣他的翰林学士欧阳彬前来互通友好。欧阳彬是衡山人。同时又差遣李彦稠返唐。

十一月九日癸卯，后唐庄宗率领亲军在伊阙打猎，命令随从的官吏拜谒在那里的后梁太祖朱温的陵墓。后唐庄宗一行在伊阙翻山越岭，连日不歇，有时在夜间合围野兽；随从士卒跌下崖谷摔死的和摔断胳膊腿的人很多。十一月十二日丙午，回到宫中。

前蜀认为已经和后唐互通友好了，就撤除了威武的城防，把关宏业等二十四军召唤回成都。十一月十四日戊申，又撤销定武、武兴招讨刘潜等三十七军。

十一月二十三日丁巳，后唐庄宗赐给护国节度使李继麟铁券，把他的儿子李令德、李令锡都任命为节度使，其他的儿子只要稍大一点的也都封了官，所受恩宠在所有藩镇之上。

十一月二十六日庚申，蔚州报告说契丹入侵。

十一月二十七日辛酉，前蜀主罢去天雄军招讨使，命令王承骞等二十九军回成都。

十二月，乙丑朔，蜀主以右仆射张格兼中书侍郎、同平章事。初，格之得罪，中书吏王鲁柔乘危窘之，及再为相用事，杖杀之。许寂谓人曰："张公才高而识浅，戮一鲁柔，他人谁敢自保！此取祸之端也。"

蜀主罢金州屯戍，命王承勋等七军还成都。

己巳，命宣武节度使李嗣源将宿卫兵三万七千人赴汴州，遂如幽州御契丹。

（以上为第十段，写吴越王钱镠归服后唐。后蜀主王衍解除戒备。契丹南侵。）

庚午，帝及皇后如张全义第，全义大陈贡献。酒酣，皇后奏称："妾幼失父母，见老者辄思之，请父事全义。"帝许之。全义惶恐固辞，再三强之，竟受皇后拜，复贡献谢恩。明日，后命翰林学士赵凤草书谢全义，凤密奏："自古无天下之母拜人臣为父者。"帝嘉其直，然卒行之。自是后与全义日遣使往来问遗不绝。

初，唐僖、昭之世，宦官虽盛，未尝有建节者。蜀安重霸劝王承休求秦州节度使，承休言于蜀主曰："秦州多美妇人，请为陛下采择以献。"蜀主许之。庚午，以承休为天雄节度使，封鲁国公；以龙武军为承休牙兵。

乙亥，蜀主以前武德节度使兼中书令徐延琼为京城内外马步都指挥使。延琼以外戚代王宗弼居旧将之右，众皆不平。

壬午，北京言契丹寇岚州。

辛卯，蜀主改明年元曰咸康。

卢龙节度使李存贤卒。

是岁，蜀主徙普王宗仁为卫王，雅王宗辂为豳王，褒王宗纪为赵王，荣王宗智为韩王，兴王宗泽为宋王，彭王宗鼎为鲁王，忠王宗平为薛王，资王宗特为莒王；宗辂、宗智、宗平皆罢军役。

（以上为第十一段，写后唐庄宗刘皇后拜大臣齐王张全义为义父，后蜀主王衍任命宦官为节度使。）

十二月初一日乙丑，前蜀主任命右仆射张格兼任中书侍郎、同平章事。当初，张格被降罪贬官的时候，中书吏王鲁柔曾乘机落井下石；现在张格又当了宰相掌握权力，就用木杖把王鲁柔活活打死了。许寂对人们说："张公这个人才能高超但见识短浅，杀了一个王鲁柔，其他的人如何能够感到安全？这是他自取祸害的开始。"

前蜀主撤去金州的防卫，命令王承勋等七军回到成都。

十二月初五日己巳，后唐庄宗命令宣武节度使李嗣源率领宿卫兵三万七千人赶赴汴州，随即又赶往幽州抵御契丹的侵犯。

十二月初六日庚午，后唐庄宗和刘皇后到张全义家，张全义大肆向后唐庄宗贡献物品；酒酣耳热之时，刘皇后向后唐庄宗启奏说："妾从小就失去父母，一见到老年人就想起他们，请求皇上允许我把张全义当作父亲来对待。"后唐庄宗答应她的请求。张全义诚惶诚恐，再三推辞，经不住皇后一再坚持，最后还是接受了刘皇后的参拜，于是又拿出了一些物品贡献以表示感谢后唐庄宗皇后的恩宠。第二天，刘皇后命令翰林学士赵凤写信向张全义致谢，赵凤私下向后唐庄宗启奏说："自古以来都没有作为天下之母的皇后拜大臣做父亲。"后唐庄宗表扬了他的耿直，但事情最后还是按刘皇后的意思办了。从此以后，刘皇后和张全义每天都派使者往来问候，馈赠东西，从来没有间断过。

当初，在唐僖宗、昭宗时，宦官势力虽然十分强盛，但却始终没有担任节度使的。前蜀安重霸劝王承休求取秦州节度使，王承休于是对前蜀主说："秦州的漂亮女人很多，我愿意为陛下挑选一些献上来。"前蜀主答应了他的请求，十二月初六日庚午，任命王承休为天雄节度使，进封为鲁国公；把龙武军作为王承休的卫队。

十二月十一日乙亥，前蜀主任命原武德节度使兼中书令徐延琼为京城内外马步都指挥使。徐延琼以外戚的身份接替王宗弼的职务，位居诸位旧将领之上，大家都觉得愤恨不平。

十二月十八日壬午，北京报告说契丹入侵岚州。

十二月二十七日辛卯，前蜀主把明年的年号改为咸康。

卢龙节度使李存贤去世。

这一年，前蜀主把普王宗仁改封为卫王，雅王宗辂改封为豳王，褒王宗纪改封为赵王，荣王宗智改封为韩王，兴王宗泽改封为宋王，彭王宗鼎改封为鲁王，忠王宗平改封为薛王，资王宗特改封为莒王；同时免除了王宗辂、王宗智和王宗平三人在军中的职务。

三年（乙酉，925 年）

春，正月，甲午朔，蜀大赦。

丙申，敕有司改葬昭宗及少帝，竟以用度不足而止。

契丹寇幽州。

庚子，帝发洛阳。庚戌，至兴唐。

诏平卢节度使符习治酸枣遥隄以御决河。

初，李嗣源北征，过兴唐，东京库有供御细铠，嗣源牒副留守张宪取五百领，宪以军兴，不暇奏而给之。帝怒曰："宪不奉诏，擅以吾铠给嗣源，何意也！"罚宪俸一月，令自往军中取之。

帝以义武节度使王都将入朝，欲辟毬场，宪曰："比以行宫阙廷为毬场，前年陛下即位于此，其坛不可毁，请辟毬场于宫西。"数日，未成，帝命毁即位坛。宪谓郭崇韬曰："此坛，主上所以礼上帝，始受命之地也，若之何毁之！"崇韬从容言于帝，帝立命两虞候毁之。宪私于崇韬曰："忘天背本，不祥莫大焉。"

二月，甲戌，以横海节度使李绍斌为卢龙节度使。

丙子，李嗣源奏败契丹于涿州。

上以契丹为忧，与郭崇韬谋，以威名宿将零落殆尽，李绍斌位望素轻，欲徙李嗣源镇真定，为绍斌声援，崇韬深以为便。时崇韬领真定，上欲徙崇韬镇汴州，崇韬辞曰："臣内典枢机，外预大政，富贵极矣，何必更领藩方？且群臣或从陛下岁久，身经百战，所得不过一州。臣无汗马之劳，徒以侍从左右，时赞圣谟，致位至此，常不自安。今因委任勋贤。使臣得解旄节，乃大愿也。且汴州关东冲要，地富人繁，臣既不至治所，徒令他人摄职，何异空城！非所以固国基也。"上曰："深知卿忠尽，然卿为朕画策，袭取汶阳，保固河津，既而自此路直趋大梁，成朕帝业，岂百战之功可比乎，今朕贵为天子，岂可使卿曾无尺寸之地乎！"崇韬固辞不已，上乃许之。庚辰，徙李嗣源为成德节度使。

（以上为第十二段，写唐庄宗忘天背本，毁魏州即位祭坛为毬场。郭崇韬辞解节度使之职。）

后唐庄宗同光三年（乙酉，925 年）

春季，正月初一日甲午，前蜀大赦境内。

正月初三日丙申，后唐庄宗下令有关部门，对唐昭宗和唐少帝实行改葬，最后还是因为费用不足而作罢。

契丹入侵幽州。

正月初七日庚子，后唐庄宗从洛阳出发；正月十七日庚戌，到达兴唐府。

后唐庄宗下诏命令平卢节度使符习修筑酸枣的遥堤，以防止黄河决口。

当初，李嗣源北征契丹时，路过兴唐府，东京的府库中有一些专供皇帝御用的细铠甲，李嗣源就行文给副留守张宪，请求调拨五百领，张宪因为当时军队正要行动，没有来得及上奏后唐庄宗就先拨给了李嗣源；后唐庄宗知道了这件事后十分生气，说："张宪没得到我的旨意，擅自做主把我的细铠甲给了李嗣源，这是什么意思？"于是罚了张宪一个月的俸禄，命令他亲自去军中把铠甲取回来。

后唐庄宗因为义武节度使王都即将来朝拜，于是就想要开辟一块毬场，张宪说："过去都在行宫的庭中开辟为毬场，前年陛下在这里即帝位，这个祭坛不能毁掉，请求在行宫的西边另外开辟毬场。"过了几天，新毬场还没建成，后唐庄宗就下令毁去即位用的祭坛。张宪对郭崇韬说："这祭坛，是皇上祭祀上帝最初接受天命的地方，怎么能把它毁掉呢？"郭崇韬就找机会向后唐庄宗进谏，后唐庄宗反而下令马军和步军的两个虞候立即把祭坛毁掉。张宪私下里对郭崇韬说："忘天背本，再没有比这更不吉祥的事了。"

二月十一日甲戌，任命横海节度使李绍斌为卢龙节度使。

二月十三日丙子，李嗣源上奏说他在涿州打败了契丹军队。

后唐庄宗一直把契丹的存在当作一个忧患，就和郭崇韬一道商议，认为过去一些有威望的老将们差不多都不在了，李绍斌的地位威望一向不高，想调李嗣源去镇守真定，好替李绍斌壮壮声威，郭崇韬觉得这个办法很好。当时郭崇韬兼管真定，后唐庄宗就想把郭崇韬调任兼守汴州，郭崇韬推辞说："臣在朝内掌管机要，在朝廷上又参预军国大事，财富和地位都到了极点，何必还要兼领方镇呢？况且群臣中还有人跟随陛下多年，身经百战，所得到的赏赐不过一个州。臣毫无功劳，只是因为随侍皇上身边，偶尔参赞皇上圣明的决断，就得到了这样的地位，我心里常常感到不安；现在借着要另外委派有功勋的贤臣的机会，使臣得以解除节度使的职务，这才是臣最大的愿望。况且汴州是关东军事要地，土地肥沃，人口众多，臣又不能亲自前往治所，只能委派他人代理职务，这样不等于是座空城了吗？恐怕不是巩固国家根基的做法。"后唐庄宗说："朕深知你的一片忠心，但是你替朕出谋划策，攻取了汶阳，保住了黄河的渡口，接着又沿着这条路直取大梁，终于成就了朕的帝业，这

汉主闻帝灭梁而惧，遣宫苑使何词入贡，且觇中国强弱。甲申，词至魏。及还，言帝骄淫无政，不足畏也。汉主大悦，自是不复通中国。

帝性刚好胜，不欲权在臣下，入洛之后，信伶宦之谗，颇疏忌宿将。李嗣源家在太原，三月，丁酉，表卫州刺史李从珂为北京内牙马步都指挥使以便其家。帝怒曰："嗣源握兵权，居大镇，军政在吾，安得为其子奏请！"乃黜从珂为突骑指挥使，帅数百人戍石门镇。嗣源忧恐，上章申理，久之方解。辛丑，嗣源乞至东京朝觐，不许。郭崇韬以嗣源功高位重，亦忌之，私谓人曰："总管令公非久为人下者，皇家子弟皆不及也。"密劝帝召之宿卫，罢其兵权，又劝帝除之，帝皆不从。

己酉，帝发兴唐，自德胜济河，历杨村、戚城，观昔时战处，指示群臣以为乐。

洛阳宫殿宏邃，宦者欲上增广嫔御，诈言宫中夜见鬼物，上欲使符咒者攘之，宦者曰："臣昔逮事咸通、乾符天子，当是时，六宫贵贱不减万人。今掖庭太半空虚，故鬼物游之耳。"上乃命宦者王允平、伶人景进采择民间女子，远至太原、幽、镇，以充后庭，不啻三千人，不问所从来。上还自兴唐，载以牛车，累累盈路。张宪奏："诸营妇女亡逸者千余人，虑扈从诸军挟匿以行。"其实皆入宫矣。

庚辰，帝至洛阳。辛酉，诏复以洛阳为东都，兴唐府为邺都。

夏，四月，癸亥朔，日有食之。

初，五台僧诚惠以妖妄惑人，自言能降伏天龙，命风召雨；帝尊信

哪里是身经百战的功劳所能和你相比的呢？现在朕贵为天子了，怎能让您没有半点自己的地盘呢？”但是郭崇韬还是坚决一再推辞，后唐庄宗最终答应了他的请求。二月十七日庚辰，调任李嗣源为成德节度使。

南汉主听说后唐庄宗灭了后梁，心里感到害怕，就派遣宫苑使何词来朝进贡，同时窥探一下中原的强弱。二月二十一日甲申，何词到了魏州。他回去以后向南汉主报告说，唐皇帝骄奢淫逸，没有什么作为，不值得害怕。南汉主听后十分高兴，从此断绝了和中原的来往。

后唐庄宗生性刚愎自用，不愿意让权力被臣下所掌握，进入洛阳以后，听信伶人宦官的谗言，对过去的一些旧将领又疏远又嫉恨。李嗣源家在太原，三月初五日丁酉，他向后唐庄宗上表，请求调卫州刺史李从珂为北京内牙马步都指挥使，这样对他照顾家里比较方便些，后唐庄宗看了表之后大怒说：“李嗣源手握兵权，镇守大镇，但是军职任免的权力还是在我手中，他怎么能够为他的儿子上表求职呢？”于是贬李从珂为突骑指挥使，让他率领数百人戍守石门镇。李嗣源对这件事又担心又害怕，于是就上书辩白，过了很长时间这件事才算平息下来。三月初九日辛丑，李嗣源恳求到东京来朝见皇帝，没有得到允许。郭崇韬因为李嗣源功劳高，地位重要，也很嫉妒他，私下里对人说：“总管令公李嗣源不是一个久为人下的人，皇家弟子都比不上他。”他秘密地劝后唐庄宗把李嗣源召来担任宿卫，好解除他的兵权，后来又劝后唐庄宗干脆把他杀了，后唐庄宗对他这些建议都没采纳。

三月十七日己酉，后唐庄宗从兴唐府出发，从德胜渡过黄河，经过杨村、戚城，重游过去的旧战场，指点着给群臣们看，显得很高兴得意。

洛阳的宫殿修建得宏伟深邃，宦官们想让后唐庄宗增加妃嫔的人数，就编造谎言说在宫中夜间出现了鬼物，后唐庄宗想让会符咒的人来驱鬼，宦官们说：“臣过去侍奉唐朝咸通、乾符天子，那个时候，六宫的人数不论贵贱不下一万人。现在妃嫔们住的地方一大半是空的，所以有鬼物出来四处游荡。”后唐庄宗于是命令宦官王允平、伶人景进去民间挑选女子，远到太原、幽州、镇州，好充实后宫，所选来的不下三千人，也不问来历。后唐庄宗从兴唐府回来的时候，用牛车拉了许多女子，挤满了道路。张宪上奏说：“各营的妇女逃亡的有一千多人，可能是那些扈从的军士们偷偷地把她们挟持带走了。”事实上这些妇女全都被送进宫里去了。

三月庚辰日，后唐庄宗到达洛阳；三月二十九日辛酉，下诏又把洛阳改为东都，兴唐府改为邺都。

夏季，四月初一日癸亥，发生日食。

当初，五台山的僧人诚惠用虚妄的妖术迷惑众人，自己声称能制服天上的龙，

之，亲帅后妃及皇弟、皇子拜之，诚惠安坐不起，群臣莫敢不拜。时大旱，帝自邺都迎诚惠至洛阳，使祈雨，士民朝夕瞻仰，数旬不雨。或谓诚惠："官以师祈雨无验，将焚之。"诚惠逃去，惭惧而卒。

（以上为第十三段，写后唐庄宗为宦者蛊惑，大肆选美，又拜妖僧，无人君体统，遣偏远南汉主蔑视之，南汉主认为后唐不足畏。）

庚寅，中书侍郎、同平章事赵光胤卒。

太后自与太妃别，常忽忽不乐，虽娱玩盈前，未尝解颜。太妃既别太后，亦邑邑成疾。太后遣中使医药相继于道，闻疾稍加，辄不食，又谓帝曰："吾与太妃恩如兄弟，欲自往省之。"帝以天暑道远，苦谏，久之乃止，但遣皇弟存渥等往迎侍。五月，丁酉，北都奏太妃薨。太后悲哀不食者累日，帝宽譬不离左右。太后自是得疾，又欲自往会太妃葬，帝力谏而止。

闽王审知寝疾，命其子节度副使延翰权知军府事。

自春夏大旱，六月，壬申，始雨。

帝苦溽暑，于禁中择高凉之所，皆不称旨。宦者因言："臣见长安全盛时，大明、兴庆宫楼观以百数。今日宅家曾无避暑之所，宫殿之盛曾不及当时公卿第舍耳。"帝乃命宫苑使王允平别建一楼以清暑。宦者曰："郭崇韬常不伸眉，为孔谦论用度不足，恐陛下虽欲营缮，终不可得。"上曰："吾自用内府钱，无关经费。"然犹虑崇韬谏，遣中使语之曰："今岁盛暑异常，朕昔在河上，与梁人相拒，行营卑湿，被甲乘马，亲当矢石，犹无此暑。今居深宫之中而暑不可度，奈何？"对曰："陛下昔在河上，勍敌未灭，深念雠耻，虽有盛暑，不介圣怀。今外患已除，海内宾服，故虽珍台闲馆犹觉郁蒸也。陛下傥不忘艰难之时，则暑气自消矣。"帝默然。宦者曰："崇韬之第，无异皇居，宜其不知至尊之热也。"帝卒命允平营楼，日役万人，所费巨万。崇韬谏曰："今两河水旱，军食不充，愿且息役，以俟丰年。"帝不听。

呼风唤雨；后唐庄宗很尊敬相信他，亲自率领皇后、妃子和皇弟、皇子参拜他，诚惠也安然地坐着受礼不起来，随从的大臣们也没有一人敢不跪拜的。当时正好天大旱，后唐庄宗从邺都把诚惠迎接到洛阳，让他祈雨，军民们从早到晚都来看祈雨，结果十几天过去了也没见下雨。有人对诚惠说："皇上认为大师祈雨无效，准备把你烧死。"诚惠吓得逃跑了，后来感到又羞愧又害怕，就死了。

四月二十八日庚寅，中书侍郎、同平章事赵光胤去世。

太后自从和太妃分别以来，心中常闷闷不乐，虽然娱乐珍玩充满眼前，还是从来没有开心过；太妃自从和太后分手后，也郁闷不乐而病倒。太后派遣宫中的使者送医送药，使者相继于道路上，听说太妃的病情加重，太后难受得吃不下饭，又对后唐庄宗说："我和太妃情同姐妹，我想亲自去探望她。"后唐庄宗借口天气热，路途又远，苦苦地劝阻她，劝了很久太后才作罢，只派遣皇弟李存渥等人前去侍奉。五月初六日丁酉，北都奏说太妃去世了。太后得知这一消息后，悲哀得一连几天都吃不下饭，后唐庄宗一边劝慰，不离太后左右。太后从此也生了病，又想亲自去参加太妃的葬礼，后经后唐庄宗的再三劝阻才没有去。

闽王王审知生病卧床，命令他的儿子节度副使王延翰代管军府的事务。

从春天到夏天一直天旱，六月十一日壬申，才开始下雨。

后唐庄宗受不了盛夏的湿热，想在宫中挑选一块高敞凉爽的地方，结果都不满意。这时宦官乘机对后唐庄宗说："臣看见过当年长安全盛的时候，大明、兴庆两宫的楼观数以百计。现在皇上起居之所竟然没有一个避暑的地方，宫殿的规模甚至比不上当时王公贵族的宅第。"后唐庄宗于是命令宫苑使王允平另外修建一座高楼好避暑。宦官又说："郭崇韬经常愁眉不展，是因为孔谦说财政有困难，恐怕陛下就是想建造，最后还是建不成。"后唐庄宗说："我自己用内库里的钱，和国家经费毫不相干。"但是话虽然这么说，心里还是担心郭崇韬出来劝阻这件事，于是就派宫中的使者向郭崇韬转达自己的话说："今年夏天特别热，朕从前在黄河沿岸，和梁军相对抗，军营低湿，穿着甲胄骑着马，亲自冲锋陷阵，都没感到有这么热。现在住在深宫之中却热不可挡，真不知怎么办才好？"郭崇韬回答说："陛下过去在黄河边时，因为强敌还没有消灭，心中想的是如何报仇雪恨，虽然也有酷暑，但圣上心里并没有介意。现在外患已经消除了，四海之内都臣服归顺，所以虽然有华丽的高台和空闲的馆所，仍然觉得很闷热。陛下如果能不忘记过去的艰难时刻，那么暑热就会自然消除了。"后唐庄宗听了这些话没有说什么。宦官们又说："郭崇韬的宅第，同皇宫没什么两样，难怪他不知道圣皇的暑热。"后唐庄宗最终还是命令王允平修筑楼阁，每天动用一万民工，所耗费的钱财十分巨大。郭崇韬劝谏说："今年两河一带又有水

帝将伐蜀，辛卯，诏天下括市战马。

吴镇海节度判官、楚州团练使陈彦谦有疾，徐知诰恐其遗言及继嗣事，遗之医药金帛，相属于道。彦谦临终，密留书遗徐温，请以所生子为嗣。

太后疾甚。秋，七月，甲午，成德节度使李嗣源以边事稍弭，表求入朝省太后，帝不许。壬寅，太后殂。帝哀毁过甚，五日方食。

八月，癸未，杖杀河南令罗贯。初，贯为礼部员外郎，性强直，为郭崇韬所知，用为河南令。为政不避权豪，伶宦请托，书积几案，一不报，皆以示崇韬，崇韬奏之，由是伶宦切齿。河南尹张全义亦以贯高伉，恶之，遣婢诉于皇后，后与伶宦共毁之。帝含怒未发。会帝自往寿安视坤陵役者，道路泥泞，桥多坏。帝问主者为谁，宦官对属河南。帝怒，下贯狱。狱吏榜掠，体无完肤，明日，传诏杀之。崇韬谏曰："贯坐桥道不修，法不至死。"帝怒曰："太后灵驾将发，天子朝夕往来，桥道不修，卿言无罪，是党也！"崇韬曰："陛下以万乘之尊，怒一县令，使天下谓陛下用法不平，臣之罪也。"帝曰："既公所爱，任公裁之。"拂衣起入宫，崇韬随之，论奏不已。帝自阖殿门，崇韬不得入。贯竟死，暴尸府门，远近冤之。

丁亥，遣吏部侍郎李德休等赐吴越国王玉册、金印，红袍御衣。

九月，蜀主与太后、太妃游青城山，历丈人观、上清宫，遂至彭州阳平化、汉州三学山而还。

（以上为第十四段，写后唐庄宗大修宫室，冤杀鲠正大臣河南令罗贯，及庄宗嫡母太妃、生母太后之死，庄宗为人子称孝，为人君荒怠政事，于社稷为不忠。）

灾又有旱灾，军粮也不充裕，希望能够暂时停止这项工程，等以后丰收年成的时候再说。”后唐庄宗没听他的规劝。

后唐庄宗准备征伐前蜀，六月三十日辛卯，下诏天下，收买战马。

吴国镇海节度判官、楚州团练使陈彦谦有病，徐知诰担心他留下遗言涉及继嗣的事情，于是就派人馈赠他医药和金银布帛，使者相继于路上。陈彦谦临终的时候，秘密地留下一封信给徐温，请求他任命自己的亲生儿子为后嗣。

太后病情加重。秋季，七月初三日甲午，成德节度使李嗣源以边境战事稍微缓和为由，上表请求入京看望太后，后唐庄宗不允许。七月十一日壬寅，太后去世。后唐庄宗由于过分悲痛，五天以后才开始吃饭。

八月二十三日癸未，后唐庄宗下令用木杖把河南县令罗贯打死。当初，罗贯任礼部员外郎，性情刚直，深得郭崇韬赏识，任用他去当河南县令。罗贯在任河南县令期间，处理政务不怕得罪权贵人物，伶人宦官们向他请托事情，书信堆满了一桌子，他一概不予答复，却把这些信都拿给郭崇韬看，郭崇韬就把这些事向皇帝报告，因此那些伶人宦官们对罗贯恨得咬牙切齿。河南府尹张全义也认为罗贯很高傲，心里对他非常不满，就派奴婢去向皇后诉苦，这样皇后和伶人、宦官们一起在皇帝面前诋毁罗贯，后唐庄宗听了当然很生气，只是表面上忍着暂时没有发作。这时刚好后唐庄宗要亲自前往寿安去察看坤陵的工程，一路上道路泥泞不堪，大部分桥梁也已损坏。后唐庄宗就问这里该谁主管，宦官们回答说河南县令罗贯。后唐庄宗听后十分生气，下令把罗贯抓入监狱；狱吏们用棍子打他，把罗贯打得体无完肤，第二天，后唐庄宗下诏要把罗贯杀死。郭崇韬进谏说："罗贯因为道路桥梁不修而被治罪，依照法律还不至于被处死。”后唐庄宗十分生气地说："太后的灵驾很快就要出发，天子早晚都在这条路上往来，桥梁道路却没修整，你说他无罪，简直就是他的同党。”郭崇韬说："陛下身为万乘之尊，却对一个小县令生这么大的气，这样会让天下的人议论陛下用法不平允，这是臣的罪过。”后唐庄宗说："既然你喜欢他，这事就交给你裁断好了。”说完，拂袖而起，回宫去了，郭崇韬紧跟其后，一再地申辩；后唐庄宗干脆自己把殿门关上，郭崇韬没能进入宫中。罗贯最终还是被活活打死，尸体被暴置在府门之外，远近的人们都认为他死得冤枉。

八月二十七日丁亥，派遣吏部侍郎李德休等人前去颁赐给吴越王玉册、金印、红袍御衣。

九月，前蜀主和太后、太妃到青城山游玩，经过丈人观、上清宫，又到了彭州阳平化、汉州三学山，然后才回去。

乙未，立皇子继岌为魏王。

丁酉，帝与宰相议伐蜀，威胜节度使李绍钦素谄事宣徽使李绍宏，绍宏荐："绍钦有盖世奇才，虽孙、吴不如，可以大任。"郭崇韬曰："段凝亡国之将，奸谄绝伦，不可信也。"众举李嗣源，崇韬曰："契丹方炽，总管不可离河朔。魏王地当储副，未立殊功，请依故事，以为伐蜀都统，成其威名。"帝曰："儿幼，岂能独往，当求其副。"既而曰："无以易卿。"

庚子，以魏王继岌充西川四面行营都统，崇韬充东北面行营都招讨制置等使，军事悉以委之。又以荆南节度使高季兴充东南面行营都招讨使，凤翔节度使李继曮充都供军转运应接等使，同州节度使李令德充行营副招讨使，陕州节度使李绍琛充蕃汉马步军都排陈斩斫使兼马步军都指挥使，西京留守张筠充西川管内安抚应接使，华州节度使毛璋充左厢马步都虞候，邠州节度使董璋充右厢马步都虞候，客省使李严充西川管内招抚使，将兵六万伐蜀，仍诏季兴自取夔、忠、万三州为巡属。都统置中军，以供奉官李从袭充中军马步都指挥监押，高品李廷安、吕知柔充魏王府通谒。辛丑，以工部尚书任圜、翰林学士李愚并参预都统军机。

自六月甲午雨，罕见日星，江河百川皆溢，凡七十五日乃霁。

郭崇韬以北都留守孟知祥有荐引旧恩，将行，言于上曰："孟知祥信厚有谋，若得西川而求帅，无逾此人者。"又荐邺都副留守张宪谨重有识，可为相。戊申，大军西行。

蜀安重霸劝王承休请蜀主东游秦州。承休到官，即毁府署，作行宫，大兴力役，强取民间女子教歌舞，图形遗韩昭，使言于蜀主。又献花木图，盛称秦州山川土风之美。蜀主将如秦州，群臣谏者甚众，皆不听。王宗弼上表谏，蜀主投其表于地。太后涕泣不食，止之，亦不能得。前秦州节度判官蒲禹卿上表几二千言，其略曰："先帝艰难创业，欲传之万世。陛下少长富贵，荒色惑酒。秦州人杂羌、胡，地多瘴疠，万众困于奔驰，郡县罢于供亿。凤翔久为仇雠，必生衅隙。唐国方通欢好，恐怀疑贰。先皇未尝无故盘游，陛下率意频离宫阙。秦皇东狩，銮驾不还；

九月初五日乙未，册立皇子李继岌为魏王。

九月初七日丁酉，后唐庄宗与宰相们商议征伐前蜀的事宜，威胜节度使李绍钦一贯巴结讨好宣徽使李绍宏，李绍宏于是就推荐说：“李绍钦有盖世奇才，就是孙子、吴起也比不上他，可以委派他担当大任。”郭崇韬说：“这个段凝是亡国之将，奸诈献媚到了无与伦比的地步，不值得信赖。”大家都推荐李嗣源，郭崇韬说：“契丹的势力正很嚣张，总管不能离开河朔。魏王身为君位的继承人，还没有建立过什么特殊的功勋，请按照过去惯例，任命他为征伐蜀国的都统，好成就他的威名。”后唐庄宗说：“儿子还小，怎么能让他单独前去，还是应该再替他找个副手。”不久又说：“再没有人比你更合适的了。”

九月初十日庚子，任命魏王李继岌出任西川四面行营都统，任命郭崇韬出任东北面行营都招讨制置等使，把军事方面的全部事务都委托给他处理。又任命荆南节度使高季兴出任东南面行营都招讨使，凤翔节度使李继曮出任都供军转运应接等使，同州节度使李令德出任行营副招讨使，陕州节度使李绍琛出任蕃汉马步军都排阵斩斫使兼马步军都指挥使，西京留守张筠出任西川管内安抚应接使，华州节度使毛璋出任左厢马步都虞候，邠州节度使董璋出任右厢马步都虞候，客省使李严出任西川管内招抚使，率兵六万前往征伐前蜀，又下诏命令高季兴自行攻取蜀国的夔州、忠州、万州，把这三州作荆南的辖地。都统设置中军，任命供奉官李从袭担任中军马步都指挥监押，任命道德高、学问好的李廷安、吕知柔两人担任魏王府的通谒。九月十一日辛丑，任命工部尚书任圜、翰林学士李愚一道参与都统的军机事务。

自从六月甲午日下雨以来，很少能看见太阳和星辰，江河百川的水到处溢流，总共过了七十五天之后才开始放晴。

郭崇韬为了报答北都留守孟知祥过去引荐过他的旧恩，临出发的时候，对后唐庄宗说：“孟知祥这个人忠厚诚实，又有谋略，如果攻取西川之后要寻找主帅的话，这个人是再合适不过了。”他又推荐了邺都副留守张宪，认为他稳重有见识，可以当宰相。九月十八日戊申，伐蜀大军向西出发。

前蜀安重霸劝王承休请前蜀主到东边的秦州去游玩。王承休到任以后，马上就拆掉了府署的房子，修建行宫，大兴土木，又强夺民间女子，教她们学唱歌跳舞，然后把跳舞的情景画成图像送给韩昭，让韩昭向前蜀主进言；又把当地花木的样子画成图画献上，盛夸秦州山川风土的美妙。前蜀主动了心，准备去秦州，大臣们很多人都出来劝阻，前蜀主一概不予理睬；王宗弼上表劝谏，蜀主把他的表章丢在地上；太后哭哭啼啼地不吃饭，想劝阻他，也毫无效果。前秦州节度判官蒲禹卿上了将近有两千字的奏章，大意是说：“先帝创业十分艰难，是希望传国万世。陛下从小生长在富贵的环境里，沉湎于酒色之中。秦州是羌人、胡人杂居的地方，那地方又

炀帝南巡，龙舟不返。蜀都强盛，雄视邻邦，边庭无烽火之虞，境内有腹心之疾，百姓失业，盗贼公行。昔李势屈于桓温，刘禅降于邓艾，山河险固，不足凭恃。”韩昭谓禹卿曰：“吾收汝表，俟主上西归，当使狱吏字字问汝！”王承休妻严氏美，蜀主私焉，故锐意欲行。

（以上为第十五段，写唐庄宗大举伐蜀，而蜀主大张旗鼓游幸秦州。）

冬，十月，排陈斩斫使李绍琛与李严将骁骑三千、步兵万人为前锋，招讨判官陈乂至宝鸡，称疾乞留。李愚厉声曰：“陈乂见利则进，惧难则止。今大军涉险，人心易摇，宜斩以徇！”由是军中无敢顾望者。乂，蓟州人也。

癸亥，蜀主引兵数万发成都，甲子，至汉州。武兴节度使王承捷告唐兵西上，蜀主以为群臣同谋沮己，犹不信，大言曰：“吾方欲耀武。”遂东行。在道与群臣赋诗，殊不为意。

丁丑，李绍琛攻蜀威武城，蜀指挥使唐景思将兵出降。城使周彦禋等知不能守，亦降。景思，秦州人也。得城中粮二十万斛。绍琛纵其败兵万余人逸去，因倍道趣凤州。李严飞书以谕王承捷。李继曮竭凤翔蓄积以馈军，不能充，人情忧恐。郭崇韬入散关，指其山曰：“吾辈进无成功，不得复还此矣。当尽力一决。今馈运将竭，宜先取凤州，因其粮。”诸将皆言蜀地险固，未可长驱，宜按兵观衅。崇韬以问李愚，愚曰：“蜀人苦其主荒淫，莫为之用。宜乘其人心崩离，风驱霆击，彼皆破胆，虽有险阻，谁与守之！兵势不可缓也。”是日李绍琛告捷，崇韬喜，谓李愚曰：“公料敌如此，吾复何忧！”乃倍道而进。戊寅，王承捷以凤、兴、文、扶四州印节迎降，得兵八千，粮四十万斛。崇韬曰：“平蜀必矣。”即以都统牒命承捷摄武兴节度使。

多有瘴疠之气，陛下这一去，一方面随行有近万人要疲于来往奔波，另一方面沿途郡县要供应所需，怕也吃不消。而凤翔长久以来都是我们的仇敌，这一东去，一定又会因此挑起怨隙；唐刚和我们建立友好关系，因为这次大军出动，恐怕也会引起怀疑。先帝在世时从来没有无故出游过，而陛下却是经常随便离开皇宫。当年秦始皇到东方巡狩，銮驾就再也没能回来；隋炀帝南巡，龙舟也再没有北返。我们蜀国国力强盛，足以雄视邻国，边境上没有烽火战乱的忧患，但是国家内部却有心腹之患，百姓们流离失所，盗贼横行。从前李势屈服于桓温，刘禅投降于邓艾，这一切都说明，山河的地势虽然险要牢固，但也不是十分可靠的。”韩昭对蒲禹卿说：“我先把你的奏章收下，等到主上从秦州回来，一定让狱吏一个字一个字地来问你！”王承休的妻子严氏长得很漂亮，前蜀主过去曾经和她私通过，所以前蜀主这次一心一意想去秦州。

冬季，十月，排阵斩斫使李绍琛和李严率领三千名骁勇善战的骑兵和一万名步兵为前锋，招讨判官陈乂到了宝鸡以后，就声称有病，请求留下来。李愚怒骂他说：“陈乂看到有利的时候就前进，害怕困难就要停下来。现在大军就要进入险境了，人心最容易动摇，应该把他斩首示众，以儆效尤！”从此军中再也没有人敢犹豫观望了。陈乂是蓟州人。

十月初四日癸亥，蜀主率领数万大军从成都出发，十月初五日甲子，到达汉州。武兴节度使王承捷报告说唐军已经向西进发了，蜀主认为这是臣下们为了阻止自己出游而合伙编造的谎言，不肯相信这是真的，并且夸口说：“我正想炫耀一下武力呢！”接着继续向东而行。一路上和群臣吟诗作赋，根本没把这件事放在心上。

十月十八日丁丑，李绍琛率兵攻打前蜀威武城，前蜀指挥使唐景思率兵出城投降；城使周彦禋等人知道难以坚守，也投降了。唐景思是秦州人。唐军夺得了城中的军粮二十万斛。李绍琛遣散了蜀军败兵一万多人，随即兼程赶往凤州。李严传快信劝王承捷投降。唐军负责军需的李继曮把凤翔府的所有积蓄粮草都补充给各路军队，还是不能满足需要，这时候人心惶惶。郭崇韬进入散关后，指着这里的山说：“我们这一去如果不能成功，就不能再回来了。各位应当尽力死战。现在军需供应快要完了，应该先攻取凤州，好利用当地的粮食。”将领们都说蜀国的地势险要牢固，不可长驱直入，应该先按兵不动，观察一下敌军动向。郭崇韬征求李愚的意见，李愚说：“蜀人对于蜀主的荒淫行径苦不堪言，没有人肯替他效力。应该乘他们人心涣散之际，向他们发起迅雷不及掩耳的强大攻势，这样他们都会吓破胆，即使有山川险阻，又有谁能坚守呢？进军的势头不能缓下来。”这一天，李绍琛那边传来捷报，郭崇韬非常高兴，对李愚说：“您能这样料敌如神，还有什么好担心的！”于是大军

己卯，蜀主至利州，威武败卒奔还，始信唐兵之来。王宗弼、宋光嗣言于蜀主曰："东川、山南兵力尚完，陛下但以大军扼利州，唐人安敢悬兵深入！"从之。庚辰，以随驾清道指挥使王宗勋、王宗俨、兼侍中王宗昱为三招讨，将兵三万逆战。从驾兵自绵、汉至深渡，千里相属，皆怨愤，曰："龙武军粮赐倍于他军，他军安能御敌！"

李绍琛等过长举，兴州都指挥使程奉琏将所部兵五百来降，且请先治桥栈以俟唐军，由是军行无险阻之虞。辛巳，兴州刺史王承鉴弃城走，绍琛等克兴州，郭崇韬以唐景思摄兴州刺史。乙酉，成州刺史王承朴弃城走。李绍琛等与蜀三招讨战于三泉，蜀兵大败，斩首五千级，余众溃走。又得粮十五万斛于三泉，由是军食优足。

戊子，葬贞简太后于坤陵。

蜀主闻王宗勋等败，自利州倍道西走，断桔柏津浮梁。命中书令、判六军诸卫事王宗弼将大军守利州，且令斩王宗勋等三招讨。

李绍琛昼夜兼行趣利州。蜀武德留后宋光葆遗郭崇韬书："请唐兵不入境，当举巡属内附。苟不如约，则背城决战以报本朝。"崇韬复书抚纳之。乙丑，魏王继岌至兴州，光葆以梓、绵、剑、龙、普五州，武定节度使王承肇以洋、蓬、壁三州，山南节度使王宗威以梁、开、通、渠、麟五州，阶州刺史王承岳以阶州，皆降。承肇，宗侃之子也。自余城镇皆望风款附。

天雄节度使王承休与副使安重霸谋掩击唐军，重霸曰："击之不胜，则大事去矣。蜀中精兵十万，天下险固，唐兵虽勇，安能直度剑门邪！然公受国恩，闻难不可不赴，愿与公俱西。"承休素亲信之，以为然。重霸请赂羌人买文、扶州路以归，承休从之，使重霸将龙武军及所募兵

日夜兼程地向前挺进。十月十九日戊寅，王承捷带着凤、兴、文、扶四州的印信和武兴节度使的印信旌节前来迎接大军，请求归降，这次唐军一下就得到了八千名降兵，四十万斛军粮。郭崇韬说："平定蜀国是绝对没有问题了。"当即就以都统的名义任命王承捷代理武兴节度使。

十月二十日己卯，前蜀主到达利州，威武城的败兵逃了回来，这时前蜀主才开始相信唐军已经到来。王宗弼、宋光嗣对蜀主说："东川、山南诸州的兵力还很完整，陛下只要用大军扼守住利州，唐军岂敢孤军深入？"前蜀主听从了他们的意见。十月二十一日庚辰，前蜀主任命随驾清道指挥使王宗勋、王宗俨和兼侍中王宗昱三人为三招讨，率领三万名士兵迎战。随从大驾的士卒从绵州、汉州一直到深渡，前后拖拖拉拉有上千里之长，士卒们都愤恨不平，说："龙武军的粮饷赏赐超过其他军好几倍，其他军队又怎么能够抵御敌人呢？"

李绍琛等人率军经过长举，兴州都指挥使程奉琏率领他的所属部队五百人前来投降，并且请求先修好桥梁栈道等待唐军的到来，这样唐军的推进就不用担心会有什么险阻了。十月二十二日辛巳，兴州刺史王承鉴弃城而逃，李绍琛等人攻下了兴州，郭崇韬让唐景思代理兴州刺史。十月二十六日乙酉，成州刺史王承朴弃城而逃。李绍琛等人和前蜀的三招讨在三泉大战，结果蜀军大败，被斩杀了五千人，其余的士卒都四处逃散。在这次三泉战役中，唐军又夺得了军粮十五万斛，从此军用粮草就富足了起来。

十月二十九日戊子，后唐在坤陵安葬了贞简太后。

前蜀主得悉王宗勋等人惨败的消息，就从利州兼程往西逃去，并且砍断了桔柏津的浮桥；命令中书令、判六军诸卫事王宗弼率领大军坚守利州，并且下令把王宗勋等三个招讨斩首。

李绍琛日夜兼程直奔利州。前蜀武德留后宋光葆写信给郭崇韬，说："请求唐兵不要进入我方境内，我将率领所属的辖地归降；如果不这样办的话，那我只有背城一战，以报答我们的国家了。"郭崇韬给他写了回信表示安抚，愿意接纳他。十月三十日己丑，魏王李继岌到达兴州，宋光葆率领所属的梓、绵、剑、龙、普五个州，武定节度使王承肇率领所属的洋、蓬、壁三个州，山南节度使王宗威率领所属梁、开、通、渠、麟五个州，阶州刺史王承岳率所属阶州，都向唐军投降了。王承肇是王宗侃的儿子。其余的各城镇也都望风归顺。

天雄节度使王承休和副使安重霸计划要袭击唐军，安重霸说："如果这一袭击不能获胜的话，那么大势就无可挽回了。蜀中有十万精兵，形势险要牢固，唐兵就算再英勇，又怎么能够轻易闯过剑门天险？但是您身受国家的厚恩，知道国家有难不能不去救援，我愿意和您一道率兵西进。"王承休平时很信任安重霸，认为他讲得有

万二千人以从。将行，州人饯于城外。承休上道，重霸拜于马前曰：“国家竭力以得秦、陇，若从开府还朝，谁当守之？开府行矣，重霸请为公留守。”承休业已上道，无如之何，遂与招讨副使王宗汭自扶、文而南。其地皆不毛，羌人抄之，且战且行，士卒冻馁，比至茂州，余众二千而已。重霸遂以秦、陇来降。

高季兴常欲取三峡，畏蜀峡路招讨使张武威名，不敢进。至是，乘唐兵势，使其子行军司马从诲权军府事，自将水军上峡取施州。张武以铁锁断江路，季兴遣勇士乘舟斫之。会风大起，舟絓于锁，不能进退，矢石交下，坏其战舰，季兴轻舟遁去。既而闻北路陷败，以夔、忠、万三州遣使诣魏王降。

郭崇韬遗王宗弼等书，为陈利害。李绍琛未至利州，宗弼弃城引兵西归。王宗勋等三招讨追及宗弼于白芳，宗弼怀中探诏书示之曰：“宋光嗣令我杀尔曹。”因相持而泣，遂合谋送款于唐。

（以上为第十六段，写唐军伐蜀，势如破竹。）

道理。安重霸建议用钱财买通羌人，走文州、扶州这条路回去；王承休听从了他的建议，就让安重霸率领龙武军和招募来的士兵共一万二千人随行。即将出发的时候，州里的人在城外为他们饯行。王承休已经上路了，安重霸在他的马前参拜说：“国家用尽全力才得到秦州、陇州，如果我跟着开府您回朝，又有谁来守卫这块地方呢？开府您安心走吧，重霸愿意替您留守在这里。”当时王承休已经上路，也没有什么办法，只好和招讨副使王宗汭从扶州、文州这条路向南进发；沿途一带都是不毛之地，羌人又不断地抢劫他们，他们只好一边自卫一边向前走，士卒们又冻又饿，到达茂州时，只剩下两千人了。安重霸不久就率秦州、陇州投降了唐军。

高季兴经常想攻取三峡，只是因为畏惧前蜀峡路招讨使张武的威名，才迟迟不敢动手。现在，借着唐军的兵势，就让他的儿子行军司马高从诲暂时代理军府的事务，而自己亲自率领水军上溯三峡要攻取施州。张武用铁链子封锁了江上的通路，高季兴派遣勇士乘着小船去砍断这些铁链子。这时碰巧刮起了大风，船被风一吹，挂在了铁链子上，进又进不得，退又退不得，两岸蜀军的箭、石纷纷飞了下来，砸坏了他的战船，高季兴只好乘一只小船逃了回去。不久张武听说蜀军的北路已经战败，于是就率领所属的夔、忠、万三州派遣使者到魏王那里请求投降。

郭崇韬给王宗弼等人送去了一封信，向他们说明了利害关系；李绍琛的军队还没有到达利州，王宗弼就放弃城池率兵向西撤退。王宗勋等三位招讨使在白芳追上了王宗弼，王宗弼从怀中掏出诏书给他们看，并对他们说：“宋光嗣命令我杀死你们。”三位招讨和王宗弼抱成一团哭了起来，最后他们合伙商议准备与唐军议和。

【点评】

本卷点评后唐庄宗滥封、郭崇韬裁汰冗官、郭崇韬逢迎奏立刘皇后、刘皇后父事张全义四件史事。

一、后唐庄宗滥封。后唐庄宗好摔跤游戏，曾与右武卫上将军李存贤手搏，李存贤不敢尽力。庄宗对李存贤说："你能把我摔倒，我提拔你做节度使。"李存贤要庄宗下诏令，于是奉诏摔倒了庄宗。庄宗授李存贤为卢龙节度使，大言曰："手搏之约，吾不食言矣。"封疆大吏，以戏耍得之，功臣宿将，无不寒心。庄宗好戏曲，宠信伶人无以复加。后梁贞明四年胡柳之役，伶人周匝为梁人所虏，其后破汴梁，复得周匝，庄宗非常高兴。周匝诉说，自己得到梁教坊使陈俊、内园栽接使储德源两位伶人的保护才活下来，周匝替两人讨二州为报。庄宗以陈俊为景州刺史，储德源为宪州刺史。长年追随庄宗征战的亲军校官，出生入死，大多未能得刺史，个个莫不愤怨。庄宗怠于政事，却时时装扮成伶人，粉墨登场，与俳优于朝堂戏耍。二十年征战，败契丹，俘虏燕王父子。灭梁而有天下，完成父志报三仇，何其壮哉！天下已定，后唐庄宗称帝不足三年，一夫夜呼，乱者四应，身死国灭为天下笑，可慨也夫！

二、郭崇韬裁汰冗官。唐末五代，天下大乱，破落臣家往往把职官委任状卖给亲属，以至于混乱了辈分。有的叔父向侄儿下跪叩头，有的舅父向外甥下拜。候补官员中冒名顶替的很多。同光二年，庄宗举行南郊祭天大典，参加祭祀的候补官员达一千二百人。郭崇韬严加审核，查清合格的候补官只有数十人，十分之九以上的候补官资格被取消。被取消资格的候补官没了生活来源，有的在道路上悲哭哀号，有的在客店里活活饿死，惨状目不忍睹。这些候补官，除了做官就没了活路，为了活路，一心做官，为了做官，无所不用其极，有奶便是娘，丧失了人性，丧失了灵魂。冗官冗吏本身是封建官僚政治的生态，是暴君污吏的基础。郭崇韬只能裁撤一时，不可根除，而且他也使自己陷入了危境。

三、郭崇韬逢迎奏立刘皇后。郭崇韬敌视伶人与宦官，遭到群小日夜诽谤，郭崇韬忧惧，不知如何是好。他对亲信说："我佐天子取天下，现在大功告成，而群小交兴，我想离开朝廷去做一个镇将，躲开群小，可以免祸吗？"亲信回答说："躲开群小，丢掉权位，好比蛟龙失水，只怕是招祸啊。"郭崇韬说："怎么办呢？"亲信又说："皇上想立刘夫人为皇后，刘夫人头上有正妃韩夫人，加之皇太后不喜欢刘夫人，皇上犹豫不决。如果相公此时助刘夫人一把，相公在宫中有了皇后做后台，皇上也高兴，还怕群小嚼舌根？"郭崇韬甚以为是，于是与百官共奏刘夫人为皇后。这位刘皇后性贪财，入主正宫，求索无厌，四方贡献从此一分为二，一份献天子，一份献皇后。刘皇后连亲爹都不认，哪里会念郭崇韬的好处。郭崇韬想引刘皇后来

排抑宦官，恰恰是宦官假刘皇后之手诛杀郭崇韬，这是后话。郭崇韬智略兼备，一时人臣之选，有真宰相之才。不以正道立于朝，一念之差，搬起石头砸自己的脚，非始料所及。

四、刘皇后父事张全义。后唐庄宗刘皇后性贪财，曾从后唐庄宗幸张全义宅，希望得张全义馈赠，强拜张全义为义父，却不认寒微之生父。张全义，字国维，濮州临濮人。唐昭宗赐名全义，朱温赐名宗奭，入后唐复名全义。张全义尹正河洛凡四十年，历守太师、太傅、太尉、中书令，封王，邑万三千户，一生荣华富贵，以寿终，死年七十五，乱世自保一奇迹。冯道是文臣不倒翁，张全义是武臣不倒翁。张全义媚事朱温，以至于妻妾子女为朱温所淫不以为耻。后唐灭梁，张全义应与敬翔、李振等受族诛，因通赂于刘皇后，得以保全。张全义审案，每每以原告为有理，是以人多枉滥，遭到时人的非难。但张全义镇洛阳，招抚流亡，安置难民，劝课农桑，口碑流于道路，万口同声，称其为名臣。有诗赞曰："洛阳风景实堪哀，昔日曾为瓦子堆，不是我公重葺理，至今犹是一堆灰。"张全义为官重民生，得以善终，不亦宜乎！

后唐纪三

后唐庄宗同光三年至后唐明宗天成元年（925—926 年）

【起旃蒙作噩（乙酉，925 年）十一月，尽柔兆阉茂（丙戌，926 年）三月，不满一年】

【大事提要】

本卷记事起公元 925 年十一月，讫公元 926 年三月，凡五个月史事。当后唐庄宗同光三年末至明宗天成元年三月。庄宗晚年昏暴，同室操戈，为明宗李嗣源所灭。事繁变剧，故本卷记事，不满一年。后唐之乱导火线为李继岌矫诏杀郭崇韬。郭崇韬专断军权，与李继岌相互猜疑，同僚、宦官、刘皇后日夜进谗言，后唐庄宗猜疑起杀心，刘皇后胆大妄为，手札赐李继岌诛杀郭崇韬。后唐庄宗事后不追究宦官竖小阴谋，反而扩大事端，族灭郭崇韬，祸及朱友谦，于是逼反西征军李继琛，以及魏州戍兵。这一年大旱民饥，军粮不继，而后唐庄宗依然游猎无度，践踏田野禾稼。后唐庄宗命将平叛，不肯赏赐，将士寒心，李绍荣往讨邺都久不建功，李嗣源往讨为乱兵挟持反叛，进兵大梁。后唐庄宗亲征，刘皇后吝财不肯出内库钱，将士唾骂，未遇敌而星散。后唐庄宗东出，有扈从兵二万五千，及返洛阳只有数千。

【原文】

庄宗光圣神闵孝皇帝下

同光三年（乙酉，925 年）

十一月，丙申，蜀主至成都，百官及后宫迎于七里亭。蜀主入妃嫔中作回鹘队入宫。丁酉，出见群臣于文明殿，泣下沾襟，君臣相视，竟无一言以救国患。

戊戌，李绍琛至利州，修桔柏浮梁。昭武节度使林思谔先弃城奔阆州，遣使请降。甲辰，魏王继岌至剑州，蜀武信节度使兼中书令王宗寿以遂、合、渝、泸、昌五州降。

王宗弼至成都，登大玄门，严兵自卫。蜀主及太后自往劳之，宗弼骄慢无复臣礼。乙巳，劫迁蜀主及太后后宫诸王于西宫，收其玺绶，使亲吏于义兴门邀取内库金帛，悉归其家。其子承涓杖剑入宫，取蜀主宠姬数人以归。丙午，宗弼自称权西川兵马留后。

李绍琛进至绵州，仓库民居已为蜀兵所燔，又断绵江浮梁，水深，无舟楫可渡，绍琛谓李严曰："吾悬军深入，利在速战。乘蜀人破胆之时，但得百骑过鹿头关，彼且迎降不暇。若俟修缮桥梁，必留数日，或教王衍坚闭近关，折吾兵势，傥延旬浃，则胜负未可知矣。"乃与严乘马浮渡江，从兵得济者仅千人，溺死者亦千余人，遂入鹿头关。丁未，进据汉州，居三日，后军始至。

宗弼遣使以币马牛酒劳军，且以蜀主书遗李严曰："公来吾即降。"或谓严："公首建伐蜀之策，蜀人怨公深入骨髓，不可往。"严不从，欣然驰入成都，抚谕吏民，告以大军继至。蜀君臣后宫皆恸哭。蜀主引严见太后，以母妻为托。宗弼犹乘城为守备，严悉命撤去楼橹。

己酉，魏王继岌至绵州，蜀主命翰林学士李昊草降表，又命中书侍

【语译】

庄宗光圣神闵孝皇帝下

后唐庄宗同光三年（乙酉，925年）

十一月初七日丙申，前蜀主回到成都，朝廷百官和后宫妃嫔们到七里亭迎接他。后蜀主走到妃嫔群中仿效回纥人队形率领她们进入宫中。十二月初八日丁酉，蜀主出来在文明殿召见群臣，哭得泪水沾湿了衣襟，前蜀主和群臣只是脸对脸地呆看着，最终谁也没能说出一句拯救国家危难的话。

十一月初九日戊戌，李绍琛到达利州，修复桔柏浮桥。前蜀的昭武节度使林思谔在此之前已经弃城逃到阆州，现在又派遣使者回来请求投降。十一月十五日甲辰，魏王李继岌到达剑州，前蜀武信节度使兼中书令王宗寿率领所属遂、合、渝、泸、昌五个州投降。

王宗弼到达成都，登上大玄门，部署军队自卫。前蜀主和太后亲自前去慰劳他，王宗弼非常傲慢，连做人臣的起码礼节都没有。十一月十六日乙巳，王宗弼劫持了蜀主、太后和后宫的诸位王子，把他们迁到西宫，没收了他们的玺印，又派遣自己的亲信官吏到义兴门搬取内府的金银布帛，全部搬回到自己的家里去。他的儿子王承涓拿着剑进入宫中，带走几个前蜀主宠爱的姬妾回到家中。十一月十七日丙午，王宗弼自称代理西川兵马留后。

李绍琛进兵到达绵州，这里的仓库和民房已经被蜀兵放火焚烧，绵江浮桥也被破坏，江水很深，又没有船只可以渡河，李绍琛对李严说："我们孤军深入，只有速战速决才对我们有利。现在乘蜀兵吓破胆的时候，只要有百余名骑兵攻过鹿头关，他们就会接连不断地请求投降；如果我们要等修好浮桥之后再进攻，那就要停留好几天，如果让王衍牢固地封锁住了鹿头关，就会挫败我军的攻势，倘若再拖延十来天，那胜负就难以预料了。"于是就和李严骑马渡江，跟从他们渡过江的士卒仅有一千人，渡河中淹死在河里的也有一千多人，接着他们就攻进了鹿头关；十一月十八日丁未，占据了汉州，在那里住了三天，后面的大军才赶到。

王宗弼派遣使者带着钱币、马牛、酒肉前来慰劳唐军，又带来了前蜀主写的信给李严，说："您到了这里我就投降。"这时有人提醒李严说："您最先提出征伐蜀国的策略，蜀人对您恨之入骨，您千万不能去。"李严没有听劝告，高高兴兴地快马进入成都，抚慰那里的官吏和百姓，告诉他们说唐朝大军随后就到。前蜀君臣和后宫妃嫔们都失声痛哭。前蜀主领着李严去见太后，把他的母亲、妻子托付给他。王宗弼还在城墙上进行守备，李严命令他把所有的防守器具全部撤去。

十一月二十日己酉，魏王李继岌到达绵州，前蜀主命令翰林学士李昊起草送呈

郎、同平章事王锴草降书，遣兵部侍郎欧阳彬奉之以迎继岌及郭崇韬。

王宗弼称蜀君臣久欲归命，而内枢密使宋光嗣、景润澄、宣徽使李周辂、欧阳晃荧惑蜀主。皆斩之，函首送继岌。又责文思殿大学士、礼部尚书、成都尹韩昭佞谀，枭于金马坊门。内外马步都指挥使兼中书令徐延琼、果州团练使潘在迎、嘉州刺史顾在珣及诸贵戚皆惶恐，倾其家金帛妓妾以赂宗弼，仅得免死。凡素所不快者，宗弼皆杀之。

辛亥，继岌至德阳。宗弼遣使奉笺，称已迁蜀主于西第，安抚军城，以俟王师。又使其子承班以蜀主后宫及珍玩赂继岌及郭崇韬，求西川节度使，继岌曰："此皆我家物，奚以献为！"留其物而遣之。

李绍琛留汉州八日以俟都统，甲寅，继岌至汉州，王宗弼迎谒。乙卯，至成都。丙辰，李严引蜀主及百官仪卫出降于升迁桥，蜀主白衣、衔璧、牵羊，草绳萦首，百官衰绖、徒跣、舆榇，号哭俟命。继岌受璧，崇韬解缚，焚榇，承制释罪。君臣东北向拜谢。丁巳，大军入成都。崇韬禁军士侵掠，市不改肆。自出师至克蜀，凡七十日。得节度十，州六十四，县二百四十九，兵三万，铠仗、钱粮、金银、缯锦共以千万计。

（以上为第一段，写蜀国灭亡。王宗弼趁危自称代理西川兵马留后，劫掠宫中钱物，杀戮平素怨恨的人。）

高季兴闻蜀亡，方食，失匕箸，曰："是老夫之过也。"梁震曰："不足忧也。唐主得蜀益骄，亡无日矣，安不知其不为吾福！"

楚王殷闻蜀亡，上表称："臣已营衡麓之间为菟裘之地，愿上印绶以保余龄。"上优诏慰谕之。

平蜀之功，李绍琛为多，位在董璋上。而璋素与郭崇韬善，崇韬数召璋与议军事。绍琛心不平，谓璋曰："吾有平蜀之功，公等朴樕相从，反呫嗫于郭公之门，谋相倾害。吾为都将，独不能以军法斩公邪？"璋

唐皇帝的降表，又命令中书侍郎、同平章事王锴起草送达唐军的投降书，派遣兵部侍郎欧阳彬拿着去迎接李继岌和郭崇韬。

王宗弼声称前蜀君臣早就想归顺后唐了，只是因为内枢密使宋光嗣、景润澄、宣徽使李周辂、欧阳晃等人迷惑了蜀主；于是把他们都杀了，把他们的头装在木盒子里送给李继岌。又追究文思殿大学士、礼部尚书、成都尹韩昭奸佞谄谀的行为，把他在金马坊门枭首示众。内外马步都指挥使兼中书令徐延琼、果州团练使潘在迎、嘉州刺史顾在珣以及一些皇亲国戚都惶恐不安，他们把家中所有的金帛妓妾都送来贿赂王宗弼，这样才得以免除一死。凡是平时惹王宗弼不高兴的人，王宗弼都把他们杀了。

十一月二十二日辛亥，李继岌到达德阳。王宗弼派遣使者送去书信，说已经把蜀主迁到了西边的住宅，他自己正在安抚城中的军民，以等待王师的到来。又派他的儿子王承班用蜀主的后宫和珍贵玩物来贿赂李继岌和郭崇韬，请求能任命他为西川节度使，李继岌说："这些都是我家的东西，怎么能算是献给我呢？"于是把送来的东西留了下来，而把来人差遣了回去。

李绍琛在汉州滞留了八天时间等待都统李继岌的到来，十一月二十五日甲寅，李继岌到达汉州，王宗弼前来迎拜；十一月二十六日乙卯，李继岌到达成都。十一月二十七日丙辰，李严带着蜀主和百官仪卫整齐地在升迁桥投降，蜀主身穿白衣、口衔玉璧、牵着羊，用草绳缠绕着头，百官也都穿着丧服，光着脚板，用车子拉着一具空棺，他们号啕大哭，等候发落。李继岌接受了蜀主的玉璧，郭崇韬解下了他的草绳，把空棺烧掉，按照皇帝的旨意赦免了他们的罪行；蜀国君臣都向着东北方拜谢了皇帝。十一月二十八日丁巳，唐军进入成都。郭崇韬严禁士卒侵扰抢掠百姓，所以市面上照常贸易。唐军从出师到攻下蜀国，共用了七十天。夺取十个节度，六十四个州，二百四十九个县，俘获士卒三万，还有铠甲兵仗、钱财粮草、金银钱币、缯锦布帛等数以千万计。

高季兴得知前蜀已经灭亡，当时他正在吃饭，吃惊得跌落了勺子和筷子，说："这是老夫我的过错啊！"梁震说："这没有什么好担心的。唐主得到蜀国以后会更加骄傲，他自己的灭亡也不会太久了，这也难说不是我们的福气呢！"

楚王马殷得知前蜀已经灭亡，就上表声称："臣已经在衡山的山麓准备好了告老退隐的地方，希望交回印绶以求终老余年。"后唐庄宗下了一道嘉奖诏书安慰他。

平定前蜀的功劳，李绍琛最多，他的地位也在董璋之上；但是董璋平时和郭崇韬很要好，郭崇韬多次把董璋召来商议军机大事。李绍琛对此心中愤恨不平，他对董璋说："我有平定蜀国的功劳，而你和一些人只不过是跟从的小角色，却整天在郭

诉于崇韬。十二月，崇韬表璋为东川节度使，解其军职。绍琛愈怒，曰："吾冒白刃，陵险阻，定两川，璋乃坐有之邪！"乃见崇韬言："东川重地，任尚书有文武才，宜表为帅。"崇韬怒曰："绍琛反邪？何敢违吾节度！"绍琛惧而退。

初，帝遣宦者李从袭等从魏王继岌伐蜀。继岌虽为都统，军中制置补署一出郭崇韬，崇韬终日决事，将吏宾客趋走盈庭，而都统府惟大将晨谒外，牙门索然，从袭等固耻之。及破蜀，蜀之贵臣大将争以宝货、妓乐遗崇韬及其子廷诲，魏王所得，不过匹马、束帛、唾壶、麈柄而已，从袭等益不平。

王宗弼之自为西川留后也，赂崇韬求为节度使，崇韬阳许之，既而久未得，乃帅蜀人列状见继岌，请留崇韬镇蜀。从袭等因谓继岌曰："郭公父子专横，今又使蜀人请己为帅，其志难测，王不可不为之备。"继岌谓崇韬曰："主上倚侍中如山岳，不可离庙堂，岂肯弃元老于蛮夷之域乎！且此非余之所敢知也，请诸人诣阙自陈。"由是继岌与崇韬互相疑。

会宋光葆自梓州来，诉王宗弼诬杀宋光嗣等。又，崇韬征犒军钱数万缗于宗弼，宗弼靳之，士卒怨怒，夜，纵火喧噪。崇韬欲诛宗弼以自明，己巳，白继岌收宗弼及王宗勋、王宗渥，皆数其不忠之罪，族诛之，籍没其家。蜀人争食宗弼之肉。

辛未，闽忠懿王审知卒，子延翰自称威武留后。汀州民陈本聚众三万围汀州，延翰遣右军都监柳邕等将兵二万讨之。

（以上为第二段，写郭崇韬专断军权，与李继岌相互猜疑，王宗弼被灭族。）

癸酉，王承休、王宗汭至成都，魏王继岌诘之曰："居大镇，拥强兵，何以不拒战？"对曰："畏大王神武。"曰："然则何以不降？"对曰："王师不入境。"曰："所俱入羌者几人？"对曰："万二千人。"曰："今归者几人？"对曰："二千人。"曰："可以偿万人之死矣。"皆斩之，并其子。

公门下叽叽咕咕，想要谋害我。我身为都将，难道不能根据军法杀了你吗？”董璋把这些话告诉了郭崇韬。十二月，郭崇韬上表给后唐庄宗任命董璋为东川节度使，并且解除了他的军职。这样一来，李绍琛更加恼怒，说：“我亲冒白刃，历经险阻，平定东西两川，而董璋却坐享其成！”于是就去找郭崇韬说：“东川是个重要的方，任圜尚书兼有文武之才，应该上表任命他为军帅。”郭崇韬发怒说：“李绍琛你要造反吗？你敢不听我的指挥！”李绍琛吓得退了下去。

当初，后唐庄宗派遣宦官李从袭等人随从魏王李继岌征伐前蜀；李继岌虽然名义上是都统，但军中的一切军事谋划和人事安排都取决于郭崇韬，郭崇韬整天处理公务，将领官吏宾客们都纷纷奔走于他的门下，而都统李继岌的府上除了大将们早晨前来拜见请安外，平时衙门之内冷冷清清，李从袭等人本来对此就感到耻辱。到了攻取前蜀国之后，前蜀国的贵臣大将们都争相把宝货、妓乐赠送给郭崇韬和他的儿子郭廷诲，而魏王李继岌所得到的，只不过是一些马匹、束帛、唾壶、麈柄而已，李从袭等人心里更加愤恨不平。

王宗弼自命为西川留后之后，就贿赂郭崇韬请求任命他为节度使，郭崇韬表面上答应了，之后过了很久还是没有动静，王宗弼于是就率领一些蜀人呈文求见李继岌，请求把郭崇韬留下来镇守蜀地。李从袭等人乘机对李继岌说：“郭公父子都很专横，现在又让蜀人来请求让他当统帅，他的心思恐怕难以预测，大王你不能不做点防备。”李继岌对郭崇韬说：“皇上倚仗着侍中您，就像依靠山岳一样，不会让您远离庙堂的，怎么肯忍心把元老重臣弃置在蛮荒之地呢？况且这事也不是我敢做主的，还是请诸位到朝廷上自己去陈说吧。”从此李继岌和郭崇韬之间就相互产生了猜疑。

正好这时宋光葆从梓州到来，他检举了王宗弼滥杀宋光嗣等人的情况；又赶上郭崇韬向王宗弼征调数万缗劳军钱，但王宗弼吝啬不肯给，士卒们埋怨愤怒，当夜就纵火喧闹。郭崇韬也想杀掉王宗弼借以表白自己，十二月初十日己巳，告诉李继岌收捕了王宗弼、王宗勋、王宗渥，宣判了他们为臣不忠的罪行，然后诛灭全族，抄没了他们的全部家产。王宗弼被杀之后，蜀人争着要吃他的肉。

十二月十二日辛未，闽国忠懿王王审知去世，他儿子王延翰自称威武留后。汀州百姓陈本聚集了三万名部众围攻汀州，王延翰派遣右军都监柳邕等人率兵二万前去讨伐。

十二月十四日癸酉，王宗休、王宗汭到了成都，魏王李继岌责问他们说：“你们驻守大镇，拥有强兵，为什么不抵抗？”他俩回答说：“害怕大王的神武。”李继岌问：“那么为何又不投降呢？”回答说：“大王的军队还没有进入我们的辖境。”问：“和你们一道进入羌地的共有多少人？”回答说：“一万二千人。”李继岌又问：“现在

丙子，以知北都留守事孟知祥为西川节度使、同平章事，促召赴洛阳。帝议选北都留守，枢密承旨段徊等恶邺都留守张宪，不欲其在朝廷，皆曰："北都非张宪不可。宪虽有宰相器，今国家新得中原，宰相在天子目前，事有得失，可以改更，比之北都独系一方安危，不为重也。"乃徙宪为太原尹，知北都留守事。以户部尚书王正言为兴唐尹，知邺都留守事。正言昏耄，帝以武德使史彦琼为邺都监军。彦琼，本伶人也，有宠于帝。魏、博等六州军旅金谷之政皆决于彦琼，威福自恣，陵忽将佐，自正言以下皆谄事之。

初，帝得魏州银枪效节都近八千人，以为亲军，皆勇悍无敌。夹河之战，实赖其用，屡立殊功，常许以灭梁之日大加赏赉。既而河南平，虽赏赉非一，而士卒恃功，骄恣无厌，更成怨望。是岁大饥，民多流亡，租赋不充，道路涂潦，漕辇艰涩，东都仓廪空竭，无以给军士。租庸使孔谦日于上东门外望诸州漕运，至者随以给之。军士乏食，有雇妻鬻子者，老弱采蔬于野，百十为群，往往馁死，流言怨嗟，而帝游畋不息。己卯，猎于白沙，皇后、皇子、后宫毕从。庚辰，宿伊阙；辛巳，宿潭泊；壬午，宿龛涧；癸未，还宫。时大雪，吏卒有僵仆于道路者。伊、汝间饥尤甚，卫兵所过，责其供饷，不得，则坏其什器，撤其室庐以为薪，甚于寇盗，县吏皆窜匿山谷。

有白龙见于汉宫，汉主改元白龙，更名曰龑。

长和骠信郑旻遣其布燮郑昭淳求婚于汉，汉主以女增城公主妻之。

回来的有多少人？”回答说：“二千人。”李继岌最后说：“那好，你们可以为这一万人的死偿命了。”于是把这两人都杀了，同时被杀的还有他们的儿子。

十二月十七日丙子，任命知北都留守事孟知祥为西川节度使、同平章事，并催促他先到洛阳。后唐庄宗和臣下们商议另外挑选一位北都留守，枢密承旨段徊等人讨厌邺都留守张宪，不想让他留在朝廷之中，于是都建议说：“北都留守非张宪不可。张宪虽然有做宰相的才能，但是现在国家新近得到中原，宰相就在天子眼前，如果有什么事情办理不妥当，还有皇上纠正他，和北都单独维系一方的安危比起来，就显得没那么重要了。”于是调张宪出任太原尹，主持北都留守事务。任命户部尚书王正言为兴唐尹，主持邺都留守事务。王正言年老糊涂，后唐庄宗又任命武德使史彦琼为邺都监军。史彦琼本来是个伶人，深受皇帝的宠信。魏、博等六州的军队钱粮事务都归史彦琼掌管，他作威作福，肆意陵侮将佐，除王正言外，官吏们都巴结奉承他。

当初，后唐庄宗得到魏州的银枪效节都将近有八千人，他把他们当作自己的亲信部队，这些人打起仗来都勇敢强悍，所向无敌。在黄河两岸的各个战役中，他们确实起了很重要的作用，屡建奇功，于是后唐庄宗经常向他们许愿说，等到消灭梁朝的那一天，一定对他们大加赏赐。在平定了黄河以南之后，虽然对他们也不止一次地进行赏赐，但这些人却自恃有功，不仅骄横放肆，而且还贪得无厌，反而对后唐庄宗心怀不满。这一年发生饥荒，很多老百姓都背井离乡，租税更加征收不足，加上道路上到处是积水，水陆交通都不通畅，东都的粮库也空了起来，拿不出什么东西可以分给士卒的。租庸使孔谦每天都到洛阳城的上东门外，眼巴巴地等待各州从水路运来的粮食，只要一运到马上就分给士卒们。士卒们由于缺乏食物，有的人把妻子典押给别人，有的人卖儿子，年老体弱者就去野外挖野菜充饥，几十上百的人往往成群地饿死在野外，人们怨声载道，而后唐庄宗却照样在外不停地游玩打猎。十二月二十日己卯，后唐庄宗在白沙打猎，皇后、皇子和后宫的妃嫔们都跟随着。十二月二十一日庚辰，住在伊阙；十二月二十二日辛巳，住在潭泊；十二月二十三日壬午，住在龛涧；十二月二十四日癸未，回到宫中。当时下着大雪，随行的官吏士卒中有人就冻僵跌倒在路上。伊州、汝州一带的饥荒情况更加严重，后唐庄宗的卫兵在所经过的地方，都要向当地催要一应所需，如果办不到，他们就砸坏主人的日常用具，把别人的房子拆掉当柴烧，比强盗还凶狠，县里的官吏们纷纷逃到山谷里躲藏了起来。

有一条白龙出现在南汉宫中，汉主刘岩于是就改年号为白龙，并把自己的名字也改为龑。

长和的骠信郑旻派遣他的布燮郑昭淳来向南汉求婚，南汉主把女儿增城公主嫁

长和即唐之南诏也。

成德节度使李嗣源入朝。

（以上为第三段，写是年中原大饥，民众流离，军无粮饷，唐庄宗游猎无度，视军民如草芥。）

闰月，己丑朔，孟知祥至洛阳，帝宠待甚厚。

帝以军储不足，谋于群臣，豆卢革以下皆莫知为计。吏部尚书李琪上疏，以为："古者量入以为出，计农而发兵，故虽有水旱之灾而无匮乏之忧。近代税农以养兵，未有农富给而兵不足，农捐瘠而兵丰饱者也。今纵未能蠲省租税，苟除折纳、纽配之法，农亦可以小休矣。"帝即敕有司如琪所言，然竟不能行。

丁酉，诏蜀朝所署官四品以上降授有差，五品以下才地无取者悉纵归田里。其先降及有功者，委崇韬随事奖任。又赐王衍诏，略曰："固当裂土而封，必不薄人于险。三辰在上，一言不欺。"

庚子，彰武、保大节度使兼中书令高万兴卒，以其子保大留后允韬为彰武留后。

帝以军储不充，欲如汴州，谏官上言："不如节俭以足用，自古无就食天子。今杨氏未灭，不宜示以虚实。"乃止。

辛亥，立皇弟存美为邕王，存霸为永王，存礼为薛王，存渥为申王，存乂为睦王，存确为通王，存纪为雅王。

郭崇韬素疾宦官，尝密谓魏王继岌曰："大王他日得天下，騬马亦不可乘，况任宦官！宜尽去之，专用士人。"吕知柔窃听，闻之，由是宦官皆切齿。

（以上为第四段，写后唐庄宗议减田租，只流于公文而未实行，安置蜀降人。）

时成都虽下，而蜀中盗贼群起，布满山林。崇韬恐大军既去，更为后患，命任圜、张筠分道招讨，以是淹留未还。帝遣宦者向延嗣促之，

给了他。长和就是过去唐朝时的南诏。

成德节度使李嗣源入京朝见。

闰十二月初一日己丑，孟知祥到了洛阳，后唐庄宗对他非常宠信优待。

后唐庄宗因为军队的粮食储备不足，就召集群臣商议，豆卢革以下的大臣们都想不出什么好办法。吏部尚书李琪向皇帝上疏，认为："自古以来都是根据收入的情况，再决定支出的多少，根据农时的忙闲再发动战争，所以即便是出现了水涝旱灾，也不会出现缺衣少食的忧虑。近代以来都是靠向农民征税来供养军队，从来都没有过农民富足而兵用不足，或者农民贫困而军队却能丰衣足食的情况。现在即使不能减免租税，如果能把折纳、科配这些苛捐杂税的名目先免除，农民也可以稍微得以喘一口气了。"后唐庄宗当即命令主管部门就按照李琪所讲的去办，然而最终还是没能执行下来。

闰十二月初九日丁酉，后唐庄宗下诏，把原前蜀所任命四品以上的官员按不同的情况降职安排，五品以下的，如果才干和门第都没有什么特殊的，一律让他们回家乡去种地；在唐军入蜀时率先投诚的和有功劳的，都委托郭崇韬根据具体情况来奖励或任用他们。又赐给王衍诏书，大意是说："本来应当割出一块土地来分给你，绝对不会把你逼上绝路。日、月、星三辰在天作证，一句话也不会欺骗你。"

闰十二月十二日庚子，彰武、保大节度使兼中书令高万兴去世。任命他的儿子保大留后高允韬为彰武留后。

因为洛阳的军粮储备不足，后唐庄宗准备去汴州，谏官劝阻说："不如节俭开支来满足需要，自古以来就没有去找粮食吃的天子，现在杨氏还没有被消灭，不应该让他们看出虚实来。"后唐庄宗这才作罢。

闰十二月二十三日辛亥，册立皇弟李存美为邕王，李存霸为永王，李存礼为薛王，李存渥为申王，李存乂为睦王，李存确为通王，李存纪为雅王。

郭崇韬一向痛恨宦官，他曾经私下里对魏王李继岌说："大王以后主掌天下，骟了的马都不应该骑，何况任用宦官？最好把他们全部除去，专门任用士人。"吕知柔躲在外面偷听，听到了这一番话，从此宦官们对郭崇韬恨得咬牙切齿。

当时成都虽然被攻下来了，但是蜀中到处盗贼并起，布满山林。郭崇韬担心大军撤离之后，这些盗贼就会成为后患，就命令任圜、张筠分路前去讨伐招抚他们，

崇韬不出郊迎，及见，礼节又倨，延嗣怒。李从袭谓延嗣曰：“魏王，太子也；主上万福，而郭公专权如是。郭廷诲拥徒出入，日与军中饶将、蜀土豪杰狎饮，指天画地，近闻白其父请表己为蜀帅，又言‘蜀地富饶，大人宜善自为谋’。今诸军将校皆郭氏之党，王寄身于虎狼之口，一朝有变，吾属不知委骨何地矣。”因相向垂涕。延嗣归，具以语刘后。后泣诉于帝，请早救继岌之死。

前此帝闻蜀人请崇韬为帅，已不平，至是闻延嗣之言，不能无疑。帝阅蜀府库之籍，曰：“人言蜀中珍货无算，何如是之微也？”延嗣曰：“臣闻蜀破，其珍货皆入于崇韬父子，崇韬有金万两，银四十万两，钱百万缗，名马千匹，他物称是，廷诲所取，复在其外。故县官所得不多耳。”帝遂怒形于色。及孟知祥将行，帝语之曰：“闻郭崇韬有异志，卿到，为朕诛之。”知祥曰：“崇韬，国之勋旧，不宜有此。俟臣至蜀察之，苟无他志则遣还。”帝许之。

壬子，知祥发洛阳。帝寻复遣衣甲库使马彦珪驰诣成都观崇韬去就，如奉诏班师则已，若有迁延跋扈之状，则与继岌图之。彦珪见皇后，说之曰：“臣见向延嗣言蜀中事势忧在朝夕，今上当断不断，夫成败之机，间不容发，安能缓急禀命于三千里外乎！”皇后复言于帝，帝曰：“传闻之言，未知虚实，岂可遽尔果决！”皇后不得请，退，自为教与继岌，令杀崇韬。知祥行至石壕，彦珪夜叩门宣诏，促知祥赴镇，知祥窃叹曰：“乱将作矣！”乃昼夜兼行。

初，楚王殷既得湖南，不征商旅，由是四方商旅辐凑。湖南地多铅铁，殷用军都判官高郁策，铸铅铁为钱，商旅出境，无所用之，皆易他货而去，故能以境内所余之物易天下百货，国以富饶。湖南民不事桑蚕，

因此停留了很久还没有班师回朝。后唐庄宗派遣宦官向延嗣前来催促起程，郭崇韬没有到郊外去迎接，与向延嗣见面的时候，礼节上又十分傲慢，向延嗣非常生气。李从袭对向延嗣说："魏王是太子；皇上还健在，而郭公竟然如此专权跋扈。郭廷诲带着随从出入，每天都和军中的骁勇将领、蜀地的豪杰们在一起喝酒胡混，指天画地，胡吹乱捧。最近又听说他让他父亲向皇帝上表，请求任命他为蜀帅，又对他父亲说'蜀国这个地方很富饶，大人应该好自打算'。现在各军的将领都是郭氏的党羽，大王正寄身在虎狼的口中，一旦有变，我们这些人都知道自己的骨头会丢在什么地方哟！"说完，两个人就面对面哭了起来。向延嗣回到朝廷以后，把这些事情一五一十地报告给了刘皇后。刘皇后又哭着把这一情况告诉后唐庄宗，请求及早援救李继岌，使他免于一死。

在此之前后唐庄宗听说蜀人请求委任郭崇韬为蜀地的统帅，心中就已经很不愉快，现在又听了向延嗣这样一番话，不能不起疑心。后唐庄宗查阅前蜀府库的账册，怀疑地说："人们都说蜀中的珍宝数不胜数，怎么这上面登录的却是这么少？"向延嗣回答说："臣听说蜀国被攻破之后，那里的珍宝财物都到了郭崇韬父子的手中，郭崇韬现有黄金一万两，白银四十万两，钱币百万缗，名贵的马上千匹，其他的东西价值也与此相当，他的儿子郭廷诲所搜刮到的还在这些数目之外；所以皇上所得到的就所剩不多了。"后唐庄宗听后，气得脸都变了颜色。到了孟知祥就要去成都赴任的时候，后唐庄宗对他说："听说郭崇韬有异心，你到了那里之后，替朕把他杀了。"孟知祥说："郭崇韬是国家功勋的元老大臣，不会出现这些情况。等臣到蜀地后仔细观察，如果他没有异心就送他回来。"后唐庄宗同意了他的做法。

闰十二月二十四日壬子，孟知祥从洛阳出发。后唐庄宗不久又派遣衣甲府使马彦珪赶往成都观察郭崇韬的举动，如果他能遵奉诏令班师回朝就算了，如果稍有拖延或表现出专横跋扈的样子，就和李继岌一道把他解决了。马彦珪又私下求见刘皇后，劝她说："臣听向延嗣说蜀中的情势危在旦夕，而现在皇上又当断不断，事情成败关键，这中间不能有一丝一毫的疏忽，在事情紧急的时候又怎么能够在三千里之外请示命令呢？"皇后又把这些告诉了后唐庄宗，后唐庄宗说："这些都是道听途说的话，难以判断真假，怎么可以立刻就作判断呢？"刘皇后的企图未能得逞，退下来之后，她就自己给李继岌写了个手谕，命令他杀死郭崇韬。孟知祥走到石壕，马彦珪在夜间敲开他的门宣读了皇帝诏书，催促他赶快到任，孟知祥私下叹气说："祸乱就要开始了！"于是日夜兼程，赶赴成都。

当初，楚王马殷取得湖南以后，对于商贩都不征税，因此四面八方的商贩都聚集到湖南来。湖南这块地方盛产铅、铁，马殷采纳军都判官高郁的建议，用铅和铁铸成钱币，商贩们一离开楚境，这种钱币到别处不能使用，只有用这些钱再买其他

郁命民输税者皆以帛代钱，未几，民间机杼大盛。

吴越王镠遣使者沈瑫致书，以受玉册、封吴越国王告于吴，吴人以其国名与己同，不受书，遣瑫还。仍戒境上无得通吴越使者及商旅。

（以上为第五段，写郭崇韬遭同僚，宦官妒忌，又为刘皇后所短，后唐庄宗起了杀心。楚王马殷用轻重之法使国富饶。）

明宗圣德和武钦孝皇帝上之上

天成元年（丙戌，926年）

春，正月，庚申，魏王继岌遣李继曮、李严部送王衍及其宗族百官数千人诣洛阳。

河中节度使、尚书令李继麟自恃与帝故旧，且有功，帝待之厚，苦诸伶宦求匄无厌，遂拒不与。大军之征蜀也，继麟阅兵，遣其子令德将之以从。景进与宦官谮之曰："继麟闻大军起，以为讨己，故惊惧，阅兵自卫。"又曰："崇韬所以敢倔强于蜀者，与河中阴谋，内外相应故也。"继麟闻之惧，欲身入朝以自明，其所亲止之，继麟曰："郭侍中功高于我。今事势将危，吾得见主上，面陈至诚，则谗人获罪矣。"癸亥，继麟入朝。

魏王继岌将发成都，令任圜权知留事，以俟孟知祥。诸军部署已定，是日，马彦珪至，以皇后教示继岌，继岌曰："大军垂发，彼无衅端，安可为此负心事！公辈勿复言。且主上无敕，独以皇后教杀招讨使，可乎？"李从袭等泣曰："既有此迹，万一崇韬闻之，中途为变，益不可救矣。"相与巧陈利害，继岌不得已从之。甲子旦，从袭以继岌之命召崇韬计事，继岌登楼避之。崇韬方升阶，继岌从者李环挝碎其首，并杀其子廷诲、廷信。外人犹未之知。都统推官滏阳李崧谓继岌曰："今行军三千里外，初无敕旨，擅杀大将，大王奈何行此危事！独不能忍之至洛阳邪？"继岌曰："公言是也，悔之无及。"崧乃召书吏数人，登楼去梯，矫为敕书，用蜡印宣之，军中粗定。崇韬左右皆窜匿，独掌书记滏阳张砺

的货物带走，这样楚国就能够用国内所多余的东西交易到天下的百货，国家因此而富裕起来。湖南的百姓原来都不种桑养蚕，高郁就下令人们在交税的时候都要用绢帛来代替钱，不久，民间的纺织业就盛行了起来。

吴越王钱镠派遣使者沈瑫给吴国送来一封国书，把接受玉册、被封为吴越国王的事告知吴国，吴国人嫌他的国名和自己国家的名字有部分相同，因此拒绝接受国书，并且把沈瑫遣送回去。仍旧警戒边境，不让吴越使者和商贩通行。

明宗圣德和武钦孝皇帝上之上

后唐明宗天成元年（丙戌，926 年）

春季，正月初三日庚申，魏王李继岌派遣李继曮、李严带领人马护送王衍及其宗族、百官数千人前往洛阳。

河中节度使、尚书令李继麟依仗自己和后唐庄宗是老相识，并且又有功劳，后唐庄宗待他也很好，同时也苦于那些伶人宦官们对他的贪得无厌，最后就干脆拒绝不给他们。唐军征伐前蜀的时候，李继麟也检阅军队，准备派遣他的儿子李令德率军随同出征。伶人景进和宦官们就毁谤他说："李继麟听说朝廷调动大军，就认为是来讨伐他的，所以感到惊恐，也就赶快检阅军队准备顽抗。"又说："郭崇韬之所以敢在蜀中那样跋扈，是与河中节度使暗中密谋、两人内外勾结有密切关系的。"李继麟听到这些话后感到很害怕，准备亲自到朝廷上说明情况，亲信们都阻止他，李继麟说："郭崇韬侍中的功劳比我高。现在的情势十分危急，如果我能见到皇上，当面表明我对他的忠诚，那么诬陷别人的人就会受到惩罚。"正月初六日癸亥，李继麟到了朝廷。

魏王李继岌就要从成都出发，他命令任圜暂时代理留守的事务，等待孟知祥的到来。各路军队的去留都已经安排妥当了，就在这一天，马彦珪来到了成都，他把皇后的告谕拿给李继岌看，李继岌说："大军就要开拔了，郭崇韬他也没有什么异常的迹象，我怎么能够做这种对不起人的事呢？你们不要再说这种事了。况且皇上也没有诏书，只凭皇后的告谕就把招讨使杀了，这怎么能行呢？"李从袭等人哭着劝他说："既然已经有了这么一回事了，万一郭崇韬知道了，半路上再发生什么变故，那就更没有办法收拾了。"于是李从袭等一帮人一起花言巧语地向李继岌陈说利害关系，李继岌不得已只好听从了他们的意见。正月初七日甲子的早晨，李从袭以李继岌的命令召郭崇韬前来议事，而李继岌却上楼回避。郭崇韬正要上台阶时候，李继岌的侍从李环用大铁锤把郭崇韬的脑袋击得粉碎，同时被杀的还有他的儿子郭廷诲、

诣魏王府恸哭久之。继岌命任圜代崇韬总军政。

（以上为第六段，写李继岌矫诏杀郭崇韬。）

魏王通谒李廷安献蜀乐工二百余人，有严旭者，王衍用为蓬州刺史，帝问曰："汝何以得刺史？"对曰："以歌。"帝使歌而善之，许复故任。

戊辰，孟知祥至成都。时新杀郭崇韬，人情未安，知祥慰抚吏民，犒赐将卒，去留帖然。

闽人破陈本，斩之。

契丹主击女真及勃海，恐唐乘虚袭之，戊寅，遣梅老鞋里来修好。

马彦珪还洛阳，乃下诏暴郭崇韬之罪，并杀其子廷说、廷让、廷议，于是朝野骇惋，群议纷然，帝使宦者潜察之。保大节度使睦王存乂，崇韬之婿也，宦者欲尽去崇韬之党，言"存乂对诸将攘臂垂泣，为崇韬称冤，言辞怨望。"庚辰，幽存乂于第，寻杀之。

景进言："河中人有告变，言李继麟与郭崇韬谋反；崇韬死，又与存乂连谋。"宦官因共劝帝速除之，帝乃徙继麟为义成节度使，是夜，遣蕃汉马步使朱守殷以兵围其第，驱继麟出徽安门外杀之，复其姓名曰朱友谦。友谦二子，令德为武信节度使，令锡为忠武节度使。诏魏王继岌诛令德于遂州，郑州刺史王思同诛令锡于许州，河阳节度使李绍奇诛其家人于河中。绍奇至其家，友谦妻张氏帅家人二百余口见绍奇曰："朱氏宗族当死，愿无滥及平人。"乃别其婢仆百人，以其族百口就刑。张氏又取铁券以示绍奇曰："此皇帝去年所赐也，我妇人，不识书，不知其何等语也。"绍奇亦为之惭。友谦旧将史武等七人，时为刺史，皆坐族诛。

郭廷信。外面的人还不知道这件事。都统推官滏阳人李崧对李继岌说："现在行军在三千里之外，也没有皇上诏书，就擅自杀了大将，大王怎么能做出这种危险的事情来！难道就不能忍一忍到洛阳再说吗？"李继岌说："公所说的极是，但我后悔也来不及了。"李崧于是召集了几个负责起草文书的书吏来，让他们上楼，然后抽去梯子，让他们在楼上伪造诏书，又用蜡摹刻了个印章盖上，然后再向外面宣谕，这样军中才稍稍安定了下来。郭崇韬的左右亲信们都逃跑躲藏了起来，只有掌书记滏阳人张砺到魏王府去抚尸痛哭了很久。李继岌任命任圜代替郭崇韬总管军政事务。

魏王的通谒官李廷安献上前蜀的乐工二百人，其中有个名叫严旭的人，王衍曾经任命他为蓬州刺史，后唐庄宗问他说："你是怎么当上刺史的？"他回答说："凭唱歌。"后唐庄宗就让他唱唱看，觉得还真不错，就答应恢复他过去的官职。

正月十一日戊辰，孟知祥到达成都。当时因为杀了郭崇韬后不久，人们的情绪还没有安定下来，孟知祥慰问抚恤官民，犒劳奖励将士，所以不论班师的还是留守的，大家心里都觉得很愉快。

闽人打败陈本，并斩杀了他。

契丹人进攻女真和勃海国，但又害怕后唐乘虚偷袭它，正月二十一日戊寅，派遣使者梅老鞋里前来互通友好。

马彦珪回到洛阳，后唐庄宗下诏公布郭崇韬的罪状，并且杀了他在洛阳的儿子郭廷说、郭廷让、郭廷议，这样一来朝野上下都惊骇惋惜，大家议论纷纷，后唐庄宗就派宦官暗中侦察。保大节度使睦王李存乂是郭崇韬的女婿；宦官们想把郭崇韬的党羽全部清除掉，就向后唐庄宗报告说："李存乂对着将领们捋袖挥拳，声泪俱下，在为郭崇韬申冤，言谈之间对朝廷非常不满。"正月二十三日庚辰，后唐庄宗下令把李存乂软禁在家中，不久就把他杀了。

景进报告说："河中军镇有来告说那里将要发生变乱，说李继麟和郭崇韬阴谋反叛；郭崇韬死了之后，他又和李存乂联合谋反。"于是宦官们一起劝后唐庄宗把李继麟除掉，后唐庄宗随即把李继麟改任为义成节度使，当天夜里，就派遣蕃汉马步使朱守殷用兵包围了李继麟的住宅，把李继麟驱赶到徽安门外杀了，恢复他原来的姓名朱友谦。朱友谦有两个儿子，朱令德担任武信节度使，朱令锡担任忠武节度使；皇帝下诏让魏王李继岌在遂州杀掉朱令德，让郑州刺史王恩同在许州杀掉朱令锡，让河阳节度使李绍奇在河中把朱友谦的家人杀掉。李绍奇来到朱友谦的家中，朱友谦的妻子张氏带着二百多口家人出来见李绍奇，对他说："朱氏宗族当然难免一死，但希望不要滥杀这些平民。"于是把她家中的婢女奴仆挑选出来一百多人，而把她家另外一百多名族人全部带出就刑。张氏又拿出后唐庄宗颁赐给朱友谦的世代可享受

时洛中诸军饥窘，妄为谣言，伶官采之以闻于帝，故朱友谦、郭崇韬皆及于祸。成德节度使兼中书令李嗣源亦为谣言所属，帝遣朱守殷察之。守殷私谓嗣源曰："令公勋业振主，宜自图归藩以远祸。"嗣源曰："吾心不负天地，祸福之来，无所可避，皆委之于命耳。"时伶宦用事，勋旧人不自保，嗣源危殆者数四，赖宣徽使李绍宏左右营护，以是得全。

魏王继岌留马步都指挥使陈留李仁罕、马军都指挥使东光潘仁嗣、左厢都指挥使赵廷隐、右厢都指挥使浚仪张业、牙内指挥使文水武漳、骁锐指挥使平恩李延厚戍成都。甲申，继岌发成都，命李绍琛帅万二千人为后军，行止常差中军一舍。

（以上为第七段，写唐庄宗族灭郭崇韬，祸及朱友谦，朱友谦亦满门被族。）

二月，己丑朔，以宣徽南院使李绍宏为枢密使。

魏博指挥使杨仁晸将所部兵戍瓦桥，逾年代归，至贝州，以邺都空虚，恐兵至为变，敕留屯贝州。

时天下莫知郭崇韬之罪，民间讹言云："崇韬杀继岌，自王于蜀，故族其家。"朱友谦子建徽为澶州刺史，帝密敕邺都监军史彦琼杀之。门者白留守王正言曰："史武德夜半驰马出城，不言何往。"又讹言云："皇后以继岌之死归咎于帝，已弑帝矣，故急召彦琼计事。"人情愈骇。

杨仁晸部兵皇甫晖与其徒夜博不胜，因人情不安，遂作乱，劫仁晸曰："主上所以有天下，吾魏军力也。魏军甲不去体，马不解鞍者十余年，今天下已定，天子不念旧劳，更加猜忌。远戍逾年，方喜代归，去家咫尺，不使相见。今闻皇后弑逆，京师已乱，将士愿与公俱归，仍表闻朝廷。若天子万福，兴兵致讨，以吾魏博兵力足以拒之，安知不更为富贵之资乎！"仁晸不从，晖杀之。又劫小校，不从，又杀之。效节指挥使

豁免的铁券给李绍奇看，并说：“这是去年皇上赏赐给我们家的，我一个妇道人家，不认得字，不知这上面写的是什么话。”李绍奇也为之感到惭愧。朱友谦的旧将史武等七人，当时都担任刺史，也都被连坐而诛杀全族。

当时洛阳的各支军队普遍饥饿窘迫，于是出现了很多谣言，伶官们就把这些谣言收集起来报告后唐庄宗，所以朱友谦、郭崇韬都因此遭祸。成德节度使兼中书令李嗣源也被谣言所牵涉，后唐庄宗派遣朱守殷前去对他实行侦察；朱守殷私下里对李嗣源说：“令公您的勋劳已经功高震主，应该考虑赶快设法回藩镇去，离开是非之地。”李嗣源说：“我的良心上对得起天，下对得起地，是祸是福都没有什么好躲避的，一切都听从命运的安排。”当时是伶人宦官掌权，功臣和旧将人人都无法自保，李嗣源有好几次处在十分危险的境地，多亏宣徽使李绍宏的周旋保护，才得以保全身家性命。

魏王李继岌留下马步都指挥使陈留人李仁罕、马军都指挥使东光人潘仁嗣、左厢都指挥使赵廷隐、右厢都指挥使浚仪人张业、牙内指挥使文水人武漳、骁锐指挥使平恩人李延厚戍守成都。正月二十七日甲申，李继岌从成都出发，命令李绍琛率领一万二千人为后军，行军和住宿经常和中军保持三十里的距离。

二月初二日己丑，任命宣徽南院使李绍宏为枢密使。

魏博指挥使杨仁晸率领他所属的部队戍守在瓦桥，过了一年之后要轮换回来，走到贝州的时候，朝廷认为邺都很空虚，怕他的军队回来之后发生叛乱，所以就命令他们留在贝州驻守。

当时天下都还不清楚郭崇韬的罪状，民间谣传说：“郭崇韬杀了李继岌，在蜀中自立为王，所以才把他的全家杀了。”朱友谦的儿子朱建徽当时担任澶州刺史，后唐庄宗下密诏命令邺都监军史彦琼把他杀掉。看守城门的人向邺都留守王正言报告说：“史彦琼半夜里骑马出了城门，也不讲他要往哪里去。”又有谣言说：“皇后把李继岌的死归罪于皇上，已经把皇上杀死了，所以火急召见史彦琼去商量事情。”人们更加感到惊骇。

杨仁晸的部属皇甫晖夜里和他的朋友们在一起赌博，输了钱，于是就利用人心惶惶不安之际，乘机发动叛乱，他劫持了杨仁晸，对他说：“皇上之所以能够得到天下，完全是靠我们魏州兵的力量；我们魏州兵衣不解甲、马不解鞍已经有十多年了，现在天下已经平定，天子不但不体念我们过去的功劳，反而对我们更加猜忌。我们远离家乡在城戍守已有一年多时间，正高高兴兴地要轮换回家，谁想到家就近在咫尺，却不让我们和家人相见。现听说皇后已经谋杀了皇上，京师大乱，将士们都希

赵在礼闻乱，衣不及带，逾垣而走，晖追及，曳其足而下之，示以二首，在礼惧而从之。乱兵遂奉以为帅，焚掠贝州。晖，魏州人；在礼，涿州人也。诘旦，晖等拥在礼南趣临清、永济、馆陶，所过剽掠。

壬辰晚，有自贝州来告军乱将犯邺都者，都巡检使孙铎等亟诣史彦琼，请授甲乘城为备。彦琼疑铎等有异志，曰："告者云今日贼至临清，计程须六日晚方至，为备未晚。"孙铎曰："贼既作乱，必乘吾未备，昼夜倍道，安肯计程而行！请仆射帅众乘城，铎募劲兵千人伏于王莽河逆击之，贼既势挫，必当离散，然后可扑讨也。必俟其至城下，万一有奸人为内应，则事危矣。"彦琼曰："但严兵守城，何必逆战！"是夜，贼前锋攻北门，弓弩乱发。时彦琼将部兵宿北门楼，闻贼呼声，即时惊溃。彦琼单骑奔洛阳。

癸巳，贼入邺都，孙铎等拒战不胜，亡去。赵在礼据宫城，署皇甫晖及军校赵进为马步都指挥使，纵兵大掠。进，定州人也。

王正言方据案召吏草奏，无至者，正言怒，其家人曰："贼已入城，杀掠于市，吏皆逃散，公尚谁呼？"正言惊曰："吾初不知也。"又索马，不能得，乃帅僚佐步出府门谒在礼，再拜请罪。在礼亦拜，曰："士卒思归耳，尚书重德，勿自卑屈！"慰谕遣之。

众推在礼为魏博留后，具奏其状。北京留守张宪家在邺都，在礼厚抚之，遣使以书诱宪，宪不发封，斩其使以闻。

甲午，以景进为银青光禄大夫、检校右散骑常侍兼御史大夫、上

望和您一起回去，我们仍然向朝廷上表报告。如果天子健在，而兴兵讨伐我们，以我们魏博军的战斗力是能够抵御他们的，说不定这就是重新获得富贵的机会！”杨仁晸不肯依从他，皇甫晖于是就杀了他；皇甫晖又劫持了一个小校官，这个小校官也不依从他，他又把小校官杀了；效节指挥使赵在礼听到发生了叛乱，慌得连衣服的带子都来不及系上，翻墙就要逃走，皇甫晖追上了他，扯住他的脚，把他从墙上拖了下来，然后拿出杨仁晸和那个小校官的头给他看，赵在礼感到害怕，只好依从了。这一帮乱兵随即尊奉赵在礼为主帅，在贝州烧杀抢劫。皇甫晖是魏州人；赵在礼是涿州人。第二天一早，皇甫晖等人簇拥着赵在礼向南直奔临清、永济、馆陶等地，他们对所经过地方都大肆抢劫。

二月初五日壬辰夜晚，有人从贝州跑来报告说那里的军队发生了叛乱，就要来进犯邺都了，都巡检使孙铎等人急忙跑去见史彦琼，请求他发给武器好登城守备。史彦琼怀疑他们有异心，就说：“来报告的人说今天乱贼到了临清，按照里程估计要到六天之后才能到这里，到时再防备也不晚。”孙铎说：“乱贼既然已经反叛，一定会利用我们没做防备的时候偷袭，所以他们日夜兼程，怎么会按照一般的行程赶路呢？请仆射率领大家登城防守，我另行招募一千名精兵埋伏在王莽河畔狙击他们，乱贼受到打击之后，一定会四处溃散，然后就可以把他们全部消灭。如果一定要等他们来到城下才作防备，万一有奸人做他们的内应，那么事情就危险了。”史彦琼坚持说：“只要整顿兵马坚守城池就可以了，何必要出去迎战！”当天夜里，乱兵的前锋攻打邺都北门，弓箭乱发。当时史彦琼正带着部属睡在北门楼上，听到乱兵的呼喊声，立刻就吓得四处逃散了。史彦琼一人骑马逃奔洛阳去了。

二月初六日癸巳，乱贼进入邺都城内，孙铎等人奋力抵抗，不能取胜，也只好逃走了。赵在礼占据了宫城，委任皇甫晖和军校赵进担任马步都指挥使，并且放纵士卒大肆抢劫。赵进是定州人。

王正言正伏案准备召唤小吏来草拟奏章，叫了半天也没人进来，十分生气，他的家人告诉他：“乱贼已经进入城内，在街市上又杀又抢，官吏们都四处逃散了，您还叫谁呀？”王正言惊讶地说：“我根本不知道这回事。”又要备马，马也没找到，只好带着他的幕僚们步行走出府门前往拜见赵在礼，一再向他叩拜请罪，赵在礼也回拜了他，说：“士卒们只不过是想回家罢了，尚书您德高望重，千万不要太谦卑了。”宽慰了他们一番之后就把他们送走了。

众人公推赵在礼为魏博留后，并且把发生的情况详细地上奏给后唐庄宗。北京留守张宪的家在邺都，赵在礼对他的家人厚加抚慰，又派遣使者送信去诱惑张宪，张宪连信都没拆，就把来使杀了，然后向后唐庄宗报告。

二月初七日甲午，任命景进为银青光禄大夫、检校右散骑常侍兼御史大夫、上

柱国。

丙申，史彦琼至洛阳。帝问可为大将者于枢密使李绍宏，绍宏复请用李绍钦，帝许之，令条上方略。绍钦所请偏裨，皆梁旧将，己所善者，帝疑之而止。皇后曰：“此小事，不足烦大将，绍荣可办也。”帝乃命归德节度使李绍荣将骑三千诣邺招抚，亦征诸道兵，备其不服。

（以上为第八段，写后唐庄宗之猜疑逼反魏州戍兵。）

郭崇韬之死也，李绍琛谓董璋曰：“公复欲呫嗫谁门乎？”璋惧，谢罪。魏王继岌军还至武连，遇敕使，谕以朱友谦已伏诛，令董璋将兵之遂州诛朱令德。时绍琛将后军在魏城，闻之，以帝不委己杀令德而委璋，大惊。俄而璋过绍琛军，不谒。绍琛怒，乘酒谓诸将曰：“国家南取大梁，西定巴、蜀，皆郭公之谋而吾之战功也；至于去逆效顺，与国家犄角以破梁，则朱公也。今朱、郭皆无罪族灭，归朝之后，行及我矣。冤哉！天乎！奈何？”绍琛所将多河中兵，河中将焦武等号哭于军门曰：“西平王何罪，阖门屠脍！我属归则与史武等同诛，决不复东矣。”是日，魏王继岌至泥溪，绍琛至剑州遣人白继岌云：“河中将士号哭不止，欲为乱。”丁酉，绍琛自剑州拥兵西还，自称西川节度、三川制置等使，移檄成都，称奉诏代孟知祥，招谕蜀人，三日间众至五万。

戊戌，李继曮至凤翔，监军使柴重厚不以符印与之，促令诣阙。

己亥，魏王继岌至利州，李绍琛遣人断桔柏津。继岌闻之，以任圜为副招讨使，将步骑七千，与都指挥使梁汉颙、监军李延安追讨之。

庚子，邢州左右步直兵赵太等四百人据城自称安国留后。诏东北面招讨副使李绍真讨之。

辛丑，任圜先令别将何建崇击剑门关，下之。

（以上为第九段，写西征兵，李绍琛反于绵州，自称西川节度、三川制置使。河北赵太反于刑州，自称安国留后。）

柱国。

二月初九日丙申，史彦琼到达洛阳。后唐庄宗询问枢密使李绍宏谁可以担任大将，李绍宏再次请求起用李绍钦，后唐庄宗答应他的请求，命令他详细起草一份出征方略呈上。李绍钦所提出的副将人选，都是过去后梁的旧将，和他的关系很好，后唐庄宗对此起了疑心，这事也只好作罢了。皇后说："这种区区小事，不必麻烦大将，只要李绍荣就可以把事情办好了。"于是后唐庄宗就命令归德节度使李绍荣率领三千名骑兵前去邺都招抚赵在礼等，同时也向各道征调兵马，以防备乱兵不肯归服。

郭崇韬死后，李绍琛问董璋说："您又想到谁家门上去窃窃私语呀？"董璋很害怕，赶忙赔罪。魏王李继岌班师走到武连，遇到了宣诏的使者，告诉他们朱友谦已经被诛杀了，又命令董璋率领人马去遂州诛杀朱令德。当时李绍琛正率领后军在魏城，听到这件事后，认为后唐庄宗不委任自己去杀朱令德而却委任董璋，大为吃惊。不一会儿，董璋率军从李绍琛的后军营地旁经过，没有前来拜见。李绍琛大为恼怒，他借着酒力对诸位将领说："国家南面攻取大梁，西面平定巴蜀，这些全靠郭公的谋划与我的战功；至于背弃伪朝，归顺国家，和我们互为犄角最终攻破梁朝的，则是朱公。现朱、郭二公都是无罪而被诛灭全族，我看回朝之后，大概也要轮到我了。真是冤啊，天哪！该怎么办啊！"李绍琛所属部队大部分都是原籍为河中军镇的士卒，河中将领焦武等人在军门口放声大哭，说："西平王朱友谦有什么罪过，竟然遭到满门抄斩！我们若回去就会落得和史武等人一样被诛杀的下场，我们宁死也不愿再往东走了。"当天，魏王李继岌到达泥溪，李绍琛到达剑州后派人告诉李继岌说："河中的将士号哭不停，他们想要叛乱。"二月初十日丁酉，李绍琛从剑州率领部队西返，自称为西川节度、三川制置等使，又移送檄文到成都，自称奉皇帝的命令来替代孟知祥，他召集告谕蜀中百姓，三天之间就聚集了五万民众。

二月十一日戊戌，李继曮到达凤翔，监军使柴重厚没有把印信交给他，只是催促他赶快到朝廷那儿去。

二月十二日己亥，魏王李继岌到达利州，李绍琛派人破坏了桔柏津的浮桥。李继岌得知这件事后，就任命任圜为副招讨使，率领步兵骑兵共七千人，和都指挥使梁汉颙、监军李延安一道追击讨伐他。

二月十三日庚子，邢州左右步直兵赵太等四百人，占据了邢州城，自称安国留后。后唐庄宗下诏命令东北面招讨副使李绍真率兵前去讨伐。

二月十四日辛丑，任圜首先命令别将何建崇攻打剑门关，结果攻了下来。

李绍荣至邺都，攻其南门，遣人以敕招谕之。赵在礼以羊酒犒师，拜于城上曰：“将士思家擅归，相公诚善为敷奏，得免于死，敢不自新！”遂以敕遍谕军士。史彦琼戟手大骂曰：“群死贼，城破万段！”皇甫晖谓其众曰：“观史武德之言，上不赦我矣。”因聚噪，掠敕书，手坏之，守陴拒战。绍荣攻之不利，以状闻，帝怒曰：“克城之日，勿遗噍类！”大发诸军讨之。壬寅，绍荣退屯澶州。

甲辰夜，从马直军士王温等五人杀军使，谋作乱，擒斩之。从马直指挥使郭从谦，本优人也，优名郭门高。帝与梁相拒于得胜，募勇士挑战，从谦应募，俘斩而还，由是益有宠。帝选诸军骁勇者为亲军，分置四指挥，号从马直，从谦自军使积功至指挥使。郭崇韬方用事，从谦以叔父事之，睦王存乂以从谦为假子。及崇韬、存乂得罪，从谦数以私财飨从马直诸校，对之流涕，言崇韬之冤。及王温作乱，帝戏之曰：“汝既负我附崇韬、存乂，又教王温反，欲何为也？”从谦益惧。既退，阴谓诸校曰：“主上以王温之故，俟邺都平定，尽阬若曹。家之所有宜尽市酒肉，勿为久计也。”由是亲军皆不自安。

乙巳，王衍至长安，有诏止之。

先是，帝诸弟虽领节度使，皆留京师，但食其俸。戊申，始命护国节度使永王存霸至河中。

丁未，李绍荣以诸道兵再攻邺都。庚戌，裨将杨重霸帅众数百登城，后无继者，重霸等皆死。贼知不赦，坚守无降意。朝廷患之，日发中使促魏王继岌东还。继岌以中军精兵皆从任圜讨李绍琛，留利州待之，未得还。

李绍荣讨赵在礼久无功，赵太据邢州未下。沧州军乱，小校王景戡讨定之，因自为留后。河朔州县告乱者相继。帝欲自征邺都，宰相、枢密使皆言京师根本，车驾不可轻动，帝曰：“诸将无可使者。”皆曰：“李

李绍荣率军到达邺都，攻打邺都南门，又派人用皇帝的诏书来招降他们。赵在礼派人送去羊和酒犒劳大军，并且在城上拜谢说："将士们思念家人擅自回来，李相公如果能好言替我们向皇上说明情况，使我们得以免于一死，我们怎敢不悔过自新！"于是就把皇帝的赦令通告了全体将士。史彦琼在城下指手画脚地大骂说："你们这一帮该死的乱贼，攻破城后把你们碎尸万段！"皇甫晖对大家说："听史武德这话的口气，皇上是不肯赦免我们的了。"于是又聚众鼓噪，抢过敕书，把它撕得粉碎，然后据城防守。李绍荣攻城不利，就把这些情况报告后唐庄宗，后唐庄宗得知后大怒说："城破之后，一个活口也别给我留下！"又大举调集各路人马前去讨伐。二月十五日壬寅，李绍荣退到澶州驻扎。

二月十七日甲辰夜晚，从马直军士王温等五人杀死了军使，阴谋作乱，被抓住斩首。从马直指挥使郭从谦，原来是个艺人，艺名叫郭门高。当年后唐庄宗和梁军在得胜相持的时候，曾招募勇士向梁军挑战，郭从谦应召，后来居然斩杀和俘虏了敌人回来，从此更加得到后唐庄宗的宠信。后唐庄宗从各部队中挑选了一些骁勇善战的士卒组成亲军，分别设置了四个指挥使，命名为从马直，郭从谦凭借战功从军使一直升迁到指挥使。当时正值郭崇韬掌权，郭从谦把他当作叔父来侍奉，睦王李存义把郭从谦当作义子。到了郭崇韬、李存义获罪被杀以后，郭从谦多次把自己的个人财产拿出来犒赏给从马直的各位军校，对着他们痛哭流涕，诉说郭崇韬死得冤枉。到了王温作乱的时候，后唐庄宗开玩笑地对他说："你既然背叛了我而投靠郭崇韬、李存义，又让王温造反，下一步打算干什么？"郭从谦听了这话后更加感到恐惧不安。从皇帝那儿回来后，他暗地里对各位军校说："皇上因为王温造反的缘故，等到邺都平定之后，要把你们全部坑杀。你们家中如果有什么钱财应该全部拿出来买酒买肉吃了，不要作什么长久打算了。"从此，这些亲军士卒都感到惶恐不安。

二月十八日乙巳，王衍到达长安，后唐庄宗下诏命令他留在那里。

在此之前，后唐庄宗的各位兄弟虽然都兼领节度使，但都留在京师，只是支领俸禄而已。二月二十一日戊申，后唐庄宗才命令护国节度使永王李存霸到河中赴任。

二月二十日丁未，李绍荣率领各道兵马再度攻打邺都。二月二十三日庚戌，副将杨重霸率领数百名士卒登上城头，因为后面的部队没跟上，杨重霸等人全部战死。乱兵们深知朝廷不肯赦免他们，因此一直坚守城池，没作一点投降的打算。朝廷很担忧，每天都派出宫中的使者前去催促魏王李继岌东返。李继岌把中军的精锐部队都交给任圜带领讨伐李绍琛去了，就留在利州等他们，所以一时还难以回来。

李绍荣讨伐赵在礼费时很久却毫无结果；赵太占据了邢州，也没有办法把它攻下来。沧州的军队发生叛乱，小校王景戡率兵去把他们讨伐平定了下来，接着就自称留后；河朔地区的各个州县接连不断地有人来报告说发生了叛乱。后唐庄宗准备亲自率

嗣源最为勋旧。”帝心忌嗣源，曰：“吾惜嗣源，欲留宿卫。”皆曰：“他人无可者。”忠武节度使张全义亦言：“河朔多事，久则患深，宜令总管进讨；若倚绍荣辈，未见成功之期。”李绍宏亦屡言之，帝以内外所荐，甲寅，命嗣源将亲军讨邺都。

（以上为第十段，写李绍荣讨邺都久不建功，后唐庄宗无奈之下任李嗣源将亲军讨邺都。）

延州言绥、银军乱，剽州城。

董璋将兵二万屯绵州，会任圜讨李绍琛。帝遣中使崔延琛至成都，遇绍琛军，绐之曰：“吾奉诏召孟郎，公若缓兵，自当得蜀。”既至成都，劝孟知祥为战守备。知祥浚壕树栅，遣马步都指挥使李仁罕将四万人，骁锐指挥使李延厚将二千人讨绍琛。延厚集其众询之曰：“有少壮勇锐，欲立功求富贵者东！衰疾畏懦，厌行陈者西！”得选兵七百人以行。

是日，任圜军追及绍琛于汉州，绍琛出兵逆战。招讨掌书记张砺请伏精兵于后，以羸兵诱之，圜从之，使董璋以东川羸兵先战而却。绍琛轻圜书生，又见其兵羸，极力追之，伏兵发，大破之，斩首数千级，自是绍琛入汉州，闭城不出。

三月，丁巳朔，李绍真奏克邢州，擒赵太等。庚申，绍真引兵至邺都，营于城西北，以太等徇于邺都城下而杀之。

辛酉，以威武节度副使王延翰为威武节度使。

壬戌，李嗣源至邺都，营于城西南；甲子，嗣源下令军中，诘旦攻城。是夜，从马直军士张破败作乱，帅众大噪，杀都将，焚营舍。诘旦，乱兵逼中军，嗣源帅亲军拒战，不能敌，乱兵益炽。嗣源叱而问之曰：“尔曹欲何为？”对曰：“将士从主上十年，百战以得天下。今主上弃恩任威，贝州戍卒思归，主上不赦，云‘克城之后，当尽坑魏博之军’。近从马直数卒喧竞，遽欲尽诛其众。我辈初无叛心，但畏死耳。今众议欲与城中合势击退诸道之军，请主上帝河南，令公帝河北，为军民之主。”嗣源泣谕之，不从。嗣源曰：“尔不用吾言，任尔所为，我自归京师。”乱兵

兵征伐邺都，宰相和枢密使都说京师是国家的根本之地，皇帝车驾不能轻易出动。后唐庄宗感叹地说：“将领中没有一个管用的了。”大家都说：“李嗣源是功劳最大的旧将，应该可用。”后唐庄宗心里一直猜忌李嗣源，就说：“我爱惜嗣源，想把他留在身边宿卫。”大家都说：“别人就没有再合适的了。”忠武节度使张全义也说：“河朔地区最近多事，拖久了恐怕麻烦更多，应当让李总管率兵前去讨伐；如果指望李绍荣些人，成功将是遥遥无期的。”李绍宏也多次建议，后唐庄宗因为朝廷内外都推荐李嗣源，于是就在二月二十七日甲寅，命令李嗣源率领后唐庄宗的亲军前去讨伐邺都。

延州方面报告说绥州、银州的军队发生了叛乱，并且抢劫了州城。

董璋率领二万士卒驻扎在绵州，会同任圜的部队讨伐李绍琛。后唐庄宗派遣宫中的使者崔延琛前往成都，遇上了李绍琛的部队，就欺骗他说：“我奉皇上的命令前去征召孟郎回朝，您如果稍微慢一点再前去，自然能够得到蜀地。”崔延琛到了成都以后，就劝孟知祥赶快防备。孟知祥疏通壕沟，修建栅栏，并派马步都指挥使李仁罕率兵四万，骁锐指挥使李延厚率兵二千前去讨伐李绍琛。李延厚把他的部众召集起来对他们说：“有年轻力壮勇敢善战而又想立功求得富贵的人站在东边，年老有病、胆小怕死或厌倦行军打仗的人站在西边。”最后他挑选出七百名士兵出发了。

这一天，任圜率军追击李绍琛到了汉州，李绍琛出兵迎战；招讨掌书记张砺建议把精锐部队埋伏在后方，而在前面部署老弱士兵用来引诱敌人，任圜听从了他的建议，让董璋带着东川的老弱士兵先接战，然后退却。李绍琛瞧不起任圜这个书生，又看到对方都是老弱士兵，就奋力追击，这时对方伏兵四起，把他打得大败，斩杀了好几千人。从此李绍琛躲进了汉州城，紧闭城门，不肯出战。

三月初一日丁巳，李绍真上奏说攻克了邢州，活捉了赵太等人。三月初四日庚申，李绍真率兵到达邺都，在城的西北面扎下营寨，把赵太等人绑到邺都城下示众，然后杀掉。

三月初五日辛酉，任命威武节度副使王延翰为威武节度使。

三月初六日壬戌，李嗣源到达邺都，在城的西南面扎营；三月初八日甲子，李嗣源传令军中，第二天早晨攻城。当天夜里，从马直军士张破败发动叛乱，带领很多人大声喧闹，杀死都将，焚烧营寨。第二天早晨，叛乱的士卒逼近中军，李嗣源率领亲军抵抗，结果抵挡不住，乱兵的声势反而更盛。李嗣源大声地责问他们说：“你们究竟想干什么？”乱兵们回答说：“将士们跟随皇上已有十年，身经百战才得到天下。现在皇上不念旧情，只是一味要立威，贝州戍守的士卒想回来，皇上却不赦免他们，还说‘攻下城以后，要把魏博的军队全部坑杀’。最近从马直的几个士卒争逐喧闹，马上又要把他们全部杀掉。我们这些人从来都没有背叛的想法，只是害

拔白刃环之，曰："此辈虎狼也，不识尊卑，令公去欲何之？"因拥嗣源及李绍真等入城，城中不受外兵，皇甫晖逆击张破败，斩之，外兵皆溃。赵在礼帅诸校迎拜嗣源，泣谢曰："将士辈负令公，敢不惟命是听！"嗣源诡说在礼曰："凡举大事，须藉兵力，今外兵流散无所归，我为公出收之。"在礼乃听嗣源、绍真俱出城，宿魏县，散兵稍有至者。

（以上为第十一段，写李嗣源为乱兵挟持，全军溃散。）

汉州无城堑，树木为栅。乙丑，任圜进攻其栅，纵火焚之，李绍琛引兵出战于金雁桥，兵败，与十余骑奔绵竹，追擒之。孟知祥自至汉州犒军，与任圜、董璋置酒高会，引李绍琛槛车至座中，知祥自酌大卮饮之，谓曰："公已拥节旄，又有平蜀之功，何患不富贵，而求入此槛车邪？"绍琛曰："郭侍中佐命功第一，兵不血刃取两川，一旦无罪族诛，如绍琛辈安保首领！以此不敢归朝耳。"魏王继岌既获绍琛，乃引兵倍道而东。

孟知祥获陕虢都指挥使汝阴李肇、河中都指挥使千乘侯弘实，以肇为牙内马步都指挥使，弘实副之。蜀中群盗犹未息，知祥择廉吏使治州县，蠲除横赋，安集流散，下宽大之令，与民更始。遣左厢都指挥使赵廷隐、右厢都指挥使张业将兵分讨群盗，悉诛之。

（以上为第十二段，写孟知祥平定李绍琛，安定蜀中。）

李嗣源之为乱兵所逼也，李绍荣有众万人，营于城南，嗣源遣牙将张虔钊、高行周等七人相继召之，欲与共诛乱者。绍荣疑嗣源之诈，留使者，闭壁不应。及嗣源入邺都，遂引兵去。嗣源在魏县，众不满百，又无兵仗。李绍真所将镇兵五千，闻嗣源得出，相帅归之，由是嗣源兵稍振。嗣源泣谓诸将曰："吾明日当归藩，上章待罪，听主上所裁。"李绍真及中门使安重诲曰："此策非宜。公为元帅，不幸为凶人所劫。李绍荣不战而退，归朝必以公藉口。公若归藩，则为据地邀君，适足以实谗

怕被杀而已。现在大家商量想和城里人联合起来，击退各路军队，请皇上在河南称帝，令公您在河北称帝，当我们这里军民的主上。”李嗣源流着泪劝说他们，乱兵不肯听从。李嗣源最后说：“你们听不进我的话，那就随你们怎么干好了，我自己回京师去。”乱兵们拔出刀剑把他围了起来，对他说：“这些人都是虎狼之辈，也不管尊卑，令公离开这里想到哪里去呢？”于是就簇拥着李嗣源和李绍真要进城，结果城里的人不让外面的军队进去，皇甫晖率兵迎击张破败，把他杀死，城外的军队都溃散了。赵在礼率领将校们前来拜见李嗣源，流着泪谢罪说：“将士们对不起令公您，怎敢不唯命是从！”李嗣源骗赵在礼说：“凡是要成就大事，一定要依靠兵力，现在城外的军队流散后无所归属，我替你出去把他们召集起来。”赵在礼于是就让李嗣源和李绍真出城去了，二人住在魏县，被打散的士卒回来了一些。

汉州城没有防御用的沟堑，只是树立了一些木头作为栅栏。三月初九日乙丑，任圜对这些栅栏发起了攻击，放火焚烧栅栏，李绍琛率兵在金雁桥迎战，结果战败，和十多名骑兵逃往绵竹，被追上活捉了。孟知祥亲自到汉州犒赏军队，和任圜、董璋大摆酒宴，把李绍琛用槛车带到席间，孟知祥亲自斟了一大杯酒给李绍琛，对他说：“您已经是位拥节旄的大臣了，又有平定蜀国的功劳，还愁不安享富贵吗，为什么还自找坐这种槛车呢？”李绍琛回答说：“郭侍中辅佐皇上功劳第一，几乎兵不血刃就攻取了东西两川，但却突然间无罪而被诛杀全族；像我李绍琛这等人又怎么能够保住脑袋？因此我不敢再到朝廷中去了。”魏王李继岌在抓获了李绍琛之后，就率兵日夜兼程向东进发。

孟知祥得到陕虢都指挥使汝阴人李肇、河中都指挥使千乘人侯弘实，就任命李肇为牙内马步都指挥使，侯弘实为副使。当时蜀中的很多盗贼还没有平息，孟知祥就挑选了一些廉洁的官吏，让他们治理各个州县，下令免除苛捐杂税，召集并安置流散人员，实施一些宽大的政策，让百姓能够休养生息。又派遣左厢都指挥使赵廷隐、右厢都指挥使张业率兵分路讨伐盗贼，最后把他们都消灭了。

李嗣源被乱兵逼迫的时候，李绍荣有士卒一万人，驻扎在邺都城南，李嗣源派遣牙将张虔钊、高行周等七人相继前去召集他，要和他一道去诛杀乱兵。李绍荣怀疑李嗣源有诈，就扣留了来使，关闭营垒，不肯出兵。到了李嗣源被乱兵簇拥着进入邺都城后，李绍荣就率兵撤离了那里。李嗣源住在魏县，士卒不到百人，又没有武器；李绍真所率领的五千名镇州兵，听说李嗣源从城中出来了，就相继投奔他来了，从此李嗣源的兵势才开始振作起来。李嗣源流着泪对将领们说：“我明天就回藩镇去，然后上表向皇帝请罪，一切都听皇上的裁决。”李绍真和中门使安重诲都说：

慝之言耳。不若星行诣阙，面见天子，庶可自明。”嗣源曰：“善！”丁卯，自魏县南趣相州，遇马坊使康福，得马数千匹，始能成军。福，蔚州人也。

平卢节度使符习将本军攻邺都，闻李嗣源军溃，引兵归。至淄州，监军使杨希望遣兵逆击之，习惧，复引兵而西。青州指挥使王公俨攻希望，杀之，因据其城。

时近侍为诸道监军者，皆恃恩与节度使争权，及邺都军变，所在多杀之。安义监军杨继源谋杀节度使孔勍，勍先诱而杀之。武宁监军以李绍真从李嗣源，谋杀其元从，据城拒之。权知留后淳于晏帅诸将先杀之。晏，登州人也。

戊辰，以军食不足，敕河南尹豫借夏秋税，民不聊生。

忠武节度使、尚书令齐王张全义闻李嗣源入邺都，忧惧不食，辛未，卒于洛阳。

租庸使以仓储不足，颇朘刻军粮，军士流言益甚。宰相惧，帅百官上表言：“今租庸已竭，内库有余，诸军室家不能相保，傥不赈救，惧有离心。俟过凶年，其财复集。”上即欲从之，刘后曰：“吾夫妇君临万国，虽藉武功，亦由天命。命既在天，人如我何！”宰相又于便殿论之，后属耳于屏风后，须臾，出妆具及三银盆、皇幼子三人于外曰：“人言宫中蓄积多，四方贡献随以给赐，所余止此耳，请鬻以赡军！”宰相惶惧而退。

李绍荣自邺都退保卫州，奏李嗣源已叛，与贼合。嗣源遣使上章自理，一日数辈。嗣源长子从审为金枪指挥使，帝谓从审曰：“吾深知尔父忠厚，尔往谕朕意，勿使自疑。”从审至卫州，绍荣囚，欲杀之。从审曰：“公等既不亮吾父，吾亦不能至父所，请复还宿卫。”乃释之。帝怜从审，赐名继璟，待之如子。是后嗣源所奏，皆为绍荣所遏，不得通，嗣源由是疑惧。石敬瑭曰：“夫事成于果决而败于犹豫，安有上将与叛卒入

“这不是个好办法。您身为元帅，不幸被乱兵所劫持；李绍荣不战而退，回到朝廷后一定会拿您当借口。您若回到藩镇去，那就是占据地盘要挟国君，那就正好证实了那些谗言了。不如连夜赶回朝廷，面见天子，这样或许能够表白自己的心志。”李嗣源说：“对！”三月十一日丁卯，从魏县往南直奔相州，遇到了马坊使康福。从他那儿得到了几千匹马，军队才开始像个样子。康福是蔚州人。

平卢节度使符习率领所属军队攻打邺都，得知李嗣源的军队溃散了，也就把自己的人马撤了回去；到了淄州，监军使杨希望派兵迎击他，符习很害怕，又率军向西而去。青州指挥使王公俨进攻杨希望，把他杀了，随即占据了淄州城。

当时近侍中担任诸道监军的人，都依仗着皇帝的恩宠和节度使们争夺权力，到了邺都发生兵变的时候，很多地方都发生了杀死监军的事。安义监军杨继源阴谋要杀害节度使孔勍，结果却是孔勍先引诱他前来把他杀了。武宁监军因为李绍真随从李嗣源，就阴谋杀害他留在大本营的将士，然后再占据城池抗拒李绍真；权知留后淳于晏率领将领们先下手把他杀了。淳于晏是登州人。

三月十二日戊辰，因为军粮不足，后唐庄宗下令河南尹先向百姓预借夏秋的租税；这一来，老百姓更加活不下去了。

忠武节度使、尚书令齐王张全义得知李嗣源被劫进邺都，又担心又害怕，吃不下饭，三月十五日辛未，在洛阳去世。

租庸使因为仓库里的储粮不多了，就开始克扣军粮，军士们流言纷纷。宰相很害怕，就带领百官向后唐庄宗上奏说：“现在租庸的财力已经用完了，宫内的府库中还有剩余，各军的将士们无法养家糊口，如果不赶快救济的话，恐怕就会产生叛离之心。等过了这些灾害年成，这些财物还是会再聚集到宫中来的。”后唐庄宗当即就要采纳这个建议，刘皇后却说：“我们夫妇君临万国，虽说是凭借了武功，但也是由于天命的安排。命运既然在天掌握，别人能把我们怎么样？”宰相又在偏殿向后唐庄宗劝说，刘皇后把耳朵贴在屏风后面偷听，一会儿，她把梳妆用具、三个银盆和后唐庄宗的三个幼子都抱到外面，说：“大家都说宫里的积蓄很多，但是四面八方的贡献平时都赏赐下去了，所剩下的只有这些了，请把这些东西拿去卖了好养活军队！”宰相见状十分害怕，就赶快退了出来。

李绍荣从邺都退到卫州防守，向后唐庄宗上奏说李嗣源已经叛变，与乱兵联合一伙；李嗣源派遣使者上表向后唐庄宗辩白，一天之中派出了好几个人。李嗣源的长子李从审当时担任金枪指挥使，后唐庄宗对李从审说：“我深知你父亲的忠厚，你前去转达朕的意思，不要让他自己起了疑心。”李从审途中到了卫州，李绍荣把他囚禁了起来，准备把他杀掉。李从审对他说：“你们既然不相信我父亲，我也不能到我的父亲那里去，那么请求再让我回京城宿卫好了。”于是李绍荣就放了他。后唐庄宗

贼城，而他日得保无恙乎？大梁，天下之要会也，愿假三百骑先往取之。若幸而得之，公宜引大军亟进，如此始可自全。”突骑指挥使康义诚曰：“主上无道，军民怨怒，公从众则生，守节则死。”嗣源乃令安重诲移檄会兵。义诚，代北胡人也。

（以上为第十三段，写李嗣源被逼上梁山，率部众反叛，兵进大梁。）

时齐州防御使李绍虔、泰宁节度使李绍钦、贝州刺史李绍英屯瓦桥，北京右厢马军都指挥使安审通屯奉化军，嗣源皆遣使召之。绍英，瑕丘人，本姓房，名知温；审通，金全之侄也。嗣源家在真定，虞候将王建立先杀其监军，由是获全。建立，辽州人也。李从珂自横水将所部兵由盂县趣镇州，与王建立军合，倍道从嗣源。嗣源以李绍荣在卫州，谋自白皋济河，分三百骑使石敬瑭将之前驱，李从珂为殿，于是军势大盛。嗣源从子从璋自镇州引兵而南，过邢州，邢人奉为留后。

癸酉，诏怀远指挥使白从晖将骑兵扼河阳桥，帝乃出金帛给赐诸军，枢密宣徽使及供奉内使景进等皆献金帛以助给赐。军士负物而诟曰：“吾妻子已殍死，得此何为！”甲戌，李绍荣自卫州至洛阳，帝如鹞店劳之。绍荣曰：“邺都乱兵已遣其党翟建白据博州，欲济河袭郓、汴，愿陛下幸关东招抚之。”帝从之。

景进等言于帝曰：“魏王未至，康延孝初平，西南犹未安。王衍族党不少，闻车驾东征，恐其为变，不若除之。”帝乃遣中使向延嗣赍敕往诛之，敕曰：“王衍一行，并从杀戮。”已印画，枢密使张居翰覆视，就殿柱揩去“行”字，改为“家”字，由是蜀百官及衍仆役获免者千余人。延嗣至长安，尽杀衍宗族于秦川驿。衍母徐氏且死，呼曰：“吾儿以一国迎降，不免族诛，信义俱弃，吾知汝行亦受祸矣！”

（以上为第十四段，写后唐庄宗途穷末路杀蜀主。枢密使张居翰改诛杀诏书“行”字为“家”字，存活者千余人。）

很怜爱李从审，赐给他名字叫继璟，待他像自己的儿子一样。此后李嗣源的所有奏书，都被李绍荣所拦截，无法送到京城去，李嗣源从此更加深了猜疑和恐惧。石敬瑭说："任何事情都成功于迅速果断，失败于犹豫不定，哪里有上将和叛兵一道进入贼城而日后又安然无事的呢？大梁是天下的要害地方，我请求借三百名骑兵先去把它拿下来；如果能顺利攻取大梁的话，您就率领大军急速赶来，只有这样做才可保全自身的安全。"突骑指挥使康义诚说："皇上无道，军民们都很怨恨愤怒，您只要顺从民意就能够生存下去，若一味讲求保持君臣节操，那就必死无疑。"李嗣源于是下令安重诲传送檄文会集各路军队。康义诚是代北胡人。

当时齐州防御使李绍虔、泰宁节度使李绍钦、贝州刺史李绍英都驻守在瓦桥，北京右厢马军都指挥使安审通驻守在奉化军，李嗣源都派遣使者去召集他们前来。李绍英是瑕丘人，本来姓房，名叫知温；安审通是安金全的侄子。李嗣源的家属住在真定，多亏了虞候将王建立先杀了监军，所以李嗣源的家人才得以保全。王建立是辽州人。李从珂从横水率领所属部队取道孟县赶往镇州，与王建立的军队会合，然后日夜兼程地朝李嗣源这儿开来。李嗣源因为李绍荣在卫州，就计划从白皋渡过黄河，分出三百名骑兵让石敬瑭带领作为前锋，又命令李从珂殿后，于是兵威大振。李嗣源的侄子李从璋从镇州率兵向南进发，经过邢州的时候，邢州的军民尊奉他为留后。

三月十七日癸酉，后唐庄宗下诏命令怀远指挥使白从晖率领骑兵扼守住河阳桥，于是后唐庄宗这时才拿出部分金银布帛赏赐给各路军队，枢密宣徽使以及供奉内使景进等人都献出了金银布帛以赞助后唐庄宗的赏赐。军士们背着这些赏赐的东西，边走边骂道："我们的妻子儿女都已经饿死了，现在拿到这些东西又有什么用！"三月十八日甲戌，李绍荣从卫州回到洛阳，后唐庄宗亲自到鷂店去慰劳他。李绍荣对后唐庄宗说："邺都的乱兵已经派遣他们的党羽翟建白占据了博州，准备渡过黄河攻取郓州、汴州，希望陛下能临幸关东亲自招抚他们。"后唐庄宗听从了他的建议。

景进等人向后唐庄宗建议说："魏王还没有回到京师，康延孝才刚刚讨平，西南方面还不是很安定；王衍的族党不少，如果他们听说陛下的车驾东征，恐怕就会闹乱子，不如把他们杀了。"后唐庄宗于是派遣宫中的使者向延嗣带上诏书前去诛杀他们，诏书上写道："王衍一行，一律杀戮。"已经中书盖过印并且由后唐庄宗画可了，枢密使张居翰再检视一遍时，就在殿堂的柱子上把"行"字擦去，改写成"家"字，这样一来，前蜀的百官和王衍的仆役们就有一千多人幸免一死。向延嗣到了长安，在秦川驿把王衍的家族全部诛杀。王衍的母亲徐氏在临死前，大叫说："我的儿子用一个国家来投降，还是免不了全家被诛杀，你们背信弃义，我看你们也快要遭受这种灾祸了。"

乙亥，帝发洛阳；丁丑，次汜水；戊寅，遣李绍荣将骑兵循河而东。李嗣源亲党从帝者多亡去。或劝李继璟宜早自脱，继璟终无行意。帝屡遣继璟诣嗣源，继璟固辞，愿死于帝前以明赤诚。帝闻嗣源在黎阳，强遣继璟渡河召之，道遇李绍荣，绍荣杀之。

吴越王镠有疾，如衣锦军，命镇海、镇东节度使留后钱传瓘监国。吴徐温遣使来问疾，左右劝镠勿见，镠曰："温阴狡，此名问疾，实使之觇我也。"强出见之。温果聚兵欲袭吴越，闻镠疾瘳而止。镠寻还钱塘。

吴以左仆射、同平章事徐知诰为侍中，右仆射严可求兼门下侍郎、同平章事。

庚辰，帝发汜水。

辛巳，李嗣源至白皋，遇山东上供绢数船，取以赏军。安重诲从者争舟，行营马步使陶玘斩以徇，由是军中肃然。玘，许州人也。嗣源济河，至滑州，遣人招符习，习与嗣源会于胙城，安审通亦引兵来会。知汴州孔循遣使奉表西迎帝，亦遣使北输密款于嗣源，曰："先至者得之。"

先是，帝遣骑将满城西方邺守汴州。石敬瑭使裨将李琼以劲兵突入封丘门，敬瑭踵其后，自西门入，遂据其城，西方邺请降。敬瑭使趣嗣源。壬午，嗣源入大梁。

是日，帝至荥泽东，令龙骧指挥使姚彦温将三千骑为前军，曰："汝曹汴人也，吾入汝境，不欲使他军前驱，恐扰汝室家。"厚赐而遣之。彦温即以其众叛归嗣源，谓嗣源曰："京师危迫，主上为元行钦所惑，事势已离，不可复事矣。"嗣源曰："汝自不忠，何言之悖也！"即夺其兵。指挥使潘环守王村寨，有刍粟数万，帝遣骑视之，环亦奔大梁。

帝至万胜镇，闻嗣源已据大梁，诸军离叛，神色沮丧，登高叹曰：

三月十九日乙亥，后唐庄宗从洛阳出发。三月二十一日丁丑，住在汜水。三月二十二日戊寅，派遣李绍荣率领骑兵沿着黄河向东进发。李嗣源的亲信同党中随从后唐庄宗出征的人大多都已逃走；有人劝李继璟应该早点脱身逃走，但是他最终还是没有逃走的念头。后唐庄宗多次派遣李继璟到李嗣源那里去，李继璟都一再推辞不去，希望能死在后唐庄宗的面前来表明自己的满腔赤诚。后唐庄宗听说李嗣源在黎阳，就强行派遣李继璟渡过黄河去召见他，李继璟在半路上遇到了李绍荣，李绍荣把他杀了。

吴越王钱镠有病，就前往衣锦军，命令镇海、镇东节度使留后钱传瓘监国。吴国徐温派遣使者前来问候他的病情，钱镠的左右大臣都劝他不要接见这位来使，钱镠说："徐温阴险狡猾，这回名义上是来问候我的病情，而实际上是来窥探我的。"于是他强打精神出来会见使者。原来徐温果然集中了兵力准备袭击吴越，听说钱镠病好了就只好作罢。钱镠不久也回到了钱塘。

吴国任命左仆射、同平章事徐知诰为侍中，右仆射严可求兼任门下侍郎、同平章事。

三月二十四日庚辰，后唐庄宗从汜水出发。

三月二十五日辛巳，李嗣源到达白皋，碰到了好几船从山东去入供的绢帛，于是就把这些东西拿来赏赐给了军队。安重诲的随从们抢船，行营马步使陶玘当场把他们斩杀了，从此军中纪律肃然。陶玘是许州人。李嗣源率军渡过黄河，到了滑州，派人去招抚符习，符习和李嗣源在胙城相会，安审通也率兵前来会师。汴州知州孔循派遣使者奉表往西去迎接后唐庄宗的到来，同时也派遣使者秘密地向李嗣源表示投诚，说："谁先到谁就能得到汴州。"

在此之前，后唐庄宗派遣骑将满城人西方邺镇守汴州；石敬瑭派副将李琼率领劲兵突然攻进封丘门，石敬瑭率兵随后赶到，从西门进入城内，终于占领了汴州城，西方邺请求投降。石敬瑭派人去通知李嗣源，催促他进城。三月二十六日壬午，李嗣源进入大梁。

就在这一天，后唐庄宗到了荥泽的东面，命令龙骧指挥使姚彦温率领三千名骑兵为前锋，对他们说："你们都是汴梁人，我进入了你们的地境，不想让其他部队在前，唯恐骚扰你们的家室。"于是重重地赏赐后就派他们出发了。姚彦温随即率领这部分士卒背叛了后唐庄宗投奔李嗣源去了，他对李嗣源说："京师非常危急，皇上被元行钦所迷惑，大势已去，不可再侍奉皇上了。"李嗣源说："是你自己不忠，还说这种悖逆的话！"随即夺取了他的兵权。指挥使潘环驻守在王村寨，拥有粮草好几万斤，后唐庄宗派骑兵前去察看，结果潘环也投奔大梁去了。

后唐庄宗到达万胜镇，听说李嗣源已经占据大梁，各路军队纷纷叛离，神色非

“吾不济矣！”即命旋师。帝之出关也，扈从兵二万五千，及还，已失万余人，乃留秦州都指挥使张唐以步骑三千守关。癸未，帝还过罂子谷，道狭，每遇卫士执兵仗者，辄以善言抚之曰：“适报魏王又进西川金银五十万，到京当尽给尔曹。”对曰：“陛下赐已晚矣，人亦不感圣恩！”帝流涕而已。又索袍带赐从官，内库使张容哥称颁给已尽，卫士叱容哥曰：“致吾君失社稷，皆此阉竖辈也。”抽刀逐之。或救之，获免。容哥谓同类曰：“皇后吝财致此，今乃归咎于吾辈。事若不测，吾辈万段，吾不忍待也。”因赴河死。

甲申，帝至石桥西，置酒悲涕，谓李绍荣等诸将曰：“卿辈事吾以来，急难富贵靡不同之，今致吾至此，皆无一策以相救乎？”诸将百余人，皆截发置地，誓以死报，因相与号泣。是日晚，入洛城。

李嗣源命石敬瑭将前军趣汜水收抚散兵，嗣源继之。李绍虔、李绍英引兵来会。

丙戌，宰相、枢密使共奏：“魏王西军将至，车驾宜且控扼汜水，收抚散兵以俟之。”帝从之，自出上东门阅骑兵，戒以诘旦东行。

（以上为第十五段，写唐庄宗东征，部属星散，返回洛阳。）

常沮丧，他登上高丘感叹地说：“我不行了！”于是下令班师回朝。后唐庄宗当初出关的时候，随从的军队有两万五千人，等到回师的时候，已经失去了一万多人，于是留下秦州都指挥使张唐带领三千名步兵骑兵把守关口。三月二十七日癸未，后唐庄宗回来时经过罂子谷，道路狭窄，每碰到拿着兵器仪仗的卫士，后唐庄宗都要用好话安抚他们说：“刚才有报告说魏王又呈献了西川的金银五十万两，等到了京城后一定都全部分给你们。”卫士们回答说：“陛下赏赐这些东西已经太晚了，人们也不会感谢圣恩了。”后唐庄宗只是流眼泪而已。又寻找袍带赏赐给随从的官吏，内库使张容哥说用于赏赐的东西已经用光了，卫士们大骂张容哥说：“导致我们国君丧失社稷的，都是这一帮阉宦。”拔出刀来就要追杀他；幸好有人救了他，才使他免于一死，张容哥对他的同伙们说：“是皇后吝啬财物才造成了今天这种局面，现在却把过错都归罪在我们这些人的头上；一旦有什么意外情况发生，我们都会碎尸万段，我不忍心等到那个时候。”说完，就投河自尽了。

三月二十八日甲申，后唐庄宗到达石桥西，摆设酒宴，悲伤地流着泪，对李绍荣等将领们说：“你们侍奉我以来，急难同当，富贵同享，今天让我落到如此地步，难道你们都没有什么办法能解救我吗？”将领们有一百多人，都割断头发放在地上，发誓要用死来报效皇上，接着大家哭成一团。当天晚上，进入洛阳城。

李嗣源命令石敬瑭率领前军赶往汜水收集安抚那些逃散的士卒，他自己率军紧跟其后；李绍虔、李绍英率领军队前来会师。

三月三十日丙戌，宰相、枢密使一起上奏说：“魏王所率领的西征军队即将到来，陛下的车驾应当暂时控制扼守住汜水，收集安抚逃散的士卒，以等待魏王的到来。”后唐庄宗采纳了这个建议，于是亲自到上东门外检阅了骑兵，告诉他们明天早晨向东进发。

【点评】

本卷点评李继岌矫诏杀郭崇韬、变兵拥立李嗣源两件史事。

一、李继岌矫诏杀郭崇韬。后唐庄宗伐前蜀，议择大将。众举马步军总管李嗣源，郭崇韬以契丹在北，非李嗣源莫可当者，沮败其行。郭崇韬请派太子李继岌征蜀，也借此使太子立功，固太子之位，理由冠冕堂皇。郭崇韬明知太子年少，不可独任，庄宗一定点自己为将以副之。郭崇韬名义上推荐太子李继岌，实际是自荐为将。郭崇韬人臣之位已极，功高震主，不仅有宦官、伶人等日进谗言，而且权位亦为众矢之的，心不自安，身处危境又不甘心引退，于是欲借平蜀之功以自保，既立功于外，又手握重兵，自以为万全之计，其实是自掘坟墓。若郭崇韬已有不臣之心，握兵于外，抗拒朝命，割据一方，自为孟知祥，虽然是走钢丝，不失为一条存身之计。郭崇韬是忠臣，他只是想立新功以自保，而积年的权势在身，本能地狂妄自大，冷落主帅李继岌，本想依以为援的太子，不经意间成了潜在的敌人。此时违心奉迎的刘皇后更成了自己的索命鬼。在内外宦官小人的谗言构陷中，刘皇后矫诏，假李继岌之手以谋反罪诛杀郭崇韬。不仅仅是郭崇韬被族诛，还祸及朱友谦。朱友谦妻张氏取不死铁券以示使者说："此皇帝去年所赐也，我妇人不识书，不知其何等语也。"使者为河阳节度使李绍奇，他受后唐庄宗之命诛杀朱友谦家人，李绍奇亦惭愧难当。郭崇韬立功受诛，中外骇然，加之兴大狱，郭氏、朱氏之亲戚部属，无辜遭族灭，自是上下离心，随之而祸及后唐庄宗。王夫之论曰："伐蜀之役，则崇韬之自灭与灭唐也。"（《读通鉴论》卷二十九）不刊之论也。

二、变兵拥立李嗣源。郭崇韬无辜受诛，河北诸镇闻之，人情汹汹。魏博指挥使杨仁晸率领戍守瓦桥关的本部兵逾年代归，还至贝州，奉敕屯留，部卒皇甫晖，因人情不安，首倡变乱，拥立主将杨仁晸为变兵之帅，变兵说："主上所以有天下，吾魏军力也。魏军甲不去体，马不解鞍者十余年，今天下已定，天子不念旧劳，更加猜忌，远戍逾年，方喜代归，去家咫尺，不使相见。将士愿与公俱归。"后唐庄宗朝令夕改，贝州守卒已到更代之期，朝廷没有委派新兵接防，人心思乱以此为借口，变兵要杀回魏州，杨仁晸不从，变兵杀之，簇拥效节都指挥使赵在礼为首，倍道兼程南下临清、永济、馆陶，六日至邺城，两日即到达，变兵据邺城以叛，推赵在礼为魏博留后。官兵往讨不胜，庄宗不得已，派马步军总管李嗣源往讨。李嗣源至魏州，是夜下令明旦攻城，军吏张破败等，突然大声鼓噪，杀都将，焚营舍。天明，乱兵逼近中军，对李嗣源说："我辈将士跟从主上，十年血战得到天下，今主上弃恩任威，贝州戍卒思归，主上不赦，敕令'克城之后，当尽坑魏博之军'。我等并无反叛之心，只是为了活命，大家想要拥戴令公为主，与城中之士卒合力退朝廷官兵，让主上在河南称帝，令公在河北称帝。"部属安重诲、霍彦威等亦劝李嗣源从众

许之。变兵于是拥李嗣源入城，与赵在礼等合兵。李嗣源传檄诸镇，纷纷响应，率兵南向，庄宗亲兵，不战而散，李嗣源于是称帝，是为明宗。后唐废帝李从珂、后周太祖郭威、宋太祖赵匡胤，皆由变兵拥立而为帝，前后四位皇帝皆由变兵拥立。不过李嗣源真由变兵拥立，而李从珂、郭威、赵匡胤，则是人为制造兵变，以力相夺皇位罢了。

后唐纪四

后唐明宗天成元年至二年（926—927年）

【起柔兆阉茂（丙戌，926年）四月，尽强圉大渊献（丁亥，927年）六月，凡一年有奇】

【大事提要】

本卷记事起公元926年四月，讫公元927年六月，凡一年又两月。当后唐明宗天成元年四月至二年六月。后唐庄宗众叛亲离为乱兵所杀。李嗣源入洛抚定京师，辞位监国，待北都安定，李继岌死，西路军归服，而后即位，是为明宗。明宗大杀宦官，整肃朝纲，仍有汴滑兵变。当时世乱，军民遭涂炭。明宗杀卢台乱军一万多人，血染永济河。明宗一行伍，不知书，不明于治国，滥赐告身以万数，以至于三路讨荆南，不能诛灭一弹丸小国，非治世之主也。姚坤出使契丹告哀，拒绝契丹割地之请，大义凛然，堂堂中原一丈夫。契丹主死，述律后临朝，立次子耶律德光，贤者继位。述律后心计诛桀黠臣以百数，掌控政局，是一铁腕女人。闽国政变，王延钧杀逐其兄王延翰为闽王。中原无明主，孟知祥杀监军李严整武备，图谋割据西川。

【原文】

明宗圣德和武钦孝皇帝上之下

天成元年（丙戌，926年）

夏，四月，丁亥朔，严办将发，骑兵陈于宣仁门外，步兵陈于五凤门外。从马直指挥使郭从谦不知睦王存乂已死，欲奉之以作乱，帅所部兵自营中露刃大呼，与黄甲两军攻兴教门。帝方食，闻变，帅诸王及近卫骑兵击之，逐乱兵出门。时蕃汉马步使朱守殷将骑兵在外，帝遣中使急召之，欲与同击贼。守殷不至，引兵憩于北邙茂林之下。乱兵焚兴教门，缘城而入，近臣宿将皆释甲潜遁，独散员都指挥使李彦卿及宿卫军校何福进、王全斌等十余人力战。俄而帝为流矢所中，鹰坊人善友扶帝自门楼下，至绛霄殿庑下抽矢，渴懑求水，皇后不自省视，遣宦者进酪，须臾，帝殂。李彦卿等恸哭而去，左右皆散，善友敛庑下乐器覆帝尸而焚之。彦卿，存审之子；福进、全斌皆太原人也。刘后囊金宝系马鞍，与申王存渥及李绍荣引七百骑，焚嘉庆殿，自师子门出走。通王存确、雅王存纪奔南山。宫人多逃散，朱守殷入宫，选宫人三十余人，各令自取乐器珍玩，内于其家。于是诸军大掠都城。

是日，李嗣源至罂子谷，闻之，恸哭，谓诸将曰："主上素得士心，正为群小蔽惑至此，今吾将安归乎！"

戊子，朱守殷遣使驰白嗣源，以"京城大乱，诸军焚掠不已，愿亟来救之！"乙丑，嗣源入洛阳，止于私第，禁焚掠，拾庄宗骨于灰烬之中而殡之。

嗣源之入邺也，前直指挥使平遥侯益脱身归洛阳，庄宗抚之流涕。至是，益自缚请罪。嗣源曰："尔为臣尽节，又何罪也！"使复其职。

【语译】

明宗圣德和武钦孝皇帝上之下

后唐明宗天成元年（丙戌，926 年）

夏季，四月初一日丁亥，内外已经严加整办，后唐庄宗正准备出发，骑兵列阵在宣仁门外，步兵列阵在五凤门外。从马直指挥使郭从谦还不知道睦王李存义已经被杀，准备拥戴他发动叛乱，于是就率领所属人马，从军营中亮出刀刃大声呼喊着杀将出来，和黄甲两军一起进攻兴教门。当时后唐庄宗正在吃饭，得知外面发生叛乱，就率领诸王和近卫骑兵前去迎击，把乱兵赶出兴教门。当时蕃汉马步使朱守殷率领骑兵驻扎在城外，后唐庄宗派遣宫中的使者赶忙去征召他，想和他一道夹击贼兵；但是朱守殷却不来，竟把部队带到北邙山下的树林中休息去了。叛乱的士兵们开始放火焚烧兴教门，并且攀过城墙进入城内，宫廷中的近臣和宿将们都脱下盔甲偷偷地逃跑了，只有散员都指挥使李彦卿和宿卫军校何福进、王全斌等十多个人还在拼命抵抗。不一会儿，后唐庄宗被流箭射中，鹰坊人善友扶着后唐庄宗从门楼上走了下来，来到了绛霄殿的屋檐下把箭拔了下来，后唐庄宗口渴闷躁，想要喝水，皇后没有亲自来探视，却派来宦官向后唐庄宗呈上乳浆，后唐庄宗喝了乳浆后很快就死了。李彦卿等人痛哭一阵后离去，左右的近臣们也都四散逃走，善友收拾了屋檐下的乐器盖在后唐庄宗的尸体上，放火把他火化了。李彦卿是李存审的儿子；何福进、王全斌都是太原人。刘皇后把宫中的金银财宝装在袋子中拴在马鞍上，和申王李存渥及李绍荣一道带着七百名随从骑兵，放火焚烧了嘉庆殿，从师子门向城外出逃。通王李存确、雅王李存纪都逃奔到南山。宫里的人大多数都逃跑了，朱守殷进入后宫，从中挑选了三十多个宫女，让她们各自都带上乐器和珍贵的玩物，然后带回他的家中。此时各路军队对都城进行了大肆洗劫。

这一天，李嗣源带军到达罂子谷，得知后唐庄宗已经死去，失声痛哭了起来，他对诸王将领们说："皇上平时深得军士们的心，只是被一群小人蒙蔽迷惑才造成今天这种局面，现在我将到哪里去好呢？"

四月初二日戊子，朱守殷派遣使者飞速报告李嗣源，说："京城大乱，各路军队烧杀抢掠不已，希望赶快前来救援！"四月初三日己丑，李嗣源进入洛阳，住在自己的私宅中，下令禁止烧杀抢掠，从灰烬中拾了一些后唐庄宗的遗骨，然后把他安葬了。

李嗣源被挟持进邺都城的时候，前直指挥使平遥人侯益逃脱了出来回到洛阳，后唐庄宗抚摩着他感动得流下了眼泪。到这个时候，侯益把自己绑了前来向李嗣源请罪，李嗣源对他说："你作为一个臣子能够尽忠尽节，又有什么罪呢？"还让他继

嗣源谓朱守殷曰："公善巡徼，以待魏王。淑妃、德妃在宫，供给尤宜丰备。吾俟山陵毕，社稷有奉，则归藩为国家捍御北方耳。"

是日，豆卢革帅百官上笺劝进，嗣源面谕之曰："吾奉诏讨贼，不幸部曲叛散。欲入朝自诉，又为绍荣所隔，披猖至此。吾本无他心，诸君遽尔见推，殊非相悉，愿勿言也！"革等固请，嗣源不许。

李绍荣欲奔河中就永王存霸，从兵稍散。庚寅，至平陆，止余数骑，为人所执，折足送洛阳。存霸亦帅众千人弃镇奔晋阳。

（以上为第一段，写后唐庄宗为乱兵所杀。）

辛卯，魏王继岌至兴平，闻洛阳乱，复引兵而西，谋保据凤翔。

向延嗣至凤翔，以庄宗之命诛李绍琛。

初，庄宗命吕、郑二内养在晋阳，一监兵，一监仓库，自留守张宪以下皆承应不暇。及邺都有变，又命汾州刺史李彦超为北都巡检。彦超，彦卿之兄也。

庄宗既殂，推官河间张昭远劝张宪奉表劝进，宪曰："吾一书生，自布衣至服金紫，皆出先帝之恩，岂可偷生而不自愧乎！"昭远泣曰："此古人之事，公能行之，忠义不朽矣。"

有李存沼者，庄宗之近属，自洛阳奔晋阳，矫传庄宗之命，阴与二内养谋杀宪及彦超，据晋阳拒守。彦超知之，密告宪，欲先图之。宪曰："仆受先帝厚恩，不忍为此。徇义而不免于祸，乃天也。"彦超谋未决，壬辰夜，军士共杀二内养及存沼于牙城，因大掠达旦。宪闻变，出奔忻州。会嗣源移书至，彦超号令士卒，城中始安，遂权知太原军府。

（以上为第二段，写李嗣源入洛抚定京师，李彦超扑灭北都之变。）

百官三笺请嗣源监国，嗣源乃许之。甲午，入居兴圣宫，始受百官

续担任原职。

李嗣源对朱守殷说："你好好巡防内外，以等待魏王回来。淑妃、德妃还在皇宫中，对她们生活所需品的供给尤其要丰富完备。等皇上的陵墓修好了，国家的大统有了继承人，我就回藩镇去为国家捍卫北方领土。"

当天，豆卢革率领百官上表劝李嗣源登基，李嗣源当面告诉他们说："我奉皇上的诏令讨伐叛贼，不幸部下们发动叛乱，军队也失散了；本想到朝廷亲自把事情讲清楚，却被李绍荣所阻隔，所以才狼狈到今天这种地步。我本来也没有什么其他的意思，各位却突然间要推举我，简直是太不了解我了，希望这样的事情再也不要提了！"豆卢革等人坚决请求，李嗣源还是没有答应。

李绍荣想投奔到河中去依靠永王李存霸，随从的士兵渐渐逃散；四月初四日庚寅，到了平陆，只剩下几名骑兵随从，结果被人抓了起来，打断腿后解送到洛阳。李存霸也率领一千多名部众丢下河中军镇逃到晋阳去了。

四月初五日辛卯，魏王李继岌到达兴平，得知洛阳发生了叛乱，又率领大军回头向西行进，打算据守凤翔。

向延嗣到达凤翔，以后唐庄宗的命令诛杀了李绍琛。

当初，后唐庄宗命令吕、郑两个内养留在晋阳，一个监管军队，一个监管仓库，自留守张宪以下的官吏都尽力奉承他们。到了邺都发生兵变的时候，后唐庄宗又任命汾州刺史李彦超为北都巡检。李彦超是李彦卿的哥哥。

后唐庄宗去世以后，推官河间人张昭远劝张宪上表拥戴李嗣源登基，张宪说："我是一个书生，从布衣百姓到今天成为能穿朝服的大臣，都是出自先皇帝的恩泽，怎么能够苟且偷生而不感到惭愧呢！"张昭远感动得流着泪说："这些都是古人的事迹，而您却能身体力行，您的忠义可以千古不朽了。"

有一个名叫李存沼的人，是后唐庄宗的近亲，他从洛阳跑到晋阳后，假传后唐庄宗的命令，私下里密谋要与两个内养杀死张宪和李彦超，占据晋阳作抵抗。李彦超得知这一情况后，就悄悄地告诉了张宪，想先下手把他们杀了。张宪说："我受了先皇帝的厚恩，不忍心做这种事情。我知道坚守信义到头来都免不了遭到灾祸，这也是天命吧。"李彦超正谋划着还没有最后做出决断，四月初六日夜晚，军士们却一起在牙城里杀死了两个内养和李存沼，随后在城内大肆抢掠，一直闹到天亮。张宪听说发生了兵变，就出奔到了忻州。这时正好李嗣源宣抚各地的文书送到了晋阳，李彦超给士卒们下了命令，城里才开始安定下来，于是他就暂时代理太原军府事务。

百官们再三上表请求李嗣源称监国，代行国政，李嗣源只好答应了他们的请求。

班见。下令称教，百官称之曰殿下。庄宗后宫存者犹千余人，宣徽使选其美少者数百献于监国，监国曰："奚用此为？"对曰："宫中职掌不可阙也。"监国曰："宫中职掌宜谙故事，此辈安知！"乃悉用老旧之人补之，其少年者皆出归其亲戚，无亲戚者任其所适。蜀中所送宫人亦准此。

乙未，以中门使安重诲为枢密使，镇州别驾张延朗为副使。延朗，开封人也，仕梁为租庸吏，性纤巧，善事权贵，以女妻重诲之子，故重诲引之。

监国令所在访求诸王。通王存确、雅王存纪匿民间，或密告安重诲，重诲与李绍真谋曰："今殿下既监国典丧，诸王宜早为之所，以壹人心。殿下性慈，不可以闻。"乃密遣人就田舍杀之。后月余，监国乃闻之，切责重诲，伤惜久之。

刘皇后与申王存渥奔晋阳，在道与存渥私通。存渥至晋阳，李彦超不纳，走至风谷，为其下所杀。明日，永王存霸亦至晋阳，从兵逃散俱尽，存霸削发、僧服谒李彦超，"愿为山僧，幸垂庇护。"军士争欲杀之，彦超曰："六相公来，当奏取进止。"军士不听，杀之于府门之碑下。刘皇后为尼于晋阳，监国使人就杀之。薛王存礼及庄宗幼子继嵩、继潼、继蟾、继峣，遭乱皆不知所终。惟邕王存美以病风偏枯得免，居于晋阳。

徐温、高季兴闻庄宗遇弑，益重严可求、梁震。

梁震荐前陵州判官贵平孙光宪于季兴，使掌书记。季兴大治战舰，欲攻楚，光宪谏曰："荆南乱离之后，赖公休息士民，始有生意，若又与楚国交恶，他国乘吾之弊，良可忧也。"季兴乃止。

戊戌，李绍荣至洛阳，监国责之曰："吾何负于尔，而杀吾儿？"绍荣瞋目直视曰："先帝何负于尔？"遂斩之，复其姓名曰元行钦。

监国恐征蜀军还为变，以石敬瑭为陕州留后。己亥，以李从珂为河

四月初八日甲午，住进了兴圣宫，开始接受百官的列班朝见。所下的命令称作教，百官称他为殿下，后唐庄宗的后宫所剩妃嫔还有一千多人，宣徽使从中挑选了数百名年轻貌美的献给监国，监国说：“要这些人干什么？”宣徽使回答说：“宫中的职务不能没有人掌理。”监国说：“要掌理宫中的职务必须熟悉过去的典章制度，这些人怎么能够知道呢？”于是全部用过去的老年旧宫人填补宫中的职务，而那些年轻的宫人都命令她们出宫去投靠亲戚，没有亲戚的任凭她们随便去哪里。蜀中所送来的宫人也照此方法办理。

四月初九日乙未，任命中门使安重诲为枢密使，镇州别驾张延朗为副使。张延朗是开封人，在梁朝时当过租庸吏，生性巧诈，善于巴结权贵，他曾把自己的女儿嫁给了安重诲的儿子，所以安重诲引荐了他。

监国李嗣源命令各地访求诸王。通王李存确、雅王李存纪藏匿在民间，有人秘密地告诉了安重诲，安重诲和李绍真谋划说：“现在殿下已经代行国政，主持办理丧事，对诸王应该及早做个安置，也好统一人心。殿下性格仁慈，这事不能让他知道。”于是私下派人到农舍中把他们杀了。之后过了一个多月，监国才得知这件事，就痛责了安重诲一场，而且哀伤惋惜了很久。

刘皇后和申王李存渥一起逃往晋阳，在路上就和李存渥通奸了。李存渥到了晋阳，李彦超不肯接纳他，于是逃到山谷，被他的部下杀死。第二天，永王李存霸也到达晋阳，随从的士兵也都逃光了，李存霸于是剃光头发、穿着和尚的衣服去拜见李彦超，对李彦超说：“我情愿当一个荒山野僧，希望能得到您的庇护。”军士们争着想杀李存霸，李彦超说：“六相公既然来到我们这里，应当奏请朝廷，听候指示。”军士们不听他的劝告，就在府门的石碑下把李存霸杀了。刘皇后躲在晋阳当了尼姑，监国派人前来把她杀了。薛王李存礼和后唐庄宗的幼子李继嵩、李继潼、李继蟾、李继峣，在遭受这场变乱之后都不知下落。只有邕王李存美因为得了风湿病半身不遂才免于一死，住在晋阳。

徐温、高季兴得知后唐庄宗被部下所杀，更加看重严可求、梁震了。

梁震向高季兴推荐前陵州判官贵平人孙光宪，让他掌管书牍记录。高季兴大治战船，准备攻打楚国，孙光宪劝谏他说：“荆南经过战乱之后，全靠您才使军民得以休养生息，开始有了一些生机，如果又要和楚国交战，其他国家就会乘我们国力衰竭的时候算计我们，这是非常令人担心的。”高季兴于是停止了进攻行动。

四月十二日戊戌，李绍荣被押到洛阳，监国李嗣源责问他说：“我有什么地方对不起你，你竟然杀死我的儿子？”李绍荣也怒目圆睁瞪着李嗣源说：“先帝又有什么地方对不起你的？”李嗣源于是杀死了李绍荣，并且恢复了他原来的姓名元行钦。

监国害怕西征前蜀的军队回来后会发生变乱，于是任命石敬瑭为陕州留后；四

中留后。

枢密使张居翰乞归田里，许之。李绍真屡荐孔循之才，庚子，以循为枢密副使。李绍宏请复姓马。

监国下教，数租庸使孔谦奸佞侵刻穷困军民之罪而斩之，凡谦所立苛敛之法皆罢之，因废租庸使及内勾司，依旧为盐铁、户部、度支三司，委宰相一人专判。又罢诸道监军使。以庄宗由宦官亡国，命诸道尽杀之。

魏王继岌自兴平退至武功，宦者李从袭曰："祸福未可知，退不如进，请王亟东行以救内难。"继岌从之。还，至渭水，权西都留守张篯已断浮梁。循水浮渡，是日至渭南，腹心吕知柔等皆已窜匿。从袭谓继岌曰："时事已去，王宜自图。"继岌徘徊流涕，乃自伏于床，命仆夫李环缢杀之。任圜代将其众而东。监国命石敬瑭慰抚之，军士皆无异言。

（以上为第三段，写李嗣源监国，诛杀奸佞孔谦等人。庄宗之子及刘皇后皆被诛戮。）

先是，监国命所亲李冲为华州都监，应接西师。冲擅逼华州节度使史彦镕入朝；同州节度使李存敬过华州，冲杀之，并屠其家；又杀西川行营都监李从袭。彦镕泣诉于安重诲，重诲遣彦镕还镇，召冲归朝。

自监国入洛，内外机事皆决于李绍真。绍真擅收威胜节度使李绍钦、太子少保李绍冲下狱，欲杀之。安重诲谓绍真曰："温、段罪恶皆在梁朝，今殿下新平内难，冀安万国，岂专为公报仇邪！"绍真由是稍沮。辛丑，监国教，李绍冲、绍钦复姓名为温韬、段凝，并放归田里。

壬寅，以孔循为枢密使。

有司议即位礼。李绍真、孔循以为唐运已尽，宜自建国号。监国问左右："何谓国号？"对曰："先帝赐姓于唐，为唐复雠，继昭宗后，故称唐。今梁朝之人不欲殿下称唐耳。"监国曰："吾年十三事献祖，献祖以吾宗属，视吾犹子。又事武皇垂三十年，先帝垂二十年，经纶攻战，未尝不预；武皇之基业则吾之基业也，先帝之天下则吾之天下也，安有同家而异国乎！"令执政更议。吏部尚书李琪曰："若改国号，则先帝遂为路

月十三日己亥，又任命李从珂为河中留后。

枢密使张居翰请求告老还乡，监国答应了他的要求。李绍真多次推荐孔循的才干，四月十四日庚子，任命孔循为枢密副使。李绍宏请求恢复他姓马。

监国颁发命令，历数租庸使孔谦奸诈谄佞，侵占剥夺，使军民穷困的罪状，然后把他处死，凡是孔谦所制定的苛刻聚敛的条规一律废除，接着撤销了租庸使和内勾司，按照旧例设置盐铁、户部、度支三司，委托一位宰相专门管理。又罢除各道的监军使；因为后唐庄宗是由于任用宦官才导致亡国的，所以下令各道把这些监军使全部杀掉。

魏王李继岌从兴平退军到了武功，宦官李从袭说："是福是祸不可预测，但是退却不如前进，请大王赶快东进前去平定京城的内乱。"李继岌听从了他的建议。回师东进，到了渭水之滨，这时代理西都留守的张篯已经把河上的浮桥砍断了；他们只好顺流泅渡过河，当天到达渭南，心腹吕知柔等人都已逃跑躲了起来。这时李从袭对李继岌说："大势已去，大王还是自己想个办法吧。"李继岌彷徨不知所措，不停地流着眼泪，后来就自己趴伏在床上，命令仆夫李环用绳子把他勒死。任圜代替他率领军队继续东进。监国命令石敬瑭去安抚他们，士卒们都没有什么反感的言论。

先前，监国命令自己的亲信李冲担任华州都监，好迎接李继岌率领的西征军。李冲却擅自逼迫华州节度使史彦镕入朝；同州节度使李存敬路过华州时，李冲把他杀了，并且屠杀了他的全家；又杀了西川行营都监李从袭。史彦镕向安重诲哭诉，安重诲派史彦镕再回华州，然后召李冲回朝。

自从监国进入洛阳以来，朝廷内外的大事情都由李绍真作决定。李绍真擅自把威胜节度使李绍钦、太子少保李绍冲拘捕下狱，准备把他们杀掉。安重诲对李绍真说："温韬、段凝的罪恶都是在梁朝的时候犯下的，现在殿下刚刚平定内乱，正期望能够安定万国，难道只是专为您报私仇的吗？"李绍真从此以后才稍加收敛了一些。四月十五日辛丑，监国下令，李绍冲、李绍钦两人都恢复原来的姓名温韬、段凝，并且把他们免官放归田里。

四月十六日壬寅，任命孔循为枢密使。

主管官吏商议监国即皇帝位的礼仪。李绍真、孔循认为唐朝的运祚已经完了，应当另外自行建立国号。监国问左右的近臣说："什么叫国号？"回答说："先帝曾经由唐朝赐姓，后来又灭了梁朝，为唐朝复了仇，承继唐朝昭宗之后，所以国号叫唐。现在曾经在梁朝做过官的人都不希望殿下的国号也称唐。"监国说："我十三岁时侍奉献祖，献祖把我看成是同一宗族的人，把我当作他自己的儿子一样。我又侍奉武皇将近三十年，侍奉先皇帝将近二十年，不论是筹划朝政还是攻城野战，我没有不

人，梓宫安所托乎？不惟殿下忘三世旧君，吾曹为人臣者能自安乎！前代以旁支入继多矣，宜用嗣子柩前即位之礼。”众从之。丙午，监国自兴圣宫赴西宫，服斩衰，于柩前即位，百官缟素。既而御衮冕受册，百官吉服称贺。

（以上为第四段，写李嗣源即帝位，是为明宗。）

戊申，敕中外之臣毋得献鹰犬奇玩之类。

有司劾奏太原尹张宪委城之罪；庚戌，赐宪死。

任圜将征蜀兵二万六千人至洛阳，明宗慰抚之，各令还营。

甲寅，大赦，改元。量留后宫百人，宦官三十人，教坊百人，鹰坊二十人，御厨五十人，自余任从所适。诸司使务有名无实者皆废之。分遣诸军就食近畿，以省馈运。除夏、秋税省耗。节度、防御等使，正、至、端午、降诞四节听贡奉，毋得敛百姓。刺史以下不得贡奉。选人先遭涂毁文书者，令三铨止除诈伪，余复旧规。

五月，丙辰朔，以太子宾客郑珏、工部尚书任圜并为中书侍郎、同平章事。圜仍判三司。圜忧公如家，简拔贤俊，杜绝侥幸，期年之间，府库充实，军民皆足，朝纲粗立。圜每以天下为己任，由是安重诲忌之。

武宁节度使李绍真、忠武节度使李绍琼、贝州刺史李绍英、齐州防御使李绍虔、河阳节度使李绍奇、洺州刺史李绍能，各请复旧姓名为霍彦威、苌从简、房知温、王晏球、夏鲁奇、米君立，许之。从简，陈州人也。晏球本王氏子，畜于杜氏，故请复姓王。

丁巳，初令百官正衙常朝外，五日一赴内殿起居。

参与的；武皇的基业就是我的基业，先皇帝的天下就是我的天下，哪里有同一个家而称两个国号的！”于是下令执政大臣再仔细商议。吏部尚书李琪说：“如果更改国号，那么先皇帝就等于陌生的路人了，他的灵柩又靠谁来料理呢？不单是殿下忘记了三世旧君的恩情，就是我们这些做人臣的心里能感到安宁吗？过去的朝代以旁支入继大统的也很多，应该用嗣子在灵柩前即位的礼仪即位。”大家都赞同他的意见。四月二十日丙午，监国从兴圣宫前往西宫，穿着斩衰的重丧服，在后唐庄宗的灵柩前即皇帝位，在场的百官们也都一身缟素。一会儿，监国又穿上皇帝的龙袍，戴上皇冠，接受玉册，百官们也都换上参加吉礼的朝服向新皇帝拜贺。

四月二十二日戊申，后唐明宗下令朝廷内外的大臣都不准进献鹰犬珍玩之类的东西。

有关部门上奏弹劾太原尹张宪弃城之罪；四月二十四日庚戌，后唐明宗赐张宪死。

任圜率领西征前蜀国的军队二万六千人回到洛阳，后唐明宗慰劳安抚他们，并且命令他们各自回到原先的军营中去。

四月二十八日甲寅，大赦天下，改换年号。酌情留下后宫一百人，宦官三十人，教坊一百人，鹰坊二十人，御厨五十人，其余的人自己愿意到哪里去就到哪里去。宫内的各司使务如果有名无实的，一律裁减。分派各军在就近的地方供给粮食，以节省运输的费用。下令免除夏、秋两季税收的省耗。节度、防御等使，在每年元旦、冬至、端午和皇帝圣诞四个节日准许进贡，但不得借此机会搜刮百姓；刺史以下官员不准向皇帝进贡。候选官吏先前告身文书被涂毁的，命令三个铨叙部门严加查核，去除欺诈和伪造，其余按旧的规定办理。

五月初一日丙辰，任命太子宾客郑珏、工部尚书任圜一并为中书侍郎、同平章事；任圜仍旧兼管三司。任圜为公务操心就如同自己家的事一样，选拔贤良才俊，斥退投机侥幸的小人，一年之间，府库充实，军民都很富足，进行的纪纲也开始粗具规模。任圜常常以天下为己任，因此安重诲很嫉恨他。

武宁节度使李绍真、忠武节度使李绍琼、贝州刺史李绍英、齐州防御使李绍虔、河阳节度使李绍奇、洺州刺史李绍能，分别请求恢复他们原来的姓名霍彦威、苌从简、房知温、王晏球、夏鲁奇、米君立，后唐明宗批准了他们的请求。苌从简是陈州人。王晏球本来是姓王的儿子，因为寄养在姓杜的人家，曾一度姓杜，所以现在请求恢复姓王。

五月初二日丁巳，开始命令百官正衙除了正常的朝见以外，每五天一次进内殿向皇帝问安。

宦官数百人窜匿山林，或落发为僧，至晋阳者七十余人，诏北都指挥使李从温悉诛之。从温，帝之侄也。

帝以前相州刺史安金全有功于晋阳，壬戌，以金全为振武节度使、同平章事。

丙寅，赵在礼请帝幸邺都。戊辰，以在礼为义成节度使。辞以军情未听，不赴镇。

李彦超入朝，帝曰："河东无虞，尔之力也。"庚午，以为建雄留后。

甲戌，加王延翰同平章事。

帝目不知书，四方奏事皆令安重诲读之，重诲亦不能尽通，乃奏称："臣徒以忠实之心事陛下，得典枢机，今事粗能晓知，至于古事，非臣所及。愿仿前朝侍讲、侍读、近代直崇政、枢密院，选文学之臣与之共事，以备应对。"乃置端明殿学士，乙亥，以翰林学士冯道、赵凤为之。

（以上为第五段，写后唐明宗大赦，改元，诛宦官，整肃朝纲。）

丙子，听郭崇韬归葬，复朱友谦官爵。两家货财田宅，前籍没者皆归之。

戊寅，以安重诲领山南东道节度使。重诲以襄阳要地，不可乏帅，无宜兼领，固辞。许之。

诏发汴州控鹤指挥使张谏等三千人戍瓦桥。六月，丁酉，出城，复还，作乱，焚掠坊市，杀权知州、推官高逖。逼马步都指挥使、曹州刺史李彦饶为帅，彦饶曰："汝欲吾为帅，当用吾命，禁止焚掠。"众从之。己亥旦，彦饶伏甲于室，诸将入贺，彦饶曰："前日唱乱者数人而已。"遂执张谏等四人，斩之。其党张审琼帅众大噪于建国门，彦饶勒兵击之，尽诛其众四百人，军、州始定。即日，以军、州事牒节度推官韦俨权知，具以状闻。庚子，诏以枢密使孔循知汴州，收为乱者三千家，悉诛之。彦饶，彦超之弟也。

数百名宦官逃窜到山林里面躲藏了起来，有的人剃光头发当了和尚，逃到晋阳的有七十多人，后唐明宗下诏命令北都指挥使李从温把他们全部杀掉。李从温是后唐明宗的侄儿。

后唐明宗因为前相州刺史安金全防守晋阳大有功劳，五月初七日壬戌，任命安金全为振武节度使、同平章事。

五月十一日丙寅，赵在礼请求后唐明宗巡幸邺都。五月十三日戊辰，后唐明宗任命赵在礼为义成节度使；赵在礼借口军队不赞成他离开，没有前往镇所滑州就任。

李彦超入朝，后唐明宗对他说："河东安然无恙，都是你的功劳。"五月十五日庚午，任命他为建雄留后。

五月十九日甲戌，加封王延翰为同平章事。

后唐明宗不识字，四面八方的奏折都让安重诲读给他听，安重诲也不能完全理解这些奏折的意思，于是启奏说："臣只能以忠诚的心来侍奉陛下，得以位居要职，当代的事情还能大略地知道一点，至于古代的事情，那就不是臣所能知道的了。希望能仿效前朝的侍讲、侍读、近代直崇政、枢密院等制度，挑选一些通晓文学的大臣来共同处理这些事情，以备陛下的垂问。"于是设置了端明殿学士，五月二十日乙亥，任命翰林学士冯道、赵凤为端明殿学士。

五月二十一日丙子，准许郭崇韬归葬故乡，恢复了朱友谦的官爵；两家的财货田宅，以前被没收充公的一律发还给他们的后人。

五月二十三日戊寅，任命安重诲兼领山南东道节度使。安重诲认为襄阳是个重要的地方，不可以没有统帅，不应当兼领，所以他坚决推辞；后唐明宗答应了他的请求。

后唐明宗下诏征调汴州控鹤指挥使张谏等三千人去戍守瓦桥。六月十二日丁酉，军队出了城，后又折返回城，发动叛乱，在街市上烧杀抢掠，杀死了权知州、推官高逖。他们胁迫马步都指挥使、曹州刺史李彦饶当他们的主帅，李彦饶说："你们想要让我当主帅，那就应当听我的命令，禁止烧杀抢掠。"大家听从了他的意见。六月十四日己亥的早晨，李彦饶在家中埋伏下甲士，各位将领进来向他拜贺，李彦饶说："前天领头作乱的只是几个人而已。"说完，就把张谏等四个人抓了起来，把他们斩杀了。张谏的同党张审琼率领很多人在建国门大喊大叫，李彦饶调集军队攻击他们，把这些乱兵有四百人全部杀死，从此军镇和汴州才开始安定下来。当天，把军镇和汴州的事情写成公文报告节度推官韦俨知道，详细写在奏折中报告朝廷。六月十五日庚子，后唐明宗下诏任命枢密使孔循掌管汴州，拘捕了三千家作乱的人，把他们全部处死。李彦饶是李彦超的弟弟。

蜀百官至洛阳，永平节度使兼侍中马全曰："国亡至此，生不如死！"不食而卒。以平章事王锴等为诸州府刺史、少尹、判官、司马，亦有复归蜀者。

辛丑，滑州都指挥使于可洪等纵火作乱，攻魏博戍兵三指挥，逐出之。

乙巳，敕："朕二名，但不连称，皆无所避。"

戊申，加西川节度使孟知祥兼侍中。

李继曮至华州，闻洛中乱，复归凤翔。帝为之诛柴重厚。

高季兴表求夔、忠、万三州为属郡，诏许之。

安重诲恃恩骄横，殿直马延误冲前导，斩之于马前，御史大夫李琪以闻。秋，七月，重诲白帝下诏，称延陵突重臣，戒谕中外。

于可洪与魏博戍将互相奏云作乱，帝遣使按验得实，辛酉，斩可洪于都市，其首谋滑州左崇牙全营族诛，助乱者右崇牙两长剑建平将校百人亦族诛。

（以上为第六段，写汴州、滑州兵变。）

壬申，初令百官每五日起居，转对奏事。

契丹主攻渤海，拔其夫馀城，更命曰东丹国。命其长子突欲镇东丹，号人皇王；以次子德光守西楼，号元帅太子。

帝遣供奉官姚坤告哀于契丹。契丹主闻庄宗为乱兵所害，恸哭曰："我朝定儿也。吾方欲救之，以勃海未下，不果往，致吾儿及此。"哭不已。虏言"朝定"，犹华言朋友也。又谓坤曰："今天子闻洛阳有急，何不救？"对曰："地远不能及。"曰："何故自立？"坤为言帝所以即位之由，契丹主曰："汉儿喜饰说，毋多谈！"突欲侍侧，曰："牵牛以蹊人之田而夺之牛，可乎？"坤曰："中国无主，唐天子不得已而立。亦犹天皇王初有国，岂强取之乎！"契丹主曰："理当然。"又曰："闻吾儿专好声色游畋，宜其及此。我自闻之，举家不饮酒，散遣伶人，解纵鹰犬。若亦效

前蜀的百官到达洛阳，原前蜀的永平节度使兼侍中马全说："国家灭亡已经到了这种地步，活着还不如死了的好！"于是绝食而死。后唐明宗任命原前蜀平章事王锴等人担任各州府的刺史、少尹、判官、司马等职务，也有些人又回到了蜀地。

六月十六日辛丑，滑州都指挥使于可洪等人纵火作乱，进攻魏博戍守部队三指挥，把他们赶走了。

六月二十日乙巳，后唐明宗下令说："朕的名字有两个字，只要不是连称，都不需要避讳。"

六月二十三日戊申，加封西川节度使孟知祥兼侍中。

李继曮到了华州，听说洛阳发生叛乱，他又回到了凤翔；后唐明宗替他诛杀了柴重厚。

高季兴上表请求把夔、忠、万三州划归为他的属郡，后唐明宗下诏答应了他的请求。

安重诲依仗着后唐明宗对他的恩宠，十分骄横，殿直马延有一次无意中撞倒了他的前导侍从，他就立刻在马前斩杀了马延，御史大夫李琪把这件事报告了后唐明宗。秋季，七月，安重诲要求后唐明宗下诏，声称马延凌辱冲撞了国家重臣，要告诫朝廷内外。

于可洪和戍守魏博的将领们都上奏后唐明宗，互相指责对方作乱，后唐明宗派遣使者前去查验核实，七月初七日辛酉，在街市上把于可洪斩首，叛乱的首谋滑州左崇牙全营士卒都被诛灭全族，协助叛乱的右崇牙两长剑建平将校一百人也被诛灭全族。

七月十八日壬申，开始命令百官每隔五天入内殿问一次安，并依次上奏本部门的公事。

契丹主进攻勃海国，攻下了夫余城，把它改名叫东丹国。命令他的长子突欲镇守东丹，号称人皇王，命令他的次子德光守备上都西楼，号称元帅太子。

后唐明宗派遣供奉官姚坤到契丹去报丧。契丹主听说后唐庄宗被乱兵所杀害，悲痛地哭着说："我'朝定'的儿啊！我正要想去救援他，只是因为勃海还没有攻下，一时没能去成，致使我儿竟遭此灾祸。"说完又大哭不止。胡人说"朝定"，就是中原话说"朋友"的意思。他又对姚坤说："现在的天子得知洛阳有急难，为什么不前去救援？"姚坤回答说："因为路途太远了来不及救援。"又问："那为什么后来又自立为帝？"姚坤又向他说明后唐明宗之所以即位的原因，契丹主说："汉人就是喜欢粉饰言辞，你不必再多说了！"突欲当时侍立在契丹主的身旁，插了一句话说："牵牛践踏了别人的田地，田主就把他的牛抢过来，这样做行吗？"姚坤回答

吾儿所为，行自亡矣。”又曰：“吾儿与我虽世旧，然屡与我战争。于今天子则无怨，足以修好。若与我大河之北，吾不复南侵矣。”坤曰：“此非使臣之所得专也。”契丹主怒，囚之，旬余，复召之，曰：“河北恐难得，得镇、定、幽州亦可也。”给纸笔趣令为状，坤不可，欲杀之，韩延徽谏，乃复囚之。

（以上为第七段，写供奉官姚坤出使契丹告哀，拒绝契丹主索地，大义凛然。）

丙子，葬光圣神闵孝皇帝于雍陵，庙号庄宗。

丁丑，镇州留后王建立奏涿州刺史刘殷肇不受代，谋作乱，已讨擒之。

己卯，置彰国军于应州。

门下侍郎、同平章事豆卢革、韦说奏事帝前，或时礼貌不尽恭。百官俸钱皆折估，而革父子独受实钱；百官自五月给，而革父子自正月给。由是众论沸腾。说以孙为子，奏官；受选人王傪赂，除近官。中旨以库部郎中萧希甫为谏议大夫，革、说覆奏。希甫恨之，上疏言“革、说不忠前朝，阿谀取容”；因诬“革强夺民田，纵田客杀人，说夺邻家井，取宿藏物。”制贬革辰州刺史；说溆州刺史。庚辰，赐希甫金帛，擢为散骑常侍。

辛巳，契丹主阿保机卒于夫馀城，述律后召诸将及酋长难制者之妻，谓曰：“我今寡居，汝不可不效我。”又集其夫泣问曰：“汝思先帝乎？”对曰：“受先帝恩，岂得不思！”曰：“果思之，宜往见之。”遂杀之。

癸未，再贬豆卢革费州司户，韦说夷州司户。甲申，革流陵州，说流合州。

说："中原当时无君主，唐朝天子是不得已才即位的；就好比当年天皇开始拥有国家一样，难道也是强行夺取的吗？"契丹主只好说："你说的也有道理。"接着他又说："听说我儿专门喜欢声色游猎，不爱惜军民，落得这个下场也是可以想象的。我自从听到这件事后，全家都不喝酒，并且遣散了伶人，释放了鹰犬。如果也仿效我儿的所作所为的话，我们也会很快灭亡的。"最后他又说："我儿虽然和我是世交，却经常和我打仗；我和现在的天子倒是无怨无仇，完全可以建立友好关系。你们如果能把黄河以北的地方划给我，我就不会再向南侵犯了。"姚坤说："这不是一个使臣所能决定的事情。"契丹主一听大怒，就把他囚禁了起来，十来天之后，又召见他说："黄河以北地区恐怕难以得到，如果能得到镇、定、幽州也可以。"于是拿上纸和笔催逼他写下同意书，姚坤不肯写，契丹主就要把他杀掉，韩延徽出面劝说，于是又把姚坤囚禁了起来。

七月二十二日丙子，在雍陵安葬了光圣神闵孝皇帝，庙号为庄宗。

七月二十三日丁丑，镇州留后王建立上奏说涿州刺史刘殷肇不接受替职的命令，阴谋作乱，已经发兵讨伐并活捉了他。

七月二十五日己卯，在应州设置了彰国军。

门下侍郎、同平章事豆卢革、韦说两人在后唐明宗面前上奏事情的时候，有时礼貌上不够恭敬；当时百官的俸钱都要折价发放，而豆卢革父子领的却是全额；百官们从五月领取，而豆卢革父子却从正月领取；因此大家都议论纷纷。韦说又把孙子假冒成儿子，上奏求官；又接受了候补官员王傪的贿赂，便把他派到近畿的州县任官。按照后唐明宗的旨意要任命库部郎中萧希甫为谏议大夫，豆卢革、韦说却提出反对意见。萧希甫因此很痛恨他们，于是就向后唐明宗上奏说："豆卢革、韦说不忠于前朝，只是一味地阿谀奉承，想得到宠幸。"然后又诬告他们说："豆卢革强占民田，又指使他们的佃农杀人；韦说则强夺邻家的水井，为的是抢取井中过去所藏的宝物。"于是后唐明宗下令贬豆卢革为辰州刺史，贬韦说为溆州刺史。七月二十六日庚辰，后唐明宗赐给萧希甫金银布帛，并且提升他为散骑常侍。

七月二十七日辛巳，契丹主阿保机在夫余城去世，述律后把难以节制的将领和酋长们的妻子召集起来，对她们说："我现在已经是寡妇了，你们不能不和我一样。"又把她们的丈夫召集来，哭着问他们说："你们想念先帝吗？"大家回答说："我们受先帝的厚恩，哪能不想？"述律后说："如果真的想他，那就应该到地下去见他。"于是把他们全部杀死。

七月二十九日癸未，再次把豆卢革贬为费州司户，把韦说贬为夷州司户。七月三十日甲申，又把豆卢革流放到陵州，把韦说流放到合州。

（以上为第八段，写后唐明宗贬斥宰相豆卢革、韦说。契丹主死，述律后铁腕裁制强臣。）

孟知祥阴有据蜀之志，阅库中，得铠甲二十万，置左右牙等兵十六营，凡万六千人，营于牙城内外。

八月，乙酉朔，日有食之。

丁亥，契丹述律后使少子安端少君守东丹，与长子突欲奉契丹主之丧，将其众发夫馀城。

初，郭崇韬以蜀骑兵分左、右骁卫等六营。凡三千人；步兵分左、右宁远等二十营，凡二万四千人。庚寅，孟知祥增置左、右冲山等六营，凡六千人，营于罗城内外；又置义宁等二十营，凡万六千人，分戍管内州县就食；又置左、右牢城四营；凡四千人，分戍成都境内。

王公俨既杀杨希望，欲邀节钺，扬言符习为治严急，军府众情不愿其还。习还，至齐州，公俨拒之，习不敢前。公俨又令将士上表请己为帅，诏除登州刺史。

公俨不时之官，托云军情所留。帝乃徙天平节度使霍彦威为平卢节度使，聚兵淄州，以图攻取，公俨惧，乙未，始之官。丁酉，彦威至青州，追擒之，并其族党悉斩之，支使北海韩叔嗣预焉。其子熙载将奔吴，密告其友汝阴进士李穀，穀送至正阳，痛饮而别。熙载谓穀曰：“吴若用吾为相，当长驱以定中原。”穀笑曰：“中原若用吾为相，取吴如囊中物耳。”

庚子，幽州言契丹寇边，命齐州防御使安审通将兵御之。

九月，壬戌，孟知祥置左、右飞棹兵六营，凡六千人，分戍滨江诸州，习水战以备夔、峡。

癸酉，卢龙节度使李绍斌请复姓赵，从之，仍赐名德钧。德钧养子延寿尚帝女兴平公主，故德钧尤蒙宠任。延寿本蓨令刘邟之子也。

（以上为第九段，写唐明宗平反郭崇韬，朱友谦，诛王公俨。孟知祥整武备图谋据西川。）

孟知祥暗中有占据蜀中自立的意思，于是整理武库，得到铠甲二十万具，设置了左右牙等军队有十六营，共计一万六千人，驻扎在牙城内外。

八月初一日乙酉，发生日食。

八月初三日丁亥，契丹述律后让她的小儿子安端少君镇守东丹，自己和长子突欲一道护送着契丹主的灵柩，率领大军从夫余城出发。

当初，郭崇韬把原前蜀的骑兵分别设置为左、右骁卫等六个营，共有三千人；步兵分别设置为左、右宁远等二十个营，共有二万四千人。八月初六日庚寅，孟知祥又增设左、右冲山等六个营，共有六千人，驻扎在罗城内外；还设置了义宁等二十个营，共有一万六千人，分别戍守在所管辖的州县，并由这些州县就近供给；还设置了左、右牢城四个营，共有四千人，分别戍守在成都境内各处。

王公俨杀了杨希望之后，指望后唐明宗能任命他为节度使，并扬言说符习治理军队非常苛刻，军府里大家的意见是都不想让他回来。符习还是要回来，到达齐州，王公俨派兵阻挡他，符习就不敢再往前走了。王公俨又让将士们上表请求后唐明宗任命自己为军帅，后唐明宗下诏任命他为登州刺史。

王公俨并不马上去赴任，而是借口说被军队的事情所延留；后唐明宗于是调天平节度使霍彦威任平卢节度使，把大军集中到淄州，准备攻取青州，王公俨感到害怕了，八月十一日乙未，才开始去上任。八月十三日丁酉，霍彦威到达青州，追上并活捉了王公俨，于是把他的家族和同党全部斩杀，支使北海人韩叔嗣也参预了这件事情。韩叔嗣的儿子韩熙载将要投奔吴国，便把要走的消息偷偷地告诉了他的朋友汝阴进士李毂，李毂送他到正阳，两人痛饮一番就要告别。韩熙载对李毂说：“吴国如果任用我当宰相，我就将率军长驱直入平定中原。”李毂笑着回答说：“中原如果用我当宰相，攻取吴国就像探囊取物一样。”

八月十六日庚子，幽州方面报告说契丹侵犯边境，后唐明宗命令齐州防御使安审通率兵前往防御。

九月初八日壬戌，孟知祥设置了左、右飞棹兵六个营，共有六千人，分别戍守在长江沿岸的各个州，练习水上作战，以防守夔州、峡州。

九月十九日癸酉，卢龙节度使李绍斌请求恢复姓赵，后唐明宗批准了，并且赐给他名字叫德钧。赵德钧的养子赵延寿娶了后唐明宗的女儿兴平公主，所以赵德钧特别得到后唐明宗的宠信。赵延寿本是蓨县县令刘邧的儿子。

加楚王殷守尚书令。

契丹述律后爱中子德光，欲立之，至西楼，命与突欲俱乘马立帐前，谓诸酋长曰：“二子吾皆爱之，莫知所立，汝曹择可立者执其辔。”酋长知其意，争执德光辔欢跃曰：“愿事元帅太子。”后曰：“众之所欲，吾安敢违。”遂立之为天皇王。突欲愠，帅数百骑欲奔唐，为逻者所遏。述律后不罪，遣归东丹。天皇王尊述律后为太后，国事皆决焉。太后复纳其侄为天皇王后。天皇王性孝谨，母病不食亦不食，侍于母前应对或不称旨，母扬眉视之，辄惧而趋避，非复召不敢见也。以韩延徽为政事令。听姚坤归复命，遣其臣阿思没骨馁来告哀。

壬午，赐李继曮名从曮。

冬，十月，甲申朔，初赐文武官春冬衣。

昭武节度使、同平章事王延翰，骄淫残暴，己丑，自称大闽国王。立宫殿，置百官，威仪文物皆仿天子之制，群下称之曰殿下。赦境内，追尊其父审知曰昭武王。

静难节度使毛璋，骄僭不法，训卒缮兵，有跋扈之志，诏以颍州团练使李承约为节度副使以察之。壬辰，徙璋为昭义节度使。璋欲不奉诏，承约与观察判官长安边蔚从容说谕，久之，乃肯受代。

庚子，幽州奏契丹卢龙节度使卢文进来奔。初，文进为契丹守平州，帝即位，遣间使说之，以易代之后，无复嫌怨。文进所部皆华人，思归，乃杀契丹戍平州者，帅其众十余万、车帐八千乘来奔。

初，魏王继岌、郭崇韬率蜀中富民输犒赏钱五百万缗，听以金银缯帛充，昼夜督责，有自杀者，给军之余，犹二百万缗。至是，任圜判三司，知成都富饶，遣盐铁判官、太仆卿赵季良为孟知祥官告国信兼三川都制置转运使。甲辰，季良至成都。蜀人欲皆不与，知祥曰：“府库他人所聚，输之可也。州县租税，以赡镇兵十万，决不可得。”季良但发库物，不敢复言制置转运职事矣。

加封楚王马殷署理尚书令。

契丹述律后喜欢她的次子德光，想要立他为契丹主，回到上都西楼之后，就让他和长子突欲一起骑着马立在帐前，然后她对酋长们说："这两个儿子我都很喜欢，不知道该立谁为好，你们选择一个可以立为契丹主的然后拉住他的马缰绳。"酋长们都知道她的用意，都争着去拉德光的马缰绳，欢呼雀跃地说："愿意侍奉元帅太子。"述律后就说："既然是大家的愿望，我又怎么敢违背。"于是就立了德光为天皇王。突欲心中感到不平，率领数百名骑兵想投奔后唐，结果被边境巡逻的人所阻止；述律后并没有治他的罪，只是派遣他回东丹。天皇王尊奉述律后为太后，国家的大事都由她作决定。太后又为天皇王迎娶她的侄女当天皇王后。天皇王生性谨慎孝顺，母亲生病时吃不下饭，他也不吃饭，陪侍在母亲身边，对答有时不符合她的心意，只要母亲扬起眉头看着他，他都会吓得赶快退下，不是母亲召他进来他就不敢再进来。任用韩延徽为政事令。允许姚坤回后唐复命，同时派遣使臣阿思没骨馁到后唐去报丧。

九月二十八日壬午，后唐明宗赐李继曮名字为从曮。

冬季，十月初一日甲申，第一次赏赐给文武官员春冬两季的衣服。

昭武节度使、同平章事王延翰，骄奢淫逸，残暴凶狠，十月初六日己丑，自称为大闽国王。修建宫殿，设置百官，威仪和礼乐典章都仿照天子的制度，群臣称他为殿下。大赦境内，追尊他的父亲王审知为昭武王。

静难节度使毛璋，骄横僭越，不守法度，私下训练士卒，修缮武器，显然有准备造反的意思，因此后唐明宗下诏任命颍州团练使李承约为节度副使，好就近监视他。十月初九日壬辰，把毛璋调任为昭义节度使。毛璋本来不想接受任命，李承约和观察判官长安人边蔚反复地劝他，过了很久，毛璋才肯交割原来的职务。

十月十七日庚子，幽州方面报告说契丹卢龙节度使卢文进前来投奔。当初，卢文进为契丹镇守平州，后唐明宗即位以后，曾派遣密使前去向他游说，告诉他改朝换代之后，再也没有什么猜忌和怨仇了。卢文进的部下都是汉人，想回家乡，于是他们就杀死了契丹派往平州戍守的人，率领士卒十万人、车帐八千多辆前来投奔。

当初，魏王李继岌、郭崇韬向蜀中的有钱人征收犒赏钱五百万缗，允许他们用金银缯帛等物来抵充，并且日夜不停地催促他们上交，有的人甚至被逼得自杀，这些钱犒赏军队剩下的，还有二百万缗。到这个时候，任圜判理三司，他知道成都很富饶，于是派遣盐铁判官、太仆卿赵季良入蜀给孟知祥送去加封侍中委任状，并让他留在那里兼任三川都制置转运使。十月二十一日甲辰，赵季良到达成都。蜀人打算一点东西都不给他，孟知祥说："府库里的钱财是别人收集来的，交出去还是可以的。州县交上来的租税，是用来赡养十万名镇守士兵的，绝对不能交出去。"于是赵

安重诲以知祥及东川节度使董璋皆据险要，拥强兵，恐久而难制；又知祥乃庄宗近姻，阴欲图之。客省使、泗州防御使李严自请为西川监军，必能制知祥。己酉，以严为西川都监，文思使太原朱弘昭为东川副使。李严母贤明，谓严曰：“汝前启灭蜀之谋，今日再往，必以死报蜀人矣。”

（以上为第十段，写契丹立耶律德光为主。太仆卿赵季良入蜀调运府库资财。）

旧制，吏部给告身，先责其人输朱胶绫轴钱。丧乱以来，贫者但受敕牒，多不取告身。十一月，甲戌，吏部侍郎刘岳上言：“告身有褒贬训戒之辞，岂可使其人初不之睹！”敕文班丞、郎、给、谏，武班大将军以上，宜赐告身。其后执政议，以为朱胶绫轴，厥费无多，朝廷受以官禄，何惜小费？乃奏：“凡除官者更不输钱，皆赐告身。”当是时，所除正员官之外，其余试衔、帖号止以宠激军中将校而已，及长兴以后，所除浸多，乃至军中卒伍，使、州、镇、戍胥吏，皆得银青阶及宪官，岁赐告身以万数矣。

闽王延翰蔑弃兄弟，袭位才逾月，出其弟延钧为泉州刺史。延翰多取民女以充后庭，采择不已。延钧上书极谏，延翰怒，由是有隙。父审知养子延禀为建州刺史，延翰与书使之采择，延禀复书不逊，亦有隙。十二月，延禀、延钧合兵袭福州。延禀顺流先至，福州指挥使陈陶帅众拒之，兵败，陶自杀。是夜，延禀帅壮士百余人趣西门，梯城而入，执守门者，发库取兵仗。及寝门，延翰惊匿别室。辛卯旦，延禀执之，暴其罪恶，且称延翰与妻崔氏共弑先王，告谕吏民，斩于紫宸门外。是日，延钧至城南，延禀开门纳之，推延钧为威武留后。

癸巳，以卢文进为义成节度使、同平章事。

庚子，以皇子从荣为天雄节度使、同平章事。

季良只是调拨出了府库里的钱财，不敢再说制置转运使的事了。

安重诲认为孟知祥和东川节度使董璋都占据着险要的地方，并且拥有强大的军队，恐怕时间长了就难以控制；况且孟知祥又是后唐庄宗较近的姻亲，因此私下里想要算计他。客省使、泗州防御使李严自己请求出任西川监军，自信一定能够控制孟知祥；十月二十六日己酉，任命李严为西川都监，文思使太原人朱弘昭为东川副使。李严的母亲非常贤明，他对李严说："你先前挑起了灭蜀的计谋，这一次你再去的话，蜀人一定会把你杀死来作为报应的。"

按照以往规定，吏部在颁发委任官职的文状告身时，先要求所委任的人交朱胶绫轴费。动乱以后，贫穷的人只领取任职命令，大部分人都不交钱从吏部领取告身。十一月二十一日甲戌，吏部侍郎刘岳上奏说："告身上面有褒贬训诫之类的话，怎么能让人在开始任职时就不看呢？"于是后唐明宗下令凡是文官的尚书左右丞及二十四曹郎、给事中、谏议大夫，武官的大将军以上官员，都应当赐给他们告身。此后执政大臣们建议，认为朱胶绫轴的费用不多，朝廷既然授予他们官禄，又何必吝惜这些小钱？于是向后唐明宗上奏说："以后凡是拜官授职的人不必再让他们交钱，都赐给告身。"当时，所授任的官员除了正员官以外，其他的试衔、帖号等都只是用来宠赐激励军中将校的，到了长兴年间以后，所授予的官员渐渐地多了起来，以至于军中的卒伍，使、州、镇、戍中的小官吏，都能得到银印青绶的官阶和宪官的任命，每年所赏赐的告身数以万计。

闽王王延翰轻视疏离他的兄弟们，继承王位才一个多月，就把他的弟弟王延钧赶出去任泉州刺史。王延翰强取了很多民间女子来充实他的后宫，而且无休止地选取。王延钧上书极力劝谏，王延翰非常生气，从此兄弟俩之间就有了猜疑。父王审知的养子王延禀当时任建州刺史，王延翰给他写信让他帮助选取宫女，王延禀在回信时出言不逊，两人之间也产生了猜疑。十二月，王延禀、王延钧两人联合兵力袭击福州。王延禀顺流而下先到福州，福州指挥使陈陶率兵抵抗，结果军队被打败，陈陶自杀。当天夜晚，王延禀率领一百多名壮士直奔福州西门，踩着梯子进入城内，活捉了看守大门的人，打开府库，取出武器。攻到寝门的时候，王延翰吓得躲到了别的房间里；十二月初八日辛卯的早晨，王延禀抓获了王延翰，公布了他的罪行，并且声称王延翰和他的妻子崔氏一起弑杀了先王，于是通告了军民，然后在紫宸门外把他们斩杀了。当天，王延钧率兵到达福州城南，王延禀打开城门迎接他入城，并且拥戴他为威武留后。

十二月初十日癸巳，任命卢文进为义成节度使、同平章事。

十二月十七日庚子，任命皇子李从荣为天雄节度使、同平章事。

赵季良等运蜀金帛十亿至洛阳，时朝廷方匮乏，赖此以济。

是岁，吴越王镠以中国丧乱，朝命不通，改元宝正。其后复通中国，乃讳而不称。

（以上为第十一段，写后唐明宗滥赐告身，数以万计。闽国发生政变，王延钧杀逐王延翰为闽王。）

二年（丁亥，927年）

春，正月，癸丑朔，帝更名亶。

孟知祥闻李严来监其军，恶之。或请奏止之，知祥曰："何必然，吾有以待之。"遣吏至绵、剑迎候。会武信节度使李绍文卒，知祥自言尝受密诏许便宜从事，壬戌，以西川节度副使、内外马步军都指挥使李敬周为遂州留后，趣之上道，然后表闻。严先遣使至成都，知祥自以于严有旧恩，冀其惧而自回，乃盛陈甲兵以示之，严不以为意。

安重诲以孔循少侍宫禁，谓其谙练故事，知朝士行能，多听其言。豆卢革、韦说既得罪，朝廷议置相，循意不欲用河北人，先已荐郑珏，又荐太常卿崔协。任圜欲用御史大夫李琪。郑珏素恶琪，故循力沮之，谓重诲曰："李琪非无文学，但不廉耳。宰相但得端重有器度者，足以仪刑多士矣。"他日议于上前，上问谁可相者，重诲以协对。圜曰："重诲未悉朝中人物，为人所卖。协虽名家，识字甚少。臣既以不学忝相位，奈何更益以协，为天下笑乎！"上曰："宰相重任，卿辈更审议之。吾在河东时见冯书记多才博学，与物无竞，此可相矣。"既退，孔循不揖，拂衣径去，曰："天下事一则任圜，二则任圜，圜何者！使崔协暴死则已，不死会须相之。"因称疾不朝者数日，上使重诲谕之，方入。重诲私谓圜曰："今方乏人，协且备员，可乎？"圜曰："明公舍李琪而相崔协，是犹弃苏合之丸，取蛣蜣之转也。"循与重诲共事，日短琪而誉协，癸亥，竟以端明殿学士冯道及崔协并为中书侍郎、同平章事。协，邠之曾孙也。

赵季良等从蜀中运回的金银布帛价值有十亿之多，到达洛阳，当时朝廷正钱财匮乏，多亏有了这些东西才得以渡过难关。

这一年，吴越王钱镠认为中原动乱不已，朝廷的命令也不能到达当地，于是就改年号为宝正；后来又和中原恢复了联系，于是就避讳不再提这个年号了。

后唐明宗天成二年（丁亥，927年）

春季，正月初一日癸丑，后唐明宗改名为亶。

孟知祥听说李严要来监督他的军队，因此很憎恨他；有人建议向后唐明宗上疏阻止他来，孟知祥说："何必要这样，我自有办法对付他。"于是就派遣官吏到绵州、剑州去迎接李严到来。碰巧这时武信节度使李绍文去世，孟知祥就自己宣称说曾经接受过明宗的密诏，允许他在一定环境下见机行事。正月初十日壬戌，他就任命西川节度副使、内外马步军都指挥使李敬周为遂州留后，并催促他赶快上路赴任，然后再向皇帝上表报告。李严先派了使者到成都，孟知祥自以为过去他对李严有厚恩，希望他能心中畏惧而自行回朝，于是安排了全副武装的甲士故意向他示威，但李严却一点也不在乎。

安重诲认为孔循从小就在宫中当过差，熟悉朝中典故，知道朝中官员们的品行才能，所以很多事情都听他的意见。豆卢革、韦说获罪被削职以后，朝廷上都在议论设置宰相的事，孔循的意见是不想起用河北人，在此之前他已推荐了郑珏，这时又推荐太常卿崔协。任圜却想起用御史大夫李琪；郑珏平时很嫉恨李琪，所以孔循也就极力阻挠这件事，他对安重诲说："李琪这个人不是没有天才，但就是不廉洁。宰相主要是要求端正庄重有器度的人，这样才能够成为朝廷百官的典范。"有一天在后唐明宗面前议论这件事，后唐明宗问谁可以当宰相，安重诲推荐了崔协。任圜说："安重诲并不了解朝中的人物，被人出卖了。崔协虽然是名门出身，但是字却不认识几个。臣已经是因为没有学问而忝列相位了，怎么能够再增加一个崔协，而让天下的人笑话呢？"后唐明宗说："宰相是个重要的职位，各位再仔细地议一议吧。我在河东的时候，曾经看到冯书记多才博学，而且与世无争，这样的人可以任为宰相。"退朝之后，孔循不和别人作揖告别，径自拂袖而去，生气地说："天下的事情，一也是任圜，二也是任圜，任圜是个什么东西！假如崔协突然死去也就算了，如果不死我一定要让他当宰相。"为此，他好几天都托病不肯上朝，皇上派安重诲去劝他，这样他才上朝。安重诲私下里对任圜说："现在正缺乏人才，崔协暂且作备选人员，好不好？"任圜说："明公您舍弃李琪而让崔协当宰相，就好比抛弃了苏合香丸，而取

戊辰，王延禀还建州，王延钧送之，将别，谓延钧曰：“善守先人基业，勿烦老兄再下！”延钧逊谢甚恭而色变。

庚午，初令天下长吏每旬亲引虑系囚。

孟知祥礼遇李严甚厚，一日谒知祥，知祥谓曰：“公前奉使王衍，归而请兵伐蜀，庄宗用公言，遂致两国俱亡。今公复来，蜀人惧矣。且天下皆废监军，公独来监吾军，何也？“严惶怖求哀，知祥曰：“众怒不可遏也。”遂揖下，斩之。又召左厢马步都虞候丁知俊，知俊大惧，知祥指严尸谓曰：“昔严奉使，汝为之副，然则故人也，为我瘗之。”因诬奏：“严诈宣口敕，云代臣赴阙，又擅许将士优赏，臣辄已诛之。”

内八作使杨令芝以事入蜀，至鹿头关，闻严死，奔还。朱弘昭在东川，闻之，亦惧，谋归洛。会有军事，董璋使之入奏，弘昭伪辞然后行，由是得免。

癸酉，以皇子从厚同平章事，充河南尹，判六军诸卫事。从荣闻之，不悦。

（以上为第十二段，写冯道、崔协任相。蜀孟知祥杀滥军李严。）

己卯，加枢密使安重诲兼侍中，孔循同平章事。

吴马军都指挥使柴再用戎服入朝，御史弹之，再用恃功不服。侍中徐知诰阳于便殿误通起居，退而自劾，吴王优诏不问，知诰固请夺一月俸。由是中外肃然。

契丹改元天显，葬其主阿保机于木叶山。述律太后左右有桀黠者，后辄谓曰：“为我达语于先帝！”至墓所则杀之，前后所杀以百数。最后，平州人赵思温当往，思温不行，后曰：“汝事先帝尝亲近，何为不行？”

用屎壳郎推转的臭粪球。”孔循和安重诲在一起办公，两人每天都说李琪的坏话并吹嘘崔协，正月十一日癸亥，后唐明宗终于任命端明殿学士冯道和崔协两人为中书侍郎、同平章事。崔协是崔邠的曾孙。

正月十六日戊辰，王延禀要回建州，王延钧给他送行，将要分别的时候，王延禀对王延钧说：“好好守住先人创下的基业，不要麻烦老兄我再来了！”王延钧十分谦恭地谢过王延禀，脸色都变了。

正月十八日庚午，开始命令天下长吏每隔十天就要亲自讯问一下在押囚犯。

孟知祥对李严的礼节待遇都很优厚。一天，李严去拜见孟知祥，孟知祥对他说：“你从前奉诏出使到王衍这里，回去后就请求派兵讨伐蜀国，后唐庄宗听信了你的话，结果致使两国都灭亡了。现在你又来到了这里，蜀人们都感到很害怕。况且天下各地都已废除了监军，只有你却要求监督我的军队，这到底是为什么？”李严听后感到害怕，苦苦哀求，孟知祥说：“众怒我是没办法阻止的啊！”于是把他押下去斩杀了。孟知祥又召来左厢马步都虞候丁知俊，丁知俊吓得半死，孟知祥指着李严的尸体对他说：“过去李严奉命出使蜀国，你是他的副手，也可以说是他的故人了，你替我把他埋了。”接着孟知祥又向后唐明宗诬告说：“李严假宣陛下的口头敕令，说要代掌臣的职务而让臣到陛下那里去，又擅自许愿要给将士们以优厚的奖赏，臣已经把他杀了。”

内八作使杨令芝因为有事要到蜀中去，走到鹿头关的时候，听说李严被杀死，吓得赶忙逃了回来。朱弘昭在东川，听到李严被杀死，也感到非常害怕，准备要回到洛阳去；碰巧这时有军务，董璋派他入朝奏报，朱弘昭先假意推辞，然后才受命出发，因此才得免一死。

正月二十一日癸酉，任命皇子李从厚为同平章事，充任河南尹，兼管六军诸卫的事务。李从荣得知消息后，心里很不愉快。

正月二十七日己卯，加封枢密使安重诲兼任侍中，孔循为同平章事。

吴国马军都指挥使柴再用全副武装进入朝廷，御史弹劾他，柴再用仗着自己功劳大，不服气。侍中徐知诰假装在便殿冒犯了吴王的起居，退朝后自己上表弹劾自己，吴王下了优待诏书不予追究，但徐知诰还是坚决请求扣除自己一个月的俸禄；从此朝廷内外法纪严整。

契丹改年号为天显，把先主阿保机安葬在木叶山。述律太后左右近臣中有凶悍狡诈的人，太后往往就对他说：“去替我传话给先帝！”到了墓地就把人杀了，这样先后杀死了上百个人。最后，轮到平州人赵思温去了，赵思温不肯去，太后说：“你

对曰：“亲近莫如后，后行，臣则继之。”后曰：“吾非不欲从先帝于地下也，顾嗣子幼弱，国家无主，不得往耳。”乃断一腕，令置墓中。思温亦得免。

帝以冀州刺史乌震三将兵运粮入幽州，二月，戊子，以震为河北道副招讨，领宁国节度使，屯卢台军。代泰宁节度使、同平章事房知温归兖州。

庚寅，以保义节度使石敬瑭兼六军诸卫副使。

丙申，以从马直指挥使郭从谦为景州刺史，既至，遣使族诛之。

高季兴既得三州，请朝廷不除刺史，自以子弟为之，不许。及夔州刺史潘炕罢官，季兴辄遣兵突入州城，杀戍兵而据之。朝廷除奉圣指挥使西方邺为刺史，不受；又遣兵袭涪州，不克。魏王继岌遣押牙韩珙等部送蜀珍货金帛四十万，浮江而下，季兴杀珙等于峡口，尽掠取之，朝廷诘之，对曰：“珙等舟行下峡，涉数千里，欲知覆溺之故，自宜按问水神。”帝怒，壬寅，制削夺季兴官爵，以山南东道节度使刘训为南面招讨使、知荆南行府事，忠武节度使夏鲁奇为副招讨使，将步骑四万讨之。东川节度使董璋充东南面招讨使，新夔州刺史西方邺副之，将蜀兵下峡，仍会湖南军三面进攻。

三月，甲寅，以李敬周为武信留后。

（以上为第十三段，写契丹述律后以心计诛桀黠臣。唐明宗三路讨荆南。）

丙辰，初置监牧，蕃息国马。

初，庄宗之克梁也，以魏州牙兵之力。及其亡也，皇甫晖、张破败之乱亦由之。赵在礼之徙滑州，不之官，亦实为其下所制。在礼欲自谋脱祸，阴遣腹心诣阙求移镇，帝乃为之除皇甫晖陈州刺史，赵进贝州刺史，徙在礼为横海节度使；以皇子从荣镇邺都，命宣徽北院使范延光将兵送之，且制置邺都军事。乃出奉节等九指挥三千五百人，使军校龙晊部之，戍卢台军以备契丹，不给铠仗，但系帜于长竿以别队伍，由是皆俯首而去。中途闻孟知祥杀李严，军中籍籍，已有讹言。既至，会朝廷

过去侍奉先帝时很受宠信，为什么不肯去？”赵思温回答说：“要论和先帝最亲近的没人能超过太后，太后去，臣一定跟着去。”太后说：“我不是不想追随先帝到地下，只是考虑到继任的儿子还很幼弱，国家没有个当家的，所以一时还去不了。”于是砍下了一只手腕，让人放在阿保机的墓中。赵思温也得以免于一死。

后唐明宗因为冀州刺史乌震曾三次率兵运输粮饷到幽州，二月初七日戊子，便任命乌震为河北道副招讨，兼领宁国节度使，驻扎在卢台军，接替泰宁节度使、同平章事房知温，好让他回兖州。

二月初九日庚寅，任命保义节度使石敬瑭兼任六军诸卫副使。

二月十五日丙申，任命从马直指挥使郭从谦为景州刺史，等他到任，后唐明宗又派遣使者诛杀了他的全家。

高季兴得到了夔、忠、万三州之后，请求朝廷不要派任刺史，而由他用自家的子弟担任，后唐明宗没有答应。到了夔州刺史潘炕被罢职时，高季兴当即就派兵攻进州城，杀死了戍守的士兵，并占据了该城。朝廷委派奉圣指挥使西方邺任夔州刺史，高季兴却不接受；高季兴又派兵袭击涪州，没有攻下来。从前魏王李继岌曾派遣押牙韩珙等人押送前蜀的珍宝货物金帛四十万回朝廷，顺江而下，高季兴却在峡口杀死了韩珙等人，把这些东西全部强行鲸吞了。现在朝廷又追问起了这件事，高季兴却答复说：“韩珙等人乘船下三峡，经过几千里水路，如果想知道翻船淹死的原因，自己去审问水神好了。”后唐明宗一听大怒，二月二十一日壬寅，下令削去高季兴的官职和爵位，任命山南东道节度使刘训为南面招讨使、知荆南行府事，任命忠武节度使夏鲁奇为副招讨使，率领四万步兵骑兵前去讨伐。东川节度使董璋充任东南面招讨使，新任夔州刺史西方邺为他的副使，率领蜀兵沿三峡而下；并且会合湖南马殷的军队，三面向荆南发动进攻。

三月初三日甲寅，任命李敬周为武信留后。

三月初五日丙辰，开始设置监牧官，繁育国家的战马。

当初，后唐庄宗攻克后梁，靠的是魏州牙兵的力量；到了他灭亡的时候，皇甫晖、张破败的叛乱也是由于这些牙兵。赵在礼被调任滑州，不去上任，其实也是被他的部下所挟制。赵在礼准备自己想办法摆脱祸患，于是就秘密派心腹到朝廷向后唐明宗请求换个任职的地方，后唐明宗为了他的缘故就任命皇甫晖为陈州刺史、赵进为贝州刺史，调任赵在礼为横海节度使；任命皇子李从荣去镇守邺都，命令宣徽北院使范延光率兵护送他前去，并留在那里掌理邺都军事。于是派出了奉节等九指挥的三千五百人，让军校龙晊率领，前往戍守卢台军以防备契丹的入侵，但不发给

不次擢乌震为副招讨使，讹言益甚。

房知温怨震骤来代己，震至，未交印。壬申，震召知温及诸道先锋马军都指挥使、齐州防御使安审通博于东寨，知温诱龙晊所部兵杀震于席上，其众噪于营外，安审通脱身走，夺舟济河，将骑兵按甲不动。知温恐事不济，亦上马出门，甲士揽其辔曰："公当为士卒主，去欲何之？"知温绐之曰："骑兵皆在河西，不收取之，独有步兵，何能集事！"遂跃马登舟济河，与审通合谋击乱兵，乱兵遂南行。骑兵徐踵其后，部伍甚整。乱者相顾失色，列炬宵行，疲于荒泽，诘朝，骑兵四合击之，乱兵殆尽，余众复趣故寨，审通已焚之，乱兵进退失据，遂溃。其匿于丛薄沟塍得免者什无一二。范延光还至淇门，闻卢台乱，发滑州兵复如邺都，以备奔逸。

帝遣客省使李仁矩如西川，传诏安谕孟知祥及吏民。甲戌，至成都。

刘训兵至荆南，楚王殷遣都指挥使许德勋等将水军屯岳州。高季兴坚壁不战，求救于吴，吴人遣水军援之。

夏，四月，庚寅，敕卢台乱兵在营家属并全门处斩。敕至邺都，阖九指挥之门，驱三千五百家凡万余人于石灰窑，悉斩之，永济渠为之变赤。

朝廷虽知房知温首乱，欲安反仄，癸巳，加知温兼侍中。

先是，孟知祥遣牙内指挥使文水武漳迎其妻琼华长公主及子仁赞于晋阳，及凤翔，李从曮闻知祥杀李严，止之，以闻，帝听其归蜀。丙申，至成都。

（以上为第十四段，写唐明宗杀戮卢台乱军一万多人，血染永济渠。）

盐铁判官赵季良与孟知祥有旧，知祥奏留季良为副使。朝廷不得已，

他们铠甲兵仗，只是在长竿子上拴个旗帜来区别不同队伍，因此大家都在垂头丧气的气氛中出发了。半路上听到孟知祥杀了李严的消息，军中开始骚动不安，已经谣言纷纷；到了卢台军之后，碰巧这时朝廷又不按正常秩序提升乌震担任副招讨使，军中的谣言就更加厉害了。

房知温很怨恨乌震突然来取代自己的职位，乌震来到以后，房知温不肯把印信交出来。三月二十一日壬申，乌震把房知温和诸道先锋马军都指挥使、齐州防御使安审通召到东寨赌博，房知温诱使龙晊所属部下在席上杀死乌震，乌震的部下在营外大吵大闹，安审通脱身逃跑，抢了一条船渡过黄河，率领着自己的骑兵在对岸按兵不动。房知温担心事情还是不能成功，也骑上马准备出营门，士兵们拉着他的马缰绳说："您应当成为士兵的主帅，又要到哪里去？"房知温骗他们说："骑兵们都在黄河西岸，不去收揽他们，光有步兵，能干成什么事情！"说完就快马加鞭登上船，渡过黄河，和安审通一道商量攻乱兵，乱兵们于是向南撤去。安审通的骑兵慢慢地跟在他们的后头，队伍非常整齐。乱兵们相互看着，吓得脸都变了色，只好排好队举着火炬在夜间行走，在荒浚水泽中走得很疲乏，第二天一早，骑兵从四面围杀过来，乱兵几乎全部被杀光，剩下的人又想逃回到原来的营寨，但是营寨已被安审通放火烧了，乱兵们进退无据，于是就四散逃命。他们之中躲藏在草丛、沟壑里侥幸不死的不到十分之一二。范延光回到淇门，听说卢台军发生兵变，于是立刻征调滑州的部队再回邺都，以防止乱后的逃窜。

后唐明宗派遣客省使李仁矩到西川，传达皇帝的诏令，安抚孟知祥和那里的官兵；三月二十三日甲戌，到达成都。

刘训率兵到达荆南，楚王马殷派遣都指挥使许德勋等人率领水军驻扎岳州。高季兴坚守在营寨里不出来应战，同时向吴国请求救援，吴国派出水军来援助他。

夏季，四月初十日庚寅，后唐明宗下令把卢台军乱兵在营寨里的家属全部满门处斩。圣旨到达邺都后，关闭了九指挥的门，驱赶三千五百家共一万多人到石灰窑，全部斩杀，永济渠的水都被人血染成了红色。

朝廷虽然深知房知温是首乱分子，但是为了稳定动荡不安的局面，四月十三日癸巳，仍然加封房知温兼任侍中。

在此之前，孟知祥派遣牙内指挥使文水人武漳到晋阳去迎接他的妻子琼华长公主和儿子孟仁赞，回来时经过凤翔，李继曮听说孟知祥杀死了李严，就把他们扣下了，然后向后唐明宗报告，后唐明宗允许他们回到蜀地去；四月十六日丙申，一行到达成都。

盐铁判官赵季良和孟知祥是旧交，孟知祥上奏后唐明宗请求把赵季良留下担任

丁酉，以季良为西川节度副使。李昊归蜀，知祥以为观察推官。

江陵卑湿，复值久雨，粮道不继，将士疾疫，刘训亦寝疾。癸卯，帝遣枢密使孔循往视之，且审攻战之宜。

五月，癸丑，以威武留后王延钧为本道节度使、琅邪王。

孔循至江陵，攻之不克，遣人入城说高季兴，季兴不逊。丙寅，遣使赐湖南行营夏衣万袭；丁卯，又遣使赐楚王殷鞍马玉带，督馈粮于行营，竟不能得。庚午，诏刘训等引兵还。

楚王殷遣中军使史光宪入贡，帝赐之骏马十，美女二。过江陵，高季兴执光宪而夺之，且请举镇自附于吴。徐温曰："为国者当务实效而去虚名。高氏事唐久矣，洛阳去江陵不远，唐人步骑袭之甚易，我以舟师泝流救之甚难。夫臣人而弗能救，使之危亡，能无愧乎！"乃受其贡物，辞其称臣，听其自附于唐。

任圜性刚直，且恃与帝有旧，勇于敢为，权幸多疾之。旧制，馆券出于户部，安重诲请从内出，与圜争于上前，往复数四，声色俱厉。上退朝，宫人问上："适与重诲论事为谁？"上曰："宰相。"宫人曰："妾在长安宫中，未尝见宰相、枢密奏事敢如是者，盖轻大家耳。"上愈不悦，卒从重诲议。圜因求罢三司，诏以枢密承旨孟鹄充三司副使权判。鹄，魏州人也。

六月，庚辰，太子詹事温辇请立太子。

丙戌，门下侍郎、同平章事任圜罢守太子少保。

己丑，以宣徽北院使张延朗判三司。

壬辰，贬刘训为檀州刺史。

丙申，封楚王殷为楚国王。

西方邺败荆南水军于峡中，复取夔、忠、万三州。

（以上为第十五段，写后唐明宗三路征荆南，不胜罢兵。）

副使。朝廷不得已，四月十七日丁酉，只好任命赵季良为西川节度副使。李昊回到蜀中，孟知祥任命他为观察推官。

江陵地区本来就地势低下，气候潮湿，又赶上接连下雨，所以粮食补给供应不上，将士们都染上了疾病，主帅刘训也生病卧床不起；四月二十三日癸卯，后唐明宗派遣枢密使孔循前往视察，并同时指导攻战的事宜。

五月初三日癸丑，任命威武留后王延钧为本道节度使，并封为琅邪王。

孔循到了江陵，也没有攻下城来，就派人到城里去劝说高季兴投降；高季兴的态度非常强硬。五月十六日丙寅，后唐明宗派遣使者赏赐给湖南行营的士卒夏季衣服一万套；五月十七日丁卯，又派遣使者赐给楚王马殷鞍马玉带，并要求他运送粮草供应给行营的部队，结果马殷最终还是没有把这件事办成。五月二十日庚午，后唐明宗命令刘训等人率兵回朝。

楚王马殷派遣中军使史光宪前来入贡，后唐明宗赏赐给他骏马十匹，美女两人。史光宪回去途中经过江陵，高季兴把他抓了起来，并抢去了马匹和美女，同时请求率领全镇归附吴国。吴国徐温说："真正治国的人应当务求实效而抛弃虚名。高氏臣服唐朝已经很久了，洛阳与江陵也相距不远，唐朝的步兵和骑兵要攻击江陵非常容易，而我们用水师溯江而上去救援它却很困难。如果接受了别人的归附而又不能去救援，让他们陷入危亡的境地，我们能不感到惭愧吗？"于是接受了高季兴的贡物，而推辞了他向吴国归附称臣的请求，让他自行归附唐朝。

任圜性情刚直，而且又仗着和后唐明宗是旧交，因此做起事来敢作敢为，权贵宠臣们都很嫉恨他。按照以往的规定，使臣外出时所用的馆券都是由户部发给，现在安重诲请求改由宫中发给，为此他和任圜两人在后唐明宗面前争论了起来，反反复复争论了好多次，都是脸红脖子粗的。退朝后，一个宫人向后唐明宗说："刚才和安重诲争论事情的是谁？"后唐明宗说："宰相。"宫人说："妾过去在长安的宫中，从没见过宰相、枢密奏请事情敢像这个样子，这是轻视皇上呀！"后唐明宗听了这话心里更加不高兴了，最终还是采纳了安重诲的建议。任圜因此请求免除三司的兼职，后唐明宗下诏任命枢密承旨孟鹄充任三司副使，以暂时掌理三司的职务。孟鹄是魏州人。

六月初一日庚辰，太子詹事温辇请求后唐明宗册立太子。

六月初七日丙戌，门下侍郎、同平章事任圜被免去太子少保的职务。

六月初十日己丑，任命宣徽北院使张延朗兼管三司。

六月十三日壬辰，把刘训贬为檀州刺史。

六月十七日丙申，封楚王马殷为楚国王。

西方邺在三峡中击败了荆南水军，又夺回了夔、忠、万三州。

【点评】

本卷点评后唐庄宗为乱兵所弑、祸国女孽刘皇后、姚坤使契丹、魏博牙兵再遭族诛四件史事。

一、后唐庄宗为乱兵所弑。天成元年三月二十六日壬午，李嗣源兵入大梁。这一天后唐庄宗率扈从兵二万五千东行至荥泽。庄宗命龙骧指挥使姚彦温率领三千骑兵为前锋，姚彦温叛归李嗣源。指挥使潘环守王村寨，这里是官军的补给基地，囤积刍粮数万，潘环亦叛降李嗣源。庄宗不敢东行，退还洛阳。三月二十八日甲申，庄宗回到洛阳东石桥西，此时两万五千扈从之兵，三天之中散去大半，庄宗置酒悲涕。是日晚，庄宗入洛。四月一日丁亥，庄宗得知西征军魏王李继岌即将到达，于是部署军队，计划车驾东出控扼汜水以待西军。蕃汉马步使朱守殷率领骑兵阵于城东宣仁门外，步兵阵于宫城南门兴教门外。庄宗还未及行，正吃早饭，从马直指挥使郭从谦率步兵以叛，攻打兴教门。庄宗率领诸王及近卫骑兵抵抗，遣使召朱守殷率领骑兵救驾，朱守殷不奉诏，带领骑兵在北邙山林中休息。叛军火烧兴教门，近臣宿将纷纷丢下兵器逃走。庄宗被乱兵流矢击中，退入绛霄殿，拔箭，须臾而终，年仅四十二岁。刘皇后收拾金宝细软与申王李存渥逃走。宫人多逃散。这时朱守殷才入宫，劫掠珍玩及三十余名宫人纳于家，然后遣使降于李嗣源。

后唐庄宗二十余年血战争天下，其时以不忘父志，报仇雪恨，兴复唐室为己任，与士卒同甘共苦，每战身先士卒，亲冒石矢，突入敌阵，几死者数矣，何其壮哉。及至称帝，沉迷游猎，信用群小，滥封伶人，功臣宿将为之丧气。宠信刘皇后，收聚钱财，吝于赏赐，更使将士寒心。皇后教令与制敕交行于藩镇，纲纪堕坏，皇帝之尊大损。郭崇韬无罪，刘皇后矫诏杀之，朝野骇然，流言四起，迅速蔓延，激起兵变，既出于意外，又在情理之中。庄宗前后判若两人，争战的庄宗似项羽，称帝的庄宗为胡亥。王夫之论曰："李存勖不可以为天子，然固将帅之才也，知用兵之略矣，得英主而御之，与韩信齿。"（《读通鉴论》卷二十八）此言似得之。

二、祸国女孽刘皇后。庄宗刘皇后，魏州成安人，家世寒微，年五六岁时为晋兵所虏，归晋阳养于王宫，为庄宗母太后曹氏侍者。刘氏长成，姿色绝美，善吹笙，歌舞亦绝。庄宗好音律，喜欢与伶人谑浪，刘氏似一个伶人，故庄宗爱之。太后赐庄宗为庄宗韩国夫人侍者，因生皇长子李继岌，宠待日隆，然为太后所恶，不得为正。郭崇韬欲引刘氏为宫援，率大臣上表请求册立刘氏为皇后，结果自掘坟墓。郭崇韬之死，为刘皇后所赐。刘皇后讳言寒微，其父刘叟九死一生，扣宫门认女，有内臣刘建丰识之，刘皇后声言生父为乱兵所杀，诬生父冒名认女，生父在宫门前被暴打一顿。刘皇后备受庄宗宠爱，却无夫妻之情。庄宗临死口渴求水，刘皇后不自省视，只派宦官进奶酪，自己忙于收拾细软珠宝，与庄宗弟申王李存渥逃奔晋阳，

在道与李存渥私通。刘皇后真是一美女蛇，不认父，仇报恩人，背夫淫乱，欲求善终，天理难容。刘皇后在晋阳削发为尼，李嗣源遣人杀之。刘皇后视财如命，正位中宫，肆无忌惮地求索财物，凡贡举先入后宫，次奉皇上，总揽宫中财货，京都诸军困乏，以至妻子饿殍，宰相请出内库供给，刘皇后拿出妆具和皇子令宰相出卖以供军，如此拒难宰相，庄宗听之。将士切齿，众心叛离。等到李嗣源作难，庄宗许愿将士，宫中财物全部赏赐给你们。将士回答说："陛下现在才想起赏赐，不是太晚了吗！"庄宗流涕而已。庄宗覆国亡家，咎由自取，而刘皇后所为，亦后唐之褒姒、妲己，中国历史上又增一祸国女孽。

三、姚坤使契丹。李嗣源即帝位，遣供奉官姚坤告哀于契丹。契丹主耶律阿保机欲借后唐庄宗之死敲诈后唐，求索割地，黄河之北，尽归契丹，则不南侵。姚坤答曰："这不是一个使臣能做主的。"契丹主大怒，囚禁姚坤十多天，再次索要，说："河北难得，只割让镇、定、幽三州之地也就算了。"不容分说，契丹主强要姚坤写出字据。姚坤拒绝，契丹主以死威逼，姚坤不为所动。契丹谋主汉大臣韩延徽救之，姚坤再次被囚禁。未几，耶律阿保机死，姚坤得释。姚坤，后唐之苏武也。

四、魏博牙兵再遭族诛。魏博为河北第一镇，辖魏、博、贝、相、澶、卫六州，号天雄军。唐后期自田承嗣割据以来，历届镇将招募扩充牙兵，镇将倚重为心腹，赏赐优厚，积久而成习。牙兵父子相承，姻党关系稳固，成为一地方盘根错节的武装集团。魏博牙兵，既是野心家割据者的社会基础，也是割据者的大敌。魏博牙兵视更易主帅如同儿戏。自田氏以来至于晚唐、五代，历时一百五十多年，主帅废立，皆出于牙兵之手。如节镇史宪诚、何全皞、韩君雄、乐彦祯、罗宏信、罗绍威等，皆魏博牙兵所立。牙兵反复无常，稍不如意，则杀主帅，族其家。乐彦祯、乐从训父子皆死牙兵之手。罗宏信、罗绍威父子，虽为牙兵所立，而存恐惧，于是有罗绍威引朱温梁兵诛杀牙兵之事，死者七千余人，婴孺不留，这是魏博牙兵第一次遭族诛，事在唐哀帝天祐三年（906）。罗绍威诛牙兵，众叛亲离，势力衰弱，悔恨抑郁而死。其子罗周翰袭位，为梁将杨师厚所夺。杨师厚复置银枪效节军，皆选骁勇以为牙兵，恢复了旧时魏博牙兵的态势。杨师厚死，后梁末帝分天雄相、澶、卫三州置昭德军，分牙兵之半入昭德以弱其势。贺德伦为昭德节度使，效节军将张彦劫持贺德伦降于晋王，晋王李存勖收降昭德魏博牙兵为亲军，号帐前银枪军，随晋王征战，多建功勋。晋王许其灭梁后重赏银枪军，梁亡，晋王即位不爽前约，庄宗多次重赏，银枪军仍怀怨望。庄宗令杨仁晸率之戍瓦桥关，庄宗同光四年，即明宗天成元年（926），银枪军拥立杨仁晸叛唐，杨仁晸不从，变兵杀之，拥立军校赵在礼入据邺城以叛。李嗣源奉诏往讨，又为变兵所逼，因祸以得天下。嗣源即位，是为明宗，赵在礼惧诛，请解兵权。明宗乃遣房知温往代，率领魏效节九指挥使往戍卢台，

不给兵甲，惟长竿系帜，以束队伍。天成二年（927），明宗遣乌震往代房知温，房知温煽动兵变杀乌震，因齐州防御使安审通脱身济河部整骑兵，房知温知事不济，脱离变兵，也渡河到河西与安审通合力诛变兵。明宗于是下令诛杀变兵家属，族灭三千余家，杀之漳河岸上，漳水为之变色。这是魏博牙兵第二次遭族灭。牙兵为乱，宜诛首恶，滥杀灭族，刑律废矣。由此可见，五代乱世，人命如草芥，可叹也夫！

后唐纪五

后唐明宗天成二年至四年（927—929年）

【起强圉大渊献（丁亥，927年）七月，尽屠维赤奋若（己丑，929年），凡二年有奇】

【大事提要】

本卷记事起公元927年七月，讫公元929年，凡二年又六个月。当后唐明宗天成二年七月至四年。马殷即王位，吴杨溥称帝。马殷大败犯境吴军，多次取胜荆南。马殷以子马希范执政，希范听流言，冤杀兴楚谋主高郁。吴国徐知诰独揽大权，徐知询险遭毒杀。明宗用兵河北，王晏球平定义武王都之叛，契丹两次南犯，全军覆没。明宗能听善言而不果行，优柔寡断，听任安重诲独断专行。西川孟知祥、董璋联姻抗朝命。

【原文】

明宗圣德和武钦孝皇帝中之上

天成二年（丁亥，927 年）

秋，七月，以归德节度使王晏球为北面副招讨使。

丙寅，升夔州为宁江军，以西方邺为节度使。

癸巳，以与高季兴夔、忠、万三州为豆卢革、韦说之罪，皆赐死。

流段凝于辽州，温韬于德州，刘训于濮州。

任圜请致仕居磁州，许之。

八月，己卯朔，日有食之。

册礼使至长沙，楚王殷始建国，立宫殿，置百官，皆如天子，或微更其名：翰林学士曰文苑学士，知制诰曰知辞制，枢密院曰左右机要司，群下称之曰殿下，令曰教。以姚彦章为左丞相，许德勋为右丞相，李铎为司徒，崔颖为司空，拓跋恒为仆射，张彦瑶、张迎判机要司。然管内官属皆称摄，惟朗、桂节度使先除后请命。恒本姓元，避殷父讳改焉。

九月，帝谓安重诲曰："从荣左右有矫宣朕旨，令勿接儒生，恐弱人志气者。朕以从荣年少临大藩，故择名儒使辅导之，今奸人所言乃如此！"欲斩之。重诲请严戒而已。

北都留守李彦超请复姓符，从之。

丙寅，以枢密使孔循兼东都留守。

壬申，契丹来请修好，遣使报之。

冬，十月，乙酉，帝发洛阳，将如汴州；丁亥，至荥阳。

民间讹言帝欲自击吴，又云欲制置东方诸侯。宣武节度使、检校侍中朱守殷疑惧，判官高密孙晟劝守殷反，守殷遂乘城拒守。帝遣宣徽使范延光往谕之，延光曰："不早击之，则汴城坚矣。愿得五百骑与俱。"帝从之。延光暮发，未明行二百里，抵大梁城下，与汴人战，汴人大惊。戊子，帝至京水，遣御营使石敬瑭将亲兵倍道继之。

【语译】

明宗圣德和武钦孝皇帝中之上

后唐明宗天成二年（丁亥，927 年）

秋季，七月，任命归德节度使王晏球为北面副招讨使。

七月十七日丙寅，升夔州为江宁军，任命西方邺为节度使。

［七月二十四日癸酉］，把上年给高季兴夔、忠、万三个州这件事当作豆卢革、韦说两人的罪状，都予以赐死。

把段凝流放到辽州，温韬流放到德州，刘训流放到濮州。

任圜请求退休，居住在磁州，后唐明宗答应了他的请求。

八月初一日己卯，发生日食。

册礼使到达长沙，楚王马殷开始建国，他建立宫殿，设置百官，都和天子一样，只是在有的方面稍微更改了一下名称：改翰林学士叫文苑学士，改知制诰叫知辞制，改枢密院叫左右机要司，群臣称马殷为殿下，他所下的命令称作教。任命姚彦章为左丞相，许德勋为右丞相，李铎为司徒，崔颖为司空，拓跋恒为仆射，张彦瑶、张迎掌管机要司。但是管内的官属一律称摄，只有朗州武平军、桂州静江军的节度使是先任命而后再呈报朝廷核准的。拓跋恒本来姓元，为了避马殷父亲的名讳而改为拓跋。

九月，后唐明宗对安重诲说："李从荣身边有人假传朕的旨意，要他不要接近儒生，担心会减弱人的志气。朕是因为李从荣年纪轻轻就去镇守大藩，所以选择了名儒来辅佐他，没想到现在这些奸人竟然讲出这样的话！"后唐明宗准备把这些假传圣旨的人斩掉；安重诲却请求对这些人只是严加防范就算了。

北都留守李彦超请求恢复他姓符，后唐明宗答应了他的请求。

九月十八日丙寅，任命枢密使孔循兼任东都留守。

九月二十四日壬申，契丹派遣使者请求互通友好，后唐也派遣使者回聘。

冬季，十月初七日乙酉，后唐明宗从洛阳出发，准备前往汴州；十月初九日丁亥，到达荥阳。

民间谣传后唐明宗要亲自率兵攻打吴国，又传说要处置东方的诸侯大臣。宣武节度使、检校侍中朱守殷对此感到又怀疑又害怕，判官高密人孙晟劝朱守殷反叛，于是朱守殷就登上汴州城进行防御。后唐明宗派遣宣徽使范延光前去劝慰朱守殷，范延光向后唐明宗建议说："如不及早攻击他们，汴州城就会越发坚固难攻了；我请求带领五百名骑兵一起前往。"后唐明宗听从了他的建议。范延光一行在黄昏时出发，到天还没亮时已走了二百里路，抵达汴州城下，和汴州的守军交锋，汴州的守

或谓安重诲曰：“失职在外之人，乘贼未破，或能为患，不如除之。”重诲以为然，奏遣使赐任圜死。端明殿学士赵凤哭谓重诲曰：“任圜义士，安肯为逆！公滥刑如此，何以赞国！”使者至磁州，圜聚其族酣饮，然后死，神情不挠。

己丑，帝至大梁，四面进攻，吏民缒城出降者甚众。守殷知事不济，尽杀其族，引颈命左右斩之。乘城者望见乘舆，相帅开门降。孙晟奔吴，徐知诰客之。

（以上为第一段，写马殷即王位。后唐明宗平定汴州之乱。）

戊戌，诏免三司逋负近二百万缗。

辛丑，吴大丞相、都督中外诸军事、诸道都统、镇海宁国节度使兼中书令东海王徐温卒。

初，温子行军司马、忠义节度使、同平章事知询以其兄知诰非徐氏子，数请代之执吴政，温曰：“汝曹皆不如也。”严可求及行军副使徐玠屡劝温以知询代知诰，温以知诰孝谨，不忍也。陈夫人曰：“知诰自我家贫贱时养之，奈何富贵而弃之！”可求等言之不已。温欲帅诸藩镇入朝，劝吴王称帝，将行，有疾，乃遣知询奉表劝进，因留代知诰执政。知诰草表欲求洪州节度使，俟旦上之，是夕，温凶问至，乃止。知询亟归金陵。吴主赠温齐王，谥曰忠武。

山南西道节度使张筠久疾，将佐请见，不许。副使符彦琳等疑其已死，恐左右有奸谋，请权交符印。筠怒，收彦琳及判官都指挥使下狱，诬以谋反。诏取彦琳等诣阙，按之无状，释之。徙筠为西都留守。

癸卯，以保义节度使石敬瑭为宣武节度使，兼侍卫亲军马步都指挥使。

军感到很吃惊。十月初十日戊子，后唐明宗到达京水，派遣御营使石敬瑭率领侍卫部队日夜兼程赶去增援。

有人对安重诲说："那些被免除官职而在外面的人，乘着汴州乱贼还没有被消灭的时候，有可能成为祸害，不如干脆把他们除掉。"安重诲认为这话很有道理，就奏请后唐明宗派遣使者去赐任圜死。端明殿学士赵凤哭着对安重诲说："任圜是位义士，怎么会造反呢！你如此滥用刑戮，怎么能够辅佐国家！"后唐明宗的使者到达磁州，任圜把他的家族聚集在一块开怀畅饮一番，然后就自杀了，自始至终神色不变。

十月十一日己丑，后唐明宗到达大梁，从四面向汴州城发动进攻，城中官吏和百姓缒绳逃出来投降的很多。朱守殷知道大势已去，就把自己的家族全部杀掉，然后伸长脖子让身边的人把他的头砍了。登城防守的人看到后唐明宗的乘舆，都一道打开城门出来投降。孙晟逃奔到了吴国，徐知诰对他以客相待。

十月二十日戊戌，后唐明宗下诏免去三司将近二百万缗赋税的拖欠。

十月二十三日辛丑，吴国大丞相、都督中外诸军事、诸道都统、镇海宁国节度使兼中书令东海王徐温去世。

当初，徐温的儿子行军司马、忠义节度使、同平章事徐知询认为他的哥哥徐知诰并不是徐家亲生的儿子，多次向徐温请求要代替徐知诰执掌吴国国政，徐温说："你们的能力都比不上他。"严可求和行军副使徐玠也多次劝徐温用徐知询替代徐知诰，徐温看在徐知诰非常孝顺恭谨的份上，始终不忍心这样做。陈夫人也说："知诰是我们家贫穷时就收养了的，为什么我们富贵了以后要抛弃他呢？"但是严可求等人还是不停地劝说。徐温准备率领各地藩镇入朝劝说吴王即位称帝，正要出发，却得了病，于是就派遣徐知询带着奏章前去劝吴王称帝，自己留下来代替徐知诰掌理政事。徐知诰起草了奏章想请求出任洪州节度使，打算第二天早晨呈送上去，当天晚上，徐温去世的消息传来，于是这件事才被搁置了起来。徐知询也立即赶回金陵。吴王追赠徐温为齐王，谥号为忠武。

山南西道节度使张筠长期生病，将领们请求召见，一概受到拒绝。副将符彦琳等怀疑他已经死了，担心他左右的人会有什么奸谋，于是要求他暂时交出兵符、印信；张筠一听大为生气，就把符彦琳和判官、都指挥使都逮捕下狱，诬告他们要阴谋造反。后唐明宗下诏要把符彦琳他们提押到京城去，经过进一步核实后并未发现他们有谋反的证据，于是就把他们释放了；接着调任张筠为西都留守。

十月二十五日癸卯，任命保义节度使石敬瑭为宣武节度使，兼任侍卫亲军马步都指挥使。

十一月，庚戌，吴王即皇帝位，追尊孝武王曰武皇帝，景王曰景皇帝，宣王曰宣皇帝。

安重诲议伐吴，帝不从。

甲子，吴大赦，改元乾贞。

丙子，吴主尊太妃王氏曰皇太后，以徐知询为诸道副都统、镇海宁国节度使兼侍中，加徐知诰都督中外诸军事。

十二月，戊寅朔，孟知祥发民丁二十万修成都城。

吴主立兄庐江公濛为常山王，弟鄱阳公澈为平原王，兄子南昌公珙为建安王。

初，晋阳相者周玄豹尝言帝贵不可言，帝即位，欲召诣阙。赵凤曰："玄豹言陛下当为天子，今已验矣，无所复询。若置之京师，则轻躁狂险之人必辐辏其门，争问吉凶。自古术士妄言，致人族灭者多矣，非所以靖国家也。"帝乃就除光禄卿致仕，厚赐金帛而已。

中书舍人马缟请用汉光武故事，七庙之外别立亲庙；中书门下奏请如汉孝德、孝仁皇例，称皇不称帝。帝欲兼称帝，群臣乃引德明、玄元、兴圣皇帝例，皆立庙京师。帝令立于应州旧宅，自高祖考妣以下皆追谥曰皇帝、皇后，墓曰陵。

汉主如康州。

是岁，蔚、代缘边粟斗不过十钱。

（以上为第二段，写吴王杨溥即皇帝位。孟知祥筑城于成都。唐明宗违礼追谥高祖以下为皇帝。）

三年（戊子，928年）

春，正月，丁巳，吴主立子琏为江都王，璘为江夏王，璆为宜春王，宣帝子庐陵公玢为南阳王。

昭义节度使毛璋所为骄僭，时服赭袍，纵酒为戏，左右有谏者，剖其心而视之。帝闻之，征为右金吾卫上将军。

契丹陷平州。

二月，丁丑朔，日有食之。

十一月初三日庚戌，吴王即皇帝位，追尊孝武王为武皇帝，景王为景皇帝，宣王为宣皇帝。

安重诲提议要讨伐吴国，后唐明宗没有答应。

十一月十七日甲子，吴国大赦境内，改年号为乾贞。

十一月二十九日丙子，吴主尊奉太妃王氏为皇太后，任命徐知诰为诸道副都统、镇海宁国节度使兼侍中，加封徐知诰都督中外诸军事。

十二月初一日戊寅，孟知祥征调二十万民工修建成都城。

吴王册立他的哥哥庐江公杨濛为常山王，弟弟鄱阳公杨澈为平原王，哥哥的儿子南昌公杨珙为建安王。

当初，晋阳有个会相面的人叫周玄豹，他曾经说后唐明宗的相貌贵不可言，后唐明宗即位以后，想把他召到京城里来；赵凤说："周玄豹说陛下应当会成为天子，现在已经应验了，也没有什么好再向他询问的了。如果把他安置在京城里，那些轻浮狂荡的危险人物就一定会聚集到他的门下，争相去为自己问个吉凶。自古以来，术士们胡言乱语，致使很多人全家被诛灭，这些人根本不能用来安定国家。"后唐明宗于是派遣使者去周玄豹那里让他以光禄卿的职位退休，只赐给他很多金银布帛而已。

中书舍人马缟请求用汉光武帝的旧例，在七庙之外另外再立个宗庙；中书门下上奏请求像汉孝德、孝仁皇那样，对先祖称皇不称帝。后唐明宗想让先祖兼称帝，群臣于是援引德明、玄元、兴圣皇帝的例子，建议都在京师立庙；后唐明宗下令在应州的旧宅立庙，从高祖考妣以下都追谥为皇帝、皇后，他们的墓也都改称为陵。

汉主到达康州。

这一年，蔚州、代州沿边的粮食每斗不超过十钱。

后唐明宗天成三年（戊子，928 年）

春季，正月初十日丁巳，吴王册立儿子杨琏为江都王，杨璘为江夏王，杨璆为宜春王，宣帝的儿子庐陵公杨玢为南阳王。

昭义节度使毛璋的所作所为骄横僭越，时常穿着只有天子才能穿的赭袍，纵酒戏耍，身边的人有胆敢规劝他的，毛璋就把他的心剖开来看。后唐明宗得知这一情况后，就把毛璋征调到京城担任右金吾卫上将军。

契丹攻陷了平州。

二月初一日丁丑，发生日食。

帝将如邺都，时扈驾诸军家属甫迁大梁，又闻将如邺都，皆不悦，讻讻有流言。帝闻之，不果行。

吴自庄宗灭梁以来，使者往来不绝。庚辰，吴使者至，安重诲以为杨溥敢与朝廷抗礼，遣使窥觇，拒而不受，自是遂与吴绝。

张筠至长安，守兵闭门拒之。筠单骑入朝，以为左卫上将军。

壬辰，宁江节度使西方邺攻拔归州。未几，荆南复取之。

枢密使、同平章事孔循，性狡佞，安重诲亲信之。帝欲为皇子娶重诲女，循谓重诲曰："公职居近密，不宜复与皇子为婚。"重诲辞之。久之，或谓重诲曰："循善离间人，不可置之密地。"循知之，阴遣人结王德妃，求纳其女。德妃请娶循女为从厚妇，帝许之。重诲大怒。乙未，以循同平章事，充忠武节度使兼东都留守。

重诲性强愎。秦州节度使华温琪入朝，请留阙下，帝嘉之，除左骁卫上将军，月别赐钱谷。岁余，帝谓重诲曰："温琪旧人，宜择一重镇处之。"重诲对以无阙。他日，帝屡言之，重悔愠曰："臣累奏无阙，惟枢密使可代耳。"帝曰："亦可。"重诲无以对。温琪闻之惧，数月不出。

重诲恶成德节度使、同平章事王建立，奏建立与王都交结，有异志。建立亦奏重诲专权，求入朝面言其状，帝召之。既至，言重诲与宣徽使判三司张延朗结婚，相表里，弄威福。三月，辛亥，帝见重诲，气色甚怒，谓曰："今与卿一镇自休息，以王建立代卿，张延朗亦除外官。"重诲曰："臣披荆棘事陛下数十年，值陛下龙飞，承乏机密，数年间天下幸无事。今一旦弃之外镇，臣愿闻其罪！"帝不怿而起，以语宣徽使朱弘昭，弘昭曰："陛下平日待重诲如左右手，奈何以小忿弃之！愿垂三思。"帝寻召重诲慰抚之。明日，建立辞归镇，帝曰："卿比奏欲入分朕忧，今复去何之！"会门下侍郎兼刑部尚书、同平章事郑珏请致仕，己未，以珏为

后唐明宗准备到邺都，当时随从各部队的家属刚刚迁到大梁，一听说又要前往邺都，心里很不愉快，流言议论纷纷。后唐明宗知道这一情况后，只好作罢。

吴国自从后唐庄宗灭了后梁以来，经常不断地派遣使者前来。二月初四日庚辰，吴国的使者到来，安重诲认为吴王杨溥胆敢和朝廷分庭抗礼，现在又派遣使者前来窥探虚实，于是就拒绝接待来使，从此后唐就与吴国断绝了往来。

张筠到达长安，守城的士兵关起城门不让他进城；张筠只好单人匹马回到朝廷，后唐明宗任命他为左卫上将军。

二月十六日壬辰，宁江节度使西方邺攻下了归州；没过多久，荆南又把归州夺了回去。

枢密使、同平章事孔循生性狡猾，善于花言巧语，安重诲很相信他。后唐明宗想为皇子娶安重诲的女儿为妻子，孔循却对安重诲说："公的职务已经和皇上非常亲近密切了，不宜再和皇子结为姻亲。"于是安重诲就推辞了这门婚事。过了一段时间，有人对安重诲说："孔循善于挑拨离间，不能把他安排在可以和皇上密切接触的职位上。"孔循知道了这件事，就私下里派人去巴结王德妃，请求她能让皇家迎娶自己的女儿；王德妃于是向后唐明宗请求迎娶孔循的女儿为李从厚的妃子，后唐明宗答应了。安重诲得知这一情况后非常愤怒，二月十九日乙未，任命孔循为同平章事，外放为忠武节度使兼东都留守。

安重诲生性强横刚愎。秦州节度使华温琪入京朝见后唐明宗，请求留任京城，后唐明宗嘉勉了他，任命他为左骁卫上将军，每月还另外赏赐给他一些钱谷。过了一年多，后唐明宗对安重诲说："温琪也算是老臣了，应该选择一个重镇来安置他。"安重诲回答说没有空缺。后来，后唐明宗又多次提起这件事，安重诲心里有点不高兴地说："臣已经屡次报告说没有空缺，现在只有我这枢密使一职可以让他替代了。"后唐明宗说："那也可以。"安重诲一时无言以对。华温琪听到这一情况后感到非常害怕，好几个月都不敢出门。

安重诲很厌恶成德节度使、同平章事王建立，于是向后唐明宗上奏说王建立和王都相互勾结，有谋反的迹象。王建立也向后唐明宗上奏说安重诲独揽大权，请求来朝廷当面向后唐明宗说明详细情况，后唐明宗于是召他进京；王建立到了朝廷后，向后唐明宗说安重诲和宣徽使判三司张延朗结为姻亲，内外勾结，作威作福。三月初五日辛亥，后唐明宗见了安重诲，满脸怒气，对安重诲说："现在我想给你一个外镇让你去休息休息，让王建立来代替你的职位，另外张延朗也放为外任。"安重诲说："臣历尽艰难侍奉陛下数十年，正值陛下登上帝位，一时无适当人选而由臣任机要职务，数年来天下还算太平；现在忽然间把臣贬斥到外镇去，臣想听听自己到底有什么罪过！"后唐明宗很不高兴地起身就走了，后来又把这件事告诉了宣徽使

左仆射致仕。癸亥，以建立为右仆射兼中书侍郎、同平章事、判三司。

（以上为第三段，写安重诲跋扈不臣，明宗优容之。）

孟知祥屡与董璋争盐利，璋诱商旅贩东川盐入西川，知祥患之，乃于汉州置三场重征之，岁得钱七万缗，商旅不复之东川。

楚王殷如岳州，遣六军使袁诠、副使王环、监军马希瞻将水军击荆南，高季兴以水军逆战。至刘郎洑，希瞻夜匿战舰数十艘于港中，诘旦，两军合战，希瞻出战舰横击之，季兴大败，俘斩以千数，进逼江陵。季兴请和，归史光宪于楚。军还，楚王殷让环不遂取荆南，环曰："江陵在中朝及吴、蜀之间，四战之地也，宜存之以为吾扞蔽。"殷悦。环每战，身先士卒，与众同甘苦。常置针药于座右，战罢，索伤者于帐前，自傅治之。士卒隶环麾下者相贺曰："吾属得死所矣。"故所向有功。

楚大举水军击汉，围封州。汉主以《周易》筮之，遇《大有》，于是大赦，改元大有。命左右街使苏章将神弩三千、战舰百艘救封州。章至贺江，沉铁緪于水，两岸作巨轮挽緪，筑长堤以隐之，伏壮士于堤中。章以轻舟逆战，阳不利，楚人逐之，入堤中。挽轮举緪，楚舰不能进退，以强弩夹水射之，楚兵大败，解围遁去。汉主以章为封州团练使。

（以上为第四段，写马殷北攻取胜荆南，南进受挫于汉国。）

夏，四月，以邺都留守从荣为河东节度使、北都留守，以客省使太原冯赟为副留守，夹马指挥使新平杨思权为步军都指挥使以佐之。戊寅，以宣武节度使石敬瑭为邺都留守、天雄节度使，加同平章事；以枢密使范延光为成德节度使。丙戌，以枢密使安重诲兼河南尹，以河南尹从厚

朱弘昭，朱弘昭说："陛下平时待安重诲如同左右手，为什么因为一点小事就要抛弃他？希望陛下三思。"不久，后唐明宗又把安重诲召来好言安抚他一番。第二天，王建立来向后唐明宗告别，准备回到藩镇上去，后唐明宗说："爱卿近来不是上奏说想在朝廷分担朕的忧愁吗？现在又要到哪里去？"这时刚好门下侍郎兼刑部尚书、同平章事郑珏请求退休，三月十三日己未，下令让郑珏以左仆射的职位退休；三月十七日癸亥，任命王建立为右仆射兼中书侍郎、同平章事、判三司。

孟知祥曾多次和董璋争夺售盐的利益，董璋鼓励商人们把东川的盐卖到西川去，孟知祥对此感到很头痛，于是就在位于东西川交界的汉州设置了三处场所对商人征收重税，一年可以得到税钱七万缗，从此商贩们不再到东川贩盐了。

楚王马殷前往岳州，派遣六军使袁诠、副使王环、监军马希瞻率领水军攻打荆南，高季兴用水军迎战。楚军到了刘郎洑，马希瞻乘夜色在港中偷偷埋伏了数十艘战舰；第二天一早，两军交战，马希瞻开出港中的战舰拦腰截击，结果高季兴被打得大败，楚军俘获和斩杀了数以千计的荆南士兵，然后进逼江陵。高季兴请求讲和，并把史光宪送还楚国。楚军撤回去之后，楚王马殷责备王环为什么不乘胜拿下荆南，王环说："江陵地处中朝和吴、蜀之间，是个四面受敌的地方，应该把它保存下来作为我们的屏障。"马殷听了很高兴。王环每次作战，都身先士卒，和大家同甘共苦；他时常在座位旁放置一些针和药物，一仗打下来，他就把伤兵们找到帐前，亲自给他们敷药治疗。那些分配到他的部队中的士卒们都互相称贺说："我们可找到值得卖命的地方了。"正因为如此，他的部队每次出战都能建立战功。

楚国派水军大举进攻南汉，包围了封州。汉主用《周易》来卜问吉凶，得到大有卦，于是大赦境内，改年号为大有；又命令左右街使苏章率领三千名神箭手、一百艘战舰前去援救封州。苏章到达贺江，把大铁索沉在江中，在两岸设置巨轮用来挽揽铁索，并且建筑了很长的堤坝把巨轮隐蔽起来，在堤坝后面又埋伏了壮士。苏章先用轻舟迎战，假装打不赢，楚军就在后面追赶，进入了两岸修筑长堤的地方；汉军转动巨轮拉起铁索，从而使楚军的战船既不能进又不能退，汉军的神箭手们用强弩从两岸向楚军射击，楚军大败，解除了对封州的包围逃了回去。汉主任命苏章为封州团练使。

夏季，四月，后唐明宗任命邺都留守李从荣为河东节度使、北都留守，又任命客省使太原人冯赟为北都副留守，夹马指挥使新平人杨思权为步军都指挥使来辅佐李从荣。四月初三日戊寅，任命宣武节度使石敬瑭为邺都留守、天雄节度使，加封同平章事；任命枢密使范延光为成德节度使。四月十一日丙戌，任命枢密使安重诲

为宣武节度使，仍判六军诸卫事。

吴右雄武军使苗璘、静江统军王彦章将水军万人攻楚岳州，至君山，楚王殷遣右丞相许德勋将战舰千艘御之。德勋曰："吴人掩吾不备，见大军，必惧而走。"乃潜军角子湖，使王环夜帅战舰三百，绝吴归路。迟明，吴人进军荆江口，将会荆南兵攻岳州，丁亥，至道人矶。德勋命战棹都虞候詹信以轻舟三百出吴军后，德勋以大军当其前，夹击之，吴军大败，虏璘及彦章以归。

（以上为第五段，写后唐明宗调整重镇主帅，楚王马殷大败犯境吴军。）

初，义武节度使兼中书令王都镇易定十余年，自除刺史以下官，租赋皆赡本军。及安重诲用事，稍以法制裁之。帝亦以都篡父位，恶之。时契丹数犯塞，朝廷多屯兵于幽、易间，大将往来，都阴为之备，浸成猜阻。都恐朝廷移之他镇，腹心和昭训劝都为自全之计，都乃求婚于卢龙节度使赵德钧。又知成德节度使王建立与安重诲有隙，遣使结为兄弟，阴与之谋复河北故事，建立阳许而密奏之。都又以蜡书遗青、徐、潞、益、梓五帅，离间之。又遣人说北面副招讨使归德节度使王晏球，晏球不从。乃以金遗晏球帐下，使图之，不克。癸巳，晏球以都反状闻，诏宣徽使张延朗与北面诸将议讨之。

戊戌，吴徙常山王濛为临川王。

庚子，诏削夺王都官爵。壬寅，以王晏球为北面招讨使，权知定州行州事，以横海节度使安审通为副招讨使，以郑州防御使张虔钊为都监，发诸道兵会讨定州。是日，晏球攻定州，拔其北关城。都以重赂求救于奚酋秃馁，五月，秃馁以万骑突入定州，晏球退保曲阳，都与秃馁就攻之。晏球与战于嘉山下，大破之，秃馁以二千骑奔还定州。晏球追至城门，因进攻之，得其西关城。定州城坚，不可攻，晏球增修西关城以为行府，使三州民输税供军食而守之。

兼任河南尹，任命河南尹李从厚为宣武节度使，仍旧兼管六军诸卫事。

吴国右雄武军使苗璘、静江统军王彦章率领水军一万人进攻楚国岳州，到了君山，楚王马殷派遣右丞相许德勋率领一千艘战舰前去抵御吴军。许德勋说:“吴军是想乘我们没有防备而进行偷袭，如果看见我们的大军，一定会吓得逃走的。”于是就在角子湖埋伏下部队，并派王环乘着夜色率领三百艘战舰前去切断吴军的退路。第二天黎明，吴军进军到位于洞庭湖和长江交汇处的荆江口，准备会合荆南军队一同攻打岳州，四月十二日丁亥，到达道人矶。许德勋命令战棹都虞候詹信率领三百艘轻便船只出击吴军的后面，许德勋亲自率领大军从正面迎敌，前后夹攻，结果吴军被打得大败，楚国俘虏了苗璘和王彦章，把他们带了回去。

当初，义武节度使兼中书令王都镇守易州和定州有十多年了，他自行任命刺史以下的官员，所征收的租税也都用来供给自己的部队。到了安重诲掌权以后，稍微凭借法律条规抑制了他一下；后唐明宗也因为王都是篡夺了他父亲的职位，非常厌恶他。当时契丹经常侵犯边境，朝廷在幽州、易州一带驻扎了大量军队，大将们来来去去的，王都暗中加以防备，久而久之，和朝廷之间就产生了猜疑。王都担心朝廷会把他调到其他的藩镇去，他的心腹和昭训劝他要有一个保全自己的办法，王都于是向卢龙节度使赵德钧求婚。他又知道成德节度使王建立和安重诲之间有些矛盾，于是派遣使者前去要和王建立结为兄弟，暗中和王建立谋划要恢复过去唐朝末年河北藩镇割据的局面，王建立表面上答应了他，但暗中却向后唐明宗报告了这件事。王都又把用蜡封好的秘密信件分别送给青州、徐州、潞州、益州、梓州的五位统帅，离间他们之间的关系。又派人去游说北面副招讨使、归德节度使王晏球，王晏球没有听他的；于是他又用金钱收买王晏球手下的人，让他们谋害王晏球，也没获得成功。四月十八日癸巳，王晏球把王都阴谋造反的情况报告了后唐明宗，后唐明宗下诏让宣徽使张延朗和北面各将领商议讨伐王都。

四月二十三日戊戌，吴国把常山王杨濛改封为临川王。

四月二十五日庚子，后唐明宗下诏削夺王都的官职和爵位。四月二十七日壬寅，任命王晏球为北面招讨使，并暂时掌理定州的事务，又任命横海节度使安审通为副招讨使，任命郑州防御使张虔钊为都监，征调各路人马会兵讨伐定州。当天，王晏球向定州发起进攻，攻下了定州北关城。王都用厚礼贿赂奚人首领秃馁，向他求援，五月，秃馁率领一万名骑兵闯入定州境内；王晏球撤退到曲阳防守，王都和秃馁一道前来攻打。王晏球和他们在嘉山下交战，大破敌军，秃馁率领二千名骑兵逃回定州。王晏球跟踪追击到定州城门前，随即发起进攻，攻下了西关城。定州城墙非常坚固，很难攻下，于是王晏球就扩建了西关城把它作为行府，让定、祁、易三州的

辛酉，以天雄节度副使赵敬怡为枢密使。

王晏球闻契丹发兵救定州，将大军趣望都，遣张延朗分兵退保新乐。延朗遂之真定，留赵州刺史朱建丰将兵修新乐城。契丹已自他道入定州，与王都夜袭新乐，破之，杀建丰。乙丑，王晏球、张延朗会于行唐，丙寅，至曲阳。王都乘胜，悉其众与契丹五千骑合万余人，邀晏球等于曲阳，丁卯，战于城南。晏球集诸将校令之曰："王都轻而骄，可一战擒也。今日，诸君报国之时也。悉去弓矢，以短兵击之，回顾者斩！"于是骑兵先进，奋挝挥剑，直冲其阵，大破之，僵尸蔽野。契丹死者过半，余众北走。都与秃馁得数骑，仅免。卢龙节度使赵德钧邀击契丹，北走者殆无孑遗。

（以上为第六段，写义武节度使王都连引契丹叛乱，官军往讨，大败叛军，契丹无一人生还。）

吴遣使求和于楚，请苗璘、王彦章。楚王殷归之，使许德勋饯之。德勋谓二人曰："楚国虽小，旧臣宿将犹在，愿吴朝勿以措怀。必俟众驹争皂栈，然后可图也。"时殷多内宠，嫡庶无别，诸子骄奢，故德勋语及之。

六月，辛巳，高季兴复请称藩于吴，吴进季兴爵秦王，帝诏楚王殷讨之。殷遣许德勋将兵攻荆南，以其子希范为监军，次沙头。季兴从子云猛指挥使从嗣单骑造楚壁，请与希范挑战决胜，副指挥使廖匡齐出与之斗，拉杀之。季兴惧，明日，请和，德勋还。匡齐，赣人也。

（以上为第七段，写吴、楚、荆南三国休战。）

王晏球知定州有备，未易急攻，朱弘昭、张虔钊宣言大将畏怯。有诏促令攻城。晏球不得已，乙未，攻之，杀伤将士三千人。

先是，诏发西川兵戍夔州，孟知祥遣左肃边指挥使毛重威将三千人往。顷之，知祥奏"夔、忠、万三州已平，请召戍兵还，以省馈运"。帝不许。知祥阴使人诱之，重威帅其众鼓噪逃归。帝命按其罪，知祥请而

百姓交纳赋税以供应这里的军需，准备长期驻守。

五月十七日辛酉，任命天雄节度副使赵敬怡为枢密使。

王晏球得知契丹出兵前来救援定州，于是就率领大军赶往望都，同时派遣张延朗率领一部分军队退到新乐坚守。张延朗随即赶往真定，留下赵州刺史朱建丰率领部队修筑新乐城。这时，契丹军已经由另外一条道进入定州，和王都联合在夜晚袭击新乐，攻破了新乐城，杀死了朱建丰。五月二十一日乙丑，王晏球、张延朗在行唐会师，五月二十二日丙寅，到达曲阳。王都借着新胜的余威，调集了自己的全部人马和契丹的五千名骑兵共有一万多人，在曲阳阻击王晏球等人，五月二十三日丁卯，两军在城南交战。王晏球召集诸位将领，下令说："王都轻浮骄傲，这一次战斗中就能把他活捉。今天，正是各位报效国家的时候。都扔掉弓箭，用短兵器进击，有敢回头迟疑不前的一律斩首！"于是骑兵们在前面进攻，挥舞着铁树短剑，一直冲到敌人的阵地，把敌军打得大败，敌人横尸遍野；契丹军死伤过半，其余没死的都向北逃去；王都和秃馁靠着几名骑兵的保护，才勉强脱身。卢龙节度使赵德钧又在半路上拦击契丹兵，那些往北逃窜的残兵败将几乎没有一个能够活着回去的。

吴国派遣使者向楚国请求讲和，并且请求放回苗璘、王彦章；楚国马殷答应遣送他们回去，让许德勋为他们设宴饯行。许德勋对他们二人说："楚国虽然很小，但是旧臣、宿将都还健在，希望吴国不要再打什么主意。一定要等到这些小马驹们争夺马厩的时候，然后才能做打算。"当时马殷在宫中有很多宠妾，嫡庶之间没有分别，他的儿子们也都很骄横奢侈，所以许德勋才对他俩谈到了这些。

六月初八日辛巳，高季兴再次向吴国请求称臣，吴国加封高季兴的爵位为秦王，于是后唐明宗下诏命令楚王马殷讨伐高季兴。马殷派遣许德勋率兵攻打荆南，任命他的儿子马希范为监军，部队进驻到沙头；高季兴的侄子云猛指挥使高从嗣单枪匹马走到楚军的营寨前，要求单独和马希范一决雌雄，楚国副指挥使廖匡齐出营和他决斗，当场就把他拉杀了。高季兴于是感到很恐惧，第二天，就派人来讲和，许德勋于是班师回去。廖匡齐是赣县人。

王晏球知道定州方面已有防备，不能轻易地发动猛攻，但是朱弘昭、张虔钊却都扬言说这是大将胆小害怕了；后唐明宗颁下诏书催促他抓紧攻城。王晏球不得已，六月二十二日乙未，下令攻城，结果损兵折将三千人。

先前，后唐明宗下诏征调西川的部队去戍守夔州，孟知祥派遣了左肃边指挥使毛重威率领三千人前往。没过多久，孟知祥就上奏说："夔、忠、万三州已经平定，请求下令把戍守的部队召回去，这样可以节省运输军需的开销。"后唐明宗没有同

免之。

陕州行军司马王宗寿请葬故蜀主王衍，秋，七月，赠衍顺正公，以诸侯礼葬之。

北面招讨使安审通卒。

东都民有犯私曲者，留守孔循族之。或请听民造曲，而于秋税亩收五钱。己未，敕从之。

壬戌，契丹复遣其酋长惕隐将七千骑救定州，王晏球逆战于唐河北，大破之。甲子，追至易州。时久雨水涨，契丹为唐所俘斩及陷溺死者，不可胜数。

戊辰，以威武节度使王延钧为闽王。

契丹北走，道路泥泞，人马饥疲，入幽州境。八月，壬戌，赵德钧遣牙将武从谏将精骑邀击之，分兵扼险要，生擒惕隐等数百人。余众散投村落，村民以白梃击之，其得脱归国者不过数十人。自是契丹沮气，不敢轻犯塞。

初，庄宗徇地河北，获小儿，畜之宫中，及长，赐姓名李继陶。帝即位，纵遣之。王都得之，使衣黄袍坐堞间，谓王晏球曰："此庄宗皇帝子也，已即帝位。公受先朝厚恩，曾不念乎！"晏球曰："公作此小数竟何益！吾今教公二策，不悉众决战，则束手出降耳，自余无以求生也。"

王建立以目不知书，请罢判三司，不许。

乙未，吴大赦。

吴越王镠欲立中子传瓘为嗣，谓诸子曰："各言汝功，吾择多者而立之。"传瓘兄传琇、传璙、传璟皆推传瓘，乃奏请以两镇授传瓘。闰月，丁未，诏以传瓘为镇海、镇东节度使。

戊申，赵德钧献契丹俘惕隐等，诸将皆请诛之，帝曰："此曹皆虏中之骁将，杀之则虏绝望，不若存之以纾边患。"乃赦惕隐等酋长五十人，置之亲卫，余六百人悉斩之。

意。孟知祥只好私下里派人去策动他们，于是毛重威率领他的士卒们喧闹着逃回了西川；后唐明宗下令要追究毛重威的罪责，经过孟知祥的求情才赦免了他。

陕州行军司马王宗寿请求安葬前蜀主王衍，秋季，七月，朝廷追赠王衍为顺正公，用诸侯的礼仪安葬了他。

北面招讨副使安审通去世。

东都的百姓有人犯了私自酿酒的罪，留守孔循把他的全家都诛杀了。有人建议让百姓们自行酿酒，可以在秋季的赋税中每亩再加收五钱；七月十六日己未，后唐明宗下令同意。

七月十九日壬戌，契丹又派遣其酋长惕隐率领七千名骑兵前来解救定州，王晏球在唐河北面迎战，把契丹人打得大败；七月二十一日甲子，追击到易州。当时长期下雨，河水上涨，契丹士兵被唐军所俘虏、斩杀以及掉在河中淹死的，不计其数。

七月二十五日戊辰，任命威武节度使王延钧为闽王。

契丹人向北逃窜，沿途道路泥泞，人困马乏，进入了幽州境内。[八月初二日甲戌]，赵德钧派遣牙将武从谏率领精锐骑兵半路上拦击他们，并且分兵扼守住各处险要路口，活捉了惕隐等数百人；剩余的残兵败将都逃散到附近的村落中，村民们都用木棍子狠揍他们，最后能够逃脱回国的不过几十个人。从此以后契丹人心惊胆寒，再也不敢轻易侵犯边境了。

当初，后唐庄宗在黄河以北地区攻城略地时，捡到一个小孩，就把他养在了宫中，等他长大以后，赐给他姓名叫李继陶；后唐明宗即位以后，就把他放出了皇宫。王都得到了他，让他穿上了黄袍坐在城上矮墙中间，对城下的王晏球说："这是庄宗皇帝的儿子，已经即皇帝位了。公蒙受先朝的厚恩，难道你不感念先朝吗？"王晏球说："你搞这些小名堂究竟有什么用处？我现在教你两个办法，如果不倾巢出动前来决战，那么就束手就擒好了，除此之外再也没有别的活路。"

王建立因为自己没有多少文化，请求解除判三司的职务，后唐明宗没有答应。

八月二十三日乙未，吴国大赦境内。

吴越王钱镠想立他中间的儿子钱传瓘为继承人，就对他的儿子们说："你们各人都把自己的功劳说说看，我要选一个功劳最大的人把他立为继承人。"钱传瓘的哥哥钱传璹、钱传璙、钱传璟都公推钱传瓘的功劳最大，于是钱镠奏请朝廷要把两个方镇授给钱传瓘。闰八月初五日丁未，后唐明宗下诏任命钱传瓘为镇海、镇东节度使。

闰八月初六日戊申，赵德钧向朝廷献上了契丹俘虏惕隐等人，将领们都请求把他们杀掉，后唐明宗却说："这些人都是契丹人中骁勇的战将，如果杀了他们，契丹人就会断绝了指望，不如把他们留着，也好缓解边境的祸患。"于是赦免了惕隐等大小酋长五十人，把他们安置在亲卫中，其余六百名俘虏全部斩首。

契丹遣梅老季素等入贡。

初，卢文进来降，契丹以蕃汉都提举使张希崇代之为卢龙节度使，守平州，遣亲将以三百骑监之。希崇本书生，为幽州牙将，没于契丹，性和易，契丹将稍亲信之，因与其部曲谋南归。部曲泣曰：“归固寝食所不忘也，然虏众我寡，奈何？”希崇曰：“吾诱其将杀之，兵必溃去。此去虏帐千余里，比其知而征兵，吾属去远矣。”众曰：“善！”乃先为穽，实以石灰，明日，召虏将饮，醉，并从者杀之，投诸穽中。其营在城北，亟发兵攻之，契丹众皆溃去。希崇悉举其所部二万余口来奔，诏以为汝州刺史。

（以上为第八段，写契丹再次南犯，全军覆没，平州汉民归唐。）

吴王太后殂。

九月，辛巳，荆南败楚兵于白田，执楚岳州刺史李廷规，归于吴。

乙未，敕以温韬发诸陵，段凝反覆，令所在赐死。

己亥，以武宁节度使房知温兼荆南行营招讨使，知荆南行府事。分遣中使发诸道兵赴襄阳，以讨高季兴。

辛丑，徙庆州防御使窦廷琬为金州刺史。冬，十月，廷琬据庆州拒命。

丙午，以横海节度使李从敏兼北面行营副招讨使。从敏，帝之从子也。

戊申，诏静难节度使李敬通发兵讨窦廷琬。

王都据定州，守备固，伺察严，诸将屡有谋翻城应官军者，皆不果。帝遣使者促王晏球攻城，晏球与使者联骑巡城，指之曰：“城高峻如此，借使主人听外兵登城，亦非梯冲所及。徒多杀精兵，无损于贼，如此何为！不若食三州之租，爱民养兵以俟之，彼必内溃。”帝从之。

（以上为第九段，写定州城坚，官军围困以待叛军内溃，明宗部署大举攻荆南。）

契丹派遣梅老季素等前来入贡。

当初，卢文进归降后唐后，契丹任命蕃汉都提举使张希崇代替他担任卢龙节度使，驻守平州，同时派遣了亲信将领率领三百名骑兵监督他。张希崇本来是个书生，原担任幽州牙将，后来被契丹人俘获，他的性格平易随和，契丹将领们渐渐地亲近信任了他，于是他就和部下们谋划要南归故国。部下们都流着泪说：“回老家去本来是我们连吃饭睡觉时都不会忘记的事，可是敌众我寡，怎么办呢？”张希崇说：“我把他们的将领骗来杀了，他们的士兵一定会溃散逃走。这里离契丹人的大本营有一千多里路，等到他们知道消息再调兵前来，我们已经离开这里很远了。”大家都说：“这个办法好！”于是他们就先挖了个大坑，再在里面填上了一些石灰，第二天，把契丹的将领们都召集来喝酒，灌得大醉，然后把连同他们的随从人员一起杀掉，把尸体丢进大坑中，契丹人的兵营设在城北，张希崇迅速派出部队前去攻打，契丹士兵都四散逃逸。张希崇率领自己的全部人马共有二万多人前来投奔后唐，后唐明宗下诏任命他为汝州刺史。

吴国的王太后去世。

九月初九日辛巳，荆南在白田打败了楚军，活捉了楚国岳州刺史李廷规，把他解送到了吴国。

九月二十三日乙未，后唐明宗下诏，因为温韬盗挖唐朝先帝的陵墓，段凝则反复无常，把他们在流放地赐死。

九月二十七日己亥，任命武宁节度使房知温兼任荆南行营招讨使、知荆南行府事；又分别派遣宫中的使者去征调各道的军队会聚襄阳，好讨伐高季兴。

九月二十九日辛丑，调任庆州防御使窦廷琬为金州刺史；冬季，十月，窦廷琬占据庆州拒绝接受后唐明宗的命令。

十月初五日丙午，任命横海节度使李从敏兼任北面行营副招讨使。李从敏是后唐明宗的侄儿。

十月初七日戊申，下诏命令静难节度使李敬通率兵讨伐窦廷琬。

王都占据着定州，守备坚固，对部下的控制也很严密，一些将领曾多次想翻过城墙出来接应官军，都没能获得成功。后唐明宗派遣使者前去催促王晏球攻城，王晏球和使者一道骑着马在定州城的四周巡察，他指着城对使者说：“城池这么高峻，即便是城里的人任由外面的军队登城，也不是靠着云梯和冲车就能攻上去的。只是白白地损失我们的精锐士卒，而丝毫无损于乱贼，这样做又怎么能行呢？不如依靠三州的租税以供养军队，爱民养兵，等待时机，他们一定会从内部崩溃。”后唐明宗听从了他的意见。

十一月，有司请为哀帝立庙，诏立庙于曹州。

平卢节度使晋忠武公霍彦威卒。

忠州刺史王雅取归州。

庚寅，皇子从厚纳孔循女为妃，循因之得之大梁，厚结王德妃之党，乞留。安重诲具奏其事，力排之，礼毕，促令归镇。

甲午，以中书侍郎、同平章事王建立同平章事，充平卢节度使。

丙申，上问赵凤："帝王赐人铁券，何也？"对曰："与之立誓，令其子孙长享爵禄耳。"上曰："先朝受此赐者止三人，崇韬、继麟寻皆族灭，朕得脱如毫厘耳。"因叹息久之。赵凤曰："帝王心存大信，固不必刻之金石也。"

十二月，甲辰，李敬周奏拔庆州，族窦廷琬。

荆南节度使高季兴寝疾，命其子行军司马、忠义节度使、同平章事从诲权知军府事。丙辰，季兴卒。吴主以从诲为荆南节度使兼侍中。

史馆修撰张昭远上言："臣窃见先朝时，皇弟、皇子皆喜俳优，入则饰姬妾，出则夸仆马，习尚如此，何道能贤！诸皇子宜精择师傅，令皇子屈身师事之，讲礼义之经，论安危之理。古者人君即位则建太子，所以明嫡庶之分，塞祸乱之源。今卜嗣建储，臣未敢轻议。至于恩泽赐与之间，昏姻省侍之际，嫡庶长幼，宜有所分，示以等威，绝其侥冀。"帝赏叹其言而不能用。

闽王延钧度民二万为僧，由是闽中多僧。

河东节度使、北都留守从荣，年少骄很，不亲政务，帝遣左右素与从荣善者往与之处，使从容讽导之。其人私谓从荣曰："河南相公恭谨好善，亲礼端士，有老成之风。相公齿长，宜自策励，勿令声问出河南之下。"从荣不悦，退，告步军都指挥使杨思权曰："朝廷之人皆推从厚而短我，我其废乎？"思权曰："相公手握强兵，且有思权在，何忧！"因劝从荣多募部曲，缮甲兵，阴为自固之备。又谓帝左右曰："君每誉弟而抑其兄，我辈岂不能助之邪！"其人惧，以告副留守冯赟，赟密奏之。帝

十一月，有关部门建议为唐哀帝立宗庙，后唐明宗下诏命令在曹州建庙。

平卢节度使晋忠武公霍彦威去世。

忠州刺史王雅攻取了归州。

十一月十九日庚寅，皇子李从厚娶孔循的女儿为王妃，孔循因此有机会去了大梁，他积极巴结王德妃及其党羽，请求能够留在大梁。安重诲把这些情况全部报告给了后唐明宗，并且极力排斥他，婚礼一办完，就催促他回军镇去。

十一月二十三日甲午，任命中书侍郎、同平章事王建立仍旧担任同平章事，同时充任平卢节度使。

十一月二十五日丙申，后唐明宗问赵凤："帝王赐给臣下铁券，这有什么作用？"赵凤回答说："与他们立下誓言，让他们的子孙世世代代享有爵位俸禄。"后唐明宗说："先朝时得到这种赏赐的只有三个人，郭崇韬、李继麟不久都被满门抄斩，朕也险些不能得脱。"说完后感叹了很久。赵凤说："帝王如果内心存有大信，本来就不必一定要把誓言刻在金石上。"

十二月初三日甲辰，李敬周奏报说攻下了庆州，并且斩杀了窦廷琬的全族。

荆南节度使高季兴病得很厉害，命令他的儿子行军司马、忠义节度使、同平章事高从诲暂时代理军府的事务；十二月十五日丙辰，高季兴去世。吴主任命高从诲为荆南节度使兼任侍中。

史馆修撰张昭远上奏说："臣见先朝时，皇弟、皇子都喜欢乐舞艺人，在宫内极力装饰打扮自己的姬妾，外出时就吹嘘自己仆人和车马的排场，这些人习尚就是如此，又怎么能够成为贤能的人呢？皇上的皇子们应当精心地选择好师傅，命令皇子们都谦恭地向他们学习，讲习礼义的经义，讨论国家安危的道理。古时候人君一即帝位就册立太子，是为了要明确嫡庶之间的区别，堵塞祸乱发生的根源。现在通过占卜来确立储君这件事，臣不敢轻率地议论。至于在降恩赏赐、婚姻、晋见、侍养等方面，嫡庶和长幼之间，应该有所区别，明确表示等级权威，以杜绝一切侥幸非分的想法。"后唐明宗非常欣赏并叹服张昭远的建议，但是终究还是没有付诸实施。

闽王王延钧批准二万名百姓脱俗出家，因此闽中的僧人很多。

河东节度使、北都留守李从荣，年纪轻轻就很骄横暴戾，不亲自料理政务，后唐明宗从自己身边的亲信中派出一个平时和李从荣要好的人前去和他相处，让他随时能够利用机会劝导他。这个人私下对李从荣说："河南相公恭敬谨慎，礼贤下士，颇有少年老成的风度；相公您是兄长，应该鞭策勉励自己，别让名声低于河南相公之下。"李从荣听了很不愉快，回去以后，对步兵都指挥使杨思权说："朝廷中的人都推崇李从厚而说我的坏话，难道要废掉我吗？"杨思权说："相公您手中掌握有强大的军队，而且还有我杨思权在，有什么好担心的！"于是就劝说李从荣多招募一

召思权诣阙，以从荣故，亦弗之罪也。

（以上为第十段，写荆南节度使高季兴卒。史馆修撰张昭远上言明宗宜为皇子择良师训导，明宗善其言而不行。北都留守李从荣骄暴谋割据。）

四年（己丑，929年）

春，正月，冯赟入为宣徽使，谓执政曰："从荣刚僻而轻易，宜选重德辅之。"

王都、秃馁欲突围走，不得出。二月，癸丑，定州都指挥使马让能开门纳官军，都举族自焚，擒秃馁及契丹二千人。辛亥，以王晏球为天平节度使，与赵德钧并加兼侍中。秃馁至大梁，斩于市。

枢密使赵敬怡卒。

甲子，帝发大梁。

丁卯，门下侍郎、同平章事崔协卒于须水。

庚午，帝至洛阳。

王晏球在定州城下，日以私财飨士，自始攻至克城未尝戮一卒。三月，辛巳，晏球入朝，帝美其功。晏球谢久烦馈运而已。

皇子右卫大将军从璨性刚，安重诲用事，从璨不为之屈。帝东巡，以从璨为皇城使。从璨与客宴于会节园，酒酣，戏登御榻，重诲奏请诛之。丙戌，赐从璨死。

横山蛮寇邵州。

楚王殷命其子武安节度副使、判长沙府希声知政事，总录内外诸军事，自是国政先历希声，乃闻于殷。

夏，四月，庚子朔，禁铁锡钱。时湖南专用锡钱，铜钱一直锡钱百，流入中国，法不能禁。

丙午，楚六军副使王环败荆南兵于石首。

初令缘边置场市党项马，不令诣阙。先是，党项皆诣阙，以贡马为名，国家约其直酬之，加以馆谷赐与，岁费五十余万缗。有司苦其耗蠹，故止之。

些部队，修缮好武器，暗中做充实自己实力的打算。杨思权又对后唐明宗的亲信说：“你总是称誉弟弟而贬抑当哥哥的，我们难道就不能帮助他吗？”那位亲信听到这话感到很害怕，就把这些情况告诉了副留守冯赟，冯赟又秘密地上奏给后唐明宗。后唐明宗召杨思权到朝廷中去，因为李从荣的缘故，没有治他的罪。

后唐明宗天成四年（己丑，929 年）

春季，正月，冯赟调入朝中担任宣徽使，他对执政大臣说：“李从荣性情刚愎险僻，处事又轻举妄动，应该选派一个德高望重的人去辅佐他。”

王都、秃馁想突围逃走，但是又冲不出重围。二月十三日癸丑，定州都指挥使马让能打开城门放进官军，王都全族放火自焚而死，唐军活捉了秃馁和二千名契丹士兵。二月十一日辛亥，后唐明宗任命王晏球为天平节度使，和赵德钧一起都加封兼任侍中。秃馁被押送到大梁，在街市上当众斩首。

枢密使赵敬怡去世。

二月二十四日甲子，后唐明宗从大梁起程。

二月二十七日丁卯，门下侍郎、同平章事崔协在须水去世。

二月三十日庚午，后唐明宗到达洛阳。

王晏球在定州城下时，每天都用自己个人的钱物犒劳士卒，从开始攻城到攻下城，从未杀过一个士卒。三月十一日辛巳，王晏球回到朝廷，后唐明宗称赞他的功劳；王晏球只是一味谦虚地说长期以来劳烦了朝廷给他运送粮饷等。

皇子、右卫大将军李从璨性情刚烈，安重诲掌权后，李从璨不屈从于他。后唐明宗东巡，任命李从璨在洛阳担任皇城使。李从璨和客人们在会节园宴饮，喝酒喝到高潮时，他开玩笑地坐到设在园内的御榻上，安重诲向后唐明宗上奏说应该诛杀他；三月十六日丙戌，后唐明宗赐李从璨死。

横山的蛮人侵犯邵州。

楚王马殷命令他的儿子武安节度副使、兼管长沙府的马希声掌理政事，总管内外大小军事，从此以后，国家的大事都是先经过马希声，然后才传达给马殷。

夏季，四月初一日庚子，下令禁止铁锡钱的流通。当时湖南专门使用锡钱，一个铜钱可以兑换一百个锡钱，这种锡钱渐渐流入了中原，法令难以禁止这些钱的流通。

四月初七日丙午，楚国六军副使王环在石首打败了荆南军队。

开始下令在沿边各地设场收购党项人的马匹，不让党项人送到朝廷。在此以前，党项人都直接到朝廷，以进贡马匹为名，朝廷只好估算一下马匹的价钱付酬给他们，再加上馆驿的招待和另外的赏赐，每年都要耗费五十多万缗钱；有关部门苦于这笔

壬子，以皇子从荣为河南尹、判六军诸卫事，从厚为河东节度使、北都留守。

契丹寇云州。

甲寅，以端明殿学士、兵部侍郎赵凤为门下侍郎、同平章事。

五月，乙酉，中书言："太常改谥哀帝曰昭宣光烈孝皇帝，庙号景宗。既称宗则应入太庙，在别庙则不应称宗。"乃去庙号。

帝将祀南郊，遣客省使李仁矩以诏谕两川，令西川献钱一百万缗，东川五十万缗。皆辞以军用不足，西川献五十万缗，东川献十万缗。仁矩，帝在藩镇时客将也，为安重诲所厚，恃恩骄慢。至梓州，董璋置宴召之，日中不往，方拥妓酣饮。璋怒，从卒徒执兵入驿，立仁矩于阶下而诟之曰："公但闻西川斩李客省，谓我独不能邪！"仁矩流涕拜请，仅而得免。既而厚赂仁矩以谢之。仁矩还，言璋不法。未几，帝复遣通事舍人李彦珣诣东川，入境，失小礼，璋拘其从者，彦珣奔还。

高季兴之叛也，其子从诲切谏，不听。从诲既袭位，谓僚佐曰："唐近而吴远，非计也。"乃因楚王殷以谢罪于唐。又遗山南东道节度使安元信书，求保奏，复修职贡。丙申，元信以从诲书闻，帝许之。

契丹寇云州。

（以上为第十一段，写王晏球平定河北王都叛乱。荆南归服。）

六月，戊申，复以邺都为魏州，留守、皇城使并停。

庚申，高从诲自称前荆南行军司马、归州刺史，上表求内附。秋，七月，甲申，以从诲为荆南节度使兼侍中。己丑，罢荆南招讨使。

八月，吴武昌节度使兼侍中李简以疾求还江都，癸丑，卒于采石。徐知询，简婿也，擅留简亲兵二千人于金陵，表荐简子彦忠代父镇鄂州，徐知诰以龙武统军柴再用为武昌节度使。知询怒曰："刘崇俊，兄之亲，

耗费，因此下令禁止他们到京城来。

四月十三日壬子，任命皇子李从荣为河南尹、兼管六军诸卫事；任命李从厚为河东节度使、北都留守。

契丹人侵犯云州。

四月十五日甲寅，任命端明殿学士、兵部侍郎赵凤为门下侍郎、同平章事。

五月十七日乙酉，中书上奏说："太常改谥哀帝为昭宣光烈孝皇帝，庙号为景宗。既然已经称宗，就应该入祀太庙，在别的庙里就不应该称宗。"于是下令去掉庙号。

后唐明宗准备在南郊祭天，派遣客省使李仁矩带着诏书去告谕两川，命令西川贡献钱一百万缗，东川贡献钱五十万缗；结果两川都借口说军用不足，西川只献上五十万缗，东川才献上十万缗。李仁矩是后唐明宗当初在藩镇时的一位客将，也被安重诲所器重，他依仗着恩宠，特别骄横傲慢。到达梓州时，董璋摆设了酒宴要招待他，到了中午他还没去赴宴，却正搂着妓女在喝酒。董璋非常生气，就带着随从拿着兵器闯进了驿站，让李仁矩站在台阶下，责骂他说："你只听说过西川斩杀了李客省使，难道就认为我不能这么做吗？"李仁矩吓得痛哭流涕，一再地赔罪求哀，才得免一死；后来董璋又送了很多礼物贿赂李仁矩向他表示歉意。李仁矩回到朝廷后，报告说董璋不遵守法令。不久，后唐明宗又派遣通事舍人李彦珣到东川，李彦珣入境之后，在小节方面失礼，董璋把他的随从抓了起来，李彦珣吓得逃了回来。

高季兴当初叛变，他的儿子高从诲曾极力劝谏，但是高季兴不听。高从诲继承了爵位以后，对幕僚们说："唐朝近而吴国远，舍弃近的而去归附远的，这不是好办法。"于是就通过楚王马殷向唐朝谢罪。又写信给山南东道节度使安元信，请求他向后唐明宗保奏，愿意重新称臣纳贡。五月二十八日丙申，安元信把高从诲的信呈报给了朝廷，后唐明宗答应了高从诲的请求。

契丹侵犯云州。

六月十一日戊申，又把邺都改为魏州，留守、皇城使的官职一并撤销。

六月二十三日庚申，高从诲自称为前荆南行军司马、归州刺史，上表后唐明宗请求归附。秋季，七月十七日甲申，任命高从诲为荆南节度使兼侍中。七月二十二日己丑，废止荆南招讨使。

八月，吴国的武昌节度使兼侍中李简因病请求回江都，七月十七日癸丑，在采石去世。徐知询是李简的女婿，他擅自把李简的亲兵二千人留在金陵，又上表推荐李简的儿子李彦忠代替他的父亲镇守鄂州，结果徐知诰却任命龙武统军柴再用担任

三世为濠州；彦忠吾妻族，独不得邪！”

初，楚王殷用都军判官高郁为谋主，国赖以富强，邻国皆疾之。庄宗入洛，殷遣其子希范入贡，庄宗爱其警敏，曰：“比闻马氏当为高郁所夺，今有子如此，郁安能得之！”高季兴亦以流言间郁于殷，殷不听，乃遣使遗节度副使、知政事希声书，盛称郁功名，愿为兄弟。使者言于希声曰：“高公常云‘马氏政事皆出高郁’，此子孙之忧也。”希声信之。行军司马杨昭遂，希声之妻族也，谋代郁任，日谮之于希声。希声屡言于殷，称郁奢僭，且外交邻藩，请诛之。殷曰：“成吾功业，皆郁力也，汝勿为此言！”希声固请罢其兵柄，乃左迁郁行军司马。郁谓所亲曰：“亟营西山，吾将归老。猘子渐大，能咋人矣。”希声闻之，益怒，明日，矫以殷命杀郁于府舍，榜谕中外，诬郁谋叛，并诛其族党。至暮，殷尚未知，是日，大雾，殷谓左右曰：“吾昔从孙儒渡淮，每杀不辜，多致兹异。马步院岂有冤死者乎？”明日，吏以郁死告，殷抚膺大恸曰：“吾老耄，政非己出，使我勋旧横罹冤酷！”既而顾左右曰：“吾亦何可久处此乎！”

（以上为第十二段，写吴国徐知诰压制徐知询，楚国执政马希范冤杀兴楚谋主高郁。）

九月，上与冯道从容语及年谷屡登，四方无事，道曰：“臣常记昔在先皇幕府，奉使中山，历井陉之险，臣忧马蹶，执辔甚谨，幸而无失。逮至平路，放辔自逸，俄至颠陨。凡为天下者亦犹是也。”上深以为然。上又问道：“今岁虽丰，百姓赡足否？”道曰：“农家岁凶则死于流殍，岁丰则伤于谷贱，丰凶皆病者，惟农家为然。臣记进士聂夷中诗云：‘二月卖新丝，五月粜新谷，医得眼下疮，剜却心头肉。’语虽鄙俚，曲尽田家之情状。农于四人之中最为勤苦，人主不可不知也。”上悦，命左右录其诗，常讽诵之。

武昌节度使；徐知询非常生气地说：“刘崇俊是哥哥的亲戚，就能父子三代镇守濠州，李彦忠是我妻子家里的人，难道就不能被任用吗？”

当初，楚王马殷重用都军判官高郁，把他当作主要的谋臣，国家依靠他从而富强起来，以致邻国对他都产生了嫉妒。后唐庄宗入主洛阳以后，马殷派他的儿子马希范前去入贡，后唐庄宗很喜欢马希范的机智敏捷，就对他说：“以往听人传说马氏的天下终究要被高郁所篡夺，现在看有你这么出色的儿子，高郁又怎么能够得逞呢？”高季兴也用流言蜚语离间马殷和高郁之间的关系，马殷没有听信这些，于是高季兴又派人送信给节度副使、知政事马希声，故意夸赞高郁的功劳和名声，表示愿意和他结为兄弟。使者并且对马希声说：“我们高公常常说：‘马氏的政务都是由高郁决定的。’这是你们马氏子孙最大的忧患。”马希声很相信他说的话。行军司马杨昭遂，是马希声妻子的娘家人，图谋替代高郁的职务，于是每天就在马希声面前说他的坏话。马希声也多次向他的父亲马殷报告，说高郁奢侈僭越，并且在外面交结邻国，请求把他杀了。马殷说：“成就我的功业，全靠高郁出力；你不要再说这样的话了！”马希声又一再请求罢除高郁的兵权，于是马殷只好把高郁降职为行军司马。高郁对他的亲信们说：“赶快给我营造好西山，我就要退休了。狗崽子慢慢长大了，能咬人了。”马希声听到这话以后，更加生气，第二天，就假传马殷的命令在军府的署舍中杀死了高郁，并张榜告示中外，诬陷说高郁要阴谋造反，同时把高郁的全家以及族党全部杀死。到了傍晚，马殷还不知道这些情况，这一天，起了大雾，马殷对身边的人说：“我从前跟随孙儒渡淮河时，每次如果冤杀了那些无辜的人，都会出现这种奇异的征候。马步院里难道又有人冤死了吗？”第二天，官吏们把高郁的死讯报告了他，马殷捶胸大哭说：“我已经太昏老了，国家的大事也当不了家了，竟然使我有功的旧臣横遭这样的冤死！”一会儿又回过头来对自己身边的人说：“我又怎么能长期坐在这个位子上呢？”

九月，后唐明宗和冯道在闲谈中聊起近年来五谷丰登，四方无事。冯道说：“臣常常记起从前在先帝幕府任掌书记时，奉命出使中山，经过井陉天险的时候，臣担心马会摔倒，就小心谨慎地拉住马缰绳，幸好没有什么事情；到了平路时，我就放开缰绳让马驰骋，不久我就从马上跌了下来。凡是治理天下国家也是这个道理。”后唐明宗认为他的话很对。后唐明宗又问冯道说：“今年虽然丰收了，百姓们过得富足吗？”冯道说：“种庄稼的人遇到灾荒年景就死于流离或饥饿，遇到丰收年景又会因谷价太低而受损害，不论年景好与坏都要受损害的，只有种庄稼的人是这样啊！臣记得进士聂夷中的诗中写道：‘二月卖新丝，五月粜新谷；医得眼下疮，剜却心头肉。’语言虽然粗俗，但也道尽了农家的甘苦。农人是士、农、工、商四种人之中最为辛勤劳苦的，作为人主不能不了解这些情况。”后唐明宗听了很高兴，命令身边的

鄜州兵戍东川者归本道，董璋擅留其壮者，选羸老归之，仍收其甲兵。

癸巳，西川右都押牙孟容弟为资州税官，坐自盗抵死，观察判官冯瑑、中门副使王处回为之请，孟知祥曰：“虽吾弟犯法，亦不可贷，况他人乎！”

吴越王镠居其国好自大，朝廷使者曲意奉之则赠遗丰厚，不然则礼遇疏薄。尝遗安重诲书，辞礼颇倨。帝遣供奉官乌昭遇、韩玫使吴越，昭遇与玫有隙，使还，玫奏：“昭遇见镠，称臣拜舞，谓镠为殿下，及私以国事告镠。”安重诲奏赐昭遇死。癸巳，制镠以太师致仕，自余官爵皆削之，凡吴越进奏官、使者、纲吏，令所在系治之。镠令子传瓘等上表讼冤，皆不省。

初，朔方节度使韩洙卒，弟澄为留后。未几，定远军使李匡宾聚党据保静镇作乱，朔方不安。冬，十月，丁酉，韩澄遣使赍绢表乞朝廷命帅。

前磁州刺史康福，善胡语，上退朝，多召入便殿，访以时事，福以胡语对。安重诲恶之，常戒之曰：“康福，汝但妄奏事，会当斩汝！”福惧，求外补。重诲以灵州深入胡境，为帅者多遇害，戊戌，以福为朔方、河西节度使。福见上，涕泣辞之。上命重诲为福更他镇，重诲曰：“福自刺史无功建节，尚复何求！且成命已行，难以复改。”上不得已，谓福曰：“重诲不肯，非朕意也。”福辞行，上遣将军牛知柔、河中都指挥使卫审峹等将兵万人卫送之。审峹，徐州人也。

辛亥，割阆、果二州置保宁军，壬子，以内客省使李仁矩为节度使。

先是，西川常发刍粮馈峡路，孟知祥辞以本道兵自多，难以奉他镇，诏不许，屡督之。甲寅，知祥奏称财力乏，不奉诏。

（以上为第十三段，写后唐明宗能听善言而不能果行，姑息安重诲独断专行，孟知祥不听诏令。）

人把这首诗抄录下来，自己时常讽诵。

戍守在东川的鄜州士兵该回本道去了，董璋擅自把他们之中年轻力壮的留了下来，而挑选了一些年老体弱的人放他们回去，同时收缴了他们的兵器。

九月二十七日癸巳，西川右都押牙孟容的弟弟当时担任资州的税官，因为监守自盗而被判处死罪，观察判官冯瑑、中门副使王处回都替他求情，孟知祥说："即使是我的弟弟犯了法，也不能宽恕，何况是别人呢？"

吴越王钱镠在他的国内喜欢自夸自大，朝廷派来的使者如果曲意奉承他，那么就会得到很丰厚的奖赏，否则的话，礼遇就很低。他曾经写信给安重诲，在文辞和礼节上都很傲慢。后唐明宗派遣供奉官乌昭遇和韩玫出使吴越，乌昭遇和韩玫两人之间不和，出使回来后，韩玫上奏说："乌昭遇见到钱镠后，称臣拜舞，称钱镠为殿下，又私下把朝廷的大事告诉给钱镠。"安重诲奏请后唐明宗赐乌昭遇死。九月二十七日癸巳，后唐明宗下令钱镠以太师的身份退休，其余的官职爵位全部免去，凡是过去吴越所推举的官吏、使者、纲吏等，都命令所在地的官员把他们抓起来治罪。钱镠让他的儿子钱传瓘等人上表朝廷，诉说冤屈，后唐明宗却一概不予理睬。

当初，朔方节度使韩洙去世后，他的弟弟韩澄担任留后。没过多久，安远军使李匡宾聚集同党占据了保静镇发动叛乱，朔方地区很不安定。冬季，十月初二日丁酉，韩澄派遣使者带着绢表前来请求朝廷任命他为节度使。

前磁州刺史康福，精通胡语，后唐明宗退朝之后，经常把康福召入便殿，询问他时事，康福就用胡语回答了起来；安重诲很讨厌康福这样做，常常警告他说："康福，你尽管在皇上面前胡乱奏事，到时候我要砍了你的脑袋！"康福吓得不轻，赶忙请求补缺放外任。安重诲认为灵州深入胡人的地域，在那里当主帅的人大多被杀害，十月初三日戊戌，任命康福为朔方、河西节度使。康福求见后唐明宗，痛哭流涕地想辞去这个职务；后唐明宗命令安重诲再为康福换一个镇所，安重诲却回答说："康福没有什么特殊的功绩，却从刺史升为节度使，他还有什么不满足的？况且任命已经发布了，难以再更改了。"后唐明宗不得已，只好对康福说："安重诲不肯更改成命，这可不是朕的意思啊！"康福告辞出发，后唐明宗派遣将军牛知柔、河中都指挥使卫审峹等率领一万名军队护送他上任。卫审峹是徐州人。

十月十六日辛亥，划出阆、果两个州设置保宁军，十月十七日壬子，任命内客省使李仁矩为节度使。

先前，西川经常调拨一些粮草供给峡路，现在孟知祥却推辞说因为本道的兵员很多，难以再供应其他的藩镇了，后唐明宗下诏不答应，多次催促他继续调拨；十月十九日甲寅，孟知祥上奏声称自己实在是财力困乏，不肯执行诏令。

吴诸道副都统、镇海宁国节度使兼侍中徐知询自以握兵据上流，意轻徐知诰，数与知诰争权，内相猜忌，知诰患之。内枢密使王令谋曰："公辅政日久，挟天子以令境内，谁敢不从！知询年少，恩信未洽于人，无能为也。"知询待诸弟薄，诸弟皆怨之。徐玠知知询不可辅，反持其短以附知诰。吴越王镠遗知询金玉鞍勒、器皿，皆饰以龙凤。知询不以为嫌，乘用之。知询典客周廷望说知询曰："公诚能捐宝货以结朝中勋旧，使皆归心于公，则彼谁与处！"知询从之，使廷望如江都谕意。廷望与知诰亲吏周宗善，密输款于知诰，亦以知诰阴谋告知询。知询召知诰诣金陵除父温丧，知诰称吴主之命不许，周宗谓廷望曰："人言侍中有不臣七事，宜亟入谢！"廷望还，以告知询。十一月，知询入朝，知诰留知询为统军，领镇海节度使，遣右雄武都指挥使柯厚征金陵兵还江都，知诰自是始专吴政。知询责知诰曰："先王违世，兄为人子，初不临丧，可乎？"知诰曰："尔挺剑待我，我何敢往！尔为人臣，畜乘舆服御物，亦可乎？"知询又以廷望所言诘知诰，知诰曰："以尔所为告我者，亦廷望也。"遂斩廷望。

壬辰，吴主加尊号曰睿圣文明光孝皇帝，大赦，改元大和。

康福行至方渠，羌胡出兵邀福，福击走之。至青刚峡，遇吐蕃野利、大虫二族数千帐，皆不觉唐兵至，福遣卫审峹掩击，大破之，杀获殆尽。由是威声大振，遂进至灵州，自是朔方始受代。

十二月，吴加徐知诰兼中书令，领宁国节度使。知诰召徐知询饮，以金钟酌酒赐之，曰："愿弟寿千岁。"知询疑有毒，引他器均之，跽献知诰曰："愿与兄各享五百岁。"知诰变色，左右顾，不肯受，知询捧酒不退。左右莫知所为，伶人申渐高径前为诙谐语，掠二酒合饮之，怀金钟趋出，知诰密遣人以良药解之，已脑溃而卒。

吴国的诸道副都统、镇海宁国节度使兼侍中徐知询自认为手中握有重兵，又地处金陵上游，心里很轻视徐知诰，多次和徐知诰争权夺利，兄弟之间互相猜忌，徐知诰觉得很不安；内枢密使王令谋对徐知诰说："公辅政也这么久了，又挟天子以令境内，哪一个敢不听你的？徐知询年纪轻轻，威望和信义都不足以服人，他干不了什么名堂。"徐知询待他的弟弟们很刻薄，弟弟们都对他不满。徐玠深知徐知询不值得辅佐，反倒掌握着他的短处投靠了徐知诰。吴越王钱镠派使者赠送给徐知询用金玉制作的马鞍、马勒、器皿，上面都装饰有龙凤图案；徐知询不避嫌疑，就拿来使用。徐知询的典客周廷望规劝徐知询说："公如果能拿出宝货来结交朝中元老大臣，让他们都能归心于您，那么他徐知诰还能依靠谁呢？"徐知询采纳了他的建议，于是就派周廷望到江都去进行这件事。周廷望和徐知诰的亲信官吏周宗交情很好，便私下通过他向徐知诰表达自己的忠诚，但他同时也把徐知诰的密谋报告给徐知询。徐知询叫徐知诰到金陵去参加他们的父亲徐温的除丧仪式，徐知诰推辞说吴主有命令不答应他去，周宗对周廷望说："人们都说侍中有七件事是不遵守人臣的本分，最好让他赶快到京城来请罪！"周廷望回到金陵，把这话告诉了徐知询。十一月，徐知询入京朝见，徐知诰把他留了下来担任统军，兼领镇海节度使，同时又派遣右雄武都指挥使柯厚征调金陵的守军回镇江都，徐知诰从此开始独揽吴国的政权。徐知询责问徐知诰说："先王去世，哥哥作为当儿子的，办丧事的时候却不去参加，这样做合适吗？"徐知诰也责问他说："你剑拔弩张地等我前去，我怎么敢去？你作为人臣，竟敢私藏使用天子的车驾袍服，这样做难道就合适吗？"徐知询又用周廷望报告给他的情况来质问徐知诰，徐知诰说："把你的所作所为报告给我的，也是这个周廷望。"于是就斩杀了周廷望。

十一月二十七日壬辰，吴主加尊号为睿圣文明光孝皇帝，大赦境内，改年号为大和。

康福一行进到方渠的时候，羌人出兵拦截他，康福把他们击退了。到了青刚峡，碰上了吐蕃野利、大虫两个部族有几千顶营帐驻扎在那里，但他们都不知道唐军的到来，康福派遣卫审峹率兵对他们发起突然袭击，把他们打得大败，几乎全部都被斩杀和俘虏了。从此康福声威大震，于是继续前进到了灵州，从此以后朔方这块地方才肯接受朝廷的命官。

十二月，吴国加封徐知诰兼任中书令，同时兼领宁国节度使。徐知诰请徐知询来一起喝酒，用金子做的酒杯斟了一杯酒送给他喝，并说："祝愿弟弟能活一千岁。"徐知询怀疑酒里有毒，就另外拿了一个杯子把酒平均分开，长跪在地献给徐知诰，并说："希望和哥哥每人分享五百岁。"徐知诰的脸色都变了，只是来回地看着左右，就是不肯接杯子，但徐知询却一直捧着酒杯坚持让他喝。左右侍从们都不知这时该

奉国节度使、知建州王延禀称疾退居里第，请以建州授其子继雄。庚子，诏以继雄为建州刺史。

安重诲既以李仁矩镇阆州，使与绵州刺史武虔裕皆将兵赴治。虔裕，帝之故吏，重诲之外兄也。重诲使仁矩诇董璋反状，仁矩增饰而奏之。朝廷又使武信节度使夏鲁奇治遂州城隍，缮甲兵，益兵戍之。璋大惧。时道路传言，又将割绵、龙为节镇，孟知祥亦惧。璋素与知祥有隙，未尝通问，至是，璋遣使诣成都，请为其子娶知祥女。知祥许之，谋并力以拒朝廷。

（以上为第十四段，写吴徐知诰制服徐知询独掌国政。孟知祥、董璋联姻抗朝命。）

怎么办才好，伶人申渐高急忙走上前来说了几句风趣的话，同时夺过两杯酒倒在一起喝了下去，然后把金酒杯揣在怀里急忙向外走去，徐知诰偷偷地派人送良药去为他解毒，但这时申渐高已经脑子溃烂而死。

奉国节度使、知建州王延禀声称有病辞职回家乡休养，请求朝廷把建州交给他的独生子王继雄掌管；十二月初五日庚子，后唐明宗下诏任命王继雄为建州刺史。

安重诲在任命李仁矩镇守阆州之后，就让他和绵州刺史武虔裕都率领部队前去赴任。武虔裕是后唐明宗从前的老部下，也是安重诲的表兄。安重诲让李仁矩刺探董璋谋反的证据，李仁矩就把一些情况添枝加叶地向后唐明宗打小报告。朝廷又派武信节度使夏鲁奇修建遂州的城池，修缮武器，并且增派兵力防守。董璋感到很害怕。当时人们又道听途说地谣传说，朝廷准备再划出绵、龙两个州另建一个节镇，于是孟知祥也感到害怕起来。董璋以往和孟知祥有矛盾，两人从不来往，到了这个时候，董璋派遣使者到成都，为自己的儿子请求迎娶孟知祥的女儿为妻；孟知祥答应了他，并且计划两人联合力量抗拒朝廷。

【点评】

本卷点评王晏球大破契丹、明宗与赵凤论免死铁券、明宗不用诤言、马希声冤杀谋主高郁四件史事。

一、王晏球大破契丹。义武节度使王都镇易定十余年。明宗天成三年（928），王都遣使四出，知会成德节度使王建立、归德节度使王晏球谋复河北故事，如唐晚世父子世袭，割据自立，与朝廷分庭抗礼。王都又以蜡丸书密告青州帅霍彦威、徐州帅房知温、潞州帅毛璋、益州帅孟知祥、梓州帅董璋背离朝廷。四月十八日癸巳，王晏球向明宗报告王都反叛。四月二十五日庚子，明宗下诏削除王都官爵。四月二十七日壬寅，明宗任命王晏球为北面招讨使，以横海节度使安审通为副招讨使，大发诸道兵，齐集定州讨伐王都。当天王晏球就攻占了定州北关城。明宗下达讨伐令之后，王晏球已兵临定州城下，行动迅猛，打了王都个措手不及。王都北引契丹，也早就做好了反叛准备，双方陷入胶着状态。契丹秃馁率领骑兵一万突入定州。王晏球退保曲阳，诱敌深入，大败秃馁于嘉山下，秃馁奔还定州，王晏球追至城门，攻占了西关城。王晏球增固西关城作为定州行政公署，执行权知定州事务，招抚定州之民。定州城池坚固，王晏球不急于攻城，依靠定、祁、易三州之民交纳的赋税为军资，对王都实施持久围困，待其自毙。契丹再次发兵救王都，进入定州与王都会合偷袭新乐得手，杀赵州刺史朱建丰。王晏球往救，与王都及契丹援军大战于曲阳城南，王晏球激励诸将奋勇杀敌，大破王都及契丹军，契丹军死者过半，余众北走，又遭到卢龙节度使赵德钧的截击，契丹第二次的援兵全军覆没。契丹不甘心失败，七月十九日壬戌，又派出酋长惕隐率领七千骑兵救定州，王晏球迎战于唐河北岸，又一次大破契丹。七月二十一日甲子，王晏球追杀契丹直到易州。惕隐率领残兵北还，进入幽州界被赵德钧悉数歼灭，惕隐被生擒。

秃馁与王都困守定州，拖延到第二年二月城破，王都举族自焚，秃馁及契丹残兵两千余人悉数被擒。契丹前后三次救援王都，犯境骑兵两万余人，无一生还。秃馁和惕隐被解送大梁正法。王晏球这一仗，打出了中原政权的声威，大灭契丹人的志气，契丹连年不敢犯边。王晏球这一仗还遏制了分裂割据势力，有利于中原的统一，影响十分深远。

二、明宗与赵凤论免死铁券。庄宗同光二年正月赐郭崇韬铁券，二月赐李嗣源铁券，后又赐朱友谦铁券。皇帝赐大臣铁券，表示君臣之间发下大誓，关系亲密如铁之坚，铁券是免死的护身符，只有建立殊勋的大臣，才有机会得赐铁券。庄宗只赐三人铁券。铁券不但没有给功臣带来安全感，反而是受猜疑的见证。郭崇韬、朱友谦不仅被冤杀，而且遭族诛，李嗣源反叛才侥幸得活。李嗣源贵为天子，操生死大权，反思不死铁券，慨叹不已。赵凤说："帝王心存大信，固不必刻之金石也。"

诚信在人心中，不在表面的契约，非但天子，常人亦是。

三、明宗不用诤言。史馆修撰张昭远上奏明宗，从容论庄宗朝皇室子弟都效法庄宗喜欢与俳优遨游，入则饰姬妾，出则跨骏马，积久成习，怎能成才？张昭远建言明宗应当给皇室子弟选择儒者名师，学习纲常礼教，明白嫡庶长幼之分，懂得治国理政，提高道德修养，不存非分之想。明宗只是赞赏感叹，但不采纳张昭远的建言。明宗亦行伍之人，不识儒者之用，依靠军力得天下，非命世之主，徒好诤言而不用，典型地表现了那个乱世时代的悲哀。

四、马希声冤杀谋主高郁。楚王马殷夹在杨行密、成汭、刘䶮之间，四围皆强敌，问策于都军判官高郁，用为谋主。高郁建言，马殷入贡中原朝廷以求封爵，尊崇地位，保境安民，开发茶叶四出贸易，又铸铅铁钱以供流通，楚由是以富，日益兵强。荆南高季兴忌之，遣谍行间于殷，殷不听，于是与节度副使马希声书，盛赞高郁功名。马希声，马殷次子，马殷建国，以希声为副使，判内外诸军事。马希声通使荆南，使者还言于希声曰："高季兴挂在嘴边的一句话，说'马氏政事皆出于高郁'，这样看来，高郁对马氏子孙不利。"马希声相信了使者的话。恰好行军司马杨昭远是马希声妻子娘家人，想取代高郁的判官之任，每天都在马希声面前说高郁的坏话。高郁不能自抑引退，发出怨言。马希声假传马殷命令在军府中杀了高郁，布告中外，诬高郁谋反，诛杀高郁全家及其党羽，制造了楚国的第一大冤案。第二天马殷才得知消息，只是号哭而已。不久，马殷抑郁而死。高郁被冤杀，看似马希声中离间计，其实是高郁功高震主。楚国蕞尔小国，四围狡兔未死，即烹走狗，国运不昌，亦马氏自取。

后唐纪六

后唐明宗长兴元年至三年（930—932年）

【起上章摄提格（庚寅，930年），尽玄黓执徐（壬辰，932年）六月，凡二年有奇】

【大事提要】

本卷记事起公元930年，讫公元932年六月，凡二年又六个月。当后唐明宗长兴元年至长兴三年六月。后唐权臣安重诲气度褊狭，睚眦必报，因少忿必欲置明宗之子李从珂于死地，遭明宗之忌。安重诲又逼反东川节度使董璋，西川节度使孟知祥与董璋联手反叛，对抗官军讨伐。官军不利，安重诲亲往西川督战，离开枢密岗位，招来众臣弹劾，明宗在半道召安重诲还京，改任安重诲为护国节度使，随后杀戮安重诲父子。讨伐官军退出西川，明宗诏谕西川，委过于安重诲。孟知祥三请董璋联名上奏谢罪，董璋不肯，兵伐成都，败没，成就了孟知祥割据全蜀。楚王马希声去国号，复为藩镇。吴国执政徐知诰效法当年徐温故事，以其子徐景通留江都执吴国政，自己出镇金陵，控制上游。闽国王延钧诛杀王延禀。吴越王钱镠薨，其子钱传瓘继位，善处政事，吏民协心。

【原文】

明宗圣德和武钦孝皇帝中之下

长兴元年（庚寅，930 年）

春，正月，董璋遣兵筑七寨于剑门。辛巳，孟知祥遣赵季良如梓州修好。

鸿胪少卿郭在徽奏请铸当五千、三千、一千大钱，朝廷以其指虚为实，无识妄言，左迁卫尉少卿、同正。

吴徙平原王澈为德化王。

二月，乙未朔，赵季良还成都，谓孟知祥曰："董公贪残好胜，志大谋短，终为西川之患。"

都指挥使李仁罕、张业欲置宴召知祥，先二日，有尼告二将谋以宴日害知祥，知祥诘之，无状，丁酉，推始言者军校都延昌、王行本，腰斩之。戊戌，就宴，尽去左右，独诣仁罕第，仁罕叩头流涕曰："老兵惟尽死以报德。"由是诸将皆亲附而服之。

壬子，孟知祥、董璋同上表言："两川闻朝廷于阆中建节，绵、遂益兵，无不忧恐。"上以诏书慰谕之。

（以上为第一段，写东西、西川孟知祥、董璋联名上奏示惶恐，明宗下诏抚慰。）

乙卯，上祀圜丘，大赦，改元。凤翔节度使兼中书令李从曮入朝陪祀，三月，壬申，制徙从曮为宣武节度使。

癸酉，吴主立江都王琏为太子。

丙子，以宣徽使朱弘昭为凤翔节度使。

康福奏克保静镇，斩李匡宾。

复以安义为昭义军。

帝将立曹淑妃为后，淑妃谓王德妃曰："吾素病中烦，倦于接对，妹代我为之。"德妃曰："中宫敌偶至尊，谁敢干之！"庚寅，立淑妃为皇后。德妃事后恭谨，后亦怜之。

初，王德妃因安重诲得进，常德之。帝性俭约，及在位久，宫中用

【语译】

明宗圣德和武钦孝皇帝中之下

后唐明宗长兴元年（庚寅，930 年）

春季，正月，东川节度使董璋派兵在剑门修筑了七个营寨。正月十六日辛巳，孟知祥派遣赵季良去梓州与董璋结交友好。

鸿胪少卿郭在徽上奏请求铸造面值分别为五千、三千、一千的大钱；朝廷认为他指虚为实，是胡说八道，把他贬为卫尉少卿、同正。

吴国把平原王杨澈改封为德化王。

二月初一日乙未，赵季良回到成都，对孟知祥说："董公为人贪婪残忍，争强好胜，志大才疏，终究会成为我们西川的祸害。"

孟知祥的部属都指挥使李仁罕、张业准备置办筵席宴请孟知祥，此前两天，有个尼姑密告说这两位将军要在宴会之时谋害孟知祥；孟知祥下令查究，也没查出什么真凭实据，二月初三日丁酉，追查出最早编造这个谣言的军校都延昌、王行本，把这两人都腰斩了。二月初四日戊戌，孟知祥前去赴宴，随从人员都不带，独自一人前往李仁罕的家中；李仁罕感动得跪地叩头，流着泪说："老兵只有效死命才能报答您的恩德。"通过这件事，孟知祥所部的将领们都亲附并且拥戴他了。

二月十八日壬子，孟知祥、董璋一起上表说："东西两川得知朝廷在阆中设立节度使，在绵州和遂州增派兵力，无不感到担心和恐惧。"后唐明宗颁下诏书抚慰了他们一番。

二月二十一日乙卯，后唐明宗在圜丘祭天，大赦天下，改年号为长兴。凤翔节度使兼中书令李继曮入朝陪祭，三月初八日壬申，后唐明宗下令把李继曮调任为宣武节度使。

三月初九日癸酉，吴主册立江都王杨琏为太子。

三月十二日丙子，任命宣徽使朱弘昭为凤翔节度使。

康福上奏报告攻下了保静镇，斩杀了叛军首领李匡宾。

又把安义军改称为昭义军。

后唐明宗准备册立曹淑妃为皇后，淑妃对王德妃说："我历来都有胸中烦热的毛病，厌倦那些接待应对的事，还是请妹妹替我去应酬吧。"王德妃说："中宫的地位和皇帝相当，谁敢去代替？"三月二十六日庚寅，册立曹淑妃为皇后。王德妃对待皇后很恭顺谨慎，皇后也很怜爱她。

当初，王德妃是靠着安重诲的举荐才得以入宫的，所以经常感念他的恩德。后

度稍侈，重诲每规谏。妃取外库锦造地衣，重诲切谏，引刘后为戒，妃由是怨之。

高从诲遣使奉表诣吴，告以坟墓在中国，恐为唐所讨，吴兵援之不及，谢绝之。吴遣兵击之，不克。

董璋恐绵州刺史武虔裕窥其所为，夏，四月，甲午朔，表兼行军司马，囚之府廷。

宣武节度使符习，自恃宿将，论议多抗安重诲，重诲求其过失，奏之。丁酉，诏习以太子太师致仕。

戊戌，加孟知祥兼中书令，夏鲁奇同平章事。

（以上为第二段，写后唐明宗祭天，大赦，立皇后。）

初，帝在真定，李从珂与安重诲饮酒争言，从珂殴重诲，重诲走免。既醒，悔谢，重诲终衔之。至是，重诲用事，自皇子从荣、从厚皆敬事不暇。时从珂为河中节度使、同平章事，重诲屡短之于帝，帝不听。重诲乃矫以帝命谕河东牙内指挥使杨彦温使逐之。是日，从珂出城阅马，彦温勒兵闭门拒之，从珂使人扣门，诘之曰："吾待汝厚，何为如是？"对曰："彦温非敢负恩，受枢密院宣耳。请公入朝。"从珂止于虞乡，遣使以状闻。使者至，壬寅，帝问重诲曰："彦温安得此言？"对曰："此奸人妄言耳，宜速讨之。"帝疑之，欲诱致彦温讯其事，除彦温绛州刺史。重诲固请发兵击之，乃命西都留守索自通、步军都指挥使药彦稠将兵讨之。帝令彦稠："必生致彦温，吾欲面讯之。"召从珂诣洛阳。从珂知为重诲所构，驰入自明。

加安重诲兼中书令。

李从珂至洛阳，上责之使归第，绝朝请。

唐明宗本来习性俭朴，但是在位时间一长，宫中的开销也渐渐奢侈了起来，安重诲经常加以劝谏。王德妃调用外库的锦缎做地毯，安重诲极力谏阻，并且援引后唐庄宗刘皇后的例子作借鉴，王德妃从此就怨恨起他来。

高从诲派遣使者带着奏表到吴国，告诉他们说自己的祖坟在中原，恐怕被唐朝所讨伐，那时吴国军队也来不及救援他，因此只得和吴国中断往来。吴国一怒之下派兵攻打荆南，结果却毫无所获。

董璋害怕绵州刺史武虔裕窥探了他的所作所为，夏季，四月初一日甲午，就上表推荐武虔裕兼任他的行军司马，把他诱至梓州，然后把他囚禁在东川府廷。

宣武节度使符习，自恃是朝廷宿将，在论事议政时常常和安重诲作对，安重诲也寻找着他的过失，向后唐明宗报告；四月初四日丁酉，后唐明宗下诏命令符习以太子太师的名衔退休。

四月初五日戊戌，加封孟知祥兼任中书令，夏鲁奇任同平章事。

当初，后唐明宗镇守真定的时候，其养子李从珂和安重诲在喝酒时争吵起来，李从珂要揍安重诲，安重诲赶忙逃走才免挨一揍；酒醒后，李从珂很后悔，并向安重诲道了歉，但是安重诲心中始终记恨这件事。到这时候，安重诲掌握大权，从皇子李从荣、李从厚以下都忙不迭地巴结他。当时李从珂担任河中节度使、同平章事，安重诲多次在后唐明宗面前说他的坏话，后唐明宗没有听信。安重诲于是假托后唐明宗的命令，要河中牙内指挥使杨彦温驱逐李从珂。这一天，李从珂出城去视察战马，杨彦温就部署军队关起城门不让他进城，李从珂派人上前叩门，并质问他说：“我一向待你不薄，你为什么要这样做？”杨彦温回答说：“我杨彦温并不敢忘恩负义，我是接到了枢密院的密令才不得不如此。请您入京去吧！”李从珂只好在虞乡住下，同时派遣使者去朝廷报告情况。使者到达京城后，四月初九日壬寅，后唐明宗问安重诲说：“杨彦温从哪里得到的这种说法？”安重诲回答说：“这是奸人杨彦温的胡言乱语，应该赶快去讨伐他。”后唐明宗觉得这件事很可疑，想把杨彦温引诱来查问详情，于是就调杨彦温任绛州刺史。安重诲坚持请求派兵讨伐杨彦温，后唐明宗只好下令西都留守索自通、步军都指挥使药彦稠率兵前去讨伐。后唐明宗面示药彦稠：“务必把杨彦温活着抓回来，我要当面讯问他。”并且征召李从珂到洛阳来。李从珂知道自己是被安重诲所陷害，于是赶忙进京向后唐明宗澄清事实真相。

加封安重诲兼任中书令。

李从珂到了洛阳，后唐明宗责备了他一通，并且要他回自己的府第里待着，不准他上朝觐见。

辛亥，索自通等拔河中，斩杨彦温，癸丑，传首来献。上怒药彦稠不生致，深责之。

安重诲讽冯道、赵凤奏从珂失守，宜加罪。上曰：“吾儿为奸党所倾，未明曲直，公辈何为发此言，意不欲置之人间邪？此皆非公辈之意也。”二人惶恐而退。他日，赵凤又言之，上不应。明日，重诲自言之，上曰：“朕昔为小校，家贫，赖此小儿拾马粪自赡，以至今日为天子，曾不能庇之邪？卿欲如何处之于卿为便！”重诲曰：“陛下父子之间，臣何敢言！惟陛下裁之！”上曰：“使闲居私第亦可矣，何用复言！”

丙辰，以索自通为河中节度使。自通至镇，承重诲指，籍军府甲仗数上之，以为从珂私造；赖王德妃居中保护，从珂由是得免。士大夫不敢与从珂往来，惟礼部郎中史馆修撰吕琦居相近，时往见之，从珂每有奏请，皆咨琦而后行。

戊午，帝加尊号曰圣明神武文德恭孝皇帝。

安重诲言昭义节度使王建立过魏州有摇众之语，五月，丙寅，制以太傅致仕。

董璋阅集民兵，皆剪发黥面，复于剑门北置永定关，布列烽火。

孟知祥累表请割云安等十三盐监隶西川，以盐直赡宁江屯兵，辛卯，许之。

六月，癸巳朔，日有食之。

辛亥，敕防御、团练使、刺史、行军司马、节度副使，自今皆朝廷除之，诸道无得奏荐。

董璋遣兵掠遂、阆镇戍，秋，七月，戊辰，两川以朝廷继遣兵屯遂、阆，复有论奏，自是东北商旅少敢入蜀。

八月，乙未，捧圣军使李行德、十将张俭引告密人边彦温告“安重诲发兵，云欲自讨淮南；又引占相者问命”。帝以问侍卫都指挥使安从进、药彦稠，二人曰：“此奸人欲离间陛下勋旧耳。重诲事陛下三十年，

四月十八日辛亥，索自通等攻下了河中，斩杀了杨彦温，四月二十日癸丑，把他的首级传送到京城献给朝廷。后唐明宗对药彦稠没能把杨彦温活着送到京城来大为恼怒，就严厉地责备了药彦稠。

安重诲鼓动冯道、赵凤两人向后唐明宗上奏说李从珂失于职守，应该治罪。后唐明宗回答他们说："我儿被奸党所陷害，是非曲直还没有弄清楚，你们为什么要说这样的话，难道是不想让他再活在世上了吗？这绝不是你们自己的意思吧。"两人吓得赶忙退了下来。过了几天，赵凤又对后唐明宗谈起此事，后唐明宗没表态。第二天，安重诲亲自出面论及这件事，后唐明宗说："朕从前当小校的时候，家里很穷，靠这个小孩拣拾马粪养家糊口，到今天我当了天子，难道我连他都不能庇护吗？你想怎样处置他才能使你心满意足呢？"安重诲说："陛下父子之间的事，臣怎么敢乱说话？随陛下裁断好了！"后唐明宗说："让他闲居在家里也就可以了，何必再多谈此事！"

四月二十三日丙辰，任命索自通为河中节度使。索自通到了军镇，按照安重诲的授意，清点登记军府里的盔甲兵器的数量呈报给朝廷，说是李从珂私自制造的；多亏王德妃从中保护，才使李从珂免罪。朝中的士大夫们都不敢和李从珂往来了，只有礼部郎中、史馆修撰吕琦因为和他住得近，不时地去看望他，李从珂遇到有事要向后唐明宗奏请时，都是先问过吕琦然后才办。

四月二十五日戊午，后唐明宗加尊号为圣明神武文德恭孝皇帝。

安重诲上奏说昭义节度使王建立在路过魏州时曾有煽动人心的言论，五月初三日丙寅，后唐明宗下令王建立以太傅的名衔退休。

董璋校阅召集来的百姓士卒，把他们都剪除头发，在脸上刺字，又在剑门的北面设置永定关，在各地都设置了传递紧急讯息的烽火。

孟知祥多次上表请求划出云安等十三个盐监隶属于西川，用卖盐的收入来供给宁江的屯守部队，五月二十八日辛卯，后唐明宗批准了。

六月初一日癸巳，发生日食。

六月十九日辛亥，后唐明宗下令凡是防御使、团练使、刺史、行军司马、节度副使一级的官职，今后都由朝廷任命，不准各道上奏推荐。

董璋派兵劫掠遂州、阆州的戍守部队。秋季，七月初七日戊辰，两川因为朝廷陆续不断地增兵驻屯遂州、阆州，再次上书表示反对，从此东北方中原一带的商旅很少有人敢再进入蜀地经商了。

八月初四日乙未，捧圣军使李行德、十将张俭带着告密人边彦温向后唐明宗报告说："安重诲正在调拨军队，说是要亲自率兵讨伐淮南的吴国；又找了个占卦算命的人为自己算命。"后唐明宗就这件事询问了侍卫都指挥使安从进、药彦稠，两人回

幸而富贵，何苦谋反！臣等请以宗族保之。”帝乃斩彦温，召重诲慰抚之，君臣相泣。

（以上为第三段，写安重诲气量褊狭，睚眦必报，竟欲构陷明宗之子李从珂，自己亦为人所陷害，明宗明察皆囿之。）

以前忠武节度使张延朗行工部尚书，充三司使。三司使之名自此始。

吴徐知诰以海州都指挥使王传拯有威名，得士心，值团练使陈宣罢归，知诰许以传拯代之；既而复遣宣还海州，征传拯还江都。传拯怒，以为宣毁之，己亥，帅麾下入辞宣，因斩宣，焚掠城郭，帅其众五千来奔。知诰曰：“是吾过也。”免其妻子。涟水制置使王岩将兵入海州，以岩为威卫大将军，知海州。

传拯，绾之子也，其季父舆为光州刺史。传拯遣间使持书至光州，舆执之以闻，因求罢归，知诰以舆为控鹤都虞候。时政在徐氏，典兵宿卫者尤难其人，知诰以舆重厚慎密，故用之。

壬寅，赵凤奏：“窃闻近有奸人，诬陷大臣，摇国柱石，行之未尽。”帝乃收李行德、张俭，皆族之。

立皇子从荣为秦王；丙辰，立从厚为宋王。

董璋之子光业为宫苑使，在洛阳，璋与书曰：“朝廷割吾支郡为节镇，屯兵三川，是杀我必矣。汝见枢要为吾言：如朝廷更发一骑入斜谷，吾必反！与汝诀矣。”光业以书示枢密承旨李虔徽。未几，朝廷又遣别将荀咸乂将兵戍阆州，光业谓虔徽曰：“此兵未至，吾父必反。吾不敢自爱，恐烦朝廷调发，愿止此兵，吾父保无他。”虔徽以告安重诲，重诲不从。璋闻之，遂反。利、阆、遂三镇以闻，且言已聚兵将攻三镇。重诲曰：“臣久知其如此，陛下含容不讨耳。”帝曰：“我不负人，人负我则讨之。”

九月，癸亥，西川进奏官苏愿白孟知祥云：“朝廷欲大发兵讨两川。”

答说："这是奸人要离间陛下和有功勋的旧臣之间的关系。安重诲跟随陛下三十年了，现在有幸安享富贵，他何苦要谋反呢？臣等愿意以全家的性命为他担保。"后唐明宗于是把边彦温杀了，并召来安重诲慰抚了一番，君臣相对哭泣。

任命前忠武节度使张延朗担任工部尚书，充任三司使。三司使的名称就是从这个时候开始的。

吴国徐知诰认为海州都指挥使王传拯有威信，得人心，当时正好团练使陈宣被罢官回京，徐知诰就许诺由王传拯代替他的职务；但不久却又派遣陈宣回海州，而征召王传拯到江都去。王传拯非常愤怒，认为肯定是陈宣诋毁了他，八月初八日己亥，率领部属到陈宣处辞行，就乘机杀了他，并且放火抢劫州城，然后率领部众五千人前来投奔后唐。徐知诰得知后，说："这都是我的过错。"于是赦免了王传拯的妻子儿女。涟水制置使王岩带兵进入海州，于是就任命王岩为威卫大将军，执掌海州的政事。

王传拯是王绾的儿子，他的叔叔王舆任光州刺史。王传拯派遣密使带着他的信到光州，王舆把来使扣留了起来，然后上书报告，请求把自己免职回京；徐知诰任命王舆为控鹤都虞候。当时吴国的大政掌握在徐氏手中，掌管禁卫军的人选很难物色，徐知诰认为王舆为人厚重，做事缜密，所以任用了他。

八月十一日壬寅，赵凤上奏说："听说近来有奸人诬陷大臣，动摇国家的柱石，还没有完全杀光。"后唐明宗于是下令收押李行德、张俭，把两人满门抄斩。

册封皇子李从荣为秦王；八月二十王日丙辰，册封李从厚为宋王。

董璋的儿子董光业担任宫苑使，在洛阳，董璋给他写信说："朝廷把我的支郡割出去另外设置节镇，在三川驻屯军队，看来是一定要把我置于死地不可了。你见到枢密要员替我传句话：如果朝廷再派一个人马进入斜谷，我就一定造反，我也就算是和你诀别了。"董光业把这封信拿给枢密承旨李虔徽看了。没过多久，朝廷又派遣别将荀咸义率兵前去戍守阆州，董光业对李虔徽说："不等这支部队到达，我的父亲就会造反。我并不是胆小怕死，只是担心这样一来又要劳烦朝廷调兵遣将，希望能够停止派遣这支部队，我父亲保证不会有什么举动。"李虔徽把这话转告了安重诲，安重诲拒绝了。董璋得知这件事，就干脆造起反来。利州、阆州、遂州三镇都向朝廷报告，并且说董璋已经聚集了人马将要进攻三镇。安重诲对后唐明宗说："臣早就料到他会如此，只是陛下太容忍他，不肯出兵讨伐。"后唐明宗说："我不亏负于人，但是人亏负了我，我就会派兵讨伐。"

九月初三日癸亥，西川进奏官苏愿向孟知祥报告说："朝廷将要征调大军讨伐两

知祥谋于副使赵季良，季良请以东川兵先取遂、阆，然后并兵守剑门，则大军虽来，吾无内顾之忧矣。知祥从之，遣使约董璋同举兵。璋移檄利、阆、遂三镇，数其离间朝廷，引兵击阆州。庚午，知祥以都指挥使李仁罕为行营都部署，汉州刺史赵廷隐副之，简州刺史张业为先锋指挥使，将兵三万攻遂州；别将牙内都指挥使侯弘实、先登指挥使孟思恭将兵四千会璋攻阆州。

（以上为第四段，写吴国执政徐知诰有过则改，西川节度使董璋反叛。）

安重诲久专大权，中外恶之者众；王德妃及武德使孟汉琼浸用事，数短重诲于上。重诲内忧惧，表解机务，上曰："朕无间于卿，诬罔者朕既诛之矣，卿何为尔？"甲戌，重诲复面奏曰："臣以寒贱，致位至此，忽为人诬以反，非陛下至明，臣无种矣。由臣才薄任重，恐终不能镇浮言，愿赐一镇以全余生。"上不许，重诲求之不已，上怒曰："听卿去，朕不患无人！"前成德节度使范延光劝上留重诲，且曰："重诲去，谁能代之？"上曰："卿岂不可！"延光曰："臣受驱策日浅，且才不逮重诲，何敢当此！"上遣孟汉琼诣中书议重诲事，冯道曰："诸公果爱安令，宜解其枢务为便。"赵凤曰："公失言！"乃奏大臣不可轻动。

东川兵至阆州，诸将皆曰："董璋久蓄反谋，以金帛啖其士卒，锐气不可当，宜深沟高垒以挫之，不过旬日，大军至，贼自走矣。"李仁矩曰："蜀兵懦弱，安能当我精卒！"遂出战，兵未交而溃归。董璋昼夜攻之，庚辰，城陷，杀仁矩，灭其族。

初，璋为梁将，指挥使姚洪尝隶麾下，至是，将兵千人戍阆州，璋密以书诱之，洪投诸厕。城陷，璋执洪而让之曰："吾自行间奖拔汝，今日何相负？"洪曰："老贼！汝昔为李氏奴，扫马粪，得脔炙，感恩无穷。今天子用汝为节度使，何负于汝而反邪？汝犹负天子，吾受汝何恩，而云相负哉！汝奴材，固无耻；吾义士，岂忍为汝所为乎！吾宁为天子死，

川。”孟知祥和节度副使赵季良谋议对策，赵季良建议先让东川的部队攻取遂州、阆州，然后再以西川的部队联合扼守剑门，这样，即使朝廷的大军来了，我们也不会有内顾之忧了。孟知祥采纳了这个建议，便派遣使者和董璋约定同时起兵造反。董璋移送檄文到利、阆、遂三镇，指责他们离间朝廷与两川的关系，并且亲自率兵进攻阆州。九月初十日庚午，孟知祥任命都指挥使李仁罕为行营都部署，汉州刺史赵廷隐为他的副手，简州刺史张业为先锋指挥使，率领三万名军队进攻遂州；又派遣别将牙内都指挥使侯弘实、先登指挥使孟思恭率领四千名士兵会同董璋进攻阆州。

安重诲长期独揽朝政，朝廷内外怨恨他的人很多；王德妃和武德使孟汉琼渐渐地也掌握了一些权力，多次在后唐明宗面前贬损安重诲。安重诲感到又担心又害怕，就上表给后唐明宗请求解除自己的机要职务，后唐明宗说：“朕对你并没有什么怀疑，以往诬告你的人朕也把他们杀了，你为什么还要这样呢？”九月十四日甲戌，安重诲又当面向后唐明宗上奏说：“臣以贫寒卑贱的出身，得到今天这样的地位，忽然间又被人诬告说要谋反，不是陛下圣明，臣早就亡族灭种了。但是臣终究是才能小而担任高职，恐怕总是难以阻止别人议论纷纷，希望陛下能赐给臣一个外镇，让臣能够保全余生。”后唐明宗没有答应；安重诲又是一再地请求，后唐明宗发脾气说：“随你去好了，朕不怕找不到人！”前成德节度使范延光劝皇上挽留安重诲，并且说：“安重诲如果走了，有谁能代替他？”后唐明宗说：“你难道不可以吗？”范延光说：“臣受陛下差遣的时间还很短，况且才能也赶不上安重诲，怎么敢担当此任？”后唐明宗派孟汉琼到中书去让群臣讨论一下安重诲要辞职的事，冯道说：“诸公如果真的爱惜安令公，还是解除他的枢要职务为好。”赵凤反对说：“您的这话说差了！”于是就向后唐明宗上奏说大臣不可轻易变动。

东川的部队到达阆州，阆州戍守的将领们都说：“董璋早就蓄谋造反，用金银布帛收买他的士卒，他的部队锐气不可阻挡，我们应该用深沟高垒来挫败他的锐气，不用十天，朝廷的大军一到，贼兵自然就要逃散。”李仁矩却说：“蜀兵生性懦弱，怎能抵挡我们的精兵强卒！”于是就出城迎战，结果还没有交战就溃逃了回来。董璋日夜不停地发动攻击，九月二十日庚辰，阆州城被攻陷，董璋杀死了李仁矩，灭了他的全族。

当初，董璋在后梁任将领的时候，指挥使姚洪曾经是他的部下，此时姚洪正率领一千名士兵戍守阆州；董璋秘密地派人送信诱他投降，姚洪把信丢到了厕所里；城被攻陷以后，董璋活捉了姚洪，责问他说：“我过去在行伍之间提拔了你，你现在为什么背叛我？”姚洪大骂说：“老贼！你从前在李姓富人家当奴才，给人扫马粪，得到一丁点肉吃，你就觉得感恩不尽。现在天子任用你当节度使，有哪点对不起你

不能与人奴并生！”璋怒，然镬于前，令壮士十人刲其肉自啖之，洪至死骂不绝声。帝置洪二子于近卫，厚给其家。

甲申，以范延光为枢密使，安重诲如故。

丙戌，下制削董璋官爵，兴兵讨之。丁亥，以孟知祥兼西南供馈使，以天雄节度石敬瑭为东川行营都招讨使，以夏鲁奇为之副。

璋使孟思恭分兵攻集州，思恭轻进，败归。璋怒，遣还成都，知祥免其官。

戊子，以石敬瑭权知东川事。庚寅，以右武卫上将军王思同为西都留守兼行营马步都虞候，为伐蜀前锋。

（以上为第五段，写安重诲独揽朝政，成众矢之的。明宗大发兵讨董璋。）

汉主遣其将梁克贞、李守鄘攻交州，拔之，执静海节度使曲承美以归，以其将李进守交州。

冬，十月，癸巳，李仁罕围遂州，夏鲁奇婴城固守；孟知祥命都押牙高敬柔帅资州义军二万人筑长城环之。鲁奇遣马军都指挥使康文通出战，文通闻阆州陷，遂以其众降于仁罕。

戊戌，董璋引兵趣利州，遇雨，粮运不继，还阆州。知祥闻之，惊曰：“比破阆中，正欲径取利州，其帅不武，必望风遁去。吾获其仓廪，据漫天之险，北军终不能西救武信。今董公僻处阆州，远弃剑阁，非计也。”欲遣兵三千助守剑门，璋固辞曰：“此已有备。”

钱镠因朝廷册闽王使者裴羽还，附表引咎；其子传瓘及将佐屡为镠上表自诉。癸卯，敕听两浙纲使自便。

以宣徽北院使冯赟为左卫上将军、北都留守。

丁未，族诛董光业。

楚王殷寝疾，遣使诣阙，请传位于其子希声。朝廷疑殷已死，辛亥，

而你却要造反？你自己背叛了天子，我又受过你什么恩典了，竟然说我背叛了你？你是个奴才，本来就无耻；我是个义士，岂能干你所干的事？我宁可为天子而死，也不能和你这个奴才一起活着！”董璋恼羞成怒，就在他面前烧起了一只大鼎，命令十名壮士割下姚洪身上的肉自己煮来吃，姚洪到死骂声不绝。后唐明宗把姚洪的两个儿子安置在近卫军中，优厚地抚恤他的家属。

九月二十四日甲申，任命范延光为枢密使，安重诲仍担任旧职。

九月二十六日丙戌，后唐明宗下令削去董璋的官职爵位，并且发兵前去讨伐他。九月二十七日丁亥，任命孟知祥兼任西南面供馈使。又任命天雄节度使石敬瑭为东川行营都招讨使，任命夏鲁奇做他的副手。

董璋让孟思恭分兵攻打集州，孟思恭轻率进兵，结果大败而归；董璋很恼火，把他遣回成都，孟知祥免去了他的官职。

九月二十八日戊子，任命石敬瑭暂时执掌东川的事务。九月三十日庚寅，任命右武卫上将军王思同为西都留守兼行营马步都虞候，担任伐蜀的前锋。

南汉主派遣他的将领梁克贞、李守鄘进攻交州，攻了下来，活捉了静海节度使曲承美而归，汉主任命自己的将领李进驻守交州。

冬季，十月初三日癸巳，李仁罕围攻遂州，夏鲁奇据城坚守；孟知祥命令都押牙高敬柔率领资州的义军两万人修筑一条很长的围墙把遂州团团围住。夏鲁奇派马军都指挥使康文通出城迎战，康文通一听说阆州已经被攻陷，马上就率领他的部众投降了李仁罕。

十月初八日戊戌，董璋带着人马扑向利州，途中遇上大雨，粮草运输跟不上，只好回到阆州。孟知祥得知这一情况后，吃惊地说："刚刚攻破阆州，正应该要直取利州，利州的守将很懦弱，一定会望风逃去。我们只要占有了那里的储粮，据守住漫天寨的险要，北方来的官军最终也一定不能往西救援武信。现在董公局促地留处在阆州，却丢弃了远处的剑阁，这不是个办法。"正要派三千名士兵前去帮助防守剑门，董璋却坚决地推辞说："这里已经做好防备了。"

钱镠借着朝廷册封闽王王延钧的使者裴羽回朝路经吴越之便，附呈了一张奏表主动向后唐明宗请罪；他的儿子钱传瓘和将帅大臣们也多次上表给朝廷替他辩解。十月十三日癸卯，后唐明宗下诏，释放被收押治罪的两浙纲使，听其自便。

任命宣徽北院使冯赟为左卫上将军、北都留守。

十月十七日丁未，诛杀了董璋之子董光业的全家。

楚王马殷病危，派遣使者来到朝廷，请求把职位传给自己的儿子马希声。朝廷

以希声为起复武安节度使兼侍中。

孟知祥以故蜀镇江节度使张武为峡路行营招收讨伐使，将水军趣夔州，以左飞棹指挥使袁彦超副之。

癸丑，东川兵陷微、合、巴、蓬、果五州。

丙辰，吴左仆射、同平章事严可求卒。徐知诰以其长子大将军景通为兵部尚书、参政事，知诰将出镇金陵故也。

汉将梁克贞入占城，取其宝货以归。

十一月，戊辰，张武至渝州，刺史张环降之，遂取泸州，遣先锋将朱偓分兵趣黔、涪。

己巳，楚王殷卒，遗命诸子，兄弟相继；置剑于祠堂，曰："违吾命者戮之！"诸将议遣兵守四境，然后发丧，兵部侍郎黄损曰："吾丧君有君，何备之有！宜遣使诣邻道告终称嗣而已。"

石敬瑭入散关，阶州刺史王弘贽、泸州刺史冯晖与前锋马步都虞候王思同、步军都指挥使赵在礼引兵出人头山后，过剑门之南，还袭剑门，克之，杀东川兵三千人，获都指挥使齐彦温，据而守之。晖，魏州人也。甲戌，弘贽等破剑州，而大军不继，乃焚其庐舍，取其资粮，还保剑门。

乙亥，诏削孟知祥官爵。

（以上为第六段，写东西两川联手反叛，攻下阆中、遂州，后唐官军入蜀破剑门。）

己卯，董璋遣使至成都告急。知祥闻剑门失守，大惧，曰："董公果误我！"庚辰，遣牙内都指挥使李肇将兵五千赴之，戒之曰："尔倍道兼行，先据剑州，北军无能为也。"又遣使诣遂州，令赵廷隐将万人会屯剑州。又遣故蜀永平节度使李筠将兵四千趣龙州，守要害。时天寒，士卒恐惧，观望不进，廷隐流涕谕之曰："今北军势盛，汝曹不力战却敌，则妻子皆为人有矣。"众心乃奋。

董璋自阆州将两川兵屯木马寨。

怀疑马殷已经死了，十月二十一日辛亥，下令起复马希声为武安节度使兼侍中。

孟知祥任命原前蜀的镇江节度使张武为峡路行营招收讨伐使，率领水军进逼夔州，又任命左飞棹指挥使袁彦超为他的副手。

十月二十三日癸丑，东川兵攻陷了徵、合、巴、蓬、果五州。

十月二十六日丙辰，吴国左仆射、同平章事严可求去世。徐知诰任命自己的长子大将军徐景通为兵部尚书、参政事，这是因为徐知诰要亲自出镇金陵的缘故。

南汉将领梁克贞进入占城，掠取了占城的财宝货物后返回。

十一月初九日戊辰，张武到达渝州，渝州刺史张环向他投降，张武随即攻取了泸州，又派出先锋将朱偓分兵向黔州、涪州进军。

十一月初十日己巳，楚王马殷去世，临终留下遗命给他的儿子们，要求他们兄终弟继；又在祠堂里安置了一把宝剑，对他们说："如果有人违背了我的遗命就杀他！"将领都在议论着要先派兵加强四方国境的防守，然后再向外发布丧讯，这时兵部侍郎黄损说："我们失去了国君但又有了新的国君，有什么好防备的！应该派遣使者到各个邻道去通告先君去世、新君嗣位就行了。"

石敬瑭率兵进入散关，阶州刺史王弘贽、泸州刺史冯晖与前锋马步都虞候王思同、步军都指挥赵在礼率领军队绕过人头山后，经过剑门的南面，再回过头来袭击剑门，攻了下来，杀死了东川士兵三千人，并俘虏了都指挥使齐彦温，于是就占据该地防守。冯晖是魏州人。十一月十五日甲戌，王弘贽等攻破剑州，但是后面的大部队未能接继上来，他们只好放火把城内的房子烧了，运走了当地的粮草，又退回剑门防守。

十一月十六日乙亥，后唐明宗下诏削去孟知祥的官职爵位。

十一月二十日己卯，董璋派遣使者到成都告急。孟知祥得知剑门失守，大为恐惧，说："董公果然误了我的大事！"十一月二十一日庚辰，派牙内都指挥使李肇率领五千名军队赶去救援，临行前告诫他们说："你们要日夜兼程赶路，先占据剑州，北面的官军就无可奈何了。"又派遣使者到遂州，命令赵廷隐率领一万人前往剑州会师驻守。另外又派遣原前蜀永平节度使李筠率领四千名士兵赶赴龙州，把守住要害。当时天气寒冷，士兵们都很害怕，观望徘徊不肯前进，赵廷隐流着泪劝导大家说："现在北面的官军气势强盛，如果你们不奋力作战，击退敌人，那么你们的老婆孩子就都要被别人所有了。"大家听了这话后，精神才振作起来。

董璋从阆州率领两川的兵马驻扎在木马寨。

先是，西川牙内指挥使太谷庞福诚、昭信指挥使谢锽屯来苏村，闻剑门失守，相谓曰："使北军更得剑州，则二蜀势危矣。"遽引部兵千余人间道趣剑州。始至，官军万余人自北山大下，会日暮，二人谋曰："众寡不敌，逮明则吾属无遗矣。"福诚夜引兵数百升北山，大噪于官军营后，锽帅余众操短兵自其前急击之。官军大惊，空营遁去，复保剑门，十余日不出。孟知祥闻之，喜曰："吾始谓弘贽等克剑门，径据剑州，坚守其城，或引兵直趣梓州，董公必弃阆州奔还。我军失援，亦须解遂州之围。如此则内外受敌，两川震动，势可忧危；今乃焚毁剑州，运粮东归剑门，顿兵不进，吾事济矣。"

官军分道趣文州，将袭龙州，为西川定远指挥使潘福超、义胜都头太原沙延祚所败。

甲申，张武卒于渝州；知祥命袁彦超代将其兵。

朱偓将至涪州，武泰节度使杨汉宾弃黔南，奔忠州；偓追至丰都，还取涪州。知祥以成都支使崔善权武泰留后。董璋遣前陵州刺史王晖将兵三千会李肇等分屯剑州南山。

丙戌，马希声袭位，称遗命去建国之制，复藩镇之旧。

契丹东丹王突欲自以失职，帅部曲四十人越海自登州来奔。

十二月，壬辰，石敬瑭至剑门。乙未，进屯剑州北山；赵廷隐陈于牙城后山，李肇、王晖陈于河桥。敬瑭引步兵进击廷隐，廷隐择善射者五百人伏敬瑭归路，按甲待之，矛稍欲相及，乃扬旗鼓噪击之，北军退走，颠坠下山，俘斩百余人。敬瑭又使骑兵冲河桥，李肇以强弩射之，骑兵不能进。薄暮，敬瑭引去，廷隐引兵蹑之，与伏兵合击，败之。敬瑭还屯剑门。

癸卯，夔州奏复取开州。

庚戌，以武安节度使马希声为武安、静江节度使，加兼中书令。

先前，西川的牙内指挥使太谷人庞福诚、昭信指挥使谢锽驻扎在来苏村，听说剑门失守，两人相互谈论说：“如果北面的官军再攻下剑州，那么两蜀的局势就危险了。”于是立刻率领所属部队一千余人抄近路直奔剑州。刚刚到达目的地，只见朝廷的官军有一万多人正从北山上大批地涌下来，当时天色已暗，两人就商量说：“敌众我寡，我们的兵力赶不上敌人，要是等到天亮，那么我们就要全部完蛋了。”于是庞福诚乘着夜色带领数百名士兵登上北山，在官军的营寨之后大声喊叫，谢锽则率领其余的士兵手拿着短兵器在营寨的前面发起猛烈的攻击；官军大为惊恐，丢下营寨逃遁而去，又退回到剑门防守，十多天不敢出来。孟知祥听到这一消息，十分高兴地说：“我原来认为王弘贽等攻下剑门之后，会直接攻取剑州，坚守剑州城，或者率领军队直取梓州，那样董公就会放弃阆州逃回去。我军失去声援，也就势必要解除对遂州的包围。如果这样，就会内外受敌，两川都要震动，形势就危险；现在他们只是放火烧了剑州，掠走粮草东归剑门，屯扎兵马不再前进了，我的事情就好办多了。”

官军分几路扑向文州，准备袭击龙州，被西川的定远指挥使潘福超、义胜都头沙延祚击败。

十一月二十五日甲申，张武在渝州去世；孟知祥命令袁彦超代为统领他的部队。

朱偓即将到达涪州，武泰节度使杨汉宾放弃黔南，逃往忠州；朱偓一直追击到丰都，然后回师占领涪州。孟知祥任命成都支使崔善暂时代理武泰留后。董璋派遣前陵州刺史王晖率领三千名士兵会合李肇等分别驻守在剑州南山。

十一月二十七日丙戌，马希声继承了马殷的爵位，声称先王留下遗命要废除先前建国的制度，恢复过去藩镇的旧制。

契丹东丹王突欲自认为失去了继承王位的地位，于是率领他的家兵四十人渡过渤海从登州上陆，前来投奔唐朝。

十二月初三日壬辰，石敬瑭到达剑门。十二月初六日乙未，进军屯驻在剑州的北山；赵廷隐的部队部署在牙城的后山，李肇、王晖的部队则部署在河桥。石敬瑭带领步兵进攻赵廷隐，赵廷隐挑选了五百名神箭手埋伏在石敬瑭回去的路上，悄然无声地等待他的来临，到了双方的部队接近到兵矛都快要碰到一起的时候，才扬旗击鼓呐喊出击，北军败退逃走，颠仆坠崖逃下了山，被俘虏和斩杀了一百多人。石敬瑭又派出骑兵冲向河桥，李肇下令用强弩向他们射击，骑兵无法前进。黄昏时分，石敬瑭引兵退去，赵廷隐领兵紧随其后，和埋伏的部队前后夹击，把北军打得大败。石敬瑭退回到剑门驻守。

十二月十四日癸卯，夔州奏报说再次收复了开州。

十二月二十一日庚戌，任命武安节度使马希声为武安、静江节度使，加任兼中

石敬瑭征蜀未有功，使者自军前来，多言道险狭，进兵甚难，关右之人疲于转饷，往往窜匿山谷，聚为盗贼。上忧之，壬子，谓近臣曰："谁能办吾事者，吾当自行耳。"安重诲曰："臣职忝机密，军威不振，臣之罪也，臣请自往督战。"上许之。重诲即拜辞，癸丑，遂行，日驰数百里。西方藩镇闻之，无不惶骇。钱帛、刍粮昼夜辇运赴利州，人畜毙踣于山谷者不可胜纪。时上已疏重诲，石敬瑭本不欲西征，及重诲离上侧，乃敢累表奏论，以为蜀不可伐，上颇然之。

西川兵先戍夔州者千五百人，上悉纵归。

（以上为第七段，写官军伐蜀不利，安重诲亲往督战，石敬瑭上奏，论蜀不可伐。马希声去国号，复称藩镇。）

二年（辛卯，931 年）

春，正月，壬戌，孟知祥奉表谢。

庚午，李仁罕陷遂州，夏鲁奇自杀。

癸酉，石敬瑭复引兵至剑州，屯于北山。孟知祥枭夏鲁奇首以示之。鲁奇二子从敬瑭在军中，泣请往取其首葬之，敬瑭曰："知祥长者，必葬而父，岂不愈于身首异处乎！"既而知祥果收葬之。敬瑭与赵廷隐战不利，复还剑门。

丙戌，加高从诲兼中书令。

东川归合州于武信军。

初，凤翔节度使朱弘昭谄事安重诲，连得大镇。重诲过凤翔，弘昭迎拜马首，馆于府舍，延入寝室，妻子罗拜，奉进酒食，礼甚谨。重诲为弘昭泣言："谗人交构，几不免，赖主上明察，得保宗族。"重诲既去，弘昭即奏"重诲怨望，有恶言，不可令至行营，恐夺石敬瑭兵柄"。又遗敬瑭书，言"重诲举措孟浪，若至军前，恐将士疑骇，不战自溃，宜逆止之"。敬瑭大惧，即上言："重诲至，恐人情有变，宜急征还。"宣徽使孟汉琼自西方还，亦言重诲过恶，有诏召重诲还。

书令。

石敬瑭征蜀未能取得功效，使者从前线回到朝廷，大多报告说蜀道艰险狭窄，进兵非常困难，关右的人们为了转运粮饷，疲于奔命，往往就逃到山谷中躲藏起来，聚在一起当盗贼。后唐明宗对这些情况很担忧，十二月二十三日壬子，后唐明宗对亲近大臣们说："有谁能替我办理朝中的事务，看来我要亲自出征了。"安重诲说："臣的职位有愧于参预机密，现在军威不振，这是臣的罪过，臣请求亲自前往督战。"后唐明宗答应了他。安重诲当即就拜辞了后唐明宗，十二月二十四日癸丑，起程出发，每天赶路几百里。西方的各个藩镇得知这一消息，无不感到惊惶担心。于是钱财布帛、军用粮草日夜不停地用车运往利州，人马倒毙在山谷之中的不可胜数。当时后唐明宗已经疏远了安重诲，石敬瑭本来就不愿意西征，到这时安重诲离开了后唐明宗身边，于是才敢几次上表向后唐明宗报告，认为对蜀地不可征伐，后唐明宗认为这话很有道理。

西川的士兵原先有一千五百人戍守在夔州，后唐明宗下令都放他们回去。

后唐明宗长兴二年（辛卯，931年）

春季，正月初三日壬戌，孟知祥上表对后唐明宗遣返西川戍兵道谢。

正月十一日庚午，李仁罕攻陷了遂州，夏鲁奇自杀。

正月十四日癸酉，石敬瑭又率兵到达剑州，驻扎在北山。孟知祥砍下了夏鲁奇的人头向北军示威。夏鲁奇的两个儿子跟随石敬瑭在军中，哭着请求要前去夺取他们父亲的人头回来安葬，石敬瑭说："孟知祥是一位长者，他一定会安葬你们的父亲的，这样难道不比你们只夺回人头而让你们的父亲身首异处要好吗？"后来孟知祥果然把夏鲁奇收葬了。石敬瑭与赵廷隐交战不利，又退回到剑门。

正月二十七日丙戌，加封高从诲兼任中书令。

东川把合州归还给武信军。

当初，凤翔节度使朱弘昭巴结安重诲，所以接连得到大节镇的职位。安重诲经过凤翔的时候，朱弘昭到他的马前来迎接下拜，让安重诲下榻到府舍内，又把他延请到家中寝室，叫妻子儿女都出来参拜，亲自上菜敬酒，礼节极为恭敬。安重诲流着泪对朱弘昭说："谗人一再地要陷害我，险些让他们得逞，多亏皇上明察，才得以保全我的宗族。"安重诲离开凤翔以后，朱弘昭就上奏后唐明宗说："安重诲心怀不满，说朝廷的坏话，绝对不能让他到行营去，不然恐怕会抢夺石敬瑭的兵权。"又写信告诉石敬瑭说："安重诲的行动非常粗野，他如果到了军中，恐怕将士们都会惊疑害怕，这样一来大军就会不战自溃，最好能够阻止他前去。"石敬瑭非常害怕，当

二月，己丑朔，石敬瑭以遂、阆既陷，粮运不继，烧营北归。军前以告孟知祥，知祥匿其书，谓赵季良曰："北军渐进，奈何？"季良曰："不过绵州，必遁。"知祥问其故，曰："我逸彼劳，彼悬军千里，粮尽，能无遁乎！"知祥大笑，以书示之。

安重诲至三泉，得诏亟归，过凤翔，朱弘昭不内，重诲惧，驰骑而东。

两川兵追石敬瑭至利州，壬辰，昭武节度使李彦琦弃城走；甲午，两川兵入利州。孟知祥以赵廷隐为昭武留后，廷隐遣使密言于知祥曰："董璋多诈，可与同忧，不可与共乐，他日必为公患。因其至剑州劳军，请图之。并两川之众，可以得志于天下。"知祥不许。璋入廷隐营，留宿而去。廷隐叹曰："不从吾谋，祸难未已！"

庚子，孟知祥以武信留后李仁罕为峡路行营招讨使，使将水军东略地。

辛丑，以枢密使兼中书令安重诲为护国节度使。赵凤言于上曰："重诲陛下家臣，其心终不叛主，但以不能周防，为人所谗；陛下不察其心，死无日矣。"上以为朋党，不悦。

（以上为第八段，写安重诲被召还，伐蜀官军北返。）

乙巳，赵廷隐、李肇自剑州引还，留兵五千戍利州。丙午，董璋亦还东川，留兵三千戍果、阆。

丁巳，李仁罕陷忠州。

吴徐知诰欲以中书侍郎、内枢使宋齐丘为相，齐丘自以资望素浅，欲以退让为高，谒归洪州葬父，因入九华山，止于应天寺，启求隐居；吴主下诏征之，知诰亦以书招之，皆不至。知诰遣其子景通自入山敦谕，齐丘始还朝，除右仆射致仕，更命应天寺曰征贤寺。

即就向后唐明宗上奏说：“安重诲如果到来，恐怕会人心有变，最好赶快把他征召回京。”宣徽使孟汉琼这时从西面战线回到朝廷，也奏说安重诲的过失和罪行，于是后唐明宗下诏征召安重诲回京。

二月初一日己丑，石敬瑭认为遂州、阆州已经陷落了，粮草的运输又接继不上，于是放火烧了营寨，率军北返。西川的前线部队把这一情况报告给孟知祥，孟知祥把报告文书藏了起来，故意问赵季良说：“北军渐渐向前进逼，怎么办才好？”赵季良说：“到不了绵州，他们就会逃回去的。”孟知祥问是什么原因，赵季良说：“我们安逸，敌人疲劳，他们又孤军深入千里，如果粮草用完了，能不逃回去吗？”孟知祥听了大笑，这才把报告文书拿给他看。

安重诲到达三泉的时候，得到后唐明宗的诏书，要他立即赶回朝廷，回去经过凤翔的时候，朱弘昭不让进城，安重诲感到害怕起来，快马加鞭往东赶路。

两川兵追击石敬瑭到利州，二月初四日壬辰，昭武节度使李彦琦放弃城池逃走；二月初六日甲午，两川兵进入利州城，孟知祥任命赵廷隐为昭武留后，赵廷隐派遣使者前来秘密地向孟知祥建议说：“董璋这个人生性多诈，只能和他同忧患，不能和他共享乐，以后一定会成为您的祸患。不如乘他到剑州慰劳军队之机，把他给解决了，然后并吞两川的部队，就可以得志于天下。”孟知祥没有同意。董璋进入赵廷隐的营中，留宿了一个晚上就离开了。赵廷隐叹息说：“不听我的计谋，将来一定祸难无穷！”

二月十二日庚子，孟知祥任命武信留后李仁罕为峡路行营招讨使，让他带领水军往东再攻取地盘。

二月十三日辛丑，任命枢密使兼中书令安重诲为护国节度使。赵凤对后唐明宗说：“安重诲是陛下的家臣，他的内心是绝对不会背叛陛下的，他只是因为不会妥善处理人际关系，所以被人诋毁；陛下如果不明察他的心迹，恐怕安重诲他就活不了多久了。”后唐明宗认为赵凤与安重诲已经结为朋党，很不高兴。

二月十七日乙巳，赵廷隐、李肇从剑州带领部队回成都，留下五千名士兵戍守利州。二月十八日丙午，董璋也回东川，留下三千名士兵戍守果州、阆州。

二月二十九日丁巳，李仁罕攻陷忠州。

吴国徐知诰准备任命中书侍郎、内枢密使宋齐丘为宰相，宋齐丘认为自己的资历、声望都很浅，想用谦让的姿态来显示清高，于是要求回洪州安葬父亲，借此机会进入了九华山，停留在应天寺，上表请求吴主允许他隐居在此；吴主下诏征召他回朝，徐知诰也写信召请他回来，他都没有答应。徐知诰于是派自己的儿子徐景通亲自到九华山去敦促劝说，宋齐丘这才回朝，朝廷任命他为右仆射，然后让他退休，

三月，己未朔，李仁罕陷万州；庚申，陷云安监。

辛酉，赐契丹东丹王突欲姓东丹，名慕华，以为怀化节度使、瑞慎等州观察使；其部曲及先所俘契丹将惕隐等，皆赐姓名。惕隐姓狄，名怀忠。

李仁罕至夔州，宁江节度使安崇阮弃镇，与杨汉宾自均、房逃归；壬戌，仁罕陷夔州。

帝既解安重诲枢务，乃召李从珂，泣谓曰："如重诲意，汝安得复见吾！"丙寅，以从珂为左卫大将军。

壬申，横海节度使、同平章事孔循卒。

乙酉，复以钱镠为天下兵马都元帅、尚父、吴越国王，遣监门上将军张篯往谕旨，以向日致仕，安重诲矫制也。

丁亥，以太常卿李愚为中书侍郎、同平章事。

夏，四月，辛卯，以王德妃为淑妃。

（以上为第九段，写后唐明宗解除安重诲枢密之职，任命为护国节度使，李从珂为左卫大将军。孟知祥扩地至夔州。）

闽奉国节度使兼中书令王延禀闻闽王延钧有疾，以次子继昇知建州留后，帅建州刺史继雄将水军袭福州。癸卯，延禀攻西门，继雄攻东门；延钧遣楼船指挥使王仁达将水军拒之。仁达伏甲舟中，伪立白帜请降，继雄喜，屏左右，登仁达舟慰抚之；仁达斩继雄，枭首于西门。延禀方纵火攻城，见之，恸哭，仁达因纵兵击之，众溃，左右以斛舁延禀而走，甲辰，追擒之。延钧见之曰："果烦老兄再下！"延禀惭不能对。延钧囚于别室，遣使者如建州招抚其党，其党杀使者，奉继昇及弟继伦奔吴越。仁达，延钧从子也。

以宣徽北院使赵延寿为枢密使。

己酉，天雄节度使、同平章事石敬瑭兼六军诸卫副使。

辛亥，以朱弘昭为宣徽南院使。

把应天寺改名为征贤寺。

三月初一日己未，李仁罕攻陷万州；三月初二日庚申，又攻陷云安监。

三月初三日辛酉，后唐明宗赐契丹的东丹王突欲姓东丹，名叫慕华，并任命他为怀化节度使，瑞、慎等州观察使；他的家丁以及先前被俘虏的契丹将领惕隐等人，也都赐了姓名。惕隐赐姓狄，名叫怀忠。

李仁罕到达夔州，宁江节度使安崇阮放弃镇所，与杨汉宾一道从均州、房州逃了回去；三月初四日壬戌，李仁罕攻陷夔州。

后唐明宗既然已经解除了安重诲的枢要职务，就把义子李从珂召到面前，流着眼泪对他说："如果当初按照安重诲的意思办，你哪里还能见到我！"三月初八日丙寅，任命李从珂为左卫大将军。

三月十四日壬申，横海节度使、同平章事孔循去世。

三月二十七日乙酉，重新任命钱镠为天下兵马都元帅、尚父、吴越国王，派遣监门上将军张篯前去宣谕圣旨，同时告诉钱镠过去朝廷强迫他退休，都是安重诲假传圣旨造成的。

三月二十九日丁亥，任命太常卿李愚为中书侍郎、同平章事。

夏季，四月初三日辛卯，册封王德妃为淑妃。

闽国奉国节度使兼中书令王延禀听说闽王王延钧有病，就委任他的次子王继昇为建州留后，自己带着建州刺史王继雄率领水军袭击福州。四月十五日癸卯，王延禀攻打西门，王继雄攻打东门；王延钧派遣楼船指挥使王仁达率领水军进行抵抗。王仁达在船上埋伏下甲兵，然后竖起白旗假装投降，王继雄一看，大喜过望，于是屏退身边的侍卫，就一个人登上王仁达的船要来慰抚他；王仁达斩杀了王继雄，并且砍下他的头悬挂在西门。当时王延禀正在西门放火攻城，一见王继雄人头，就悲伤地痛哭起来，王仁达当即把军队放出城外发动攻击，王延禀的部队就溃散了，左右亲信用大斛抬着王延禀急忙逃走，四月十六日甲辰，被王仁达追上活捉了。王延钧看到王延禀，对他说："果然是又麻烦你老兄再下福州了！"王延禀惭愧得无话可答。王延钧把他囚押在别室，派遣使者到建州招抚他的党羽；王延禀的党羽杀了来使，然后拥戴王继昇和他的弟弟王继伦投奔吴国去了。王仁达是王延钧的侄儿。

任命宣徽北院使赵延寿为枢密使。

四月二十一日己酉，天雄节度使、同平章事石敬瑭兼任六军诸卫副使。

四月二十三日辛亥，任命朱弘昭为宣徽南院使。

五月，闽王延钧斩王延禀于市，复其姓名曰周彦琛，遣其弟都教练使延政如建州抚慰吏民。

丁卯，罢亩税曲钱，城中官造曲减旧半价，乡村听百姓自造。民甚便之。

己卯，以孟汉琼知内侍省事，充宣徽北院使。汉琼，本赵王镕奴也。时范延光、赵延寿虽为枢密使，惩安重诲以刚愎得罪，每于政事不敢可否；独汉琼与王淑妃居中用事，人皆惮之。先是，宫中须索稍逾常度，重诲辄执奏，由是非分之求殆绝。至是，汉琼直以中宫之命取府库物，不复关由枢密院及三司，亦无文书，所取不可胜纪。

辛巳，以相州刺史孟鹄为左骁卫大将军，充三司使。

昭武留后赵廷隐自成都赴利州，逾月，请兵进取兴元及秦、凤。孟知祥以兵疲民困，不许。

护国节度使兼中书令安重诲内不自安，表请致仕；闰月庚寅，制以太子太师致仕。是日，其子崇赞、崇绪逃奔河中。

（以上为第十段，写闽主王延钧诛杀王延禀。安重诲致仕，明宗王淑妃干预政务，须索府库财物不可胜数。）

壬辰，以保义节度使李从璋为护国节度使。甲午，遣步军指挥使药彦稠将兵趣河中。

安崇赞等至河中，重诲惊曰：“汝安得来？”既而曰：“吾知之矣，此非渠意，为人所使耳。吾以死徇国，夫复何言！”乃执二子表送诣阙。

明日，有中使至，见重诲，恸哭久之。重诲问其故，中使曰：“人言令公有异志，朝廷已遣药彦稠将兵至矣。”重诲曰：“吾受国恩，死不足报，敢有异志，更烦国家发兵，贻主上之忧，罪益重矣。”崇赞等至陕，有诏系狱。皇城使翟光邺素恶重诲，帝遣诣河中察之，曰：“重诲果有异志则诛之。”光邺至河中，李从璋以甲士围其第，自入见重诲，拜于庭下。重诲惊，降阶答拜，从璋奋挝击其首。妻张氏惊救，亦挝杀之。

五月，闽王王延钧下令把王延禀押到街市上斩杀了，并恢复了他原来的姓名周彦琛，然后派遣自己的弟弟都教练使王延政到建州去抚慰那里的官员和百姓。

五月初十日丁卯，废除按亩征收酒曲税钱的办法，城内官造的酒曲按旧价减半，在乡村则听任百姓自己制造；人们都觉得很方便。

五月二十二日己卯，任命孟汉琼掌理内侍省的事务，充任宣徽北院使。孟汉琼本来是赵王王镕的家奴。当时范延光、赵延寿虽然身为枢密使，但是鉴于安重诲因为刚愎自用而被治罪，所以对于朝廷的政事往往都是不置可否；只有孟汉琼和王德妃在宫中主事，人们都很害怕他们。在此以前，宫中的开销如稍微超过正常标准，安重诲就上奏进行劝阻，因此一切非分的索求都几乎被禁绝。现在，孟汉琼直接以中宫的名义索取府库中的财物，不再经由枢密院和三司，也没有文书手续，所取之物多得难以统计。

五月二十四日辛巳，任命相州刺史孟鹄为左骁卫大将军，充任三司使。

昭武留后赵廷隐从成都前往利州，过了一个月，请求派兵前去攻取兴元及秦州、凤州；孟知祥认为士卒疲乏，百姓困顿，没有答应他的请求。

护国节度使兼中书令安重诲内心觉得不安，就上表后唐明宗请求退休；闰五月初三日庚寅，后唐明宗下诏让他以太子太师的名衔退休。当天，安重诲的儿子安崇赞、安崇绪由京城逃往河中。

闰五月初五日壬辰，任命保义节度使李从璋为护国节度使。闰五月初七日甲午，又派遣步军指挥使药彦稠率兵进军河中。

安崇赞兄弟二人到了河中，安重诲见了大吃一惊，说："你们怎么可以来这里？"过了一会儿，他接着说："我知道了，这不是你们自己的主意，你们是被别人所利用。我要以死殉国，还有什么好说的！"于是把两个儿子抓起来，并连奏表一起送往京城。

第二天，有宫中的使者来到，见到安重诲，就大哭不止；安重诲问他是什么缘故，使者说："人们都传言令公要谋反，朝廷已派遣药彦稠率兵前来。"安重诲说："我蒙受国家的重恩，到死也不足以报答，怎敢有谋反的野心，又劳烦国家兴师动众，给皇上添忧愁，这样我的罪过就更重了。"安崇赞兄弟二人被押解到陕州的时候，后唐明宗传来诏书命令把他们囚禁在监狱里。皇城使翟光邺平时很厌恶安重诲，后唐明宗派遣他到河中府去察看安重诲的情况，嘱咐他说："安重诲如果真有谋反的迹象就杀了他。"翟光邺到了河中，李从璋派甲士包围了安重诲的府第，然后自己进去见安重诲，拜于庭下。安重诲大吃一惊，赶忙走下台阶答拜，李从璋挥起铁挝击

奏至，己亥，下诏，以重诲离间孟知祥、董璋、钱镠为重诲罪，又诬其欲自击淮南以图兵柄，遣元随窃二子归本道，并二子诛之。

丙午，帝遣西川进奏官苏愿、东川军将刘澄各还本镇，谕以安重诲专命，兴兵致讨，今已伏辜。

六月，乙丑，复以李从珂同平章事，充西都留守。

丙子，命诸道均民田税。

（以上为第十一段，写后唐明宗诛安重诲父子，遣使告东西两川，用兵之由委过于安重诲。）

闽王延钧好神仙之术，道士陈守元、巫者徐彦林与盛韬共诱之作宝皇宫，极土木之盛，以守元为宫主。

秋，九月，己亥，更赐东丹慕华姓名曰李赞华。

吴镇南节度使、同平章事徐知谏卒，以诸道副都统、镇海节度使、守中书令徐知询代之，赐爵东海郡王。徐知诰之召知询入朝也，知谏豫其谋。知询遇其丧于涂，抚棺泣曰："弟用心如此，我亦无憾，然何面见先王于地下乎！"

辛丑，加枢密使范延光同平章事。

辛亥，敕解纵五坊鹰隼，内外无得更进。冯道曰："陛下可谓仁及禽兽。"上曰："不然。朕昔尝从武皇猎，时秋稼方熟，有兽逸入田中，遣骑取之，比及得兽，余稼无几。以是思之，猎有损无益，故不为耳。"

冬，十月，丁卯，洋州指挥使李进唐攻通州，拔之。

壬午，以王廷政为建州刺史。

十一月，甲申朔，日有食之。

癸巳，苏愿至成都，孟知祥闻甥侄在朝廷者皆无恙，遣使告董璋，欲与之俱上表谢罪。璋怒曰："孟公亲戚皆完，固宜归附；璋已族灭，尚何谢为！诏书皆在苏愿腹中，刘澄安得豫闻，璋岂不知邪！"由是复为

向他的头部；这时安重诲的妻子惊慌之中上前抢救，也被李从璋用挝击毙。

河中的奏报到了朝廷，闰五月十二日己亥，后唐明宗下诏，把安重诲离间孟知祥、董璋、钱镠与朝廷的关系作为安重诲的罪行，又诬说他想自己率兵进攻淮南是为了窃取兵权，又派遣原先押解安崇赞、安崇绪的那班人偷偷地把两人带回河中，在那里把两人一起杀了。

闰五月十九日丙午，后唐明宗派遣西川进奏官苏愿、东川军将刘澄都各回他们的本镇，告谕两川说是由于安重诲的独断专行，才导致了以往朝廷兴兵征讨两川，现在安重诲已经服罪被杀了。

六月初九日乙丑，重新任命李从珂同平章事，充任西都留守。

六月二十四日丙子，命令各道平均百姓的田税负担。

闽王王延钧爱好神仙之术，道士陈守元、巫师徐彦林与盛韬一起劝诱他兴建宝皇宫道观，工程规模十分浩大，任命陈守元为宫主。

秋季，九月十五日己亥，重新赐给东丹慕华姓名叫李赞华。

吴国镇南节度使、同平章事徐知谏去世；任命诸道副都统、镇海节度使、守中书令徐知询接替他的职务，并且赐爵号为东海郡王。当初徐知诰征召徐知询入朝的时候，徐知谏参与了谋划。徐知询在去赴任的路上遇见了他的归葬行列，就手抚着棺材哭泣说：“老弟对我如此用心，我也没什么怨恨的了，但你又有什么脸面到地下去见先王呢？”

九月十七日辛丑，加封枢密使范延光同平章事。

九月二十七日辛亥，后唐明宗下令把内廷五坊豢养的鹰隼都放归山林，以后朝廷内外百官都不准再向宫中进献。冯道说：“陛下可以称得上仁爱广及禽兽了。”后唐明宗说：“不是这样。朕从前曾跟随武皇打猎，当时秋天的庄稼刚成熟，有一只野兽逃进田里，武皇派遣骑士去抓回来，等到抓着野兽的时候，田里的庄稼已经被践踏得所剩无几了。因此想到，打猎是件有损而无益的事，所以我不肯干这种事。”

冬季，十月十三日丁卯，洋州指挥使李进唐进攻通州，攻了下来。

十月二十八日壬午，任命王延政为建州刺史。

十一月初一日甲申，发生日食。

十一月初十日癸巳，苏愿到了成都，孟知祥得知自己在朝廷中任官的甥侄们都平安无事，就派遣使者去告诉董璋，想和他一起向后唐明宗上表谢罪。董璋大怒说：“孟公的亲戚都安然无恙，当然可以归附朝廷；我董璋的亲人已经被族灭了，还有什

怨敌。

乙未，李仁罕自夔州引兵还成都。

吴中书令徐知诰表称辅政岁久，请归老金陵。乃以知诰为镇海、宁国节度使，镇金陵，余官如故，总录朝政如徐温故事。以其子兵部尚书、参政事景通为司徒、同平章事，知中外左右诸军事，留江都辅政；以内枢使、同平章事王令谋为左仆射，兼门下侍郎，以宋齐丘为右仆射，兼中书侍郎，并同平章事，兼内枢使，以佐景通。

赐德胜节度使张崇爵清河王。崇在庐州贪暴，州人苦之，屡尝入朝，厚以货结权要，由是常得还镇，为庐州患者二十余年。

十二月，甲寅朔，初听百姓自铸农器并杂铁器，每田二亩，夏秋输农具三钱。

武安、静江节度使马希声闻梁太祖嗜食鸡，慕之，既袭位，日杀五十鸡为膳。居丧无戚容。庚申，葬武穆王于衡阳，将发引，顿食鸡臛数盘，前吏部侍郎潘起讥之曰："昔阮籍居丧食蒸豚，何代无贤！"

癸亥，徐知诰至金陵。

昭武留后赵廷隐白孟知祥以利州城堑已完，顷在剑州与牙内都指挥使李肇同功，愿以昭武让肇，知祥褒谕，不许。廷隐三让，癸酉，知祥召廷隐还成都，以肇代之。

闽陈守元等称宝皇之命，谓闽王延钧曰："苟能避位受道，当为天子六十年。"延钧信之，丙子，命其子节度副使继鹏权军府事。延钧避位受箓，道名玄锡。

爱州将杨廷艺养假子三千人，图复交州，汉交州守将李进知之，受其赂，不以闻。是岁，廷艺举兵围交州，汉主遣承旨程宝救之，未至，城陷。进逃归，汉主杀之。宝围交州，廷艺出战，宝败死。

（以上为第十二段，写吴国执政徐知诰效徐温故事，以子徐景通留江都总揽政务，自己出镇金陵。）

么好请罪的！皇上的诏书都在苏愿的肚子里，刘澄哪里能够知道，我董璋难道还搞不清这一点吗？”从此，两人又重新成了怨敌。

十一月十二日乙未，李仁罕从夔州率兵回成都。

吴国中书令徐知诰上表给吴主，声称自己辅佐朝政时间太久了，请求告老回金陵；吴主于是任命徐知诰为镇海、宁国节度使，镇守金陵，其余的官职照旧，并且总揽朝政像他的父亲徐温过去的做法一样。又任命他的儿子兵部尚书、参政事徐景通为司徒、同平章事，掌理中外左右诸军事，留在江都辅佐朝政；此外还任命内枢使、同平章事王令谋为左仆射，兼任门下侍郎，任命宋齐丘为右仆射，兼任中书侍郎，两人都为同平章事，兼任内枢使，以协助徐景通。

赐给德胜节度使张崇爵位为清河王。张崇在庐州非常贪婪残暴，当地百姓深受其害。由于他曾经多次入朝，用大量的财物结交朝中的权要人物，所以经常又能回到原镇，在庐州为非作歹达二十多年之久。

十二月初一日甲寅，开始准许百姓自行铸造农具和杂铁器，每两亩田，在夏秋季交纳农具税三钱。

武安、静江节度使马希声听说后梁太祖朱温特别喜欢吃鸡，非常羡慕，等到他继承了马殷的王位之后，就每天杀五十只鸡供膳食之用；在服丧期间他没有一点悲伤的样子。十二月初七日庚申，在衡阳安葬了武穆王马殷，在出殡的队伍将要出发的时候，他一口气吃了好几盘鸡肉羹，前吏部侍郎潘起讥刺他说：“从前阮籍在服丧期间还吃下一只蒸小猪呢，哪一代没有贤达的人呢？”

十二月初十日癸亥，徐知诰到达金陵。

昭武留后赵廷隐向孟知祥报告说利州的城堑已经修建完毕，不久前在守卫剑州时，牙内都指挥使李肇有与自己同样的功劳，愿意把昭武军镇让给李肇，孟知祥褒奖了他的谦让，但没有同意他的请求；赵廷隐再三地谦让，十二月二十日癸酉，孟知祥把赵廷隐召回成都，而让李肇前去接替他的职位。

闽国陈守元等假称是奉宝皇的命令，对闽王王延钧说：“您如果能暂时离开王位，接受道术，可以当六十年的天子。”王延钧信以为真，十二月二十三日丙子，命令他的儿子节度副使王继鹏暂时代理军府的事务。王延钧则离开王位接受符箓去了，取了个道名叫玄锡。

爱州的将领杨廷艺养了三千名义子，计划要收复交州；南汉交州守将李进知道这一情况，因为受了杨廷艺的贿赂，没向汉主报告。这一年，杨廷艺发兵围攻交州，汉主派遣承旨程宝前去救援，结果还没赶到，城已被攻陷。李进逃了回来，汉主把他杀了。程宝围攻交州，杨廷艺出城迎战，程宝战败阵亡。

三年（壬辰，932 年）

春，正月，枢密使范延光言："自灵州至邠州方渠镇，使臣及外国入贡者多为党项所掠，请发兵击之。"己丑，遣静难节度使药彦稠、前朔方节度使康福将步骑七千讨党项。

乙未，孟知祥妻福庆长公主卒。

孟知祥以朝廷恩意优厚，而董璋塞绵州路，不听遣使入谢，与节度副使赵季良等谋，欲发使自峡江上表，掌书记李昊曰："公不与东川谋而独遣使，则异日负约之责在我矣。"乃复遣使语之，璋不从。

二月，赵季良与诸将议遣昭武都监太原高彦俦将兵攻取壁州，以绝山南兵转入山后诸州者。孟知祥谋于僚佐，李昊曰："朝廷遣苏愿等西归，未尝报谢，今遣兵侵轶，公若不顾坟墓、甥侄，则不若传檄举兵直取梁、洋，安用壁州乎！"知祥乃止。季良由是恶昊。

辛未，初令国子监校定《九经》，雕印卖之。

药彦稠等奏破党项十九族，俘二千七百人。

赐高从诲爵勃海王。

吴徐知诰作礼贤院于府舍，聚图书，延士大夫，与孙晟及海陵陈觉谈议时事。

孟知祥三遣使说董璋，以主上加礼于两川，苟不奉表谢罪，恐复致讨，璋不从。三月，辛丑，遣李昊诣梓州，极论利害，璋见昊，诟怒，不许。昊还，言于知祥曰："璋不通谋议，且有窥西川之志，公宜备之。"

甲辰，闽王延钧复位。

（以上为第十三段，写孟知祥三请董璋上表朝廷谢罪，璋不从，西川异心。）

吴越武肃王钱镠疾，谓将吏曰："吾疾必不起，诸儿皆愚懦，谁可为帅者？"众泣曰："两镇令公仁孝有功，孰不爱戴！"镠乃悉出印钥授传瓘，曰："将吏推尔，宜善守之。"又曰："子孙善事中国，勿以易姓废事大之礼。"庚戌卒，年八十一。

后唐明宗长兴三年（壬辰，932年）

春季，正月，枢密使范延光上奏说："从灵州到邠州的方渠镇一段，来往的使臣和外国前来进贡的人经常被党项人所抢劫，请求皇帝派兵前去讨伐他们。"正月初七日己丑，后唐明宗派遣静难节度使药彦稠、前朔方节度使康福率领七千名步兵、骑兵前去讨伐党项。

正月十三日乙未，孟知祥的妻子福庆长公主去世。

孟知祥认为朝廷对两川恩惠优厚，而董璋却挡住了绵州的通路，不让他派遣使者前往朝廷致谢，于是就和节度副使赵季良等人商议，想派遣使者从峡江出川进京上表，掌书记李昊说："你不和东川商量而独自派遣使者，那么将来背弃誓约的责任就在我们身上了。"于是又派使者去劝说董璋，董璋仍然是不听他的。

二月，赵季良和诸位将领商量要派遣昭武都监太原人高彦俦率兵攻取壁州，以断绝山南的部队转入山后等州的通道；孟知祥就这件事和幕僚们商议，李昊说："朝廷差遣苏愿等人回来，我们还没有上表表示谢意，现在反而要派兵断绝朝廷的通路，您如果不考虑在中原的祖坟和在朝中的甥侄辈们，就干脆传出檄文，发兵直接攻取梁州、洋州，何必要攻壁州呢？"孟知祥只好停止了这次军事行动；而赵季良也从此忌恨起李昊来。

二月十九日辛未，初次命令国子监校定九经，并雕版印制出售。

药彦稠等奏报说攻破了党项的十九个部族，俘虏了二千七百人。

赐予高从诲爵位勃海王。

吴国徐知诰在府舍中建造礼贤院，并且收集图书，延揽士大夫，和孙晟及海陵人陈觉一起谈论时事。

孟知祥再三地派遣使者去劝说董璋，认为皇上对两川优礼有加，如果不上表谢罪的话，恐怕还会遭到朝廷的讨伐；董璋还是听不进去。三月十九日辛丑，孟知祥又派李昊到梓州，极力向董璋陈说利害，董璋见到李昊，把他臭骂了一顿，十分恼怒，仍然不听孟知祥的劝告。李昊回来后，对孟知祥说："董璋这个人丝毫不容商量，而且还有窥伺我们西川的野心，您应该早做防备。"

三月二十二日甲辰，闽王王延钧复位。

吴越武肃王钱镠生病了，他对文武官员们说："我这次生病一定好不了，我的几个儿子又都愚笨懦弱，有谁能够继承我当主帅呢？"大家都哭着说："两镇令公性情仁孝，又有功劳，谁不爱戴他！"钱镠于是把所有的印信、钥匙都拿出来交给钱传瓘，对他说："文武官员们都拥戴你，你要好好守住这份基业。"接着又说："今后子

传瓘与兄弟同幄行丧，内牙指挥使陆仁章曰：“令公嗣先王霸业，将吏旦暮趋谒，当与诸公子异处。”乃命主者更设一幄，扶传瓘居之，告将吏曰：“自今惟谒令公，禁诸公子从者无得妄入。”昼夜警卫，未尝休息。镠末年左右皆附传瓘，独仁章数以事犯之。至是，传瓘劳之，仁章曰：“先王在位，仁章不知事令公，今日尽节，犹事先王也。”传瓘嘉叹久之。

传瓘既袭位，更名元瓘，兄弟名“传”者皆更为“元”。以遗命去国仪，用藩镇法；除民田荒绝者租税。命处州刺史曹仲达权知政事。置择能院，掌选举殿最，以浙西营田副使沈崧领之。

内牙指挥使富阳刘仁杞及陆仁章久用事，仁章性刚，仁杞好毁短人，皆为众所恶。一日，诸将共诣府门请诛之，元瓘使从子仁俊谕之曰：“二将事先王久，吾方图其功，汝曹乃欲逞私憾而杀之，可乎？吾为汝王，汝当禀吾命；不然，吾当归临安以避贤路！”众惧而退。乃以仁章为衢州刺史，仁杞为湖州刺史。中外有上书告讦者，元瓘皆置不问，由是将吏辑睦。

（以上为第十四段，写吴越王钱镠薨，钱传瓘继位，处置适宜，将吏辑睦。）

初，契丹舍利荝剌与惕隐皆为赵德钧所擒，契丹屡遣使请之。上谋于群臣，德钧等皆曰：“契丹所以数年不犯边、数求和者，以此辈在南故也，纵之则边患复生。”上以问冀州刺史杨檀，对曰：“荝剌，契丹之骁将，向助王都谋危社稷，幸而擒之，陛下免其死，为赐已多。契丹失之如丧手足。彼在朝廷数年，知中国虚实，若得归，为患必深，彼才出塞，则南向发矢矣，恐悔之无及。”上乃止。檀，沙陀人也。

上欲授李赞华以河南藩镇，群臣皆以为不可，上曰：“吾与其父约为

孙们要好好地侍奉中原，不要因为中原改朝换代而放弃了侍奉大国的礼节。”三月二十八日庚戌，去世，终年八十一岁。

钱传瓘和兄弟们在同一个幄帐中守丧，内牙指挥使陆仁章说：“令公继承先王的霸业，文武官员们早晚都要前来拜见，应该和诸位公子们分开住。”于是命令主持丧事的人另外再设一个幄帐，扶着钱传瓘住进里面，然后对文武官员们宣布说：“从今以后这里只能谒见令公，禁止诸位公子和随从们随便进入。”并且亲自日夜不停地在帐外警戒守卫，几乎没有休息过。在钱镠在世的最后几年，左右的大臣们都归附了钱传瓘，只有陆仁章却多次因为一些事情冒犯他。到这时，钱传瓘慰劳他，陆仁章说：“先王在世的时候，仁章还不知道侍奉令公，现在为您尽力，就像是当年侍奉先王一样。”钱传瓘听了这话，赞叹了很久。

钱传瓘继承王位以后，改名叫元瓘，兄弟们的名字中有“传”字的一律改为“元”。宣称是先王的遗命，除去建国的仪制，而行使藩镇的礼法；免除百姓田地荒芜无收和户绝无主者的租税。任命处州刺史曹仲达代为掌理政事。设置择能院，主管甄别选拔人才，任命浙西营田副使沈崧掌理其事。

内牙指挥使富阳人刘仁杞和陆仁章长时间当权，陆仁章性情刚烈，而刘仁杞却爱好说别人的坏话，两个人都被大家所痛恨。一天，将领们一起来到府门前向钱元瓘请求杀了他们两个人；钱元瓘让他的侄子钱仁俊来告诉大家说：“这两位将军侍奉先王已经很久了，我正指望他们能为我效力，你们竟然想为了却私人恩怨而杀掉他们，这怎么能行呢？我是你们的王，你们应当听从我的命令；要不然的话，我就回我的临安好给贤能的人让路！”大家一听这话，都吓得退了回去，于是钱元瓘任命陆仁章为衢州刺史，刘仁杞为湖州刺史。朝廷内外有人上书进行私人攻击的，钱元瓘都搁置不理，从此文武百官们之间都相互和睦起来。

起初，契丹的舍利荝剌和惕隐都被赵德钧所俘虏，契丹多次派遣使者前来请求遣返他们回去。后唐明宗和群臣商议，赵德钧等都说：“契丹之所以几年来不敢侵犯边境，而且多次派人前来讲和，就是因为这些人在我们这里的缘故，如果放了他们，那么边患又会重新出现。”后唐明宗又把这件事征询冀州刺史杨檀，杨檀答复说：“荝剌是契丹的骁勇将领，以往曾帮助王都阴谋危害社稷，幸好活捉了他，陛下免了他一死，赐给他的恩惠已经够多了。契丹失去了他就像失去了手足一样。他在朝廷已经留居多年，了解我们中原的虚实，一旦放归，对我们的危害一定很大，他只要一出边塞，就会向南边发矢进攻，恐怕到那个时候我们后悔就来不及了。”后唐明宗于是将这事作罢。杨檀是沙陀人。

后唐明宗想授予李赞华河南的藩镇，群臣都认为不能这样做，后唐明宗说：“我

昆弟，故赞华归我。吾老矣，后世继体之君，虽欲招之，其可致乎！”夏，四月，癸亥，以赞华为义成节度使，为选朝士为僚属辅之。赞华但优游自奉，不豫政事，上嘉之，虽时有不法亦不问，以庄宗后宫夏氏妻之。赞华好饮人血，姬妾多刺臂以吮之；婢仆小过，或抉目，或刀刲火灼；夏氏不忍其残，奏离婚为尼。

（以上为第十五段，写后唐明宗纳冀州刺史杨檀之言，不遣还契丹降将。李赞华凶残。）

乙丑，加宋王从厚兼中书令。

东川节度使董璋会诸将谋袭成都，皆曰必克；前陵州刺史王晖曰：“剑南万里，成都为大，时方盛夏，师出无名，必无成功。”孟知祥闻之，遣马军都指挥使潘仁嗣将三千人诣汉州诇之。

璋入境，破白杨林镇，执戍将武弘礼，声势甚盛，知祥忧之，赵季良曰：“璋为人勇而无恩，士卒不附，城守则难克，野战则成擒矣。今不守巢穴，公之利也。璋用兵精锐皆在前锋，公宜以羸兵诱之，以劲兵待之，始虽小衄，后必大捷。璋素有威名，今举兵暴至，人心危惧，公当自出御之，以强众心。”赵廷隐以季良言为然，曰：“璋轻而无谋，举兵必败，当为公擒之。”辛巳，以廷隐为行营马步军都部署，将三万人拒之。

五月，壬午朔，廷隐入辞。董璋檄书至，又有遗季良、廷隐及李肇书，诬之云，季良、廷隐与己通谋，召己令来。知祥以书授廷隐，廷隐不视，投之于地，曰：“不过为反间，欲令公杀副使与廷隐耳。”再拜而行。知祥曰：“事必济矣。”肇素不知书，视之，曰：“璋教我反耳。”囚其使者，然亦拥众为自全计。

璋兵至汉州，潘仁嗣与战于赤水，大败，为璋所擒，璋遂克汉州。

和他的父亲相约结为兄弟，所以李赞华才来投奔我。我老了，身后继承大统的国君，即使想招抚他，难道就一定能招得来吗？”夏季，四月十一日癸亥，任命李赞华为义成节度使，并且为他选派了一些朝中的官吏做幕僚好辅佐他。李赞华只是优游享受，不参与政事；后唐明宗很喜欢他，即便时常有不法行为也不予追究，并且把后唐庄宗的后宫夏氏嫁给他做妻子。李赞华喜欢喝人血，姬妾们常常刺破手臂流血好让他吸吮；奴婢仆人们一旦有点小过失，或者被挖去眼珠，或者被刀割、火灼；夏氏难以忍受他的这种残暴行为，于是就向后唐明宗奏请离婚，出家当尼姑。

四月十三日乙丑，加封宋王李从厚兼任中书令。

东川节度使董璋会集众将计划要进攻成都，大家都说一定能够把成都攻下来；前陵州刺史王晖却说：“剑南幅员万里，以成都最大，现在又正值盛夏，师出无名，一定不会成功的。”孟知祥得知董璋要来进攻，就派遣马军都指挥使潘仁嗣率领三千人马到汉州去防备他。

董璋进入西川的地境，攻破白杨林镇，俘虏了戍守在当地的将领武弘礼，一时间声势强盛，孟知祥开始担心起来，赵季良说：“董璋为人勇猛而没有恩德，士卒们心中不肯依附他，如果他据城固守，就很难攻破他，如果他在野外作战，就很容易被活捉。现在他不守着自己的老巢，这时您是有利的。董璋用兵的习惯总是把精锐部队摆在前锋，您最好用老弱残兵在前面引诱他们深入，然后再用精兵强将以逸待劳，这样在开始阶段我们可能会受到小损失，但最后一定会取得大胜。董璋一向有威武的名声，现在他率兵一下子攻来了，难免会使我们人心惶恐，您应当亲自率兵前去抵御他的进攻，以增强大家胜利的信心。”赵廷隐认为赵季良的话很有道理，也说：“董璋为人轻浮而缺乏谋略，这次举兵前来一定要失败，我替你去把他活捉了来。”四月二十九日辛巳，任命赵廷隐为行营马步军都部署，率领三万名士兵前去迎战。

五月初一日壬午，赵廷隐来府署向孟知祥辞行。这时刚好董璋的挑战檄书送到这里，此外还有给赵季良、赵廷隐和李肇的私人信件，信中编造说，赵季良、赵廷隐和他董璋私下有商量，让他带兵前来进攻西川。孟知祥把来信交给赵廷隐，赵廷隐看都不看，就把它扔在地上，说：“不过是干点反间的勾当，想让您杀了副使和我廷隐而已。”说完便向孟知祥郑重地拜别就起程了。孟知祥说：“事情肯定能够成功。”李肇一向不太认得字，看了来信，便说：“董璋这是要我造反。”于是囚禁了董璋派来送信的使者，但是私下里也做了拥兵自我保全的准备。

董璋的部队到了汉州，潘仁嗣和他在赤水大战，结果潘仁嗣被打得大败，人也被董璋俘虏了，董璋随即攻克了汉州城。

癸未，知祥留赵季良、高敬柔守成都，自将兵八千趣汉州，至弥牟镇，赵廷隐陈于镇北。甲申，迟明，廷隐陈于鸡踪桥，义胜定远都知兵马使张公铎陈于其后。俄而璋望西川兵盛，退陈于武侯庙下，璋帐下骁卒大噪曰:“日中曝我辈何为！”璋乃上马。前锋始交，东川右厢马步都指挥使张守进降于知祥，言“璋兵尽此，无复后继，当急击之”。知祥登高冢督战，左明义指挥使毛重威、左冲山指挥使李瑭守鸡踪桥，皆为东川兵所杀；赵廷隐三战不利，牙内都指挥副使侯弘实兵亦却，知祥惧，以马箠指后陈。张公铎帅众大呼而进，东川兵大败，死者数千人，擒东川中都指挥使元瓒、牙内副指挥使董光演等八十余人。璋拊膺曰:“亲兵皆尽，吾何依乎！”与数骑遁去，余众七千人降，复得潘仁嗣。知祥引兵追璋至五侯津，东川马步都指挥使元瓌降。西川兵入汉州府第，求璋不得，士卒争璋军资，故璋走得免。赵廷稳追至赤水，又降其卒三千人。是夕，知祥宿雒县。命李昊草榜谕东川吏民，及草书劳问璋，且言将如梓州，询负约之由，请见伐之罪。乙酉，知祥会廷隐于赤水，遂西还，命廷隐将兵攻梓州。

璋至梓州，肩舆而入，王晖迎问曰:“太尉全军出征，今还者无十人，何也？”璋涕泣不能对。至府第，方食，晖与璋从子牙内都虞候延浩帅兵三百大噪而入。璋引妻子登城，子光嗣自杀。璋至北门楼，呼指挥使潘稠使讨乱兵，稠引十卒登城，斩璋首，及取光嗣首以授王晖，晖举城迎降。赵廷隐入梓州，封府库以待知祥。李肇闻璋败，始斩其使以闻。

丙戌，知祥入成都，丁亥，复将兵八千如梓州。至新都，赵廷隐献董璋首。己丑，发玄武，赵廷隐帅东川将吏来迎。

五月初二日癸未，孟知祥留下赵季良、高敬柔守备成都，自己率领着八千人马奔赴汉州，到了弥牟镇，赵廷隐的部队在镇北扎营。五月初三日甲申，天刚蒙蒙亮，赵廷隐在鸡踪桥摆开阵势，义胜定远都知兵马使张公铎则把部队部署在他的阵地后面。不一会儿，董璋的部队赶到，他远远望见西川的部队气势很大，就把部队暂时撤退到武侯庙下，这时董璋帐下的骁勇兵卒乱哄哄地喊叫着说："太阳正当午，把我们晒在太阳底下干什么？还不如赶快打起来算了！"董璋只好上马挥兵前进。前锋部队才刚刚交战，东川的右厢马步都指挥使张守进就投降了孟知祥，并且提供情报说："董璋的人马都在这里了，再也没有后继部队，应该立即对他发起猛攻。"孟知祥登上一座土堆亲自指挥作战，左明义指挥使毛重威、左冲山指挥使李瑭把守鸡踪桥，结果都被东川部队所杀；赵廷隐三次交战都失利，牙内都指挥副使侯弘实的部队也退却下来，孟知祥害怕起来，就用马鞭指着后面的预备部队。张公铎于是率领着他的部队大声呼喊着向前冲锋，东川的部队大败，死了几千人，活捉了东川的中军都指挥使元瓌、牙内副指挥使董光演等八十余人。董璋痛心得捶打着自己的胸脯说："这一下我的亲信部队全完了，我还依靠谁啊！"于是带着几名随从骑兵逃遁而去，剩下没逃走的七千多名士卒全部投降，从降兵中救回了潘仁嗣。孟知祥率兵追击董璋到了五侯津，东川的马步都指挥使元瓌投降。西川的部队进入了汉州的府第，四处找不到董璋，于是士卒们争抢着董璋所丢下的军用物资，终于使董璋得以逃脱。赵廷隐率兵追到了赤水，又招降了董璋的士卒三千人。当晚，孟知祥留宿在雒县。命令李昊草拟榜文告谕东川的官吏百姓，又写了封信"慰劳问候"董璋，并告诉他自己就要前往梓州，要当面问问他背弃誓约的原因，请教一下自己被征伐的罪名。五月初四日乙酉，孟知祥和赵廷隐在赤水会师，之后自己就西还成都，而命令赵廷隐进攻梓州。

董璋回到梓州，坐着小轿进城，王晖走上前来迎接他，问他说："太尉您带领全部人马出征，现在回来的不到十个人，这是怎么了？"董璋痛哭流涕，答不上话来。到了府第，正在吃饭，王晖和董璋的侄子、牙内都虞候董延浩带着三百名士兵大声嚷叫着闯了进来。董璋带着妻子儿女登上城垣，儿子董光嗣自杀身亡。董璋到了北门城楼，呼叫指挥使潘稠，让他去讨伐乱兵，潘稠带着十名士卒登上城楼，走上前来砍下了董璋的头，接着又割下董光嗣的头，一起交给王晖，王晖于是率领全城军民开城迎接赵廷隐，向他投降。赵廷隐进入梓州城，查封了所有的府库以等待孟知祥的到来。李肇听说董璋彻底失败了，这才斩杀了一直被囚禁的董璋的使者，并且报告孟知祥。

五月初五日丙戌，孟知祥回到成都，五月初六日丁亥，又率领八千名士兵前往梓州。到达新都时，赵廷隐派人前来向他献上董璋的首级。五月初八日己丑，从玄

康福奏党项钞盗者已伏诛，余皆降附。

（以上为第十六段，写董璋为孟知祥所并，割据全蜀成定局。）

壬辰，孟知祥有疾，癸巳，疾甚，中门副使王处回侍左右，庖人进食，必空器而出，以安众心。李仁罕自遂州来，赵廷隐迎于板桥。仁罕不称东川之功，侵侮廷隐，廷隐大怒。乙未，知祥疾瘳；丁酉，入梓州。戊戌，犒赏将士，既罢，知祥谓李仁罕、赵廷隐曰："二将谁当镇此？"仁罕曰："令公再与蜀州，亦行耳。"廷隐不对。知祥愕然，退，命李昊草牒，俟二将有所推则命一人为留后，昊曰："昔梁祖、庄宗皆兼领四镇，今二将不让，惟公自领之为便耳。公宜亟还府，更与赵仆射议之。"

己亥，契丹使者迭罗卿辞归国，上曰："朕志在安边，不可不少副其求。"乃遣荝骨舍利与之俱归。契丹以不得荝剌，自是数寇云州及振武。

孟知祥命李仁罕归遂州，留赵廷隐东川巡检，以李昊行梓州军府事。昊曰："二虎方争，仆不敢受命，愿从公还。"乃以都押牙王彦铢为东川监押。癸卯，知祥至成都，赵廷隐寻亦引兵西还。

知祥谓李昊曰："吾得东川，为患益深。"昊请其故，知祥曰："自吾发梓州，得仁罕七状，皆云'公宜自领东川，不然诸将不服'。廷隐言'本不敢当东川，因仁罕不让，遂有争心耳'。君为我晓廷隐，复以阆州为保宁军，益以果、蓬、渠、开四州，往镇之。吾自领东川，以绝仁罕之望。"廷隐犹不平，请与仁罕斗，胜者为东川，昊深解之，乃受命。六月，以廷隐为保宁留后。戊午，赵季良帅将吏请知祥兼镇东川，许之。季良等又请知祥称王，权行制书，赏功臣，不许。

武出发，赵廷隐率领东川的将领、官吏们前来迎接。

康福上奏说，过去党项抢掠使者商旅的人已被正法，其余的人都投降归附了朝廷。

五月十一日壬辰，孟知祥生病，五月十二日癸巳，病得更厉害了，中门副使王处回在左右服侍，每一次厨师送食物进来，一定要让食器空着拿出来，借此以安定众人的心。李仁罕从遂州赶来，赵廷隐亲自到板桥去迎接他；李仁罕没有称赞赵廷隐在东川所立下的功劳，反而当面侵侮他，赵廷隐十分恼怒。五月十四日乙未，孟知祥的病好了；五月十六日丁酉，进入梓州城。五月十七日戊戌，犒赏参战将士，事毕之后，孟知祥对李仁罕、赵廷隐说："两位将军谁要留下来镇守这里？"李仁罕说："令公如果再把蜀州交给我，我也可以去。"赵廷隐则默不作声。孟知祥觉得很意外，回来之后，命令李昊起草任命书，等两位将军有一人推让就任命另一人为留后，李昊说："从前后梁太祖、后唐庄宗都是亲自兼领四个军镇，现在两位将军互不相让，只有您自己兼领才算合适了。您最好尽快回成都府去，再和赵仆射商量一下。"

五月十八日己亥，契丹使者迭罗卿来向后唐明宗辞别就要回国，后唐明宗说："朕的意思是要安定边境，不能不稍微应付一下他们的请求。"于是就遣返荊骨舍利，让他和使者一道回国。契丹因为没有得到很想要的荊剌回国，从此以后多次侵犯云州和振武。

孟知祥命令李仁罕回遂州去，留下赵廷隐担任东川巡检，任命李昊代理梓州军府的事务。李昊说："两只老虎斗得正凶，在下不敢接受这个任命，还是想跟您一起回成都去。"于是只好任命都押牙王彦铢为东川监押。五月二十二日癸卯，孟知祥回到成都，赵廷隐不久也率兵西返。

孟知祥对李昊说："我虽然取得了东川，但是烦恼却越来越多了。"李昊问是什么原因，孟知祥说："自从我离开梓州以来，先后收到了李仁罕的七次报告，都是说'你应该亲自兼领东川，换了别人将领们心里都不会服气'。而赵廷隐则说'我本来也不敢说一定要得到镇守东川的职务，只是因为李仁罕毫不谦让，所以才有了和他争一争的念头'。请你替我对赵廷隐讲一下，我要把阆州再恢复为保宁军，增加果、蓬、渠、开四个州，派他前去镇守。我亲自兼领东川，好教李仁罕死了心。"尽管如此，赵廷隐还是对这种安排不满意，他要求和李仁罕决斗，让得胜的一方去镇守东川；李昊反复劝解他，他才接受任命。六月，任命赵廷隐为保宁留后。六月初七日戊午，赵季良带领文武官员前来敦请孟知祥兼领东川，孟知祥答应了。赵季良等人又敦请孟知祥称王，暂时使用制书，并且赏赐功臣，孟知祥则没有答应。

董璋之攻知祥也，山南西道节度使王思同以闻，范延光言于上曰："若两川并于一贼，抚众守险，则取之益难，宜及其交争，早图之。"上命思同以兴元之兵密规进取。未几，闻璋败死，延光曰："知祥虽据全蜀，然士卒皆东方人，知祥恐其思归为变，亦欲倚朝廷之重以威其众，陛下不屈意抚之，彼则无从自新。"上曰："知祥吾故人，为人离间至此，何屈意之有！"乃遣供奉官李存瓌赐知祥诏曰："董璋狐狼，自贻族灭。卿丘园亲戚皆保安全，所宜成家世之美名，守君臣之大节。"存瓌，克宁之子，知祥之甥也。

闽王延钧谓陈守元曰："为我问宝皇：既为六十年天子，后当何如？"明日，守元入白："昨夕奏章，得宝皇旨，当为大罗仙主。"徐彦林等亦曰："北庙崇顺王尝见宝皇，其言与守元同。"延钧益自负，始谋称帝。表朝廷云："钱镠卒，请以臣为吴越王；马殷卒，请以臣为尚书令。"朝廷不报，自是职贡遂绝。

（以上为第十七段，写蜀将赵廷隐与李仁罕二人争功不睦，孟知祥自领东川节度使，用以平息二将之争。）

董璋发兵进攻孟知祥的时候，山南西道节度使王思同把这一情况向朝廷做了报告，范延光对后唐明宗说：“如果两川被其中一个贼人所兼并，然后安抚民众，占据险要，那么我们再攻取它就更加困难了，应该乘着他们相争斗的时候，早点收拾他们。”后唐明宗命令王思同率领兴元的部队暗中安排进击事宜。没过多久，得知董璋已经战败死亡，范延光又对后唐明宗说：“孟知祥虽然占据了整个蜀地，但是他手下的士卒都是东方人，孟知祥害怕他们想回家乡会酿成叛乱，因此也想依仗朝廷的威望来震慑他们，陛下如果不屈意地安抚他一番，那么他就没有自新的机会了。”后唐明宗说：“孟知祥是我的老朋友，因为被人离间才造成今天这种局面，有什么‘屈意’可言的！”于是派遣供奉官李存瓌前去向孟知祥颁赐诏书，诏书说：“董璋是狐狼之辈，自招族灭下场。爱卿的祖宗墓园和亲戚之属都安然无恙，你应该好好保持你们家世的美名，谨守君臣的大节。”李存瓌是李克宁的儿子，孟知祥的外甥。

闽王王延钧对道士陈守元说：“替我问问宝皇：我当了六十年天子之后，又会怎么样？”第二天，陈守元进宫向他报告说：“昨天晚上我替您上了奏章，得到宝皇的降旨，说您六十年后可以当大罗仙主。”徐彦林等人也说：“北庙的崇顺王曾经见到宝皇，他讲的话和陈守元讲的一样。”从此王延钧更加自命不凡了，开始谋求称帝。他向朝廷上表说：“钱镠去世了，请册封臣为吴越王；马殷去世了，请任命臣为尚书令。”朝廷没有理睬他，从此他就不再向朝廷称臣纳贡了。

【点评】

本卷点评孟知祥以诚得人死力、安重诲跋扈、孟知祥割据西川三件史事。

一、孟知祥以诚得人死力。明宗长兴元年四月四日戊戌，西川都指挥使李仁罕、张业设宴请节度使孟知祥会饮。孟知祥从容赴宴，不带一个侍卫，独身前往，李仁罕感动得叩头流涕说："老兵唯有以死报答主公的恩德。"孟知祥为何只身赴会，李仁罕为何感动流涕？因在两天之前发生了重大的告密事件。有一个尼姑举报李仁罕、张业两位将军图谋反叛，设鸿门宴加害孟知祥。孟知祥严加追究，查出是两个中级军官都延昌、王行本编造的谎言，他们要假借孟知祥的手来除掉李仁罕、张业。四月三日丁酉，孟知祥将都延昌、王行本两人明正典刑，腰斩于市。第二天孟知祥独身赴宴，示以诚心。孟知祥如此果决地处理要案，又如此自信地独身赴宴，充分展示了他的明察善断以及勇敢无畏的人格魅力，这就是帝王气度，不是常人所有的。孟知祥能割据西川，以小喻大，确实是一时人杰。

二、安重诲跋扈。明宗养子李从珂英勇善战，建立了许多军功，明宗怜爱有加。庄宗同光二年，明宗镇真定。有一天安重诲与李从珂饮酒，酒席间二人发生口角，李从珂打了安重诲一掌，酒醒后，李从珂向安重诲道歉，安重诲仍然怀恨在心，耿耿于怀，欲除之而后快。李从珂为河东节度使，封潞王，安重诲一次又一次在明宗面前打小报告，说李从珂的坏话，明宗不为所动。安重诲居然假传明宗诏令晓谕河东牙内指挥使杨彦温驱逐李从珂。李从珂被逐，逃到虞乡上书闻于明宗，明宗质问安重诲，安重诲反咬杨彦温是奸人。明宗要立案审讯，安重诲力主发兵征讨。明宗要求生擒杨彦温，安重诲竟然指使西都留守索自通、步军都指挥使药彦稠破城后斩杀杨彦温灭口。明宗一再退让，安重诲得寸进尺，又指使宰相冯道、赵凤上奏李从珂擅离职守，必欲置李从珂于死地而后快。冯道、赵凤两人上言遭到明宗斥责，两人惶恐而退。又一天，赵凤再次言及，明宗沉默不语。安重诲还不死心，又亲自为言，明宗说："朕昔日为小军官，家里贫困，依靠从珂拾马粪才维持生计，朕如今贵为天子，难道还不能保护一个患难与共的儿子吗？"此时的安重诲居功自负，简直不把明宗皇帝看在眼里，竟然一再逼迫皇帝处置皇子以泄私愤。安重诲跋扈如此，不学无术如此，最终惨遭冤杀，自取之也。

三、孟知祥割据西川。孟知祥是后蜀的创建者。孟知祥，字保胤，刑州龙岗人。孟知祥叔父孟迁，唐末据邢、洺、磁三州，为晋王李克用所并。知祥长成，品貌非凡，李克用以其弟李克让之女妻孟知祥，入唐封为琼华公主。李克用另一弟李克宁娶孟知祥之妹为妻。李孟二姓政治联姻，不论尊卑，孟知祥作为外戚，是庄宗的舅父；孟知祥作为女婿，是庄宗的堂妹夫。庄宗建号，孟知祥以其特殊关系，以及个人才华，任太原尹，为北京留守。郭崇韬伐蜀，与庄宗临别，推荐孟知祥为蜀

帅。庄宗于是改任孟知祥为成都尹，剑南西川节度副大使。同光四年正月，孟知祥入蜀，其时郭崇韬已死。不久，庄宗崩，明宗立，孟知祥见中原多事，暗中已下定决心，割据西川称王，扩军备战，训练士卒，增设义胜、定远、骁锐、义宁、飞棹等军七万余人。明宗长兴三年，孟知祥并东川，杀董璋，自兼西川节度使。第二年，明宗封孟知祥为蜀王。同年十一月明宗崩，三个月后，孟知祥即皇帝位，国号蜀，史称后蜀。孟知祥能成就大事，主要有以下三个原因。第一，以恩信笼络诸将，得人死力。孟知祥冒死单人赴宴，示诚于李仁罕、张业，后来二人多建奇功。第二，广收人才，留赵季良为谋主。唐伐蜀先锋康延孝反叛，孟知祥与诸军合击，斩杀康延孝，孟知祥趁机纳降，得其将李肇、侯弘实及其兵数千以归。后唐明宗任太仆卿赵季良为三川制置使入蜀，赐孟知祥官印，制置两川征赋。孟知祥拒不奉诏，截留两川征赋，上表以节度副使留赵季良为谋主，既搪塞了朝廷，又得良师，真是一箭双雕。第三，欲擒故纵，联姻董璋反叛朝廷，而且并之。孟知祥原本厌恶董璋，两人不通音信，早有吞并之意。为了合纵对抗朝命，孟知祥用赵季良策，与董璋联姻，诱使董璋先反。安重诲兴兵伐蜀，原本是联合董璋诛讨孟知祥，反过来成了董璋替孟知祥打头阵，对抗朝廷。明宗还师，孟知祥三次邀约董璋上表朝廷谢恩，董璋亲属为朝廷诛灭，孟知祥亲属为朝廷放归，两相对照，董璋愤怒孟知祥卖己，自不量力兴兵攻蜀，孟知祥名正言顺灭董璋，并西川，不但没有上表朝廷谢恩，而是据地称王称帝。孟知祥虽非命世大才，不能统一中原，但不失时机地偏安一隅，也算是一个非常之人。

后唐纪七

后唐明宗长兴三年至后唐潞王清泰元年（932—934 年）

【起玄黓执徐（壬辰，932 年）七月，尽阏逢敦牂（甲午，934 年）闰正月，凡一年有奇】

【大事提要】

本卷记事起公元 932 年七月，讫公元 934 年闰正月，凡一年又八个月。当后唐明宗长兴三年七月至后唐末帝清泰元年闰正月。后唐明宗本代北胡人，武勇不知书，性忠厚，因乱为众所推，不意得皇帝位，不懂治国之术，权落群小。先是安重诲执政，而有伐蜀之举，促成孟知祥据蜀，继又夏州守将李彝超不奉诏移镇，官军往讨无功，朝廷威信下落。秦王李从荣轻佻峻急，大臣畏避，明宗知其不才而不能裁制，导致从荣反叛被诛。明宗崩，第五子宋王李从厚即位，从厚仁弱，不能掌控朝政，胥吏小人朱弘昭、冯赟等专权，嫉贤妒能，朝廷威信扫地。孟知祥称帝于蜀。石敬瑭得机为北京留守，为后晋建立张本。

【原文】

明宗圣德和武钦孝皇帝下

长兴三年（壬辰，932年）

秋，七月朔，朔方奏夏州党项入寇，击败之，追至贺兰山。

己丑，加镇海、镇东军节度使钱元瓘守中书令。

庚寅，李存瓌至成都，孟知祥拜泣受诏。

武安、静江节度使马希声以湖南比年大旱，命闭南岳及境内诸神祠门，竟不雨。辛卯，希声卒，六军使袁诠、潘约等迎镇南节度使希范于朗州而立之。

乙未，孟知祥遣李存瓌还，上表谢罪，且告福庆公主之丧。自是复称藩。

庚子，以西京留守、同平章事李从珂为凤翔节度使。

废武兴军，复以凤、兴、文三州隶山南西道。

丁未，以门下侍郎、同平章事赵凤同平章事，充安国节度使。

八月，庚申，马希范至长沙；辛酉，袭位。

甲子，孟知祥令李昊为武泰赵季良等五留后草表，请以知祥为蜀王，行墨制，仍自求旌节，昊曰："比者诸将攻取方镇，即有其地，今又自求节钺及明公封爵，然则轻重之权皆在群下矣；借使明公自请，岂不可邪！"知祥大悟，更令昊为己草表，请行墨制，补两川刺史已下；又表请以季良等五留后为节度使。

初，安重诲欲图两川，自知祥杀李严，每除刺史，皆以东兵卫送之，小州不减五百人，夏鲁奇、李仁矩、武虔裕各数千人，皆以牙队为名。及知祥克遂、阆、利、夔、黔、梓六镇，得东兵无虑三万人，恐朝廷征还，表请其妻子。

吴徐知诰广金陵城周围二十里。

（以上为第一段，写孟知祥请旨为蜀王。楚国马殷第四子马希范继马希声为节镇。徐知诰大筑金陵城。）

【语译】

明宗圣德和武钦孝皇帝下

后唐明宗长兴三年（壬辰，932 年）

秋季，七月初一日辛巳，朔方守军上奏说夏州的党项入侵，已经击败了他们，并且一直追击到贺兰山。

七月初九日己丑，加封镇海、镇东军节度使钱元瓘为中书令。

七月初十日庚寅，李存瓌到达成都，孟知祥感激涕零地拜伏于地接受诏书。

武安、静江节度使马希声因为湖南连年大旱，下令关闭南岳和境内各神祠的庙门，但最终还是没下雨。七月十一日辛卯，马希声去世，六军使袁诠、潘约等人到朗州迎接镇南节度使马希范，拥立他为王。

七月十五日乙未，孟知祥遣李存瓌回洛阳，向后唐明宗上表谢罪，并报告了福庆长公主的死讯。从此以后又成为朝廷的藩镇。

七月二十日庚子，任命西京留守、同平章事李从珂为凤翔节度使。

废除武兴军，又重新把凤、兴、文三州归属于山南西道。

七月二十七日丁未，任命门下侍郎、同平章事赵凤仍为同平章事，并充任安国节度使。

八月十一日庚申，马希范到达长沙；八月十二日辛酉，继承王位。

八月十五日甲子，孟知祥让李昊替武泰留后赵季良等五位留后起草奏章，请求朝廷册封孟知祥为蜀王，允许他行使墨制诏书的权力，并且各人自己也向朝廷请求赐给节度使的旌节，李昊说：“以往将领们攻取了一个方镇，就占据了这块地方，现在又让他们自己向朝廷请求节钺，而且还为您请求封爵，这样一来大小权力都落在下属们手里了；如果您自己向皇帝请求这些事，难道不可以吗？”孟知祥一下子明白过来了，于是重新让李昊替自己起草一份奏章，请求行使墨制诏书的权力，可以补授两川缺员的刺史以下官员；又另外上表请求任命赵季良等五个留后为节度使。

当初，安重诲想图谋两川，自从孟知祥杀死了李严之后，朝廷每次任命刺史，都要派东方的部队护送他们赴任，小的州不少于五百人，夏鲁奇、李仁矩、武虔裕等人上任则各有几千人，都是用牙队的名义。到了孟知祥攻取了遂、阆、利、夔、黔、梓六个军镇以后，拥有了这些护卫的东方士卒不下三万人，他怕朝廷把这些人征召回去，就上奏请求把这些士卒的妻子儿女都接到两川来。

吴国的徐知诰把金陵城扩建了方圆二十里。

初，契丹既强，寇抄卢龙诸州皆遍，幽州城门之外，虏骑充斥。每自涿州运粮入幽州，虏多伏兵于阎沟，掠取之。及赵德钧为节度使，城阎沟而戍之，为良乡县，粮道稍通。幽州东十里之外，人不敢樵牧；德钧于州东五十里城潞县而戍之，近州之民始得稼穑。至是，又于州东北百余里城三河县以通蓟州运路，虏骑来争，德钧击却之。九月，庚辰朔，奏城三河毕。边人赖之。

壬午，以镇南节度使马希范为武安节度使，兼侍中。

孟知祥命其子仁赞摄行军司马，兼都总辖两川牙内马步都军事。

冬，十月，己酉朔，帝复遣李存瓌如成都，凡剑南自节度使、刺史以下官，听知祥差署讫奏闻，朝廷更不除人；唯不遣戍兵妻子，然其兵亦不复征也。

秦王从荣喜为诗，聚浮华之士高辇等于幕府，与相唱和，颇自矜伐。每置酒，辄令僚属赋诗，有不如意者面毁裂抵弃。壬子，从荣入谒，帝语之曰："吾虽不知书，然喜闻儒生讲经义，开益人智思。吾见庄宗好为诗，将家子文非素习，徒取人窃笑，汝勿效也。"

丙辰，幽州奏契丹屯捺剌泊。

前彰义节度使李金全屡献马，上不受，曰："卿在镇为治何如？勿但以献马为事！"金全，吐谷浑人也。

壬申，大理少卿康澄上书曰："臣闻童谣非祸福之本，妖祥岂隆替之源！故雊雉升鼎而桑谷生朝，不能止殷宗之盛；神马长嘶而玉龟告兆，不能延晋祚之长。是知国家有不足惧者五，有深可畏者六：阴阳不调不足惧，三辰失行不足惧，小人讹言不足惧，山崩川涸不足惧，蟊贼伤稼不足惧；贤人藏匿深可畏，四民迁业深可畏，上下相徇深可畏，廉耻道消深可畏，毁誉乱真深可畏，直言蔑闻深可畏。不足惧者，愿陛下存而勿论；深可畏者，愿陛下修而靡忒！"优诏奖之。

（以上为第二段，写赵德钧守幽州，缮守备，制止了契丹侵扰。大理少卿康澄上奏五不足惧六可畏，明宗优诏褒之。）

当初，契丹强盛起来以后，把卢龙各州都抢掠遍了，幽州城门之外，到处都是契丹骑兵在游荡。每次从涿州运送粮食进入幽州，契丹人大多在阎沟埋伏下兵马，进行抢掠。赵德钧担任节度使以后，就在阎沟修建城池，设立良乡县，于是运粮的道路才渐渐打通。幽州城东十里以外，百姓不敢去打柴放牧；赵德钧在州城之东五十里修建了潞县城，派兵守卫，于是靠近州城的百姓才开始了耕种。到这时候，又在州城东北一百多里的地方修建了三河县城，用以打通到蓟州的运输道路，契丹的骑兵前来抢掠，赵德钧就把他们击退。九月初一日庚辰，上奏朝廷说三河县城已经修建完毕。边境的居民靠这些城池得到保护。

九月初三日壬午，任命镇南节度使马希范为武安节度使，兼任侍中。

孟知祥任命他的儿子孟仁赞代理行军司马，兼任都总辖两川牙内马步都军事。

冬季，十月初一日己酉，后唐明宗又派遣李存瓌前往成都，凡是在剑南的将吏，从节度使、刺史以下的官员，都听凭孟知祥派任完毕后再报朝廷备案，朝廷不再派任官员去那里；只是不让戍守士兵的妻子儿女去两川，但是也不再征召这些士兵东还。

秦王李从荣喜欢作诗，在幕府中聚集了崇尚浮华的文士高辇等人，同他们相互唱和，他自己还相当自负得意。每次摆酒设宴，都要让幕僚们当场作诗，如果作得不合他的意，就当着众人面把诗稿撕毁丢在地上。十月初四日壬子，李从荣进宫谒见，后唐明宗对他说："我虽然不认得字，但是却喜欢听儒生们讲论经文的意义，可以启发人的智慧和思考。我过去看见后唐庄宗喜欢作诗，但武将家的子弟舞文弄墨本来就不在行，只能白白地让人在背地里笑话，你不要学这个样子。"

十月初八日丙辰，幽州方面奏报说契丹人屯兵捺剌泊。

前彰义节度使李金全多次向朝廷进献马匹，后唐明宗不肯接受，并对他说："你在军镇治理得怎么样？不要一心只想着进献马匹！"李金全是吐谷浑人。

十月二十四日壬申，大理少卿康澄上奏疏说："臣听说童谣并不是判断祸福的根据，妖祥岂能当作兴衰的本原！所以飞雉落于鼎耳、桑谷共生于朝，并不能阻止殷王把国家复兴起来；神马长嘶、水涌玉龟吉兆的出现，也并没有延长晋朝的国运。从此可以看出，国家有五件事不值得害怕，而有六件事却很值得人担心；阴阳失调不值得害怕，日月星辰运行不正常不值得害怕，小人们乱造谣言不值得害怕，山崩河涸不值得害怕，害虫损害作物不值得害怕；而贤人隐居不出值得担心，士农工商不安居乐业值得担心，上下通同作弊值得担心，社会上人们都寡廉鲜耻值得担心，是非混淆难辨真假值得担心，听不到直言谠论值得担心。不值得害怕的事情，希望陛下把它摆在一边，不加理会；很值得担心的事情，希望陛下能多加注意，不要有所大意。"后唐明宗颁下嘉许的诏书褒奖了他一番。

秦王从荣为人鹰视，轻佻峻急。既判六军诸卫事，复参朝政，多骄纵不法。初，安重诲为枢密使，上专属任之。从荣及宋王从厚自襁褓与之亲狎，虽典兵，常为重诲所制，畏事之。重诲死，王淑妃与宣徽使孟汉琼宣传帝命，范延光、赵延寿为枢密使，从荣皆轻侮之。河阳节度使、同平章事石敬瑭兼六军诸卫副使，其妻永宁公主与从荣异母，素相憎疾。从荣以从厚声名出己右，尤忌之。从厚善以卑弱奉之，故嫌隙不外见。石敬瑭不欲与从荣共事，常思外补以避之。范延光、赵延寿亦虑及祸，屡辞机要，请与旧臣迭为之，上不许。会契丹欲入寇，上命择帅臣镇河东，延光、延寿皆曰："当今帅臣可往者独石敬瑭、康义诚耳。"敬瑭亦愿行，上即命除之。既受诏，不落六军副使，敬瑭复辞，上乃以宣徽使朱弘昭知山南东道，代义诚诣阙。

十一月，辛巳，以三司使孟鹄为忠武节度使，以忠武节度使冯赟充宣徽南院使，判三司。鹄本刀笔吏，与范延光乡里厚善，数年间引擢至节度使。上虽知其太速，然不能违也。

乙酉，上以胡寇浸逼北边，命趣议河东帅；石敬瑭欲之，而范延光、赵延寿欲用康义诚，议久不决。权枢密直学士李崧以为非石太尉不可，延光曰："仆亦累奏用之，上欲留之宿卫耳。"会上遣中使趣之，众乃从崧议。丁亥，以石敬瑭为北京留守、河东节度使，兼大同、振武、彰国、威塞等军蕃汉马步总管，加兼侍中。

（以上为第三段，写秦王李从荣轻佻峻急，大臣畏之。石敬瑭为北京留守。为后晋建立张本。）

己丑，加枢密使赵延寿同平章事。

吴以诸道都统徐知诰为大丞相、太师，加领得胜节度使，知诰辞丞相、太师。

大同节度使张敬达聚兵要害，契丹竟不敢南下而还。敬达，代州人也。

秦王李从荣看起人来，两眼像鹰一样阴狠尖刻，性情轻佻冷酷；自从掌理六军诸卫事务以后，又参与了朝廷的政事，往往骄横不守法纪。当初，安重诲担任枢密使，后唐明宗把一切大权都委托给他。李从荣和宋王李从厚自从孩提时代就和他非常亲昵，所以即使后来他们掌握了兵权，仍然时常被安重诲所辖制，对他非常敬畏；安重诲死了以后，王淑妃和宣徽使孟汉琼负责宣布传达后唐明宗的意旨，范延光、赵延寿担任枢密使，李从荣对他们都很轻慢看不起。河阳节度使、同平章事石敬瑭兼任六军诸卫副使，他的妻子永宁公主和李从荣是异母所生，平时相互憎恨看不起。李从荣又认为李从厚的声望超过自己，于是就特别嫉恨他；李从厚则很会用谦卑的姿态迁就他，所以两人之间的矛盾没有表面化。石敬瑭不愿意和李从荣共事，常想补任外职好回避他。范延光、赵延寿两人也害怕招惹灾祸，多次要求辞去枢要职务，希望能和勋旧大臣轮流担任，后唐明宗没有答应。当时正逢契丹人又要来犯边，后唐明宗命令挑选一个元帅大臣前去镇守河东，范延光、赵延寿都说："当今的元帅大臣可以派往河东镇守的只有石敬瑭、康义诚了。"石敬瑭本人也想前去，于是后唐明宗当即就任命委派他去。接受了任命诏书以后，原来的六军副使的职位并没有免除，石敬瑭又向后唐明宗请辞，后唐明宗于是任命宣徽使朱弘昭掌理山南东道，以接替康义诚的职务，让康义诚到朝廷来。

十一月初三日辛巳，任命三司使孟鹄为忠武节度使，任命原忠武节度使冯赟充任宣徽南院使，判理三司。孟鹄最初是一个刀笔小吏，因为和范延光在乡间的时候交情很好，所以几年之间由于范延光的推荐和提拔，一直升到节度使；后唐明宗虽然也觉得他提升得太快，但是没有办法阻止。

十一月初七日乙酉，后唐明宗因为契丹人越来越进逼北部边境，就下令让大臣们赶快议定河东主帅的人选；石敬瑭希望能得到这个职务，但是范延光、赵延寿却想任用康义诚，于是议论了很长时间难以决定。代行枢密直学士李崧认为担任此职的非石太尉不可，范延光说："在下也多次向皇上上表请求任用他，但是皇上却想把他留在身边统领宿卫军。"正好这时后唐明宗派遣宫中的使者前来催促，于是大家就采纳了李崧的意见。十一月初九日丁亥，任命石敬瑭为北京留守、河东节度使，兼任大同、振武、彰国、威塞等军蕃汉马步总管，加兼侍中。

十一月十一日己丑，加封枢密使赵延寿同平章事。

吴国任命诸道都统徐知诰为大丞相、太师，加领德胜节度使；徐知诰辞去丞相、太师二职。

大同节度使张敬达在要害关塞屯聚部队，契丹兵最终没敢南下而退了回去。张敬达是代州人。

蔚州刺史张彦超本沙陀人，尝为帝养子，与石敬瑭有隙。闻敬瑭为总管，举城附于契丹，契丹以为大同节度使。

石敬瑭至晋阳，以部将刘知远、周瓌为都押衙，委以心腹。军事委知远，帑藏委瓌。瓌，晋阳人也。

十二月戊午，以康义诚为河阳节度使，兼侍卫亲军马步都指挥使；以朱弘昭为山南东道节度使。

是岁，汉主立其子耀枢为雍王，龟图为康王，弘度为宾王，弘熙为晋王，弘昌为越王，弘弼为齐王，弘雅为韶王，弘泽为镇王，弘操为万王，弘杲为循王，弘暐为思王，弘邈为高王，弘简为同王，弘建为益王，弘济为辩王，弘道为贵王，弘昭为宜王，弘政为通王，弘益为定王。未几，徙弘度为秦王。

（以上为第四段，写徐知诰领得胜节度使，南汉主大封诸子为王。）

四年（癸巳，933 年）

春，正月，戊子，加秦王从荣守尚书令，兼侍中。庚寅，以端明殿学士归义刘昫为中书侍郎、同平章事。

闽人有言真封宅龙见者，更命其宅曰龙跃宫。遂诣宝皇宫受册，备仪卫，入府，即皇帝位，国号大闽，大赦，改元龙启，更名璘。追尊父祖，立五庙。以其僚属李敏为左仆射、门下侍郎，其子节度副使继鹏为右仆射、中书侍郎，并同平章事；以亲吏吴勖为枢密使。唐册礼使裴杰、程侃适至海门，闽主以杰为如京使；侃固求北还，不许。闽主自以国小地僻，常谨事四邻，由是境内差安。

二月，戊申，孟知祥墨制以赵季良等为五镇节度使。

凉州大将拓跋承谦及耆老上表，请以权知留后孙超为节度使。上问使者："超为何人？"对曰："张义潮在河西，朝廷以天平军两千五百人戍凉州，自黄巢之乱，凉州为党项所隔，郓人稍稍物故皆尽，超及城中之人皆其子孙也。"

乙卯，以马希范为武安、武平节度使，兼中书令。

蔚州刺史张彦超本来是沙陀人，曾经是后唐明宗的养子，一向与石敬瑭不和；他一听说石敬瑭兼任北方各军镇的马步总管，就带领全城军民降附了契丹，契丹任命他为大同节度使。

石敬瑭到了晋阳，任命部将刘知远、周瓌为都押衙，把他们当作心腹亲信；军事方面委托给刘知远，财政方面委托给周瓌。周瓌是晋阳人。

十二月十一日戊午，任命康义诚为河阳节度使，兼任侍卫亲军马步都指挥使；任命朱弘昭为山南东道节度使。

这一年，南汉主刘䶮封他的儿子刘耀枢为雍王，刘龟图为康王，刘弘度为宾王，刘弘熙为晋王，刘弘昌为越王，刘弘弼为思王，刘弘雅为韶王，刘弘泽为镇王，刘弘操为万王，刘弘杲为循王，刘弘暐为思王，刘弘邈为高王，刘弘简为同王，刘弘建为益王，刘弘济为辩王，刘弘道为贵王，刘弘昭为宜王，刘弘政为通王，刘弘益为定王；时隔不久，又改封刘弘度为秦王。

后唐明宗长兴四年（癸巳，933年）

春季，正月十一日戊子，加封秦王李从荣代理尚书令，兼任侍中。正月十三日庚寅，任命端明殿学士归义人刘昫为中书侍郎、同平章事。

闽国有人说在闽主王延钧从前住过的真封宅看见了龙，闽主于是就把这所宅子改名为龙跃宫。接着就到宝皇宫接受宝皇的册命，准备了仪仗卫队，然后返回王府，即位称帝，国号叫大闽，大赦境内，改年号为龙启；又把自己的名字改为璘。上尊号追谥自己的父亲和祖父，修建了五所宗庙。任命他的幕僚李敏为左仆射、门下侍郎，他的儿子节度副使王继鹏为右仆射、中书侍郎，两人都为同平章事；又任命亲信官吏吴勖为枢密使。后唐的册礼使裴杰、程侃这时刚来到了海门，闽主就任命裴杰为如京使；程侃一再要求北返回家，闽主不答应。闽主深深知道自己国小地偏，所以经常十分注意和四面邻国搞好关系，因此闽国境内还大体上能够保持安定。

二月初二日戊申，孟知祥以墨制诏书的形式任命赵季良等五位留后分别为五个军镇的节度使。

凉州的大将拓跋承谦和当地的父老们一起上奏章，请求任命暂时代行留后的孙超为节度使。后唐明宗问来使："孙超是什么人？"使者回答说："张义潮当年在河西的时候，朝廷派出天平军二千五百人戍守凉州，自从发生了黄巢之乱以后，凉州和朝廷的往来被党项人阻绝，戍守当地的郓州人也都渐渐地快死完了，孙超和城中居民都是这部分人的子孙。"

二月初九日乙卯，任命马希范为武安、武平节度使，兼任中书令。

戊午，定难节度使李仁福卒；庚申，军中立其子彝超为留后。

癸亥，以孟知祥为东西川节度使、蜀王。

先是，河西诸镇皆言李仁福潜通契丹，朝廷恐其与契丹连兵，并吞河右，南侵关中。会仁福卒，三月，癸未，以其子彝超为彰武留后，徙彰武节度使安从进为定难留后，仍命静塞节度使药彦稠将兵五万，以宫苑使安重益为监军，送从进赴镇。从进，索葛人也。

乙酉，始下制除赵季良等为五镇节度使。

丁亥，敕谕夏、银、绥、宥将士吏民，以“夏州穷边，李彝超年少，未能扞御，故使之延安。从命则有李从曮、高允韬富贵之福，违命则有王都、李匡宾覆族之祸。”夏，四月，彝超上言，为军士百姓拥留，未得赴镇。诏遣使趣之。

言事者请为亲王置师傅，宰相畏秦王从荣，不敢除人，请令王自择。秦王府判官、太子詹事王居敏荐兵部侍郎刘瓒于从荣，从荣表请之。癸丑，以瓒为秘书监、秦王傅，前襄州支使山阳鱼崇远为记室。瓒自以左迁，泣诉，不得免。王府参佐皆新进少年，轻脱谄谀，瓒独从容规讽，从荣不悦。瓒虽为傅，从荣一概以僚属待之，瓒有难色。从荣觉之，自是戒门者勿为通，月听一至府，或竟日不召，亦不得食。

李彝超不奉诏，遣其兄阿啰王守青岭门，集境内党项诸胡以自救。药彦稠等进屯芦关，彝超遣党项抄粮运及攻具，官军自芦关退保金明。

闽主璘立子继鹏为福王，充宝皇宫使。

（以上为第五段，写闽主王延钧即皇帝位，更名璘，秦王李从荣不礼王傅；定难留后李彝超不奉诏移镇，明宗用兵。）

五月，戊寅，立皇子从珂为潞王，从益为许王，从子天平节度使从温为兖王，护国节度使从璋为洋王，成德节度使从敏为泾王。

庚辰，闽地震，闽主璘避位修道，命福王继鹏权总万机。初，闽王

二月十二日戊午，定难节度使李仁福去世；二月十四日庚申，军中拥立他的儿子李彝超为留后。

二月十七日癸亥，任命孟知祥为东西川节度使、蜀王。

先前，河西各藩镇都报告说李仁福私下里和契丹相勾结，朝廷也担心他和契丹的军队联合，吞并河右，再往南侵犯关中地区，刚好这时李仁福死了，三月初九日癸未，朝廷任命他的儿子李彝超为彰武留后，而调原彰武节度使安从进为定难留后，同时任命静难节度使药彦稠率领五万名士兵，以宫苑使安重益为监军，护送安从进前往军镇赴任。安从进是索葛人。

三月初九日乙酉，初次下诏任命赵季良等人为五个军镇的节度使。

三月十一日丁亥，下诏告谕夏、银、绥、宥几个州的将士吏民，认为“夏州是偏远的边镇，李彝超年纪太轻，难以抵御外敌入侵，所以要把他改任到延安去，服从朝廷调遣的话就能享有李从曮、高允韬那样的富贵福分，违抗命令只能遭到像王都、李匡宾那样灭族的灾祸”。夏季，四月，李彝超上书说，他被当地的军士百姓所拥戴挽留，无法前去军镇赴任，后唐明宗下诏派使者再前去催他赴任。

言官建议替亲王们设置师傅，宰相害怕秦王李从荣，不敢给他决定人选，请求让他自己挑选师傅。秦王府判官、太子詹事王居敏向李从荣推荐兵部侍郎刘瓒，李从荣上表请求任命他来当师傅。四月初七日癸丑，后唐明宗任命刘瓒为秘书监、秦王傅，又任命前襄州支使山阳人鱼崇远为记室。刘瓒自认为是被贬了官，哭着向后唐明宗请求辞去任命，但还是没有推辞掉。秦王府里的幕僚们都是一些新进少年之辈，为人轻躁而又以巴结为能事，只有刘瓒能从容冷静地进行规劝，因此李从荣就非常不高兴。刘瓒虽然名义上是师傅，但李从荣却一直把他当作幕僚和属下来对待，这使刘瓒感到很难堪；李从荣觉察到了这一点，从此就告诫守门人不要给他通报，每月只准他来王府一次，有时让他等在王府门外一天也不召见他，也不给他饭吃。

李彝超不肯接受诏书的任命，就派遣他的哥哥阿啰王把守青岭门，然后聚集境内党项诸部胡人进行自保。药彦稠等进驻芦关，李彝超派遣党项人抄掠官军的粮运和攻城器具，官军只好从芦关退守到金明。

闽主王璘册封他的儿子王继鹏为福王，并充任宝皇宫使。

五月初三日戊寅，册封皇子李从珂为潞王，李从益为许王，皇侄天平节度使李从温为兖王，护国节度使李从璋为洋王，成德节度使李从敏为泾王。

五月初五日庚辰，闽国发生地震，闽主王璘避位修道，命令福王王继鹏暂时总

审知性节俭，府舍皆庳陋；至是，大作宫殿，极土木之盛。

甲申，帝暴得风疾；庚寅，小愈，见群臣于文明殿。

壬辰夜，夏州城上举火，比明，杂虏数千骑救之，安从进遣先锋使宋温击走之。

吴宋齐丘劝徐知诰徙吴主都金陵，知诰乃营宫城于金陵。

帝旬日不见群臣，都人恟惧，或潜窜山野，或寓止军营。秋，七月，庚辰，帝力疾御广寿殿，人情始安。

安从进攻夏州。州城赫连勃勃所筑，坚如铁石，斸凿不能入。又党项万余骑徜徉四野，抄掠粮饷，官军无所刍牧。山路险狭，关中民输斗粟束藁费钱数缗，民间困竭不能供。李彝超兄弟登城谓从进曰："夏州贫瘠，非有珍宝蓄积可以充朝廷贡赋也；但以祖父世守此土，不欲失之。蕞尔孤城，胜之不武，何足烦国家劳费如此！幸为表闻，若许其自新，或使之征伐，愿为众先。"上闻之，壬午，命从进引兵还。

其后有知李仁福阴事者，云："仁福畏朝廷除移，扬言结契丹为援，契丹实不与之通也，致朝廷误兴是役，无功而还。"自是夏州轻朝廷，每有叛臣，必阴与之连以邀赂遗。上疾久未平，征夏州无功，军士颇有流言，乙酉，赐在京诸军优给有差。既赏赉无名，士卒由是益骄。

（以上为第六段，写明宗染疾，人情恟惧；朝廷用兵夏州，无功而返。）

丁亥，赐钱元瓘爵吴王。元瓘于兄弟甚厚，其兄中吴、建武节度使元璙自苏州入见，元瓘以家人礼事之，奉觞为寿，曰："此兄之位也，而小子居之，兄之赐也。"元璙曰："先王择贤而立之，君臣位定，元璙知忠顺而已。"因相与对泣。

戊子，闽主璘复位。初，福建中军使薛文杰，性巧佞，璘喜奢侈，

理一切事务。当初，闽王王审知生性非常节俭，官府住宿都很低矮简陋；到了这时候，闽主王璘却大肆兴建宫殿，建筑豪华极尽一时。

五月初九日甲申，后唐明宗突然得了风疾；五月十五日庚辰，稍微好了一些，就在文明殿接见群臣。

五月十七日壬辰夜间，夏州城上点起了烽火，天刚亮，就有几路胡人骑兵数千人前来救援，安从进派遣先锋使宋温把他们击退。

吴国宋齐丘要徐知诰劝吴主迁都到金陵，徐知诰于是开始在金陵营建宫城。

后唐明宗有十几天没有接见群臣，京城里人心惶惶，人们有种恐惧感，有人跑到山林荒野中躲了起来，有人则待在军营里不敢外出。秋季，七月初六日庚辰，后唐明宗带病强撑着驾临广寿殿，人心才安定下来。

安从进攻打夏州。夏州城是当年赫连勃勃所建造的，坚固得像铁石一样，凿都凿不动。又有党项人的万余名骑兵在四野游荡，抢掠官军的粮饷，致使官军无法割草放牧。那里的山路又险峻又狭窄，关中的百姓往那里运输一斗粟、一捆柴都要耗费好几缗钱，民间都困乏不堪，无力再继续供应。李彝超兄弟登上城墙对城外的安从进说："夏州这个地方非常贫瘠，并没有珍宝蓄积可以充当朝廷的贡赋；我们只是因为祖父、父亲世代都戍守在这块土地，不想失去它而已。这么一座小小的孤城，战胜了它并不足以显示你们的威武，何必要让国家这样兴师动众、耗费钱财呢？希望你能替我们上表报告皇上，如果允许我们改过自新的话，或者派遣我们去征战，我们都愿意打先锋。"后唐明宗得知这一情况后，七月初八日壬午，命令安从进率兵回师。

此后，有个了解李仁福隐私的人说："李仁福只是因为害怕朝廷把他调任他处，就放风说要联合契丹作为后援，契丹人实际上和他并没有来往；致使朝廷错误地发动这次征讨，结果无功而回。"从此夏州也就瞧不起朝廷，每逢有大臣叛变，也都暗中与之联络交通，好邀取贿赂。后唐明宗的病拖了很久难以痊愈，加上征讨夏州又一无所得，军中便出现了很多谣言，七月十一日乙酉，后唐明宗按等级优厚地赏赐了在京城的各路军队；因为是无功而行赏，从此士卒们更加骄纵了。

七月十三日丁亥，赐给钱元瓘爵位为吴王。钱元瓘待他的兄弟们很厚道，他的哥哥中吴、建武节度使钱元璙从苏州前来朝见，钱元瓘用对待家人的亲切礼节接待他，举杯为他祝福，并说："这本来是哥哥的王位，而现在却被小弟我占据了，这都是哥哥赐给我的。"钱元璙说："先王是挑选了贤能的人而册立的，现在君臣之位已定，元璙我只知道对主上忠顺就行了。"说完，兄弟俩感慨得相对哭泣。

七月十四日戊子，闽主王璘复位。当初，福建中军使薛文杰，为人乖巧谄媚，

文杰以聚敛求媚，璘以为国计使，亲任之。文杰阴求富民之罪，籍没其财，被榜捶者胸背分受，仍以铜斗火熨之。建州土豪吴光入朝，文杰利其财，求其罪，将治之。光怨怒，帅其众且万人叛奔吴。

帝以工部尚书卢文纪、礼部郎中吕琦为蜀王册礼使，并赐蜀王一品朝服。知祥自作九旒冕，九章衣，车服旌旗皆拟王者。八月，乙巳朔，文纪等至成都。

戊申，知祥服衮冕，备仪卫诣驿，降阶北面受册，升玉辂，至府门，乘步辇以归。文纪，简求之孙也。

戊申，群臣上尊号曰圣明神武广道法天文德恭孝皇帝，大赦。在京及诸道将士各等第优给。时一月之间再行优给，由是用度益窘。

太仆少卿何泽见上寝疾，秦王从荣权势方盛，冀己复进用，表请立从荣为太子。上览表泣下，私谓左右曰："群臣请立太子，朕当归老太原旧第耳。"不得已，丙戌，诏宰相枢密使议之。丁卯，从荣见上，言曰："窃闻有奸人请立臣为太子，臣幼少，且愿学治军民，不愿当此名。"上曰："群臣所欲也。"从荣退，见范延光、赵延寿曰："执政欲以吾为太子，是欲夺我兵柄，幽之东宫耳。"延光等知上意，且惧从荣之言，即具以白上。辛未，制以从荣为天下兵马大元帅。

（以上为第七段，写吴越王钱元瓘友爱兄弟，明宗册立孟知祥为蜀王，秦王李从荣进位天下兵马大元帅。）

九月，甲戌朔，吴主立德妃王氏为皇后。

戊寅，加范延光、赵延寿兼侍中。

癸未，中书奏节度使见元帅仪，虽带平章事，亦以军礼廷参，从之。

帝欲加宣徽使、判三司冯赟同平章事。赟父名章。执政误引故事，庚寅，加赟同中书门下二品，充三司使。

王璘爱好奢侈挥霍，薛文杰就搜刮民财来讨好他，王璘于是任命他为国计使，十分信任他。薛文杰私下里探查有钱人的罪过，然后公开地抄没他们的家财，被他用刑的人胸和背两面都被拷打，还用烧红了的铜斗烙他们。建州的土豪吴光前来朝见闽主，薛文杰看中了他的家财，就找他的罪过，准备治他的罪；吴光怨恨愤怒，就率领他的部众将近一万人反叛投奔吴国去了。

后唐明宗任命工部尚书卢文纪、礼部郎中吕琦为蜀王册礼使，同时赐给蜀王一品朝服。孟知祥自己制作了九旒冠冕，九章衣，车舆服饰旌旗都依照天子的样式。八月初一日乙巳，卢文纪一行到了成都。

八月初四日戊申，孟知祥穿上衮服、戴上冠冕，准备了仪仗卫队，来到了驿馆，走到职阶下面向北，接受后唐明宗的册封，然后坐上玉辂专车，到达王府门前，再换乘人抬的小轿进入府中。卢文纪是卢简求的孙子。

八月初四日戊申，群臣给后唐明宗奉上尊号为圣明神武广道法天文德恭孝皇帝，大赦天下。在京城和各道的将士们都各按照不同的等级得到了优厚的赏赐。当时在一个月的时间内两次颁发优厚的赏赐，从此朝廷的用度就更加困窘了。

从太仆少卿职位上退休的何泽看到后唐明宗病得很厉害，秦王李从荣的权势正盛极一时，就希望自己能够再次得到起用，于是上表请求后唐明宗册立李从荣为太子。后唐明宗看着这份奏表流下了眼泪，私下里对身边的近臣说："群臣请求册立太子，朕只好回太原的旧宅去养老了。"不得已，只好在八月十八日壬戌，下诏让宰相和枢密使讨论此事。八月二十三日丁卯，李从荣拜见后唐明宗，说道："臣私下里听说有奸人请求册立臣为太子；臣还年轻，况且还想学习治理军民，不愿担当这个名义。"后唐明宗说："这是群臣所要求的。"李从荣退下来以后，去见范延光和赵延寿，对他们说："你们执政大臣想让我当太子，这是要夺我的兵权，把我幽禁在东宫里。"范延光等人知道后唐明宗怕失去权力、不想册立太子的意思，而且对李从荣讲的话也感到害怕，于是当即就把这些话报告了后唐明宗；八月二十七日辛未，后唐明宗下诏任命李从荣为天下兵马大元帅。

九月初一日甲戌，吴主册立德妃王氏为皇后。

九月初五日戊寅，加封范延光、赵延寿兼任侍中。

九月初十日癸未，中书上奏：节度使见元帅的礼仪，虽然兼带平章事的职位，也应当用军礼参见。后唐明宗批准了。

后唐明宗准备加封宣徽使、判三司冯赟同平章事；冯赟父亲的名字叫冯章。执政大臣错误地引用了过去的旧制，九月十七日庚寅，加封冯赟同中书门下二品，充任三司使。

秦王从荣请严卫、捧圣步骑两指挥为牙兵。每入朝，从数百骑，张弓挟矢，驰骋衢路；令文士试草《檄淮南书》，陈已将廓清海内之意。从荣不快于执政，私谓所亲曰："吾一旦南面，必族之。"范延光、赵延寿惧，屡求外补以避之。上以为见己病而求去，甚怒，曰："欲去自去，奚用表为！"齐国公主复为延寿言于禁中，云"延寿实有疾，不堪机务"。丙申，二人复言于上曰："臣等非敢惮劳，愿与勋旧迭为之。亦不敢俱去，愿听一人先出。若新人不称职，复召臣，臣即至矣。"上乃许之。戊戌，以延寿为宣武节度使，以山南东道节度使朱弘昭为枢密使、同平章事。制下，弘昭复辞，上叱之曰："汝辈皆不欲在吾侧，吾蓄养汝辈何为！"弘昭乃不敢言。

吏部侍郎张文宝泛海使杭州，船坏，水工以小舟济之，风飘至天长，从者二百人，所存者五人。吴主厚礼之，资以从者仪服钱币数万，仍为之牒钱氏，使于境上迎候。文宝独受饮食，余皆辞之，曰："本朝与吴久不通问，今既非君臣，又非宾主，若受兹物，何辞以谢！"吴主嘉之，竟达命于杭州而还。

庚子，以前义成节度使李赞华为昭信节度使，留洛阳食其俸。

辛丑，诏大元帅从荣位在宰相上。

吴徐知诰以国中水火屡为灾，曰："兵民困苦，吾安可独乐！"悉纵遣侍妓，取乐器焚之。

闽内枢密使薛文杰说闽王抑挫诸宗室。从子继图不胜忿，谋反，坐诛，连坐者千余人。

冬，十月，乙卯，范延光、冯赟奏："西北诸胡卖马者往来如织，日用绢无虑五千匹，计耗国用什之七，请委缘边镇戍择诸胡所卖马良者给券，具数以闻。"从之。

戊午，以前武兴节度使孙岳为三司使。

秦王李从荣请求把严卫、捧圣步骑两指挥作为自己的牙兵。每次他入朝，随从的骑兵有好几百名，都张着弓，带着箭，在大路上奔驰；又令文士替他试着起草讨伐淮南的檄文，文中表达自己将要平定天下的意思。李从荣对执政大臣很不满意，私下里对自己的亲信说："有朝一日我当了皇帝，一定要把他们满门抄斩。"范延光、赵延寿听到这话很害怕，就三番五次地向后唐明宗请求补任外官，好避开李从荣。后唐明宗误认为他们是看到自己生病了就要求离开朝廷，十分恼怒，说："要走就走好了，上表干什么！"赵延寿的妻子齐国公主又替赵延寿在内宫说情，她说："延寿确实是有病，不能胜任机要职务。"九月二十三日丙申，范、赵二人又向后唐明宗表白说："臣等并不是害怕辛劳，只是希望能和勋旧大臣们轮流担任这个职务。我们也不敢一下子都离开，希望能允许先走一个。如果继任的人不称职，只要再征召臣，臣会马上就到。"后唐明宗这才答应了他们的请求。九月二十五日戊戌，任命赵延寿为宣武节度使；另外任命山南东道节度使朱弘昭为枢密使、同平章事。诏书任命颁下之后，朱弘昭也请辞不受，后唐明宗叱骂他说："你们都不愿意在我的身边，我供养你们这些人干什么！"朱弘昭于是再也不敢说什么了。

吏部侍郎张文宝从海路出使吴越国的杭州，途中船坏了，水手用小船载着他，被风吹着漂流到了吴国的天长；随从他出使的有二百个人，现在只剩下五个人了。吴主很友好地接待了他，资助给他及其随从人员仪礼服装和数万钱币，并且还为他写信通知吴越的钱氏，让他们在边境上迎候。张文宝只接受了一些饮食，其余的都辞谢了，说："本朝和吴很长时间都不来往了，现在既不是君臣关系，又不是宾主关系，如果接受了这些东西，用什么言辞来致谢呢？"吴主很赞赏他说的话。张文宝最终到杭州完成了使命而回朝。

九月二十七日庚子，任命前义成节度使李赞华为昭信节度使，把他留在洛阳享受俸禄，不到镇所去。

九月二十八日辛丑，下诏规定大元帅李从荣的地位在宰相之上。

吴国徐知诰因为国内接连发生水灾、火灾，就说："军民们生活非常困苦，我怎么能一个人安享逸乐？"便把所有的侍妓都打发出去了，并且把乐器都拿来烧掉。

闽国内枢密使薛文杰劝说闽王抑制和削弱宗室的力量，闽王的侄子王继图气不过，就阴谋造反，因此以谋反罪被杀，受牵连的有一千多人。

冬季，十月十二日乙卯，范延光、冯赟上奏说："西北的各部胡人前来京城卖马的往来穿梭，朝廷每天用于买马的绢不下于五千匹，估计耗费了国家费用的十分之七，请求朝廷委托沿边各处镇所，选择胡人所卖马中优良的发给凭证，然后再把数量呈报朝廷。"后唐明宗同意施行。

十月十五日戊午，任命前武兴节度使孙岳为三司使。

范延光屡因孟汉琼、王淑妃以求出；庚申，以延光为成德节度使，以冯赟为枢密使。

帝以亲军都指挥使、河阳节度使、同平章事康义诚为朴忠，亲任之。时要近之官多求出以避秦王之祸，义诚度不能自脱，乃令其子事秦王，务以恭顺持两端，冀得自全。

权知夏州事李彝超上表谢罪，求昭雪。壬戌，以彝超为定难军节度使。

十一月，甲戌，上饯范延光，酒罢，上曰："卿今远去，事宜尽言。"对曰："朝廷大事，愿陛下与内外辅臣参决，勿听群小之言。"遂相泣而别。时孟汉琼用事，附之者共为朋党以蔽惑上听，故延光言及之。

庚辰，改慎州怀化军。置保顺军于洮州，领洮、鄯等州。

（以上为第八段，写秦王李从荣跋扈乖张，大臣畏避，范延光等求任外镇。明宗知从荣凶顽而不能裁制。）

戊子，帝疾复作，己丑，大渐，秦王从荣入问疾，帝俯首不能举。王淑妃曰："从荣在此。"帝不应。从荣出，闻宫中皆哭，从荣意帝已殂，明旦，称疾不入。是夕，帝实小愈，而从荣不知。

从荣自知不为时论所与，恐不得为嗣，与其党谋，欲以兵入侍，先制权臣。

辛卯，从荣遣都押牙马处钧谓朱弘昭、冯赟曰："吾欲帅牙兵入宫中侍疾，且备非常，当止于何所？"二人曰："王自择之。"既而私于处钧曰："主上万福，王宜竭心忠孝，不可妄信人浮言。"从荣怒，复遣处钧谓二人曰："公辈殊不爱家族邪？何敢拒我！"二人患之，入告王淑妃及宣徽使孟汉琼，咸曰："兹事不得康义诚不可济。"乃召义诚谋之，义诚竟无言，但曰："义诚将校耳，不敢预议，惟相公所使。"弘昭疑义诚不欲众中言之，夜，邀至私第问之，其对如初。

范延光多次托孟汉琼、王淑妃向后唐明宗请求派任外官；十月十七日庚寅，任命范延光为成德节度使，另行任命冯赟为枢密使。

后唐明宗认为亲军都指挥使、河阳节度使、同平章事康义诚为人淳朴忠诚，非常信任他。当时朝中和后唐明宗亲近重要的大臣大多要求调任外官以躲避秦王的祸害，康义诚估计自己难以脱身，于是就让他的儿子去侍奉秦王，遇事力求用恭敬顺从、左右两可的态度去对待，希望能够用这种方法来保全自己。

临时代理夏州事务的李彝超上表向皇帝谢罪，并请求为他平反昭雪；十月十九日壬戌，任命李彝超为定难军节度使。

十一月初二日甲戌，后唐明宗为范延光饯行，酒宴完毕之后，后唐明宗说："爱卿现在要远离了，有什么事情都要说出来。"范延光回答说："朝廷的大事，希望陛下能和内外辅臣商议决定，不要听那一帮小人的话。"当即君臣二人相对流涕而后分别。当时孟汉琼把持大权，依附于他的人相互结为朋党，共同蒙蔽迷惑后唐明宗的听闻，所以范延光说起了他们。

十一月初八日庚辰，把镇州怀化军改为昭化军。同时在洮州设置保顺军，管辖洮、鄯等州。

十一月十六日戊子，后唐明宗的病又复发了，十一月十七日己丑，病情加剧，秦王李从荣进宫探病，后唐明宗虚弱得低着头，抬不起来。王淑妃说："从荣在这里。"后唐明宗没有应声。李从荣出宫以后，听到宫里的人都在哭，他心里以为后唐明宗已经死了，第二天早晨，他就推托说自己有病，不再进宫探问。当天晚上，后唐明宗的病情实际上已经稍见好转，而李从荣却不知道。

李从荣深知自己不为当时的舆论所推崇，害怕自己不能继承帝位，于是就和自己的党羽们密谋，准备带兵进宫侍卫，首先要做的是控制住掌权的大臣。

十一月十九日辛卯，李从荣派遣都押牙马处钧去对朱弘昭、冯赟说："我准备率领牙兵进宫中侍候皇上的疾病，同时防备意外情况发生，我应该在哪里居住？"朱、冯两人回答说："大王可以自己选择地方。"接着两人又私下对马处钧说："皇上平安无事，大王应该尽忠尽孝，不应该轻信别人的胡言乱语。"李从荣一听大怒，又派马处钧去告诉两人说："你们两位难道不爱惜自己的家族吗？怎么竟敢拒绝我呢？"两人听后觉得害怕，就进宫把这件事告诉了王淑妃和宣徽使孟汉琼，大家都说："这事没有康义诚的支持与合作难以办成。"于是就把康义诚召进宫来和他商议办法，康义诚来了之后竟然不表示任何意见，只是说："义诚只是一个带兵的军人，不敢干预朝廷政务，我只听从相公们的差遣。"朱弘昭怀疑康义诚是不想当着众人表态，晚上，

壬辰，从荣自河南府常服将步骑千人陈于天津桥。是日黎明，从荣遣马处钧至冯赟第，语之曰："吾今日决入，且居兴圣宫。公辈各有宗族，处事亦宜详允，祸福在须臾耳。"又遣处钧诣康义诚，义诚曰："王来则奉迎。"

赟驰入右掖门，见弘昭、义诚、汉琼及三司使孙岳方聚谋于中兴殿门外，赟具道处钧之言，因让义诚曰："秦王言'祸福在须臾'，其事可知，公勿以儿在秦府，左右顾望！主上拔擢吾辈，自布衣至将相，苟使秦王兵得入此门，置主上何地？吾辈尚有遗种乎？"义诚未及对，监门白秦王已将兵至端门外。汉琼拂衣起曰："今日之事，危及君父，公犹顾望择利邪？吾何爱余生，当自帅兵拒之耳！"即入殿门，弘昭、赟随之，义诚不得已，亦随之入。

汉琼见帝曰："从荣反，兵已攻端门，须臾入宫，则大乱矣。"宫中相顾号哭，帝曰："从荣何苦乃尔！"问弘昭等："有诸？"对曰："有之，适已令门者阖门矣。"帝指天泣下，谓义诚曰："卿自处置，勿惊百姓！"控鹤指挥使李重吉，从珂之子也，时侍侧，帝曰："吾与尔父，冒矢石定天下，数脱吾于厄；从荣辈得何力，今乃为人所教，为此悖逆！我固知此曹不足付大事，当呼尔父授以兵柄耳。汝为我部闭诸门。"重吉即帅控鹤兵守宫门。孟汉琼被甲乘马，召马军都指挥使朱洪实，使将五百骑讨从荣。

从荣方据胡床，坐桥上，遣左右召康义诚。端门已闭，叩左掖门，从门隙中窥之，见朱洪实引骑兵北来，走白从荣。从荣大惊，命取铁掩心擐之，坐调弓矢。俄而骑兵大至，从荣走归府，僚佐皆窜匿，牙兵掠嘉善坊溃去。从荣与妃刘氏匿床下，皇城使安从益就斩之，并杀其子，以其首献。初，孙岳颇得豫内廷密谋，冯、朱患从荣狼伉，岳尝为之极言祸福之归。康义诚恨之，至是，乘乱密遣骑士射杀之。帝闻从荣死，

把他邀请到自己家里再问他，结果康义诚的回答还是和原来一样。

十一月二十日壬辰，李从荣穿着平常的服装，从河南府带领着步骑兵马一千人列阵于天津桥。当天黎明，李从荣派马处钧来到冯赟家对他说："我今天决定要进宫，并且要住在兴圣宫。你们各位相公都是有家眷的人，做事可要好好考虑，是福是祸就决定在顷刻之间啊。"又派马处钧到康义诚处，康义诚答复说："只要秦王能来到，我一定奉迎。"

冯赟骑马从右掖门飞奔而入，看见朱弘昭、康义诚、孟汉琼以及三司使孙岳等人正聚集在中兴殿门外商议着事情，冯赟把马处钧所讲的话一五一十地都告诉了他们，接着就正告康义诚说："秦王说了'是福是祸就决定在顷刻之间'，后果是可想而知的，你不要因自己的儿子在秦王府供职，就左右观望，皇上提拔我们这些人，从平民百姓高升至将相，如果让秦王的兵马走进这个门，把皇上往哪里摆？我们这些人的家族中难道还有人能活命吗？"康义诚还没来得及答话，守卫的官吏来报告说秦王已经带兵到了端门之外。孟汉琼拂袖而起，说："今天的事情，危及到了君父的安全，你还能再犹豫观望，考虑个人利害得失吗？我绝不爱惜自己的余生，自当亲自率兵去抵抗！"说完，就进入了中兴殿门，朱弘昭、冯赟也都跟他走了进去，康义诚不得已，也只好随着他们进去。

孟汉琼见到后唐明宗，报告说："李从荣造反了，叛兵已经进攻端门了，马上就要打进宫内来，到那时就要大乱了。"宫里的人相视号哭，后唐明宗说："从荣何苦要这样做？"就问朱弘昭等人："真有这事吗？"大家回答说："有这事，刚才已下令守门人把宫门关上了。"后唐明宗指着苍天，流下了眼泪，对康义诚说："爱卿自己去做主处理吧，只是不要惊扰百姓！"控鹤指挥使李重吉，是李从珂的儿子，当时正侍卫在后唐明宗身边，后唐明宗对他说："我和你的父亲，冒着战场上的矢石平定天下，他多次在危急之中救过我；李从荣这等人又出过什么力，现在却被人唆使，干出这样悖逆不道的事！我本来就知道这等人不足以托付大事，真应该把你父亲召来把掌兵的大权交给他。现在你去替我部署把所有宫门都封闭起来。"李重吉于是立即率领控鹤兵把守宫门。孟汉琼披上铠甲，骑上战马，召唤马军都指挥使朱洪实，让他率领五百名骑兵前去讨伐李从荣。

李从荣这时正靠着胡床，坐在津桥上，派左右侍从去召康义诚前来。当时端门已经关闭，侍从们就去叩打左掖门，并从门缝中向里窥看，只见朱洪实正带着骑兵从北面而来，侍从飞快跑回去报告李从荣；李从荣大吃一惊，下令手下拿护胸的铁掩心披挂起来，然后坐在那儿调理弓矢。一会儿朱洪实的骑兵掩击过来，李从荣逃回河南府，他的幕僚们都逃散躲了起来，牙兵们则在嘉善坊一带抢掠了一番后也都溃散了。李从荣和他的妃子刘氏吓得躲在床底下，皇城使安从益上前去把他们杀了，

悲骇，几落御榻，绝而复苏者再，由是疾复剧。从荣一子尚幼，养宫中，诸将请除之，帝泣曰："此何罪！"不得已，竟与之。癸巳，冯道帅群臣入见帝于雍和殿，帝雨泣呜咽，曰："吾家事至此，惭见卿等！"

宋王从厚为天雄节度使，甲午，遣孟汉琼征从厚，且权知天雄军府事。

丙申，追废从荣为庶人。执政共议从荣官属之罪，冯道曰："从荣所亲者高辇、刘陟、王说而已，任赞到官才半月，王居敏、司徒诩在病告已半年，岂豫其谋！居敏尤为从荣所恶，昨举兵向阙之际，与辇、陟并辔而行，指日景曰'来日及今，已诛王詹事矣'。自非与之同谋者，岂得一切诛之乎！"朱弘昭曰："使从荣得入光政门，赞等当如何任使，而吾辈犹有种乎！且首从差一等耳，今首已孥戮而从皆不问，主上能不以吾辈为庇奸人乎！"冯赟力争之，始议流贬。时谘议高辇已伏诛。丁酉，元帅府判官、兵部侍郎任赞、秘书监兼王傅刘瓒、友苏瓒、记室鱼崇远、河南少尹刘陟、判官司徒诩、推官王说等八人并长流，河南巡官李澣、江文蔚等六人勒归田里，六军判官、太子詹事王居敏、推官郭晙并贬官。澣，回之族曾孙也；诩，贝州人；文蔚，建安人也。文蔚奔吴，徐知诰厚礼之。

初，从荣失道，六军判官、司谏郎中赵远谏曰："大王地居上嗣，当勤修令德，奈何所为如是！勿谓父子至亲为可恃，独不见恭世子、戾太子乎！"从荣怒，出为泾州判官；及从荣败，远以是知名。远，字上交，幽州人也。

（以上为第九段，写后唐明宗病重，李从荣反叛被诛。）

戊戌，帝殂。帝性不猜忌，与物无竞，登极之年已逾六十，每夕于

同时杀了他的儿子，然后把他们的首级进献朝廷。当初，孙岳也能够参与内廷的一些密谋，冯赟、朱弘昭担心李从荣乖戾难以应付，孙岳曾经为他们详加分析了祸福的关系；康义诚很怨恨他，到了这个时候，就乘着混乱之际秘密地派遣骑士把他射杀了。后唐明宗得知李从荣死了，非常惊骇悲恸，险些从御榻上跌落下来，几次昏厥又苏醒过来，从此病情又加重了。李从荣有一个儿子还很幼小，当时养在宫中，将领们都要求把他也杀了，后唐明宗哭着说："这孩子又有什么罪？"但是最后不得已，还是把孩子交给了他们。十一月二十一日癸巳，冯道率领群臣进宫，在雍和殿晋见后唐明宗，后唐明宗泪如雨下话声呜咽，说："我家的事情到了这种地步，实在无脸见众位公卿！"

宋王李从厚当时担任天雄节度使；十一月二十二日甲午，后唐明宗派遣孟汉琼前去征召李从厚，同时替代他暂时掌理天雄军府的事务。

十一月二十四日丙申，后唐明宗下诏追废李从荣为庶人。执政大臣们共同商议着要追究李从荣属官们的罪责，冯道说："李从荣所亲信的只有高辇、刘陟、王说而已，任赞到职才半个月，王居敏、司徒诩有病告假已经有半年了，这些人怎么能够参与谋划呢？王居敏更是受到李从荣的厌恶，昨天李从荣率兵向宫中进攻的时候，和高辇、刘陟并马而行，他指着日影说：'明天这个时候，已经把王詹事给杀了。'这就说明王居敏并不是他的同谋者，怎么能够不分是非把所有的人都诛杀了呢？"朱弘昭说："假如李从荣能够打入光政门来，任赞这帮人将会受到何等的重用，而我们这些人还能有活命吗？况且首犯和从犯只能罪差一等，现在首犯已经被杀戮了，而对从犯如果一律不追究，皇上能不认为我们这些人是在包庇奸人吗？"冯赟极力与他争辩，这才议定对这批人实行流放和贬官。当时谘议高辇已经服罪被杀。十一月二十五日丁酉，元帅府判官、兵部侍郎任赞，秘书监兼王傅刘瓒，好友苏瓒，记室鱼崇远，河南府少尹刘陟，判官司徒诩，推官王说等八人都被长期流放，河南巡官李澣、江文蔚等六人被勒令回归田里，六军判官、太子詹事王居敏，推官郭晙两人被贬官。李澣是李回的同族曾孙；司徒诩是贝州人；江文蔚是建安人。江文蔚逃奔到了吴国，徐知诰给了他很隆重的礼遇。

当初，李从荣行为不合常道，六军判军、司谏郎中赵远曾劝谏他说："大王您身处嗣子的地位，应当勤修德业，为何所作所为竟是这个样子呢？不要认为父子关系是至亲就可以仗恃无恐，难道不记得恭世子和戾太子的往事吗？"李从荣听了很生气，就把他贬放为泾州判官；到了李从荣失败以后，赵远也因此而名声大震。赵远字上交，是幽州人。

十一月二十六日戊戌，后唐明宗去世。后唐明宗平生不猜疑忌刻，与人无争，

宫中焚香祝天曰："某胡人，因乱为众所推，愿天早生圣人，为生民主。"在位年谷屡丰，兵革罕用，校于五代，粗为小康。

辛丑，宋王至洛阳。

闽主尊鲁国太夫人黄氏为皇太后。

闽主好鬼神，巫盛韬等皆有宠。薛文杰言于闽主曰："陛下左右多奸臣，非质诸鬼神，不能知也。盛韬善视鬼，宜使察之。"闽主从之。文杰恶枢密使吴勖，勖有疾，文杰省之，曰："主上以公久疾，欲罢公近密，仆言公但小苦头痛耳，将愈矣。主上或遣使来问，慎勿以他疾对也。"勖许诺。明日，文杰使韬言于闽主曰："适见北庙崇顺王讯吴勖谋反，以铜钉钉其脑，金椎击之。"闽主以告文杰，文杰曰："未可信也，宜遣使问之。"果以头痛对，即收下狱，遣文杰及狱吏杂治之，勖自诬服，并其妻子诛之。由是国人益怒。

吴光请兵于吴，吴信州刺史蒋延徽不俟朝命，引兵会光攻建州，闽主遣使求救于吴越。

十二月，癸卯朔，始发明宗丧，宋王即皇帝位。

秦王从荣既死，朱洪实妻入宫，司衣王氏语及秦王，王氏曰："秦王为人子，不在左右侍疾，致人归祸，是其罪也；若云大逆，则厚诬矣。朱司徒最受王恩，当时不为之辨，惜哉！"洪实闻之，大惧，与康义诚以其语白闵帝，且言王氏私于从荣，为之诇宫中事，辛亥，赐王氏死。事连王淑妃，淑妃素厚于从荣，帝由是疑之。

丙辰，以天雄左都押牙宋令询为磁州刺史。朱弘昭以诛秦王立帝为己功，欲专朝政；令询侍帝左右最久，雅为帝所亲信，弘昭不欲旧人在帝侧，故出之。帝不悦而无之何。

孟知祥闻明宗殂，谓僚佐曰："宋王幼弱，为政者皆胥史小人，其乱可坐俟也。"

辛未，帝始御中兴殿。帝自终易月之制，即召学士读《贞观政要》

登基的那一年已经过了六十岁，每晚还都在宫中焚香向上天祷告说："我是个胡人，由于动乱被众人推举登上帝位；愿上天早降圣人，好当百姓的君主。"在位期间连年丰收，也很少用兵，在五代中比较起来，大致还算是个小康局面。

十一月二十九日辛丑，宋王到达洛阳。

闽主尊奉鲁国太夫人黄氏为皇太后。

闽主相信鬼神，巫盛韬等人都很受宠信。薛文杰向闽主建议说："陛下的身边有很多奸臣，如果不向鬼神请教，无法做出辨别。盛韬很会看鬼，最好让他去察看。"闽主采纳了他的建议。薛文杰很厌恶枢密使吴勖，当时吴勖正卧病在家，薛文杰前去探视，对他说："主上因为你久病不愈，想免去你的枢密职务，在下对主上说你只不过患了头痛的小毛病，就快要好了。主上如果派使者来探问，千万不要说是其他的病。"吴勖答应了他。第二天，薛文杰让盛韬对闽主说："刚才看见北庙的崇顺王正在审问吴勖谋反的罪状，用铜钉在钉他的脑门，然后再用金椎锤击。"闽主把这件事又告诉了薛文杰，薛文杰说："不一定可信，最好派个使者去查问一下。"使者问了吴勖果然回答说是，于是当即就把他收捕下到狱中，闽主派薛文杰和狱吏轮番地拷问他，重刑之下，吴勖只好胡乱认了罪，闽主下令把他和其妻子儿女一起都诛杀。从此以后，闽国百姓更加愤恨不平了。

吴光请求吴国派兵攻闽，吴国信州刺史蒋延徽不等朝廷正式命令的到达，就率兵会合吴光进攻建州。闽主派遣使者向吴越求救。

十二月初一日癸卯，开始发布后唐明宗的死讯，同时宋王即皇帝位。

秦王李从荣死了以后，一次朱洪实的妻子进入宫中，司衣王氏和她谈到秦王，王氏说："秦王作为人子，不在皇上身边侍候疾病，以致被人归加罪名，这是他自找的；如果说他是存心要谋反，那简直是太冤枉他了。朱司徒平时是最受秦王恩宠的，当时没有为他辨明，真是太可惜了啊！"朱洪实听到这话，感到很恐惧，就和康义诚一道把这话报告给后唐闵帝，并且说王氏私通李从荣，替他刺探宫中的情况，初九，后唐闵帝下诏赐王氏死。这件事牵连到王淑妃，加上平时王淑妃待李从荣就很好，后唐闵帝因此也就怀疑起她来。

十二月十四日丙辰，任命天雄左都押牙宋令询为磁州刺史。朱弘昭把诛灭秦王、迎立闵帝当作是他自己的功劳，想要独揽朝政；宋令询过去侍奉在后唐闵帝身边时间最久，一向得到后唐闵帝的信任，朱弘昭不愿意让这样的旧人待在后唐闵帝身边，所以就把他调为外任。后唐闵帝虽然心里不高兴，但是也没有别的办法。

孟知祥得知后唐明宗去世，就对他的幕僚说："宋王年幼懦弱，把持朝政的都是一些掌理文案出身的小人，眼看着那里就会发生动乱。"

十二月二十九日辛未，后唐闵帝第一次到中兴殿处理朝政。后唐闵帝自从服完

《太宗实录》，有致治之志；然不知其要，宽柔少断。李愚私谓同列曰："吾君延访，鲜及吾辈，位高责重，事亦堪忧。"众惕息不敢应。

（以上为第十段，写明宗崩，宋王李从厚即位，是为闵帝。闵帝信巫杀良，百姓离心。）

顺化节度使、同平章事、判明州钱元珦骄纵不法，每请事于王府不获，辄上书悖慢。尝怒一吏，置铁床炙之，臭满城郭。吴王元瓘遣牙将仰仁诠诣明州召之，仁诠左右虑元珦难制，劝为之备，仁诠不从，常服径造听事。元珦见仁诠至，股栗，遂还钱塘，幽于别第。仁诠，湖州人也。

闽主改福州为长乐府。

亲从都指挥使王仁达有擒王延禀之功，性慷慨，言事无所避。闽主恶之，尝私谓左右曰："仁达智有余，吾犹能御之，非少主臣也。"至是，竟诬以叛，族诛之。

初，马希声、希范同日生，希声母曰袁德妃，希范母曰陈氏。希范怨希声先立不让，及嗣位，不礼于袁德妃。希声母弟希旺为亲从都指挥使，希范多谴责之。袁德妃请纳希旺官为道士，不许，解其军职，使居竹屋草门，不得预兄弟燕集。德妃卒，希旺忧愤而卒。

（以上为第十一段，写吴越顺化节度使钱元珦骄纵不法被解职，闽主猜忌杀功臣，楚主马希范虐待兄弟。）

潞王上

清泰元年（甲午，934 年）

春，正月，戊寅，闵帝大赦，改元应顺。

壬午，加河阳节度使兼侍卫都指挥使康义诚兼侍中，判六军诸卫事。

朱弘昭、冯赟忌侍卫马军都指挥使安彦威、侍卫步军都指挥使、忠正节度使张从宾，甲申，出彦威为护国节度使，以捧圣马军都指挥使朱洪实代之；出从宾为彰义节度使，以严卫步军都指挥使皇甫遇代之。彦威，崞人；遇，真定人也。

了以日代月的丧制后，就召来学士为他讲读《贞观政要》《太宗实录》，怀有谋求天下大治的宏愿；但是他掌握不到要领，又生性宽厚软弱，缺乏决断。李愚私下里对同僚们说："我们的皇上有事找人咨询的时候，很少找到我们，我们地位高，责任也重大，这事也真让人担心。"大家都屏住气息不敢回答。

顺化节度使、同平章事、判明州钱元珦骄横放纵、不守法度，每次到王府请求事情而得不到满足时，就上书发泄不满，言辞傲慢。有一次对一个小吏发怒，就把他放在铁床上烤炙，焦臭的气味弥漫全城。吴王钱元瓘派遣牙将仰仁诠前往明州去征召他，仰仁诠的左右亲信担心钱元珦难以制服，都劝他做点防备，仰仁诠没有听从，只穿着日常服装直接走到他的官府办公的地方去。钱元珦看见仰仁诠来了，吓得两腿发抖，接着就跟着他回到钱塘，被幽禁在别第里。仰仁诠是湖州人。

闽主把福州改为长乐府。

亲从都指挥使王仁达有擒获王延禀的功劳，生性慷慨，说话办事毫无忌讳。闽主很厌恶他，有一次私下里对左右亲信说："仁达这个人智谋太多，我还算能驾驭他，但他以后绝不会甘心当少主的臣子。"到这时，竟然诬陷说他要叛乱，将他满门抄斩。

以前，马希声和马希范同一天出生，马希声的母亲是袁德妃，马希范的母亲是陈氏。马希范怨恨马希声先被立为世子而不让给他，等到自己继承了王位以后，便对袁德妃不尊敬。马希声的同母弟弟马希旺当时担任亲从都指挥使，马希范经常借故责骂他；袁德妃请求准许马希旺把官职交还，让他出去当道士，马希范不答应，还解除了他的军职，让他住在竹屋草门之中，不准参加兄弟们之间举行的饮宴聚会。袁德妃死了以后，马希旺不久也忧愤而死。

潞王上

后唐潞王清泰元年（甲午，934年）

春季，正月初七日戊寅，后唐闵帝下诏大赦全国，改年号为应顺。

正月十一日壬午，加封河阳节度使兼侍卫都指挥使康义诚兼任侍中，判六军诸卫事。

朱弘昭、冯赟忌恨侍卫马军都指挥使安彦威，侍卫步军都指挥使、忠正节度使张从宾，正月十三日甲申，把安彦威派出担任护国节度使，任命捧圣马军都指挥使朱洪实接替他的职务；把张从宾派出担任彰义节度使，任命严卫步军都指挥使皇甫遇接替他的职务。安彦威是崞县人；皇甫遇是真定人。

戊子，枢密使、同平章事朱弘昭、同中书门下二品冯赟、河东节度使兼侍中石敬瑭并兼中书令。赟以超迁太过，坚辞不受，己丑，改兼侍中。

壬辰，以荆南节度使高从诲为南平王，武安、武平节度使马希范为楚王。

甲午，以镇海、镇东节度使吴王元瓘为吴越王。

吴徐知诰别治私第于金陵，乙未，迁居私第，虚府舍以待吴主。

凤翔节度使兼侍中潞王从珂，与石敬瑭少从明帝征伐，有功名，得众心；朱弘昭、冯赟位望素出二人下远甚，一旦执朝政，皆忌之。明宗有疾，潞王屡遣其夫人入省侍；及明宗殂，潞王辞疾不来，使臣至凤翔者或自言伺得潞王阴事。时潞王长子重吉为控鹤都指挥使，朱、冯不欲其典禁兵，己亥，出为亳州团练使。潞王有女惠明为尼，在洛阳，亦召入禁中。潞王由是疑惧。

吴蒋延徽败闽兵于浦城，遂围建州，闽主璘遣上军使张彦柔、骠骑大将军王延宗将兵万人救建州。延宗军及中涂，士卒不进，曰：“不得薛文杰，不能讨贼。”延宗驰使以闻，国人震恐。太后及福王继鹏泣谓璘曰：“文杰盗弄国权，枉害无辜，上下怨怒久矣。今吴兵深入，士卒不进，社稷一旦倾覆，留文杰何益！”文杰亦在侧，互陈利害。璘曰：“吾无如卿何，卿自为谋。”文杰出，继鹏伺之于启圣门外，以笏击之仆地，槛车送军前，市人争持瓦砾击之。文杰善术数，自云过三日则无患。部送者闻之，倍道兼行，二日而至，士卒见之踊跃，脔食之。闽主亟遣赦之，不及。初，文杰以为古制槛车疏阔，更为之，形如木匮，攒以铁铓，内向，动辄触之。车成，文杰首自入焉。并诛盛韬。

蒋延徽攻建州垂克，徐知诰以延徽吴太祖之婿，与临川王濛素善，

正月十七日戊子，任命枢密使同平章事朱弘昭、同中书门下二品冯赟、河东节度使兼侍中石敬瑭一起兼任中书令。冯赟认为自己升迁得太快了，坚决推辞不肯接受；正月十八日己丑，后唐闵帝只好下诏把他改为兼任侍中。

正月二十一日壬辰，封荆南节度使高从诲为南平王，封武安、武平节度使马希范为楚王。

正月二十三日甲午，封镇海、镇东节度使吴王钱元瓘为吴越王。

吴国徐知诰在金陵另外修建了一座私第，正月二十四日乙未，他迁居到私第，而把府舍腾出来以等待吴主的到来。

凤翔节度使兼侍中潞王李从珂，从少年时代就和石敬瑭一道跟随后唐明宗四处征伐，立过战功，很有声望，又得人心；朱弘昭、冯赟的地位和声望与他们二人相比，历来都差得很远，因此，朱、冯一旦执掌了朝政，对他们二人都忌惮起来。后唐明宗生病的时候，潞王多次派他的夫人进宫看望侍奉；到明宗病逝的时候，潞王却推说有病，不肯前来，去过凤翔的使臣中有人自称侦察到了潞王的隐私。当时潞王的长子李重吉担任控鹤都指挥使，朱弘昭、冯赟不想让他掌领禁兵，正月二十八日己亥，就把他派出去担任亳州团练使。潞王有个女儿叫惠明已经出家当尼姑，住在洛阳，也被召进宫中。潞王由此产生了怀疑和恐惧。

吴国蒋延徽在浦城打败了闽国军队，接着围攻建州，闽主王璘派遣上军使张彦柔、骠骑大将军王延宗率领军队一万人前去建州救援。王延宗的部队走到半路上，士卒们再也不肯往前走了，扬言："如果不能得到薛文杰，无法前去讨贼。"王延宗派使者火速赶回报告情况，闽国百姓都感到震惊和恐惧。太后和福王王继鹏哭着对王璘说："薛文杰盗取玩弄国家的大权，冤枉害死了很多无辜的人，全国上下都痛恨他已经很久了。现在吴兵深入国境，我们的士兵不愿前进，国家一旦被颠覆，还留着薛文杰干什么！"薛文杰当时也在场，双方互相陈说着利害关系。王璘最后对薛文杰说："我也不能把你怎么样，你自己看着办吧！"薛文杰走出宫来，王继鹏在启圣门外候着他，用朝笏把他打倒在地，然后用槛车押送至军前，街市上的人们都争着用石头瓦片向他砸去。薛文杰迷信术数，自称再过三天自己就没事了。押送他的人听了这话，就兼程赶路，只用了两天时间就到达军前，士卒们见把他押来了都情绪很振奋，就涌上前来把他零刀碎割分吃了；闽主急忙派出使者前去赦免他，可是已经来不及了。当初，薛文杰认为按照古代制度制造的槛车里面太宽阔了，就重新对槛车做了改造，新槛车形状像木柜，四面插上铁针，锋尖朝内，里面的人一动就要被大铁针扎着。这种槛车刚制成，薛文杰首先把自己给装了进去。同时被诛杀的还有盛韬。

蒋延徽围攻建州即将取得成功，徐知诰认为蒋延徽是吴太祖杨行密的女婿，平

恐其克建州奉濛以图兴复，遣使召之。延徽亦闻闽兵及吴越兵将至，引兵归。闽人追击，败之，士卒死亡甚众，归罪于都虞候张重进，斩之。知诰贬延徽为右威卫将军，遣使求好于闽。

闰月，以左谏议大夫唐汭、膳部郎中、知制诰陈乂皆为给事中，充枢密直学士。汭以文学从帝，历三镇在幕府。及即位，将佐之有才者，朱、冯皆斥逐之。汭性迂疏，朱、冯恐帝含怒有时而发，乃引汭于密近，以其党陈乂监之。

丙午，尊皇后为皇太后。

安远节度使符彦超奴王希全、任贺兒见朝廷多事，谋杀彦超，据安州附于吴，夜，叩门称有急递，彦超出至听事，二奴杀之，因以彦超之命召诸将，有不从己者辄杀之。己酉旦，副使李端帅州兵讨诛之，并其党。

甲寅，以王淑妃为太妃。

蜀将吏劝蜀王知祥称帝；己巳，知祥即皇帝位于成都。

（以上为第十二段，写唐闵帝为群小所控，藩镇观望，孟知祥称帝。吴兵围闽建川，闽兵愤怨，薛文杰被诛。）

时和临川王杨濛很要好，担心他一旦攻取了建州就会拥戴杨濛以图恢复吴国的王权，于是就派遣使者把他召回。蒋延徽也听说闽国和吴越的援兵快要到了，就把部队撤了回去；闽兵乘势追击，把吴兵打得大败，士卒死亡了很多，蒋延徽把受损失的责任归罪于都虞候张重进，把他杀了。徐知诰把蒋延徽贬为右威卫将军，同时派遣使者去和闽国修好。

闰正月，任命左谏议大夫唐汭、膳部郎中知制诰陈乂都为给事中，充任枢密直学士。唐汭靠他的文学才能侍从后唐闵帝，经历了三度迁移镇所依然被留在幕府中。到了后唐闵帝继位，将领和幕僚中有才能的人，朱弘昭、冯赟都把他们排斥出外了。唐汭生性迂阔大意，朱弘昭、冯赟担心后唐闵帝心中对他们的怒气有朝一日会发作，于是就把唐汭安排在后唐闵帝身边枢密的位子上，而同时派他们的同党陈乂监视他的言行。

闰正月初五日丙午，尊奉皇后为皇太后。

安远节度使符彦超的奴仆王希全、任贺兒看到朝廷总是政局动荡不安定，就密谋要杀害符彦超，然后占据安州归附吴国。一天夜里，两人敲门谎称有紧急军情文书到达，符彦超起身出来办事，两个奴仆就把他杀了，接着就借用符彦超的名义把将领们召集来，有不服从他们的马上就把他杀掉。闰正月初八日甲寅的早晨，节度副使李端率领本州的士兵讨伐诛杀了他们，同时把他们的同党也都诛杀了。

闰正月十三日甲寅，封王淑妃为太妃。

后蜀将领官吏们都劝孟知祥称帝；闰正月二十八日己巳，孟知祥在成都即皇帝位。

【点评】

本卷点评五不足惧六可畏、秦王李从荣之死两件史事。

一、五不足惧六可畏。明宗长兴三年（932）十月二十四壬申，大理少卿康澄上奏，提出天变灾异有五种情况不足畏，人事作为有六个方面令人担心。康澄说："阴阳失调不值得害怕，日月星辰运行不正常不值得害怕，社会上的流言不值得害怕，山崩河涸不值得害怕，虫害为灾不值得害怕。"这就是五不足畏。康澄又说："贤人隐退令人担忧，士农工商不能安居乐业令人担忧，上下通同作弊令人担忧，社会大众寡廉鲜耻令人担忧，是非混淆、黑白颠倒令人担忧，听不到直言正论令人担忧。"这就是六可畏。五代乱世，人们唯利是图，以力相尚，诚信的道德底线被践踏，世衰道丧，人之聚散，以利相蒙，全无君臣之义、父子之亲，沦落到禽兽的境界。康澄之论，石破天惊，明宗下诏褒奖。在古代天灾变异被认为是上天在警告人间的执政者，使之知惧以期改善政治。因此康澄所说的五不足惧，不是真的不足戒惧，而是说人事作为的六种情况更为可怕，警醒明宗用心于人间事务，言辞抑扬之间说得有些绝对，盖矫枉过正而已。

二、秦王李从荣之死。秦王李从荣，明宗第二子。明宗长子李从璟，为人骁勇善战，谦退谨厚，追随庄宗征战，多次立功，任金枪指挥使。李从璟死于庄宗之难，从荣在诸皇子中居长，明宗深爱之。明宗践祚，天成初授从荣邺都留守，天雄军节度使。天成三年，移北都留守，充河南节度使。天成四年入为河南尹，加尚书令，长兴中又加天下兵马大元帅，封秦王。从荣为人轻佻而自傲，张狂狠戾，入朝严卫，从骑数百，张弓挟矢，横行道路，朝士侧目。从荣藐视大臣，曾对左右说："等我当了皇帝，一定要族一些大臣。"枢密使范延光、赵延寿多次向明宗请求外任，外臣也不愿入朝任宰辅。从荣在宰臣眼中简直就是一个避之不及的恶魔。一些趋炎附势之徒，如太仆少卿何泽，为了讨好李从荣为日后之资，奏请明宗立从荣为太子，明宗害怕丧失权力，泣对奏表，对亲近的人说："群臣议立太子，嫌我老朽，朕应当回到太原看守老房子。"从荣得知，对范延光、赵延寿说："执政想立我当太子，是要夺我兵权幽囚我在东宫吗？"范延光等大臣从明宗父子的话中知道了父子两人的心病。明宗不想早立太子，推迟一天是一天；李从荣想要掌控兵权，不计较太子虚名。父子两人贪于权势如此，心理都变态扭曲。明宗染病，从荣兵变，不怕担篡弑之名以夺取权力，无奈太没有人缘，一场宫廷政变就失败了。明宗也在惊吓之中一命呜呼。

后唐纪八

后唐潞王清泰元年至二年（934—935 年）

【起阏逢敦牂（甲午，934 年）二月，尽旃蒙协洽（乙未，935 年），凡一年有奇】

【大事提要】

本卷记事起公元 934 年二月，讫公元 935 年，凡一年又十一个月。当后唐闵帝清泰元年二月至清泰二年。此时期为后唐政治又一剧变。后唐闵帝仁弱，大权旁落于朱弘昭、冯赟两小人之手，闵帝猜疑石敬瑭、潞王李从珂，政未稳而下徙镇诏令，潞王抗命，闵帝征讨，诸军溃于凤翔城下。潞王东进，一路受降，康义诚率禁军征讨，却一心投诚潞王。闵帝仓皇北逃，不带将相随从，到卫州遇石敬瑭，下诏勤王，石敬瑭不奉诏，一路奔洛阳投降潞王。潞王李从珂兵不血刃入洛阳，即帝位，是为后唐末帝。末帝弑闵帝于卫州，全境归服。末帝亦非命世之主，只会在马背上逞勇，不会在马背下服人，竟然抓阄选宰相。末帝无知人之明，辅臣不敢言事，政事可想而知。石敬瑭返北都，借契丹犯边为名，多储兵马粮秣以自保。吴国徐知诰加紧禅代活动。闽国王继鹏弑父自立。荆南孙光宪见微敢谏，高从诲闻善改过，司马光评论说君臣都像这样，哪还会有亡国败家的事件发生。

【原文】

潞王下

清泰元年（甲午，934 年）

二月，癸酉，蜀主以武泰节度使赵季良为司空兼门下侍郎、同平章事，领节度使如故。

吴人多不欲迁都者，都押牙周宗言于徐知诰曰："主上西迁，公复须东行，不惟劳费甚大，且违众心。"丙子，吴主遣宋齐丘如金陵，谕知诰罢迁都。

先是，知诰久有传禅之志，以吴主无失德，恐众心不悦，欲待嗣君，宋齐丘亦以为然。一旦，知诰临镜镊白髭，叹曰："国家安而吾老矣，奈何？"周宗知其意，请如江都，微以传禅讽吴主，且告齐丘。齐丘以宗先己，心疾之，遣使驰诣金陵，手书切谏，以为天时人事未可，知诰愕然。后数日，齐丘至，请斩宗以谢吴主，乃黜宗为池州副使。久之，节度副使李建勋、行军司马徐玠等屡陈知诰功业，宜早从民望，召宗复为都押牙。知诰由是疏齐丘。

朱弘昭、冯赟不欲石敬瑭久在太原，且欲召孟汉琼，己卯，徙成德节度使范延光为天雄节度使，代汉琼；徙潞王从珂为河东节度使，兼北都留守；徙石敬瑭为成德节度使。皆不降制书，但各遣使臣持宣监送赴镇。

吴主诏徐知诰还府舍。甲申，金陵大火；乙酉，又火。知诰疑有变，勒兵自卫。

（以上为第一段，写吴徐知诰图谋禅让。）

潞王既与朝廷猜阻，朝廷又命洋王从璋权知凤翔。从璋性粗率乐祸。前代安重诲镇河中，手杀之。潞王闻其来，尤恶之，欲拒命则兵弱粮少，不知所为，谋于将佐，皆曰："主上富于春秋，政事出于朱、冯，大王功名震主，离镇必无全理，不可受也。"王问观察判官滴河马胤孙曰："今道过京师，当何向为便？"对曰："君命召，不俟驾。临丧赴镇，又何疑焉！诸人凶谋，不可从也。"众哂之。王乃移檄邻道，言："朱弘昭等乘先

【语译】

潞王下

后唐潞王清泰元年（甲午，934 年）

二月初三日癸酉，后蜀主孟知祥任命武泰节度使赵季良为司空兼门下侍郎、同平章事，仍然兼领节度使。

吴国人很多都不想迁都，都押牙周宗对徐知诰说："主上如果西迁金陵，您却又要东镇江都，这样一来不仅耗费人力物力巨大，而且也违背了人们的意愿。"二月初六日丙子，吴主派宋齐丘前往金陵，告诉徐知诰迁都之事作罢。

先前，徐知诰很早就有了让吴主把皇位传让给他自己的意图，只因吴主没有什么失德的地方，又担心人心不服，就想等嗣君继位之后再说；宋齐丘也认为这样做很好。一天早晨，徐知诰对着镜子夹白胡须，叹气说："国家安定了而我却老了，怎么办？"周宗了解他的意图，就请求前往江都，把禅位的意思向吴主暗示一下，并且把这件事告诉一下宋齐丘，宋齐丘认为周宗抢了他的先，心里很忌妒他，就派使者骑马赶到金陵，带着他的亲笔信极力劝阻徐知诰，认为天时、人心都还没到时机；徐知诰感到出乎意料，很吃惊。几天之后，宋齐丘来到金陵，向徐知诰请求杀了周宗好向吴主谢罪，于是徐知诰只好把周宗贬为池州团练副使。过了一段时间，节度副使李建勋、行军司马徐玠等人多次陈述徐知诰的功业，认为应该早日顺从民意，于是又把周宗召回恢复了他的都押牙的职务。徐知诰从此就开始疏远宋齐丘了。

朱弘昭、冯赟不想让石敬瑭久在太原，同时还想把孟汉琼召回朝廷，二月初九日己卯，就把成德节度使范延光改任为天雄节度使，以代替孟汉琼；把潞王李从珂改任为河东节度使，兼任北都留守；把石敬瑭改任为成德节度使。一律不颁发正式的诏书，只是分别派遣使者带着枢密院的文书护送着前往各个军镇。

吴主下诏命徐知诰搬回到原来的府舍中去住。二月十四日甲申，金陵发生大火；二月十五日乙酉，又发生了一次大火；徐知诰怀疑会有什么变故，就调动兵力进行自我防卫。

潞王李从珂已经与朝廷相互猜疑和疏远，朝廷又任命洋王李从璋来暂时主持凤翔事务。李从璋生性粗率，而且又幸灾乐祸，以前代替安重诲镇守河中时，就亲手把安重诲杀了；潞王得知他要来，心里对他感到特别厌恶，想要抗拒朝廷命令，而自己却又兵力不足，粮草很少，一时不知该怎么办才好，就和自己的将领幕僚们商议，大家都说："皇上年纪还轻，国家大事都由朱弘昭、冯赟两人决断，大王您功高震主，一旦离开军镇肯定没有安全的可能，不能接受别人来代职。"潞王问观察判官

帝疾亟，杀长立少，专制朝权，别疏骨肉，动摇藩垣，惧倾覆社稷。今从珂将入朝以清君侧之恶，而力不能独办，愿乞灵邻藩以济之。”

潞王以西都留守王思同当东出之道，尤欲与之相结，遣推官郝诩、押牙朱廷乂等相继诣长安，说以利害，饵以美妓，不从则令就图之。思同谓将吏曰：“吾受明宗大恩，今与凤翔同反，借使事成而荣，犹为一时之叛臣，况事败而辱，流千古之丑迹乎！”遂执诩等，以状闻。时潞王使者多为邻道所执，不则依阿操两端，惟陇州防御使相里金倾心附之，遣判官薛文遇往来计事。金，并州人也。

朝廷议讨凤翔。康义诚不欲出外，恐失军权，请以王思同为统帅，以羽林都指挥使侯益为行营马步军都虞候。益知军情将变，辞不行。执政怒之，出为商州刺史。辛卯，以王思同为西面行营马步军都部署，前静难节度使药彦稠副之，前绛州刺史苌从简为马步都虞候，严卫步军左厢指挥使尹晖、羽林指挥使杨思权等皆为偏裨。晖，魏州人也。

蜀主以中门使王处回为枢密使。

丁酉，加王思同同平章事，知凤翔行府；以护国节度使安彦威为西面行营都监。思同虽有忠义之志，而御军无法；潞王老于行陈，将士徼幸富贵者心皆向之。诏遣殿直楚匡祚执亳州团练使李重吉，幽于宋州。洋王从璋行至关西，闻凤翔拒命而还。

三月，安彦威与山南西道张虔钊、武定孙汉韶、彰义张从宾、静难康福等五节度使奏合兵讨凤翔。汉韶，李存进之子也。

乙卯，诸道兵大集于凤翔城下攻之，克东西关城，城中死者甚众。

滴河人马胤孙说："我现在如果奉命调职，经过京师洛阳，应当朝哪个方向为好？"马胤孙回答说："君主有命相召，不等车马准备好就要出发。应该先在京师参加先皇的葬礼，然后再去河东军镇赴任，又有什么好犹豫的呢？大家所出的都是坏主意，不能听他们的。"大家都讥笑他的迂腐。潞王于是移送檄文到邻近各道，檄文上说："朱弘昭等人乘着先帝病重之际，杀死长子拥立少子，独揽朝廷大权，离间皇室骨肉至亲，动摇藩镇根基，我怕他们会倾覆唐室的江山社稷。现在我李从珂要去朝廷清除君主身边的坏人，而这样的大事又不是一个人的力量所能办得到的，希望请求各位邻近方镇的大力帮助。"

潞王因为西都留守王思同正扼守在从凤翔往东到洛阳的必经之路上，所以特别想和他搞联合，就派推官郝诩、押牙朱廷乂等人相继来到长安，向王思同陈说利害关系，并馈赠美貌的女伎作诱饵，如果他不顺从，就让两人就地把他解决了。王思同对自己的将领官吏们说："我受过明宗皇帝的大恩，和凤翔一起造反，即使事情成功了能够得到荣华富贵，仍然还是一个叛逆的臣子，更何况事情失败了而蒙受耻辱，在千古传下丑恶行迹呢！"当即就把郝诩等人抓了起来，并把这情况向朝廷报告。当时潞王派出的使者大多都被邻近各道抓了起来，不然的话就是不置可否，心存观望，只有陇州防御使相里金是全心全意地依附他，派判官薛文遇往来商议具体事宜。相里金是并州人。

朝廷商议讨伐凤翔。康义诚不想出任在外，怕失去兵权，就请求任命王思同为统帅，任命羽林都指挥使侯益为行营马步军都虞候。侯益深知军情将会发生变故，就找借口不愿起程；执政大臣们很生气，就把他贬为商州刺史。二月二十一日辛卯，任命王思同为西面行营马步军都部署，前静难节度使药彦稠为他的副手，任命前绛州刺史苌从简为马步都虞候，严卫步军左厢指挥使尹晖、羽林指挥使杨思权等人都担任副将。尹晖是魏州人。

后蜀主任命中门使王处回为枢密使。

二月二十七日丁酉，加封王思同为同平章事，主持凤翔行府；任命护国节度使安彦威为西面行营都监。王思同虽然有忠义之心，但是统御军队却没有法度；潞王却很熟悉行军打仗，将士们希望能够得到富贵荣华的，内心都愿意依附他。后唐闵帝下诏派殿直楚匡祚把担任亳州团练使的李重吉抓起来，囚禁在宋州。洋王李从璋受命赴任，走到函谷关西，得知凤翔军镇抗拒朝廷命令的消息，就回去了。

三月，安彦威和山南西道节度使张虔钊、武定节度使孙汉韶、彰义节度使张从宾、静难节度使康福等五人向后唐闵帝上表请求联合进讨凤翔。孙汉韶是李存进的儿子，李存进是李克用的义子。

三月十五日乙卯，各道的兵马会集在凤翔城下开始攻城，攻下了东、西关城，

丙辰，复进攻城，期于必取。凤翔城堑卑浅，守备俱乏，众心危急，潞王登城泣谓外军曰："吾未冠从先帝百战，出入生死，金创满身，以立今日之社稷，汝曹从我，目睹其事。今朝廷信任谗臣，猜忌骨肉，我何罪而受诛乎！"因恸哭。闻者哀之。

张虔钊性褊急，主攻城西南，以白刃驱士卒登城，士卒怒，大诟，反攻之，虔钊跃马走免。杨思权因大呼曰："大相公，吾主也。"遂帅诸军解甲投兵，请降于潞王，自西门入，以幅纸进潞王曰："愿王克京城日，以臣为节度使，勿以为防、团。"潞王即书"思权可邠宁节度使"授之。王思同犹未之知，趣士卒登城，尹晖大呼曰："城西军已入城受赏矣。"众皆弃甲投兵而降，其声震地。日中，乱兵悉入，外军亦溃，思同等六节度使皆遁去。潞王悉敛城中将吏士民之财以犒军，至于鼎釜皆估直以给之。丁巳，王思同、药彦稠等走至长安，西京副留守刘遂雍闭门不内，乃趣潼关。遂雍，鄩之子也。

（以上为第二段，写潞王李从珂遣使四出谋起兵，闵帝征兵讨凤翔，反戈为潞王所用。）

潞王建大将旗鼓，整众而东，以孔目官虞城刘延朗为腹心。潞王始忧王思同等并力据长安拒守，至岐山，闻刘遂雍不内思同，甚喜，遣使慰抚之。遂雍悉出府库之财于外，军士前至者即给赏令过；比潞王至，前军赏遍，皆不入城。庚申，潞王至长安，遂雍迎谒，率民财以充赏。

是日，西面步军都监王景从等自军前奔还，中外大骇。帝不知所为，谓康义诚等曰："先帝弃万国，朕外守藩方，当是之时，为嗣者在诸公所取耳，朕实无心与人争国。既承大业，年在幼冲，国事皆委诸公。朕于兄弟间不至榛梗，诸公以社稷大计见告，朕何敢违！军兴之初，皆自夸大，以为寇不足平；今事至于此，何方可以转祸？朕欲自迎潞王，以大位让之，若不免于罪，亦所甘心。"朱弘昭、冯赟大惧，不敢对。义诚欲悉以宿卫兵迎降为己功，乃曰："西师惊溃，盖主将失策耳。今侍卫诸军

城里的人死了很多。三月十六日丙辰，又对凤翔城发起了新一轮的进攻，希望这一仗能把城池攻下来。凤翔城墙低矮、堑壕浅薄，一应守备器材都很缺乏，大家心中都觉得很危急，潞王上城墙流着泪对城外进攻的军队说：“我还没成年的时候就跟随先帝身经百战，出生入死，满身都是创伤，这才创立了今天的国家；你们跟随我的，都亲眼看见过这些事实。现在朝廷信任谗臣，猜忌自家骨肉，我有什么罪过，却要被诛杀啊！”说完，又伤心得恸哭起来。听了这话的人都很同情他。

张虔钊性情非常急躁，负责攻打城西南，他拿着刀驱逼士卒们攻城，士卒们被惹怒了起来，对他大骂，掉头攻击他，张虔钊赶忙骑上马逃走，才免一死，杨思权于是大声喊叫说：“大相公才是我们的主公。”随即率领军士们解下盔甲、丢下兵器，向潞王请求归降，从西门进入城中，他拿着一张纸奉送到潞王的面前说：“希望大王在攻下京城的那一天，能够任命臣为节度使，而不要让臣去任防御使、团练使之类的职务。”潞王当即就在纸上写了“思权可以担任邠宁节度使”交给他。王思同不知道这边的情况，还在督促士卒们攻城，尹晖大声喊叫着说：“城西面的军队已经进城接受奖赏了。”大家一听，都丢下了盔甲兵器纷纷投降，那声音响得地动山摇。到了中午，乱兵们都进了城，外面的军队也溃退了，王思同等六名节度使都逃走了。潞王把城中将士吏民的所有财物都征集起来犒赏军队，甚至连鼎、釜之类器物都估了价用来赏给军队。三月十七日丁巳，王思同、药彦稠等人逃到了长安，西京副留守刘遂雍关起了城门，不让他们进城，他们只好奔往潼关。刘遂雍是原梁将刘鄩的儿子。

潞王设立了大将的旗鼓，整顿军队，向东进发，把孔目官虞城人刘延朗当作心腹。潞王开始还担心王思同等人会联合力量据守长安进行抵抗，到了岐山，得知刘遂雍不让王思同进城，十分高兴，就派使者前去慰问安抚他。刘遂雍把府库中的财物全部搬到外面来，军士们有先到的就发给他作为奖赏，让他通过；等潞王到达时，前面的部队已经犒赏完毕，都没有进城骚扰。三月二十日庚申，潞王到达长安，刘遂雍迎接拜见，并把当地百姓的所有财物都聚敛来奖赏部队。

这一天，西面步军都监王景从等人从前线逃回到京城，朝廷内外都大为震惊。后唐闵帝一时不知该怎么办才好，就对康义诚等人说：“先帝去世的时候，朕正在外头镇守方镇，在当时那种情况下，由谁来继承帝位，完全在于诸位明公的选择，朕实在没有心思与人争夺国家大权。朕在继承了大业以后，因为年纪还轻，把国家大事都委托给诸位明公。朕和兄弟们之间并没有什么猜忌，诸位明公把国家的大计告诉给朕，朕又哪里敢违背众意！当初出兵，大家都随意夸口，认为平定乱寇没有什么问题；现在事情到了这个地步，用什么方法才能转危为安？朕打算亲自前去迎接

尚多，臣请自往扼其冲要，招集离散以图后效，幸陛下勿为过忧！”帝遣使召石敬瑭，欲令将兵拒之。义诚固请自行，帝乃召将士慰谕，空府库以劳之，许以平凤翔，人更赏二百缗，府库不足，当以宫中服玩继之。军士益骄，无所畏忌，负赐物，扬言于路曰：“至凤翔更请一分。”

遣楚匡祚杀李重吉于宋州。匡祚榜棰重吉，责其家财。又杀尼惠明。

初，马军都指挥使朱洪实为秦王从荣所厚，及朱弘昭为枢密使，洪实以宗兄事之。从荣勒兵天津桥，洪实首为孟汉琼击从荣，康义诚由是恨之。辛酉，帝亲至左藏，给将士金帛。义诚、洪实共论用兵利害，洪实欲以禁军固守洛阳，曰：“如此，彼亦未敢径前，然后徐图进取，可以万全。”义诚怒曰：“洪实为此言，欲反邪！”洪实曰：“公自欲反，乃谓谁反！”其声渐厉。帝闻，召而讯之，二人讼于帝前，帝不能辨其是非，遂斩洪实，军士益愤怒。

壬戌，潞王至昭应，闻前军获王思同，王曰：“思同虽失计，然尽心所奉，亦可嘉也。”癸亥，至灵口，前军执思同以至，王责让之，对曰：“思同起行间，先帝擢之，位至节将，常愧无功以报大恩。非不知附大王立得富贵，助朝廷自取祸殃，但恐死之日无面目见先帝于泉下耳。败而衅鼓，固其所也。请早就死！”王为之改容，曰：“公且休矣。”王欲宥之，而杨思权之徒耻见其面。王之过长安，尹晖尽取思同家资及妓妾，屡言于刘延朗曰：“若留思同，虑失士心。”属王醉，不待报，擅杀思同及其妻子。王醒，怒延朗，嗟惜者累日。

路王，把皇帝大位让给他，如果还是免不了要被治罪，朕也甘心情愿。”朱弘昭、冯赟一听，大为害怕，不敢回答。康义诚想带着全部宿卫部队迎降路王作为自己的功劳，就说：“西征部队惊散溃退，是由于主将的指挥失误造成的。现在侍卫的部队还很多，臣请求亲自前去扼守住冲要之地，召集流散部队，然后再另做打算，请陛下不要过分忧虑！”后唐闵帝派使者前去征召石敬瑭，准备让他率领部队抵抗路王的进攻。康义诚一再请求自己带兵前去，后唐闵帝于是召集将士们进行慰问和动员，并且把府库里的东西全部拿出来赏赐给他们，许愿说平定了凤翔之后，每人再赏赐二百缗钱，如果府库里的钱不够，就用宫中的锦帛珍玩作赏赐。这样一来，军士们更加骄纵了起来，无所畏忌，他们背着这些赏赐的东西，在路上一边走一边扬言说：“到了凤翔还要再领一份赏。”

后唐闵帝派遣楚匡祚到宋州把李重吉杀了；楚匡祚对李重吉严刑拷打，追索他的家财。又派人把在宫中的路王的女儿尼姑惠明杀了。

当初，马军都指挥使朱洪实深得秦王李从荣的厚爱，到了朱弘昭担任枢密使以后，朱洪实又把他当作同宗兄弟来侍奉；李从荣把军队部署在天津桥的时候，朱洪实第一个替孟汉琼攻击李从荣，康义诚因此很憎恨他。三月二十一日辛酉，后唐闵帝亲自到左藏，给将士发放金银布帛。康义诚、朱洪实一起议论这次用兵的利与弊，朱洪实因为主张用禁军固守洛阳，就说：“如果这样做，他们就不敢直接进攻洛阳了，然后我们再慢慢想办法反攻，可以万无一失。”康义诚一听，大怒说：“朱洪实说这话，简直是要造反！”朱洪实反驳说：“你自己要造反，还要说别人造反！”两人争吵的声音渐渐大了起来。后唐闵帝听到了，就把两人召过来问话，两人继续在后唐闵帝面前争辩是非，后唐闵帝无法辨别谁对谁错，就把官阶低的朱洪实处斩了，这样一来，军士们更加愤怒。

三月二十二日壬戌，路王到了昭应，听说先头部队抓获了王思同，路王说：“王思同做的虽然不对，但是他对主上能尽心尽力，这也是值得赞赏的。”三月二十三日癸亥，到达灵口，先头部队把王思同押了来，路王责问他，王思同回答说：“思同出身行伍，受到先帝的提拔，升至建节大将的地位，经常惭愧没有建立功劳报答先帝的大恩大德。我并不是不知道归附大王马上就能够得到富贵，帮助朝廷反而会自取祸殃，但只是担心死了以后没脸在九泉之下见到先帝。现在失败了要被杀头，也算是死得其所了。请早一点把我杀了吧！”路王听了他的话也很受感动，就说：“您暂时下去休息吧。”路王本来想赦免他，但杨思权这帮人却都没脸再见他的面。当路王率兵经过长安的时候，尹晖霸占了王思同的所有家产和妓妾，因此他多次对路王的心腹刘延朗说：“如果留下王思同，恐怕会失去士卒们的心。”于是就乘着路王酒醉的时候，也不等待上报，就擅自杀了王思同和他的妻子儿女。路王酒醒之后，对刘

癸亥，制以康义诚为凤翔行营都招讨使，以王思同副之。

甲子，潞王至华州，获药彦稠，囚之。乙丑，至阌乡。朝廷前后所发诸军，遇西军皆迎降，无一人战者。丙寅，康义诚引侍卫兵发洛阳，诏以侍卫马军指挥使安从进为京城巡检，从进已受潞王书，潜布腹心矣。

是日，潞王至灵宝，护国节度使安彦威、匡国节度使安重霸皆降，惟保义节度使康思立谋固守陕城以俟康义诚。先是，捧圣五百骑戍陕西，为潞王前锋，至城下，呼城上人曰："禁军十万已奉新帝，尔辈数人奚为！徒累一城人涂地耳。"于是捧圣卒争出迎，思立不能禁，不得已亦出迎。

丁卯，潞王至陕，僚佐说王曰："今大王将及京畿，传闻乘舆已播迁，大王宜少留于此，先移书慰安京城士庶。"王从之，移书谕洛阳文武士庶，惟朱弘昭、冯赟两族不赦外，自余勿有忧疑。

康义诚军至新安，所部将士自相结，百什为群，弃甲兵，争先诣陕降，累累不绝。义诚至乾壕，麾下才数十人，遇潞王候骑十余人，义诚解所佩弓剑为信，因候骑请降于潞王。

戊辰，闵帝闻潞王至陕，义诚军溃，忧骇不知所为，急遣使召朱弘昭谋所向，弘昭曰："急召我，欲罪之也。"赴井死。安从进闻弘昭死，杀冯赟于第，灭其族，传弘昭、赟首于潞王。帝欲奔魏州，召孟汉琼使诣魏州为先置，汉琼不应召，单骑奔陕。

（以上为第三段，写潞王起兵东向，一路受降至陕州，闵帝派康义诚领禁军出征，也全部投降。）

初，帝在藩镇，爱信牙将慕容迁，及即位，以为控鹤指挥使。帝将北渡河，密与之谋，使帅部兵守玄武门。是夕，帝以五十骑出玄武门，谓迁曰："朕且幸魏州，徐图兴复，汝帅有马控鹤从我。"迁曰："生死从大家。"乃阳为团结，帝既出，即阖门不行。

延朗很恼怒，并且为此惋惜了很多天。

三月二十三日癸亥，后唐闵帝任命康义诚为凤翔行营都招讨使，任命王思同为副招讨使。

三月二十四日甲子，路王到达华州，抓获了药彦稠，把他囚禁了起来。三月二十五日乙丑，到达阌乡。朝廷前前后后所派出的军队，遇到凤翔来的军队都纷纷迎降，没有一人肯应战的。三月二十六日丙寅，康义诚带领侍卫兵从洛阳出发，后唐闵帝下诏任命侍卫马军指挥使安从进为京城巡检；安从进当时已经接到路王的密信，并且暗中布置心腹之人了。

这一天，路王到达灵宝，护国节度使安彦威、匡国节度使安重霸都投降了，唯独保义节度使康思立还打算固守陕城以等待康义诚前来增援。在此以前，捧圣军有五百名骑兵戍守在陕西，这时担当了路王的先头部队，他们来到了陕州城下，对城上的人喊道："禁军十万人已经拥立新皇帝了，你们这几个还想干什么！白白地连累一城人肝脑涂地而已。"于是捧圣军的士卒们都争先恐后地出来迎降，康思立阻挡不住，不得已，自己也只好出城迎降。

三月十七日丁卯，路王到达陕州，幕僚们劝路王说："现在大王已经快要到京畿了，传说皇上已经离开京师，大王最好在此停留一下，先送去文告安抚一下京城的军民。"路王听从了这个建议，于是就发布文告晓谕洛阳的文武军民，除了对朱弘昭、冯赟两个家族不赦免外，其余的人都不要担心害怕。

康义诚的军队到达新安，他所率领的将士都自相结合，成十上百个人为一群，丢下盔甲兵器，争先恐后地前往陕州去投降，一路上络绎不绝。康义诚到达乾壕后，手下只剩几十个人了；这时碰上了路王的侦察骑兵十多个人，康义诚解下自己佩带的弓、剑作为信物，托这些侦察骑兵回去向路王请求投降。

三月二十八日戊辰，后唐闵帝听说路王到了陕州，康义诚的军队已经溃败，又担心又害怕，一时不知该怎么办才好，急忙派出宫中的使者去召朱弘昭前来商议对策，朱弘昭说："这么急切地召见我，一定是要降罪于我。"于是就投井自杀了。安从进听说朱弘昭死了，就把冯赟杀死在他的家中，对他满门抄斩，把朱弘昭、冯赟的首级传送呈献给路王。后唐闵帝准备逃到魏州去，就征召孟汉琼，让他先到魏州安置一下，孟汉琼没理会后唐闵帝的召命，一个人骑着马投奔陕州去了。

当初，后唐闵帝在藩镇的时候，很宠幸牙将慕容迁，到了即位以后，任命他为控鹤指挥使；后唐闵帝准备向北渡过黄河，就秘密地和他商议，让他率领所属人马把守玄武门。当天晚上，后唐闵帝带着五十名骑兵出玄武门，对慕容迁说："朕暂去一下魏州，慢慢再图复兴，你率领有马的控鹤随我走。"慕容迁说："生死都追随皇

己巳，冯道等入朝，及端门，闻朱、冯死，帝已北走，道及刘昫欲归，李愚曰：“天子之出，吾辈不预谋。今太后在宫，吾辈当至中书，遣小黄门取太后进止，然后归第，人臣之义也。”道曰：“主上失守社稷，人臣惟君是奉，无君而入宫城，恐非所宜。潞王已处处张榜，不若归俟教令。”乃归。至天宫寺，安从进遣人语之曰：“潞王倍道而来，且至矣，相公宜帅百官至谷水奉迎。”乃止于寺中，召百官。中书舍人卢导至，冯道曰：“俟舍人久矣，所急者劝进文书，宜速具草。”导曰：“潞王入朝，百官班迎可也；设有废立，当俟太后教令，岂可遽议劝进乎？”道曰：“事当务实。”导曰：“安有天子在外，人臣遽以大位劝人者邪！若潞王守节北面，以大义见责，将何辞以对！公不如帅百官诣宫门，进名问安，取太后进止，则去就善矣。”道未及对，从进屡遣人趣之曰：“潞王至矣，太后、太妃已遣中使迎劳矣，安得百官无班！”道等即纷然而去。既而潞王未至，三相息于上阳门外，卢导过于前，道复召而语之，导对如初。李愚曰：“舍人之言是也。吾辈之罪，擢发不足数。”

康义诚至陕待罪，潞王责之曰：“先帝晏驾，立嗣在诸公，今上亮阴，政事出诸公，何为不能终始，陷吾弟至此乎？”义诚大惧，叩头请死。王素恶其为人，未欲遽诛，且宥之。马步都虞候苌从简、左龙武统军王景戡皆为部下所执，降于潞王，东军尽降。潞王上笺于太后取进止，遂自陕而东。

夏，四月，庚午朔，未明，闵帝至卫州东数里，遇石敬瑭；帝大喜，问以社稷大计，敬瑭曰：“闻康义诚西讨，何如？陛下何为至此？”帝曰：“义诚亦叛去矣。”敬瑭俯首长叹数四，曰：“卫州刺史王弘贽，宿将习事，请与图之。”乃往见弘贽问之，弘贽曰：“前代天子播迁多矣，然皆有将相、侍卫、府库、法物，使群下有所瞻仰；今皆无之，独以五十骑自随，

上。”于是表面上装着要召集军队，等到后唐闵帝一出城门，他就立即下令把城门关上，不动身了。

三月二十九日己巳，冯道等人入宫朝见，刚到端门，就听说朱弘昭、冯赟已经死了，后唐闵帝已经向北逃走；冯道和刘昫正要回家，李愚说：“天子出行，我们这些人并没有参预其事。现在太后还在宫中，我们应该到中书去，派小黄门去向太后请示该怎么办，然后再回家，这才是尽了人臣的大义。”冯道说：“主上把江山社稷给丢了，为人臣子的只能侍奉君主，没有了君主而再进入宫城，恐怕有些不合适。潞王已经到处在张贴榜文了，我们不如回家去听候命令罢。”于是大家就往回走了。刚走到天宫寺，安从进派人来告诉他说：“潞王正在兼程前来，就快要到了，相公应该率领百官到谷水去迎接。”于是冯道就停留在寺中，派人去召集百官。中书舍人卢导到了，冯道说：“等舍人等很好久了，现在最急需的是向潞王劝进的文书，应该赶快草拟。”卢导说：“潞王来朝廷，百官列班相迎就可以了；假如有废立国君的事情，也应当听候太后的教令，哪能仓促之间就商议劝进的事呢？”冯道说：“做事要讲求实际。”卢导说：“哪里有天子出行在外，人臣却拿皇帝大位去向人劝进的呢？如果潞王能够谨守臣节北面称臣，用君臣大义来责备我们，到时将用什么话来回答他？您不如率领百官前往皇宫门口，送进名帖向太后问安，然后听从太后的定夺，这样就进退两善了。”冯道还没有来得及表态，安从进又多次派人来催促他说：“潞王到了，太后、太妃已经派遣宫中的使者前去慰劳了，百官怎么可以不去呢？”冯道等人于是就纷纷前往。过了一会儿，潞王并没有来到，三个宰相就停留在上阳门外休息，这时卢导从他们面前经过，冯道又把他叫来谈劝进的事，卢导的回答还是和先前一样。李愚说：“舍人的话是对的，我们这些人的罪过，真是擢发难数。”

康义诚到了陕州等候发落，潞王责备他说：“先帝去世以后，拥立嗣君由你们做主；当今皇上在居丧期间，国家的政事也由你们安排，为什么就不能始终如一，而把我弟弟坑害到这种地步呢？”康义诚一听，大为恐惧，伏在地上叩头请求死罪。潞王平时很讨厌康义诚的为人，但是也没想马上就把他杀掉，只是暂时赦免了他的罪责。马步都虞候苌从简、左龙武统军王景戡被他们自己的部下活捉了起来，向潞王投降，至此，洛阳派来的军队全部都投降了。潞王向太后上书，请示太后的安排，接着就率领大军从陕州向东进发。

夏季，四月初一日庚午，天还没有亮，后唐闵帝到了卫州东面几里路的地方，遇上了石敬瑭；后唐闵帝非常高兴，就向他询问军国大计，石敬瑭说：“听说康义诚率兵向西讨伐，怎么样了？陛下怎么到这里来了？”后唐闵帝说：“康义诚也叛变走了。”石敬瑭一再地低头长叹，说：“卫州刺史王弘贽，是位宿将，又懂得很多事情，请让我和他商议一下。”于是石敬瑭就前去会见王弘贽，征求他的意见，王弘贽说：

虽有忠义之心，将若之何？”敬瑭还，见帝于卫州驿，以弘赞之言告。弓箭库使沙守荣、奔洪进前责敬瑭曰：“公明宗爱婿，富贵相与共之，扰患亦宜相恤。今天子播越，委计于公，冀图兴复，乃以此四者为辞，是直欲附贼卖天子耳！”守荣抽佩刀欲刺之，敬瑭亲将陈晖救之，守荣与晖斗死，洪进亦自刎。敬瑭牙内指挥使刘知远引兵入，尽杀帝左右及从骑，独置帝而去。敬瑭遂趣洛阳。

（以上为第四段，写闵帝出奔，将相大臣无一追随。闵帝至卫州路遇石敬瑭，石敬瑭不奉诏勤王而赶往洛阳投降。）

是日，太后令内诸司至乾壕迎潞王，王亟遣还洛阳。

初，潞王罢河中，归私第，王淑妃数遣孟汉琼存抚之。汉琼自谓于王有旧恩，至渑池西，见王大哭，欲有所陈，王曰：“诸事不言可知。”仍自预从臣之列，王即命斩于路隅。

山南西道节度使张虔钊之讨凤翔也，留武定节度使孙汉韶守兴元。虔钊既败，奔归兴元，与汉韶举两镇之地降于蜀。蜀主命奉銮肃卫马步都指挥使、昭武节度使李肇将兵五千还利州，右匡圣马步都指挥使、宁江节度使张业将兵一万屯大漫天以迎之。

壬申，潞王至蒋桥，百官班迎于路，传教以未拜梓宫，未可相见。冯道等皆上笺劝进。王入谒太后、太妃，诣西宫，伏梓宫恸哭，自陈诣阙之由。冯道帅百官班见，拜，王答拜。道等复上笺劝进，王立谓道曰：“予之此行，事非获已。俟皇帝归阙，园寝礼终，当还守藩服，群公遽言及此，甚无谓也！”

癸酉，太后下令废少帝为鄂王，以潞王知军国事，权以书诏印施行。百官诣至德宫门待罪，王命各复其位。甲戌，太后令潞王宜即皇帝位；乙亥，即位于柩前。

帝之发凤翔也，许军士以入洛人赏钱百缗。既至，问三司使王玫，

“前代天子出奔的情况很多，但是都带有将相、侍卫、府库、法物随行，使臣下们有所瞻仰；现在这些都没有，只是带着五十名骑兵随行，即使我们有忠义之心，又能怎么样呢？”石敬瑭只好回去了，在卫州的驿站见到了后唐闵帝，把王弘贽的话向后唐闵帝报告了一遍。弓箭库使沙守荣、奔洪进两人走上前来责备石敬瑭说：“你是明宗皇帝的爱婿，皇家富贵时与你同享，患难时也应该相扶持。现在天子流离在外，把一切都寄托给你，希望能够得以复兴，而你竟用这四样小事来做托词，这简直是要依附叛贼，出卖天子！”说完，沙守荣拔出佩刀就要刺杀石敬瑭，石敬瑭的亲信将领陈晖上前救援，沙守荣与陈晖格斗而死，奔洪进见状也拔剑自刎了。石敬瑭的牙内指挥使刘知远带着士卒冲了进来，把后唐闵帝身边的侍卫和随从骑兵全部杀死，然后撇下后唐闵帝一个人扬长而去。石敬瑭赶往洛阳。

这一天，太后命令宫内各司的官员都到乾壕去迎接潞王，潞王赶忙让他们回洛阳。

当初，潞王在河中被罢官，归居洛阳私第，王淑妃多次派遣孟汉琼前去安慰他。孟汉琼自认为对潞王有些旧恩，到了渑池西边的时候，见到了潞王，大哭起来，想要向潞王解释，潞王拦住话头说：“一些事情不用说，我也可想而知了。”孟汉琼依然自认为可以身列随从臣吏之中，潞王当即就下令在路边把他斩杀了。

山南西道节度使张虔钊讨伐凤翔的时候，留下武定节度使孙汉韶戍守兴元。张虔钊打了败仗以后，逃回到兴元，和孙汉韶一道用两镇之地投降了蜀国；蜀主命令奉銮肃卫马步都指挥使、昭武节度使李肇率领五千名士兵回利州，命令右匡圣马步都指挥使、宁江节度使张业率领一万名士兵屯驻在大漫天，好迎接他们。

四月初三日壬申，潞王到达蒋桥，朝廷百官列队在路边迎接，潞王传来命令说，因为还没有拜谒先帝的灵柩，所以还不能和大家相见。冯道等人上书劝进大位。潞王进宫拜见了太后、太妃，然后到西宫，伏在先帝的灵柩上大哭，自己陈说着这次到朝廷来的原因。冯道率领百官来谒见，百官礼拜；潞王也答拜了大家。冯道等人又上书劝进，潞王立刻就告诉冯道说：“我这次进京，完全是迫不得已。等皇上回到朝廷，先帝安葬好以后，我就要回去镇守藩镇；各位忽然间提这种事，实在是没什么意思。”

四月初四日癸酉，太后下令把少帝废为鄂王，任命潞王主持军国大事，暂时用书诏印发布命令。百官都到至德宫门前请罪，潞王命令他们都各还原职。四月初五日甲戌，太后下令宣布潞王应该即皇帝位；四月初六日乙亥，潞王在后唐明宗灵柩前即位。

路王从凤翔发兵时，曾向军士们许愿说，进入洛阳后每人赏一百缗钱。到了洛

以府库之实，对有数百万在。既而阅实，金、帛不过三万两、匹；而赏军之费计应用五十万缗。帝怒，玫请率京城民财以足之，数日，仅得数万缗，帝谓执政曰："军不可不赏，人不可不恤，今将奈何？"执政请据屋为率，无问士庶自居及僦者，预借五月僦直，从之。

王弘贽迁闵帝于州廨，帝遣弘贽之子殿直峦往鸩之。戊寅，峦至卫州谒见，闵帝问来故，不对。弘贽数进酒，闵帝知其有毒，不饮，峦缢杀之。

闵帝性仁厚，于兄弟敦睦，虽遭秦王忌疾，闵帝坦怀待之，卒免于患。及嗣位，于潞王亦无嫌，而朱弘昭、孟汉琼之徒横生猜间，闵帝不能违，以致祸败焉。

孔妃尚在宫中，潞王使人谓之曰："重吉何在？"遂杀妃，并其四子。

闵帝之在卫州也，惟磁州刺史宋令询遣使问起居，闻其遇害，恸哭半日，自经死。

（以上为第五段，写潞王入洛即皇帝位，是为末帝，闵帝被弑于卫州。）

己卯，石敬瑭入朝。

庚辰，以刘昫判三司。

辛巳，蜀大赦，改元明德。

帝之起凤翔也，召兴州刺史刘遂清，迟疑不至。闻帝入洛，乃悉集三泉、西县、金牛、桑林戍兵以归，自散关以南城镇悉弃之，皆为蜀人所有。癸未，入朝，帝欲治罪，以其能自归，乃赦之。遂清，鄩之侄也。

甲申，蜀将张业将兵入兴元、洋州。

乙酉，改元，大赦。

丁亥，以宣徽南院使郝琼权判枢密院，前三司使王玫为宣徽北院使，凤翔节度判官韩昭胤为左谏议大夫、充端明殿学士。

戊子，斩河阳节度使、判六军诸卫兼侍中康义诚，灭其族。

阳以后，就问三司使王玫府库里究竟还有什么东西，王玫说还有几百万的库存。结果查实之后，金银和布匹的数量都没有超过三万；而赏赐给军士们的费用估计需要五十万缗钱才行。潞王非常恼怒，王玫建议征收京城百姓的钱财来补足，搜刮了几天，也只收得几万缗，潞王对执政大臣们说："军队不能不赏赐，老百姓也不能不体恤，现在该怎么办？"执政大臣们建议根据房屋数再征税，不论官民是住着自己的房子的还是向人租赁房子居住的，一律预交五个月的房租税，潞王同意这么办。

王弘贽把后唐闵帝迁到州舍住下，潞王派遣王弘贽的儿子殿直王峦前去用毒酒把他毒死。四月初九日戊寅，王峦到卫州谒见后唐闵帝，后唐闵帝问他为什么到这里，王峦不回答。王弘贽几次向后唐闵帝进酒，后唐闵帝知道酒里有毒，拒绝喝，王峦就用绳子把他勒死了。

后唐闵帝生性仁慈宽厚，和兄弟们非常和睦，虽然受到秦王的猜忌，但后唐闵帝仍然以坦诚的胸怀对待他，所以最终得以避免灾患。继承帝位以后，对潞王也没有什么猜嫌，而朱弘昭、孟汉琼之流无端制造猜忌离间，后唐闵帝不能不听从他们的话，所以最终招致了祸败。

孔妃当时不在宫里，潞王派人问她说："李重吉现在哪里？"于是就把孔妃连同她的四个儿子一起杀了。

后唐闵帝在卫州期间，只有磁州刺史宋令询派遣使者前来问候他的生活起居，后来听到后唐闵帝遇害，宋令询痛哭了半天，然后上吊自杀了。

四月初十日己卯，石敬瑭入京朝见后唐末帝。

四月十一日庚辰，任命刘昫判理三司。

四月十二日辛巳，后蜀大赦境内，改年号为明德。

后唐末帝从凤翔起兵时，曾召唤兴州刺史刘遂清，但他迟迟观望没有来。后来听说后唐闵帝进入了洛阳，于是就把三泉、西县、金牛、桑林戍守士卒全部都会集起来回归朝廷，把散关以南的城镇都放弃了，全被蜀国人所接收。四月十四日癸未，刘遂清入京朝见皇帝，后唐末帝本来要追究他的罪责，但念其能自动回来归附，于是就赦免了他。刘遂清是刘鄩的侄子。

四月十五日甲申，后蜀将领张业率兵进入兴元、洋州。

四月十六日乙酉，改年号，大赦全国。

四月十八日丁亥，任命宣徽南院使郝琼暂时判理枢密院，任命前三司使王玫为宣徽北院使，凤翔节度判官韩昭胤为左谏议大夫，充任端明殿学士。

四月十九日戊子，斩杀河阳节度使、判六军诸卫兼侍中康义诚，并对其满门

己丑，诛药彦稠。

庚寅，释王景戡、苌从简。

有司百方敛民财，仅得六万，帝怒，下军巡使狱，昼夜督责，囚系满狱，至自经、赴井。而军士游市肆皆有骄色，市人聚诟之曰："汝曹为主力战，立功良苦，反使我辈鞭胸杖背，出财为赏，汝曹犹扬扬自得，独不愧天地乎！"

是时，竭左藏旧物及诸道贡献，乃至太后、太妃器服簪珥皆出之，才及二十万缗，帝患之，李专美夜直，帝让之曰："卿名有才，不能为我谋此，留才安所施乎！"专美谢曰："臣驽劣，陛下擢任过分，然军赏不给，非臣之责也。窃思自长兴之季，赏赉亟行，卒以是骄；继以山陵及出师，帑藏遂涸。虽有无穷之财，终不能满骄卒之心，故陛下拱手于危困之中而得天下。夫国之存亡，不专系于厚赏，亦在修法度，立纪纲。陛下苟不改覆车之辙，臣恐徒困百姓，存亡未可知也。今财力尽于此矣，宜据所有均给之，何必践初言乎！"帝以为然。壬辰，诏禁军在凤翔归命者，自杨思权、尹晖等各赐二马、一驼、钱七十缗，下至军人钱二十缗，其在京者各十缗。军士无厌，犹怨望，为谣言曰："除去菩萨，扶立生铁。"以闵帝仁弱，帝刚严，有悔心故也。

（以上为第六段，写后唐末帝搜刮民财以赏军。）

丙申，葬圣德和武钦孝皇帝于徽陵，庙号明宗。帝衰绖护从至陵所，宿焉。

五月，丙午，以韩昭胤为枢密使，以庄宅使刘延朗为枢密副使，权知枢密院房暠为宣徽北院使。暠，长安人也。

帝与石敬瑭皆以勇力善斗，事明宗为左右，然心竞，素不相悦。帝即位，敬瑭不得已入朝，山陵既毕，不敢言归。时敬瑭久病羸瘠，太后及魏国公主屡为之言；而凤翔将佐多劝帝留之，惟韩昭胤、李专美以为

抄斩。

四月二十日己丑，诛杀药彦稠。

四月二十一日庚寅，释放了王景戡、苌从简。

有关官吏千方百计地搜刮民财，结果只收得六万缗，后唐末帝大为恼怒，就下令把拖欠税金的人一律关进军巡使的狱中，日夜不停地催索，监狱中都关满了人，以致有人为此上吊、投井自杀。而军士们到街市上游荡，满脸都是一副骄横的样子，市民们聚在一块儿，骂他们说："你们为主上奋力作战，立功也确实不容易，但是反过来让我们胸挨鞭子背受棍子，拿出钱财作为给你们的奖赏，你们还显出洋洋自得的样子，难道就不愧对天地良心吗？"

当时，收集了在左藏里所有的旧物和各个藩镇的全部贡献之物，甚至连太后、太妃所用器物、服饰、头簪、耳环也都拿了出来，也才刚够二十万缗，后唐末帝犯起愁来，当时李专美夜间正在宫中值班，后唐末帝就责备他说："你号称有才，却不能替我解决这个问题，你留着才干往哪里用？"李专美谦谢说："臣的才具很低劣，陛下过于提拔任用我了，但是军赏不够充足，却不是臣的责任。我私下认为，自从长兴末年以来，老是赏赐不断，士卒们也因此而骄纵起来；接着又修建皇帝陵寝和出兵打仗，国库中的钱财就枯竭了。即便是有无尽的财富，最终也难以满足这些骄纵士卒们的贪欲，因此，陛下才能够在国家危困之中拱手而得天下。大凡一个国家的存与亡，并不单纯在于是否有优厚的赏赐，还在于能否修明法度，建立纪纲。陛下如果不更改前朝覆车的老路，臣担心只会使老百姓更加穷困，国家的存亡都难以预料。现在的财力也只能这样了，应该根据现有的财物把它平均赏赐下去，何必一定要兑现当初的许诺？"后唐末帝认为他的话很有道理。四月二十三日壬辰，下诏：禁军中凡是在凤翔就归顺的，从杨思权、尹晖等人开始每人赐给马二匹、骆驼一头、钱七十缗，以下军士每人赐钱二十缗，那些在京城归顺的人每人十缗。军士们贪得无厌，仍然有怨言，就编造了一首歌谣说："除去菩萨，扶立生铁。"因为后唐闵帝生性仁慈懦弱，而现在的后唐末帝却刚毅严苛，大家都有点后悔。

四月二十七日丙申，把圣德和武钦孝皇帝安葬在徽陵，庙号叫明宗。后唐末帝穿着丧服亲自护送灵柩来到陵寝，并且在那里住了一夜。

五月初七日丙午，任命韩昭胤为枢密使，任命庄宅使刘延朗为枢密副使，权知枢密院房暠为宣徽北院使。房暠是长安人。

后唐末帝和石敬瑭都是凭着勇敢善战，侍奉后唐明宗为左右近臣；但是两人心里都在相互竞争，平时彼此之间并不和气。后唐末帝即位以后，石敬瑭是不得已才入京朝见，安排完后唐明宗的丧事以后，一直不敢开口说要回镇所去。当时石敬瑭

赵延寿在汴，不宜猜忌敬瑭。帝亦见其骨立，不以为虞，乃曰："石郎不惟密亲，兼自少与吾同艰难，今我为天子，非石郎尚谁托哉！"乃复以为河东节度使。

戊午，以陇州防御使相里金为保义节度使。

丁未，阶州刺史赵澄降蜀。

戊申，以羽林军使杨思权为静难节度使。

己酉，张虔钊、孙汉韶举族迁于成都。

庚戌，以司空兼门下侍郎、同平章事冯道同平章事，充匡国节度使。

以天雄节度使兼侍中范延光为枢密使。

帝之起凤翔也，悉取天平节度使李从曮家财甲兵以供军。将行，凤翔之民遮马请复以从曮镇凤翔，帝许之，至是，徙从曮为凤翔节度使。

初，明宗为北面招讨使，平卢节度使房知温为副都部署，帝以别将事之，尝被酒忿争，拔刃相拟。及帝举兵入洛，知温密与行军司马李冲谋拒之，冲请先奉表以观形势，还，言洛中已安定。壬戌，入朝谢罪，帝优礼之。知温贡献甚厚。

吴镇南节度使、守中书令东海康王徐知询卒。

蜀人取成州。

六月，甲戌，以皇子左卫上将军重美为成德节度使、同平章事，兼河南尹，判六军诸卫事。

文州都指挥使成延龟举州附蜀。

吴徐知诰将受禅，忌昭武节度使兼中书令临川王濛，遣人告濛藏匿亡命，擅造兵器。丙子，降封历阳公，幽于和州，命控鹤军使王宏将兵二百卫之。

（以上为第七段，写后唐末帝安葬明宗，调整人事，全境粗安。吴徐知诰加紧受禅事宜。）

久病之后瘦得皮包骨，曹太后和魏国公主多次替他讲情；但是后唐末帝从凤翔带来的将领幕僚们很多人都劝皇帝把他羁留在洛阳，只有韩昭胤、李专美认为赵延寿还镇守在汴梁，在这种情况下，不宜猜忌石敬瑭。后唐末帝也看到石敬瑭瘦得像副骨头架子，不觉得他会造成危害，于是就说：“石郎不仅是内亲，何况从少时就和我同甘共苦；现在我当了天子，不依靠石郎又能依靠谁呢！”于是又任命他为河东节度使。

五月十九日戊午，任命陇州防御使相里金为保义节度使。

五月初八日丁未，阶州刺史赵澄投降后蜀。

五月初九日戊申，任命羽林军使杨思权为静难节度使。

五月初十日己酉，张虔钊、孙汉韶带领全族的人迁居到成都。

五月十一日庚戌，任命司空兼门下侍郎、同平章事冯道仍为同平章事，并充任匡国节度使。

任命天雄节度使兼侍中范延光为枢密使。

后唐末帝从凤翔起兵的时候，把天平节度使李从曮家中的钱财、盔甲兵器全部征调作为军需。大军将要出发的时候，凤翔的百姓拦住马头请求再让李从曮回来镇守凤翔，后唐末帝答应了他们，到这时候，就改任李从曮为凤翔节度使。

当初，后唐明宗任北面招讨使的时候，平卢节度使房知温担任副都部署，当时后唐末帝作为别将受房知温统领，有一次两人喝酒的过程中发生了争执，以致拔刀相向。等到后唐末帝起兵进入洛阳以后，房知温秘密地和行军司马李冲谋划要抗拒他，李冲建议先上表到洛阳看一下形势再说，上表的使者回来后，说洛阳已经安定了下来。房知温感到害怕，五月二十三日壬戌，入京请罪，后唐末帝给了他很高的礼遇；房知温贡献了很多财物。

吴国镇南节度使、守中书令东海康王徐知询去世。

后蜀人攻取了成州。

六月初五日甲戌，任命皇子左卫上将军李重美为成德节度使、同平章事，兼任河南尹，判六军诸卫事。

文州都指挥使成延龟率领全州军民归顺后蜀。

吴国徐知诰即将接受吴主的禅让，但是又忌惮昭武节度使兼中书令临川王杨濛，就指使人诬告杨濛藏匿亡命之徒，擅自私造兵器；六月初七日丙子，吴主把杨濛降封为历阳公，幽禁在和州，命令控鹤军使王宏率领二百名士卒看守他。

刘昫与冯道昏姻。昫性苛察，李愚刚褊。道既出镇，二人论议多不合，事有应改者，愚谓昫曰："此贤亲家所为，更之不亦便乎！"昫恨之，由是动成忿争，至相诟骂，各欲非时求见，事多凝滞。帝患之，欲更命相，问所亲信以朝臣闻望宜为相者，皆以尚书左丞姚顗、太常卿卢文纪、秘书监崔居俭对。论其才行，互有优劣。帝不能决，乃置其名于琉璃瓶，夜焚香祝天，且以箸挟之，首得文纪，次得顗。秋，七月，辛亥，以文纪为中书侍郎、同平章事。居俭，荛之子也。

帝欲杀楚匡祚，韩昭胤曰："陛下为天下父，天下之人皆陛下子，用法宜存至公。匡祚受诏检校重吉家财，不得不尔。今族匡祚，无益死者，恐不厌众心。"乙卯，长流匡祚于登州。

丁巳，立沛国夫人刘氏为皇后。

回鹘入贡者多为河西杂虏所掠，诏将军牛知柔帅禁兵卫送，与邠州兵共讨之。

吴徐知诰召左仆射兼中书侍郎、同平章事宋齐丘还金陵，以为诸道都统判官，加司空，于事皆无所关预，齐丘屡请退居，知诰以南园给之。

护国节度使洋王从璋，归德节度使泾王从敏，皆罢镇居洛阳私第，帝待之甚薄。从敏在宋州预杀重吉，帝尤恶之。尝侍宴禁中，酒酣，顾二王曰："尔等皆何物，辄据雄藩！"二王大惧，太后叱之曰："帝醉矣，尔曹速去！

蜀置永平军于雅州，以孙汉韶为节度使。复以张虔钊为山南西道节度使、同平章事，虔钊固辞不行。

（以上为第八段，写后唐末帝抓阄择相。）

蜀主得风疾逾年，至是增剧。甲子，立子东川节度使、同平章事、亲卫马步都指挥使仁赞为太子，仍监国。召司空、同平章事赵季良、武信节度使李仁罕、保宁节度使赵廷隐、枢密使王处回、捧圣控鹤都指挥

刘昫和冯道是儿女亲家。刘昫生性苛刻精明，李愚则刚愎急躁；冯道出任外镇以后，刘昫和李愚两人的见解很多都不一致，遇到有的事情需要改变，李愚就对刘昫说："这是过去你那亲家翁所办的，改变一下不是很好吗！"刘昫对他很恼恨，从此两人动不动就红着脸争吵起来，以致互相谩骂，都想在不是朝见的时候能谒见皇帝，因此很多政事往往被耽误和拖延。后唐末帝觉得很为难，想另行任命宰相，就询问身边的亲信，朝臣中有谁的威望声誉适宜当宰相的，大家都认为尚书左丞姚顗、太常卿卢文纪、秘书监崔居俭合适；如果论起三人的才能和品行，则各有优劣。后唐末帝一时难以决定起用谁，于是就把这三个人的名字写在小纸上放入琉璃瓶中，在晚上焚香向上天祷告，再用筷子到瓶中夹纸条，首先夹到的是卢文纪的名字，其次是姚顗。秋季，七月十三日辛亥，任命卢文纪为中书侍郎、同平章事。崔居俭是崔荛的儿子。

后唐末帝想要杀楚匡祚，韩昭胤劝谏说："陛下是天下人之父，天下人都是陛下之子，施用法律一定要至公无私。楚匡祚是接受了诏命才去追索李重吉家财的，不得不那样做。现在要对楚匡祚满门抄斩，对于死去的人并没有什么好处，恐怕还会让人心不服。"七月十七日乙卯，下令把楚匡祚长期流放到登州。

七月十九日丁巳，册立沛国夫人刘氏为皇后。

回鹘来入贡的使者往往被河西一带的杂胡所抢掠，后唐末帝下诏命令将军牛知柔率领禁兵护送使者回去，并且会同邠州兵马一起讨伐胡人。

吴国徐知诰征召左仆射兼中书侍郎、同平章事宋齐丘回金陵，任命他为诸道都统判官，加任司空，但是一切政事都一概不让他参预，宋齐丘多次请求退休，徐知诰就把南园给了他。

护国节度使洋王李从璋、归德节度使泾王李从敏，都被罢去军镇的职务住在洛阳的私宅中，后唐末帝对他们很刻薄；李从敏在宋州曾参与杀害李重吉，因此后唐末帝尤其厌恶他。一次两人在宫中陪着后唐末帝宴饮，正喝得酒酣耳热，后唐末帝回过头盯着二王说："你们两个都是些什么东西，竟然也占据着头等的藩镇！"两人见状都很害怕，太后这时叱喝他们说："皇上醉了，你们俩还不赶快退下去。"

后蜀在雅州设置了永平军，任命孙汉韶为节度使。又任命张虔钊重新担任山南西道节度使、同平章事；张虔钊坚决推辞，不愿赴任。

蜀主孟知祥患风疾有一年多了，到这时病情又加剧了；七月二十六日甲子，册立他的儿子东川节度使、同平章事、亲卫马步都指挥使孟仁赞为太子，仍旧监国。召来司空、同平章事赵季良，武信节度使李仁罕，保宁节度使赵廷隐，枢密使王处

使张公铎、奉銮肃卫指挥副使侯弘实受遗诏辅政。是夕殂，秘不发丧。

王处回夜启义兴门告赵季良，处回泣不已，季良正色曰："今强将握兵，专伺时变，宜速立嗣君以绝觊觎，岂可但相泣邪！"处回收泪谢之。季良教处回见李仁罕，审其词旨然后告之。处回至仁罕第，仁罕设备而出，遂不以实告。

丙寅，宣遗制，命太子仁赞更名昶，丁卯，即皇帝位。

（以上为第九段，写蜀主孟知祥驾崩，孟昶即位。）

初，帝以王玫对左藏见财失实，故以刘昫代判三司。昫命判官高延赏钩考穷核，皆积年逋欠之数，奸吏利其征责匄取，故存之。昫具奏其状，且请察其可征者急督之，必无可偿者悉蠲之，韩昭胤极言其便。八月，庚午，诏长兴以前户部及诸道逋租三百三十八万，虚烦簿籍，咸蠲免勿征。贫民大悦，而三司吏怨之。

辛未，以姚顗为中书侍郎、同平章事。

右龙武统军索自通，以河中之隙，心不自安，戊子，退朝过洛，自投于水而卒。帝闻之，大惊，赠太尉。

丙申，以前安国节度使、同平章事赵凤为太子太保。

九月，癸卯，诏凤翔益兵守东安镇以备蜀。

蜀卫圣诸军都指挥使、武信节度使李仁罕自恃宿将有功，复受顾托，求判六军，令进奏吏宋从会以意谕枢密院，又至学士院侦草麻。蜀主不得已，甲寅，加仁罕兼中书令，判六军事；以左匡圣都指挥使、保宁节度使赵廷隐兼侍中，为之副。

己未，云州奏契丹入寇，北面招讨使石敬瑭奏自将兵屯百井以备契丹。辛酉，敬瑭奏振武节度使杨檀击契丹于境上，却之。

回，捧圣控鹤都指挥使张公铎，奉銮肃卫指挥副使侯弘实接受遗诏，辅佐朝政。当晚，蜀主孟知祥去世，暂时保密，没对外发布死讯。

王处回在晚上打开义兴门出宫来告诉赵季良，王处回哭个不停，赵季良面色严肃地对他说："现在强悍的将领们手里握着兵权，一心等待着时机的到来，我们应该赶快扶立嗣君，好断绝某些人的非分之想，怎么能只在这里相对哭泣呢！"王处回这才止住了眼泪表示歉意。赵季良让王处回去面见李仁罕，根据他的态度再决定怎样把死讯告诉他。王处回到了李仁罕的府第，见李仁罕布置了防备措施后才出来见他，王处回就没有把实情告诉李仁罕。

七月二十八日丙寅，宣读孟知祥的遗命，命令太子孟仁赞改名为昶，七月二十九日丁卯，即皇帝位。

当初，后唐末帝因为王玫回答左藏现存财钱数失实，才任命刘昫代为判理三司。刘昫命令判官高延赏详加核查，发现原来都是一些历年拖欠的老账，奸吏们因为催收这些欠债的时候可以从中渔利，所以把它们都保留着。刘昫把这一情况详细地向后唐末帝做了汇报，并且建议经过查实可以征收到的抓紧督促缴纳，实在缴纳不出的干脆全部免除，韩昭胤极力称赞这个办法好。八月初二日庚午，后唐末帝下诏，规定凡是明宗长兴年间以前户部和各道所拖欠的租税三百三十八万缗老账，因为只是虚列簿籍，徒增烦乱，所以全部免除，不再征收。这样一来，贫困的百姓都很高兴，而三司的官吏们却都埋怨不满了。

八月初三日辛未，任命姚顗为中书侍郎、同平章事。

右龙武统军索自通，因为过去在河中军府时曾得罪过后唐末帝，内心觉得不安，八月二十日戊子，在退朝之后路经洛水，就投水自杀了。后唐末帝得知后，大吃一惊，追赠他为太尉。

八月二十八日丙申，任命前安国节度使、同平章事赵凤为太子太保。

九月初六日癸卯，后唐末帝下诏命令凤翔增派兵力把守东安镇，以防备蜀国入侵。

后蜀卫圣诸军都指挥使、武信节度使李仁罕自恃是宿将，有功劳，又受先帝嘱托辅政，就请求判六军，他先指使进奏吏宋从把他这个意思透露给枢密院，然后又到学士院探听诏书起草的情况。后蜀主不得已，只好在九月十七日甲寅加封李仁罕兼中书令，判六军事；同时任命左匡圣都指挥使、保宁节度使赵廷隐兼侍中，当他的副手。

九月二十二日己未，云州守军奏报说契丹入侵，北面招讨使石敬瑭上奏说要亲自率兵屯驻百井，以防备契丹人。九月二十四日辛酉，石敬瑭上奏说振武节度使杨

蜀奉銮肃卫都指挥使、昭武节度使兼侍中李肇闻蜀主即位，顾望，不时入朝，至汉州，留与亲戚燕饮逾旬。冬，十月，庚午，始至成都，称足疾，扶杖入朝见，见蜀主不拜。

戊寅，左仆射、门下侍郎、同平章事李愚罢守本官，吏部尚书兼门下侍郎、同平章事、判三司刘昫罢为右仆射。三司吏闻昫罢相，皆相贺，无一人从归第者。

（以上为第十段，写后唐刘昫、李愚罢相，人皆相贺。）

蜀捧圣控鹤都指挥使张公铎与医官使韩继勋、丰德库使韩保贞、茶酒库使安思谦等皆事蜀主于藩邸，素怨李仁罕，共谮之，云仁罕有异志。蜀主令继勋等与赵季良、赵廷隐谋，因仁罕入朝，命武士执而杀之。癸未，下诏暴其罪，并其子继宏及宋从会等数人皆伏诛。是日，李肇释杖而拜。

蜀源州都押牙文景琛据城叛，果州刺史李延厚讨平之。

蜀主左右以李肇倨慢，请诛之。戊子，以肇为太子少傅致仕，徙邛州。

吴主加徐知诰大丞相、尚父、嗣齐王、九锡，辞不受。

雄武节度使张延朗兵围文州，阶州刺史郭知琼拔尖石寨。蜀李延厚将果州兵屯兴州，遣先登指挥使范延晖将兵救文州，延朗解围而归。兴州刺史冯晖自乾渠引戍兵归凤翔。

十一月，徐知诰召其子司徒、同平章事景通还金陵，为镇海宁国节度副大使、诸道副都统、判中外诸军事；以次子牙内马步都指挥使、海州团练使景迁为左右军都军使、左仆射、参政事，留江都辅政。

十二月，己巳，以易州刺史安叔千为振武节度使，齐州防御使尹晖为彰国节度使。叔千，沙陀人也。

壬申，石敬瑭奏契丹引去，罢兵归。

乙亥，征雄武节度使张延朗为中书侍郎、同平章事、判三司。

辛巳，汉皇后马氏殂。

甲申，蜀葬文武圣德英烈明孝皇帝于和陵，庙号高祖。

檀在边境上还击契丹，已经把他们击退了。

后蜀奉銮肃卫都指挥使、昭武节度使兼侍中李肇听说蜀主孟昶即位，仍然徘徊观望，不及时入京朝见，走到汉州的时候，滞留在那里和亲戚欢宴饮酒过了十多天；冬季，十月初三日庚午，才到达成都，又声称脚有毛病，扶着手杖进宫见后蜀主，看到后蜀主也不跪拜。

十月初十日戊寅，左仆射、门下侍郎、同平章事李愚被罢免本官，吏部尚书兼门下侍郎、同平章事、判三司刘昫也被罢职，改任为右仆射。三司的官吏们听说刘昫被罢去了宰相的职务，都相互称贺，刘昫回家的时候，没有一个人肯送他回家的。

后蜀捧圣控鹤都指挥使张公铎和医官使韩继勋、丰德库使韩保贞、茶酒库使安思谦等人都是后蜀主还在藩邸时跟随后蜀主的，平时就很讨厌李仁罕，于是就一起在后蜀主面前说他的坏话，说他有谋反的野心；后蜀主命令韩继勋等人和赵季良、赵廷隐谋划，借着李仁罕入京朝见之机，让武士把他抓起来杀掉。十一月十六日癸未，后蜀主下诏公布李仁罕的罪状，同时被诛杀的还有他的儿子李继宏和宋从会等几个人。当天，李肇入宫时就再也不用手杖了，并向后蜀主跪拜。

后蜀源州都押牙文景琛占据着州城反叛，果州刺史李延厚发兵平定了叛乱。

蜀主的左右近臣认为李肇傲慢无礼，就请求杀了他；十一月二十一日戊子，任命李肇为太子少傅，让他退休，把他迁往邛州。

吴主加封徐知诰为大丞相、尚父、嗣齐王，并加赐九锡；徐知诰都辞谢了，没有接受。

雄武节度使张延朗率兵包围文州，阶州刺史郭知琼攻克了尖石寨。后蜀李延厚率领果州的军队屯驻在兴州，并且派先登指挥使范延晖率兵救援文州，张延朗于是解除了对文州的包围，撤了回来。兴州刺史冯晖从乾渠带领戍守的士兵回凤翔。

十一月，徐知诰征召他的儿子司徒、同平章事徐景通回金陵，任命他为镇海宁国节度副大使、诸道副都统、判中外诸军事；任命他的另一个儿子牙内马步都指挥使、海州团练使徐景迁为左右军都军使、左仆射、参政事，留在江都辅佐朝政。

十二月初三日己巳，任命易州刺史安叔千为振武节度使，齐州防御使尹晖为彰国节度使。安叔千是沙陀人。

十二月初六日壬申，石敬瑭奏报说契丹人已经退兵，于是就率兵回晋阳。

十二月初九日乙亥，征召雄武节度使张延朗为中书侍郎、同平章事、判理三司。

十二月十五日辛巳，南汉皇后马氏去世。

十二月十八日甲申，后蜀在和陵安葬了文武圣德英烈明孝皇帝孟知祥，庙号为

乙酉，葬鄂王于徽陵城南，封才数尺，观者悲之。

是岁秋、冬旱，民多流亡，同、华、蒲、绛尤甚。

汉主命判六军秦王弘度募宿卫兵千人，皆市井无赖子弟，弘度昵之。同平章事杨洞潜谏曰："秦王，国之冢嫡，宜亲端士。使之治军已过矣，况昵群小乎！"汉主曰："小儿教以戎事，过烦公忧。"终不戒弘度。洞潜出，见卫士掠商人金帛，商人不敢诉，叹曰："政乱如此，安用宰相！"因谢病归第，久之，不召，遂卒。

（以上为第十一段，写蜀主孟昶诛跋扈臣李仁罕。是年秋冬中原大旱，同、华、蒲、绛四州尤为严重。）

二年（乙未，935 年）

春，正月，丙申朔，闽大赦，改元永和。

二月，丙寅朔，蜀大赦。

甲戌，以枢密使、天雄节度使兼侍中范延光为宣武节度使兼中书令。

丁丑，夏州节度使李彝超上言疾病，以兄行军司马彝殷权知军州事。彝超寻卒。

戊寅，蜀主尊母李氏为皇太后。太后，太原人，本庄宗后宫也，以赐蜀高祖。

己丑，追尊帝母鲁国夫人魏氏曰宣宪皇太后。

闽主立淑妃陈氏为皇后。初，闽主两娶刘氏，皆士族，美而无宠。陈后，本闽太祖侍婢金凤也，陋而淫，闽主嬖之，以其族人守恩、匡胜为殿使。

三月，辛丑，以前宣武节度使兼侍中赵延寿为忠武节度使兼枢密使。

以李彝殷为定难节度使。

己酉，赠吴越王元瓘母陈氏为晋国太夫人。元瓘性孝，尊礼母党，厚加赐与，而未尝迁官，授以重任。

壬戌，以彰圣都指挥使安审琦领顺化节度使。审琦，金全之子也。

高祖。

十二月十九日乙酉，把鄂王安葬在徽陵的柏城之南，坟堆只有几尺高；看到的人都替他伤心。

这一年的秋、冬两季发生旱灾，很多百姓都逃荒流亡，同、华、蒲、绛四州受灾尤为严重。

南汉主命令判理六军的秦王刘弘度招募一千名宿卫兵，所招募到的都是一些市井无赖子弟，刘弘度对他们很亲昵。同平章事杨洞潜向南汉主进谏说："秦王是国家的皇位继承人，应该接近那些品行端正的士人。让他治理军队已经是不合适了，何况他还亲昵一帮小人呢！"南汉主回答说："只不过是教小孩子一点军事，却让你担忧了。"最终还是没有告诫刘弘度。杨洞潜从宫中出来，看见这些卫士们在抢劫商人的金银布帛，商人们都不敢投诉，杨洞潜叹气地说道："政事如此混乱，还要宰相干什么！"于是就称病回家休养；过了很长时间，南汉主也没有再征召他，不久就去世了。

后唐潞王清泰二年（乙未，935年）

春季，正月初一日丙申，闽国大赦境内，改年号为永和。

二月初一日丙寅，后蜀大赦境内。

二月初九日甲戌，任命枢密使、天雄节度使兼侍中范延光为宣武节度使兼中书令。

二月十二日丁丑，夏州节度使李彝超上奏说自己病得厉害，让他的哥哥行军司马李彝殷暂时主持军州的事务；李彝超不久就去世了。

二月十三日戊寅，后蜀主尊奉他的母亲李氏为皇太后。李太后是太原人，本来是后唐明宗后宫的妃子，后来赐给蜀高祖当妻子。

二月二十四日己丑，追尊后唐末帝的母亲鲁国夫人魏氏为宣宪皇太后。

闽主册立淑妃陈氏为皇后。当初，闽主两度娶刘氏之女为妻，都是士族，虽然长得都很漂亮却得不到闽主的宠爱。陈皇后本来是闽太祖的侍婢叫金凤，长得丑陋却很淫荡，闽主很宠爱她，又任命她的族人陈守恩、陈匡胜为殿使。

三月初九日辛丑，任命前宣武节度使兼侍中赵延寿为忠武节度使兼枢密使。

任命李彝殷为定难节度使。

三月十五日己酉，赠封吴越王钱元瓘的母亲陈氏为晋国太夫人。钱元瓘生性孝顺，对待母亲家族的人给予很高的礼遇，经常给他们很丰厚的赏赐，但从来没有给他们升官，也没有委以重任。

本月二十八日壬戌，任命彰圣都指挥使安审琦兼领顺化节度使。安审琦是安金

太常丞史在德，性狂狷，上书历诋内外文武之士，请遍加考试，黜陟能否。执政及朝士大怒，卢文纪及补阙刘涛、杨昭俭等皆请加罪。帝谓学士马胤孙曰："朕新临天下，宜开言路，若朝士以言获罪，谁敢言者！卿为朕作诏书，宣朕意。"乃下诏，略曰："昔魏徵请赏皇甫德参，今涛等请黜史在德，事同言异，何其远哉！在德情在倾输，安可责也！"昭俭，嗣复之曾孙也。

吴加徐景迁同平章事、知左右军事，徐知诰令尚书郎陈觉辅之，谓觉曰："吾少时与宋子嵩论议，好相诘难，或吾舍子嵩还家，或子嵩拂衣而起。子嵩携衣笥望秦淮门欲去者数矣，吾常戒门者止之。吾今老矣，犹未遍达时事，况景迁年少当国，故屈吾子以诲之耳。"

夏，四月，庚午，蜀以御史中丞龙门毋昭裔为中书侍郎、同平章事。

癸未，加枢密使、刑部尚书韩昭胤中书侍郎、同平章事。辛卯，以宣徽南院使刘延皓为刑部尚书，充枢密使。延皓，皇后之弟也。癸巳，以左领军卫大将军刘延朗为本卫上将军，充宣徽北院使，兼枢密副使。

五月，丙申，契丹寇新州及振武。

庚戌，赐振武节度使杨檀名光远。

六月，吴德胜节度使兼中书令柴再用卒。先是，史官王振尝询其战功，再用曰："鹰犬微效，皆社稷之灵，再用何功之有！"竟不报。

契丹寇应州。

（以上为第十二段，写定难节度使李彝超病逝，以其兄李彝殷继之。吴执政徐知诰为子择师傅。后唐末帝下诏开言路。）

河东节度使、北面总管石敬瑭既还镇，阴为自全之计。帝好咨访外事，常命端明殿学士李专美、翰林学士李崧、知制诰吕琦、薛文遇、翰林天文赵延乂等更直于中兴殿庭，与语或至夜分。时敬瑭二子为内使，曹太后则晋国长公主之母也，敬瑭赂太后左右，令伺帝之密谋，事无巨

全的儿子。

太常丞史在德，生性狂放不羁，在上书中把朝廷内外的文武大臣都骂了个遍，建议普遍进行考试，然后选拔有才能的人，罢黜不称职的人；执政大臣和朝中的文武官员们都很恼怒，卢文纪和补阙刘涛、杨昭俭等人都请求后唐末帝给他治罪。后唐末帝对翰林学士马胤孙说："朕刚刚君临天下，应该广开言路；如果朝廷之士因为提建议而被治罪，今后谁还敢说话！你替朕起草一份诏书，把朕的这个意思告诉人们。"于是颁下诏书，大意是说："从前魏徵为皇甫德参请求奖赏，现在刘涛等人请求罢黜史在德；事情相同而评价却两样，两者的做法相差是多么远啊！史在德的心情是要倾吐自己内心所要说的话，怎么能够责备他呢！"杨昭俭是杨嗣复的曾孙。

吴国加封徐景迁同平章事、知左右军事；徐知诰命令尚书郎陈觉辅佐他，徐知诰对陈觉说："我年轻的时候和宋子嵩论议，喜欢互相诘难，有时是我气得撇下宋子嵩就回家了，有时是宋子嵩气得拂袖而去。宋子嵩有好几次都带着衣箱朝着秦淮门要走了，我常告诫守门的人要留住他。我现在已经老了，还没有做到事事练达，何况徐景迁年纪轻轻就担当国家大事，所以要委屈先生对他进行教诲。"

夏季，四月初六日庚午，后蜀任命御史中丞龙门人毋昭裔为中书侍郎、同平章事。

四月十九日癸未，加封枢密使、刑部尚书韩昭胤为中书侍郎、同平章事。四月二十七日辛卯，任命宣徽南院使刘延皓为刑部尚书，充任枢密使。刘延皓是皇后的弟弟。四月二十九日癸巳，任命左领军卫大将军刘延朗为本卫的上将军，充任宣徽北院使，同时兼任枢密副使。

五月初三日丙申，契丹入侵新州和振武。

五月十七日庚戌，赐给振武节度使杨檀名字叫杨光远。

六月，吴国德胜节度使兼中书令柴再用去世。在此以前，史官王振曾经询问他立过的战功，柴再用说："不过是鹰犬为国家效了一点绵薄之力，全靠社稷的在天之灵，再用有什么功劳可言！"最终还是没有告诉他。

契丹入侵应州。

河东节度使、北面马步军都总管石敬瑭回到镇所太原以后，私下里做着自我保全的打算。后唐末帝喜欢探查咨询外面的事情，经常让商明殿学士李专美，翰林学士李崧，知制诰吕琦、薛文遇，翰林天文院的赵延义等人轮流在中兴殿庭值班，和他们谈话有时谈到深夜。当时石敬瑭的两个儿子都在宫内担任内诸司使，曹太后又

细皆知之。敬瑭多于宾客前自称羸瘠不堪为帅，冀朝廷不之忌。

时契丹屡寇北边，禁军多在幽、并，敬瑭与赵德钧求益兵运粮，朝夕相继。甲申，诏借河东人有蓄积者菽粟。乙酉，诏镇州输绢五万匹于总管府，籴军粮，率镇冀人车千五百乘运粮于代州；又诏魏博市籴。时水旱民饥，敬瑭遣使督趣严急，山东之民流散，乱始兆矣。

敬瑭将大军屯忻州，朝廷遣使赐军士夏衣，传诏抚谕，军士呼万岁者数四。敬瑭惧，幕僚河内段希尧请诛其唱首者，敬瑭命都押衙刘知远斩挟马都将李晖等三十六人以徇。希尧，怀州人也。帝闻之，益疑敬瑭。

壬辰，诏："窃盗不计赃多少，并纵火强盗，并行极法。"

闽福王继鹏私于宫人李春燕，继鹏请之于陈后，后白闽主而赐之。

（以上为第十三段，写石敬瑭回到北都，借契丹屡次犯边为口实，多储兵马粮秣以自保。）

秋，七月，以枢密使刘延皓为天雄节度使。

乙巳，以武宁节度使张敬达为北面行营副总管，将兵屯代州，以分石敬瑭之权。

帝深以时事为忧，尝从容让卢文纪等以无所规赞。丁巳，文纪等上言："臣等每五日起居，与两班旅见，暂获对扬，侍卫满前，虽有愚虑，不敢敷陈。窃见前朝自上元以来，置延英殿，或宰相欲有奏论，天子欲有咨度，旁无侍卫，故人得尽言。望复此故事，惟听机要之臣侍侧。"诏以"旧制五日起居，百僚俱退，宰相独升，若常事自可敷奏。或事应严密，不以其日，或异日听于阁门奏榜子，当尽屏侍臣，于便殿相待，何必袭延英之名也！"

是晋国长公主的母亲，石敬瑭贿赂太后身边的人，让他们暗中刺探后唐末帝的一切秘密谋议，所以不论大小事情他都知道。石敬瑭多次在宾客面前说自己身体太差，难以胜任主帅的职务，希望能够通过这个方法让朝廷不猜忌他。

当时契丹人经常入侵北方边境，朝廷的禁军大多驻守在幽州、并州，石敬瑭和赵德钧向朝廷请求增派军队、运送粮草，日夜不停地催要。六月二十一日甲申，后唐末帝下诏向河东有积蓄的人家借调菽粟。六月二十二日乙酉，下诏令镇州输纳五万匹绢给总管府，用来购买军粮，征调镇州、冀州的民夫、车辆一千五百辆运送军粮到代州；又下令魏博开市收购军粮。当时由于水灾、旱灾使得老百姓都饥饿不堪，而石敬瑭又派遣使者督促运送非常紧急，以致太行山以东的百姓都流离失散，开始出现动乱的苗头。

石敬瑭率领大军屯扎在忻州，朝廷派使者前来赐给军士们夏衣，并且宣读诏书慰问他们，军士们一再地呼喊万岁。石敬瑭感到害怕起来，他的幕僚河内人段希尧请诛杀那些带头呼喊的人，石敬瑭于是命令都押衙刘知远斩杀了挟马都将李晖等三十六个人以儆戒众人。段希尧是怀州人。后唐末帝得知这个把事情后，更加怀疑石敬瑭。

六月二十九日壬辰，诏书规定："凡是盗窃的不论赃物有多少，以及放火抢劫的，一律处以极刑。"

闽国福王王继鹏和宫女李春燕私通，王继鹏向陈皇后请求把李春燕赐他，陈皇后告诉闽主后，就把这个宫女赐给了他。

秋季，七月，任命枢密使刘延皓为天雄节度使。

七月十三日乙巳，任命武宁节度使张敬达为北面行营副总管，率兵屯驻代州，以分散石敬瑭的兵权。

后唐末帝深为当时的时局所困扰，曾经很平和地责备过卢文纪等人，认为他们没能提出什么好的建议。七月二十五日丁巳，卢文纪等人上书说："臣等每五天一次进宫问候皇上起居，和文武两班大臣一起进见，只能得到短暂的当面对答的机会，但眼前又都是侍卫，就算是有一点愚见，也不敢仔细地陈说。曾想到前朝从肃宗皇帝上元年间以后，设置了延英殿，有时宰相有事要报告或谈话，或有时天子有事要询问臣下，因为旁边没有侍卫，所以进见的人得以畅所欲言。希望能够恢复过去这种做法，只让掌管机要的大臣在旁边侍候。"于是下诏，认为："过去的制度都是每五天进宫问候一次起居，百官退朝后，只有宰相单独留下来，一般事情当然可以仔细地奏陈。有时有事关机密的，可以不按问候起居的日子进宫，也可以在其他的时

吴润州团练使徐知谔，狎昵小人，游燕废务，作列肆于牙城西，躬自贸易。徐知诰闻之怒，召知谔左右诘责，知谔惧。或谓知诰曰："忠武王最爱知谔，而以后事传于公。往年知询失守，论议至今未息。借使知谔治有能名，训兵养民，于公何利？"知诰感悟，待之加厚。

九月，丙申，吴大赦，改元天祚。

己酉，以宣徽南院使房暠为刑部尚书，充枢密使；宣徽北院使刘延朗为南院使，仍兼枢密副使。于是延朗及枢密直学士薛文遇等居中用事，暠与赵延寿虽为使长，其听用之言什不三四。暠随势可否，不为事先。每幽、并遣使入奏，枢密诸人环坐议之，暠多俯首而寐，比觉，引颈振衣，则使者去矣。启奏除授，一归延朗。诸方镇、刺史自外入者，必先赂延朗，后议贡献，赂厚者先，得内地；赂薄者晚，得边陲。由是诸将帅皆怨愤，帝不能察。

（以上为第十四段，写后唐末帝无知人之明，辅臣不敢言事。宣徽北院使刘延朗枉法为奸，末帝不能察。）

蜀金州防御使全师郁寇金州，拔水寨。城中兵才千人，都监陈知隐托他事将兵三百沿流遁去；防御使马全节罄私财以给军，出奇死战，蜀兵乃退。戊寅，诏斩知隐。

初，闽主有幸臣曰归守明，出入卧内，闽主晚年得风疾，陈后与守明及百工院使李可殷私通，国人皆恶之，莫敢言。

可殷尝谮皇城使李仿于闽主，后族陈匡胜无礼于福王继鹏，仿及继鹏皆恨之。闽主疾甚，继鹏有喜色。仿以闽主为必不起，冬，十月己卯，使壮士数人持白梃击李可殷，杀之，中外震惊。庚辰，闽主疾少间，陈后诉之。闽主力疾视朝，诘可殷死状，仿惧而出，俄顷，引部兵鼓噪入宫。闽主闻变，匿于九龙帐下，乱兵刺之而出。闽主宛转未绝，宫人不

间里先在阁门申请求见，届时朕将屏退所有侍卫之臣，在便殿里接见，何必一定沿用延英殿的名义！”

吴国的润州团练使徐知谔亲近小人，只知道游赏宴集，废弃了正务，在牙城的西边修建了一大排商栈，亲自参与贸易。徐知诰得知后非常愤怒，就把徐知谔的左右近臣叫来盘问责骂了一通；徐知谔很害怕。有人对徐知诰说：“忠武王当年最喜欢徐知谔，然而却把身后的大业传给了您。前几年徐知询失了镇所，到现在人们还都在议论纷纷。如果徐知谔治理政务很有声望，训练士卒休养百姓，这对您又有什么好处呢？”徐知诰有所领悟，从此对待徐知谔更加优厚。

九月初四日丙申，吴国大赦境内，改年号为天祚。

九月十七日己酉，任命宣徽南院使房暠为刑部尚书，充任枢密使；宣徽北院使刘延朗为南院使，仍兼任枢密副使。于是刘延朗和枢密直学士薛文遇等人开始在朝中掌起权来，房暠和赵延寿虽然是枢密院的最高长官，但是他们的意见被采纳的不到十分之三四。房暠处事总是随着不同情势的变化而决定是否，凡事绝不争先；每次幽州、并州派遣使者入朝上奏，枢密院的一班大臣都环坐在那里进行议论，房暠总是低着头打盹，等他一觉醒来，伸伸脖子，拉拉衣裳，这时使者早已经走了。上奏和任免官吏这类事，一律都归刘延朗办理。各地的方镇、刺史从外来入朝的，都是先贿赂刘延朗，然后再商量呈献给后唐末帝的，贿赂多的就优先，可以得到内地官职；贿赂少的就后办，只能得到边远的职位。为此将帅们都愤恨不平，后唐末帝却不知道这一情况。

后蜀金州防御使全师郁入侵金州，攻下了州城旁边的水寨。城中的守兵只有一千人，都监陈知隐假称有别的事情，带着三百名士兵沿河逃走了，防御使马全节把自己的全部家财都拿出来供给军用，出奇兵拼命死战，蜀军这才退了回去。九月戊寅日，后唐末帝下诏处斩陈知隐。

当初，闽主有个受宠信的臣子名叫归守明，经常出入闽主的卧室；闽主晚年得了风疾，陈皇后就和归守明以及百工院使李可殷私通，闽国人都厌恶他们，但是没有人敢揭发。

李可殷曾经在闽主面前说过皇城使李倣的坏话，皇后的族人陈匡胜对福王王继鹏也很无礼，因此李倣和王继鹏都很恨他们。闽主病情加重，王继鹏高兴得面有喜色。李倣认为闽主这一病肯定好不了了。冬季，十月十八日己卯，他指使几名壮士手持棍棒袭击李可殷，把李可殷打死了，此事震惊了朝廷内外。十月十九日庚辰，闽主的病稍微好了一点，陈皇后向他报告了这件事。闽主强撑着病体临朝视事，追

忍其苦，为绝之。倣与继鹏杀陈后、陈守恩、陈匡胜、归守明及继鹏弟继韬。继韬素与继鹏相恶故也。辛巳，继鹏称皇太后令监国，是日，即皇帝位。更名昶。谥其父曰齐肃明孝皇帝，庙号惠宗。既而自称权知福建节度事，遣使奉表于唐，大赦境内，立李春燕为贤妃。

初，闽惠宗娶汉主女清远公主，使宦者闽清林延遇置邸于番禺，专掌国信。汉主赐以大第，禀赐甚厚，数问以闽事。延遇不对，退，谓人曰："去闽语闽，去越语越，处人宫禁，可如是乎！"汉主闻而贤之，以为内常侍，使钩校诸司事。延遇闻惠宗遇弑，求归，不许，素服向其国三日哭。

（以上为第十五段，写闽国政变，王继鹏弑父自立，改名王昶。）

荆南节度使高从诲，性明达，亲礼贤士，委任梁震，以兄事之，震常谓从诲为郎君。

楚王希范好奢靡，游谈者共夸其盛。从诲谓僚佐曰："如马王可谓大丈夫矣。"孙光宪对曰："天子诸侯，礼有等差。彼乳臭子骄侈僭忲，取快一时，不为远虑，危亡无日，又足慕乎！"从诲久而悟，曰："公言是也。"他日，谓梁震曰："吾自念平生奉养，固已过矣。"乃捐去玩好，以经史自娱，省刑薄赋，境内以安。

梁震曰："先王待我如布衣交，以嗣王属我。今嗣王能自立，不坠其业，吾老矣，不复事人矣。"遂固请退居。从诲不能留，乃为之筑室于土洲。震披鹤氅，自称荆台隐士，每诣府，跨黄牛至听事。从诲时过其家，四时赐与甚厚。自是悉以政事属孙光宪。

臣光曰：孙光宪见微而能谏，高从诲闻善而能徙，梁震成功而

问李可殷被打死的详情，李倣心里害怕，就跑出了宫外，一会儿，带着他属下的士卒吵吵嚷嚷地闯进了宫中，闽主一听说发生了叛乱，就吓得躲到了九龙帐下，乱兵们冲进去捅了几刀之后就出了皇宫。闽主挣扎着，一时还难以断气，宫女们不忍心看到他痛苦的惨状，就帮他早一点断了气。李倣和王继鹏又杀掉了陈皇后、陈守恩、陈匡胜、归守明以及王继鹏的弟弟王继韬；王继韬被杀是因为他一贯和王继鹏作对。十月二十日辛巳，王继鹏声称皇太后命令他监国，当天，他就即了皇帝位。王继鹏改名为王昶。给他的父亲上谥号为齐肃明孝皇帝，庙号为惠宗。接着又自称权知福建节度使，派遣使者向唐朝上表，并且大赦境内；册立李春燕为贤妃。

当初，闽惠宗娶了南汉主的女儿清远公主，派宦官、闽清人林延遇在番禺建立府邸，专门掌管两国通使的符节文书。南汉主赐给他一所大宅，供给赏赐都很丰厚，并且多次向他询问闽国的情况。每当此时，林延遇都是一概不作回答，退下来之后，他对别人说："离开闽国就透露闽国的机密，离开越国就透露越国的机密，身处别人的宫禁之中，怎么能这样做呢！"汉主听到这话后很赏识他，任命他为自己的内廷常侍，让他负责考核宫内各司的事务。林延遇得知闽惠宗王璘被臣下所杀，就请求回闽国，汉主没答应，他于是只好穿上素服，向着自己国家的方向连续哭了三天。

荆南节度使高从诲，性情开明通达，亲近礼遇贤能之士，把政事都委托给梁震，待他像兄长一样；梁震也常常称呼高从诲为郎君。

楚王马希范喜欢奢侈华靡，和他游乐闲聊的人都夸赞他的排场。高从诲对自己的幕僚们说："能像马王那样气派可以称得上是大丈夫了。"孙光宪接过他的话头说："天子和诸侯在礼仪上是有等级差别的。他一个乳臭未干的小儿如此骄奢僭越，图一时之快，不做长远考虑，不久就要危险灭亡了，又有什么值得羡慕的！"高从诲过了一段时间才明白这个道理，就说："您的话是对的。"过几天，高从诲对梁震说："我自己反省平日的享受，本来已经是很过分了。"于是舍弃了平时所爱玩和喜好的东西，把阅读经史当作自己的业余爱好，减省刑罚，减轻赋税，从此境内得以安定。

梁震说："先王待我如同布衣之父一样，把嗣王托付给我。现在嗣王能够自立了，可以使先王的事业不致中断了，我也老了，不能再侍奉人了。"于是就坚决请求退休。高从诲挽留不住他，就替他在土州修筑了一处房子。梁震身披鹤氅，自称是荆台隐士，每次到王府，都是骑着黄牛一直进到大厅。高从诲时常到他的家中去看望，一年四季的赐赠都非常丰厚。从此，高从诲就把全部政务都委托给孙光宪去办理。

臣司马光认为：孙光宪看到一点不好的苗头就能够劝谏，高从诲听到正确

能退，自古有国家者能如是，夫何亡国败家丧身之有。

吴加中书令徐知诰尚父、太师、大丞相、大元帅，进封齐王，备殊礼，以昇、润、宣、池、歙、常、江、饶、信、海十州为齐国。知诰辞尚父、丞相，殊礼不受。

闽皇城使、判六军诸卫李倣专制朝政，阴养死士，闽主昶与拱宸指挥使林延皓等图之。延皓等诈亲附倣，倣待之不疑。十一月，壬子，倣入朝，延皓等伏卫士数百于内殿，执斩之，枭首朝门。倣部兵千余持白梃攻应天门，不克，焚启圣门，夺倣首奔吴越。诏暴倣弑君及杀继韬等罪，告谕中外。以建王继严权判六军诸卫，以六军判官永泰叶翘为内宣徽使、参政事。

翘博学质直，闽惠宗擢为福王友，昶以师傅礼待之，多所裨益，宫中谓之“国翁”。昶既嗣位，骄纵，不与翘议国事。一旦，昶方视事，翘衣道士服过庭中趋出，昶召还，拜之，曰：“军国事殷，久不接对，孤之过也。”翘顿首曰：“老臣辅导无状，致陛下即位以来无一善可称，愿乞骸骨。”昶曰：“先帝以孤属公，政令不善，公当极言，奈何弃孤去！”厚赐金帛，慰谕令复位。昶元妃梁国夫人李氏，同平章事敏之女，昶嬖李春燕，待夫人甚薄。翘谏曰：“夫人先帝之甥，聘之以礼，奈何以新爱而弃之！”昶不悦，由是疏之。未几，复上书言事，昶批其纸尾曰：“一叶随风落御沟。”遂放归永泰，以寿终。

帝嘉马全节之功，召诣阙。刘延朗求赂，全节无以与之。延朗欲除全节绛州刺史，群议沸腾。帝闻之，乙卯，以全节为横海留后。

十二月，壬申，以中书侍郎、同平章事充枢密使韩昭胤同平章事，充护国节度使。

意见就能够改过，梁震功成之后而能够引退，自古以来拥有国家大权的人如果都能这样，又哪里还会有亡国、败家、丧身的事情出现？

吴国加封中书令徐知诰为尚父、太师、大丞相、大元帅，进封齐王，为他准备了特殊的礼仪，又划出昇、润、宣、池、歙、常、江、饶、信、海十个州为齐国；徐知诰谦辞了尚父、丞相，也没有接受特殊的礼仪。

闽国皇城使、判六军诸卫李倣独揽朝政，私下里蓄养了一批敢死之徒，闽主王昶和拱宸指挥使林延皓等人合谋要除掉他。林延皓等人假意亲近依附于李倣，李倣对待他们也丝毫不加怀疑。十一月二十一日壬子，李倣入宫朝见闽主，林延皓等人在内殿埋伏了几百名卫士，把李倣抓起来杀了，把他的首级挂在朝门示众。李倣的部下有一千多名士兵手拿棍棒攻打应天门，没能攻下来，就放火焚烧启圣门，抢走了李倣的首级投奔吴越了。闽主下诏公布李倣以臣弑君和杀死王继韬等罪状，告谕朝廷内外。任命建王王继严暂时判理六军诸卫的事务，任命六军判官永泰人叶翘为内宣徽使、参政事。

叶翘学识渊博，为人质朴正直，闽惠宗提升他为福王友，王昶用师傅的礼仪待他，他对王昶有很多帮助，宫里的人称他为“国翁”。王昶继承王位以后，骄横放纵，不再与叶翘商议国事了。一天早晨，王昶正在处理公务，叶翘穿着道士服装经过庭中匆忙地向外面走去，王昶把他召了回来，向他行拜礼，说：“军国事务太繁杂，很久没能向您请教了，这都是孤的过错。”叶翘叩头答谢说：“老臣辅导无方，致使陛下即位以来，没有一项善政值得人们称赞，请求让我告老还乡吧。”王昶说：“先帝把孤托付给您，国家的政令如有不善之处，您应当极力进言，怎么能丢下孤不管就走了呢！”于是赐给了他很多金银布帛，安慰劝解了他一番，让他继续担任原来的职位。王昶的原配梁国夫人李氏，是同平章事李敏的女儿，而王昶宠爱李春燕，却待夫人很冷淡。叶翘劝谏他说：“夫人是先帝的外甥女，是经过正礼聘娶过来的，怎么能够因为有了新欢就冷落了她呢！”王昶听了这话很不高兴，从此就疏远了他。没过多久，叶翘又上书建议其他事情，王昶在奏折的末尾批写了一句：“一叶随风落御沟。”于是就把叶翘放归永泰，叶翘后来得以寿终正寝。

后唐末帝为了褒奖马全节的功劳，就把他征召到京城来。刘延朗向他要求贿赂，马全节没有什么东西可以给他的；刘延朗于是就想把他派任为绛州刺史，群臣为此议论纷纷。后唐末帝得知这一情况后，就在十一月二十四日乙卯，任命马全节为横海留后。

十二月十一日壬申，任命中书侍郎、同平章事充枢密使韩昭胤仍为同平章事，并充任护国节度使。

乙酉，以前匡国节度使、同平章事冯道为司空。时久无正拜三公者，朝议疑其职事，卢文纪欲令掌祭祀扫除，道闻之曰：“司空扫除，职也，吾何惮焉。”既而文纪自知不可，乃止。

闽主赐洞真先生陈守元号天师，信重之，乃至更易将相，刑罚，选举，皆与之议。守元受赂请托，言无不从，其门如市。

（以上为第十六段，写荆南主高从诲纳谏改过，闽主王昶拒谏饰过。）

十二月二十四日乙酉，任命前匡国节度使、同平章事冯道为司空。当时已经很久没有正式拜授三公了，朝臣的议论中对其职掌也弄不太清楚；卢文纪想让他掌管祭祀扫除，冯道听到以后说：“司空负责扫除，这是它的职责，我有什么好害怕的。”不久，卢文纪自己也认为这样做不合适，就不提这件事了。

闽主赐洞真先生陈守元称号为天师，非常信任倚重他，甚至更换将相、施用刑罚、选择贤能都要和他商议；陈守元接受贿赂，为人请托，他说的话，闽主没有不听信的，因此他的门庭像街市一样热闹。

【点评】

本卷点评后唐闵帝出奔无将相相随、后唐末帝抓阄择相、司马光论荆南君臣三件史事。

一、后唐闵帝出奔无将相相随。后唐闵帝，讳从厚，小字菩萨奴，明宗第三子。长兴元年（930），从厚年十七，封宋王，镇邺都，秦王李从荣同母弟。长兴四年秦王诛，明宗崩，宋王自邺入都，十二月一日癸卯，宋王李从厚发丧于西宫，在明宗柩前即帝位，年二十。欧阳修《新五代史》称其"为人形质丰厚，寡言好礼"，薛居正《旧五代史》称闵帝年幼时就"好读《春秋》，略通大义"。闵帝为宋王时，在大臣中有很好的口碑，遭秦王从荣之忌，从厚百般承顺，得免于祸。从厚虽然才能平庸，但无过错，加之性柔宽厚，若得良辅，不失为一个贤君。从厚无意得大位，年少居外藩，朝中无根基。枢密使朱弘昭、冯赟，以及三宰臣司空冯道、右仆射宋愚、吏部尚书刘昫，皆明宗旧臣，无一是社稷之臣。镇守凤翔的潞王李从珂，本姓王，镇州平山人。明宗为李克用骑将，过平山，掠得从珂，养以为子。原名阿三，明宗赐名李从珂。李从珂英勇善战，常立战功，颇得庄宗嘉奖。明宗入洛，李从珂以兵从，建立首功。是以李从珂在朝内外享有很高的威望。闵帝即位，李从珂年已五十，在明宗诸子中最为年长。李从珂起兵凤翔，唐兵往讨而降之。从珂东出，传檄诸镇，一路望风归降。从珂至陕，闵帝出奔，欲至魏州以图复兴，召大宦官孟汉琼使诣魏州为先导，孟汉琼不应召，单骑奔陕。闵帝在藩镇时的亲信牙将慕容迁时任控鹤指挥使帅兵守玄武门，闵帝出奔，密与之谋，令其帅从扈护驾。闵帝以五十骑出玄武门，慕容迁随即闭门不行。慕容迁不扈从闵帝而待潞王，自古以来众叛亲离未有盛于此者。闵帝至卫州东卫州驿，遇石敬瑭，闵帝问石敬瑭以大计。石敬瑭谋及卫州刺史王弘贽，二人议曰："前代天子播迁，皆有将相、侍卫、府库、法物，四者今皆无之，独有五十骑，即使有忠义之心，也没办法表现。"石敬瑭，明宗之婿，以王弘贽所言四者为辞，其实是出卖天子的托词。石敬瑭的牙内指挥使刘知远引兵尽杀闵帝左右及五十骑随从，丢下一个孤零零的闵帝前去投效潞王。潞王李从珂入洛，百官奉迎。潞王以太后令在明宗灵柩前即位，是为末帝，史又称废帝。后唐末帝遣人杀闵帝于卫州。闵帝在位前后仅一百二十四日，死年二十一。李从厚的人生和帝王梦，恰似昙花一现。一个花样年华的青年，一个没有过恶的帝王，不由自主地被权力的恶浪吞没，在五代帝王中最为悲剧，令人可悯。

二、后唐末帝抓阄择相。冯道、刘昫、李愚三宰臣在朝，尚能平衡。冯道出镇同州，刘昫和李愚二人不相容。刘昫生性苛刻精明，李愚刚愎急躁，许多时候两人意见都相左，红着脸争吵是家常便饭，耽误和拖延了政事的实施。后唐末帝很是头疼，想另外再任命一个宰相，不知道任用谁，就征询左右亲信的意见。左右亲信也

拿不定主意，一共推荐了三个人：尚书左丞姚颢、太常卿卢文纪、秘书监崔居俭，三人各有长短。后唐末帝想出一个办法，把三个人的名字写在小纸上放入琉璃瓶中，在晚上焚香向上天祷告，然后用筷子到瓶中夹纸条，首先夹到的是卢文纪，其次是姚颢。秋七月二十三日辛亥，任命卢文纪为中书侍郎同平章事。后唐末帝抓阄择相，古今奇闻。治国如同儿戏，两年后身死国灭。

三、司马光论荆南君臣。荆南节度使高从诲，性情开朗通达，亲近礼遇贤能之士，政事悉委之于梁震，兄事之，主臣之间，如鱼与水。楚王马希范喜欢奢侈华靡，高从诲十分羡慕，对僚属说："能像马王那样气派才是一个真正的男子汉。"僚属孙光宪接过话茬说："天子和诸侯，在礼仪上有很大的差等。马王他还是一个乳臭未干的小儿，如此骄奢僭越，只图一时之快乐，不顾长远的利害，危亡就在眼前，哪里值得羡慕？"高从诲细细思量醒悟过来，赞赏孙光宪，说："你的话说得好啊。"又一天，高从诲对梁震说："我认真反省了自己的行为，平时的享受已经过分了。"于是收敛了自己的玩好，把空闲时间都用在了读书上。省刑轻赋，从此荆南国境安定。梁震年老，高从诲长成，能纳谏改过，于是辞仕告退，高从诲礼遇听从，一年四季，君臣之间像朋友故人一样来往。从此，高从诲把政事全都委托给孙光宪。司马光对此高度评价说："孙光宪看到了苗头就能够劝谏，高从诲听得进善言纠正过失，梁震功成身退培植后进。自古以来，有国有家的人都这样办理，哪还有亡国、破家、丧身的事情出现呢？"荆南地狭人寡，介于四围强邻之间，居安思危，这是高氏政权产生的客观环境。相形之下，马王的奢靡，闽主的饰过亡身，高氏君臣兢兢为治，是值得称道的。

后晋纪一

后晋高祖天福元年（936 年）

【柔兆涒滩（丙申，936 年），一年】

【大事提要】

本卷记事起公元 936 年岁首，讫于岁末，凡一年，当后晋高祖天福元年。此一年又发生了改朝换代，后晋代后唐。后唐末帝即位，议与契丹和亲，专力防范石敬瑭，末帝摇摆不决而未果。末帝纵石敬瑭回晋阳，既放虎归山，而又在政权未固之时，匆匆下诏移镇逼反石敬瑭。末帝讨伐，集中全国之兵用于晋阳一线，却疏于防范契丹，孤注一掷在晋阳与敌人打阵地战，实为下下之策。吏部侍郎龙敏建言末帝立契丹降将李赞华为契丹主北行，牵制契丹主不敢入援晋阳，此为上计，末帝竟然不纳。唐军部署，河南、河中诸镇之兵先期围攻晋阳不下反被围于晋阳安寨。唐河北之兵扫境以与赵德钧，赵德钧却暗中投靠契丹拥众不战。末帝无奈统禁军亲征，逗留不进，又不采纳龙敏用奇计破敌之策，坐以待毙。石敬瑭割燕云十六州土地换得契丹主策命，在晋阳即皇帝位，中原有两主，形势急转。晋安寨唐军投敌，赵德钧全线溃退，末帝禁军星散，返回洛阳无兵可战，自焚身亡，后唐灭亡。

【原文】

高祖圣文章武明德孝皇帝上之上

天福元年（丙申，936年）

春，正月，吴徐知诰始建大元帅府，以幕职分判吏、户、礼、兵、刑、工部及盐铁。

丁未，唐主立子重美为雍王。

癸丑，唐主以千春节置酒，晋国长公主上寿毕，辞归晋阳。帝醉，曰："何不且留，遽归，欲与石郎反邪！"石敬瑭闻之，益惧。

三月，丙午，以翰林学士、礼部侍郎马胤孙为中书侍郎、同平章事。胤孙性谨懦，中书事多凝滞，又罕接宾客，时人目为"三不开"，谓口、印、门也。

石敬瑭尽收其货之在洛阳及诸道者归晋阳，托言以助军费，人皆知其有异志。唐主夜与近臣从容语曰："石郎于朕至亲，无可疑者；但流言不释，万一失欢，何以解之？"皆不对。

端明殿学士、给事中李崧退谓同僚吕琦曰："吾辈受恩深厚；岂得自同众人，一概观望邪！计将安出？"琦曰："河东若有异谋，必结契丹为援。契丹母以赞华在中国，屡求和亲，但求萷剌等未获，故和未成耳。今诚归萷剌等与之和，岁以礼币约直十余万缗遗之：彼必欢然承命。如此，则河东虽欲陆梁，无能为矣。"崧曰："此吾志也。然钱谷皆出三司，宜更与张相谋之。"遂告张延朗，延朗曰："如学士计，不惟可以制河东，亦省边费之什九，计无便于此者。若主上听从，但责办于老夫，请于库财之外捃拾以供之。"他夕，二人密言于帝，帝大喜，称其忠，二人私草《遗契丹书》以俟命。

久之，帝以其谋告枢密直学士薛文遇，文遇对曰："以天子之尊，屈

【语译】

高祖圣文章武明德孝皇帝上之上

后晋高祖天福元年（丙申，936年）

春季，正月，吴国徐知诰开始建置大元帅府，用他的幕僚分别掌管吏、户、礼、兵、刑、工六部以及盐铁方面的事务。

正月十七日丁未，后唐末帝册立他的儿子李重美为雍王。

正月二十三日癸丑，后唐末帝为庆祝他的生日千春节摆酒设宴，晋国长公主为他祝了寿之后，就告辞回了晋阳。当时后唐末帝已经喝醉，说道："为什么不多留住一些时候，这样急急忙忙赶回去，难道是想和石郎一起造反吗？"后来石敬瑭听到这话后，心里感到更加害怕。

三月十七日丙午，任命翰林学士、礼部侍郎马胤孙为中书侍郎、同平章事。马胤孙生性谨慎懦弱，中书省的事务经常被他耽误，他又很少接见宾客，因此当时人把他看作是"三不开"官员，即口不开、印不开、门不开。

石敬瑭把他分散在洛阳和各道的全部财物都收拢起来运回晋阳，借口说是为了补充军费，人们都知道他是心怀异志。后唐末帝在一次与身边近臣的夜谈中平和地对他们说："石郎和朕是至亲，本来对他没有什么好猜疑的；但是外间的流言蜚语若不加以澄清，万一和他失掉和好，该怎样排解呢？"没人接皇帝的话茬。

端明殿学士、给事中李崧退下来之后对他的同事吕琦说："我们这些人都深受皇上恩宠，怎么能把自己混同于众人，而一味地采取观望的态度呢？可是又从哪儿能想办法呢？"吕琦说："河东那边如果有反叛的举动，一定会勾结契丹作后援。契丹的国母因为她的儿子赞华还在中原，所以多次要求和亲；只因朝廷没有答应他们所提出放回萴剌等人的要求，所以和亲才未能成功。现在如果真能放回萴剌等人与他们讲和，并且每年用大约值十多万缗的礼物、钱币送给他们，他们一定会很高兴地答应我们的要求。如果能这样，河东那边即使想轻举妄动，也无能为力了。"李崧说："这也正是我的想法。但是钱财和谷物都要从三司开支，这事最好再跟张相商量一下。"于是就把这件事告诉了张延朗，张延朗说："按两位学士的这个计策，不仅可以制约河东，而且还可以节省边防经费的十分之九，没有比这再好的计策了。如果皇上同意的话，只要责成老夫我去办就行了，我将在府库财物之外设法张罗，以供其用。"在一天晚上，两人秘密地向后唐末帝提出了这个建议，后唐末帝非常高兴，称赞他们的忠诚，于是两人就私下里草拟了一篇《遗契丹书》，以等待诏命的下达。

过了一段时间，后唐末帝把这个计谋告诉了枢密直学士薛文遇，薛文遇回答说：

身奉夷狄，不亦辱乎！又，虏若循故事求尚公主，何以拒之？”因诵戎昱《昭君诗》曰：“安危托妇人。”帝意遂变。一日，急召崧、琦至后楼，盛怒，责之曰：“卿辈皆知古今，欲佐人主致太平；今乃为谋如是！朕一女尚乳臭，卿欲弃之沙漠邪？且欲以养士之财输之虏庭，其意安在？”二人惧，汗流浃背，曰：“臣等志在竭愚以报国，非为虏计也，愿陛下察之。”拜谢无数，帝诟责不已。吕琦气竭，拜少止，帝曰：“吕琦强项，肯视朕为人主邪！”琦曰：“臣等为谋不臧，愿陛下治其罪，多拜何为！”帝怒稍解，止其拜，各赐卮酒罢之，自是群臣不敢复言和亲之策。丁巳，以琦为御史中丞，盖疏之也。

（以上为第一段，写后唐末帝议与契丹和亲，摇摆不定而未果。）

吴徐知诰以其子副都统景通为太尉、副元帅，都统判官宋齐丘、行军司马徐玠为元帅府左右司马。

闽主昶改元通文，立贤妃李氏为皇后，尊皇太后曰太皇太后。

静江节度使、同平章事马希杲有善政，监军裴仁煦谮之于楚王希范，言其收众心，希范疑之。夏，四月，汉将孙德威侵蒙、桂二州，希范命其弟武安节度副使希广权知军府事，自将步骑五千如桂州。希杲惧，其母华夫人逆希范于全义岭，谢曰：“希杲为治无状，致寇戎入境，烦殿下亲涉险阻，皆妾之罪也。愿削封邑，洒扫掖庭，以赎希杲罪。”希范曰：“吾久不见希杲，闻其治行尤异，故来省之，无他也。”汉兵自蒙州引去，徙希杲知朗州。

高从诲遣使奉笺于徐知诰，劝即帝位。

初，石敬瑭欲尝唐主之意，累表自陈羸疾，乞解兵柄，移他镇；帝与执政议从其请，移镇郓州。房暠、李崧、吕琦等皆力谏，以为不可，帝犹豫久之。

五月，庚寅夜，李崧请急在外，薛文遇独直，帝与之议河东事，文遇曰：“谚有之：‘当道筑室，三年不成。’兹事断自圣志；群臣各为身谋，

“以天子的尊崇，却去弯腰侍奉夷狄，不是太耻辱了吗！况且，胡虏如果按照过去的惯例要求迎娶公主去和亲，又怎么能拒绝他？”接着薛文遇又随口吟诵了戎昱的昭君诗：“安危托妇人。”后唐末帝随即就改变了主意。一天，后唐末帝很紧急地把李崧、吕琦召到后楼，大为恼怒，责备他们说：“你们这些人都是懂得古今盛衰的，都想辅佐人主取得天下太平的；现在竟然出了这么一个馊主意！朕只有一个女儿，还很小，你们难道想把她丢弃在沙漠之中吗？而且还要把养兵的钱财送到胡虏那里去，居心何在？”两人一听感到恐惧起来，吓得冷汗直冒，说道：“臣等的本意也是在竭尽愚智报效国家，并不是在替胡虏作打算，希望陛下明察。”两人无数次地拜谢赔罪，而后唐末帝却仍在不停地责骂着。吕琦力气不济，叩拜稍有停顿，后唐末帝就说：“吕琦倔强，还肯把朕当作人主吗？”吕琦说：“臣等谋划不妥，陛下治罪，多拜有什么用！”后唐末帝的怒气这才稍有缓解，要他们不要再拜了，每人赐给了一杯酒，喝完让他们回去了，从此以后，群臣不敢再提和亲的建议了。三月二十八日丁巳，任命吕琦为御史中丞，大致是要疏远吕琦的结果。

吴国徐知诰任命他的儿子副都统徐景通为太尉、副元帅，都统判官宋齐丘、行军司马徐玠为元帅府左、右司马。

闽主王昶改年号为通文，册立贤妃李氏为皇后，尊称皇太后为太皇太后。

静江节度使、同平章事马希杲政绩很好，监军裴仁煦在楚王马希范面前诬陷他，说他是收买人心，马希范也对他怀疑起来。夏季，四月，南汉将领孙德威入侵蒙州、桂州，马希范任命他的弟弟武安节度副使马希广暂时主持军府的事务，自己率领步兵骑兵五千人前往桂州。马希杲得知这一消息感到很害怕，他的母亲华夫人赶到全义岭去迎接马希范，赔罪说：“希杲他处理政务没什么成效，招致敌寇入境，劳烦殿下亲自涉历艰难险阻，这些都是我的罪过。我希望殿下能够取消我的封邑，让我去宫廷里担任洒扫，以此来赎免马希杲的罪过。”马希范说：“我很久没有见到希杲了，听说他的治绩很优异，所以特地来看看，没有其他的意思。”后来汉兵从蒙州退了回去，而马希范却把马希杲调到朗州任职。

高从诲派遣使者送信给徐知诰，劝他即皇帝位。

当初，石敬瑭想试探后唐末帝的真实意图，多次上奏表陈说自己体弱多病，请求解除兵权，调到别的镇所去；后唐末帝和执政大臣商议决定答应他的请求，把他调到郓州。房暠、李崧、吕琦等人都极力劝阻这样做，认为不可行，为此后唐末帝犹豫了很长时间。

五月初二日庚寅夜晚，李崧有急事请假在外，只有薛文遇一人值班，后唐末帝和他议论着河东方面的事情，薛文遇说：“有句谚语说：‘在道路边盖房子，三年也盖

安肯尽言！以臣观之，河东移亦反，不移亦反，在旦暮耳，不若先事图之。”先是，术者言国家今年应得贤佐，出奇谋，定天下，帝意文遇当之，闻其言，大喜，曰：“卿言殊豁吾意，成败吾决行之。”即为除目，付学士院使草制。辛卯，以敬瑭为天平节度使，以马军都指挥使、河阳节度使宋审虔为河东节度使。制出，两班闻呼敬瑭名，相顾失色。

甲午，以建雄节度使张敬达为西北蕃汉马步都部署，趣敬瑭之郓州。敬瑭疑惧，谋于将佐曰：“吾之再来河东也，主上面许终身不除代；今忽有是命，得非如今年千春节与公主所言乎？我不兴乱，朝廷发之，安能束手死于道路乎！今且发表称疾以观其意，若其宽我，我当事之；若加兵于我，我则改图耳。”幕僚段希尧极言拒之，敬瑭以其朴直，不责也。节度判官华阴赵莹劝敬瑭赴郓州，观察判官平遥薛融曰：“融书生，不习军旅。”都押牙刘知远曰：“明公久将兵，得士卒心；今据形胜之地，士马精强，若称兵传檄，帝业可成，奈何以一纸制书自投虎口乎！”掌书记洛阳桑维翰曰：“主上初即位，明公入朝，主上岂不知蛟龙不可纵之深渊邪？然卒以河东复授公，此乃天意假公以利器。明宗遗爱在人，主上以庶孽代之，群情不附。公明宗之爱婿，今主上以反逆见待，此非首谢可免，但力为自全之计。契丹素与明宗约为兄弟，今部落近在云、应，公诚能推心屈节事之，万一有急，朝呼夕至，何患无成。”敬瑭意遂决。

（以上为第二段，写后唐末帝下诏移镇，逼反石敬瑭。）

先是，朝廷疑敬瑭，以羽林将军宝鼎杨彦询为北京副留守，敬瑭将举事，亦以情告之。彦询曰：“不知河东兵粮几何，能敌朝廷乎？”左右请杀彦询，敬瑭曰：“惟副使一人我自保之，汝辈勿言也。”

不成。’这种事情只能靠皇上的意志作决断；群臣都各自为自身的利益作打算，哪里肯什么话都说？以臣看来，河东方面，移镇他要反，不移镇他也要反，只是早晚的问题，不如先动手把他解决了。”在此之前，术士盛传国家今年会得到一位贤能的大臣辅佐，提出奇谋，平定天下，后唐末帝意识到薛文遇就是术士所指的这个人，因此，听了他的话，非常高兴，就说：“爱卿这番话使我的思想豁然开朗，不管是成功还是失败，我都决定这样干了。”当即就决定了任免名单，并把这份名单交付给学士院让他们起草诏令。五月初三日辛卯，任命石敬瑭为天平节度使，马军都指挥使、河阳节度使宋审虔为河东节度使。当任命诏令宣布时，文武两班听到宣呼石敬瑭的名字，都相顾失色。

五月初六日甲午，任命建雄节度使张敬达为西北蕃汉马步都部署，去催促石敬瑭到郓州赴任。石敬瑭对此感到又怀疑又害怕，就和自己的部将和幕僚们商议说：“我第二次来河东的时候，皇上曾当面答应我，在我有生之年绝不再委派别人来替代我的职位；现在忽然又下了这样的命令，难道正像千春节时皇上对公主所讲的那样吗？我并没有兴兵作乱，而朝廷却首先发起事端，我怎么能束手待毙地死于道路之间呢？现在我要暂且发送一份奏表推说有病，看看皇上的意图如何，如果朝廷能够宽限我一些时日，我就拥戴他；如果用武力来威胁我，我就要想另外的办法了。”幕僚段希尧极力主张抗拒朝廷的任命，石敬瑭认为他过于朴实直率，没有责怪他。节度判官华阴人赵莹劝石敬瑭到郓州赴任。观察判官平遥人薛融说：“我薛融是个书生，不懂军旅之事。”都押牙刘知远说：“明公长期带兵，深受士卒们的拥戴；现在我们正占据着有利的地势，兵强马壮，如果起兵联合各道，帝王大业就会成功，怎么能因为一纸诏书而自投虎口呢！”掌书记洛阳人桑维翰说：“皇上当初即位时，明公入朝进见，皇上岂能不知蛟龙不可放回到深渊的道理？但是最终还是把河东军镇再次交给了您。这简直是上天的意志要把国家的权力交给您。先帝明宗的遗爱还在人间，皇上是以庶子旁支的身份获得帝位，人心并不归附于他。您是先帝明宗的爱婿，现今的皇上却把您当作叛逆之人来对待，这绝不是低头谢罪所能够赦免的，而我们现在所能做的只能是极力寻找自我保全的方法。契丹国主一向和先帝明宗以兄弟相称，现在他们的部落就在距此不远的云州、应州，明公如果真能诚心委屈一下自己来讨好他们，万一有了紧急情况，可以早晨叫他们晚上就能来到，还担心事情不能成功吗？”石敬瑭便拿定了主意。

先前，朝廷怀疑石敬瑭，就任命羽林将军宝鼎人杨彦询为北京副留守，石敬瑭将要起兵造反时，也把实情告诉了他。杨彦询问道：“不知道河东的兵力和粮草有多少，能够抵抗得了朝廷吗？”石敬瑭的亲信们建议杀掉杨彦询，石敬瑭说：“只有副

戊戌，昭义节度使皇甫立奏敬瑭反。敬瑭表："帝养子，不应承祀，请传位许王。"帝手裂其表抵地，以诏答之曰："卿于鄂王固非疏远，卫州之事，天下皆知；许王之言，何人肯信！"壬寅，制削夺敬瑭官爵。乙巳，以张敬达兼太原四面排陈使，河阳节度使张彦琪为马步军都指挥使，以安国节度使安审琦为马军都指挥使，以保义节度使相里金为步军都指挥使，以右监门上将军武廷翰为壕寨使。丙午，以张敬达为太原四面兵马都部署，以义武节度使杨光远为副部署。丁未，又以张敬达知太原行府事，以前彰武节度使高行周为太原四面招抚、排陈等使。光远既行，定州军乱，牙将千乘方太讨平之。

张敬达将兵三万营于晋安乡，戊申，敬达奏西北先锋马军都指挥使安审信叛奔晋阳。审信，金全之弟子也，敬瑭与之有旧。先是，雄义都指挥使马邑安元信将所部六百余人戍代州，代州刺史张朗善遇之。元信密说朗曰："吾观石令公长者，举事必成；公何不潜遣人通意，可以自全。"朗不从，由是互相猜忌。元信谋杀朗，不克，帅其众奔审信，审信遂帅麾下数百骑与元信掠百井奔晋阳。敬瑭谓元信曰："汝见何利害，舍强而归弱？"对曰："元信非知星识气，顾以人事决之耳。夫帝王所以御天下，莫重于信。今主上失大信于令公，亲而贵者且不自保，况疏贱乎！其亡可翘足而待，何强之有！"敬瑭悦，委以军事。振武西北巡检使安重荣戍代北，帅步骑五百奔晋阳。重荣，朔州人也。以宋审虔为宁国节度使、充侍卫马军都指挥使。

天雄节度使刘延皓恃后族之势，骄纵，夺人财产，减将士给赐，宴饮无度。捧圣都虞候张令昭因众心怨怒，谋以魏博应河东，癸丑未明，帅众攻牙城，克之；延皓脱身走，乱兵大掠。令昭奏："延皓失于抚御，以致军乱；臣以抚安士卒，权领军府，乞赐旌节！"延皓至洛阳，唐主怒，命远贬；皇后为之请，六月，庚申，止削延皓官爵，归私第。

（以上为第三段，写各镇官兵依违观望，甚至多有投附石敬瑭的人。）

使一个人我可以替他担保，你们大家就不要多说了。”

五月初十日戊戌，昭义节度使皇甫立向朝廷奏报说石敬瑭已经叛乱。石敬瑭在给皇帝的上表中说：“皇帝是养子，不应该继承帝位，请传位给许王。”后唐末帝气得亲手把石敬瑭的奏表撕掉扔在地上，用诏书回答他说：“你与鄂王的关系本来并不疏远，在卫州你的所作所为，天下的人都知道；所谓传位给许王的这些话，谁又肯相信！”五月十四日壬寅，下诏削夺石敬瑭的官职和爵位。五月十七日乙巳，任命张敬达兼任太原四面排阵使，河阳节度使张彦琪为马步军都指挥使，任命安国节度使安审琦为马军都指挥使，任命保义节度使相里金为步军都指挥使，任命右监门上将军武廷翰为壕寨使。五月十八日丙午，又任命张敬达为太原四面兵马都部署，任命义武节度使杨光远为副部署。五月十九日丁未，又任命张敬达负责太原行府的事务，任命前彰武节度使高行周为太原四面招抚使、排阵使等。杨光远起程之后，定州的部队发生了叛乱，牙将千乘人方太率兵讨伐平定了叛乱。

张敬达率领三万名军队在晋安乡扎营，五月二十四日戊申，张敬达奏报说西北先锋马军都指挥使安审信叛变投奔了晋阳。安审信是安金全的侄子，石敬瑭和他是旧交。在此之前，雄义都指挥使马邑人安元信率领他的部下六百多人戍守代州，代州刺史张朗对他很好。安元信暗中劝告张朗说：“我看石令公是个宽厚长者，这次举兵起事一定能够获得成功；明公何不私下里派人与他通款，这样可以保全自己。”张朗不同意，从此两人之间便互相猜忌起来。安元信企图要杀掉张朗，没能成功，于是就带着他的部下投奔了安审信，安审信随即率领麾下数百名骑兵与安元信一道抢掠了百井，然后投奔晋阳。石敬瑭问安元信说：“你到底看出了什么利害关系，竟然舍强而归弱呢？”安元信回答说：“元信并不会看天象望星气，只是根据人事来做出的决断。帝王之所以能够统御天下，最重要的是取决于信誉。现在皇上对令公失去了大信，像您这样的至亲而且又尊贵的人都不能保全自己，何况我们这些关系疏远而卑贱的人呢！他的灭亡可以翘足而待，哪里还能称得上强大呢！”石敬瑭听了这话很高兴，委托他掌管军事。振武西北巡检使安从荣这时戍守在代北，也率领步兵和骑兵共计五百人投奔晋阳。安从荣是朔州人。朝廷改任宋审虔为宁国节度使，充任侍卫马军都指挥使。

天雄节度使刘延皓依仗皇后家族的势力，骄横放纵，抢夺别人的财产，克减将士的粮饷和赏赐，摆酒设宴，无休无止。捧圣都虞候张令昭借着人心都在埋怨愤怒之机，打算带领魏博军民响应河东军府造反，五月二十五日癸丑这一天天还没亮，张令昭率领部众攻打牙城，攻了下来；刘延皓脱身逃走，乱兵们大肆抢劫。张令昭奏报朝廷说：“刘延皓恩威处理不当，导致军士们作乱。臣已经对士卒们进行安抚，暂时管理着军府的事务，请求皇上赐以旌节！”刘延皓到了洛阳，后唐末帝大为恼

辛酉，吴太保、同平章事徐景迁以疾罢，以其弟景遂代为门下侍郎、参政事。

癸亥，唐主以张令昭为右千牛卫将军、权知天雄军府事。令昭以调发未集，且受新命。寻有诏徙齐州防御使，令昭托以士卒所留，实俟河东之成败。唐主遣使谕之，令昭杀使者。甲戌，以宣武节度使兼中书令范延光为天雄四面行营招讨使、知魏博行府事，以张敬达充太原四面招讨使，以杨光远为副使。丙子，以西京留守李周为天雄军四面行营副招讨使。

石敬瑭之子右卫上将军重殷、皇城副使重裔闻敬瑭举兵，匿于民间井中。弟沂州都指挥使敬德杀其妻女而逃，寻捕得，死狱中，从弟彰圣都指挥使敬威自杀。秋，七月，戊子，获重殷、重裔，诛之，并族所匿之家。

庚寅，楚王希范自桂州北还。

云州步军指挥使桑迁奏应州节度使尹晖逐云州节度使沙彦珣，收其兵应河东。丁酉，彦珣表迁谋叛应河东，引兵围子城。彦珣犯围走出西山，据雷公口，明日，收兵入城击乱兵，迁败走，军城复安。是日，尹晖执迁送洛阳，斩之。

丁未，范延光拔魏州，斩张令昭。诏悉诛其党七指挥。

张敬达发怀州彰圣军戍虎北口，其指挥使张万迪将五百骑奔河东，丙辰，诏尽诛其家。

（以上为第四段，写后唐末帝诛灭石敬瑭诸子，以及张令昭等反叛者。）

石敬瑭遣间使求救于契丹，令桑维翰草表称臣于契丹主，且请以父礼事之，约事捷之日，割卢龙一道及雁门关以北诸州与之。刘知远谏曰：“称臣可矣，以父事之太过。厚以金帛赂之，自足致其兵，不必许以土田，恐异日大为中国之患，悔之无及。”敬瑭不从。表至契丹，契丹主大

怒，下令把他贬到远方去；皇后出面替他求情，六月初三日庚申，只是削除了刘延皓的官职和爵位，让他回自己的宅第去。

六月初四日辛酉，吴国太保、同平章事徐景迁因病被罢去官职，而任命他的弟弟徐景遂代替他担任门下侍郎、参政事。

六月初六日癸亥，后唐末帝任命张令昭为右千牛卫将军，暂时主管天雄军府的事务。张令昭因为当时调发的军队还没有集结完毕，所以只有暂且接受了这项新的任命。不久又有诏令调任他为齐州防御使，张令昭名义上借口说被士卒所强留，实际上是等待河东起兵成败的局势明朗化。后唐末帝派使者前去告谕他，张令昭把使者杀了。六月十七日甲戌，任命宣武节度使兼中书令范延光为天雄四面行营招讨使，掌管魏博行府的事务，任命张敬达充任太原四面招讨使，任命杨光远为副使。六月十九日丙子，任命西京留守李周为天雄军四面行营副招讨使。

石敬瑭的儿子右卫上将军石重殷、皇城副使石重裔听说石敬瑭起兵造反，就躲到民间的一口井里。石敬瑭的弟弟沂州都指挥使石敬德，杀死自己的妻子女儿后逃走，不久又被抓了回来，死在狱中，石敬瑭的堂弟彰圣都指挥使石敬威自杀身亡。秋季，七月初二日戊子，抓获了石重殷、石重裔，诛杀了他们，并把藏匿他们的那一家也满门抄斩。

七月初四日庚寅，楚王马希范从桂林北返。

云州步军指挥使桑迁奏报说，应州节度使尹晖赶走云州节度使沙彦询，并接收了他的兵马，响应河东造反。七月十一日丁酉，沙彦询上表说，桑迁阴谋叛变响应河东，已经带领兵马包围了子城。沙彦询冲出包围奔往西山，占据了雷公口，第二天，收集士兵进城反击乱兵，桑迁战败逃走，于是军城又恢复了安定。当天，尹晖抓住了桑迁把他解送洛阳，朝廷把他处斩。

七月二十一日丁未，范延光攻下了魏州，斩杀了张令昭。朝廷下诏把他的党羽七个指挥全部杀掉。

张敬达调发屯扎在怀州的彰圣军戍守虎北口，结果彰圣军的指挥使张万迪带着五百名骑兵投奔河东去了，三十日，朝廷下诏，把他的一家全部杀掉。

石敬瑭派遣使者从僻路去向契丹请求救援，他命令桑维翰起草一份奏表向契丹主称臣，并且在奏表中请求用对待父亲的礼节来侍奉他，约定事情成功之日，割让卢龙一个道和雁门关以北的各州给他们。刘知远劝谏说："低头称臣就可以了，把他当父亲来侍奉就太过分了。用丰厚的金银财物收买他，就完全可以把他的援兵招来，

喜，白其母曰："儿比梦石郎遣使来，今果然，此天意也。"乃为复书，许俟仲秋倾国赴援。

八月，己未，以范延光为天雄节度使，李周为宣武节度使、同平章事。

癸亥，应州言契丹三千骑攻城。

张敬达筑长围以攻晋阳。石敬瑭以刘知远为马步都指挥使，安重荣、张万迪降兵皆隶焉。知远用法无私，抚之如一，由是人无贰心。敬瑭亲乘城，坐卧矢石下，知远曰："观敬达辈高垒深堑，欲为持久之计，无他奇策，不足虑也。愿明公四出间使，经略外事。守城至易，知远独能办之。"敬瑭执知远手，抚其背而赏之。

戊寅，以成德节度使董温琪为东北面副招讨使，以佐卢龙节度使赵德钧。

唐主使端明殿学士吕琦至河东行营犒军，杨光远谓琦曰："愿附奏陛下，幸宽宵旰。贼若无援，旦夕当平；若引契丹，当纵之令入，可一战破也。"帝甚悦。帝闻契丹许石敬瑭以仲秋赴援，屡督张敬达急攻晋阳，不能下。每有营构，多值风雨，长围复为水潦所坏，竟不能合。晋阳城中日窘，粮储浸乏。

（以上为第五段，写后唐末帝大发兵征讨晋阳，石敬瑭引契丹为援，以割地相许。）

九月，契丹主将五万骑，号三十万，自扬武谷而南，旌旗不绝五十余里。代州刺史张朗、忻州刺史丁审琦婴城自守，虏骑过城下，亦不诱胁。审琦，洺州人也。

辛丑，契丹主至晋阳，陈于汾北之虎北口。先遣人谓敬瑭曰："吾欲今日即破贼可乎？"敬瑭遣人驰告曰："南军甚厚，不可轻，请俟明日议战未晚也。"使者未至，契丹已与唐骑将高行周、符彦卿合战，敬瑭乃遣刘知远出兵助之。张敬达、杨光远、安审琦以步兵陈于城西北山下，契丹遣轻骑三千，不被甲，直犯其陈。唐兵见其羸，争逐之，至汾曲，契丹涉水而去。唐兵循岸而进，契丹伏兵自东北起，冲唐兵断而为二，步

不一定要答应给他们土地，恐怕以后会给中原留下无穷的祸患，到那时后悔都来不及。”石敬瑭没有采纳他的意见，奏表送到了契丹，契丹主十分高兴，就告诉他的母亲述律太后说：“儿近来做梦，梦见石郎派使者到这里来，现在果然如此，这真是天意啊！”于是马上写了一封回信，答应到仲秋八月一定倾国出动前去援助。

八月初三日己未，任命范延光为天雄节度使，李周为宣武节度使、同平章事。

八月初七日癸亥，应州奏报说契丹有三千骑兵进攻州城。

张敬达为了攻打晋阳修筑了一道长长的围墙。石敬瑭任命刘知远为马步都指挥使，安重荣、张万迪的降兵都归他指挥。刘知远执法公正无私，爱抚降兵像爱抚亲信部队一样，因此大家都能同心协力。石敬瑭亲自登城墙，坐卧都在敌人箭石的投射之下，刘知远对他说：“看来张敬达这帮人筑设高垒深沟，是想作持久的打算，并没有其他的高招，不值得担心。希望明公能够向各方多派间使出去，经营好对外的事务。守城这件事十分容易，知远一个人就能应付了。”石敬瑭拉着刘知远的手，拍着他的背，对他赞赏了一番。

八月二十二日戊寅，任命成德节度使董温琪为东北面副招讨使，以便帮助卢龙节度使赵德钧。

后唐末帝派端明殿学士吕琦到河东行营去犒劳军队，杨光远对吕琦说：“请你回去后顺便奏报陛下，希望陛下保重身体，不必为此事早晚过于操劳。叛贼如果没有外援，用不了多久就可以把他们平定；如果他们勾结契丹来犯，我们就放他们进城，到时可以把他们一举歼灭。”后唐末帝听了这话很高兴。后唐末帝得知契丹答应石敬瑭仲秋八月前来救援，多次督促张敬达加紧攻打晋阳，但是仍然没能攻下来。每当营建沟垒，总是遇到风雨天气，那道长长的围墙又被雨水的冲刷所破坏，最终也难以合拢。晋阳城里的情况也是一天比一天困窘，粮食和其他储备也渐渐地缺乏起来。

九月，契丹主率领五万名骑兵，号称三十万，从扬武谷向南进发，旌旗绵延不断达五十多里。代州刺史张朗、忻州刺史丁审琦都据城自守，敌寇的骑兵经过城下时，也没有诱降威胁他们。丁审琦是洺州人。

九月十五日辛丑，契丹主到达晋阳，把军队部署在汾水北岸的虎北口。先派人去对石敬瑭说：“我想今天就攻破贼兵，可以吗？”石敬瑭派人快马前去告诉他：“南军力量很雄厚，不可轻视，请等到明天再商量攻战的事也不算晚。”结果使者还没有赶到，契丹军队就已经和唐军的骑兵将领高行周、符彦卿交战了，石敬瑭只好派刘知远带兵出城助战。张敬达、杨光远、安审琦把步兵部署在城西北的山下，契丹派出轻骑兵三千人，不披铠甲，径直冲向唐军阵列。唐兵看到契丹兵十分单薄，就争

兵在北者多为契丹所杀，骑兵在南者引归晋安寨。契丹纵兵乘之，唐兵大败，步兵死者近万人，骑兵独全。敬达等收余众保晋安，契丹亦引兵归虎北口。敬瑭得唐降兵千余人，刘知远劝敬瑭尽杀之。

是夕，敬瑭出北门，见契丹主。契丹主执敬瑭手，恨相见之晚。敬瑭问曰："皇帝远来，士马疲倦，遽与唐战而大胜，何也？"契丹主曰："始吾自北来，谓唐必断雁门诸路，伏兵险要，则吾不可得进矣。使人侦视，皆无之，吾是以长驱深入，知大事必济也。兵既相接，我气方锐，彼气方沮，若不乘此急击之，旷日持久，则胜负未可知矣。此吾所以亟战而胜，不可以劳逸常理论也。"敬瑭甚叹伏。

壬寅，敬瑭引兵会契丹围晋安寨，置营于晋安之南，长百余里，厚五十里，多设铃索吠犬，人跬步不能过。敬达等士卒犹五万人，马万匹，四顾无所之。甲辰，敬达遣使告败于唐，自是声问不复通。唐主大惧，遣彰圣都指挥使符彦饶将洛阳步骑兵屯河阳，诏天雄节度使兼中书令范延光将魏州兵二万由青山趣榆次，卢龙节度使、东北面招讨使兼中书令北平王赵德钧将幽州兵出契丹军后，耀州防御使潘环纠合西路戍兵，由晋、绛两乳岭出慈、隰，共救晋安寨。契丹主移帐于柳林，游骑过石会关，不见唐兵。

（以上为第六段，写契丹入援石敬瑭，初战大败后唐军。）

丁未，唐主下诏亲征。雍王重美曰："陛下目疾未平，未可远涉风沙；臣虽童稚，愿代陛下北行。"帝意本不欲行，闻之，颇悦。张延朗、刘延皓及宣徽南院使刘延朗皆劝帝行，帝不得已，戊申，发洛阳，谓卢文纪曰："朕雅闻卿有相业，故排众议首用卿，今祸难如此，卿嘉谋皆安在乎？"文纪但拜谢，不能对。己酉，遣刘延朗监侍卫步军都指挥使符彦饶军赴潞州，为大军后援。诸军自凤翔推戴以来，骄悍不为用，彦饶恐其为乱，不敢束之以法。

着驱逐他们，一直赶到汾水的河湾处，契丹兵涉水而走。唐兵沿着河岸向前推进，这时契丹的伏兵突然从东北方向冲了上来，把唐兵截为两段，在北面的步兵大多被契丹兵所杀，在南面的骑兵则退回晋安寨。契丹兵乘胜追击，唐兵大败，步兵被杀死的将近有一万人，只有骑兵没有受什么损失。张敬达等人收集残兵据守晋安寨，契丹也带兵返回虎北口。石敬瑭俘获唐军降兵一千多人，刘知远劝石敬瑭把他们全部杀掉。

当天晚上，石敬瑭出晋阳城北门，会见契丹主。契丹主拉着石敬瑭的手，大有相见恨晚之感。石敬瑭问契丹主说："皇上远道而来，兵马疲倦，立刻就与唐军交战而获得大胜，这是为什么？"契丹主说："开始我从北面来的时候，认为唐军一定会切断雁门一线的各条道路，在险要的地方埋伏下骑兵，那样我就无法顺利前进了。我派人前去侦察，结果是什么都没有，所以我才得以长驱直入，知道一定可以大功告成。交战起来以后，我方士气正锐盛，而敌方的士气正低落，如果不乘着这个机会加紧发动攻势，旷日持久，那么胜负就难以预料了。这就是我之所以速战而获胜的道理，不能用劳逸这种常规的道理来推断。"石敬瑭听了，十分感叹和佩服。

九月十六日壬寅，石敬瑭带兵和契丹兵会合包围晋安寨，把军营安扎在晋安寨的南面，长有一百多里，宽五十里，设置了很多带有警铃的绳索和吠犬，人们连半步也休想通过。张敬达等人的士兵共计还有五万人，战马一万匹，但是却四处无路可逃。九月十八日甲辰，张敬达派出使者向后唐末帝报告军队打了败仗，从此以后再也没有与朝廷通音讯了。后唐末帝十分恐惧，就派遣彰圣都指挥使符彦饶率领洛阳的步兵和骑兵驻守河阳，诏令天雄节度使兼中书令范延光率领魏州兵二万人由青山赶赴榆次，又命令卢龙节度使、东北面招讨使兼中书令北平王赵德钧率领幽州兵向契丹军的后方进发，耀州防御使潘环纠合西方各路的戍守士兵从晋州、绛州之间的两乳岭向慈州、隰州进发，共同救援晋安寨，契丹主把军帐移到了柳林，侦察骑兵经过石会关时，没有遇见唐兵。

九月二十一日丁未，后唐末帝下诏，要亲自率兵征讨。雍王李重美说："陛下的眼疾还没有好，不能远路跋涉到风沙之地；儿臣年纪虽然还很小，愿意代替陛下北征。"后唐末帝的意思本来就不想亲自北征，听了这话，心里很高兴。张延朗、刘延皓以及宣徽南院使刘延朗都劝后唐末帝亲征，后唐末帝不得已，九月二十二日戊申，从洛阳出发，他对卢文纪说："朕一向听说你有宰相的才干，所以力排众议首先重用了你，现在祸难到了如此地步，你的好计谋都跑到哪里去了？"卢文纪只是叩拜谢罪，却答不上话来。九月二十三日己酉，派刘延朗监督侍卫步军都指挥使符彦饶赶赴潞州，作大军的后援。各路军队自从凤翔拥戴潞王为帝以来，日益骄横凶悍不听

帝至河阳，心惮北行，召宰相、枢密使议进取方略，卢文纪希帝旨，言“国家根本，太半在河南。胡兵倏来忽往，不能久留；晋安大寨甚固，况已发三道兵救之。河阳天下津要，车驾宜留此镇抚南北，且遣近臣往督战，苟不能解围，进亦未晚。”张延朗欲因事令赵延寿得解枢务，因曰：“文纪言是也。”帝访于余人，无敢异言者。泽州刺史刘遂凝，鄩之子也，潜自通于石敬瑭，表称车驾不可逾太行。帝议近臣可使北行者，张延朗与翰林学士须昌和凝等皆曰：“赵延寿父德钧以卢龙兵来赴难，宜遣延寿会之。”庚戌，遣枢密使、忠武节度使、随驾诸军都部署、兼侍中赵延寿将兵二万如潞州。辛亥，帝如怀州。以右神武统军康思立为北面行营马军都指挥使，帅扈从骑兵赴团柏谷。思立，晋阳胡人也。

帝以晋安为忧，问策于群臣，吏部侍郎永清龙敏请立李赞华为契丹主，令天雄、卢龙二镇分兵送之，自幽州趣西楼，朝廷露檄言之，契丹主必有内顾之忧，然后选募军中精锐以击之，此亦解围之一策也。帝深以为然，而执政恐其无成，议竟不决。

（以上为第七段，写后唐末帝亲征。吏部侍郎龙敏建言立李赞华为契丹主北行以扰乱契丹后方，后唐末帝犹豫不决竟未施行。）

帝忧沮形于神色，但日夕酣饮悲歌。群臣或劝其北行，则曰：“卿勿言，石郎使我心胆堕地！”

冬，十月，壬戌，诏大括天下将吏及民间马；又发民为兵，每七户出征夫一人，自备铠仗，谓之“义军”，期以十一月俱集，命陈州刺史郎万金教以战陈。用张延朗之谋也。凡得马二千余匹，征夫五千人，实无益于用，而民间大扰。

初，赵德钧阴蓄异志，欲因乱取中原，自请救晋安寨；唐主命自飞狐踵契丹后，钞其部落，德钧请将银鞍契丹直三千骑，由土门路西入，帝许之。赵州刺史、北面行营都指挥使刘在明先将兵戍易州，德钧过易州，命在明以其众自随。在明，幽州人也。德钧至镇州，以董温琪领招讨副使，邀与偕行，又表称兵少，须合泽潞兵；乃自吴儿谷趣潞州，癸

指挥，符彦饶害怕他们闹乱子，所以也不敢用军法来约束他们。

后唐末帝到达河阳，害怕再往北走，就召集宰相、枢密使商议进攻方略，卢文纪迎合皇帝的意旨，说：“国家的根本，一大半在黄河以南。胡人的骑兵忽来忽往，不可能长久停留；晋安大寨十分坚固，况且已经调发了三路兵马前去救援。河阳是天下的津渡要路，皇上的车驾应该坐镇此地以安抚南北方，暂时派一个身边的近臣前去督战，如果仍然不能解围，皇上再北行也不晚。”张延朗想借个因由让赵延寿解除枢密使的职务，就说：“文纪讲得很对。”后唐末帝又征询其他人的意见，结果没有人敢提出异议。泽州刺史刘遂凝，是刘鄩的儿子，暗自和石敬瑭相勾结，因此也上表声称皇上的车驾万万不可越过太行山。后唐末帝又和大臣们商议近臣中哪一位可以派往北面，张延朗和翰林学士须昌人和凝等人都说：“赵延寿的父亲赵德钧率卢龙的兵马前来共赴国难，应该派赵延寿前去与他们会合。”九月二十四日庚戌，下令派遣枢密使、忠武节度使、随驾诸军都部署、兼侍中赵延寿率兵二万前往潞州。九月二十五日辛亥，后唐末帝前往怀州。任命右神武统军康思立为北面行营马军都指挥使，率领扈从骑兵开赴团柏谷。康思立是晋阳的胡人。

后唐末帝被晋安寨的形势所困扰，向群臣询问对策，吏部侍郎永清人龙敏建议立李赞华为契丹国主，命令天雄、卢龙两个军镇分出一部分兵护送他，从幽州直到西楼，朝廷一路上张贴檄文宣布这一消息，这样契丹主一定会有后顾之忧，然后再挑选招募军中的精锐士卒去攻击契丹，这也不失为一个解围的办法。后唐末帝很欣赏这个建议，但是执政大臣们担心这个计划难以成功，最后竟然是不了了之。

后唐末帝的忧愁沮丧明显地表现在脸上，从早到晚整天饮酒悲哀地唱歌。群臣中有人劝他北行亲征，末帝说：“卿不要提这个事，石敬塘已经使我的心和胆都掉落在地上了。”

冬十月初七土壬戌，末帝下诏征集全国各地将吏以及民间的马匹，又发动百姓参军，每户出一个征夫，自己准备铠甲兵器，称为“义军”，约定在十一月全部集中，命令陈州刺史郎万金训练义军作战技能。这是采纳张延朗的谋划。总计征集得到马两千多匹，征夫五千人，实际没有多大用处，而民间却受到很大的骚扰。

当初，赵德钧暗中怀有窃取帝位的异志，打算趁乱夺取中原，主动请求援救晋安案。唐主末帝诏帝他从飞狐道出代州，紧跟在契丹之后，包抄契丹人的部落。赵德钧请求率领他在幽州训练的由契丹降卒组成的禁卫军银鞍契丹直三千骑兵，从土门路向西进军，末帝准许了。赵州刺史、北面行营都指挥使刘在明早已领兵戍守在易州，赵德钧率军路过易州，他命令刘在明跟随他进军。刘在明是幽州人。赵德钧

西，至乱柳。时范延光受诏将部兵二万屯辽州，德钧又请与魏博军合；延光知德钧合诸军，志趣难测，表称魏博兵已入贼境，无容南行数百里与德钧合，乃止。

汉主以宗正卿兼工部侍郎刘濬为中书侍郎、同平章事。濬，崇望之子也。

十一月，以赵德钧为诸道行营都统，依前东北面行营招讨使。以赵延寿为河东道南面行营招讨使，以翰林学士张砺为判官。庚寅，以范延光为河东道东南面行营招讨使，以宣武节度使、同平章事李周副之。辛卯，以刘延朗为河东道南面行营招讨副使。赵延寿遇赵德钧于西汤，悉以兵属德钧。唐主遣吕琦赐德钧敕告，且犒军。德钧志在并范延光军，逗留不进，诏书屡趣之。德钧乃引兵北屯团柏谷口。

（以上为第八段，写赵德钧受命为诸道行营都统，却暗中勾结契丹为援，效石敬瑭之所为。）

癸巳，吴主诏齐王知诰置百官，以金陵府为西都。

前坊州刺史刘景岩，延州人也，多财而喜侠，交结豪杰，家有丁夫兵仗，人服其强，势倾州县。彰武节度使杨汉章无政，失夷、夏心，会括马及义军，汉章帅步骑数千人将赴军期，阅之于野。景岩潜使人挠之曰：“契丹强盛，汝曹有去无归。”众惧，杀汉章，奉景岩为留后。唐主不获已，丁酉，以景岩为彰武留后。

契丹主谓石敬瑭曰：“吾三千里赴难，必有成功。观汝器貌识量，真中原之主也。吾欲立汝为天子。”敬瑭辞让者数四，将吏复劝进，乃许之。契丹主作册书，命敬瑭为大晋皇帝，自解衣冠授之，筑坛于柳林，是日，即皇帝位。割幽、蓟、瀛、莫、涿、檀、顺、新、妫、儒、武、云、应、寰、朔、蔚十六州以与契丹，仍许岁输帛三十万匹。己亥，制改长兴七年为天福元年，大赦；敕命法制，皆遵明宗之旧。以节度判官赵莹为翰林学士承旨、户部侍郎、知河东军府事，掌书记桑维翰为翰林学士、礼部侍郎、权知枢密使事，观察判官薛融为侍御史知杂事，节度推官白水窦贞固为翰林学士，军城都巡检使刘知远为侍卫马军都指挥使，

到达镇州，他任用董温其为招讨副使，邀请董温其随同行动，又上奏表末帝说自己兵少，须同泽潞的兵马会合，然后就从吴儿谷向潞州进发。十月十八日癸酉，到达乱柳。当时范延光领受诏命统领所部兵马两万人屯驻在辽州，赵德钧又上表请求与魏博军会合。范延光知道赵德钧会合各路兵马，意图难以预料，于是也上表末帝声称魏博军已深入敌境，不能再后退南行数百里与赵德钧会合，这才在辽州驻扎下来。

南汉主刘龑任用宗正卿兼工部侍郎刘濬为中书侍郎、同平章事。刘濬，是刘崇望的儿子。

十一月，后唐末帝任用赵德钧为诸道行营都统，仍然兼领原有的职任东北面行营招讨使，任用赵延寿为河东道行营招讨使，任用翰林学士张砺为判官。十一月初五庚寅，任用范延光为河东道东南面行营招讨使，任用宣武节度使、同平章事李周为范延光的副使。十一月初六辛卯，任用刘延朗为河东道南面行营招讨副使。这一天，赵延寿到达西汤与赵德钧会合，把所领兵马全部归属赵德钧。唐主末帝派吕琦赐给赵德钧诸道行营都统委任敕令，并犒劳将士。赵德钧一心要兼并范延光的军队，逗留不肯前进，末帝多次下诏令催促，赵德钧才率军北进屯驻在团柏谷。

十一月初八日癸巳，吴主下诏，命齐王徐知诰设置百官，以金陵府为西都。

前坊州刺史刘景岩是延州人，家境富有，而又喜爱侠义，结交地方豪杰，家中拥有丁夫和兵械，人们都慑服于他的势力强大，整个州县无人能比。彰武节度使杨汉章政绩很糟，不论胡人还是汉人都很失望，正好赶上搜集马匹和征调义军，杨汉章带领步兵、骑兵几千人准备按期去会师，正在野外进行检阅。刘景岩暗中派人去扰乱人心，说："契丹势力强盛，你们这些人将有去无回。"大家一听都很害怕，就杀死杨汉章，推举刘景岩为留后。后唐末帝不得已，十一月十二日丁酉，任命刘景岩为彰武留后。

契丹主对石敬瑭说："我从三千里以外前来救难，一定要有所建树。我看你的器宇、容貌、才识、度量，真正的是一个中原之主的样子。我想扶立你做天子。"石敬瑭推辞谦让了好几次，将领和官吏们又反复地劝他即位，这才答应了下来，契丹主亲自作册封文书，命令石敬瑭为大晋皇帝，脱下自己的衣服冠冕授给他，在柳林修筑坛台，当天，石敬瑭就即皇帝之位。割让幽、蓟、瀛、莫、涿、檀、顺、新、妫、儒、武、云、应、寰、朔、蔚共十六个州给契丹，并且还答应每年输送三十万匹帛给他们。十一月十四日己亥，大晋皇帝石敬瑭下制诏，把唐长兴七年改为晋天福元年，大赦天下。敕命和法规制度，都遵照明宗时的旧规。任命节度判官赵莹为翰林学士承旨、户部侍郎、知河东军府事，掌书记桑维翰为翰林学士、礼部侍郎、权知

客将景延广为步军都指挥使。延广，陕州人也。立晋国长公主为皇后。

（以上为第九段，写契丹主策命石敬瑭为皇帝，石敬瑭割燕云十六州土地给契丹作回报。）

契丹主虽军柳林，其辎重老弱皆在虎北口，每日暝辄结束，以备仓猝遁逃，而赵德钧欲倚契丹取中国，至团柏逾月，按兵不战，去晋安才百里，声问不能相通。德钧累表为延寿求成德节度使，曰："臣今远征，幽州势孤，欲使延寿在镇州，左右便于应接。"唐主曰："延寿方击贼，何暇往镇州！俟贼平，当如所请。"德钧求之不已；唐主怒曰："赵氏父子坚欲得镇州，何意也？苟能却胡寇，虽欲代吾位，吾亦甘心，若玩寇邀君，但恐犬兔俱毙耳。"德钧闻之，不悦。

闰月，赵延寿献契丹主所赐诏及甲马弓剑，诈云德钧遣使致书于契丹主，为唐结好，说令引兵归国；其实别为密书，厚以金帛赂契丹主，云："若立己为帝，请即以见兵南平洛阳，与契丹为兄弟之国；仍许石氏常镇河东。"契丹主自以深入敌境，晋安未下，德钧兵尚强，范延光在其东，又恐山北诸州邀其归路，欲许德钧之请。

帝闻之，大惧，亟使桑维翰见契丹主，说之曰："大国举义兵以救孤危，一战而唐兵瓦解，退守一栅，食尽力穷。赵北平父子不忠不信，畏大国之强，且素蓄异志，按兵观变，非以死徇国之人，何足可畏，而信其诞妄之辞，贪豪末之利，弃垂成之功乎！且使晋得天下，将竭中国之财以奉大国，岂此小利之比乎！"契丹主曰："尔见捕鼠者乎，不备之，犹或啮伤其手，况大敌乎！"对曰："今大国已扼其喉，安能啮人乎！"契丹主曰："吾非有渝前约也，但兵家权谋不得不尔。"对曰："皇帝以信义救人之急，四海之人俱属耳目，奈何二三其命，使大义不终！臣窃为皇帝不取也。"跪于帐前，自旦至暮，涕泣争之。契丹主乃从之，指帐前石谓德钧使者曰："我已许石郎，此石烂，可改矣。"

（以上为第十段，写赵德钧、石敬瑭争相投靠契丹灭后唐，石敬瑭的割地争得了先机。）

枢密使事，观察判官薛融为侍御史掌理杂事，节度推官白水人窦贞固为翰林学士，军城都巡检使刘知远为侍卫马军都指挥使，客将景延广为步军都指挥使。景延广是陕州人。册立晋国长公主为皇后。

契丹主虽然把军队屯扎在柳林，但是他们的辎重和老弱士兵都留在虎北口，每当夜幕降临时他们就收拾停当，以便于仓促之间好逃走，但是赵德钧却想借助契丹的力量夺取中原，因此到了团柏一个多月，仍然按兵不动，离晋安寨只有一百里路，但却不能和他们相联系。赵德钧多次向后唐末帝上表替赵延寿乞求成德节度使一职，说："臣现在远征在外，幽州势孤力单，所以想让赵延寿在镇州，这样就左右都便于接应了。"后唐末帝回答说："延寿正在进击贼兵，哪有时间前往镇州！等到贼寇平定了，一定答应你的要求。"赵德钧还是一再地请求，后唐末帝发怒说："赵氏父子坚持要得到镇州，是什么用意？如果能够击退胡寇，就是想取代我的位置，我也心甘情愿，若是拿敌寇当作耍手段的资本，来要挟国君，只怕是犬兔都要完蛋。"赵德钧听到这话后，心里很不高兴。

闰十一月，赵延寿向后唐末帝献契丹主赐给他的诏书以及铠甲、战马、弓矢、刀剑，欺骗说赵德钧已派遣使者送信给契丹主，替朝廷缔结和好，并劝契丹主率兵回家；而实际上他却是另写了一封密信，并派人带着丰厚的金银布帛去贿赂契丹主，说："假如扶立我当中原皇帝，我愿用现有的兵力向南去平定洛阳，和契丹结为兄弟之国；仍旧答应让石氏长期镇守河东军镇。"契丹主认为自己已经深入敌境，晋安寨还没有攻下来，赵德钧的兵力还很强，范延光部又在他的东边，同时担心太行山以北各州的唐军会拦截他的退路，就准备答应赵德钧的要求。

后晋高祖石敬瑭得知这个事后，大为恐惧，赶忙派桑维翰去见契丹主，向他游说说："契丹大国发动义兵来救援孤危，一次战斗就使唐兵瓦解，退守到一个栅寨里，粮食吃尽，力量穷竭。赵北平父子对唐不忠，对契丹无信，畏惧大国的强盛，又一向怀着野心，所以按兵不动，观望形势的变化，并不是一个能够为国牺牲生命的人，有什么值得害怕的，而要相信他的荒诞狂妄的言辞，贪图毫末小利，抛弃就要完成的功业呢？况且如果让晋得了天下，将会竭尽中原的财力奉献给大国，哪里是这些小利所能比得上的！"契丹主说："你见过捉老鼠的吗？如果不加以防备，有的还会被它咬伤手，何况是强大的敌人呢！"桑维翰回答说："现在大国已经卡住了他的喉咙，怎么能再咬人呢！"契丹主说："我并不是要背弃以前的誓约，这只是兵家的权谋不得不这样做。"桑维翰说："皇帝是凭着信义来解救人的急难，四海之内所有的人都看到了，也听到了，为什么要前后做法不一致，让皇帝的大义有始无终呢？臣个人认为皇帝的这种做法不足取。"于是就跪在军帐前面，从早到晚，流着泪

龙敏谓前郑州防御使李懿曰："君，国之近亲，今社稷之危，翘足可待，君独无忧乎？"懿为言赵德钧必能破敌之状。敏曰："我燕人也，知德钧之为人，怯而无谋，但于守城差长耳。况今内蓄奸谋，岂可恃乎！仆有狂策，但恐朝廷不肯为耳。今从驾兵尚万余人，马近五千匹，若选精骑一千，使仆与郎万金将之，自介休山路，夜冒虏骑入晋安寨，但使其半得入，则事济矣。张敬达等陷于重围，不知朝廷声问，若知大军近在团柏，虽有铁障可冲陷，况虏骑乎！"懿以白唐主，唐主曰："龙敏之志极壮，用之晚矣。"

丹州义军作乱，逐刺史康承询，承询奔鄜州。

晋安寨被围数月，高行周、符彦卿数引骑兵出战，众寡不敌，皆无功。刍粮俱竭，削柿淘粪以饲马，马相啖，尾鬣皆秃，死则将士分食之，援兵竟不至。张敬达性刚，时谓之"张生铁"，杨光远、安审琦劝敬达降于契丹，敬达曰："吾受明宗及今上厚恩，为元帅而败军，其罪已大，况降敌乎！今援兵旦暮至，且当俟之。必若力尽势穷，则诸军斩我首，携之出降，自求多福，未为晚也。"光远目审琦欲杀敬达，审琦未忍。高行周知光远欲图敬达，常引壮骑尾而卫之，敬达不知其故，谓人曰："行周每踵余后，何意也？"行周乃不敢随之。诸将每旦集于招讨使营，甲子，高行周、符彦卿未至，光远乘其无备，斩敬达首，帅诸将上表降于契丹。契丹主素闻诸将名，皆慰劳，赐以裘帽，因戏之曰："汝辈亦大恶汉，不用盐酪啖战马万匹！"光远等大惭。契丹主嘉张敬达之忠，命收葬而祭之，谓其下及晋诸将曰："汝曹为人臣，当效敬达也。"时晋安寨马犹近五千，铠仗五万，契丹悉取以归其国，悉以唐之将卒授帝，语之曰："勉事而主。"马军都指挥使康思立愤惋而死。

（以上为第十一段，写后唐末帝不采纳龙敏奇袭契丹之计，坐以待毙，导致后唐军晋安寨降敌。）

与契丹主争辩不已。契丹主最终依从了他，指着帐前的石头对赵德钧的使者说："我已经应允了石郎，只有这块石头烂了，才能改变主意。"

龙敏对前郑州防御使李懿说："您是皇室的近亲，现在社稷如此危急，眼看就要灭亡，您难道一点都不担心吗？"李懿向他说明赵德钧肯定能打败敌军的形势。龙敏说："我是燕地的人氏，知道赵德钧的为人，他胆小而又无谋略，只是在守城方面稍微有点特长。况且他现在内怀奸谋，这种人又怎么能依靠呢！在下倒有个狂妄的计谋，只怕朝廷不肯答应这样做。现在护驾的兵还有一万多人，战马将近五千匹，如果挑选出精锐骑兵一千人，让在下和郎万金率领，从介休的山路行进，乘着夜色冲过敌阵进入晋安寨，只要有一半人马能够冲进去，事情就算成功了。张敬达等人身陷重围，不知道朝廷的消息，如果知道朝廷的大军就近在咫尺的团柏，即便是有铁打的屏障也可以冲破，何况是胡虏的骑兵呢？"李懿把这个建议告诉了后唐末帝，后唐末帝说："龙敏的志气极为壮烈，可惜现在用这个方法已经晚了。"

丹州的义军发动叛乱，驱逐刺史康承询，康承询逃往鄜州。

晋安寨被围困已经有好几个月，高行周、符彦卿多次带领骑兵出战，都因为寡不敌众而未能取得成功。草料和粮食都用完了，只好削木屑淘马粪中的草筋再来喂马，马吃不饱就相互啃咬，马尾和马鬃都被啃秃了，死了的就由将士分而食之，援兵终究还是没有到来。张敬达性情刚烈，当时的人们叫他"张生铁"。杨光远、安审琦劝张敬达向契丹投降，张敬达回答说："我受明宗和当今皇上的厚恩，为元帅而打了败仗，罪过已经够大的了，何况向敌人投降呢！现在援兵早晚之间就要到了，应该暂时等一下。如果一旦力尽势穷，那么各位可以砍下我的头，拿出去投降，以便求得平安富贵，也不算迟。"杨光远向安审琦递了个眼色要他杀掉张敬达，安审琦不忍心下手。高行周得知杨光远要暗算张敬达，就常带着精壮骑兵尾随在张敬达后面保卫他，张敬达不知其中的缘故，就对人说："行周常常跟在我的脚后，是什么用意呢？"高行周于是再也不敢跟在他的后面了。将领们每天早晨都要在招讨使的营帐中会集，闰十一月初九日甲子的那一天，高行周、符彦卿还没有来到，杨光远乘着张敬达没有戒备，砍下了他的头，然后率领将领们上表向契丹投降。契丹主一向就听过这些将领的大名，因此都加以慰劳，赐给他们皮衣皮帽，并乘机开玩笑地说："你们也真是大恶汉，不用盐和乳浆作佐料居然也吃掉了上万匹战马！"杨光远等人非常羞惭。契丹主钦佩张敬达的忠烈，下令安葬他的尸体并举行祭奠，对自己的部下和晋的将领们说："你们当人臣的，都应当效法张敬达。"当时晋安寨的战马有将近五千匹，铠甲兵仗五万具，契丹把这些东西全部送回国去，而把唐兵和将领交给了后晋高祖，并对他们说："勉力侍奉你们的主上。"马军都指挥使康思立愤恨惋伤而死。

帝以晋安已降，遣使谕诸州，代州刺史张朗斩其使；吕琦奉唐主诏劳北军，至忻州，遇晋使，亦斩之，谓刺史丁审琦曰：“虏过城下而不顾，其心可见，还日必无全理，不若早帅兵民自五台奔镇州。”将行，审琦悔之，闭牙城不从。州兵欲攻之，琦曰：“家国如此，何为复相屠灭！”乃帅州兵趣镇州，审琦遂降契丹。

契丹主谓帝曰：“桑维翰尽忠于汝，宜以为相。”丙寅，以赵莹为门下侍郎，桑维翰为中书侍郎，并同平章事；维翰仍权知枢密使事。以杨光远为侍卫马步军都指挥使，以刘知远为保义节度使、侍卫马步军都虞候。

帝与契丹主将引兵而南，欲留一子守河东，咨于契丹主，契丹主令帝尽出诸子，自择之。帝兄子重贵，父敬儒早卒，帝养以为子，貌类帝而短小，契丹主指之曰：“此大目者可也。”乃以重贵为北京留守、太原尹、河东节度使。契丹以其将高谟翰为前锋，与降卒偕进。丁卯，至团柏，与唐兵战，赵德钧、赵延寿先遁，符彦饶、张彦琦、刘延朗、刘在明继之，士卒大溃，相腾践死者万计。

己巳，延朗、在明至怀州，唐主始知帝即位、杨光远降。众议以“天雄军府尚完，契丹必惮山东，未敢南下，车驾宜幸魏州”。唐主以李崧素与范延光善，召崧谋之。薛文遇不知而继至，唐主怒，变色；崧蹑文遇足，文遇乃去。唐主曰“我见此物肉颤，适几欲抽佩刀刺之。”崧曰：“文遇小人，浅谋误国，刺之益丑。”崧因劝唐主南还，唐主从之。

（以上为第十二段，写后唐军全线溃退，后唐末帝南返洛阳。）

洛阳闻北军败，众心大震，居人四出，逃窜山谷。门者请禁之，河南尹雍王重美曰：“国家多难，未能为百姓主，又禁其求生，徒增恶名耳；不若听其自便，事宁自还。”乃出令任从所适，众心差安。

后晋高祖石敬瑭因为晋安已经投降，就派遣使者告谕各州，代州刺史张朗杀了他的来使；吕琦奉后唐末帝的诏命去慰问雁门关以北的守军，到了忻州，遇到后晋使者，也把使者杀了，他对刺史丁审琦说："胡虏经过你城下而你不阻拦，用意是明显的，将来回到朝廷的时候，肯定没有保全身家性命的可能，不如早一点率领军民从五台山奔往镇州。"临行时，丁审琦又后悔了，关闭牙城不跟吕琦走。州兵要攻打他，吕琦说："国与家都落到了这般地步，为什么还要再自相残杀呢！"于是就带领忻州兵直奔镇州，丁审琦则投降了契丹。

契丹主对后晋高祖说："桑维翰对你很尽忠，应该让他当宰相。"闰十一月十一日丙寅，任命赵莹为门下侍郎，桑维翰为中书侍郎，两人都为同平章事；桑维翰仍旧代理枢密使的职务。任命杨光远为侍卫马步军都指挥使，任命刘知远为保义节度使、侍卫马步军都虞候。

后晋高祖和契丹主将要率兵南下，想留下一个儿子守备河东军镇，征求契丹主的意见，契丹主让后晋高祖把他的儿子都叫出来，由他亲自选择。后晋高祖哥哥的儿子石重贵，他的父亲石敬儒早死，后晋高祖把他当作自己的儿子抚养，他的相貌和后晋高祖很相像，但是身材比较短小，契丹主指着他说："这个大眼睛的可以。"于是就任命石重贵为北京留守、太府尹、河东节度使。契丹主派他的将领高谟翰为前锋，和晋安寨的降卒一同进发。闰十一月十二日丁卯，到达团柏，和唐兵交战，赵德钧、赵延寿率先逃走，符彦饶、张彦琦、刘延明、刘在明也都紧跟其后逃跑了，唐军士卒四散溃逃，相互践踏而死的数以万计。

闰十一月十四日己巳，刘延朗、刘在明到了怀州，后唐末帝这才得知石敬瑭即位称帝、杨光远投降契丹的消息。群臣的议论认为，"天雄军府还算完好，契丹一定惧怕山东，不敢轻易南下，因此圣驾应该巡幸魏州"。后唐末帝认为李崧一向和天雄节度使范延光很要好，就召李崧来商议具体事宜。薛文遇不知这是单独召见也跟着进来，后唐末帝立刻大怒，变了脸色。李崧暗地踩了一下薛文遇的脚，薛文遇会意，这才退了下去。后唐末帝说："我一看见这个东西肉都发颤，刚才几乎要拔出佩刀刺他。"李崧说："薛文遇是个小人，浅薄的计谋贻误了国家，刺了他更显得他丑陋不堪。"李崧借机劝后唐末帝南返，后唐末帝采纳了他的意见。

洛阳方面得知北方赵德钧等军队大败的消息后，朝野人心大为震恐，城中的居民四面出走，逃窜到山谷之中。把守城门的人请求下令禁止百姓外出，河南尹雍王李重美说："国家多难，朝廷没有能替百姓做主，又禁止他们寻找活路，这样只能增加朝廷的恶名；不如听其自便，事情安定了之后他们自动就会回来。"于是下令任凭百姓去任何地方，这样人心才稍微安定了一点。

壬申，唐主还至河阳，命诸将分守南、北城。张延朗请幸滑州，庶与魏博声势相接，唐主不能决。

赵德钧、赵延寿南奔潞州，唐败兵稍稍从之，其将时赛帅卢龙轻骑东还渔阳。帝先遣昭义节度使高行周还具食，至城下，见德钧父子在城上，行周曰："仆与大王乡曲，敢不忠告！城中无斗粟可守，不若速迎车驾。"甲戌，帝与契丹主至潞州，德钧父子迎谒于高河，契丹主慰谕之，父子拜帝于马首，进曰："别后安否？"帝不顾，亦不与之言。契丹主问德钧曰："汝在幽州所置银鞍契丹直何在？"德钧指示之，契丹主命尽杀之于西郊，凡三千人。遂琐德钧、延寿，送归其国。

德钧见述律太后，悉以所赍宝货并籍其田宅献之，太后问曰："汝近者何为往太原？"德钧曰："奉唐主之命。"太后指天曰："汝从吾儿求为天子，何妄语邪！"又自指其心曰："此不可欺也。"又曰："吾儿将行，吾戒之云：赵大王若引兵北向渝关，亟须引归，太原不可救也。汝欲为天子，何不先击退吾儿，徐图亦未晚。汝为人臣，既负其主，不能击敌，又欲乘乱邀利，所为如此，何面目复求生乎？"德钧俯首不能对。又问："器玩在此，田宅何在？"德钧曰："在幽州。"太后曰："幽州今属谁？"曰："属太后。"太后曰："然则又何献焉？"德钧益惭。自是郁郁不多食，逾年而卒。张砺与延寿俱入契丹，契丹主复以为翰林学士。

（以上为第十三段，写赵德钧父子降敌，被械送契丹，赵德钧被述律太后斥责不忠，抑郁而死。）

帝将发上党，契丹主举酒属帝曰："余远来徇义，今大事已成，我若南向，河南之人必大惊骇，汝宜自引汉兵南下，人必不甚惧。我令太相温将五千骑卫送汝至河梁，欲与之渡河者多少随意。余且留此，俟汝音闻，有急则下山救汝；若洛阳既定，吾即北返矣。"与帝执手相泣，久之不能别，解白貂裘以衣帝，赠良马二十匹，战马千二百匹，曰："世世子孙勿相忘。"又曰："刘知远、赵莹、桑维翰皆创业功臣，无大故；勿弃也。"

闰十一月十七日壬申，后唐末帝回到河阳，命令各位将领分别把守南、北城。张延朗建议后唐末帝巡幸滑州，以便能同魏博声势相接，后唐末帝一时拿不定主意。

赵德钧、赵延寿父子向南逃奔到潞州，唐军败兵渐渐跟上来，他的部将时赛带领卢龙的轻骑兵向东回到渔阳。后晋高祖先派昭义节度使高行周回潞州备办粮草，到了潞州城下，看见赵德钧父子正在城上，高行周说："在下和大王是同乡，所以不敢不向你提一个忠告！城中已经没有一斗粟可以让你坚守了，不如赶快出来迎接皇上圣驾。"闰十一月十九日甲戌，后晋高祖和契丹主到达潞州，赵德钧父子到高河迎接，契丹主好言安慰了他们一番，他们父子二人叩拜于后晋高祖的马前，恭敬地问道："分别以来还好吗？"后晋高祖没理他，也不和他搭腔。契丹主问赵德钧说："你在幽州设置的银鞍契丹直现在哪里？"赵德钧指给他看，契丹主命令把这些人全部带到潞州城的西郊杀掉，共计有三千人。最后将赵德钧、赵延寿上了枷锁，押送到契丹。

赵德钧晋见契丹主的母亲述律太后，把所有带来的宝货以及登录自己田宅的簿籍都呈献给她，太后问道："你最近为什么到太原去？"赵德钧回答说："是奉了唐主之命。"太后指着天说："你向我的儿子请求扶立你为天子，为什么还要说瞎话呢？"又指了指自己的心说："这里是欺骗不了的。"又说："我的儿子即将出发时，我告诫他说：赵大王如果带兵向渝关北进的话，就赶紧带兵回来，太原不必去救援了。你想当天子，先击退我的儿子，再慢慢地谋取也不算晚。你身为人臣，既辜负了你的君主，不能进攻敌人，又想乘着战乱讨取好处，所作所为到了这般地步，还有什么脸面再活着呢？"赵德钧低着头不能回答。太后又问他："你献的器物珍玩都在这里，田宅在哪里呢？"赵德钧说："在幽州。"太后说："幽州现在属于谁？"回答说："属于太后。"太后说："那么还用你献什么呢？"赵德钧更加羞惭。从此以后，他精神不振，吃得不多，过了一年就死了。张砺和赵德钧一起进入契丹，契丹主仍然任命他为翰林学士。

后晋高祖就要从上党出发，契丹主举起酒杯叮咛他说："我远道而来是为了遵守信义，现在大功已经告成，我如果再向南进兵，黄河以南的人们一定会惊慌恐惧；你应该亲自带领汉兵南下，人们一定不会感到太恐惧。我让太相温率领五千名骑兵护送你到河梁，你想要多少人随你渡河由你决定。我暂时留在这里，等候你的消息，如果有紧急情况，我就下太行山去救援你；如果洛阳已经平定下来，我就回到北方去了。"说完，和后晋高祖手拉着手，相对而泣，久久不愿分别，又脱下自己身上的白色貂皮大衣披在后晋高祖身上，另外赠送了良马二十匹，战马一千二百匹，说："希望我们世世代代的子孙都不要相忘。"又说："刘知远、赵莹、桑维翰都是创业的

初，张敬达既出师，唐主遣左金吾大将军历山高汉筠守晋州。敬达死，建雄节度副使田承肇帅众攻汉筠于府署，汉筠开门延承肇入，从容谓曰：“仆与公俱受朝寄，何相迫如此？”承肇曰：“欲奉公为节度使。”汉筠曰：“仆老矣，义不为乱首，死生惟公所处。”承肇目左右欲杀之，军士投刃于地曰：“高金吾累朝宿德，奈何害之！”承肇乃谢曰：“与公戏耳。”听汉筠归洛阳。帝遇诸涂，曰：“朕忧卿为乱兵所伤，今见卿甚喜。”

符彦饶、张彦琪至河阳，密言于唐主曰：“今胡兵大下，河水复浅，人心已离，此不可守。”丁丑，唐主命河阳节度使苌从简与赵州刺史刘在明守河阳南城，遂断浮梁，归洛阳。遣宦者秦继旻、皇城使李彦绅杀昭信节度使李赞华于其第。

己卯，帝至河阳，苌从简迎降，舟楫已具。彰圣军执刘在明以降，帝释之，使复其所。

唐主命马军都指挥使宋审虔、步军都指挥使符彦饶、河阳节度使张彦琪、宣徽南院使刘延朗将千余骑至白马阪行战地，有五十余骑奔于北军。诸将谓审虔曰，“何地不可战，谁肯立于此？”乃还。庚辰，唐主又与四将议复向河阳，而将校皆已飞状迎帝。帝虑唐主西奔，遣契丹千骑扼渑池。

辛巳，唐主与曹太后、刘皇后、雍王重美及宋审虔等携传国宝登玄武楼自焚。皇后积薪欲烧宫室，重美谏曰：“新天子至，必不露居，他日重劳民力；死而遗怨，将安用之！”乃止。王淑妃谓太后曰：“事急矣，宜且避匿，以俟姑夫。”太后曰：“吾子孙妇女一朝至此，何忍独生！妹自勉之。”淑妃乃与许王从益匿于毬场，获免。

（以上为第十四段，写后唐末帝回到洛阳，无兵可战，自焚而死。）

功臣，没有什么特别的原因，不要遗弃他们。”

当初，张敬达率军出征之后，后唐末帝派左金吾大将军历山人高汉筠戍守晋州。张敬达死了之后，建雄节度副使田承肇带领部众在府署进攻高汉筠，高汉筠打开府署的大门让田承肇进去，很沉静地对他说：“在下和您都是受朝廷的重托，为什么要这样逼迫我呢？”田承肇说：“想拥戴你做节度使。”高汉筠说：“在下老了，道义上也不能做谋乱的祸首，是活是死都由您处置了。”田承肇使眼色让随行军士下手，军士把刀子丢在地上说：“高金吾在几朝都是有德望的，为什么要杀害他！”田承肇见形势不对，这才向他谢罪说：“和您开个玩笑而已。”于是听任高汉筠回洛阳。后唐末帝在路途中遇到了高汉筠，说：“朕担心你会被乱兵所伤害，现在见到你，实在令人高兴。”

符彦饶、张彦琪到了河阳，秘密地向后唐末帝进言说“现在胡兵大举南下，黄河又正逢浅水季节，人心已经离散，这个地方不能固守。”闰十一月二十二日丁丑，后唐末帝命令河阳节度使苌从简和赵州刺史刘在明戍守河阳南城，随即切断渡河的浮桥，回洛阳。派遣宦官秦继旻、皇城使李彦绅把昭信节度使李赞华杀死在他的家里。

闰十一月二十四日己卯，后晋高祖到达河阳，苌从简迎上前来投降，渡河的舟楫都已经准备好了。彰圣军的军士拘拿了刘在明也来投降，后晋高祖释放了他，仍让他担任原来的职务。

后唐末帝命令马军都指挥使宋审虔、步军都指挥使符彦饶、河阳节度使张彦琪、宣徽南院使刘延朗率领一千多名骑兵到白司马阪寻找可以投入战斗的地方，结果有五十多名骑兵渡过黄河投奔了北方的晋军。将领们对宋审虔说：“什么地方不可以作战，谁肯待在这个鬼地方？”于是就撤了回来。闰十一月二十五日庚辰，后唐末帝又和以上四位将领商议再向河阳派兵的事宜，而这时军中的将校们都已经飞快地呈上降书迎接后晋高祖去了。后晋高祖担心后唐末帝会向西逃奔，就派契丹骑兵一千名前去控扼渑池。

闰十一月二十六日辛巳，后唐末帝和曹太后、刘皇后、雍王李重美以及宋审虔等人携带传国宝，登上玄武楼自焚。刘皇后堆积了薪柴想把宫室也烧掉，李重美劝她说：“新的天子来到，一定不会住在外面，以后修建宫室又要重新耗费民力；我们死了，还要给百姓留下怨恨，又有什么好处呢！”刘皇后这才住手。王淑妃对曹太后说：“情况很紧急了，我们应该暂时躲避一下，等候姑夫来了再说。”曹太后说：“我的儿子、孙子、媳妇、孙女一旦到了这个地步，我怎么忍心一个人活着！妹妹你自己善自保重吧。”王淑妃于是就和许王李从益一道藏在毬场，得以幸免。

是日晚，帝入洛阳，止于旧第。唐兵皆解甲待罪，帝慰而释之。帝命刘知远部署京城，知远分汉军使还营，馆契丹于天宫寺，城中肃然，无敢犯令。士民避乱窜匿者，数日皆还复业。

初，帝在河东，为唐朝所忌，中书侍郎、同平章事、判三司张延朗不欲河东多蓄积，凡财赋应留使之外尽收取之，帝以是恨之。壬午，百官入见，独收延朗付御史台，余皆谢恩。

甲申，车驾入宫，大赦："应中外官吏一切不问，惟贼臣张延朗、刘延皓、刘延朗奸邪贪猥，罪难容贷；中书侍郎、平章事马胤孙、枢密使房暠、宣徽使李专美、河中节度使韩昭胤等，虽居重位，不务诡随，并释罪除名；中外臣僚先归顺者，委中书门下别加任使。"刘延皓匿于龙门，数日，自经死。刘延朗将奔南山，捕得，杀之。斩张延朗。既而选三司使，难其人，帝甚悔之。

闽人闻唐主之亡，叹曰："潞王之罪，天下未之闻也，将如吾君何！

十二月，乙酉朔，帝如河阳，饯太相温及契丹兵归国。

追废唐主为庶人。

丁亥，以冯道兼门下侍郎、同平章事。

曹州刺史郑阮贪暴，指挥使石重立因乱杀之，族其家。

辛卯，以唐中书侍郎姚𫖮为刑部尚书。

初，朔方节度使张希崇为政有威信，民夷爱之，兴屯田以省漕运；在镇五年，求内徙，唐潞王以为静难节度使。帝与契丹修好，恐其复取灵武，癸巳，复以希崇为朔方节度使。

初，成德节度使董温琪贪暴，积货巨万，以牙内都虞候平山秘琼为腹心。温琪与赵德钧俱没于契丹，琼尽杀温琪家人，瘗于一坎，而取其货，自称留后，表称军乱。

同州小校门铎杀节度使杨汉宾，焚掠州城。

诏赠李赞华燕王，遣使送其丧归国。

当天晚上，后晋高祖进入洛阳，住在自己以前的旧宅里。唐兵都脱下铠甲等待问罪，后晋高祖安慰了他们并予以释放。后晋高祖命令刘知远安排处理京城的事务，刘知远分派汉军让他们回到自己的营地去，把契丹兵安顿在天宫寺，城中秩序井然，没有人敢违犯命令。那些为避战乱出城躲藏的人，几天之后都回到城里又各就其业了。

当初，后晋高祖在河东军镇时，受到后唐朝廷的猜忌，中书侍郎、同平章事、判三司张延朗不想让河东有过多的积蓄，所有财物赋税除了应留军府的以外，全部都收归朝廷，后晋高祖因此对他非常怨恨。闰十一月二十七日壬午，文武百官入宫朝见，后晋高祖唯独下令把张延朗收押交付御史台究办，其余的人都谢恩免究。

闰十一月二十九日甲申，后晋高祖车驾入宫，宣布大赦："宫中和处廷官吏概不追究，只有贼臣张延朗、刘延皓、刘延朗奸诈邪恶，贪婪猥琐，罪行难以宽贷；中书侍郎平章事马胤孙、枢密使房暠、宣徽使李专美、河中节度使韩昭胤等人，虽然身居重要地位，但不追求诡诈逢迎，一律免除他们的罪责，加以除名；内外臣僚先归顺的，委令中书和门下两省另行加以任用。"刘延皓藏在龙门，几天之后，就自己上吊自杀。刘延朗准备逃到南山，结果被抓住，杀了。把张延朗斩首。不久选任三司使，难以找到合适的人选，后晋高祖对匆忙杀死张延朗很后悔。

闽国人得知后唐末帝死亡的消息后，感叹地说："潞王的罪行，天下的人没有听说过，像我们的国君又该把他怎么办呢！"

十二月初一日辛酉，后晋高祖前往河阳，为太相温和契丹兵饯行，送他们回国。

下诏追废后唐末帝为庶人。

十二月初三日丁亥，任命冯道兼门下侍郎、同平章事。

曹州刺史郑阮贪婪残暴，指挥使石重立乘乱把他杀了，并对他满门抄斩。

十二月初七日辛卯，任命原后唐中书侍郎姚顗为刑部尚书。

当初，朔方节度使张希崇治理政务很有威信，无论汉人还是胡人都很爱戴他，他兴办屯田，从而节省了漕运的开支。任职五年之后，请求向内地调任，唐潞王就改任他为静难节度使。后晋高祖虽然和契丹修好，仍担心他们又乘势攻取灵武，十二月初九日癸巳，又派张希崇担任朔方节度使。

当初，成德节度使董温琪贪婪残暴，积蓄的财货达到巨万，他把牙内都虞候平山人秘琼当作心腹。董温琪和赵德钧一起都死在契丹，秘琼把董温琪的家人全部杀死，合埋在一个坑穴里，然后占有了他的财货，自称为留后，向朝廷上表声称是军士在作乱。

同州的小军校门铎杀死了节度使杨汉宾，焚烧并抢掠了州城。

下诏追赠李赞华为燕王，派使者护送他的灵柩回国。

张朗将其众入朝。

庚子，以唐中书侍郎卢文纪为吏部尚书。以皇城使晋阳周瓌为大将军、充三司使；瓌辞曰：“臣自知才不称职，宁以避事见弃，犹胜冒宠获辜。”帝许之。

帝闻平卢节度使房知温卒，遣天平节度使王建立将兵巡抚青州。

改兴唐府曰广晋府。

安远节度使卢文进闻帝为契丹所立，自以本契丹叛将，辛丑，弃镇奔吴。所过镇戍，召其主将，告之故，皆拜辞而退。

徐知诰以镇南节度使、太尉兼中书令李德诚、德胜节度使兼中书令周本位望隆重，欲使之帅众推戴，本曰：“我受先王大恩，自徐温父子用事，恨不能救杨氏之危，又使我为此，可乎！”其子弘祚强之，不得已与德诚帅诸将诣江都表吴主，陈知诰功德，请行册命；又诣金陵劝进。宋齐丘谓德诚之子建勋曰：“尊公，太祖元勋，今日扫地矣。”于是吴宫多妖，吴主曰：“吴祚其终乎！”左右曰：“此乃天意，非人事也。”

高丽王建用兵击破新罗、百济，于是东夷诸国皆附之，有二京，六府，九节度，百二十郡。

（以上为第十五段，写石敬瑭入洛为中原主，是为晋高祖。吴执政徐知诰逼迫吴主禅让。）

张朗率领他的部众入朝。

十二月十六日庚子，任命原后唐中书侍郎卢文纪为吏部尚书。任命皇城使晋阳人周瓌为大将军、充任三司使；周瓌推辞说："臣自知才能和职位不相称，宁可因为躲避任职而被陛下摒弃，也胜于因贪图陛下宠信而失职获罪。"后晋高祖准许了他。

后晋高祖得知平卢节度使房知温去世，就派天平节度使王建立率兵去巡抚青州。

改兴唐府为广晋府。

安远节度使卢文进得知后晋高祖是由契丹人扶立的，考虑到自己本是契丹的叛将，于是就在十二月十七日辛丑，撇下军镇投奔吴国去了。途中每经过一处镇戍之地，都召唤其主将，告诉他们投奔吴国的缘故，结果他们都向他拜辞而退。

徐知诰认为镇南节度使、太尉兼中书令李德诚，德胜节度使兼中书令周本地位高声望大，想让他们率领众将吏推戴自己当皇帝，周本说："我蒙受先王的大恩，自从徐温父子把持朝政以来，只恨自己不能解救杨氏的危难，现在又让我干这种事，怎么能行呢？"他的儿子周弘祚强迫他干，不得已只好与李德诚一起率领将领们到江都向吴主上表，陈述徐知诰的大功大德，请求吴主施行册命；又到金陵去劝徐知诰即皇帝位。宋齐丘对李德诚的儿子李建勋说："令尊是太祖的元勋大臣，今天名声扫地了。"接着吴国的宫中出现了很多妖异的现象，吴主说："吴国的祚运就要完了吗？"左右的人告诉他说："这是天意，不是人事所能改变的。"

高丽王王建出兵打败了新罗、百济，于是东夷各国都归附于他，共拥有二京、六府、九节度、一百二十个郡。

【点评】

本卷点评后唐末帝失策拒和亲、石敬瑭割地称儿皇帝、赵德钧父子降敌三件史事。

一、后唐末帝失策拒和亲。石敬瑭在晋阳厉兵秣马，蓄聚货财，人皆知其有异志。端明殿学士、给事中李崧与同僚吕琦共议，石敬瑭谋反，必结援契丹。二人密言于末帝，建言与契丹和亲，岁不过供虏礼金十余万缗以安边患，以绝石敬瑭之后路。末帝大喜，嘉奖二人忠心。两人草拟了《遗契丹书》择日遣使送出。末帝突然以其谋告枢密直学士薛文遇，文遇迂腐，以天朝自大，反对和亲。薛文遇对后唐末帝说："以天子之至尊，屈身奉拜夷狄，这是很丢颜面的事。再说，若虏囚提出尚公主，该怎么办呢？"末帝于是一百八十度转弯，痛责李崧、吕琦二人，拿国家养士之财以送虏廷，身为大臣不佐人主致太平，竟然打起了公主的主意，要把皇上的独生女弃之漠北。二人惶惧拜谢。从此群臣没人再敢提和亲之事。当时契丹雄起漠北，中原长年混战，藩镇对抗朝廷，往往引契丹为援。和亲安边，在当时是最好的决策。圣人言："一言可以丧邦，一言可以兴邦。"这话好像就是对薛文遇说的。

二、石敬瑭割地称儿皇帝。石敬瑭反叛于晋阳，纳桑维翰策，草表遗契丹主耶律德光，许愿四个条件以换取契丹发兵。其一，向契丹称臣。其二，以父礼事契丹主，称儿皇帝，接受契丹主的册命。其三，事成之后，割幽、蓟、瀛、莫、涿、檀、顺、新、妫、儒、武、云、应、寰、朔、蔚等十六州之地与契丹。其四，每岁奉送帛三十万匹。都押牙刘知远认为，称臣与奉送厚币两条就可以搬来契丹援兵，以父事之太过，割地更不可以，恐怕契丹成为中原的大祸害，那时后悔就来不及了。石敬瑭不听。天福元年（936）十二月二日丁酉，契丹主耶律德光作册书，命石敬瑭为大晋皇帝。这一年耶律德光三十七岁，石敬瑭四十七岁，喊比自己年轻十岁的人为老爹，十足的认贼作父。尤其是割燕云十六州，河北险阻尽失，导致北宋的积贫积弱，南宋的偏安江南。

三、赵德钧父子降敌。卢龙节度使赵德钧见李从珂得天下之易，野心勃发，阴蓄异志，欲趁乱取中原，赵德钧主动请缨讨石敬瑭，其实是把河北之军调离关隘，让开大路，让契丹进入国境，伺机投靠。后唐末帝委任赵德钧为诸道行营都统，其子赵延寿为河东道南面行营招讨使。父子两人合兵屯团柏谷口，离被围攻的唐军晋安寨大营不过百里之地，赵德钧父子按兵不动，亦不通声问，坐等唐军失败。契丹军助石敬瑭围攻晋安寨，而把辎重老弱留在虎北口，如果赵德钧发起进攻，就准备随时逃窜。赵德钧父子手握重兵，不救被围后唐军，也不进攻契丹，而是两面派出使者，一路要挟后唐末帝为赵延寿索求成德节度使，一路向契丹主耶律德光摇尾请求为皇帝，即以手握之兵南平洛阳，中原与契丹约为兄弟。石敬瑭割地，称儿皇帝，

条件更优，加之桑维翰跪求契丹主不要爽约。耶律德光对赵德钧使者说：“我已经许诺石郎了。”赵德钧父子死心投敌，吃了闭门羹仍不悔悟，坐等唐军溃败，父子投敌，被送往契丹见述律太后。述律太后讥讽赵德钧父子说：“赵大王手握重兵，想当皇帝，先打退我的儿子，然后图谋当皇帝也不晚。赵大王若引兵向北，我儿就会退兵，太原不可救。可是你们父子身为人臣不忠，奉主之命不能击敌，还想在乱中谋利，你们这样的行为，有什么脸面活在世上！”赵德钧垂着脑袋，无言以对。赵德钧在虏廷，郁郁寡欢，食难下咽，一年后死去。其子赵延寿脸皮之厚，与其父相比有过之而无不及，苟且偷生，终生为虎作伥。

后晋纪二

后晋高祖天福二年至三年（937—938年）

【起强圉作噩（丁酉，937年），尽著雍阉茂（戊戌，938年），凡二年】

【大事提要】

本卷记事起公元937年，讫公元938年，凡二年。当后晋高祖天福二年至三年。记载了后晋高祖石敬瑭为巩固政权而采取的施政举措。桑维翰为首辅重臣，建言后晋高祖弃旧怨以抚藩镇，送厚礼以结契丹，整武备，劝农桑，数年后，中原粗安。其时魏、孟、滑三州叛乱，后晋高祖命将往讨，经年不克，高祖大赦，首恶范延光请降，以太子太师致仕，叛乱悉平，收弃旧怨以抚藩镇之效。石敬瑭尊礼契丹主，自甘屈辱地称儿皇帝。石敬瑭下诏求言，缓建宫室，奖励垦殖，听民自铸钱，这些措施纾缓了民困。南方割据政权，吴国禅代，徐诰受禅即帝位，国号唐，都金陵，史称南唐，一片新兴气象。闽主王昶荒淫虐民，卖官课重税，人民嗟怨。南汉主刘龑轻浮暴众，兵败交州，国势衰落。楚主马希范纵情声色。契丹接管燕云十六州，国势日盛，改称大辽。

【原文】

高祖圣文章武明德孝皇帝上之下

天福二年（丁酉，937 年）

春，正月，乙卯，日有食之。

诏以前北面招收指挥使安重荣为成德节度使，以秘琼为齐州防御使。遣引进使王景崇谕琼以利害。重荣与契丹将赵思温偕如镇州，琼不敢拒命。丙辰，重荣奏已视事。景崇，邢州人也。

契丹以幽州为南京。

李崧、吕琦逃匿于伊阙民间。帝以始镇河东，崧有力焉，德之；亦不责琦。乙丑，以琦为秘书监；丙寅，以崧为兵部侍郎、判户部。

初，天雄节度使兼中书令范延光微时，有术士张生语之云："必为将相。"延光既贵，信重之。延光尝梦蛇自脐入腹，以问张生，张生曰："蛇者龙也，帝王之兆。"延光由是有非望之志。唐潞王素与延光善，及赵德钧败，延光自辽州引兵还魏州，虽奉表请降，内不自安，以书潜结秘琼，欲与之为乱。琼受其书不报，延光恨之。琼将之齐，过魏境，延光欲灭口，且利其货，遣兵邀之于夏津，杀之。丁卯，延光奏称夏津捕盗兵误杀琼；帝不问。

戊寅，以李崧为中书侍郎、同平章事，充枢密使，桑维翰兼枢密使。时晋新得天下，藩镇多未服从；或虽服从，反仄不安。兵火之余，府库殚竭，民间困穷，而契丹征求无厌。维翰劝帝推诚弃怨以抚藩镇，卑辞厚礼以奉契丹，训卒缮兵以修武备，务农桑以实仓廪，通商贾以丰货财。数年之间，中国稍安。

（以上为第一段，写后晋高祖用桑维翰之策，弃旧怨以抚藩镇，送厚礼以结契丹，整武备，劝农桑，数年之后，中国粗安。）

吴太子琏纳齐王知诰女为妃。

知诰始建太庙、社稷，改金陵为江宁府，牙城曰宫城，厅堂曰殿；以左、右司马宋齐丘、徐玠为左、右丞相，马步判官周宗、内枢判官黟

【语译】

高祖圣文章武明德孝皇帝上之下

后晋高祖天福二年（丁酉，937年）

春季，正月初二日乙卯，发生日食。

后晋高祖下诏任命前北面招收指挥使安重荣为成德节度使，任命秘琼为齐州防御使。派遣引进使王景崇去向秘琼说明利害关系。安重荣和契丹将领赵思温一同前往镇州，秘琼不敢抗拒命令。正月初三日丙辰，安重荣上奏说已经开始就职任事。王景崇是邢州人。

契丹把幽州当作南京。

李崧、吕琦逃藏在伊阙民间。后晋高祖认为自己当初得以镇守河东，李崧是出过力的，因此很感激他；同时也没有责备吕琦。正月十二日乙丑，任命吕琦为秘书监；正月十三日丙寅，任命李崧为兵部侍郎、判理户部。

当初，天雄节度使兼中书令范延光微贱的时候，有个名叫张生的江湖术士对他说："你将来一定能做将相。"范延光显贵以后，很信任器重他。范延光一次梦见一条蛇从肚脐钻入腹中，于是就去询问张生，张生说："蛇就是龙，这是做帝王的征兆。"范延光从此产生了非分之想。后唐末帝一向和范延光很友好，在赵德钧败亡之后，范延光从辽州带兵回到了魏州，虽然也上表请求归降，但心里就很不踏实，于是就暗中写信勾结秘琼，想和他一起叛乱。秘琼接到他的信后没有回信，因此范延光对他怀恨在心。秘琼将要去齐州就任，经过魏州境内，范延光想要灭掉活口，也贪图他的财货，就派兵在夏津拦截他，把他杀了。正月十四日丁卯，范延光向朝廷上奏，声称是夏津捕捉强盗的士兵误杀了秘琼；后晋高祖对此未加追究。

正月二十五日戊寅，任命李崧为中书侍郎、同平章事，充任枢密使，任命桑维翰兼任枢密使。当时后晋刚刚取得天下，大多数藩镇还没有归顺降服；即便有的归顺降服了，也还反复不定。战争焚掠之余，朝廷府库中财物已用尽，民间生活困苦贫穷，然而契丹人却征调索求没完没了。桑维翰劝后晋高祖推诚心、弃旧怨以安抚藩镇，讲好话、送厚礼以侍奉契丹，训士卒、缮甲兵以增强军备，劝务农桑以充实仓储，畅通商贾贸易以积累财货。施行这些政策几年之后，中原渐渐出现了安定的局面。

吴国太子杨琏娶齐王徐知诰的女儿为妃子。

徐知诰开始修建太庙、社稷坛，改金陵为江宁府，牙城叫作宫城，厅堂叫作殿；任命左、右司马宋齐丘、徐玠为左、右丞相，马步判官周宗、内枢判官黟县人周廷

人周廷玉为内枢使。自余百官皆如吴朝之制。置骑兵八军，步兵九军。

二月，吴主以卢文进为宣武节度使，兼侍中。

戊子，吴主使宜阳王璪如西都，册命齐王；王受册，赦境内。册王妃曰王后。

吴越王元瓘之弟顺化节度使、同平章事元珦获罪于元瓘，废为庶人。

契丹主自上党过云州，大同节度使沙彦珣出迎，契丹主留之，不使还镇。节度判官吴峦在城中，谓其众曰："吾属礼义之俗，安可臣于夷狄乎！"众推峦领州事，闭城不受契丹之命，契丹攻之，不克。应州马军都指挥使金城郭崇威亦耻臣契丹，挺身南归。

契丹主过新州，命威塞节度使翟璋敛犒军钱十万缗。初，契丹主阿保机强盛，室韦、奚、霫皆役属焉。奚王去诸苦契丹贪虐，帅其众西徙妫州，依刘仁恭父子，号西奚。去诸卒，子扫剌立。唐庄宗灭刘守光，赐扫剌姓李名绍威。绍威娶契丹逐不鲁之姊。逐不鲁获罪于契丹，奔绍威，绍威纳之；契丹怒，攻之，不克。绍威卒，子拽剌立。及契丹主德光自上党北还，拽剌迎降，时逐不鲁亦卒，契丹主曰："汝诚无罪，扫剌、逐不鲁负我。"皆命发其骨，硙而飏之。诸奚畏契丹之虐，多逃叛。契丹主劳翟璋曰："当为汝除代，令汝南归。"己亥，璋表乞征诣阙。既而契丹遣璋将兵讨叛奚、攻云州，有功，留不遣璋，璋郁郁而卒。

张砺自契丹逃归，为追骑所获，契丹主责之曰："何故舍我去？"对曰："臣华人，饮食衣服皆不与此同，生不如死，愿早就戮。"契丹主顾通事高彦英曰："吾常戒汝善遇此人，何故使之失所而亡去？若失之，安可复得邪！"笞彦英而谢砺。砺事契丹主甚忠直，遇事辄言，无所隐避，契丹主甚重之。

（以上为第二段，写吴徐知诰受封齐王。契丹主接管燕云十六州。）

初，吴越王镠少子元球数有军功，镠赐之兵仗。及吴越王元瓘立，元球为土客马步军都指挥使兼中书令，恃恩骄横，增置兵仗至数千，国

玉为内枢使。其余文武百官都和吴国朝廷的规模制度一样。置建了骑兵八个军，步兵九个军。

二月，吴主任命卢文进为宣武节度使，兼任侍中。

二月初五日戊子，吴主让宜阳王杨璪去西都金陵，册命齐王；齐王接受了册命，在所辖境内实行大赦。册封齐王的妃子为王后。

吴越王钱元瓘的弟弟顺化节度使、同平章事钱元珦得罪于钱元瓘，被废为庶人。

契丹主从上党北返经过云州时，大同节度使沙彦珣出城迎接，契丹主把他留了下来，不让他返回军镇。节度判官吴峦当时在城内，对他的部属们说："我们是讲究礼义的民族，怎么可以臣服夷狄呢！"大家推举吴峦主持州府的事务，然后关闭城门，不接受契丹的命令，契丹军攻打州城，没能攻下来。应州马军都指挥使金城人郭崇威也耻于向契丹称臣，挺身南归。

契丹主经过新州，命令威塞节度使翟璋搜刮犒劳军队的钱十万缗。当初，契丹主阿保机强盛的时候，室韦、奚、霫等部族都隶属于他并受其役使。奚王去诸苦于契丹的贪婪和暴虐，就率领他的部众向西迁徙到妫州，投靠刘仁恭父子，称为西奚。去诸死后，他的儿子扫剌继立。后唐明宗灭了刘守光，赐扫剌姓李，名叫绍威。李绍威娶了契丹逐不鲁的姐姐为妻。逐不鲁得罪于契丹，投奔李绍威，李绍威接纳了他；契丹主大为恼怒，发兵攻打他，没能打胜。李绍威死后，他的儿子拽剌继立。等到契丹主耶律德光从上党北返时，拽剌出迎归降，当时逐不鲁也已经去世，契丹主就对拽剌说："你的确没有罪过，只是扫剌、逐不鲁对不起我。"于是下令把两人的尸骨都挖出来，碾碎之后随风抛撒。奚族各部落畏惧契丹的暴虐，大部分都背叛逃跑。契丹主慰劳翟璋说："我一定会找人替代你的职务的，好让你回到南方去。"二月十六日己亥，翟璋上表请求朝廷征召他回京师。不久契丹主又派翟璋带兵讨伐叛变的奚人、攻打云州，有功劳，于是契丹主就干脆把他留下，不放他走了，最后翟璋在郁闷中死去。

张砺从契丹逃归南方，被追上来的骑兵抓获，契丹主责问他说："为什么离我而去？"张砺回答说："臣是中原人，吃饭穿衣都和这里不一样，活着还不如死了的好，希望能早一点把我杀死。"契丹主回过头来对通事高彦英说："我常常告诫你要好好对待这个人，为什么让他无处安身而离去？如果他真的走掉了，在哪里再能找到这样的人！"于是就鞭笞高彦英而向张砺道歉。张砺侍奉契丹主非常忠诚正直，遇到问题就提建议，从不隐瞒回避什么，契丹主很器重他。

当初，吴越王钱镠的小儿子钱元球因多次建立军功，钱镠就赐给他兵器仪仗。等到吴越王钱元瓘继位之后，钱元球担任土客马步军都指挥使兼中书令，他依仗恩

人多附之。元瓘忌之，使人讽元球请输兵仗，出判温州，元球不从。铜官庙吏告元球遣亲信祷神，求主吴越江山；又为蜡丸从水窦出入，与兄元珦谋议。三月，戊午，元瓘遣使者召元球宴宫中，既至，左右称元球有刃坠于怀袖，即格杀之；并杀元珦。元瓘欲按诸将吏与元珦、元球交通者，其子仁俊谏曰："昔光武克王郎，曹公破袁绍，皆焚其书疏以安反侧，今宜效之。"元瓘从之。

或得唐潞王膂及髀骨献之，庚申，诏以王礼葬于徽陵南。

帝遣使诣蜀告即位，且叙姻好。蜀主复书，用敌国礼。

范延光聚卒缮兵，悉召巡内刺史集魏州，将作乱。会帝谋徙都大梁，桑维翰曰："大梁北控燕、赵，南通江、淮，水陆都会，资用富饶。今延光反形已露，大梁距魏不过十驿，彼若有变，大军寻至，所谓疾雷不及掩耳也。"丙寅，下诏，托以洛阳漕运有阙，东巡汴州。

吴徐知诰立子景通为王太子；固辞不受。追尊考忠武王温曰太祖武王，妣明德太妃李氏曰王太后。壬申，更名诰。

庚辰，帝发洛阳，留前朔方节度使张从宾为东都巡检使。

汉主以疾愈，大赦。

交州将皎公羡杀安南节度使杨廷艺而代之。

夏，四月，丙戌，帝至汴州；丁亥，大赦。

（以上为第三段，写吴越王钱元瓘诛杀兄弟。后晋高祖迁都汴州。）

吴越王元瓘复建国，如同光故事。丙申，赦境内，立其子弘僔为世子。以曹仲达、沈崧、皮光业为丞相，镇海节度判官林鼎掌教令。

宠，十分骄横，把兵器仪仗扩充到数千具，国人很多都归附他。钱元瓘对他产生了疑忌，就派人委婉地劝他自动捐献一些兵器仪仗出来，出朝去判理温州，钱元球没答应。铜官庙的官吏检举钱元球派亲信去向神灵祷告，祈求神灵能够让他做吴越江山的君主；又检举他写信藏在蜡丸里从下水道里流进流出，和他的哥哥钱元珦密谋策划。三月初五日戊午，钱元瓘派使者去召钱元球来宫中侍宴，到达之后，左右的人说钱元球带有刀子从袖子中掉了下来，说着就上前一阵撕扯把他杀了；同时还杀了钱元珦。钱元瓘还要查究和钱元珦、钱元球有往来的一些将领和官吏，他的儿子钱仁俊劝阻他说："从前光武帝打败王郎，曹公击破袁绍，都把他们往来的书信烧掉，以安抚那些犹疑不定的人，现在也应该效法他们这种做法。"钱元瓘采纳了他的意见。

有人找到了后唐末帝自焚后的脊骨和大腿骨，献给朝廷，三月初七日庚申，下诏用国王的礼仪把他安葬在徽陵的南边。

后晋高祖派遣使者到后蜀去通告自己即位的消息，同时叙及姻亲之好。后蜀主写了回信，采用对等国家的礼仪。

范延光招募士卒，修缮兵器，把他辖区内的刺史都召集到魏州，准备发动叛乱。这时后晋高祖正打算要迁都大梁，桑维翰说："大梁北控燕赵，南通江淮，水路和陆路都在此相会，物资和财用都很富饶。现在范延光谋反的形迹已经暴露，大梁和魏州相距不过十个驿站的路程，他如果发动事变，朝廷大军马上就可以到达，这正是所谓的'迅雷不及掩耳'啊。"三月十三日丙寅，下诏，借口洛阳漕运不继，皇帝要东巡汴州。

吴国徐知诰册立他的儿子徐景通为王太子；徐景通推辞不接受。徐知诰又追尊他去世的父亲忠武王徐温为太祖武王，去世的母亲明德太妃李氏为王太后。三月十九日壬申，把自己的名字改为徐诰。

三月二十七日庚辰，后晋高祖从洛阳出发，留下前朔方节度使张从宾担任东都巡检使。

南汉主因为自己病好了，就大赦境内。

交州将领皎公羡杀了安南节度使杨廷艺，并取而代之。

夏季，四月初四日丙戌，后晋高祖到达汴州；四月初五日丁亥，大赦天下。

吴越王钱元瓘恢复建立国号，如同后唐庄宗同光年间一样。四月十四日丙申，在辖境之内实行大赦，册立他的儿子钱弘僔为世子。任命曹仲达、沈崧、皮光业为丞相，镇海节度判官林鼎执掌教令。

丁酉，加宣武节度使杨光远兼侍中。

闽主作紫微宫，饰以水晶，土木之盛倍于宝皇宫。又遣使散诣诸州，伺人隐匿。

五月，吴徐诰用宋齐丘策，欲结契丹以取中国，遣使以美女、珍玩，泛海修好，契丹主亦遣使报之。

丙辰，敕权署汴州牙城曰大宁宫。

壬申，进范延光爵临清郡王，以安其意。

追尊四代考妣为帝后。己卯，诏太社所藏唐室罪人首听亲旧收葬。初，武卫上将军娄继英尝事梁均王，为内诸司使，至是，请其首而葬之。

六月，吴诸道副都统徐景迁卒。

范延光素以军府之政委元随左都押牙孙锐，锐恃恩专横，符奏有不如意者，对延光手裂之。会延光病经旬，锐密召澶州刺史冯晖，与之合谋逼延光反；延光亦思张生之言，遂从之。

甲午，六宅使张言奉使魏州还，言延光反状；义成节度使符彦饶奏延光遣兵渡河，焚草市；诏侍卫马军都指挥使、昭信节度使白奉进将千五百骑屯白马津以备之。奉进，云州人也。丁酉，以东都巡检使张从宾为魏府西南面都部署。戊戌，遣侍卫都军使杨光远将步骑一万屯滑州。己亥，遣护圣都指挥使杜重威将兵屯卫州。重威，朔州人也，尚帝妹乐平长公主。范延光以冯晖为都部署，孙锐为兵马都监，将步骑二万循河西抵黎阳口。辛丑，杨光远奏引兵逾胡梁渡。

以翰林学士、礼部侍郎和凝为端明殿学士。凝署其门，不通宾客。前耀州团练推官襄邑张谊致书于凝，以为“切近之职为天子耳目，宜知四方利病，奈何拒绝宾客！虽安身为便，如负国何！”凝奇之，荐于桑维翰，未几，除左拾遗。谊上言：“北狄有援立之功，宜外敦信好，内谨边备，不可自逸，以启戎心。”帝深然之。

契丹攻云州，半岁不能下。吴峦遣使间道奉表求救，帝为之致书契丹主请之，契丹主乃命翟璋解围去。帝召峦归，以为武宁节度副使。

四月十五日丁酉，加封宣武节度使杨光远兼任侍中。

闽主兴建紫微宫，用水晶做装饰，工程的浩大远远超过宝皇宫。他又派出使者分别到各州去，侦查人们的隐私。

五月，吴国徐诰采用宋齐丘的计策，想要联合契丹以夺取中原，于是就派使者带着美女、珍宝玩物从海路前去和契丹修好，契丹主也派遣使者进行回访。

五月初五日丙辰，后晋高祖下令暂时把汴城的牙城署名为大宁宫。

五月二十一日壬申，进封范延光爵位为临清郡王，想借此稳住他的野心。

追尊后晋高祖前四代先人为皇帝、皇后。五月二十八日己卯，下诏命把太社所藏唐室罪人的首级听任其亲朋故旧领回安葬。从前，武卫上将军娄继英曾经侍奉过梁均王，担任内诸司使，现在，他请求收殓均王的首级加以安葬。

六月，吴国诸道副都统徐景迁去世。

范延光一向都把军府的政事委托给元随左都押牙孙锐办理，孙锐也就依仗恩宠独断专横起来，符文奏章一有不如他意的，就当着范延光的面把它撕掉。碰巧范延光卧病十几天，孙锐就秘密地召来澶州刺史冯晖，与他合谋商议要逼迫范延光造反；范延光也想着张生替他解梦的一番话，就依从了他们。

六月十三日甲午，六宅使张言奉后晋高祖之命出使魏州回来，报告了范延光谋反的情况；义成节度使符彦饶奏报说范延光已经派兵渡过黄河，焚烧草市；后晋高祖下诏命令侍卫马军都指挥使、昭信节度使白奉进率领一千五百名骑兵驻扎在白马津以作防备。白奉进是云州人。六月十六日丁酉，任命东都巡检使张从宾为魏府西南面都部署。六月十七日戊戌，派侍卫都军使杨光远率领步兵、骑兵一万名驻扎滑州。六月十八日己亥，派护圣都指挥使杜重威率兵驻扎卫州。杜重威是朔州人，娶后晋高祖的妹妹乐平长公主为妻。范延光则任命冯晖为都部署，孙锐为兵马都监，率领步兵、骑兵两万名沿着黄河向西挺进，抵达黎阳口。六月二十日辛丑，杨光远奏报说他已经率领军队过了胡梁渡。

任命翰林学士、礼部侍郎和凝为端明殿学士。和凝在他家的门上写了个字条，声明不接见宾客。前耀州团练推官襄邑人张谊写信给和凝，认为："切近中枢的职位，是天子的耳目，应该知道天下四方的利病得失，怎么能够拒绝宾客呢！虽然对于自己不受干扰是方便了，可是如果辜负了国家的重托该如何是好！"和凝很惊奇，把他推荐给桑维翰，没过多久，他就被任命为左拾遗。张谊上书说："北狄对我们有援助和拥立的功劳，应该外表上对他们敦睦友好，而在内部注重边防，不能自己放松警惕，而引起戎狄来犯的野心。"后晋高祖认为他的话很有道理。

契丹攻打云州，历时半年也没能攻下来。吴峦派使者从小路来朝廷上表求救，后晋高祖为他写信给契丹主，请求退兵，于是契丹主就命令翟璋解除对云州的包围，

丁未，以侍卫使杨光远为魏府四面都部署，张从宾为副部署兼诸军都虞候，昭义节度使高行周将本军屯相州，为魏府西面都部署。

军士郭威旧隶刘知远，当从杨光远北征，白知远乞留。人问其故，威曰："杨公有奸诈之才，无英雄之气，得我何用？能用我者其刘公乎！"

诏张从宾发河南兵数千人击范延光。延光使人诱从宾，从宾遂与之同反，杀皇子河阳节度使重信，使上将军张继祚知河阳留后。继祚，全义之子也。从宾又引兵入洛阳，杀皇子权东都留守重乂，以东都副留守、都巡检使张延播知河南府事，从军。取内库钱帛以赏部兵；留守判官李遐不与，兵众杀之。从宾引兵扼汜水关，将逼汴州。诏奉国都指挥使侯益帅禁兵五千会杜重威讨张从宾；又诏宣徽使刘处让自黎阳分兵讨之。时羽檄纵横，从官在大梁者无不恟惧，独桑维翰从容指画军事，神色自若，接对宾客，不改常度，众心差安。

（以上为第四段，写范延光反于魏州，张从宾反于河南。）

方士言于闽主，云有白龙夜见螺峰；闽主作白龙寺。时百役繁兴，用度不足，闽主谓吏部侍郎、判三司候官蔡守蒙曰："闻有司除官皆受赂，有诸？"对曰："浮议无足信也。"闽主曰："朕知之久矣，今以委卿，择贤而授，不肖及罔冒者勿拒，第令纳赂，籍而献之。"守蒙素廉，以为不可；闽主怒，守蒙惧而从之。自是除官但以货多少为差。闽主又以空名堂牒使医工陈究卖官于外，专务聚敛，无有盈厌。又诏民有隐年者杖背，隐口者死，逃亡者族。果菜鸡豚，皆重征之。

秋，七月，张从宾攻汜水，杀巡检使宋廷浩。帝戎服，严轻骑，将奔晋阳以避之。桑维翰叩头苦谏曰："贼锋虽盛，势不能久，请少待之，不可轻动。"帝乃止。

范延光遣使以蜡丸招诱失职者，右武卫上将军娄继英、右卫大将军尹晖在大梁，温韬之子延濬、延沼、延衮居许州，皆应之。延光令延濬

撤了回去。后晋高祖把吴峦征召回京，任命他为武宁节度副使。

六月二十六日丁未，任命侍卫使杨光远为魏府四面都部署，张从宾为副部署兼诸军都虞候，昭义节度使高行周率领本部人马驻扎在相州，担任魏府西面都部署。

军士郭威从前隶属于刘知远，本来应当跟随杨光远北征，但他却向刘知远说明请求留下来。人们问他为什么要这样做，郭威说："杨公有奸诈的才能，没有英雄的气概，得到我有什么用？能信任和重用我的大概只有刘公了！"

后晋高祖下诏命令张从宾征调河南府的士兵数千人出击范延光。范延光派人去劝诱张从宾，张从宾竟与范延光一同造起反来，杀死皇子河阳节度使石重信，让上将军张继祚主持河阳留后的事务。张继祚是张全义的儿子。张从宾又带兵进入洛阳，杀死了代理东都留守事务的皇子石重乂，让东都副留守、都巡检使张延播名义上主持河南府的事务，实际却要他跟随部队行动。又调取内库的钱帛用以犒赏属下的士兵；留守判官李遐不肯给，士兵们把他杀死。张从宾带兵扼守汜水关，即将逼近汴州。皇帝下诏命令奉国都指挥使侯益率领五千名禁兵会合杜重威讨伐张从宾；又下诏命宣徽使刘处让从黎阳分出一部分兵马去讨伐他。当时军情文书往来纷繁，随从后晋高祖到大梁的官吏们，无不惊骇恐惧，只有桑维翰神色从容地指挥军事，和往常一样，接待应对宾客不改常态，众人见了，情绪才稍微稳定了一些。

方士向闽主报告，说有白龙夜晚出现在螺峰；闽主就兴建了白龙寺。当时各种工程频繁进行，费用不够，闽主对吏部侍郎、判三司的侯官人蔡守蒙说："听说有关大臣在任命官吏时都接受贿赂，有这样的事吗？"蔡守蒙回答说："不负责任的议论不值得相信。"闽主说："朕知道这种事已经很久了，现在我把任职授官的权力委托给你，你要选拔贤能的人授予官职，而对那些不良的，以及靠欺罔伪冒而求官的人，也不要加以拒绝，只要让他们交纳钱财，就登录他们的名字呈上来。"蔡守蒙一向廉洁，认为不能这么做；闽主发起怒来，蔡守蒙吓得依从了他。从此以后除授官吏只以交纳的钱财多少为标准。闽主又拿出未写姓名的空白堂牒让医工陈究到外头去卖官，专门搜刮聚敛，从来没有满足的时候。又下诏规定，民间如有隐瞒年龄的杖背，隐瞒人口的处死，逃亡的灭族。对于果、菜、鸡、猪，一律征收重税。

秋季，七月，张从宾进犯汜水，杀死巡检使宋廷浩。后晋高祖全副戎装，准备好轻骑，即将逃往晋阳避难。桑维翰向他叩头苦苦地劝谏说："贼兵的锋芒虽然很强盛，但坚持不了多久，请陛下稍等待一段时间，不可轻率行动。"后晋高祖这才放弃了逃奔的打算。

范延光派遣使者带着用蜡丸封住的密信去招诱那些丢了官职和在仕途上失意的人，右武卫上将军娄继英、右卫大将军尹晖在大梁，温韬的儿子温延濬、温延沼、

兄弟取许州，聚徒已及千人。继英、晖事泄，皆出走。壬子，敕以延光奸谋，诬污忠良，自今获延光谍人，赏获者，杀谍人，禁蜡书，勿以闻。晖将奔吴，为人所杀。继英奔许州，依温氏。忠武节度使苌从简盛为之备，延濬等不得发，欲杀继英以自明，延沼止之，遂同奔张从宾。继英知其谋，劝从宾执三温，皆斩之。

白奉进在滑州，军士有夜掠者，捕之，获五人，其三隶奉进，其二隶符彦饶，奉进皆斩之；彦饶以其不先白己，甚怒。明日，奉进从数骑诣彦饶谢，彦饶曰："军中各有部分，奈何取滑州军士并斩之，殊无客主之义乎！"奉进曰："军士犯法，何有彼我！仆已引咎谢公，而公怒不解，岂非欲与延光同反邪！"拂衣而起，彦饶不留；帐下甲士大噪，擒奉进，杀之。从骑走出，大呼于外，诸军争擐甲操兵，喧噪不可禁止。奉国左厢都指挥使马万惶惑不知所为，帅步兵欲从乱，遇右厢都指挥使卢顺密帅部兵出营，厉声谓万曰："符公擅杀白公，必与魏城通谋。此去行宫才二百里，吾辈及军士家属皆在大梁，奈何不思报国，乃欲助乱，自求族灭乎！今日当共擒符公，送天子，立大功。军士从命者赏，违命者诛，勿复疑也！"万所部兵尚有呼跃者，顺密杀数人，众莫敢动。万不得已从之，与奉国都虞候方太等共攻牙城，执彦饶，令太部送大梁。甲寅，敕斩彦饶于班荆馆，其兄弟皆不问。

（以上为第五段，写闽主卖官课重税。后晋滑州兵变。）

杨光远自白皋引兵趣滑州，士卒闻滑州乱，欲推光远为主。光远曰："天子岂汝辈贩弄之物！晋阳之降出于穷迫，今若改图，真反贼也。"其下乃不敢言。时魏、孟、滑三镇继叛，人情大震，帝问计于刘知远，对曰："帝者之兴，自有天命。陛下昔在晋阳，粮不支五日，俄成大业。今天下已定，内有劲兵，北结强虏，鼠辈何能为乎！愿陛下抚将相以恩，

温延衮在许州，都响应了范延光而造反。范延光命令温延濬兄弟三人攻取许州，召集的徒众已达千人。娄继英、尹晖因为事情泄露，都从大梁逃走。七月初二日壬子，后晋高祖下令，认为范延光奸诈谋乱，诬陷忠臣，污辱良将，从今以后，凡是捕获替范延光传递蜡丸的人，一律奖赏捕获人，杀死传递蜡书的人，并且将蜡书烧掉，不要把蜡书中的内容报告朝廷。尹晖将要投奔吴国，结果被人杀死。娄继英投奔到许州，依附了温氏兄弟。忠武节度使苌从简对他们严加防备，温延濬等人没有找到适当的时机可以发难，就准备杀死娄继英好表白自己的心迹，温延沼阻止了他这样做，于是就一同投奔张从宾。娄继英事后得知了他们的阴谋，就劝张从宾把温氏三兄弟抓了起来，一律斩首。

白奉进驻扎在滑州，军士中有人在夜间进行抢劫的，被抓住了，一共有五个人，其中三人属于白奉进的部下，另外两人属于符彦饶的部下，白奉进一律将他们斩首；符彦饶认为白奉进没有事前把这个事告诉自己，非常恼怒。第二天，白奉进带着几名随从骑兵到符彦饶处道歉，符彦饶说："军中各是各的一部分，为什么把滑州的军士一并处斩了，也太没有主客之分了吧！"白奉进也反唇相讥说："军士犯了法，还分什么你和我！在下已经承担责任向你道歉了，而你还是怒气难消，这难道不是想和范延光一起造反吗！"说完，拂袖而起，符彦饶也没有留他；营帐里的士兵们喧嚷着，捉住白奉进，把他杀了。白奉进的随从骑兵逃出营帐，在外面大声呼喊，各军士卒争相穿着铠甲、操起兵器，喧嚷之声难以禁止。奉国左厢都指挥使马万一时惶恐得不知怎么办好，率领步兵想跟随别人作乱，正好遇上右厢都指挥使卢顺密率领本部人马出营，卢顺密厉声对马万说："符公擅自杀死了白公，一定是和魏城有通谋。这里相距大梁行宫只有二百里，我们这些人和军士的家属都在大梁，为什么不想着报效国家，竟要助长祸乱，自取族灭的下场呢！现在我们应当合力捉住符公，押送给天子，建立大功。军士们服从命令的就赏，违抗命令的就斩，不要再迟疑了！"马万部下的士兵还有喊叫跳跃的，卢顺密杀了其中的几个人，众人这才不敢乱动了。马万在不得已的情况下只好顺从了他，与奉国都虞候方太等人一起进攻牙城，活捉了符彦饶，命令方太所部派人把他押送到大梁。七月初四日甲寅，皇帝下令在班荆馆处斩符彦饶，对于他的兄弟一律不予追究。

杨光远从白皋率兵前往滑州，士卒们听说滑州发生了叛乱，就想推举杨光远为君主。杨光远说："天子岂是你们随意贩卖玩弄之物！当初我在晋阳的投降是出于穷迫无奈，现在如果再有所企图，那就是真正的反贼了。"他的部下这才不敢再议论这件事了。当时，魏州、孟州、滑州三个军镇相继叛变，人心很不稳定，后晋高祖向刘知远询问对策，刘知远回答说："帝王的兴起，都是由天命决定的。陛下从前在晋

臣请戢士卒以威；恩威兼著，京邑自安，本根深固，则枝叶不伤矣。”知远乃严设科禁，宿卫诸军无敢犯者。有军士盗纸钱一幞，主者擒之，左右请释之，知远曰：“吾诛其情，不计其直。”竟杀之。由是众皆畏服。

乙卯，以杨光远为魏府行营都招讨使、兼知行府事，以昭义节度使高行周为河南尹、东京留守，以杜重威为昭义节度使、充侍卫马军都指挥使，以侯益为河阳节度使。帝以滑州奏事皆马万为首，擢万为义成节度使。丙辰，以卢顺密为果州团练使，方太为赵州刺史。既而知皆顺密之功也，更以顺密为昭义留后。

冯晖、孙锐引兵至六明镇，光远引之渡河，半渡而击之，晖、锐众大败，多溺死，斩首三千级，晖、锐走还魏。

杜重威、侯益引兵至汜水，遇张从宾众万余人，与战，俘斩殆尽，遂克汜水。从宾走，乘马渡河，溺死；获其党张延播、继祚、娄继英，送大梁，斩之，灭其族。史馆修撰李涛上言，张全义有再造洛邑之功，乞免其族，乃止诛继祚妻子。涛，回之族曾孙也。

诏东都留守司百官悉赴行在。

杨光远奏知博州张晖举城降。

安州威和指挥使王晖闻范延光作乱，杀安远节度使周瓌，自领军府，欲俟延光胜则附之，败则渡江奔吴。帝遣右领军上将军李金全将千骑如安州巡检，许赦王晖为唐州刺史。

范延光知事不济，归罪于孙锐而族之，遣使奉表待罪。戊寅，杨光远以闻，帝不许。

（以上为第六段，写刘知远稳重有谋，为后晋之柱石。范延光、张从宾两路叛兵皆败，张从宾战死，范延光请降。）

阳，粮食都撑不了五天了，可不久就成就了大业。现在天下已经平定，内有强盛的兵力，在北方又联结了强大的胡虏，这些鼠辈又能成得了什么气候！希望陛下能用恩惠安抚将相，而由臣用威严的军法来管束士卒；这样恩威并施，京城自然就会安定，树干树根深固了，那么树枝树叶就不会有什么伤害。”于是刘知远制定了严格的条律禁令，担任宿卫的各部队没有敢违犯的。有个军士偷了一幞纸钱，纸钱的主人抓住了他，刘知远左右的亲信请求放了他，刘知远说：“我是按事情的性质来诛杀他的，不在于他偷的东西有多少价值。”最后还是杀了他。从此以后大家更加敬畏服从他了。

七月初五日乙卯，任命杨光远为魏府行营都招讨使、兼理行府事务，任命昭义节度使高行周为河南尹、东都留守，任命杜重威为昭义节度使、充任侍卫马军都指挥使，任命侯益为河阳节度使。后晋高祖因为滑州方面奏报事情都是由马万牵头，就提升马万为义成节度使。七月初六日丙辰，任命卢顺密为果州团练使，方太为赵州刺史。不久获悉平定滑州原来都是卢顺密的功劳，于是就改任卢顺密为昭义留后。

冯晖、孙锐率兵到达六明镇，杨光远引诱他们渡黄河，渡了一半就对他们发起攻击，结果冯晖、孙锐的兵众被打得大败，很多人在水中淹死，有三千人被斩首，冯晖、孙锐逃回到魏州。

杜重威、侯益率兵到达汜水，遇上了张从宾的兵众有一万余人，便与他们交战，结果把他们俘虏的俘虏，斩首的斩首，所剩无几，随即攻克了汜水。张从宾逃走，骑马渡黄河，结果被淹死；俘虏了张从宾的党羽张延播、张继祚、娄继英，押送到大梁，处斩，并诛灭了他们的全族。史馆修撰李涛向后晋高祖上书说，张继祚的父亲张全义有再造洛阳的功劳，请求赦免他的族人，于是就只诛杀张继祚的妻子儿女。李涛是李回的族曾孙。

后晋高祖下诏命令东都留守司的文武百官全部迁赴行在。

杨光远奏报说执掌博州事务的张晖带领全城投降。

安州威和指挥使王晖听说范延光作乱，就杀死了安远节度使周瓌，自己统领军府，准备等范延光胜利了就依附于他，如果他失败了就渡江投奔吴国去。后晋高祖派遣右领军上将军李金全率领一千名骑兵前往安州巡视检查，答应赦免王晖的罪行并任命他为唐州刺史。

范延光知道大势已去，就归罪于孙锐，杀了他的全族，派使者向朝廷奉表请罪。七月二十八日戊寅，杨光远把这一情况报告了朝廷，后晋高祖没有答应。

吴同平章事王令谋如金陵劝徐诰受禅，诰让不受。

山南东道节度使安从进恐王晖奔吴，遣行军司马张朏将兵会复州兵于要路邀之。晖大掠安州，将奔吴，部将胡进杀之。八月，癸巳，以状闻。李金全至安州，将士之预于乱者数百人，金全说谕，悉遣诣阙；既而闻指挥使武彦和等数十人挟贿甚多，伏兵于野，执而斩之。彦和且死，呼曰："王晖首恶，天子犹赦之；我辈胁从，何罪乎！"帝虽知金全之情，掩而不问。

吴历阳公濛知吴将亡，甲子，杀守卫军使王宏。宏子勒兵攻濛，濛射杀之。以德胜节度使周本吴之勋旧，引二骑诣庐州，欲依之。本闻濛至，将见之，其子弘祚固谏，本怒曰："我家郎君来，何为不使我见！"弘祚合扉不听本出，使人执濛于外，送江都。徐诰遣使称诏杀濛于采石，追废为悖逆庶人，绝属籍。侍卫军使郭悰杀濛妻子于和州，诰归罪于悰，贬池州。

乙巳，赦张从宾、符彦饶、王晖之党，未伏诛者皆不问。

梁、唐以来，士民奉使及俘掠在契丹者，悉遣使赎还其家。

吴司徒、门下侍郎、同平章事、内枢使、忠武节度使王令谋老病无齿，或劝之致仕，令谋曰："齐王大事未毕，吾何敢自安！"疾亟，力劝徐诰受禅。是月，吴主下诏，禅位于齐。李德诚复诣金陵帅百官劝进，宋齐丘不署表。九月，癸丑，令谋卒。

甲寅，以李金全为安远节度使。

娄继英未及葬梁均王而诛死，诏梁故臣右卫上将军安崇阮与王故妃郭氏葬之。

丙寅，吴主命江夏王璘奉玺绶于齐。冬，十月，甲申，齐王诰即皇帝位于金陵，大赦，改元昇元，国号唐。追尊太祖武王曰武皇帝。乙酉，遣右丞相玠奉册诣吴主，称受禅老臣诰谨拜稽首上皇帝尊号曰高尚思玄弘古让皇，宫室、乘舆、服御皆如故，宗庙、正朔、徽章、服色悉从吴

吴国同平章事王令谋前往金陵劝徐诰接受禅让，徐诰推辞不接受。

山南东道节度使安从进担心王晖会投奔吴国，就派行军司马张朏率兵会同复州兵在交通要路上拦截他。王晖把安州大肆抢掠了一番，就要去投奔吴国，被他的部将胡进杀了。八月十三日癸巳，把这一情况报告了朝廷。李金全到达安州，安州的将士参与作乱的有好几百人，李金全开导劝说了他们一番，把他们全部遣送到京城等候发落；不久得知指挥使武彦和等数十个人挟带了很多行贿的财物，就在野外埋伏下士兵，把他们抓住杀了。武彦和临死前，大声喊着说："王晖是首恶，天子还赦免了他；我们这些人都是胁从，为什么要被治罪！"后晋高祖虽然知道李金全的这一做法，还是把事情掩盖了起来，不加以追究。

吴国历阳公杨濛预知吴国即将败亡，就在八月十四日甲午，杀死了守卫的军使王宏。王宏的儿子率领士兵攻击杨濛，杨濛射杀了他。因为德胜节度使周本是吴国的元勋旧臣，杨濛于是就带领两名骑兵来到庐州，想依附于他。周本听说杨濛来了，就要出门见他，他的儿子周弘祚坚决阻止他不让见，周本发怒说："我家的少主来了，为什么不让我去见他！"周弘祚把两扇门关上不让周本出去，并且派人去外面把杨濛抓了起来，解送到江都。徐诰派遣使者前来假称是吴主下了诏令，把杨濛杀害于采石，并追废他为悖逆庶人，把他剔除出杨氏的属籍。侍卫军使郭悰在和州杀死了杨濛的妻子儿女，徐诰把这些罪名都推到了郭悰的头上，把他贬到池州。

八月二十五日乙巳，赦免张从宾、符彦饶、王晖的党羽，没有被诛杀的也不再予以追究。

后梁、后唐以来，士大夫奉命出使和百姓被俘掠滞留契丹的，朝廷派使者把他们全部赎回来，让他们得以回家。

吴国司徒、门下侍郎、同平章事、内枢使、忠武节度使王令谋又老又病，牙齿都掉光了，有人劝他退休，王令谋却说："齐王的大事还没有完了，我怎么敢自图安逸！"等到他病情危急了，还极力劝徐诰接受禅让。就在当月，吴主下诏，把帝位禅让给齐王徐诰。李德诚又到金陵率领文武百官劝齐王即位，宋齐丘不肯在劝进表上签名。九月初四日癸丑，王令谋去世。

九月初五日甲寅，任命李金全为安远节度使。

娄继英还没来得及安葬后梁均王就受诛而死，后晋高祖下诏命后梁旧臣右卫上将军安崇阮和均王的旧妃郭氏把均王安葬。

九月十七日丙寅，吴主命令江夏王杨璘把传国玺和绶带奉送给齐王。冬季，十月初五日甲申，齐王徐诰在金陵即皇帝位，大赦境内，改年号为昇元，国号为唐。追尊太祖武王为武皇帝。十月初六日乙酉，派右丞相徐玠带着上尊号的册书去觐见吴主，称言受禅老臣徐诰谨拜稽首上皇帝尊号为高尚思玄弘古让皇，宫室、乘舆、

制。丁亥，立徐知证为江王，徐知谔为饶王。以吴太子琏领平卢节度使、兼中书令，封弘农公。

唐主宴群臣于天泉阁，李德诚曰："陛下应天顺人，惟宋齐丘不乐。"因出齐丘止德诚劝进书，唐主执书不视，曰："子嵩三十年旧交，必不相负。"齐丘顿首谢。

己丑，唐主表让皇改东都宫殿名，皆取于仙经。让皇常服羽衣，习辟谷术。辛卯，吴宗室建安王珙等十二人皆降爵为公，而加官增邑。丙申，以吴同平章事张延翰及门下侍郎张居咏、中书侍郎李建勋并同平章事。让皇以唐主上表，致书辞之；唐主表谢而不改。

丁酉，加宋齐丘大司徒。齐丘虽为左丞相，不预政事，心愠怼，闻制词云"布衣之交"，抗声曰："臣为布衣时，陛下为刺史；今日为天子，可以不用老臣矣。"还家请罪，唐主手诏谢之，亦不改命。久之，齐丘不知所出，乃更上书请迁让皇于他州，及斥远吴太子琏，绝其婚；唐主不从。

乙巳，立王后宋氏为皇后。戊申，以诸道都统、判元帅府事景通为诸道副元帅、判六军诸卫事、太尉、尚书令、吴王。

（以上为第七段，写吴齐王徐诰受禅即皇帝位，国号为唐，史称南唐，都金陵。）

闽主命其弟威武节度使继恭上表告嗣位于晋，且请置邸于都下。

十一月，乙卯，唐吴王景通更名璟。

唐主赐杨琏妃号永兴公主；妃闻人呼公主则流涕而辞。

戊午，唐主立其子景遂为吉王，景达为寿阳公；以景遂为侍中、东都留守、江都尹，帅留司百官赴东都。

戊辰，诏加吴越王元瓘天下兵马副元帅，进封吴越国王。

服御都和从前一样，宗庙、正朔、徽章和所崇尚的颜色都仍按照吴国以前的制度。十月初八日丁亥，册立徐知证为江王，徐知谔为饶王。任命吴国太子杨琏领任平卢节度使、兼中书令，封为弘农公。

南唐主在天泉阁宴请群臣，李德诚说："陛下上应天命，下顺人心，只有宋齐丘一个人不快活。"说着，就把宋齐丘阻止他劝唐主即位的信件拿了出来，唐主拿着这封信看都不看，说："子嵩是我三十年的老朋友了，一定不会对不起我。"宋齐丘听了，赶忙叩头谢罪。

十月初十日己丑，南唐主向让皇上表，请求更改东都宫殿的名称，都是从神仙经书中取名。让皇经常穿着道士的羽衣，习练辟谷修仙的方术。十月十二日辛卯，吴国宗室建安王杨珙等十二人都降封爵为公，同时都加官，增加食邑。十月十七日丙申，任命原吴国同平章事张延翰和门下侍郎张居咏、中书侍郎李建勋都为同平章事。让皇由于唐主仍用上表的形式，写信表示不敢当；唐主上表致谢，但仍不改变做法。

十月十八日丁酉，加授宋齐丘为大司徒。宋齐丘虽然名义上为左丞相，但却不能参与政事，心里大为不满，当他听到唐主诏书中有"布衣之交"一词时，就扬声说道："臣是布衣的时候，陛下当刺史；现在做天子了，可以用不着老臣了。"回家后请求南唐主治罪，南唐主亲手写了份诏书向他表示道歉，但仍然不改变原来的任命。过了一段时间，宋齐丘不知该怎么办才好，于是再上书，请求把让皇迁徙到其他州去，并且斥逐吴国太子杨琏到远方去，断绝与他的婚姻关系；唐主没有采纳他的建议。

十月二十六日乙巳，册立王后宋氏为皇后。十月二十九日戊申，任命诸道都统、判元帅府事徐景通为诸道副元帅、判六军诸卫事、太尉、尚书令、吴王。

闽主命令他的弟弟威武节度使王继恭向晋帝上表报告他继承了闽国君位的消息，并且请求在大梁设立住所。

十一月初六日乙卯，南唐吴王徐景通改名为璟。

唐主赐杨琏妃子的号为永兴公主；妃子一听人们喊她为公主就伤心流泪，不让人们这样喊她。

十一月初九日戊午，唐主册立他的儿子徐景遂为吉王，徐景达为寿阳公；任命徐景遂为侍中、东都留守、江都尹，让他率领留司的文武百官到东都去。

十一月十九日戊辰，诏令加授吴越王钱元瓘为天下兵马副元帅，晋封为吴越国王。

安远节度使李金全以亲吏胡汉筠为中门使，军府事一以委之。汉筠贪猾残忍，聚敛无厌。帝闻之，以廉吏贾仁沼代之，且召汉筠，欲授以他职，庶保全功臣。汉筠大惧，始劝金全以异谋。乙亥，金全表汉筠病，未任行。金全故人庞令图屡谏曰："仁沼忠义之士，以代汉筠，所益多矣。"汉筠夜遣壮士逾垣灭令图之族，又毒仁沼，舌烂而卒。汉筠与推官张纬相结，以谄惑金全，金全爱之弥笃。

十二月，戊申，蜀大赦，改明年元曰明德。

诏加马希范江南诸道都统，制置武平、静江等军事。

是岁，契丹改元会同，国号大辽，公卿庶官皆仿中国，参用中国人，以赵延寿为枢密使，寻兼政事令。

（以上为第八段，写闽主入贡后晋。唐主封诸子为王。南唐主嗣子徐景通改名为璟。契丹主改国号为辽。）

三年（戊戌，938年）

春，正月，己酉，日有食之。

唐德胜节度使兼中书令西平恭烈王周本以不能存吴，愧恨而卒。

丙寅，唐以侍中吉王景遂参判尚书都省。

蜀主以武信节度使、同平章事张业为左仆射兼中书侍郎、同平章事、枢密使，武泰节度使王处回兼武信节度使、同平章事。

二月，庚辰，左散骑常侍张允上《驳赦论》，以为："帝王遇天灾多肆赦，谓之修德。借有二人坐狱遇赦，则曲者幸免，直者衔冤，冤气升闻，乃所以致灾，非所以弭灾也。"诏褒之。帝乐闻谠言，诏百官各上封事，命吏部尚书梁文矩等十人置详定院以考之，无取者留中，可者行之。数月，应诏者无十人，乙未，复降御札趣之。

三月，丁丑，敕禁民作铜器。初，唐世天下铸钱有三十六冶，丧乱以来，皆废绝，钱日益耗，民多销钱为铜器，故禁之。

安远节度使李金全任用亲信官吏胡汉筠为中门使，军府的事务全部都委托给他办理。胡汉筠贪婪狡猾而又残忍，搜刮民财，贪得无厌。后晋高祖得知这一情况后，就派了一个清廉的官吏贾仁沼来代替他，并且召回胡汉筠，准备让他担任其他的职务，希望借此保全功臣。胡汉筠却非常害怕，开始劝李金全图谋不轨。十一月二十六日乙亥，李金全上表声称胡汉筠生病，不能起程。李金全的旧友庞令图多次劝他说："贾仁沼是位忠义之士，由他来代替胡汉筠，对您会有很多助益。"胡汉筠夜间派壮士翻墙进去把庞令图的全族都杀了，又向贾仁沼下毒，贾仁沼舌烂而死。胡汉筠和推官张纬相勾结，用谄媚的手段来迷惑李金全，李金全也更加宠信他们。

十二月三十日戊申，后蜀大赦境内，改明年的年号为明德。

后晋高祖下诏，加封马希范为江南诸道都统，制置武平、静江等军府的事务。

这一年，契丹改年号为会同，国号为大辽，公卿庶官的设置都仿效中原，参用中原人，任命赵延寿为枢密使，不久又让他兼任政事令。

后晋高祖天福三年（戊戌，938 年）

春季，正月初二日己酉，发生日食。

南唐德胜节度使兼中书令西平恭烈王周本因为自己没能保全吴国，在惭愧和愤恨中死去。

正月十九日丙寅，南唐任命侍中吉王徐景遂参判尚书都省。

后蜀主任命武信节度使、同平章事张业为左仆射兼中书侍郎、同平章事、枢密使，任命武泰节度使王处回兼武信节度使、同平章事。

二月初三日庚辰，左散骑常侍张允上呈《驳赦论》，认为："帝王遇到天灾常常实行大赦，称这种做法是为了修德。假设有两个人正在坐牢而遇到赦免，那么理亏的人就会侥幸得以获免，有理的人就要含冤难伸，这样冤气升腾，上闻于天，足以招致灾祸，因此赦免并不是消除灾祸的方法啊。"后晋高祖下诏褒奖了他。后晋高祖喜欢听一些正直的言论，下诏让文武百官都各自上书言事，命吏部尚书梁文矩等十人设置详定院对这些上书进行审核，没有可取的就留置禁中，有可取的就加以施行。几个月之后，响应诏书的不足十个人，二月十八日乙未，后晋高祖亲笔写诏敦促这件事。

三月三十日丁丑，下敕令禁止民间制作铜器。以前，唐代天下有三十六处冶铜所铸钱，自从战乱以来，都荒弃停工了，而铜钱却一天比一天耗损得厉害，民间又有很多人销毁铜钱制作铜器，所以要下令禁止。

中书舍人李详上疏，以为“十年以来，赦令屡降，诸道职掌皆许推恩，而藩方荐论动逾数百，乃至藏典、书吏、优伶、奴仆，初命则至银青阶，被服皆紫袍象笏，名器僭滥，贵贱不分。请自今诸道主兵将校之外，节度州听奏朱记大将以上十人，他州止听奏都押牙、都虞候、孔目官，自余但委本道量迁职名而已。”从之。

（以上为第九段，写晋高祖下诏求言，纠正滥赦与滥施官位，因缺铜以木质赤字代铜印赐大将，每州限额十名。）

夏，四月，甲申，唐宋齐丘自陈丞相不应不豫政事，唐主答以省署未备。

吴让皇固辞旧宫，屡请徙居；李德诚等亦亟以为言。五月，戊午，唐主改润州牙城为丹杨宫，以李建勋为迎奉让皇使。

杨光远自恃拥重兵，颇干预朝政，屡有抗奏，帝常屈意从之。庚申，以其子承祚为左威卫将军，尚帝女长安公主，次子承信亦拜美官，宠冠当时。

壬戌，唐主以左宣威副统军王舆为镇海留后，客省使公孙圭为监军使，亲吏马思让为丹杨宫使，徙让皇居丹杨宫。

宋齐丘复自陈为左右所间，唐主大怒；齐丘归第，白衣待罪。或曰：“齐丘旧臣，不宜以小过弃之。”唐主曰：“齐丘有才，不识大体。”乃命吴王璟持手诏召之。

六月，壬午，或献毒酒方于唐主，唐主曰：“犯吾法者自有常刑，安用此为！”群臣争请改府寺州县名有吴及阳者，留守判官杨嗣请更姓羊，徐玠曰：“陛下自应天顺人，事非逆取，而谄邪之人专事改更，咸非急务，不可从也。”唐主然之。

（以上为第十段，写唐主徐知诰贤明，优礼让皇，不接受阴谋害人，不权落旧臣。）

河南留守高行周奏修洛阳宫。丙戌，左谏议大夫薛融谏曰：“今宫室虽经焚毁，犹侈于帝尧之茅茨；所费虽寡，犹多于汉文之露台。况魏城未下，公私困窘，诚非陛下修宫馆之日；俟海内平宁，营之未晚。”上纳

中书舍人李详上疏，认为："十年以来，多次颁布敕令，对于诸道的职掌又都允许长官推广恩惠，任用他们所亲信的人，而且各地藩镇所推荐的人动辄就超过数百名，以至于藏典、书吏、优伶、奴仆这些人，开始任命就要达到银印青绶的官阶，穿的都是紫色的袍子，拿的都是象牙笏，简直是名义和器物都僭越泛滥，贵贱不分。请求从今往后，除了各道主掌军务的将校，节度使所在的州允许奏报不给铜印的朱记大将以上十个人，其他州只允许奏报都押牙、都虞候、孔目官，其余的官吏只要委托各道酌量调迁就可以了。"后晋高祖采纳了这个建议。

夏季，四月初七日甲申，南唐宋齐丘自动向南唐主陈说，认为丞相不应该不参与政事，南唐主答复他说省署机构暂时还不完备。

吴国让皇一再推辞，不住在旧宫，多次请求迁居；李德诚等人也极力强调这么办。五月十二日戊午，南唐主把润州牙城改为丹杨宫，任命李建勋为迎接侍奉让皇的使者。

杨光远依仗着自己拥有重兵，干预了一些朝中的政事，常常提出一些抗命的奏事，后晋高祖常常委屈自己而照他的意见办。五月十四日庚申，任命他的儿子杨承祚为左威卫将军，娶皇帝的女儿长安公主为妻，次子杨承信也拜授很好的官职，全家所受的恩宠为当时之冠。

五月十六日壬戌，南唐主任命左宣威副统军王舆为镇海留后，客省使公孙圭为监军使，亲信官吏马思让为丹杨宫使，把让皇迁徙到丹杨宫居住。

宋齐丘再次主动向南唐主陈说自己被左右近臣所离间，南唐主大为恼怒；宋齐丘回到家中，穿上白衣等待被治罪。有人劝南唐主说："宋齐丘是旧臣，不能因为一点小过失而抛弃他。"南唐主说："宋齐丘人倒是有才干，但却不识大体。"于是就命令吴王徐璟拿着亲笔诏书去召他来。

六月初七日壬午，有人献毒酒药方给南唐主，南唐主说："违反我国法律的自有正常的刑罚，要这个东西干什么！"群臣争相建议把府寺州县名称中有"吴"和"阳"字的都改掉，留守判官杨嗣也请求改姓为"羊"，徐玠说："陛下本来就是上应天命，下顺民心，并不是由悖逆之道而取得的，然而谄媚奸邪之人却一门心思要更改名称，这些都不是当务之急，不能听从他们的意见。"南唐主很同意他的见解。

河南留守高行周上书建议修缮洛阳宫。六月十一日丙戌，左谏议大夫薛融劝谏说："现在的宫室虽然被焚毁，但是比起帝尧的茅草宫室还是奢侈得多；修缮的费用即使再少，也比汉文帝的露台要多。何况魏州城还没有攻下，国家和百姓都很穷困

其言，仍赐诏褒之。

己丑，金部郎中张铸奏："窃见乡村浮户，非不勤稼穑，非不乐安居，但以种木未盈十年，垦田未及三顷，似成生业，已为县司收供徭役，责之重赋，威以严刑，故不免捐功舍业，更思他适。乞自今民垦田及五顷以上，三年外乃听县司徭役。"从之。

秋，七月，中书奏："朝代虽殊，条制无异。请委官取明宗及清泰时敕，详定可久行者编次之。"己酉，诏左谏议大夫薛融等详定。

（以上为第十一段，写后晋高祖缓建宫室，奖励垦殖，疏理制度。）

辛酉，敕作受命宝，以"受天明命，惟德允昌"为文。

帝上尊号于契丹主及太后，戊寅，以冯道为太后册礼使，左仆射刘煦为契丹主册礼使，备卤簿、仪仗、车辂，诣契丹行礼；契丹主大悦。帝事契丹甚谨，奉表称臣，谓契丹主为"父皇帝"；每契丹使至，帝于别殿拜受诏敕。岁输金帛三十万之外，吉凶庆吊，岁时赠遗，玩好珍异，相继于道。乃至应天太后、元帅太子、伟王、南、北二王、韩延徽、赵延寿等诸大臣皆有赂；小不如意，辄来责让，帝常卑辞谢之。晋使者至契丹，契丹骄倨，多不逊语。使者还，以闻，朝野咸以为耻，而帝事之曾无倦意，以是终帝之世与契丹无隙。然所输金帛不过数县租赋，往往托以民困，不能满数。其后契丹主屡止帝上表称臣，但令为书称"儿皇帝"，如家人礼。

初，契丹既得幽州，命曰南京，以唐降将赵思温为留守。思温子延照在晋，帝以为祁州刺史。思温密令延照言虏情终变，请以幽州内附；帝不许。

契丹遣使诣唐，宋齐丘劝唐主厚賄之，俟至淮北，潜遣人杀之，欲以间晋。

窘迫，确实不是陛下修缮宫馆的时候；等到天下太平安宁了，再营建这些东西也不算晚。”后晋高祖采纳了他的意见，还颁赐诏书褒奖了他。

六月十四日己丑，金部郎中张铸上奏说：“我看到乡村中一些没有固定户籍的浮户，并不是不勤于耕种，也并不是不愿意安居乐业，只是因为种树未满十年，垦田不到三顷，眼看快要成为维持生计的基业时，就已被县府的有司收取，要求供应徭役、缴纳重赋，用严酷的刑罚加以逼迫，所以人们不免捐弃前功，丢掉产业，想再迁到其他的地方去。请求规定从今往后百姓开垦田地达五顷以上的，三年之后才准许县府的有司征调他们服徭役。”后晋高祖采纳了他的建议。

秋季，七月，中书省上奏说：“朝代虽然有所不同，但是条规制度却没有什么差异。请求委派官员选择明宗和后唐末帝清泰时期的敕令，详细审定那些可以长久施行的，加以编纂。”七月初四日己酉，下诏命令左谏议大夫薛融等人详加审定。

七月十六日辛酉，后晋高祖下令制作受命宝玺，上面刻上“受天明命，惟德允昌”。

［八月，］后晋高祖上尊号给契丹主和述律太后，八月初四日戊寅，任命冯道为太后册礼使，左仆射刘煦为契丹主册礼使，准备了卤簿、仪仗、车辂，到契丹准备典礼；契丹主非常高兴。后晋高祖侍奉契丹主非常谨慎，上表都是自称为臣，称契丹主为“父皇帝”；每次契丹的使者来到，后晋高祖都是在别殿拜受契丹主的诏书和敕令。每年除了要奉送金帛三十万之外，每遇吉凶庆吊、年节馈赠、玩好珍奇，也都络绎不绝地奉送过去。甚至于应天太后、元帅太子、伟王、南北二王、韩延徽、赵延寿等各位大臣也都有所馈赠；他们稍有一点不如意的，就派使者来指责，后晋高祖常常低声下气地赔罪。后晋使者到契丹，契丹人却非常傲慢，经常说一些不客气的话。使者回来以后，把这一情况报告了朝廷，朝野人士都感到耻辱，但是后晋高祖侍奉契丹却丝毫没有倦怠之意，因此在后晋高祖在位时期和契丹没有发生什么不愉快的事情。然而所奉送的金帛不过是几个县的田租赋税而已，还常常借口说百姓穷困，不能满数送到。后来契丹主多次阻止后晋高祖上表时再称臣，只让他写信时自称“儿皇帝”，像一家人之间的礼节。

当初，契丹取得幽州之后，就把幽州命名为南京，任命后唐降将赵思温担任留守。赵思温的儿子赵延照在后晋，后晋高祖任命他为祁州刺史。赵思温暗中让赵延照向朝廷报告说敌寇的情况终究是要变化的，请求把幽州归附于朝廷；后晋高祖没有允许。

契丹派遣使者到南唐，宋齐丘劝南唐主给他丰厚的馈赠，等他回去行至淮河以北后晋境南时，暗中派人把他杀掉，想借此离间契丹与后晋关系。

壬午，杨光远奏前澶州刺史冯晖自广晋城中出战，因来降，言范延光食尽穷困；己丑，以晖为义成节度使。

（以上为第十二段，写石敬瑭向契丹称儿皇帝。）

杨光远攻广晋，岁余不下，帝以师老民疲，遣内职朱宪入城谕范延光，许移大藩，曰："若降而杀汝，白日在上，吾无以享国。"延光谓节度副使李式曰："主上重信，云不死则不死矣。"乃撤守备，然犹迁延未决。宣徽南院使刘处让复入谕之，延光意乃决。九月，乙巳朔，杨光远送延光二子守图、守英诣大梁。己酉，延光遣牙将奉表待罪。壬子，诏书至广晋，延光帅其众素服于牙门，使者宣诏释之。朱宪，汴州人也。

契丹遣使如洛阳，取赵延寿妻唐燕国长公主以归。

壬戌，唐太府卿赵可封请唐主复姓李，立唐宗庙。

庚午，杨光远表乞入朝，命刘处让权知天雄军府事。己巳，制以范延光为天平节度使，仍赐铁券，应广晋城中将吏军民今日以前罪皆释不问；其张从宾、符彦饶余党及自官军逃叛入城者，亦释之。延光腹心将佐李式、孙汉威、薛霸皆除防御、团练使、刺史，牙兵皆升为侍卫亲军。

初，河阳行军司马李彦珣，邢州人也，父母在乡里，未尝供馈。后与张从宾同反，从宾败，奔广晋，范延光以为步军都监，使登城拒守。杨光远访获其母，置城下以招之，彦珣引弓射杀其母。延光既降，帝以彦珣为坊州刺史。近臣言彦珣杀母，杀母恶逆不可赦；帝曰："赦令已行，不可改也。"乃遣之官。

臣光曰：治国家者固不可无信。然彦珣之恶，三灵所不容，晋高祖赦其叛君之愆，治其杀母之罪，何损于信哉！

（以上为第十三段，写后晋高祖赦河北叛将之罪，朝廷罢兵。）

辛未，以杨光远为天雄节度使。

冬，十月，戊寅，契丹遣使奉宝册，加帝尊号曰英武明义皇帝。

八月初八日壬午，杨光远奏报说，前澶州刺史冯晖从广晋城中出战，乘机来投降，并说范延光在城中粮食已吃完，情势穷困；八月十五日己丑，任命冯晖为义成节度使。

杨光远攻打广晋城，一年多也没有攻下来，后晋高祖眼看军队疲劳、百姓穷困，就派内职朱宪进城去劝说范延光投诚，答应把他调到一个大的藩镇去当节度使，说："如果你投降之后而杀了你，白日在上，我不能享有国家。"范延光对节度副使李式说："皇上是讲信用的，说了不死就不会死的。"于是就撤下了守备，但是还拖延不决。宣徽南院使刘处让又进城进行劝降，范延光这才拿定了主意。九月初一日乙巳，杨光远把范延光的两个儿子范守图、范守英送到大梁。九月初五日己酉，范延光派遣牙将上表朝廷等待治罪。九月初八日壬子，皇帝的诏书到了广晋，范延光带领部众穿着素服在牙门听命，使者宣读诏书，然后释放了他们。朱宪是汴州人。

契丹派遣使者前往洛阳，把赵延寿的妻子、后唐燕国长公主接了回去。

九月十八日壬戌，南唐太府卿赵可封请求唐主徐诰恢复姓李，建立唐室的宗庙。

九月二十六日庚午，杨光远上表请求入朝，任命刘处让代理天雄军府的事务。九月二十五日己巳，下制书任命范延光为天平节度使，又赐给他铁券，凡广晋城中将校、官吏、士兵、百姓在今日以前的所有罪责都予以赦免，不再追究；那些张从宾、符彦饶的余党和从官军中叛逃入城的人，也都予以赦免。范延光的心腹将领和助手李式、孙汉威、薛霸都分别被任命为防御使、团练使、刺史，他的牙兵也都擢升为侍卫亲军。

当初，河阳行军司马李彦珣，是邢州人，父母都住在乡下，他从来没有供养过二老。后来他和张从宾一起反叛朝廷，张从宾败亡以后，他就投奔到广晋，范延光任命他为步军都监，让他登城拒守。杨光远经过寻访找到了他的母亲，把她安置在城下，想对他招降，李彦珣拿起弓箭把他的母亲射死。范延光归降以后，后晋高祖任命李彦珣为坊州刺史。近臣们说李彦珣杀死了自己的母亲，杀母亲的人是罪大恶极不能赦免的；后晋高祖说："赦令已经颁布施行，不能再改了。"还是派他去赴任了。

臣司马光以为：治理国家的人当然不能不讲信用。然而李彦珣的罪恶，是天地人三灵所不能容忍的，如果后晋高祖赦免他背叛君主的过失，而惩治他杀害母亲的罪行，又哪里会损害自己的信用呢！

九月二十七日辛未，任命杨光远为天雄节度使。

冬季，十月初五日戊寅，契丹派遣使者奉送宝册，给后晋高祖加上尊号为英武

帝以大梁舟车所会，便于漕运，丙辰，建东京于汴州，复以汴州为开封府，以东都为西京，以西都为晋昌军节度。

帝遣兵部尚书王权使契丹谢尊号，权自以累世将相，耻之，谓人曰："吾老矣，安能向穹庐屈膝！"乃辞以老疾。帝怒，戊子，权坐停官。

初，郭崇韬既死，宰相罕有兼枢密使者。帝即位，桑维翰、李崧兼之，宣徽使刘处让及宦官皆不悦。杨光远围广晋，处让数以军事衔命往来，光远奏请多逾分，帝常依违，维翰独以法裁折之。光远对处让有不平语，处让曰："是皆执政之意。"光远由是怨执政。范延光降，光远密表论执政过失。帝知其故而不得已，加维翰兵部尚书，崧工部尚书，皆罢其枢密使；以处让为枢密使。

太常奏：今建东京，而宗庙、社稷皆在西京，请迁置大梁。"敕旨："且仍旧。"

戊戌，大赦。

杨延艺故将吴权自爱州举兵攻皎公羡于交州，羡遣使以赂求救于汉；汉主欲乘其乱而取之，以其子万王弘操为静海节度使，徙封交王，将兵救公羡，汉主自将屯于海门，为之声援。汉主问策于崇文使萧益，益曰："今霖雨积旬，海道险远，吴权桀黠，未可轻也。大军当持重，多用乡导，然后可进。"不听。命弘操帅战舰自白藤江趣交州。权已杀公羡，据交州，引兵逆战。先于海口多植大杙，锐其首，冒之以铁，遣轻舟乘潮挑战而伪遁，须臾潮落，汉舰皆碍铁杙不得返，汉兵大败，士卒覆溺者太半，弘操死，汉主恸哭，收余众而还。先是，著作佐郎侯融劝汉主弭兵息民，至是以兵不振，追咎融，剖棺暴其尸。益，仿之孙也。

楚顺贤夫人彭氏卒。彭夫人貌陋而治家有法，楚王希范惮之；既卒，

明义皇帝。

后晋高祖认为大梁是舟车汇聚的地方，漕运方便，丙辰日，在汴州建立东京，重新把汴州改为开封府，把东都改为西京，把西都长安改为晋昌军节度。

后晋高祖派遣兵部尚书王权出使契丹，对他们给自己加尊号表示答谢，王权认为自己家历代身居将相，对这次出使感到耻辱，就对人说："我老了，怎么能向夷狄屈膝下跪呢！"于是就推辞说自己年老多病，不能领命。后晋高祖大怒，十月十五日戊子，王权因此而被停职。

当初，郭崇韬死后，宰相很少有兼任枢密使的。自从后晋高祖即位后，桑维翰、李崧却兼任了，宣徽使刘处让和宦官们心里都很不愉快。杨光远围攻广晋之时，刘处让多次为了军事而奉命往来，杨光远上奏请求的事情常常超越本分，后晋高祖常常或可或否，都由桑维翰根据法规加以裁断和批驳。杨光远对刘处让表示了不满，刘处让却说："这些都是执政大臣们的意图。"杨光远从此便怨恨执政大臣。范延光投降，杨光远就秘密地向后晋高祖上表评论执政大臣的过失。后晋高祖明白他这样做的原因，但又无法解决，于是就加封桑维翰为兵部尚书，李崧为工部尚书，把两人的枢密使一职都罢免了；任命刘处让为枢密使。

太常寺上奏说："现在建置了东京，但是宗庙、社稷却都在西京，请求迁来安置在大梁。"后晋高祖下敕旨说："暂时不动。"

十月二十五日戊戌，大赦天下。

杨延艺的旧将吴权从爱州起兵攻打在交州的皎公羡，皎公羡派遣使者带着贿赂来南汉求救；汉主想乘着兵乱之际夺取交州，就任命他的儿子万王刘弘操为静海节度使，改封为交王，率兵前去救援皎公羡，汉主亲自率兵驻扎在海门，为他作后援。汉主向崇文使萧益询问计策，萧益说："现在大雨连绵已经有十多天了，海路危险而遥远，吴权凶狠狡猾，不能小看了他。大军的行动应当持重，多用向导，然后才可以前进。"汉主听不进这些话。命令刘弘操率领战舰从白藤江向交州进军。这时吴权已经杀死了皎公羡，占据了交州，就率兵前来迎战。他首先在海口插植了很多大木桩，把木桩头梢削尖，裹上铁皮，派出轻便的小船乘着涨潮前来挑战，然后假装败逃，刘弘操率领战舰追了过去，一会儿潮水落了，南汉战舰都被那些裹上铁皮的木桩所阻挡，回不去了，结果汉军被打得大败，士卒因翻船而掉在水中淹死的有一大半；刘弘操战死，汉主悲伤痛哭，然后收拾残余士卒回去了。在此之前，著作佐郎侯融曾劝汉主停止用兵，让百姓休养生息，到这时因为兵威不振，把原因都归罪于已经死去的侯融，于是就挖出他的棺木，加以暴尸。萧益是唐懿宗时宰相萧仿的孙子。

楚国顺贤夫人彭氏去世。彭夫人虽然容貌丑陋，但是治家有法，楚王马希范畏

希范始纵声色，为长夜之饮，内外无别。有商人妻美，希范杀其夫而夺之，妻誓不辱，自经死。

（以上为第十四段，写杨光远恃功干预朝政。南汉主轻浮暴众，兵败交州，国势转衰。楚主马希范纵情声色。）

河决郓州。

十一月，范延光自郓州入朝。

丙午，以闽主昶为闽国王，以左散骑常侍卢损为册礼使，赐昶赭袍。戊申，以威武节度使王继恭为临海郡王。闽主闻之，遣进奏官林恩白执政，以既袭帝号，辞册命及使者。闽谏议大夫黄讽以闽主淫暴，与妻子辞诀入谏，闽主欲杖之，讽曰："臣若迷国不忠，死亦无怨；直谏被杖，臣不受也。"闽主怒，黜为民。

帝患天雄节度使杨光远跋扈难制，桑维翰请分天雄之众，加光远太尉、西京留守兼河阳节度使。光远由是怨望，密以赂自诉于契丹，养部曲千余人，常蓄异志。

辛亥，建邺都于广晋府；置彰德军于相州，以澶、卫隶之；置永清军于贝州，以博、冀隶之。澶州旧治顿丘，帝虑契丹为后世之患，遣前淄州刺史汲人刘继勋徙澶州跨德胜津，并顿丘徙焉。以河南尹高行周为广晋尹、邺都留守，贝州防御使王廷胤为彰德节度使，右神武统军王周为永清节度使。廷胤，处存之孙；周，邺都人也。

范延光屡请致仕，甲寅，诏以太子太师致仕，居于大梁，每预宴会，与群臣无异。

延光之反也，相州刺史掖人王景拒境不从，戊午，以景为耀州团练使。

癸亥，敕听公私自铸铜钱，无得杂以铅铁，每十钱重一两，以"天福元宝"为文，仍令盐铁颁下模范。惟禁私作铜器。

立左金吾卫上将军重贵为郑王，充开封尹。

癸亥，敕先许公私铸钱，虑铜难得，听轻重从便，但勿令缺漏。

惧她；她去世以后，马希范开始纵情声色，通宵达旦地宴饮，内宫与外朝没有分别。有一个商人的妻子长得很漂亮，马希范就杀了她的丈夫而把她抢了过来，这位商人的妻子发誓不愿受辱，就上吊自杀了。

黄河在郓州决口。

十一月，范延光从郓州来京朝见。

十一月初三日丙午，册命闽主王昶为闽国王，任命左散骑常侍卢损为册礼使，赐给王昶赭色的袍服。十一月初五日戊申，进封威武节度使王继恭为临海郡王。闽主得知这一消息后，就派遣进奉官林恩前来向执政大臣说明情况，因为闽主已经袭用了皇帝的尊号，所以请退回册命和使者。闽国谏议大夫黄讽认为闽主荒淫暴虐，于是就和妻子儿女诀别然后入朝进谏，闽主要用廷杖打他，黄讽说："臣如果是迷乱国家而不尽忠，即便被打死也毫无怨言；现在因为直言进谏而被杖罚，臣不能接受。"闽主大怒，把黄讽罢黜为庶民。

后晋高祖顾虑天雄节度使杨光远飞扬跋扈，难以辖制，桑维翰建议分散天雄军的兵力，于是给杨光远加官为太尉、西京留守兼河阳节度使。杨光远从此心怀怨恨，暗中贿赂契丹并向契丹表白心曲，又豢养了部曲一千多人，常怀叛离之心。

十一月初八日辛亥，在广晋府恢复建立邺都；在相州设置彰德军，划出澶州、卫州隶属于它；在贝州设置永清军，划出博州、冀州隶属于它；澶州过去的治所在顿丘，后晋高祖担心契丹会成为以后的祸患，就派前淄州刺史汲人刘继勋把澶州迁移到地跨黄河两岸的德胜津，连同顿丘一道迁移。任命河南尹高行周为广晋尹、邺都留守，贝州防御使王延胤为彰德节度使，右神武统军王周为永清节度使。王延胤是王处存的孙子；王周是邺都人。

范延光多次请求退休，十一月十一日甲寅，诏令准许他以太子太师的身份退休，居住在大梁，每逢朝廷举行宴会都让他参加，和群臣没有什么差异。

当初范延光反叛的时候，他的巡属相州刺史掖人王景把守着自己的辖区，不愿随从他，十一月十五日戊午，后晋高祖任命王景为耀州团练使。

十一月二十日癸亥，诏令听任官方和民间自行铸造铜钱，但是不准掺杂铅、铁，每十个铜钱重一两，铸上"天福元宝"四个字，仍然命令盐铁使司颁布钱模的规范。只是禁止私自制作铜器。

册立左金吾卫上将军石重贵为郑王，充任开封尹。

十一月二十日癸亥，诏令先前准许官方和民间自行铸造铜钱，考虑到铜料难以获得，便听任铜钱的轻重标准可以随便，只要不使铜钱有缺损和破洞就行。

辛丑，吴让皇卒。唐主废朝二十七日，追谥曰睿皇帝。是岁，唐主徙吴王璟为齐王。

凤翔节度使李从曮，厚文士而薄武人，爱农民而严士卒，由是将士怨之。会发兵戍西边，既出郊，作乱，突门入城，剽掠于市。从曮发帐下兵击之，乱兵败，东走，欲自诉于朝廷，至华州，镇国节度使张彦泽邀击，尽诛之。

（以上为第十四段，写天雄军节度使杨光远骄纵，晋高祖听民自铸钱。）

十一月二十八日辛丑，吴国让皇去世。唐主为此停止登朝二十七日，追谥让皇为睿皇帝。这一年，唐主改封吴王徐璟为齐王。

凤翔节度使李从曮，厚待文士而轻视武人，爱惜农民却对士卒很严厉，因此将士们都很怨恨他。刚好有一天要派兵戍守西部边境，军队出发刚到郊外，就发生了叛乱，乱兵冲破城门进入城内，在街市上大肆抢掠。李从曮调动自己帐下的士兵前去迎击乱兵，乱兵被打败，向东逃去，想亲自到朝廷去申诉，走到华州，镇国节度使张彦泽出兵拦击，把他们全部都杀掉了。

【点评】

本卷点评桑维翰功过、契丹主礼遇张砺、徐知诰改名去“知”三件史事。

一、桑维翰功过。桑维翰，字国侨，河南人。形貌丑陋，身短面长，进士出身，自负有宰辅之才。石敬瑭为河阳节度使，辟举桑维翰为掌书记。宠遇日隆，为石敬瑭谋主。桑维翰、刘知远，两人一文一武，是石敬瑭的左右手。割地事契丹，石敬瑭做了儿皇帝，本谋者桑维翰，卖国求荣。对于儿皇帝石敬瑭来说，桑维翰是后晋开国功臣。石敬瑭入洛阳，以桑维翰为翰林学士、礼部侍郎、知枢密院事，迁中书令、同中书门下平章事，兼枢密使。当时后晋新建，藩镇多未服从，府库空虚，民不堪命，形势严峻。桑维翰建言后晋高祖石敬瑭，弃旧怨安抚藩镇，卑辞厚礼事契丹，训练士卒以修武备，劝农桑以实仓廪，通商贾以足财用。高祖用其言，数年后国家粗安，这是桑维翰辅政的功绩。桑维翰的功过，用三国时许子将品评曹操的两句话“治世之能臣，乱世之奸雄”差可得之。曹操为创业之主，桑维翰为无耻奸雄之谋主，又不可同日而语矣。

二、契丹主礼遇张砺。后唐翰林学士张砺奉潞王之命督军赵延寿进军团柏口，军败，与赵延寿俱没入契丹。张砺得间南逃，为追骑所获。契丹主耶律德光责问张砺，说：“为何不辞而别？”张砺说：“臣是华人，饮食衣服不习惯，活着比死还难受，请快些杀了我吧。”契丹主回头对精通翻译并负责接待的高彦英说：“我再三告诫你们要照顾好这个人的生活，他逃跑了到哪里去找这样的人？”契丹主鞭打了高彦英一顿，责其向张砺道歉。张砺见契丹主如此尊重读书人，于是归顺契丹，竭尽忠心，遇事直言敢谏，深得契丹主的礼遇和器重。契丹主耶律德光史称辽太宗，他继辽太祖耶律阿保机大力推行汉化的文明进程，建国号，备典章，是大辽国史上的一位贤君，张砺的建言与辅佐，功不可没。

三、徐知诰改名去“知”。徐知诰，据薛史，谓为海州人，徐温养子，温亦海州人，知诰，出身寒微，少孤，及壮，身高七尺，广颡隆准，宽厚有谋，贤于徐温亲生诸子，温是以爱之。徐温为吴杨氏政权大丞相，镇金陵。温死，知诰承袭吴大丞相，镇金陵。知诰秉政，宽刑法，推恩信，用以收人心，起延宾亭接纳四方之士，引宋齐丘、骆知祥、王令谋等为谋主。吴国杨溥大和五年（933），徐知诰更名为徐诰，去名中“知”字，单名诰。“知”字为徐温之子辈分用字，徐知诰去“知”字，表示将与徐姓脱离关系，不与徐氏兄弟徐知训、徐知询等同列，这是受禅的前奏信号。接着徐诰受封齐王，建齐国。十月初五日甲申，徐诰即皇帝位于金陵，改年号为昇元。三月更名，十月受禅。是年徐诰四十九岁。徐诰册封杨溥为让皇，昇元三年四月迁杨溥于润州丹阳宫，以马思让为丹阳宫使，严兵守卫，一年后杨溥幽死。杨氏政权，自唐昭宗大顺二年（891），杨行密始有淮南之地至杨溥逊位的后晋天福二年（937），凡四十七年。

·文白对照本·

资治通鉴

（全十八册）

第十八册

卷第二百八十二至卷第二百九十四（后晋纪三至后周纪五）

（宋）司马光 编著
张大可 语译

创于1897 商務印書館 The Commercial Press

第十八册目录

卷第二百八十二　后晋纪三

后晋高祖天福四年至六年（939—941 年）………………………… 10447

卷第二百八十三　后晋纪四

后晋高祖天福七年至后晋齐王开运元年（942—944 年）…… 10485

卷第二百八十四　后晋纪五

后晋齐王开运元年至二年（944—945 年）………………………… 10525

卷第二百八十五　后晋纪六

后晋齐王开运二年至三年（945—946 年）………………………… 10559

卷第二百八十六　后汉纪一

后汉高祖天福十二年（947 年）…………………………………… 10593

卷第二百八十七　后汉纪二

后汉高祖天福十二年至乾祐元年（947—948 年）……………… 10629

卷第二百八十八　后汉纪三

后汉高祖乾祐元年至后汉隐帝乾祐二年（948—949 年）…… 10661

卷第二百八十九　后汉纪四

后汉隐帝乾祐三年（950 年）……………………………………… 10697

卷第二百九十　后周纪一

后周太祖广顺元年至二年（951—952 年）………………………… 10733

卷第二百九十一　后周纪二
后周太祖广顺二年至显德元年（952—954 年）…………………… 10769

卷第二百九十二　后周纪三
后周太祖显德元年至后周世宗显德三年（954—956 年）…… 10807

卷第二百九十三　后周纪四
后周世宗显德三年至四年（956—957 年）……………………… 10841

卷第二百九十四　后周纪五
后周世宗显德五年至六年（958—959 年）……………………… 10877

附录 《资治通鉴》大事编年 …………………………………………… 10910

后晋纪三

后晋高祖天福四年至六年（939—941年）

【起屠维大渊献（己亥，939年），尽重光赤奋若（辛丑，941年），凡三年】

【大事提要】

本卷记事起公元939年，讫公元941年，凡三年，当后晋高祖天福四年至天福六年。本卷多载南唐与闽两国史事。南唐主徐知诰恢复姓李，改名李昪，令有司编造族谱为大唐吴王李恪之后裔，建立宗庙合祭李徐两姓，尊徐温为义祖，在宗庙位列唐高祖、唐太宗之后。李昪保境安民，薄赋税，勤政事，南唐称治，江淮安定。闽主王昶笃信道士，不理政事，福州政变，王延羲取代王昶为闽主，羲弟王延政据建州，兄弟二人大交兵。后晋成德节度使安重荣以反抗契丹为名蓄谋异志；山南东道节度使安从进亦蓄谋反叛。二安南北勾结。刘知远耻与杜重威同列。范延光以太子太师职致仕回河阳，二京留守杨光远杀范夺财，后晋高祖优容不治。后晋危机四伏。其时，后晋安远节度使李金全反叛投南唐，二安继其后皆反。高行周扑灭安重荣，安从进兵败，困守襄州。

【原文】

高祖圣文章武明德孝皇帝中

天福四年（己亥，939年）

春，正月，辛亥，以澶州防御使太原张从恩为枢密副使。

朔方节度使张希崇卒，羌胡寇钞，无复畏惮。甲寅，以义成节度使冯晖为朔方节度使。党项酋长拓跋彦超最为强大，晖至，彦超入贺，晖厚遇之，因为于城中治第，丰其服玩，留之不遣，封内遂安。

唐群臣江王知证等累表请唐主复姓李，立唐宗庙，乙丑，唐主许之。群臣又请上尊号，唐主曰："尊号虚美，且非古。"遂不受。其后子孙皆踵其法，不受尊号，又不以外戚辅政，宦者不得预事，皆他国所不及也。

二月，乙亥，改太祖庙号曰义祖。己卯，唐主为李氏考妣发哀，与皇后斩衰居庐，如初丧礼，朝夕临凡五十四日。江王知证、饶王知谔请亦服斩衰；不许。李建勋之妻广德长公主假衰绖入哭尽礼，如父母之丧。

辛巳，诏国事委齐王璟详决，惟军旅以闻。庚寅，唐主更名昪。

诏百官议二祚合享礼。辛卯，宋齐丘等议以义祖居七室之东。唐主命居高祖于西室，太宗次之，义祖又次之，皆为不祧之主。群臣言："义祖诸侯，不宜与高祖、太宗同享，请于太庙正殿后别建庙祀之。"帝曰："吾自幼托身义祖，向非义祖有功于吴，朕安能启此中兴之业？"群臣乃不敢言。

唐主欲祖吴王恪，或曰："恪诛死，不若祖郑王元懿。"唐主命有司考二王苗裔，以吴王孙祎有功，祎子岘为宰相，遂祖吴王，云自岘五世至父荣。其名率皆有司所撰。唐主又以历十九帝、三百年，疑十世太少。有司曰："三十年为世，陛下生于文德，已五十年矣。"遂从之。

（以上为第一段，写南唐主徐知诰复姓李，改名李昪，命有司编造族谱为大唐太宗子吴王李恪之后裔，合徐李两姓立宗庙，奉唐高祖为始祖，唐太宗次其位，徐温

【语译】

高祖圣文章武明德孝皇帝中

后晋高祖天福四年（己亥，939 年）

春季，正月初九日辛亥，后晋任命澶州防御使太原人张从恩为枢密副使。

朔方节度使张希崇去世，北方羌胡入侵抢劫，再也无所顾忌。正月十二日甲寅，任命义成节度使冯晖为朔方节度使。党项族的酋长拓跋彦超势力最强大，冯晖到达朔方，拓跋彦超前来祝贺，冯晖给他隆重的礼遇，随即为他在城中修造了宅第，给他很多的服饰玩器，把他留在朔方城中不送他回去，朔方地区内于是安定了下来。

南唐群臣、江王徐知证等不断上表唐主请求恢复姓李，建立唐朝的宗庙，正月二十三日乙丑，南唐主同意了这一请求。群臣又请求加上帝王的尊号，南唐主说："帝王的尊号是一种虚美，而且也不合古制。"结果没有接受。以后他的子孙都效法他的做法，不接受尊号，又不任用外戚来辅佐朝政，宦官不能干预朝政，这些都是其他国家所比不上的。

二月初三日乙亥，南唐主把太祖徐温的庙号改为义祖。二月初七日己卯，南唐主为李氏已故父母举行哀悼，自己和皇后一起穿上斩衰丧服住进灵堂，像父母刚刚去世后发丧的礼节，早晚祭灵共五十四天。江王徐知证、饶王徐知谔也请求穿斩衰孝服；南唐主不同意。李建勋的妻子广德长公主假借衰绖孝服进灵堂哭丧，充分表达了哀思，就像哭自己的父母去世一样。

二月初九日辛巳，南唐主下诏将国事委任齐王李璟具体处理，只有军事上的事情才上报给南唐主听。二月十八日庚寅，南唐主改名为昪。

南唐主下诏书让百官一起讨论徐、李二姓祖先同享祭祀的礼仪。二月十九日辛卯，宋齐丘等人商议说要让义祖徐温的牌位供奉在第七室的东侧。南唐主命令将唐高祖李渊供奉在西室，唐太宗李世民居其次，义祖徐温又在太宗之下，都被看作肇始之王。群臣说："义祖是大唐的诸侯，不应该和唐高祖、唐太宗一起同享祭祀，请求在太庙正殿后面另外建造庙宇来祭祀。"南唐主说："我从小托身于义祖，当初要不是义祖有功于吴国，我哪能开辟这番中兴大业？"群臣便不敢再多说了。

南唐主想以吴王李恪为祖先，有人说："李恪是被处决的，不如以郑王李元懿为祖先。"南唐主命令有关官员考证吴王和郑王的后代，因为吴王李恪的孙子李祎于国有功，李祎的儿子李岘曾任唐肃宗的宰相，于是便以吴王李恪为祖先，说从李岘以后五代至于南唐主的父亲李荣。这五代人的姓名全都是有关官吏杜撰出来的。南唐主又认为从唐初到现在经历了十九个皇帝，三百年，怀疑十世太少。有关官员说："三十年为一世，陛下您文德年间出生，到现在已有五十年了。"于是便接受了这套说法。

为义祖，位次唐太宗之后。）

卢损至福州，闽主称疾不见，命弟继恭主之。遣其礼部员外郎郑元弼奉继恭表随损入贡。闽主不礼于损，有士人林省邹私谓损曰："吾主不事其君，不爱其亲，不恤其民，不敬其神，不睦其邻，不礼其宾，其能久乎！余将僧服而北逃，会相见于上国耳。"

三月，庚戌，唐主追尊吴王恪为定宗孝静皇帝，自曾祖以下皆追尊庙号及谥。

己未，诏归德节度使刘知远、忠武节度使杜重威并加同平章事。知远自以有佐命功，重威起于外戚，无大功，耻与之同制，制下数日，杜门四表辞不受。帝怒，谓赵莹曰："重威朕之妹夫，知远虽有功，何得坚拒制命！可落军权，令归私第。"莹拜请曰："陛下昔在晋阳，兵不过五千，为唐兵十余万所攻，危于朝露，非知远心如铁石，岂能成大业！奈何以小过弃之！窃恐此语外闻，非所以彰人君之大度也。"帝意乃解，命端明殿学士和凝诣知远第谕旨，知远惶恐，起受命。

灵州戍将王彦忠据怀远城叛，上遣供奉官齐延祚往招谕之；彦忠降，延祚杀之。上怒曰："朕践阼以来，未尝失信于人，彦忠已输仗出迎，延祚何得擅杀之！"除延祚名，重杖配流。议者犹以为延祚不应免死。

辛酉，册回鹘可汗仁美为奉化可汗。

夏，四月，唐江王徐知证等请亦姓李；不许。

辛巳，唐主祀南郊；癸未，大赦。

梁太祖以来，军国大政，天子多与崇政、枢密使议，宰相受成命，行制敕，讲典故，治文事而已。帝惩唐明宗之世安重诲专横，故即位之初，但命桑维翰兼枢密使。及刘处让为枢密使，奏对多不称旨，会处让遭母丧，甲申，废枢密院，以印付中书，院事皆委宰相分判。以副使张从恩为宣徽使，直学士、仓部郎中司徒诩，工部郎中颜衎并罢守本官。然勋臣近习不知大体，习于故事，每欲复之。

卢损抵达福州，闽王称病不肯相见，命令自己的弟弟王继恭主持接待。派遣自己朝中的礼部员外郎郑元弼带着王继恭的表章去后晋朝贡。闽王对卢损不礼貌，闽中有位叫林省邹的士人私下对卢损说："我们闽主不侍奉自己的君主，不亲近自己的亲戚，不体恤自己的百姓，不恭敬本地的神祇，与自己的邻国不和睦，对来朝的贵宾不以礼相待，这样还能长久吗？我准备穿上僧人服装逃往北方，我们会在中原相见的。"

三月初八日庚戌，南唐主追尊吴王李恪为定宗孝静皇帝，从自己的曾祖父以下的祖先都追尊了庙号和谥号。

三月十七日己未，诏令归德节度使刘知远、忠武节度使杜重威两人一起加授同平章事。刘知远自认为有辅佐晋室的大功，杜重威以外戚起家，没有大功，把与杜重威同受制命看成一种耻辱，制令已经下达了好几天，刘知远仍然闭门不出，四次上表推辞不肯接受。后晋高祖发怒了，对赵莹说："杜重威是我的妹夫，刘知远虽然有功勋，怎能坚决拒绝制命！可以削除他的军权，让他回自己府第去。"赵莹下拜请求说："陛下您当初在晋阳的时候，手下的士兵才五千人，被十多万唐军所围攻，危在旦夕，要不是刘知远心如铁石一样坚定，怎能成就帝业！怎么能因为他有点小过错就抛弃他呢！臣担心这些话被外人听见，这可不是彰显皇上宽宏大量的言辞。"后晋高祖心情这才宽缓，命令端明殿学士和凝到刘知远府宅去说明旨意，刘知远心中惊恐，起来接受制令。

灵州宁将王彦忠占据怀元城叛变，后晋高祖派供奉官齐延祚去晓谕招安；王彦忠投降了，齐延祚将他杀死。后晋高祖发怒说："朕登上皇位以来，不曾失信于人，王彦忠已缴械出来迎接你，你齐延祚怎么能擅自把他杀了！"削除齐延祚的官籍，重杖责打后发配边疆流放。议论的人还是认为齐延祚不应被免除死罪。

三月十九日辛酉，册封回鹘可汗仁美为奉化可汗。

夏季，四月，南唐江王徐知证等请求也随南唐主姓李；南唐主不允许。

四月初十日辛巳，南唐主在南郊祭祀；四月十二日癸未，实行大赦。

自从后梁太祖以来，军国大政的事，皇帝多数时候都同崇政使、枢密使商议，宰相只是接受成命、颁行制敕、讲求典故、治理文事而已。后晋高祖鉴于后唐明宗时期安重诲专权横行无忌的教训，所以在刚即位的时候，只令桑维翰兼任枢密使之职。等到刘处让任枢密使，奏议应对多不称皇帝心意，正巧碰上刘处让的母亲去世，四月十三日甲申，下令废除枢密院，将院印交给中书省，枢密院的事务委托宰相分别判理。任命枢密副使张从恩为宣徽使，直学士、仓部郎中司徒诩和工部郎中颜衎

帝以唐之大臣除名在两京者皆贫悴，复以李专美为赞善大夫，丙戌，以韩昭胤为兵部尚书，马胤孙为太子宾客，房暠为右骁卫大将军，并致仕。

（以上为第二段，写刘知远耻与杜重威同列。后晋高祖裁抑相权，优礼旧朝遗臣。）

闽主忌其叔父前建州刺史延武、户部尚书延望才名，巫者林兴与延武有怨，托鬼神语云："延武、延望将为变。"闽主不复诘，使兴帅壮士就第杀之，并其五子。

闽主用陈守元言，作三清殿于禁中，以黄金数千斤铸宝皇大帝、天尊、老君像，昼夜作乐，焚香祷祀，求神丹。政无大小，皆林兴传宝皇命决之。

戊申，加楚王希范天策上将军，赐印，听开府置官属。

辛亥，唐徙吉王景遂为寿王，立寿阳公景达为宣城王。

乙卯，唐镇海节度使兼中书令梁怀王徐知谔卒。

唐人迁让皇之族于泰州，号永宁宫，防卫甚严。康化节度使兼中书令杨珙称疾，罢归永宁宫。乙丑，以平卢节度使兼中书令杨琏为康化节度使；琏固辞，请终丧，从之。

唐主将立齐王璟为太子，固辞，乃以为诸道兵马大元帅、判六军诸卫、守太尉、录尚书事、升扬二州牧。

闽判六军诸卫建王继严得士心，闽主忌之，六月，罢其兵柄，更名继裕；以弟继镕判六军，去诸卫字。

林兴诈觉，流泉州。望气者言宫中有灾，乙未，闽主徙居长春宫。

（以上为第三段，写闽主王昶笃信道士，猜忌宗室。南唐主嗣子齐王李璟不愿为太子。）

秋，七月，庚子朔，日有食之。

一起罢守本官。然而有功的大臣和皇帝身边的近侍们不明白皇帝的深远用意，习惯旧的一套，常常要求恢复枢密院。

后晋高祖因为后唐在东、西两京已经除名的大臣都贫病交加，于是又任命李专美为赞善大夫，四月十五日丙戌，任命韩昭胤为兵部尚书，马胤孙为太子宾客，房暠为右骁卫大将军，并同时退休。

闽主忌妒其叔父前建州刺史王延武、户部尚书王延望的才干和名望，巫师林兴与王延武之间有怨恨，假托鬼神的话说："王延武、王延望将要发动叛变。"闽主不再诘问，就让林兴率领强壮士兵到王延武、王延望家中去把他们杀了，连同他们五个儿子也杀了。

闽主采纳了陈守元的建议，在宫禁中作三清殿，用数千斤黄金铸造宝皇大帝、元始天尊和太上老君像，日夜奏乐焚香祈祷，寻求神丹。政事不论大小，全都由林兴假传宝皇大帝的命令来决定。

五月初七日戊申，加封楚王马希范为天策上将军，赐给他官印，听任其开府设置官属。

五月初十日辛亥，南唐改封吉王李景遂为寿王，册封寿阳公李景达为宣城王。

五月十四日乙卯，南唐镇海节度使兼中书令梁怀王徐知谔去世。

南唐人将吴国让皇杨溥的族人迁到泰州，号称永宁宫，防守非常严密。康化节度使兼中书令杨珙推说有病，罢官回到永宁宫。五月二十四日乙丑，任命平卢节度使兼中书令杨琏为康化节度使；杨琏坚决推辞，请求服完让皇的丧期才上任，南唐主准许了。

南唐主准备立齐王李璟为皇太子，李璟坚决推辞，于是任命李璟为诸道兵马大元帅、判六军诸卫、守太尉、录尚书事、升扬二州牧。

闽国判六军诸卫建王王继严因深得将士之心，被闽主嫉恨，六月，解除了王继严的兵权，把他的名字改为继裕；任用自己的弟弟王继镕［镛］判六军，去掉了官名中"诸卫"二字。

林兴诈骗之术被发觉，被流放到泉州。望气的人说闽国宫中将有灾异发生，六月二十五日乙未，闽主迁居长春宫。

秋季，七月初一日庚子，发生日食。

成德节度使安重荣出于行伍，性粗率，恃勇骄暴，每谓人曰："今世天子，兵强马壮则为之耳。"府廨有幡竿高数十尺，尝挟弓矢谓左右曰："我能中竿上龙者，必有天命。"一发中之，以是益自负。

帝之遣重荣代秘琼也，戒之曰："琼不受代，当别除汝一镇，勿以力取，恐为患滋深。"重荣由是以帝为怯，谓人曰："秘琼匹夫耳，天子尚畏之，况我以将相之重，士马之众乎！"每所奏请多逾分，为执政所可否，意愤愤不快，乃聚亡命，市战马，有飞扬之志。帝知之，义武节度使皇甫遇与重荣姻家，甲辰，徙遇为昭义节度使。

乙巳，闽北宫火，焚宫殿殆尽。

戊申，薛融等上所定编敕，行之。

丙辰，敕："先令天下公私铸钱，今私钱多用铅锡，小弱缺薄，宜皆禁之，专令官司自铸。"

西京留守杨光远疏中书侍郎、同平章事桑维翰迁除不公及营邸肆于两都，与民争利；帝不得已，闰月，壬申，出维翰为彰德节度使兼侍中。

初，义武节度使王处直子威，避王都之难，亡在契丹，至是，义武缺帅，契丹主遣使来言："请使威袭父土地，如我朝之法。"帝辞以"中国之法必自刺史、团练、防御序迁乃至节度使，请遣威至此，渐加进用。"契丹主怒，复遣使来言曰："尔自节度使为天子，亦有阶级邪！"帝恐其滋蔓不已，厚赂契丹，且请以处直兄孙彰德节度使廷胤为义武节度使以厌其意。契丹怒稍解。

（以上为第四段，写成德节度使安重荣蓄谋异志，契丹主颐指石敬瑭。）

初，闽惠宗以太祖元从为拱宸、控鹤都，及康宗立，更募壮士二千为腹心，号宸卫都，禄赐皆厚于二都；或言二都怨望，将作乱，闽主欲分隶漳、泉二州，二都益怒。闽主好为长夜之饮，强群臣酒，醉则令左右伺其过失；从弟继隆醉失礼，斩之。屡以猜怒诛宗室，叔父左仆射、同平章事延羲阳为狂愚以避祸，闽主赐以道士服，置武夷山中；寻复召还，幽于私第。

成德节度使安重荣出身行伍，性情粗暴直率，仗着自己勇武骄横暴虐，总是对人说："如今天下的皇帝，兵强马壮就可以当。"他的节度使官衙里有一根好几十尺高的旗杆，安重荣曾带着弓箭对身边的人说："我能射中竿上的龙头，一定是有天子之命。"一箭射出去正中龙头，因此更加自负。

后晋高祖派安重荣去接替秘琼的职务，告诫安重荣说："如果秘琼不肯接受你代替他，我自当会另给你安排一镇为节度使的，你一定不要以武力去夺取秘琼之职，这样恐怕会造成更大的后患。"安重荣因此以为后晋高祖胆小怕事，对人说："秘琼一介匹夫，天子还怕他，何况是我这样担任将相重职、率领众多兵马的人呢！"每次上朝奏请往往都超越本分，被主管官僚加以评判后，心中愤愤不平，于是就召集亡命之徒，买了战马，有不安分的意图。后晋高祖得知义武节度使皇甫遇与安重荣有儿女姻亲关系，七月初五日甲辰，调迁皇甫遇为昭义节度使。

七月初六日乙巳，闽国禁中北宫发生火灾，把宫殿差不多烧光了。

七月初九日戊申，薛融等人奏上他们所编订的敕制，颁行于世。

七月十七日丙辰，敕令说："早先命令天下公家和私人都可铸钱，现在私人铸钱多采用铅锡做材料，钱小弱缺薄，应全都禁止铸造，由公家专门加以铸造。"

西京长安留守杨光远上疏说中书侍郎、同平章事桑维翰升降官吏不公平，并在东、西两京造府邸店肆，和百姓争夺利益；后晋高祖迫不得已，闰七月初三日壬申，把桑维翰外调任彰德节度使兼侍中。

当初，义武节度使王处直的儿子王威，因逃避王都之难，流亡到了契丹，到此时，义武镇缺节度使，契丹主派遣使者来说："请让王威继承他父亲的领地，如我们契丹法律所规定的那样。"后晋高祖推辞说："中原的办法一定要从刺史、团练、防御依次升迁才到节度使的，请把王威送回中原，逐步加以晋升录用。"契丹主发怒，又派使者来说："你从节度使升到天子之位，也是经过一阶一级地上来的吗！"后晋高祖恐怕事情越扯越远，就多给予契丹贿赂，并且请任用王处直哥哥的孙子彰德节度使王延胤来担任义武节度使以满足契丹的愿望。契丹主的愤怒才渐渐缓解。

当初，闽国惠宗把太祖原先的近卫侍从编为拱宸、控鹤二都，等到康宗即位，又另外招募了两千多名壮士为腹心之人，名叫宸卫都，俸禄和赏赐都比拱宸、控鹤二都丰厚；有人说二都心中怨恨，将要发动叛乱，闽主想将二都分开隶属于漳州和泉州，二都更加愤怒。闽主喜欢整夜饮酒作乐，强迫群臣饮酒，酒醉时就命令身边人找醉者的过失；闽主的堂弟王继隆酒醉失礼，闽主将他杀了。多次因为猜疑发怒诛杀皇室亲族，闽主的叔父左仆射、同平章事王延羲假装发疯发呆以逃避灾祸，闽主赐给他道士服装，把他安置到武夷山中；不久又召回，幽禁在家中。

闽主数侮拱宸、控鹤军使永泰朱文进、光山连重遇，二人怨之。会北宫火，求贼不获；闽主命重遇将内外营兵扫除余烬，日役万人，士卒甚苦之。又疑重遇知纵火之谋，欲诛之；内学士陈郯私告重遇。辛巳夜，重遇入直，帅二都兵焚长春宫以攻闽主，使人迎延羲于瓦砾中，呼万岁；复召外营兵共攻闽主；独宸卫都拒战，闽主乃与李后如宸卫都。比明，乱兵焚宸卫都，宸卫都战败，余众千余人奉闽主及李后出北关，至梧桐岭，众稍逃散。延羲使兄子前汀州刺史继业将兵追之，及于村舍；闽主素善射，引弓杀数人。俄而追兵云集，闽主知不免，投弓谓继业曰："卿臣节安在！"继业曰："君无君德，臣安有臣节！新君，叔父也，旧君，昆弟也，孰亲孰疏？"闽主不复言。继业与之俱还，至陀庄，饮以酒，醉而缢之，并李后及诸子、王继恭皆死。宸卫余众奔吴越。

延羲自称威武节度使、闽国王，更名曦，改元永隆，赦系囚，颁赉中外。以宸卫弑闽主赴于邻国；谥闽主曰圣神英睿文明广武应道大弘孝皇帝，庙号康宗。遣商人间道奉表称藩于晋；然其在国，置百官皆如天子之制。以太子太傅致仕李真为司空兼中书侍郎、同平章事。

连重遇之攻康宗也，陈守元在宫中，易服将逃，兵人杀之。重遇执蔡守蒙，数以卖官之罪而斩之。闽王曦既立，遣使诛林兴于泉州。

（以上为第五段，写闽国政变，王延羲取代王昶为闽王，更名曦，改年号曰永隆。）

河决薄州。

八月，辛丑，以冯道守司徒兼侍中。壬寅，诏中书知印止委上相，由是事无巨细，悉委于道。帝尝访以军谋，对曰："征伐大事，在圣心独断。臣书生，惟知谨守历代成规而已。"帝以为然。道尝称疾求退，帝使郑王重贵诣第省之，曰："来日不出，朕当亲往。"道乃出视事。当时宠遇，群臣无与为比。

闽主多次侮辱拱宸、控鹤二都的军使永泰人朱文进、光山人连重遇，二人心怀怨恨。正碰上闽国禁中北宫失火，搜寻纵火犯没能抓到；闽王命令连重遇率内外营士兵扫除大火的余烬，每天役使上万人，士兵们对此深以为苦。闽主又怀疑连重遇知道北宫纵火的事，想杀掉连重遇；内学士陈郯暗中把这些告诉了连重遇。闰七月十二日辛巳夜晚，连重遇进宫值班率领二都士兵焚烧了长春宫来进攻闽主，派人在瓦砾中接来王延羲，对王延羲喊万岁；又召来外营兵一起进攻闽主；只有闽主身边的宸卫都在为闽主抵抗，闽主就和他的李皇后一起到宸卫都去。等到天亮，乱兵放火烧宸卫都居地，宸卫都被打败，余众一千多人簇拥着闽主和李皇后从北关出去，抵达梧桐岭，人众渐渐逃散了。王延羲派自己的侄儿前汀州刺史王继业率兵追击闽主，赶到了一个村民的屋子旁；闽主一向很会射箭，引弓杀死了好几人。不久追兵团团围住了房屋，闽主心中明白自己难以逃脱，扔下弓箭对王继业说："你做人臣的名节哪里去了！"王继业说："你这位国君都没有君德，我这位大臣还有什么臣节！我们的新国君是我的叔父，旧国君是我的兄弟，哪个亲，哪个疏？"闽主不再讲话。王继业和闽主一同回宫，走到陀庄，给闽主酒喝，在他喝醉后把他勒死了，同时李皇后及其几个儿子、王继恭都被处死。宸卫都的余部逃奔吴越。

王延羲自称为威武节度使、闽国王，改名为曦，改年号为永隆，赦免了关押的囚犯，赏赐内外官吏。宣称宸卫都弑杀闽主投奔了邻国；给闽主加谥号为圣神英睿文明广武应道大弘孝皇帝，庙号为康宗。派遣商人抄近路奉表对晋朝称藩国；但在自己国内，设置文武百官都和天子的制度相同。任命已退休的前太子太傅李真为司空兼中书侍郎、同平章事。

连重遇进攻康宗的时候，陈守元在宫中，换了衣服正准备逃跑，士兵把他杀了。连重遇抓住了蔡守蒙，历数他卖官鬻爵之罪，把他杀了。闽王王曦已即位，派使臣赶到泉州将林兴杀了。

黄河在薄［博］州决口。

八月初三日辛丑，任命冯道行使司徒兼侍中职权。八月初四日壬寅，后晋高祖下诏书：中书的知印只委予上相，从此事情不论大小，全都交给冯道办理。后晋高祖曾向冯道征询军事策略，冯道回答说："征伐这类军国大事，全在于皇上您个人决断。臣只是一介书生，只知道谨守历代的成规而已。"后晋高祖赞同他的意见。冯道曾声称有病请求退职，后晋高祖派郑王石重贵到冯家府上去看望，说："明天还不肯出来，朕将亲自前往。"冯道只好出来处理政事。当时冯道受到的恩宠和待遇，群臣中没有人能和他相比。

己酉，以吴越王元瓘为天下兵马元帅。

黔南巡内溪州刺史彭士愁引蒋、锦州蛮万余人寇辰、澧州，焚掠镇戍，遣使乞师于蜀；蜀主以道远，不许。九月，辛未，楚王希范命左静江指挥使刘勍、决胜指挥使廖匡齐帅衡山兵五千讨之。

癸未，以唐许王从益为郇国公，奉唐祀。从益尚幼，李后养从益于宫中，奉王淑妃如事母。

冬，十月，庚戌，闽康宗所遣使者郑元弼至大梁。康宗遗执政书曰："闽国一从兴运，久历年华，见北辰之帝座频移，致东海之风帆多阻。"又求用敌国礼致书往来。帝怒其不逊，壬子，诏却其贡物及福、建诸州纲运，并令元弼及进奏官林恩部送速归。兵部员外郎李知损上言："王昶僭慢，宜执留使者，籍没其货。"乃下元弼、恩狱。

吴越恭穆夫人马氏卒。夫人，雄武节度使绰之女也。初，武肃王镠禁中外畜声伎，文穆王元瓘年三十余无子，夫人为之请于镠，镠喜曰："吾家祭祀，汝实主之。"乃听元瓘纳妾，鹿氏，生弘僔、弘倧；许氏，生弘佐；吴氏，生弘俶；众妾生弘偡、弘亿、弘偓、弘仰、弘信；夫人抚视慈爱如一。常置银鹿于帐前，坐诸儿于上而弄之。

十一月，戊子，契丹遣其臣遥折来使，遂如吴越。

楚王希范始开天策府，置护军中尉、领军司马等官，以诸弟及将校为之。又以幕僚拓跋恒、李弘皋、廖匡图、徐仲雅等十八人为学士。

刘勍等进攻溪州，彭士愁兵败，弃州走保山寨；石崖四绝，勍为梯栈上围之。廖匡齐战死，楚王希范遣吊其母，其母不哭，谓使者曰："廖氏三百口受王温饱之赐，举族效死，未足以报，况一子乎！愿王无以为念。"王以其母为贤，厚恤其家。

十二月，丙戌，禁创造佛寺。

闽王作新宫，徙居之。

是岁，汉门下侍郎、同平章事赵光裔言于汉主曰："自马后崩，未尝

八月十一日己酉，任命吴越王钱元瓘为天下兵马元帅。

黔南节度使属内的溪州刺史彭士愁引来蒋州、锦州蛮族一万多人侵犯辰州和澧州，焚烧抢劫边镇，边镇向后蜀请求派兵增援；后蜀主借口道路遥远，没答应。九月初三日辛未，楚王马希范命令左静江指挥使刘勍、决胜指挥使廖匡齐率领衡山兵五千人前往讨伐。

九月十五日癸未，册封南唐许王李从益为郇国公，以承奉唐朝的祭祀。李从益年龄还很小，李皇后把他养在宫中，他侍奉王淑妃像侍奉自己的母亲一样。

冬季，十月十三日庚戌，闽国康宗派遣的使者郑元弼到了大梁。康宗写给后晋执政官吏的信中说："闽国自从兴起以来，已经历了很长时间，但却看到北方不断易主，以致从东海上贡的帆船一再受阻。"又请求用对等国家的礼节通信往来。后晋高祖被这些不逊的言辞激怒了，十月十五日壬子，下诏拒绝闽国的贡物以及福州、建州等处运送的物资，并且令郑元弼及其进奏官林恩安排马上送回。兵部员外郎李知损上书说："王昶僭越傲慢，宜扣留闽国使臣，将他们的货物没收充公。"后晋高祖就将郑元弼、林恩二人投进了监狱。

吴越王的恭穆夫人马氏去世。马夫人是雄武节度使马绰的女儿。当初，吴越武肃王钱镠禁止朝廷内外蓄声伎，文穆王钱元瓘三十多岁仍没有儿子，马夫人替丈夫向钱镠请求让钱元瓘纳妾，钱镠听了很高兴，说："我家的香火，实际是由你做主。"于是准许钱元瓘随意纳妾，鹿氏生下弘僔、弘倧；许氏生下弘佐；吴氏生下弘俶；其他众妾生下弘偡、弘亿、［弘仪、］弘偓、弘仰、弘信；马夫人抚养他们一视同仁。常常在帐前安放银鹿，把孩子们抱来坐在上面，自己在一边逗他们玩。

十一月二十一日戊子，契丹派遣使臣遥折来后晋，接着又到吴越。

楚王马希范开始设置天策将军府，在府中设置护军都尉、领军司马等官，任用他的各位兄弟及将校来担任。又任用幕僚拓跋恒、李弘皋、廖匡图、徐仲雅等十八人为学士。

刘勍等人进攻溪州，彭士愁的军队被打败，抛下溪州逃进山寨自保；山寨的四周都是悬崖绝壁，刘勍制造云梯栈道上去围攻。廖匡齐战死，楚王马希范派人去慰问廖匡齐的母亲，廖匡齐的母亲没有哭泣，对使者说："廖氏一族三百多口人受王赐予温饱，就是一族人都为大王献出生命，也不足以报答大王的恩赐，何况只是献出了一位儿子呢！希望大王不要把此事放在心上。"楚王认为廖母贤德，丰厚地抚恤了他家。

十二月，丙戌日，后晋禁止建造佛寺。

闽王建造了新宫殿，搬进新宫居住。

这一年，南汉门下侍郎、同平章事赵光裔对汉主说："从马皇后去世以后，我国

通使于楚，亲邻旧好，不可忘也。”因荐谏议大夫李纾可以将命，汉主从之；楚亦遣使报聘。光裔相汉二十余年，府库充实，边境无虞。及卒，汉主复以其子翰林学士承旨、尚书左丞损为门下侍郎、同平章事。

（以上为第六段，写闽王使者傲慢，被后晋高祖下狱。楚国蛮夷骚乱，南汉遣使与楚和好。契丹通使后晋与吴越。）

五年（庚子，940年）

春，正月，帝引见闽使郑元弼等。元弼曰：“王昶蛮夷之君，不知礼义，陛下得其善言不足喜，恶言不足怒。臣将命无状，愿伏铁锧以赎昶罪。”帝怜之，辛未，诏释元弼等。

楚刘勍等因大风，以火箭焚彭士愁寨而攻之，士愁帅麾下逃入奖、锦深山。乙未，遣其子师暠帅诸酋长纳溪、锦、奖三州印，请降于楚。

二月，庚戌，北都留守、同平章事安彦威入朝，上曰：“吾所重者信与义。昔契丹以义救我，我今以信报之。闻其征求不已，公能屈节奉之，深称朕意。”对曰：“陛下以苍生之故，犹卑辞厚币以事之，臣何屈节之有！”上悦。

刘勍引兵还长沙。楚王希范徙溪州于便地，表彭士愁为溪州刺史，以刘勍为锦州刺史。自是群蛮服于楚。希范自谓伏波之后，以铜五千斤铸柱，高丈二尺，入地六尺，铭誓状于上，立之溪州。

唐康化节度使兼中书令杨琏谒平陵还，一夕，大醉，卒于舟中，追封谥曰弘农靖王。

闽王曦既立，骄淫苛虐，猜忌宗族，多寻旧怨。其弟建州刺史延政数以书谏之，曦怒，复书骂之；遣亲吏业翘监建州军，教练使杜汉崇监南镇军，二人争捃延政阴事告于曦，由是兄弟积相猜恨。一日，翘与延政议事不叶，翘诃之曰：“公反邪！”延政怒，欲斩翘；翘奔南镇，延政发兵就攻之，败其戍兵。翘、汉崇奔福州，西鄙戍兵皆溃。

二月，曦遣统军使潘师逵、吴行真将兵四万击延政。师逵军于建州

不曾和楚国互通使者，亲戚邻国之间原来的友好关系，可不能忘记了。”乘机推荐谏议大夫李纾，说他可以承担这一使命，南汉主同意了；楚国也派遣使臣来答谢。赵光裔担任汉国宰相二十多年，南汉国库充实，边疆没有忧患。等到赵光裔去世，汉主又任命他的儿子翰林学士承旨、尚书左丞赵损为门下侍郎、同平章事。

后晋高祖天福五年（庚子，940 年）

春季，正月，后晋高祖引见闽国的使者郑元弼等人。郑元弼说：“王昶只是一个蛮夷国的君主，不懂得礼仪，陛下得到他赞美的语言不值得高兴，得到他贬低的恶语不值得生气。臣奉命前来，举止若有不当，情愿被处死，以赎王昶的罪过。”后晋高祖听了，很同情他。正月初五日辛未，下诏释放郑元弼等人。

楚国刘勍等人乘刮大风之机，用火箭焚烧彭士愁的营寨并向他进攻，彭士愁率领部下逃进蒋州、锦州一带的深山里。正月二十九日乙未，派他的儿子彭师暠率领各酋长交出溪州、锦州、奖州三个州的大印，向楚国请求投降。

二月十四日庚戌，北都留守、同平章事安彦威入朝，后晋高祖说：“我所看重的是信和义。过去契丹人以义救我，现在我用信来报答他们。他们不停地索取贪求，你能委屈自己，侍奉他们，这很符合我的意思。”安彦威回答说：“陛下为了天下苍生的缘故，尚能用谦卑的言辞和丰厚的财物来侍奉契丹，臣又算得上什么委屈呢！”后晋高祖听了很高兴。

刘勍带兵返回长沙。楚王马希范把溪州州治迁移到便于控制的地方，表奏彭士愁为溪州刺史，任命刘勍为锦州刺史。从此以后，各部落蛮族都臣服于楚国。马希范自称是汉代伏波将军马援的后人，用五千斤铜铸造一根柱子，高一丈二尺，埋在地中六尺深，在铜柱上刻着誓词，竖立在溪州。

南唐康化节度使兼中书令杨琏拜谒平陵回来，一天晚上，喝得大醉，死在船上，追封谥号为弘农靖王。

闽王王曦即位后，骄奢淫逸，苛刻暴虐，猜忌宗族，经常追究旧日恩仇。他的弟弟建州刺史王延政多次写书信劝谏他，王曦很生气，回信责骂王延政；并派遣他的亲信官吏业翘去监视建州军，派教练使杜汉崇去监视南镇军，这两人争相收集王延政的隐私之事报告给王曦，因此兄弟二人相互猜疑嫉恨。有一天，业翘与王延政商议事情，意见不一，业翘呵斥他说：“你想造反吗！”王延政很生气，想杀了业翘；业翘逃往南镇，王延政调发部队去攻打他，打败了南镇的守兵。业翘、杜汉崇逃往福州，西部边境的守兵都溃散了。

二月，王曦派遣统军使潘师逵、吴行真率领部队四万人攻打王延政。潘师逵把

城西，行真军于城南，皆阻水置营，焚城外庐舍。延政求救于吴越。壬戌，吴越王元瓘遣宁国节度使、同平章事仰仁诠、内都监使薛万忠将兵四万救之；丞相林鼎谏，不听。三月，戊辰，师逵分兵三千，遣都军使蔡弘裔将之出战，延政遣其将林汉彻等败之于茶山，斩首千余级。

（以上为第七段，写楚王平定蛮夷之乱。闽国内乱，闽主王曦与其弟建州刺史王延政大交兵。吴越王出兵助王延政。）

安彦威、王建立皆请致仕，不许。辛未，以归德节度使、侍卫马步都指挥使、同平章事刘知远为邺都留守，徙彦威为归德节度使，加兼侍中。癸酉，徙建立为昭义节度使，进爵韩王；以建立辽州人，割辽、沁二州隶昭义。徙建雄节度使李德琉为北都留守。

山南东道节度使、同平章事安从进恃其险固，阴蓄异谋，擅邀取湖南贡物，招纳亡命，增广甲卒；元随都押牙王令谦、押牙潘知麟谏，皆杀之。及王建立徙潞州，帝使问之曰："朕虚青州以待卿，卿有意则降制。"从进对曰："若移青州置汉南，臣即赴镇。"帝不之责。

丁丑，王延政募敢死士千余人，夜涉水，潜入潘师逵垒，因风纵火，城上鼓噪以应之，战棹都头建安陈诲杀师逵，其众皆溃。戊寅，引兵欲攻吴行真寨，建人未涉水，行真及将士弃营走，死者万人。延政乘胜取永平、顺昌二城。自是建州之兵始盛。

夏，四月，蜀太保兼门下侍郎、同平章事赵季良请与门下侍郎、同平章事毋昭裔，中书侍郎、同平章事张业分判三司，癸卯，蜀主命季良判户部，昭裔判盐铁，业判度支。

庚戌，以前横海节度使马全节为安远节度使。

甲子，吴越孝献世子弘僔卒。

吴越仰仁诠等兵至建州，王延政以福州兵已败去，奉牛酒犒之，请班师。仁诠等不从，营于城之西北。延政惧，复遣使乞师于闽王。闽王以泉州刺史王继业为行营都统，将兵二万救之；且移书责吴越，遣轻兵绝吴越粮道。会久雨，吴越食尽，五月，延政遣兵出击，大破之，俘斩以万计。癸未，仁诠等夜遁。

军队驻扎在建州城西，吴行真把军队驻扎在城南，都隔着水而扎营，并焚烧了城外的房舍。王延政向吴越求救。二月二十六日壬戌，吴越王钱元瓘派遣宁国节度使、同平章事仰仁诠，内都监使薛万忠率领部队四万人去救援；丞相林鼎劝阻，不听。三月初二日戊辰，潘师逵分兵三千，派遣都军使蔡弘裔率兵出战，王延政派遣他的部将林汉彻等人在茶山把他们打败，杀死一千多人。

安彦威、王建立都请求退休，后晋高祖不准。三月初五日辛未，任命归德节度使、侍卫马步都指挥使、同平章事刘知远为邺都留守，调迁安彦威为归德节度使，加官兼任侍中。三月初七日癸酉，调迁王建立为昭义节度使，进爵位为韩王；因王建立是辽州人，所以划割辽州、沁州两个州隶属于昭义节度。调迁建雄节度使李德珫为北都留守。

山南东道节度使、同平章事安从进依仗他所镇守的襄阳地势险要坚固，暗地里做着反叛的打算，擅自拦截夺取湖南所进贡的物品，又招收亡命之徒，扩充兵力；元随都押牙王令谦、押牙潘知麟劝谏他，都被他杀了。等到王建立迁往潞州，后晋高祖派人问他说："朕把青州主帅的位置空着等你，你如果有意去，我马上降旨任命。"安从进回答说："如果把青州迁移设置在汉水南边，臣马上上任。"后晋高祖也不责备他。

三月十一日丁丑，王延政招募敢死队一千多人，乘着夜间涉水过河，潜入潘师逵的营垒，借着风势放火，又在城上击鼓呼喊以接应，战棹都头建安人陈诲杀了潘师逵，他的部众都溃散了。三月十二日戊寅，又带兵想攻打吴行真的营寨，建州兵马还没有渡过河水，吴行真及其将士放弃营寨而逃走，死了一万人。王延政乘胜夺取了永平城和顺昌城。从此，建州的军队开始强盛。

夏季，四月，后蜀太保兼门下侍郎、同平章事赵季良请求与门下侍郎、同平章事毋昭裔，中书侍郎、同平章事张业分别掌管三司，四月初八日癸卯，后蜀主命赵季良掌管户部，毋昭裔掌管盐铁，张业掌管度支。

四月十五日庚戌，任命前任横海节度使马全节为安远节度使。

四月二十九日甲子，吴越孝献世子钱弘僔去世。

吴越仰仁诠等人的部队到达建州，王延政因为福州军队已经失败离去，就奉送牛肉酒食去犒赏吴越军队，并请求他们班师返回吴越。仰仁诠等人不同意，便在城的西北边扎营。王延政害怕了，又派遣使者向闽王请求援军。闽主任命泉州刺史王继业为行营都统，率兵两万人去救援；一面写信责备吴越，一面派遣轻兵去断绝吴越的粮道。正碰上长时间下雨，吴越军队的粮食吃完了。五月，王延政派兵出击，

（以上为第八段，写山南东道节度使安从进阴蓄异谋，后晋高祖优容之。闽国建州刺史王延政偷袭吴越国援兵。）

胡汉筠既违诏命不诣阙，又闻贾仁沼二子欲诉诸朝；及除马全节镇安州代李金全，汉筠绐金全曰："进奏吏遣人倍道来言，朝廷俟公受代，即按贾仁沼死状，以为必有异图。"金全大惧。汉筠因说金全拒命，自归于唐；金全从之。

丙戌，帝闻金全叛，命马全节以汴、洛、汝、郑、单、宋、陈、蔡、曹、濮、申、唐之兵讨之，以保大节度使安审晖为之副。审晖，审琦之兄也。

李金全遣推官张纬奉表请降于唐，唐主遣鄂州屯营使李承裕、段处恭将兵三千逆之。

唐主遣客省使尚全恭如闽，和闽王曦及王延政。六月，延政遣牙将及女奴持誓书及香炉至福州，与曦盟于宣陵。然兄弟相猜恨犹如故。

癸卯，唐李承裕等至安州。是夕，李金全将麾下数百人诣唐军，妓妾资财皆为承裕所夺，承裕入据安州。甲辰，马全节自应山进军大化镇，与承裕战于城南，大破之。承裕掠安州南走，全节入安州。丙午，安审晖追败唐兵于黄花谷，段处恭战死。丁未，审晖又败唐兵于云梦泽中，虏承裕及其众。唐将张建崇据云梦桥拒战，审晖乃还。马全节斩承裕及其众千五百人于城下，送监军杜光业等五百七人于大梁。上曰："此曹何罪！"皆赐马及器服而归之。

初，卢文进之奔吴也，唐主命祖全恩将兵逆之，戒无入安州城，陈于城外，俟文进出，殿之以归，无得剽掠。及李承裕逆李金全，戒之如全恩；承裕贪剽掠，与晋兵战而败，失亡四千人。唐主惋恨累日，自以戒敕之不熟也。杜光业等至唐，唐主以其违命而败，不受，复送于淮北，遗帝书曰："边校贪功，乘便据垒。"又曰："军法朝章，彼此不可。"帝复遣之归，使者将自桐墟济淮，唐主遣战舰拒之，乃还。帝悉授唐诸将官，以其士卒为显义都，命旧将刘康领之。

大败吴越军队，俘虏及杀死的数以万计。五月十八日癸未，仰仁诠等人趁黑夜逃走。

胡汉筠既违抗诏令不入朝，又听说贾仁沼的两个儿子想要向朝廷诉说其父被杀一事的真相；等到朝廷任命马全节镇守安州以代替李金全，胡汉筠就骗李金全说："进奏吏派人兼程赶回来说，朝廷等您一接受替任命令，就马上追查贾仁沼是怎么死的，认为这里面一定有反叛的意图。"李金全非常害怕。胡汉筠乘机劝说李金全抗拒朝廷的命令，主动归顺于南唐；李金全同意了。

五月二十一日丙戌，后晋高祖听说李金全叛变，命令马全节统率汴、洛、汝、郑、单、宋、陈、蔡、曹、濮、申、唐等各州的兵马去讨伐他，任命保大节度使安审晖做马全节的副手。安审晖是安审琦的哥哥。

李金全派推官张纬拿着表书请求投降于南唐，南唐主派鄂州屯营使李承裕、段处恭率领部队三千人去迎接他。

南唐主派遣客省使尚全恭到闽国去，替闽主王曦与王延政讲和。六月，王延政派遣牙将及女奴拿着誓书和香炉到福州，与王曦在宣陵结盟。然而兄弟俩仍然像以前一样相互猜忌怨恨。

六月初九日癸卯，南唐李承裕等人到达安州。这天晚上，李金全率领部下好几百人前往唐军驻地，妓妾资财都被李承裕所抢夺，李承裕进入并占领了安州。六月初十日甲辰，马全节从应山进军到大化镇，与李承裕在城南交战，把他打得大败。李承裕掠夺安州后向南逃走，马全节进入安州。六月十二日丙午，安审晖追击唐军，在黄花谷打败他们，段处恭战死。六月十三日丁未，安审晖又在云梦泽中打败唐军，俘虏李承裕和他的部众。唐将张建崇占据云梦桥抵抗，安审晖便带兵回去了。马全节在城下杀了李承裕及其部众一千五百人，把监军杜光业等五百零七人押送到大梁。后晋高祖说："这些人有什么罪过！"使都赐给他们马匹及器物、衣服，送他们回去。

当初，卢文进投奔吴国时，南唐主命令祖全恩率领部队迎接，告诫祖全恩不要进入安州城，在城外摆下阵势，等卢文进出来后，就让他尾随部队回来，不准抢劫掠夺。等到李承裕迎接李金全，告诫他也像告诫祖全恩一样；但李承裕却贪图抢劫掠夺，与晋兵交战而失败，损失逃亡的有四千人。南唐主惋惜悔恨了好几天，责怪自己告诫敕令部将不深切。杜光业等人回到了南唐，南唐主因他违反命令而招致失败，不接纳他们，把他们又送到淮北，并且给后晋高祖写了一封信说："边境上的将校贪图功利，乘着方便占据了堡垒。"又说："依照军法或朝廷的章程，两国都是不能容忍的。"后晋高祖又把他们遣送回去，使者想从桐墟渡过淮河，南唐主派战舰拒

臣光曰：违命者将也，士卒从将之令者也，又何罪乎！受而戮其将以谢敌，吊士卒而抚之，斯可矣，何必弃民以资敌国乎！

唐主使宦者祭庐山，还，劳之曰："卿此行甚精洁。"宦者曰："臣自奉诏，蔬食至今。"唐主曰："卿某处市鱼为羹，某日市肉为胾，何为蔬食？"宦者惭服。仓吏岁终献羡余万余石，唐主曰："出纳有数，苟非掊民刻军，安得羡余邪！"

秋，七月，闽主曦城福州西郭以备建人。又度民为僧，民避重赋多为僧，凡度万一千人。

乙丑，帝赐郑元弼等帛，遣归。

李金全之叛也，安州马步副都指挥使桑千、威和指挥使王万金、成彦温不从而死，马步都指挥使庞守荣诮其愚，以徇金全之意。己巳，诏赠贾仁沼及桑千等官，遣使诛守荣于安州。李金全至金陵，唐主待之甚薄。

丁巳，唐主立齐王璟为太子，兼大元帅，录尚书事。

（以上为第九段，写后晋安远节度使李金全反叛投南唐。）

太子太师致仕范延光请归河阳私第，帝许之。延光重载而行。西京留守杨光远兼领河阳，利其货，且虑为子孙之患，奏："延光叛臣，不家汴、洛而就外藩，恐其逃逸入敌国，宜早除之！"帝不许。光远请敕延光居西京，从之。光远使其子承贵以甲士围其第，逼令自杀。延光曰："天子在上，赐我铁券，许以不死，尔父子何得如此？"己未，承贵以白刃驱延光上马，至浮梁，挤于河。光远奏云自赴水死，帝知其故，惮光远之强，不敢诘；为延光辍朝，赠太师。

唐齐王璟固辞太子；九月，乙丑，唐主许之，诏中外致笺如太子礼。

丁卯，以翰林学士承旨、户部侍郎和凝为中书侍郎、同平章事。

绝他们，他们只好又折回去。后晋高祖一一授予南唐各位将领以官职，把他们的士卒组织成为显义都，命令旧将刘康掌领他们。

臣司马光评论说：违反命令的是将领，士卒只不过是听从将领的命令，又有什么罪过呢！接受遣返而杀掉他们的将领以向敌国谢罪，同情士卒并安抚他们，这样做就可以了，何必要抛弃自己的人民而让他们去帮助敌国呢！

南唐主派宦官去祭祀庐山，宦官返回后，南唐主慰劳他说："你这次出行很精洁。"宦官说："臣自从接受诏命外出，一直素食到今天。"南唐主说："你在某处曾买鱼做羹，某日曾买肉切成大块食用，怎么说一直吃素呢？"宦官又惭愧又佩服。管理仓库的官吏年终进献多余的粮食一万多石，南唐主说："支出收入各有固定的数目，如果不是聚敛百姓财物、克扣军粮，哪里来的多余的粮食呢！"

秋季，七月，闽主王曦修筑福州西面的城郭，以防备建州人。又剃度民众当和尚，民众为了逃避沉重的赋税，很多人去做僧人，共剃度了一万一千人。

七月初二日乙丑，后晋高祖赐给郑元弼等人布帛，遣送他们回去。

李金全叛变时，安州马步副都指挥使桑千、威和指挥使王万金、成彦温因不跟随他而死，马步都指挥使庞守荣讥讽他们愚蠢，而去迎合李金全的意思。七月初六日己巳，后晋高祖诏令追赠贾仁沼及桑千等人官职，派使者在安州杀了庞守荣。李金全到达金陵。南唐主对他很淡薄。

八月二十四日丁巳，南唐主立齐王李璟为太子，兼大元帅、录尚书事。

退休的太子太师范延光请求回到在河阳的私人宅第，后晋高祖准许了。范延光装载了很多东西上路。西京留守杨光远兼管河阳，贪图他的财货，并且考虑到他以后会成为自己子孙后代的祸患，就上奏说："范延光是个叛逆的臣子，不住在汴州或洛阳，而迁往外地的藩镇，恐怕他会逃往敌国，应当尽早除掉他！"后晋高祖不同意。杨光远请求敕令范延光住在西京，后晋高祖同意了。杨光远派他的儿子杨承贵带领甲士包围了范延光的宅第，逼令他自杀。范延光说："天子在上，赐给我铁券，准许不杀我，你们父子凭什么这样做？"八月二十六日己未，杨承贵手持明光闪闪的刀子逼使范延光上马，走到浮桥上，把他挤落在黄河里。杨光远上奏说，是范延光自己投河自杀，后晋高祖知道其中的缘故，因为害怕杨光远的强悍，不敢追究他；只是因范延光之死而停止上朝，追赠他为太师。

南唐齐王李璟坚决辞让太子的封号；九月初三日乙丑，南唐主同意了，诏令朝廷内外向他致送文书仍按太子的礼节办理。

九月初五日丁卯，任命前翰林学士承旨、户部侍郎和凝为中书侍郎、同平章事。

己巳，邺都留守刘知远入朝。

辛未，李崧奏："诸州仓粮，于计帐之外所余颇多。"上曰："法外税民，罪同枉法。仓吏特贷其死，各痛惩之。"

翰林学士李瀚，轻薄，多酒失，上恶之。丙子，罢翰林学士，并其职于中书舍人。瀚，涛之弟也。

杨光远入朝，帝欲徙之他镇，谓光远曰："围魏之役，卿左右皆有功，尚未之赏，今当各除一州以荣之。"因以其将校数人为刺史。甲申，徙光远为平卢节度使，进爵东平王。

冬，十月，丁酉，加吴越王元瓘天下兵马都元帅、尚书令。

壬寅，唐大赦，诏中外奏章无得言"睿""圣"，犯者以不敬论。

（以上为第十段，写致仕太子太师范延光回归河阳私第，西京留守杨光远贪其财物，令其子杨承贵杀之。杨光远入朝，被徙为平卢节度使。）

术士孙智永以四星聚斗，分野有灾，劝唐主巡东都。乙巳，唐主命齐王璟监国。光政副使、太仆少卿陈觉以私憾奏泰州刺史褚仁规贪残。丙午，罢仁规为扈驾都部署，觉始用事。庚戌，唐主发金陵；甲寅，至江都。

闽王曦因商人奉表自理。十一月，甲申，以曦为威武节度使，兼中书令，封闽国王。

唐主欲遂居江都，以水冻，漕运不给，乃还。十二月，丙申，至金陵。

唐右仆射兼门下侍郎、同平章事张延翰卒。

是岁，汉门下侍郎、同平章事赵损卒；以宁远节度使南昌王定保为中书侍郎、同平章事，不逾年亦卒。

初，帝割雁门之北以赂契丹，由是吐谷浑皆属契丹，苦其贪虐，思归中国；成德节度使安重荣复诱之，于是吐谷浑帅部落千余帐自五台来奔。契丹大怒，遣使让帝以招纳叛人。

（以上为第十一段，写南唐主李昪巡幸江都，太子李璟监国。）

九月初七日己巳，邺都留守刘知远入朝。

九月初九日辛未，李崧上奏："各州的仓库粮食，在账面数量之外，实际还剩余很多。"后晋高祖说："在法定以外向百姓征税，罪过同枉法一样。仓库官吏特免其一死，但对他们都要分别加以严惩。"

翰林学士李澣，为人轻薄，经常醉酒误事，后晋高祖很厌恶他。九月十四日丙子，罢去翰林学士的官职，把其职掌归并入中书舍人。李澣是李涛的弟弟。

杨光远入朝，后晋高祖想把他调到另一个军镇去，便对杨光远说："围攻魏州的那次战役，你的左右都有功劳，还没有封赏他们，现在应当给他们分别授予一州，以使他们荣耀。"因此任命他的部下好几个将校为刺史。九月二十二日甲申，调迁杨光远为平卢节度使，晋爵号为东平王。

冬季，十月初五日丁酉，加任吴越王钱元瓘为天下兵马都元帅、尚书令。

十月初十日壬寅，南唐大赦，诏令中外奏章不得用"睿""圣"字样，违者以不敬的罪名论处。

术士孙智永认为天上有四颗星聚集在北斗，分野有灾害，劝说南唐主巡视东都。十月十三日乙巳，南唐主命令齐王李璟监国。光政副使、太仆少卿陈觉因为私人恩怨奏报泰州刺史褚仁规贪婪残暴。十月十四日丙午，罢免褚仁规为扈驾都部署，陈觉开始当权。十月十八日庚戌，南唐主从金陵出发；十月二十二日甲寅，到达东都江都。

闽王王曦乘商人入京，托他带着表章向朝廷申诉自己不曾称帝。十一月二十三日甲申，后晋高祖任命王曦为威武节度使、兼中书令，封为闽国王。

南唐主想就此定居江都，因为河水冰冻，漕运供应不上，只好返回。十二月初五日丙申，到达金陵。

南唐右仆射兼门下侍郎、同平章事张延翰去世。

这一年，汉国门下侍郎、同平章事赵损去世；任命宁远节度使南昌人王定保为中书侍郎、同平章事，不到一年，也去世了。

当初，后晋高祖割让雁门以北的地区以贿赂契丹，因此，吐谷浑都属于契丹，他们苦于契丹人的贪婪暴虐，想回归中原；成德节度使安重荣又诱使他们，因此，吐谷浑率领部落一千多帐从五台来投奔中原。契丹主大怒，派遣使者责备后晋高祖招降纳叛。

六年（辛丑，941年）

春，正月，丙寅，帝遣供奉官张澄将兵二千索吐谷浑在并、镇、忻、代四州山谷者，逐之使还故土。

王延政城建州，周二十里，请于闽王曦，欲以建州为威武军，自为节度使。曦以威武军福州也，乃以建州为镇安军，以延政为节度使，封富沙王。延政改镇安曰镇武而称之。

二月，壬辰，作浮梁于德胜口。

彰义节度使张彦泽欲杀其子，掌书记张式素为彦泽所厚，谏止之。彦泽怒，射之；左右素恶式，从而谗之。式惧，谢病去，彦泽遣兵追之。式至邠州，静难节度使李周以闻，帝以彦泽故，流式商州。彦泽遣行军司马郑元昭诣阙求之，且曰："彦泽不得张式，恐致不测。"帝不得已，与之。癸未，式至泾州，彦泽命决口、剖心，断其四支。

凉州军乱，留后李文谦闭门自焚死。

蜀自建国以来，节度使多领禁兵，或以他职留成都，委僚佐知留务，专事聚敛，政事不治，民无所诉。蜀主知其弊，丙辰，加卫圣马步都指挥使、武德节度使兼中书令赵廷隐，枢密使、武信节度使、同平章事王处回，捧圣控鹤都指挥使、保宁节度使、同平章事张公铎检校官，并罢其节度使。三月，甲戌，以翰林学士承旨李昊知武宁军，散骑常侍刘英图知保宁军，谏议大夫崔銮知武信军，给事中谢从志知武泰军，将作监张谠知宁江军。

夏，四月，闽王曦以其子亚澄同平章事、判六军诸卫。曦疑其弟汀州刺史延喜与延政通谋，遣将军许仁钦以兵三千如汀州，执延喜以归。

唐主以陈觉及万年常梦锡为宣徽副使。

辛巳，北京留守李德琉遣牙校以吐谷浑酋长白承福入朝。

唐主遣通事舍人欧阳遇求假道以通契丹，帝不许。

自黄巢犯长安以来，天下血战数十年，然后诸国各有分土，兵革稍息。及唐主即位，江、淮比年丰稔，兵食有余，群臣争言"陛下中兴，今北方多难，宜出兵恢复旧疆。"唐主曰："吾少长军旅，见兵之为民害深矣，不忍复言。使彼民安，则吾民亦安矣，又何求焉！"汉主遣使如唐，谋共取楚，分其地；唐主不许。

后晋高祖天福六年（辛丑，941年）

春季，正月初六日丙寅，后晋高祖派遣供奉官张澄率领部队二千人搜寻躲在并、镇、忻、代等四州山谷中的吐谷浑人，把他们驱逐出来，让他们返回故土。

王延政修筑建州城，周围二十里，向闽王王曦请求，想让建州为威武军，自己做节度使。王曦因为威武军是福州，于是就以建州为镇安军，任命王延政为节度使，封为富沙王。王延政把镇安改名为镇武，并以此称呼。

二月初二日壬辰，在德胜口建造浮桥。

彰义节度使张彦泽想要杀死他的儿子，掌书记张式一向被张彦泽所器重，劝谏制止他。张彦泽很生气，拿箭射张式；左右的人平时就讨厌张式，乘机说他的坏话。张式害怕了，就借口有病，辞职而去，张彦泽派兵追赶他。张式到了邠州，静难节度使李周把这事报告了朝廷，后晋高祖因为张彦泽的缘故，把张式流放到商州。张彦泽派遣行军司马郑元昭到朝廷去要人，并且说："张彦泽不得到张式，恐怕会引起预料不到的事情。"后晋高祖不得已，把张式交给了他。二月初三日癸未［癸巳］，张式到了泾州，张彦泽命令把他的嘴撕烂、剖心、剁断四肢。

凉州军叛乱，留后李文谦闭门自焚而死。

后蜀自从建立以来，节度使大多兼领禁兵，或者因其他的职务而留在成都。委派僚属及助手管理军府的事务，这些人专门聚敛财物，不好好处理政事，老百姓也无处申诉。后蜀主知道这里面的弊端，二月二十四日丙辰，加任卫圣马步都指挥使、武德节度使兼中书令赵廷隐，枢密使武信节度使、同平章事王处回，捧圣控鹤都指挥使、保宁节度使、同平章事张公铎为检校官，同时罢免他们三人节度使的职务。三月十四日甲戌，任命翰林学士承旨李昊掌管武宁军，散骑常侍刘英图掌管保宁军，谏议大夫崔鋆掌管武信军，给事中谢从志掌管武泰军，将作监张赞掌管宁江军。

夏季，四月，闽主王曦任命他的儿子王亚澄为同平章事、判六军诸卫。王曦怀疑他的弟弟汀州刺史王延喜与王延政交结共谋，派遣将军许仁钦率领部队三千人到汀州，把王延喜抓了回来。

南唐主任命陈觉及万年人常梦锡为宣徽副使。

辛巳日，北京留守李德珫派遣牙将带着吐谷浑酋长白承福入朝。

南唐主派遣通事舍人欧阳遇来请求借道以通往契丹，后晋高祖不准许。

自从黄巢进犯长安以来，天下血战好几十年，然后诸国各有领土，战争才稍微平息。等到南唐主即位，江淮一带连年丰收，军队的粮食常有剩余，群臣争相进言："陛下中兴，现在北方多难，应当出兵恢复旧有的疆域。"南唐主说："我从小在军中长大，亲眼看到用兵对老百姓的危害很深，不忍心再谈用兵的事。假使他们那边的百姓安宁，那么我们这边的百姓也就安宁，又有什么要追求的呢！"汉主派使者到

（以上为第十二段，写彰义节度使张彦泽凶残。南唐主李昪保境安民。）

山南东道节度使安从进谋反，遣使奉表诣蜀，请出师金、商以为声援；丁亥，使者至成都。蜀主与群臣谋之，皆曰："金、商险远，少出师则不足制敌，多则漕挽不继。"蜀主乃辞之。又求援于荆南，高从诲遗从进书，谕以祸福；从进怒，反诬奏从诲。荆南行军司马王保义劝从诲具奏其状，且请发兵助朝廷讨之；从诲从之。

成德节度使安重荣耻臣契丹，见契丹使者，必箕踞慢骂，使过其境，或潜遣人杀之；契丹以让帝，帝为之逊谢。六月，戊午，重荣执契丹使拽剌，遣骑掠幽州南境，军于博野，上表称："吐谷浑、两突厥、浑、契苾、沙陀各帅部众归附；党项等亦遣使纳契丹告身职牒，言为虏所陵暴，又言自二月以来，令各具精甲壮马，将以上秋南寇，恐天命不佑，与之俱灭，愿自备十万众，与晋共击契丹。又朔州节度副使赵崇已逐契丹节度使刘山，求归命朝廷。臣相继以闻。陛下屡敕臣承奉契丹，勿自起衅端；其如天道人心，难以违拒，机不可失，时不再来。诸节度使没于虏庭者，皆延颈企踵以待王师，良可哀闵。愿早决计。"表数千言，大抵斥帝父事契丹，竭中国以媚无厌之虏。又以此意为书遗朝贵及移藩镇，云已勒兵，必与契丹决战。帝以重荣方握强兵，不能制，甚患之。

时邺都留守、侍卫马步都指挥使刘知远在大梁。泰宁节度使桑维翰知重荣已蓄奸谋，又虑朝廷重违其意，密上疏曰："陛下免于晋阳之难而有天下，皆契丹之功也，不可负之。今重荣恃勇轻敌，吐浑假手报仇，皆非国家之利，不可听也。臣窃观契丹数年以来，士马精强，吞噬四邻，战必胜，攻必取，割中国之土地，收中国之器械；其君智勇过人，其臣上下辑睦，牛羊蕃息，国无天灾，此未可与为敌也。且中国新败，士气凋沮，以当契丹乘胜之威，其势相去甚远。又，和亲既绝，则当发兵守塞，兵少则不足以待寇，兵多则馈运无以继之。我出则彼归，我归则彼至，臣恐禁卫之士疲于奔命，镇、定之地无复遗民。今天下粗安，疮痍

南唐，谋划共同夺取楚国，分它的地盘；南唐主没答应。

山南东道节度使安从进谋反，派使者拿着表书到蜀国，请求他们出兵金州、商州以为声援；丁亥日，使者到了成都。蜀主与群臣谋划，都说："金州、商州路途遥远险峻，出兵少了则不足以制服敌人，出兵多了则水陆运输又跟不上。"蜀主于是将此事推辞掉了。安从进又向荆南请求援兵，高从诲写给安从进一封书信，晓以祸福的道理；安从进很生气，反而诬奏高从诲。荆南行军司马王保义劝高从诲详细奏明情况，并且请求出兵帮助朝廷去讨伐他；高从诲接受了这个建议。

成德节度使安重荣以向契丹称臣感到耻辱，当他接见契丹使者时，必定伸直、岔开双腿坐着，谩骂使者，使者经过他的辖境，有时他竟暗中去杀掉使者；契丹为此而责备后晋高祖，后晋高祖常常替他道歉谢过。六月二十九日戊午，安重荣把契丹的使者拽剌抓了起来，并派出骑兵掠夺幽州的南境，把军队驻扎在博野县，向后晋高祖上表声称："吐谷浑和东突厥、西突厥、浑、契苾、沙陀各自率领他们的部众前来归附；党项等也派遣使者交出契丹所发给他们的授官委任状及任职文书，诉说他们被契丹所欺凌和压迫，又说自从二月以来，契丹命令他们各自准备精兵壮马，将要在七月向南侵犯，恐怕老天不保佑他们，与契丹一起灭亡，所以情愿自己准备十万人马，与晋军共同攻击契丹。另外，朔州节度副使赵崇已经驱逐了契丹节度使刘山，请求归顺朝廷。臣已经把这些情况相继报告了朝廷。陛下多次敕令臣奉承契丹，不要自己挑起衅端；然而天道人心，难以违抗，机不可失，时不再来。沦陷在胡虏境内的各节度使，都伸长脖子，翘起脚跟，等待王师的到来，实在值得同情哀怜。希望朝廷早作决定。"上表有好几千字，大体上都是斥责后晋高祖把契丹当作父亲来侍奉，竭尽中原所有来向贪得无厌的胡虏献媚。又把这个意思写进书信里送达朝廷的权贵们，并且移送给各藩镇，说已经调兵遣将，一定要和契丹决战。后晋高祖因安重荣正掌握有强大的兵力，不能制服他，所以感到极为忧虑。

当时邺都留守、侍卫马步都指挥使刘知远在大梁。泰宁节度使桑维翰知道安重荣早已积蓄了奸恶的阴谋，又担心朝廷难违其意，就秘密上疏说："陛下免除晋阳那次祸乱而得有天下，都是契丹的功劳啊，不能有负于契丹。现在安重荣依仗勇敢而轻视敌人，吐谷浑借机报仇，这都不是有利于国家的事，不能听从。臣私下观察契丹多年以来，士兵马匹精锐强悍，并吞蚕食四邻，战必胜，攻必割取中原的土地，收缴中原的器械；他们的国君智勇过人，臣子上下和睦相处，牛羊繁殖茂盛，国家没有天灾，这些都说明不能与他们为敌。况且中原刚刚战败，士气低落，以此来抵挡契丹乘胜的威势，这种形势对比相差太远了。另外，和亲的关系一旦断绝，就应当调兵守卫边塞，但兵少了不足以对付敌人，兵多了后勤运输又跟不上。我军出击

未复，府库虚竭，蒸民困弊，静而守之，犹惧不济，其可妄动乎！契丹与国家恩义非轻，信誓甚著，彼无间隙而自启衅端，就使克之，后患愈重；万一不克，大事去矣。议者以岁输缯帛谓之耗蠹，有所卑逊谓之屈辱。殊不知兵连而不休，祸结而不解，财力将匮，耗蠹孰甚焉！用兵则武吏功臣过求姑息，边藩远郡得以骄矜，下陵上替，屈辱孰大焉！臣愿陛下训农习战，养兵息民，俟国无内忧，民有余力，然后观衅而动，则动必有成矣。又，邺都富盛，国家藩屏，今主帅赴阙，军府无人，臣窃思慢藏诲盗之言，勇夫重闭之义，乞陛下略加巡幸，以杜奸谋。”帝谓使者曰：“朕比日以来，烦懑不决，今见卿奏，如醉醒矣，卿勿以为忧。”

（以上为第十三段，写安重荣上表后晋高祖反击契丹，桑维翰奏称安重荣蓄谋奸计误国。）

闽王曦闻王延政以书招泉州刺史王继业，召继业还，赐死于郊外，杀其子于泉州。初，继业为汀州刺史，司徒兼门下侍郎、同平章事杨沂丰为士曹参军，与之亲善。或告沂丰与继业同谋，沂丰方侍宴，即收下狱，明日斩之，夷其族。沂丰，涉之从弟也，时年八十余，国人哀之。自是宗族勋旧相继被诛，人不自保，谏议大夫黄峻舁榇诣朝堂极谏，曦曰：“老物狂发矣！”贬漳州司户。

曦淫侈无度，资用不给，谋于国计使南安陈匡范，匡范请日进万金；曦悦，加匡范礼部侍郎，匡范增算商贾数倍。曦宴群臣，举酒属匡范曰：“明珠美玉，求之可得；如匡范人中之宝，不可得也。”未几，商贾之算不能足日进，贷诸省务钱以足之，恐事觉，忧悸而卒，曦祭赠甚厚。诸省务以匡范贷帖闻，曦大怒，斫棺，断其尸弃水中，以连江人黄绍颇代为国计使。绍颇请：“令欲仕者，自非荫补，皆听输钱即授之，以资望高下及州县户口多寡定其直，自百缗至千缗。”从之。

（以上为第十四段，写闽主王曦昏庸残暴，滥杀宗族勋旧，百计剥皮黎民。）

敌人就回去，我军回来敌人又到来，臣恐怕禁卫士兵疲于奔命，镇州、定州一带的地方不会再有中原的遗民了。如今天下稍稍安定下来，战争的创伤还没有恢复，府库空虚，民众困苦，就是平静地来守护，还担心做得不够好，怎么能够轻举妄动呢！契丹与我们国家恩义不轻，信誉和誓约都很明确，彼此没有矛盾而自己去挑起衅端，即使战胜他们，后患会更加严重；万一不能战胜，那么国家就完了。人们议论认为，每年运送缯帛给他们叫作耗子蛀虫，有所卑躬谦逊叫作委屈受辱。殊不知如果两国不停地交战而不休止，祸害结下而不解开，那么国家的财力将要匮乏，与耗子蛀虫相比，哪一个更严重呢！用兵作战，武官功臣就会过分地要求姑息迁就他们，边藩远郡因此得以骄傲自大，上司下属纲纪混乱，哪一个屈辱更大呢！臣希望陛下训练农民熟悉作战，休养士兵，安顿百姓，等到国家没有内忧，百姓也有余力，然后再寻找时机采取行动，那么一旦行动就一定能成功。另外，邺都富裕兴盛，是国家的屏障。如今主帅入朝，军府中没人管事，臣想到《周易》上说的慢藏诲盗的话，想起《左传》上说的勇敢的人也要把内外的门户层层关闭起来的道理，乞求陛下略微加强巡视，以杜绝奸谋。”后晋高祖对使者说：“朕近日以来，烦闷不安，不能作决定，今天看见你们节度使送来的奏章，就好像大醉中醒来一样，请你们的节度使不要担忧。”

闽主王曦听说王延政写信约请泉州刺史王继业，就召王继业回来，赐他在福州郊外自杀，并在泉州杀了他的儿子。当初，王继业任汀州刺史，司徒兼门下侍郎、同平章事杨沂丰为士曹参军，和他的关系亲密友好。有人诬告杨沂丰与王继业是同谋，杨沂丰正在陪侍闽王宴饮，当即就把他抓起来关进牢狱，第二天就杀了，夷灭了他的家族。杨沂丰是杨涉的堂弟，当时已经八十多岁了，闽国民众都很哀怜他。从此宗族、元勋、旧臣相继被诛杀，人人不能自保，谏议大夫黄峻抬着棺材到朝堂来极力劝谏，王曦说：“这个老东西的狂病又发作了！”把他贬为漳州司户。

王曦淫乱奢侈无度，以致费用不够，因此就找国计使南安人陈匡范谋划，陈匡范建议每天改进一万金；王曦很高兴，加任陈匡范为礼部侍郎，陈匡范把向商人征收的税额增加了好几倍。王曦宴饮群臣，特地举杯对陈匡范说：“明珠美玉，只要去寻求就可以获得；像陈匡范这样的人是人中之宝，不可得啊！”没过多久，向商人征收的税额不能满足每天收进的钱数，就借用各部门的经费来补足，害怕事情被发觉，陈匡范忧虑害怕而死，王曦祭祀追赠非常丰厚。各部门把陈匡范借钱的文书拿给朝廷看，王曦十分愤怒，剖了他的棺材，砍断他的尸体抛弃到水里，任命连江人黄绍颇代做国计使。黄绍颇请求：“命令那些想要做官的人，只要不是因祖先有功勋而补官的，都听任他们拿出钱来就授给他们官职，根据资历、职权和名望的高低以

唐主自以专权取吴，尤忌宰相权重，以右仆射兼中书侍郎、同平章事李建勋执政岁久，欲罢之。会建勋上疏言事，意其留中；既而唐主下有司施行。建勋自知事挟爱憎，密取所奏改之。秋，七月，戊辰，罢建勋归私第。

帝忧安重荣跋扈，己巳，以刘知远为北京留守、河东节度使，复以辽、沁隶河东；以北京留守李德珫为邺都留守。

知远微时，为晋阳李氏赘婿，尝牧马，犯僧田，僧执而笞之。知远至晋阳，首召其僧，命之坐，慰谕赠遗，众心大悦。

吴越府署火，宫室府库几尽。吴越王元瓘惊惧，发狂疾，唐人争劝唐主乘弊取之，唐主曰："奈何利人之灾！"遣使唁之，且赒其乏。

闽主曦自称大闽皇，领威武节度使，与王延政治兵相攻，互有胜负，福、建之间，暴骨如莽。镇武节度判官晋江潘承祐屡请息兵修好，延政不从。闽主使者至，延政大陈甲卒以示之，对使者语甚悖慢。承祐长跪切谏，延政怒，顾左右曰："判官之肉可食乎！"承祐不顾，声色愈厉。闽主曦恶泉州刺史王继严得众心，罢归，鸩杀之。

八月，戊子朔，以开封尹郑王重贵为东京留守。

冯道、李崧屡荐天平节度使兼侍卫亲军马步副都指挥使、同平章事杜重威之能，以为都指挥使，充随驾御营使，代刘知远，知远由是恨二相。重威所至黩货，民多逃亡，尝出过市，谓左右曰："人言我驱尽百姓，何市人之多也！"

壬辰，帝发大梁；己亥，至邺都；壬寅，大赦。帝以诏谕安重荣曰："尔身为大臣，家有老母，忿不思难，弃君与亲。吾因契丹得天下，尔因吾致富贵，吾不敢忘德，尔乃忘之，何邪？今吾以天下臣之，尔欲以一

及州县户口数的多少来确定官位的价值，从一百缗到一千缗不等。”王曦听从了这个建议。

南唐主自认为自己是靠了专权而夺取吴国王位的，所以特别忌怕宰相的权力过重，因右仆射兼中书侍郎、同平章事李建勋执政的时间太长，想要罢免他。适逢李建勋上疏谈论政事，他想到这封奏疏会留在宫禁中不批示下发；没想到不久南唐主却把这封奏疏下交给有关部门去施行。李建勋自己知道那封奏疏所谈论的事情夹杂着个人的爱憎，于是又偷偷地取回那封奏疏加以修改。秋季，七月初十日戊辰，罢免李建勋的宰相职务，让他回到自己家里去。

后晋高祖忧虑安重荣飞扬跋扈，七月十一日己巳，任命刘知远为北京留守、河东节度使，又把辽州、沁州隶属于河东；任命北京留守李德珫为邺都留守。

刘知远卑微时，入赘给晋阳一个李姓人家做女婿，曾经放牧马匹，侵犯了僧人的田地，僧人抓住他，用鞭子抽打他。刘知远到了晋阳，首先召来那个僧人，请他坐下，安慰一番，并赠送给他一些礼物，众人心里非常喜悦。

吴越王的办公处失火，宫殿、房屋、府库几乎烧光。吴越王钱元瓘惊慌恐惧，患了发狂的疾病，南唐人争相劝南唐主乘吴越困弊时攻取吴越，南唐主说：“怎么能够利用别人的灾害呢！”派遣使者前去慰问，并且接济他们的匮乏。

闽主王曦自称为大闽皇，兼任威武节度使，与王延政各自整军练兵，相互攻打，互有胜负，福州、建州之间，暴露的尸骨如同草莽一样多。镇武节度判官晋江人潘承祐多次请求停止战争，建立友好关系，王延政不听。闽主的使者到达，王延政用甲士摆开盛大的阵势以显示自己的力量，对使者讲话非常狂妄傲慢。潘承祐长久地跪在地上，痛切地劝谏，王延政很生气，环顾左右的人说：“判官的肉可以吃吗？”潘承祐不顾一切，声色更加严厉。闽主王曦厌恶泉州刺史王继严深得民心，罢免他的官职让他回家，然后将他毒死。

八月初一日戊子，任命开封尹郑王石重贵为东京留守。

冯道、李崧多次推荐天平节度使兼侍卫亲军马步副都指挥使、同平章事杜重威很有才能，于是任命他为都指挥使，充当随驾御营使，代替刘知远。刘知远因此嫉恨这两位宰相。杜重威所到之处大量搜括财货，老百姓大都逃亡，他曾经出来经过街市，对左右的人说：“人们都说我把老百姓全赶走了，为什么街市上的人还这么多！”

八月初五日壬辰，后晋高祖从大梁出发；八月十二日己亥，到达邺都；八月十五日壬寅，大赦天下。后晋高祖下诏书晓谕安重荣说：“你身为大臣，家里有老母，为了私忿，不考虑困难，抛弃国君与亲人。我靠契丹而得天下，你靠我而有富

镇抗之，不亦难乎！宜审思之，无取后悔！”重荣得诏愈骄，闻山南东道节度使安从进有异志，阴遣使与之通谋。

（以上为第十五段，写冯道、李崧二相秉承后晋高祖之意荐贪婪无能之杜重威为都指挥使，为后晋之亡张本。安重诲阴结安重荣谋反。）

吴越文穆王元瓘寝疾，察内都监章德安忠厚，能断大事，欲属以后事，语之曰：“弘佐尚少，当择宗人长者立之。”德安曰：“弘佐虽少，群下伏其英敏，愿王勿以为念！”王曰：“汝善辅之，吾无忧矣。”德安，处州人也。辛亥，元瓘卒。

初，内牙指挥使戴恽，为元瓘所亲任，悉以军事委之。元瓘养子弘侑乳母，恽妻之亲也，或告恽谋立弘侑。德安秘不发丧，与诸将谋，伏甲士于幕下。壬子，恽入府，执而杀之，废弘侑为庶人，复姓孙，幽之明州。是日，将吏以元瓘遗命，承制以镇海、镇东副大使弘佐为节度使，时年十四。九月，庚申，弘佐即王位，命丞相曹仲达摄政。军中言赐与不均，举仗不受，诸将不能制，仲达亲谕之，皆释仗而拜。

弘佐温恭，好书，礼士，躬勤政务，发擿奸伏，人不能欺。民有献嘉禾者，弘佐问仓吏：“今蓄积几何？”对曰：“十年。”王曰：“然则军食足矣，可以宽吾民。”乃命复其境内税三年。

辛酉，滑州言河决。

帝以安重荣杀契丹使者，恐其犯塞，乙亥，遣安国节度使杨彦询使于契丹。彦询至其帐，契丹主责以使者死状，彦询曰：“譬如人家有恶子，父母所不能制，将如之何？”契丹主怒乃解。

（以上为第十六段，写吴越王钱元瓘去世，其子钱弘佐即王位。）

闽主曦以其子琅邪王亚澄为威武节度使、兼中书令，改号长乐王。

刘知远遣亲将郭威以诏指说吐谷浑酋长白承福，令去安重荣归朝廷，许以节钺。威还，谓知远曰：“虏惟利是嗜，安铁胡止以袍袴赂之；今欲其来，莫若重赂乃可致耳。”知远从之，且使谓承福曰：“朝廷已割尔曹

贵，我不敢忘记别人对我的恩德，而你竟然忘记了，为什么？如今我拥有天下而臣服契丹，而你想以一个藩镇的力量来抗拒契丹，不也太难了吗！你应该慎重地考虑一下，不要自己又后悔！”安重荣得到诏书后，反而更加骄横，听说山南东道节度使安从进有反叛的志向，就暗中派使者和他共同谋划。

吴越文穆王钱元瓘病重卧床不起，他察知内都监章德安为人忠厚，能够决断大事，想把后事托付给他，就对他说：“弘佐年龄还小，应当选择宗族里年长者立为王。”章德安说：“弘佐虽然年龄还小，但是众臣下都佩服他的英明敏捷，请大王不要为此担忧！”文穆王说：“你好好地辅佐他，我就没有什么担忧的了。”章德安是处州人。八月二十四日辛亥，钱元瓘去世。

当初，内牙指挥使戴恽，被钱元瓘所亲信重用，把军事全部委托给他管理。钱元瓘的养子钱弘侑的奶妈，是戴恽妻子的亲戚，有人告发戴恽阴谋立钱弘侑为主。章德安秘不发丧，与诸将谋划，在幕后埋伏甲兵。八月二十五日壬子，戴恽进入王府，便被抓起来杀了，又把钱弘侑废为平民，恢复姓孙，软禁在明州。这一天，将军和官吏根据钱元瓘的遗命，秉承皇帝制书任命镇海、镇东副大使钱弘佐为节度使，当时年仅十四岁。九月初三日庚申，钱弘佐即王位，命令丞相曹仲达摄理政务。军队里声称赏赐给予不平均，举起兵器不肯接受，各位将领都不能加以制止，曹仲达亲自去劝说，大家便都放下兵器而拜受。

钱弘佐为人温和、谦恭，喜欢读书，礼待士人，亲自勤理政务，能揭发别人所干的隐秘的坏事，人们不能欺骗他。民众中有人献来上好的稻禾，钱弘佐便问仓库官吏：“今年粮食积蓄多少？”回答说：“能用十年。”钱弘佐说：“那么军队的粮食完全够了，可以对我国民众宽松一些。”于是就命令免除吴越境内的税收三年。

九月初四日辛酉，滑州上报，黄河决口。

后晋高祖因为安重荣杀了契丹使者，害怕契丹人侵犯边塞。九月二十日乙亥，派遣安国节度使杨彦询出使契丹。杨彦询到了契丹的营帐，契丹责问使者被杀的情况，杨彦询说：“这好比一个人家里出了恶子，父母管不住他，又能对他怎么样呢？”契丹主听了这话，怒气才消解下去。

闽主王曦任命他的儿子琅邪王王亚澄为威武节度使、兼中书令，改封号为长乐王。

刘知远派遣亲信将领郭威按照皇帝诏书的意思去劝说吐谷浑酋长白承福，让他离开安重荣归顺朝廷，答应授予他符节和斧钺。郭威返回，对刘知远说：“胡虏唯利是图，安铁胡只是用长袍和裤子一类的东西去收买他们；现在想要他们来归附，不如用

隶契丹，尔曹当自安部落。今乃南来助安重荣为逆，重荣已为天下所弃，朝夕败亡，尔曹宜早从化，勿俟临之以兵，南北无归，悔无及矣。”承福惧，冬，十月，帅其众归于知远。知远处之太原东山及岚、石之间，表承福领大同节度使，收其精骑以隶麾下。

始，安重荣移檄诸道，云与吐谷浑、鞑靼、契苾同起兵，既而承福降知远，鞑靼、契苾亦莫之赴，重荣势大沮。

闽主曦即皇帝位；王延政自称兵马元帅。闽同平章事李敏卒。

帝之发大梁也，和凝请曰：“车驾已行，安从进若反，何以备之？”帝曰：“卿意如何？”凝请密留空名宣敕十数通，付留守郑王，闻变则书诸将名，遣击之；帝从之。

十一月，从进举兵攻邓州，唐州刺史武延翰以闻。郑王遣宣徽南院使张从恩、武德使焦继勋、护圣都指挥使郭金海、作坊使陈思让将大梁兵就申州刺史李建崇兵于叶县以讨之。金海，本突厥；思让，幽州人也。丁丑，以西京留守高行周为南面军前都部署，前同州节度使宋彦筠副之，张从恩监焉；又以郭金海为先锋使，陈思让监焉。彦筠，滑州人也。

庚辰，以邺都留守李德珫权东京留守，召郑王重贵如邺都。

安从进攻邓州，威胜节度使安审晖据牙城拒之，从进不能克而退。癸未，从进至花山，遇张从恩兵，不意其至之速，合战，大败，从恩获其子牙内都指挥使弘义，从进以数十骑奔还襄州，婴城自守。

唐主性节俭，常蹑蒲屦，盥颒用铁盎，暑则寝于青葛帷，左右使令惟老丑宫人，服饰粗略。死国事者皆给禄三年。分遣使者按行民田，以肥瘠定其税，民间称其平允。自是江、淮调兵兴役及他赋敛，皆以税钱为率，至今用之。唐主勤于听政，以夜继昼，还自江都，不复宴乐；颇伤躁急，内侍王绍颜上书，以为“今春以来，群臣获罪者众，中外疑惧”。唐主手诏释其所以然，令绍颜告谕中外。

（以上为第十七段，写安从进反叛，为官军所败，婴城自守。南唐主李昪节俭，薄赋税，勤政事，江淮安定。）

丰厚的贿赂，才能让他们过来。”刘知远听从了这个建议，并且派使者去告诉白承福说：“朝廷已经割让你们隶属于契丹，你们应当自己安顿部落。现在你们南来帮助安重荣叛逆，安重荣已经被天下人所抛弃，早晚会失败灭亡，你们应该尽早服从教化，不要等到大兵降临，向南向北都无处可归，后悔就来不及了。”白承福害怕了，冬季，十月，率领他的部众归附于刘知远。刘知远把他们安置在太原东山以及岚州、石州之间，上表请任白承福领受大同节度使，收编他的精锐骑兵让他们隶属于自己的指挥之下。

开始时，安重荣发檄文给各道，说与吐谷浑、鞑靼、契苾共同起兵，不久白承福投降了刘知远，鞑靼、契苾也没去赴约，安重荣的势力大大地受阻和削弱。

闽主王曦即皇帝位；王延政也自称兵马元帅。闽国同平章事李敏去世。

后晋高祖从大梁出发，和凝请求说：“皇上车驾出发后，如果安从进反叛，用什么来防备他？”后晋高祖说：“依你的意思，该怎么办？”和凝请求秘密留下空着名字的宣旨和敕令十几份，交给留守郑王石重贵，如果听说发生变乱就写上各个将领的名字，派遣他们去攻打；后晋高祖听从了这个建议。

十一月，安从进发兵攻打邓州，唐州刺史武延翰报告了朝廷。郑王派遣宣徽南院使张从恩、武德使焦继勋、护圣都指挥使郭金海、作坊使陈思让率领大梁部队在叶县与申州刺史李建崇的部队会合去讨伐安从进。郭金海，本是突厥人；陈思让是幽州人。十一月二十一日丁丑，任命西京留守高行周为南面军前都部署，前同州节度使宋彦筠做他的副手，张从恩监军；又任命郭金海为先锋使，陈思让监军。宋彦筠是滑州人。

十一月二十四日庚辰，任命邺都留守李德珫暂时代理东京留守，召郑王石重贵到邺都。

安从进攻打邓州，威胜节度使安审晖依据牙城进行抵抗，安从进攻不下来，便撤退了。十一月二十七日癸未，安从进到花山，遇到张从恩的部队，没有料到他来得这么快，交战，大败，张从恩俘虏了他的儿子牙内都指挥使安弘义，安从进只带领几十个骑兵逃回襄州，环城固守。

南唐主性情节约俭朴，经常脚穿用蒲草编织的鞋子，洗手洗脸都用一个铁盆子，夏天睡在用青葛做的帷帐里，左右使唤听命的只是些又老又丑的宫女，服饰粗糙简单。为国家而死的人，都给他们遗属俸禄三年。分派使者按察民田，根据土地的肥沃与贫瘠制定租税，民间都称道这种方法公平合理。从此，江淮地区的调兵、兴办劳役以及其他赋税，都按税钱作比率征收，直到现在仍采用这种办法。南唐主勤于听取政事，夜以继日，从江都回来后，不再宴饮娱乐；不过处理政事有些过于急躁，内侍王绍颜上书，认为“今年春天以来，群臣获罪的相当多，朝廷内外都很怀疑恐惧”。南唐主亲手下诏书，解释其中的原因，命令王绍颜发布公告晓谕朝廷内外。

十二月，丙戌朔，徙郑王重贵为齐王，充邺都留守；以李德琉为东都留守。

丁亥，以高行周知襄州行府事。诏荆南、湖南共讨襄州。高从诲遣都指挥使李端将水军数千至南津，楚王希范遣天策都军使张少敌将战舰百五十艘入汉江助行周，仍各运粮以馈之。少敌，佶之子也。

安重荣闻安从进举兵反，谋遂决，大集境内饥民，众至数万，南向邺都，声言入朝。初，重荣与深州人赵彦之俱为散指挥使，相得欢甚。重荣镇成德，彦之自关西归之，重荣待遇甚厚，使彦之招募党众；然心实忌之，及举兵，止用为排陈使，彦之恨之。

帝闻重荣反，壬辰，遣护圣等马步三十九指挥击之。以天平节度使杜重威为招讨使，安国节度使马全节副之，前永清节度使王清为马步都虞候。

安从进遣其弟从贵将兵逆均州刺史蔡行遇，焦继勋邀击，败之，获从贵，断其足而归之。

戊戌，杜重威与安重荣遇于宗城西南，重荣为偃月陈，官军再击之，不动；重威惧，欲退。指挥使宛丘王重胤曰："兵家忌退。镇之精兵尽在中军，请公分锐士击其左右翼，重胤为公以契丹直冲其中军，彼必狼狈。"重威从之。镇人陈稍却，赵彦之卷旗策马来降。彦之以银饰铠胄及鞍勒，官军杀而分之。重荣闻彦之叛，大惧，退匿于辎重中。官军从而乘之，镇人大溃，斩首万五千级。重荣收余众，走保宗城，官军进攻，夜分，拔之。重荣以十余骑走还镇州，婴城自守。会天寒，镇人战及冻死者二万余人。

契丹闻重荣反，乃听杨彦询还。

庚子，冀州刺史张建武等取赵州。

汉主寝疾，有胡僧谓汉主名龚不利；汉主自造"龑"字名之，义取"飞龙在天"，读若俨。

庚戌，制以钱弘佐为镇海、镇东军节度使兼中书令、吴越国王。

（以上为第十八段，写安重荣反叛，南进至宗城，全军覆没。）

十二月初一日丙戌，移封郑王石重贵为齐王，充任邺都留守；任命李德珫为东京留守。

十二月初二日丁亥，任命高行周掌管襄州行府事。诏令荆南、湖南共同讨伐襄州。高从诲派遣都指挥使李端率领水军好几千人到达汉水南津，楚王马希范派遣天策都军使张少敌率领战舰一百五十艘进入汉江帮助高行周，仍然各自运粮以保证供养。张少敌，是张佶的儿子。

安重荣听说安从进举兵反叛，他的谋划也就决定下来了，大规模地集合辖境内的饥民，人数多达好几万人，南向邺都，声称要入朝。当初，安重荣与深州人赵彦之都是散指挥使，彼此关系非常融洽。安重荣镇守成德，赵彦之从关西依附他，安重荣待他很优厚，让赵彦之去招募同党部众；但是在内心里其实很嫉恨赵彦之，等到举兵时，只任用他为排阵使，于是赵彦之也对他怀恨在心。

后晋高祖听说安重荣反叛，十二月初七日壬辰，派遣护圣等马步三十九指挥攻打安重荣。任命天平节度使杜重威为招讨使，安国节度使马全节做他的副手，前永清节度使王清为马步都虞候。

安从进派他的弟弟安从贵带兵迎接均州刺史蔡行遇，焦继勋派兵拦击，俘虏安从贵，砍断他的脚然后把他带回。

十二月十三日戊戌，杜重威与安重荣在宗城西南遭遇，安重荣摆下偃月阵，官军再三攻打，阵势仍不动摇；杜重威害怕，想要撤退。指挥使宛丘人王重胤说："兵家打仗忌讳退兵。安重荣的镇州精锐部队都在中军，请您分一部分精锐的士兵攻打他的左右两翼，我王重胤替您带着契丹兵直冲中军，他一定狼狈不堪。"杜重威听从了他的建议。镇州兵的阵势果然稍有后退，这时赵彦之卷着旗帜策马赶来投降。赵彦之是用银子来装饰铠甲和马鞍、缰勒的，官军把他杀了并分抢了这些东西。安重荣听说赵彦之叛变，非常害怕，就撤退躲在辎重之中。官军跟随其后乘机攻打他，镇州兵大败，被杀了一万五千人。安重荣收拾残余部队，逃去保卫宗城，官军继续进攻，半夜时，攻下宗城。安重荣带着十几个骑兵逃回镇州，环城自守。适逢天寒地冻，镇州兵战死及冻死的有两万多人。

契丹人听说安重荣反叛，便听任杨彦询回去。

十二月十五日庚子，冀州刺史张建武等人攻取赵州。

汉主病重卧床不起，有一个胡族僧人说汉主名叫"龚"不吉利；于是汉主自己造了一个"龑"字作名字，取《易经》中"飞龙在天"的意思，读音跟"俨"字相同。

十二月二十五日庚戌，后晋高祖下制书任命钱弘佐为镇海、镇东军节度使兼中书令、吴越国王。

【点评】

本卷点评李昪建立南唐、安重荣反叛两件史事。

一、李昪建立南唐。李昪，即徐温养子徐知诰称帝后所更名。徐知诰在受禅前先更名去“知”字，示与徐氏诸子不同列。升元二年，南唐群臣以徐温之子江王徐知证为首，多次上表请南唐主复姓李。正月二十三日，南唐主接受群臣之请，更名李昪。二月初三日，改太祖庙曰义祖庙。李昪初受禅，尊徐温为太祖，今复姓李，以温为义父，故改太祖为义祖。二月初七日，南唐主为李氏考妣发哀，追祖认宗，国号大唐，示意兴复唐室。史称南唐，有别于中原李存勖之后唐。李昪为何氏之子，籍贯何地，史籍记载有歧。据《旧五代史》所载，李昪为海州人，唐玄宗第六子永王李璘之后，乃李昪自称。《新五代史》称李昪为徐州人，少孤贫，流寓濠间，初为杨行密所得，收为养子，不为杨氏诸子所容，杨行密转托徐温收养。《通鉴考异》引《江南录》《后蜀主实录》《吴越备史》，另立三说。《江南录》称李昪是唐宪宗第六子建王李恪之后裔。《后蜀主实录》说李昪是薛王李知柔之后，生于岭南。李知柔为大唐岭南节度使，卒于官，李昪流落江淮，于是为徐温养子。《吴越备史》称李昪本姓潘，湖州安吉人，吴将李神福攻安吉得李昪，于是潘氏子冒姓李，后为徐温养子。《吴越备史》编造李昪为潘氏之子，未必是实录。总之，李昪为何氏之子，何方人氏，李昪或不愿，或不知，自己也说不清楚。最后以大臣之议，以唐太宗子吴王恪为祖。吴王恪在唐高宗朝以谋反罪被冤杀，其孙祎在唐玄宗朝官至朔方节度使，有边功，祎子李岘为宪宗朝宰相，李昪引以为荣。李岘以下传五世至李昪之父李荣，其名皆为主管部门编造。于是南唐太庙徐、李二姓并列。唐高祖、唐太宗、唐义祖徐温，皆为不祧之主。群臣议认为：“义祖诸侯，不宜与高祖、太宗同享……”请建别庙礼之。南唐主李昪曰：“吾自幼托身义祖，向非义祖有功于吴，朕安能启此中兴之业？”群臣不敢再说话。五代时两唐国，李存勖，沙陀人，建后唐，李昪冒姓李氏建南唐。王夫之评论说，君臣父子的伦理全乱了套，“漫取一人而子之，遂谓之子；漫推一鬼而祖考之，遂谓之祖考”。大唐李氏亡灵地下有知，是不会接受这样的子孙的。南唐太庙，两姓共祀，实为奇观。

二、安重荣反叛。安重荣小字铁胡，朔州人。唐末为振武巡边指挥使，性格粗鲁莽撞，善骑射，有力气。石敬瑭起兵，安重荣最先投靠。石敬瑭称帝，授安重荣成德节度使。安重荣亲见后唐末帝李从珂、后晋高祖石敬瑭都是凭借手中一镇兵力取天下，时常对人说：“皇帝没什么了不起，只要兵强马壮，谁都可以干。”这就是五代乱世留给军阀们的信念。专制政体的本质凭借的就是强权，历代中央政府解体后的军阀混战莫不如是，直到民国时代的北洋军阀和土匪军阀，如曹锟、张作霖，皆是安重荣式的人物。后晋高祖天福六年（941），安重荣反叛，官兵往讨，一触即溃，安重荣随即被诛灭。安重荣只是一个跳梁小丑，其死不足惜，可是这场反叛给黎民百姓造成了深重灾难。强权政治不根除，黎民的灾难就永无了期。

后晋纪四

后晋高祖天福七年至后晋齐王开运元年（942—944 年）

【起玄黓摄提格（壬寅，942 年），尽阏逢执徐（甲辰，944 年）正月，凡二年有奇】

【大事提要】

本卷记事起公元 942 年，讫公元 944 年正月，凡两年又一个月，当后晋高祖天福七年至齐王开运元年正月。后晋高祖平定安重荣、安从进两镇之乱，不久崩殂，石重贵即位，是为出帝。南汉刘龑去世，刘玢立，旋为弟刘弘熙所杀，刘弘熙立，更名晟。闽国王延政称帝于建州，国号殷，与福州闽主王曦势不两立。闽国内乱。南汉民借助神灵起事。楚国蛮夷为乱。殷主王延政，南汉中宗刘晟，闽主王曦，楚主马希范，均为昏庸暴虐之主，无一善政可言。南唐烈祖李昪辞世，李璟继位，是为中主，冯延己、冯延鲁、魏岑、查文徽、陈觉五人皆佞巧小人，朋比为奸，世谓之五鬼。后晋出帝，中庸之主，忠奸不辨，用人唯亲。景延广以拥戴功专权，排斥桑维翰，外结怨于契丹，内疏离百官民众，为乱国之臣。契丹大举南犯，占贝州，夺军储，后晋出帝求和未果，契丹兵渡黄河，高行周奉命拒敌。

【原文】

高祖圣文章武明德孝皇帝下

天福七年（壬寅，942 年）

春，正月，丁巳，镇州牙将自西郭水碾门导官军入城，杀守陴民二万人，执安重荣，斩之。杜重威杀导者，自以为功。庚申，重荣首至邺都，帝命漆之，函送契丹。

癸亥，改镇州为恒州，成德军为顺国军。

丙寅，以门下侍郎、同平章事赵莹为侍中，以杜重威为顺国节度使兼侍中。

安重荣私财及恒州府库，重威尽有之，帝知而不问。又表卫尉少卿范阳王瑜为副使，瑜为之重敛于民，恒人不胜其苦。

张式父铎诣阙讼冤。壬午，以河阳节度使王周为彰义节度使，代张彦泽。

闽主曦立皇后李氏，同平章事真之女也；嗜酒刚愎，曦宠而惮之。

彰武节度使丁审琪，养部曲千人，纵之为暴于境内；军校贺行政与诸胡相结为乱，攻延州，帝遣曹州防御使何重建将兵救之，同、鄜援兵继至，乃得免。二月，癸巳，以重建为彰武留后，召审琪归朝。重建，云、朔间胡人也。

唐左丞相宋齐丘固求豫政事，唐主听入中书；又求领尚书省，乃罢侍中寿王景遂判尚书省，更领中书、门下省，以齐丘知尚书省事；其三省事并取齐王璟参决。齐丘视事数月，亲吏夏昌图盗官钱三千缗，齐丘判贷其死；唐主大怒，斩昌图。齐丘称疾，请罢省事，从之。

泾州奏遣押牙陈延晖持敕书诣凉州，州中将吏请延晖为节度使。

三月，闽主曦立长乐王亚澄为闽王。

（以上为第一段，写杜重威贪婪，杀安重荣后劫夺其财物为私有。彰武节度使丁审琪横暴，激起兵变。）

【语译】

高祖圣文章武明德孝皇帝下

后晋高祖天福七年（壬寅，942 年）

春季，正月初二日丁巳，镇州牙将从西面城郭的水碾门引导官军进城，杀死了在城上短墙防守的民众二万人，活捉了安重荣，把他斩首。杜重威杀死了引导官军进城的向导，把官军得以进城当作自己的功劳。正月初五日庚申，安重荣的首级送到了邺都，后晋高祖命人涂上漆，把它装入木匣，送往契丹。

正月初八日癸亥，把镇州改为恒州，把成德军改为顺国军。

正月十一日丙寅，任命门下侍郎、同平章事赵莹为侍中，任命杜重威为顺国节度使兼侍中。

安重荣的私人财产和恒州府库中的财物，杜重威把它们全部据为己有，后晋高祖虽然知道这一情况，但并不过问。杜重威又上表推荐卫尉少卿、范阳人王瑜为他的节度副使，王瑜替他狠命地搜刮百姓，恒州百姓不堪其苦。

张式的父亲张铎到朝廷申诉冤屈。正月二十七日壬午，任命河阳节度使王周为彰义节度使。

闽主王曦册立李氏为皇后，李氏是同平章事李真的女儿；她嗜好喝酒，又刚愎自用，王曦又宠她，又怕她。

彰武节度使丁审琪，豢养部曲上千人，放纵他们在辖境之内滥施暴行；军中校官贺行政和一些胡人勾结作乱，攻打延州，后晋高祖派遣曹州防御使何重建率兵前去延州救援，同州、鄜州的援兵也相继赶到，延州城才幸免于难。二月初九日癸巳，任命何重建为彰武留后，征召丁审琪回朝。何重建是云州、朔州一带的胡人。

南唐左丞相宋齐丘一再要求参与政事，南唐主就允许他进入中书省；他又要求领任尚书省，南唐主于是就罢免了侍中寿王李景遂的判理尚书省一职，改为领任中书、门下两省，而任命宋齐丘执掌尚书省的事务；以上三个省的事务都要得到齐王李璟的参与决策。宋齐丘任职才几个月，他的亲信官吏夏昌图盗窃了三千缗官钱，宋齐丘判处他从宽免死；南唐主大为恼怒，把夏昌图斩首。宋齐丘推说有病，请求免除自己在尚书省的职务，南唐主同意了。

泾州奏报说派押牙陈延晖带着后晋高祖的敕书到凉州，凉州的将校官吏们都请求任命陈延晖为凉州节度使。

三月，闽主王曦册立长乐王王亚澄为闽王。

张彦泽在泾州，擅发兵击诸胡，兵皆败没，调民马千余匹以补之。还至陕，获亡将杨洪，乘醉断其手足而斩之。王周奏彦泽在镇贪残不法二十六条，民散亡者五千余户。彦泽既至，帝以其有军功，又与杨光远连姻，释不问。

夏，四月，己未，右谏议大夫郑受益上言："杨洪所以被屠，由陛下去岁送张式与彦泽，使之逞志，致彦泽敢肆凶残，无所忌惮。见闻之人无不切齿，而陛下曾不动心，一无诘让；淑慝莫辨，赏罚无章。中外皆言陛下受彦泽所献马百匹，听其如是，臣窃为陛下惜此恶名，乞正彦泽罪法以湔洗圣德。"疏奏，留中。受益，从谠之兄子也。

庚申，刑部郎中李涛等伏阁极论彦泽之罪，语甚切至。辛酉，敕："张彦泽削一阶，降爵一级。张式父及子弟皆拜官。泾州民复业者，减其徭赋。"癸亥，李涛复与两省及御史台官伏阁奏彦泽罚太轻，请论如法。帝召涛面谕之。涛端笏前迫殿陛，声色俱厉。帝怒，连叱之，涛不退。帝曰："朕已许彦泽不死。"涛曰："陛下许彦泽不死，不可负；不知范延光铁券安在！"帝拂衣起，入禁中。丙寅，以彦泽为左龙武大将军。

（以上为第二段，写后晋高祖违众怙恶张彦泽，纲纪荡然。）

汉高祖寝疾，以其子秦王弘度、晋王弘熙皆骄恣，少子越王弘昌孝谨有智识，与右仆射兼西御院使王翻谋出弘度镇邕州，弘熙镇容州，而立弘昌。制命将行，会崇文使萧益入问疾，以其事访之。益曰："立嫡以长，违之必乱。"乃止。

丁丑，高祖殂。

高祖为人辨察，多权数，好自矜大，常谓中国天子为"洛州刺史"。岭南珍异所聚，每穷奢极丽，宫殿悉以金玉珠翠为饰。用刑惨酷，有灌

张彦泽在泾州时，擅自发兵攻打各部胡人，而自己的兵马却都战败覆没，于是又征调民间的一千多匹马用以补充军队。当他离职途中到达陕州的时候，抓到了逃亡的将领杨洪，借着几分酒醉之意，先砍断杨洪的手脚，然后砍下他的脑袋。王周向朝廷奏陈了张彦泽在任职期间，做了贪婪残暴违法的事共二十六条，致使百姓失散逃亡达五千多户。张彦泽回到朝廷以后，后晋高祖看在他曾立有军功，又和杨光远是姻亲的份上，就未予追究。

夏季，四月初六日己未，右谏议大夫郑受益上疏说："杨洪之所以被杀，是由于陛下去年把张式交给张彦泽，使他得志逞凶，以致张彦泽敢于放肆残暴。凡是看到或听到他的暴行的人，无不恨得咬牙切齿，而陛下却一点也不动心，一点也没责备他；正直与邪恶不能分辨，奖励与惩罚没有章法。朝廷内外人们都说陛下是接受了张彦泽所进献的一百匹马，所以才听任他胡作非为的，臣私下替陛下招致这样的恶名而感到惋惜，恳求陛下公正地审判张彦泽，绳之以法，借此以洗刷皇上的圣德。"这封上疏呈报上来以后，被搁置在禁中。郑受益是郑从谠哥哥的儿子。

四月初七日庚申，刑部郎中李涛等人匍匐在阁门之下痛切论说张彦泽的罪行，十分激动。四月初八日辛酉，皇帝下敕令："把张彦泽的官阶削减一等，爵位降低一级。张式的父亲以及子弟都拜授官职。泾州的百姓已经恢复生业的，减轻他们的徭役和赋税。"四月初十日癸亥，李涛再一次地和中书、门下两省以及御史台的官员们匍匐在阁门之下上奏，认为对张彦泽的处罚太轻，请求依法治罪。后晋高祖召李涛入宫，当面向他解释。李涛双手捧着朝笏向前迫近殿阶，和皇帝争辩时声色俱厉。后晋高祖大为恼怒，连声叱喝他退下，李涛就是不退。后晋高祖说："朕已经答应过张彦泽可以免除一死。"李涛说："陛下答应过张彦泽不死，固然不可食言；不知当年赐给了范延光铁券，信用又在哪里！"后晋高祖气得拂袖而起，回到宫里去了。四月十三日丙寅，任命张彦泽为左龙武大将军。

南汉主刘䶮卧病在床，由于他的儿子秦王刘弘度、晋王刘弘熙都骄横放纵，只有最小的儿子越王刘弘昌孝顺恭谨，聪明而有学问，于是就和右仆射兼西御院使王翻商量，要把刘弘度派出去镇守邕州，把刘弘熙派出去镇守容州，而扶立刘弘昌为太子。制书正要宣布实行，正赶上崇文使萧益进宫探望病情，南汉主就这件事征求他的看法。萧益说："立太子一定要立嫡长子，违反这一原则是要出乱子的。"于是这道诏书便被搁置了起来。

四月二十四日丁丑，汉主刘䶮去世。

刘䶮为人周详明察，擅长权谋，喜欢自我吹嘘，时常讥称中原朝廷的天子是"洛阳刺史"。岭南地区是珍宝异物的聚集之地，他往往极尽奢侈华丽之能事，宫殿

鼻、割舌、支解、刳剔、炮炙、烹蒸之法；或聚毒蛇水中，以罪人投之，谓之水狱。同平章事杨洞潜谏，不听。末年尤猜忌；以士人多为子孙计，故专任宦官，由是其国中宦者大盛。

秦王弘度即皇帝位，更名玢；以弘熙辅政，改元光天；尊母赵昭仪曰皇太妃。

契丹以晋招纳吐谷浑，遣使来让。帝忧悒不知为计；五月，己亥，始有疾。

乙巳，尊太妃刘氏为皇太后。太后，帝之庶母也。

唐丞相、太保宋齐丘既罢尚书省，不复朝谒。唐主遣寿王景遂劳问，许镇洪州，始入朝。

唐主与之宴，酒酣，齐丘曰："陛下中兴，臣之力也，奈何忘之！"唐主怒曰："公以游客干朕，今为三公，亦足矣。乃与人言朕乌喙如句践，难与共安乐，有之乎？"齐丘曰："臣实有此言。臣为游客时，陛下乃偏裨耳。今日杀臣可矣。"明日，唐主手诏谢之曰："朕之褊性，子嵩平昔所知。少相亲，老相怨，可乎！"

丙午，以齐丘为镇南节度使。

帝寝疾，一旦，冯道独对。帝命幼子重睿出拜之，又令宦者抱重睿置道怀中，其意盖欲道辅立之。

六月，乙丑，帝殂。

道与天平节度使、侍卫马步都虞候景延广议，以国家多难，宜立长君，乃奉广晋尹齐王重贵为嗣。是日，齐王即皇帝位。延广以为己功，始用事，禁都下人无得偶语。

初，高祖疾亟，有旨召河东节度使刘知远入辅政，齐王寝之；知远由是怨齐王。

丁卯，尊皇太后曰太皇太后，皇后曰皇太后。

（以上为第三段，写南汉主刘䶮去世，后晋高祖石敬瑭驾崩，出帝石重贵即位。）

闽富沙王延政围汀州，闽主曦发漳、泉兵五千救之。又遣其将林守

的建筑全部都用黄金、美玉、珍珠、翡翠作装饰。施用起刑罚来，非常惨毒残酷，有灌鼻、割舌头、分解肢体、挖肉剔骨、用火柱烧烤、烹蒸等方法；或者把毒蛇聚养在水中，把犯了罪的人投下去，称这种刑罚为水狱。同平章事杨洞潜曾劝阻他，他不听。到了晚年特别猜忌；认为士人大多都是为自己的子孙作打算，所以他专门任用宦官，因此在他的国家中当宦官的人特别多。

秦王刘弘度即皇帝位，改名为玢；任用刘弘熙辅佐朝政，改年号为光天；尊奉生母赵昭仪为皇太妃。

契丹因为后晋招纳了吐谷浑，就派使者前来责问。后晋高祖忧郁烦闷，不知怎么办才好；五月十六日己亥，开始生病。

五月二十二日乙巳，尊奉太妃刘氏为皇太后。太后是后晋高祖的庶母。

南唐丞相、太保宋齐丘被罢免了尚书省的职务以后，就不再入朝进见了。南唐主派寿王李景遂前去慰问他，答应让他去镇守洪州，这样他才开始入朝。

南唐主和他一起饮宴，喝到酒意正酣时，宋齐丘说："陛下完成中兴大业，是臣出的大力，怎么能把这给忘了呢！"南唐主生气地说："公是以游说之客的身份求见于朕的，现在位至三公，也该满足了吧。可是你却跟人说朕的嘴长得像乌鸦嘴，和越王勾践一样，难以和人共享安乐，有这样的事吗？"宋齐丘说："臣确实讲过这样的话。臣为游说之客时，陛下只不过是个偏裨小将而已。今天杀臣正是时候了。"第二天，南唐主写了一道手诏向宋齐丘道歉，说："朕褊急的脾气，子嵩你平时也是知道的。年轻时相亲相爱，到老了却又相互怨怒，这怎么能行呢！"

五月二十三日丙午，任命宋齐丘为镇南节度使。

后晋高祖卧病不起，一天早晨，只有冯道一个人陪着他。后晋高祖命幼子石重睿出来拜见他，又命令宦官把石重睿抱起来送到冯道怀中，意思大概是想让冯道辅佐他为幼主。

六月十三日乙丑，后晋高祖去世。

冯道与天平节度使、侍卫马步都虞候景延广商议，认为正值国家多难，应该立长子为嗣君，于是就拥立广晋尹齐王石重贵为嗣君。当天，齐王即皇帝位。景延广把这些都当作自己的功劳，开始掌权执政，禁止京师的人们相聚交谈。

当初，后晋高祖病危的时候，曾有命令要征召河东节度使刘知远进京辅佐朝政，结果这道命令却被齐王扣压了下来；刘知远从此与齐王结下了怨恨。

六月十五日丁卯，尊奉皇太后为太皇太后，皇后为皇太后。

闽国富沙王王延政围攻汀州，闽主王曦征调漳州、泉州的兵卒五千人前去救援。

亮入尤溪，大明宫使黄敬忠屯尤口，欲乘虚袭建州；国计使黄绍颇将步卒八千为二军声援。

秋，七月，壬辰，太皇太后刘氏殂。

闽富沙王延政攻汀州，四十二战，不克而归。其将包洪实、陈望，将水军以御福州之师；丁酉，遇于尤口。黄敬忠将战，占者言时刻未利，按兵不动；洪实等引兵登岸，水陆夹攻之，杀敬忠，俘斩二千级，林守亮、黄绍颇皆遁归。

庚子，大赦。

癸卯，加景延广同平章事，兼侍卫马步都指挥使。

勋旧皆欲复置枢密使，冯道等三奏，请以枢密旧职让之；帝不许。

有神降于博罗县民家，与人言而不见其形，闾阎人往占吉凶，多验，县吏张遇贤事之甚谨。时循州盗贼群起，莫相统一，贼帅共祷于神，神大言曰："张遇贤当为汝主。"于是共奉遇贤，称中天八国王，改元永乐，置百官，攻掠海隅。遇贤年少，无他方略，诸将但告进退而已。

汉主以越王弘昌为都统，循王弘杲为副以讨之，战于钱帛馆。汉兵不利，二王皆为贼所围；指挥使陈道庠等力战救之，得免。东方州县多为遇贤所陷。道庠，端州人也。

高行周围襄州逾年，不下。城中食尽，奉国军都虞候曲周王清言于行周曰："贼城已危，我师已老，民力已困，不早迫之，尚何俟乎！"与奉国都指挥使元城刘词帅众先登。八月，拔之。安从进举族自焚。

（以上为第四段，写闽国内讧，南汉民众借神灵起事，高行周平灭安从进。）

甲子，以赵莹为中书令。

闽主曦遣使以手诏及金器九百、钱万缗、将吏敕告六百四十通，求和于富沙王延政，延政不受。

丙寅，闽主曦宴群臣于九龙殿。从子继柔不能饮，强之。继柔私减其酒，曦怒，并客将斩之。

又派遣他的将领林守亮进入尤溪，大明宫使黄敬忠驻扎尤溪口，想乘着对方空虚袭击建州；国计使黄绍颇率领步兵八千人做林、黄二军的声援。

秋季，七月初十日壬辰，太皇太后刘氏去世。

闽国富沙王王延政攻打汀州，先后经过了四十二次战斗，攻不下来就率军退了回去。他的部将包洪实、陈望，率领水军抵御福州的军队；七月十五日丁酉，双方在尤溪口相遇。黄敬忠想立即投入战斗，占卜的人对他说时辰不吉利，于是就按兵不动；包洪实等人引兵上岸，从水陆两面夹攻福州军，杀了黄敬忠，共俘虏和斩杀了两千人，林守亮、黄绍颇都逃了回去。

七月十八日庚子，后晋大赦天下。

七月二十一日癸卯，加封景延广同平章事，兼任侍卫马步都指挥使。

元勋旧臣们都想恢复设置枢密使，冯道等人再三上奏，建议把枢密使以前所执掌的职责从中书省再分离出去，后晋出帝没有允许。

有个神降临在博罗县一个百姓的家里，神能和人说话，但却不显现形体，邻里间的人们都去请神占卜吉凶，往往很灵验，县府官吏张遇贤侍奉他极为恭谨。当时循州的盗贼群起，相互之间不能统一，盗贼的首领们共同向神祈祷，这位神大声地向他们说："张遇贤应当做你们的首领。"于是大家都推戴张遇贤，称他为中天八国王，改年号为永乐，设置了文武百官，大肆攻取抢掠海边一带。张遇贤年纪很轻，没有什么方略，各位将领只是在出发和回来时向他报告一下而已。

南汉主任命越王刘弘昌为都统，循王刘弘杲为副都统前去讨伐张遇贤，双方在钱帛馆交战。汉兵的情势不利，越王和循王都被贼兵所围困；指挥使陈道庠等人拼力死战解救他们，才使他们幸免于难。东部的州县大多都被张遇贤所攻陷。陈道庠是端州人。

高行周围攻襄州已经有一年多了，仍没有攻下来。城中的粮食也都吃光了。奉国军都虞候曲周人王清对高行周说："叛贼的城池已经很危窘了，我们的军队也已经很疲惫了，百姓已经十分困乏，不早一点对他们加强攻势，还等待什么呢？"于是就和奉国都指挥使元城人刘词率领兵众带头登城。八月，攻下襄州城。安从进全族自焚。

七月十三日甲子，任命赵莹为中书令。

闽主王曦派遣使者带着亲笔诏书和金器九百件、钱一万缗、给将吏的敕告六百四十通，前去向富沙王王延政讲和，王延政没有接受。

七月十五日丙寅，闽主王曦在九龙殿设宴招待群臣。他的侄子王继柔不能饮酒，王曦却强迫他喝，王继柔暗中把酒减掉了一点，王曦知道后很生气，把他连同客将

闽人铸永隆通宝大铁钱，一当铅钱百。

汉葬天皇大帝于康陵，庙号高祖。

唐主自为吴相，兴利除害，变更旧法甚多。及即位，命法官及尚书删定为《升元条》三十卷；庚寅，行之。

闽主曦以同平章事候官余廷英为泉州刺史。廷英贪秽，掠人女子，诈称受诏采择以备后宫。事觉，曦遣御史按之。廷英惧，诣福州自归，曦诘责，将以属吏；廷英退，献买宴钱万缗。曦悦，明日召见，谓曰："宴已买矣，皇后贡物安在？"廷英复献钱于李后，乃遣归泉州；自是诸州皆别贡皇后物。未几，复召廷英为相。

冬，十月，丙子，张遇贤陷循州，杀汉刺史刘传。

楚王希范作天策府，极栋宇之盛；户牖栏槛皆饰以金玉，涂壁用丹砂数十万斤；地衣，春夏用角簟，秋冬用木绵。与子弟僚属游宴其间。

（以上为第五段，写闽主王曦纵酒贪暴，楚王马希范穷极奢侈。）

十一月，庚寅，葬圣文章武明德孝皇帝于显陵，庙号高祖。

先是河南、北诸州官自卖海盐，岁收缗钱十七万；又散蚕盐敛民钱。言事者称民坐私贩盐抵罪者众，不若听自贩，而岁以官所卖钱直敛于民，谓之食盐钱；高祖从之。俄而盐价顿贱，每斤至十钱。

至是，三司使董遇欲增求羡利，而难于骤变前法，乃重征盐商，过者七钱，留卖者十钱。由是盐商殆绝，而官复自卖。其食盐钱，至今敛之如故。

闽盐铁使、右仆射李仁遇，敏之子，闽主曦之甥也；年少，美姿容，得幸于曦。十二月，以仁遇为左仆射兼中书侍郎，翰林学士、吏部侍郎李光准为中书侍郎兼户部尚书，并同平章事。

曦荒淫无度，尝夜宴，光准醉忤旨，命执送都市斩之；吏不敢杀，系狱中。明日，视朝，召复其位。是夕，又宴，收翰林学士周维岳下狱。吏拂榻待之，曰："相公昨夜宿此，尚书勿忧。"醒而释之。他日，又宴，

一起杀了。

闽国人铸造永隆通宝大铁钱，一枚铁钱相当于铅钱一百枚。

南汉在康陵安葬天皇大帝，庙号叫高祖。

南唐主自从担任吴国的宰相以来，兴利除弊，变革了很多旧有的法规。到他即位当了皇帝以后，就命令执法官和尚书把旧法规删定为《升元条》三十卷；九月初九日庚寅，开始施行。

闽主王曦任命同平章事侯官人余廷英为泉州刺史。余廷英贪婪淫秽，抢夺人家的女子，欺骗说是接受了诏命要为朝廷后宫采择民女。事情败露后，王曦派御史前去查办。余廷英害怕了起来，就主动到福州自首，王曦责问他一番后，准备把他交给狱吏惩办；余廷英退下来以后，马上进献了买宴钱一万缗。王曦大为高兴，第二天召见余廷英，对他说："宴已经买了，给皇后的贡礼在哪里啊？"余廷英又向李皇后进献了钱财，于是又让他回泉州去了。从此各州都要另备一份贡礼献给皇后。没过多久，又征召余廷英回来任宰相。

冬季，十月二十六日丙子，张遇贤攻陷循州，杀了南汉刺史刘传。

楚王马希范建造天策府，栋宇的修建极为考究；门窗栏槛都用金玉作装饰，涂刷墙壁用去了丹砂几十万斤；铺盖地面的地衣，春天和夏天用细竹篾编织的凉席，秋天和冬天用木棉。和他的子弟和幕僚们在里面游玩饮宴。

十一月初十日庚寅，在显陵安葬圣文章武明德孝皇帝，庙号叫高祖。

在此之前，黄河南、北各州官府都是自卖海盐，每年可以收入缗钱十七万；又通过发放蚕盐聚敛百姓钱财。上奏的人说，百姓因私自贩卖海盐而犯罪的很多，不如听任百姓自由贩卖，而每年依照官府所卖的钱数直接向百姓征收，称作"食盐钱"；后晋高祖同意了这个办法。没过多久盐价迅速下跌，每斤价格降到十钱。

到这时，三司使董遇想要增加一些额外的收入，而又难以一下子改变从前的法规，于是就加重对盐商的征税，经过这里的每斤收七钱，留在这里贩卖的每斤收十钱。从此贩盐的商人几乎绝迹，而官府又恢复了自卖。至于那个食盐钱，到现在还是照征不误。

闽国盐铁使、右仆射李仁遇，是李敏的儿子，也是闽主王曦的外甥；年纪很轻，姿容俊美，深受王曦的宠幸。十二月，任命李仁遇为左仆射兼中书侍郎，翰林学士、吏部侍郎李光准为中书侍郎兼户部尚书，两人都为同平章事。

王曦荒淫无度，一次在夜晚所举行的宴会上，李光准在酒醉之中违逆了闽主的旨意，闽主就下令把李光准绑送到闹市上斩首；狱吏不敢杀他，就把他关押在监狱里。第二天，闽主上朝视事，又征召他，恢复了他的官位。这一天晚上，又举行宴

侍臣皆以醉去，独维岳在。曦曰："维岳身甚小，何饮酒之多？"左右或曰："酒有别肠，不必长大。"曦欣然，命捽维岳下殿，欲剖视其酒肠。或曰："杀维岳，无人侍陛下剧饮者。"乃舍之。

帝之初即位也，大臣议奉表称臣告哀于契丹，景延广请致书称孙而不称臣。李崧曰："屈身以为社稷，何耻之有！陛下如此，他日必躬擐甲胄，与契丹战，于时悔无益矣。"延广固争，冯道依违其间。帝卒从延广议。契丹大怒，遣使来责让，且言："何得不先承禀，遽即帝位？"延广复以不逊语答之。

契丹卢龙节度使赵延寿欲代晋帝中国，屡说契丹击晋，契丹主颇然之。

（以上为第六段，写后晋出帝即位，景延广专权，加盐税，不告丧契丹，内结怨于民，外启敌国之怒，是一亡国罪臣。）

齐王上

天福八年（癸卯，943年）

春，正月，癸卯，蜀主以宣徽使兼宫苑使田敬全领永平节度使；敬全，宦者也，引前蜀王承休为比而命之，国人非之。

帝闻契丹将入寇，二月，己未，发邺都；乙丑，至东京。然犹与契丹问遗相往来，无虚月。

唐宣城王景达，刚毅开爽，烈祖爱之，屡欲以为嗣；宋齐丘亟称其才，唐主以齐王璟年长而止。璟以是怨齐丘。

唐主幼子景逷，母种氏有宠，齐王璟母宋皇后稀得进见。唐主如璟宫，遇璟亲调乐器，大怒，诮让者数日。种氏乘间言，景逷虽幼而慧，可以为嗣。唐主怒曰："子有过，父训之，常事也。国家大计，女子何得

会，收押了翰林学士周维岳送进监狱。狱吏整理好了床榻招待他，并说："宰相昨天晚上就住在这里，尚书您也不必担心。"闽主酒醒之后，果然也把他给释放了。后来有一天，又举行宴会，陪侍的大臣们都已经喝醉离去，只有周维岳一个人还在。王曦说："维岳身材矮小，为什么酒能喝这么多？"身边的侍者有人回答说："能喝酒的人都另有一副酒肠，不一定要身体很高大。"王曦听到这个回答很高兴，就命人把周维岳揪下殿，想要剖开他的肚子看看他的酒肠。这时有人说："如果杀了周维岳，以后就没有人陪陛下豪饮了。"于是就放了他。

后晋出帝刚即位时，大臣们议论要奉表称臣向契丹告丧，景延广则主张写封信而不上表，并且只称孙不称臣。李崧说："委屈自身是为了国家社稷，有什么耻辱可言？陛下如果按景延广的意见办，日后有一天必然会落下亲自披甲戴胄，和契丹人交战的结局，到那时后悔也没有什么用了。"景延广一再坚持自己的主张，冯道在中间模棱两可。后晋出帝最终还是采纳了景延广的主张。契丹果然大为震怒，派使者前来责问，并且说："为什么不先来禀告，就仓促地即位称帝！"景延广又用一些不中听的话语回答了他。

契丹的卢龙节度使赵延寿想取代后晋而称帝于中原，就多次劝说契丹攻打后晋，契丹主很赞同他的意见。

齐王上

后晋齐王天福八年（癸卯，943年）

春季，正月二十四日癸卯，蜀主任命宣徽使兼宫苑使田敬全领任永平节度使；田敬全是一个宦官，蜀主是援引前蜀宦官王承休为例而任命了他，国人都认为这样做不妥。

后晋出帝听说契丹将要来入侵，二月十一日己未，从邺都出发；二月十七日乙丑，到达东京大梁。不过表面上还是和契丹往来问讯，互相馈赠，没有哪个月中断过。

南唐宣城王李景达刚强坚毅，开朗爽快，南唐主很喜爱他，多次想让他以后继承帝位；宋齐丘也极力称赞他的才干，最终南唐主还是考虑到齐王李璟年纪为长而打消了这个念头。李璟因此怨恨宋齐丘。

南唐主最小的儿子名叫李景逷，他的母亲种氏深受南唐主的宠爱，而齐王李璟的母亲宋皇后却很少有机会能得到进见。一次南唐主走到李璟的宫中，碰到李璟在那里亲自调弄乐器，大为恼怒，一连责骂了他好几天。种氏乘机向南唐主说，李景

预知！”即命嫁之。

唐主尝梦吞灵丹，旦而方士史守冲献丹方，以为神而饵之，浸成躁急。左右谏，不听。尝以药赐李建勋，建勋曰：“臣饵之数日，已觉躁热，况多饵乎！”唐主曰：“朕服之久矣。”群臣奏事，往往暴怒；然或有正色论辩中理者，亦敛容慰谢而从之。

唐主问道士王栖霞：“何道可致太平？”对曰：“王者治心治身，乃治家国。今陛下尚未能去饥嗔、饱喜，何论太平！”宋后自帘中称叹，以为至言。凡唐主所赐予，栖霞皆不受。栖霞常为人奏章，唐主欲为之筑坛。辞曰：“国用方乏，何暇及此！俟焚章不化，乃当奏请耳。”

驾部郎中冯延己，为齐王元帅府掌书记，性倾巧，与宋齐丘及宣徽副使陈觉相结；同府在己上者，延己稍以计逐之。延己尝戏谓中书侍郎孙晟曰：“公有何能，为中书郎？”晟曰：“晟，山东鄙儒，文章不如公，诙谐不如公，谄诈不如公。然主上使公与齐王游处，盖欲以仁义辅导之也，岂但为声色狗马之友邪！晟诚无能，公之能，适足为国家之祸耳。”延己，歙州人也。

又有魏岑者，亦在齐王府。给事中常梦锡屡言陈觉、冯延己、魏岑皆佞邪小人，不宜侍东宫；司门郎中判大理寺萧俨表称陈觉奸回乱政。唐主颇感悟，未及去。

会疽发背，秘不令人知，密令医治之，听政如故。庚午，疾亟。太医吴廷裕遣亲信召齐王璟入侍疾。唐主谓璟曰：“吾饵金石，始欲益寿，乃更伤生，汝宜戒之！”是夕，殂。秘不发丧，下制：“以齐王监国，大赦。”

孙晟恐冯延己等用事，欲称遗诏令太后临朝称制。翰林学士李贻业曰：“先帝尝云：‘妇人预政，乱之本也’，安肯自为厉阶！此必近习奸人

遏年纪虽然很小，但却聪明，以后可以让他继承帝位。南唐主一听发怒说："儿子有过错，父亲教训他，这本来是一件很正常的事。国家大计，女人怎么能干预过问！"当即就下令把种氏嫁出宫去。

南唐主梦见自己吞下了灵丹，天一亮方士史守冲就向他献上了丹方，南唐主认为是应了神验就按丹方吃了起来，结果渐渐地出现了急躁的毛病。左右近臣劝阻他，他不听。一次把药赐给李建勋，李建勋说："这种药臣吃了几天，已经觉得浑身燥热，怎么还能多吃呢！"南唐主说："朕已经服食很久了。"群臣奏事的时候，经常遇到南唐主突然暴怒；然而，有时遇上严正论辩而有道理的，南唐主也能肃然起敬地慰勉他，并听从对方的意见。

南唐主询问道士王栖霞："什么方法可以使天下获得太平？"王栖霞回答说："为帝王的要治心治身，然后才能治理国家。现在陛下还不能免除因饥饿而嗔怒、因饱食而欢喜的毛病，怎么谈得上天下太平呢！"宋皇后从帘子后听到这话大为赞叹，认为是至理名言。凡是南唐主赐予他的东西，王栖霞都一概不受。王栖霞经常替别人向天帝上奏章，南唐主想为他修建一座坛台。他推辞说："国家的用度正很困乏，哪有时间办这件事！等到哪天焚烧奏章不化的时候，我就会奏请陛下建造的。"

驾部郎中冯延己，是齐王元帅府的掌书记，生性奸佞巧诈，和宋齐丘以及宣徽副使陈觉相勾结；元帅府的同事凡是地位在自己之上的，冯延己都要暗中用计谋把别人赶走。冯延己一次用开玩笑的口气对中书侍郎孙晟说："您有什么才能，居然当了中书侍郎？"孙晟说："我孙晟只不过是山东的一个鄙陋儒生，文章不如您，谈论戏谑不如您，谄媚奸诈也不如您。然而皇上让您和齐王相与游处，主要是想让您用仁义的道理去辅导他，哪里只能做个追逐声色狗马的朋友呢！我孙晟的确没有什么才能，不过像您这样的才能，只能给国家制造灾祸罢了。"冯延己是歙州人。

又有一个名叫魏岑的人，也在齐王府任职。给事中常梦锡多次反映说陈觉、冯延己、魏岑都是佞邪的小人，不适宜在东宫陪侍太子；司门郎中判大理寺的萧俨也上表指出陈觉奸邪乱政。南唐主也有些感受和觉察，只是一时还没有来得及把他们免除职务。

正巧这时南唐主背上生了痈疽，保密不让人知道，暗中找医生为他治疗，临朝听政仍然和往常一样。二月二十二日庚午，病情恶化，太医吴廷裕派亲信之人召请齐王李璟入宫侍奉疾病。南唐主对李璟说："我服食金石丹药，本来是想延年益寿，不料想反而更加伤害健康，你应当以此为戒！"当天晚上，便去世了。秘不发丧，颁下制令："令齐王李璟监理国事，实行大赦。"

孙晟害怕冯延己等人掌权，就想假称遗诏让太后临朝代行天子之事。翰林学士李贻业说："先帝曾经说过：'妇人干预朝政，是导致祸乱的根源。'怎么能自启祸

之诈也。且嗣君春秋已长，明德著闻，公何得遽为亡国之言！若果宣行，吾必对百官毁之。”晟惧而止。贻业，蔚之从曾孙也。

丙子，始宣遗制。烈祖末年卞急，近臣多罹谴罚。陈觉称疾，累月不入，及宣遗诏，乃出。萧俨劾奏：“觉端居私室，以俟升遐，请按其罪。”齐王不许。

自烈祖相吴，禁压良为贱，令买奴婢者通官作券。冯延己及弟礼部员外郎延鲁，俱在元帅府，草遗诏听民卖男女；意欲自买姬妾。萧俨驳曰：“此必延己等所为，非大行之命也。昔延鲁为东都判官，已有此请；先帝访臣，臣对曰：‘陛下昔为吴相，民有鬻男女者，为出府金，赎而归之，故远近归心。今即位而反之，使贫人之子为富人厮役，可乎？’先帝以为然，将治延鲁罪。臣以为延鲁愚，无足责。先帝斜封延鲁章，抹三笔，持入宫。请求诸宫中，必尚在。”齐王命取先帝时留中章奏千余道，皆斜封一抹，果得延鲁疏。然以遗诏已行，竟不之改。

（以上为第七段，写南唐烈祖辞世，元宗李璟立，冯延己等倾巧小人得势。）

闽富沙王延政称帝于建州，国号大殷，大赦，改元天德。以将乐县为镛州，延平镇为镡州。立皇后张氏。以节度判官潘承祐为吏部尚书，节度巡官建阳杨思恭为兵部尚书。未几，以承祐同平章事，思恭迁仆射，录军国事。

延政服赭袍视事，然牙参及接邻国使者，犹如藩镇礼。

殷国小民贫，军旅不息。杨思恭以善聚敛得幸，增田亩山泽之税，至于鱼盐蔬果，无不倍征，国人谓之“杨剥皮”。

三月，己卯朔，以中书令赵莹为晋昌节度使兼中书令；以晋昌节度使兼侍中桑维翰为侍中。

唐元宗即位，大赦，改元保大。秘书郎韩熙载请俟逾年改元，不从。

端！这一定是皇上身边的奸人所施的诈谋。况且嗣位之君年纪已长，圣明贤德，人所共知，公为什么忽然间说出这样的亡国之言！如果真的这样宣布施行，我一定要当着文武百官的面揭穿这件事。”孙晟害怕起来，因而没有这样做。李贻业，是李蔚的曾侄孙。

二月二十八日丙子，才开始公布遗制。南唐主晚年性情急躁，身边的大臣们经常遭到处罚。陈觉借口有病，一连几个月都不入朝进见，等到宣布遗诏的时候，才肯出来。萧俨上奏弹劾他说：“陈觉端坐在自己家中，一心等着皇上驾崩，请按律治他的罪。”齐王李璟没有答应。

自从南唐主担任吴国的宰相以来，就禁止买良家子女做奴婢，明令买奴婢的人必须通报官府立字为据。冯延已和他的弟弟礼部员外郎冯延鲁，都在元帅府任职，草拟南唐主遗诏听任百姓卖子女；他们的目的是为了自己可以购买姬妾。萧俨对此驳论说：“这一定是冯延已等人所干的，并不是大行皇帝的遗命。从前冯延鲁任东都判官时，曾提过这个建议；先帝征询过臣的意见，臣回答说：‘陛下从前任吴国宰相的时候，百姓有卖子女的，您都为了他们拨出府库中的钱，把人赎出来送他们回家，所以百姓才无论远近都归心于陛下。现在陛下即了皇帝位却反其道而行之，让穷人家的子女为富裕人家做厮役，这怎么能行呢？’先帝认为我这话讲得有道理，正要治冯延鲁的罪。当时臣认为冯延鲁很愚笨，不值得责备他。先帝便把冯延鲁的奏章斜着封上了，抹了三笔，带进了后宫。请在宫中查找一下，一定还在。”齐王命人把先帝留滞禁中的奏章一千多件全部取出来，都是斜着封口抹上一笔的，果然找到了冯延鲁的那封奏疏。然而由于遗诏已经颁布施行，最终还是没有更改过来。

闽国富沙王王延政在建州称帝，国号大殷，大赦境内，改年号为天德。把将乐县改作镛州，延平镇改作镡州。册立其妻张氏为皇后。任命节度判官潘承祐为吏部尚书，节度巡官建阳人杨思恭为兵部尚书。没过多久，又任命潘承祐为同平章事，杨思恭升迁为仆射，治理军国大事。

王延政穿着天子用的赭色袍服听理朝政，但是在衙门接受参拜和接见邻国的使者时，还是依照藩镇的礼仪。

殷国国土狭小，民众贫困，战争却没有停止过。杨思恭因为善于搜刮民财而获得宠幸，他增加了田亩山泽的税额，以至于鱼类、食盐、蔬菜、水果的税无不加倍征收，殷国百姓称他为“杨剥皮”。

三月初一日己卯，后晋任命中书令赵莹为晋昌节度使兼任中书令；又任命原晋昌节度使兼任侍中的桑维翰为侍中。

南唐元宗李璟即皇帝位，大赦境内，改年号为保大。秘书郎韩熙载建议等过了

尊皇后曰皇太后，立妃锺氏为皇后。

唐主未听政，冯延己屡入白事，一日至数四。唐主曰："书记有常职，何为如是其烦也！"

唐主为人谦谨，初即位，不名大臣，数延公卿论政体，李建勋谓人曰："主上宽仁大度，优于先帝；但性习未定，苟旁无正人，但恐不能守先帝之业耳。"

唐主以镇南节度使宋齐丘为太保兼中书令，奉化节度使周宗为侍中。唐主以齐丘、宗先朝勋旧，故顺人望召为相，政事皆自决之。

徙寿王景遂为燕王，宣城王景达为鄂王。

初，唐主为齐王，知政事，每有过失，常梦锡常直言规正；始虽忿怼，终以谅直多之。及即位，许以为翰林学士，齐丘之党疾之，坐封驳制书，贬池州判官。池州多迁客，节度使上蔡王彦俦，防制过甚，几不聊生，惟事梦锡如在朝廷。

宋齐丘待陈觉素厚，唐主亦以觉为有才，遂委任之。冯延己、延鲁、魏岑，虽齐邸旧僚，皆依附觉，与休宁查文徽更相汲引，侵蠹政事，唐人谓觉等为"五鬼"。延鲁自礼部员外郎迁中书舍人、勤政殿学士，江州观察使杜昌业闻之，叹曰："国家所以驱驾群臣，在官爵而已。若一言称旨，遽跻通显，后有立功者，何以赏之！"未几，唐主以岑及文徽皆为枢密副使。岑既得志，会觉遭母丧，岑即暴扬觉过恶，摈斥之。

唐置定远军于濠州。

（以上为第八段，写王延政称帝于建州，国号殷。南唐陈觉、冯延己、冯延鲁、魏岑、查文徽五人朋比为奸，时人斥之为"五鬼"。）

汉殇帝骄奢，不亲政事。高祖在殡，作乐酣饮；夜与倡妇微行，倮男女而观之。左右忤意辄死，无敢谏者；惟越王弘昌及内常侍番禺吴怀恩屡谏，不听。常猜忌诸弟，每宴集，令宦者守门，群臣、宗室，皆露索，然后入。

这个年头再改年号，没有被采纳。尊奉皇后为皇太后，册立妃子锺氏为皇后。

南唐主还没有正式临朝听政，冯延己就多次入宫报告事情，一天之内甚至去三四次。南唐主说："书记有固定的职守，为什么要这样烦琐啊！"

南唐主为人谦逊谨慎，刚开始即位，不直接叫大臣的姓名，多次延请公卿大臣议论政治体制的得失，李建勋对人说："皇上宽仁大度，胜过先帝；但是习性却还没有定型，如果身边没有正派的人来辅佐他，只怕难以守住先帝所创下的基业。"

南唐主任命镇南节度使宋齐丘为太保兼中书令，奉化节度使周宗为侍中。南唐主因为宋齐丘、周宗是先朝的元勋旧臣，所以就顺应众人之望征召他们入朝为宰相，但是朝中政事却还都是由自己决断。

改封寿王李景遂为燕王，宣城王李景达为鄂王。

当初，南唐主任齐王掌理政事的时候，每当出现过失时，常梦锡经常直言纠正；一开始虽然很厌烦，但最终还是因为他的坦诚和正直而赞许他。到了即位以后，答应任命他为翰林学士，宋齐丘的党羽们忌恨他，加给他封驳皇帝制书的罪名，就把他贬降为池州判官。池州这个地方有很多遭贬降的"迁客"，节度使上蔡人王彦俦，对他们防备限制得过于苛刻，把他们逼得几乎无法生存，唯独侍奉常梦锡还如同他在朝廷时一样。

宋齐丘对待陈觉一向很好，南唐主也认为陈觉很有才干，于是就对他委以重任。冯延己、冯延鲁、魏岑，虽然是齐王府邸的旧同僚，却都依附于陈觉，和休宁人查文徽互相援引，把持要职，败坏朝政，南唐人把陈觉之流称为"五鬼"。冯延鲁从礼部员外郎升迁为中书舍人、勤政殿学士，江州观察使杜昌业得知这一消息后，感叹地说："国家之所以能够驱使和驾驭群臣，是在于掌握了官爵而已。如果因为一句话迎合了皇上的意旨，就骤然间让他跻身于通达显赫的地位，那么以后再有建立功勋的人，又拿什么来奖赏他们呢？"没过多久，南唐主任命魏岑和查文徽同时担任枢密副使。魏岑得志以后，正遇上陈觉因遭母丧在乡间守孝，魏岑当即就公开宣扬陈觉的过失和罪恶，把他排挤掉。

南唐在濠州设置定远军。

南汉殇帝骄奢淫逸，不愿听理政事。高祖的灵柩还未安葬，他就奏起音乐，痛快喝酒；夜间外出与妓女鬼混，让男人和女子脱光衣服供他观赏。身边的人如果有违背他的意志的就要被处死，因此没有人敢对他进行劝谏；只有越王刘弘昌和内常侍番禺人吴怀恩多次对他劝谏，但都不被采纳。他还常常猜忌他的几个弟弟，每次

晋王弘熙欲图之，乃盛饰声伎，娱悦其意，以成其恶。汉主好手搏，弘熙令指挥使陈道庠引力士刘思潮、谭令禋、林少强、林少良、何昌廷等五人习手搏于晋府，汉主闻而悦之。丙戌，与诸王宴于长春宫，观手搏，至夕罢宴，汉主大醉。弘熙使道庠、思潮等掖汉主，因拉杀之，尽杀其左右。

明旦，百官诸王莫敢入宫，越王弘昌帅诸弟临于寝殿，迎弘熙即皇帝位，更名晟，改元应乾。以弘昌为太尉兼中书令、诸道兵马都元帅，知政事；循王弘杲为副元帅，参与政事。陈道庠及刘思潮等皆受赏赐甚厚。

（以上为第九段，写南汉晋王刘弘熙弑其兄殇帝刘玢自立，弘熙更名晟。）

闽主曦纳金吾使尚保殷之女，立为贤妃。妃有殊色，曦嬖之；醉中，妃所欲杀则杀之，所欲宥则宥之。

夏，四月，戊申朔，日有食之。

唐以中书侍郎、同平章事李建勋为昭武节度使，镇抚州。

殷将陈望等攻闽福州，入其西郛，既而败归。

五月，殷吏部尚书、同平章事潘承祐上书陈十事，大指言："兄弟相攻，逆伤天理，一也。赋敛烦重，力役无节，二也。发民为兵，羁旅愁怨，三也。杨思恭夺民衣食，使归怨于上，群臣莫敢言，四也。疆土狭隘，多置州县，增吏困民，五也。除道裹粮，将攻临汀，曾不忧金陵、钱塘乘虚相袭，六也。括高赀户，财多者补官，逋负者被刑，七也。延平诸津，征果菜鱼米，获利至微，敛怨甚大，八也。与唐、吴越为邻，即位以来，未尝通使，九也。宫室台榭，崇饰无度，十也。"殷王延政大怒，削承祐官爵，勒归私第。

汉中宗既立，国中议论讻讻。循王弘杲请斩刘思潮等以谢中外，汉

举行宴会大家相聚在一起的时候，都要命令宦官把守大门，不论是群臣还是宗室至亲，都要脱掉衣服接受搜查，然后才能进门。

晋王刘弘熙想要算计他，于是就盛装打扮歌妓，以博取他的欢心，促使他更加作恶。汉主爱好徒手搏击，刘弘熙就命令指挥使陈道庠带着力士刘思潮、谭令禋、林少强、林少良、何昌廷等五人在晋王府演练徒手搏击，汉主得知后非常高兴。三月初八日丙戌，和诸王一起在长春宫宴饮，观赏徒手搏击，一直到了晚上宴会才结束，南汉主喝得酩酊大醉。刘弘熙让陈道庠、刘思潮等搀扶着南汉主，乘机把他拉杀了，并把南汉主身边的近侍也都杀了。

第二天早晨，文武百官和诸王都不敢进入宫中，越王刘弘昌率领诸弟来到寝殿，迎奉刘弘熙即皇帝位，改名为刘晟，改年号为应乾。任命刘弘昌为太尉兼中书令、诸道兵马都元帅，主掌朝政大事；循王刘弘杲为副元帅，参与政事。陈道庠和刘思潮等人都得到了很丰厚的赏赐。

闽主王曦娶了金吾使尚保殷的女儿，册立为贤妃。这位贤妃长得特别漂亮，王曦很宠爱她；当王曦喝醉酒的时候，贤妃所想要杀的人，王曦就派人把他杀掉，所想要宽宥的人，就下令把他放了。

夏季，四月初一日戊申，发生日食。

南唐任命中书侍郎、同平章事李建勋为昭武节度使，镇守抚州。

殷国将领陈望等人进攻闽国的福州，攻进了它西面的城郭墙，不久又被打败，退了回去。

五月，殷国吏部尚书、同平章事潘承祐上书陈奏十件事情，主要是说："兄弟之间相互攻战，违反天理，这是一。赋税征敛过于繁重，劳役征调毫无节制，这是二。征发百姓为兵，使他们羁留在异地他乡，满怀愁怨，这是三。杨思恭掠夺百姓衣食，致使他们把怨恨归咎于皇上，群臣没有人敢说话，这是四。疆土本来就狭小，却又过多地设置州县，增加了官吏，困扰百姓，这是五。修筑道路，准备粮食，将要攻打临汀，一点也不考虑南唐和吴越两国会乘虚来袭击，这是六。搜刮家道殷实的人家，财物交得多的就可以做官，拖欠的就要被处刑罚，这是七。延平一带的各个渡口，征收水果、蔬菜、鱼、米的税，虽然很少，但由此招来的民怨却很大，这是八。殷国与南唐、吴越两国为邻，但自即位以来，还没有和他们互通使者，这是九。宫室台榭，崇建华饰，毫无节制，这是十。"殷主王延政大怒，削去了潘承祐的官职和爵位，勒令他回家。

汉中宗即位以后，国内议论纷纷。循王刘弘杲奏请斩杀刘思潮等人来向朝廷内

主不从。思潮等闻之，谮弘杲谋反，汉主令思潮等伺之。弘杲方宴客，思潮与谭令禋帅卫兵突入，斩弘杲。于是汉主谋尽诛诸弟，以越王弘昌贤而得众，尤忌之。雄武节度使齐王弘弼，自以居大镇，惧祸，求入朝；许之。

初，闽主曦侍康宗宴，会新罗献宝剑，康宗举以示同平章事王倓曰："此何所施？"倓对曰："斩为臣不忠者。"时曦已蓄异志，凛然变色。至是宴群臣，复有献剑者，曦命发倓冢，斩其尸。

校书郎陈光逸谓其友曰："主上失德，亡无日矣，吾欲死谏。"其友止之，不从，上书谏曦大恶五十事。曦怒，命卫士鞭之数百，不死；以绳系其颈，悬诸庭树，久之乃绝。

（以上为第十段，写殷主王延政、南汉中宗刘晟、闽主王曦均为昏庸凶暴之主，无一人有善政可言。）

秋，七月，己丑，诏以年饥，国用不足，分遣使者六十余人于诸道括民谷。

吴越王弘佐初立，上统军使阚璠强戾，排斥异己，弘佐不能制；内牙上都监使章德安数与之争，右都监使李文庆不附于璠。乙巳，贬德安于处州，文庆于睦州。璠与右统军使胡进思益专横。璠，明州人；文庆，睦州人；进思，湖州人也。

唐主缘烈祖意，以天雄节度使兼中书令、金陵尹燕王景遂为诸道兵马元帅，徙封齐王，居东宫；天平节度使、守侍中、东都留守鄂王景达为副元帅，徙封燕王；宣告中外，约以传位。立长子弘冀为南昌王。景遂、景达固辞，不许。景遂自誓必不敢为嗣，更其字曰退身。

汉指挥使万景忻败张遇贤于循州。遇贤告于神，神曰："取虔州，则大事可成。"遇贤帅众逾岭，趣虔州。唐百胜节度使贾匡浩不为备，遇贤众十余万攻陷诸县，再败州兵，城门昼闭。遇贤作宫室营署于白云洞，遣将四出剽掠。匡浩，公铎之子也。

八月，乙卯，唐主立弟景遏为保宁王。宋太后怨种夫人，屡欲害景

外谢罪，汉主不答应。刘思潮等人得知这件事后，就诬告说刘弘杲要谋反，汉主命令刘思潮等人暗中对他进行侦察。刘弘杲正在宴请宾客，刘思潮和谭令禋带领卫兵突然闯了进去，杀死了刘弘杲。从这时起，汉主就谋划着要把几个弟弟全部杀掉，由于越王刘弘昌贤能而又很受人们拥戴，因此就特别忌恨他。雄武节度使齐王刘弘弼，考虑到自己位居大镇，害怕招惹祸患，就请求入朝；汉主同意了。

当初，闽主王曦陪侍康宗饮宴时，正好有新罗使者来进献宝剑，康宗拿起宝剑问同平章事王倓说："这把宝剑可以做什么用？"王倓回答说："可以用来斩那些做臣子而不忠心的人。"当时王曦已经怀有叛乱的野心，听了这话，马上脸色都变了。这时王曦又在宴请群臣，又有前来进献宝剑的，王曦命人掘开王倓的坟墓，用这把进献来的宝剑斩他的尸首。

校书郎陈光逸对他的朋友说："皇上无道，国家不用多久就会灭亡，我准备冒死进谏。"他的朋友劝他不要这样做，他不听，于是上书劝谏王曦大恶五十条。王曦大为恼怒，命令卫士用鞭子抽打他几百下，没有打死；又用绳子勒住他的脖子，把他吊在庭前的树上，过了一段时间才断气而死。

秋季，七月十三日己丑，后晋出帝下诏，由于年岁饥荒，国家财用不足，特地分派使者六十多人到各道去搜求民间谷物。

吴越王钱弘佐刚刚即位，上统军使阚璠强横暴戾，排斥异己，钱弘佐对他奈何不得；内牙上都监使章德安多次同他争执，右都监使李文庆也不肯依附于阚璠。七月二十九日乙巳，把章德安贬降到处州，把李文庆贬降到睦州。从此，阚璠和右统军使胡进思更加专横起来。阚璠是明州人；李文庆是睦州人；胡进思是湖州人。

南唐主秉承烈祖的旨意，任命天雄节度使兼中书令、金陵尹燕王李景遂为诸道兵马元帅，改封为齐王，住在东宫；任命天平节度使、守侍中、东都留守鄂王李景达为副元帅，改封为燕王；向朝廷内外宣告，约定以后要传位给他们。册立长子李弘冀为南昌王。李景遂、李景达两人坚决辞让，没有获准。李景遂自己在心中立誓，一定不敢做嗣君，并把自己的字改为退身。

南汉指挥使万景忻在循州打败了张遇贤。张遇贤向神祷告，神说："攻取虔州，就可以大功告成。"张遇贤率领部众翻越南岭，向虔州进发。南唐百胜节度使贾匡浩没作防备，张遇贤的十多万兵众攻陷了各个县城，又打败了虔州的军队，逼得州城在白天也不得不关闭城门。张遇贤在白云洞建造宫室、军营和官署，派将领四出抢劫。贾匡浩，是贾公铎的儿子。

八月初九日乙卯，南唐主册立他的弟弟李景遏为保宁王。宋太后由于还怨恨种

遏，唐主力保全之。

（以上为第十一段，写吴越王钱弘佐初立，上统军使阚璠专横；南唐主元宗李璟友爱兄弟；南汉汉寇侵入南唐虔州。）

夏州牙内指挥使拓跋崇斌谋作乱，绥州刺史李彝敏将助之，事觉。辛未，彝敏弃州，与其弟彝俊等五人奔延州。

九月，尊帝母秦国夫人安氏为皇太妃。妃，代北人也。帝事太后、太妃甚谨，待诸弟亦友爱。

初，河阳牙将乔荣从赵延寿入契丹，契丹以为回图使，往来贩易于晋，置邸大梁。及契丹与晋有隙，景延广说帝囚荣于狱，悉取邸中之货。凡契丹之人贩易在晋境者，皆杀之，夺其货。大臣皆言契丹有大功，不可负。戊子，释荣，慰赐而归之。

荣辞延广，延广大言曰："归语而主，先帝为北朝所立，故称臣奉表。今上乃中国所立，所以降志于北朝者，正以不敢忘先帝盟约故耳。为邻称孙，足矣，无称臣之理。北朝皇帝勿信赵延寿诳诱，轻侮中国。中国士马，尔所目睹。翁怒则来战，孙有十万横磨剑，足以相待。他日为孙所败，取笑天下，毋悔也！"荣自以亡失货财，恐归获罪，且欲为异时据验，乃曰："公所言颇多，惧有遗忘，愿记之纸墨。"延广命吏书其语以授之，荣具以白契丹主。契丹主大怒，入寇之志始决。晋使如契丹，皆絷之幽州，不得见。

桑维翰屡请逊辞以谢契丹，每为延广所沮。帝以延广有定策功，故宠冠群臣；又总宿卫兵，故大臣莫能与之争。河东节度使刘知远，知延广必致寇，而畏其方用事，不敢言，但益募兵，奏置兴捷、武节等十余军以备契丹。

甲午，定难节度使李彝殷奏李彝敏作乱之状，诏执彝敏送夏州，

夫人，多次想加害李景遏，南唐主极力把他保全了下来。

后晋夏州牙内指挥使拓跋崇斌阴谋叛乱，绥州刺史李彝敏准备协助他，结果事情被发觉。八月二十五日辛未，李彝敏放弃了绥州，和他的弟弟李彝俊等五人逃奔延州去了。

九月，后晋出帝尊奉生母秦国夫人安氏为皇太妃。皇太妃是代北人。后晋出帝侍奉太后、太妃很恭谨，对待几个弟弟也很友爱。

当初，河阳牙将乔荣跟随赵延寿投奔契丹，契丹任命他为回图使，往来贸易于晋朝，并在大梁设置了府邸。等到契丹和后晋有了嫌隙的时候，景延广劝说后晋出帝把乔荣囚禁在监狱里，并且收缴了他府邸中的全部财物。凡是在晋朝边境上进行贸易的契丹人，一律杀掉，夺取他们的货物。朝廷中的大臣们都说契丹对本朝有过大功，不能背叛了它。九月十三日戊子，释放了乔荣，安慰并赏赐了他一番，让他回契丹去。

乔荣来向景延广辞行，景延广对他说大话："回去后跟你的主子说，先帝是北朝扶立的，所以才向你们称臣上奏表。当今皇上却是中原自己拥立的，之所以还向北朝屈降名分，正是因为不敢忘记先帝与北朝的盟约罢了。作为邻国而自称孙子，已经足够了，没有再称臣的道理。北朝皇帝不要听信赵延寿的诓骗诱惑，轻视欺侮中原。中原的兵马之盛，也是你所亲眼看到的。祖翁如果一怒之下前来交战，孙儿自有十万横磨利剑，足以用来对付。以后被孙子所打败，惹天下人嗤笑，可不要后悔啊！"乔荣认为自己丧失了货物和钱财，担心回去后会被治罪，同时也想为以后留个凭据，就说："您所说的事情很多，我怕记不住会有遗漏，还是请你用纸墨把它记下来吧。"景延广就让属吏把他的话记了下来交给乔荣，乔荣把这些话原原本本地报告了契丹主。契丹主大为恼怒，入侵中原的决心这时更坚定了。后晋派往契丹的使者，都被拘囚在幽州，不让他们见到契丹主。

桑维翰多次恳请朝廷要以谦逊的言辞向契丹道歉，但每一次都被景延广所阻止。后晋出帝因为景延广有扶立自己即位的功劳，所以对他的恩宠超过群臣；他又总管宿卫兵，所以大臣们没有人能和他相争的。河东节度使刘知远，深知景延广的这种做法一定会招致契丹的入侵，但又考虑到景延广眼下权势正盛，所以也不敢说什么，只是增加募兵的数额，奏请朝廷设置兴捷、武节等十多个军镇，用以防备契丹军队的入侵。

九月十九日甲午，定难节度使李彝殷向朝廷奏报李彝敏作乱的情况，后晋出帝

斩之。

冬，十月，戊申，立吴国夫人冯氏为皇后。

（以上为第十二段，写景延广不识大局，恶意结怨于契丹。）

初，高祖爱少弟重胤，养以为子；及留守邺都，娶副留守安喜冯濛女为其妇。重胤早卒，冯夫人寡居，有美色，帝见而悦之；高祖崩，梓宫在殡，帝遂纳之。群臣皆贺，帝谓冯道等曰："皇太后之命，与卿等不任大庆。"群臣出，帝与夫人酣饮，过梓宫前，醊而告曰："皇太后之命，与先帝不任大庆。"左右失笑，帝亦自笑，顾谓左右曰："我今日作新婿，何如？"夫人与左右皆大笑。太后虽恚，而无如之何。

既正位中宫，颇预政事。后兄玉，时为礼部郎中、盐铁判官，帝骤擢用至端明殿学士、户部侍郎，与议政事。

汉主命韶王弘雅致仕。

唐主遣洪州营屯都虞候严恩将兵讨张遇贤，以通事舍人金陵边镐为监军。镐用虔州人白昌裕为谋主，击张遇贤，屡破之。遇贤祷于神，神不复言，其徒大惧。昌裕劝镐伐木开道，出其营后袭之。遇贤弃众奔别将李台。台知神无验，执遇贤以降，斩于金陵市。

十一月，丁亥，汉主祀南郊，大赦，改元乾和。

戊子，吴越王弘佐纳妃仰氏，仁诠之女也。

（以上为第十三段，写后晋出帝纳弟媳冯夫人，立为皇后。南唐主平定犯境南汉流寇。）

初，高祖以马三百借平卢节度使杨光远，景延广以诏命取之。光远怒曰："是疑我也。"密召其子单州刺史承祚，戊戌，承祚称母病，夜，开门奔青州。庚子，以左飞龙使金城何超权知单州。遣内班赐光远玉带、御马，以安其意。

下诏逮捕李彝敏押送到夏州，把他斩首。

冬季，十月初三日戊申，册立吴国夫人冯氏为皇后。

当初，后晋高祖喜爱他最小的弟弟石重胤，把他当作自己的儿子来抚养；后来留守邺都的时候，为他娶了副留守安喜人冯濛的女儿为妻。石重胤死得较早，冯夫人寡居，她长得很漂亮，后晋出帝对她一见钟情；后晋高祖驾崩，灵柩还在停放期间，后晋出帝就把她娶了过来。群臣都向他表示祝贺，后晋出帝对冯道等人说："皇太后有令，和众卿不举办大庆。"群臣退出后，后晋出帝和冯夫人畅怀地饮酒，经过后晋高祖灵柩前面的时候，洒酒于地并祷告说："皇太后有令，和先帝不举办大庆。"在场的人不由得笑了起来，后晋出帝自己也觉得好笑，转过脸对在场的人说："我今天当新女婿，当得怎么样？"冯夫人和在场的人都大笑了起来。太后虽然很生气，可也拿他毫无办法。

冯夫人被立为皇后以后，经常干预朝政。她的哥哥冯玉，当时任礼部郎中、盐铁判官，后晋出帝骤然间就把他提拔为端明殿学士、户部侍郎，让他参与讨论朝政大事。

南汉主命令韶王刘弘雅退休。

南唐主派遣洪州营屯都虞候严恩率兵讨伐张遇贤，任命通事舍人金陵人边镐为监军。边镐任用虔州人白昌裕为主持谋划的人，攻打张遇贤，多次打败他。张遇贤向神祈祷，神不再说话了，他的徒众大为恐惧。白昌裕劝边镐砍伐树木，开辟出道路，绕到他们营寨的后面去袭击他们。张遇贤丢下徒众私自投奔别将李台去了。李台得知神再也不灵验了，就逮捕了张遇贤前来投降，南唐主下令把张遇贤在金陵街市上斩首。

十一月十三日丁亥，南汉主在南郊祭祀，大赦境内，改年号为乾和。

十一月十四日戊子，吴越王钱弘佐娶妃子仰氏，是仰仁诠的女儿。

当初，后晋高祖把三百匹马借给平卢节度使杨光远，此时景延广用后晋出帝的诏命向他索取。杨光远大怒说："这是在怀疑我啊！"于是就暗中召他的儿子单州刺史杨承祚前来，十一月二十四日戊戌，杨承祚声称母亲有病，当天晚上，就打开城门奔往青州去了。十一月二十六日庚子，任命左飞龙使金城人何超代理单州的事务。又派宦官带着玉带、御马、［金帛］去赏赐杨光远，以安他的心。

壬寅，遣侍卫步军都指挥使郭谨将兵戍郓州。

唐葬光文肃武孝高皇帝于永陵，庙号烈祖。

十二月，乙巳朔，遣左领军卫将军蔡行遇将兵戍郓州。杨光远遣骑兵入淄州，劫刺史翟进宗归于青州。甲寅，徙杨承祚为登州刺史以从其便。

光远益骄，密告契丹，以晋主负德违盟，境内大饥，公私困竭，乘此际攻之，一举可取；赵延寿亦劝之。契丹主乃集山后及卢龙兵合五万人，使延寿将之，委延寿经略中国，曰："若得之，当立汝为帝。"又常指延寿谓晋人曰："此汝主也。"延寿信之，由是为契丹尽力，画取中国之策。

朝廷颇闻其谋，丙辰，遣使城南乐及德清军，征近道兵以备之。

（以上为第十四段，写平卢节度使杨光远投靠契丹，与赵延寿合兵谋犯中国。）

唐侍中周宗年老，恭谨自守，中书令宋齐丘广树朋党，百计倾之。宗泣诉于唐主，唐主由是薄齐丘。

既而陈觉被疏，乃出齐丘为镇海节度使。齐丘忿怼，表乞归九华旧隐，唐主知其诈，一表，即从之，赐书曰："明日之行，昔时相许。朕实知公，故不夺公志。"仍赐号九华先生，封青阳公，食一县租税。

齐丘乃治大第于青阳，服御将吏，皆如王公，而愤邑尤甚。

宁州酋长莫彦殊以所部温那等十八州附于楚；其州无官府，惟立牌于冈阜，略以恩威羁縻而已。

是岁，春夏旱，秋冬水，蝗大起，东自海壖，西距陇坻，南逾江、淮，北抵幽蓟，原野、山谷、城郭、庐舍皆满，竹木叶俱尽。重以官括民谷，使者督责严急，至封碓硙，不留其食，有坐匿谷抵死者。县令往往以督趣不办，纳印自劾去。民馁死者数十万口，流亡不可胜数。于是留守、节度使下至将军，各献马、金帛、刍粟以助国。

十一月二十八日壬寅，派侍卫步军都指挥使郭谨率兵戍守郓州。

南唐在永陵安葬光文肃武孝高皇帝，庙号为烈祖。

十二月初一日乙巳，派遣左领军卫将军蔡行遇率兵戍守郓州。杨光远派遣骑兵进入淄州，劫持了刺史翟进宗回到青州。十二月初十日甲寅，朝廷调任杨承祚为登州刺史，以随他的意，让他方便。

杨光远从此更加骄横起来，暗中向契丹报告，说晋主辜负恩德，违背盟约，境内发生饥荒，官府和百姓都困乏穷竭，如果乘这个机会来攻打，准能一举攻晋；赵延寿也劝说契丹主南征。契丹主于是征集山后和卢龙的兵众共计五万人，让赵延寿统领他们，并委托赵延寿负责中原方面的事务，对他说："如果能够夺取中原，就一定立你当皇帝。"此外他还常指着赵延寿对契丹境内的中原人说："这才是你们的君主。"赵延寿对此深信不疑，因此为契丹卖命，策划攻取中原的方略。

朝廷对于他们的阴谋颇有了解，十二月十二日丙辰，派遣使者在南乐和德清军修建城池，征调邻近各道的兵力去守备。

南唐侍中周宗年老，谦恭谨慎，与世无争，中书令宋齐丘广泛地建立自己的朋党，千方百计地排挤他。周宗哭着向南唐主申诉这一情况，南唐主从此就疏远了宋齐丘。

不久陈觉被疏远，于是也把宋齐丘外放为镇海节度使。宋齐丘很愤恨，上表请求让他回到从前隐居过的九华山去，南唐主深知他这是讹诈，并非真心，结果只上了一次奏表，就答应了他的要求，并赐给他一封诏书说："明天的归隐，是过去就答应了的。朕确实很了解您，所以不愿违背您的志向。"仍然赐给他一个名号，叫九华先生，封为青阳公，享受一个县的租税。

宋齐丘于是在青阳修建了一处很大的宅第，穿的用的以及武将文吏，都和王公的规模一样，只是激愤、抑郁的心情比以前加深了。

宁州酋长莫彦殊率领他的部属温那等十八个州归附了楚国；这些州没有官府，只是在山冈或土堆上立个牌子，稍微施行一些恩惠和威猛加以笼络牵制而已。

这一年，春夏两季天旱，秋冬两季发大水，蝗灾严重，东自海岸，西到陇坻，南自江淮，北到幽州、蓟州，无论是原野、山谷还是城郭、庐舍都布满了蝗虫，竹叶、树叶都被吃得精光。官府再一次向民间搜刮谷物，使差督促索求严苛峻急，甚至封住百姓的碓臼碾磨，不留口粮，还有人因为藏匿谷物犯法而被处死。县令也往往因为督催所办的事务难以办到，便纷纷交出印信自我弹劾，弃官而去。百姓饿死的有几十万人，流亡的人数更是多得难以数计。于是上至留守、节度使，下至将军，都各自捐出马匹、金钱、布帛、粮草以救助国家。

朝廷以恒、定饥甚，独不括民谷。顺国节度使杜威奏称军食不足，请如诸州例，许之。威用判官王绪谋，检索殆尽，得百万斛。威止奏三十万斛，余皆入其家；又令判官李沼称贷于民，复满百万斛，来春粜之，得缗钱二百万，阖境苦之。定州吏欲援例为奏，义武节度使马全节不许，曰："吾为观察使，职在养民，岂忍效彼所为乎！"

（以上为第十五段，写中原大旱，后晋出帝仍无厌征敛，民怨沸腾。）

楚地多产金银，茶利尤厚，由是财货丰殖。而楚王希范，奢欲无厌，喜自夸大。为长枪大槊，饰之以金，可执而不可用。募富民年少肥泽者八千人，为银枪都。宫室、园囿，服用之物，务穷侈靡。作九龙殿，刻沉香为八龙，饰以金宝，长十余丈，抱柱相向；希范居其中，自为一龙，其襆头脚长丈余，以像龙角。

用度不足，重为赋敛。每遣使者行田，专以增顷亩为功，民不胜租赋而逃。王曰："但令田在，何忧无谷！"命营田使邓懿文籍逃田，募民耕艺出租。民舍故从新，仅能自存，自西徂东，各失其业。又听人入财拜官，以财多少为官高卑之差。富商大贾，布在列位。外官还者，必责贡献。民有罪，则富者输财，强者为兵，惟贫弱受刑。又置函，使人投匿名书相告讦，至有灭族者。

是岁，用孔目官周陟议，令常税之外，大县贡米二千斛，中千斛，小七百斛；无米者输布帛。天策学士拓跋恒上书曰："殿下长深宫之中，藉已成之业，身不知稼穑之劳，耳不闻鼓鼙之音，驰骋遨游，雕墙玉食。府库尽矣，而浮费益甚；百姓困矣，而厚敛不息。今淮南为仇雠之国，番禺怀吞噬之志，荆渚日图窥伺，溪洞待我姑息。谚曰：'足寒伤心，民怨伤国。'愿罢输米之令，诛周陟以谢郡县，去不急之务，减兴作之役，无令一旦祸败，为四方所笑。"王大怒。他日，恒请见，辞以昼寝。恒谓客将区弘练曰："王逞欲而愎谏，吾见其千口飘零无日矣。"王益怒，遂终身不复见之。

朝廷因为恒州、定州饥荒更加严重，就没有派人去搜刮百姓的谷物。顺国节度使杜威上奏声称军粮不足，请求比照其他一些州的做法来办理，后晋出帝答应了他。杜威采纳判官王绪所提供的办法，搜查索求一点不剩，总共获得一百万斛。杜威只奏报说有三十万斛，其余的都送进了他的家里；他又命判官李沼向百姓借贷，又搜得一百万斛，来年春季卖出，得钱二百万缗，境内的百姓深受其苦。定州的官吏想援引恒州的例子向朝廷上奏，义武节度使马全节不准许，并说："我身为观察使，职责就在于养育人民，怎能忍心学他的所作所为！"

楚国这个地方盛产金银，种茶的利润非常丰厚，因而财物货殖的收入非常可观。然而楚王马希范却穷奢极欲，贪得无厌，喜欢夸大自己。制作长枪长槊，用黄金作装饰，中看而不中用。招募有钱人家的肥壮润泽的少年八千人，编为银枪都。宫室、园囿、穿的用的等物品，都极力追求奢侈华靡。兴建九龙殿，用沉香木刻成八条龙，用金银珍宝加以装饰，有十丈多长，缠绕在柱子上两面相对；马希范坐在中间，把自己当作一条龙，他的头巾伸出的角有一丈多长，用来象征龙角。

费用不足，就加重赋敛。经常派使差下去巡查民田，专门以虚增田亩数为功绩，百姓由于负担不起租赋而纷纷逃走。楚王说："只要田地还在，何愁没有谷物！"于是命令营田使邓懿文登记那些逃亡人户的田亩，另外招募百姓来耕种，由他们缴田租。百姓舍弃旧有的田地，租种新的田地，仅仅能够维持生存，从西到东这样流徙，人们把自己的产业都丢失了。又允许人们捐钱以换取官位，按照所交钱财的多少作为官职高低的依据。富商大贾，都安排在重要的官位上。在外地任官的如果回到朝廷，必定要求他们向朝廷进献财物。百姓犯了罪，那么，富裕一点的就交出钱财，强壮的就愿意去当兵，只有贫穷衰弱的人接受刑罚。又设置了检举信箱，让人们投匿名信互相检举，以致有的人因此而被族灭全家。

这一年，采纳孔目官周陟的建议，规定在正常的租税之外，大县再进贡白米二千斛，中县一千斛，小县七百斛；交不出来的就输纳布帛。天策学士拓跋恒上书说："殿下生长在深宫之中，凭借既成的大业，因此没有亲身经历过种庄稼的辛劳，两耳也没有听到过战场搏杀的声音，只是骑着马驰骋遨游，住的是华丽的宫室，吃的是山珍海味。府库中的财物已经耗费完了，但是浪费却更加厉害了；百姓生活很贫困了，但是沉重的赋敛却仍接连不断。现在淮南方面是我们的敌仇之国，番禺方面对我们怀有吞并的野心，荆渚方面天天都在打我们的主意，溪洞方面也对我们渐渐怠慢了起来。谣谚说得好：'足寒伤心，民怨伤国。'希望能够取消输纳白米的规定，诛杀周陟以向郡县的百姓谢罪，罢除一切不急之务，削减建造工程，免得一旦招致祸败，惹天下四方的人耻笑。"楚王对此大怒。有一天，拓跋恒请求进见，楚王

闽主曦嫁其女，取班簿阅视之；朝士有不贺者十二人，皆杖之于朝堂。以御史中丞刘赞不举劾，亦将杖之，赞义不受辱，欲自杀。谏议大夫郑元弼谏曰："古者刑不上大夫。中丞仪刑百僚，岂宜加之棰楚！"曦正色曰："卿欲效魏徵邪？"元弼曰："臣以陛下为唐太宗，故敢效魏徵。"曦怒稍解，乃释赞，赞竟以忧卒。

（以上为第十六段，写楚主马希范、闽主王曦均骄奢淫逸，百计搜刮民财。）

开运元年（甲辰，944 年）

春，正月，乙亥，边藩驰告："契丹前锋将赵延寿、赵延照将兵五万入寇，逼贝州。"延照，思温之子也。

先是朝廷以贝州水陆要冲，多聚刍粟，为大军数年之储，以备契丹。军校邵珂，性凶悖，永清节度使王令温黜之。珂怨望，密遣人亡入契丹，言："贝州粟多而兵弱，易取也。"会令温入朝，执政以前复州防御使吴峦权知州事，峦至，推诚抚士。会契丹入寇，峦书生，无爪牙，珂自请，愿效死，峦使将兵守南门，峦自守东门。契丹主自攻贝州，峦悉力拒之，烧其攻具殆尽。己卯，契丹复攻城，珂引契丹自南门入，峦赴井死。契丹遂陷贝州，所杀且万人。

庚辰，以归德节度使高行周为北面行营都部署，以河阳节度使符彦卿为马军左厢排陈使，以右神武统军皇甫遇为马军右厢排陈使，以陕府节度使王周为步军左厢排陈使，以左羽林将军潘环为步军右厢排陈使。

太原奏契丹入雁门关。恒、邢、沧皆奏契丹入寇。

成德节度使杜威遣幕僚曹光裔诣杨光远，为陈祸福，光远遣光裔入奏，称："承祚逃归，母疾故尔。既蒙恩宥，阖族荷恩。"朝廷信其言，遣使与光裔复往慰谕之。

（以上为第十七段，写契丹大举南下攻占贝州，夺得大量军储。归德节度使高行周受命御敌，为北面行营都部署。）

推辞说正在睡午觉，不愿见。拓跋恒对客将区弘练说："大王随心所欲而拒绝进谏，我看他的千口之家流离失所要不了多久了。"楚王听到这话后，对他更加恼怒，从此终身不愿再见拓跋恒。

闽主王曦嫁女儿，拿出祝贺名册仔细查阅；朝廷士大夫有十二个人没来祝贺，把他们叫到朝堂加以杖打。因为御史中丞刘赞没有弹劾这些人，也加以杖打，刘赞不甘受辱，准备自杀。谏议大夫郑元弼劝谏闽主说："古时候刑不上大夫。中丞是掌握百官威仪和刑罚的，怎么适宜加以拷打！"王曦板着脸说："你是想学魏徵吗？"郑元弼说："臣是把陛下当作唐太宗，所以才敢学魏徵。"王曦的怒气这才稍有缓解，于是释放了刘赞，刘赞最终还是忧郁而死。

后晋齐王开运元年（甲辰，944 年）

春季，正月初二日乙亥，边境的藩镇飞骑来报："契丹前锋将领赵延寿、赵延照率领五万兵马前来侵犯，逼近了贝州。"赵延照是赵思温的儿子。

在此之前，朝廷认为贝州是水陆要冲，就在这里聚集了很多粮草，是大军好几年的储备，主要是用来防备契丹入侵。有一个军校名叫邵珂，生性凶残悖戾，永清节度使王令温罢黜了他。邵珂心怀不满，暗中派人跑到契丹去，告诉契丹说："贝州的粮食很多，但兵力却很弱，很容易攻取。"刚好这时王令温入朝，执政大臣派前复州防御使吴峦代理贝州的事务，吴峦到了贝州以后，推诚布公，安抚士卒。这时赶上契丹前来入侵，吴峦是个书生，没有亲信的部将，邵珂主动向他请战，愿意以死效力，吴峦就派他带兵防守南门，吴峦自己防守东门。契丹主亲自攻打贝州，吴峦竭尽全力进行抵抗，把契丹人的攻城器具几乎全部烧光了。正月初六日己卯，契丹再一次攻城，邵珂引导契丹兵从南门进城，吴峦投井而死。契丹终于攻陷了贝州，所杀害的贝州军民将近一万人。

正月初七日庚辰，任命归德节度使高行周为北面行营都部署，任命河阳节度使符彦卿为马军左厢排阵使，任命右神武统军皇甫遇为马军右厢排阵使，任命陕府节度使王周为步军左厢排阵使，任命左羽林将军潘环为步军右厢排阵使。

太原方面奏报说契丹已经进入雁门关。恒州、邢州、沧州都奏报说契丹前来入侵。

成德节度使杜威派他的幕僚曹光裔到杨光远处，向他分析依违朝廷的利害关系，于是杨光远就委派曹光裔入朝上奏，说："杨承祚逃归青州，主要是由于他母亲生病的缘故。既然承蒙皇恩宽恕，我们全族都感戴皇上的大恩大德。"朝廷相信了他的这些话，就派遣使者和曹光裔一道前去安抚劝谕他。

唐以侍中周宗为镇南节度使，左仆射兼门下侍郎、同平章事张居咏为镇海节度使。

唐主决欲传位于齐、燕二王。翰林学士冯延己等因之欲隔绝中外以擅权。辛巳，敕："齐王景遂参决庶政，百官惟枢密副使魏岑、查文徽得白事，余非召对不得见。"国人大骇。给事中萧俨上疏极论，不报。侍卫都虞候贾崇叩阁求见，曰："臣事先帝三十年，观其延接疏远，孜孜不怠，下情犹有不通者。陛下新即位，所任者何人，而顿与群臣谢绝？臣老矣，不复得奉颜色。"因涕泗呜咽。唐主感悟，遽收前敕。

唐主于宫中作高楼，召侍臣观之，众皆叹美。萧俨曰："恨楼下无井。"唐主问其故。对曰："以此不及景阳楼耳。"唐主怒，贬于舒州，观察使孙晟遣兵防之，俨曰："俨以谏诤得罪，非有他志。昔顾命之际，君几危社稷，其罪顾不重于俨乎？今日反见防邪！"晟惭惧，遽罢之。

（以上为第十八段，写南唐主李璟亲小人远贤臣。）

帝遣使持书遗契丹，契丹已屯邺都，不得通而返。

壬午，以侍卫马步都指挥使景延广为御营使，前静难节度使李周为东京留守。是日，高行周以前军先发。时用兵方略号令皆出延广，宰相以下皆无所预；延广乘势使气，陵侮诸将，虽天子亦不能制。

乙酉，帝发东京。丁亥，滑州奏契丹至黎阳。戊子，帝至澶州。

契丹主屯元城，赵延寿屯南乐；以延寿为魏博节度使，封魏王。

契丹寇太原，刘知远与白承福合兵二万击之。甲午，以知远为幽州道行营招讨使，杜威为副使，马全节为都虞候。丙申，遣右武卫上将军张彦泽等将兵拒契丹于黎阳。

南唐任命侍中周宗为镇南节度使，左仆射兼门下侍郎、同平章事张居咏为镇海节度使。

南唐主拿定主意要传位给弟弟齐、燕二王。翰林学士冯延己等人想乘此机会隔绝外臣与宫中的联系，好方便他们把持权柄。正月初八日辛巳，南唐主下敕令：“齐王李景遂参与决策各项国政，文武百官只有枢密副使魏岑、查文徽可以直接入宫陈奏事情，其余的人除非征召，不得进见。”南唐人对这项敕令感到大为惊骇。给事中萧俨上疏极力争辩，结果奏疏中途被扣压了下来。侍卫都虞候贾崇叩首阁门请求接见，他说：“臣侍奉先帝三十年，亲眼看到先帝延请接见关系疏远的人，总是殷勤诚恳，从不倦怠，尽管这样，下面的情况还有不能上达的。陛下刚刚即位，所任用的又是什么样的人呢，竟然马上就要和群臣隔绝？臣老了，不能再亲自侍奉皇上了。”说到这里便泪流满面，声音哽咽。南唐主受到感动，幡然悔悟，急忙把所颁发的敕令收了回来。

南唐主在宫中建造高楼，召集侍臣来观赏，大家都叹赏称美。萧俨说：“只可惜楼下没有一口井。”南唐主问他为什么。他回答说：“因为少了一口井就比不上陈后主的景阳楼了啊。”南唐主一听大怒，就把他贬到了舒州，观察使孙晟派兵对他加以防备，萧俨说：“我萧俨是因为直言敢谏而被治罪，并不是怀有异心。当初在顾命的时候，你可是险些要危害社稷的呀，那罪责不是比我萧俨的要严重得多吗？今天怎么反要防备起我来了！”孙晟又羞惭又害怕，赶紧撤掉了设防的士兵。

后晋出帝派遣使者带着信给契丹，契丹大军这时已经驻扎在邺都城外，不能通行，只好返回。

正月初九日壬午，任命侍卫马步都指挥使景延广为御营使，前静难节度使李周为东京留守。当天，高行周率领前锋部队先出发。当时用兵的方略和号令都由景延广作决定，宰相以下的官员都不得参与；景延广依仗权势，意气用事，凌辱将帅，即使是天子也难以辖制他。

正月十二日乙酉，后晋出帝从东京出发。正月十四日丁亥，滑州方面奏报说契丹兵到了黎阳。正月十五日戊子，后晋出帝到达澶州。

契丹主驻扎元城，赵延寿驻扎南乐；契丹主任命赵延寿为魏博节度使，封他为魏王。

契丹侵犯太原，刘知远与白承福联合起来共有二万兵马，予以迎击。正月二十一日甲午，任命刘知远为幽州道行营招讨使，杜威为副使，马全节为都虞候。正月二十三日丙申，派遣右武卫上将军张彦泽等人率兵在黎阳抵御契丹。

戊戌，蜀主复以将相遥领节度使。

帝复遣译者孟守忠致书于契丹，求修旧好。契丹主复书曰：“已成之势，不可改也。”

辛丑，太原奏破契丹伟王于秀容，斩首三千级。契丹自鸦鸣谷遁去。

殷铸天德通宝大铁钱，一当百。

唐主遣使遗闽主曦及殷主延政书，责以兄弟寻戈。曦复书，引周公诛管、蔡，唐太宗诛建成、元吉为比。延政复书，斥唐主夺杨氏国。唐主怒，遂与殷绝。

天平节度副使、知郓州颜衎遣观察判官窦仪奏：“博州刺史周儒以城降契丹，又与杨光远通使往还，引契丹自马家口济河，擒左武卫将军蔡行遇。”仪谓景延广曰：“虏若济河与光远合，则河南危矣。”延广然之。仪，蓟州人也。

（以上为第十九段，写后晋出帝向契丹求和未允。博州刺史周儒投降契丹，引敌渡过黄河。）

正月二十五日戊戌，后蜀主恢复任命将相遥领节度使的旧规。

后晋出帝又派遣翻译孟守忠给契丹送信，请求恢复两国以往的友好关系。契丹主回信说：“已经形成的局势无法改变了。”

正月二十八日辛丑，太原方面奏报说，在秀容打败了契丹伟王，斩杀三千首级。契丹从鸦鸣谷逃走。

殷国铸造“天德通宝”大铁钱，一枚大钱相当于一百枚小钱。

南唐主派使者分别给闽主王曦和殷主王延政送信，责备他们不该兄弟之间日寻干戈。王曦回了信，援引周公诛管叔、蔡叔，唐太宗诛李建成、李元吉的例子作比喻。王延政也回了信，斥责南唐主篡夺了杨氏的天下。南唐主大怒，从此与殷国断绝了来往。

天平节度副使、知郓州颜衎派观察判官窦仪入朝上奏：“博州刺史周儒把州城献给契丹，向契丹投降，又和杨光远互派使者往来不断，引导契丹兵从马家口渡过黄河，擒去了左武卫将军蔡行遇。”窦仪对景延广说：“北虏如果渡过黄河与杨光远联合的话，那么黄河以南就危险了。”景延广同意他的看法。窦仪是蓟州人。

【点评】

本卷点评南汉高祖刘岩昏暴、闽主王曦好货、后晋出帝石重贵居丧做新郎、后晋举国贪残四件史事。

一、南汉高祖刘岩昏暴。南汉高祖刘岩，南海王刘隐之弟，刘隐死后，刘岩袭封南海王。刘岩不满名“岩”，更名“龑”，取《易·乾卦》“飞龙在天”之义，造字曰“龑”，读“俨”。后梁贞明三年（917），刘龑即皇帝位，国号大越，后改为汉，公元942年卒，谥天皇大帝，庙号高祖。刘龑据岭南一角，弹丸小国，却狂妄自矜，呼唐天子为“洛州刺史”，认为中原天子都洛阳，政令不能及远，如同洛州刺史。刘龑为政极端奢侈荒淫，且残暴苛酷。宫殿悉以金玉珠翠为饰。用刑残酷，有灌鼻、割舌、肢解、刳剔、炮炙、烹蒸之刑，还有聚毒蛇水中，以罪人投之，叫作水狱。只要杀人，则高兴异常。晚年，猜疑变态，认为士大夫都为子孙打算，只有宦官无后才可靠，事无巨细，专用宦官，由是南汉小国，宦官充斥。唐末宦官之祸，刘龑亲见，当自己手握无限权力，阉竖的危害，便置诸脑后。宦官是集权制度的衍生物，小小南汉，提供了极为生动的例证。

二、闽主王曦好货。闽主王曦淫虐而好货。同平章事余廷英亦贪秽之人。余廷英出为泉州刺史，掠取良家女子，还诈称是替闽主选美。事情败露，闽主王曦派御史去调查审讯。余廷英害怕了，就赶回福州自首，送给闽主宴会钱一万缗，《新五代史》记载为钱千万。闽主十分高兴，对余廷英说：“你还得送一份给皇后。”余廷英又送了一千万钱给皇后，摆平了这件事，回到泉州任上。没有过多久，闽主召回余廷英重用为相。从此，闽国地方的贡物一份变为两份。闽主一份，皇后一份。闽主君臣，贪财如此，一对好货之徒，民不堪命矣。

三、后晋出帝石重贵居丧做新郎。后晋高祖石敬瑭喜欢少弟石重胤，养为儿子，名字加“重”字，与自己儿子同辈分。重胤早死，其妻冯氏寡居，有美色，出帝石重贵一见神魂颠倒。后晋高祖驾崩，还未下葬，出帝就纳叔母冯氏为妃，又立为皇后，群臣都来庆贺。出帝对宰相冯道说：“皇太后有诏，朕与众卿不举办喜酒。”群臣退出，出帝与冯皇后畅饮欢快。酒足饭饱后，出帝与冯皇后走到后晋高祖灵柩前，洒酒于地，口中祷告说：“皇太后有令，和先帝不举办大庆。”在场的人忍不住笑起来，出帝也红着脸笑了起来，还自我解嘲地说：“我今天做新郎，当得怎么样？”乐得冯皇后和周围的人大笑起来。皇太后心里很生气，可是对出帝这样纵欲乱伦的行为无可奈何。出帝如此荒唐，不见大臣谏诤，主昏臣谬，破家亡国之祸可以想见了。

四、后晋举国贪残。后晋出帝天福八年（943），全国春夏大旱，秋冬大水，加之蝗灾，东起海滨，西至陇山，南逾江淮，北抵幽蓟，灾民遍地，竹木叶都被采食殆尽。平卢军节度使杨光远密告契丹，后晋境内大饥，军士饿死过半，趁此出兵，

可一举灭晋。杨光远早有异谋，欲效石敬瑭之所为，引纳契丹内侵，自己做儿皇帝。晋国全境大灾，引狼入室，祸害祖国，是不齿于人类的人渣。而晋国君臣，在大灾之年，不恤民生，反而搜刮民谷，使者四出，相望于道，严加督责，以至于封禁碓硙，不留一粒粮食，有藏匿谷者，处以死刑。河北恒、定两州，灾情严重，诏令不括民财，而顺国节度使杜威奏称军食不足，请按诸州例搜刮民财，全境搜刮殆尽，得谷百万斛，上奏三十万斛，个人截留七十万斛。无独有偶，楚王马希范，也以用度不足为由，重为赋敛，民不胜租赋逃亡，马希范说："只要田在，何忧无谷。"田有人民耕种才能产谷，人去田荒，哪来谷物？在杜威、马希范、后晋出帝眼里，只有钱财谷物，黎民百姓不如粪土，苍生大众，也只知逆来顺受。读史至此，不能不思陈胜、吴广，不能不思专制集权之祸害。

后晋纪五

后晋齐王开运元年至二年（944—945年）

【起阏逢执徐（甲辰，944年）二月，尽旃蒙大荒落（乙巳，945年）七月，凡一年有奇】

【大事提要】

本卷记事起公元944年二月，讫公元945年七月，凡一年又六个月，当后晋出帝开运元年二月至开运二年七月。开运二年二月，高行周在戚城大败契丹。桑维翰复出，出杨光远、景延广于外，朝纲整肃，数月之间，朝廷差治。十二月，契丹第二次大举南犯，后晋军大败契丹于相州，后晋出帝下诏亲征。开运二年三月，后晋军在阳城大败契丹。后晋出帝留杜威为顺国节度使镇恒州。杜威畏契丹复来，擅离职守逃回京都，后晋出帝姑息不问。桑维翰屡谏乘胜与契丹修好，后晋出帝不听，丧失和平契机。闽主王曦为部属杀死，朱文进自称闽主。王延政大破南唐兵，朱文进又为部属所杀，归服殷主，福州兵入援建州，南唐增兵大败王延政，李仁达乘机割据福州。王延政屠杀福州兵八千，为其败亡张本。

【原文】

齐王中

开运元年（甲辰，944年）

二月，甲辰朔，命前保义节度使石赟守麻家口，前威胜节度使何重建守杨刘镇，护圣都指挥使白再荣守马家口，西京留守安彦威守河阳。未几，周儒引契丹将麻荅自马家口济河，营于东岸，攻郓州北津以应杨光远。麻荅，契丹主之从弟也。

乙巳，遣侍卫马军都指挥使、义成节度使李守贞，神武统军皇甫遇，陈州防御使梁汉璋，怀州刺史薛怀让将兵万人，缘河水陆俱进。守贞，河阳；汉璋，应州；怀让，太原人也。

丙午，契丹围高行周、符彦卿及先锋指挥使石公霸于戚城。先是景延广令诸将分地而守，无得相救。行周等告急，延广徐白帝，帝自将救之。契丹解去，三将泣诉救兵之缓，几不免。

戊申，李守贞等至马家口。契丹遣步卒万人筑垒，散骑兵于其外，余兵数万屯河西，船数千艘渡兵，未已，晋兵薄之，契丹骑兵退走，晋兵进攻其垒，拔之。契丹大败，乘马赴河溺死者数千人，俘斩亦数千人。河西之兵恸哭而去，由是不敢复东。

辛亥，定难节度使李彝殷奏将兵四万自麟州济河，侵契丹之境。壬子，以彝殷为契丹西南面招讨使。

初，契丹主得贝州、博州，皆抚慰其人，或拜官赐服章。及败于戚城及马家口，忿恚，所得民，皆杀之，得军士，燔炙之。由是晋人愤怒，戮力争奋。

杨光远将青州兵欲西会契丹；戊午，诏石赟分兵屯郓州以备之。

诏刘知远将部兵自土门出恒州击契丹，又诏会杜威、马全节于邢州。知远引兵屯乐平不进。

（以上为第一段，写契丹败北，西线刘知远观望不力战以保存实力。）

【语译】

齐王中

后晋齐王开运元年（甲辰，944 年）

二月初一日甲辰，任命前保义节度使石赟戍守麻家口，前威胜节度使何重建戍守杨刘镇，护圣都指挥使白再荣戍守马家口，西京留守安彦威戍守河阳。不久，周儒引导契丹将领麻荅从马家口渡过黄河，在东岸扎营，攻打郓州北岸的渡口以便接应杨光远。麻荅是契丹主的堂弟。

二月初二日乙巳，派遣侍卫马军都指挥使、义成节度使李守贞，神武统军皇甫遇，陈州防御使梁汉璋，怀州刺史薛怀让率领一万兵马，沿着黄河，水陆并进。李守贞是河阳人；梁汉璋是应州人；薛怀让是太原人。

二月初三日丙午，契丹在戚城包围了高行周、符彦卿和先锋指挥使石公霸。在此之前，景延广下令各将帅分地防守，不许相互救援。高行周等人向朝廷告急，景延广才慢慢报告后晋出帝，后晋出帝亲自率兵前去救援。契丹解围退走，三位将军哭着向后晋出帝申诉救兵来得太迟，险些使他们遭难。

二月初五日戊申，李守贞等人到达马家口。契丹派出步兵一万人修筑营垒，在营垒的外面散布骑兵，其余的兵卒数万人都驻扎在黄河西岸，用数千艘船往来运渡兵卒，营垒还没有修筑完毕，晋兵就逼近了过来，契丹骑兵退却逃走，晋兵就进攻他们的营垒，攻了下来。契丹大败，骑着马冲进黄河而被淹死的有好几千人，被俘和被杀的也有好几千人。黄河西岸的契丹兵伤心地痛哭着撤退了回去，从此不敢再到东岸来了。

二月初八日辛亥，定难节度使李彝殷奏报朝廷，要率领四万兵马从麟州渡过黄河，侵入契丹境内。二月初九日壬子，任命李彝殷为契丹西南面招讨使。

当初，契丹主取得贝州、博州以后，都对这些地方的州民加以安抚慰问，甚至还给人们拜授官职，赐给袍服徽章。等到他在戚城和马家口吃了败仗之后，愤怒恼恨之下，把所抓捕的百姓全部杀掉，把抓到的军士全部都用火烧烤。因此引起了后晋人的愤怒，他们全力以赴，奋起斗争。

杨光远带领青州兵想向西和契丹兵相会合；二月十五日戊午，后晋出帝下诏命令石赟分出一部分兵力驻守在郓州，来防备他。

诏令刘知远带领本部人马从土门出发取道恒州，去攻打契丹，又命令他和杜威、马全节在邢州会师。刘知远率兵驻扎在乐平不肯前进。

帝居丧期年，即于宫中奏细声女乐。及出师，常令左右奏三弦琵琶，和以羌笛，击鼓歌舞，曰："此非乐也。"庚申，百官表请听乐，诏不许。

壬戌，杨光远围棣州，刺史李琼出兵击败之，光远烧营走还青州。癸亥，以前威胜节度使何重建为东面马步都部署，将兵屯郓州。

阶、成义军指挥使王君怀帅所部千余人叛降蜀，请为乡道以取阶、成。甲子，蜀人攻阶州。

契丹伪弃元城去，伏精骑于古顿丘城，以俟晋军与恒、定之兵合而击之。邺都留守张从恩屡奏虏已遁去；大军欲进追之，会霖雨而止。契丹设伏旬日，人马饥疲。赵延寿曰："晋军悉在河上，畏我锋锐，必不敢前；不如即其城下，四合攻之，夺其浮梁，则天下定矣。"契丹主从之，三月，癸酉朔，自将兵十余万陈于澶州城北，东西横掩城之两隅，登城望之，不见其际。高行周前军在戚城之南，与契丹战，自午至晡，互有胜负。契丹主以精兵当中军而来，帝亦出陈以待之。契丹主望见晋军之盛，谓左右曰："杨光远言晋兵半已馁死，今何其多也！"以精骑左右略陈，晋军不动，万弩齐发，飞矢蔽地。契丹稍却；又攻晋陈之东偏，不克。苦战至暮，两军死者不可胜数。昏后，契丹引去，营于三十里之外。

乙亥，契丹主帐中小校窃其马亡来，云契丹已传木书，收军北去。景延广疑其诈，闭壁不敢追。

（以上为第二段，写后晋兵在戚城大胜，契丹主北还。）

汉主命中书令、都元帅越王弘昌谒烈宗陵于海曲，至昌华宫，使盗杀之。

契丹主自澶州北分为两军，一出沧、德，一出深、冀而归。所过焚掠，方广千里，民物殆尽。留赵延照为贝州留后。麻荅陷德州，擒刺史尹居璠。

闽拱宸都指挥使朱文进，阁门使连重遇，既弑康宗，常惧国人之讨，

后晋出帝守丧刚满一年，就在宫中演奏起细声女乐。到率兵出师北讨时，常常命身边的人为他弹奏三弦琵琶，用羌笛伴奏，一边击鼓，一边唱歌跳舞，还说：“这不算是作乐。”二月十七日庚申，文武百官上表请求允许聆听音乐，下诏表示不允许。

二月十九日壬戌，杨光远包围棣州，刺史李琼出兵把他打败，杨光远烧了营寨逃回到青州。二月二十日癸亥，任命前威胜节度使何重建为东面马步都部署，率兵驻扎郓州。

阶、成二州的义军指挥使王君怀率领所部一千多人叛变投降了后蜀，并且请求为后蜀当向导去攻取阶、成二州。二月二十一日甲子，后蜀开始攻打阶州。

契丹假装放弃元城而退走，在古顿丘城埋伏下精锐骑兵，以等待晋军与恒州、定州的军队会合时再发动攻击。邺都留守张从恩多次奏报说北虏已经逃走；朝廷大军正要去追击契丹，碰巧遇上了连绵不断的大雨，只好取消了这次行动。契丹兵埋伏了十多天，人困马乏。赵延寿说：“晋军都在黄河岸边，害怕我军的强锐，一定不敢前来；不如把军队开到他们的城下，从四面包围进行攻打，夺取他们的德胜浮桥，这样天下大势就定了。”契丹主听从了他的意见，三月初一日癸酉，契丹主亲自率领十多万兵马在澶州城北摆开阵势，从东到西横亘州城的两个角，登城眺望，看不到边际。高行周的前锋部队当时在戚城以南，和契丹交战，从中午一直打到黄昏，双方互有胜负。契丹主用他的精锐士兵径直向晋军的中军冲了过来，后晋出帝也摆开阵势准备迎敌。契丹主远远望见晋军军威强盛，就对身边的人说：“杨光远说晋兵有一半已经饿死，现在怎么这么多啊！”于是使用精锐骑兵从左右两边去冲击晋军的军阵，晋军丝毫不为所动，忽然间万弩齐发，飞矢落得满地都是。契丹兵稍微向后退了一点；接着又进攻晋军军阵的东侧，仍然没能攻下。苦战到傍晚，两军死亡的人多得不可胜数。天黑以后，契丹兵退了回去，在三十里之外扎营。

三月初三日乙亥，契丹主帐下的一个小校官偷了他的马逃了过来，说契丹主已经传下木书军令，集合军队回北方去了。景延广怀疑可能其中有诈，关闭营垒不敢追击。

汉主命令中书令、都元帅越王刘弘昌到海曲去拜谒烈宗的陵墓，当他到了昌华宫时，汉主唆使盗贼把他杀了。

契丹主从澶州北面开始把军队分作两路，一路取道沧州、德州，一路取道深州、冀州，往回撤。对他们所经过的地方都烧杀抢掠，方圆有一千里，百姓的财物几乎都被抢光了。留下赵延照为贝州留后。麻荅攻陷了德州，俘获了刺史尹居璠。

闽国拱宸都指挥使朱文进、阁门使连重遇，在弑杀了康宗以后，常常担心国人

相与结婚以自固。闽主曦果于诛杀，尝游西园，因醉杀控鹤指挥使魏从朗。从朗，朱、连之党也。又尝酒酣诵白居易诗云："惟有人心相对间，咫尺之情不能料"，因举酒属二人。二人起，流涕再拜，曰："臣子事君父，安有他志！"曦不应。二人大惧。

李后妒尚贤妃之宠，欲弑曦而立其子亚澄，使人告二人曰："主上殊不平于二公，奈何？"

会后父李真有疾，乙酉，曦如真第问疾。文进、重遇使拱宸马步使钱达弑曦于马上，召百官集朝堂，告之曰："太祖昭武皇帝，光启闽国，今子孙淫虐，荒坠厥绪。天厌王氏，宜更择有德者立之。"众莫敢言。重遇乃推文进升殿，被衮冕，帅群臣北面再拜称臣。文进自称闽主，悉收王氏宗族延喜以下少长五十余人，皆杀之。葬闽主曦，谥曰睿文广武明圣元德隆道大孝皇帝，庙号景宗。以重遇总六军。礼部尚书、判三司郑元弼抗辞不屈，黜归田里，将奔建州，文进杀之。文进下令，出宫人，罢营造，以反曦之政。

殷主延政遣统军使吴成义将兵讨文进，不克。

文进加枢密使鲍思润同平章事，以羽林统军使黄绍颇为泉州刺史，左军使程文纬为漳州刺史。汀州刺史同安许文稹，举郡降之。

丁亥，诏太原、恒、定兵各还本镇。

辛卯，马全节攻契丹泰州，拔之。

敕天下籍乡兵，每七户共出兵械资一卒。

秦州兵救阶州，出黄阶岭，败蜀兵于西平。

（以上为第三段，写闽国内乱，闽主王曦为部属所杀。）

汉以户部侍郎陈偓同平章事。

夏，四月，丁未，缘河巡检使梁进以乡社兵复取德州。己酉，命归德节度使高行周、保义节度使王周留镇澶州。庚戌，帝发澶州；甲寅，至大梁。

侍卫马步都指挥使、天平节度使、同平章事景延广，既为上下所恶，帝亦惮其不逊难制；桑维翰引其不救戚城之罪，辛酉，加延广兼侍中，出为西京留守。以归德节度使兼侍中高行周为侍卫马步都指挥使。延广

会向他们讨血债，于是就相互联姻，想以此来稳固自己的地位。闽主王曦诛杀起人来毫不手软，一次他游览西园，乘着醉酒杀死了控鹤指挥使魏从朗。魏从朗是朱文进、连重遇的党羽。有一次乘着酒兴正浓吟诵白居易的诗道："惟有人心相对间，咫尺之情不能料。"说着，就举起酒杯向二人敬酒。二人赶忙站起，流着眼泪一再叩拜，说："臣子侍奉君父，哪敢怀有异志！"王曦没有搭腔，二人感到非常恐惧。

李后忌妒尚贤妃受宠爱，想弑杀王曦然后扶立自己的儿子王亚澄，她派人告诉朱文进、连重遇二人说："皇上对你们二位很不满意，怎么办啊？"

正巧皇后的父亲李真有病，三月十三日乙酉，王曦前往李真的府第去看望他的病情。朱文进、连重遇指使拱宸马步使钱达在马上把王曦杀了，然后召集文武百官在朝堂相见，告诉大家说："太祖昭武皇帝，光大开创了闽国，现在他的子孙们却荒淫暴虐，败坏了祖宗的传统。苍天已经厌弃王氏，应该另外选择一位有贤德的人，拥立他为国君。"众人都不敢说话。连重遇于是就推朱文进上殿升座，给他穿上皇帝的衣服冠冕，然后率领群臣向北面再拜称臣。朱文进自称闽主，把王氏宗族从王延喜以下老老少少共五十多人，全部杀掉。安葬了闽主王曦，谥号为睿文广武明圣元德隆道大孝皇帝，庙号叫景宗。任命连重遇总管六军。礼部尚书、判三司郑元弼言辞抗辩，不肯归服，被罢去官职，免归乡里，他准备投奔建州的殷主王延政，朱文进把他杀了。朱文进下令，遣散宫人出宫，停止工程营建，以表示和王曦政策的不同。

殷主王延政派遣统军使吴成义率兵讨伐朱文进，未能取胜。

朱文进加封枢密使鲍思润为同平章事，任命羽林统军使黄绍颇为泉州刺史，左军使程文纬为漳州刺史。汀州刺史同安人许文稹，献出守郡投降了朱文进。

三月十五日丁亥，诏令太原、恒州、定州的军队各还本镇。

三月十九日辛卯，马全节攻克了契丹的泰州。

下令天下造册登记乡兵，每七户人家共同出供给一个兵卒的兵械钱。

秦州兵救援阶州，取道黄阶岭，在西平打败了后蜀军队。

南汉任命户部侍郎陈偓为同平章事。

夏季，四月初五日丁未，缘河巡检使梁进用乡社兵收复了德州。四月初七日己酉，命令归德节度使高行周、保义节度使王周留下来镇守澶州。四月初八日庚戌，后晋出帝从澶州启程；四月十二日甲寅，到达大梁。

侍卫马步都指挥使、天平节度使、同平章事景延广，既被上上下下的人所憎恨，后晋出帝也怕他桀骜不驯，难以控制；桑维翰追究他不援救戚城的罪责，四月十九日辛酉，加封景延广为兼侍中，外放为西京留守。任命归德节度使兼侍中高行周为

郁郁不得志，见契丹强盛，始忧国破身危，遂日夜纵酒。

朝廷因契丹入寇，国用愈竭，复遣使者三十六人分道括率民财，各封剑以授之。使者多从吏卒，携锁械、刀杖入民家，小大惊惧，求死无地。州县吏复因缘为奸。

河南府出缗钱二十万，景延广率三十七万。留守判官卢亿言于延广曰："公位兼将相，富贵极矣。今国家不幸，府库空竭，不得已取于民，公何忍复因而求利，为子孙之累乎！"延广惭而止。

先是，诏以杨光远叛，命兖州修守备。泰宁节度使安审信，以治楼堞为名，率民财以实私藏。大理卿张仁愿为括率使，至兖州，赋缗钱十万。值审信不在，拘其守藏吏，指取钱一囷，已满其数。

戊寅，命侍卫马步军都虞候、泰宁节度使李守贞将步骑二万讨杨光远于青州；又遣神武统军洛阳潘环及张彦泽等将兵屯澶州，以备契丹。

契丹遣兵救青州，齐州防御使堂阳薛可言邀击，败之。

丙戌，诏诸州所籍乡兵，号武定军，凡得七万余人。时兵荒之余，复有此扰，民不聊生。

丁亥，邺都留守张从恩上言："赵延照虽据贝州，麾下兵皆久客思归，宜速进军攻之。"诏以从恩为贝州行营都部署，督诸将击之。辛卯，从恩奏赵延照纵火大掠，弃城而遁，屯于瀛、莫，阻水自固。

朱文进遣使如唐，唐主囚其使，将伐之，会天暑、疾疫而止。

六月，辛酉，官军拔淄州，斩其刺史刘翰。

太尉、侍中冯道虽为首相，依违两可，无所操决。或谓帝曰："冯道，承平之良相；今艰难之际，譬如使禅僧飞鹰耳。"癸卯，以道为匡国节度使，兼侍中。

乙巳，汉主幽齐王弘弼于私第。

或谓帝曰："陛下欲御北狄，安天下，非桑维翰不可。"丙午，复置枢

侍卫马步都指挥使。景延广郁郁不得志，又见契丹势力强盛了起来，开始担忧起国破身亡的危险，于是就一天到晚纵情饮酒。

朝廷由于契丹的入侵，国家财用更加枯竭，于是又派出使差三十六人分别去各道搜刮百姓的财物，临行前每位使差都封赐了一柄宝剑。这些使差带了很多随从吏卒，拿着锁链刑械、刀杖闯入百姓家中，搅得大人小孩都惊慌恐惧，想求一死都没有门路。州县的官吏也借此机会为非作歹。

河南府应出缗钱二十万，景延广却增收到三十七万。留守判官卢亿对景延广说："您位居将相，富贵到了极点。现在国家遭到不幸，府库空乏竭尽，不得已才向百姓索取，您怎么忍心再乘机贪图私利，给子孙增添负累呢！"景延广感到惭愧，就罢了手。

在此之前，后晋出帝下诏，由于杨光远叛变，命令兖州修筑守备设施。泰宁节度使安审信，借修筑城楼的名义，聚敛民财以中饱私囊。大理卿张仁愿当时受派为括率使，来到兖州，要征收缗钱十万。正巧安审信不在军镇，就拘禁了他的看守仓库的小吏，指令随员取出其中一个仓库的钱，结果就满足了所需之数。

五月初七日戊寅，命令侍卫马步军都虞候、泰宁节度使李守贞率领步兵和骑兵两万人赴青州讨伐杨光远；又派遣神武统军洛阳人潘环和张彦泽等人率兵驻扎澶州，以防备契丹。

契丹派兵救援青州，齐州防御使堂阳人薛可言中途拦击，打败了契丹援兵。

五月十五日丙戌，诏令各州所登记的乡兵称为武定军，共有七万多人。当时在兵荒马乱之后，又增加了这样的骚扰，以致民不聊生。

五月十六日丁亥，邺都留守张从恩上奏说："赵延照虽然占据着贝州，但是他麾下的士兵却久居在外归乡心切，应该尽快派兵去攻打他。"诏令张从恩为贝州行营都部署，督率各军将帅攻击赵延照。五月二十日辛卯，张从恩奏报说，赵延照放火抢劫，弃城而逃，驻扎在瀛州、莫州，依水设阻，以图自保。

朱文进派遣使者前往南唐，南唐主囚禁了他的使者，准备派兵讨伐他的弑君之罪，正赶上天气暑热、疾疫流行，只好作罢。

六月二十一日辛酉，官军攻克淄州，斩杀了淄州刺史刘翰。

太尉、侍中冯道虽然身为宰相，可是对待事情却模棱两可，从来都不轻易作决定。有人对后晋出帝说："冯道，是承平时代的好宰相；现在是时势艰难时期，比如让坐禅的僧人去飞鹰搏兔，用非所长啊。"六月初三日癸卯，任命冯道为匡国节度使，兼侍中。

六月初五日乙巳，南汉主把齐王刘弘弼幽禁在他的宅第里。

有人对后晋出帝说："陛下如果要想抵御北狄，安定天下，非任用桑维翰不可。"

密院，以维翰为中书令兼枢密使，事无大小，悉以委之，数月之间，朝廷差治。

（以上为第四段，写桑维翰复出，景延广罢职，数月之间，朝廷差治。）

滑州河决，浸汴、曹、单、濮、郓五州之境，环梁山合于汶。诏大发数道丁夫塞之。既塞，帝欲刻碑纪其事。中书舍人杨昭俭谏曰："陛下刻石纪功，不若降哀痛之诏；染翰颂美，不若颁罪己之文。"帝善其言而止。

初，高祖割北边之地以赂契丹，由是府州刺史折从远亦北属。契丹欲尽徙河西之民以实辽东，州人大恐，从远因保险拒之。及帝与契丹绝，遣使谕从远使攻契丹。从远引兵深入，拔十余寨。戊午，以从远为府州团练使。从远，云州人也。

甲子，复置翰林学士。戊辰，以右散骑常侍李慎仪为兵部侍郎、翰林学士承旨，都官郎中刘温叟，金部郎中、知制诰武强徐台符，礼部郎中李澣，主客员外郎宗城范质，皆为学士。温叟，岳之子也。

秋，七月，辛未朔，大赦，改元。

己丑，以太子太傅刘昫为司空兼门下侍郎、同平章事。

八月，辛丑朔，以河东节度使刘知远为北面行营都统，顺国节度使杜威为都招讨使，督十三节度以备契丹。

桑维翰两秉朝政，出杨光远、景延广于外，至是一制指挥，节度使十五人无敢违者，时人服其胆略。

朔方节度使冯晖上章自陈未老可用，而制书见遗。维翰诏禁直学士使为答诏曰："非制书忽忘，实以朔方重地，非卿无以弹压。比欲移卿内地，受代亦须奇才。"晖得诏，甚喜。

时军国多事，百司及使者咨请辐凑，维翰随事裁决，初若不经思虑，人疑其疏略；退而熟议之，亦终不能易也。然为相颇任爱憎，一饭之恩、睚眦之怨必报，人以此少之。

（以上为第五段，写后晋出帝塞河决口。桑维翰两秉朝政，出杨光远、景延广于外，朝纲整肃。然气度狭小，人以此少之。）

六月初六日丙午，恢复设置枢密院，任命桑维翰为中书令兼枢密使，无论大小事情，都全部委托给了他。几个月之间，朝中的一切就大致上了轨道。

滑州境内的黄河决口，淹浸了汴、曹、单、濮、郓五个州的土地，大水环绕梁山最后汇入汶水。后晋出帝下诏广泛调集几个道的民夫去堵塞黄河缺口。缺口堵住后，后晋出帝想刻碑记述这件事情。中书舍人杨昭俭劝谏说："陛下刻石记述功德，不如颁降哀痛的诏书；用笔墨颂扬善举，不如颁示责备自己的文告。"后晋出帝认为他的话说得很好，便停止了这一举动。

当初，后晋高祖为了贿赂契丹而割让了北方的土地，因此府州刺史折从远也随州北属契丹。契丹想把黄河以西的百姓全部迁徙去充实辽东，府州的百姓非常恐慌，折从远便据守险要之地，抗拒迁徙。到了后晋出帝断绝了和契丹的交往的时候，就派使者来告谕折从远，要他攻打契丹。折从远率兵深入敌境，总计攻下了契丹的十多个营寨。六月十八日戊午，任命折从远为府州团练使。折从远是云州人。

六月二十四日甲子，恢复设置翰林学士。六月二十八日戊辰，任命右散骑常侍李慎仪为兵部侍郎、翰林学士承旨，都官郎中刘温叟，金部郎中、知制诰武强人徐台符，礼部郎中李澣，主客员外郎宗城人范质，都为翰林学士。刘温叟是刘岳的儿子。

秋季，七月初一日辛未，大赦全国，改年号为开运。

七月十九日己丑，任命太子太傅刘昫为司空兼门下侍郎、同平章事。

八月初一日辛丑，任命河东节度使刘知远为北面行营都统，顺国节度使杜威为都招讨使，督率十三个节度使以防备契丹。

桑维翰两度执掌朝政，先后把杨光远、景延广放为外任，到这时他统一政令，调度指挥，十五个节度使没人敢违抗他的命令，当时的人们都佩服他的胆识和谋略。

朔方节度使冯晖上奏章陈说自己没有老，还可以为国效劳，但是皇帝下制令时却把他给遗忘了。桑维翰借皇帝的诏命让入值禁中的学士拟写答诏说："并不是制令中忽略遗忘了，实在因为朔方是军事重地，不是你就没有人能够压得住阵脚。以往也曾想把卿调回内地，可是接替你的人也必须是奇才才行啊。"冯晖接到诏书，极为高兴。

当时军队和国家都值多事之秋，朝中各部门以及使者来咨询请示的人车水马龙，桑维翰对每件事情都随时裁定决断，乍一看好像是没有经过深思熟虑，人们还怀疑他马虎草率；可是回去后加以仔细推敲，也还最终难以更改他的决定。然而身为宰相他待人却过于从个人好恶出发，一顿饭的恩惠，他都要报答，瞪眼之类的小仇怨，他也一定要报复，人们对他这一点颇有非议。

契丹之入寇也，帝再命刘知远会兵山东，皆后期不至。帝疑之，谓所亲曰："太原殊不助朕，必有异图。果有分，何不速为之！"至是虽为都统，而实无临制之权，密谋大计，皆不得预。知远亦自知见疏，但慎事自守而已。郭威见知远有忧色，谓知远曰："河东山川险固，风俗尚武，土多战马，静则勤稼穑，动则习军旅，此霸王之资也，何忧乎！"

朱文进自称威武留后，权知闽国事，遣使奉表称藩于晋。癸丑，以文进为威武节度使，知闽国事。

癸亥，置镇宁军于澶州，以濮州隶焉。

初，吴濠州刺史刘金卒，子仁规代之；仁规卒，子崇俊代之。唐烈祖置定远军于濠州，以崇俊为节度使。会清淮节度使姚景卒，崇俊厚赂权要，求兼领寿州。唐主阳为不知其意，徙崇俊为清淮节度使，以楚州刺史刘彦贞为濠州观察使，驰往代之；崇俊悔之。彦贞，信之子也。

九月，庚午朔，日有食之。

丙子，契丹寇遂城、乐寿，深州刺史康彦进击却之。

冬，十月，丙午，汉主毒杀镇王弘泽于邕州。

殷主延政遣其将陈敬佺以兵三千屯尤溪及古田，卢进以兵二千屯长溪。

泉州散员指挥使桃林留从效谓同列王忠顺、董思安、张汉思曰："朱文进屠灭王氏，遣腹心分据诸州。吾属世受王氏恩，而交臂事贼，一旦富沙王克福州，吾属死有余愧！"众以为然。十一月，从效等各引军中所善壮士，夜饮于从效之家，从效绐之曰："富沙王已平福州，密旨令吾属讨黄绍颇。吾观诸君状貌，皆非久处贫贱者。从吾言，富贵可图；不然，祸且至矣。"众皆踊跃，操白梃，逾垣而入，执绍颇，斩之。从效持州印诣王继勋第，请主军府。从效自称平贼统军使，函绍颇首，遣副兵马使临淮陈洪进赍诣建州。

当初契丹入侵的时候，后晋出帝一再地命令刘知远到太行山以东会师，结果他都是过了限期还没有到达。后晋出帝怀疑起他来，对亲信们说："太原方面很不愿帮助朕，一定是别有用心。如果真有缘分当天子，为什么不赶快即位！"到这时，刘知远虽然任北面行营都统，但是实际上并没有临事制决的权力，朝中的秘密谋划和军国大计，都不让他参与。刘知远也知道自己被疏远了，所以只是谨慎处事，尽到自己所负的责任而已。郭威看出刘知远面有忧郁之色，就对刘知远说："河东这块地方，山川形势险要坚固，有崇尚武勇的习俗，此地多产战马，局势安定就劝民努力耕种，局势动荡就训练士卒，这些都是成就霸王事业的资本，还有什么好忧虑的呢！"

朱文进自称为威武留后，代理闽国的事务，派遣使者呈奉表章向后晋自称藩属。八月十三日癸丑，任命朱文进为威武节度使，总管闽国的事务。

八月二十三日癸亥，在澶州设置镇宁军，把濮州隶属于镇宁军。

当初，吴国濠州刺史刘金去世后，他的儿子刘仁规接替了他的职位；刘仁规去世后，又由他的儿子刘崇俊接替他的职位。唐烈祖在濠州设置了定远军，任命刘崇俊担任节度使。又遇上清淮节度使姚景去世，刘崇俊就用厚礼贿赂朝中的权要人物，请求让他兼领寿州。南唐主表面上假装不明白他的意图，就把刘崇俊调任为清淮节度使，同时任命楚州刺史刘彦贞为濠州观察使，快马加鞭地赶往濠州接替了他的职位；刘崇俊感到很后悔。刘彦贞是刘信的儿子。

九月初一日庚午，发生日食。

九月初七日丙子，契丹入侵遂城、乐寿，深州刺史康彦进击退了他们。

冬季，十月初七日丙午，汉主在邕州把镇王刘弘泽毒死。

殷主王延政派遣他的将领陈敬佺率领三千兵马驻扎尤溪和古田，卢进率领二千兵马驻扎长溪。

泉州散员指挥使桃林人留从效对他的同僚王忠顺、董思安、张汉思说："朱文进屠灭了王氏家族，分派心腹之人把持各州。我们这些人世代蒙受王氏的恩泽，却拱手侍奉奸贼，一旦富沙王攻下了福州，我们这些人就是死了也会有愧啊！"大家都认为他的话很有道理。十一月，留从效等人召集军中平时比较要好的壮士，夜晚到留从效家中喝酒，留从效欺骗他们说："富沙王已经平定了福州，有密旨让我们讨伐黄绍颇。我观察过诸位的形体相貌，你们都不是久处贫贱之人。如果听从我的话，富贵是可以得到的；要不然的话，灾祸马上就会临头。"大家被他说得跃跃欲试，就拿起棍棒，翻墙进入黄绍颇家中，抓住黄绍颇，把他杀了。留从效捧着州印来到王继勋的府第，请他出来主持军府的事务。留从效自称为平贼统军使，把黄绍颇的首级装在木箱子里，派副兵马使临淮人陈洪进送到建州去。

洪进至尤溪，福州戍兵数千遮道。洪进绐之曰："义师已诛朱福州，吾倍道逆嗣君于建州，尔辈尚守此何为乎？"以绍颇首示之，众遂溃，大将数人从洪进诣建州。延政以继勋为侍中、泉州刺史，从效、忠顺、思安、洪进皆为都指挥使。漳州将程谟闻之，亡杀刺史程文纬，立王继成权州事。继勋、继成，皆延政之从子也，朱文进之灭王氏，二人以疏远获全。

（以上为第六段，写闽国福州兵变杀黄绍颇，朱文进势孤。）

汀州刺史许文稹奉表请降于殷。

十二月，癸丑，加朱文进同平章事，封闽国王。

李守贞围青州经时，城中食尽，饿死者太半。契丹援兵不至，杨光远遥稽首于契丹曰："皇帝，皇帝，误光远矣！"其子承勋、承祚、承信劝光远降，冀全其族。光远不许，曰："吾昔在代北，尝以纸钱祭天池而沈，人皆言当为天子，姑待之。"丁巳，承勋斩劝光远反者节度判官丘涛等，送其首于守贞，纵火大噪，劫其父出居私第，上表待罪，开城纳官军。

朱文进闻黄绍颇死，大惧，以重赏募兵二万，遣统军使林守谅、内客省使李廷锷将之攻泉州，钲鼓相闻五百里。殷主延政遣大将军杜进将兵二万救泉州，留从效开门与福州兵战，大破之，斩守谅，执廷锷。延政遣统军使吴成义帅战舰千艘攻福州，朱文进遣子弟为质于吴越以求救。

初，唐翰林待诏臧循，与枢密副使查文徽同乡里，循常为贾人，习福建山川，为文徽画取建州之策。文徽表请用兵击王延政，国人多以为不可。唐主以文徽为江西安抚使，循行境上，觇其可否；文徽至信州，奏言攻之必克。唐主以洪州营屯都虞候边镐为行营招讨诸军都虞候，将兵从文徽伐殷。文徽自建阳进屯盖竹，闻漳、泉、汀三州皆降于殷，殷将张汉卿自镛州将兵八千将至，文徽惧，退保建阳。臧循屯邵武，邵武民导殷兵袭破循军，执循送建州斩之。

朝廷以杨光远罪大，而诸子归命，难于显诛，命李守贞以便宜从事。

陈洪进走到尤溪，福州的守兵几千人挡住了去路。陈洪进骗他们说："义师已经诛杀了福州的朱文进，我兼程赶路是为了到建州去迎接继位的国君，你们还守在这里干什么？"并把黄绍颇的首级拿给他们看，兵众们当即就溃散了，其中有几员大将跟随陈洪进前往建州。王延政任命王继勋为侍中、泉州刺史，留从效、王忠顺、董思安、陈洪进都被任命为都指挥使。漳州的将官程谟听到这一消息后，也杀了刺史程文纬，拥立王继成代理漳州的事务。王继勋、王继成，都是王延政的侄子，朱文进在屠灭王氏时，他们二人由于关系疏远而得以保全性命。

汀州刺史许文稹上表向殷国请求归降。

十二月十五日癸丑，加朱文进为同平章事，封为闽国王。

李守贞围攻青州已经有一些时间了，城中的粮食已经吃光，饿死的人有一大半。契丹的援兵一直没到，杨光远遥对北方的契丹叩拜说："皇上啊，皇上，你耽误了我杨光远的大事啊！"他的儿子杨承勋、杨承祚、杨承信劝杨光远投降，希望能够以此来保全杨氏家族。杨光远不答应，他说："我从前在代北的时候，曾经用纸钱祭祀过天池，纸钱下沉了，人们都说我以后一定能当天子，再等等看吧。"十二月十九日丁巳，杨承勋斩杀了劝诱杨光远造反的节度判官丘涛等人，把他们的首级送到李守贞处，又纵火大声喧噪，劫持他的父亲，让他住到私宅里，向朝廷上表等待治罪，打开城门接纳官军。

朱文进得知黄绍颇被杀死，大为恐惧，就用重赏招募了二万兵卒，派遣统军林守谅、内客省使李廷锷率领这些人去攻打泉州，一路上钲鼓之声相闻，远达五百里。殷主王延政派大将军杜进率领二万兵马救援泉州，留从效打开城门和福州兵交战，把福州兵打得大败，斩杀了林守谅，活捉了李廷锷。王延政派遣统军使吴成义率领一千艘战舰进攻福州，朱文进派遣子弟到吴越去作人质，请求吴越出兵援救。

当初，南唐翰林待诏臧循，和枢密副使查文徽是同乡，臧循曾经当过商贩，熟习福建的山川形势，于是就替查文徽谋划攻取建州的方略。查文徽上表请求出兵攻打王延政，可是国人大多认为不宜出兵。南唐主任命查文徽为江西安抚使，让他沿着边境进行巡察，看看能否出兵；查文徽到了信州，就向南唐主奏报说只要派兵攻打，一定能够取得胜利。南唐主于是任命洪州营屯都虞候边镐为行营招讨诸军都虞候，率兵随从查文徽去讨伐殷国。查文徽从建阳向前推进，驻扎在盖竹，听说漳、泉、汀三州都投降了殷国，殷国将领张汉卿自镛州率领八千兵马即将赶到此地，查文徽害怕了起来，退兵防守建阳。臧循驻扎在邵武，邵武的百姓引导殷国士兵袭击臧循的军队，把他们打得大败，活捉了臧循，把他押送到建州斩首。

朝廷认为杨光远虽然罪大恶极，但是他的儿子却能归降朝廷，因此不便进行大

闰月，癸酉，守贞入青州，遣人拉杀光远于别第，以病死闻。丙戌，起复杨承勋，除汝州防御使。

殷吴成义闻有唐兵，诈使人告福州吏民曰："唐助我讨贼臣，大兵今至矣。"福人益惧。乙未，朱文进遣同平章事李光准等奉国宝于殷。

丁酉，福州南廊承旨林仁翰谓其徒曰："吾曹世事王氏，今受制贼臣，富沙王至，何面见之！"帅其徒三十人被甲趣连重遇第，重遇方严兵自卫，三十人者望之，稍稍遁去。仁翰执槊直前刺重遇，杀之，斩其首以示众曰："富沙王且至，汝辈族矣！今重遇已死，何不亟取文进以赎罪！"众踊跃从之，遂斩文进，迎吴成义入城，函二首送建州。

契丹复大举入寇，卢龙节度使赵延寿引兵先进。契丹前锋至邢州，顺国节度使杜威遣使间道告急。帝欲自将拒之，会有疾，命天平节度使张从恩、邺都留守马全节、护国节度使安审琦会诸道兵屯邢州，武宁节度使赵在礼屯邺都。

契丹主以大兵继至，建牙于元氏。朝廷惮契丹之盛，诏从恩等引兵稍却，于是诸军恟惧，无复部伍，委弃器甲，所过焚掠，比至相州，不复能整。

（以上为第七段，写闽国王延政大破南唐兵，朱文进为部属诛杀。后晋叛将杨光远伏诛，契丹主第二次大举南犯。）

二年（乙巳，945 年）

春，正月，诏赵在礼还屯澶州，马全节还邺都；又遣右神武统军张彦泽屯黎阳，西京留守景延广自滑州引兵守胡梁渡。庚子，张从恩奏契丹逼邢州，诏滑州、邺都复进军拒之。义成节度使皇甫遇将兵趣邢州。契丹寇邢、洺、磁三州，杀掠殆尽，入邺都境。

壬子，张从恩、马全节、安审琦悉以行营兵数万，陈于相州安阳水之南。皇甫遇与濮州刺史慕容彦超将数千骑前觇契丹，至邺县，将渡漳水，遇契丹数万，遇等且战且却；至榆林店，契丹大至，二将谋曰："吾

肆诛杀，就命令李守贞根据具体情况加以处理。闰十二月初五日癸酉，李守贞进入青州城，派人在杨光远的另外一处住宅里勒死了杨光远，对外界说他是得病而死。闰十二月十八日丙戌，恢复任用杨承勋，任命他为汝州防御使。

殷国吴成义听说有唐军前来，就派人前去向福州的官吏和百姓诈称："唐国帮助我讨伐贼臣，大兵现在就到了。"福州人更加感到恐惧。闰十二月二十七日乙未，朱文进派遣同平章事李光准等人奉送传国宝给殷国。

闰十二月二十九日丁酉，福州的南廊承旨林仁翰对他的徒众说："我们世代侍奉王氏，现在却受贼臣的辖制，富沙王来了以后，我们有什么脸面去见他？"于是就率领他的徒众三十个人穿上铠甲直奔连重遇的府第，连重遇正在严密地布置兵卒保卫自己，这三十个人远远地看到这一情况，就慢慢地想往回溜。林仁翰手拿长槊径直向前刺连重遇，把他杀了，砍下他的首级提着向众人展示，说："富沙王马上就要到了，你们这些人要被族灭全家了！现在连重遇已死，你们为什么不赶快拿下朱文进好为自己赎罪！"众人听了纷纷踊跃地跟着他，最终杀死了朱文进，迎接吴成义进城，把朱、连二人的首级装在木箱中送往建州。

契丹又开始大举入侵，卢龙节度使赵延寿率领兵马先出发。契丹前锋到达邢州，顺国节度使杜威派遣使者绕道前来向朝廷告急。后晋出帝正想亲自率兵进行抵抗，不巧遇上生病，便命令天平节度使张从恩、邺都留守马全节、护国节度使安审琦会合各道兵马驻扎邢州，武宁节度使赵在礼驻扎邺都。

契丹主率领大军随后到达，在元氏县修建了衙署。朝廷害怕契丹兵势强盛，就下诏命令张从恩等人率兵稍作后退，这样一来各路军队都感到畏惧恐慌，乱得不像个队伍的样子，一路上丢弃兵器铠甲，所过之处，放火抢劫，等到他们后退到相州的时候，已经无法重新整理队形了。

后晋齐王开运二年（乙巳，945年）

春季，正月，后晋出帝下诏，命令赵在礼回师驻扎澶州，马全节回师驻扎邺都；又派遣右神武统军张彦泽驻扎黎阳，西京留守景延广从滑州率兵把守胡梁渡。正月初三日庚子，张从恩奏报说契丹已经逼近了邢州，后晋出帝诏命滑州、邺都再进兵抵抗它。义成节度使皇甫遇率兵直奔邢州。契丹入侵邢、洺、磁三州，几乎把这些地方抢光杀尽，又进入邺都境内。

正月十五日壬子，张从恩、马全节、安审琦率领数万行营兵马，在相州安阳水的南岸列阵。皇甫遇和濮州刺史慕容彦超带领数千名骑兵到前面去侦察契丹军的情况，他们到了邺县，正要渡过漳水，遇上数万契丹兵，皇甫遇等人且战且退；退到

属今走，死无遗矣！”乃止，布陈，自午至未，力战百余合，相杀伤甚众。遇马毙，因步战；其仆杜知敏以所乘马授之，遇乘马复战。久之，稍解；顾知敏已为契丹所擒，遇曰：“知敏义士，不可弃也。”与彦超跃马入契丹陈，取知敏而还。俄而契丹继出新兵来战，二将曰：“吾属势不可走，以死报国耳。”

日且暮，安阳诸将怪觇兵不还，安审琦曰：“皇甫太师寂无音问，必为虏所困。”语未卒，有一骑白遇等为虏数万所围；审琦即引骑兵出，将救之，张从恩曰：“此言未足信。必若虏众猥至，尽吾军，恐未足以当之，公往何益！”审琦曰：“成败，天也，万一不济，当共受之。借使虏不南来，坐失皇甫太师，吾属何颜以见天子！”遂逾水而进。契丹望见尘起，即解去。遇等乃得还，与诸将俱归相州，军中皆服二将之勇。彦超本吐谷浑也，与刘知远同母。

（以上为第八段，写后晋军大破契丹于相州。）

契丹亦引军退，其众自相惊曰：“晋军悉至矣！”时契丹主在邯郸，闻之，即时北遁，不再宿，至鼓城。

是夕，张从恩等议曰：“契丹倾国而来，吾兵不多，城中粮不支一旬，万一奸人往告吾虚实，虏悉众围我，死无日矣。不若引军就黎阳仓，南倚大河以拒之，可以万全。”议未决，从恩引兵先发，诸军继之；扰乱失亡，复如发邢州之时。

从恩留步兵五百守安阳桥，夜四鼓，知相州事符彦伦谓将佐曰：“此夕纷纭，人无固志，五百弊卒，安能守桥！”即召入，乘城为备。至曙，望之，契丹数万骑已陈于安阳水北，彦伦命城上扬旌鼓噪约束，契丹不测。日加辰，赵延寿与契丹惕隐帅众逾水，环相州而南，诏右神武统军张彦泽将兵趣相州。延寿等至汤阴，闻之，甲寅，引还；马全节等拥大军在黎阳，不敢追。延寿悉陈甲骑于相州城下，若将攻城状，符彦伦曰：“此虏将走耳。”出甲卒五百，陈于城北以待之；契丹果引去。

榆林店，契丹大队人马压了过来，二位将军商量说："我们如果现在逃走，就会全部被杀，一个也跑不掉！"于是就停了下来，摆开阵势，从午时到未时，力战百余回合，双方都死伤惨重。皇甫遇的马战死，只好进行步战；他的仆人杜知敏把自己的坐骑让给了他，皇甫遇骑马再战。经过很长时间，战况才稍微缓解了一点；回头再看杜知敏时，他已被契丹军捉了去，皇甫遇说："知敏是个义士，不能丢下他不管。"又与慕容彦超跃上战马冲入契丹军阵，把杜知敏救了回来。不一会儿，契丹军又来了新的部队投入战斗，二位将军说："形势已不允许我们逃走，只有以死报国了。"

太阳快要落山了，拒守在安阳水南岸的各位将领，对侦察敌情的部队还没有回来感到很奇怪，安审琦说："皇甫太师一点音讯也没有，一定是被北虏所围困。"话还没说完，就有一名骑兵回来报告说皇甫遇等人被几万北虏所包围；安审琦当即就带领骑兵出列，准备去救援皇甫遇，张从恩说："这话未必可信。北虏如果真的蜂拥而至，把我们军队全部派出去，恐怕也不一定能抵挡得住敌人的进攻，公前去会有什么帮助！"安审琦说："成败是天意，万一不能成功，应当共同承担后果。假如北虏不向南来，我们却待在这里白白地失去皇甫太师，那我们还有什么脸面去见天子！"于是就渡过安阳水向北进发。契丹兵远远看到这边尘土飞扬，就解围而去。皇甫遇等人这才得以生还，和诸位将领一道回相州，军中都叹服二位将军的勇烈。慕容彦超本来是吐谷浑人，和刘知远是同母兄弟。

契丹也引兵退走，他们的兵众自己也吃惊地说："晋军全部来了！"当时契丹主还在邯郸，听到这一消息，立即向北逃去，不到两晚上时间，就到了鼓城。

当天晚上，张从恩等人商议道："契丹出动了全国的兵马而来，我们的兵员却不多，城中的粮食也撑不到十天了，万一再有奸人去向契丹报告我们的虚实，北虏出动全部军队来包围我们，我们就死定了。不如带领军队前往黎阳仓，南边靠着黄河以作抵抗，这样可以万无一失。"商议还没有定下来，张从恩就带领部队先行出发了，诸军只好跟着出发；一路上骚扰混乱、丢失逃跑不断，又跟当初从邢州出发时一样。

张从恩留下五百名步兵把守安阳桥，夜间四更鼓时，知相州事符彦伦对将领和幕僚们说："今晚乱哄哄的，人们没有坚定的意志，五百名疲惫的兵卒，怎么能守得住桥！"当即就把守桥的士兵召进城内，让他们登上城墙作防备。天亮了，远远望去，契丹有数万名骑兵已在安阳水北摆开阵势，符彦伦命令城上的守兵扬动旌旗，击鼓喧噪，申明号令，契丹兵一时难测城中的虚实。等到辰时，赵延寿和契丹惕隐率领部众渡过安阳水，绕过相州向南推进，后晋出帝诏命右神武统军张彦泽率兵赶赴相州。赵延寿等人走到汤阴，得知这一消息，正月十七日甲寅，率兵后撤；马全

以天平节度使张从恩权东京留守。

庚申，振武节度使折从远击契丹，围胜州，遂攻朔州。

帝疾小愈，河北相继告急。帝曰："此非安寝之时！"乃部分诸将为行计。

更命武定军曰天威军。

北面副招讨使马全节等奏："据降者言，虏众不多，宜乘其散归种落，大举径袭幽州。"帝以为然，征兵诸道。壬戌，下诏亲征；乙丑，帝发大梁。

（以上为第九段，写后晋出帝乘胜出击契丹，兵发大梁。）

闽之故臣共迎殷主延政，请归福州，改国号曰闽。延政以方有唐兵，未暇徙都，以从子门下侍郎、同平章事继昌都督南都内外诸军事，镇福州；以飞捷指挥使黄仁讽为镇遏使，将兵卫之。

林仁翰至福州，闽主赏之甚薄；仁翰未尝自言其功。

发南都侍卫及两军甲士万五千人，诣建州以拒唐。

二月，壬辰朔，帝至滑州，命安审琦屯邺都。甲戌，帝发滑州；乙亥，至澶州。己卯，马全节等诸军以次北上。刘知远闻之曰："中国疲弊，自守恐不足；乃横挑强胡，胜之犹有后患，况不胜乎！"

契丹自恒州还，以羸兵驱牛羊过祁州城下，刺史下邳沈斌出兵击之；契丹以精骑夺其城门，州兵不得还。赵延寿知城中无余兵，引契丹急攻之；斌在上，延寿语之曰："沈使君，吾之故人。'择祸莫若轻'，何不早降！"斌曰："侍中父子失计陷身虏庭，忍帅犬羊以残父母之邦；不自愧耻，更有骄色，何哉！沈斌弓折矢尽，宁为国家死耳，终不效公所为！"明日，城陷，斌自杀。

丙戌，诏北面行营都招讨使杜威以本道兵会马全节等进军。

节等人在黎阳统领着大军，但是却不敢追击。赵延寿把他的全部精甲骑兵都摆列在相州城下，做出要攻城的架势，符彦伦说：“这些北虏马上就要逃走了。”于是派出了五百名披甲士卒出城，在城北列阵等待；契丹兵果然退走了。

任命天平节度使张从恩代理东京留守。

正月二十三日庚申，振武节度使折从远出兵攻打契丹，包围胜州，接着攻打朔州。

后晋出帝的病情稍微好转，黄河以北地区却相继告急。后晋出帝说：“这不是我安心睡大觉的时候！”于是就部署诸将，作出征的准备。

把武定军改名为大威军。

北面副招讨使马全节等人上奏：“根据来投降的胡兵说，北虏的兵众不多，应该乘他们散归部落之际，大举出兵直接袭击幽州。”后晋出帝同意这个看法，于是向各道征调部队。正月二十五日壬戌，下诏要御驾亲征；正月二十八日乙丑，后晋出帝从大梁出发。

闽国旧臣一起迎接殷主王延政，请他回福州，并改国号为闽。王延政认为这时正有唐军来犯，顾不上迁都，就任命他的侄子门下侍郎、同平章事王继昌都督南都内外诸军事，镇守福州；任命飞捷指挥使黄仁讽为镇遏使，率兵保卫福州。

林仁翰到了建州，闽主对他的赏赐很微薄；林仁翰从来也没夸耀过自己的功劳。

征发南都侍卫及两军的甲兵一万五千人，赶赴建州抵御唐兵。

二月初一日戊辰，后晋出帝到了滑州，命令安审琦驻扎邺都。二月初七日甲戌，后晋出帝从滑州出发；二月初八日乙亥，到达澶州。二月十二日己卯，马全节等各路军队依次北上。刘知远得知这一消息后说：“中原疲乏困弊，保全自己恐怕还难以做到；竟敢随意地向强大的北胡挑战，即使打胜了也还会留有后患，何况要是打不胜呢！”

契丹从恒州撤军，让瘦弱的士兵驱赶着牛羊经过祁州城下，祁州刺史下邳人沈斌派兵出城进行拦击；契丹用精锐骑兵夺取了祁州城门，州兵回不了城。赵延寿知道城中没有多余的兵力，就带领契丹兵紧急攻城；沈斌这时正在城上，赵延寿对他说：“沈使君，我的老朋友。‘择祸不如选择轻的’，为什么还不早一点投降！”沈斌回答说：“侍中父子，你们打错算盘陷身于北虏，竟然忍心带着一帮犬羊之兵来摧残父母之邦；自己不感到惭愧可耻，反而有得意的神色，是什么东西！沈斌我即使弓折矢尽，宁可为报效国家而死，无论如何也不会效法你的所作所为！”第二天，祁州城被攻陷，沈斌自杀身亡。

二月十九日丙戌，诏命北面行营都招讨使杜威率领本道兵马会合马全节等人一

端明殿学士、户部侍郎冯玉，宣徽北院使、权侍卫马步都虞候太原李彦韬，皆挟恩用事，恶中书令桑维翰，数毁之。帝欲罢维翰政事，李崧、刘昫固谏而止。维翰知之，请以玉为枢密副使，玉殊不平。丙申，中旨以玉为户部尚书、枢密使，以分维翰之权。

彦韬少事阎宝，为仆夫，后隶高祖帐下。高祖自太原南下，留彦韬侍帝，为腹心，由是有宠。性纤巧，与嬖幸相结，以蔽帝耳目；帝委信之，至于升黜将相，亦得预议。常谓人曰："吾不知朝廷设文官何所用，且欲澄汰，徐当尽去之。"

（以上为第十段，写契丹仓皇北逃，后晋出帝听嬖幸之言欲罢桑维翰政事。）

唐查文徽表求益兵，唐主以天威都虞候何敬洙为建州行营招讨马步都指挥使，将军祖全恩为应援使，姚凤为都监，将兵数千会攻建州，自崇安进屯赤岭。闽主延政遣仆射杨思恭、统军使陈望将兵万人拒之，列栅水南，旬余不战，唐人不敢逼。

思恭以延政之命督望战。望曰："江、淮兵精，其将习武事。国之安危，系此一举，不可不万全而后动。"思恭怒曰："唐兵深侵，陛下寝不交睫，委之将军。今唐兵不出数千，将军拥众万余，不乘其未定而击之，有如唐兵惧而自退，将军何面目以见陛下乎！"望不得已，引兵涉水与唐战。全恩等以大兵当其前，使奇兵出其后，大破之。望死，思恭仅以身免。

延政大惧，婴城自守，召董思安、王忠顺，使将泉州兵五千诣建州，分守要害。

初，高祖置德清军于故澶州城，及契丹入寇，澶州、邺都之间，城戍俱陷。议者以为澶州、邺都相去百五十里，宜于中涂筑城以应接南北，从之。三月，戊戌，更筑德清军城，合德清、南乐之民以实之。

初，光州人李仁达，仕闽为元从指挥使，十五年不迁职。闽主曦之世，叛奔建州，闽主延政以为将。及朱文进弑曦，复叛奔福州，陈取建州之策。文进恶其反复，黜居福清。浦城人陈继珣，亦叛闽主延政奔福

起进军。

端明殿学士、户部侍郎冯玉，宣徽北院使、代理侍卫马步都虞候太原人李彦韬，都是依仗恩宠而得以掌权，他们忌恨中书令桑维翰，多次对他进行诋毁。后晋出帝想罢免桑维翰的职务，李崧、刘昫一再谏阻，只好作罢。桑维翰知道了这一情况，建议任命冯玉为枢密副使，冯玉内心大为不满。二月二十九日丙申，宫中下旨任命冯玉为户部尚书、枢密使，目的是为了分散桑维翰的权力。

李彦韬年少侍奉阎宝，当仆人，后来隶属到后晋高祖的帐下。后晋高祖从太原南下时，留下他陪侍后晋出帝，成为心腹之人，从此受到了恩宠。他生性机灵巧诈，和那些佞幸受宠的人相互勾结，以蒙蔽后晋出帝的耳目；后晋出帝依靠信任他，以至于提升和罢免将相，也让他参与商议。他常常对人说："我不知道朝廷设置文官有什么用处，正想要加以淘汰，以后要慢慢地全部废除。"

南唐查文徽上表请求增加兵力，南唐主任命天威都虞候何敬洙为建州行营招讨马步都指挥使，将军祖全恩为应援使，姚凤为都监，率领数千兵马联合攻打建州，从崇安出发，驻扎赤岭。闽主王延政派遣仆射杨思恭、统军使陈望率领一万人马抵抗唐兵，他们在河流的南岸列置栅栏，十几天都不出战，唐兵也不敢逼近。

杨思恭用闽主王延政的命令督催陈望出战。陈望说："江淮一带的兵是精锐的，他们的将领都熟悉作战。我们国家的安危，关键就在这一次行动了，不能不在万无一失之后才行动。"杨思恭生气地说："唐军深入境内来侵犯，陛下为此寝不安席，把国家大事委托给将军。现在唐兵人数不过几千人，而将军却统领兵众一万多人，不乘敌人立足未稳发动攻击，如果出现唐兵因畏惧而自行撤退这种情况，将军有什么脸面去见陛下呢！"陈望不得已，只好率兵涉水去与唐军交战。祖全恩等人用主力部队挡在他的前面，又派奇兵绕到他的后面，结果把闽军打得大败。陈望战死，杨思恭也仅仅保全性命。

王延政大为恐惧，据城自守，征召董思安、王忠顺，让他们率领五千名泉州兵赶赴建州，分兵把守要害之地。

当初，后晋高祖在从前的澶州城设置过德清军，等到契丹入侵时，从澶州到邺都的城防都纷纷陷落了。人们议论认为，澶州、邺都之间相距有一百五十里，应该在两者之间修建城池以应接南北，后晋出帝听从了这个建议。三月初二日戊戌，重新修筑德清军城，把德清、南乐的百姓合并迁到新城里去。

当初，光州人李仁达，在闽国做官当元从指挥使，连续十五年没有得到提拔。闽主王曦时代，他反叛投奔了建州，殷主王延政任用他为将军。等到朱文进弑杀了王曦，他又反叛投奔到福州，向朱文进陈述攻取建州的计策。朱文进讨厌他这种反

州，为曦画策取建州，曦以为著作郎。及延政得福州，二人皆不自安。

王继昌暗弱嗜酒，不恤将士，将士多怨。仁达潜入福州，说黄仁讽曰："今唐兵乘胜，建州孤危。富沙王不能保建州，安能保福州！昔王潮兄弟，光山布衣耳，取福建如反掌。况吾辈乘此机会，自图富贵，何患不如彼乎！"仁讽然之。是夕，仁达等引甲士突入府舍，杀继昌及吴成义。

仁达欲自立，恐众心未服，以雪峰寺僧卓岩明素为众所重，乃言："此僧目重瞳子，手垂过膝，真天子也。"相与迎之。己亥，立为帝，解去衲衣，被以衮冕，帅将吏北面拜之。然犹称天福十年，遣使奉表称藩于晋。

延政闻之，族黄仁讽家，命统军使张汉真将水军五千，会漳、泉兵讨岩明。

（以上为第十一段，写南唐兵大败闽主王延政，李仁达据福州以叛，奉僧人卓岩明为帝。）

乙巳，杜威等诸军会于定州，以供奉官萧处钧权知祁州事。庚戌，诸军攻契丹，泰州刺史晋廷谦举州降。甲寅，取满城，获契丹酋长没刺及其兵二千人。乙卯，取遂城。赵延寿部曲有降者言："契丹主还至虎北口，闻晋取泰州，复拥众南向，约八万余骑，计来夕当至，宜速为备。"杜威等惧，丙辰，退保泰州。

戊午，契丹至泰州。己未，晋军南行，契丹踵之。晋军至阳城，庚申，契丹大至。晋军与战，逐北十余里，契丹逾白沟而去。

壬戌，晋军结陈而南，胡骑四合如山，诸军力战拒之。是日，才行十余里，人马饥乏。

癸亥，晋军至白团卫村，埋鹿角为行寨。契丹围之数重，奇兵出寨后断粮道。是夕，东北风大起，破屋折树；营中掘井，方及水辄崩，士卒取其泥，帛绞而饮之，人马俱渴。至曙，风尤甚。契丹主坐大奚车中，

复无常的行径，就把他罢黜到福清居住。蒲城人陈继珣，也背叛殷主王延政投奔到福州，替王曦攻取建州出谋划策，王曦任命他为著作郎。等到王延政取得福州以后，二人都感到恐惧不安。

王继昌昏昧懦弱，不体恤爱护将士，将士们都怨恨他。李仁达暗中潜入福州，游说黄仁讽说："现在唐兵乘着胜利的余威而来，建州孤立无援，形势危急。富沙王连建州都保不住，又怎么能来保福州呢！从前的王潮兄弟，只不过是光山的平民百姓罢了，攻取建州竟然易如反掌。何况我们又能遇到这样好的时机，自己谋求富贵，哪里还担心不如他们！"黄仁讽同意了他的意见。当天晚上，李仁达等人带领甲兵冲进府舍，杀死了王继昌和吴成义。

李仁达想自立为帝，但又怕人心不服，他看到雪峰寺的僧人卓岩明一向被众人所尊重，于是就说："这位僧人的眼睛是重瞳子，手长超过膝盖，是个真正的天子。"便和大家一起把他迎了出来。三月初三日己亥，立他为皇帝，脱下他的袈裟，给他穿上龙袍，戴上冠冕，然后率领将领和官吏们面朝北向他叩拜。不过还是把当年称为天福十年，派遣使者向后晋呈送章表自称藩属。

王延政得知这一消息，就族灭了黄仁讽的全家，命令统军使张汉真率领五千名水军，会合漳州、泉州的兵马前去讨伐卓岩明。

三月初九日乙巳，杜威等各军在定州会合，任命供奉官萧处钧代理祁州的事务。三月十四日庚戌，各军进攻契丹，契丹泰州刺史晋廷谦率领全州投降。三月十八日甲寅，夺取了满城，俘虏了契丹酋长没刺以及他属下的士兵二千人。三月十九日乙卯，夺取了遂城。赵延寿的亲兵中有投降过来的人报告说："契丹主回到虎北口，听说晋朝夺取了泰州，又统率兵众大举南下，约有八万多骑兵，估计明晚就会来到，应该赶快作准备。"杜威等人一听，害怕了起来，三月二十日丙辰，撤退到泰州防守。

三月二十二日戊午，契丹军到达泰州。三月二十三日己未，晋军向南撤退，契丹兵紧随其后。晋军到达阳城，三月二十四日庚申，契丹的大部队压了过来。晋军与契丹兵交战，把契丹兵向北驱逐了十多里，契丹兵越过白沟退了回去。

三月二十六日壬戌，晋军排成阵列向南行进，契丹骑兵像山一样从四面围了过来，各军奋力作战，进行抵抗。这一天，才走了十多里路，士兵和战马都饥饿疲乏。

三月二十七日癸亥，晋军到达白团卫村，埋设鹿角做成临时营寨。契丹兵把营寨包围了好几重，派出奇兵绕到营寨的后面切断了晋军的粮道。当天晚上，强劲的东北风刮了起来，破坏房屋，吹折大树；晋兵在营中掘井，刚掘到有水的地方，井

令其众曰："晋军止此耳，当尽擒之，然后南取大梁！"命铁鹞四面下马，拔鹿角而入，奋短兵以击晋军，又顺风纵火扬尘以助其势。

军士皆愤怒，大呼曰："都招讨使何不用兵，令士卒徒死！"诸将请出战，杜威曰："俟风稍缓，徐观可否。"马步都监李守贞曰："彼众我寡，风沙之内，莫测多少，惟力斗者胜，此风乃助我也；若俟风止，吾属无类矣。"即呼曰："诸军齐击贼！"又谓威曰："令公善守御，守贞以中军决死矣！"马军左厢都排陈使张彦泽召诸将问计，皆曰："虏得风势，宜俟风回与战。"彦泽亦以为然。诸将退，马军右厢副排陈使太原药元福独留，谓彦泽曰："今军中饥渴已甚，若俟风回，吾属已为虏矣。敌谓我不能逆风以战，宜出其不意急击之，此兵之诡道也。"马步左右厢都排陈使符彦卿曰："与其束首就擒，曷若以身殉国！"乃与彦泽、元福及左厢都排陈使皇甫遇引精骑出西门击之，诸将继至。契丹却数百步。彦卿等谓守贞曰："且曳队往来乎？直前奋击，以胜为度乎？"守贞曰："事势如此，安可回鞚！宜长驱取胜耳。"彦卿等跃马而去，风势益甚，昏晦如夜。彦卿等拥万余骑横击契丹，呼声动天地，契丹大败而走，势如崩山。李守贞亦令步兵尽拔鹿角出斗，步骑俱进，逐北二十余里。铁鹞既下马，苍皇不能复上，皆委弃马及铠仗蔽地。

契丹散卒至阳城东南水上，稍复布列。杜威曰："贼已破胆，不宜更令成列！"遣精骑击之，皆渡水去。契丹主乘奚车走十余里，追兵急，获一橐驼，乘之而走。诸将请急追之。杜威扬言曰："逢贼幸不死，更索衣囊邪？"李守贞曰："两日人马渴甚，今得水饮之，皆足重，难以追寇，不若全军而还。"乃退保定州。

围就塌了下来，士卒们只好连泥带水取出，用布帛加以拧绞出水，然后饮用，人和战马都很干渴。到天刚亮时，风刮得更厉害了。契丹主坐在一辆奚族所造的大车中，对他的兵众发命令说："晋军也只有这些了，应当把他们全部抓获，然后再向南直取大梁！"命令披甲的精锐骑兵在晋军营寨的四面下马，拔除鹿角往营寨中冲去，挥舞短兵器攻击晋军，又顺风放火，扬起尘沙，以助其声势。

晋军士兵们都很愤怒，大声呼叫着说："都招讨使为什么还不出兵，让士卒们白白送死！"诸道都请求出战，杜威说："等风势稍微减弱一点，再看看能否出兵。"马步都监李守贞说："敌众我寡，在风沙之内，难以看出双方兵力谁多谁少，只有拼力作战的人才能取得胜利，这场大风实际上是帮助了我们；如果等到风停了，我们也就全都没命了。"说完就大声呼叫："各军一齐击贼啊！"又对杜威说："令公您好自防守，李守贞我用中军去和敌人决一死战！"马军左厢都排阵使张彦泽召集诸将询问计策，大家都说："北虏占有风势之利，还是应该等到风向转了再与他们交战。"张彦泽也认为这话有道理。诸将退下去之后，马军右厢副排阵使太原人药元福一个人留了下来，他对张彦泽说："现在军中人马又饥又渴，情况已经十分危急，如果等风转向，我们就已经成俘虏了。敌人认为我们不可能逆风出战，我们就更应该出其不意地抓紧发动攻击，这正是兵法上的诡诈之道啊。"马步左右厢都排阵使符彦卿说："与其束手就擒，不如以身殉国！"于是就和张彦泽、药元福以及左厢都排阵使皇甫遇率领精锐骑兵从营寨的西门出来攻击敌兵，其他将领也随后杀了出来。契丹兵后退了几百步。符彦卿等人问李守贞说："是带着队伍往来砍杀呢？还是一直往前冲杀，直到打胜为止呢？"李守贞说："事情已经到了这个地步，断无掉转马头的道理！应该长驱直入直到取胜为止。"符彦卿等人策马冲了过去，这时风势更加强劲了，天昏地暗，如黑夜一般。符彦卿等人统领一万多名骑兵纵横冲杀，呼喊之声震天动地，契丹军被打得大败而逃，溃败的情势有如山崩。李守贞也命令步兵拔除鹿角出营作战，步兵和骑兵一同向前推进，把契丹军向北驱赶了二十多里。契丹的那些披甲精锐骑兵下了战马之后，仓促之间都难以再骑上去，于是纷纷丢下战马以及铠甲兵仗，丢得满地都是。

败逃的契丹散兵游勇一直逃到阳城东南面的水边，才渐渐集结成队形。杜威说："贼兵已经被吓破了胆，不能再让他们集结成队形！"于是派遣精锐骑兵向敌人发动攻击，契丹兵都渡水退走。契丹主坐在奚车上逃了十来里，后面追兵追得急，半路上得到一头骆驼，契丹主就骑上那头骆驼逃走了。诸将请求抓紧追击契丹主。杜威高声地对大家说："碰到强盗，侥幸不死，还想再向他索回衣物钱袋吗？"李守贞也说："两天来人马都渴得很厉害，现在得到了水拼命地喝，喝得大家脚步都沉重了，很难再追得上贼寇，不如保全实力，撤回去。"于是就撤退到定州防守。

契丹主至幽州，散兵稍集；以军失利，杖其酋长各数百，唯赵延寿得免。

乙丑，诸军自定州引归，诏以泰州隶定州。

夏，四月，辛巳，帝发澶州；甲申，还大梁。

己丑，复以邺都为天雄军。

（以上为第十二段，写后晋军在阳城大败契丹。）

闽张汉真至福州，攻其东关。黄仁讽闻家夷灭，开门力战，大破闽兵，执汉真，入城，斩之。

卓岩明无他方略，但于殿上噀水散豆，作诸法事而已。又遣使迎其父于莆田，尊为太上皇。

李仁达既立岩明，自判六军诸卫事，使黄仁讽屯西门，陈继珣屯北门。仁讽从容谓继珣曰："人之所以为人者，以有忠、信、仁、义也。吾顷尝有功于富沙，中间叛之，非忠也；人以从子托我而与人杀之，非信也；属者与建兵战，所杀皆乡曲故人，非仁也；弃妻子，使人鱼肉之，非义也。此身十沉九浮，死有余愧！"因拊膺恸哭。继珣曰："大丈夫徇功名，何顾妻子！宜置此事，勿以取祸。"仁达闻之，使人告仁讽、继珣谋反，皆杀之。由是兵权尽归仁达。

（以上为第十三段，写闽国李仁达并灭黄仁讽、陈继珣，不忠不信之人没有好下场。）

五月，丙申朔，大赦。

顺国节度使杜威，久镇恒州，性贪残，自恃贵戚，多不法。每以备边为名，敛吏民钱帛以充私藏。富室有珍货或名姝、骏马，皆虏取之；或诬以罪杀之，籍没其家。又畏懦过甚，每契丹数十骑入境，威已闭门登陴，或数骑驱所掠华人千百过城下，威但瞋目延颈望之，无意邀取。由是虏无所忌惮，属城多为所屠，威竟不出一卒救之，千里之间，暴骨如莽，村落殆尽。

契丹主回到幽州，散失的兵卒渐渐聚集到一起；由于军事上的失利，就杖打他的酋长；每人打几百下，只有赵延寿得以幸免。

三月二十九日乙丑，各军从定州班师回来，诏令把泰州隶属于定州。

夏季，四月十六日辛巳，后晋出帝从澶州起程；四月十九日甲申，回到大梁。

四月二十四日己丑，重新把邺都改为天雄军。

闽国张汉真到了福州，攻打福州的东门城。黄仁讽得知自己的家人已被族灭，就打开城门，拼力死战，把闽军打得大败，活捉了张汉真，然后进入城内，把他斩首。

卓岩明并没有什么特殊的方略，只是一味在殿上含水喷洒，撒布豆子，作各种法事而已。又派使者到莆田去把他的父亲接到宫里来，尊奉他为太上皇。

李仁达在扶立卓岩明为帝之后，自己亲判六军诸卫事，让黄仁讽驻扎西门，陈继珣驻扎北门。在一次闲谈中黄仁讽对陈继珣说："人之所以是人，就在具备了忠、信、仁、义的德性。我前不久为富沙王立过战功，中途背叛了他，这是不忠；人家把侄子托付给我，而我却和别人一道把他给杀了，这是不信；近来和建州兵交战，所杀的人都是家乡的旧相识，这是不仁；抛弃妻子儿女，让他们被人像鱼肉一样宰割，这是不义。我这一辈子总是随波逐流，即使死了也会有余愧的！"说完，就捶胸顿足地痛哭了起来。陈继珣说："大丈夫就是为了追求功名，哪里还能顾及妻子儿女！应该把这些事搁在一边，不要因此招惹灾祸。"李仁达后来得知了这件事，就指使别人诬告黄仁讽、陈继珣要谋反，把他俩都杀了。从此兵权都归李仁达掌握。

五月初一日丙申，大赦天下。

顺国节度使杜威，长期镇守在恒州，生性贪婪残暴，仗着自己是贵戚，干了很多违法的勾当。他常常借着防备边境的名义，聚敛官吏和百姓的金银布帛，以充实自己的库藏。富裕人家如果有珍宝或绝色女子、骏马，他都要强取过来；或者诬加罪名，把人杀了，再抄没他的家产。另一方面他又特别胆小懦弱，常常只有数十名契丹骑兵进入辖境，杜威就已经关闭城门，登上城墙躲在矮墙的后面了。有时只有几个契丹骑兵驱赶着他们所掠得的成百上千个汉人经过城下，杜威也只是睁大眼睛，伸长脖子，呆呆地望着他们远去，一点出城拦截的意思都没有。正因为如此，北虏才得以肆无忌惮，辖区下的城池很多都被北虏所血洗，杜威最终也没能派出一兵一卒去解救他们，千里原野，暴露在外的尸骨像野草一样，一望无际，稀见村落，全都成了废墟。

威见所部残弊，为众所怨，又畏契丹之强，累表请入朝，帝不许。威不俟报，遽委镇入朝，朝廷闻之，惊骇。桑维翰言于帝曰："威固违朝命，擅离边镇。居常凭恃勋旧，邀求姑息，及疆埸多事，曾无守御之意；宜因此时废之，庶无后患。"帝不悦。维翰曰："陛下不忍废之，宜授以近京小镇，勿复委以雄藩。"帝曰："威，朕之密亲，必无异志；但宋国长公主切欲相见耳，公勿以为疑！"维翰自是不敢复言国事，以足疾辞位。丙辰，威至大梁。

（以上为第十四段，写杜威畏契丹复来，擅离职守，后晋出帝姑息不问。）

丁巳，李仁达大阅战士，请卓岩明临视。仁达阴教军士突前登阶，刺杀岩明。仁达阳惊，狼狈而走；军士共执仁达，使居岩明之坐。仁达乃自称威武留后，用保大年号，奉表称藩于唐，亦遣使入贡于晋；并杀岩明之父。唐以仁达为威武节度使、同平章事，赐名弘义，编之属籍。弘义又遣使修好于吴越。

己未，杜威献部曲步骑合四千人并铠仗，庚申，又献粟十万斛，刍二十万束，云皆在本道。帝以其所献骑兵隶扈圣，步兵隶护国，威复请以为衙队，而禀赐皆仰县官。威又令公主白帝，求天雄节钺，帝许之。

唐兵围建州，屡破泉州兵。许文稹败唐兵于汀州，执其将时厚卿。

六月，癸酉，以杜威为天雄节度使。

契丹连岁入寇，中国疲于奔命，边民涂地；契丹人畜亦多死，国人厌苦之。述律太后谓契丹主曰："使汉人为胡主，可乎？"曰："不可。"太后曰："然则汝何故欲为汉主？"曰："石氏负恩，不可容。"太后曰："汝今虽得汉地，不能居也；万一蹉跌，悔何所及！"又谓其群下曰："汉儿何得一向眠！自古但闻汉和蕃，未闻蕃和汉。汉儿果能回意，我亦何惜与和！"

杜威眼见辖区内残敝败落，自己被民众所怨恨，又害怕契丹的强盛，就多次上表请求入朝，后晋出帝没答应。杜威等不到朝廷的正式答复，就突然撇下军镇入朝去了，朝廷得知这一情况，感到非常吃惊。桑维翰对后晋出帝说："杜威执意违抗朝廷使命，擅自离开边疆重镇。平日又依仗是元勋旧臣，无理要求朝廷对他宽容，但到了边疆多战事的时候，他却没有一点保疆卫土的决心；应该乘这个机会把他罢黜，只有这样才不至于给今后留下祸患。"后晋出帝听了这话不大高兴。桑维翰又说："陛下如果不忍心罢黜他，就最好让他负责靠近京师的一个小军镇，再不要委任他负责大军镇了。"后晋出帝说："杜威，是朕的近亲，一定不会有反叛的思想；只是宋国长公主急切地想他们夫妻相见而已，公就不要再多加猜疑了！"桑维翰从此以后不敢再谈论国家大事了，借口脚有毛病，辞掉了职位。五月二十一日丙辰，杜威到了大梁。

五月二十二日丁巳，李仁达大规模地检阅军士，请卓岩明亲临视察。李仁达暗中叫军士向前冲上台阶，刺杀了卓岩明。李仁达表面上装作很吃惊的样子，狼狈地逃走了；军士们一起把李仁达捉了回来，让他坐在卓岩明所坐的位子上。李仁达于是自称为威武留后，使用"保大"为年号，呈奉表章向南唐称藩属，同时也派遣使者向后晋进贡；并且杀了卓岩明的父亲。南唐任命李仁达为威武节度使、同平章事，赐给他名字叫弘义，把他编入到李氏族谱之中。李弘义又派遣使者去和吴越建立友好关系。

五月二十四日己未，杜威向朝廷进献他的私人部队，步兵和骑兵共四千人，以及这些人的铠甲仪仗，五月二十五日庚申，又进献粟米十万斛，草料二十万束，说这些东西还在恒州。后晋出帝把他所献的骑兵隶属于扈圣，步兵隶属于护国，杜威又请求把这些步兵和骑兵拨给他作衙门的卫队，而这些人的供给和赏赐却仍然都由朝廷负担。杜威又叫公主告诉后晋出帝，要求授给他天雄军的符节和斧钺，后晋出帝答应了他的要求。

南唐军队包围建州，多次打败泉州兵。许文稹在汀州打败了南唐军队，活捉了他们的将领时厚卿。

六月初九日癸酉，任命杜威为天雄节度使。

契丹连年对内地发动攻击，中原疲于奔命，边境的百姓生灵涂炭；契丹人口和牲畜也死了很多，国人对战争已感到厌恶和痛苦。述律太后对契丹主说："假如让汉人来做我们胡人的主人，可以吗？"契丹主回答说："不可以。"太后又说："那么你为什么还一心想当汉人的主人呢？"契丹主说："姓石的忘恩负义，令人难以容忍。"太后说："你现在虽然获得了汉人的土地，但是不能住在那儿；以后万一有个闪失，

桑维翰屡劝帝复请和于契丹以纾国患，帝假开封军将张晖供奉官，使奉表称臣诣契丹，卑辞谢过。契丹主曰：“使景延广、桑维翰自来，仍割镇、定两道隶我，则可和。”朝廷以契丹语忿，谓其无和意，乃止。及契丹主入大梁，谓李崧等曰：“向使晋使再来，则南北不战矣。”

秋，七月，闽人或告福州援兵谋叛，闽主延政收其铠仗，遣还，伏兵于隘，尽杀之，死者八千余人，脯其肉以归为食。

唐边镐拔镡州，查文徽之党魏岑、冯延己、延鲁以师出有功，皆踊跃赞成之。征求供亿，府库为之耗竭，洪、饶、抚、信之民尤苦之。

延政遣使奉表称臣于吴越，请为附庸以求救。

楚王希范疑静江节度使兼侍中、知朗州希杲得人心，遣人伺之。希杲惧，称疾求归，不许；遣医往视疾，因毒杀之。

（以上为第十五段，写闽国李仁达阴谋得逞，自称威武留后。殷主王延政凶残，杀福州兵八千余人。后晋出帝不纳桑维翰之策，痛失乘胜和解契丹的时机。）

后悔又哪里来得及！”又对她的群臣说：“汉家儿郎又哪一天睡过安稳觉！自古以来，只听说汉人主动和蕃，从没有听说过蕃人去主动和汉的。汉家儿郎果真能够回心转意的话，我又何必不跟他们和谈呢！”

桑维翰多次劝说后晋出帝再向契丹请和，以缓解国家的灾患，后晋出帝任命开封府军将张晖为供奉官，派他到契丹去奉表称臣，用谦卑的言辞对晋朝以往的罪过表示道歉。契丹主说：“让景延广、桑维翰亲自来，再割让镇州、定州两个道隶属于我，才可以讲和。”朝廷听契丹主的口气非常蛮横，认为他是无意讲和，只好作罢。到后来契丹主进入大梁时，他对李崧等人说：“当初假如晋朝再派使者来一次的话，那么南北双方就不会再打仗了。”

秋季，七月，闽国有人诬告福州的援兵要阴谋叛变，闽主王延政收缴了他们的铠甲和兵仗，遣送他们回去，但却在险要地段布下伏兵，把他们全部杀掉，被杀死的一共有八千多人，把他们的尸肉做成肉干，带回来当作食物吃。

南唐边镐攻克了镡州，查文徽的党羽魏岑、冯延己、冯延鲁看到出师有功，都踊跃地赞成出兵这件事。为了满足军用而调拨军需物资，把府库的储备都消耗光了，洪州、饶州、抚州、信州的百姓尤其深受其苦。

王延政派遣使者向吴越奉表称臣，请求做它的附庸，以求得救兵。

楚王马希范怀疑静江节度使兼侍中、知朗州马希杲在当地得民心，就派人去暗中监视他。马希杲害怕了起来，推说有病，请求回朝，楚王不答应；并派医生去给他看病，乘机把他毒死了。

【点评】

本卷点评后晋大破契丹和沈斌痛斥赵延寿两件史事。

一、后晋大破契丹。平卢节度使杨光远招引契丹在后晋大灾之年入寇。开运元年（944）正月，契丹攻后晋，陷贝州。二月，杨光远公开反叛，契丹从马家口渡黄河攻郓州接应杨光远，后晋军在马家口大破契丹。杨光远援绝。三月，契丹主耶律德光率十万大军南犯，在澶州再次被后晋军打败，契丹北归，所过焚掠。杨光远被困青州，城中食尽，饿死者大半，杨光远遥拜契丹，绝望地哀号："皇帝，皇帝，误光远矣！"十二月，其子承勋、承祚、承信杀了煽动杨光远反叛的节度判官丘涛等，劫持父亲杨光远开城投降后晋军。后晋军在大灾之年打败气势汹汹的契丹人，人人奋勇血战，表现了中原汉人军民的勇气。杨光远卖国，白日做皇帝梦，他的下场大快人心。后晋将李守贞暗杀杨光远，以病死上奏。

二、沈斌痛斥赵延寿。赵延寿认贼作父，死心塌地做走狗。契丹大举入寇，集中了燕云十六州汉兵五万，使赵延寿为将，替契丹人打先锋。契丹主谎称，打下中原，就立赵延寿为帝。契丹主又多次对汉人士众说："赵将军，他就是你们真正的主人。"赵延寿心花怒放，真的以为能当儿皇帝，为契丹竭尽全力，多次进言灭亡后晋的方法。契丹败还，过祁州城，赵延寿知城中兵少，献策契丹夺取祁州城。沈斌在城上斥责赵延寿。赵延寿劝沈斌投降。赵延寿说："沈使君，你是我的老朋友，选择祸患要挑轻的，还不快快投降。"沈斌回答说："赵侍中你们父子打错算盘了，陷身北虏，竟然忍心带着一群犬羊之兵来祸害父母之邦，你不感到羞耻，还得意扬扬，是什么东西！我沈斌即使弓折矢尽，宁愿为国家捐躯，绝不学你摇尾乞怜。"第二天城破，沈斌自杀。一为英雄，一为败类。赵延寿是无耻的走狗，白日做皇帝梦，至死不悟。

后晋纪六

后晋齐王开运二年至三年（945—946年）

【起旃蒙大荒落（乙巳，945年）八月，尽柔兆敦牂（丙午，946年），凡一年有奇】

【大事提要】

本卷记事起公元945年八月，讫公元946年，凡一年又五个月，当后晋出帝开运二年八月至开运三年。南唐军攻破建州，殷主王延政请降。泉州人逐走南唐兵。闽主王仁达求救于吴越王，南唐兵败福州。后晋出帝骄奢淫逸，将士寒心。赵延寿诈降，后晋出帝委任杜威为元帅收复瀛、莫二州，契丹主第三次大举南犯。后晋与契丹夹滹沱河两岸对峙，杜威按兵不战，投降契丹，求为中原之主。河北诸镇望风降敌。契丹主命杜威领后晋兵南下，张彦泽为前锋直取大梁清宫。后晋出帝被迁于开封府封禅寺以待契丹主。后晋灭亡。

【原文】

齐王下

开运二年（乙巳，945 年）

八月，甲子朔，日有食之。

丙寅，右仆射兼中书侍郎、同平章事和凝罢守本官；加枢密使、户部尚书冯玉中书侍郎、同平章事，事无大小，悉以委之。

帝自阳城之捷，谓天下无虞，骄侈益甚。四方贡献珍奇，皆归内府；多造器玩，广宫室，崇饰后庭，近朝莫之及；作织锦楼以织地衣，用织工数百，期年乃成；又赏赐优伶无度。桑维翰谏曰："向者陛下亲御胡寇，战士重伤者，赏不过帛数端。今优人一谈一笑称旨，往往赐束帛、万钱、锦袍、银带，彼战士见之，能不觖望，曰：'我曹冒白刃，绝筋折骨，曾不如一谈一笑之功乎！'如此，则士卒解体，陛下谁与卫社稷乎！"帝不听。

冯玉每善承迎帝意，由是益有宠。尝有疾在家，帝谓诸宰相曰："自刺史以上，俟冯玉出乃得除。"其倚任如此。玉乘势弄权，四方赂遗，辐辏其门。由是朝政益坏。

唐兵围建州既久，建人离心。或谓董思安："宜早择去就。"思安曰："吾世事王氏，危而叛之，天下其谁容我！"众感其言，无叛者。

丁亥，唐先锋桥道使上元王建封先登，遂克建州，闽主延政降。王忠顺战死，董思安整众奔泉州。

初，唐兵之来，建人苦王氏之乱与杨思恭之重敛，争伐木开道以迎之。及破建州，纵兵大掠，焚宫室庐舍俱尽。是夕，寒雨，冻死者相枕，建人失望。唐主以其有功，皆不问。

汉主杀韶王弘雅。

（以上为第一段，写后晋出帝阳城大捷后高枕无忧，骄侈荒政，将士寒心。南唐兵破建州，殷主王延政降南唐。）

【语译】

齐王下

后晋齐王开运二年（乙巳，945 年）

八月初一日甲子，发生日食。

八月初三日丙寅，右仆射兼中书侍郎、同平章事和凝被罢免中书侍郎、同平章事的职务，只保留本官；枢密使、户部尚书冯玉加官中书侍郎、同平章事，政事不论大小，全都托付给他。

后晋出帝自从在阳城获胜以后，以为天下没有值得忧虑的事了，更加骄纵奢侈。四方所进献的珍宝奇物，全部都归入内宫的府库；制造很多供人赏玩的器物，扩建宫室，讲究地装饰后宫庭苑，近代几朝都赶不上；建造织锦楼来编织地毯，征用几百名编织工，整整一年才完成；又毫无节制地赏赐歌伎艺人。桑维翰劝谏说："前些时陛下亲自率兵抵御胡寇，战士受重伤的，赏赐不过几匹布帛，现在那些歌伎艺人一谈一笑符合皇上的心意，往往赏赐束帛、万钱、锦袍、银带，这些如果让战士看到，能不感到怨恨？他们一定会说：'我们这些人冒锋利的刀刃，折断筋骨，还不如一谈一笑的功劳来得大呢！'这样一来，士卒人心叛离，陛下靠谁来保卫社稷呢？"后晋出帝不听。

冯玉常常善于逢迎后晋出帝的心意，因此更受宠信。冯玉曾经生病在家，后晋出帝对各位宰相说："自刺史以上的职位，要等到冯玉病好以后才可以任命。"后晋出帝对他的依赖和信任到了这种地步。冯玉趁机滥用职权，四方的贿赂馈赠，纷纷汇集到冯玉的家里。因此朝政日益败坏。

南唐军队围攻建州已经很久，建州人心涣散。有人对董思安说："应该及早选择自己的去留。"董思安说："我世代侍奉王氏，如果在他危难的时候背叛了他，天下有谁还能容纳我！"众人被他的话所感动，没有人背叛。

八月二十四日丁亥，南唐先锋桥道使上元人王建封率先登城，于是攻克建州，闽主王延政投降。王忠顺战死，董思安整顿部众投奔泉州。

当初，南唐军队来的时候，建州百姓痛恨王氏的昏乱和杨思恭的过度敛财，争着去砍伐树木、开辟道路来迎接南唐军队。等到南唐军队攻破建州，放任士兵大肆抢掠，宫室庐舍几乎都被烧光。当天晚上，刮寒风、下大雨，冻死的人纵横叠卧，建州百姓很失望。南唐主因为他们有功劳，都不加追究。

南汉主刘晟杀韶王刘弘雅。

九月，许文稹以汀州，王继勋以泉州，王继成以漳州，皆降于唐。唐置永安军于建州。

丙申，以西京留守兼侍中景延广充北面行营副招讨使。

殿中监王钦祚权知恒州事。会乏军储，诏钦祚括籴民粟。杜威有粟十余万斛在恒州，钦祚举籍以闻。威大怒，表称："臣有何罪，钦祚籍没臣粟！"朝廷为之召钦祚还，仍厚赐威以慰安之。

戊申，置威信军于曹州。

遣侍卫马步都指挥使李守贞戍澶州。

乙卯，遣彰德节度使张彦泽戍恒州。

汉主杀刘思潮、林少强、林少良、何昌廷。以左仆射王翻尝与高祖谋立弘昌，出为英州刺史，未至，赐死。内外皆惧不自保。

冬，十月，癸巳，置镇安军于陈州。

唐元敬宋太后殂。

王延政至金陵，唐主以为羽林大将军。斩杨思恭以谢建人。以百胜节度使王崇文为永安节度使。崇文治以宽简，建人遂安。

初，高丽王建用兵吞灭邻国，颇强大，因胡僧袜啰言于高祖曰："勃海，我婚姻也，其王为契丹所虏，请与朝廷共击取之。"高祖不报。及帝与契丹为仇，袜啰复言之。帝欲使高丽扰契丹东边以分其兵势；会建卒，子武自称权知国事，上表告丧。十一月，戊戌，以武为大义军使、高丽王，遣通事舍人郭仁遇使其国，谕指使击契丹。仁遇至其国，见其兵极弱，向者袜啰之言，特建为夸诞耳，实不敢与契丹为敌。仁遇还，武更以他故为解。

（以上为第二段，写后晋结纳高丽为援，高丽国弱，无益于后晋。）

乙卯，吴越王弘佐诛内都监使杜昭达；己未，诛内牙上统军使明州刺史阚璠。

昭达，建徽之孙也，与璠皆好货。钱塘富人程昭悦以货结二人，得侍弘佐左右。昭悦为人狡佞，王悦之，宠待逾于旧将，璠不能平。昭悦知之，诣璠顿首谢罪，璠责让久之，乃曰："吾始者决欲杀汝，今既悔过，吾亦释然。"昭悦惧，谋去璠。

九月，许文稹率汀州，王继勋率泉州，王继成率漳州，都投降南唐。南唐在建州设置永安军。

九月初三日丙申，后晋出帝任命西京留守兼侍中景延广充任北面行营副招讨使。

殿中监王钦祚暂时代理恒州事务。正遇上军中存粮缺乏，后晋出帝诏命王钦祚征买百姓的粟米。杜威有十几万斛的粟米留在恒州，王钦祚将它全部抄没，奏报朝廷。杜威大怒，上表说："臣有什么罪，王钦祚竟然要没收臣的粟米！"朝廷为此召回王钦祚，依旧重赏杜威来抚慰他。

九月十五日戊申，在曹州设置威信军。

后晋出帝派遣侍卫马步都指挥使李守贞戍守澶州。

九月二十二日乙卯，派遣彰德节度使张彦泽戍守恒州。

南汉主杀刘思潮、林少强、林少良、何昌廷。由于左仆射王翷曾经和高祖刘龑谋划立刘弘昌，将他贬为英州刺史，王翷还没有到达任所，又被赐死。于是内外官员都害怕不能自保。

冬季，十月三十日癸巳，朝廷在陈州设置镇安军。

南唐元敬宋太后去世。

王延政到达金陵，南唐主任命王延政为羽林大将军。斩杀杨思恭以慰抚建州百姓。任命百胜节度使王崇文为永安节度使。王崇文治理政事，宽大简明，建州百姓因此安定。

当初，高丽王王建用兵吞灭邻国，势力颇为强大，通过胡僧袜啰对后晋高祖说："勃海和我有姻亲关系，勃海国王被契丹俘虏，请求与朝廷共同发兵攻打契丹，夺回勃海王。"后晋高祖没有答复。等到后晋出帝和契丹成为仇敌，袜啰又说起这件事。后晋出帝想让高丽扰乱契丹的东边来分散它的兵力；正赶上高丽王王建去世，王建的儿子王武自称代理国事，上表告丧。十一月初五日戊戌，朝廷任命王武为大义军使、高丽王，派遣通事舍人郭仁遇出使高丽，宣告朝廷的旨意让高丽攻打契丹。郭仁遇到达高丽，发现他们的兵力非常弱小，以前袜啰所说的话，只不过是王建夸大其词罢了，实际上并不敢与契丹为敌。郭仁遇返回，王武又以其他理由来解释。

十一月二十二日乙卯，吴越王钱弘佐诛杀内都监使杜昭达；十一月二十六日己未，诛杀内牙上统军使、明州刺史阚璠。

杜昭达是杜建徽的孙子，和阚璠一样都贪图钱财。钱塘富人程昭悦用钱财结交他们两人，得以陪侍在钱弘佐的身边。程昭悦为人狡诈奸佞，吴越王喜欢他，宠信他超过旧将，阚璠不服气。程昭悦知道这一点，亲自到阚璠那里叩头赔罪，阚璠责骂了他很久，才说："我起初坚决要杀你，现在你既然已经悔过，我心里也就没什么

璠专而愎，国人恶之者众。昭悦欲出璠于外，恐璠觉之，私谓右统军使胡进思曰："今欲除公及璠各为本州，使璠不疑，可乎？"进思许之，乃以璠为明州刺史，进思为湖州刺史。璠怒曰："出我于外，是弃我也。"进思曰："老兵得大州，幸矣；不行何为！"璠乃受命。既而复以他故留进思。

内外马步都统军使钱仁俊母，杜昭达之姑也。昭悦因谮璠、昭达谋奉仁俊作乱，下狱锻炼成之。璠、昭达既诛，夺仁俊官，幽于东府。于是昭悦治阚、杜之党，凡权任与己侔，意所忌者，诛放百余人，国人畏之侧目。胡进思重厚寡言，昭悦以为戆，故独存之。

昭悦收仁俊故吏慎温其，使证仁俊之罪，拷掠备至。温其坚守不屈；弘佐嘉之，擢为国官。温其，衢州人也。

十二月，乙丑，加吴越王弘佐东南面兵马都元帅。

辛未，以前中书舍人广晋阴鹏为给事中、枢密直学士。鹏，冯玉之党也；朝廷每有迁除，玉皆与鹏议之。由是请谒赂遗，充满其门。

初，帝疾未平，会正旦，枢密使、中书令桑维翰遣女仆入宫起居太后，因问："皇弟睿近读书否？"帝闻之，以告冯玉，玉因谮维翰有废立之志；帝疑之。

李守贞素恶维翰，冯玉、李彦韬与守贞合谋排之；以中书令行开封尹赵莹柔而易制，共荐以代维翰。丁亥，罢维翰政事，为开封尹；以莹为中书令，李崧为枢密使、守侍中。维翰遂称足疾，希复朝谒，杜绝宾客。

或谓冯玉曰："桑公元老，今既解其枢务，纵不留之相位，犹当优以大藩，奈何使之尹京，亲猥细之务乎？"玉曰："恐其反耳。"曰："儒生安能反？"玉曰："纵不自反，恐其教人耳。"

楚湘阴处士戴偃，为诗多讥刺，楚王希范囚之；天策副都军使丁思

了。”程昭悦害怕，谋划要除掉阚璠。

阚璠专横而又固执，国中怨恨他的人很多。程昭悦想把他外放为地方官，又担心阚璠察觉，私下对右统军使胡进思说：“现在想任命您和阚璠各自为家乡的州刺史，使阚璠不致生疑，可以吗？”胡进思答应这样做，于是任命阚璠为明州刺史，胡进思为湖州刺史。阚璠愤怒地说：“把我外放为地方官，是抛弃我。”胡进思说：“老兵得到大州，已经很幸运了；不去上任，干什么呢！”阚璠这才接受任命。不久又以其他的理由将胡进思留下。

内外马步都统军使钱仁俊的母亲，是杜昭达的姑母，程昭悦因而诬陷阚璠和杜昭达谋划拥立钱仁俊共同作乱，把二人关进监狱，罗织罪名而定罪。阚璠、杜昭达被杀以后，钱仁俊被削夺官职，囚禁在东府。接着程昭悦惩处阚、杜二人的党羽，凡权力职位与自己相等、自己心里所嫉恨的，诛杀、放逐的有一百多人，国人畏惧他，都敢怒而不敢言。胡进思温厚持重，沉默寡言，程昭悦认为他很愚痴，所以独自留下他一人。

程昭悦收押钱仁俊原来的属吏慎温其，让他证实钱仁俊有罪，鞭笞拷打无所不至。慎温其始终坚持不屈；钱弘佐非常赞许，提拔他任朝廷官员。慎温其是衡州人。

十二月初三日乙丑，朝廷加官吴越王钱弘佐为东南面兵马都元帅。

十二月初九日辛未，任命前任中书舍人广晋人阴鹏为给事中、枢密直学士。阴鹏是冯玉的党羽；朝廷每当有官吏的迁调任命，冯玉都要和阴鹏商议。因此前来请求谒见、馈赠贿赂的人，挤满阴鹏的家门。

当初，后晋出帝的病还没有好，正遇上是正月初一，枢密使、中书令桑维翰派遣女佣人进宫向太后请安，因而问道：“皇上弟弟石重睿近来读书了没有？”后晋出帝听到这句话，就告诉冯玉，冯玉趁机诬陷桑维翰有废皇帝、立新君的打算；后晋出帝对桑维翰产生怀疑。

李守贞向来痛恨桑维翰，冯玉、李彦韬和李守贞合谋排挤桑维翰；认为中书令代理开封尹赵莹软弱，易于控制，便共同推荐赵莹来代替桑维翰。十二月二十五日丁亥，罢免桑维翰的枢密使、中书令的职务，调为开封府尹；任命赵莹为中书令，李崧为枢密使兼任侍中。桑维翰于是称足疾，很少再上朝进谒，闭门在家，谢绝宾客。

有人对冯玉说：“桑公是开国元老，现在既然已解除他枢密使的职务，纵使不留他在相位，也应该优待给他大的藩镇，为什么让他任开封尹，亲自处理一些琐细的事情呢？”冯玉说：“恐怕他造反罢了。”这人说：“书生怎么能造反？”冯玉说：“纵使他自己不造反，恐怕会教别人造反。”

楚湘阴隐士戴偃，作诗大多讥讽朝政，楚王马希范把他囚禁起来；天策副都军

瑾上书切谏，希范削其官爵。

唐齐王景达府属谢仲宣言于景达曰："宋齐丘，先帝布衣之交，今弃之草莱，不厌众心。"景达为之言于唐主曰："齐丘宿望，勿用可也，何必弃之以为名！"唐主乃使景达自至青阳召之。

（以上为第三段，写吴越王信用奸人程昭悦诛杀大臣，后晋出帝信用群小排挤桑维翰。）

三年（丙午，946年）

春，正月，以齐丘为太傅兼中书令，但奉朝请，不预政事。以昭武节度使李建勋为右仆射兼门下侍郎，与中书侍郎冯延己皆同平章事。建勋练习吏事，而懦怯少断；延己工文辞，而狡佞，喜大言，多树朋党。水部郎中高越，上书指延己兄弟过恶，唐主怒，贬越蕲州司士。

初，唐主置宣政院于禁中，以翰林学士、给事中常梦锡领之，专典机密，与中书侍郎严续皆忠直无私。唐主谓梦锡曰："大臣惟严续中立，然无才，恐不胜其党，卿宜左右之。"未几，梦锡罢宣政院，续亦出为池州观察使。梦锡于是移疾纵酒，不复预朝廷事。续，可求之子也。

二月，壬戌朔，日有食之。

晋昌节度使兼侍中赵在礼，更历十镇，所至贪暴，家赀为诸帅之最。帝利其富，三月，庚申，为皇子镇宁节度使延煦娶其女。在礼自费缗钱十万，县官之费，数倍过之。延煦及弟延宝，皆高祖诸孙，帝养以为子。

唐泉州刺史王继勋致书修好于威武节度使李弘义。弘义以泉州故隶威武军，怒其抗礼，夏，四月，遣弟弘通将兵万人伐之。

初，朔方节度使冯晖在灵州，留党项酋长拓跋彦超于州下，故诸部不敢为寇；及将罢镇而纵之。

前彰武节度使王令温代晖镇朔方，不存抚羌、胡，以中国法绳之。羌、胡怨怒，皆叛，竞为寇钞。拓跋彦超、石存、也厮褒三族，共攻灵州，杀令温弟令周。戊午，令温上表告急。

泉州都指挥使留从效谓刺史王继勋曰："李弘通兵势甚盛，士卒以使

使丁思瑾上书痛切地劝谏，马希范削夺了丁思瑾的官爵。

南唐齐王李景达府中的属官谢仲宣对李景达说："宋齐丘是先帝的布衣之交，现在把他弃置在山野，不能让大家满意。"李景达为这件事对南唐主说："宋齐丘早就有声望，不用他也就算了，何必遗弃他，让他更为出名！"南唐主于是派李景达亲自到青阳去召请宋齐丘。

后晋齐王开运三年（丙午，946年）

春季，正月，南唐任命宋齐丘为太傅兼中书令，只是奉行朝会、答应召请而已，不参与政事。任命昭武节度使李建勋为右仆射兼门下侍郎，与中书侍郎冯延己都为同平章事。李建勋熟悉政事，但胆小怕事，优柔寡断；冯延己擅长文章辞藻，但狡猾谄佞，喜欢说大话，多树立朋党。水部郎中高越上书指责冯延己兄弟的过错和罪恶，南唐主发怒，贬高越为蕲州司士。

当初，南唐主在宫禁中设置宣政院，任命翰林学士、给事中常梦锡主持院事，专门掌管机密，常梦锡与中书侍郎严续都忠贞正直、大公无私。南唐主对常梦锡说："大臣中只有严续中立，然而没有才能，恐怕对付不了周围的朋党，你应当帮助他。"没过多久，常梦锡被解除宣政院的职务，严续也外任池州观察使。常梦锡于是称病，纵情饮酒，不再干预朝廷的政事。严续是严可求的儿子。

二月初一日壬戌，发生日食。

后晋昌节度使兼侍中赵在礼，前后在十个镇任职，所到之处贪婪残暴，家里的钱财在各镇将帅中是最多的。后晋出帝贪图他的财富，三月二十九日庚申，为皇子镇宁节度使石延煦娶他的女儿，赵在礼自己花费缗钱十万，后晋出帝所花的费用，又超过好几倍。石延煦和弟弟石延宝都是高祖石敬瑭的孙子，后晋出帝把他们当作自己的儿子来抚养。

南唐泉州刺史王继勋送书信给威武节度使李弘义，想和李弘义建立友好关系。李弘义因为泉州以前隶属于威武军，对王继勋用对等的礼节来和自己打交道很恼怒。夏季，四月，派遣弟弟李弘通率兵一万人讨伐王继勋。

当初，朔方节度使冯晖在灵州，将党项酋长拓跋彦超留滞在州中，所以党项各部落不敢入境骚扰；等到冯晖将要解除节度使职务时，把拓跋彦超放了回去。

前任彰武节度使王令温代替冯晖镇守朔方，不安抚羌胡，用中原的法令去约束他们。羌胡怨恨愤怒，全都反叛，争相侵扰抢劫。拓跋彦超、石存、也厮褒三族一同攻打灵州，杀死王令温的弟弟王令周。戊午这一天，王令温上表告急。

泉州都指挥使留从效对刺史王继勋说："李弘通军队势力很强大，而我们的士兵

君赏罚不当，莫肯力战，使君宜避位自省！”乃废继勋归私第；代领军府事，勒兵击李弘通，大破之。表闻于唐，唐主以从效为泉州刺史，召继勋还金陵，遣将将兵戍泉州。徙漳州刺史王继成为和州刺史，汀州刺史许文稹为蕲州刺史。

（以上为第四段，写南唐奸佞当道，直臣被贬黜。泉州都指挥使留从效击退福州兵，代王继勋为泉州刺史。）

定州西北二百里有狼山，土人筑堡于山上以避胡寇。堡中有佛舍，尼孙深意居之，以妖术惑众，言事颇验，远近信奉之。中山人孙方简及弟行友，自言深意之侄，不饮酒食肉，事深意甚谨。深意卒，方简嗣行其术，称深意坐化，严饰，事之如生，其徒日滋。

会晋与契丹绝好，北边赋役烦重，寇盗充斥，民不安其业。方简、行友因帅乡里豪健者，据寺为寨以自保。契丹入寇，方简帅众邀击，颇获其甲兵、牛马、军资，人挈家往依之者日益众。久之，至千余家，遂为群盗。惧为吏所讨，乃归款朝廷。朝廷亦资其御寇，署东北招收指挥使。

方简时入契丹境钞掠，多所杀获。既而邀求不已，朝廷小不副其意，则举寨降于契丹，请为乡道以入寇。时河北大饥，民饿死者所在以万数，兖、郓、沧、贝之间，盗贼蜂起，吏不能禁。

天雄节度使杜威遣元随军将刘延翰市马于边，方简执之，献于契丹。延翰逃归，六月，壬戌，至大梁，言“方简欲乘中国凶饥，引契丹入寇，宜为之备。”

初，朔方节度使冯晖在灵武，得羌、胡心，市马期年，得五千匹，朝廷忌之，徙镇邠州及陕州，入为侍卫步军都指挥使、领河阳节度使。晖知朝廷之意，悔离灵武，乃厚事冯玉、李彦韬，求复镇灵州。朝廷亦以羌、胡方扰，丙寅，复以晖为朔方节度使，将关西兵击羌、胡；以威州刺史药元福为行营马步军都指挥使。

乙丑，定州言契丹勒兵压境。诏以天平节度使、侍卫马步都指挥使李守贞为北面行营都部署，义成节度使皇甫遇副之；彰德节度使张彦泽

因为您赏罚不当，没有人肯尽力作战，您应该辞位自我反省！”于是解除王继勋的职务，命他回家；留从效自己代理军府事务，指挥军队攻打李弘通，大败李弘通。留从效上表奏报南唐主，南唐主任命留从效为泉州刺史，召王继勋回金陵，派遣将帅率兵戍守泉州。调任漳州刺史王继成为和州刺史，汀州刺史许文稹为蕲州刺史。

定州西北二百里有一座狼山，当地人在山上修建城堡来躲避胡兵的侵扰。城堡中有一座佛寺，尼姑孙深意住在里面，用妖术迷惑众人，预言事情颇多应验，远近的人都信奉她。中山人孙方简和他的弟弟孙行友，自称是孙深意的侄子，不饮酒，不吃肉，侍奉孙深意非常细心周到。孙深意死后，孙方简继续行使她的妖术，宣称孙深意“坐化”，刻意装饰孙深意的尸体，侍奉孙深意像她在世的时候一样，孙方简的信徒越来越多。

正遇上后晋和契丹断交，北方边境赋税徭役繁重，盗贼遍地，百姓不能安居乐业。孙方简、孙行友于是率领乡里中魁梧健壮的人，据守佛寺作为城堡来保护自己。契丹入侵，孙方简率领部众截击，缴获很多铠甲、兵器、牛马、军用物资，百姓携带家口前往投奔他的人日益增多。时间长了，达到一千多家，于是变成群盗。他们害怕被朝廷讨伐，就归附朝廷。朝廷也想利用他们来抵御契丹入侵，任命孙方简为东北招收指挥使。

孙方简时常进入契丹边境骚扰抢劫，斩杀缴获很多。后来向朝廷要求无止境，朝廷稍微不合他的意，就率领全寨投降契丹，请求作为向导引导契丹入侵。当时河北发生大饥荒，百姓饿死的，每一地都以万数计，兖、郓、沧、贝各州之间，盗贼蜂拥而起，官吏不能禁止。

天雄节度使杜威派遣元随军将领刘延翰在边境上买马，孙方简抓住他，进献给契丹。刘延翰逃回来，六月初三日壬戌，回到大梁，说：“孙方简想乘中原饥荒凶年的时候，引导契丹入侵，应该做好准备。”

当初，朔方节度使冯晖在灵武，得到羌胡的人心，买马一年，就得到五千匹马，朝廷对他有些猜忌，调他镇守邠州和陕州，入朝任侍卫步军都指挥使兼河阳节度使。冯晖知道朝廷的用意，后悔离开灵武，于是以厚礼侍奉冯玉和李彦韬，请求再出镇灵州。朝廷也因为羌胡正在骚扰边境，六月初七日丙寅，再度任命冯晖为朔方节度使，率领关西军队攻打羌胡；任命威州刺史药元福为行营马步军都指挥使。

六月初六日乙丑，定州奏报契丹部署军队进逼边境。后晋出帝诏命天平节度使、侍卫马步都指挥使李守贞为北面行营都部署，义成节度使皇甫遇做他的副手，彰德

充马军都指挥使兼都虞候，义武节度使蓟人李殷充步军都指挥使兼都排陈使；遣护圣指挥使临清王彦超、太原白延遇以部兵十营诣邢州。时马军都指挥使、镇安节度使李彦韬方用事，视守贞蔑如也。守贞在外所为，事无大小，彦韬必知之。守贞外虽敬奉而内恨之。

（以上为第五段，写中山人孙方简以妖术惑众，成为定州地方豪强，依违于后晋与契丹之间，叛服无常，趁河北大饥荒，引导契丹入寇。）

初，唐人既克建州，欲乘胜取福州，唐主不许。枢密使陈觉请自往说李弘义，必令入朝。宋齐丘荐觉才辩，可不烦寸刃，坐致弘义。唐主乃拜弘义母、妻皆为国夫人，四弟皆迁官。以觉为福州宣谕使，厚赐弘义金帛。弘义知其谋，见觉，辞色甚倨，待之疏薄；觉不敢言入朝事而还。

秋，七月，河决杨刘，西入莘县，广四十里，自朝城北流。

有自幽州来者，言赵延寿有意归国；枢密使李崧、冯玉信之，命天雄节度使杜威致书于延寿，具述朝旨，啖以厚利。洛州军将赵行实尝事延寿，遣赍书潜往遗之。延寿复书言："久处异域，思归中国。乞发大军应接，拔身南去。"辞旨恳密。朝廷欣然，复遣行实诣延寿，与为期约。

八月，李守贞言："与契丹千余骑遇于长城北，转斗四十里，斩其酋帅解里，拥余众入水溺死者甚众。"丁卯，诏李守贞还屯澶州。

帝既与契丹绝好，数召吐谷浑酋长白承福入朝，宴赐甚厚。承福从帝与契丹战澶州，又与张从恩戍滑州。属岁大热，遣其部落还太原，畜牧于岚、石之境。部落多犯法，刘知远无所纵舍；部落知朝廷微弱，且畏知远之严，谋相与遁归故地。有白可久者，位亚承福，帅所部先亡归契丹，契丹用为云州观察使，以诱承福。

知远与郭威谋曰："今天下多事，置此属于太原，乃腹心之疾也，不如去之。"承福家甚富，饲马用银槽。威劝知远诛之，收其货以赡军。知远密表："吐谷浑反覆难保，请迁于内地。"帝遣使发其部落千九百人，分置河阳及诸州。知远遣威诱承福等入居太原城中，因诬承福等五族谋叛，以兵围而杀之，合四百口，籍没其家赀。诏褒赏之，吐谷浑由是遂微。

节度使张彦泽充任马军都指挥使兼都虞候，义武节度使蓟州人李殷充任步军都指挥使兼都排阵使；派遣护圣指挥使临清人王彦超、太原人白延遇率领所部士兵十营到邢州。当时马军都指挥使、镇安节度使李彦韬当权，很瞧不起李守贞。李守贞在外的所作所为，不论事情大小，李彦韬都一定知道。李守贞表面虽敬奉李彦韬，但内心很恨他。

当初，南唐人既已攻克建州，想乘胜攻取福州，南唐主不允许。枢密使陈觉请求亲自到福州劝说李弘义，一定要李弘义入朝。宋齐丘推荐陈觉有口才，可以不动用刀枪，轻易地招降李弘义。南唐主于是封李弘义的母亲和妻子都为国夫人，四个弟弟都升官。任命陈觉为福州宣谕使，赏赐给李弘义丰厚的金帛。李弘义知道他们的计谋，接见陈觉时，口气和脸色都很傲慢，对待陈觉疏慢草率；陈觉不敢提请他入朝的事就回去了。

秋季，七月，黄河在杨刘决口，向西流入莘县，宽达四十里，从朝城向北流。

有个从幽州来的人，说赵延寿有意归国；枢密使李崧、冯玉相信了这人的话，命令天雄节度使杜威写信给赵延寿，详细叙说了朝廷的意旨，用厚利引诱他。洛州军将赵行实曾经在赵延寿手下做过事，派赵行实带书信暗中到契丹送给赵延寿。赵延寿回信说："长久居住他乡，想回归中原。请求征发大军接应，我好脱身南下。"言辞恳切。朝廷非常高兴，又派赵行实去见赵延寿，与赵行实相互约定时间。

八月，李守贞奏报："在长城以北与一千多名契丹骑兵相遇，转战四十里，斩杀他们的酋帅解里，其他被挤落入水溺死的人很多。"八月初九日丁卯，诏命李守贞还军驻守澶州。

后晋出帝和契丹断绝关系以后，屡次召请吐谷浑酋长白承福入朝，宴会、赏赐都很丰厚。白承福随从后晋出帝与契丹在澶州交战，又和张从恩一起戍守滑州。恰好这年天气炎热，便遣送白承福的部落回太原，在岚州、石州一带放牧。部落中经常有人犯法，刘知远不肯宽容；部落了解朝廷衰弱，而且害怕刘知远的严厉，商议一起逃回旧地。有一个叫白可久的人，地位仅次于白承福，率领自己的部众先逃亡，归顺契丹。契丹任命白可久为云州观察使，用来引诱白承福。

刘知远和郭威商议说："现在天下多事，把这些人留在太原，实在是心腹之患，不如将他们除掉。"白承福家里十分富有，用银槽喂马。郭威劝刘知远杀掉白承福，没收他的财产来供给军队。刘知远秘密上表："吐谷浑反复无常，难以控制，请求将他们迁往内地。"后晋出帝派遣使者发送他们部落一千九百人，分别安置在河阳和其他各州。刘知远派遣郭威引诱白承福等人进入太原城里居住，以此诬告白承福等五

（以上为第六段，写契丹卢龙节度使赵延寿诈降后晋。太原留守刘知远翦除朔州效力于后晋的吐谷浑部，为割据扫清道路。）

濮州刺史慕容彦超坐违法科敛，擅取官麦五百斛造曲，赋与部民。李彦韬素与彦超有隙，发其事，罪应死。彦韬趣冯玉使杀之，刘知远上表论救。李崧曰："如彦超之罪，今天下藩侯皆有之。若尽其法，恐人人不自安。"甲戌，敕免彦超死，削官爵，流房州。

唐陈觉自福州还，至剑州，耻无功，矫诏使侍卫官顾忠召弘义入朝，自称权福州军府事，擅发汀、建、抚、信州兵及戍卒，命建州监军使冯延鲁将之，趣福州迎弘义。延鲁先遗弘义书，谕以祸福。弘义复书请战，遣楼船指挥使杨崇保将州师拒之。觉以剑州刺史陈诲为缘江战棹指挥使，表："福州孤危，旦夕可克。"唐主以觉专命，甚怒；群臣多言："兵已傅城下，不可中止，当发兵助之。"

丁丑，觉、延鲁败杨崇保于候官，戊寅，乘胜进攻福州西关。弘义出击，大破之，执唐左神威指挥使杨匡邺。

唐主以永安节度使王崇文为东南面都招讨使，以漳泉安抚使、谏议大夫魏岑为东面监军使，延鲁为南面监军使，会兵攻福州，克其外郭。弘义固守第二城。

冯晖引兵过旱海，至辉德，糗粮已尽。拓跋彦超众数万，为三陈，扼要路，据水泉以待之。军中大惧。晖以赂求和于彦超，彦超许之。自旦至日中，使者往返数四，兵未解。药元福曰："虏知我饥渴，阳许和以困我耳；若至暮，则吾辈成擒矣。今虏虽众，精兵不多，依西山而陈者是也。其余步卒，不足为患。请公严陈以待我，我以精骑先犯西山兵，小胜则举黄旗，大军合势击之，破之必矣。"乃帅骑先进，用短兵力战。彦超小却，元福举黄旗，晖引兵赴之，彦超大败。明日，晖入灵州。

（以上为第七段，写南唐征闽，兵败福州。后晋将冯晖复镇灵州，逐走拓跋彦超。）

族谋反，率兵包围并杀死他们，一共四百口，没收他的家产。后晋出帝下诏奖励了刘知远，吐谷浑从此衰微不振。

濮州刺史慕容彦超因为违法征敛，擅自取官府的五百斛麦制造酒曲，派售给管辖下的百姓。李彦韬平素和慕容彦超有仇怨，揭发了这件事，慕容彦超的罪行应当斩首。李彦韬催促冯玉，让冯玉杀掉慕容彦超。刘知远上表营救慕容彦超，为慕容彦超辩护。李崧说："像慕容彦超这样的罪，现在天下的藩镇长官都有。如果都依法追究，恐怕人人内心都不会安宁。"八月十六日甲戌，下敕赦免慕容彦超的死罪，削夺他的官爵，流放房州。

南唐陈觉从福州回来，走到剑州，因为无功而回，感到羞愧，便假称皇帝的诏令，命令侍卫官顾忠召李弘义入朝，自称代理福州军府的事务，擅自征发汀州、建州、抚州、信州等四州军队以及戍守的士兵，命建州监军使冯延鲁率领，赶赴福州去迎接李弘义。冯延鲁先写信给李弘义，用祸福得失来开导李弘义。李弘义回信请求决战，派遣楼船指挥使杨崇保率领福州军队抵抗他们。陈觉任命剑州刺史陈诲为缘江战棹指挥使，上表给南唐主说："福州孤立危急，早晚能被攻陷。"南唐主因为陈觉自行其是，非常生气；大臣们大多说："大军已经迫近福州城下，不可中途停止，应该发兵援助陈觉。"

八月十九日丁丑，陈觉、冯延鲁在侯官打败杨崇保，八月二十日戊寅，乘胜进攻福州西关。李弘义出兵攻击，大败南唐军队，抓获南唐左神威指挥使杨匡邺。

南唐主任命永安节度使王崇文为东南面都招讨使，任命漳泉安抚使、谏议大夫魏岑为东面监军使，冯延鲁为南面监军使，联合兵力攻打福州，攻陷外城。李弘义坚守第二重城。

冯晖领兵越过旱海，到达辉德，这时干粮已经吃完。拓跋彦超的部众几万人，排成三列阵势，控制险要的道路，据守水源以等待冯晖。冯晖军中非常害怕。冯晖送财货给拓跋彦超来求和，拓跋彦超答应了冯晖。从日出到正午，使者往来好几次，拓跋彦超的军队还没有撤退。药元福说："敌人知道我们又饥又渴，表面上答应讲和来困住我们；如果到了晚上，我们就会被擒了。现胡虏人数虽不少，但是精兵不多，背靠着西山列阵的那一些就是。其他的步兵，不值得担忧，请您整肃士兵，排好阵势等待我，我率领精锐的骑兵先去冲杀西山的敌军，取得小胜就举起黄旗为信号，然后大军合力攻击他们，一定可以打败他们。"于是率领骑兵先进攻，用短兵器奋力拼杀。拓跋彦超稍稍后退，药元福举起黄旗，冯晖领兵攻杀过去，拓跋彦超大败。第二天，冯晖率兵进入灵州。

九月，契丹三万寇河东。壬辰，刘知远败之于阳武谷，斩首七千级。

汉刘思潮等既死，陈道庠内不自安。特进邓伸遗之《汉纪》，道庠问其故。伸曰："憨獠！此书有诛韩信、醢彭越事，宜审读之！"汉主闻之，族道庠及伸。

李弘义自称威武留后，更名弘达，奉表请命于晋。甲午，以弘达为威武节度使、同平章事，知闽国事。

张彦泽奏败契丹于定州北，又败之于泰州，斩首二千级。

辛丑，福州排陈使马捷引唐兵自马牧山拔寨而入，至善化门桥，都指挥使丁彦贞以兵百人拒之。弘达退保善化门，外城再重皆为唐兵所据。弘达更名达，遣使奉表称臣，乞师于吴越。

楚王希范知帝好奢靡，屡以珍玩为献，求都元帅。甲辰，以希范为诸道兵马都元帅。

丙辰，河决澶州临黄。

契丹使瀛州刺史刘延祚遗乐寿监军王峦书，请举城内附。且云："城中契丹兵不满千人，乞朝廷发轻兵袭之，己为内应。又，今秋多雨，自瓦桥以北，积水无际，契丹主已归牙帐，虽闻关南有变，地远阻水，不能救也。"峦与天雄节度使兼中书令杜威屡奏瀛、莫乘此可取，深州刺史慕容迁献《瀛莫图》。冯玉、李崧信以为然，欲发大兵迎赵延寿及延祚。

先是，侍卫马步都指挥使、天平节度使李守贞数将兵过广晋，杜威厚待之，赠金帛、甲兵，动以万计；守贞由是与威亲善。守贞入朝，帝劳之曰："闻卿为将，常费私财以赏战士。"对曰："此皆杜威尽忠于国，以金帛资臣，臣安敢掠有其美！"因言："陛下若他日用兵，臣愿与威戮力以清沙漠。"帝由是亦贤之。

及将北征，帝与冯玉、李崧议，以威为元帅，守贞副之。赵莹私谓冯、李曰："杜令国戚，贵为将相，而所欲未厌，心常慊慊，岂可复假以兵权！必若有事北方，不若止任守贞为愈也。"不从。冬，十月，辛未，以威为北面行营都指挥使，以守贞为兵马都监，泰宁节度使安审琦为左右厢都指挥使，武宁节度使符彦卿为马军左厢都指挥使，义成节度使皇甫遇为马军右厢都指挥使，永清节度使梁汉璋为马军都排陈使，前威胜节度使宋彦筠为步军左厢都指挥使，奉国左厢都指挥使王饶为步军右厢

九月，契丹三万人入侵河东。九月初五日壬辰，刘知远在阳武谷打败契丹军，斩首七千级。

南汉刘思潮等人死后，陈道庠自己内心不安。特进邓伸送给他一本《汉纪》，陈道庠问他这样做的缘故。邓伸说："愚笨的家伙！这本书里面有杀韩信、醢彭越的故事，应该仔细读一读！"南汉主听说这件事，就诛灭陈道庠和邓伸的全族。

李弘义自称为威武留后，改名为弘达，奉表向后晋朝廷请求任命官职。九月初七日甲午，朝廷任命李弘达为威武节度使、同平章事，代理闽国事务。

张彦泽奏报在定州城北打败契丹，又在泰州打败契丹，斩首两千级。

九月十四日辛丑，福州排阵使马捷引导唐军队从马牧山攻寨而入，到达善化门桥，都指挥使丁彦贞率兵一百人抵挡。李弘达退守善化门，外城和第二重城都被南唐军队占领。李弘达改名为李达，派遣使者奉表称臣，向吴越请求援兵。

楚王马希范知道后晋出帝喜欢奢侈浪费，屡次拿珍贵的玩物来进贡，请求做都元帅。九月十七日甲辰，任命马希范为诸道兵马都元帅。

九月二十九日丙辰，黄河在澶州临黄决口。

契丹让瀛州刺史刘延祚写信给乐寿监军王峦，请求率全城归附朝廷，并且说："城中契丹兵不到一千人，请求朝廷派遣轻装部队袭击他们，我为内应。再者，今年秋天多雨水，从瓦桥以北，积水无边无际，契丹主已经回到牙帐，即使获悉瓦桥关南有变故，因为路途遥远，被积水阻隔，也不能救援。"王峦与天雄节度使兼中书令杜威屡次上奏说瀛州和莫州可以乘此机会夺取，深州刺史慕容迁进献《瀛莫图》。冯玉、李崧信以为真，想发动大军接应赵延寿和刘延祚。

在此之前，侍卫马步都指挥使、天平节度使李守贞多次率兵经过广晋，杜威优厚地款待他，送给他金帛、甲兵，动辄数以万计；李守贞因此与杜威亲近友好。李守贞入朝，后晋出帝慰劳他说："听说你当将帅，常常花费自己的钱财犒赏战士。"李守贞回答说："这都是杜威对国家竭尽忠诚，拿金帛来资助我，我怎么敢掠他人之美！"接着又说："陛下以后如果用兵，臣愿意和杜威共同努力，以肃清沙漠。"后晋出帝因此也认为杜威贤明。

等到将要北征契丹，后晋出帝与冯玉、李崧商议，任命杜威为元帅，李守贞为副元帅。赵莹私下对冯玉和李崧说："杜令公是皇室的亲戚，贵为将相，但他的欲望还没有满足，心里常常觉得不满意，怎么能再给他兵权！如果一定和北方契丹有战争，不如只任命李守贞还好一些。"冯、李二人不听。冬季，十月十四日辛未，任命杜威为北面行营都指挥使，任命李守贞为兵马都监，泰宁节度使安审琦为左右厢都指挥使，武宁节度使符彦卿为马军左厢都指挥使，义成节度使皇甫遇为马军右厢都指挥使，永清节度使梁汉璋为马军都排阵使，前任威胜节度使宋彦筠为步军左厢都

都指挥使，洺州团练使薛怀让为先锋都指挥使。仍下敕榜曰："专发大军，往平黠虏。先取瀛、莫，安定关南；次复幽燕，荡平塞北。"又曰："有擒获虏主者，除上镇节度使，赏钱万缗，绢万匹，银万两。"时自六月积雨，至是未止，军行及馈运者甚艰苦。

（以上为第八段，写后晋出帝中赵延寿诈降之计，命将杜威收复瀛、莫，为后晋败亡张本。）

唐漳州将林赞尧作乱，杀监军使周承义、剑州刺史陈诲。泉州刺史留从效举兵逐赞尧，以泉州裨将董思安权知漳州。唐主以思安为漳州刺史，思安辞以父名章，唐主改漳州为南州，命思安及留从效将州兵会攻福州。庚辰，围之。

福州使者至钱塘，吴越王弘佐召诸将谋之，皆曰："道险远，难救。"惟内都监使临安水丘昭券以为当救。弘佐曰："唇亡齿寒，吾为天下元帅，曾不能救邻道，将安用之！诸君但乐饱身安坐邪！"壬午，遣统军张筠、赵承泰将兵三万，水陆救福州。

先是募兵，久无应者，弘佐命纠之，曰："纠而为兵者，粮赐减半。"明日，应募者云集。弘佐命昭券专掌用兵，昭券惮程昭悦，以用兵事让之。弘佐命昭悦掌应援馈运事，而以军谋委元德昭。德昭，危仔倡之子也。

弘佐议铸铁钱以益将士禄赐，其弟牙内都虞候弘亿谏曰："铸铁钱有八害：新钱既行，旧钱皆流入邻国，一也；可用于吾国而不可用于他国，则商贾不行，百货不通，二也；铜禁至严，民犹盗铸，况家有铛釜，野有铧犁，犯法必多，三也；闽人铸铁钱而乱亡，不足为法，四也；国用幸丰而自示空乏，五也；禄赐有常而无故益之以启无厌之心，六也；法变而弊，不可遽复，七也；'钱'者国姓，易之不祥，八也。"弘佐乃止。

（以上为第九段，写吴越王钱弘佐发兵救闽主李弘义，并停止铸铁钱。）

杜威、李守贞会兵于广晋而北行。威屡使公主入奏，请益兵，曰："今深入虏境，必资众力。"由是禁军皆在其麾下，而宿卫空虚。

指挥使，奉国左厢都指挥使王饶为步军右厢都指挥使，洺州团练使薛怀让为先锋都指挥使。后晋出帝还颁布诏令说：“专门发动大军，前往扫平狡猾的胡虏，先夺取瀛州和莫州，安定关南；其次收复幽燕，荡平塞北。”又说：“如果有能擒获胡虏首领的人，任命他为上等镇的节度使，赏钱一万缗，绢帛一万匹，银子一万两。”当时从六月开始连续下雨，到这时还没有停止，军队行进和运送物资非常艰苦。

南唐漳州守将林赞尧叛乱，杀死监军使周承义和剑州刺史陈诲。泉州刺史留从效率兵驱逐林赞尧，任命泉州副将董思安暂且代理漳州事务。南唐主任命董思安为漳州刺史，董思安因为他父亲名叫“章”而推辞，南唐主改漳州为南州，命令董思安和留从效率领州兵联合攻打福州。十月二十三日庚辰，包围福州。

福州使者到达钱塘，吴越王钱弘佐召集众将商议，众将都说：“路途险阻而又遥远，难以救援。”唯独内都监使临安人水丘昭券认为应当去救援。钱弘佐说：“唇亡则齿寒，我是兵马都元帅，连邻道的危难都不能解救，当这个元帅又有什么用！你们各位只乐于吃饱了待着吗！”十月二十五日壬午，派遣统军张筠、赵承泰率兵三万，从水陆两路救援福州。

在此之前，招募士兵，很久都没有人来应召。钱弘佐下令强行征召，说：“被征召而当兵的，口粮和赏赐减半。”第二天，应募的人云集而来。钱弘佐命令水丘昭券专门负责用兵，水丘昭券害怕程昭悦，把负责用兵的事让给他。钱弘佐命令程昭悦负责接应援助、运送粮草等事，而把军事的谋划委托给元德昭。元德昭是危仔倡的儿子。

钱弘佐议论要铸造铁钱来增加将帅和士兵们的俸禄赏赐，他的弟弟牙内都虞候钱弘亿劝谏说：“铸造铁钱有八种害处：新钱通行以后，旧钱都流入邻国，这是第一；新钱只可以在我们国内使用，而不能在其他国家使用，那么商人不便往来，各种货物不能流通，这是第二；禁止铸造铜器的法令极为严厉，而老百姓还要偷偷地铸造，何况百姓家里有铁锅，外面有铧犁，用铁铸钱，犯法的人一定很多，这是第三；闽人因为铸造铁钱而灭亡，不值得效法，这是第四；国家的财用幸而还丰足，而自己用铁铸钱反而表示库用空乏，这是第五；俸禄和赏赐有一定的数额，而现在无故增加，会引发不知足的心理，这是第六；法令改变就会产生弊害，不能立即恢复，这是第七；‘钱’是国姓，改变他不吉利，这是第八。”钱弘佐就停止了这件事。

杜威、李守贞在广晋会师，向北进发。杜威屡次让公主入朝上奏，请求增兵，说：“如今深入胡虏境内，一定要使用很多的力量。”从此禁军都隶属于他的部下，

十一月，丁酉，以李守贞权知幽州行府事。

己亥，杜威等至瀛州，城门洞启，寂若无人，威等不敢进。闻契丹将高谟翰先已引兵潜出，威遣梁汉璋将二千骑追之，遇契丹于南阳务，败死。威等闻之，引兵而南。时束城等数县请降，威等焚其庐舍，掠其妇女而还。

己酉，吴越兵至福州，自罾浦南潜入州城。唐兵进据东武门，李达与吴越兵共御之，不利。自是内外断绝，城中益危。

唐主遣信州刺史王建封助攻福州。时王崇文虽为元帅，而陈觉、冯延鲁、魏岑争用事，留从效、王建封倔强不用命，各争功，进退不相应。由是将士皆解体，故攻城不克。

唐主以江州观察使杜昌业为吏部尚书，判省事。先是昌业自兵部尚书判省事，出江州。及还，阅簿籍，抚案叹曰："未数年，而所耗者半，其能久乎！"

契丹主大举入寇，自易、定趣恒州。杜威等至武强，闻之，将自贝、冀而南。彰德节度使张彦泽时在恒州，引兵会之，言契丹可破之状；威等复趣恒州，以彦泽为前锋。甲寅，威等至中度桥，契丹已据桥，彦泽帅骑争之，契丹焚桥而退。晋兵与契丹夹滹沱而军。

始，契丹见晋军大至，又争桥不胜，恐晋军急渡滹沱，与恒州合势击之，议引兵还。及闻晋军筑垒为持久之计，遂不去。

蜀施州刺史田行皋叛，遣供奉官耿彦珣将兵讨之。

（以上为第十段，写后晋军与契丹夹滹沱河两岸对峙，杜威畏懦不出战，坐以待毙。）

杜威虽以贵戚为上将，性懦怯。偏裨皆节度使，但日相承迎，置酒作乐，罕议军事。

磁州刺史兼北面转运使李穀说威及李守贞曰："今大军去恒州咫尺，烟火相望。若多以三股木置水中，积薪布土其上，桥可立成。密约城中举火相应，夜募将士斫虏营而入，表里合势，虏必遁逃。"诸将皆以为

而宫廷的警卫却空虚了。

十一月初十日丁酉，任命李守贞代理幽州行府事务。

十一月十二日己亥，杜威等人到达瀛州，瀛州城门洞开，寂静得好像没有人，杜威等人不敢进去。听说契丹将领高谟翰在大军到达以前，已经先领兵偷偷地逃出城，杜威派遣梁汉璋率领两千名骑兵去追赶，在南阳务遇到契丹军队，梁汉璋战败而死。杜威等人听到这个消息，领兵向南走。当时束城等几个县请求投降，杜威等人焚烧他们的房舍，抢夺他们的妇女而返回。

十一月二十二日己酉，吴越军队到达福州，从罾浦的南面秘密进入州城。南唐军队向前占据东武门，李达和吴越军队共同抵御，交战不利。从此内外断绝，城中更加危险。

南唐主派遣信州刺史王建封去帮助攻打福州。当时王崇文虽然是元帅，但是陈觉、冯延鲁、魏岑等人互相争权，留从效、王建封固执不听命令，各自争功，进退不相互呼应。因此将士都人心涣散，所以攻城不下。

南唐主任命江州观察使杜昌业为吏部尚书，兼管尚书省事务。在此之前，杜昌业由兵部尚书兼管尚书省事务，出任为江州观察使。这次回来，他翻阅档案图籍，拍着桌子叹息说："没有几年，而府库积蓄耗减一半，那还能长久吗！"

契丹主大举入侵，从易州、定州直向恒州。杜威等人到达武强，听到这个消息，打算从贝州、冀州向南走。彰德节度使张彦泽当时在恒州，领兵与他们会合，说明契丹可以被打败的理由；杜威等人又赶赴恒州，任命张彦泽为前锋。十一月二十七日甲寅，杜威等人到达中度桥，契丹已经占据了桥，张彦泽率领骑兵去抢夺，契丹把桥烧掉并退走。晋军和契丹军队在滹沱河的两岸扎营。

起初，契丹看见晋军大量到来，争夺中度桥又没有取胜，害怕晋军快速渡过滹沱河，和恒州联合兵力攻击他，商议撤兵回去。等到听说晋军修筑堡垒准备作长久的打算，于是就没有离去。

后蜀施州刺史田行皋叛乱，后蜀派遣供奉官耿彦珣率兵讨伐。

杜威虽然是以皇室贵戚的身份担任主将，但是生性懦弱胆小。偏将和副将都是节度使，他们只是每天奉承迎合他，摆酒作乐，很少商议军事。

磁州刺史兼北面转运使李榖劝杜威和李守贞说："现在大军距离恒州非常近，两地的烟火都可以互相望见。如果把许多三股木放在水中，在上面堆积薪柴，铺上泥土，桥梁立刻可以造成。秘密和城里约定，以举火相呼应，选募将士晚上冲杀胡虏

然，独杜威不可，遣穀南至怀、孟督军粮。

契丹以大军当晋军之前，潜遣其将萧翰、通事刘重进将百骑及羸卒，并西山出晋军之后，断晋粮道及归路。樵采者遇之，尽为所掠；有逸归者，皆称虏众之盛，军中恟惧。翰等至栾城，城中戍兵千余人，不觉其至，狼狈降之。契丹获晋民，皆黥其面曰："奉敕不杀"，纵之南走。运夫在道遇之，皆弃车惊溃。翰，契丹主之舅也。

十二月，丁巳朔，李穀自书密奏，具言大军危急之势，请车驾幸滑州，遣高行周、符彦卿扈从，及发兵守澶州、河阳以备虏之奔冲。遣军将关勋走马上之。

己未，帝始闻大军屯中度；是夕，关勋至。庚申，杜威奏请益兵，诏悉发守宫禁者得数百人，赴之。又诏发河北及滑、孟、泽、潞刍粮五十万诣军前；督迫严急，所在鼎沸。辛酉，威又遣从者张祚等来告急，祚等还，为契丹所获。自是朝廷与军前声问两不相通。

时宿卫兵皆在行营，人心懔懔，莫知为计。开封尹桑维翰，以国家危在旦夕，求见帝言事；帝方在苑中调鹰，辞不见。又诣执政言之，执政不以为然。退，谓所亲曰："晋氏不血食矣！"

帝欲自将北征，李彦韬谏而止。时符彦卿虽任行营职事，帝留之，使戍荆州口。壬戌，诏以归德节度使高行周为北面都部署，以彦卿副之，共戍澶州；以西京留守景延广戍河阳，且张形势。

奉国都指挥使王清言于杜威曰："今大军去恒州五里，守此何为！营孤食尽，势将自溃。请以步卒二千为前锋，夺桥开道，公帅诸军继之；得入恒州，则无忧矣。"威许诺，遣清与宋彦筠俱进。清战甚锐，契丹不能支，势小却；诸将请以大军继之，威不许。彦筠为契丹所败，浮水抵岸得免。清独帅麾下陈于水北力战，互有杀伤，屡请救于威，威竟不遣一骑助之。清谓其众曰："上将握兵，坐观吾辈困急而不救，此必有异志。吾辈当以死报国耳！"众感其言，莫有退者，至暮，战不息。契丹以新兵继之，清及士众尽死。由是诸军皆夺气。清，洺州人也。

的军营，直入城中，城里城外合力攻击，胡虏一定逃走。”众将都认为可以，唯独杜威不同意，派遣李縠往南到怀、孟二州去督运军粮。

契丹把大军挡在晋军的前面，暗中派遣将领萧翰、通事刘重进率领一百名骑兵和弱卒，沿着西山绕到晋军的后面，切断后晋军队的粮道和退路。上山打柴的人遇到他们，全被他们掳掠而去；有逃脱出来的，都说胡虏人马众多，晋军惊恐害怕。萧翰等人到达栾城，城中守兵一千多人，没有发觉他们到来，都慌忙投降。契丹俘虏晋朝的百姓，全都在他们脸上刺上“奉敕不杀”，然后放他们向南走。运送军粮的人在路上碰到他们，都抛弃车辆，惊慌逃散。萧翰是契丹主的舅舅。

十二月初一日丁巳，李縠亲笔写了一份秘密奏疏，详细说明大军危急的情况，请求后晋出帝临幸滑州，派遣高行周、符彦卿随从护驾，同时发兵驻守澶州和河阳，以防备胡虏逃散冲窜。李縠派遣军将关勋快马疾驰将奏疏进呈后晋出帝。

十二月初三日己未，后晋出帝才听说大军屯驻中度；当天晚上，关勋抵达大梁。十二月初四日庚申，杜威上奏请求增兵，后晋出帝下诏命令征发全部防守皇宫的士兵，一共得到几百名，赶赴支援。又下诏调发河北和滑、孟、泽、潞等州的草料、粮食五十万送到军营前；督促严厉，催逼急迫，所到之处纷扰动乱，好像热水沸腾一样。十二月初五日辛酉，杜威又派遣随从张祚等人前来告急，张祚等人回去的时候，被契丹军俘获。从此朝廷和前线军队就不通消息了。

当时禁军都在军营中，京城人心惶惶，不知道怎么办。开封尹桑维翰因为国家危在旦夕，请求进见后晋出帝商议国事；后晋出帝正在花园里驯鹰，推辞不肯接见。桑维翰又去见执政大臣商议国事，执政大臣不以为然。桑维翰回来，对自己所亲近的人说：“晋朝的宗庙不能得到祭祀了！”

后晋出帝想要亲自率兵北征，因为李彦韬劝谏而停止。当时符彦卿虽然担任军营的职务，后晋出帝把他留下，让他去戍守荆州口。十二月初六日壬戌，下诏任命归德节度使高行周为北面都部署，符彦卿做他的副手，共同戍守澶州；命令西京留守景延广戍守河阳，只是展开备战的阵势。

奉国都指挥使王清对杜威说：“现在大军距离恒州只有五里，守在这里干什么！军营孤立，粮食吃完，必将自行溃败。我请求率领步兵二千为前锋，夺取桥梁，开辟道路，您率领各军跟随；如果能进入恒州，就没有什么可担忧的了。”杜威答应了王清，派王清和宋彦筠一道前进。王清战斗很勇猛，契丹人抵挡不住，军队稍稍后退；众将请求率大军跟上去，杜威不允许。宋彦筠被契丹军打败，游水到岸边，才得以幸免。王清独自率领部下在滹沱河北岸布阵，与契丹军拼命作战，双方都有死伤，王清屡次向杜威请求救援，杜威竟然不肯派一兵一卒去援助他。王清对部众说：“主将掌握大军，却坐看我们艰难危急而不救，他一定是有叛逆之心。我们应当以死

甲子，契丹遥以兵环晋营，内外断绝，军中食且尽。杜威与李守贞、宋彦筠谋降契丹，威潜遣腹心诣契丹牙帐，邀求重赏。契丹主绐之曰："赵延寿威望素浅，恐不能帝中国。汝果降者，当以汝为之。"威喜，遂定降计。丙寅，伏甲召诸将，出降表示之，使署名。诸将骇愕，莫敢言者，但唯唯听命。威遣阁门使高勋赍诣契丹，契丹主赐诏慰纳之。是日，威悉命军士出陈于外，军士皆踊跃，以为且战，威亲谕之曰："今食尽涂穷，当与汝曹共求生计。"因命释甲。军士皆恸哭，声振原野。威、守贞仍于众中扬言："主上失德，信任奸邪，猜忌于己。"闻者无不切齿。契丹主遣赵延寿衣赭袍至晋营慰抚士卒，曰："彼皆汝物也。"杜威以下，皆迎谒于马前；亦以赭袍衣威以示晋军，其实皆戏之耳。以威为太傅，李守贞为司徒。

（以上为第十一段，写杜威投降契丹。）

威引契丹主至恒州城下，谕顺国节度使王周以已降之状，周亦出降。戊辰，契丹主入恒州。遣兵袭代州，刺史王晖以城降之。

先是契丹屡攻易州，刺史郭璘固守拒之。契丹主每过城下，指而叹曰："吾能吞并天下，而为此人所扼！"及杜威既降，契丹主遣通事耿崇美至易州，诱谕其众，众皆降，璘不能制，遂为崇美所杀。璘，邢州人也。

义武节度使李殷，安国留后方太，皆降于契丹。契丹主以孙方简为义武节度使，麻荅为安国节度使，以客省副使马崇祚权知恒州事。

契丹翰林承旨、吏部尚书张砺言于契丹主曰："今大辽已得天下，中国将相宜用中国人为之，不宜用北人及左右近习。苟政令乖失，则人心不服，虽得之，犹将失之。"契丹主不从。

引兵自邢、相而南，杜威将降兵以从。遣张彦泽将二千骑先取大梁，且抚安吏民，以通事傅住兒为都监。

报国！”部众被他的话所感动，没有一个后退的，一直到傍晚，战斗还没有停止。契丹把新调来的军队增援上来，王清和部下全部战死。从此各路晋军都丧失了士气。王清是洺州人。

十二月初八日甲子，契丹远远地用兵将后晋军营包围起来，后晋军营和外面的联系断绝，军中粮食将要吃完。杜威和李守贞、宋彦筠商议投降契丹，杜威暗中派遣心腹到契丹主的牙帐，向契丹主要求重赏。契丹主欺骗杜威说："赵延寿的声威名望向来低微，恐怕不能当中原的皇帝。假如你真的投降，就让你来当皇帝。"杜威很高兴，于是制定投降的计划。十二月初十日丙寅，杜威埋伏甲兵，召集众将，拿出降表给他们看，让他们签名。众将很吃惊，没有人敢说话，只是唯唯诺诺地听从命令。杜威派遣阁门使高勋带着降表去见契丹主，契丹主颁赐诏书慰劳他，并接受了降表。这一天，杜威下令所有的士兵在营外列阵，士兵们都欢呼雀跃，以为将要出战，杜威亲自向他们宣布说："现在粮食已经吃完，走投无路，应当和你们共同谋求生的办法。"于是命令士兵放下武器。士兵们都伤心痛哭，哭声震动原野。杜威和李守贞还在士兵中扬言说："皇上失德，信任奸诈邪恶的人，猜忌我们两人。"听到的人无不咬牙切齿。契丹主派赵延寿穿着赭色袍服到后晋军营去慰问安抚士卒，说："那些都是你的东西。"杜威以下的人都到赵延寿的马前迎接拜见；契丹主也拿赭色袍服给杜威穿上，让后晋将士观看，其实都是戏弄他们。契丹主任命杜威为太傅，李守贞为司徒。

杜威引领契丹主到恒州城下，向顺国节度使王周说明自己已经投降的情形，王周也出城投降。十二月十二日戊辰，契丹主进入恒州。派兵袭击代州，代州刺史王晖率城投降。

在此之前，契丹屡次攻打易州，易州刺史郭璘坚守抵抗。契丹主每次经过易州城下，便指着州城叹息说："我能吞并天下，但是却被此人所阻止。"杜威投降以后，契丹主派遣通事耿崇美到易州，劝诱郭璘的部众，郭璘的部众都投降了，郭璘不能制止，于是被耿崇美杀害。郭璘是邢州人。

义武节度使李殷，安国留后方太，都向契丹投降。契丹主任命孙方简为义武节度使，麻荅为安国节度使，任命客省副使马崇祚暂时代理恒州事务。

契丹翰林承旨、吏部尚书张砺对契丹主说："现在大辽已经取得天下，中原的宰相和将帅应该由中原人来担任，不应该任用契丹人和左右亲近的人。如果政令出现差错过失，那么人心就不服，虽然取得天下，还会要失掉的。"契丹主不听。

契丹主领兵从邢州、相州向南进发，杜威率领降兵跟随。契丹主又派遣张彦泽率领两千名骑兵先去夺取大梁，并且安抚官吏和百姓，任命通事傅住兒为都监。

杜威之降也，皇甫遇初不预谋。契丹主欲遣遇先将兵入大梁，遇辞；退，谓所亲曰：“吾位为将相，败不能死，忍复图其主乎！”至平棘，谓从者曰：“吾不食累日矣，何面目复南行！”遂扼吭而死。

张彦泽倍道疾驱，夜渡白马津。壬申，帝始闻杜威等降；是夕，又闻彦泽至滑州，召李崧、冯玉、李彦韬入禁中计事，欲诏刘知远发兵入援。癸酉，未明，彦泽自封丘门斩关而入，李彦韬帅禁兵五百赴之，不能遏。彦泽顿兵明德门外，城中大扰。

帝于宫中起火，自携剑驱后宫十余人将赴火，为亲军将薛超所持。俄而彦泽自宽仁门传契丹主与太后书慰抚之，且召桑维翰、景延广，帝乃命灭火，悉开宫城门。帝坐苑中，与后妃相聚而泣，召翰林学士范质草降表，自称“孙男臣重贵，祸至神惑，运尽天亡。今与太后及妻冯氏，举族于郊野面缚待罪次。遣男镇宁节度使延煦，威信节度使延宝，奉国宝一、金印三出迎。”太后亦上表称“新妇李氏妾”。

傅住兒入宣契丹主命，帝脱黄袍，服素衫，再拜受宣，左右皆掩泣。帝使召张彦泽，欲与计事。彦泽曰：“臣无面目见陛下。”帝复召之，彦泽微笑不应。

或劝桑维翰逃去。维翰曰：“吾大臣，逃将安之！”坐而俟命。彦泽以帝命召维翰，维翰至天街，遇李崧，驻马语未毕，有军吏于马前揖维翰赴侍卫司。维翰知不免，顾谓崧曰：“侍中当国，今日国亡，反令维翰死之，何也？”崧有愧色。彦泽踞坐见维翰，维翰责之曰：“去年拔公于罪人之中，复领大镇，授以兵权，何乃负恩至此！”彦泽无以应，遣兵守之。

宣徽使孟承诲，素以佞巧有宠于帝，至是，帝召承诲，欲与之谋，承诲伏匿不至；张彦泽捕而杀之。

彦泽纵兵大掠，贫民乘之，亦争入富室，杀人取其货，二日方止，都城为之一空。彦泽所居山积，自谓有功于契丹，昼夜以酒乐自娱，出入骑从常数百人，其旗帜皆题“赤心为主”，见者笑之。军士擒罪人至

杜威投降契丹这件事，皇甫遇最初没有参与谋划。契丹主想派遣皇甫遇先率兵入大梁，皇甫遇推辞；回来后，皇甫遇对所亲近的人说："我身为将相，兵败不能以死报国，还忍心图谋自己的君主吗？"到达平棘，对随从的人说："我不吃东西已经好几天了，还有什么面目再向南走！"于是掐自己的咽喉而死。

张彦泽日夜兼程飞速赶路，晚上渡过白马津。十二月十六日壬申，后晋出帝才知道杜威等人投降契丹的消息；当天晚上，又听说张彦泽到达滑州，便召集李崧、冯玉、李彦韬进宫议事，打算下诏命令刘知远发兵入朝救援。十二月十七日癸酉，天还没亮，张彦泽从封丘门斩关进入城内，李彦韬率领五百名禁卫兵前去抵挡，不能阻止。张彦泽驻兵在明德门外，城中大乱。

后晋出帝在宫中点火，自己带剑驱赶后宫十多人准备跳入火中，被亲军将领薛超所拦阻。一会儿张彦泽从宽仁门传来契丹主给太后的信，抚慰他们，并且召请桑维翰和景延广，后晋出帝于是命人灭火，打开所有的宫城门。后晋出帝坐在花园中，和后妃们一起哭泣，召翰林学士范质草拟降表，自称："孙男重贵，灾祸降临，神明惑乱，气运已尽，天命已亡。现在与太后、妻子冯氏以及全族在郊外绑缚待罪。派遣儿子镇宁节度使石延煦、威信节度使石延宝，奉持国宝一件、金印三枚出城迎接。"太后也上表称"新妇李氏妾"。

傅住兒进宫宣布契丹主的命令，后晋出帝脱下黄袍，换上素色的单衣，再次下拜接受契丹主的命令，左右的人都掩面哭泣。后晋出帝让人召请张彦泽，想要和他商议事情。张彦泽说："臣没有脸面见陛下。"后晋出帝又召请他，张彦泽只是微笑，不予搭理。

有人劝桑维翰逃走。桑维翰说："我是大臣，逃到哪里去！"就坐着待命。张彦泽以后晋出帝的命令召见桑维翰，桑维翰经过天街，遇到李崧，停下马来说话，话还没说完，有一个军吏在马前向桑维翰行礼，请他到侍卫司去。桑维翰知道将不免一死，回过头来对李崧说："你主持国事，现在国家灭亡，反而让我桑维翰去死，这是为什么？"李崧显露出惭愧的神情。张彦泽傲慢地坐着接见桑维翰，桑维翰斥责张彦泽说："去年从犯人中把你提拔起来，又让你统领重要的藩镇，交给你兵权，怎么竟然辜负恩德到这种地步！"张彦泽无话可答，派兵看住桑维翰。

宣徽使孟承诲，向来靠奉迎讨好、奸诈机巧受到后晋出帝的宠信，到了这个时候，后晋出帝召见孟承诲，想和他商议事情，孟承诲躲藏不去；张彦泽抓住并杀掉孟承诲。

张彦泽放纵士兵大肆抢劫，贫穷的百姓也趁机争着闯进有钱人的家里，杀人抢夺财物，两天后才停止，都城被掠夺一空。张彦泽的住处财货堆积如山，自认为对契丹有功，日夜以饮酒听乐来自娱，出入时跟随的骑兵常有几百人，他的旗帜上都

前，彦泽不问所犯，但瞋目竖三指，即驱出断其腰领。彦泽素与阁门使高勋不协，乘醉至其家，杀其叔父及弟，尸诸门首。士民不寒而栗。

中书舍人李涛谓人曰："吾与其逃于沟渎而不免，不若往见之。"乃投刺谒彦泽曰："上书请杀太尉人李涛，谨来请死。"彦泽欣然接之，谓涛曰："舍人今日惧乎？"涛曰："涛今日之惧，亦犹足下昔年之惧也。向使高祖用涛言，事安至此！"彦泽大笑，命酒饮之。涛引满而去，旁若无人。

（以上为第十二段，写河北诸镇望风降敌。契丹主挟杜威南进，派降将张彦泽先入大梁清宫，张彦泽纵兵大掠。）

甲戌，张彦泽迁帝于开封府，顷刻不得留，宫中恸哭。帝与太后、皇后乘肩舆，宫人、宦者十余人步从，见者流涕。帝悉以内库金珠自随。彦泽使人讽之曰："契丹主至，此物不可匿也。"帝悉归之，亦分以遗彦泽，彦泽择取其奇货，而封其余以待契丹。彦泽遣控鹤指挥使李筠以兵守帝，内外不通。帝姑乌氏公主赂守门者，入与帝诀，归第自经。帝与太后所上契丹主表章，皆先示彦泽，然后敢发。

帝使取内库帛数段，主者不与，曰："此非帝物也。"又求酒于李崧，崧亦辞以他故不进。又欲见李彦韬，彦韬亦辞不往。帝惆怅久之。

冯玉佞张彦泽，求自送传国宝，冀契丹复任用。

楚国夫人丁氏，延煦之母也，有美色。彦泽使人取之，太后迟回未与；彦泽诟詈，立载之去。

是夕，彦泽杀桑维翰，以带加颈，白契丹主，云其自经。契丹主曰："吾无意杀维翰，何为如是！"命厚抚其家。

高行周、符彦卿皆诣契丹牙帐降。契丹主以阳城之战为彦卿所败，诘之。彦卿曰："臣当时惟知为晋主竭力，今日死生惟命。"契丹主笑而释之。

己卯，延煦、延宝自牙帐还，契丹主赐帝手诏，且遣解里谓帝曰：

写着“赤心为主”四个字，看到的人都嘲笑他。军士捉到犯罪的人送到他面前，张彦泽一概不问人家犯了什么罪，只是瞪着眼睛竖起中指，犯人就被推出去腰斩。张彦泽向来与閤门使高勋不和，乘着酒醉到高勋家里，杀死高勋的叔父和弟弟，把尸体堆在门口。士民看了都不寒而栗。

中书舍人李涛对别人说：“我与其逃亡到沟渠而不免一死，不如直接去见张彦泽。”于是送上名帖求见张彦泽，说：“上书请求杀太尉的人李涛，谨来请死。”张彦泽欣然接见了李涛，对李涛说：“舍人今天害怕吗？”李涛说：“我今天的害怕，也像足下当年的害怕一样。以前假如高祖听从我李涛的话，事情怎么会到这种地步！”张彦泽大笑，命人拿酒请他喝。李涛斟满一杯，一口喝干，然后旁若无人地离开。

十二月十八日甲戌，张彦泽将后晋出帝迁移到开封府，片刻不得停留，宫中一片痛哭声。后晋出帝和太后、皇后坐轿子，宫人、宦官等十几个人徒步跟随，看到的人都流泪。后晋出帝把内库的金银珠宝全都随身带着。张彦泽让人暗示他说：“契丹主到了这里，这些东西不能隐藏。”后晋出帝全部把它们送回去，也分一部分送给张彦泽，张彦泽选取其中的珍奇宝物，而把剩下的封好，以等待契丹主。张彦泽派遣控鹤指挥使李筠带兵看守后晋出帝，使内外不能相通。后晋出帝的姑母乌氏公主贿赂守门的人，进去与后晋出帝诀别，回家后上吊自杀。后晋出帝和太后所上呈给契丹主的表章，都先要让张彦泽过目，然后才敢发出去。

后晋出帝让人从内库里取出几段布帛，守库的人不给，说：“这已不是皇帝的东西。”后晋出帝又向李崧要酒，李崧也用其他理由推辞不给。后晋出帝又想见李彦韬，李彦韬也推辞不肯去。后晋出帝伤感了很久。

冯玉巧言谄媚张彦泽，请求亲自送传国宝，希望契丹再任用自己。

楚国夫人丁氏，是石延煦的母亲，容貌美丽。张彦泽派人去强取她，太后犹豫没有答应；张彦泽大骂，立即用车把丁氏拉走。

当天晚上，张彦泽杀死桑维翰，把带子加套在桑维翰的脖子上，报告契丹主说桑维翰上吊自杀。契丹主说：“我无意要杀桑维翰，他为什么要这样！”下令优厚地抚恤桑维翰的家属。

高行周、符彦卿都到契丹主的牙帐投降。契丹主因为阳城之战被符彦卿打败，就责问符彦卿。符彦卿说：“我当时只知道为晋主尽力，今天的死生听天由命。”契丹主笑着把符彦卿放了。

十二月二十三日己卯，石延煦和石延宝从契丹牙帐回来，契丹主颁赐亲手写的

“孙勿忧，必使汝有啖饭之所。”帝心稍安，上表谢恩。

契丹以所献传国宝追琢非工，又不与前史相应，疑其非真，以诏书诘帝，使献真者。帝奏：“顷王从珂自焚，旧传国宝不知所在，必与之俱烬。此宝先帝所为，群臣备知。臣今日焉敢匿宝！”乃止。

帝闻契丹主将渡河，欲与太后于前途奉迎；张彦泽先奏之，契丹主不许。有司又欲使帝衔璧牵羊，大臣舆榇，迎于郊外，先具仪注白契丹主，契丹主曰：“吾遣奇兵直取大梁，非受降也。”亦不许。又诏晋文武群官，一切如故；朝廷制度，并用汉礼。有司欲备法驾迎契丹主，契丹主报曰：“吾方擐甲总戎，太常仪卫，未暇施也。”皆却之。

先是契丹主至相州，即遣兵趣河阳捕景延广。延广苍猝无所逃伏，往见契丹主于封丘。契丹主诘之曰：“致两主失欢，皆汝所为也。十万横磨剑安在！”召乔荣，使相辩证，事凡十条。延广初不服，荣以纸所记语示之，乃服。每服一事，辄授一筹。至八筹，延广但以面伏地请死，乃锁之。

丙戌晦，百官宿于封禅寺。

（以上为第十三段，写张彦泽迁后晋出帝于开封府，后晋百官宿于封禅寺。契丹主至相州。）

诏书给后晋出帝，并且派解里对后晋出帝说：“孙子不必担心，一定会让你有个吃饭的地方。”后晋出帝心里才稍稍感到安慰，上表谢恩。

契丹因为后晋出帝所进献的传国宝雕刻不精，上面的文字又和以前的历史记载不相符，怀疑不是真的，就下诏书责问后晋出帝，要后晋出帝献出真正的传国宝。后晋出帝上奏说：“先前后唐末帝李从珂自焚，旧的传国宝就不知去向，一定是和他一起化为灰烬了。现在这个传国宝是先帝所制，大臣们全都知道。臣现在怎么敢隐藏传国宝！”于是作罢。

后晋出帝听说契丹主将要渡过黄河，想和太后到前面奉迎；张彦泽先把这件事奏报契丹主，契丹主不允许。有关官员又想让后晋出帝口含璧、手牵羊，叫大臣们抬着棺木，在郊外迎接，事先把这些仪式报告契丹主，契丹主说：“我是派遣奇兵直接攻取大梁，不是接受投降的。”也不允许。契丹主又下诏命后晋文武百官，一切照旧；朝廷制度，一并采用汉人的礼仪。有关衙门想准备天子的车驾去迎接契丹主，契丹主回答说：“我正披着铠甲，统率军队，太常的仪仗，没有工夫来用它。”都推辞掉了。

在此之前，契丹主到达相州，就派遣军队赶赴河阳捕捉景延广。景延广仓促之间没有地方躲藏，就到封丘去见契丹主。契丹主责问景延广说：“致使两国君主不和，都是你所干的。所谓‘十万横磨剑’，现在在哪里！”并把乔荣召来，让他们互相辩论对质，所说的事一共十条。景延广开始不承认，乔荣把记录在纸上的话拿给景延广看，景延广这才承认。景延广每承认一件事，就给他放一支筹码。到放第八支的时候，景延广只是把脸伏在地上请求死罪，于是契丹主命人把他囚禁起来。

十二月三十日丙戌，后晋文武百官住宿在封禅寺。

【点评】

本卷点评契丹主借晋奸南犯、刘知远阴蓄异志、后晋灭亡三件史事。

一、契丹主借晋奸南犯。后晋出帝石重贵不满儿皇帝的境遇，误听景延广之言与契丹交恶，契丹主耶律德光连年南犯，开运元年至三年，三次大兵压境。开运元年（944）一月，契丹第一次大举南犯，平卢节度使杨光远叛晋附夷。契丹深入，被后晋军河东节度使刘知远、右武卫上将军张彦泽所败，三月退还。同年十二月，契丹第二次大举南犯，救援晋奸杨光远，当月，杨光远被诛。第二年三月，契丹再次败还，六月，两国交好。开运三年（946）六月，河北定州人孙方简聚众抄掠，趁河北饥荒，勾引契丹第三次大举南犯。契丹主耶律德光挂帅亲出，借晋奸内应，志在灭晋。契丹在河东、定州连吃败仗而不退兵。契丹主派出先前投降契丹的卢龙节度使赵延寿诈降后晋出帝，麻痹后晋军，又诱降后晋军前敌总指挥大将杜威，张彦泽随后出降。数十万大军不战降敌，后晋于是灭亡。石敬瑭投靠契丹，割地卖国，做了儿皇帝，“名为天子，贱同仆隶”，皇帝宝座，为人所轻。杨光远、杜威之流，前仆后继，争相效法石敬瑭之所为，引导契丹连年进犯。契丹第二次大举南犯，后晋出帝亲征，开运二年三月，后晋军在阳城大破契丹军，契丹北还。后晋军的两次大胜，生动地说明契丹不是不可战胜。由于后晋君不像君，臣不像臣，君臣骄侈荒淫，不恤民生，将士寒心，国事日非，导致契丹生出亡晋之心，正如王夫之所说：“杨光远诱之，赵延寿导之，而中国水旱于非常，上下疲于岁帑，乃敢举兵南向。”（《读通鉴论》卷三十）赵延寿、杜威整日盘算投靠契丹，白日做梦当儿皇帝，他们不以当汉奸为耻，反以认贼作父为荣，成为祸国殃民的败类。这些汉奸，权力越大，越是急于图谋卖国，想当儿皇帝，这就是他们手握重兵不战降敌的原因。

二、刘知远阴蓄异志。刘知远，沙陀人，称帝后改名暠。刘知远骁勇善战，为石敬瑭心腹爱将。石敬瑭投靠契丹，割地做儿皇帝，本谋者桑维翰，助成者刘知远。刘知远未当汉奸，却是一个野心家，一度遭石敬瑭猜疑，差点被罢官。由于刘知远有佐命之功，天福六年（940）石敬瑭任命刘知远为河东节度使，镇守北京、太原放虎归山。第二年石敬瑭死，后晋出帝即位，刘知远已成尾大不掉之势，后晋出帝只能用加官晋爵来笼络刘知远，开运二年封刘知远北平王，加守太尉。刘知远的威权更重，却不出兵抗击契丹，反而杀灭臣服后晋、抗御契丹的吐谷浑白承福部族，夺其资财巨万，良马数千。契丹犯京师，刘知远坐视不救，等到后晋出帝被俘，军将推戴，才名正言顺地在太原称帝，继续用石敬瑭的天福年号，表示自己对后晋的忠心。刘知远这一掩耳盗铃的把戏，数年后，又为其爱将郭威所效法，在澶州发动兵变夺了后汉天下。郭威之后，宋太祖赵匡胤，照方抓药，亦用阴谋手段发动陈桥兵变，从后周孤儿寡母手中夺取政权。从石敬瑭、刘知远、郭威到赵匡胤，一个一个

野心家都用手中军权，导演军将推戴夺权的闹剧，皇位来得不正，故失之也易。五代易姓，如同走马灯换位。

三、后晋灭亡。后晋之亡，论者主要有两种观点：其一，景延广对契丹使者大言抗拒不称臣，挑动了契丹的怨怒，发兵灭晋；其二，称臣、割地、输币，主谋者桑维翰，兴晋也灭晋，成也萧何，败也萧何。称臣，做儿皇帝，贬低了天子权威；割地，削弱了中原；输币，疲弊了民众，后晋之亡，桑维翰亡之。反向之论，认为景延广耻为夷虏之臣，奋起抗敌，虽败犹荣。桑维翰扶孱弱之主，委曲求全，借契丹之力以制御强藩，是保国之臣。单向思维，就事论事，公说公有理，婆说婆有理，难以决是非。从后晋灭亡的过程来看，论从史出，上述论说皆为偏颇。后晋之灭，有主客观两大因素。主观因素，石敬瑭父子皆平庸凡夫，无命世之才。石敬瑭开启了接受契丹主册封为儿皇帝的恶例，也开启了藩镇效法石敬瑭唯契丹之命是从、争为儿皇帝的野心，于是赵延寿、杨光远、杜威争相认贼作父，唯恐后晋不亡。后晋出帝石重贵淫逸轻躁，无胆无略，比乃父更等而下之，焉能守国？即使无契丹南犯，亦为权臣所夺。后晋之亡，实石敬瑭父子自亡之也。客观因素，自唐末以来，藩镇势强，尾大不掉，军阀混战不休，势大者称雄，此亦时势，造就野心家前仆后继，成则为王，败则为寇，刘知远、郭威之流是也。契丹南犯，只是加剧了中原政权的更迭，而不是后晋灭亡的主因。

后汉纪一

后汉高祖天福十二年（947 年）

【起强圉协洽（丁未，947 年）正月，尽四月，不满一年】

【大事提要】

本卷记事起公元 947 年正月，讫当年四月，仅四个月史事，当后汉高祖天福十二年正月至四月。契丹主入大梁，囚送后晋出帝及太后于北方，安置在黄龙府。张彦泽纵兵大掠京都，凌虐百官，军民怨愤，契丹主诛杀张彦泽以收民心。太原留守刘知远，不救后晋之危，不战契丹，坐山观虎斗，养蓄力量，至是称帝，是为后汉高祖。河北、河南民众大起反抗契丹，耻为臣虏的藩镇也归附后汉。契丹主大肆搜刮民财，搬运缴获的军器物资及战马，后晋宫中珍宝也北运契丹。公元 947 年二月，刘知远称帝，契丹主耶律德光北还，一路烧杀屠城，病死于途中。临终前，契丹主自谓有三失：一失于搜刮民财，再失于纵胡骑抢掠，三失于不及早遣节度使回到镇所。南唐主为群小所误，丧失了北进中原的大好时机，派重兵入闽，越过吴越以争利，吴越王坐收渔人之利。南唐兵败福州，吴越王据有闽地。

【原文】

高祖睿文圣武昭肃孝皇帝上

天福十二年（丁未，947年）

春，正月，丁亥朔，百官遥辞晋主于城北，乃易素服纱帽，迎契丹主，伏路侧请罪。契丹主貂帽、貂裘，衷甲，驻马高阜，命起，改服，抚慰之。左卫上将军安叔千独出班胡语，契丹主曰："汝安没字邪？汝昔镇邢州，已累表输诚，我不忘也。"叔千拜谢呼跃而退。

晋主与太后已下迎于封丘门外，契丹主辞不见。

契丹主入门，民皆惊呼而走。契丹主登城楼，遣通事谕之曰："我亦人也，汝曹勿惧！会当使汝曹苏息。我无心南来，汉兵引我至此耳。"至明德门，下马拜而后入宫。以其枢密副使刘密权开封尹事。日暮，契丹主复出，屯于赤冈。

戊子，执郑州防御使杨承勋至大梁，责以杀父叛契丹，命左右脔食之。未几，以其弟右羽林将军承信为平卢节度使，悉以其父旧兵授之。

高勋诉张彦泽杀其家人于契丹主，契丹主亦怒彦泽剽掠京城，并傅住兒锁之。以彦泽之罪宣示百官，问："应死否？"皆言"应死"。百姓亦投牒争疏彦泽罪。己丑，斩彦泽、住兒于北市，仍命高勋监刑。彦泽前所杀士大夫子孙，皆绖杖号哭，随而诟詈，以杖扑之。勋命断腕出锁，剖其心以祭死者。市人争破其脑取髓，脔其肉而食之。

契丹送景延广归其国，庚寅，宿陈桥，夜，伺守者稍怠，扼吭而死。

辛卯，契丹以晋主为负义侯，置于黄龙府。黄龙府，即慕容氏和龙城也。契丹主使谓李太后曰："闻重贵不用母命以至于此，可求自便，勿与俱行。"太后曰："重贵事妾甚谨。所失者，违先君之志，绝两国之欢耳。今幸蒙大恩，全生保家，母不随子，欲何所归！"

【语译】

高祖睿文圣武昭肃孝皇帝上

后汉高祖天福十二年（丁未，947 年）

春季，正月初一日丁亥，后晋文武百官在大梁城北遥辞后晋主，然后换穿素服、戴纱帽，迎接契丹主，匍匐在路边请罪。契丹主戴着貂皮帽，穿着貂皮衣，铠甲穿在衣服里面，停马在高坡上，命百官起身，更换衣服，并抚慰他们。左卫上将军安叔千独自从百官行列中走出来，用胡语跟契丹主说话，契丹主说：“你就是那个安没字吧？你以前镇守邢州，已经多次上表，向我投诚，我没有忘记。”安叔千叩头称谢，呼跃退下。

后晋主（后晋出帝）和太后及其随从到封丘门外去迎接契丹主，契丹主推辞不见。

契丹主进入城门，百姓们都惊叫着跑开。契丹主登上城楼，派遣通事对百姓们说：“我同样也是人，你们不要害怕！我将会让你们恢复生机。我无心南来，只是汉兵引我到这里来罢了。”到了明德门，下马拜了一下，然后入宫。任命他的枢密副使刘密代理开封尹的职务。傍晚，契丹主又出城去，屯驻在赤冈。

正月初二日戊子，契丹主命人抓住郑州防御使杨承勋送到大梁，斥责杨承勋杀死父亲、背叛契丹，契丹主命左右的人把杨承勋剁成肉块吃掉。不久，任命杨承勋的弟弟右羽林将军杨承信为平卢节度使，将杨承信父亲的旧部下全部交给他统领。

高勋向契丹主控诉张彦泽杀害他的家人，契丹主对张彦泽放纵士兵抢劫京城也感到很恼怒，就把张彦泽和监军傅住兒一起囚锁起来。把张彦泽的罪向文武百官宣告，并问：“应该处死吗？”大家都说“应该处死”。百姓也纷纷投递文书，控诉张彦泽的罪恶。正月初三日己丑，在大梁的北刑场斩杀张彦泽、傅住兒，并派高勋监斩。以前被张彦泽所杀害的士大夫的子孙们都披着孝服，拿着竹杖，号啕大哭地跟在后面，一边痛骂，一边用竹杖扑打张彦泽。高勋命令砍断张彦泽的手腕，脱去铁锁，挖出张彦泽的心来祭奠那些被他杀害的人。大家抢着敲破张彦泽的脑袋，挖取脑髓，并把张彦泽剁成肉块吃掉。

契丹解送景延广回国北返，正月初四日庚寅，住宿在陈桥，晚上，景延广趁看守的士兵稍微疏忽的时候，掐自己的咽喉而死。

正月初五日辛卯，契丹封后晋主为负义侯，将其安置在黄龙府。黄龙府，就是慕容氏的和龙城。契丹主派人对李太后说：“听说重贵不听母亲的话，以致落到这种地步，你可以请求自行方便，不跟重贵同行。”太后说：“重贵侍奉我很周到。他的过错，只是违背先君的遗志，断绝两国的友好关系罢了。现在侥幸蒙受大恩，得以

癸巳，契丹迁晋主及其家人于封禅寺，遣大同节度使兼侍中河内崔廷勋以兵守之。契丹主数遣使存问，晋主每闻使至，举家忧恐。时雨雪连旬，外无供亿，上下冻馁。太后使人谓寺僧曰：“吾尝于此饭僧数万，今日独无一人相念邪！”僧辞以“虏意难测，不敢献食”。晋主阴祈守者，乃稍得食。

是日，契丹主自赤冈引兵入宫，都城诸门及宫禁门，皆以契丹守卫，昼夜不释兵仗。磔犬于门，以竿悬羊皮于庭为厌胜。契丹主谓群臣曰：“自今不修甲兵，不市战马，轻赋省役，天下太平矣。”废东京，降开封府为汴州，尹为防御使。乙未，契丹主改服中国衣冠，百官起居皆如旧制。

赵延寿、张砺共荐李崧之才；会威胜节度使冯道自邓州入朝，契丹主素闻二人名，皆礼重之。未几，以崧为太子太师，充枢密使；道守太傅，于枢密院祗候，以备顾问。

（以上为第一段，写契丹主入大梁，幽囚后晋出帝于开封府封禅寺，后安置于契丹黄龙府。契丹主诛杀民愤极大的张彦泽，启用李崧、冯道以安中国。）

契丹主分遣使者，以诏书赐晋之藩镇；晋之藩镇争上表称臣，被召者无不奔驰而至。惟彰义节度使史匡威据泾州不受命。匡威，建瑭之子也。雄武节度使何重建斩契丹使者，以秦、阶、成三州降蜀。

初，杜重威既以晋军降契丹，契丹主悉收其铠仗数百万贮恒州，驱马数万归其国，遣重威将其众从己而南。及河，契丹主以晋兵之众，恐其为变，欲悉以胡骑拥而纳之河流。或谏曰：“晋兵在他所者尚多，彼闻降者尽死，必皆拒命。不若且抚之，徐思其策。”契丹主乃使重威以其众屯陈桥。会久雪，官无所给，士卒冻馁，咸怨重威，相聚而泣；重威每出，道旁人皆骂之。

契丹主犹欲诛晋兵。赵延寿言于契丹主曰：“皇帝亲冒矢石以取晋国，欲自有之乎，将为他人取之乎？”契丹主变色曰：“朕举国南征，五年不

保全生命和家庭，做母亲的不跟随儿子，还要依靠谁呢！”

正月初七日癸巳，契丹把后晋主和他的家人迁移到封禅寺，派遣大同节度使兼侍中河内人崔廷勋带兵看守他们。契丹主屡次派遣使者去慰问，后晋主每当听到使者到来，全家都担心害怕。当时接连下了几十天的雨雪，外面没有供应的东西，一家大小受冻挨饿。太后教人对寺里的僧人说：“我曾在这里供饭给几万名僧人吃，现在难道没有一个人想起吗！”僧人们用“胡虏的心意难以揣测，所以不敢进献食物”这些话来推辞。后晋主暗地里请求看守的人，才稍微获得一点食物。

这一天，契丹主从赤冈领兵进入后晋宫廷，都城各门和宫廷门都由契丹兵把守，日夜都不放下兵器。在宫廷门口肢解一只狗以祭神，在庭院中用竹竿悬挂羊皮，用以镇邪。契丹主对［后晋］大臣们说：“从今以后，不治甲兵，不买战马，减轻赋税，省免徭役，天下就太平了。”废止东京的设置，把开封府降为汴州，开封府尹降为汴州防御使。正月初九日乙未，契丹主改变服饰为中原式样，百官日常生活一切按照原有制度。

赵延寿和张砺共同推荐李崧的才能；这时恰好威胜节度使冯道从邓州入朝，契丹主一向听说过这两人的名气，就以重礼对待他们。不久，契丹主任命李崧为太子太师，担任枢密使；冯道署理太傅，在枢密院侍候，以备顾问之用。

契丹主分别派遣使者，颁赐诏书给后晋各藩镇；后晋藩镇纷纷上表称臣，被召见的人没有哪一个不是骑马飞奔而来。只有彰义节度使史匡威据守泾州，不接受命令。史匡威是史建瑭的儿子。雄武节度使何重建斩杀契丹主派来的使者，以秦、阶、成三州投降后蜀。

当初，杜重威率领晋军投降契丹以后，契丹主将他们的铠甲、兵器一共数百万件全部没收，存放在恒州，把几万匹战马赶回契丹国内，命令杜重威率领他的部众跟随自己南下。走到黄河边，契丹主因为晋兵太多，恐怕他们叛乱，想要让契丹骑兵将他们全部推挤到黄河里淹死。有人劝谏说：“驻守在其他地方的晋兵还很多，如果他们听说投降的人都被害死，一定都起来抵抗。不如暂时安抚他们，慢慢再想其他办法。”契丹主于是命令杜重威带领他的部众驻扎在陈桥。这时正好下了很长时间的雪，官方没有供给任何所需的东西，士卒们受冻挨饿，都埋怨杜重威，大家聚在一起相对哭泣；杜重威每次出来，路旁的人都骂杜重威。

契丹主还是想要杀晋兵。赵延寿对契丹主说：“皇上亲自冒着矢石以夺取晋国，是想自己拥有它吗？还是替别人去夺取呢？”契丹主变了脸色，说：“朕动员全国南

解甲，仅能得之，岂为他人乎！”延寿曰：“晋国南有唐，西有蜀，常为仇敌，皇帝亦知之乎？”曰：“知之。”延寿曰：“晋国东自沂、密，西及秦、凤，延袤数千里，边于吴、蜀，常以兵戍之。南方暑湿，上国之人不能居也。他日车驾北归，以晋国如此之大，无兵守之，吴、蜀必相与乘虚入寇，如此，岂非为他人取之乎？”契丹主曰：“我不知也。然则奈何？”延寿曰：“陈桥降卒，可分以戍南边，则吴、蜀不能为患矣。”契丹主曰：“吾昔在上党，失于断割，悉以唐兵授晋。既而返为寇仇，北向与吾战，辛勤累年，仅能胜之。今幸入吾手，不因此时悉除之，岂可复留以为后患乎？”延寿曰：“向留晋兵于河南，不质其妻子，故有此忧。今若悉徙其家于恒、定、云、朔之间，每岁分番使戍南边，何忧其为变哉！此上策也。”契丹主悦曰：“善！惟大王所以处之。”由是陈桥兵始得免，分遣还营。

契丹主杀右金吾卫大将军李彦绅、宦者秦继旻，以其为唐潞王杀东丹王故也。以其家族赀财赐东丹王之子永康王兀欲。兀欲眇一目，为人雄健好施。

（以上为第二段，写契丹主收缴后晋兵数百万件兵器，以及掠夺的几万匹马启运到北方，又计划诛杀全部投降的二十余万后晋军，赵延寿为说，幸免于难。）

癸卯，晋主与李太后、安太妃、冯后及弟睿、子延煦、延宝俱北迁，后宫左右从者百余人。契丹遣三百骑援送之；又遣晋中书令赵莹、枢密使冯玉、马军都指挥使李彦韬与之俱。

晋主在途，供馈不继，或时与太后俱绝食，旧臣无敢进谒者。独磁州刺史李榖迎谒于路，相对泣下。榖曰：“臣无状，负陛下。”因倾赀以献。

晋主至中度桥，见杜重威寨，叹曰：“天乎！我家何负，为此贼所破！”恸哭而去。

癸丑，蜀主以左千牛卫上将军李继勋为秦州宣慰使。

契丹主以前燕京留守刘晞为西京留守，永康王兀欲之弟留珪为义成节度使，兀欲姊婿潘聿撚为横海节度使，赵延寿之子匡赞为护国节度使，

征，连续五年没有停战，才能够得到它，难道是为了别人吗！”赵延寿说：“晋国的南面有唐国，西面有蜀国，常常互为仇敌，皇上是否也知道？”契丹主说：“知道。”赵延寿说：“晋国东起沂州、密州，西到秦州、凤州，广袤几千里，边境跟吴、蜀相接，常常派兵在那里戍守。南方炎热，湿气又重，契丹的人是不能居住的。以后皇上回到北方去，凭晋国这样广阔的土地，没有军队防守它，吴、蜀两国一定相率乘虚入侵，这样的话，岂不是替别人夺取晋国吗？”契丹主说：“这些我倒还没想到。既然这样，那么我该怎么办？”赵延寿说：“陈桥的降兵，可以分开来戍守南方的边境，那么吴、蜀就不会成为祸患了。”契丹主说：“我以前在上党，决断错误，把唐兵全部交给晋国。后来反而变为仇敌，向北跟我们开战，我们艰辛劳苦好几年，才战胜了他们。现在侥幸落在我的手中，不趁这个机会全部把他们除掉，难道还要留下他们作为后患吗？”赵延寿说：“从前把晋兵留在河南，没有把他们的妻子和儿女作抵押，所以有这种忧患。现在如果把他们的家全部迁徙到恒州、定州、云州、朔州一带，每年派他们分批轮流戍守南方边境，何必担心他们叛变呢？这是最好的计策。”契丹主高兴地说：“好！就按你所说的办法去处理。”因此陈桥的降兵才得以免于一死，被分别派遣回营。

契丹主杀右金吾卫大将军李彦绅、宦官秦继旻，因为他们替后唐潞王李从珂杀了东丹王。把他们家族的财货赐给东丹王的儿子永康王兀欲。兀欲瞎了一只眼睛，为人勇武有力，喜欢施舍别人。

正月十七日癸卯，后晋主与李太后、安太妃、冯皇后以及他的弟弟石睿，他的儿子石延煦、石延宝一起向北迁徙，后宫宫人及左右的近侍跟随迁徙的共有一百多人。契丹派遣三百名骑兵护送并防范他们；又派遣后晋中书令赵莹、枢密使冯玉、马军都指挥使李彦韬跟他们同行。

在旅途中，后晋主生活供应接不上，有时跟太后一样都没有一点食物吃，以前的大臣没有人敢去觐见他。只有磁州刺史李穀在路上迎接进见，君臣相对痛哭。李穀说：“我没有脸面见人，辜负陛下。”于是把所有的家财都进献给后晋主。

后晋主经过中度桥，看到杜重威所遗留下来的营垒，叹息说：“天啊！我家哪一点对不起人，竟被这个叛贼所毁败！”后晋主伤心地痛哭着离开。

正月二十七日癸丑，后蜀主任命左千牛卫上将军李继勋为秦州宣慰使。

契丹主任命前任燕京留守刘晞为西京留守，永康王兀欲的弟弟留珪为义成节度使，兀欲的姐夫潘聿撚为横海节度使，赵延寿的儿子赵匡赞为护国节度使，汉将张

汉将张彦超为雄武节度使，史佺为彰义节度使，客省副使刘晏僧为忠武节度使，前护国节度使侯益为凤翔节度使，权知凤翔府事焦继勋为保大节度使。晞，涿州人也。既而何重建附蜀，史匡威不受代，契丹势稍沮。

晋昌节度使赵在礼入朝，其裨将留长安者作乱，节度副使建人李肃讨诛之，军府以安。

晋主之绝契丹也，匡国节度使刘继勋为宣徽北院使，颇豫其谋。契丹主入汴，继勋入朝，契丹主责之。时冯道在殿上，继勋急指道曰："冯道为首相，与景延广实为此谋。臣位卑，何敢发言！"契丹主曰："此叟非多事者，勿妄引之！"命锁继勋，将送黄龙府。

赵在礼至洛阳，谓人曰："契丹主尝言庄宗之乱由我所致。我此行良可忧。"契丹遣契丹将述轧、奚王拽剌、勃海将高谟翰戍洛阳。在礼入谒，拜于庭下，拽剌等皆踞坐受之。乙卯，在礼至郑州，闻继勋被锁，大惊，夜，自经于马枥间。契丹主闻在礼死，乃释继勋，继勋忧愤而卒。

刘晞在契丹尝为枢密使、同平章事，至洛阳，诟奚王曰："赵在礼汉家大臣，尔北方一酋长耳，安得慢之如此！"立于庭下以挫之。由是洛人稍安。

契丹主广受四方贡献，大纵酒作乐，每谓晋臣曰："中国事，我皆知之；吾国事，汝曹不知也。"

赵延寿请给上国兵廪食，契丹主曰："吾国无此法。"乃纵胡骑四出，以牧马为名，分番剽掠，谓之"打草谷"。丁壮毙于锋刃，老弱委于沟壑，自东、西两畿及郑、滑、曹、濮，数百里间，财畜殆尽。

契丹主谓判三司刘昫曰："契丹兵三十万，既平晋国，应有优赐，速宜营办。"时府库空竭，昫不知所出，请括借都城士民钱帛，自将相以下皆不免。又分遣使者数十人诣诸州括借，皆迫以严诛，人不聊生。其实无所颁给，皆蓄之内库，欲辇归其国。于是内外怨愤，始患苦契丹，皆思逐之矣。

（以上为第三段，写后晋出帝及太后被囚送北方，契丹主纵胡骑四出劫掠，又满载宫中府库财物运送回国。）

彦超为雄武节度使，史佺为彰义节度使，客省副使刘晏僧为忠武节度使，前任护国节度使侯益为凤翔节度使，代理凤翔府事务的焦继勋为保大节度使。刘晞是涿州人。不久何重建归附后蜀，史匡威拒绝交接职务，契丹的势力稍稍受到抑制。

晋昌节度使赵在礼入朝，留在长安的裨将起来作乱，节度副使建州人李肃予以讨伐，并把裨将杀掉，军府才得以安宁。

后晋主跟契丹断绝关系的时候，匡国节度使刘继勋为宣徽北院使，曾多次参与这件事的谋划。契丹主进入汴州，刘继勋入朝，契丹主斥责刘继勋。当时冯道正好在宫殿上，刘继勋急忙指着冯道说："冯道是居首位的宰相，实际是他和景延广策划了这件事。臣地位卑微怎么敢说话！"契丹主说："这位老先生不是爱管闲事的人，不要瞎扯到他身上去！"下令把刘继勋囚禁起来，准备送往黄龙府。

赵在礼到了洛阳，对别人说："契丹主曾经说后唐庄宗时候的乱事是由我引起的。我这次到大梁去，实在感到担忧。"契丹主派遣契丹将领述轧、奚王拽剌、勃海将领高谟翰戍守洛阳。赵在礼去进见他们，在庭下下拜，拽剌等人都傲慢地坐着，接受赵在礼的拜礼。正月二十九日乙卯，赵在礼到达郑州，听说刘继勋被囚禁的消息，非常害怕，晚上，在马棚里上吊自杀。契丹主听说赵在礼死了，就放了刘继勋，刘继勋忧愁愤恨而死。

刘晞在契丹曾经任过枢密使、同平章事，到了洛阳，斥骂奚王说："赵在礼是汉家大臣，你只不过是北方的一个酋长罢了，怎么能够像这样来怠慢他！"叫他站在庭下以羞辱他。于是洛阳的人心才稍稍安定。

契丹主广收四方的进贡，大肆放纵喝酒作乐，常常对后晋大臣说："中原的事情，我都知道；我国的事情，你们就不懂了。"

赵延寿建议发给契丹士兵军饷和膳食费用，契丹主说："我们国家没有这种制度。"于是放纵胡人骑兵四出游弋，以牧马为名，分批轮流去抢劫，叫作"打草谷"。百姓中年轻力壮的人死在他们的刀下，年老体弱的人被他们抛弃在田野和山谷里，从东、西两个京畿，到郑州、滑州、曹州、濮州几百里之间，百姓的家财和牲畜，差不多被抢劫一空。

契丹主对判三司刘昫说："契丹兵三十万人，既然已平定晋国，就应该有优厚的赏赐，赶快想办法筹办。"当时国库空虚，刘昫不知道赏赐从哪里搞来，便建议用"借贷"的名义，向京师的士大夫和老百姓征收钱帛，宰相、将帅以下都不能例外。又分别派遣使者数十人，到各州去征收借贷，都用严厉的刑罚加以催逼，老百姓都快活不下去了。实际上契丹主并没有把这些拿来发给士兵，都储存在皇家的府库里，打算运送回国。于是内外怨恨愤怒，这才觉得契丹是祸害，都想赶走他们。

初，晋主与河东节度使、中书令、北平王刘知远相猜忌，虽以为北面行营都统，徒尊以虚名，而诸军进止，实不得预闻。知远因之广募士卒；阳城之战，诸军散卒归之者数千人，又得吐谷浑财畜，由是河东富强冠诸镇，步骑至五万人。

晋主与契丹结怨，知远知其必危，而未尝论谏。契丹屡深入，知远初无邀遮、入援之志。及闻契丹入汴，知远分兵守四境以防侵轶。遣客将安阳王峻奉三表诣契丹主：一，贺入汴；二，以太原夷、夏杂居，戍兵所聚，未敢离镇；三，以应有贡物，值契丹将刘九一军自土门西入屯于南川，城中忧惧，俟召还此军，道路始通，可以入贡。契丹主赐诏褒美，及进画，亲加“儿”字于知远姓名之上，仍赐以木拐。胡法，优礼大臣则赐之，如汉赐几杖之比，惟伟王以叔父之尊得之。

知远又遣北都副留守太原白文珂入献奇缯名马，契丹主知知远观望不至，及文珂还，使谓知远曰：“汝不事南朝，又不事北朝，意欲何所俟邪？”蕃汉孔目官郭威言于知远曰：“虏恨我深矣！王峻言契丹贪残失人心，必不能久有中国。”

或劝知远举兵进取。知远曰：“用兵有缓有急，当随时制宜。今契丹新降晋兵十万，虎据京邑，未有他变，岂可轻动哉！且观其所利止于货财，货财既足，必将北去。况冰雪已消，势难久留，宜待其去，然后取之，可以万全。”

昭义节度使张从恩，以地迫怀、洛，欲入朝于契丹，遣使谋于知远，知远曰：“我以一隅之地，安敢抗天下之大！君宜先行，我当继往。”从恩以为然。判官高防谏曰：“公晋室懿亲，不可轻变臣节。”从恩不从。左骁卫大将军王守恩，与从恩姻家，时在上党，从恩以副使赵行迁知留后，牒守恩权巡检使，与高防佐之。守恩，建立之子也。

当初，后晋主和河东节度使、中书令、北平王刘知远互相猜疑，后晋虽然任命刘知远为北面行营都统，但只是用虚名来尊崇他，对于各军的调度指挥，刘知远实际上并不能够参与。刘知远因此大量地招募士卒；阳城战役，各军流散的士卒投奔他的有几千人，又获得吐谷浑的财货和牲畜，因此河东的富强为各个藩镇之首，步兵和骑兵达到五万人。

后晋主跟契丹结下怨仇，刘知远知道这对后晋一定会有危险，却从没有论辩或劝谏。契丹屡次深入境内，刘知远起初没有拦截袭击或派兵入援的意思。等到听说契丹进了汴州，刘知远分派军队防守四面边境，以防备契丹的侵袭。同时派遣客将安阳人王峻捧持三封奏表，前往进见契丹主：第一封表，祝贺契丹进入汴州；第二封表，说明因为太原是蛮夷和汉人混杂居住的地方，戍守的军队集结在那里，所以自己没有敢离开镇所；第三封表，说明本来是应该进贡物品的，正好这时契丹将领刘九一的军队从土门向西进发，屯驻在南川，太原城中的百姓担忧害怕，等到这批军队被调回去，道路通畅无阻以后，就可以进贡了。契丹主颁赐诏书褒奖，诏书拟好后，在送呈契丹主签发的时候，契丹主亲自在刘知远的姓名之上加了一个“儿”字，又赐给他手杖。按照胡人的礼仪，对大臣表示优厚的礼遇，才颁赐手杖，就像汉人颁赐几杖一样，这样的礼遇，只有伟王以叔父的尊贵地位才得到过。

刘知远又派遣北都副留守太原人白文珂入朝进献珍奇的绢帛和名贵的马匹，契丹主知道刘知远迟疑不决，不肯入朝，等到白文珂将要回去的时候，叫他对刘知远说：“你不侍奉南朝，又不侍奉北朝，你还想等什么呢？”蕃汉孔目官郭威对刘知远说：“胡虏恨我们很深了！王峻说契丹贪婪残暴，丧失民心，一定不能长久地占有中原。”

有人劝刘知远起兵进攻，夺取中原。刘知远说：“用兵有时候要缓慢，有时候要紧急，应当随着时势的变化而采取适当的对策。现在契丹刚刚降服了晋国的十万大军，以勇猛之势占领京师，还没有其他的变故，怎么能轻举妄动呢！而且看他们所贪图的，只限于财货，等财货搜刮够了以后，一定会回北方去。何况冰雪已经融化，他们势必难以久留。应该等到他们回去以后，再出兵夺取中原，这样才能万无一失。”

昭义节度使张从恩，因为他的辖区靠近怀州和洛州，所以想入朝归顺契丹，派遣使者来跟刘知远商量，刘知远说：“我凭一个小角落的地方，怎么敢抵抗偌大的天下！君可先一步，我随后就跟着来。”张从恩相信了他的话。判官高防劝谏他说：“您是晋室最亲近的亲戚，不可轻易地改变为人臣子的节操。”张从恩不听。左骁卫大将军王守恩跟张从恩是有婚姻关系的亲戚，当时在上党，张从恩命节度副使赵行迁代理留后，发公文给王守恩，命王守恩代理巡检使，和高防共同辅佐赵行迁。王

荆南节度使高从诲遣使入贡于契丹，契丹遣使以马赐之。从诲亦遣使诣河东劝进。

（以上为第四段，写契丹入侵，北都留守刘知远观望保存实力，图谋帝位，坐收渔人之利。）

唐主立齐王景遂为皇太弟。徙燕王景达为齐王，领诸道兵马元帅；徙南昌王弘冀为燕王，为之副。

景遂尝与宫僚燕集，赞善大夫元城张易有所规谏，景遂方与客传玩玉杯，弗之顾。易怒曰："殿下重宝而轻士。"取玉杯抵地碎之，众皆失色，景遂敛容谢之，待易益厚。

景达性刚直。唐主与宗室近臣饮，冯延己、延鲁、魏岑、陈觉辈，极倾谄之态，或乘酒喧笑；景达屡诃责之，复极言谏唐主，以不宜亲近佞臣。延己以二弟立非己意，欲以虚言德之；尝宴东宫，阳醉，抚景达背曰："尔不可忘我！"景达大怒，拂衣入禁中白唐主，请斩之；唐主谕解，乃止。张易谓景达曰："群小交构，祸福所系。殿下力未能去，数面折之，使彼惧而为备，何所不至！"自是每游宴，景达多辞疾不预。

唐主遣使贺契丹灭晋，且请诣长安修复诸陵；契丹不许，而遣使报之。

晋密州刺史皇甫晖，棣州刺史王建，皆避契丹，帅众奔唐；淮北贼帅多请命于唐。唐虞部员外郎韩熙载上疏，以为："陛下恢复祖业，今也其时。若虏主北归，中原有主，则未易图也。"时方连兵福州，未暇北顾；唐人皆以为恨，唐主亦悔之。

（以上为第五段，写南唐主被冯延己等群小所误，丧失了趁契丹灭后晋北图中原的时机。）

契丹主召晋百官悉集于庭，问曰："吾国广大，方数万里，有君长二十七人；今中国之俗异于吾国，吾欲择一人君之，如何？"皆曰："天无二日。夷、夏之心，皆愿推戴皇帝。"如是者再。契丹主乃曰："汝曹

守恩是王建立的儿子。

荆南节度使高从诲派遣使者入朝，向契丹进贡，契丹派遣使者赐给他马匹。高从诲同时也派遣使者到河东去，劝刘知远即位为皇帝。

南唐主立齐王李景遂为皇太弟。改封燕王李景达为齐王，任诸道兵马元帅；改封南昌王李弘冀为燕王，为诸道兵马副元帅。

李景遂曾经跟宫中的僚属聚会饮宴，赞善大夫元城人张易规劝他，李景遂正在跟客人传递着玩赏一只玉杯，没有理睬张易。张易生气地说："殿下重视宝物而轻视贤士。"拿过玉杯，把它摔碎在地上，众人都惊骇得脸都变了色，李景遂马上严肃容貌，向张易赔罪，对张易更加敬重。

李景达生性刚强正直。南唐主跟宗室近臣饮宴，冯延己、冯延鲁、魏岑、陈觉一伙人，极尽逢迎谄媚之丑态，有的乘着酒兴喧哗笑闹；李景达屡次斥责他们，又用很严厉的话劝谏南唐主，劝南唐主不要亲近谄媚的臣下。冯延己自以为李景遂被立为皇太弟不是自己的意思，想在口头上向李景达表白，使他感激自己；有一次在东宫饮宴，冯延己表面上假装喝醉，用手抚摩李景达的后背说："你不可忘记我！"李景达非常生气，将衣袖一甩，进入宫中禀告南唐主，请求杀掉冯延己；南唐主开导劝解，这件事才平息。张易对李景达说："小人们交相陷害，这是祸福的关键所在。殿下既然无力除掉他们，又屡次当面斥责他们，使他们感到恐惧而有所防备，那还有什么事做不出来的呢！"从此每次游玩饮宴，李景达大多称病不参加。

南唐主派遣使者祝贺契丹灭后晋，并且请求到长安整修唐朝各代帝陵；契丹不答应，但仍然派遣使者回访。

后晋密州刺史皇甫晖、棣州刺史王建，都逃避契丹，率领部众投奔南唐；淮北盗贼头目大多向南唐请求颁授官职。南唐虞部员外郎韩熙载上奏疏认为："陛下要恢复祖先的基业，现在正是时候。如果胡虏的首领回北方去，中原有了君主，就没那么容易图谋了。"当时南唐正对福州用兵，没有余力考虑北方；唐人对此都感到很遗憾，南唐主也很后悔。

契丹主把后晋文武百官都召集在朝廷上，问他们说："我国领土广阔，方圆几万里，君长共有二十七人；现在中原的习俗跟我国不同，我想选择一个人来统治中原，你们认为怎么样？"大家都说："天上没有两个太阳，不论是胡人还是汉人的心，都

既欲君我，今兹所行，何事为先？”对曰：“王者初有天下，应大赦。”二月，丁巳朔，契丹主服通天冠、绛纱袍，登正殿，设乐悬、仪卫于庭。百官朝贺，华人皆法服，胡人仍胡服，立于文武班中间。下制称大辽会同十年，大赦。仍云：“自今节度使、刺史，毋得置牙兵，市战马。”

赵延寿以契丹主负约，心怏怏，令李崧言于契丹主曰：“汉天子所不敢望，乞为皇太子。”崧不得已为言之。契丹主曰：“我于燕王，虽割吾肉，有用于燕王，吾无所爱。然吾闻皇太子当以天子儿为之，岂燕王所可为也！”因令为燕王迁官。时契丹以恒州为中京，翰林承旨张砺奏拟燕王中京留守、大丞相、录尚书事，都督中外诸军事，枢密使如故。契丹主取笔涂去“录尚书事，都督中外诸军事”而行之。

壬戌，蜀李继勋与兴州刺史刘景攻固镇，拔之。何重建请出蜀兵与阶成兵共扼散关以取凤州，丙寅，蜀主发山南兵三千七百赴之。

（以上为第六段，写契丹主耶律德光自为中国主，爽约不立赵延寿为傀儡皇帝。）

刘知远闻何重建降蜀，叹曰：“戎狄凭陵，中原无主，令藩镇外附，吾为方伯，良可愧也！”

于是将佐劝知远称尊号，以号令四方，观诸侯去就。知远不许。闻晋主北迁，声言欲出兵井陉，迎归晋阳。丁卯，命武节都指挥使荥泽史弘肇集诸军于毬场，告以出军之期。军士皆曰：“今契丹陷京城，执天子，天下无主。主天下者，非我王而谁！宜先正位号，然后出师。”争呼万岁不已。知远曰：“虏势尚强，吾军威未振，当且建功业。士卒何知！”命左右遏止之。

己巳，行军司马潞城张彦威等三上笺劝进，知远疑未决。郭威与都押牙冠氏杨邠入说知远曰：“今远近之心，不谋而同，此天意也。王不乘此际取之，谦让不居，恐人心且移，移则反受其咎矣。”知远从之。

契丹以其将刘愿为保义节度副使，陕人苦其暴虐。奉国都头王晏与指挥使赵晖、都头侯章谋曰：“今胡虏乱华，乃吾属奋发之秋。河东刘公，

愿意推举拥戴皇帝您。”这样说了一次又一次，契丹主才说：“你们既然想让我做君主，那么现在所要做的，什么事最要紧？”大家回答说：“大王刚开始拥有天下，应该实行大赦。”二月初一日丁巳，契丹主头戴通天冠，身穿深红色纱袍，登上正殿，在庭中设置全套乐器、仪仗和卫兵。百官上朝祝贺，汉人官员都穿着法定的礼服，胡人官员仍旧穿着胡人的衣服，站在文武两班官员的中间。契丹主下制书称大辽会同十年，实行大赦。又说：“从今以后，各节度使、刺史不得设置牙兵、购买战马。”

赵延寿由于契丹主负约没有立他为帝，心里不高兴，让李崧对契丹主说：“做中原皇帝，我不敢奢求，只求做皇太子。”李崧没有办法，只好替他去说。契丹主说：“我对于赵延寿，只要事情对他有益，就是割我的肉，我也不吝惜。但是我听说皇太子应当由天子的儿子来当，哪里是他作为燕王所能担任的呢！”因而命令为燕王升迁官职。当时契丹以恒州为中京，翰林承旨张砺上疏拟定任命燕王赵延寿为中京留守、大丞相、录尚书事，都督中外诸军事，仍旧为枢密使。契丹主看了以后，拿笔涂掉“录尚书事，都督中外诸军事”，其余照准执行。

二月初六日壬戌，后蜀李继勋和兴州刺史刘景进攻固镇，攻下了固镇。[二月初九日乙丑，] 何重建建议发动后蜀兵和阶州、成州兵共同控制散关，以夺取凤州，二月初十日丙寅，后蜀主派遣山南兵三千七百人开赴散关。

刘知远听说何重建投降后蜀，叹息说：“戎狄欺凌中原，中原没有君主，使得藩镇依附外邦，我作为各藩镇的首领，实在惭愧得很！”

于是将帅僚佐都劝刘知远称尊号，以便号令天下，观察各藩镇的动向。刘知远不同意。听说后晋主要迁往北方，刘知远便公开声明将出兵赴井陉，迎接后晋主回晋阳。二月十一日丁卯，命令武节都指挥使荥泽人史弘肇在毬场集合各军，把出兵的日期告诉他们。军士们都说：“现在契丹攻陷京城，俘虏天子，天下没有君主。做天下君主的人，除了我王，还能有谁！应该先即帝位，称尊号，然后再出兵。”于是军士们不停地争着呼喊“万岁”。刘知远说：“胡虏的势力还很强大，我们自己的军威还没有振作，应当暂且先建功立业。士兵们懂得什么！”便命令左右的人阻止军士们的喧哗。

二月十三日己巳，行军司马潞城人张彦威等人再三上表劝刘知远即皇帝位，刘知远迟疑不决。郭威和都押牙冠氏人杨邠进见刘知远并劝他说：“现在远近的人心，都不谋而合，这是天意。大王不乘这个时机夺取天下，而谦让不即帝位，恐怕人心将会转变，人心一变，就反而会受害了。”刘知远听从了他们的意见。

契丹主任命将领刘愿为保义节度副使，陕州百姓受不了刘愿的暴虐残忍。奉国都头王晏和指挥使赵晖、都头侯章商议说：“现在胡虏扰乱中华，这正是我们奋进振

威德远著。吾辈若杀愿，举陕城归之，为天下唱，取富贵如返掌耳。”晖等然之。晏与壮士数人，夜逾牙城入府，出库兵以给众。庚午旦，斩愿首，悬诸府门，又杀契丹监军，奉晖为留后。晏，徐州；晖，澶州；章，太原人也。

辛未，刘知远即皇帝位。自言未忍改晋，又恶开运之名，乃更称天福十二年。

壬申，诏：“诸道为契丹括率钱帛者，皆罢之。其晋臣被迫胁为使者勿问，令诣行在。自余契丹，所在诛之。”

何重建遣宫苑使崔延琛将兵攻凤州，不克，退保固镇。

甲戌，帝自将东迎晋主及太后。至寿阳，闻已过恒州数日，乃留兵戍承天军而还。

（以上为第七段，写刘知远即皇帝位。）

晋主既出塞，契丹无复供给，从官、宫女，皆自采木实、草叶而食之。至锦州，契丹令晋主及后妃拜契丹主阿保机墓。晋主不胜屈辱，泣曰：“薛超误我！”冯后阴令左右求毒药，欲与晋主俱自杀，不果。

契丹主闻帝即位，以通事耿崇美为昭义节度使，高唐英为彰德节度使，崔廷勋为河阳节度使，以控扼要害。

初，晋置乡兵，号天威军。教习岁余，村民不闲军旅，竟不可用；悉罢之，但令七户输钱十千，其铠仗悉输官。而无赖子弟，不复肯复农业，山林之盗，自是而繁。及契丹入汴，纵胡骑打草谷；又多以其子弟及亲信左右为节度使、刺史，不通政事，华人之狡狯者多往依其麾下，教之妄作威福，掊敛货财，民不堪命。于是所在相聚为盗，多者数万人，少者不减千百，攻陷州县，杀掠吏民。滏阳贼帅梁晖，有众数百，送款晋阳求效用，帝许之。磁州刺史李榖密通表于帝，令晖袭相州。晖侦知高唐英未至，相州积兵器，无守备。丁丑夜，遣壮士逾城入，启关纳其众，杀契丹数百，其守将突围走。晖据州自称留后，表言其状。

作的时候。河东刘知远，声威和德行，远近闻名。我们如果杀掉刘愿，攻占陕州，投靠刘知远，做天下的倡导，求取富贵就像翻一下手掌那样容易了。”赵晖等人赞成王晏的意见。于是王晏和几个壮士，在夜晚翻越牙城，进入军府，拿出仓库里的兵器发给部众。二月十四日庚午清晨，杀了刘愿，并把他的人头高挂在军府的大门上，又杀掉契丹监军，推举赵晖为保义留后。王晏是徐州人；赵晖是澶州人；侯章是太原人。

二月十五日辛未，刘知远即皇帝位。他自称不忍心改变后晋的国号和年号，但又讨厌“开运”这个名称，于是改称当年为天福十二年。

二月十六日壬申，刘知远下诏说：“各道被契丹征收钱帛的，全部停止。晋廷的臣子被逼迫为他们驱使的，不加追究，命他们前往报到。其余的契丹人，就在当地杀掉。”

何重建派遣宫苑使崔延琛带兵攻打凤州，没有攻下，退兵防守固镇。

二月十八日甲戌，后汉高祖亲自带人向东去迎接后晋主及太后。走到寿阳，听说他们已经过了恒州好几天，于是留下军队戍守承天军，自己返回太原。

后晋主出塞以后，契丹不再供给东西，随从的官员、宫女都自己采摘树木的果实和草叶来充饥。到了锦州，契丹命令后晋主和后妃们拜契丹主阿保机的坟墓。后晋主不能忍受这种屈辱，哭泣着说：“薛超害了我！”冯皇后暗中让左右的人寻找毒药，想跟后晋主一起自杀，结果没有成功。

契丹主听说刘知远即皇帝位，任命通事耿崇美为昭义节度使，高唐英为彰德节度使，崔廷勋为河阳节度使，以控制险要的地方。

当初，后晋设置乡兵，号称天威军。教习训练了一年多，乡下的百姓不熟悉军旅之事，最后还是不能用；只好全部解散，只命每七户人家共捐十千钱，乡兵所自备的铠甲和兵器，全部捐给公家。但一些刁横之人却不肯再回去从事农业，于是出没山林的盗贼，从此就多了起来。等到契丹进入汴州，放纵胡兵“打草谷”；又多任命胡人子弟及左右亲近的人为节度使、刺史。他们不通晓政事，汉人中的狡猾之徒都投靠到他们的部下，教唆他们胡作非为，聚敛财货，使得老百姓不能活命。于是到处相聚为盗贼，人数多的达到几万人，少的也不下千百，他们攻陷州城，抢劫杀害官吏百姓。滏阳的盗贼首领梁晖，有部众几百人，向晋阳投诚，以求任用，后汉高祖答应了他。磁州刺史李穀秘密上表给后汉高祖，建议命令梁晖去袭击相州。梁晖暗中侦察得知高唐英尚未到达，相州储藏有兵器，没有什么防备措施。二月二十一日丁丑晚上，梁晖派遣壮士翻越城墙，进入城里，打开城门，接纳他的部众，

戊寅，帝还至晋阳，议率民财以赏将士，夫人李氏谏曰："陛下因河东创大业，未有以惠泽其民而先夺其生生之资，殆非新天子所以救民之意也。今宫中所有，请悉出之以劳军，虽复不厚，人无怨言。"帝曰："善！"即罢率民，倾内府蓄积以赐将士，中外闻之，大悦。李氏，晋阳人也。

吴越内都监程昭悦，多聚宾客，畜兵器，与术士游。吴越王弘佐欲诛之，谓水丘昭券曰："汝今夕帅甲士千人围昭悦第。"昭券曰："昭悦，家臣也，有罪当显戮，不宜夜兴兵。"弘佐曰："善！"命内牙指挥使诸温伺昭悦归第，执送东府。己卯，斩之。释钱仁俊之囚。

武节都指挥使史弘肇攻代州，拔之，斩王晖。

建雄留后刘在明朝于契丹，以节度副使骆从朗知州事。帝遣使者张晏洪等如晋州，谕以已即帝位，从朗皆囚之。大将药可俦杀从朗，推晏洪权留后，庚辰，遣使以闻。

契丹主遣右谏议大夫赵熙使晋州，括率钱帛，征督甚急。从朗既死，民相帅共杀熙。

契丹主赐赵晖诏，即以为保义留后。晖斩契丹使者，焚其诏，遣支使河间赵矩奉表诣晋阳。契丹遣其将高谟翰攻晖，不克。帝见矩，甚喜，曰："子挈咽喉之地以归我，天下不足定也。"矩因劝帝早引兵南向以副天下之望，帝善之。

辛巳，以晖为保义节度使，侯章为镇国节度使、保义军马步都指挥使，王晏为绛州防御使、保义军马步副指挥使。

高防与王守恩谋，遣指挥使李万超白昼帅众大噪入府，斩赵行迁，推守恩权知昭义留后。守恩杀契丹使者，举镇来降。

镇宁节度使邪律郎五，性残虐，澶州人苦之。贼帅王琼帅其徒千余人，夜袭据南城，北度浮航，纵兵大掠，围郎五于牙城。契丹主闻之，甚惧，始遣天平节度使李守贞、天雄节度使杜重威还镇，由是无久留河

杀死几百名契丹兵，契丹守将突围逃走。梁晖占据相州，自称留后，上表报告事情的经过。

二月二十二日戊寅，后汉高祖回到晋阳，商议要向老百姓征收钱财以犒赏将士。夫人李氏劝谏他说：“陛下凭借河东创立大业，还没有施恩泽给百姓，反而先剥夺他们赖以维生的资财，这大概不是新天子解救百姓的用意吧。现在宫中所有的东西，请全部拿去犒赏军队，虽然还不怎么多，但是每个人都不会有怨言的。”后汉高祖说：“好！”于是马上停止征收民财，把皇家府库所储藏的财物全部拿出来赏赐将帅和士兵。京城内外的人听说这个消息，都非常高兴。李氏是晋阳人。

吴越内都监程昭悦大量地招致宾客，储备武器，跟江湖术士交往。吴越王钱弘佐想要杀掉他，对水丘昭券说：“你今天晚上带领一千名士兵去包围程昭悦的府第。”水丘昭券说：“程昭悦是一个家臣，有罪应该公开处死，不宜在夜晚动用军队。”钱弘佐说：“对！”命令内牙指挥使诸温暗中守候，趁他在回家途中，将他抓住，送往东府。二月二十三日己卯，将他斩首。解除对钱仁俊的囚禁。

武节都指挥使史弘肇进攻代州，攻下了代州，杀了王晖。

建雄留后刘在明到契丹朝拜，命节度副使骆从朗主持州事。后汉高祖派遣使者张晏洪等人前往晋州，告诉他们自己已经即了帝位，结果骆从朗把张晏洪等人全部囚禁起来。大将药可俦杀掉骆从朗，推举张晏洪代理留后。二月二十四日庚辰，派遣使者入朝奏报这件事情。

契丹主派遣右谏议大夫赵熙出使晋州，征收百姓的钱财和布帛，督促得非常急迫。这时骆从朗已死，百姓联合起来杀掉了赵熙。

契丹主颁赐诏书给赵晖，任命他为保义留后。赵晖斩杀契丹使者，烧掉他的诏书，派遣支使河间人赵矩奉表到晋阳。契丹派遣他的将领高谟翰进攻赵晖，没有攻下。后汉高祖见到赵矩，非常高兴，说：“你们控扼着险要的地方来归附我，平定天下就容易了。”赵矩因此而劝后汉高祖早日引兵南下，以合乎天下人的愿望，后汉高祖认为他说得很对。

二月二十五日辛巳，任命赵晖为保义节度使，侯章为镇国节度使、保义军马步都指挥使，王晏为绛州防御使、保义军马步副指挥使。

高防跟王守恩谋划，派遣指挥使李万超率领部众在白天大肆喧哗鼓噪，冲入军府，杀掉赵行迁，推举王守恩代理昭义留后。王守恩杀掉契丹使者，率整个昭义军来归降。

镇宁节度使邪律郎五，生性残忍暴虐，澶州百姓感到很痛苦。盗贼首领王琼率领他的部下一千多人，趁着黑夜偷袭攻占南城，向北渡过德胜浮桥，放纵士兵大肆抢劫，将邪律郎五包围在牙城中。契丹主听到这个消息，非常害怕，这才派遣天平

南之意。遣兵救澶州；琼退屯近郊，遣弟超奉表来求救。癸未，帝厚赐超，遣还。琼兵败，为契丹所杀。

蜀主加雄武节度使何重建同平章事。

（以上为第八段，写河北、河南各藩民心所向归服刘知远，纷纷反抗契丹主。）

延州录事参军高允权，万金之子也。彰武节度使周密，暗而贪，将士作乱，攻之；密败，保东城。众以允权家世延帅，推为留后，据西城。密，应州人也。

丹州都指挥使高彦珣杀契丹所署刺史，自领州事。

契丹述律太后遣使以其国中酒馔脯果赐契丹主，贺平晋国。契丹主与群臣宴于永福殿，每举酒，立而饮之，曰："太后所赐，不敢坐饮。"

唐王淑妃与郇公从益居洛阳；赵延寿娶明宗女为夫人，淑妃诣大梁会礼。契丹主见而拜之曰："吾嫂也。"统军刘遂凝因淑妃求节钺，契丹主以从益为许王、威信节度使，遂凝为安远节度使。淑妃以从益幼，辞不赴镇，复归于洛。

契丹主以张砺为右仆射兼门下侍郎、同平章事，左仆射和凝兼中书侍郎、同平章事；司空兼门下侍郎、同平章事刘昫，以目疾辞位，罢为太保。

东方群盗大起，陷宋、亳、密三州。契丹主谓左右曰："我不知中国之人难制如此！"亟遣泰宁节度使安审琦、武宁节度使符彦卿等归镇，仍以契丹兵送之。

彦卿至埇桥，贼帅李仁恕帅众数万急攻徐州。彦卿与数十骑至城下，扬鞭欲招谕之，仁恕控彦卿马，请从相公入城。彦卿子昭序，自城中遣军校陈守习缒而出，呼于贼中曰："相公已陷虎口，听相公助贼攻城，城不可得也。"贼知不可劫，乃相率罗拜于彦卿马前，乞赦其罪。彦卿与之誓，乃解去。

三月，丙戌朔，契丹主服赭袍，坐崇元殿，百官行入阁礼。

节度使李守贞、天雄节度使杜重威回到他们自己所驻守的藩镇去，从此打消了长久留在河南的打算。契丹主派遣军队救援澶州；王琼退兵驻守澶州近郊，派遣他的弟弟王超持表来向后汉高祖求救。二月二十七日癸未，后汉高祖重重地赏赐王超，让他回去。王琼兵败，被契丹杀掉。

后蜀主为雄武节度使何重建加官同平章事。

延州录事参军高允权是高万金的儿子。彰武节度使周密，昏庸愚昧，贪求钱财，将士们一起起来造反，攻打周密；周密被打败，退守延州东城。大家因为高允权家里世世代代都是镇守延州的将帅，便推举高允权为彰武留后，占据延州西城。周密是应州人。

丹州都指挥使高彦珣杀掉契丹所任命的刺史，自己主持丹州的政事。

契丹述律太后派遣使者把他们国内所产制的美酒、菜肴、干肉和水果赐给契丹主，祝贺他平定后晋。契丹主跟大臣们在永福殿一起宴饮，每次举起酒杯，都站起来把它喝下，说："太后所赏赐的酒，不敢坐着喝。"

后唐王淑妃和郇公李从益都居住在洛阳；赵延寿娶后唐明宗的女儿燕国长公主为夫人，王淑妃到大梁和她会面。契丹主见到王淑妃，向她行礼说："这是我的嫂夫人。"统军刘遂凝通过王淑妃的关系，向契丹主请求担任节度使，于是契丹主封李从益为许王，任命为威信节度使，任命刘遂凝为安远节度使。王淑妃以李从益年纪幼小为理由，辞谢不上任，又回到洛阳。

契丹主任命张砺为右仆射兼门下侍郎、同平章事，左仆射和凝兼中书侍郎、同平章事；司空兼门下侍郎、同平章事刘昫，因为患了眼疾而辞职，于是被罢免职务而任太保。

东方各地盗贼猖獗，攻陷宋州、亳州和密州。契丹主对左右的人说："我不知道中原的民众居然这样难以统治！"赶快命令泰宁节度使安审琦、武宁节度使符彦卿等人回到他们所镇守的藩镇去，仍旧派契丹兵护送他们。

符彦卿到达埇桥，盗贼首领李仁恕率领部众几万人猛烈进攻徐州。符彦卿与几十名骑兵走到城下，高举马鞭想劝导安抚他们，李仁恕上前抓住符彦卿的马笼头，要求随从符彦卿进城。符彦卿的儿子符昭序，从城里派遣军校陈守习从城上攀援绳索出城，在盗贼群中大声呼喊："相公已经陷入虎口，就是听任相公帮助盗贼攻城，城也不能攻下。"盗贼眼看不能劫持符彦卿，就一同拜倒在符彦卿的马前，请求赦免他们的罪过。符彦卿跟他们立了誓言，盗贼们这才散去。

三月初一日丙戌，契丹主穿赭色袍服，坐在崇元殿，百官上朝行入阁礼。

戊子，帝遣使以诏书安集农民保聚山谷避契丹之患者。

辛卯，高允权奉表来降。帝谕允权听周密诣行在，密遂弃东城来奔。

壬辰，高彦询以丹州来降。

蜀翰林承旨李昊谓王处回曰："敌复据固镇，则兴州道绝，不复能救秦州矣。请遣山南西道节度使孙汉韶将兵急攻凤州。"癸巳，蜀主命汉韶诣凤州行营。

契丹主复召晋百官，谕之曰："天时向热，吾难久留，欲暂至上国省太后。当留亲信一人于此为节度使。"百官请迎太后。契丹主曰："太后族大，如古柏根，不可移也。"契丹主欲尽以晋之百官自随。或曰："举国北迁，恐摇人心，不如稍稍迁之。"乃诏有职事者从行，余留大梁。

复以汴州为宣武军，以萧翰为节度使。翰，述律太后之兄子，其妹复为契丹主后。翰始以萧为姓，自是契丹后族皆称萧氏。

（以上为第九段，写大河南北民众纷纷反抗契丹，契丹主留萧翰为宣武节度使，自己带领部分后晋官员北还。）

吴越复发水军，遣其将余安将之，自海道救福州。己亥，至白虾浦。海岸泥淖，须布竹箦乃可行，唐之诸军在城南者，聚而射之，箦不得施。冯延鲁曰："城所以不降者，恃此救也。今相持不战，徒老我师，不若纵其登岸尽杀之，则城不攻自降矣。"裨将孟坚曰："浙兵至此已久，不能进退，求一战而死不可得。若纵其登岸，彼必致死于我，其锋不可当，安能尽杀乎！"延鲁不听，曰："吾自击之。"吴越兵既登岸，大呼奋击，延鲁不能御，弃众而走，孟坚战死。吴越兵乘胜而进，城中兵亦出，夹击唐兵，大破之。唐城南诸军皆遁，吴越兵追之。王崇文以牙兵三百拒之，诸军陈于崇文之后，追者乃还。

或言浙兵欲弃福州，拔李达之众归钱唐，东南守将刘洪进等白王建封，请纵其尽出而取其城。留从效不欲福州之平，建封亦忿陈觉等专横，

三月初三日戊子，后汉高祖派遣使者持着诏书去安抚那些为了躲避契丹侵害而聚集在山谷互相照应的农民。

三月初六日辛卯，高允权奉表来归降。后汉高祖指示高允权，听任周密前来后汉高祖所在的地方。周密于是放弃东城前来投降。

三月初七日壬辰，高彦询献出丹州来投降。

后蜀翰林承旨李昊对［枢密使］王处回说："敌人如果再占据固镇，那么通往兴州的路就被隔断，不能再救援秦州了。请派遣山南西道节度使孙汉韶率兵急速攻打凤州。"三月初八日癸巳，后蜀主命令孙汉韶前往凤州军营。

契丹主再度召见后晋百官，对他们说："天气渐渐炎热起来，我难以长久地留在这里，想暂时回到本土去向太后请安。打算留一个亲近的人在这里做节度使。"百官建议迎接太后到大梁来。契丹主说："太后的家族很庞大，就像老柏树的根一样，不能移动。"契丹主想命令后晋百官全部随他北上。有人说："整个国家的官员一起迁到北方，恐怕会动摇人心，不如只迁一部分人去。"于是下令负有任务的人跟着走，其余的人留在大梁。

把汴州又恢复为宣武军，任命萧翰为宣武节度使。萧翰是述律太后哥哥的儿子，他的妹妹又嫁给契丹主为皇后。萧翰开始以萧为姓，从此契丹太后族人都称萧氏。

吴越又征调水军，派他的将领余安统领，从海路去救援福州。三月十四日己亥，到达白虾浦。海岸一片泥泞，必须铺上竹席才能行走。在城南的各路唐军，聚集在一起用箭射击他们，使得竹席无法铺上。冯延鲁说："福州城不投降的原因，就是依赖这批援军。现在双方相持不战，只会把我们的军队拖疲。不如让他们登上岸来，然后将他们全部消灭，那么福州城不需攻打就会自动投降了。"偏将孟坚说："吴越兵来到这里已经很久，不能前进，也不能后退，想求拼一死战而没有机会。若让他们登上岸来，他们一定会跟我们拼死战斗，他们的劲头一定锐不可当，又怎么能将他们消灭掉呢？"冯延鲁不听，说："我自己去攻打他们。"吴越兵上岸以后，大声喊叫，奋勇拼杀，冯延鲁抵挡不住，丢掉部众逃走，孟坚战死。吴越兵乘胜前进，福州城里的士兵也出城来，一起夹攻，把唐军打得大败。城南的各路唐军都逃走，吴越兵追击。王崇文率领三百名牙兵阻挡追兵，各军在王崇文的后面列阵，追赶的士兵这才回去。

有人说吴越军将要放弃福州，强迫李达率领的部众一起回钱塘。东南守将刘洪进等人把这个消息告诉王建封，并且建议让他们全部出城后，再夺取城池。留从效

乃曰："吾军败矣，安能与人争城！"是夕，烧营而遁，城北诸军亦相顾而溃。冯延鲁引佩刀自刺，亲吏救之，不死。唐兵死者二万余人，委弃军资器械数十万，府库为之耗竭。

余安引兵入福州，李达举所部授之。

留从效引兵还泉州，谓唐戍将曰："泉州与福州世为仇敌，南接岭海瘴疠之乡，地险土瘠。比年军旅屡兴，农桑废业，冬征夏敛，仅能自赡，岂劳大军久戍于此！"置酒饯之，戍将不得已引兵归。唐主不能制，加从效检校太傅。

（以上为第十段，写南唐兵败于福州，吴越王据有闽地。）

壬寅，契丹主发大梁，晋文武诸司从者数千人，诸军吏卒又数千人，宫女、宦官数百人，尽载府库之实以行，所留乐器仪仗而已。夕，宿赤冈，契丹主见村落皆空，命有司发榜数百通，所在招抚百姓，然竟不禁胡骑剽掠。丙午，契丹自白马渡河，谓宣徽使高勋曰："吾在上国，以射猎为乐，至此令人悒悒。今得归，死无恨矣。"

蜀孙汉韶将兵二万攻凤州，军于固镇，分兵扼散关以绝援路。

张筠、余安皆还钱唐，吴越王弘佐遣东南安抚使鲍脩让将兵戍福州，以东府安抚使钱弘倧为丞相。

庚戌，以皇弟北京马步都指挥使崇行太原尹，知府事。

辛亥，契丹主将攻相州，梁晖请降；契丹主赦之，许以为防御使，晖疑其诈，复乘城拒守。夏，四月，己未，未明，契丹主命蕃、汉诸军急攻相州，食时克之，悉杀城中男子，驱其妇女而北，胡人掷婴孩于空中，举刃接之以为乐。留高唐英守相州。唐英阅城中，遗民男女得七百余人。其后节度使王继弘敛城中髑髅瘗之，凡得十余万。

或告磁州刺史李穀谋举州应汉，契丹主执而诘之，穀不服，契丹主引手于车中，若取所获文书者。穀知其诈，因请曰："必有其验，乞显示

不愿意福州被平定，王建封也怨恨陈觉等人专权蛮横，于是就说：“我们的军队被打败了，怎么能跟人家争夺城池！”当天晚上，焚烧营垒逃走，城北各军也相继溃散。冯延鲁抽出自己身上的佩刀自杀，随身侍卫的官吏救了冯延鲁，没有死。南唐兵一共死了两万多人，丢弃军用物资和器械几十万件，国库因此而消耗殆尽。

余安率兵进入福州，李达把自己的部众全部交给余安。

留从效带兵回泉州，对南唐守将说：“泉州与福州世世代代都是仇敌，南面靠近充满瘴疠之气的岭南和大海，地势险峻，土地贫瘠。近几年来，屡次爆发战争，农耕和蚕桑事业荒废，老百姓一年到头都要交纳赋税，他们的生活勉强只能自足，怎么能有劳大军长久地戍守在这里！”于是摆设酒席，为他们饯行。南唐守将无可奈何，只好带兵回去。南唐主拿他没有办法，只好给留从效加官为检校太傅。

三月十七日壬寅，契丹主从大梁出发，后晋文武各部官员跟随的有几千人，各军的官吏和士兵又有几千人，宫女、宦官几百人，把府库所藏的物资全部载运同行，所留下来的，只是一些乐器、仪仗而已。晚上，住在赤冈，契丹主看见村落都空旷无人，命令有关官员发布几百通公告，要求各地招抚百姓，然而仍然没有禁止胡兵的抢劫行为。三月二十一日丙午，契丹［主］从白马渡黄河，对宣徽使高勋说：“我在本土的时候，以射箭打猎为乐，到了这里，令人愁闷不安，现在能够回去，就是死了，也没有什么遗憾了。”

后蜀孙汉韶率领两万军队攻打凤州，驻军固镇，分派一部分兵力控制散关，以切断救援的通路。

张筠、余安都回到钱塘，吴越王钱弘佐派遣东南安抚使鲍脩让率兵戍守福州，任命东府安抚使钱弘倧为丞相。

三月二十五日庚戌，命后汉高祖的弟弟北京马步都指挥使刘崇代理太原尹，治理太原府的事务。

三月二十六日辛亥，契丹主将攻打相州，梁晖表示愿意投降；契丹主赦免他的罪，并且答应任命他为相州防御使，梁晖怀疑其中有诈，又登城设防抵抗。夏季，四月初四日己未，天还没亮，契丹主命令胡、汉各军急速攻打相州，到了吃早饭的时候，攻下相州，将城里的男人全部杀掉，赶着妇女跟他们一起向北走。胡人将婴孩抛向空中，然后用刀尖去接，以此来取乐。契丹主留下高唐英防守相州。高唐英巡视城里，幸存下来的百姓，男女合起来，才七百多人。后来节度使王继弘收集埋葬城区里的尸骨，总共达十多万具。

有人告发磁州刺史李榖图谋献出磁州，归附后汉，契丹主把他抓来责问，李榖不承认，契丹主把手伸进车里，好像要拿出他所得到的文书证据似的。李榖知道这

之。”凡六诘，毅辞气不屈，乃释之。

帝以从弟北京马军都指挥使信领义成节度使，充侍卫马军都指挥使，武节都指挥使史弘肇领忠武节度使，充步军都指挥使，右都押牙杨邠权枢密使，蕃汉兵马都孔目官郭威权副枢密使，两使都孔目官南乐王章权三司使。

癸亥，立魏国夫人李氏为皇后。

契丹主见所过城邑丘墟，谓蕃、汉群臣曰：“致中国如此，皆燕王之罪也。”顾张砺曰：“尔亦有力焉。”

（以上为第十一段，写契丹主北还，一路屠城滥杀，千里沃野一片荒残。）

甲子，帝以河东节度判官长安苏逢吉、观察判官苏禹珪为中书侍郎、同平章事。禹珪，密州人也。

振武节度使、府州团练使折从远入朝，更名从阮，置永安军于府州，以从阮为节度使。又以河东左都押牙刘铢为河阳节度使。铢，陕人也。

契丹昭义节度使耿崇美屯泽州，将攻潞州。乙丑，诏史弘肇将步骑万人救之。

丙寅，以王守恩为昭义节度使，高允权为彰武节度使，又以岢岚军使郑谦为忻州刺史、领彰国节度使兼忻、代二州义军都部署。丁卯，以缘河巡检使阎万进为岚州刺史，领振武节度使兼岚、宪二州义军都制置使。帝闻契丹北归，欲经略河南，故以弘肇为前驱，又遣阎万进出北方以分契丹兵势。万进，并州人也。

契丹主以船数十艘载晋铠仗，将自汴溯河归其国，命宁国都虞候榆次武行德将士卒千余人部送之。至河阴，行德与将士谋曰：“今为虏所制，将远去乡里。人生会有死，安能为异域之鬼乎！虏势不能久留中国，不若共逐其党，坚守河阳，以俟天命之所归者而臣之，岂非长策乎！”众以为然。行德即以铠仗授之，相与杀契丹监军使。会契丹河阳节度使崔廷勋以兵送耿崇美之潞州，行德遂乘虚入据河阳，众推行德为河阳都部署。行德遣弟行友奉蜡表间道诣晋阳。

契丹遣武定节度使方太诣洛阳巡检，至郑州。州有戍兵，共迫太为郑王。梁嗣密王朱乙逃祸为僧，嵩山贼帅张遇得之，立以为天子，取嵩

是假的，就向他请求说："如果真有证据，请拿出来让大家看一看。"契丹主问了六次，李穀的口气神情，丝毫不屈服，契丹主这才放了他。

后汉高祖命堂弟北京马军都指挥使刘信兼任义成节度使，充当侍卫马军都指挥使，武节都指挥使史弘肇兼任忠武节度使，充当步军都指挥使，右都押牙杨邠代理枢密使，蕃汉兵马都孔目官郭威代理副枢密使，两使都孔目官南乐人王章代理三司使。

四月初八日癸亥，立魏国夫人李氏为皇后。

契丹主看见所经过的城市都已变成荒丘和废墟，对蕃汉大臣们说："导致中原到这种地步，都是燕王赵延寿的罪过。"又回过头来对张砺说："你也同样出了力。"

四月初九日甲子，后汉高祖任命河东节度判官长安人苏逢吉、观察判官苏禹珪为中书侍郎、同平章事。苏禹珪是密州人。

振武节度使、府州团练使折从远入朝，改名为折从阮，在府州设置永安军，任命折从阮为永安节度使。又任命河东左都押牙刘铢为河阳节度使。刘铢是陕州人。

契丹昭义节度使耿崇美驻兵泽州，打算进攻潞州。四月初十日乙丑，诏命史弘肇率领一万名步兵和骑兵去援救潞州。

四月十一日丙寅，任命王守恩为昭义节度使，高允权为彰武节度使，又任命岢岚军使郑谦为忻州刺史兼任彰国节度使，又兼忻、代二州义军都部署。四月十二日丁卯，任命缘河巡检使阎万进为岚州刺史兼任振武节度使，又兼岚、宪二州义军都制置使。后汉高祖听说契丹回到北方去，想占有河南，所以命史弘肇为先头部队，又派遣阎万进出兵到北方，以分散契丹的兵力。阎万进是并州人。

契丹主动用几十艘船只，运载后晋的铠甲兵器，将从汴州逆黄河而上，返回国内，命令宁国都虞候榆次人武行德率领一千多人护送。到达河阴后，武行德跟将士们商议说："我们现在被契丹所控制，将要远离家乡。人总会有一死，怎么能做他乡之鬼呢！胡虏势必不能长久留在中原，不如我们共同驱逐他们的同党，坚守河阳，以等待天命所归的天子，再去归附他，这难道不是长远打算吗！"众人认为这话很对。武行德就把所运载的铠甲和武器交给部众，一起杀死契丹的监军使。正好这时契丹的河阳节度使崔廷勋带兵护送耿崇美前往潞州，武行德于是趁着州城空虚的机会攻占河阳，众人推举武行德为河阳都部署。武行德派遣他的弟弟武行友带着封在蜡丸中的表章，抄小路前往晋阳。

契丹派遣武定节度使方太到洛阳去巡视考察，到达郑州。郑州驻有守兵，他们一起强迫方太为郑王。后梁皇室后裔密王朱乙，为了逃避祸乱去当和尚，嵩山的盗

岳神衮冕以衣之，帅众万余袭郑州，太击走之。太以契丹尚强，恐事不济，说谕戍兵，欲与俱西。众不从，太自西门逃奔洛阳。戍兵既失太，反谮太于契丹，云胁我为乱。太遣子师朗自诉于契丹，契丹将麻荅杀之，太无以自明。会群盗攻洛阳，契丹留守刘晞弃城奔许州，太乃入府行留守事，与巡检使潘环击群盗却之。张遇杀朱乙请降。伊阙贼帅自称天子，誓众于南郊坛，将入洛阳。太逆击，走之。

太欲自归于晋阳，武行德使人诱太曰："我裨校也。公旧镇此地，今虚位相待。"太信之，至河阳，为行德所杀。

萧翰遣高谟翰援送刘晞自许还洛阳，晞疑潘环构其众逐己，使谟翰杀之。

戊辰，武行友至晋阳。

庚午，史弘肇奏遣先锋将马诲击契丹，斩首千余级。时耿崇美、崔廷勋至泽州，闻弘肇兵已入潞州，不敢进，引兵而南。弘肇遣诲追击，破之，崇美、廷勋与奚王拽剌退保怀州。

辛未，以武行德为河阳节度使。

契丹主闻河阳乱，叹曰："我有三失，宜天下之叛我也！诸道括钱，一失也；令上国人打草谷，二失也；不早遣诸节度使还镇，三失也。"

（以上为第十二段，写各地军民反抗契丹，契丹主慨叹有三失：搜刮民众，一失；放纵胡骑抢掠，二失；不早遣汉人节度使还镇，三失。）

唐主以矫诏败军，皆陈觉、冯延鲁之罪，壬申，诏赦诸将，议斩二人以谢中外。御史中丞江文蔚对仗弹冯延已、魏岑曰："陛下践阼以来，所信任者，延已、延鲁、岑、觉四人而已，皆阴狡弄权，壅蔽聪明，排斥忠良，引用群小，谏争者逐，窃议者刑，上下相蒙，道路以目。今觉、延鲁虽伏辜，而延已、岑犹在，本根未殄，枝干复生。同罪异诛，人心疑惑。"又曰："上之视听，惟在数人，虽日接群臣，终成孤立。"又曰："在外者握兵，居中者当国。"又曰："岑、觉、延鲁，更相违戾。彼前则我却，彼东则我西。夫生五材，国之利器，一旦为小人忿争妄动之具。"

贼首领张遇抓住了朱乙，立朱乙为天子，把嵩岳庙神像上的龙袍和冠冕取下来，给朱乙穿上，率领一万多人袭击郑州，方太击退了他们。方太考虑到契丹势力还很强大，恐怕事情不能成功，于是劝导守兵，打算带他们一起投奔洛阳。众人不听，方太自己从西门逃走，奔向洛阳。守兵在方太跑掉以后，反而在契丹人面前诬陷方太，说是方太逼迫他们作乱。方太派儿子方师朗主动去向契丹解释，契丹将领麻荅将他杀掉，方太没有办法表明自己的心意。刚好这时各方盗贼攻打洛阳，契丹留守刘晞放弃州城，逃奔许州，方太就进入洛阳的府署执行留守的职务，和巡检使潘环一道反击盗贼，将他们打退。张遇杀了朱乙，请求投降。伊阙的盗贼首领自称为天子，在洛阳城南的祭坛上向部众宣誓，将要进入洛阳。方太迎头痛击，将他们赶走。

方太想主动归附晋阳，武行德派人诱骗他说："我只是一个军中的小校。您以前曾经镇守过这里，现在我把河阳的首领位置让出来，等待您。"方太相信了他的话，到了河阳，被武行德杀掉。

萧翰派遣高谟翰援助并护送刘晞从许州回洛阳，刘晞怀疑是潘环聚结部众驱逐自己，就让高谟翰把潘环杀掉。

四月十三日戊辰，武行友到达晋阳。

四月十五日庚午，史弘肇奏报说派遣先锋将马诲袭击契丹，斩首一千多级。当时，耿崇美、崔廷勋到达泽州，听说史弘肇的部队已经进了潞州，不敢前进，领兵向南走。史弘肇派遣马诲前去追击，将他们打败。耿崇美、崔廷勋和奚王拽剌退兵防守怀州。

四月十六日辛未，后汉高祖任命武行德为河阳节度使。

契丹主得知河阳发生变乱的消息，叹息说："我有三个错误，天下背叛我是应该的！向各地征敛钱财，这是第一个错误；叫契丹的士兵'打草谷'，这是第二个错误；不及早下令各节度使回到自己所镇守的藩镇去，这是第三个错误。"

南唐主认为假传圣旨以致军事失败，都是陈觉和冯延鲁的罪过，四月十七日壬申，下诏赦免其他将领的罪过，商议要杀掉陈、冯二人，以向全国上下谢罪。御史中丞江文蔚在南唐主面前上奏弹劾冯延己、魏岑说："陛下即位以来，所信任的人，只有冯延己、冯延鲁、魏岑和陈觉等四人而已。他们都阴险狡诈，玩弄权术，蒙蔽皇上耳目，排斥忠良，任用相互勾结的小人，向皇上劝谏力争的人被驱逐，私下议论的人被处刑，上下相互包庇，使百姓敢怒不敢言，在路上相遇，只好用眼色来示意。现在陈觉和冯延鲁虽然伏法，但是冯延己和魏岑还在。根部没有铲除，枝干还会再生。同样的罪，受到不同的处罚，人心将会感到疑惑。"又说："皇上所看见所

又曰："征讨之柄，在岑折简；帑藏取与，系岑一言。"唐主以文蔚所言为太过，怒，贬江州司士参军。械送觉、延鲁至金陵。宋齐丘以尝荐觉使福州，上表待罪。

诏流觉于蕲州，延鲁于舒州。知制诰会稽徐铉、史馆修撰韩熙载上疏曰："觉、延鲁罪不容诛，但齐丘、延已为之陈请，故陛下赦之。擅兴者不罪，则疆场有生事者矣；丧师者获存，则行陈无效死者矣。请行显戮以重军威。"不从。

中书侍郎、同平章事冯延已罢为太弟少保，贬魏岑为太子洗马。

韩熙载屡言宋齐丘党与必为祸乱。齐丘奏熙载嗜酒猖狂，贬和州司士参军。

（以上为第十三段，写南唐主裁制群小，同时又贬抑进言直臣，猜忌一方势盛则裁抑以平衡之。）

乙亥，凤州防御使石奉頵举州降蜀。奉頵，晋之宗属也。

契丹主至临城，得疾；及栾城，病甚，苦热，聚冰于胸腹手足，且啖之。丙子，至杀胡林而卒。国人剖其腹，实盐数斗，载之北去，晋人谓之"帝羓"。

赵延寿恨契丹主负约，谓人曰："我不复入龙沙矣。"即日，先引兵入恒州，契丹永康王兀欲及南北二王，各以所部兵相继而入。延寿欲拒之，恐失大援，乃纳之。

时契丹诸将已密议奉兀欲为主，兀欲登鼓角楼受叔兄拜。而延寿不之知，自称受契丹皇帝遗诏，权知南朝军国事，仍下教布告诸道，所以供给兀欲与诸将同，兀欲衔之。恒州诸门管钥及仓库出纳，兀欲皆自主之。延寿使人请之，不与。

听见的就依仗那么几个人，虽然每天都能见到大臣们，但是最后还是陷于孤立。”又说：“在外任职的人掌握兵权，在朝廷任职的人专断国事。”又说：“魏岑、陈觉、冯延鲁等人之间，违离不和，不断地互相扯皮争斗。一个向前，另一个就退后；一个向东，另一个就向西。天生的各种材质，是国家的各种财富，都反而成了小人们争权妄动的工具。”又说：“出征讨伐的大权，由魏岑随便决定；国家府库库藏的取用，取决于魏岑的一句话。”南唐主认为江文蔚所说的话太过分，有些恼怒，把江文蔚贬为江州司士参军。将陈觉、冯延鲁囚禁起来，解送到金陵去。宋齐丘由于曾经推荐陈觉出使福州，上表等待被治罪。

南唐主下诏，将陈觉流放到蕲州，冯延鲁流放到舒州。知制诰会稽人徐铉、史馆修撰韩熙载上疏说：“陈觉、冯延鲁罪大恶极，死有余辜，但宋齐丘、冯延己却替他们讲情，所以陛下赦免了他们。擅自兴兵的人不加以治罪，那么边疆上就会有制造事端的人了；丧失军队的人让他活着，那么行军作战中就没有以死效忠的人了。请公开处死陈觉和冯延鲁，以重振军威。”南唐主不同意。

中书侍郎、同平章事冯延己被罢官为太弟少保，贬魏岑为太子洗马。

韩熙载屡次上奏说：宋齐丘的党羽一定会起来作乱。宋齐丘则上奏弹劾韩熙载嗜好喝酒，肆意妄为，于是贬韩熙载为和州司士参军。

四月二十日乙亥，凤州防御使石奉頵以凤州投降后蜀。石奉頵是后晋宗室的亲属。

契丹主到了临城，生起病来；到达栾城时，病情加重，因发高烧很痛苦，臣属便在契丹主胸腹和手脚上覆盖上冰块，还让他吃冰。四月二十一日丙子，契丹主到杀胡林就死了。契丹人剖开他的肚子，塞进几斗盐巴，用车装着尸体运回北方，晋人称之为“帝羓”。

赵延寿痛恨契丹主违约没有扶植自己当皇帝，对别人说：“我不再进入龙沙了。”当天就领兵进入恒州。契丹永康王兀欲以及南北二王，各自率领自己的部众也跟着相继进入。赵延寿想拒绝他们，又恐怕失去大量的援助，只好让他们进去。

当时契丹各将领已经秘密议定尊奉兀欲为契丹主，兀欲登上鼓角楼接受叔父和兄弟们的拜贺。赵延寿还不知道这件事，自称接受契丹主的遗诏，代理南朝的军国大事，于是颁下命令，通告各地，赵延寿供给兀欲的俸禄和其他将领一样，兀欲很恨赵延寿。恒州各城门的锁和钥匙以及仓库的出纳，兀欲都亲自掌管。赵延寿派人去要那些钥匙，兀欲不给。

契丹主丧至国，述律太后不哭，曰：“待诸部宁壹如故，则葬汝矣。”

帝之自寿阳还也，留兵千人戍承天军。戍兵闻契丹北还，不为备。契丹袭击之，戍兵惊溃。契丹焚其市邑，一日狼烟百余举。帝曰：“此虏将遁，张虚势也。”遣亲将叶仁鲁将步骑三千赴之。会契丹出剽掠，仁鲁乘虚大破之，丁丑，复取承天军。

冀州人杀契丹刺史何行通，推牢城指挥使张廷翰知州事。廷翰，冀州人，符习之甥也。

或说赵延寿曰：“契丹诸大人数日聚谋，此必有变。今汉兵不下万人，不若先事图之。”延寿犹豫不决。壬午，延寿下令，以来月朔日于待贤馆上事，受文武官贺。其仪：宰相、枢密使拜于阶上，节度使以下拜于阶下。李崧以虏意不同，事理难测，固请赵延寿未行此礼，乃止。

（以上为第十四段，写契丹主北还死于途中。赵延寿矫诏权知南朝军国事。）

契丹主的遗体送回到国内，述律太后没有哭，说：“等到各部落恢复得像以前那样团结，再来安葬你。”

后汉高祖从寿阳回来，留下一千人戍守承天军。守兵听说契丹回北方去了，便不再防备。契丹前来偷袭，守兵惊慌溃散。契丹焚烧他们的城邑，一天之中，警报一百多起。后汉高祖说：“这是胡虏将要逃走，故意虚张声势。”派遣亲近将领叶仁鲁率领三千名步兵和骑兵奔赴承天军。正好这时契丹军出外抢劫，叶仁鲁乘虚而入，大败契丹军。四月二十二日丁丑，又夺回承天军。

冀州人杀掉契丹刺史何行通，推举牢城指挥使张廷翰治理州府的事务。张廷翰是冀州人，符习的外甥。

有人劝赵延寿说：“契丹各重要官员连日来聚会商议，这里面一定会有变故。现在这里的汉兵不下一万人，不如赶在他们之前采取行动。”赵延寿犹豫不决。四月二十七日壬午，赵延寿下令，下个月初一的那天，在待贤馆举行仪式，接受文武百官的朝贺。仪式是：宰相、枢密使在阶上朝拜，节度使以下的官员在阶下朝拜。李崧认为胡虏的意图不明，形势难以预料，再三劝说赵延寿不要举行这个典礼，赵延寿这才作罢。

【点评】

本卷点评张彦泽之死、赵延寿黄粱梦破灭、南唐主坐失北进中原之良机三件史事。

一、张彦泽之死。张彦泽，突厥人，为人剽悍残忍，暴虐成性。因与后晋高祖石敬瑭联姻，恃宠为恶肆无忌惮。张彦泽因怒其子，嘱其掌书记张式写奏章请诛杀其子，张式不肯写无理奏章，张彦泽毒杀张式，剖心决口，断手足而斩之。张彦泽镇泾州，残害泾人，大体如此。张式之父张铎诣阙诉冤，邠州节度使王周又上奏张彦泽不法之事二十六桩，以及泾人遭害情由。公卿大臣连章上奏请诛张彦泽，石敬瑭姑息养奸，给张式之父张铎、张式之弟张守贞、张式之子张希范皆授官，免泾州民税及杂役一年，下罪己诏以为张彦泽请命。后晋之君臣，君不像君，臣不像臣，全无体统。开运三年，张彦泽为马军都排阵使，随杜重威投降契丹，摇身一变，打着“赤心为主”的旗号为先锋，入大梁清宫，纵兵大掠，都城为之一空。张彦泽掠取财物，堆积如山。又以私怨诛杀阁门使高勋的叔父及高勋之弟，把尸首摆在大门口，士民见之，不寒而栗。高勋及京都士民向契丹主耶律德光控诉遭张彦泽之祸。张彦泽自认为有功于契丹，日夜纵酒为乐。耶律德光询问百官，百官皆曰“彦泽当死”。契丹主命斩张彦泽于闹市，高勋监斩，剖彦泽之心以祭冤死者，士民争相打破张彦泽之头，取其脑髓，脔其肉，以解心头之恨。张彦泽，衣冠禽兽不足论。石敬瑭纵之为恶，而契丹主耶律德光蛮夷之主，却不为张彦泽“赤心为主”所迷惑，诛杀张彦泽以收民心。张彦泽之生死，如同一面镜子，照出石敬瑭的嘴脸不若蛮夷之主。石氏父子为君，举国之民皆为之蒙羞。

二、赵延寿黄粱梦破灭。契丹主耶律德光许诺赵延寿破后晋之后立其为中原皇帝。耶律德光召问投降后晋的百官，谁可为帝。百官奉承曰：“天无二日。夷、夏之心，皆愿推戴皇帝。”耶律德光于是自领中原皇帝。赵延寿仍不甘心，乞为皇太子。耶律德光说：“燕王赵延寿要吃我身上的肉，我可以给他。要当皇太子可不行，中原传统，只有皇帝的亲儿子才可当皇太子，燕王怎么有这等妄想。”至此，赵延寿想做儿皇帝的黄粱美梦破灭。到了夏天，契丹主难耐中土炎热，此时刘知远称帝于太原，耶律德光北还，一路所过，城邑皆为废墟。耶律德光把契丹人的暴行全都推到汉奸赵延寿身上，对蕃汉百官说：“祸害老百姓的事都是赵延寿干的。”耶律德光固然无耻，而蔑视汉奸的心意却溢于言表。无论中外之主，没有一个人喜欢叛臣贼子。而卖国贼子，既叛主，又卖国，是双重的背叛，要想赢得尊敬，亦是一场白日梦。赵延寿的下场，可为殷鉴！

三、南唐主坐失北进中原之良机。五代时，中原地区之外的周边十国，只有江淮之间的南唐堪称大国。当契丹灭后晋时，正值南唐第二代国主李璟即位后的第四

年，正与吴越国交兵争闽国的控制权而难解难分。南唐史馆修撰韩熙载上疏，劝李璟北进，借北方士民之力，驱逐契丹，夺取中原，统一中国，恢复大唐基业。如果契丹退走，中原有新皇帝，契丹不会有进取的机会。李璟同其父李昪，皆继承杨行密、徐温保境安民的国策，不思进取，丧失了北进中原的良机。乱世纷争，不进则退，机会稍纵即逝。东汉末刘表据有荆州，帐下雄兵十万，只图保境，不思进取，一次又一次地丧失了北进的机会，结果坐以待毙。南唐北进，未必是刘知远的对手，而刘知远不救晋室之危，阴图异志，坐视中原之民遭涂炭。若此时南唐北进，解中原之民于倒悬，未必没有机会。即使没有成功，但也无覆国的危险。当时南唐四围，皆无强手，挥师北进，驱逐鞑虏，义正气盛，有机会则进，无机会则退。契丹灭后晋，是天赐南唐的一次大好机会。机会丧失，士民之气亦消，等到宋太祖南进，只能拱手称臣。

后汉纪二

后汉高祖天福十二年至乾祐元年（947—948年）

【起强圉协洽（丁未，947年）五月，尽著雍涒滩（戊申，948年）二月，不满一年】

【大事提要】

本卷记事起公元947年五月，讫公元948年二月，凡九个月史事，当后汉高祖天福十二年五月至乾祐元年二月。此时期中原王朝又一次易主，刘知远起兵太原，逐走契丹，建立后汉，史称高祖，释文中称“后汉高祖”，以与“西汉高祖”刘邦相区别。契丹永康王兀欲，讳阮，即耶律阮，小字兀欲，太宗耶律德光之兄子。太宗视兀欲为己子，兀欲从太宗伐后晋，封永康王。太宗耶律德光死于北还归途之栾城，兀欲用诡计在镇阳即皇帝位于柩前。辽太后萧氏发兵抗击兀欲返国，兀欲打败太后之兵，回国正位，是为辽世宗。后汉高祖刘知远抚定中原，河北诸镇驱赶契丹人，形势一片大好。可惜刘知远气识狭小，不容后唐明宗之子李从益母子，犯杀降大忌，又信用苏逢吉、史弘肇等贪残暴虐之臣，又滥杀幽州无辜士兵一千五百人，非仁也；诱骗张琏而诛之，非信也；杜重威罪大恶极而赦之，非刑也。司马光评论说，刘知远有仁、信、刑三失，是以国运不久。蜀兵犯凤翔，吴越国发生政变，钱弘俶取代钱弘倧为国主。荆南、南唐、南汉诸小国政治均腐败，无贤臣任政。

【原文】

高祖睿文圣武昭肃孝皇帝中

天福十二年（丁未，947 年）

五月，乙酉朔，永康王兀欲召延寿及张砺、和凝、李崧、冯道于所馆饮酒。兀欲妻素以兄事延寿，兀欲从容谓延寿曰：“妹自上国来，宁欲见之乎？”延寿欣然与之俱入。良久，兀欲出，谓砺等曰：“燕王谋反，适已锁之矣。”又曰：“先帝在汴时，遗我一筹，许我知南朝军国。近者临崩，别无遗诏。而燕王擅自知南朝军国，岂理邪！”下令：“延寿亲党，皆释不问。”间一日，兀欲至待贤馆受蕃、汉官谒贺，笑谓张砺等曰：“燕王果于此礼上，吾以铁骑围之，诸公亦不免矣。”

后数日，集蕃、汉之臣于府署，宣契丹主遗制。其略曰：“永康王，大圣皇帝之嫡孙，人皇王之长子，太后钟爱，群情允归，可于中京即皇帝位。”于是始举哀成服。既而易吉服见群臣，不复行丧，歌吹之声不绝于内。

（以上为第一段，写契丹永康王兀欲用诡计即皇帝位。）

辛巳，以绛州防御使王晏为建雄节度使。

帝集群臣庭议进取，诸将咸请出师井陉，攻取镇、魏，先定河北，则河南拱手自服。帝欲自石会趋上党，郭威曰：“虏主虽死，党众犹盛，各据坚城。我出河北，兵少路迂，旁无应援。若群虏合势，共击我军，进则遮前，退则邀后，粮饷路绝，此危道也。上党山路险涩，粟少民残，无以供亿，亦不可由。近者陕、晋二镇，相继款附，引兵从之，万无一失，不出两旬，洛、汴定矣。”帝曰：“卿言是也。”苏逢吉等曰：“史弘肇大军已屯上党，群虏继遁，不若出天井，抵孟津为便。”司天奏：“太岁在午，不利南行，宜由晋、绛抵陕。”帝从之。辛卯，诏以十二日发北京，告谕诸道。

甲申，以太原尹崇为北京留守，以赵州刺史李存瓌为副留守，河东

【语译】

高祖睿文圣武昭肃孝皇帝中

后汉高祖天福十二年（丁未，947年）

五月初一日乙酉，永康王兀欲召请赵延寿及张砺、和凝、李崧、冯道等人在他所住的馆舍饮酒。兀欲的妻子向来都把赵延寿当兄长对待，兀欲从容地对赵延寿说："妹妹从契丹来，难道不想见见她吗？"赵延寿很高兴地跟他一起进去。过了好一会儿，兀欲出来，对张砺等人说："燕王图谋反叛，刚才已经把他囚禁起来了。"兀欲又说："先帝在汴梁的时候，留给我一个计划，答应由我主持南朝的军国政事。最近临终的时候，没有其他遗诏。而燕王擅自主持南朝的军国大事，难道有这样的道理吗？"兀欲下令："赵延寿的亲信党羽全都不加追问。"隔了一天，兀欲到待贤馆接受蕃汉百官的拜见祝贺，他笑着对张砺等人说："燕王假如真的在这里举行这种礼仪，我就用铁甲骑兵将他包围，你们各位也就不能幸免了。"

几天以后，兀欲在恒州府署召集蕃汉大臣，宣布契丹主的遗诏。遗诏大意说："永康王是大圣皇帝的嫡孙，人皇王的长子，太后极其钟爱，大家从感情上都归向他，可以在中京即皇帝位。"于是开始为契丹主举行丧礼，穿起丧服。不久又换上吉服接见群臣，不再举行丧礼，朝廷歌唱吹奏的声音在州署内一直没有停止。

五月初七日辛巳［辛卯］，任命绛州防御使王晏为建雄节度使。

后汉高祖召集大臣们在朝廷商议进取中原的策略，众将都建议从井陉出兵，攻取镇州和魏州，先平定河北，河南就自然会拱手臣服。后汉高祖则想从石会关出兵，直奔上党。郭威说："胡虏主虽然死了，可是他的部众还很强盛，各自占据坚固的城池。我们出兵河北，兵力少道路曲折，周围没有接应援助。如果胡虏们联合起来进攻我军，那么我们前进，他们在前面挡住去路；我们后退，他们又在后面拦截；运送粮草的道路也会被断绝，这是危险的一条路。上党山路险峻阻塞，粮食缺乏，百姓穷困，无法供应军队，也不可以走。近来陕州和晋州两个藩镇相继归附，领兵向这个地方走，可以万无一失，不出二十天，洛阳、大梁就可以平定了。"后汉高祖说："你说得很对。"苏逢吉等人说："史弘肇的大军已经屯驻上党，胡虏相继逃走，不如从天井关出兵，直达孟津最为便利。"主管天文的官员奏道："太岁星在午的位置，不利于南行，应该经由晋州和绛州抵达陕州。"后汉高祖听从了这个建议。五月初七日辛卯，后汉高祖下诏于五月十二日丙申从太原出发，通告各道。

五月初十日甲申［甲午］，任命太原尹刘崇为太原留守，任命赵州刺史李存瓌为

幕僚真定李骧为少尹，牙将太原蔚进为马步指挥使以佐之。存瓌，唐庄宗之从弟也。

是日，刘晞弃洛阳，奔大梁。

（以上为第二段，写刘知远起兵晋阳。）

武安节度副使、天策府都尉、领镇南节度使马希广，楚文昭王希范之母弟也，性谨顺，希范爱之，使判内外诸司事。壬辰夜，希范卒，将佐议所立。都指挥使张少敌，都押牙袁友恭，以武平节度使知永州事希萼，于希范诸弟为最长，请立之；长直都指挥使刘彦瑫，天策府学士李弘皋、邓懿文，小门使杨涤皆欲立希广。张少敌曰："永州齿长而性刚，必不为都尉之下明矣。必立都尉，当思长策以制永州，使帖然不动则可；不然，社稷危矣。"彦瑫等不从。天策府学士拓跋恒曰："三十五郎虽判军府之政，然三十郎居长，请遣使以礼让之；不然，必起争端。"彦瑫等皆曰："今日军政在手，天与不取，使他人得之，异日吾辈安所自容乎！"希广懦弱，不能自决。乙未，彦瑫等称希范遗命，共立之。张少敌退而叹曰："祸其始此乎！"与拓跋恒皆称疾不出。

丙申，帝发太原，自阴地关出晋、绛。

丁酉，史弘肇奏克泽州。始，弘肇攻泽州，刺史翟令奇固守不下。帝以弘肇兵少，欲召还。苏逢吉、杨邠曰："今陕、晋、河阳皆已向化，崔廷勋、耿崇美朝夕遁去；若召弘肇还，则河南人心动摇，虏势复壮矣。"帝未决，使人谕指于弘肇。曰："兵已及此，势如破竹，可进不可退。"与逢吉等议合，帝乃从之。弘肇遣部将李万超说令奇，令奇乃降，弘肇以万超权知泽州。

崔廷勋、耿崇美、奚王拽剌合兵逼河阳，张遇帅众数千救之，战于南阪，败死。武行德出战，亦败，闭城自守。拽剌欲攻之，廷勋曰："今北军已去，得此城何用！且杀一夫犹可惜，况一城乎！"闻弘肇已得泽州，乃释河阳，还保怀州。弘肇将至，廷勋等拥众北遁，过卫州，大掠而去。契丹在河南者相继北去，弘肇引兵与武行德合。

副留守，河东幕僚真定人李骧为少尹，牙将太原人蔚进为马步指挥使来辅佐刘崇。李存瓌是后唐庄宗的堂弟。

这一天，刘晞放弃洛阳逃奔大梁。

武安节度副使、天策府都尉兼任镇南节度使马希广，是楚国文昭王马希范的同母弟弟，性情谨慎温顺，马希范喜欢他，让他处理内外诸司的事务。五月初八日壬辰晚上，马希范去世，将帅幕僚商议继位的人选。都指挥使张少敌、都押牙袁友恭认为武平节度使兼主持永州事务的马希萼，在马希范几个弟弟中年纪最大，主张立马希萼；长直都指挥使刘彦瑫，天策府学士李弘皋、邓懿文，小门使杨涤都主张立马希广。张少敌说："马希萼年纪大而性情刚烈，一定不肯位居马希广之下，这是很明显的。如果一定要立马希广，那就应当想出一个长远的计策来控制马希萼，使他服服帖帖才行；否则，国家就危险了。"刘彦瑫等人不同意。天策府学士拓跋恒说："三十五郎马希广虽然处理军府的政事，可是三十郎马希萼年纪居长，请派遣使者用礼仪要他表示谦让。否则，一定会引起争端。"刘彦瑫等人都说："现在军政大权在自己手里，上天赐予而不取，让别人得到，今后我们这些人在哪里安身呢！"马希广怯懦软弱，自己不能决断。五月十一日乙未，刘彦瑫等人声称奉马希范的遗命，共同拥立马希广。张少敌退朝后叹息说："祸患恐怕就从此开始了吧！"与拓跋恒都推说有病不出门。

五月十二日丙申，后汉高祖从太原出发，经阴地关向晋州、绛州前进。

五月十三日丁酉，史弘肇奏报攻克泽州。当初，史弘肇攻打泽州，泽州刺史翟令奇坚持防守，攻不下来。后汉高祖认为是史弘肇兵力太少，想召他回来。苏逢吉、杨邠说："现在陕州、晋州、河阳都已经归附我们，崔廷勋、耿崇美早晚要逃走；如果召回史弘肇，那么河南的人心就会动摇，胡虏的势力又会强盛起来了。"后汉高祖没有做出决定，派人去征求史弘肇的意见。史弘肇说："军队已经到了这里，势如破竹，只能前进，不能后退。"他的意见跟苏逢吉等人所说的一致，后汉高祖这才听从他们的意见。史弘肇派遣部将李万超去游说翟令奇，翟令奇便投降了，史弘肇命李万超暂时代理泽州事务。

崔廷勋、耿崇美、奚王拽剌联合兵力进逼河阳，张遇率领几千名部众援救，两军在南阪交战，张遇战败而死。武行德出战，也战败，便关闭城门防守。拽剌想要攻城，崔廷勋说："现在契丹军队已经离去，得到这座城池有什么用！而且杀害一个人都还觉得可惜，何况是一城人呢！"听说史弘肇已经攻取泽州，于是放弃河阳，退兵防守怀州。史弘肇将要到达怀州，崔廷勋等人率领部众向北逃走，经过卫州，

弘肇为人，沈毅寡言，御众严整，将校小不从命，立挝杀之；士卒所过，犯民田及系马于树者，皆斩之。军中惕息，莫敢犯令，故所向必克。帝自晋阳安行入洛及汴，兵不血刃，皆弘肇之力也。帝由是倚爱之。

辛丑，帝至霍邑，遣使谕河中节度使赵匡赞，仍以契丹囚其父告之。

（以上为第三段，写楚国马希广嗣位，侵边之契丹兵北遁。）

滋德宫有宫人五十余人，萧翰欲取之，宦者张环不与。翰破锁夺宫人，执环，烧铁灼之，腹烂而死。

初，翰闻帝拥兵而南，欲北归，恐中国无主，必大乱，己不得从容而去。时唐明宗子许王从益与王淑妃在洛阳，翰遣高谟翰迎之，矫称契丹主命，以从益知南朝军国事，召己赴恒州。淑妃、从益匿于徽陵下宫，不得已而出。至大梁，翰立以为帝，帅诸酋长拜之。又以礼部尚书王松、御史中丞赵远为宰相，前宣徽使甄城翟光邺为枢密使，左金吾大将军王景崇为宣徽使，以北来指挥使刘祚权侍卫亲军都指挥使，充在京巡检。松，徽之子也。

百官谒见淑妃，淑妃泣曰："吾母子单弱如此，而为诸公所推，是祸吾家也。"翰留燕兵千人守诸门，为从益宿卫。壬寅，翰及刘晞辞行，从益饯于北郊。遣使召高行周于宋州，武行德于河阳，皆不至。淑妃惧，召大臣谋之曰："吾母子为萧翰所逼，分当灭亡。诸公无罪，宜早迎新主，自求多福，勿以吾母子为意！"众感其言，皆未忍叛去。或曰："今集诸营，不减五千，与燕兵并力坚守一月，北救必至"。淑妃曰："吾母子亡国之余，安敢与人争天下！不幸至此，死生惟人所裁。若新主见察，当知我无所负。今更为计画，则祸及他人，阖城涂炭，终何益乎！"众犹欲拒守，三司使文安刘审交曰："余燕人，岂不为燕兵计！顾事有不可如何者。今城中大乱之余，公私穷竭，遗民无几，若复受围一月，无噍类矣。愿诸公勿复言，一从太妃处分。"乃用赵远、翟光邺策，称梁王，知军国事。遣使奉表称臣迎帝，请早赴京师，仍出居私第。

大肆抢掠后离去。契丹在河南的军队相继逃回北方，史弘肇领兵与武行德会合。

史弘肇为人深沉刚毅，沉默寡言，统帅部众严明而整齐，将校稍微不听从命令，立刻就被他捶打而死；士兵经过的地方，凡是侵害百姓田地和把马系在树上的，一律斩首。军中人人恐惧，没有一个敢违反命令，所以攻无不克，所向无敌。后汉高祖从晋阳平平安安地进入洛阳和大梁，兵不血刃，这些都是史弘肇的功劳。后汉高祖因此倚重他，喜欢他。

五月十七日辛丑，后汉高祖到达霍邑，派遣使者劝谕河中节度使赵匡赞，并且把契丹囚禁他父亲赵延寿的消息告诉他。

滋德宫有五十多个宫人，萧翰想抢过来，宦官张环不肯给。萧翰就砸毁门锁，抢走宫人，将张环抓起来，用烧红的铁块烙张环，使张环腹部烧烂而死。

当初，萧翰听说后汉高祖率兵南下，想回到北方去，又担心中原无主，一定会大乱，自己不能从容离去。当时后唐明宗的儿子许王李从益与王淑妃在洛阳，萧翰派高谟翰去迎接他们，假称契丹主的命令，命李从益主持南朝军政大事，召自己前往恒州。王淑妃、李从益躲藏在后唐明宗的陵墓徽陵的祖庙里，不得已才出来。到了大梁，萧翰立李从益为皇帝，率领各酋长向他下拜。又任命礼部尚书王松、御史中丞赵远为宰相，前任宣徽使甄城人翟光邺为枢密使，左金吾大将军王景崇为宣徽使，任命北来指挥使刘祚代理侍卫亲军都指挥使，充任在京巡检。王松是王徽的儿子。

百官拜见王淑妃，王淑妃哭着说："我们母子二人这样孤单弱小，却被各位所拥戴，这是害我们家啊！"萧翰留下一千名燕兵防守各城门，为李从益担任警卫。五月十八日壬寅，萧翰及刘晞辞行，李从益在城北郊外为他们饯行。李从益派遣使者到宋州召请高行周，到河阳召请武行德，结果都不来。王淑妃害怕，召集大臣商量说："我们母子被萧翰逼迫，本当不免一死。你们大家没有罪，应该尽早迎接新的君主，各自谋求平安，不要以我们母子两人为念了！"大家被她的话所感动，都不忍心背叛她而离开。有人说："现在集合各营的士兵，不下五千人，跟燕兵合力坚守一个月，北方契丹的救兵一定会到来。"王淑妃说："我们母子二人是亡国的遗民，怎么敢跟人家争夺天下！不幸落到这种地步，死生只有任人家决定。如果新的君主体察清楚，当会知道我们没有对不起人的地方。现在如果再作别的打算，就会祸害连累到其他人，全城生灵涂炭，最终有什么好处呢！"大家还是想防守抵抗，三司使文安人刘审交说："我是燕人，难道不为燕兵考虑！但是事情有无可奈何的时候。现在城中处在大乱之后，官府和民间都已经穷尽，留下的百姓没有多少，如果再被包围一个月，那就没有活人了。希望大家不要再说了，一切都遵从太妃的安排。"于是

甲辰，帝至晋州。

契丹主兀欲以契丹主德光有子在国，己以兄子袭位，又无述律太后之命，擅自立，内不自安。

初，契丹主阿保机卒于勃海，述律太后杀酋长及诸将凡数百人。契丹主德光复卒于境外，酋长诸将惧死，乃谋奉契丹主兀欲勒兵北归。

契丹主以安国节度使麻荅为中京留守，以前武州刺史高奉明为安国节度使。晋文武官及士卒悉留于恒州，独以翰林学士徐台符、李澣及后宫、宦者、教坊人自随。乙巳，发真定。

帝之即位也，绛州刺史李从朗与契丹将成霸卿等拒命，帝遣西南面招讨使、护国节度使白文珂攻之，未下。帝至城下，命诸军四布而勿攻，以利害谕之。戊申，从朗举城降。帝命亲将分护诸门，士卒一人毋得入。以偏将薛琼为防御使。

辛亥，帝至陕州，赵晖自御帝马而入。壬子，至石壕，汴人有来迎者。

六月，甲寅朔，萧翰至恒州，与麻荅以铁骑围张砺之第。砺方卧病，出见之，翰数之曰："汝何故言于先帝，云胡人不可以为节度使？又，吾为宣武节度使，且国舅也；汝在中书乃帖我！又，先帝留我守汴州，令我处宫中，汝以为不可。又，谮我及解里于先帝，云解里好掠人财，我好掠人子女。今我必杀汝！"命锁之。砺抗声曰："此皆国家大体，吾实言之。欲杀即杀，奚以锁为！"麻荅以大臣不可专杀，力救止之，翰乃释之。是夕，砺愤恚而卒。

崔廷勋见麻荅，趋走拜，起，跪而献酒，麻荅踞而受之。

乙卯，帝至新安，西京留司官悉来迎。

吴越忠献王弘佐卒。遗令以丞相弘倧为镇海、镇东节度使兼侍中。

丙辰，帝至洛阳，入居宫中；汴州百官奉表来迎。诏谕以受契丹补署者皆勿自疑，聚其告牒而焚之。赵远更名上交。

命郑州防御使郭从义先入大梁清宫，密令杀李从益及王淑妃。淑妃

采用赵远、翟光邺的计策，李从益改称梁王，主持军国政事。派遣使者奉表称臣，迎接后汉高祖，请后汉高祖早日前往京师，并且出宫住到私宅里。

五月二十日甲辰，后汉高祖到达晋州。

契丹主兀欲鉴于耶律德光有儿子在国内，自己是以侄子的身份承袭帝位，又没有述律太后的命令，擅自即位，所以内心感到不安。

当初，契丹主阿保机死在勃海，述律太后杀酋长和众将共几百人。契丹主德光又死在国境之外，酋长、众将怕死，于是打算尊奉契丹主兀欲统领军队北上回契丹。

契丹主任命安国节度使麻荅为中京留守，前任武州刺史高奉明为安国节度使。后晋文武官员和士兵全部留在恒州，只命翰林学士徐台符、李澣以及后宫宫人、宦官、教坊的乐师跟随自己。五月二十一日乙巳，从真定出发。

后汉高祖即位的时候，绛州刺史李从朗和契丹将领成霸卿等人抗命，后汉高祖派遣西南面招讨使、护国节度使白文珂攻打他们，没有攻下。后汉高祖到达城下，命令各军四面布阵而不攻打，用利害关系来劝导他。五月二十四日戊申，李从朗率城投降。后汉高祖命令亲信的将领分别把守各门，士兵一个也不许进城。任命偏将薛琼为防御使。

五月二十七日辛亥，后汉高祖抵达陕州，赵晖亲自牵着皇帝的马匹进城。五月二十八日壬子，到达石壕，大梁百姓有前来迎接的。

六月初一日甲寅，萧翰到达恒州，和麻荅一起带领铁甲骑兵包围张砺的住宅。张砺正生病躺在床上，出来见他们，萧翰数落他说："你为什么对先帝说胡人不可以做节度使？还有，我是宣武节度使，而且又是国舅，你在中书省竟敢用堂帖处置我！还有，先帝让我防守汴州，留我住在宫中，你又认为不行。还有，在先帝面前中伤我和解里，说解里喜欢掠夺人家的财物，说我喜欢掠夺别人的女子。今天我一定要杀你！"下令把张砺锁拿起来。张砺大声说："这些都是国家的根本，我不过说了实话。要杀就杀，为什么还要锁拿起来！"麻荅认为大臣不可以擅自杀人，尽力解救、阻止，萧翰这才放了张砺。当晚，张砺气愤而死。

崔廷勋见到麻荅，快步跑上前去下拜，起来后，又跪着献酒，麻荅端坐着接受了。

六月初二日乙卯，后汉高祖到达新安，留守西京的官员都来迎接。

吴越忠献王钱弘佐去世。遗命任命丞相钱弘倧为镇海、镇东节度使兼侍中。

六月初三日丙辰，后汉高祖到达洛阳，进入并住在宫中，汴州文武百官奉表前来迎接。后汉高祖下诏让那些接受契丹任命的人都不必疑虑，把所有的任命文书收集起来烧掉。赵远改名为赵上交。

后汉高祖命令郑州防御使郭从义先到大梁清理宫殿，秘密命令他杀掉李从益和

且死，曰：“吾儿为契丹所立，何罪而死！何不留之，使每岁寒食，以一盂麦饭洒明宗陵乎！”闻者泣下。

（以上为第四段，写后唐明宗之子李从益母子为乱世所不容的悲剧命运。）

戊午，帝发洛阳。枢密院吏魏仁浦自契丹逃归，见于巩。郭威问以兵数及故事，仁浦强记精敏，威由是亲任之。仁浦，卫州人也。

辛酉，汴州百官窦贞固等迎于荥阳。甲子，帝至大梁，晋之藩镇相继来降。

丙寅，吴越王弘倧袭位。

戊辰，帝下诏大赦。凡契丹所除节度使，下至将吏，各安职任，不复变更。复以汴州为东京，改国号曰汉，仍称天福年，曰：“余未忍忘晋也。”复青、襄、汝三节度。壬申，以北京留守崇为河东节度使，同平章事。

契丹述律太后闻契丹主自立，大怒，发兵拒之。契丹主以伟王为前锋，相遇于石桥。初，晋侍卫马军都指挥使李彦韬从晋主北迁，隶述律太后麾下，太后以为排陈使。彦韬迎降于伟王，太后兵由是大败。契丹主幽太后于阿保机墓。改元天禄，自称天授皇帝，以高勋为枢密使。

契丹主慕中华风俗，多用晋臣，而荒于酒色，轻慢诸酋长，由是国人不附，诸部数叛，兴兵诛讨，故数年之间，不暇南寇。

初，契丹主德光命奉国都指挥使南宫王继弘、都虞候樊晖以所部兵戍相州，彰德节度使高唐英善待之。戍兵无铠仗，唐英以铠仗给之，倚信如亲戚。唐英闻帝南下，举镇请降；使者未返，继弘、晖杀唐英。继弘自称留后，遣使告云唐英反覆，诏以继弘为彰德留后。庚辰，以晖为磁州刺史。

安国节度使高奉明闻唐英死，心不自安，请于麻荅，署马步都指挥使刘铎为节度副使，知军府事，身归恒州。

帝遣使告谕荆南。高从诲上表贺，且求郢州，帝不许；及加恩使至，拒而不受。

唐主闻契丹主德光卒，萧翰弃大梁去，下诏曰：“乃眷中原，本朝故

王淑妃。王淑妃将死的时候，说："我的儿子是被契丹立为皇帝的，有什么罪要被处死！为什么不留下他，让他在每年寒食节的时候，有一碗麦饭祭撒在明宗的陵墓前呢！"听到的人都流下了泪来。

六月初五日戊午，后汉高祖从洛阳出发。枢密院吏魏仁浦从契丹逃回来，在巩县进见后汉高祖。郭威问魏仁浦契丹的兵力及前代的事情，魏仁浦博闻强记，精细敏锐，郭威因此亲近信任他。魏仁浦是卫州人。

六月初八日辛酉，汴州文武百官窦贞固等人在荥阳迎接后汉高祖。六月十一日甲子，后汉高祖到达大梁，后晋藩镇相继前来投降。

六月十三日丙寅，吴越王钱弘倧继承王位。

六月十五日戊辰，后汉高祖下诏实行大赦。凡是契丹所任命的节度使，下至将领官吏，各自安守职位，不再变更。又改汴州为东京，改国号为汉，依旧用"天福"年号。后汉高祖说："我不忍心忘记晋国。"恢复青州、襄州、汝州三州节度使。六月十九日壬申，任命太原留守刘崇为河东节度使、同平章事。

契丹述律太后听说契丹主自立为皇帝，非常恼怒，发兵抵抗契丹主。契丹主任命伟王为前锋，两军在石桥相遇。当初，后晋的侍卫马军都指挥使李彦韬随从后晋主向北迁移，隶属在述律太后的部下，太后任命他为排阵使。李彦韬迎接伟王，向他投降，太后的军队因此大败。契丹主把太后幽禁在阿保机的陵墓。改年号为天禄，自称天授皇帝，任命高勋为枢密使。

契丹主仰慕华夏风俗，任用很多后晋大臣，而自己沉湎于酒色，轻视怠慢各部落的酋长，因此国人不归附，各部落屡次叛乱，便兴兵讨伐，所以几年内没有顾得上南下侵犯。

当初，契丹耶律德光命令奉国都指挥使南宫人王继弘、都虞候樊晖率领各自统领的士兵戍守相州，彰德节度使高唐英对待他们很好。守兵没有铠甲兵器，高唐英供给他们铠甲兵器，像亲戚一样倚重、信任他们。高唐英听说后汉高祖南下，率领藩镇请求投降；派去的使者还没有回来，王继弘和樊晖就杀掉了高唐英。王继弘自称留后，派遣使者去报告说高唐英反复无常，后汉高祖下诏任命王继弘为彰德留后。六月十七日庚辰，任命樊晖为磁州刺史。

安国节度使高奉明听说高唐英被杀，心里恐惧不安，向麻荅请求任命马步都指挥使刘铎为节度副使，主持军府的事务，自己回恒州。

后汉高祖派遣使者通告荆南。高从诲上表祝贺，并且要求得到郢州，后汉高祖不同意；等到后汉高祖派遣的加恩使者来到的时候，高从诲拒绝接受。

南唐主听说契丹主耶律德光去世，萧翰放弃大梁逃回北方，颁布诏书说："我们

地。”以左右卫圣统军、忠武节度使李金全为北面行营招讨使，议经略北方。闻帝已入大梁，遂不敢出兵。

秋，七月，甲午，以马希广为天策上将军、武安节度使、江南诸道都统，兼中书令，封楚王。

或传赵延寿已死。郭威言于帝曰：“赵匡赞，契丹所署，今犹在河中，宜遣使吊祭，因起复移镇。彼既家国无归，必感恩承命。”从之。会邺都留守、天雄节度使兼中书令杜重威，天平节度使兼侍中李守贞皆奉表归命。重威仍请移他镇。归德节度使兼中书令高行周入朝。丙申，徙重威为归德节度使，以行周代之；守贞为护国节度使，加兼中书令；徙护国节度使赵匡赞为晋昌节度使。后二年，延寿始卒于契丹。

吴越王弘倧以其弟台州刺史弘俶同参相府事。

李达以其弟通知福州留后，自诣钱唐见吴越王弘倧，弘倧承制加达兼侍中，更其名曰孺赟。既而孺赟悔惧，以金笋二十株及杂宝赂内牙统军使胡进思，求归福州。进思为之请，弘倧从之。

（以上为第五段，写契丹主兀欲返国正位，是为辽世宗。后汉高祖刘知远抚定中原。）

杜重威自以附契丹，负中国，内常疑惧；及移镇制下，复拒而不受，遣其子弘璲质于麻荅以求援。赵延寿有幽州亲兵二千在恒州，指挥使张琏将之，重威请以守魏；麻荅遣其将杨衮将契丹千五百人及幽州兵赴之。闰月，庚午，诏削夺重威官爵，以高行周为招讨使，镇宁节度使慕容彦超副之，以讨重威。

辛未，杨邠、郭威、王章皆为正使。时兵荒之余，公私匮竭，北来兵与朝廷兵合，顿增数倍。章白帝罢不急之务，省无益之费以奉军，用度克赡。

庚辰，制建宗庙。太祖高皇帝，世祖光武皇帝，皆百世不迁。又立四亲庙，追尊谥号。凡六庙。

麻荅贪猾残忍，民间有珍货、美妇女，必夺取之。又捕村民，诬以为盗，披面，抉目，断腕，焚炙而杀之，欲以威众。常以其具自随，左右悬人肝、胆、手、足，饮食起居于其间，语笑自若。出入或被黄衣，

眷念中原，那是本朝的故土。”任命左右卫圣统军、忠武节度使李金全为北面行营招讨使，商议进取北方。听说后汉高祖已经进入大梁，于是不敢出兵。

秋季，七月十一日甲午，任命马希广为天策上将军、武安节度使、江南诸道都统，兼中书令，封楚王。

有人传言说赵延寿已经死了。郭威对后汉高祖说：“赵匡赞是契丹所任命的，现今还在河中，应该派遣使者前往吊唁祭祀，乘机起用他，并调换镇所。他已经无家可归，又无国可回，一定会感恩而接受任命的。”后汉高祖同意他的建议。刚好邺都留守、天雄节度使兼中书令杜重威，天平节度使兼侍中李守贞都上表归顺。杜重威并请求调到其他的藩镇。归德节度使兼中书令高行周入朝。七月十三日丙申，调杜重威为归德节度使，命高行周代替他；任命李守贞为护国节度使，加兼中书令；调护国节度使赵匡赞为晋昌节度使。过了两年，赵延寿才死在契丹。

吴越王钱弘倧任命他的弟弟台州刺史钱弘俶共同参与相府的事务。

李达命他的弟弟李通主持福州留后的事务，自己到钱塘进见吴越王钱弘倧，钱弘倧秉承皇帝命令加李达兼侍中，改他的名字为李孺赟。不久，李孺赟既后悔又恐惧，用二十多株金竹笋和各种宝物贿赂内牙统军使胡进思，请求让他回福州。胡进思替他请求，钱弘倧答应了他。

杜重威认为自己曾经归附契丹，背叛过中原王朝，内心常常感到疑虑害怕；等到调换藩镇的制令下来，他又拒不接受，让他的儿子杜弘璲到麻荅那里做人质，以求得麻荅的援助。赵延寿有幽州的两千亲兵在恒州，由指挥使张琏率领，杜重威请求派他们来防守魏州；麻荅派遣他的部将杨衮率领契丹兵一千五百人和幽州兵前往魏州。闰七月十八日庚午，后汉高祖下诏削夺杜重威的官职爵位，任命高行周为招讨使，镇宁节度使慕容彦超为副招讨使，讨伐杜重威。

闰七月十九日辛未，杨邠、郭威、王章都免除代理改为正使。当时正当兵荒马乱之后，国家和民间都资财空乏，北方来的士兵和后晋朝廷的士兵合起来，数量陡然增加好几倍。王章建议后汉高祖取消不急迫的事务，节省无益的费用来供给军队，费用才能够充足。

闰七月二十八日庚辰，后汉高祖下制书建立宗庙。太祖高皇帝刘邦和世祖光武帝刘秀，都永远不变动。又建立四代宗庙，追尊谥号。一共立了六庙。

麻荅贪婪狡猾残忍，民间凡是有珍贵的财宝、美貌的妇女，一定要抢夺过来。又捕捉村民，诬陷他们是盗贼，剥脸皮、挖眼珠、砍手、用火烧烤致死，想以此来威吓民众。麻荅把刑具随身带着，居室周围悬挂着人肝、人胆，以及手、脚，他在

用乘舆，服御物，曰：“兹事汉人以为不可，吾国无忌也。”又以宰相员不足，乃牒冯道判弘文馆，李崧判史馆，和凝判集贤，刘昫判中书，其僭妄如此。然契丹或犯法，无所容贷，故市肆不扰。常恐汉人亡去，谓门者曰：“汉有窥门者，即断其首以来。”

麻荅遣使督运于洺州，洺州防御使薛怀让闻帝入大梁，杀其使者，举州降。帝遣郭从义将兵万人会怀让攻刘铎于邢州，不克。铎请兵于麻荅，麻荅遣其将杨安及前义武节度使李殷将千骑攻怀让于洺州。怀让婴城自守，安等纵兵大掠于邢、洺之境。

契丹所留兵不满二千，麻荅令所司给万四千人食，收其余以自入。麻荅常疑汉兵，且以为无用，稍稍废省，又损其食以饲胡兵；众心怨愤，闻帝入大梁，皆有南归之志。前颍州防御使何福进，控鹤指挥使太原李荣，潜结军中壮士数十人谋攻契丹，然畏契丹尚强，犹豫未发。会杨衮、杨安等军出，契丹留恒州者才八百人，福进等遂决计，约以击佛寺钟为号。

辛巳，契丹主兀欲遣骑至恒州，召前威胜节度使兼中书令冯道、枢密使李崧、左仆射和凝等，会葬契丹主德光于木叶山。道等未行，食时，钟声发。汉兵夺契丹守门者兵击契丹，杀十余人，因突入府中。李荣先据甲库，悉召汉兵及市人，以铠仗授之，焚牙门，与契丹战。荣召诸将并力，护圣左厢都指挥使、恩州团练使白再荣狐疑，匿于别室，军吏以佩刀决幕，引其臂，再荣不得已而行。诸将继至，烟火四起，鼓噪震地。麻荅等大惊，载宝货家属，走保北城。而汉兵无所统一，贪狡者乘乱剽掠，懦者窜匿。八月，壬午朔，契丹自北门入，势复振，汉民死者二千余人。前磁州刺史李毂恐事不济，请冯道、李崧、和凝至战所慰勉士卒，士卒见道等至，争自奋。会日暮，有村民数千噪于城外，欲夺契丹宝货、妇女，契丹惧而北遁，麻荅、刘晞、崔廷勋皆奔定州，与义武节度使邪律忠合。忠，即郎五也。

（以上为第六段，写河北诸镇驱赶契丹人。）

里面饮食起居，谈笑自如。出入有时身穿黄颜色的衣服，乘坐皇帝坐的车子，使用天子用的器物，他说：“这些事汉人认为不可，可是在我国是没有什么忌讳的。”又因为宰相人员不足，于是发公文命冯道兼管弘文馆，李崧兼管史馆，和凝兼管集贤院，刘昫兼管中书，僭越狂妄到了如此地步。然而如果契丹有人犯法，麻荅也不加宽容，所以市中店铺没有受到骚扰。麻荅常担心汉人逃走，对守门的人说：“汉人如果有窥探城门的，就砍掉他的头来见我。”

麻荅派遣使者到洺州督运粮草，洺州防御使薛怀让听说后汉高祖进入大梁，杀掉了麻荅派来的使者，率领全州投降。后汉高祖派遣郭从义率领一万人马与薛怀让会合，一起在邢州攻打刘铎，没有攻下。刘铎向麻荅请求援兵，麻荅派遣他的部将杨安以及前任义武节度使李殷，率领一千名骑兵前往洺州攻打薛怀让。薛怀让据城固守，杨安等人放任士兵在邢、洺二州境内大肆抢劫。

契丹留在恒州的兵力不到两千人，麻荅命令有关官员供给一万四千人的粮饷，把多出来的部分收归自己所有。麻荅常猜疑汉兵，并且认为他们没什么用途，就逐渐裁减，又减少他们的粮饷来供给胡兵；众人心里感到怨恨愤怒，听说后汉高祖进入大梁，都有南下归附的想法。前任颍州防御使何福进、控鹤指挥使太原人李荣，暗中联络军中的几十名壮士，谋划攻打契丹，然而又害怕契丹势力还强大，犹豫没有发动。正好这时杨衮、杨安等人率兵出征，契丹留在恒州的兵力只有八百人，何福进等人于是决定按照计划行事，相约以佛寺敲钟为信号。

闰七月二十九日辛巳，契丹主兀欲派遣骑兵到恒州，召请前任威胜节度使兼中书令冯道、枢密使李崧、左仆射和凝等人，一起安葬前契丹主耶律德光于木叶山。冯道等人还没有出发，吃饭的时候，寺庙的钟声响起来。汉兵夺取契丹守门人的武器攻击契丹，杀死十几个人，趁机冲进府中。李荣先占领军械库，召集所有的汉兵和市民，把铠甲兵器发给他们，纵火焚烧府署，和契丹交战。李荣召请汉人众将合力作战，护圣左厢都指挥使、恩州团练使白再荣迟疑不定，躲在偏室里，军吏用佩刀划破帘幕，拉住他的手臂，白再荣不得已而跟军吏走。众将相继来到，烟火四处兴起，喧哗呼叫声震动大地。麻荅等人大为吃惊，装上宝物，带着家属，逃到北城防守。汉兵缺乏统一的指挥，贪婪狡猾的人趁着混乱的机会抢劫，懦弱胆怯的人趁机逃窜躲藏。八月初一日壬午，契丹从北门进城，势力又振作起来，汉人百姓死了两千多人。前任磁州刺史李榖担心事情不能成功，请冯道、李崧、和凝到阵前慰问劝勉士兵，士兵看到冯道等人到来，各自争相奋力。正好这时天色已晚，有几千名村民在城外鼓噪呼喊，要夺取契丹的宝货、妇女，契丹人害怕而向北逃走，麻荅、刘晞、崔廷勋都逃奔定州，和义武节度使邪律忠会合。邪律忠就是邪律郎五。

冯道等四出安抚兵民，众推道为节度使。道曰：“我书生也，当奏事而已，宜择诸将为留后。”时李荣功最多，而白再荣位在上，乃以再荣权知留后，具以状闻，且请援兵，帝遣左飞龙使李彦从将兵赴之。

白再荣贪昧，猜忌诸将。奉国军主华池王饶恐为再荣所并，诈称足疾，据东门楼，严兵自卫。司天监赵延乂善于二人，往来谕释，始得解。

再荣以李崧、和凝久为相，家富，遣军士围其第求赏给，崧、凝各以家财与之，又欲杀崧、凝以灭口。李穀往见再荣，责之曰：“国亡主辱，公辈握兵不救。今仅能逐一虏将，镇民死者几三千人，岂独公之力邪！才得脱死，遽欲杀宰相，新天子若诘公专杀之罪，公何辞以对？”再荣惧而止。又欲率民财以给军，穀力争之，乃止。汉人尝事麻荅者，再荣皆拘之以取其财，恒人以其贪虐，谓之“白麻荅”。

杨衮至邢州，闻麻荅被逐，即日北还，杨安亦遁去；李殷以其众来降。

庚寅，以薛怀让为安国节度使。刘铎闻麻荅遁去，举邢州降；怀让诈云巡检，引兵向邢州，铎开门纳之，怀让杀铎，以克复闻。朝廷知而不问。

辛卯，复以恒州顺国军为镇州成德军。

乙未，以白再荣为成德留后。逾年，始以何福进为曹州防御使，李荣为博州刺史。

敕：“盗贼毋问赃多少皆抵死。”时四方盗贼多，朝廷患之，故重其法，仍分命使者逐捕。苏逢吉自草诏，意云：“应贼盗，并四邻同保，皆全族处斩。”众以为：“盗犹不可族，况邻保乎！”逢吉固争，不得已，但省去“全族”字。由是捕贼使者张令柔杀平阴十七村民。

逢吉为人，文深好杀。在河东幕府，帝尝令静狱以祈福，逢吉尽杀狱囚还报。及为相，朝廷草创，帝悉以军旅之事委杨邠、郭威，百司庶务委逢吉及苏禹珪。二相决事，皆出胸臆，不拘旧制；虽事无留滞，而用舍黜陟，惟其所欲。帝方倚信之，无敢言者。逢吉尤贪诈，公求货财，

冯道等人四处安抚军民，众人推举冯道为节度使。冯道说：“我是个书生，只适合奏报事情而已，应该从众位将领中推选一位为留后。”当时李荣功劳最多，而白再荣地位在他之上，于是就由白再荣暂时代理留后事务，把详细的情形奏报后汉高祖，并且请求派兵援助。后汉高祖派遣左飞龙使李彦从带兵前往。

白再荣贪婪愚昧，猜忌众将。奉国军主华池人王饶害怕被白再荣吞并，假说脚有病，占据江门楼，严密部署军队防守。司天监赵延义和他们二人都很友善，往来于两人之间劝解，两人才和解。

白再荣认为李崧、和凝长时间担任宰相，家里一定很富有，就派遣士兵包围他们的府第，要求赏赐，李崧、和凝各自拿出家财给他们，白再荣又想杀李崧、和凝灭口。李穀去见白再荣，责备白再荣说：“国家灭亡，君主受辱，你们手握兵权不救援。现在只驱逐一个麻荅，光镇州的民众就死了将近三千人，难道是靠你一个人的力量吗？刚刚才死里逃生，马上就想杀死宰相，新天子如果追问你擅自杀人的罪过，你将用什么话来回答呢？”白再荣害怕就住手了。白再荣又打算征收百姓的钱财来供给军队，李穀极力劝阻，他才停止。汉人曾经替麻荅做过事的，白再荣都把他们囚禁起来索取财物，恒州人因为白再荣贪婪暴虐，称他为“白麻荅”。

杨衮到达邢州，听说麻荅被赶走，当天就返回北方，杨安也逃走了；李殷率领部众前来投降。

八月初九日庚寅，任命薛怀让为安国节度使。刘铎听说麻荅逃走，率领邢州投降。薛怀让假称巡视检查，领兵前往邢州，刘铎打开城门让他进去，薛怀让杀掉刘铎，上报朝廷说是收复了邢州。朝廷知道真相而不加追究。

八月初十日辛卯，又把恒州顺国军改为镇州成德军。

八月十四日乙未，后汉高祖任命白再荣为成德留后。一年后，才任命何福进为曹州防御使，李荣为博州刺史。

后汉高祖敕令：“盗贼不论赃物多少，一律处以死刑。”当时四方盗贼众多，朝廷很担忧，所以加重处罚盗贼的刑法，同时分别命令使者到各处去捕捉。苏逢吉亲自草拟诏书，大致内容是：“接应盗贼的，连带他的四周邻居以及同保的人，都全族处斩。”大家认为：“盗贼尚且不可以灭族，何况是邻居同保人呢！”苏逢吉再三争辩，不得已，只删掉“全族”两字。因此，缉捕盗贼的使者张令柔杀掉平阴县十七村的百姓。

苏逢吉为人，用法严厉，喜欢杀人。在河东幕府的时候，后汉高祖曾经命他清理狱囚来求福，苏逢吉杀掉所有的囚犯来向后汉高祖复命。等到当了宰相，朝廷初创，后汉高祖把全部军事事务交给杨邠、郭威，各部的事务交给苏逢吉和苏禹珪两位宰相处理。两位宰相处理事务都出自自己的想法，不拘泥于旧有的制度；虽然事

无所顾避。继母死，不为服；庶兄自外至，不白逢吉而见诸子，逢吉怒，密语郭威，以他事杖杀之。

（以上为第七段，写节镇白再荣、宰臣苏逢吉贪酷。）

楚王希广庶弟天策左司马希崇，性狡险，阴遗兄希萼书，言刘彦瑫违先王之命，废长立少，以激怒之。

希萼自永州来奔丧，乙巳，至趺石。彦瑫白希广遣侍从都指挥使周廷诲等将水军逆之，命永州将士皆释甲而入，馆希萼于碧湘宫，成服于其次，不听入与希广相见。希萼求还朗州，周廷诲劝希广杀之。希广曰："吾何忍杀兄，宁分潭、朗而治之。"乃厚赠希萼，遣还朗州。希崇常为希萼诇希广，语言动作，悉以告之，约为内应。

契丹之灭晋也，驱战马二万归其国。至是汉兵乏马，诏市士民马于河南诸道不经剽掠者。

制以钱弘倧为东南兵马都元帅，镇海、镇东节度使兼中书令，吴越王。

高从诲闻杜重威叛，发水军数千袭襄州，山南东道节度使安审琦击却之。又寇郢州，刺史尹实大破之。乃绝汉，附于唐、蜀。

初，荆南介居湖南、岭南、福建之间，地狭兵弱，自武信王季兴时，诸道入贡过其境者，多掠夺其货币。及诸道移书诘让，或加以兵，不得已复归之，曾不为愧。及从诲立，唐、晋、契丹、汉更据中原，南汉、闽、吴、蜀皆称帝，从诲利其赐予，所向称臣。诸国贱之，谓之"高无赖"。

唐主以太傅兼中书令宋齐丘为镇南节度使。

南汉主恐诸弟与其子争国，杀齐王弘弼、贵王弘道、定王弘益、辨王弘济、同王弘简、益王弘建、恩王弘伟、宜王弘照，尽杀其男，纳其女充后宫。作离宫千余间，饰以珠宝，设镬汤、铁床、刳剔等刑，号"生地狱"。尝醉，戏以瓜置乐工之颈试剑，遂断其头。

（以上为第八段，写南方割据小国楚、荆南、南唐、南汉等国事务。）

情没有积压耽误，但是对事情的取舍，对人物的升降，只凭自己的好恶。后汉高祖正依赖信任他们，没有人敢说话。苏逢吉尤其贪婪狡诈，公开地索求财货，毫无顾忌。他的继母去世，他不为她服丧；他的庶兄从外面回来，没有告诉苏逢吉就去见侄子们，苏逢吉很生气，秘密告诉郭威，借口其他事由杖杀了庶兄。

楚王马希广的异母弟弟天策左司马马希崇，生性狡诈阴险，暗中写信给哥哥马希萼，说刘彦瑫违背先王的遗命，废黜年长的哥哥，拥立年少的弟弟，以此来激怒马希萼。

马希萼从永州前来奔丧，八月二十四日乙巳，抵达跌石。刘彦瑫禀告马希广请派遣侍从都指挥使周廷诲等人率领水军前去迎接，命永州将士全部脱下铠甲进入，安置马希萼住在碧湘宫，并且要他就在住的地方服丧，不让他进宫去见马希广。马希萼要求回朗州，周廷诲劝马希广杀掉他。马希广说："我怎么忍心杀自己的哥哥，宁愿把潭州和朗州分开各自治理也不想这样干。"于是送给马希萼丰厚的礼物，送马希萼回朗州。马希崇常常替马希萼打探马希广的言论行动，全部都告诉马希萼，相约做城中的内应。

契丹灭亡后晋以后，驱赶两万匹战马回到他们国内。到了这时，汉兵缺乏马匹，后汉高祖下诏命令到河南各道没被抢劫过的地方去购买士民的马匹。

后汉高祖下制令任命钱弘倧为东南兵马都元帅，镇海、镇东节度使兼中书令，吴越王。

高从诲听说杜重威反叛，就调发几千名水军袭击襄州，山南东道节度使安审琦把他击退了。高从诲又进攻郢州，郢州刺史尹实将他打得大败。于是跟后汉断绝关系，归附南唐、后蜀。

当初，荆南介于湖南、岭南、福建之间，土地狭窄，兵力薄弱，在武信王高季兴的时候，各道入贡朝廷过境的钱财，常常被他抢夺。等到各道写信去责备他，或者出兵去讨伐他时，他才不得已把财物送回，一点也不感到惭愧。等到高从诲继位，后唐、后晋、契丹、后汉先后占据中原，南汉、闽、吴、蜀都称帝，高从诲贪图各国的赏赐，无论对哪一国都称臣。各国都看不起高从诲，称他为"高无赖"。

南唐主任命太傅兼中书令宋齐丘为镇南节度使。

南汉主害怕弟弟们和自己的儿子争夺天下，就杀掉齐王刘弘弼、贵王刘弘道、定王刘弘益、辨王刘弘济、同王刘弘简、益王刘弘建、恩王刘弘伟、宣王刘弘照，同时把他们家中的男子全部杀掉，女子纳入后宫。南汉主建造了一千多间离宫，用珠宝装饰，设置镬汤、铁床、剖挖酷刑，号称"生地狱"。有一次喝醉了，开玩笑地把一只瓜放在乐工的脖子上去试剑，就这样砍下了乐工的头。

初，帝与吏部尚书窦贞固俱事晋高祖，雅相知重。及即位，欲以为相，问苏逢吉："其次谁可相者？"逢吉与翰林学士李涛善，因荐之，曰："昔涛乞斩张彦泽，陛下在太原，尝重之，此可相也。"

会高行周、慕容彦超共讨杜重威于邺都，彦超欲急攻城，行周欲缓之以待其弊。行周女为重威子妇，彦超扬言："行周以女故，爱贼不攻。"由是二将不协。帝恐生他变，欲自将击重威，意未决。涛上疏请亲征。帝大悦，以涛有宰相器。九月，甲戌，加逢吉左仆射兼门下侍郎，苏禹珪右仆射兼中书侍郎，贞固司空兼门下侍郎，涛户部尚书兼中书侍郎，并同平章事。

戊寅，诏幸澶、魏劳军，以皇子承训为东京留守。

冯道、李崧、和凝自镇州还。己卯，以崧为太子太傅，凝为太子太保。

庚辰，帝发大梁。

晋昌节度使赵匡赞恐终不为朝廷所容，冬，十月，遣使降蜀，请自终南山路出兵应援。

戊戌，帝至邺都城下，舍于高行周营。行周言于帝曰："城中食未尽，急攻，徒杀士卒，未易克也。不若缓之，彼食尽自溃。"帝然之。慕容彦超数因事陵轹行周，行周泣诉于执政，掬粪壤实其口，苏逢吉、杨邠密以白帝。帝深知彦超之曲，犹命二臣和解之；又召彦超于帐中责之，且使诣行周谢。

杜重威声言车驾至即降，帝遣给事中陈观往谕指，重威复闭门拒之。城中食浸竭，将士多出降者。慕容彦超固请攻城，帝从之。丙午，亲督诸将攻城，自寅至辰，士卒伤者万余人，死者千余人，不克而止。彦超乃不敢复言。

初，契丹留幽州兵千五百戍大梁。帝入大梁，或告幽州兵将为变，帝尽杀之于繁台之下。及围邺都，张琏将幽州兵二千助重威拒守，帝屡遣人招谕，许以不死。琏曰："繁台之卒，何罪而戮？今守此，以死为期

当初，后汉高祖和吏部尚书窦贞固一同侍奉后晋高祖，一向互相了解敬重。后汉高祖即位以后，想让窦贞固当宰相，问苏逢吉说："下一个，谁可以当宰相？"苏逢吉跟翰林学士李涛很要好，就推荐李涛，说："以前李涛请求杀掉张彦泽，陛下那时在太原，曾经对李涛很推重，他可以任宰相。"

恰好这时，高行周、慕容彦超一起在邺都讨伐杜重威，慕容彦超想要加紧攻城，高行周想延缓进攻，等待对方自行崩溃。高行周的女儿是杜重威的儿媳，慕容彦超扬言说："高行周因为女儿的缘故，怜惜贼臣，不肯进攻。"因此两位将领不和。后汉高祖怕引起其他变故，想亲自率兵攻打杜重威，但是还没有最后下决心。李涛上疏建议后汉高祖亲征。后汉高祖非常高兴，认为李涛有宰相的才器。九月二十三日甲戌，加苏逢吉为左仆射兼门下侍郎，苏禹珪为右仆射兼中书侍郎，窦贞固为司空兼门下侍郎，李涛为户部尚书兼中书侍郎，并为同平章事。

九月二十七日戊寅，后汉高祖下诏亲临澶州和魏州犒劳军队，任命皇子刘承训为东京留守。

冯道、李崧、和凝从镇州回来。九月二十八日己卯，任命李崧为太子太傅，和凝为太子太保。

九月二十九日庚辰，后汉高祖从大梁出发。

晋昌节度使赵匡赞担心最终还是不能被朝廷所宽容，冬季，十月，派遣使者去向后蜀投降，请求后蜀从终南山路出兵接应救援。

十月十七日戊戌，后汉高祖抵达邺都城下，住在高行周的军营里。高行周对后汉高祖说："城里粮食还没吃完，急于进攻，白白地损失士兵，不容易攻下。不如拖延时间，等到他们粮食吃光了，自然会崩溃。"后汉高祖赞同这一主张。慕容彦超屡次借事端欺侮高行周，高行周向执政大臣哭诉自己好比被人捧粪土塞进嘴里而不敢言，苏逢吉、杨邠秘密地把这些情况报告后汉高祖。后汉高祖深知慕容彦超不对，但还是让苏逢吉和杨邠去劝解他们；又把慕容彦超叫到帐中来教训一顿，并且要他到高行周那里去谢罪。

杜重威声称后汉高祖一到，他就立即投降。后汉高祖派遣给事中陈观前去宣布后汉高祖的旨意，杜重威又关闭城门拒绝使者。城里的粮食渐渐地吃完了，将士有很多出来投降的。慕容彦超再三请求攻城，后汉高祖同意了。十月二十五日丙午，后汉高祖亲自指挥众将攻城，从寅时到辰时，士兵受伤的有一万多人，死亡的一千多人，还是没有攻下来，就停止了攻城。慕容彦超这才不敢再说攻城。

当初，契丹留下一千五百名幽州兵戍守大梁。后汉高祖进入大梁的时候，有人报告后汉高祖说幽州兵将要作乱，后汉高祖把他们全都杀死在繁台下。等到这次包围邺都，张琏率领两千名幽州兵帮助杜重威防守抵抗，后汉高祖屡次派人去向他们

耳。”由是城久不下。十一月，丙辰，内殿直韩训献攻城之具，帝曰：“城之所恃者，众心耳。众心苟离，城无所保，用此何为！”

杜重威之叛，观察判官金乡王敏屡泣谏，不听。及食竭力尽，甲戌，遣敏奉表出降。乙亥，重威子弘琏来见；丙子，妻石氏来见，石氏，即晋之宋国长公主也，帝复遣入城。丁丑，重威开门出降，城中馁死者什七八，存者皆尪瘠无人状。张琏先邀朝廷信誓，诏许以归乡里。及出降，杀琏等将校数十人；纵其士卒北归，将出境，大掠而去。

郭威请杀重威牙将百余人，并重威家赀籍之以赏战士，从之。以重威为太傅兼中书令、楚国公。重威每出入，路人往往掷瓦砾诟之。

臣光曰：汉高祖杀幽州无辜千五百人，非仁也；诱张琏而诛之，非信也；杜重威罪大而赦之，非刑也。仁以合众，信以行令，刑以惩奸。失此三者，何以守国！其祚运之不延也，宜哉！

（以上为第九段，写后汉高祖刘知远仁、信、刑三失，是以国祚不久。）

高行周以慕容彦超在澶州，固辞邺都。己卯，以忠武节度使史弘肇领归德节度使兼侍卫马步都指挥使，义成节度使刘信领忠武节度使兼侍卫马步副都指挥使，徙彦超为天平节度使，并加同平章事。

吴越王弘倧大阅水军，赏赐倍于旧。胡进思固谏，弘倧怒，投笔水中，曰：“吾之财与士卒共之，奚多少之限邪！”

十二月，丙戌，帝发邺都。

蜀主遣雄武都押牙吴崇恽，以枢密使王处回书招凤翔节度使侯益。庚寅，以山南西道节度使兼中书令张虔钊为北面行营招讨安抚使，雄武节度使何重建副之，宣徽使韩保贞为都虞候，共将兵五万，虔钊出散关，重建出陇州，以击凤翔；奉銮肃卫都虞候李廷珪将兵二万出子午谷，以援长安。诸军发成都，旌旗数十里。

辛卯，皇子开封尹承训卒。承训孝友忠厚，达于从政，人皆惜之。

招抚劝告，保证不杀他们。张琏说：“繁台的士兵，究竟有什么罪而被杀戮？现在防守此地，我们只是期望死罢了。”因此邺城久攻不下。十一月初六日丙辰，内殿直韩训进献攻城的器具，后汉高祖说：“城池所依赖的，只是众人的心。众人的心如果涣散，城池就不能保，要这些器具干什么！”

杜重威背叛的时候，观察判官金乡人王敏屡次哭着劝阻他，杜重威不听。到这时粮食吃完兵力用尽，十一月二十四日甲戌，杜重威派遣王敏奉表出城投降。十一月二十五日乙亥，杜重威的儿子杜弘琏前来进见；十一月二十六日丙子，杜重威的妻子石氏前来进见，石氏就是后晋的宋国长公主，后汉高祖又送她进城。十一月二十七日丁丑，杜重威开门投降，城里饿死的人已达到十之七八，幸存的人也都瘦得不成人样。张琏事先要求朝廷许下誓言，后汉高祖下诏承诺让他们回到自己家乡去。等到他们出城投降后，便杀了张琏等将校几十人；释放了士兵，听任他们向北回家。这些士兵将要走出魏州州境的时候，大肆抢劫一番才离去。

郭威建议杀掉杜重威的牙将一百多人，并没收杜重威的家财来奖赏战士，后汉高祖同意了。后汉高祖任命杜重威为太傅兼中书令、楚国公。杜重威每次出入，路上的行人常常向杜重威丢石头瓦块骂他。

> 臣司马光说：后汉高祖杀死一千五百名无辜的幽州兵，这是不仁；引诱张琏投降而把他杀掉，这是不信；杜重威罪恶大而赦免他，这是用刑不当。仁用来团结众人，信用来推行政令，刑用来惩罚奸邪。失去这三者，还靠什么来维持国家！他的皇位不能延续长久，有原因的啊！

高行周因为慕容彦超在澶州，所以再三推辞不要镇守邺都。十一月二十九日己卯，后汉高祖任命忠武节度使史弘肇遥领归德节度使兼侍卫马步都指挥使，义成节度使刘信遥领忠武节度使兼侍卫马步副都指挥使，调任慕容彦超为天平节度使，一起加官同平章事。

吴越王钱弘倧大举检阅水军，赏赐比以前多出一倍。胡进思极力劝谏，钱弘倧发怒，把笔扔到水中，说：“我的钱财和士兵共享，有什么多少的限制呢！”

十二月初六日丙戌，后汉高祖从邺都出发。

后蜀主派遣雄武都押牙吴崇恽，带着枢密使王处回的信去招降凤翔节度使侯益。十二月初十日庚寅，任命山南西道节度使兼中书令张虔钊为北面行营招讨安抚使，雄武节度使何重建为副使，宣徽使韩保贞为都虞候，一共率兵五万，张虔钊从散关出兵，何重建从陇州出兵，进攻凤翔；奉銮肃卫都虞候李廷珪率兵二万从子午谷出兵，来救长安。各军从成都出发，旌旗延续几十里。

十二月十一日辛卯，皇子开封尹刘承训去世。刘承训为人孝顺友爱、忠诚厚道，

癸巳，帝至大梁。

威武节度使李孺赟与吴越戍将鲍脩让不协，谋袭杀修让，复以福州降唐。修让觉之，引兵攻府第，是日，杀孺赟，夷其族。

乙未，追立皇子承训为魏王。

侯益请降于蜀，使吴崇恽持兵籍、粮帐西还，与赵匡赞同上表请出兵平定关中。

己酉，鲍脩让传李孺赟首至钱塘，吴越王弘倧以丞相山阴吴程知威武节度事。

吴越王弘倧，性刚严，愤忠献王弘佐时容养诸将，政非己出，及袭位，诛杭、越侮法吏三人。

内牙统军使胡进思恃迎立功，干预政事；弘倧恶之，欲授以一州，进思不可。进思有所谋议，弘倧数面折之。进思还家，设忠献王位，被发恸哭。民有杀牛者，吏按之，引人所市肉近千斤。弘倧问进思："牛大者肉几何？"对曰："不过三百斤。"弘倧曰："然则吏妄也。"命按其罪。进思拜贺其明。弘倧曰："公何能知其详？"进思踧踖对曰："臣昔未从军，亦尝从事于此。"进思以弘倧为知其素业，故辱之，益恨怒。进思建议遣李孺赟归福州，及孺赟叛，弘倧责之，进思愈不自安。

弘倧与内牙指挥使何承训谋逐进思，又谋于内都监使水丘昭券，昭券以为进思党盛难制，不如容之，弘倧犹豫未决。承训恐事泄，反以谋告进思。

庚戌晦，弘倧夜宴将吏，进思疑其图己，与其党谋作乱，帅亲兵百人戎服执兵入见于天策堂，曰："老奴无罪，王何故图之？"弘倧叱之不退，左右持兵者皆愤怒。弘倧猝愕不暇发言，趋入义和院。进思锁其门，矫称王命，告中外云："猝得风疾，传位于同参相府事弘俶。"进思因帅诸将迎弘俶于私第，且召丞相元德昭。德昭至，立于帘外不拜，曰："俟见新君。"进思亟出褰帘，德昭乃拜。

进思称弘倧之命，承制授弘倧镇海、镇东节度使兼侍中。弘俶曰：

通晓政事，人人都为他的死而惋惜。

十二月十三日癸巳，后汉高祖回到大梁。

威武节度使李孺赟与吴越守将鲍脩让不和，打算偷袭攻杀鲍脩让，再以福州投降南唐。鲍脩让察觉，领兵攻打福州府署，这天，杀掉李孺赟，灭了李孺赟的全族。

十二月十五日乙未，追立皇子刘承训为魏王。

侯益请求归降后蜀，让吴崇恽带着兵籍、粮账向西返回，与赵匡赞一起上表请求出兵平定关中。

十二月二十九日己酉，鲍脩让送李孺赟的首级到钱塘，吴越王钱弘倧任命丞相山阴人吴程主持威武节度的事务。

吴越王钱弘倧性情刚强严厉，愤恨忠献王钱弘佐容忍姑息众将，政令不出于自己，等到他即位，诛杀杭州、越州玩法作奸的三名官吏。

内牙统军使胡进思倚仗迎立钱弘倧为国君的功劳，干预政事；钱弘倧厌恶他，想让他外出去管领一个州，胡进思不答应。胡进思有什么打算建议，钱弘倧就多次当面斥责他。胡进思回到家里，设置忠献王钱弘佐的灵位，披头散发地痛哭。百姓有杀牛的，官吏查问后，拿来别人所卖的牛肉将近一千斤。钱弘倧问胡进思："牛大的有多少肉？"回答说："不超过三百斤。"钱弘倧说："那么官吏是乱说的了！"命令胡进思治官吏的罪。胡进思拜贺吴越王的英明。钱弘倧问他说："你怎么知道得这么清楚？"胡进思局促不安地回答说："我以前还没有从军的时候，也曾经干过这种行业。"胡进思认为钱弘倧知道自己以前的职业，故意侮辱自己，所以更加痛恨愤怒。胡进思建议派李孺赟回福州，等到李孺赟反叛，钱弘倧责备他，胡进思更加内心不安。

钱弘倧与内牙指挥使何承训合谋驱逐胡进思，又和内都监使水丘昭券商议，水丘昭券认为胡进思党羽强大，难以制服，不如宽容胡进思，钱弘倧犹豫不决。何承训害怕事情泄露，反而把合谋的事情告诉胡进思。

十二月三十日庚戌，钱弘倧晚上宴请将领官吏，胡进思怀疑这是要谋害自己，就和他的党羽谋划作乱，率领一百名亲兵，身穿军服、手拿武器，进入天策堂见钱弘倧，胡进思说："老奴我没有罪，大王为什么要谋害我？"钱弘倧呵斥胡进思，胡进思不退，左右拿兵器的人都很愤怒。钱弘倧却因为事发突然，惊愕得说不出话来，快步跑进义和院。胡进思锁上义和院的门，假传王命，告示中外说："因为突然中风，传位给同参相府事钱弘俶。"胡进思于是率领众将到私宅去迎接钱弘俶，并且召请丞相元德昭。元德昭来了以后，站在帘外不肯下拜，说："等着进见新君主。"胡进思赶紧出来掀起帘子，元德昭才下拜。

胡进思假称钱弘倧的命令，秉承制度任命钱弘俶为镇海、镇东节度使兼侍中。

“能全吾兄，乃敢承命。不然，当避贤路。”进思许之。弘俶始视事。

进思杀水丘昭券及进侍鹿光铉。光铉，弘倧之舅也。进思之妻曰：“他人犹可杀，昭券，君子也，奈何害之！”

是岁，唐主以羽林大将军王延政为安化节度使、鄱阳王，镇饶州。

（以上为第十段，写后蜀犯凤翔；吴越国发生政变。）

乾祐元年（戊申，948年）

春，正月，乙卯，大赦，改元。

帝以赵匡赞、侯益与蜀兵共为寇，患之。会回鹘入贡，诉称为党项所阻，乞兵应接。诏左卫大将军王景崇、将军齐藏珍将禁军数千赴之，因使之经略关西。

晋昌节度判官李恕，久在赵延寿幕下，延寿使之佐匡赞。匡赞将入蜀，恕谏曰：“燕王入胡，岂所愿哉！今汉家新得天下，方务招怀，若谢罪归朝，必保富贵。入蜀非全计也。‘蹄涔不容尺鲤’，公必悔之。”匡赞乃遣恕奉表请入朝。景崇等未行而恕至，帝问恕：“匡赞何为附蜀？”对曰：“匡赞自以身受虏官，父在虏庭，恐陛下未之察，故附蜀求苟免耳。臣以为国家必应存抚，故遣臣来祈哀。”帝曰：“匡赞父子，本吾人也，不幸陷虏。今延寿方坠槛阱，吾何忍更害匡赞乎！”即听其入朝。侯益亦请赴二月四日圣寿节上寿。景崇等将行，帝召入卧内，敕之曰：“匡赞、益之心，皆未可知。汝至彼，彼已入朝，则勿问；若尚迁延顾望，当以便宜从事。”

己未，帝更名暠。

以前威胜节度使冯道为太师。

壬戌，吴越王弘俶迁故王弘倧于衣锦军私第，遣匡武都头薛温将亲兵卫之。潜戒之曰：“若有非常处分，皆非吾意，当以死拒之。”

帝自魏王承训卒，悲痛过甚。甲子，始不豫。

赵匡赞不俟李恕返命，已离长安，丙子，入见。

钱弘俶说："要能保全我的哥哥，我才敢接受制命；不然的话，我将避路让贤。"胡进思答应了钱弘俶。钱弘俶开始处理政事。

胡进思杀掉了水丘昭券和进侍鹿光铉。鹿光铉是钱弘倧的舅舅。胡进思的妻子说："其他的人还可杀，水丘昭券是个君子，怎么能杀害他！"

这一年，南唐主任命羽林大将军王延政为安化节度使、鄱阳王，镇守饶州。

后汉高祖乾祐元年（戊申，948年）

春季，正月初五日乙卯，朝廷实行大赦，改年号为乾祐。

后汉高祖因为赵匡赞、侯益和后蜀军队联合入侵，很担忧。正遇上回鹘入朝进贡，诉说被党项所拦阻，请求朝廷发兵接应。后汉高祖诏命左卫大将军王景崇、将军齐藏珍率领禁卫军几千人赶赴接应，乘此机会命令他们夺取关西。

晋昌节度判官李恕，长期在赵延寿的幕府中，赵延寿让他辅佐赵匡赞。赵匡赞将要入后蜀，李恕劝谏他说："燕王归附契丹，难道是自己愿意的吗！现在汉家刚刚得到天下，正致力于招致安抚，如果谢罪回归朝廷，一定能够保全富贵。入蜀不是万全之计。'牛马蹄印里的水，容纳不了一尺长的鲤鱼'，您一定会后悔的。"赵匡赞就派遣李恕奉表请求入朝。王景崇等人还没有启程，而李恕已经到了大梁，后汉高祖问李恕："赵匡赞为什么要归附蜀国？"李恕回答说："赵匡赞自己认为身受胡虏的官职，父亲又在胡虏朝廷，恐怕陛下不能明察，所以归附蜀国求得苟且免于一死罢了。臣认为国家一定会存恤安抚，所以派臣来请求陛下的哀怜。"后汉高祖说："赵匡赞父子本来就是我们的人，不幸陷身于胡虏。现在赵延寿刚刚陷落在胡人所设的陷阱里，我怎么忍心再加害赵匡赞呢！"当即答应他入朝。侯益也请求参加二月初四日的圣寿节，给后汉高祖祝寿。王景崇等人将要出发，后汉高祖召他们到卧室，命令他们说："赵匡赞和侯益的心，都还不知道。你们到了那里，他们如果已经入朝，就不必过问；如果还拖延观望，那么就见机行事。"

正月初九日己未，后汉高祖改名为暠。

后汉高祖任命前任威胜节度使冯道为太师。

正月十二日壬戌，吴越王钱弘俶把前王钱弘倧迁到衣锦军的私宅，派遣匡武都头薛温率领亲兵护卫钱弘倧。钱弘俶秘密告诫薛温说："如果有不同寻常的处置，都不是我的意思，你要拼命地阻挡。"

后汉高祖自从魏王刘承训去世之后，悲痛过度，正月十四日甲子，开始生病。

赵匡赞不等李恕回来复命，就已经离开了长安，正月二十六日丙子，入朝拜见后汉高祖。

王景崇等至长安，闻蜀兵已入秦川，以兵少，发本道及赵匡赞牙兵千余人同拒之。景崇恐匡赞牙兵亡逸，欲文其面，微露风旨；军校赵思绾，首请自文其面以帅下，景崇悦。齐藏珍窃言曰："思绾凶暴难制，不如杀之。"景崇不听。思绾，魏州人也。

蜀李廷珪将至长安，闻赵匡赞已入朝，欲引归，王景崇邀之，败廷珪于子午谷。张虔钊至宝鸡，诸将议不协，按兵未进。侯益闻廷珪西还，因闭壁拒蜀兵；虔钊势孤，引兵夜遁。景崇帅凤翔、陇、邠、泾、鄜、坊之兵追败蜀兵于散关，俘将卒四百人。

丁丑，帝大渐。杨邠忌侍卫马军都指挥使、忠武节度使刘信，立遣之镇。信不得奉辞，雨泣而去。

帝召苏逢吉、杨邠、史弘肇、郭威入受顾命，曰："余气息微，不能多言。承祐幼弱，后事托在卿辈。"又曰："善防重威。"是日，殂于万岁殿，逢吉等秘不发丧。

庚辰，下诏，称："重威父子，因朕小疾，谤议摇众，并其子弘璋、弘琏、弘璨皆斩之。晋公主及内外亲族，一切不问。"磔重威尸于市，市人争啖其肉，吏不能禁，斯须而尽。

二月，辛巳朔，立皇子左卫大将军、大内都点检承祐为周王，同平章事。有顷，发丧，宣遗制，令周王即皇帝位。时年十八。

蜀韩保贞、庞福诚引兵自陇州还，要何重建俱西。是日，保贞等至秦州，分兵守诸门及衢路，重建遂入于蜀。

丁亥，尊皇后曰皇太后。

朝廷知成德留后白再荣非将帅才，庚寅，以前建雄留后刘在明代之。

癸巳，大赦。

（以上为第十一段，写后汉大败蜀兵，后汉高祖驾崩，次子刘承祐嗣位，是为隐帝。）

吴越内牙指挥使何承训复请诛胡进思及其党。吴越王弘俶恶其反覆，且惧召祸，乙未，执承训，斩之。

进思屡请杀废王弘倧以绝后患，弘俶不许。进思诈以王命密令薛温害之，温曰："仆受命之日，不闻此言，不敢妄发。"进思乃夜遣其党方安二人逾垣而入，弘倧阖户拒之，大呼求救。温闻之，率众而入，毙安等

王景崇等人到达长安，听说蜀军已经进入秦川，由于兵力少，就征调该道的兵力以及赵匡赞的牙兵一千多人一起抵抗蜀军。王景崇担心赵匡赞的牙兵逃走，想在他们的脸上刺字，稍稍透露出了一点风声；军校赵思绾首先请求在自己脸上刺字来统率部下，王景崇很高兴。齐藏珍私下对王景崇说："赵思绾凶狠残暴，难以控制，不如杀掉他。"王景崇不听从。赵思绾是魏州人。

后蜀李廷珪将要到长安的时候，听说赵匡赞已经入朝，想领兵回去，王景崇在半路拦截住他，在子午谷打败李廷珪。张虔钊到达宝鸡，众将意见不一致，按兵不动。侯益听说李廷珪向西返回，就关闭营门抵抗后蜀军队；张虔钊势力孤单，率领军队连夜逃走。王景崇率领凤翔、陇州、邠州、泾州、鄜州、坊州的军队追赶，在散关大败后蜀军队，俘虏将帅士卒四百人。

正月二十七日丁丑，后汉高祖病情加重。杨邠嫉恨侍卫马军都指挥使、忠武节度使刘信，立即派遣他回自己的镇所。刘信不能向后汉高祖辞行，泪流如雨而离去。

后汉高祖召请苏逢吉、杨邠、史弘肇、郭威等人进宫接受临终遗命，说："我气息微弱，不能多说话。承佑年幼弱小，以后的事就委托给诸位了。"又说："要好好地防备杜重威。"当天，后汉高祖在万岁殿去世，苏逢吉等人秘不发丧。

正月三十日庚辰，传下诏书，说："杜重威父子，趁朕小病，诽谤非议，动摇人心，连同他的儿子弘璋、弘琏、弘璨一起斩首。晋室公主以及内外亲族，一概不加追究。"把杜重威陈尸于市，市人争吃他的肉，官吏无法禁止，一会儿就吃光了。

二月初一日辛巳，立皇子左卫大将军、大内都点检刘承祐为周王、同平章事。不久，发布丧事，宣布遗诏，命周王即皇帝位。当时刘承祐十八岁。

后蜀韩保贞、庞福诚领兵从陇州返回，约何重建一起西行。当天，韩保贞等人到达秦州，分别派遣士兵把守各个城门和主要的通路，何重建于是归附后蜀。

二月初七日丁亥，尊皇后为皇太后。

朝廷知道成德留后白再荣不是当将帅的料子，二月初十日庚寅，任命前任建雄留后刘在明代替他。

二月十三日癸巳，朝廷实行大赦。

吴越内牙指挥使何承训又请求杀掉胡进思和他的党羽。吴越王钱弘俶痛恨他反复无常，而且害怕招来祸患，二月十五日乙未，抓住何承训，将他斩首。

胡进思屡次请求杀掉被废的吴越王钱弘倧，以断绝后患，钱弘俶不允许。胡进思假托王命，秘密让薛温杀害钱弘倧。薛温说："我奉命守卫，没有听说过这样的话，不敢妄自下手。"胡进思于是在晚上派遣他的党羽方安等两人翻墙而入，钱弘倧

于庭中。入告弘俶，弘俶大惊，曰："全吾兄，汝之力也。"

弘俶畏忌进思，曲意下之。进思亦内忧惧，未几，疽发背卒。弘倧由是获全。

诏以王景崇兼凤翔巡检使。景崇引兵至凤翔，侯益尚未行。景崇以禁兵分守诸门。或劝景崇杀益，景崇以受先朝密旨，嗣主未之知，或疑于专杀，犹豫未决。益闻之，不告景崇而去，景崇悔，自诟。戊戌，益入朝，隐帝问："何故召蜀军？"对曰："臣欲诱致而杀之。"帝哂之。

蜀张虔钊自恨无功，癸卯，至兴州，惭忿而卒。

侍卫马步都指挥使、同平章事史弘肇遭母丧，不数日，复出朝参。

（以上为第十二段，写吴越国主钱弘俶友爱兄弟。）

关门抵挡，大声呼喊救命。薛温听到，率领部众冲进去，在院子中打死方安等人。薛温入朝禀报钱弘俶，钱弘俶大为吃惊，说：“保全我的哥哥，是你的功劳。”

钱弘俶害怕、嫉恨胡进思，常常委屈自己，对胡进思低三下四。胡进思内心也感到忧愁恐惧，不久，背上毒疮发作而死。钱弘倧因此得以保全。

朝廷下诏任命王景崇兼任凤翔巡检使。王景崇领兵到达凤翔，侯益还没有启程。王景崇派禁卫军分别把守各个城门。有人劝说王景崇杀掉侯益，王景崇认为自己接受了先帝的密旨，继位的君主还不知道，或许会被怀疑为擅自杀人，因而犹豫不决。侯益听说，不和王景崇告别就走了，王景崇很后悔，气得自己骂自己。二月十八日戊戌，侯益入朝，后汉隐帝问：“为什么要招来蜀军？”回答说：“臣是想引诱他们来而杀掉他们。”后汉隐帝微微地笑了笑。

后蜀张虔钊恨自己没有功劳，二月二十三日癸卯，到达兴州，羞愧愤恨而死。

侍卫马步都指挥使、同平章事史弘肇遭逢母亲去世，没过几天，就又上朝参政。

【点评】

本卷点评后唐明宗之子李从益母子为乱世所不容、河北诸镇驱赶契丹人、司马光论刘知远治国三失。

一、后唐明宗之子李从益母子为乱世所不容。后唐灭亡，明宗之子许王李从益与其母王淑妃守陵洛阳，闭门不出，与世无争。突然间，天降馅饼。契丹北还，不甘心刘知远从容进大梁，于是想策立一个傀儡皇帝来抗衡刘知远，至少迟滞刘知远的追击。李从益被选中为傀儡皇帝。李从益拒不从命，藏匿在明宗寝殿之中被使者绑架至大梁，强立为帝。百官谒见王淑妃，王淑妃泣对众官说："我母子单弱，众卿推戴我的儿子，不是福，实为灾祸。"王淑妃明白，这送上门的皇帝是无妄之灾。王淑妃与百官计议，李从益去帝号，只称梁王，权知军国事务，遣使奉表称臣于刘知远，请新皇帝早早到京，梁王母子仍回自家去守陵。刘知远气度褊狭，竟然不容孤儿寡母活命，命郑州防御使郭从先入大梁清宫，密令杀害李从益及王淑妃。王淑妃临死前对郭从先说："我的儿子是契丹人强立，有什么罪过？为何不留下他在每年的寒食节给明宗皇帝送一碗麦米饭呢！"听到的人没有一个不流泪的。

二、河北诸镇驱赶契丹人。留镇恒州的契丹将麻荅，贪猾残忍，劫掠民间珍宝妇女，捕杀村民，诬为盗贼，割脸挖眼，居室周围悬挂人肝、人胆、手、脚，用以恫吓民众，残暴之状，目不忍睹。恒州军民奋起反抗，邢、洺等州守将亦举州反正，驱赶契丹，麻荅等人仓皇遁逃。河北州县易旗归汉，契丹人的肆虐，恰恰是为刘知远开辟了道路。

三、司马光论刘知远治国三失。契丹北还，留幽州兵一千五百人守大梁，幽州兵随从梁王李从益投降刘知远。刘知远入都大梁，不仅密令杀害李从益母子，还借口幽州兵将反叛，将一千五百幽州兵将全部杀死。反复之臣杜重威闻听消息，在邺都叛变，幽州将张琏率领二千幽州兵助杜重威留守邺都，刘知远发重兵往讨，久攻不克。刘知远下诏亲征，丧师万余，仍未攻克。刘知远又诱降张琏，下诏不死，许以归乡里。等到杜重威和张琏投降后，刘知远爽约，杀张琏及亲将数十人，而罪大恶极又反复无常的杜重威，刘知远以许其不死为由，任用为太傅兼中书令，封为楚国公。杜重威出入朝廷，路人见之，无不诟骂，还随手拾起破瓦碎石投掷。如此小人，刘知远却信任之。司马光评论说："后汉高祖杀戮幽州无辜将士一千五百人，是不仁道；诱骗杀死张琏，是不诚信；杜重威罪大恶极而赦免，是用刑不当。仁是用来团结民众的，信是用来推行政令的，刑是用来惩治奸邪的，这三样东西全都丧失，还靠什么事维系国家呢？后汉国运不长，应当的啊！"刘知远称帝，两年后死亡；儿子继位，两年后亡国。后汉立国四年即亡，是中国历史上最短命的一个朝代。刘知远没有像石敬瑭那样向契丹人称儿皇帝，而是从契丹人手中捡了一个漏，没有殁身亡国，算是便宜了他。

后汉纪三

后汉高祖乾祐元年至后汉隐帝乾祐二年（948—949年）

【起著雍涒滩（戊申，948年）三月，尽屠维作噩（己酉，949年），凡一年有奇】

【大事提要】

本卷记事起公元948年三月，讫公元949年，凡一年又十个月，当后汉隐帝乾祐元年三月至乾祐二年。乾祐元年，后汉高祖刘知远崩殂，次子刘承祐嗣位，是为隐帝。隐帝年少轻佻，无威略。永兴小校赵思绾随王景崇西征后蜀，从凤翔返镇途中据守长安，联结河中李守贞与凤翔李景崇反叛后汉，史称三镇叛汉。后汉枢密使郭威奉命征讨，平定三叛，有大功于汉，然而跋扈不臣，以个人小忿，擅自更易节镇主帅，隐帝不问，导致朝纲堕坏。后蜀主昏庸，权奸当路。南汉与楚国交兵。吴越王奖励垦荒，境内无弃田。

【原文】

高祖睿文圣武昭肃孝皇帝下

乾祐元年（戊申，948 年）

三月，丙辰，史弘肇起复，加兼侍中。

侯益家富于财，厚赂执政及史弘肇等，由是大臣争誉之。丙寅，以益兼中书令，行开封尹。

改广晋为大名府，晋昌军为永兴军。

侯益盛毁王景崇于朝，言其恣横。景崇闻益尹开封，知事已变，内不自安，且怨朝廷。会诏遣供奉官王益如凤翔，征赵匡赞牙兵诣阙，赵思绾等甚惧，景崇因以言激之。思绾途中谓其党常彦卿曰："小太尉已落其手，吾属至京师，并死矣，奈何？"彦卿曰："临机制变，子勿复言！"

癸酉，至长安，永兴节度副使安友规、巡检乔守温出迎王益，置酒于客亭。思绾前白曰："壕寨使已定舍馆于城东，今将士家属皆在城中，欲各入城挈家诣城东宿。"友规等然之。时思绾等皆无铠仗，既入西门，有州校坐门侧，思绾遽夺其剑斩之。其徒因大噪，持白梃，杀守门者十余人，分遣其党守诸门。思绾入府，开库取铠仗给之。友规等皆逃去。思绾遂据城，集城中少年，得四千余人，缮城隍，葺楼堞，旬日间，战守之具皆备。

王景崇讽凤翔吏民表景崇知军府事，朝廷患之。甲戌，徙静难节度使王守恩为永兴节度使，徙保义节度使赵晖为凤翔节度使，并同平章事。以景崇为邠州留后，令便道之官。

虢州伶人靖边庭杀团练使田令方，驱掠州民，奔赵思绾。至潼关，潼关守将出击之，其众皆溃。

初，契丹主北归，至定州，以义武节度副使邪律忠为节度使，徙故节度使孙方简为大同节度使。方简怨恚，且惧入朝为契丹所留，迁延不受命，帅其党三千人保狼山故寨，控守要害。契丹攻之，不克。未几，遣使请降，帝复其旧官，以扞契丹。

【语译】

高祖睿文圣武昭肃孝皇帝下

后汉高祖乾祐元年（戊申，948年）

三月初七日丙辰，史弘肇起用复职，加官兼任侍中。

侯益家里钱财很多，重重地贿赂执政大臣和史弘肇等人，因此大臣们争相称赞侯益。三月十七日丙寅，任命侯益兼任中书令，代理开封尹。

朝廷改广晋府为大名府，晋昌军为永兴军。

侯益在朝中极力毁谤王景崇，说他放肆蛮横。王景崇听说侯益代理开封尹，便知道事情已经起了变化，内心感到不安，并且怨恨朝廷。正赶上后汉隐帝诏命派遣供奉官王益前往凤翔，征召赵匡赞的牙兵到京城，赵思绾等人很害怕，王景崇便趁机用言语激他们。赵思绾在路上对他的党羽常彦卿说："小太尉赵匡赞已经落入他们的手中，我们这些人到了京师，只有一起送死，怎么办？"常彦卿说："随机应变，你就不必再说了。"

三月二十四日癸酉，他们到达长安，永兴节度副使安友规、巡检乔守温出城迎接王益，在客亭设置酒宴。赵思绾走上前去说："壕寨使已经在城东预定了馆舍，现在将士们的家属都在城里，想各自进城带领家属到城东去住。"安友规等人认为赵思绾说得对。当时赵思绾等人都没有铠甲兵器，等到他们进了西门以后，有一个本州的军官坐在门边，赵思绾迅速夺下他的剑，把他杀死。赵思绾的部众趁机大声鼓噪，手拿白木棒，杀死守门的十多人，分别由他的党羽把守各个城门。赵思绾进入府署中，打开武器库，取出铠甲兵器发给部众。安友规等人全都逃走。赵思绾于是占据州城，召集城内的少年，一共有四千多人，修筑城壕，整修城楼和地上的矮墙，十天之间，一切战斗和防守的器具都准备好了。

王景崇暗示凤翔的官吏和百姓上表向皇帝推荐，让自己主持军府的事务，朝廷对此感到担忧。三月二十五日甲戌，调任静难节度使王守恩为永兴节度使，调任保义节度使赵晖为凤翔节度使，一起都为同平章事。任命王景崇为邠州留后，命他就近去赴任。

虢州的伶人靖边庭杀掉团练使田令方，强行驱赶本州的百姓，投奔赵思绾。走到潼关，潼关守将出兵攻击，他的部众全部溃散。

当初，契丹主向北返回，走到定州，任命义武节度副使邪律忠为节度使，调任前任节度使孙方简为大同节度使。孙方简怨恨气愤，而且怕入朝后被契丹扣留，所以推迟拖延，不肯接受命令，率领他的部众三千人保守狼山旧寨，控制把守险要的地方。契丹进攻他，没有攻下。不久，孙方简派遣使者前来表示愿意归降，后汉隐

邪律忠闻邺都既平，常惧华人为变。诏以成德留后刘在明为幽州道马步都部署，使出兵经略定州。未行，忠与麻荅等焚掠定州，悉驱其人弃城北去。孙方简自狼山帅其众数百，还据定州，又奏以弟行友为易州刺史，方遇为泰州刺史。每契丹入寇，兄弟奔命，契丹颇畏之。于是晋末州县陷契丹者，皆复为汉有矣。

丙子，以刘在明为成德节度使。

麻荅至其国，契丹主责以失守。麻荅不服，曰："因朝廷征汉官致乱耳。"契丹主鸩杀之。

苏逢吉等为相，多迁补官吏。杨邠以为虚费国用，所奏多抑之，逢吉等不悦。

中书侍郎兼户部尚书、同平章事李涛上疏言："今关西纷扰，外御为急。二枢密皆佐命功臣，官虽贵而家未富，宜授以要害大镇。枢机之务在陛下目前，易以裁决，逢吉、禹珪自先帝时任事，皆可委也。"杨邠、郭威闻之，见太后泣诉，称："臣等从先帝起艰难中，今天子取人言，欲弃之于外。况关西方有事，臣等何忍自取安逸，不顾社稷？若臣等必不任职，乞留过山陵。"太后怒，以让帝，曰："国家勋旧之臣，奈何听人言而逐之！"帝曰："此宰相所言也。"因诘责宰相。涛曰："此疏臣独为之，他人无预。"丁丑，罢涛政事，勒归私第。

是日，邠、泾、同、华四镇俱上言护国节度使兼中书令李守贞与永兴、凤翔同反。

始，守贞闻杜重威死而惧，阴有异志。自以晋世尝为上将，有战功，素好施，得士卒心。汉室新造，天子年少初立，执政皆后进，有轻朝廷之志。乃招纳亡命，养死士，治城堑，缮甲兵，昼夜不息。遣人间道赍蜡丸结契丹，屡为边吏所获。

浚仪人赵脩己，素善术数，自守贞镇滑州，署司户参军，累从移镇，为守贞言："时命不可，勿妄动！"前后切谏非一，守贞不听，乃称疾归乡里。僧总伦，以术媚守贞，言其必为天子，守贞信之。又尝会将佐置

帝恢复他旧有的官职，来抵御契丹。

邪律忠听说邺都已经平定，常常害怕汉人发生变乱。后汉隐帝下诏任命成德留后刘在明为幽州道马步都部署，命他出兵夺取定州。刘在明还没有出发，邪律忠和麻荅等人在定州烧杀抢劫，驱赶所有的人，放弃州城向北而去。孙方简率领他的部众几百人从狼山回来，占据定州，又上奏请求任命他的弟弟孙行友为易州刺史，孙方遇为泰州刺史。每当契丹入边侵扰，兄弟奔走救援，契丹对他们很害怕。于是后晋末沦陷于契丹的州县，又都为后汉所有了。

三月二十七日丙子，后汉隐帝任命刘在明为成德节度使。

麻荅回到契丹国内，契丹主责备他失守州城。麻荅不服气，说："这只是由于朝廷任用汉人官员，才招致这样的祸乱罢了。"契丹主将麻荅毒死。

苏逢吉等人任宰相，升迁起用很多官吏。杨邠认为这是白白地浪费国家的钱财，在奏章中大多加以抑制，苏逢吉等人不高兴。

中书侍郎兼户部尚书、同平章事李涛上疏说："现在关西动荡不安，抵御外部入侵是当务之急。两位枢密使都是帮助先帝建立基业的功臣，官位虽然显贵，但是家境并不富有，应该授给他们重要的大藩镇。枢密机要的事务就在陛下的眼前，很容易处理决定，苏逢吉和苏禹珪从先帝时候起就开始任职，都可以委托。"杨邠、郭威听说这件事，去见太后，向她哭诉说："臣等跟随先帝起于艰难之中，现在天子听信别人的话，想把我们弃置在外。何况关西刚刚有变乱，臣等怎么忍心自己贪图安逸，不顾国家呢？如果臣等一定不称职，请求留任到先帝下葬以后。"太后很生气，拿这件事去责问后汉隐帝，说："国家有功劳的旧臣，怎么能听信别人的话而把他们赶走！"后汉隐帝说："这是宰相所说的。"因而责问宰相。李涛说："这份奏疏是我独自一人草拟的，其他的人没有参与。"三月二十八日丁丑，罢免李涛的官职，勒令他回家。

这一天，邠州、泾州、同州、华州这四个藩镇都向朝廷奏报，说护国节度使兼中书令李守贞和永兴、凤翔两地一起反叛。

起初，李守贞听说杜重威被处死，心里感到害怕，暗中就有反叛的念头。他自认为在后晋时曾经当过上将，立有战功，向来喜欢施恩于人，深得士兵人心。后汉建立时间不长，天子年纪小，刚刚即位，执政大臣都是晚辈，因此就有轻视朝廷的想法。于是招收亡命之徒，豢养敢死之士，修筑城池，整修铠甲武器，日夜不停。派遣使者暗地抄小路带着用蜡丸封装的密信去勾结契丹，屡次被守边的官吏抓获。

浚仪人赵修己，向来擅长术数，自从李守贞镇守滑州，赵修己就被任命为司户参军，屡次跟随李守贞调换藩镇，赵修己对李守贞说："时运不佳，不要轻举妄动！"先后痛切地劝谏不止一次，李守贞不听，于是赵修己就称病回到家乡。有个

酒，引弓指《舐掌虎图》曰：“吾有非常之福，当中其舌。”一发中之，左右皆贺。守贞益自负。

会赵思绾据长安，奉表献御衣于守贞。守贞自谓天人协契，乃自称秦王。遣其骁将平陆王继勋将兵据潼关，以思绾为晋昌节度使。

同州距河中最近，匡国节度使张彦威，常诇守贞所为，奏请先为之备。诏滑州马军都指挥使罗金山将部兵戍同州；故守贞起兵，同州不为所并。金山，云州人也。

（以上为第一段，写赵思绾据长安城，联合河中李守贞、凤翔王景崇反叛后汉，史称三镇叛汉。）

定难节度使李彝殷发兵屯境上，奏称：“去三载前羌族唳毋杀绥州刺史李仁裕叛去，请讨之。”庆州上言：“请益兵为备。”诏以司天言，今岁不利先举兵，谕止之。

夏，四月，辛巳，陕州都监王玉奏克复潼关。

帝与左右谋，以太后怒李涛离间，欲更进用二枢密，以明非帝意。左右亦疾二苏之专，欲夺其权，共劝之。壬午，制以枢密使杨邠为中书侍郎兼吏部尚书、同平章事，枢密使如故；以副枢密使郭威为枢密使；又加三司使王章同平章事。

凡中书除官，诸司奏事，帝皆委邠斟酌。自是三相拱手，政事尽决于邠。事有未更邠所可否者，莫敢施行，遂成凝滞。三相每进拟用人，苟不出邠意，虽簿、尉亦不之与。邠素不喜书生，常言：“国家府廪实，甲兵强，乃为急务。至于文章礼乐，何足介意！”既恨二苏排己，又以其除官太滥，为众所非，欲矫其弊，由是艰于除拜，士大夫往往有自汉兴至亡不沾一命者；凡门荫及百司入仕者悉罢之。虽由邠之愚蔽，时人亦咎二苏之不公所致云。

以镇宁节度使郭从义充永兴行营都部署，将侍卫兵讨赵思绾。戊子，以保义节度使白文珂为河中行营都部署，内客省使王峻为都监。辛卯，

僧人叫总伦，用妖术取悦李守贞，说李守贞一定会当天子，李守贞信以为真。李守贞又曾经和将吏僚属聚会设置酒宴，拿弓箭指着《舐掌虎图》说："我如果有不同寻常的福分，一定会射中老虎的舌头。"一发箭果然射中，左右的人都向他祝贺。李守贞更加自负。

正好这时赵思绾占据长安，奉表进献御衣给李守贞。李守贞自以为天道和人心相契合，于是自称秦王。派遣他部下猛将平陆人王继勋率兵据守潼关，任命赵思绾为晋昌节度使。

同州距离河中最近，匡国节度使张彦威常常监视李守贞的所作所为，上奏请求朝廷预先做好准备。后汉隐帝诏命滑州马军都指挥使罗金山带领所部兵戍守同州；所以李守贞起兵的时候，同州没有被他吞并。罗金山是云州人。

定难节度使李彝殷发兵屯驻边境，上表说："三年以前，羌族啘毋杀掉绥州刺史李仁裕，背叛离开朝廷，请讨伐他。"庆州上奏说："请求增加兵力以作防备。"后汉隐帝下诏说由于主管天象的官员认为今年不利于先发兵，劝谕他们停止。

夏季，四月初二日辛巳，陕州都监王玉奏报攻克收复了潼关。

后汉隐帝和左右的人商议，由于太后恼怒李涛挑拨离间，想再进用两位枢密使，以表示上次发生的事并不是皇帝的意思。左右的人也恨二苏专权，想削夺他们的权力，都劝隐帝这样干。四月初三日壬午，隐帝下制书任命枢密使杨邠为中书侍郎兼吏部尚书、同平章事，枢密使照旧；任命副枢密使郭威为枢密使；又为三司使王章加官同平章事。

凡是中书省任命官职，各部门奏报事情，后汉隐帝都委托杨邠斟酌处理。从此三位宰相拱手无事，政事完全决定于杨邠。事情如果有未经杨邠认可的，就没有人敢施行，政事因此堆积滞留。三位宰相每次拟议进用人员，如果不是出于杨邠的意思，即使是主簿、县尉这样的官职也不肯给。杨邠向来不喜欢书生，常常说："国家府库充实，甲兵强盛，才是当务之急。至于文章礼乐，哪里值得放在心上！"杨邠既痛恨二苏排挤自己，又认为他们任命官吏太滥，被众人所指责，想要矫正这些弊端，因此任命官员就很难了，士大夫往往有从后汉兴起一直到灭亡从没有被任命过一回的，凡是因为祖先功勋而得官以及由百司入仕的，全部罢免。这固然是由于杨邠的愚昧，可是当时的人也埋怨是因为二苏的不公平所造成的。

后汉隐帝任命镇宁节度使郭从义充任永兴行营都部署，率领侍卫兵讨伐赵思绾。四月初九日戊子，任命保义节度使白文珂为河中行营都部署，内客省使王峻为都监。

削夺李守贞官爵，命文珂等会兵讨之。乙未，以宁江节度使、侍卫步军都指挥使尚洪迁为西面行营都虞候。

王景崇迁延不之邠州，阅集凤翔丁壮，诈言讨赵思绾，仍牒邠州会兵。

契丹主如辽阳，故晋主与太后、皇后皆谒见。有禅奴利者，契丹主之妻兄也，闻晋主有女未嫁，诣晋主求之；晋主辞以幼。后数日，契丹主使人驰取其女而去，以赐禅奴。

王景崇遗蜀凤州刺史徐彦书，求通互市。壬戌，蜀主使彦复书招之。

契丹主留晋翰林学士徐台符于幽州，台符逃归。

五月，乙亥，滑州言河决鱼池。

六月，戊寅朔，日有食之。

辛巳，以奉国左厢都虞候刘词充河中行营马步都虞候。

乙酉，王景崇遣使请降于蜀，亦受李守贞官爵。

高从诲既与汉绝，北方商旅不至，境内贫乏，乃遣使上表谢罪，乞修职贡；诏遣使慰抚之。

西面行营都虞候尚洪迁攻长安，伤重而卒。

秋，七月，以工部侍郎李穀充西南面行营都转运使。

庚申，加枢密使郭威同平章事。

（以上为第二段，写后汉枢密使、同平章事杨邠专权。）

蜀司空兼中书侍郎、同平章事张业，性豪侈，强市人田宅，藏匿亡命于私第，置狱，系负债者，或历年至有瘐死者。其子检校左仆射继昭，好击剑，尝与僧归信访善剑者。右匡圣都指挥使孙汉韶与业有隙，密告业、继昭谋反；翰林承旨李昊、奉圣控鹤马步都指挥使安思谦复从而谮之。甲子，业入朝，蜀主命壮士就都堂击杀之，下诏暴其罪恶，籍没其家。

枢密使、保宁节度使兼侍中王处回，亦专权贪纵，卖官鬻狱，四方馈献，皆先输处回，次及内府，家赀巨万。子德钧，亦骄横。张业既死，蜀主不忍杀处回，听归私第。处回惶恐辞位，以为武德节度使兼中书令。

四月十二日辛卯，削夺李守贞的官爵，命令白文珂等人联合兵力讨伐李守贞。四月十六日乙未，任命宁江节度使、侍卫步军都指挥使尚洪迁为西面行营都虞候。

王景崇拖延时间不到邠州上任，集合检阅凤翔的壮丁，假说要讨伐赵思绾，还发公文给邠州，要邠州准备会师讨伐。

契丹主到达辽阳，后晋主和太后、皇后都去拜见契丹主。有一个叫禅奴利的人，是契丹主妻子的哥哥，听说后晋主有一个女儿还没有出嫁，就去见后晋主，请求把女儿嫁给他；后晋主以年纪还小来推辞。过了几天，契丹主派人骑马把他的女儿强夺而去，赐给了禅奴利。

王景崇写信给后蜀凤州刺史徐彦，请求互通贸易。壬戌这一天，后蜀主命徐彦回信招他投降。

契丹主把后晋翰林学士徐台符扣留在幽州，徐台符逃了回来。

五月二十七日乙亥，滑州奏报黄河在鱼池决口。

六月初一日戊寅，发生日食。

六月初四日辛巳，后汉隐帝任命奉国左厢都虞候刘词充任河中行营马步都虞候。

六月初八日乙酉，王景崇派遣使者请求投降后蜀，同时也接受李守贞授给的官爵。

高从诲与后汉断绝往来以后，北方的商人旅客不到荆南，境内贫乏穷困，于是派遣使者上表谢罪，并请求让他履行进贡的职责；后汉隐帝下诏派遣使者去安抚慰问。

西面行营都虞候尚洪迁攻打长安，受重伤而死。

秋季，七月，后汉隐帝任命工部侍郎李穀充任西南面行营都转运使。

七月十三日庚申，枢密使郭威加官同平章事。

后蜀司空兼中书侍郎、同平章事张业，生性豪华奢侈，强行购买别人的田园房屋，在私宅里窝藏逃亡的人，设置私人监牢，关押欠债的人，有被关押多年以致死在监狱里的。他的儿子检校左仆射张继昭，喜欢击剑，曾经与僧人归信一起去寻访善于击剑的人。右匡圣都指挥使孙汉韶与张业有仇怨，密告张业、张继昭图谋造反；翰林承旨李昊、奉圣控鹤马步都指挥使安思谦又趁机诬陷他们。七月十七日甲子，张业入朝，后蜀主命令壮士在都堂上将他打死，下诏公布他的罪行，没收他的家产。

枢密使、保宁节度使兼侍中王处回，也专横弄权，贪婪骄纵，出卖官爵，收受贿赂而减免罪犯的刑罚，四方所进献的财货宝物，都先送到王处回那里，再送到宫内的府库，家财达到亿万。他的儿子王德钧，也骄奢蛮横。张业死了以后，后蜀主

蜀主欲以普丰库使高延昭、茶酒库使王昭远为枢密使，以其名位素轻，乃授通奏使，知枢密院事。昭远，成都人，幼以僧童从其师入府，蜀高祖爱其敏慧，令给事蜀主左右。至是，委以机务，府库金帛，恣其取与，不复会计。

戊辰，以郭从义为永兴节度使，白文珂兼知河中行府事。

蜀主以翰林承旨、尚书左丞李昊为门下侍郎兼户部尚书，翰林学士、兵部侍郎徐光溥为中书侍郎兼礼部尚书，并同平章事。

蜀安思谦谋尽去旧将，又谮卫圣都指挥使兼中书令赵廷隐谋反，欲代其位，夜，发兵围其第。会山南西道节度使李廷珪入朝，极言廷隐无罪，乃得免。廷隐因称疾，固请解军职；甲戌，蜀主许之。

凤翔节度使赵晖至长安；乙亥，表王景崇反状益明，请进兵击之。

初，高祖镇河东，皇弟崇为马步都指挥使，与蕃汉都孔目官郭威争权，有隙。及威执政，崇忧之。节度判官郑珙，劝崇为自全计，崇从之。珙，青州人也。八月，庚辰，崇表募兵四指挥，自是选募勇士，招纳亡命，缮甲兵，实府库，罢上供财赋，皆以备契丹为名；朝廷诏令，多不禀承。

（以上为第三段，写后蜀主昏庸，权奸当路。后汉高祖弟刘崇图谋割据河东。）

自河中、永兴、凤翔三镇拒命以来，朝廷继遣诸将讨之。昭义节度使常思屯潼关，白文珂屯同州，赵晖屯咸阳。惟郭从义、王峻置栅近长安，而二人相恶如水火，自春徂秋，皆相仗莫肯攻战。帝患之，欲遣重臣临督。壬午，以郭威为西面军前招慰安抚使，诸军皆受威节度。

威将行，问策于太师冯道。道曰：“守贞自谓旧将，为士卒所附。愿公勿爱官物，以赐士卒，则夺其所恃矣。”威从之。由是众心始附于威。

不忍心杀王处回，听任他回家。王处回惊慌恐惧，辞去官位，后蜀主任命他为武德节度使兼中书令。

后蜀主想任命普丰库使高延昭、茶酒库使王昭远为枢密使，由于他们的名声和地位向来很低，于是任命他们为通奏使，主持枢密院的事务。王昭远是成都人，小时候以僧童的身份跟随他的师父进入都府，后蜀高祖喜爱王昭远敏捷聪慧，让王昭远留在后蜀主的身边供事。到了这个时候，把机要事务委托给王昭远，府库的金钱布帛，听任他取用，不再计算。

七月二十一日戊辰，后汉隐帝任命郭从义为永兴节度使，白文珂兼理河中行府的事务。

后蜀主任命翰林承旨、尚书左丞李昊为门下侍郎兼户部尚书，翰林学士、兵部侍郎徐光溥为中书侍郎兼礼部尚书，都为同平章事。

后蜀安思谦图谋把旧将全部排挤掉，又诬陷卫圣都指挥使兼中书令赵廷隐谋反，想取代赵廷隐的位置，夜晚发兵包围赵廷隐的住宅。正好这时山南西道节度使李廷珪入朝，极力陈说赵廷隐无罪，才得到赦免。赵廷隐于是称病，再三请求解除军职；七月二十七日甲戌，后蜀主答应了赵廷隐。

凤翔节度使赵晖到达长安；七月二十八日乙亥，上表奏称王景崇谋反的迹象越来越明显，请求进兵攻打王景崇。

当初，后汉高祖镇守河东，后汉隐帝的弟弟刘崇任马步都指挥使，和蕃汉都孔目官郭威争夺权力，从而有仇怨。等到郭威掌权，刘崇感到担忧。节度判官郑珙劝刘崇作保全自己的打算，刘崇听从郑珙的建议。郑珙是青州人。八月初四日庚辰，刘崇上表招募四个指挥的兵力，从此招募勇士，招收亡命之徒，修治铠甲武器，充实府库，停止上交给朝廷的财物赋税，都以防御契丹为名义；朝廷的诏令，多不听从。

自从河中、永兴、凤翔三个藩镇对抗朝廷的命令以来，朝廷相继派遣将领去讨伐他们。昭义节度使常思驻守潼关，白文珂驻守同州，赵晖驻守咸阳。只有郭从义、王峻二人靠近长安设置栅栏，但是二人相互憎恨，像水火一样不能相容，从春天到秋天，都互相观望不肯出战。后汉隐帝对此很担忧，想派遣一位朝廷重臣前去临阵督战。八月初六日壬午，任命郭威为西面军前招慰安抚使，各军都受郭威的调度指挥。

郭威将要启程，向太师冯道询问计策。冯道说："李守贞自己以为是老资格的将领，士卒都归附他。希望您不要吝惜公家的财物，拿来赏赐士卒，这样就夺走了他所依赖的东西了。"郭威听从了冯道的建议。从此人心开始归附于郭威了。

诏白文珂趣河中，赵晖趣凤翔。

甲申，蜀主以赵廷隐为太傅，赐爵宋王，国有大事，就第问之。

戊子，蜀改凤翔曰岐阳军；己丑，以王景崇为岐阳节度使、同平章事。

乙未，以钱弘俶为东南兵马都元帅，镇海、镇东节度使兼中书令，吴越国王。

郭威与诸将议攻讨，诸将欲先取长安、凤翔。镇国节度使扈从珂曰："今三叛连衡，推守贞为主，守贞亡，则两镇自破矣。若舍近而攻远，万一王、赵拒吾前，守贞掎吾后，此危道也。"威善之。于是威自陕州，白文珂及宁江节度使、侍卫步军都指挥使刘词自同州，常思自潼关，三道攻河中。威抚养士卒，与同苦乐，小有功辄赏之，微有伤常亲视之；士无贤不肖，有所陈启，皆温辞色而受之；违忤不怒，小过不责。由是将卒咸归心于威。

始，李守贞以禁军皆尝在麾下，受其恩施，又士卒素骄，苦汉法之严，谓其至则叩城奉迎，可以坐而待之。既而士卒新受赐于郭威，皆忘守贞旧恩。己亥，至城下，扬旗伐鼓，踊跃诟噪。守贞视之失色。

白文珂克西关城，栅于河西，常思栅于城南，威栅于城西。未几，威以常思无将领才，先遣归镇。

诸将欲急攻城，威曰："守贞前朝宿将，健斗好施，屡立战功。况城临大河，楼堞完固，未易轻也。且彼冯城而斗，吾仰而攻之，何异帅士卒投汤火乎！夫勇有盛衰，攻有缓急，时有可否，事有后先；不若且设长围而守之，使飞走路绝。吾洗兵牧马，坐食转输，温饱有余。俟城中无食，公帑家财皆竭，然后进梯冲以逼之，飞羽檄以招之。彼之将士，脱身逃死，父子且不相保，况乌合之众乎！思绾、景崇，但分兵縻之，不足虑也。"乃发诸州民夫二万余人，使白文珂等帅之，刳长壕，筑连城，列队伍而围之。威又谓诸将曰："守贞向畏高祖，不敢鸱张；以我辈崛起太原，事功未著，有轻我心，故敢反耳。正宜静以制之。"乃偃旗卧鼓，但循河设火铺，连延数十里，番步卒以守之。遣水军舣舟于岸，寇

后汉隐帝下诏命令白文珂赶赴河中，赵晖赶赴凤翔。

八月初八日甲申，后蜀主任命赵廷隐为太傅，赐爵为宋王，国家有重要事情，亲自到他的府第去询问。

八月十二日戊子，后蜀改凤翔为岐阳军；八月十三日己丑，任命王景崇为岐阳节度使、同平章事。

八月十九日乙未，后汉任命钱弘俶为东南兵马都元帅，镇海、镇东节度使兼中书令，吴越国王。

郭威和众将商议攻打讨伐的计策，众将主张先攻取长安、凤翔。镇国节度使扈从珂说："如今三个叛臣联合起来，推举李守贞为首领，李守贞败亡，那么其他两个藩镇就不攻自破了。如果舍近攻远，万一王景崇、赵思绾在我们的前面抵抗，李守贞在我们的后面牵制，这是危险的做法。"郭威认为扈从珂说得对。于是郭威从陕州，白文珂和宁江节度使、侍卫步军都指挥使刘词从同州，常思从潼关，三路一起进攻河中。郭威抚慰爱护士卒，和他们同甘共苦，稍有一点小功劳就奖赏他们，稍微受点伤，常常亲自去看望他们；士人不论贤能与否，如果有什么建议，他都和颜悦色地接受；士兵有什么违背冒犯，他不生气；犯了小错，他不责备。因此将帅士卒都归附郭威。

起初，李守贞认为禁军都曾经在自己的统领之下，受过自己的恩惠，而且士卒向来骄纵，苦于后汉法律的苛严，所以自以为一到禁军就会在城门恭敬地迎接他，可以静坐着等待。可是士卒们刚刚接受郭威的赏赐，都忘记了李守贞的旧恩。八月二十三日己亥，士卒们到达城下，高举旗帜，猛击战鼓，情绪高涨，辱骂喧闹。李守贞见了大惊失色。

白文珂攻克西关城，在黄河西岸扎营，常思在城南扎营，郭威在城西扎营。不久，郭威因为常思没有将帅的才能，派遣他先回到自己的镇所。

众将想要赶紧攻城，郭威说："李守贞是前朝的老将，勇猛善战，好施恩惠，屡次建立战功。城池又面临大河，城楼护墙完好坚固，不可轻视。而且他们倚靠城池作战，我们在城下仰面进攻，这和带领士卒投进开水和烈火中有什么两样呢！勇气有盛有衰，进攻有缓有急，时机有适宜有不宜，事情有先有后；不如暂且设置包围圈来防守，使其通往外界的通道都被断绝。我们擦洗兵器，放牧战马，安闲地享用后方转送来的东西，穿暖吃饱还有余。等到城中粮食吃完，公家和私人的财物都用完，然后一面推进云梯冲车进逼他们，一面飞传檄文招降他们。他们的将士各自脱身逃亡，父子尚且不能相互保护，何况是乌合之众呢！赵思绾、王景崇只要分一部分兵力牵制住他们，不值得忧虑。"于是征发各州民夫两万多人，让白文珂等人率领，挖掘长长的壕沟，修筑相连的城堡，排列队伍把城包围起来。郭威又对众将

有潜往来者，无不擒之。于是守贞如坐网中矣。

（以上为第四段，写后汉郭威围困李守贞于河中。）

蜀武德节度使兼中书令王处回请老，辛丑，以太子太傅致仕。

南汉主遣知制诰宣化锺允章求婚于楚，楚王希广不许。南汉主怒，问允章："马公复能经略南土乎？"对曰："马氏兄弟，方争亡于不暇，安能害我！"南汉主曰："然。希广懦而吝啬，其士卒忘战日久，此乃吾进取之秋也。"

武平节度使马希萼请与楚王希广各修职贡，求朝廷别加官爵。希广用天策府内都押牙欧弘练、进奏官张仲荀谋，厚赂执政，使拒其请。九月，壬子，赐希萼及楚王希广诏书，谕以"兄弟宜相辑睦，凡希萼所贡，当附希广以闻"。希萼不从。

蜀兵援王景崇，军于散关，赵晖遣都监李彦从袭击，破之，蜀兵遁去。

蜀主以张业、王处回执政，事多壅蔽，己未，始置匦函，后改为献纳函。

王景崇尽杀侯益家属七十余人，益子前天平行军司马仁矩先在外，得免。庚申，以仁矩为隰州刺史。仁矩子延广，尚在襁褓，乳母刘氏以己子易之，抱延广而逃，乞食至于大梁，归于益家。

李守贞屡出兵欲突长围，皆败而返；遣人赍蜡丸求救于唐、蜀、契丹，皆为逻者所获。城中食且尽，殍死者日众。守贞忧形于色，召总伦诘之，总伦曰："大王当为天子，人不能夺。但此分野有灾，待磨灭将尽，只余一人一骑，乃大王鹊起之时也。"守贞犹以为然。

冬，十月，王景崇遣其子德让，赵思绾遣其子怀义，见蜀主于成都。

戊寅，景崇遣兵出西门，赵晖击破之，遂取西关城。景崇退守大城。

说："李守贞过去畏惧高祖，不敢过于猖狂；他认为我们从太原崛起，事业功绩还不显赫，有轻视我们的想法，所以才敢反叛。正应该用静来制服他。"于是收起军旗，停止击鼓，只沿着河岸设置火铺，延续几十里，派步兵轮番防守。派遣水军驾小船靠在岸边，敌人有偷偷进出的，没有一个不被抓获。于是李守贞就像坐困在网中一样了。

后蜀武德节度使兼中书令王处回请求告老辞职，八月二十五日辛丑，以太子太傅的身份退休。

南汉主派遣知制诰宣化人锺允章向楚国求婚，楚王马希广不答应。南汉主发怒，问锺允章说："马希广还能筹划处理南方的事情吗？"回答说："马氏兄弟正忙于你死我活的争斗，怎么能危害我们！"南汉主说："好！马希广懦弱而且吝啬，他的士兵很久没有打过仗了，这正是我们图谋进取的好时候啊。"

武平节度使马希萼请求和楚王马希广分开，各自尽朝贡的职责，请朝廷另外给他加封官爵。马希广采纳天策府内都押牙欧弘练、进奏官张仲荀的计策，重重地贿赂执政大臣，使执政大臣拒绝马希萼的请求。九月初七日壬子，后汉隐帝赐给马希萼和楚王马希广诏书，劝谕他们"兄弟应该和睦相处，凡是马希萼所进贡的东西，应当和马希广的东西附在一起上奏"。马希萼不听从。

后蜀军队增援王景崇，驻扎在散关，赵晖派遣都监李彦从袭击他们，大败后蜀军队，后蜀军队逃走。

后蜀主因为张业、王处回执掌政权，很多事情的处理自己都不知道，九月十四日己未，开始设置匦函，后来改为献纳函。

王景崇把侯益的家属七十多人全部杀掉，侯益的儿子前任天平行军司马侯仁矩事前在外面，得以免于一死。九月十五日庚申，后汉隐帝任命侯仁矩为隰州刺史。侯仁矩的儿子侯延广，还是个婴儿，乳母刘氏用自己的儿子去替换他，抱着侯延广逃走，靠讨饭到达大梁，回到侯益的家里。

李守贞屡次出兵想冲出包围圈，都失败而退回；派人带着用蜡丸封装的密信向唐、蜀、契丹求救，全都被巡逻的士兵所抓获。城中的粮食将要吃完，饿死的人一天比一天多。李守贞忧形于色，把总伦找来质问，总伦说："大王将会做天子，别人不能夺走。但是这里分野有灾难，等到磨难将尽，只剩下一人一马的时候，就是大王乘时崛起的时候了。"李守贞仍然信以为真。

冬季，十月，王景崇派遣儿子王德让，赵思绾派遣儿子赵怀义，前往成都进见后蜀主。

十月初三日戊寅，王景崇派兵出西门，赵晖将他打败，于是夺取西关城。王景

堑而围之，数挑战，不出。晖潜遣千余人擐甲执兵，效蜀旗帜，循南山而下，令诸军声言：“蜀兵至矣。”景崇果遣兵数千出迎之，晖设伏掩击，尽殪之。自是景崇不复敢出。

蜀主遣山南西道节度使安思谦将兵救凤翔，左仆射兼门下侍郎、同平章事毋昭裔上疏谏曰：“臣窃见庄宗皇帝志贪西顾，前蜀主意欲北行，凡在庭臣，皆贡谏疏，殊无听纳，有何所成！只此两朝，可为鉴诫。”不听，又遣雄武节度使韩保贞引兵出汧阳以分汉兵之势。

王景崇遣前义成节度使酸枣李彦舜等逆蜀兵。丙申，安思谦屯右界，汉兵屯宝鸡。思谦遣眉州刺史申贵将兵二千趣模壁，设伏于竹林。丁酉旦，贵以兵数百压宝鸡而陈，汉兵逐之，遇伏而败，蜀兵逐北，破宝鸡寨。蜀兵去，汉兵复入宝鸡。己亥，思谦进屯渭水，汉益兵五千戍宝鸡。思谦畏之，谓众曰：“粮少敌强，宜更为后图。”辛丑，退屯凤州，寻归兴元。贵，潞州人也。

（以上为第五段，写李守贞困守河中坐以待毙，王景崇引蜀兵为援，苟延残喘。）

荆南节度使南平文献王高从诲寝疾，以其子节度副使保融判内外兵马事。癸卯，从诲卒；保融知留后。

彰武节度使高允权与定难节度使李彝殷有隙。李守贞密求援于彝殷，发兵屯延、丹境上，闻官军围河中，乃退。甲辰，允权以状闻，彝殷亦自诉，朝廷和解之。

初，高祖入大梁，太师冯道、太子太傅李崧皆在真定，高祖以道第赐苏禹珪，崧第赐苏逢吉。崧第中瘗藏之物及洛阳别业，逢吉尽有之。及崧归朝，自以形迹孤危，事汉权臣，常惕惕谦谨，多称疾杜门。而二弟屿、嶬，与逢吉子弟俱为朝士，时乘酒出怨言，云“夺我居第、家赀”。逢吉由是恶之。未几，崧以两京宅券献于逢吉，逢吉愈不悦。翰林学士陶穀，先为崧所引用，复从而谮之。

汉法既严，而侍卫都指挥使史弘肇尤残忍，宠任孔目官解晖，凡入

崇退守大城。赵晖挖掘壕沟来包围他，屡次挑战，王景崇不出来。赵晖暗中派遣一千多人穿着铠甲，拿着武器，仿照后蜀军队的旗帜，沿着南山而下，命令各军扬言说："蜀兵到了。"王景崇果然派出几千人马出城迎接。赵晖埋设伏兵突然出击，把几千人马全部消灭。从此之后，王景崇再也不敢出来。

后蜀主派遣山南西道节度使安思谦率兵救援凤翔，左仆射兼门下侍郎、同平章事毋昭裔上疏劝谏说："臣以为后唐庄宗皇帝贪图向西征伐，前蜀主一心想要向北方发展，所有在朝廷的臣子都上疏劝谏，可是他们根本都不接受，最后有什么成就！就这两个朝代的事，可以作为借鉴！"后蜀主不听，又派遣雄武节度使韩保贞领兵从汧阳进发，来分散后汉军队的势力。

王景崇派遣前任义成节度使酸枣人李彦舜等人迎接后蜀军队。十月二十一日丙申，安思谦驻守宝鸡以西，后汉军队驻守宝鸡。安思谦派遣眉州刺史申贵率兵两千赶赴模壁，在竹林中埋设伏兵。十月二十二日丁酉早晨，申贵率领几百名士兵逼近宝鸡，并摆开阵势，后汉军队追逐他们，遇到伏兵被打败，后蜀军队乘胜向北进攻，攻破宝鸡寨。后蜀军队离开以后，后汉军队又进入宝鸡。十月二十四日己亥，安思谦进兵屯驻渭水，后汉增兵五千戍守宝鸡。安思谦害怕，对部众说："我们粮食少，敌人强大，应该以后另做打算。"十月二十六日辛丑，退兵驻守凤州，不久，回到兴元。申贵是潞州人。

荆南节度使南平文献王高从诲卧床病重，命令他的儿子节度副使高保融兼理内外兵马事务。十月二十八日癸卯，高从诲去世；由高保融兼任留后。

彰武节度使高允权和定难节度使李彝殷有仇怨。李守贞秘密向李彝殷求救，李彝殷发兵屯驻延州、丹州边境上，后来听说官军包围河中，于是退回。十月二十九日甲辰，高允权把这件事奏报朝廷，李彝殷也亲自为这件事申诉，朝廷让他们两人和解。

当初，后汉高祖进入大梁，太师冯道、太子太傅李崧都还在真定，后汉高祖把冯道的宅第赐给苏禹珪，把李崧的宅第赐给苏逢吉。李崧宅第中所埋藏的东西以及在洛阳的其他园林田庄，全部归苏逢吉占有。等到李崧归顺朝廷，自认为处境孤立危险，因此侍奉后汉权臣，常常心存忧惧，谦让谨慎，大多称病不出门。而他的两个弟弟李屿、李嶬，和苏逢吉的子弟都是朝廷的官员，时常在喝酒以后口出怨言，说"夺走我的住宅、家产"。苏逢吉因此痛恨他们。不久，李崧把在两京房子的房契献给苏逢吉，苏逢吉更加不高兴。翰林学士陶穀，先前被李崧引荐进用，现在又跟着别人来诬陷他。

后汉的法律已经很严酷，而侍卫都指挥使史弘肇尤其残忍，他宠信任用孔目官

军狱者，使之随意锻炼，无不自诬。及三叛连兵，群情震动，民间或讹言相惊骇。弘肇掌部禁兵，巡逻京城，得罪人，不问轻重，于法何如，皆专杀不请，或决口，斫筋，折胫，无虚日。虽奸盗屏迹，而冤死者甚众，莫敢辩诉。

李屿仆夫葛延遇，为屿贩鬻，多所欺匿，屿抶之，督其负甚急。延遇与苏逢吉之仆李澄，谋上变告屿谋反。逢吉闻而诱致之，因召崧至第，收送侍卫狱。屿自诬云："与兄崧、弟嶬、甥王凝及家童合二十人，谋因山陵发引，纵火焚京城作乱；又遣人以蜡书入河中城，结李守贞；又遣人召契丹兵。"及具狱上，逢吉取笔改"二十"为"五十"字。十一月，甲寅，下诏诛崧兄弟、家属及辞所连及者，皆陈尸于市，仍厚赏葛延遇等，时人无不冤之。自是士民家皆畏惮仆隶，往往为所胁制。

他日，秘书郎真定李昉诣陶穀，穀曰："君于李侍中近远？"昉曰："族叔父。"穀曰："李氏之祸，穀有力焉。"昉闻之，汗出。穀，邠州人也，本姓唐，避晋高祖讳改焉。

史弘肇尤恶文士，常曰："此属轻人难耐，每谓吾辈为卒。"弘肇领归德节度使，委亲吏杨乙收属府公利，乙依势骄横，合境畏之如弘肇。副使以下，望风展敬，乙皆下视之，月率钱万缗以输弘肇，士民不胜其苦。

初，沈丘人舒元，嵩山道士杨讷，俱以游客干李守贞。守贞为汉所攻，遣元更姓朱，讷更姓李，名平，间道奉表求救于唐。唐谏议大夫查文徽、兵部侍郎魏岑请出兵应之。

唐主命北面行营招讨使李金全将兵救河中，以清淮节度使刘彦贞副之，文徽为监军使，岑为沿淮巡检使，军于沂州之境。金全与诸将方会食，候骑白有汉兵数百在涧北，皆羸弱，请掩之，金全令曰："敢言过涧者斩！"及暮，伏兵四起，金鼓闻十余里，金全曰："向可与之战乎？"时唐士卒厌兵，莫有斗志，又河中道远，势不相及。丙寅，唐兵退保海州。

解晖，凡是被关进军中监狱的人，随他任意罗织罪名，没有不被迫认罪的。李守贞、王景崇、赵思绾三个叛臣联兵以后，群情震动，民间有的人散布谣言，引起惊慌恐惧。史弘肇掌管禁军，巡逻京城，抓到犯罪的人，不问罪过轻重，在法律上应该怎么处理，都一律不经请示，擅自处死；有的撕烂嘴巴，截断筋骨，砍断小腿，没有一天停止过。虽然奸人盗贼因此而销声匿迹，但是冤屈死的人也很多，没有一个敢争辩申诉的。

李屿的仆人葛延遇，替李屿贩卖东西，多次欺骗隐瞒，李屿鞭打他，逼他交出所欠的东西，催促得很急。葛延遇和苏逢吉的仆人李澄，商议向上报告说李屿图谋造反。苏逢吉听说这个事就诱导他们，于是召请李崧到家里，把他抓起来，送到侍卫狱。李屿自己诬陷说："与哥哥李崧、弟弟李巍、外甥王凝以及僮仆一共二十人，谋划乘先帝的灵柩发运的时候，放火焚烧京城，起来造反；又派人携带蜡丸密信到河中城，勾结李守贞；又派人召请契丹兵。"等到定案的案卷呈递上去，苏逢吉拿笔把"二十"改成"五十"。十一月初九日甲寅，后汉隐帝下诏诛杀李崧兄弟、家属以及供词所牵连到的人，都暴尸街头，同时重赏葛延遇等人，当时的人无不认为他们是冤枉的。从此士民家里都害怕仆人，往往被仆人要挟控制。

有一天，秘书郎真定人李昉去拜见陶穀，陶穀说："您和李侍中的关系是近是远？"李昉说："他是我的族叔父。"陶穀说："李氏的灾祸，我出了力。"李昉听了这句话，吓得冒出汗来。陶穀是邠州人，本来姓唐，因为避后晋高祖石敬瑭的讳而改姓。

史弘肇尤其痛恨文人，常常说："这帮人轻视人，让人难以忍受，常称我们这些人是兵卒。"史弘肇兼任归德节度使，委托亲信的官吏杨乙替他收取军府所应取的财物。杨乙依仗权势，骄纵蛮横，整个境内畏惧他如同畏惧史弘肇一样。节度副使以下的官吏，远远望见他要施礼表示恭敬，杨乙都把他们当下人看待，每月征敛钱财万缗交给史弘肇，士民们都受不了这种苦。

当初，沈丘人舒元、嵩山道士杨讷，都以游客的身份谒见李守贞，以求得任用。李守贞被后汉所包围，便派遣舒元改姓朱，杨讷改姓李，名叫平，奉持表章从小路去向南唐请求救兵。南唐谏议大夫查文徽、兵部侍郎魏岑请求出兵救援。

南唐主命令北面行营招讨使李金全率兵救援河中，命令清淮节度使刘彦贞做他的副手，查文徽为监军使，魏岑为沿淮巡检使，驻兵在沂州境内。李金全和众将正一起吃饭，巡逻侦察的骑兵报告说有几百名后汉兵在涧水北岸，都很疲惫衰弱，请求袭击他们，李金全下令说："敢说渡过涧水的人斩首！"等到傍晚，伏兵四起，鸣金击鼓声远传十几里，李金全说："刚才可以和他们交战吗？"当时唐兵厌战，没有一个有斗志，又因为河中路途遥远，势力不能顾及。十一月二十一日丙寅，唐军退

唐主遗帝书谢，请复通商旅，且请赦守贞，朝廷不报。

壬申，葬睿文圣武昭肃孝皇帝于睿陵，庙号高祖。

十二月，丁丑，以高保融为荆南节度使、同平章事。

（以上为第六段，写辅臣苏逢吉、节镇史弘肇贪残暴虐。南唐主兵救李守贞败还。）

辛巳，南汉主以内常侍吴怀恩为开府仪同三司、西北面招讨使，将兵击楚，攻贺州。楚王希广遣决胜指挥使徐知新等将兵五千救之。未至，南汉人已拔贺州，凿大阱于城外，覆以竹箔，加土，下施机轴，自堑中穿穴通阱中。知新等至，引兵攻城，南汉遣人自穴中发机，楚兵悉陷。南汉出兵从而击之，楚兵死者以千数。知新等遁归，希广斩之。南汉兵复陷昭州。

王景崇累表告急于蜀，蜀主命安思谦再出兵救之。壬午，思谦自兴元引兵屯凤州，请先运粮四十万斛，乃可出境，蜀主曰："观思谦之意，安肯为朕进取！"然亦发兴州、兴元米数万斛以馈之。

戊子，思谦进屯散关，遣马步使高彦俦、眉州刺史申贵击汉箭筈安都寨，破之。庚寅，思谦败汉兵于玉女潭，汉兵退屯宝鸡，思谦进屯模壁。韩保贞出新关，壬辰，军于陇州神前，汉兵不出，保贞亦不敢进。

赵晖告急于郭威，威自往赴之。时李守贞遣副使周光逊、裨将王继勋、聂知遇守城西，威戒白文珂、刘词曰："贼苟不能突围，终为我禽；万一得出，则吾不得复留于此。成败之机，于是乎在。贼之骁锐，尽在城西，我去必来突围，尔曹谨备之！"威至华州，闻蜀兵食尽引去，威乃还。韩保贞闻安思谦去，亦退保弓川寨。

蜀中书侍郎兼礼部尚书、同平章事徐光溥坐以艳辞挑前蜀安康长公主，丁酉，罢守本官。

（以上为第七段，写南汉与楚交兵。蜀主再次出兵救援王景崇。）

守海州。

唐主致信给后汉隐帝谢罪，请求恢复通商，并且请求赦免李守贞，朝廷不作答复。

十一月二十七日壬申，将睿文圣武昭肃孝皇帝安葬在睿陵，庙号为高祖。

十二月初三日丁丑，后汉隐帝任命高保融为荆南节度使、同平章事。

十二月初七日辛巳，南汉主任命内常侍吴怀恩为开府仪同三司、西北面招讨使，率兵攻打楚国，进攻贺州。楚王马希广派遣决胜指挥使徐知新等人率兵五千前去救援。还没有到，南汉人已经攻取了贺州，在城外挖一口大陷阱，覆盖竹帘，加上泥土，下面设置机关，从壕沟里挖地道直通陷阱。徐知新等人赶到，领兵攻城，南汉派人从地道中发动机关，楚兵全部掉进陷阱里。南汉接着出兵攻击，楚兵死的人以千计。徐知新等人逃回，马希广将他斩首。南汉军队又攻陷了昭州。

王景崇屡次上表向后蜀告急，后蜀主命令安思谦再次出兵去救援。十二月初八日壬午，安思谦从兴元领兵驻守凤州，请求先运送粮食四十万斛，才可以出境，后蜀主说："看安思谦的意思，怎么能肯为朕进取！"但仍然拨出兴州、兴元的米粮几万斛送给安思谦。

十二月十四日戊子，安思谦进兵驻守散关，派遣马步使高彦俦、眉州刺史申贵进攻后汉箭筈安都寨，攻下了它。十二月十六日庚寅，安思谦在玉女潭打败后汉军队，后汉军队退守宝鸡，安思谦进兵驻守模壁。韩保贞从新关出兵，十二月十八日壬辰，驻扎在陇州神前，后汉军队不出战，韩保贞也不敢前进。

赵晖向郭威告急，郭威亲自前往救援。当时李守贞派遣副使周光逊，副将王继勋、聂知遇防守城西，郭威告诫白文珂、刘词说："贼兵如果不能突围，最后终究会被我们抓获；万一能够突围，那么我们就不能再留在这里。成败的关键，就在于此。敌人勇猛精锐的部队，都在城西，我走了以后，他们必定要来突围，你们要谨慎地防备他们！"郭威到了华州，听说后蜀军队因为粮食吃完而退走，郭威就返回了。韩保贞听说安思谦退走，也退守弓川寨。

后蜀中书侍郎兼礼部尚书、同平章事徐光溥，因为用有关情爱的话语挑逗前蜀安康长公主，十二月二十三日丁酉，被罢免宰相职务，只担任原来的官职。

隐皇帝上

乾祐二年（己酉，949 年）

春，正月，乙巳朔，大赦。

郭威将至河中，白文珂出迎之。

戊申夜，李守贞遣王继勋等引精兵千余人循河而南，袭汉栅，坎岸而登，遂入之，纵火大噪，军中狼狈不知所为。刘词神色自若，下令曰："小盗不足惊也。"帅众击之。客省使阎晋卿曰："贼甲皆黄纸，为火所照，易辨耳；奈众无斗志何！"裨将李韬曰："安有无事食君禄，有急不死斗者邪！"援矟先进，众从之。河中兵退走，死者七百人，继勋重伤，仅以身免。己酉，郭威至，刘词迎马首请罪。威厚赏之，曰："吾所忧正在于此。微兄健斗，几为虏嗤。然虏伎殚于此矣。"晋卿，忻州人也。

守贞之欲攻河西栅也，先遣人出酤酒于村墅，或贳与，不责其直，逻骑多醉，由是河中兵得潜行入寨，几至不守。郭威乃下令："将士非犒宴，毋得私饮！"爱将李审，晨饮少酒，威怒曰："汝为吾帐下，首违军令，何以齐众！"立斩以徇。

甲寅，蜀安思谦退屯凤州，上表待罪，蜀主释不问。

诏以静州隶定难军，二月，辛未，李彝殷上表谢。彝殷以中原多故，有轻傲之志，每藩镇有叛者，常阴助之，邀其重赂。朝廷知其事，亦以恩泽羁縻之。

淮北群盗多请命于唐，唐主遣神卫都虞候皇甫晖等将兵万人出海、泗以招纳之。蒙城镇将咸师朗等降于晖；徐州将成德钦败唐兵于峒峿镇，俘斩六百级，晖等引归。

晋李太后诣契丹主，请依汉人城寨之侧，给田以耕桑自赡，契丹主许之，并晋主迁于建州。未至，安太妃卒于路。遗令："必焚我骨，南向飏之，庶几魂魄归达于汉。"既至建州，得田五十余顷，晋主令从者耕其中以给食。倾之，述律王遣骑取晋主宠姬赵氏、聂氏而去。述律王者，契丹主德光之子也。

隐皇帝上

后汉隐帝乾祐二年（己酉，949年）

春季，正月初一日乙巳，实行大赦。

郭威将要到河中，白文珂出城迎接。

正月初四日戊申夜晚，李守贞派遣王继勋等人率领精兵一千多人，沿着黄河向南进发，袭击后汉军队的营寨，在河坡岸上凿挖坎阶而登上去，于是进入营寨，放火焚烧，大声呼喊，后汉军中仓皇失措。刘词神色自如，下令说："小小盗贼不值得惊慌。"率领部众反击。客省使阎晋卿说："贼兵的铠甲上面都有黄纸，被火一照，很容易辨认；可是众人都没有斗志，又有什么办法！"副将李韬说："哪有没事时吃君主的俸禄，遇有危急却不拼死作战呢！"拿起长矛率先前进，众人跟着他。河中军队退却逃走，死了七百人，王继勋受重伤，勉强得以脱身。正月初五日己酉，郭威到达，刘词迎向马头请罪。郭威重重地奖赏他，说："我所担忧的正是在这里。没有兄弟的勇猛作战，几乎被敌人所嗤笑。然而敌人的伎俩恐怕也就只是这些了。"阎晋卿是忻州人。

李守贞将要攻击河西营寨的时候，先派人出城到村庄里卖酒，有时候赊账，不向别人要钱，巡逻的后汉骑兵大多喝醉，因此河中兵得以偷偷地混入营寨，营寨几乎失守。郭威于是下令："将士除非是犒赏饮宴，不得私下喝酒！"郭威所喜欢的将领李审，早上喝了少量的酒，郭威生气地说："你是我的部下，却首先违反军令，教我怎么统一部众！"立即将李审斩首示众。

正月初十日甲寅，后蜀安思谦退兵驻守凤州，上表等待治罪，后蜀主放过此事不追问。

后汉隐帝下诏将静州隶属于定难军，二月，辛未这一天，李彝殷上表谢恩。李彝殷因为中原多事，所以有轻视傲慢的心理，每当藩镇有叛乱的，他常常暗中帮助，并以此希望得到丰厚的贿赂。朝廷知道这些事，也仍然用恩惠来笼络李彝殷。

淮北的许多盗贼请求听命于南唐，南唐主派遣神卫都虞候皇甫晖等人率兵一万从海州、泗州出发，去招抚接纳他们。蒙城守将咸师朗等人向皇甫晖投降；徐州将领成德钦在峒峿镇大败南唐军队，俘虏斩首六百人，皇甫晖等人领兵退回。

后晋李太后去见契丹主，请求在靠近汉人城寨的旁边，给一块田地来耕种养蚕，养活自己。契丹主答应了她，并且连同后晋主一起迁到建州。还没到建州，安太妃就死在路上。她的遗嘱说："一定要把我的遗体火化，把骨灰撒向南方，这样魂魄也许可以回到汉室。"到了建州以后，得到田地五十多顷，后晋主命令随从人员在田里耕种来供应食物。不久，述律王派遣骑兵抢走后晋主宠爱的姬妾赵氏、聂氏。述律

三月，己未，以归德牙内指挥使史德琉领忠州刺史。德琉，弘肇之子也，颇读书，常不乐父之所为。有举人呼噪于贡院门，苏逢吉命执送侍卫司，欲其痛棰而黥之。德琉言于父曰："书生无礼，自有台府治之，非军务也。此乃公卿欲彰大人之过耳。"弘肇大然之，即破械遣之。

楚将徐进败蛮于风阳山，斩首五千级。

夏，四月，壬午，太白昼见，民有仰视之者，为逻卒所执，史弘肇腰斩之。

河中城中食且尽，民饿死者什五六。癸卯，李守贞出兵五千余人，赍梯桥，分五道以攻长围之西北隅。郭威遣都监吴虔裕引兵横击之，河中兵败走，杀伤太半，夺其攻具。五月，丙午，守贞复出兵，又败之，擒其将魏延朗、郑宾。壬子，周光逊、王继勋、聂知遇帅其众千余人来降。守贞将士降者相继，威乘其离散，庚申，督诸军百道攻之。

赵思绾好食人肝，尝面剖而脍之，脍尽，人犹未死。又好以酒吞人胆，谓人曰："吞此千枚，则胆无敌矣。"及长安城中食尽，取妇女、幼稚为军粮，日计数而给之。每犒军，辄屠数百人，如羊豕法。思绾计穷，不知所出。郭从义使人诱之。

初，思绾少时，求为左骁卫上将军致仕李肃仆，肃不纳，曰："是人目乱而语诞，他日必为叛臣。"肃妻张氏，全义之女也，曰："君今拒之，后且为患。"乃厚以金帛遗之。及思绾据长安，肃闲居在城中，思绾数就见之，拜伏如故礼。肃曰："是子亟来，且污我。"欲自杀。妻曰："曷若劝之归国！"会思绾问自全之计，肃乃与判官程让能说思绾曰："公本与国家无嫌，但惧罪耳。今国家三道用兵，俱未有功，若以此时翻然改图，朝廷必喜，自可不失富贵。孰与坐而待毙乎！"思绾从之，遣使诣阙请降。乙丑，以思绾为华州留后，都指挥使常彦卿为虢州刺史，令便道之官。

王是契丹主耶律德光的儿子。

三月十六日己未，后汉隐帝任命归德牙内指挥使史德珫兼任忠州刺史。史德珫是史弘肇的儿子，很喜欢读书，常常不喜欢他父亲的所作所为。有一个举人在贡院门前呼喊喧闹，苏逢吉命人把举人抓起来送到侍卫司，想把那举人痛打一顿，再在那举人脸上刺字。史德珫对父亲说："读书人无礼，自然有台府处置，并不属于军中的事务。这只是公卿大臣在彰显大人的过失罢了。"史弘肇认为史德珫说得非常对，就立即打开镣铐，把那举人放回去。

楚国将领徐进在风阳山打败蛮人，斩首五千级。

夏季，四月初九日壬午，太白星在白天出现，百姓有仰面观看的，被巡逻的士兵抓住，史弘肇将他们腰斩。

河中城里粮食即将吃完，百姓饿死的有十之五六。四月三十日癸卯，李守贞出兵五千多人，携带梯桥，分五路进攻包围圈的西北角。郭威派遣都监吴虔裕领兵拦截，河中兵战败逃走，被杀伤一大半，他们的进攻器具也被夺走。五月初三日丙午，李守贞再次出兵，后汉军队又把他们打败，擒获他们的将领魏延朗、郑宾。五月初九日壬子，周光逊、王继勋、聂知遇率领他们的部众一千多人前来投降，李守贞的将士前来投降的接连不断，郭威乘他们分崩离乱，五月十七日庚申，督率各军发起全面进攻。

赵思绾喜欢吃人肝，曾经当面把一个人的肝挖出来，切细吃了，吃完后，那人还没有死。赵思绾还喜欢用酒吞人胆，他对人说："把这个吞下一千个，就胆大无敌了。"长安城里的粮食吃完以后，就拿妇女、小孩充当军粮，每天计算着数量供给。每次犒赏军队，就屠杀几百人，跟烹煮羊猪一样。赵思绾计谋用尽，不知道怎么办。郭从义派人来诱降赵思绾。

当初，赵思绾年轻的时候，请求为退休的左骁卫上将军李肃当仆人，李肃不肯接受，说："这个人目光邪乱，而且言语荒诞，以后一定是个叛臣。"李肃的妻子张氏，是张全义的女儿，说："您现在拒绝赵思绾，以后将成为祸患。"于是赠送他丰厚的金帛。等到赵思绾占据长安以后，李肃闲居在城里，赵思绾几次前去见李肃，仍然按照以前的礼节向李肃行礼。李肃说："这个家伙屡次前来，将会玷污我。"想要自杀。李肃的妻子说："何不劝他归顺朝廷！"正赶上赵思绾向李肃请教保全自己的计策，李肃于是和判官程让能劝赵思绾说："您本来就和国家没有仇怨，只是担心获罪而已。现在国家三路用兵，都没功劳，倘若您在这个时候回心转意，改变想法，朝廷一定喜欢，自然不会失去富贵。比起坐而待毙的情形来，哪一种好呢！"赵思绾听从了他们的劝说，派遣使者到京城去请求投降。五月二十二日乙丑，朝廷任命赵思绾为华州留后，都指挥使常彦卿为虢州刺史，命令他们就近去赴任。

吴越内牙都指挥使钭滔，胡进思之党也，或告其谋叛，辞连丞相弘亿。吴越王弘俶不欲穷治，贬滔于处州。

六月，癸酉朔，日有食之。

秋，七月，甲辰，赵思绾释甲出城受诏，郭从义以兵守其南门，复遣还城。思绾求其牙兵及铠仗，从义亦给之；思绾迁延，收敛财贿，三改行期。从义等疑之，密白郭威，请图之，威许之。壬子，从义与都监、南院宣徽使王峻按辔入城，处于府舍，召思绾酌别，因执之，并常彦卿及其父兄部曲三百人，皆斩于市。

甲寅，郭威攻河中，克其外郭。李守贞收余众，退保子城。诸将请急攻之，威曰："夫鸟穷则啄，况一军乎！涸水取鱼，安用急为！"

壬戌，李守贞与妻及子崇勋等自焚，威入城，获其子崇玉等及所署丞相靖峄、孙愿，枢密使刘芮，国师总伦等，送大梁，磔于市。征赵修己为翰林天文。

威阅守贞文书，得朝廷权臣及藩镇与守贞交通书，词意悖逆，欲奏之，秘书郎榆次王溥谏曰："魑魅乘夜争出，见日自消。愿一切焚之，以安反侧。"威从之。

（以上为第八段，写后汉平定李守贞、赵思绾。）

三叛既平，帝浸骄纵，与左右狎昵。飞龙使瑕丘后匡赞、茶酒使太原郭允明以谄媚得幸，帝好与之为廋辞、丑语，太后屡戒之，帝不以为意。癸亥，太常卿张昭上言："宜亲近儒臣，讲习经训。"不听。昭，即昭远，避高祖讳改之。

戊辰，加永兴节度使郭从义同平章事，徙镇国节度使扈从珂为护国节度使，以河中行营马步都虞候刘词为镇国节度使。

唐主复进用魏岑。吏部郎中会稽锺谟、尚书员外郎李德明始以辩慧得幸，参与国政；二人皆恃恩轻躁，虽不与岑为党，而国人皆恶之。户部员外郎范冲敏，性狷介，乃教天威都虞候王建封上书，历诋用事者，请进用正人。唐主谓建封武臣典兵，不当干预国政，大怒，流建封于池州，未至，杀之，冲敏弃市。

吴越内牙都指挥使钭滔，是胡进思的党羽，有人告发钭滔图谋造反，口供牵连到丞相钱弘亿。吴越王钱弘俶不愿意彻底追究，只把钭滔贬到处州。

六月初一日癸酉，发生日食。

秋季，七月初三日甲辰，赵思绾脱下铠甲出城接受后汉隐帝的诏书，郭从义派兵把守南门，又把赵思绾送回城里。赵思绾请求要他的牙兵和铠甲武器，郭从义也给了他；但是赵思绾拖延时间，在城里征敛财货，再三改变启程的日期。郭从义等对赵思绾产生了怀疑，秘密地报告郭威，请求采取措施对付赵思绾，郭威同意。七月十一日壬子，郭从义和都监、宣徽南院使王峻骑着马慢步进城，住在馆舍，召请赵思绾一起喝酒，为他饯行话别，趁机把赵思绾抓起来，连同常彦卿和他的父亲兄弟、心腹部众一共三百人，都在街市上斩首。

七月十三日甲寅，郭威进攻河中，攻克外城。李守贞收拾残部，退守里面的子城。众将请求赶快进攻他，郭威说："鸟一旦走投无路，也会啄人，何况是一支军队呢！把水舀干了再去抓鱼，何必要那么性急！"

七月二十一日壬戌，李守贞和他的妻子及儿子李崇勋等人自焚而死，郭威进城，抓住李守贞的儿子李崇玉等人以及李守贞所任命的宰相靖崊、孙愿，枢密使刘芮，国师总伦等人，押送到大梁，全部斩首后暴尸街头。征召赵修己为翰林天文。

郭威查阅李守贞的公文书信，得到朝廷执政大臣以及藩镇官员与李守贞往来勾结的书信，言辞背离叛逆。郭威想要奏报，秘书郎榆次人王溥劝谏说："鬼怪乘黑夜才争相出现，一见到阳光，自然就会消失。希望把这些全部烧掉，来安定那些反复无常的人。"郭威听从了他的建议。

三个叛臣既已平定，后汉隐帝逐渐骄奢放纵，与左右的人随意地亲近在一起玩耍。飞龙使瑕丘人后匡赞、茶酒使太原人郭允明靠巴结讨好而得到皇帝的宠信，后汉隐帝喜欢和他们说隐语、丑话，太后屡次告诫后汉隐帝，后汉隐帝也不在意。七月二十二日癸亥，太常卿张昭进言说："应该亲近儒臣，讲习经义。"后汉隐帝不听。张昭就是张昭远，因为避高祖的名讳而改名。

七月二十七日戊辰，为永兴节度使郭从义加官同平章事，调任镇国节度使扈从珂为护国节度使，任命河中行营马步都虞候刘词为镇国节度使。

南唐主又提拔任用魏岑。吏部郎中会稽人锺谟、尚书员外郎李德明最初是靠善辩、聪明而得宠，参与国家政事；两个人都倚仗皇帝的恩宠而轻浮骄躁，虽然不和魏岑结党，但是国中人都痛恨他们。户部员外郎范冲敏性情谨慎耿直，便让天威都虞候王建封上书，一一指责当权者的过错，请求提拔任用正直的人。南唐主认为王建封是武臣，只掌管军队，不应该干预国家政事，非常恼怒，把王建封流放池州，

唐主闻河中破，以朱元为驾部员外郎，待诏文理院李平为尚书员外郎。

吴越王弘俶以丞相弘亿判明州。

西京留守、同平章事王守恩，性贪鄙，专事聚敛。丧车非输钱不得出城，下至抒厕、行乞之人，不免课率，或纵麾下令盗人财。有富室娶妇，守恩与俳优数人往为宾客，得银数铤而返。

八月，甲申，郭威自河中还，过洛阳；守恩自恃位兼将相，肩舆出迎。威怒，以为慢己，辞以浴，不见，即以头子命保义节度使、同平章事白文珂代守恩为留守，文珂不敢违。守恩犹坐客次，吏白："新留守已视事于府矣。"守恩大惊，狼狈而归，见家属数百已逐出府，在通衢矣。朝廷不之问，以文珂兼侍中，充西京留守。

欧阳修论曰："自古乱亡之国，必先坏其法制而后乱从之，此势之然也，五代之际是已。文珂、守恩皆汉大臣，而周太祖以一枢密使头子而易置之，如更戍卒。是时太祖未有无君之志，而所为如此者，盖习为常事，故文珂不敢违，守恩不敢拒。太祖既处之不疑，而汉廷君臣亦置而不问，岂非纲纪坏乱之极而至于此欤！是以善为天下虑者，不敢忽于微而常杜其渐也，可不戒哉！"

守恩至大梁，恐获罪，广为贡献，重赂权贵。朝廷亦以守恩首举潞州归汉，故宥之，但诛其用事者数人而已。

（以上为第九段，写郭威擅权，更易节镇，标志朝纲法纪败坏，受到欧阳修的批评。）

马希萼悉调朗州丁壮为乡兵，造号静江军，作战舰七百艘，将攻潭州。其妻苑氏谏曰："兄弟相攻，胜负皆为人笑。"不听，引兵趣长沙。

马希广闻之曰："朗州，吾兄也，不可与争，当以国让之而已。"刘彦瑫、李弘皋固争以为不可。乃以岳州刺史王赟为都部署战棹指挥使，以彦瑫监其军。己丑，大破希萼于仆射洲，获其战舰三百艘。赟追希萼，将及之，希广遣使召之曰："勿伤吾兄！"赟引兵还。赟，环之子也。

还没有到池州，又把王建封杀掉，范冲敏被斩首示众。

南唐主听说河中被攻破，就任命朱元为驾部员外郎，待诏文理院李平为尚书员外郎。

吴越王钱弘俶任命丞相钱弘亿兼任明州地方官。

西京留守、同平章事王守恩，性情贪婪鄙陋，专门聚敛财货。丧车不送钱不准出城，下到清扫厕所和行乞的人，都不免要交税。有时候还让手下的人去偷别人的钱财。有钱的人家娶媳妇，王守恩和几个艺人前去做客，得到几锭银子才回来。

八月十三日甲申，郭威从河中返回，途经洛阳；王守恩倚仗自己位兼将相，便坐着轿子前去迎接。郭威不高兴，认为王守恩怠慢自己，推说正在沐浴，不见王守恩，立即草拟帖子，任命保义节度使、同平章事白文珂取代王守恩为西京留守，白文珂不敢违抗。王守恩还坐在客位上，小吏告诉王守恩说："新任的留守已经在留守府任职了！"王守恩大为吃惊，狼狈而回，看到家属几百人，已经被赶出府门，站在大街上了。朝廷没有过问这件事，任命白文珂兼任侍中，充任西京留守。

欧阳修评论说：自古以来，混乱灭亡的国家，一定是先破坏了法令制度，然后乱事才跟随而来，这是势所必然的，五代的时候正是这样。白文珂、王守恩都是后汉大臣，然而后周太祖郭威用一张枢密使的帖子就更换了他们的职位，就像更换卫兵一样。当时后周太祖并没有无视君主的野心，但所做出来的事却是这样，大概是因为已经习以为常，所以白文珂不敢违背，王守恩也不敢抗拒。后周太祖毫不迟疑地这样干，而后汉的君臣也置之不问，这难道不是因为国家的法律制度败坏混乱到了极点，才会出现这种情况吗！所以善于为天下考虑的人，不敢忽略细微的事情，而常常防微杜渐，这些能不引为借鉴吗？

王守恩到了大梁，恐怕会获罪，便到处进贡，重重地贿赂有权势的人。朝廷也因为王守恩首先率潞州归降后汉，所以宽恕了王守恩，只诛杀了几个在王守恩手下当事的人而已。

马希萼把朗州的丁壮全部征调来当乡兵，创立军号为静江军，建造七百艘战舰，准备攻打潭州。马希萼的妻子苑氏劝谏他说："兄弟互相进攻，不论胜败，都会被人嗤笑。"马希萼不听，领兵直奔长沙。

马希广听到这个消息，说："朗州，那是我的哥哥，不能和他争斗，只应当把国家让给他就是了。"刘彦瑫、李弘皋极力抗辩，认为不能这样做。马希广于是任命岳州刺史王赟为都部署战棹指挥使，派刘彦瑫为监军。八月十八日乙丑，在仆射洲大败马希萼，缴获战舰三百艘。王赟追赶马希萼，快要追上时，马希广派使者把王赟

希萼自赤沙湖乘轻舟遁归，苑氏泣曰：“祸将至矣，余不忍见也。”赴井而死。

戊戌，郭威至大梁，入见，帝劳之，赐金帛、衣服、玉带、鞍马，辞曰：“臣受命期年，仅克一城，何功之有！且臣将兵在外，凡镇安京师、供亿所须、使兵食不乏，皆诸大臣居中者之力也，臣安敢独膺此赐！请遍赏之。”又议加方镇，辞曰：“杨邠位在臣上，未有茅土；且帷幄之臣，不可以弘肇为比。”九月，壬寅，遍赐宰相、枢密、宣徽、三司、侍卫使九人，与威如一。帝欲特赏威，辞曰：“运筹建画，出于庙堂；发兵馈粮，资于藩镇；暴露战斗，在于将士；而功独归臣，臣何以堪之！”

乙巳，加威兼侍中，史弘肇兼中书令。辛亥，加窦贞固司徒，苏逢吉司空，苏禹珪左仆射，杨邠右仆射。诸大臣议，以朝廷执政溥加恩，恐藩镇觖望。乙卯，加天雄节度使高行周守太师，山南东道节度使安审琦守太傅，泰宁节度使符彦卿守太保，河东节度使刘崇兼中书令；己未，加忠武节度使刘信、天平节度使慕容彦超、平卢节度使刘铢并兼侍中；辛酉，加朔方节度使冯晖、定难节度使李彝殷兼中书令；冬，十月，壬申，加义武节度使孙方简、武宁节度使刘赟同平章事；壬午，加吴越王弘俶尚书令，楚王希广太尉；丙戌，加荆南节度使高保融兼侍中。议者以为：“郭威不专有其功，推以分人，信为美矣；而国家爵位，以一人立功而覃及天下，不亦滥乎！”

（以上为第十段，写后汉郭威平定三叛建功，朝廷滥施赏赐遍天下。）

吴越王弘俶募民能垦荒田者，勿收其税，由是境内无弃田。或请纠民遗丁以增赋，仍自掌其事；弘俶杖之国门。国人皆悦。

楚静江节度使马希瞻以兄希萼、希广交争，屡遣使谏止，不从。知终覆族，疽发于背，丁亥，卒。

契丹寇河北，所过杀掠；节度使、刺史各婴城自守。游骑至贝州及

叫回来，说："不要伤害我的哥哥。"王赟于是领兵返回。王赟是王环的儿子。

马希萼从赤沙湖乘小船逃回朗州，苑氏哭着说："灾祸就要降临了，我不忍心看到。"跳井而死。

八月二十七日戊戌，郭威回到大梁，入朝拜见后汉隐帝，后汉隐帝慰劳郭威，赏赐给他金帛、衣服、玉带、鞍马，郭威推辞说："臣接受命令一年，只攻克一座城，哪有什么功劳！而且臣领兵在外，大凡镇守保卫京师、供应军队所需、使军粮不缺乏，都是朝中各位大臣的功劳，臣怎么敢独自接受这些赏赐！请分赏给大家吧！"朝廷又拟议加授给他藩镇，郭威推辞说："杨邠位置在臣之上，尚且没有兼领藩镇，况且国家中枢之臣不能和史弘肇相比。"九月初二日壬寅，全面赏赐宰相、枢密使、宣徽使、三司使、侍卫使等九人，和郭威一样。后汉隐帝想特别赏赐郭威，郭威推辞说："谋划战争，出自朝廷；发兵运粮，依靠藩镇；沙场作战，在于将士；把功劳只归于臣，臣怎么领受得起！"

九月初六日乙巳，郭威加官兼任侍中，史弘肇兼任中书令。九月十二日辛亥，窦贞固加官司徒，苏逢吉加官司空，苏禹珪加官左仆射，杨邠加官右仆射。大臣们议论，认为朝廷的执政大臣普遍加恩，恐怕各藩镇因为失望而有所怨恨。九月十六日乙卯，天雄节度使高行周加官兼署太师，山南东道节度使安审琦兼署太傅，泰宁节度使符彦卿兼署太保，河东节度使刘崇兼任中书令；九月二十日己未，忠武节度使刘信、天平节度使慕容彦超、平卢节度使刘铢都加官兼任侍中；九月二十二日辛酉，朔方节度使冯晖、定难节度使李彝殷都加官兼任中书令；冬季，十月初三日壬申，义武节度使孙方简、武宁节度使刘赟加官同平章事；十月十三日壬午，吴越王钱弘俶加官为尚书令，楚王马希广加官为太尉；十月十七日丙戌，荆南节度使高保融加官兼任侍中。对这件事发表议论的人认为："郭威不独揽功劳，而推让把它分给别人，这的确是一件很好的事；但是国家封爵职位，因一个人立功而被遍赐天下，不也太滥了吗！"

吴越王钱弘俶招募能够开垦荒地的百姓，不征收他们的租税，因此吴越境内没有闲弃的土地。有人建议检举出百姓户籍上漏掉的男丁，以增加税收，并屡次请求由其来掌管这件事；钱弘俶命人在都城的大门杖打提此建议的人，都城中人都很高兴。

楚国静江节度使马希瞻因为哥哥马希萼、马希广互相争斗，屡次派遣使者劝谏阻止，但他们不听。马希瞻知道终究要遭灭族，不久，背上毒疮突发，十月十八日丁亥，去世。

契丹入侵河北，所过之处杀人抢劫；节度使、刺史各自环城固守。契丹的流动

邺都之北境，帝忧之。己丑，遣枢密使郭威督诸将御之，以宣徽使王峻监其军。

十一月，契丹闻汉兵渡河，乃引去。辛亥，郭威军至邺都，令王峻分军趣镇、定。戊午，威至邢州。

唐兵渡淮，攻正阳。十二月，颍州将白福进击，败之。

杨邠为政苛细。初，邢州人周璨为诸卫将军，罢秩无依，从王景崇西征。景崇叛，遂为之谋主。邠奏："诸前资官，喜摇动藩臣，宜悉遣诣京师。"既而四方云集，日遮宰相马求官。辛卯，邠复奏："前资官宜分居两京，以俟有阙而补之。"漂泊失所者甚众；邠又奏："行道往来者，皆给过所。"既而官司填咽，民情大扰，乃止。

赵晖急攻凤翔，周璨谓王景崇曰："公向与蒲、雍相表里，今二镇已平，蜀儿不足恃，不如降也。"景崇曰："善，吾更思之。"

后数日，外攻转急。景崇谓其党曰："事穷矣，吾欲为急计。"乃谓其将公孙辇、张思练曰："赵晖精兵，多在城北，来日五鼓前，尔二人烧城东门诈降，勿令寇入；吾与周璨以牙兵出北门突晖军。纵无成而死，犹胜束手。"皆曰："善。"

癸巳，未明，辇、思练烧东门请降，府牙火亦发；二将遣人诇之，景崇已与家人自焚矣。璨亦降。

丁酉，密州刺史王万敢击唐海州荻水镇，残之。

是月，南汉主如英州。

是岁，唐泉州刺史留从效兄南州副使从愿，鸩刺史董思安而代之。唐主不能制，置清源军于泉州，以从效为节度使。

（以上为第十一段，写吴越主奖励垦荒，境内无弃田。）

骑兵到达贝州和邺都的北部边境，后汉隐帝感到担忧。十月二十日己丑，派遣枢密使郭威统率众将去抵御契丹，命令宣徽使王峻作监军。

十一月，契丹听说后汉军队渡过黄河，就领兵退走。十一月十二日辛亥，郭威的军队到达邺都，命令王峻分一部分兵力赶赴镇、定二州。十一月十九日戊午，郭威到达邢州。

南唐军队渡过淮河，进攻正阳。十二月，颍州将领白福进反击，打败南唐军队。

杨邠处理政事苛刻琐细。当初，邢州人周璨任诸卫将军，因为被罢除官职，无所依靠，随从王景崇西征。王景崇叛乱，他就成为主谋人。杨邠上奏说："前朝所任命的官吏喜欢煽动藩镇大臣，应该叫他们全部到京师来。"不久，前朝官吏云集京师，每天拦住宰相的马，请求委任官职；十二月二十二日辛卯，杨邠又上奏说："前朝所任命的官吏应该分别居住在两京，以等待有缺额而补官。"漂泊无去处的人很多；杨邠再次上奏说："在路上往来通行的人，都发给通行证。"不久，负责签发证件的机构人员拥挤不堪，民情大为骚动，这才停止。

赵晖加紧进攻凤翔，周璨对王景崇说："您以前向来和蒲州、雍州互为表里，现在二镇已经被平定，蜀国的小儿不值得依靠，不如投降。"王景崇说："好！让我再仔细地想想。"

过了几天，城外的攻势变得急迫，王景崇对他的党羽说："事情已经到了穷尽的地步，我要作紧急的策划。"于是就对他的将领公孙辇、张思练说："赵晖的精锐部队大多在城北，明天五更以前，你们两人放火烧东门，假装投降，不要让敌人进城；我与周璨率领牙兵出北门冲杀赵晖的军队。即使是没有成功而死，也比束手就擒好。"二人都说："好！"

十二月二十四日癸巳，天还没亮，公孙辇、张思练焚烧东门请求投降，这时军府衙门内的火也烧了起来；二位将领派人去侦察，王景崇已经和他的家人自焚了。周璨投降。

十二月二十八日丁酉，密州刺史王万敢进攻南唐海州荻水镇，打败守军。

这个月，南汉主前往英州。

这一年，南唐泉州刺史留从效的哥哥南州副使留从愿，毒死南州刺史董思安自己取而代之。南唐主不能控制留从效，只好在泉州设置清源军，任命留从效为节度使。

【点评】

本卷点评三镇叛汉、刘崇图谋割据河东、郭威擅权、吴越王钱弘俶募民垦荒而不检括户口四件史事。

一、三镇叛汉。三镇，指河东节度使李守贞、凤翔节度使王景崇、夺取京兆府永兴军的赵思绾，连兵叛汉，史称三镇叛汉。李守贞，河阳人，为后晋高祖石敬瑭牙将，官至河东节度使。后晋出帝时，李守贞与杜重威以兵降契丹，后晋亡。刘知远建后汉，李守贞来朝，仍被署为河东节度使。刘知远死后，后汉隐帝即位，杀杜重威，李守贞心不自安，而举兵反。王景崇，邢州人，后唐明宗镇邢州时为牙将，入后晋官至左金吾卫大将军，自认为未尽其用，心常怏怏。后晋亡后，王景崇厚赂契丹人求高官未果，就盗取国家库金往投刘知远，官至凤翔节度使。赵思绾，魏州人，为赵延寿之子赵匡赞部属。契丹灭后晋，赵匡赞为河中节度使，赵思绾为牙将。入汉，刘知远改任赵匡赞为永兴军节度使。赵匡赞入朝，后汉高祖刘知远留而不遣，赵思绾疑惧不安。原凤翔节度使侯益与河中节度使赵匡赞，皆为契丹人所署。赵匡赞入朝，侯益迟留。刘知远任命王景崇为凤翔节度使取代侯益，授命王景崇可便宜从事。王景崇没有便宜从事杀侯益，纵之东归，刘知远任用侯益为开封尹，侯益进谗说王景崇的坏话，王景崇闻知，心不自安，后悔没有杀侯益。刘知远又征召赵思绾入朝，赵思绾抗命，以永兴军之众首先反叛朝廷，接着王景崇、李守贞也举兵反叛。赵思绾、王景崇共推李守贞为秦王，奉以为主，三镇连兵，连引后蜀、南唐，以及契丹之兵攻击后汉，一时声势盛大。刘知远调兵遣将，经过两年多的征战，到后汉隐帝即位，三镇才被讨平。三镇之叛，固然是李守贞、王景崇、赵思绾三人造反，亦是刘知远所逼。三人为旧朝之将，李守贞狂妄，王景崇奸险，赵思绾残暴，因手握兵权，在五代乱世的时局下容易反叛，但他们已经降汉，由于后汉高祖刘知远仁、信、刑皆失，赏罚不当导致三镇联合反叛。刘知远不诛杜重威，临终嘱隐帝严防杜重威，隐帝诛杜重威而逼反李守贞，这是用刑不当。杜重威当诛时不诛，猜忌时妄杀，兔死狐悲，李守贞安得不叛。侯益，伪署节镇，拒命不朝，王景崇兵临之，无奈投降，不诛已过，又重用之，是以逼反王景崇。赵匡赞入朝，已归服，高祖留而不遣，又征赵思绾入朝，困兽犹斗，何况手握兵权的赵思绾。三镇之叛的主因，是刘知远治国无方的经典案例，又一次验证了司马光的评论。刘知远失仁、失信、失刑，汉祚不延，不是很正常的吗！

二、刘崇图谋割据河东。刘崇，后汉高祖刘知远同母弟，初名崇，后更名旻。刘知远事后晋为河东节度使，镇太原，任用刘崇为马步都指挥使，郭威为蕃汉都孔目，即侍卫都虞候。郭威粗通兵法，善战，为刘知远所亲爱，凡重大战役，都有郭威参加。刘知远即皇帝位，任用刘崇为太原尹、北京留守、同中书门下平章事，领

大镇；任用郭威为枢密副使，掌兵权。刘崇、郭威是刘知远的左右手，两人为争宠而产生矛盾。刘知远临终，将隐帝刘承祐托孤于郭威和史弘肇。隐帝即位，后晋升郭威为枢密使，刘崇心不自安，与判官郑珙谋自安之术。郑珙建言，刘崇扩军，建立四部指挥使，自选勇士，招纳亡命，打造兵器，储备粮秣，停止上贡朝廷的财赋，理由是防御契丹，名正言顺。等到郭威称帝，建立后周，刘崇也称帝于太原，建立北汉政权。刘崇本为自安，强兵足民，做好了割据河东的准备，没有预料到郭威称帝，所以后汉隐帝死，刘崇没有举兵入梁。郭威忌刘崇之势，假借拥立刘崇之子武宁军节度使刘赟为嗣，还装模作样地派大臣冯道迎请刘赟于徐州，用以麻痹刘崇。当郭威在大梁站稳脚跟后，翻脸诛刘赟，称帝建后周，刘崇建北汉也就在情理之中。

三、郭威擅权。郭威，邢州尧山人，行伍出身，有勇力，使酒好斗，性粗豪，略通兵法，善战，深为刘知远所爱。隐帝立，郭威平定三镇叛乱，建立盖世之功，更是目中无人。郭威从河中还师，路过洛阳。洛阳西京留守、同平章事王守恩自认为位兼将相，坐着轿子慢吞吞地出城郊迎。郭威震怒，认为王守恩看不起他，拒绝与王守恩相见，推辞说在洗澡。郭威立即发出枢密使的帖子，命令保义节度使、同平章事白文珂取代王守恩为西京留守，派兵驱赶王守恩家人出府。这时王守恩还在客位上等着郭威接见。王守恩的部属来报告，说："新任留守上任了。"王守恩狼狈回府，走到大街上，已看到家人被赶出，都在大街上等候王守恩。王守恩不敢责问郭威，赶紧回朝报告，后汉隐帝置之不理，还正式下达了任命白文珂兼侍中、充任西京留守的诏书。

大臣任免，要通过宰相推荐，皇帝批准，中书令下达，而郭威竟然用枢密使的帖子，随意更换大臣，如同指使部属兵卒。这时候的郭威，未必就有篡位之心，但他擅权逾制，已凌驾在国家之上。皇帝更易大臣，还要征询三公九卿的意见，至少过场也是要做的。王守恩贪污受贿，郭威却不闻不问，但他认为王守恩冒犯了自己，就大张挞伐。如此擅权，古今少有。故欧阳修说："自古乱亡之国，一定是先从法律制度的破坏开始，五代乱世，就是这样的情况。习惯成自然，郭威的所作所为，自己没有意识到，汉廷君臣也认为是常事，这简直是纲纪被破坏到不可收拾的地步了。"其后，郭威篡汉，也就不奇怪了。

四、吴越王钱弘俶募民垦荒而不检括户口。吴越王钱弘俶悬赏招募种田能手开垦荒地，不收赋税，因此吴越国境内没有荒地。有人建议悬赏揭发隐瞒成年男子户籍的人，把他们检举出来，可以增加国家赋税的收入。提建议的人还自告奋勇，说自己十分胜任这一工作。吴越王十分反感提建议的人，把这个人放在城门口鞭打。这事影响很大，吴越国都的人一传十，十传百，十分高兴。

五代十国时期，各国征税的情况史事记载不详。春秋时鲁国初税亩，已按田亩

征税。汉朝实施地亩税和人头税两种制度，地亩征税，三十税一，称为科税，按成丁男子征税，每人每年一百二十文叫赋。从吴越王钱弘俶募民垦荒不交税，以及鞭打要检括户口增加赋税的人两件事情来看，吴越国实行田税加人头税的两种征税办法。垦荒不征税，说明熟田有税，不检括遗漏男丁以增加国家收入，说明吴越国家有人头税。吴越王钱弘俶募民垦荒不增税，不检括户口以增国用，在当时纷乱之世是安定社会不扰民的权宜之计，而田税民赋正常施行。垦荒不加税，国境内无荒田，既增加了生产，又藏富于民，民富则国强，可以说这是一项善政。不检括户口，而往往是大富窝藏民户以为私役，乱世时可施以为权宜，治世时则不可为。

王夫之批评南唐只按田地肥瘠征税，肥田多征税，瘠田少征税。当时战乱频仍，国用不足，时常加税，一次又一次按田亩肥瘠加征，勤劳种地的人交纳没完没了的税，以至于抛荒不种地，让肥田变瘠田，变荒田。王夫之认为按田亩肥瘠征税，则有田不如无田，有良田不如瘠田，是在奖励懒惰之民，王夫之主张只按丁口征税，他说："夫有民不役，而役以田，则等于无民。"（《读通鉴论》卷三十）这也未免极端。只按丁口征税，那么拥有良田万亩的大户无税，无立锥之地的贫民有税，当然更不公平。古代国家收入，主要依靠农业。应当是有钱出钱，有力出力，按地亩征税，按人丁出役，这样最为公平。

后汉纪四

后汉隐帝乾祐三年（950 年）

【上章阉茂（庚戌，950 年），一年】

【大事提要】

本卷记载公元 950 年一年史事，当后汉隐帝乾祐三年。此一年间，中原又一次发生政权更迭，后汉灭亡，后周建立。后汉隐帝行事乖张，年仅二十，血性用事，群小离间，突然间诛杀枢密使杨邠、中书令史弘肇、三司使王章，举朝惊骇，逼反郭威。隐帝亲征，为乱兵所杀。后汉立国短暂，根基不稳，郭威宿将，兵权在握，制造兵变，自己称帝，后来赵匡胤依样画葫芦，制造陈桥兵变夺取后周政权，非郭威始料所及。南唐主闻中原三叛悉平，亦罢兵停止北上。楚国内讧，兄弟交兵，马希萼破长沙，杀马希广而自立。

【原文】

隐皇帝下

乾祐三年（庚戌，950 年）

春，正月，丁未，加凤翔节度使赵晖兼侍中。

密州刺史王万敢请益兵以攻唐。诏以前沂州刺史郭琼为东路行营都部署，帅禁军及齐州兵赴之。

郭威请勒兵北临契丹之境，诏止之。

丙寅，遣使诣河中、凤翔收瘗战死及饿殍遗骸，时有僧已聚二十万矣。

唐主闻汉兵尽平三叛，始罢李金全北面行营招讨使。

唐清淮节度使刘彦贞多敛民财以赂权贵，权贵争誉之。在寿州积年，恐被代，欲以警急自固，妄奏称汉兵将大举南伐。二月，唐主以东都留守燕王弘冀为润、宣二州大都督，镇润州；宁国节度使周宗为东都留守。

朝廷欲移易藩镇，因其请赴嘉庆节上寿，许之。

甲申，郭威行北边还。

福州人或诣建州告唐永安留后查文徽，云吴越兵已弃城去，请文徽为帅。文徽信之，遣剑州刺史陈诲将水军下闽江，文徽自以步骑继之。会大雨，水涨，诲一夕行七百里，至城下，败福州兵，执其将马先进等。庚寅，文徽至福州，吴越知威武军吴程诈遣数百人出迎。诲曰："闽人多诈，未可信也，宜立寨徐图。"文徽曰："疑则变生，不若乘机据其城。"因引兵径进。诲整众鸣鼓，止于江湄。文徽不为备，程勒兵出击之，唐兵大败，文徽坠马，为福人所执，士卒死者万人。诲全军归剑州。程送文徽于钱唐，吴越王弘俶献于五庙而释之。

丁亥，汝州奏防御使刘审交卒。吏民诣阙上书，以审交有仁政，乞留葬汝州，得奉事其丘垄，诏许之。州人相与聚哭而葬之，为立祠，岁时享之。太师冯道曰："吾尝为刘君僚佐，观其为政，无以逾人，非能减其租赋，除其徭役也，但推公廉慈爱之心以行之耳。此亦众人所能为，

【语译】

隐皇帝下

后汉隐帝乾祐三年（庚戌，950 年）

春季，正月初九日丁未，凤翔节度使赵晖兼任侍中。

密州刺史王万敢请求增兵攻打南唐。后汉隐帝下诏任命前任沂州刺史郭琼为东路行营都部署，率领禁卫军和齐州军队前往。

郭威请求率领军队北上进逼契丹边境，后汉隐帝下诏阻止。

正月二十八日丙寅，朝廷派使者到河中、凤翔去收埋战死将士和饿死百姓的尸骨，当时有僧人已经聚集二十万具尸骨。

南唐主听说后汉军队完全平息了三镇的叛乱，这才罢免李金全的北面行营招讨使。

南唐清淮节度使刘彦贞大量搜刮百姓的钱财以贿赂权贵，权贵争相称赞他。他在寿州已经任职好多年，担心被人代替，想借紧急情况来巩固自己的位置，就上奏谎称后汉军队将要大规模地南下征伐。二月，南唐主任命东都留守燕王李弘冀为润、宣二州大都督，镇守润州；宁国节度使周宗为东都留守。

朝廷想调换各藩镇节度使，恰逢他们请求前来参加嘉庆节庆贺皇上的生日，就答应了他们。

二月十六日甲申，郭威巡视北方边境回到京师。

有的福州人到建州向南唐永安留后查文徽报告，说吴越军队已经弃城而去，请查文徽去当主帅。查文徽相信了，派遣剑州刺史陈诲率领水军顺闽江而下，查文徽自己率领步兵和骑兵在后面。正遇上下大雨，江水上涨，陈诲一夜行船七百里，到达福州城下，打败福州军队，抓获他们的将领马先进等人。二月二十二日庚寅，查文徽到达福州，吴越知威武军吴程假装派遣几百人出城迎接。陈诲说："闽人大多狡诈，不能够轻信他们，应该安下营寨，慢慢再作打算。"查文徽说："迟疑就会发生变化，不如乘机占据他们的州城。"于是领兵直进。陈诲整顿好部众，击鼓前进，在闽江边停下来。查文徽没有防备，吴程领兵出击，南唐军队大败，查文徽掉下马来，被福州人抓住，士卒死亡上万人。陈诲保全军队回到剑州。吴程将查文徽押送到钱塘，吴越王钱弘俶把查文徽作为战利品献给祖庙，然后放了查文徽。

二月十九日丁亥，汝州奏报防御使刘审交去世。官吏和百姓到朝廷上书，因为刘审交有仁政，请求把刘审交留在汝州安葬，以便能够侍奉他的坟墓，后汉隐帝下诏准许。汝州人聚集在一起痛哭而安葬了刘审交，为刘审交建立祠堂，每年按时祭祀刘审交。太师冯道说："我曾经做过刘君的僚属，看他治理政事，没有什么过人的

但他人不为而刘君独为之，故汝人爱之如此。使天下二千石皆效其所为，何患得民不如刘君哉！”

甲午，吴越丞相、昭化节度使、同平章事杜建徽卒。

乙未，以前永兴节度使赵匡赞为左骁卫上将军。

（以上为第一段，写南唐主闻中原三叛悉平，罢兵北上；查文徽南犯福州，轻敌冒进，兵败成俘虏。）

三月，丙午，嘉庆节，邺都留守高行周、天平节度使慕容彦超、泰宁节度使符彦卿、昭义节度使常思、安远节度使杨信、安国节度使薛怀让、成德节度使武行德、彰德节度使郭谨、保大留后王饶皆入朝。

甲寅，诏营寝庙于高祖长陵、世祖原陵，以时致祭。有司以费多，寝其事，以至国亡，二陵竟不沾一奠。

壬戌，徙高行周为天平节度使，符彦卿为平卢节度使。甲子，徙慕容彦超为泰宁节度使。

永安节度使折从阮举族入朝。

夏，四月，戊辰朔，徙薛怀让为匡国节度使。庚午，徙折从阮为武胜节度使。壬申，徙杨信为保大节度使，徙镇国节度使刘词为安国节度使，永清节度使王令温为安远节度使。李守贞之乱，王饶潜与之通，守贞平，众谓饶必居散地。及入朝，厚结史弘肇，迁护国节度使，闻者骇之。

杨邠求解枢密使，帝遣中使谕止之。宣徽北院使吴虔裕在旁曰：“枢密重地，难以久居，当使后来者迭为之，相公辞之是也。”帝闻之，不悦。辛巳，以虔裕为郑州防御使。

朝廷以契丹近入寇，横行河北，诸藩镇各自守，无捍御之者，议以郭威镇邺都，使督诸将以备契丹。史弘肇欲威仍领枢密使，苏逢吉以为故事无之，弘肇曰：“领枢密使则可以便宜从事，诸军畏服，号令行矣。”帝卒从弘肇议。弘肇怨逢吉异议，逢吉曰：“以内制外，顺也；今反以外制内，其可乎！”壬午，制以威为邺都留守、天雄节度使，枢密使如故。仍诏河北，兵甲钱谷，但见郭威文书立皆禀应。明日，朝贵会饮于窦贞

地方，并不是能够减少百姓的赋税，免除百姓的徭役，只是推行公平、廉洁、慈爱的本心并且实行罢了。这也是大多数人所能做到的，只是其他的人没有做而刘君独自做了，所以汝州人爱戴他到了这种地步。假使天下食禄二千石的州官们都能仿效他的所作所为，还怕不能像刘君那样得民心吗！”

二月二十六日甲午，吴越丞相、昭化节度使、同平章事杜建徽去世。

二月二十七日乙未，任命前任永兴节度使赵匡赞为左骁卫上将军。

三月初九日丙午，嘉庆节，邺都留守高行周、天平节度使慕容彦超、泰宁节度使符彦卿、昭义节度使常思、安远节度使杨信、安国节度使薛怀让、成德节度使武行德、彰德节度使郭谨、保大留后王饶都入朝。

三月十七日甲寅，后汉隐帝下诏在高祖长陵、世祖原陵修建寝庙，按时祭祀。有关部门因为费用大，就停办了这件事。一直到国家灭亡，二陵最终没有受过一次祭奠。

三月二十五日壬戌，调高行周为天平节度使，符彦卿为平卢节度使。三月二十七日甲子，调慕容彦超为泰宁节度使。

永安节度使折从阮率全族入朝。

夏季，四月初一日戊辰，调薛怀让为匡国节度使。四月初三日庚午，调折从阮为武胜节度使。四月初五日壬申，调杨信为保大节度使，调镇国节度使刘词为安国节度使，调永清节度使王令温为安远节度使。李守贞叛乱的时候，王饶暗中和李守贞勾结，李守贞被讨平以后，大家以为王饶一定会被安置在闲散的职位。王饶入朝后，用厚礼巴结史弘肇，升任为护国节度使，听说这件事的人无不感到惊骇。

杨邠请求解除枢密使的职务，后汉隐帝派遣宫中使者去劝慰阻止。宣徽北院使吴虔裕在旁边说：“枢密院是政务重地，难以长期停留，应该让后来的人轮流担任枢密使，相公想辞掉这个职位是对的。”后汉隐帝听了，不太高兴。四月十四日辛巳，任命吴虔裕为郑州防御使。

朝廷因为契丹近来入侵，横行黄河以北地区，各藩镇各自防守，没有出来抵抗的，便议定命令郭威镇守邺都，让他督领诸将来防备契丹。史弘肇想让郭威仍然兼任枢密使，苏逢吉认为没有这样的先例。史弘肇说：“兼任枢密使可以根据情况见机行事，各路军队畏惧服从，号令可以顺利推行。”后汉隐帝最后采纳了史弘肇的建议。史弘肇埋怨苏逢吉提出反对意见，苏逢吉说：“以内朝官节制外朝官，是合乎情理的；现在反过来以外朝官节制内朝官，那怎么可以呢！”四月十五日壬午，后

固之第，弘肇举大觞属威，厉声曰："昨日廷议，一何同异！今日为弟饮之。"逢吉、杨邠亦举觞曰："是国家之事，何足介意！"弘肇又厉声曰："安定国家，在长枪大剑，安用毛锥！"王章曰："无毛锥，则财赋何从可出？"自是将相始有隙。

癸未，罢永安军。

壬辰，以左监门卫将军郭荣为贵州刺史、天雄牙内都指挥使。荣本姓柴。父守礼，郭威之妻兄也，威未有子时养以为子。

五月，己亥，以府州蕃汉马步都指挥使折德扆为本州团练使。德扆，从阮之子也。

庚子，郭威辞行，言于帝曰："太后从先帝久，多历天下事，陛下富于春秋，有事宜禀其教而行之。亲近忠直，放远谗邪，善恶之间，所宜明审。苏逢吉、杨邠、史弘肇皆先帝旧臣，尽忠徇国，愿陛下推心任之，必无败失。至于疆埸之事，臣愿竭其愚驽，庶不负驱策。"帝敛容谢之。威至邺都，以河北困弊，戒边将谨守疆埸，严守备，无得出侵掠，契丹入寇，则坚壁清野以待之。

辛丑，敕："防御、团练使，自非军期，无得专奏事，皆先申观察使斟酌以闻。"

丙午，以皇弟山南西道节度使承勋为开封尹，加兼中书令，实未出阁。

平卢节度使刘铢，贪虐恣横；朝廷欲征之，恐其拒命，因沂、密用兵于唐，遣沂州刺史郭琼将兵屯青州。铢不自安，置酒召琼，伏兵幕下，欲害之；琼知其谋，悉屏左右，从容如会，了无惧色，铢不敢发。琼因谕以祸福，铢感服，诏至即行。庚戌，铢入朝。辛亥，以琼为颍州团练使。

癸丑，王章置酒会诸朝贵，酒酣，为手势令。史弘肇不闲其事，客

汉隐帝下制书任命郭威为邺都留守、天雄节度使，仍旧担任枢密使。同时下诏命令黄河以北地区，所有军队、武器钱粮，只要见到郭威所签署的文书，都应该立即听命、供应。第二天，朝廷权贵在窦贞固的府第聚会宴饮，史弘肇举着大酒杯盯着郭威，大声地说："昨天的朝廷议论，大家的意见是何等的不同！今天特地为老弟干了这一杯！"苏逢吉、杨邠也举起酒杯说："这些都是为了国家的事情，何必值得放在心上！"史弘肇又大声说："安定国家，靠的是长枪大剑，哪里用得着毛笔！"王章说："没有毛笔，那钱财军赋从哪里来？"从此将相之间开始有了隔阂。

四月十六日癸未，撤销永安军。

四月二十五日壬辰，后汉隐帝任命左监门卫将军郭荣为贵州刺史、天雄牙内都指挥使。郭荣本姓柴，他的父亲柴守礼是郭威妻子的哥哥，郭威没有儿子时，收养郭荣为儿子。

五月初二日己亥，后汉隐帝任命府州蕃汉马步都指挥使折德扆为府州团练使。折德扆是折从阮的儿子。

五月初三日庚子，郭威向后汉隐帝告别，对后汉隐帝说："太后跟随先帝很久，经历过许多天下的事情，陛下年纪还轻，有什么事情应该先听太后的教诲而后行动。亲近忠诚正直的人，远离谄媚邪恶的人，善与恶之间，应该分辨清楚。苏逢吉、杨邠、史弘肇都是先帝的老臣，尽忠为国，希望陛下推心置腹地任用他们，一定不会有过错或者失误。至于边疆的事情，臣愿意竭尽低劣的才能，希望不要辜负皇上的任用！"后汉隐帝严肃地向郭威道谢。郭威到了邺都，由于黄河以北地区穷困破败，告诫边境将领要谨慎把守边疆，严密防备，不得外出侵扰抢劫，如果契丹入境侵犯，就采取坚壁清野的办法来对付。

五月初四日辛丑，后汉隐帝下敕书说："防御使和团练使，假若不是战争期间，不得擅自直接向朝廷奏报事情，都必须先报告观察使，由观察使斟酌后再奏报朝廷。"

五月初九日丙午，后汉隐帝任命皇弟、山南西道节度使刘承勋为开封尹，加官兼任中书令，实际上因为年纪小而没有离开朝廷赴任。

平卢节度使刘铢，贪婪暴虐，放纵横蛮；朝廷想征召他入朝，恐怕他违抗命令，就趁着朝廷在沂州、密州对南唐用兵的机会，派遣沂州刺史郭琼率兵驻守青州。刘铢内心不安，摆设酒宴召请郭琼，埋伏士兵，打算杀害郭琼。郭琼知道他的阴谋，屏退所有的随从从容赴会，全无惧色，刘铢不敢下手。郭琼趁机向他说明祸福之所在，刘铢被感动折服，等诏书一到，就立即启程。五月十三日庚戌，刘铢入朝。五月十四日辛亥，后汉隐帝任命郭琼为颍州团练使。

五月十六日癸丑，王章摆设酒宴宴请朝廷权贵，喝酒喝到畅快的时候，做手势

省使阎晋卿坐次弘肇，屡教之。苏逢吉戏之曰：“旁有姓阎人，何忧罚爵！”弘肇妻阎氏，本酒家倡也，意逢吉讥之，大怒，以丑语诟逢吉，逢吉不应。弘肇欲殴之，逢吉起去。弘肇索剑欲追之，杨邠泣止之曰：“苏公宰相，公若杀之，置天子何地，愿孰思之！”弘肇即上马去，邠与之联镳，送至其第而还。于是将相如水火矣。帝使宣徽使王峻置酒和解之，不能得。逢吉欲求出镇以避之，既而中止，曰：“吾去朝廷，止烦史公一处分，吾齑粉矣！”王章亦忽忽不乐，欲求外官，杨、史固止之。

闰月，宫中数有怪。癸巳，大风，发屋拔木，吹郑门扉起，十余步而落，震死者六七人，水深平地尺余。帝召司天监赵延义，问以禳祈之术，对曰：“臣之业在天文时日，禳祈非所习也。然王者欲弭灾异，莫如修德。”延义归，帝遣中使问：“如何为修德？”延义对：“请读《贞观政要》而法之。”

六月，河决郑州。

（以上为第二段，写后汉将相不和。）

马希萼既败归，乃以书诱辰、溆州及梅山蛮，欲与共击湖南。蛮素闻长沙帑藏之富，大喜，争出兵赴之，遂攻益阳。

楚王希广遣指挥使陈璠拒之，战于淹溪，璠败死。

秋，七月，唐归马先进等于吴越以易查文徽。

马希萼又遣群蛮攻迪田，八月，戊戌，破之，杀其镇将张延嗣。楚王希广遣指挥使黄处超救之，处超败死；潭人震恐，复遣牙内指挥使崔洪琏将兵七千屯玉潭。

庚子，蜀主立其弟仁毅为夔王，仁赞为雅王，仁裕为彭王，仁操为嘉王。己酉，立子玄喆为秦王，玄珏为褒王。

晋李太后在建州，卧病，无医药，惟与晋主仰天号泣，戟手骂杜重威、李守贞曰：“吾死不置汝！”戊午，卒。周显德中，有自契丹来者云：“晋主及冯后尚无恙，其从者亡归及物故则过半矣。”

来行酒令。史弘肇不熟悉这种玩法，客省使阎晋卿的座位挨着史弘肇，多次教他。苏逢吉嘲笑他说："身旁有个姓阎的人，何必担心被罚酒！"史弘肇的妻子阎氏，原本是酒家娼妓，史弘肇以为苏逢吉在讥笑他，非常恼怒，就用脏话骂苏逢吉，苏逢吉没有搭理。史弘肇想打他，苏逢吉起身离开。史弘肇拿剑要追杀他，杨邠哭着劝阻他说："苏公是宰相，您如果杀了他，将把天子放到哪里，希望您仔细地想一想！"史弘肇立即上马离去，杨邠和他并骑，一直送他到家里才回来。于是将相之间就像水火一样不能相容。后汉隐帝让宣徽使王峻设置酒宴来和解，也不行。苏逢吉想请求出任藩镇来避开史弘肇，不久又放弃了这种想法，说："我离开朝廷，只要史公一作处理，我便粉身碎骨了！"王章也闷闷不乐，想请求到外地为官，杨邠、史弘肇坚决劝阻王章。

闰五月，宫中多次出现怪事。闰五月二十七日癸巳，狂风大作，掀掉房屋，拔起树木，把大梁城西南的郑门门扇吹得飞起来，飞出十多步才落下来，被震死的有六七个人，平地水深一尺多。皇帝召来司天监赵延义，问他祈求免灾的办法，赵延义回答说："臣的职责在天象历法方面，求神免灾不是我所熟悉的。不过统治天下的人想要消除灾祸，没有比修行德政更重要的了。"赵延义回去以后，后汉隐帝又派遣宫中使者去问他："怎样才是修行德政？"赵延义回答说："请读《贞观政要》，并去效法它。"

六月，黄河在郑州决口。

马希萼打了败仗回去以后，就写信引诱辰州、溆州和梅山的蛮人，想和他们一起进攻湖南。蛮人向来听说长沙府库的库藏很丰富，大为高兴，争着出兵前往，就进攻益阳。

楚王马希广派遣指挥使陈璠去抵抗，两军在淹溪交战，陈璠战败而死。

秋季，七月，南唐送回马先进等人给吴越，用来交换查文徽。

马希萼又派遣各地的蛮族攻打迪田，八月初三日戊戌，攻破迪田，杀死守将张延嗣。楚王马希广派遣指挥使黄处超去救援，黄处超战败而死；潭州人震惊恐慌，楚王马希广又派遣牙内指挥使崔洪琏率领七千士兵驻守在玉潭。

八月初五日庚子，后蜀主立他的弟弟孟仁毅为夔王，孟仁赞为雅王，孟仁裕为彭王，孟仁操为嘉王。八月十四日己酉，立他的儿子孟玄喆为秦王，孟玄珏为褒王。

后晋李太后在建州卧床生病，没有医药，只有和后晋主仰天呼喊哭泣，挥舞着手指骂杜重威和李守贞说："我死了都不会放过你们！"八月二十三日戊午，李太后去世。到了后周显德年间，有从契丹回来的人说："晋主和冯后身体还好，但随从人

马希萼表请别置进奏务于京师。九月，辛巳，诏以湖南已有进奏务，不许。亦赐楚王希广诏，劝以敦睦。

马希萼以朝廷意佑楚王希广，怒，遣使称藩于唐，乞师攻楚。唐加希萼同平章事，以鄂州今年租税赐之，命楚州刺史何敬洙将兵助希萼。冬，十月，丙午，希广遣使上表告急，言：“荆南、岭南、江南连谋，欲分湖南之地，乞发兵屯澧州，以扼江南、荆南援朗州之路。”

丁未，以吴越王弘俶为诸道兵马元帅。

楚王希广以朗州与山蛮入寇，诸将屡败，忧形于色。刘彦瑫言于希广曰：“朗州兵不满万，马不满千，都府精兵十万，何忧不胜！愿假臣兵万余人，战舰百五十艘，径入朗州缚取希萼，以解大王之忧。”王悦，以彦瑫为战棹都指挥使、朗州行营都统。彦瑫入朗州境，父老争以牛酒犒军，曰：“百姓不愿从乱，望都府之兵久矣！”彦瑫厚赏之；战舰过，则运竹木以断其后。是日，马希萼遣朗兵及蛮兵六千、战舰百艘逆战于湄州，彦瑫乘风纵火以焚其舰，顷之，风回，反自焚。彦瑫还走，江路已断，士卒战及溺死者数千人。希广闻之，涕泣不知所为。希广平日罕颁赐，至是，大出金帛以取悦于士卒。

或告天策左司马希崇流言惑众，反状已明，请杀之。希广曰：“吾自害其弟，何以见先王于地下！”

马军指挥使张晖将兵自他道击朗州，至龙阳，闻彦瑫败，退屯益阳。希萼又遣指挥使朱进忠等将兵三千急攻益阳，张晖绐其众曰：“我以麾下出贼后，汝辈留城中待我，相与合势击之。”既出，遂自竹头市遁归长沙。朗兵知城中无主，急击之，士卒九千余人皆死。

吴越王弘俶归查文徽于唐，文徽得喑疾，以工部尚书致仕。

十一月，甲子朔，日有食之。

蜀太师、中书令宋忠武王赵廷隐卒。

楚王希广遣其僚属孟骈说马希萼曰：“公忘父兄之仇，北面事唐，何异袁谭求救于曹公邪！”希萼将斩之，骈曰：“古者兵交，使在其间，骈

员逃回来和死亡的，则已经超过一半了。”

马希萼上表请求在京师另设一个进奏务。九月十七日辛巳，皇帝下诏，因为湖南在京师已经有了进奏务，不准许。同时赐诏给楚王马希广，劝他们兄弟敦厚和睦。

马希萼认为朝廷有意偏袒楚王马希广，发怒，派使者向南唐称藩属，请求出兵攻打楚国。南唐为马希萼加官同平章事，把当年鄂州的租税赐给马希萼，命令楚州刺史何敬洙率兵援助马希萼。冬季，十月十二日丙午，马希广派遣使者向朝廷上表告急，说：“荆南、岭南、江南共同谋划，想瓜分湖南的土地，请求发兵驻守澧州，来控制江南、荆南援助朗州的道路。”

十月十三日丁未，朝廷任命吴越王钱弘俶为诸道兵马元帅。

楚王马希广因为朗州和山蛮入侵，众将屡次战败，面有忧色。刘彦瑫对马希广说：“朗州兵不到一万，马不到一千，而您这里有精锐兵力十万，还担心战胜不了他们！希望能给我一万多人马，战舰一百五十艘，直接进入朗州，捉拿马希萼，以解除您的忧愁。”楚王马希广很高兴，任命刘彦瑫为战棹都指挥使、朗州行营都统。刘彦瑫进入朗州境内，父老们争相拿牛、酒来犒劳军队，说：“百姓不愿跟随叛军作乱，盼望都府的军队已经很久了！”刘彦瑫重赏他们；战舰通过以后，便运来竹子木头隔断后路。这一天，马希萼派遣朗州军队和蛮人军队六千、战舰一百艘在湄州迎战，刘彦瑫乘着风势放火烧对方的战舰，但不久，风向逆转，反过来烧到自己的战舰。刘彦瑫往回跑，江上的水路已经被隔断，士卒战死和淹死的有几千人。马希广听到这个消息，哭得不知道怎么办才好。马希广平时很少颁赐奖赏，到了这时，也大量地拿出金银绢帛来取悦士兵。

有人告发天策左司马马希崇散布谣言，蛊惑众人，反叛的迹象已经很明显，请求杀掉他。马希广说：“我如果亲自害死自己的弟弟，还有什么脸面在九泉之下去见先王！”

马军指挥使张晖率领军队从另外的路线进攻朗州，走到龙阳，听说刘彦瑫战败，退兵驻守益阳。马希萼又派遣指挥使朱进忠等人率三千兵急速攻打益阳。张晖欺骗他的部众说：“我带领部下出城到贼兵的背后，你们留在城里等我，然后合力夹攻他们。”张晖出城以后，就从竹头市逃回长沙。朗州兵知道益阳城里没有主帅，加速进攻，城里的九千多名士兵全部战死。

吴越王钱弘俶把查文徽交给南唐，查文徽得了哑病，以工部尚书的职位退休。

十一月初一日甲子，发生日食。

后蜀太师、中书令宋忠武王赵廷隐去世。

楚王马希广派遣他的僚属孟骈去劝马希萼说：“您忘记了父兄的仇敌，臣属于南唐，这和袁谭向曹操求救有什么两样呢！”马希萼要杀掉他。孟骈说：“古时候两军

若爱死，安肯此来！骈之言非私于潭人，实为公谋也。”乃释之，使还报曰：“大义绝矣，非地下不相见也！”

朱进忠请希萼自将兵取潭州，辛未，希萼留其子光赞守朗州。悉发境内之兵趣长沙，自称顺天王。

诏侍卫步军都指挥使、宁江节度使王殷将兵屯澶州以备契丹。殷，瀛州人也。

朝廷议发兵，以安远节度使王令温为都部署，以救潭州。会内难作，不果。

（以上为第三段，写楚国内讧，兄弟交恶，愈演愈烈。）

帝自即位以来，枢密使、右仆射、同平章事杨邠总机政，枢密使兼侍中郭威主征伐，归德节度使、侍卫亲军都指挥使兼中书令史弘肇典宿卫，三司使、同平章事王章掌财赋。邠颇公忠，退朝，门无私谒，虽不却四方馈遗，有余辄献之。弘肇督察京城，道不拾遗。是时承契丹荡覆之余，公私困竭，章捃摭遗利，吝于出纳，以实府库。属三叛连衡，宿兵累年而供馈不乏；及事平，赐予之外，尚有余积，以是国家粗安。

章聚敛刻急。旧制，田税每斛更输二升，谓之“雀鼠耗”，章始令更输二斗，谓之“省耗”；旧钱出入皆以八十为陌，章始令入者八十，出者七十七，谓之“省陌”。有犯盐、矾、酒曲之禁者，锱铢涓滴，罪皆死；由是百姓愁怨。章尤不喜文臣，尝曰：“此辈授之握算，不知纵横，何益于用！”俸禄皆以不堪资军者给之，吏已高其估，章更增之。

帝左右嬖幸浸用事，太后亲戚亦干预朝政，邠等屡裁抑之。太后有故人子求补军职，弘肇怒而斩之。武德使李业，太后之弟也，高祖使掌内帑，帝即位，尤蒙宠任。会宣徽使阙，业意欲之，帝及太后亦讽执政；邠、弘肇以为内使迁补有次，不可以外戚超居，乃止。内客省使阎晋卿次当为宣徽使，久而不补；枢密承旨聂文进、飞龙使后匡赞、翰林茶酒使郭允明皆有宠于帝，久不迁官，共怨执政。文进，并州人也。刘铢罢青州归，久奉朝请，未除官，常戟手于执政。

交战，使者在双方之间来往，我孟骈如果吝惜一死，怎么肯到这里来！我所说的话并不是为了潭州人，实际上是在替您考虑。”马希萼于是放了孟骈，让孟骈回去报告说：“兄弟的情义已经断绝了，不到九泉，永远不会相见了！”

朱进忠请求马希萼亲自率兵攻取潭州。十一月初八日辛未，马希萼留下他的儿子马光赞驻守朗州，发动境内全部军队赶赴长沙，自称顺天王。

后汉隐帝下诏命令侍卫步军都指挥使、宁江节度使王殷率兵驻守澶州，用来防备契丹。王殷是瀛州人。

朝廷商议出兵，任命安远节度使王令温为都部署，以救援潭州。遇上朝廷内乱，没有实行。

后汉隐帝自从即位以来，枢密使、右仆射、同平章事杨邠总理机要政务，枢密使兼侍中郭威主掌征讨作战，归德节度使、侍卫亲军都指挥使兼中书令史弘肇负责京师的防卫，三司使、同平章事王章掌管财赋。杨邠颇为公正忠诚，退朝以后，门上没有人私下请托，虽然不推辞四方的馈赠，但是有多余的就进献上去。史弘肇治理京城治安，路不拾遗。这时正值契丹扰乱中原之后，官府和百姓都贫穷困乏，王章收取遗漏的小利，节省开支，用来充实府库。虽然接着三个叛臣联合叛乱，用兵多年，而军队供应却没有缺乏；等到事态平息之后，除了赏赐，还有剩余，所以国家大致安定。

王章征集赋税，苛刻急促。以前的制度规定，田税每斛另外再交二升，叫作“雀鼠耗”，王章开始下令再交二斗，叫作“省耗”；以前旧钱的付出、收入都以八十钱为一“陌”，王章开始下令收入时以八十钱为一陌，付出时以七十七钱为一陌，叫作“省陌”。有违犯盐、矾和酒曲禁令的，即使只有点滴，也都处以死罪；因此百姓忧愁怨恨。王章尤其不喜欢文臣，曾经说：“给他们一些筹码，也不知道如何摆弄，有什么用处！”文官的俸禄是用那些不能供军队食用的粮食给付的，有关官员已经抬高了其估价，王章又一再抬高。

后汉隐帝左右受宠的人逐渐掌权，太后的亲戚也干预朝政，杨邠等人屡次裁减抑制。太后有一个旧友的儿子请求补任官职，史弘肇发怒并将他斩首。武德使李业是太后的弟弟，高祖让他掌管宫内的府库，后汉隐帝即位以后，李业特别受到宠爱、信任。恰好宣徽使空缺，李业想要补缺，皇帝和太后也给执政大臣作了暗示；杨邠、史弘肇认为宫廷内使职的升迁递补有一定的次序，不能因为是外戚而越级担任，这件事才作罢。内客省使阎晋卿，按升迁次序应当担任宣徽使，却长时间没有得到委任；枢密承旨聂文进、飞龙使后匡赞、翰林茶酒使郭允明都受到皇帝的宠信，但长

帝初除三年丧，听乐，赐伶人锦袍、玉带。伶人诣弘肇谢，弘肇怒曰："士卒守边苦战，犹未有以赐之，汝曹何功而得此！"皆夺以还官。帝欲立所幸耿夫人为后，邠以为太速；夫人卒，帝欲以后礼葬之，邠复以为不可。帝年益壮，厌为大臣所制。邠、弘肇尝议事于帝前，帝曰："审图之，勿令人有言！"邠曰："陛下但禁声，有臣等在。"帝积不能平，左右因乘间谮之于帝云："邠等专恣，终当为乱。"帝信之。尝夜闻作坊锻声，疑有急兵，达旦不寐。司空、同平章事苏逢吉既与弘肇有隙，知李业等怨弘肇，屡以言激之。帝遂与业、文进、匡赞、允明谋诛邠等，议既定，入白太后。太后曰："兹事何可轻发！更宜与宰相议之。"业时在旁，曰："先帝尝言，朝廷大事不可谋及书生，懦怯误人。"太后复以为言，帝忿曰："国家之事，非闺门所知！"拂衣而出。乙亥，业等以其谋告阎晋卿，晋卿恐事不成，诣弘肇第欲告之，弘肇以他故辞不见。

丙子旦，邠等入朝，有甲士数十自广政殿出，杀邠、弘肇、章于东庑下。文进亟召宰相、朝臣班于崇元殿，宣云："邠等谋反，已伏诛，与卿等同庆。"又召诸军将校至万岁殿庭，帝亲谕之，且曰："邠等以稚子视朕，朕今始得为汝主，汝辈免横忧矣！"皆拜谢而退。又召前节度使、刺史等升殿谕之，分遣使者帅骑收捕邠等亲戚、党与、傔从，尽杀之。

弘肇待侍卫步军都指挥使王殷尤厚，邠等死，帝遣供奉官孟业赍密诏诣澶州及邺都，令镇宁节度使李洪义杀殷，又令邺都行营马军都指挥使郭崇威、步军都指挥使真定曹威杀郭威及监军、宣徽使王峻。洪义，太后之弟也。又急诏征天平节度使高行周、平卢节度使符彦卿、永兴节度使郭从义、泰宁节度使慕容彦超、匡国节度使薛怀让、郑州防御使吴虔裕、陈州刺史李穀入朝。以苏逢吉权知枢密院事，前平卢节度使刘铢权知开封府，侍卫马军都指挥使李洪建权判侍卫司事，内侍省使阎晋卿

时间没有升官，因此都怨恨执政大臣。聂文进是并州人。刘铢免职从青州回来，长期闲散无事，一直没有委任官职，常常用手指着执政大臣骂。

后汉隐帝刚脱下了三年的丧服，就听起音乐，赐给乐官锦袍、玉带。乐官到史弘肇那里去致谢，史弘肇大怒说："士兵们戍守边疆，艰苦作战，尚且没有东西赏赐他们，你们这些人有什么功劳得到这些！"把赏赐品都夺过来，还给官府。后汉隐帝想立他所宠爱的耿夫人为皇后，杨邠认为太快；耿夫人死了以后，后汉隐帝想用皇后的礼仪来安葬她，杨邠又认为不可以。后汉隐帝的年纪渐渐大了，讨厌被大臣控制。杨邠、史弘肇曾经在后汉隐帝的面前议论政事，后汉隐帝说："仔细地考虑，不要让别人有话说！"杨邠说："陛下只管不作声，凡事有臣等在。"后汉隐帝积郁而心怀不平，左右的人就趁机在皇帝面前诬陷他们："杨邠等人专横，终将作乱。"后汉隐帝相信了这些话。后汉隐帝曾经在夜晚听到作坊里有打铁的声音，怀疑有紧急的战事，一直到天亮都没有睡着。司空、同平章事苏逢吉以前就和史弘肇有矛盾，知道李业等人怨恨史弘肇，就多次用言语来激他们。后汉隐帝于是和李业、聂文进、后匡赞、郭允明谋划诛杀杨邠等人，商议已定，进宫去禀告太后。太后说："这件事怎么可以轻举妄动！还是应该和宰相商量商量。"李业当时在旁边，说："先帝曾经说过，朝廷的大事不能同书生商量，书生懦弱胆小误人。"太后还想再说什么，后汉隐帝生气地说："国家的事情，不是闺房女人所能知道的！"拂衣而出。十一月十二日乙亥，李业等人把他们的谋划告诉了阎晋卿，阎晋卿恐怕事情不能成功，就到史弘肇家里，想把这件事报告给史弘肇，史弘肇因为其他的事情推辞不见。

十一月十三日丙子早晨，杨邠等人上朝，有几十名全副武装的士兵从广陵殿出来，将杨邠、史弘肇、王章杀死在东廊屋下。聂文进立即召请宰相、朝臣在崇元殿排列好，宣布说："杨邠等人图谋造反，已经伏法处死，与各位共同庆贺。"又召集各军将校到万岁殿庭中，后汉隐帝亲自向他们宣布了这件事，并且说："杨邠等人把朕当小孩子看待，朕现在才能够为你们做主，你们可以避免不测的忧患了！"大家都下拜称谢而退下。又召请前任各节度使、刺史等人上殿，宣布这件事，分别派遣使者率领骑兵逮捕杨邠等人的亲戚、党羽、侍从人员，全部杀掉。

史弘肇对待侍卫步军都指挥使王殷很好，杨邠等人死后，后汉隐帝派遣供奉官孟业带着密诏到澶州和邺都，命令镇宁节度使李洪义杀王殷，又命令邺都行营马军都指挥使郭崇威、步军都指挥使真定人曹威杀郭威和监军、宣徽使王峻。李洪义是李太后的弟弟。又紧急下诏征召天平节度使高行周、平卢节度使符彦卿、永兴节度使郭从义、泰宁节度使慕容彦超、匡国节度使薛怀让、郑州防御使吴虔裕、陈州刺史李穀入朝。任命苏逢吉暂时代理枢密院事务，前任平卢节度使刘铢代理开封府事务，侍卫马军都指挥使李洪建代理侍卫司事务，内侍省使阎晋卿代理侍卫马军都指

权侍卫马军都指挥使。洪建，业之兄也。

时中外人情忧骇，苏逢吉虽恶弘肇，而不预李业等谋，闻变惊愕，私谓人曰："事太匆匆，主上傥以一言见问，不至于此！"业等命刘铢诛郭威、王峻之家，铢极其惨毒，婴孺无免者。命李洪建诛王殷之家，洪建但使人守视，仍饮食之。

（以上为第四段，写后汉隐帝行事乖张，诛杀大臣。）

丁丑，使者至澶州，李洪义畏懦，虑王殷已知其事，不敢发，乃引孟业见殷；殷囚业，遣副使陈光穗以密诏示郭威。威召枢密吏魏仁浦，示以诏书曰："奈何？"仁浦曰："公，国之大臣，功名素著，加之握强兵，据重镇，一旦为群小所构，祸出非意，此非辞说之所能解。时事如此，不可坐而待之。"威乃召郭崇威、曹威及诸将，告以杨邠等冤死及有密诏之状，且曰："吾与诸公，披荆棘，从先帝取天下，受托孤之任，竭力以卫国家，今诸公已死，吾何心独生！君辈当奉行诏书，取吾首以报天子，庶不相累。"郭崇威等皆泣曰："天子幼冲，此必左右群小所为，若使此辈得志，国家其得安乎！崇威愿从公入朝自诉，荡涤鼠辈以清朝廷，不可为单使所杀，受千载恶名。"翰林天文赵修己谓郭威曰："公徒死何益！不若顺众心，拥兵而南，此天启也。"郭威乃留其养子荣镇邺都，命郭崇威将骑兵前驱，戊寅，自将大军继之。

慕容彦超方食，得诏，舍匕箸入朝；帝悉以军事委之。己卯，吴虔裕入朝。

帝闻郭威举兵南向，议发兵拒之。前开封尹侯益曰："邺都戍兵家属皆在京师，官军不可轻出，不若闭城以挫其锋，使其母妻登城招之，可不战而下也。"慕容彦超曰："侯益衰老，为懦夫计耳。"帝乃遣益及阎晋卿、吴虔裕、前保大节度使张彦超将禁军趣澶州。

是日，郭威已至澶州，李洪义纳之；王殷迎谒恸哭，以所部兵从郭威涉河。帝遣内养鸗脱觇郭威，威获之，以表置鸗脱衣领中，使归白帝曰："臣昨得诏书，延颈俟死。郭崇威等不忍杀臣，云此皆陛下左右贪权无厌者谮臣耳，逼臣南行，诣阙请罪。臣求死不获，力不能制。臣数日

挥使。李洪建是李业的哥哥。

当时朝野内外人心忧恐，苏逢吉虽然痛恨史弘肇，但是没有参与李业等人的密谋，听到这次事变，吃了一惊，私下对人说：“事情发生得太急促，皇上如果有一句话问我，不至于到这个地步！”李业等人命令刘铢诛杀郭威、王峻的家属，刘铢极其残忍狠毒，婴儿小孩都没有能幸免。命令李洪建诛杀王殷的家属，李洪建只是派人把守监视，仍然供给他们食物。

十一月十四日丁丑，使者到达澶州，李洪义懦弱，担心王殷已经知道这件事，不敢动手，于是带孟业去见王殷。王殷囚禁使者，派遣副使陈光穗把密诏拿给郭威看。郭威召见枢密院吏魏仁浦，把诏书拿给他看，说：“怎么办？”魏仁浦说：“您是国家的大臣，功勋名声素来显赫，加上掌握强兵，据守重镇，一旦被小人们所陷害，祸患出于意料之外，这不是用言语所能解释得清楚的。现在事情已经到了这个地步，不可坐着等待。”郭威于是召集郭崇威、曹威以及众将，告诉他们杨邠等人冤屈而死以及有密诏的情况，并且说：“我和杨邠等人，披荆斩棘，跟随先帝夺取天下，接受先帝托孤的重任，尽力保卫国家，现在杨邠等人已死，我还有什么心思独自活着！你们可以执行诏书的命令，取我的头去回报天子，这样大概可以不受连累。”郭崇威等人都哭着说：“天子年幼，这一定是天子身边的小人们干的，如果让这一帮人得志，国家怎么能够安宁！我们愿跟随您入朝，亲自向天子申诉，扫清那些鼠辈来肃清朝廷。不可被一个使者杀死，蒙受千载恶名。”翰林天文赵脩己对郭威说：“你白白地送死有什么好处！不如顺从大家的心愿，领兵向南，这是上天的启示啊！”郭威于是留下他的养子郭荣镇守邺都，命令郭崇威率领骑兵为先锋，十一月十五日戊寅，自己率领大军随后。

慕容彦超正在吃饭，得到诏书，放下汤匙和筷子就入朝了；后汉隐帝把军事全部委托给他。十一月十六日己卯，吴虔裕入朝。

后汉隐帝听说郭威领兵南下，商议出兵抵抗。前任开封尹侯益说：“邺都守兵的家属都在京师，官军不可轻易出战。不如关闭城门来挫败他们的锐气，让他们的母亲、妻子登上城楼招呼他们，可以不战而使他们降服。”慕容彦超说：“侯益年老体衰，出的是胆小鬼的计策。”后汉隐帝于是派遣侯益和阎晋卿、吴虔裕、前任保大节度使张彦超率领禁卫军赶赴澶州。

这一天，郭威已经到达澶州，李洪义接纳郭威；王殷在迎接拜见郭威时，伤心痛哭，率领所统辖的士兵跟随郭威渡过黄河。后汉隐帝派遣内养鸗脱去窥探郭威，郭威抓住了他，把上奏的表章放在鸗脱的衣领里，让他回去报告后汉隐帝说：“臣昨天得到诏书，伸着脖子等死。郭崇威等人不忍心杀臣，说这些都是陛下身边贪图权

当至阙庭。陛下若以臣为有罪，安敢逃刑！若实有谮臣者，愿执付军前以快众心，臣敢不抚谕诸军，退归邺都！”

庚辰，郭威趣滑州。辛巳，义成节度使宋延渥迎降。延渥，洛阳人，其妻晋高祖女永宁公主也。郭威取滑州库物以劳将士，且谕之曰：“闻侯令公已督诸军自南来，今遇之，交战则非入朝之义，不战则为其所屠。吾欲全汝曹功名，不若奉行前诏，吾死不恨！”皆曰：“国家负公，公不负国；所以万人争奋，如报私仇，侯益辈何能为乎！”王峻徇于众曰：“我得公处分，俟克京城，听旬日剽掠。”众皆踊跃。

（以上为第五段，写后汉隐帝滥杀，逼反郭威。）

辛巳，鸗脱至大梁。前此帝议欲自往澶州，闻郭威已至河上而止。帝甚有悔惧之色，私谓窦贞固曰：“属者亦太草草。”李业等请空府库以赐诸军，苏禹珪以为未可，业拜禹珪于帝前，曰：“相公且为天子勿惜府库！”乃赐禁军人二十缗，下军半之，将士在北者给其家，使通家信以诱之。

壬午，郭威军至封丘，人情汹惧。太后泣曰：“不用李涛之言，宜其亡也！”慕容彦超恃其骁勇，言于帝曰：“臣视北军犹蠛蠓耳，当为陛下生致其魁！”退，见聂文进，问北来兵数及将校姓名，颇惧，曰：“是亦剧贼，未易轻也！”帝复遣左神武统军袁巙、前威胜节度使刘重进等帅禁军与侯益等会屯赤冈。巙，象先之子也。彦超以大军屯七里店。

癸未，南、北军遇于刘子陂。帝欲自出劳军，太后曰：“郭威吾家故旧，非死亡切身，何以至此！但按兵守城，飞诏谕之，观其志趣，必有辞理，则君臣之礼尚全，慎勿轻出。”帝不从。时扈从军甚盛，太后遣使戒聂文进曰：“大须在意！”对曰：“有臣在，虽郭威百人，可擒也！”至暮，两军不战，帝还宫。慕容彦超大言曰：“陛下来日宫中无事，幸再出观臣破贼。臣不必与之战，但叱散使归营耳！”

势、不知满足的人诬陷臣罢了，就逼臣向南行进，到京师请罪。臣求死不得，又没有能力制止他们。臣在几天之内当可回到朝廷。陛下如果认为臣有罪，臣怎么敢逃避处罚！如果确实有诬陷臣的人，希望把他抓起来，交到军前，以大快人心，臣岂敢不安抚晓谕各军，退回邺都！”

十一月十七日庚辰，郭威赶赴滑州。十一月十八日辛巳，义成节度使宋延渥迎接，向郭威投降。宋延渥是洛阳人，他的妻子是后晋高祖的女儿永宁公主。郭威取出滑州府库的财物犒劳将士，并且告知他们说：“听说侯令公已经督率各军从南面而来，现在如果遇到他，与他交战就违背了入朝的本意，不战就会被他所杀。我想成全你们的功名，不如奉行先前的诏书，我死而没有遗恨！”大家都说：“国家辜负了您，您没有辜负国家；所以才万众争先前进，就像报私仇一样，侯益这些人能够有什么作为呢！”王峻对众人宣示说：“我已经得到郭公的吩咐，等到攻克京城，听任你们抢劫十天。”大家都高兴得跳跃。

十一月十八日辛巳，鸗脱到达大梁。此前，后汉隐帝想亲自前往澶州，听说郭威已经到了黄河边上，才作罢。后汉隐帝很有些后悔恐惧的神色，私下对窦贞固说：“近来做事也太草率了。”李业等人请求倾尽府库财物来赏赐各军，苏禹珪认为不可，李业在皇帝面前向苏禹珪下拜，说：“相公暂且为天子考虑，不要吝惜府库财物！”于是赏赐禁军每人二十缗钱，其他军队每人减半，将士在北方的，赏赐给他们的家属，让家属通家信来引诱他们。

十一月十九日壬午，郭威军队到达封丘，人心恐惧。太后哭着说：“不听李涛的话，理该要灭亡啊！”慕容彦超倚仗自己勇猛，对皇帝说：“臣看北方军队犹如一群小虫罢了，定当替陛下活捉他们的首领！”退出的时候见到聂文进，问他从北边来的军队数量和将校的姓名，颇为害怕，说：“这些是强劲的敌人，不可轻视！”皇帝又派遣左神武统军袁巍、前任威胜节度使刘重进等人率领禁军与侯益等人联合驻守在赤冈。袁巍是袁象先的儿子。慕容彦超率领大军驻守七里店。

十一月二十日癸未，南、北两方军队在刘子陂相遇。后汉隐帝想亲自慰劳军队，太后说：“郭威是我们家的旧臣，如果不是关系到自身的存亡，怎么会到这种地步！只要按兵不动，守在城里，快传诏书去劝谕他，观察他的志向，定有他的理由，那么君臣之礼还可以保全，千万不要轻易出去。”后汉隐帝不听。当时护卫后汉隐帝的军队士气很高，太后派遣使者告诫聂文进说：“特别需要小心！”聂文进回答说：“有臣在，即使有一百个郭威，也可以把他活捉来！”直到傍晚，两军没有交战，后汉隐帝回宫。慕容彦超甩大话说：“陛下明天如果宫中没有什么事情，希望再出城来，观看臣大破贼兵。臣不必和他们交战，只需吆喝驱散他们，就可以使他们返回营

甲申，帝欲再出，太后力止之，不可。既陈，郭威戒其众曰："吾来诛群小，非敢敌天子也，慎勿先动。"久之，慕容彦超引轻骑直前奋击，郭崇威与前博州刺史李荣帅骑兵拒之。彦超马倒，几获之。彦超引兵退，麾下死者百余人，于是诸军夺气，稍稍降于北军。侯益、吴虔裕、张彦超、袁巉、刘重进皆潜往见郭威，威各遣还营，又谓宋延渥曰："天子方危，公近亲，宜以牙兵往卫乘舆，且附奏陛下，愿乘间早幸臣营。"延渥未至御营，乱兵云扰，不敢进而还。比暮，南军多归于北。慕容彦超与麾下十余骑奔还兖州。

是夕，帝独与三相及从官数十人宿于七里寨，余皆逃溃。乙酉旦，郭威望见天子旌旗在高阪上，下马免胄往从之，至则帝已去矣。帝策马将还宫，至玄化门，刘铢在门上，问帝左右："兵马何在？"因射左右。帝回辔，西北至赵村，追兵已至，帝下马入民家，为乱兵所弑。苏逢吉、阎晋卿、郭允明皆自杀；聂文进挺身走，军士追斩之。李业奔陕州，后匡赞奔兖州。郭威闻帝遇弑，号恸曰："老夫之罪也！"

威至玄化门，刘铢雨射城外。威自迎春门入，归私第，遣前曹州防御使何福进将兵守明德门。诸军大掠，通夕烟火四发。

军士入前义成节度使白再荣之第，执再荣，尽掠其财，既而进曰："某等昔尝趋走麾下，一旦无礼至此，何面目复见公！"遂刎其首而去。

吏部侍郎张允，家赀以万计，而性吝，虽妻亦不之委，常自系众钥于衣下，行如环佩。是夕，匿于佛殿藻井之上，登者浸多，板坏而坠，军士掠其衣，遂以冻卒。

初，作坊使贾延徽有宠于帝，与魏仁浦为邻，欲并仁浦所居以自广，屡谮仁浦于帝，几至不测。至是，有擒延徽以授仁浦者，仁浦谢曰："因乱而报怨，吾所不为也！"郭威闻之，待仁浦益厚。

地了！”

十一月二十一日甲申，后汉隐帝想再次出城，太后极力阻止他，后汉隐帝不答应。摆好阵势以后，郭威训诫他的部众说：“我是来诛灭那帮小人的，并不敢对抗天子，千万不要先动手。”过了好一会儿，慕容彦超率领轻骑兵向前进攻，郭崇威与前任博州刺史李荣率领骑兵去抵挡。慕容彦超的战马摔倒，差一点被活捉。慕容彦超领兵后退，部下死亡一百多人，于是各军丧失士气，渐渐开始向北军投降。侯益、吴虔裕、张彦超、袁羲、刘重进都暗中去拜见郭威，郭威分别遣送他们回营，又对宋延渥说：“天子正面临危急，您是天子的近亲，应该率领牙帐卫兵去保卫天子，并且附带启奏陛下，希望陛下趁空亲临臣下的军营。”宋延渥还没有走到皇帝的营帐，乱兵纷乱如云，不敢前进而退回。到了傍晚，南方军队大多归顺北方军队。慕容彦超和他部下的十几名骑兵逃回兖州。

当晚，后汉隐帝只和三位宰相以及随从的几十名官员住宿在七里寨，其余的全部逃走溃散。十一月二十二日乙酉早晨，郭威远远望见天子的旌旗在高坡上，便下马脱下头盔，前往跟随，到了那里，后汉隐帝已经走了。后汉隐帝赶着马，将要回宫，走到玄化门，刘铢在城门上，问后汉隐帝左右的人说：“兵马都在哪里？”就射杀后汉隐帝左右的人。后汉隐帝回转马头，往西北走到赵村，追兵已经赶上，后汉隐帝下马进到一个百姓的家里，被乱兵所杀。苏逢吉、阎晋卿、郭允明都自杀了；聂文进急忙逃跑，军士追上，把他杀死。李业逃奔陕州，后匡赞逃奔兖州。郭威听说后汉隐帝遇害，悲痛地号哭说：“这是老夫的罪过啊！”

郭威到了玄化门，刘铢向城外射击，箭如雨下。郭威从迎春门进城，回到自己的家，派遣前任曹州防御使何福进率兵防守明德门。各军大肆抢掠，整个晚上烟火四起。

军士进入前任义成节度使白再荣的住宅，抓住白再荣，抢尽他的财物，然后上前对他说：“我们曾经在你的帐下奔走，一旦无礼到这种地步，有什么面目再见到你！”于是砍下白再荣的头而离去。

吏部侍郎张允，家财数以万计，但是生性吝啬，对他的妻子也不信任，常常把全部钥匙系在自己的衣服里面，走起路来像佩玉叮当作响。当天晚上，张允躲藏在佛殿的天花板上，上去的人越来越多，木板毁坏而掉了下来，军士抢走他身上的衣服，张允于是因受冻而死。

当初，作坊使贾延徽受到后汉隐帝的宠信，他和魏仁浦是邻居，想吞并魏仁浦的房屋来扩充自己的住宅，多次在后汉隐帝面前说魏仁浦的坏话，几乎使魏仁浦遭受杀身之祸。到了这时，有人抓到贾延徽，把他交给魏仁浦，魏仁浦谢绝说：“趁着变乱而报仇，是我所不做的！”郭威听说这件事，更加看重魏仁浦。

右千牛卫大将军枣强赵凤曰："郭侍中举兵，欲诛君侧之恶以安国家耳；而鼠辈敢尔，乃贼也，岂侍中意邪！"执弓矢，踞胡床，坐于巷首，掠者至，辄射杀之，里中皆赖以全。

丙戌，获刘铢、李洪建，囚之。铢谓其妻曰："我死，汝且为人婢乎？"妻曰："以公所为，雅当然耳！"

王殷、郭崇威言于郭威曰："不止剽掠，今夕止有空城耳。"威乃命诸将分部禁止掠者，不从则斩之；至晡，乃定。

（以上第六段，写郭威犯阙，后汉隐帝为乱军所杀。）

窦贞固、苏禹珪自七里寨逃归，郭威使人访求得之，寻复其位。贞固为相，值杨、史弄权，李业等作乱，但以凝重处其间，自全而已。

郭威命有司迁隐帝梓宫于西宫。或请如魏高贵乡公故事，葬以公礼，威不许，曰："仓猝之际，吾不能保卫乘舆，罪已大矣，况敢贬君乎！"

太师冯道帅百官谒见郭威，威见，犹拜之，道受拜如平时，徐曰："侍中此行不易！"

丁亥，郭威帅百官诣明德门起居太后，且奏称："军国事殷，请早立嗣君。"太后诰称："郭允明弑逆，神器不可无主；河东节度使崇，忠武节度使信，皆高祖之弟，武宁节度使赟，开封尹勋，高祖之子，其令百官议择所宜。"赟，崇之子也，高祖爱之，养视如子。郭威、王峻入见太后于万岁宫，请以勋为嗣。太后曰："勋久羸疾不能起。"威出谕诸将，诸将请见之，太后令左右以卧榻举之示诸将，诸将乃信之。于是郭威与峻议立赟。己丑，郭威帅百官表请以赟承大统。太后诰所司，择日，备法驾迎赟即皇帝位。郭威奏遣太师冯道及枢密直学士王度、秘书监赵上交诣徐州奉迎。

郭威之讨三叛也，每见朝廷诏书，处分军事皆合机宜，问使者："谁为此诏？"使者以翰林学士范质对。威曰："宰相器也。"入城，访求得之，甚喜。时大雪，威解所服紫袍衣之，令草太后诰令，迎新君仪注。

右千牛卫大将军枣强人赵凤说："郭侍中起兵，只是想诛杀天子身边的恶人以安定国家罢了；而鼠辈竟然这样做，乃是强盗，哪里是郭侍中的本意呢！"手持弓箭，坐在胡床上，守在里巷门口，抢劫的士兵一到，就射杀他们，里巷依赖赵凤而得以保全。

十一月二十三日丙戌，抓获刘铢、李洪建，囚禁他们。刘铢对他的妻子说："我死了以后，你将会做别人的奴婢吗？"妻子回答说："凭你的所作所为，当然是这样的！"

王殷、郭崇威对郭威说："如果不制止抢劫，到今天晚上就只剩下一座空城了。"郭威于是命令众将各自禁止自己的部下抢劫，不听从就斩首；到了黄昏，才安定下来。

窦贞固、苏禹珪从七里寨逃回来，郭威派人去访寻，找到了他们，不久恢复他们的职位。窦贞固当宰相时，正逢杨邠、史弘肇玩弄职权，李业等人作乱，他只是以持重的态度处于两者之间，保全自己。

郭威命令有关部门把隐帝的棺木迁到西宫。有人建议依照三国魏高贵乡公的先例，用公礼来安葬，郭威不同意，说："紧急的时候，我不能保卫天子，罪过已经很大了，怎么还敢贬低国君呢！"

太师冯道率领百官拜见郭威，郭威见到冯道，仍然向他下拜，冯道像平时一样接受他的拜礼，慢慢地说："侍中这一路真不容易！"

十一月二十四日丁亥，郭威率领百官到明德门向太后问候请安，并且上奏说："军国事大，请早立嗣位的君主。"太后下诏令说："郭允明叛逆杀君，君位不可没有君主。河东节度使刘崇、忠武节度使刘信，都是高祖的弟弟；武宁节度使刘赟、开封尹刘勋，是高祖的儿子，就让百官商议选择适当的人选吧。"刘赟是刘崇的儿子，高祖喜爱他，把他看作自己的儿子来收养。郭威、王峻到万岁宫进见太后，请求立刘勋为帝。太后说："刘勋长期虚弱生病，不能起床。"郭威出来告诉各位将领。众将请求看刘勋一下，太后让左右的人把卧榻抬出来给众人看，众将才相信。于是郭威和王峻商议改立刘赟。十一月二十六日己丑，郭威带领百官上表，请求让刘赟继承帝位。太后下诏令，命令有关部门选择日期，准备天子的车驾，迎接刘赟即皇帝位。郭威上奏，请求派遣太师冯道和枢密直学士王度、秘书监赵上交到徐州去奉迎刘赟。

郭威在讨伐三镇叛乱时，每次看到朝廷的诏书，处理军事事务切合实际，就问使者："是谁在草拟诏书？"使者回答说是翰林学士范质。郭威说："这是当宰相的人才啊。"进城以后，查访找到了范质，非常高兴。当时下着大雪，郭威脱下自己所穿

苍黄之中，讨论撰定，皆得其宜。

初，隐帝遣供奉官押班阳曲张永德赐昭义节度使常思生辰物。永德，郭威之婿也。会杨邠等诛，密诏思杀永德。思素闻郭威多奇异，囚永德以观变。及威克大梁，思乃释永德而谢之。

庚寅，郭威帅百官上言："比皇帝到阙，动涉浃旬，请太后临朝听政。"

（以上为第七段，写郭威奏请太后临朝。）

先是，马希萼遣蛮兵围玉潭，朱进忠引兵会之；崔洪琏兵败，奔还长沙。希萼引兵继进，攻岳州，刺史王赟拒之，五日不克。希萼使人谓赟曰："公非马氏之臣乎？不事我，欲事异国乎？为人臣而怀贰心，岂不辱其先人！"赟曰："赟父环为先王将，六破淮南兵。今大王兄弟不相容，赟常恐淮南坐收其弊，一旦以遗体臣淮南，诚辱先人耳！大王苟能释憾罢兵，兄弟雍睦如初，赟敢不尽死以事大王兄弟，岂有二心乎！"希萼惭，引兵去。辛卯，至湘阴，焚掠而过。至长沙，军于湘西，步兵及蛮兵军于岳麓，朱进忠自玉潭引兵会之。

马希广遣刘彦瑫召水军指挥使许可琼帅战舰五百艘屯城北津，属于南津，以马希崇为监军；又遣马军指挥使李彦温将骑兵屯驼口，扼湘阴路；步军指挥使韩礼将二千人屯杨柳桥，扼栅路。可琼，德勋之子也。

壬辰，太后始临朝，以王峻为枢密使，袁巙为宣徽南院使，王殷为侍卫马步军都指挥使，郭崇威为侍卫马军都指挥使，曹威为侍卫步军都指挥使，陈州刺史李穀权判三司。

刘铢、李洪建及其党皆枭首于市，而赦其家。郭威谓公卿曰："刘铢屠吾家，吾复屠其家，怨仇反覆，庸有极乎！"由是数家获免。王殷屡为洪建请免死，郭威不许。

后匡赞至兖州，慕容彦超执而献之。李业至陕州，其兄保义节度使洪信不敢匿于家。业怀金将奔晋阳，至绛州，盗杀之而取其金。

的紫色袍服给他穿上，让他草拟太后的诏令以及迎立新君的礼仪制度。在匆忙之中，讨论写定，都很合适。

当初，后汉隐帝派遣供奉官押班阳曲人张永德送皇帝生日所回赐的礼物给昭义节度使常思。张永德是郭威的女婿。正遇上杨邠等人被杀，后汉隐帝秘密下诏，命令常思杀掉张永德。常思向来听说郭威有很多奇异的才能，就把张永德囚禁起来，以观望事态的变化。等到郭威攻克大梁，常思就释放张永德，并向张永德谢罪。

十一月二十七日庚寅，郭威率领百官向太后进言说："等到皇帝到达京城，行程需要十天。在这期间，请太后临朝听政。"

先前，马希萼派遣蛮人军队围攻玉潭，朱进忠领兵和他会合；崔洪琏兵败，逃回长沙。马希萼领兵继续前进，攻打岳州，岳州刺史王赟抵抗，五日不能攻下。马希萼派人对王赟说："你不是马氏的臣子吧？不事奉我，难道想要事奉别的国家吗？做人家的臣子而心怀二心，岂不是污辱了自己的先人吗！"王赟说："我的父亲王环是先王的将领，六次打败淮南的军队。现在大王兄弟互不相容，我常常担心淮南坐收你们两败俱伤的好处。如果有一天我臣事淮南，那的确是污辱祖先了！大王如果能够捐弃前嫌，停止用兵，兄弟像当初一样和睦，我怎敢不尽忠效死，来事奉大王兄弟，又岂敢怀有二心呢？"马希萼感到惭愧，领兵离开。十一月二十八日辛卯，马希萼抵达湘阴，放火抢劫而过。到了长沙，驻扎在湘西，步兵和蛮兵驻扎在岳麓，朱进忠从玉潭领兵和他会合。

马希广派遣刘彦瑫召令水军指挥使许可琼率领五百艘战舰进守城区北渡口，一直连接到城南渡口，任命马希崇为监军；又派遣马军指挥使李彦温率领骑兵以守驼口，控制通往湘阴的道路；步军指挥使韩礼率领二千人驻守杨柳桥，控制并阻拦道路。许可琼是许德勋的儿子。

十一月二十九日壬辰，太后开始临朝听政，任命王峻为枢密使，袁䶮为宣徽南院使，王殷为侍卫马步军都指挥使，郭崇威为侍卫马军都指挥使，曹威为侍卫步军都指挥使，陈州刺史李穀暂时兼管三司。

刘铢、李洪建及他们的党羽都在街市上被斩首，他们的家属却被赦免了。郭威对公卿说："刘铢屠杀我的家属，我又屠杀他的家属，怨仇反复，哪有终结的时候呢！"因此这几家都获得赦免。王殷屡次替李洪建求情，请求免他一死，郭威不允许。

后匡赞到达兖州，慕容彦超把他抓起来，送往朝廷。李业到达陕州，他的哥哥保义节度使李洪信不敢把他藏在家里。李业带着钱财逃往晋阳，到了绛州，盗贼把

蜀施州刺史田行皋奔荆南。高保融曰："彼贰于蜀，安肯尽忠于我！"执之，归于蜀，伏诛。

镇州、邢州奏："契丹主将数万骑入寇，攻内丘，五日不克，死伤甚众。有戍兵五百叛应契丹，引契丹入城，屠之，又陷饶阳。"太后敕郭威将大军击之，国事权委窦贞固、苏禹珪、王峻，军事委王殷。十二月，甲午朔，郭威发大梁。

丁酉，以翰林学士、户部侍郎范质为枢密副使。

初，蛮酋彭师暠降于楚，楚人恶其犷直，楚王希广独怜之，以为强弩指挥使，领辰州刺史。师暠常欲为希广死。及朱进忠与蛮兵合七千余人至长沙，营于江西，师暠登城望之，言于希广曰："朗人骤胜而骄，杂以蛮兵，攻之易破也。愿假臣步卒三千，自巴溪渡江，出岳麓之后，至水西，令许可琼以战舰渡江，腹背合击，必破之。前军败，则其大军自不敢轻进矣。"希广将从之。时马希萼已遣间使以厚利啖许可琼，许分湖南而治，可琼有贰心，乃谓希广曰："师暠与梅山诸蛮皆族类，安可信也！可琼世为楚将，必不负大王，希萼竟何能为！"希广乃止。

希萼寻以战舰四百余艘泊江西。希广命诸将皆受可琼节度，日赐可琼银五百两，希广屡造其营计事。可琼常闭垒，不使士卒知朗军进退，希广叹曰："真将军也，吾何忧哉！"可琼或夜乘单舸诈称巡江，与希萼会水西，约为内应。一旦，彭师暠见可琼，瞋目叱之，拂衣入见希广曰："可琼将叛国，人皆知之，请速除之，无贻后患。"希广曰："可琼，许侍中之子，岂有是邪！"师暠退，叹曰："王仁而不断，败亡可翘足俟也！"

潭州大雪，平地四尺，潭、朗两军久不得战。希广信巫觋及僧语，塑鬼于江上，举手以却朗兵；又作大像于高楼，手指水西，怒目视之；命众僧日夜诵经，希广自衣僧服膜拜求福。

甲辰，朗州步军指挥使武陵何敬真等，以蛮兵三千陈于杨柳桥，敬真望韩礼营旌旗纷错，曰："彼众已惧，击之易破也。"朗人雷晖衣潭卒

李业杀死，并抢走了他的钱财。

后蜀施州刺史田行皋投奔荆南。高保融说："他背叛蜀国，又怎么肯对我们尽忠呢？"把他抓起来，送还后蜀，被处以死刑。

镇州、邢州上奏说："契丹主率领几万骑兵入侵，攻打内丘，五天没有攻下，死伤很多。有五百名守兵叛变，策应契丹，引导契丹入城屠杀居民，又攻陷饶阳。"太后敕令郭威率领大军去攻击契丹，国事暂且委托给窦贞固、苏禹珪、王峻，军事委托给王殷。十二月初一日甲午，郭威从大梁出发。

十二月初四日丁酉，朝廷任命翰林学士、户部侍郎范质为枢密副使。

当初，蛮人首长彭师暠向楚国投降，楚国人讨厌他粗犷率直，只有楚王马希广怜爱他，任命他为强弩指挥使，兼领辰州刺史。彭师暠常常想要为马希广效忠而死。等到朱进忠与蛮兵会合共七千多人到达长沙，驻扎在湘江西，彭师暠登城瞭望敌军，对马希广说："朗州人因为突然获胜而骄傲，又同蛮兵混杂在一起，很容易被攻破。希望给我三千名步兵，从巴溪渡过湘江，从岳麓的后面绕过去，到湘水以西，命令许可琼用战舰渡江，前后夹攻，一定可以打败他。前锋部队失败，那么他的大队人马自然不敢轻率地前进了。"马希广打算听从他的建议。当时马希萼已经派遣密使以厚利引诱许可琼，答应和他共同瓜分统治湖南，许可琼有了异心，就对马希广说："彭师暠和梅山各蛮人部都是同一族类，怎么可以相信呢！我许可琼世代为楚国的将领，一定不会辜负大王，马希萼最终能有什么作为！"马希广于是停止采用彭师暠的计策。

不久马希萼率领战舰四百艘停泊在湘江西岸。马希广命令各位将帅都受许可琼的调度，每天赏赐许可琼五百两银子，马希广多次到他的营帐去筹划军事。许可琼常常关闭营垒，不让士兵们知道朗州军队的进退情况，马希广赞叹地说："真正的将军啊！我还担忧什么呢！"许可琼有时候晚上乘坐单只小船假称巡视江面，与马希萼在湘江西岸会面，相约做他的内应。一天早晨，彭师暠遇见许可琼，瞪大眼睛呵斥他，拂衣进见马希广说："许可琼将要背叛国家，人人都知道，请赶快把他除掉，不要留下后患。"马希广说："许可琼是许侍中的儿子，怎么会有这样的事呢！"彭师暠退出，叹息说："大王仁慈而不果断，败亡就要到来了！"

潭州下大雪，平地积雪四尺，潭州、朗州两军长期不能交战。马希广相信巫师与僧人的话，在江面上塑造鬼像，举着手来使朗州军退兵；又在高楼上制作了一个大鬼像，手指着湘江西岸，怒目而视；又命令僧人们日夜诵经，马希广自己穿上僧人的服装，向鬼像膜拜求福。

十二月十一日甲辰，朗州步军指挥使武陵人何敬真等人率领蛮兵三千人在杨柳桥列阵，何敬真望见韩礼的军营旌旗杂乱，说："他们的部众已经害怕，容易攻破。"

之服潜入礼寨，手剑击礼，不中，军中惊扰。敬真等乘其乱击之，礼军大溃，礼被创走，至家而卒。于是朗兵水陆急攻长沙，步军指挥使吴宏、小门使杨涤相谓曰：“以死报国，此其时矣！”各引兵出战。宏出清泰门，战不利；涤出长乐，战自辰至午，朗兵小却；许可琼、刘彦瑫按兵不救。涤士卒饥疲，退就食；彭师暠战于城东北隅。蛮兵自城东纵火，城上人招许可琼军使救城。可琼举全军降希萼，长沙遂陷。朗兵及蛮兵大掠三日，杀吏民，焚庐舍，自武穆王以来所营宫室，皆为灰烬，所积宝货，皆入蛮落。李彦温望见城中火起，自驼口引兵救之，朗人已据城拒战。彦温攻清泰门，不克，与刘彦瑫各将千余人奉文昭王及希广诸子趣袁州，遂奔唐。张晖降于希萼。左司马希崇帅将吏诣希萼劝进。吴宏战血满袖，见希萼曰：“不幸为许可琼所误，今日死，不愧先王矣！”彭师暠投槊于地，大呼请死。希萼叹曰：“铁石人也！”皆不杀。

乙巳，希崇迎希萼入府视事，闭城，分捕希广及掌书记李弘皋、弟弘节、都军判官唐昭胤及邓懿文、杨涤等，皆获之。希萼谓希广曰：“承父兄之业，岂无长幼乎？”希广曰：“将吏见推，朝廷见命耳。”希萼皆囚之。丙午，希萼命内外巡检侍卫指挥使刘宾禁止焚掠。

丁未，希萼自称天策上将军，武安、武平、静江、宁远等军节度使，楚王。以希崇为节度副使、判军府事；湖南要职，悉以朗人为之。脔食李弘皋、弘节、唐昭胤、杨涤；斩邓懿文于市。戊申，希萼谓将吏曰：“希广懦夫，为左右所制耳，吾欲生之，可乎？”诸将皆不对。朱进忠尝为希广所笞，对曰：“大王三年血战，始得长沙，一国不容二主，他日必悔之。”戊申，赐希广死。希广临刑，犹诵佛书。彭师暠葬之于浏阳门外。

（以上为第八段，写马希萼破长沙，杀楚主马希广而自立。）

武宁节度使赟留右都押牙巩延美、元从都教练使杨温守徐州，与冯道等西来，在道仗卫，皆如王者，左右呼万岁。郭威至滑州，留数日，赟遣使慰劳。诸将受命之际，相顾不拜，私相谓曰：“我辈屠陷京城，其

朗州人雷晖穿着潭州兵的服装，偷偷地进入韩礼的营寨，拿剑刺杀韩礼，没有刺中，军中惊慌扰乱。何敬真等人趁他们混乱的时候进攻，韩礼的军队被打得大败，韩礼受伤逃走，回到家就死了。于是朗州兵从水陆两路猛攻长沙，步军指挥使吴宏、小门使杨涤互相勉励说："以死报国，这是时候了！"各自领兵出城作战。吴宏从清泰门出，交战不利；杨涤从长乐门出，从辰时战到午时，朗州兵稍稍后退；许可琼、刘彦瑫止住军队，不去救援。杨涤的士兵饥饿疲乏，退回来吃饭；彭师暠在城东北角作战。蛮兵从城东面放火，城上的人招呼许可琼的军队救援城内。许可琼率领全军向马希萼投降，长沙就此陷落。朗州兵和蛮兵大抢三天，杀害官吏百姓，焚烧房舍，从武穆王以来所营建的宫殿房室，全部化为灰烬，所存积的宝物财货，全部落入蛮人部族。李彦温望见长沙城中起火，从驼口领兵去救援，朗州人已经占领城池抵抗作战。李彦温进攻清泰门，没有攻下，和刘彦瑫各自率领一千多人护卫着文昭王和马希广的几个儿子直奔袁州，最后投奔南唐。张晖向马希萼投降。左司马马希崇率将领和官吏们去见马希萼，劝马希萼即王位。吴宏作战鲜血沾满袍袖，见到马希萼说："不幸被许可琼所贻误，今日死了，也不会愧对先王了！"彭师暠把长矛扔到地上，大声叫着请杀死他。马希萼感叹地说："真是铁石一样的人啊！"都没有杀掉他们。

十二月十二日乙巳，马希崇迎接马希萼入府治理政事，关闭城门，分头搜捕马希广和掌书记李弘皋、他的弟弟李弘节、都军判官唐昭胤以及邓懿文、杨涤等人，一一抓获他们。马希萼对马希广说："继承父兄的大业，难道没有长幼之分吗？"马希广说："我是被将领们推举，被朝廷任命罢了。"马希萼把他们都囚禁起来。十二月十三日丙午，马希萼命令内外巡检侍卫指挥使刘宾禁止士兵纵火抢劫。

十二月十四日丁未，马希萼自称天策上将军，武安、武平、静江、宁远等军节度使，楚王。任命马希崇为节度副使，兼管军府事务；湖南的重要职位，全部任命朗州人担任。将李弘皋、李弘节、唐昭胤、杨涤等人剁成碎块，供大家吃；在街市上将邓懿文斩首。十二月十五日戊申，马希萼对将领官吏们说："马希广是个懦夫，只是被左右的人所控制罢了，我想让他活命，可以吗？"众将都不回答。朱进忠曾经被马希广鞭打过，回答说："大王经过三年浴血奋战，才得到长沙。一国不容两主。留下他，您以后必定要后悔。"十二月十五日戊申，赐马希广自杀。马希广临刑的时候，还在诵读佛经。彭师暠把他葬在浏阳门外。

武宁节度使刘赟留下右都押牙巩延美、元从都教练使杨温防守徐州，与冯道等人一同从西而来，在路上的仪仗和侍卫，都像当王的一样，左右的人呼万岁。郭威到达滑州，停留了几天，刘赟派遣使者慰劳。众将在接受赏赐命令的时候，彼此环

罪大矣；若刘氏复立，我辈尚有种乎！”己酉，威闻之，即引兵行，趣澶州。辛亥，遣苏禹珪如宋州迎嗣君。

楚王希萼以子光赞为武平留后，以何敬真为朗州牙内都指挥使，将兵戍之。希萼召拓跋恒，欲用之，恒称疾不起。

壬子，郭威渡河，馆于澶州。癸丑旦，将发，将士数千人忽大噪，威命闭门，将士逾垣登屋而入曰："天子须侍中自为之，将士已与刘氏为仇，不可立也！”或裂黄旗以被威体，共扶抱之，呼万岁震地，因拥威南行。威乃上太后笺，请奉汉宗庙，事太后为母。丙辰，至韦城，下书抚谕大梁士民，以昨离河上，在道秋毫不犯，勿有忧疑。戊午，威至七里店，窦贞固帅百官出迎拜谒，因劝进。威营于皋门村。

武宁节度使赟已至宋州，王峻、王殷闻澶州军变，遣侍卫马军都指挥使郭崇威将七百骑往拒之，又遣前申州刺史马铎将兵诣许州巡检。崇威忽至宋州，陈于府门外，赟大惊，阖门登楼诘之。对曰："澶州军变，郭公虑陛下未察，故遣崇威来宿卫，无他也。”赟召崇威，崇威不敢进。冯道出与崇威语，崇威乃登楼，赟执崇威手而泣，崇威以郭威意安谕之。

少顷，崇威出。时护圣指挥使张令超帅部兵为赟宿卫，徐州判官董裔说赟曰："观崇威视瞻举措，必有异谋。道路皆言郭威已为帝，而陛下深入不止，祸其至哉！请急召张令超，谕以祸福，使夜以兵劫崇威，夺其兵。明日，掠睢阳金帛，募士卒，北走晋阳。彼新定京邑，未暇追我，此策之上也！”赟犹豫未决。是夕，崇威密诱令超，令超帅众归之。赟大惧。

郭威遗赟书，云为诸军所迫；召冯道先归，留赵上交、王度奉侍。道辞行，赟曰："寡人此来所恃者，以公三十年旧相，故无疑耳。今崇威夺吾卫兵，事危矣，公何以为计？”道默然。客将贾贞数目道，欲杀之。赟曰："汝辈勿草草，此无预冯公事。”

顾不下拜，私下相互说："我们攻陷京城，屠杀官吏百姓，罪过太大了。如果刘氏再被立为皇帝，我们还会有子孙后代吗！"十二月十六日己酉，郭威听说这件事，立即领兵前进，赶赴澶州。十二月十八日辛亥，派遣苏禹珪到宋州迎接继位的君主。

楚王马希萼任命自己的儿子马光赞为武平留后，任命何敬真为朗州牙内都指挥使，领兵戍守。马希萼召请拓跋恒，想任用他，拓跋恒推说有病不出。

十二月十九日壬子，郭威渡过黄河，晚上住在澶州客舍里。十二月二十日癸丑早晨，将要出发时，将士几千人忽然大声喧哗，郭威命令关上房门，将士翻墙爬上房顶进入房内说："天子必须由侍中自己来做，将士们已经和刘氏结下怨仇，不可立他们为君！"有人撕裂黄旗，披在郭威身上，一起扶抱着他，高呼万岁，声音震动天地，簇拥着郭威向南走。郭威于是向太后上笺表，请求敬奉汉室的宗庙，事奉太后为母亲。十二月二十三日丙辰，到达韦城，颁布文告，安抚晓谕大梁士民：于昨天离开黄河岸边，一路上秋毫无犯，不要有担忧疑虑。十二月二十五日戊午，郭威抵达七里店，窦贞固率领百官出城迎接拜见，并趁机劝郭威即皇帝位。郭威在皋门村扎营。

武宁节度使刘赟已经到达宋州，王峻、王殷听说澶州军队哗变，派遣侍卫马军都指挥使郭崇威率领七百名骑兵前去阻挡刘赟，又派遣前任申州刺史马铎率兵前往许州巡察。郭崇威忽然到达宋州，在府门外列阵，刘赟大为吃惊，关上府门，登楼责问郭崇威。郭崇威说："澶州军队哗变，郭公怕陛下不清楚，所以派遣崇威来保卫陛下，没有其他的意思。"刘赟召见郭崇威，郭崇威不敢进去。冯道出来和郭崇威谈话，郭崇威这才登上楼去，刘赟抓住郭崇威的手哭泣，郭崇威转达郭威的意思来安慰刘赟。

过了一会儿，郭崇威出来。当时护圣指挥使张令超率领所辖部队替刘赟担任保卫，徐州判官董裔劝刘赟说："观察郭崇威的举止，一定有反叛的图谋。路上都说郭威已经称帝，而陛下深入不停，恐怕祸患就要降临了！请求赶快召见张令超，向他分析说明祸福利害，让他晚上用兵劫持郭崇威，夺取他的兵权。次日，夺取睢阳的金钱布帛，招募士兵，向北投奔晋阳。他们刚刚平定京城，没有时间追赶我们，这是上策啊！"刘赟犹豫不决。当天晚上，郭崇威暗中引诱张令超，张令超率领部众归降。刘赟大为惊恐。

郭威写信给刘赟，说自己是被众军所逼迫；召请冯道先回京师，留下赵上交、王度服侍。冯道辞行，刘赟说："寡人这次前来所依靠的，在于您是三十年的老宰相，所以没有疑虑。现在郭崇威夺走了我的卫兵，事情已经危急了，您有什么计策？"冯道沉默不语。客将贾贞多次注视冯道，想要杀他。刘赟说："你们不要太草率，这不关冯公的事。"

崇威迁赟于外馆，杀其腹心董裔、贾贞等数人。

己未，太后诰，废赟为湘阴公。

马铎引兵入许州，刘信惶惑自杀。

庚申，太后诰，以侍中监国。百官藩镇相继上表劝进。壬戌夜，监国营有步兵将校醉，扬言向者澶州骑兵扶立，今步兵亦欲扶立，监国斩之。

南汉主以宫人卢琼仙、黄琼芝为女侍中，朝服冠带，参决政事。宗室勋旧，诛戮殆尽，惟宦官林延遇等用事。

（以上为第九段，写郭威制造兵变，自己称帝。）

郭崇威把刘赟迁到府外馆舍，杀掉他的心腹董裔、贾贞等几人。

十二月二十六日己未，太后下诏命废黜刘赟为湘阴公。

马铎领兵进入许州，刘信惊慌害怕而自杀。

十二月二十七日庚申，太后下诏命任命侍中郭威监理国事。百官藩镇相继上表劝郭威即帝位。十二月二十九日壬戌晚上，郭威营中有步兵将校喝醉了，扬言说以前澶州骑兵扶立郭威为帝，现在步兵也要扶立天子，郭威将他斩首。

南汉主任命宫人卢琼仙、黄琼芝为女侍中，穿着朝服冠带，参与决策政事。朝廷的宗室和有功劳的旧臣，几乎被杀尽，只有宦官林延遇等人当权。

【点评】

本卷点评楚国内讧、后汉隐帝滥杀大臣、郭威代汉三件史事。

一、楚国内讧。楚国，指湖南地，都长沙，为马殷所建。马殷，字霸图，许州鄢陵人。马殷原为孙儒裨将。孙儒、刘建峰均是蔡州秦宗权部属。唐末，秦宗权割据淮西，一度称帝。秦宗权遣孙儒、刘建峰入淮南与杨行密征战，孙儒兵败死。刘建峰、马殷领残部流动作战，进入湖南，杀潭州刺史邓处讷，唐僖宗授刘建峰为湖南节度使，授马殷为马步军都指挥使。后刘建峰为部属所杀，众将推马殷为主，唐昭宗授马殷为潭州刺史，时在乾宁三年（896）。马殷四出略地，占有湖南全境。乾宁四年（897），唐昭宗授马殷武安军节度使。入梁，后梁太祖朱温拜马殷为侍中兼中书令，封楚王。

马殷建立楚国，自铸铁钱，开发地方特产茶叶与周边贸易，获利十倍。由是，马殷兵强马壮，多次打败淮南杨行密进犯之军，与北边的荆南割据者高季兴、南边岭南割据者刘龑保持和睦关系。入后唐，明宗封马殷为楚国王。马殷承制，自署官属。长兴元年（930）卒，享年 79 岁。后唐明宗下诏，谥为武穆王。

马殷自唐昭宗乾宁四年据有湖南，到后唐明宗长兴元年，雄踞一方长达三十三年。

马殷诸夫人所生有子十余人，嫡子马希振长而贤，母不受宠未得立。次子马希声母袁夫人有美色专宠，希声得立为嗣。马殷嘱命兄终弟及。第三子马希范与马希声同日生，在诸子中为长，马希声卒后马希范立。希范死后，同母弟马希广立。朗州节度使马希萼，年长于马希广，不服马希广，于公元 949 年起兵争位，与马希广争战三年，破长沙，杀吏民，焚庐舍，马殷立国以来所建造的宫室，尽为灰烬。马希萼诛杀马希广，希广诸子及残部一千余人投奔南唐。马希萼从弟手中夺取政权，没有安睡几天，另一弟马希崇起而与马希萼争位，援引南唐兵入楚。唐将边镐在公元 951 年十月入长沙。十一月初三日，边镐迫令马希崇及其族人一千余口登舟赴金陵，离别者、送行者全都号啕大哭，响震川谷。马希崇向边镐乞求留在长沙为民，边镐奚落说："我南唐与马氏为世仇近六十年，从来没想到灭亡你的国家。是你们兄弟不争气，相互仇杀，才落得这样的下场。是你走投无路自愿归服，如果不赶快上路，恐怕没机会上路了。"权力之争，宁亡于仇，不容于兄弟。权势扭曲人性，利益使人智昏，马氏兄弟的内讧，是又一生动的案例。

二、后汉隐帝滥杀大臣。后汉隐帝刘承祐，后汉高祖刘知远次子。刘知远有三子。长子刘承训，早年夭折，第三子刘承勋，患病瘫卧在床。刘知远病死，继承人在儿子中只有刘承祐了，时年十七岁。刘知远遗命郭威、杨邠、史弘肇、苏逢吉、王章诸大臣辅政。郭威为枢密使，首辅大臣，其余辅臣，皆为同中书门下平章事。

郭威权势最高，其次史弘肇，再次苏逢吉、杨邠，王章又次之，个个尽显其能，都是辅孤大臣，互不相让。武将以史弘肇为代表，文官以苏逢吉为代表，两人水火不容。隐帝刘承祐年小心气高，顽劣无比，目无尊长，连生母太后都敢顶撞。小皇帝的权力欲一天天膨胀，怨恨辅臣的情绪一天天高涨。周围四大奸佞小人李业、聂文进、后赞、郭允明在隐帝耳边整日吹邪风，小皇帝对辅臣的积怨日益加重。李业，隐帝之舅，是皇亲国戚，关系特殊。聂文进是一个仗势欺人、献媚取宠的小人，军卒出身，官至枢密院承旨，是郭威的亲信。郭威出镇邺都，安插聂文进在宫中为耳目，聂文进却背叛郭威，投靠汉隐帝，一切邪谋诏书，皆聂文进所为。后赞，后汉高祖刘知远牙将，官至飞龙使，不满杨邠等执政裁制，因久久没有升官而怨恨。郭允明，刘知远的役童，官至飞龙使。四人轮番伴随隐帝，不让其他人靠近，以免自己的丑行暴露。诸执政大臣既固执，又狂傲，办事没有灵活性，连太后的面子也不给，也是取祸的一个原因。隐帝初除三年丧服，好不容易听一次音乐，一时高兴，赏赐伶人锦袍、玉带，史弘肇夺回去，还说："士卒守边苦战，还没有得到赏赐，你们这班人怎么能得这些赐物！"俗话说，打狗还看主人面，史弘肇此举，置皇帝颜面于何地。太后朋友的一个儿子想在军中谋一个职位，史弘肇一怒之下竟杀了这个请托的人，实属过分。宣徽使空位，李业想谋求这个职位，太后与隐帝都出面说情，史弘肇认为按资历还轮不到李业，又驳了太后、隐帝的颜面。有一天，隐帝与诸执政大臣议论一件事情，隐帝说："这件事要慎重地办，不要留下受人挑剔的把柄。"杨邠却说："陛下不要发表意见，有我们大臣在。"隐帝忍无可忍了。苏逢吉从中煽火，四小丑诬告诸执政大臣要谋反。隐帝决心起大狱，诛大臣。商定以后，隐帝向太后报告，太后说："这事要慎重。"隐帝发怒说："国家大事，女人有什么见识！"拂袖而出。

隐帝乾祐三年（950）十一月十三日丙子早晨，大臣入朝，隐帝埋伏甲士在宫中，杀史弘肇、杨邠、王章，骇人听闻。诸大臣的亲属、党羽、侍从尽行诛杀。隐帝又下诏要诛杀手握重兵在外的郭威等人，逼反郭威，称兵犯阙。隐帝出都劳军，官军大溃。隐帝还宫，至玄化门，守门将不纳，隐帝策马逃入民居，为乱兵所杀。一说为郭允明所弑。

隐帝滥诛大臣，是各种矛盾的总爆发。将相矛盾、权臣与帝权的矛盾、执政大臣与奸佞的矛盾。隐帝年方二十，轻率举事，以卵击石，简直就是一场闹剧。这场闹剧，既要了命，又葬送了国家。

三、郭威代汉。郭威率众入都，太师冯道率百官谒见郭威。郭威见太师，按常礼拜之，冯道公然接受，对郭威说："郭侍中这次来京很是劳苦吧。"郭威想象的百官劝进的场面没有出现，此时直接称帝的条件尚不成熟。郭威上表，太后临朝，议

立嗣君。后汉高祖刘知远有两弟：刘崇、刘信。刘崇，亲弟，为河东节度使，镇守太原，对郭威早有防范，守大镇，兵强马壮。刘信，刘知远堂弟，无才无识，为许州刺史。刘崇子刘赟，刘知远爱之，养以为子，时任徐州节度使，有相当实力。郭威请立刘赟为嗣，赟为刘崇之子，立赟，能稳定刘崇，又能调虎离山，使刘赟北上就位，离开徐州，真是一箭双雕。刘崇在太原按兵不动，刘赟北上，郭威派出高规格使团，由太师冯道率领百官迎接刘赟，而派亲将郭崇威以兵相随。接着传来北方警报，契丹入寇，以太后诏，郭威率领大军征讨。郭威行军至澶州，十二月二十日癸丑，军士哗变，数千将士高声呐喊，说："皇帝要由郭侍中亲自来当，将士们已经与刘家结下仇怨，不可以立刘家的人当皇帝。"有的士兵扯下黄旗披在郭威身上权作黄袍。这时万岁之声震响大地。郭威率军南返，上表太后，请事为母亲。随后郭崇威在宋州杀了刘赟，又派人到许州杀了刘信。于是郭威称帝，建立后周，取代后汉。但后周的天下也不长久。郭威的部将赵匡胤看在眼里，仅仅十年后，赵匡胤如法炮制，发动陈桥兵变，夺了后周的政权。

后周纪一

后周太祖广顺元年至二年（951—952 年）

【起重光大渊献（辛亥，951 年），尽玄黓困敦（壬子，952 年）八月，凡一年有奇】

【大事提要】

本卷记事起公元 951 年，讫公元 952 年八月，凡一年又八个月，当后周太祖广顺元年至二年八月。郭威受禅代汉建立后周，史称太祖。后周太祖识人任贤，礼葬隐帝，和好南唐，不禁两国边民往来。泰宁节度使慕容彦超反叛，郭威御驾亲征，立即扑灭，两败契丹南犯，巩固了后周政权。刘崇即位于晋阳，史称北汉。刘崇效石敬瑭之所为，向契丹主称儿皇帝，乞册命，引援契丹，一年之内两度南犯。因投靠契丹，不得人心，皆大败而逃。北汉之民，内供军国，外奉契丹，民甚苦之。楚国马希萼得志，荒淫暴虐，失士众心，遭遇南唐与南汉夹击，举国沦丧。南唐尽有湖南，楚岭南之地为南汉所有。南唐中主李璟爱好文学，重用文学之士，冯延己等轻浮文人用事，贤人隐，小人进，诸将不武。南唐侥幸得湖南，不知恤民，大肆抢掠楚国财物，加重赋役，湖南民众大失所望。

【原文】

太祖圣神恭肃文孝皇帝上

广顺元年（辛亥，951 年）

春，正月，丁卯，汉太后下诰，授监国符宝，即皇帝位。监国自皋门入宫，即位于崇元殿，制曰："朕周室之裔，虢叔之后，国号宜曰周。"改元，大赦。杨邠、史弘肇、王章等皆赠官，官为敛葬，仍访其子孙叙用之。凡仓场、库务掌纳官吏，无得收斗余、称耗；旧所进羡余物，悉罢之。犯窃盗及奸者，并依晋天福元年以前刑名；罪人非反逆，无得诛及亲族，籍没家赀。唐庄宗、明宗、晋高祖各置守陵十户，汉高祖陵职员、宫人、时月荐享及守陵户并如故。初，唐衰，多盗，不用律文，更定峻法，窃盗赃三匹者死；晋天福中，加至五匹。奸有夫妇人，无问强、和，男女并死。汉法，窃盗一钱以上皆死；又罪非反逆，往往族诛、籍没。故帝即位，首革其弊。

初，杨邠以功臣、国戚为方镇者多不闲吏事，乃以三司军将补都押牙、孔目官、内知客，其人自恃敕补，多专横，节度使不能制；至是悉罢之。

帝命史弘肇亲吏上党李崇矩访弘肇亲族，崇矩言："弘肇弟弘福今存。"初，弘肇使崇矩掌其家赀之籍，由是尽得其产，皆以授弘福。帝贤之，使隶皇子荣帐下。

戊辰，以前复州防御使王彦超权武宁节度使。

汉李太后迁居西宫，己巳，上尊号曰昭圣皇太后。

开封尹兼中书令刘勋卒。

癸酉，加王峻同平章事。

以卫尉卿刘皞主汉隐帝之丧。

初，河东节度使兼中书令刘崇闻隐帝遇害，欲举兵南向，闻迎立湘阴公，乃止，曰："吾儿为帝，吾又何求！"太原少尹李骧阴说崇曰："观郭公之心，终欲自取，公不如疾引兵逾太行，据孟津，俟徐州相公即位，然后还镇，则郭公不敢动矣；不然，且为所卖。"崇怒白："腐儒，欲离

【语译】

太祖圣神恭肃文孝皇帝上

后周太祖广顺元年（辛亥，951 年）

春季，正月初五日丁卯，后汉太后下诰令，授给监国郭威符印玺宝，即皇帝位。监国从皋门进入皇宫，在崇元殿即位，颁布制书说："朕是周室的后裔，虢叔的后代，国号应该叫周。"改年号，大赦天下。杨邠、史弘肇、王章等人都追赠给官职，官府为他们安葬，多次访寻他们的子孙，叙官任用。所有仓场、库务掌管出纳的官吏，不得收取斗余、称耗；以前所规定要缴纳的赋税以外的物资，全部罢除。犯了偷盗罪和奸淫罪的人，都依照后晋天福元年以前的刑法条文处理；犯罪的人如果不是谋反叛逆，不得株连亲族，没收家产。后唐庄宗、明宗及后晋高祖的陵墓分别安排守陵的人十户，后汉高祖陵墓的官吏、宫人，一年四季的祭祀以及守陵的户数，一律照旧。当初，唐室衰败，多盗贼，不用原定的法律条文，另外制订严厉的刑法，偷盗财物达三匹绢帛的，处以死刑；后晋天福年间，增加到五匹。奸淫有夫之妇，不论是强奸、通奸，男女都一律处以死刑。后汉的法律，窃盗一钱以上的都处死刑；而且罪行不是谋反叛逆的，往往诛灭全族，没收家产。所以后周太祖即位以后，首先革除这种弊端。

当初，杨邠因为功臣、国戚担任藩镇长官而不熟悉政务，于是用三司军将补任都押牙、孔目官、内知客。这些人仗着自己是由皇帝任命的，大多专横，节度使不能控制；到这时全部废除。

后周太祖命令史弘肇的亲信上党人李崇矩访寻史弘肇的亲族，李崇矩说："史弘肇的弟弟史弘福现在还在。"当初，史弘肇指派李崇矩掌管他家产的账簿，因此李崇矩得到他家全部财产，都交给了史弘福。后周太祖看重李崇矩的贤德，让他隶属在皇子郭荣的帐下。

正月初六日戊辰，任命前任复州防御使王彦超代理武宁节度使。

后汉李太后搬到西宫住，正月初七日己巳，上尊号称昭圣皇太后。

开封尹兼中书令刘勋去世。

正月十一日癸酉，王峻加官同平章事。

命令卫尉刘皞主办后汉隐帝的丧事。

当初，河东节度使兼中书令刘崇听说后汉隐帝遇害，准备起兵南下，后来听说迎立湘阴公刘赟，这才停止，说："我的儿子做皇帝，我还求什么呢！"太原少尹李骧暗中劝刘崇说："观察郭威的心思，最后还是想自己当皇帝，您不如快速领兵越过太行山，占据孟津，等到徐州相公即位，然后回镇，这样郭公就不敢动了；不然的

间吾父子！”命左右曳出斩之。骧呼曰：“吾负经济之才而为愚人谋事，死固甘心！家有老妻，愿与之同死。”崇并其妻杀之，且奏于朝廷，示无二心。及赟废，崇乃遣使请赟归晋阳。诏报以“湘阴公比在宋州，今方取归京师，必令得所，公勿以为忧。公能同力相辅，当加王爵，永镇河东”。

巩廷美、杨温闻湘阴公失位，奉赟妃董氏据徐州拒守，以俟河东援兵。帝使赟以书谕之。廷美、温欲降而惧死，帝复遗赟书曰：“爰念斯人尽心于主，足以赏其忠义，何由责以悔尤，俟新节度使入城，当各除刺史，公可更以委曲示之。”

契丹之攻内丘也，死伤颇多，又值月食，军中多妖异，契丹主惧，不敢深入，引兵还，遣使请和于汉。会汉亡，安国节度使刘词送其使者诣大梁，帝遣左千牛卫将军朱宪报聘，且叙革命之由，以金器、玉带赠之。

帝以邺都镇抚河北，控制契丹，欲以腹心处之。乙亥，以宁江节度使、侍卫亲军都指挥使王殷为邺都留守、天雄节度使、同平章事，领军如故，仍以侍卫司从赴镇。

丙子，帝帅百官诣西宫，为汉隐帝举哀成服，皆如天子礼。

慕容彦超遣使入贡，帝虑其疑惧，赐诏慰安之，曰：“今兄事已至此，言不欲繁，望弟扶持，同安亿兆。”

（以上为第一段，写郭威受禅代汉建立后周，史称太祖。）

戊寅，杀湘阴公于宋州。

是日，刘崇即皇帝位于晋阳，仍用乾祐年号，所有者并、汾、忻、代、岚、宪、隆、蔚、沁、辽、麟、石十二州之地。以节度判官郑珙为中书侍郎，观察判官荥阳赵华为户部侍郎，并同平章事。以次子承钧为侍卫亲军都指挥使、太原尹，以节度副使李存瓌为代州防御使，裨将武安张元徽为马步军都指挥使，陈光裕为宣徽使。

北汉主谓李存瓌、张元徽曰：“朕以高祖之业一朝坠地，今日位号，不得已而称之；顾我是何天子，汝曹是何节度使邪！”由是不建宗庙，

话，将会被人出卖。”刘崇发怒说：“腐儒！想离间我们父子的关系！”命令左右将他拉出去斩首。李骧大喊说：“我怀有经世济民的才能，却在替愚昧的人谋划事情，死了固然心甘情愿！家里还有年老的妻子，愿跟她一起死。”刘崇把李骧连同他的妻子一起杀掉，并且向朝廷奏报，表示没有二心。等到刘赟被废黜，刘崇这才派遣使者请求让刘赟回晋阳。后周太祖下诏回答说：“湘阴公近在宋州，现在正取道回京师，一定会让他得到一个适当的位置，您不要为此事担忧。您如果能同心协力辅佐朝廷，应当加封王爵，永远镇守河东。”

巩廷美、杨温听到湘阴公刘赟失去帝位，尊奉刘赟的妃子董氏占据徐州坚守，以等待河东的援兵。后周太祖让刘赟写信劝谕他们。巩廷美、杨温想要投降但又怕死，后周太祖又写信给刘赟说：“想到这些人对主人竭尽忠心，就值得赏赐他们的忠义，哪有什么理由责备他们有过失？等到新节度使进城，应当各自授官刺史，您可以再用亲笔信向他们详细说明这一点。”

契丹进攻内丘，死伤很多，又正值发生月食，军队出现很多怪异的事情，契丹主害怕，不敢深入，领兵回国，派遣使者向后汉求和。恰逢后汉灭亡，安国节度使刘词送契丹使者到大梁，后周太祖派遣左千牛卫将军朱宪回访契丹，并且说明改朝换代的缘由，送给他们金器、玉带。

后周太祖以邺都镇抚黄河以北，控制契丹，打算派心腹去镇守。正月十三日乙亥，任命宁江节度使、侍卫亲军都指挥使王殷为邺都留守、天雄节度使、同平章事，照旧兼领侍卫亲军，仍然带着侍卫司的随从去镇所就任。

正月十四日丙子，后周太祖率领百官到西宫，为后汉隐帝发丧，穿丧服，完全依照天子的礼仪。

慕容彦超派遣使者入朝进贡，后周太祖担心他会疑虑恐惧，赐诏书安慰他，说：“现在令兄的事，已经到了这个地步，不必多说，希望老弟扶持，共同安抚广大百姓。”

正月十六日戊寅，在宋州杀掉湘阴公刘赟。

当天，刘崇在晋阳即皇帝位，仍然用乾祐年号，拥有并、汾、忻、代、岚、宪、隆、蔚、沁、辽、麟、石共十二州之地。任命节度判官郑珙为中书侍郎，观察判官荥阳人赵华为户部侍郎，都为同平章事。任命次子刘承钧为侍卫亲军都指挥使、太原尹，任命节度副使李存瓌为代州防御使，副将武安人张元徽为马步军都指挥使，陈光裕为宣徽使。

北汉主对李存瓌、张元徽说：“朕因为高祖的基业一朝垮掉，所以今天的位号，是不得已才称的；不过我是什么天子，你们又是什么节度使呢！”因此不建立宗庙，

祭祀如家人，宰相月俸止百缗，节度使止三十缗，自余薄有资给而已，故其国中少廉吏。

客省使河南李光美尝为直省官，颇谙故事，北汉朝廷制度，皆出于光美。

北汉主闻湘阴公死，哭曰："吾不用忠臣之言，以至于此！"为李骧立祠，岁时祭之。

己卯，以太师冯道为中书令，加窦贞固侍中，苏禹珪司空。

王彦超奏遣使赍敕诣徐州，巩廷美等犹豫不肯启关，诏进兵攻之。

帝谓王峻曰："朕起于寒微，备尝艰苦，遭时丧乱，一旦为帝王，岂敢厚自奉养以病下民乎！"命峻疏四方贡献珍美食物，庚辰，下诏悉罢之。其诏略曰："所奉止于朕躬，所损被于氓庶。"又曰："积于有司之中，甚为无用之物。"又诏曰："朕生长军旅，不亲学问，未知治天下之道，文武官有益国利民之术，各具封事以闻，咸宜直书其事，勿事辞藻。"帝以苏逢吉之第赐王峻，峻曰："是逢吉所以族李崧也！"辞而不处。

初，契丹主北归，横海节度使潘聿撚弃镇随之，契丹主以聿撚为西南路招讨使。及北汉主立，契丹主使聿撚遗刘承钧书；北汉主使承钧复书，称："本朝沦亡，绍袭帝位，欲循晋室故事，求援北朝。"契丹主大喜。北汉主发兵屯阴地、黄泽、团柏；丁亥，以承钧为招讨使，与副招讨使白从晖、都监李存瓌将步骑万人寇晋州。从晖，吐谷浑人也。

郭崇威更名崇，曹威更名英。

二月，丁酉，以皇子天雄牙内都指挥使荣为镇宁节度使，选朝士为之僚佐，以侍御史王敏为节度判官，右补阙崔颂为观察判官，校书郎王朴为掌书记。颂，协之子；朴，东平人也。

戊戌，北汉兵五道攻晋州，节度使王晏闭城不出。刘承钧以为怯，蚁附登城；晏伏兵奋击，北汉兵死伤者千余人。承钧遣副兵马使安元宝焚晋州西城，元宝来降。承钧乃移军攻隰州，癸卯，隰州刺史许迁遣步军都指挥使孙继业迎击北汉兵于长寿村，执其将程筠等，杀之。未几，北汉兵攻州城，数日不克，死伤甚众，乃引去。迁，郓州人也。

（以上为第二段，写郭威杀湘阴公刘赟于宋州，刘崇即位于晋阳，史称北汉。刘

祭祀时就像百姓家里一样，宰相每个月的俸禄只有一百缗，节度使只有三十缗，其他的官吏只有微薄的供给而已，所以他的国内很少有廉洁的官吏。

客省使河南人李光美曾经做过直省官，对朝廷旧事很熟悉，北汉的朝廷制度，都出自李光美之手。

北汉主听说湘阴公刘赟死了，哭着说："我不听忠臣的话，以致落到这种地步！"为李骧建立祠堂，按节令祭祀。

正月十七日己卯，任命太师冯道为中书令，窦贞固加官侍中，苏禹珪加官司空。

王彦超上奏请派遣使者携带敕书到徐州，巩廷美等人犹豫不肯打开城门，后周太祖诏命进兵攻打他。

后周太祖对王峻说："朕出身于贫寒微贱之家，饱尝艰辛困苦，遭遇时世的丧亡祸乱，一时间做了帝王，岂敢自己有丰厚的供养让百姓困苦呢？"命令王峻清理四方所进贡的珍美食物，正月十八日庚辰，下诏全部停止。诏书大略说："所奉养的只是朕一人，而受损害的却遍及百姓。"又说："贡品储存在官府里，确实是没有用的东西。"又下诏说："朕生长在军队中，不接近学问，不懂得治理天下的道理。文武官员如果有利国利民的方法，各自用密封的奏章告诉我，都应该直接陈述事实，不要讲究辞藻。"后周太祖把苏逢吉的宅第赐给王峻，王峻说："这座宅第是苏逢吉之所以诛灭李崧家族的原因啊！"推辞不去居住。

当初，契丹主返回北方，横海节度使潘聿撚丢弃自己的藩镇，跟随契丹主，契丹主任命潘聿撚为西南路招讨使。等到北汉主称帝，契丹主命潘聿撚给刘承钧写信；北汉主指使刘承钧回信，说："本朝已经沦陷灭亡，我继承帝位，想遵循晋的先例，向北朝求援。"契丹主非常高兴。北汉主发兵驻守阴地、黄泽、团柏；正月二十五日丁亥，任命刘承钧为招讨使，与副招讨使白从晖、都监李存瓌率领步兵和骑兵一万人进攻晋州。白从晖是吐谷浑人。

郭崇威改名为郭崇，曹威改名为曹英。

二月初五日丁酉，任命皇子天雄牙内都指挥使郭荣为镇宁节度使，挑选朝廷中的士人做他的幕僚助手，任命侍御史王敏为节度判官，右补阙崔颂为观察判官，校书郎王朴为掌书记。崔颂是崔协的儿子；王朴是东平人。

二月初六日戊戌，北汉军队分五路进攻晋州，节度使王晏关闭城门不出战。刘承钧认为他胆小，便让士兵像蚂蚁一样群集登上城墙；王晏预设的伏兵奋力迎击，北汉兵死伤一千多人。刘承钧派遣副兵马使安元宝焚烧晋州西城，安元宝前来投降。刘承钧就调转军队进攻隰州，二月十一日癸卯，隰州刺史许迁派遣步军都指挥使孙继业在长寿村迎击北汉兵，抓获他们的将领程筠等人，杀掉他们。不久，北汉军攻打隰州城，接连几天攻不下来，死伤很多，于是撤离。许迁是郓州人。

崇连引契丹，发兵五道南下攻晋州，不胜而还。）

甲辰，楚王希萼遣掌书记刘光辅入贡于唐。

帝悉出汉宫中宝玉器数十，碎之于庭，曰：“凡为帝王，安用此物！闻汉隐帝日与嬖宠于禁中嬉戏，珍玩不离侧，兹事不远，宜以为鉴。”仍戒左右，自今珍华悦目之物，无得入宫。

丁未，契丹主遣其臣袅骨支与朱宪偕来，贺即位。

戊申，敕前资官各听自便居外州。

陈思让未至湖南，马希萼已克长沙；思让留屯郢州，敕召令还。

丁巳，遣尚书左丞田敏使契丹。北汉主遣通事舍人李䛒使于契丹，乞兵为援。

诏加泰宁节度使慕容彦超中书令，遣翰林学士鱼崇谅诣兖州谕指。崇谅，即崇远也。彦超上表谢。三月，壬戌朔，诏报之曰：“向以前朝失德，少主用谗，仓猝之间，召卿赴阙，卿即奔驰应命，信宿至京，救国难而不顾身，闻君召而不俟驾。以至天亡汉祚，兵散梁郊，降将败军，相继而至，卿即便回马首，径反龟阴。为主为时，有终有始。所谓危乱见忠臣之节，疾风知劲草之心，若使为臣者皆能如兹，则有国者谁不欲用！所言朕潜龙河朔之际，平难浚郊之时，缘不奉示喻之言，亦不得差人至行阙。且事主之道，何必如斯！若或二三于汉朝，又安肯忠信于周室！以此为惧，不亦过乎！卿但悉力推心，安民体国，事朕之节，如事故君，不惟黎庶获安，抑亦社稷是赖。但坚表率，未议替移。由衷之诚，言尽于此。”

（以上为第三段，写周太祖下特诏安抚泰宁节度使慕容彦超。）

唐以楚王希萼为天策上将军、武安、武平、静江、宁远节度使兼中书令、楚王；以右仆射孙忌、客省使姚凤为册礼使。

二月十二日甲辰，楚王马希萼派遣掌书记刘光辅向南唐进贡。

后周太祖把后汉宫中的几十件珍宝玉器全部拿出来，在朝廷上砸碎，说："凡是做帝王的，哪里用得着这些东西！听说后汉隐帝每天跟他所宠爱的人在宫禁中玩乐，珍宝古玩不离身边。这些事情离我们不远，应该引为鉴戒。"于是劝诫左右的人，从今以后，凡是珍贵华美、赏心悦目的东西，不得带入宫廷。

二月十五日丁未，契丹主派遣他的臣子袅骨支跟朱宪一同前来，祝贺后周太祖即位。

二月十六日戊申，敕令前朝所任命的官吏，各自按自己的方便，居住两京以外的州县。

陈思让还没有到达湖南，马希萼已经攻克长沙；陈思让只得停下来驻守郢州，朝廷下敕书召他回来。

二月二十五日丁巳，朝廷派遣尚书左丞田敏出使契丹。北汉主派遣通事舍人李謩出使契丹，请求出兵援助。

后周太祖下诏，泰宁节度使慕容彦超加官中书令，派遣翰林学士鱼崇谅到兖州宣布这项任命。鱼崇谅，就是鱼崇远。慕容彦超上表谢恩。三月初一日壬戌，后周太祖下诏答复他说："前不久，由于前朝丧失德政，年少的国君听信谗言，匆忙之中，征召你赶紧赴朝廷，你就快速接受命令，仅过了两天就到了京城。解救国家的危难而不顾自身，听到君主的召唤而不等驾车就动身。等到上天灭亡汉室的国运，军队在大梁郊外逃散，投降的将领，覆败的军队，一个接一个地前来，你却立即调转马头，直接返回兖州。为了国君，为了时势，有始有终。真是所谓在危难时才看出忠臣的节操，在大风中才知道劲草的心性，倘若做臣子的人都能如此，那么执掌国家的人，谁不想任用！你所说的朕从前沦落河东的时候，以及在大梁郊外平定祸乱的时候，因为没有接到指示，你也就没有派人到我的驻地。再说，侍奉君主的方式，何必要这样！如果对汉室三心二意，又怎么肯对周室效忠不二呢？因此而产生恐惧，不是太过分了吗？只要你全力全心安抚百姓，体恤国家，事奉我像事奉以前的君主一样，不但黎民百姓获得平安，而且国家也依赖于此。朝廷只想稳固你对群臣的表率作用，从没有想到要撤换你的位置。这些都是发自内心的真诚，话就全部说到这里。"

南唐任命楚王马希萼为天策上将军，武安、武平、静江、宁远节度使兼中书令，楚王；命右仆射孙忌、客省使姚凤为册礼使。

丙寅，遣前淄州刺史陈思让将兵戍磁州，扼黄泽路。

楚王希萼既得志，多思旧怨，杀戮无度，昼夜纵酒荒淫，悉以军府事委马希崇。希崇复多私曲，政刑紊乱。府库既尽于乱兵，籍民财以赏赉士卒，或封其门而取之，士卒犹以不均怨望；虽朗州旧将佐从希萼来者，亦皆不悦，有离心。

刘光辅之入贡于唐也，唐主待之厚，光辅密言："湖南民疲主骄，可取也。"唐主乃以营屯都虞候边镐为信州刺史，将兵屯袁州，潜谋进取。

小门使谢彦颙，本希萼家奴，以首面有宠于希萼，至与妻妾杂坐，恃恩专横。常肩随希崇，或拊其背；希崇衔之。故事，府宴，小门使执兵在门外；希萼使彦颙预坐，或居诸将之上，诸将皆耻之。

希萼以府舍焚荡，命朗州静江指挥使王逵、副使周行逢帅所部兵千余人治之，执役甚劳，又无犒赐，士卒皆怨，窃言曰："囚免死则役作之。我辈从大王出万死取湖南，何罪而囚役之！且大王终日酣歌，岂知我辈之劳苦乎！"逵、行逢闻之，相谓曰："众怨深矣，不早为计，祸及吾曹。"壬申旦，帅其众各执长柯斧、白梃，逃归朗州。时希萼醉未醒，左右不敢白；癸酉，始白之。希萼遣湖南指挥使唐师翥将千余人追之，不及，直抵朗州；逵等乘其疲乏，伏兵纵击，士卒死伤殆尽，师翥脱归。

逵等黜留后马光赞，更以希萼兄子光惠知州事。光惠，希振之子也。寻奉光惠为节度使，逵等与何敬真及诸军指挥使张倣参决军府事。希萼具以状言于唐，唐主遣使以厚赏招谕之。逵等纳其赏，纵其使，不答其诏，唐亦不敢诘也。

王彦超奏克徐州，杀巩廷美等。

北汉李䜣至契丹，契丹主使拽剌梅里报之。

丙子，敕："朝廷与唐本无仇怨，缘淮军镇，各守疆域，无得纵兵民擅入唐境；商旅往来，无得禁止。"

（以上为第四段，写楚主马希萼得志，荒淫暴虐，杀戮无度，大失士众心。后周

三月初五日丙寅，派遣前任淄州刺史陈思让率兵戍守磁州，控制黄泽关道路。

楚王马希萼既然已经得志，经常想起往日的仇怨，毫无节制地杀戮，日夜狂欢，荒淫无度，把军府的事务全部交给马希崇。马希崇又多私心，使得政事刑罚混乱。官府仓库已经被乱兵抢夺一空，只好靠搜刮民财来赏赐士兵，甚至有时封住百姓的家门而夺取财物，士兵还因为赏赐不均而怨恨；即使是跟随马希萼一起来的朗州以前的将领和僚佐，也都不高兴，有离异之心。

刘光辅前往南唐进贡，南唐主待他优厚。刘光辅偷偷地告诉南唐主说："湖南百姓疲乏，君主骄傲，可以夺取。"南唐主于是任命营屯都虞候边镐为信州刺史，率兵驻守袁州，暗中谋划进兵夺取湖南。

小门使谢彦颙，本是马希萼的家奴，靠男色而受到马希萼的宠信，以至于跟马希萼的妻妾混坐，依仗恩宠而专横。他常常并肩相随马希崇行走，有时还拍马希崇的背，马希崇很恨他。依照旧例，军府宴会，小门使拿着兵器站在门外；马希萼却让谢彦颙一起坐，有时候还坐在众将的上位，众将都感到耻辱。

马希萼因为军府的房舍焚烧殆尽，命令朗州静江指挥使王逵、副指挥使周行逢率领所管辖的一千多名士卒去修建，承担的工作很苦，又没有犒劳和赏赐，士卒们都怨恨，私下说："只有罪囚免除死刑以后才罚作苦工。我们跟随大王出生入死夺取湖南，有什么罪而被当作罪囚来做苦工！况且大王整天饮酒唱歌，哪里知道我们的劳苦呢！"王逵、周行逢听到了这些话，相互说："大家的怨恨深了，不早作打算，灾祸就会落到我们头上。"三月十一日壬申早晨，王逵、周行逢率领他们的部众，每人拿着长柄斧头、白木棒，逃回朗州。当时马希萼酒醉还没有醒，左右的人不敢向他报告；三月十二日癸酉，才向他报告。马希萼派遣湖南指挥使唐师翥率领一千多人去追赶他们，没有追上，一直追到朗州。王逵等人趁他们疲乏，埋伏士卒迎头出击，追兵几乎全部战死或受伤，唐师翥脱身逃回。

王逵等人废黜朗州留后马光赞，改由马希萼哥哥的儿子马光惠主持朗州的事务。马光惠是马希振的儿子。不久，尊奉马光惠为节度使，王逵等人与何敬真以及诸军指挥使张倣共同参与处理军府的事务。马希萼把详情报告给南唐，南唐主派遣使者用丰厚的赏赐招抚劝谕王逵。王逵等人收下赏赐，放回使者，没有回答南唐主的诏令，南唐也不敢追问。

王彦超奏报攻克徐州，杀死巩廷美等人。

北汉李謦到了契丹，契丹主派遣拽剌梅里回访北汉。

三月十五日丙子，后周太祖下敕令说："朝廷与唐国本来没有仇怨，淮河沿岸的各军镇，各自防守自己的疆域，不得放纵士兵百姓擅自进入唐国境内；不得禁止商人和旅客往来。"

平定徐州。）

己卯，潞州送涉县所获北汉将卒二百六十余人，各赐衫袴巾履遣还。

加吴越王弘俶诸道兵马都元帅。

夏，四月，壬辰朔，滨淮州镇上言："淮南饥民过淮籴谷，未敢禁止。"诏曰："彼之生民，与此何异，宜令州县津铺无得禁止。"

蜀通奏使高延昭固辞知枢密院，丁未，以前云安榷盐使太原伊审徵为通奏使，知枢密院事。审徵，蜀高祖妹褒国公主之子也，少与蜀主相亲狎，及知枢密，政之大小悉以咨之。审徵亦以经济为己任，而贪侈回邪，与王昭远相表里，蜀政由是浸衰。

吴越王弘俶徙废王弘倧居东府，为筑宫室，治园圃，娱悦之，岁时供馈甚厚。

契丹主遣使如北汉，告以周使田敏来，约岁输钱十万缗。北汉主使郑珙以厚赂谢契丹，自称"侄皇帝致书于叔天授皇帝"，请行册礼。

五月，己巳，遣左金吾将军姚汉英等使于契丹，契丹留之。

辛未，北汉礼部侍郎、同平章事郑珙卒于契丹。

甲戌，义武节度使孙方简避皇考讳，更名方谏。

定难节度李彝殷遣使奉表于北汉。

（以上为第五段，写后周和好南唐，不禁两国边民来往，蜀主荒怠政事，吴越王钱弘俶厚待前废主钱弘倧。）

六月，辛亥，以枢密使、同平章事王峻为左仆射兼门下侍郎，枢密副使、兵部侍郎范质，户部侍郎、判三司李縠为中书侍郎，并同平章事，縠仍判三司。司徒兼侍中窦贞固，司空兼中书侍郎、同平章事苏禹珪并罢守本官。癸丑，范质参知枢密院事。丁巳，以宣徽北院使翟光邺兼枢密副使。

初，帝讨河中，已为人望所属。李縠时为转运使，帝数以微言动之，縠但以人臣尽节为对。帝以是贤之，即位，首用为相。时国家新造，四

三月十八日己卯，潞州送来涉县所抓获的北汉将领以及士兵二百六十多人，朝廷赐给他们衣衫、裤子、头巾、鞋子，遣送回去。

加封吴越王钱弘俶为诸道兵马都元帅。

夏季，四月初一日壬辰，靠近淮河的州镇上奏说：“淮南的饥民渡过淮河买米，不敢禁止。”后周太祖下诏说：“他们那边的百姓，跟我们这边的百姓有什么区别呢！应当下令州县的渡口、哨所不得禁止。”

后蜀通奏使高延昭坚决推辞主持枢密院事务，四月十六日丁未，任命前任云安榷盐使太原人伊审徵为通奏使，主持枢密院事务。伊审徵是后蜀高祖的妹妹褒国公主的儿子，从小与后蜀主亲近，等到他主持枢密院以后，政事不论大小，后蜀主都要征求他的意见。伊审徵也以经国济民为己任，但他贪婪奢侈，奸诈邪恶，与王昭远相互勾结，后蜀因此逐渐衰败。

吴越王钱弘俶把被废黜的前王钱弘倧迁到东府居住，为钱弘倧建造宫室，修治花园，使他快乐，四季供应馈赠很丰厚。

契丹主派遣使者到北汉，告诉他们后周使者田敏前来，约定每年送钱十万缗给契丹。北汉主派遣郑珙用丰厚的钱财答谢契丹，自称“侄皇帝送信给叔父天授皇帝”，请求举行册封典礼。

五月初八日己巳，后周太祖派遣左金吾将军姚汉英等人出使契丹，契丹留下他们。

五月初十日辛未，北汉礼部侍郎、同平章事郑珙死在契丹。

五月十三日甲戌，义武节度使孙方简避皇帝之父的名讳，改名为孙方谏。

定难节度使李彝殷派遣使者持奉表章到北汉。

六月二十一日辛亥，后周太祖任命枢密使、同平章事王峻为左仆射兼门下侍郎，枢密副使、兵部侍郎范质和户部侍郎、判三司李穀为中书侍郎，都为同平章事，李穀仍兼领三司。司徒兼侍中窦贞固，司空兼中书侍郎、同平章事苏禹珪，都解除宰相职务，只担任原来的职务。六月二十三日癸丑，范质参与主持枢密院的事务。六月二十七日丁巳，任命宣徽北院使翟光邺兼任枢密副使。

当初，后周太祖讨伐河中，已为众望所归。李穀当时为转运使，后周太祖多次用委婉的言语打动他，李穀只是用人臣应该尽到臣节来回答。后周太祖因此认为他

方多故，王峻夙夜尽心，知无不为，军旅之谋，多所裨益。范质明敏强记，谨守法度。李穀沈毅有器略，在帝前议论，辞气慷慨，善譬谕以开主意。

武平节度使马光惠，愚懦嗜酒，不能服诸将。王逵、周行逢、何敬真谋以辰州刺史庐陵刘言骁勇得蛮夷心，欲迎以为副使。言知逵等难制，曰：“不往，将攻我。”乃单骑赴之。既至，众废光惠，送于唐；推言权武平留后，表求旄节于唐，唐人未许。亦称藩于周。

吴越王弘俶以前内外马步都统军使仁俊无罪，复其官爵。

契丹遣燕王述轧等册命北汉主为大汉神武皇帝，妃为皇后。北汉主更名旻。

秋，七月，北汉主遣翰林学士博兴卫融等诣契丹谢册礼，且请兵。

八月，壬戌，葬汉隐帝于颍陵。

义武节度使孙方谏入朝，壬子，徙镇国节度使，以其弟易州刺史行友为义武留后。又徙建雄节度使王晏镇徐州，以武宁节度使王彦超代之。

戊午，追立故夫人柴氏为皇后。

九月，北汉主遣招讨使李存瓌将兵自团柏入寇。契丹欲引兵会之，与酋长议于九十九泉。诸部皆不欲南寇，契丹主强之。癸亥，行至新州之火神淀，燕王述轧及伟王之子太宁王沤僧作乱，弑契丹主而立述轧。契丹主德光之子齐王述律逃入南山，诸部奉述律以攻述轧、沤僧，杀之，并其族党。立述律为帝，改元应历。自火神淀入幽州，遣使告于北汉，北汉主遣枢密直学士上党王得中如契丹，贺即位，复以叔父事之，请兵以击晋州。

契丹主年少，好游戏，不亲国事；每夜酣饮，达旦乃寐，日中方起，国人谓之睡王。后更名明。

（以上为第六段，写周太祖识人任贤，政治粗安，礼葬后汉隐帝。契丹主册命刘崇为北汉皇帝，违众南侵，为部属所杀，述律继任，是为辽国穆宗皇帝。）

壬申，蜀以吏部尚书、御史中丞范仁恕为中书侍郎兼吏部尚书、同平章事。

贤德，即位以后，首先任用他为宰相。当时国家刚刚建立，四方多事，王峻日夜尽心，知道的事没有不去做的，对军事上的谋划，补益很多。范质精明敏捷，博闻强记，严格遵守法律制度。李穀沉着坚毅，有度量，有胆略，在后周太祖面前议论政事，言辞气概慷慨激昂，善于用比喻来启发后周太祖的主意。

武平节度使马光惠，愚昧懦弱，嗜好饮酒，不能折服众将。王逵、周行逢、何敬真商议，认为辰州刺史庐陵人刘言勇猛，很得蛮夷的人心，想迎接他来当节度副使。刘言知道王逵等人难以驾驭，说："如果不去，他们将会攻打我。"于是单人独骑前往朗州。到了朗州以后，众将罢黜马光惠，把他送交给南唐；推举刘言代理武平留后，上表向南唐请求颁赐旌旗和符节，南唐没答应。刘言同时也向后周称臣。

吴越王钱弘俶由于前任内外马步都弘军使钱仁俊无罪，恢复他的官爵。

契丹派遣燕王述轧等人册命北汉主为大汉神武皇帝，妃子为皇后。北汉主改名为刘旻。

秋季，七月，北汉主派遣翰林学士博兴人卫融等人到契丹，答谢册命礼，并且请求出兵。

八月，壬戌日，把后汉隐帝安葬在颍陵。

义武节度使孙方谏入朝。八月二十三日壬子，调孙方谏为镇国节度使，任命他的弟弟易州刺史孙行友为义武留后。又调建雄节度使王晏镇守徐州，任命武宁节度使王彦超替代他。

八月二十九日戊午，后周太祖追立已故夫人柴氏为皇后。

九月，北汉主派遣招讨使李存瓌率兵从团柏入侵。契丹主想率兵与他会合，和酋长们在九十九泉商议。各部都不想南侵，契丹主强迫他们参加。九月初四日癸亥，契丹军队行进到新州［西面］的火神淀，燕王述轧和伟王的儿子太宁王沤僧发动叛乱，弑杀契丹主而拥立述轧。契丹主德光的儿子齐王述律逃入南山，各部拥戴述律来进攻述轧、沤僧，杀死了他们，吞并他们的宗族和党羽。立述律为皇帝，改年号为应历。从火神淀进入幽州，派遣使者向北汉报告，北汉主派遣枢密直学士上党人王得中到契丹，祝贺述律即皇帝位，仍旧把契丹主当叔父来侍奉，请求契丹出兵攻打晋州。

契丹主年纪小，喜欢游戏，不亲自处理国事；每天晚上都要畅饮，直到天亮才睡，中午才起床，国人称他为"睡王"。后来改名为明。

九月十三日壬申，后蜀任命吏部尚书、御史中丞范仁恕为中书侍郎兼吏部尚书、同平章事。

楚王希萼既克长沙，不赏许可琼，疑可琼怨望，出为蒙州刺史。遣马步都指挥使徐威、左右军马步使陈敬迁、水军都指挥使鲁公绾、牙内侍卫指挥使陆孟俊帅部兵立寨于城西北隅，以备朗兵。不存抚役者，将卒皆怨怒，谋作乱。希崇知其谋，戊寅，希萼宴将吏，徐威等不预，希崇亦辞疾不至。威等使人先驱踶啮马十余入府，自帅其徒执斧斤、白梃，声言絷马，奄至座上，纵横击人，颠踣满地。希萼逾垣走，威等执囚之；执谢彦颙，自顶及踵锉之。立希崇为武安留后，纵兵大掠。幽希萼于衡山县。

刘言闻希崇立，遣兵趣潭州，声言讨其篡夺之罪，壬午，军于益阳之西。希崇惧，癸未，发兵二千拒之，又遣使如朗州求和，请为邻藩。掌书记桂林李观象说言曰："希萼旧将佐犹在长沙，此必不欲与公为邻；不若先檄希崇取其首，然后图湖南，可兼有也。"言从之。希崇畏言，即断都军判官杨仲敏、掌书记刘光辅、牙内指挥使魏师进、都押牙黄勍等十余人首，遣前辰阳县令李翊赍送朗州。至则腐败，言与王逵等皆以为非仲敏等首，怒责翊。翊惶恐自杀。

希崇既袭位，亦纵酒荒淫，为政不公，语多矫妄，国人不附。

初，马希萼入长沙，彭师暠虽免死，犹杖背黜为民。希崇以为师暠必怨之，使送希萼于衡山，实欲师暠杀之。师暠曰："欲使我为弑君之人乎！"奉事逾谨。丙戌，至衡山，衡山指挥使廖偃，匡图之子也，与其季父节度巡官匡凝谋曰："吾家世受马氏恩，今希萼长而被黜，必不免祸，盍相与辅之！"于是帅庄户及乡人悉为兵，与师暠共立希萼为衡山王，以县为行府，断江为栅，编竹为战舰，以师暠为武清节度使，召募徒众，数日，至万余人，州县多应之。遣判官刘虚己求援于唐。

徐威等见希崇所为，知必无成，又畏朗州、衡山之逼，恐一朝丧败，俱及祸，欲杀希崇以自解。希崇微觉之，大惧，密遣客将范守牧奉表请兵于唐。唐主命边镐自袁州将兵万人西趣长沙。

楚王马希萼攻下长沙以后，不奖赏许可琼，疑心许可琼会怨恨，便将他外调为蒙州刺史。派遣马步都指挥使徐威、左右军马步使陈敬迁、水军都指挥使鲁公绾、牙内侍卫指挥使陆孟俊率领所部军队在城西北扎营，用以防备朗州军队。马希萼不体恤安抚这些服役的将士，将士们都埋怨愤怒，谋划叛乱。马希崇知道了他们的阴谋，九月十九日戊寅，马希萼宴请将帅和官吏，徐威等人不参加，马希崇也推辞有病而不来。徐威等派人先赶十几匹踢人咬人的马冲入府内，自己率领部下手拿斧头、白木棒，声称说是要系马，突然闯到席位上，四处打人，跌倒的人满地都是。马希萼翻墙逃跑，徐威等人抓住囚禁他；抓到谢彦颙，从头到脚把他剁成碎块。立马希崇为武安留后，放任士兵大肆抢劫。把马希萼幽禁在衡山县。

刘言听说马希崇被拥立为武安留后，派兵直奔潭州，声称讨伐马希崇篡位夺权的罪行，九月二十三日壬午，驻扎在益阳的西面。马希崇害怕，九月二十四日癸未，派兵二千人抵抗刘言，又派遣使者到朗州求和，请求做刘言的友好邻镇。掌书记桂林人李观象劝刘言说："马希萼的旧将和僚属还在长沙，这些人一定不愿与您为邻；不如先传送文告给马希崇，要他取这些人的首级，然后谋划夺取湖南，可以兼并占有湖南。"刘言听从了他的建议。马希崇害怕刘言，就砍下了都军判官杨仲敏、掌书记刘光辅、牙内指挥使魏师进、都押牙黄勍等十几个人的头颅，派前任辰阳县令李翊带着送到朗州。到朗州的时候，人头已经腐烂，刘言与王逵等人都认为不是杨仲敏等人的首级，愤怒地责备李翊。李翊恐惧而自杀。

马希崇继位以后，也同样地狂饮，荒淫无度，处理政事不公平，言语大多虚假狂妄，国中人不归附他。

当初，马希萼进入长沙，彭师暠虽然免于一死，还是背上受杖刑，废黜为民。马希崇认为彭师暠一定会怨恨马希萼，派彭师暠把马希萼送到衡山，实际上是想让彭师暠杀掉他。彭师暠说："想要让我做弑国君的人吗！"侍奉马希萼更加恭敬。九月二十七日丙戌，马希萼被送到衡山，衡山指挥使廖偃是廖匡图的儿子，和他的叔父节度巡官廖匡凝商议说："我们家世代蒙受马氏的恩惠，现在马希萼年长而被罢黜，一定不能避免灾祸，我们何不一起辅佐他！"于是率领佃户以及乡里百姓编成军队，和彭师暠共同拥立马希萼为衡山王，以县衙为临时王府，设置栅栏，隔断湘江，用竹子编造战舰，任命彭师暠为武清节度使，召募部众，几天以后，部众达一万多人，州县多响应他们。派遣判官刘虚己向南唐求救。

徐威等人见了马希崇的所作所为，知道一定不会成功，又害怕朗州、衡山两方面的压力，担心一旦马希崇失败灭亡，一起遭受祸乱，想杀掉马希崇来解脱自己。马希崇稍稍觉察了这件事，大为恐惧，秘密派遣将领范守牧持表章向南唐请求援兵。南唐主命令边镐率领一万士兵从袁州向西直奔长沙。

冬，十月，辛卯，潞州巡检陈思让败北汉兵于虒亭。

唐边镐引兵入醴陵。癸巳，楚王希崇遣使犒军。壬寅，遣天策府学士拓跋恒奉笺诣镐请降。恒叹曰："吾久不死，乃为小儿送降状！"癸卯，希崇帅弟侄迎镐，望尘而拜，镐下马称诏劳之。甲辰，希崇等从镐入城，镐舍于浏阳门楼，湖南将吏毕贺，镐皆厚赐之。时湖南饥馑，镐大发马氏仓粟赈之，楚人大悦。

（以上为第七段，写楚国内乱未已，南唐乘势夺取。）

契丹遣彰国节度使萧禹厥将奚、契丹五万会北汉兵入寇；北汉主自将兵二万自阴地关寇晋州。丁未，军于城北，三面置寨，昼夜攻之，游兵至绛州。时王晏已离镇，王彦超未至，巡检使王万敢权知晋州，与龙捷都指挥使史彦超、虎捷指挥使何徽共拒之。史彦超，云州人也。

癸丑，唐武昌节度使刘仁赡帅战舰二百取岳州，抚纳降附，人忘其亡。仁赡，金之子也。

唐百官共贺湖南平，起居郎高远曰："我乘楚乱，取之甚易。观诸将之才，但恐守之难耳！"远，幽州人也。司徒致仕李建勋曰："祸其始于此乎！"

唐主自即位以来，未尝亲祠郊庙，礼官以为请，唐主曰："俟天下一家，然后告谢。"及一举取楚，谓诸国指麾可定。魏岑侍宴言："臣少游元城，乐其风土，俟陛下定中原，乞魏博节度使。"唐主许之，岑趋下拜谢。其主骄臣佞如此。

马希萼望唐人立己为潭帅，而潭人恶希萼，共请边镐为帅，唐主乃以镐为武安节度使。

王峻有故人曰申师厚，尝为兖州牙将，失职饥寒，望峻马拜谒于道。会凉州留后折逋嘉施上表请帅于朝廷，帝以绝域非人所欲，募率府供奉官愿行者，月余，无人应募，峻荐师厚于帝。丁巳，以师厚为河西节度使。

唐边镐趣马希崇帅其族入朝，马氏聚族相泣，欲重赂镐，奏乞留居

冬季，十月初三日辛卯，潞州巡检陈思让在虒亭打败北汉军队。

南唐边镐领兵进入醴陵。十月初五日癸巳，楚王马希崇派遣使者犒劳军队。十月十四日壬寅，派遣天策府学士拓跋恒奉持笺表到边镐那里请求投降。拓跋恒叹息说："我长久不死，竟然替这个小子送投降书！"十月十五日癸卯，马希崇率领弟弟侄儿们迎接边镐，望着远处的尘土便下拜，边镐下马宣读诏书，慰劳他们。十月十六日甲辰，马希崇等人跟随边镐进城，边镐住在浏阳门楼，湖南的将帅和官吏全部前来道贺，边镐重赏他们。当时湖南正闹饥荒，边镐大量散发马氏仓库里的粟米赈济百姓，楚人非常喜悦。

契丹派遣彰国节度使萧禹阙率领奚族和契丹兵五万人，会合北汉军队入侵；北汉主亲自率领两万人从阴地关侵入晋州。十月十九日丁未，驻扎在城北，在城的三面设置营寨，日夜进攻，流动部队深入到了绛州。当时王晏已经离开藩镇，王彦超又还没有来，巡检使王万敢临时主持晋州的事务，与龙捷都指挥使史彦超、虎捷指挥使何徽共同抵抗北汉军队。史彦超是云州人。

十月二十五日癸丑，南唐武昌节度使刘仁赡率领二百艘战舰攻取岳州，安抚接纳投降归顺的士兵和百姓，使楚人竟然忘记他们的国家灭亡了。刘仁赡是刘金的儿子。

南唐文武百官共同庆贺平定湖南，起居郎高远说："我们乘楚国内乱，很容易夺取它。观察众将的才能，只怕守住就困难了！"高远是幽州人。以司徒官衔退休的李建勋说："灾祸恐怕就要从这里开始了吧！"

南唐主从即位以来，从没亲自祭祀过天地宗庙，礼官就这件事来向他请示，南唐主说："等到天下成为一家，再感谢天地祖宗。"这次一举夺取楚国之后，南唐主认为其他各国不用花大力气，便可平定。魏岑陪着南唐主饮宴时说："臣小时候游览元城，喜欢那里的风土人情。等到陛下平定中原以后，请让我做魏博节度使。"南唐主答应了他，魏岑连忙下拜称谢。南唐君主的骄傲和臣子的谄媚到了这种地步。

马希萼希望南唐人立自己为潭州的主帅，可是潭州人讨厌马希萼，共同请求边镐为主帅，南唐主于是任命边镐为武安节度使。

王峻有个老熟人叫申师厚，曾经当过兖州牙将，后来丢了官，饥寒交迫，在路上看见王峻的马，就下拜谒见。正好这时凉州留后折逋嘉施上表朝廷请求任命主帅，后周太祖认为那个地方太偏远，没有人愿意去，便在东宫率府的供奉官中招募愿意去的人，过了一个多月，还没有人应召，王峻就向后周太祖推荐申师厚。十月二十九日丁巳，任命申师厚为河西节度使。

南唐边镐催促马希崇率领他的族人入朝，马氏族人聚在一起相对哭泣，想重重

长沙。镐微哂曰："国家与公家世为仇敌，殆六十年，然未尝敢有意窥公之国。今公兄弟斗阋，困穷自归，若复二三，恐有不测之忧。"希崇无以应，十一月，辛酉，与宗族及将佐千余人号恸登舟，送者皆哭，响振川谷。

帝以北汉、契丹之兵犹在晋州，甲子，以王峻为行营都部署，将兵救之，诏诸军皆受峻节度，听以便宜从事，得自选择将吏。乙丑，峻行，帝自至城西饯之。

楚静江节度副使、知桂州马希隐，武穆王殷之少子也。楚王希广、希萼兄弟争国，南汉主以内侍吴怀恩为西北招讨使，将兵屯境上，伺间密谋进取。希广遣指挥使彭彦晖将兵屯龙峒以备之。希萼自衡山遣使以彦晖为桂州都监、在城外内巡检使、判军府事。希隐恶之，潜遣人告蒙州刺史许可琼。可琼方畏南汉之逼，即弃蒙州，引兵趣桂州，与彦晖战于城中。彦晖败，奔衡山，可琼留屯桂州。吴怀恩据蒙州，进兵侵掠，桂管大扰，希隐、可琼不知所为，但相与饮酒对泣。

南汉主遗希隐书，言："武穆王奄有全楚，富强安靖五十余年。正由三十五舅、三十舅兄弟寻戈，自相鱼肉，举先人基业，北面仇雠。今闻唐兵已据长沙，窃计桂林继为所取。当朝世为与国，重以婚姻，睹兹倾危，忍不赴救！已发大军水陆俱进，当令相公舅永拥节旄，常居方面。"希隐得书，与僚佐议降之，支使潘玄珪以为不可。丙寅，吴怀恩引兵奄至城下，希隐、可琼帅其众，夜斩关奔全州，桂州遂溃。怀恩因以兵略定宜、连、梧、严、富、昭、柳、龚、象等州，南汉始尽有岭南之地。

辛未，唐边镐遣先锋指挥使李承戬将兵如衡山，趣马希萼入朝。庚辰，希萼与将佐士卒万余人自潭州东下。

（以上为第八段，写北汉主引援契丹，再次南下攻后周晋州。南汉乘势夺取楚国岭南之地。）

王峻留陕州旬日。帝以北汉攻晋州急，忧其不守，议自将由泽州路与峻会兵救之，且遣使谕峻。十二月，戊子朔，下诏以三日西征。使者

贿赂边镐，上奏请求留在长沙居住。边镐微微地笑了笑说：“国家跟你们家世代为仇，将近六十年了，然而从来未曾有窥视你们国家的意思。现在你们兄弟互相争斗，窘迫艰难自动归降，如果再三心二意，恐怕会产生无法预测的忧患。”马希崇无话可答。十一月初三日辛酉，马希崇与宗族以及将帅僚属一千多人号啕痛哭地上船，送行的人也都哭泣，哭声震动江河山谷。

后周太祖由于北汉、契丹的军队还在晋州，十一月初六日甲子，任命王峻为行营都部署，率兵救援晋州，诏命各军都受王峻指挥调度，听任他随机处理事情，由他自行选择将领和官吏。十一月初七日乙丑，王峻启程，后周太祖亲自到大梁城西为他饯行。

楚国静江节度副使、知桂州马希隐，是武穆王马殷的小儿子。楚王马希广、马希萼兄弟争夺王位的时候，南汉主任命内侍吴怀恩为西北招讨使，率兵驻守在边境上，等待时机，暗中谋划进攻夺取楚国。马希广派遣指挥使彭彦晖率兵驻守龙峒来防备他。马希萼从衡山派使者任命彭彦晖为桂州都监、在城外内巡检使、判军府事。马希隐厌恶彭彦晖，暗中派人告诉蒙州刺史许可琼。许可琼正害怕南汉的威逼，立即放弃蒙州，引兵直奔桂州，与彭彦晖在城中交战。彭彦晖战败，逃奔衡山，许可琼留驻桂州。吴怀恩占据蒙州，进兵攻打抢劫，桂管受到严重骚扰，马希隐、许可琼不知道怎么办，只是坐在一起喝酒，相对哭泣。

南汉主给马希隐写信，说：“武穆王拥有整个楚国，富强安宁达五十多年。正是由于三十五舅马希广和三十舅马希萼兄弟同室操戈，自相残杀，拿着先人的基业，向仇人称臣。如今听说南唐的军队已经占据长沙，我私下估计桂林也会相继被南唐夺取。本朝与你们世世代代都是友好的国家，又有婚姻的关系，看到这种倾覆危险的局面，岂能忍心不去救援！已经发动大军水陆并进，一定让你永远拥有实权，长久占据一方。”马希隐得到书信，与部属们商议投降南汉，支使潘玄珪认为不可。十一月初八日丙寅，吴怀恩领兵突然到达城下，马希隐、许可琼率领部众，晚上一路斩杀逃奔全州，桂州就此溃散。吴怀恩乘机率兵平定宜州、连州、梧州、严州、富州、昭州、柳州、龚州、象州等地，南汉从此占有岭南全部之地。

十一月十三日辛未，南唐边镐派遣先锋指挥使李承戬率兵到衡山，催促马希萼入朝。十一月二十二日庚辰，马希萼和将帅僚属士兵一万多人从潭州东下。

王峻在陕州停留十天。后周太祖因为北汉进攻晋州紧急，担心晋州不能防守，商议亲自率军从泽州路与王峻会师解救晋州，并且派遣使者去告诉王峻。十二月初

至陕，峻因使者言于帝曰："晋州城坚，未易可拔；刘崇兵锋方锐，不可力争。所以驻兵，待其气衰耳，非臣怯也。陛下新即位，不宜轻动。若车驾出汜水，则慕容彦超引兵入汴，大事去矣！"帝闻之，自以手提耳曰："几败吾事！"庚寅，敕罢亲征。

初，泰宁节度使兼中书令慕容彦超闻徐州平，疑惧愈甚，乃招纳亡命，畜聚薪粮，潜以书结北汉，吏获其书以闻。又遣人诈为商人求援于唐。帝遣通事舍人郑好谦就申慰谕，与之为誓。彦超益不自安，屡遣都押牙郑麟诣阙，伪输诚款，实觇机事，又献天平节度使高行周书，其言皆谤毁朝廷与彦超相结之意，帝笑曰："此彦超之诈也！"以书示行周，行周上表谢恩。既而彦超反迹益露，丙申，遣阁门使张凝将兵赴郓州巡检以备之。

庚子，王峻至绛州；乙巳，引兵趣晋州。晋州南有蒙阬，最为险要，峻忧北汉兵据之，是日，闻前锋已度蒙阬，喜曰："吾事济矣！"

慕容彦超奏请入朝，帝知其诈，即许之；既而复称境内多盗，未敢离镇。

北汉主攻晋州，久不克。会大雪，民相聚保山寨，野无所掠，军乏食。契丹思归，闻王峻至蒙阬，烧营夜遁。峻入晋州，诸将请亟追之，峻犹豫未决。明日，乃遣行营马军都指挥使仇弘超、都排陈使药元福、左厢排陈使陈思让、康延沼将骑兵追之，及于霍邑，纵兵奋击，北汉兵坠崖谷死者甚众。霍邑道隘，延沼畏懦不急追，由是北汉兵得渡。药元福曰："刘崇悉发其众，挟胡骑而来，志吞晋、绛，今气衰力惫，狼狈而遁，不乘此翦扑，必为后患。"诸将不欲进，王峻复遣使止之，遂还。契丹比至晋阳，士马什丧三四；萧禹厥耻无功，钉大酋长一人于市，旬余而斩之。北汉主始息意于进取。北汉土瘠民贫，内供军国，外奉契丹，赋繁役重，民不聊生，逃入周境者甚众。

（以上为第九段，写泰宁节度使慕容彦超蓄谋反叛，北汉主与契丹兵败晋州。北汉人民内供军国，外奉契丹，苦不堪言。）

一日戊子，后周太祖下诏在三日率兵西征。使者到了陕州，王峻通过使者告诉后周太祖说："晋州城池坚固，不容易攻下；刘崇的军队现在锐气正旺，不能和他相争。臣之所以驻兵不进，只是等待他们士气衰败罢了，不是臣下胆小。陛下刚刚即位，不宜轻举妄动。如果陛下从汜水出兵，那么慕容彦超领兵进入大梁，大事就完了！"后周太祖听了这话，自己用手拉耳朵说："差点败坏了我的大事！"十二月初三日庚寅，敕命停止亲征。

当初，泰宁节度使兼中书令慕容彦超听说徐州被平定，疑虑恐惧加重，于是招收亡命之徒，积聚粮草，暗地用书信勾结北汉，官吏截获他的书信而报告朝廷。慕容彦超又派人假扮成商人去向南唐请求援兵。后周太祖派遣通事舍人郑好谦前去表达劝谕的意思，跟他立下誓约。慕容彦超内心更加不安，多次派遣都押牙郑麟到京城，表面上假装表达诚意，实际上是来打探机密，又献上天平节度使高行周的信，信中说的都是些毁谤朝廷以及和慕容彦超相互勾结的话。后周太祖笑了笑说："这是慕容彦超的欺诈！"把那些信拿给高行周看，高行周上表感谢后周太祖的恩德。不久，慕容彦超反叛的迹象日益暴露。十二月初九日丙申，后周太祖派遣阎门使张凝率兵前往郓州巡视检查以防备慕容彦超。

十二月十三日庚子，王峻到达绛州；十二月十八日乙巳，率兵直奔晋州。晋州南面有蒙阬，地势最为险要，王峻担心北汉兵占据它，这天，听说先头部队已经过蒙阬，高兴地说："我的事情成功了！"

慕容彦超上奏请求入朝，后周太祖知道那是假的，立即答应他；不久慕容彦超又说境内多盗贼，不敢离开镇所。

北汉主攻打晋州，很久没能攻克。这时正遇上下大雪，百姓们聚集保护山寨，野外没有抢夺的东西，军队缺乏粮食。契丹军队想回去，听说王峻到达蒙阬，就焚烧营寨连夜逃走。王峻进入晋州，众将请求立即追赶契丹军队，王峻犹豫不决。第二天，才派遣行营马军都指挥使仇弘超、都排阵使药元福、左厢排阵使陈思让、康延沼率领骑兵去追赶，在霍邑追上，放开军队奋力攻击，北汉兵坠落悬崖深谷而死的很多。霍邑道路狭窄，康延沼怯懦害怕，不敢紧追，因此北汉军队得以渡河。药元福说："刘崇出动所有的军队，挟持胡人骑兵前来，志在吞并晋州和绛州，现在士气低落，力量疲乏，狼狈逃走，不趁机消灭他，一定会成为后患。"众将不想前进，王峻又派使者去阻止，于是返回。等到契丹到达晋阳，士卒战马损失十之三四；萧禹厥因为没有功劳而感到耻辱，就把一名大酋长钉在街市上，过了十几天才斩首。北汉主开始打消南下进攻的念头。北汉土地贫瘠，百姓贫穷，对内要供应军队和国家，对外要供奉契丹，赋税繁多，徭役沉重，民不聊生；逃入后周境内的人很多。

唐主以镇南节度使兼中书令宋齐丘为太傅；以马希萼为江南西道观察使，镇洪州，仍赐爵楚王；以马希崇为永泰节度使，镇舒州。湖南将吏，位高者拜刺史、将军、卿监，卑者以次拜官。唐主嘉廖偃、彭师暠之忠，以偃为左殿直军使、莱州刺史，师暠为殿直都虞候，赐予甚厚。湖南刺史皆入朝于唐，永州刺史王赟独后至，唐主毒杀之。

南汉主遣内侍省丞潘崇彻、将军谢贯将兵攻郴州，唐边镐发兵救之。崇彻败唐兵于义章，遂取郴州。边镐请除全、道二州刺史以备南汉。丙辰，唐主以廖偃为道州刺史，以黑云指挥使张峦知全州。

是岁，唐主以安化节度使鄱阳王王延政为山南西道节度使，更赐爵光山王。

初，蒙城镇将咸师朗将部兵降唐；唐主以其兵为奉节都，从边镐平湖南。唐悉收湖南金帛、珍玩、仓粟乃至舟舰、亭馆、花果之美者，皆徙于金陵，遣都官郎中杨继勋等收湖南租赋以赡戍兵。继勋等务为苛刻，湖南人失望。行营粮料使王绍颜减士卒粮赐，奉节指挥使孙朗、曹进怒曰："昔吾从咸公降唐，唐待我岂如今日湖南将士之厚哉！今有功不增禄赐，又减之，不如杀绍颜及镐，据湖南，归中原，富贵可图也！"

（以上为第十段，写南唐主掳掠楚国财物，又加重赋役，湖南人大失所望。）

二年（壬子，952 年）

春，正月，庚申，夜，孙朗、曹进帅其徒作乱，束藁潜烧府门，火不然；边镐觉之，出兵格斗，且命鸣鼓角，朗、进等以为将晓，斩关奔朗州。王逵问朗曰："吾昔从武穆王，与淮南战屡捷，淮南兵易与耳。今欲以朗州之众复取湖南，可乎？"朗曰："朗在金陵数年，备见其政事，朝无贤臣，军无良将，忠佞无别，赏罚不当，如此，得国存幸矣，何暇兼人！朗请为公前驱，取湖南如拾芥耳！"逵悦，厚遇之。

壬戌，发开封府民夫五万修大梁城，旬日而罢。

慕容彦超发乡兵入城，引泗水注壕中，为战守之备；又多以旗帜授诸镇将，令募群盗，剽掠邻境，所在奏其反状。甲子，敕沂、密二州不

南唐主任命镇海节度使兼中书令宋齐丘为太傅；任命马希萼为江南西道观察使，镇守洪州，仍旧赐爵位为楚王；任命马希崇为永泰节度使，镇守舒州。湖南的将帅官吏，职位较高的拜官刺史、将军、卿监，职位较低的，也依次拜官。南唐主嘉奖廖偃、彭师暠的忠诚，任命廖偃为左殿直军使、莱州刺史，彭师暠为殿直都虞候，赏赐非常丰厚。湖南刺史都到南唐入朝称臣，只有永州刺史王赟最后到，南唐主用毒药杀死他。

南汉主派遣内侍省丞潘崇彻、将军谢贯率兵攻打郴州，南唐边镐发兵救援。潘崇彻在义章打败南唐军队，于是夺取郴州。边镐请求任命全州、道州两州刺史以防备南汉。十二月二十九日丙辰，南唐主任命廖偃为道州刺史，任命黑云指挥使张峦主持全州的事务。

这一年，南唐主任命安化节度使鄱阳王王延政为山南西道节度使，又赐爵为光山王。

当初，蒙城守将咸师朗率领部下向南唐投降；南唐主把他的军队改编为奉节都，随从边镐平定湖南。南唐全部没收湖南的金银绢帛、珍宝古玩、仓库粮食以及好的船只战舰、亭台馆所、花草果木等，都转移到金陵；又派遣都官郎中杨继勋等人征收湖南的租赋来供养守军。杨继勋等人尽量加重征收，湖南人大失所望。行营粮料使王绍颜减少士兵的粮饷和赏赐，奉节指挥使孙朗、曹进愤怒地说："过去我们跟随咸公投降唐国，唐国对待我们哪里像今天对湖南将士这样优厚呢！现在有功劳不增加俸禄和赏赐，反而减少，不如杀掉王绍颜和边镐，占据湖南，归附中原，就可以获取富贵！"

后周太祖广顺二年（壬子，952 年）

春季，正月初三日庚申夜晚，孙朗、曹进率领他们的部众发动叛乱，捆干草暗地焚烧军府大门，火没有燃烧；边镐察觉了此事，派兵格斗，并且命人击鼓吹号，孙朗、曹进等人以为天就要亮了，冲杀出关逃奔朗州。王逵问孙朗说："我从前跟随武穆王，与淮南作战多次取胜，淮南兵容易对付。现在想用朗州的军队再次夺取湖南，可以吗？"孙朗说："我在金陵好多年，全面了解唐国的政事，朝廷没有贤臣，军队没有良将，忠贞和奸佞没有区别，赏罚不合理，像这样，能够保存国家已经是幸运了，哪里还有余力去管别人的事！我请求做你的前锋，夺取湖南就像捡小草一样！"王逵很高兴，厚待他。

正月初五日壬戌，朝廷征发开封府民夫五万人修筑大梁城，十天后停止。

慕容彦超征发地方兵进城，引泗水注入壕沟中，做攻战防守的准备；又把很多旗帜发给各镇的将领，命令他们招募各地的盗贼，抢劫邻近地区，被抢劫的地方都

复隶泰宁军。以侍卫步军都指挥使、昭武节度使曹英为都部署，讨彦超，齐州防御使史延超为副部署，皇城使河内向训为都监，陈州防御使药元福为行营马步都虞候。帝以元福宿将，命英、训无得以军礼见之，二人皆父事之。

唐主发兵五千，军于下邳，以援彦超；闻周兵将至，退屯沭阳。徐州巡检使张令彬击之，大破唐兵，杀、溺死者千余人，获其将燕敬权。

初，彦超以周室新造，谓其易摇，故北召北汉及契丹，南诱唐人，使侵边鄙，冀朝廷奔命不暇，然后乘间而动。及北汉、契丹自晋州北走，唐兵败于沭阳，彦超之势遂沮。

永兴节度使李洪信，自以汉室近亲，心不自安，城中兵不满千人，王峻在陕，以救晋州为名，发其数百。及北汉兵遁去，遣禁兵千余人戍长安；洪信惧，遂入朝。

壬申，王峻自晋州还，入见。

曹英等至兖州，设长围。慕容彦超屡出战，药元福皆击败之，彦超不敢出。十余日，长围合，遂进攻。

初，彦超将反，判官崔周度谏曰："鲁，诗书之国，自伯禽以来不能霸诸侯，然以礼义守之，可以长世。公于国家非有私憾，胡为自疑！况主上开谕勤至，苟撤备归诚，则坐享太山之安矣。独不见杜中令、安襄阳、李河中竟何所成乎！"彦超怒。及官军围城，彦超括士民之财以赡军，坐匿财死者甚众。前陕州司马阎弘鲁，宝之子也，畏彦超之暴，倾家为献，彦超犹以为有所匿，命周度索其家，周度谓弘鲁曰："君之死生，系财之丰约，宜无所爱。"弘鲁泣拜其妻妾曰："悉出所有以救吾死。"皆曰："竭矣！"周度以白彦超，彦超不信，收弘鲁夫妻系狱。有乳母于泥中掊得金缠臂，献之，冀以赎其主。彦超曰："所匿必犹多。"榜掠弘鲁夫妻，肉溃而死。以周度为阿庇，斩于市。

北汉遣兵寇府州，防御使折德扆败之，杀二千余人。二月，庚子，德扆奏攻拔北汉岢岚军，以兵戍之。

（以上为第十一段，写泰宁节度使慕容彦超反叛，引南唐为援，周太祖发兵征

上奏慕容彦超反叛的情况。正月初七日甲子，后周太祖敕令沂州和密州两州不再隶属于泰宁军。任命侍卫步军都指挥使、昭武节度使曹英为都部署，讨伐慕容彦超，齐州防御使史延超为副部署，皇城使河内人向训为都监，陈州防御使药元福为行营马步都虞候。后周太祖考虑到药元福是老将，所以命令曹英、向训不得用军礼来见他，两人都像对待父亲那样对待他。

南唐主发动五千兵马驻扎在下邳，增援慕容彦超；听说周军将要到来，便退兵驻守沭阳。徐州巡检使张令彬向他们进攻，大败唐军，杀死和淹死的有一千多人，俘获他们的将领燕敬权。

当初，慕容彦超因为后周刚建立，认为容易动摇，所以从北边招引北汉和契丹，南边引诱南唐人，让他们侵扰边境，希望朝廷疲于奔命，无暇他顾，然后乘机动手。等到北汉和契丹从晋州逃回北方，南唐军队在沭阳战败，慕容彦超的势力于是受阻。

永兴节度使李洪信，自以为是汉室的近亲，内心感到不安，城中的士兵不满一千人，王峻在陕州的时候，以援救晋州为名，征调了其中几百名士兵。等到北汉军队逃走，朝廷派遣一千多名禁兵戍守长安；李洪信害怕，于是入朝。

正月十五日壬申，王峻从晋州回来，入朝拜见后周太祖。

曹英等人到达兖州，布置包围圈。慕容彦超多次出战，药元福都把他打败了，慕容彦超不敢出来。十多天以后，包围圈合围，于是进攻。

当初，慕容彦超将要反叛的时候，判官崔周度劝谏说：“鲁地是诗书之国，自从伯禽以来虽然不能称霸诸侯，但是用礼义自守，可以长久。您对国家没有私恨，为什么自己多疑！况且皇上开导劝谕非常尽力，如果撤除守备，归附投诚，就可以坐享泰山一般的安定生活了。难道没有看见杜重威、安从进、李守贞最后成了什么样吗！”慕容彦超很生气。等到官军围城，慕容彦超搜刮士民的钱财来供给军队，因为隐匿财物而处死的人很多。前任陕州司马阎弘鲁，是阎宝的儿子，畏惧慕容彦超的残暴，把全部家产献出来，慕容彦超还是认为他有所隐匿，命令崔周度搜查他的家，崔周度对阎弘鲁说：“您的死生，关键在于财物的多少，应该不要有所吝惜。”阎弘鲁哭着给他的妻妾下拜说：“把所有的东西拿出来救我的命。”妻妾们都说：“全都拿光了！”崔周度把情形报告慕容彦超，慕容彦超不相信，逮捕阎弘鲁夫妇，关在牢里。有一个奶妈在泥土中扒到一个金镯子，献给慕容彦超，希望以此赎回她的主人。慕容彦超说：“所隐匿的一定还很多。”拷打阎弘鲁夫妇，把他们打得肌肉溃烂而死。又认为崔周度袒护阎弘鲁，把他在街市上斩首。

北汉派军队侵犯府州，防御使折德扆打败他们，杀死二千多人。二月十四日庚子，折德扆奏报攻下北汉的岢岚军，派兵戍守。

讨，围困兖州。）

甲辰，帝释燕敬权等使归唐，谓唐主曰：“叛臣，天下所共疾也，不意唐主助之，得无非计乎！”唐主大惭，先所得中国人，皆礼而归之。唐之言事者犹献取中原之策，中书舍人韩熙载曰：“郭氏有国虽浅，为治已固，我兵轻动，必有害无益。”

唐自烈祖以来，常遣使泛海与契丹相结，欲与之共制中国，更相馈遗，约为兄弟。然契丹利其货，徒以虚语往来，实不为唐用也。

唐主好文学，故熙载与冯延己、延鲁、江文蔚、潘佑、徐铉之徒皆至美官。佑，幽州人也。当时唐之文雅于诸国为盛，然未尝设科举，多因上书言事拜官，至是，始命翰林学士江文蔚知贡举，进士庐陵王克贞等三人及第。唐主问文蔚：“卿取士何如前朝？”对曰：“前朝公举、私谒相半，臣专任至公耳！”唐主悦。中书舍人张纬，前朝登第，闻而衔之。时执政皆不由科第，相与沮毁，竟罢贡举。

三月，戊辰，以内客省使、恩州团练使晋阳郑仁诲为枢密副使。

甲戌，改威胜军曰武胜军。

唐主以太弟太保、昭义节度使冯延己为左仆射，前镇海节度使徐景运为中书侍郎，及右仆射孙晟皆同平章事。既宣制，户部尚书常梦锡众中大言曰：“白麻甚佳，但不及江文蔚疏耳！”晟素轻延己，谓人曰：“金杯玉碗，乃贮狗矢乎！”

延己言于唐主曰：“陛下躬亲庶务，故宰相不得尽其才，此治道所以未成也！”唐主乃悉以政事委之，奏可而已。既而延己不能勤事，文书皆仰成胥史，军旅则委之边将，顷之，事益不治，唐主乃复自览之。

大理卿萧俨恶延己为人，数上疏攻之，会俨坐失入人死罪，锺谟、李德明辈必欲杀之，延己曰：“俨误杀一妇人，诸君以为当死。俨九卿也，可误杀乎？”独上言：“俨素有直声，今所坐已会赦，宜从宽宥。”俨由是得免；人亦以此多之。

二月十八日甲辰，后周太祖释放燕敬权等人，让他们回南唐，对南唐主说："叛逆的臣子，是天下所共同痛恨的，没想到唐主竟然扶助他们，该不会是失策吧！"南唐主大为惭愧，把从前所得到的中原人都礼貌地送回了。南唐议论政事的人仍然进献攻取中原的计策，中书舍人韩熙载说："郭氏立国虽然时间不长，但统治已经很稳固，我们的军队轻易出动，必定有害无益。"

南唐自从烈祖以来，常常派遣使者过海去与契丹勾结，想和契丹共同控制中原，又互相赠送礼物，相约为兄弟。然而契丹贪图他的财物，仅用一些空话与他往来，实际上不被南唐所用。

南唐主爱好文学，所以韩熙载和冯延己、冯延鲁、江文蔚、潘佑、徐铉等人都得到好的官职。潘佑是幽州人。当时，南唐的艺文礼乐比起其他国家来最为兴盛，然而没有举办科举考试，多数是因为上书谈论国事而得到授职。到了这时，才命令翰林学士江文蔚主持科举考试，进士有庐陵人王克贞等三人考中。南唐主问江文蔚："卿选拔士人，比起前朝来怎么样？"回答说："前朝公开的选拔和私下的请托各占一半，臣专任此事一心为公！"南唐主很高兴。中书舍人张纬，是前朝进士，听到江文蔚这些话而怀恨在心。当时执政的大臣都没有经过科举考试，他们相互阻挠诋毁，竟然导致停止科举选士。

三月十二日戊辰，任命内客省使、恩州团练使晋阳人郑仁诲为枢密副使。

三月十八日甲戌，改威胜军为武胜军。

南唐主任命太弟太保、昭义节度使冯延己为左仆射，前任镇海节度使徐景运为中书侍郎，和右仆射孙晟都为同平章事。宣读制书后，户部尚书常梦锡在大庭广众之中大声说："白麻制书很好，只是比不上江文蔚的奏疏罢了！"孙晟向来看不起冯延己，对别人说："金杯玉碗，竟然装了狗屎啊！"

冯延己对南唐主说："陛下亲自处理众多的事务，所以宰相不能够尽他们的才能，这是治国之道所以没能实现的原因啊！"南唐主于是把所有的政事都委托给他，他上奏就认可。后来，冯延己不能勤理政事，文书都依赖小吏写成，军事则委托给边境的将帅，不久，政事更加得不到治理，南唐主才又亲自处理。

大理卿萧俨讨厌冯延己的为人，多次上疏攻击他。刚好这时萧俨因为犯了错判人死罪的过错，锺谟、李德明一帮人一定要杀掉萧俨。冯延己说："萧俨误杀一个妇人，诸君就认为应当处死。萧俨是九卿之一，难道可以误杀吗？"独自上言说："萧俨向来有着正直的名声，现在他所判的犯人正好已经遇到赦免，应当从宽饶恕他的过失。"萧俨因此得以免死；人们也因此称道冯延己。

景运寻罢为太子少傅。

夏，四月，丙戌朔，日有食之。

帝以曹英等攻兖州久未克，乙卯，下诏亲征，以李穀权东京留守兼判开封府，郑仁诲权大内都点检，又以侍卫马军都指挥使郭崇充在京都巡检。

唐主既克湖南，遣其将李建期屯益阳以图朗州；以知全州张峦兼桂州招讨使以图桂州，久之，未有功。唐主谓冯延已、孙晟曰："楚人求息肩于我，我未有抚其疮痍而虐用其力，非所以副来苏之望；吾欲罢桂林之役，敛益阳之戍，以旌节授刘言，何如？"晟以为宜然。延己曰："吾出偏将举湖南，远近震惊，一旦三分丧二，人将轻我。请委边将察其形势。"唐主乃遣统军使侯训将兵五千自吉州路趣全州，与张峦合兵攻桂州。南汉伏兵于山谷，峦等始至城下，罢乏，伏兵四起，城中出兵夹击之，唐兵大败，训死，峦收散卒数百奔归全州。

（以上为第十二段，写南唐主好文学，多用如冯延己等文士为大臣，互相轻视。南唐争桂州，为南汉所败。）

五月，庚申，帝发大梁；戊辰，至兖州。己巳，帝使人招谕慕容彦超，城上人语不逊；庚午，命诸军进攻。

先是，术者绐彦超云："镇星行至角、亢，角、亢兖州之分，其下有福。"彦超乃立祠而祷之，令民间皆立黄幡。彦超性贪吝，官军攻城急，犹瘗藏珍宝，由是人无斗志，将卒相继有出降者。乙亥，官军克城，彦超方祷镇星祠，帅众力战，不胜，乃焚镇星祠，与妻赴井死。子继勋出走，追获，杀之。官军大掠，城中死者近万人。初，彦超将反，募群盗置帐下，至者二千余人，皆山林犷悍，竟不为用。

帝欲悉诛兖州将吏，翰林学士窦仪见冯道、范质，与之共白帝曰："彼皆胁从耳。"乃赦之。丁丑，以端明殿学士颜衎权知兖州事。赦兖州管内，彦超党逃匿者期一月听自首，前已伏诛者赦其亲戚。癸未，降泰宁军为防御州。

徐景运不久罢免了职务而任太子少傅。

夏季，四月初一日丙戌，发生日食。

后周太祖因为曹英等人迟迟没有攻下兖州，四月三十日乙卯，下诏亲征，命李穀代理东京留守兼判开封府，郑仁诲代理大内都点检，又任命侍卫马军都指挥使郭崇充任在京都巡检。

南唐主攻下湖南以后，派他的将领李建期驻守益阳，以谋取朗州；任命主持全州事务的张峦兼任桂州招讨使，以谋取桂州，经过很久，没有功绩。南唐主对冯延己和孙晟说："楚人指望我可以让他们休养生息，我没有抚慰他们的创伤，反而滥用民力，这不符合他们期待复苏的愿望；我想停止桂林的战役，收回益阳的守兵，把权力交给刘言，怎么样？"孙晟认为应该这样。冯延己说："我们派出偏将平定湖南，远近震动，一旦丧失所得到地方的三分之二，别人将轻视我们。请委派边境的将领观察形势再定。"南唐主于是派遣统军使侯训率领五千名士兵从吉州那条路直奔全州，与张峦联合兵力攻打桂州。南汉在山谷中埋伏军队，张峦等人刚到城下，很疲乏，突然伏兵四起，城里又出兵夹攻，南唐军队大败，侯训战死，张峦收拾散兵几百人逃回全州。

五月初五日庚申，后周太祖从大梁出发；五月十三日戊辰，到达兖州。五月十四日己巳，后周太祖派人劝说招抚慕容彦超，城上的人出言不逊；五月十五日庚午，命令各军进攻。

在先前，方士欺骗慕容彦超说："镇星现在正运行到角、亢二星宿。角、亢二星宿的分野就是兖州，星宿对应的下面有福气。"慕容彦超就建立祠堂而祈祷，命令民间都要树立黄色的旗帜。慕容彦超生性贪婪吝啬，官军攻城紧急，他仍然埋藏珍宝，因此没人有斗志，将领和士兵相继有出城投降的。五月二十日乙亥，官军攻陷兖州城，慕容彦超正在镇星祠堂祈祷，然后率领部众奋力战斗，没有取胜，于是烧掉镇星祠堂，和他的妻子一起投井而死。他的儿子慕容继勋出逃，被追上抓获，杀死。官军大肆抢掠，城中死亡的将近一万人。当初，慕容彦超将要谋反的时候，招募各地的盗贼安置在自己的帐下，到来的人有两千多名，都是一些山林粗犷强悍之人，竟然没有被使用。

后周太祖想杀掉兖州的全部将领和官吏，翰林学士窦仪去见冯道、范质，和他们一起禀告后周太祖说："那些人都只是胁从罢了。"于是赦免他们。五月二十二日丁丑，任命端明殿学士颜衎暂时主持兖州的事务，在兖州管辖区内实行大赦，逃亡藏匿的慕容彦超的同党，在一个月之内听任自首，以前已经被处死的人，赦免他们的亲戚。五月二十八日癸未，把泰宁军降为防御州。

唐司徒致仕李建勋卒，且死，戒其家人曰：“时事如此，吾得良死幸矣！勿封土立碑，听人耕种于其上，免为他日开发之标。”及江南之亡也，诸贵人高大之冢无不发者，惟建勋冢莫知其处。

六月，乙酉朔，帝如曲阜，谒孔子祠。既奠，将拜，左右曰：“孔子，陪臣也，不当以天子拜之。”帝曰：“孔子百世帝王之师，敢不敬乎！”遂拜之。又拜孔子墓，命葺孔子祠，禁孔林樵采。访孔子、颜渊之后，以为曲阜令及主簿。丙戌，帝发兖州。

乙未，吴越顺德太夫人吴氏卒。

（以上为第十三段，写周太祖亲征，平定慕容彦超之乱，祠祀孔子。）

丁酉，蜀大水入成都，漂没千余家，溺死五千余人，坏太庙四室。戊戌，蜀大赦，赈水灾之家。

己亥，帝至大梁。

朔方节度使兼中书令陈留王冯晖卒，其子牙内都虞候继业杀其兄继勋，自知军府事。

太子宾客李涛之弟澣，在契丹为勤政殿学士，与幽州节度使萧海真善。海真，契丹主兀欲之妻弟也。瀚说海真内附，海真欣然许之。瀚因定州谍者田重霸赍绢表以闻，且与涛书，言：“契丹主童骙，专事宴游，无远志，非前人之比，朝廷若能用兵，必克；不然，与和，必得。二者皆利于速，度其情势，他日终不能力助河东者也。”壬寅，重霸至大梁，会中国多事，不果从。

辛亥，以冯继业为朔方留后。

枢密使王峻，性轻躁，多计数，好权利，喜人附己，自以天下为己任。每言事，帝从之则喜，或时未允，辄愠怼，往往发不逊语。帝以其故旧，且有佐命功，又素知其为人，每优容之。峻年长于帝，帝即位，犹以兄呼之，或称其字，峻以是益骄。副使郑仁诲、皇城使向训、恩州团练使李重进，皆帝在藩镇时腹心将佐也，帝即位，稍稍进用。峻心嫉之，累表称疾，求解机务，以诇帝意。帝屡遣左右敦谕，峻对使者辞气亢厉，又遗诸道节度使书求保证。诸道各献其书，帝惊骇久之，复遣左右慰勉，令视事，且曰：“卿傥不来，朕且自往。”犹不至。帝知枢密直学

南唐以司徒退休的李建勋去世，临死时，告诫他的家人说："时局已经到了这种地步，我能够好死已经是幸运了！不要筑坟树碑，让别人在上面耕种，免得以后成为挖掘的目标。"到后来江南灭亡的时候，各个权贵之家高大的坟墓没有不被挖掘的，只有李建勋的坟墓没有人知道在什么地方。

六月初一日乙酉，后周太祖前往曲阜，拜谒孔子庙。献上祭品以后，将要下拜，左右的人说："孔子只是一个陪臣，不应当以天子的身份向他下拜。"后周太祖说："孔子是百代帝师，怎敢不尊敬他呢！"说完向孔子下拜。又拜孔子墓，命令整修孔子祠，禁止在孔林打柴采草。访寻孔子、颜渊的后代，任命为曲阜县令、主簿。六月初二日丙戌，后周太祖从兖州出发。

六月十一日乙未，吴越顺德太夫人吴氏去世。

六月十三日丁酉，后蜀大水进入成都，淹没一千多家，淹死五千多人，冲坏太庙四室。六月十四日戊戌，后蜀实行大赦，赈济遭受水灾的人家。

六月十五日己亥，后周太祖回到大梁。

朔方节度使兼中书令陈留王冯晖去世，他的儿子牙内都虞候冯继业杀掉哥哥冯继勋，自己主持军府的事务。

太子宾客李涛的弟弟李澣，在契丹任勤政殿学士，与幽州节度使萧海真友好。萧海真是契丹主兀欲妻子的弟弟。李澣劝说萧海真归附后周，萧海真欣然答应。李澣用定州间谍田重霸持送绢表奏报朝廷，并且写信给李涛，说："契丹主年少愚昧，只饮宴游玩，没有远大的志向，不能与他的前人相比，朝廷如果能够用兵，一定能够取胜；不然的话，与他讲和，也一定可以。这两种方法都只有赶快才有利，估计契丹的情况形势，以后终究不能出力援助河东的汉国了。"六月十八日壬寅，田重霸到大梁，正逢碰上中原多事，结果没有采取李澣的计策。

六月二十七日辛亥，任命冯继业为朔方留后。

枢密使王峻，性情轻浮急躁，多计谋，嗜好权力，喜欢别人附和他，把治理天下作为自己的责任。每次论议政事，后周太祖听从他就高兴；有的时候不同意，就恼怒怨恨，往往说一些不恭敬的话。后周太祖因为他是旧臣，并且有辅佐自己创立帝业的功劳，又一向知道他的为人，所以常常宽容他。王峻年纪比后周太祖大，后周太祖即位后，仍然以兄长来称呼他，或者称他的字，王峻因此更加骄横。枢密副使郑仁诲、皇城使向训、恩州团练使李重进，都是后周太祖在藩镇时候的心腹将佐，后周太祖即位以后，渐渐提拔任用。王峻嫉妒他们，多次上表称病，请求解除枢密使的职务，来试探后周太祖的心意。后周太祖多次派遣左右的人谆谆劝慰，王峻回

士陈观与峻亲善，令往谕指，观曰："陛下但声言临幸其第，峻必不敢不来。"秋，七月，戊子，峻入朝，帝慰劳令视事。重进，沧州人，其母即帝妹福庆长公主也。

李穀足跌，伤右臂，在告月余。帝以穀职业繁剧，趣令入朝，辞以未任趋拜。癸巳，诏免朝参，但令视事。

蜀工部尚书、判武德军郭延钧不礼于监押王承丕，承丕谋作乱。辛丑，左奉圣都指挥使安次孙钦当以部兵戍边，往辞承丕，承丕邀与俱见府公；钦不知其谋，从之。承丕至，则令左右击杀延钧，屠其家，称奉诏处置军府，即开府库赏士卒，出系囚，发屯戍。将吏毕集，钦谓承丕曰："今延钧已伏辜，公宜出诏书以示众。"承丕曰："我能致公富贵，勿问诏书。"钦始知承丕反，因绐曰："今内外未安，我请以部兵为公巡察。"即跃马而出，承丕连呼之，不止。钦至营，晓谕其众，帅以入府，攻承丕。承丕左右欲拒战，钦叱之，皆弃兵走。遂执承丕，斩之，并其亲党，传首成都。

天平节度使、守中书令高行周卒。行周有勇而知义，功高而不矜，策马临敌，叱咤风生；平居与宾僚宴集，侃侃和易。人以是重之。

癸卯，蜀主遣客省使赵季札如梓州，慰抚吏民。

汉法，犯私盐、曲，无问多少抵死。郑州民有以屋税受盐于官，过州城，吏以为私盐，执而杀之；其妻讼冤。癸丑，始诏犯盐、曲者以斤两定刑有差。

（以上为第十四段，写后周枢密使王峻恃功跋扈。后蜀武德军监押王承丕用诈计杀节镇，为左奉圣都指挥使孙钦所诛。）

答使者语气严厉，又写信给各道节度使求得保举。各道节度使分别献上保举王峻的信给后周太祖，后周太祖惊骇了很久，又派遣左右去慰问劝勉他，让他任职，并且说："卿倘若不来，朕将亲自前往。"王峻还是不来。后周太祖知道枢密直学士陈观与王峻友善，便命令他前去宣示后周太祖的旨意，陈观说："陛下只要声称说要亲临他的府第，王峻一定不敢不来。"秋季，七月，戊子日，王峻入朝，后周太祖慰劳他，让他任职处理政事。李重进是沧州人，他的母亲就是后周太祖的妹妹福庆长公主。

李穀跌倒，伤了右臂，休假一个多月。后周太祖因为李穀所从事的工作很繁重，便催促他入朝，李穀以不能趋走跪拜而推辞。八月初九日癸巳，诏命李穀免去上朝参拜，只要他治理政事。

后蜀工部尚书、判武德军郭延钧对监押王承丕无礼，王承丕图谋发动叛乱。八月十八日辛丑，左奉圣都指挥使安次人孙钦，刚要率领他部下士兵戍守边境，去向王承丕辞行，王承丕邀请他一起去见军府长官郭延钧；孙钦不知道他的阴谋，跟随他去。王承丕到了以后，就下令左右的人击杀郭延钧，屠杀他的全家，声称是奉诏命处理军府的事情，随即打开府库赏赐士兵，放出关押的囚犯，调他们去戍守。将帅和官吏全部都集合在一起，孙钦对王承丕说："现在郭延钧已经服罪，您应当拿出诏书来给大家看。"王承丕说："我能够使您富贵，您就不必问诏书了。"孙钦这才知道王承丕谋反，因而欺骗他说："现在内外没有安定，我请求率领我部下的士兵为您巡察。"随即跃上马就出去了，王承丕连忙呼喊，孙钦不停止。孙钦回到军营，告诉他的部众，率领他们进入府中，攻击王承丕。王承丕左右的人想抵抗，孙钦大声呵斥他们，左右的人都丢弃武器逃走。于是抓住王承丕，杀掉他和他的亲党，把首级传送成都。

天平节度使、守中书令高行周去世。高行周勇猛而且深明大义，功劳高而不骄傲，驱马面对敌人，叱咤风云；平常居家与宾客幕僚饮宴聚会，和颜悦色，平易近人。人们因此而敬重他。

八月二十日癸卯，后蜀主派遣客省使赵季札前往梓州，慰问安抚官吏和百姓。

后汉的法律规定，凡是贩卖私盐、私造酒曲的人，不论数量多少，一律处死。郑州有一名百姓因为交纳屋税而向官府领取食盐，经过州城，官吏以为是私盐，把他抓起来杀掉；他的妻子替他申诉冤情。八月三十日癸丑，开始颁布诏命，犯走私食盐、酒曲罪的人依照数量多少而定出轻重不同的刑罚。

【点评】

本卷点评后周太祖识人任贤、李崇矩仁厚、北汉民苦楚三件史事。

一、后周太祖识人任贤。郭威代汉，礼葬后汉隐帝，平反被害后汉大臣，国葬史弘肇、杨邠、王章等，又寻访各家幸存子孙录用之。宽待仇家，不泄私愤。刘铢贪婪酷虐，非汉室忠臣，杀灭郭威全家。刘铢被捕，郭威责问，刘铢答曰："我刘铢为汉家诛杀叛逆的家族，没有计较后果。"郭威怒杀刘铢，但不株连其妻子，说："刘铢杀我全家，我再杀刘铢的全家，冤冤相报，何时是尽头。"表现了郭威的帝王器度。识人与任贤，郭威在五代之君中更是高人一筹。当郭威在讨灭李守贞等三镇之叛时，看到朝廷的诏书以及处分军事方略都十分得体。郭威询问使者，得知出自翰林学士范质之手，郭威说："这个人是当宰相的人才。"郭威入京，找到了范质，非常高兴，当时漫天大雪，郭威立即解下自身的紫袍披到范质身上。郭威即位后，任用王峻为枢密使、同平章事兼左仆射门下侍郎；范质为兵部侍郎，参知枢密院事；李穀判三司为中书侍郎，参知枢密院事，并同平章事；窦贞固为司徒兼侍中；苏禹珪为司空兼中书侍郎并同平章事，诸人皆一时之选。当时国家新造，四方多故，后周君臣协力，很快步入正轨。慕容彦超反叛，郭威亲征，及时平灭，又两败刘崇连引的契丹南犯。郭威和好南唐，不禁两国边民来往，集中全力打击北汉及契丹，巩固政权，后周在五代中是治理得最有条理的朝代，郭威算得上是乱世中的明君。

二、李崇矩仁厚。李崇矩，上党人，史弘肇故人亲吏，掌管史弘肇的家产和账簿。史弘肇死后，李崇矩得到了史弘肇的全部家产。郭威称帝，平反史弘肇等人的冤案，并派李崇矩寻访史弘肇的亲族。李崇矩说："史弘肇的弟弟史弘福还活着。"史弘福得以重见天日。李崇矩把他得到的史弘肇的全部家产完璧归赵，移交给了史弘福。后周太祖郭威十分称赞李崇矩的高贵品德，特地把李崇矩安排在皇太子柴荣府中为皇太子的宾客和导师，让李崇矩的仁厚品德影响皇太子。五代乱世，弱肉强食成为普遍的现象，人与人之间道德底线衰颓，无官不贪。在这样的社会生态中，李崇矩的仁厚品德无比崇高，不仅赢得了一国之君后周太祖的尊重，而且还赢得了大史学家司马光大书一笔。

三、北汉民苦楚。公元951年，刘崇即帝位于晋阳，建立了北汉，拥有河东十二州之地。刘崇不建宗庙，祭祀祖先用平民礼，宰相月俸仅百缗，节度使才三十缗，君臣节俭，表示出卧薪尝胆、报仇雪耻的决心。刘崇效法石敬瑭，向契丹称侄皇帝，连引契丹兵南犯。公元951年，刘崇两次与契丹人大举进攻后周，而结纳契丹，不得人心，两次都大败而回。北汉每年向契丹输钱十万缗，厚赂打点契丹权贵还未计在内。北汉土地，本来就贫瘠，民众艰辛，内供军国，外奉契丹，所以赋役繁重。北汉官俸过低，十官九贪，加重了民众的负担。北汉民苦楚，陷于水深火热之中，"民不聊生，逃入周境者甚众"。

后周纪二

后周太祖广顺二年至显德元年（952—954 年）

【起玄黓困敦（壬子，952 年）九月，尽阏逢摄提格（甲寅，954 年）四月，凡一年有奇】

【大事提要】

本卷记事起公元 952 年九月，讫公元 954 年四月，凡一年又八个月，当后周太祖广顺二年九月至显德元年四月。后周太祖减轻赋役，废军屯，以地赐民，贬逐跋扈之臣王峻，抱病祀南郊，临终遗命薄葬，不失明主风采。养子柴荣嗣位，史称后周世宗。北汉主刘崇趁后周国丧而南侵，后周世宗御众亲征。高平之战，后周世宗大破北汉兵，刘崇狼狈逃窜，后周世宗乘胜兵围晋阳。是役也，赵匡胤作战，一马当先，初露头角。楚国旧将刘言、王逵逐走南唐兵，尽复楚国之旧境，只有郴、连两州落入南汉。湖南局势恢复，王逵杀刘言，称藩于后周。

【原文】

太祖圣神恭肃文武孝皇帝中

广顺二年（壬子，952 年）

九月，甲寅朔，吴越丞相裴坚卒。以台州刺史吴延福同参相府事。

庚午，敕北边吏民毋得入契丹境俘掠。

契丹将高谟翰以苇筏渡胡卢河入寇，至冀州，成德节度使何福进遣龙捷都指挥使刘诚诲等屯贝州以拒之。契丹闻之，遽引兵北渡。所掠冀州丁壮数百人，望见官军，争鼓噪，欲攻契丹，官军不敢应，契丹尽杀之。

蜀山南西道节度使李廷珪奏周人聚兵关中，请益兵为备。蜀主遣奉銮肃卫都虞候赵进将兵趣利州；既而闻周人聚兵以备北汉，乃引还。

唐武安节度使边镐，昏懦无断，在湖南，政出多门，不合众心。吉水人欧阳广上书，言："镐非将帅才，必丧湖南，宜别择良帅，益兵以救其败。"不报。

唐主使镐经略朗州，有自朗州来者，多言刘言忠顺，镐由是不为备。唐主召刘言入朝，言不行，谓王逵曰："唐必伐我，奈何？"逵曰："武陵负江湖之险，带甲数万，安能拱手受制于人！边镐抚御无方，士民不附，可一战擒也。"言犹豫未决，周行逢曰："机事贵速，缓则彼为之备，不可图也。"言乃以逵、行逢及牙将何敬真、张仿、蒲公益、朱全琇、宇文琼、彭万和、潘叔嗣、张文表十人皆为指挥使，部分发兵。叔嗣、文表，皆朗州人也。行逢能谋，文表善战，叔嗣果敢，三人多相须成功，情款甚昵。

诸将欲召溆州酋长苻彦通为援，行逢曰："蛮贪而无义，前年从马希萼入潭州，焚掠无遗。吾兵以义举，往无不克，乌用此物，使暴殄百姓哉！"乃止。然亦畏彦通为后患，以蛮酋土团都指挥使刘瑫为群蛮所惮，补西境镇遏使以备之。

冬，十月，逵等将兵分道趣长沙，以孙朗、曹进为先锋使，边镐遣指挥使郭再诚等将兵屯益阳以拒之。戊子，逵等克沅江，执都监刘承遇，裨将李师德帅众五百降之。壬辰，逵等命军士举小舟自蔽，直造益阳，

【语译】

太祖圣神恭肃文武孝皇帝中

后周太祖广顺二年（壬子，952 年）

九月初一日甲寅，吴越丞相裴坚去世。命台州刺史吴延福共同参与丞相府事务。

九月十七日庚午，敕令北方边境的官吏百姓不得进入契丹境内抢夺人口财物。

契丹将领高谟翰利用芦苇编的筏子渡过胡卢河入侵，到达冀州，成德节度使何福进派遣龙捷都指挥使刘诚诲等人驻守贝州来抵抗他。契丹听到这个消息，马上领兵向北渡过胡卢河。被俘虏的冀州丁壮几百人，望见官兵，争相呼喊喧闹，想攻击契丹，官府军队不敢响应，契丹把他们全部杀掉。

后蜀山南西道节度使李廷珪奏报后周人在关中集结军队，请求增兵防备。后蜀主派遣奉銮肃卫都虞候赵进率兵直奔利州；不久听说后周人集结军队是为了防备北汉，于是率兵回去。

南唐武安节度使边镐昏庸懦弱，优柔寡断，在湖南，政出多门，不符合民众的心愿。吉水人欧阳广上书说："边镐没有做将帅的才能，必定会丧失湖南，应该另外选择有才能的主帅，增加军队来挽救失败。"没有报告上去。

南唐命令边镐筹划治理朗州，有从朗州来的人，大多说刘言对朝廷忠诚顺服，边镐因此不作防备。南唐主征召刘言入朝，刘言不去，对王逵说："唐国必定会讨伐我，怎么办？"王逵说："武陵依仗长江、洞庭湖的险要，全副武装的士兵几万人，怎么能拱手受别人控制！边镐安抚治理无方，士民不愿意归附，可以一战就擒获他。"刘言犹豫不决，周行逢说："机密之事贵在迅速，缓慢一点对方就有了防备，不可谋取了。"刘言于是任命王逵、周行逢以及牙将何敬真、张仿、蒲公益、朱全琇、宇文琼、彭万和、潘叔嗣、张文表十个人都为指挥使，部署发兵。潘叔嗣、张文表都是朗州人。周行逢擅长谋划，张文表善于作战，潘叔嗣果断勇敢，三个人常常互相配合而成功，感情融洽，非常亲密。

众将想召请溆州酋长苻彦通来援助，周行逢说："蛮人贪婪而不讲信义，前年跟随马希萼进入潭州，放火抢劫，不留一物。我们的军队是为了正义，所向无敌，何必用这些人，让他们残害百姓呢！"于是停止这件事。然而又怕苻彦通成为后患，因为蛮人酋长土团都指挥使刘瑫为众蛮人所畏服，所以补授他为西境镇遏使来防备苻彦通。

冬季，十月，王逵等人率兵分路直奔长沙，任命孙朗、曹进为先锋使，边镐派遣指挥使郭再诚等人率兵驻守益阳来抵抗。十月初五日戊子，王逵等人攻克沅江，抓获都监刘承遇，副将李师德率领部众五百人投降。十月初九日壬辰，王逵等人命

四面斧寨而入，遂克之，杀戍兵二千人。边镐告急于唐。甲午，逵等克桥口及湘阴；乙未，至潭州，边镐婴城自守。救兵未至，城中兵少，丙申夜，镐弃城走，吏民俱溃。醴陵门桥折，死者万余人。道州刺史廖偃为乱兵所杀。丁酉旦，王逵入城，自称武平节度副使、权知军府事，以何敬真为行军司马。遣敬真等追镐，不及，斩首五百级。蒲公益攻岳州，唐岳州刺史宋德权走，刘言以公益权知岳州。唐将守湖南诸州者，闻长沙陷，相继遁去。刘言尽复马氏岭北故地，惟郴、连入于南汉。

契丹瀛、莫、幽州大水，流民入塞散居河北者数十万口，契丹州县亦不之禁。诏所在赈给存处之，中国民先为所掠，得归者什五六。

（以上为第一段，写楚旧将刘言、王逵逐走南唐兵，尽复楚国之旧，唯有郴、连两州落入南汉。）

丁未，縠以病臂久未愈，三表辞位，帝遣中使谕指曰："卿所掌至重，朕难其人，苟事功克集，何必朝礼！朕今于便殿待卿，可暂入相见。"縠入见于金祥殿，面陈悃款；帝不许。縠不得已复视事。縠未能执笔，诏以三司务繁，令刻名印用之。

辛亥，敕："民有诉讼，必先历县州及观察使处决，不直，乃听讼于台省。或自不能书牒，倩人书者，必书所倩姓名、居处。若无可倩，听执素纸。所诉必须已事，毋得挟私客诉。"

庆州刺史郭彦钦性贪，野鸡族多羊马，彦钦故扰之以求赂。野鸡族遂反，剽掠纲商；帝命宁、环二州合兵讨之。

刘言遣使来告，称："湖南世事朝廷，不幸为邻寇所陷，臣虽不奉诏，辄纠合义兵，削平旧国。"

唐主削边镐官爵，流饶州。初，镐以都虞候从查文徽克建州，凡所俘获皆全之，建人谓之"边佛子"；及克潭州，市不易肆，潭人谓之"边菩萨"；既而为节度使，政无纲纪，惟日设斋供，盛修佛事，潭人失望，谓之"边和尚"矣。

令军士用小船遮住自己前进，直趋益阳，从四面砍破营寨而入，于是攻克益阳，攻杀守兵两千人。边镐向南唐告急。十月十一日甲午，王逵等人攻克桥口和湘阴；十月十二日乙未，到达潭州，边镐环城自守。救兵还没有到来，城里士兵又少，十月十三日丙申晚上，边镐弃城逃走，官吏百姓全部溃散。醴陵门的桥断裂，死的有一万多人。道州刺史廖偃被乱兵杀死。十月十四日丁酉早晨，王逵进城，自称武安节度副使、权知军府事，任命何敬真为行军司马。派遣何敬真等人去追赶边镐，没有追上，斩首五百人。蒲公益进攻岳州，南唐岳州刺史宋德权逃走，刘言任命蒲公益代理主持岳州事务。南唐防守湖南各州的将领，听说长沙陷落，相继逃走。刘言收复马氏岭北的全部旧地，只有郴、连两州落入南汉。

契丹瀛州、莫州、幽州发生大水，几十万流民进入边塞散居河北，契丹的州县也不加禁止。后周太祖下诏命令各地救济安顿流民，中原的百姓以前被抢去的，得以回来的有十之五六。

十月二十四日丁未，李穀因为手臂有病，长久没有治好，三次上表辞职，后周太祖派遣宫中使者去向他传达旨意说："卿所执掌的事务，至为重要，朕难于找到合适的人，倘若事情能够办好，何必要上朝参拜！朕现在在便殿等待卿，卿可以马上进宫进见。"李穀在金祥殿进见后周太祖，当面陈述自己的诚意，后周太祖不准。李穀不得已又治理政事。李穀不能拿笔，后周太祖下诏因为三司事务繁忙，命刻图章来使用。

十月二十八日辛亥，后周太祖敕令："百姓如果有诉讼，必定先经过县、州及观察使处理决断，如果不公正，才可以向台省上诉。有的人自己不能写诉状，请他人书写的，必须写明代笔者的姓名和住址。如果没有他人可请为代笔的，可以只拿白纸起诉。所诉讼的必须是自己的事，不得挟带私情而为他人诉讼。"

庆州刺史郭彦钦生性贪婪。党项野鸡族有许多羊、马，郭彦钦故意侵扰他们以索取贿赂。野鸡族于是反叛，抢劫商队；后周太祖命令宁、环二州联合兵力讨伐他们。

刘言派遣使者来报告，说："湖南世代事奉朝廷，不幸被相邻的敌国攻陷，臣虽然没有遵奉诏命，但是集合义兵，已经平定旧有的土地。"

南唐主削夺边镐的官爵，流放到饶州。当初，边镐以都虞候的职位跟随查文徽攻下建州，所有俘获的人全都保全了性命，建州人称他为"边佛子"；等到攻克潭州，街市上的店铺都没有惊动改变，潭州人称他为"边菩萨"；后来，当了节度使，政事没有法度，只是每天摆设供品，大修佛事，潭州人失望，便称他为"边和尚"了。

左仆射同平章事冯延己、右仆射同平章事孙晟上表请罪；皆释之。晟陈请不已，乃与延己皆罢守本官。

唐主以比年出师无功，乃议休兵息民。或曰："愿陛下数十年不用兵，可小康矣！"唐主曰："将终身不用，何数十年之有！"唐主思欧阳广之言，拜本县令。

（以上为第二段，写南唐边镐非将帅才，丢失湖南，冯延己等引咎辞相位。）

十一月，辛未，徙保义节度使折从阮为静难节度使，讨野鸡族。

癸酉，敕："约每岁民间所输牛皮，三分减二；计田十顷，税取一皮，余听民自用及卖买，惟禁卖于敌国。"先是，兵兴以来，禁民私卖买牛皮，悉令输官受直。唐明宗之世，有司止偿以盐；晋天福中，并盐不给。汉法，犯私牛皮一寸抵死，然民间日用实不可无。帝素知其弊，至是，李穀建议，均于田亩，公私便之。

十二月，丙戌，河决郑、滑，遣使行视修塞。

甲午，前静难节度使侯章献买宴绢千匹，银五百两。帝不受，曰："诸侯入觐，天子宜有宴犒，岂待买邪！自今如此比者，皆不受。"

王逵将兵及洞蛮五万攻郴州，南汉将潘崇彻救之，遇于蠔石。崇彻登高望湖南兵，曰："疲而不整，可破也。"纵击，大破之，伏尸八十里。

翰林学士徐台符请诛诬告李崧者葛延遇及李澄，冯道以为屡更赦，不许。王峻嘉台符之义，白于帝。癸卯，收延遇、澄，诛之。

刘言表称潭州残破，乞移使府治朗州，且请贡献、卖茶，悉如马氏故事，许之。

唐江西观察使楚王马希萼入朝，唐主留之。后数年，卒于金陵，谥曰恭孝。

初，麟州土豪杨信自为刺史，受命于周。信卒，子重训嗣。以州降北汉。至是，为群羌所围，复归款，求救于夏、府二州。

（以上为第三段，写周太祖减轻赋役，南唐遣使入朝。）

左仆射同平章事冯延己、右仆射同平章事孙晟上表请罪；南唐主都不追问。孙晟陈述请罪不止，才和冯延己都被罢免宰相的职务，只担任原有的官职。

南唐主因为连年出兵无功，于是议论停止用兵，让百姓休养生息。有人说："希望陛下几十年不要用兵，就可以达到小康了！"南唐主说："我将终身不用兵，何止几十年呢！"南唐主想起欧阳广所说的话，任命他为本县县令。

十一月十九日辛未，调任保义节度使折从阮为静难节度使，讨伐野鸡族。

十一月二十一日癸酉，后周太祖敕令："规定每年民间所缴纳的牛皮，减免三分之二；每十顷田，只征收一张牛皮，其余的任由百姓自己使用或者买卖，但禁止卖给敌国。"在此之前，战乱以来，禁止百姓私自买卖牛皮，全部要交给官府接受偿值。后唐明宗时，官府只用盐作为补偿；后晋天福年间，连盐也不给予。后汉法令，私自贩卖牛皮一寸的就处死，然而民间的日常用度实在不可缺少。后周太祖向来知道其中的弊害，到了这时，李穀建议，把收缴的牛皮平均摊到田亩中，公私都方便。

十二月初四日丙戌，黄河在郑州、滑州决口，后周太祖派遣使者巡视，并抢修堵塞决口。

十二月十二日甲午，前任静难节度使侯章进献买宴的绢布一千匹，银子五百两。后周太祖不接受，说："诸侯入朝进见天子，天子应该设酒宴犒劳，岂能等人买呢！从今以后像这样的进贡都不接受。"

王逵率领军队和洞蛮五万人进攻郴州，南汉将领潘崇彻去救援，两军在蠔石相遇。潘崇彻登高眺望湖南兵，说："疲乏而不整齐，可以攻破。"纵兵出击，大败湖南军队，倒伏的尸体遍布八十里路。

翰林学士徐台符请求诛杀诬告李崧的葛延遇和李澄，冯道认为多次经过赦免，不允许。王峻赞许徐台符的行为，向后周太祖禀告。十二月二十一日癸卯，逮捕葛延遇、李澄，杀掉他们。

刘言上表说潭州残破，请求把节度使的府署迁移到朗州，并且请求进贡、卖茶，都按照马氏的旧例，后周太祖答应了他。

南唐江西观察使楚王马希萼入朝，南唐主留住他。几年之后，马希萼在金陵去世，谥号为恭孝。

当初，麟州土豪杨信自命为刺史，接受后周的命令。杨信死后，他的儿子杨重训继位，带着州城向北汉投降。到了这个时候，被众多羌人包围，又投诚归附后周，向夏、府二州求救。

三年（癸丑，953 年）

春，正月，丙辰，以武平留后刘言为武平节度使，制置武安、静江等军事，同平章事；以王逵为武安节度使，何敬真为静江节度使，周行逢为武安行军司马。

诏折从阮：“野鸡族能改过者，拜官赐金帛，不则进兵讨之。”壬戌，从阮奏：“酋长李万全等受诏立誓外，自余犹不服，方讨之。”

前世屯田皆在边地，使戍兵佃之。唐末，中原宿兵，所在皆置营田以耕旷土；其后又募高赀户使输课佃之，户部别置官司总领，不隶州县，或丁多无役，或容庇奸盗，州县不能诘。梁太祖击淮南，掠得牛以千万计，给东南诸州农民，使岁输租。自是历数十年，牛死而租不除，民甚苦之。帝素知其弊，会阁门使、知青州张凝上便宜，请罢营田务，李穀亦以为言。乙丑，敕：“悉罢户部营田务，以其民隶州县；其田、庐、牛、农器，并赐见佃者为永业，悉除租牛课。”是岁，户部增三万余户。民既得为永业，始敢葺屋植木，获地利数倍。或言：“营田有肥饶者，不若鬻之，可得钱数十万缗以资国。”帝曰：“利在于民，犹在国也，朕用此钱何为！”

莱州刺史叶仁鲁，帝之故吏也，坐赃绢万五千匹，钱千缗，庚午，赐死。帝遣中使赐以酒食曰：“汝自抵国法，吾无如之何！当存恤汝母。”仁鲁感泣。

帝以河决为忧，王峻自请往行视，许之。镇宁节度使荣屡求入朝，峻忌其英烈，每沮止之。闰月，荣复求入朝，会峻在河上，帝乃许之。

契丹寇定州，围义丰军，定和都指挥使杨弘裕夜击其营，大获，契丹遁去。又寇镇州，本道兵击走之。

丙申，镇宁节度使荣入朝。故李守贞骑士马全义从荣入朝，帝召见，补殿前指挥使，谓左右曰：“全义忠于所事，昔在河中，屡挫吾军，汝辈宜效之。”王峻闻荣入朝，遽自河上归，戊戌，至大梁。

（以上为第四段，写周太祖废军屯，以地赐民，镇宁节度使柴荣入朝。）

后周太祖广顺三年（癸丑，953 年）

春季，正月初五日丙辰，任命武平留后刘言为武平节度使，制置武安、静江等军事，同平章事；任命王逵为武安节度使，何敬真为静江节度使，周行逢为武安行军司马。

后周太祖下诏给折从阮："野鸡族能够改过的，就授给官职，赏赐金帛财物，不然就进兵讨伐。"正月十一日壬戌，折从阮上奏："除酋长李万全等人接受诏命立有誓约以外，其他人还不服，正在讨伐他们。"

前朝屯田都在边境，让戍守的士兵耕种。唐朝末年，中原驻守军队，所在之处都设置营田来耕种；其后又招募高门大户让他们交纳租税，土地由他们租出去，户部另外设置官署总管，不隶属于州县，有的农户家男子多而没有徭役，有的收容庇护奸邪盗贼，州县不能追问。后梁太祖攻打淮南，抢夺得到的牛以千万来计算，供给东南各州的农民，让他们每年缴纳租税。从此之后，经过几十年，牛死而租税没有免除，百姓深受其苦。后周太祖向来知道其中的弊端，正好这时阁门使、知青州张凝上奏对国家有利的事务，请求废除营田机构，李毂也这样说。正月十四日乙丑，后周太祖敕令："废除户部的全部营田官署，把耕种营田的人隶属州县；田地、房舍、耕牛、农具，一起赐给现在耕种的人作为永久产业，废除全部的租牛税。"这一年，户部登记的户口增加了三万户。百姓得到这些田产作为永久的产业，才敢开始修整房屋，栽种树木，获取地利比以前增加几倍。有人说："营田中有肥沃富饶的，不如把它卖掉，可以获得几十万缗的钱来资助国家。"后周太祖说："利益在于百姓，如同在国家一样，朕要这些钱干什么！"

莱州刺史叶仁鲁是后周太祖的旧吏，因为犯了贪污一万五千匹绢、一千缗钱的罪，正月十九日庚午，被赐死罪。后周太祖派遣宫中使者赐给他酒和食物，说："你自己触犯国法，我也没有办法！必当会抚恤你的母亲。"叶仁鲁感动得流泪。

后周太祖忧心黄河决口的事，王峻自己请求前往巡视，后周太祖同意。镇宁节度使郭荣多次请求入朝，王峻嫉妒他的名声和才能，常常阻止他。闰正月，郭荣又请求入朝，正好这时王峻在黄河边上巡视，后周太祖就答应了郭荣。

契丹入侵定州，包围义丰军，定和都指挥使杨弘裕晚上袭击契丹的营地，俘获大批契丹士兵，契丹人逃走。契丹又侵犯镇州，镇州军队击败赶走他们。

闰正月十五日丙申，镇宁节度使郭荣入朝。原李守贞的骑士马全义跟随郭荣入朝，后周太祖召见马全义，任命他为殿前指挥使，对左右的人说："马全义忠于他所事奉的人，以前在河中的时候，多次挫败我的军队，你们应该效仿他。"王峻听说郭荣入朝，急忙从黄河边赶回，闰正月十七日戊戌，到达大梁。

彰武节度使高允权卒，其子牙内指挥使绍基谋袭父位，诈称允权疾病，表己知军府事。观察判官李彬切谏，绍基怒，斩之，辛巳，以彬谋反闻。

王峻固求领藩镇，帝不得已，以峻兼平卢节度使。

高绍基屡奏杂虏犯边，冀得承袭。帝遣六宅使张仁谦诣延州巡检，绍基不能匿，始发父丧。

戊申，折从阮奏降野鸡二十一族。

唐草泽邵棠上言：“近游淮上，闻周主恭俭，增修德政。吾兵新破于潭、朗，恐其有南征之志，宜为之备。”

初，王逵既得潭州，以指挥使何敬真为静江节度副使，朱全琇为武安节度副使，张文表为武平节度副使，周行逢为武安行军司马。敬真、全琇各置牙兵，与逵分厅视事，吏民莫知所从。每宴集，诸将使酒，纷拿如市，无复上下之分，唯行逢、文表事逵尽礼，逵亲爱之。敬真与逵不协，辞归朗州，又不能事刘言，与全琇谋作乱。言素忌逵之强，疑逵使敬真伺己，将讨之。逵闻之，甚惧。行逢曰：“刘言素不与吾辈同心，何敬真、朱全琇耻在公下，公宜早图之。”逵喜曰：“与公共除凶党，同治潭、朗，夫复何忧！”会南汉寇全、道、永州，行逢请：“身至朗州说言，遣敬真、全琇南讨，俟至长沙，以计取之，如掌中物耳。”逵从之。行逢至朗州，言以敬真为南面行营招讨使，全琇为先锋使，将牙兵百余人会潭州兵以御南汉。二人至长沙，逵出郊迎，相见甚欢，宴饮连日，多以美妓饵之，敬真因淹留不进。朗州指挥使李仲迁部兵三千人久戍潭州，敬真使之先发，趣岭北。都头符会等因士卒思归，劫仲迁擅还朗州。逵乘敬真醉，使人诈为言使者，责敬真以“南寇深侵，不亟捍御而专务荒宴，太师命械公归西府”，因收系狱。全琇逃去，遣兵追捕之。二月，辛亥朔，斩敬真以徇。未几，获全琇及其党十余人，皆斩之。

癸丑，镇宁节度使荣归澶州。

初，契丹主德光北还，以晋传国宝自随。至是，更以玉作二宝。

彰武节度使高允权去世，他的儿子牙内指挥使高绍基图谋承袭父亲的职位，假称高允权病重，上表自己主持军府的事务。观察判官李彬恳切劝谏，高绍基发怒，将他斩首，辛巳日，向朝廷报告说李彬谋反。

王峻再三地请求兼领藩镇，后周太祖不得已，任命他兼任平卢节度使。

高绍基多次奏报强虏侵犯边境，希望能够承袭他父亲的职位。后周太祖派遣六宅使张仁谦到延州巡视检查，高绍基不能隐瞒，才替父亲发丧。

闰正月二十七日戊申，折从阮奏报降服野鸡二十一部族。

南唐布衣邵棠上言说："近来游览淮河一带，听说周国的君主谦恭节俭，推行德政。我们的军队新近在潭州和朗州失败，恐怕周国有南征的意图，应当作好防备。"

当初，王逵攻取了潭州，任命指挥使何敬真为静江节度副使，朱全琇为武安节度副使，张文表为武平节度副使，周行逢为武安行军司马。何敬真和朱全琇各自设置牙兵，与王逵分厅处理政事，官吏百姓不知道该听谁的。每当聚会宴饮的时候，众将酗酒任性，意气闹事，纷乱得像市场一样，没有上下之分，只有周行逢、张文表事奉王逵非常恭敬，王逵亲近喜欢他们。何敬真与王逵不和，辞别回到朗州，但又不能事奉刘言，就和朱全琇一起图谋发动叛乱。刘言向来顾忌王逵的强大，怀疑王逵派何敬真来刺探自己，将要讨伐王逵。王逵听到这个消息，非常害怕。周行逢说："刘言向来不和我们同心，何敬真、朱全琇以在您的手下为耻，你应该早作打算。"王逵高兴地说："和您一起铲除凶党，共同治理潭州、朗州，还担心什么！"正好这时南汉入侵全州、道州、永州，周行逢请求："让我亲自到朗州游说刘言，派遣何敬真、朱全琇向南讨伐南汉，等他们到达长沙，设计来捉拿他们，如同手掌里的东西一样。"王逵听从他的建议。周行逢到了朗州，刘言任命何敬真为南面行营招讨使，朱全琇为先锋使，率领一百多名牙兵会合潭州兵，抵御南汉。二人到达长沙，王逵出城到郊外迎接，相见很愉快，接连几天设宴饮酒，多用美貌妓女来引诱他们，何敬真因此停留不再前进。朗州指挥使李仲迁部下的士兵三千人长期戍守潭州，何敬真让他们先出发，直奔大庾岭以北。都头符会等人因为士兵们想回家，劫持李仲迁擅自回朗州。王逵趁何敬真酒醉的时候，让人假装成刘言的使者，指责何敬真："南方的敌寇深入边境进犯，不赶紧去防御抵抗，而只是玩乐饮酒，太师命令把您铐起来押回西边的军府去。"就把他逮捕，关入狱中。朱全琇逃走，派遣士兵追捕他。二月初一日辛亥，斩杀何敬真以示众。不久，又抓到朱全琇和他的党羽十几人，全部斩首。

二月初三日癸丑，镇宁节度使郭荣返回澶州。

当初，契丹主耶律德光返回北方，将后晋传国宝随身带着。到了这个时候，又用玉制作两个传国宝。

王逵遣使以斩何敬真告刘言，言不得已，庚申，斩符会等数人。

枢密使、平卢节度使、同平章事王峻，晚节益狂躁，奏请以端明殿学士颜衎、枢密直学士陈观代范质、李穀为相，帝曰："进退宰辅，不可仓猝，俟朕更思之。"峻力论列，语浸不逊；日向中，帝尚未食，峻争之不已，帝曰："今方寒食，俟假开，如卿所奏。"峻乃退。

癸亥，帝亟召宰相、枢密使入，幽峻于别所。帝见冯道等，泣曰："王峻陵朕太甚，欲尽逐大臣，翦朕羽翼。朕惟一子，专务间阻，暂令诣阙，已怀怨望。岂有身典枢机，复兼宰相，又求重镇！观其志趣，殊未盈厌。无君如此，谁则堪之！"甲子，贬峻商州司马，制辞略曰："肉视群后，孩抚朕躬。"帝虑邺都留守王殷不自安，命殷子尚食使承诲诣殷，谕以峻得罪之状。峻至商州，得腹疾，帝犹愍之，命其妻往视之，未几而卒。

（以上为第五段，写武安节度使王逵清除异己。后周枢密使、同平章事王峻居功跋扈遭贬逐，忧愤而死。）

帝命折从阮分兵屯延州，高绍基始惧，屡有贡献。又命供奉官张怀贞将禁兵两指挥屯鄜、延，绍基乃悉以军府事授副使张匡图。甲戌，以客省使向训权知延州。

三月，甲申，以镇宁节度使荣为开封尹、晋王。丙戌，以枢密副使郑仁诲为镇宁节度使。

初，杀牛族与野鸡族有隙，闻官军讨野鸡，馈饷迎奉，官军利其财畜而掠之。杀牛族反，与野鸡合，败宁州刺史张建武于包山。帝以郭彦钦扰群胡，致其作乱，黜废于家。

初，解州刺史浚仪郭元昭与榷盐使李温玉有隙，温玉婿魏仁浦为枢密主事，元昭疑仁浦庇之；会李守贞反，温玉有子在河中，元昭收系温玉，奏言其叛，事连仁浦。帝时为枢密使，知其诬，释不问。至是，仁浦为枢密承旨，元昭代归，甚惧，过洛阳，以告仁浦弟仁涤，仁涤曰："吾兄平生不与人为怨，况肯以私害公乎！"既至，丁亥，仁浦白帝，以元昭为庆州刺史。

王逵派遣使者把斩杀何敬真的事告知刘言。刘言不得已，二月初十日庚申，斩杀符会等几个人。

枢密使、平卢节度使、同平章事王峻，晚年更加狂躁，上奏请求任用端明殿学士颜衎、枢密直学士陈观来代替范质、李穀为宰相，后周太祖说："任免宰相，不可仓促行事，让朕再考虑考虑。"王峻极力陈述他的意见，言语越来越不恭逊；太阳已快到正中午，后周太祖还没有吃饭，王峻还争论不休，后周太祖说："现在正是寒食节，等到休假结束，就按卿上奏的去办理。"王峻这才退下。

二月十三日癸亥，后周太祖紧急召请宰相、枢密使入朝，把王峻幽禁在别的地方。后周太祖见到冯道等人，流泪说："王峻欺朕太甚，想赶走所有的大臣，剪除朕的左右辅佐。朕只有一个儿子，王峻专门从中阻拦，不让他入朝，临时让他进京，王峻已经心怀怨恨。岂有已经主掌枢密院，又兼任宰相，还要兼领重要藩镇的道理！看他的志向，永远不会得到满足。无视君主到了这种地步，谁能够忍受！"二月十四日甲子，贬王峻为商州司马，制书的内容大略说："把群臣看作砧板上的肉，把天子当作无知的小孩。"后周太祖担心邺都留守王殷内心感到不安，命王殷的儿子尚食使王承诲到王殷那里，告诉他王峻获罪的情形。王峻到了商州，得了腹泻病，后周太祖还怜悯他，命王峻的妻子前去探望他，王峻不久就死了。

后周太祖命令折从阮分兵驻守延州，高绍基开始害怕，多次对朝廷有所进贡。又命令供奉官张怀贞率领禁兵两指挥驻守鄜州、延州，高绍基于是把军府的事全部交给副使张匡图。二月二十四日甲戌，任命客省使向训暂时主持延州事务。

三月初五日甲申，任命镇宁节度使郭荣为开封尹、晋王。三月初七日丙戌，任命枢密副使郑仁诲为镇宁节度使。

当初，杀牛族和野鸡族有仇恨，听说官军讨伐野鸡族，杀牛族输送粮饷，迎奉官军，官军贪图他们的财货牲畜而抢劫他们。杀牛族造反，与野鸡族合作，在包山打败宁州刺史张建武。后周太祖因为郭彦钦骚扰各地的胡人，致使他们叛乱，把郭彦钦革职在家。

当初，解州刺史浚仪人郭元昭和榷盐使李温玉有仇怨，李温玉的女婿魏仁浦为枢密主事，郭元昭怀疑魏仁浦包庇李温玉；正好这时李守贞造反，李温玉有个儿子在河中，郭元昭拘捕关押李温玉，上奏说他反叛朝廷，事情牵连到魏仁浦。后周太祖当时任枢密使，知道这是诬告，便把这事放在一边，不加追问。到了这个时候，魏仁浦任枢密承旨，郭元昭调职回来，非常害怕，经过洛阳，把这件事告诉魏仁浦的弟弟魏仁涤。魏仁涤说："我哥哥平生不跟别人结仇，怎么肯因为私人仇怨而害您呢！"回到京师以后，三月初八日丁亥，魏仁浦报告后周太祖，任命郭元昭为庆州

己丑，以棣州团练使太原王仁镐为宣徽北院使兼枢密副使。

唐主复以左仆射冯延已同平章事。

周行逢恶武平节度副使张倣，言于王逵曰："何敬真，倣之亲戚，临刑以后事属倣，公宜备之。"夏，四月，庚申，逵召倣饮，醉而杀之。

丙寅，归德节度使兼侍中常思入朝；戊辰，徙平卢节度使。将行，奏曰："臣在宋州，举丝四万余两在民间，谨以上进，请征之。"帝颔之。五月，丁亥，敕榜宋州，凡常思所举悉蠲之。思亦无怍色。

自唐末以来，所在学校废绝。蜀毋昭裔出私财百万营学馆，且请刻板印《九经》，蜀主从之。由是蜀中文学复盛。

六月，壬子，沧州奏契丹知卢台军事范阳张藏英来降。

初，唐明宗之世，宰相冯道、李愚请令判国子监田敏校正《九经》，刻板印卖，朝廷从之。丁巳，板成，献之。由是，虽乱世，《九经》传布甚广。

（以上为第六段，写五代时《九经》雕版大行于世。）

王逵以周行逢知潭州，自将兵袭朗州，克之，杀指挥使郑珓，执武安节度使、同平章事刘言，幽于别馆。

秋，七月，王殷三表请入朝，帝疑其不诚，遣使止之。

唐大旱，井泉涸，淮水可涉，饥民渡淮而北者相继，濠、寿发兵御之，民与兵斗而北来。帝闻之曰："彼我之民一也，听籴米过淮。"唐人遂筑仓，多籴以供军。八月，己未，诏唐民以人畜负米者听之，以舟车运载者勿予。

王逵遣使上表，诬："刘言谋以朗州降唐，又欲攻潭州，其众不从，废而囚之。臣已至朗州抚安军府讫。"且请复移使府治潭州。甲戌，遣通事舍人翟光裔诣湖南宣抚，从其所请。逵还长沙，以周行逢知朗州事，又遣潘叔嗣杀刘言于朗州。

刺史。

三月初十日己丑，任命棣州团练太原人王仁镐为宣徽北院使兼枢密副使。

南唐主又任命左仆射冯延己为同平章事。

周行逢憎恶武平节度副使张仿，对王逵说："何敬真是张仿的亲戚，临刑的时候把后事托给张仿，您应该防备他。"夏季，四月十一日庚申，王逵召请张仿饮酒，酒醉后把他杀掉。

四月十七日丙寅，归德节度使兼侍中常思入朝；四月十九日戊辰，调任平卢节度使。常思将要启程时上奏说："臣在宋州，在民间贷有四万多两丝的债，谨把这些献给皇上，请到时候征收。"后周太祖点头答应他。五月初九日丁亥，在宋州公布文告，凡是常思所贷放的债，全部免除。常思也不感到愧疚。

自从唐朝末年以来，各地的学校废弃殆尽。后蜀毋昭裔拿出私人财产一百万营办学馆，并且请求刻板印刷《九经》，后蜀主听从了建议。因此蜀地的文化教育又兴盛起来。

六月初四日壬子，沧州奏报契丹知卢台军事范阳人张藏英前来投降。

当初，后唐明宗的时候，宰相冯道、李愚建议命判国子监田敏校订《九经》，刻版印刷出售，朝廷听从了建议。六月初九日丁巳，刻印完成，献给朝廷。因此，虽然是乱世，《九经》仍然流传很广。

王逵任命周行逢主持潭州事务，自己率兵袭击朗州，攻克朗州，杀掉指挥使郑珓，抓获武平节度使、同平章事刘言，把刘言囚禁在客馆。

秋季，七月，王殷再三上奏请求入朝，后周太祖怀疑他没有诚心，派使者阻止他。

南唐大旱，井水、泉水干涸，淮河可以徒步走过，饥民渡过淮河而到北方去的连续不断，濠州、寿州发兵阻拦他们，百姓和士兵争斗而向北方迁来。后周太祖听到这件事，说："他们和我们的百姓是一样的，让他们过淮河买米。"南唐人于是修筑仓库，买米来供应军队。八月十二日己未，后周太祖下诏：南唐百姓用人力和牲畜来拉米的，听任他们，用车船来运载粮食的就不要卖给他们。

王逵派遣使者上表，诬告说："刘言图谋以朗州归降唐国，又想进攻潭州，刘言的部众不听他的命令，把他废黜而囚禁起来。臣下已经到达朗州安抚军府完毕。"并且请求把节度使的军府治所又迁移到潭州。八月二十七日甲戌，后周太祖派遣通事舍人翟光裔亲自到湖南宣旨安抚，答应王逵的请求。王逵回到长沙，任命周行逢主持朗州事务，又派遣潘叔嗣在朗州杀掉刘言。

九月，己亥，武成节度使白重赞奏塞决河。

契丹寇乐寿，齐州戍兵右保宁都头刘汉章杀都监杜延熙，谋应契丹，不克，并其党伏诛。

南汉主立其子继兴为卫王，璇兴为桂王，庆兴为荆王，保兴为祯王，崇兴为梅王。

（以上为第七段，写武安节度使王逵攻杀武平军节度使刘言。南汉主封诸子为王。）

东自青、徐，南至安、复，西至丹、慈，北至贝、镇，皆大水。

帝自入秋得风痹疾，害于食饮及步趋，术者言宜散财以禳之。帝欲祀南郊，又以自梁以来，郊祀常在洛阳，疑之。执政曰："天子所都则可以祀百神，何必洛阳！"于是，始筑圜丘、社稷坛，作太庙于大梁。癸亥，遣冯道迎太庙社稷神主于洛阳。

南汉大赦。

冬，十一月，己丑，太常请准洛阳筑四郊诸坛，从之。十二月，丁未朔，神主至大梁，帝迎于西郊，祔享于太庙。

邺都留守、天雄节度使兼侍卫亲军都指挥使、同平章事王殷恃功专横，凡河北镇戍兵应用敕处分者，殷即以帖行之，又多掊敛民财。帝闻之不悦，使人谓曰："卿与国同体，邺都帑庾甚丰，卿欲用则取之，何患无财！"成德节度使何福进素恶殷，甲子，福进入朝，密以殷阴事白帝，帝由是疑之。乙丑，殷入朝，诏留殷充京城内外巡检。

戊辰，府州防御使折德扆奏北汉将乔赟入寇，击走之。

王殷每出入，从者常数百人。殷请量给铠仗以备巡逻，帝难之。时帝体不平，将行郊祀，而殷挟震主之势在左右，众心忌之。壬申，帝力疾御滋德殿，殷入起居，遂执之。下制诬殷谋以郊祀日作乱，流登州，出城，杀之。命镇宁节度使郑仁诲诣邺都安抚；仁诲利殷家财，擅杀殷子，迁其家属于登州。

九月二十二日己亥，武成节度使白重赞奏报已经堵塞黄河决口。

契丹入侵乐寿，齐州守兵右保宁都头刘汉章杀死都监杜延熙，谋划响应契丹，没有成功，连同他的党羽被处死。

南汉主立他的儿子刘继兴为卫王，刘璇兴为桂王，刘庆兴为荆王，刘保兴为祯王，刘崇兴为梅王。

东起青州、徐州，南到安州、复州，西到丹州、慈州，北到贝州、镇州，都发生大水。

后周太祖从入秋以来患了手足麻木病，影响到饮食和行走，术士说应该散发财物才能消除病痛。后周太祖想到南郊去祭祀天地，又因为从后梁以来，祭祀天地常在洛阳举行，因此迟疑不定。执政官员说："天子建都的地方就可以祭祀百神，何必要在洛阳！"于是开始修建圜丘、社稷坛，在大梁建造太庙。九月十六日癸亥，派遣冯道到洛阳迎奉太庙的社稷神主牌位。

南汉实行大赦。

冬季，十一月十三日己丑，太常请求依照洛阳修建四郊各坛，后周太祖同意。十二月初一日丁未，神主牌位到大梁，后周太祖到西郊迎接，供在太庙祭祀。

邺都留守、天雄节度使兼侍卫亲军都指挥使、同平章事王殷依仗有功，专断蛮横，凡是河北藩镇的戍守军队应该由朝廷用敕书来处理的，王殷则用普通公文发布实行，又大量搜刮百姓的钱财。后周太祖听了很不高兴，派人对他说："卿和国家同为一体，邺都的库藏很丰富，卿要用就去拿，何必担心没有钱！"成德节度使何福进向来憎恨王殷，十一月十八日甲子，何福进入朝，暗地把王殷的一些秘密事报告给后周太祖，后周太祖因此怀疑王殷。十一月十九日乙丑，王殷入朝，后周太祖下诏留王殷充任京城内外巡检。

十一月二十二日戊辰，府州防御使折德扆奏报，称北汉将领乔赟入侵，把他击退。

王殷每次出入，随从的人常常有几百人。王殷请求酌量供给铠甲兵器作为巡逻之用，后周太祖感到为难。当时后周太祖身体不大好，将要举行祭祀天地的典礼，而王殷挟持威震君主之势留在后周太祖左右，众人嫉恨他。十二月二十六日壬申，后周太祖支撑带病的身体坐在滋德殿，王殷进殿问安，就此把他抓起来。颁布制书妄称王殷阴谋在郊祀日那天发动叛乱，把他流放到登州，等他出城，就杀了他。命令镇宁节度使郑仁诲到邺都去安抚；郑仁诲贪图王殷的家产，擅自杀了王殷的儿子，

唐祠部郎中、知制诰徐铉言贡举初设，不宜遽罢，乃复行之。

先是，楚州刺史田敬洙请修白水塘溉田以实边，冯延已以为便。李德明因请大辟旷土为屯田，修复所在渠塘堙废者。吏因缘侵扰，大兴力役，夺民田甚众，民愁怨无诉。徐铉以白唐主，唐主命铉按视之，铉籍民田悉归其主。或谮铉擅作威福，唐主怒，流铉舒州。然白水塘竟不成。

唐主又命少府监冯延鲁巡抚诸州，右拾遗徐锴表延鲁无才多罪，举措轻浅，不宜奉使。唐主怒，贬锴校书郎、分司东都。锴，铉之弟也。

道州盘容洞蛮酋盘崇聚众自称盘容州都统，屡寇郴、道州。

乙亥，帝朝享太庙，被衮冕，左右掖以登阶，才及一室，酌献，俯首不能拜而退，命晋王荣终礼。是夕，宿南郊，疾尤剧，几不救，夜分小愈。

（以上为第八段，写邺都留守王殷恃功专横，以谋乱被诛。后周太祖抱病祀南郊。）

显德元年（甲寅，954 年）

春，正月，丙子朔，帝祀圜丘，仅能瞻仰致敬而已，进爵奠币皆有司代之。大赦，改元。听蜀境通商。

戊寅，罢邺都，但为天雄军。

庚辰，加晋王荣兼侍中，判内外兵马事。时群臣希得见帝，中外恐惧，闻晋王典兵，人心稍安。

军士有流言郊赏薄于唐明宗时者，帝闻之，壬午，召诸将至寝殿，让之曰：“朕自即位以来，恶衣菲食，专以赡军为念。府库蓄积，四方贡献，赡军之外，鲜有赢余，汝辈岂不知之！今乃纵凶徒腾口，不顾人主之勤俭，察国之贫乏，又不思己有何功而受赏，惟知怨望，于汝辈安乎！”皆惶恐谢罪，退，索不逞者戮之，流言乃息。

初，帝在邺都，奇爱小吏曹翰之才，使之事晋王荣；荣镇澶州，以为牙将。荣入为开封尹，未即召翰，翰自至，荣怪之。翰请间言曰：“大

把他的家属迁到登州。

南唐祠部郎中、知制诰徐铉上言，贡举制度刚刚设立，不应该马上停止，于是又恢复实行。

在先前，楚州刺史田敬洙请求修整白水塘灌溉田地，以充实边疆，冯延已认为有利。李德明因而建议大量开垦荒地作为屯田，修复各地已经废弃的水渠池塘。官吏因此而侵扰百姓，大量征用民力，夺取很多民田，百姓怨恨，无处诉说。徐铉把这种情形告诉南唐主，南唐主命令徐铉检查巡视，徐铉没收侵吞的民田归还原主。有人中伤徐铉说他擅自作威作福，南唐主发怒，将徐铉流放舒州。这样白水塘终究没有能够整修完成。

南唐主又命令少府监冯延鲁巡视安抚各州，右拾遗徐锴上表说冯延鲁没有才能，却犯了很多罪，举止轻浮浅薄，不适合奉命出使。南唐主怒，贬徐锴为校书郎、分司东都。徐锴是徐铉的弟弟。

道州盘容洞蛮的酋长盘崇聚集部众，自称盘容州都统，多次入侵郴州、道州。

十一月二十九日乙亥，后周太祖祭祀太庙，穿戴衮衣冠冕，由左右的人搀扶着登上阶梯，才到一室，斟酒上献，低着头不能下拜而退下，命令晋王郭荣完成祭礼。当天晚上，后周太祖住在南郊，病情加重，几乎没救了，夜半时候稍稍好一点。

后周太祖显德元年（甲寅，954年）

春季，正月初一日丙子，后周太祖到圜丘祭天，只能瞻仰表示敬意而已，进酒、奠币都由有关官员代替进行。大赦天下，改年号为显德。准许后蜀主在边境通商。

正月初三日戊寅，撤销邺都，只保留天雄军。

正月初五日庚辰，晋王郭荣加官兼侍中，判内外兵马事。当时群臣很少能够见到后周太祖，朝廷内外感到恐惧，听说晋王掌握兵权，人心稍稍安定。

军士中有流言说祭天时的赏赐比后唐明宗时候的少，后周太祖听说了，正月初七日壬午，召集各将领到寝殿，责备他们说："朕自从即位以来，穿得很差，吃得很简单，专门想要供应军队。府库的积蓄，四方的贡献，除了供应军队，很少有剩余，你们难道不知道！现在竟然纵容凶恶之徒散布谣言，不顾惜人主的勤俭，体察国家的贫乏，又不想想自己有什么功劳而接受赏赐，只知道抱怨，你们心里安吗！"众将都惶恐谢罪，退出，搜寻出散布谣言的人杀掉，流言才平息。

当初，后周太祖在邺都的时候，特别喜爱小吏曹翰的才能，让他事奉晋王郭荣；郭荣镇守澶州，任命他为牙将。郭荣入朝任开封尹，没有立刻召用曹翰，曹翰自己

王国之储嗣，今主上寝疾，大王当入侍医药，奈何犹决事于外邪！”荣感悟，即日入止禁中。丙戌，帝疾笃，停诸司细务皆勿奏；有大事，则晋王荣禀进止宣行之。

以镇宁节度使郑仁诲为枢密使、同平章事。

戊子，以义武留后孙行友、保义留后韩通、朔方留后冯继业皆为节度使。通，太原人也。

帝屡戒晋王曰：“昔吾西征，见唐十八陵无不发掘者，此无他，惟多藏金玉故也。我死，当衣以纸衣，敛以瓦棺；速营葬，勿久留宫中；圹中无用石，以甓代之；工人役徒皆和雇，勿以烦民；葬毕，募近陵民三十户，蠲其杂徭，使之守视；勿修下宫，勿置守陵宫人，勿作石羊、虎、人、马，惟刻石置陵前云：‘周天子平生好俭约，遗令用纸衣、瓦棺，嗣天子不敢违也。’汝或吾违，吾不福汝。”又曰：“李洪义当与节钺，魏仁浦勿使离枢密院。”

庚寅，诏前登州刺史周训等塞决河。先是，河决灵河、鱼池、酸枣、阳武、常乐驿、河阴、六明镇、原武，凡八口。至是，分遣使者塞之。

帝命趣草制，以端明殿学士、户部侍郎王溥为中书侍郎、同平章事。壬辰，宣制毕，左右以闻，帝曰：“吾无恨矣！”以枢密副使王仁镐为永兴军节度使，以殿前都指挥使李重进领武信节度使，马军都指挥使樊爱能领武定节度使，步军都指挥使何徽领昭武节度使。重进年长于晋王荣，帝召入禁中，属以后事，仍命拜荣，以定君臣之分。是日，帝殂于滋德殿，秘不发丧。乙未，宣遗制。丙申，晋王即皇帝位。

初，静海节度使吴权卒，子昌岌立；昌岌卒，弟昌文立。是月，始请命于南汉，南汉以昌文为静海节度使兼安南都护。

（以上为第九段，写后周太祖驾崩，临终调整人事，遗命薄葬。晋王柴荣即位，史称世宗。）

北汉主闻太祖晏驾，甚喜，谋大举入寇，遣使请兵于契丹。二月，

前来了，郭荣感到奇怪。曹翰请求私下进言说："大王是国家的继位君主，现在皇上卧病，大王应当入宫侍奉看病吃药，怎么还在外面处理事情呢！"郭荣听懂了他的意思，当天就住在宫里。正月十一日丙戌，后周太祖病情加重，各部门办理的琐细小事，都停止上奏；如果有大事，则由晋王郭荣禀告后周太祖，经后周太祖认可后再宣布施行。

任命镇宁节度使郑仁诲为枢密使、同平章事。

正月十三日戊子，任命义武留后孙行友、保义留后韩通、朔方留后冯继业都为节度使。韩通是太原人。

后周太祖多次告诫晋王郭荣说："从前我西征的时候，看到唐朝十八座陵墓没有不被挖掘的。这没有其他的原因，只是因为多藏了金玉的缘故。我死了以后，定要给我穿用纸做的衣服，用瓦棺收殓尸体；迅速安葬，不要在宫中久留；墓穴里不要用石头，用砖来代替；工匠和服劳役的人都由官府出资雇用，不要麻烦百姓；安葬完毕，召募陵墓附近的百姓三十户，免除他们的各种徭役，让他们看守陵墓；不要修建地下宫殿，不要设置守陵宫人，不要制作石羊、石虎、石人、石马，只刻一面石碑立在陵墓前面，上面刻道：'周天子平生爱好俭约，临终命令使用纸衣、瓦棺，继位的天子不敢违背。'你如果违背我的话，我将不施福给你！"又说："李洪义应当授予他节钺，不要让魏仁浦离开枢密院。"

正月十五日庚寅，诏命前任登州刺史周训等人堵塞黄河的决口。在此之前，黄河在灵河、鱼池、酸枣、阳武、常乐驿、河阴、六明镇、原武决口，共八个口。到了这时，分别派遣使者去堵塞。

后周太祖命令赶紧草拟制书，任命端明殿学士、户部侍郎王溥为中书侍郎、同平章事。正月十七日壬辰，宣读制书完毕，左右的人把这件事告诉后周太祖，后周太祖说："我没有遗憾了！"任命枢密副使王仁镐为永兴军节度使，任命殿前都指挥使李重进兼任武信节度使，马军都指挥使樊爱能兼任武定节度使，步军都指挥使何徽兼任昭武节度使。李重进的年纪比晋王郭荣大，后周太祖召他入宫，把后事托付给他，又命李重进拜见郭荣，以确定君臣的名分。当天，后周太祖在滋德殿去世，保守秘密不发丧。正月二十日乙未，宣布遗制。正月二十一日丙申，晋王郭荣即位为帝。

当初，静海节度使吴权去世，儿子吴昌岌继立；吴昌岌去世，弟弟吴昌文继立。这个月，开始向南汉请求给予任职的命令，南汉任命吴昌文为静海节度使兼安南都护。

北汉主听说后周太祖去世，很高兴，图谋大举入侵，派遣使者到契丹请求出兵。

契丹遣其武定节度使、政事令杨衮将万余骑如晋阳。北汉主自将兵三万，以义成节度使白从晖为行军都部署，武宁节度使张元徽为前锋都指挥使，与契丹自团柏南趣潞州。

蜀左匡圣马步都指挥使、保宁节度使安思谦谮杀张业，废赵廷隐，蜀人皆恶之。蜀主使将兵救王景崇，思谦逗桡无功，内惭惧，不自安。自张业之诛，宫门守卫加严，思谦以为疑己，言多不逊。思谦典宿卫，多杀士卒以立威。蜀主阅卫士，有年尚壮而为思谦所斥者，复留隶籍，思谦杀之，蜀主不能平。思谦三子，扆、嗣、裔，倚父势暴横，为国人患。翰林使王藻屡言思谦怨望，将反。丁巳，思谦入朝，蜀主命壮士击杀之，及其三子。藻亦坐擅启边奏，并诛之。

北汉兵屯梁侯驿。昭义节度使李筠遣其将穆令均将步骑二千逆战，筠自将大军壁于太平驿。张元徽与令均战，阳不胜而北，令均逐之，伏发，杀令均，俘斩士卒千余人。筠遁归上党，婴城自守。筠，即李荣也，避上名改焉。

世宗闻北汉主入寇，欲自将兵御之，群臣皆曰："刘崇自平阳遁走以来，势蹙气沮，必不敢自来。陛下新即位，山陵有日，人心易摇，不宜轻动，宜命将御之。"帝曰："崇幸我大丧，轻朕年少新立，有吞天下之心，此必自来，朕不可不往。"冯道固争之，帝曰："昔唐太宗定天下，未尝不自行，朕何敢偷安！"道曰："未审陛下能为唐太宗否？"帝曰："以吾兵力之强，破刘崇如山压卵耳！"道曰："未审陛下能为山否？"帝不悦。惟王溥劝行，帝从之。

三月，乙亥朔，蜀主加捧圣、控鹤都指挥使兼中书令孙汉韶武信节度使，赐爵乐安郡王，罢军职。蜀主惩安思谦之跋扈，命山南西道节度使李廷珪等十人分典禁兵。

北汉乘胜进逼潞州。丁丑，诏天雄节度使符彦卿引兵自磁州固镇出北汉军后，以镇宁节度使郭崇副之；又诏河中节度使王彦超引兵自晋州东北邀北汉军，以保义节度使韩通副之；又命马军都指挥使、宁江节度使樊爱能，步军都指挥使、清淮节度使何徽，义成节度使白重赞，郑州防御使史彦超，前耀州团练使符彦能将兵先趣泽州，宣徽使向训监之。

二月，契丹派遣武定节度使、政事令杨衮率领一万多名骑兵前往晋阳。北汉主亲自率兵三万，任命义成节度使白从晖为行军都部署，武宁节度使张元徽为前锋都指挥使，和契丹军队一起从团柏向南直奔潞州。

后蜀左匡圣马步都指挥使、保宁节度使安思谦进谗言杀掉张业，废黜赵廷隐，蜀人都痛恨他。后蜀主让他率兵去救援王景崇，安思谦逗留观望没有功劳，内心惭愧恐惧，自己感到不安。自从张业被杀以后，宫门的守卫更加严密，安思谦以为这是怀疑自己，说话多不恭逊。安思谦掌管京城警卫，多次杀士兵来树立自己的威信。后蜀主查阅卫兵名册，有年纪还轻而被安思谦所斥退的，就又把他们留在名册中，安思谦把他们杀掉，后蜀主愤愤不平。安思谦有三个儿子：安扆、安嗣、安裔，仰仗父亲的权势，残暴蛮横，成为国中人的祸患。翰林使王藻屡次上奏说安思谦满怀怨恨，将要谋反。二月十八日丁巳，安思谦入朝，后蜀主命令壮士击杀他和他的三个儿子。王藻也因为犯有擅自启拆边境奏报的罪，一起被杀。

北汉军驻守梁侯驿。昭义节度使李筠派遣他的部将穆令均率领步兵和骑兵两千人迎战，李筠自己率领大军在太平驿扎营。张元徽和穆令均交战，假装打不过他而逃跑。穆令均追赶他，伏兵突然出击，杀死穆令均，俘虏和斩杀士兵一千多人。李筠逃回上党，环城自守。李筠，就是李荣，为避后周世宗的讳而改名。

后周世宗听说北汉主入侵，想要亲自带兵去抵抗，大臣们都说："刘崇自从平阳逃走以来，势力缩小，士气沮丧，必定不敢亲自前来。陛下刚刚即位，做皇帝的时间还不长，人心容易动摇，不宜轻易出动，应该命令将领去抵抗。"后周世宗说："刘崇庆幸我国大丧，轻视朕年轻，又刚刚即位，有吞并天下之心，这次一定亲自前来，朕不可不去。"冯道再三争辩，后周世宗说："从前唐太宗平定天下，未尝不亲自出征，朕怎么敢偷安！"冯道说："不知道陛下是否能成为唐太宗呢？"后周世宗说："以我兵力的强大，打败刘崇就像大山压碎鸡蛋一样罢了！"冯道说："不知道陛下是否能成为大山呢？"后周世宗不高兴。只有王溥劝后周世宗亲征，后周世宗听从他。

三月初一日乙亥，后蜀主为捧圣、控鹤都指挥使兼中书令孙汉韶加官武信节度使，赐爵乐安郡王，解除他的军职。后蜀主鉴于安思谦跋扈的教训，命令山南西道节度使李廷珪等十人分别统领禁兵。

北汉乘胜进逼潞州。三月初三日丁丑，后周世宗诏命天雄节度使符彦卿领兵从磁州固镇出发到北汉军的背后，任命镇宁节度使郭崇做他的副手；又诏命河中节度使王彦超领兵从晋州东北截击北汉军，任命保义节度使韩通做他的副手；又命令马军都指挥使、宁江节度使樊爱能，步军都指挥使、清淮节度使何徽，义成节度使白重赞，郑州防御使史彦超，前任耀州团练使符彦能率兵先赴泽州，由宣徽使向训担

重赞，宪州人也。

辛巳，大赦。

癸未，帝命冯道奉梓宫赴山陵，以郑仁诲为东京留守。

乙酉，帝发大梁；庚寅，至怀州。帝欲兼行速进，控鹤都指挥使真定赵晁私谓通事舍人郑好谦曰："贼势方盛，宜持重以挫之。"好谦言于帝，帝怒曰："汝安得此言！必为人所使，言其人则生，不然必死。"好谦以实对，帝命并晁械于州狱。壬辰，帝过泽州，宿于州东北。

（以上为第十段，写北汉主刘崇因后周国丧南侵，后周世宗柴荣御众北伐。）

北汉主不知帝至，过潞州不攻，引兵而南，是夕，军于高平之南。癸巳，前锋与北汉军遇，击之，北汉兵却；帝虑其遁去，趣诸军亟进。北汉主以中军陈于巴公原，张元徽军其东，杨衮军其西，众颇严整。时河阳节度使刘词将后军未至，众心危惧，而帝志气益锐，命白重赞与侍卫马步都虞候李重进将左军居西，樊爱能、何徽将右军居东，向训、史彦超将精骑居中央，殿前都指挥使张永德将禁兵卫帝。帝介马自临陈督战。

北汉主见周军少，悔召契丹，谓诸将曰："吾自用汉军可破也，何必契丹！今日不惟克周，亦可使契丹心服。"诸将皆以为然。杨衮策马前望周军，退谓北汉主曰："勍敌也，未可轻进！"北汉主奋髯曰："时不可失，请公勿言，试观我战。"衮默然不悦。时东北风方盛，俄而忽转南风，北汉副枢密使王延嗣使司天监李义白北汉主云："时可战矣。"北汉主从之。枢密直学士王得中扣马谏曰："义可斩也！风势如此，岂助我者邪！"北汉主曰："吾计已决，老书生勿妄言，且斩汝！"麾东军先进，张元徽将千骑击周右军。

合战未几，樊爱能、何徽引骑兵先遁，右军溃，步兵千余人解甲呼万岁，降于北汉。帝见军势危，自引亲兵犯矢石督战。太祖皇帝时为宿卫将，谓同列曰："主危如此，吾属何得不致死！"又谓张永德曰："贼气骄，力战可破也！公麾下多能左射者，请引兵乘高出为左翼，我引兵为右翼以击之。国家安危，在此一举！"永德从之，各将二千人进战。太

任监军。白重赞是宪州人。

三月初七日辛巳，实行大赦。

三月初九日癸未，后周世宗命令冯道奉送先帝的灵柩前往陵墓，任命郑仁诲为东京留守。

三月十一日乙酉，后周世宗从大梁出发；三月十六日庚寅，到达怀州。后周世宗想日夜兼程加速前进，控鹤都指挥使真定人赵晁私下对通事舍人郑好谦说："敌人气势正旺盛，应该保持稳重来挫败他。"郑好谦告诉了后周世宗，后周世宗生气地说："你怎么会说这些话！一定是被别人所指使，你说出那个人来就活命，不然一定叫你死。"郑好谦从实回答，后周世宗命令将他连同赵晁一起关押在怀州监狱。三月十八日壬辰，后周世宗经过泽州，住宿在州城东北。

北汉主不知道后周世宗前来，经过潞州不进攻，领兵向南，当天晚上驻扎在高平的南面。三月十九日癸巳，前锋部队和北汉军遭遇，发动进攻，北汉军后退；后周世宗担心他们逃走，督促各军急速前进。北汉主率领中军在巴公原列阵，张元徽驻扎在他的东边，杨衮驻扎在他的西边，部众十分严肃整齐。当时河阳节度使刘词率领后军还没有到达，大家心里感到恐惧害怕，而后周世宗的意志越发坚定，命令白重赞与侍卫马步都虞候李重进率领左军在西面，樊爱能、何徽率领右军在东面，向训、史彦超率领精锐的骑兵居中央，殿前都指挥使张永德率领禁兵保卫后周世宗。后周世宗骑着披甲的战马亲自督战。

北汉主看到后周军队人数少，后悔请求契丹出兵，对众将说："我只用自己的汉兵就可以打败他们，何必要契丹！今天不止要战胜后周军队，还要使契丹心服。"众将都认为是这样。杨衮策马向前眺望后周军队，退回来后对北汉主说："这是劲敌啊！不可轻率前进！"北汉主飞动两颊的胡子说："机不可失，请你不要再说了，试看我与他们交战。"杨衮默然不高兴。当时东北风正大，一会儿忽然转成南风。北汉副枢密使王延嗣派司天监李义报告北汉主说："时机可以作战了！"北汉主听从。枢密直学士王得中勒住北汉主的马头劝谏说："李义该斩首！风势像这样，哪里是帮助我们的呢！"北汉主说："我的主意已定，老书生不要乱说，再说就要杀你！"指挥东军先向前进，张元徽率领一千名骑兵攻击后周右军。

交战不久，樊爱能、何徽率领骑兵首先逃走，右军溃散，步兵一千多人脱下盔甲，呼喊万岁，向北汉投降。后周世宗看到军队情形危急，亲自率领步兵冒着箭矢、飞石督战。太祖皇帝（即赵匡胤）当时为警卫将领，对同伴们说："主上如此危急，我们怎么敢不拼出性命！"又对张永德说："贼士兵气骄傲，奋力作战可以打败他们！您部下有很多能用左手射箭的人，请领兵登上高地作为左翼部队，我领兵

祖皇帝身先士卒，驰犯其锋，士卒死战，无不一当百，北汉兵披靡。内殿直夏津马仁瑀谓众曰："使乘舆受敌，安用我辈！"跃马引弓大呼，连毙数十人，士气益振。殿前右番行首马全乂言于帝曰："贼势极矣，将为我擒，愿陛下按辔勿动，徐观诸将破之。"即引数百骑进陷陈。

北汉主知帝自临陈，褒赏张元徽，趣使乘胜进兵。元徽前略陈，马倒，为周兵所杀。元徽，北汉之骁将也，北军由是夺气。时南风益盛，周兵争奋，北汉兵大败，北汉主自举赤帜以收兵，不能止。杨衮畏周兵之强，不敢救，且恨北汉主之语，全军而退。

樊爱能、何徽引数千骑南走，控弦露刃，剽掠辎重，役徒惊走，失亡甚多。帝遣近臣及亲军校追谕止之，莫肯奉诏，使者或为军士所杀，扬言："契丹大至，官军败绩，余众已降虏矣。"刘词遇爱能等于涂，爱能等止之，词不从，引兵而北。时北汉主尚有余众万余人，阻涧而陈。薄暮，词至，复与诸军击之，北汉兵又败。杀王延嗣，追至高平，僵尸满山谷，委弃御物及辎重、器械、杂畜不可胜纪。

是夕，帝宿于野次，得步兵之降敌者，皆杀之。樊爱能等闻周兵大捷，与士卒稍稍复还，有达曙不至者。甲午，休兵于高平，选北汉降卒数千人为效顺指挥，命前武胜行军司马唐景思将之，使戍淮上，余二千余人赐赀装纵遣之。李穀为乱兵所迫，潜窜山谷，数日乃出。丁酉，帝至潞州。

北汉主自高平被褐戴笠，乘契丹所赠黄骝，帅百余骑由雕窠岭遁归。宵迷，俘村民为导，误之晋州，行百余里，乃觉之，杀导者。昼夜北走，所至，得食未举箸，或传周兵至，辄苍黄而去。北汉主衰老力惫，伏于马上，昼夜驰骤，殆不能支，仅得入晋阳。

帝欲诛樊爱能等以肃军政，犹豫未决。己亥，昼卧行宫帐中，张永德侍侧，帝以其事访之，对曰："爱能等素无大功，忝冒节钺，望敌先逃，死未塞责。且陛下方欲削平四海，苟军法不立，虽有熊罴之士，百万之

为右翼攻击敌军。国家安危，在此一举！”张永德听从他的话，各率两千人向前作战。赵匡胤身先士卒，驰马向北汉军队冲锋，士卒拼死奋战，无不以一当百，北汉军队溃败。内殿直夏津人马仁瑀对众人说：“让天子受到攻击，还要我们这些人干什么！”跃马拉弓，大声呼喊，一连射死几十个人，士气更加振奋。殿前右番行首马全乂对后周世宗说：“贼兵的气势已经到尽头，将要被我们擒获，希望陛下勒住缰绳不动，慢慢地观看众将打败他们。”接着率领几百名骑兵前进，深入敌阵。

北汉主知道后周世宗亲自临阵，就奖赏张元徽，催促他乘胜进军。张元徽到阵前巡视，马倒下了，被后周军队杀死。张元徽是北汉的勇将，北汉军因此而丧失士气。当时南风越来越大，后周士兵争相奋战，北汉军大败，北汉主亲自举起红旗来收兵，但不能制止士兵的败退。杨衮畏惧周军的强大，不敢救援，而且痛恨北汉主所说的话，保全军队退走。

樊爱能、何徽带领几千名骑兵向南逃跑，拉弓露刀，抢夺军用物资，运送的人惊慌逃走，跑失、死亡的人很多。后周世宗派遣亲近的大臣和军校追上去，劝告他们停止，没有人肯接受后周世宗的命令，使者有的被军士所杀，扬言说：“契丹军队大批来到，官军打了败仗，其余的士兵已经投降胡虏了。”刘词在路上碰到樊爱能等人，樊爱能等人要他停下来，刘词不听，领兵向北。当时北汉主还有残余的部众一万多人，凭着涧水列阵。傍晚，刘词到达，又和各军攻击北汉军，北汉军又败。周军杀死王延嗣，追到高平，僵尸布满山谷，丢弃的御用物品和辎重、器械、各种牲畜数都数不尽。

当天晚上，后周世宗在野外宿营，抓到投降敌人的步兵，全部杀掉。樊爱能等人听说后周军队大胜，和士兵们又陆续回来，有的直到天亮还没有到。三月二十日甲午，后周世宗在高平整休军队，挑选北汉投降过来的士兵几千人组成效顺指挥，命前任武胜行军司马唐景思率领，让他们戍守淮上，其余两千多人赐给路费衣服，遣放回北汉。李穀被乱兵所逼迫，潜逃到山谷中，几天以后才出来。三月二十三日丁酉，后周世宗到达潞州。

北汉主从高平起，穿着粗布，戴着斗笠，骑着契丹赠送的黄骝马，率领一百多名骑兵，经由雕窠岭往回逃。晚上迷路，抓住村民当向导，错误地向晋州走去，走了一百多里路才发觉，于是杀掉向导。日夜向北走，每到一个地方，得到食物还没有拿起筷子，有人传说周军追来，就慌慌忙忙地逃走了。北汉主年老力疲，伏在马上，日夜不停地奔跑，几乎不能支撑，勉勉强强地得以回到晋阳。

后周世宗想杀掉樊爱能等人以整肃军中政令，犹豫不决。三月二十五日己亥，后周世宗白天躺在行宫的帐篷中，张永德在旁边侍候，后周世宗拿这件事来征询他的意见，张永德回答说：“樊爱能等人一向没有立大功，不合格地接受节钺，望见敌

众，安得而用之！”帝掷枕于地，大呼称善。即收爱能、徽及所部军使以上七十余人，责之曰：“汝曹皆累朝宿将，非不能战；今望风奔遁者，无他，正欲以朕为奇货，卖与刘崇耳！”悉斩之。帝以何徽先守晋州有功，欲免之，既而以法不可废，遂并诛之，而给槥车归葬。自是骄将惰卒始知所惧，不行姑息之政矣。

庚子，赏高平之功，以李重进兼忠武节度使，向训兼义成节度使，张永德兼武信节度使，史彦超为镇国节度使。张永德盛称太祖皇帝之智勇，帝擢太祖皇帝为殿前都虞候，领严州刺史，以马仁瑀为控鹤弓箭直指挥使，马全乂为散员指挥使；自余将校迁拜者凡数十人，士卒有自行间擢主军厢者。释赵晁之囚。

（以上为第十一段，写高平之战周世宗大败北汉主，整肃军纪。赵匡胤初露头角。）

北汉主收散卒，缮甲兵，完城堑以备周。杨衮将其众北屯代州，北汉主遣王得中送衮，因求救于契丹，契丹主遣得中还报，许发兵救晋阳。

壬寅，以符彦卿为河东行营都部署兼知太原行府事，以郭崇副之，向训为都监，李重进为马步都虞候，史彦超为先锋都指挥使，将步骑二万发潞州；仍诏王彦超、韩通自阴地关入，与彦卿合军而进，又以刘词为随驾部署，保大节度使白重赞副之。

汉昭圣皇太后李氏殂于西宫。

夏，四月，北汉盂县降。符彦卿军晋阳城下，王彦超攻汾州，北汉防御使董希颜降。帝遣莱州防御使康延沼攻辽州，密州防御使田琼攻沁州，皆不下。供备库副使太原李谦溥单骑说辽州刺史张汉超，汉超即降。

乙卯，葬圣神恭肃文武孝皇帝于嵩陵，庙号太祖。

南汉主以高王弘邈为雄武节度使，镇邕州。弘邈以齐、镇二王相继死于邕州，固辞，求宿卫；不许。至镇，委政僚佐，日饮酒，祷鬼神。或上书诬弘邈谋作乱。戊午，南汉主遣甘泉宫使林延遇赐鸩杀之。

人首先逃走，即使处死也不能抵偿责任。况且陛下正想平定天下，如果不能确立军法，虽然有勇猛的士兵，百万的部众，但又怎么能够任用他们！”后周世宗把枕头扔到地上，大声说好。立即收捕樊爱能、何徽以及他们的部下军使以上的一共七十多人，斥责他们说：“你们这些人都是历经几朝的老将，不是不能作战；现在所以望风而逃，没有其他的原因，只是想把朕当作稀有的货物卖给刘崇罢了！”将他们全部斩首。后周世宗因为何徽以前防守晋州有功，想要免他一死，后来又认为军法不可以废弃，于是连同他一起杀掉，而赐给车子把他的尸首送回安葬。从此，骄傲的将帅、懒惰的士兵才开始知道害怕，不再实行迁就宽容的政令了。

三月二十六日庚子，后周世宗奖赏高平战役中的功劳，任命李重进兼任忠武节度使，向训兼任义成节度使，张永德兼任武信节度使，史彦超为镇国节度使。张永德极力称赞赵匡胤的机智勇敢，后周世宗提拔赵匡胤为殿前都虞候，兼任严州刺史，任命马仁瑀为控鹤弓箭直指挥使，马全乂为散员指挥使；其余的将领军官升官、任职的共有几十人，士兵有从行伍中间提升为军主、厢主的。解除对赵晁的囚禁。

北汉收容溃散的士兵，修治战甲兵器，加固城墙壕沟以防备后周。杨衮率领他的部众向北屯驻代州，北汉主派遣王得中护送杨衮，顺便向契丹求救。契丹主派遣王得中回来报告，答应发兵救援晋阳。

三月二十八日壬寅，任命符彦卿为河东行营都部署兼知太原行府事，命令郭崇做他的副手，向训为都监，李重进为马步都虞候，史彦超为先锋都指挥使，率领步兵和骑兵两万人从潞州出发；又诏命王彦超、韩通从阴地关进入，与符彦卿会师前进，又任命刘词为随驾部署，保大节度使白重赞为副部署。

原后汉昭圣皇太后李氏在西宫去世。

夏季，四月，北汉盂县投降。符彦卿在晋阳城下驻军，王彦超攻打汾州，北汉防御使董希颜投降。后周世宗派遣莱州防御使康延沼攻打辽州，密州防御使田琼攻打沁州，都没有攻下。供备库副使太原人李谦溥单人匹马去劝说辽州刺史张汉超，张汉超立即投降。

四月十二日乙卯，将圣神恭肃文武孝皇帝安葬在嵩陵，庙号太祖。

南汉主任命高王刘弘邈为雄武节度使，镇守邕州。刘弘邈因为齐王和镇王相继死在邕州，坚决推辞，请求担任京城警卫；南汉主不准许。刘弘邈到了镇所，将政事交给手下官吏，自己每天饮酒，祈祷鬼神。有人上书诬告刘弘邈图谋发动叛乱。四月十五日戊午，南汉主派遣甘泉宫使林延遇赐给毒酒，把刘弘邈毒死了。

初，帝遣符彦卿等北征，但欲耀兵于晋阳城下，未议攻取。既入北汉境，其民争以食物迎周师，泣诉刘氏赋役之重，愿供军须，助攻晋阳，北汉州县继有降者。帝闻之，始有兼并之意，遣使往与诸将议之，诸将皆言“刍粮不足，请且班师以俟再举”，帝不听。既而诸军数十万聚于太原城下，军士不免剽掠，北汉民失望，稍稍保山谷自固。帝闻之，驰诏禁止剽掠，安抚农民，止征今岁租税，及募民入粟拜官有差，仍发泽、潞、晋、绛、慈、隰及山东近便诸州民运粮以馈军。己未，遣李穀诣太原计度刍粮。

（以上为第十二段，写周世宗乘胜大举北伐，围攻晋阳。）

庚申，太师、中书令瀛文懿王冯道卒。道少以孝谨知名，唐庄宗世始贵显，自是累朝不离将、相、三公、三师之位，为人清俭宽弘，人莫测其喜愠，滑稽多智，浮沈取容。尝著《长乐老叙》，自述累朝荣遇之状。时人往往以德量推之。

欧阳修论曰：“礼义廉耻，国之四维；四维不张，国乃灭亡。”礼义，治人之大法；廉耻，立人之大节。况为大臣而无廉耻，天下其有不乱，国家其有不亡者乎！予读冯道《长乐老叙》，见其自述以为荣，其可谓无廉耻者矣，则天下国家可从而知也。

予于五代得全节之士三，死事之人十有五，皆武夫战卒，岂于儒者果无其人哉？得非高节之士，恶时之乱，薄其世而不肯出欤？抑君天下者不足顾，而莫能致之欤？

予尝闻五代时有王凝者，家青、齐之间，为虢州司户参军，以疾卒于官。凝家素贫，一子尚幼，妻李氏，携其子，负其遗骸以归，东过开封，止于旅舍，主人不纳。李氏顾天已暮，不肯去，主人牵其臂而出之。李氏仰天恸曰：“我为妇人，不能守节，而此手为人所执邪！”即引斧自断其臂，见者为之嗟泣。开封尹闻之，白其事于朝，厚恤李氏而笞其主人。呜呼！士不自爱其身而忍耻以偷生者，闻李氏之风，宜少知愧哉！

当初，后周世宗派遣符彦卿等人北征，只是想在晋阳城下炫耀兵力，没有打算攻占。等到大军进入北汉境内后，当地的百姓争相拿着食物来迎接周军，哭诉刘氏赋税和徭役的繁重，愿意供应军队所需，帮助攻打晋阳，北汉的州县相继有投降的。后周世宗听到这些情况，开始有了兼并北汉的意思，便派遣使者前去与众将商议，众将都说"粮草不足，请暂且回师，以等待时机再发兵"。后周世宗不听。不久各路军队几十万人聚集在太原城下，军士不免抢劫，北汉民众失望，渐渐地退守山谷以保全自己。后周世宗听说了这事，派人飞快地传送诏书，禁止抢劫，安抚农民，只征收今年的租税，并且招募百姓缴纳粮食，依据数量多少授给不同的官职，又征发泽州、潞州、晋州、绛州、慈州、隰州以及山东路近方便的各州的百姓运送粮食供应军队。四月十六日己未，派遣李穀到太原核算各地输送的粮草。

四月十七日庚申，太师、中书令瀛文懿王冯道去世。冯道少年时候以孝顺恭谨而著名，后唐庄宗时开始富贵显达，从此历朝不离将帅、宰相、三公、三师的职位，为人清静俭约，宽容大度，别人不能推测他的喜怒，滑稽多智，随世浮沉，以求见容于世。他曾经写作《长乐老叙》，自述历朝受荣宠礼遇的情形。当时的人往往用有德行雅量来推崇他。

欧阳修评论说："礼、义、廉、耻，是国家的四大纲要；这四大纲要不伸张，国家就会灭亡。"礼义，是统治人民的根本法则；廉耻，是树立人格的基本节操。况且身为大臣而没有廉耻，天下哪有不乱，国家哪有不亡的呢！我读冯道的《长乐老叙》，看他自述以为很荣耀，真可谓是没有廉耻的人了，那么天下国家的情形也就从而可知了。

我在五代这段历史中找到三位保全节操的人，十五位为国事而死的人，都是些武夫战卒，难道在文人中间果真没有那样的人吗？该不是那些节操高尚的士人，痛恨时世的混乱，看轻当世而不肯出仕？或者是君主没有充分顾惜，不能招致他们来呢？

我曾经听说五代时有个叫王凝的人，家住青州、齐州之间，任虢州司户参军，因病死在任上。王凝家里一向贫穷，一个孩子年纪还小，他的妻子李氏，带着他的遗骸回来，向东经过开封，要在旅馆停宿，主人不接纳。李氏看天色已晚，不肯离去，主人拉她的手臂让她出去。李氏仰天痛哭说："我作为妇人，不能守节，而使这只手臂被人抓啊！"立即拿起斧头，砍掉自己的手臂，看见的人都为她叹息流泪。开封尹听说这件事，把这件事报告朝廷，优厚地抚恤李氏，鞭打那个店主人。唉！士人不自己珍惜自身而忍受耻辱，苟且偷生的，听到李氏的风节，应当稍稍知道惭愧了吧！

臣光曰：天地设位，圣人则之，以制礼立法，内有夫妇，外有君臣。妇之从夫，终身不改；臣之事君，有死无贰；此人道之大伦也。苟或废之，乱莫大焉！范质称冯道厚德稽古，宏才伟量，虽朝代迁贸，人无间言，屹若巨山，不可转也。臣愚以为正女不从二夫，忠臣不事二君。为女不正，虽复华色之美，织纴之巧，不足贤矣；为臣不忠，虽复材智之多，治行之优，不足贵矣。何则？大节已亏故也。道之为相，历五朝、八姓，若逆旅之视过客，朝为仇敌，暮为君臣，易面变辞，曾无愧怍。大节如此，虽有小善，庸足称乎！

或以为自唐室之亡，群雄力争，帝王兴废，远者十余年，近者四三年，虽有忠智，将若之何？当是之时，失臣节者非道一人，岂得独罪道哉！臣愚以为忠臣忧公如家，见危致命，君有过则强谏力争，国败亡则竭节致死。智士邦有道则见，邦无道则隐，或灭迹山林，或优游下僚。今道尊宠则冠三师，权任则首诸相，国存则依违拱嘿，窃位素餐；国亡则图全苟免，迎谒劝进。君则兴亡接踵，道则富贵自如，兹乃奸臣之尤，安得与他人为比哉！或谓道能全身远害于乱世，斯亦贤已。臣谓君子有杀身成仁，无求生害仁，岂专以全身远害为贤哉！然则盗跖病终而子路醢，果谁贤乎？

抑此非特道之愆也，时君亦有责焉。何则？不正之女，中士羞以为家；不忠之人，中君羞以为臣。彼相前朝，语其忠则反君事雠，语其智则社稷为墟；后来之君，不诛不弃，乃复用以为相，彼又安肯尽忠于我而能获其用乎！故曰，非特道之愆，亦时君之责也。

（以上为第十三段，写欧阳修、司马光论人臣之节。）

辛酉，符彦卿奏北汉宪州刺史太原韩光愿、岚州刺史郭言皆举城降。

初，符彦卿有女适李守贞之子崇训，相者言其贵当为天下母。守贞

臣司马光说：天地设立方位，圣人作为准则，用来制定礼仪，建立法度，家内有夫妇，家外有君臣。妇人随从丈夫，终身不变；臣子事奉君主，至死没有二心；这是做人之道的最大伦常。如果废弃了伦常，祸乱就没有比这更大的！范质称赞冯道道德深厚，研习古道，才识广博，度量宏大，虽然经历朝代变更，别人没有闲言，像一座大山屹立，不可动摇。臣的愚见认为，守正的女子不跟从两个丈夫，忠诚的臣子不事奉两个君主。女子不正派，即使如花的容貌再美丽，纺织的手工再灵巧，也称不上贤惠了；作为臣子而不忠诚，即使才智再高，政绩再好，也不值得看重了。为什么呢？因为大节已经亏损了的缘故。冯道任宰相，经历过五个朝代、八姓君主，就像在旅馆里观看经过的旅客，早晨还是仇敌，傍晚就成为君臣，更换面孔，变化腔调，一点也不觉得惭愧。大节像这个样子，即使有一点小善，哪里值得称道呢！

有人认为自从唐室灭亡以后，群雄奋力相争，帝王的兴盛衰亡，长的十几年，短的三四年，即使有忠诚多智的人，又能怎么样呢？当时那个时候，丧失为臣节操的不止冯道一个人，怎么可以单独指责冯道呢！臣的愚见认为忠臣忧心公事如同家事，遇到危难要勇于献出生命，君主有过失要坚决劝谏、据理力争，国家衰败灭亡要至死守节。明智之士，国家有道就出来，国家无道就隐居，或者在山林中隐藏自己的踪迹，或者做小吏而悠然自得。现在冯道，论尊贵荣宠则在三师之上，论权力职位则居诸宰相之首，国家存在就拱手沉默，随波逐流，窃据高位，白拿俸禄；国家灭亡便图谋保全性命，苟且免死，拜见迎接新君，供奉他即帝位。君主兴起灭亡，一个接一个，而冯道则富贵依旧，这乃是奸臣之最，怎么可以和其他的人相提并论呢！有人说冯道能够在乱世中保全自身，远离祸害，这也算是贤能了。臣认为君子只有牺牲生命以保全仁义，不能为了求生存而危害仁义，怎么能专门以保全自身远离祸害为贤能呢！那么盗跖生病而死，而子路则被剁成肉酱，到底谁才是贤能呢？

然而这不只是冯道的过错，当时的君主也有责任。为什么呢？不正派的女子，中等的男子都羞于娶她为妻；不忠贞的人，中等的君主都羞于用他为臣。冯道做前朝宰相，说他忠诚则背叛君主事奉仇敌，说他智慧则国家变成废墟；后来的君主不诛杀他，不遗弃他，仍然又任命他为宰相，他又怎么肯向我尽忠从而让自己派上用场呢！所以说，这不只是冯道的过错，当时的君主也有责任。

四月十八日辛酉，符彦卿奏报北汉宪州刺史太原人韩光愿、岚州刺史郭言都率州城投降。

当初，符彦卿有一个女儿嫁给李守贞的儿子李崇训，看相的人说她富贵，将成

喜曰："吾妇犹母天下，况我乎！"反意遂决。及败，崇训先刃其弟妹，次及符氏。符氏匿帏下，崇训仓猝求之不获，遂自刭。乱兵既入，符氏安坐堂上，叱乱兵曰："吾父与郭公为昆弟，汝曹勿无礼！"太祖遣使归之于彦卿。及帝镇澶州，太祖为帝娶之。壬戌，立为皇后。后性和惠而明决，帝甚重之。

王彦超、韩通攻石州，克之，执刺史安彦进。癸亥，沁州刺史李廷诲降。庚午，帝发潞州，趣晋阳。癸酉，北汉忻州监军李勍杀刺史赵皋及契丹通事杨耨姑，举城降。以勍为忻州刺史。

王逵表请复徙使府治朗州。

（以上为第十四段，写周世宗符皇后的人生经历。）

为天下的国母。李守贞高兴地说："我的儿媳妇都能当天下的国母，何况是我！"于是坚定了反叛的想法。等到李守贞失败，李崇训先用刀杀死他的弟弟和妹妹，下一个就要轮到符氏。符氏躲藏在帷帐里面，李崇训仓促之间找不到她，就自杀了。乱兵进来以后，符氏安然地坐在堂上，叱责乱兵说："我的父亲和郭公为兄弟，你们不得无礼！"赵匡胤派遣使者把她送回给符彦卿。等到后周世宗镇守澶州，赵匡胤为后周世宗娶符氏为妻。四月十九日壬戌，立为皇后。皇后性情温和贤惠，而又聪明果断，后周世宗很看重她。

王彦超、韩通攻打石州，攻克下来，抓获石州刺史安彦进。四月二十日癸亥，沁州刺史李廷诲投降。四月二十七日庚午，后周世宗从潞州出发，直奔晋阳。四月三十日癸酉，北汉忻州监军李勍杀死刺史赵皋和契丹通事杨耨姑，率州城投降。朝廷任命李勍为忻州刺史。

王逵上表请求再把节度使的治所迁到朗州。

【点评】

本卷点评后周太祖废屯田、版刻《九经》行于世、不倒翁冯道等三事。

一、后周太祖废屯田。东汉末战乱，破坏了生产力，魏、蜀、吴三国都实行屯田恢复生产，积聚国力，取得了很大的成功。曹魏屯田最早，规模最大。曹操屯田令说："夫定国之术，在于强兵足食，秦人以急农兼天下，孝武以屯田定西域，此先代之良式也。"自汉武屯田以来，各代大都在边境地区实行军屯，士兵战时打仗，平时耕地。曹操大规模屯田在内部腹地，最早屯田在许下，主要形式为民屯。屯民按军事编制，土地、牛、耕具、种子，由官府供给，管理机构为典农中郎将和屯田都尉，不隶属地方。收获物过半交纳国家。屯民没有自由，如同农奴。当战乱制造的流民一无所有，他们在死亡线上挣扎，能够获得一块土地进行生产，得以生存，是很高兴的。因此屯田之初，产量很高，因为屯民有生产积极性。屯田解决军粮问题，支持战争，可以称之为古代的战时经济。随着生产的恢复，国家政治稳定，战争减少，或没有了战争，出现和平环境，处于农奴地位的屯民就没有了生产积极性。屯民集中营式的劳作不符人情，不符历史进步，必然要瓦解，公元264年，司马氏篡魏，为了争取民心，废除了屯田。

唐朝末年，长年累月的战乱，产生了大批流民和荒地。中原驻守的军队，所在之处都设置营田来耕种，属军屯。其后招募高门大户来承包营田，农民租种，向国家纳租赋，已是民屯形式。户部另设管理机构管理营田，不属地方。营田大户收容庇护奸邪盗贼，州县不能过问，租地的农户男子不服徭役，加重了户籍民的负担。后梁太祖攻淮南，抢掠淮南民耕牛以万计，供给营田民租用，几十年后，牛死了而牛租不免，百姓深受其害。后周太祖郭威征战四方，一向知道其中弊端。广顺三年（953），后周太祖宣布废除营田，把耕种营田的人重新编入户籍，由地方管理。田地、房舍、耕牛、农具，全部赐给耕作人为永久的产业，废除全部租牛税。这一年，周境户口增加了三万户。耕户民得到了永业田，于是修整房屋，栽种树木，精耕细作，亩产量增加了好几倍。有人建议，把肥沃的营田出卖，可以获得几十万缗的钱来充实国库。后周太祖说："利益归百姓，如同藏在国家。"懂得藏富于民，民富而国强的帝王，是政治境界最高的帝王。后周太祖废屯田，惩贪官，薄民赋，是五代时难得的一位开明之君。

二、版刻《九经》行于世。我国雕版印刷术发明于唐初，雕版图书始于五代冯道主持的版刻《五经》，又称版刻《九经》。《五经》为《易》《礼》《诗》《书》《春秋》。礼有《周礼》《仪礼》《礼记》，又称《三礼》，春秋有《左氏传》《公羊传》《穀梁传》，又称《春秋三传》。是以合而为《五经》，分而为《九经》。后唐明宗长兴三年（932），冯道任宰相，倡议在国子监校定《九经》，版刻印刷传于世。这项学术

大工程，历经后唐、后晋、后汉、后周四朝，至后周广顺三年（953）完成，历时二十三年。学术界称为五代监本。从此，雕版书大行于世，官印书在此后的历朝历代大规模展开。冯道历任后唐、后晋、后汉、后周及契丹五朝宰相、太师，能在频繁改朝换代的乱世，完成这一学术工程，是一个奇迹，在学术上，推动雕版图书的发展与普及，意义重大。

三、不倒翁冯道。冯道，字可道，五代时大臣。瀛州景城（今河北沧州市西北）人。少好学，奉亲至孝。冯道初事刘守光为参军，守光败，事晋王李存勖河东监军张承业为巡官。张承业以冯道长于文学推荐于晋王，为河东掌书记。从此，冯道飞黄腾达，历仕后唐、后晋、后汉、后周，以及契丹主耶律德光，历经四朝、五姓、十皇帝，成为乱世之中的一位不倒翁。所事十皇帝为：后唐庄宗、明宗、愍帝、末帝（潞王）；后晋高祖、出帝；辽太宗耶律德光；后汉高祖；后周太祖、世宗。十帝共有八姓。冯道在后唐历任集贤殿弘文馆大学士、司空等职。归晋任司徒、中书令。契丹灭后晋，任戎主太傅。后汉时任太师。入周任太师兼中书令，终官后周太祖山陵使。公元954年卒，享年七十三岁。当时人都尊仰冯道为元老，叹其与孔子同寿，喜为之延誉。冯道自号长乐老。

人生乱世或处于昏暴之朝，往往朝不保夕，而冯道处乱世，历四朝八姓事十君，为相二十余年不倒而安如泰山，在中国古代史上是一个奇迹。冯道明哲保身的处世之道有过人之处，亦有不为人齿之处。其过人者有三。其一，生性宽厚，冯道不与任何人结怨，他没有损人害人的记录，力所能及，以救人为己任。诸将掳掠美女奉献给冯道，冯道阳受之，而阴遣送回家。其二，冯道大富大贵，而生活俭约，不事张扬。其三，持重，遇事临危不惧，往往化险为夷。史官说："道之履行，郁有古人之风；道之宇量，深得大臣之体。"（《旧五代史·冯道传》）其不为人齿者，谓冯道不忠。一女事二夫，人之不幸，何况冯道事四朝、相十帝。王夫之《读通鉴论》诛其心曰："李存勖之灭梁而骄，狎倡优、吝粮赐也，而道不言；忌郭崇韬，激蜀兵以复反，而道不言；李从珂挑石敬瑭以速祸，而道不言；石重贵不量力固本以亟与虏争，而道不言；刘承祐狎群小、杀大臣，而道不言；数十年民之憔悴于虐政，流离死亡以瀕尽，而道不言；其或言也，则摘小疵以示直，听则居功，不听而终免于斥逐，视人国之存亡，若浮云之聚散，真所谓谗谄面谀之臣也。"从尽忠尽节立场看，王夫之的评论十分中肯。冯道从不犯颜直谏，对昏君暴主，只说一些不痛不痒的话，以示己直，事关国家安危，黎民疾苦，昏暴之主不听，冯道则不言。试问，桀纣之主，自己不爱江山，纵有十比干，又奈何为？刘守光、后唐末帝、后晋出帝、刘承佑之流，是扶不起的阿斗，冯道委曲求全，以求自保，无可厚非。王夫之认为冯道是一个伪君子，"真所谓谗谄面谀之臣"，此语似过也。冯道没有谗谄之行，而尽力

做一些善事。例如冯道建言雕版《五经》，说契丹主耶律德光为当今救民活佛，史称“人皆以谓契丹不夷灭中国之人者，赖道一言之善也”(《新五代史·冯道传》)。冯道处乱世，以他不倒翁的持重大臣身份，做了一些好事，还是值得肯定的，但他的忍辱苟活，不为人齿，亦是应得。

后周纪三

后周太祖显德元年至后周世宗显德三年（954—956年）

【起阏逢摄提格（甲寅，954年）五月，尽柔兆执徐（丙辰，956年）二月，凡一年有奇】

【大事提要】

本卷记事起公元954年五月，讫公元956年二月，凡一年又十个月，当后周太祖显德元年五月至后周世宗显德三年二月。契丹主发兵救北汉，后周世宗不胜退军。后周世宗锐意兴革，实行多项强国政策。其一，整训禁军，淘汰羸弱；其二，清盗贼，重民生；其三，塞黄河决口，使民安居；其四，下诏荐贤、求言，比部郎中王朴献统一治安之策，被升职为左谏议大夫；其五，裁撤佛寺三万余所，只留二千余所，十之八九被裁撤；其六，毁铜佛像，以之制钱，废无用为有用。司马光称赞后周世宗是五代时最有民望的仁明之君。后周兵西征，夺取后蜀秦、凤、阶、成四州。后周世宗对新区民众，只收正税，一切苛细，全部废除。北方稳固，后周世宗立即挥师南指，兵伐南唐，第一次亲征淮南。湖南、吴越奉命夹击南唐。周师进展顺利。突然间湖南兵变，王逵被杀，后周失去了攻唐的侧翼。

【原文】

太祖圣神恭肃文武孝皇帝下

显德元年（甲寅，954 年）

五月，甲戌朔，王逵自潭州迁于朗州，以周行逢知潭州事，以潘叔嗣为岳州团练使。

丙子，帝至晋阳城下，旗帜环城四十里。杨衮疑北汉代州防御使郑处谦贰于周，召与计事，欲图之。处谦知之，不往。衮使胡骑数十守其城门，处谦杀之，因闭门拒衮。衮奔归契丹。契丹主怒其无功，囚之。处谦举城来降。丁丑，置静塞军于代州，以郑处谦为节度使。

契丹数千骑屯忻、代之间，为北汉之援。庚辰，遣符彦卿等将步骑万余击之；彦卿入忻州，契丹退保忻口。

丁亥，置宁化军于汾州，以石、沁二州隶之。

代州将桑珪、解文遇杀郑处谦，诬奏云潜通契丹。

符彦卿奏请益兵，癸巳，遣李筠、张永德将兵三千赴之。契丹游骑时至忻州城下，丙申，彦卿与诸将陈以待之。史彦超将二十骑为前锋，遇契丹，与战，李筠引兵继之，杀契丹二千人。彦超恃勇轻进，去大军浸远，众寡不敌，为契丹所杀，筠仅以身免，周兵死伤甚众。彦卿退保忻州，寻引兵还晋阳。

府州防御使折德扆将州兵来朝。辛丑，复置永安军于府州，以德扆为节度使。

时大发兵夫，东自怀、孟，西及蒲、陕，以攻晋阳，不克。会久雨，士卒疲病，乃议引还。

初，王得中返自契丹，值周兵围晋阳，留止代州。及桑珪杀郑处谦，囚得中，送于周军，帝释之，赐以带、马，问："虏兵何时当至？"得中曰："臣受命送杨衮，他无所求。"或谓得中曰："契丹许公发兵，公不以实告，契丹兵即至，公得无危乎？"得中太息曰："吾食刘氏禄，有老母在围中，若以实告，周人必发兵据险以拒之。如此，家国两亡，吾独生何益！不若杀身以全家国，所得多矣！"甲辰，帝以得中期罔，缢杀之。

【语译】

太祖圣神恭肃文武孝皇帝下

后周太祖显德元年（甲寅，954年）

五月初一日甲戌，王逵从潭州迁到朗州，任命周行逢主持潭州事务，任命潘叔嗣为岳州团练使。

五月初三日丙子，后周世宗到达晋阳城下，军队的旗帜环绕晋阳城长达四十里。杨衮怀疑北汉代州防御使郑处谦暗地勾结后周，召请郑处谦商量军事，想解决掉郑处谦。郑处谦知道杨衮的企图，没有去。杨衮派遣几十名胡人骑兵看守城门，郑处谦杀掉守兵，就此关闭城门，抵抗杨衮。杨衮逃回契丹。契丹主恼怒他没有功劳，把他囚禁起来。郑处谦率州城来投降。五月初四日丁丑，后周在代州设置静塞军，任命郑处谦为节度使。

契丹几千名骑兵驻守在忻州和代州之间，作为北汉的援军。五月初七日庚辰，派遣符彦卿等人率领一万多名步兵和骑兵攻打契丹；符彦卿进入忻州，契丹退兵忻口。

五月十四日丁亥，后周在汾州设置宁化军，将石、沁两州隶属于宁化军。

代州将领桑珪、解文遇杀掉郑处谦，诬奏说他暗中勾结契丹。

符彦卿上奏请求增兵，五月二十日癸巳，后周世宗派遣李筠、张永德率兵三千赶去。契丹的游动骑兵时常到忻州城下，五月二十三日丙申，符彦卿和众将列阵等待他们。史彦超率领二十名骑兵为前锋，与契丹相遇，和他交战，李筠领兵增援，杀死契丹军两千人。史彦超依仗勇力，轻敌前进，距离大军越来越远，寡不敌众，被契丹军杀死，李筠幸免一死，后周兵死伤很多。符彦卿退守忻州，不久领兵回晋阳。

府州防御使折德扆率领州兵来朝见后周世宗。五月二十八日辛丑，后周又在府州设置永安军，任命折德扆为节度使。

当时大量征发士兵和民夫，东自怀州、孟州，西到蒲州、陕州，用来攻打晋阳，没有攻下。正好这时长时间下雨，士卒疲劳生病，于是商议率兵退回。

当初，王得中从契丹回来，恰好遇到周军包围晋阳，便停下留在代州。等到桑珪杀掉郑处谦，便囚禁王得中，把他送到周军中，后周世宗放了他，赐给他玉带、马匹，问他说："胡人军队什么时候会到？"王得中说："臣只是受命送杨衮，没有提其他要求。"有人对王得中说："契丹答应您发兵，您不照实告知，契丹军队立即到达，您能够没有危险吗？"王得中叹息说："我吃刘氏的俸禄，有老母在包围之中，如果告知实情，周人一定发兵据守险要的地方来抵抗契丹。这样，家和国两亡，我

乙巳，帝发晋阳。匡国节度使药元福言于帝曰："进军易，退军难。"帝曰："朕一以委卿。"元福乃勒兵成列而殿。北汉果出兵追蹑，元福击走之。然军还匆遽，刍粮数十万在城下，悉焚弃之。军中讹言相惊，或相剽掠，军须失亡不可胜计。所得北汉州县，周所置刺史等皆弃城走，惟代州桑珪既叛北汉，又不敢归周，婴城自守，北汉遣兵攻拔之。

（以上为第一段，写契丹救北汉，周世宗从晋阳败归。）

乙酉，帝至潞州；甲子，至郑州；丙寅，谒嵩陵；庚午，至大梁。

帝违众议破北汉，自是政事无大小皆亲决，百官受成于上而已。河南府推官高锡上书谏，以为："四海之广，万机之众，虽尧、舜不能独治，必择人而任之。今陛下一以身亲之，天下不谓陛下聪明睿智足以兼百官之任，皆言陛下褊迫疑忌举不信群臣也。不若选能知人公正者以为宰相，能爱民听讼者以为守令，能丰财足食者使掌金谷，能原情守法者使掌刑狱，陛下但垂拱明堂，视其功过而赏罚之，天下何忧不治！何必降君尊而代臣职，屈贵位而亲贱事，无乃失为政之本乎！"帝不从。锡，河中人也。

北汉主忧愤成疾，悉以国事委其子侍卫都指挥使承钧。

河西节度使申师厚不俟诏，擅弃镇入朝，署其子为留后。秋，七月，癸酉朔，责授率府副率。

丁丑，加吴越王钱弘俶天下兵马都元帅。

癸巳，加门下侍郎、同平章事范质守司徒，以枢密直学士、工部侍郎长山景范为中书侍郎、同平章事、判三司。加枢密使、同平章事郑仁诲兼侍中。乙未，以枢密副使魏仁浦为枢密使。范质既为司徒，司徒窦贞固归洛阳，府县以民视之，课役皆不免。贞固诉于留守向训，训不听。

初，帝与北汉主相拒于高平，命前泽州刺史李彦崇将兵守江猪岭，遏北汉主归路。彦崇闻樊爱能等南遁，引兵退，北汉主果自其路遁去。八月，己酉，贬彦崇率府副率。

独自活着有什么用！不如牺牲自身来保全家和国，所得到的多了！”［六月］初二日甲辰，后周世宗因为王得中欺骗蒙蔽，绞杀了他。

六月初三日乙巳，后周世宗从晋阳出发。匡国节度使药元福对后周世宗说：“进军容易，退军困难。”后周世宗说：“朕把这一切委托给你。”药元福于是统率军队排成阵势断后。北汉果然出兵追踪，药元福打败他们。然而军队返回匆忙仓促，几十万的粮草在晋阳城下，都被焚毁丢弃。军中流传谣言相互惊扰，有的互相抢劫，军用物资损失无法计算。所得到的北汉州县，后周所设置的刺史等都弃城逃走，只有代州桑珪既已背叛北汉，又不敢归顺后周，只好环城自守，北汉派遣军队攻占代州。

六月十三日乙酉［乙卯］，后周世宗到达潞州；六月二十二日甲子，到达郑州；六月二十四日丙寅，拜谒嵩陵；六月二十八日庚午，到达大梁。

后周世宗力排众议攻破北汉，从此政事不论大小都亲自决定，百官只是从后周世宗那里接受命令而已。河南府推官高锡上书劝谏，认为：“四海的广大，政务的繁多，即使是尧舜也不能单独治理，必定要选拔人才而任用他们。现在陛下全部亲自处理，天下人不认为陛下聪明睿智，足以兼任百官的职责，都说陛下器量狭隘、猜忌怀疑，完全不信任群臣！不如选拔能够知人善任、公正无私的人来任宰相，能够爱护百姓、善理诉讼的人来当太守县令，能够增加财富、丰足衣食的人来执掌金钱粮食，能够推究人情、遵守法令的人来掌管刑罚狱政，陛下只要在朝堂垂衣拱手，看他们的功过而赏罚他们，天下何愁不能治好！何必降低君主的尊严而代替臣子的职责，委屈高贵的地位而亲自办理低贱的事情，这岂不是失去了为政的根本吗！”后周世宗不听从。高锡是河中人。

北汉主忧愁愤恨而生病，把国事全部委托给他的儿子侍卫都指挥使刘承钧。

河西节度使申师厚不等接到诏令，擅自离开镇所进京入朝，任命他的儿子为留后。秋季，七月初一日癸酉，后周世宗斥责他，授给他率府副率的职务。

七月初五日丁丑，加授吴越王钱弘俶为天下兵马都元帅。

七月二十一日癸巳，门下侍郎、同平章事范质加官守司徒，任命枢密直学士、工部侍郎长山人景范为中书侍郎、同平章事、判三司。枢密使、同平章事郑仁诲加官兼任侍中。七月二十三日乙未，任命枢密副使魏仁浦为枢密使。范质既已担任司徒，原任司徒窦贞固回洛阳去，河南府和洛阳县把他当平民看待，租税徭役都不免除。窦贞固向留守向训诉说，向训不听他的。

当初，后周世宗和北汉主在高平对抗，命令前任泽州刺史李彦崇率兵把守江猪岭，挡住北汉主的归路。李彦崇听说樊爱能等人向南逃走，便率兵退回来，北汉主果然从那条路逃走。八月初八日己酉，贬李彦崇为率府副率。

己巳，废镇国军。

初，太祖以建雄节度使王晏有拒北汉之功，其乡里在滕县，徙晏为武宁节度使。晏少时尝为群盗，至镇，悉召故党，赠之金帛、鞍马，谓曰："吾乡素名多盗，昔吾与诸君皆尝为之，想后来者无能居诸君之右。诸君幸为我语之，使勿复为，为者吾必族之。"于是一境清肃。九月，徐州人请为之立衣锦碑；许之。

冬，十月，甲辰，左羽林大将军孟汉卿坐纳藁税，场官扰民，多取耗余，赐死。有司奏汉卿罪不至死；上曰："朕知之，欲以惩众耳！"

己酉，废安远、永清军。

（以上为第二段，写周世宗精明强干，事无巨细，大权独揽，奖惩鲜明。）

初，宿卫之士，累朝相承，务求姑息，不欲简阅，恐伤人情，由是羸老者居多。但骄蹇不用命，实不可用，每遇大敌，不走即降，其所以失国，亦多由此。帝因高平之战，始知其弊，癸亥，谓侍臣曰："凡兵务精不务多，今以农夫百未能养甲士一，奈何浚民之膏泽，养此无用之物乎！且健懦不分，众何所劝！"乃命大简诸军，精锐者升之上军，羸者斥去之。又以骁勇之士多为藩镇所蓄，诏募天下壮士，咸遣诣阙，命太祖皇帝选其尤者为殿前诸班，其骑步诸军，各命将帅选之。由是士卒精强，近代无比，征伐四方，所向皆捷，选练之力也。

戊辰，帝谓侍臣曰："诸道盗贼颇多，讨捕终不能绝，盖由累朝分命使臣巡检，致藩侯、守令皆不致力。宜悉召还，专委节镇、州县，责其清肃。"

河自杨刘至于博州百二十里，连年东溃，分为二派，汇为大泽，弥漫数百里；又东北坏古堤而出，灌齐、棣、淄诸州，至于海涯，漂没民田庐不可胜计，流民采菰稗、捕鱼以给食，朝廷屡遣使者不能塞。十一月，戊戌，帝遣李穀诣澶、郓、齐按视堤塞，役徒六万，三十日而毕。

八月二十八日己巳，废除镇国军。

当初，太祖因为建雄节度使王晏有抵抗北汉的功劳，他的家乡在滕县，所以调任王晏为武宁节度使。王晏年轻时候曾经做过强盗，到达镇所以后，召集所有的旧党，赠送他们金帛、鞍马，对他们说："我们家乡向来以强盗多而闻名，以前我和各位都曾干过，我想后来的人没有能超过各位的。请各位替我转告其他的强盗，请他们不要再做强盗，再做的人我一定灭他的全族！"于是整个境内清静安宁。九月，徐州人请求为王晏树立衣锦碑；朝廷准许。

冬季，十月初三日甲辰，左羽林大将军孟汉卿因为交纳藁税时，场院税官侵扰百姓，多取正税以外的"耗余"，被赐死。有关官员上奏说孟汉卿的罪还不至于处死；后周世宗说："朕知道这些，不过想借此警戒大家罢了。"

十月初八日己酉，废除安远、永清军。

当初，宫禁的警卫士兵，历朝相互沿袭，一味地宽容迁就，不愿检查挑选，恐怕伤了人情，因此年老体衰的士兵占大多数。这些人只会傲慢不顺，不听从朝廷的命令，实际上不能被朝廷任用，每次遇到大敌，不是逃走，就是投降，前朝之所以亡国，大多数是由于这个原因。后周世宗通过高平之战，才知道其中的弊端，十月二十二日癸亥，后周世宗对侍从的大臣们说："大凡军队求精不求多，现在一百个农夫养不起一名全副武装的士兵，为什么要搜刮百姓的血汗，来养活这些没有用的东西呢！况且勇健和懦弱不加区分，用什么去激励众人呢！"于是下令全面挑选检查各军，精锐的提升到上军，体弱的裁员退走。又因为勇猛的士兵大多为藩镇所蓄养，所以诏命招募天下壮士，全部送到京城，命令赵匡胤挑选其中特别好的组成殿前各班，其他骑兵和步兵各军，分别命令将帅挑选。因此士兵精明强干，近代没有哪一个能与此相比，征伐四方，所到之处都获胜利，这都是挑选训练士兵的效果。

十月二十七日戊辰，后周世宗对侍从的大臣说："各道盗贼很多，讨伐捕捉而不能绝迹，这大概是由于历朝分别派使者到各地去巡视检查，致使藩镇节度使、州县官员都不尽力。应该全部召回使臣，把捕捉盗贼的工作专门委托给藩镇、州县，要求他们肃清强盗。"

黄河从杨刘到博州一百二十里，连年向东溃堤，分成两条支流，汇聚成大泽，弥漫几百里；又向东北冲坏旧堤而流出去，灌淹齐、棣、淄各州，直到海滨，漂走淹没民田房舍无法计算，流民靠采摘菰米、稗子和捕鱼来充食，朝廷屡次派遣使者都不能堵塞。十一月二十八日戊戌，后周世宗派遣李穀到澶州、郓州、齐州去审查巡视堤防的堵塞情况，李穀征发役徒六万人，三十天就完全堵塞。

北汉主疾病，命其子承钧监国，寻殂。遣使告哀于契丹。契丹遣骠骑大将军、知内侍省事刘承训册命承钧为帝，更名钧。北汉孝和帝性孝谨，既嗣位，勤于为政，爱民礼士，境内粗安。每上表于契丹主称男；契丹主赐之诏，谓之“儿皇帝”。

（以上为第三段，写周世宗整训禁军，淘汰羸弱，清盗贼，塞黄河决口，关心民生。北汉主效石敬瑭向契丹称儿皇帝。）

马希萼之帅群蛮破长沙也，府库累世之积，皆为溆州蛮酋苻彦通所掠，彦通由是富强，称王于溪洞间。王逵既得湖南，欲遣使抚之，募能往者，其将王虔朗请行。既至，彦通盛侍卫而见之，礼貌甚倨。虔朗厉声责之曰：“足下自称苻秦苗裔，宜知礼义，有以异于群蛮。昔马氏在湖南，足下祖父皆北面事之；今王公尽得马氏之地，足下不早往乞盟，致使者先来，又不接之以礼，异日得无悔乎！”彦通惭惧，起，执虔朗手谢之。虔朗知其可动，因说之曰：“溪洞之地，隋、唐之世皆为州县，著在图籍。今足下上无天子之诏，下无使府之命，虽自王于山谷之间，不过蛮夷一酋长耳！曷若去王号，自归于王公，王公必以天子之命授足下节度使，与中国侯伯等夷，岂不尊荣哉！”彦通大喜，即日去王号，因虔朗献铜鼓数枚于王逵。逵曰：“虔朗一言胜数万兵，真国士也！”承制以彦通为黔中节度使；以虔朗为都指挥使，预闻府政。

逵虑西界镇遏使、锦州刺史刘瑫为边患，表为镇南节度副使，充西界都招讨使。

是岁，湖南大饥，民食草木实；武清节度使、知潭州事周行逢开仓以赈之，全活甚众。行逢起于微贱，知民间疾苦，励精为治，严而无私，辟署僚属，皆取廉介之士，约束简要，吏民便之，其自奉甚薄。或讥其太俭，行逢曰：“马氏父子穷奢极靡，不恤百姓，今子孙乞食于人，又足效乎！”

（以上为第四段，写湖南王逵抚定溪洞蛮夷，周行逢开仓赈济饥民。）

北汉主病重，命令他的儿子刘承钧代理国事，不久去世。北汉派遣使者向契丹报丧。契丹派遣骠骑大将军、知内侍省事刘承训册命刘承钧为皇帝，改名为刘钧。北汉孝和帝刘钧性情孝顺恭谨，继位以来，勤于治理政事，爱护百姓，礼遇士人，境内大体安定。他每次上表给契丹主都自称“男”；契丹主赐给他诏书，称他为“儿皇帝”。

马希萼率领各部蛮人攻破长沙时，库府中几代积蓄的财物，都被溆州蛮人酋长苻彦通抢去，苻彦通因此富强，在溪洞间自称为王。王逵得到湖南以后，想要派遣使者招抚他，便招募能够前去的人，他的部将王虔朗请求前去。王虔朗到了以后，苻彦通带着众多的侍卫接见他，态度神情十分傲慢。王虔朗大声地斥责苻彦通说：“足下自称是苻秦的后代，应该知晓礼义，与蛮人有别。从前马氏在湖南，足下的祖父、父亲都北面称臣而事奉马氏；现在王公全部得到马氏之地，足下不早一点去请求结盟，反而要他的使者先来，又不用礼节来接待使者，你以后难道不后悔吗！”苻彦通惭愧害怕，站起身来，握着王虔朗的手向他道歉。王虔朗知道他可以说动，就劝他说：“溪洞这些地方，隋唐的时候都是州县，记载在图册书籍中。现在足下上没有天子的诏书，下没有节度使府的命令，虽然自己在山谷之间称王，只不过是蛮夷中的一个酋长而已！不如去掉王的称号，自动归顺王公，王公一定用天子的命令授给足下节度使的职务，与中原的侯伯等同，岂不尊贵荣耀吗！”苻彦通非常高兴，当天就去掉王号，通过王虔朗进献几只铜鼓给王逵。王逵说：“王虔朗的一句话胜过几万军队，的确是国中的人才啊！”于是以天子的制命，任命苻彦通为黔中节度使；任命王虔朗为都指挥使，参与湖南都府的政事。

王逵担心西界镇遏使、锦州刺史刘瑫会成为边境的祸患，上表请求朝廷任命刘瑫为镇南节度副使，充任西界都招讨使。

这一年，湖南发生大饥荒，百姓吃草木的果实；武清节度使、知潭州事周行逢打开仓库救济灾民，救活很多人。周行逢出身贫贱，了解民间的疾苦，励精图治，严正无私，征召任用部属，都选取廉洁公正的人，规约简单切要，吏民拥戴，他对自己的奉养很俭约。有人笑他说太节俭，周行逢说：“马氏父子极尽奢侈浪费，不体恤百姓，现在他的子孙向人讨饭，又值得效法吗！”

世宗睿武孝文皇帝上

显德二年（乙卯，955 年）

春，正月，庚辰，上以漕运自晋、汉以来不给斗耗，纲吏多以亏欠抵死，诏自今每斛给耗一斗。

定难节度使李彝兴以折德扆亦为节度使，与己并列，耻之，塞路不通周使。癸未，上谋于宰相，对曰："夏州边镇，朝廷向来每加优借；府州褊小，得失不系重轻。且宜抚谕彝兴，庶全大体。"上曰："德扆数年以来，尽忠戮力以拒刘氏，奈何一旦弃之！且夏州惟产羊马，贸易百货，悉仰中国，我若绝之，彼何能为！"乃遣供奉官齐藏珍赍诏书责之，彝兴惶恐谢罪。

戊子，蜀置威武军于凤州。

辛卯，初令翰林学士、两省官举令、录。除官之日，仍署举者姓名，若贪秽败官，并当连坐。

契丹自晋、汉以来屡寇河北，轻骑深入，无藩篱之限，郊野之民每困杀掠。言事者称深、冀之间有胡卢河，横亘数百里，可浚之以限其奔突。是月，诏忠武节度使王彦超、彰信节度使韩通将兵夫浚胡卢河，筑城于李晏口，留兵戍之。帝召德州刺史张藏英，问以备边之策。藏英具陈地形要害，请列置戍兵，募边人骁勇者，厚其禀给；自请将之，随便宜讨击。帝皆从之，以藏英为沿边巡检招收都指挥使。藏英到官数月，募得千余人。王彦超等行视役者，尝为契丹所围。藏英引所募兵驰击，大破之。自是契丹不敢涉胡卢河，河南之民始得休息。

二月，庚子朔，日有食之。

罗夔恭孝王仁毅卒。

壬戌，诏群臣极言得失，其略曰："朕于卿大夫，才不能尽知，面不能尽识；若不采其言而观其行，审其意而察其忠，则何以见器略之浅深，知任用之当否！若言之不入，罪实在予；苟求之不言，咎将谁执！"

世宗睿武孝文皇帝上

后周太祖显德二年（乙卯，955 年）

春季，正月初十日庚辰，后周世宗因为水路运粮从后晋、后汉以来不给报销运输损耗，运粮的官吏很多因为亏欠而被处死，所以下诏从今以后每斛可以给损耗一斗。

定难节度使李彝兴因为折德扆也当了节度使，与自己地位相等，感到耻辱，于是堵塞道路，不与后周来往。正月十三日癸未，后周世宗和宰相商议，宰相回答说："夏州是边疆的重镇，朝廷向来都从优宽待；府州偏僻狭小，得到或失去都不关轻重。应该先暂时安抚李彝兴，以顾全大局。"后周世宗说："折德扆多年以来，尽忠朝廷，努力作战，以抵抗刘氏，怎么能一下子抛弃他！况且夏州只产羊马，买卖其他货物全赖中原，我们如果断绝与李彝兴的关系，他还有什么能耐！"于是后周世宗就派遣供奉官齐藏珍带着诏书去责问李彝兴。李彝兴惊慌害怕，道歉认罪。

正月十八日戊子，后蜀在凤州设置威武军。

正月二十一日辛卯，朝廷开始命令翰林学士、中书和门下两省官员推举县令、录事参军。任命官职的时候，同时签署推举人的姓名，如果所推举的人因贪污污秽而丢官，连同推举人一起都要定罪。

契丹从后晋、后汉以来多次侵犯河北，轻装的骑兵深入境内，没有屏障的阻隔，郊区野外的百姓往往陷入遭受抢劫杀戮的困境。议论国事的人说深州和冀州之间有一条胡卢河，横亘几百里，可以疏通河道限制契丹的奔驰冲突。当月，后周世宗诏命忠武节度使王彦超、彰信节度使韩通率领士兵民夫疏通胡卢河，在李晏口筑城，留下部队戍守。后周世宗召见德州刺史张藏英，向他询问防备边疆的对策。张藏英详细地陈述地形要害，请求设置戍守的军队，招募边境百姓中勇猛的人，给予优厚的供给；他自己请求率领他们，随机应变，讨伐进攻契丹骑兵。后周世宗完全听从他的建议，任命张藏英为沿边巡检招收都指挥使。张藏英到任几个月，招募到一千多人。王彦超等人巡视疏通河道的工程，曾经被契丹所包围。张藏英率领所招募来的士兵飞奔出击，大败契丹军队。从此契丹不敢渡过胡卢河，胡卢河以南的百姓才得到休养生息。

二月初一日庚子，日食。

后蜀夔恭孝王孟仁毅去世。

二月二十三日壬戌，后周世宗诏命群臣尽情地陈述朝廷的得失，诏书大致说："朕对于各位卿大夫，无法全部知道才能，无法全部认识面孔；如果不收集大家的言论从而观察大家的行为，明白大家的意见从而观察大家的忠诚，那么凭什么能够看

唐主以中书侍郎、知尚书省严续为门下侍郎、同平章事。

（以上为第五段，写后周世宗下诏荐贤、求言，抗御契丹侵扰河北的游骑。）

三月，辛未，以李晏口为静安军。

帝常愤广明以来中国日蹙，及高平既捷，慨然有削平天下之志。会秦州民夷有诣大梁献策请恢复旧疆者，帝纳其言。

蜀主闻之，遣客省使赵季札按视边备。季札素以文武才略自任，使还，奏称："雄武节度使韩继勋、凤州刺史王万迪非将帅才，不足以御大敌。"蜀主问："谁可往者？"季札请自行。丙申，以季札为雄武监军使，仍以宿卫精兵千人为之部曲。

帝以大梁城中迫隘，夏，四月，乙卯，诏展外城，先立标帜，俟今冬农隙兴板筑；东作动则罢之，更俟次年，以渐成之。且令自今葬埋皆出所标七里之外，其标内俟县官分画街衢、仓场、营廨之外，听民随便筑室。

丙辰，蜀主命知枢密院王昭远按行北边城寨及甲兵。

上谓宰相曰："朕每思致治之方，未得其要，寝食不忘。又自唐、晋以来，吴、蜀、幽、并皆阻声教，未能混壹，宜命近臣著《为君难为臣不易论》及《开边策》各一篇，朕将览焉。"

比部郎中王朴献策，以为："中国之失吴、蜀、幽、并，皆由失道。今必先观所以失之之原，然后知所以取之之术。其始失之也，莫不以君暗臣邪，兵骄民困，奸党内炽，武夫外横，因小致大，积微成著。今欲取之，莫若反其所为而已。夫进贤退不肖，所以收其才也；恩隐诚信，所以结其心也；赏功罚罪，所以尽其力也；去奢节用，所以丰其财也；时使薄敛，所以阜其民也。俟群才既集，政事既治，财用既充，士民既附，然后举而用之，功无不成矣！彼之人观我有必取之势，则知其情状者愿为间谍，知其山川者愿为乡导，民心既归，天意必从矣。

出各自才略的高低，了解任用的是否得当！如果大家说了而我听不进，那么罪过实在在我的身上；如果大家不按我的要求而默不作声，那么过错将归于谁呢！”

南唐主任命中书侍郎、知尚书省严续为门下侍郎、同平章事。

三月初二日辛未，后周在李晏口设置静安军。

后周世宗常常为唐僖宗广明以来中原版图一天比一天缩小而愤慨，等到高平之战胜利以后，慨然有平定天下的志向。正好这时秦州的百姓有人亲自到大梁进献计策，请求恢复旧有疆域，后周世宗采纳了他的意见。

后蜀主听说这个消息，便派遣客省使赵季札巡视边疆的守备情况。赵季札向来以文武才略自许，出使回来，上奏说："雄武节度使韩继勋、凤州刺史王万迪都不是将帅之才，不足以抵御大敌。"后蜀主问道："谁可以前往？"赵季札请求亲自前去。三月二十七日丙申，后蜀主任命赵季札为雄武监军使，并调京城警卫的精锐部队一千人作为他的部属。

后周世宗因为大梁城里拥挤，夏季，四月十二日乙卯，下诏扩展外城，先立下标志，等到当年冬天农闲时动工修筑；农事开始就停止，等到第二年冬天再施工，逐步完工。并且下令，从今以后，埋葬死人都必须出城，距离所立的标志七里之外，标志以内的地方，等到朝廷分别规划出街道、仓场、营房官舍之后，其余地方听任百姓随便盖房。

四月十三日丙辰，后蜀主命令知枢密院王昭远检查巡视北方边境上的城池要塞、甲兵。

后周世宗对宰相说："朕常常考虑使国家强盛的方法，没有得到其中的要领，吃饭睡觉时都不能忘记。另外从唐晋以后，吴地、蜀地、幽州、并州等地都被隔断了政令和教化，没有能够统一，应该命令左右亲近的大臣撰写《为君难为臣不易论》以及《开边策》各一篇，朕将一一浏览。"

比部郎中王朴进献计策，认为："中原丧失吴地、蜀地、幽州、并州，全都是由于丧失道义。现在首先必须考察之所以丧失土地的原因，然后就知晓收取失地的办法。最初丧失土地，没有不是因为君主昏庸、臣子奸邪，士兵骄横、百姓困穷，奸邪朋党在朝内势力强盛，将帅在外横行霸道，由小到大，积微成著的。现在想要收取失地，不过颠倒这些做法就是了。进用贤人斥退小人，这是搜罗人才的方法；恩及穷困，讲求诚信，这是结交人心的方法；赏赐功劳，惩罚罪过，这是要大家尽力的方法；去除奢侈，节约费用，这是增加财富的方法；按时使用民力，减少赋税，这是使百姓富足的方法。等到大量的人才已经聚集，国家政事已经治理，财富用度

“凡攻取之道，必先其易者。唐与吾接境几二千里，其势易扰也。扰之当以无备之处为始，备东则扰西，备西则扰东，彼必奔走而救之。奔走之间，可以知其虚实强弱，然后避实击虚，避强击弱。未须大举，且以轻兵扰之。南人懦怯，闻小有警，必悉师以救之。师数动则民疲而财竭，不悉师则我可以乘虚取之。如此，江北诸州将悉为我有。既得江北，则用彼之民，行我之法，江南亦易取也。得江南则岭南、巴蜀可传檄而定。南方既定，则燕地必望风内附；若其不至，移兵攻之，席卷可平矣。惟河东必死之寇，不可以恩信诱，当以强兵制之。然彼自高平之败，力竭气沮，必未能为边患，宜且以为后图，俟天下既平，然后伺间，一举可擒也。今士卒精练，甲兵有备，群下畏法，诸将效力，期年之后可以出师，宜自夏秋蓄积实边矣。”

上欣然纳之。时群臣多守常偷安，所对少有可取者，惟朴神峻气劲，有谋能断，凡所规画，皆称上意，上由是重其气识。未几，迁左谏议大夫，知开封府事。

（以上为第六段，写比部郎中王朴献统一治安之策，被升职为左谏议大夫。）

上谋取秦、凤，求可将者。王溥荐宣徽南院使、镇安节度使向训。上命训与凤翔节度使王景、客省使高唐昝居润偕行。五月，戊辰朔，景出兵自散关趣秦州。

敕天下寺院，非敕额者悉废之。禁私度僧尼，凡欲出家者必俟祖父母、父母、伯叔之命。惟两京、大名府、京兆府、青州听设戒坛。禁僧俗舍身、断手足、炼指、挂灯、带钳之类幻惑流俗者。令两京及诸州每岁造僧帐，有死亡、归俗，皆随时开落。是岁，天下寺院存者二千六百九十四，废者三万三百三十六，见僧四万二千四百四十四，尼一万八千七百五十六。

已经充足，士人百姓已经亲附，然后推举而任用他们，功业没有不成功的了！对方的百姓看到我们有必然取胜的趋势，那么知道其中情形的人就愿意当间谍，了解他们山川形势的人就愿意做向导，民心已经归附，上天的意志必然顺从了。

“大凡进攻夺取的道理，一定要先对付容易的地方。唐与我们相接的边境接近两千里，看情况很容易扰乱对方。扰乱对方应当从没有防备的地方开始，他们防备东面，我们就扰乱西面，他们防备西面，我们就扰乱东面，他们一定奔跑救援。在奔跑救援当中，可以知道他们的虚实强弱，然后就避实击虚，避强击弱。不需大举出兵，暂且用少量的部队去扰乱他们。南方人懦弱胆怯，听到有小小的警报，一定会发动所有的军队去救援。军队频繁出动，就会使得百姓疲乏，财用枯竭，如果不出动所有的军队，那么我们就可以乘着空虚而夺取土地。这样，长江以北的各州将全部归我们所有。得到长江以北以后，就利用他们的百姓，实行我们的计划，长江以南也容易夺取了。得到长江以南，那么岭南、巴蜀就可以用传递檄文而平定。南方既已平定，那么燕地一定望风归附；如果它不来归附，便调动军队进攻，就可以像卷席子那样平定了。只有河东是一定要拼死对抗的敌人，不可用恩惠信义来诱导，应当以强大的兵力制服他。然而他们自从高平战败以后，力量衰竭，士气沮丧，一定不能成为边境的祸患，应该暂且把河东放在后面考虑，等到天下已经平定，然后等待时机，一举就可以擒获。现在士卒精练，战甲兵器都有准备，部众畏服军法，众将尽力效劳，一年以后可以出兵，应当从夏秋开始就蓄积粮草，充实边塞了。”

后周世宗欣喜地采纳了他的计策。当时群臣大多墨守成规，苟且偷生，所回答的策略很少有可取的，只有王朴神情峻严，气势刚强，有谋略，有决断，凡是有所谋划，都符合后周世宗的心意，后周世宗因此看重他的器度和见识。不久，升任他为左谏议大夫，知开封府事。

后周世宗计划夺取秦州和凤州，寻求可以统领军队的人。王溥推荐宣徽南院使、镇安节度使向训。后周世宗命令向训与凤翔节度使王景、客省使高唐人昝居润同行。五月初一日戊辰，王景从散关出兵直奔秦州。

敕令天下寺院，没有朝廷敕赐寺额的，全部废除。禁止私下剃度僧人和尼姑，凡是想出家的人一定要得到祖父母、父母、伯叔的同意。只有东京、西京、大名府、京兆府、青州等地可以设置传戒的戒坛。禁止和尚舍身、断手足、炼指、挂灯、带钳这一类惑乱社会风俗的习俗。命令东西两京和各州每年编制僧人的名册，如果有死亡、还俗的，都随时注销。当年，天下寺院保留下来的共二千六百九十四座，被废除的共三万零三百三十六座，现有的僧人共四万二千四百四十四人，尼姑共一万八千七百五十六人。

王景拔黄牛等八寨。戊寅，蜀主以捧圣控鹤都指挥使、保宁节度使李廷珪为北路行营都统，左卫圣步军都指挥使高彦俦为招讨使，武宁节度使吕彦珂副之，客省使赵崇韬为都监。

蜀赵季札至德阳，闻周师入境，惧不敢进，上书求解边任还奏事，先遣辎重及妓妾西归。丁亥，单骑驰入成都，众以为奔败，莫不震恐。蜀主问以机事，皆不能对。蜀主怒，系之御史台，庚午，斩之于崇礼门。

六月，庚子，上亲录囚于内苑。有汝州民马遇，父及弟为吏所冤死，屡经覆按，不能自伸，上临问，始得其实，人以为神。由是诸长吏无不亲察狱讼。

壬寅，西师与蜀李廷珪等战于威武城东，不利，排陈使濮州刺史胡立等为蜀所擒。丁未，蜀主遣间使如北汉及唐，欲与之俱出兵以制周，北汉主、唐主皆许之。

己酉，以彰信节度使韩通充西南行营马步军都虞候。

戊午，南汉主杀祯州节度使通王弘政，于是高祖之诸子尽矣。

壬戌，以枢密院承旨清河张美为右领军大将军、权点检三司事。初，帝在澶州，美掌州之金谷隶三司者，帝或私有所求，美曲为供副。太祖闻之怒，恐伤帝意，但徙美为濮州马步军都虞候。美治财精敏，当时鲜及，故帝以利权授之；然思其在澶州所为，终不以公忠待之。

秋，七月，丁卯朔，以王景兼西南行营都招讨使，向训兼行营兵马都监。宰相以景等久无功，馈运不继，固请罢兵。帝命太祖皇帝往视之，还，言秦、凤可取之状，帝从之。

（以上为第七段，写周世宗裁撤佛寺十之八九，平反冤狱，用王溥策西征后蜀。）

八月，丁未，中书侍郎、同平章事景范罢判三司，寻以父丧罢政事。

王景等败蜀兵，获将卒三百。己未，蜀主遣通奏使、知枢密院、武泰节度使伊审徵如行营慰抚，仍督战。

王景攻下黄牛等八个营寨。五月十一日戊寅，后蜀主任命捧圣控鹤都指挥使、保宁节度使李廷珪为北路行营都统，左卫圣步军都指挥使高彦俦为招讨使，武宁节度使吕彦珂为副招讨使，客省使赵崇韬为都监。

后蜀赵季札到了德阳，听说后周军队入境，害怕不敢前进，上书请求解除守边的任务回京师奏报情况，先遣送携带的东西和妓女侍妾向西返回。五月二十日丁亥，单人匹马奔入成都，众人以为他是战败逃回来，没有不震动惊恐的。后蜀主问他军机事务，他都不能回答。后蜀主发怒，把他囚禁在御史台，五月二十七日庚午[甲午]，在崇礼门将他斩首。

六月初三日庚子，后周世宗亲自在内苑审查囚徒的档案。有一个汝州的百姓名叫马遇，父亲和弟弟都被官吏冤屈致死，多次经过复审，自己不能申明，后周世宗亲自问讯，才得到事情的真相，人们认为后周世宗神明。因此各个长官无不亲自审查诉讼案件。

六月初五日壬寅，西征的军队与后蜀李廷珪等人在威武城的东面交战，不顺利，排阵使濮州刺史胡立等人被后蜀抓获。六月初十日丁未，后蜀主派遣秘密使者前往北汉和南唐，想和他们一起出兵来制服后周，北汉主、南唐主都答应了。

六月十二日己酉，任命彰信节度使韩通充任西南行营马步军都虞候。

六月二十一日戊午，南汉主杀死祯州节度使通王刘弘政，于是南汉高祖的几个儿子都死了。

六月二十五日壬戌，后周任命枢密院承旨清河人张美为右领军大将军，权点检三司事。当初，后周世宗在澶州，张美掌管澶州隶属于三司的钱粮，后周世宗有时候私下有所要求，张美想尽办法供应满足需求。太祖知道此事，很生气，但又怕伤了后周世宗的感情，只是调任张美为濮州马步军都虞候。张美理财精明敏捷，当时很少有人赶得上他，所以后周世宗把理财的大权交给他；然而考虑到他在澶州的所作所为，终究不把他当作公正忠诚的人来看待。

秋季，七月初一日丁卯，任命王景兼任西南行营都招讨使，向训兼任行营兵马都监。宰相因为王景等人长久没有战功，粮食的运送跟不上，所以再三请求罢兵。后周世宗命赵匡胤前往观察，回来以后，说明秦、凤两州可以夺取的情形，后周世宗听从了他的意见。

八月十一日丁未，中书侍郎、同平章事景范被解除判三司的职务，不久因为父丧而免除政事。

王景等人打败后蜀军队，俘获将帅士卒三百人。八月二十三日己未，后蜀主派遣通奏使、知枢密使、武泰节度使伊审徵前往军营慰劳抚问士卒，并且督战。

帝以县官久不铸钱，而民间多销钱为器皿及佛像，钱益少。九月，丙寅朔，敕始立监采铜铸钱，自非县官法物、军器及寺观钟磬钹铎之类听留外，自余民间铜器、佛像，五十日内悉令输官，给其直；过期隐匿不输，五斤以上其罪死，不及者论刑有差。上谓侍臣曰："卿辈勿以毁佛为疑。夫佛以善道化人，苟志于善，斯奉佛矣。彼铜像岂所谓佛邪！且吾闻佛在利人，虽头目犹舍以布施，若朕身可以济民，亦非所惜也。"

臣光曰：若周世宗，可谓仁矣，不爱其身而爱民；若周世宗，可谓明矣，不以无益废有益。

蜀李廷珪遣先锋都指挥使李进据马岭寨，又遣奇兵出斜谷，屯白涧，又分兵出凤州之北唐仓镇及黄花谷，绝周粮道。闰月，王景遣裨将张建雄将兵二千抵黄花，又遣千人趣唐仓，扼蜀归路。蜀染院使王峦将兵出唐仓，与建雄战于黄花，蜀兵败，奔唐仓，遇周兵，又败，虏峦及其将士三千人；马岭、白涧兵皆溃，李廷珪、高彦俦等退保青泥岭。蜀雄武节度使兼侍中韩继勋弃秦州，奔还成都，观察判官赵玭举城降，斜谷援兵亦溃。成、阶二州皆降，蜀人震恐。玭，澶州人也。帝欲以玭为节度使，范质固争以为不可，乃以为郢州刺史。

壬子，百官入贺，帝举酒属王溥曰："边功之成，卿择帅之力也！"

甲子，上与将相食于万岁殿，因言："两日大寒，朕于宫中食珍膳，深愧无功于民而坐享天禄，既不能躬耕而食，惟当亲冒矢石为民除害，差可自安耳！"

乙丑，蜀李廷珪上表待罪。冬，十月，壬申，伊审徵至成都请罪。

蜀主致书于帝请和，自称大蜀皇帝；帝怒其抗礼，不答。蜀主愈恐，聚兵粮于剑门、白帝，为守御之备，募兵既多，用度不足，始铸铁钱，榷境内铁器，民甚苦之。

（以上为第八段，写周世宗毁铜佛铸钱，废无益补有益，司马光称其为仁明之

后周世宗因为朝廷很久没有铸造钱币，而民间大多销毁钱币来铸造器皿和佛像，钱币越来越少。九月初一日丙寅，后周世宗敕令开始设立机构，开采铜矿铸造钱币，除天子的仪仗、军器以及佛寺道观的钟磬钹铎之类准许留用之外，其余的民间铜器、佛像，限令五十天内全部送到官府，付给相当的价钱；过了期限隐藏不交，重量在五斤以上的判死罪，不到五斤的根据数量多少判处不同的刑期。后周世宗对侍从大臣说："你们不要因为我毁佛像而觉得疑惑。佛用善道来教人，如果有志于为善，那就是尊奉佛了。那些铜像难道就是所谓的佛吗？况且我听说佛的志向在于造福他人，即使是头颅眼睛都可以舍弃来布施他人，如果朕的身体可以救济百姓，朕也不会有所吝惜的！"

臣司马光评论说：像后周世宗，可以称得上是仁爱了，不吝惜自己的身体而爱护百姓；像后周世宗，可以称得上英明了，不因无益的东西来废弃有益的东西。

后蜀李廷珪派遣先锋都指挥使李进占据马岭寨；又派遣奇兵从斜谷出发，驻守白涧；又分别从凤州北面的唐仓镇和黄花谷出兵，断绝后周军队的运粮通道。闰九月，王景派遣副将张建雄率两千士兵抵达黄花谷，又派遣一千人直奔唐仓镇，控制后蜀兵的归路。后蜀染院使王峦率兵从唐仓镇而出，和张建雄在黄花谷交战，后蜀军队战败，逃向唐仓镇，遇到后周军队，又战败，周军俘获了王峦和他的三千将士；马岭、白涧的蜀军全都溃散，李廷珪、高彦俦等人退守青泥岭。后蜀雄武节度使兼侍中韩继勋丢弃秦州，逃回成都，观察判官赵玭献出城池投降，斜谷的援兵也崩溃了。成、阶二州全部投降，蜀地人震惊恐惧。赵玭，是澶州人。后周世宗想任用赵玭为节度使，范质再三争辩，认为不可以，于是任命他为郢州刺史。

闰九月十七日壬子，百官入朝庆贺，后周世宗举起酒杯对着王溥说："边疆战事的成功，全是你选择将帅的功劳啊！"

闰九月二十九日甲子，后周世宗和将相们在万岁殿进餐，因而说道："这两天天气很冷，朕在宫中吃珍贵的食物，深感惭愧的是对百姓没有功劳而坐享上天赐予的福禄，既然不能亲自耕种来供养自己，就只有亲自冒着矢石的危险来为百姓除害，勉强才可以自我安慰而已！"

闰九月三十日乙丑，后蜀李廷珪上表等候定罪。冬季，十月初八日壬申，伊审徵到成都请罪。

后蜀主致信给后周世宗请求讲和，自称大蜀皇帝；后周世宗恼怒他用对等的礼节，没有回答。后蜀主更加恐惧，在剑门、白帝聚集兵马粮草，作防守抵御准备，招募的士兵已经很多，费用不够，开始铸造铁钱，境内的铁器由官府专卖，百姓苦于这件事。

君。后周西征军大败蜀军，夺取代、阶两州。）

唐主性和柔，好文章，而喜人佞己，由是谄谀之臣多进用，政事日乱。既克建州，破湖南，益骄，有吞天下之志。李守贞、慕容彦超之叛，皆为之出师，遥为声援，又遣使自海道通契丹及北汉，约共图中国。值中国多事，未暇与之校。

先是，每冬淮水浅涸，唐人常发兵戍守，谓之“把浅”，寿州监军吴廷绍以为疆埸无事，坐费资粮，悉罢之。清淮节度使刘仁赡上表固争，不能得。十一月，乙未朔，帝以李榖为淮南道前军行营都部署兼知庐、寿等行府事，以忠武节度使王彦超副之，督侍卫马军都指挥使韩令坤等十二将以伐唐。令坤，磁州武安人也。

汴水自唐末溃决，自埇桥东南悉为污泽。上谋击唐，先命武宁节度使武行德发民夫，因故堤疏导之，东至泗上；议者皆以为难成，上曰：“数年之后，必获其利。”

丁未，上与侍臣论刑赏，上曰：“朕必不因怒刑人，因喜赏人。”

先是，大梁城中民侵街衢为舍，通大车者盖寡，上命悉直而广之，广者至三十步；又迁坟墓于标外。上曰：“近广京城，于存殁扰动诚多。怨谤之语，朕自当之，他日终为人利。”

王景等围凤州，韩通分兵城固镇以绝蜀之援兵。戊申，克凤州，擒蜀威武节度使王环及都监赵崇溥等将士五千人。崇溥不食而死。环，真定人也。乙卯，制曲赦秦、凤、阶、成境内，所获蜀将士，愿留者优其俸赐，愿去者给资装而遣之。诏曰：“用慰众情，免违物性，其四州之民，二税征科之外，凡蜀人所立诸色科徭，悉罢之。”

唐人闻周兵将至而惧，刘仁赡神气自若，部分守御，无异平日，众情稍安。唐主以神武统军刘彦贞为北面行营都部署，将兵二万趣寿州，奉化节度使、同平章事皇甫晖为应援使，常州团练使姚凤为应援都监，将兵三万屯定远。召镇南节度使宋齐丘还金陵，谋国难，以翰林承旨、户部尚书殷崇义为吏部尚书、知枢密院。

南唐主性情温和柔顺，爱好文辞，而且喜欢别人奉承自己，因此献媚的臣子大多受任用，政事一天比一天混乱。攻克建州，攻破湖南以后，更加骄傲，有吞并天下的志向。李守贞、慕容彦超叛乱的时候，南唐都为此出兵，远远地声援；又派遣使者从海路联络契丹和北汉，约定共同谋取中原。正逢中原多事，后周没有时间跟他们较量。

先前，每年冬天淮河水浅干涸，南唐人常常发兵去戍守，称为“把浅”。寿州监军吴廷绍认为边疆无事，白白地浪费钱粮，使全部罢除。清淮节度使刘仁赡上表再三力争，没有成功。十一月初一日乙未，后周世宗任命李穀为淮南道前军行营都部署，兼知庐、寿等行府事，任命忠武节度使王彦超为副都部署，督领侍卫马军都指挥使韩令坤等十二位将领讨伐南唐。韩令坤是磁州武安人。

汴水从唐末就溃堤决口，从埇桥东南方起全是污泥沼泽。后周世宗谋划攻打南唐，先命令武宁节度使武行德征发民夫，沿着旧堤疏导汴水，向东流入泗水；议论的人都认为难以成功，后周世宗说：“几年之后，一定会得到它的好处。”

十一月十三日丁未，后周世宗和侍从大臣谈论刑赏的事，后周世宗说：“朕一定不因为发怒而处罚人，因为高兴而奖赏人。”

在先前，大梁城里的百姓侵占街道做房子，能够通行大车的街道很少，后周世宗命令把所有的街道都拉直拓宽，宽的达三十步；又命令把坟墓迁到标志以外的地方。后周世宗说：“近来拓宽京城，对活人和死人的扰乱确实很多。怨恨毁谤的言语，朕自己承当，将来终究会对人有利。”

王景等人包围凤州，韩通分兵修筑固镇来断绝后蜀援兵。十一月十四日戊申，攻克凤州，活捉后蜀威武节度使王环和都监赵崇溥等将士五千人。赵崇溥绝食而死。王环是真定人。十一月二十一日乙卯，后周世宗颁布制令：在秦州、凤州、阶州、成州境内实行大赦，所俘获的后蜀将士，愿意留下来的给予优厚的俸禄赏赐，愿意离去的送给路费服装遣送西去。诏书说：“为了安慰民众的情绪，避免违背事物的本性，那四州的百姓，除了夏秋二税的征收，凡是蜀人所立的各种租税徭役，全部免除。”

南唐人听说周军将到达而害怕，刘仁赡神情自如，部署军队守卫抵抗，与平常没有两样，众人的心情才稍微安定。南唐主任命神武统军刘彦贞为北面行营都部署，率兵两万直驱寿州，任命奉化节度使、同平章事皇甫晖为应援使，常州团练使姚凤为应援都监，率兵三万驻守定远。召请镇南节度使宋齐丘回金陵，谋划应付国难的计策，任命翰林承旨、户部尚书殷崇义为吏部尚书、知枢密院。

李毂等为浮梁，自正阳济淮。十二月，甲戌，毂奏王彦超败唐兵二千余人于寿州城下；己卯，又奏先锋都指挥使白延遇败唐兵千余人于山口镇。

丙戌，枢密使兼侍中韩忠正公郑仁诲卒。上临其丧，近臣奏称岁道非便，上曰："君臣义重，何日时之有！"往哭尽哀。

吴越王弘俶遣元帅府判官陈彦禧入贡，帝以诏谕弘俶，使出兵击唐。

（以上为第九段，写后周西征军取蜀秦、凤、阶、成四州，对四州之民只征正税，蜀人所立杂税悉免之。后周兵伐南唐。）

三年（丙辰，956年）

春，正月，丙午，以王环为右骁卫大将军，赏其不降也。

丁酉，李毂奏败唐兵千余人于上窑。

戊戌，发开封府、曹、滑、郑州之民十余万筑大梁外城。

庚子，帝下诏亲征淮南，以宣徽南院使、镇安节度使向训权东京留守，端明殿学士王朴副之，彰信节度使韩通权点检侍卫司及在京内外都巡检。命侍卫都指挥使、归德节度使李重进将兵先赴正阳，河阳节度使白重赞将亲兵三千屯颍上。壬寅，帝发大梁。

李毂攻寿州，久不克；唐刘彦贞引兵救之，至来远镇，距寿州二百里，又以战舰数百艘趣正阳，为攻浮梁之势。李毂畏之，召将佐谋曰："我军不能水战，若贼断浮梁，则腹背受敌，皆不归矣！不如退守浮梁以待车驾。"上至圉镇，闻其谋，亟遣中使乘驿止之。比至，已焚刍粮，退保正阳。丁未，帝至陈州，亟遣李重进引兵趣淮上。

辛亥，李毂奏："贼舰中流而进，弩炮所不能及，若浮梁不守，则众心动摇，须至退军。今贼舰日进，淮水日涨，若车驾亲临，万一粮道阻绝，其危不测。愿陛下且驻跸陈、颍，俟李重进至，臣与之共度贼舰可御，浮梁可完，立具奏闻。但若厉兵秣马，春去冬来，足使贼中疲弊，取之未晚。"帝览奏，不悦。

李彀等人建造浮桥，从正阳渡过淮河。十二月初十日甲戌，李彀上奏说王彦超在寿州城下打败唐军二千多人；十二月十五日己卯，又奏报先锋都指挥使白延遇在山口镇打败唐军一千多人。

十二月二十二日丙戌，枢密使兼侍中韩忠正公郑仁诲去世。后周世宗要亲自去吊丧，近臣上奏说时日不利，后周世宗说："君臣情深义重，哪里还有日期与时辰的限制！"前往哭泣，极尽哀思。

吴越王钱弘俶派遣元帅府判官陈彦禧入朝进贡，后周世宗用诏书晓谕钱弘俶，要他出兵攻打南唐。

后周太祖显德三年（丙辰，956年）

春季，正月十二日丙午，任命王环为右骁卫大将军，奖赏他的不降之节。

正月初三日丁酉，李彀奏报在上窑打败南唐军队一千多人。

正月初四日戊戌，发动开封府、曹州、滑州、郑州的十多万百姓修筑大梁城的外城。

正月初六日庚子，后周世宗下诏亲征淮南，任命宣徽南院使、镇安节度使向训代理东京留守，端明殿学士王朴为副留守，彰信节度使韩通代理点检侍卫司及在京内外都巡检。命令侍卫都指挥使、归德节度使李重进率兵先赶赴正阳，河阳节度使白重赞率领三千名亲兵驻守颍上。正月初八日壬寅，后周世宗从大梁出发。

李彀进攻寿州，很久没有攻下；南唐刘彦贞率兵救援，到达来远镇，距离寿州二百里，又派遣战舰几百艘赶赴正阳，做出要进攻浮桥的态势。李彀害怕，召见将帅僚佐商议说："我们的军队不能在水上作战，假若贼兵截断浮桥，那么我们就前后受敌，全部不能回去了！不如退兵防守浮桥以等候后周世宗。"后周世宗到了圉镇，听到李彀的计谋，立刻派遣宫中使者乘驿车去阻止。后周世宗使者到达寿州，李彀已经烧掉粮草，退守正阳。正月十三日丁未，后周世宗到达陈州，立即派遣李重进领兵赶赴淮上。

正月十七日辛亥，李彀奏报："贼寇的战舰在河的中间前进，弓弩石炮不能射及，假若浮桥守不住，就会使众心动摇，一定要退兵。现在贼寇的战舰每天前进，淮河水每天上涨，假若皇上亲临前线，万一运粮的通道断绝，那危险就很难预测。希望陛下暂时留驻在陈州和颍州，等到李重进到达以后，臣下和他共同商议，估计敌人的战舰我们能够防御，浮桥能够保全，到时候立即详细上奏报告。如果我们做好战斗准备，等到春天过去，冬天到来，足以使得贼寇疲弊困乏，再攻取还不晚。"后周世宗看了奏疏，不高兴。

刘彦贞素骄贵，无才略，不习兵，所历藩镇，专为贪暴，积财巨亿，以赂权要，由是魏岑等争誉之，以为治民如龚、黄，用兵如韩、彭，故周师至，唐主首用之。其裨将咸师朗等皆勇而无谋，闻李穀退，喜，引兵直抵正阳，旌旗辎重数百里，刘仁赡及池州刺史张全约固止之。仁赡曰：“公军未至而敌人先遁，是畏公之威声也，安用速战！万一失利，则大事去矣！”彦贞不从。既行，仁赡曰：“果遇，必败。”乃益兵乘城为备。李重进渡淮，逆战于正阳东，大破之，斩彦贞，生擒咸师朗等，斩首万余级，伏尸三十里，收军资器械三十余万。是时江、淮久安，民不习战，彦贞既败，唐人大恐，张全约收余众奔寿州，刘仁赡表全约为马步左厢都指挥使。皇甫晖、姚凤退保清流关。滁州刺史王绍颜委城走。

壬子，帝至永宁镇，谓侍臣曰：“闻寿州围解，农民多归村落，今闻大军至，必复入城。怜其聚为饿殍，宜先遣使存抚，各令安业。”甲寅，帝至正阳，以李重进代李穀为淮南道行营都招讨使，以穀判寿州行府事。丙辰，帝至寿州城下，营于淝水之阳，命诸军围寿州，徙正阳浮梁于下蔡镇。丁巳，征宋、亳、陈、颍、徐、宿、许、蔡等州丁夫数十万以攻城，昼夜不息。唐兵万余人维舟于淮，营于涂山之下。庚申，帝命太祖皇帝击之，太祖皇帝遣百余骑薄其营而伪遁，伏兵邀之，大败唐兵于涡口，斩其都监何延锡等，夺战舰五十余艘。

诏以武平节度使兼中书令王逵为南面行营都统，使攻唐之鄂州。逵引兵过岳州，岳州团练使潘叔嗣厚具燕犒，奉事甚谨。逵左右求取无厌，不满望者谮叔嗣于逵，云其谋叛。逵怒形于词色，叔嗣由是惧而不自安。

唐主闻湖南兵将至，命武昌节度使何敬洙徙民入城，为固守之计。敬洙不从，使除地为战场，曰：“敌至，则与军民俱死于此耳！”唐主善之。

二月，丙寅，下蔡浮梁成，上自往视之。

（以上为第十段，写后周世宗第一次亲征南唐，前锋初战告捷。）

刘彦贞向来骄横显贵，没有才干谋略，不熟悉军事，在藩镇任职，专门做些贪污残暴的事，积聚财富以亿计，拿来贿赂权贵，因此魏岑等人争相称誉他，认为他治理百姓如同汉朝的龚遂、黄霸，用兵就像韩信、彭越，所以周军到来时，南唐主首先任用他。他的副将咸师朗等人都有勇无谋，听说李穀退兵，非常高兴，领兵直接抵达正阳，旗帜和军用物资连接几百里，刘仁赡和池州刺史张全约再三阻止。刘仁赡说："您的军队还没到，敌人就先逃走，这是畏惧您的威名啊，怎么能够采用速战的方法！万一失利，大事就完了！"刘彦贞不听。启程以后，刘仁赡说："如果遇到敌人，一定失败。"于是增加士兵登上城去，作好防备。李重进渡过淮河，在正阳的东面迎战，大败唐军，斩杀刘彦贞，活捉咸师朗等人，斩首一万多人，倒伏的尸体达三十里，缴获军用物资、器械三十多万。这时江淮一带长期平安，民众不习惯战争，刘彦贞战败以后，南唐人大为恐慌，张全约收拾残余部众逃奔寿州，刘仁赡上表荐举张全约为马步左厢都指挥使。皇甫晖、姚凤退守清流关。滁州刺史王绍颜弃城逃走。

正月十八日壬子，后周世宗到达永宁镇，对侍从大臣说："听说寿州包围已经解除，农民大多已经回到村落，现在听到大军到来，一定会再次进城。可怜他们聚集起来会成为饿死者，应该先派遣使者去安抚，让他们各自安心从事自己的职业。"正月二十日甲寅，后周世宗到达正阳，任命李重进代替李穀为淮南道行营都招讨使，任命李穀为判寿州行府事。正月二十二日丙辰，后周世宗到达寿州城下，在淝水的北岸扎营，命令各军包围寿州，把正阳的浮桥迁到下蔡镇。正月二十三日丁巳，征发宋州、亳州、陈州、颍州、徐州、宿州、许州、蔡州等地的壮丁几十万人，攻打寿州城，昼夜不停。南唐军队一万多人把船系在淮河上，在涂山山脚下扎营。正月二十六日庚申，后周世宗命令赵匡胤去进攻唐军，赵匡胤派遣一百多名骑兵逼近他们的军营，然后假装败逃，引诱进伏击圈的士兵出来拦截，结果在涡口大败南唐军，斩杀南唐都监何延锡等人，夺取战舰五十多艘。

后周世宗下诏任命武平节度使兼中书令王逵为南面行营都统，让他进攻南唐鄂州。王逵率兵经过岳州，岳州团练使潘叔嗣准备了丰厚的酒宴来犒劳，侍候得非常恭敬。王逵左右的人贪得无厌，不满足而怨恨的人在王逵面前中伤潘叔嗣，说他图谋叛乱。王逵的神情和言词都表露出愤怒，潘叔嗣因此害怕而内心不安。

南唐主听说湖南的军队将要到来，便命令武昌节度使何敬洙把百姓迁进城里，准备作坚持防守的打算。何敬洙不听，让百姓清理地面作为战场，说："敌人来，就和军队百姓一起死在这里！"南唐主赞许他。

二月初三日丙寅，下蔡的浮桥建成，后周世宗亲自前去视察。

戊辰，庐、寿、光、黄巡检使司超奏败唐兵三千余人于盛唐，擒都监高弼等，获战舰四十余艘。

上命太祖皇帝倍道袭清流关。皇甫晖等陈于山下，方与前锋战，太祖皇帝引兵出山后；晖等大惊，走入滁州，欲断桥自守。太祖皇帝跃马麾兵涉水，直抵城下。晖曰："人各为其主，愿容成列而战。"太祖皇帝笑而许之。晖整众而出，太祖皇帝拥马颈突陈而入，大呼曰："吾止取皇甫晖，他人非吾敌也！"手剑击晖，中脑，生擒之，并擒姚凤，遂克滁州。后数日，宣祖皇帝为马军副都指挥使，引兵夜半至滁州城下，传呼开门。太祖皇帝曰："父子虽至亲，城门王事也，不敢奉命。"

上遣翰林学士窦仪籍滁州帑藏，太祖皇帝遣亲吏取藏中绢。仪曰："公初克城时，虽倾藏取之，无伤也。今既籍为官物，非有诏书，不可得也。"太祖皇帝由是重仪。诏左金吾卫将军马崇祚知滁州。

初，永兴节度使刘词遗表荐其幕僚蓟人赵普有才可用。会滁州平，范质荐普为滁州军事判官，太祖皇帝与语，悦之。时获盗百余人，皆应死，普请先讯鞫然后决，所活十七八。太祖皇帝益奇之。

太祖皇帝威名日盛，每临陈，必以繁缨饰马，铠仗鲜明。或曰："如此，为敌所识。"太祖皇帝曰："吾固欲其识之耳！"

（以上为第十一段，写宋太祖赵匡胤在征战中智勇双全，地位声望日益隆盛。）

唐主遣泗州牙将王知朗赍书抵徐州，称："唐皇帝奉书大周皇帝，请息兵修好，愿以兄事帝，岁输货财以助军费。"甲戌，徐州以闻；帝不答。戊寅，命前武胜节度使侯章等攻寿州水寨，决其壕之西北隅，导壕水入于淝。

太祖皇帝遣使献皇甫晖等，晖伤甚，见上，卧而言曰："臣非不忠于所事，但士卒勇怯不同耳。臣向日屡与契丹战，未尝见兵精如此。"因盛称太祖皇帝之勇。上释之，后数日卒。

帝诇知扬州无备，己卯，命韩令坤等将兵袭之，戒以毋得残民；其

二月初五日戊辰，庐、寿、光、黄巡检使司超奏报在盛唐打败南唐军三千多人，抓获都监高弼等人，缴获四十多艘战舰。

后周世宗命令赵匡胤兼程行进，袭击清流关。皇甫晖等人在山下列阵，正与后周先头部队交战，赵匡胤领兵从山后出来；皇甫晖等人大为吃惊，逃入滁州，想要切断护城河桥自我防守。赵匡胤跃马指挥军队涉水而过，直到城下。皇甫晖说："每个人各为自己的主子效力，希望等我排好阵势以后再战。"赵匡胤笑着答应了他。皇甫晖整好部众出城，赵匡胤抱着马颈突然冲进阵中去，大声呼喊道："我只要取皇甫晖，其他的人不是我的敌手！"手持长剑攻击皇甫晖，击中他的脑袋，活捉了他，并抓获姚凤，于是攻克滁州。几天以后，赵匡胤的父亲赵弘殷为马军副指挥使，领兵在半夜到达滁州城下，传令呼喊开门。赵匡胤说："父子虽然是最亲的关系，可是开关城门是国家的大事，不敢奉命。"

后周世宗派遣翰林学士窦仪清点登记滁州府库的财物，赵匡胤派亲信小吏去拿府里的绢布。窦仪说："您在刚刚攻下州城的时候，即使把所藏的东西都拿走，也没有碍难。现在既已登记为公家的东西，没有诏书的命令，是不能够得到的。"赵匡胤因此看重窦仪。后周世宗下诏任命左金吾将军马崇祚负责滁州事务。

当初，永兴节度使刘词送表推荐他的幕僚蓟州人赵普有才干，可以任用。正好这时滁州平定，范质推荐赵普为滁州军事判官，赵匡胤与他交谈，很喜欢他。当时抓到一百多名强盗，应该都处死，赵普请求先审问然后处决，结果活下来的人占十分之七八。赵匡胤更加认为他是个奇才。

赵匡胤的威望名声一天比一天大，每次临阵，一定用马腹带饰装战马，铠甲和武器都鲜明耀眼。有人说："像这样容易被敌人认出来。"赵匡胤说："我本来就是想让他们认出我！"

南唐主派遣泗州牙将王知良带着书信到达徐州，说："唐皇帝奉送书信给大周皇帝，请求停止战争，重归于好，愿意以事奉兄长的礼节来事奉大周皇帝，每年输送财物来资助军费。"二月十一日甲戌，徐州把这些情况奏报后周世宗；后周世宗不作回答。二月十五日戊寅，后周世宗命令前任武胜节度使侯章等人攻打寿州的水军营寨，挖开壕沟的西北角，将壕沟的水引入淝水。

赵匡胤派遣使者献上皇甫晖等人，皇甫晖伤得很重，看到后周世宗，卧着对他说："臣下不是不忠于自己所事奉的君主，只是士卒有勇敢和怯懦的不同罢了。臣以前多次和契丹交战，未曾见到过像这样精良的士兵。"因而大力称赞赵匡胤的勇敢。后周世宗放了他，几天以后皇甫晖便去世了。

后周世宗侦察得知扬州没有防备，二月十六日己卯，命令韩令坤等人率兵前往

李氏陵寝，遣人与李氏人共守护之。

唐主兵屡败，惧亡，乃遣翰林学士、户部侍郎锺谟，工部侍郎、文理院学士李德明奉表称臣，来请平，献御服、汤药及金器千两，银器五千两，缯锦二千匹，犒军牛五百头，酒二千斛。壬午，至寿州城下。谟、德明素辩口，上知其欲游说，盛陈甲兵而见之，曰："尔主自谓唐室苗裔，宜知礼义，异于他国。与朕止隔一水，未尝遣一介修好，惟泛海通契丹，舍华事夷，礼义安在？且汝欲说我令罢兵邪？我非六国愚主，岂汝口舌所能移邪！可归语汝主：亟来见朕，再拜谢过，则无事矣。不然，朕欲观金陵城，借府库以劳军，汝君臣得无悔乎！"谟、德明战栗不敢言。

吴越王弘俶遣兵屯境上以俟周命。苏州营田指挥使陈满言于丞相吴程曰："周师南征，唐举国惊扰，常州无备，易取也。"会唐主有诏抚安江阴吏民，满告程云："周诏书已至。"程为之言于弘俶，请亟发兵从其策。丞相元德昭曰："唐大国，未可轻也。若我入唐境而周师不至，谁与并力，能无危乎！请姑俟之。"程固争，以为时不可失，弘俶卒从程议。癸未，遣程督衢州刺史鲍脩让、中直都指挥使罗晟趣常州。程谓将士曰："元丞相不欲出师。"将士怒，流言欲击德昭。弘俶匿德昭于府中，令捕言者，叹曰："方出师而士卒欲击丞相，不祥甚哉！"

乙酉，韩令坤奄至扬州。平旦，先遣白延遇以数百骑驰入城，城中不之觉。令坤继至，唐东都营屯使贾崇焚官府民舍，弃城南走。副留守工部侍郎冯延鲁髡发被僧服，匿于佛寺，军士执之。令坤慰抚其民，使皆安堵。

（以上为第十二段，写南唐主向后周世宗求和，不允。）

庚寅，王逵奏拔鄂州长山寨，执其将陈泽等，献之。

辛卯，太祖皇帝奏唐天长制置使耿谦降，获刍粮二十余万。

唐主遣园苑使尹延范如泰州，迁吴让皇之族于润州。延范以道路艰难，恐杨氏为变，尽杀其男子六十人，还报，唐主怒，腰斩之。

袭击，告诫他不得残害百姓；对那里的李氏陵墓，派人与李氏的族人共同守护。

南唐主因为军队多次失败，担心灭亡，于是派遣翰林学士、户部侍郎锺谟和工部侍郎、文理院学士李德明奉表章称臣，前来请求讲和，进献御服、汤药以及金器一千两，银器五千两，缯绵二千匹，犒劳军队的牛五百头，酒二千斛。二月十九日壬午，到达寿州城下。锺谟、李德明向来能言善辩，后周世宗知道他们打算游说，便命令士兵排成强大的阵势来接见他们，说："你们的君主自称是唐室的后裔，应该懂得礼义，和其他的国家不一样。与朕只隔着一条河从未派遣一个使者前来通好，只是过海去勾结契丹，舍弃华夏而事奉夷狄，礼义在哪里？而且你们是想向我游说让我罢兵吗？我不是战国时六国的愚昧君主，岂是你们用口舌所能改变主意的人呢！你们可以回去告诉你们的君主：赶快来见朕，向朕再三下拜谢罪，就没事了。不然的话，朕想去观光金陵城，借用你们府库的东西来犒劳军队，你们君臣该不会后悔吧！"锺谟、李德明吓得发抖，不敢说话。

吴越王钱弘俶派遣军队驻扎在边境上，等待后周的命令。苏州营田指挥使陈满对丞相吴程说："周人军队南征，唐全国惊慌，常州没有防备，容易夺取。"正好这时南唐主有诏书安抚江阴的官吏百姓，陈满告诉吴程说："周的诏书已经到了。"吴程为此向钱弘俶上言，请求赶快按照陈满的计策发兵。丞相元德昭说："唐国是个大国，不可轻视。假若我们进入唐国境内，而周军不到，谁与我们合力作战？能够没有危险吗？请暂等一等。"吴程再三争辩，认为机不可失，钱弘俶终于听从了吴程的建议。二月二十日癸未，派遣吴程督领衢州刺史鲍修让、中直都指挥使罗晟直奔常州。吴程对将士们说："元丞相不想出兵。"将士们愤怒，散布流言说要击杀元德昭。钱弘俶把元德昭隐藏在府中，下令逮捕散布流言的人，并叹息说："将要出兵而士卒想袭击丞相，太不吉利了啊！"

二月二十二日乙酉，韩令坤突然到达扬州。天刚亮，先派白延遇率领几百名骑兵飞驰进城，城中的人没有察觉。韩令坤接着到达，南唐东都营屯使贾崇焚烧官府民房，放弃州城向南逃走。副留守工部侍郎冯延鲁剃光头发，披上僧服，躲在佛寺里，军士抓住他。韩令坤安抚慰问百姓，使他们都安居。

二月二十七日庚寅，王逵奏报攻下鄂州的长山寨，抓获了他们的将领陈泽等人，献给朝廷。

二月二十八日辛卯，赵匡胤奏报南唐天长制置使耿谦投降，缴获粮草二十多万。

南唐主派遣园苑使尹延范前往泰州，把吴让皇的家族迁往润州。尹延范因为道路艰难，恐怕杨氏家族发生变乱，便把杨氏的男子六十人全部杀掉，然后回去报告，

韩令坤等攻泰州，拔之，刺史方讷奔金陵。

唐主遣人以蜡丸求救于契丹。壬辰，静安军使何继筠获而献之。

以给事中高防权知泰州。

癸巳，吴越王弘俶遣上直都指挥使路彦铢攻宣州，罗晟帅战舰屯江阴。唐静海制置使姚彦洪帅兵民万人奔吴越。

潘叔嗣属将士而告之曰："吾事令公至矣，今乃信谗疑怒，军还，必击我。吾不能坐而待死，汝辈能与吾俱西乎？"众愤怒，请行，叔嗣帅之西袭朗州。逵闻之，还军追之，及于武陵城外，与叔嗣战，逵败死。

或劝叔嗣遂据朗州，叔嗣曰："吾救死耳，安敢自尊，宜以督府归潭州太尉，岂不以武安见处乎！"乃归岳州，使团练判官李简帅朗州将吏迎武安节度使周行逢。众谓行逢："必以潭州授叔嗣。"行逢曰："叔嗣贼杀主帅，罪当族。所可恕者，得武陵而不有，以授吾耳。若遽用为节度使，天下谓我与之同谋，何以自明！宜且以为行军司马，俟逾年，授以节钺可也。"乃以衡州刺史莫弘万权知潭州，帅众入朗州，自称武平、武安留后，告于朝廷，以叔嗣为行军司马。叔嗣怒，称疾不至。行逢曰："行军司马，吾尝为之，权与节度使相埒耳，叔嗣犹不满望，更欲图我邪！"

或说行逢："授叔嗣武安节钺以诱之，令至都府受命，此乃机上肉耳！"行逢从之。叔嗣将行，其所亲止之。叔嗣自恃素以兄事行逢，相亲善，遂行不疑。行逢遣使迎候，道路相望，既至，自出郊劳，相见甚欢。叔嗣入谒，未至听事，遣人执之，立于庭下，责之曰："汝为小校无大功，王逵用汝为团练使，一旦反杀主帅；吾以畴昔之情，未忍斩汝，以为行军司马，乃敢违拒吾命而不受乎！"叔嗣知不免，以宗族为请。遂斩之。

（以上为第十三段，写湖南兵变，后周失去了征伐南唐的侧翼。）

南唐主发怒，把尹延范腰斩。

韩令坤等人攻打泰州，攻占了泰州，刺史方讷逃奔金陵。

南唐主派人带着蜡丸密信向契丹求救。二月二十九日壬辰，静安军使何继筠截获密信交给朝廷。

任命给事中高防暂时代理泰州事务。

二月三十日癸巳，吴越王钱弘俶派遣上直都指挥使路彦铢攻打宣州，罗晟率领战舰驻守江阴。南唐静海制置使姚彦洪率领士兵和百姓一万人投降吴越。

潘叔嗣集合将士，告诉他们说："我事奉王逵到了极点，如今他竟然听信谗言，对我怀疑发怒，军队回来，一定会攻击我。我不能坐着等死，你们愿意和我一起向西走吗？"众人很愤怒，请求跟他走，于是潘叔嗣率领部众向西袭击朗州。王逵听说后，就回军追赶，在武陵城外赶上，与潘叔嗣交战，王逵战败而死。

有人劝潘叔嗣就此占据朗州。潘叔嗣说："我只是救自己的命罢了，怎么敢自立称尊，应该把朗州督府交给潭州太尉，难道他不会拿武安来安置我吗？"于是返回岳州，派遣团练判官李简率领朗州的将领官吏迎接武安节度使周行逢。众人对周行逢说："一定要把潭州授给潘叔嗣。"周行逢说："潘叔嗣杀主帅，罪应当灭族。可以宽恕的是，得到武陵而不占有，把他交给我罢了。如果马上起用他为节度使，天下将说我和他同谋，我拿什么来自我表白！应该暂且任命他为行军司马，等过了一年，再授给他节度使就可以了。"于是命衡州刺史莫弘万暂时主持潭州事务，自己率领部众进入朗州，自称武平、武安留后，向朝廷报告，任命潘叔嗣为行军司马。潘叔嗣发怒，称病不到任。周行逢说："行军司马，我曾经当过，权力和节度使相等，潘叔嗣还不满意，难道想要对我图谋不轨吗！"

有人游说周行逢说："授给潘叔嗣武安节度使来引诱他，让他到都府来接受命令，他就成了砧板上的一块肉了！"周行逢听从了这个建议。潘叔嗣将要启程时，他所亲信的人阻止他。潘叔嗣仗着自己向来用兄长的礼节事奉周行逢，相互亲善，于是毫不怀疑地启程。周行逢派遣使者迎接等候，一路上不断，到达之后，周行逢亲自出城到郊外慰劳，相互见面非常高兴。潘叔嗣进去拜见，还没有走到大厅，周行逢就派人把他抓起来，站在厅堂下，斥责他说："你是一个小军官，没有大功劳，王逵任用你为团练使，你却突然反过来杀死主帅；我因为往日的情谊，不忍心杀你，所以任命你为行军司马，你竟敢违抗我的命令而不接受！"潘叔嗣知道自己难免一死，请求保全他的宗族。于是杀了潘叔嗣。

【点评】

本卷点评后周世宗改革、王朴献统一治安之策两件史事。

一、后周世宗改革。后周世宗柴荣，是后周太祖郭威圣穆皇后兄柴守礼之子，从姑长于郭威家，郭威爱其英武，于是养以为子，封晋王，继嗣郭威为帝，史称后周世宗。显德元年（954）正月二十日乙未，后周世宗即位，至显德六年（959）六月十九日辞世，享年三十九岁，在位不足六年，是一位不幸英年早逝的圣明之君。短短五年多的时间，文治武功不比历史上任何一位英武之君逊色。若天假后周世宗数年，必能统一中国。历史没有假设，就事论事，后周世宗是一位圣明的改革之君。其改革涉及政治、经济、军事等各个方面，都获得了显著的成绩。政治改革大端有五：一、下诏求言，任用贤才；二、清盗贼，抚流民，使人民生活安定；三、减轻租税徭役，以纾民困；四、规范刑律，以解民忧；五、营建汴京，成为全国新的政治、经济、文化中心。经济改革最有成效者有三：一、均赋税，取消大户特权，即便历代享有免税特权的曲阜圣人后裔孔氏也要交税；二、兴修水利，塞黄河决口，既有利于交通运输，又防止水患；三、抑制寺院经济，裁汰三万三百六十所寺庙，迫使僧人大批还俗，毁铜佛以铸钱，有利于通货流通，推动工商发展。军事上，整训禁军，沙汰羸弱，节制藩镇，既增加了军队的战斗力，又基本消除了尾大不掉之势，为国家的统一奠定了基础。后周世宗还三征南唐，两度北征，弱北汉，败契丹，又西取蜀边数州之地，大长中原天子气势。司马光评论五代时有两位最为雄武的皇帝，一是后唐庄宗李存勖，以弱胜强，灭梁建唐，但后唐庄宗只会打仗，不会治国，数年间断送了江山，不圣，不贤，不明，殁身而亡，是一个不成功的君主。二是后周世宗柴荣，他用兵所向无敌，为后继者奠定了统一的基础，他的改革使国家欣欣向荣，是五代时最有民望的仁明之君。司马光的评价，一点也不过分。

二、王朴献统一治安之策。后周世宗即位之初就下诏求言，要求群臣极言得失，命朝官大臣每人撰写《为君难为臣不易》和《平边策》各一篇，供作决策参考。比部郎中王朴献统一治安之策，切中时弊，策略得当，受到后周世宗的高度重视，付诸实行，成为后周进行政治改革和统一的基本国策。王朴的统一治安策，分为战略和战术两个部分，下面分别评说。

从战略上，王朴指出，首先找出国家四分五裂的原因，即周边群雄割据和契丹入侵的根本原因。王朴列出四条主因：一、君主昏庸；二、臣子奸邪；三、士兵骄横；四、百姓困穷。奸邪朋党在朝内恃势乱政，将帅在外横行霸道，人民困穷受害，国家怎能不四分五裂呢？统一的办法，就是要把颠倒的是非再颠倒过来，使之恢复正道。第一，君主要信用贤人，斥退小人，这是搜罗人才的办法；第二，恩及穷困，讲求诚信，这是收拾人心的办法；第三，赏赐功劳，惩罚罪过，这是要文臣武将尽

力为国家做贡献的办法；第四，勤俭节用，这是增加财富的方法；第五，减少赋税，使民以时，这是让百姓富足的办法。这些都做到了，群贤满朝，国家政治上轨道，国库充实，人民亲附，再任用能人统兵征讨，大功即可告成。周边的割据势力，他们的部属民众，眼看大势已去，争相效顺立功，一定会成为我方的间谍和向导，这叫作民心归顺，天命也一定追随民心。王朴的战略思想，立足于改革政治，这叫纲举目张。后周世宗是一个志向远大又务实的皇帝，雷厉风行进行了政治改革，后周国力大增。

从战术上讲，王朴所言为用兵统一的步骤。王朴提出用兵统一，要用先易后难、先南后北的方针。具体步骤，先下江南，收岭南，次巴蜀，次幽燕，河东最后。王朴说，契丹兵强，河东北汉是周朝的死敌，这两块硬骨头最难啃，暂将放在一边。江南李唐是最大的割据国，与周疆界二千多里，是北伐的后顾之忧。首先征服唐国，则巴蜀、岭南会胆战心惊，发一封通告檄文就可以平定。征李唐，又分为两步，先吞其江北，再徐图江南。王朴之策，大体不误，后周世宗三次亲征李唐，夺了江北之地，李唐臣服而罢兵，解除了北伐后顾之忧；然后统大军亲征契丹，一举夺了三关，兵临幽州城下，契丹气馁。眼看大功告成，后周世宗不幸染病，功亏一篑。其后宋太祖统一中国的用兵方略，基本上是遵循王朴之策，基本上完成了后周世宗的未竟之功，大略是先南后北，江南悉平，然后用兵北方，灭北汉，伐契丹。宋太祖收江南，是先灭蜀后灭唐，此乃效秦灭楚、晋灭吴、隋灭陈的经验，修正了王朴策之不足。从地理言，据巴蜀顺流而下，江南不守，势理之必然，此是先易后难。当时后蜀孟氏政权不得人心，李唐尚有人气，先攻李唐，后取巴蜀，此是先难后易，因此后周世宗三次大举亲征，也未达灭唐之效，只得江北之地而已。这是王朴策之未精留下的遗憾。

后周纪四

后周世宗显德三年至四年（956—957年）

【起柔兆执徐（丙辰，956年）三月，尽强圉大荒落（丁巳，957年），凡一年有奇】

【大事提要】

本卷记事起公元956年三月，讫公元957年，凡一年又十个月，当后周世宗显德三年三月至显德四年。此时期最大历史事件是后周与南唐两国在淮南大规模进行主力决战。南唐全线败退，丧师失地，但南唐主不愿割江北之地请和，所恃寿州屹立不动，后周世宗北还，大发诸州之民城下蔡。后周世宗第二次亲征淮南，大破南唐援兵，后周世宗北还，但南唐主屡败屡战，仍在江北抗击周军。南唐左仆射司空孙晟出使后周求和，后周世宗逼其劝说寿州南唐守将出降，孙晟激励南唐守将忠义报国，不亏臣节，不辱使命，虽死犹荣，后周世宗悔杀孙晟。后周中书舍人窦俨上疏论为政之本，大要为制礼作乐，任贤择相，沙汰冗官，治盗贼，安民生，后周世宗称善。吴越夹击南唐，攻取常州，南唐将柴克宏为名将柴再用之子，天生将才，以羸弱之兵，大败吴越劲兵，克复常州，入援寿州，卒于半道，寿州是以不救。后周世宗释蜀俘，制《刑统》，第三次亲征南唐。北汉主引契丹南犯，不胜而还。

【原文】

世宗睿武孝文皇帝中

显德三年（丙辰，956年）

三月，甲午朔，上行视水寨，至淝桥，自取一石，马上持之至寨以供炮，从官过桥者人赍一石。太祖皇帝乘皮船入寿春壕中，城上发连弩射之，矢大如屋椽，牙将馆陶张琼遽以身蔽之，矢中琼髀，死而复苏。镞着骨不可出，琼饮酒一大卮，令人破骨出之，流血数升，神色自若。

唐主复以右仆射孙晟为司空，遣与礼部尚书王崇质奉表入见，称："自天祐以来，海内分崩，或跨据一方，或迁革异代，臣绍袭先业，奄有江表，顾以瞻乌未定，附凤何从！今天命有归，声教远被，愿比两浙、湖南，仰奉正朔，谨守土疆，乞收薄伐之威，赦其后服之罪。首于下国，俾作外臣，则柔远之德，云谁不服！"又献金千两，银十万两，罗绮二千匹。晟谓冯延己曰："此行当在左相，晟若辞之，则负先帝。"既行，知不免，中夜，叹息谓崇质曰："君家百口，宜自为谋。吾思之熟矣，终不负永陵一培土，余无所知！"

南汉甘泉宫使林延遇，阴险多计数，南汉主倚信之；诛灭诸弟，皆延遇之谋也。乙未卒，国人相贺。延遇病甚，荐内给事龚澄枢自代，南汉主即日擢澄枢知承宣院及内侍省。澄枢，番禺人也。

光舒黄招安巡检使、行光州刺史何超以安、随、申、蔡四州兵数万攻光州。丙申，超奏唐光州刺史张绍弃城走，都监张承翰以城降。

丁酉，行舒州刺史郭令图拔舒州，唐蕲州将李福杀其知州王承嶲，举州来降。遣六宅使齐藏珍攻黄州。

彰武留后李彦頵，性贪虐，部民与羌胡作乱，攻之。上召彦頵还朝。

秦、凤之平也，上赦所俘蜀兵以隶军籍，从征淮南，复亡降于唐。

【语译】

世宗睿武孝文皇帝中

后周世宗显德三年（丙辰，956年）

三月初一日甲午，后周世宗巡视水边的营寨，行到淝桥，自己捡了一块石头，骑在马上拿到营寨来用作炮石，随从官员过桥的每人各带一块石头。赵匡胤乘坐牛皮船进入寿春的护城河中，城上发射连弩箭，箭像屋椽那样粗，牙将馆陶人张琼连忙用自己的身体遮挡赵匡胤，箭射中张琼的大腿，昏死过去又醒过来。箭头插进骨头里不能拔出，张琼喝下一大杯酒，让人破开骨头，把箭头取出来，流出好几升血，张琼神情脸色镇定自如。

南唐主又任命左仆射孙晟为司空，派遣他和礼部尚书王崇质奉持表章进见后周世宗，表章称："自从唐昭宗天祐年间以来，天下分崩离析，有的占据一方，有的改朝换代，臣继承先人的基业，拥有江南之地，只因为看那乌鸦还没有落脚，又从哪里依附凤凰！如今天命已有归属，天子的声威教化传遍远方。我愿意比照两浙、湖南的先例，遵照服从天子的号令，谨守土地疆域，请求免除征讨的声威，赦免臣下服从在后的罪过。从我们小国家开始，让我作天子的外臣，那么天子安抚远方的德政，谁人不敬服！"又献上黄金一千两，银子十万两，罗绮二千匹。孙晟对冯延己说："这一次应该由左相您出使，可是倘若我推辞不去，那就会辜负先帝。"启程以后，知道不能免于一死，半夜，叹息着对王崇质说："您家有一百多口人，应该自己作好打算。我考虑得很成熟了，决不辜负先帝的在天之灵，其他的我就一无所知了！"

南汉甘泉宫使林延遇阴狠险恶，多计谋，南汉主信任依靠他；南汉主诛灭自己的各位兄弟，都是林延遇的主意。三月初二日乙未，林延遇死了，国中人互相庆贺。林延遇病重的时候，推荐内给事龚澄枢代替自己，南汉主当天就提升龚澄枢主持承宣院和内侍省的事务。龚澄枢是番禺人。

光舒黄招安巡检使、行光州刺史何超率领安州、随州、申州、蔡州四州军队几万人攻打光州。三月初三日丙申，何超奏报南唐光州刺史张绍放弃州城逃走，都监张承翰率州众投降。

三月初四日丁酉，行舒州刺史郭令图攻取舒州，南唐蕲州将领李福杀掉知州王承巂，率部众前来投降。后周派遣六宅使齐藏珍进攻黄州。

彰武留后李彦頵生性贪婪暴虐，所统领的百姓与羌胡发动叛乱，进攻李彦頵。后周世宗召李彦頵回朝。

秦州、凤州平定的时候，后周世宗赦免所俘虏来的后蜀士兵，把他们编入军籍，

癸卯，唐主表献百五十人；上悉命斩之。

舒州人逐郭令图，铁骑都指挥使洛阳王审琦选轻骑夜袭舒州，复取之，令图乃得归。

马希崇及王延政之子继沂皆在扬州；诏抚存之。

丙午，孙晟等至上所。庚戌，上遣中使以孙晟诣寿春城下，且招谕之。仁赡见晟，戎服拜于城上。晟谓仁赡曰："君受国厚恩，不可开门纳寇。"上闻之，甚怒，晟曰："臣为宰相，岂可教节度使外叛邪！"上乃释之。

（以上为第一段，写南唐左仆射司空孙晟出使后周求和，不辱臣节，不辱使命。）

唐主使李德明、孙晟言于上，请去帝号，割寿、濠、泗、楚、光、海六州之地，仍岁输金帛百万以求罢兵。上以淮南之地已半为周有，诸将捷奏日至，欲尽得江北之地，不许。德明见周兵日进，奏称："唐主不知陛下兵力如此之盛，愿宽臣五日之诛，得归白唐主，尽献江北之地。"上乃许之。晟因奏遣王崇质与德明俱归。上遣供奉官安弘道送德明等归金陵，赐唐主书，其略曰："但存帝号，何爽岁寒！傥坚事大之心，终不迫人于险。"又曰："俟诸郡之悉来，即大军之立罢。言尽于此，更不烦云；苟曰未然，请从兹绝。"又赐其将相书，使熟议而来。唐主复上表谢。

李德明盛称上威德及甲兵之强，劝唐主割江北之地；唐主不悦。宋齐丘以割地为无益；德明轻佻，言多过实，国人亦不之信。枢密使陈觉、副使李徵古素恶德明与孙晟，使王崇质异其言，因谮德明于唐主曰："德明卖国求利。"唐主大怒，斩德明于市。

吴程攻常州，破其外郭，执唐常州团练使赵仁泽，送于钱唐。仁泽见吴越王弘俶不拜，责以负约。弘俶怒，决其口至耳。元德昭怜其忠，为傅良药，得不死。

（以上为第二段，写南唐主不忍割江北之地以求和于后周。吴越王夹击南唐取常州。）

跟随征伐淮南，结果他们又逃走，投降南唐。三月初十日癸卯，南唐主上表献上一百五十人；后周世宗下令将他们全部斩首。

舒州人驱逐郭令图，铁骑都指挥使洛阳人王审琦挑选轻快的骑兵晚上袭击舒州，又夺取舒州，郭令图才得以回去。

马希崇和王延政的儿子王继沂都在扬州；后周世宗下诏安抚慰问他们。

三月十三日丙午，孙晟等人到达后周世宗驻留的地方。三月十七日庚戌，后周世宗派遣宫中使者带领孙晟到寿春城下，并且让他招抚刘仁赡。刘仁赡见到孙晟，在城上身穿军服向他下拜。孙晟对刘仁赡说："您身受国家的厚恩，不可打开城门接纳贼寇。"后周世宗听说这件事，非常愤怒。孙晟说："臣身为宰相，怎么可以教唆节度使背叛国家呢！"后周世宗于是放过了他。

南唐主指使李德明、孙晟对后周世宗说，请求取消自己的皇帝称号，割让寿州、濠州、泗州、楚州、光州、海州六州土地，并且每年贡送黄金绢帛百万，以求罢兵。后周世宗因为淮南的土地已经一半归后周所有，诸将捷报每天传来，想要全部占领江北的土地，所以没有答应南唐主的请求。李德明见周军一天一天地推进，上奏说："唐主不知道陛下的兵力是这样的强盛，希望给臣下五天不作讨伐的宽限，让我得以回去报告唐主，献出全部江北的土地。"后周世宗这才答应了他。孙晟便奏请后周世宗派遣王崇质和李德明一同回去。后周世宗派遣供奉官安弘道送李德明等人回金陵，赐给南唐主一封信，信中大意说："即使保存南唐皇帝的称号，也不损害松柏岁寒不凋的节操！倘若你能坚定事奉大国的决心，朕终究不会把你逼入险恶境地。"又说："等到江北各郡全部割让过来，大军就立即撤退。话就说到这里，不需再反复多说；倘若不这样，请从此断绝关系。"又赐给南唐将相们书信，让他们仔细考虑了再来。南唐主又上表称谢。

李德明大为称赞后周世宗的声威德行以及军队的强大，劝南唐主割让长江以北的土地；南唐主不高兴。宋齐丘认为割让土地无济于事；李德明为人轻浮，说话大多言过其实，国中人也不相信他。枢密使陈觉、副使李徵古向来痛恨李德明和孙晟，让王崇质跟他说得不一样，趁机在南唐主面前诬陷李德明说："李德明出卖国家求取私利。"南唐主大为愤怒，在街市上将李德明斩首。

吴程攻打常州，攻破常州外城，抓获南唐常州团练使赵仁泽，解送到钱塘。赵仁泽见了吴越王钱弘俶不下拜，斥责他违背盟约。钱弘俶发怒，把他的嘴巴一直撕裂到耳朵。元德昭怜惜他的忠诚，替他敷上好药，得以不死。

唐主以吴越兵在常州，恐其侵逼润州，以宣、润大都督燕王弘冀年少，恐其不习兵，征还金陵。部将赵铎言于弘冀曰："大王元帅，众心所恃，逆自退归，所部必乱。"弘冀然之，辞不就征，部分诸将，为战守之备。

龙武都虞候柴克宏，再用之子也，沉默好施，不事家产，虽典宿卫，日与宾客博弈饮酒，未尝言兵，时人以为非将帅材。至是，有言克宏久不迁官者，唐主以为抚州刺史。克宏请效死行陈，其母亦表称克宏有父风，可为将，苟不胜任，分甘孥戮。唐主乃以克宏为右武卫将军，使将兵会袁州刺史陆孟俊救常州。

时唐精兵悉在江北，克宏所将数千人皆羸老，枢密使李徵古复以铠仗之朽蠹者给之。克宏诉于徵古，徵古慢骂之，众皆愤恚，克宏怡然。至润州，徵古遣使召还，以神卫统军朱匡业代之。燕王弘冀谓克宏："君但前战，吾当论奏。"乃表克宏才略可以成功，常州危在旦莫，不宜中易主将。克宏引兵径趣常州，徵古复遣使召之，克宏曰："吾计日破贼，汝来召吾，必奸人也！"命斩之。使者曰："受李枢密命而来。"克宏曰："李枢密来，吾亦斩之！"

初，鲍脩让、罗晟在福州，与吴程有隙，至是，程抑挫之，二人皆怨。先是，唐主遣中书舍人乔匡舜使于吴越。壬子，柴克宏至常州，蒙其船以幕，匿甲士于其中，声言迎匡舜。吴越逻者以告，程曰："兵交，使在其间，不可妄以为疑。"唐兵登岸，径薄吴越营，罗晟不力战，纵之使趣程帐，程仅以身免。克宏大破吴越兵，斩首万级。朱匡业至行营，克宏事之甚谨。吴程至钱唐，吴越王弘俶悉夺其官。

甲寅，蜀主以捧圣控鹤都指挥使李廷珪为左右卫圣诸军马步都指挥使，仍分卫圣、匡圣步骑为左右十军，以武定节度使吕彦琦等为使，廷珪总之，如赵廷隐之任。

初，柴克宏为宣州巡检使，始至，城堑不修，器械皆阙，吏云："自田頵、王茂章、李遇相继叛，后人无敢治之者。"克宏曰："时移事异，安有此理！"悉缮完之。由是路彦铢攻之不克，闻吴程败，乙卯，引归。

南唐主因为吴越军队在常州，害怕他们侵犯进逼润州，又因为宣、润大都督燕王李弘冀年纪小，担心他不熟悉军事，所以征召他回金陵。部将赵铎对李弘冀说："大王是元帅，是众人心中的依靠，如果自己退回金陵，部下一定大乱。"李弘冀认为是这样，推辞而不接受征召，部署众将，作战斗防守的准备。

龙武都虞候柴克宏，是柴再用的儿子，沉默寡言，喜欢施舍人，不治家产，虽然统领宫廷警卫，但是每天和宾客下棋饮酒，未曾谈论军事，当时的人都认为他不是当将帅的材料。到了这个时候，有人说柴克宏很久没有升官，南唐主任命他为抚州刺史。柴克宏请求在军队中效命，他的母亲也上表说柴克宏有他父亲的遗风，可以任将领，如果不能胜任，甘愿和儿子一同被杀。南唐主于是任命柴克宏为右武卫将军，命令他率兵和袁州刺史陆孟俊会师救援常州。

当时南唐的精锐部队全部都在江北，柴克宏所率领的几千人都是老弱残兵，枢密使李徵古又把铠甲兵器中腐朽破烂的给柴克宏。柴克宏向李徵古诉说，李徵古傲慢地痛骂他，众人都感到愤恨不平，柴克宏却面色和悦。柴克宏到达润州，李徵古派遣使者召他回来，让神卫统军朱匡业代替柴克宏。燕王李弘冀对柴克宏说："您只管进兵作战，我自会向皇上奏报。"于是上表说凭柴克宏的才能谋略，可以成就功业，常州危在旦夕，不应中途更换主将。柴克宏领兵直接赶赴常州，李徵古又派遣使者去召他回来，柴克宏说："我算定几天内就要攻破贼兵，你来召我，一定是奸人！"命令将他斩首。使者说："我是受李枢密的命令而来的。"柴克宏说："李枢密来，我也要斩他！"

当初，鲍脩让、罗晟在福州的时候，与吴程有仇怨，到了这个时候，吴程压制他们，二人都怨恨吴程。在此之前，南唐主派遣中书舍人乔匡舜出使到吴越。三月十九日壬子，柴克宏到达常州，用布幕把船蒙起来，把全副武装的士兵隐藏在船里，声称去迎接乔匡舜。吴越巡逻的士兵报告这件事，吴程说："两国交战，使者来往于两国之间，不可妄加怀疑。"南唐士兵登上岸，直接逼近吴越的军营，罗晟不尽力作战，故意放纵南唐士兵让他们奔向吴程的营帐，吴程仅仅自己免于一死。柴克宏大破吴越军队，斩首一万级。朱匡业到达军营，柴克宏事奉他很恭谨。吴程回到钱塘，吴越王钱弘俶削夺了他的全部官职。

三月二十一日甲寅，后蜀主任命捧圣控鹤都指挥使李廷珪为左右卫圣诸军马步都指挥使，仍旧分卫圣、匡圣步骑兵为左右十个军，任命武定节度使吕彦琦等人为军使，由李廷珪总领，像当年赵廷隐的职务一样。

当初，柴克宏任宣州巡检使，刚到任的时候，城池失修，兵器用具都有破损，官吏说："自从田頵、王茂章、李遇相继叛乱以来，后来的人没有敢修治城池器具的。"柴克宏说："时代变化，事情也不同，哪有这种道理！"全部修缮完好。因此

唐主以克宏为奉化节度使，克宏复请将兵救寿州，未至而卒。

（以上为第三段，写南唐柴克宏有大将才，以羸兵击败吴越劲兵，收复常州；将兵救寿州，惜卒于道。）

河阳节度使白重赞以天子南征，虑北汉乘虚入寇，缮完守备，且请兵于西京。西京留守王晏初不之与，又虑事出非常，乃自将兵赴之。重赞以晏不奉诏而来，拒不纳，遣人谓之曰："令公昔在陕服，已立大功，河阳小城，不烦枉驾！"晏惭怍而还。孟、洛之民，数日惊扰。

唐主命诸道兵马元帅齐王景达将兵拒周，以陈觉为监军使，前武安节度使边镐为应援都军使。中书舍人韩熙载上书曰："信莫信于亲王，重莫重于元帅，安用监军使为！"唐主不从。

遣鸿胪卿潘承祐诣泉、建召募骁勇，承祐荐前永安节度使许文稹，静江指挥使陈德诚，建州人郑彦华、林仁肇。唐主以文稹为西面行营应援使，彦华、仁肇皆为将。仁肇，仁翰之弟也。

夏，四月，甲子，以侍卫亲军都指挥使、归德节度使李重进为庐、寿等州招讨使，以武宁节度使武行德为濠州城下都部署。

唐右卫将军陆孟俊自常州将兵万余人趣泰州，周兵遁去，孟俊复取之，遣陈德诚戍泰州。孟俊进攻扬州，屯于蜀冈，韩令坤弃扬州走。帝遣张永德将兵救之，令坤复入扬州。帝又遣太祖皇帝将兵屯六合。太祖皇帝令曰："扬州兵有过六合者，折其足！"令坤始有固守之志。

帝自至寿春以来，命诸军昼夜攻城，久不克；会大雨，营中水深数尺，攻具及士卒失亡颇多，粮运不继，李德明失期不至，乃议旋师。或劝帝东幸濠州，声言寿州已破；从之。己巳，帝自寿春循淮而东；乙亥，至濠州。

韩令坤败唐兵于城东，擒陆孟俊。初，孟俊之废马希萼立希崇也，灭故舒州刺史杨昭恽之族而取其财。杨氏有女美，献于希崇。令坤入扬州，希崇以杨氏遗令坤，令坤嬖之。既获孟俊，将械送帝所；杨氏在帘下，忽抚膺恸哭，令坤惊问之，对曰："孟俊昔在潭州，杀妾家二百口，今日见之，请复其冤。"令坤乃杀之。

路彦铢攻他不下，听说吴程失败，三月二十二日乙卯，领兵回去。南唐主任命柴克宏为奉化节度使，柴克宏又请求率兵救援寿州，还没到达就去世了。

河阳节度使白重赞因天子南征，担心北汉乘虚入侵，于是整修城池防守，并且向西京请求援兵。西京留守王晏开始不肯给予军队，又考虑到事情发生在非常时期，便亲自率兵赶赴。白重赞因为王晏没有接到诏令前来，拒不接纳他，派人对他说："您以前在陕州归服，已经立下大功，河阳区区小城，不敢烦劳您的大驾！"王晏惭愧返回。孟州和洛阳的百姓惊恐骚乱了好几天。

南唐主命令诸道兵马元帅齐王李景达率兵抵抗后周军队，任命陈觉为监军使，前任武安节度使边镐为应援都军使。中书舍人韩熙载上书说："论信任，没有比亲王更值得信任的；论重要，没有比元帅更重要的！哪里还用得上监军使！"南唐主不听。

南唐主派遣鸿胪卿潘承祐前往泉州、建州招募勇猛将士，潘承祐推荐前任永安节度使许文稹，静江指挥使陈德诚，建州人郑彦华、林仁肇。南唐主任命许文稹为西面行营应援使，郑彦华、林仁肇都为将领。林仁肇是林仁翰的弟弟。

夏季，四月初二日甲子，后周世宗任命侍卫亲军都指挥使、归德节度使李重进为庐、寿等州招讨使，任命武宁节度使武行德为濠州城下都部署。

南唐右卫将军陆孟俊从常州率兵一万多人直奔泰州，后周兵逃走，陆孟俊又收复泰州，派陈德诚戍守泰州。陆孟俊进攻扬州，驻扎在蜀冈，韩令坤放弃扬州城逃走。后周世宗派遣张永德带兵去救援，韩令坤重新进入扬州。后周世宗又派遣赵匡胤率兵驻守六合。赵匡胤下令说："扬州兵如果有经过六合的，就折断他的脚！"韩令坤这才有固守的决心。

后周世宗自从到寿春以来，命令各军日夜攻城，很长时间没有攻下；正遇上大雨，军营中水深几尺，攻城的器具和士兵们流失、死亡的很多，粮草的运送供应不上，李德明过了期限没有到来，于是商议回师。有人劝后周世宗向东临幸濠州，声称寿州已经攻下；后周世宗听从了他。四月初七日己巳，后周世宗从寿春沿着淮河向东进发；四月十三日乙亥，到达濠州。

韩令坤在扬州城东打败南唐军队，擒获陆孟俊。当初，陆孟俊废黜马希萼立马希崇的时候，诛灭原舒州刺史杨昭恽的全族而夺取他的财产。杨氏有个女儿很漂亮，陆孟俊把她献给马希崇。韩令坤进入扬州后，马希崇把杨氏送给韩令坤，韩令坤很宠爱她。这时抓获了陆孟俊，将要把他铐起来，解送到后周世宗所在的地方。杨氏站在竹帘下面，忽然捶胸痛哭，韩令坤惊讶地问她，杨氏回答说："陆孟俊从前在潭

唐齐王景达将兵二万自瓜步济江，距六合二十余里，设栅不进。诸将欲击之，太祖皇帝曰：“彼设栅自固，惧我也。今吾众不满二千，若往击之，则彼见吾众寡矣；不如俟其来而击之，破之必矣！”居数日，唐出兵趣六合，太祖皇帝奋击，大破之，杀获近五千人，余众尚万余，走渡江，争舟溺死者甚众，于是唐之精卒尽矣。

是战也，士卒有不致力者。太祖皇帝阳为督战，以剑斫其皮笠。明日，遍阅其皮笠，有剑迹者数十人，皆斩之，由是部兵莫敢不尽死。

先是，唐主闻扬州失守，命四旁发兵取之。己卯，韩令坤奏败扬州兵万余人于湾头堰，获涟州刺史秦进崇；张永德奏败泗州万余人于曲溪堰。

丙戌，以宣徽南院使向训为淮南节度使兼沿江招讨使。

涡口奏新作浮梁成。丁亥，帝自濠州如涡口。

帝锐于进取，欲自至扬州，范质等以兵疲食少，泣谏而止。

帝尝怒翰林学士窦仪，欲杀之；范质入救之，帝望见，知其意，即起避之。质趋前伏地，叩头谏曰：“仪罪不至死，臣为宰相，致陛下枉杀近臣，罪皆在臣。”继之以泣。帝意解，乃释之。

北汉葬神武帝于交城北山，庙号世祖。

五月，壬辰朔，以涡口为镇淮军。

丙申，唐永安节度使陈诲败福州兵于南台江，俘斩千余级。唐主更命永安曰忠义军。诲，德诚之父也。

戊戌，帝留侍卫亲军都指挥使李重进等围寿州，自涡口北归；乙卯，至大梁。

六月，壬申，赦淮南诸州系囚，除李氏非理赋役，事有不便于民者，委长吏以闻。

（以上为第四段，写后周世宗在淮南与南唐兵全线大交战，南唐军溃败，多数州城失守，但寿州屹立不动，后周世宗留军北还。）

侍卫步军都指挥使、彰信节度使李继勋营于寿州城南；唐刘仁赡伺

州，杀了妾家人二百口，今天遇见他，请报冤仇。”韩令坤于是就杀掉陆孟俊。

南唐齐王李景达率兵两万从瓜步渡过长江，距离六合二十多里，设置栅栏不再前进。众将想要去进攻，赵匡胤说：“他们设置栅栏自己固守，这是怕我们。如今我们的部众不到两千人，倘若前去进攻，那么他们就会看出我们的兵力很少；不如等待他们来再出击，一定可以打败他们！”过了几天，南唐出兵直奔六合，赵匡胤奋力攻击，大败南唐军队，杀死和俘虏将近五千人，南唐剩下的部众还有一万多人，逃跑渡江，争着上船而淹死的很多，于是南唐的精锐士卒全部丧失了。

这次战役，士卒有不尽力作战的。赵匡胤假装督战，用剑砍那些不尽力作战的士兵的皮斗笠。第二天，检查每一个人的皮斗笠，上面有剑砍痕迹的几十人，将他们全部斩首，因此部众没有敢不拼死作战的。

先前，南唐主听说扬州失守，命令扬州的四邻州县发兵夺回扬州。四月十七日己卯，韩令坤奏报在湾头堰打败［楚州］兵一万多人，俘获涟州刺史秦进崇；张永德奏报在曲溪堰打败泗州兵一万多人。

四月二十四日丙戌，任命宣徽院使向训为淮南节度使兼沿江招讨使。

涡口奏报新造的浮桥建成。四月二十五日丁亥，后周世宗从濠州前往涡口。

后周世宗锐意进取，想亲自到扬州，范质等人由于军队疲惫，粮食缺少，痛哭劝谏才停止行动。

后周世宗曾恼怒翰林学士窦仪，想要杀他；范质进去救他，后周世宗远远望见范质，知道他的来意，立即起身避开他。范质抢着向前去伏在地上，叩头劝谏说：“窦仪的罪还不至于死，臣作为宰相，致使陛下错杀近臣，罪都在臣的身上。”说着哭起来。后周世宗的怒气消了，就放了窦仪。

北汉在交城北山安葬神武帝，庙号世祖。

五月初一日壬辰，将涡口改为镇淮军。

五月初五日丙申，南唐永安节度使陈诲在南台江打败福州军队，俘获斩杀一千多人。南唐主把永安军改名为忠义军。陈诲是陈德诚的父亲。

五月初七日戊戌，后周世宗留下侍卫亲军都指挥使李重进等人包围寿州，自己从涡口向北返回；五月二十四日乙卯，到达大梁。

六月十一日壬申，赦免淮南各州关押的囚犯，免除李氏不合理的徭役赋税，凡是事情有不方便百姓的，委托地方长官奏报。

侍卫步军都指挥使、彰信节度使李继勋在寿州城南扎营；南唐刘仁赡趁他没有

继勋无备，出兵击之，杀士卒数百人，焚其攻具。

唐驾部员外郎朱元因奏事论用兵方略，唐主以为能，命将兵复江北诸州。

秋，七月，辛卯朔，以周行逢为武平节度使，制置武安、静江等军事。行逢既兼总湖、湘，乃矫前人之弊，留心民事，悉除马氏横赋，贪吏猾民为民害者皆去之，择廉平吏为刺史、县令。

朗州民夷杂居，刘言、王逵旧将多骄横，行逢壹以法治之，无所宽假，众怨怼且惧。有大将与其党十余人谋作乱，行逢知之，大会诸将，于座中擒之，数曰："吾恶衣粝食，充实府库，正为汝曹，何负而反！今日之会，与汝诀也！"立挝杀之，座上股栗。行逢曰："诸君无罪，皆宜自安。"乐饮而罢。

行逢多计数，善发隐伏，将卒有谋乱及叛亡者，行逢必先觉，擒杀之，所部凛然。然性猜忍，常散遣人密诇诸州事，其之邵州者，无事可复命，但言刺史刘光委多宴饮。行逢曰："光委数聚饮，欲谋我邪！"即召还，杀之。亲卫指挥使、衡州刺史张文表恐获罪，求归治所；行逢许之。文表岁时馈献甚厚，及谨事左右，由是得免。

行逢妻郧国夫人邓氏，陋而刚决，善治生，尝谏行逢用法太严，人无亲附者，行逢怒曰："汝妇人何知！"邓氏不悦，因请之村墅视田园，遂不复归府舍。行逢屡遣人迎之，不至。一旦，自帅僮仆来输税，行逢就见之，曰："吾为节度使，夫人何自苦如此！"邓氏曰："税，官物也。公为节度使，不先输税，何以率下！且独不记为里正代人输税以免楚挞时邪？"行逢欲与之归，不可，曰："公诛杀太过，常恐一旦有变，村墅易为逃匿耳。"行逢惭怒，其僚属曰："夫人言直，公宜纳之。"

行逢婿唐德求补吏，行逢曰："汝才不堪为吏，吾今私汝则可矣；汝居官无状，吾不敢以法贷汝，则亲戚之恩绝矣。"与之耕牛、农具而遣之。

防备，出兵进攻，杀死士兵几百人，烧掉他们攻城的器具。

南唐驾部员外郎朱元利用奏报事情的机会，谈论用兵策略，南唐主认为他有才能，命令他率兵收复江北各州。

秋季，七月初一日辛卯，后周世宗任命周行逢为武平节度使，处理武安、静江等军事。周行逢兼管湖湘地区后，矫正前人的弊端，留心百姓的事情，全面废除马氏的横征暴敛，贪官污吏扰乱百姓成为百姓祸害的全部革除，选择清廉公正的官吏为刺史、县令。

朗州汉民和蛮夷混杂居住，刘言、王逵的旧将大多骄傲蛮横，周行逢一律用法律来治理，没有一点宽容，众人既怨恨又害怕。有一名大将和他的党羽十多人阴谋发动叛乱，周行逢知道了这件事，便大会众将，在座位中把他抓起来，责备他说："我穿破旧的衣服，吃粗糙的饭食，充实府库，正是为了你们，为什么辜负我而造反！今天的聚会，是要和你诀别！"说完就立即将他打死，其他在座的众将都吓得双腿发抖。周行逢说："各位没有罪，都应该自己安心。"大家高兴地喝酒而散去。

周行逢多计谋，善于察觉隐秘，将帅士卒有图谋作乱以及叛变逃亡的，周行逢一定能够事先察觉，抓获杀掉，因此他的部下对他很敬畏。然而他生性多疑而残忍，常常派人分别去秘密刺探各州的情况，其中被派往邵州的人，没有什么事情可以报告，只说刺史刘光委经常设宴饮酒。周行逢说："刘光委屡次聚会饮酒，想要图谋我吗！"立即召他回来杀掉。亲卫指挥使、衡州刺史张文表担心获罪，请求解除兵权，回治所衡州；周行逢准许。张文表一年四季馈赠进献非常丰厚，同时很谨慎地服侍周行逢左右亲近的人，因此得以免罪。

周行逢的妻子郧国夫人邓氏，丑陋而刚强果断，善于治理生计，曾经劝谏周行逢，说他用法过于苛严，以致没有人亲近归附。周行逢愤怒地说："你妇道人家知道什么！"邓氏不高兴，因而请求到乡村去看守田园，于是就不再回朗州府舍。周行逢屡次派人去接她，邓氏都不肯来。有一天，邓氏亲自带着僮仆来缴纳赋税，周行逢前去见她，说："我身为节度使，夫人何必这样自找苦吃！"邓氏说："租税是公家的东西。您身为节度使，不先缴纳赋税，凭什么去做百姓的表率！而且你难道不记得你当里正时替人家缴纳赋税来免除拷打的时候了吗？"周行逢想和她一起回府舍，邓氏不肯，说："您诛杀太过分，我常常担心有朝一日会发生变乱，到时候乡村草房容易逃跑、躲藏。"周行逢又惭愧又恼怒，他的僚属说："夫人的话很正确，您应该听从。"

周行逢的女婿唐德请求补任吏职，周行逢说："你的才能不能够担任官吏，我如今对你偏私是可以的；但是如果你当官没有成绩，我不敢用法令来宽待你，那么亲戚之间的情义就断绝了。"给他耕牛、农具，遣送他回家。

行逢少时尝坐事黥，隶辰州铜阬，或说行逢："公面有文，恐为朝廷使者所嗤，请以药灭之。"行逢曰："吾闻汉有黥布，不害为英雄，吾何耻焉！"

自刘言、王逵以来，屡举兵，将吏积功及所羁縻蛮夷，检校官至三公者以千数。前天策府学士徐仲雅，自马希广之废，杜门不出，行逢慕之，署节度判官。仲雅曰："行逢昔趋事我，奈何为之幕吏！"辞疾不至。行逢迫胁固召之，面授文牒，终辞不取。行逢怒，放之邵州，既而召还。会行逢生日，诸道各遣使致贺，行逢有矜色，谓仲雅曰："自吾兼镇三府，四邻亦畏我乎？"仲雅曰："侍中境内，弥天太保，遍地司空，四邻那得不畏！"行逢复放之邵州，竟不能屈。有僧仁及，为行逢所信任，军府事皆预之，亦加检校司空，娶数妻，出入导从如王公。

辛亥，宣懿皇后符氏殂。

（以上为第五段，写湖南武平节度使周行逢多智略，然性情猜忍苛暴，夫人规谏不听。）

唐将朱元取舒州，刺史郭令图弃城走。李平取蕲州。唐主以元为舒州团练使，平为蕲州刺史。元又取和州。

初，唐人以茶盐强民而征其粟帛，谓之博征，又兴营田于淮南，民甚苦之；及周师至，争奉牛酒迎劳。而将帅不之恤，专事俘掠，视民如土芥；民皆失望，相聚山泽，立堡壁自固，操农器为兵，积纸为甲，时人谓之"白甲军"。周兵讨之，屡为所败，先所得唐诸州，多复为唐有。

唐之援兵营于紫金山，与寿春城中烽火相应。淮南节度使向训奏请以广陵之兵并力攻寿春，俟克城，更图进取，诏许之。训封府库以授扬州主者，命扬州牙将分部按行城中，秋毫不犯，扬州民感悦，军还，或负糗糒以送之。滁州守将亦弃城去，皆引兵趣寿春。

唐诸将请据险以邀周师，宋齐丘曰："如此，则怨益深。"乃命诸将各自保守，毋得擅出击周兵。由是寿春之围益急。齐王景达军于濠州，遥

周行逢年轻时候曾经犯罪而受黥刑，隶属辰州铜阬。有人劝说周行逢："您脸上有刺字，恐怕会被朝廷的使者所嘲笑，请用药把它除掉。"周行逢说："我听说汉朝有个黥布，并不妨碍他成为英雄，我何必为此感到羞耻呢！"

自从刘言、王逵以来，屡次起兵，将领官吏累积功劳以及所笼络的蛮夷部落首领应该得到三公散官职位的人数以千计。前任天策府学士徐仲雅，自从马希广被废以来，就闭门不出，周行逢仰慕他，任命他为节度判官。徐仲雅说："周行逢从前在我手下做过事，我为什么要做他的幕僚！"推说生病不到任。周行逢强迫威胁，再三召请，当面交给他任职的文书，徐仲雅始终推辞不接受。周行逢发怒，把他流放到邵州，不久召回。刚好遇上周行逢的生日，各道分别派遣使者表示祝贺，周行逢脸上有骄傲的神情，对徐仲雅说："自从我兼领武平、武安、静江三府以来，四邻也都畏服我吗？"徐仲雅说："侍中的境内，满天都是太保，遍地都是司空，四邻怎么能不畏服！"周行逢再次把他流放到邵州，最后还是不能使他屈服。有个僧人名叫仁及，被周行逢所信任，军府的事情他都参与，也加官检校司空，娶了好几个妻子，进出的时候有人开道跟从，和王公一样。

七月二十一日辛亥，宣懿皇后符氏去世。

南唐将领朱元攻取舒州，刺史郭令图弃城逃走。李平攻取蕲州。南唐主任命朱元为舒州团练使，李平为蕲州刺史。朱元又攻取和州。

当初，南唐把茶盐强行发给百姓，而征收他们的粟米和布帛，称为"博征"，又在淮南兴办营田，百姓深受其苦；等到后周军到来，百姓争相奉送牛肉酒菜来迎接慰劳。可是后周将帅并不体恤安抚，专门抢劫，把百姓看作粪土草芥；百姓都很失望，聚集在山林水泽，修筑堡垒自己固守，拿农具当兵器，聚集纸片当铠甲，当时的人称之为"白甲军"。后周军讨伐他们，屡次被他们打败，以前所得到的南唐各州，大部分又为南唐所有。

南唐援兵驻扎在紫金山，与寿春城里的烽火互相呼应。淮南节度使向训上奏请求派广陵的军队合力攻打寿春，等到攻克寿春城，再图谋发展，后周世宗下诏同意。向训封好府库，把它交给扬州主掌府库的人，命令扬州牙将分别部署城里的巡视，秋毫无犯，扬州百姓感动欢喜，军队返回的时候，有的人背着干粮去送他们。滁州守将也弃城逃走，都领兵直奔寿春。

南唐众将领请求占据险要的地方来拦截后周军，宋齐丘说："像这样的话，两国的仇怨就更深了。"于是命令众将各自守卫，不得擅自出兵袭击后周军。因此寿春的

为寿州声援，军政皆出于陈觉，景达署纸尾而已，拥兵五万，无决战意，将吏畏觉，无敢言者。

八月，戊辰，端明殿学士王朴、司天少监王处纳撰《显德钦天历》，上之。诏自来岁行之。

殿前都指挥使、义成节度使张永德屯下蔡，唐将林仁肇以水陆军援寿春。永德与之战，仁肇以船实薪刍，因风纵火，欲焚下蔡浮梁，俄而风回，唐兵败退。永德为铁緪千余尺，距浮梁十余步，横绝淮流，系以巨木，由是唐兵不能近。

九月，丙午，以端明殿学士、左散骑常侍、权知开封府事王朴为户部侍郎，充枢密副使。

冬，十月，癸酉，李重进奏唐人寇盛唐，铁骑都指挥使王彦昇等击破之，斩首三千余级。彦昇，蜀人也。

丙子，上谓侍臣："近朝征敛谷帛，多不俟收获、纺绩之毕。"乃诏三司，自今夏税以六月，秋税以十月起征，民间便之。

山南东道节度使、守太尉兼中书令安审琦镇襄州十余年，至是入朝，除守太师，遣还镇。既行，上问宰相："卿曹送之乎？"对曰："送至城南，审琦深感圣恩。"上曰："近朝多不以诚信待诸侯，诸侯虽有欲效忠节者，其道无由。王者但能毋失其信，何患诸侯不归心哉！"

壬午，张永德奏败唐兵于下蔡。是时唐复以水军攻永德，永德夜令善游者没其船下，縻以铁锁，纵兵击之，船不得进退，溺死者甚众。永德解金带以赏善游者。

甲申，以太祖皇帝为定国节度使兼殿前都指挥使。太祖皇帝表渭州军事判官赵普为节度推官。

张永德与李重进不相悦，永德密表重进有二心，帝不之信。时二将各拥重兵，众心忧恐。重进一日单骑诣永德营，从容宴饮，谓永德曰："吾与公幸以肺附俱为将帅，奚相疑若此之深邪？"永德意乃解，众心亦安。唐主闻之，以蜡丸遗重进，诱以厚利，其书皆谤毁及反间之语，重进奏之。

（以上为第六段，写南唐宋齐丘误国，后周侍卫亲军都指挥使李重进顾全大局，

围困更加紧急。齐王李景达驻扎在濠州，远远地为寿州声援，军事政令都出于陈觉之手，李景达只是在纸尾署名而已，拥兵五万，没有决战的意思，将帅官吏都怕陈觉，没有敢说话的人。

八月初九日戊辰，端明殿学士王朴、司天少监王处讷撰成《显德钦天历》，进献给后周世宗。后周世宗诏命从明年开始实行。

殿前都指挥使、义成节度使张永行屯驻下蔡，南唐将领林仁肇率领水陆军救援寿春。张永德与他交战，林仁肇用船装满干柴，趁着风势，想要烧掉下蔡的浮桥，一会儿风向改变，南唐军队败退。张永德制作一条一千多尺长的铁索，在距离浮桥十几步的地方，拦腰隔断淮河水流，系上大木头，因此南唐军无法接近浮桥。

九月十七日丙午，后周世宗任命端明殿学士、左散骑常侍、权知开封府事王朴为户部侍郎，充任枢密副使。

冬季，十月十四日癸酉，李重进奏报南唐军队侵犯盛唐，铁骑都指挥使王彦昇等人击败他们，斩首三千多级。王彦昇是蜀人。

十月十七日丙子，后周世宗对侍从大臣说："近几朝征收粮食布帛，大多不等到收获、纺织完毕。"于是诏命三司从今以后夏税在六月开始征收，秋税在十月开始征收，民间对此感到方便。

山南东道节度使、守太尉兼中书令安审琦镇守襄州十多年，到了这时入朝，授官守太师，送回镇所。启程以后，后周世宗问宰相说："爱卿们送他了吗？"回答说："送到城南，安审琦深深地感激皇上的恩德。"后周世宗说："近来各朝，大多不用真诚信任对待诸侯，诸侯虽然有想要效忠尽节的，也没有途径。统治天下的人只要不失信用，怕什么诸侯不诚心归服呢！"

十月二十三日壬午，张永德奏报在下蔡打败南唐军队。这时，南唐又派水军攻打张永德，张永德命令善于游泳的人晚上潜水到南唐军队的船底下，系上铁锁，然后发兵进攻，船不能前进，也不能后退，淹死的人很多。张永德解下金带赏给善于游泳的人。

十月二十五日甲申，任命赵匡胤为定国节度使兼殿前都指挥使。赵匡胤上表推荐渭州军事判官赵普为节度推官。

张永德和李重进关系不好，张永德秘密上表说李重进有二心，后周世宗不相信。当时这两位将领各自拥有重兵，众人心里担忧恐惧。李重进有一天单人匹马前往张永德的营中，从容饮酒，对张永德说："我与您因为是皇上的心腹有幸而都做了将帅，为什么相互猜疑如此之深呢？"张永德的疑意这才消除，众人心里也安定了。南唐主听说这件事，把一个装有密信的蜡丸送给李重进，用重利来引诱他，信中写的都是一些毁谤朝廷以及离间的话，李重进把书信上奏。

释私嫌，重公义，将士一心。）

初，唐使者孙晟、锺谟从帝至大梁，帝待之甚厚，每朝会，班于中书省官之后，时召见，饮以醇酒，问以唐事。晟但言“唐主畏陛下神武，事陛下无二心。”及得唐蜡书，帝大怒，召晟，责以所对不实。晟正色抗辞，请死而已。问以唐虚实，默不对。十一月，乙巳，帝命都承旨曹翰送晟于右军巡院，更以帝意问之。翰与之饮酒数行，从容问之，晟终不言。翰乃谓曰：“有敕，赐相公死。”晟神色怡然，索袍笏，整衣冠，南向拜曰：“臣谨以死报国。”乃就刑。并从者百余人皆杀之，贬锺谟耀州司马。既而帝怜晟忠节，悔杀之，召谟，拜卫尉少卿。

帝召华山隐士真源陈抟，问以飞升、黄白之术，对曰：“陛下为天子，当以治天下为务，安用此为！”戊申，遣还山，诏州县长吏常存问之。

十二月，壬申，以张永德为殿前都点检。

分命中使发陈、蔡、宋、亳、颍、兖、曹、单等州丁夫城下蔡。

是岁，唐主诏淮南营田害民尤甚者罢之。遣兵部郎中陈处尧持重币浮海诣契丹乞兵。契丹不能为之出兵，而留处尧不遣。处尧刚直有口辩，久之，忿怼，数面责契丹主，契丹主亦不之罪也。

蜀陵、荣州獠反，弓箭库使赵季文讨平之。

吴越王弘俶括境内民兵，劳扰颇多，判明州钱弘亿手疏切谏，罢之。

（以上为第七段，写后周世宗悔杀南唐使孙晟，大发诸州之民城下蔡。）

四年（丁巳，957年）

春，正月，己丑朔，北汉大赦，改元天会。以翰林学士卫融为中书侍郎、同平章事，内客省使段恒为枢密使。

宰相屡请立皇子为王，上曰：“诸子皆幼，且功臣之子皆未加恩，而独先朕子，能自安乎！”

周兵围寿春，连年未下，城中食尽。齐王景达自濠州遣应援使、永

当初，南唐使者孙晟、锺谟随从后周世宗到大梁，后周世宗待他们很优厚，每次朝会，让他们排在中书省官员的后面，时常召见，请他们喝美酒，询问南唐的情况。孙晟只说："唐主敬畏陛下神明威武，事奉陛下决无二心。"等到得到南唐蜡丸中的书信，后周世宗大为愤怒，召见孙晟，斥责他回答不真实。孙晟神情严肃，言辞慷慨，只是请求一死而已。问他南唐国中的虚实，他默然不答。十一月十七日乙巳，后周世宗命令都承旨曹翰送孙晟到右军巡院，再拿后周世宗的意思来问他。曹翰和他喝酒，酒过几巡之后，曹翰心平气和地问他，孙晟始终不说。曹翰于是对他说："有敕令，赐相公死。"孙晟神色和悦，索要朝服朝笏，整理衣冠，向南方下拜说："臣谨以死报国。"于是赴刑。随从的一百多人全部被杀掉，贬锺谟为耀州司马。不久后周世宗怜惜孙晟的忠诚守节，后悔杀了他，召回锺谟，任命他为卫尉少卿。

后周世宗召见华山隐士真源人陈抟，问他羽化升仙、炼金炼银的方法，陈抟回答说："陛下是天子，应当以治理天下为事，哪里用得这些呢？"十一月二十日戊申，遣送他回山，诏命州县长官常去看望慰问。

十二月十四日壬申，任命张永德为殿前都点检。

后周世宗分别派遣宫中使者征发陈州、蔡州、宋州、亳州、颍州、兖州、曹州、单州等州的民夫［数万人］修筑下蔡城。

这一年，南唐主诏命淮南营田损害百姓特别严重的都废除。派遣兵部郎中陈处尧携带丰厚的钱财渡海到契丹去请求援兵。契丹不能替南唐出兵，却留住陈处尧不送回。陈处尧刚强正直，能言善辩，过了很久，心中愤怒怨恨，屡次当面斥责契丹主，契丹主也不怪罪他。

后蜀陵州、荣州的獠人造反，弓箭库使赵季文讨伐平定他们。

吴越王钱弘俶搜求境内的百姓当兵，对百姓骚扰很多，判明州钱弘亿亲笔上疏痛切劝谏，吴越王停止了这件事。

后周世宗显德四年（丁巳，957年）

春季，正月初一日己丑，北汉实行大赦，改年号为天会。任命翰林学士卫融为中书侍郎、同平章事，内客省使段恒为枢密使。

宰相屡次请求立皇子为王，后周世宗说："诸子都还年幼，况且功臣的儿子都还没有加封，而单独先封朕的儿子，能安心吗！"

周军包围寿春，连年没有攻下，城中粮食已经吃完。齐王李景达从濠州派遣应

安节度使许文稹，都军使边镐，北面招讨使朱元将兵数万，溯淮救之，军于紫金山，列十余寨如连珠，与城中烽火晨夕相应；又筑甬道抵寿春，欲运粮以馈之，绵亘数十里。将及寿春，李重进邀击，大破之，死者五千人，夺其二寨。丁未，重进以闻。戊申，诏以来月幸淮上。

刘仁赡请以边镐守城，自帅众决战；齐王景达不许，仁赡愤邑成疾。其幼子崇谏夜泛舟渡淮北，为小校所执。仁赡命腰斩之，左右莫敢救，监军使周廷构哭于中门以救之，仁赡不许。廷构复使求救于夫人，夫人曰："妾于崇谏非不爱也，然军法不可私，名节不可亏；若贷之，则刘氏为不忠之门，妾与公何面目见将士乎！"趣命斩之，然后成丧。将士皆感泣。

议者以唐援兵尚强，多请罢兵，帝疑之。李穀寝疾在第，二月，丙寅，帝使范质、王溥就与之谋。穀上疏，以为："寿春危困，破在旦夕。若銮驾亲征，则将士争奋，援兵震恐，城中知亡，必可下矣！"上悦。

庚午，诏有司更造祭器、祭玉等，命国子博士聂崇义讨论制度，为之图。

甲戌，以王朴权东京留守兼判开封府事，以三司使张美为大内都巡检，以侍卫都虞候韩通为京城内外都巡检。

乙亥，帝发大梁。先是周与唐战，唐水军锐敏，周人无以敌之，帝每以为恨。返自寿春，于大梁城西汴水侧造战舰数百艘，命唐降卒教北人水战，数月之后，纵横出没，殆胜唐兵。至是命右骁卫大将军王环将水军数千自闵河沿颍入淮，唐人见之大惊。

（以上为第八段，写周师围南唐寿春，连年不下，后周世宗第二次亲征，以唐降卒编练为周军水师，南唐人见之大惊。）

乙酉，帝至下蔡；三月，己丑夜，帝渡淮，抵寿春城下。庚寅旦，躬擐甲胄，军于紫金山南，命太祖皇帝击唐先锋寨及山北一寨，皆破之，斩获三千余级，断其甬道，由是唐兵首尾不能相救。至暮，帝分兵守诸寨，还下蔡。

唐朱元恃功，颇违元帅节度；陈觉与元有隙，屡表元反覆，不可将

援使、永安节度使许文稹，都军使边镐，北面招讨使朱元率兵几万人，逆淮河而上，救援寿春，驻扎在紫金山，排列成十几个营寨，像成串的珠子一样，与城中的烽火早晚相呼应；又修筑甬道抵达寿春，想要运送粮食供应城里，绵延至几十里。通道将要通到寿春的时候，李重进拦腰截击，大败南唐军队，杀死南唐兵五千人，夺取南唐两个营寨。正月十九日丁未，李重进把这件事奏报后周世宗。正月二十日戊申，后周世宗下诏将于下个月临幸淮上。

刘仁赡请求由边镐守城，自己率领部众决战；齐王李景达不同意，刘仁赡忧愤愁闷而得病。他的小儿子刘崇谏晚上划船渡河到淮北，被小校抓到。刘仁赡下令将他腰斩，左右的人都不敢救，监军使周廷构在中门哭着来救他，刘仁赡不准。周廷构又派人向夫人求救，夫人说："贱妾对崇谏不是不怜爱，然而军法不可徇私，名节不可亏损。如果宽恕了他，那么刘氏就成为不忠的门第，贱妾与公有什么脸面去见将士们呢！"催促刘仁赡下令将他腰斩，然后准备丧事。将士们都感动得流泪。

议事的人认为南唐援兵势力还很强，许多人请求撤兵，后周世宗对此有点迟疑。李穀卧病在家，二月初八日丙寅，后周世宗派范质、王溥前去与他商议。李穀上疏，认为："寿春被困危急，旦夕之间可以攻破。如果皇上亲征，那么将士争相奋战，援兵震惊恐惧，城里的守军知道将要灭亡，一定可以攻下了！"后周世宗很高兴。

二月十二日庚午，后周世宗诏命有关部门另外制造祭器、祭玉等物，命令国子博士聂崇义讨论礼仪制度，画出图样。

二月十六日甲戌，后周世宗任命王朴暂时代理东京留守兼判开封府事，任命三司使张美为大内都巡检，任命侍卫都虞候韩通为京城内外都巡检。

二月十七日乙亥，后周世宗从大梁出发。在此之前，后周与南唐交战，南唐水军锐利敏捷，后周人无法抵挡，后周世宗常常以此为恨。从寿春回来以后，在大梁城西汴水岸边建造战舰，命令南唐投降的士兵教北方人水上作战，几个月以后，后周水军纵横出没，差不多胜过南唐水军。到了这个时候，后周世宗命令右骁卫大将地军王环率领水军几千人从闵河沿颍水进入淮河，南唐人见了大为吃惊。

二月二十七日乙酉，后周世宗到达下蔡；三月初二日己丑的晚上，后周世宗渡过淮河，抵达寿春城下。三月初三日庚寅早晨，后周世宗亲自穿上铠甲，戴上头盔，驻扎在紫金山南面，命令赵匡胤攻击南唐的先锋寨和山北的另一个营寨，全部攻破，斩杀俘虏三千多人，切断他们的甬道，因此南唐军队首尾不能相救。到了傍晚，后周世宗分兵防守各寨，返回下蔡。

南唐朱元依仗自己曾有过收复舒州、和州的功劳，常常违抗元帅的指挥命令；

兵。唐主以武昌节度使杨守忠代之。守忠至濠州，觉以齐王景达之命，召元至濠州计事，将夺其兵。元闻之，愤怒，欲自杀，门下客宋垍说元曰："大丈夫何往不富贵，何必为妻子死乎！"辛卯夜，元与先锋壕寨使朱仁裕等举寨万余人降；裨将时厚卿不从，元杀之。

帝虑其余众沿流东溃，遽命虎捷左厢都指挥使赵晁将水军数千沿淮而下。壬辰旦，帝军于赵步，诸将击唐紫金山寨，大破之，杀获万余人，擒许文稹、边镐、杨守忠。余众果沿淮东走，帝自赵步将骑数百循北岸追之，诸将以步骑循南岸追之，水军自中流而下，唐兵战溺死及降者殆四万人，获船舰粮仗以十万数。晡时，帝驰至荆山洪，距赵步二百余里。是夜，宿镇淮军。癸酉，从官始至。刘仁赡闻援兵败，扼吭叹息。

甲午，发近县丁夫城镇淮军，为二城，夹淮水，徙下蔡浮梁于其间，扼濠、寿应援之路。会淮水涨，唐濠州都监彭城郭廷谓以水军溯淮，欲掩不备，焚浮梁。右龙武统军赵匡赞觇知之，伏兵邀击，破之。

唐齐王景达及陈觉皆自濠州奔归金陵，惟静江指挥使陈德诚全军而还。

戊戌，以淮南节度使向训为武宁节度使、淮南道行营都监，将兵戍镇淮军。

己亥，上自镇淮军复如下蔡。庚子，赐刘仁赡诏，使自择祸福。

唐主议自督诸将拒周，中书舍人乔匡舜上疏切谏，唐主以为沮众，流抚州。唐主问神卫统军朱匡业、刘存忠以守御方略，匡业诵罗隐诗曰："时来天地皆同力，运去英雄不自由。"存忠以匡业言为然。唐主怒，贬匡业抚州副使，流存忠于饶州。既而竟不敢自行。

甲辰，帝耀兵于寿春城北。唐清淮节度使兼侍中刘仁赡病甚，不知人。丙午，监军使周廷构、营田副使孙羽等作仁赡表，遣使奉之来降。丁未，帝赐仁赡诏，遣阁门使万年张保续入城宣谕，仁赡子崇让复出谢

陈觉与朱元有仇怨，屡次上表说朱元反复无常，不可领兵。南唐主命令武昌节度使杨守忠代替朱元。杨守忠到了濠州，陈觉用齐王李景达的命令，召见朱元到濠州商议军事，准备夺去他的兵权。朱元听说这件事，很愤怒，想自杀。门下的宾客宋垍劝朱元说：“大丈夫到哪里不能富贵，何必为了妻子儿女去死呢！”三月初四日辛卯晚上，朱元和先锋壕寨使朱仁裕等人率领营寨中一万多人投降；副将时厚卿不肯听从，朱元杀了他。

后周世宗担心南唐残余的部众沿着淮河向东败逃，紧急命令虎捷左厢都指挥使赵晁率数千人顺淮河而下。三月初五日壬辰早晨，后周世宗驻军赵步，众将攻击南唐紫金山的营寨，大败唐军，杀死俘获一万多人，擒获许文稹、边镐、杨守忠。残余的部众果然沿着淮河向东逃走，后周世宗从赵步率领几百名骑兵沿着北岸追赶，众将率领步兵和骑兵沿南岸追赶，水军从淮河中流而下，唐军战死、淹死和投降的将近四万人，缴获船舰、粮草、武器以十万计数。傍晚时分，后周世宗奔驰到荆山洪，距离赵步两百多里。当晚，住宿在镇淮军。癸酉日，随从的官员才到达。刘仁赡听说援兵失败，气扼于喉而叹息。

三月初七日甲午，后周征发附近州县的民夫修筑镇淮军城，建成两座城，夹着淮河，把下蔡的浮桥移到两城之间，控制濠州、寿州接应援助的通路。正遇上淮河河水上涨，南唐濠州都监彭城人郭廷谓率领水军逆淮河而上，想乘后周军没有防备的时候突然袭击，焚烧浮桥。右龙武统军赵匡赞侦察得知这些情况，埋伏军队截击，打败南唐军队。

南唐齐王李景达和陈觉都从濠州逃回金陵，只有静江指挥使陈德诚全军而还。

三月十日戊戌，任命淮南节度使向训为武宁节度使、淮南道行营都监，率兵守卫镇淮军。

三月十一日己亥，后周世宗从镇淮军再次前往下蔡。三月十三日庚子，赐给刘仁赡诏书，让他自己选择吉凶祸福。

南唐主拟议亲自督领众将抵抗后周，中书舍人乔匡舜上书恳切劝谏，南唐主认为他使众人颓丧，把他流放抚州。南唐主问神卫统军朱匡业、刘存忠防御策略，朱匡业背诵罗隐的诗说：“时来天地皆同力，运去英雄不自由。”刘存忠以为朱匡业的话很对。南唐主发怒，贬朱匡业为抚州副使，把刘存忠流放到饶州。可是后来连南唐主自己也不敢到前线去。

三月十七日甲辰，后周世宗在寿春城北炫耀兵力。南唐清淮节度使兼侍中刘仁赡病得很重，不省人事。三月十九日丙午，监军使周廷构、营田副使孙羽等人以刘仁赡的名义作表书，派遣使者奉表前来投降。三月二十日丁未，后周世宗赐给刘仁

罪。戊申，帝大陈甲兵，受降于寿春城北，廷构等舁仁赡出城，仁赡卧不能起。帝慰劳赐赉，复令入城养疾。

（以上为第九段，写周师大破南唐援兵，寿春城破。）

庚戌，徙寿州治下蔡，赦州境死罪以下。州民受唐文书聚山林者，并召令复业，勿问罪；有尝为其杀伤者，毋得雠讼。向日政令有不便于民者，令本州条奏。辛亥，以刘仁赡为天平节度使兼中书令，制辞略曰："尽忠所事，抗节无亏，前代名臣，几人堪比！朕之伐叛，得尔为多。"是日，卒，追赐爵彭城郡王。唐主闻之，亦赠太师。帝复以清淮军为忠正军以旌仁赡之节，以右羽林统军杨信为忠正节度使、同平章事。

前许州司马韩伦，侍卫马军都指挥使令坤之父也。令坤领镇安节度使，伦居于陈州，干预政事，贪污不法，为公私患，为人所讼，令坤屡为之泣请。癸丑，诏免伦死，流沙门岛。

伦后得赦还，居洛阳，与光禄卿致仕柴守礼及当时将相王溥、王晏、王彦超之父游处，恃势恣横，洛阳人畏之，谓之十阿父。帝既为太祖嗣，人无敢言守礼子者，但以元舅处之，优其俸给，未尝至大梁；尝以小忿杀人，有司不敢诘，帝知而不问。

诏开寿州仓振饥民。丙辰，帝北还；夏，四月，己巳，至大梁。

诏修永德殿，命宦官孙延希董其役。丁丑，帝至其所，见役徒有削柿为匕，瓦中啖饭者，大怒，斩延希于市。

（以上为第十段，写后周世宗安抚新得淮南之民，北还京师，诛杀虐待工役的宦官孙延希。）

帝之克秦、凤也，以蜀兵数千人为怀恩军。乙亥，遣怀恩指挥使萧知远等将士八百余人西还。

壬午，李穀扶疾入见，帝命不拜，坐于御坐之侧。穀恳辞禄位，不许。

甲申，分江南降卒为六军、三十指挥，号怀德军。

赡诏书，派遣阁门使万年人张保续进城宣旨安抚，刘仁赡的儿子刘崇让又出城来谢罪。三月二十一日戊申，后周世宗大规模地陈列甲兵，在寿春城北接受投降。周廷构等人抬着刘仁赡出城，刘仁赡躺着不能起身。后周世宗慰劳赏赐他，又命他进城养病。

三月二十三日庚戌，把寿州的府治迁到下蔡，赦免州境内死罪以下的囚犯。州民受到南唐刑法处置而聚集山林的，一起召回，让他们恢复原来的职业，不追问罪行；有曾被他们杀伤的，不得报仇打官司。以前的政令有不便于百姓的，命令本州条陈上奏。三月二十四日辛亥，后周世宗任命刘仁赡为天平节度使兼中书令，制书的内容大致说："对所事奉的君主竭尽忠诚，坚守节操，没有亏欠，前代名臣，有几人能与之相比！朕讨伐叛国，得到你才算受益多多。"当天，刘仁赡去世，追赐爵位为彭城郡王。南唐主听到这个消息，也赠他为太师。后周世宗又将唐淮军改名为忠正军，来表彰刘仁赡的节操，任命右羽林统军杨信为忠正节度使、同平章事。

前许州司马韩伦，是侍卫马军都指挥使韩令坤的父亲。韩令坤兼任镇安节度使，韩伦住在陈州，干预政事，贪污违法，成为官府百姓的祸患，被人诉讼，韩令坤屡次替他哭泣求情。三月二十六日癸丑，后周世宗下诏赦免韩伦死罪，流放到沙门岛。

韩伦后来得到赦免返回，住在洛阳，与光禄卿致仕柴守礼以及当时将相王溥、王晏、王彦超等人的父亲交游相处，依仗权势，肆意横行，洛阳人怕他们，称他们为"十阿父"。后周世宗既已成了太祖的继承人，没有人敢说他是柴守礼的儿子，只是把柴守礼当作长舅来看待，给他优厚的俸禄，柴守礼未曾到过大梁；他曾经为了一点小怨恨而杀人，有关部门不敢追问，后周世宗知道也不过问。

后周世宗下诏打开寿州的府库赈济饥民。三月二十九日丙辰，后周世宗北上返回；夏季，四月十二日己巳，到达大梁。

后周世宗诏命整修永福殿，命令宦官孙延希监督这项工程。四月二十日丁丑，后周世宗到整修场所，看到役徒有削木片为勺子，在瓦片中盛饭吃的，大为生气，在街市上将孙延希斩首。

后周世宗攻克秦州和凤州的时候，把几千名后蜀兵编为怀恩军。四月十八日乙亥，派遣怀恩指挥使萧知远等将士八百多人向西返回后蜀。

四月二十五日壬午，李穀抱病进见后周世宗，后周世宗让他不用下拜，坐在御座的旁边。李穀恳切地请求辞去禄位，后周世宗不准。

四月二十七日甲申，后周将江南投降的士兵分编为六军、三十指挥，号称怀

乙酉，诏疏汴水北入五丈河，由是齐、鲁舟楫皆达于大梁。

五月，丁酉，以太祖皇帝领义成节度使。

诏以律令文古难知，格敕烦杂不壹，命御史知杂事张湜等训释，详定为《刑统》。

唐郭廷谓将水军断涡口浮梁，又袭败武宁节度使武行德于定远，行德仅以身免。唐主以廷谓为滁州团练使，充上淮水陆应援使。

蜀人多言左右卫圣马步都指挥使、保宁节度使、同平章事李廷珪为将败覆，不应复典兵；廷珪亦自请罢去。六月，乙丑，蜀主加廷珪检校太尉，罢军职。李太后以典兵者多非其人，谓蜀主曰："吾昔见庄宗跨河与梁战，及先帝在太原，平二蜀，诸将非有大功，无得典兵，故士卒畏服。今王昭远出于厮养，伊审徵、韩保贞、赵崇韬皆膏粱乳臭子，素不习兵，徒以旧恩寘于人上，平时谁敢言者，一旦疆埸有事，安能御大敌乎！以吾观之，惟高彦俦太原旧人，终不负汝，自余无足任者。"蜀主不能从。

（以上为第十一段，写后周世宗释蜀俘，制《刑统》，任命赵匡胤为义成节度使。后蜀主不听嘉言，不能任用贤将。）

丁丑，以前华州刺史王祚为颍州团练使。祚，溥之父也。溥为宰相，祚有宾客，溥常朝服侍立；客坐不安席，祚曰："豚犬不足为起。"

秋，七月，丁亥，上治定远军及寿春城南之败，以武宁节度使兼中书令武行德为左卫上将军，河阳节度使李继勋为右卫大将军。

北汉主初立七庙。

司空兼门下侍郎、同平章事李穀卧疾二年，凡九表辞位。八月，乙亥，罢守本官，令每月肩舆一诣便殿议政事。

以枢密副使、户部侍郎王朴检校太保，充枢密使。

怀恩军至成都，蜀主遣梓州别驾胡立等八十人东还，且致书为谢，请通好。癸未，立等至大梁。帝以蜀主抗礼，不之答。蜀主闻之，怒曰："朕为天子郊祀天地时，尔犹作贼，何敢如是！"

德军。

四月二十八日乙酉，后周世宗诏命疏通汴水，使它向北流入五丈河，从此齐鲁一带的船只都可以到达大梁。

五月十一日丁酉，任命赵匡胤兼任义成节度使。

后周世宗下诏由于法律条文的文字古奥难懂，格式、敕令烦多复杂不统一，使命令侍御史知杂事张湜等人解释，详尽编定为《刑统》。

南唐郭廷谓率领水军切断涡口的浮桥，又在定远袭击打败了武宁节度使武行德，武行德仅仅自己逃脱。南唐主任命郭廷谓为濠州团练使，充任淮水上游水陆应援使。

后蜀人大多说左右卫圣马步都指挥使、保宁节度使、同平章事李廷珪担任将领而兵败丧地，不应再主掌军事；李廷珪也自己请求罢免。六月初十日乙丑，后蜀主为李廷珪加官检校太尉，免除军职。李太后因为统领军队的人大多不是称职的人，便对后蜀主说："我从前看见后唐庄宗跨越黄河与梁朝交战，以及先帝在太原，后来平定西川、东川，众将如果没有大功，不得统领军队，所以士卒敬畏服从。如今王昭远出身仆役，伊审徵、韩保贞、赵崇韬是乳臭未干的富贵子弟，他们向来不熟悉军事，只是凭着旧日的恩宠而被安置在他人之上，平时谁人敢说，一旦边疆有事，怎么能够抵御大敌呢！依我看来，只有高彦俦是太原时的旧人，终究不会辜负你，其余的没有值得任用的。"后蜀主不能听从。

六月二十二日丁丑，后周世宗任命前华州刺史王祚为颍州团练使。王祚是王溥的父亲。王溥当宰相，王祚有宾客，王溥常常穿着朝服陪着在旁边站立；客人坐在席上不安，王祚说："犬子不值得为他起身。"

秋季，七月初二日丁亥，后周世宗处理定远军和寿春城南失败的事情，任命武宁节度使兼中书令武行德为左卫上将军，河阳节度使李继勋为右卫大将军。

北汉主开始设立祖宗七庙。

司空兼门下侍郎、同平章事李穀养病两年，一共九次上表请求辞去相位。八月二十一日乙亥，后周世宗下诏解除他的宰相职务，只任本官，命他每个月乘坐轿子到便殿一次，讨论政事。

后周世宗任命枢密副使、户部侍郎王朴为检校太保，充任枢密使。

怀恩军到达成都，后蜀主派遣梓州别驾胡立等八十人返回东方，并且写信道谢，请求互相通使友好。八月二十九日癸未，胡立等人到达大梁。后周世宗因为后蜀主采用对等的礼节，所以不给他回信。后蜀主听到这个消息，愤怒地说："朕做天子在南郊祭祀天地的时候，你还在当强盗，怎么敢像这样！"

九月，中书舍人窦俨上疏请令有司讨论古今礼仪，作《大周通礼》，考正钟律，作《大周正乐》。又以为："为政之本，莫大择人；择人之重，莫先宰相。自有唐之末，轻用名器，始为辅弼，即兼三公、仆射之官。故其未得之也，则以趋竞为心；既得之也，则以容默为事，但思解密勿之务，守崇重之官，逍遥林亭，保安宗族。乞令即日宰相于南宫三品、两省给、舍以上，各举所知。若陛下素知其贤，自可登庸；若其未也，且令以本官权知政事。期岁之间，察其职业，若果能堪称，其官已高，则除平章事；未高，则稍更迁官，权知如故。若有不称，则罢其政事，责其举者。又，班行之中，有员无职者太半，乞量其才器，授以外任，试之于事，还以旧官登叙，考其治状，能者进之，否者黜之。"又请："令盗贼自相纠告，以其所告赀产之半赏之；或亲戚为之首，则论其徒侣而赦其所首者。如此，则盗不能聚矣。又，新郑乡村团为义营，各立将佐，一户为盗，累其一村；一户被盗，罪其一将。每有盗发，则鸣鼓举火，丁壮云集，盗少民多，无能脱者。由是邻县充斥而一境独清。请令他县皆效之，亦止盗之一术也。又，累朝已来，屡下诏书，听民多种广耕，止输旧税，及其既种，则有司履亩而增之，故民皆疑惧而田不加辟。夫为政之先，莫如敦信。信苟著矣，则田无不广，田广则谷多，谷多则藏之民犹藏之官也。"又言："陛下南征江、淮，一举而得八州，再驾而平寿春，威灵所加，前无强敌。今以众击寡，以治伐乱，势无不克。但行之贵速，则彼民免俘馘之灾，此民息转输之困矣。"帝览而善之。俨，仪之弟也。

冬，十月，戊午，设贤良方正直言极谏、经学优深可为师法、详闲吏理达于教化等科。

癸亥，北汉麟州刺史杨重训举城降，以为麟州防御使。

己巳，以王朴为东京留守，听以便宜从事。以三司使张美充大内都

九月，中书舍人窦俨上疏请求命令有关部门的官员讨论古今的礼仪，制作《大周通礼》，考订校正黄钟乐的法度标准，制作《大周正乐》。窦俨又认为："处理政事的根本，没有比选择人才更为重要的；选择人才的重要，没有比选择宰相更为重要的。自从唐朝末年以来，随便封爵赏赐，刚刚到任宰相，就兼任三公、仆射的官职。所以当他还没有得到官位的时候，就一心奔走争逐；得到官位以后，就事事逢迎沉默，只想解除机要的政务，担任崇高重要的官职，逍遥在园林亭榭之中，保护家族平安。请求命令现任宰相至尚书省六部尚书、中书省及门下省给事中、中书舍人以上，各自举荐知道的人才。如果陛下平时就知道他贤能，自然可以提拔任用；如果不知道，暂且命令他以原来的官职暂时主持政事。一年以后，考察他的职责业绩，倘若果真能够胜任，那么他的官位已经高了，则授予平章事；官位不高的，就再略加提升，照旧暂且代理政事。倘若不能称职，就解除他处理政事的职务，追究荐举者的责任。另外，在官吏的班次行列之中，有名额而无职责的占了大半，请求衡量他们的才能，授给他们外任官，让他们在实际事务中试用，回京后按照原来的官职铨叙升迁，考察他们的政绩，有才能的人提拔，无能的人罢黜。"又请求："让盗贼互相检举告发，把所告发盗贼财产的一半赏给告发者；或者有亲戚替盗贼自首的，那就处罚盗贼的党徒同伙而赦免代为自首的盗贼。像这样，盗贼就不能聚集了。另外，新郑县的乡村组成义营，各自设立将佐，一户当盗贼，就连累一村；一户被盗窃，就怪罪他那一营的主将。每当有盗贼再现，就击鼓举火，聚集丁壮，盗贼少而百姓多，所以没有一个盗贼能逃脱。因此邻县盗贼充斥而新郑全境独自很清静。请求下令其他各县都效法新郑，这也是阻止盗贼的一种方法。此外，历朝以来，屡次颁布诏书，听任百姓多种广耕，而只缴纳旧税，等到农民已经耕种以后，官吏就丈量田亩而增税，所以百姓都怀疑害怕，而田地不再增加开辟。治理政务的先决条件，没有比注重信用更重要的了。信用如果卓著，那么田地没有不扩大的；田地扩大，粮食就增多；粮食增多，藏在民间也就等于藏在官府。"又说："陛下南征江淮，一举而取得八州，再次亲征而平定寿春，神威所到之处，前面没有强劲的对手。如今以众击寡，以治伐乱，势必攻无不克。只是行动起来贵在迅速，那么敌国的百姓就可免于被俘虏斩杀的灾祸，我们的百姓则可停止辗转运送的困苦了。"后周世宗看过之后，认为他说得好。窦俨是窦仪的弟弟。

冬季，十月初五日戊午，后周设立贤良方正直言极谏、经学优深可为师法、详闲吏理达于教化等科。

十月初十日癸亥，北汉麟州刺史杨重训率众举城投降，朝廷任命他为麟州防御使。

十月十六日己巳，任命王朴为东京留守，听任他根据情况随机行事。任命三司

点检。

（以上为第十二段，写后周中书舍人窦俨上疏论为政之本，制礼作乐、任贤择相、沙汰冗官、治盗贼以重民生，后周世宗称善。）

壬申，帝发大梁；十一月，丙戌，至镇淮军，是夜五鼓，济淮；丁亥，至濠州城西。濠州东北十八里有滩，唐人栅于其上，环水自固，谓周兵必不能涉。戊子，帝自攻之，命内殿直康保裔帅甲士数百，乘橐驼涉水，太祖皇帝帅骑兵继之，遂拔之。李重进破濠州南关城。癸巳，帝自攻濠州，王审琦拔其水寨。唐人屯战船数百于城北，又植巨木于淮水以限周兵。帝命水军攻之，拔其木，焚战船七十余艘，斩首二千余级，又攻拔其羊马城，城中震恐。丙申夜，唐濠州团练使郭廷谓上表言："臣家在江南，今若遽降，恐为唐斯种族，请先遣使诣金陵禀命，然后出降。"帝许之。辛丑，帝闻唐有战船数百艘在涣水东，欲救濠州，自将兵夜发水陆击之。癸卯，大破唐兵于洞口，斩首五千余级，降卒二千余人，因鼓行而东，所至皆下。乙巳，至泗州城下，太祖皇帝先攻其南，因焚城门，破水寨及月城。帝居于月城楼，督将士攻城。

北汉主自即位以来，方安集境内，未遑外略。是月，契丹遣其大同节度使、侍中崔勋将兵来会北汉，欲同入寇。北汉主遣其忠武节度使、同平章事李存瓌将兵会之，南侵潞州，至其城下而还。北汉主知契丹不足恃而不敢遽与之绝，赠送勋甚厚。

十二月，乙卯，唐泗州守将范再遇举城降，以再遇为宿州团练使。上自至泗州城下，禁军中刍荛者毋得犯民田，民皆感悦，争献刍粟；既克泗州，无一卒敢擅入城者。帝闻唐战船数百艘泊洞口，遣骑诇之，唐兵退保清口。

戊午，上自将亲军自淮北进，命太祖皇帝将步骑自淮南进，诸将以水军自中流进，共追唐兵。时淮滨久无行人，葭苇如织，多泥淖沟堑，士卒乘胜气芟涉争进，皆忘其劳。庚申，追及唐兵，且战且行，金鼓声闻数十里。辛酉，至楚州西北，大破之。唐兵有沿淮东下者，帝自追之，太祖皇帝为前锋，行六十里，擒其保义节度使、濠泗楚海都应援使陈承

使张美充任大内都点检。

十月十九日壬申，后周世宗从大梁出发；十一月初四日丙戌，到达镇淮军，当夜五更，渡过淮河；十一月初五日丁亥，到达濠州城西。濠州东北十八里有个滩，南唐人在上面设置栅栏，四面环水固守，认为后周军队一定没法渡过。十一月初六日戊子，后周世宗亲自率兵攻打，命令内殿直康保裔率领全副武装士兵几百人，骑着骆驼涉水，赵匡胤率领骑兵随后跟着，于是把它攻取。李重进攻破濠州的南关城。十一月十一日癸巳，后周世宗亲自进攻濠州，王审琦攻下南唐军队的水寨。南唐人在城北停驻着几百艘战舰，又在淮河中竖起巨大的木桩来阻挡后周军队。后周世宗命令水军进攻，拔掉大木桩，烧掉战舰七十多艘，斩首二千多级，又攻下城外的羊马城，城中震惊恐惧。十一月十四日丙申夜晚，南唐濠州团练使郭廷谓上表给后周世宗说："臣的家在江南，现在如果马上投降，恐怕会被南唐诛灭全族，请求让我先派使者到金陵请命，然后出城投降。"后周世宗答应了他。十一月十九日辛丑，后周世宗听说南唐有几百艘战舰在涣水东岸，准备援救濠州，于是亲自率兵在晚上分别从水路和陆路进攻。十一月二十一日癸卯，在洞口大败唐军，斩首五千多级，投降的士兵二千多人，乘势击鼓向东进发，所到之处都一一攻克。十一月二十三日乙巳，到达泗州城下，赵匡胤先进攻泗州城南面，趁机烧毁城门，攻破水寨和月城。后周世宗坐镇在月城上督促将士攻城。

北汉主自从即位以来，忙于安抚境内，没有时间对外侵犯。这个月，契丹派遣他的大同节度使、侍中崔勋率兵来和北汉会合，准备一起入侵后周。北汉主派遣忠武节度使、同平章事李存瓌率兵与他会合，向南侵犯潞州，到达潞州城下而回。北汉主知道契丹不值得依靠，但又不敢马上和他断绝关系，便赠送崔勋很丰厚的礼物。

十二月初三日乙卯，南唐泗州守将范再遇率众举城投降，后周世宗任命范再遇为宿州团练使。后周世宗亲自到泗州城下，禁止军中割草打柴的人侵犯民田，百姓都欣悦感激，争相奉献粮草；攻克泗州以后，没有一名士兵敢擅自进城。后周世宗听说南唐几百艘战舰停泊在洞口，派遣骑兵侦察，唐军退守清口。

十二月初六日戊午，后周世宗亲自率领亲军沿淮河的北岸前进，命令赵匡胤率领步兵和骑兵沿淮河南岸前进，众将率领水军从淮河中流前进，共同追赶唐军。当时淮河两岸长久没有行人，芦苇茂密如织，又有很多泥沼沟坑，士兵们乘着胜利的气势争相跋涉前进，都忘记了劳苦。十二月初八日庚申，追上唐军，边战边进，金鼓声传到几十里之外。十二月初九日辛酉，到达楚州西北，大败南唐军队。唐军有

昭以归。所获战船烧沉之余得三百余艘，士卒杀溺之余得七千余人。唐之战船在淮上者，于是尽矣。

郭廷谓使者自金陵还，知唐不能救，命录事参军鄱阳李延邹草降表。延邹责以忠义，廷谓以兵临之，延邹掷笔曰："大丈夫终不负国为叛臣作降表！"廷谓斩之，举濠州降，得兵万人，粮数万斛。唐主赏李延邹之子以官。

壬戌，帝济淮，至楚州，营于城西北。

乙丑，唐雄武军使、知涟水县事崔万迪降。

丙寅，以郭廷谓为亳州防御使。

戊辰，帝攻楚州，克其月城。

庚午，郭廷谓见于行宫，帝曰："朕南征以来，江南诸将败亡相继，独卿能断涡口浮梁，破定远寨，所以报国足矣。濠州小城，使李璟自守，能守之乎！"使将濠州兵攻天长。帝遣铁骑左厢都指挥使武守琦将骑数百趋扬州，至高邮。唐人悉焚扬州官府民居，驱其人南渡江。后数日，周兵至，城中余癃病十余人而已。癸酉，守琦以闻。

帝闻泰州无备，遣兵袭之，丁丑，拔泰州。

南汉中书侍郎、同平章事卢膺卒。

南汉主闻唐屡败，忧形于色，遣使入贡于周，为湖南所闭；乃治战舰，修武备。既而纵酒酣饮，曰："吾身得免，幸矣，何暇虑后世哉！"

唐使者陈处尧在契丹，白契丹主请南游太原，北汉主厚礼之；留数日，北还，竟卒于契丹。

（以上为第十三段，写后周世宗第三次亲征南唐，周师连战皆捷。北汉连引契丹南犯，不胜而还。）

沿着淮河向东而下的，后周世宗亲自去追赶，赵匡胤为前锋，追赶了六十里，抓获南唐保义节度使、濠泗楚海都应援使陈承昭而返回。所缴获的战舰除了烧毁、沉没的，共有三百多艘，士兵除了杀死、淹死的，共俘虏七千多人。南唐在淮河上的战舰，在这次战斗中全部被消灭了。

郭廷谓的使者从金陵回来，知道南唐无法派兵救援，便命令录事参军鄱阳人李延邹草拟降表。李延邹以忠义来责备郭廷谓，郭廷谓用兵器逼着他，李延邹把笔丢到地上说："大丈夫最终决不辜负国家而替叛臣写降表！"郭廷谓将他斩首，率众举濠州投降，后周得到士兵一万人，粮食几万斛。南唐主把官职赏赐给李延邹的儿子。

十二月初十日壬戌，后周世宗渡过淮河，到达楚州，在城西北扎营。

十二月十三日乙丑，南唐雄武军使、知涟水县事崔万迪投降。

十二月十四日丙寅，任命郭廷谓为亳州防御使。

十二月十六日戊辰，后周世宗攻打楚州，攻克月城。

十二月十八日庚午，郭廷谓在行宫拜见后周世宗，后周世宗说："朕南征以来，江南众将相继战败逃亡，只有卿能切断涡口的浮桥，攻破定远的营寨，用来报效国家的战功已经足够了。濠州是个小城，就是让李璟自己来防守，能守得住吗！"命令他率领濠州军队攻打天长。后周世宗派遣铁骑左厢都指挥使武守琦率领几百名骑兵奔赴扬州，到达高邮。南唐人把扬州的官府民房全部烧掉，赶着那里的百姓向南渡过长江。几天以后，周军到来，城中只剩下衰弱疲病的十几个人而已。十二月二十一日癸酉，武守琦将这些情况奏报。

后周世宗听说泰州没有防备，派兵袭击，十二月二十五日丁丑，攻取泰州。

南汉中书侍郎、同平章事卢膺去世。

南汉主听说南唐屡次战败，神情表露出忧愁来，派遣使者向后周进贡，但是道路在湖南被阻隔；于是建造战舰，整顿军备。后来便纵酒狂饮，说："我自己能够避免灾祸，就已经幸运了，还有什么闲暇考虑后代啊！"

南唐使者陈处尧在契丹，禀告契丹主请求南游太原，北汉主用厚礼款待他；停留了几天，北上返回，最终死在契丹。

【点评】

本卷点评南唐多忠臣义士、宋齐丘误国、后周世宗制《刑统》三件史事。

一、南唐多忠臣义士。后周世宗三次亲征南唐，全力以赴，全线进攻，南唐屡战屡败，但南唐主李璟绝不屈服，最终以和议收场。南唐主去帝号，称唐主臣服后周，割江北之地与后周，总算是保全了宗庙社稷。南唐政权奉行保境安民政策，不随群雄力争中原，国力足，民心安。南唐主李氏父子中庸，虽无善政，亦无殃民之祸；虽有奸佞，亦兼用贤才，是以将相大臣多忠臣死义之士，是以不灭。南唐忠臣，以司空孙晟、寿州节度使刘仁赡、右武卫将军柴克宏、楚州防御使张彦卿等四人最为人称道，青史留名。试分述之。

孙晟使后周，不亏臣节，不辱君命。后周显德三年（956）三月，南唐主再次遣使求和于后周。司空孙晟奉命出使，礼部尚书王崇质为副使。孙晟对左丞相冯延己说："这趟差事应当由你左相出使，可是我若推辞，就对不起先帝。"启程后，孙晟对王崇质说："这次出使我已经做好了准备，绝不辜负先帝的在天之灵。你家有一百多口，考虑好该怎么办。"孙晟决心以一死捍卫国家尊严和使命。后周世宗要孙晟说出南唐虚实，孙晟拒绝，不说话。周军久攻寿州不克，后周世宗派出宫中使者送孙晟到寿州城下劝降刘仁赡。刘仁赡在城楼上穿着军服向孙晟下拜。孙晟对刘仁赡坚定地说："将军深受国家厚恩，绝不要开城门接纳贼寇。"后周世宗震怒。孙晟说："臣身为宰相，怎么可以教唆节度使背叛国家。"后周世宗百般劝降孙晟，孙晟不从，索袍笏，整衣冠，大义凛然面对死亡，南向拜谢说："谨以死报国。"从容就义。王夫之将孙晟比作唐之颜真卿，极为中肯。

刘仁赡守寿州，大义灭子。后周世宗亲征南唐，南唐淮南州县大部陷落，寿州节度使刘仁赡坚守，岿然不动。在重围中，刘仁赡之子刘崇谏犯军禁，意欲北走后周军，刘仁赡数其罪腰斩于众，是以全军感佩，誓死不降，团结如一人。后周军屡攻不克，后周世宗留将困守，返回大梁。后周世宗休整后，第二次亲征南唐，后周军大破南唐援军，刘仁赡扼腕叹息。此时刘仁赡卧病不省人事，寿州监军使周廷构、营田副使孙羽等作降表，寿州最终城破，江北之地尽为后周所有。刘仁赡以一旅之众，孤军守城一年有余，可与古之名将比肩。

柴克宏以弱胜强，光复常州。后周世宗攻南唐，命吴越王钱弘俶夹攻南唐，吴越夺取了南唐常州。南唐名将柴再用之子柴克宏为唐主宿卫兵龙武都虞候，自请效死行阵。其母亦上表称克宏像他父亲一样可为将，如不胜任，甘受军法赴死。柴克宏母子赴国难的行动义薄云天。当时南唐精兵都在江北，柴克宏受命为右武卫将军，只率领老弱兵数千人，光复常州，枢密使李徵古又发给破败的兵器。柴克宏口无怨言，智取常州，大破吴越军。南唐主任命柴克宏为奉化节度使，柴克宏再次请命率

兵救寿州。天不假南唐，柴克宏半道病卒，英年早逝，是以寿州城破。

此外，南唐楚州守将张彦卿，率一千余众，坚守孤城四十余日，全军覆没，无一人生降。后周世宗连年征战，见南唐王气犹存，亦不敢贸然过江，于是接受南唐主去帝号，称国主，举国内附，划江为界的条件，议和班师。

二、宋齐丘误国。有忠义，就必有奸佞。南唐不乏忠义之士，更不乏奸佞之臣，南唐未灭于后周，而后灭于宋，最终败亡的根本原因是君昏臣奸。南唐中主李璟、后主李煜，皆中庸之主，好文学，放纵声色，冯延己等文学之士当国，拉帮结派，歌舞升平，丧失了趁中原多务而进取的机会；排斥忠良，使南唐国势日衰。两朝宰相宋齐丘，是李氏建唐的主要谋士，但不懂军事，又争权不已，大敌当前，不以保国为己任，而是留后路，思谋叛国投敌。寿州保卫战，南唐救援的各路大军云集，江北所失州县大部回归南唐。各路援军请求据险截击后周军，时任南唐太傅兼中书令之宋齐丘说："如此，则怨益深。"两国交兵不是你死就是我亡，何来结怨之说。这一谬论，南唐主不能辨，让诸将各保实力有了借口。宋齐丘下令诸将各自保地盘，不许擅自出击，于是寿州告急。等到周师部署停当，各个击破，打败南唐各路援军，于是寿州不守，江北之地全部沦陷于后周。枢密使陈觉、李师古皆宋齐丘之党。柴克宏抗李师古之命收复常州，保住了南唐江南的稳定，使周师止步于江水，南唐才又苟延了岁月。

三、后周世宗制《刑统》。南唐臣服后，后周世宗深化政治改革，让社会趋于和谐，为大举北伐契丹做准备。在刑法方面花了大力气。《册府元龟》卷九六《赦宥》记载，后周世宗要求做到"狱讼无冤，刑戮不滥"。后周世宗亲自裁决政事，执掌赏罚大权，还要求臣下提醒，他不因怒而杀人，不因喜而滥施赏赐。后周世宗议和南唐后，北返大梁京都，办的第一件事就是诛杀了克扣工役的亲信宦官孙延希，整肃纲纪。后周世宗对五代相沿的律、令、格、敕进行删节，再作注释和评议，详定为《大周刑统》二十一卷，颁行全国。但是任何一个封建帝王，只能做到开明，做不到公平，不可能一视同仁。许州司马韩伦，是后周世宗爱将侍卫马军都指挥使韩令坤之父，韩令坤在南伐南唐中又立有大功。韩伦有恃无恐，在陈州贪污不法，干预政事，成为公众的大害，被人告发，当死。韩令坤在后周世宗面前哭诉，韩伦被宽大免死，流放沙门岛，随后又赦免回到洛阳。后周世宗之生父柴守礼以光禄卿致仕，家居洛阳。当时将相王溥、王晏、王彦超等人的父亲，也闲居洛阳。韩伦与这帮人在洛阳结伙游宴，共十人，恃势横恣，洛阳人闻风胆寒，称他们为"十阿父"。柴守礼以小过杀人，当局不敢问责，后周世宗也装聋作哑，不予过问。后周世宗让这些权势之家的生父，闲居洛阳，给予丰厚的俸禄，不许他们在京城大梁干预政事，已经是一个开明帝王的最大底线，他们犯法、欺压小民，后周世宗就不加追究了。

资治通鉴（文白对照本） 卷第二百九十四

后周纪五

后周世宗显德五年至六年（958—959年）

【起著雍敦牂（戊午，958年），尽屠维协洽（己未，959年），凡二年】

【大事提要】

本卷记事起公元958年，讫公元959年，凡二年，当后周世宗显德五年至显德六年。南唐楚州守将张彦卿，率一千余众，坚守孤城四十日，全军覆没，无一人生降。后周世宗连年征战，亦不愿侥幸过江，于是接受南唐主去帝号、称国主、举国内附、划江为界的要求。后周世宗取得南唐江北之地后班师。南唐主惩治宋齐丘之党，幽囚宋齐丘于九华山，宋齐丘自缢而死。后周世宗以一统天下、北逐胡虏为己任，稍事休整，举众北伐，亲征契丹，又分兵伐后蜀。周师士气高昂，初战节节取胜，瓦桥关以南诸州望风归降。后周世宗即将进兵幽州，不幸染病，还师大梁，随即辞世，统一之业半道而废。后周世宗在位六年，勤于政事，精力过人，征伐四方，亲历战阵，将士效命，攻必取，战必胜，声威远扬，司马光称其为英武之君。惜其天不假年，功业不就。后周世宗前三子为后汉所诛，第四子柴宗训年七岁嗣位，孤儿寡母，是以社稷不守。《资治通鉴》全书终于柴宗训继位而止，为宋太祖禅位讳也。

【原文】

世宗睿武孝文皇帝下

显德五年（戊午，958年）

春，正月，乙酉，废匡国军。

唐改元中兴。

丁亥，右龙武将军王汉璋奏克海州。

己丑，以侍卫马军都指挥使韩令坤权扬州军府事。

上欲引战舰自淮入江，阻北神堰，不得渡；欲凿楚州西北鹳水以通其道，遣使行视。还言地形不便，计功甚多。上自往视之，授以规画，发楚州民夫浚之，旬日而成，用功甚省，巨舰数百艘皆达于江。唐人大惊，以为神。

壬辰，拔静海军，始通吴越之路。先是帝遣左谏议大夫长安尹日就等使吴越，语之曰："卿今去虽泛海，比还，淮南已平，当陆归耳。"已而果然。

甲辰，蜀右补阙章九龄见蜀主，言政事不治，由奸佞在朝；蜀主问奸佞为谁，指李昊、王昭远以对。蜀主怒，以九龄为毁斥大臣，贬维州录事参军。

周兵攻楚州，逾四旬，唐楚州防御使张彦卿固守不下。乙巳，帝自督诸将攻之，宿于城下。丁未，克之。彦卿与都监郑昭业犹帅众拒战，矢刃皆尽，彦卿举绳床以斗而死，所部千余人，至死无一人降者。

高保融遣指挥使魏璘将战船百艘东下会伐唐，至于鄂州。

庚戌，蜀置永宁军于果州，以通州隶之。

唐以天长为雄州，以建武军使易文赟为刺史。二月，甲寅，文赟举城降。

戊午，帝发楚州；丁卯，至扬州，命韩令坤发丁夫万余，筑故城之东南隅为小城以治之。

乙亥，黄州刺史司超奏与控鹤右厢都指挥使王审琦攻唐舒州，擒其刺史施仁望。

【语译】

世宗睿武孝文皇帝下

后周世宗显德五年（戊午，958 年）

春季，正月初三日乙酉，废除匡国军。

南唐改年号为中兴。

正月初五日丁亥，右龙武将军王汉璋奏报攻克海州。

正月初七日己丑，任命侍卫马军都指挥使韩令坤代理扬州军府事务。

后周世宗打算率领战舰从淮河进入长江，但是被北神堰阻隔，无法通过；打算开凿楚州西北的鹳水来打通进入长江的通道，便派使者去巡视。使者回来报告说地形不便于开凿，预计所需要的人工很多。后周世宗亲自前往观察，给予规划，征发楚州的民夫去疏通河道，十天就完成，所费的人工很节省，几百艘巨大战舰都可以直接到达长江。南唐人大感惊讶，认为神奇。

正月初十日壬辰，攻取静海军，开始打通前往吴越的道路。在此之前，后周世宗派遣左谏议大夫长安人尹日就等人出使吴越，告诉他们说："卿等现在去的时候，虽然乘船航海，但是等到你们回来的时候，淮南已经平定，必当从陆路返回了。"后来果然如此。

正月二十二日甲辰，后蜀右补阙章九龄进见后蜀主，说政事治理得不好，是由于有奸诈谄谀的臣子在朝廷；后蜀主问奸诈谄谀的臣子是谁，章九龄指着李昊、王昭远来回答。后蜀主发怒，认为章九龄是毁谤大臣，贬章九龄为维州录事参军。

后周军攻打楚州，超过了四十天，南唐楚州防御使张彦卿坚守而无法攻下。正月二十三日乙巳，后周世宗亲自督领众将攻城，住宿在城下。正月二十五日丁未，攻克楚州。张彦卿和都监郑昭业仍然率领部众抵抗作战，弓箭和刀剑都已经用完，张彦卿举起绳床战斗而死，他的部下一千多人到死没有一个人投降。

高保融派遣指挥使魏璘率领一百艘战船顺长江东下，和后周军队会合，讨伐南唐，到达鄂州。

正月二十八日庚戌，后蜀在果州设置永宁军，划通州隶属于它。

南唐把天长改为雄州，任命建武军使易文赟为刺史。二月初二日甲寅，易文赟率众献城投降。

二月初六日戊午，后周世宗从楚州出发；二月十五日丁卯，到达扬州，命令韩令坤征发民夫一万多人，在旧城的东南角修筑一座小城，作为治理扬州的所在地。

二月二十三日乙亥，黄州刺史司超奏报与控鹤右厢都指挥使王审琦攻打南唐舒州，擒获刺史施仁望。

丙子，建雄节度使真定杨廷璋奏败北汉兵于隰州城下。时隰州刺史孙议暴卒，廷璋谓都监、闲厩使李谦溥曰：“今大驾南征，隰州无守将，河东必生心；若奏请待报，则孤城危矣。”即牒谦溥权隰州事，谦溥至则修守备。未几，北汉兵果至，诸将请速救之，廷璋曰：“隰州城坚将良，未易克也。”北汉攻城久不下。廷璋度其疲困无备，潜与谦溥约，各募死士百余夜袭其营。北汉兵惊溃，斩首千余级；北汉兵遂解去。

（以上为第一段，写南唐楚州守将张彦卿坚守四十日抗击周师，全军覆没。后周隰州守将大败北汉兵。）

三月，壬午朔，帝如泰州。

丁亥，唐大赦，改元交泰。

唐太弟景遂前后凡十表辞位，且言：“今国危不能扶，请出就藩镇。燕王弘冀嫡长有军功，宜为嗣，谨奏上太弟宝册。”齐王景达亦以败军辞元帅。唐主乃立景遂为晋王，加天策上将军、江南西道兵马元帅、洪州大都督、太尉、尚书令，以景达为浙西道元帅、润州大都督。景达以浙西方用兵，固辞，改抚州大都督。立弘冀为太子，参决庶政。弘冀为人猜忌严刻，景遂左右有未出东宫者，立斥逐之。其弟安定公从嘉畏之，不敢预事，专以经籍自娱。

辛卯，上如迎銮镇，屡至江口，遣水军击唐兵，破之。上闻唐战舰数百艘泊东洲州，将趣海口扼苏、杭路，遣殿前都虞候慕容延钊将步骑，右神武统军宋延渥将水军，循江而下。甲午，延钊奏大破唐兵于东沛州；上遣李重进将兵趣庐州。

唐主闻上在江上，恐遂南渡，又耻降号称藩，乃遣兵部侍郎陈觉奉表，请传位于太子弘冀，使听命于中国。时淮南惟庐、舒、蕲、黄未下。丙申，觉至迎銮，见周兵之盛，白上，请遣人渡江取表，献四州之地，画江为境，以求息兵，辞指甚哀。上曰：“朕本兴师止取江北，尔主能举国内附，朕复何求！”觉拜谢而退。丁酉，觉请遣其属阁门承旨刘承遇如金陵，上赐唐主书，称“皇帝恭问江南国主”，慰纳之。

戊戌，吴越奏遣上直指挥使、处州刺史邵可迁、秀州刺史路彦铢以

二月二十四日丙子，建雄节度使真定人杨廷璋奏报在隰州城下打败北汉军队。当时隰州刺史孙议突然死亡，杨廷璋对都监、闲厩使李谦溥说：“如今皇上南征，隰州没有守将，河东一定有异心；如果奏报请示朝廷，等待回复，那么这座孤城就危险了。”于是立即发公文命李谦溥代理隰州的事务，李谦溥到达隰州就整顿守备。不久，北汉军队果然到来，众将请求赶快救援，杨廷璋说：“隰州城池坚固，守卫的是良将，不容易攻克。”北汉攻打州城，很久不能攻下。杨廷璋估计他们疲惫困乏，没有防备，暗中和李谦溥相约，各自招募敢死士兵一百多人，晚上袭击他们的军营。北汉军队惊慌溃散，被斩首一千多级；于是撤军离去。

三月初一日壬午，后周世宗前往泰州。

三月初六日丁亥，南唐实行大赦，改年号为交泰。

南唐皇太弟李景遂前后一共十次上表请求辞去皇位继承人，并且说：“如今国家危难不能救助，请求出外就任藩镇节度使。燕王李弘冀是嫡长子，并且有军功，应该当皇位继承人，谨奏上太弟的宝册。”齐王李景达也因兵败而请求辞去元帅的职务。南唐主于是立李景遂为晋王，加官天策上将军、江南西道兵马元帅、洪州大都督、太尉、尚书令，任命李景达为浙西道元帅、润州大都督。李景达由于浙西正在用兵，再三推辞，于是改为抚州大都督。立李弘冀为太子，参与决定各种政事。李弘冀为人猜忌多疑，严厉苛刻，李景遂的左右还有没离开东宫的，立即斥退赶走。李弘冀的弟弟安定公李从嘉畏惧他，不敢参与政事，专门以经籍自娱自乐。

三月初十日辛卯，后周世宗前往迎銮镇，屡次到长江口，派遣水军攻击南唐军队，打败了他们。后周世宗听说南唐几百艘战舰停泊在东汭州，将要奔赴入海口，控制往苏州、杭州的通道，便派遣殿前都虞候慕容延钊率领步兵和骑兵，右神武统军宋延渥率领水军，顺江而下。三月十三日甲午，慕容延钊奏报在东汭州大败唐军；后周世宗派遣李重进率兵奔赴庐州。

南唐主听说后周世宗在长江岸边，担心他会渡江南下，又耻于降帝号改称藩属，于是派遣兵部侍郎陈觉奉持表章，请求传位给太子李弘冀，让他听从中原的命令。当时淮南只有庐州、舒州、蕲州、黄州没有攻下。三月十五日丙申，陈觉到达迎銮镇，看到周军强盛，报告后周世宗，请求派人渡江去取表章，献出四州的土地，划江为界，以请求后周世宗停战，言辞意思很悲哀。后周世宗说：“朕本来发兵只想取得江北之地，你的君主能够率领全国来归附，朕还要求什么呢！”陈觉下拜称谢而退下。三月十六日丁酉，陈觉请求派遣他的属下阁门承旨刘承遇前往金陵，后周世宗赐给南唐主书信，说“皇帝恭问江南国主”，安慰接纳他。

三月十七日戊戌，吴越王奏报派遣上直都指挥使、处州刺史邵可迁和秀州刺史

战舰四百艘、士卒万七千人屯通州南岸。

唐主复遣刘承遇奉表称唐国主，请献江北四州，岁输贡物数十万。于是江北悉平，得州十四，县六十。

庚子，上赐唐主书，谕以："缘江诸军及两浙、湖南、荆南兵并当罢归，其庐、蕲、黄三道，亦令敛兵近外。俟彼将士及家属就道，可遣人召将校以城邑付之。江中舟舰有须往来者，并令就北岸引之。"辛丑，陈觉辞行，又赐唐主书，谕以不必传位于子。

壬寅，上自迎銮复如扬州。

癸卯，诏吴越、荆南军各归本道；赐钱弘俶犒军帛三万匹，高保融一万匹。

甲辰，置保信军于庐州，以右龙武统军赵匡赞为节度使。

丙午，唐主遣冯延己献银、绢、钱、茶、谷共百万以犒军。

己酉，命宋延渥将水军三千溯江巡警。

庚戌，敕故淮南节度使杨行密、故升府节度使徐温等墓并量给守户；其江南群臣墓在江北者，亦委长吏以时检校。

（以上为第二段，写南唐主举国内附称藩，南唐与后周划江为界。）

辛亥，唐主遣其临汝公徐辽代己来上寿。

是月，浚汴口，导河流达于淮，于是江、淮舟楫始通。

夏，四月，乙卯，帝自扬州北还。

新作太庙成。庚申，神主入庙。

辛酉夜，钱唐城南火，延及内城，官府庐舍几尽。壬戌旦，火将及镇国仓，吴越王弘俶久疾，自强出救火。火止，谓左右曰："吾疾因灾而愈。"众心稍安。

帝之南征也，契丹乘虚入寇。壬申，帝至大梁，命张永德将兵备御北边。

五月，辛巳朔，日有食之。

路彦铢率领战舰四百艘、士兵一万七千多人驻守通州的南岸。

南唐主又派遣刘承遇奉持表章，自称唐国主，请求献出江北四州，每年输送进贡物品数十万。于是江北全部平定，得到十四个州，六十个县。

三月十九日庚子，后周世宗赐给南唐主书信，告诉他："沿长江的各军以及两浙、湖南、荆南的军队都要撤回，派往攻打庐、蕲、黄三州的三路军队，也下令他们退兵到近郊之外。等到那些将士和他们的家属上了路，可派人去召请我军将校，把城邑交给他们。长江的船舰如果有需要往来的，都准许由北岸引向南岸。"三月二十日辛丑，陈觉辞别上路，后周世宗又赐给南唐主书信，告诉他不必传位给他的儿子。

三月二十一日壬寅，后周世宗从迎銮镇再次前往扬州。

三月二十二日癸卯，后周世宗诏命吴越以及荆南各军各自回到本地；赐给钱弘俶犒劳军队的布帛三万匹，高保融一万匹。

三月二十三日甲辰，后周在庐州设置保信军，任命右龙武统军赵匡赞为节度使。

三月二十五日丙午，南唐主派遣冯延己进献银、绢、钱、茶、谷等共一百万，以犒劳军队。

三月二十八日己酉，后周世宗命令宋延渥率领水军三千人逆长江而上，巡逻警戒。

三月二十九日庚戌，敕令对已故淮南节度使杨行密、已故升府节度使徐温等人的坟墓酌量分配守陵民户；其余的江南群臣的坟墓在江北的，也委托地方长官按时检查。

三月三十日辛亥，南唐主派遣他的临汝公徐辽代替自己前来上寿。

这个月，疏通汴口，引导黄河的水流入淮河，于是长江、淮河的船只开始通到大梁。

夏季，四月初四日乙卯，后周世宗从扬州北上返回大梁。

新建的太庙建成。四月初九日庚申，神主迎入太庙。

四月初十日辛酉晚上，钱塘城南发生火灾，延及到内城，官府民舍几乎全部烧光。四月十一日壬戌早晨，大火将要烧及镇国仓，吴越王钱弘俶长期患病，亲自勉强支撑着出来救火。大火熄灭以后，钱弘俶对左右的人说："我的病因这场火灾而痊愈了。"众人的心才稍稍安定。

后周世宗南征的时候，契丹乘虚入侵。四月二十一日壬申，后周世宗到达大梁，命令［镇宁节度使］张永德率兵防备北方边疆。

五月初一日辛巳，发生日食。

诏赏劳南征士卒及淮南新附之民。

辛卯，以太祖皇帝领忠武节度使，徙安审琦为平卢节度使。

成德节度使郭崇攻契丹束城，拔之，以报其入寇也。

唐主避周讳，更名景。下令去帝号，称国主，凡天子仪制皆有降损，去年号，用周正朔，仍告于太庙。左仆射、同平章事冯延己罢为太子太傅，门下侍郎、同平章事严续罢为少傅，枢密使、兵部侍郎陈觉罢守本官。

初，冯延己以取中原之策说唐主，由是有宠。延己尝笑烈祖戢兵为龌龊，曰："安陆所丧才数千兵，为之辍食咨嗟者旬日，此田舍翁识量耳，安足与成大事！岂如今上暴师数万于外，而击球宴乐无异平日，真英主也！"延己与其党谈论，常以天下为己任，更相唱和。翰林学士常梦锡屡言延己等浮诞，不可信；唐主不听，梦锡曰："奸言似忠，陛下不悟，国必亡矣！"及臣服于周，延己之党相与言，有谓周为大朝者，梦锡大笑曰："诸公常欲致君尧、舜，何意今日自为小朝邪！"众默然。

自唐主内附，帝止因其使者赐书，未尝遣使至其国。己酉，始命太仆卿冯延鲁、卫尉少卿锺谟使于唐，赐以御衣、玉带等及犒军帛十万，并今年《钦天历》。

刘承遇之还自金陵也，唐主使陈觉白帝，以江南无卤田，愿得海陵监南属以赡军。帝曰："海陵在江北，难以交居，当别有处分。"至是，诏岁支盐三十万斛以给江南，所俘获江南士卒，稍稍归之。

六月，壬子，昭义节度使李筠奏击北汉石会关，拔其六寨。乙卯，晋州奏都监李谦溥击北汉，破孝义。

高保融遣使劝蜀主称藩于周，蜀主报以前岁遣胡立致书于周而不答。

秋，七月，丙戌，初行《大周刑统》。

帝欲均田租，丁亥，以元稹《均田图》遍赐诸道。

闰月，唐清源节度使兼中书令留从效遣牙将蔡仲赟衣商人服，以绢表置革带中，间道来称藩。

唐江西元帅晋王景遂之赴洪州也，以时方用兵，启求大臣以自副，

后周世宗下诏犒赏慰劳南征的士兵和淮南最近归附的百姓。

五月十一日辛卯，任命赵匡胤兼任忠武节度使，调任安审琦为平卢节度使。

成德节度使郭崇进攻契丹的束城，攻下了它，以此来报复契丹的入侵。

南唐主为了避后周的名讳，改名为李景，下令取消皇帝的称号，称国主，所有天子的礼仪制度都有所贬降减损，取消年号，改用后周的年号历法，但仍向太庙报告。左仆射、同平章事冯延己罢免宰相职务为太子太傅，门下侍郎、同平章事严续免职为少傅，枢密使、兵部侍郎陈觉免去宰相职务，只保留原来的官职。

当初，冯延己用夺取中原的计策来劝说南唐主，因此受到南唐主的宠信。冯延己曾经嘲笑烈祖息兵有些拘于小节，他说："在安陆才丧亡了几千名士兵，烈祖就为此吃不下饭叹息十天，这是乡村老农的见识和度量啊，怎么能够与他成就大事！他怎么比得上当今皇上几万军队在外面风餐露宿，而自己打球饮宴玩乐与平时没有两样，真是英明的君主啊！"冯延己和他的同党谈论，常常以天下为己任，互相唱和呼应。翰林学士常梦锡屡次上言说冯延己等人浮夸荒诞，不可听信；南唐主不听，常梦锡说："奸臣的话听起来好像是忠言，陛下不觉悟，国家势必败亡！"等到臣服于后周，冯延己的同党相互谈论，有称后周为大朝的，常梦锡大笑说："诸公常常想使皇上成为尧、舜，怎么今天却自居小朝廷呢！"众人默不作声。

自从南唐主归顺以后，后周世宗只是通过南唐主的使者赐给他书信，未曾派遣使者到他的国家去。五月二十九日己酉，后周世宗才命令太仆卿冯延鲁、卫尉少卿锺谟出使南唐，赐给南唐主御衣、玉带等以及犒劳军队的布帛十万匹，还有当年的《钦天历》。

刘承遇从金陵回来的时候，南唐主让陈觉禀告后周世宗，因为江南没有盐田，希望能把海陵盐监归属江南来供应军队。后周世宗说："海陵在江北，难以让两国的官吏杂居在一起，这件事应当另作处理。"到了这时，诏命每年拨出三十万斛盐给江南，所俘虏的江南士兵，也陆续释放，让他们回去。

六月初二日壬子，昭义节度使李筠奏报攻打北汉的石会关，占领了他们的六个营寨。六月初五日乙卯，晋州奏报都监李谦溥进攻北汉，攻破孝义。

高保融派遣使者劝说后蜀主向后周称藩臣，后蜀主回答说去年曾派胡立送书信给后周但没有得到回复。

秋季，七月初七日丙戌，开始实行《大周刑统》。

后周世宗打算平均田租，七月初八日丁亥，把元稹的《均田图》普遍赐给各地。

闰七月，南唐清源节度使兼中书令留从效派遣牙将蔡仲赟穿着商人的服装，把绢表藏在皮带中间，从小路前来称臣。

南唐江西元帅晋王李景遂前往洪州的时候，因为当时正在用兵，请求派一位大

唐主以枢密副使、工部侍郎李徵古为镇南节度副使。徵古傲很专恣，景遂虽宽厚，久而不能堪，常欲斩徵古，自拘于有司，左右谏而止。景遂忽忽不乐。

太子弘冀在东宫多不法，唐主怒，尝以球杖击之曰："吾当复召景遂。"昭庆宫使袁从范从景遂为洪州都押牙，或谮从范之子于景遂，景遂欲杀之，从范由是怨望。弘冀闻之，密遣从范毒之；八月，庚辰，景遂击球渴甚，从范进浆，景遂饮之而卒。未殡，体已溃。唐主不之知，赠皇太弟，谥曰文成。

辛巳，南汉中宗殂，长子卫王继兴即帝位，更名𬬮，改元大宝。𬬮年十六，国事皆决于宦官玉清宫使龚澄枢及女侍中卢琼仙等，台省官备位而已。

甲申，唐始置进奏院于大梁。

壬辰，命西上阁门使灵寿曹彬使于吴越，赐吴越王弘俶骑军钢甲二百、步军甲五千及他兵器。彬事毕亟返，不受馈遗。吴越人以轻舟追与之，至于数四，彬曰："吾终不受，是窃名也。"尽籍其数，归而献之。帝曰："向之奉使，乞丐无厌，使四方轻朝命。卿能如是，甚善；然彼以遗卿，卿自取之。"彬始拜受，悉以散于亲识，家无留者。

（以上为第三段，写南唐主去帝号称国主，君臣黯然。南唐太子李弘冀忌杀前皇太弟李景遂。南汉中宗殂，长子刘继兴即位，权落宦官之手。）

辛丑，冯延鲁、锺谟来自唐，唐主手表谢恩，其略曰："天地之恩厚矣，父母之恩深矣，子不谢父，人何报天，惟有赤心，可酬大造。"又乞比藩方，赐诏书。又称："有情事令锺谟上奏，乞令早还。"唐主复令谟白帝，欲传位太子。九月，丁巳，以延鲁为刑部侍郎、谟为给事中。唐主复遣吏部尚书、知枢密院殷崇义来贺天清节。

帝谋伐蜀，冬，十月，己卯，以户部侍郎高防为西南面水陆制置使，右赞善大夫李玉为判官。

甲午，帝归冯延鲁及左监门卫上将军许文稹、右千牛卫上将军边镐、卫尉卿周廷构于唐。唐主以文稹等皆败军之俘，弃不复用。

高保融再遗蜀主书，劝称臣于周，蜀主集将相议之。李昊曰："从之

臣做自己的副帅，南唐主任命枢密副使、工部侍郎李徵古为镇南节度副使。李徵古傲慢凶狠，专权恣横，李景遂虽然宽容仁厚，可是时间长了也不能忍受，常常想杀了他，自己再到有关部门去自首，被左右的人劝谏才停止。李景遂从此郁郁不乐。

太子李弘冀在东宫做了很多不法的事，南唐主发怒，曾经用击球的木棍打他说："我应当再召回李景遂。"昭庆宫使袁从范跟从李景遂任洪州都押牙，有人在李景遂的面前说袁从范儿子的坏话，李景遂想杀了他，袁从范因此怨恨李景遂。李弘冀知道了这件事，秘密差遣袁从范毒杀李景遂；八月初二日庚辰，李景遂打球口很渴，袁从范送上饮料，李景遂喝下就死了。还没有等到收殓，尸体就腐烂了。南唐主不知道实情，追赠他为皇太弟，谥号为文成。

八月初三日辛巳，南汉中宗刘晟去世，长子卫王刘继兴继承帝位，改名为刘鋹，改年号为大宝。刘鋹十六岁，国事都由宦官玉清宫使龚澄枢和女侍中卢琼仙等人决定，御史台和三省的官员只是聊以充数而已。

八月初六日甲申，南唐开始在大梁设置进奏院。

八月十四日壬辰，后周世宗命令西上阁门使灵寿人曹彬出使吴越，赐给吴越王钱弘俶二百副骑兵用的钢铠甲、五千副步兵用的铁铠甲以及其他的武器。曹彬事情完毕便赶紧返回，不接受馈赠。吴越人乘轻快的小船追上来送给他礼物，接连好几次，曹彬说："如果终究不接受，显得我是在沽名钓誉了。"全部清点登记礼品数量，回来献给后周世宗。后周世宗说："以往奉命出使的人，索求没有满足，使得四方轻视朝廷的命令。卿能够如此，非常好；然而他们既然把这些礼物送给你，你就拿走。"曹彬才下拜接受，全部散发给亲戚熟人，家里没有留下来的。

八月二十三日辛丑，冯延鲁、锺谟来到南唐，南唐主亲自写表谢恩，表章大略说："天地的恩泽广厚啊，父母的恩情深厚啊，子女不感恩父母，人又怎么报答天地，只有赤诚之心，可以报答大恩大德。"又请求比照藩镇的待遇，颁赐诏书。又说："有事情让锺谟上奏，乞求让他早点返回。"南唐主又让锺谟禀报后周世宗，想传位给太子。九月初九日丁巳，后周世宗任命冯延鲁为刑部侍郎，锺谟为给事中。南唐主又派遣吏部尚书、知枢密院殷崇义前来庆贺后周世宗的寿辰。

后周世宗谋划讨伐后蜀，冬季，十月初二日己卯，任命户部侍郎高防为西南面水陆制置使，右赞善大夫李玉为判官。

十月十七日甲午，后周世宗把冯延鲁和左监门卫上将军许文稹、右千牛卫上将军边镐、卫尉卿周廷构送回南唐。南唐主因为许文稹等人都是败军之将被俘虏，所以弃置不再任用。

高保融再次送信给后蜀主，劝他向后周称臣，后蜀主召集将相商议这件事。李

则君父之辱，违之则周师必至，诸将能拒周乎？”诸将皆曰：“以陛下圣明，江山险固，岂可望风屈服！秣马厉兵，正为今日。臣等请以死卫社稷！”丁酉，蜀主命昊草书，极言拒绝之。

诏左散骑常侍须城艾颖等三十四人分行诸州，均定田租。庚子，诏诸州并乡村，率以百户为团，团置耆长三人。帝留心农事，刻木为耕夫、蚕妇，置之殿庭。

命武胜节度使宋延渥以水军巡江。

高保融奏，闻王师将伐蜀，请以水军趣三峡，诏褒之。

十一月，庚戌，敕窦俨编集《大周通礼》《大周正乐》。

辛亥，南汉葬文武光明孝皇帝于昭陵，庙号中宗。

乙丑，唐主复遣礼部侍郎锺谟入见。

李玉至长安，或言“蜀归安镇在长安南三百余里，可袭取也。”玉信之，牒永兴节度使王彦超，索兵二百。彦超以为归安道阻隘难取，玉曰：“吾自奉密旨。”彦超不得已与之。玉将以往，十二月，蜀归安镇遏使李承勋据险邀之，斩玉，其众皆没。

乙酉，蜀主以右卫圣步军都指挥使赵崇韬为北面招讨使。丙戌，以奉銮肃卫都指挥使、武信节度使兼中书令孟贻业为昭武、文州都招讨使，左卫圣马军都指挥使赵思进为东面招讨使，山南西道节度使韩保贞为北面都招讨使，将兵六万，分屯要害以备周。

（以上为第四段，写后周世宗谋伐蜀，蜀主命将率兵六万分屯要害。）

丙戌，诏凡诸色课户及俸户并勒归州县，其幕职、州县官自今并支俸钱及米麦。

初，唐太傅兼中书令楚公宋齐丘多树朋党，欲以专固朝权，躁进之士争附之，推奖以为国之元老。枢密使陈觉、副使李徵古恃齐丘之势，尤骄慢。及许文稹等败于紫金山，觉与齐丘、景达自濠州遁归，国人恟惧。唐主尝叹曰：“吾国家一朝至此！”因泣下。徵古曰：“陛下当治兵以捍敌，涕泣何为！岂饮酒过量邪，将乳母不至邪？”唐主色变，而徵古举止自若。会司天奏：“天文有变，人主宜避位禳灾。”唐主乃曰：“祸难方殷，吾欲释去万机，栖心冲寂，谁可以托国者？”徵古曰：“宋公，造国

昊说："听从他的话就使君父受辱，违背他的话那么周军一定会到来，众将能够抵抗后周军队吗？"众将都说："凭陛下的圣明，江山的险阻坚固，怎么可以望风屈服！厉兵秣马，正是为了今日。臣等请求以死来保卫社稷！"十月二十日丁酉，后蜀主命令李昊起草回信，尽情陈辞拒绝归降。

后周世宗诏命左散骑常侍须城人艾颍等三十四人分别巡行各州，均定田租。十月二十三日庚戌，诏命各州合并乡村，一般以一百户为一团，每团设置年老的团长三人。后周世宗留心农事，用木头雕刻成耕田农夫、养蚕农妇，安置在殿庭里。

后周世宗命令武胜节度使宋延渥率领水军巡视长江。

高保融上奏，听说王师将要征伐后蜀，请求率领水军赶赴三峡，后周世宗下诏褒奖他。

十一月初四日庚戌，敕令窦俨编纂《大周通礼》《大周正乐》。

十一月初五日辛亥，南汉把文武光明孝皇帝安葬在昭陵，庙号中宗。

十一月十九日乙丑，南唐主又派遣礼部侍郎锺谟入朝拜见后周世宗。

李玉到了长安，有人说："蜀国的归安镇在长安南面三百多里，可以袭击夺取。"李玉相信那人所说的话，发公文给永兴节度使王彦超，索求二百名士兵。王彦超认为归安的道路狭窄危险，难以攻取，李玉说："我自己奉有密诏。"王彦超不得已给他士兵。李玉率领士兵前往归安镇，十二月，后蜀归安镇遏使李承勋占据险要地势截击，斩杀李玉，他的部众全军覆没。

十二月初九日乙酉，后蜀主任命右卫圣步军都指挥使赵崇韬为北面招讨使。十二月初十日丙戌，任命奉銮肃卫都指挥使、武信节度使兼中书令孟贻业为昭武、文州都招讨使，左卫圣马军都指挥使赵思进为东面招讨使，山南西道节度使韩保贞为北面都招讨使，率兵六万，分别驻守要害地段来防备后周。

十二月初十日丙戌，后周世宗诏命所有各种课户和俸户一律勒令回归各自的州县，幕僚和州县官从今以后一律由官府开支俸钱和米麦。

当初，南唐太傅兼中书令楚公宋齐丘勾结很多同党，想以此巩固自己专断朝政的大权，急于进用之士争相攀附，推崇赞赏宋齐丘为国家的元老。枢密使陈觉、副使李徵古仗着宋齐丘的势力，尤为骄横傲慢。等到许文稹等人在紫金山兵败，陈觉和宋齐丘、李景达从濠州逃回来，国中人心恐惧。南唐主曾经叹息说："我的国家一下子竟到了这种地步！"因而流下眼泪。李徵古说："陛下应当整顿军队来抵抗敌人，流泪哭泣有什么用！难道是饮酒过量了吗，还是奶妈没来呢？"南唐主脸色大变，而李徵古举止自如。正好这时司天监的官员奏报："天象发生变化，人主应该避

手也，陛下如厌万机，何不举国授之！”觉曰：“陛下深居禁中，国事皆委宋公，先行后闻，臣等时入侍，谈释、老而已。”唐主心愠，即命中书舍人豫章陈乔草诏行之。乔惶恐请见，曰：“陛下一署此诏，臣不复得见矣！”因极言其不可。唐主笑曰：“尔亦知其非邪？”乃止。由是因晋王出镇，以徵古为之副；觉自周还，亦罢近职。

锺谟素与李德明善，以德明之死怨齐丘。及奉使归唐，言于唐主曰：“齐丘乘国之危，遽谋篡窃，陈觉、李徵占为之羽翼，理不可容。”陈觉之自周还，矫以帝命谓唐主曰：“闻江南连岁拒命，皆宰相严续之谋，当为我斩之。”唐主知觉素与续有隙，固未之信。锺谟请覆之于周，唐主乃因谟复命，上言：“久拒王师，皆臣愚迷，非续之罪。”帝闻之，大惊曰：“审如此，则续乃忠臣，朕为天下主，岂教人杀忠臣乎！”谟还，以白唐主。

唐主欲诛齐丘等，复遣谟入禀于帝。帝以异国之臣，无所可否。己亥，唐主命知枢密院殷崇义草诏暴齐丘、觉、徵古罪恶，听齐丘归九华山旧隐，官爵悉如故；觉责授国子博士，宣州安置；徵古削夺官爵，赐自尽；党与皆不问。遣使告于周。

丙午，蜀以峡路巡检制置使高彦俦为招讨使。

平卢节度使、太师、中书令陈王安审琦仆夫安友进与其嬖妾通，妾恐事泄，与友进谋杀审琦，友进不可，妾曰：“不然，我当反告汝。”友进惧而从之。

（以上为第五段，写南唐主惩治宋齐丘之党。）

六年（己未，959年）

春，正月，癸丑，审琦醉熟寝，妾取审琦所枕剑授友进而杀之，仍尽杀侍婢在帐下者以灭口。后数日，其子守忠始知之，执友进等剐之。

初，有司将立正仗，宿设乐悬于殿庭，帝观之，见钟磬有设而不击

开帝位祈求消灾。”南唐主于是说：“祸患灾难正多，我想放弃掉所有的政务，让我的心处于淡泊宁静之中，可以托付给谁呢？”李徵古说：“宋公是缔造国家的元老，陛下如果讨厌政务，何不把整个国家交给他！”陈觉说：“陛下只要深居在宫禁中，国事都交给宋公，先处理后报告，臣等时时入宫侍候陛下，谈谈释迦与老子罢了。”南唐主心中怨恨，立即命令中书舍人豫章人陈乔起草诏书实行。陈乔惊慌恐惧，请求进见，陈乔说：“陛下一签署这道诏书，臣就不能再见到陛下了！”因而极力陈说这样做不行。南唐主笑着说：“你也知道那样做不对吗？”于是停止这件事。因此借晋王出任藩镇的机会，任命李徵古做他的副手；陈觉从后周回来，也被免除近臣的职务。

锺谟向来与李德明友好，因为李德明的死而怨恨宋齐丘。等到他奉命出使回到南唐，对南唐主进言说：“宋齐丘趁着国家危急的时候，急于谋划篡国夺位，陈觉、李徵古做他的帮手，按理不可宽容。”陈觉从后周回来的时候，假传后周世宗的命令对南唐主说：“听说东南连年抗拒命令，都是宰相严续的主意，应当替我将他斩首。”南唐主知道陈觉向来与严续有仇怨，就不相信他的话。锺谟请求到后周复核这件事，南唐主于是派锺谟向后周世宗复命，上言说：“长期抵抗王师，都是我的愚昧迷惑，不是严续的罪过。”后周世宗听说，大为惊讶说：“果真是这样的话，那么严续乃是忠臣，朕当天下的君主，岂能让人杀忠臣呢！”锺谟回来，把这件事禀报南唐主。

南唐主打算诛杀宋齐丘等人，又派遣锺谟入朝禀告后周世宗。后周世宗认为宋齐丘等人是南唐的臣子，不置可否。十二月二十三日己亥，南唐主命令知枢密院殷崇义草拟诏书，揭露宋齐丘、陈觉、李徵古的罪恶，听任宋齐丘回到他以前隐居的九华山，官职爵位全部照旧；陈觉贬降为国子博士，安置在宣州；李徵古削夺官职爵位，赐他自杀；他们的党羽都不追究。派遣使者向后周报告。

十二月三十日丙午，后蜀主任命峡路巡检制置使高彦俦为招讨使。

平卢节度使、太师、中书令陈王安审琦的车夫安友进和安审琦一个宠妾私通，侍妾恐怕事情泄露，就和安友进谋划杀死安审琦，安友进认为不可，侍妾说：“不这样的话，我必定反过来告发你。”安友进感到恐惧就听从了她的话。

后周世宗显德六年（己未，959年）

春季，正月初七日癸丑，安审琦酒醉熟睡，侍妾取出安审琦所枕的剑，交给安友进杀死安审琦，并且把在帐下服侍的婢女全部杀死灭口。几天以后，安审琦的儿子安守忠才知道这件事，抓住安友进等人，将他们凌迟处死。

当初，有关部门将设立正式的仪仗，前一天晚上在殿庭设置悬挂的乐器，后周

者，问乐工，皆不能对。乃命窦俨讨论古今，考正雅乐。王朴素晓音律，帝以乐事询之，朴上疏，以为：

“礼以检形，乐以治心；形顺于外，心和于内，然而天下不治者未之有也。是以礼乐修于上，万国化于下，圣人之教不肃而成，其政不严而治，用此道也。夫乐生于人心而声成于物，物声既成，复能感人之心。

“昔黄帝吹九寸之管，得黄钟正声，半之为清声，倍之为缓声，三分损益之以生十二律。十二律旋相为宫以生七调，为一均。凡十二均、八十四调而大备。遭秦灭学，历代治乐者罕能用之。唐太宗之世，祖孝孙、张文收考正大乐，备八十四调。安、史之乱，器与工什亡八九；至于黄巢，荡尽无遗。时有太常博士殷盈孙，按《考工记》，铸镈钟十二，编钟二百四十。处士萧承训校定石磬，今之在悬者是也。虽有钟磬之状，殊无相应之和，其镈钟不问音律，但循环而击，编钟、编磬徒悬而已。丝、竹、匏、土仅有七声，名为黄钟之宫，其存者九曲。考之三曲协律，六曲参涉诸调。盖乐之废缺，无甚于今。

“陛下武功既著，垂意礼乐，以臣尝学律吕，宣示古今乐录，命臣讨论。臣谨如古法，以秬黍定尺，长九寸径三分为黄钟之管，与今黄钟之声相应，因而推之，得十二律。以为众管互吹，用声不便，乃作律准，十有三弦，其长九尺，皆应黄钟之声，以次设柱，为十一律，及黄钟清声，旋用七律以为一均。为均之主者，宫也，徵、商、羽、角、变宫、变徵次焉。发其均主之声，归于本音之律，迭应不乱，乃成其调，凡八十一调。此法久绝，出臣独见，乞集百官校其得失。”

诏从之。百官皆以为然，乃行之。

唐宋齐丘至九华山，唐主命锁其第，穴墙给饮食。齐丘叹曰：“吾昔献谋幽让皇帝族于泰州，宜其及此！”乃缢而死。谥曰丑缪。

世宗前去观看，见钟磬只是摆在那里而没有敲打的，便问乐工，乐工都不能回答。于是命令窦俨讨论古今，考订校正雅乐。王朴一向通晓音律，后周世宗向他询问有关音乐的事。王朴上疏，认为：

“礼仪是用来约束形体的，音乐是用来陶冶心灵的；形体在外面恭顺，心灵在内部和谐，这样而天下治理得不好的从来没有过。所以朝廷在上整饬礼乐，天下万国都会有感化，对人的教化不急躁而会成功，政令不严厉而天下大治，都是由于这个道理。大抵音乐产生于人的心灵而声音形成于物体，物体的声音既已形成，又能感化人的心灵。

“从前黄帝吹九寸长的竹管，得到黄钟的正声，将它截成一半，则成为清声，把它加长一倍，则成为缓声，再增加或减少三分之一，便产生十二音律。十二个音律轮流定为宫声，便可产生七个调，成为一均。一共十二均，八十四宫调，这就齐备了。后来遇上秦朝毁灭学术，历代研习演奏音乐的人很少能够运用它。唐太宗的时候，祖孝孙、张文收考订校正大乐，有了八十四宫调。安史之乱，乐器和乐师损失十分之八九；到了黄巢之乱，完全损失，毫无遗留。当时有太常博士殷盈孙，依照《考工记》，铸造出十二枚大镈钟，二百四十枚编钟。处士萧承训校订石磬，如今悬挂的就是。虽然有钟和磬的形状，但却一点没有相应的和谐，对镈钟也不问音律，只是循环敲打，编钟、编磬只是白白地挂着罢了。丝、竹、匏、土等各种乐器只有七声，名叫黄钟之宫，但留存下来的只有九支曲子。考察九支曲子，其中三支曲子合于音律，六支曲子混杂其他各种音调。音乐的荒废奇缺，没有比今天更严重的了。

“陛下武功已经卓著，开始注意礼乐，由于臣曾经学过律吕，便显示公布古今的音乐记录，命令臣点评。臣谨慎地依照古代的方法，用黑黍粒定出尺寸，长九寸、直径三分的作为黄钟之管，与现在的黄钟的声音相互应合，以此来推算，得出十二音律。因为用许多律管交替吹奏，使用和发声都不方便，于是制作律准，一共有十三长弦，长九尺，都和黄钟的声音相应合，在弦上依次设置弦枕木，调成十一个音律和黄钟清声，轮番使用七声成为一均。作为均的主音，首先是宫，其次是徵、商、羽、角、变宫、变徵。首先发出一均主音的声音，最后回归到本音的音律，七个音调重叠应和而不杂乱，于是才成为一个音调，一共八十一调。这个方法久已失传，出于臣的独自见解，请求召集百官考校得失。”

后周世宗下诏采纳王朴的建议。百官都认为是这样，于是实行。

南唐宋齐丘到了九华山，南唐主命令锁上他的住宅，在墙上挖洞供给食物。宋齐丘叹息说：“我以前献计密谋将让皇帝的全族囚禁在泰州，应该到这个地步！”于是上吊而死，谥号为丑缪。

初，翰林学士常梦锡知宣政院，参与机政，深疾齐丘之党，数言于唐主曰："不去此属，国必危亡。"与冯延己、魏岑之徒日有争论。久之，罢宣政院，梦锡郁郁不得志，不复预事，纵酒成疾而卒。及齐丘死，唐主曰："常梦锡平生欲杀齐丘，恨不使见之！"赠梦锡左仆射。

（以上为第六段，写南唐宋齐丘被贬九华山，自缢而死。后周世宗正音律。）

二月，丙子朔，命王朴如河阴按行河堤，立斗门于汴口。壬午，命侍卫都指挥使韩通、宣徽南院使吴延祚，发徐、宿、宋、单等州丁夫数万浚汴水。甲申，命马军都指挥使韩令坤自大梁城东导汴水入于蔡水，以通陈、颍之漕，命步军都指挥使袁彦浚五丈渠东过曹、济、梁山泊，以通青、郓之漕，发畿内及滑、亳丁夫数千以供其役。

丁亥，开封府奏田税旧一十万二千余顷，今按行得羡田四万二千余顷；敕减三万八千顷。诸州行苗使还，所奏羡田，减之仿此。

淮南饥，上命以米贷之，或曰："民贫，恐不能偿。"上曰："民吾子也，安有子倒悬而父不为之解哉！安在责其必偿也！"

庚申，枢密使王朴卒。上临其丧，以玉钺卓地，恸哭数四，不能自止。朴性刚而锐敏，智略过人，上以是惜之。

甲子，诏以北鄙未复，将幸沧州，命义武节度使孙行友捍西山路，以宣徽南院使吴延祚权东京留守、判开封府事，三司使张美权大内都部署。丁卯，命侍卫亲军都虞候韩通等将水陆军先发。甲戌，上发大梁。

夏，四月，庚寅，韩通奏自沧州治水道入契丹境，栅于乾宁军南，补坏防，开游口三十六，遂通瀛、莫。

辛卯，上至沧州，即日帅步骑数万发沧州，直趋契丹之境。河北州县非车驾所过，民间皆不之知。壬辰，上至乾宁军，契丹宁州刺史王洪举城降。

乙未，大治水军，分命诸将水陆俱下，以韩通为陆路都部署，太祖皇帝为水路都部署。丁酉，上御龙舟沿流而北，舳舻相连数十里。己亥，至独流口，溯流而西。辛丑，至益津关，契丹守将终廷辉以城降。

当初，翰林学士常梦锡主持宣政院，参与机要的政务，非常痛恨宋齐丘一伙，屡次向南唐主进言说："不除掉这些人，国家一定危险灭亡。"与冯延己、魏岑一帮人天天都有争论。过了很久，常梦锡被罢除宣政院的职务，他郁郁不得志，不再参与政事，纵情饮酒，得病而死。等到宋齐丘死了，南唐主说："常梦锡一生都要杀掉宋齐丘，遗憾的是没有让他看到宋齐丘的死！"追赠常梦锡左仆射的官职。

二月初一日丙子，后周世宗命令王朴前往河阴考察巡视黄河堤防，在汴水入河口建放水闸。二月初七日壬午，命令侍卫都指挥使韩通、宣徽南院使吴延祚征发徐州、宿州、宋州、单州等州的民夫数万人疏通汴水。二月初九日甲申，命令马军都指挥使韩令坤从大梁城东引汴水进入蔡水，来打通陈州、颍州一带的运粮水路，命令步军都指挥使袁彦疏通五丈渠向东经过曹州、济州、梁山泊，来打通青州、郓州一带的运粮水路，征发京畿之内以及滑州、亳州的民夫几千人来从事这些工程。

二月十二日丁亥，开封府奏报可供征收租税的田地原为十万二千多顷，如今核查多出田地四万二千多顷；后周世宗敕令减免租税三万八千顷。派到各州的行苗使回来，所奏的多余的田地，依照这个比例来减免租税。

淮南发生饥荒，后周世宗命令把米粮借贷给百姓，有人说："百姓贫穷，恐怕不能偿还。"后周世宗说："百姓是我的子女，哪有子女遭到厄运而做父母的不去解救的道理呢！哪里能要求他们必定偿还呢！"

三月初三日庚申，枢密使王朴去世。后周世宗亲自参加他的丧礼，用玉钺敲打地面，痛哭多次，自己也控制不了情绪。王朴生性刚直而敏锐，智略才略超常，后周世宗因此怜惜他。

三月十九日甲子，后周世宗诏命因为北方的边疆还没有收复，将要亲自临幸沧州，命令义武节度使孙行友防御西山路，任命宣徽南院使吴延祚代理东京留守、判开封府事，三司使张美代理大内都部署。三月二十二日丁卯，命令侍卫亲军都虞候韩通等人率领水陆军队先出发。三月二十九日甲戌，后周世宗从大梁出发。

夏季，四月十五日庚寅，韩通奏报从沧州修治水道进入契丹境内，在乾宁军的南面设置栅栏，修补损坏的堤防，开挖排水口三十六个，于是可以通到瀛州和莫州。

四月十六日辛卯，后周世宗到达沧州，当天就率领步兵骑兵几万人从沧州出发，直奔契丹国境。河北的州县不是后周世宗所经过的地方，民间百姓都不知道这件事。四月十七日壬辰，后周世宗到达乾宁军，契丹宁州刺史王洪率众献城投降。

四月二十日乙未，后周世宗大力整治水军，分别命令诸将水陆两路同时出发，任命韩通为陆路都部署，赵匡胤为水路都部署。四月二十二日丁酉，后周世宗乘坐龙船顺流向北前进，船只前后连接几十里。四月二十四日己亥，到达独流口，逆水

自是以西，水路渐隘，不能胜巨舰，乃舍之。壬寅，上登陆而西，宿于野次，侍卫之士不及一旅，从官皆恐惧。胡骑连群出其左右，不敢逼。

癸卯，太祖皇帝先至瓦桥关，契丹守将姚内斌举城降，上入瓦桥关。内斌，平州人也。甲辰，契丹莫州刺史刘楚信举城降。五月，乙巳朔，侍卫亲军都指挥使、天平节度使李重进等始引兵继至，契丹瀛州刺史高彦晖举城降。彦晖，蓟州人也。于是关南悉平。

（以上为第七段，写后周世宗北进亲征契丹，河北瓦桥关以南诸州望风归降于周。）

丙午，宴诸将于行宫，议取幽州，诸将以为："陛下离京四十二日，兵不血刃，取燕南之地，此不世之功也。今虏骑皆聚幽州之北，未宜深入。"上不悦。是日，趣先锋都指挥使刘重进先发，据固安；上自至安阳水，命作桥，会日暮，还宿瓦桥。是日，上不豫而止。契丹主遣使者日驰七百里诣晋阳，命北汉主发兵挠周边，闻上南归，乃罢兵。

戊申，孙行友奏拔易州，擒契丹刺史李在钦，献之，斩于军市。

己酉，以瓦桥关为雄州，割容城、归义二县隶之；以益津关为霸州，割文安、大城二县隶之。发滨、棣丁夫数千城霸州，命韩通董其役。

庚戌，命李重进将兵出土门，击北汉。

辛亥，以侍卫马步都指挥使韩令坤为霸州都部署，义成节度留后陈思让为雄州都部署，各将部兵以戍之。

壬子，上自雄州南还。

己巳，李重进奏败北汉兵于百井，斩首二千余级。

甲戌，帝至大梁。

六月，乙亥朔，昭义节度使李筠奏击北汉，拔辽州，获其刺史张丕。

丙子，郑州奏河决原武，命宣徽南院使吴廷祚发近县二万余夫塞之。

（以上为第八段，写后周世宗欲进取幽州，因病还京。敕令堵塞黄河决口。）

向西。四月二十六日辛丑，到达益津关，契丹守将终廷辉率众举城投降。

从益津关往西，水路渐渐狭窄，不能通行大船，于是弃船。四月二十七日壬寅，后周世宗登陆向西前进，住在野外，侍卫的士兵不足五百人，随从官员都很害怕。胡人骑兵成群结队地出现在他们的左右，但是不敢逼近。

四月二十八日癸卯，赵匡胤先到瓦桥关，契丹守将姚内斌率众献城投降，后周世宗进入瓦桥关。姚内斌是平州人。四月二十九日甲辰，契丹莫州刺史刘楚信率众献城投降。五月初一日乙巳，侍卫亲军都指挥使、天平节度使李重进等人才领兵陆续到达，契丹瀛州刺史高彦晖率众举城投降。高彦晖是蓟州人。于是瓦桥关以南地区全部平定。

五月初二日丙午，后周世宗在行营宴请众将，商议夺取幽州的事情，众将认为："陛下离开京城四十二天，兵不血刃，就取得燕南之地，这是世上罕见的功绩。如今胡虏骑兵都聚集在幽州的北面，不应该深入。"后周世宗不高兴。当天，催促先锋都指挥使刘重进先出发，占据固安；后周世宗亲自到安阳水，命人建桥，碰上天色已晚，回到瓦桥住宿。当天，后周世宗身体不舒服而停止建桥。契丹主派遣使者每天奔驰七百里到晋阳，命令北汉主发兵扰乱后周的边境，听说后周世宗南下返回，方才罢兵。

五月初四日戊申，孙行友奏报攻取易州，擒获契丹易州刺史李在钦，献给朝廷，将他在军市上斩首。

五月初五日己酉，把瓦桥关改名为雄州，划出容城、归义两县隶属于它；把益津关改名为霸州，划出文安、大城两县隶属于它。征发滨州、棣州民夫几千人修筑霸州城，命令韩通监督这项工程。

五月初六日庚戌，后周世宗命令李重进率兵从土门出发，攻击北汉。

五月初七日辛亥，后周世宗任命侍卫马步都指挥使韩令坤为霸州都部署，义成节度留后陈思让为雄州部署，各自率领所部士兵戍守。

五月初八日壬子，后周世宗从雄州南下返回。

五月二十五日己巳，李重进奏报在百井打败北汉军队，斩首二千多级。

五月三十日甲戌，后周世宗回到大梁。

六月初一日乙亥，昭义节度使李筠奏报进攻北汉，夺取辽州，擒获辽州刺史张丕。

六月初二日丙子，郑州奏报黄河在原武决口，后周世宗命令宣徽南院使吴延祚征发附近州县的民夫二万多人堵塞决口。

唐清源节度使留从效遣使入贡，请置进奏院于京师，直隶中朝。诏报以：“江南近服，方务绥怀。卿久奉金陵，未可改图。若置邸上都，与彼抗衡，受而有之，罪在于朕。卿远修职贡，足表忠勤，勉事旧君，且宜如故。如此，则于卿笃始终之义，于朕尽柔远之宜。惟乃通方，谅达予意。”

唐主遣其子纪公从善与锺谟俱入贡，上问谟曰：“江南亦治兵，修守备乎？”对曰：“既臣事大国，不敢复尔。”上曰：“不然。向时则为仇敌，今日则为一家，吾与汝国大义已定，保无他虞。然人生难期，至于后世，则事不可知。归语汝主：可及吾时完城郭，缮甲兵，据守要害，为子孙计。”谟归，以告唐主。唐主乃城金陵，凡诸州城之不完者葺之，戍兵少者益之。

臣光曰：或问臣：五代帝王，唐庄宗、周世宗皆称英武，二主孰贤？臣应之曰：夫天子所以统治万国，讨其不服，抚其微弱，行其号令，壹其法度，敦明信义，以兼爱兆民者也。庄宗既灭梁，海内震动。湖南马氏遣子希范入贡，庄宗曰：“比闻马氏之业，终为高郁所夺，今有儿如此，郁岂能得之哉？”郁，马氏之良佐也。希范兄希声闻庄宗言，卒矫其父命而杀之。此乃市道商贾之所为，岂帝王之体哉！盖庄宗善战者也，故能以弱晋胜强梁；既得之，曾不数年，外内离叛，置身无所。诚由知用兵之术，不知为天下之道故也。世宗以信令御群臣，以正义责诸国，王环以不降受赏，刘仁赡以坚守蒙褒，严续以尽忠获存，蜀兵以反覆就诛，冯道以失节被弃，张美以私恩见疏。江南未服，则亲犯矢石，期于必克；既服，则爱之如子，推诚尽言，为之远虑。其宏规大度，岂得与庄宗同日语哉！《书》曰：“无偏无党，王道荡荡。”又曰：“大邦畏其力，小邦怀其德。”世宗近之矣。

（以上为第九段，写后周世宗示信南唐，受到司马光的高度评价，称之为英武之君，其德“王道荡荡”。）

辛巳，建雄节度使杨廷璋奏击北汉，降堡寨一十三。

南唐清源节度使留从效派遣使者入朝进贡，请求在京师设置进奏院，直接隶属于后周。朝廷下诏回复说："江南最近归服，朝廷正致力于安抚。卿长久事奉金陵，不可改变主意。如果在京师设置进奏院，与南唐抗衡，朝廷接受而拥有此地，罪过就在朕的身上。卿从边远的地方前来进贡，足以表示忠诚勤勉，努力地事奉旧日的君主，最好一切如故。这样的话，对于卿来说可以加深始终如一的情义，对于朕来说可以尽到安抚四方的义务。您是个通情达理的人，应该体谅了解朕的心意。"

南唐主派遣他的儿子纪公李从善与锺谟一起入朝进贡，后周世宗问锺谟说："江南也一样整治军队，进行战备防守吗？"锺谟回答说："既已臣事大国，不敢再这样做。"后周世宗说："不对。以往我们是仇敌，如今则已经成为一家，我和你们国家的关系已经确定，保证没有其他的忧虑。可是人生难以预料，到了后世，那么事情更加难以知晓。回去告诉你们的君主：可以趁我还在的时候加固城邦，整治甲兵，据守要害地方，为子孙着想。"锺谟返回，将这些话告诉南唐主。南唐主于是修筑金陵城，凡是各州的城池不完整坚固的，都整治修理，戍守的士兵数量少的补充增加。

臣司马光说：有人问臣：五代的帝王之中，后唐庄宗、后周世宗都号称英明勇武，这两位君主谁更贤明？臣回答他说：天子之所以能够统治天下万国，在于他能够讨伐不肯投降者，安抚弱小者，推行他的号令，统一他的法度，敦厚信用，昭明大义，用来兼爱亿万百姓。后唐庄宗灭掉梁以后，天下震动。湖南马殷派遣他的儿子马希范入朝进贡，后唐庄宗说："最近听说马氏的基业终将要被高郁所夺取，如今他有这样的儿子，高郁怎么可能夺得了呢？"高郁是马氏的重要辅佐大臣。马希范的哥哥马希声听到庄宗所说的话，最终假托他父亲的命令而杀掉了高郁。这只是街市上的做法，哪里是帝王的做法呢！后唐庄宗是一个善于作战的人，所以能够以弱小的晋国战胜强大的梁国；得了天下以后，没几年，内外叛离，没有容身的地方。这实在是因为只知道用兵的方法，而不知道治理天下道理的缘故啊。后周世宗以诚信驾驭群臣，以正义要求各国，王环因为不投降而受到奖赏，刘仁赡因为坚持防守而受到表扬，严续因为竭尽忠诚而得以生存，蜀兵因为反复无常而被杀，冯道因为丧失节操而被遗弃，张美因为私人恩惠而被疏远。江南尚未归附，就亲自冒着飞矢流石，期望必定要攻克；江南降服以后，则像对子女那样爱护，以诚意相待，知无不言，替人家作长远的打算。他那宏伟的规划，博大的胸怀，哪能与后唐庄宗同日而语呢！《尚书》上说："不偏袒，不结党，为王之道浩浩荡荡。"又说："大国敬畏他的威力，小国感念他的恩德。"后周世宗接近这上面的话了。

六月初七日辛巳，建雄节度使杨廷璋奏报进攻北汉，降服十三个堡寨。

癸未，立皇后符氏，宣懿皇后之女弟也。

立皇子宗训为梁王，领左卫上将军，宗让为燕公，领左骁卫上将军。

上欲相枢密使魏仁浦，议者以仁浦不由科第，不可为相。上曰：“自古用文武才略者为辅佐，岂尽由科第邪！”己丑，加王溥门下侍郎，与范质皆参知枢密院事。以仁浦为中书侍郎、同平章事，枢密使如故。仁浦虽处权要而能谦谨，上性严急，近职有忤旨者，仁浦多引罪归己以救之，所全活什七八，故虽起刀笔吏，致位宰相，时人不以为忝。又以宣徽南院使吴延祚为左骁卫上将军，充枢密使；加归德节度使、侍卫亲军都虞候韩通，镇宁节度使兼殿前都点检张永德并同平章事，仍以通充侍卫亲军副都指挥使；以太祖皇帝兼殿前都点检。

上尝问大臣可为相者于兵部尚书张昭，昭荐李涛。上愕然曰：“涛轻薄无大臣体，朕问相而卿首荐之，何也？”对曰：“陛下所责者细行也，臣所举者大节也。昔晋高祖之世，张彦泽虐杀不辜，涛累疏请诛之，以为不杀必为国患。汉隐帝之世，涛亦上疏请解先帝兵权。夫国家安危未形而能见之，此真宰相器也，臣是以荐之。”上曰：“卿言甚善且至公，然如涛者，终不可置之中书。”涛喜诙谐，不修边幅，与弟澣俱以文学著名，虽甚友爱，而多谑浪，无长幼体，上以是薄之。

上以翰林学士单父王著，幕府旧僚，屡欲相之，以其嗜酒无检而罢。

癸巳，大渐，召范质等入受顾命。上曰：“王著藩邸故人，朕若不起，当相之。”质等出，相谓曰：“著终日游醉乡，岂堪为相！慎勿泄此言。”是日，上殂。

上在藩，多务韬晦；及即位，破高平之寇，人始服其英武。其御军，号令严明，人莫敢犯，攻城对敌，矢石落其左右，人皆失色而上略不动容；应机决策，出人意表。又勤于为治，百司簿籍，过目无所忘；发奸擿伏，聪察如神。闲暇则召儒者读前史，商榷大义。性不好丝竹珍玩之物，常言太祖养成王峻、王殷之恶，致君臣之分不终，故群臣有过则面质责之，服则赦之，有功则厚赏之。文武参用，各尽其能，人无不畏其

六月初九日癸未，立皇后符氏，她是宣懿皇后的妹妹。

立皇子柴宗训为梁王，兼任左卫上将军，柴宗让为燕公，兼任左骁卫上将军。

后周世宗打算任命枢密使魏仁浦当宰相，议论的人认为魏仁浦不是从科第出身的，不可担任宰相。后周世宗说："自古以来都是任用具有文武才略的人作为辅佐，哪里全部都是从科第出身的呢！"六月初五日己丑，为王溥加官门下侍郎，与范质一起参与主持枢密院事务。任命魏仁浦为中书侍郎、同平章事，担任枢密使依旧。魏仁浦虽然身居权力核心而能够谦虚谨慎，后周世宗的性格严肃而急迫，近臣有违反后周世宗旨意的，魏仁浦常常把罪过归于自己而解救他们，所保全救活的占十之七八，所以虽然他出身于文书小吏而做官到宰相，当时的人并不认为是越位。又任命宣徽南院使吴延祚为左骁卫上将军，充任枢密使；归德节度使、侍卫亲军都虞候韩通和镇宁节度使兼殿前都点检张永德都加官同平章事，仍旧任命韩通充任侍卫亲军副都指挥使；任命赵匡胤兼任殿前都点检。

后周世宗曾经问兵部尚书张昭大臣中谁可以当宰相，张昭推荐李涛。后周世宗惊愕地说："李涛轻浮刻薄，没有大臣的风度，朕问宰相人选，而卿首先推荐他，为什么？"张昭回答说："陛下指责的都是一些小事，臣所举出的是臣子的节操。以前后晋高祖的时候，张彦泽暴虐残忍杀害无辜，李涛多次上奏请求诛杀他，认为不杀他，必定要成为国家的祸患。后汉隐帝的时候，李涛也上疏请求解除先帝的兵权。国家的安危还没有形成就能够预见，这才是真正宰相的人才啊，所以臣推荐他。"后周世宗说："卿所言很对而且很公正，但是像李涛这样的人，终究不能安置在中书省。"李涛喜欢戏谑逗趣，不修边幅，和他的弟弟李澣都以文章博学著名，虽然相互很友爱，但是常常戏谑放浪，没有长幼的规矩，后周世宗因此轻视他。

后周世宗因为翰林学士单父人王著是以前幕中的僚属，所以屡次想任用他为宰相，但是又因为他嗜好喝酒，行为不检点而作罢。

六月十九日癸巳，后周世宗病危，召见范质等人入宫接受临终遗命。后周世宗说："王著是我在藩王府邸的旧人，朕如果去世，应当任用他为宰相。"范质等人退出来，互相说："王著整天遨游醉乡，哪里配当宰相！千万不要把这些话泄露出去。"当天，后周世宗去世。

后周世宗在藩镇的时候，很注意隐匿声迹，不自我炫耀；等到即位以后，打败高平的敌寇，人们才开始佩服他的英明勇武。他统率军队，号令严明，没有人敢冒犯，攻打城池，面对敌人，箭落在他的旁边，别人都惊慌失色而后周世宗一点也不动声色；顺应时机，决定计策，出人意料之外。又勤于治理政事，各个部门的簿籍，过目不忘；举发奸邪揭露隐恶，聪睿明察犹如神明。闲暇的时候则召儒生讲读前朝史，商讨大义。禀性不爱音乐和珍宝玩物等东西，常常说太祖姑息养成王峻、王殷

明而怀其惠，故能破敌广地，所向无前。然用法太严，群臣职事小有不举，往往置之极刑；虽素有才干声名，无所开宥，寻亦悔之，末年浸宽。登遐之日，远迩哀慕焉。

甲午，宣遗诏，命梁王宗训即皇帝位，生七年矣。

（以上为第十段，写赵匡胤被任命为殿前都点检。后周世宗辞世，后周世宗第四子梁王柴宗训继位，史称恭帝。）

秋，七月，壬戌，以侍卫亲军都指挥使李重进领淮南节度使，副都指挥使韩通领天平节度使，太祖皇帝领归德节度使。以山南东道节度使、同平章事向拱为西京留守；庚申，加拱兼侍中。拱，即向训也，避恭帝名改焉。

丙寅，大赦。

唐主以金陵去周境才隔一水，洪州险固居上游，集群臣议徙都之。群臣多不欲徙，惟枢密副使、给事中唐镐劝之，乃命经营豫章为都城之制。

唐自淮上用兵及割江北，臣事于周，岁时贡献，府藏空竭，钱益少，物价腾贵。礼部侍郎锺谟请铸大钱，一当五十，中书舍人韩熙载请铸铁钱；唐主始皆不从，谟陈请不已，乃从之。是月，始铸当十大钱，文曰“永通泉货”，又铸当二钱，文曰“唐国通宝”，与开元钱并行。

八月，戊子，蜀主以李昊领武信节度使。右补阙李起上言：“故事，宰相无领方镇者。”蜀主曰：“昊家多冗费，以厚禄优之耳。”起，邛州人，性婞直，李昊尝语之曰：“以子之才，苟能慎默，当为翰林学士。”起曰：“俟无舌，乃不言耳！”

庚寅，立皇弟宗让为曹王，更名熙让；熙谨为纪王，熙诲为蕲王。

九月，丙午，唐太子弘冀卒，有司引浙西之功，谥曰武宣。句容尉全椒张洎上言：“太子之德，主于孝敬，今谥以武功，非所以防微而慎德也。”乃更谥曰文献；擢洎为上元尉。

的罪恶，以致君臣的情分不能维持到头，所以群臣有过失就当面质问指责，服罪改过就赦免他，有功劳就重赏他。文武人才同时任用，各尽自己的才能，人们没有不既敬畏他的严明而又怀念他的恩惠的，所以能够攻破敌人，扩展土地，所向无敌。然而使用刑法太严厉，群臣职责内所办之事，稍有一点没有做好的，往往处以极刑；即使平时再有才干名望，也没有一点宽恕，不久自己也感到后悔，所以晚年逐渐放宽。当后周世宗去世的时候，远近都哀悼仰慕他。

六月二十日甲午，宣布遗诏，诏命令梁王柴宗训即皇帝位，这时他年已七岁。

秋季，七月十九日壬戌，任命侍卫亲军都指挥使李重进兼任淮南节度使，副都指挥使韩通兼任天平节度使，赵匡胤兼任归德节度使。任命山南东道节度使、同平章事向拱为西京留守；七月十七日庚申，向拱加官兼任侍中。向拱就是向训，因为避恭帝的讳而改名。

七月二十三日丙寅，实行大赦。

南唐主因为金陵距离后周国境只隔了一条长江，而洪州地势险要坚固，居于金陵的上游，所以召集群臣商议迁都洪州。群臣大多数不愿意迁都，只有枢密副使、给事中唐镐劝说迁都，于是命令营建豫章，使它具备都城的规模。

南唐自从在淮上用兵和割让江北之地，向后周臣服以来，每年按时要向后周进贡，府库储蓄空乏竭尽，钱币越来越少，物价上涨。礼部侍郎锺谟请求铸造大钱，以一当五十，中书舍人韩熙载请求铸造铁钱；南唐主开始都不同意，锺谟陈述请求不已，于是同意。当月，开始铸造以一当十的大钱，钱上文字为“永通泉货”，又铸造以一当二的钱，钱上文字为“唐国通宝”，与开元钱同时通行。

八月十五日戊子，后蜀主任命李昊兼任武信节度使。右补阙李起上奏说：“旧例，宰相没有兼领方镇的。”后蜀主说：“李昊家里有许多繁杂的费用，只是拿丰厚的俸禄来优待他罢了。”李起是邛州人，生性刚直，李昊曾经对他说：“以你的才能，如果能够谨慎沉默，将可以当翰林学士。”李起说：“等到我没有舌头了，我才能不说话。”

八月十七日庚寅，立皇弟柴宗让为曹王，改名为柴熙让；立柴熙谨为纪王，柴熙诲为蕲王。

九月初四日丙午，南唐太子李弘冀去世，有关官员援引他在浙西打败吴越兵的功劳定谥号为武宣。句容县尉全椒人张洎上书说：“太子的德行，主要在于孝敬，如今根据武功而确定谥号，这不符合防微杜渐、注重德行的原则。”于是改谥号为文

唐礼部侍郎、知尚书省事锺谟数奉使入周，传世宗命于唐主，世宗及唐主皆厚待之。恃此骄横于其国，三省之事皆预焉。

文献太子总朝政，谟求兼东宫官不得，乃荐其所善阎式为司议郎，掌百司关启。李德明之死也，唐镐预其谋，谟闻镐受赇，尝面诘之，镐甚惧。谟与天威都虞候张峦善，数于私第屏人语至夜分。镐谮诸唐主曰："谟与峦气类不同，而过相亲狎，谟屡使上国，峦北人，恐其有异谋。"又言："永通大钱民多盗铸，犯法者众。"及文献太子卒，唐主欲立其母弟郑王从嘉。谟尝与纪公从善同奉使于周，相厚善，言于唐主曰："从嘉德轻志懦，又酷信释氏，非人主才。从善果敢凝重，宜为嗣。"唐主由是怒。寻徙从嘉为吴王、尚书令、知政事，居东宫。冬，十月，谟请令张峦以所部兵巡徼都城。唐主乃下诏暴谟侵官之罪，贬国子司业，流饶州；贬张峦为宣州副使。未几，皆杀之。废永通钱。

十一月，壬寅朔，葬睿武孝文皇帝于庆陵，庙号世宗。

（以上为第十一段，写赵匡胤领归德节度使。南唐主畏周之逼，经营豫章为京城之制以备迁都。后周葬周世宗于庆陵。）

南汉主以中书舍人锺允章，藩府旧僚，擢为尚书右丞、参政事，甚委任之。允章请诛乱法者数人以正纲纪，南汉主不能从，宦官闻而恶之。南汉主将祀圜丘，前三日，允章帅礼官登坛，四顾指挥设神位，内侍监许彦真望之曰："此谋反也！"即带剑登坛，允章叱之。彦真驰入宫，告允章欲于郊祀日作乱。南汉主曰："朕待允章厚，岂有此邪！"玉清宫使龚澄枢、内侍监李托等共证之，以彦真言为然，乃收允章，系含章楼下，命宦者与礼部尚书薛用丕杂治之。用丕素与允章善，告以必不免，允章执用丕手泣曰："老夫今日犹几上肉耳，分为仇人所烹。但恨邕、昌幼，不知吾冤，及其长也，公为我语之。"彦真闻之，骂曰："反贼欲使其子报仇邪！"复白南汉主曰："允章与二子共登坛，潜有所祷。"俱斩之。自是宦官益横。李托，封州人也。

献；提拔张洎为上元县尉。

南唐礼部侍郎、知尚书省事锺谟屡次奉命出使到后周，传达后周世宗的命令给南唐主，后周世宗和南唐主待他都很优厚。锺谟依仗这些在国内骄傲蛮横，三省的事情都要干预。

文献太子总理朝政的时候，锺谟请求兼任东宫的官职，没有得到，于是推荐他相好的人阎式为司议郎，掌管各部门的禀报上奏。李德明死的时候，唐镐参与其中的谋划，锺谟听说唐镐接受贿赂，曾经当面责问他，唐镐很害怕。锺谟和天威都虞候张峦友善，多次在私宅中屏退旁人谈到半夜。唐镐在南唐主面前诬陷锺谟说："锺谟和张峦志趣不同，却来往非常亲密，锺谟屡次出使中原，张峦又是北方人，恐怕他们有反叛的阴谋。"又说："永通大钱民间很多人私铸，犯法的人很多。"文献太子去世以后，南唐主想立他的同母弟弟郑王李从嘉为继承人。锺谟曾经和纪公李从善一同奉命出使到后周，彼此亲厚友善，锺谟于是对南唐主说："从嘉德行轻浮，志气懦弱，又酷信佛教，不是当人主的材料。从善果断而持重，应该做继承人。"南唐主因此发怒，不久改封李从嘉为吴王、尚书令、知政事，居住在东宫。冬季，十月，锺谟请求张峦率领所部军队巡察都城。南唐主于是下诏公布锺谟侵越职权的罪行，贬锺谟为国子司业，流放饶州；贬张峦为宣州副使。不久，把他们都杀掉，废止永通钱。

十一月初一日壬寅，把睿武孝文皇帝安葬在庆陵，庙号为世宗。

南汉主因为中书舍人锺允章是自己当太子时的幕府僚属，所以提升他为尚书右丞、参政事，非常重用他。锺允章请求诛杀扰乱法纪的几个人来肃正朝廷纲纪，南汉主没有听从，宦官们听说而憎恨锺允章。南汉主将要在圜丘祭天，前三天，锺允章带领礼官登上祭坛，四处观察，指挥礼官设置神位，内侍监许彦真看到这些情况说："这是要谋反啊！"立即带剑登上祭坛，锺允章斥责他。许彦真飞驰入宫，告发锺允章准备在祭天那一天发动叛乱。南汉主说："朕对待锺允章很优厚，怎么可能有这种事呢！"玉清宫使龚澄枢、内侍监李托等人一起为这件事作证，认为许彦真的话是对的，于是收押锺允章，囚禁在含章楼下，命令宦官和礼部尚书薛用丕一起审问他。薛用丕向来和锺允章友善，告诉他一定不能免死，锺允章拉着薛用丕的手哭着说："老夫今日就像砧板上的肉，本应该被仇人所烹煮。只恨我的两个儿子锺邕、锺昌年幼，不知道我的冤屈，等到他们长大了，请您替我告诉他们。"许彦真听说这些话，骂道："叛贼还想让他的儿子报仇！"又禀报南汉主说："锺允章和两个儿子

辛亥，南汉主祀圜丘，大赦。未几，以龚澄枢为左龙虎观军容使、内太师，军国之事皆取决焉。凡群臣有才能及进士状头或僧道可与谈者，皆先下蚕室，然后得进。亦有自宫以求进者，亦有免死而宫者，由是宦者近二万人。贵显用事之人，大抵皆宦者也，谓士人为门外人，不得预事，卒以此亡国。

唐更命洪州曰南昌府，建南都，以武清节度使何敬洙为南都留守，以兵部尚书陈继善为南昌尹。

周人之攻秦、凤也，蜀中恟惧。都官郎中徐及甫自负才略，仕不得志，阴结党与，谋奉前蜀高祖之孙少府少监王令仪为主以作乱，会周兵退而止。至是，其党有告者，收捕之，及甫自杀。十二月，甲午，赐令仪死。

端明殿学士、兵部侍郎窦仪使于唐，天雨雪，唐主欲受诏于庑下。仪曰："使者奉诏而来，不敢失旧礼。若雪沾服，请俟他日。"唐主乃拜诏于庭。

契丹主遣其舅使于唐，泰州团练使荆罕儒募客使杀之。唐人夜宴契丹使者于清风驿，酒酣，起更衣，久不返，视之，失其首矣。自是契丹与唐绝。罕儒，冀州人也。

（以上为第十二段，写南汉主杀贤良任宦官，弹丸小国宦者近二万人。南唐更命洪州为南昌府，建南都。）

同上祭坛，暗中有所祈祷。”于是将他们全部斩首。从此宦官更加专横。李托是封州人。

十一月初十日辛亥，南汉主在圜丘祭天，实行大赦。不久，任命龚澄枢为左龙虎观军容使、内太师，军队国家的事情都取决于他。凡是群臣中有才能的人以及进士第一名状头，或者谈得来的和尚道士，都先送到蚕室，然后才能提拔。也有自宫以求进用的，也有免死而宫的，因此宦官将近两万人。尊贵显赫当权的人，大多都是宦官，他们称士人为门外人，不得干预政事，结果南汉因此而亡国。

南唐将洪州改名为南昌府，建立南都，任命武清节度使何敬洙为南都留守，任命兵部尚书陈继善为南昌尹。

后周军攻打秦州和凤州的时候，后蜀国中恐惧。都官郎中徐及甫自负有才略，但是仕途不得志，暗中勾结党羽，谋划拥立前蜀高祖的孙子少府少监王令仪为君主来发动叛乱，正遇上后周军队撤退而作罢。到了这个时候，徐及甫的党羽中有向朝廷告发的，于是拘捕徐及甫，徐及甫自杀。十二月二十三日甲午，后蜀主赐王令仪自杀。

端明殿学士、兵部侍郎窦仪出使到南唐，天下大雪，南唐主想在廊檐下接受诏书。窦仪说：“使者奉持诏书而来，不敢失以前的旧礼。如果怕雪打湿衣服，那么请求等待他日。”南唐主于是在庭中下拜接受诏书。

契丹主派遣他的舅舅出使到南唐，泰州团练使荆罕儒招募刺客去刺杀他。南唐官员晚上在清风驿宴请契丹使者，酒喝得正畅快的时候，契丹使者起身去解手，迟迟没有回来，前去探视，契丹使者已经掉了脑袋。从此契丹与南唐断绝关系。荆罕儒是冀州人。

【点评】

本卷点评后周世宗示信南唐、南唐主李璟贬逐奸佞、《资治通鉴》记事止于周恭帝即位三件史事。

一、后周世宗示信南唐。后周世宗南伐南唐，三次亲征，用兵三载，夺得江北之地，即议和而罢兵。后周世宗对南唐议和使者说："朕本兴师止取江北，尔主能举国内附，朕复何求！"和议成，后周世宗赐给南唐主书信慰问，说："沿长江的各支军队，以及两浙、湖南、荆南的军队都要撤走，正在围攻南唐庐州、蕲州、黄州的三支军队停止围攻，后撤到郊外，南唐三州的将士和家属回归南唐，上路后周军才来接管三州城市。长江上的南唐船只，如需往来，可以停靠在北岸再回到南岸。"后周世宗如所承诺，诏命吴越和荆南的军队各回本地。后周世宗没有一气灭江南，也是对王朴之策的修正，而不是统一了江南以后再北向用兵契丹。契丹是中原之大敌，据有燕云十六州，居高以临中原，不逐走契丹，不收复燕云之地，则中原国防不固。两宋积贫积弱，导致蒙元入主中原，是其证也。自朱温以来，后梁、后唐、后晋、后汉，只有中原两河及关中之地，四围强敌，正如王夫之所说："守不固，兵不强，食不裕"（《读通鉴论》卷三十），则无力与契丹争胜负，石重贵之覆亡是其证也。后周世宗不是不想统一江南，由于李唐拒战坚决，人心尚固，必欲灭之，耗费时日，有误北伐契丹，所以得江北之地而停止用兵。江北之地尽归中原，后周地广兵强，所降南唐之兵收编为六军，南唐效顺，厚奉资财以足财用，示信南唐，全境平安，北伐无后顾之忧，所以后周世宗一年后就有强力大举北伐契丹，不幸染病而功不成。其后宋太祖一统江南之后再欲北伐，连机会都没有了。后周世宗之志，重在逐契丹、收燕云，一雪中原之耻，是一位难得的雄略之主。他没有能够继汉、唐之盛，此天不佑中原也！

二、南唐主李璟贬逐奸佞。当初，冯延己以取中原之策邀宠于南唐主，自谓不凡，夸夸其谈，常以天下为己任。翰林学士常梦锡多次奏言冯延己浮诞，不可信任。常梦锡说："奸言似忠，陛下不悟，国必亡矣！"等到唐主臣服于后周，南北和议成，冯延己及其党盛称周主为大朝，常梦锡讥讽说："诸公常常说要使皇上成为尧舜，怎么今天自甘为小朝廷呢！"南唐太傅兼中书令宋齐丘多结党羽，枢密使陈觉、副使李徵古皆其党羽骨干，仗着宋齐丘的势力骄横傲慢。宋齐丘、陈觉、李徵古等误国，导致南唐兵败，割地议和，南唐主叹息流泪，说："没想到我的国家沦落到这个地步。"李徵古不仅不安慰唐主，还目无尊长地说："陛下哭有什么用，是酒渴多了，还是找奶妈子，哭哭啼啼像啥话。"唐主脸色大变，李徵古仍有恃无恐，举止自如。这时司天监奏报："天象变化，人主应当避开帝位祈求消灾。"南唐主说："我正想让出帝位，国家托付给谁呢？"李徵古说："宋公是缔造国家的元老，国事可以交

给他。”这时陈觉出使周朝回来，矫传周主之命诛杀主张抗击周师的宰相严续。南唐主怀疑陈觉公报私仇，他知道二人一向不和。南唐主没有贸然听陈觉的话，而是请示周主，陈觉借刀杀人的阴谋败露，南唐主醒悟，将冯延己、宋齐丘，以及其党陈觉、李徵古悉数贬逐，幽囚宋齐丘于九华山，宋齐丘不堪其辱，自缢而亡。这时常梦锡已死，南唐主叹曰：“常梦锡劝朕除掉宋齐丘，遗憾的是他没有看到宋齐丘今天的下场。”

三、《资治通鉴》止于周恭帝即位。后周世宗柴荣有七子。前三子在郭威起兵时为后汉所杀。第四子柴宗训嗣位，史称恭皇帝。第五子为柴熙让，第六子为柴熙谨，第七子为柴熙诲。恭帝即位，封三皇弟为王，熙让封曹王，熙谨封纪王，熙诲封蕲王。纪王熙谨卒于宋太祖乾德二年（964），熙让、熙诲不知所终。显德六年（959）六月十九日癸巳，后周世宗辞世。次日，即六月二十日甲午，梁王柴宗训立，年仅七岁。后周世宗病逝之前十日，才立宗训为梁王。《新五代史》载，显德七年（960）春正初四月甲辰，“逊于位，宋兴”。恭帝七岁即位，在位半年后亡国。欧阳修，宋臣，不书恭帝禅位之事，及其所终，只书“逊于位，宋兴”五个字。逊，顺也，谓恭帝能顺乎天命，让出帝位，为宋讳也。薛居正仕周入宋，所修《旧五代史》记述赵匡胤发动陈桥驿兵变夺位，恭帝禅让后封郑王，建隆三年（962）出周郑王于房陵，开宝六年（973）周郑王殂，年二十岁。恭帝归葬于后周世宗庆陵之侧，陵曰顺陵，有司拟谥曰恭。司马光作《资治通鉴》五代史事终止于周恭帝即位，也是全书终篇，避免了周亡宋兴的记述，为宋避讳也。载述一代王朝，没有结尾，不符史例。司马光为了避宋讳，就不顾其他了。史官言事，应以实录示信，薛居正的做法，才是应当肯定的。

当然，司马光把《资治通鉴》的下限只写到五代，也避免了写宋朝当代史，少了触犯禁忌的风险，保全了《资治通鉴》，也是一得。

全书卷终

附录 《资治通鉴》大事编年

【说明】

《大事编年》为本书的附录，回照全书，以助阅读，以备检索。“大事编年”以纪年系事，纪年包括帝王庙号、谥号、姓名、年号、公元、干支等项内容，全面反映《通鉴》的纪年。大事行文，如序号、月份，分条排列，只简明择要《通鉴》所载内容，主要为以下 10 个方面：

1. 帝王的即位、治绩与丧葬；
2. 重要历史人物的活动与卒年；
3. 经济、政治制度的变革与重要法令的颁布；
4. 社会各阶级、阶层尖锐复杂的矛盾斗争；
5. 重大的军事活动与战争；
6. 民族关系；
7. 中外关系；
8. 重要的科技文化的发明与发现；
9. 生产工具和生产技术的改进；
10. 重大的自然变化与灾害。

周威烈王姬午

二十三年（戊寅，前 403）

周王正式册命晋大夫魏斯、赵籍、韩虔为诸侯。史称“三家分晋”。

二十四年（己卯，前 402）

周威烈王姬午死，子姬骄立，是为安王。

周安王姬骄

二年（辛巳，前 400）

秦简公悼子死，其子立，是为惠公。

四年（癸未，前 398）

楚围郑。郑人杀相国驷子阳。

六年（乙酉，前 396）

郑相驷子阳之党杀郑繻公，立其弟乙，是为康公。

宋悼公购由死，子田立，是为休公。

九年（戊子，前 393）

晋烈公止死，子倾立，是为孝公。

十一年（庚寅，前 391）

秦攻韩宜阳，夺取六邑。

齐国田和迁其君齐康公至海上，使食一城，以奉其先祀。

十二年（辛卯，前 390）

秦、晋战于武城。

十三年（壬辰，前 389）

齐田和求为诸侯。魏文侯为田和请于周安王及诸侯。

十五年（甲午，前 387）

秦攻蜀，夺取南郑。

魏文侯死，太子击立，是为武侯。

秦惠公死，子出公立。

十六年（乙未，前 386）

周王初命齐大夫田和为诸侯。

十七年（丙申，前 385）

秦庶长子改迎立献公，杀出子及其母。

齐太公死，子午立，是为桓公。

二十一年（庚子，前 381）

楚悼王死。贵戚大臣作乱，攻吴起；起伏于王尸上，王尸中箭。

葬楚悼王，太子臧立，是为肃王。肃王杀作乱者七十余家。

二十三年（壬寅，前 379）

齐康公死，无子，至此姜氏亡。田氏遂并齐而有之。

齐桓公田午薨。子齐威王因齐立。

二十六年（乙巳，前 376）

周安王骄死，子喜立，是为周烈王。

魏、韩、赵共废晋靖公为家人而分其地。

周烈王姬喜

元年（丙午，前 375）

韩灭郑，迁都至郑。

三年（戊申，前 373）

燕僖公死，子桓公立。

宋休公死，子辟公立。

卫慎公死，子训立，是为声公。

五年（庚戌，前 371）

魏攻楚，夺取鲁阳。

韩国严遂杀哀侯，国人立其子懿侯。

魏武侯死，未立太子，子罃与公中缓争立，国内乱。

六年（辛亥，前 370）

齐威王来朝。

魏败赵军于怀。

楚肃王死，无子，立其弟良夫，是为宣王。

七年（壬子，前 369）

周烈王喜死，弟扁立，是为显王。

魏公子罃杀公中缓而立，是为惠王。

周显王姬扁

元年（癸丑，前 368）

赵侵齐，攻取长城。

三年（乙卯，前 366）

魏、韩两国国君会于宅阳。

秦败魏、韩联军于洛阳。

五年（丁巳，前 364）

秦献公败三晋之军于石门，斩首六万。周天子赐秦献公黼黻之服。

七年（己未，前 362）

秦在少梁击败魏军，擒魏将公孙痤。

燕桓公死，子文公立。

秦献公死，子孝公立。孝公发奋修政，欲使秦国强大。

八年（庚申，前 361）

秦孝公招纳贤才，卫国公孙鞅入秦，献富国强兵之策。

十年（壬戌，前 359）

秦孝公以卫鞅为左庶长。卒定变法之令。

韩懿侯死，子昭侯立。

十二年（甲子，前 357）

魏、韩两国国君会于鄗。

十三年（乙丑，前 356）

赵、燕两国会于阿。

赵、齐、宋三国会于平陆。

十四年（丙寅，前 355）

秦孝公、魏惠王会于杜平。

十五年（丁卯，前 354）

秦在元里击败魏军，攻取少梁。

魏惠王攻赵，围邯郸。

十六年（戊辰，前 353）

齐救赵，战于桂陵，魏将庞涓被擒。史称齐魏桂陵之战。

十七年（己巳，前 352）

秦大良造（秦最高官职）卫鞅攻魏。

十八年（庚午，前 351）

魏归还赵邯郸，与赵在漳水结盟。

韩昭侯以郑人申不害为相。

十九年（辛未，前 350）

秦商鞅建冀阙宫庭于咸阳，迁以为都。

赵成侯死，公子緤与太子争立；緤败，逃奔至韩。

二十一年（癸酉，前 348）

秦商鞅实行赋税法。

二十五年（丁丑，前 344）

诸侯会于京师洛阳。

二十六年（戊寅，前 343）

周王致伯于秦，诸侯皆贺秦。

二十八年（庚辰，前 341）

魏庞涓攻韩，韩求救于齐。齐孙膑破魏军，庞涓自杀。史称马陵之战。

二十九年（辛巳，前 340）

秦卫鞅率军攻魏，诱执魏公子卬。魏献河西之地与秦和。

秦封卫鞅商於十五邑，称卫鞅为商君。

楚宣王死，子商立，是为威王。

三十一年（癸未，前 338）

秦孝公死，子惠文王立。

秦公子虔之徒告商君谋反，商君被害，尽灭其家。

三十二年（甲申，前 337）

韩相申不害死。

三十三年（乙酉，前 336）

邹人孟轲见魏惠王，主张以仁义为先。

三十四年（丙戌，前 335）

秦攻韩，夺取宜阳。

三十五年（丁亥，前 334）

齐王、魏王会于徐州，相与为王。

三十六年（戊子，前 333）

韩昭侯死。子宣惠王立。

洛阳人苏秦游说燕、赵、韩、魏、齐、楚，并相六国，合纵六国联合抗秦；魏人张仪入秦，秦王以为客卿。

齐威王死，子辟强立，是为宣王。

燕文公死，子易王立。

三十七年（己丑，前 332）

秦惠王欺齐、魏，与共攻赵，以瓦解六国合纵之约。

三十九年（辛卯，前 330）

秦攻魏，围焦、曲沃。魏割少梁、河西地与秦。

四十年（壬辰，前 329）

秦攻魏，夺取汾阴、皮氏、焦等地。

楚威王死，子槐立，是为怀王。

四十一年（癸巳，前 328）

秦公子华、张仪率军攻取魏蒲阳，不久又归还魏，用以迫使魏献上郡十五县与秦。

四十二年（甲午，前 327）

秦取西戎国义渠为县，以其君为臣。

四十三年（乙未，前 326）

赵肃侯死，子武灵王立。

四十四年（丙申，前 325）

四月，秦初称王。

四十五年（丁酉，前 324）

秦张仪攻魏，取陕。

四十六年（戊戌，前 323）

秦张仪及齐相、楚相会于啮桑。

韩、燕皆称王。唯赵武灵王令国人称己为君。

四十七年（己亥，前 322）

张仪从啮桑归而免相，相魏。

四十八年（庚子，前 321）

周显王扁死，子定立，是为慎靓王。

燕易王死，子哙立。

孟尝君招贤纳士，名重天下。

周慎靓王姬定

元年（辛丑，前 320）

卫再贬号为君。

二年（壬寅，前 319）

魏惠王死，子襄王立。

三年（癸卯，前 318）

楚、赵、魏、韩、燕五国攻秦，战于函谷关，五国军队败退。

四年（甲辰，前 317）

秦在修鱼击败韩军，诸侯震恐。

张仪复辅助秦王。

五年（乙巳，前 316）

巴蜀相攻，俱告急于秦。秦惠王从司马错计，取蜀。

燕王哙禅位燕相子之。

六年（丙午，前 315）

周王定死，子延立，是为周赧王。

周赧王姬延

元年（丁未，前314）

齐攻燕，诛子之，杀燕王哙。

齐宣王死，子地立，是为湣王。

三年（己酉，前312）

春，秦军在丹阳大破楚军。

燕人共立太子平，是为燕昭王。昭王以乐毅为亚卿，任以国政。

韩宣惠王死，子仓立，是为襄王。

四年（庚戌，前311）

张仪游说楚王、韩王、齐王、赵王、燕王连横以事秦。五国许之。秦王以六邑封张仪，号武信君。

秦惠王死，子武王立。诸侯得知张仪与武王有隙，皆背叛连横，复合纵。

五年（辛亥，前310）

张仪诡说秦武王而辅助魏。仪辅助魏一年而死。

秦王、魏王会于临晋。

六年（壬子，前309）

秦初置丞相，以樗里疾为右丞相。

七年（癸丑，前308）

秦王、魏王会于应。

秋，秦王派甘茂、庶长封率军攻韩宜阳。

八年（甲寅，前307）

甘茂攻拔韩宜阳。韩公仲侈入秦请和。

八月，秦武王与孟说举鼎，绝脉而死。武王无子，国人立其异母弟稷，是为秦昭襄王。

赵武灵王北略中山之地，至房子，至代。

赵武灵王出胡服令，招骑射以教百姓，防备边境。

十年（丙辰，前305）

秦将军魏冉尽诛公子壮、惠文后、昭王异母兄弟及大臣，逐悼武王后（魏人）回魏。昭王年少，秦宣太后及魏冉专国政。

十二年（戊午，前303）

齐、韩、魏因楚背叛合纵而合兵攻楚。秦出兵救楚，三国退军。

十三年（己未，前 302）

楚太子自秦逃回楚。

十四年（庚申，前 301）

蜀守辉背叛秦，秦司马错入蜀杀辉。

秦庶长奂会韩、魏、齐军攻楚，夺取重丘，杀其将唐昧。

十五年（辛酉，前 300）

秦樗里疾死，以赵人楼缓为丞相。

十六年（壬戌，前 299）

五月，赵武灵王传国于次子何，是为惠文王。武灵王自号“主父”。

秦以会盟诈计诱扣楚怀王。

齐归还楚太子，楚人立之，是为顷襄王。

十七年（癸亥，前 298）

秦得知楚又立王，怒而发兵击楚，斩首五万，夺取楚十六城。

赵惠文王封其弟为平原君。平原君好士，食客数千人。

十九年（乙丑，前 296）

楚怀王病死于秦，秦人归其丧。楚人悲怜怀王。

齐、韩、魏、赵、宋同攻秦。秦归韩武遂、归魏封陵以和。

魏襄王死，子昭王立。

韩襄王死，子咎立，是为釐王。

二十年（丙寅，前 295）

赵发生“沙丘之乱”，主父饿死。

二十二年（戊辰，前 293）

秦将白起在伊阙击败韩、魏军。秦以白起为国尉。

二十五年（辛未，前 290）

魏以河东地四百里、韩以武遂地二百里与秦。

二十六年（壬申，前 289）

秦大良造白起、客卿司马错攻魏，至轵，夺取六十一城。

二十七年（癸酉，前 288）

十月，秦昭襄王称西帝，派使者立齐滑王为东帝。齐王称帝二日而归帝号。

十二月，秦昭襄王亦去帝号，复称王。

二十九年（乙亥，前 286）

齐滑王发兵攻宋。宋国灭亡。

三十一年（丁丑，前284）

燕乐毅率燕、秦、魏、韩、赵五国军队攻齐，大破齐军。燕取齐七十余城，唯莒与即墨两城未下。

三十二年（戊寅，前283）

蔺相如不畏强秦，完璧（和氏璧）归赵，赵王以相如为上大夫。

三十五年（辛巳，前280）

秦司马错发陇西兵，由蜀攻取楚黔中。楚献汉水以北及上庸地与秦。

三十六年（壬午，前279）

秦将白起攻取楚鄢、邓、西陵。

赵王与秦王会于渑池。

燕昭王死，子惠王立。惠王使骑劫代将而召乐毅。乐毅怕回国被诛，遂奔赵国。

齐将田单以火牛阵大破燕军，复齐国。迎齐王入临淄。

三十七年（癸未，前278）

秦将白起攻破楚都郢。楚襄王迁都于陈。

三十八年（甲申，前277）

魏昭王死，子安釐王立。

三十九年（乙酉，前276）

魏安釐王封其弟无忌为信陵君。

四十一年（丁亥，前274）

秦穰侯攻取魏四城，斩首四万。

四十二年（戊子，前273）

赵、魏攻韩华阳。秦发兵救韩，在华阳大破魏军。又击败赵军。

楚使者黄歇至秦，说服秦与楚约亲。

四十三年（己丑，前272）

楚使黄歇侍太子完至秦为质。

四十四年（庚寅，前271）

王使赵奢治国赋，民富而府库充实。

四十五年（辛卯，前270）

秦围赵阏与，赵派赵奢率军救之。赵奢大破秦军。

魏人范雎入秦，向秦王进“远交近攻”之策。

四十九年（乙未，前266）

范雎为丞相，封为应侯。

赵惠文王死，子丹立，是为赵孝成王。

五十年（丙申，前 265）

齐襄王死。子建立，年少，国事全决于其母君王后。

五十二年（戊戌，前 263）

秦武安君白起攻取韩南阳，断绝太行道。

楚顷襄王死，太子完即位，是为考烈王。楚王以黄歇为相，号为春申君。

五十三年（己亥，前 262）

秦白起攻取韩野王，断绝上党通韩都（新郑）之路。上党郡守冯亭附赵。

五十五年（辛丑，前 260）

秦左庶长王龁攻取上党。

秦将白起大破赵军于长平，坑赵降卒四十万。

五十六年（壬寅，前 259）

秦将白起欲乘胜破赵，丞相范雎忌之，说服秦王与韩、赵和。白起从此和范雎有隙。

秦将王陵复率军攻赵，白起称病，未出征。

五十七年（癸卯，前 258）

赵王派平原君求救于楚。毛遂自荐同往。楚王乃与赵歃血定纵约。

信陵君窃符救赵。

五十八年（甲辰，前 257）

秦昭王赐剑白起自杀。

信陵君魏公子无忌在邯郸城下大破秦军，赵国得存。

阳翟大商人吕不韦入秦说华阳夫人以秦太子庶子异人为嫡。

五十九年（乙巳，前 256）

秦王派摎攻西周。周赧王入秦，尽献其三十六邑，三万人口。西周亡。

秦昭襄王稷

五十二年（丙午，前 255）

蔡泽入秦，代范雎为相，数月免。

秦迁西周公于𢑥狐之聚。

楚迁鲁于莒而取其地。

五十六年（庚戌，前 251）

秦昭王死，孝文王立。以子楚（异人）为太子。赵人奉子楚夫人及子政归秦。

秋季，赵平原君死。

秦孝文王柱

元年（辛亥，前 250）

秦孝文王死，子楚立，是为秦庄襄王。

秦庄襄王子楚

元年（壬子，前 249）

吕不韦为秦相国。

秦王派吕不韦在巩讨灭东周，东周亡。秦置三川郡。

二年（癸丑，前 248）

楚王改封春申君于吴。

三年（甲寅，前 247）

秦将蒙骜攻魏。信陵君率五国军队在黄河以西击败蒙骜，追至函谷关而还。

秦庄襄王子楚死，太子政立。国事决于吕不韦。

秦始皇帝嬴政

元年（乙卯，前 246）

秦凿郑国渠成，灌田四万余顷，关中更加富饶。

二年（丙辰，前 245）

赵孝成王死，子悼襄王立。

赵悼襄王使乐乘代替廉颇。廉颇怒，奔魏入楚，后死于寿春。

三年（丁巳，前 244）

秦发生大饥荒。

赵王以北方良将李牧为将，攻取燕武遂、方城。

四年（戊午，前 243）

七月，秦发生蝗灾、瘟疫；令百姓缴纳粟千石，则拜爵一级。

六年（庚申，前 241）

楚、赵、魏、韩、卫五国合纵攻秦。秦军出击，五国军队败走。

楚迁都寿春。

九年（癸亥，前 238）

秦寒冻，百姓有冻死者。

秦王嬴政亲政。

长信侯嫪毐为乱，秦王使相国发卒攻毐，毐被夷三族。

楚王死，李园遂杀春申君。太子立，是为幽王。

十年（甲子，前237）

秦吕不韦免相，出都前往封国，于秦王十二年饮鸩死。

秦驱逐客卿。楚人李斯上书进谏，秦废逐客令。

十一年（乙丑，前236）

赵悼襄王死，子迁立，是为幽缪王。

十三年（丁卯，前234）

秦将桓齮击败赵军，斩首十万。

赵王以李牧为大将军，击败秦将桓齮。赵封李牧为武安君。

十四年（戊辰，前233）

韩非为韩使至秦，李斯甚嫉，害其自杀于狱中。

十五年（己巳，前232）

秦攻赵，遇赵将李牧而还。

十六年（庚午，前231）

代郡地震，台屋墙垣大半毁坏，地东西裂开一百三十步。

十七年（辛未，前230）

秦派内史胜灭亡韩国，俘虏韩王安，以其地设置颍川郡（郡治阳翟）。

赵国发生大饥荒。

十八年（壬申，前229）

秦王翦、杨端和行反间计于赵嬖臣郭开，赵杀大将军李牧，废司马尚。

十九年（癸酉，前228）

秦将王翦大破赵军，攻克邯郸，俘虏赵王迁。赵国亡。

二十年（甲戌，前227）

燕太子丹使卫人荆轲入秦刺秦王，未遂被杀。

二十一年（乙亥，前226）

十月，秦王翦攻破燕都蓟城，燕王率其精兵东保辽东。

秦派李信、蒙恬率二十万人攻楚。

二十二年（丙子，前225）

秦将王贲攻魏。魏王假投降，魏国亡。

二十三年（丁丑，前224）

秦将王翦大破楚军于蕲。

二十四年（戊寅，前223）

秦王翦、蒙武俘楚王负刍。楚亡。

二十五年（己卯，前 222）

秦将王贲攻辽东，俘燕王喜。燕亡。

二十六年（庚辰，前 221）

秦将王贲从燕南攻入齐都临淄。齐王田建降。齐亡。

秦统一六国。秦王改号曰“皇帝”，命为“制”，令为“诏”，自称曰“朕”。自称“始皇帝”。

秦分天下为三十六郡，郡置守、尉、监。

秦收天下兵器至咸阳销毁；统一度量衡；迁天下豪杰十二万户至咸阳。

二十七年（辛巳，前 220）

秦始皇西巡陇西、北地。在全国筑驰道。

二十八年（壬午，前 219）

秦始皇东巡，封泰山、禅梁父。东游海上，南登琅邪。

东巡途中，派齐人徐市率童男童女数千人入海求不死之药。

二十九年（癸未，前 218）

秦始皇东游至博浪沙，遭韩贵族张良及力士伏击，误中副车。始皇求刺客不得，令天下大索十天。

三十一年（乙酉，前 216）

使黔首自报土地亩数。

三十二年（丙戌，前 215）

秦始皇东巡碣石，派卢生入海求仙。又巡北边。派将军蒙恬发兵三十万北攻匈奴。

三十三年（丁亥，前 214）

始皇攻取南越，置桂林郡、南海郡、象郡，以贬谪民五十万人戍守五岭，与越人杂居。

蒙恬北逐匈奴，收河南地，设四十四县。修西起临洮，东至辽东长城一万余里。

三十四年（戊子，前 213）

秦始皇从丞相李斯建议，下令烧毁秦记以外列国史书。

三十五年（己丑，前 212）

秦始皇在渭水南上林苑营造朝宫。七十万人分造阿房宫及骊山陵。

坑杀四百六十余名儒生。

三十六年（庚寅，前 211）

在东郡陨石上，有人刻“始皇帝死而地分”。始皇尽杀石旁居民。

三十七年（辛卯，前210）

七月，始皇病死沙丘宫。丞相李斯与宦官赵高立胡亥为太子。胡亥继位，是为二世皇帝。

九月，葬始皇于骊山。

秦二世胡亥

元年（壬辰，前209）

七月，陈胜、吴广于大泽乡起兵反秦，据陈，自立为王，号“张楚”。

八月，武臣自立为赵王。

九月，沛人刘邦起于芒、砀山泽间，收兵三千余人，号沛公。

同月，项梁与侄项羽杀死会稽郡守殷通，举吴中精兵八千，占领所属各县。

同月，齐贵族田儋自立为齐王。赵王武臣部将韩广自立为燕王。周市迎立魏公子咎为魏王。

二年（癸巳，前208）

十二月，秦军破陈。陈胜退至下城父，被其车夫庄贾杀害。

正月，赵王武臣为叛将李良所杀。

三月，刘邦攻取下邑。项梁渡江击秦，陈婴、英布、蒲将军率军归附项梁。梁拥兵六七万，驻屯下邳。梁谓秦嘉背陈胜王而立景驹，大逆不道。于是击杀秦嘉，景驹败逃死于梁地。

六月，项梁在民间求得楚怀王孙心，立为王，仍称楚怀王，定都盱眙。同月，项梁在定陶败死。楚怀王迁都彭城。

同月，秦二世腰斩李斯于咸阳，并夷三族。以赵高为丞相，事无大小皆决于高。

闰九月，楚怀王派沛公收陈胜、项梁余众西攻秦。

三年（甲午，前207）

十一月，宋义率军进至安阳，逗留不进。项羽杀宋义，率军击秦。

十二月，项羽亲率全军渡黄河，破釜沉舟，持三日粮，与秦军九战，大破之。

七月，章邯投降项羽。

八月，刘邦克武关。赵高逼二世在望夷宫自杀。立二世兄子子婴为秦王。

九月，秦王子婴杀赵高于斋宫，并夷其三族。

汉太祖高皇帝刘邦

元年（乙未，前206）

十月，沛公（刘邦）进军霸上，秦王子婴投降，秦朝灭亡。

十一月，沛公与秦人约法三章：杀人者死，伤人及盗抵罪。废除秦朝的严刑酷法。

同月，项羽活埋秦降卒二十余万于新安城南。

十二月，项羽设宴鸿门，沛公与会，几杀沛公。

同月，项羽屠咸阳，杀秦降王子婴，烧秦宫室，火三月不灭。

二月，项羽分封，自立为西楚霸王，都彭城。又分封十八诸侯王。

四月，诸侯罢兵，各就国。项羽引兵东归；刘邦就国为汉王。

同月，汉王刘邦任命韩信为大将。

八月，汉王采纳韩信之谋，偷越陈仓，平定三秦。

二年（丙申，前 205）

正月，项王击齐，坑田荣降卒，大掠齐地，齐人群起反抗。

四月，刘项彭城大战，汉军五十六万全军覆没。于是，诸侯复背汉亲楚。

五月，陈平背楚归汉。

六月，关中大饥，米一斛（石）钱一万，人相食。

三年（丁酉，前 204）

十月，井陉之战，韩信破赵，斩陈馀泜水上。

十二月，九江王英布归汉。

四月，汉陈平用反间计，使项羽疑范增。范增怒而辞官，途中病死。

五月，楚围荥阳，汉将纪信假降项羽，掩护汉王逃出荥阳至成皋。汉王采纳辕生建议，进军宛、叶间，调动楚军南下，使项王疲于奔命。

六月，项王陷荥阳、成皋。

八月，彭越率军攻楚后方。

四年（戊戌，前 203）

十月，项王与汉军相持于广武。

同月，项羽用暗箭射中刘邦胸口，刘邦急忙退守成皋。

十一月，韩信在潍水大破齐楚联军，尽定齐地。

八月，项羽与刘邦缔结和约，以鸿沟为界，中分天下。

五年（己亥，前 202）

十二月，垓下之战。项王突围败逃，至乌江岸边，自刎身亡。

二月，刘邦即帝位于汜水之阳，是为汉太祖高帝；西都洛阳。立故粤王无诸为闽粤王。

五月，高帝下诏罢兵归农。

同月，戍卒娄敬建言徙都关中，高帝即日迁都。

六年（庚子，前201）

十月，人有告楚王韩信反，高帝伪游云梦，会诸侯于陈，械系韩信以归，废为淮阴侯。

正月，封同姓王，以镇抚天下。

五月，尊太公为太上皇。

九月，韩王信以马邑降匈奴。

七年（辛丑，前200）

十月，博士叔孙通定朝仪。

同月，高帝自将兵击匈奴于平城，在白登被围七日。

八年（壬寅，前199）

三月，令贾人毋得衣锦、绣、绮、縠、絺、纻、罽，不得操兵器、乘车、骑马。

九年（癸卯，前198）

冬季，高帝取庶民女子名为长公主，以妻单于。使刘敬往匈奴缔结和亲约。

十一月，高帝纳刘敬强本弱末之术，徙齐、楚大族昭氏、屈氏、景氏、怀氏、田氏五族及豪杰于关中，共十余万口。

十一年（乙巳，前196）

正月，吕后诛杀淮阴侯韩信，夷灭三族。

三月，诛杀彭越，夷灭三族。

五月，立赵佗为南粤王。

十二年（丙午，前195）

十月，英布败死。

四月，高帝驾崩。

五月，皇太子刘盈即皇帝位，是为孝惠皇帝。

汉孝惠皇帝刘盈

元年（丁未，前194）

正月，始筑长安城。

二年（戊申，前193）

七月，萧何死，曹参代何为相，凡事无所变更，一遵何约束。

三年（己酉，前192）

春季，汉匈和亲。汉以宗室女为公主，嫁匈奴冒顿单于。

五月，立闽越君摇为东海王，世号东瓯王。

四年（庚戌，前 191）

正月，举民孝、悌、力田者，免除本人赋役。

三月，废除挟书灭族的律令。

五年（辛亥，前 190）

夏季，大旱，江河水少，溪谷水绝。

七年（癸丑，前 188）

八月，惠帝驾崩。太后临朝称制。

汉高皇后吕雉

元年（甲寅，前 187）

冬季，吕太后欲封诸吕为王。王陵以高帝有“非刘氏而王，天下共击之”之约，坚决反对。

正月，废除秦朝所定夷灭三族罪和妖言令。

二年（乙卯，前 186）

正月，地震；羌道、武都道山崩。

七月，行八铢钱。

六年（己未，前 182）

四月，匈奴侵犯狄道，进攻阿阳（属天水郡）。

同月，行五分钱。

七年（庚申，前 181）

十二月，匈奴侵犯狄道。

七月，陈平用陆贾计；与太尉周勃相结，谋划制止诸吕的篡权活动。

八年（辛酉，前 180）

四月，长江、汉水泛滥。

七月，吕太后驾崩。

九月，太尉周勃与丞相陈平等共同诛杀诸吕。

闰九月，代王刘恒即皇帝位，是为孝文皇帝。

汉孝文皇帝刘恒

前元年（壬戌，前 179）

十二月，除秦连坐律。

正月，文帝立子启为皇太子。

四月，齐、楚地震，二十九座山同日崩，大水溃出。

同月，南越王赵佗称臣入贡。

二年（癸亥，前 178）

十一月，下诏令举贤良方正能直言极谏者。

正月，贾谊上《论积贮疏》。

三年（甲子，前 177）

五月，匈奴掠上郡。

四年（乙丑，前 176）

以贾谊任长沙王太傅。

五年（丙寅，前 175）

四月，更造四铢钱；除铸钱禁令，使民得自铸。文帝赐邓通蜀严道铜山，使铸钱。吴王刘濞开采豫章铜山铸钱，煮东海水为盐。吴、邓钱遍布天下。

六年（丁卯，前 174）

文帝复以宗室女至匈奴和亲。

贾谊上疏陈治安策。

十一年（壬申，前 169）

六月，匈奴屡次侵犯，太子家令晁错上疏陈策，文帝采纳，募民迁至塞下，以备匈奴。

十二年（癸酉，前 168）

十二月，黄河在酸枣决口，冲溃金堤，征发大军堵塞。

三月，晁错上《论贵粟疏》，文帝准奏。又从晁错言，免农民本年租税之半。

十三年（甲戌，前 167）

五月，下诏除肉刑。

六月，下诏免除田租。

十四年（乙亥，前 166）

冬季，匈奴老上单于率十四万骑兵侵犯朝那、萧关，文帝派张相如等击逐塞外。

十五年（丙子，前 165）

九月，文帝亲策贤良能直言极谏者，擢升晁错为中大夫。错上言请削诸侯。

十六年（丁丑，前 164）

四月，使博士、诸生议巡狩、封禅事。

后元年（戊寅，前 163）

三月，因连年水旱、疾疫，谷物不丰。

二年（己卯，前 162）

汉复与匈奴和亲。

六年（癸未，前158）

冬季，周亚夫屯兵细柳，军纪甚严，文帝拜亚夫为中尉。

四月，大旱，发生蝗灾。开山泽之禁；减服御，裁官员；开仓赈济灾民。

七年（甲申，前157）

六月，文帝死。葬于霸陵。太子启即皇帝位，是为景帝。

汉孝景皇帝刘启

前元年（乙酉，前156）

五月，复收一半民田租税，三十而税一。

同月，诏令减笞刑。

二年（丙戌，前155）

秋季，汉与匈奴和亲。

八月，以陶青为丞相，以晁错为御史大夫。

三年（丁亥，前154）

正月，晁错上《削藩策》，景帝从其策，吴楚七国联合起兵反，景帝信谗言冤杀晁错，七国兵不退，于是派周亚夫率军征讨。

三月，平定了吴楚等七国叛乱。

五年（己丑，前152）

正月，汉和亲公主出嫁匈奴单于。

七年（辛卯，前150）

十一月，废太子刘荣为临江王。

四月，立胶东王刘彻为皇太子。

中元六年（丁酉，前144）

六月，匈奴侵入雁门、上郡，上郡太守李广以百骑拒匈奴数千骑兵。

后元年（戊戌，前143）

五月，上庸地震二十二日，城垣坏。

周亚夫呕血而死。

二年（己亥，前142）

四月，诏令二千石各修其职；不尽职守者由丞相上奏皇帝议罪。

五月，诏：民资产四万，纳四算即可得官。

三年（庚子，前141）

正月，下诏劝农桑，禁止官吏征发百姓开采黄金、珠、玉。

同月，景帝死，太子刘彻即位，是为孝武皇帝。

汉孝武皇帝刘彻

建元元年（辛丑，前140）

十月，武帝用“建元”为年号。此为用年号纪年之始。

同月，广川人董仲舒在举贤良对策中提出“大一统”治国方略，武帝悦，以其为江都相。准丞相卫绾奏请罢黜以申（不害）、韩（非）、苏（秦）、张（仪）之言治国的贤良。史称“罢黜百家”。

二月，通行三铢钱。

三年（癸卯，前138）

十月，大臣议者主张务摧抑诸侯王，中山王刘胜悲怨。汉武帝乃厚诸侯之礼，加亲亲之恩。

同月，河水浸溢平原，大饥荒，人相食。

七月，东瓯（一名瓯越）请举国内迁，乃置其于江淮之间。

九月，武帝选拔文学材智之士，先后有庄助、朱买臣、吾丘寿王、司马相如、东方朔、枚皋、终军等，并在武帝左右。

四年（甲辰，前137）

本年，南越王赵佗死。

五年（乙巳，前136）

春季，罢三铢钱，流通新铸半两钱。

同季，置五经博士。

五月，发生大蝗灾。

六年（丙午，前135）

匈奴来请和亲，武帝许。

元光元年（丁未，前134）

十一月，武帝从董仲舒建议，初令郡国推举孝、廉各一人。

二年（戊申，前133）

十月，武帝派方士入海求神仙，并炼丹药。

六月，武帝从大臣王恢议，诱匈奴单于入塞，伺机出击。匈奴单于将十万骑兵入武州塞，距马邑一百余里觉，引军还。从此匈奴绝和亲，然与汉互通关市未绝。

五年（辛亥，前130）

正月，武帝派唐蒙出使夜郎，置犍为郡；派司马相如出使邛、笮，为置一都尉，属于蜀郡。

七月，制定“见知法”。

六年（壬子，前 129）

春季，从大司农郑当时议，诏令征发数万人开漕渠。

同季，匈奴入上谷，卫青等四将分路出击，斩七百人，赐卫青爵关内侯。将军李广被匈奴俘，用计才得以逃归，赎为庶人。

元朔元年（癸丑，前 128）

秋季，匈奴杀辽西太守；侵渔阳、雁门，武帝复拜李广为右北平太守。匈奴称李广为“汉之飞将军”，避之，数年不敢入右北平。

同季，东夷薉君南闾等归附汉，汉置苍海郡。

二年（甲寅，前 127）

正月，武帝采纳主父偃议，颁布“推恩令”。

同月，匈奴侵入上谷、渔阳，卫青、李息击之，取得河南地（黄河南河套地区）。封卫青为长平侯。汉于此立朔方郡，筑朔方城。

夏季，募民十万人迁至朔方。

同季，迁郡国豪杰及资三百万以上置茂陵。

三年（乙卯，前 126）

冬季，军臣单于太子於单降汉。

夏季，张骞出使西域还，武帝拜为太中大夫，拜随从甘父为奉使君。

四年（丙辰，前 125）

夏季，匈奴侵入代郡、定襄、上郡，杀掠数千人。

五年（丁巳，前 124）

春季，匈奴右贤王屡次侵扰朔方，武帝派卫青等出击，俘匈奴裨王十余人，男女一万五千余人，牲畜数十百万。拜卫青为大将军，诸将皆受其节制。

六月，为博士官置弟子五十人，第其高下，以补郎中、文学、掌故；选择擢升精通一经以上的官吏，可至二千石。

秋季，匈奴入代郡杀掠官民一千余人。

六年（戊午，前 123）

二月，大将军卫青率六将军出定襄击匈奴。

四月，卫青率六将军出定襄复击匈奴，俘斩一万余人。票姚校尉霍去病随同出征，俘斩匈奴二千余人，因功封冠军侯。

元狩元年（己未，前 122）

三月，淮南王刘安（刘长之子）、衡山王刘赐（刘安弟）谋反，事发自杀。所牵连列侯、二千石 、豪杰等，死数万人。

四月，立皇子据为太子，年七岁。

二年（庚申，前121）

三月，票骑将军霍去病率一万骑兵出陇西击匈奴。

夏季，霍去病复与公孙敖、张骞、李广等分道击匈奴。

秋季，匈奴浑邪王率四万余人降汉。武帝赏赐数十巨万，封浑邪王为漯阴侯。

三年（辛酉，前120）

秋季，匈奴入右北平、定襄杀掠千余人。

同季，山东发生大水灾，迁其饥民共七十余万人于关西及朔方实边。

本年，武帝置乐府，使司马相如等造为诗赋；以宦者李延年为协律都尉。

四年（壬戌，前119）

冬季，造新钱币，用白鹿皮造皮币；又杂造银、锡为“白金”共三品（圆形、方形、椭圆形）；销半两钱（重四铢），改铸三铢钱。

同季，武帝以洛阳商人子桑弘羊主持计算，初算缗钱（对商人按资产征税）。

夏季，汉匈漠北之战。武帝命卫青、霍去病各率五万骑兵，分出代郡、定襄，向漠北穷追匈奴。卫青出塞千余里，捕斩一万九千人，至窴颜山赵信城而还。霍去病出塞二千余里，斩虏获七万零四百四十三级，封狼居胥山而还。此役，共杀匈奴八九万人，从此匈奴远遁，漠南无王庭。

五年（癸亥，前118）

三月，罢三铢钱，改铸五铢钱。

六年（甲子，前117）

六月，诏令派博士褚大、徐偃等六人分巡郡国，检举兼并土地之徒及有罪的官吏。

九月，大司马冠军侯霍去病死。

元鼎二年（丙寅，前115）

在郡国置均输官，以通货物。废白金钱。禁止郡国铸钱，专令上林三官铸钱，非三官钱不得流通。

张骞出使乌孙还。从此西域和汉开始互通往来。武帝得西域大宛汗血马，名为“天马”。

三年（丁卯，前114）

四月，关东十余个郡、国发生饥荒，人相食。

五年（己巳，前112）

十一月，南越王相吕嘉反，立建德为王。

秋季，派伏波将军路博德、楼船将军杨朴等率军分五路击南越。

同季，诸侯王祭宗庙，坐献酎金色恶夺爵者一百零六人。

九月，西羌十万人反，匈奴入五原杀太守。

六年（庚午，前111）

冬季，派李息、徐自为率十万人讨平西羌。

同季，路博德、杨仆火烧番禺城，南越亡。以其地置南海等九郡。

同季，汉平南夷，置牂柯郡。在西夷之地置越嶲郡等四郡。

同季，派横海将军韩说、楼船将军杨仆等击东越。

同季，汉置张掖、敦煌二郡，迁民实之。

元封元年（辛未，前110）

十月，东越人杀东越王余善降汉，悉迁其民于江淮之间。

四月，武帝封泰山，禅肃然山。

二年（壬申，前109）

四月，征发士卒数万堵塞瓠子河决口，令群臣、从官自将军以下皆负薪，终于堵住决口。

秋季，派杨仆、荀彘出辽东征讨朝鲜。

同季，滇王降汉，以其地为益州郡。

三年（癸酉，前108）

夏季，朝鲜尼溪参使人杀朝鲜王右渠降汉。汉以其地为乐浪、临屯、玄菟、真番四郡。

四年（甲戌，前107）

夏季，天大旱。

是年，匈奴屡犯边境。

五年（乙亥，前106）

四月，长平侯卫青薨。

同月，汉置交趾、朔方、冀、幽、并、兖、徐、青、扬、荆、豫、益、凉等州，共十三部，皆置刺史。

六年（丙子，前105）

秋季，乌孙派使者愿娶汉公主，为昆弟。汉以江都王刘建女细君为公主，嫁给乌孙王昆莫。

太初元年（丁丑，前104）

五月，编定《汉太初历》，以正月为岁首。

八月，武帝派使者至西域大宛求善马，宛王不肯。武帝派贰师将军李广利攻宛。

二年（戊寅，前103）

秋季，李广利攻大宛不利，留敦煌。

同季，匈奴俘汉将赵破奴，汉军全军二万人没于匈奴。

三年（己卯，前 102）

正月，武帝东巡海上，求神仙。

四月，武帝东巡还，封泰山，禅石闾。

秋季，匈奴大举攻入定襄、云中，杀掠数千人，破坏汉所筑城障；又使右贤王入酒泉、张掖，掠数千人。汉将任文击退匈奴，救回被掠军民。

是年，汉大举发兵攻宛。宛贵人杀其王毋寡降汉。

四年（庚辰，前 101）

春季，大宛破后，汉自敦煌西至盐泽往往起亭，而在轮台、渠犁置卒屯田，供给出使西域者。

天汉元年（辛巳，前 100）

三月，苏武等出使匈奴，被囚。

二年（壬午，前 99）

五月，贰师将军李广利出天山击匈奴，被围。将军赵充国率壮士解之。

九月，李陵率军击匈奴，被围，全军覆没而降。

同月，颁布《沈命法》，敢藏匿盗贼者夺其命。

三年（癸未，前 98）

二月，由国家专营卖酒。

三月，武帝东巡，封泰山，求神仙。

秋季，匈奴入雁门。

四年（甲申，前 97）

正月，李广利等分三路出击匈奴，战不利，引归。

太始元年（乙酉，前 96）

正月，迁郡国豪杰至茂陵。

二年（丙戌，前 95）

秋季，白渠建成。

征和元年（己丑，前 92）

十一月，巫蛊始起。

二年（庚寅，前 91）

闰四月，以江充为使者，治巫蛊狱。坐死者前后数万人。

七月，太子捕杀江充等，起兵反，败，至八月，自杀。

三年（辛卯，前 90）

正月，匈奴入五原、酒泉，杀两都尉。

三月，派李广利、商丘成、马通分三路击匈奴。

五月，将军成娩率楼兰等六国兵围车师，俘其王及臣民而还。贰师将军李广利击败匈奴。

六月，李广利败降匈奴。

九月，田千秋诉讼太子冤，武帝感悟，族灭江充家。

四年（壬辰，前 89）

六月，任命赵过为搜粟都尉。过教民代田法。

后元二年（甲午，前 87）

二月，诏立年八岁的弗陵为皇太子，以霍光为大司马、大将军，金日磾为车骑将军，上官桀为左将军，辅佐幼主。又以桑弘羊为御史大夫。武帝死。弗陵继位，是为孝昭皇帝。

汉孝昭皇帝刘弗陵

始元元年（乙未，前 86）

夏季，益州夷反。水衡都尉吕辟胡大破之。

二年（丙申，前 85）

三月，派使者以籽种、口粮赈贷贫民。

四年（戊戌，前 83）

三月，西南夷姑缯、叶榆复反，派大鸿胪田广明击之。

六年（庚子，前 81）

二月，举贤良文学问民疾苦，众议盐铁官营之事，史称盐铁会议。

同月，匈奴释苏武归汉。苏武等九人还至京师，拜为典属国。

七月，从贤良文学之议，罢榷酤官。

元凤元年（辛丑，前 80）

九月，燕王、盖长公主以谋反自杀，同谋上官桀、上官安、桑弘羊等皆族诛。

三年（癸卯，前 78）

正月，匈奴右贤王等进犯张掖郡，张掖太守大破匈奴。

冬季，辽东乌桓反，汉拜中郎将范明友为度辽将军，击败之。

四年（甲辰，前 77）

六月，中郎傅介子出使楼兰，诱杀其王安归，改其国名为鄯善。

五年（乙巳，前 76）

夏季，大旱。

秋季，罢象郡，分属郁林、牂柯。

六年（丙午，前 75）

正月，招募郡国徒筑辽东、玄菟二城。

夏季，乌桓复侵边塞，派范明友击之。

元平元年（丁未，前 74）

二月，诏令减口赋钱十分之三。

四月，昭帝死，年二十三，无嗣。大将军霍光承皇后诏，迎昌邑王刘贺（武帝孙，昌邑哀王之子）至长安，即皇帝位。

六月，贺为天子，淫戏无度，太后诏令废之，归刘贺于昌邑。

七月，霍光等迎立武帝曾孙、十八岁的病已入未央宫，即皇帝位，是为中宗孝宣皇帝。

汉孝宣皇帝刘询

本始元年（戊申，前 73）

春季，大将军霍光专权，亲属满朝，皆任要职。

五月，免收本年田租赋。

二年（己酉，前 72）

秋季，派田广明、范明友、常惠共击匈奴。

三年（庚戌，前 71）

六月，任命韦贤为丞相，魏相为御史大夫。

冬季，匈奴、乌孙交兵，匈奴败，大衰，前附匈奴各国全都瓦解。

四年（辛亥，前 70）

三月，宣帝立霍光女为皇后。

四月，四十九郡国同日地震，死六千余人。

地节二年（癸丑，前 68）

三月，大司马、大将军霍光死。

三年（甲寅，前 67）

六月，以魏相为丞相。

十月，诏流民还归者，权借公田，贷种、食，免赋役。

四年（乙卯，前 66）

七月，大司马霍禹（霍光子）与母霍显及霍云、霍山（皆霍光兄霍去病孙）等谋诛丞相魏相、平恩侯许广汉，废宣帝而立禹。事泄，霍云、霍山、范明友自杀，霍禹被腰斩，霍显及诸姊妹皆弃市；与霍氏相连诛灭数十家。至八月，废皇后霍氏。

元康元年（丙辰，前65）

正月，龟兹王及其夫人朝汉。

汉卫候冯奉世击莎车，攻拔其城，莎车王自杀。

二年（丁巳，前64）

五月，诏令受灾严重的郡国免除本年租赋。

同月，宣帝原名病已，改名询。

同月，匈奴击汉在车师屯田官兵，郑吉率渠犁（西域国名）屯田兵七千人救之，被匈奴所围。宣帝派常惠率张掖、酒泉骑兵至车师，迎郑吉及其官兵还渠犁。

四年（己未，前62）

本年，派光禄大夫义渠安国行视诸羌，分别善恶。

神爵元年（庚申，前61）

七月，赵充国率军击败西羌。遂上屯田奏。宣帝下诏罢兵，独充国留屯田。

二年（辛酉，前60）

九月，匈奴日逐王率其众降汉，汉骑都尉。郑吉并护车师以西北道，故称都护。都护的设置，从郑吉始。

五凤元年（甲子，前57）

七月，匈奴五单于争立，国内大乱。

二年（乙丑，前56）

八月，匈奴屠耆单于少子右谷蠡王姑瞀楼头降汉。

十一月，匈奴呼韩邪单于左大将乌厉屈与其父率数万人降汉。

三年（丙寅，前55）

三月，诏减天下口赋，赦殊死以下。

六月，置西河、北地属国以处匈奴降者。

四年（丁卯，前54）

春季，匈奴单于称臣，派弟右谷蠡王入侍。汉减戍卒十分之二。

同季，宣帝采纳大司农中丞耿寿昌奏言，令边郡设常平仓以便民。

甘露元年（戊辰，前53）

正月，匈奴呼韩邪单于及郅支单于各遣子入侍。

四月，冯夫人（冯嫽）奉宣帝诏，锦车持节，立元贵靡为大昆弥，乌就屠为小昆弥。

二年（己巳，前52）

正月，诏令减民算赋三十（汉律，人出一算，一算一百二十钱）。

十二月，匈奴呼韩邪单于至五原塞，愿朝汉。

三年（庚午，前 51）

正月，匈奴呼韩邪单于来朝，赞谒称藩臣而不名，使就邸长安。

二月，遣使发骑兵一万六千人送呼韩邪单于出朔方归国，并转边谷以供食用。自乌孙以西至安息诸国近匈奴者，皆尊汉朝。

同月，在麒麟阁（在未央宫中）画功臣十一人像，霍光居首而不署名。

五月，诏令诸儒进“五经”同异。

冬季，皇太子宠妃司马良娣病死，太后择元城王政君入宫侍太子。

本年，生子名刘骜，为嫡皇孙。

黄龙元年（壬申，前 49）

正月，匈奴呼韩邪单于来朝，至二月归国。

十二月，宣帝驾崩，皇太子刘奭继位，是为孝元皇帝。

汉孝元皇帝刘奭

初元元年（癸酉，前 48）

三月，以三辅、太常、郡国公田及苑可省者借给贫民作为耕地；资财不满千钱的，贷给种、食。

九月，关东十一郡、国发大水，民饥以旁郡钱谷相救。

本年，初置戊己校尉，使在车师故地屯田。

二年（甲戌，前 47）

二月，陇西地震。

四月，立子骜为皇太子。

同月，关东饥馑，齐地人相食。

五年（丁丑，前 44）

四月，诏令罢盐铁官、常平仓；博士弟子不限员以广学者。民有能通一经的，免其徭赋；省刑罚七十余事。

永光元年（戊寅，前 43）

二月，诏令丞相、御史举荐质朴、敦厚、逊让、有行者擢用；光禄每年以此四科考核郎、从官，定等第高下。

二年（己卯，前 42）

十一月，大破陇西叛羌。

三年（庚辰，前 41）

十一月，复盐铁官；置博士弟子员千人。

五年（壬午，前 39）

秋季，颍川大水。

本年，黄河决口。

建昭二年（甲申，前 37）

六月，东郡人京房，上疏屡言灾异，有验。元帝数召问，中书令石显嫉恨房。月余，以“诽谤政治，归恶天子”罪弃市。

十一月，齐、楚地震，大雨雪。

三年（乙酉，前 36）

冬季，西域都护甘延寿、副校尉陈汤共诛斩郅支单于于康居，斩阏氏、太子、名王以下一千五百一十八人。

竟宁元年（戊子，前 33）

正月，匈奴呼韩邪单于来朝，愿为汉婿。元帝以后宫良家子王嫱，字昭君，赐单于。

五月，元帝死。

六月，太子刘骜即位，是为孝成皇帝。以长舅王凤为大司马、大将军，领尚书事。

汉孝成皇帝刘骜

建始二年（庚寅，前 31）

夏季，匈奴呼韩邪单于死。

三年（辛卯，前 30）

秋季，关内大雨四十余天。长安大乱。

十二月，诏举贤良方正能直言极谏之士。

四年（壬辰，前 29）

正月，罢中书宦官；初置尚书员五人。

秋季，黄河在东郡金堤决口，淹四郡三十二县。

十一月，乌孙兵围西域都护段会宗。

河平元年（癸巳，前 28）

春季，堵塞黄河决口。三十六日，堤成。

二年（甲午，前 27）

六月，成帝封舅王谭、王商、王立、王根、王逢时五人为列侯，世谓之“五侯”。

三年（乙未，前 26）

二月，犍为地震，山崩。壅江水，水逆流。

八月，刘向奏《洪范五行传论》，讽喻外戚势盛。

同月，黄河又于平原决口，复派王延世等治河，六个月完工。

四年（丙申，前 25）

正月，匈奴单于来朝。

六月，罽宾国派使者使汉。

阳朔二年（戊戌，前 23）

秋季，关东大水。

三年（己亥，前 22）

六月，颍川铸铁官徒申屠圣等一百八十人起事，不久失败。

四年（庚子，前 21）

九月，乌孙内乱，西域诸国上书，愿复得前都护段会宗，成帝从之。诸国皆亲附。

鸿嘉元年（辛丑，前 20）

本年，匈奴搜谐若鞮单于遣子入侍。

四年（甲辰，前 17）

秋季，勃海、清河、信都河水泛滥成灾。

永始元年（乙巳，前 16）

五月，皇后王政君之侄王莽，先拜为黄门郎，又封新都侯，南阳新野之都乡为新都侯国。迁骑都尉、光禄大夫、侍中。

二年（丙午，前 15）

三月，凉州刺史谷永谏成帝不要违道纵欲，溺于宴乐。成帝大怒。

十一月，免丞相薛宣为庶人，以翟方进为丞相。

三年（丁未，前 14）

十一月，尉氏人樊并等起事，失败。

十二月，山阳铁官徒苏令等起事，被捕斩。

元延二年（庚戌，前 11）

四月，乌孙内乱，汉派段会宗前往安辑。

康居复遣子入侍。

三年（辛亥，前 10）

正月，蜀郡岷山崩塌，堵塞岷江三日，江水竭。

秋季，命右扶风发民入南山。捕熊罴禽兽送长杨宫射熊馆。

绥和元年（癸丑，前8）

二月，诏令立定陶王刘欣为皇太子。

十一月，大司马王根因久病，荐王莽自代。以王莽为大司马。莽欲取名，更为俭约。

十二月，罢刺史；更置州牧。

二年（甲寅，前7）

三月，成帝死。

四月，皇太子刘欣即皇帝位，是为孝哀皇帝。

六月，诏罢乐府官。

九月，地震，自京师至北边郡国三十余处，死四百余人。

同月，待诏贾让上治河策。

汉孝哀皇帝刘欣

建平二年（丙辰，前5）

六月，以建平二年为太初元年，号曰“陈圣刘太平皇帝”，至八月罢。

同月，汉派使者责匈奴单于，告令归还乌孙质子。单于受诏遣归。

四年（戊午，前3）

正月，大旱。

八月，谏大夫鲍宣上书陈述时政。

元寿元年（己未，前2）

正月，诏令公卿大夫举贤良方正能直言者各一人。

十二月，以董贤为大司马、卫将军，贤时年二十二岁。

二年（庚申，前1）

正月，匈奴单于及乌孙大昆弥伊秩靡皆来朝。

五月，正三公官名，分职：大司马掌兵事，大司徒掌民事，大司空掌水土事。

六月，哀帝死。太皇太后王政君以王莽为大司马、领尚书事。

七月，迎元帝庶孙中山王箕子为嗣。

九月，中山王箕子即皇帝位，年九岁，是为孝平皇帝。太皇太后王政君临朝，大司马王莽秉政。

汉孝平皇帝刘衎（箕子）

元始元年（辛酉，1）

二月，以王莽为太傅，号安汉公。

六月，诏：天下女徒罪已定者，释放归家，月出钱三百雇人应役。

二年（壬戌，2）

春季，黄支国（在南海中，离长安三万里）献犀牛。

四月，郡国大旱，蝗灾。

九月，王莽暗示匈奴单于令使王昭君女须卜居次云入侍太皇太后。

王莽为匈奴单于颁行四条戒规，改名囊知牙斯为知。

三年（癸亥，3）

夏季，王莽长子王宇等谋反莽，事泄，宇下狱死，因此被牵连而死的有数百人。

四年（甲子，4）

二月，立王莽女为平帝皇后。

夏季，王莽加称号"宰衡"（周公为周太宰，伊尹为商阿衡，以"宰衡"尊之），位上公。

同季，王莽奏立明堂、辟雍、灵台。

冬季，以羌人所献地为西海郡。

同季，分京师置前辉光（领长安以南诸县）、后丞烈（领长安以北诸县）二郡。更改公卿、大夫、八十一元士官名、位次及十二州名、分界。

五年（乙丑，5）

五月，王莽加九锡。

十二月，王莽置毒酒害死平帝。王莽居摄践祚。

汉王莽

居摄元年（丙寅，6）

三月，立汉宣帝玄孙刘婴为皇太子，号为孺子。

四月，安众侯刘崇等起兵反莽，攻宛，不得入而败。

五月，王莽称"假皇帝"。

二年（丁卯，7）

五月，更造货币：错刀（一值五千），契刀（一值五百），大钱（一值五十），与五铢钱并行。

始初元年（戊辰，8）

十一月，期门郎（皇宫护卫）张充等六人谋共劫王莽，被诛。

十二月，王莽即真天子位，定国号为"新"。

新皇帝王莽

始建国元年（己巳，9）

正月，王莽废孺子刘婴为安定公。

同月，王莽大改内外官名及宫室、郡县等名。

同月，王莽因“劉”字为“卯、金、刀”，诏令禁刚卯（一种玉佩）、金刀。罢错刀、契刀及五铢钱。

四月，徐乡侯刘快起兵反莽，败死。

同月，王莽改名天下田为“王田”，奴婢为“私属”，皆不得买卖。男口不满八而田超过一井（九百亩）的，分余田给九族、邻里、乡党。无田当受田的如制。

秋季，派五威将王奇等十二人四出宣扬新朝威德，匈奴、西域，皆授新室印授。

冬季，置五威司命。

同季，派五十人分至郡国铸钱。

二年（庚午，10）

二月，诏令推行五均、赊贷法。

十二月，王莽改匈奴单于为“降奴服于”。派立国将军孙建等十二将分路穷追匈奴。

同月，王莽是改作金、银、龟、贝、钱、布之品，称为宝货。

三年（辛未，11）

本年，黄河在魏郡决口，淹没清河以东数郡。

四年（壬申，12）

二月，以洛阳为东都，常安为西都。

同月，高句骊、濊貉叛变，王莽派严尤击斩高句骊侯。

五年（癸酉，13）

二月，太皇太后（王莽改号为新室文母）王政君死。

同月，西域诸国反叛新朝。

本年，废除禁挟铜、炭之法。

天凤元年（甲戌，14）

本年，匈奴单于咸求和亲。

本年，缘边大饥，人相食。

本年，益州蛮夷尽反。

本年，王莽复申下金、银、龟、贝之货，颇增减其价值。每一改币，民用破业而大陷刑。

二年（乙亥，15）

五月，谕匈奴单于改为恭奴善于。

本年，邯郸以北大雨，淹死数千人。

三年（丙子，16）

六月，始赋官吏俸禄，自六十六斛至万斛，共十五等。

冬季，大发天水等地官民十万人击句町（西南夷国名）。

本年，五威将王骏等至西域，被焉耆伏兵击杀。

四年（丁丑，17）

八月，新市人王匡等聚众反，藏于绿林山中。

五年（戊寅，18）

正月，王莽令收取诸军吏及缘边吏大夫因贪污致富者家财的五分之四，以助边费。许官吏告其将，奴婢告其主。

本年，扬雄死。其哲学著作有《太玄》《法言》。

本年，琅邪人樊崇在莒起兵。

六年（己卯，19）

春季，王莽大募天下丁男、死罪囚、吏民奴，称“猪突、豨勇”，以为锐卒；税天下官民资财，三十取一，以充军费。

地皇元年（庚辰，20）

正月，置前、后、左、右、中大司马之位，赐诸州牧至县宰皆有大将军、偏、裨、校尉之号。

九月，王莽在长安城南造九庙。

同月，马适求谋诛王莽，事发被杀，牵连而死者数千人。

二年（辛巳，21）

正月，王莽派军击青、徐贼及句町。

秋季，霜灾，蝗灾，关东大饥。

同季，民因私铸钱币犯法男女至十万数，愁苦死者十之六七。

三年（壬午，22）

二月，关东人相食。

四月，王莽派太师王匡、更始将军廉丹讨樊崇。崇恐其众与莽兵乱，皆涂红眉毛以相识别，称为“赤眉”。

同月，绿林军因疾疫，王常、成丹西入南郡，号“下江兵”；王凤等北入南阳，号“新市兵”。

同季，汉宗室刘縯及弟刘秀率舂陵子弟七八千人起兵反莽。

汉淮阳王刘玄

更始元年（癸未，23）

二月，新市、平林、下江将帅共立刘玄为皇帝。

三月，刘秀等攻陷昆阳、定陵、郾。

六月，昆阳之战。莽军大溃。

七月，刘歆、董忠谋劫王莽降汉，事泄，刘歆自杀；斩董忠，族灭。

同月，成纪人隗嚣起兵应汉。茂陵人公孙述在成都起兵。

九月，汉军入长安。

十月，刘玄以刘秀行大司马事，持节北渡河，镇抚州郡。

十二月，卜者王郎在邯郸称皇帝。

二年（甲申，24）

二月，刘玄都长安。

五月，刘秀攻陷邯郸，杀王郎。

同月，刘玄派使者立刘秀为萧王，令罢兵。刘秀以河北未平推辞，不就征。

秋季，萧王刘秀，击败铜马等农民军。

同季，公孙述自立为蜀王。

冬季，刘玄派使者至匈奴，单于示不再称臣。

同季，赤眉军樊崇等西击长安。

同季，刘秀派邓禹率军入关，自引军北徇燕、赵。

汉世祖光武皇帝刘秀

建武元年（乙酉，25）

四月，公孙述在成都称帝。

六月，刘秀在鄗南即皇帝位，是为汉世祖光武皇帝，建元建武。九月，定都洛阳。

同月，赤眉军立刘盆子为帝。

九月，赤眉入长安；刘玄出奔，刘秀封刘玄为淮阳王。

同月，刘玄投降赤眉。

十二月，刘玄被赤眉军缢杀。

同月，隗嚣自称西州上将军。卢芳诈称武帝曾孙，匈奴单于迎立其为汉帝。

二年（丙戌，26）

正月，刘秀悉封诸功臣。

同月，赤眉焚掠长安后引兵西向。邓禹入长安。

八月，刘秀大破五校。

九月，赤眉击败邓禹，复入长安。延岑击败赤眉军。

十一月，刘秀派冯异入关代邓禹。

三年（丁亥，27）

闰正月，冯异在崤底大破赤眉，赤眉余众东奔宜阳，刘秀亲统六军严阵以待。刘盆子及丞相徐宣等降，奉上所得传国玺绶。

三月，以伏湛为大司徒。

同月，彭宠攻陷蓟城，自称燕王。

四月，延岑既破赤眉，欲居关中。冯异击走延岑，平定关中。

四年（戊子，28）

二月，邓禹击败延岑。岑奔蜀，公孙述以之为大司马。

十月，隗嚣使马援奉书至洛阳见刘秀。

五年（己丑，29）

四月，班彪著《王命论》，劝隗嚣专心事汉，嚣不听。班彪遂为窦融画策，融以为从事，甚礼重之。

同月，窦融归附汉。

十月，耿弇大破张步。张步斩苏茂降汉。齐地平定。

同月，初起太学。

十二月，窦融承制立莎车王康为汉莎车建功怀德王、西域大都尉，五十五国全属之。

六年（庚寅，30）

正月，大司马吴汉等斩董宪、庞萌，江、淮、山东平定。

六月，并减四百余县，减损吏职，十置其一。

十二月，诏令郡国减田租，三十税一。

同月，刘秀派马援率骑兵耀兵威以示陇右诸将，招降之。

七年（辛卯，31）

冬，杜诗为南阳太守，政治清平。百姓称颂。

八年（壬辰，32）

十二月，高句骊王派使者贡献，刘秀复其王号。

九年（癸巳，33）

六月，派将驻屯常山等四郡以备匈奴。

八月，复置护羌校尉。

十年（甲午，34）

正月，吴汉在平城击败匈奴。

十一年（乙未，35）

夏季，陇西太守马援大破先零羌。

十二年（丙申，36）

十一月，吴汉、臧宫在成都大破公孙述，述死。蜀地平定。

本年，马援击败参狼羌（武都西羌种名）及诸种，降者万余人。

十三年（丁酉，37）

二月，诏令诸王皆降为公、侯。

四月，吴汉自蜀凯旋。刘秀增邑更封功臣，但不用功臣为政。

十四年（戊戌，38）

秋季，莎车王贤、鄯善王安派使者贡献。西域诸国苦匈奴重敛，皆愿属汉，复置都护。刘秀因中国新定，不许。

十五年（己亥，39）

二月，派吴汉率马成、马武等北击匈奴。

四月，诏令州郡检核垦田户口。派谒者考实二千石长吏阿枉不平者。

十六年（庚子，40）

二月，交趾女子征侧与其妹征贰反叛，自立为王。

本年，汉复行五铢钱。

十七年（辛丑，41）

十月，刘秀废皇后郭氏，立贵人阴氏为皇后。

本年，帝赐莎车王贤大将军印绶。莎车王恨，自称大都护，诸国皆服属。

十八年（壬寅，42）

本年，罢州牧，置刺史。

十九年（癸卯，43）

四月，伏波将军马援斩征侧等，平定岭南。

六月，立东海王刘阳为皇太子，改名刘庄。

同月，洛阳令董宣敢于搏击豪强，京师震栗。

二十年（甲辰，44）

九月，马援自交趾还，请击匈奴，自誓："男儿要当死于边野，以马革裹尸还葬耳！"

二十一年（乙巳，45）

冬季，车师前王、鄯善、焉耆等十八国皆遣子入侍，愿得都护。刘秀许之。

二十二年（丙午，46）

本年，匈奴单于派使求和亲。

本年，鄯善、车师复依附匈奴。

二十三年（丁未，47）

正月，南郡蛮反叛，派遣武威将军刘尚击破之，迁徙其种人置于江夏。

十月，武陵蛮反叛，派遣刘尚率军征讨，全军覆没。

二十四年（戊申，48）

七月，武陵蛮进犯临沅，派马援征讨。

十月，匈奴日逐王比自立为南单于，派使至东汉称臣。从此匈奴分为南北两部。

二十五年（己酉，49）

正月，辽东边界貊人犯边，太守祭肜招降之。祭肜又招抚鲜卑、乌桓等，使其击匈奴，从此匈奴衰弱，边塞无寇警，鲜卑、乌桓并入朝贡。

三月，南匈奴单于又派使者朝贡，求使者监护，遣子入侍。

本年，在上谷宁城重新设置乌桓校尉，互通贸易往来。

二十六年（庚戌，50）

正月，增百官俸禄。

本年，令南单于入居云中。始置使匈奴中郎将，派兵卫护。

秋季，南匈奴单于遣子入侍。

冬季，北匈奴攻击南匈奴，再次下诏，南单于迁至西河美稷，使段彬、王郁留西河拥护之。

二十七年（辛亥，51）

五月，北匈奴派遣使者到武威请求和亲。不允。臧宫、马武上书建议征伐剿灭北匈奴，诏亦不许。

二十八年（壬子，52）

六月，诸王宾客乱法纪，下诏郡县收捕，死者上千人。

八月，北匈奴派使者进贡名马和裘，再次乞求和亲。赐以缯帛、弓矢。

三十年（甲寅，54）

五月，发生大水灾。

三十一年（乙卯，55）

五月，发生大水灾、蝗灾。

中元元年（丙辰，56）

二月，封禅泰山、梁父，祭祀天地。

改年号为建武中元元年。

本年，建造明堂（明政教之堂）、灵台（天子观象望气之台）、辟雍（太学）。向天下宣布图谶。

二年（丁巳，57）

二月，光武帝刘秀驾崩。太子刘庄即皇帝位，是为显宗孝明皇帝。

汉显宗孝明皇帝刘庄

永平元年（戊午，58）

七月，马武等大败叛羌。

同月，祭彤使鲜卑征讨赤山乌桓，斩其首领，震动塞外，西北广大地区都来归附。

二年（己未，59）

正月，祭祀光武皇帝于明堂，始服冠冕、玉佩行事。

十月，初行养老礼。

三年（庚申，60）

二月，立贵人马氏为皇后，皇子刘炟为太子。

同月，明帝为纪念中兴功臣，于南宫云台为二十八位将领画像。

四年（辛酉，61）

十月，于阗王广德攻打莎车，诱杀其王贤，并其国。匈奴发诸国兵围攻于阗，广德请降。

五年（壬戌，62）

十二月，北匈奴侵扰云中被南单于击退。

七年（甲子，64）

北匈奴派使节请求互通贸易往来，许之。

八年（乙丑，65）

三月，为防止南匈奴与北匈奴交通，始置度辽营，以度辽将军领之。

十月，楚王刘英奉黄缣、白纨赎罪，诏还之，令其助伊蒲塞（梵语，男性佛教信徒）。此为中国人崇信佛教见于记录之始。

北匈奴仍侵扰边塞不止。

九年（丙寅，66）

本年，明帝崇尚儒学，自皇太子诸王侯及大臣子弟、功臣子孙，全都受经。又为外戚“四姓小侯”的子弟在南宫立学。置五经师，选择高能的人授课。匈奴也派子弟就学。

十年（丁卯，67）

闰四月，上使校官弟子作雅乐，演奏《鹿鸣》，帝自奏埙、篪。

十二年（己巳，69）

春季，西南哀牢王柳貌率其民归附中原。

四月，下诏修治黄河汴渠堤。

本年，五谷丰登，牛羊遍野，百姓殷富。

十三年（庚午，70）

四月，汴渠竣工。黄河、汴河分流，六十年水患得以控制。

十一月，楚王刘英谋反，废。

十五年（壬申，72）

三月，明帝东巡至鲁，幸孔子宅，亲御讲堂，命皇太子、诸王说经。

十二月，派遣耿秉、窦固等屯驻凉州，出击北匈奴。

十六年（癸酉，73）

二月，派遣祭肜等四路军队出击北匈奴。窦固至天山，击败呼衍王，留军士屯田伊吾庐城，置宜禾都尉。

同月，窦固派遣假司马班超出使西域，至鄯善国。夜火攻击杀匈奴使者，使鄯善王无二心，纳子为质。班超以功升军司马，又出使于阗等国，西域各国与汉断绝六十五年，至此恢复往来。

本年，云中太守廉范大败入侵的北匈奴。

十七年（甲戌，74）

二月，西南夷白狼、槃木等百余国，皆称臣奉贡。

十一月，派遣窦固、耿秉等出敦煌、昆仑塞，击车师。复置西域都护及戊、己校尉。

十八年（乙亥，75）

八月，明帝驾崩。皇太子炟即位。是为肃宗孝章皇帝。

十一月，北匈奴围攻柳中城，与车师共攻戊校尉耿恭。调遣张掖、酒泉、敦煌三郡及鄯善兵共七千余人救援。

本年，京师及兖州、豫州、徐州大旱。

汉肃宗孝章皇帝刘炟

建初元年（丙子，76）

正月，酒泉太守段彭大败车师。下诏罢戊、己校尉及都护官。班超留屯疏勒。

本年，南单于与边郡及乌桓共同击败北匈奴。

二年（丁丑，77）

三月，罢伊吾庐屯兵，北匈奴复居其地。

八月，派遣马防、耿恭攻打叛羌，斩四千余人，解临洮之围。

三年（戊寅，78）

四月，下诏停止治理虖沱、石臼河。

闰四月，班超率领疏勒、康居、于阗、拘弥兵攻破姑墨（西域国名）。

四年（己卯，79）

十一月，下诏："将、大夫、博士、郎官及诸儒会白虎观，议'五经'同异。"史称"白虎观会议"。

五年（庚辰，80）

二月，下诏举直言极谏。

本年，班超上书请求开发经营西域，章帝采纳。

六年（辛巳，81）

廉范改禁民夜作的旧制。

八年（癸未，83）

六月，北匈奴三木楼訾大人稽留斯等率三万余人至五原塞请降。

本年，章帝拜班超为将兵长史。

元和元年（甲申，84）

六月，大鸿胪韦彪认为选举应以才行为先，不可纯以门第等级；尚书人选不宜多用郎官。

七月，禁酷刑。

十二月，北匈奴复请互市，帝许之。

十二月，班超发疏勒、于阗兵攻击莎车。疏勒王忠受莎车贿赂反。班超又立其府丞成大为疏勒王，派人游说康居王执忠而归其国。

二年（乙酉，85）

正月，下诏民有产子者免除三年赋税。怀妊者赐胎养谷。

同月，南单于长死，单于汗之子宣立，为伊屠於闾鞮单于。

三月，章帝幸鲁，在阙里祭祀孔子及七十二弟子。

三年（丙戌，86）

九月，烧当羌攻陇西，其首领被获。陇西太守张纡放遣之。羌即解散。

本年，疏勒王诈降。班超击斩之，南道遂畅通。

章和元年（丁亥，87）

三月，护羌校尉傅育伐烧当羌，被杀，死吏士八百八十人。

七月，护羌校尉张纡置毒酒犒赏降羌，伏兵击杀其酋豪八百余人。

十月，北匈奴大乱。五十八部、二十八万人至云中、五原、朔方、北地投降。

同月，曹褒撰汉礼一百五十篇。

本年，班超攻打莎车，莎车降。从此威震西域。

二年（戊子，88）

正月，章帝驾崩。太子肇继位，是为孝和皇帝。

四月，罢郡国盐铁之禁，纵民煮盐、铸铁。

十月，派遣窦宪、耿秉出塞，讨伐北匈奴。

汉孝和皇帝刘肇

永元元年（己丑，89）

六月，窦宪大败北匈奴。

九月，以窦宪为大将军，窦氏势倾朝野。

二年（庚寅，90）

五月，车师惧，前、后王各遣子入侍。

十月，汉派左谷蠡王师子等率军出鸡鹿塞，北单于受伤逃走。获阏氏及男女五人，斩首八千。

三年（辛卯，91）

二月，窦宪等在金微山大败北匈奴，获其母阏氏，斩名王以下五千余级。北单于逃遁。

十月，龟兹、姑墨、温宿诸国皆降汉。

十二月，复设置西域都护、骑都尉、戊己校尉官。任命班超为西域都护。

四年（壬辰，92）

六月，窦氏父子兄弟阴谋篡逆。和帝令其与弟自杀，仅瓌保全。

同月，班固因受窦宪的牵连，病死狱中。所著《汉书》未就，下诏班昭踵而成之。

同月，任命宦者郑众为大长秋（职掌奉宣中宫命），参与政事。东汉宦官用权自此始。

十月，武陵、零陵、澧中蛮反叛。羌豪迷唐反，复寇金城塞。

五年（癸巳，93）

九月，北匈奴单于於除鞬因窦宪死北还。派将追斩之。

同月，北匈奴衰败，鲜卑徙居其地，归并匈奴余种十余万落，势力渐盛。

六年（甲午，94）

正月，南匈奴单于安国妒贤嫉能，欲杀左贤王师子。骨都侯喜为等起而杀安国，立师子为单于。

七月，班超征发龟兹、鄯善等八国兵大破焉耆、尉犁。

十一月，大破北匈奴。

七年（乙未，95）

九月，京师地震。

八年（丙申，96）

七月，南匈奴右温禺犊王乌居战反叛。度辽将军庞奋等破之。

九月，京师蝗灾。

九年（丁酉，97）

三月，西域长史击斩车师后王。

八月，鲜卑侵犯肥如（属辽西郡），杀掠官民。

闰八月，烧当羌进犯陇西，派刘尚等率汉、羌、胡兵击退之。

十二月，班超派甘英出使大秦、条支，至安息西界，临大海（波斯湾）而还。

十年（戊戌，98）

五月，京师大水。

十二月，烧当羌豪迷唐等率种人至汉贡献。

十三年（辛丑，101）

八月，羌豪迷唐反叛，护羌校尉周鲔与金城太守侯霸击破之。

十一月，下诏，缘边郡人口十万以上，每年举孝廉一人，不满十万二年举一人，不满五万三年举一人。

同月，鲜卑进犯右北平，入渔阳，渔阳太守击破之。

十四年（壬寅，102）

春季，安定降羌烧何种反叛，被郡兵击灭。

班超自西域至洛阳，九月卒。

本年，初封大长秋郑众为鄛乡（属南阳郡）侯。宦官封侯自此始。

十六年（甲辰，104）

十一月，北匈奴派使者称臣贡献，愿和亲。未许。

元兴元年（乙巳，105）

春季，高句骊王掠夺辽东六县。

九月，辽东太守打败高句骊。

十二月，和帝驾崩。子隆即皇帝位，是为孝殇皇帝。尊邓后（邓禹孙女）为皇

太后。太后临朝。

汉孝殇皇帝刘隆

延平元年（丙午，106）

四月，鲜卑进犯渔阳，渔阳太守张显追击，战死。

六月，减宫廷用度，旧太官、汤官（主酒）经用年近二万万，自是裁数千万。

八月，殇帝崩。太后定策迎立清河王子祜继位，是为孝安皇帝。邓太后仍临朝。

九月，西域诸国在疏勒攻都护任尚。遣西域副校尉梁慬驰救，大破之。

汉孝安皇帝刘祜

永初元年（丁未，107）

正月，蜀郡徼外羌降附。

三月，永昌徼外僬侥种夷降附。

五月，九真徼外，夜郎蛮夷，举土内附。

六月，罢西域都护及伊吾庐、柳中屯田吏士。

同月，陇西诸郡降羌在郡县为吏民豪右所徭役，大为寇掠，断陇道。郡县不能制。赦除诸羌相连结谋叛逆者罪以离散之。

十二月，诏邓骘等率五营及诸郡兵五万人驻屯汉阳以备羌。

本年，鲜卑大人燕荔阳朝贺。赐以王印绶，令止乌桓校尉所居宁城（属上谷郡）下，鲜卑一百二十部各遣子入侍。

二年（戊申，108）

正月，邓骘被钟羌击败。梁慬破诸羌万余人。

闰七月，蜀郡徼外羌献土内附。

冬季，任尚被先零羌豪滇零打败。众羌势大盛。

十一月，先零羌豪滇零自称天子，于北地招集诸羌断陇道，寇掠三辅，南入益州。梁慬率兵赴击，连破走之。

三年（己酉，109）

三月，京师大饥，民相食。

四月，令官民入钱谷，可得到关内侯、虎贲、羽林郎、五官、大夫、官府吏、缇骑、营士，各有差。

七月，张伯路等掠夺滨海九郡，杀二千石、令、长。遣侍御史督州郡兵击破之。

九月，雁门乌桓率众王无何允与鲜卑大人丘伦等及南匈奴骨都连兵侵犯五原，汉军大败。

十一月，以大司农何熙行车骑将军率军二万，诏辽东太守耿夔率鲜卑军，以梁慬行度辽将军，击破南单于。

本年，并、凉二州大饥，人相食。

四年（庚戌，110）

二月，南匈奴进犯常山。

同月，先零羌攻褒中。

同月，朝歌宁季等数千人攻杀长吏，屯聚连年，州郡不能禁。朝歌长设计驱散之。

三月，南单于降，奉还所掠汉民男妇及羌所掠转卖入匈奴者一万余人。

同月，先零羌复攻褒中，太守郑勤战死，死三千余人。

四月，六州蝗灾。

五年（辛亥，111）

二月，先零羌犯河东，至河内。使北军中候朱宠率五营士屯孟津。诏魏郡、赵国、常山、中山造坞候六百一十六所。

三月，任尚在上党破羌。

六年（壬子，112）

四月，诏建武元功二十八将皆绍封。

元初元年（甲寅，114）

三月，诏遣兵屯河内通谷冲要三十六所，皆作坞壁，设鸣鼓，备羌寇。

九月，羌豪号多攻掠武都、汉中、巴郡。汉中五官掾程信击败之。号多走还，与羌豪零昌合。侯霸在枹罕击败之。

二年（乙卯，115）

春季，护羌校尉庞参以恩信招诱诸羌，号多等率众降。

十月，庞参等分路攻击进犯的先零羌零昌，兵败。

同月，虞诩为武都太守，人足家给，一郡平安。

三年（丙辰，116）

正月，苍梧、郁林、合浦蛮夷反叛。

二月，派任逴督州郡兵讨伐。

六月，中郎将任尚在丁奚城击破先零羌。

十一月，苍梧、郁林、合浦蛮夷降。

十二月，任尚在北地击零昌。

四年（丁巳，117）

四月，辽西鲜卑进犯，郡兵与乌桓大人于秩居等共击败之，斩首一千三百级。

六月，张乔招诱叛羌，稍稍降散。

九月，任尚招募效功种羌号封刺杀零昌，封为羌王。

十二月，越巂夷大牛种封离等反叛，杀遂久令。

同月，任尚等大破先零羌狼莫（零昌之谋主）。西河虔人种羌上万人降邓遵，陇右平定。

五年（戊午，118）

六月，高句骊与濊貊进犯玄菟。

十月，鲜卑进犯上谷，攻居庸关。

同月，邓遵募上郡全无种羌雕何刺杀狼莫。诸羌自是瓦解，三辅、益州无复寇警。

六年（己未，119）

七月，鲜卑进犯马城塞。度辽将军率南单于击破之。

本年，北匈奴复降服西域诸国。敦煌太守招抚之，车师前王及鄯善王复来降。

永宁元年（庚申，120）

三月，北匈奴率车师后王共杀汉吏，赶走车师前王。鄯善告急。置西域副校尉居敦煌，遥控西域。

六月，护羌校尉马贤击破沈氐羌。当煎羌攻金城，马贤出塞斩首千余还。烧当、烧何羌复犯张掖。

建光元年（辛酉，121）

春季，护羌校尉马贤召斩当煎羌豪卢忽；俘斩二千余。

同季，冯焕等击高句骊，高句骊王宫袭玄菟、辽东，杀伤二千余人。

三月，邓太后死。安帝始亲政事。

四月，高句骊又与鲜卑进犯辽东，太守战死。

九月，鲜卑其至鞬进犯居庸关，云中太守阵亡。鲜卑又围马城，被耿夔等击败。

十二月，高句骊马韩、濊貊围玄菟，夫余王遣子率二万余人与州郡并力征讨破之。

延光元年（壬戌，122）

四月，河西雹大如斗。

十月，烧当羌因饥困降。

二年（癸亥，123）

四月，以班勇为西域长史，率军驻屯柳中。

十一月，鲜卑其至鞬在曼柏攻南匈奴。

三年（甲子，124）

正月，班勇征发鄯善、龟兹、姑墨、温宿兵万余人，击败北匈奴，收车师前部五千余人，西域始复通。

本年，京师及诸郡国二十三地震，三十六大水、雨雹。

四年（乙丑，125）

三月，安帝驾崩。皇后阎氏定策，迎北乡侯刘懿立，是为少帝。

七月，班勇征发敦煌、张掖、酒泉、鄯善、疏勒、车师前部兵击车师后部，斩俘八千余人。斩车师后王军就及匈奴持节使者。

十月，北乡侯刘懿死。

十一月，中常侍孙程等拥立废太子济阴王刘保继位。是为孝顺皇帝。孙程等皆为列侯。从此宦官权势日盛。

汉孝顺皇帝刘保

永建元年（丙寅，126）

二月，陇西钟羌反叛，马贤在临洮斩首千余级，羌众皆降。

十月，班勇使人斩东且弥（西域国名）王，更立其王。车师六国皆平。遂发诸国兵击北匈奴，呼衍王逃走，其众二万余人皆降。

二年（丁卯，127）

二月，辽东鲜卑攻玄菟，乌桓校尉耿晔发缘边诸郡兵及乌桓兵出塞击之，鲜卑三万人降。

三月，西域长史班勇、敦煌太守张朗破降西域北道焉耆。

三年（戊辰，128）

正月，京师地震。

四年（己巳，129）

本年，于阗王杀拘弥王，立其子为拘弥王，派使贡献。

五年（庚午，130）

四月，京师旱灾。京师及郡国十二蝗灾。

六年（辛未，131）

三月，复令在伊吾开设屯田。

九月，整修太学，共二百四十房，一千八百五十室。

阳嘉元年（壬申，132）

三月，扬州六郡章河等掠夺四十九县，杀伤长吏。

二年（癸酉，133）

六月，引公卿所举敦朴之士，使之对策。李固直陈外戚、宦官专权之弊，顺帝采纳，任为议郎；马融博通经籍，美文辞，也拜议郎；张衡才高于世，而无骄尚之情，任太史令。

三年（甲戌，134）

四月，车师后部司马率后王加特奴大败匈奴。

五月，张衡请禁图谶（宣扬预言、神灵、怪异之书）。

七月，钟羌良封等复寇陇西、汉阳。

十月，护羌校尉马续击败钟羌。

四年（乙亥，135）

春季，北匈奴呼衍王侵车师后部。

二月，准允中官（宦官）得以养子袭爵。

同月，马贤大破钟羌。

永和元年（丙子，136）

十二月，象林（属日南郡）蛮夷叛变。

同月，武陵澧中、溇中蛮因增收租布，杀乡吏反叛。

二年（丁丑，137）

二月，广汉属国都尉击败白马羌。

同月，武陵叛蛮被武陵太守击败。

三年（戊寅，138）

五月，吴郡丞羊珍反叛，攻郡府，太守王衡破斩之。

六月，九真太守祝良、交趾刺史张乔慰诱象林蛮，招以威信，降者数万。由是岭南复平。

十月，烧当羌那离等侵略金城，被校尉马贤击败。

四年（己卯，139）

三月，烧当羌那离等复反，马贤俘斩一千二百余级。

五年（庚辰，140）

二月，南匈奴句龙王吾斯、车纽侵犯西河、围美稷，杀朔方、代郡长吏。

五月，度辽将军马续击败吾斯、车纽；使匈奴中郎将陈龟逼迫南单于自杀。

九月，令扶风、汉阳修筑陇道坞三百所，置屯兵。

同月，南匈奴句龙王吾斯等立车纽为单于，与乌桓、羌胡等数万人攻破京兆虎牙营，掠夺并、凉、幽、冀四州。

十二月，遣使匈奴中郎将张耽击败车纽。

六年（辛巳，141）

正月，马贤与且冻羌战，贤及二子战死，东西羌会合，势大盛。

闰正月，巩唐羌攻陇西、三辅，烧园陵、杀掠吏民。

三月，武都太守赵冲追斩巩唐羌。诏赵冲督河西四郡兵为节度。

九月，诸羌攻打武威。

十一月，以执金吾张乔行车骑将军事，率兵一万五千屯三辅。

汉安元年（壬午，142）

八月，南匈奴句龙吾斯等复掠并州。

同月，派杜乔等八人分行州郡，举贤黜奸。

十月，罕羌降，唯烧何种羌未下。罢张乔军屯。

二年（癸未，143）

四月，护羌校尉赵冲等在参䜌（属安定郡）击败烧当羌。

闰十月，赵冲在阿阳击败烧当羌。

十一月，凉州自九月以来，地震一百八十次，城寺败坏，死者甚众。

建康元年（甲申，144）

春季，护羌从事马玄被诸羌引诱，率羌众逃出塞。领护羌校尉卫琚追击。

四月，使匈奴中郎将马寔打败南匈奴左部。胡、羌、乌桓皆降。

八月，顺帝死，太子即位，是为孝冲皇帝。皇太后临朝。

汉孝冲皇帝刘炳

永嘉元年（乙酉，145）

正月，冲帝死。大将军梁冀与太后定策立渤海孝王鸿之子刘缵（八岁）为皇帝，是为孝质皇帝。

同月，广陵张婴复聚众数千人起事，占据广陵。

二月，诸羌离湳、狐奴等五万余户降左冯翊（官名，相当于郡太守）梁并。陇右复平。

秋季，庐江盗贼起事，滕抚遣司马王章击败之。

十一月，历阳人华孟自称黑帝，攻杀九江太守杨岑，被滕抚击败，东南悉平。

汉孝质皇帝刘缵

本初元年（丙戌，146）

四月，令郡国举明经诣太学。自大将军以下皆遣子受业；岁满课试，拜官有差。自是游学增至三万余人。

闰六月，梁冀使左右置毒于煮饼而进之，质帝死。

同月，梁冀迎蠡吾侯刘志即位，是为桓帝。太后临朝。

汉孝桓皇帝刘志

建和元年（丁亥，147）

十一月，清河人刘文与南郡人刘鲔勾结预立清河王蒜为帝，事败，被杀。梁冀诬前太尉李固、杜乔与谋，李、杜皆下狱死。

和平元年（庚寅，150）

正月，太后诏归政于帝。

元嘉元年（辛卯，151）

正月，群臣朝贺，大将军梁冀带剑入禁中。尚书张陵叱令出，敕虎贲、羽林夺剑。冀跪谢，陵不应，即劾奏，请廷尉论罪。诏以一岁俸赎。百官肃然。

四月，京师旱，任城、梁国饥，民相食。

同月，北匈奴呼衍王攻伊吾屯城。诏敦煌太守马达率兵救之。

二年（壬辰，152）

正月，西城长史王敬妄杀于阗国王，被于阗人所杀。

永兴元年（癸巳，153）

七月，郡国三十二蝗灾，河水泛滥，数十万户饥穷流徙，冀州尤甚。冀州刺史朱穆纠察宦官，反征穆治罪。太学生刘陶等数千人上书论穆冤，赦之。

十月，车师阿罗多归，与卑君争国。戊校尉严详许复阿罗为多王。迁卑君于敦煌，以后部三百户与之。

永寿元年（乙未，155）

二月，司隶（州名，治洛阳）、冀州饥，人相食。

秋，南匈奴左薁鞬台耆、且渠伯德等攻美稷，东羌应之。

二年（丙申，156）

七月，鲜卑大人檀石槐尽据匈奴故地，进犯云中。

三年（丁酉，157）

四月，九真县人朱达等结蛮夷，诛县令，攻九真郡，太守战死。都尉魏朗击败之。

延熹元年（戊戌，158）

十二月，南匈奴诸部与乌桓、鲜卑进犯缘边九郡。北中郎将张奂潜诱乌桓，使斩匈奴、屠各（匈奴别种）渠帅，诸胡皆降。

二年（己亥，159）

二月，鲜卑进犯雁门。

六月，鲜卑进犯辽东。

八月，大将军梁冀秉政十九年，威行内外，天子拱手，以私怨杀人至众。桓帝密诏宦官单超等定计诛冀。梁冀既诛，封单超等五人皆为县侯。黄琼举奏州郡贪官暴行，至于死及迁徙者十余人。

十二月，烧当、烧何等八种羌攻陇西金城塞，被护羌校尉段颎击败之。

三年（庚子，160）

闰正月，西羌与烧何大豪攻张掖，段颎追至积石山，斩烧何大帅，降其余众还。

十一月，泰山人叔孙无忌攻杀都尉，被中郎将宗资击溃。泰山太守皇甫规到任，寇虏悉平。

四年（辛丑，161）

六月，零吾羌与先零诸羌侵扰三辅。

七月，减公卿以下俸禄。贷（tè，假借）王侯半租。占卖关内侯、虎贲、羽林缇骑、营士、五大夫，钱各不等。

冬季，先零、沈氐羌进犯并、凉二州，中郎将皇甫规击之。至十一月，降者十余万。

五年（壬寅，162）

三月，沈氐羌攻张掖、酒泉。皇甫规抚降十余万口。

五月，零陵贼攻入苍梧、桂阳、南海。遣使督州郡兵击之。

十月，武陵蛮攻江陵。

十一月，车骑将军率兵征武陵蛮，荆州平定。

六年（癸卯，163）

五月，鲜卑攻辽东属国。

十二月，太尉杨秉条奏五十余贪残官吏，或死或免，天下肃然。

七年（甲辰，164）

五月，荆州刺史度尚募诸蛮夷大破艾县贼，降者数万。

十月，护羌校尉段颎击败当煎羌。

八年（乙巳，165）

二月，段颎击败罕姐羌。

五月，太尉杨秉死。秉清白寡欲，尝称“我有三不惑：酒、色、财也”。

八月，初令郡国有田者，按亩敛税，每亩十钱。

九年（丙午，166）

正月，诏公卿、郡国举至孝。

同月，司隶、豫州饥荒。死者十之四五。

六月，南匈奴、乌桓、鲜卑入塞，掠夺九郡。

七月，鲜卑复入塞与东羌共寇武威、张掖。

本年，第一次党锢之祸。捕李膺等二百余人。

永康元年（丁未，167）

五月，禁锢党人。“党人”二百余人皆归田里，书名三府，禁锢终身。

十月，先零羌攻掠三辅。张奂遣将大败之。

十二月，桓帝驾崩。太后临朝，定策迎立解渎亭侯刘宏，是为孝灵皇帝。

汉孝灵皇帝刘宏

建宁元年（戊申，168）

二月，护羌校尉段颎在逢义山大败先零羌。

九月，中常侍曹节矫杀陈蕃、窦武。迁太后于南宫。

十二月，鲜卑及濊貊攻幽、并二州。

二年（己酉，169）

七月，段颎在射虎谷大破先零羌，分置安定、汉阳、陇西三郡。东羌全部平定。

十月，第二次党锢之祸。

三年（庚戌，170）

冬季，凉州刺史孟佗派从事、戊己校尉、西域长史率汉及西域兵征疏勒，无功引去。

四年（辛亥，171）

八月，以太常宗俱为司空。司徒桥玄免职，以前司空许栩为司徒。

熹平元年（壬子，172）

七月，以朱雀阙匿名书讥刺曹节，收系太学生一千余人。

十二月，鲜卑攻并州。

二年（癸丑，173）

正月，瘟疫流行。

十二月，鲜卑攻幽、并二州。

四年（乙卯，175）

三月，诏诸儒正“五经”文字。命议郎蔡邕为古文、篆、隶三体书之，刻石立于太学门外，是为熹平石经。

同月，朝议因钩党狱起，乃制婚姻之家及幽、并两州人士不得交互为官，是为三互法。蔡邕上书请除之，朝廷不从。

五月，鲜卑攻幽州。

五年（丙辰，176）

闰五月，永昌太守曹鸾上书请开党禁，被收斩。于是诏州郡更考党人门生、故吏、父子、兄弟在位者，全都免官禁锢。

本年，鲜卑攻幽州。

六年（丁巳，177）

四月，鲜卑攻掠汉三边。

八月，派遣护乌桓校尉夏育出高柳，破鲜卑中郎将田晏出云中，使匈奴中郎将臧旻率南单于出雁门，各率万骑，三路并击鲜卑。汉军大败，死者十之七八。

十二月，鲜卑万余人攻辽西，辽西太守赵苞率二万人击败之。

光和元年（戊午，178）

二月，置鸿都门学。待诸生优于太学。

本年，初开西邸卖官。令长随县丰约而价不等。又私令左右卖公卿，公千万，卿五百万。

二年（己未，179）

十月，司徒刘郃等谋诛宦官，皆下狱死。

三年（庚申，180）

四月，江夏蛮反。

十二月，苍梧、桂阳民起事，零陵太守杨琁攻破之。

四年（辛酉，181）

正月，初置马骥（善马）厩丞，领受郡国调（征发）马。豪右垄断，马一匹至二百万。

本年，灵帝作列肆于后宫，使诸采女贩卖，更相盗窃争斗。帝着商贾服，从之饮宴为乐。

五年（壬戌，182）

正月，诏公卿举刺史、二千石为民蠹害者。太尉许馘、司空张济依附宦官，收取贿赂。而反虚纠边郡正直清廉者二十六人。

七月，板楯蛮攻掠巴郡数年，太守曹谦抚降之。

六年（癸亥，183）

本年，巨鹿人张角自创立“太平道”的十余年间，徒众数十万，遍布青、徐、幽、冀、荆、扬、兖、豫八州。遂置三十六方，各立渠帅。大方马元义等先收荆、

扬数万人。定于三月五日内外一起起事。

中平元年（甲子，184）

春季，张角弟子唐周上书告密。遂收捕马元义车裂于洛阳。令下冀州捕张角。角驰敕诸方，一时俱起。皆着黄巾以为标帜，人称“黄巾贼”。

二月，张角自称“天公将军”，弟张宝称“地公将军”，弟张梁称“人公将军”。天下响应，京师震动。

三月，以何进为大将军，率兵屯京师。置函谷等八关都尉。大赦党人。发全国精兵，遣卢植、皇甫嵩、朱俊分击黄巾军。

同月，南阳黄巾张曼成攻杀太守褚贡。

五月，皇甫嵩等大破波才。

六月，南阳太守秦颉击斩张曼成。

七月，巴郡人张脩以“五斗米师”聚众起事，寇郡县。

八月，黄巾首领张角病死。

十月，皇甫嵩在广宗斩张梁。

十一月，皇甫嵩在曲阳击斩张宝。

同月，张曼成余党以赵弘为帅，据宛城，众十余万。朱俊击斩弘，破宛城，黄巾破散。

二年（乙丑，185）

二月，自张角之后，各地盗贼并起。大者二三万，小者六七千人。

本年，灵帝在西园造万金堂。

三年（丙寅，186）

十月，武陵蛮反叛，郡兵讨破之。

十二月，鲜卑攻幽、并二州。

四年（丁卯，187）

四月，金城人韩遂杀边章等，拥兵十余万。陇西太守李相如等与遂联合，攻掠三辅。

十月，长沙人区星自称将军。长沙太守孙坚讨平之。

本年，卖关内侯，值五百万钱。

五年（戊辰，188）

二月，黄巾余部郭大等在西河白波谷起事，攻太原、河东。

三月，屠各胡（即匈奴）攻杀并州刺史张懿。

同月，选列卿、尚书为州牧。以太常刘焉为益州牧，太仆黄琬为豫州牧，宗正刘虞为幽州牧。州任之重，自此而始。

八月，初置西园八校尉。

六年（己巳，189）

二月，左将军皇甫嵩在陈仓大败王国。

四月，灵帝驾崩。皇子辩即位。太后临朝。

八月，中常侍张让、段珪等诛大将军何进。司隶校尉袁绍收诸宦官，无少长皆斩之。

九月，董卓废少帝为弘农王，立陈留王刘协，是为孝献皇帝。

十一月，以董卓为相国，赞拜不名，入朝不趋，剑履上殿。

汉孝献皇帝刘协

初平元年（庚午，190）

正月，关东诸郡皆起兵讨董卓，推勃海太守袁绍为盟主。

三月，董卓胁献帝迁都长安。

六月，董卓坏五铢钱，改铸小钱，货贱物贵，谷每石至数万钱。

二年（辛未，191）

二月，以董卓为太师，位在诸侯王上。

同月，孙坚大破董卓兵，入洛阳。

四月，董卓至长安。

七月，袁绍自领冀州牧。

十月，青州黄巾攻勃海，公孙瓒在东光大破之。

十一月，公孙瓒攻袁绍，冀州等多背绍从瓒。瓒自置刺史，改置郡、县守、令，以涿郡人刘备为平原相。

三年（壬申，192）

正月，袁绍在界桥大败公孙瓒。

四月，司徒王允与司隶校尉黄琬等密谋以吕布为内应，斩董卓。

同月，王允以董卓同党收捕著名文学家、书法家、左中郎将蔡邕，邕死于狱中。

同月，青州黄巾击杀兖州刺史刘岱，州吏迎曹操领兖州刺史。

六月，董卓部将李傕、郭汜等攻陷长安，杀黄琬、王允。

十二月，曹操收降黄巾兵三十余万，号青州兵。

四年（癸酉，193）

正月，曹操击败袁术军。

三月，魏郡兵与黑山贼于毒等攻陷邺城，杀太守。

六月，袁绍斩于毒及左髭丈八等，斩万余级。

秋季，曹操因陶谦士卒杀其父曹嵩，引兵击陶谦，攻拔十余城。

兴平元年（甲戌，194）

二月，平原相刘备援救陶谦。谦表备为豫州刺史。

四月，曹操攻陶谦，略地至琅邪、东海，所过残灭。陈留太守张邈叛操迎吕布。

七月，关中大旱，长安中人相食。

八月，曹操与吕布会战濮阳。

十二月，陶谦死，刘备代领徐州。

二年（乙亥，195）

正月，曹操在定陶打败吕布。

七月，献帝东归。

十月，以曹操为兖州牧。

十二月，李傕、郭汜等追献帝，在弘农东涧打败王室军队。

同月，献帝夜渡黄河，驻安邑。

建安元年（丙子，196）

七月，献帝还至洛阳。

九月，曹操迎献帝东迁许昌。以操为大将军，封武平侯。

同月，孙策取会稽。策自领会稽太守。

十一月，以操为司空，行车骑将军事。

同月，曹操募民屯田许昌，得谷百万斛，仓廪皆满。

同月，吕布攻刘备，刘奋奔曹操，操以为豫州牧。

二年（丁丑，197）

正月，袁术在寿春称帝，自称仲家。

三月，拜袁绍为大将军，兼督冀、青、幽、并四州。

九月，曹操东征袁术。术走渡淮，由是衰落。

三年（戊寅，198）

四月，诏关中诸将段煨等征讨李傕，夷其三族。

十一月，曹操引沂水、泗水灌下邳城。

十二月，城破，吕布被诛灭。

同月，袁绍在易京包围公孙瓒。

四年（己卯，199）

春季，袁绍攻灭公孙瓒。乌桓助绍，绍赐乌桓蹋顿等单于印绶。

六月，曹操派刘备东出徐州，截击北上的袁术，不让二袁结合。袁术受阻，呕血而死。

八月，袁绍声言南下清君侧，出动精兵十万诛讨曹操。曹操进军黎阳。

九月，曹操返回许昌，分兵把守官渡。

十二月，曹操亲临官渡布防。刘备杀徐州刺史东胄，遣使与袁绍联兵讨操。

五年（庚辰，200）

正月，曹操东征打败刘备，进取下邳，擒关羽。刘备投奔袁绍。

二月，袁绍攻曹操，进军黎阳。

四月，关羽斩杀颜良，解曹操白马之围。

同月，孙策被刺客所杀。弟孙权代领其众。

九月、十月，袁曹官渡之战。袁绍大败。

同月，张鲁据汉中，与刘璋为敌。

六年（辛巳，201）

九月，曹操率军在汝南击刘备，刘备投奔刘表。刘表使屯新野。

七年（壬午，202）

五月，袁绍死。子谭与尚争立。

八年（癸未，203）

二月，曹操在黎阳打败袁谭、袁尚。

八月，袁尚击败袁谭，袁谭向曹操求救。

九年（甲申，204）

八月，曹操引漳水攻破邺城，袁尚逃奔中山。

十月，高干以并州降。

十二月，曹操击败袁谭，略定诸县。

十年（乙酉，205）

正月，曹操追斩袁谭。

同月，袁熙、袁尚逃奔乌桓。

十月，并州刺史高干叛变。

十一年（丙戌，206）

三月，高干败亡。并州全部平定。

十二年（丁亥，207）

八月，曹操率大军击乌桓，斩蹋顿。袁尚、袁熙等奔辽东太守公孙康。

九月，公孙康斩袁尚、袁熙。

十一月，曹操至易水，乌桓代郡部落单于普富卢、上郡部落单于那楼来贺。

同年，诸葛亮于隐居地襄阳隆中，为刘备对策。史称“隆中对”。

十三年（戊子，208）

六月，罢免三公官职，复置丞相、御史大夫，以曹操为丞相。

八月，曹操杀孔融。

同月，刘表死，子刘琮嗣位。

九月，曹操占领荆州，又追击刘备，刘走夏口，曹操遂据有江陵。

十一月，赤壁之战。孙刘联军大破曹操军。操留曹仁守江陵，乐进守襄阳，引军北还。

十二月，刘备引兵南徇：武陵、长沙、桂阳、零陵四郡。

同月，益州牧刘璋遣别驾张松致敬于曹操，张松劝刘璋与刘备相结，刘璋从之。

十四年（己丑，209）

十二月，周瑜打败曹仁，攻占江陵。

十五年（庚寅，210）

春季，曹操颁布"唯才是举"令。

冬季，曹操在邺造铜爵台（一作铜雀台）。

十二月，刘备借孙权荆州。周瑜病死巴丘。

十六年（辛卯，210）

三月，韩遂、马超等十部起兵反操，屯据潼关。

九月，曹军渡过渭河，与韩遂、马超定日会战，大破之。遂、超奔凉州。

十二月，刘璋遣法正率四千人迎接刘备。刘备留诸葛亮、关羽等守荆州，自率步兵进入益州。

十七年（壬辰，212）

正月，诏曹操赞拜不名，入朝不趋，剑履上殿。

五月，曹操杀马腾，夷三族。

九月，孙权造石头城，迁治秣陵，改称建业。

十二月，刘备斩刘璋名将杨怀、高沛，率兵进据涪城。

十八年（癸巳，213）

五月，封曹操为魏公，加九锡。

同月，刘备进军包围雒城。

九月，马超战败，奔张鲁。

十九年（甲午，214）

三月，曹操位在诸侯王上。

闰五月，诸葛亮留关羽守荆州，与张飞、赵云率兵逆流而上攻克巴东。

同月，刘备入成都，领益州牧。诸葛亮辅佐刘备治蜀。

十一月，曹操杀伏皇后及所生二皇子，灭其族。

二十年（乙未，215）

三月，曹操亲自率兵击张鲁。

五月，孙刘中分荆州。以湘水为界。

七月，曹操攻破汉中，张鲁遁。徙汉中百姓八万余人至洛、邺。

八月，孙权围合肥无功。

十一月，张鲁投降曹操。

二十一年（丙申，216）

五月，曹操进号魏王。

二十二年（丁酉，217）

二月，曹操进军攻打孙权。

四月，诏魏王曹操设天子旌旗，出入称警跸。

十月，曹操冕十有二旒（古天子以丝绳贯玉垂冕前后，作为装饰，共十有二垂）。

同月，刘备率诸将进兵汉中。

二十三年（戊戌，218）

七月，曹操亲自率军击刘备。

十月，南阳官民苦于徭役，宛城守将侯音反。

二十四年（己亥，219）

正月，刘备破斩夏侯渊。

三月，曹操率大军自长安至汉中。赵云孤军击败操军。刘备赞其“一身是胆”。

五月，操引汉中诸军返回长安，刘备遂拥有汉中。

七月，刘备自称汉中王。

八月，关羽攻打樊城，水淹于禁等七军，禁降。

十月，陆浑民孙狼等起兵附关羽。自许昌以南，遥应关羽。羽威震华夏。曹操议迁许都以避其锐。

同月，孙权派吕蒙袭取江陵。

十二月，关羽遁走。孙权将潘璋断羽归路，在章乡获羽及其子关平，斩之。

魏世祖文皇帝曹丕

黄初元年（庚子，220）

正月，曹操病死洛阳。曹操子曹丕即王位。

二月，尚书陈群立九品官人之法，即州郡设中正官选拔人才。

十月，曹丕称皇帝，改元皇初，国号“魏”。建都洛阳。

十一月，曹丕奉汉献帝为山阳公。

二年（辛丑，221）

正月，魏封孔子后代孔羡为宗圣侯，奉祀孔子。

四月，汉中王刘备在成都即皇帝位，改元章武。史称“蜀汉”或“蜀”。以诸葛亮为丞相。

同月，孙权迁都至鄂，改鄂名为武昌。

七月，刘备攻吴，孙权派陆逊拒之。

八月，孙权向魏称臣。文帝拜孙权为吴主，加九锡。

三年（壬寅，222）

二月，鄯善、龟兹、于阗王各遣使贡献。从此魏复通西域，置戊己校尉。

同月，刘备率领诸将屯于夷道猇亭。

闰六月，陆逊火攻刘备，刘备败走，连夜逃入白帝城。

九月，魏帝命曹休、张辽、臧霸等攻吴。

十月，孙权临江拒守。

十一月，吴、蜀互相遣使，复通友好。

四年（癸卯，223）

二月，魏将张郃以数万军攻吴濡须，不能胜。

三月，刘备于白帝城托孤于诸葛亮。

四月，刘备崩于永安。

五月，太子刘禅继位，是为蜀后主。改元建兴。封丞相诸葛亮为武乡侯，领益州牧。政事无巨细，咸决于亮。

六月，蜀益州郡耆帅雍闿归附于吴，并结孟获等诸夷起兵叛变。

十月，蜀派将邓芝出使东吴修好。孙权遂绝魏。

五年（甲辰，224）

八月，魏文帝曹丕大兴水师伐吴。至广陵还师。

六年（乙巳，225）

三月，诸葛亮率军南征讨伐雍闿。

七月，诸葛亮至南中，所在皆捷。七纵七擒夷人首领孟获，益州、永昌、牂柯、越嶲四郡平定。

十月，魏文帝攻吴，临江而还。

七年（丙午，226）

五月，魏文帝曹丕死。皇太子曹叡继位，是为明帝。

魏烈祖明皇帝曹叡

太和元年（丁未，227）

三月，蜀诸葛亮率军向北出师汉中，筹备攻魏，临行，上出师表。

十二月，魏将孟达，阴许复归蜀。

二年（戊申，228）

正月，司马懿斩孟达。

同月，诸葛亮首次出师攻魏。马谡违亮节度，街亭失守谡。

五月，魏三路进攻东吴。

八月，吴陆逊败魏将曹休于石亭。

十二月，诸葛亮第二次出师攻魏，粮尽而还。

三年（己酉，229）

春季，诸葛亮第三次出师攻魏，取魏武都、阴平二郡。

四月，吴王孙权即皇帝位，改元黄龙。

同月，蜀遣卫尉陈震使吴贺称尊号。吴、汉约中分天下。

九月，吴迁都建业。

十月，魏明帝诏刑律用郑玄章句，置律博士。又诏陈群等删约汉法，制《新律》十八篇。

四年（庚戌，230）

春季，孙权遣将军卫温、诸葛直率军万人，渡海求夷洲、亶洲。

七月，魏诏曹真、司马懿分路进攻蜀汉。

八月，诸葛亮屯军成固赤坂，严阵以待。

九月，魏明帝诏曹真等班师。

五年（辛亥，231）

三月，诸葛亮第四次出师伐魏。围祁山，造木牛运粮。魏命司马懿率军抵御。

五月，蜀魏两军交战，魏兵大败。

六月，亮因粮尽退军。

十月，吴将孙布诈降，魏扬州刺史王凌中计被袭。

六年（壬子，232）

三月，吴遣周贺等从海道入辽东，向公孙渊求马。

九月，魏将田豫在成山击斩从辽东返回的吴使周贺。

十一月，曹植死。植为汉魏之际著名诗人。

青龙元年（癸丑，233）

三月，吴派太常张弥等率军万人，送金宝珍货，九锡备物，封公孙渊为燕王。

十二月，魏明帝昭拜公孙渊为大司马，封乐浪公。

本年，诸葛亮以木牛运粮至斜谷口，准备攻魏。

二年（甲寅，234）

二月，诸葛亮第五次出师攻魏。约吴同时共举。

四月，诸葛亮至郿，进据渭水之南五丈原。

五月，吴应蜀约攻魏。

七月，魏明帝亲率水军东征孙权。吴军退兵。

八月，司马懿与诸葛亮对峙百余日，亮多次挑战，魏军固守。

同月，诸葛亮积劳成疾，卒于军中。

同月，吴拜诸葛恪为抚越将军，领丹阳太守，镇压山越（当时称今江苏、浙江、安徽、江西、福建等省山岭地区土著居民为“山越”）。

三年（乙卯，235）

正月，魏以大将军司马懿为太尉。

四月，蜀后主以蒋琬为大将军、录尚书事。

四年（丙辰，236）

春季，吴铸大钱，大泉五百。

景初元年（丁巳，237）

三月，魏以十二月为岁首。改本月为孟夏四月，改《太和历》为《景初历》。

七月，公孙渊据辽东自立为燕王。

九月，冀、兖、除、豫四州大水。

十月，诸葛恪至丹阳，平定山越。

二年（戊午，238）

二月，吴铸一以当千大钱。

六月，司马懿攻公孙渊，进围渊都襄平。

八月，公孙渊被斩，辽东四郡平定。

三年（己未，239）

正月，魏明帝死。太子曹芳继位，曹爽、司马懿辅政。

同月，魏复改正月为岁首。

魏邵陵厉公曹芳

正始元年（庚申，240）

越嶲蛮夷屡次叛蜀汉，杀太守。蜀后主以张嶷为越嶲太守，恩威并治，郡界

平定。

二年（辛酉，241）

四月，吴兵四路攻魏。

六月，吴军撤军。

闰六月，邓艾在淮北、淮南屯田，开河渠，增灌溉，通漕运。

三年（壬戌，242）

七月，孙权派聂友、陆凯攻儋耳、珠崖。

四年（癸亥，243）

正月，吴将诸葛恪击魏六安。

五年（甲子，244）

正月，孙权以上大将军陆逊为丞相。

三月，曹爽入汉中。蜀将王平令刘敏据兴势。

五月，蜀费祎进据三岭截击。曹爽苦战得回，损失甚众。

六年（乙丑，245）

七月，吴将军马茂谋杀孙权及大臣以降魏，事泄被杀。

八月，吴派校尉陈勋率屯田兵及作士（手工业兵士）三万人凿句容中道。

十一月，蜀汉大司马蒋琬死。

七年（丙寅，246）

二月，幽州刺史毌丘俭攻高句骊屠丸都。

九月，蜀汶山平康夷反，姜维领兵讨平之。

八年（丁卯，247）

二月，孙权诏迁运武昌宫殿木材砖瓦修缮建业宫。

三月，魏大将军曹爽专擅朝政，多树亲党，屡改制度。司马懿不能禁，与爽有隙。

五月，司马懿称病，不参与政事。

本年，雍、凉二州羌胡叛魏降蜀，姜维率军出陇右应之，与魏军在洮西大战。胡王白虎文、治无戴从姜维入蜀。

九年（戊辰，248）

十二月，吴交趾、九真夷攻没城邑。孙权以陆胤为交州刺史。胤喻以恩信，五万余家归降。

嘉平元年（己巳，249）

正月，司马懿乘曹爽兄弟陪帝祭扫高平陵之机，矫太后命而夺曹爽兵权，处死曹爽及其党羽，史称高平陵事变。

秋季，蜀姜维攻魏雍州，无功而还。

二年（庚午，250）

十月，魏庐江太守文钦诈降诱吴。

十一月，吴派十万军队作堂邑、涂塘，以淹北道，防魏。

十二月，魏王昶等分道击吴。

同月，蜀姜维复攻魏西平，不克。

三年（辛未，251）

四月，魏太尉王凌谋废帝立楚王曹彪。事泄，司马懿率军讨伐王凌。

五月，王凌势穷，饮药死。懿穷治其罪，凡相连者皆夷三族。

六月，赐楚王曹彪死。

八月，司马懿死。其子司马师为抚军大将军、录尚书事。

十一月，孙权诏诸葛恪以大将军领太子太傅，一统军国大政。

四年（壬申，252）

正月，魏以司马师为大将军。

四月，吴大帝孙权死。太子孙亮即位。

五年（癸酉，253）

正月，蜀大将军费祎被魏降人郭循（一作修）刺杀。

三月，吴诸葛恪征发二十万人众攻魏。

四月，蜀姜维围狄道（属陇西郡）攻魏。

五月，吴诸葛恪围攻新城，连月未下。

十月，吴孙峻等谋杀诸葛恪，并夷三族。

魏高贵乡公曹髦

正元元年（甲戌，254）

二月，魏司马师杀李丰及夏侯玄等。

六月，蜀姜维攻陇西。

九月，魏司马师废魏帝曹芳。立高贵乡公曹髦。

十月，蜀姜维攻陷魏河关、临洮。

二年（乙亥，255）

正月，魏镇东将军毌丘俭等在寿春起兵，讨伐司马师。败，俭被夷三族。

二月，诏以司马昭为大将军、录尚书事。

八月，蜀姜维攻魏，在洮西大败魏将王经。进围狄道。不意魏兵突至，退驻钟提。

甘露元年（丙子，256）

正月，蜀姜维进位大将军。

七月，姜维率众至上封，与魏将邓艾战于段谷，败退。

八月，诏司马昭加号大都督，奏事不名，假黄钺。

九月，吴丞相孙峻死。

十一月，吴孙綝为大将军。

二年（丁丑，257）

五月，魏征东大将军诸葛诞据寿春。派人至吴，称臣请救。司马昭诏讨伐诸葛诞。吴遣将领兵援诞。

六月，魏军屡败吴军，在寿春包围诸葛诞。

十二月，蜀姜维率军出骆谷攻魏。

三年（戊寅，258）

二月，司马昭攻克寿春，杀诸葛诞。吴援军被俘及死者数万。

九月，孙綝废吴帝孙亮为会稽王。

十月，迎琅邪王孙休即帝位，是为景帝，以孙綝为丞相。

十二月，吴帝孙休杀孙綝，夷其三族。

魏元皇帝曹奂

景元元年（庚辰，260）

四月，魏诏司马昭为相国，封晋公，加九锡。

五月，魏帝曹髦见司马昭威权日重，不甘为傀儡，愤而领亲兵攻司马昭，不胜被杀。司马昭迎常道乡公曹璜。

六月，曹璜改名曹奂。即皇帝位。

同月，吴兴建浦里塘，功费无计，军民多死亡。民皆愁怨。

同月，吴孙亮被贬为候官侯，在去封国途中自杀。

三年（壬午，262）

十月，蜀姜维攻打魏洮阳，被邓艾击败。维退至沓中。

谯郡嵇康素有文才，崇尚老、庄，与阮籍、阮咸、山涛、向秀、王戎、刘伶饮酒清谈，轻蔑礼法，号称“竹林七贤”。

十月，魏以钟会为镇西将军，都督关中，准备攻蜀。

四年（癸未，263）

五月，魏诏诸军大举攻蜀汉。

十月，蜀汉向吴告急。吴遣将攻魏。

同月，魏司马昭始为相国、晋公，受九锡。

同月，魏将邓艾从阴平凿山通道，先至江油，进克涪县，攻破锦竹，斩诸葛瞻等。进至成都。汉后主降艾。又敕命姜维等罢兵投降。蜀亡。

咸熙元年（甲申，264）

三月，晋公司马昭进爵为王。

三月，刘禅迁洛阳。封为安乐公。

五月，司马昭奏恢复五等爵位（即公、侯、伯、子、男）。

七月，魏司马昭奏定礼仪、法律、官制。

同月，吴景帝孙休死。乌程侯孙皓继位。

九月，魏以司马炎为抚军大将军。

十月，魏司马昭立司马炎为世子。

晋世祖武皇帝司马炎

泰始元年（乙酉，265）

八月，司马昭死。太子司马炎继为相国、晋王。

冬季，吴迁都武昌。

十二月，司马炎自称皇帝，改魏为晋（史称西晋），建都洛阳。司马炎即位为晋武帝。废魏帝曹奂为陈留王。

二年（丙戌，266）

三月，吴遣使吊祭司马昭丧。

十二月，吴主还都建业。

三年（丁亥，267）

六月，吴建昭明宫，陆凯等谏，不听。

九月，晋禁星气、谶纬之学。

四年（戊子，268）

九月，晋青、徐、兖、豫四州大水灾。

十月，吴交州刺史刘俊等攻交趾失败。郁林、九真皆附晋。

五年（己丑，269）

二月，晋以羊祜等都督荆州、青州、徐州诸军事，准备灭吴。

六年（庚寅，270）

正月，吴军进扰晋涡口。

四月，吴以陆抗都督信陵、西陵等诸军事，以防晋。

六月，晋秦州刺史胡烈在万斛堆讨伐鲜卑秃发树机能，兵败被杀。

十一月，吴孙秀归晋。

七年（辛卯，271）

正月，匈奴右贤王刘猛叛变出塞。

同月，吴帝孙皓大举进兵图晋，晋遣将屯军寿春防备。吴师退军。

七月，吴薛珝与陶璜等攻交趾，俘晋将杨稷、毛炅等。九真、日南复归吴。

八年（壬辰，272）

二月，晋皇太子纳贾南风为妃。

九月，吴西陵督步阐据城降晋。

十月，吴陆抗遣军讨伐步阐。晋援军不得进。

十二月，陆抗攻陷西陵，诛步阐，夷三族。

同月，晋羊祜与陆抗对境，各保分界，使命常通。

九年（癸巳，273）

七月，晋武帝选公卿以下女备六宫。选择未完，禁止天下嫁娶。

十年（甲午，274）

三月，晋诏取良家及小将吏女五千人入宫。

七月，吴大司马陆抗病重，上疏慎守西陵。

咸宁元年（乙未，275）

六月，鲜卑拓跋力微遣子沙漠汗进贡。

十二月，晋洛阳瘟疫流行，死以万计。

二年（丙申，276）

十月，征南大将军羊祜上疏请求伐吴。晋帝赞同。

三年（丁酉，277）

三月，晋平虏护军文鸯击败秃发树机能，诸胡二十万来降。

五月，吴将邵颢等率七千余人降晋。

八月，兖、豫、徐、青、荆、益、梁七州大水灾。

四年（戊戌，278）

六月，晋羊祜抱病入朝，面陈伐吴之计。武帝善之。更遣张华就问筹策。

十一月，晋羊祜死。

同月，杜预至荆州，击败吴名将西陵督张政。

五年（己亥，279）

正月，匈奴左部帅刘豹死，子刘渊继位。

十一月，晋武帝发兵二十余万，分六路攻吴。

太康元年（庚子，280）

正月，晋杜预、王浑等攻吴，所向皆捷。

三月，晋军攻破吴都，吴亡，全国统一归晋。

五月，杜预还镇襄阳，兴修水利，灌田万余顷。

本年，州郡及户口，计有十九州，一百七十三郡国，二百四十五万九千八百四十户。

本年，诏："……悉去州郡兵，大郡置武吏百人，小郡五十人。"

二年（辛丑，281）

三月，诏选吴孙皓宫女五千人入宫。

三年（壬寅，282）

正月，晋后将军王恺与散骑常侍、侍中石崇皆富于财，竞相斗富。

三月，安北将军严询在昌黎击败慕容涉归，斩获万人。

四月，贾充死。武帝许之以其外孙为世孙，博士秦秀因其奸回弑逆，请谥荒公。武帝不从，谥曰武。

闰月，齐王司马攸德望日隆，荀勖、冯统、杨珧等以为武帝万岁后太子不得立。帝以为然，诏令齐王就国。大臣纷纷上书挽留，帝不听。

四年（癸卯，283）

十一月，河南及荆、扬等六州发大水。

五年（甲辰，284）

正月，刘毅上疏，条列九品中正制有八大弊端，主张废之。汝南王司马亮等上书建议实行土断之法。晋武帝终不能改。

本年，塞外匈奴胡太阿厚率部落二万九千三百人降晋，令其住在塞内西河。

七年（丙午，286）

夏季，鲜卑慕容廆攻辽东，已故扶余王依虑子依罗向晋东夷校尉何龛求援。龛派贾沈攻廆，复扶余国。

秋季，匈奴胡都大博及萎莎胡各率种落十万余人至雍州降晋。

八年（丁未，287）

本年，匈奴都督大豆得一育鞠等率种落一万一千五百人降晋。

十年（己酉，289）

四月，慕容廆遣使请求降晋。

五月，诏拜慕容廆为鲜卑都督。廆因辽东僻远，迁居徒河青山。

晋孝惠皇帝司马衷

永熙元年（庚戌，290）

四月，晋武帝死。太子司马衷继位，是为晋惠帝。立妃贾氏为皇后。以武帝杨皇后父杨骏总揽朝政。

十月，以刘渊为建威将军、匈奴五部大都督。

元康元年（辛亥，291）

三月，皇后贾南风杀杨骏等，并夷三族。废皇太后杨氏为庶人。

六月，贾后杀汝南王司马亮，又杀楚王司马玮；八王之乱开始。

三年（癸丑，293）

六月，弘农天降雨雹，深三尺。

四年（甲寅，294）

本年，大饥荒。

五年（乙卯，295）

六月，荆、扬、兖、豫、青、徐六州大水灾。

十月，武库失火，焚毁数代珍宝及二百万人器械。

十二月，鲜卑拓跋禄官分其国为三部。晋人附者渐多。拓跋氏开始兴起。

六年（丙辰，296）

夏季，匈奴郝散弟度元与冯翊、北地马兰羌、卢水胡一道反叛，杀北地太守张损。

八月，匈奴郝度元击败雍州刺史，秦、雍氐、羌皆反叛，立氐帅齐万年为帝，围攻泾阳。

十一月，晋遣周处等攻齐万年。

同月，关中饥荒，瘟疫流行。

十二月，略阳清水氐杨飞龙外甥令狐茂搜，居仇池，关中人士多依附之。

七年（丁巳，297）

正月，梁王司马肜令周处击齐万年。处力战而死。

七月，雍、秦二州大旱，疾疫流行，一斛米值万钱。

八年（戊午，298）

九月，荆、豫、徐、扬、冀五州大水。

同月，巴氐李特率流民入蜀求食。

同月，孟观讨伐齐万年，大战十数，皆破敌。

九年（己未，299）

正月，孟观败氐众，擒获齐万年。

同月，江统作《徙戎论》以警朝廷。

永康元年（庚申，300）

四月，赵王司马伦废贾后为庶人。旋又矫诏赐贾后死。伦杀司空张华等，皆夷三族。伦自为相国。

八月，淮南王司马允起兵与赵王司马伦激战，结果允被诱杀。

十一月，益州刺史赵廞反。

永宁元年（辛酉，301）

正月，张轨求为凉州刺史。击败鲜卑，威振西土。

同月，赵王司马伦逼迫晋惠帝退位，自称皇帝，改元建始。

同月，流民首领李特逐赵廞；诏罗尚为平西将军、益州刺史，李特奉迎之。

三月，齐王司马冏起兵讨赵王司马伦，成都王司马颖、河间王司马颙应之。

四月，惠帝复位。囚赵王司马伦，随即赐死。

六月，诏齐王司马冏为大司马，加九锡，辅政。成都王司马颖为大将军，河间王司马颙为太尉。

七月，东莱王司马蕤与左卫将军王舆，谋废司马冏，事觉。

八月，诏废蕤为庶人，诛舆三族。

十月，李特在蜀中起义。

太安元年（壬戌，302）

五月，李特自称大将军、益州牧、都督梁益二州诸军事。

十一月，齐王司马冏骄奢擅权，大造府第，臣民失望。河间王司马颙等上表列冏罪状。

十二月，长沙王司马乂等讨司马冏，冏大败，被斩首，同党皆夷三族。

本年，鲜卑宇文单于攻慕容廆，败。辽东孟晖率数千家降廆。

二年（癸亥，303）

正月，李特渡江击罗尚，蜀郡太守降。晋遣宗岱、孙阜救罗尚。

二月，罗尚袭斩李特。李流率特残部还保赤祖。

五月，李雄劝李流同心抵抗，结果大败阜军。从此李流器重李雄，委以军事重任。

八月，河间王司马颙、成都王司马颖讨长沙王司马乂，进攻洛阳。

闰十二月，李雄攻入成都。

永兴元年（甲子，304）

正月，东海王司马越囚长沙王司马乂，张方杀之。

三月，河间王司马颙表司马颖为皇太弟。颙为太宰。

七月，东海王司马越奉惠帝北征司马颖。在荡阴失利，司马颖迎惠帝入邺城。

八月，匈奴左贤王刘渊被推为大单于。

十月，李雄即成都王位。

本月，刘渊迁都左国城，建国号“汉”，即汉王位。十六国开始。

十一月，张方拥惠帝及成都王司马颖、豫章王司马炽等迁往长安。

二年（乙丑，305）

六月，凉州刺史张轨击降陇西太守韩稚，又击斩鲜卑若罗拔能，俘十余万口。

同月，司马腾联合拓跋猗㐌，败刘渊。晋诏假猗㐌大单于。猗㐌死，子普根立。

七月，东海王司马越传檄州郡，欲率军迎惠帝，被推为盟主。

八月，豫州刺史刘乔发兵拒东海王司马越。

十月，成都王司马颖等为刘乔继援。

光熙元年（丙寅，306）

五月，东海王司马越前锋祁弘接连击败河间王司马颙。弘等奉惠帝还洛阳。

六月，成都王李雄称皇帝，国号大成。

八月，司马越为太傅，录尚书事。

十一月，惠帝吃饼中毒死（一说被司马越毒死）。皇太弟司马炽即皇帝位，是为孝怀皇帝。八王之乱结束。

晋孝怀皇帝司马炽

永嘉元年（丁卯，307）

二月，陈敏败死，夷三族。

七月，晋以琅邪王司马睿为都督扬州、江南诸军事，镇建业。

十月，羯人石勒等归附刘渊。

十二月，慕容廆自称鲜卑大单于。

二年（戊辰，308）

正月，刘渊派石勒等十将东下攻赵、魏。

二月，张轨长子张寔督兵讨伐张越，平定凉州。

七月，刘渊攻陷平阳，迁都于蒲子。上郡鲜卑、氐人归刘渊。

十月，汉王刘渊即皇帝位。

十一月，石勒等进攻魏郡、汲郡、顿丘。

三年（己巳，309）

正月，汉刘渊迁都平阳。

三月，刘渊遣将攻陷延津，沉三万男女于黄河。

夏季，大旱，江、汉、河、洛皆干涸可涉。

本季，刘聪、王弥、石勒等连败晋将，上党太守以壶关降。

八月，刘渊命刘聪等进攻洛阳。聪大败而还。

十月，刘渊复遣刘聪等攻洛阳。晋将反击获胜。

四年（庚午，310）

止月，汉将石勒、王弥围攻徐、豫、兖州。

二月，石勒攻冀州诸郡，九万余民归附。

四月，幽、并、司、冀、秦、雍六州蝗灾，草木、牛马毛全被吃尽。

七月，汉刘渊死。太子刘和即位。刘聪起兵杀和等，即帝位。

十月，刘琨向拓跋猗卢请兵二万，击败白部鲜卑。刘琨表猗卢为大单于，封代公。

十一月，东海王司马越率兵四万向许昌。

五年（辛未，311）

正月，石勒攻拔江夏。

二月，石勒进拔许昌。

三月，王衍等奉东海王司马越丧还葬东海。

四月，石勒率轻骑追赶，在宁平城纵骑围射，晋将士死十余万人。又杀王衍及诸王公等。

六月，刘聪遣王弥、刘曜等攻陷洛阳，俘晋怀帝，士民死三万余人。

同月，司空荀藩等传檄四方，推琅邪王司马睿为盟主。

八月，刘聪遣将攻陷长安。

十二月，安定太守贾疋等图兴复晋室，迎秦王司马邺入雍城。

同月，慕容廆伐并鲜卑连、津二部。

六年（壬申，312）

二月，石勒在葛陂课农造舟，将攻建业。司马睿命纪瞻聚兵寿春抵御。勒军因饥疫北徙。

四月，贾疋等围长安，刘曜连败逃奔。秦王司马邺从雍城进入长安。

七月，石勒进据襄国，郡县壁垒多降，运其粮谷至襄国。刘聪以石勒都督冀、幽、并、营四州诸军事。

九月，贾疋等奉秦王司马邺为皇太子。

晋孝愍皇帝司马邺

建兴元年（癸酉，313）

二月，刘聪杀晋怀帝。

四月，秦王司马邺在长安即皇帝位，是为孝愍皇帝。

五月，晋愍帝命幽、并二州三十万军直指平阳。

八月，司马睿任命范阳人祖逖为奋威将军、豫州刺史。祖逖以北伐为己任。

本年，代公拓跋猗卢以盛乐为北都，平城为南都。

二年（甲戌，314）

二月，以张轨为太尉、凉州牧。

五月，西平武穆公张轨死，子张寔摄父位。

六月，汉刘曜攻长安，不利。

三年（乙亥，315）

二月，以琅邪王司马睿为丞相、大都督、督中外诸军事。

同月，晋诏拓跋猗卢为代王。

八月，任命陶侃为广州刺史。

九月，汉刘聪命石勒为陕东伯，得专征伐。

四年（丙子，316）

三月，代王拓跋猗卢被其长子所杀，左将军等率晋人及乌桓三万家归附刘琨。

七月，平阳大蝗灾，百姓死者十之五六。

十一月，刘曜攻陷长安，愍帝出降。以帝为怀安侯。

同月，石勒击败刘琨。

十二月，丞相司马睿准备北伐。

晋中宗元皇帝司马睿

建武元年（丁丑，317）

三月，琅邪王司马睿在建康称晋王，改元建武，史称东晋。

同月，司马睿以慕容廆为都督辽左杂夷流民诸军事、龙骧将军、大单于、昌黎公。廆不受。

六月，豫州刺史祖逖进入谯城，准备北伐。

十一月，建太学。

十二月，刘聪杀晋愍帝。

太兴元年（戊寅，318）

三月，晋王司马睿即皇帝位，是为晋中宗元皇帝。改元太兴。

五月，晋刘琨被段匹磾所杀。

七月，拓跋郁律击败刘虎，西取乌孙故地，东据勿吉以西。

同月，汉刘聪死，子刘粲继位。

八月，靳准杀刘粲，自号大将军、汉天王。遣使告晋，迎怀愍之丧。

十月，刘曜称帝。

同月，石勒攻靳准。巴、羌、羯十余万落归附。

二年（己卯，319）

四月，汉主刘曜迁都长安。

同月，南阳王司马保自称晋王。

同月，石虎打败祖逖。

同月，石勒派石虎在朔方大破鲜卑日六延。

六月，刘曜改国号为“赵”，史称前赵。

十一月，石勒称王，国号“赵”，史称后赵。

十二月，平州刺史崔毖联合高句丽、段氏、宇文氏共击慕容廆。廆以离间计破之，据有辽东。

三年（庚辰，320）

二月，冀州刺史邵续被石虎擒获，北方藩镇俱尽。

五月，晋王司马保被部将幽禁杀害。

六月，刘曜设立太学，选一千五百人。

七月，祖逖练兵积谷，准备进取河北。

十二月，高句丽进攻辽东，被慕容仁击败，从此不敢犯境。

四年（辛巳，321）

三月，石勒据有幽、冀、并三州。

九月，豫州刺史祖逖死。

十一月，石勒禁止酿酒。

十二月，晋以慕容廆都督幽平二州东夷诸军事、车骑将军、平州牧，封辽东公。

永昌元年（壬午，322）

正月，王敦在武昌举兵反叛。沈充在吴兴举兵响应。

二月，前赵刘曜攻杨难敌，难敌退保仇池。曜授难敌为益、宁、南秦三州牧等职，封武都王。

三月，王敦进军石头城，敦素忌周顗、戴渊二人之才，杀之。

四月，王敦还武昌。

五月，王敦遣周虑袭杀梁州刺史甘卓。

闰十一月，晋元帝死。司空王导辅政。太子绍即皇帝位，是为明帝。

十二月，前凉张茂使将军韩璞攻取陇西、南安，设置秦州。

晋肃宗明皇帝司马绍

太宁元年（癸未，323）

四月，王敦自领扬州牧。

七月，刘曜自将定陇上，迁秦州大姓杨、姜诸族二千余户至长安。

八月，兖州刺史郗鉴与晋明帝谋讨王敦。

二年（甲申，324）

正月，王敦杀周嵩等，尽杀周札诸兄子。

五月，张茂死，子张骏继位。晋拜骏为大将军、凉州牧、西平公。前赵刘曜拜骏上大将军、凉州牧、凉王。

同月，王敦拜养子王应为武卫将军，为己之副。

六月，明帝遣王导等率军同讨王敦。

七月，敦以兄王含为元帅，率水陆军五万向京师。

三年（乙酉，325）

五月，晋明帝以陶侃为征西大将军、都督荆湘雍梁四州诸军事、荆州刺史。

六月，石勒连败刘曜，因此司、豫、徐、兖之地皆归于后赵，与晋以淮水为界。

闰八月，晋明帝死。皇太子司马衍继皇帝位，是为显宗成皇帝。

九月，皇太后临朝称制，以司徒王导录尚书事，与庾亮、卞壸共辅朝政。

晋显宗成皇帝司马衍

咸和元年（丙戌，326）

十月，庾亮诛南顿王司马宗。

十二月，石勒始立秀、孝试经之制。

本年，张骏徙陇西、南安民二千余家至姑臧。

二年（丁亥，327）

五月，前凉张骏闻刘曜为后赵所败，乃去前赵官爵，复称晋大将军、凉州牧。

十月，苏峻为乱，遣参军邀祖约，共讨庾亮。

十二月，苏峻属将攻陷姑孰。苏峻、祖约之乱爆发。

三年（戊子，328）

二月，苏峻进逼建康。尚书令卞壶苦战而死。庾亮逃奔寻阳。

四月，庾亮、温峤邀陶侃共讨苏峻。

五月，陶侃率众至寻阳。与庾亮、温峤同趋建康。

同月，苏峻逼成帝迁至石头城。

同月，王导密令以太后诏谕三吴吏士，使起兵救天子。于是吴兴太守虞潭等皆起兵响应。

八月，后赵石虎与前赵刘曜战于高候，石虎大败。后赵襄国大震。

九月，陶侃督水军向石头城。庾亮等与苏峻交战。苏峻被击斩。峻弟苏逸闭城自守。

十二月，石勒率军进入洛阳城，大败前赵兵。擒刘曜，杀之。

四年（己丑，329）

二月，温峤等诸军攻石头，击斩苏逸等。

三月，晋论诛灭苏峻之功，重用陶侃、郗鉴、温峤等。

同月，庾亮乃求外镇效力，出镇芜湖。

九月，石虎大破前赵兵。追至上邽，杀刘熙、刘胤及其王公卿校以下三千余人。又迁其九千余人至襄国；坑五千余人于洛阳；攻河西俘获数万。前赵灭亡。

本年，河南王吐延遇刺身亡，其子叶延立，自号其国为“吐谷浑”。

五年（庚寅，330）

二月，后赵石勒称大赵天王，行皇帝事。

五月，前凉张骏因前赵亡，复收河南地。

九月，石勒称皇帝。

六年（辛卯，331）

夏季，赵主石勒诏公卿以下每年举荐贤良方正。

九月，石勒以洛阳为南都。

七年（壬辰，332）

秋季，陶侃遣将复得襄阳。

八年（癸巳，333）

正月，石勒派使臣与晋修好。晋拒之。

五月，辽东慕容廆死。六月，廆子皝嗣。

七月，石勒死。子石弘继位，石虎专权。

十月，石生、石朗起兵讨伐石虎，兵败被杀。

同月，慕容皝兄弟内讧。其庶兄翰出奔段氏，弟仁举兵据辽东。

九年（甲午，334）

正月，仇池王杨难敌死，子毅立，遣使向晋称藩。

二月，辽西段氏攻慕容皝。

四月，石虎迁秦州三万余户至青、并二州。

同月，慕容仁自称平州刺史、辽东公。

六月，陶侃病死。

同月，成汉主李雄死。太子李班继位。

八月，晋下诏遣使祭慕容廆；拜慕容皝镇军大将军、平州刺史、大单于、辽东公。使者皆被慕容仁扣留。

十月，李雄之子李越谋杀李班，李期即皇帝位。

十一月，后赵石虎废主石弘，自称居摄赵天王。不久杀弘及太后程氏等。

咸康元年（乙未，335）

九月，石虎迁都至邺。

本年，前凉张骏被远近称之为贤君。西域诸国焉耆、于阗等朝贡。

二年（丙申，336）

正月，慕容皝讨伐慕容仁，擒杀之，平定辽东。

六月，辽西段辽约宇文逸豆归进攻慕容皝，大败。

七月，慕容皝再败段辽。

十二月，石虎大兴土木。是时后赵大旱。

岁末，范文自立为林邑王，遣使奉表入贡于晋。

三年（丁酉，337）

二月，石虎称大赵天王。

十月，慕容皝即燕王位。史称前燕。皝向石虎称藩。

本年，拓跋翳槐复代国。

四年（戊戌，338）

正月，慕容皝约会石虎，讨伐段辽。

三月，慕容皝设伏兵大破段辽军。

同月，石虎迁段国民二万余户至于司、雍、兖、豫四州。

四月，成汉王李寿废李期，即帝位，改国号为汉。

六月，晋以司徒王导为丞相，罢司徒官。

九月，成汉主李寿尽诛李雄诸子。

十月，代王拓跋翳槐死，十一月其弟什翼犍继为代王。

五年（己亥，339）

七月，晋丞相王导死。

六年（庚子，340）

正月，庾亮死。

三月，代王什翼犍始都云中之盛乐宫。

九月，后赵石虎征兵运粮，取民马，准备进攻前燕。

十月，燕王慕容皝率军袭后赵，掠三万余家而归。

七年（辛丑，341）

正月，慕容皝筑龙城。

三月，晋成帝册立慕容皝为燕王。

十月，匈奴刘虎攻代国西部，被代王什翼犍击败。

八年（壬寅，342）

六月，晋成帝死，弟琅邪王司马岳继位，是为康皇帝。

十月，燕王慕容皝迁都龙城。

十二月，后赵石虎在邺城大兴土木，百姓徭役繁重，贝丘人李弘遂聚众起事，被杀。

晋康皇帝司马岳

建元元年（癸卯，343）

二月，高句丽王钊称臣于燕王慕容皝。

七月，康帝下诏议经略中原。

八月，成汉主李寿死，子李势继位。

同月，石宣进击鲜卑斛谷提，斩首三万。

二年（甲辰，344）

正月，燕王慕容皝进攻宇文逸豆归，斩其猛将，逸豆归逃跑，死于漠北。宇文氏散亡。

九月，晋康帝死。皇太子司马聃继位，是为孝宗穆皇帝。皇太后褚氏临朝称制。

晋孝宗穆皇帝司马聃

永和元年（乙巳，345）

正月，后赵石虎发诸州二十六万人修洛阳宫；征调百姓二万头牛配朔州牧官；征民女三万余人配东宫及公侯。致使荆楚、扬、徐之民流叛将尽。

同月，燕王慕容皝悉罢苑囿给无田之民，极贫者给耕牛。

八月，晋以桓温为安西将军、都督荆司雍益梁宁六州诸军事、领护南蛮校尉、荆州刺史。

十二月，前凉张骏击焉耆，焉耆降。

本年，燕王慕容皝开始不用晋年号。

二年（丙午，346）

正月，燕攻拔夫余国，俘获其王玄及部落五万余人还。

五月，前凉王张骏死，子重华继位。

同月，后赵攻前凉张重华，迁其七千余户至雍州。前凉抵御后赵，斩赵军五千人。

三年（丁未，347）

三月，晋桓温灭成汉。

八月，后赵石虎悉掘前代陵墓，取其珍宝。又征男女十六万人，筑华林苑。

十月，武都氐王杨初向晋称藩，晋命其为使持节、征南将军、雍州刺史、仇池公。

四年（戊申，348）

九月，燕王慕容皝死。

十一月，慕容皝子慕容儁继位。

五年（己酉，349）

正月，后赵石虎称皇帝，改元太宁。

四月，晋拜慕容儁为幽平二州牧、大单于、燕王。

同月，后赵石虎死，子石世即位。

五月，石世兄石遵举兵杀世自立。石遵兄石冲不服起兵，败死。

六月，晋桓温得知后赵内乱，在安陆屯兵，遣将经营北方。

七月，晋征北大将军褚裒率军三万北伐，八月北伐失利。

九月，前凉张重华自为丞相、凉王、雍秦凉三州牧。

十一月，后赵武兴公石闵杀石遵，立义阳王石鉴。闵为大将军。

十二月，后赵石闵囚石鉴，诛胡、羯人，无论贵贱、男女、少长，斩之。

同月，燕王慕容儁遣使约前凉张重华共击后赵。

六年（庚戌，350）

正月，石闵改国号为“卫”，改姓李，改元青龙。国内大乱。

闰正月，卫李闵杀石鉴，并杀石虎二十八孙，尽灭石氏。自立为皇帝，改元永兴，国号大魏，史称冉魏。

同月，原后赵姚弋仲、蒲洪各有据关右之志。蒲洪击败弋仲，自称大都督、大将军、大单于、三秦王，改姓苻氏。

二月，燕王慕容儁分三路攻后赵。

三月，慕容儁攻拔蓟，迁都于此。

同月，魏主李闵复姓冉。

同月，后赵新兴王石祗在襄国即皇帝位。

八月，苻健自称晋征西大将军、都督关中诸军事、雍州刺史，入据关中。

十月，苻健入长安。

七年（辛亥，351）

正月，苻健即天王、大单于位，国号大秦，都长安。

二月，后赵石祗去皇帝号，称赵王，遣使向前燕及姚弋仲求援。

三月，石祗遣将攻冉闵，冉闵大败，与十余骑走还邺。

四月，石祗被部将刘显所杀，后赵灭亡。

七月，刘显在襄国称帝。

十一月，姚弋仲遣使向晋请降。晋以之为六夷大都督、大单于、高陵郡公。

八年（壬子，352）

正月，苻健称皇帝。

三月，姚弋仲死。子襄领其众，被前秦军击败，率众归晋。

四月，燕王慕容儁大败魏冉闵。

五月，前燕在龙城斩冉闵。

七月，前秦丞相苻雄徙陈、颍、许、洛之民五万余户至关中。

九月，晋殷浩北伐。

十一月，前燕慕容儁即皇帝位，都蓟。

九年（癸丑，353）

五月，前凉张重华攻秦上邽，前秦苻愿战败。

十月，晋殷浩北伐前秦。浩大败。

十一月，前凉张重华死，子曜灵立，称凉州刺史、西平公。

十二月，前凉张祚（张重华庶兄）废张曜灵，自为凉州牧。

十年（甲寅，354）

正月，张祚自称凉王。

二月，桓温分路北伐攻前秦。

四月，晋桓温与前秦在蓝田交战，前秦兵大败。随后，桓温与前秦丞相苻雄在白鹿原交战，失利，死万余人。

六月，桓温迁关中三千余户还至襄阳。

十一年（乙卯，355）

二月，前秦大蝗灾，百草无遗，牛马相啖毛。

六月，前秦苻健死，子苻生即位。

十二月，高句丽王钊向燕王慕容儁纳质献贡，请归其母。燕许之，并以钊为营州刺史，封乐浪公。

十二年（丙辰，356）

二月，前凉张玄靓向前秦称藩。

八月，桓温北伐，击败姚襄。

九月，桓温留将镇洛阳，返回建康。

十一月，燕将慕容恪围攻广固，段龛投降，掠定齐地。

升平元年（丁巳，357）

五月，前秦主苻生派将激襄出战。姚襄兵败被杀。

同月，匈奴单于贺赖头率部三万五千人归降前燕。燕人置之于代郡平舒城。

六月，苻坚杀苻生，去皇帝号，称大秦天王。以王猛为中书侍郎。

十一月，燕王慕容儁迁都至邺。

十二月，前秦苻坚以王猛代程卓为左丞官。坚又举异才，修废职，劝农桑，恤困穷，立学校，旌节义。

二年（戊午，358）

九月，前秦大旱，苻坚减膳撤乐，开山泽之利，息兵养民。

十二月，晋将荀羡北攻前燕，败还。

三年（己未，359）

六月，凉州牧张瓘，猜忌苛虐，与辅国将军宋混相攻，兵败自杀。宋混代为辅政，请张玄靓去凉王尊号，复称凉州牧。

八月，晋诸葛攸击前燕，诸葛攸兵大败于东阿。

十月，谢万等北击前燕，未战而兵溃，于是许昌、颍川、谯、沛诸城都被前燕攻占。

四年（庚申，360）

正月，燕王慕容儁死，子慕容暐即位。

八月，征西大将军桓温请谢安为司马。

十月，乌桓独孤部、鲜卑没奕干各率数万人降前秦。

五年（辛酉，361）

正月，匈奴刘卫辰掠民献给前秦，苻坚责之，使归所掠。卫辰叛前秦附于代。

五月，晋穆帝死，琅邪王司马丕继位，是为哀皇帝。

十二月，晋哀帝诏玄靓为凉州刺史、护羌校尉、西平公。

同月，苻坚命州郡举孝悌、廉直、文学、政事之士。

晋哀皇帝司马丕

隆和元年（壬戌，362）

正月，晋减田租。

二月，前燕派吕护进攻洛阳。

五月，桓温派将助守洛阳。桓温上疏请迁都洛阳。

同月，秦王苻坚亲临太学，考第诸生经义，与博士讲论。

兴宁元年（癸亥，363）

五月，晋诏加桓温侍中、大司马、录尚书事。

十月，代王什翼犍大破高车，俘获万余人，马牛羊百余万头。

二年（甲子，364）

二月，前燕攻掠河南。

三月，晋于庚戌日（初一）大阅户口，令所在土断（西北士民侨寓东南的，户口编入所在郡县），谓“庚戌制”。

四月，前燕击败晋军，攻陷许昌、汝南、陈郡，迁万余户至幽、冀二州。遣将屯许昌。

八月，前燕遣将屯兵盟津，准备攻取洛阳。

三年（乙丑，365）

二月，晋哀帝死。皇太后诏以琅邪王司马奕即位，是为废帝海西公。

三月，前燕攻克洛阳。

八月，秦王苻坚击降曹毂。燕将邓羌擒刘卫辰。

十月，梁州刺史司马勋叛晋，自称成都王。

晋废帝海西公司马奕

太和元年（丙寅，366）

五月，司马勋败死。

同月，代王什翼犍向前秦进贡。

十月，晋加司徒司马昱丞相、录尚书事。

二年（丁卯，367）

四月，李俨被前凉击败。王猛等救之，大破凉军。

五月，前燕太原王慕容恪死。

七月，燕将攻破敕勒，获马牛数万头。

十月，前秦苻氏晋公柳等举兵反苻坚。

同月，代王什翼犍击败匈奴刘卫辰。

三年（戊辰，368）

正月，苻坚遣将分讨晋公苻柳等。

九月，前燕王公、贵戚多占民为荫户。

十二月，晋诏加桓温殊礼，位在诸侯王上。

四年（己巳，369）

四月，桓温率军五万北伐前燕。

七月，桓温至枋头，前燕拒温。

九月，桓温数战不利，于是退军，被击大败。

十月，袁真据寿春反晋降前燕。

十一月，燕将慕容垂投奔前秦苻坚。

同月，苻坚派王猛等率军三万前燕。

五年（庚午，370）

四月，苻坚以王猛、杨安等十将征伐前燕。

十一月，苻坚亲率精锐赴邺。俘燕王慕容暐。前燕灭亡。

同月，苻坚以王猛为都督关东六州诸军事、车骑大将军、冀州牧，镇邺，进爵清河郡侯。

十二月，苻坚迁慕容暐以下并鲜卑四万余户至长安。

晋太宗简文皇帝司马昱

咸安元年（辛未，371）

正月，前秦苻坚迁关东豪杰及杂夷十五万户至关中。

四月，王猛在枹罕击败张天锡，张天锡称藩。

十一月，桓温废晋帝为东海王，以丞相、会稽王司马昱为帝，是为太宗简文帝。

二年（壬申，372）

三月，秦王苻坚诏令关东之民选送通一经一艺者；官百石以上，不通一经一艺者，罢为民。

六月，前秦以王猛为丞相、中书监、尚书令。

七月，晋简文帝死。群臣朝议立太子昌明为帝，是为烈宗孝武皇帝。

晋烈宗孝武皇帝司马曜

宁康元年（癸酉，373）

七月，晋南郡公桓温死。

冬季，秦王苻坚派遣部将攻取晋梁、益二州。邛、莋、夜郎皆归附前秦。

二年（甲戌，374）

二月，晋以王坦之为都督，出镇广陵，诏谢安总中书。

三年（乙亥，375）

七月，王猛死。

十月，苻坚诏禁老、庄、图谶之学，犯者弃市。使太子、公卿百官子弟及将士皆就学受业。

太元元年（丙子，376）

八月，前凉张天锡拒前秦，败，请降。前凉亡。前秦尽据凉州郡县。

九月，晋除度田收租制，王公以下，每人税米三斛，免除劳役。

十月，前秦派大军三十万击代。

十二月，代王什翼犍被杀。其孙拓跋珪与母投奔贺讷（贺兰部酋长贺野干之子）。代亡。

二年（丁丑，377）

春季，高句丽、新罗、西南夷皆遣使向前秦进贡。

同季，晋朱序镇守襄阳。

十月，晋诏求文武良将。谢玄应诏，在京口招募勇士时称“北府兵”（晋人称京口为北府）。

三年（戊寅，378）

二月，秦王苻坚遣苻丕等攻襄阳。

四月，晋梁州刺史朱序固守中城。

四年（己卯，379）

二月，苻丕攻占襄阳，掳晋将。

三月，晋皇亲百官俸禄减半。

五月，前秦兵向南进犯，离广陵百里。

六月，晋将谢玄连败前秦兵，解三阿之围，收复盱眙等地。

五年（庚辰，380）

三月，前秦苻洛反，苻坚派窦冲等征讨。

五月，窦冲生擒苻洛。

六年（辛巳，381）

正月，晋帝在殿内立精舍，使诸沙门居住。

二月，东夷、西域六十二国向前秦进贡。

十二月，前秦进犯竟陵，晋将桓石虔等大破之。

七年（壬午，382）

五月，幽州蝗灾。

九月，车师前王、鄯善王入朝前秦。苻坚命吕光等进伐西域。

十月，苻坚会群臣，议攻晋，皆谓晋未可图，坚不听。

八年（癸未，383）

五月，晋伐前秦，攻襄阳；攻蜀，陷五城。

七月，晋在武当击败前秦军。

八月，苻坚派苻融等率步骑二十五万为前锋，苻坚亲率六十余万步兵、二十七万骑兵攻晋。

九月，晋派谢石、谢玄等率军八万抗前秦。

十月，苻坚使朱序劝降谢玄。

十一月，晋秦淝水之战。晋军大败前秦，前秦军败逃，风声鹤唳，死者遍野。苻融被杀。苻坚逃回洛阳。

同月，前秦慕容垂请奉诏书镇慰北鄙边民。苻坚许之。

十二月，晋初开酒禁，增民税米，每人五石。

九年（甲申，384）

正月，慕容垂反前秦，在荥阳自称大将军、大都督、燕王。史称后燕。

二月，燕王垂率丁零、乌桓众二十余万以飞梯地道攻邺，不克。

三月，前秦北地长史慕容泓据华阴，自称雍州牧、济北王。

四月，苻坚派姚苌征讨慕容泓，苌兵败至渭北，被推为盟主。姚苌自称万年秦王。史称后秦。

同月，慕容泓进向长安，改元燕兴。史称西燕。

七月，前秦吕光击败龟兹，西域三十余国归降吕光。

九月，晋谢玄遣将攻据前秦鄄城，河南城堡都来归附。

十二月，慕容暐暗中与长安鲜卑慕容氏谋杀秦王苻坚。事泄，暐及其宗族、长安城中鲜卑人不论男女老少一律被杀。

十年（乙酉，385）

正月，西燕慕容冲在阿房即皇帝位。

三月，前秦吕光用骆驼二万余头载外国珍宝奇玩，驱骏马万余匹从龟兹还师。

四月，后燕、前秦攻战经年，幽州、冀州大饥荒，人相食。

同月，后秦王姚苌坑杀新平太守苟辅等及男女五千人。

五月，西燕主慕容冲攻长安，苻坚出奔五将山。

七月，姚苌部将吴忠擒获苻坚，送至新平。

八月，晋谢安死。

同月，后秦王姚苌缢杀秦王苻坚，苌谥坚为“壮烈天王”。

九月，吕光还至姑臧，自立为凉州刺史。

同月，乞伏国仁自称大单于，领秦、河二州牧，筑勇士城为都。史称西秦。

十二月，后燕慕容垂定都中山。

十一年（丙戌，386）

正月，拓跋珪在牛川即代王位。

同月，后燕王慕容垂称皇帝。

二月，西燕左将军韩延杀慕容冲，立冲将段随为燕王。

同月，代王拓跋珪迁都至盛乐。

四月，代王拓跋珪改称魏王，国号魏。史称北魏。

同月，后秦姚苌在长安即皇帝位，国号大秦。

六月，西燕向后燕慕容垂称藩。

十月，西燕慕容永在长子即皇帝位。

十二月，吕光自称凉州牧、酒泉公，都姑臧。后凉始于此。

十二年（丁亥，387）

正月，后秦姚苌迁秦州豪强三万户至安定。

八月，后燕慕容垂立刘显弟可泥为乌桓王。

十二月，凉州大饥荒，人相食。

十三年（戊子，388）

六月，苑川王乞伏国仁死。弟乾归被推为大单于、河南王。

九月，河南王乞伏乾归迁都金城。

十四年（己丑，389）

正月，前秦苻登以河南王乞伏乾归为金城王。

二月，后凉吕光自称三河王。

同月，魏王拓跋珪大败吐突邻部，尽迁其部落还。

五月，金城王乞伏乾归大败侯年部。

八月，姚苌击败苻登。

十五年（庚寅，390）

正月，西燕慕容永进攻洛阳，被击败。

四月，前秦魏揭飞自称冲天王，率胡、氐攻后秦杏城，被斩。

同月，魏王拓跋珪联合后燕击败贺兰等三部。纥突邻、纥奚降魏。

本年，吐谷浑视连死，子视罴立，督励将士，欲建功业。

十六年（辛卯，391）

二月，后燕慕容垂遣将攻贺兰部的贺染干及贺讷。

六月，后燕将擒获贺讷，迁贺染干部至中山。

七月，北魏与后燕绝交。

十月，拓跋珪因柔然不归附，击降之，迁其部众于云中。

十一月，匈奴刘卫辰遣子攻北魏，被拓跋珪击败。卫辰被杀。

十二月，拓跋珪杀刘卫辰宗党五千余人，自黄河以南匈奴诸部皆降北魏。

十七年（壬辰，392）

六月，后燕慕容垂击败翟钊。

八月，后凉吕光遣将攻金城王乞伏乾归，大败。

十二月，前秦休官（少数民族部落名）权千成占据显亲，自称秦州牧。

十八年（癸巳，393）

正月，权千成降金城王乞伏乾归。

六月，前秦窦冲自称秦王。

八月，洛阳氐帅杨佛嵩叛晋，归附后秦。

十一月，后燕慕容垂征发七万军队进攻西燕。

十二月，后秦姚苌死，太子姚兴自称大将军。

十九年（甲午，394）

春季，前秦苻登大举进攻后秦。

夏季，苻登被击败入马毛山。

五月，后燕慕容垂大破西燕慕容永军。

同月，后秦姚兴即皇帝位。

七月，后秦姚兴与前秦苻登战，苻登战败被杀。

同月，吕光以子吕覆为都督玉门以西诸军事、西域大都护，镇守高昌。

八月，后燕兵破城杀慕容永。西燕亡。

十月，乞伏乾归杀杨定、苻崇。前秦亡。

十二月，乞伏乾归自称秦王。史称西秦。

二十年（乙未，395）

三月，晋朋党竞起。

五月，后燕慕容垂派太子慕容宝等率军伐北魏。

六月，西秦王乞伏乾归迁至西城。

十一月，魏王拓跋珪在参合陂大破后燕军。

二十一年（丙申，396）

四月，后燕慕容垂死。

六月，魏王拓跋珪遣将击斩后燕广宁太守，迁其部落至平城。

四月，后燕定士族旧籍，校阅户口，使军营封荫之户全归入郡县。

同月，吕光即天王位，国号大凉。

七月，魏王拓跋珪称尊号，始建天子旌旗。

九月，北魏军临晋阳，大破后燕，夺取并州。

同月，晋孝武帝死，太子司马德宗继位，是为安皇帝。

十月，魏王拓跋珪进军中山，常山以东诸郡县皆附于北魏。

十二月，晋封仇池杨盛为仇池公。

晋安皇帝司马德宗

隆安元年（丁酉，397）

正月，后燕击败北魏围邺城的军队。

同月，秃发乌孤自称西平王，建都西平，史称南凉。

四月，后凉吕光杀匈奴沮渠罗仇，罗仇弟子蒙逊起兵，攻陷凉州临松郡，屯据金山。

五月，魏王拓跋珪撤中山之围。后燕慕容详即皇帝位。

同月，沮渠蒙逊从兄男成推后凉建康太守段业为凉州牧。史称北凉。

十月，北魏军大破慕容麟，攻克中山。

二年（戊戌，398）

正月，慕容德据滑台称燕王。史称南燕。

同月，魏王拓跋珪将北归，征发士卒万人凿直道；又迁山东六州吏民杂夷十余万人以实代。

七月，魏王拓跋珪迁都至平城。

九月，刘牢之代王恭都督兖、青、冀、幽、并、徐、扬州晋陵诸军事。

十月，后燕慕容盛即皇帝位。

十二月，魏王拓跋珪即皇帝位。令朝野皆束发加帽。

三年（己亥，399）

二月，北魏军大破高车三十余部。

同月，段业即北凉王位。

三月，北魏置五经博士，增国子太学生员共三千人，命郡县大索书籍，皆至平城。

七月，后秦攻晋洛阳。

同月，南凉武威王秃发乌孤死。

同月，南燕慕容德进据广固为都，徐、兖、青州之民归附甚众。

十月，晋孙恩起义。

十二月，晋军击败孙恩。孙恩又逃入海岛。

同月，后凉王吕光自号太上皇帝，立太子吕绍为天王。吕光死，子吕纂攻绍，绍自杀。吕纂即天王位。

四年（庚子，400）

正月，后燕慕容盛自贬称为庶人天王。

同月，西秦王乞伏乾归迁都苑川。

五月，孙恩攻会稽。

七月，乞伏乾归与后秦姚兴战，大败。八月，投降后秦。

十一月，晋刘牢之击孙恩。孙恩逃入海。

同月，李暠自称凉公，都敦煌。史称西凉。

本年，南燕慕容德在广固即皇帝位，改元建平。

五年（辛丑，401）

二月，孙恩第三次登陆，被刘牢之击走入海。

同月，后凉将吕超杀吕纂，拥吕隆为天王。

四月，北凉王段业杀沮渠男成，其弟沮渠蒙逊举兵反。

五月，沮渠蒙逊至张掖，斩段业。

六月，孙恩攻至丹徒，被刘裕击败。孙恩复入海。

八月，后燕王慕容盛被段玑等所杀。太后丁氏拥慕容熙称天王，改元光始。杀段玑三族。

九月，后凉吕隆遣使降后秦。

十二月，南凉秃发利鹿孤派傉檀攻吕隆。

元兴元年（壬寅，402）

正月，晋下诏讨桓玄，桓玄举兵东下。

三月，桓玄入京师，总揽朝政。废会稽王司马道子，杀司马元显等。

同月，孙恩攻临海，兵败，投海死。余众推其妹夫卢循为主，桓玄以循为永嘉太守。

同月，河西王秃发利鹿孤死，弟傉檀立，迁都乐都，改元弘昌。

四月，三吴大饥荒。

五月，卢循反晋，被刘裕击败。

十二月，晋桓玄杀司马道子。

二年（癸卯，403）

八月，后秦齐难迁吕隆宗族、僚属及民万户至长安。后凉灭亡。

九月，桓玄为相国、楚王，加九锡。

十二月，桓玄即皇帝位，废晋安帝为平固王，迁至寻阳。

本年，北魏拓跋珪始命有司制冠服。

三年（甲辰，404）

二月，晋益州刺史毛璩传檄远近，罗列桓玄罪状，率军屯白帝以讨桓玄。

同月，刘裕等举兵征讨桓玄，进军京师。

三月，刘裕攻入建康。

同月，北魏诏罢不满百户县。

五月，桓玄挟安帝至江陵。至枚回洲，被益州督护冯迁所杀。

闰五月，桓玄余党桓振在江陵劫晋安帝。

九月，魏改革官制。

十月，卢循攻陷广州。

十一月，北魏命宗室置宗师，以辨宗党，品举人才，如魏、晋中正之职。

义熙元年（乙巳，405）

正月，刘毅击败桓振，进入江陵。

同月，后秦王姚兴以鸠摩罗什为国师，又命鸠摩罗什翻译西域《经》《论》三百余卷。佛教大盛。

二月，晋安帝返回建康。

三月，桓振袭击江陵，被击斩。

四月，刘裕都督荆、司等十六州诸军事。

七月，仇池杨盛向后秦请降。

同月，后秦以南乡等十二郡归晋。

十月，西凉李暠迁都酒泉。

二年（丙午，406）

正月，北魏诸州设立三刺史，郡设立三太守，县设立三令长。

三年（丁未，407）

闰二月，刘裕杀殷仲文，夷其族。

四月，仇池氐王杨盛复与晋通。

六月，匈奴人赫连勃勃自称大夏天王，国号夏。史称胡夏、大夏。

七月，后燕冯跋推慕容云为天王，云杀慕容熙。后燕亡。北燕始。

本年，西凉李暠派沙门法泉奉表至建康。

四年（戊申，408）

正月，刘裕录尚书事。

七月，后秦攻大夏，被击败。

十一月，南凉秃发傉檀复称凉王。

五年（己酉，409）

三月，晋刘裕请伐南燕。

四月，夏王赫连勃勃掠后秦平凉七千余户。

六月，刘裕遣将偷袭临朐。

七月，乞伏乾归复国称秦王。

九月，后秦姚兴率军攻夏王赫连勃勃，败还。

十月，北燕王高云被离班、桃仁所杀。冯跋杀班、仁，在昌黎即天王位。

同月，北魏拓跋珪被其子清河王绍所杀。珪子齐王嗣杀绍即位。

六年（庚戌，410）

二月，刘裕攻陷广固城，南燕亡。

三月，秃发傉檀攻沮渠蒙逊，大败。迁于乐都。

五月，卢循进抵淮口，被刘裕力战击败。

同月，北魏击柔然，可汗社仑弟郁久闾斛律立，称蔼苦盖可汗。

八月，沮渠蒙逊征伐李暠，与暠结盟而还。

九月，乞伏乾归攻克后秦略阳等郡。

十二月，卢循、徐道覆与刘裕交战。循兵大败，径还番禺。

七年（辛亥，411）

正月，乞伏乾归复向后秦请降，拜为河南王。

四月，卢循败奔交州龙编，被交州刺史杜慧度击败，投水而死。

八月，乞伏乾归击败南凉秃发傉檀，掠牛马十余万。

同月，沮渠蒙逊攻打西凉李暠，大败。

八年（壬子，412）

六月，乞伏公府杀乞伏乾归。

七月，乾归长子炽磐杀公府。

八月，炽磐自称河南王。

同月，沮渠蒙逊即河西王位。

十二月，晋太尉刘裕派朱龄石伐蜀谯纵。

九年（癸丑，413）

三月，刘裕杀诸葛长民及其弟。

同月，刘裕请行桓温“庚戌”土断制度。

同月，赫连勃勃在朔方水北、黑水之南筑统万城。

七月，朱龄石入成都，谯纵自缢而死。

十年（甲寅，414）

五月，秃发傉檀大破乙弗等部，乞伏炽磐乘虚攻陷乐都。

六月，南凉王秃发傉檀向西秦投降。南凉灭亡。

十一月，北魏拓跋嗣派使者巡行诸州，审核守宰资财，非其家资，皆登记为赃物。

十二月，柔然可汗大檀侵北魏。

十一年（乙卯，415）

正月，刘裕征讨司马休之。

三月，赫连勃勃攻陷后秦杏城，活埋士卒二万人。

同月，沮渠蒙逊攻陷西秦广武郡。

五月，司马休之奔后秦。

同月，晋诏加刘裕剑履上殿，入朝不趋，赞拜不名。

同月，赫连勃勃与沮渠蒙逊结盟。

十二年（丙辰，416）

二月，乞伏炽磐与沮渠蒙逊结亲。

同月，后秦姚兴死，太子姚泓继位。

同月，仇池氐王杨盛与夏王赫连勃勃相继进攻后秦。

八月，刘裕率水陆大军讨伐后秦。

十月，晋兵入洛阳。

十二月，晋诏以刘裕为相国，封十郡，备九锡之礼，位在诸侯王上。

十三年（丁巳，417）

二月，西凉李暠死，子李歆立。

四月，刘裕败北魏军于黄河上。

同月，沮渠蒙逊攻李歆，大破之，斩首七千余级。

五月，北魏置天地四方六部大人。

八月，晋将王镇恶入长安，姚泓等请降。

九月，刘裕入长安。送姚泓至建康，斩于市。后秦亡。

十一月，刘裕东还。

十四年（戊午，418）

三月，晋遣使问候北魏。

六月，刘裕始受相国、宋公、九锡之命。

九月，魏命诸州调整民租，每户五十石。

十月，晋封西凉李歆为酒泉公。

同月，留守长安的晋兵大乱。夏王赫连勃勃乘机进据咸阳。

十一月，朱龄石弃长安，奔潼关。

同月，夏王赫连勃勃至长安，即皇帝位。

十二月，刘裕缢杀晋安帝，奉安帝弟琅邪王司马德文继位，是为恭皇帝。

晋恭皇帝司马德文

元熙元年（己未，419）

二月，夏主赫连勃勃返回统万城。

同月，晋宗室司马顺明等及平阳太守薛辩降魏。

四月，西秦征西将军乞伏孔子率骑兵五千在弱水大败吐谷浑觅地。觅地投降。

七月，刘裕进爵为宋王。

宋高祖武皇帝刘裕

永初元年（庚申，420）

正月，西秦王乞伏炽磐立子乞伏暮末为太子，改元建弘。

五月，北魏杀晋宗室降魏而又谋反者，平城豪杰坐诛者数十人。

六月，刘裕即皇帝位，定都建康，改元永初。国号宋，史称刘宋。废晋恭帝为零陵王，东晋亡。

七月，李歆攻沮渠蒙逊，兵败被杀。蒙逊入酒泉。

冬季，李歆弟李恂入敦煌，为凉州刺史。

二年（辛酉，421）

正月，沮渠蒙逊率军二万进攻敦煌李恂。

三月，沮渠蒙逊攻陷敦煌，李恂自杀。西凉亡。

九月，宋帝使人杀零陵王（晋恭帝）。

十月，宋诏蒙逊为凉州刺史。

三年（壬戌，422）

正月，西秦乞伏孔子等大破契汗秃真。

三月，秦、雍流民入梁州，宋派使者送一万匹绢，以荆、雍谷米赈济。

四月，诏封仇池公杨盛为武都王。

五月，宋武帝刘裕死。太子刘义符即皇帝位，是为少帝。

九月，北魏大发兵攻宋。

十一月，北魏攻陷滑台。

十二月，宋沿河诸郡多被北魏占据。

宋营阳王刘义符

景平元年（癸亥，423）

正月，北魏攻陷宋金墉城。

闰四月，北魏攻虎牢，城陷。北魏占据司州全部，兖、豫诸郡县。

十一月，北魏攻许昌、汝阳，宋军败退。

同月，北魏明元帝拓跋嗣死，子拓跋焘立，是为世祖太武皇帝。

同月，北魏太武帝崇奉道士寇谦之，在平城起天师道场，道教盛行。

宋太祖文皇帝刘义隆

元嘉元年（甲子，424）

五月，宋徐羡之等废少帝为营阳王。

六月，徐羡之使人杀少帝；从江陵迎宜都王刘义隆。

八月，宜都王刘义隆至建康，即皇帝位，是为太祖文皇帝，改元元嘉。

十月，吐谷浑王阿柴死，弟慕璝继位。

二年（乙丑，425）

四月，北魏遣使与宋通好。

七月，西秦大破黑水羌。

八月，夏主赫连勃勃死，太子昌即皇帝位。

十月，北魏分五路攻柔然。

三年（丙寅，426）

正月，宋文帝杀徐羡之、傅亮等。谢晦以除君侧之恶为名，在江陵起兵。

二月，谢晦被击败，送建康斩首。

九月，大旱，蝗灾。

十一月，夏接连攻陷西秦数城，大杀掠。

同月，北魏袭击夏都统万城，夏战败，魏掠牛马十余万，迁其民万余户还。

十二月，北魏兵入夏长安，秦、雍氐羌降魏；北凉沮渠蒙逊与氐王杨玄皆附北魏。

四年（丁卯，427）

六月，北魏乘虚攻夏都统万。夏兵大败。夏主奔上邽。北魏军攻入统万。

八月，西秦王乞伏炽磐向魏入贡。

十一月，北魏以仇池王杨玄为南秦王。

五年（戊辰，428）

二月，北魏攻夏主于上邽，夏主退屯平凉。

同月，夏主赫连昌攻魏被擒，其弟赫连定还平凉，即皇帝位。

三月，北魏攻夏战败。夏复取长安。

五月，西秦王乞伏炽磐死，太子乞伏暮末即位。

十月，宋攻北魏济阳、陈留。

本年，师子国王刹利摩诃及天竺迦毗黎王月爱派使节向宋贡献。

六年（己巳，429）

正月，沮渠蒙逊攻陷西秦西平。

四月，北魏崔浩等撰成《国书》三十卷。

五月，北魏攻柔然，柔然可汗西逃，部落四散。北魏军俘斩甚众。

七月，柔然纥升盖可汗死。子吴提立，称敕连可汗。

同月，仇池氐王杨玄死，其子保宗立。其弟难当废保宗，自称秦州刺史、武都王。

八月，北魏击降高车数十万落，获马牛羊百余万。

十二月，北凉沮渠蒙逊、吐谷浑王慕容慕璝派使节向宋进贡。

七年（庚午，430）

三月，宋文帝有恢复河南之志，派数路舟师步骑进发。北魏集结兵力于河上进行防备。

九月，北燕王冯跋死，弟冯弘即天王位，杀冯跋子一百余人。

十月，宋立钱署，铸四铢钱。

同月，北魏攻陷宋洛阳、虎牢。

同月，西秦乞伏暮末率一万五千户入北魏，其故地皆入吐谷浑。

十一月，宋派檀道济率众伐北魏。

八年（辛未，431）

正月，夏主赫连定击败西秦乞伏暮末，西秦亡。

二月，宋将檀道济军至历城，粮尽，引还。

六月，夏主杀乞伏暮末及其宗族五百人。

同月，吐谷浑王慕容慕璝击败夏，执夏主赫连定归。夏亡。

八月，沮渠蒙逊以子入质于北魏。

九月，北魏以沮渠蒙逊为凉州牧、凉王。

十月，北魏命崔浩更定律令。

九年（壬申，432）

五月，宋帝派使者访问北魏。

七月，宋益州刺史垄断铁器，致使商人失业。流民许穆之等继而起事，涪陵、江阳、遂宁诸郡守弃城逃跑。

十年（癸酉，433）

正月，北魏轻徭薄赋，关中安定。

二月，北魏遣使至宋，为太子晃求婚。

四月，北凉沮渠蒙逊死。子牧犍继河西王位。

九月，北魏以氐王杨难当为南秦王。

十一月，杨难当攻宋，据汉中地。

十二月，北魏派使者访宋。

十一年（甲戌，434）

二月，北魏与柔然和亲。

闰三月，宋全部收复汉中故地。

十二年（乙亥，435）

正月，北燕派使者向宋称藩进贡。宋封冯弘为燕王。

三月，北燕向北魏进贡。

四月，北燕至宋求援。

五月，龟兹、疏勒、乌孙、焉耆、悦般、渴槃陁、鄯善、车师、粟特九国向北魏进贡。

六月，高句丽王琏遣使向北魏进贡。

同月，宋扬州诸郡大水。

十一月，北魏屡伐北燕，北燕王冯弘密派使者向高丽求援。

十三年（丙子，436）

三月，宋司徒刘义康矫诏斩檀道济。

同月，氐王杨难当自称大秦王。

五月，北燕王冯弘逃往高丽。北燕亡。

本年，宋诏太史令钱乐之更铸浑仪。

十四年（丁丑，437）

四月，赵广等归降。益州平定。

九月，北魏封吐谷浑王慕容慕利延为西平王。

十一月，北魏派使出使西域，招抚九国。西域十六国从此每年朝贡不绝。

本年，北凉派使者向宋献杂书及《甲寅元历》，并求杂书。

十五年（戊寅，438）

二月，宋以吐谷浑王慕容慕利延为陇西王。

三月，高丽王遣将杀北燕王冯弘。至高丽迎冯弘的刘宋将王白驹等擅杀高丽将使，高丽王以专杀罪执王白驹送刘宋。

十六年（己卯，439）

三月，北魏攻宋上洛。

同月，仇池氐杨保宗率人奔北魏，封武都王。

九月，北魏军至姑臧，沮渠牧犍降。北凉亡。

是岁，北魏主以儒学诱导王公子弟；命崔浩修国史。

十七年（庚辰，440）

二月，北魏遣使访刘宋。

本年，氐王杨难当去大秦王称号，复称武都王。

十八年（辛巳，441）

正月，北魏以沮渠无讳为酒泉王。

八月，北魏遣使访宋。

十一月，北魏将攻陷酒泉，沮渠无讳败逃。

十九年（壬午，442）

正月，魏帝至道坛受符箓，从此成为定制。

六月，沮渠无讳据鄯善，鄯善王奔且末。李宝从伊吾入敦煌。

五月，宋平定仇池。杨难当奔北魏。

七月，北魏分路攻宋。

九月，沮渠无讳屠高昌城。阚爽奔柔然。沮渠无讳遣使至宋。宋诏沮渠无讳为凉州刺史、河西王。

十月，柔然派使至建康。

十二月，宋诏鲁郡修孔子庙及学舍。

同月，李宝向北魏称藩，北魏以其为沙州牧、敦煌公。

二十年（癸未，443）

二月，北魏屡败宋军。

四月，杨文德进围仇池，自号仇池公。

五月，北魏打败杨文德，杨文德向宋求援。

七月，宋文帝诏以杨文德为北秦州刺史、武都王。

九月，北魏兵发四路进攻柔然，无功而还。

十一月，宋助杨文德攻北魏，宋将姜道盛兵败而死。

二十一年（甲申，444）

正月，北魏太子拓跋晃劝民稼穑，垦田大增。

同月，北魏严禁私养沙门、巫觋。

同月，北魏禁止私立学校。

六月，沮渠无讳死，弟安周代立。

八月，北魏遣使访宋。

九月，宋以沮渠安周为凉州刺史、河西王。

同月，柔然敕连可汗死，子处罗可汗立。

本年，李宝向北魏朝贡，被留。

二十二年（乙酉，445）

正月，北魏遣使访宋。

七月，宋击败缘沔诸蛮，获十万余人。迁一万余人至建康。

八月，吐谷浑王慕利延被北魏军所逼，西入于阗，杀其王，据其地。

九月，卢水胡盖吴聚众反北魏，自号天台王。

十二月，范晔被杀。

二十三年（丙戌，446）

二月，盖吴向宋求援。宋以盖吴为雍州刺史、北地公，派兵声援。

同月，北魏武帝灭佛，尽斩长安沙门，焚毁经像，让各地效法。

五月，盖吴收兵屯杏城，自号秦地王。

八月，北魏军击败盖吴，盖吴被杀。

二十四年（丁亥，447）

三月，北魏迁定州丁零三千家至平城。

六月，宋制大钱，一当两。

二十五年（戊子，448）

正月，氐王杨文德叛北魏，被击败。弃城奔宋汉中。

二月，北魏杀潞县叛民二千余家，迁离石民五千余家至平城。

五月，宋停止使用当两大钱。

十二月，北魏进攻龟兹，西域平定。

二十六年（己丑，449）

三月，宋募民数千家充实京口。

九月，北魏攻伐柔然，获胜。从此柔然衰弱。

十二月，宋沔北诸山蛮攻雍州，被宋建威将军沈庆之等击败。

二十七年（庚寅，450）

正月，宋沈庆之屡破雍州蛮；大羊蛮粮尽请降，庆之迁其至建康为营户。

二月，北魏武帝攻宋，连下郡县。

三月，因与北魏交战，宋减内外百官三分之一俸禄。

六月，北魏武帝以“暴扬国恶”的罪名诛杀崔浩。

七月，宋分数路攻北魏。

十月，北魏武帝亲率大军御宋。

十二月，北魏武帝直趋瓜步，声言渡江。宋帝从采石至暨阳，陈舰列营。

二十八年（辛卯，451）

正月，北魏从瓜步北还。围盱眙，不克。

三月，北魏移徙五万余家宋降民分置于平城近畿。

二十九年（壬辰，452）

正月，北魏中山的宋民起事，皆被杀。

二月，北魏中常侍宗爱弑北魏武帝，立南安王拓跋余；以宗爱为大司马、大将军、太师、都督中外诸军事。

七月，吐谷浑王慕利延死，拾寅立，请命于宋、北魏。宋封其为河南王，北魏封其为西平王。

十月，宗爱杀北魏帝拓跋余。殿中尚书源贺等立皇孙拓跋濬，是为高宗文成皇帝。杀宗爱等，夷三族。

十二月，北魏驰佛教之禁。

本年，北魏废《景初历》，改行《玄始历》。

三十年（癸巳，453）

二月，宋太子刘劭杀其父宋文帝自立。

三月，宋武陵王刘骏率部讨劭，州郡响应。

四月，刘骏至新亭即皇帝位，是为世祖孝武皇帝。

五月，刘骏等进入建康，杀刘劭等。

宋世祖孝武皇帝刘骏

孝建元年（甲午，454）

正月，宋铸孝建四铢钱。

二月，宋南郡王刘义宣等举兵反。

六月，刘义宣等皆败死。

二年（乙未，455）

八月，宋祭祀郊庙，初设备乐。

十月，宋武帝使有司制定削弱王侯车服、器用、乐舞的制度。

大明元年（丁酉，457）

二月，北魏进攻宋兖州。

七月，宋实行土断制。取消侨置郡县。并雍州三郡十六县为一郡。

二年（戊戌，458）

正月，北魏令禁酒。

同月，北魏增设内外候官，察百官过失。

六月，宋于吏部置尚书二人，以分其权。

十月，北魏攻宋清口，战败。

十一月，北魏攻宋青州，被氐人辅国将军焦度击败。

三年（己亥，459）

四月，宋竟陵王刘诞据广陵对抗朝廷，沈庆之奉命征讨。

七月，沈庆之攻克广陵，杀刘诞三千余人，以女子赏军。

四年（庚子，460）

正月，北魏派冯阐访宋。

三月，北魏攻宋北阴平，被击败。

七月，宋遣使访北魏。

十月，宋讨伐沿长江一带诸蛮。

十一月，北魏卢度世等访宋。

本年，柔然攻高昌，杀沮渠安周，灭沮渠氏，以阚伯周为高昌王。高昌称王始于此。

五年（辛丑，461）

三月，宋派使者访北魏。

同月，北魏征发并、肆州民五千人修治河西猎道。

十月，北魏游明根等访宋。

六年（壬寅，462）

正月，宋孝武帝在中堂策问秀才、孝廉。

二月，宋恢复百官原额俸禄。

九月，宋规定沙门致敬人主。

十月，北魏游明根等第二次访宋。

同月，南徐州从事史祖冲之制定新历法，不果施行。

七年（癸卯，463）

十月，北魏游明根等第三次访宋。

八年（甲辰，464）

闰五月，宋孝武帝死。太子刘子业继位，是为前废帝。

七月，柔然处罗可汗死，子予成立，号为受罗部真可汗；攻北魏，败还。

同月，宋罢孝建以来所改制度，一切恢复元嘉旧制。

本年，宋境内共有二十二州，二百七十四郡，一千二百九十九县，九十四万多户。

本年，宋东方诸郡（指三吴及浙江东部五郡），连年旱饥，饿死者十之六七。

宋太宗明皇帝刘彧

泰始元年（乙巳，465）

二月，宋铸二铢钱。

五月，北魏文成皇帝拓跋濬死，太子拓跋弘即皇帝位，是为献文帝。乙浑专权。

同月，北魏开酒禁。

同月，宋尚书令柳元景等谋立江夏王刘义恭。事发，皆被杀。

同月，宋废帝为其姊山阴公主置面首三十人。

十二月，宋湘东王刘彧弑前废帝，即皇帝位，是为太宗明皇帝。

二年（丙午，466）

正月，宋晋安王刘子勋在寻阳即皇帝位。徐州刺史薛安都、冀州刺史崔道固等皆起兵响应。朝廷所保，只有丹阳、淮南等数郡。

二月，北魏冯太后临朝称制。

三月，宋停止用新铸钱（元嘉四铢、孝建四铢），专用古钱。

八月，宋将沈攸之诸军至寻阳，斩晋安王刘子勋。

九月，北魏立郡学，置博士、助教、生员。

十月，宋明帝赐宋孝武帝余子死。

三年（丁未，467）

正月，北魏将与薛安都击败宋将沈攸之等。于是淮北四州（青、徐、冀、兖）及豫州淮西（新蔡、谯、梁、陈、南顿、颍川、汝南、汝阴诸郡）地，被北魏所据。

三月，北魏攻宋青州，连拔四城。

八月，北魏造大佛像，高四十三尺，用铜十万斤，黄金六百斤。

同月，宋将沈攸之败还，弃军资器械以万计，下邳等地被北魏据有。

四年（戊申，468）

正月，北魏攻宋武津、义阳，被宋击败。宋东徐州、东兖州等地守将皆降北魏。

四月，宋减郡县田租之半。

同月，宋在许昌击败北魏军。

五年（己酉，469）

正月，北魏攻陷东阳。于是青、冀二州被北魏据有。

二月，北魏免除上中下三品九等交租法及十五种杂调。

三月，北魏攻宋汝阴，被击败。

五月，北魏迁青、齐民至平城，立平齐郡使居住。

同月，北魏依沙门统（僧官）昙曜奏，以民与奴分别为僧祇（大众）户和佛图户。

十一月，北魏遣使至宋修好和亲。自此每年互通信使。

六年（庚戌，470）

四月，北魏击败吐谷浑王拾寅。

九月，宋立总明观，置祭酒一人，儒、玄、文、史学士各十人。

同月，北魏击败柔然。

七年（辛亥，471）

八月，北魏献文帝传位于太子宏，是为高祖孝文皇帝。

泰豫元年（壬子，472）

正月，宋大阳蛮酋桓诞以沔水以北、滍、叶以南八万余落归降北魏。

四月，宋明帝死。太子苍梧王刘昱继皇帝位，是为后废帝。

宋苍梧王刘昱

元徽元年（癸丑，473）

正月，北魏员外散骑常侍崔演访宋。

四月，北魏以孔子二十八世孙为崇圣大夫。

七月，北魏诏：河南六州（青、徐、兖、豫、齐、东徐）之民，每户收绢一匹，绵一斤，租三十石。

十二月，柔然侵北魏，柔玄镇二部敕勒响应。

二年（甲寅，474）

三月，北魏员外散骑常侍许赤虎访宋。

五月，柔然派使者访宋。

六月，宋萧道成为中领军，参与朝政。

同月，北魏停止一人犯罪杀死一门或一房的刑法。

七月，柔然进犯北魏敦煌。

三年（乙卯，475）

六月，北魏禁杀牛马。

四年（丙辰，476）

六月，北魏冯太后毒死太上皇。尊冯太后为太皇太后，再次临朝称制。

宋顺皇帝刘准

昇明元年（丁巳，477）

四月，宋阮佃夫等谋废立，事发被杀。

七月，萧道成使人杀后废帝，迎安成王刘准即帝位，是为顺帝。以萧道成录尚书事。

十二月，宋荆州刺史沈攸之起兵反萧道成。

同月，宋中书监袁粲据石头城起兵反萧道成，败死。

二年（戊午，478）

正月，沈攸之兵败自杀。

二月，宋加萧道成太尉、都督南徐等十六州诸军事。

四月，宋萧道成杀南兖州刺史黄回。

五月，北魏禁止皇族、贵戚及士民之家与百姓通婚。

九月，宋诏进萧道成假黄钺、大都督中外诸军事、太傅、扬州牧。

十月，北魏员外散骑常侍郑羲访宋。

齐太祖高皇帝萧道成

建元元年（己未，479）

三月，宋以太傅萧道成为相国，总揽朝政，封齐公，加九锡。

四月，宋进萧道成为齐王。随即萧道成即皇帝位，改元建元，是为齐太祖高皇帝，建都建康，史称南齐。刘宋亡。

同月，北魏废弃候官。

十一月，北魏奉宋降王刘昶，分兵攻齐。

同月，齐约柔然攻北魏。

二年（庚申，480）

正月，北魏陷齐马头戍；又攻钟离，败还。

同月，齐荆、湘、雍、郢、司群蛮，攻杀县令，被齐兵击败。

二月，北魏攻齐寿阳，败退。
同月，齐检定户籍。
八月，北魏数路军攻齐。
九月，柔然派使者访齐。
闰九月，北魏攻齐朐山，败走。
十月，淮北四州（青、冀、徐、兖）民群起反北魏。
十一月，齐以氐王杨后起为北秦州刺史、武都王。

三年（辛酉，481）

止月，北魏军攻齐淮阳，先胜后败。
二月，北魏沙门法秀谋起事于平城，被擒杀。
同月，齐在淮北大破北魏军。
四月，北魏镇压淮北民，掠三万余人至平城。
九月，北魏平定淮北四州。
同月，吐谷浑王拾寅死，子度易侯位。

四年（壬戌，482）

正月，齐诏置国子学生二百人。
三月，齐高帝萧道成死。太子萧赜继位，是为世祖武皇帝。
七月，北魏发五万人治灵丘道。
九月，北魏以氐王杨后起为武都王。

齐世祖武皇帝萧赜

永明元年（癸亥，483）

正月，齐复州郡县官吏田禄。
三月，齐诏：郡县官吏任职以三年为限，谓之“小满”。
七月，北魏派李彪访齐。
十月，齐派刘缵访北魏。
十二月，北魏始禁止同姓通婚。
本年，北魏秦州民因刺史残暴，遂反，北魏孝文帝斩刺史。

二年（甲子，484）

正月，范缜著《神灭论》。
五月，北魏派李彪等访齐。
十一月，北魏派李彪等再次访齐。

三年（乙丑，485）

正月，北魏焚毁图谶、秘纬，留者死。

三月，北魏置学馆，选师教导诸王。

十月，北魏实行均田制。

本年，齐唐寓之起义。

四年（丙寅，486）

闰正月，齐、北魏均以氐王杨集始为武都王。

二月，北魏实行三长法。

三月，柔然派使者访北魏。

十二月，柔然侵犯北魏边塞。

本年，北魏改中书学为国子学。

五年（丁卯，487）

正月，北魏定乐章，非雅者除之。

十月，北魏高祐等奏请改《国书》改编年为纪、传、表、志。

十二月，北魏改修《国书》。

六年（戊辰，488）

四月，荒人桓天生自称桓玄宗族，屡次勾结北魏兵攻齐，屡败。

同月，齐将攻北魏沘阳，不能拔，乃还。

七年（己巳，489）

八月，北魏派邢产等访齐。

十二月，齐颜幼明等访北魏。

八年（庚午，490）

四月，北魏击败地豆干（部落名）的多次侵犯。

八月，吐谷浑伏连筹杀齐使。

本年，齐以百济王牟大为百济王。

九年（辛未，491）

五月，北魏孝文帝更定律令，亲自断决疑狱。

十月，北魏建成明堂、太庙。

十一月，北魏大定官品，考诸牧守。

本年，齐制成新律。

十年（壬申，492）

四月，北魏颁行新《律令》。

九月，氐王杨集始攻齐汉中，失败，向北魏请降。北魏封其为汉中郡侯、武

兴王。

十二月，齐司徒参军萧琛，范云访北魏。

同月，齐命太子家令沈约编撰《宋书》。

十一年（癸酉，493）

二月，北魏孝文帝始行耕籍之礼。

同月，齐武帝死。孙萧昭业继位（后被废弑），是为郁林王。

九月，北魏派高聪等访齐。

同月，北魏孝文迁都洛阳，实施汉化改革。

齐高宗明皇帝萧鸾

建武元年（甲戌，494）

二月，齐刘敩等访北魏。

六月，北魏卢昶、王清石访齐。

七月，齐西昌侯萧鸾杀齐帝，立新安王萧昭文为帝。

九月，北魏对官吏实行三年一考，决定升迁或罢黜。

同月，萧鸾大杀诸王。

十月，萧鸾废齐帝为海陵王（不久被害），不久即皇帝位，是为高宗明皇帝。

十二月，北魏帝禁士民穿胡服。

同月，北魏孝文帝诏，代民迁至洛阳者免租赋三年。

二年（乙亥，495）

四月，北魏孝文帝至鲁，亲自祭祀孔子，封孔子后人为崇圣侯。

六月，北魏禁止在朝廷使用鲜卑语。

同月，北魏索求秘阁所没有的佚书。

同月，北魏代人迁至洛阳者皆为河南洛阳人。

六月，北魏依改用长尺、大斗。

八月，北魏立国子、太学、四门小学。

九月，北魏六宫、文武皆迁至洛阳。

本年，北魏诏铸太和五铢钱。

三年（丙子，496）

正月，北魏改拓跋氏为元氏。功臣旧族的姓也全改变。以卢、崔、郑、王为四大姓。

四月，北魏侵犯齐司州。

八月，北魏太子不愿南迁，不久被废。

四年（丁丑，497）

四月，北魏孝文帝诏赐废太子元恂死。

八月，北魏军从洛阳出发攻齐。

同月，杨灵珍叛北魏降齐。

十月，齐以氐帅杨灵珍为北秦州刺史、仇池公、武都王。

永泰元年（戊寅，498）

正月，北魏军又陷齐沔北各郡。

同月，齐逐一诛斩齐太祖、世祖、世宗子。

三月，齐在涡阳屡次击败北魏军。

七月，齐高宗明帝死，皇太子萧宝卷继位。

九月，北魏北伐高车。

齐东昏侯萧宝卷

永元元年（己卯，499）

三月，北魏孝文帝亲征，击败齐军。

四月，北魏孝文帝病死。太子元恪继位，是为世宗宣武皇帝。

八月，齐始安王遥光等起兵，败死。

闰八月，齐帝东昏侯大杀大臣。

本年，王肃为北魏制官品百司，皆从江南之制。

二年（庚辰，500）

正月，齐豫州刺史裴叔业降北魏。齐讨叔业。

三月，齐军围攻寿阳，被北魏军击败。

同月，齐平西将军崔慧景举兵攻建康。

四月，崔慧景败死。

八月，北魏军在肥口击败齐军，淮南被北魏据有。

齐和皇帝萧宝融

中兴元年（辛巳，501）

三月，南康王萧宝融在江陵即皇帝位，是为和皇帝。

五月，北魏太尉、咸阳王禧等谋反，事泄，赐死。

七月，齐雍州刺史张欣泰等谋立建康王萧宝寅，事泄，被杀。

同月，柔然犯北魏边塞。

九月，北魏征发五万人筑洛阳坊。四十天筑成。

同月，齐萧衍率军围攻建康。

十一月，北魏东豫州刺史田益宗领兵攻齐，齐军战败。

十二月，齐征虏将军王珍国杀齐帝，迎萧衍入城。

同月，萧衍以宣德太后令追封齐帝萧宝卷为东昏侯；萧衍为中书监、大司马、录尚书事。

梁高祖武皇帝萧衍

天监元年（壬午，502）

正月，诏进位大司马萧衍相国，封梁公。备九锡之礼。

二月，齐诏梁公萧衍进爵为王。衍杀齐明帝子孙。

四月，梁王萧衍在建康即皇帝位，是为梁高祖武皇帝。奉齐和帝为巴陵王，不久杀之。

同月，梁武帝诏令以金赎罪。

五月，梁江州刺史陈伯之等起兵反梁。

六月，陈伯之兵败奔北魏。

八月，梁武帝命删定《梁律》。

本年，江东大旱，民多饿死。

二年（癸未，503）

四月，梁颁行新律。

十月，北魏兵攻梁，攻陷大岘等三城；进拔焦城，破淮陵。

同月，北魏立氐王世子杨绍先为武兴王。

三年（甲申，504）

八月，北魏攻陷梁义阳。

九月，梁以吐谷浑王伏连筹为河南王。

同月，柔然侵北魏。北魏在北边筑东西九城以防之。

十一月，北魏营缮国学。

同月，梁废除以金赎罪的法令。

十二月，魏修律令。

四年（乙酉，505）

四月，梁州十四郡地为北魏所有。

六月，梁立孔子庙。

八月，北魏军攻梁雍州，大破梁军。

十月，梁大举攻北魏。

十一月，北魏军从涪城退军，巴西归梁。

五年（丙戌，506）

正月，北魏攻克武兴，虏氏王杨绍先，遂灭仇池杨氏。

二月，梁与北魏战于梁城，梁败。

三月，北魏咸阳王禧之子翼向魏宣武帝求葬其父，魏宣武帝不许，则与其弟昌、晔投奔梁。

同月，梁伐北魏，在胶水获胜。

四月，北魏发军十万拒梁。

九月，梁大败于洛口。

十月，柔然库者可汗死，子伏图立，号为佗汗可汗，改元始平。向北魏请和，不许。

十一月，梁军二十万救助钟离（今安徽凤阳）。

六年（丁亥，507）

正月，北魏中山王元英率军攻钟离，守将昌义之率将士奋力抵抗。

二月，梁武帝派豫州刺史韦叡率军救钟离。又击退北魏元英军。

三月，梁韦叡等乘淮水暴涨，驾战舰击北魏军，又加以火攻，北魏军大溃。

六月，梁冯翊等七郡降北魏。

九月，北魏开辟斜谷旧道。

七年（戊子，508）

正月，梁定百官九品十八班制。

二月，梁置州望、郡宗、乡豪各一人，负责搜罗推荐有才能之士。

五月，梁置十二卿。

八月，北魏京兆王元愉据冀州称帝，北魏朝廷以尚书李平为都督北讨诸军讨伐。

九月，北魏李平大败元愉并擒获之。

同月，北魏尚书令高肇诬害彭城王元勰。

十月，北魏悬瓠军主白早生杀豫州刺史司马悦，归附梁。

十二月，北魏尚书邢峦击斩白早生等，收复失地。

本年，柔然向北魏献貂裘请和，魏帝不许。

本年，高车在蒲类海北杀柔然佗汗可汗。其子丑奴立。

八年（己丑，509）

十一月，北魏帝为诸僧及朝臣讲《维摩诘经》。时洛阳盛行佛教，州郡共有一万三千多寺。

九年（庚寅，510）

三月，梁武帝至国子学讲学。诏皇太子以下及王侯之子皆入学受业。

闰六月，梁击斩聚众反叛的宣城郡吏吴承伯及其党羽。

十年（辛卯，511）

十二月，梁大败北魏军，夺回朐山。

十一年（壬辰，512）

十月，北魏立皇子元诩为太子，始不杀其母。

十一月，梁修《五礼》（吉、凶、军、宾、嘉），共八千零一十九条。

十二年（癸巳，513）

闰三月，著名文学家、史学家沈约死。

十四年（乙未，515）

正月，北魏宣武帝死。皇太子元诩继位，是为肃宗孝明皇帝。

十五年（丙申，516）

二月，北魏攻陷梁硖石。

七月，北魏攻陷梁东益州。

本年，北魏造永宁寺。

本年，柔然伏跋可汗大败高车。

十六年（丁酉，517）

十月，北魏诏代都未南迁的士民，皆听其留居。

十二月，柔然向北魏请和。

十七年（戊戌，518）

十月，北魏派宋云与比丘惠生到西域求取佛经。

十八年（己亥，519）

二月，北魏吏部尚书奏立选举停年格。

普通元年（庚子，520）

正月，高句丽世子安遣使向梁进贡。

七月，北魏侍中元义幽禁胡太后。

十二月，北魏派刘善明访梁，始复通和好。

二年（辛丑，521）

正月，梁在建康设置孤独园，以收养穷民。

十一月，北魏攻东益、南秦叛氐，败还。

三年（壬寅，522）

二月，北魏宋云、惠生从西域乾罗国返回洛阳，取回佛经一百七十部。

十一月，北魏颁行《正光历》。

四年（癸卯，523）

四月，北魏人破六韩拔陵起义。诸镇汉、夷民响应。

同月，洛阳龙门石窟共用十八万二千余工，已凿成部分。

十二月，梁废铜钱，铸铁钱。

五年（甲辰，524）

四月，北魏高平镇民推敕勒酋长胡琛为高平王，响应破六韩拔陵。

八月，东西部敕勒皆起兵响应破六韩拔陵。

同月，北魏下诏改镇为州。

十月，梁攻陷北魏建陵城、曲木、琅邪等。

六年（乙巳，525）

正月，北魏徐州刺史元法僧据州称帝，北魏发兵攻打，法僧降梁。

三月，柔然阿那瓌率军十万，为北魏征讨破六韩拔陵。

五月，梁攻北魏益州。

同月，柔然头兵可汗大败破六韩拔陵，拔陵南渡北河。

十二月，北魏山胡（即汾州稽胡）刘蠡升反叛，称天子。

七年（丙午，526）

正月，北魏五原降户鲜于脩礼等在定州左城率流民反。

九月，葛荣攻据瀛州，自称天子，国号齐。

十一月，梁将夏侯亶进攻北魏境，所向皆下。

大通元年（丁未，527）

正月，葛荣破北魏殷州，杀刺史崔楷，进围冀州。

同月，莫折念生攻岐州，北华州、豳州群起响应，关中大乱。

三月，梁武帝舍身同泰寺。

十月，北魏尚书令萧宝寅据关中，自称齐帝。

十二月，葛荣率众在漳水击杀北魏将。

二年（戊申，528）

正月，杜洛周陷北魏定州、瀛州。

二月，葛荣击杀杜洛周，并其众。

同月，六州讨虏大都督尔朱荣举兵南下，北魏孝明帝被胡太后所害，立临洮王世子元钊为帝。军洛阳。

三月，北魏尔朱荣进兵河内，拥立长乐王子攸为帝，是为孝庄帝。至四月，尔朱荣遣骑兵执灵太后及幼主，送至河阴，皆沉于河，史称“河阴之变”。

七月，北魏加尔朱荣柱国大将军、录尚书事。

九月，葛荣率军围邺城，为尔朱荣所败，葛荣被擒，其众散尽。

同月，北魏以尔朱荣为大丞相、都督河北畿外诸军事。

中大通元年（己酉，529）

四月，北魏上党王元天穆及尔朱兆（尔朱荣从子）击败邢杲。

同月，北魏北海王元颢击败魏军，在睢阳即帝位。

五月，元颢入洛阳宫，魏帝北行。

闰六月，尔朱荣击败元颢，杀之。

七月，北魏帝返回洛阳。

九月，梁武帝再次舍身同泰寺。

同月，北魏尔朱荣平定幽州。

十二月，梁兖州刺史张景邕等降北魏。

二年（庚戌，530）

九月，北魏孝庄帝与城阳王徽等谋，诛杀权臣尔朱荣等。

十月，尔朱兆等推长广王元晔为皇帝。

十二月，尔朱兆入洛阳宫，缢杀魏孝庄帝。

本年，陈庆之屡破北魏军；开田六千顷。

三年（辛亥，531）

二月，北魏尔朱世隆等废长广王元晔，立广陵王元恭为帝，是为节闵帝。

四月，著名文学家梁昭明太子萧统死。

十月，北魏高欢立元朗为帝。

四年（壬子，532）

闰三月，高欢在邺城大败尔朱兆。

四月，高欢入洛阳，废元朗及节闵帝元恭，立平阳王元脩为帝，是为孝武帝；高欢为大丞相、天柱大将军。

七月，高欢入晋阳，尔朱兆北逃。

六年（甲寅，534）

二月，北魏孝武帝以宇文泰为大都督。

七月，高欢进入洛阳。北魏孝武帝逃往长安，依宇文泰。

十月，高欢立元善见为帝，是为孝静帝，史称东魏。从此，北魏分裂为东、西二魏。

十一月，东魏迁都于邺。

闰十二月，宇文泰毒杀魏孝武帝，立元宝炬为帝，是为西魏文帝，都长安。史

称西魏。

大同元年（乙卯，535）

正月，元宝炬在长安即位。

三月，西魏丞相宇文泰命有司制定二十四条新制颁行。

同月，西魏大行台左丞，制定公文格式及计帐、户籍之法。

七月，宇文泰与高欢互相声讨。

同年，柔然头兵可汗与东魏和亲。

二年（丙辰，536）

三月，著名医药学家陶弘景死。

九月，东魏侯景攻梁。

十月，梁击败东魏侯景。

同月，东魏高欢督诸军伐西魏。

本年，西魏关中大饥，人相食。

三年（丁巳，537）

正月，西魏宇文泰以计大败东魏。高欢撤军。

九月，柔然助西魏攻东魏，败还。

闰九月，东魏高欢自将攻西魏。

十月，西魏宇文泰至沙苑，以伏兵击败高欢。史称“沙苑之战”。

同月，宇文泰部将攻陷东魏洛阳，河南诸郡多归附西魏。

四年（戊午，538）

二月，东魏收复南汾、颍、豫、广四州。

同月，西魏、柔然和亲。

七月，东魏侯景等焚烧洛阳。

八月，西魏宇文泰大破东魏。

十二月，东魏改停年格。

五年（己未，539）

九月，东魏筑邺城。

十一月，东魏派使者访梁。

同月，梁分州为五品。

六年（庚申，540）

二月，西魏铸五铢钱。

七年（辛酉，541）

九月，西魏宇文泰用苏绰建议，减官员，置屯田，又为六条诏书，行强国富民

之法。

同月，东魏颁行新法令，名为《麟趾格》。

八年（壬戌，542）

二月，西魏初置六军。

四月，东魏派李绘访问梁。

八月，东魏以侯景为河南道大行台，以防备梁、西魏，讨叛逆。

九年（癸亥，543）

三月，东魏高欢与西魏宇文泰在邙山大战。

十年（甲子，544）

正月，交州李贲自称越帝。

七月，西魏更改度量制。

十月，东魏括户大使分行诸州。

十一年（乙丑，545）

六月，西魏苏绰作《大诰》。

同月，东魏高欢娶柔然头兵可汗之女。

中大同元年（丙寅，546）

八月，东魏迁洛阳《石经》五十二碑至邺。

同月，东魏、西魏大战于壁。

太清元年（丁卯，547）

正月，东魏丞相高欢死。

同月，东魏侯景与高氏不和，据河南叛归西魏。

二月，西魏以侯景为上谷公。

同月，侯景上表于梁，愿举豫、襄等十三州降，梁封景河南王。

同月，东魏高澄囚孝静帝于含章堂。

十一月，东魏大破梁军。

二年（戊辰，548）

二月，东魏与梁复通友好。

八月，侯景据寿阳起兵。

十月，侯景引兵逼临长江，直入建康。

十一月，临贺王萧正德即皇帝位。

三年（己巳，549）

三月，侯景攻陷台城，幽禁梁武帝，纵兵劫掠。废萧正德为大司马。

五月，梁武帝被侯景所制，忧愤成疾而死。皇太子萧纲为帝，是为梁简文帝。

同月，梁西江督护陈霸先等在南海起兵。

八月，东魏高澄被杀，其弟高洋执政。

梁太宗简文皇帝萧纲

大宝元年（庚午，550）

正月，梁将陈霸先进军南康。

同月，西魏获取梁安陆，遂尽据汉中地。

五月，高洋废东魏孝静帝，自为皇帝，建都邺，国号齐，是为齐显祖文宣皇帝。史称北齐。

八月，北齐始立九等户法。

十月，侯景自加宇宙大将军、都督六合诸军事。

十二月，西魏开创府兵制。

二年（辛未，551）

同月，梁将陈霸先进军江州。

三月，西魏文帝死。太子元钦立，是为废帝。

六月，侯景在巴陵战败。

同月，突厥可汗土门向西魏求婚。宇文泰以公主嫁之。

八月，侯景废梁简文帝，立豫章王萧栋为帝。

十月，侯景杀梁简文帝。

十一月，侯景即皇帝位，国号汉，封萧栋为淮阴王。

梁世祖孝元皇帝萧绎

承圣元年（壬申，552）

三月，梁王僧辩与陈霸先击败侯景。

四月，梁武陵王萧纪在四川成都即皇帝位，改元天正。

同月，侯景兵败，被部下所斩杀。

六月，北齐派谢季卿至梁，贺平定侯景之乱。

十一月，梁湘东王萧绎在江陵即皇帝位，是为世祖元皇帝。

二年（癸酉，553）

正月，北齐铸“常平五铢钱”。

三月，西魏宇文泰派原珍等伐蜀。

七月，梁武陵王萧纪兵败被杀。

闰十月，梁在东关大破北齐军。

三年（甲戌，554）

正月，西魏作九命之典，叙述内外官爵，改流外号为九秩。

同月，西魏宇文泰废帝元钦，立齐王元廓，是为恭帝。

三月，西魏及北齐使者访问梁。

十一月，西魏军攻梁，入江陵，梁元帝出降。

十二月，西魏杀梁元帝。

梁敬皇帝萧方智

绍泰元年（乙亥，555）

正月，梁王萧詧在江陵即皇帝位，向魏称臣。是为中宗宣皇帝。史称后梁。

同月，北齐立贞阳侯萧渊明为梁主，派兵送还梁。

二月，梁晋安王萧方智在建康即梁王位。

五月，王僧辩迎贞阳侯萧渊明至建康即帝位，向北齐称臣。

六月，北齐修筑长城，全长九百余里。

九月，陈霸先在京口举兵，废萧渊明。

十月，晋安王萧方智即皇帝位，是为敬皇帝。仍向北齐称臣。

十二月，梁将大破北齐军。北齐派使者向陈霸先求和。

同年，突厥成为塞外大国。

太平元年（丙子，556）

正月，西魏仿《周礼》，初建六官。

六月，陈霸先在建康大破北齐军。

九月，梁以陈霸先为丞相、录尚书事。

十月，西魏宇文泰病死，子宇文觉嗣位，侄宇文护总理朝政。

同月，西魏恭帝禅位于宇文觉。

陈高祖武皇帝陈霸先

永定元年（丁丑，557）

正月，周公宇文觉称天王，是为孝闵帝，建都长安，国号周，史称北周。

九月，梁进丞相陈霸先为相国，总揽朝政，封陈公。

同月，北周宇文护废天王宇文觉为略阳公，拥立宁都公宇文毓为天王，是为世宗明皇帝。

十月，陈霸先受禅称帝，是为陈武帝。建都建康，国号陈。

二年（戊寅，558）

三月，北齐护送梁永嘉王萧庄回江南。王琳奉萧庄即帝位。

五月，陈武帝舍身大庄严寺。

十二月，高凉太守冯宝死，其妻冼氏统领州部。

三年（己卯，559）

六月，陈武帝陈霸先死。

同月，陈霸先侄临川王陈蒨继位，是为世祖文皇帝。

七月，北齐主大诛元氏，前后共死七百二十一人。

八月，北周天王宇文毓始称皇帝。

十月，北齐高洋死，太子殷继位，是为废帝。

陈世祖文皇帝陈蒨

天嘉元年（庚辰，560）

四月，北周宇文护杀周明帝，以宇文邕为帝，是为高祖武皇帝。

八月，北齐常山王高演为帝，是为肃宗孝昭皇帝。废北齐国主高殷为济南王。

二年（辛巳，561）

七月，北周铸钱“布泉”，一当五，与五铢钱并行。

十一月，北齐孝昭帝死。其弟长广王高湛继位。是为世祖武成皇帝。

三年（壬午，562）

闰二月，陈铸五铢钱。

四年（癸未，563）

正月，北周作《大律》十五篇。

三月，北齐筑长城二百里，置十二戍。

四月，北周行养老礼。

五年（甲申，564）

三月，齐颁行均田令。

六年（乙酉，565）

二月，北周迎突厥可汗女为后。

四月，北齐武成帝高湛禅位于皇太子高纬，是为齐后主。武成帝号为太上皇帝。

天康元年（丙戌，566）

四月，陈文帝死，皇太子陈伯宗继位，是为废帝。

本年，北齐始用士人为县令。

陈临海王陈伯宗

光大元年（丁亥，567）

闰六月，北齐左丞相斛律金死。

九月，北齐山东大水。

二年（戊子，568）

十一月，陈安成王陈顼废陈帝为临海王。

陈高宗宣皇帝陈顼

太建元年（己丑，569）

正月，陈安成王陈顼即皇帝位，是为高宗宣皇帝。

十二月，北周、陈互派使者通好。

二年（庚寅，570）

二月，陈册封冼夫人，赐驷马安车一辆，鼓吹一部，如刺史之仪。

十二月，北周平定越嶲，设置西宁州。

三年（辛卯，571）

四月，北周攻取齐宜阳等九城。

六月，北齐攻取北周汾州，又攻取四戍。

四年（壬辰，572）

二月，北周分派使者访问突厥和北齐。

三月，北周杀宇文护及其诸子。

六月，北齐杀丞相斛律光。

本年，突厥木杆可汗死，其弟立，是为佗钵可汗。

五年（癸巳，573）

正月，北齐以高阿那肱录尚书事，与侍中穆提婆、领军大将军韩长鸾号称“三贵”，害国害民。

二月，北齐后主喜好文学，设置文林馆。

三月，陈宣帝命镇前将军吴明徹、都官尚书裴忌领军十万伐北齐。

九月，北周太子宇文赟娶大将军随公杨坚女为妃。

十二月，北周武帝召集群臣及沙门、道士，辨三教先后次序，以儒教为先，道教为次，佛教为后。

六年（甲午，574）

五月，北周禁佛、道二教。

六月，北周铸五行大布钱。

本年，陈几乎尽复江北、淮泗地。

七年（乙未，575）

二月，北齐后主荒淫无道，民不聊生。

七月，北周发兵六路攻齐。

八月，北周军入齐境，攻取河阴，进围洛口。

九月，北周武帝病，引军返回。

八年（丙申，576）

十月，北周武帝大发兵攻齐，破齐晋州。

十二月，北齐后主兵败至晋阳。

同月，北齐后主退至邺城，禅位于皇太子高恒。

九年（丁酉，577）

正月，北齐太子高恒即皇帝位。尊齐后主为太上皇。

同月，北周军攻下邺城，北齐幼主禅位于任城王高湝。幼主自为宋国天王。北周军追至青州南邓村，擒齐太上皇及幼主等人。北齐亡。

八月，北周议定权衡度量制。

十一月，北周免东土及江陵所掠为奴婢者为民。

同月，北周开始施行《刑书要制》。

十年（戊戌，578）

六月，北周武帝病死。太子宇文赟继位，是为宣皇帝。

十一年（己亥，579）

正月，周宣帝废《刑书要制》，颁行《刑经圣制》。

同月，北周宣帝传位于太子阐，是为静皇帝。宣帝自称天元皇帝。

七月，陈用大货六铢钱。

十一月，北周铸永通万国钱。

十二月，北周攻取谯、北徐州，于是长江以北地皆入北周。

十二年（庚子，580）

五月，北周宣帝死。时静帝八岁，以随国公杨坚为左大丞相，总揽朝政。

同月，杨坚革除宣帝苛政，作《刑书要制》。

六月，北周相州总管尉迟迥起兵攻杨坚。

七月，北周青州总管尉迟勤、郧州总管司马消难举兵响应尉迟迥。司马消难投奔陈以求援。

八月，尉迟迥及尉迟勤败死。

十二月，北周以大丞相杨坚为相国，总理朝政，进爵为王。杨坚杀周室诸王。

十三年（辛丑，581）

二月，北周相国、随王杨坚废周静帝为介公。杨坚自为皇帝，是为隋高祖文皇帝，建元开皇，国号隋。

同月，隋除北周六官，依汉、魏旧制。

九月，隋铸五铢钱。

十月，隋制定新律。后世多遵用隋律。

十四年（壬寅，582）

正月，陈宣帝死。太子陈叔宝即皇帝位，史称陈后主。

六月，隋在龙首山造新都。

十二月，隋命名新都为大兴城。

陈长城公陈叔宝

至德元年（癸卯，583）

三月，隋迁都大兴城。

同月，隋减丁役，废除盐、酒由政府专营。

四月，隋文帝诏令攻突厥，分八路出塞。大破沙钵略可汗及故齐将高宝宁。

六月，突厥攻隋幽州。隋将李崇力战，殉国。

八月，隋进攻突厥。

十一月，隋罢诸郡为州。

十二月，隋更定新律，共十二卷五百条。

本年，隋在卫州设置黎阳仓，陕州设置常平仓，华州设置广通仓储粟。水运关东及汾、晋地粟至长安。

二年（甲辰，584）

六月，隋文帝诏宇文恺凿广通渠，以通漕运。从大兴城至潼关三百余里。

九月，隋文帝不喜浮华文辞，诏令天下公私文翰以散文实录。

同月，突厥沙钵略可汗向隋请求和亲。隋以千金公主嫁之。

三年（乙巳，585）

五月，隋诏郡、县设置义仓，以防备荒年。

同月，隋命州县大索貌阅，并立输籍法，下达各州。

七月，突厥沙钵略派子库合真入朝。突厥从此每年贡献不绝。

同年，隋在朔方、灵武修筑长城，长七百里，以防胡寇。

四年（丙午，586）

正月，隋向突厥颁行历法。

祯明元年（丁未，587）

正月，隋令各州每年贡士三人。

二月，隋征发十万余人修长城。

四月，隋在扬州开山阳渎，通漕运，准备攻陈。

八月，后梁安平王萧岩降陈。

九月，隋文帝遂废梁国，后梁亡。

二年（戊申，588）

三月，隋文帝下诏暴陈后主二十条罪恶。

十月，隋文帝发兵八路攻陈，皆受晋王杨广节度。

十一月，隋文帝亲自为将士饯行，陈师誓师。

十二月，隋军逼临长江。陈后主以长江天堑，不设备，依旧奏伎、纵酒、赋诗。

隋高祖文皇帝杨坚

开皇九年（己酉，589）

正月，隋晋王杨广入建康，陈亡。

二月，隋置乡正、里长治民。

同月，陈境皆平，计得三十州，一百郡，四百县。

十年（庚戌，590）

五月，下诏改革府兵制。

六月，规定民满五十岁免役收庸（以布帛代替力役）。

十二年（壬子，592）

七月，免去苏威官爵。

八月，各州判死刑，全移大理寺按复。

十二月，隋以杨素与高颎专掌朝政。

十三年（癸丑，593）

二月，诏在岐州北营建仁寿宫。

同月，禁私藏纬候、图谶。

销毁前代金石乐器。

十四年（甲寅，594）

四月，隋诏行新乐。

六月，诏废公廨钱。

七月，关中大旱。

十五年（乙卯，595）

二月，收天下兵器。

三月，仁寿宫落成。

十二月，诏盗边粮一升以上者斩首，并没收家产。

十六（丙辰，596）

六月，诏工商不得为官。

十一月，以光化公主嫁给吐谷浑世伏可汗。

十七年（丁巳，597）

二月，史万岁击平南宁羌。诸夷派使者请降。

四月，诏颁张胄玄的新历法。

七月，文帝以安义公主嫁给突厥突利可汗。

十八年（戊午，598）

二月，隋文帝命汉王杨谅等水陆三十万大军征伐高丽。

九月，隋军无功返回，死者十之八九。

十九年（己未，599）

二月，突厥突利可汗投奔隋。

八月，尚书左仆射高颎被免官。

十月，以突利可汗为启民可汗，又以义成公主嫁。

二十年（庚申，600）

十月，文帝废太子勇为庶人。

十一月，文帝立晋王杨广为皇太子。

十二月，诏禁毁佛道神像。

仁寿元年（辛酉，601）

五月，突厥九万人降隋。

六月，诏废太学、四门及州县学。

七月，改国子学为太学。

二年（壬戌，602）

三月，突厥思力俟斤可汗等兵败远遁。

闰十月，诏修定五礼（指吉、凶、军、宾、嘉五礼）。

十二月，废蜀王秀为庶人。

本年，隋文帝逐渐疏忌杨素。

三年（癸亥，603）

本年，龙门大儒王通献《太平十二策》。

同年，突厥步迦可汗部尽归启民可汗。

四年（甲子，604）

七月，隋文帝病危，卧与百官诀别。在大宝殿驾崩。太子杨广即皇帝位，是为隋炀帝。矫诏赐太子勇死。

八月，汉王杨谅（文帝子）起兵反叛。

隋炀皇帝杨广

大业元年（乙丑，605）

三月，诏将作大匠宇文恺等在洛阳营建东京。

同月，开凿运河，北起洛阳，南至扬州。

五月，炀帝筑西苑，穷极华丽。

八月，炀帝游江都。州县令献食，穷极水陆珍奇。

二年（丙寅，606）

十月，下诏改修律令。

十二月，在洛阳北设置回洛仓，置洛口仓。

本年，搜求天下乐工，集于东京。

三年（丁卯，607）

三月，炀帝派朱宽入海，访异地风俗，到达流求国。

四月，颁行新律。

同月，隋改州为郡，改度量衡依古制；设置五省三台、五监、十六府，废除伯爵、子爵、男爵，只留王、公、侯三等。

五月，修驰道。

六月，炀帝入突厥境，突厥在境内开辟御道三千里。

七月，征发一百余万人修筑长城。

同月，大臣高颎、贺若弼等，以“诽谤朝廷”被杀。

八月，炀帝临启民可汗帐。

十月，使裴矩通西域。

四年（戊辰，608）

正月，征发一百余万人开凿永济渠。

二月，炀帝派崔君肃慰谕西突厥处罗可汗。

三月，倭王多利思比孤进贡。

同月，炀帝出塞巡视长城。

四月，诏在汾州北建造汾阳宫。

十月，赤土王派其子那邪迦随使入贡。

五年（己巳，609）

正月，禁止民间造铁叉、搭钩等兵器。

本年，核实户口。

六年（庚午，610）

正月，炀帝在洛阳盛陈百戏以夸示诸蕃酋长。

二月，隋将陈稜等献流求俘。

十二月，凿江南河，从京口至余杭，八百余里。

七年（辛未，611）

二月，炀帝下诏征讨高丽。

七月，山东、河南大水，漂没三十余郡。

十二月，西突厥处罗可汗来朝。

本年，百姓相聚，义军纷起。

八年（壬申，612）

正月，炀帝分西突厥处罗可汗众为三部。

同月，进军平壤。

三月，围辽东城。

六月，隋水军中伏兵大败。

七月，隋陆军大败于萨水。

十一月，以宗女嫁给高昌王。

本年，大旱灾，疾疫。

九年（癸酉，613）

正月，诏征各地兵集涿郡，修辽东古城，贮备军粮。

三月，炀帝赴辽东督师。

同月，当时各地反隋武装蜂起。

四月，炀帝至辽东，派宇文述等率军趋平壤。

六月，杨玄感在黎阳起兵誓师反隋。

同月，炀帝得知杨玄感起兵，引军还。

八月，杨玄感西趋潼关，败死。

本年，杜伏威、辅公祏率众起事。

十年（甲戌，614）

二月，诏复征兵，百路共击高丽。

三月，炀帝至涿郡。士兵多逃亡。

七月，至怀远镇。高丽派使者请降。

八月，炀帝班师。

十一年（乙亥，615）

二月，炀帝下诏“民悉城居”。

四月，以李渊为山西、河东抚慰大使，承制升黜选补郡县文武官。

八月，炀帝北巡。在雁门被突厥围困三十二天。

十月，下诏令江都再造龙舟。

十二年（丙子，616）

正月，在毗陵郡东南修宫苑。

七月，炀帝三游江都。

十月，李密投靠翟让。合军包围荥阳，破张须陀。

十二月，鄱阳林士弘起事，自称皇帝。

同月，诏以李渊为太原留守。

同月，窦建德大破隋军，自称将军。

隋恭皇帝杨侑

义宁元年（丁丑，617）

正月，杜伏威大败隋将陈稜。

同月，窦建德据乐寿，称长乐王。

同月，卢明月转掠河南、淮北，自称无上王，被隋将王世充击斩于南阳，余众皆散。

二月，梁师都起兵反隋，刘武周起兵反隋，依附突厥。

同月，瓦岗军一举攻克洛仓。

同月，隋东都越王侗派刘长恭等征讨李密，大败。瓦岗军尽收其辎重器甲，声威大振。翟让推李密为主，号魏公，建元永平，拜翟让为上柱国、司徒、东郡公。

三月，突厥始毕可汗，立贼帅刘武周为定杨可汗，梁师都为大度毗伽可汗。

同月，郭子和在榆林反隋，自称永乐王，附突厥。

四月，薛举起兵反，自称西秦霸王。

同月，孟让率军攻入东都外郭。

同月，李密率军复取回洛仓，逼进东都。

五月，李渊起兵晋阳。

六月，李渊定入关之计。

七月，李轨起兵反隋，自称河西大凉王。

同月，窦建德击败薛世雄。

八月，李渊夺取霍邑。

九月，炀帝在江都以寡妇、处女配军士。

同月，武阳郡丞元宝藏降李密。密以元宝藏为魏州总管，以其门客魏徵为元帅府文学参军，掌记室。

十一月，李渊率军攻克长安，尽除隋朝苛禁。

同月，瓦岗军内讧，李密杀翟让。

同月，李渊迎代王侑即皇帝位，是为恭帝，遥尊炀帝为太上皇。李渊为大丞相，进封唐王。

十二月，李世民大败薛仁果。

同月，隋河东守将屈突通降唐。

唐高祖神尧大圣光孝皇帝李渊

武德元年（戊寅，618）

正月，李密击败王世充，进逼东都。

三月，宇文化及缢杀隋炀帝。

同月，吴兴太守沈法兴起兵据江南十余郡。

四月，李建成、李世民率军返回长安。

同月，梁王萧铣即帝位。

五月，隋恭帝禅位于唐。唐王李渊即皇帝位，是为唐高祖，改元武德。

同月，隋越王侗即皇帝位，是为皇泰帝。

六月，李密降隋。

八月，唐招抚李轨。封凉王。

同月，杜伏威奉表降隋。

九月，王世充大破李密。

同月，宇文化及称帝。

十一月，徐世勣投降唐。

十二月，李密叛唐，被盛彦师斩首。

二年（己卯，619）

二月，唐初定租、庸、调法。

闰二月，窦建德大破宇文化及，擒杀之。隋封建德为夏王。

同月，瓦岗军将秦叔宝、程知节等跃马降唐。

三月，隋将王薄等降唐。

四月，王世充废隋皇泰帝，自称皇帝。

五月，王世充杀隋皇泰帝。

七月，唐置十二军分统关内诸府，督以耕战。

九月，唐军击败梁师都，与突厥联兵。

同月，沈法兴称梁王。

同月，李子通称帝。

同月，杜伏威降唐。

同月，刘武周据并州，又攻陷晋州。

十月，唐征发全部关中兵讨伐刘武周，由李世民统领。

三年（庚辰，620）

正月，李世勣复归唐。

四月，李世民大破刘武周部将宋金刚，尉迟敬德降世民。刘武周所得州县皆归于唐。

六月，唐封杜伏威为吴王。

九月，王世充所部二十五州降唐。

十一月，突厥处罗可汗死，颉利可汗立。

四年（辛巳，621）

正月，秦王李世民与秦叔宝、程知节、尉迟敬德等率精锐骑兵大破王世充。

二月，李世民围洛阳宫城。

三月，李世民击败窦建德。

五月，窦建德受伤被俘。王世充投降，唐军进入洛阳。

七月，李世民至长安，在太庙献俘。

同月，初行开元通宝钱。

八月，窦建德部将刘黑闼起兵。附近诸州多响应。

九月，唐军在饶阳被刘黑闼击败，黑闼兵势大振。

十月，以秦王李世民开馆延请文学之士十八人号“十八学士”。

五年（壬午，622）

正月，刘黑闼称汉东王。

三月，李世民大败刘黑闼，刘黑闼逃奔突厥。山东全部平定。

七月，杜伏威入朝，拜太子太保，仍兼行台尚书令，留长安，位在齐王元吉上。

同月，冯盎率所部降唐，以其地设置八州，岭南全部平定。

十月，刘黑闼屡败唐军。

十一月，太子李建成请受诏讨伐刘黑闼。

十二月，李建成等击败刘黑闼。

本年，高丽王建武遣还隋末被俘战士上万人。

六年（癸未，623）

正月，刘黑闼被下属执送李建成。斩之。

八月，辅公祏反唐，据丹杨称帝，国号宋。

十月，突厥屡为边患。

七年（甲申，624）

正月，每州设置大中正一人。

二月，唐派使者册封高丽王、百济王、新罗王。

同月，唐高祖亲临国子监，诏诸王公子弟各就学。

三月，唐厘定官制中央，设置三公、六省、御史台、九寺、将作监、国子学、天策上将府、十四卫。定文散官二十八阶，武散官三十一阶，勋官十二等。

同月，唐军屡败辅公祏部，公祏被执斩首。江南平定。

四月，初定均田租、庸、调法。

八月，李世民在豳州阵前离间颉利、突利可汗，突厥撤军请和亲，世民许之，并与突利结为兄弟。

八年（乙酉，625）

正月，突厥、吐谷浑请互市，许之。

四月，西突厥统叶护可汗请婚，许之。

八月，突厥攻并、灵、潞、沁、韩等州。颉利可汗大掠朔州，唐军数战不利。

九月，令检校度量衡。

九年（丙戌，626）

四月，高祖下诏淘汰僧、尼、道士、女冠（女道士），庸猥粗秽者令还乡里。

六月，玄武门之变。房玄龄、长孙无忌、尉迟敬德等力劝世民杀建成、元吉。世民率长孙无忌等伏兵玄武门（宫城北门），杀太子建成、齐王元吉及其诸子。

同月，高祖立世民为皇太子，委以国事。

同月，李世民以魏徵为谏议大夫。

七月，唐以秦府旧部为将相。

同月，派魏徵宣慰山东。

八月，唐高祖传位于太子李世民，是为唐太宗。

同月，突厥颉利可汗进军至渭水便桥北，太宗与房玄龄等六人轻骑至渭水，隔水责颉利负约。颉利有惧色，请和。太宗与之便桥上结盟。突厥引兵退。

九月，太宗设弘文馆，选文学之士虞世南、褚亮、姚思廉、欧阳询等以本官兼学士，随时商榷政事。

十二月，太宗励精求治，数引魏徵入内室，问以得失。徵知无不言，太宗皆欣然采纳。

唐太宗文武大圣大广孝皇帝李世民

贞观元年（丁亥，627）

正月，唐改元贞观。

同月，更议定律令，放宽绞五十条，改为加役流。

二月，裁并州县，因山川形势，分为十道。

六月，山东大旱。

十二月，太宗告谕大臣直谏。

同月，定选人制度，为“四时听选，随阙注拟”（应试获选的人，由尚书省随缺额注册拟官）。

同月，并省文武官，中央留文武六百四十三人。

同月，回纥酋长菩萨大破颉利可汗。

同月，西突厥统叶护可汗派使者献重礼以迎公主，颉利从中阻挠，未成婚。

二年（戊子，628）

正月，太宗君臣论政。魏徵说：“兼听则明，偏信则暗”，“人主兼听广纳，下情得以上通也”。

三月，关内旱饥。

四月，突厥政乱，太宗派柴绍击梁师都，包围朔方。师都被部下所杀。

三年（己丑，629）

二月，以房玄龄为左仆射，杜如晦为右仆射，以魏徵守秘书监，参与朝政。

八月，太宗因颉利既请婚，又援梁师都，遂派兵部尚书李靖等击之。

九月，突厥俟斤九人率众降唐。

十一月，李靖等分道出击突厥。

闰十二月，时远方诸国至唐朝贡者甚众，服装怪异。从中书侍郎颜师古之请，作《王会图》，图写以示后人。

同月，牂柯党项酋长来降。

四年（庚寅，630）

正月，李靖等击败突厥，颉利可汗退驻碛口。

二月，又大破之于阴山，颉利大酋长皆率众降。

三月，突厥颉利可汗往依苏尼失，被俘送京师。

同月，唐代名相杜如晦死。

四月，突厥亡，其十万人降唐。

五月，分突厥故地为十州，置都督府，分统其众。突厥人入居长安者近万家。

八月，唐定品官服色。

十一月，废除鞭打脊背之刑。

十二月，高昌王麹文泰入朝。

五年（辛卯，631）

五月，用金帛赎回沦落突厥男女共八万人。

十一月，林邑、新罗派使者奉献，倭国派使者进贡。

六年（壬辰，632）

七月，焉耆王突骑支派使者入贡，高昌大掠焉耆。

本年，党项羌前后归附计三十万人。

七年（癸巳，633）

三月，李淳风造成浑天黄道仪。

九月，山东、河南四十余州水灾，派使者赈济。

八年（甲午，634）

正月，以李靖等分赴全国，察官吏清浊，问民间疾苦。

七月，山东、河南、淮、海之间大水灾。

十一月，吐蕃赞普弃宗弄赞派使者入贡，请婚。太宗派冯德遐前往慰抚。

九年（乙未，635）

三月，诏民户资产宜分九等。

五月，李靖大破吐谷浑。

十年（丙申，636）

正月，突厥残部答布可汗阿史那社尔率众降唐。以社尔为左骁卫大将军，留长安。

本年，唐改定府兵制。

十一年（丁酉，637）

正月，房玄龄等受诏定律。

三月，房玄龄等上所定《新礼》。

六月，太宗自选刺史。

十二年（戊戌，638）

正月，高士廉等奉上所撰《氏族志》，以崔氏为第一。太宗命以本朝官爵品秩为高下，以皇族为首，外戚次之，崔氏第三。共二百九十三姓。

八月，唐太宗以侯君集为行军大总管，督步兵骑兵五万击吐蕃。

九月，唐击败吐蕃。吐蕃退兵，派使者谢罪，复请婚。太宗准允。

十三年（己亥，639）

二月，诏令停止诸王、功臣子孙世袭刺史职。

七月，令突厥及诸胡返回漠南旧地，并告谕薛延陀等各守疆土，不得渡过沙漠南侵。

十二月，侯君集等率军击高昌。

同月，西突厥分建南庭、北庭，以伊列水为界。

十四年（庚子，640）

二月，太宗大征天下名儒为学官，高丽、百济、新罗、高昌、吐蕃派子弟至长安求学。太宗命孔颖达等撰定《五经正义》，令学员学习。

三月，流鬼国在靺鞨以北，从未通中国，派使者经三重翻译至唐入贡。

八月，侯君集等军至碛口，高昌王麹文泰犹惧，死，子智盛立。唐军攻其交河城，智盛出降。

九月，唐在交河城设置安西都护府。

十月，吐蕃赞普献金五千两及珍玩数百作聘礼，至唐请婚。太宗许以文成公主。

十五年（辛丑，641）

正月，命李道宗送文成公主至吐蕃。赞普以婿礼见道宗，爱慕唐之风俗文化。

七月，因西突厥沙钵罗叶护可汗屡派使者入贡，乙毗咄陆可汗渐强，西域诸国多归附。乙毗咄陆可汗擒杀沙钵罗叶护可汗。

十一月，薛延陀真珠可汗渡漠南击突厥，太宗命李世勣等兵分五路救突厥。

十二月，李世勣等大破薛延陀，其众至漠北，人畜冻死者十之八九。

十六年（壬寅，642）

九月，安西都护击败西突厥乙毗咄陆可汗。太宗派使者立乙毗射匮可汗，乙毗咄陆可汗西奔吐火罗。

十一月，高丽王武被臣下盖苏文残杀，立王弟子藏为王。

十七年（癸卯，643）

正月，魏徵死。太宗自制碑文，亲为书石。

二月，太宗命在凌烟阁图画功臣二十四人肖像。

四月，太子承乾谋反事泄，废为庶人，同谋者侯君集等皆伏诛。

同月，立晋王李治为皇太子。

闰六月，下诏以高丽王藏为高丽王。

九月，新罗因百济与高丽连兵绝其入朝之路，向唐求援。太宗派使制止高丽用兵。

十八年（甲辰，644）

二月，太宗因高丽不听勿攻新罗的谕告，欲击高丽。

九月，安西都护郭孝恪击败焉耆与西突厥。

十一月，太宗命张亮、李世勣率军分由海、陆击高丽。

十二月，诏新罗、百济、奚、契丹分路击之。

十九年（乙巳，645）

二月，沧州刺史席辩因贪赃罪被处死。

四月，李世勣攻陷盖牟城。太宗至北平。

五月，张亮攻陷卑沙城。

同月，李世勣等攻陷辽东城，以其城为辽州。

六月，高丽白岩城降，以其城为岩州。

同月，太宗至安市城，大破高丽军，高丽高延寿等请降。

九月，安市城险固兵精，唐军久攻不下，粮食将尽，下诏班师。

二十年（丙午，646）

正月，乔师望等大破薛延陀。

同月，派孙伏伽等二十二人巡察四方。

五月，高丽派使者谢罪。

六月，西突厥乙毗射匮可汗派使者入贡，且请婚。太宗准允，命割龟兹等五国以为聘礼。

同月，遣将分路击薛延陀。薛延陀遣使奉表犹持两端。太宗派李世勣及九姓敕共图之，咄摩支降。

八月，敕勒诸部，回纥、拔野古等十一姓各派使者入贡。

九月，太宗至灵州，敕勒诸部派使至，愿奉太宗为天可汗。

二十一年（丁未，647）

正月，诏以回纥部为瀚海府，其他十二部地分别为府、州，各以其酋长为都督、刺史。

四月，设置燕然都护府。

五月，李世勣军渡辽水击高丽，无功而还。

八月，骨利干（铁勒部落之一，居于蒙古高原大沙漠以北的瀚海之北）派使者入贡。

十二月，高丽王派其子谢罪。

二十二年（戊申，648）

二月，结骨（汉时谓坚昆，唐时又谓黠戛斯，居于阿尔泰山与杭爱山之间）酋长失钵屈阿栈入朝。

五月，王玄策大破中天竺。天竺城邑聚落降者五百八十余所。

闰十二月，新罗相金春秋入朝。

二十三年（己酉，649）

正月，徒莫祇等蛮归附，以其地为四州。

五月，著名军事学家李靖死。

同月，太宗驾崩。太子李治即位，是为高宗。罢辽东之役。

七月，于阗王伏阇信入朝。

八月，地震，晋州尤甚，死五千余人。

同月，葬文皇帝李世民于昭陵，庙号太宗。

唐高宗天皇大圣大弘孝皇帝李治

永徽元年（庚戌，650）

正月，高宗召朝集使询问百姓疾苦。长孙无忌与褚遂良同心辅政。

九月，突厥尽归附，设置单于、瀚海二都护府。

二年（辛亥，651）

七月，西突厥沙钵罗可汗攻扰庭州，杀数千人。令梁建方等征讨。

闰九月，下诏颁行长孙无忌等所删定的律、令、式。

三年（壬子，652）

正月，吐谷浑、新罗、高丽、百济派使者入贡。

同月，以褚遂良为吏部尚书、同中书门下三品。

六月，派兵部尚书崔敦礼等率军发薛延陀余众渡黄河，设置祁连州使居处。

十月，房遗爱娶高阳公主。

四年（癸丑，653）

二月，房遗爱以谋奉荆王元景为帝罪被诛。

十一月，初，睦州女子陈硕真起事，自称文佳皇帝。被扬州刺史房仁裕等击斩。

五年（甲寅，654）

三月，初，太宗才人武氏在太宗死后入感业寺为尼。高宗召武氏回宫，拜为

昭仪。

四月，大食击杀波斯王伊嗣侯，王子卑路斯奔吐火罗（中亚古国）。大食退兵，吐火罗立卑路斯为波斯王。

六月，恒州大水，淹五千三百家。

六年（乙卯，655）

二月，派程名振、苏定方率军击高丽，援助新罗。

五月，派程知节征讨西突厥沙钵罗可汗。

九月，高宗欲立武昭仪为后，长孙无忌等劝谏，不听。

十一月，册封武氏皇后。王皇后、萧妃后被武后害死。

同月，中书侍郎李义府参知政事。时人说义府笑中有刀。

显庆元年（丙辰，656）

正月，废皇太子李忠，以为梁王。立武后子代王李弘为皇太子。

八月，程知节等大破西突厥。

九月，括州暴风，海水淹没四千余家。

二年（丁巳，657）

闰正月，命苏定方从北道讨伐西突厥沙钵罗可汗。

十二月，苏定方大破沙钵罗可汗。沙钵罗奔石国，被擒。

同月，以洛阳宫为东都。

三年（戊午，658）

正月，长孙无忌等奉上所修新礼，下诏颁行。

六月，程名振、薛仁贵等击高丽，攻陷赤烽镇。

十一月，李义府恃宠贪婪无厌，被贬为普州刺史。

四年（己未，659）

四月，许敬宗诬长孙无忌谋反，安置黔州。削夺褚遂良等官爵。

六月，诏改《氏族志》为《姓氏录》。以武后族为第一等，其余按官品高下分，共九等。于是以官品入士流者甚多。

七月，许敬宗派人至黔州逼令长孙无忌自杀。诏斩柳奭、韩瑗。从此政归武后。

十一月，薛仁贵在横山击败高丽。

五年（庚申，660）

三月，百济屡侵新罗。新罗求救。命苏定方等率军攻伐百济。

八月，苏定方水陆军大破百济，百济投降。

十月，高宗病，目不能视，政事委武后裁决。

龙朔元年（辛酉，661）

三月，派刘仁轨会新罗兵击败百济。

七月，苏定方围平壤城。

九月，契苾何力在鸭绿水击败高丽。

二年（壬戌，662）

三月，铁勒九姓合众十余万抵抗唐军，薛仁贵三箭射杀三人，大败铁勒九姓，追度漠北，俘叶护兄弟三人还。

同月，以契苾何力为铁勒道安抚使。遂定铁勒九姓。

三年（癸亥，663）

二月，迁燕然都护府于回纥，改名瀚海；迁故瀚海都护于云中古城，改名云中。

四月，李义府卖官聚敛财富，下狱，除名，流放嶲州。

五月，吐蕃大破吐谷浑。以郑仁泰等屯兵凉、鄯二州，以备吐蕃。

六月，以苏定方节度诸军，援助吐谷浑。

九月，孙仁师等攻陷百济周留城，平定百济。

麟德元年（甲子，664）

十二月，武后垂帘听政。从此天下大权，全归中宫。中外谓为“二圣”。

二年（乙丑，665）

闰三月，疏勒弓月引吐蕃侵于阗，命崔知辩等救之。

十月，武后上表请参与泰山封禅礼（登泰山筑坛祭天称为“封”，在山南梁父山上辟基祭地称为“禅”）。诏皇后参与封禅祭地神。

乾封元年（丙寅，666）

正月，高宗在泰山封禅。归途中至曲阜，祭孔子。

五月，铸乾封泉宝钱，一当十。

九月，庞同善大破高丽兵，泉男生与同善合兵。

十二月，以李勣为辽东道行军大总管，击高丽。

二年（丁卯，667）

三月，唐在羌地所置十二州被吐蕃所破，悉罢之。

九月，李勣攻陷高丽新城，又连下十六城。高丽袭别军，薛仁贵大破之，攻下三城。

总章元年（戊辰，668）

二月，唐军攻陷高丽扶余城、大行城。

九月，李勣围平壤月余。高丽王降。

十二月，唐在平壤设置安东都护府，留兵二万镇抚。

本年，京师及山东、江、淮旱灾、饥荒。

二年（己巳，669）

四月，迁高丽三万八千二百户置于江、淮之南等地。

本年，裴行俭等定量才授官法，后为定制。

咸亨元年（庚午，670）

四月，吐蕃攻陷西域十八州等。唐罢龟兹、于阗、焉耆、疏勒四镇。派薛仁贵等击吐蕃，并援送吐谷浑还故地。

八月，郭待封与薛仁贵等征伐吐蕃，两人不协，致使唐军大败于大非川，与吐蕃约和而还。

二年（辛未，671）

四月，以西突厥阿史那都支为左骁卫大将军兼匐延都督，以安集五咄陆之众。

三年（壬申，672）

正月，昆明蛮十四姓二万三千户归附，设置三州。

二月，迁吐谷浑至灵州，以其部落设置安乐州，以可汗诺曷钵为刺史。吐谷浑故地皆入于吐蕃。

四年（癸酉，673）

三月，诏令刘仁轨等改修国史。

闰五月，燕山道总管李谨行在瓠芦河西大破高丽叛众。

十月，名画家阎立本死。

上元元年（甲戌，674）

正月，派刘仁轨等击新罗。

八月，皇帝称天皇，皇后称天后。

十二月，于阗王、波斯王来朝。

二年（乙亥，675）

二月，刘仁轨等大破新罗，新罗派使者入贡谢罪。

三月，高宗风眩甚重，议使天后摄政。中书侍郎郝处俊等劝谏，止。

同月，武后引文学之士撰《列女传》《臣轨》《百僚新戒》《乐书》，共千余卷，并密令参决奏议表疏，以分宰相之权，当时称北门学士。

四月，太子弘死，时人以为武后毒酒所害。

仪凤元年（丙子，676）

八月，诏令今后每四年派五品以上京官至桂、广、交、黔等地精选官吏，时人称为南选。

九月，将军权善才、范怀义误砍昭陵柏，罪当除名，高宗命杀之。大理丞狄仁

杰固谏，二人除名，擢升仁杰为侍御史。

二年（丁丑，677）

二月，遣还故高丽王高藏，以为辽东州都督，封朝鲜王，并遣前百济太子扶余隆归。高藏至辽东暗通靺鞨反叛，召还，扶余隆不敢返回。于是高氏、扶余氏亡。

十二月，大发兵征吐蕃。

三年（戊寅，678）

九月，李敬玄军在青海被吐蕃击败，工部尚书刘审礼被俘，遂收余众还鄯州。

调露元年（己卯，679）

二月，吐蕃赞普死，子器弩悉弄立，年八岁。高宗欲乘机图之，裴行俭谏止。

七月，裴行俭智擒西突厥十姓可汗阿史那都支。送波斯王泥洹师归国。留王方翼在安西，使筑碎叶城。

十月，单于大都护府突厥阿史德温傅、奉职二部叛变，二十四州酋长皆响应。派萧嗣业等击之，唐军大败。

永隆元年（庚辰，680）

三月，裴行俭在黑山大破突厥。

七月，吐蕃尽据诸羌地。地方一万余里，声势甚盛。

十月，文成公主死于吐蕃。

开耀元年（辛巳，681）

正月，突厥侵扰原、庆等州。

闰七月，裴行俭击降阿史那伏念，俘执阿史德温傅，平定突厥残部。

永淳元年（壬午，682）

四月，唐安西都护王方翼分别在伊丽水及热海击败西突厥，平定西突厥。

五月，关中地区水旱蝗灾、疾疫相继，两京间死者相枕于路，人相食。

七月，高宗欲封五岳，在嵩山南建奉天宫，李善感谏阻，时人称为“凤鸣朝阳”。

弘道元年（癸未，683）

十二月，高宗死，遗诏太子显即位，是为中宗。政事皆取决于太后。

唐则天顺圣皇后武曌

光宅元年（甲申，684）

二月，废中宗为庐陵王。立豫王李旦为皇帝，是为睿宗。政事决于太后。

同月，刘仁轨上疏陈述吕后祸败事以申规戒。

九月，太后改元光宅。旗帜皆为金色。改东都为神都。又改官名。

同月，时徐敬业在扬州起兵。敬业使骆宾王起草檄文，历数武后之罪。武后派李孝逸等率军讨伐徐敬业。

十一月，徐敬业兵败，与骆宾王等被部下所杀。捕斩魏思温等，事平。

十二月，杀单于道安抚大使程务挺。流放夏州都督王方翼。

垂拱元年（乙酉，685）

二月，朝堂置登闻鼓（在西朝堂，使臣民击鼓上闻）和肺石（在东朝堂，即赤石，百姓可站在石上控诉地方官吏），有击鼓立石的，令御史受状以闻。

十一月，太后以僧怀义为白马寺主。

二年（丙戌，686）

正月，太后下诏归政于睿宗。睿宗固辞。太后复代行皇帝职。

三月，太后令铸铜为匦，以受天下表疏。从此，盛开告密之门。并任用酷吏来俊臣等。

三年（丁亥，687）

七月，唐将黑齿常之等在黄花堆大破突厥。

本年，全国大饥荒，山东、关内尤甚。

四年（戊子，688）

五月，武后加尊号为圣母神皇。

八月，诸王欲起兵匡复李氏社稷。

九月，武后大杀唐诸王。

十二月，明堂落成。

永昌元年（己丑，689）

闰九月，赐故相魏玄同死。从此内外大臣坐死及流贬者甚众。

十一月，始用周正。改本月为载初元年正月，以十二月为腊月，明年正月为一月。

同月，宗秦客改造“天”“地”等十二字以献，颁行。太后自名“曌”，改诏曰制。

同月，周兴奏除唐亲属籍。

天授元年（庚寅，690）

二月，太后在洛城殿策贡士，殿试自此始。

七月，僧法明等撰《大云经》，说武太后是弥勒佛下世，应代唐为主。

八月，杀故太子贤二子。唐宗室杀戮将尽。

九月，太后改唐为周，改元天授。武后称圣神皇帝，以睿宗为皇嗣，赐姓武氏。立武氏七庙。立武承嗣等为王。

十月，命天下武氏皆免除赋役。

二年（辛卯，691）

二月，周兴流放岭南。杀索元礼以慰人望。

四月，升释教于道教之上。

七月，迁关内数十万户以充实洛阳。

长寿元年（壬辰，692）

一月，来俊臣诬告任知古、狄仁杰、裴行本等谋反。贬狄仁杰等为县令，流放裴行本等至岭南。

二月，吐蕃、党项万余人内附，分置十州。

五月，江淮旱饥，饿死者甚众。

八月，太后自垂拱以来，任用酷吏诛杀唐宗室贵戚数百人，大臣数百家，刺史、郎将以下无数。朱敬则等多上疏言酷吏之害，太后采纳其言，制狱渐衰。

十月，王孝杰等大破吐蕃，收取龟兹、于阗等四镇。

二年（癸巳，693）

正月，令宰相撰《时政记》，每月送史馆。《时政记》从此始。

一月，有人告睿宗谋反。太常工人安金藏自剖心以证明睿宗不反。

同月，命举人停学《老子》，改学太后所撰《臣轨》。

延载元年（甲午，694）

二月，王孝杰在冷泉及大岭分别击败吐蕃和突厥。

八月，武三思率四夷酋长请在端门（洛阳皇城正南门）外铸天枢，铭记功德，黜唐颂周。

九月，来俊臣坐赃贬同州参军。

天册万岁元年（乙未，695）

四月，天枢铸成。名“大周万国颂德天枢”。

万岁通天元年（丙申，696）

腊月，太后封神岳（嵩山）、禅少室（嵩山西峰），免除天下百姓一年赋税。

九月，突厥攻凉州，擒都督。

同月，吐蕃复派使者请和亲，并请罢唐安西四镇戍兵，求分十姓突厥（即五咄陆、五弩失毕）地。

神功元年（丁酉，697）

正月，箕州刺史刘思礼谋反事发，武懿宗令刘思礼诬引朝士，于是宰相李元素等三十六家海内名士遭族灭，连坐流窜者一千余人。

同月，张易之、张昌宗兄弟侍太后。

六月，来俊臣被杀。

闰十月，狄仁杰复相位。

圣历元年（戊戌，698）

正月，改元圣历。

三月，召庐陵王还东都。

九月，立庐陵王哲为皇太子，复名显。

二年（己亥，699）

腊月，赐太子姓武氏。

九月，黄河泛滥，漂没济源百姓庐舍一千余家。

久视元年（庚子，700）

六月，命张易之、张昌宗等在内殿撰修《三教珠英》，掩饰饮宴之迹。

闰七月，吐蕃侵犯凉州，唐休璟大破吐蕃。

九月，狄仁杰死，仁杰曾向太后举荐张柬之、姚元崇等数十人。

长安元年（辛丑，701）

九月，太后年迈，政事多委托张易之兄弟。

十一月，以郭元振为凉州都督。

二年（壬寅，702）

正月，初设武举。

八月，张昌宗兄弟势倾朝野。赐爵张昌宗邺国公。

十一月，太后命苏颋复审来俊臣等罗织的大狱，雪免者甚众。

三年（癸卯，703）

四月，吐蕃献马、黄金求婚。

六月，突厥默啜请以女嫁给皇太子之子。

同月，乌质勒攻陷碎叶，并西突厥。

九月，贬魏元忠，流放张说至岭南。

本年，吐蕃内乱。

四年（甲辰，704）

十月，太后以张柬之为宰相。

十二月，宋璟等力奏收张昌宗下狱，太后特赦之。

唐中宗大和大圣大昭孝皇帝李显

神龙元年（乙巳，705）

正月，张柬之等拥太子入宫，斩张易之、张昌宗，逼太后传位于太子。中宗

复位。

二月，恢复国号曰唐。

同月，立妃韦氏为皇后。韦后临朝干预朝政。

同月，以武三思为司空。

四月，以魏元忠为兵部尚书。

五月，大权尽归武三思。

十一月，太后则天死。遗制："去帝号，称则天大圣皇后"。

神龙二年（丙午，706）

闰正月，太平等七公主皆开府，设置官属。

七月，武三思杀敬晖等五王，势倾朝野。

十二月，安乐公主势倾朝野，自请为皇太女，中宗虽不从，也不谴责。

景龙元年（丁未，707）

四月，以金城公主嫁吐蕃赞普和亲。

七月，太子重俊矫制调禁卫军杀武三思。入宫，事败死。

十月，张仁愿大破突厥。

二年（戊申，708）

三月，张仁愿在黄河北岸修筑东、中、西三座受降城。从此突厥不敢南下，减戍兵数万人。

四月，设置修文馆大学士、直学士、学士，以善写诗文者充任。

七月，中宗、韦后及公主多营佛寺。辛替否上疏谏，不听。

三年（己酉，709）

本年，关中饥荒。

唐睿宗玄真大圣大兴孝皇帝李旦

景云元年（庚戌，710）

正月，命左骁卫大将军杨矩送金城公主往吐蕃。睿宗自送公主至始平。

六月，安乐公主与韦后合谋毒杀中宗。请韦后临朝摄政。

同月，太子李重茂即位，是为少帝。

同月，相王李旦子隆基与太平公主等起兵入宫，杀韦后、安乐公主。少帝让位于相王李旦。相王即位，是为睿宗。

同月，立李隆基为皇太子。

同月，加太平公主实封满万户。公主权倾人主。

七月，宋璟与姚元之协力革除中宗弊政。

十月，以薛讷为左武卫大将军兼幽州都督。节度使之名自薛讷始。

二年（辛亥，711）

二月，太平公主结党欲害太子。睿宗用宋璟、姚元之、张说计，命太子监国，安置太平公主于蒲州。

五月，派使者巡察十道，分山南为东西道，又分陇右为河西道。

十月，依太平公主之请，韦安石等罢相。以刘幽求等为宰相。

唐玄宗至道大圣大明孝皇帝李隆基

先天元年（壬子，712）

七月，睿宗下诏传位于太子。

八月，太子李隆基即位，是为玄宗，尊睿宗为太上皇。

开元元年（癸丑，713）

二月，封靺鞨大祚荣渤海郡王，以其所部为忽汗州。从此去靺鞨号，专称勃海。

七月，太平公主与窦怀贞等阴谋废帝。帝与郭元振等先发制人，杀尽公主党与，赐公主死。

八月，突厥可汗求婚，许以南和县主嫁之。

十月，以姚元之为宰相。纳元之所献十事。

二年（甲寅，714）

正月，设置左右教坊以教俗乐。又选乐工数百人，玄宗在梨园教法曲，称乐工为“皇帝梨园弟子”。又选伎女，置宜春院。

同月，命淘汰天下僧尼，还俗者一万二千余人。

三月，毁武后所造天枢。

六月，吐蕃派宰相尚钦藏来献盟书。

七月，薛讷等率军击契丹，唐军大败。

八月，吐蕃十万军攻扰临洮。

十月，薛讷于武街大破吐蕃。王晙在大来谷大破吐蕃。

同月，派尉迟瓌出使吐蕃，宣慰金城公主。

十二月，设置陇右节度大使，领鄯、秦、河、渭等十二州。

三年（乙卯，715）

二月，突厥十姓降者前后一万余帐，跌跌都督思泰等也率众来降。命以河南地安置。

五月，山东蝗灾。

十一月，张孝嵩发兵出龟兹西数千里，威震西域，大食、康居、大宛等八国

请降。

四年（丙辰，716）

二月，松州都督孙仁献大破吐蕃。

六月，突厥可汗默啜被杀。于是拔曳固、回纥、同罗、霫、仆固五部来降。

闰十二月，姚崇罢相，以宋璟继为相。

五年（丁巳，717）

三月，命在柳城复设置营州都督。

七月，陇右节度使郭知运在九曲大破吐蕃。

十二月，以东平王外孙杨氏为永乐公主，嫁给契丹王李失活。

六年（戊午，718）

正月，宋璟上书止广州官民为其立遗爱碑。

同月，命禁止恶钱。

七年（己未，719）

二月，俱密、康（即汉康居）、安三国上表称被大食国所侵，乞救兵。

本年，设置剑南节度使，领益、彭等二十五州。

八年（庚申，720）

正月，宋璟罢相。弛钱禁，恶钱复流通于市。

四月，派使者赐乌长王、骨咄王、俱位王册命，以褒奖其不被大食所诱叛唐。

五月，源乾曜拜相，乾曜请派子出京。

十一月，突厥在甘州大破唐军。

九年（辛酉，721）

七月，张说大破入寇的党项。

本年，因《麟德历》渐不周密，玄宗命僧一行更造新历。

十年（壬戌，722）

八月，小勃律因被吐蕃所攻，求救于北庭节度使张嵩。唐出兵与小勃律大破吐蕃。自此数年吐蕃不敢侵犯。

九月，张说奏请减缘边戍兵二十余万使还农。玄宗从之。

同月，张说请召募壮士充宿卫，玄宗从。兵农之分自此始。

十一年（癸亥，723）

九月，吐谷浑脱离吐蕃，至沙州降唐。

十一月，命选府兵及白丁十二万，谓之“长从宿卫”，一年轮换二次。州县不得役使。

十二年（甲子，724）

四月，命太史监南宫说等进行天文测量。

六月，仍以宇文融为劝农使，巡行州县，与官民论定赋役。

十三年（乙丑，725）

四月，改集仙殿为集贤殿，置学士、直学士等。

同月，玄宗将东巡封禅，恐突厥乘机入寇，遣袁振征其大臣随同封泰山。

十月，僧一行、梁令瓒等制成水运浑天仪。

十一月，玄宗封泰山，禅社首。

十四年（丙寅，726）

正月，以玄宗从甥陈氏为东华公主，嫁给契丹王李邵固；以成安公主女韦氏为东光公主，嫁给奚王李鲁苏。

七月，黄河南北大水灾。

十五年（丁卯，727）

九月，突厥毗伽可汗派使者入贡，并献吐蕃侵扰瓜州时约突厥连兵书。于是准许突厥在西受降城互市，以帛换其马。

十六年（戊辰，728）

八月，吐蕃复入寇，河西军大破之于祁连城下，获其大将一人。

同年，杨思勖斩叛獠陈行范，擒获何游鲁、冯璘，斩首六万人。

十七年（己巳，729）

二月，嶲州军击败西南蛮，攻陷昆明及盐城。

八月，始禁私卖铜铅锡及以铜为器皿。开采铜铅锡者售于官。

十八年（庚午，730）

四月，吏部尚书裴光庭变任人唯能为按年限授官晋级。

五月，契丹将可突干杀其王李邵固，胁奚叛唐，投降突厥。

六月，派十八总管兵征讨奚、契丹。可突干侵犯平卢，被击败。

十九年（辛未，731）

正月，宦官高力士谮害玄宗幸臣王毛仲，王毛仲被贬官赐死，从此宦官权势更盛。

同月，吐蕃使者称金城公主求《毛诗》《春秋》《礼记》，与之。

九月，吐蕃请在赤岭互市，准许。

二十年（壬申，732）

三月，信安王李祎大破奚、契丹。契丹可突干远遁。迁奚酋李诗琐高部落至幽州境内。

本年，全国有七百八十六万一千二百三十六户，四千五百四十三万一千二百六十五人。

二十一年（癸酉，733）

正月，玄宗派大门艺（武艺弟）发兵击勃海，并使新罗兵夹击。遇大雪，无功而还。

三月，以韩休为黄门侍郎、同平章事。休守正不阿。

二十二年（甲戌，734）

二月，秦州地震，房屋毁坏，压死四千余人。

五月，李林甫深结宦官及妃嫔，因而为相。

六月，张守珪大破契丹。

二十三年（乙亥，735）

十二月，册杨玄琰女为寿王妃。

二十四年（丙子，736）

正月，命天下逃户于年内自首。

三月，委礼部侍郎执掌贡举。

同月，张守珪遣平卢讨击使安禄山击奚、契丹，兵败。

四月，张守珪执安禄山送京师，为之请命。宰相张九龄固争请杀之，玄宗不从，竟赦之。

十一月，张九龄为相以直言著称，李林甫屡中伤之，于是罢相。从此李林甫用事。

二十五年（丁丑，737）

正月，初置玄学博士。

二月，明经加问大义十条，对时务策三首；进士加试大经（《礼记》《左传》）十帖。

三月，赵惠琮等矫诏令河西节度使崔希逸击吐蕃，在青海西大破之。从此吐蕃复绝朝贡。

九月，敕以岁稔谷贱伤农，命增时价十分之二三，和籴东、西畿粟各数百万斛。从此关中蓄积盈溢。

二十六年（戊寅，738）

六月，立忠王玙为太子。后改名亨。

九月，册南诏蒙归义为云南王。

二十七年（己卯，739）

八月，碛西节度使盖嘉运等击平突骑施，威镇西陲。

同月，陇右节度使萧炅击败入寇的吐蕃。

二十八年（庚寅，740）

十一月，金城公主死。

本年，全国共计一千五百七十三个县，八百四十一万二千八百七十一户，四千八百一十四万三千六百九十人。海内富安。

二十九年（辛巳，741）

正月，命各州县如遇有饥馑，先开仓赈济，然后奏闻。

八月，以安禄山为营州都督，充平卢军使，两蕃（指奚、契丹）、勃海、黑水四府经略使。

天宝元年（壬午，742）

正月，分平卢别为节度，以安禄山为节度使。

同月，设置十节度、经略使，以备边防。

三月，李林甫为相，谓之“口有蜜，腹有剑”。

二年（癸未，743）

正月，安禄山入朝，玄宗宠待甚厚。

三月，引浐水为潭，以聚江、淮运船，潭名为广运潭。

三载（甲申，744）

三月，以平卢节度使安禄山兼范阳节度使。

八月，玄宗册拜回纥骨力裴罗为怀仁可汗。

本年，初令百姓十八岁以上为中男，二十三岁以上为成丁。

四载（乙酉，745）

八月，册封杨太真为贵妃。

九月，安禄山欲以边功邀宠，屡次侵掠奚、契丹。奚、契丹各杀公主反，被安禄山讨败。

五载（丙戌，746）

正月，以王忠嗣为河西、陇右节度使，兼知朔方、河东节度事。

七月，杨贵妃宠遇日深，中外争献器服珍玩。

本年，宰相李林甫陷害异己。

六载（丁亥，747）

正月，李林甫杀韦坚兄弟等。

同月，以范阳、平卢节度使安禄山兼御史大夫。

三月，李林甫因王忠嗣功名日盛，忌之。王忠嗣屡次上言安禄山必反，李林甫更恶之。

十一月，王忠嗣被李林甫诬有逆言，贬为汉阳太守。

十二月，以高丽人高仙芝为安西四镇节度使。

七载（戊子，748）

四月，以高力士加骠骑大将军。

六月，赐安禄山铁券（铁刻朱书之符契）。

十二月，哥舒翰筑神威军城、应龙城，使吐蕃不敢近青海。

八载（己丑，749）

三月，朔方节度等使张齐丘在中受降城西北五百余里木剌山筑横塞军城。

六月，哥舒翰攻吐蕃石堡城。唐军死数万人，陷城。

九载（庚寅，750）

五月，赐安禄山爵东平郡王。唐将帅封王自此始。

八月，以安禄山兼河北道采访处置使。

本年，南诏王阁罗凤因云南太守张虔陀逼迫辱骂，起兵，攻陷云南，杀虔陀，取夷州（西南夷归附所设的羁縻州）三十二。

十载（辛卯，751）

正月，安禄山出入后宫不禁。

二月，以安禄山兼河东节度使。

四月，剑南节度使鲜于仲通击南诏蛮大败。南诏王阁罗凤向吐蕃称臣。

十一载（壬辰，752）

二月，命出粟帛及库钱数十万缗至两市回收恶钱。

五月，京兆尹杨国忠加御史大夫、京畿关内采访等使。

六月，吐蕃兵救南诏，剑南兵在云南击败之，攻克三城。

十一月，李林甫死。以杨国忠为右相（中书令）。

十二月，以平卢兵马使史思明兼北平太守，充任卢龙军使。

十二载（癸巳，753）

五月，命岭南五府兵击南诏。

同月，安禄山与杨国忠交恶。

八月，赐哥舒翰爵西平郡王。

本年，安西节度使封常清大破大勃律。

十三载（甲午，754）

正月，加安禄山左仆射。

六月，唐兵击南绍，大败。

本年，户部奏：天下户九百零六万九千一百五十四，人口五千二百八十八万零

四百八十八人。唐代户口盛极于此。

十四载（乙未，755）

二月，安禄山请以蕃将三十二人代替汉将。玄宗不听宰相韦见素言，从安禄山之请。

八月，免除百姓本年租庸。

十月，安禄山诈称有密旨令其入朝讨伐杨国忠。

十一月，安禄山发所部兵及同罗、奚、契丹、室韦共十五万人，在范阳起兵叛唐。河北州县望风瓦解。

同月，玄宗得知安禄山反，募兵抵抗。命荣王琬、高仙芝统率诸军东征。

十二月，平原太守颜真卿起兵讨安禄山。

同月，朔方节度使郭子仪击败安禄山军，乘胜攻陷静边军。

同月，常山太守颜杲卿起兵，讨叛，河北十七郡皆附朝廷。

唐肃宗文明武德大圣大宣孝皇帝李亨

至德元载（丙申，756）

正月，安禄山自称大燕皇帝，建元圣武。

同月，命郭子仪发兵进取东京。郭子仪荐李光弼，以李光弼为河东节度使。置南阳节度使。

二月，李光弼收复常山，史思明屡被李光弼所败。

四月，郭子仪、李光弼合兵在九门城南大破史思明。官军继攻陷赵郡。

五月，郭子仪、李光弼在嘉山大破史思明及安禄山援军。

同月，哥舒翰在灵宝与安禄山将崔乾祐交战，大败。

同月，潼关失守，玄宗仓皇西逃。

六月，玄宗行至马嵬驿。军士哗变，怒杀杨国忠，并请杀杨贵妃，玄宗被迫缢杀杨贵妃。

同月，唐玄宗南往成都，太子北趋灵武。

同月，安禄山入长安，杀掠无算。

七月，杜鸿渐等迎太子至灵武。太子即位，是为肃宗。尊玄宗为上皇天帝，改元至德。

同月，唐将张巡在雍丘大破安禄山军。

同月，肃宗以颜真卿为工部尚书兼御史大夫。由此诸道才知太子在灵武即位，徇国之心更坚。

同月，郭子仪等率军五万从河北至灵武。

八月，郭子仪、李光弼二人同拜相。

同月，回纥、吐蕃派使者请助国讨贼，肃宗宴请赏赐使者并送回。

十二月，永王李璘反谋据金陵，如东晋故事。

同月，张巡与许远在宁陵城西北大破叛将杨朝宗。

二载（丁酉，757）

正月，安禄山为其子安庆绪所杀，安庆绪即位。

同月，史思明以十万军围太原月余，李光弼败于太原。

同月，张巡、许远合兵守睢阳（今河南商丘市南）不足万人，贼将尹子奇率十余万众围攻。

二月，郭子仪平定河东。

同月，陇右、河西、安西及西域诸国入援。

同月，史思明为范阳节度使，安庆绪不能制。

同月，永王李璘败死。

五月，南阳失守。

八月，睢阳士卒剩六百人。张巡向贺兰进明告急，贺兰进明坐视不救。

九月，元帅广平王俶率朔方等军及回纥、西域军从凤翔攻长安。大破叛军，收复西京。

十月，睢阳城陷。张巡、许远被俘死。

同月，收复东京。

同月，肃宗入西京。

十一月，张镐率五节度使攻取河南、河东诸郡县。

十二月，追赠颜杲卿、许远、张巡等死节之士，官其子孙。

同月，史思明降唐。以思明为归义王、范阳节度使，使率所部讨伐安庆绪。河北皆归于唐。

同月，百官接受安禄山官爵者，以六等定罪。

乾元元年（戊戌，758）

二月，免百姓本年租庸。复以载为年。

五月，命停采访使，改黜陟使为观察使。

同月，赠故常山太守颜杲卿太子太保，谥忠节，以其子威明为太仆丞。

七月，初铸乾元重宝钱，与开元通宝并行。

同月，肃宗册命回纥可汗为英武威远毗伽阙可汗，以幼女宁国公主嫁之。

九月，安庆绪在邺郡犹据七郡六十余城。帝命朔方郭子仪等七节度使讨伐，以宦官鱼朝恩为观军容宣慰处置使。

十月，唐军复破安庆绪。包围邺城。安庆绪求救于史思明，史思明发兵十三万救邺城。

十一月，唐军攻占魏州。

十二月，史思明又陷魏州。

同月，平卢节度使王玄志死，裨将杀玄志子，推侯希逸为平卢军使。节度使由军士废立自此始。

二年（己亥，759）

正月，史思明在魏州自称大圣燕王。

二月，张皇后与李辅国勾结，横行禁中，干预政事。肃宗颇不悦，但无可奈何。

三月，郭子仪等九节度使在相州（乾元元年邺郡改为相州）战败。

同月，史思明诱杀安庆绪，返回范阳。

四月，史思明自称大燕皇帝。以子朝义为怀王，改范阳为燕京，改州为郡。

七月，以李光弼代子仪为兵马元帅。不久以赵王係为天下兵马元帅，光弼副之。

九月，铸乾元重宝大钱，加重轮，一当五十。

同月，史思明渡河攻陷汴州，郑州、滑州等相继陷没。

十月，史思明攻河阳，被李光弼多次击败。

上元元年（庚子，760）

四月，李光弼屡败史思明。

闰四月，史思明入东京。

六月，定三品钱值。命京畿，开元钱与乾元小钱皆当十，其重轮钱当三十，诸州另定。时思明铸顺天、得一钱，一当开元钱一百。

七月，李辅国强迁玄宗由兴庆宫至西内。

九月，在荆州置南都。

二年（辛丑，761）

正月，史思明改元应天。

同月，荆南节度加领潭、岳、彬、邵、永、道、连、涪八州。

二月，李光弼被迫出师东京。官军大败。河阳、怀州陷落。

三月，史思明被其子史朝义部将缢杀。朝义即皇帝位，改元显圣。

四月，青、密、兖、郓等兵击败史朝义兵。

八月，加李辅国兵部尚书。

九月，命去尊号，只称皇帝；去年号，只称元年。以建子月（十一月）为岁首，月皆以所建为名。停京兆、河南、太原、凤翔四京及江陵南都号。

同月，江、淮大饥，人相食。

宝应元年（壬寅，762）

正月，租庸使元载搜刮江南。致使百姓相聚山泽为群盗。

二月，复以京兆为上都，河南为东都，凤翔为西都，江陵为南都，太原为北都。

同月，则以郭子仪为汾阳王，命知朔方、河中、北庭、潞泽节度行营兼兴平、定国等军副元帅，征发京师布、绢、米以镇抚之。

四月，肃宗死。李辅国等杀张后等。引太子李豫与宰相相见，即位，是为代宗。

同月，高力士遇赦还，至朗州，得知玄宗死，号恸，吐血而死。

同月，李辅国恃功益骄横，代宗称辅国为“尚父”。

五月，命乾元大小钱皆以一当一，民始安之。

九月，回纥举兵入援，征讨史朝义。

十月，以雍王李适为天下兵马元帅，在陕州会诸道节度使及回讫，进讨史朝义。

同月，仆固怀恩攻克东京。回纥军入东京，肆行杀掠。

十一月，以仆固怀恩为河北副元帅。

同月，史朝义屡次战败，奔莫州，被包围。

唐代宗睿文孝武皇帝李豫

广德元年（癸卯，763）

正月，史朝义屡败，其部将田承嗣、李怀仙投降，朝义自缢于林中。

闰正月，以降将薛嵩、田承嗣、李怀仙节度河北诸镇。

三月，以梁崇义为襄州刺史、山南东道节度留后。

六月，以田承嗣为魏博节度使。承嗣以壮者为兵，数年间有众十万。又选勇健者万人为牙兵，使之自卫。

七月，吐蕃入大震关，攻陷兰、廓、河、鄯等九州，自凤翔以西，邠州以北，皆非唐有。

十月，吐蕃率吐谷浑、党项、氐、羌二十余万入寇，过邠州，代宗始闻，出逃奔陕州，吐蕃入长安焚掠。乃立广武王承宏为帝。郭子仪收兵四千人遣将入城，吐蕃乘夜逃走。

十一月，太常博士柳伉上疏陈述程元振误国、致长安沦陷罪。代宗削程元振官爵，放归故里。

十二月，吐蕃攻陷松、维、保三州及云山新筑二城，于是剑南西山诸州也归于吐蕃。

二年（甲辰，764）

正月，仆固怀恩既不被朝廷所用，遂反。命以郭子仪为关内、河东副元帅、河

中节度等使、朔方节度大使，以瓦解怀恩之势。

二月，郭子仪至汾州，仆固怀恩之众尽归郭子仪。

三月，以刘晏为河南、江淮转运使，疏通汴水，均节赋役。从此每年运米数十万石供给关中。

五月，免除仆固怀恩河北副元帅、朔方节度等使，其余官爵如故。

七月，税天下青苗钱以给官俸。

同月，太尉兼侍中，河南副元帅李光弼死。

八月，仆固怀恩引回纥、吐蕃十万将入寇，京师震骇。诏郭子仪出镇奉天（今陕西乾县）。

十月，仆固怀恩与回纥、吐蕃进逼奉天，京师戒严。虏见子仪大军，不战而退。

永泰元年（乙巳，765）

正月，加李抱玉为凤翔、陇右节度使。以其从弟李抱真为泽潞节度副使。

三月，本年春无雨，一斗米值千钱。

五月，畿内麦子丰收，京兆尹第五琦请税百姓田，十亩收其一，帝从之。

七月，成德节度使李宝臣等收集安、史余党，各拥劲兵数万，自署将吏，不供贡赋，朝廷不能制。

九月，吐蕃至奉天。代宗命郭子仪等屯泾阳等地，下诏亲征。

十月，吐蕃退遇回纥，复相与入侵，兵围泾阳。郭子仪劝说回纥共击吐蕃，回纥从之。唐与回纥合兵追击，破吐蕃。

大历元年（丙午，766）

二月，元载专权，恐奏事者揭其私，乃请：百官论事，先告于宰相，定其可否。刑部尚书颜真卿上疏反对，被贬为峡州别驾。

八月，以宦官鱼朝恩判国子监事。

本年，郭子仪自种百亩田，将校士卒皆种田。

二年（丁未，767）

七月，代宗信佛。元载、王缙、杜鸿渐为相，三人皆好佛，造寺无穷。中外臣民皆废人事而奉佛，政刑日益紊乱。

三年（戊申，768）

六月，幽州兵马使朱希彩等杀节度使李怀仙，希彩自称留后。

八月，吐蕃十万侵犯灵武，二万攻邠州，被击败。

四年（己酉，769）

五月，册仆固怀恩女为崇徽公主，嫁回纥可汗。

五年（庚戌，770）

三月，宦官鱼朝恩势倾朝野。元载乘机奏请诛之，鱼朝恩被缢杀，于是元载权倾内外。

七月，京畿饥荒。

六年（辛亥，771）

本年，户部侍郎韩滉作赋敛出入之法。

七年（壬子，772）

十月，以朱泚为幽州、卢龙节度使。

八年（癸丑，773）

二月，永平节度使令狐彰死。将士欲立其子建，建誓死不从。

十月，魏博节度使田承嗣求为相。加承嗣同平章事。

同月，吐蕃十万侵扰泾、邠，郭子仪派浑瑊击讨，先败后胜。

九年（甲寅，774）

三月，以皇女永乐公主许配魏博节度使田承嗣之子田华。代宗欲固结其心，而承嗣益骄。

九月，回纥白天在长安杀人，有司擒获，代宗释而不问。

十年（乙卯，775）

正月，田承嗣反，攻陷相州。承嗣不奉诏，又取洺州、卫州。

四月，命河东等九道兵征讨田承嗣。

十一年（丙辰，776）

二月，田承嗣上表请入朝。下诏赦其罪，复其官爵，听其与家属入朝。

五月，汴宋留后田神玉死，都虞候李灵曜作乱。

十月，田承嗣派兵救李灵曜，败还。灵曜被官军击败，擒送京师斩首。

十二年（丁巳，777）

三月，以田承嗣反复，命征讨。承嗣复谢罪。乃止。

同月，宰相元载专横纳贿，赐自尽，妻、子皆伏诛。

四月，太常卿杨绾拜相。杨绾性清俭简素。其为相，朝野相贺。

同月，诏令增加京官俸禄。

五月，下诏整顿地方武官及官俸。

十月，西川兵大破吐蕃于望汉城。

本年，藩镇始割据。

十三年（戊午，778）

七月，吐蕃侵扰盐州、庆州，郭子仪派朔方军击退。

十四年（己未，779）

三月，淮西将李希烈等驱逐节度使李忠臣。李忠臣以检校司空、同平章事留京师。以希烈为淮西留后，继为节度使。

五月，代宗死，遗诏以郭子仪摄冢宰。太子适即位，是为德宗。

同月，分郭子仪权。诏尊子仪为尚父，加太尉兼中书令，增实封满二千户，所领副元帅诸使皆免去。

八月，以道州司马杨炎为门下侍郎，并同平章事。

十月，吐蕃与南诏合兵十万，分三路入侵。李晟等率军大破之。

十二月，诏令天下金帛财赋皆归左藏，一如旧制。

唐德宗神武孝文皇帝李适

建中元年（庚申，780）

正月，下诏颁行宰相杨炎所奏两税法。

同月，杨炎与刘晏有隙，杨炎奏于德宗。诏罢刘晏转运、租庸、青苗、盐铁等使。不久贬为忠州刺史。

六月，回纥相顿莫贺，自立为合骨咄禄毗伽可汗，派使者来请命，册其为武义成功可汗。

七月，刘晏被杨炎陷害，诏赐死。

八月，张光晟杀回纥使者董突等九百余人。回纥请得光晟以复仇，德宗贬光晟官以慰其意。

二年（辛酉，781）

五月，增商税为十分之一（杨炎定两税法，商贾三十分之一）。

同月，魏博田悦、淄青李正己、成德李惟岳三镇叛唐。

六月，郭子仪死。

七月，加李元忠北庭大都护，以郭昕为安西大都护、四镇节度使。

十月，杨炎被卢杞构陷，贬崖州司马，途中缢杀之。

三年（壬戌，782）

正月，马燧等在洹水复大破田悦，田悦逃至魏州。

二月，朱滔、王武俊叛变，与田悦联合。

五月，淮南节度使奏，本道税钱每一千请增二百，则诏令诸道税钱皆如淮南；又盐每斗价增一百钱。

同月，回纥可汗派使者随唐使者入见，索马值绢一百八十万匹。诏以帛十万匹，金银十万两偿还其马值。

十一月，朱滔、田悦、王武俊、李纳等叛将结盟称王。卢龙留后朱滔为盟主。

十二月，李希烈反，自称天下都元帅，建兴王。

四年（癸亥，783）

正月，陇右节度使张镒与吐蕃尚结赞盟于清水。

同月，诏颜真卿宣慰李希烈。朱滔、王武俊、田悦、李纳并劝希烈称帝。李希烈欲以颜真卿为宰相，颜真卿叱之。

三月，江西节度使曹王李皋击败李希烈，攻拔黄州、蔡山、蕲州。希烈还蔡州。

六月，初行税间架、除陌钱法。

七月，命礼部尚书李揆为入蕃会盟使。

十月，援救哥舒曜的泾原兵经过长安哗变。德宗出奔奉天。泾原乱兵入宫大掠，奉废居京师的原泾原节度使朱泚为主。

同月，朱泚自称大秦皇帝，率军攻奉天。

十一月，各道兵讨伐朱泚。李怀光在礼泉击败朱泚军。朱泚闻之逃归长安。奉天围解。

十二月，李怀光被宰相卢杞所阻，咫尺不得见德宗，李怀光上表暴扬卢杞罪恶，德宗不得已贬卢杞为新州司马。

兴元元年（甲子，784）

正月，德宗下罪己诏：除朱泚外，李希烈、田悦、王武俊、李纳等皆赦其罪。

同月，唯李希烈称帝，国号大楚。

二月，李怀光反，与朱泚勾结。德宗奔梁州。

五月，李晟收复长安。浑瑊等攻克咸阳。

六月，朱泚逃奔吐蕃，至彭原，被其部下所杀。

七月，德宗返回长安。

同月，李怀光派使者谢罪。德宗派孔巢父赴河中宣慰。巢父轻躁，被军士所杀。怀光复反。

十月，复以宦官分典禁旅。

本年，蝗灾遍于远近，草木无遗，路上饿殍相望。

贞元元年（乙丑，785）

四月，马燧、浑瑊在长春宫南击败李怀光，掘堑围宫城。李怀光将相继来降。诏以燧、瑊为招抚使。

七月，大旱，灞水、浐水将枯竭，长安井皆无水。

八月，马燧与浑瑊等诸军进逼河中，怀光穷迫自缢死。

十二月，户部奏本年共有一百五十州入贡（时河朔诸镇及淄青、淮西皆不入贡，

河、陇诸州没于吐蕃）。

二年（丙寅，786）

九月，德宗与李泌商议恢复府兵。

三年（丁卯，787）

正月，南诏求附唐。

五月，以浑瑊为会盟使，率二万余人赴盟所清水，与吐蕃定盟。吐蕃背约劫盟，大败唐兵。

六月，李泌入相。

七月，革除两税之外的违法聚敛。

同月，募戍卒在京西垦荒种地；又募人入粟补充边地官吏。

九月，吐蕃大掠汧阳、吴山、华亭。继攻陷华亭及连云堡。

同月，回纥屡求和亲，许咸安公主嫁回纥可汗。

四年（戊辰，788）

五月，吐蕃得唐人，以其妻子为质，使其将率军入寇，俘掠人畜上万而去。

九月，下诏免除税外聚敛。于是东南百姓复安其业。

同月，回纥合骨咄禄可汗派其妹及国相以下一千余人来迎公主，因绝吐蕃。

十月，西川军大破入寇的吐蕃。

五年（己巳，789）

十月，韦皋派军与东蛮、两林蛮在嶲州台登谷大破吐蕃，渐复嶲州之境。

六年（庚午，790）

春，下诏迎岐山无忧王寺佛指骨。

五月，吐蕃攻陷北庭。

六月，回鹘又被吐蕃所败，安西音讯断绝。

七年（辛未，791）

四月，安南加重赋敛，群蛮酋长杜英翰等以赋敛苛重起兵反。

七月，以赵昌为安南都护，群蛮安定。

八年（壬申，792）

四月，吐蕃攻扰灵州，毁营田。被击退。

七月，河南、北，江、淮、荆、襄、陈、许等四十余州大水，淹死二万余人。

八月，韦皋获吐蕃大将论赞热。

同月，宰相陆贽上言，边储不赡，由于措置失当。请减少漕运，以大部分米置于水灾州县粜之。令京兆、边镇和籴，以补缺数。

九年（癸酉，793）

正月，初收茶税。

二月，德宗认为宰相陆贽过于清慎，如鞭靴之类，亦可接受。陆贽上奏：贿道一开，辗转滋甚，鞭靴必及金玉，溪壑成灾矣。

五月，云南王异牟寻派使者上表，请弃吐蕃归唐，德宗令韦皋派使慰抚。

十年（甲戌，794）

正月，剑南、西山羌、蛮二万余户来降。

同月，云南王异牟寻与唐使者结盟。

同月，异牟寻在神川大破吐蕃。派使者来献捷。

四月，陆贽上奏请均节财赋，凡六条。

十一年（乙亥，795）

十月，南诏攻取吐蕃昆明城；又虏施、顺二蛮王。

十二年（丙子，796）

正月，各节度、观察使，皆加检校官。

六月，以宦官为护军中尉。藩镇将帅多出自其所统领的神策军。

同月，德宗专意聚敛。浙东判官严绶竭府库以进奉，征为刑部员外郎。

十三年（丁丑，797）

十二月，张建封具奏宫市（指宫中买外间物，随意给价。有的至空手而还。名为宫市，实际类似抢劫）之弊。不听。

十四年（戊寅，798）

闰五月，屯驻在长武城的神策军作乱，为都虞候高崇文平定。

十月，夏州军在盐州西北击败吐蕃。

十五年（己卯，799）

八月，彰义节度使吴少诚进围许州，掠西华。诏削少诚官爵，令诸道征讨。

十六年（庚辰，800）

正月，以夏绥节度使韩全义为蔡州四面行营招讨使。

四月，义成监军薛盈珍肆虐军中，诬陷节度使姚南仲。德宗召回薛盈珍掌机密。

五月，韩全义素无勇略，在溵水（源出河南登封市）南被吴少诚击败。

十月，韩全义屡败。会吴少诚谢罪。乃罢兵。诏复少诚官爵。

十七年（辛巳，801）

九月，韦皋在雅州大破吐蕃。进围维州及昆明城。

十八年（壬午，802）

正月，骠国（古代缅甸骠人所建的国家）王摩罗思那派其子入贡。

同月，西川节度使韦皋在维州大破吐蕃，擒获吐蕃大相论莽热。

十九年（癸未，803）

三月，以杜佑为检校司空、同平章事。

十二月，监察御史韩愈上疏：京畿百姓穷困，本年税钱及草粟等应征而未得者，请等来年蚕麦。韩愈坐贬阳山令。

二十年（甲申，804）

九月，太子诵患风疾，不能言。

唐顺宗至德弘道大圣大安孝皇帝李诵

永贞元年（乙酉，805）

正月，德宗崩，太子诵即皇帝位，是为顺宗。

同月，王叔文入翰林院决事。

二月，王叔文欲掌国政，引韦执谊为相，己用事于中，与相唱和。

同月，罢除时奉。罢“五坊小儿”及宫市。继罢盐铁使月进钱。

三月，诏陆贽、阳城等赴京师。

同月，加杜佑度支及诸道盐铁转运使，以王叔文为之副。

同月，顺宗久病不愈，从宦官俱文珍等之请，立广陵王李淳为皇太子，改名纯。

五月，王叔文欲夺宦官兵权，未遂。

同月，宦官俱文珍等恶王叔文专权，削其翰林职。

六月，韦皋上表，请权令皇太子监国。王叔文因母丧去位。

七月，俱文珍等屡请令皇太子监国。许之。令太子纯主管军国政事。

八月，顺宗自称太上皇，令太子即皇帝位，是为宪宗。

同月，贬王伾开州司马，王叔文渝州司户。

十一月，贬王叔文党，韦执谊等八人被贬为司马，史有“八司马”之称。

唐宪宗昭文章武大圣至神孝皇帝李纯

元和元年（丙戌，806）

正月，西川节度副使刘辟反，命左神策行营节度使高崇文等征讨。

四月，策试制举（皇帝自诏曰制举）之士，元稹、独孤郁、白居易、萧俛、沈传师等出。

同月，元稹上疏论谏官的重要。

九月，高崇文攻克成都。擒刘辟，送京师斩首。

十月，分西川资、简、陵、荣、昌、泸六州隶属东川。以高崇文为西川节度使，

以严砺为东川节度使。

本年，回鹘入贡，始偕摩尼（僧人）来。

二年（丁亥，807）

四月，以右金吾大将军范希朝为朔方、灵、盐节度使，以革除安史乱后，边将由本军任命之弊。

十月，镇海节度使李锜反。征发淮南等兵讨伐。不久锜被部下执送长安，杀之。

十一月，召白居易为翰林学士。

本年，宰相李吉甫撰《元和国计簿》呈上。

三年（戊子，808）

四月，宪宗策试贤良方正直言极谏举人。牛僧孺等直陈时政之失，试官署为上第，宪宗赞许。李吉甫恶牛僧孺等直言，压制牛僧孺等，于是始结牛李党争之怨。

四年（己丑，809）

三月，成德节度使王士真死，其子副大使王承宗自为留后（后为节度使）。

闰三月，诏减免租税，出宫人，绝进奉，禁止掠压良人卖为奴婢。

四月，吐蕃复请和，许之。

十月，制命削除王承宗官爵，遣左神策军中尉吐突承璀督军讨伐。

五年（庚寅，810）

正月，会诸道兵击王承宗。

三月，河东节度使范希朝等在木刀沟大破王承宗。

七月，王承宗派使者请罪。下诏仍以王承宗为成德节度使。

同月，卢龙节度使刘济次子刘总毒杀刘济自领军务。

六年（辛卯，811）

九月，用宰相李吉甫言，并省内外官吏八百零八员，诸司流外一千七百六十九人。

七年（壬辰，812）

十月，魏博都知兵马使田兴奉土地兵众归朝，宪宗册命以田兴为魏博节度使。

十一月，宪宗派裴度至魏博宣慰，用一百五十万缗钱赏将士，六州百姓免除一年赋役。

九年（甲午，814）

二月，李绛屡以足病辞位，罢为礼部尚书。

闰八月，彰义节度使吴少阳死，其子吴元济匿丧自领军务。

十月，任命严绶为申、光、蔡招抚使，督诸道兵招讨吴元济。

十年（乙未，815）

三月，平卢节度使李师道发兵欲助吴元济。并派人烧毁河阴转运院军储。

六月，李师道遣人刺杀宰相武元衡。

十一年（丙申，816）

正月，削王承宗官爵，命河东等六道兵征讨。

六月，高霞寓攻吴元济，官军大败。宪宗不罢兵。

九月，饶州大水，漂失四千七百户。

十二年（丁酉，817）

三月，李光颜在郾城击败三万淮西兵。

同月，征讨王承宗兵历二年无功，罢河北行营，各使还镇。

七月，大水。

同月，宰相裴度请自往督战伐吴元济，许之。以为淮西宣慰招讨处置使。

十月，李愬等雪夜袭取蔡州。获吴元济，淮西平定。

十三年（戊戌，818）

正月，平卢节度使李师道献沂、密、海三州。

二月，横海节度使程权请举族入朝，准许。

四月，王承宗献德、棣二州。诏复王承宗官爵。

七月，令宣武、魏博、义成、武宁、横海五道兵讨李师道。

十二月，宪宗派中使率众僧迎佛指骨于凤翔法门寺塔。

同月，李愬与李师道军交战十一次，全胜。师道忧悸成疾。

十四年（己亥，819）

正月，韩愈上表极力反对迎佛骨。宪宗大怒，贬韩愈为潮州刺史。

二月，李师道疑部下刘悟有他志，欲杀悟。事泄，刘悟捕斩李师道，淄青事平。

四月，诏命诸道节度、都团练、都防御、经略等使所统支郡兵马，并令刺史统领。

本年，吐蕃攻扰盐州。灵武牙将史奉敬从后路大破吐蕃，盐州解围。

十五年（庚子，820）

正月，宪宗暴崩。

同月，宦官梁守谦等共立太子恒为帝，是为穆宗。

三月，穆宗见柳公权字，爱之，以为右拾遗、翰林侍书学士。

五月，以元稹为祠部郎中、知制诰（撰拟诏书）；朝论鄙元稹。

十月，谏议大夫郑覃等向穆宗谏游宴。帝不能用。

唐穆宗睿圣文惠孝皇帝李恒

长庆元年（辛丑，821）

三月，卢龙节度使刘总奏请弃官为僧，遁去，死于定州境内。

四月，翰林学士李德裕（李吉甫子）、元稹与中书舍人李宗闵有隙，二人借贡举不公共倾宗闵。从此德裕、宗闵各分朋党，互相倾轧。达四十年之久。

九月，以钱重物轻，令两税皆输布、丝、丝绵；唯独盐、酒课用钱。

十月，元稹与知枢密魏弘简相结，求为宰相。裴度上表请驱除。元稹虽除翰林，待之如故。

二年（壬寅，822）

正月，魏博节度使田布受中使监军掣肘，出讨幽镇无功，愤而自杀。以魏博先锋兵马使史宪诚为魏博节度使。

三月，昭义军乱。

三年（癸卯，823）

三月，户部侍郎牛僧孺拜相。李德裕以为宰相李逢吉引牛僧孺排斥自己，由此牛、李之怨愈深。

四年（甲辰，824）

正月，穆宗死。太子即位，是为敬宗。

四月，卜者苏玄明与染坊工人张韶相结，煽诱染工一百余人入宫作乱，禁军合击，事平。

唐敬宗睿武昭愍孝皇帝李湛

宝历元年（乙巳，825）

二月，敬宗游幸无常，亲昵群小。浙西观察使李德裕献《丹扆六箴》规劝之。

七月，盐铁使王播进羡余绢一百万匹。

二年（丙午，826）

五月，卢龙（幽州）军乱。

十二月，宦官苏佐明等杀敬宗。宦官王守澄等尽杀刘克明等，拥立江王李涵即位，是为文宗，改名昂。

唐文宗元圣昭献孝皇帝李昂

太和元年（丁未，827）

四月，以太仆卿高瑀为忠武节度使。改变自唐代宗大历以来节度使多出于禁军

之惯例。

八月，横海节度副使李同捷不受诏赴任兖海节度使，发七道兵征讨。

二年（戊申，828）

三月，文宗亲策制举人，刘蕡对策，极陈宦官专权之祸。

闰三月，考官惧宦官，不敢取。刘蕡因此不得仕于朝。

九月，因王庭凑助李同捷，削其官爵，命诸军四面进讨。

三年（己酉，829）

四月，李同捷屡败请降，宣慰使柏耆取同捷至京师，途中斩之，据为己功。

六月，魏博军乱，杀史宪诚。拥牙将何进滔知留后。

同月，王庭凑通过邻道微露请服之意；赦免王庭凑及将士，复其官爵。

四年（庚戌，830）

正月，李宗闵引荐牛僧孺为相。二人排斥李德裕之党。

二月，山南西道兵乱，受监军杨叔元指使，杀节度使李绛。

三月，新任山南西道节度使温造杀作乱新军八百余人，流放杨叔元。

十月，以李德裕为西川节度使。蜀人粗安。

五年（辛亥，831）

三月，帝与宰相宋申锡谋诛宦官。谋泄，宦官王守澄等诬告宋申锡谋立漳王。贬漳王为巢县公，宋申锡为开州司马，坐死及流窜者数百人。

九月，吐蕃维州副使悉怛谋率众至成都来降。李德裕派兵据其城，奏欲派生羌攻吐蕃以雪耻。牛僧孺反对。诏以执悉怛谋及其众皆归还。吐蕃尽杀之。德裕更加怨恨牛僧孺。

七年（癸丑，833）

二月，李德裕拜相，文宗与之论朋党事，德裕说："方今朝士三之一为朋党。"德裕因此得以排斥其所不悦者。

七月，杜牧愤河朔三镇之凶暴，而朝廷议者专事姑息，于是作《罪言》；又伤府兵废坏，作《原十六卫》。

八年（甲寅，834）

十月，幽州军乱，驱逐节度使杨志诚，推兵马使史元忠主留务。

同月，李宗闵复相，李德裕罢相。

十一月，李宗闵和李德裕各有朋党，互相挤援。

九年（乙卯，835）

四月，李德裕被排挤，先贬为太子宾客，又贬为袁州长史。

五月，以宦官仇士良为左神策中尉，以分宦官王守澄权。守澄不悦。

六月，郑注诋毁李宗闵于文宗。贬李宗闵为明州刺史。至七月，再贬李宗闵为处州长史。

九月，以郑注为凤翔节度使。李训忌郑注，出注至凤翔，欲既诛宦官，并图注。

十月，李训、郑注密奏文宗，请除王守澄。派中使李好古至其第鸩杀之。

十一月，甘露之变。宦官、朝官相仇杀，宦官胜。中尉仇士良杀宰相王涯等朝官。此后宦官权力极大。

开成元年（丙辰，836）

二月，昭义节度使刘从谏上表问王涯等人罪名，声讨仇士良等擅领甲兵诛戮。

二年（丁巳，837）

十月，国子监《石经》成。

三年（戊午，838）

正月，仇士良派盗杀中书侍郎、同平章事李石未遂。李石屡上表辞相位。出为荆南节度使。

九月，义武节度使张璠死，生前告诫其子张元益举族归朝。

十月，以张元益为代州刺史。

本年，吐蕃赞普彝泰死，弟达磨立，荒淫无道，吐蕃势更衰。

四年（己未，839）

三月，裴度死。

十月，起居舍人魏謩谏文宗观看起居注（皇帝言行录）。

十一月，文宗受制于宦官，自比周赧王、汉献帝。

五年（庚申，840）

正月，文宗病危，宦官仇士良等矫诏立颍王李瀍为皇太弟，废太子成美仍为陈王。文宗死，李瀍即位，是为武宗。

十月，回鹘噩驳可汗被攻杀，诸部逃散，从此回鹘不振，黠戛斯（唐初结骨，属突厥）兴起。

唐武宗至道昭肃孝皇帝李瀍

会昌元年（辛酉，841）

六月，武宗崇道教，命道士在三殿建道场，亲授法箓（道教用以“驱鬼召神”或“治病延年”的秘密文书）。

闰九月，李德裕以私怨罢牛僧孺相位为太子少师。

十二月，派使者慰问回鹘，赈米二万斛。

二年（壬戌，842）

十二月，因争立赞普，吐蕃大乱。

三年（癸亥，843）

六月，仇士良以老病致仕。

同月，吐蕃相论恐热忌鄯州节度使尚婢婢，掀起内战。

九月，吐蕃尚婢婢大破论恐热。

四年（甲子，844）

六月，裁减州县佐官一千二百一十四员。

八月，昭义部将郭谊等杀刘稹投降。昭义乱平。

九月，李德裕借昭义事罗织东都留守牛僧孺、湖州刺史李宗闵罪。三贬之，至十一月，以牛僧孺为循州长史，宗闵长流封州。

五年（乙丑，845）

八月，唐武宗灭佛。诏陈列佛教之弊，宣告中外，毁寺院，令大部分僧尼还俗。

六年（丙寅，846）

正月，武宗死，皇太叔李怡（忱）即位，是为宣宗。

四月，李德裕罢相，渐贬逐其党。

唐宣宗元圣至明成武献文睿智章仁神聪懿道大孝皇帝李忱

大中元年（丁卯，847）

闰三月，唐宣宗兴佛。命武宗会昌五年所废寺院，听僧尼修复。有司不得禁止。

二年（戊辰，848）

正月，回鹘散弱。

三年（己巳，849）

二月，吐蕃秦、原、安乐三州及石门等七关来降。

七月，泾原等诸道兵取三州及七关。

闰十一月，李德裕死，朋党之争渐平。

四年（庚午，850）

九月，吐蕃论恐热击败尚婢婢，大掠河西鄯、廓等八州。

五年（辛未，851）

十月，张义潮略定瓜、伊、西、甘、肃、兰、鄯、河、岷、廓十州，派使者入献图籍。吐蕃河、湟之地尽归于唐。

十一月，在沙州置归义军。以张义潮为节度使、十一州观察使。

六年（壬申，852）

十二月，严禁私度僧、尼。

七年（癸酉，853）

四月，定行刑折杖法。

八年（甲戌，854）

二月，中书门下奏请增补拾遗、补阙之缺员。

十月，宣宗认为甘露之变，宰相王涯、贾𫗧等无罪，下诏皆雪其冤。

同月，宣宗曾与宰相令狐绹谋尽诛宦官。宦官窃见其奏，更恶朝士。

九年（乙亥，855）

闰四月，令各县据人贫富及役轻重作差科簿，每有役事据簿定差。

七月，浙东军乱，逐观察使李讷。

十二月，康季荣前为泾原节度使，擅用官钱二百万缗，事觉，贬季荣为夔州长史。

十年（丙子，856）

三月，下诏安抚回鹘。

五月，以韦澳为京兆尹。韦澳为人公直，豪贵惧之。

十一年（丁丑，857）

四月，岭南溪洞蛮屡次侵扰，派宋涯为安南、邕管宣慰使。

五月，容州军乱，驱逐经略使王球。

十二年（戊寅，858）

七月，宣州军乱，逐观察使郑薰。

八月，河南、北，淮南大水，淹没数万家。

十三年（己卯，859）

八月，宣宗死。宦官王宗实下诏立宣宗长子郓王李温为皇太子，改名漼。不久即位，是为懿宗。

十二月，南诏酋龙自称皇帝，国号大礼，攻陷播州。

唐懿宗昭圣恭惠孝皇帝李漼

咸通元年（庚辰，860）

二月，裘甫大破官军，自称天下都知兵马使，铸印名天平。声震中原。

六月，朝廷以前安南都护王式为浙东观察使，统率忠武等道兵击裘甫。

八月，裘甫被擒送京师斩首。浙东平定。

三年（壬午，862）

四月，懿宗崇奉佛，屡幸诸寺，施予无度。

五月，分岭南为两道，广州为东道，邕州为西道；各置节度使。

七月，徐州武宁军乱。

八月，邕州军乱。

四年（癸未，863）

正月，懿宗游宴无节，左拾遗刘蜕上疏谏，不听。

三月，南蛮侵逼邕州。

十二月，南诏侵扰西川。

五年（甲申，864）

正月，西川击败南诏。

三月，岭南西道节度使康承训在邕州损兵八千，杀南诏兵不满三百人，谎奏报大捷，贺。

六年（乙酉，865）

五月，募强弩三万人，在洪州置镇南军。

同月，南诏陷嶲州。

九月，安南都护高骈击败峰州蛮。

七年（丙戌，866）

三月，诏召南诏使至京师。

十月，拓跋怀光在廓州擒斩论恐热。尚延心击败其部众，迁置岭南。吐蕃从此衰绝。

十一月，在安南置静海军，以高骈为节度使。

九年（戊子，868）

七月，桂州兵乱。

十月，桂州戍兵攻克宿州，庞勋自称兵马留后，攻入徐州，囚观察使崔彦曾，城中归附者一万余人，表请旌节。

十一月，勋大破泗州救兵。

闰十二月，庞勋全歼围都梁城官军。

十年（己丑，869）

二月，徐州行营都招讨使康承训率诸道兵进讨庞勋。以沙陀骑兵为前锋，屡破庞勋。

四月，庞勋称天册将军。

九月，庞勋战死。

十一年（庚寅，870）

二月，南诏围攻成都，援军大破南诏兵。南诏解围去。

八月，魏博军乱，杀节度使何全皞，推韩君雄为留后。

十二年（辛卯，871）

正月，以魏博留后韩君雄为节度使。

十三年（壬辰，872）

八月，归义节度使张义潮死，曹义金代领军府。以义金为归义节度使。此后回鹘攻陷甘州，其余诸州属于归义的多被羌、胡所据。

十四年（癸巳，873）

三月，懿宗派遣敕使到法门寺迎佛骨，自京师至法门寺三百里间，车马昼夜不绝。

四月，佛骨至京师，懿宗降楼膜拜，迎佛骨入禁中。三日，出置安国崇化寺。

七月，懿宗病重，宦官刘行深、韩文约立帝少子普王李俨为皇太子。懿宗死，年四十一岁。皇太子俨继位，是为僖宗。

八月，关东、河南大水。

唐僖宗惠圣恭定孝皇帝李儇

乾符元年（甲午，874）

本年，濮州人王仙芝聚众数千，在长垣起事。

二年（乙未，875）

六月，黄巢聚众数千人响应王仙芝。

七月，蝗虫遮天蔽日，所过一片赤地。

三年（丙申，876）

九月，王仙芝攻陷汝州，执刺史王镣，东都大震。

十二月，王仙芝攻蕲州，王镣为书说蕲州刺史裴偓为仙芝表请官爵。授仙芝为左神策军押牙。仙芝欲降唐，被黄巢所阻。仙芝遂不受命。

四年（丁酉，877）

二月，南诏王酋龙死，子法立。

闰二月，派使者至岭南西道请和。诏许之。

十一月，王仙芝派尚君长再度请降于唐。

五年（戊戌，878）

二月，招讨使曾元裕在黄梅大破王仙芝，杀五万余人，追斩仙芝，余党散去。

同月，尚让率仙芝余众归黄巢于亳州，推巢为主，号冲天大将军，置官署。巢

屡被官军击败。诏以巢为右卫将军，就郓州解甲。巢不至。

三月，黄巢转战南北。

四月，时连年旱灾、蝗灾，耕桑半废，府库虚竭。

六年（己亥，879）

九月，黄巢不受朝廷所授率府率（太子宫武官），攻陷广州。

十月，黄巢在岭南，士卒因瘴疫死者十之三四，于是从部下议，从桂州北还。陷潭州，进逼江陵。唐荆南节度使王铎弃城奔襄阳。

广明元年（庚子，880）

五月，黄巢在信州击败张璘，势复振。

七月，黄巢从采石渡长江，高骈命诸将严备。诏河南诸道发兵备黄巢。

十一月，黄巢入汝州。进克东都，留守刘允章率百官迎谒；黄巢入城，坊市安宁。

十二月，黄巢攻克潼关，自率大军直趋长安。田令孜率神策兵五百拥僖宗奔成都。巢入长安。

同月，黄巢即皇帝位，国号大齐。

同月，凤翔节度使郑畋密修守备，训士卒。军势大振。

中和元年（辛丑，881）

三月，黄巢部将朱温率军攻陷邓州，戍守邓州以扼荆、襄。

同月，郑畋大破黄巢军。

四月，黄巢在长安大破官军，军势复振。上黄巢发号为“承天应运启圣睿文宣武皇帝”。

五月，忠武监军杨复光击败朱温，复取邓州。

十月，凤翔行军司马李昌言逼走凤翔节度使郑畋。

二年（壬寅，882）

正月，以王铎充诸道行营都都统，以攻黄巢。

四月，王铎以诸道兵逼进长安。长安百姓皆避乱深山筑栅自保，义军坐食空城。

九月，黄巢所署同州防御使朱温投降河中节度使王重荣。唐以朱温为同华节度使。

十月，唐以朱温为右金吾大将军、河中行营招讨副使，赐名全忠。

十二月，以李克用为雁门节度使。

三年（癸卯，883）

二月，李克用在梁田陂大破黄巢将尚让。

四月，黄巢与李克用等战于渭南，屡败。黄巢力战不胜，焚宫室东走。

六月，黄巢军屡败，纵兵掠，自河南许、邓、孟、郑、汴等数十州。

七月，加朱全忠东北面都招讨使。

同月，诏令李克用为河东节度使。

四年（甲辰，884）

三月，黄巢围陈州近三百天，大小数百战不能克。

四月，黄巢退军故阳里（陈州城北），陈州围始解。

六月，黄巢解陈州围后，屡被李克用击败，东逃至泰山狼虎谷，为其甥林言所杀，黄巢起义至此，十年而灭。

光启元年（乙巳，885）

三月，僖宗还至长安。

十二月，王重荣与李克用合兵，大破朱玫等。李克用进逼京城。田令孜奉僖宗奔凤翔。乱兵所过，焚掠无遗。

二年（丙午，886）

正月，李克用与王重荣表请僖宗还宫，并请诛田令孜。田令孜挟帝赴兴元。

三月，凤翔百官萧遘等请诛田令孜。诏加王重荣应接粮料使。重荣因僖宗未诛田令孜，不奉诏。

四月，邠宁节度使朱玫奉襄王李煴权监军国事。玫自兼左右神策十军使，奉煴回京师。

五月，朱玫自加侍中、诸道盐铁、转运等使；诸藩镇受其命者十之六七。

六月，李克用、王重荣与神策军将杨守亮共讨朱玫。

十月，襄王李煴即皇帝位，遥尊僖宗为太上元皇圣帝。

十二月，朱玫部将王行瑜斩朱玫，襄王奔河中，王重荣杀襄王煴。

三年（丁未，887）

四月，淮南乱。大将毕师铎囚高骈。迎宣州观察使秦彦为帅。

六月，河中牙将常行儒杀节度使王重荣。

同月，以张全义为河南尹。全义招怀流散，劝之耕种，无严刑，无租税，民归之如市。

文德元年（戊申，888）

三月，僖宗死。其弟寿王杰即位，改名敏，后又改名晔，是为昭宗。

四月，朱全忠派军击败李克用。全忠表其将丁会为河阳留后，遂兼有河阳；复以张全义为河南尹。从此全义尽心附全忠。

五月，朱全忠大发兵击秦宗权，大破之于蔡州南，围蔡州。

十二月，蔡州将申丛执秦宗权投降朱全忠，于是朱全忠兼有淮西。

唐昭宗圣穆景文孝皇帝李晔

龙纪元年（己酉，889）

正月，王建大破陈敬瑄将山行章于新繁。

二月，朱全忠送秦宗权至京师斩首。

六月，李克用大破昭义节度使孟方立。众奉其弟孟迁为留后，向朱全忠求援，全忠派将领共守邢州。

同月，以杨行密为宣歙观察使。

大顺元年（庚戌，890）

五月，以宰相张濬为河东行营都招讨制置宣慰使，督诸道兵讨伐李克用。

六月，更命义成军为宣义。以朱全忠为宣武、宣义节度使。

十月，宰相张濬在赵城被李克用击败。

二年（辛亥，891）

正月，朱全忠击魏博罗弘信，五战皆捷，弘信派使者厚币请和。魏博从此服于朱全忠。

八月，王建击败陈敬瑄，境内州县皆被王建所取。建自称西川留后。

十二月，孙儒屡次击败杨行密，行密求救于兵据苏州的钱镠，镠以兵粮助行密。

景福元年（壬子，892）

二月，凤翔节度使李茂贞等五节度使擅自举兵攻兴元（今陕西省汉中市）杨守亮。

四月，在杭州置武胜军，以钱镠为防御使。

八月，以杨行密为淮南节度使、同平章事。行密招抚流散，轻徭薄敛，未及数年，淮南公私富庶。

二年（癸丑，893）

二月，李克用围邢州，大破成德节度使王镕。卢龙节度使李匡威救王镕，击败李克用。

四月，朱全忠攻克徐州，时溥举族自焚死。

闰五月，以武胜防御使钱镠为苏杭观察使。

九月，以钱镠为镇海节度使。

同月，派禁军讨伐李茂贞，大败。茂贞等乘胜进逼长安。

十月，以茂贞为凤翔节度使兼山南西道节度使，于是茂贞尽据十五州之地。

乾宁元年（甲寅，894）

三月，李克用杀李存孝。其另一骁将薛阿檀，密与存孝通，恐事泄，自杀。从

此克用兵势渐弱，而朱全忠独盛。

八月，杨复恭、杨守亮将赴河东，被镇国军节度使韩建擒获，送长安斩首。

十二月，李克用大破卢龙节度使李匡筹。克用陷幽州。

二年（乙卯，895）

正月，护国军节度使王重盈死。

五月，王行瑜、韩建、李茂贞率军至长安，杀前宰相韦昭度等及宦官数人。并请授王珙于河中，调王珂于同州。

六月，李克用以讨伐王行瑜等为名，举兵南下。

七月，长安大乱，昭宗出奔南山。李克用奉表问帝起居。昭宗以克用为邠宁四面行营都招讨使。

三年（丙辰，896）

二月，藩镇干预朝政。朱全忠荐举兵部尚书张濬为相。李克用表请发兵击朱全忠，声言："濬朝为相，臣则夕至阙庭。"

五月，钱镠进兵至越州，董昌去帝号，复称节度使。镠兵骗董昌出而斩之。

七月，李茂贞入长安，帝出奔，宫室市肆被茂贞焚烧俱尽。

十月，李茂贞上表请罪，并献助修宫室钱。

四年（丁巳，897）

正月，韩建围行宫，胁迫昭宗令诸王所领军士并纵归田里。殿后四军皆遣散。

同月，立德王祐为皇太子，改名裕。

同月，朱全忠兼并郓州、兖州（今山东省济宁市兖州区）。

八月，韩建诬诸王谋反，杀十一王。

九月，李克用军与刘仁恭军战，大败。

同月，削李茂贞官爵。命将讨伐李茂贞。

同月，朱全忠大举进击杨行密；淮南震恐。

十一月，杨行密与朱瑾大破朱全忠军。杨行密从此保据江、淮之间，朱全忠不能与之争。

光化元年（戊午，898）

正月，昭宗下诏罪己，恢复李茂贞姓名官爵，罢诸道征讨凤翔之兵。

同月，李茂贞、韩建修复长安宫阙，以奉帝归长安。

三月，朝廷以朱全忠为宣武、宣义、天平三镇节度使。

八月，昭宗至长安。

二年（己未，899）

三月，朱全忠救魏博。刘仁恭接连大败，全忠势益盛。

十一月，朱全忠兼有陕、虢。

十一月，马殷尽据湖南境。

三年（庚申，900）

四月，朱全忠发兵击刘仁恭。

六月，宰相崔胤与昭宗谋去除宦官。流放宦官宋道弼等，皆赐自尽。于是崔胤专制朝政。

七月，李克用派军救刘仁恭，击败朱全忠军。

十一月，宦官左军中尉刘季述率禁兵入宫，囚禁昭宗，矫诏令太子继位，以昭宗为太上皇。

天复元年（辛酉，901）

正月，杀刘季述等，迎昭宗复位，废太子为德王。封朱全忠为东平王。

二月，朱全忠既征服河北，又取河中。护国军节度使王珂投降。

三月，朱全忠以六路大军攻李克用，接连攻下沁、泽、潞、辽等州。

同月，朱全忠军进抵晋阳城下。

闰六月，崔胤请昭宗尽诛宦官，谋泄，胤写信给朱全忠，称受密诏，令全忠率军迎帝至东都。

十一月，宦官韩全诲逼昭宗出奔凤翔。

二年（壬戌，902）

五月，封钱镠为越王。

八月，王建派将领攻李茂贞山南西道，拔兴元。

十二月，李茂贞写信给朱全忠请和，许之。

三年（癸亥，903）

正月，李茂贞与朱全忠和解。

同月，朱全忠拥帝还长安，宦官所领左、右神策所统内外八镇兵皆归属六军（左右神策、左右龙武、左右羽林）。

八月，王建进爵蜀王。

十二月，崔胤借朱全忠兵力以诛宦官。全忠击败李茂贞，吞并关中，威震天下，遂有篡夺之志。

天祐元年（甲子，904）

正月，朱全忠称李茂贞等兵逼京畿，奉表迫帝迁都洛阳。

三月，昭宗派使者密诏告急于王建、杨行密、李克用等以图匡复。

八月，朱全忠弑昭宗，立辉王李祚为皇太子，改名柷，是为哀帝。

昭宣光烈孝皇帝李柷

天祐二年（乙丑，905）

二月，朱全忠杀德王裕等昭宗九子。

六月，朱全忠聚集被贬朝士三十余人于白马驿，皆杀之。

十一月，吴王杨行密死，子杨渥为淮南节度使。

三年（丙寅，906）

正月，魏博牙军父子相继，势固骄横，天雄节度使罗绍威恶之不能制，借朱全忠军诛牙军。

十月，刘仁恭求救于李克用。李克用攻潞州以牵制朱全忠。

闰十二月，朱全忠得知潞州失引军还。

后梁太祖神武元圣孝皇帝朱温

开平元年（丁卯，907）

四月，梁王朱全忠逼哀帝禅让，自即皇帝位，是为梁太祖。国号大梁，改名晃。唐朝灭亡。

五月，契丹主耶律阿保机率三十万人侵云州，河东节度使李克用与之和，约共击梁。

九月，以吴王钱镠为吴越王，以高季昌为荆南节度使。

同月，王建即皇帝位，国号大蜀，史称前蜀。

二年（戊辰，908）

正月，河东节度使李克用死，立其子李存勖为嗣。

五月，晋王李存勖趋上党。大破梁军。晋王归晋阳，休兵行赏；举贤才，宽租赋；抚孤穷。禁奸盗，因此境内大治。

同月，蜀王建会李茂贞，并结李存勖合攻梁雍州大安府（长安）。军败。

十月，温韬暴掠雍州，挖掘唐帝诸陵。

三年（己巳，909）

正月，后梁迁都洛阳。

三月，以韩逊为颍川王。

四月，后梁封王审知为闽王，刘隐为南平王。

七月，以刘守光为燕王。

八月，江西之地尽归杨隆演。

十二月，卢龙节度使刘守光久围沧州。

四年（庚午，910）

正月，刘廷祚力尽出降。

二月，高澧奔吴。至三月，吴越王钱镠以钱镖为湖州刺史。

六月，加楚王马殷天策上将军。殷置左右相。

八月，吴越王钱镠筑捍海石塘，拓广杭州城，从此钱塘富庶。

十二月，颁布《梁律令格式》。

乾化元年（辛未，911）

正月，晋军在柏乡大破梁军。

八月，刘守光即皇帝位，国号大燕。

二年（壬申，912）

三月，义昌军将张万进杀节度使刘继威（刘守光子），自为留后。改义昌军为顺化军，以张万进为节度使。

五月，晋将周德威大破燕军。

六月，朱晃病重，召假子友文欲托付后事。次子友珪杀父朱晃。并矫诏杀友文。朱友珪于是发丧即皇帝位。

后梁均王朱瑱

三年（癸酉，913）

二月，后梁均王朱友贞（朱晃第三子）结禁军杀朱友珪，在开封即帝位，是为梁末帝。

三月，朱友贞改名锽，后又改名瑱。

十一月，晋王李存勖攻克幽州，燕亡。

四年（甲戌，914）

十二月，蜀大破南诏于大渡河。

贞明元年（乙亥，915）

正月，蜀斩三蛮王于成都，从此南诏不复犯边。

六月，晋王李存勖入魏县兼领天雄军节度使，又袭取德州；至七月，陷澶州。

九月，晋先后攻取梁相州、邢州、沧州、贝州，于是河北全境几皆入于晋。

本年，契丹王耶律阿保机称皇帝，是为太祖。

三年（丁丑，917）

十月，后梁加吴越王钱镠天下兵马元帅。

四年（戊寅，918）

正月，蜀复改国号“汉”为“蜀”。

六月，蜀高祖王建死，太子王衍即皇帝位，是为后主。

七月，徐温以徐知诰执吴政。从此江淮间旷土尽辟，桑拓满野，国致富强。

十一月，越主刘岩改国号曰汉，史称南汉。

十二月，后梁军与晋军在濮州大战，晋丧大将周德威，梁军大败。

五年（己卯，919）

四月，后梁命吴越王钱镠大举伐吴。吴越将钱传瓘在狼山江大破吴将彭彦章。

七月，吴丞相徐温率诸将在吴锡大破吴越将钱传瓘。

八月，吴王和徐温与吴越王钱镠和好。

六年（庚辰，920）

四月，后梁河中节度使冀王朱友谦归于晋。

六月，后梁攻朱友谦，围同州，友谦求救于晋。

七月，晋王派军救之。至此大破梁军，斩获甚众。

龙德元年（辛巳，921）

十月，晋王在德胜大破梁军。

十二月，契丹大举南侵。

二年（壬午，922）

正月，晋王李存勖率军大破契丹。

后唐庄宗光圣神闵孝皇帝李存勖

同光元年（癸未，923）

四月，晋王李存勖在魏州即皇帝位，是为庄宗。国号大唐，史称后唐。以魏州为兴唐府，建东京；在太原府建西京；以镇州为真定府，建北都。

十月，后唐兵入大梁，梁亡。

十二月，后唐庄宗迁都洛阳。

二年（甲申，924）

正月，岐王李茂贞派子至唐入贡，上表称臣。

同月，后唐复用宦官监军，藩镇皆愤怒。

八月，以租庸副使孔谦为租庸使。谦重敛急征以充帝欲，民不聊生。

三年（乙酉，925）

正月，契丹攻幽州。

六月，后唐庄宗命建楼以避暑，每天役使万人。

九月，后唐庄宗以皇子魏王李继岌为伐蜀都统，枢密使郭崇韬为副，发兵六万攻蜀。

十一月，蜀主王衍投降唐。从出师至克蜀，共七十天，得节度十，州六十四，县二百四十九。

闰十二月，因宦官进谗言，唐庄宗疑郭崇韬有异志，皇后刘氏密令魏王继岌，使杀郭崇韬。

后唐明宗圣德和武钦孝皇帝李亶

天成元年（丙戌，926）

二月，魏博军乱杀指挥使杨仁晸，拥将赵在礼为帅。

同月，李绍琛反唐，自称西川节度等使，图进成都。

三月，李嗣源入汴州。

四月，庄宗死于乱兵。李嗣源入东都洛阳，即帝位，是为明宗，改名亶。

六月，明宗命收斩禁军作乱者三千家。

九月，阿保机次子耶律德光即位，是为太宗。

二年（丁亥，927）

二月，保义节度使石敬瑭，受诏兼六军诸卫副使。

六月，后唐军击败高季兴，复取夔州。

八月，后唐册礼使至长沙，楚王马殷建国。立宫殿，置百官。

三年（戊子，928）

三月，西川节度使孟知祥与东川节度使董璋争盐利，知祥收重税，商旅不再往东川。

同月，楚王马殷大破荆南高季兴。

七月，准许民间造曲酿酒。

十二月，闽王王延钧度民二万多为僧。

四年（己丑，929）

四月，楚铸锡钱，百值铜钱一，流入内地。唐重申禁铁锡钱。

长兴元年（庚寅，930）

正月，西川节度使孟知祥派使者入梓州与东川节度使董璋图并力拒朝廷。

三月，荆南高从诲派使者奉表告绝于吴。吴击之不克。

五月，孟知祥屡上表请割云安等十三盐监隶于西川，准允。

六月，后唐命防御、团练使、刺史、行军司马、节度副使，自今以后皆由朝廷任命，诸道不得奏荐。

八月，以前忠武节度使张延朗为三司使（盐铁、户部、度支为三司，为最高财政长官），三司使之名自此始。

九月，董璋、孟知祥举兵反。命石敬瑭率军伐蜀。

二年（辛卯，931）

二月，后唐将石敬瑭因粮运不继，烧营北还。

同月，孟知祥派军略地，攻陷忠州，至三月又攻陷万州、夔州等。

十二月，后唐听任百姓自铸农具并杂铁器。

三年（壬辰，932）

三月，吴越王钱镠死，子钱传瓘立，去国仪。废除民田荒绝者租税。

十一月，以石敬瑭为北京（庄宗同光年初，以镇州为北都，太原为西京；后废北都复为镇州，以太原为北京）留守、河东节度使，兼大同、振武、彰国、威塞等军蕃汉马步总管。

四年（癸巳，933）

正月，闽王王延钧即皇帝位，国号大闽，改名璘，是为惠宗。

二月，以孟知祥为东西川节度使、蜀王。

十一月，明宗病重，秦王李从荣入宫侍疾反叛被杀。不久明宗死。

十二月，宋王李从厚即皇帝位，是为后唐闵帝。

后唐潞王李从珂

清泰元年（甲午，934）

闰正月，蜀王孟知祥在成都称帝，是为后蜀高祖。

二月，后唐调凤翔节度使潞王李从珂为河东节度使。从珂拒命起兵。

四月，潞王李从珂至洛阳，即皇帝位，是为废帝，缢杀闵帝于魏州。

七月，后蜀主孟知祥死，太子仁赞即皇帝位，改名昶，是为后主。

二年（乙未，935）

五月，契丹攻扰新州、振武。

六月，石敬瑭以防备契丹为名，求增兵运粮。

十月，福王王继鹏杀闽主王延钧即皇帝位，改名昶，是为康宗。派使者奉表于后唐。

后晋高祖圣文章武明德孝皇帝石敬瑭

天福元年（丙申，936）

五月，迁石敬瑭为天平节度使，敬瑭拒命。遣张敬达等征讨。

七月，石敬瑭求救于契丹，称臣，以父礼事之，并割让卢龙一道及雁门关以北诸州。契丹主同意至仲秋倾国赴援。

九月，契丹主耶律德光率五万骑兵在晋阳城外大破唐军。

十一月，契丹主耶律德光册封石敬瑭为大晋皇帝，是为后晋高祖。晋割幽、云等十六州与契丹，每年贡帛三十万匹。

闰十一月，契丹主耶律德光与石敬瑭率军南下，赵德钧父子迎降，系往契丹。后唐废帝自焚。敬瑭入洛阳，后唐灭亡。

二年（丁酉，937）

正月，契丹以幽州为南京。

同月，后晋帝以桑维翰兼枢密使。数年间，中原稍安。

二月，大同节度判官吴峦闭城拒命。应州马军都指挥使郭崇威也耻臣于契丹，挺身南归。

三月，后晋迁都汴州。

十月，吴齐王徐知诰在金陵称帝，国号唐，是为南唐烈祖。

三年（戊戌，938）

三月，后晋禁民造铜器。

八月，后晋石敬瑭称耶律德光为父皇帝，契丹主止晋帝称臣，令称“儿皇帝”。

十一月，听任公私自铸“天福元宝”铜钱。

四年（己亥，939）

正月，党项等攻掠朔方，节度使冯晖到任，厚遇其首领拓跋彦超，境内遂安。

四月，后晋废除枢密院。

同月，闽主王昶无道，造三清殿于禁中，用黄金数千斤铸宝皇大帝等像。政无大小，皆由巫者传达宝皇的命令裁决。

七月，后晋颁行新定编敕。

五年（庚子，940）

二月，闽主王曦与其弟建州刺史王延政不和相攻。

五月，安远节度使李金全叛后晋，归于南唐，后晋派军征讨。

六年（辛丑，941）

六月，成德节度使安重荣耻臣于契丹，上表斥晋帝以父事契丹，言必与契丹决战。

同月，闽主王曦颁布卖官政策。

八月，吴越王钱元瓘死。

九月，子钱弘佐即王位。弘佐躬勤政务，命免除境内三年租税。

七年（壬寅，942）

六月，后晋高祖石敬瑭死。其兄子齐王石重贵立，是为出帝。

七月，循州博罗县吏张遇贤称中天八国王，置百官。击败南汉军，番禺以东州县多被攻陷。

八月，南唐主兴利除害，变更旧法，删定为《升元条》三十卷，颁行。

十一月，食盐复为官卖。

后晋齐王石重贵

八年（癸卯，943）

二月，闽富沙王王延政在建州称帝，国号大殷。

九月，后晋与契丹构隙。

十二月，契丹南扰，后晋筑边城，征兵防备契丹。

本年，水旱蝗灾严重。民死数十万，流亡的人不可胜数。

开运元年（甲辰，944）

正月，契丹攻后晋，陷贝州，攻太原。后晋派河东节度使刘知远等率军抵御。

三月，契丹北归，所过焚掠。

同月，闽将朱文进杀景宗王曦自立，向后晋称藩。殷主王延政攻之不克。

六月，黄河在滑州决口，淹汴、曹、单、濮、郓五州。

八月，以河东节度使刘知远为北面行营都统，以抵御契丹。

二年（乙巳，945）

正月，契丹攻邢、洺、磁三州、杀掠将尽，入邺都境。晋将力战却之。后晋出帝征诸道兵，下诏亲征。

二月，后晋军连克泰州、满城、遂城。又接连击败契丹。

三月，闽将李仁达等据福州，奉僧卓岩明为帝。闽主王延政讨之。

八月，南唐攻克建州，闽主王延政降。

十一月，派使者册封王武为高丽王，使攻契丹。

三年（丙午，946）

七月，黄河在杨刘决口，从朝城北流。

九月，契丹侵扰河东、定州，被刘知远等击败。

十月，后晋派天雄节度使杜威等大举进攻契丹。

十一月，后晋杜威等被契丹击败。契丹大举入侵。

十二月，杜威等投降契丹，契丹主派降将张彦泽先取大梁，后晋出帝石重贵投降，后晋灭亡。

后汉高祖睿文圣武昭肃孝皇帝刘暠（本名知远）

天福十二年（丁未，947）

正月，契丹主耶律德光入大梁，废晋帝为负义侯，置于黄龙府；废东京，降开封府为汴州。后晋藩镇争上表称臣，唯彰义节度使史匡威据泾州拒命，雄武节度使何重建斩契丹使者，以秦、阶、成三州降蜀。

二月，契丹主耶律德光服汉衣冠，受百官朝贺，称制大辽会同十年。

同月，后晋河东节度使刘知远在晋阳称帝，称天福十二年。令诸道诛契丹人。

同月，各地纷起攻契丹，攻陷宋、亳、密三州。

三月，耶律德光北归，后晋百官数千人相随。复以汴州为宣武军，以萧翰（述律太后兄子）为节度使。

四月，耶律德光病死于杀胡林。

五月，契丹永康王耶律兀欲即皇帝位，北归。

同月，刘知远派史弘肇等收复泽州等地，契丹在河南者相继北去。

六月，刘知远入汴州，复以汴州为东京，改国号为汉，仍称天福年，是为后汉高祖。

同月，契丹耶律兀欲自称天授皇帝，是为辽世宗。

乾祐元年（戊申，948）

正月，后汉帝刘知远改名暠，不久，病死。

二月，皇子刘承祐即皇帝位，是为后汉隐帝。

三月，契丹弃定州城北去，原义武节度使孙方简据之，后汉复其官职。于是晋末陷于契丹的土地皆复归于汉。

同月，三镇拒命。赵思绾据长安、李守贞据河中、王景崇据凤翔反。汉派军征讨李守贞等。

八月，后汉以郭威统率征讨三镇军队。郭威采纳冯道之策，以官物厚赐士卒，从此众心归附。

十一月，李守贞求救于南唐。南唐救守贞，败还。

后汉隐皇帝刘承祐

二年（己酉，949）

五月，赵思绾喜好食人肝，吞人胆。以妇女、儿童为军粮。计穷出降。至七月被郭威所斩。

七月，李守贞自焚。

十月，吴越募民垦荒地，不收税。

同月，契丹攻扰河北，后汉派枢密使郭威督诸将抵御。

十二月，王景崇自焚死。河中、长安、凤翔三镇全部平定。

三年（庚戌，950）

六月，黄河在郑州决口。

十一月，马希萼倾境内军攻长沙，自称顺天王。

同月，后汉隐帝派人持密诏赴邺都杀郭威。郭威率军赴东京，隐帝亲出抵御，被乱兵所杀。郭威入东京，立高祖侄武宁节度使刘赟为皇帝。

十二月，郭威至澶州，军变，拥威为皇帝。返回东京，废刘赟为湘阴公。

后周太祖圣神恭肃文孝皇帝郭威

广顺元年（辛亥，951）

正月，郭威即皇帝位，国号周，是为后周太祖。

同月，后周太祖革除旧弊。犯盗窃及奸者，依后晋天福元年以前刑法论处，罪人非反逆，不得诛及亲族，没收家产。

同月，郭威杀湘阴公刘赟。后汉高祖刘知远弟刘崇在晋阳称帝，是为北汉世祖。

同月，后周太祖郭威下诏罢免四方贡献珍美食物。

二月，后周太祖悉毁后汉宫中珍宝玉器，令今后凡珍华悦目之品，不得入宫。

三月，后周颁布律令，沿淮军镇，各守疆域，不得纵兵民擅入南唐境；商旅往来不得禁止。

九月，契丹主耶律兀欲被杀，诸部奉耶律德光子述律为帝，述律改名明，是为穆宗。

十月，南唐灭楚。

十二月，后周大破契丹、北汉军。

二年（壬子，952）

二月，南唐主好文学，开进士科，及第者三人。不久又罢贡举。

五月，后周太祖郭威亲征慕容彦超，拔兖州，慕容彦超赴井死。

六月，后蜀大水。

十月，南楚将刘言等击败南唐武安节度使边镐，收复湖南，唯有郴、连两州落入南汉。

同月，契丹发大水，流民数十万人散居河北，诏赈济之。

十一月，后周改前朝不准百姓私自买卖牛皮的禁令，计田十顷，税取一皮，其余听任百姓自用及买卖，唯禁止卖给敌国。

三年（癸丑，953）

五月，蜀相毋昭裔出私财百万营建学馆，且刻板印《九经》，从此蜀中文学复盛。

六月，《九经》版成。

七月，南唐大旱，饥民多渡淮北上。

九月，东自青州、徐州，西至丹州大水灾。

显德元年（甲寅，954）

正月，后周太祖郭威死，养子晋王郭荣（柴荣）即皇帝位，是为世宗，太祖先前屡戒郭荣要薄葬。

三月，后周与北汉战于高平。后周世宗自率亲兵督战，宿卫将赵匡胤身先士卒。北汉军大败，北汉主逃归晋阳。后周世宗以赵匡胤为殿前都虞候。

四月，后周太师、中书令冯道死。

十月，后周世宗招募天下壮士，命赵匡胤选拔武艺超绝者为殿前诸班，其骑步诸军，各命将帅选拔。从此士卒精强，所向无敌。

十一月，后周世宗派李穀堵塞黄河连年自杨刘至博州等处决口，役使六万人，三十日完工。

本年，湖南大饥荒，百姓食草木实。

后周世宗睿武孝文皇帝柴荣

二年（乙卯，955）

正月，自后晋、后汉以来，漕运不给斗耗，纲吏多因亏欠抵死。诏令每斛给耗一斗。

同月，诏令疏通深、冀间胡卢河，在河旁李晏口筑城，派军戍守。

四月，后周世宗令群臣议致治之策。比部郎中王朴认为须取得民心。世宗欣然采纳。

五月，后周世宗谋取秦州、凤州，派将攻蜀。

同月，后周下诏拆废佛寺。禁止私度僧尼，只有两京（开封、洛阳）、大名府、京兆府、青州听任设立戒坛（僧尼受戒之所）。

九月，后周世宗敕立监采铜铸钱，民间铜器、佛像五十日内皆输官给值；过期不输，隐匿五斤以上处死。

十一月，后周世宗派李穀等督十二将征伐南唐。

十二月，后周军在寿州城下击败南唐军。后周世宗令吴越王弘俶出兵击南唐。

三年（丙辰，956）

正月，后周世宗亲征南唐。其将李重进大破南唐。赵匡胤击败南唐水军。

二月，后周世宗命赵匡胤攻克滁州。周军攻扬州，南唐奉表称臣并进贡，后周不许，攻克扬州。

三月，南唐又派使者奉表向后周请和，贡奉甚丰。后周世宗因淮南地半数已为周所有，欲尽得江北之地，不许。

四月，南唐军二万渡江攻六合，赵匡胤军不满二千，奋击大破南唐军。南唐精兵丧失殆尽。

后周军所至劫掠，南唐百姓相聚山泽，积纸为甲，被称为“白甲军”。后周军屡被白甲军击败。前所得南唐诸州，多复为南唐所有。

十月，后周以赵匡胤为定国节度使兼殿前都指挥使。

四年（丁巳，957）

正月，周军久围寿州。击败南唐援军。后周世宗亲攻寿州。

三月，南唐清淮节度使寿州守将刘仁赡病重，监军使等开城投降。改清淮军为忠正军，以表彰仁赡之气节。

四月，诏令疏通汴水北入五丈河，从此齐鲁舟船皆可达大梁。

五月，诏令定《刑统》一书。

五年（戊午，958）

正月，后周世宗欲引战舰自淮河入长江，在北神堰受阻，凿鹳水以通其道。十天凿通。巨舰数百艘皆入长江，南唐大惊。

三月，后周世宗屡破南唐军。南唐派使者上表请和，请献江北四州，每年输贡物数十万，周帝准允。于是江北平定，周得州十四，县六十。

五月，南唐主避后周讳，改名景。去帝号，称国主，去年号，用周正朔。

十月，后周世宗派使者三十四人分行诸州，均定田租。诏诸州并乡村，以百户为团，每团置耆长三人。

六年（己未，959）

四月，后周世宗亲征契丹。以韩通为陆路都部署、赵匡胤为水路都部署。攻取益津关、瓦桥关、莫州。

五月，后周世宗攻取契丹瀛州。议取幽州，因帝病班师。

六月，以赵匡胤兼殿前都点检。

同月，后周世宗死。子宗训即皇帝位，年七岁，是为恭帝。

七月，南唐铸当十大钱“永通泉货”，又铸当二钱“唐国通宝”，与开元钱并行。